GARZ

i garzantini

Francese

GUIDA ALLA CONSULTAZIONE

rimando dalla forma irregolare all'infinito del verbo

irai [iʀe] → **aller**[1].

sono → **essere**[1].

rimando ad altra parola nella forma più comune

lys [lis] ***n.m.*** → **lis**.

sillabazione delle parole italiane con accento tonico e con le vocali *e* e *o* aperte o chiuse

romeno [ro-mè-no] ***agg.*** e ***n.m.*** → **rumeno**.

confetti [kɔ̃feti] ***n.m.*** coriandolo.

FAUX AMI
Da non confondere con *confetto*, che si traduce *dragée*.

segnalazione dei falsi amici

cantina [can-tì-na] ***n.f.*** **1** cave: *in cantina*, à la cave **2** (*per vinificare*) cellier (*m.*) **3** (*spaccio*) débit (*m.*) de boissons **4** (*nelle caserme e nei cantieri*) cantine.

FAUX AMI
Da non confondere con *cantine*, che significa *mensa*.

introduce esempi particolari

distingué [distɛ̃ge] ***agg.*** distinto; illustre | *recevez* (o *veuillez agréer*), *Monsieur, mes salutations les plus distinguées*, (*in chiusura di lettera*) la prego di gradire (i miei) distinti saluti.

particolarità grammaticali

ce[1] [sə] ***agg.dimostr.*** [**cet** davanti a vocale o *h* muta; f. **cette**; pl.m. e f. **ces**] [...]

introduce sottolemmi o locuzioni particolari

□ **ce... -ci**, **ce... -là** ***agg.dimostr.*** questo... (qui); quello... (là): *ce livre-ci et cette photo-là*, questo libro e quella fotografia; *ces jours-ci*, in questi giorni.

indica *h* aspirata

hamster** [amstɛʀ] ***n.m. (*zool.*) criceto.

morfologia dei verbi irregolari italiani

cuocere [cuò-ce-re] ***v.tr.*** e ***intr.*** [pres.indic. *io cuocio* ecc.; p.rem. *io cossi*, *tu cuocesti* ecc.; p.p. *cotto*; aus. dell'intr. *essere*] cuire* [...]

rimando alla sezione francese per particolarità o irregolarità

morfologia dei verbi irregolari francesi

croire [kʀwaʀ] ***v.tr.*** e ***intr.*** [pres.indic.: *je crois* etc., *nous croyons*, *vous croyez*, *ils croient*; imperf.indic.: *je croyais* etc.; p.rem.: *je crus* etc.; fut.indic.: *je croirai* etc.; cond.: *je croirais* etc.; pres.cong.: *que je croie* etc., *que nous croyions*, *que vous croyiez*, *qu'ils croient*; imperf.cong.: *que je crusse*, etc.; p.pres.: *croyant*; p.p.: *cru*; imp.: *crois*, *croyons*, *croyez*] [...]

nota grammaticale

NOTA Quando ***croire*** è seguito da un infinito non è accompagnato da preposizione:
SÌ *Vous **croyez avoir** tout compris?*
NO *Vous **croyez d'avoir** tout compris?*
Credete di avere capito tutto?

il simbolo ʃ nella sillabazione delle parole italiane indica *s* sonora

risguardo [ri-ʃguàr-do] ***n.m.*** (*tip.*) (feuille de) garde (*f.*); (*risvolto*) volet, rabat.

il simbolo ʒ nella sillabazione delle parole italiane indica *z* sonora

climatizzazione [cli-ma-tiʒ-ʒa-zió-ne] ***n.f.*** climatisation.

pronuncia italiana di parola straniera nella sezione italiano-francese

leader [lider] ***n.m.*** e ***f.invar.*** leader (*m.*), chef (*m.*) (de file) ♦ ***agg.invar.*** leader: *azienda leader* [...]

GARZANTI

i garzantini

Francese

GARZANTI
LINGUISTICA

NARIO MEDIO GARZANTI DELLA LINGUA FRANCESE

namento redazionale e supervisione lessicografica: Anna Cazzini Tartaglino

lazione: Manuela Antoniazzi, Fulvio Beschi, Giorgia Kapatsoris, Giovanni Tallarico;
on la collaborazione di Raffaella Fumagalli

Consulenti madrelingua: Françoise Danflous, Marie Galey

Disegni: Alberto Agazzani, Cinzia Antinori, Amalia Arosio, Michele Bernardi, Sandor Breznay, Lucia Brunelli, Ezio Giglioli, Mario Mosconi, Giulia Re, Aldo Ripamonti

Copertina: Ugo Nespolo

Garzanti Linguistica
www.garzantilinguistica.it

Questo dizionario riporta anche parole che sono o si ritiene siano marchi registrati, senza che ciò implichi una valutazione del loro reale stato giuridico. Nei casi accertati dalle ricerche redazionali, accanto al lemma appare il simbolo ®.

La Casa Editrice ha cercato di reperire tutte le fonti delle immagini; in caso di segnalazione essa porrà rimedio alle involontarie omissioni.

Finito di stampare: maggio 2008 presso L.E.G.O. Spa - Lavis (TN)

INDICE *SOMMAIRE*

CRITERI GENERALI

Il Dizionario Medio Garzanti è impostato sulla lingua parlata e scritta in Francia, con attenzione alle voci regionali e gergali. Ampia testimonianza è data anche a termini e locuzioni della Svizzera romanda, del Canada, del Belgio e dell'Africa francofona.

Ogni lemma della sezione francese-italiano è corredato dalla **pronuncia**, secondo la trascrizione fonetica internazionale con i simboli API (*Association Phonétique Internationale*).

Nella sezione italiano-francese dopo ogni lemma, con eccezione dei monosillabi, è presente la **sillabazione** su cui è indicato l'**accento tonico**; le parole straniere sono seguite dalla relativa fonetica, adattata alla pronuncia italiana.

In entrambe le sezioni sono presentati in colore i lemmi di maggiore **frequenza d'uso**, cioè quelli che oggi sono abituali nel parlare e nello scrivere in francese e in italiano.

Gli **omografi**, cioè i nomi scritti nello stesso modo, sono distinti da un esponente numerico progressivo. La freccia segnala il **rimando** da una parola alla sua forma più comune o da una forma verbale irregolare al proprio infinito.

Per facilitare la consultazione, la **categoria grammaticale** del lemma viene indicata in colore. Quando un lemma ha più categorie grammaticali, il passaggio dall'una all'altra è introdotto dal simbolo ♦ (in blu per i verbi pronominali). I **numeri** all'interno della voce, sempre in colore, indicano le diverse **accezioni** del lemma.

In entrambe le sezioni, per sottolineare l'approccio contrastivo, vengono indicati il **cambio di genere e numero** del traducente e la **morfologia** di verbi, nomi e aggettivi. Nella sezione italiano-francese l'**asterisco** dopo il traducente invita a consultare la parte francese per trovare particolarità o differenze.

Specifica cura è stata dedicata, in entrambe le sezioni, al lessico delle discipline specialistiche e delle tecnologie, introdotto da **indicatori di settore**. Inoltre **indicatori di registro** e **di origine** consentono di identificare gli ambiti d'uso, le diverse modalità espressive e la provenienza dei lemmi o di loro accezioni.

Numerosi traducenti di verbi, nomi e aggettivi sono seguiti dalla **reggenza** appropriata, indicata in colore.

Locuzioni, **frasi idiomatiche** e **proverbi** sono evidenziati in neretto e collocati in fondo alla voce in una rubrica introdotta da un ●.

Sono presenti, oltre ai neologismi, numerose **parole straniere**, soprattutto anglismi, di uso corrente o settoriale, ormai entrati stabilmente nelle due lingue.

Nella sezione francese-italiano, molte voci hanno in coda una rubrica di **sinonimi** e **contrari**, introdotta dal simbolo ■. Invece, in entrambe le sezioni, il simbolo □ introduce **sottolemmi** o locuzioni particolari per interesse o importanza.

La dicitura **faux ami**, alla fine di una voce, introduce la rubrica dei falsi amici, le parole francesi e italiane che, benché simili per grafia o assonanza, hanno un significato diverso.

Note grammaticali, lessicali, etimologiche ed enciclopediche integrano le indicazioni grammaticali con utili suggerimenti per il corretto uso delle parole francesi e aiutano a evitare gli errori più frequenti. Forniscono inoltre informazioni sulla *civilisation* francese.

Il volume si conclude con alcune **appendici** che presentano le principali sigle e abbreviazioni delle due lingue, i nomi geografici francesi e italiani, le tavole di coniugazione dei principali verbi francesi.

PRINCIPES GÉNÉRAUX

Le Dizionario Medio Garzanti *se fonde sur la langue écrite et parlée en France; il prête une attention particulière aux mots issus des langues de France et à la langue familière, et accueille de nombreux termes et expressions employés en Suisse romande, au Canada, en Belgique et en Afrique francophone.*

Toutes les entrées de la section français-italien sont accompagnées de la transcription phonétique en alphabet API (Association Phonétique Internationale) *de leur* ***prononciation****.*

Dans la section italien-français, la ***structure syllabique des mots*** *est indiquée par des tirets et la prononciation par la place de l'****accent tonique*** *(sauf pour les monosyllabes); les mots étrangers sont suivis de la transcription phonétique de leur prononciation usuelle italienne.*

*Dans chaque section, les mots d'****usage fréquent****, c'est-à-dire les plus largement employés à l'oral et à l'écrit, sont imprimés en couleur.*

Les ***entrées homographes****, c'est-à-dire les mots qui ont la même graphie, sont indiquées par un exposant progressif.*

Une flèche renvoie à la forme la plus commune d'une entrée ou à l'infinitif d'une forme verbale irrégulière.

Pour faciliter la consultation, la ***catégorie grammaticale*** *d'une entrée est indiquée en couleur. S'il y en a plus d'une, le passage d'une catégorie à l'autre est signalé par le symbole ♦ (en bleu pour les verbes pronominaux). Les* ***chiffres*** *bleus dans l'article indiquent les différentes traductions de cette entrée.*

Afin de favoriser une approche contrastive, les deux sections sont riches d'indications grammaticales: ***différences de genre et de nombre*** *entre un mot et sa traduction,* ***morphologie*** *des verbes, des noms et des adjectifs. Dans la section italien-français, les traductions accompagnées d'un astérisque invitent à consulter la section française pour découvrir les différences et particularités d'emploi qu'elles recouvrent.*

Une attention particulière a été apportée, dans les deux sections, aux lexiques des secteurs spécialisés et techniques, qui sont introduits par des ***indicateurs de domaine****. Des* ***indicateurs d'usage*** *et* ***de provenance****, permettent en outre de reconnaître les contextes d'usage, les différentes nuances expressives et l'origine des entrées ou de leurs acceptions.*

De nombreuses traductions de verbes, noms et adjectifs sont suivis de leur ***régime****, en couleur.*

Les ***locutions****,* ***expressions idiomatiques*** *et* ***proverbes*** *sont imprimés en caractères gras et placés en fin d'article dans une rubrique introduite par le symbole ●.*

Le dictionnaire inclut, outre les néologismes, de nombreux ***mots étrangers****, notamment des anglicismes d'usage courant ou technique bien implantés dans les deux langues.*

Dans la section français-italien, à la fin de nombreux articles, on trouve une rubrique de ***synonimes*** *et* ***contraires****, introduite par le symbole ■. Dans les deux sections, le symbole □ introduit des* ***sous-entrées*** *ou des locutions particulières quant à leur intérêt ou importance.*

La mention ***faux ami****, en fin d'article, attire l'attention sur les mots italiens et français qui, bien que très proches par la graphie ou la prononciation, n'ont pas la même signification.*

Les ***notes*** *grammaticales, lexicales, étymologiques et encyclopédiques donnent des précisions sur l'usage correct des mots, signalent les erreurs les plus fréquentes et fournissent des informations sur la civilisation française.*

Les ***annexes*** *présentes à la fin du dictionnaire comprennent les sigles et les abréviations utilisés dans les deux langues, les noms géographiques français et italiens et les tableaux de conjugaison des principaux verbes français.*

ABBREVIAZIONI *ABRÉVIATIONS*

abbigl.	abbigliamento	*habillement*
abbr.	abbreviazione	*abréviation*
aer.	aeronautica	*aéronautique*
agg.	aggettivo	*adjectif*
agr.	agricoltura, agraria	*agriculture, agronomie*
amm.	amministrativo, amministrazione	*administratif, administration*
anat.	anatomia	*anatomie*
ant.	anticamente, antico	*anciennement, vieux*
antiq.	antiquato	*vieilli*
arald.	araldica	*héraldique*
arch.	architettura	*architecture*
archeol.	archeologia	*archéologie*
art.	articolo, articolato	*article, articulé*
assic.	assicurazioni	*assurances*
astr.	astronautica, astronomia, astrologia	*astronautique, astronomie, astrologie*
aut.	automobilismo, automobile	*automobilisme, automobile*
avv.	avverbio, avverbiale	*adverbe, adverbial*
biochim.	biochimica	*biochimie*
biol.	biologia	*biologie*
bot.	botanica	*botanique*
buroc.	burocrazia	*bureaucratie*
card.	cardinale	*cardinal*
chim.	chimica	*chimie*
cine.	cinematografia	*cinématographie*
com.	comune, comunemente	*courant, couramment*
comm.	commerciale, commercio	*commercial, commerce*
compar.	comparativo	*comparatif*
compl.	complemento	*complément*
cond.	condizionale	*conditionnel*
cong.	congiuntivo, congiunzione	*subjonctif, conjonction*
coniug.	coniugato, coniugazione	*conjugué, conjugaison*
contr.	contrario	*contraire*
cuc.	cucina	*cuisine*
deriv.	derivati	*dérivés*
det.	determinativo	*défini*
dif.	difettivo	*défectif*
dim.	diminutivo	*diminutif*
dimostr.	dimostrativo	*démonstratif*
dir.	diritto	*droit*
distr.	distributivo	*distributif*
ecc.	eccetera	
eccl.	ecclesiastico	*ecclésiastique*
ecol.	ecologia	*écologie*
econ.	economia	*économie*
edil.	edilizia	*construction*
elettr.	elettronica, elettricità	*électronique, électricité*
enol.	enologia	*œnologie*
es.	esempio	*exemple*
escl.	esclamativo	*exclamatif*
estens.	per estensione	*par extension*
etc.		*et cætera*
f.	femminile	*féminin*
fam.	familiarmente, familiare	*familièrement, familier*
farm.	farmacia, farmacologia	*pharmacie, pharmacologie*
ferr.	ferrovie	*chemins de fer*
fig.	figurato	*figuré*
fil.	filosofia	*philosophie*
filol.	filologia	*philologie*
fin.	finanza	*finance*
fis.	fisica	*physique*
fisiol.	fisiologia	*physiologie*
fon.	fonetica	*phonétique*
fot.	fotografia	*photographie*
fr.	francese	*français*
fut.	futuro	*futur* (temps)
geogr.	geografia	*géographie*
geol.	geologia	*géologie*
geom.	geometria	*géométrie*
ger.	gerundio	*gérondif*
giorn.	giornalismo	*journalisme*
gramm.	grammatica	*grammaire*
imp.	imperativo	*impératif*
imperf.	imperfetto	*imparfait*
impers.	impersonale	*impersonnel*
ind.	industria	*industrie*
indef.	indefinito	*indéfini*
indic.	indicativo	*indicatif*
inf.	infinito	*infini*
inform.	informatica	*informatique*
inter.	interiezione	*interjection*
interr.	interrogativo	*interrogatif*
intr.	intransitivo	*intransitif*
invar.	invariabile	*invariable*
iron.	ironicamente, ironico	*ironiquement, ironique*
lett.	letteratura	*littérature*
letter.	letterario	*littéraire*
ling.	linguistica	*linguistique*
locuz.	locuzione	*locution*
m.	maschile	*masculin*
mar.	marina, marittimo	*marine, maritime*
mat.	matematica	*mathématiques*
mecc.	meccanica	*mécanique*
med.	medicina	*médecine*
metall.	metallurgia	*métallurgie*
meteor.	meteorologia	*météorologie*
mil.	militare	*militaire*
min.	mineralogia	*minéralogie*
miner.	tecnica mineraria	*mines*
mit.	mitologia	*mythologie*
mus.	musica, musicale	*musique, musical*
n.	nome	*nom*
n.pr.	nome proprio	*nom propre*
num.	numerale	*numéral*
ogg.	oggetto	*objet*
onom.	onomatopea	*onomatopée*
ord.	ordinale	*ordinal*
paleont.	paleontologia	*paléontologie*
pers.	persona, personale	*personne, personnel*
pitt.	pittura	*peinture*
pl.	plurale	*pluriel*
poet.	poetico	*poétique*
pol.	politica	*politique*
pop.	popolare	*populaire*
poss.	possessivo	*possessif*
p.p.	participio passato	*participe passé*
p.pres.	participio presente	*participe présent*
p.rem.	passato remoto	*passé simple*
pref.	prefisso	*préfixe*
prep.	preposizione	*préposition*
pres.	presente	*présent*
pron.	pronome, pronominale	*pronom, pronominal*

prov.	proverbio	*proverbe*
psic.	psicologia, psicanalisi	*psychologie, psychanalyse*
qlco	qualcosa	
qlcu	qualcuno	
qqch		*quelque chose*
qqn		*quelqu'un*
rad.	radiofonia, radiotecnica	*radiophonie, radiotechnique*
rec.	reciproco	*réciproque*
region.	regionalismo, regionale	*régionalisme, régional*
rel.	relativo	*relatif*
relig.	religione	*religion*
ret.	retorica	*rhétorique*
scherz.	scherzosamente, scherzoso	*plaisanterie, plaisant*
scient.	scientifico	*scientifique*
scult.	scultura	*sculpture*
sin.	sinonimo	*synonyme*
sing.	singolare	*singulier*
sociol.	sociologia	*sociologie*
sogg.	soggetto	*sujet*
spec.	specialmente	*spécialement*
spreg.	spregiativo	*péjoratif*
st.	storia, storico	*histoire, historique*
stat.	statistica	*statistique*
superl.	superlativo	*superlatif*
teatr.	teatro	*théâtre*
tecn.	tecnologia	*technologie*
tel.	telecomunicazioni	*télécommunications*
teol.	teologia	*théologie*
tess.	tessile	*textile*
tip.	tipografia	*imprimerie*
tr.	transitivo	*transitif*
trib.	tributi	*impôts*
tv	televisione	*télévision*
v.	verbo	*verbe*
vet.	veterinaria	*médecine vétérinaire*
volg.	volgarmente, volgare	*vulgairement, vulgaire*
zool.	zoologia	*zoologie*
zootecn.	zootecnia	*zootechnie*

NORME PER ANDARE A CAPO
RÈGLES POUR COUPER LES MOTS

Le norme indicate qui di seguito permettono di andare a capo a fine riga 'spezzando' la parola francese in modo corretto.

1. Non si separano **due vocali**: *théâ-tre*, *abré-via-tion*.

2. La '**s impura**', cioè seguita da una consonante, in francese resta legata alla sillaba che la precede: *in-ters-tice*, *cons-ti-pa-tion*.

3. Quando una **consonante è posta tra due vocali** la divisione si effettua prima della consonante: *che-val*, *ba-nal*.

4. Quando **due consonanti sono poste tra vocali** la divisione si effettua tra le due consonanti: *par-ler*, *al-ler*, anche quando si tratta di **s** + **p** oppure **s** + **t**: *res-pi-rer*, *res-ti-tuer*.

5. Quando si hanno **tre consonanti consecutive** la sillaba si separa dopo la seconda consonante: *comp-ter*, *obs-ta-cle*.

6. Quando si hanno **quattro consonanti consecutive** la divisione avviene dopo la seconda consonante: *ins-truit*.

7. Le consonanti **r** e **l** non possono essere separate dalla consonante che le precede, salvo nel caso di doppia erre (**rr**) o doppia elle (**ll**) e del gruppo **rl**: *pro-pre*, *sa-ble*, *ar-bre*, *com-plé-ter* ma *tail-leur*, *bal-lo-ter*, *mar-ron*, *per-ler*.

8. I **digrammi** (due consonanti formanti uno stesso suono) **ch**, **gn**, **ph**, **th** non possono essere separati: *ra-chat*, *pa-thos*, *gra-phie*, *mi-gnon*. Attenzione a *stag-nant* [stagnɑ̃] dove non si tratta di un digramma.

9. In genere **x** e **y** sono formate foneticamente da **due suoni**, rispettivamente [ks] o [gz] e [ij]. Poste **tra due vocali** non permettono alcuna divisione, per cui parole come *taxer* e *tuyau* non possono essere divise. Poste **tra una vocale e una consonante** la divisione avviene prima della consonante che segue: *tex-tuel*, *pay-san*.
Quando **x** e **y** rappresentano **un solo suono**, come *deu-xième* [døzjɛm] e *ba-yer* [baje], la divisione avviene dopo la vocale che le precede.

10. Anche se in contraddizione con quanto sopra riportato è ammesso dividere le parole basandosi sulla loro **etimologia**: *re-struc-tu-rer* (o *res-truc-tu-rer*), *atmo-sphère* (o *at-mos-phère*).

11. Non è ammesso lasciare a fine riga una vocale sola o riportare a inizio riga una sillaba formata da una **consonante** + **e muta**.
Si sconsiglia di dividere le parole formate da meno di tre sillabe.
Non è infine ammesso: andare a capo dopo l'apostrofo; dividere le sigle e gli acronimi; separare l'iniziale di un nome dal cognome; separare un nome proprio dalla parola che lo qualifica; separare un numero dal simbolo che lo accompagna; separare le date.

TRASCRIZIONE FONETICA *TRANSCRIPTION PHONÉTIQUE*

(*Association Phonétique Internationale*)

VOCALI - *VOYELLES*

[a] *grave* [gʀav], *femme* [fam], *patte* [pat]

[ɑ] *bas* [bɑ], *gaz* [gɑz], *âme* [ɑm]

[e] *nez* [ne], *blé* [ble], *parler* [paʀle], *œsophage* [ezɔfaʒ]

[ɛ] *terre* [tɛʀ], *plèbe* [plɛb], *forêt* [fɔʀɛ], *beignet* [bɛɲɛ], *lait* [lɛ]

[ə] *mercredi* [mɛʀkʀədi], *premier* [pʀəmje], *faisable* [fəzabl]

[ø] *bleu* [blø], *nœud* [nø], *rugueux* [ʀygø]

[œ] *peuple* [pœpl], *œuf* [œf], *trust* [tʀœst], *valeur* [valœʀ]

[o] *repos* [ʀəpo], *côté* [kote], *taupe* [top], *beau* [bo], *goal* [gol], *pose* [poz]

[ɔ] *accord* [akɔʀ], *laurier* [lɔrje], *alcool* [alkɔl], *oignon* [ɔɲɔ̃], *oasis* [ɔazis], *calcium* [kalsjɔm]

[u] *où* [u], *tour* [tuʀ], *goût* [gu], *roue* [ʀu], *août* [u*t*], *football* [futbol]

[y] *cru* [kʀy], *cure* [kyʀ], *mûrir* [myʀiʀ], *rue* [ʀy]

[i] *idée* [ide], *abîme* [abim], *naïf* [naif], *spleen* [splin], *lyre* [liʀ]

VOCALI NASALI - *VOYELLES NASALES*

[ɑ̃] *balance* [balɑ̃s], *temps* [tɑ̃], *sans* [sɑ̃], *paon* [pɑ̃], *tournant* [tuʀnɑ̃], *vent* [vɑ̃]

[ɛ̃] *vin* [vɛ̃], *simple* [sɛ̃pl], *main* [mɛ̃], *teint* [tɛ̃], *lynx* [lɛ̃ks], *examen* [ɛgzamɛ̃]

[ɔ̃] *oncle* [ɔ̃kl], *plomb* [plɔ̃], *bourgeon* [buʀʒɔ̃], *avunculaire* [avɔ̃kylɛʀ]

[œ̃] *lundi* [lœ̃di], *parfum* [parfœ̃], *humble* [œ̃bl], *commun* [kɔmœ̃]

SEMICONSONANTI - *SEMI-CONSONNES*

[j] *piano* [pjano], *hier* [jɛʀ], *miauler* [mjole], *paille* [pɑj], *travail* [tʀavaj], *balayette* [balɛjɛt], *pavillon* [pavijɔ̃], *bayer* [baje]

[w] *loi* [lwa], *louer* [lwe], *soin* [swɛ̃]

[ɥ] *muet* [mɥɛ], *huille* [ɥil], *aiguiller* [egɥije], *lueur* [lɥœʀ], *nuance* [nɥɑ̃s], *duo* [dɥo]

CONSONANTI - *CONSONNES*

[b] *bobine* [bɔbin], *brosse* [bʀɔs], *arbre* [aʀbʀ]

[d] *domino* [dɔmino], *adresse* [adʀɛs], *adhérer* [adeʀe]

[f] *fanfare* [fɑ̃faʀ], *pif* [pif], *photographie* [fɔtɔgʀafi]

[g] *glace* [glas], *secondaire* [səgɔ̃dɛʀ], *diagnostic* [djagnɔstik], *guêtre* [gɛtʀ]

[k] *pic* [pik], *technique* [tɛknik], *dock* [dɔk], *acquit* [aki], *képi* [kepi], *coq* [kɔk]

[l] *lévrier* [levʀije], *allumette* [alymɛt], *malheur* [malœʀ], *ville* [vil]

[m] *mère* [mɛʀ], *amas* [amɑ], *commode* [kɔmɔd]

[n] *navire* [naviʀ], *automne* [ɔ(o)tɔn], *menhir* [meniʀ]

[ɲ] *agneau* [aɲo], *poignet* [pwaɲɛ], *cogner* [kɔɲe]

[ŋ] *ring* [ʀiŋ], *camping* [kɑ̃piŋ]

[p] *papier* [papje], *apte* [apt], *obscur* [ɔpskyʀ]

[ʀ] *rare* [ʀaʀ], *arrêt* [aʀɛ], *rhume* [ʀym]

[s] *son* [sɔ̃], *science* [sjɑ̃s], *ceci* [səsi], *ça* [sa], *notion* [nosjɔ̃], *soixante* [swasɑ̃t]

[ʃ] *achat* [aʃa], *shaker* [ʃɛkœʀ], *schéma* [ʃema]

[t] *titre* [titʀ], *rythme* [ʀitm], *luth* [lyt]

[v] *vacance* [vakɑ̃s], *revenu* [ʀəvny], *wagon* [vagɔ̃]

[x] *xérès* [xeʀɛs]

[z] *zéro* [zeʀo], *rose* [ʀoz], *deuxième* [døzjɛm]

[ʒ] *joujou* [ʒuʒu], *girafe* [ʒiʀaf], *mangeoire* [mɑ̃ʒwaʀ]

- Le parole che iniziano con *h* aspirata sono contraddistinte da un asterisco che precede il lemma: **héros*.
  Les mots commençant par un h *aspiré sont signalés par un astérisque qui précède l'entrée*: *héros.
- I fonemi in corsivo possono essere pronunciati o omessi: *grammaire* [gʀam*m*ɛʀ].
  Les phonèmes en italiques peuvent être prononcés ou omis: grammaire [gʀam*m*ɛʀ].
- I fonemi tra parentesi tonde rappresentano una seconda possibilità di pronuncia meno frequente: *hellénisme* [e(ɛl)lenism].
  Les phonèmes entre parenthèses indiquent une deuxième prononciation possible, mais moins fréquente: hellénisme [e(ɛl)lenism].
- La tendenza attuale della lingua francese porta a chiudere, per un fenomeno di armonizzazione vocalica, il suono aperto [ɛ] sotto l'influenza delle vocali [y], [i], [e] in fine sillaba: *aimer* [eme], *aimant* [ɛmɑ̃]. Al contrario una [e] chiusa può aprirsi in [ɛ] a causa della caduta della [ə] nella sillaba che la segue: *événement* [evɛnmɑ̃], *médecin* [mɛdsɛ̃].
  À cause d'un phénomène d'harmonisation vocalique, la langue française actuelle tend à fermer le son [ɛ] *ouvert sous l'influence des voyelles* [y], [i], [e] *en fin de syllabe*: aimer [eme], aimant [ɛmɑ̃]. *Au contraire, un* [e] *fermé peut s'ouvrir en* [ɛ] *à cause de la chute du* [ə] *de la syllabe qui suit*: événement [evɛnmɑ̃], médecin [mɛdsɛ̃].
- Le vocali *i*, *ou*, *u* seguite da una vocale si pronunciano generalmente [j], [w], [ɥ]: *biologie* [bjɔlɔʒi], *point* [pwɛ̃], *ruiner* [ʀɥine], *rouer* [ʀwe].
  Le voyelles i, ou, u *suivies d'une voyelle se prononcent généralement* [j], [w], [ɥ]: biologie [bjɔlɔʒi], point [pwɛ̃], ruiner [ʀɥine], rouer [ʀwe].
- Si ricorda che l'accento tonico cade sempre sull'ultima sillaba.
  Rappel: *l'accent tonique tombe toujours sur la dernière syllabe.*

Francese • Italiano

Français • Italien

Aa

a[1] [ɑ] ***n.m.invar.*** a (*f.* o *m.*).

● (*tel.*) ***a comme Anatole***, a come Ancona | ***de a à z*** (o ***depuis a jusqu'à z***), dalla a alla zeta | ***ne savoir ni a ni b***, non saper nulla, essere ignorante | ***prouver par a plus b***, dimostrare come due e due fanno quattro.

a[2] [a] → **avoir**[1].

à [a] ***prep.*** [in unione con l'art. *le* forma la prep.art. **au** (**à l'** davanti a vocale o *h* muta); con l'art. *la* forma **à la** (**à l'** davanti a vocale o *h* muta); in unione con l'art. *les* forma la prep.art. pl.m. e f. **aux**] **1** a: *parler au directeur*, parlare al, con il direttore; *il habite à dix kilomètres d'ici*, abita a dieci chilometri da qui; *il pouvait avoir de trente à quarante ans*, avrà avuto fra i trenta e i quarant'anni; *un à un, un à la fois*, a uno a uno, uno alla, per volta **2** (*luogo*) a; in: *habiter, aller à Paris, à la campagne*, abitare, andare a Parigi, in campagna; *à l'est, au sud*, a est, a sud; *au Brésil, aux États Unis*, in Brasile, negli Stati Uniti; *à la Martinique, au Madagascar, au Mexique*, in Martinica, nel Madagascar, in Messico; *il va au Havre*, va a Le Havre; *à la maison, au lit, au bureau*, a, in casa, a letto, in ufficio; *aller au coiffeur*, (*fam.*) andare dal parrucchiere; *la cigarette à la bouche*, con la sigaretta in bocca **3** (*tempo*) a, in: *au mois de mai*, nel mese di maggio; *de trois (heures) à quatre heures*, dalle tre alle quattro; *à n'importe quelle heure, quel moment*, a qualunque ora, in qualsiasi momento; *de 1980 à 1990*, dal 1980 al 1990; *le 15 novembre au matin*, il 15 novembre mattina, la mattina del 15 novembre; *la veille au soir*, la sera prima; *nous ne sommes qu'à* (o *au*) *lundi, au 10 janvier*, è solo lunedì, è solo il 10 gennaio **4** (*modo*) a, in: *à la française*, alla francese; *on a dû se mettre à quatre pour soulever cette caisse*, abbiamo dovuto metterci in quattro per sollevare quella cassa; *ils vivaient à dix dans une seule pièce*, vivevano in dieci in un'unica stanza; *dentelle fait à la main*, pizzo fatto a mano; *à elles deux, elles auront bientôt fait de me ruiner*, quelle due finiranno col, per rovinarmi; *il a tout mangé à lui (tout) seul*, si è mangiato tutto da solo **5** (*mezzo*) a; in: *aller à pied, à bicyclette*, andare a piedi, in bicicletta; *écrire au stylo-bille*, scrivere con la penna a sfera **6** (*possesso*) di: *ce stylo est à lui, à Pierre*, questa penna è sua, di Pierre; *à qui la faute?*, di chi è la colpa?; *la moto à Jean, la fille à Thomas*, (*fam.*) la moto di Jean, la figlia di Thomas; *c'est mon opinion à moi*, (*fam.*) è la mia personale opinione; *il a un style à lui*, ha uno stile tutto suo **7** (*qualità*) da, con: *un homme à la barbe blanche*, un uomo con la barba bianca; *maison au toit rouge*, casa col, dal tetto rosso **8** (*fine, scopo*) da, per: *brosse à dents*, spazzolino da denti; *papier à lettres*, carta da lettere; *machine à écrire*, macchina per scrivere **9** (*prezzo, valore*) da; a: *des places à 30 euros*, posti da 30 euro; *en vente à dix euros*, in vendita a dieci euro **10** (*seguito da inf.*) da, a: *donner à manger*, dare da mangiare; *rien à faire*, niente da fare; *à l'entendre, tout est facile*, a sentire lui tutto è facile.

● ***à perdre haleine***, a perdifiato | ***à tout bien considérer***, a pensarci bene | ***à vrai dire***, a dire il vero.

a-, **an-**, ***pref.*** a-, an-.

abacos [abakos] ***n.m.*** giacca (*f.*) con maniche corte o lunghe (costume nazionale della Rep. Dem. del Congo).

abaisse [abɛs] ***n.f.*** (*cuc.*) sfoglia.

abaissement [abɛsmɑ̃] ***n.m.*** **1** abbassamento; diminuzione (*f.*) **2** (*fig.*) avvilimento.

abaisser [abese] ***v.tr.*** **1** abbassare **2** diminuire, ridurre **3** (*cuc.*) (*pasta*) spianare ♦ **s'abaisser** ***v.pron.intr.*** abbassarsi (*anche fig.*) ♦ ***v.pron.*** (*letter.*) umiliarsi.

abandon [abɑ̃dɔ̃] ***n.m.*** **1** abbandono **2** (*sport*) ritiro **3** (*fin.*) cessione (*f.*).

● (*dir.*) ***abandon de famille***, violazione degli obblighi di assistenza familiare | ***à l'abandon***, in stato di abbandono.

abandonné [abɑ̃dɔne] ***agg.*** abbandonato.

abandonner [abɑ̃dɔne] ***v.tr.*** **1** abbandonare, lasciare **2** rinunciare (**a**) | *le coureur abandonne (la course)*, il corridore si ritira (dalla corsa) ♦ **s'abandonner** ***v.pron.*** abbandonarsi.

■ *V.TR.* **SIN.** laisser **CONTR.** garder.

abaque [abak] ***n.m.*** abaco.

abasourdir [abazuʀdiʀ] ***v.tr.*** **1** sbalordire, stupire **2** assordare.

abasourdissant [abazuʀdisɑ̃] ***agg.*** **1** sbalorditivo **2** assordante.

abâtardir [abɑtaʀdiʀ] ***v.tr.*** **1** (*zool.*) imbastardire **2** (*fig.*) far degenerare, degradare ♦ **s'abâtardir** ***v.pron. intr.*** imbastardirsi.

abat-jour [abaʒuʀ] ***n.m.invar.*** paralume, abat-jour.

abats [aba] ***n.m.pl.*** frattaglie (*f.*); (*di pollame*) rigaglie (*f.*).

abattage [abataʒ] ***n.m.*** **1** abbattimento **2** (*zootecn.*) macellazione (*f.*).

● ***avoir de l'abattage***, (*fam.*) essere pieno di brio | (*comm.*) ***vente à l'abattage***, liquidazione, svendita.

abattant [abatɑ̃] ***n.m.*** (*di mobile*) ribalta (*f.*).

abattement [abatmɑ̃] ***n.m.*** **1** abbattimento (*anche fig.*) **2** (*fig.*) fiacchezza (*f.*), prostrazione (*f.*) **3** (*comm.*) riduzione (*f.*); abbattimento, detrazione (*f.*) (fiscale).

abattis [abati] ***n.m.pl.*** **1** rigaglie (*f.*) di pollo **2** (*fam.*) membra (*f.*); zampe (*f.*).

● ***numéroter ses abattis***, (*fam.*) contarsi le ossa (dopo un incidente).

abattoir [abatwaʀ] ***n.m.*** macello, mattatoio.

● ***envoyer à l'abattoir***, (*fig.*) mandare al massacro.

abattre [abatʀ] ***v.tr.*** [coniug. come *battre*] **1** abbattere **2** (*zootecn.*) macellare **3** (*persona*) ammazzare (con arma da fuoco): *ils l'ont abattu d'une balle dans la tête*, lo hanno steso con una pallottola in testa **4** (*fig.*) indebolire **5** (*fig.*) avvilire ♦ **s'abattre** ***v.pron.intr.*** **1** abbattersi, cadere (al suolo) **2** avventarsi (**su**).

● ***abattre du travail, de la besogne***, lavorare sodo | ***abat-***

A

tre son jeu, mostrare le carte; (*fig.*) mettere le carte in tavola.

abattu [abaty] *p.p.* di **abattre** ♦ ***agg.*** abbattuto | *viande fraîchement abattue*, carne macellata di fresco.

abbatial [abasjal] ***agg.*** [pl. *-aux*] abbaziale.

abbaye [abei] ***n.f.*** abbazia.

abbé [abe] ***n.m.*** **1** abate **2** prete **3** (*come appellativo*) reverendo; (*nome*) don: *bonjour, Monsieur l'abbé!*, buongiorno, reverendo!

abbesse [abɛs] ***n.f.*** badessa.

a b c [ɑbese] ***n.m.invar.*** **1** abbiccì **2** (*libro*) abbecedario.

abcès [apsɛ] ***n.m.*** ascesso.

● ***crever l'abcès***, incidere l'ascesso; (*fig.*) togliere il marcio.

abdication [abdikasjɔ̃] ***n.f.*** abdicazione.

abdiquer [abdike] ***v.tr.*** abdicare (**a**); (*fig.*) rinunciare (**a**) ♦ ***v.intr.*** cedere, desistere.

abdomen [abdɔmɛn] ***n.m.*** addome.

abdominal [abdɔminal] ***agg.*** [pl. *-aux*] addominale.

abdominaux [abdɔmino] ***n.m.pl.*** (muscoli) addominali.

abducteur [abdyktœʀ] ***agg.*** **1** (*di muscolo*) abduttore **2** (*di nervo*) abducente ♦ ***n.m.*** (*anat.*) (muscolo) abduttore.

abécédaire [abesedɛʀ] ***n.m.*** abbecedario, sillabario.

abeille [abɛj] ***n.f.*** ape.

aberrant [abeʀɑ̃] ***agg.*** aberrante.

■ SIN. absurde CONTR. normal.

aberration [abeʀasjɔ̃] ***n.f.*** **1** aberrazione: *c'est une aberration!*, è un abbaglio! **2** (*scient.*) aberrazione.

● (*fis.*) ***aberration chromatique***, aberrazione cromatica | (*biol.*) ***aberration chromosomique***, aberrazione, anomalia cromosomica.

abêtir [abetiʀ] ***v.tr.*** e ***intr.*** istupidire, rimbecillire ♦ **s'abêtir** ***v.pron.intr.*** istupidirsi.

abêtissement [abetismɑ̃] ***n.m.*** istupidimento; abbrutimento.

abhorrer [abɔʀe] ***v.tr.*** (*letter.*) aborrire.

abîme [abim] ***n.m.*** **1** abisso; precipizio | *c'est la course à l'abîme!*, (*fig.*) si sta andando a rotoli! **2** (*arald.*) → abyme.

abîmé [abime] ***agg.*** sciupato; rovinato; andato a male.

■ SIN. endommagé.

abîmer [abime] ***v.tr.*** **1** sciupare; rovinare **2** (*fam.*) maltrattare; conciare ♦ **s'abîmer** ***v.pron.intr.*** **1** sciuparsi; rovinarsi **2** sprofondare.

abject [abʒɛkt] ***agg.*** abietto, spregevole.

abjection [abʒɛksjɔ̃] ***n.f.*** abiezione.

abjuration [abʒyʀasjɔ̃] ***n.f.*** abiura.

abjurer [abʒyʀe] ***v.tr.*** abiurare.

ablatif [ablatif] ***agg.*** e ***n.m.*** (*gramm.*) ablativo.

ablation [ablasjɔ̃] ***n.f.*** ablazione.

ablette [ablɛt] ***n.f.*** (*zool.*) alborella.

ablution [ablysjɔ̃] ***n.f.*** abluzione.

● ***faire ses ablutions***, (*fam.*) lavarsi.

abnégation [abnegasjɔ̃] ***n.f.*** abnegazione.

aboi [abwa] ***n.m.*** latrato (di cane in punta).

● ***être aux abois***, (*anche fig.*) non avere via di scampo.

aboiement [abwamɑ̃] ***n.m.*** latrato.

abolir [abɔliʀ] ***v.tr.*** abolire, annullare.

■ SIN. anéantir, invalider CONTR. établir, fonder.

abolition [abɔlisjɔ̃] ***n.f.*** abolizione, annullamento (*m.*).

abolitionnisme [abɔlisjɔnism] ***n.m.*** abolizionismo.

abolitionniste [abɔlisjɔnist] ***n.m.*** e ***f.*** abolizionista ♦ ***agg.*** abolizionistico.

abominable [abɔminabl] ***agg.*** **1** abominevole **2** (*fam.*) orribile, terribile.

■ SIN. **1** atroce **2** exécrable.

abominablement [abɔminabləmɑ̃] ***avv.*** **1** in modo abominevole **2** (*fam.*) spaventosamente, incredibilmente.

abomination [abɔminasjɔ̃] ***n.f.*** abominio (*m.*): *avoir en abomination*, aborrire.

abominer [abɔmine] ***v.tr.*** aborrire.

abondamment [abɔ̃damɑ̃] ***avv.*** abbondantemente, in abbondanza.

abondance [abɔ̃dɑ̃s] ***n.f.*** abbondanza, ricchezza: *en abondance*, in abbondanza.

abondant [abɔ̃dɑ̃] ***agg.*** abbondante.

abonder [abɔ̃de] ***v.intr.*** abbondare (**di**, **in**).

● ***abonder dans le sens de qqn***, (*fig.*) essere pienamente d'accordo con qlcu.

abonné [abɔne] ***agg.*** abbonato; (*fam.*) abituato ♦ ***n.m.*** abbonato; (*al gas ecc.*) utente.

abonnement [abɔnmɑ̃] ***n.m.*** **1** abbonamento: *prendre un abonnement*, fare un abbonamento **2** (*tessera*) abbonamento.

abonner [abɔne] ***v.tr.*** abbonare ♦ **s'abonner** ***v.pron. intr.*** abbonarsi.

abord [abɔʀ] ***n.m.*** **1** approccio **2** (*mar.*) approdo; accesso **3** (*pl.*) dintorni: *aux abords de*, nei dintorni di.

● ***au premier abord***, ***de prime abord***, a prima vista | ***d'abord***, prima, dapprima | ***être d'un abord facile***, (*fig.*) essere alla mano | ***tout d'abord***, innanzitutto, per prima cosa.

abordable [abɔʀdabl] ***agg.*** **1** (*di prezzo*) abbordabile, accessibile **2** (*di persona*) abbordabile, alla mano: *ne pas être abordable*, (*fam.*) essere intrattabile.

■ SIN. **1** modique.

abordage [abɔʀdaʒ] ***n.m.*** **1** abbordaggio: *monter à l'abordage*, andare all'arrembaggio **2** collisione (*f.*) (tra due navi).

aborder [abɔʀde] ***v.intr.*** attraccare: *ils ont abordé dans une île*, sono approdati in, su un'isola ♦ ***v.tr.*** **1** abbordare **2** approdare (**in**, **su**) **3** (*fig.*) abbordare; affrontare: *aborder qqn dans la rue*, fermare, abbordare qlcu per strada.

aborigène [abɔʀiʒɛn] ***agg.*** e ***n.m.*** e ***f.*** aborigeno/a.

■ SIN. indigène, autochtone.

abortif [abɔʀtif] ***n.m.*** e ***agg.*** [f. *-ive*] abortivo.

abouchement [abuʃmɑ̃] ***n.m.*** **1** (*tecn.*) abboccatura (*f.*), collegamento **2** (*med.*) abboccamento.

aboucher [abuʃe] ***v.tr.*** (*tecn.*) abboccare, far combaciare ♦ **s'aboucher** ***v.pron.intr.*** (*fam.*) mettersi in diretto contatto.

abouler [abule] ***v.tr.*** (*fam.*) mollare, sganciare.

aboulie [abuli] ***n.f.*** abulia.

aboulique [abulik] ***agg.*** e ***n.m.*** e ***f.*** abulico/a.

aboutement [abutmɑ̃] ***n.m.*** **1** (*tecn.*) intestatura (*f.*) **2** (*viticultura*) attestatura (*f.*) **3** (*tel.*) giunzione (*f.*), allacciamento.

aboutir [abutiʀ] ***v.intr.*** [aus. *avoir* e *être*] **1** terminare, finire; andare a finire; sboccare **2** (*fig.*) portare, arrivare: *à quoi cela aboutira-t-il?*, quale ne sarà il risultato? **3** riuscire, avere esito positivo: *les pourparlers ont abouti*, le trattative hanno avuto esito positivo.

aboutissants [abutisɑ̃] *n.m.pl.*
● ***les tenants et les aboutissants***, (*fig.*) gli annessi e i connessi.

aboutissement [abutismɑ̃] *n.m.* 1 risultato, esito 2 realizzazione (*f.*): *c'est l'aboutissement de tous ses projets*, è la realizzazione di tutti i suoi progetti.

aboyer [abwaje] *v.intr.* [coniug. come *employer*] 1 abbaiare (a) 2 (*fam.*) sbraitare.

abracadabrant [abʀakadabʀɑ̃] *agg.* (*fam.*) strampalato.

abrasif [abʀɑzif] *n.m.* e *agg.* [f. *-ive*] abrasivo.

abrasion [abʀɑzjɔ̃] *n.f.* abrasione.

abrégé [abʀeʒe] *n.m.* compendio, sommario; riassunto.
● ***en abrégé***, in breve.
■ SIN. réduction, résumé CONTR. amplification.

abrégement, **abrègement** [abʀɛʒmɑ̃] *n.m.* abbreviazione (*f.*): *abrégement d'un texte*, riduzione di un testo.

abréger [abʀeʒe] *v.tr.* [cambia la *é* in *è* davanti a sillaba muta, eccetto al fut. e al cond.: *j'abrège, tu abrèges* etc.; prende inoltre una *e* muta dopo la *g* davanti ad *a* e *o*: *j'abrégeais, nous abrégeons* etc.] 1 abbreviare, accorciare: *abrégeons et finissons-en*, (*fam.*) tagliamo corto e finiamola 2 (*uno scritto ecc.*) riassumere.
● ***pour abréger***, in breve.

> NOTA Nella lingua familiare sono diventate di uso comune molte parole ed espressioni abbreviate, ***formes abrégées*** che tendono a sostituire le parole da cui sono ricavate. Tra le più diffuse sono: *ado, apéro, bédé, ciné, dico, fac, gym, info, manif, prof, pub, resto, sécu, survêt, sympa, vélo.*

abreuver [abʀœve] *v.tr.* 1 abbeverare 2 (*fig.*) riempire: *abreuver d'insultes*, ricoprire di insulti 3 bagnare; irrigare ♦ **s'abreuver** *v.pron.* abbeverarsi; (*di persona*) bere (abbondantemente).

abreuvoir [abʀœvwaʀ] *n.m.* abbeveratoio.

abréviation [abʀevjasjɔ̃] *n.f.* abbreviazione.

abri [abʀi] *n.m.* riparo; rifugio (*anche fig.*).
● ***abri antiaérien***, ***antiatomique***, rifugio antiaereo, antiatomico | (*dir.*) ***abri fiscal***, paradiso fiscale | ***abri météorologique***, capannina meteorologica | ***à l'abri*** (***de***), al sicuro (da); al riparo (da): *à l'abri de tout soupçon*, al di sopra di ogni sospetto; *être à l'abri du besoin*, avere di che vivere.
■ SIN. asile, refuge.

abribus [abʀibys] *n.m.* fermata (*f.*) d'autobus (con gabbiotto).
■ (*Belgio*) SIN. aubette.

abricot [abʀiko] *n.m.* albicocca (*f.*) ♦ *agg.invar.* (color) albicocca.

abricotier [abʀikɔtje] *n.m.* albicocco.

abrité [abʀite] *agg.* riparato (dal vento).
■ SIN. protégé CONTR. exposé.

abriter [abʀite] *v.tr.* 1 riparare, proteggere 2 dare ricovero (a), accogliere ♦ **s'abriter** *v.pron.* ripararsi; rifugiarsi.

abrogatif [abʀɔgatif] *agg.* [f. *-ive*] abrogativo.

abrogation [abʀɔgasjɔ̃] *n.f.* abrogazione.

abroger [abʀɔʒe] *v.tr.* [coniug. come *manger*] abrogare.

abrupt [abʀypt] *agg.* 1 scosceso 2 (*fig.*) rude ♦ *n.m.* dirupo.

abruti [abʀyti] *agg.* e *n.m.* (*fam.*) imbecille, idiota.

abrutir [abʀytiʀ] *v.tr.* abbrutire, inebetire.

abrutissant [abʀytisɑ̃] *agg.* stremante, snervante; frastornante.

abrutissement [abʀytismɑ̃] *n.m.* abbrutimento.

abscisse [apsis] *n.f.* (*mat.*) ascissa.

absence [apsɑ̃s] *n.f.* 1 assenza; mancanza 2 vuoto (*m.*) di memoria, amnesia 3 (*dir.*) scomparsa.
● (*med.*) ***absence épileptique***, assenza epilettica | ***en l'absence de***, in assenza, in mancanza di.

absent [apsɑ̃] *agg.* e *n.m.* assente: *être absent de*, non essere presente a; *être porté absent à l'appel*, risultare assente all'appello.

absentéisme [apsɑ̃teism] *n.m.* assenteismo.

absenter, s' [sapsɑ̃te] *v.pron.intr.* assentarsi.

abside [apsid] *n.f.* (*arch.*) abside.

absinthe [apsɛ̃t] *n.f.* assenzio (*m.*).

absolu [apsɔly] *agg.* 1 assoluto 2 autoritario ♦ *n.m.* (*fil.*) assoluto.
● ***dans l'absolu***, in senso assoluto.

absolument [apsɔlymɑ̃] *avv.* 1 assolutamente: *absolument défendu*, rigorosamente vietato; *se refuser absolument à*, rifiutarsi categoricamente di | (*gramm.*) *verbe employé absolument*, verbo usato in senso assoluto 2 certamente: *"Vous êtes pour la paix?" "Absolument!"*, "Lei è per la pace?" "Certamente!"; *"Le saviez-vous?" "Absolument pas!"*, "Lo sapevate?" "No, nel modo più assoluto!".

absolution [apsɔlysjɔ̃] *n.f.* assoluzione.

absolutisme [apsɔlytism] *n.m.* assolutismo.

absolutiste [apsɔlytist] *agg.* e *n.m.* e *f.* assolutista.

absolvant [apsɔlvɑ̃] *p.pres.* di **absoudre**.

absorbant [apsɔʀbɑ̃] *agg.* assorbente: *un travail absorbant*, un lavoro che assorbe.

absorber [apsɔʀbe] *v.tr.* 1 assorbire 2 ingerire ♦ **s'absorber** *v.pron.* immergersi.
■ *V.TR.* SIN. 2 boire.

absorption [apsɔʀpsjɔ̃] *n.f.* 1 assorbimento (*m.*) 2 ingestione.

absoudre [apsudʀ] *v.tr.* [pres.indic.: *j'absous, tu absous, il absout, nous absolvons, vous absolvez, ils absolvent*; imperf.indic.: *j'absolvais* etc.; p.rem.: manca; fut.indic.: *j'absoudrai* etc.; cond.: *j'absoudrais* etc.; pres. cong.: *que j'absolve* etc.; imperf.cong.: manca; p.pres.: *absolvant*; p.p.: *absous*, f. *absoute*; imp.: *absous, absolvons, absolvez*] 1 assolvere 2 perdonare.

absous [apsu] *p.p.m.* di **absoudre**.

absoute [apsut] *p.p.f.* di **absoudre**.

abstenir, s' [sapstəniʀ] *v.pron.* [coniug. come *tenir*] astenersi (da).

abstention [apstɑ̃sjɔ̃] *n.f.* astensione.

abstentionnisme [apstɑ̃sjɔnism] *n.m.* astensionismo.

abstentionniste [apstɑ̃sjɔnist] *agg.* e *n.m.* e *f.* astensionista.

abstenu [apstəny] *p.p.* di **abstenir, s'**.

abstinence [apstinɑ̃s] *n.f.* astinenza.

abstraction [apstʀaksjɔ̃] *n.f.* astrazione.
● ***abstraction faite de***, prescindendo da | ***faire abstraction de***, prescindere da.

abstraire [apstʀɛʀ] *v.tr.* [coniug. come *traire*] astrarre ♦ **s'abstraire** *v.pron.* astrarsi (da).

A

abstrait [apstʀɛ] *p.p.* di **abstraire** ♦ ***agg.*** astratto ♦ ***n.m.*** **1** astratto **2** (*arte*) astrattismo **3** (*arte*) astrattista.
● ***art abstrait***, arte astratta, astrattismo | ***dans l'abstrait***, in astratto.
■ *AGG.* CONTR. concret.

abstraitement [apstʀɛtmɑ̃] ***avv.*** astrattamente.

abstrus [apstʀy] ***agg.*** astruso.

absurde [apsyʀd] ***agg.*** e ***n.m.*** assurdo.
● ***par l'absurde***, per assurdo.

absurdement [apsyʀdəmɑ̃] ***avv.*** in modo assurdo.

absurdité [apsyʀdite] ***n.f.*** assurdità.

abus [aby] ***n.m.*** **1** abuso **2** sopruso; ingiustizia (*f.*): *il y a de l'abus!*, (*fam.*) questo è troppo!
● (*dir.*) ***abus de confiance***, ***de pouvoir***, abuso di fiducia, di potere.
■ SIN. **1** excès.

abuser [abyze] ***v.intr.*** **1** abusare **2** (*fam.*) esagerare: *tu abuses!*, adesso esageri! ♦ ***v.tr.*** ingannare ♦ **s'abuser** ***v.pron.intr.*** (*letter.*) ingannarsi: *si je ne m'abuse*, se non erro.

abuseur [abyzœʀ] ***agg.*** e ***n.m.*** che, chi commette abusi sui bambini.

abusif [abyzif] ***agg.*** [f. *-ive*] **1** abusivo **2** improprio: *emploi abusif d'un médicament*, uso improprio di un farmaco **3** possessivo: *mère abusive*, madre possessiva.

abusivement [abyzivmɑ̃] ***avv.*** **1** abusivamente **2** impropriamente.

abyme [abim] ***n.m.*** (*arald.*) abisso.
● (*arte, lett.*) ***mise en abyme***, mise en abyme.

NOTA L'espressione ***mise en abyme***, attestata per la prima volta in A. Gide (*Journal*, 1889-1939), è usata dalla critica moderna per designare la replica miniaturizzata di una composizione letteraria o artistica, incastonata nell'opera stessa e che ne duplica uno o più aspetti (per es. film nel film, dipinto riprodotto nello stesso dipinto).

abyssal [abisal] ***agg.*** [pl. *-aux*] abissale.

abysse [abis] ***n.m.*** abisso.

abyssinien [abisinjɛ̃] ***agg.*** [f. *-enne*] abissino.

acabit [akabi] ***n.m.*** (*spreg.*) genere, risma (*f.*).

acacia [akasja] ***n.m.*** **1** (*bot.*) acacia (*f.*) **2** (*bot. pop.*) robinia (*f.*).

académicien [akademisjɛ̃] ***n.m.*** [f. *-enne*] **1** accademico **2** (*Lussemburgo*) studente universitario.

académie [akademi] ***n.f.*** **1** accademia, scuola d'arte **2** circoscrizione amministrativa universitaria **3** (*arte*) studio (*m.*) di nudo.
● ***Académie des Beaux-Arts***, Accademia di Belle Arti | ***Académie Française***, Académie Française, Accademia di Francia | ***recteur d'académie***, provveditore agli studi.

NOTA L'***Académie*** per eccellenza è in Francia l'*Académie française*, fondata nel 1634 dal cardinale Richelieu e attualmente una delle cinque sezioni dell'*Institut de France*. L'*Académie* ha come compito la conservazione della lingua francese. È composta da 40 membri ed è ambitissimo onore per i letterati francesi entrare a farne parte. La prima donna accolta fu M. Yourcenar nel 1980. A partire dal 1694 fino al 1935 l'*Académie* ha curato otto edizioni del *Dictionnaire de l'Académie* e sta lavorando alla nona.

académique [akademik] ***agg.*** **1** accademico **2** (*Belgio, Svizzera*) universitario **3** (*Canada*) scolastico.

académisme [akademism] ***n.m.*** accademismo.

acajou [akaʒu] ***n.m.*** (*bot.*) **1** (*pianta*) acagiù, anacardio **2** (*legno*) acagiù, mogano ♦ ***agg.invar.*** (*colore*) mogano.

acanthe [akɑ̃t] ***n.f.*** (*bot.*) acanto (*m.*).

acariâtre [akaʀjɑtʀ] ***agg.*** bisbetico, acido.

acarus [akaʀys] ***n.m.*** (*zool.*) acaro.

accablant [akɑblɑ̃] ***agg.*** **1** opprimente: *nouvelle accablante*, notizia che getta nella disperazione **2** schiacciante: *des preuves accablantes*, prove schiaccianti.

accablé [akɑble] ***agg.*** **1** oppresso; sovraccarico: *accablé de honte*, pieno di vergogna; *accablé de chagrin*, oppresso dal dolore; *accablé de travail*, sovraccarico di lavoro **2** sfinito: *accablé par la chaleur*, sfinito dal caldo.

accablement [akɑbləmɑ̃] ***n.m.*** abbattimento.

accabler [akɑble] ***v.tr.*** **1** opprimere; abbattere **2** subissare, sovraccaricare: *accabler de bienfaits*, colmare di favori.

accalmie [akalmi] ***n.f.*** **1** (*mar.*) bonaccia momentanea **2** (*fig.*) momento (*m.*) di calma; tregua.

accaparement [akapaʀmɑ̃] ***n.m.*** accaparramento (*anche fig.*).

accaparer [akapaʀe] ***v.tr.*** **1** fare incetta (**di**); accaparrarsi **2** (*fig.*) impadronirsi (**di**): *accaparer la conversation*, monopolizzare la conversazione; *il l'a accaparé toute la soirée*, (*fam.*) lo ha requisito per tutta la serata; *le travail l'accapare tout entier*, il lavoro lo assorbe totalmente.

accapareur [akapaʀœʀ] ***n.m.*** [f. *-euse*] incettatore; accaparratore (*anche fig.*).

accéder [aksede] ***v.intr.*** [coniug. come *céder*] **1** accedere (*anche inform.*): *il a accédé au salon principal*, è acceduto al salone principale **2** acconsentire, aderire.

accélérateur [akseleʀatœʀ] ***agg.*** [f. *-trice*] di accelerazione ♦ ***n.m.*** **1** acceleratore **2** (*chim.*) accelerante **3** (*Africa*) afrodisiaco.
● (*fis.*) ***accélérateur de particules***, acceleratore di particelle | ***donner un coup d'accélérateur à qqch***, (*fig.*) dare una spinta a qlco.

accélération [akseleʀasjɔ̃] ***n.f.*** accelerazione.

accéléré [akseleʀe] ***agg.*** accelerato ♦ ***n.m.*** (*cine.*) accelerazione (*f.*).

accélérer [akseleʀe] ***v.tr.*** e ***intr.*** [coniug. come *céder*] accelerare.
■ SIN. hâter, presser CONTR. ralentir.

accent [aksɑ̃] ***n.m.*** **1** (*fon.*) accento **2** accento, inflessione (*f.*): *avoir un accent*, parlare con un accento (straniero o dialettale); *un accent amer*, (*fig.*) una nota di amarezza.
● ***accent d'intensité***, accento tonico | ***accent grave***, ***aigu***, ***circonflexe***, accento grave, acuto, circonflesso.

accentuation [aksɑ̃tɥasjɔ̃] ***n.f.*** **1** (*fon.*) accentazione **2** accentuazione.

accentué [aksɑ̃tɥe] ***agg.*** **1** (*fon.*) accentato **2** accentuato, pronunciato: *des traits accentués*, lineamenti pronunciati.

accentuer [aksɑ̃tɥe] ***v.tr.*** **1** (*fon.*) accentare **2** accentuare ♦ **s'accentuer** ***v.pron.intr.*** accentuarsi.

acceptable [aksɛptabl] ***agg.*** accettabile.

acceptation [aksɛptasjɔ̃] ***n.f.*** accettazione, consenso (*m.*).

accepter [aksɛpte] ***v.tr.*** accettare: *accepter le combat*, accettare la battaglia; *il a accepté de venir*, ha accettato di, ha acconsentito a venire.
● (*comm.*) ***vu et accepté***, per accettazione.
■ CONTR. refuser.

acception [aksɛpsjɔ̃] ***n.f.*** **1** accezione: *dans l'acception*

propre du mot, nel senso proprio della parola **2** preferenza.
● (*dir.*) ***sans acception de personne***, senza distinzioni di sorta, senza parzialità per qlcu.

accès [aksɛ] *n.m.* **1** accesso: *avoir accès auprès de qqn*, aver libero accesso presso qlcu **2** attacco (*anche med.*).
● (*ferr.*) ***accès aux quais***, ai treni | (*Internet*) ***accès par ligne commutée***, accesso via telefono, linea commutata.
■ SIN. **1** entrée **2** poussée, crise.

accessible [aksesibl] *agg.* accessibile: *accessible aux compliments*, sensibile ai complimenti; *un homme accessible*, un uomo disponibile.

accession [aksesjɔ̃] *n.f.* **1** accesso (*m.*): *l'accession au pouvoir*, l'ascesa al potere **2** adesione **3** (*dir.*) accessione.

accessit [aksesit] *n.m.* (*scuola francese*) menzione (*f.*) onorevole (che permette di proseguire nel corso di studi scelto).

accessoire [akseswaʀ] *agg.* accessorio; secondario ♦ *n.m.* **1** (*pl.*) accessori **2** (*fil.*) accessorio.
● (*teatr.*): ***accessoires de théâtre***, attrezzeria (teatrale); ***chef des accessoires***, attrezzista.
■ AGG. CONTR. essentiel.

accessoirement [akseswaʀmɑ̃] *avv.* in via accessoria.

accessoiriste [akseswaʀist] *n.m.* e *f.* trovarobe.

accident [aksidɑ̃] *n.m.* **1** incidente **2** accidente, caso: *les accidents de la vie*, i casi della vita **3** (*di terreno*) irregolarità (*f.*): *accidents du terrain*, irregolarità del terreno **4** (*med.*) complicazione (*f.*).
● ***accident de voiture***, ***de la route***, incidente automobilistico, stradale | ***accident du travail***, infortunio sul lavoro | ***par accident***, per caso, fortuitamente.

> NOTA ***Accident*** o ***incident***?
> L'***accident*** è un evento imprevisto e più grave di un *incident*.
> SÌ *Il a eu un **accident** de voiture.*
> NO *Il a eu un incident de voiture.*
> Ha avuto un incidente d'auto.
> L'***incident*** non provoca danni irrimediabili, ma può avere conseguenze gravi nel futuro:
> *Après ce petit **incident**, tout est rentré dans l'ordre.*
> Dopo quel piccolo incidente tutto è andato a posto.
> SÌ *Cet **incident** diplomatique pourrait entraîner une guerre.*
> NO *Cet accident diplomatique pourrait entraîner une guerre.*
> Questo incidente diplomatico potrebbe provocare una guerra.

accidenté [aksidɑ̃te] *agg.* **1** accidentato, irregolare **2** (*fig.*) movimentato **3** infortunato, sinistrato ♦ *n.m.* infortunato: *les accidentés du travail, de la route*, gli infortunati sul lavoro, della strada.

accidentel [aksidɑ̃tɛl] *agg.* [f. *-elle*] accidentale.

accidentellement [aksidɑ̃tɛlmɑ̃] *avv.* in modo casuale: *il est mort accidentellement*, è morto in seguito a un incidente.

accidenter [aksidɑ̃te] *v.tr.* (*non com.*) **1** (*una persona*) causare un infortunio (**a**); investire **2** (*una cosa*) danneggiare.

accidentologie [aksidɑ̃tɔlɔʒi] *n.f.* infortunistica.

acclamation [aklamasjɔ̃] *n.f.* acclamazione, applauso (*m.*): *par acclamation*, per acclamazione.
■ SIN. ovation, vivat.

acclamer [aklame] *v.tr.* acclamare.

acclimatation [aklimatasjɔ̃] *n.f.* acclimatazione.
● ***jardin d'acclimatation***, giardino zoologico.

acclimater [aklimate] *v.tr.* **1** acclimatare; ambientare (*anche fig.*) **2** (*fig.*) (*un'idea, un'usanza*) introdurre ♦ **s'acclimater** *v.pron.intr.* acclimatarsi; ambientarsi (*anche fig.*).

accointances [akwɛ̃tɑ̃s] *n.f.pl.* agganci (*m.*); appoggi (*m.*).

accolade [akɔlad] *n.f.* **1** abbraccio (*m.*): *se donner l'accolade*, abbracciarsi **2** (parentesi) graffa.
● (*arch.*) ***arc en accolade***, arco carenato.

accoler [akɔle] *v.tr.* **1** accostare; unire **2** unire con una (parentesi) graffa.

accommodant [akɔmɔdɑ̃] *agg.* accomodante.

accommodation [akɔmɔdasjɔ̃] *n.f.* **1** adattamento (*m.*) **2** (*fisiol.*) accomodazione.

accommodement [akɔmɔdmɑ̃] *n.m.* **1** accomodamento **2** transazione (*f.*), accordo stragiudiziale: *par voie d'accommodement*, in via transattiva.
● ***politique d'accommodement***, politica del compromesso.

accommoder [akɔmɔde] *v.tr.* **1** adattare (**a**), uniformare (**a**) **2** (*cuc.*) preparare **3** (*antiq.*) (*una lite ecc.*) comporre ♦ *v.intr.* (*fisiol.*) mettere a fuoco ♦ **s'accommoder** *v.pron.* e *pron.intr.* **1** adattarsi (**a**) **2** accontentarsi (**di**).

accompagnateur [akɔ̃paɲatœʀ] *n.m.* [f. *-trice*] accompagnatore.

accompagnement [akɔ̃paɲmɑ̃] *n.m.* **1** accompagnamento (*anche mus.*) **2** scorta (*f.*): (*mil.*) *avion d'accompagnement*, aereo di scorta **3** sostegno: *accompagnement d'un malade*, assistenza a un malato; *accompagnement psychologique*, sostegno psicologico **4** (*cuc.*) contorno.
● ***accompagnement scolaire***, sostegno scolastico (ad allievi con problemi scolastici o di comportamento).
■ SIN. **3** soutien **4** garniture.

accompagner [akɔ̃paɲe] *v.tr.* accompagnare ♦ **s'accompagner** *v.pron.* e *pron.intr.* accompagnarsi: *la fièvre s'accompagne souvent de délire*, la febbre è spesso accompagnata da delirio.

accompli [akɔ̃pli] *agg.* **1** compito **2** compiuto; realizzato: *devant le fait accompli*, davanti al fatto compiuto **3** perfetto: *jeune fille accomplie*, ragazza come si deve; *cuisinière accomplie*, cuoca esperta.
■ SIN. **2** achevé CONTR. **2** inachevé.

accomplir [akɔ̃pliʀ] *v.tr.* **1** compiere, fare **2** adempiere; (*dir.*) espletare **3** realizzare; portare a termine ♦ **s'accomplir** *v.pron.intr.* compiersi; realizzarsi.

accomplissement [akɔ̃plismɑ̃] *n.m.* compimento; adempimento; realizzazione (*f.*).

accord [akɔʀ] *n.m.* **1** accordo: *donner son accord*, dare il proprio consenso; *il vivaient en parfait accord*, andavano d'amore e d'accordo **2** (*mus.*) accordo; (*azione di accordare*) accordatura (*f.*) **3** (*gramm.*) accordo, concordanza (*f.*).
● ***accord à l'amiable***, accordo amichevole | ***accord de coopération***, accordo, trattato di cooperazione | ***d'accord!***, d'accordo!, siamo intesi!: *être, tomber d'accord*, essere, trovarsi d'accordo | ***d'un commun accord***, di comune accordo | ***en accord avec***, d'accordo, in accordo con.
■ SIN. **1** entente CONTR. **1** désaccord, mésentente.

> NOTA L'interiezione familiare ***D'accord, Hector!*** significa 'D'accordo!' e si usa spesso seguita da *mais* 'ma' per introdurre una restrizione a quanto si è appena detto.

accordéon [akɔʀdeɔ̃] *n.m.* fisarmonica (*f.*).
● ***en accordéon***, a fisarmonica; a soffietto.

A

accordéoniste [akɔʀdeɔnist] *n.m.* e *f.* fisarmonicista.
accorder [akɔʀde] *v.tr.* 1 accordare, concedere: *s'accorder un jour de répit*, concedersi un giorno di tregua 2 ammettere 3 armonizzare, combinare: *accorder des couleurs*, armonizzare dei colori 4 (*mus.*) accordare 5 (*rad., tv*) sintonizzare 6 (*gramm.*) accordare 7 (*letter.*) adeguare ♦ **s'accorder** *v.pron.rec.* accordarsi, mettersi d'accordo ♦ *v.pron.intr.* 1 (*gramm.*) concordare 2 concordare, essere d'accordo: *tous s'accordent à dire que*, tutti sono concordi nel dire che.
accordeur [akɔʀdœʀ] *n.m.* [f. *-euse*] accordatore.
accort [akɔʀ] *agg.* (*antiq.*) vivace, spigliato: *une accorte servante*, una vispa servetta.
accostage [akɔstaʒ] *n.m.* (*mar.*) attracco.
accoster [akɔste] *v.tr.* 1 (*mar.*) attraccare (a), accostare (a) 2 (*fig.*) abbordare.
■ SIN. aborder.

FAUX AMI
Da non confondere con *accostare* nel senso di *mettere vicino*, che si traduce *approcher*.

accotement [akɔtmɑ̃] *n.m.* 1 (*di strada*) banchina (*f.*) laterale 2 (*ferr.*) massicciata (*f.*).
● ***accotement non stabilisé***, (*segnaletica stradale*) banchina cedevole.
accoter [akɔte] *v.tr.* (*antiq.*) appoggiare ♦ **s'accoter** *v.pron.* appoggiarsi (a): *accote-toi*, (*fam.*) accosta (con la macchina).
accotoir [akɔtwaʀ] *n.m.* 1 bracciolo 2 poggiatesta.
accouchée [akuʃe] *n.f.* puerpera.
accouchement [akuʃmɑ̃] *n.m.* parto (*anche fig.*).
● ***accouchement à terme***, parto a termine | ***accouchement dirigé, sans douleur***, parto pilotato, indolore | ***accouchement par césarienne***, parto cesareo | ***accouchement par le siège***, parto podalico | ***accouchement prematuré, avant terme***, parto prematuro | ***accouchement sous épidurale***, parto con (anestesia) epidurale | ***faire un accouchement***, (*detto del medico*) assistere una puerpera.
■ SIN. enfantement.
accoucher [akuʃe] *v.intr.* [aus. *avoir* e *être*] partorire: *accoucher d'une fille*, partorire una figlia ♦ *v.tr.* aiutare a partorire.
● ***accouche!***, (*molto fam.*) sputa fuori!
accoucheur [akuʃœʀ] *agg.* e *n.m.*
● ***(médecin) accoucheur***, ostetrico.
accoucheuse [akuʃøz] *n.f.* levatrice, ostetrica.
accouder, s' [sakude] *v.pron.* appoggiarsi (col, sul gomito).
accoudoir [akudwaʀ] *n.m.* bracciolo.
accouplé [akuple] *agg.* (*arch.*) binato: *colonnes accouplées*, colonne binate.
accouplement [akupləmɑ̃] *n.m.* accoppiamento.
accoupler [akuple] *v.tr.* accoppiare ♦ **s'accoupler** *v.pron.rec.* accoppiarsi.
accourir [akuʀiʀ] *v.intr.* [coniug. come *courir*; aus. *être* e *avoir*] accorrere: *ils sont accourus, ont accouru à mon secours*, sono accorsi in mio aiuto.
accoutrement [akutʀəmɑ̃] *n.m.* abbigliamento ridicolo, bizzarro.
accoutrer [akutʀe] *v.tr.* vestire in modo ridicolo, bizzarro; (*fam.*) conciare ♦ **s'accoutrer** *v.pron.* vestirsi in modo ridicolo.
accoutumance [akutymɑ̃s] *n.f.* 1 adattamento (*m.*) 2 (*med.*) assuefazione.
accoutumé [akutyme] *agg.* 1 abituato 2 abituale.
● ***à l'accoutumée***, (*letter.*) al solito.
accoutumer [akutyme] *v.tr.* abituare, assuefare ♦ **s'accoutumer** *v.pron.intr.* abituarsi, assuefarsi.
accréditer [akʀedite] *v.tr.* 1 accreditare 2 avvalorare.
accro [akʀo] *agg.* e *n.m.* e *f.* (*fam.*) 1 drogato/a, tossico/a 2 tifoso/a; fan; fanatico/a.
accrobranche® [akʀobʀɑ̃ʃ] *n.m.* (*sport*) tree-climbing (arrampicata libera sugli alberi).
accroc [akʀo] *n.m.* 1 strappo 2 (*fig.*) difficoltà (*f.*); intoppo, imprevisto.
● ***accroc à la règle***, strappo alla regola | ***accrocs de santé***, problemi di salute.
■ SIN. 1 déchirure.
accrochage [akʀɔʃaʒ] *n.m.* 1 l'appendere: *l'accrochage d'un tableau*, l'appendere un quadro 2 (*di mostra ecc.*) allestimento 3 agganciamento: *l'accrochage de deux wagons*, l'agganciamento di due vagoni 4 (*aut., mil.*) scontro 5 (*fam.*) battibecco 6 (*rad.*) sintonizzazione (*f.*).
accroche [akʀɔʃ] *n.f.* slogan (*m.*) pubblicitario.
accroché [akʀɔʃe] *agg.* 1 appeso, aggrappato (*anche fig.*) 2 (*fam.*) drogato.
● ***avoir le cœur, l'estomac bien accroché***, avere sangue freddo, non essere impressionabile | ***les avoir bien accrochées***, (*molto fam.*) avere le palle, avere coraggio.
accroche-cœur [akʀɔʃkœʀ] *n.m.* [pl. *invar.* o *accroche-cœurs*] tirabaci.
accrocher [akʀɔʃe] *v.tr.* 1 appendere, attaccare 2 agganciare: *une branche accrocha mon veston*, la giacca mi si impigliò in un ramo 3 prendere, afferrare (*anche fig.*): *accrocher une bonne place*, accaparrarsi un buon posto 4 attirare: *une affiche qui accroche l'œil*, un manifesto che attira l'attenzione 5 (*aut.*) urtare 6 (*mil.*) scontrarsi (con il nemico) 7 (*rad.*) sintonizzarsi (con, su) 8 (*fam.*) (*una persona*) abbordare ♦ *v.intr.* (*fam.*) trovarsi bene, a proprio agio: *je n'accroche pas avec lui*, non mi trovo bene con lui ♦ **s'accrocher** *v.pron.* e *pron.intr.* 1 impigliarsi 2 aggrapparsi, attaccarsi (*anche fig.*): *il s'est accroché à moi*, mi si è messo alle costole 3 (*aut.*) urtarsi, scontrarsi 4 (*fam.*) litigare 5 (*mil.*) scontrarsi.
● ***il s'accroche***, non (ci) molla, tiene duro | ***tu peux te l'accrocher***, (*fam.*) puoi scordartelo.
■ V.TR. SIN. 4 intéresser 8 aborder.

NOTA L'interiezione familiare ***Accroche-toi, Jeannot!*** si usa per incoraggiare chi si lancia in un'impresa difficile e corrisponde all'italiano 'Tieni duro!'.

accrocheur [akʀɔʃœʀ] *agg.* [f. *-euse*] 1 che colpisce l'attenzione: *un titre accrocheur*, un titolo a effetto 2 tenace, grintoso: *une publicité accrocheuse*, una pubblicità aggressiva.
accroire [akʀwaʀ] *v.tr.* [usato solo all'inf. retto da *faire, laisser*] far credere, dare a intendere (a).
● ***en faire accroire à qqn***, ingannare qlcu: *il nous en a fait accroire*, ce l'ha data a intendere | ***s'en laisser accroire***, farsi ingannare, fregare.
accroissement [akʀwasmɑ̃] *n.m.* 1 crescita (*f.*) 2 aumento 3 (*biol., dir.*) accrescimento.
● (*econ.*) ***taux d'accroissement***, tasso d'incremento.
accroître [akʀwatʀ] *v.tr.* [pres.indic.: *j'accrois, tu accrois, il accroît, nous accroissons* etc.; imperf.indic.: *j'accroissais* etc.; p.rem.: *j'accrus* etc.; pres.cong.: *que j'accroisse* etc.; imperf.cong.: *que j'accrusse* etc.; p.pres.: *accroissant*; p.p.: *accru*; imp.: *accrois, accroissons, accroissez*] accrescere, aumentare ♦ *v.intr.* (*antiq.*) crescere,

aumentare ♦ **s'accroître** *v.pron.intr.* accrescersi, aumentare.

accroupi [akʀupi] *agg.* accoccolato.

accroupir, s' [sakʀupiʀ] *v.pron.* accoccolarsi, accovacciarsi.

accru [akʀy] *p.p.* di **accroître**.

accueil [akœj] *n.m.* 1 accoglienza (*f.*): *paroles d'accueil*, parole di benvenuto; (*comm.*) *nous sommes persuadés que Vous réserverez un accueil favorable à notre signature*, siamo certi che non mancherete di onorare la nostra tratta 2 (*di ospedale*) accettazione (*f.*); (*di albergo ecc.*) ricevimento, reception (*f.*).
● (*tel.*) ***accueil vocal***, unità di risposta vocale | ***centre d'accueil***, centro di raccolta | ***cocktail d'accueil***, ricevimento in onore di qlcu | (*inform.*) ***écran d'accueil***, (*di un software*) display iniziale, maschera, videata iniziale | ***faire bon, mauvais accueil à qqn, à qqch***, accogliere bene, male qlcu, qlco | (*inform.*) ***page d'accueil***, (*di un sito web*) home page.

accueillant [akœjɑ̃] *agg.* 1 accogliente, comodo 2 ospitale; cordiale.
■ SIN. 2 cordial CONTR. 2 froid.

accueillir [akœjiʀ] *v.tr.* [coniug. come *cueillir*] 1 accogliere 2 accettare.
■ SIN. 1 recevoir.

acculer [akyle] *v.tr.* 1 spingere, costringere (*anche fig.*): *il est acculé à la faillite*, si trova sull'orlo del fallimento 2 (*fig.*) mettere alle strette, con le spalle al muro.

acculturation [akyltyʀasjɔ̃] *n.f.* acculturazione.

acculturé [akyltyʀe] *agg.* e *n.m.* 1 acculturato 2 (*Africa*) occidentalizzato.

acculturer [akyltyʀe] *v.tr.* acculturare ♦ **s'acculturer** *v.pron.intr.* acculturarsi.

accumulateur [akymylatœʀ] *n.m.* accumulatore.

accumulation [akymylasjɔ̃] *n.f.* 1 accumulo (*m.*); (*spec. scient.*) accumulazione 2 (*estens.*) cumulo (*m.*): *une accumulation de preuves*, un cumulo di prove.

accumuler [akymyle] *v.tr.* accumulare; ammassare ♦ **s'accumuler** *v.pron.intr.* accumularsi; ammassarsi.

accus [aky] *n.m.pl.* (*fam.*) batteria (*f.sing.*): *mes accus sont à plat*, ho la batteria scarica.
● ***recharger ses accus***, (*fig.*) rimettersi in forma.

accusateur [akyzatœʀ] *agg.* [f. *-trice*] accusatorio, accusatore ♦ *n.m.* accusatore.
● (*dir.*) ***accusateur privé***, querelante | (*st.*) ***accusateur public***, magistrato pubblico accusatore (durante la Rivoluzione).

accusatif [akyzatif] *n.m.* (*gramm.*) accusativo.

accusation [akyzasjɔ̃] *n.f.* 1 accusa: *mettre en accusation*, incolpare 2 (*dir.*) (pubblica) accusa.
● ***acte d'accusation***, atto d'accusa | ***chefs d'accusation***, capi d'accusa.

accusé [akyze] *n.m.* 1 (*dir.*) imputato 2 (*comm.*) avviso: *accusé de bien trouvé de l'extrait de compte*, benestare all'estratto conto ♦ *agg.* accentuato, marcato.
● ***accusé de réception***, ricevuta di ritorno, cenno di ricevuta.

accuser [akyze] *v.tr.* 1 (*dir.*) accusare (*anche estens.*): *accuser le sort*, incolpare il destino 2 rivelare, mostrare: *accuser son âge*, dimostrare la propria età 3 (*comm.*) dichiarare di avere: *accuser réception de*, accusare ricevuta di; *nous vous serions obligés de nous en accuser réception*, gradiremmo cenno di riscontro 4 (*letter.*) mettere in rilievo, in risalto ♦ **s'accuser** *v.pron.* accusarsi; confessare (qlco): *s'accuser de ses péchés*, confessare i propri peccati ♦ *v.pron.rec.* accusarsi.
● ***accuser le coup***, (*fam.*) accusare il colpo.
■ *V.TR.* SIN. 1 incriminer CONTR. 1 disculper.

acéphale [asefal] *agg.* acefalo.

acerbe [asɛʀb] *agg.* acerbo, aspro (*anche fig.*).

acéré [aseʀe] *agg.* 1 affilato; acuminato 2 (*fig.*) mordace, pungente.

acétate [asetat] *n.m.* (*chim.*) acetato.

acétification [asetifikasjɔ̃] *n.f.* acetificazione.

acétifier [asetifje] *v.tr.* acetificare.

acétique [asetik] *agg.* (*chim.*) acetico.

acétone [asetɔn] *n.f.* (*chim., med.*) acetone (*m.*).

acétoselle [asetozɛl] *n.f.* (*bot. pop.*) acetosella.

acétyle [asetil] *n.m.* (*chim.*) acetile.

acétylène [asetilɛn] *n.m.* (*chim.*) acetilene.

achalandage [aʃalɑ̃daʒ] *n.m.* 1 merce (*f.*), stock 2 (*antiq.*) clientela (*f.*) 3 (*comm.*) avviamento.

achalandé [aʃalɑ̃de] *agg.* (*di negozio*) ben fornito (di merci).

achaler [aʃale] *v.tr.* (*Canada*) infastidire, seccare.

acharné [aʃaʀne] *agg.* accanito: *concurrence acharnée*, concorrenza spietata.

acharnement [aʃaʀnəmɑ̃] *n.m.* accanimento.
● (*med.*) ***acharnement thérapeutique***, accanimento terapeutico.

acharner, s' [saʃaʀne] *v.pron.intr.* accanirsi: *s'acharner sur qqn*, infierire su qlcu; *s'acharner à faire qqch*, ostinarsi a fare qlco.

achat [aʃa] *n.m.* acquisto: *faire l'achat de qqch*, acquistare qlco.
● (*econ.*): ***achat en Bourse***, acquisizione in Borsa; ***pouvoir d'achat***, potere d'acquisto.
■ SIN. acquisition, emplette.

acheminement [aʃminmɑ̃] *n.m.* 1 (*di corrispondenza ecc.*) inoltro 2 (*letter.*) percorso.
● (*tel.*) ***acheminement des appels***, inoltro delle chiamate, routing.

acheminer [aʃmine] *v.tr.* 1 istradare, convogliare; avviare (*anche fig.*): *acheminer le courrier*, inoltrare la corrispondenza 2 (*fig.*) preparare 3 (*inform.*) inviare su canale ♦ **s'acheminer** *v.pron.intr.* avviarsi (*spec. fig.*).

acheter [aʃte] *v.tr.* [coniug. come *semer*] comprare, acquistare: *acheter chez qqn*, comprare da qlcu; *acheter pour 1000 euros de marchandises*, comperare merce per 1000 euro.

acheteur [aʃtœʀ] *n.m.* [f. *-euse*] 1 compratore, acquirente 2 (*professione*) compratore, buyer.

achevé [aʃve] *agg.* finito, compiuto; completo ♦ *n.m.* (*editoria*) *achevé d'imprimer*, colophon.

achèvement [aʃɛvmɑ̃] *n.m.* 1 compimento, termine 2 (*fig.*) compiutezza (*f.*).

achever [aʃve] *v.tr.* [coniug. come *semer*] 1 finire, terminare; completare 2 finire, dare il colpo di grazia (a) ♦ **s'achever** *v.pron.* finire, terminare.
■ *V.TR.* SIN. 1 terminer, conclure.

achillée [akile] *n.f.* (*bot.*) achillea.

achoppement [aʃɔpmɑ̃] *n.m.* inciampo, ostacolo (*spec. fig.*).
● ***pierre d'achoppement***, (*fig.*) scoglio, ostacolo.

achopper [aʃɔpe] *v.intr.* inciampare; incespicare (*spec. fig.*).

A

achromatique [akʀɔmatik] *agg.* (*fis.*) acromatico.
achromatisme [akʀɔmatism] *n.m.* (*fis.*) acromatismo.
acide [asid] *agg.* e *n.m.* acido.
■ SIN. aigre.
acidification [asidifikasjɔ̃] *n.f.* (*chim.*) acidificazione.
acidifier [asidifje] *v.tr.* (*chim.*) acidificare.
acidité [asidite] *n.f.* acidità.
acidose [asidoz] *n.f.* (*med.*) acidosi.
acidulé [asidyle] *agg.* acidulo, acidulato.
acier [asje] *n.m.* 1 acciaio 2 (*letter.*) acciaio, spada (*f.*).
● ***acier inoxydable***, acciaio inossidabile | ***acier moulé, trempé***, acciaio stampato, temp(e)rato | ***d'acier***, (*fig.*) d'acciaio: *des nerfs d'acier*, nervi d'acciaio.
aciérie [asjeʀi] *n.f.* acciaieria.
acmé [akme] *n.m.* acme (*f.*).
acné [akne] *n.f.* (*med.*) acne.
acolyte [akɔlit] *n.m.* accolito.
acompte [akɔ̃t] *n.m.* 1 (*comm.*) acconto, anticipo; caparra (*f.*): *acompte de, sur dividende*, acconto di dividendo 2 (*fam.*) anticipo: *prendre un petit acompte*, (*fig.*) prendersi un anticipo.
● (*comm.*) ***acompte de préférence***, caparra per opzione.
aconit [akɔnit] *n.m.* (*bot.*) aconito.
acoquiner, s' [sakɔkine] *v.pron.intr.* far comunella, entrare in combutta.
à-côté [akote] *n.m.* [pl. *à-côtés*] 1 aspetto secondario: *les petits à-côtés de la vie*, gli imprevisti piacevoli della vita 2 guadagno, entrata (*f.*) extra.
à-coup [aku] *n.m.* [pl. *à-coups*] scossa (*f.*), sobbalzo: *le moteur a des à-coups*, il motore perde colpi.
● ***par à-coups***, a scatti, a sbalzi.
acoustique [akustik] *agg.* acustico ♦ *n.f.* acustica.
acquéreur [akeʀœʀ] *n.m.* acquirente.

NOTA Il femminile ***acquéresse*** è raro e usato di preferenza nei testi giuridici.

acquérir [akeʀiʀ] *v.tr.* [pres.indic.: *j'acquiers, tu acquiers, il acquiert, nous acquérons, vous acquérez, ils acquièrent*; imperf.indic.: *j'acquérais* etc.; p.rem.: j'acquis etc.; fut.indic.: *j'acquerrai* etc.; cond.: *j'acquerrais* etc.; pres.cong.: *que j'acquière* etc., *que nous acquérions, que vous acquériez, qu'ils acquièrent*; imperf.cong.: *que j'acquisse* etc.; p.pres.: *acquérant*; p.p.: *acquis*; imp.: *acquiers, acquérons, acquérez*] 1 acquistare, acquisire (*anche fig.*) 2 (*fig.*) conquistare, guadagnare: *s'acquérir beaucoup d'amis*, farsi molti amici.
● ***il reste acquis que***, sta di fatto che.
acquerrai [akɛʀʀe] → **acquérir**.
acquêts [akɛ] *n.m.pl.* (*dir.*) beni acquisiti (in regime matrimoniale).
acquiers [akjɛʀ] → **acquérir**.
acquiescement [akjɛsmɑ̃] *n.m.* acquiescenza (*f.*), consenso.
acquiescer [akjese] *v.intr.* [coniug. come *placer*] 1 acconsentire: *il acquiesça d'un hochement de tête*, acconsentì con un cenno del capo 2 (*dir.*) non opporsi: *acquiescer à une requête*, accogliere un'istanza.
acquis [aki] *p.p.* di **acquérir** ♦ *agg.* 1 acquisito: *ma reconnaissance vous est acquise*, avrete per sempre la mia riconoscenza 2 (*fig.*) votato: *être acquis à une cause*, essere votato, guadagnato a una causa ♦ *n.m.* acquisizione (*f.*), conquista (*f.*); (*estens.*) esperienza (*f.*) acquisita.
● (*pol.*) ***acquis communautaire***, acquisizione dei diritti e dei doveri comunitari | ***je Vous suis tout acquis***, Le sono devoto.
acquisition [akizisjɔ̃] *n.f.* acquisto (*m.*); acquisizione: *les acquisitions de la science*, le conquiste della scienza.
● (*dir.*) ***acquisition à titre particulier***, acquisto a titolo privato | (*inform.*) ***acquisition de donnés***, acquisizione dati.
acquit [aki] *n.m.* 1 (*comm.*) quietanza (*f.*); ricevuta (*f.*), bolletta (*f.*): *mettre son acquit sur une facture*, quietanzare una fattura 2 (*dir.*) assoluzione (*f.*).
● (*comm.*) ***acquit de transit***, bolla di transito | ***par acquit de conscience***, (*fig.*) per sgravio, scrupolo di coscienza.
acquittement [akitmɑ̃] *n.m.* 1 (*comm.*) saldo, pagamento 2 (*dir.*) assoluzione (*f.*), proscioglimento.
acquitter [akite] *v.tr.* 1 (*comm.*) pagare; saldare, quietanzare: *acquitter une traite*, onorare una cambiale; *acquitter une facture*, quietanzare una fattura 2 (*dir.*) assolvere; prosciogliere ♦ **s'acquitter** *v.pron.intr.* 1 sdebitarsi (*anche fig.*): *s'acquitter envers qqn*, sdebitarsi con qlcu 2 adempiere, compiere (qlco): *s'acquitter d'un devoir*, adempiere a un dovere; *s'acquitter d'une obligation*, adempiere un obbligo; *s'acquitter des formalités d'usage*, assolvere le formalità d'uso; *s'acquitter d'une commission*, eseguire una commissione.
acre [akʀ] *n.f.* acro (*m.*).
âcre [akʀ] *agg.* acre, aspro.
âcrement [akʀəmɑ̃] *avv.* acremente, aspramente.
âcreté [ɑkʀəte] *n.f.* asprezza; (*fig.*) acredine.
acrimonie [akʀimɔni] *n.f.* acrimonia.
acrimonieux [akʀimɔnjø] *agg.* [f. *-euse*] acrimonioso, malevolo.
acrobate [akʀɔbat] *n.m.* e *f.* 1 acrobata 2 (*fig. spreg.*) funambolo/a.
acrobatie [akʀɔbasi] *n.f.* 1 acrobazia 2 (*fig. spreg.*) funambulismo (*m.*).
acrobatique [akʀɔbatik] *agg.* acrobatico.
acronyme [akʀɔnim] *n.m.* acronimo.
acropole [akʀɔpɔl] *n.f.* (*arch.*) acropoli.
acrostiche [akʀɔstiʃ] *n.m.* (*letter.*) acrostico.
acrylique [akʀilik] *agg.* e *n.m.* acrilico.
acte[1] [akt] *n.m.* 1 atto, azione (*f.*): *en acte et en paroles*, a fatti e a parole 2 (*dir., comm.*) atto 3 (*pl.*) (*di conferenza ecc.*) atti: *les actes d'un colloque*, gli atti di un convegno 4 (*fil.*) atto.
● (*dir.*) ***acte de décès, de naissance***, atto di morte, di nascita | (*relig.*) ***acte de foi***, atto di fede | (*dir.*): ***acte de poursuite***, (atto di) citazione; ***acte juridique***, negozio giuridico | (*psic.*) ***acte manqué***, atto mancato | (*relig.*) ***Actes des Apôtres***, Atti degli Apostoli | ***faire acte de***, fare atto di.
acte[2] *n.m.* (*teatr.*) atto.
acteur [aktœʀ] *n.m.* [f. *-trice*] attore: *être l'acteur principal*, (*fig.*) giocare il ruolo di protagonista.
■ SIN. comédien.
actif [aktif] *agg.* [f. *-ive*] 1 attivo: *remède actif*, rimedio attivo 2 (*gramm.*) attivo: *verbe actif*, verbo attivo ♦ *n.m.* 1 (*comm., fin.*) attivo, attività (*f.*) 2 persona (*f.*) attiva, lavoratore.
● (*mil.*) ***armée active***, esercito permanente | (*st.*) ***citoyen actif***, (cittadino) elettore | (*comm.*) ***passif et actif***, dare e avere | (*econ.*) ***population active***, popolazione attiva.
actinie [aktini] *n.f.* (*zool.*) attinia.

action[1] [aksjɔ̃] ***n.f.*** **1** azione (*anche fig.*), atto (*m.*): *une action de solidarité*, un atto di solidarietà; *action d'éclat*, azione, gesto spettacolare; *les syndicats ont organisé une journée d'action*, i sindacati hanno organizzato una giornata di mobilitazione; *l'action érosive du vent*, l'effetto, l'azione erosiva del vento **2** (*dir.*) azione: *intenter une action (juridique, judiciaire)*, intentare, promuovere un'azione (legale) **3** (*mil.*) azione: *engager l'action*, ingaggiare battaglia.
● (*cine.*) ***action!***, azione! | (*dir.*) ***action en justice***, azione giudiziaria | (*cine., letter., teatr.*) ***d'action***, d'azione: *roman, film d'action*, romanzo, film d'azione | ***en action***, in azione: *entrer en action*, entrare in azione; *être en action*, essere in movimento; *mettre en action*, mettere in moto; (*fig.*) mettere in atto | (*gramm.*) ***verbe d'action***, verbo di moto.

action[2] ***n.f.*** (*Borsa*) azione: *paquet, lot d'actions*, pacchetto azionario.
● ***action du crédit foncier***, cartella del credito fondiario | ***action privilégiée***, ***de préférence***, azione privilegiata, preferenziale | ***actions mobilières***, ***immobilières***, azioni mobiliari, immobiliari.

actionnaire [aksjɔnɛʀ] ***n.m.*** e ***f.*** azionista.
● ***actionnaire titulaire***, azionista intestatario.

actionnariat [aksjɔnaʀja] ***n.m.*** azionariato.

actionner [aksjɔne] ***v.tr.*** **1** azionare **2** (*dir.*) perseguire in giudizio.

activation [aktivasjɔ̃] ***n.f.*** (*scient.*) attivazione.

active [aktiv] ***n.f.*** (*mil.*) esercito (*m.*) permanente.
● ***officier d'active***, ufficiale di carriera.

activement [aktivmɑ̃] ***avv.*** attivamente.

activer [aktive] ***v.tr.*** **1** attivare; accelerare: *activer la digestion*, stimolare la digestione; *activer le feu*, attizzare il fuoco; *activer les travaux*, dare impulso ai lavori **2** (*inform.*) azionare, abilitare ♦ **s'activer** ***v.pron.intr.*** darsi da fare, attivarsi.

activisme [aktivism] ***n.m.*** attivismo.

activiste [aktivist] ***agg.*** e ***n.m.*** e ***f.*** (*pol.*) attivista.

activité [aktivite] ***n.f.*** attività.
● (*econ.*) ***activité d'entrepreneur***, attività imprenditoriale | ***activité professionnelle***, attività professionale | ***en activité***, in funzione; in carica: *fonctionnaire en activité*, funzionario in servizio; *volcan en activité*, vulcano attivo | (*econ.*) ***marché sans activité***, mercato fiacco.

actuaire [aktɥɛʀ] ***n.m.*** (*stat., assic.*) attuario.

actualisation [aktɥalizasjɔ̃] ***n.f.*** **1** attualizzazione **2** (*inform.*) aggiornamento (*m.*).

actualiser [aktɥalize] ***v.tr.*** **1** attualizzare, rendere attuale **2** (*inform.*) aggiornare.

actualité [aktɥalite] ***n.f.*** attualità.
● (*tv, cine.*) ***les actualités***, notiziario, attualità.

actuariel [aktyaʀjɛl] ***agg.*** [f. *-elle*] (*fin.*) attuariale.

actuation [aktɥasjɔ̃] ***n.f.*** (*fil.*) attuazione.

actucarnet [aktykaʀnɛ] ***n.m.*** (*inform.*) newsblog, blog di attualità.

actuel [aktɥɛl] ***agg.*** [f. *-elle*] **1** attuale **2** d'attualità.
■ **SIN.** **1** contemporain.

actuellement [aktɥɛlmɑ̃] ***avv.*** attualmente.

acuité [akɥite] ***n.f.*** acutezza (*anche fig.*): *l'acuité de la douleur*, l'intensità del dolore.

acuminé [akymine] ***agg.*** acuminato.

acuponcteur, **acupuncteur** [akypɔ̃ktœʀ] ***n.m.*** [f. *-trice*] agopuntore.

acuponcture, **acupuncture** [akypɔ̃ktyʀ] ***n.f.*** agopuntura.

acutangle [akytɑ̃gl] ***agg.*** (*mat.*) acutangolo.

adage [adaʒ] ***n.m.*** adagio, massima (*f.*).
■ **SIN.** proverbe, maxime.

adagio [adaʒjo] ***avv.*** e ***n.m.*** (*mus.*) adagio.

adamantin [adamɑ̃tɛ̃] ***agg.*** adamantino.

adaptable [adaptabl] ***agg.*** adattabile.

adaptateur [adaptatœʀ] ***n.m.*** **1** [f. *-trice*] riduttore (di testi per il cinema ecc.); sceneggiatore **2** (*elettr.*) trasduttore **3** (*mecc., inform.*) adattatore.
● (*tv*) ***adaptateur terrestre***, decoder per il digitale terrestre.

adaptation [adaptasjɔ̃] ***n.f.*** adattamento (*m.*): *adaptation cinématographique*, adattamento, riduzione cinematografica.

adapter [adapte] ***v.tr.*** **1** adattare **2** (*cine., tv*) adattare, fare l'adattamento (**di**) ♦ **s'adapter** ***v.pron.intr.*** adattarsi.

addiction [adiksjɔ̃] ***n.f.*** dipendenza (da droga, alcol ecc.), tossicodipendenza.

additif [aditif] ***agg.*** [f. *-ive*] aggiuntivo ♦ ***n.m.*** **1** (*chim.*) additivo: *additif alimentaire*, additivo alimentare **2** aggiunta (*f.*) **3** (*tecn.*) correttivo **4** (*inform.*) add-on, aggiornamento.
● (*dir.*) ***loi additive***, additività | (*mat.*) ***propriété additive***, proprietà additiva.

addition [adisjɔ̃] ***n.f.*** **1** aggiunta, addizione | (*editoria*) *notes et additions de*, note e aggiornamenti a cura di **2** (*mat.*) addizione, somma **3** (*al ristorante*) conto (*m.*): *l'addition, s'il vous plaît!*, il conto, per favore!; *régler l'addition*, pagare il conto.
■ **SIN.** **1** ajout **2** somme **CONTR.** **1** déduction **2** soustraction.

additionnel [adisjɔnɛl] ***agg.*** [f. *-elle*] addizionale: *article additionnel*, articolo aggiuntivo.
● (*fin.*): ***centimes additionnels***, addizionale d'imposta; ***droit additionnel***, addizionale.

additionner [adisjɔne] ***v.tr.*** **1** addizionare; aggiungere: *additionner d'eau le vin*, allungare il vino con acqua; *jus de fruit additionné de sucre*, succo di frutta con aggiunta di zucchero **2** (*mat.*) sommare.

adducteur [adyktœʀ] ***agg.*** e ***n.m.*** **1** (*anat.*) (*muscle*) *adducteur*, (muscolo) adduttore **2** (*idraulica*) (*canal*) *adducteur*, (canale) derivatore.

adduction [adyksjɔ̃] ***n.f.*** **1** (*anat.*) adduzione **2** (*di acqua ecc.*) derivazione.

adéiser [adeize] ***v.tr.*** (*inform.*) (*fam.*) rifiutare, negare l'accesso (a una rete) (**a**).

adénoïde [adenɔid] ***agg.*** (*med.*) adenoide.
● ***végétations adénoïdes***, adenoidi.

adénome [adenom] ***n.m.*** (*med.*) adenoma.

adepte [adɛpt] ***n.m.*** e ***f.*** **1** adepto/a; seguace **2** appassionato/a.

adéquat [adekwa] ***agg.*** adeguato, appropriato.

adéquation [adekwasjɔ̃] ***n.f.*** adeguamento (*m.*).

adhérence [adeʀɑ̃s] ***n.f.*** aderenza (*anche med.*).

adhérent[1] [adeʀɑ̃] ***agg.*** aderente.

adhérent[2] ***n.m.*** socio; affiliato.

adhérer [adeʀe] ***v.intr.*** [coniug. come *céder*] aderire (*anche fig.*).

adhésif [adezif] ***n.m.*** e ***agg.*** [f. *-ive*] adesivo.

adhésion [adezjɔ̃] ***n.f.*** adesione (*anche fig.*).

A

adieu [adjø] *inter.* e *n.m.* [pl. *adieux*] addio: *faire ses adieux à qqn*, congedarsi da qlcu.
● (*prov.*) ***adieu paniers, vendanges sont faites***, passata la festa, gabbato lo santo | ***dire adieu à qqch***, (*fig.*) dire addio a qlco; rinunciare definitivamente a qlco.

NOTA L'interiezione familiare ***Adieu, Berthe!*** significa 'Ora basta!' oppure 'Non c'è più niente da fare!'.

adipeux [adipø] *agg.* [f. *-euse*] adiposo.
adiposité [adipozite] *n.f.* adiposità.
adjacent [adʒasɑ̃] *agg.* adiacente.
adjectif [adʒɛktif] *agg.* [f. *-ive*] (*gramm.*) aggettivale ♦ *n.m.* (*gramm.*) aggettivo.
● ***adjectif qualificatif, déterminatif***, aggettivo qualificativo, determinativo | ***adjectif verbal***, aggettivo verbale.
adjectival [adʒɛktival] *agg.* [pl. *-aux*] (*gramm.*) aggettivale.
adjectivement [adʒɛktivmɑ̃] *avv.* (*gramm.*) con valore di aggettivo.
adjoindre [adʒwɛ̃dʀ] *v.tr.* [coniug. come *joindre*] dare come aiuto: *on lui a adjoint un collaborateur*, gli hanno affiancato un collaboratore ♦ **s'adjoindre** *v.pron. indiretto* prendere come socio, come aiuto: *il a dû s'adjoindre deux secrétaires*, ha dovuto prendere altre due segretarie; *il s'est adjoint son fils*, ha preso il figlio come socio.
adjoint [adʒwɛ̃] *p.p.* di **adjoindre** ♦ *agg.* aggiunto ♦ *n.m.* **1** (*amm.*) vice, assistente **2** assessore (comunale).
● ***adjoint au maire***, vicesindaco | ***adjoint d'enseignement***, (*scuola francese*) supplente del professore titolare | ***directeur adjoint***, condirettore; vicedirettore | ***premier adjoint***, assessore con funzione di vicesindaco.
adjonction [adʒɔ̃ksjɔ̃] *n.f.* aggiunta: *adjonction de nouveaux membres*, ammissione di nuovi membri.
adjudant [adʒydɑ̃] *n.m.* **1** (*mil.*) maresciallo **2** (*fam. scherz.*) caporale: *c'est un véritable adjudant!*, è un vero caporale!
adjudant-chef [adʒydɑ̃ʃɛf] *n.m.* [pl. *adjudants-chefs*] (*mil.*) maresciallo maggiore.
adjudicataire [adʒydikatɛʀ] *n.m.* e *f.* (*dir.*) aggiudicatario/a.
adjudicateur [adʒydikatœʀ] *n.m.* [f. *-trice*] (*dir.*) appaltatore.
adjudication [adʒydikasjɔ̃] *n.f.* **1** aggiudicazione **2** (*dir.*) (gara di) appalto (*m.*).
adjuger [adʒyʒe] *v.tr.* [coniug. come *manger*] aggiudicare ♦ **s'adjuger** *v.pron. indiretto* aggiudicarsi, appropriarsi (**di**): *s'adjuger la part du lion*, fare la parte del leone.
● ***adjugé!***, (*alle aste*) aggiudicato: *adjugé, vendu*, (*fam.*) va bene, approvato.
adjuration [adʒyʀasjɔ̃] *n.f.* supplica, scongiuro (*m.*).
adjurer [adʒyʀe] *v.tr.* supplicare, scongiurare.
adjuvant [adʒyvɑ̃] *agg.* e *n.m.* coadiuvante.
admettre [admɛtʀ] *v.tr.* [coniug. come *mettre*] **1** ammettere: *il a été admis à l'Académie Française*, è stato ammesso all'Académie Française **2** supporre, ammettere: *admettons qu'il ait tort*, supponiamo che abbia torto **3** accogliere; accettare: *admettre les excuses de qqn*, accettare le scuse di qlcu **4** ammettere, permettere: *il n'admet pas qu'on lui désobéisse*, non ammette che gli si disobbedisca.
● ***même en admettant que***, ammesso e non concesso che.
■ SIN. **2** reconnaître **3** accueillir, agréer CONTR. **2** nier **3** exclure, rejeter.

administrateur [administʀatœʀ] *n.m.* [f. *-trice*] amministratore.
● ***administrateur de biens***, amministratore immobiliare | ***administrateur délégué***, amministratore delegato | (*inform.*) ***administrateur de site, de serveur***, amministratore del server, webmaster | ***administrateur judiciaire***, liquidatore.
administratif [administʀatif] *agg.* [f. *-ive*] amministrativo.
administration [administʀasjɔ̃] *n.f.* **1** amministrazione: *administration locale*, amministrazione locale **2** *Administration*, amministrazione dello Stato; (*l'insieme dei pubblici funzionari*) pubblico impiego; apparato statale **3** servizio (*m.*) pubblico **4** (*di farmaco ecc.*) somministrazione **5** (*dir.*) (*di prova ecc.*) esibizione, produzione.
● (*inform.*) ***administration de données***, amministrazione dati, Data Administrator | (*dir.*) ***administration légale***, curatela.
administrativement [administʀativmɑ̃] *avv.* per vie amministrative.
administré [administʀe] *n.m.* amministrato; gestito.
administrer [administʀe] *v.tr.* **1** amministrare **2** (*un farmaco ecc.*) somministrare; (*fam.*) dare **3** (*dir.*) (*una prova ecc.*) produrre.
● ***administrer un malade***, dare l'estrema unzione a un malato.
admirable [admiʀabl] *agg.* ammirevole; mirabile, stupendo.
admirablement [admiʀabləmɑ̃] *avv.* mirabilmente, splendidamente.
admirateur [admiʀatœʀ] *agg.* e *n.m.* [f. *-trice*] ammiratore.
admiratif [admiʀatif] *agg.* [f. *-ive*] ammirativo: *un regard admiratif*, uno sguardo d'ammirazione.
admiration [admiʀasjɔ̃] *n.f.* ammirazione.
● ***faire l'admiration de***, suscitare l'ammirazione di.
admirer [admiʀe] *v.tr.* ammirare: *je t'admire de tant travailler!*, non so come fai a lavorare tanto! ♦ **s'admirer** *v.pron.* ammirarsi.
■ V.TR. CONTR. dédaigner, mépriser.
admis [admi] *p.p.* di **admettre**.
admissibilité [admisibilite] *n.f.* ammissibilità.
admissible [admisibl] *agg.* ammissibile; accettabile ♦ *agg.* e *n.m.* e *f.* ammesso/a (a un esame orale).
admission [admisjɔ̃] *n.f.* **1** ammissione **2** (*comm.*) introduzione, importazione.
admonestation [admɔnɛstasjɔ̃] *n.f.* (*dir., letter.*) ammonimento (*m.*).
admonester [admɔnɛste] *v.tr.* (*dir., letter.*) ammonire.
admonition [admɔnisjɔ̃] *n.f.* ammonizione, ammonimento (*m.*).
ado [ado] *agg.* e *n.m.* e *f.* (*fam.*) abbr. di **adolescent**.
adolescence [adɔlesɑ̃s] *n.f.* adolescenza.
adolescent [adɔlesɑ̃] *agg.* e *n.m.* adolescente.
adonis [adɔnis] *n.m.* adone.
adonner, s' [sadɔne] *v.pron.* dedicarsi, consacrarsi: *s'adonner à la boisson*, darsi al bere.
adopté [adɔpte] *agg.* e *n.m.* adottato.
adopter [adɔpte] *v.tr.* adottare (*anche fig.*): *ils m'ont tout de suite adopté*, mi hanno subito trattato come uno di loro.
adoptif [adɔptif] *agg.* [f. *-ive*] adottivo.

adoption [adɔpsjɔ̃] *n.f.* adozione.

adorable [adɔʀabl] *agg.* adorabile: *un adorable petit chien*, un amore di cagnetto.

adorablement [adɔʀabləmɑ̃] *avv.* in modo adorabile.

adorateur [adɔʀatœʀ] *n.m.* [f. *-trice*] adoratore; ammiratore.

adoration [adɔʀasjɔ̃] *n.f.* adorazione.
● (*relig.*) ***l'Adoration des Mages***, l'Adorazione dei Magi.

adorer [adɔʀe] *v.tr.* 1 adorare 2 (*fam.*) andare matto, pazzo (per): *il adore qu'on lui fasse des compliments*, gli piacciono moltissimo i complimenti ♦ **s'adorer** *v.pron.rec.* adorarsi.
■ V.TR. SIN. **1** idolâtrer CONTR. **2** détester.

adosser [adose] *v.tr.* addossare, appoggiare: *le garage était adossé à la maison*, il garage era contiguo alla casa ♦ **s'adosser** *v.pron.* appoggiarsi.
■ V.TR. SIN. appuyer.

adoubement [adubmɑ̃] *n.m.* (*st.*) (*di cavaliere*) vestizione (*f.*).

adouber [adube] *v.tr.* (*st.*) (*un cavaliere*) armare.

adoucir [adusiʀ] *v.tr.* 1 addolcire (*anche fig.*) 2 ammorbidire 3 (*fig.*) mitigare; smorzare: *adoucir une souffrance*, lenire una sofferenza 4 (*fig.*) smussare: *adoucir les angles, les aspérités*, smussare gli angoli, le asperità 5 (*tecn.*) levigare ♦ **s'adoucir** *v.pron.intr.* 1 addolcirsi 2 (*fig.*) mitigarsi.
■ V.TR. SIN. **3** modérer CONTR. **3** aggraver.

adoucissant [adusisɑ̃] *agg.* lenitivo, calmante, emolliente ♦ *n.m.* 1 lenitivo, emolliente; calmante 2 (*chim.*) addolcitore (d'acqua); ammorbidente (di tessuti).

adoucissement [adusismɑ̃] *n.m.* 1 (*tecn.*) addolcimento 2 (*fig.*) mitigazione (*f.*), attenuazione (*f.*).

adoucisseur [adusisœʀ] *n.m.* (*tecn.*) 1 addolcitore (d'acqua) 2 levigatore.

adragante [adʀagɑ̃t] *agg.* e *n.f.*
● ***(gomme) adragante***, (gomma) adragante.

adrénaline [adʀenalin] *n.f.* (*biochim.*) adrenalina.

adrénergique [adʀenɛʀʒik] *agg.* (*med.*) adrenergico.

adresse[1] [adʀɛs] *n.f.* indirizzo (*m.*): *changer d'adresse*, cambiare indirizzo.
● (*Internet*): ***adresse numérique***, ***électronique***, indirizzo digitale, elettronico; ***adresse réticulaire universelle***, URL | ***à l'adresse de***, (*estens.*) rivolto a, nei confronti di.

adresse[2] *n.f.* abilità, destrezza; (*estens.*) accortezza: *jouer, user d'adresse*, destreggiarsi; giocare d'astuzia.
● ***jeu***, ***tour d'adresse***, gioco di prestigio.

adresser [adʀese] *v.tr.* 1 indirizzare; mandare, inviare 2 rivolgere: *adresser la parole*, rivolgere la parola; *adresser des reproches*, muovere rimproveri; *adresser ses condoléances*, fare, porgere le condoglianze ♦ **s'adresser** *v.pron.* rivolgersi.
■ V.TR. SIN. **1** envoyer.

adroit [adʀwa] *agg.* abile; accorto: *il est adroit à se tirer d'affaire*, si sa cavare bene d'impaccio | *être adroit de ses mains*, essere dotato di grande manualità.
■ SIN. habile CONTR. gauche, maladroit.

adroitement [adʀwatmɑ̃] *avv.* abilmente; in modo ingegnoso; con accortezza.

ADSL [adeɛsɛl] *n.m.* (*tel., inform.*) ADSL.

adsorption [atsɔʀpsjɔ̃] *n.f.* (*chim., fis.*) adsorbimento (*m.*).

adulateur [adylatœʀ] *agg.* e *n.m.* [f. *-trice*] adulatore.

adulation [adylasjɔ̃] *n.f.* adulazione.

aduler [adyle] *v.tr.* adulare.

adulte [adylt] *agg.* e *n.m.* e *f.* adulto/a.

adultération [adylteʀasjɔ̃] *n.f.* (*antiq.*) adulterazione; falsificazione.

adultère[1] [adyltɛʀ] *agg.* e *n.m.* e *f.* adultero/a.

adultère[2] *n.m.* adulterio.

adultérer [adylteʀe] *v.tr.* [coniug. come *céder*] adulterare; falsificare.

adultérin [adylteʀɛ̃] *agg.* e *n.m.* adulterino.

advenir [advəniʀ] *v.intr.impers.* [coniug. come *tenir*; aus. *être*] accadere, capitare: *quoi qu'il advienne*, qualunque cosa accada.
● ***advienne que pourra***, accada quel che accada.

adventice [advɑ̃tis] *agg.* 1 occasionale 2 (*bot.*) avventizio: *une plante adventice*, una pianta avventizia.

adventif [advɑ̃tif] *agg.* [f. *-ive*] avventizio.

adverbe [advɛʀb] *n.m.* (*gramm.*) avverbio.

adverbial [advɛʀbjal] *agg.* [pl. *-aux*] (*gramm.*) avverbiale.

adverbialement [advɛʀbjalmɑ̃] *avv.* (*gramm.*) con valore avverbiale.

adversaire [advɛʀsɛʀ] *n.m.* e *f.* avversario/a.
■ SIN. rival.

adverse [advɛʀs] *agg.* (*letter.*) avverso, contrario.
● (*dir.*) ***partie adverse***, parte avversa.

adversité [advɛʀsite] *n.f.* avversità: *dans l'adversité*, nelle avversità.

aède [aɛd] *n.m.* aedo.

aérateur [aeʀatœʀ] *n.m.* aeratore; presa (*f.*) d'aria.

aération [aeʀasjɔ̃] *n.f.* aerazione.

aéré [aeʀe] *agg.* 1 aerato; arieggiato; ventilato 2 (*fig.*) arioso.
● ***centre aéré***, centro di vacanza per bambini (con attività spec. all'aperto).

aérer [aeʀe] *v.tr.* [coniug. come *céder*] aerare; ventilare: *aérer les draps*, arieggiare le lenzuola; *aérer un texte*, (*fig.*) dare più respiro a un testo (nella spaziatura) ♦ **s'aérer** *v.pron.* prendere aria.
■ V.TR. SIN. ventiler.

aérien [aeʀjɛ̃] *agg.* [f. *-enne*] 1 aereo: *transport aérien*, trasporto aereo 2 (*fig.*) leggero ♦ *n.m.* (*antenna*) aereo.

aéro- *pref.* aero-.

aérobic [aeʀɔbik] *n.m.* aerobica (*f.*).

aérobie [aeʀɔbi] *agg.* (*biol.*) aerobico ♦ *n.m.* aerobio.

aérodrome [aeʀodʀom] *n.m.* aerodromo.

aérodynamique [aeʀodinamik] *agg.* aerodinamico ♦ *n.f.* aerodinamica.

aérofibre [aeʀofibʀ] *n.f.* fibra cava isolante.

aérogare [aeʀogaʀ] *n.f.* aerostazione, air terminal (*m.*).

aéroglisseur [aeʀoglisœʀ] *n.m.* hovercraft.

aérographe [aeʀɔgʀaf] *n.m.* aerografo.

aérolite, aérolithe [aeʀɔlit] *n.m.* (*geol.*) aerolito.

aéromobile [aeʀɔmɔbil] *agg.* (*mil.*) aviotrasportato; aeromobile: *division aéromobile*, divisione aeromobile.

aéromodélisme [aeʀomɔdelism] *n.m.* aeromodellismo.

aéronautique [aeʀonotik] *agg.* aeronautico ♦ *n.f.* aeronautica.
● ***aéronautique civile***, ***militaire***, ***navale***, aeronautica civile, militare, navale.

A

aéronaval [aeʀonaval] *agg.* [pl. *-als*] aeronavale.
Aéronavale [aeʀonaval] *n.f.* aeronautica navale.
aéronef [aeʀɔnɛf] *n.m.* aeromobile.
● ***aéronef sanitaire***, aeroambulanza.
aérophagie [aeʀɔfaʒi] *n.f.* (*med.*) aerofagia.
aéroplane [aeʀɔplan] *n.m.* (*antiq.*) aeroplano.
■ SIN. avion.
aéroport [aeʀɔpɔʀ] *n.m.* aeroporto.
● ***aéroport civil***, ***militaire***, aeroporto civile, militare.
aéroporté [aeʀɔpɔʀte] *agg.* aviotrasportato.
aéroportuaire [aeʀopɔʀtɥɛʀ] *agg.* aeroportuale.
aérosol [aeʀɔsɔl] *n.m.* aerosol.
aérospatial [aeʀospasjal] *agg.* [pl. *-aux*] aerospaziale ♦ *n.m.* centro di ricerca aerospaziale.
aérostat [aeʀɔsta] *n.m.* aerostato.
aérostatique [aeʀɔstatik] *agg.* aerostatico ♦ *n.f.* aerostatica.
aéroterrestre [aeʀotɛʀɛstʀ] *agg.* (*mil.*) aeroterrestre.
aérotracté [aeʀotʀakte] *agg.* spinto dal vento.
aéroville [aeʀovil] *n.f.* area tecnologica nei pressi di un aeroporto.
affabilité [afabilite] *n.f.* affabilità, cortesia.
affable [afabl] *agg.* affabile.
affablement [afabləmɑ̃] *avv.* in modo affabile, cortesemente.
affabulation [afabylasjɔ̃] *n.f.* **1** trasfigurazione di fatti: *c'est une affabulation*, è una storia inventata **2** affabulazione; (*di romanzo*) intreccio (*m.*).
affacturage [afaktyʀaʒ] *n.m.* (*banca*) factoring.
affadir [afadiʀ] *v.tr.* **1** rendere insipido **2** (*fig.*) far perdere il mordente (**a**): *il a affadi ce récit*, ha reso meno incisivo il racconto.
affadissement [afadismɑ̃] *n.m.* l'insipidirsi, scipitezza (*f.*) (*anche fig.*): *l'affadissement des sentiments*, l'intiepidirsi dei sentimenti.
affaibli [afebli] *agg.* indebolito, fiaccato.
affaiblir [afebliʀ] *v.tr.* indebolire, affievolire ♦ **s'affaiblir** *v.pron.intr.* indebolirsi; affievolirsi.
affaiblissant [afeblisɑ̃] *agg.* debilitante.
affaiblissement [afeblismɑ̃] *n.m.* **1** indebolimento, affievolimento **2** (*cine., tv*) attenuazione (*f.*): *affaiblissement de l'image*, dissolvenza dell'immagine **3** (*fot., ling.*) indebolimento.
affaire [afɛʀ] *n.f.* **1** faccenda, affare (*m.*): *c'est mon affaire*, è affar mio; *étouffer l'affaire*, mettere a tacere la cosa, la faccenda; *il fait une affaire de tout*, di ogni inezia fa un affare di Stato **2** (*comm.*) affare (*m.*): *faire des affaires*, far affari; *chiffre d'affaires*, fatturato, giro d'affari; *homme*, *brasseur d'affaires*, uomo d'affari; *le français des affaires*, il francese commerciale **3** impresa, ditta **4** (*evento, fatto*) caso (*m.*); (*dir.*) processo (*m.*); causa | (*st.*) *l'affaire Dreyfus*, il caso Dreyfus **5** (*pl.*) (*fam.*) oggetti (*m.*), cose, roba (*sing.*); arnesi (*m.*); aggeggi (*m.*): *ramasse tes affaires et va-t-en*, prendi la tua roba e vattene **6** (*fam.* o *antiq.*) amore (*m.*), relazione amorosa **7** conflitto (*m.*) militare; conflitto (*m.*) diplomatico; (*antiq.*) duello (*m.*).
● ***affaire de***, questione di: *une affaire d'honneur*, una questione d'onore; *une affaire de cœur*, una faccenda di cuore; *c'est une affaire de goût*, è questione di gusti | (*dir.*) ***affaire judiciaire***, caso giudiziario | ***avoir affaire à qqn***, avere a che fare, vedersela con qlcu: *j'ai eu affaire à forte partie*, (*fam.*) ho trovato pane per i miei denti | ***cabinet d'affaires***, studio di consulenza finanziaria | ***cela ne fait rien à l'affaire!***, questo non risolve nulla! | ***ce n'est pas une affaire***, non è un problema | ***ce n'est pas une petite affaire***, non è una faccenda da poco | ***centre d'affaires***, centro direzionale | ***c'est une affaire faite***, è cosa fatta | ***connaître son affaire***, sapere il fatto proprio | ***en faire son affaire***, occuparsi personalmente di: *j'en fais mon affaire*, me ne occupo io | ***être à son affaire***, essere preso da quello che si fa: *il est à son affaire dans ce travail*, ha un lavoro che fa per lui | ***faire l'affaire***, convenire: *cela fera l'affaire*, va bene così, fa al caso mio, nostro; *cela ne fait pas mon affaire*, non fa al caso mio | ***faire ses affaires***, farsi gli affari propri; (*estens.*) trarne un vantaggio economico, ricavarci qlco | ***faire son affaire à qqn***, (*fam.*) dare a qlcu quel che si merita; (*picchiare*) conciare qlcu per le feste | ***j'ai votre affaire***, ho quel che fa al caso vostro | ***il aura son affaire***, avrà quel che si merita | ***la belle affaire!***, (*iron.*) oh bella!: *vous avez fait là une belle affaire!*, (*iron.*) bell'affare che avete fatto! | ***l'affaire est dans le sac***, l'affare è fatto | (*pol.*) ***Ministère des Affaires étrangères***, Ministero degli (Affari) Esteri | (*Africa*) ***sortir pour affaires***, andare dalla propria amante | ***tirer***, ***se tirer d'affaire***, trarre, trarsi d'impaccio: *le malade s'est tiré d'affaire*, il malato è fuori pericolo | ***toutes affaires cessantes***, seduta stante.
affairé [afeʀe] *agg.* indaffarato, affaccendato.
affairer, s' [safeʀe] *v.pron.intr.* affaccendarsi, darsi da fare.
affairisme [afeʀism] *n.m.* affarismo.
affairiste [afeʀist] *n.m.* e *f.* (*spreg.*) affarista.
affaissement [afɛsmɑ̃] *n.m.* **1** cedimento **2** (*fig.*) scoramento, abbattimento.
affaisser [afese] *v.tr.* far cedere ♦ **s'affaisser** *v.pron.intr.* **1** cedere **2** (*fig.*) accasciarsi; abbattersi: *s'affaisser dans un fauteuil*, sprofondare in una poltrona.
affaler [afale] *v.tr.* (*mar.*) calare, mollare ♦ **s'affaler** *v.pron.intr.* **1** (*mar.*) calarsi (da una sartia) **2** (*fam.*) lasciarsi cadere, sprofondarsi.
affamé [afame] *agg.* **1** affamato **2** (*fig.*) avido.
■ CONTR. **1** rassasié, repu.
affamer [afame] *v.tr.* affamare, ridurre alla fame.
affectation[1] [afɛktasjɔ̃] *n.f.* **1** destinazione, assegnazione **2** (*econ.*) stanziamento (*m.*); allocazione **3** (*mil.*) assegnazione; destinazione: *rejoindre son affectation*, raggiungere la propria destinazione **4** (*inform.*) assegnazione, attribuzione.
affectation[2] *n.f.* **1** affettazione **2** ostentazione: *affectation de douleur*, *de joie*, ostentazione di dolore, di gioia.
affecté[1] [afɛkte] *agg.* affettato, artefatto.
■ SIN. maniéré CONTR. naturel.
affecté[2] *agg.* (*comm.*) addetto.
affecter[1] [afɛkte] *v.tr.* **1** destinare, adibire **2** (*econ.*) stanziare; allocare: *affecter de l'argent aux bonnes œuvres*, devolvere una somma in beneficenza **3** (*mil.*) assegnare **4** (*inform.*) allocare.

FAUX AMI
Da non confondere con *affettare* nel senso di *tagliare a fette*, che si traduce *découper, couper en tranches*.

affecter[2] *v.tr.* **1** affettare; ostentare; fingere **2** prendere, assumere: *cette maladie affecte des formes bizarres*, questa malattia assume forme strane.
affecter[3] *v.tr.* **1** minare, ledere **2** (*fig.*) impressionare **3** addolorare **4** (*mat.*) apporre: *affecter un nombre d'un*

exposant, apporre un esponente a un numero 5 (*stat.*) influire: *affecter la moyenne*, influire sulla media ♦ **s'affecter** *v.pron.intr.* addolorarsi (per), rattristarsi (per).

affectif [afɛktif] *agg.* [f. *-ive*] 1 affettivo 2 (*antiq.*) toccante.

affection [afɛksjɔ̃] *n.f.* 1 affetto (*m.*) 2 (*med.*) affezione 3 (*psic.*) fenomeno (*m.*) affettivo.
● ***se prendre d'affection pour qqn***, affezionarsi a qlcu.
■ SIN. 1 attachement.

affectionné [afɛksjɔne] *agg.* affezionato.

affectionner [afɛksjɔne] *v.tr.* amare molto; prediligere ♦ **s'affectionner** *v.pron.intr.* (*antiq.*) affezionarsi.

affectivité [afɛktivite] *n.f.* (*psic.*) affettività.

affectueusement [afektɥøzmɑ̃] *avv.* affettuosamente, con affetto.

affectueux [afɛktɥø] *agg.* [f. *-euse*] affettuoso.
■ SIN. aimant, tendre CONTR. dur, froid.

afférent [aferɑ̃] *agg.* 1 attinente 2 (*dir.*) spettante, afferente 3 (*med.*) afferente.

affermage [afɛrmaʒ] *n.m.* 1 (*di beni rustici*) affitto 2 (*di servizi*) appalto 3 (*di spazio pubblicitario*) concessione (*f.*).

affermer [afɛrme] *v.tr.* 1 (*beni rustici*) affittare 2 (*un servizio*) appaltare 3 (*uno spazio pubblicitario*) dare in concessione.

FAUX AMI
Da non confondere con *affermare*, che si traduce *affirmer*.

affermir [afɛrmir] *v.tr.* 1 consolidare 2 (*fig.*) rendere sicuro, rinfrancare ♦ **s'affermir** *v.pron.intr.* consolidarsi.

affermissement [afɛrmismɑ̃] *n.m.* rinforzamento, consolidamento.

afféterie [afetri] *n.f.* affettazione, ricercatezza.

affichage [afiʃaʒ] *n.m.* 1 affissione (*f.*) 2 (*inform.*) visualizzazione (*f.*), display.

affiche [afiʃ] *n.f.* 1 manifesto (*m.*), cartellone (*m.*) 2 avviso (*m.*) (ufficiale), bollettino (*m.*).
● ***affiche de théâtre***, locandina | ***être à l'affiche***, (*estens.*) essere palese, evidente | (*teatr.*): ***mettre à l'affiche***, mettere in cartellone; ***tête d'affiche***, primo attore, protagonista; (*fig.*) esponente di primo piano.

afficher [afiʃe] *v.tr.* 1 affiggere 2 annunciare (con manifesti); pubblicare (per avviso): *afficher une vente aux enchères*, bandire una vendita all'asta 3 (*fig.*) ostentare ♦ **s'afficher** *v.pron.* farsi notare (in compagnia di qlcu).
● ***défense d'afficher***, divieto d'affissione.

affichette [afiʃɛt] *n.f.* manifestino (*m.*), locandina.

afficheur[1] [afiʃœr] *n.m.* [f. *-euse*] attacchino.

afficheur[2] *n.m.* (*inform.*) display.

affichiste [afiʃist] *n.m.* e *f.* cartellonista.

affilage [afilaʒ] *n.m.* affilatura (*f.*), arrotatura (*f.*).

affilée, d' [dafile] *avv.* ininterrottamente.

affiler [afile] *v.tr.* affilare (*anche fig.*); arrotare.

affiliation [afiljasjɔ̃] *n.f.* affiliazione.

affilié [afilje] *n.m.* affiliato.

affilier [afilje] *v.tr.* affiliare, associare ♦ **s'affilier** *v.pron.intr.* affiliarsi, associarsi.

affinage [afinaʒ] *n.m.* 1 (*tecn.*) affinazione (*f.*) 2 (*di formaggio*) stagionatura (*f.*).

affiner [afine] *v.tr.* 1 affinare (*anche fig.*) 2 (*tecn.*) appuntire 3 (*un formaggio*) (far) stagionare ♦ **s'affiner** *v.pron.intr.* affinarsi (*anche fig.*).

affinité [afinite] *n.f.* affinità.
● ***les affinités électives***, le affinità elettive.

affirmatif [afirmatif] *agg.* [f. *-ive*] 1 affermativo 2 categorico, netto: *répondre d'un ton affirmatif*, rispondere con tono categorico ♦ *avv.* sì; (*nelle comunicazioni via radio*) affermativo.

affirmation [afirmasjɔ̃] *n.f.* 1 affermazione, asserzione 2 affermazione: *l'affirmation d'un peintre*, l'affermazione di un pittore.
● (*dir.*) ***affirmation de compte***, ***de créance***, benestare di un conto, di un credito | (*psic.*) ***affirmation de soi***, autoaffermazione.

affirmative [afirmativ] *n.f.* risposta affermativa.
● ***dans l'affirmative***, in caso affermativo.

affirmativement [afirmativmɑ̃] *avv.* affermativamente, in modo affermativo.

affirmer [afirme] *v.tr.* affermare, asserire: *il affirme l'avoir vu*, asserisce di averlo visto ♦ **s'affirmer** *v.pron.intr.* affermarsi.
■ V.TR. SIN. assurer, certifier CONTR. nier.

affixe [afiks] *n.m.* (*ling.*) affisso.

affleurement [aflœrmɑ̃] *n.m.* 1 livellamento 2 affioramento (*anche geol.*).

affleurer [aflœre] *v.intr.* affiorare (*anche fig.*) ♦ *v.tr.* 1 far combaciare 2 toccare, sfiorare: *l'eau affleurait la cote d'alerte*, l'acqua raggiungeva il livello di guardia.

afflictif [afliktif] *agg.* [f. *-ive*] afflittivo.

affliction [afliksjɔ̃] *n.f.* afflizione.

affligé [afliʒe] *agg.* e *n.m.* afflitto.

affligeant [afliʒɑ̃] *agg.* desolante, penoso.

affliger [afliʒe] *v.tr.* [coniug. come *manger*] affliggere ♦ **s'affliger** *v.pron.intr.* affliggersi.

affluence [aflyɑ̃s] *n.f.* affluenza.
● ***heures d'affluence***, ore di punta.

affluent [aflyɑ̃] *agg.* e *n.m.* affluente.

affluer [aflye] *v.intr.* affluire (*anche fig.*): *les touristes avaient afflué sur la place*, i turisti erano affluiti sulla piazza.

afflux [afly] *n.m.* afflusso; (*fig.*) affluenza (*f.*).

affolant [afɔlɑ̃] *agg.* 1 sconvolgente, inquietante 2 (*fam.*) spaventoso, terribile: *c'est affolant!*, è pazzesco!

affolé [afɔle] *agg.* fuori di sé; sconvolto | *boussole affolée*, bussola impazzita.

FAUX AMI
Da non confondere con *affollato*, che si traduce *bondé*, *comble*.

affolement [afɔlmɑ̃] *n.m.* panico, smarrimento.

affoler [afɔle] *v.tr.* far perdere la testa (a); sconvolgere ♦ **s'affoler** *v.pron.intr.* perdere la testa.
■ V.TR. SIN. bouleverser, effrayer.

affouage [afwaʒ] *n.m.* (*dir.*) legnatico.

affouillement [afujmɑ̃] *n.m.* erosione (*f.*) (degli argini di un fiume).

affouiller [afuje] *v.tr.* (*di corso d'acqua*) erodere.

affourager [afuraʒe] *v.tr.* [coniug. come *manger*] (*cavalli ecc.*) foraggiare.

affranchi [afrɑ̃ʃi] *agg.* 1 affrancato, libero da schiavitù 2 libero; esente 3 (*di lettera, pacco*) affrancato 4 (*fam.*) spregiudicato ♦ *n.m.* 1 (*st.*) schiavo affrancato; liberto 2 (*fam.*) persona (*f.*) che vive ai limiti della legalità.
● ***une femme affranchie***, una donna emancipata.

A

affranchir [afʀɑ̃ʃiʀ] *v.tr.* 1 affrancare, liberare 2 esentare 3 (*lettere, pacchi*) affrancare 4 (*fam.*) mettere al corrente ♦ **s'affranchir** *v.pron.intr.* affrancarsi; liberarsi.

affranchissement [afʀɑ̃ʃismɑ̃] *n.m.* 1 (*da schiavitù*) affrancamento 2 emancipazione (*f.*) 3 (*di lettere, pacchi*) affrancatura (*f.*).

affres [ɑfʀ] *n.f.pl.* tormenti (*m.*), angosce.

affrètement [afʀɛtmɑ̃] *n.m.* (*di nave, aereo*) noleggio.

affréter [afʀete] *v.tr.* [coniug. come *céder*] (*una nave, un aereo*) noleggiare, prendere a nolo.

FAUX AMI
Da non confondere con *affrettare*, che si traduce *presser, hâter*.

affréteur [afʀetœʀ] *n.m.* (*di nave, aereo*) noleggiatore.

affreusement [afʀøzmɑ̃] *avv.* spaventosamente, terribilmente: *affreusement laid*, brutto da far paura.

affreux [afʀø] *agg.* [f. *-euse*] 1 spaventoso, orrendo: *une douleur affreuse*, un dolore atroce 2 (*fam.*) bruttissimo, orribile ♦ *n.m.* (*fam.*) 1 tipo insopportabile 2 brutto.
■ AGG. SIN. 1 effrayant 2 hideux, repoussant.

affriander [afʀijɑ̃de] *v.tr.* 1 adescare 2 (*fig. letter.*) allettare.

affriolant [afʀijɔlɑ̃] *agg.* 1 allettante 2 appetitoso; piccante.

affrioler [afʀijɔle] *v.tr.* 1 ingolosire 2 (*fig.*) attrarre; sedurre.

affront [afʀɔ̃] *n.m.* affronto; oltraggio: *essuyer un affront*, subire un affronto.

affrontement [afʀɔ̃tmɑ̃] *n.m.* scontro; conflitto.

affronter [afʀɔ̃te] *v.tr.* affrontare ♦ **s'affronter** *v. pron.rec.* affrontarsi.
■ V.TR. SIN. braver CONTR. esquiver.

affubler [afyble] *v.tr.* 1 vestire in modo ridicolo; agghindare (con) 2 affibbiare: *affubler qqn d'un surnom*, affibbiare a qlcu un soprannome ♦ **s'affubler** *v.pron.* vestirsi in modo ridicolo; agghindarsi (con): *elle s'était affublée d'un pantalon beaucoup trop large pour elle*, aveva indossato dei buffi calzoni che le stavano troppo larghi.

affusion [afyzjɔ̃] *n.f.* (*talassoterapia*) affusione.

affût [afy] *n.m.* 1 (*caccia*) posta (*f.*) (*anche fig.*): *se mettre a l'affût*, appostarsi 2 (*di cannone*) affusto.
● ***être à l'affût***, (*anche fig.*) fare la posta: *être à l'affût d'une bonne occasion*, essere a caccia di una buona occasione.

affûtage [afytaʒ] *n.m.* (*tecn.*) affilatura (*f.*).

affûter [afyte] *v.tr.* affilare; appuntire.

affûteuse [afytøz] *n.f.* (macchina) affilatrice.

afghan [afgɑ̃] *agg.* afgano ♦ *n.m.* (*lingua*) afgano.

Afghan *n.m.* (*abitante*) afgano.

afin de [afɛ̃də] *prep.* per, allo scopo di.

afin que [afɛ̃kə] *cong.* affinché, perché.

AFK [aɛfka] *agg.* (*Internet*) (*sigla di* Away From Keyboard) (*di un internauta durante una chat o un gioco in rete*) assente momentaneamente: *Marc est AFK*, Marc non è al computer.

africain [afʀikɛ̃] *agg.* africano.

Africain *n.m.* (*abitante*) africano.

africanisation [afʀikanizasjɔ̃] *n.f.* africanizzazione.

africanisme [afʀikanism] *n.m.* (*ling.*) africanismo.

africaniste [afʀikanist] *n.m.* e *f.* africanista.

afrikaans [afʀikɑ̃] *n.m.* (*ling.*) afrikaans.

afrikaner [afʀikanɛʀ] **afrikaander** [afʀikɑ̃dɛʀ] *agg.* afrikaner, africander.

Afrikaner, **Afrikaander** *n.m.* e *f.* (*abitante*) afrikaner, africander.

afro [afʀo] *agg.invar.* (*di acconciatura*) afro | *musique afro*, musica afro.

afro- *pref.* afro-.

afro-américain [afʀoameʀikɛ̃] *agg.* [pl. *afro-américains*] afroamericano.

Afro-Américain *n.m.* [pl. *afro-américains*] (*nativo*) afroamericano.

after [aftœʀ] *n.m.* after-hours (festa che incomincia alla sera e prosegue fino al mattino e oltre).

agaçant [agasɑ̃] *agg.* 1 irritante; seccante 2 (*antiq.*) provocante, sfrontato.

agacement [agasmɑ̃] *n.m.* irritazione (*f.*); stizza (*f.*).

agacer [agase] *v.tr.* [coniug. come *placer*] 1 irritare; indispettire: *tu m'agaces!*, mi dai sui nervi! 2 tormentare, molestare 3 provocare 4 (*i denti*) allappare.
■ SIN. 1 énerver.

agaceries [agasʀi] *n.f.pl.* smancerie, moine.

agamie [agami] *n.f.* (*biol.*) agamia.

agape [agap] *n.f.* 1 (*relig.*) agape 2 (*pl.*) (*estens.*) agape (*sing.*), banchetto (*m.sing.*).

agar-agar [agaʀagaʀ] *n.m.* (*bot., farm.*) agar-agar.

agate [agat] *n.f.* (*min.*) agata.

agave [agav] *n.m.* (*bot.*) agave (*f.*).

âge [ɑʒ] *n.m.* 1 età (*f.*): *être vieux avant l'âge*, essere vecchio prima del tempo; *un homme d'un âge certain*, un uomo che dimostra la sua età; *avancer en âge*, invecchiare | *quel âge as-tu?*, quanti anni hai? 2 età (*f.*), era (*f.*), evo: *d'âge en âge*, di epoca in epoca.
● ***âge de raison***, età della ragione | (*Canada*) ***âge d'or***, terza età | (*dir.*) ***âge légal***, maggiore età | ***à la fleur de l'âge***, nel fiore degli anni | ***dans la force de l'âge***, nel pieno degli anni | ***dès son plus jeune âge***, fin dalla più tenera età | ***d'un autre âge***, d'altri tempi | ***entre deux âges***, di mezza età | ***être d'âge à faire qqch***, essere in età di fare qlco | ***grand âge***, età avanzata: *en raison de son grand âge*, a causa della sua età avanzata | ***le bel âge***, la giovinezza | ***le troisième âge***, la terza età.

âgé [ɑʒe] *agg.* anziano; vecchio; attempato: *le plus, le moins âgé de ses enfants*, il maggiore, il minore dei suoi figli | *il est âgé de 27 ans*, ha 27 anni.

agence [aʒɑ̃s] *n.f.* agenzia.
● ***agence de presse*** (o ***d'informations***), agenzia di stampa | ***agence de voyage***, agenzia di viaggi | ***agence immobilière***, agenzia immobiliare.

agencement [aʒɑ̃smɑ̃] *n.m.* 1 distribuzione (*f.*); disposizione (*f.*), sistemazione (*f.*) 2 (*di frasi in un discorso*) concatenamento.

agencer [aʒɑ̃se] *v.tr.* [coniug. come *placer*] 1 disporre 2 congegnare, concatenare 3 (*antiq.*) ornare.

agencier [aʒɑ̃sje] *n.m.* giornalista di un'agenzia di stampa.

agenda [aʒɛ̃da] *n.m.* agenda (*f.*).
● ***agenda de bureau***, agenda da tavolo | ***agenda de poche***, agenda tascabile | ***agenda électronique***, agenda elettronica | (*inform.*) ***agenda partagé***, agenda condivisa.

agenouillement [aʒnujmɑ̃] *n.m.* inginocchiamento, genuflessione (*f.*).

agenouiller, s' [saʒnuje] *v.pron.intr.* inginocchiarsi; genuflettersi.

agent [aʒɑ̃] *n.m.* 1 agente, operatore 2 (*scient.*) agente 3 (*gramm.*) agente.
● ***agent commercial***, agente di commercio | ***agent comptable***, economo | ***agent d'assurances***, assicuratore | ***agent de change***, agente di cambio | (*Canada*) ***agent de la Paix***, vigile | (*mil.*) ***agent de liaison***, ufficiale di collegamento | (*ind.*) ***agent de maîtrise***, caporeparto | (*ferr.*) ***agent de manœuvre***, manovratore | ***agent de nettoyage***, netturbino, operatore ecologico | ***agent (de police)***, agente (di polizia); vigile urbano | ***agent de voyage***, operatore turistico | ***agent double***, agente segreto che fa il doppio gioco | ***agent immobilier***, agente immobiliare | ***agent secret, de renseignements***, agente segreto | (*meteor.*) ***agents atmosphériques***, agenti atmosferici | (*gramm.*) ***complément d'agent***, complemento d'agente.

agglomérat [aglɔmeʀa] *n.m.* agglomerato (*anche geol.*).

agglomération [aglɔmeʀasjɔ̃] *n.f.* 1 agglomerazione 2 agglomerato (*m.*) urbano.
● ***l'agglomération parisienne***, la Grande Parigi (città e periferia).

aggloméré [aglɔmeʀe] *agg.* agglomerato ♦ *n.m.* 1 agglomerato 2 mattonella (*f.*) (di carbone) 3 agglomerato (di legno).

agglomérer [aglɔmeʀe] *v.tr.* [coniug. come *céder*] agglomerare, ammassare ♦ **s'agglomérer** *v.pron.intr.* agglomerarsi, ammassarsi.

agglutinant [aglytinɑ̃] *agg.* agglutinante.

agglutination [aglytinasjɔ̃] *n.f.* agglutinazione.

agglutiner [aglytine] *v.tr.* 1 agglutinare 2 incollare ♦ **s'agglutiner** *v.pron.intr.* 1 agglutinarsi 2 (*fig.*) accalcarsi.

aggravant [agʀavɑ̃] *agg.* aggravante.
■ CONTR. atténuant.

aggravation [agʀavasjɔ̃] *n.f.* aggravamento (*m.*); acutizzazione.

aggraver [agʀave] *v.tr.* aggravare ♦ **s'aggraver** *v.pron. intr.* aggravarsi.
■ *V.TR.* CONTR. améliorer.

agile [aʒil] *agg.* agile.
■ SIN. souple CONTR. gauche, lent.

agilement [aʒilmɑ̃] *avv.* agilmente, con agilità.

agilité [aʒilite] *n.f.* agilità.
● ***agilité d'esprit***, (*fig.*) prontezza mentale.

agio [aʒjo] *n.m.* (*fin.*) aggio.

agiotage [aʒjɔtaʒ] *n.m.* (*fin.*) aggiotaggio.

agir [aʒiʀ] *v.intr.* agire; (*di persona*) comportarsi: *agir en honnête homme*, comportarsi da persona onesta ♦ **s'agir** *v.pron.impers.* trattarsi: *il s'agit de prendre une décision*, occorre prendere una decisione.
● ***agir auprès de qqn***, adoperarsi presso qlcu | (*dir.*) ***agir (en justice)***, litigare | ***il s'agit bien de ça!***, (*fam.*) ma andiamo!, figuriamoci!
■ *V.INTR.* SIN. faire.

agissant [aʒisɑ̃] *agg.* 1 attivo, operoso 2 efficace.

agissements [aʒismɑ̃] *n.m.pl.* maneggi; intrighi.

agitateur [aʒitatœʀ] *agg.* e *n.m.* [f. *-trice*] agitatore: *agitateur politique*, agitatore politico.

agitation [aʒitasjɔ̃] *n.f.* agitazione (*anche fig.*).

agité [aʒite] *agg.* agitato (*anche fig.*); irrequieto: *existence agitée*, esistenza tormentata ♦ *n.m.* (*med.*) agitato.
■ *AGG.* SIN. nerveux, tourmenté CONTR. tranquille.

agiter [aʒite] *v.tr.* 1 agitare 2 (*fig.*) turbare 3 (*fig.*) (*una questione ecc.*) sollevare, dibattere ♦ **s'agiter** *v.pron.* e *pron.intr.* agitarsi (*anche fig.*).
● ***agiter avant usage***, agitare prima dell'uso.

agit-prop [aʒitpʀɔp] *n.f.invar.* propaganda sovversiva.

agneau [aɲo] *n.m.* [pl. *-eaux*] agnello.
● ***être (doux comme) un agneau***, essere (mite come) un agnellino.

agneler [aɲəle] *v.intr.* [coniug. come *appeler*] (*di pecora*) figliare.

agnelet [aɲəlɛ] *n.m.* agnellino.

agnelle [aɲɛl] *n.f.* agnella.

agnostique [agnɔstik] *agg.* e *n.m.* agnostico.

agonie [agɔni] *n.f.* agonia.
● ***à l'agonie***, in agonia.

agonir [agɔniʀ] *v.tr.* ricoprire (*d'insulti ecc.*).

agonisant [agɔnizɑ̃] *agg.* e *n.m.* agonizzante.

agoniser [agɔnize] *v.intr.* essere in agonia, agonizzare (*anche fig.*).

agoraphobie [agɔʀafɔbi] *n.f.* (*psic.*) agorafobia.

agrafe [agʀaf] *n.f.* 1 (*in un vestito*) gancio (*m.*) 2 (*per cucitrici ecc.*) punto (*m.*) metallico 3 graffa, graffetta, fermaglio (*m.*) 4 spilla.

agrafer [agʀafe] *v.tr.* 1 agganciare: *agrafer sa robe*, agganciarsi il vestito 2 mettere una graffetta (a); (*con la cucitrice*) pinzare 3 (*molto fam.*) arrestare, acciuffare.
■ SIN. 1 attacher.

agrafeuse [agʀaføz] *n.f.* cucitrice.

agraire [agʀɛʀ] *agg.* agrario.

agrandir [agʀɑ̃diʀ] *v.tr.* 1 ingrandire; ampliare; estendere 2 (*fig.*) elevare, nobilitare ♦ **s'agrandir** *v.pron.intr.* ingrandirsi; ampliarsi; estendersi.
■ *V.TR.* SIN. 1 étendre, développer CONTR. 1 réduire.

agrandissement [agʀɑ̃dismɑ̃] *n.m.* 1 ampliamento 2 (*fot.*) ingrandimento.

agrandisseur [agʀɑ̃disœʀ] *n.m.* (*fot.*) ingranditore.

agréable [agʀeabl] *agg.* piacevole, gradevole: *il a fait de tout pour m'être agréable*, ha fatto di tutto per farmi piacere; *malgré notre vif désir de vous être agréables*, malgrado il nostro desiderio di farVi cosa gradita ♦ *n.m.* dilettevole.
● ***il me serait agréable de***, mi farebbe piacere | ***joindre l'utile à l'agréable***, unire l'utile al dilettevole.
■ *AGG.* SIN. plaisant, charmant CONTR. désagréable, pénible.

agréablement [agʀeabləmɑ̃] *avv.* piacevolmente, gradevolmente.

agréer [agʀee] *v.tr.* gradire, accettare: *veuillez agréer, Messieurs, mes salutations distinguées*, (vogliate gradire i miei) distinti saluti ♦ *v.intr.* (*letter.*) piacere (a), garbare (a): *le mariage agréa aux deux familles*, il matrimonio ebbe l'approvazione delle due famiglie.

agreg [agʀɛg] *n.f.* abbr. di **agrégation** 3.

agrégat [agʀega] *n.m.* 1 aggregato, insieme 2 (*edil.*) agglomerato.

agrégateur [agʀegatœʀ] *n.m.* (*inform.*) aggregatore, aggregator.

agrégatif [agʀegatif] *n.m.* [f. *-ive*] chi prepara il concorso per l'agrégation.

agrégation [agʀegasjɔ̃] *n.f.* 1 aggregazione 2 (*geol.*) aggregato (*m.*) 3 (*scuola francese*) agrégation.

NOTA L'***agrégation***, familiarmente abbreviata in *agreg*, è l'esame di concorso per ottenere l'abilitazione all'insegnamento medio e universitario.

A

agrégé [agʀeʒe] ***n.m.*** (*nella scuola media superiore*) professore di ruolo; (*in università*) ordinario.

agréger [agʀeʒe] ***v.tr.*** [coniug. come *abréger*] aggregare, associare, unire ♦ **s'agréger** ***v.pron.intr.*** aggregarsi, associarsi, unirsi.

agrément [agʀemɑ̃] ***n.m.*** **1** consenso, approvazione (*f.*) **2** piacere **3** fascino, attrattiva (*f.*) **4** (*pubblicità*) indice di gradimento.
● ***jardin d'agrément***, giardino ornamentale | (*dir.*) ***lettre d'agrément***, garanzia finanziaria statale.

agrémenter [agʀemɑ̃te] ***v.tr.*** **1** abbellire **2** vivacizzare, ravvivare: *agrémenter une conversation*, vivacizzare una conversazione.

agrès [agʀɛ] ***n.m.pl.*** **1** (*sport*) attrezzi (ginnici) **2** (*mar.*) sartiame (*sing.*).

agresser [agʀese] ***v.tr.*** aggredire.

agresseur [agʀɛsœʀ] ***n.m.*** aggressore, assalitore.

agressif [agʀɛsif] ***agg.*** [f. *-ive*] aggressivo.
■ SIN. menaçant, violent CONTR. doux, pacifique.

agression [agʀɛsjɔ̃] ***n.f.*** aggressione.

agressivement [agʀɛsivmɑ̃] ***avv.*** in modo aggressivo.

agressivité [agʀɛsivite] ***n.f.*** aggressività.

agreste [agʀɛst] ***agg.*** (*letter.*) agreste, campestre, rustico.

agricole [agʀikɔl] ***agg.*** agricolo.
● ***collège agricole***, istituto tecnico agrario.

agriculteur [agʀikyltœʀ] ***n.m.*** [f. *-trice*] agricoltore.

agriculture [agʀikyltyʀ] ***n.f.*** agricoltura.

agripper [agʀipe] ***v.tr.*** acchiappare, ghermire ♦ **s'agripper** ***v.pron.*** aggrapparsi.

agritourisme [agʀituʀism] ***n.m.*** agriturismo.

agro- ***pref.*** agro-, agri-.

agroalimentaire [agʀɔalimɑ̃tɛʀ] ***agg.*** agroalimentare ♦ ***n.m.*** settore agroalimentare.

agronome [agʀɔnɔm] ***n.m.*** e ***f.*** agronomo/a.
● ***ingénieur agronome***, dottore in agraria.

agronomie [agʀɔnɔmi] ***n.f.*** agronomia.

agronomique [agʀɔnɔmik] ***agg.*** agronomico.
● ***Institut National Agronomique***, Facoltà di Agraria.

agrume [agʀym] ***n.m.*** (*spec. pl.*) agrume.

aguerrir [ageʀiʀ] ***v.tr.*** **1** agguerrire **2** (*fig.*) temprare, fortificare ♦ **s'aguerrir** ***v.pron.intr.*** **1** agguerrirsi (**contro**) **2** (*fig.*) temprarsi, fortificarsi.

aguets, aux [ozagɛ] ***avv.*** in agguato.

aguichant [agiʃɑ̃] ***agg.*** (*fam.*) provocante.

aguicher [agiʃe] ***v.tr.*** (*fam.*) provocare, adescare.

aguicheur [agiʃœʀ] ***agg.*** [f. *-euse*] (*fam.*) provocante ♦ ***n.m.*** provocatore, seduttore.

ah [ɑ] ***inter.*** e ***n.m.invar*** ah.
● ***pousser des oh et des ah***, gridare di gioia, di meraviglia.

ahuri [ayʀi] ***agg.*** attonito ♦ ***n.m.*** allocco.

ahurir [ayʀiʀ] ***v.tr.*** sconcertare.

ahurissant [ayʀisɑ̃] ***agg.*** sbalorditivo.

ahurissement [ayʀismɑ̃] ***n.m.*** stupore.

ai [e, ɛ] → **avoir**[1].

aï [ai] ***n.m.*** (*zool.*) ai-ai.

aide[1] [ɛd] ***n.f.*** aiuto (*m.*): *demander de l'aide à qqn*, chiedere aiuto a qlcu; *appeler à son aide*, chiamare in aiuto.
● (*inform.*) ***aide en ligne***, assistenza on line | (*econ.*) ***aide gouvernementale, de l'Etat***, sovvenzione statale | (*dir.*) ***aide judiciaire***, gratuito patrocinio | ***aide sociale***, assistenza, previdenza sociale | ***à l'aide!***, aiuto!: *appeler à l'aide*, invocare aiuto.

aide[2] ***n.m.*** e ***f.*** aiuto (*m.*), assistente.
● ***aide familiale***, aiuto domestico | ***aide maternelle***, vigilatrice d'infanzia | ***aide ménagère***, (*per anziani*) assistente domiciliare.

> NOTA Nelle parole composte da **aide** e un sostantivo o un aggettivo, al plurale ogni elemento prende la **s**: *des aides-cuisiniers*, 'degli aiuto-cuoco'; *des aides-comptables*, 'degli aiuto-contabile' ecc. Quando l'elemento *aide* viene dal verbo *aider*, la parola rimane invariata: *des aide-mémoire*, 'dei prontuari'.

aide-maçon [ɛdmasɔ̃] ***n.m.*** [pl. *aides-maçons*] manovale (muratore).

aide-mémoire [ɛdmemwaʀ] ***n.m.invar.*** **1** bigino **2** prontuario.

aide-présentatrice [ɛdpʀezɑ̃tatʀis] ***n.f.*** [pl. *aides -présentatrices*] (*tv*) valletta.

aider [ede] ***v.tr.*** aiutare ♦ ***v.intr.*** contribuire; favorire (**qlco**): *il l'a aidé à son succès*, ha contribuito al suo successo ♦ **s'aider** ***v.pron.*** servirsi, aiutarsi (**con**) ♦ ***v.pron. rec.*** aiutarsi.
● ***la fatigue aidant***, a causa della stanchezza | ***le temps aidant***, col passare del tempo.
■ *V.TR.* SIN. assister, soutenir.

aide-soignant [ɛdswaɲɑ̃] ***n.m.*** [f. *aide-soignante*, pl. m. *aides-soignants*] aiuto infermiere (non diplomato).

aie [ɛ] → **avoir**[1].

aïe [aj] ***inter.*** ahi, ohi.

aïeul [ajœl] ***n.m.*** [pl. *aïeuls* [ajœl] nel significato 1, *aïeux* [ajø] nel significato 2] **1** avo, nonno: *aïeule maternelle*, nonna materna **2** (*pl.*) antenati, avi.

aigle [ɛgl] ***n.m.*** e ***f.*** aquila (*f.*).

> NOTA L'***aigle impérial***, l'aquila imperiale, insegna delle antiche legioni romane e poi del potere imperiale, fu ripresa da Napoleone Bonaparte come insegna del proprio esercito.
> ***Aigle de Meaux*** era soprannominato il predicatore e scrittore Jacques-Bénigne Bossuet (1627-1704), vescovo di Meaux, fiero oppositore del giansenismo e del quietismo e difensore dei diritti della chiesa gallicana e dell'assolutismo monarchico.

aiglefin [ɛgləfɛ̃] ***n.m.*** (*zool.*) eglefino.

aiglon [ɛglɔ̃] ***n.m.*** [f. *-onne*] aquilotto.

> NOTA L'***Aiglon*** era il soprannome dato al figlio di Napoleone I, nominato Re di Roma e poi Napoleone II (1811-32).

aigre [ɛgʀ] ***agg.*** agro, acido, aspro (*anche fig.*): *des fruits aigres*, frutti acerbi; *une odeur aigre*, un odore acre; *un ton aigre*, un tono aspro; *un froid aigre*, un freddo pungente ♦ ***n.m.*** acido | *tourner à l'aigre*, diventare acido; (*fig.*) inacidire.
● (*metall.*) ***fer aigre***, ferro crudo.
■ *AGG.* SIN. piquant, mordant CONTR. doux.

aigre-doux [ɛgʀədu] ***agg.*** [f. *aigre-douce*, pl.m. *aigres -doux*] agrodolce (*anche fig.*).

aigrefin [ɛgʀəfɛ̃] ***n.m.*** imbroglione, truffatore.

aigrelet [ɛgʀəlɛ] ***agg.*** [f. *-ette*] acidulo, asprigno.

aigrement [ɛgʀəmɑ̃] ***avv.*** aspramente, acidamente, acremente.

aigrette [ɛgʀɛt] ***n.f.*** **1** (*zool.*) egretta, airone (*m.*) maggiore **2** (*sul capo di alcuni uccelli*) ciuffo (*m.*) (di penne) **3** (*ornamento di cappelli*) asprì (*m.*), egretta.

aigreur [ɛgʀœʀ] ***n.f.*** acidità, asprezza (*anche fig.*).
■ SIN. amertume.

aigri [egʀi] *agg.* inacidito, inasprito (*anche fig.*): *aigri par la douleur*, inasprito dal dolore.
■ SIN. amer.

aigrir [egʀiʀ] *v.tr.* e *intr.* inacidire, inasprire (*anche fig.*): *les déceptions aigrissent le caractère*, le delusioni inaspriscono il carattere ♦ **s'aigrir** *v.pron.intr.* inacidirsi; (*fig.*) inasprirsi.

aigu [egy] *agg.* [f. *-uë*] aguzzo; acuto (*anche fig.*): *un chagrin aigu*, un dolore cocente; *un regard aigu*, uno sguardo penetrante ♦ *n.m.* acuto.

NOTA ***Accent aigu***: la parola francese che contiene il maggior numero di accenti acuti è *hétérogénéité*.

aigue-marine [ɛgmaʀin] *n.f.* [pl. *aigues-marines*] (*min.*) acquamarina.

aiguière [egjɛʀ] *n.f.* (*ant.*) brocca.

aiguillage [egɥijaʒ] *n.m.* **1** (*ferr.*) scambio, deviatoio **2** (*fam.*) orientamento: *erreur d'aiguillage*, (*anche fig.*) errore di direzione.
● (*ferr.*) ***poste d'aiguillage***, cabina di blocco, di manovra.

aiguille [egɥij] *n.f.* **1** ago (*m.*) **2** (*di orologio*) lancetta **3** (*zool.*) aguglia **4** (*bot.*) ago (*m.*) **5** (*ferr.*) scambio (*m.*) **6** (*geogr.*) picco (*m.*); faraglione (*m.*) **7** (*arch.*) guglia.
● ***aiguille à coudre***, ago per cucire | ***aiguille à suture***, ago chirurgico | ***aiguille à tricoter***, ferro da calza | ***aiguille trotteuse***, lancetta dei secondi | ***chercher une aiguille dans une botte de foin***, cercare un ago in un pagliaio | ***dans le sens des aiguilles d'une montre***, in senso orario | ***de fil en aiguille***, (*fig.*) passo passo, gradualmente | ***grande***, ***petite aiguille***, lancetta dei minuti, delle ore.

aiguillée [egɥije] *n.f.* gugliata.

aiguiller [egɥije] *v.tr.* **1** (*ferr.*) (*treno*) deviare **2** (*fig.*) indirizzare, orientare.

aiguillette [egɥijɛt] *n.f.* **1** stringa, laccio (*m.*) con puntali **2** (*cuc.*) (*di volatili*) filetto (*m.*); (*di manzo*) codone (*m.*).

aiguilleur [egɥijœʀ] *n.m.* (*ferr.*) scambista, deviatore.
● (*aer.*) ***aiguilleur du ciel***, controllore di volo.

aiguillier [egɥije] *n.m.* agoraio.

aiguillon [egɥijɔ̃] *n.m.* **1** pungolo (*anche fig.*) **2** (*zool.*) pungiglione, aculeo.

aiguillonner [egɥijɔne] *v.tr.* pungolare (*anche fig.*).

aiguisage [egizaʒ] **aiguisement** [egizmɑ̃] *n.m.* affilatura (*f.*), arrotatura (*f.*).

aiguiser [egize] *v.tr.* **1** affilare, arrotare **2** (*fig.*) aguzzare: *aiguiser son esprit*, aguzzare l'ingegno **3** (*fig.*) stimolare, eccitare: *aiguiser l'appétit*, stuzzicare l'appetito **4** (*fig.*) affinare: *aiguiser son goût*, affinare il proprio gusto.
● ***aiguiser ses couteaux***, (*fig.*) affilare le armi.
■ SIN. **1** affiler, affûter CONTR. **1** émousser.

aiguiseur [egizœʀ] *n.m.* arrotino.

aiguisoir [egizwaʀ] *n.m.* affilatoio, cote (*f.*).

ail [aj] *n.m.* [pl. *aulx* [o]; *ails* [aj] nella terminologia botanica] aglio.

aile [ɛl] *n.f.* **1** ala (*anche fig.*): *battre des ailes*, battere le ali; *la peur lui donnait des ailes*, (*fig.*) la paura gli metteva le ali ai piedi **2** (*anat.*) pinna, ala: *les ailes du nez*, le pinne del naso **3** (*di cappello*) ala **4** (*di mulino*) pala, ala **5** (*sport*) (*nello schieramento di una squadra*) settore (*m.*) laterale **6** (*aut.*) parafango (*m.*) **7** (*tecn.*) dente (*m.*), ala: *l'aile d'un pignon*, il dente di un pignone.
● ***avoir du plomb dans l'aile***, ***en avoir dans l'aile***, (*fam.*) essere malconcio | ***avoir un coup dans l'aile***, (*fam.*) essere sbronzo | ***battre de l'aile***, (*fig.*) essere in difficoltà | ***prendre un coup dans l'aile***, (*fam.*) essere compromesso, intaccato: *sa réputation a pris un coup dans l'aile*, la sua reputazione è stata intaccata | ***voler de ses propres ailes***, (*fig.*) uscire dal nido.

ailé [ele] *agg.* alato (*anche fig.*).

aileron [ɛlʀɔ̃] *n.m.* **1** aletta (*f.*), estremità (*f.*) (di ala di uccello) **2** (*di pescecane, di windsurf*) pinna (*f.*) **3** (*aer.*) alettone **4** (*arch., tecn.*) aletta (*f.*).

ailette [ɛlɛt] *n.f.* (*tecn.*) aletta.

ailier [elje] *n.m.* (*calcio*) ala (*f.*).

aille [aj] → **aller**.

ailler [aje] *v.tr.* (*cuc.*) **1** aromatizzare con aglio **2** steccare con aglio.

ailleurs [ajœʀ] *avv.* altrove, in un altro luogo: *nulle part ailleurs*, in nessun altro luogo; *partout ailleurs*, in qualsiasi altro luogo.
● ***aimer ailleurs***, amare un altro, un'altra | ***d'ailleurs***, da un altro luogo; d'altronde, del resto | ***par ailleurs***, per altro, d'altro canto: *il était triste et par ailleurs énervé*, era triste e per giunta irritato.

ailloli [ajɔli] *n.m.* (*cuc.*) maionese (*f.*) a base d'aglio.

aimable [ɛmabl] *agg.* affabile, cortese; gentile: *c'est très aimable à vous*, è gentile da parte sua.
● ***faire l'aimable avec qqn***, cercare di ingraziarsi qlcu.
■ SIN. gentil, affable.

aimablement [ɛmabləmɑ̃] *avv.* gentilmente.

aimant[1] [ɛmɑ̃] *agg.* affettuoso, amoroso.

aimant[2] *n.m.* calamita (*f.*); (*fis.*) magnete.

FAUX AMI
Da non confondere con *amante* nel senso di *innamorato*, che si traduce *amant*.

aimantation [ɛmɑ̃tasjɔ̃] *n.f.* magnetizzazione.

aimanter [ɛmɑ̃te] *v.tr.* magnetizzare, calamitare.

aimantin [ɛmɑ̃tɛ̃] *n.m.* calamita (*f.*) (da frigo).

aimé [eme] *agg.* caro (**a**), benvoluto (**da**).

aimer [eme] *v.tr.* **1** amare, voler bene (**a**) **2** piacere (**a**): *j'aime bien les voyages*, mi piace molto viaggiare; *j'aimerais qu'on m'écoute*, gradirei essere ascoltato; *ma sœur n'a jamais aimé ce garçon*, a mia sorella non è mai piaciuto quel ragazzo ♦ **s'aimer** *v.pron.* amarsi, piacersi ♦ *v.pron.rec.* amarsi.
● ***aimer bien qqn***, aver simpatia per qlcu | ***aimer mieux***, ***aimer autant***, preferire: *j'aime mieux le cinéma que le théâtre*, preferisco il cinema al teatro; *il aime mieux s'en aller qu'accepter un compromis*, preferisce andarsene (piuttosto) che accettare un compromesso; *j'aime mieux pas, ça*, (*fam.*) preferisco di no, così; *j'aime mieux te dire que*, (*fam.*) sappi che, ti avverto che; *j'aime autant partir maintenant*, preferisco partire ora | ***j'aime à croire que***, oso sperare che | ***s'aimer dans un lieu***, trovarsi bene in un posto.
■ *V.TR.* SIN. **1** chérir, adorer CONTR. **1** détester, haïr.

NOTA Da notare che, al contrario di ***aimer***, il verbo italiano 'piacere' viene usato alla forma impersonale:

Il aime lire.
Gli piace leggere.

J'aime que tu sois si gentil.
Mi piace che tu sia così gentile.

aine [ɛn] *n.f.* (*anat.*) inguine (*m.*).

aîné [ene] *agg.* e *n.m.* primogenito; maggiore: *il est mon*

A

aîné de quatre ans, è maggiore, più vecchio di me di quattro anni.

aînesse [ɛnɛs] ***n.f.*** primogenitura.

ainsi [ɛ̃si] ***avv.*** così: *c'est ainsi que j'ai manqué le train*, e così ho perso il treno ♦ ***cong.*** (*conclusiva*) così: *ainsi, vous ne partirez pas?*, e così, non partirete?

● ***ainsi que***, (*con valore compar.*) (così) come: *le russe, ainsi que le polonais, est une langue slave*, il russo (così) come il polacco è una lingua slava; (*comm.*) *vous trouverez ci-joint notre tarif ainsi que notre dernier catalogue*, alleghiamo il listino prezzi con il nostro ultimo catalogo | ***ainsi ... que***, (*con valore consecutivo*) così... che: *il est ainsi fait, qu'il se fâche pour un rien*, è fatto così, se la prende per un nonnulla | ***ainsi soit-il***, così sia, amen | ***et ainsi de suite***, e così via | ***puisqu'il en est ainsi***, stando così le cose | ***s'il en est ainsi***, se le cose stanno così.

NOTA L'inversione del soggetto all'inizio della frase dopo ***ainsi*** si usa specialmente nelle forme letterarie:
Ainsi semblait-il *la suivre du regard.*
Così sembrava seguirla con lo sguardo.

aïoli [ajɔli] ***n.m.*** → **ailloli**.

air[1] [ɛʀ] ***n.m.*** 1 aria (*f.*): *l'air de la mer*, l'aria di mare; *il fait de l'air*, c'è aria; *le fond de l'air est frais ce matin*, fa freschino questa mattina; *il y a de l'orage dans l'air*, (*anche fig.*) c'è aria di temporale; *donner de l'air à une chambre*, dar aria a, arieggiare una stanza 2 aria (*f.*), clima; (*fig.*) atmosfera (*f.*): *changer d'air*, (*anche fig.*) cambiare aria; *l'air du bureau*, l'ambiente dell'ufficio 3 (*aer.*) aria (*f.*), aviazione (*f.*).

● ***air conditionné***, aria condizionata | ***au grand air***, ***en plein air***, all'aria aperta, all'aperto | ***battre l'air***, (*fig.*) sforzarsi | ***en l'air***, in aria, per aria, all'aria: *coup en l'air*, buco nell'acqua; *des projets en l'air*, progetti campati in aria; *avoir la tête en l'air*, avere la testa per aria, nelle nuvole; *agir, parler en l'air*, agire, parlare alla leggera; *mettre en l'air*, mettere in subbuglio | ***hôtesse de l'air***, hostess | ***jouer les filles de l'air***, (*fam.*) sparire, svignarsela | (*med.*) ***mal de l'air***, mal d'aria | ***Ministère de l'Air***, Ministero dell'Aeronautica | ***prendre l'air***, prendere (una boccata d')aria; (*aer.*) prendere quota | ***vivre de l'air du temps***, vivere d'aria.

air[2] ***n.m.*** (*apparenza*) aria (*f.*), aspetto: *air de parenté*, aria di famiglia; *un drôle d'air*, un'aria strana; *d'un air indifférent*, con aria indifferente.

● ***avoir bon air***, avere l'aria per bene | ***avoir grand air***, avere un aspetto signorile, distinto | ***avoir l'air***, aver l'aria: *avoir l'air mauvais*, avere l'aria cattiva; *elle a l'air intelligent(e)*, ha l'aria intelligente; *cet homme-là m'a l'air d'un imbécile*, quel tipo mi sembra un imbecille; *il est plus malin qu'il n'en a l'air*, è più furbo di quanto non sembri; *il n'a l'air de rien, mais*, non sembra, ma; *tu m'as tout l'air de trouver cela amusant*, sembra proprio che la cosa ti diverta; *le temps a l'air d'être à la pluie*, ha l'aria di voler piovere | ***avoir mauvais air***, avere un aspetto poco raccomandabile | ***avoir un faux air de***, ricordare vagamente | ***le bel air***, i modi eleganti | ***se donner***, ***prendre des airs***, ***de grands airs***, darsi delle arie, atteggiarsi.

air[3] ***n.m.*** (*mus.*) aria (*f.*): *un air populaire*, un'aria popolare.

airain [ɛʀɛ̃] ***n.m.*** (*poet.*) bronzo.

● ***un front d'airain***, (*fig.*) una faccia di bronzo | ***un cœur d'airain***, (*fig.*) un cuore di pietra | ***loi d'airain***, (*fig.*) legge ferrea.

airbag [ɛʀbɛg] ***n.m.*** airbag.

airbus [ɛʀbys] ***n.m.*** (*aer.*) aerobus.

aire [ɛʀ] ***n.f.*** 1 area (*anche mat.*) 2 (*di casa colonica*) aia 3 (*di uccello rapace*) nido (*m.*).

● (*geol.*) ***aire continentale***, zoccolo continentale | ***aire d'activité***, sfera di attività | ***aire de jeux***, terreno per giochi (dei bambini) | (*aer.*): ***aire de lancement***, zona di lancio (di missili); ***aire de trafic***, area di stazionamento | ***aire d'influence***, sfera d'influenza.

airelle [ɛʀɛl] ***n.f.*** (*bot.*) mirtillo (*m.*) rosso.

NOTA ***Airelle*** è il termine usato nel Midi per indicare il 'mirtillo', che invece nella Francia del Nord viene detto ***myrtille***.

aisance [ɛzɑ̃s] ***n.f.*** 1 facilità; disinvoltura 2 agiatezza; comodità: *vivre dans l'aisance*, vivere negli agi.

● (*fin.*) ***aisance monétaire***, agevolazione monetaria | (*edil.*) ***fosse d'aisances***, pozzo nero | ***lieux***, ***cabinets d'aisances***, (*antiq.*) gabinetti (di decenza).

aise [ɛz] ***n.f.*** 1 agio (*m.*) 2 ricchezza, agiatezza: *être à son aise*, essere agiato; *vivre à l'aise*, vivere negli agi 3 (*pl.*) agi (*m.*), comodità | *prendre ses aises*, mettersi comodo, (*estens.*) prendersela comoda ♦ ***agg.*** (*letter.*) felice.

● ***à l'aise***, ***à son aise***, a proprio agio: *on tient à l'aise six dans cette voiture*, in questa automobile ci si sta comodamente in sei | ***à votre aise!***, con comodo!: *vous en parlez à votre aise!*, (*fam.*) fate presto voi a dire! | ***en prendre à son aise***, (*fam.*) fare i propri comodi | ***mal à l'aise***, a disagio.

NOTA L'interiezione familiare ***À l'aise, Blaise!*** significa 'Facile!'.

aisé [eze] ***agg.*** 1 facile, agevole: *un livre aisé à consulter*, un libro di facile consultazione 2 agiato, benestante.
■ CONTR. **1** malaisé, difficile.

aisément [ezemɑ̃] ***avv.*** facilmente, agevolmente.

aisseau [ɛso] ***n.f.*** [pl. *-eaux*] (*edil.*) assicella, doga.

aisselle [ɛsɛl] ***n.f.*** (*anat.*) ascella.

ajaccéen [aʒakseɛ̃] **ajaccien** [aʒaksjɛ̃] ***agg.*** [f. *-enne*] di Aiaccio.

ajointer [aʒwɛ̃te] ***v.tr.*** attestare.

ajonc [aʒɔ̃] ***n.m.*** (*bot.*) ginestra (*f.*) spinosa.

ajouré [aʒuʀe] ***agg.*** 1 (*arte*) traforato 2 ricamato a punto a giorno.

ajourer [aʒuʀe] ***v.tr.*** 1 (*arte*) traforare 2 ricamare a punto a giorno.

ajourné [aʒuʀne] ***agg.*** aggiornato, rinviato; prorogato ♦ ***n.m.*** 1 (*mil.*) rivedibile 2 (*ad altra sessione d'esami*) rimandato.

ajournement [aʒuʀnəmɑ̃] ***n.m.*** aggiornamento, rinvio.

ajourner [aʒuʀne] ***v.tr.*** 1 aggiornare, rinviare 2 (*studente*) rimandare 3 (*mil.*) dichiarare rivedibile.

ajout [aʒu] ***n.m.*** aggiunta (*f.*).

ajouter [aʒute] ***v.tr.*** aggiungere ♦ ***v.intr.*** aumentare (qlco), accrescere (qlco): *son intelligence ajoute à son charme*, la sua intelligenza accresce il suo fascino ♦ **s'ajouter** ***v.pron.intr.*** aggiungersi.

● ***ajouter foi***, prestar fede: *ajouter foi aux paroles de qqn*, prestar fede alle parole di qlcu.
■ *V.TR.* SIN. joindre CONTR. enlever, retrancher.

AJR [aʒiɛʀ] ***n.m.pl.*** (*sigla di* Apports Journaliers Recommandés) fabbisogno (*sing.*) nutrizionale giornaliero, apporto (*sing.*) giornaliero raccomandato.

ajusté [aʒyste] ***agg.*** 1 attillato: *ajusté à la taille*, aderente in vita 2 dato, assestato: *un coup bien ajusté*, un

colpo ben assestato **3** (*iron.*) conciato: *te voilà ajusté comme il faut*, eccoti sistemato per le feste.
■ SIN. **1** collant, moulant CONTR. **1** flottant, ample.

ajustement [aʒystəmɑ̃] *n.m.* adattamento, adeguamento: *ajustement des salaires*, perequazione dei salari; *ajustement de change, des comptes*, aggiustamento di cambio, dei conti.

ajuster [aʒyste] *v.tr.* **1** adattare: *ajuster un robinet à un tuyau*, applicare un rubinetto a un tubo **2** regolare: *ajuster les prix*, regolamentare i prezzi; *ajuster les salaires*, allineare i salari **3** sistemare; (*fig.*) mettere d'accordo: *ajuster un différend*, comporre una lite **4** mirare (a) **5** (*mus.*) accordare ♦ **s'ajuster** *v.pron.* **1** adattarsi **2** mettersi d'accordo.
● ***ajuster son tir***, (*anche fig.*) aggiustare il tiro.

FAUX AMI
Da non confondere con *aggiustare* nel senso di *riparare*, che si traduce *reparer*.

ajusteur [aʒystœʀ] *n.m.* [f. *-euse*] operaio montatore.

ajutage [aʒytaʒ] *n.m.* (*tecn.*) boccaglio, regolatore di flusso.

alaire [alɛʀ] *agg.* alare.

alaise [alɛz] *n.f.* (*nel letto di un malato*) toppone (*m.*), traversa.

alambic [alɑ̃bik] *n.m.* lambicco, alambicco.

alambiqué [alɑ̃bike] *agg.* contorto, lambiccato.

alangui [alɑ̃gi] *agg.* debole; languido.

alanguir [alɑ̃giʀ] *v.tr.* indebolire; illanguidire ♦ **s'alanguir** *v.pron.intr.* illanguidirsi, infiacchirsi.

alanguissement [alɑ̃gismɑ̃] *n.m.* languore.

alarmant [alaʀmɑ̃] *agg.* allarmante.

alarme [alaʀm] *n.f.* **1** allarme (*m.*) (*anche mil.*) **2** (*fig.*) ansia, allarme (*m.*).
■ SIN. **1** alerte.

alarmer [alaʀme] *v.tr.* allarmare; preoccupare ♦ **s'alarmer** *v.pron.intr.* allarmarsi, preoccuparsi.

alarmiste [alaʀmist] *agg.* allarmistico ♦ *n.m.* e *f.* allarmista.

alaska [alaska] *n.m.* (*Camerun*) gelato da passeggio.

albanais [albanɛ] *agg.* albanese ♦ *n.m.* (*lingua*) albanese.

Albanais *n.m.* (*abitante*) albanese.

albâtre [albɑtʀ] *n.m.* alabastro.

albatros [albatʀos] *n.m.* (*zool.*) albatro, diomedea (*f.*).

albigeois [albiʒwa] *agg.* albigese.

NOTA Gli ***albigesi***, così detti dalla città di Albi, erano una fazione della setta eretica dei catari. Contro di loro il papa Innocenzo III bandì una crociata (1208-29), guidata da Simon de Monfort, che li sterminò.

Albigeois *n.m.* (*abitante*) albigese.

albinisme [albinism] *n.m.* albinismo.

albinos [albinos] *agg.invar.* e *n.m.* e *f.* albino/a.

album [albɔm] *n.m.* album; albo.

albumen [albymɛn] *n.m.* albume.

albumine [albymin] *n.f.* albumina.

alcali [alkali] *n.m.* (*chim.*) alcali.
● ***alcali volatil***, ammoniaca.

alcalin [alkalɛ̃] *agg.* (*chim.*) alcalino.

alcalinité [alkalinite] *n.f.* (*chim.*) alcalinità.

alcaloïde [alkalɔid] *n.m.* alcaloide.

alchimie [alʃimi] *n.f.* alchimia.

alchimique [alʃimik] *agg.* alchimistico.

alchimiste [alʃimist] *n.m.* alchimista.

alcool [alkɔl] *n.m.* **1** alcol (etilico); spirito **2** (*pl.*) alcolici.
● ***réchaud à alcool***, fornello a spirito | ***un petit alcool***, un bicchierino.

alcoolémie [alkɔlemi] *n.f.* (*med.*) alcolemia.

alcoolique [alkɔlik] *agg.* alcolico ♦ *n.m.* e *f.* alcolizzato/a, alcolista.

alcoolisé [alkɔlize] *agg.* alcolico.

alcooliser [alkɔlize] *v.tr.* **1** alcolizzare, aggiungere alcol (a) **2** trasformare in alcol ♦ **s'alcooliser** *v.pron.intr.* (*fam.*) diventare un alcolizzato.

alcoolisme [alkɔlism] *n.m.* (*med.*) alcolismo.

alcoomètre [alkɔmɛtʀ] *n.m.* (*chim.*) alcolimetro.

alcootest [alkɔtɛst] *n.m.* alcoltest, etilometro.

alcôve [alkov] *n.f.* alcova.

aldéhyde [aldeid] *n.m.* (*chim.*) aldeide (*f.*).

aléa [alea] *n.m.* alea (*f.*), rischio.

aléatoire [aleatwaʀ] *agg.* aleatorio.

aléatoirement [aleatwaʀmɑ̃] *avv.* in modo aleatorio.

alémanique [alemanik] *agg.* e *n.m.* e *f.* svizzero/a tedesco/a.

alêne [alɛn] *n.f.* ago (*m.*) da calzolaio; lesina.

alentour [alɑ̃tuʀ] *avv.* intorno, d'intorno.

alentours [alɑ̃tuʀ] *n.m.pl.* dintorni.
● ***aux alentours***, nei paraggi.
■ SIN. abords, environs.

alerte[1] [alɛʀt] *agg.* **1** vivace; svelto: *une démarche alerte*, un'andatura spedita **2** arzillo: *malgré son âge il est très alerte*, nonostante l'età è molto arzillo.

NOTA L'interiezione familiare ***Alerte, Arlette!*** è un avvertimento nell'imminenza di un pericolo o invito a reagire in fretta: corrisponde all'italiano 'Attenzione!'.

alerte[2] *n.f.* allarme (*m.*): *l'alerte a été vive*, lo spavento è stato forte ♦ *inter.* all'erta.
● ***à la première alerte***, alle prime avvisaglie | ***en alerte***, all'erta | ***fin d'alerte***, cessato allarme.

alertement [alɛʀtəmɑ̃] *avv.* prontamente; vivacemente; speditamente.

alerter [alɛʀte] *v.tr.* dare l'allarme (a).
■ SIN. avertir.

alésage [alezaʒ] *n.m.* (*mecc.*) **1** alesatura (*f.*) **2** alesaggio: *alésage des cylindres du moteur*, alesaggio dei cilindri del motore.

alèse [alɛz] *n.f.* → **alaise**.

aléser [aleze] *v.tr.* [coniug. come *céder*] (*mecc.*) alesare.

aléseuse [alezøz] *n.f.* (*macchina*) alesatrice.

alésien [alezjɛ̃] *agg.* [f. *-enne*] di Alès.

alevin [alvɛ̃] *n.m.* (*zool.*) avannotto.

alexandrin [alɛksɑ̃dʀɛ̃] *agg.* alessandrino ♦ *n.m.* (*verso*) alessandrino.

alezan [alzɑ̃] *agg.* e *n.m.* (*cavallo*) sauro.

alfa [alfa] *n.m.* (*bot.*) alfa (*f.*).

algarade [algaʀad] *n.f.* **1** litigata, sfuriata **2** rimprovero (*m.*).

algèbre [alʒɛbʀ] *n.f.* algebra: *résoudre un problème par l'algèbre*, risolvere un problema algebricamente.
● ***c'est de l'algèbre pour lui***, (*fig.*) è arabo per lui.

algébrique [alʒebʀik] *agg.* algebrico.

algérien [alʒeʀjɛ̃] *agg.* [f. *-enne*] algerino.

A

Algérien *n.m.* [f. *-enne*] (*abitante*) algerino.
algérois [alʒeʀwa] *agg.* algerese, di Algeri.
Algérois *n.m.* (*abitante*) algerese.
algorithme [algɔʀitm] *n.m.* (*mat., inform.*) algoritmo.
algothérapie [algoteʀapi] *n.f.* (*med.*) algoterapia, terapia con alghe marine.
algue [alg] *n.f.* alga.
aliasing [aljaziŋ] *n.m.* (*inform.*) aliasing.
alibi [alibi] *n.m.* alibi (*anche estens.*).
aliénable [aljenabl] *agg.* 1 (*dir.*) alienabile 2 (*fin.*) cedibile.
aliénant [aljenɑ̃] *agg.* alienante.
aliénation [aljenasjɔ̃] *n.f.* alienazione.
aliéné [aljene] *agg.* alienato ♦ *n.m.* malato di mente, alienato.
■ SIN. fou.
aliéner [aljene] *v.tr.* [coniug. come *céder*] alienare (*anche fig.*) ♦ **s'aliéner** *v.pron.* estraniarsi.
● ***s'aliéner la sympathie de qqn***, alienarsi la simpatia di qlcu.
aliéniste [aljenist] *agg.* e *n.m.* e *f.* (*ant.*) (medico) alienista.
alignement [aliɲmɑ̃] *n.m.* allineamento, schieramento (*anche fig.*): *se mettre à l'alignement*, allinearsi; *sortir de l'alignement*, uscire dalle file, dai ranghi.
● ***servitude d'alignement***, (*urbanistica*) adeguamento al piano stradale | (*mil.*) ***à droite, alignement!, à gauche, alignement!***, dest'riga!, sinist'riga!
aligner [aliɲe] *v.tr.* allineare: *aligner des chiffres, des mots*, mettere in fila numeri, parole ♦ **s'aligner** *v.pron.* allinearsi.
● ***tu peux toujours t'aligner!***, (*fam.*) provaci!, non ce la farai mai!
aliment [alimɑ̃] *n.m.* 1 alimento, cibo 2 (*pl.*) (*dir.*) alimenti.
■ SIN. 1 nourriture.
alimentaire [alimɑ̃tɛʀ] *agg.* alimentare.
● (*dir.*): ***obligation alimentaire***, obbligo degli alimenti; ***pension alimentaire***, alimenti.
alimentarité [alimɑ̃taʀite] *n.f.* proprietà di un materiale di non alterare gli alimenti con cui è a contatto.
alimentateur [alimɑ̃tatœʀ] *n.m.* e *agg.* [f. *-trice*] (*tecn.*) alimentatore.
alimentation [alimɑ̃tasjɔ̃] *n.f.* 1 alimentazione 2 (*tecn.*) alimentazione; rifornimento (*m.*): *alimentation en eau*, rifornimento idrico.
● ***magasin d'alimentation***, negozio di alimentari.
alimenter [alimɑ̃te] *v.tr.* alimentare (*anche fig.*) ♦ **s'alimenter** *v.pron.* nutrirsi.
■ *V.TR.* SIN. nourrir, sustenter.
alinéa [alinea] *n.m.* capoverso; (*dir.*) comma.
aliquote [alikɔt] *agg.* e *n.f.* aliquota.
alise [aliz] *n.f.* (*bot.*) sorba.
alisier [alizje] *n.m.* (*bot.*) sorbo.
alitement [alitmɑ̃] *n.m.* permanenza (*f.*) a letto.
aliter [alite] *v.tr.* costringere a letto ♦ **s'aliter** *v.pron. intr.* (*per malattia*) mettersi a letto.
■ *V.PRON.* SIN. garder le lit, se coucher.

FAUX AMI
Da non confondere con *alitare*, che si traduce *respirer* o *souffler*.

alizé [alize] *agg.* e *n.m.* aliseo.
alkékenge [alkekɑ̃ʒ] *n.m.* (*bot.*) alchechengi.
alkermès [alkɛʀmɛs] *n.m.* alchermes.
allable [alabl] *agg.* (*Canada*) (*di strada*) percorribile.
allaitement [alɛtmɑ̃] *n.m.* allattamento.
allaiter [alete] *v.tr.* allattare.

FAUX AMI
Da non confondere con *allettare*, che si traduce *allécher, attirer*.

allant [alɑ̃] *n.m.* brio, vivacità (*f.*).
● ***allants et venants***, gente che va gente che viene, andirivieni, viavai.
alléchant [aleʃɑ̃] *agg.* allettante, invitante.
allécher [aleʃe] *v.tr.* [coniug. come *céder*] allettare, attirare (*anche fig.*).
allée [ale] *n.f.* 1 viale (*m.*) 2 passaggio (*m.*); (*di cinema, teatro, dormitorio ecc.*) corsia.
● ***allée et venue***, viavai, andirivieni: *surveiller les allées et venues de qqn*, sorvegliare le mosse di qlcu.

NOTA ***Allée*** o ***aller***?
Allée significa 'viale' ed esprime l'azione di andare solo nella locuzione: *allées et venues*, 'viavai, andirivieni'.
Aller è un sostantivo variabile che può essere usato anche da solo, se riferito a un viaggio o a un biglietto (ferroviario, aereo ecc.):
SÌ *Je voudrais un **aller** simple pour Argenton-sur-Creuse.*
NO *Je voudrais une **allée** simple pour Argenton-sur-Creuse.*
Vorrei un biglietto di solo andata per Argenton-sur-Creuse.

allégation [al/egasjɔ̃] *n.f.* 1 citazione (pretestuosa); (*dir.*) allegazione 2 affermazione, asserzione, dichiarazione.
● ***allégation nutritionnelle quantitative***, analisi nutrizionale (sulle etichette degli alimenti).
allégé [aleʒe] *agg.* leggero, privato di grassi e zuccheri ♦ *n.m.* alimento dietetico.
allégeance [aleʒɑ̃s] *n.f.* (*st.*) fedeltà, obbedienza al signore.
allégement [aleʒmɑ̃] **allègement** [alɛʒmɑ̃] *n.m.* alleggerimento; (*fig.*) sollievo.
● ***allégement de l'impôt***, sgravio fiscale, agevolazioni fiscali.
alléger [aleʒe] *v.tr.* [coniug. come *abréger*] 1 alleggerire: *alléger les procédures*, snellire l'iter procedurale 2 (*fig.*) alleviare, sollevare.
allégorie [al/egɔʀi] *n.f.* allegoria.
allégorique [al/egɔʀik] *agg.* allegorico.
allègre [al/ɛgʀ] *agg.* vivace, brioso: *marcher d'un pas allègre*, camminare con andatura spigliata.
allégrement [al/egʀəmɑ̃] **allègrement** [al/ɛgʀəmɑ̃] *avv.* vivacemente.
allégresse [al/egʀɛs] *n.f.* esultanza, tripudio (*m.*).
allegro [al/egʀo] *avv.* e *n.m.* (*mus.*) allegro.
alléguer [al/ege] *v.tr.* [coniug. come *céder*] addurre, produrre, allegare: *alléguer des prétextes, des excuses*, addurre pretesti, scuse.
alléluia [al/eluja] *n.m.* 1 alleluia 2 (*bot. pop.*) acetosella (*f.*).
allemand [almɑ̃] *agg.* tedesco ♦ *n.m.* (*lingua*) tedesco.
Allemand *n.m.* (*abitante*) tedesco.
aller[1] [ale] *v.intr.* [pres.indic.: *je vais, tu vas, il va, nous allons, vous allez, ils vont*; imperf.indic.: *j'allais* etc.; p.rem.: *j'allai* etc.; fut.indic.: *j'irai* etc.; cond.: *j'irais*

etc.; pres.cong.: *que j'aille* etc., *que nous allions*, *que vous alliez*, *qu'ils aillent*; imperf.cong.: *que j'allasse* etc.; p.pres.: *allant*; p.p.: *allé*; imp.: *va*, *allons*, *allez*; aus. *être*] **1** andare: *aller travailler*, andare a lavorare; *aller voir qqn*, andare a trovare qlcu; *je ne fais qu'aller et venir*, vado e torno **2** condurre, andare; estendersi: *cette route va de Paris à Caen*, questa strada va da Parigi a Caen **3** addirsi (**a**): *le rouge te va bien*, il rosso ti sta bene **4** (*seguito da inf.*) stare (**per**), essere sul punto (**di**): *il va pleuvoir*, sta per piovere; *vous allez me dire pourquoi*, ora mi dirà perché; *vas-tu te taire?*, vuoi tacere? **5** (*seguito da p.pres.*) andare: *son angoisse allait croissant*, la sua angoscia andava aumentando; *ses forces vont declinant*, le sue forze vanno declinando **6** (*in salute*) stare: *comment allez -vous?*, come sta?

● ***aller aux renseignements***, (*fam.*) andare in cerca di informazioni | ***aller comme un gant***, stare a pennello: *cette robe vous va comme un gant*, quell'abito le sta a pennello | ***aller jusqu'à***, arrivare al punto di: *il est allé jusqu'à le faire pleurer*, è arrivato al punto di farlo piangere | ***aller sur***, (*fam.*) (*di età*) andare per: *il va sur ses neuf ans*, va per i nove anni | ***allez!***, ***allons!***, (*fam.*) su (forza)!: *allez, allons les enfants, au lit!*, su (forza), ragazzi, a letto! | ***allons donc!***, ma via, andiamo! | ***ça me va***, mi sta bene, sono d'accordo | ***ça ira***, ce la faremo | ***ça ira tout seul***, andrà tutto bene: *ça n'ira pas tout seul*, la cosa non andrà liscia | ***"Ça va?" "Ça va, merci!"***, (*fam.*) "Tutto bene?" "Bene, grazie!" | ***ça ne va pas, non?***, (*fam.*) ma sei fuori (di testa)?, ma sei matto? | ***ça va mieux***, va meglio | ***cela n'ira pas plus loin***, nessuno ne saprà mai niente | ***cela va sans dire***, ***cela va de soi***, è sottinteso, non c'è bisogno di dirlo: *il va sans dire que*, va da sé che | ***il en va de même pour***, è lo stesso per | ***n'allez pas me dire que***, non mi stia a dire che | ***qui va là?***, chi va là?

■ SIN. **1** se rendre **2** conduire **6** se porter.

□ **s'en aller** andarsene: *va-t'en!*, *allez-vous-en!*, vattene!, andatevene!; *avec ce produit les taches s'en vont*, con questo prodotto le macchie scompaiono.

□ **y aller** andarci: *je n'y suis jamais allé*, non ci sono mai stato; *on y va?*, (*fam.*) si va?, andiamo?

● ***comme tu y vas!***, non ti sembra di esagerare? | ***il y va de qqch***, ne va di mezzo qlco: *il y va de sa vie*, ne va di mezzo la sua vita | ***vas-y!***, forza!; dai! | ***y aller de sa poche***, pagare di tasca propria.

NOTA Il verbo ***aller*** seguito da un infinito si traduce in italiano con *andare* seguito dalla preposizione *a*:

Aller *travailler, se promener, s'amuser.*
Andare **a** lavorare, **a** passeggio, **a** divertirsi.

Je ***vais*** *voir un ami.*
Vado **a** trovare un amico.

NOTA L'interiezione familiare ***Allons-y, Alonzo!*** viene utilizzata per incoraggiare se stessi e corrisponde all'italiano 'Diamoci una mossa!'.

aller[2] *n.m.* andata (*f.*).

● (*sport*) ***les matches d'aller***, il girone d'andata | ***manteau pour tout aller***, cappotto per tutti i giorni | ***un aller et retour***, un biglietto di andata e ritorno; (*fam.*) un bel paio di schiaffi | ***un aller simple***, un biglietto di solo andata.

allergène [alɛʀʒɛn] *n.m.* (*med.*) allergene.

allergie [alɛʀʒi] *n.f.* (*med.*) allergia.

allergique [alɛʀʒik] *agg.* e *n.m.* e *f.* (*med.*) allergico/a.

allergisant [alɛʀʒizɑ̃] *agg.* e *n.m.* (*med.*) allergizzante.

allergologie [alɛʀgɔlɔʒi] *n.f.* (*med.*) allergologia.

allergologue [alɛʀgɔlɔg] *n.m.* e *f.* (*med.*) allergologo/a.

alliage [aljaʒ] *n.m.* (*metall.*) lega (*f.*).

alliance [aljɑ̃s] *n.f.* **1** alleanza **2** (*fig.*) unione **3** matrimonio (*m.*); (*dir.*) affinità **4** fede, anello (*m.*) nuziale, vera.

● ***cousin par alliance***, cugino acquisito.

allié [alje] *agg.* e *n.m.* alleato.

● (*dir.*) ***parents et alliés***, parenti e affini.

allier [alje] *v.tr.* **1** alleare, unire, associare **2** (*metall.*) legare ♦ **s'allier** *v.pron.* **1** allearsi **2** (*fig.*) unirsi, accompagnarsi **3** imparentarsi **4** (*metall.*) legarsi.

alligator [aligatɔʀ] *n.m.* alligatore.

allitération [al*l*iteʀasjɔ̃] *n.f.* allitterazione.

allô [alo] *inter.* (*al telefono*) pronto: *allô!, qui est à l'appareil?*, pronto, chi parla?

NOTA È la francesizzazione (1890) della parola inglese *hello!* 'pronto!', ma, secondo alcune fonti, si tratta di una voluta deformazione di *allons!*, 'su!, suvvia!'.

allo- *pref.* allo-.

allocataire [alɔkatɛʀ] *n.m.* (*di una pensione, di assegni familiari ecc.*) beneficiario.

allocation [alɔkasjɔ̃] *n.f.* sussidio (*m.*); sovvenzione.

● ***allocation d'attente***, assegno versato a chi ha fatto richiesta di asilo politico | ***allocation de chômage***, indennità di disoccupazione | (*fin.*) ***allocation de fonds***, erogazione, stanziamento di fondi | ***allocations familiales***, assegni familiari.

allocution [al*l*ɔkysjɔ̃] *n.f.* allocuzione.

allonge [alɔ̃ʒ] *n.f.* **1** (*sport*) allungo (*m.*) **2** (*da macellaio*) gancio (*m.*).

allongé [alɔ̃ʒe] *agg.* allungato.

● ***avoir la mine allongée***, essere imbronciato | ***café allongé***, caffè allungato.

allongement [alɔ̃ʒmɑ̃] *n.m.* allungamento.

allonger [alɔ̃ʒe] *v.tr.* [coniug. come *manger*] **1** allungare **2** (*fam.*) mollare; sganciare: *allonger un coup de pied*, mollare un calcio **3** prolungare: *allonger un entretien*, prolungare un colloquio **4** allungare, diluire: *allonger une sauce*, allungare una salsa **5** (*fam.*) stendere: *il m'a allongé au tapis*, mi ha messo al tappeto ♦ *v.intr.* allungarsi: *les jours allongent*, le giornate si allungano ♦ **s'allonger** *v.pron.* e *pron.intr.* allungarsi.

allotropique [alɔtʀɔpik] *agg.* allotropico.

allouer [alwe] *v.tr.* assegnare; stanziare.

allumage [alymaʒ] *n.m.* accensione (*f.*).

allumé [alyme] *agg.* acceso (*anche fig.*).

allume-cigares [alymsigaʀ] *n.m.invar.* (*aut.*) accendisigari.

allume-gaz [alymgɑz] *n.m.invar.* accendigas.

allumer [alyme] *v.tr.* **1** accendere (*anche fig.*) **2** accendere la luce (**in**, **di**): *allume le salon!*, accendi (la luce) in salotto! **3** (*fam.*) provocare, eccitare: *elle allume les hommes*, provoca gli uomini **4** (*fam.*) criticare con forza, con violenza ♦ **s'allumer** *v.pron.intr.* accendersi (*anche fig.*).

■ V.TR. SIN. **1** enflammer **3** aguicher CONTR. **1** éteindre.

allumette [alymɛt] *n.f.* **1** fiammifero (*m.*) **2** (*cuc.*) pasticcino (*m.*) di pasta sfoglia.

● ***allumettes de sûreté***, fiammiferi di sicurezza | ***allumettes suédoises***, fiammiferi svedesi | (*cuc.*) (***pommes***) ***allumettes***, patate fritte a bastoncino.

allumeur [alymœʀ] *n.m.* (*aut.*) spinterogeno; (*tecn.*) accenditore.

● ***allumeur de réverbères***, (*antiq.*) lampionaio.

allumeuse [alymøz] *n.f.* (*fam.*) maliarda, seduttrice.

allure [alyʀ] ***n.f.*** **1** andatura **2** portamento (*m.*): *elle a beaucoup d'allure*, ha molto stile **3** comportamento (*m.*): *une drôle d'allure*, un'aria poco raccomandabile **4** aspetto (*m.*), andamento (*m.*): *prendre une mauvaise allure*, prendere una brutta piega.
● ***à toute allure***, a tutta velocità | ***à vive allure***, a velocità sostenuta.
■ SIN. **1** démarche **2** classe, prestance.

allusif [al/yzif] ***agg.*** [f. *-ive*] allusivo.

allusion [al/yzjɔ̃] ***n.f.*** allusione.

allusivement [al/yzivmɑ̃] ***avv.*** in modo allusivo, allusivamente.

alluvion [al/yvjɔ̃] ***n.f.*** (*geol.*) **1** alluvione **2** (*pl.*) deposito (*m.sing.*) alluvionale.

alluvionnaire [al/yvjɔnɛʀ] ***agg.*** (*geol.*) alluvionale.

almanach [almana] ***n.m.*** almanacco, lunario.

aloès [alɔɛs] ***n.m.*** (*bot.*) aloe.

aloi [alwa] ***n.m.*** lega (*f.*); (*fig.*) qualità (*f.*).
● ***de bon, mauvais aloi***, di buona, cattiva qualità: *plaisanterie de mauvais aloi*, scherzo di bassa lega.

alopécie [alɔpesi] ***n.f.*** (*med.*) alopecia.

alors [alɔʀ] ***avv.*** allora: *alors un cri s'éleva*, allora, in quel momento si alzò un grido; *mon père n'était alors qu'un petit employé*, a quel tempo mio padre era solo un modesto impiegato; *vous pouvez venir, mais alors prévenez-moi*, può venire, ma in tal caso mi avverta; *alors, tu viens, oui ou non?*, allora, vieni o no?; *alors, c'est convenu*, dunque, siamo d'accordo.
● ***alors même que***, quand'anche: *alors même que vous insisteriez, je n'accepterais pas*, quand'anche insisteste, non accetterei; *alors même qu'il aurait raison, je refuserais de le croire*, quand'anche avesse ragione, rifiuterei di credergli | ***alors que***, mentre | ***ça, alors!***, questa poi!, oh bella! | ***jusqu'alors***, fino (ad) allora | ***les hommes d'alors***, gli uomini di una volta | ***non mais alors!***, (*fam.*) ma insomma!

alose [aloz] ***n.f.*** (*zool.*) alosa, salacca.

alouate [alwat] ***n.f.*** (*zool.*) aluatta.

alouette [alwɛt] ***n.f.*** allodola.
● ***alouette de mer***, beccaccia di mare | (*cuc.*) ***alouette sans tête***, involtino | ***il attend que les alouettes lui tombent toutes rôties***, (*fig.*) vuol trovare la pappa fatta.

alourdir [aluʀdiʀ] ***v.tr.*** appesantire, rendere pesante: *avoir la tête alourdie*, avere la testa pesante ♦ **s'alourdir** ***v.pron.intr.*** appesantirsi.

alourdissement [aluʀdismɑ̃] ***n.m.*** appesantimento, pesantezza (*f.*).

aloyau [alwajo] ***n.m.*** [pl. *-aux*] (*cuc.*) (*di manzo*) lombata (*f.*).

alpaga [alpaga] ***n.m.*** (*zool.*) alpaca.

alpage [alpaʒ] ***n.m.*** alpeggio.

alpe [alp] ***n.f.*** alpe, alpeggio (*m.*).

alpestre [alpɛstʀ] ***agg.*** alpestre, alpino.

alpha [alfa] ***n.m.*** (*lettera dell'alfabeto greco*) alfa (*m.* o *f.*).
● ***l'alpha et l'oméga***, (*fig.*) l'inizio e la fine.

alphabet [alfabɛ] ***n.m.*** **1** alfabeto **2** (*libro*) sillabario.

NOTA Mentre in italiano le vocali e le consonanti sono di genere femminile o maschile (un/la *e*, un/la *p*, un/la *x*...), in francese sono di genere maschile: *un/le* e, *un/le* p, *un/le* x...

alphabète [alfabɛt] ***n.m.*** e ***f.invar.*** (*Africa*) chi sa leggere e scrivere.

alphabétique [alfabetik] ***agg.*** alfabetico.

alphabétiquement [alfabetikmɑ̃] ***avv.*** alfabeticamente, in ordine alfabetico.

alphabétisation [alfabetizasjɔ̃] ***n.f.*** alfabetizzazione.

alphabétiser [alfabetize] ***v.tr.*** alfabetizzare.

alphanumérique [alfanymeʀik] ***agg.*** alfanumerico.

alphapage [alfapaʒ] ***n.m.*** (*tel.*) pagina (*f.*) alfa (dispositivo di radiomessaggeria).

alpin [alpɛ̃] ***agg.*** alpino.
● (*mil.*) (***chasseur***) ***alpin***, alpino.

alpinisme [alpinism] ***n.m.*** alpinismo.

alpiniste [alpinist] ***n.m.*** e ***f.*** alpinista.

alsacien [alzasjɛ̃] ***agg.*** [f. *-enne*] alsaziano.

Alsacien ***n.m.*** [f. *-enne*] (*abitante*) alsaziano.

altérable [alteʀabl] ***agg.*** alterabile.

altération [alteʀasjɔ̃] ***n.f.*** **1** alterazione **2** falsificazione.

altercation [altɛʀkasjɔ̃] ***n.f.*** alterco (*m.*).

alterconsommateur [altɛʀkɔ̃sɔmatœʀ] ***n.m.*** [f. *-trice*] consumatore alternativo (difensore dei diritti della collettività).

altéré [alteʀe] ***agg.*** **1** alterato **2** falsificato **3** assetato (*anche fig.*).

altérer [alteʀe] ***v.tr.*** [coniug. come *céder*] **1** alterare, deteriorare: *altérer des aliments*, far andare a male del cibo; *altérer une amitié*, rovinare un'amicizia **2** falsificare **3** far venire sete (**a**) ♦ **s'altérer** ***v.pron.intr.*** alterarsi, rovinarsi; andare a male.

altermondialisation [altɛʀmɔ̃djalizasjɔ̃] ***n.f.*** alterglobalizzazione.

alternance [altɛʀnɑ̃s] ***n.f.*** alternanza: *l'alternance des saisons*, l'avvicendamento delle stagioni.

alternant [altɛʀnɑ̃] ***agg.*** alternante.
● (*agr.*) ***culture alternante***, coltura a rotazione.

alternateur [altɛʀnatœʀ] ***n.m.*** alternatore.

alternatif [altɛʀnatif] ***agg.*** [f. *-ive*] alternativo; alternato.
● (*elettr.*) ***courant alternatif***, corrente alternata | ***médecine alternative***, medicina alternativa.

alternative [altɛʀnativ] ***n.f.*** **1** l'alternarsi (*m.*), alternanza **2** alternativa.

alternativement [altɛʀnativmɑ̃] ***avv.*** alternativamente, in modo alterno.

alterne [altɛʀn] ***agg.*** (*mat., bot.*) alterno.

alterné [altɛʀne] ***agg.*** alternato.

alterner [altɛʀne] ***v.intr.*** alternarsi (**a**) ♦ ***v.tr.*** (*agr.*) avvicendare, alternare.

altesse [altɛs] ***n.f.*** altezza: *altesse royale*, altezza reale.

althæa [altea] ***n.f.*** (*bot.*) altea.

alti [alti] ***n.m.*** abbr. di **altimètre**.

altier [altje] ***agg.*** [f. *-ère*] altero.

altimètre [altimɛtʀ] ***n.m.*** altimetro.

altimétrique [altimetʀik] ***agg.*** altimetrico.

altiste [altist] ***n.m.*** e ***f.*** (*mus.*) violista.

altitude [altityd] ***n.f.*** altitudine, quota: (*aer.*) *perdre de l'altitude*, perdere quota.

alto [alto] ***n.m.*** (*mus.*) **1** viola (*f.*) **2** contralto.

altruisme [altʀɥism] ***n.m.*** altruismo.
■ SIN. dévouement CONTR. égoïsme.

altruiste [altʀɥist] ***agg.*** altruistico ♦ ***n.m.*** e ***f.*** altruista.

alu [aly] ***n.m.*** alluminio.
● ***papier alu***, (carta) alluminio.

alumine [alymin] *n.f.* (*chim.*) allumina.

aluminium [alyminjɔm] *n.m.* alluminio.

alun [alœ̃] *n.m.* (*chim.*) allume.

alunir [alyniʀ] *v.intr.* allunare, atterrare sulla luna.

alunissage [alynisaʒ] *n.m.* allunaggio.

alvéolaire [alveɔlɛʀ] *agg.* alveolare.

alvéole [alveɔl] *n.m.* alveolo.

alysse [alis] *n.f.* **alysson** [alisɔ̃] *n.m.* (*bot.*) alisso (*m.*).

amabilité [amabilite] *n.f.* amabilità, cortesia.
■ SIN. courtoisie.

amadou [amadu] *n.m.* (*materia infiammabile*) esca (*m.*).

amadouer [amadwe] *v.tr.* rabbonire ♦ **s'amadouer** *v.pron.* rabbonirsi.

amaigri [amegʀi] *agg.* dimagrito, smagrito.

amaigrir [amegʀiʀ] *v.tr.* (far) dimagrire ♦ **s'amaigrir** *v.pron.intr.* dimagrire.

amaigrissant [amegʀisɑ̃] *agg.* dimagrante.

amaigrissement [amegʀismɑ̃] *n.m.* dimagrimento.

amalgame [amalgam] *n.m.* **1** amalgama (*anche fig.*) **2** (*di correnti politiche*) fusione (*f.*).

amalgamer [amalgame] *v.tr.* amalgamare (*anche fig.*) ♦ **s'amalgamer** *v.pron.intr.* amalgamarsi.

amande [amɑ̃d] *n.f.* mandorla.
● (*zool.*) ***amande de mer***, dattero di mare | ***en amande***, a (forma di) mandorla.

FAUX AMI
Da non confondere con *ammenda*, che si traduce *amende*.

amandier [amɑ̃dje] *n.m.* (*bot.*) mandorlo.

amanite [amanit] *n.f.* (*bot.*) amanita.
● ***amanite phalloïde***, amanita falloide.

amant [amɑ̃] *n.m.* amante.

amarante [amaʀɑ̃t] *n.f.* (*bot.*) amaranto (*m.*) ♦ *agg. invar.* (colore) amaranto.

amarrage [amaʀaʒ] *n.m.* **1** (*mar., aer.*) ormeggio: *quitter l'amarrage*, levare gli ormeggi **2** (*astr.*) aggancio, agganciamento.

amarre [amaʀ] *n.f.* (*mar.*) ormeggio (*m.*), gomena: *larguer les amarres*, mollare gli ormeggi.

amarrer [amaʀe] *v.tr.* **1** (*mar.*) ammarrare, ormeggiare **2** (*astr.*) agganciare.

FAUX AMI
Da non confondere con *ammarare*, che si traduce *amerrir*.

amaryllis [amaʀilis] *n.f.* (*bot.*) amarilli, amarillide.

amas [amɑ] *n.m.* mucchio, cumulo.
● (*astr.*) ***amas stellaire***, ammasso stellare.

amasser [amɑse] *v.tr.* **1** ammassare; accumulare **2** raccogliere, radunare ♦ **s'amasser** *v.pron.intr.* **1** ammassarsi; accumularsi **2** raccogliersi, radunarsi: *la foule s'amassait autour de l'orateur*, la folla si accalcava intorno all'oratore.
■ *V.TR.* SIN. **1** accumuler, entasser CONTR. **1** disperser, éparpiller ♦ *V.PRON.* SIN. **2** se presser.

amateur [amatœʀ] *n.m.* [f. *-trice*] **1** cultore, appassionato, intenditore: *non merci, je ne suis pas amateur*, grazie, ma non è proprio il mio genere **2** collezionista **3** dilettante (*anche spreg.*) ♦ *agg.* [f. *invar.*] dilettante.
● ***avis aux amateurs***, (*fam.*) avviso per le persone interessate | ***en amateur***, da dilettante.
■ SIN. **3** dilettante CONTR. **3** professionnel.

amateurisme [amatœʀism] *n.m.* dilettantismo.

amazone [amazon] *n.f.* **1** amazzone, cavallerizza: *monter en amazone*, cavalcare all'amazzone **2** (gonna all')amazzone.

amazonien [amazonjɛ̃] *agg.* [f. *-enne*] amazzonico.

ambages [ɑ̃baʒ] *n.f.pl.*
● ***sans ambages***, senza mezzi termini.

ambassade [ɑ̃basad] *n.f.* ambasciata: *envoyer en ambassade auprès de*, mandare in delegazione da.

ambassadeur [ɑ̃basadœʀ] *n.m.* ambasciatore.

ambassadrice [ɑ̃basadʀis] *n.f.* ambasciatrice.

ambi- *pref.* ambi-.

ambiance [ɑ̃bjɑ̃s] *n.f.* atmosfera; ambiente (*m.*): *vivre dans une ambiance agréable*, vivere in un ambiente piacevole.
● ***il y a de l'ambiance, ici!***, (*fam.*) c'è animazione qui! | ***mettre de l'ambiance***, mettere allegria.
■ SIN. atmosphère.

ambiant [ɑ̃bjɑ̃] *agg.* ambientale.
● ***température ambiante***, temperatura ambiente.

ambidextre [ɑ̃bidɛkstʀ] *agg.* e *n.m.* e *f.* ambidestro/a.

ambigu [ɑ̃bigy] *agg.* [f. *-uë*] ambiguo.

ambiguïté [ɑ̃bigɥite] *n.f.* ambiguità.

ambigument [ɑ̃bigymɑ̃] *avv.* ambiguamente.

ambitieusement [ɑ̃bisjøzmɑ̃] *avv.* ambiziosamente.

ambitieux [ɑ̃bisjø] *agg.* e *n.m.* [f. *-euse*] ambizioso.

ambition [ɑ̃bisjɔ̃] *n.f.* **1** ambizione **2** desiderio (*m.*), aspirazione.

ambitionner [ɑ̃bisjɔne] *v.tr.* (*letter.*) ambire (**a**).

ambivalence [ɑ̃bivalɑ̃s] *n.f.* ambivalenza.

ambivalent [ɑ̃bivalɑ̃] *agg.* ambivalente.

amble [ɑ̃bl] *n.m.* (*zool.*) (*andatura*) ambio: *aller l'amble*, andare d'ambio.

amblyopie [ɑ̃blijɔpi] *n.f.* (*med.*) ambliopia.

ambre [ɑ̃bʀ] *n.m.* ambra (*f.*) ♦ *agg.invar.* color ambra.
● (*zool.*) ***ambre gris***, ambra grigia | ***couleur d'ambre***, color ambra.

ambré [ɑ̃bʀe] *agg.* ambrato.

ambroisie [ɑ̃bʀwazi] *n.f.* ambrosia.

ambrosien [ɑ̃bʀɔzjɛ̃] *agg.* [f. *-enne*] ambrosiano.

ambulance [ɑ̃bylɑ̃s] *n.f.* (auto)ambulanza.

ambulancier [ɑ̃bylɑ̃sje] *n.m.* [f. *-ère*] conducente di autoambulanza, lettighiere.

ambulant [ɑ̃bylɑ̃] *agg.* ambulante: *marchand ambulant*, venditore ambulante; *comédiens ambulants*, attori girovaghi ♦ *n.m.* (*ferr.*) addetto a un vagone postale.

ambulatoire [ɑ̃bylatwaʀ] *agg.* **1** (*anat.*) ambulatorio: *patte ambulatoire*, zampa ambulatoria **2** ambulatoriale: *thérapies ambulatoires*, cure ambulatoriali **3** (*dir.*) senza sede fissa.

âme [ɑm] *n.f.* **1** anima; animo (*m.*): *le corps et l'âme*, l'anima e il corpo; *une âme noble*, un animo nobile; *être l'âme d'un parti*, essere l'anima di un partito **2** persona, anima: *il n'y a pas âme qui vive*, non c'è anima viva **3** (*parte interna*) anima, nucleo (*m.*): *l'âme d'un canon*, l'anima di un cannone.
● ***âme sœur***, anima gemella | ***à fendre l'âme***, (in modo) straziante | ***avoir l'âme chevillée au corps***, avere la pelle dura | ***avoir la mort dans l'âme***, aver la morte nel cuore | ***en mon âme et conscience***, in coscienza, in fede | ***état d'âme***, stato d'animo | ***force d'âme***, forza d'animo | ***ren-***

A

A

dre l'âme, esalare l'ultimo respiro | ***se donner corps et âme à qqch***, darsi anima e corpo a qlco.

améliorable [ameljɔʀabl] ***agg.*** perfezionabile.

amélioration [ameljɔʀasjɔ̃] ***n.f.*** miglioramento (*m.*): *faire des améliorations dans une maison*, apportare delle migliorie a una casa.

améliorer [ameljɔʀe] ***v.tr.*** migliorare: (*econ.*) *améliorer l'offre de qqn*, superare l'offerta di qlcu ♦ **s'améliorer** ***v.pron.intr.*** e ***pron.*** migliorare: *sa santé s'est améliorée*, la sua salute è migliorata; *le temps va s'améliorer*, il tempo è in via di miglioramento.

■ *V.TR.* CONTR. aggraver, détériorer ♦ *V.PRON.* CONTR. empirer.

amen [amɛn] ***n.m.invar.*** amen.

● ***dire, répondre amen à tout***, approvare tutto, dire sempre di sì.

aménagement [amenaʒmɑ̃] ***n.m.*** **1** sistemazione (*f.*); ristrutturazione (*f.*) **2** (*di corso d'acqua*) regimentazione (*f.*), regolazione (*f.*) **3** (*di terreno ecc.*) sfruttamento razionale: *aménagement d'un bois*, sfruttamento razionale di un bosco.

● ***aménagement du territoire***, pianificazione territoriale, del territorio.

aménager [amenaʒe] ***v.tr.*** [coniug. come *manger*] **1** sistemare; ristrutturare: *aménager une cuisine en salle à manger*, trasformare una cucina in sala da pranzo; *aménager un bureau*, attrezzare un ufficio; *aménager les horaires*, pianificare l'orario **2** (*corso d'acqua*) regolare **3** (*silvicoltura*) regolare il taglio (**di**).

■ SIN. **1** arranger, équiper, ordonner.

amende [amɑ̃d] ***n.f.*** multa, ammenda: *il a attrapé une amende*, ha preso una multa.

● ***défense d'entrer sous peine d'amende***, divieto d'accesso, i trasgressori saranno puniti a norma di legge | ***faire amende honorable***, fare onorevole ammenda | ***mettre à l'amende***, multare; (*fam.*) mettere in castigo | ***vous serez à l'amende!***, (*scherz.*) sarete puniti!

■ SIN. contravention.

amendement [amɑ̃dmɑ̃] ***n.m.*** **1** emendamento **2** (*agr.*) ammendamento.

● (*dir.*) ***amendement à une loi***, emendamento di una legge.

amender [amɑ̃de] ***v.tr.*** **1** emendare: *amender un projet de loi*, emendare un progetto di legge **2** migliorare, correggere **3** (*agr.*) ammendare, emendare ♦ **s'amender** ***v.pron.*** emendarsi, correggersi.

amène [amɛn] ***agg.*** (*letter.*) amabile, piacevole.

amener [amne] ***v.tr.*** [coniug. come *semer*] **1** portare (con sé), condurre: *il a amené un camarade*, ha portato con sé un compagno; *amener l'eau, l'électricité*, far arrivare l'acqua, l'elettricità **2** indurre: *amener qqn à se rendre*, indurre qlcu ad arrendersi **3** causare, arrecare: *cela va t'amener des ennuis*, questo ti causerà delle noie **4** (*mar.*) ammainare: *amener le pavillon, les couleurs*, ammainare la bandiera ♦ **s'amener** ***v.pron.intr.*** (*fam.*) arrivare; venire: *amène-toi!*, dai, vieni!

● (*dir.*) ***mandat d'amener***, mandato di accompagnamento | ***qu'est-ce qui vous amène?***, cosa fate qua?

■ SIN. *V.TR.* **1** acheminer, conduire.

> NOTA ***Amener*** si usa riferendosi a persone o ad animali; per le cose si usa invece ***apporter***.
>
> *Tu peux amener ton cousin et son chien.*
> Puoi portare tuo cugino e il suo cane.
>
> SÌ *N'oublie pas d'**apporter** ta raquette.*
> NO *N'oublie pas d'**amener** ta raquette.*
> Non dimenticare di portare la racchetta.

aménité [amenite] ***n.f.*** **1** amabilità **2** (*pl.*) parole offensive: *se dire des aménités*, scambiarsi frecciatine.

● ***sans aménité***, in modo brusco.

aménorrhée [amenɔʀe] ***n.f.*** (*med.*) amenorrea.

amenuisement [amənɥizmɑ̃] ***n.m.*** assottigliamento: *l'amenuisement du niveau de vie*, il deterioramento della qualità della vita.

amenuiser [amənɥize] ***v.tr.*** assottigliare ♦ **s'amenuiser** ***v.pron.intr.*** diminuire, assottigliarsi.

amer [amɛʀ] ***agg.*** [f. *-ère*] amaro (*anche fig.*): *il est très amer*, è molto amareggiato ♦ ***n.m.*** (*liquore*) amaro.

■ *AGG.* SIN. aigri CONTR. doux.

amèrement [amɛʀmɑ̃] ***avv.*** amaramente.

américain [ameʀikɛ̃] ***agg.*** americano ♦ ***n.m.*** (*lingua*) americano.

● (*cuc.*) ***à l'américaine***, con salsa a base di passato di pomodori, scalogno, cipolla, aglio, vino e cognac | (*Belgio*) ***(filet) américain***, (bistecca alla) tartara | (*cine.*) ***nuit américaine***, effetto notte | ***vedette américaine***, artista di supporto (che si esibisce prima della vedette).

Américain ***n.m.*** (*abitante*) americano.

américaniser [ameʀikanize] ***v.tr.*** americanizzare ♦ **s'américaniser** ***v.pron.intr.*** americanizzarsi.

américanisme [ameʀikanism] ***n.m.*** americanismo.

amérindien [ameʀɛ̃djɛ̃] ***agg.*** [f. *-enne*] amerindio.

Amérindien ***n.m.*** [f. *-enne*] (*abitante*) amerindio.

amerloque [amɛʀlɔk] **amerlo** [amɛʀlo] ***n.m.*** e ***f.*** (*fam., spreg.*) americano/a.

amerrir [ameʀiʀ] ***v.intr.*** ammarare.

amerrissage [ameʀisaʒ] ***n.m.*** ammaraggio.

amertume [amɛʀtym] ***n.f.*** amaro (*m.*), amarezza.

améthyste [ametist] ***n.f.*** (*min.*) ametista.

ameublement [amœbləmɑ̃] ***n.m.*** mobilia (*f.*); arredamento: *tissu d'ameublement*, tessuto d'arredamento.

ameublir [amœbliʀ] ***v.tr.*** (*agr.*) dissodare.

ameublissement [amœblismɑ̃] ***n.m.*** **1** (*agr.*) dissodamento **2** (*dir.*) conversione (*f.*) di un bene immobile in dote mobile, mobilitazione (*f.*).

ameuter [amøte] ***v.tr.*** **1** mettere in subbuglio, gettare lo scompiglio (**in**) **2** sollevare, aizzare ♦ **s'ameuter** ***v.pron.*** (*antiq.*) ammassarsi, assembrarsi.

ami [ami] ***agg.*** e ***n.m.*** amico: *agir en ami*, agire da amico; *il est de mes amis, c'est un de mes amis, c'est un ami à moi*, è un mio amico.

● ***petit ami***, ragazzo, fidanzato.

■ CONTR. ennemi.

amiable [amjabl] ***agg.*** amichevole.

● ***à l'amiable***, in via amichevole; (*dir.*) consensualmente: *vente à l'amiable*, vendita consensuale.

amiante [ɑmjɑ̃t] ***n.m.*** (*min.*) amianto.

amibe [amib] ***n.f.*** (*zool.*) ameba.

amical [amikal] ***agg.*** [pl. *-aux*] amichevole.

■ SIN. chaleureux, cordial CONTR. hostile.

amicale [amikal] ***n.f.*** società, associazione.

amicalement [amikalmɑ̃] ***avv.*** amichevolmente; (*in chiusura di lettera*) con amicizia.

amidon [amidɔ̃] ***n.m.*** amido.

amidonnage [amidɔnaʒ] ***n.m.*** inamidatura (*f.*).

amidonner [amidɔne] ***v.tr.*** inamidare.

amiénois [amjenwa] ***agg.*** di Amiens.

amincir [amɛ̃siʀ] ***v.tr.*** assottigliare; snellire: *sa robe* *l'amincit*, il vestito la snellisce ♦ **s'amincir** *v.pron.intr.* assottigliarsi; snellirsi.

amincissant [amɛ̃sisɑ̃] *agg.* dimagrante.
■ SIN. amaigrissant CONTR. grossissant.

amincissement [amɛ̃sismɑ̃] *n.m.* assottigliamento.

amine [amin] *n.f.* (*chim.*) ammina.

aminoacide [aminɔasid] *n.m.* amminoacido.

amiral [amiʀal] *n.m.* [pl. *-aux*] ammiraglio.
● ***vaisseau amiral***, nave ammiraglia | ***société amirale***, società fiore all'occhiello di un gruppo.

amirauté [amiʀote] *n.f.* ammiragliato (*m.*).

amitié [amitje] *n.f.* **1** amicizia: *avoir de l'amitié pour qqn*, provare amicizia per qlcu **2** (*pl.*) cari saluti (*m.*): *mes amitiés à tes parents*, salutami tanto i tuoi genitori **3** (*letter.*) piacere (*m.*): *faites-moi l'amitié de*, mi faccia la cortesia di.
● ***prendre qqn en amitié***, prendere qlcu a ben volere.

ammoniac [amɔnjak] *agg.* [f. *-aque*] ammoniaco.
● ***sel ammoniac***, sale ammoniaco.

ammoniacal [amɔnjakal] *agg.* [pl. *-aux*] (*chim.*) ammoniacale.

ammoniaque [amɔnjak] *n.f.* (*chim.*) ammoniaca.

ammonium [amɔnjɔm] *n.m.* (*chim.*) ammonio.

amnésie [amnezi] *n.f.* amnesia.

amnésique [amnezik] *agg.* e *n.m.* e *f.* colpito/a da amnesia.

amniocentèse [amnjosɛ̃tɛz] *n.f.* (*med.*) amniocentesi.

amnios [amnjɔs] *n.m.* (*biol.*) amnio.

amnioscopie [amnjoskɔpi] *n.f.* (*med.*) amnioscopia.

amniotique [amnjɔtik] *agg.* (*biol.*) amniotico.

amnistie [amnisti] *n.f.* amnistia.

amnistier [amnistje] *v.tr.* amnistiare.

amocher [amɔʃe] *v.tr.* (*fam.*) **1** conciare per le feste, picchiare **2** ammaccare, scassare ♦ **s'amocher** *v.pron.* (*fam.*) ferirsi, farsi male, conciarsi.

amodier [amɔdje] *v.tr.* (*dir.*) (*un fondo rustico*) dare in affitto.

amoindrir [amwɛ̃dʀiʀ] *v.tr.* **1** sminuire **2** debilitare ♦ **s'amoindrir** *v.pron.intr.* **1** diminuire, ridursi **2** (*fig.*) sminuirsi.

amoindrissement [amwɛ̃dʀismɑ̃] *n.m.* **1** diminuzione (*f.*), riduzione (*f.*) **2** debilitazione (*f.*).

amollir [amɔliʀ] *v.tr.* (r)ammollire (*anche fig.*) ♦ **s'amollir** *v.pron.intr.* (r)ammollirsi (*anche fig.*).

amollissant [amɔlisɑ̃] *agg.* (*fig.*) spossante: *climat amollissant*, clima snervante.

amollissement [amɔlismɑ̃] *n.m.* **1** ammollimento **2** (*fig.*) infiacchimento.

amonceler [amɔ̃sle] *v.tr.* [coniug. come *appeler*] ammucchiare ♦ **s'amonceler** *v.pron.intr.* ammucchiarsi.

amoncellement [amɔ̃sɛlmɑ̃] *n.m.* accumulo; mucchio, pila (*f.*).

amont [amɔ̃] *n.m.* **1** (*di corso d'acqua*) tratto a monte **2** (*fig.*) primo stadio ♦ *agg.* (che sta) a monte: *le ski amont*, lo sci a monte.
● ***en amont (de)***, a monte (di).

amoral [amɔʀal] *agg.* [pl. *-aux*] amorale.

amoralité [amɔʀalite] *n.f.* amoralità.

amorçage [amɔʀsaʒ] *n.m.* **1** (*tecn.*) adescamento **2** (*mil.*) innesco.

amorce [amɔʀs] *n.f.* **1** esca (*anche fig.*): *mettre une amorce à l'hameçon*, innescare l'amo **2** (*fig.*) inizio (*m.*), avvio (*m.*) **3** (*di arma da fuoco*) innesco (*m.*); detonatore (*m.*) **4** (*inform.*) lancio (*m.*) iniziale **5** articolo (*m.*) di giornale che dalla prima prosegue in una pagina seguente.
● ***amorce à retardement***, innesco ritardato | ***pistolet à amorces***, pistola scacciacani.

amorcer [amɔʀse] *v.tr.* [coniug. come *placer*] **1** innescare **2** (*fig.*) incominciare, avviare: *amorcer une discussion*, intavolare una discussione **3** collegare: *amorcer une pompe*, collegare una pompa **4** (*inform.*) lanciare.

amorphe [amɔʀf] *agg.* amorfo (*anche fig.*).

amorti [amɔʀti] *n.m.* (*tennis*) smorzata (*f.*); (*calcio*) arresto.

amortir [amɔʀtiʀ] *v.tr.* **1** attutire, attenuare, smorzare **2** (*econ.*) ammortizzare.

amortissable [amɔʀtisabl] *agg.* (*econ.*) **1** ammortizzabile **2** redimibile: *obbligation amortissable*, obbligazione redimibile.

amortissement [amɔʀtismɑ̃] *n.m.* **1** (*fis.*) smorzamento **2** (*econ.*) ammortamento.
● (*econ.*) ***amortissement d'une rente***, estinzione di una rendita.

amortisseur [amɔʀtisœʀ] *n.m.* (*mecc.*) ammortizzatore.

amour [amuʀ] *n.m.* **1** amore: *éprouver de l'amour pour qqn*, nutrire amore per qlcu; *tu es un amour*, sei un tesoro **2** (*arte*) amorino, putto: *peindre de petits amours*, dipingere degli amorini.
● ***à vos amours!***, alla vostra (salute)! | ***faire l'amour***, fare all'amore | ***vivre d'amour et d'eau fraîche***, vivere d'aria e d'amore.
■ SIN. **1** affection, tendresse CONTR. **1** haine.

amouracher, s' [samuʀaʃe] *v.pron.intr.* infatuarsi.

amour-en-cage [amuʀɑ̃kaʒ] *n.m.* [pl. *amours-en-cage*] (*bot. pop.*) alchechengi, palloncino.

amourette [amuʀɛt] *n.f.* passioncella, infatuazione.

amourettes [amuʀɛt] *n.f.pl.* (*cuc.*) schienali (*m.*), filoni (*m.*).

amoureusement [amuʀøzmɑ̃] *avv.* con amore.

amoureux [amuʀø] *agg.* [f. *-euse*] **1** innamorato; appassionato, amante: *d'un regard amoureux*, con occhi innamorati; *être amoureux de la nature*, essere un amante della natura **2** amoroso: *la vie amoureuse de Casanova*, la vita amorosa di Casanova ♦ *n.m.* innamorato.
● ***tomber amoureux***, innamorarsi.

amour-propre [amuʀpʀɔpʀ] *n.m.* [pl. *amours-propres*] amor proprio.

amovible [amɔvibl] *agg.* amovibile.
■ CONTR. inamovible.

ampérage [ɑ̃peʀaʒ] *n.m.* (*elettr.*) amperaggio.

ampère [ɑ̃pɛʀ] *n.m.* (*elettr.*) ampere.

ampèremètre [ɑ̃pɛʀmɛtʀ] *n.m.* amperometro.

amphétamine [ɑ̃fetamin] *n.f.* amfetamina.

amphi [ɑ̃fi] *n.m.* (*fam.*) aula (*f.*) (universitaria): *suivre un amphi*, seguire una lezione (all'università).
● ***le grand amphi***, l'aula magna.

amphibie [ɑ̃fibi] *agg.* e *n.m.* anfibio.

amphithéâtre [ɑ̃fiteɑtʀ] *n.m.* **1** anfiteatro **2** aula (*f.*), sala (*f.*) (ad anfiteatro).

amphitryon [ɑ̃fitʀijɔ̃] *n.m.* anfitrione.

amphore [ɑ̃fɔʀ] *n.f.* anfora.

ample [ɑ̃pl] *agg.* ampio: *un ample récit*, un racconto

A

esauriente; *une matière très ample*, una materia molto vasta; *de plus amples informations*, maggiori informazioni.
■ SIN. large, vaste, abondant CONTR. étroit, restreint.

amplement [ɑ̃pləmɑ̃] *avv.* ampiamente.

ampleur [ɑ̃plœʀ] *n.f.* 1 ampiezza: *style qui a de l'ampleur*, stile di ampio respiro 2 importanza, portata.

ampli [ɑ̃pli] *n.m.* (*fam.*) abbr. di **amplificateur**.

ampliation [ɑ̃plijasjɔ̃] *n.f.* (*dir.*) copia conforme.

amplificateur [ɑ̃plifikatœʀ] *n.m.* e *agg.* [f. *-trice*] amplificatore.

amplification [ɑ̃plifikasjɔ̃] *n.f.* amplificazione.

amplifier [ɑ̃plifje] *v.tr.* amplificare: *amplifier un scandale*, gonfiare uno scandalo ♦ **s'amplifier** *v.pron.intr.* amplificarsi.

amplitude [ɑ̃plityd] *n.f.* (*scient.*) amplitudine.
● ***amplitude diurne***, escursione termica giornaliera.

ampoule [ɑ̃pul] *n.f.* 1 ampolla; fiala 2 (*elettr.*) lampadina 3 vescica, bolla.

NOTA La ***sainte ampoule*** era l'ampolla sacra che conteneva il crisma per la consacrazione dei re di Francia.

ampoulé [ɑ̃pule] *agg.* ampolloso.

amputation [ɑ̃pytasjɔ̃] *n.f.* amputazione.

amputé [ɑ̃pyte] *agg.* e *n.m.* mutilato.

amputer [ɑ̃pyte] *v.tr.* amputare, mutilare.

amulette [amylɛt] *n.f.* amuleto (*m.*).

amusant [amyzɑ̃] *agg.* e *n.m.* 1 divertente 2 strano, insolito: *c'est amusant, je ne l'avais jamais remarqué*, strano, non l'avevo mai notato.
■ *AGG.* SIN. divertissant, drôle, plaisant CONTR. assommant, ennuyeux, rasoire.

amusé [amyze] *agg.* divertito.

amuse-gueule [amyzgœl] *n.m.* [pl. *amuse-gueules*] salatino, stuzzichino.

amusement [amyzmɑ̃] *n.m.* 1 divertimento, spasso 2 distrazione (*f.*).

amuser [amyze] *v.tr.* 1 divertire 2 distrarre: *amuser l'adversaire*, distrarre l'avversario ♦ **s'amuser** *v.pron.* e *pron.intr.* 1 divertirsi 2 gingillarsi.
■ *V.TR.* SIN. 1 divertir CONTR. 1 ennuyer.

amusette [amyzɛt] *n.f.* 1 svago (*m.*) 2 (*Belgio*) persona frivola.

amuseur [amyzœʀ] *n.m.* [f. *-euse*] tipo spassoso.
● ***un amuseur public***, un buffone.

amygdale [amidal] *n.f.* (*anat.*) tonsilla.

amygdalite [amidalit] *n.f.* (*med.*) tonsillite.

an [ɑ̃] *n.m.* anno: *depuis vingt ans*, da vent'anni; *dans dix ans*, fra dieci anni; *il y a un an*, un anno fa; *au bout d'un an*, dopo un anno; *trois fois l'an*, tre volte all'anno; *deux millions par an*, due milioni all'anno; *tous les ans*, tutti gli anni.
● ***en l'an (de grâce) 1099***, nell'anno (di grazia) 1099 | ***l'an 250 av., apr. J.C.***, l'anno, nell'anno 250 a.C., d.C | ***attendre cent sept ans***, (*fig.*) aspettare un'eternità | ***bon an mal an***, in media, bene o male, un anno per l'altro | ***le nouvel an, le jour de l'an, le premier de l'an***, capodanno | ***s'en moquer comme de l'an quarante***, (*fam.*) infischiarsene altamente.

NOTA Nell'espressione familiare ***s'en moquer comme de l'an quarante***, 'infischiarsene', *l'an quarante* è la deformazione della parola *Alcoran* che, intorno al 1790, stava per *le Coran* e cioè il Corano. Si veda anche la nota a *année*.

an- *pref.* → **a-**.

anabaptiste [anabatist] *n.m.* e *f.* (*relig.*) anabattista.

anabolisant [anabɔlizɑ̃] *agg.* e *n.m.* anabolizzante.

anachorète [anakɔʀɛt] *n.m.* anacoreta.

anachronique [anakʀɔnik] *agg.* anacronistico.

anachronisme [anakʀɔnism] *n.m.* anacronismo.

anaconda [anakɔ̃da] *n.m.* (*zool.*) anaconda.

anaérobie [anaeʀɔbi] *agg.* (*biol.*) anaerobico ♦ *n.m.* (*biol.*) anaerobio.

anagramme [anagʀam] *n.f.* anagramma (*m.*).

anal [anal] *agg.* [pl. *-aux*] anale.

analeptique [analɛptik] *agg.* e *n.m.* (*med.*) analettico.

analgésique [analʒezik] *agg.* e *n.m.* (*med.*) analgesico.

anallergique [analɛʀʒik] *agg.* anallergico.

analogie [analɔʒi] *n.f.* analogia.

analogique [analɔʒik] *agg.* analogico.

analogiquement [analɔʒikmɑ̃] *avv.* analogicamente, per analogia.

analogue [analɔg] *agg.* analogo, affine.

analphabète [analfabɛt] *agg.* e *n.m.* e *f.* analfabeta.

analphabétisme [analfabetism] *n.m.* analfabetismo.

analysable [analizabl] *agg.* analizzabile.

analyse [analiz] *n.f.* analisi (*anche psic.*): *faire l'analyse de qqch*, analizzare qlco; *entrer en analyse*, entrare in analisi; *être en cours d'analyse*, essere in analisi.
● (*econ.*): ***analyse de bilan***, analisi del bilancio; ***analyse des coûts et des profits***, analisi costi e benefici | (*med.*) ***analyse du sang***, analisi del sangue | (*gramm.*): ***analyse grammaticale***, analisi grammaticale; ***analyse logique***, analisi logica, del periodo.

analyser [analize] *v.tr.* analizzare.

analyste [analist] *n.m.* e *f.* analista.
● (*inform.*): ***analyste (fonctionnel)***, analista; ***analyste programmeur***, analista programmatore.

analytique [analitik] *agg.* analitico.

analytiquement [analitikmɑ̃] *avv.* analiticamente, in modo analitico.

anamnèse [anamnɛz] *n.f.* anamnesi.

ananas [ananas] *n.m.* ananasso, ananas.

anaphore [anafɔʀ] *n.f.* (*ret.*) anafora.

anaphylactique [anafilaktik] *agg.* (*med.*) anafilattico.

anaphylaxie [anafilaksi] *n.f.* (*med.*) anafilassi.

anar [anaʀ] *n.m.* e *f.* abbr. di **anarchiste**.

anarchie [anaʀʃi] *n.f.* anarchia.

anarchique [anaʀʃik] *agg.* anarchico.

anarchiquement [anaʀʃikmɑ̃] *avv.* anarchicamente, in modo anarchico.

anarchisant [anaʀʃizɑ̃] *agg.* e *n.m.* anarcoide.

anarchiste [anaʀʃist] *agg.* e *n.m.* e *f.* anarchico/a.

anastatique [anastatik] *agg.* anastatico.

anathème [anatɛm] *n.m.* anatema ♦ *n.m.* e *f.* (*persona*) scomunicato/a.

anatomie [anatɔmi] *n.f.* 1 anatomia (*anche fig.*) 2 (*estens.*) anatomia, forma: *une belle anatomie*, un bel corpo.

anatomique [anatɔmik] *agg.* anatomico: *planche anatomique*, tavola anatomica.

ancestral [ɑ̃sɛstʀal] *agg.* [pl. *-aux*] avito, ancestrale, atavico.

ancêtre [ɑ̃sɛtʀ] *n.m.* e *f.* 1 antenato/a, avo/a 2 (*fig.*) antesignano/a, precursore/precorritrice 3 (*fam.*) vecchio/a.
■ SIN. 1 aïeul 2 précurseur.

anche [ɑ̃ʃ] *n.f.* (*mus.*) ancia.
● ***les anches***, gli strumenti ad ancia.

anchois [ɑ̃ʃwa] *n.m.* acciuga (*f.*), alice (*f.*): *beurre d'anchois*, crema di burro e acciughe.

anchoyade [ɑ̃ʃɔjad] *n.f.* anchoyade (salsa d'acciughe all'olio di oliva).

ancien [ɑ̃sjɛ̃] *agg.* [f. *-enne*] 1 antico: *un couvent ancien*, un antico convento; *les temps anciens*, i tempi andati; *c'est de l'histoire ancienne*, (*fig.*) è acqua passata 2 (*di persona*) anziano 3 (*anteposto al n.*) ex: *un ancien couvent*, un ex convento; *l'ancien président*, l'ex presidente ♦ *n.m.* 1 vecchio 2 antiquariato.
● ***ancien*** (***combattant***), ex combattente, reduce | ***ancien*** (***élève***), ex allievo | ***l'ancien temps***, (*fig.*) il buon tempo antico | ***les Anciens***, gli antichi | ***Pline l'Ancien***, Plinio il Vecchio | ***un homme à l'ancienne mode***, un uomo all'antica.
■ AGG. SIN. 1 passé, révolu, reculé CONTR. 1 nouveau, récent 2 jeune.

NOTA ***Ancien Régime*** è l'espressione con cui si designa l'organizzazione statale della Francia dalla scomparsa del regime feudale nel XV sec. fino alla Rivoluzione del 1789.
La ***Querelle des Anciens et des Modernes*** è l'espressione con cui si designa la celebre disputa letteraria sorta, tra la fine del XVII sec. e gli inizi del secolo seguente, fra i classicisti che sostenevano la superiorità degli scrittori antichi, e i modernisti sostenitori degli scrittori moderni.

anciennement [ɑ̃sjɛnmɑ̃] *avv.* anticamente.

ancienneté [ɑ̃sjɛnte] *n.f.* 1 antichità 2 anzianità.
● ***avancement à l'ancienneté***, promozione per anzianità | ***de toute ancienneté***, da tempo immemorabile | ***par rang d'ancienneté***, in ordine di anzianità.

ancillaire [ɑ̃silɛʀ] *agg.* ancillare.

ancolie [ɑ̃kɔli] *n.f.* (*bot.*) aquilegia.

ancrage [ɑ̃kʀaʒ] *n.m.* 1 ancoraggio 2 (*fig.*) il radicarsi, l'affermarsi: *l'ancrage d'une nouvelle idée dans le domaine politique*, il radicarsi di una nuova idea nell'ambito politico 3 (*inform.*) ancoraggio; collegamento ipertestuale.
● ***ancrage politique***, collocazione politica | ***point d'ancrage***, (*anche fig.*) punto di fissazione, punto fermo.

ancre [ɑ̃kʀ] *n.f.* 1 (*mar.*) ancora 2 (*di orologio*) ancora 3 (*inform.*) ancora; ipertesto.
● ***ancre de salut***, (*fig.*) ancora di salvezza | ***être à l'ancre***, essere alla fonda | ***lever l'ancre***, salpare (l'ancora); (*fig. fam.*) tagliare la corda | (*mar.*) ***maîtresse ancre***, ***ancre de miséricorde***, ***ancre de réserve***, ancora di rispetto.

ancré [ɑ̃kʀe] *agg.* ancorato (*anche fig.*): *des principes bien ancrés*, solidi principi.

ancrer [ɑ̃kʀe] *v.intr.* ancorarsi, gettare l'ancora ♦ *v.tr.* 1 ancorare (*anche fig.*) 2 (*inform.*) ancorare, lineare ♦ **s'ancrer** *v.pron.* radicarsi, fissarsi (*anche fig.*): *s'ancrer dans son erreur*, intestardirsi nel proprio errore.

andalou [ɑ̃dalu] *agg.* [f. *-ouse*] andaluso.

Andalou *n.m.* [f. *-ouse*] (*abitante*) andaluso.

andante [ɑ̃dɑ̃t, andante] *avv.* e *n.m.* (*mus.*) andante.

andelisien [ɑ̃dəlizjɛ̃] *agg.* [f. *-enne*] di Les Andelys.

andouille [ɑ̃duj] *n.f.* 1 andouille (salsicciotto di trippa e carne di maiale che si mangia freddo) 2 (*fam.*) scemo (*m.*), cretino (*m.*).

andouiller [ɑ̃duje] *n.m.* (*di corna dei cervidi*) palco.

andouillette [ɑ̃dujɛt] *n.f.* andouillette (salsiccia di trippa di maiale da mangiare cotta).

andro- *pref.* andro-.

androgène [ɑ̃dʀɔʒɛn] *agg.* e *n.m.* (*biol.*) androgeno: *hormones androgènes*, ormoni virilizzanti.

androgyne [ɑ̃dʀɔʒin] *agg.* e *n.m.* e *f.* androgino/a.

androïde [ɑ̃dʀɔid] *n.m.* androide.

andrologue [ɑ̃dʀɔlɔg] *n.m.* e *f.* (*med.*) andrologo/a.

âne [ɑn] *n.m.* asino, somaro.
● ***dos d'âne***, (*di strada*) cunetta | ***en dos d'âne***, a schiena d'asino: *route en dos d'âne*, strada a schiena d'asino | ***faire l'âne pour avoir du son***, fare il tonto per non pagare il dazio | ***gueuler***, ***beugler***, ***braire comme un âne***, gridare come un'aquila | ***le coup de pied de l'âne***, il colpo a tradimento | ***têtu comme un âne***, testardo come un mulo | ***un âne bâté***, un imbecille fatto e finito.

anéantir [aneɑ̃tiʀ] *v.tr.* 1 annientare, annichilire (*anche fig.*): *anéantir une accusation*, demolire un'accusa 2 (*dir.*) annullare, rescindere: *anéantir un contrat*, rescindere un contratto ♦ **s'anéantir** *v.pron.intr.* annullarsi (*anche fig.*).

anéantissement [aneɑ̃tismɑ̃] *n.m.* annientamento, annichilimento; crollo.

anecdote [anɛkdɔt] *n.f.* aneddoto (*m.*).

anecdotier [anɛkdɔtje] *n.m.* [f. *-ère*] chi ama raccontare aneddoti.

anecdotique [anɛkdɔtik] *agg.* aneddotico.

anémie [anemi] *n.f.* (*med.*) anemia.

anémier [anemje] *v.tr.* rendere anemico.

anémique [anemik] *agg.* e *n.m.* e *f.* anemico/a.

anémomètre [anemɔmɛtʀ] *n.m.* anemometro.

anémone [anemɔn] *n.f.* (*bot.*) anemone (*m.*).
● (*zool.*) ***anémone de mer***, anemone di mare, attinia.

ânerie [ɑnʀi] *n.f.* asineria, asinità.

ânesse [ɑnɛs] *n.f.* asina.

anesthésie [anɛstezi] *n.f.* anestesia.

anesthésier [anɛstezje] *v.tr.* anestetizzare.

anesthésique [anɛstezik] *agg.* e *n.m.* anestetico.

anesthésiste [anɛstezist] *n.m.* e *f.* anestesista.

aneth [anɛt] *n.m.* (*bot.*) aneto.

anévrisme [anevʀism] *n.m.* (*med.*) aneurisma.

anfractuosité [ɑ̃fʀaktɥozite] *n.f.* (*spec. pl.*) anfrattuosità, anfratti (*m.pl.*).

ange [ɑ̃ʒ] *n.m.* 1 angelo: *les anges déchus*, gli angeli caduti; *un ange de vertu*, uno specchio di virtù 2 (*termine affettivo*) tesoro, angelo.
● (*zool.*) ***ange de mer***, pesce angelo, angelo di mare | (*relig.*) ***ange gardien***, angelo custode; (*fig. fam.*) guardia del corpo, gorilla; (*sport*) marcatore | ***c'est mon bon***, ***mauvais ange***, è il mio buon, cattivo genio | ***être aux anges***, toccare il cielo con un dito | ***patience d'ange***, pazienza da santo | ***rire aux anges***, (*di lattante*) sorridere nel sonno.
■ CONTR. 1 diable, démon.

angélique[1] [ɑ̃ʒelik] *agg.* angelico (*anche fig.*).

angélique[2] *n.f.* (*bot.*) (erba) angelica.

angéliquement [ɑ̃ʒelikmɑ̃] *avv.* angelicamente.

angelot [ɑ̃ʒlo] *n.m.* angioletto.

angélus [ɑ̃ʒelys] *n.m.invar.* (*eccl.*) angelus.

A

angevin [ɑ̃ʒvɛ̃] *agg.* dell'Angiò; di Angers.
● (*st.*) ***les Angevins***, gli Angioini.
angine [ɑ̃ʒin] *n.f.* (*med.*) angina.
● ***angine de poitrine***, angina pectoris.
angineux [ɑ̃ʒinø] *agg.* [f. *-euse*] (*med.*) anginoso.
angi(o)- *pref.* angi(o)-.
angiographie [ɑ̃ʒjɔgʀafi] *n.f.* (*med.*) angiografia.
angiologue [ɑ̃ʒjɔlɔg] *n.m.* e *f.* angiologo/a.
angiome [ɑ̃ʒjom] *n.m.* (*med.*) angioma.
anglais [ɑ̃glɛ] *agg.* inglese ♦ *n.m.* (*lingua*) inglese.
● ***filer à l'anglaise***, filarsela all'inglese, svignarsela | (*cuc.*) ***pommes de terre à l'anglaise***, patate al vapore.
Anglais *n.m.* (*abitante*) inglese.
anglaise [ɑ̃glɛz] *n.f.* (*tip.*) corsivo (*m.*) inglese.
angle [ɑ̃gl] *n.m.* **1** angolo **2** (*punto di vista*) angolazione (*f.*).
● (*cine., fot.*) ***angle di prise de vue***, angolo di ripresa | (*mat.*): ***angle droit***, ***plein***, angolo retto, giro; ***angle inscrit à un cercle***, angolo alla circonferenza | (*fis.*) ***angle visuel***, ***de vision***, angolo visivo | ***sous un certain angle***, da un certo punto di vista, sotto un certo aspetto.
■ SIN. **1** coin **2** aspect.
anglican [ɑ̃glikɑ̃] *agg.* e *n.m.* (*relig.*) anglicano.
anglicanisme [ɑ̃glikanism] *n.m.* (*relig.*) anglicanesimo.
angliciser [ɑ̃glisize] *v.tr.* anglicizzare ♦ **s'angliciser** *v.pron.intr.* anglicizzarsi.
anglicisme [ɑ̃glisism] *n.m.* anglicismo, anglismo.
angliciste [ɑ̃glisist] *n.m.* e *f.* anglista.
anglo- *pref.* anglo-.
anglo-normand [ɑ̃glɔnɔʀmɑ̃] *agg.* [pl. *anglo-normands*] anglonormanno.
● (*geogr.*) ***les Îles anglo-normandes***, le Isole Normanne.
anglophile [ɑ̃glɔfil] *agg.* e *n.m.* e *f.* anglofilo/a.
anglophone [ɑ̃glɔfɔn] *agg.* e *n.m.* e *f.* anglofono/a.
anglo-saxon [ɑ̃glɔsaksɔ̃] *agg.* [f. *anglo-saxonne*, pl.m. *anglo-saxons*] anglosassone ♦ *n.m.* (*lingua*) anglosassone.
Anglo-saxon *n.m.* [f. *anglo-saxonne*, pl.m. *anglo-saxons*] (*abitante*) anglosassone.
angoissant [ɑ̃gwasɑ̃] *agg.* angoscioso.
angoisse [ɑ̃gwas] *n.f.* angoscia.
■ SIN. anxiété.
angoissé [ɑ̃gwase] *agg.* angosciato ♦ *n.m.* ansioso.
angoisser [ɑ̃gwase] *v.tr.* angosciare; angustiare ♦ *v.intr.* (*fam.*) provare angoscia: *j'angoisse à mort*, sono angosciato da morire.
angolais [ɑ̃gɔlɛ] *agg.* angolano.
Angolais *n.m.* (*abitante*) angolano.
angora [ɑ̃gɔʀa] *agg.invar.* d'angora ♦ *n.m.* (*zool.*) animale d'angora.
angoumois [ɑ̃gumwa] **angoumoisin** [ɑ̃gumwazɛ̃] *agg.* di Angoulême.
anguille [ɑ̃gij] *n.f.* anguilla.
● ***il y a anguille sous roche***, (*fig.*) gatta ci cova.
angulaire [ɑ̃gylɛʀ] *agg.* angolare, d'angolo.
anguleux [ɑ̃gylø] *agg.* [f. *-euse*] angoloso.
anhydride [anidʀid] *n.m.* (*chim.*) anidride (*f.*).
anicroche [anikʀɔʃ] *n.f.* contrattempo (*m.*), intoppo (*m.*); (*fam.*) grana.
aniline [anilin] *n.f.* anilina.
anim [anim] *n.m.* (*Internet*) abbr. di **animateur**.

animal[1] [animal] *n.m.* [pl. *-aux*] animale.
■ SIN. bête.
animal[2] *agg.* animale, animalesco: *comportement animal*, comportamento animalesco.
animalcule [animalkyl] *n.m.* animale microscopico.
animalerie [animalʀi] *n.f.* negozio (*m.*) di animali domestici.
animalier [animalje] *agg.* e *n.m.* [f. *-ère*] animalista.
● ***parc animalier***, zoosafari.
animalité [animalite] *n.f.* animalità.
animateur [animatœʀ] *agg.* [f. *-trice*] animatore ♦ *n.m.* **1** animatore **2** (*tv*) presentatore **3** (*Internet*) animatore, moderatore di un forum.
animation [animasjɔ̃] *n.f.* animazione.
● ***film d'animation***, cinema d'animazione.
animatique [animatik] *n.f.* (*inform.*) software (*m.*) di animazione, animatics (per la produzione di cartoni animati).
animé [anime] *agg.* animato (*anche fig.*).
animer [anime] *v.tr.* animare (*anche fig.*): *animer le marché*, movimentare il mercato; *le vent animait le feu*, il vento alimentava l'incendio ♦ **s'animer** *v.pron.intr.* animarsi: *il s'animait de plus en plus*, si accalorava sempre più.
■ V.TR. SIN. égayer, stimuler.
animisme [animism] *n.m.* animismo.
animiste [animist] *agg.* e *n.m.* e *f.* animista.
animosité [animozite] *n.f.* animosità, astio (*m.*).
anis [anis] *n.m.* anice.
aniser [anize] *v.tr.* aromatizzare con anice.
anisette [anizɛt] *n.f.* anisetta.
ankylose [ɑ̃kiloz] *n.f.* (*med.*) anchilosi.
ankylosé [ɑ̃kiloze] *agg.* anchilosato.
ankyloser [ɑ̃kiloze] *v.tr.* anchilosare ♦ **s'ankyloser** *v.pron.intr.* **1** anchilosarsi **2** (*fig.*) intorpidirsi.
annal [anal] *agg.* [pl. *-aux*] (*dir.*) annuale, annuo.
annales [anal] *n.f.pl.* annali (*m.*).
● ***annales du brevet*** (o ***du bac***), bigino.
annaliste [analist] *n.m.* e *f.* annalista.
anneau [ano] *n.m.* [pl. *-eaux*] **1** anello **2** (*pl.*) (*sport*) anelli: *exercice aux anneaux*, esercizio agli anelli.
● (*Internet*) ***anneau de sites***, webring | (*eccl.*) ***anneau épiscopal***, ***pastoral***, ***du pêcheur***, anello episcopale, pastorale, piscatorio | ***anneau nuptial*** (o ***de mariage***), anello nuziale | ***passer l'anneau au doigt de qqn***, impalmare qlcu.
annecien [ansjɛ̃] *agg.* [f. *-enne*] di Annecy.
année [ane] *n.f.* **1** anno (*m.*), annata: *l'année dernière*, l'anno scorso; *il y a bien des années que nous ne nous sommes vus*, non ci vediamo da molti anni **2** (*comm.*) annualità.
● (*comm.*) ***année sociale***, ***budgétaire***, esercizio sociale, finanziario.

NOTA ***An*** o ***année***?
Si usa ***an*** per indicare il tempo compreso tra il 1° gennaio e il 31 dicembre e quando è preceduto da un numerale:
SÌ *J'ai 39* ***ans***.
NO *J'ai 39* ***années***.
Ho 39 anni
SÌ *Depuis trois* ***ans***, *dans un* ***an***.
NO *Depuis trois* ***années***, *dans une* ***année***.
Da tre anni, fra un anno.

Si usa ***année*** quando la parola è determinata da un dimostrativo, un articolo, un aggettivo numerale, indefinito o qualificativo, una proposizione relativa e quando indica un periodo di tempo considerato nella sua durata: *cette année, la première année, quelques années, de longues années, une année entière, l'année où je suis né, l'année scolaire*...
Alcune locuzioni o contesti letterari però non seguono questa regola: *le Jour de l'An*, il capodanno, *l'an prochain* o *l'année prochaine*, l'anno prossimo, *l'an dernier* o *l'année dernière*, l'anno scorso, *un meuble usé par les ans*, un mobile usurato dagli anni, *les ans ne l'ont pas changé*, gli anni non l'hanno cambiato.

annelé [anle] *agg.* inanellato.

annexe [anɛks] *agg.* **1** annesso, unito **2** secondario (*anche fig.*): *bâtiment annexe*, edificio secondario; *c'est une question annexe*, è un problema secondario **3** allegato: *les documents annexes*, i documenti allegati **4** ausiliario ♦ *n.f.* **1** annesso (*m.*): *l'annexe d'un hôtel*, la dépendance di un albergo **2** allegato (*m.*) **3** (*pl.*) (*anat., biol.*) annessi (*m.*).

annexé [anɛkse] *agg.* annesso, allegato.

annexer [anɛkse] *v.tr.* **1** annettere **2** allegare ♦ **s'annexer** *v.pron.intr.* (*scherz.*) annettersi; accaparrarsi.

annexion [anɛksjɔ̃] *n.f.* annessione.

annexionniste [anɛksjɔnist] *agg.* e *n.m.* e *f.* annessionista.

annihilation [aniilasjɔ̃] *n.f.* **1** annichilazione, annichilimento (*m.*) **2** (*dir.*) (*di un atto ecc.*) annullamento (*m.*).

annihiler [aniile] *v.tr.* **1** annichilire; annientare **2** (*dir.*) (*un atto ecc.*) annullare.

anniversaire [anivɛʀsɛʀ] *n.m.* **1** anniversario; ricorrenza (*f.*) **2** compleanno: *elle fête son anniversaire demain*, compie gli anni domani ♦ *agg.* anniversario.

annonaire [anɔnɛʀ] *agg.* annonario.

annonce [anɔ̃s] *n.f.* **1** annuncio (*m.*); notizia: *donner l'annonce de*, dar notizia di **2** (*giorn.*) inserzione: *passer une annonce dans un journal*, mettere un'inserzione su un giornale **3** (*bridge*) dichiarazione.
● (*tel.*) ***annonce d'accueil***, messaggio di benvenuto | ***annonce de décès***, annuncio mortuario, necrologio | ***annonce de vente***, annuncio di vendita | ***les petites annonces***, gli annunci economici.

annoncer [anɔ̃se] *v.tr.* [coniug. come *placer*] **1** annunciare **2** annunciare; far presagire; promettere: *cela n'annonçait rien de bon*, ciò non prometteva niente di buono; *tout semble annoncer le succès*, tutto fa sperare in un successo **3** rivelare, denotare **4** (*alle carte*) dichiarare ♦ **s'annoncer** *v.pron.intr.* e *pron.* annunciarsi.
● ***ça s'annonce bien, mal!***, (*fam.*) inizia bene, male!
■ V.TR. SIN. **1** dire, signaler **3** révéler.

annonceur [anɔ̃sœʀ] *n.m.* [f. *-euse*] inserzionista.

annonciateur [anɔ̃sjatœʀ] *agg.* [f. *-trice*] foriero; precorritore ♦ *n.m.* (*tecn.*) spia (*f.*).

annonciation [anɔ̃sjasjɔ̃] *n.f.* **1** annunciazione **2** (*relig.*) *Annonciation*, (festa dell')Annunciazione.

annoncier [anɔ̃sje] *n.m.* [f. *-ère*] (*giorn.*) addetto alle inserzioni.

annotation [anɔtasjɔ̃] *n.f.* **1** annotazione **2** nota, commento (*m.*).

annoter [anɔte] *v.tr.* annotare.

annuaire [anɥɛʀ] *n.m.* **1** annuario **2** (*del telefono*) elenco telefonico.
● ***annuaire électronique***, pagine gialle elettroniche® | (*Internet*): ***annuaire de recherche***, annuario Internet; motore di ricerca; ***annuaire des domaines***, domain name system (DNS), sistema di denominazione del dominio; ***annuaire inversé***, elenco dei numeri di telefono on line per risalire al nome dell'utente.

annuel [anɥɛl] *agg.* [f. *-elle*] annuale: *contrat annuel*, contratto annuale; *revenu annuel*, reddito annuo.

annuellement [anɥɛlmɑ̃] *avv.* annualmente, ogni anno.

annuité [anɥite] *n.f.* annualità; rata annua.

annulable [anylabl] *agg.* annullabile.

annulaire [anylɛʀ] *n.m.* anulare.

annulation [anylasjɔ̃] *n.f.* annullamento (*m.*), cancellazione: (*dir.*) *annulation d'une clause*, cancellazione di una clausola.

annuler [anyle] *v.tr.* annullare; cancellare ♦ **s'annuler** *v.pron.rec.* annullarsi.
■ V.TR. SIN. abroger, décommander CONTR. confirmer, valider.

anoblir [anɔbliʀ] *v.tr.* nobilitare, conferire un titolo nobiliare (**a**).

anoblissement [anɔblismɑ̃] *n.m.* nobilitazione (*f.*).

anode [anɔd] *n.f.* (*fis.*) anodo (*m.*).

anodin [anɔdɛ̃] *agg.* anodino.

anomal [anɔmal] *agg.* [pl. *-aux*] anomalo.

anomalie [anɔmali] *n.f.* anomalia.

ânon [ɑnɔ̃] *n.m.* **1** (*piccolo asino*) asinello, somarello **2** piccolo dell'asino.

ânonner [anɔne] *v.tr.* (*una lezione ecc.*) recitare stentatamente.

anonymat [anɔnima] *n.m.* anonimato.

anonyme [anɔnim] *agg.* e *n.m.* e *f.* anonimo/a.

anonyment [anɔnimmɑ̃] *avv.* in modo anonimo.

anorak [anɔʀak] *n.m.* giacca (*f.*) a vento.

anorexie [anɔʀɛksi] *n.f.* anoressia.

anorexique [anɔʀɛksik] *agg.* e *n.m.* e *f.* anoressico/a.

anormal [anɔʀmal] *agg.* e *n.m.* [pl. *-aux*] anormale.
■ AGG. SIN. inhabituel, insolite.

anormalement [anɔʀmalmɑ̃] *avv.* in modo anormale.

anse [ɑ̃s] *n.f.* ansa.
● ***anse*** (***de mer***), insenatura | (*anat.*) ***anse intestinale***, ansa intestinale | ***faire danser l'anse du panier***, (*fam.*) fare la cresta sulla spesa.

antagonisme [ɑ̃tagɔnism] *n.m.* antagonismo.

antagoniste [ɑ̃tagɔnist] *agg.* e *n.m.* e *f.* antagonista.

antalgique [ɑ̃talʒik] *agg.* e *n.m.* (*med.*) antalgico.

antan, d' [dɑ̃tɑ̃] *agg.* (*antiq.*) di un tempo.

NOTA L'espressione di origine letteraria **d'antan** compare per la prima volta nella *Ballades des dames du temps jadis* del poeta François Villon (1431-63) dove si legge il verso:
*Mais où sont les neiges **d'antan**?*
Che rimane del bel tempo che fu?

antarctique [ɑ̃taʀktik] *agg.* antartico.

anté-[1] *pref.* ante-.

anté-[2] *pref.* anti-.

antécédence [ɑ̃tesedɑ̃s] *n.f.* antecedenza.

antécédent [ɑ̃tesedɑ̃] *agg.* antecedente ♦ *n.m.* antecedente, precedente.

antéchrist [ɑ̃tekʀist] *n.m.* anticristo.

antédiluvien [ɑ̃tedilyvjɛ̃] *agg.* [f. *-enne*] antidiluviano.

A

antenne [ɑ̃tɛn] ***n.f.*** **1** antenna **2** (*fig.*) informatore (*m.*), emissario (*m.*) **3** sede distaccata.
● (*med.*) ***antenne chirurgicale***, ambulanza chirurgica volante | (*tv, rad.*): ***antenne parabolique***, antenna parabolica; ***être à, sur l'antenne***, essere in onda, in linea; ***rendre l'antenne***, passare la linea.

antenniste [ɑ̃tenist] ***n.m.*** e ***f.*** antennista.

antépénultième [ɑ̃tepenyltjɛm] ***agg.*** terzultimo ♦ ***n.f.*** terzultima (sillaba).

antérieur [ɑ̃terjœr] ***agg.*** anteriore.
● (*gramm.*) ***passé antérieur***, trapassato prossimo | (*econ.*) ***revenu antérieur***, reddito pregresso.
■ SIN. précédent CONTR. postérieur.

antérieurement [ɑ̃terjœrmɑ̃] ***avv.*** anteriormente.

antériorité [ɑ̃terjɔrite] ***n.f.*** anteriorità.

anthère [ɑ̃tɛr] ***n.f.*** (*bot.*) antera.

anthologie [ɑ̃tɔlɔʒi] ***n.f.*** **1** antologia **2** (*tv*) fiction televisiva costituita da serie di storie a tema senza un personaggio ricorrente.

anthologique [ɑ̃tɔlɔʒik] ***agg.*** antologico.

anthracite [ɑ̃trasit] ***n.m.*** antracite (*f.*).

anthropo- ***pref.*** antropo-.

anthropocentrique [ɑ̃trɔpɔsɑ̃trik] ***agg.*** antropocentrico.

anthropocentrisme [ɑ̃trɔpɔsɑ̃trism] ***n.m.*** antropocentrismo.

anthropoïde [ɑ̃trɔpɔid] ***agg.*** e ***n.m.*** (*zool.*) antropoide.

anthropologie [ɑ̃trɔpɔlɔʒi] ***n.f.*** antropologia.

anthropologique [ɑ̃trɔpɔlɔʒik] ***agg.*** antropologico.

anthropologue [ɑ̃trɔpɔlɔg] ***n.m.*** e ***f.*** antropologo/a.

anthropométrique [ɑ̃trɔpɔmetrik] ***agg.*** antropometrico: *fiche anthropométrique*, scheda antropometrica.

anthropomorphe [ɑ̃trɔpɔmɔrf] ***agg.*** antropomorfo.

anthropomorphisme [ɑ̃trɔpɔmɔrfism] ***n.m.*** antropomorfismo.

anthropophage [ɑ̃trɔpɔfaʒ] ***agg.*** e ***n.m.*** e ***f.*** antropofago/a.

anthropophagie [ɑ̃trɔpɔfaʒi] ***n.f.*** antropofagia.

anti- ***pref.*** anti-.

antiadhésif [ɑ̃tiadezif] ***agg.*** [f. *-ive*] antiaderente.

antiaérien [ɑ̃tiaerjɛ̃] ***agg.*** [f. *-enne*] antiaereo.

anti-âge [ɑ̃tiɑʒ] ***agg.invar.*** (*cosmesi*) antietà, antinvecchiamento.

antiallergique [ɑ̃tialɛrʒik] ***agg.*** e ***n.m.*** antiallergico.

antiatomique [ɑ̃tiatɔmik] ***agg.*** antiatomico.

antibactérien [ɑ̃tibakterjɛ̃] ***agg.*** [f. *-enne*] antibatterico.

antibiogramme [ɑ̃tibjɔgram] ***n.m.*** (*med.*) antibiogramma.

antibiothérapie [ɑ̃tibjɔterapi] ***n.f.*** terapia antibiotica.

antibiotique [ɑ̃tibjɔtik] ***n.m.*** (*med.*) antibiotico.

antiblocage [ɑ̃tiblɔkaʒ] ***agg.invar.*** antibloccaggio.
● (*aut.*) ***système antiblocage***, antiblocco, ABS.

antibrouillard [ɑ̃tibrujar] ***agg.*** e ***n.m.*** antinebbia.

antibruit [ɑ̃tibrɥi] ***agg.invar.*** fonoassorbente.

anticancéreux [ɑ̃tikɑ̃serø] ***agg.*** e ***n.m.*** [f. *-euse*] antitumorale.

anticasseurs [ɑ̃tikasœr] ***agg.***
● ***loi anticasseurs***, legge contro gli atti di vandalismo.

antichambre [ɑ̃tiʃɑ̃br] ***n.f.*** anticamera.

antichar [ɑ̃tiʃar] ***agg.invar.*** anticarro.

antichoc [ɑ̃tiʃɔk] ***agg.*** antiurto.

anticipation [ɑ̃tisipasjɔ̃] ***n.f.*** anticipo (*m.*), anticipazione.
● ***par anticipation***, in anticipo | ***roman d'anticipation***, romanzo avveniristico.

anticipé [ɑ̃tisipe] ***agg.*** anticipato.

anticiper [ɑ̃tisipe] ***v.tr.*** anticipare ♦ ***v.intr.*** **1** fare anticipazioni, previsioni: *anticiper sur l'avenir*, prevenire il futuro **2** prendere, disporre in anticipo: *anticiper sur son héritage*, disporre in anticipo della propria eredità.

anticité [ɑ̃tisite] ***agg.invar.*** (*mil.*) anti-città (detto di una strategia dissuasiva che utilizza mezzi nucleari contro centri urbani, industrie, risorse naturali).

anticlérical [ɑ̃tiklerikal] ***agg.*** e ***n.m.*** [pl. *-aux*] anticlericale.

anticléricalisme [ɑ̃tiklerikalism] ***n.m.*** anticlericalismo.

anticoagulant [ɑ̃tikɔagylɑ̃] ***n.m.*** e ***agg.*** anticoagulante.

anticolonialiste [ɑ̃tikɔlɔnjalist] ***agg.*** e ***n.m.*** e ***f.*** anticolonialista.

anticommunisme [ɑ̃tikɔmynism] ***n.m.*** anticomunismo.

anticommuniste [ɑ̃tikɔmynist] ***agg.*** e ***n.m.*** e ***f.*** anticomunista.

anticonceptionnel [ɑ̃tikɔ̃sɛpsjɔnɛl] ***n.m.*** e ***agg.*** [f. *-elle*] anticoncezionale.

anticonformisme [ɑ̃tikɔ̃fɔrmism] ***n.m.*** anticonformismo.

anticonformiste [ɑ̃tikɔ̃fɔrmist] ***n.m.*** e ***f.*** anticonformista.

anticonstitutionnel [ɑ̃tikɔ̃stitysjɔnɛl] ***agg.*** [f. *-elle*] anticostituzionale.

anticorps [ɑ̃tikɔr] ***n.m.*** (*biol.*) anticorpo.

anticrénelage [ɑ̃tikrenlaʒ] ***agg.invar.*** (*inform.*) antialiasing.

anticyclone [ɑ̃tisiklon] ***n.m.*** (*meteor.*) anticiclone.

antidater [ɑ̃tidate] ***v.tr.*** antidatare, retrodatare.

antidémarrage [ɑ̃tidemaraʒ] ***agg.invar.*** (*aut.*) antiavviamento.

antidémocratique [ɑ̃tidemɔkratik] ***agg.*** antidemocratico.

antidépresseur [ɑ̃tidepresœr] ***n.m.*** e ***agg.*** antidepressivo.

antidépressif [ɑ̃tidepresif] ***agg.*** [f. *-ive*] antidepressivo.

antidérapant [ɑ̃tiderapɑ̃] ***agg.*** antisdrucciolevole, antisdrucciolo.

antidiphtérique [ɑ̃tidifterik] ***agg.*** antidifterico.

antidote [ɑ̃tidɔt] ***n.m.*** antidoto (**contro**).

antidouleur [ɑ̃tidulœr] ***agg.*** e ***n.m.invar.*** (*med.*) antidolorifico.

antidrogue [ɑ̃tidrɔg] ***agg.invar.*** antidroga: *mesures antidrogue*, misure antidroga.

antiéducatif [ɑ̃tiedykatif] ***agg.*** [f. *-ive*] diseducativo.

antieffraction [ɑ̃tiefraksjɔ̃] ***agg.*** antifurto, antiscasso.

antienne [ɑ̃tjɛn] ***n.f.*** (*eccl.*) antifona.
● ***c'est toujours la même antienne***, (*fig.*) è sempre la stessa solfa.

anti-espiogiciel [ɑ̃tiɛspjɔʒisjɛl] *agg.invar.* (*inform.*) antispy ♦ *n.m.* programma antispy, antispyware.
antifascisme [ɑ̃tifaʃism] *n.m.* antifascismo.
antifasciste [ɑ̃tifaʃist] *agg.* e *n.m.* e *f.* antifascista.
antifatigue [ɑ̃tifatig] *agg.invar.* antifatica.
antifroid [ɑ̃tifʀwa] *agg.invar.* antifreddo.
antifumeur [ɑ̃tifymœʀ] *agg.* antifumatori.
antigang [ɑ̃tigɑ̃g] *agg.invar.* e *n.m.* anticrimine: *brigade antigang*, squadra anticrimine.
antigel [ɑ̃tiʒɛl] *agg.* e *n.m.* antigelo, anticongelante.
antigène [ɑ̃tiʒɛn] *n.m.* antigene.
antiglisse [ɑ̃tiglis] *agg.invar.* antisdrucciolo.
antigouvernemental [ɑ̃tiguvɛʀnəmɑ̃tal] *agg.* [pl. *-aux*] antigovernativo.
antigrippe [ɑ̃tigʀip] *agg.invar.* antinfluenzale.
antiguerre [ɑ̃tigɛʀ] *agg.invar.* contro la guerra: *mouvement, manifestation antiguerre*, movimento, manifestazione contro la guerra.
antihausse [ɑ̃tios] *agg.invar.* (*econ.*) antinflazionistico.
antihémorragique [ɑ̃tiemɔʀaʒik] *agg.* (*med.*) antiemorragico.
antihéros [ɑ̃tieʀo] *n.m.* antieroe.
antihistaminique [ɑ̃tiistaminik] *agg.* e *n.m.* (*med.*) antistaminico.
antihygiénique [ɑ̃tiiʒjenik] *agg.* antigienico.
anti-infectieux [ɑ̃tiɛ̃fɛksjø] *agg.* [f. *-euse*] (*med.*) antinfettivo.
anti-LAV [ɑ̃tilav] *n.m.* (*med.*) anticorpi (*pl.*) del virus HVL.
antillais [ɑ̃tijɛ] *agg.* delle Antille.
Antillais *n.m.* (*abitante*) antillano.
antilope [ɑ̃tilɔp] *n.f.* antilope.
antimatière [ɑ̃timatjɛʀ] *n.f.* (*fis.*) antimateria.
anti-mendicité [ɑ̃timɑ̃disite] *agg.invar.* contro l'accattonaggio.
antiméridien [ɑ̃timeʀidjɛ̃] *n.m.* [f. *-enne*] antimeridiano.
antimilitariste [ɑ̃timilitaʀist] *agg.* e *n.m.* e *f.* antimilitarista.
antimissile [ɑ̃timisil] *agg.invar.* antimissile.
antimite [ɑ̃timit] *agg.* e *n.m.* tarmicida, antitarmico.
antimoine [ɑ̃timwan] *n.m.* (*chim.*) antimonio.
antimondialisation [ɑ̃timɔ̃djalizasjɔ̃] *n.f.* antiglobalizzazione.
antimondialiste [ɑ̃timɔ̃djalist] *n.m.* e *f.* e *agg.* no global.
antinazi [ɑ̃tinazi] *agg.* e *n.m.* e *f.* antinazista.
antinévralgique [ɑ̃tinevʀalʒik] *agg.* e *n.m.* (*med.*) antinevralgico.
antinomie [ɑ̃tinɔmi] *n.f.* antinomia.
antinucléaire [ɑ̃tinykleɛʀ] *agg.* antinucleare.
antiodeur [ɑ̃tiodœʀ] *agg.invar.* antiodore: *semelle antiodeur*, soletta antiodore.
antipape [ɑ̃tipap] *n.m.* antipapa.
antiparasite [ɑ̃tipaʀazit] *agg.* **1** antiparassitario **2** (*rad., tv*) antidisturbo.
antipathie [ɑ̃tipati] *n.f.* antipatia.
■ SIN. aversion.
antipathique [ɑ̃tipatik] *agg.* antipatico.
■ SIN. déplaisant CONTR. sympathique.
antipatriotique [ɑ̃tipatʀijɔtik] *agg.* antipatriottico.
antipelliculaire [ɑ̃tipelikylɛʀ] *agg.* antiforfora.
antipode [ɑ̃tipɔd] *n.m.* antipode.
antipoison [ɑ̃tipwazɔ̃] *agg.invar.*
● *centre antipoison*, centro antiveleni.
antipolio [ɑ̃tipɔljɔ] *agg.invar.* antipolio.
antipollution [ɑ̃tipɔlysjɔ̃] *agg.invar.* antinquinamento; antismog.
antipyrétique [ɑ̃tipiʀetik] *agg.* e *n.m.* antipiretico.
antiquaille [ɑ̃tikaj] *n.f.* (*fam.*) anticaglia.
antiquaire [ɑ̃tikɛʀ] *n.m.* e *f.* antiquario/a.
antique [ɑ̃tik] *agg.* **1** antico, dell'antichità classica | *beauté antique*, bellezza classica **2** antiquato ♦ *n.m.* modello, prototipo (d'arte classica); opera (*f.*) classica: *copier l'antique*, rifarsi a un modello classico.
● *à l'antique*, all'antica.
antiquisant [ɑ̃tikizɑ̃] *agg.* a imitazione dell'antico.
antiquité [ɑ̃tikite] *n.f.* **1** antichità **2** (*pl.*) oggetti (*m.*) antichi, antichità, antiquariato (*m.sing.*).
● *de toute antiquité*, fin dalla più remota antichità.
antirabique [ɑ̃tiʀabik] *agg.* antirabbico.
antiraciste [ɑ̃tiʀasist] *agg.* antirazzista.
antirebond [ɑ̃tiʀəbɔ̃] *agg.invar.* e *n.m.* (*tecn.*) antirimbalzo.
antireflet [ɑ̃tiʀəflɛ] *agg.invar.* antiriflesso.
antirhumatismal [ɑ̃tiʀymatismal] *agg.* e *n.m.* [pl. *-aux*] (*med.*) antireumatico.
antirides [ɑ̃tiʀid] *agg.invar.* antirughe.
antirouille [ɑ̃tiʀuj] *agg.invar.* e *n.m.* antiruggine.
antisalissure [ɑ̃tisalisyʀ] *agg.invar.* antimacchia.
antisèche [ɑ̃tisɛʃ] *n.m.* (*fam.*) fogliettino con appunti da consultare di nascosto durante una prova scolastica.
antisémite [ɑ̃tisemit] *agg.* e *n.m.* e *f.* antisemita.
antisémitique [ɑ̃tisemitik] *agg.* antisemitico.
antisémitisme [ɑ̃tisemitism] *n.m.* antisemitismo.
antiseptique [ɑ̃tisɛptik] *agg.* e *n.m.* antisettico.
● *sparadrap antiseptique*, cerotto medicato.
antisismique [ɑ̃tisismik] *agg.* antisismico.
antisocial [ɑ̃tisɔsjal] *agg.* [pl. *-aux*] antisociale.
antispam [ɑ̃tispam] *agg.invar.* (*inform.*) antispam.
antispasmodique [ɑ̃tispasmɔdik] *agg.* e *n.m.* antispasmodico, antispastico.
antispéciste [ɑ̃tispesist] *agg.* antispecista (in difesa dei diritti degli animali).
antisportif [ɑ̃tispɔʀtif] *agg.* [f. *-ive*] antisportivo.
antistatique [ɑ̃tistatik] *agg.* antistatico ♦ *n.m.* prodotto antistatico.
antitabac [ɑ̃titaba] *agg.invar.* antifumo.
antitartre [ɑ̃titaʀtʀ] *agg.invar.* antitartaro.
antiterrorisme [ɑ̃titɛʀɔʀism] *n.m.* antiterrorismo.
antiterroriste [ɑ̃titɛʀɔʀist] *agg.* antiterroristico, antiterrorista.
antitétanique [ɑ̃titetanik] *agg.* antitetanico.
antithèse [ɑ̃titɛz] *n.f.* antitesi.
antithétique [ɑ̃titetik] *agg.* antitetico.
antitout [ɑ̃titu] *n.m.* (*fam.*) bastian contrario.
antitranspirant [ɑ̃titʀɑ̃spiʀɑ̃] *agg.* antisudorifero.
antitroyen [ɑ̃titʀwajɛ̃] *n.m.* (*inform.*) antitrojan (programma che difende dai trojan horse – cavalli di Troia – informatici).

antitussif [ɑ̃titysif] *agg.* e *n.m.* [f. *-ive*] espettorante.

antivariolique [ɑ̃tivaʀjɔlik] *agg.* antivaioloso.

antivol [ɑ̃tivɔl] *agg.invar.* e *n.m.* antifurto.

antonomase [ɑ̃tɔnɔmaz] *n.f.* antonomasia.

antonyme [ɑ̃tɔnim] *n.m.* antonimo.

antre [ɑ̃tʀ] *n.m.* antro.
● ***antre du lion***, (*fig.*) fossa dei leoni.

anus [anys] *n.m.* (*anat.*) ano.

anversois [ɑ̃vɛʀswa] *agg.* di Anversa.

anxiété [ɑ̃ksjete] *n.f.* ansia, ansietà.
■ SIN. angoisse.

anxieusement [ɑ̃ksjøzmɑ̃] *avv.* ansiosamente, con ansia.

anxieux [ɑ̃ksjø] *agg.* [f. *-euse*] ansioso; preoccupato ♦ *n.m.* (individuo) ansioso.
■ *AGG.* SIN. angoissé, inquiet CONTR. confiant, serein.

anxiogène [ɑ̃ksjɔʒɛn] *agg.* ansiogeno.

anxiolytique [ɑ̃ksjɔlitik] *agg.* e *n.m.* ansiolitico.

aorte [aɔʀt] *n.f.* (*anat.*) aorta.

aortique [aɔʀtik] *agg.* (*anat.*) aortico.

août [u*t*] *n.m.* agosto: *le quinze août*, ferragosto.

aoûtien [utjɛ̃] *n.m.* [f. *-enne*] chi fa le vacanze in agosto, ferragostano.

apache [apaʃ] *n.m.* **1** apache (indiano d'America) **2** (*antiq.*) teppista (parigino dei primi del Novecento).

apaisant [apɛzɑ̃] *agg.* riposante; calmante.

apaisement [apɛzmɑ̃] *n.m.* **1** acquietamento **2** tregua (*f.*) **3** (*spec. pl.*) rassicurazione (*f.*).

apaiser [apeze] *v.tr.* placare; sedare: *il s'en alla l'esprit apaisé*, se ne andò con l'animo rasserenato ♦ **s'apaiser** *v.pron.intr.* placarsi.

apanage [apanaʒ] *n.m.* appannaggio.

aparté [apaʀte] *n.m.* **1** (*teatr.*) a parte **2** (*estens.*) conversazione (*f.*) appartata.
● ***en aparté***, a parte.

apathie [apati] *n.f.* apatia.

apathique [apatik] *agg.* apatico.

apatride [apatʀid] *agg.* e *n.m.* e *f.* apolide.

apercevoir [apɛʀsəvwaʀ] *v.tr.* [coniug. come *recevoir*] scorgere, vedere; intravedere: *je n'ai fait que les apercevoir, je ne sais si je les reconnaîtrais*, li ho appena intravisti, non so se li riconoscerei ♦ **s'apercevoir** *v.pron.* e *pron.intr.* accorgersi, avvedersi, rendersi conto ♦ *v.pron. rec.* scorgersi, vedersi.

apercevrai [apɛʀsəvʀe] → **apercevoir**.

aperçois [apɛʀswa] → **apercevoir**.

aperçoive [apɛʀswav] → **apercevoir**.

aperçu [apɛʀsy] *p.p.* di **apercevoir** ♦ *n.m.* **1** cenno, idea (*f.*); saggio: *son dernier article présente des aperçus intéressants sur la situation*, nel suo ultimo articolo sono presenti considerazioni interessanti sulla situazione **2** sommario, prospetto; compendio.
● (*inform.*) ***aperçu avant impression***, anteprima di stampa.

apéritif [apeʀitif] *n.m.* aperitivo.

apéro [apeʀo] *n.m.* (*fam.*) abbr. di **apéritif**.

apesanteur [apəzɑ̃tœʀ] *n.f.* (*fis.*) condizione di mancanza di gravità.

à-peu-près [apøpʀɛ] *n.m.invar.* approssimazione (*f.*).

apeuré [apøʀe] *agg.* impaurito, spaventato.
■ SIN. effarouché.

apex [apɛks] *n.m.* e *f.invar.* apice.

aphasie [afazi] *n.f.* (*med.*) afasia.

aphasique [afazik] *agg.* e *n.m.* e *f.* (*med.*) afasico/a.

aphérèse [afeʀɛz] *n.f.* (*gramm.*) aferesi.

aphidés [afide] **aphidiens** [afidjɛ̃] *n.m.pl.* (*zool.*) afidi.

aphone [afɔn] *agg.* afono.

aphorisme [afɔʀism] *n.m.* aforisma.

aphrodisiaque [afʀɔdizjak] *agg.* e *n.m.* afrodisiaco.

aphte [aft] *n.m.* (*med.*) afta (*f.*).

aphteux [aftø] *agg.* [f. *-euse*] (*med.*) aftoso.
● (*vet.*) ***fièvre aphteuse***, afta epizootica.

à-pic [apik] *n.m.invar.* dirupo, precipizio.

apical [apikal] *agg.* [pl. *-aux*] apicale.

apiculteur [apikyltœʀ] *n.m.* [f. *-trice*] apicoltore.

apiculture [apikyltyʀ] *n.f.* apicoltura.

apitoiement [apitwamɑ̃] *n.m.* l'impietosirsi.

apitoyer [apitwaje] *v.tr.* impietosire ♦ **s'apitoyer** *v.pron.intr.* impietosirsi, provare pietà (**per**).

aplanir [aplaniʀ] *v.tr.* spianare; appianare (*anche fig.*).

aplanissement [aplanismɑ̃] *n.m.* spianamento; appianamento (*anche fig.*).

aplati [aplati] *agg.* appiattito; schiacciato.

aplatir [aplatiʀ] *v.tr.* appiattire; schiacciare ♦ **s'aplatir** *v.pron.* e *pron.intr.* **1** appiattirsi; schiacciarsi **2** (*fam.*) abbassarsi: *s'aplatir devant qqn*, (*fig.*) strisciare davanti a qlcu.

aplatissement [aplatismɑ̃] *n.m.* **1** appiattimento **2** (*fig.*) umiliazione (*f.*).

aplomb [aplɔ̃] *n.m.* **1** appiombo: *il a gardé son aplomb*, (*fig.*) ha mantenuto il controllo **2** disinvoltura (*f.*); (*spreg.*) sfrontatezza (*f.*): *avoir de l'aplomb*, esser sicuro di sé.
● ***d'aplomb***, a perpendicolo; in equilibrio: *bien d'aplomb sur ses jambes*, ben saldo sulle gambe; *remettre d'aplomb*, (*fig.*) rimettere in sesto; *se sentir d'aplomb*, (*fig.*) sentirsi in forma.

apnée [apne] *n.f.* apnea.

apnéiste [apneist] *n.m.* e *f.* (*nuoto*) apneista.

apo- *pref.* apo-.

apocalypse [apɔkalips] *n.f.* apocalisse.

apocalyptique [apɔkaliptik] *agg.* apocalittico.

apocope [apɔkɔp] *n.f.* (*gramm.*) apocope.

apocryphe [apɔkʀif] *agg.* e *n.m.* apocrifo.

apogée [apɔʒe] *n.m.* apogeo.

apolitique [apɔlitik] *agg.* apolitico.

apollon [apɔlɔ̃] *n.m.* apollo.

apologétique [apɔlɔʒetik] *agg.* apologetico ♦ *n.f.* (*teol.*) apologetica.

apologie [apɔlɔʒi] *n.f.* apologia.

apologiste [apɔlɔʒist] *n.m.* e *f.* apologista.

apologue [apɔlɔg] *n.m.* apologo.

apophyse [apɔfiz] *n.f.* (*anat.*) apofisi.

apoplectique [apɔplɛktik] *agg.* (*antiq.*) apoplettico.

apoplexie [apɔplɛksi] *n.f.* (*med.*) apoplessia.
● ***coup d'apoplexie***, colpo apoplettico.

apostasie [apɔstazi] *n.f.* apostasia.

apostat [apɔsta] *agg.* e *n.m.* apostata.

apostolat [apɔstɔla] *n.m.* apostolato.

apostolique [apɔstɔlik] *agg.* apostolico.

apostrophe[1] [apɔstʀɔf] *n.f.* (*ret.*) apostrofe.

apostrophe[2] *n.f.* (*gramm.*) apostrofo (*m.*).

NOTA In francese l'***apostrophe*** sostituisce nella lingua popolare parti di parole che non vengono pronunciate:
V'là ton verre = Voilà ton verre.
Ecco il tuo bicchiere.
Puisque j'te l'dis = Puisque je te le dis.
Se te lo dico io.
C'qu'elle est belle! = Ce qu'elle est belle!
Com'è bella!

apostropher [apɔstʀɔfe] *v.tr.* apostrofare ♦ **s'apostropher** *v.pron.rec.* ingiuriarsi.

apothéose [apɔteoz] *n.f.* apoteosi.

apothicaire [apɔtikɛʀ] *n.m.* (*antiq.*) speziale, farmacista.
● ***compte d'apothicaire***, (*fig.*) conto complicato e discutibile.

apôtre [apotʀ] *n.m.* apostolo.

apparaître [apaʀɛtʀ] *v.intr.* [coniug. come *connaître*; aus. *être* e *avoir*] **1** apparire, comparire: *il est* (o *a*) *apparu*, è apparso; *faire apparaître la vérité*, far venir fuori la verità **2** sembrare, parere.
● ***il apparaît que***, risulta che.
■ SIN. **1** se montrer, paraître **2** paraître, sembler CONTR. **1** se cacher, disparaître.

apparat [apaʀa] *n.m.* **1** pompa (*f.*), gala (*f.*) **2** apparato.
● ***apparat critique***, apparato critico | ***en grand apparat***, in pompa magna.

appareil [apaʀɛj] *n.m.* **1** apparecchio **2** telefono: *qui est à l'appareil?*, chi parla?; *restez à l'appareil*, resti in linea **3** (*aer.*) aeroplano, apparecchio **4** (*anat., tecn., amm.*) apparato **5** (*sport*) attrezzo.
● ***appareil (dentaire)***, apparecchio (per i denti) | ***appareil de projection***, proiettore | ***appareil (photo)***, macchina fotografica.

appareillage [apaʀɛjaʒ] *n.m.* **1** (*mar.*) il salpare **2** (*tecn.*) apparecchiatura (*f.*).
● (*mar.*) ***poste d'appareillage***, posto di manovra.

appareiller[1] [apaʀeje] *v.intr.* (*mar.*) salpare ♦ *v.tr.* **1** sagomare (pietre) **2** (*mar.*) attrezzare, armare (una nave) **3** (*med.*) mettere un apparecchio di protesi.

FAUX AMI
Da non confondere con *apparecchiare* nel senso di *preparare la tavola*, che si traduce *dresser la table, mettre le couvert*.

appareiller[2] *v.tr.* assortire, appaiare ♦ **s'appareiller** *v.pron.rec.* (*di animali*) accoppiarsi.

apparemment [apaʀamɑ̃] *avv.* apparentemente, a prima vista.

apparence [apaʀɑ̃s] *n.f.* **1** apparenza **2** aspetto (*m.*) **3** (*letter.*) verosimiglianza: *il y a apparence que*, è probabile che.
● ***contre toute apparence***, contro ogni evidenza | ***selon toute apparence***, con ogni probabilità.

apparent [apaʀɑ̃] *agg.* **1** apparente **2** evidente, palese.

apparentement [apaʀɑ̃tmɑ̃] *n.m.* (*pol.*) apparentamento.

apparenter [apaʀɑ̃te] *v.tr.* imparentare ♦ **s'apparenter** *v.pron.rec.* e *pron.intr.* **1** imparentarsi (**con**) **2** (*pol.*) apparentarsi.

apparier [apaʀje] *v.tr.* appaiare, assortire.

appariteur [apaʀitœʀ] *n.m.* bidello (di università), usciere.

apparition [apaʀisjɔ̃] *n.f.* apparizione.

appartement [apaʀtəmɑ̃] *n.m.* appartamento.

appartenance [apaʀtənɑ̃s] *n.f.* appartenenza.

appartenir [apaʀtəniʀ] *v.intr.* [coniug. come *tenir*] appartenere; fare parte (**di**): *cette maison a appartenu à son frère*, questa casa è appartenuta a suo fratello ♦ *v.intr. impers.* spettare: *il n'appartient qu'à moi de*, dipende solo da me ♦ **s'appartenir** *v.pron.* disporre di sé.

appartenu [apaʀtəny] *p.p.* di **appartenir**.

apparu [apaʀy] *p.p.* di **apparaître**.

appas [apɑ] *n.m.pl.* **1** bellezze (*f.*), formosità (*f.*) (di una donna) **2** (*fig.*) attrattive (*f.*).

appât [apɑ] *n.m.* **1** esca (*f.*) **2** (*fig.*) esca (*f.*); attrattiva (*f.*).

appâter [apɑte] *v.tr.* **1** ingozzare (pollame) **2** adescare (*anche fig.*).

appauvrir [apovʀiʀ] *v.tr.* impoverire; depauperare ♦ **s'appauvrir** *v.pron.intr.* impoverirsi.

appauvrissement [apovʀismɑ̃] *n.m.* impoverimento; depauperamento.

appeau [apo] *n.m.* [pl. *-eaux*] (*caccia*) **1** richiamo (per gli uccelli) **2** uccello di richiamo.

appel [apɛl] *n.m.* **1** appello; invito **2** (*tel., inform.*) chiamata (*f.*) **3** (*mil.*) chiamata (*f.*); convocazione (*f.*); *devancer l'appel*, anticipare la ferma **4** (*dir.*) appello **5** (*econ.*) richiesta (*f.*).
● ***appel au secours***, invocazione di aiuto | (*tecn.*) ***appel d'air***, richiamo d'aria | (*dir.*) ***appel des témoins***, convocazione dei testimoni | (*econ.*) ***appel d'offres***, gara d'appalto | (*tel., inform.*) ***appel en attente***, chiamata in attesa | (*dir.*): ***cour d'Appel***, Corte d'Appello; ***défendeur en appel***, appellato; ***demandeur en appel***, appellante | (*tel.*) ***double appel***, avviso di chiamata | (*dir.*) ***faire appel***, ricorrere in appello, appellarsi | ***l'appel de la nature***, il richiamo della natura | (*sport*) ***pied d'appel***, piede di slancio, di battuta | (*mil.*) ***revue d'appel***, chiamata di controllo.

appelé [aple] *agg.* chiamato, destinato ♦ *n.m.* soldato di leva.

appeler [aple] *v.tr.* [raddoppia la *l* davanti a sillaba muta: *j'appelle, j'appellerai* etc.] **1** chiamare **2** richiedere, rendere necessario: *sa conduite appelle votre sévérité*, la sua condotta richiede severità da parte vostra **3** invocare, chiamare: *appeler une bénédiction sur qqn*, invocare una benedizione su qlcu **4** richiamare, attirare: *j'appelle votre attention sur ces faits*, richiamo la vostra attenzione su questi fatti **5** chiamare, dar nome (**a**): *comment appelles-tu cela en anglais?*, come lo dici in inglese? ♦ *v.intr.* (*dir.*) fare ricorso: *appeler d'un jugement*, fare ricorso contro una sentenza ♦ **s'appeler** *v.pron.intr.* e *pron.rec.* chiamarsi.
● ***appeler à l'aide, au secours***, chiamare in aiuto | (*dir.*) ***appeler en justice***, citare in giudizio | (*mil.*) ***appeler (sous les drapeaux)***, chiamare alle armi | ***en appeler à***, fare appello a: *j'en appelle à votre bonne foi*, faccio appello alla sua buona fede.
■ *V.TR.* SIN. **1** interpeller **5** désigner.

appellation [ape(ɛl)lasjɔ̃] *n.f.* qualifica; denominazione.
● ***vin à appellation d'origine***, vino d'origine | ***vin à appellation d'origine contrôlée*** (*AOC*), vino a denominazione d'origine controllata, vino DOC.

appendice [apɛ̃dis] *n.m.* appendice (*f.*).

appendicite [apɛ̃disit] *n.f.* (*med.*) appendicite.

appentis [apɑ̃ti] *n.m.* tettoia (*f.*) (contro un muro).

A

appesantir [apəzɑ̃tiʀ] *v.tr.* **1** appesantire **2** (*di autorità, potere*) rendere più opprimente, far sentire il peso (**di**): *appesantir son autorité*, fare sentire il peso della propria autorità ♦ **s'appesantir** *v.pron.intr.* **1** appesantirsi **2** (*fig.*) insistere (troppo).

appesantissement [ɑ̃pəzɑ̃tismɑ̃] *n.m.* appesantimento.

appétence [apetɑ̃s] *n.f.* appetenza; (*fig.*) desiderio (*m.*).

appétissant [apetisɑ̃] *agg.* appetitoso.

appétit [apeti] *n.m.* appetito (*anche fig.*): *avoir de l'appétit*, avere appetito | *n'avoir d'appétit pour rien*, essere inappetente; (*fig.*) non avere interessi.

● ***appétit de vivre***, (*fig.*) voglia di vivere | ***avoir un appétit d'oiseau***, mangiare come un uccellino | ***bon appétit!***, buon appetito!

applaudir [aplodiʀ] *v.tr.* e *intr.* applaudire ♦ **s'applaudir** *v.pron.intr.* compiacersi, rallegrarsi.

applaudissement [aplodismɑ̃] *n.m.* applauso: *une tempête d'applaudissements*, uno scroscio di applausi.

applette [aplɛt] *n.f.* (*inform.*) applet (*m.*), programma (*m.*) applicativo.

applicable [aplikabl] *agg.* applicabile.

application [aplikasjɔ̃] *n.f.* **1** applicazione: *mettre en application*, mettere in pratica **2** (*fig.*) impegno (*m.*), applicazione.

applique [aplik] *n.f.* lampada a muro, applique.

appliqué [aplike] *agg.* **1** applicato **2** (*fam.*) assestato, appioppato: *un coup bien appliqué*, (*fam.*) un colpo ben assestato **3** (*fig.*) diligente: *un écolier appliqué*, uno scolaro diligente; *appliqué à son travail*, coscienzioso nel suo lavoro.

appliquer [aplike] *v.tr.* **1** applicare (*anche fig.*): *appliquer une couche de peinture*, dare una mano di vernice **2** (*fam.*) appioppare, affibbiare ♦ **s'appliquer** *v.pron.* e *pron.intr.* **1** applicarsi (**a**, **in**); dedicarsi (**a**); sforzarsi (**di**): *s'appliquer à étudier*, sforzarsi di studiare **2** adattarsi.

appliquette [aplikɛt] *n.f.* (*inform.*) applet (*m.*).

appoint [apwɛ̃] *n.m.* **1** spiccioli (*pl.*) **2** (*mecc.*) completamento, integrazione (*f.*) **3** (*fig.*) contributo, appoggio.

● ***d'appoint***, a integrazione, supplementare: *chauffage d'appoint*, riscaldamento ausiliario; *lit d'appoint*, letto supplementare | ***faire l'appoint***, completare una somma con denaro spicciolo.

appointements [apwɛ̃tmɑ̃] *n.m.pl.* emolumenti.

FAUX AMI

Da non confondere con *appuntamento*, che si traduce *rendez-vous*.

appointer[1] [apwɛ̃te] *v.tr.* retribuire.

appointer[2] *v.tr.* appuntire, fare la punta (**a**).

appondre [apɔ̃dʀ] *v.tr.* [coniug. come *rendre*] (*Svizzera*) **1** aggiungere **2** allungare.

appontement [apɔ̃tmɑ̃] *n.m.* pontile.

apport [apɔʀ] *n.m.* **1** apporto **2** (*dir., econ.*) quota (*f.*) sociale, conferimento.

● ***apport journalier recommandé***, fabbisogno giornaliero (di cibo per la sopravvivenza) | ***apports nutritionnels***, apporti nutrizionali | (*dir., econ.*) ***capital d'apport***, conferimento di capitale | (*geol.*) ***terres d'apport***, terre alluvionali.

apporter [apɔʀte] *v.tr.* **1** portare; (ar)recare: *apporter une consolation à qqn*, consolare qlcu; *apporter des nouvelles*, portare notizie; (*econ.*) *apporter des biens à une entreprise*, conferire dei beni a un'impresa **2** produrre; fornire: *apporter des preuves*, addurre delle prove; *apporter des difficultés*, (*estens.*) creare difficoltà **3** mettere: *apporter du zèle à faire qqch*, mettere zelo nel fare qlco.

■ SIN. **1** donner CONTR. **1** emporter, enlever.

apporteur [apɔʀtœʀ] *n.m.* [f. *-euse*] apportatore: *apporteur de capital*, apportatore di capitali.

apposer [apoze] *v.tr.* apporre: *apposer une clause*, inserire una clausola.

apposition [apozisjɔ̃] *n.f.* apposizione.

appréciable [apʀesjabl] *agg.* apprezzabile; sensibile, notevole.

appréciateur [apʀesjatœʀ] *n.m.* [f. *-trice*] estimatore.

appréciation [apʀesjasjɔ̃] *n.f.* **1** apprezzamento (*m.*); stima **2** giudizio (*m.*) **3** note (*pl.*) caratteristiche (di una persona).

apprécier [apʀesje] *v.tr.* **1** apprezzare: *je ne l'apprécie pas du tout*, non mi piace affatto **2** stimare ♦ **s'apprécier** *v.pron.intr.* (*fin.*) rivalutarsi.

■ *V.TR.* SIN. estimer CONTR. décrier, mépriser.

appréhender [apʀeɑ̃de] *v.tr.* **1** temere: *j'appréhende qu'il ne vienne*, temo che venga; *j'appréhende qu'il ne vienne pas*, temo che non venga **2** (*dir.*) arrestare **3** (*fil.*) comprendere, concepire.

■ SIN. **1** craindre, redouter **2** arrêter.

appréhension [apʀeɑ̃sjɔ̃] *n.f.* apprensione.

apprendre [apʀɑ̃dʀ] *v.tr.* [coniug. come *prendre*] **1** imparare, apprendere; studiare; *apprendre à lire*, imparare a leggere; *apprendre par cœur*, studiare a memoria **2** insegnare: *apprendre à lire à un enfant*, insegnare a leggere a un bambino; *apprends-moi comment on fait*, insegnami come si fa **3** venire a sapere: *nous avons appris que*, ci hanno detto che; *je viens d'apprendre que*, ho appena saputo che **4** annunciare, comunicare; informare: *c'est moi qui le lui ai appris*, gliel'ho detto io.

● ***ça t'apprendra!***, (*fam.*) ti sta bene! | ***cela t'apprendra à***, (*fam.*) così imparerai a.

■ SIN. **2** enseigner.

apprenti [apʀɑ̃ti] *n.m.* apprendista; garzone, giovane (di bottega); principiante: *travail d'apprenti*, lavoro da principiante; *un apprenti maçon*, un apprendista muratore.

apprentissage [apʀɑ̃tisaʒ] *n.m.* apprendistato, tirocinio.

● ***être en apprentissage***, fare tirocinio | ***faire l'apprentissage de***, (*fig.*) formarsi a, esercitarsi a | ***mettre en apprentissage***, mettere a bottega.

apprêt [apʀɛ] *n.m.* **1** apprettatura (*f.*), l'apprettare **2** appretto **3** base (*f.*), primo strato (di colore); (*pitt.*) apparecchiatura (*f.*) **4** (*fig.*) ricercatezza (*f.*).

● ***sans apprêt***, semplice, naturale, senza pretese.

apprêté [apʀete] *agg.* (*fig.*) ricercato, affettato.

apprêter [apʀete] *v.tr.* **1** (*letter.*) approntare **2** (*ind.*) apprettare ♦ **s'apprêter** *v.pron.* **1** prepararsi **2** apprestarsi, accingersi.

appris [apʀi] *p.p.* di **apprendre**.

apprivoisable [apʀivwazabl] *agg.* addomesticabile.

apprivoiser [apʀivwaze] *v.tr.* **1** addomesticare **2** (*fig.*) ammansire ♦ **s'apprivoiser** *v.pron.intr.* e *pron.* **1** ammansirsi, diventare più docile; diventare più socievole **2** (*fig. letter.*) familiarizzarsi.

approbateur [apʀɔbatœʀ] *agg.* [f. *-trice*] approvatore: *un sourire approbateur*, un sorriso di approvazione.

A

approbatif [apRɔbatif] *agg.* [f. *-ive*] approvatore, di approvazione.

approbation [apRɔbasjɔ̃] *n.f.* approvazione; consenso (*m.*).

approchable [apRɔʃabl] *agg.* avvicinabile: *il n'est pas approchable ce matin!*, stamattina è inavvicinabile!

approchant [apRɔʃɑ̃] *agg.* simile.

approche [apRɔʃ] *n.f.* **1** l'approssimarsi, l'avvicinarsi **2** approccio (*m.*); accesso (*m.*): *une personne d'approche facile*, una persona abbordabile **3** (*pl.*) vicinanze.
● ***aux approches de***, nei pressi, in prossimità di | ***travaux d'approche***, (*anche fig.*) manovre d'avvicinamento.

approché [apRɔʃe] *agg.* approssimativo; (*mat.*) approssimato.

approcher [apRɔʃe] *v.tr.* avvicinare, accostare: *ne m'approche pas*, non venirmi vicino ♦ *v.intr.* avvicinarsi (**a**), approssimarsi (**a**): *l'aube approche*, l'alba è vicina; *elle approche de la quarantaine*, è prossima alla quarantina ♦ **s'approcher** *v.pron.intr.* avvicinarsi (**a**), accostarsi (**a**): *s'approcher du feu*, avvicinarsi al fuoco.
■ V.TR. CONTR. écarter, éloigner.

approfondir [apRɔfɔ̃diR] *v.tr.* approfondire.

approfondissement [apRɔfɔ̃dismɑ̃] *n.m.* approfondimento.

appropriation [apRɔpRijasjɔ̃] *n.f.* appropriazione.

approprier [apRɔpRije] *v.tr.* adattare, adeguare ♦ **s'approprier** *v.pron.intr.* adattarsi ♦ *v.pron. indiretto* appropriarsi (**di**), impadronirsi (**di**): *il s'est approprié les biens de son frère*, si è impadronito dei beni di suo fratello.

approuver [apRuve] *v.tr.* approvare: *il m'approuve toujours*, mi dà sempre ragione.
■ SIN. soutenir CONTR. désapprouver, refuser.

approvisionnement [apRɔvizjɔnmɑ̃] *n.m.* **1** approvvigionamento, rifornimento **2** (*pl.*) provviste (*f.*).

approvisionner [apRɔvizjɔne] *v.tr.* **1** approvvigionare, rifornire: *approvisionner de, en denrées alimentaires*, rifornire di generi alimentari; *approvisionner un compte en banque*, alimentare un conto in banca **2** ricaricare: *approvisionner une arme*, ricaricare un'arma ♦ **s'approvisionner** *v.pron.* approvvigionarsi, rifornirsi.

approximatif [apRɔksimatif] *agg.* [f. *-ive*] approssimativo.

approximation [apRɔksimasjɔ̃] *n.f.* approssimazione.

approximativement [apRɔksimativmɑ̃] *avv.* approssimativamente, in modo approssimativo.

appui [apɥi] *n.m.* sostegno, appoggio: *prendre appui sur*, appoggiarsi a; *il a beaucoup d'appuis*, (*fig.*) ha molti appoggi.
● ***à l'appui*** (***de***), a sostegno (di): *démontrer preuves à l'appui*, dimostrare prove alla mano | ***mur d'appui***, muro di sostegno | ***point d'appui***, punto di appoggio: *le point d'appui d'un levier*, il fulcro di una leva.

appui-bras *n.m.* [pl. *appuis-bras*] **appuie-bras** [apɥi bRa] *n.m.invar.* bracciolo.

appui-tête *n.m.* [pl. *appuis-tête*] **appuie-tête** [apɥi tɛt] *n.m.invar.* appoggiatesta, poggiatesta.

appuyer [apɥije] *v.tr.* [coniug. come *employer*] **1** appoggiare (*anche fig.*): *il appuie ses accusations sur des preuves irréfutables*, fonda le sue accuse su prove irrefutabili **2** sostenere: *appuyer un mur par des étais*, sostenere, puntellare un muro ♦ *v.intr.* **1** premere; (*fig.*) insistere **2** spostarsi: *appuyer à, sur la droite*, spostarsi a destra **3** reggersi, poggiare: *les poutres appuient sur des piliers*, le travi poggiano su pilastri ♦ **s'appuyer** *v.pron.* e *pron. intr.* appoggiarsi (*anche fig.*): *il s'appuyait sur sa canne*, si appoggiava al bastone; *s'appuyer sur qqn*, fare affidamento su qlcu; *s'appuyer sur un texte*, basarsi su un testo ♦ *v.pron. indiretto* (*fam.*) sobbarcarsi: *s'appuyer une corvée*, fare una sfacchinata.
● ***un regard appuyé***, uno sguardo insistente.

âpre [ɑpR] *agg.* aspro (*anche fig.*): *un froid âpre*, un freddo pungente.
● ***âpre au gain***, avido (di guadagni).

aprèm [ɑpRɛm] *n.m.* e *f.* (*fam.*) pomeriggio (*m.*).

âprement [ɑpRəmɑ̃] *avv.* aspramente.

après [apRɛ] *prep.* **1** dopo: *après lui*, dopo di lui; *après six heures*, dopo sei ore, dopo le sei; *sa maison se trouve juste après la mairie*, casa sua è subito dopo, oltre il municipio **2** dietro; contro: *courir après qqn, qqch*, correr dietro a qlcu, a qlco; *crier après qqn*, (*fam.*) gridare dietro a qlcu **3** (*fam.*) (*con uso improprio*) contro, su: *grimper après un arbre*, arrampicarsi su un albero; *je suis furieux après ton frère*, sono furente contro tuo fratello; *on a demandé après vous*, hanno chiesto di voi, vi hanno cercato ♦ *avv.* dopo, poi: *trois semaines après*, tre settimane dopo.
● ***après Jésus-Christ***, dopo Cristo | ***après que***, dopo che | ***après quoi***, dopodiché | ***et puis après?***, (*fam.*) e con ciò?
□ **d'après** *prep.* secondo; (*con valore di agg.*) dopo: *d'après Platon*, secondo Platone; *un dessin d'après nature*, un disegno dal vero; *d'après ce qu'il m'a dit*, da quanto mi ha detto; *d'après qqn*, a detta di qlcu; *le mois, le dimanche d'après*, il mese, la domenica dopo.

après-demain [apRɛdmɛ̃] *avv.* dopodomani.

après-guerre [apRɛgɛR] *n.m.* e *f.* [pl. *après-guerres*] dopoguerra (*m.*).

après-midi [apRɛmidi] *n.m.* e *f.invar.* pomeriggio (*m.*): *l'après-midi de bonne heure*, nel primo pomeriggio; *tard dans l'après-midi*, nel tardo pomeriggio.

après-rasage [apRɛRɑzaʒ] *agg.invar.* e *n.m.* [pl. *après-rasages*] dopobarba.

après-ski [apRɛski] *n.m.* [pl. *après-skis*] doposcì.

après-soleil [apRe(ɛ)sɔlɛj] *n.m.* [pl. *après-soleils*] doposole.

après-vente [apRɛvɑ̃t] *agg.invar.*
● (*comm.*) ***service après-vente***, assistenza clienti.

âpreté [ɑpRəte] *n.f.* asprezza; durezza (*anche fig.*): *l'âpreté du climat*, il rigore del clima; *discuter avec âpreté*, discutere con accanimento.

à-propos [apRɔpo] *n.m.invar.* opportunità (*f.*); momento opportuno: *sens de l'à-propos, esprit d'à-propos*, senso dell'opportunità; *manquer d'à-propos*, non essere opportuno.
● ***répondre avec beaucoup d'à-propos***, rispondere a tono.

apte [apt] *agg.* **1** atto, adatto; idoneo: *apte à (faire) un travail*, adatto a un lavoro **2** (*mil.*) abile (al servizio militare) **3** (*dir.*) capace.
■ SIN. **2** bon CONTR. **2** inapte.

aptère [aptɛR] *agg.* attero.

aptésien [aptezjɛ̃] *agg.* [f. *-enne*] di Apt.

aptitude [aptityd] *n.f.* **1** attitudine, capacità **2** (*dir.*) capacità.
● ***aptitude militaire***, idoneità al servizio militare | ***test d'aptitude***, test attitudinale.

NOTA Il ***certificat d'aptitude*** è, in Francia, un diploma di abilitazione all'insegnamento, che si ottiene con un esame di concorso pubblico. Più specificamente, il *certificat d'aptitude pédagogique* corrisponde al diploma di abilitazione magistra-

A

le. Il *certificat d'aptitude professionnelle* o CAP è un diploma di abilitazione professionale. Il *certificat d'aptitude professionnelle à l'enseignement secondaire* o CAPES è un diploma che abilita all'insegnamento nelle scuole superiori.

apurer [apyʀe] *v.tr.* (*comm.*) **1** quadrare, verificare **2** liquidare.
aquarelle [akwaʀɛl] *n.f.* acquerello (*m.*).
aquarelliste [akwaʀelist] *n.m.* e *f.* acquerellista.
aquarium [akwaʀjɔm] *n.m.* acquario.
aquathérapie [akwateʀapi] *n.f.* acquaterapia.
aquatinte [akwatɛ̃t] *n.f.* (*arte*) acquatinta.
aquatique [akwatik] *agg.* acquatico.
aqueduc [akdyk] *n.m.* acquedotto.
aqueux [akø] *agg.* [f. *-euse*] acquoso.
aquifère [akɥifɛʀ] *agg.* acquifero.
aquilin [akilɛ̃] *agg.* aquilino.
aquilon [akilɔ̃] *n.m.* (*vento*) aquilone.
aquitain [akitɛ̃] *agg.* aquitano.
Aquitain *n.m.* (*abitante*) aquitano.
aquosité [akozite] *n.f.* acquosità.
ara [aʀa] *n.m.* (*zool.*) ara (*f.*).
arabe [aʀab] *agg.* arabo ♦ *n.m.* (*lingua*) arabo.
Arabe *n.m.* e *f.* (*persona*) arabo/a.
arabesque [aʀabɛsk] *n.f.* arabesco (*m.*).
arabique [aʀabik] *agg.* arabico.
arabisant [aʀabizɑ̃] *n.m.* arabista.
arabisation [aʀabizasjɔ̃] *n.f.* arabizzazione.
arabiser [aʀabize] *v.tr.* arabizzare.
arable [aʀabl] *agg.* arabile.
arabophone [arabɔfɔn] *agg.* e *n.m.* e *f.* (persona) di lingua araba.
arachide [aʀaʃid] *n.f.* arachide.
arachnéen [aʀakneɛ̃] *agg.* [f. *-enne*] (*di tessuto*) velato, trasparente.
aragonais [aʀagɔnɛ] *agg.* aragonese.
Aragonais *n.m.* (*abitante*) aragonese.
● (*st.*) ***les Aragonais***, gli Aragonesi.
araignée [aʀeɲe] *n.f.* ragno (*m.*).
● (*zool.*) ***araignée de mer***, ***crabe araignée***, grancevola | ***avoir une araignée dans le***, ***au plafond***, (*fig. fam.*) aver le pigne in testa, essere un po' svitato | ***pattes d'araignée***, (*fig.*) dita lunghe e magre | ***toile d'araignée***, (*anche fig.*) ragnatela.
■ (*Svizzera*) SIN. aragne.
araser [aʀɑze] *v.tr.* (*edil.*) livellare, pareggiare.
aratoire [aʀatwaʀ] *agg.* relativo all'aratura.
● ***instrument aratoire***, attrezzo agricolo.
arbalète [aʀbalɛt] *n.f.* balestra: *tirer à l'arbalète*, tirare con la balestra.
arbalétrier [aʀbaletʀije] *n.m.* balestriere.
arbitrage [aʀbitʀaʒ] *n.m.* **1** arbitrato **2** (*dir.*) sentenza (*f.*) arbitrale **3** (*Borsa*) arbitraggio **4** (*sport*) arbitraggio.
● (*dir.*): ***arbitrage de juge***, giudizio equitativo; ***commission d'arbitrage***, collegio arbitrale | ***convention d'arbitrage***, convenzione arbitrale.
arbitraire [aʀbitʀɛʀ] *agg.* arbitrario ♦ *n.m.* **1** arbitrarietà (*f.*) **2** despotismo.
arbitrairement [aʀbitʀɛʀmɑ̃] *avv.* arbitrariamente; in modo arbitrario.
arbitre[1] [aʀbitʀ] *n.m.* arbitro.
arbitre[2] *n.m.* arbitrio.
● ***libre arbitre***, libero arbitrio.
arbitrer [aʀbitʀe] *v.tr.* **1** fungere, fare da arbitro (**in**) **2** (*sport*) arbitrare.
arborer [aʀbɔʀe] *v.tr.* **1** inalberare: *arborer un drapeau*, inalberare una bandiera **2** ostentare, sfoggiare.
arborescent [aʀbɔʀesɑ̃] *agg.* arborescente.
arboricole [aʀbɔʀikɔl] *agg.* arboricolo.
arboriculture [aʀbɔʀikyltyʀ] *n.f.* arboricoltura.
● ***arboriculture fruitière***, frutticoltura.
arbouse [aʀbuz] *n.f.* (*bot.*) corbezzolo.
arbousier [aʀbuzje] *n.m.* (*albero*) corbezzolo.
arbre [aʀbʀ] *n.m.* albero.
● ***arbre à pain***, ***au poivre***, albero del pane, del pepe | (*anat.*) ***arbre bronchique***, albero bronchiale | (*mecc.*) ***arbre coudé***, albero a gomito | ***arbres fruitiers***, ***à fruits***, alberi da frutto | ***arbre nain***, pianta nana | (*mecc.*) ***arbre renvoi***, contralbero.
arbrisseau [aʀbʀiso] *n.m.* [pl. *-eaux*] frutice, arbusto.
arbuste [aʀbyst] *n.m.* arbusto.
arbustif [aʀbystif] *agg.* [f. *-ive*] arbustivo, arbustaceo.
arc [aʀk] *n.m.* arco: *tirer à l'arc*, tirare con l'arco.
● (*mat.*) ***arc de cercle***, arco di circonferenza | (*arch.*): ***arc aigu***, ***en ogive***, arco acuto, ogivale; ***arc en plein cintre***, arco a tutto sesto | ***en arc***, ad arco.

NOTA A Parigi sorgono due celebri ***arcs de triomphe***.
L'***arc de l'Étoile***, eretto al centro della piazza circolare (odierna place Charles-de-Gaulle), da cui si dipartono a stella dodici grandi viali; progettato nel 1806 e inaugurato solo nel 1836, è decorato con opere di scultori francesi. Vi sono scolpiti i nomi di 386 generali della Repubblica e dell'Impero. Nel 1920, sotto il grande arco, è stata collocata la tomba del Milite ignoto francese.
L'***arc du Carrousel***, costruito nel 1806-08 su progetto degli architetti Charles Percier e Pierre Fontaine, sorge nei giardini delle Tuileries presso il Louvre ed è sormontato da una quadriga, opera dello scultore François-Joseph Bosio. Il nome deriva dal fatto che lì si svolgevano parate ed evoluzioni (appunto dei *carrousels*).

arcade [aʀkad] *n.f.* **1** arcata **2** (*pl.*) porticato (*m.sing.*), portici (*m.*).
● (*arch.*) ***suite d'arcades***, archeggiatura.
arcadien [aʀkadjɛ̃] *agg.* e *n.m.* [f. *-enne*] arcadico.
arcane [aʀkan] *agg.* e *n.m.* arcano.
arcature [aʀkatyʀ] *n.f.* (*arch.*) fuga di archi.
arc-boutant [aʀkbutɑ̃] *n.m.* [pl. *arcs-boutants*] (*arch.*) arco di spinta.
arc-bouter [aʀkbute] *v.tr.* (*arch.*) rinforzare con un arco di spinta ♦ **s'arc-bouter** *v.pron.* inarcarsi.
arc-doubleau [aʀkdublo] *n.m.* [pl. *arcs-doubleaux*] (*arch.*) arco doppio.
arceau [aʀso] *n.m.* [pl. *-eaux*] arco; archetto.
arc-en-ciel [aʀkɑ̃sjɛl] *n.m.* [pl. *arcs-en-ciel*] arcobaleno.
archaïque [aʀkaik] *agg.* arcaico.
archaïsant [aʀkaizɑ̃] *agg.* e *n.m.* arcaizzante, arcaicizzante.
archaïsme [aʀkaism] *n.m.* arcaismo.
archange [aʀkɑ̃ʒ] *n.m.* arcangelo.
arche[1] [aʀʃ] *n.f.* arco (*m.*) (di ponte).

NOTA La ***Grande Arche*** è il monumento che il presidente francese François Mitterrand fece erigere, nel quartiere della

Défense (inaugurata nel 1989) dall'architetto danese Johan Otto Von Spreckelsen. Ha la forma di un grande cubo aperto, alto 110 metri e ricoperto di 2800 pannelli di marmo di Carrara; lo spazio vuoto centrale potrebbe accogliere la cattedrale di Notre-Dame. Ospita tra l'altro l'*Arche de la fraternité*, la fondazione internazionale per i diritti dell'uomo.

arche[2] *n.f.* arca.

arche[3] *n.f.* (*zool.*) arsella.

archéologie [aʀkeɔlɔʒi] *n.f.* archeologia.

archéologique [aʀkeɔlɔʒik] *agg.* archeologico.

archéologue [aʀkeɔlɔg] *n.m.* e *f.* archeologo/a.

archer [aʀʃe] *n.m.* arciere.

archet [aʀʃɛ] *n.m.* (*mus., tecn.*) archetto.
● (*mus.*) ***coup d'archet***, cavata.

archétype [aʀketip] *agg.* e *n.m.* archetipo.

archevêché [aʀʃəveʃe] *n.m.* arcivescovado.

archevêque [aʀʃəvɛk] *n.m.* arcivescovo.

archi- *pref.* arci-, stra-.

NOTA Con il prefisso **archi-** si formano nuovi aggettivi o avverbi della lingua parlata. È di solito unito all'aggettivo che segue se questo inizia con una consonante:

C'est une actrice ***archiconnue***.
È un'attrice conosciutissima, arcinota.
C'est ***archifaux*** *ce que tu dis.*
È ultrafalso quello che dici.

È unito con un trattino all'aggettivo che segue se questo inizia con una vocale:

Ma prof de maths est ***archi-autoritaire***.
La mia professoressa di matematica è estremamente autoritaria.

Archi si usa come parola singola senza trattino quando ha funzione di avverbio o precede un avverbio:

Faut que j'y aille, je suis ***archi*** *en retard.*
Bisogna che vada, sono in ritardissimo.

archicube [aʀʃikyb] *n.m.* ex allievo dell'École Normale.

archicubier [aʀʃikybje] *n.m.* elenco degli ex allievi dell'École Normale.

archidiacre [aʀʃidjakʀ] *n.m.* arcidiacono.

archiduc [aʀʃidyk] *n.m.* arciduca.

archiduchesse [aʀʃidyʃɛs] *n.f.* arciduchessa.

archiépiscopal [aʀʃiepiskɔpal] *agg.* [pl. *-aux*] arcivescovile.

archimandrite [aʀʃimɑ̃dʀit] *n.m.* archimandrita.

archipel [aʀʃipɛl] *n.m.* arcipelago.

archiprêtre [aʀʃipʀɛtʀ] *n.m.* arciprete.

architecte [aʀʃitɛkt] *n.m.* e *f.* architetto/a.

architectonique [aʀʃitɛktɔnik] *agg.* architettonico.

architectural [aʀʃitɛktyʀal] *agg.* [pl. *-aux*] architettonico: *un ensemble architectural*, un complesso architettonico.

architecture [aʀʃitɛktyʀ] *n.f.* **1** architettura **2** (*estens.*) conformazione: *l'architecture du corps humain*, la struttura del corpo umano.
● ***les ordres d'architecture***, gli ordini architettonici.

architrave [aʀʃitʀav] *n.f.* (*edil.*) architrave (*m.*).

archivage [aʀʃivaʒ] *n.m.* **1** archiviazione (*f.*) **2** (*inform.*) salvataggio (dei dati).

archive [aʀʃiv] *n.f.* **1** (*inform.*) archivio (*m.*) **2** (*pl.*) archivio (*m.sing.*): *mettre aux archives*, archiviare; *classer aux archives*, mettere in archivio.

archiver [aʀʃive] *v.tr.* archiviare.

archiviste [aʀʃivist] *n.m.* e *f.* archivista.

arçon [aʀsɔ̃] *n.m.* arcione: *vider les arçons*, vuotare le staffe (cadendo da cavallo) | *être ferme sur, dans ses arçons*, stare ben saldo in sella; (*fig.*) stare ben saldo sui propri principi.

arctique [aʀktik] *agg.* artico.

ardemment [aʀdamɑ̃] *avv.* ardentemente.

ardennais [aʀdenɛ] *agg.* ardennese, delle Ardenne.

ardent [aʀdɑ̃] *agg.* ardente (*anche fig.*); focoso: *blond ardent*, (*estens.*) biondo fulvo; *rouge ardent*, (*fig.*) rosso fuoco ♦ *n.m.* fuoco fatuo.
● (*med. pop.*) ***le mal des ardents***, il fuoco di Sant'Antonio | (*mar.*) ***voilier ardent***, veliero ardente, orziero.

ardeur [aʀdœʀ] *n.f.* ardore (*m.*): *il travaille avec ardeur*, lavora con passione; *modérez vos ardeurs!*, (*fam.*) moderate i vostri bollenti spiriti!

ardoise [aʀdwaz] *n.f.* **1** (*min.*) ardesia **2** lavagna **3** (*edil.*) (tegola d')ardesia **4** (*fam.*) conto (*m.*) aperto (presso un negoziante).
● ***à l'ardoise***, nel menu (di un ristorante).

ardoisière [aʀdwazjɛʀ] *n.f.* cava di ardesia.

ardu [aʀdy] *agg.* arduo.

are [aʀ] *n.m.* (*misura*) ara (*f.*).

arec [aʀɛk] *n.m.* (*bot.*) areca (*f.*).

aréna [aʀena] *n.m.* e *f.* (*Canada*) palazzo (*m.*) del ghiaccio (per hockey).

arène [aʀɛn] *n.f.* **1** (*di circo, anfiteatro ecc.*) arena **2** (*poet.*) rena, sabbia **3** (*pl.*) arena (*sing.*), anfiteatro (*m.sing.*).
● ***descendre, entrer dans l'arène***, (*fig.*) scendere in campo: *entrer dans l'arène politique*, entrare nella lotta politica.

aréopage [aʀeɔpaʒ] *n.m.* (*fig.*) areopago.

arête [aʀɛt] *n.f.* **1** (*di pesce*) lisca, spina **2** (*bot.*) resta, arista **3** (*mat.*) spigolo (*m.*) **4** (*edil.*) colmo (*m.*): *arête du toit*, colmo del tetto **5** (*arch.*) costolone (*m.*): *les arêtes d'une voûte*, i costoloni di una volta **6** profilo (*m.*), linea (di contorno): *l'arête du nez*, il profilo del naso **7** (*geogr.*) cresta, crinale (*m.*).
● (*arch.*) ***voûte d'arête***, volta a crociera.

arétin [aʀetɛ̃] *agg.* aretino, di Arezzo.

argent [aʀʒɑ̃] *n.m.* **1** denaro; (*fam.*) soldi (*pl.*) | *je ne connais pas la couleur de son argent*, (*fam.*) non ho più visto i soldi che mi doveva | *l'argent lui fond dans les mains*, ha le mani bucate **2** (*metall.*) argento.
● ***argent comptant***, contanti: *payer argent comptant*, pagare in contanti; *prendre pour argent comptant*, (*fig.*) prendere per oro colato | ***argent de poche***, denaro per le piccole spese | ***d'argent***, d'argento, argenteo: *de la vaisselle d'argent*, vasellame d'argento; *cheveux d'argent*, (*estens.*) capelli argentei; *sa voix au timbre d'argent*, la sua voce argentina | ***en être pour son argent***, rimetterci del proprio denaro | ***en vouloir, en avoir pour son argent***, pretendere, avere per ciò che si è pagato | ***rentrer dans son argent***, non rimetterci del proprio.

NOTA Il termine ***argent*** ha vari sinonimi di registro familiare come *fric* e gergali come *artiche, blé, flous, oseille, pèze, pognon, thune*.

argentanais [aʀʒɑ̃tanɛ] *agg.* di Argentan.

A

argenté [aʀʒɑ̃te] ***agg.*** **1** argentato **2** (*estens.*) inargentato, argentato; argenteo **3** (*fam.*) danaroso.

argenterie [aʀʒɑ̃tʀi] ***n.f.*** argenteria.

argentier [aʀʒɑ̃tje] ***n.m.*** (*fam.*) tesoriere.
● ***Grand Argentier***, (*scherz.*) ministro delle Finanze.

argentifère [aʀʒɑ̃tifɛʀ] ***agg.*** argentifero.

argentin[1] [aʀʒɑ̃tɛ̃] ***agg.*** argentino.

argentin[2] ***agg.*** (*geogr.*) argentino.

Argentin ***n.m.*** (*abitante*) argentino.

argile [aʀʒil] ***n.f.*** argilla; creta (argillosa).

argileux [aʀʒilø] ***agg.*** [f. *-euse*] argilloso.

argonnais [aʀgɔnɛ] ***agg.*** delle Argonne.

argot [aʀgo] ***n.m.*** gergo: *argot du milieu*, gergo della malavita; *argot sportif*, gergo sportivo.

NOTA Nel XII sec. i *gueux* (malfattori e accattoni) che frequentavano le celebri corti dei Miracoli (nel luogo dell'odierna place Maubert a Parigi) parlavano un linguaggio, l'***argot***, comprensibile solo a loro. Il significato del termine si è poi esteso e oggi designa il gergo di ambienti professionali (medici, musicisti, avvocati, militari ecc.) o di alcuni ambienti (scuole, periferie di Parigi ecc.) che usano parole, locuzioni e forme grammaticali specifiche, al solo scopo di distinguersi dagli altri. Esempi di frasi in argot sono: *Il a claqué tout son pognon pour une gonzesse* (Il a dépensé tout son argent pour une femme); *T'as pas une clope?* (Tu n'as pas une cigarette?).

argotique [aʀgɔtik] ***agg.*** gergale, argotico.

arguer [aʀgɥe] ***v.tr.*** **1** arguire, dedurre **2** (*dir.*) impugnare: *arguer une pièce de faux*, impugnare un documento di falso ♦ ***v.intr.*** prendere (qlco) a pretesto.

argument [aʀgymɑ̃] ***n.m.*** **1** argomento, argomentazione (*f.*) **2** (*dir.*) prova (*f.*) legale **3** cappello, nota (*f.*) introduttiva (a un testo).

argumentation [aʀgymɑ̃tasjɔ̃] ***n.f.*** argomentazione.

argumenter [aʀgymɑ̃te] ***v.intr.*** argomentare, discutere.

argus [aʀgys] ***n.m.*** uomo perspicace; spia (*f.*).
● ***l'argus de l'automobile***, l'informatore dell'automobile (che riporta le quotazioni).

argutie [aʀgysi] ***n.f.*** sottigliezza, cavillo (*m.*).

arianisme [aʀjanism] ***n.m.*** arianesimo.

aride [aʀid] ***agg.*** arido (*anche fig.*).

aridité [aʀidite] ***n.f.*** aridità (*anche fig.*).

arien [aʀjɛ̃] ***agg.*** e ***n.m.*** [f. *-enne*] (*st. relig.*) ariano.

ariette [aʀjɛt] ***n.f.*** (*mus.*) arietta.

aristocrate [aʀistɔkʀat] ***agg.*** e ***n.m.*** e ***f.*** aristocratico/a.

aristocratie [aʀistɔkʀasi] ***n.f.*** aristocrazia.

aristocratique [aʀistɔkʀatik] ***agg.*** aristocratico.

aristocratiquement [aʀistɔkʀatikmɑ̃] ***avv.*** aristocraticamente, in modo aristocratico.

aristotélicien [aʀistɔtelisjɛ̃] ***agg.*** e ***n.m.*** [f. *-enne*] aristotelico.

arithméticien [aʀitmetisjɛ̃] ***n.m.*** [f. *-enne*] aritmetico.

arithmétique [aʀitmetik] ***n.f.*** aritmetica ♦ ***agg.*** aritmetico.

arlequin [aʀləkɛ̃] ***n.m.*** **1** (uomo mascherato da) Arlecchino **2** costume da Arlecchino.

arlésien [aʀlezjɛ̃] ***agg.*** [f. *-enne*] arlesiano.

Arlésien ***n.m.*** [f. *-enne*] abitante di Arles.

armagnac [aʀmaɲak] ***n.m.*** (*acquavite*) armagnac.

armateur [aʀmatœʀ] ***n.m.*** armatore.

armature [aʀmatyʀ] ***n.f.*** **1** (*tecn.*) armatura **2** (*fig.*) struttura, ossatura.

arme [aʀm] ***n.f.*** **1** arma: *braquer, pointer une arme sur qqn*, puntare un'arma contro qlcu; *prendre par les armes*, prendere con le armi **2** (*mil.*) arma: *arme de l'infanterie*, arma di fanteria; *arme de l'aéronautique*, arma aeronautica **3** (*pl.*) (*arald.*) arme (*sing.*).
● ***arme absolue***, rimedio infallibile | ***arme à feu***, ***de guerre***, arma da fuoco, da guerra | ***armes classiques***, ***conventionnelles***, armi convenzionali | ***armes de distruction massive***, armi di distruzioni di massa | ***armes non conventionnelles***, armi non convenzionali | ***armes prohibées***, armi abusive | (*mil.*) ***armes sur l'épaule, droite!***, spall'arm! | ***faire arme de tout***, servirsi di tutto per nuocere | ***faire ses premières armes***, (*fig.*) muovere i primi passi (di una carriera ecc.) | ***frère d'armes***, commilitone | ***maître d'armes***, maestro di scherma | ***mettre bas***, ***rendre les armes***, deporre le armi, cessare le ostilità | ***passer l'arme à gauche***, (*fam.*) morire | (*mil.*): ***présentez armes!***, presentat'arm!; ***reposez armes!***, pied'arm!

armé [aʀme] ***agg.*** armato (*anche fig.*): *il est bien armé pour affronter la vie*, (*fig.*) è ben preparato per affrontare la vita.

armée [aʀme] ***n.f.*** **1** esercito (*m.*) **2** (*fig.*) folla, esercito (*m.*), moltitudine **3** (*unità militare*) armata.
● (*mil.*) ***Armée de l'air***, Aeronautica militare | ***armée de métier***, esercito professionale | ***l'armée de réserve***, la riserva.

armement [aʀməmɑ̃] ***n.m.*** armamento.

arménien [aʀmenjɛ̃] ***agg.*** [f. *-enne*] armeno.

Arménien ***n.m.*** [f. *-enne*] (*abitante*) armeno.

armer [aʀme] ***v.tr.*** **1** armare: *armer une voûte*, armare una volta; *armer un navire*, armare, allestire una nave **2** (*fig.*) armare, corazzare: *les difficultés l'ont bien armé pour la vie*, le difficoltà l'hanno preparato ad affrontare la vita **3** (*fot.*) caricare: *armer un appareil photo*, caricare una macchina fotografica ♦ ***v.intr.*** armarsi, prepararsi alla guerra ♦ **s'armer** ***v.pron.*** (*anche fig.*) armarsi.

armistice [aʀmistis] ***n.m.*** armistizio.

armoire [aʀmwaʀ] ***n.f.*** armadio (*m.*).
● ***armoire à pharmacie***, armadietto per i medicinali | ***armoire à plusieurs corps***, armadio a più ante | ***armoire frigorifique***, cella frigorifera | ***c'est une armoire à glace***, (*fam.*) è un marcantonio.

armoiries [aʀmwaʀi] ***n.f.pl.*** (*arald.*) arme (*sing.*).

armoise [aʀmwaz] ***n.f.*** (*bot.*) artemisia.
● ***armoise des glaciers***, genepì.

armoricain [aʀmɔʀikɛ̃] ***agg.*** armoricano.

armure [aʀmyʀ] ***n.f.*** armatura.

armurerie [aʀmyʀʀi] ***n.f.*** **1** fabbrica d'armi **2** armeria, negozio (*m.*) d'armi.

armurier [aʀmyʀje] ***n.m.*** armaiolo.

arnaquer [aʀnake] ***v.tr.*** (*fam.*) **1** truffare, derubare **2** arrestare.

arnica [aʀnika] ***n.f.*** (*bot.*) arnica.

arobas [aʀɔbas] ***n.f.*** → **arobase**.

arobase [aʀɔbas] ***n.f.*** (*inform.*) chiocciola, @ (simbolo tipografico commerciale).

NOTA La parola ***arobase*** presenta numerose ortografie (*arobas, arrobas* o *arobace*) e viene anche chiamata *a commercial* o *a cerclé*. La *Commission générale de terminologie et de néologie de la Délégation générale à la langue française* ha decretato nel 2002 che il simbolo @ può essere scritto *arrobe* o *arobase*.

A

aromate [aʀɔmat] *n.m.* 1 pianta (*f.*) aromatica 2 (*pl.*) (*cuc.*) aromi, odori.
■ SIN. épice.

aromathérapie [aʀɔmateʀapi] *n.f.* aromaterapia.

aromatique [aʀɔmatik] *agg.* aromatico: *plantes aromatiques*, erbe aromatiche.

aromatiser [aʀɔmatize] *v.tr.* aromatizzare.

arôme [aʀom] *n.m.* aroma.
■ SIN. émanation, parfum.

arpège [aʀpɛʒ] *n.m.* (*mus.*) arpeggio.

arpéger [aʀpeʒe] *v.intr.* [coniug. come *abréger*] arpeggiare.

arpentage [aʀpɑ̃taʒ] *n.m.* 1 il misurare (terreni) 2 agrimensura (*f.*).

arpenter [aʀpɑ̃te] *v.tr.* 1 misurare (terreni) 2 (*fig.*) percorrere su e giù: *il arpentait la pièce*, misurava a grandi passi la stanza.

arpenteur [aʀpɑ̃tœʀ] *n.m.* agrimensore.
● ***chaîne d'arpenteur***, doppio decametro | ***mètre d'arpenteur***, rotella metrica.

arpion [aʀpjɔ̃] *n.m.* (*fam.*) piede, fetta (*f.*).

arqué [aʀke] *agg.* arcuato.

arquebuse [aʀkəbyz] *n.f.* archibugio (*m.*).

arquer [aʀke] *v.tr.* inarcare, curvare ♦ *v.intr.* (*fam.*) camminare ♦ **s'arquer** *v.pron.intr.* incurvarsi, inarcarsi.

arrachage [aʀaʃaʒ] *n.m.* sradicamento; estirpazione (*f.*): *arrachage d'une dent*, (*fam.*) estrazione di un dente.

arraché [aʀaʃe] *agg.* strappato; sradicato; estirpato ♦ *n.m.* (*sport*) strappo (nel sollevamento pesi).
● ***à l'arraché***, con sforzo intenso: *l'équipe l'emporta à l'arraché*, la squadra strappò per un pelo la vittoria; *gagner une course à l'arraché*, vincere una corsa in volata.

arrachement [aʀaʃmɑ̃] *n.m.* 1 sradicamento; estrazione (*f.*): *l'arrachement des pommes de terre*, la raccolta delle patate 2 (*fig.*) strazio, dolore morale.

arrache-pied, d' [daʀaʃpje] *avv.* di lena, a tutto spiano; senza sosta.

arrache-poil, d' [daʀaʃpwal] *avv.* (*Canada*) di buona lena; a tutto spiano.

arracher [aʀaʃe] *v.tr.* strappare (*anche fig.*): *arracher les pommes de terre*, raccogliere le patate; *arracher une dent*, cavare un dente; *arracher de l'argent à qqn*, spillar denaro a qlcu; *on s'arrache ce livre*, questo libro va a ruba ♦ **s'arracher** *v.pron.intr.* strapparsi; (*fig.*) distaccarsi (**da**), allontanarsi (**da**): *s'arracher au sommeil*, buttarsi giù dal letto.

arracheur [aʀaʃœʀ] *n.m.* [f. *-euse*] chi strappa, chi estirpa.
● ***mentir comme un arracheur de dents***, mentire spudoratamente.

arrageois [aʀaʒwa] *agg.* di Arras.

arraisonner [aʀɛzɔne] *v.tr.* fermare (una nave) in mare per ispezione; controllare in volo (un aereo).

arrangeant [aʀɑ̃ʒɑ̃] *agg.* conciliante.

arrangement [aʀɑ̃ʒmɑ̃] *n.m.* 1 accomodamento, accordo 2 sistemazione (*f.*) 3 (*mus., lett.*) arrangiamento.

arranger [aʀɑ̃ʒe] *v.tr.* [coniug. come *manger*] 1 accomodare, aggiustare; mettere in ordine: *porter une bicyclette à arranger*, portare una bicicletta a riparare 2 (*regolare*) sistemare, risolvere: *arranger un différend*, comporre una lite 3 fare comodo (**a**), convenire (**a**): *cela m'arrangerait beaucoup!*, mi farebbe molto comodo!; *si cela t'arrange*, se ti va bene 4 organizzare, combinare 5 (*mus., lett.*) arrangiare, ridurre ♦ **s'arranger** *v.pron.* e *pron.intr.* 1 sistemarsi 2 prepararsi, mettersi in ordine 3 adattarsi (**a**): *il s'arrange de tout*, si adatta a qualunque cosa 4 arrangiarsi: *arrange-toi!*, arrangiati!; *arrange-toi pour arriver à temps*, fai in modo di arrivare in tempo ♦ *v.pron.rec.* accordarsi.
● ***ça ne s'arrange pas***, la situazione non migliora | ***il l'a bien arrangé!***, (*fam.*) l'ha conciato per le feste! | ***il ne s'arrange pas mal***, se la cava discretamente | ***tu t'es bien arrangé***, (*iron.*) ti sei cacciato in un bel guaio!
■ V.TR. SIN. 1 régler, réparer, concilier ♦ V.PRON. e PRON. INTR. SIN. 2 s'accommoder 3 se débrouiller ♦ V.PRON.REC. SIN. s'accorder, s'entendre.

arrangeur [aʀɑ̃ʒœʀ] *n.m.* [f. *-euse*] arrangiatore.

arrérages [aʀeʀaʒ] *n.m.pl.* (*comm.*) arretrati.

arrestation [aʀɛstasjɔ̃] *n.f.* (*dir.*) arresto (*m.*); fermo (*m.*) di polizia.

arrêt [aʀɛ] *n.m.* 1 arresto: *l'arrêt des hostilités*, la cessazione delle ostilità 2 sosta (*f.*): *arrêt du travail*, sospensione del lavoro; *arrêt des affaires*, ristagno negli affari 3 fermata (*f.*) (di mezzo pubblico) 4 (*tecn.*) fermo 5 (*dir.*) arresto 6 (*dir.*) decreto; sentenza (*f.*): *arrêt de mort*, sentenza di morte.
● (*med.*) ***arrêt cardiaque*** (o ***du cœur***), arresto cardiaco | (*dir.*) ***arrêt d'injonction***, decreto ingiuntivo | ***à l'arrêt***, in sosta | (*caccia*) ***chien d'arrêt***, cane da ferma | (*dir.*): ***maison d'arrêt***, casa circondariale; ***mandat d'arrêt***, mandato di cattura | ***tomber en arrêt devant qqch***, (*fig.*) essere colpito da qlco.

arrêté[1] [aʀete] *n.m.* 1 decreto, ordinanza (*f.*) 2 (*di un conto ecc.*) chiusura (*f.*).

arrêté[2] *agg.* immutabile; definito, convenuto: *avoir des idées bien arrêtées sur*, avere idee ben precise su.

arrêter [aʀete] *v.tr.* 1 fermare (*anche fig.*): *arrêter la croissance*, arrestare la crescita; *arrêter les volets*, fissare le imposte 2 (*dir.*) arrestare, fermare 3 stabilire, fissare: *il a arrêté son choix sur cet appartement*, la sua scelta è caduta su questo appartamento 4 (*inform.*) sospendere ♦ *v.intr.* fermarsi ♦ **s'arrêter** *v.pron.* fermarsi: *le chemin s'arrête à la rivière*, il sentiero finisce al fiume; *le bruit s'est arrêté tout d'un coup*, il rumore è cessato di colpo.
● ***arrêter de***, (*fam.*) smettere di: *arrête de pleurer!*, smettila di piangere!; *arrête!*, smettila!, piantala! | (*comm.*) ***arrêter le bilan***, ***un compte***, chiudere il bilancio, un conto | ***s'arrêter de faire qqch***, smettere di fare qlco.
■ V.TR. SIN. 1 stopper.

arreuh [aʀø] *onom.* (*vagito dei neonati*) ueh ueh.

arrhes [aʀ] *n.f.pl.* caparra (*sing.*).

arriération [aʀjeʀasjɔ̃] *n.f.* ritardo (*m.*): *arriération culturelle*, *économique*, arretratezza culturale, economica.

arrière[1] [aʀjɛʀ] *agg.invar.* posteriore ♦ *avv.* (*mar.*) in poppa ♦ *inter.* via.
● ***en arrière***, indietro, all'indietro: *être en arrière pour ses paiements*, essere in arretrato con i pagamenti; *regarder en arrière*, (*fig.*) riandare al passato | ***en arrière de***, dietro (a); (*fig.*) indietro rispetto a | (*mar.*) ***en arrière toute***, indietro a tutta forza | ***marche arrière***, (*anche fig.*) retromarcia | (*cucito*) ***point arrière***, punto indietro.

arrière[2] *n.m.* 1 parte (*f.*) posteriore; (*mar.*) poppa (*f.*) 2 (*pl.*) (*mil.*) retrovie (*f.*) 3 (*calcio*) terzino.
● (*calcio*) ***arrière central***, centromediano | ***à l'arrière***, dietro | ***protéger ses arrières***, (*fig.*) guardarsi le spalle.

arriéré [aʀjeʀe] *agg.* 1 arretrato; retrogrado 2 (*med.*) ritardato, subnormale ♦ *n.m.* 1 arretrato: *avoir de l'ar-*

A

riéré, avere degli arretrati, essere in arretrato **2** (*med.*) ritardato, minorato psichico.

arrière-boutique [aʀjɛʀbutik] ***n.f.*** [pl. *arrière-boutiques*] retrobottega (*m.*).

arrière-cousin [aʀjɛʀkuzɛ̃] ***n.m.*** [pl. *arrière-cousins*] lontano cugino.

arrière-garde [aʀjɛʀgaʀd] ***n.f.*** [pl. *arrière-gardes*] retroguardia.
● ***d'arrière-garde***, (*fig.*) fuori moda.

arrière-goût [aʀjɛʀgu] ***n.m.*** [pl. *arrière-goûts*] retrogusto.

arrière-grand-mère [aʀjɛʀgʀɑ̃mɛʀ] ***n.f.*** [pl. *arrière-grand(s)-mères*] bisnonna.

arrière-grand-père [aʀjɛʀgʀɑ̃pɛʀ] ***n.m.*** [pl. *arrière-grand(s)-pères*] bisnonno.

arrière-grands-parents [aʀjɛʀgʀɑ̃paʀɑ̃] ***n.m.pl.*** bisnonni.

arrière-pays [aʀjɛʀpei] ***n.m.invar.*** retroterra.

arrière-pensée [aʀjɛʀpɑ̃se] ***n.f.*** [pl. *arrière-pensées*] secondo fine (*m.*); pensiero (*m.*) recondito.

arrière-petite-fille [aʀjɛʀpətitfij] ***n.f.*** [pl. *arrière-petites-filles*] pronipote (dei bisnonni).

arrière-petit-fils [aʀjɛʀpətifis] ***n.m.*** [pl. *arrière-petits-fils*] pronipote (dei bisnonni).

arrière-petits-enfants [aʀjɛʀpətizɑ̃fɑ̃] ***n.m.pl.*** pronipoti (dei bisnonni).

arrière-plan [aʀjɛʀplɑ̃] ***n.m.*** [pl. *arrière-plans*] sfondo.
● ***être à l'arrière-plan***, (*fig.*) essere in secondo piano.

arriérer [aʀjeʀe] ***v.tr.*** [coniug. come *céder*] ritardare, differire ♦ **s'arriérer** ***v.pron.intr.*** rimanere indietro (con un pagamento).

arrière-saison [aʀjɛʀsɛzɔ̃] ***n.f.*** [pl. *arrière-saisons*] autunno avanzato.
● ***dans l'arrière-saison***, a fine stagione.

arrière-train [aʀjɛʀtʀɛ̃] ***n.m.*** [pl. *arrière-trains*] **1** (*di veicolo*) retrotreno **2** (*di quadrupede*) treno posteriore.

arrimer [aʀime] ***v.tr.*** **1** (*mar.*) stivare **2** sistemare (su un veicolo), caricare.

arrivage [aʀivaʒ] ***n.m.*** (*comm.*) arrivi (*pl.*) (di merci); (*scherz.*) arrivo in massa.

arrivant [aʀivɑ̃] ***n.m.*** chi arriva.
● ***les premiers arrivants***, i primi arrivati.

arrivé [aʀive] ***agg.*** e ***n.m.*** arrivato (*anche fig.*).

arrivée [aʀive] ***n.f.*** **1** arrivo (*m.*) **2** (*sport*) traguardo (*m.*) **3** alimentazione (di fluidi).

arriver [aʀive] ***v.intr.*** [aus. *être*] **1** arrivare, giungere: *attends-moi, j'arrive!*, aspettami, vengo subito!; *allez, arrive!*, (*fam.*) su, vieni!; *le jour arrivera où*, verrà il giorno in cui **2** riuscire: *il y est arrivé tout seul*, ce l'ha fatta da solo; *il n'arrivera jamais à rien*, non combinerà mai nulla **3** capitare, succedere: *un accident est vite arrivé*, fa presto a succedere una disgrazia **4** (*mar.*) poggiare ♦ ***v.intr.impers.*** capitare, succedere, accadere: *qu'est-ce qu'il arrive?*, che cosa succede?
● ***en arriver***, arrivare, giungere: *il en est arrivé à mentir*, è arrivato al punto di mentire.
■ V.INTR. SIN. **1** venir **2** réussir, parvenir **3** se produire, survenir CONTR. **1** s'en aller, partir **2** échouer, rater.

arrivisme [aʀivism] ***n.m.*** arrivismo.

arriviste [aʀivist] ***n.m.*** e ***f.*** arrivista.

arrobase [aʀɔbas] ***n.f.*** → **arobase**.

arrogance [aʀɔgɑ̃s] ***n.f.*** arroganza.

arrogant [aʀɔgɑ̃] ***agg.*** arrogante.

arroger, s' [saʀɔʒe] ***v.pron.intr.*** [coniug. come *manger*] arrogarsi.

arrondi [aʀɔ̃di] ***agg.*** **1** arrotondato **2** rotondo ♦ ***n.m.*** tondo.

arrondir [aʀɔ̃diʀ] ***v.tr.*** **1** arrotondare (*anche fig.*) **2** aumentare ♦ **s'arrondir** ***v.pron.intr.*** arrotondarsi.
● ***arrondir les angles***, (*fig.*) smussare gli angoli.

arrondissement [aʀɔ̃dismɑ̃] ***n.m.*** **1** arrotondamento **2** circoscrizione (*f.*) amministrativa di alcune grandi città o dipartimenti francesi.

NOTA Parigi conta 20 ***arrondissements*** e la loro numerazione segue una spirale che dal centro va verso la periferia; le zone storiche e più prestigiose hanno quindi i numeri più bassi, ma *le XVIe*, anche se apparentemente periferico, è il quartiere della ricca borghesia. Lione e Marsiglia sono divise rispettivamente in 16 e 9 *arrondissements*.

arrosage [aʀozaʒ] ***n.m.*** **1** innaffiatura (*f.*): *arrosage en pluie*, irrigazione a pioggia **2** (*Internet*) spamming.

arrosé [aʀoze] ***agg.*** innaffiato; irrigato, bagnato (da un corso d'acqua): *région bien arrosée*, regione molto piovosa; *repas bien arrosé*, (*estens.*) pranzo con libagioni.
● ***un café arrosé***, un caffè corretto.

arroser [aʀoze] ***v.tr.*** innaffiare (*anche fig.*); (*di fiume*) bagnare.
■ SIN. asperger, vaporiser.

arroseur [aʀozœʀ] ***n.m.*** **1** [f. *-euse*] chi innaffia **2** irrigatore.
● ***l'arroseur arrosé***, (*fam.*) chi va per suonarle rimane suonato.

arroseuse [aʀozøz] ***n.f.*** autobotte annaffiatrice.
● ***arroseuse-balayeuse***, spazzatrice.

arrosoir [aʀozwaʀ] ***n.m.*** innaffiatoio.

arsenal [aʀsənal] ***n.m.*** [pl. *-aux*] arsenale.

NOTA La ***Bibliothèque de l'Arsenal*** di Parigi, situata nell'antico palazzo dell'*Artillerie*, dove si conservava l'arsenale delle armi, raccoglie più di 1 milione di volumi, 15.000 manoscritti e un importante fondo riguardante il teatro.

arsenic [aʀsənik] ***n.m.*** arsenico.

arsouilleur [aʀsujœʀ] ***n.m.*** (*fam.*) canaglia (*f.*), disgraziato.

art [aʀ] ***n.m.*** **1** arte (*f.*): *arts figuratifs, plastiques*, arti figurative, plastiche; *œuvre d'art*, opera d'arte; *galerie d'art*, galleria d'arte **2** (*pl.*) (belle) arti.
● ***art oratoire***, oratoria | ***arts ménagers***, economia domestica | ***c'est l'enfance de l'art***, è la cosa più semplice del mondo | ***dans, selon les règles de l'art***, a regola d'arte | ***les hommes de l'art***, quelli del mestiere, gli specialisti.

artefact [aʀtefakt] ***n.m.*** artefatto.

artère [aʀtɛʀ] ***n.f.*** arteria.

artériel [aʀteʀjɛl] ***agg.*** [f. *-elle*] arterioso.

artériosclérose [aʀteʀjɔskleʀoz] ***n.f.*** (*med.*) arteriosclerosi.

artésien [aʀtezjɛ̃] ***agg.*** [f. *-enne*] artesiano, dell'Artois.
● ***puits artésien***, pozzo artesiano.

arthrite [aʀtʀit] ***n.f.*** (*med.*) artrite.

arthritique [aʀtʀitik] ***agg.*** e ***n.m.*** e ***f.*** (*med.*) artritico/a.

arthropode [aʀtʀɔpɔd] ***n.m.*** (*zool.*) artropode.

arthrose [aʀtʀoz] ***n.f.*** (*med.*) artrosi.

artichaut [aʀtiʃo] ***n.m.*** carciofo: *fond d'artichaut*, cuore di carciofo.
● ***avoir un cœur d'artichaut***, (*fig.*) essere un farfallone.

article [artikl] *n.m.* 1 (*giorn.*) articolo 2 (*gramm.*) articolo 3 (*comm.*) articolo: *articles d'un budget*, voci di un bilancio 4 (*dir.*) articolo; clausola.
● (*gramm.*) ***article contracté***, preposizione articolata | (*editoria*) ***article de dictionnaire***, voce di dizionario | (*dir.*) ***articles de mariage***, condizioni del contratto di matrimonio | ***articles ménagers***, (articoli) casalinghi | (*teol.*) ***à l'article de la mort***, in punto di morte | ***faire l'article***, (*fig.*) vantare la propria merce | (*dir.*) ***faits et articles***, circostanze di fatto.

articulaire [artikylɛr] *agg.* articolare: *rhumatisme articulaire*, reumatismo articolare.

articulation [artikylasjɔ̃] *n.f.* 1 articolazione 2 (*dir.*) enumerazione.

articulé [artikyle] *agg.* articolato; snodato: *bras articulé*, braccio snodato.

articuler [artikyle] *v.tr.* 1 articolare: *sans articuler un mot*, senza proferire una sola parola 2 (*dir.*) enumerare ♦ **s'articuler** *v.pron.intr.* articolarsi: *nos vacances s'articulent mal*, (*fig.*) le nostre vacanze si combinano male.

artifice [artifis] *n.m.* artificio (*anche fig.*).
● ***feu d'artifice***, fuoco d'artificio | ***user d'artifice***, agire d'astuzia.
■ SIN. (*fig.*) subterfuge.

artificiel [artifisjɛl] *agg.* [f. *-elle*] 1 artificiale (*anche fig.*) 2 (*fig.*) artificioso.
■ CONTR. 1 naturel.

artificiellement [artifisjɛlmɑ̃] *avv.* artificialmente.

artificier [artifisje] *n.m.* artificiere.

artificieux [artifisjø] *agg.* [f. *-euse*] artificioso.

artillerie [artijri] *n.f.* artiglieria.

artilleur [artijœr] *n.m.* (*mil.*) artigliere.

artisan [artizɑ̃] *n.m.* 1 artigiano 2 (*fig.*) artefice.

artisanal [artizanal] *agg.* [pl. *-aux*] artigianale: *métier artisanal*, mestiere d'artigiano.

artisanalement [artizanalmɑ̃] *avv.* artigianalmente.

artisanat [artizana] *n.m.* artigianato.

artiste [artist] *n.m.* e *f.* artista ♦ *agg.* da artista.
● ***c'est du travail d'artiste!***, è un colpo da professionista!

artistement [artistəmɑ̃] *avv.* (*letter.*) con gusto, con mano da artista; artisticamente.

artistique [artistik] *agg.* artistico.

artistiquement [artistikmɑ̃] *avv.* artisticamente, in modo artistico.

arum [arɔm] *n.m.* (*bot.*) aro.

ARVA® [arva] *n.m.* (*sigla di* Appareil de Recherche de Victimes d'Avalanche) Arva® (apparecchio per la ricerca delle vittime di valanghe).

aryen [arjɛ̃] *agg.* [f. *-enne*] ariano.
● (*st.*) ***les Aryens***, gli Arii.

arythmie [aritmi] *n.f.* (*med.*) aritmia.

arythmique [aritmik] *agg.* aritmico.

as[1] [ɑs] *n.m.* 1 asso 2 (*fig.*) asso, campione.
● ***être ficelé, fichu comme l'as de pique***, essere malmesso, malvestito | ***être plein aux as***, (*fam.*) essere pieno di grana | ***passer qqch à l'as***, far sparire qlco.
■ SIN. 2 champion, phénomène CONTR. 2 nullité, zéro.

as[2] [a] → **avoir**[1].

ascendance [asɑ̃dɑ̃s] *n.f.* ascendenza.

ascendant [asɑ̃dɑ̃] *agg.* e *n.m.* ascendente.

ascenseur [asɑ̃sœr] *n.m.* 1 ascensore 2 (*inform.*) barra (*f.*) di scorrimento.
● ***renvoyer l'ascenseur***, (*fam.*) ricambiare un favore.

ascension [asɑ̃sjɔ̃] *n.f.* 1 ascensione: *l'ascension d'un empereur*, l'ascesa di un imperatore 2 (*relig.*) *Ascension*, (festa dell')Ascensione.

ascensionnel [asɑ̃sjɔnɛl] *agg.* [f. *-elle*] ascensionale.

ascensionner [asɑ̃sjɔne] *v.intr.* fare un'ascensione.

ascensionniste [asɑ̃sjɔnist] *n.m.* e *f.* scalatore/trice.

ascèse [asɛz] *n.f.* ascesi.

ascète [asɛt] *n.m.* e *f.* asceta.

ascétique [asetik] *agg.* ascetico ♦ *n.f.* ascetica.

ascétisme [asetism] *n.m.* ascetismo.

ascorbique [askɔrbik] *agg.* (*chim.*) ascorbico.

aseptique [asɛptik] *agg.* asettico.

aseptiser [asɛptize] *v.tr.* rendere asettico.

asexué [asɛksɥe] **asexuel** [asɛksɥɛl] [f. *-elle*] *agg.* asessuato, asessuale.

ashkénaze [aʃkenaz] *agg.* e *n.m.* e *f.* (*rel. ebraica*) ashkenazita.

asiatique [azjatik] *agg.* asiatico.

Asiatique *n.m.* e *f.* (*abitante*) asiatico/a.

asile [azil] *n.m.* 1 asilo, rifugio (*anche fig.*): *un asile de paix*, un'oasi di pace 2 ricovero; ospizio.
● ***asile (d'aliénés)***, manicomio | ***asile de nuit***, dormitorio pubblico | ***asile de veillards***, ospizio per anziani | ***asile politique***, asilo politico | ***asile territorial***, permesso di soggiorno (accordato ai rifugiati e valevole un anno) | ***demandeur d'asile***, chi fa richiesta di diritto d'asilo.

FAUX AMI
Da non confondere con *asilo* (*infantile*), che si traduce *école maternelle* o *jardin d'enfants*.

asocial [asɔsjal] *agg.* e *n.m.* [pl. *-aux*] asociale.

aspect [aspɛ] *n.m.* aspetto.
● ***à l'aspect de***, alla vista di | ***au premier aspect***, a prima vista.
■ SIN. apparence, forme.

asperge [aspɛrʒ] *n.f.* 1 asparago (*m.*) 2 (*fam.*) stanga, spilungone (*m.*).

asperger [aspɛrʒe] *v.tr.* [coniug. come *manger*] aspergere, spruzzare.
■ SIN. arroser.

aspérité [asperite] *n.f.* asperità (*anche fig.*).

aspersion [aspɛrsjɔ̃] *n.f.* aspersione.

asphalte [asfalt] *n.m.* asfalto.

asphalter [asfalte] *v.tr.* asfaltare.

asphyxiant [asfiksjɑ̃] *agg.* asfissiante.

asphyxie [asfiksi] *n.f.* asfissia (*anche fig.*).

asphyxier [asfiksje] *v.tr.* 1 asfissiare 2 (*fam.*) far rimanere di sasso ♦ **s'asphyxier** *v.pron.* asfissiarsi.

aspic [aspik] *n.m.* 1 (*zool.*) aspide 2 (*bot. pop.*) spigo 3 (*cuc.*) vivanda (*f.*) dolce o salata in gelatina.

aspidistra [aspidistra] *n.m.* (*bot.*) aspidistra (*f.*).

aspirant[1] [aspirɑ̃] *agg.* aspirante.

aspirant[2] *n.m.* 1 aspirante 2 (*mil.*) aspirante ufficiale; (*mar.*) allievo ufficiale.

aspirateur [aspiratœr] *agg.* [f. *-trice*] aspirante ♦ *n.m.* aspirapolvere; (*tecn.*) aspiratore.
● ***aspirateur-balai***, scopa elettrica | ***aspirateur-bidon***, aspirapolvere (a bidone) | (*Internet*) ***aspirateur de sites***, browser off-line.

aspiration [aspirasjɔ̃] *n.f.* aspirazione (*anche fig.*).

aspirer [aspire] *v.tr.* e *intr.* aspirare.

A

aspirine® [aspiʀin] *n.f.* (*med.*) aspirina®.
● ***blanc comme un cachet d'aspirine***, (*fam.*) bianco come un cencio.

aspiro-batteur [aspiʀobatœʀ] *n.m.* [pl. *aspiro-batteurs*] battitappeto.

assagir [asaʒiʀ] *v.tr.* rendere ragionevole; far rinsavire ♦ **s'assagir** *v.pron.intr.* mettere giudizio, rinsavire.

assagissement [asaʒismɑ̃] *n.m.* rinsavimento.

assaillant [asajɑ̃] *agg.* e *n.m.* assalitore.

assaillir [asajiʀ] *v.tr.* [pres.indic.: *j'assaille* etc., *nous assaillons* etc.; imperf.indic.: *j'assaillais* etc.; p.rem.: *j'assaillis, tu assaillis, il assaillit* etc.; fut.indic.: *j'assaillirai* etc.; cond.: *j'assaillirais* etc.; pres.cong.: *que j'assaille* etc.; imperf.cong.: *que j'assaillisse* etc.; p.pres.: *assaillant*; p.p.: *assailli*; imp.: *assaille, assaillons, assaillez*] assalire (*anche fig.*): *assaillir un camp retranché*, prendere d'assalto, attaccare un campo trincerato; *assaillir de questions*, (*fig.*) subissare di domande.

assainir [asɛniʀ] *v.tr.* risanare (*anche fig.*): *assainir un terrain*, bonificare un terreno; *assainir l'air, l'eau*, purificare l'aria, l'acqua; *assainir une plaie*, disinfettare una piaga.

assainissement [asenismɑ̃] *n.m.* risanamento; bonifica (*f.*); (*anche fig.*) purificazione: *travaux d'assainissement*, lavori di bonifica; *l'assainissement d'un local*, la disinfestazione di un locale.

assainisseur [asenisœʀ] *n.m.* 1 deodorante (per ambienti) 2 (*tecn.*) purificatore d'aria.

assaisonnement [asɛzɔnmɑ̃] *n.m.* condimento.

assaisonner [asɛzɔne] *v.tr.* 1 condire (*anche fig.*): *assaisonner un discours d'expressions brillantes*, (*fig.*) infiorare un discorso con frasi brillanti 2 (*fam.*) strapazzare.

assassin [asasɛ̃] *agg.* e *n.m.* assassino.
■ SIN. meurtrier.

assassinat [asasina] *n.m.* assassinio.
■ SIN. meurtre.

assassiner [asasine] *v.tr.* assassinare (*anche fig.*).
■ SIN. tuer.

assaut [aso] *n.m.* assalto.
● ***faire assaut de***, (*fig.*) gareggiare in.

assèchement [asɛʃmɑ̃] *n.m.* prosciugamento.

assécher [aseʃe] *v.tr.* [coniug. come *céder*] prosciugare ♦ **s'assécher** *v.pron.intr.* prosciugarsi.

assemblage [asɑ̃blaʒ] *n.m.* 1 unione (*f.*); insieme (di persone o cose); riunione (*f.*) 2 (*tecn.*) assemblaggio; collegamento.
● ***assemblage de mots***, accostamento di parole.

assemblée [asɑ̃ble] *n.f.* assemblea: *l'assemblée était surtout composée de journalistes*, il pubblico era composto in prevalenza da giornalisti; *une joyeuse assemblée d'amis*, un'allegra brigata di amici.

NOTA L'***Assemblée Nationale***, corrispondente alla Camera dei Deputati italiana, è dal 1946 l'Assemblea legislativa, che con la ***Haute Assemblée*** costituisce il Parlamento francese. I suoi deputati (577) sono eletti per 5 anni con suffragio universale diretto.

assembler [asɑ̃ble] *v.tr.* 1 riunire; radunare 2 (*tecn.*) assemblare, montare ♦ **s'assembler** *v.pron.intr.* riunirsi.
■ V.TR. SIN. 1 joindre, réunir CONTR. 1 séparer 2 démonter.

assemblier [asɑ̃blije] *n.m.* (*inform.*) assemblatore, tecnico hardware; produttore di assemblati.

assener [asene] *v.tr.* [coniug. come *semer*] assestare, dare (un colpo).

assentiment [asɑ̃timɑ̃] *n.m.* assenso.

asseoir [aswaʀ] *v.tr.* [pres.indic.: *j'assieds, tu assieds, il assied, nous asseyons, vous asseyez, ils asseyent*; imperf. indic.: *j'asseyais* etc., *nous asseyions* etc.; p.rem.: *j'assis* etc.; fut.indic.: *j'assiérai* etc.; cond.: *j'assiérais* etc.; pres.cong.: *que j'asseye* etc., *que nous asseyions* etc.; imperf.cong.: *que j'assisse* etc.; p.pres.: *asseyant*; p.p.: *assis*; imp.: *assieds, asseyons, asseyez*; accanto a quelle segnalate sono testimoniate le forme derivate dal p.pres. *assoyant*: pres.indic.: *j'assois* etc.; imperf.indic.: *j'assoyais* etc.; fut.indic.: *j'assoirai* etc.; cond.: *j'assoirais* etc.; pres.cong.: *que j'assoie* etc.] 1 far sedere 2 (*fig.*) consolidare, rinforzare 3 (*dir.*) determinare (un tributo, un'ipoteca ecc.): *asseoir l'impôt*, determinare l'imponibile ♦ *v.intr.* *faire asseoir*, far sedere; fare accomodare ♦ **s'asseoir** *v.pron.* sedere, sedersi: *allez vous asseoir*, andate a sedervi.
● ***s'asseoir dessus***, (*fam.*) infischiarsene.

assermentation [asɛʀmɑ̃tasjɔ̃] *n.f.* (*Canada*) giuramento (di funzionari pubblici).

assermenté [asɛʀmɑ̃te] *agg.* e *n.m.* (*dir.*) giurato.

assertion [asɛʀsjɔ̃] *n.f.* asserzione.

asservir [asɛʀviʀ] *v.tr.* 1 asservire 2 imbrigliare; dominare (gli elementi naturali): *asservir le cours d'un fleuve*, imbrigliare il corso di un fiume ♦ **s'asservir** *v.pron.intr.* asservirsi.

assesseur [asesœʀ] *agg.* e *n.m.* assessore.

assessorat [asesɔʀa] *n.m.* assessorato.

asseyant [asɛjɑ̃] *p.pres.* di **asseoir**.

assez [ase] *avv.* abbastanza: *une femme assez jolie*, una donna abbastanza graziosa; *tu as assez dormi*, hai dormito abbastanza; *seriez-vous assez aimable pour m'indiquer la rue?*, sarebbe tanto gentile da indicarmi la strada? | *est-il assez bête!*, (*fam.*) è ben stupido! ♦ *inter.* basta: *assez parlé!*, basta con le chiacchiere!
● ***assez de***, (*seguito da n.*) abbastanza, a sufficienza: *il n'a pas assez d'argent*, non ha abbastanza denaro; *j'aurai assez de 30 euros pour acheter des fleurs*, mi basteranno 30 euro per comprare dei fiori | ***c'est assez!***, basta!: *c'en est assez!, en voilà assez!*, basta così!, adesso basta! | ***c'est assez de***, basta che: *c'est assez de le prévenir une heure avant*, basta che lo si avverta un'ora prima | ***juste assez***, proprio quanto basta | ***pas assez***, non abbastanza | ***plus qu'assez***, troppo.
■ AVV. SIN. suffisamment.

FAUX AMI
Da non confondere con *assai*, che si traduce *beaucoup* o *très*.

assidu [asidy] *agg.* assiduo.

assiduité [asidɥite] *n.f.* 1 assiduità 2 (*pl.*) corte (*sing.*) insistente: *poursuivre une femme de ses assiduités*, fare una corte insistente a una donna.

assidûment [asidymɑ̃] *avv.* assiduamente.

assieds [asje] → **asseoir**.

assiégé [asjeʒe] *agg.* e *n.m.* assediato.

assiégeant [asjeʒɑ̃] *agg.* e *n.m.* assediante.

assiéger [asjeʒe] *v.tr.* [coniug. come *abréger*] assediare, porre l'assedio (a) (*anche fig.*).

assiérai [asjeʀe] → **asseoir**.

assiette [asjɛt] *n.f.* 1 piatto (*m.*) 2 equilibrio (*m.*); assetto (*m.*) (di natante ecc.) 3 (*dir.*) imponibile (*m.*).
● ***assiette anglaise***, piatto di carne fredda assortita | ***assiette au beurre***, (*fig.*) greppia, mangiatoia | ***assiette***

creuse, scodella (piatto fondo) | (*dir.*): ***assiette d'impôt***, reddito imponibile; ***assiette de l'hypothèque***, copertura dell'ipoteca | ***assiette plate***, piatto (piano) | ***ne pas être dans son assiette***, (*fam.*) sentirsi poco bene, sentirsi a disagio.

NOTA ***Assiette à*** o ***de***?

Assiette è seguita dalla preposizione ***à*** per designare la destinazione dell'oggetto:
une assiette à soupe, un piatto da minestra.
È seguita dalla preposizione ***de*** per designare il contenuto:
une assiette de soupe, un piatto di minestra.

assiettée [asjete] *n.f.* (contenuto di un) piatto (*m.*), scodella.

assignat [asiɲa] *n.m.* (*st. fr.*) assegnato.

assignation [asiɲasjɔ̃] *n.f.* 1 (*dir.*) citazione; ordine (*m.*) di comparizione 2 assegnazione.
● (*dir.*) ***assignation à résidence***, obbligo di domicilio coatto.

assigner [asiɲe] *v.tr.* 1 assegnare; attribuire: *assigner un fonctionnaire à un poste*, destinare un funzionario a un incarico 2 stanziare: *assigner une somme d'argent*, stanziare una somma 3 (*dir.*) citare; convocare.
■ SIN. **1** donner, affecter.

assimilable [asimilabl] *agg.* assimilabile.

assimilation [asimilasjɔ̃] *n.f.* assimilazione: *l'assimilation des immigrés*, l'integrazione degli immigrati.
● (*bot.*) ***assimilation chlorophyllienne***, funzione clorofilliana.

assimiler [asimile] *v.tr.* assimilare (*anche fig.*); assorbire ♦ **s'assimiler** *v.pron.intr.* assimilarsi.

assis [asi] *p.p.* di **asseoir** ♦ *agg.* 1 seduto 2 (*fig.*) stabile; solido; saldo.
● ***places assises***, posti a sedere.

assise [asiz] *n.f.* 1 (*edil.*) corso (*m.*), assisa 2 (*anat., bot.*) assisa, strato (*m.*) di cellule 3 (*fig.*) base.

assises [asiz] *n.f.pl.* (*dir.*) assise; (*di assemblea*) sedute.
● ***assises du parti***, congresso di partito | (*dir.*) ***Cour d'assises***, Corte d'assise | ***tenir ses assises***, (*di assemblea, associazione*) tenere le sedute.

assistanat [asistana] *n.m.* assistentato.

assistance [asistɑ̃s] *n.f.* 1 assistenza 2 uditorio (*m.*) 3 frequenza.
● (*tel.*) ***assistance en ligne***, assistenza on line, guida on line | (*dir.*) ***assistance judiciaire***, gratuito patrocinio | ***assistance médicale***, assistenza sanitaria | ***assistance publique***, pubblica assistenza; ente assistenziale pubblico.

assistant[1] [asistɑ̃] *n.m.* 1 assistente 2 (*pl.*) astanti, presenti.
● ***assistant metteur en scène***, aiuto regista | ***assistante sociale***, assistente sociale.

assistant[2] *n.m.* (*inform.*) assistente (dei programmi di trattamento di testo).
● ***assistant*** (***numérique***) ***personnel*** (o ***assistant électronique***), palmare, agenda elettronica, palmtop.

assister [asiste] *v.intr.* e *tr.* assistere.

asso [aso] *n.m.* (*Africa*) amico.

associatif [asɔsjatif] *agg.* [f. *-ive*] associativo.

association [asɔsjasjɔ̃] *n.f.* 1 associazione; società 2 (*di idee*) associazione; (*di colori*) accostamento (*m.*).

associé [asɔsje] *agg.* associato ♦ *n.m.* socio.

associer [asɔsje] *v.tr.* 1 associare, prendere come socio 2 unire 3 accostare ♦ **s'associer** *v.pron.intr.* 1 associarsi 2 mettersi in società (**con**) 3 unirsi: *s'associer au deuil de qqn*, prendere parte al lutto di qlcu.

assoiffé [aswafe] *agg.* assetato (*anche fig.*).

assoirai [asware] → **asseoir**.

assois [aswa] → **asseoir**.

assolement [asɔlmɑ̃] *n.m.* (*agr.*) rotazione (*f.*).

assoler [asɔle] *v.tr.* (*agr.*) coltivare a rotazione.

assombrir [asɔ̃bʀiʀ] *v.tr.* oscurare ♦ **s'assombrir** *v.pron.intr.* 1 oscurarsi 2 (*fig.*) incupirsi: *son humeur s'est assombrie*, il suo umore si è incupito.

assombrissement [asɔ̃bʀismɑ̃] *n.m.* 1 oscuramento 2 (*fig.*) incupimento.

assommant [asɔmɑ̃] *agg.* (*fam.*) noioso, pesante: *ce qu'elle peut être assommante avec ses histoires!*, com'è asfissiante con i suoi discorsi!

assommer [asɔme] *v.tr.* 1 accoppare 2 massacrare di botte 3 stordire 4 (*fam.*) seccare.

assommoir [asɔmwaʀ] *n.m.* 1 manganello; mazza (*f.*) 2 (*ant.*) bettola (*f.*), osteria (*f.*).
● ***un coup d'assommoir***, (*fig.*) una mazzata.

assomption [asɔ̃psjɔ̃] *n.f.* (*teol.*) assunzione.
● (*relig.*) (***fête de l'***)***Assomption***, (festa dell')Assunzione.

assonance [asɔnɑ̃s] *n.f.* assonanza.

assonant [asɔnɑ̃] *agg.* assonante.

assorti [asɔʀti] *agg.* assortito.

assortiment [asɔʀtimɑ̃] *n.m.* 1 assortimento 2 accostamento: *un heureux assortiment de couleurs*, un felice accostamento di colori.
● ***assortiment de crudités***, piatto di verdure crude miste.
■ SIN. **1** lot, stock.

assortir [asɔʀtiʀ] *v.tr.* 1 assortire 2 (*negozio*) rifornire ♦ **s'assortir** *v.pron.intr.* 1 armonizzarsi, intonarsi 2 essere accompagnato (**da**).

assoupir [asupiʀ] *v.tr.* assopire; (*fig.*) sopire ♦ **s'assoupir** *v.pron.intr.* assopirsi.

assoupissement [asupismɑ̃] *n.m.* assopimento.

assouplir [asupliʀ] *v.tr.* 1 ammorbidire 2 rendere più agile: *le massage assouplit les muscles*, il massaggio scioglie i muscoli 3 (*fig.*) rendere più docile ♦ **s'assouplir** *v.pron.intr.* 1 ammorbidirsi 2 diventare più agile 3 (*fig.*) diventare più docile.
■ V.TR. SIN. **1** adoucir.

assouplissement [asuplismɑ̃] *n.m.* 1 ammorbidimento 2 il diventare più agile | *exercices d'assouplissement*, esercizi per sciogliere i muscoli 3 (*fig.*) il diventare più docile.

assourdir [asuʀdiʀ] *v.tr.* 1 assordare; stordire 2 (*suono*) attutire 3 (*colori*) smorzare.

assourdissant [asuʀdisɑ̃] *agg.* assordante.

assouvir [asuviʀ] *v.tr.* saziare; appagare (*anche fig.*) ♦ **s'assouvir** *v.pron.intr.* saziarsi.

assouvissement [asuvismɑ̃] *n.m.* appagamento.

assoyant [aswajɑ̃] *p.pres.* di **asseoir**.

assuétude [asɥetyd] *n.f.* (*med.*) assuefazione.

assujetti [asyʒeti] *agg.* soggetto (a un'imposta).

assujettir [asyʒetiʀ] *v.tr.* 1 assoggettare 2 assicurare, fissare.
● (*dir.*) ***être assujetti à l'impôt***, essere soggetto all'imposta.

assujettissant [asyʒetisɑ̃] *agg.* assillante; opprimen-

A

te: *un travail assujettissant*, un lavoro che non lascia respiro.

assujettissement [asyʒetismɑ̃] *n.m.* assoggettamento, soggezione (*f.*).

assumer [asyme] *v.tr.* **1** assumere, assumersi **2** accettare ♦ **s'assumer** *v.pron.* accettarsi.

assurable [asyRabl] *agg.* (*comm.*) assicurabile.

assurance [asyRɑ̃s] *n.f.* **1** (*comm.*) assicurazione **2** sicurezza, certezza: *perdre son assurance*, perdere la sicurezza di sé **3** garanzia.

● ***assurance maladie***, assicurazione contro le malattie | ***assurance vie***, assicurazione sulla vita | ***assurance vieillesse***, assicurazione (privata) per la vecchiaia | ***compagnie d'assurance***, compagnia di assicurazioni.

■ SIN. **3** garantie.

assuré [asyRe] *agg.* **1** sicuro, certo **2** fermo, sicuro di sé **3** (*comm.*) assicurato ♦ *n.m.* (*comm.*) assicurato.

● ***les assurés sociaux***, gli aventi diritto alla mutua e alla pensione | ***mal assuré, peu assuré***, malfermo, malsicuro.

assurément [asyRemɑ̃] *avv.* sicuramente.

assurer [asyRe] *v.tr.* **1** assicurare (*anche comm.*) **2** garantire (**qlco a qlcu**): *il m'a assuré de ses bonnes intentions*, mi ha dato assicurazione delle sue buone intenzioni **3** fissare, assicurare ♦ **s'assurer** *v.pron.intr.* e *pron.* **1** accertarsi, assicurarsi **2** (*comm.*) assicurarsi ♦ *v.pron. indiretto* procurarsi, assicurarsi: *s'assurer des vivres*, procurarsi, procacciarsi viveri.

● ***je t'assure!***, (*fam.*) non ti dico!

NOTA L'interiezione familiare ***J'assure, Arthur!*** (Me la cavo bene, Arturo!) si usa per esprimere la propria competenza.

assureur [asyRœR] *n.m.* assicuratore.

assyrien [asiRjɛ̃] *agg.* [f. *-enne*] assiro.

● (*st.*) ***les Assyriens***, gli assiri.

astérisque [asteRisk] *n.m.* asterisco.

astéroïde [asteRɔid] *n.m.* (*astr.*) asteroide.

asthénie [asteni] *n.f.* (*med.*) astenia.

asthénique [astenik] *agg.* e *n.m.* e *f.* (*med.*) astenico/a.

asthmatique [asmatik] *agg.* e *n.m.* e *f.* asmatico/a.

asthme [asm] *n.m.* asma (*f.*).

asticot [astiko] *n.m.* larva (*f.*) della mosca carnaria.

asticoter [astikɔte] *v.tr.* (*fam.*) stuzzicare, tampinare.

astigmate [astigmat] *agg.* e *n.m.* e *f.* (*med.*) astigmatico/a.

astigmatisme [astigmatism] *n.m.* (*med.*) astigmatismo.

astiquage [astikaʒ] *n.m.* lucidatura (*f.*).

astiquer [astike] *v.tr.* lucidare; strofinare ♦ **s'astiquer** *v.pron.* (*fam.*) tirarsi a lucido.

■ V.TR. SIN. nettoyer.

astracan, **astrakan** [astRakɑ̃] *n.m.* astrakan.

astragale [astRagal] *n.m.* astragalo.

astral [astRal] *agg.* [pl. *-aux*] astrale.

astre [astR] *n.m.* astro.

● ***beau comme un astre***, (*anche iron.*) bello come il sole.

astreignant [astRɛɲɑ̃] *agg.* impegnativo.

astreindre [astRɛ̃dR] *v.tr.* [coniug. come *craindre*] costringere; sottoporre ♦ **s'astreindre** *v.pron.* sottoporsi, assoggettarsi.

astreint [astRɛ̃] *p.p.* di **astreindre**.

astringent [astRɛ̃ʒɑ̃] *agg.* e *n.m.* astringente.

astrolabe [astRɔlab] *n.m.* (*astr.*) astrolabio.

astrologie [astRɔlɔʒi] *n.f.* astrologia.

astrologique [astRɔlɔʒik] *agg.* astrologico.

astrologue [astRɔlɔg] *n.m.* e *f.* astrologo/a.

astronaute [astRonot] *n.m.* e *f.* astronauta.

■ SIN. cosmonaute.

astronautique [astRonotik] *n.f.* astronautica.

astronef [astRɔnɛf] *n.m.* astronave (*f.*).

astronome [astRɔnɔm] *n.m.* e *f.* astronomo/a.

astronomie [astRɔnɔmi] *n.f.* astronomia.

astronomique [astRɔnɔmik] *agg.* astronomico.

astrophysicien [astRofizisjɛ̃] *n.m.* [f. *-enne*] astrofisico.

astrophysique [astRofizik] *n.f.* astrofisica.

astuce [astys] *n.f.* **1** astuzia, furbizia **2** (*fam.*) spiritosaggine **3** (*fam.*) trucco (*m.*).

● ***les astuces du métier***, i trucchi del mestiere.

■ SIN. **1-2** ruse.

astucieusement [astysjøzmɑ̃] *avv.* astutamente.

astucieux [astysjø] *agg.* [f. *-euse*] astuto.

■ SIN. futé, malin.

asymétrie [asimetRi] *n.f.* asimmetria.

asymétrique [asimetRik] *agg.* asimmetrico.

asynchrone [asɛ̃kRon] *agg.* asincrono.

atavique [atavik] *agg.* atavico.

atavisme [atavism] *n.m.* atavismo.

atchoum [atʃum] *onom.* ecci.

● ***Atchoum***, Eolo (uno dei sette nani di Biancaneve).

atelier [atəlje] *n.m.* **1** laboratorio (artigianale); officina (*f.*); (*di fabbrica*) reparto **2** (*di pittore, scultore ecc.*) studio: *atelier de Raphaël*, bottega, scuola di Raffaello **3** gruppo di lavoro.

● ***atelier (de couture)***, sartoria | ***chef d'atelier***, capofficina.

atemporel [atɑ̃pɔRɛl] *agg.* [f. *-elle*] atemporale.

atermoiement [atɛRmwamɑ̃] *n.m.* **1** rinvio; (*comm.*) (*di pagamento*) dilazione (*f.*) **2** indugio, esitazione (*f.*).

atermoyer [atɛRmwaje] *v.intr.* [coniug. come *employer*] rimandare; temporeggiare | *il n'y a plus à atermoyer*, non c'è più tempo da perdere.

athée [ate] *agg.* e *n.m.* e *f.* ateo/a.

athéisme [ateism] *n.m.* ateismo.

athénée [atene] *n.m.* (*Belgio, Svizzera*) accademia (*f.*); società (*f.*) culturale.

athénien [atenjɛ̃] *agg.* [f. *-enne*] ateniese.

Athénien *n.m.* [f. *-enne*] (*abitante*) ateniese.

athlète [atlɛt] *n.m.* e *f.* atleta.

athlétique [atletik] *agg.* atletico.

athlétisme [atletism] *n.m.* atletica (*f.*).

atlante [atlɑ̃t] *n.m.* (*arch.*) atlante.

atlantique [atlɑ̃tik] *agg.* atlantico.

atlas [atlas] *n.m.* atlante.

atmosphère [atmɔsfɛR] *n.f.* atmosfera.

■ SIN. air.

atmosphérique [atmɔsfeRik] *agg.* atmosferico.

atoll [atɔl] *n.m.* atollo.

atome [atom] *n.m.* atomo (*anche fig.*).

● ***avoir des atomes crochus avec qqn***, (*fam.*) avere affinità elettive con qlcu.

atomique [atɔmik] *agg.* atomico.

atomisé [atɔmize] *agg.* 1 atomizzato, nebulizzato 2 (*fig.*) smembrato ♦ *n.m.* chi ha subito radiazioni atomiche.

atomiser [atɔmize] *v.tr.* 1 atomizzare, nebulizzare 2 distruggere con armi atomiche 3 (*fig.*) smembrare.

atomiseur [atɔmizœʀ] *n.m.* nebulizzatore, atomizzatore.

atomiste [atɔmist] *agg.* e *n.m.* e *f.* fisico/a atomico/a.

atonal [atɔnal] *agg.* [pl. *-aux*] (*mus.*) atonale.

atonalité [atɔnalite] *n.f.* (*mus.*) atonalità.

atone [atɔn] *agg.* 1 inerte 2 (*fon.*) atono 3 (*med.*) atonico.

● (*med.*) ***intestin atone***, intestino pigro.

atonie [atɔni] *n.f.* atonia.

atours [atuʀ] *n.m.pl.* fronzoli.

● ***dans ses plus beaux atours***, (*iron.*) in ghingheri.

atout [atu] *n.m.* (*alle carte*) briscola (*f.*) | *il a joué son dernier atout*, (*fig.*) ha giocato la sua ultima carta.

● ***avoir des atouts***, (*fig.*) avere buone carte da giocare.

atoxique [atɔksik] *agg.* atossico.

âtre [ɑtʀ] *n.m.* focolare.

atrium [atʀijɔm] *n.m.* (*st. arch.*) atrio.

atroce [atʀɔs] *agg.* atroce.

■ SIN. affreux.

atrocité [atʀɔsite] *n.f.* atrocità.

atrophie [atʀɔfi] *n.f.* atrofia.

atrophié [atʀɔfje] *agg.* atrofico; atrofizzato.

atrophier, s' [satʀɔfje] *v.pron.intr.* atrofizzarsi.

attabler, s' [satable] *v.pron.* mettersi a tavola.

attachant [ataʃɑ̃] *agg.* avvincente; attraente: *personne attachante*, persona che si fa voler bene.

attache [ataʃ] *n.f.* 1 legame (*m.*); fermaglio (*m.*) 2 (*anat.*) giuntura | *avoir les attaches fines*, avere polsi e caviglie sottili 3 (*pl.*) legami (*m.*); appoggi (*m.*): *avoir des attaches au ministère*, avere appoggi, agganci al ministero.

● (*mar.*): ***droit d'attache***, diritto di attracco; ***port d'attache***, porto di immatricolazione | ***tenir qqn à l'attache***, (*fig.*) tenere qlcu al guinzaglio.

attaché [ataʃe] *agg.* 1 legato; attaccato (*anche fig.*) 2 addetto (**a**) ♦ *n.m.* addetto.

● ***attaché de presse***, addetto stampa.

attaché-case [ataʃekɛz] *n.m.* [pl. *attachés-cases*] portadocumenti, ventiquattrore (*f.*).

attachement [ataʃmɑ̃] *n.m.* affetto, attaccamento: *avoir de l'attachement pour qqn*, essere affezionato a qlcu.

attacher [ataʃe] *v.tr.* 1 attaccare; legare (*anche fig.*): *attacher ses yeux sur qqch*, fissare gli occhi su qlco; *attacher les ceintures*, allacciare le cinture; *attacher son nom à qqch*, legare il proprio nome a qlco 2 assumere; (*a una carica*) assegnare: *attacher à son service*, assumere al proprio servizio; *attacher un diplomate à une ambassade*, assegnare un diplomatico a un'ambasciata 3 attribuire: *attacher de l'importance à qqch*, dare importanza a qlco ♦ *v.intr.* (*cuc.*) (*fam.*) (*di cibi*) attaccarsi (al tegame): *le riz a attaché*, il riso si è attaccato ♦ **s'attacher** *v.pron.* o *pron.intr.* 1 attaccarsi: *s'attacher aux pas de qqn*, (*fam.*) seguire qlcu passo passo 2 (*fig.*) affezionarsi 3 (*fig.*) applicarsi: *l'auteur s'est attaché à décrire un certain milieu*, l'autore si è proposto di descrivere un certo ambiente ♦ *v.pron. indiretto* farsi amare (**da**): *elle a su s'attacher sa belle-mère*, ha saputo conquistare l'affetto di sua suocera.

■ V.TR. SIN. 1 lier.

FAUX AMI
Da non confondere con *attaccare* nel significato di *assalire* o di *intaccare* o di *dare inizio*, che si traduce *attaquer*.

attaquant [atakɑ̃] *agg.* e *n.m.* attaccante.

attaque [atak] *n.f.* 1 attacco (*m.*) (*anche fig.*); aggressione 2 danno (*m.*): *les attaques du temps*, i danni del tempo 3 (*med.*) attacco (*m.*), colpo (*m.*), crisi.

● ***attaque à main armée***, aggressione a mano armata | (*med.*): ***attaque*** (***d'apoplexie***), colpo (apoplettico); ***attaque de nerfs***, crisi di nervi | ***être d'attaque***, (*fam.*) essere in forma, in forze | ***il y va d'attaque***, lo fa con grinta | (*med.*) ***traitement d'attaque***, terapia d'urto.

attaquer [atake] *v.tr.* 1 attaccare (*anche fig.*); aggredire: *attaquer le mal à sa racine*, combattere il male alla radice; *attaquer une difficulté*, (*estens.*) affrontare una difficoltà | *attaquer les droits de qqn*, ledere i diritti di qlcu | (*mus.*) *attaquer un morceau*, attaccare un pezzo 2 iniziare: *attaquer un livre*, iniziare un libro 3 intaccare, ledere 4 (*dir.*) impugnare ♦ **s'attaquer** *v.pron.intr.* 1 affrontare, attaccare (**qlcu**, **qlco**) 2 battersi (**contro**): *s'attaquer aux préjugés raciaux*, combattere i pregiudizi razziali.

● (*dir.*) ***attaquer qqn en justice***, intentare causa a qlcu.

■ V.TR. SIN. 1 assaillir 2 commencer.

attardé [ataʀde] *agg.* 1 che ha fatto tardi, ritardatario 2 (*psic.*) ritardato, tardivo 3 antiquato, arretrato ♦ *n.m.* (*psic.*) ritardato.

attarder, s' [sataʀde] *v.pron.intr.* indugiare, attardarsi: *s'attarder sur des sottises*, perdere il tempo in sciocchezze.

atteindre [atɛ̃dʀ] *v.tr.* [coniug. come *peindre*] 1 raggiungere (*anche fig.*) 2 colpire: *il fut atteint dans sa dignité*, (*fig.*) fu ferito nella sua dignità ♦ *v.intr.* raggiungere (**qlco**): *atteindre à la perfection*, raggiungere la perfezione.

■ V.TR. SIN. 1 joindre 2 toucher.

FAUX AMI
Da non confondere con *attendere*, che si traduce *attendre*.

atteint [atɛ̃] *p.p.* di **atteindre** ♦ *agg.* colpito, affetto.

● ***il est bien atteint***, (*fam.*) è tocco nel cervello.

atteinte [atɛ̃t] *n.f.* 1 danno (*m.*); oltraggio (*m.*) 2 (*med.*) attacco (*m.*).

● ***hors d'atteinte***, fuori tiro: *réputation hors de toute atteinte*, reputazione al di sopra di ogni sospetto | ***porter atteinte à qqch***, attaccare, colpire qlco; attentare a qlco: *porter atteinte à la liberté*, costituire una minaccia per la libertà.

attelage [atəlaʒ] *n.m.* 1 (*di bestie da tiro*) attacco 2 (*di cavalli ecc.*) tiro.

atteler [atəle] *v.tr.* [coniug. come *appeler*] 1 (*cavalli*) attaccare; (*buoi*) aggiogare 2 (*veicoli*) agganciare ♦ **s'atteler** *v.pron.* impegnarsi (**in**), accollarsi (**qclo**): *s'atteler à un travail*, accollarsi un lavoro.

attelle [atɛl] *n.f.* (*med.*) stecca (per arti fratturati).

attenant [atənɑ̃] *agg.* attiguo, contiguo, adiacente.

attendre [atɑ̃dʀ] *v.tr.* [coniug. come *rendre*] aspettare, attendere ♦ **s'attendre** *v.pron.intr.* aspettarsi, attendersi: *il s'y attendait*, se l'aspettava; *je m'attends à tout de sa part*, da lui mi aspetto di tutto; *il s'attend à ce que je vienne*, si aspetta che io venga.

● ***attendre après qqch***, avere (assoluto) bisogno di qlco | ***attendre après qqn***, aspettare qlcu con impazienza | ***c'est***

A

là que je vous attends!, qui vi voglio! | ***en attendant***, intanto, frattanto, nel frattempo | ***en attendant que***, fino a che, nell'attesa che: *je parlerai avec son frère en attendant qu'elle soit prête*, parlerò con suo fratello nell'attesa che sia pronta | ***tu ne perds rien pour attendre***, (*fam.*) non credere di cavartela così!

NOTA Il verbo ***s'attendre*** è seguito dalla preposizione ***à***:
SÌ *Nous nous* ***attendions à*** *le revoir.*
NO *Nous nous* ***attendions de*** *le revoir.*
Ci aspettavamo di rivederlo.

attendrir [atɑ̃dʀiʀ] ***v.tr.*** **1** (*carne ecc.*) rendere tenero **2** (*fig.*) intenerire ♦ **s'attendrir** ***v.pron.intr.*** intenerirsi, commuoversi: *il attendrit sur son propre sort*, si piange addosso.

attendrissant [atɑ̃dʀisɑ̃] ***agg.*** commovente.
■ SIN. émouvant.

attendrissement [atɑ̃dʀismɑ̃] ***n.m.*** intenerimento, commozione (*f.*).

attendu [atɑ̃dy] *p.p.* di **attendre** ♦ ***agg.*** atteso, aspettato ♦ ***prep.*** dato, visto, considerato.
● ***attendu que***, visto che, dato che.

attentat [atɑ̃ta] ***n.m.*** attentato.
● (*dir.*) ***attentat à la pudeur***, oltraggio al pudore | ***attentat à l'explosif***, attentato dinamitardo.

attentatoire [atɑ̃tatwaʀ] ***agg.*** (*dir.*) che attenta.

attente [atɑ̃t] ***n.f.*** **1** attesa **2** aspettativa.
● ***attente musicale***, messaggeria musicale | ***contre toute attente***, contro ogni aspettativa | ***dans l'attente de***, in, nell'attesa di | ***salle d'attente***, sala d'aspetto.

FAUX AMI
Da non confondere con l'interiezione *attenti!*, che si traduce *garde-à-vous!*

attenter [atɑ̃te] ***v.intr.*** attentare.

attentif [atɑ̃tif] ***agg.*** [f. *-ive*] **1** attento **2** premuroso.
● ***être attentif à plaire***, fare di tutto per piacere.
■ CONTR. **2** distrait.

attention [atɑ̃sjɔ̃] ***n.f.*** **1** attenzione **2** (*pl.*) premure, attenzioni.
● ***attention au train!***, attenti al treno! | ***à l'attention de***, alla cortese attenzione di | ***faire attention***, stare attento; badare: *il ne fait pas attention à moi*, non bada a me.

attentionné [atɑ̃sjɔne] ***agg.*** premuroso.

attentisme [atɑ̃tism] ***n.m.*** (*pol.*) attendismo.

attentivement [atɑ̃tivmɑ̃] ***avv.*** attentamente.

atténuant [atenɥɑ̃] ***agg.*** attenuante.

atténuation [atenɥasjɔ̃] ***n.f.*** attenuazione.
● (*dir.*) ***atténuation de la peine***, riduzione della pena.

atténuer [atenɥe] ***v.tr.*** attenuare (*anche fig.*) ♦ **s'atténuer** ***v.pron.intr.*** attenuarsi.
■ *V.TR.* SIN. diminuer CONTR. augmenter.

atterrant [ateʀɑ̃] ***agg.*** sconvolgente.

atterrer [ateʀe] ***v.tr.*** sconvolgere, abbattere.

FAUX AMI
Da non confondere con *atterrare*, che si traduce *atterrir.*

atterrir [ateʀiʀ] ***v.intr.*** (*aer.*) atterrare: *l'avion a atterri à neuf heures*, l'aereo è atterrato alle nove.
● ***atterrir chez qqn***, (*fig. fam.*) arrivare improvvisamente in casa di qlcu.
■ CONTR. décoller.

atterrissage [ateʀisaʒ] ***n.m.*** atterraggio.
■ CONTR. décollage.

attestation [atɛstasjɔ̃] ***n.f.*** **1** attestato (*m.*); certificato (*m.*) **2** attestazione; testimonianza.
● (*dir.*) ***attestation sous serment***, attestazione giurata.

attester [atɛste] ***v.tr.*** attestare.
● ***j'en atteste le ciel!***, il cielo mi è testimone!

attiédir [atjediʀ] ***v.tr.*** intiepidire (*anche fig.*) ♦ **s'attiédir** ***v.pron.intr.*** intiepidirsi (*anche fig.*).

attiédissement [atjedismɑ̃] ***n.m.*** l'intiepidirsi.

attifement [atifmɑ̃] ***n.m.*** (*fam.*) abbigliamento ridicolo e di cattivo gusto; fronzoli (*pl.*).

attifer [atife] ***v.tr.*** (*fam.*) vestire in modo ridicolo e con cattivo gusto; agghindare ♦ **s'attifer** ***v.pron.*** (*fam.*) agghindarsi.

attique [atik] ***n.m.*** (*arch.*) attico.

attirail [atiʀaj] ***n.m.*** [pl. *-ails*] armamentario.

attirance [atiʀɑ̃s] ***n.f.*** attrattiva, fascino (*m.*).

attirant [atiʀɑ̃] ***agg.*** attraente, affascinante.

attirer [atiʀe] ***v.tr.*** **1** attirare, attrarre (*anche fig.*) **2** causare ♦ **s'attirer** ***v.pron.rec.*** (*astr.*) attirarsi ♦ ***v.pron. indiretto*** attirarsi, procurarsi, tirarsi addosso: *elle s'est attiré de graves reproches*, si è tirata addosso seri rimproveri.

attiser [atize] ***v.tr.*** attizzare (*anche fig.*): *attiser la discorde*, fomentare la discordia; *attiser la jalousie*, accendere la gelosia.

attisoir [atizwaʀ] ***n.m.*** attizzatoio.

attitré [atitʀe] ***agg.*** autorizzato.

attitude [atityd] ***n.f.*** atteggiamento (*m.*) (*anche fig.*); modo (*m.*) di fare.

attouchement [atuʃmɑ̃] ***n.m.*** tocco, carezza (*f.*).

attractif [atʀaktif] ***agg.*** [f. *-ive*] che attrae, attraente (*anche fig.*).
● ***centre attractif***, centro d'attrazione | ***loyer attractif***, (*negli annunci economici*) affitto interessante.

attraction [atʀaksjɔ̃] ***n.f.*** attrazione (*anche fig.*).
● ***parc d'attractions***, parco dei divertimenti.

attrait [atʀɛ] ***n.m.*** **1** attrattiva (*f.*), fascino **2** (*pl.*) (*di una donna*) attrattive (*f.*), seduzioni (*f.*).

attrapade [atʀapad] ***n.f.*** **1** (*fam.*) sgridata, lavata di capo **2** battibecco (*m.*).

attrape [atʀap] ***n.f.*** **1** scherzo (*m.*), tiro (*m.*) **2** (*pl.*) (oggetti destinati a) scherzi (*m.*) (spec. di carnevale).

attrape-nigaud [atʀapnigo] ***n.m.*** [pl. *attrape-nigauds*] bidonata (*f.*).

attraper [atʀape] ***v.tr.*** **1** acchiappare, prendere: *attraper quelque bribes de conversation*, (*fam.*) cogliere frammenti di una conversazione **2** acciuffare **3** (*malattia*) contrarre; (*raffreddore ecc.*) prendere **4** ingannare **5** (*fam.*) sgridare ♦ **s'attraper** ***v.pron.rec.*** (*fam.*) bisticciare.
● ***je me suis fait attraper***, (*fam.*) ci sono cascato | ***te voilà bien attrapé!***, ti sta bene!
■ *V.TR.* SIN. **1** prendre, saisir **3** contracter **4** duper **5** gronder CONTR. **1** lâcher.

attrape-tout [atʀaptu] ***agg.invar.*** (*di partito o uomo politico*) acchiappaelettori.

attrapeur [atʀapœʀ] ***n.m.*** (*baseball*) ricevitore.

attrayant [atʀɛjɑ̃] ***agg.*** attraente.

attribuable [atʀibɥabl] ***agg.*** attribuibile.

attribuer [atʀibɥe] ***v.tr.*** attribuire; assegnare: *attribuer un prix*, assegnare un premio ♦ **s'attribuer** ***v.pron. indiretto*** attribuirsi, aggiudicarsi: *s'attribuer les biens de qqn*, appropriarsi dei beni di qlcu.

attribut [atʀiby] *n.m.* 1 attributo 2 (*gramm.*) attributo.

attribution [atʀibysjɔ̃] *n.f.* 1 assegnazione, attribuzione 2 (*pl.*) attribuzioni, mansioni.
● (*gramm.*) ***complément d'attribution***, complemento di termine.

attristant [atʀistɑ̃] *agg.* rattristante.

attrister [atʀiste] *v.tr.* rattristare; affliggere ♦ **s'attrister** *v.pron.intr.* rattristarsi, affliggersi.
■ V.TR. SIN. chagriner.

attroupement [atʀupmɑ̃] *n.m.* assembramento.

attrouper [atʀupe] *v.tr.* asssembrare, riunire ♦ **s'attrouper** *v.pron.intr.* assembrarsi, ammucchiarsi.

atypique [atipik] *agg.* atipico.

au [o] *prep.art.m.sing.* → **à**.

aubaine [obɛn] *n.f.* fortuna inaspettata.
● ***quelle aubaine!***, che fortuna!

aube[1] [ob] *n.f.* alba (*anche fig.*).

aube[2] *n.f.* (*eccl.*) camice (*m.*) liturgico.

aube[3] *n.f.* (*mecc.*) pala, paletta.

aubépine [obepin] *n.f.* (*bot.*) biancospino (*m.*).

auberge [obɛʀʒ] *n.f.* locanda.
● ***auberge de (la) jeunesse***, ostello della gioventù | ***on n'est pas sorti de l'auberge!***, (*fig. fam.*) e ancora non è finita!

FAUX AMI
Da non confondere con *albergo*, che si traduce *hôtel*.

aubergine [obɛʀʒin] *n.f.* melanzana.

aubergiste [obɛʀʒist] *n.m.* e *f.* oste/essa, locandiere/a.

aubette [obɛt] *n.f.* 1 (*Belgio, region.*) (*di autobus*) pensilina 2 (*Belgio*) chiosco (*m.*) di giornali.

aubier [obje] *n.m.* (*bot.*) alburno.

aubois [obwa] *agg.* del dipartimento dell'Aube.

aubussonnais [obysɔnɛ] *agg.* di Aubusson.

auchois [oʃwa] *agg.* di Auch.

aucun [okœ̃] *agg.indef.* [f. *aucune*] 1 (*in frasi negative*) alcuno, nessuno: *je n'ai aucun doute sur ses possibilités*, non ho alcun dubbio sulle sue possibilità; *aucun écrivain n'ignore que*, nessuno scrittore ignora che | *je n'ai eu aucuns frais*, non ho avuto nessuna spesa 2 (*in frasi interrogative e dubitative non negative*) (*letter.*) qualche, qualsiasi: *croyez-vous que la gloire ait aucun charme pour moi?*, credete che la gloria abbia qualche attrattiva per me? ♦ *pron.indef.* 1 (*in frasi negative*) nessuno: *de tous ses amis aucun n'a pris sa défense*, di tutti i suoi amici nessuno ha preso le sue difese; *"Connais-tu quelqu'un d'entre eux?" "Aucun"*, "Conosci qualcuno di loro?" "Nessuno" 2 (*in frasi non negative*) qualcuno; chiunque: *je doute qu'aucune de nous arrive à temps*, dubito che qualcuna di noi arrivi in tempo; *il est expert en la matière plus qu'aucun de ses collègnes*, è esperto in materia più di qualunque suo collega.
● ***aucun autre***, nessun altro; (*dopo un comparativo*) qualsiasi altro, chiunque altro: *aucun autre n'aurait accepté*, nessun altro avrebbe accettato; *je n'ai trouvé aucune autre solution*, non ho trovato nessun'altra soluzione; *il a fait son exposé mieux qu'aucun autre étudiant*, ha fatto la sua relazione meglio di qualunque altro studente; *plus qu'aucun autre*, più di chiunque altro | ***d'aucuns***, (*letter.*) alcuni | ***en aucune façon***, in nessun modo.

aucunement [okynmɑ̃] *avv.* in nessun modo, affatto.

audace [odas] *n.f.* 1 audacia 2 impudenza.
● ***payer d'audace***, tentare il tutto per tutto.

audacieusement [odasjøzmɑ̃] *avv.* audacemente, arditamente.

audacieux [odasjø] *agg.* [f. *-euse*] 1 audace, ardito 2 impudente: *des propos audacieux*, dei discorsi spinti ♦ *n.m.* (persona) audace.
■ AGG. SIN. 1 courageux CONTR. 1 craintif.

au-deçà [odəsa] *avv.* (*ant.*) al di qua.
● ***au-deçà de***, di qua da, al di qua di.

au-dedans [odədɑ̃] *avv.* dentro, all'interno.
● ***au-dedans de***, dentro di, dentro a.

au-dehors [odəɔʀ] *avv.* fuori.
● ***au-dehors de***, (al di) fuori di.

au-delà[1] [odla] *avv.* al di là, oltre.
● ***au-delà de***, al di là (di), oltre.

au-delà[2] *n.m.* l'aldilà, l'altro mondo.

au-dessous [odəsu] *avv.* (al di) sotto, di sotto: *les enfants de huit ans et au-dessous*, i bambini di otto anni e di età inferiore.
● ***au-dessous de***, al di sotto di, sotto: *jupe au-dessous du genou*, gonna sotto il ginocchio; *cinq degrés au-dessous de zéro*, cinque gradi sotto (lo) zero; *au-dessous du niveau de la mer*, sotto il livello del mare | *être au-dessous de tout*, (*fig.*) essere un inetto, un incapace: *conduite au-dessous de tout*, condotta indegna.

au-dessus [odəsy] *avv.* (al di) sopra, di sopra: *les tailles 42 et au-dessus*, le misure dal 42 in su.
● ***au-dessus de***, al di sopra di, sopra; (*fig.*) al di là di: *dix-huit degrés au-dessus de zéro*, diciotto gradi sopra (lo) zero; *au-dessus du niveau de la mer*, sopra il livello del mare.

au-devant de [odəvɑ̃də] *prep.* incontro a: *je suis allé au-devant de lui*, gli sono andato incontro.
● ***aller au-devant du danger***, sfidare il pericolo.

audible [odibl] *agg.* e *n.m.* udibile.

audience [odjɑ̃s] *n.f.* 1 udienza (*anche dir.*); colloquio (*m.*) 2 uditorio (*m.*), astanti (*m.pl.*): *jouir d'une large audience*, avere un vasto pubblico 3 (*rad., tv*) audience.

audimat® [odimat] *n.m.* apparecchio per misurare l'indice d'ascolto; (*estens.*) indice d'ascolto.

audio [odjo] *agg.invar.* audio.

audio- *pref.* audio-.

audioconférence [odjokɔ̃feʀɑ̃s] *n.f.* audioconferenza.

audiodescription [odjodɛskʀipsjɔ̃] *n.f.* (*cine.*) audiodescrizione (per non vedenti).

audioguide [odjogid] *n.m.* audioguida (*f.*), guida (*f.*) registrata a un museo.

audionumérique [odjonymeʀik] *agg.*
● ***disque audionumérique***, compact disc.

audiophone [odjofɔn] *n.m.* (*med.*) protesi (*f.*) acustica.

audiotel® [odjotɛl] *n.m.* auditel®.

audiovisuel [odjovizɥɛl] *agg.* e *n.m.* [f. *-elle*] audiovisivo.

audit[1] [odit] *n.m.* (*fin.*) 1 audit(ing), revisione (*f.*) dei conti 2 auditor, revisore dei conti.

audit[2] *agg.* → **dit**.

auditeur [oditœʀ] *n.m.* [f. *-trice*] 1 ascoltatore; (*pl.*) pubblico (*sing.*) 2 (*di corso, lezione*) uditore 3 (*fin.*) revisore; auditor.
● (*dir.*) ***auditeur de justice***, uditore giudiziario.

auditif [oditif] *agg.* [f. *-ive*] uditivo.
● (*anat.*) ***nerf auditif***, nervo acustico.

A

audition [odisjɔ̃] *n.f.* 1 audizione 2 udito (*m.*) 3 (*dir.*) escussione.
● (*fin.*) ***audition des comptes***, revisione dei conti.

auditionner [odisjɔne] *v.tr.* concedere un'audizione (a) ♦ *v.intr.* fare un'audizione.

auditoire [oditwaʀ] *n.m.* 1 uditorio, pubblico 2 (*Belgio*) aula (*f.*) per conferenze.

auditorium [oditɔʀjɔm] *n.m.* auditorio.

audois [odwa] *agg.* dell'Aude.

audomarois [odɔmaʀwa] *agg.* di Saint-Omer.

audonien [odɔnjɛ̃] *agg.* [f. *-enne*] di Saint-Ouen.

auge [oʒ] *n.f.* 1 tinozza 2 trogolo (*m.*) 3 (*edil.*) (*per calce ecc.*) vasca 4 (*geol.*) doccia valliva.

augeron [oʒʀɔ̃] *agg.* [f. *-onne*] dell'Auge.

augmentatif [ɔgmɑ̃tatif] *agg.* e *n.m.* [f. *-ive*] (*gramm.*) accrescitivo.

augmentation [ɔgmɑ̃tasjɔ̃] *n.f.* 1 aumento (*m.*), maggiorazione 2 aumento (*m.*) di stipendio.

augmenté [ɔgmɑ̃te] *agg.* aumentato, maggiorato | *édition augmentée*, edizione accresciuta.

augmenter [ɔgmɑ̃te] *v.tr.* aumentare; accrescere; rialzare ♦ *v.intr.* aumentare; crescere; salire: *les prix ont augmenté*, i prezzi sono aumentati; *augmenter de volume*, crescere di volume.
■ SIN. accroître CONTR. diminuer.

augure[1] [ogyʀ] *n.m.* augurio; presagio.
● ***de bon, mauvais augure***, di buon, di cattivo auspicio: *oiseau de mauvais augure*, (*fam.*) uccello del malaugurio.

augure[2] *n.m.* (*st.*) augure, aruspice.

augurer [ogyʀe] *v.tr.* presagire, congetturare.

auguste[1] [ɔgyst] *agg.* augusto, solenne.

auguste[2] *n.m.* (*pagliaccio*) augusto.

NOTA L'***auguste***, pagliaccio del circo, maldestro, molto truccato e vestito in modo buffo, è così chiamato ironicamente in contrasto con il significato della parola, che invece indica serietà e solennità. È sempre accompagnato dal *clown blanc*.

augustin [ogystɛ̃] *n.m.* (*eccl.*) agostiniano.

aujourd'hui [oʒuʀdɥi] *avv.* oggi: *aujourd'hui nous sommes vendredi*, oggi è venerdì; *jusqu'aujourd'hui, jusqu'à aujourd'hui*, fino a oggi.
● ***au jour d'aujourd'hui***, (*fam.*) al giorno d'oggi | ***(d')aujourd'hui en huit, en quinze***, oggi a otto, a quindici.

aulique [olik] *agg.* aulico.

aulne [on] *n.m.* → **aune**[2].

aumône [omon] *n.f.* elemosina.

aumônier [omonje] *n.m.* (*eccl.*) cappellano.
● ***aumônier militaire***, cappellano militare.

aune[1] [on] *n.f.* auna (antica misura di lunghezza di circa 1,20 m).
● ***figure longue d'une aune***, (*fig. fam.*) muso lungo.

aune[2] *n.m.* (*bot.*) ontano.

auparavant [opaʀavɑ̃] *avv.* prima, innanzi.

auprès [opʀɛ] *avv.* (*non com.*) vicino
□ **auprès de** 1 accanto (a), vicino (a) 2 presso 3 in confronto (a): *tes malheurs ne sont rien auprès des siens*, le tue disgrazie non sono nulla in confronto alle sue.

auquel [okɛl] *pron.rel.* e *interr.m.sing.* → **lequel**.

aura [ɔʀa] *n.f.* aura.

aurai [oʀe] → **avoir**[1].

auréole [ɔʀeɔl] *n.f.* aureola (*anche fig.*).

auréoler [ɔʀeɔle] *v.tr.* aureolare.

auriculaire [ɔʀikylɛʀ] *agg.* auricolare ♦ *n.m.* (dito) mignolo.

auriculothérapie [ɔʀikyloteʀapi] *n.f.* auricoloterapia.

aurifère [ɔʀifɛʀ] *agg.* aurifero.

aurochs [ɔʀɔks] *n.m.* (*zool.*) uro.

aurore [ɔʀɔʀ] *n.f.* aurora (*anche fig.*).
● ***aurore polaire, boréale***, aurora boreale | ***à l'aurore***, agli albori.
■ SIN. aube.

auscitain [ositɛ̃] *n.m.* → **auchois**.

auscultation [ɔskyltasjɔ̃] *n.f.* (*med.*) auscultazione.

ausculter [ɔskylte] *v.tr.* auscultare.

auspice [ɔspis] *n.m.* (*spec. pl.*) auspicio.
● ***sous les auspices de***, sotto gli auspici, la protezione di.

aussi [osi] *avv.* 1 (*nei compar. di uguaglianza precede agg. e avv.*) così; tanto: *cette fille est aussi jolie qu'intelligente*, quella ragazza è tanto bella quanto intelligente; *il est aussi sympathique que son frère*, è simpatico quanto suo fratello; *il vient aussi souvent que toi*, viene altrettanto spesso di te; *Pierre n'est pas aussi sot qu'on pourrait le croire*, Pierre non è così stupido come si potrebbe credere; *je ne t'aurais jamais cru capable d'une plaisanterie aussi vulgaire*, non ti avrei mai creduto capace di uno scherzo così volgare 2 anche, pure: *moi, toi, lui, nous aussi*, anch'io, anche tu, anche lui, anche noi; *il aime la lecture et moi aussi*, gli piace leggere e anche a me; *il y avait beaucoup de livres et aussi quelques revues*, c'erano molti libri e anche alcune riviste; *aujourd'hui aussi tu es en retard*, anche, pure oggi sei in ritardo ♦ *cong.* quindi, perciò: *il est méchant aussi tout le monde le fuit*, è malvagio e perciò tutti lo evitano.
● ***aussi bien***, (*letter.*) comunque, in ogni caso: *nous n'irons pas, aussi bien est-il trop tard*, non andremo e comunque è troppo tardi | ***aussi bien que***, come pure: *Pierre, aussi bien que Paul, est gentil, Pierre aussi bien que Paul sont gentils*, sia Pierre sia Paul sono gentili; *l'un aussi bien que l'autre, aussi bien l'un que l'autre*, l'uno come l'altro, tanto l'uno che l'altro | ***aussi vite que possible***, al più presto.

aussitôt [osito] *avv.* appena, subito: *il est venu et s'en est allé aussitôt*, è venuto e se n'è andato subito; *aussitôt sa mission remplie, il partit*, appena compiuta la sua missione partì.
● ***aussitôt dit, aussitôt fait***, detto fatto | ***aussitôt que***, (non) appena: *aussitôt qu'il nous aperçut*, (non) appena ci vide; (*comm.*) *veuillez répondre aussitôt que possible*, vogliate rispondere con cortese sollecitudine.
■ SIN. immédiatement.

austère [ostɛʀ] *agg.* austero.

austérité [osteʀite] *n.f.* austerità.

austral [ɔstʀal] *agg.* [pl. *-aux, -als*] australe.

australien [ɔstʀaljɛ̃] *agg.* [f. *-enne*] australiano.

Australien *n.m.* [f. *-enne*] (*abitante*) australiano.

austro- *pref.* austro-.

autan [otɑ̃] *n.m.* vento caldo (d'Aquitania).

autant [otɑ̃] *avv.* 1 tanto: *je n'ai jamais autant ri*, non ho mai riso tanto 2 altrettanto: *si tu t'en vas j'en ferai autant*, se te ne vai farò altrettanto; *deux, trois fois autant*, due, tre volte tanto ♦ *pron.indef.invar.* 1 altrettanto, altrettanta, altrettanti, altrettante: *il en a trois, j'en veux autant*, lui ne ha tre, io ne voglio altrettanti, altrettante; *c'est autant de gagné*, è tanto di guadagnato 2 (tanto) quanto, (tanta) quanta, (tanti) quanti, (tante) quante: *voici des cerises, prends-en autant que tu en veux*, eccoti delle ciliege, prendine quante ne vuoi; *autant que vous êtes*, quanti siete.

● ***autant*** (***vaut***), (*seguito da inf.*) tanto vale: *autant* (*vaut*) *le faire*, tanto vale farlo | ***autant vaut***, quasi: *c'est un homme mort, ou autant vaut*, è un uomo morto o quasi | ***d'autant mieux***, ancora meglio: *d'autant mieux que*, ancor meglio in quanto; *il a parlé d'autant mieux qu'il connaissait à fond le sujet*, ha parlato ancora meglio in quanto conosceva a fondo l'argomento | ***d'autant moins***, tanto meno | ***d'autant moins de... que***, tanto meno in quanto: *il a d'autant moins de mérite qu'il a toujours été aidé*, ha tanto minor merito in quanto è sempre stato aiutato | ***d'autant plus***, tanto più: *il me sera d'autant plus facile de lui refuser mon assentiment*, mi sarà tanto più facile negargli il consenso; *il a d'autant plus de mérite qu'il est très jeune*, ha tanto più merito in quanto è molto giovane | ***d'autant plus que***, tanto più che: *il vaut mieux ne pas y aller d'autant plus qu'il fait mauvais*, sarà meglio non andarci, tanto più che fa brutto tempo | ***pour autant***, tuttavia: *il n'est pas brillant, mais il n'est pas bête pour autant*, non è brillante, tuttavia non è stupido | ***pour autant que***, per quanto: *tu as de la fièvre, ce n'est pas pour autant que tu vas mourir*, hai la febbre, ma non morirai per questo; *pour autant qu'il ait bu il n'a pas perdu sa lucidité*, per quanto abbia bevuto non ha perso la lucidità; *pour autant qu'il me souvient*, per quel che ricordo; *pour autant que je m'en souvienne*, per quanto io possa ricordare | ***tout autant***, altrettanto.

□ **autant... autant** tanto... quanto, quanto... tanto, tanto... altrettanto: *autant Paul est sûr de lui, autant Guy est timide et réservé*, (tanto) Paul è sicuro di sé quanto Guy è timido e riservato.

□ **autant de** (*seguito da n.*) altrettanto, altrettanta, altrettanti, altrettante: *tu as eu beaucoup de courage, il te faut maintenant autant de patience*, hai avuto molto coraggio, ora ti ci vuole altrettanta pazienza; *autant de têtes, autant d'avis*, tante teste, tanti pareri.

□ **autant de... que...** (*nei compar. di uguaglianza*) tanto... quanto, tanta... quanta, tanti... quanti, tante... quante: *je n'ai pas autant d'argent qu'il m'en faut*, non ho tanto denaro quanto me ne occorre; *il n'y a pas autant de bonbons que d'enfants*, non ci sono tante caramelle quanti sono i bambini.

□ **autant que** **1** (*nei compar. di uguaglianza*) tanto quanto, tanto... quanto: *cette lecture est instructive autant qu'agréable*, questa lettura è tanto istruttiva quanto piacevole; *il doit être puni autant que toi*, merita di essere punito quanto, come te; *il travaille autant qu'il peut*, lavora quanto può; *autant que faire se peut*, nei limiti del possibile; *l'homme n'est responsable qu'autant qu'il est libre*, l'uomo è responsabile nella misura in cui è libero; *autant que possible*, il più possibile **2** per quanto: *autant que je vivrai*, per quanto (tempo) vivrò; *autant que je sache*, per quanto io sappia.

autarcie [otaʀsi] ***n.f.*** autarchia.

autarcique [otaʀsik] ***agg.*** autarchico.

autel [ɔtɛl] ***n.m.*** altare; ara (*f.*) sacrificale.

● ***dresser des autels à qqn***, porre qlcu sugli altari.

auteur [otœʀ] ***n.m.*** **1** artefice, autore: *être l'auteur de son destin*, essere l'artefice del proprio destino **2** [f. *-e*] autore: *cette jeune femme est déjà un auteur très lu, une auteure très lue*, questa giovane donna è già un'autrice molto letta.

● ***auteur dramatique***, commediografo | (*dir.*) ***auteur*** (***d'un droit***), dante causa.

auteur-compositeur-interprète [otœʀkɔ̃pozitœʀɛ̃tɛʀpʀɛt] ***n.m.*** [pl. *auteurs-compositeurs-interprètes*] cantautore.

authenticité [otɑ̃tisite] ***n.f.*** autenticità.

authentification [otɑ̃tifikasjɔ̃] ***n.f.*** **1** autenticazione **2** (*inform.*) login (*m.*).

authentifier [otɑ̃tifje] ***v.tr.*** autenticare.

authentique [otɑ̃tik] ***agg.*** autentico.

authentiquement [otɑ̃tikmɑ̃] ***avv.*** autenticamente.

autisme [otism] ***n.m.*** (*psic.*) autismo.

autiste [otist] ***agg.*** e ***n.m.*** e ***f.*** (*psic.*) autista: *un enfant autiste*, un bambino autista, autistico.

> **FAUX AMI**
> Da non confondere con l'italiano *autista* nel significato di *guidatore*, che si traduce *chauffeur*.

auto [oto] ***n.f.*** (*fam.*) auto.

■ **SIN.** voiture.

auto- ***pref.*** auto-.

auto-allumage [otoalymaʒ] ***n.m.*** [pl. *auto-allumages*] autoaccensione (*f.*).

autoapprentissage [otoapʀɑ̃tisaʒ] ***n.m.*** autoapprendimento.

autoberge [otobɛʀʒ] ***n.f.*** strada a scorrimento veloce (sull'argine di un fiume).

autobiographie [otobjɔgʀafi] ***n.f.*** autobiografia.

autobiographique [otobjɔgʀafik] ***agg.*** autobiografico.

autobloquant [otoblɔkɑ̃] ***agg.*** autobloccante: *fermeture autobloquante*, chiusura autobloccante.

autobronzant [otobʀɔ̃zɑ̃] ***agg.*** e ***n.m.*** autoabbronzante.

autobus [ɔ(o)tɔbys] ***n.m.*** autobus.

auto-but [otɔbyt] ***n.m.*** [pl. *auto-buts*] (*sport*) autogoal, autorete (*f.*).

autocar [ɔ(o)tɔkaʀ] ***n.m.*** corriera (*f.*), pullman.

> **FAUX AMI**
> Da non confondere con *autocarro*, che si traduce *camion* o *poids lourd*.

auto-caravane [otokaʀavan] ***n.f.*** [pl. *autos-caravanes*] camper (*m.*).

autocaravanier [otokaʀavanje] ***n.m.*** [f. *-ère*] camperista.

autocariste [otokaʀist] ***n.m.*** e ***f.*** **1** proprietario/a di pullman o di una società di trasporto in pullman **2** autista di pullman.

autocensure [otosɑ̃syʀ] ***n.f.*** autocensura.

autochtone [ɔ(o)tɔktɔn] ***agg.*** e ***n.m.*** e ***f.*** autoctono/a.

autoclave [otoklav] ***n.m.*** autoclave (*f.*).

autocollant [otokɔlɑ̃] ***agg.*** e ***n.m.*** autoadesivo.

■ **SIN.** autoadhésif.

autocrate [ɔ(o)tɔkʀat] ***n.m.*** e ***f.*** autocrate (*anche fig.*).

autocratie [ɔ(o)tɔkʀasi] ***n.f.*** autocrazia.

autocritique [otokʀitik] ***n.f.*** autocritica.

autocuiseur [otokɥizœʀ] ***n.m.*** pentola (*f.*) a pressione.

autodéfense [otodefɑ̃s] ***n.f.*** autodifesa.

autodétermination [otodetɛʀminasjɔ̃] ***n.f.*** autodeterminazione.

autodictée [otodikte] ***n.f.*** trascrizione di un breve testo imparato a memoria.

autodidacte [otodidakt] ***n.m.*** e ***f.*** autodidatta.

A

autodiscipline [otodisiplin] *n.f.* autodisciplina.
autodocumenté [otodɔkymɑ̃te] *agg.* (*inform.*) autodocumentato.
autodrome [otodʀom] *n.m.* autodromo.
auto-école [otoekɔl] *n.f.* [pl. *auto-écoles*] scuola guida.
auto-examen [otoegzamɛ̃] *n.m.* [pl. *auto-examens*] (*med.*) autopalpazione (*f.*).
autofinancer, s' [sotofinɑ̃se] *v.pron.* autofinanziarsi.
autofixant [otofiksɑ̃] *agg.* autoreggente.
● ***bas autofixants***, calze autoreggenti.
autoformation [otofɔʀmasjɔ̃] *n.f.* autoformazione.
autogare [otogaʀ] *n.f.* (*Africa*) autostazione.
autogène [otoʒɛn] *agg.* autogeno.
autogestion [otoʒɛstjɔ̃] *n.f.* autogestione.
autographe [ɔ(o)tɔgʀaf] *agg.* e *n.m.* autografo.
autoguidage [otogidaʒ] *n.m.* pilota automatico.
autoguidé [otogide] *agg.* munito di pilota automatico.
auto-imposition [otoɛ̃pozisjɔ̃] *n.f.* contribuzione fiscale pagata dalle aziende di stato.
automate [ɔtɔmat] *n.m.* **1** automa (*anche fig.*) **2** robot **3** (*Svizzera*) distributore automatico.
● (*banca*) ***automate bancaire***, bancomat®.
automaticité [ɔtɔmatisite] *n.f.* automaticità.
automation [ɔtɔmasjɔ̃] *n.f.* automazione.
automatique [ɔtɔmatik] *agg.* automatico ♦ *n.m.* teleselezione (*f.*) ♦ *n.f.* (*scient.*) automatica.
automatiquement [ɔtɔmatikmɑ̃] *avv.* automaticamente, in modo automatico.
automatiser [ɔtɔmatize] *v.tr.* automatizzare.
automatisme [ɔtɔmatism] *n.m.* automatismo.
automitrailleuse [otomitʀɑjøz] *n.f.* autoblindo (*m.*), autoblindomitragliatrice.
automnal [ɔ(o)tɔnal] *agg.* [pl. *-aux*] autunnale.
automne [ɔ(o)tɔn] *n.m.* autunno.
automobile [ɔ(o)tɔmɔbil] *agg.* **1** automobile **2** automobilistico ♦ *n.f.* automobile.
● ***accident d'automobile***, incidente automobilistico | ***canot automobile***, barca a motore | ***voiture automobile***, autovettura.
■ N.F. SIN. voiture.
automobilisme [ɔ(o)tɔmɔbilism] *n.m.* automobilismo.
automobiliste [ɔ(o)tɔmɔbilist] *n.m.* e *f.* automobilista.
■ SIN. conducteur.
automoteur [otomɔtœʀ] *agg.* [f. *-trice*] semovente.
automotrice [otomɔtʀis] *n.f.* automotrice.
autoneige [otonɛʒ] *n.f.* (*Canada*) gatto (*m.*) delle nevi.
autonettoyant [otonɛtwajɑ̃] *agg.* autopulente.
autonome [ɔ(o)tɔnɔm] *agg.* autonomo.
autonomie [ɔ(o)tɔnɔmi] *n.f.* autonomia.
autonomiste [ɔ(o)tɔnɔmist] *n.m.* e *f.* autonomista ♦ *agg.* autonomistico, autonomista.
autopartage [otopaʀtaʒ] *n.m.* car sharing, condivisione (*f.*) dell'auto.
autopompe [otopɔ̃p] *n.f.* autopompa.
autoportrait [otopɔʀtʀɛ] *n.m.* autoritratto.
autopsie [ɔ(o)tɔpsi] *n.f.* autopsia.
autopunitif [otopynitif] *agg.* [f. *-ive*] autopunitivo.
autoradio [otoʀadjo] *n.m.* autoradio (*f.*).
autorail [otoʀɑj] *n.m.* (*ferr.*) automotrice (*f.*).
autoréglage [otoʀeglaʒ] *n.m.* regolazione (*f.*) automatica.
autorégulation [otoʀegylasjɔ̃] *n.f.* autoregolazione.
autorisation [ɔtɔʀizasjɔ̃] *n.f.* autorizzazione.
autorisé [ɔtɔʀize] *agg.* **1** autorizzato **2** autorevole.
autoriser [ɔtɔʀize] *v.tr.* autorizzare ♦ **s'autoriser** *v.pron.* avvalersi (**di**); appoggiarsi (**su**) ♦ *v.pron. indiretto* concedersi: *il a bien le droit de s'autoriser une semaine de vacances*, ha pienamente diritto a prendersi una settimana di vacanza.
autoritaire [ɔtɔʀitɛʀ] *agg.* autoritario (*anche fig.*).
■ SIN. tyrannique.
autoritarisme [ɔtɔʀitaʀism] *n.m.* autoritarismo.
autorité [ɔtɔʀite] *n.f.* autorità.
● (*dir.*): ***autorité de la chose jugée***, autorità del giudicato; ***autorité paternelle***, patria potestà | ***de son autorité, de sa propre autorité***, di suo arbitrio | ***faire autorité en matière de***, fare testo in materia di.
autoroute [otoʀut] *n.f.* autostrada.
● ***autoroute de dégagement***, svincolo | ***autoroute roulante***, trasporto di veicoli su ferrovia.

NOTA In Francia, i cartelli autostradali portano le iscrizioni in bianco su fondo blu. Ogni ***autoroute*** è contrassegnata da una **A** seguita da un numero che corrisponde alla posizione geografica. Alcune hanno anche un nome più facile da memorizzare come:
l'Autoroute Blanche da Ginevra a Chamonix,
la *Francilienne* che fa il giro dell'Île-de-France,
l'Autoroute du Soleil che va da Lione a Marsiglia,
la *Provençale* dalla Provenza all'Italia,
la *Languedocienne* da Orange a Narbonne,
la *Catalane* da Narbonne alla Spagna,
l'Aquitaine da Parigi a Bordeaux,
l'Océane da Parigi a Nantes,
l'Occitane da Vierzon a Montauban,
l'Autoroute des Deux-Mers da Bordeaux a Narbonne.

autoroutier [otoʀutje] *agg.* [f. *-ère*] autostradale.
autoscooter [otoskutɛʀ] *n.m.* motofurgoncino.
autos-couchettes [otokuʃɛt] *agg.invar.*
● (*ferr.*) ***train autos-couchettes***, treno con vetture al seguito.
autos-tamponneuses [ototɑ̃pɔnøz] *n.f.pl.* autoscontro (*m.sing.*).
auto-stop [otostɔp] *n.m.invar.* autostop.
auto-stoppeur [otostɔpœʀ] *n.m.* [f. *auto-stoppeuse*, pl.m. *auto-stoppeurs*] autostoppista.
autosuffisant [otosyfizɑ̃] *agg.* autosufficiente.
autosuggestion [otosygʒɛstjɔ̃] *n.f.* autosuggestione.
autotaxation [ototaksasjɔ̃] *n.f.* autotassazione.
autotracté [ototʀakte] *agg.* a trazione autonoma, semovente.
autotraction [ototʀaksjɔ̃] *n.f.* autotrazione.
autotransfusion [ototʀɑ̃sfysjɔ̃] *n.f.* (*med.*) autotrasfusione.
autour [otuʀ] *avv.* intorno: *la campagne tout autour*, la campagna circostante; *une plate-bande avec des œillets (tout) autour*, un'aiuola bordata di garofani.
● ***autour de***, intorno a, attorno a; (*fam.*) circa; quasi: *il regardait autour de lui*, si guardava intorno.

NOTA ***Autour de*** traduce l'italiano 'intorno a':
sì *Son chien tourne* ***autour de*** *la maison.*

A

NO *Son chien tourne* ***autour à*** *la maison.*
Il suo cane gira attorno alla casa.

autre [otʀ] *agg.* altro; diverso: *un autre livre, une autre règle*, un altro libro, un'altra regola; *vous êtes autres que vous ne semblez*, siete diversi da quello che sembrate; *je n'ai pas d'autres vêtements*, non ho altri vestiti ♦ *pron.* altro: *j'en voudrais un autre*, ne vorrei un altro; *qu'est-ce que je peux dire d'autre?*, che altro posso dire?; *prendre qqn pour un autre*, scambiare qlcu per un altro; *d'autres pensent que*, altri pensano che; *j'en ai vu d'autres, j'en ai vu bien d'autres*, (*fam.*) ho visto ben altro ♦ *n.m.* (*fil.*) altro.
● ***autre chose***, altro: *parlons d'autre chose*, parliamo d'altro; *entre autre chose*, tra l'altro | ***autre part***, altrove | ***autre... que***, altro che; tranne (che): *dans tous les autres cas que celui qui est mentionné*, in tutti i casi tranne quello citato | ***à d'autres!***, (*fam.*) raccontalo ad altri!, ma andiamo! | ***aucun autre***, nessun altro; (*dopo un comparativo*) qualsiasi altro, chiunque altro | ***bien d'autres***, molti altri | ***c'est tout l'un ou tout l'autre***, o è nero o è bianco | ***comme dit l'autre, comme dirait l'autre***, (*fam.*) come si suol dire | ***d'autre part***, d'altronde, d'altra parte | ***de part et d'autre***, da una parte e dall'altra | ***de temps à autre***, di quando in quando | ***entre autres***, (*persone*) tra gli altri; (*cose*) tra l'altro | ***l'autre, cet autre***, (*spreg. fam.*) quello lì: *regardez-moi cette autre*, guardate un po' quella lì | ***l'autre jour***, l'altro giorno | ***l'un dans l'autre***, (*fam.*) più o meno | ***l'un et l'autre***, l'uno e l'altro, entrambi: *ni l'un ni l'autre*, né l'uno né l'altro, nessuno dei due; *les uns et les autres*, gli uni e gli altri | ***l'un l'autre***, l'un l'altro, a vicenda: *les uns les autres*, gli uni gli altri | ***l'un..., l'autre***, l'uno..., l'altro: *les uns..., les autres*, gli uni..., gli altri | ***nous autres, vous autres***, noialtri, voialtri | ***nul autre***, nessun altro | ***personne d'autre***, nessun altro | ***quelque autre***, qualche altro | ***quelqu'un d'autre***, qualcun altro | ***qui d'autre, quel autre***, chi altro, quale altro: *qui d'autre pourrait le faire?*, chi altri potrebbe farlo?; *quelle autre t'écouterait?*, quale altra ti ascolterebbe? | ***quoi d'autre***, cos'altro: *"Je voudrais encore quelque chose" "Quoi d'autre?"*, "Vorrei ancora qualcosa" "Cos'altro?" | ***rien d'autre***, niente altro: *"Veux-tu encore quelque chose?" "Non, rien d'autre"*, "Vuoi ancora qualche cosa?" "No, nient'altro"; *rien d'autre ne l'intéressait*, niente altro lo interessava | (*Svizzera*) ***sans autre***, senz'altro, naturalmente | ***tout autre***, ogni altro; tutt'altro: *toute autre considération*, qualsiasi altra considerazione; *c'est tout autre chose*, è tutt'altra cosa; *il propose une tout autre solution*, propone tutt'altra soluzione; *tout autre que lui l'aurait compris*, chiunque altro l'avrebbe capito; *tout autre que moi*, chiunque altro tranne me | ***tu n'en fais jamais d'autres!***, (*fam.*) siamo alle solite!
■ *AGG.* CONTR. même; pareil.

autrefois [otʀəfwa] *avv.* una volta, un tempo.
■ SIN. jadis.

autrement [otʀəmɑ̃] *avv.* **1** diversamente, altrimenti: *il agit autrement qu'il ne pense*, agisce diversamente da come pensa **2** molto: *son dernier roman est autrement mieux écrit que l'autre*, il suo ultimo romanzo è di gran lunga migliore dell'altro **3** altrimenti; in caso contrario.
● ***autrement dit***, in altre parole | ***autrement plus***, (*fam.*) molto più | ***pas autrement***, non molto | ***tout autrement***, in ben altro modo.

autrichien [otʀiʃjɛ̃] *agg.* [f. *-enne*] austriaco.

Autrichien *n.m.* [f. *-enne*] (*abitante*) austriaco.

autruche [otʀyʃ] *n.f.* struzzo (*m.*).

autrui [otʀɥi] *pron.indef.invar.* (*letter.*) altri (*sing.* e *pl.*).
● ***d'autrui***, altrui, degli altri: *le bonheur d'autrui*, la felicità degli altri; *vivre aux dépens d'autrui*, vivere alle spalle degli altri | (*prov.*) ***ne fais pas à autrui ce que tu ne voudrais pas qu'on te fît***, non fare ad altri ciò che non vorresti fosse fatto a te.

autunois [otynwa] *agg.* di Autun.

auvent [ovɑ̃] *n.m.* pensilina (*f.*), tettoia (*f.*).

auvergnat [ovɛʀɲa] *agg.* alverniate.

Auvergnat *n.m.* (*abitante*) alverniate.

aux [o; oz *davanti a vocale o* h *muta*] *prep.art.pl.* → **à**.

auxdits [odi] *agg.m.pl.* **auxdites** [odit] *agg.f.pl.* → **dit**.

auxerrois [ɔ(o)ksɛʀwa] *agg.* di Auxerre.

auxiliaire [ɔksiljɛʀ] *agg.* **1** ausiliare; ausiliario **2** avventizio: *le personnel auxiliaire de l'enseignement*, il precariato scolastico **3** (*gramm.*) ausiliare ♦ *n.m.* **1** aiuto **2** avventizio **3** (*gramm.*) ausiliare **4** (*pl.*) (*mil.*) ausiliari, truppe (*f.*) ausiliarie.
● ***auxiliaire de vie***, badante | ***auxiliaires médicaux***, personale paramedico | ***maître auxiliaire***, insegnante non di ruolo (di scuole medie e superiori).

NOTA La scelta dell'***auxiliaire*** per coniugare i verbi ai tempi composti può risultare difficile: in effetti l'uso francese non corrisponde sempre all'uso italiano.

Si coniugano con **avoir**

- i verbi *être* (anche come ausiliare del passivo) e *avoir*:
  *J'**ai été** heureux autrefois.*
  Un tempo sono stato felice.
  *J'**ai été** trompé par les apparences.*
  Sono stato ingannato dalle apparenze.
  *J'**ai eu** de la chance.*
  Ho avuto fortuna.
- tutti i verbi transitivi
- la maggior parte dei verbi intransitivi:
  *J'**ai bougé**.*
  Mi sono mosso.
- tutti i verbi impersonali:
  *Il **a plu**.*
  È (o ha) piovuto.

I verbi personali, occasionalmente usati come impersonali, si coniugano invece con l'ausiliare che hanno quando sono usati personalmente:

*Il ne m'**est resté** que deux jours pour tout faire.*
Mi sono rimasti solo due giorni per fare tutto.
*Il nous **a semblé** opportun de réagir.*
Ci è parso opportuno reagire.

Si coniugano con **être**:

- tutti i verbi pronominali, anche se impersonali:
  *Il **s'est lavé**.*
  Si è lavato.
  *Elle **s'est efforcée** de résister.*
  Se è sforzata di resistere.
  *Il **s'est agi** de...*
  Si è trattato di...
- un certo numero di verbi che esprimono un cambiamento di stato o un movimento nello spazio: *naître, devenir, mourir, aller, venir, rester, entrer, sortir, arriver, partir...*

Questi verbi, quando sono sia transitivi che intransitivi, si coniugano con **avoir** nell'uso transitivo:

*Je **suis entré** dans la pièce.*
Sono entrato nella stanza.
*J'**ai entré** les données dans l'ordinateur.*
Ho inserito i dati nel computer.

A

Alcuni verbi accettano tutti e due gli ausiliari, con eventuali sfumature di significato; in particolare i verbi che indicano un cambiamento di stato in cui il participio passato può essere considerato un aggettivo, ma è sempre corretto e più comune nella lingua di oggi usare l'ausiliare **avoir**.

*Comme tu **es** / **as rajeuni**!*
Come sei ringiovanito!

*Rien n'**est** / **n'a changé**.*
Non è cambiato nulla.

auxquelles [okɛl] ***pron.rel.*** e ***interr.f.pl.*** → **lequel**.

auxquels [okɛl] ***pron.rel.*** e ***interr.m.pl.*** → **lequel**.

avachi [avaʃi] ***agg.*** **1** sformato **2** (*fam.*) fiacco.

avachir, s' [savaʃiʀ] ***v.pron.intr.*** **1** sformarsi, afflosciarsi **2** (*fig.*) infiacchirsi, rammollirsi.

avachissement [avaʃismɑ̃] ***n.m.*** rammollimento (*anche fig.*).

avais [avɛ] → **avoir**[1].

aval[1] [aval] ***n.m.*** [pl. *-als*] (*di corso d'acqua*) tratto a valle ♦ ***agg.*** e ***avv.*** (*sport*) a valle.

● ***à l'aval de***, (*fig.*) a valle di | ***en aval de***, a valle di.

aval[2] ***n.m.*** [pl. *-als*] **1** (*comm.*) avallo **2** (*fig.*) sostegno, garanzia (*f.*).

● (*comm.*): ***bénéficiaire d'aval***, avallato; ***bon pour aval***, per avallo; ***donneur d'aval***, avallante.

avalanche [avalɑ̃ʃ] ***n.f.*** valanga (*anche fig.*).

avaler [avale] ***v.tr.*** inghiottire; ingoiare (*anche fig.*): *avaler des romans*, divorare romanzi; *il avale tout ce qu'on lui dit*, (*fam.*) beve tutto ciò che gli si dice; *j'ai cru qu'il allait m'avaler*, credevo mi volesse mangiare (vivo).

● ***avaler des couleuvres*** (o ***un crapaud*** o ***une pilule amère***), ingoiare un rospo, un boccone amaro | ***avaler sa langue***, perdere la lingua | ***avaler ses mots***, mangiarsi le parole | ***faire avaler qqch à qqn***, far credere qlco a qlcu.

■ SIN. absorber.

avaleur [avalœʀ] ***n.m.*** [f. *-euse*] (*antiq.*) mangione.

● ***avaleur de sabres***, mangiatore di spade.

avaliser [avalize] ***v.tr.*** avallare (*anche fig.*).

avallonais [avalɔnɛ] ***agg.*** di Avallon.

avaloir [avalwaʀ] ***n.m.*** (*Belgio*) tombino, bocchetta (*f.*) di scarico.

à-valoir [avalwaʀ] ***n.m.invar.*** acconto.

avance [avɑ̃s] ***n.f.*** **1** anticipo (*m.*); vantaggio (*m.*) di tempo: *avoir de l'avance*, essere in anticipo **2** (*sport*) distacco (*m.*): *il a gagné avec une avance de trois points*, ha vinto con tre punti di distacco **3** (*comm.*) anticipo (*m.*); prestito (*m.*): *faire une avance*, dare un anticipo **4** (*mil.*) (*di esercito ecc.*) avanzata **5** (*pl.*) primi approcci (*m.*); avances.

● (*aut.*) ***avance à l'allumage***, anticipo d'accensione | ***à l'avance***, ***d'avance***, ***par avance***, ***en avance***, in anticipo: *ma montre est en avance*, il mio orologio è avanti.

■ CONTR. **1** retard.

FAUX AMI
Da non confondere con *avanzo*, che si traduce *reste*.

avancé [avɑ̃se] ***agg.*** **1** avanzato: *avancé dans ses études, en âge*, avanti negli studi, negli anni; *les travaux étaient très avancés*, i lavori erano a buon punto | *civilisation avancée*, civiltà progredita **2** inoltrato: *à une heure avancée de la nuit*, a notte inoltrata **3** anticipato **4** (*di cibo*) poco fresco; (*di frutto*) troppo maturo.

avancement [avɑ̃smɑ̃] ***n.m.*** avanzamento (*anche fig.*): *l'avancement des connaissances*, il progresso delle conoscenze.

avancer [avɑ̃se] ***v.tr.*** [coniug. come *placer*] **1** spostare in avanti; portare in avanti (*anche fig.*): *avancer une montre*, mettere avanti un orologio; *il avança la main pour prendre un fruit*, allungò la mano per prendere un frutto; *cette querelle ne nous avance pas*, questa disputa non ci porta a nulla | *avancer un pion*, (*agli scacchi ecc.*) muovere una pedina **2** presentare, avanzare: *avancer une proposition*, avanzare una proposta **3** (*denaro*) prestare, anticipare **4** anticipare ♦ ***v.intr.*** **1** avanzare, procedere; avvicinarsi: *il avancera vite*, farà una rapida carriera; *ma montre avance*, il mio orologio va avanti; *avancer en âge*, andare avanti negli anni; *avancer* (*en grade*), avanzare di grado **2** sporgere ♦ **s'avancer** ***v.pron.*** avanzare, venire avanti, andare avanti: *ne t'avance pas trop!*, (*anche fig.*) non sbilanciarti!

● ***avancer comme un escargot***, camminare come una lumaca.

avanie [avani] ***n.f.*** (*letter.*) angheria.

avant[1] [avɑ̃] ***prep.*** prima (**di**): *avant toi, eux*, prima di te, di loro; *ne pas descendre avant l'arrêt du train*, vietato scendere prima che il treno sia fermo; *il place l'honnêteté avant l'intérêt personnel*, antepone l'onestà all'interesse personale; (*comm.*) *livraison avant le 30 octobre prochain*, consegna entro il 30 ottobre ♦ ***avv.*** **1** (*nel tempo*) prima: *il était arrivé quelques mois avant*, era arrivato qualche mese prima **2** (*nello spazio*) avanti: *voyez avant*, vedete avanti; *les dames passent avant*, le signore hanno la precedenza; *entrer, s'engager plus avant dans une question*, addentrarsi in un argomento.

● ***avant de***, ***avant que de***, prima di: *ne t'en va pas avant d'avoir terminé*, non te ne andare prima di aver finito; *avant que de partir*, (*letter.*) prima di partire | ***avant que***, prima che: *avant qu'il ne soit trop tard*, prima che sia troppo tardi | ***avant Jésus Christ***, prima di Cristo | ***avant peu***, tra poco | ***avant tout***, ***avant toutes choses***, prima di tutto | ***bien avant***, ***très avant dans la nuit***, a notte inoltrata | ***en avant***, in avanti: *allez, en avant!*, su, avanti!; (*mil.*) *en avant marche!*, avanti marsc'!; *regarder en avant*, (*fig.*) guardare avanti, al futuro | ***en avant de***, davanti a: *marcher en avant de la troupe*, marciare davanti alla truppa | ***le jour (d')avant***, il giorno prima | ***plus avant***, in seguito.

■ *PREP.* CONTR. après ♦ *AVV.* CONTR. **1** après **2** derrière.

avant[2] ***n.m.*** **1** parte (*f.*) anteriore; (*di nave*) prora (*f.*) **2** (*calcio, rugby*) attaccante: *la ligne d'avants*, l'attacco ♦ ***agg.invar.*** anteriore: *les roues avant*, le ruote davanti; *le siège avant*, il sedile anteriore.

● ***à l'avant***, davanti: (*mar.*) *à l'avant* (*o sur l'avant*), proravia | ***aller de l'avant***, avanzare; (*fig.*) agire con risolutezza.

■ *AGG.* CONTR. arrière.

avantage [avɑ̃taʒ] ***n.m.*** **1** vantaggio, utilità (*f.*) | *il y a avantage à partir*, conviene partire **2** tornaconto | *y trouver son avantage*, avere il proprio tornaconto **3** (*tennis*) vantaggio.

● (*comm.*) ***avantages en nature***, benefici aggiunti, accessori | ***avantages sociaux***, indennità sociali, indennità accessorie | ***à l'avantage de***, a favore di: *être habillée à son avantage*, avere un vestito che dona; *se montrer à son avantage*, fare bella figura.

■ CONTR. **1** inconvénient.

avantager [avɑ̃taʒe] ***v.tr.*** [coniug. come *manger*] favorire, avvantaggiare.

avantageusement [avɑ̃taʒøzmɑ̃] ***avv.*** vantaggiosamente, in modo vantaggioso.

avantageux [avɑ̃taʒø] ***agg.*** [f. *-euse*] **1** vantaggioso, conveniente: *sous un jour avantageux*, sotto una luce favorevole **2** lusinghiero: *avoir une idée avantageuse de qqn*, avere un'opinione lusinghiera di qlcu **3** presuntuoso: *un air avantageux*, un'aria di sufficienza.
■ SIN. **1** favorable.

avant-bourse [avɑ̃buʀs] ***n.m.invar.*** (*fin.*) preborsa.

avant-bras [avɑ̃bʀa] ***n.m.invar.*** avambraccio.

avant-centre [avɑ̃sɑ̃tʀ] ***n.m.*** [pl. *avant-centres*] (*calcio*) centravanti, centrattacco.

avant-corps [avɑ̃kɔʀ] ***n.m.invar.*** (*edil.*) avancorpo.

avant-coureur [avɑ̃kuʀœʀ] ***agg.*** e ***n.m.*** [pl. *avant-coureurs*] precursore, premonitore.

avant-dernier [avɑ̃dɛʀnje] ***agg.*** e ***n.m.*** [pl. *avant-derniers*] penultimo.

avant-garde [avɑ̃gaʀd] ***n.f.*** [pl. *avant-gardes*] avanguardia.

avant-goût [avɑ̃gu] ***n.m.*** [pl. *avant-goûts*] saggio, assaggio.

avant-guerre [avɑ̃gɛʀ] ***n.m.*** o ***f.*** [pl. *avant-guerres*] anteguerra (*m.*).

avant-hier [avɑ̃tjɛʀ] ***avv.*** l'altro ieri, ieri l'altro.

avant-midi [avɑ̃midi] ***n.m.*** o ***f.invar.*** (*Belgio, Canada*) mattinata (*f.*).

avant-pays [avɑ̃pei] ***n.m.invar.*** zona (*f.*) pedemontana.

avant-plan [avɑ̃plɑ̃] ***n.m.*** [pl. *avant-plans*] (*Belgio*) primo piano.

avant-port [avɑ̃pɔʀ] ***n.m.*** [pl. *avant-ports*] (*mar.*) avamporto.

avant-poste [avɑ̃pɔst] ***n.m.*** [pl. *avant-postes*] (*mil.*) avamposto.

avant-première [avɑ̃pʀəmjɛʀ] ***n.f.*** [pl. *avant-premières*] anteprima.

avant-projet [avɑ̃pʀɔʒɛ] ***n.m.*** [pl. *avant-projets*] piano preliminare; progetto di massima.

avant-propos [avɑ̃pʀɔpo] ***n.m.invar.*** prefazione (*f.*); avvertenza (*f.*).

avant-scène [avɑ̃sɛn] ***n.f.*** [pl. *avant-scènes*] **1** proscenio (*m.*), ribalta **2** (*pl.*) palchi (*m.*) di proscenio.

avant-soirée [avɑ̃swaʀe] ***n.f.*** [pl. *avant-soirées*] (*tv*) fascia oraria che precede la prima serata.

avant-toit [avɑ̃twa] ***n.m.*** [pl. *avant-toits*] gronda (*f.*).

avant-train [avɑ̃tʀɛ̃] ***n.m.*** [pl. *avant-trains*] **1** avantreno **2** (*zool.*) treno anteriore.

avant-veille [avɑ̃vɛj] ***n.f.*** [pl. *avant-veilles*] antivigilia.

avare [avaʀ] ***agg.*** e ***n.m.*** e ***f.*** avaro/a.
■ *AGG.* SIN. cupide CONTR. généreux.

avarice [avaʀis] ***n.f.*** avarizia.

avarie [avaʀi] ***n.f.*** avaria.

avarié [avaʀje] ***agg.*** avariato.
■ SIN. gâté.

avarier [avaʀje] ***v.tr.*** **1** fare avariare **2** danneggiare ♦ **s'avarier** ***v.pron.intr.*** avariarsi.

avatar [avataʀ] ***n.m.*** **1** trasformazione (*f.*) **2** (*fam.*) contrattempo, intoppo **3** (*Internet*) avatar.

avec [avɛk] ***prep.*** con: *avec courage*, con coraggio; *gâteau fait avec de la farine et du beurre*, torta fatta con farina e burro; *avec les airs qu'il se donne*, con tutte le arie che si dà; *avec tant de qualités il n'a pas réussi*, con tante qualità non è arrivato; *il est avec nous*, (*fig.*) è con noi, è dalla nostra parte ♦ ***avv.*** (*fam.*) (*in fine di frase*) con: *elle a pris ma voiture et s'en est allée avec*, ha preso la mia macchina e se n'è andata via.
● ***avec cela***, ***avec ça***, con questo, con ciò: *et avec ça, que désirez-vous?*, desidera altro? | ***d'avec***, da: *divorcer d'avec sa femme*, divorziare dalla propria moglie.

aveline [avlin] ***n.f.*** (*bot.*) avellana.

Ave (Maria), **Avé (Maria)** [avemaʀja] ***n.m.invar.*** avemaria (*f.*).

aven [avɛn] ***n.m.*** (*geol.*) dolina (*f.*).

avenant[1] [avnɑ̃] ***agg.*** **1** (*di persona*) affabile, amabile **2** (*di luogo*) ridente, ameno; (*di cosa*) grazioso.
● ***à l'avenant***, altrettanto, allo stesso modo: *il est très intelligent, mais ambitieux à l'avenant*, è molto intelligente, ma altrettanto ambizioso; *et tout à l'avenant*, e così tutto il resto | *à l'avenant de*, in armonia con, all'altezza di; in proporzione a.

avenant[2] ***n.m.*** (*dir.*) (*di contratto*) clausola (*f.*) addizionale.

avènement [avɛnmɑ̃] ***n.m.*** **1** avvento, venuta (*f.*) **2** ascesa (*f.*), avvento.

avenir [avniʀ] ***n.m.*** **1** avvenire, futuro **2** posteri (*pl.*).
● ***à l'avenir***, d'ora in poi, in futuro | ***d'avenir***, di sicuro avvenire.
■ SIN. **1** futur.

avent [avɑ̃] ***n.m.*** (*eccl.*) avvento.

aventure [avɑ̃tyʀ] ***n.f.*** **1** avventura: *plein d'aventures*, avventuroso; *risquer*, *tenter l'aventure*, rischiare, tentare **2** ventura, sorte.
● ***à l'aventure***, alla ventura | ***d'aventure***, ***par aventure***, per caso | ***dire la bonne aventure***, predire il futuro | ***diseuse de bonne aventure***, indovina, chiromante | ***vivre à l'aventure***, vivere alla giornata.

aventuré [avɑ̃tyʀe] ***agg.*** azzardato, arrischiato.

aventurer [avɑ̃tyʀe] ***v.tr.*** rischiare ♦ **s'aventurer** ***v.pron.intr.*** avventurarsi; (*fig.*) arrischiarsi.

aventureusement [avɑ̃tyʀøzmɑ̃] ***avv.*** in modo avventuroso.

aventureux [avɑ̃tyʀø] ***agg.*** [f. *-euse*] **1** avventuroso: *esprit aventureux*, spirito d'avventura **2** rischioso.
■ SIN. **1** audacieux **2** risqué CONTR. **1** prudent.

aventurier [avɑ̃tyʀje] ***n.m.*** [f. *-ère*] avventuriero.

avenu [avny] ***agg.*** (*solo preceduto da negazione*) | *non avenu*, inesistente | *nul et non avenu*, nullo.

avenue [avny] ***n.f.*** viale (*m.*), corso (*m.*).

avéré [aveʀe] ***agg.*** accertato, appurato.
● ***il est avéré que***, è indubbio che.

avérer, s' [saveʀe] ***v.pron.intr.*** [coniug. come *céder*] rivelarsi.

avers [avɛʀ] ***n.m.*** (*di moneta, medaglia*) diritto, faccia (*f.*).

averse [avɛʀs] ***n.f.*** acquazzone (*m.*).
● ***laisser passer l'averse***, (*fam.*) lasciare che si calmino le acque.
■ (*Svizzera*) SIN. carre.

FAUX AMI
Da non confondere con l'aggettivo *avverso*, che si traduce *adverse*.

aversion [avɛʀsjɔ̃] ***n.f.*** avversione, antipatia.

averti [avɛʀti] ***agg.*** **1** esperto, competente **2** avvisato | *tiens-toi pour averti!*, sappiti regolare!

avertir [avɛʀtiʀ] ***v.tr.*** avvertire, avvisare.
■ SIN. prévenir.

A

avertissement [avɛʀtismɑ̃] ***n.m.*** **1** avvertimento **2** avvertenza (*f.*) **3** ammonizione (*f.*), richiamo.

avertisseur [avɛʀtisœʀ] ***agg.*** [f. *-euse*] segnaletico ♦ ***n.m.*** **1** avvisatore, segnalatore **2** (*aut.*) claxon.
● ***avertisseur sonore***, sirena, allarme sonoro | ***panneau avertisseur***, cartello segnaletico | ***signal avertisseur***, segnale d'allarme.

avesnois [avɛnwa] ***agg.*** di Avesnes-sur-Helpe.

aveu [avø] ***n.m.*** [pl. *-eux*] confessione (*f.*).
● ***de l'aveu de tout le monde***, secondo il parere di tutti | ***de son propre aveu***, per propria confessione | ***faire des aveux complets***, fare piena confessione | ***faire l'aveu de***, confessare | ***il est passé aux aveux***, ha finito col confessare.
■ SIN. confession.

aveuglant [avœglɑ̃] ***agg.*** **1** accecante **2** (*fig.*) evidente: *preuve aveuglante*, prova lampante.
■ SIN. **1** éblouissant.

aveugle [avœgl] ***agg.*** e ***n.m.*** e ***f.*** cieco/a.
● ***aveugle de naissance***, cieco dalla nascita.

aveuglé [avœgle] ***agg.*** accecato (*anche fig.*).

aveuglement [avœgləmɑ̃] ***n.m.*** (*fig.*) accecamento, cecità (*f.*).

aveuglément [avœglemɑ̃] ***avv.*** ciecamente.

aveugle-né [avœglne] ***n.m.*** [pl. *aveugles-nés*] cieco dalla nascita.

aveugler [avœgle] ***v.tr.*** accecare (*anche fig.*).

aveuglette, à l' [alavœglɛt] ***avv.*** alla cieca.

aveyronnais [avɛʀɔnɛ] ***agg.*** dell'Aveyron.

avez [ave] → **avoir**[1].

aviateur [avjatœʀ] ***n.m.*** [f. *-trice*] aviatore; (*mil.*) aviere.

aviation [avjasjɔ̃] ***n.f.*** aviazione.
● ***compagnie d'aviation***, compagnia aerea.
■ (*Africa*) SIN. aéroport, aérodrome.

avicole [avikɔl] ***agg.*** avicolo.

aviculteur [avikyltœʀ] ***n.m.*** [f. *-trice*] avicoltore.

aviculture [avikyltyʀ] ***n.f.*** avicoltura.

avide [avid] ***agg.*** avido.

avidement [avidmɑ̃] ***avv.*** avidamente (*anche fig.*).

avidité [avidite] ***n.f.*** avidità.

avignonnais [aviɲɔnɛ] ***agg.*** avignonese.

avilir [aviliʀ] ***v.tr.*** **1** avvilire **2** deprezzare ♦ **s'avilir** ***v.pron.intr.*** **1** avvilirsi; degradarsi **2** (*di merci*) deprezzarsi.

avilissant [avilisɑ̃] ***agg.*** avvilente, degradante.

avilissement [avilismɑ̃] ***n.m.*** **1** avvilimento; degradazione (*f.*) **2** deprezzamento.

aviné [avine] ***agg.*** avvinazzato.

avion [avjɔ̃] ***n.m.*** aeroplano, aereo: *voyager en avion*, viaggiare in aereo.
● ***avion de chasse***, (velivolo da) caccia | ***avion de reconnaissance***, ricognitore | ***avion gros porteur***, jumbo-jet | ***avion nolisé*** → charter | ***avion ravitailleur***, aereo appoggio (per rifornire di carburante) | ***par avion***, per via aerea.

avion-ambulance [avjɔ̃ɑ̃bylɑ̃s] ***n.m.*** [pl. *avions-ambulances*] aeroambulanza (*f.*).

aviron [aviʀɔ̃] ***n.m.*** **1** remo **2** (*sport*) canottaggio.
● ***à l'aviron***, a remi | ***coup d'aviron***, (*fig.*) ultima mano, ultimo colpo.

avis [avi] ***n.m.*** **1** parere, opinione (*f.*): *je suis du même avis que vous*, *je suis de votre avis*, sono del vostro parere | *je suis d'avis que*, credo che **2** avviso; (*di concorso ecc.*) bando **3** (*dir.*) deliberazione (*f.*).
● (*comm.*) ***avis de réception***, ricevuta di ritorno | ***à mon avis***, a parer mio, secondo me | ***à, de l'avis de***, secondo (il parere di) | ***se ranger à l'avis de qqn***, schierarsi con qlcu.
■ SIN. **1** opinion.

avisé [avize] ***agg.*** accorto, avveduto.

aviser[1] [avize] ***v.tr.*** avvertire, avvisare.
■ SIN. informer.

aviser[2] ***v.tr.*** scorgere, avvistare ♦ ***v.intr.*** (*letter.*) badare, pensare ♦ **s'aviser** ***v.pron.*** **1** accorgersi **2** azzardarsi (**a**): *s'il s'avise de bavarder, il sera puni*, se si azzarda a parlare sarà punito.

avitaminose [avitaminoz] ***n.f.*** (*med.*) avitaminosi.

aviver [avive] ***v.tr.*** **1** avvivare, ravvivare **2** (*fig.*) inasprire: *aviver une douleur*, inasprire una pena.

avocaillon [avɔkajɔ̃] ***n.m.*** (*fam.*) azzeccagarbugli.

avocat[1] [avɔka] ***n.m.*** avvocato.
● ***avocat commis***, avvocato d'ufficio in sede civile | ***avocat d'office***, avvocato d'ufficio in sede penale | ***avocat général***, sostituto procuratore generale.

avocat[2] ***n.m.*** (*bot.*) (*frutto*) avocado.

avocat[3] ***n.m.*** (*Africa*) bustarella (*f.*), mazzetta (*f.*).

avocat-conseil [avɔkakɔ̃sɛj] ***n.m.*** [pl. *avocats-conseils*] consulente legale.

avocate [avɔkat] ***n.f.*** (donna) avvocato (*m.*), avvocatessa, avvocata.

avocatier [avɔkatje] ***n.m.*** (*pianta*) avocado.

avoine [avwan] ***n.f.*** avena.

avoir[1] [avwaʀ] ***v.tr.*** [pres.indic.: *j'ai, tu as, il a, nous avons, vous avez, ils ont*; imperf.indic.: *j'avais* etc.; p.rem.: *j'eus* etc., *nous eûmes* etc.; fut.indic.: *j'aurai* etc.; cond.: *j'aurais* etc.; pres.cong.: *que j'aie, que tu aies, qu'il ait, que nous ayons, que vous ayez, qu'ils aient*; imperf.cong.: *que j'eusse, que tu eusses, qu'il eût* etc.; p.pres: *ayant*; p.p.: *eu*; imp.: *aie, ayons, ayez*] **1** (*ausiliare*) avere, essere: *j'ai été à Rome*, sono stato a Roma; *n'avez-vous pas eu peur?*, non avete avuto paura?; *l'impression que tu as eue est fausse*, l'impressione che hai avuto è sbagliata; *j'ai eu douze ans avant-hier*, ho compiuto dodici anni l'altro ieri **2** avere; possedere: *avoir du courage*, avere coraggio **3** avere, ottenere; ricevere: *j'ai eu une bonne note en maths*, ho preso un bel voto in matematica; *il a eu son bac de justesse*, ha passato la maturità per il rotto della cuffia; *tous les cadeaux qu'il a eus*, tutti i regali che ha ricevuto; *heureusement je l'ai eu, mon train*, fortunatamente l'ho preso, il treno **4** avere (indosso), indossare: *elle avait une robe noire*, aveva un abito nero.
● ***avoir qqn***, (*fig.*) imbrogliare qlcu: *elle m'a eu*, me l'ha fatta; *on les aura!*, li batteremo!; *je t'aurai, toi*, me la pagherai | ***se faire avoir***, farsi fregare.
□ **avoir à** avere da, dovere: *il a toujours beaucoup d'e-mails à écrire*, ha sempre molte e-mail da scrivere; *si j'arrive tard, tu n'as pas à t'inquiéter*, se faccio tardi non devi stare in pensiero; *il n'avait qu'à faire attention*, doveva solo stare attento.
□ **en avoir** averne; avercela; (*di uomo*) essere coraggioso; (*volg.*) avere i coglioni, le palle: *en avoir pour longtemps*, averne per molto; *en avoir assez*, averne abbastanza; *c'est à lui qu'il en a*, ce l'ha con lui.
□ **y avoir** (*impers.*) esserci: *il y avait beaucoup de monde*, c'era molta gente; *il y a eu un accident*, c'è stato un incidente; *tous les accidents qu'il y a eu dernièrement*, tutti gli incidenti che ci sono stati ultimamente; *il pouvait y*

avoir quatre-vingts personnes, potevano esserci un'ottantina di persone; *n'y aurait-il pas un dictionnaire?*, non ci sarebbe un dizionario?; *qu'y a-t-il?*, *qu'est-ce qu'il y a?*, che c'è?
● ***il y a deux ans que je ne l'ai vu, que je ne le vois pas***, sono due anni che non lo vedo | ***il y a dix ans***, dieci anni fa | ***il y a que***, (*fam.*) fatto sta che | ***y en avoir***, essercene, avercene: *il y en a qui disent que*, c'è chi dice che; *il n'y en a que pour lui*, è sempre tutto per lui; *quand il n'y en a plus, il y en a encore*, non è mai finita.
avoir[2] ***n.m.*** **1** averi (*pl.*), proprietà (*f.*): *voici tout mon avoir*, ecco tutti i miei averi **2** (*comm.*) avere, entrata (*f.*).
● (*comm.*) ***avoir en caisse***, dotazione di cassa | (*fin.*) ***avoir fiscal***, credito d'imposta | (*comm.*): ***contre avoir correspondant***, dietro pagamento della somma corrispondente; ***le doit et l'avoir***, il dare e l'avere.
avoisinant [avwazinɑ̃] ***agg.*** attiguo.
avoisiner [avwazine] ***v.tr.*** essere vicino.
avons [avɔ̃] → **avoir**[1].
avorté [avɔʀte] ***agg.*** abortito (*anche fig.*).
avortement [avɔʀtəmɑ̃] ***n.m.*** **1** (*med.*) aborto **2** (*fig.*) fallimento **3** (*inform.*) interruzione (*f.*) di esecuzione di programma.
avorter [avɔʀte] ***v.intr.*** **1** abortire **2** (*fig.*) fallire: *l'affaire a avorté*, l'affare è fallito ♦ ***v.tr.*** far abortire (una donna), provocare un aborto: *je me suis fait avorter*, ho fatto un aborto (procurato), ho abortito.
avorteur [avɔʀtœʀ] ***n.m.*** [f. *-euse*] chi procura un aborto illecito.
avorton [avɔʀtɔ̃] ***n.m.*** aborto.
avouable [avwabl] ***agg.*** confessabile.
avoué [avwe] ***n.m.*** (*dir.*) procuratore legale.
● ***avoué d'office***, difensore d'ufficio.
avouer [avwe] ***v.tr.*** confessare ♦ **s'avouer** ***v.pron.*** confessarsi.
■ *V.TR.* SIN. confesser.
avranchais [avʀɑ̃ʃɛ] **avranchin** [avʀɑ̃ʃɛ̃] ***agg.*** di Avranches.
avril [avʀil] ***n.m.*** aprile.
● (*prov.*) ***en avril ne te découvre d'un fil***, aprile non ti scoprire.
avulsion [avylsjɔ̃] ***n.f.*** avulsione, estrazione.
avunculaire [avɔ̃kylɛʀ] ***agg.*** di zio, di zia.
axe [aks] ***n.m.*** asse; (*di bicicletta*) albero.
● (*anat.*) ***axe cérébro-spinal***, neurasse | (*mecc.*) ***axe du piston***, spinotto.
axer [akse] ***v.tr.*** **1** disporre secondo un asse **2** (*fig.*) imperniare.
axial [aksjal] ***agg.*** [pl. *-aux*] assiale.
axillaire [aksilɛʀ] ***agg.*** (*anat., bot.*) ascellare.
axiomatique [aksjɔmatik] ***agg.*** assiomatico.
axiome [aksjom] ***n.m.*** assioma.
axone [akson] ***n.m.*** (*anat.*) cilindrasse.
axonométrie [aksɔnɔmetʀi] ***n.f.*** (*mat.*) assonometria.
ayant [ɛjɑ̃] *p.pres.* di **avoir**[1].
ayant cause [ɛjɑ̃koz] ***n.m.*** e ***f.*** [pl. *ayants cause*] (*dir.*) avente causa.
ayant-compte [ɛjɑ̃kɔ̃t] ***n.m.*** e ***f.*** [pl. *ayants-compte*] correntista.
ayant droit [ɛjɑ̃dʀwa] ***n.m.*** e ***f.*** [pl. *ayants droit*] (*dir.*) avente diritto.
ayons [ɛjɔ̃] → **avoir**[1].
azalée [azale] ***n.f.*** (*bot.*) azalea.
azerolier [azʀɔlje] ***n.m.*** (*bot.*) lazzeruolo.
azimut [azimyt] ***n.m.*** (*astr.*) azimut.
● ***tous azimuts***, (*fig.*) in tutte le direzioni.
azote [azɔt] ***n.m.*** azoto.
azoté [azɔte] ***agg.*** (*chim.*) azotato.
azotémie [azɔtemi] ***n.f.*** (*med.*) azotemia.
aztèque [aztɛk] ***agg.*** e ***n.m.*** e ***f.*** (*st.*) azteco/a.
azur [azyʀ] ***n.m.*** azzurro.
● (*min.*) ***pierre d'azur***, lapislazzuli.
azuré [azyʀe] ***agg.*** azzurrino.
azurer [azyʀe] ***v.tr.*** azzurrare.
azyme [azim] ***agg.*** azzimo.

Bb

b [be] ***n.m.invar.*** b (*f.* o *m.*).
● (*tel.*) ***b comme Berthe***, b come Bologna.
BAB [bab] ***n.m.*** BBS, bacheca (*f.*) elettronica.
baba[1] [baba] ***agg.invar.*** (*fam.*) stupefatto, allibito.
● ***en rester baba***, restare di stucco.
baba[2] ***n.m.*** **1** (*cuc.*) babà **2** (*argot*) sedere.
baba(-cool) [babakul] ***n.m.*** [pl. *babas-cool*] capellone, fricchettone.
babasse [babas] ***n.f.*** (*inform.*) (*fam.*) computer (*m.*) o stampante catorcio.
babelutte [bablyt] ***n.f.*** (*Belgio*) zucchero (*m.*) d'orzo al miele.
babeurre [babœʀ] ***n.m.*** (*ind. casearia*) latticello.
babil [babil] ***n.m.*** **1** chiacchierio, cicaleccio **2** (*estens.*) (*di ruscello ecc.*) mormorio **3** (*di uccelli*) cinguettio **4** (*di bambino*) lallazione (*f.*).
babillage [babijaʒ] ***n.m.*** **1** chiacchierio, cicaleccio **2** (*di bambino*) lallazione (*f.*).
babillard [babijaʀ] ***agg.*** ciarliero, chiacchierone ♦ ***n.m.*** chiacchierone.
● (*Internet*) ***babillard électronique***, bacheca elettronica, BBS.
babiller [babije] ***v.intr.*** chiacchierare; (*di bambini*) parlottare.
babine [babin] ***n.f.*** **1** (*zool.*) (*di cane, scimmia ecc.*) labbro (*m.*) cascante **2** (*pl.*) (*fam.*) labbra.
● ***s'en lécher les babines***, (*fig.*) leccarsi i baffi.
babiner [babine] ***v.tr.*** (*Canada*) chiacchierare.
babiole [babjɔl] ***n.f.*** (*fam.*) bazzecola.
babiroussa [babiʀusa] ***n.m.*** (*zool.*) babirussa.
baboler [babɔle] ***v.intr.*** (*Svizzera*) borbottare.
bâbord [babɔʀ] ***n.m.*** (*mar.*) babordo, sinistra (*f.*).
babouche [babuʃ] ***n.f.*** babbuccia.
babouin [babwɛ̃] ***n.m.*** (*zool.*) babbuino.
baboune [babun] ***n.f.***
● (*Canada*) ***avoir la baboune***, tenere il muso.
baby-foot [babifut] ***n.m.invar.*** calcetto, calcio-balilla.
babylonien [babilɔnjɛ̃] ***agg.*** [f. *-enne*] (*st.*) babilonese.
baby-sitter [ba(e)bisitœʀ] ***n.m.*** e ***f.*** [pl. *baby-sitters*] baby-sitter.
bac[1] [bak] ***n.m.*** **1** chiatta (*f.*); traghetto **2** vaschetta (*f.*), contenitore; bacinella (*f.*) **3** (*tecn.*) vasca (*f.*) **4** schedario.
● ***bac à douche***, piatto della doccia | ***bac à glace***, (*nel frigorifero*) vaschetta del ghiaccio.
bac[2] ***n.m.*** (*fam.*) abbr. di **baccalauréat**.
baccalauréat [bakalɔʀea] ***n.m.*** baccalauréat (esame e titolo di studio corrispondente alla maturità italiana).
baccara [bakaʀa] ***n.m.*** (*gioco d'azzardo*) baccarà.
baccarat [bakaʀa] ***n.m.*** (*cristallo*) baccarà.
bacchanal [bakanal] ***n.m.*** (*Svizzera*) chiasso, baccano.
bacchanale [bakanal] ***n.f.*** baccanale (*m.*).
bacchante [bakɑ̃t] ***n.f.*** **1** baccante (*anche fig.*) **2** (*pl.*) (*fam.*) baffi (*m.*).
bâche [bɑʃ] ***n.f.*** **1** telone (*m.*); copertone (*m.*) **2** serbatoio (*m.*).
bâchée [baʃe] ***n.f.*** (*Africa*) camionetta (coperta da telone).
bachelier [baʃəlje] ***n.m.*** [f. *-ère*] chi ha superato il baccalauréat.
bâcher [bɑʃe] ***v.tr.*** coprire (con un telone).
bachot [baʃo] ***n.m.*** (*fam.*) → **baccalauréat**.
bachoter [baʃɔte] ***v.intr.*** (*fam.*) prepararsi in fretta, imbottirsi di nozioni per un esame.
bacillaire [basilɛʀ] ***agg.*** bacillare ♦ ***n.m.*** e ***f.*** tisico/a.
bacille [basil] ***n.m.*** bacillo.
bâcler [bɑkle] ***v.tr.*** (*fam.*) raffazzonare, abborracciare: *bâcler un travail*, raffazzonare un lavoro.
bactéricide [bakteʀisid] ***agg.*** e ***n.m.*** battericida.
bactérie [bakteʀi] ***n.f.*** (*biol.*) batterio (*m.*).
bactériologie [bakteʀjɔlɔʒi] ***n.f.*** batteriologia.
bactériologique [bakteʀjɔlɔʒik] ***agg.*** batteriologico.
bactériologiste [bakteʀjɔlɔʒist] ***n.m.*** e ***f.*** batteriologo/a.
badaboum [badabum] ***inter.*** patapum.
badaud [bado] ***agg.*** e ***n.m.*** curioso; bighellone.
bader [bade] ***v.intr.*** (*region.*) **1** girovagare **2** oziare.
baderne [badɛʀn] ***n.f.*** (*fam.*) rudere (*m.*).
● ***vieille baderne***, (*fig. fam.*) rudere, vecchio rimbambito.
badge [badʒ] ***n.m.*** **1** badge (distintivo rotondo spec. con scritte umoristiche o provocatorie) **2** tesserino magnetico di riconoscimento.
badgeuse [badʒøz] ***n.f.*** lettore (*m.*) di badge.
badigeon [badiʒɔ̃] ***n.m.*** intonaco di calce | *un coup de badigeon*, una mano di calce.
badigeonnage [badiʒɔnaʒ] ***n.m.*** **1** intonacatura (*f.*) **2** (*med.*) pennellatura (*f.*).
badigeonner [badiʒɔne] ***v.tr.*** **1** imbiancare, intonacare **2** (*med.*) spennellare.
badin [badɛ̃] ***agg.*** (*letter.*) faceto, scherzoso.
badinage [badinaʒ] ***n.m.*** scherzo.
badine [badin] ***n.f.*** bastoncino (*m.*) da passeggio; bacchetta.
badiner [badine] ***v.intr.*** scherzare, celiare.
badinerie [badinʀi] ***n.f.*** (*letter.*) celia, facezia.
badminton [badmintɔn] ***n.m.*** (*gioco*) volano.
badois [badwa] ***agg.*** del Baden.
baes [bɛs] ***n.m.*** [f. *baesine*] (*Belgio*) **1** proprietario di un bar **2** proprietario di un alloggio universitario.
baffe [baf] ***n.f.*** (*fam.*) sberla, ceffone (*m.*).
baffle [bɑfl] ***n.m.*** cassa (*f.*) acustica.

bafouer [bafwe] ***v.tr.*** sbeffeggiare, schernire.

bafouillage [bafujaʒ] ***n.m.*** (*fam.*) **1** il farfugliare **2** discorso confuso.

bafouiller [bafuje] ***v.intr.*** (*fam.*) **1** farfugliare **2** (*di motore*) perdere colpi.
■ SIN. **1** bredouiller.

bafouilleur [bafujœʀ] ***n.m.*** [f. *-euse*] (*fam.*) farfuglione.

bâfrer [bɑfʀe] ***v.tr.*** (*fam.*) sbafare; ingozzarsi (**di**) ♦ ***v.intr.*** (*fam.*) rimpinzarsi, abbuffarsi.

bagage [bagaʒ] ***n.m.*** bagaglio.
● ***bagage à main***, bagaglio a mano | ***plier bagage***, (*fig.*) far fagotto, andarsene via.

bagagiste [bagaʒist] ***n.m.*** e ***f.*** addetto/a ai bagagli.

bagarre [bagaʀ] ***n.f.*** zuffa, rissa, tafferuglio (*m.*).
● ***chercher la bagarre***, attaccar briga.
■ SIN. rixe.

bagarrer, se [səbagaʀe] ***v.pron.*** (*fam.*) azzuffarsi.

bagarreur [bagaʀœʀ] ***n.m.*** e ***agg.*** [f. *-euse*] (*fam.*) attaccabrighe.

bagatelle [bagatɛl] ***n.f.*** **1** bagattella, inezia **2** (*fam.*) sesso (*m.*), amore (*m.*) fisico.

bagnard [baɲaʀ] ***n.m.*** ergastolano.

bagne [baɲ] ***n.m.*** **1** bagno penale, galera (*f.*); (*estens.*) lavori (*pl.*) forzati **2** (*fig.*) inferno.

FAUX AMI
Da non confondere con *bagno*, che si traduce *bain* o *salle de bains*.

bagnérais [baɲeʀɛ] ***agg.*** di Bagnère-de-Bigorre.

bagnole [baɲɔl] ***n.f.*** (*fam.*) automobile.

bagou(t) [bagu] ***n.m.*** (*fam.*) parlantina (*f.*).

bague [bag] ***n.f.*** **1** anello (*m.*): *monter une pierre en bague*, incastonare una pietra in un anello **2** (*tecn.*) fascetta; ghiera.
● (*fot.*) ***bague de diaphragme***, scala dei diaframmi | ***bague de fiançailles***, anello di fidanzamento | ***bague de mariage***, anello nuziale | ***jeu de bagues***, (*nei tornei*) corsa all'anello.

baguenauder [bagnode] ***v.intr.*** bighellonare.

baguette [bagɛt] ***n.f.*** **1** bacchetta | *cheveux raides comme des baguettes de tambour*, (*fam.*) capelli diritti come spaghetti **2** baguette; sfilatino (*m.*) (di pane) **3** listello (*m.*) **4** (*taglio rettangolare di diamante*) baguette.
● ***baguette magique***, bacchetta magica | ***coup de baguette***, bacchettata.

bah [ba] ***inter.*** bah, ma.

bahut [bay] ***n.m.*** **1** cassapanca (*f.*); baule **2** credenza (*f.*) **3** (*argot*) collegio, scuola (*f.*) (media e superiore) **4** (*fam.*) taxi; camion; automobile (*f.*).

bai [bɛ] ***agg.*** e ***n.m.*** (cavallo) baio.

baie[1] [bɛ] ***n.f.*** baia; cala.

baie[2] ***n.f.*** (*di porta, finestra*) apertura.
● ***baie vitrée***, vetrata.

baie[3] ***n.f.*** (*bot.*) bacca, coccola.

baignade [bɛɲad] ***n.f.*** bagno (*m.*).
● ***baignade interdite***, divieto di balneazione.

baigner [beɲe] ***v.tr.*** **1** tenere a bagno **2** bagnare: *être baigné de sueur*, essere in un bagno di sudore **3** fare il bagno (**a**) **4** (*di mare, fiume ecc.*) bagnare **5** (*fig.*) inondare; impregnare: *le clair de lune baignait la forêt*, la luna inondava di luce la foresta ♦ ***v.intr.*** essere immerso ♦ **se baigner** ***v.pron.*** fare il bagno (nel mare ecc.).
● ***ça baigne***, (*fam.*) va benissimo, non c'è problema.
■ *V.TR.* SIN. **1** faire tremper.

baigneur [bɛɲœʀ] ***n.m.*** **1** [f. *-euse*] bagnante **2** bambolotto.

baignoire [bɛɲwaʀ] ***n.f.*** **1** vasca da bagno **2** (*teatr.*) palco (*m.*) di platea.

bail [baj] ***n.m.*** [pl. *baux*] **1** affitto: *donner, prendre à bail*, dare, prendere in affitto **2** contratto d'affitto.
● ***bail à construction***, locazione edilizia | ***bail commercial***, contratto d'affitto per uso ufficio, per uso commerciale | ***ça fait un bail!***, (*fam.*) è da un pezzo, da un sacco di tempo.

bâillement [bɑjmɑ̃] ***n.m.*** sbadiglio.

bailler [baje] ***v.tr.*** (*letter.*) dare, consegnare.
● ***la bailler belle, bonne***, darla a bere.

bâiller [bɑje] ***v.intr.*** **1** sbadigliare **2** (*estens.*) essere socchiuso.

bailleur [bajœʀ] ***n.m.*** [f. *-eresse*] locatore.
● (*comm.*) ***bailleur de fonds***, finanziatore.

bâilleur [bɑjœʀ] ***n.m.*** [f. *-euse*] sbadiglione.

bailli [baji] ***n.m.*** (*st.*) balivo.

bâillon [bɑjɔ̃] ***n.m.*** bavaglio.

bâillonner [bɑjɔne] ***v.tr.*** imbavagliare.

bain [bɛ̃] ***n.m.*** **1** bagno: *prendre un bain*, fare un bagno **2** (*del bagno, della piscina*) vasca (*f.*): *remplir le bain*, riempire la vasca (da bagno) **3** (*pl.*) bagni termali.
● ***bain à remous***, idromassaggio | ***bain de bouche***, sciacquo, collutorio | (*fot.*) ***bain de développement***, bagno di sviluppo | ***bain de foule***, (*fig.*) bagno di folla: *le président a pris un bain de foule*, il presidente si è mescolato alla folla, ha fatto un bagno di folla | ***bain de langue***, (*fig.*) (corso di lingua straniera a) immersione totale, full immersion | ***bain de pieds***, pediluvio | ***bain de siège***, semicupio | ***bain moussant***, bagnoschiuma | ***bains publics***, bagni pubblici | ***envoyer qqn au bain***, (*fam.*) mandare qlcu a quel paese | ***être dans le bain***, (*fig.*) essere immischiato (in un affare); (*fam.*) avere le mani in pasta, essere addentro (in un'attività ecc.) | ***être dans le même bain***, (*fig.*) essere nella stessa barca | ***salle de bain(s)***, (stanza da) bagno.

bain-marie [bɛ̃maʀi] ***n.m.*** [pl. *bains-marie*] bagnomaria.
● ***au bain-marie***, a bagnomaria.

baïonnette [bajɔnɛt] ***n.f.*** baionetta.

NOTA La ***baïonnette*** prende nome dalla città di Bayonne, il più importante centro di fabbricazione di coltelli e pugnali, dove fu forgiata per la prima volta.

baise [bɛz] ***n.f.*** **1** (*volg.*) scopata **2** (*Belgio*) bacio.

baise-en-ville [bɛzɑ̃vil] ***n.m.invar.*** (*fam.*) beauty-case.

baisemain [bɛzmɛ̃] ***n.m.*** baciamano.

baiser[1] [beze] ***v.tr.*** **1** baciare **2** (*volg.*) scopare **3** (*volg.*) fregare.

baiser[2] ***n.m.*** bacio.
■ (*Canada, Svizzera*) SIN. bec.

baisoter [bɛzɔte] ***v.tr.*** sbaciucchiare.

baisse [bɛs] ***n.f.*** **1** calo (*m.*); abbassamento (*m.*) **2** (*di prezzi ecc.*) ribasso (*m.*).
● ***baisse de la marée***, riflusso della marea | ***en baisse***, in ribasso, in diminuzione | (*Borsa*) ***jouer à la baisse***, giocare al ribasso.
■ CONTR. **2** hausse.

baisser [bese] ***v.tr.*** **1** abbassare: *baisser les yeux*, abbassare gli occhi; *baisser le store*, tirar giù la tapparella **2** (*ridurre*) ribassare, diminuire ♦ ***v.intr.*** calare, diminuire: *la température a beaucoup baissé*, la temperatura è

B

scesa di molto; *le prix du pain a baissé*, il prezzo del pane è ribassato, è in ribasso | *le malade baisse*, il malato va peggiorando | *cet écrivain a beaucoup baissé*, questo scrittore non è più quello di una volta ♦ **se baisser** *v.pron.* chinarsi, abbassarsi.
● ***baisser le nez***, (*fig.*) abbassare la testa; essere confuso, vergognoso | (*mar.*) ***baisser pavillon***, ammainare la bandiera; (*fig.*) cedere; arrendersi | ***il n'y a qu'à se baisser pour les ramasser***, ce ne sono, ce n'è a bizzeffe, in abbondanza.
■ V.TR. SIN. **1** abaisser CONTR. **1** élever, hausser ♦ V.INTR. SIN. diminuer.

bajoue [baʒu] *n.f.* **1** (*di animale*) guancia **2** (*fam.*) guancia cascante.

bakchich [bakʃiʃ] *n.m.* **1** mancia (*f.*) **2** (*fam.*) bustarella (*f.*).

bakélite [bakelit] *n.f.* bachelite.

bal [bal] *n.m.* [pl. *bals*] **1** (festa da) ballo: *ouvrir le bal*, aprire le danze **2** sala (*f.*) da ballo.
● ***bal masqué***, ***costumé***, ballo in maschera, in costume.

balade [balad] *n.f.* (*fam.*) passeggiata: *aller en balade*, fare un giro, una passeggiata.
■ SIN. promenade.

FAUX AMI
Da non confondere con *ballata*, che si traduce *ballade*.

balader [balade] *v.tr.* (*fam.*) portare a spasso ♦ **se balader** *v.pron.* (*fam.*) andare a spasso.
● ***envoyer qqn balader***, (*fam.*) mandare qlcu a farsi benedire.

baladeur [baladœʀ] *agg.* [f. *-euse*] mobile ♦ *n.m.* walkman®.
● ***baladeur mp3***, walkman mp3 | ***baladeur numérique***, iPod® | ***avoir la main baladeuse***, fare la mano morta, palpeggiare | ***être d'humeur baladeuse***, aver voglia di andare a spasso | ***micro baladeur***, microfono volante | (*aut.*) (***train***) ***baladeur***, ingranaggio scorrevole (nel cambio di velocità).

baladeuse [baladøz] *n.f.* **1** lampada portatile **2** (*ferr.*) vagone (*m.*) a rimorchio.

baladin [baladɛ̃] *n.m.* (*antiq.*) saltimbanco.

balafre [balɑfʀ] *n.f.* sfregio (*m.*).

balafrer [balɑfʀe] *v.tr.* sfregiare.

balai [balɛ] *n.m.* **1** scopa (*f.*): *passer le balai*, scopare **2** (*elettr.*, *mus.*) spazzola (*f.*) **3** (*fam.*) anno: *avoir cinquante balais*, avere cinquant'anni **4** (*fam.*) ultimo metrò, treno, autobus della giornata.
● ***balai à gazon***, scopa rastrello | ***balai de paille***, scopa di saggina, granata | ***balai mécanique***, scopa elettrica | ***c'est un vrai manche à balai***, (*iron.*) è (magra come) un manico di scopa | ***coup de balai***, scopata; (*fig.*) ripulita: *donner un bon coup de balai*, (*fig.*) fare un bel ripulisti | (*aer.*) ***manche à balai***, cloche.

balai-brosse [balɛbʀɔs] *n.m.* [pl. *balais-brosses*] spazzolone.

balalaïka [balalaika] *n.f.* (*mus.*) balalaica.

balance [balɑ̃s] *n.f.* **1** bilancia **2** (*astr.*) *Balance*, Bilancia, Libra **3** (*econ.*) bilancia **4** (*comm.*) bilancio (*m.*).
● ***balance à bascule***, bascula | (*econ.*) ***balance commerciale***, bilancia commerciale | ***balance romaine***, stadera | ***mettre dans la balance***, (*fig.*) confrontare, paragonare | ***mettre en balance***, (*fig.*) mettere sulla bilancia, valutare il pro e il contro.

balancé [balɑ̃se] *agg.* equilibrato.
● ***bien balancé***, (*fam.*) (*di persona*) bello, ben fatto.

balancelle [balɑ̃sɛl] *n.f.* dondolo (*m.*) (da giardino).

balancement [balɑ̃smɑ̃] *n.m.* **1** oscillazione (*f.*); dondolio: *le balancement de la tête*, il ciondolare del capo **2** (punto di) equilibrio.

balancer [balɑ̃se] *v.tr.* [coniug. come *placer*] **1** dondolare, fare oscillare **2** (*fig.*) soppesare, valutare **3** equilibrare, bilanciare **4** (*comm.*) bilanciare; pareggiare; saldare **5** (*fam.*) gettare, scaraventare; sbarazzarsi (di) **6** (*argot*) denunciare ♦ *v.intr.* esitare ♦ **se balancer** *v.pron.* dondolarsi.
● ***balancer un coup de pied à qqn***, (*fam.*) tirare un calcio a qlcu | ***en balancer une***, (*fam.*) dirne una grossa | ***s'en balancer***, (*fam.*) infischiarsene | ***tout bien balancé***, (*fam.*) tutto sommato.
■ V.TR. SIN. **3** équilibrer.

balancier [balɑ̃sje] *n.m.* (*mecc.*, *zool.*) bilanciere.

balançoire [balɑ̃swaʀ] *n.f.* altalena.

balayage [balɛjaʒ] *n.m.* **1** scopatura (*f.*); pulizia (*f.*) **2** (*tv*) esplorazione (*f.*); analisi (*f.*); scansione (*f.*) **3** (*inform.*) (*di dati*) scorrimento **4** (*tecn.*) scansione (*f.*), scanning **5** (*dei capelli*) decolorazione (*f.*), colpi (*pl.*) di sole.

balayer [baleje] *v.tr.* [coniug. come *payer*] **1** scopare; spazzare **2** (*fig.*) spazzare via, fare piazza pulita: *il a balayé tout le personnel*, ha fatto piazza pulita del personale **3** (*tv*) analizzare, esplorare **4** (*tecn.*) scandire, fare lo scanning **5** (*inform.*) (*dati*) scorrere.

balayette [balɛjɛt] *n.f.* scopetta, scopino (*m.*).

balayeur [balɛjœʀ] *n.m.* [f. *-euse*] spazzino.

balayeuse [balɛjøz] *n.f.* (*macchina*) spazzatrice.

balayures [balɛjyʀ] *n.f.pl.* spazzatura (*sing.*).

balbutiement [balbysimɑ̃] *n.m.* **1** tartagliamento, balbuzie (*f.*) **2** (*pl.*) (*fig.*) primi passi, inizi.

balbutier [balbysje] *v.intr.* **1** balbettare **2** (*fig.*) muovere i primi passi ♦ *v.tr.* balbettare.

balcon [balkɔ̃] *n.m.* **1** balcone **2** (*teatr.*) balconata (*f.*); galleria (*f.*).

balconnet [balkɔnɛ] *n.m.* **1** reggiseno a balconcino **2** (*di frigorifero*) scomparto (nella porta).

baldaquin [baldakɛ̃] *n.m.* baldacchino.

baleine [balɛn] *n.f.* **1** balena **2** (*abbigl.*) stecca di balena.
● ***baleine de parapluie***, stecca dell'ombrello | ***rire comme une baleine***, (*fam.*) sganasciarsi dalle risate.

baleiné [balene] *agg.* (*abbigl.*) sostenuto da stecche di balena.

baleineau [balɛno] *n.m.* [pl. *-eaux*] balenotto.

baleinier [balenje] *n.m.* **baleinière** [balenjɛʀ] *n.f.* (*mar.*) baleniera (*f.*).

balèze [balɛz] *agg.* (*molto fam.*) forzuto; ben piantato ♦ *n.m.* e *f.* **1** (*molto fam.*) pezzo d'uomo/di donna **2** (*fam.*) mostro (*m.*) di bravura.

balisage [balizaʒ] *n.m.* **1** (*mar.*, *aer.*) posa (*f.*) di boe **2** segnaletica (*f.*); (*mar.*, *aer.*) segnalazioni (*f.pl.*) di rotta.

balise [baliz] *n.f.* **1** (*mar.*) segnale (*m.*) marino; (*aer.*) boa aerea **2** (*mar.*) meda; (*aer.*) luce **3** (*inform.*) tag (*m.* o *f.*), marcatore (*m.*) **4** (*sport*) paletto (*m.*) che delimita la pista da sci.
● (*aer.*) ***balises des pistes d'atterrissage***, luci di pista d'atterraggio.

baliser [balize] *v.tr.* (*aer.*, *mar.*, *sport*) fornire di segnaletica.

balisier [balizje] *n.m.* (*bot.*) canna (*f.*) indica.

balistique [balistik] *agg.* balistico ♦ *n.f.* balistica.

baliveau [balivo] *n.m.* [pl. *-eaux*] (*silvicoltura*) matricina (*f.*).
baliverne [balivɛʀn] *n.f.* sciocchezza.
balkanique [balkanik] *agg.* balcanico.
ballade [balad] *n.f.* ballata.
ballant [balɑ̃] *agg.* ciondolante, penzolante | *les bras ballants*, con le braccia ciondoloni, penzoloni ♦ *n.m.* oscillazione (*f.*), movimento oscillante.
ballast [balast] *n.m.* **1** (*ferr.*) massicciata (*f.*), ballast **2** (*mar.*) zavorra (*f.*).
balle[1] [bal] *n.f.* **1** palla: *jouer à la balle*, giocare a palla **2** pallottola, palla **3** (*fam. antiq.*) franco (*m.*): *cent balles*, cento franchi.
● (*sport*) ***balle de match***, ***balle de set***, match ball, set ball | ***balle de ping-pong***, pallina da ping-pong | (*Africa*) ***avoir les balles***, aver la grana | ***enfant de la balle***, figlio d'arte | ***faire quelques*** (o ***des***) ***balles***, palleggiare | ***renvoyer la balle***, rimandare la palla; (*fig.*) rispondere a tono | ***se renvoyer la balle***, (*fig.*) fare a scaricabarile | (*sport*) ***une belle balle***, un bel colpo.

FAUX AMI
Da non confondere con *balla*, nel significato di *frottola*, che si traduce *blague*.

balle[2] *n.f.* (*agr.*) pula, lolla.
balle[3] *n.f.* (*di cotone, seta ecc.*) balla.
ballerine [balʀin] *n.f.* ballerina.
ballet [balɛ] *n.m.* balletto.
● ***corps de ballet***, corpo di ballo | ***figure de ballet***, figura di danza | ***maître de ballet***, direttore del corpo di ballo.
ballon [balɔ̃] *n.m.* **1** pallone; palloncino: *jouer au ballon*, giocare a pallone **2** (*aer., meteor.*) pallone (aerostatico) **3** (*strumento chimico*) matraccio **4** bicchiere tondo.
● ***ballon*** (***d'alcootest***), palloncino; alcolimetro | (*aer., meteor.*) ***ballon d'essai***, pallone sonda; (*fig.*) ballon d'essai (notizia diffusa per sondare l'opinione altrui) | ***ballon d'oxygène***, bombola d'ossigeno | (*sport*) ***ballon ovale***, ***de rugby***, palla ovale | ***manche ballon***, manica a palloncino, a sbuffo.
ballonné [balɔne] *agg.* gonfio.
● ***jupe ballonnée***, gonna a palloncino.
ballonnement [balɔnmɑ̃] *n.m.* (*med.*) gonfiore (addominale), meteorismo.
ballon-sonde [balɔ̃sɔ̃d] *n.m.* [pl. *ballons-sondes*] pallone sonda.
ballot [balo] *n.m.* **1** pacco, fagotto: *un ballot de paille*, una balla di paglia **2** (*fam.*) stupido, idiota.
ballotin [balɔtɛ̃] *n.m.* (*per dolci*) cartoccio.
● ***un ballotin de chocolats***, una scatola di cioccolatini (a cofanetto).
ballottage [balɔtaʒ] *n.m.* ballottaggio.
ballottement [balɔtmɑ̃] *n.m.* sballottamento.
ballotter [balɔte] *v.tr.* sballottare (*anche fig.*): *être ballotté entre des sentiments contraires*, (*fig.*) essere combattuto fra opposti sentimenti ♦ *v.intr.* ballare.
ballottine [balɔtin] *n.f.* (*cuc.*) galantina di pollo.
ball-trap [baltʀap] *n.m.* [pl. *ball-traps*] (*sport*) lanciapiattello; lancio del piattello.
balluchon [balyʃɔ̃] *n.m.* (*fam.*) fagotto.
balnéaire [balneɛʀ] *agg.* balneare.
bâlois [bɑlwa] *agg.* di Basilea.
balourd [baluʀ] *agg.* zotico, goffo ♦ *n.m.* zoticone, babbeo.
balourdise [baluʀdiz] *n.f.* **1** goffaggine **2** scempiaggine, idiozia.
balsa [balza] *n.m.* legno di balsa.
balsamine [balzamin] *n.f.* (*bot.*) balsamina, impaziente.
● (*bot.*) ***balsamine des bois***, noli me tangere.
balsamique [balzamik] *agg.* e *n.m.* balsamico.
balte [balt] *agg.* baltico.
balthazar [baltazaʀ] *n.m.* baltazar (bottiglione di champagne equivalente a 16 bottiglie comuni).
baltique [baltik] *agg.* baltico.
baluchon [balyʃɔ̃] *n.m.* → **balluchon**.
balustrade [balystʀad] *n.f.* **1** (*arch.*) balaustra **2** parapetto (*m.*).
balustre [balystʀ] *n.m.* balaustro; colonnino.
balzacien [balzasjɛ̃] *agg.* [f. *-enne*] balzachiano.

NOTA Deriva dal nome del romanziere francese Honoré de Balzac (1799-1850), autore della serie di romanzi nota con il titolo di *La Comédie Humaine*, un affresco della società francese dalla Rivoluzione (1789) alla fine della monarchia di Luglio (1848).

balzane [balzan] *n.f.* (*zootecn.*) (*di cavallo*) balza, balzana.
bambin [bɑ̃bɛ̃] *n.m.* (*fam.*) bimbo, bimbetto.
bambocheur [bɑ̃bɔʃœʀ] *agg.* e *n.m.* [f. *-euse*] festaiolo.
bambou [bɑ̃bu] *n.m.* bambù: *pousses de bambou*, germogli di bambù.
● ***attraper un coup de bambou***, (*fam.*) prendere un'insolazione | ***avoir le coup de bambou***, (*fig.*) andare fuori di testa | ***c'est le coup de bambou***, (*fam.*) è un salasso.
bamboula [bɑ̃bula] *n.f.* tamburo (*m.*) africano; danza africana a ritmo di tamburo.
● ***faire la bamboula***, (*fam.*) far baldoria, far bisboccia.
bambouseraie [bɑ̃buzʀɛ] *n.f.* piantagione di bambù.
ban [bɑ̃] *n.m.* **1** bando **2** rullo di tamburo **3** (*fam.*) applauso **4** squillo di tromba **5** decreto.
● ***ban d'expropriation***, decreto di esproprio | ***bans*** (***de mariages***), pubblicazioni (di matrimonio) | (*Svizzera*) ***à ban***, vietato dalla legge: *stationnement à ban*, divieto di sosta | ***être en rupture de ban***, violare il divieto di soggiorno; (*fig.*) liberarsi dalle costrizioni | ***le ban et l'arrière-ban***, (*scherz.*) tutta la combriccola.
banabana [banabana] *n.m.* (*Africa*) venditore ambulante.
banal[1] [banal] *agg.* [pl. *-als*] banale, ordinario: *il ne tient que des propos banals*, dice solo banalità.
■ **SIN.** courant, ordinaire **CONTR.** original.
banal[2] *agg.* [pl. *-aux*] **1** (*dir. feudale*) appartenente al signore **2** (*dir.*) comunale, parrocchiale.
banalement [banalmɑ̃] *avv.* banalmente; in modo banale.
banalisation [banalizasjɔ̃] *n.f.* banalizzazione.
banalisé [banalize] *agg.* privato di contrassegni distintivi; camuffato.
● ***voiture banalisée***, autocivetta (della polizia).
banaliser [banalize] *v.tr.* **1** banalizzare **2** camuffare **3** (*ferr.*) banalizzare.
banalité [banalite] *n.f.* banalità.
banane [banan] *n.f.* **1** banana **2** marsupio (*m.*).
bananier [bananje] *n.m.* **1** banano **2** (*nave*) bananiera (*f.*).
banc [bɑ̃] *n.m.* **1** banco, panca (*f.*); (*di parco, viale ecc.*)

B

panchina (*f.*): *banc d'église, d'école*, banco di chiesa, di scuola; *un banc de pierre*, una panca di pietra **2** (*tecn.*) banco: *banc de menuisier*, banco di falegname **3** (*geogr., meteor.*) banco: *banc de coraux*, banco di coralli; *banc de brume*, banco di nebbia **4** (*mar.*) bassofondo, secca (*f.*) **5** (*di pesci*) banco: *banc de harengs*, banco di aringhe **6** (*geol.*) strato.
● ***banc d'essai***, (*anche fig.*) banco di prova | ***banc du rameur***, sedile del rematore | ***bancs des députés***, seggi, banchi dei deputati | ***au banc des accusés***, (*anche fig.*) sul banco degli imputati | ***se remettre sur les bancs***, (*fig.*) aggiornarsi.

bancaire [bãkɛʀ] ***agg.*** bancario.

bancal [bãkal] ***agg.*** [pl. *-als*] che ha le gambe storte; sbilenco.

FAUX AMI
Da non confondere con *bancale*, che si traduce *palette*.

bancarisation [bãkaʀizasjɔ̃] ***n.f.*** bancarizzazione.
● ***taux de bancarisation***, numero di famiglie con un conto in banca.

bancatique [bãkatik] ***n.f.*** (*inform.*) **1** informatica applicata al settore bancario **2** home banking (*m.*).

banco [bãko] ***n.m.*** (*nei giochi d'azzardo*) banco.
● ***banco!***, (*fam.*) tutto OK! | ***faire banco***, tenere il banco.

bandage [bãdaʒ] ***n.m.*** **1** fasciatura (*f.*) **2** (*di ruota*) cerchione.

bande[1] [bãd] ***n.f.*** **1** fascia, striscia: *couper en bandes*, tagliare a strisce; *une bande de terrain*, una lingua, una striscia di terra **2** (*med.*) benda, fascia **3** (*tecn.*) nastro (*m.*) **4** (*metall.*) banda **5** (*cine.*) pellicola, film (*m.*) **6** (*scient.*) banda **7** (*inform.*) banda; nastro (*m.*) **8** (*del biliardo*) sponda.
● (*aut.*) ***bande d'arrêt d'urgence***, corsia d'emergenza | (*mecc.*) ***bande de frein***, nastro del freno | (*rad., elettr., tel.*) ***bande de fréquence***, gamma di frequenza | ***bande (de lancement)***, fascetta (di un libro) | (*aut.*) ***bande de ralentissement***, corsia di decelerazione | (*aut.*) ***bande de roulement***, battistrada | ***bande dessinée (BD)***, fumetto | ***bande élastique (d'une socquette)***, bordo elastico (di un calzino) | (*aut.*) ***bande médiane***, (aiola) spartitraffico (in autostrada) | (*rad., elettr.*) ***bande passante***, banda passante | ***bande promo***, video promozionale | (*cine.*) ***bande publicitaire***, filmato pubblicitario | (*rad., tel.*) ***bande publique***, banda cittadina | (*cine.*) ***bande sonore***, colonna sonora | (*med.*) ***bandes molletières***, fasce gambiere, mollettiere | ***par la bande***, (*fig.*) indirettamente, per vie traverse.

bande[2] ***n.f.*** **1** banda; compagnia; combriccola: *une bande de copains*, un gruppo di amici **2** (*di animali*) branco (*m.*).
● ***bande armée***, banda armata | ***être de la bande***, far parte dello stesso giro | ***faire bande à part***, far gruppo a parte.

bande-annonce [bãdanɔ̃s] ***n.f.*** [pl. *bandes-annonces*] (*cine.*) trailer (*m.*); prossimamente (*m.*).

bandeau [bãdo] ***n.m.*** [pl. *-eaux*] **1** benda (*f.*) **2** (*di capelli*) banda (*f.*) **3** (*fermacapelli*) fascia (*f.*).
■ SIN. **2** serre-tête.

bandelette [bãdlɛt] ***n.f.*** (piccola) benda, bendina.

bander [bãde] ***v.tr.*** **1** bendare, fasciare | *se bander les yeux*, (*anche fig.*) bendarsi gli occhi **2** tendere ♦ ***v.intr.*** (*volg.*) (*eccitare*) tirare ♦ **se bander** ***v.pron.*** irrigidirsi.

banderille [bãdʀij] ***n.f.*** banderilla.

banderole [bãdʀɔl] ***n.f.*** **1** banderuola **2** striscione (*m.*).

bande-son [bãdsɔ̃] ***n.f.*** [pl. *bandes-son*] (*cine.*) sonoro (*m.*).

bande-vidéo, **bande vidéo** [bãdvideo] ***n.f.*** [pl. *bandes(-)vidéo*] nastro (*m.*) videoregistrato.

bandicon [bãdikɔ̃] ***n.m.*** (*Africa*) (*volg.*) coglione.

bandit [bãdi] ***n.m.*** **1** bandito **2** persona (*f.*) disonesta **3** (*fam.*) (*di bambino*) peste (*f.*): *ce petit bandit a tout cassé*, quella piccola peste ha rotto tutto.
■ SIN. **1** brigand **3** chenapan.

banditisme [bãditism] ***n.m.*** banditismo.

bandoulière [bãduljɛʀ] ***n.f.*** tracolla, bandoliera.
● ***en bandoulière***, a tracolla.

bang [bãg] ***inter.*** bang ♦ ***n.m.*** (*aer.*) bang sonico.

bangladais [bãgladɛ] **bangladeshi** [bãgladɛʃi] ***agg.*** del Bangladesh.

Bangladais ***n.m.*** **Bangladeshi** ***n.m.*** e ***f.*** abitante del Bangladesh.

banjo [bãdʒo] ***n.m.*** (*mus.*) banjo.

banlieue [bãljø] ***n.f.*** hinterland (*m.*); periferia.
● ***banlieue chaude***, periferia a rischio | ***la grande banlieue***, l'hinterland.
■ SIN. périphérie.

NOTA Parola composta da *ban* 'bando' e *lieue* 'lega', che verso la fine del XII secolo indicava lo spazio di una lega (4 km) intorno a una città, in cui si esercitava il diritto di bando. A partire dal XVII secolo, indicò i villaggi e la campagna intorno a una grande città. Il termine ha anche il significato di cittadina alla periferia di Parigi.

banlieusard [bãljøzaʀ] ***n.m.*** (*fam.*) abitante della periferia (di Parigi): *les trains des banlieusards*, i treni dei pendolari ♦ ***agg.*** di periferia, periferico.

banne [ban] ***n.f.*** **1** cestone (*m.*) di vimini **2** tendone (*m.*), telone (*m.*) (di copertura) **3** (*di negozio*) tenda.

banni [bani] ***agg.*** bandito (*anche fig.*); esiliato ♦ ***n.m.*** esule.

bannière [banjɛʀ] ***n.f.*** **1** insegna, stendardo (*m.*); bandiera **2** (*fam.*) camicia (da uomo).
● ***c'est la croix et la bannière pour***, ci vuole del bello e del buono per | ***sous la bannière de qqch, de qqn***, all'insegna di qlco, nelle file di qlcu.

bannir [baniʀ] ***v.tr.*** bandire (*anche fig.*).

bannissement [banismã] ***n.m.*** **1** espulsione (*f.*), esilio **2** bando.

banque [bãk] ***n.f.*** **1** banca: *employé de banque*, bancario, impiegato di banca **2** (*al gioco*) banco (*m.*).
● (*inform.*) ***banque de données***, banca dati | (*med.*) ***banque d'organes, du sang***, banca degli organi, del sangue.

banqueroute [bãkʀut] ***n.f.*** bancarotta.

banqueroutier [bãkʀutje] ***n.m.*** [f. *-ère*] bancarottiere.

banquet [bãkɛ] ***n.m.*** banchetto.
■ SIN. festin.

banqueter [bãkte] ***v.intr.*** [coniug. come *jeter*] banchettare.

banquette [bãkɛt] ***n.f.*** **1** (*di treno, auto ecc.*) sedile (*m.*) **2** panchina, sgabello (*m.*) **3** divanetto (*m.*) **4** banchina (stradale, pedonale) **5** (*di finestra*) davanzale (*m.*).
■ SIN. **1** siège.

banquier [bãkje] ***n.m.*** [f. *-ère*] **1** banchiere **2** (*al gioco*) (chi tiene il) banco.

banquise [bãkiz] ***n.f.*** banchisa.

bantou [bãtu] ***agg.*** bantù, bantu.

Bantou ***n.m.*** (*persona*) bantù, bantu.

baobab [baɔbab] ***n.m.*** baobab.
baptême [batɛm] ***n.m.*** battesimo.
baptiser [batize] ***v.tr.*** **1** battezzare **2** annacquare: *baptiser du vin*, annacquare il vino.
● ***baptiser qqn du nom de***, battezzare qlcu col nome di.
baptismal [batismal] ***agg.*** [pl. *-aux*] battesimale.
baptiste [batist] ***agg.*** e ***n.m.*** e ***f.*** (*relig.*) battista.
baptistère [batistɛʀ] ***n.m.*** battistero.
baquet [bakɛ] ***n.m.*** tinozza (*f.*), mastello.
bar[1] [baʀ] ***n.m.*** bar.
■ (*Svizzera*) SIN. pinte.
bar[2] ***n.m.*** (*zool.*) branzino.
baragouin [baʀagwɛ̃] ***n.m.*** linguaggio, parlata (*f.*) incomprensibile: *je ne comprends rien à leur baragouin*, non capisco una parola, parlano ostrogoto.

NOTA La parola ***baragouin*** deriva dal bretone *bara* che significa 'pane' e *guin* 'vino': *baragouiner* significava quindi parlare un francese elementare, capace di esprimere solo gli aspetti essenziali della vita quali il mangiare e il bere.

baragouiner [baʀagwine] ***v.tr.*** parlare male; farfugliare: *baragouiner un peu d'italien*, masticare un po' d'italiano.
baraka [baʀaka] ***n.f.*** (*fam.*) fortuna: *avoir la baraka*, essere fortunato.
baraque [baʀak] ***n.f.*** baracca (*anche fig.*): *on gèle dans cette baraque!*, (*fam.*) si gela qui dentro!
● ***baraque foraine***, baraccone da fiera | ***casser la baraque***, (*fam.*) avere molto successo | ***casser la baraque à qqn***, (*fam.*) rompere le uova nel paniere a qlcu.
baraqué [baʀake] ***agg.*** (*fam.*) ben piantato, robusto.
baraquement [baʀakmɑ̃] ***n.m.*** baraccamento.
baratin [baʀatɛ̃] ***n.m.*** (*fam.*) chiacchiere (*f.pl.*); ciance (*f.pl.*).
● ***faire du*** (o ***son***) ***baratin***, abbindolare: *il lui a fait du baratin toute la soirée*, gliel'ha data a intendere per tutta la sera | ***pas de baratin!***, poche chiacchiere!
baratiner [baʀatine] ***v.tr.*** (*fam.*) imbonire ♦ ***v.intr.*** (*fam.*) chiacchierare.
● ***baratiner une fille***, fare il filo a una ragazza.
baratineur [baʀatinœʀ] ***agg.*** e ***n.m.*** [f. *-euse*] **1** chiacchierone; imbonitore **2** cascamorto.
baratte [baʀat] ***n.f.*** zangola.

FAUX AMI
Da non confondere con *baratto*, che si traduce *troc*, *échange*.

baratter [baʀate] ***v.tr.*** burrificare.
barbacane [baʀbakan] ***n.f.*** (*arch.*) barbacane (*m.*); feritoia.
barbant [baʀbɑ̃] ***agg.*** (*fam.*) barboso, noioso.
barbare [baʀbaʀ] ***agg.*** **1** barbarico **2** barbaro ♦ ***n.m.*** e ***f.*** barbaro/a.
barbaresque [baʀbaʀɛsk] ***agg.*** e ***n.m.*** e ***f.*** barbaresco/a.
barbarie [baʀbaʀi] ***n.f.*** barbarie.
barbarisme [baʀbaʀism] ***n.m.*** (*ling.*) barbarismo.
barbe[1] [baʀb] ***n.f.*** **1** barba **2** (*bot.*) barba **3** (*zool.*) barba; (*di gallo*) bargigli (*m.pl.*); (*di pesce*) barbetta **4** (*pl.*) (*bot.*) barbe, peli (*m.*) radicali.
● ***barbe à papa***, zucchero filato | (*bot.*): ***barbe de bouc***, sassifraga selvatica; ***barbe d'épis***, arista | ***barbe longue***, barba alla cappuccina | ***à la barbe de***, in barba a | ***collier de barbe***, barba alla Cavour | ***femme à barbe***, donna barbuta | ***il n'a pas encore de barbe au menton***, è uno sbarbatello | ***la barbe!***, (*fam.*) basta! | ***parler dans sa barbe***, parlare a voce bassissima | ***quelle barbe!***, (*fam.*) che barba! | ***rire dans sa barbe***, (*fig.*) ridere sotto i baffi | ***vieille barbe!***, vecchio barbogio!
barbe[2] ***agg.*** e ***n.m.*** (*cavallo*) berbero.
barbeau[1] [baʀbo] ***n.m.*** [pl. *-aux*] (*zool.*) barbo.
barbeau[2] ***n.m.*** [pl. *-eaux*] (*bot.*) fiordaliso.
barbe-de-capucin [baʀbdəkapysɛ̃] ***n.f.*** [pl. *barbes-de-capucin*] (*bot.*) barba di cappuccino.
barbelé [baʀbəle] ***agg.*** dentato, seghettato ♦ ***n.m.*** (*solo pl.*) reticolati.
● ***fil de fer barbelé***, filo spinato.
barber [baʀbe] ***v.tr.*** (*fam.*) annoiare, stufare ♦ **se barber** ***v.pron.*** (*fam.*) annoiarsi, stufarsi.
■ *V.TR.* SIN. assommer, raser.
barbet [baʀbɛ] ***n.m.*** **1** triglia (*f.*) di fango **2** (*chien*) *barbet*, spaniel a pelo lungo.
barbiche [baʀbiʃ] ***n.f.*** barbetta.
barbichette [baʀbiʃɛt] ***n.f.*** (*fam.*) pizzetto (*m.*).

NOTA La ***barbichette*** è un gioco infantile molto popolare: due persone si tengono per il mento cantando una filastrocca: *Je te tiens, tu me tiens par la barbichette, le premier de nous deux qui rira aura une tapette!*, e il primo che ride riceve un buffetto.

barbier [baʀbje] ***n.m.*** (*antiq.*) barbiere, barbitonsore.
barbillon[1] [baʀbijɔ̃] ***n.m.*** barbiglio.
barbillon[2] ***n.m.*** (*zool.*) piccolo barbo.
barbiturique [baʀbityʀik] ***agg.*** e ***n.m.*** barbiturico.
barbon [baʀbɔ̃] ***n.m.*** (*antiq. spreg.*) barbogio, vecchione.
barboter [baʀbɔte] ***v.intr.*** **1** sguazzare **2** (*chim.*) (*di gas*) gorgogliare ♦ ***v.tr.*** (*fam.*) sgraffignare.
■ *V.INTR.* SIN. **1** patauger.
barboteuse [baʀbɔtøz] ***n.f.*** (*abbigl.*) pagliaccetto (*m.*).
barbouillage [baʀbujaʒ] ***n.m.*** scarabocchio.
barbouiller [baʀbuje] ***v.tr.*** imbrattare, sporcare.
● ***avoir l'estomac, le cœur barbouillé***, (*fam.*) avere lo stomaco sottosopra.
■ SIN. salir.
barbouilleur [baʀbujœʀ] ***n.m.*** [f. *-euse*] imbrattatele.
barbouze [baʀbuz] ***n.m.*** (*fam.*) agente segreto.
barbu [baʀby] ***agg.*** **1** barbuto **2** (*bot.*) barbato; (*della spiga*) aristato ♦ ***n.m.*** uomo barbuto.
barbue [baʀby] ***n.f.*** (*zool.*) rombo (*m.*) liscio.
barcarolle [baʀkaʀɔl] ***n.f.*** (*mus.*) barcarola.
barcelonais [baʀsəlɔnɛ] ***agg.*** barcellonese.
Barcelonais ***n.m.*** (*abitante*) barcellonese.
barcelonnettain [baʀsəlɔnɛtɛ̃] ***agg.*** di Barcelonnette.
barda [baʀda] ***n.m.*** **1** (*argot mil.*) equipaggiamento (di soldato) **2** (*estens.*) armamentario, roba (*f.*).
bardane [baʀdan] ***n.f.*** (*bot.*) bardana, lappola.
barde [baʀd] ***n.m.*** bardo.
bardeau [baʀdo] ***n.m.*** [pl. *-eaux*] (*edil.*) asse (*f.*), tavola (*f.*) di copertura.
barder[1] [baʀde] ***v.tr.*** bardare | *barder de fer un chevalier*, vestire un cavaliere con l'armatura.
barder[2] ***v.intr.*** (*fam.*) mettersi al peggio.
● ***ça va barder!***, si mette male!, sarà un bel casino!
bardot [baʀdo] ***n.m.*** (*zool.*) bardotto.
barème [baʀɛm] ***n.m.*** **1** tariffario **2** prontuario di conti fatti **3** tabella (*f.*).

B

barge[1] [barʒ] ***n.f.*** **1** chiatta (a vela quadrata) **2** grande chiatta.

barge[2] ***n.m.*** (*fam.*) pazzo, folle.

barguigner [bargiɲe] ***v.intr.*** (*letter.*) esitare.

baril [bari*l*] ***n.m.*** **1** barile **2** fustino.

barillet [barijɛ, barilɛ] ***n.m.*** **1** barilotto **2** (*di orologio*) bariletto **3** (*di pistola*) tamburo.
● ***barillet de serrure***, cilindro di serratura.

bariolage [barjɔlaʒ] ***n.m.*** accozzaglia (*f.*) (di colori).

bariolé [barjɔle] ***agg.*** variopinto.
■ SIN. bigarré.

barjo, **barjot** [barʒo] ***agg.*** e ***n.m.*** (*fam.*) pazzerello.

barmaid [barmɛd] ***n.f.*** [pl. *barmaids*] barista (donna).

barman [barman] ***n.m.*** [pl. *barmen*, *barmans*] barista, barman.

barnache [barnaʃ] ***n.f.*** → **bernache**.

baromètre [barɔmɛtr] ***n.m.*** barometro.

barométrique [barɔmetrik] ***agg.*** barometrico.

baron [barɔ̃] ***n.m.*** [f. *-onne*] barone.

baroque [barɔk] ***agg.*** **1** barocco **2** (*fig.*) stravagante ♦ ***n.m.*** (*arte*) barocco.
● ***perle baroque***, perla scaramazza.

baroud [baru] ***n.m.*** (*argot mil.*) combattimento.
● ***baroud d'honneur***, (*anche fig.*) ultimo assalto.

baroudeur [barudœr] ***n.m.*** [f. *-euse*] (*fam.*) lottatore, vecchio combattente.

barouf [baruf] ***n.m.*** (*fam.*) cagnara (*f.*).

barque [bark] ***n.f.*** barca.
● ***barque de pêcheur***, barca da pesca | ***bien***, ***mal mener sa barque***, (*estens.*) gestire bene, male i propri affari; (*fig.*) barcamenarsi, cavrsela bene, male.
■ SIN. embarcation.

barquette [barkɛt] ***n.f.*** **1** (*cuc.*) barchetta; tartelletta **2** contenitore (*m.*) (per cibo).

barracuda [barakyda] ***n.m.*** (*zool.*) barracuda.

barrage [baraʒ] ***n.m.*** **1** sbarramento (*anche fig.*) **2** diga (*f.*) **3** (*sport*) (*spareggio*) barrage.
● ***barrage de police***, cordone di polizia | ***droit de barrage***, diritto di pedaggio | ***faire barrage à qqch***, ***qqn***, (*fig.*) ostacolare qlco, qlcu.

barre [bar] ***n.f.*** **1** sbarra **2** (*mar.*) barra **3** (*segno grafico*) (s)barra, lineetta: *la barre du t*, il trattino della t **4** (*inform.*) barra **5** (*sport*) sbarra; (*salto in alto*) asticella **6** (*geogr.*) barra **7** (*pl.*) (*gioco infantile*) bandiera (*sing.*) **8** (*fam.*) condominio, casermone.
● ***barre de chocolat***, barretta di cioccolato | (*inform.*) ***barre de défilement***, barra di scorrimento | ***barre de fer***, spranga | (*mus.*) ***barre de mesure***, stanghetta | (*inform.*) ***barre des menus***, barra dei menu | ***barre d'or***, verga d'oro | (*inform.*) ***barre d'outils***, barra degli strumenti | (*sport*) ***barres parallèles***, parallele | (*calcio*) ***barre transversale***, traversa (della porta) | (*mar.*) ***barre traversière***, crocetta | (*dir.*) ***appeler à la barre***, chiamare alla sbarra | ***avoir barre(s) sur qqn***, (*fig.*) essere in vantaggio su qlcu | ***avoir le coup de barre***, (*fam.*) essere stanco morto, distrutto | ***c'est de l'or en barre***, (*fig.*) è oro colato | (*inform.*) ***code à barres***, codice a barre | (*mar.*) ***être à la***, ***tenir la barre***, essere al timone | ***placer haut la barre***, (*fig.*) mirare in alto.

barreau [baro] ***n.m.*** [pl. *-eaux*] **1** sbarra (*f.*) **2** (*di sedia, scala ecc.*) staggio: *les barreaux d'une échelle*, gli staggi di una scala a pioli **3** (*dir.*) foro; avvocatura (*f.*); collegio degli avvocati: *l'éloquence du barreau*, l'eloquenza del foro.
● ***entrer dans le barreau***, darsi all'avvocatura | ***être du barreau***, appartenere all'ordine degli avvocati.

barrer [bare] ***v.tr.*** **1** sbarrare **2** depennare **3** (*Canada*) chiudere; (*fig.*) paralizzare, bloccare **4** (*Canada*) espellere; radiare **5** (*mar.*) manovrare il timone ♦ **se barrer** ***v.pron.*** (*fam.*) tagliare la corda, battersela, squagliarsela.
■ V.TR. SIN. **3** bloquer.

barrette[1] [barɛt] ***n.f.*** (*eccl.*) berretta.

barrette[2] ***n.f.*** (*spec. per capelli*) fermaglio (*m.*).

barreur [barœr] ***n.m.*** [f. *-euse*] timoniere.

barricade [barikad] ***n.f.*** barricata.

barricader [barikade] ***v.tr.*** barricare, sbarrare ♦ **se barricader** ***v.pron.*** barricarsi.

barriérage [barjeraʒ] ***n.m.*** transennamento.

barrière [barjɛr] ***n.f.*** barriera.
● ***barrière d'arrêt***, transenna | ***barrière de sécurité***, sbarra (per letto a castello o da bambino); (*inform.*) firewall | ***barrière douanière***, barriera doganale.
■ SIN. palissade, obstacle.

barrique [barik] ***n.f.*** botte, fusto (*m.*).

barrir [barir] ***v.intr.*** barrire.

barrissement [barismɑ̃] ***n.m.*** barrito.

bar-tabac [bartaba] ***n.m.*** [pl. *bars-tabacs*] bar tabaccheria, bar-tabacchi.

bary- ***pref.*** bari-.

barycentre [barisɑ̃tr] ***n.m.*** (*fis.*) baricentro.

baryton [baritɔ̃] ***n.m.*** baritono.

baryum [barjɔm] ***n.m.*** (*chim.*) bario.

bas[1] [bɑ] ***agg.*** [f. *basse*] **1** basso (*anche fig.*) **2** (*moralmente*) vile: *un esprit bas*, un animo vile ♦ ***avv.*** **1** in basso, verso il basso: *on lira plus bas*, si leggerà più sotto **2** basso, a bassa quota **3** a bassa voce ♦ ***n.m.*** basso, parte (*f.*) inferiore.
● ***bas les pattes!***, giù le mani! | (*macelleria*) ***bas morceaux***, carne di secondo taglio | ***à bas!***, abbasso! | ***au bas de la page***, in fondo alla pagina, in calce | ***au bas mot***, a dir poco | ***avoir la vue basse***, (*anche fig.*) aver la vista corta | ***chapeau bas!***, tanto di cappello! | ***des hauts et des bas***, (*fig.*) degli alti e bassi | ***en bas***, giù, in basso | ***en bas âge***, in tenera età | ***en ce bas monde***, su questa terra | ***être au plus bas***, (*fig.*) avere il morale a terra | ***(la) tête basse***, a capo chino | ***les bas quartiers***, i quartieri popolari | ***mettre bas***, (*di animali*) figliare | ***mettre bas les armes***, deporre le armi | ***par en bas***, dal disotto, da giù | ***tout bas***, pianissimo.

bas[2] ***n.m.*** calza (*f.*) (lunga, da donna): *bas nylon*, calze di nailon.
● ***le bas de laine***, (*fig.*) il gruzzoletto.

basalte [bazalt] ***n.m.*** (*min.*) basalto.

basane [bazan] ***n.f.*** bazzana.

basané [bazane] ***agg.*** **1** (*di carnagione*) scuro: *teint basané*, colorito bruno **2** abbronzato.

bas-bleu [bɑblø] ***n.m.*** [pl. *bas-bleus*] donna (*f.*) saccente.

bas-côté [bɑkote] ***n.m.*** [pl. *bas-côtés*] **1** (*arch.*) navata (*f.*) laterale **2** banchina (*f.*) pedonale.

basculant [baskylɑ̃] ***agg.*** ribaltabile.

bascule [baskyl] ***n.f.*** **1** bascula, pesa **2** altalena **3** (*mecc.*) bilico (*m.*).
● ***fauteuil à bascule***, sedia a dondolo.

basculer [baskyle] ***v.intr.*** **1** perdere l'equilibrio, cadere; precipitare **2** (*fig.*) cambiare di direzione: *ce parti a basculé à droite*, questo partito è passato alla destra ♦ ***v.tr.*** **1** capovolgere **2** (*tel.*) (*chiamata*) trasferire: *basculer un appel téléphonique d'un poste sur un autre*, passare una chiamata da un interno a un altro.

bas-de-casse [bɑdkɑs] *n.m.invar.* (*tip.*) cassa (*f.*) bassa, lettere (*f.pl.*) minuscole.

base [bɑz] *n.f.* 1 base (*anche fig.*) 2 (*mil.*) base.
● (*mil.*) ***base aérienne***, base aerea | (*inform.*) ***base de données***, database | ***à base de***, a base di | (*econ.*) ***de base***, base: *salaire de base*, salario base; *prix de base*, prezzo base.

base-ball [bɛzbol] *n.m.* [pl. *base-balls*] (*sport*) baseball.

baser [bɑze] *v.tr.* basare, fondare (*anche fig.*) ♦ **se baser** *v.pron.* basarsi.

bas-fond [bɑfɔ̃] *n.m.* [pl. *bas-fonds*] 1 bassura (*f.*); bassofondo (marino) 2 (*pl.*) bassifondi.

basic [bazik] *n.m.* (*inform.*) basic.

basilic[1] [bazilik] *n.m.* (*mit., zool.*) basilisco.

basilic[2] *n.m.* (*bot.*) basilico.

basilique [bazilik] *n.f.* basilica.

basique [bɑzik] *agg.* (*chim.*) basico.

basket[1] [baskɛt] **basket-ball** [baskɛtbol] [pl. *basket-balls*] *n.m.* pallacanestro (*f.*).

basket[2] *n.f.* scarpa da pallacanestro, da ginnastica.
● ***être dans ses baskets***, (*fam.*) sentirsi a proprio agio | ***lâche moi les baskets***, (*fam.*) non rompere.

basketteur [baskɛtœʀ] *n.m.* [f. *-euse*] cestista.

basque[1] [bask] *n.f.* (*abbigl.*) baschina.
● ***être toujours pendu aux basques de qqn***, essere sempre appiccicato a qlcu.

basque[2] *agg.* basco ♦ *n.m.* (*lingua*) basco.
● ***béret basque***, (*berretto*) basco.

Basque *n.m.* e *f.* (*abitante*) basco/a.

bas-relief [bɑʀəljɛf] *n.m.* [pl. *bas-reliefs*] bassorilievo.

basse [bɑs] *n.f.* (*mus.*) basso (*m.*); (*nel jazz*) contrabbasso (*m.*).

basse-cour [bɑskuʀ] *n.f.* [pl. *basses-cours*] 1 cortile (*m.*) di fattoria 2 animali (*m.pl.*) da cortile.

bassement [bɑsmɑ̃] *avv.* bassamente, vilmente.

bassesse [bɑsɛs] *n.f.* bassezza, viltà.

basset [bɑsɛ] *n.m.* (cane) bassotto.

bassin [basɛ̃] *n.m.* 1 bacinella (*f.*) 2 bacino, vasca (*f.*) (d'acqua) 3 (*geol., geogr.*) bacino 4 (*anat.*) bacino 5 (*di bilancia*) piatto.
● ***bassin d'emploi***, bacino d'utenza | (*mar.*) ***bassin de radoub***, bacino di carenaggio | ***bassin de vie***, area di consumo e svago di una comunità legata a un ambito geografico specifico | ***bassin*** (***hygiénique***), padella (da letto) | ***le Bassin parisien***, la pianura parigina.

bassine [basin] *n.f.* 1 catino (*m.*), bacinella 2 pentolone (*m.*).

bassiner [basine] *v.tr.* 1 riscaldare (un letto) con lo scaldaletto 2 (*fam.*) scocciare, rompere.

bassinoire [basinwaʀ] *n.f.* scaldaletto (*m.*).

bassiste [bɑsist] *n.m.* e *f.* (*mus.*) contrabbassista.

basson [bɑsɔ̃] *n.m.* (*mus.*) 1 fagotto 2 fagottista.

bastiais [bastjɛ] *agg.* di Bastia.

bastide [bastid] *n.f.* 1 (*Provenza*) casa di campagna, cascina 2 (*st. arch.*) bastita.

bastille [bastij] *n.f.* (*st. arch.*) bastia, bastita.

NOTA ***La Bastille***, la Bastiglia, fortezza costruita a Parigi nel XIV secolo, divenne una prigione di stato sotto Luigi XIII e, come tale, simbolo dell'arbitrio regale. La presa della Bastiglia da parte dei rivoluzionari il 14 luglio 1789 sancì il crollo definitivo dell'*Ancien Régime*.

bastingage [bastɛ̃gaʒ] *n.m.* (*mar.*) parapetto.

bastion [bastjɔ̃] *n.m.* 1 bastione 2 (*fig.*) roccaforte (*f.*), baluardo.

bastonnade [bastɔnad] *n.f.* bastonatura.

bastringue [bastʀɛ̃g] *n.m.* (*fam.*) 1 carabattole (*f.pl.*) 2 cagnara (*f.*) 3 ballo popolare.

bas-ventre [bɑvɑ̃tʀ] *n.m.* [pl. *bas-ventres*] basso ventre.

bât [bɑ] *n.m.* basto.

bataclan [bataklɑ̃] *n.m.* (*fam.*) armamentario, carabattole (*f.pl.*).
● ***et tout le bataclan***, e roba varia.

bataille [batɑj] *n.f.* 1 battaglia: *ranger en bataille*, schierare a battaglia; *livrer bataille*, dare battaglia 2 rissa, zuffa 3 (*gioco di carte*) bataille.
● ***au plus fort de la bataille***, nel pieno della battaglia | ***cheval de bataille***, (*fig.*) cavallo di battaglia | ***en bataille***, di traverso, in disordine: *chapeau en bataille*, cappello sulle ventitré; *cheveux en bataille*, capelli scarmigliati; *stationnement en bataille*, parcheggio a pettine.
■ SIN. 1 combat 2 bagarre.

batailler [bataje] *v.intr.* battagliare, lottare (*anche fig.*).

batailleur [batajœʀ] *agg.* [f. *-euse*] battagliero, bellicoso ♦ *n.m.* attaccabrighe, tipo rissoso.

bataillon [batajɔ̃] *n.m.* 1 battaglione 2 (*fig.*) folla (*f.*), esercito.
● ***chef de bataillon***, maggiore di fanteria.

bâtard [bɑtaʀ] *agg.* bastardo ♦ *n.m.* 1 bastardo 2 filone (di pane).
● (***écriture***) ***bâtarde***, (scrittura) bastarda | ***porte bâtarde***, porta secondaria | ***solution bâtarde***, (*fig.*) soluzione ibrida.

bâtardeau [bɑtaʀdo] *n.m.* [pl. *-eaux*] diga (*f.*) provvisoria.

bâtardise [bɑtaʀdiz] *n.f.* bastardaggine.

batavia [batavja] *n.f.* lattuga crespa.

bateau [bato] *n.m.* [pl. *-eaux*] 1 nave (*f.*); battello; barca (*f.*); imbarcazione (*f.*), natante: *aller en bateau*, andare in barca; *faire du bateau*, (*come sport*) andare in barca 2 (*fam.*) frottola (*f.*) ♦ *agg.invar.* (*fam.*) banale, trito.
● ***bateau à rames***, ***à voiles***, barca a remi, a vela | ***bateau de plaisance***, imbarcazione da diporto | ***bateau de transport***, ***de commerce***, nave da carico | ***bateau pêcheur***, battello da pesca | ***mener qqn en bateau***, (*fig.*) prendere qlcu per il naso | ***monter un bateau à qqn***, (*fig.*) darla a bere a qlcu | ***par bateau***, via mare.
■ *N.M.* SIN. 1 embarcation.

bateau-citerne [batositɛʀn] *n.m.* [pl. *bateaux-citernes*] nave (*f.*) cisterna.

bateau-feu [batofø] *n.m.* [pl. *bateaux-feux*] battello faro.

bateau-mouche [batomuʃ] *n.m.* [pl. *bateaux-mouches*] bateau-mouche (vaporetto spec. sulla Senna).

bateau-pilote [batopilɔt] *n.m.* [pl. *bateaux-pilotes*] pilotina (*f.*).

bateleur [batlœʀ] *n.m.* [f. *-euse*] (*antiq.*) saltimbanco.

batelier [batlje] *n.m.* [f. *-ère*] battelliere, barcaiolo.

batellerie [batɛlʀi] *n.f.* 1 industria del trasporto fluviale 2 flotta per la navigazione interna.

bâter [bɑte] *v.tr.* mettere il basto (a).
● ***âne bâté***, (*fig.*) asino calzato e vestito, pezzo d'asino.

bat-flanc [baflɑ̃] *n.m.invar.* battifianco (per cavalli).

B

B

bathy- *pref.* bati-, bato-.

bathymétrie [batimetʀi] *n.f.* batimetria, batometria.

bathyscaphe [batiskaf] *n.m.* batiscafo.

bâti[1] [bɑti] *n.m.* 1 (*tecn.*) intelaiatura (*f.*); telaio 2 (*cucito*) imbastitura (*f.*).
● ***bâti de moteur***, castello del motore.

bâti[2] *agg.* costruito (*anche fig.*) | *un garçon bien bâti*, (*fam.*) un ragazzo ben piantato.

batifoler [batifɔle] *v.intr.* 1 folleggiare 2 scherzare.

batifoleur [batifɔlœʀ] *n.m.* [f. *-euse*] (*fam.*) pazzerellone, burlone.

bâtiment [bɑtimɑ̃] *n.m.* 1 fabbricato, edificio, costruzione (*f.*): *bâtiment public*, edificio pubblico 2 edilizia (*f.*) 3 (*mar.*) bastimento, nave (*f.*).
● ***art du bâtiment***, arte muraria | ***entreprise de bâtiment***, impresa edile | ***industrie du bâtiment***, industria edile.
■ SIN. 1 construction 3 navire.

bâtir [bɑtiʀ] *v.tr.* 1 costruire (*anche fig.*) 2 (*cucito*) imbastire.
● ***bâtir en l'air, des châteaux en Espagne***, (*fig.*) far castelli in aria | ***à bâtir***, fabbricabile: *terrain à bâtir*, area fabbricabile.
■ SIN. 1 construire, ériger CONTR. 1 détruire.

bâtissable [bɑtisabl] *agg.* fabbricabile, edificabile.

bâtisse [bɑtis] *n.f.* (*edil.*) casermone (*m.*).

bâtisseur [bɑtisœʀ] *n.m.* [f. *-euse*] costruttore; (*fig.*) fondatore.

batiste [batist] *n.f.* (*tess.*) batista.

batobus [batobys] *n.m.invar.* traghetto fluviale.

bâton [bɑtɔ̃] *n.m.* 1 bastone: *s'appuyer sur un bâton*, appoggiarsi al bastone; *un coup de bâton*, una bastonata 2 (*estens.*) bastoncino 3 (*tip.*) bastone 4 (*pl.*) (*a scuola*) aste (*f.*) 5 (*pl.*) (*alle carte*) bastoni.
● (*ferr.*) ***bâton à signaux***, paletta (del capostazione) | ***bâton de craie***, gessetto | (*sport*) ***bâton de relais***, testimone (nella staffetta) | ***bâton de rouge (à lèvres)***, rossetto | (*sport*) ***bâtons de ski***, racchette da sci | ***à bâtons rompus***, a lisca di pesce; (*fig.*) a pezzi e bocconi; a ruota libera | ***c'est son bâton de maréchal***, (*fig.*) è il coronamento dei suoi sforzi | ***mener une vie de bâton de chaise***, correre la cavallina | ***mon bâton de vieillesse***, il bastone della mia vecchiaia.

bâtonnet [bɑtɔnɛ] *n.m.* bastoncino.
● (*anat.*) ***les bâtonnets de la rétine***, i bastoncelli della retina.

batracien [batʀasjɛ̃] *n.m.* (*zool.*) batrace, anfibio.

bats [ba] → **battre**.

battage [bataʒ] *n.m.* 1 battitura (*f.*) 2 pubblicità (chiassosa ed esagerata): *on a fait beaucoup de battage*, si è fatta una gran pubblicità.
● (*agr.*) ***battage mécanique***, trebbiatura meccanica | ***battage publicitaire***, montatura pubblicitaria, battage pubblicitario | (*agr.*) ***la saison des battages***, la trebbiatura.
■ SIN. 2 matraquage.

battant[1] [batɑ̃] *n.m.* 1 (*di campana*) battaglio, batacchio 2 (*di porta, finestra ecc.*) battente.
● ***ouvrir à deux battants***, spalancare.

battant[2] *agg.* battente: *porte battante*, porta a vento; *une politique battante*, (*fig.*) una politica energica.
● ***à l'heure battante***, all'ora precisa: *à trois heures battantes*, alle tre precise | ***le cœur battant***, col batticuore | ***tambour battant***, (*fig.*) a tamburo battente: *mener qqn tambour battant*, comandare qlcu a bacchetta | ***(tout) battant neuf***, nuovo di zecca.

battant[3] *n.m.* persona (*f.*) battagliera; persona (*f.*) di successo.

batte [bat] *n.f.* 1 mazza, mazzuolo (*m.*) 2 asse (per lavare) 3 (*sport*) mazza 4 (*cuc.*) pestello (*m.*).

battement [batmɑ̃] *n.m.* 1 il battere, lo sbattere: *le battement d'une porte*, lo sbattere di una porta 2 battito 3 intervallo, pausa (*f.*).
● ***battement de cœur***, batticuore: *avoir des battements de cœur*, soffrire di palpitazioni | ***battements de mains***, battimani.

batterie [batʀi] *n.f.* 1 (*mil.*) batteria 2 (*mus.*) batteria: *jouer de la batterie*, suonare la batteria 3 (*elettr., aut.*) batteria.
● ***batterie de cuisine***, batteria da cucina | ***démasquer, dévoiler ses batteries***, (*fig.*) svelare le proprie intenzioni | ***dresser ses batteries***, (*fig.*) prendere le proprie misure.

batteur [batœʀ] *n.m.* 1 (*mus.*) batterista 2 (*cuc.*) frullino 3 (*sport*) battitore.

batteuse [batøz] *n.f.* 1 (*agr.*) trebbiatrice 2 (*mecc.*) laminatoio (*m.*).

battoir [batwaʀ] *n.m.* 1 mestola (*f.*) (delle lavandaie) 2 (*fam.*) mano (*f.*) grande e grossa.

battre [batʀ] *v.tr.* [pres.indic.: *je bats, tu bats, il bat, nous battons* etc.; imperf.indic.: *je battais* etc.; p.rem.: *je battis* etc.; fut.indic.: *je battrai* etc.; cond.: *je battrais* etc.; pres.cong.: *que je batte* etc.; imperf.cong.: *que je battisse* etc.; p.pres.: *battant*; p.p.: *battu*; imp.: *bats, battons, battez*] 1 battere (*anche fig.*): *battre un tapis*, (s)battere un tappeto; *battre les œufs*, sbattere le uova 2 picchiare, colpire: *on l'a battu*, l'hanno picchiato 3 vincere, sconfiggere: *battre un record*, battere un primato; *battre qqn au tennis*, battere qlcu a(l) tennis 4 percorrere, battere 5 (*alle carte*) mescolare, scozzare (le carte) ♦ *v.intr.* 1 battere: *mon cœur bat*, mi batte il cuore; *battre des mains*, battere le mani 2 sbattere: *la porte battait à cause du vent*, la porta sbatteva per il vento ♦ **se battre** *v.pron.intr.* battersi, combattere ♦ *v.pron.rec.* litigare; venire alle mani: *se battre à coups de poing*, prendersi a pugni.
● (*mus.*) ***battre la mesure***, battere il tempo | (*agr.*) ***battre le blé***, trebbiare il grano | ***battre monnaie***, battere moneta | ***battre pavillon***, battere bandiera | ***se battre les flancs***, sforzarsi.
■ V.TR. SIN. 2 frapper 3 gagner.

battu [baty] *p.p.* di **battre** ♦ *agg.* 1 battuto: *les sentiers battus*, (*fig.*) il cammino tracciato 2 vinto, battuto 3 sbattuto: *œufs battus*, uova sbattute.
● ***avoir les yeux battus***, avere gli occhi pesti | ***se tenir pour battu***, darsi per vinto.

battue [baty] *n.f.* battuta (di caccia).

baudelairien [bodlɛʀjɛ̃] *agg.* [f. *-enne*] baudelairiano.

NOTA Deriva dal poeta Charles Baudelaire (1821-67), autore della celebre raccolta di versi *Les fleurs du mal* (I fiori del male, 1857).

baudet [bodɛ] *n.m.* (*fam.*) ciuco, somaro.

baudrier [bodʀije] *n.m.* 1 budriere; (*archeol.*) balteo 2 (*alpinismo*) imbracatura (*f.*) per roccia.

baudroie [bodʀwa] *n.f.* (*zool.*) rana pescatrice.

baudruche [bodʀyʃ] *n.f.* 1 membrana elastica ricavata dall'intestino del bue e del montone 2 (*fig.*) pallone (*m.*) gonfiato.

bauge [boʒ] *n.f.* 1 (*di cinghiali ecc.*) tana 2 (*fig.*) porcile (*m.*).

baume [bom] *n.m.* balsamo (*anche fig.*).
● ***mettre du baume au cœur de qqn***, consolare, confortare qlcu.

bauxite [boksit] *n.f.* (*min.*) bauxite.

bavard [bavaʀ] *agg.* e *n.m.* chiacchierone.

bavardage [bavaʀdaʒ] *n.m.* **1** chiacchiera (*f.*); (*fig.*) pettegolezzo **2** (*Internet*) chat (*f.*).

bavarder [bavaʀde] *v.intr.* chiacchierare.

■ CONTR. se taire.

bavardrague [bavaʀdʀag] *n.f.* (*Canada*) (*Internet*) hot chat.

bavarois [bavaʀwa] *agg.* bavarese ♦ *n.m.* (*cuc.*) bavarese (*f.*).

bave [bav] *n.f.* **1** bava **2** (*fig.*) veleno (*m.*).

baver [bave] *v.intr.* **1** sbavare **2** (*fam.*) blaterare.

● ***baver de***, (*fam.*) restare a bocca aperta (per un forte sentimento) | ***baver sur qqn***, gettar fango su qlcu | ***en baver***, (*fam.*) vederne di tutti i colori: *j'en ai bavé*, ho sudato sette camicie.

bavette [bavɛt] *n.f.* **1** davantino (*m.*), pettorina **2** bavaglino (*m.*).

● ***bavette d'aloyau***, spuntatura di lombo | ***tailler une bavette***, (*fam.*) fare una bella chiacchierata.

baveux [bavø] *agg.* [f. *-euse*] bavoso.

● (*cuc.*) ***omelette baveuse***, frittata morbida.

bavoir [bavwaʀ] *n.m.* bavaglino (di neonato).

bavure [bavyʀ] *n.f.* **1** (*tip.*) sbavatura; (*tecn.*) bava **2** abuso, violazione: *des bavures policières*, irregolarità, abusi da parte della polizia.

● ***sans bavure(s)***, (*fam.*) perfetto, impeccabile.

bayadère [bajadɛʀ] *n.f.* baiadera.

bayer [baje] *v.intr.* [coniug. come *payer*].

● ***bayer aux corneilles***, stare col naso per aria.

bayeusain [bajøzɛ̃] *agg.* di Bayeux.

bayonnais [bajɔnɛ] *agg.* di Baiona.

Bayonnais *n.m.* abitante di Baiona.

bayou [baju] *n.m.* (*Louisiana*) braccio secondario del Mississippi.

bazar [bazaʀ] *n.m.* **1** bazar; emporio, negozio **2** (*fam.*) babele (*f.*), baraonda (*f.*) **3** (*fam.*) roba (*f.*), mercanzia (*f.*) **4** (*Belgio*) (*fam.*) coso, aggeggio.

■ SIN. **1** souk.

bazarder [bazaʀde] *v.tr.* (*fam.*) svendere, sbarazzarsi (**di**).

bazarette [bazaʀɛt] *n.f.* minimarket (*m.*).

bazou [bazu] *n.m.* (*Canada*) (*fam.*) macinino, automobile (*f.*) sgangherata.

b.b.b. [bebebe] *n.m.* e *f.invar.* (*sigla di* black, beur, blanc) abitante delle 'cités' francesi dove vivono soprattutto gli immigrati.

b.c.b.g. [besebeʒe] *agg.* e *n.m.* e *f.invar.* (*acronimo di* bon chic bon genre) raffinato/a.

BD [bede] *n.f.* (*sigla di* Bande Dessinée) fumetto (*m.*).

bê [bɛ] *onom.* beh.

beach-volley [bitʃvɔlɛ] *n.m.* [pl. *beach-volleys*] beach volley.

béant [beɑ̃] *agg.* **1** spalancato: *blessure béante*, (*anche fig.*) ferita aperta **2** (*fig.*) a bocca aperta: *béant d'admiration*, a bocca aperta per l'ammirazione.

béarnais [beaʀnɛ] *agg.* bearnese.

béarnaise [beaʀnɛz] *n.f.* (*cuc.*) salsa bearnese.

béat [bea] *agg.* e *n.m.* beato.

béatement [beatmɑ̃] *avv.* (*iron.*) beatamente.

béatification [beatifikasjɔ̃] *n.f.* beatificazione.

béatifier [beatifje] *v.tr.* beatificare.

béatitude [beatityd] *n.f.* beatitudine (*anche fig.*).

beau[1] [bo] *agg.* [davanti a vocale o *h* muta diventa *bel*; f. *belle*, pl.m. *beaux*] bello: *un beau garçon*, *une belle fille*, un bel ragazzo, una bella ragazza; *un beau parleur*, un buon conversatore ♦ *avv.* bello: *avoir beau dire*, *faire*, avere un bel dire, fare.

● ***bel et bien***, bellamente: *on l'a bel et bien mis à la porte*, l'hanno cacciato via senza tanti complimenti; *il était bel et bien mort!*, era bell'e morto! | ***belle humeur***, buonumore | ***c'est bel et bon, mais...***, va tutto bene, ma... | ***de plus belle***, sempre di più, sempre più forte | ***il fait beau***, (*seguito da inf.*) è bello, è comodo: *il fait beau croire aux rêves*, è comodo credere ai sogni | ***il fait beau (temps)***, è bel tempo | ***il y a beau temps que***, è un bel pezzo che | ***mourir de sa belle mort***, morire di morte naturale | ***on arrive au plus beau***, adesso viene il bello | ***tout beau***, bel bello.

■ *AGG.* CONTR. laid.

beau[2] *n.m.* bello, bellezza (*f.*) | *un vieux beau*, un vecchio playboy.

● ***c'est du beau!***, (*fam.*) bella roba! | ***faire le beau***, pavoneggiarsi.

beauceron [bosʀɔ̃] *agg.* [f. *-onne*] della Beauce.

beaucoup [boku] *avv.* molto: *il m'a fait promettre de beaucoup penser à lui*, mi ha fatto promettere di pensare molto a lui; *j'ai beaucoup parlé*, ho parlato molto ♦ *pron. indef.invar.* **1** molti, molte: *beaucoup étaient déjà là*, molti, molte erano già là; *nous étions beaucoup*, eravamo in molti, in molte **2** molto: *il reste encore beaucoup à faire*, c'è ancora molto da fare.

● ***beaucoup de***, (*seguito da n.*) molto, molta, molti, molte: *beaucoup de patience*, *d'amis*, *de maisons*, *de fleurs*, molta pazienza, molti amici, molte case, molti fiori; *beaucoup de gens*, *beaucoup de monde*, molte persone, molta gente | ***beaucoup mieux***, ***trop***, molto meglio, (veramente) troppo | ***beaucoup plus***, ***beaucoup moins***, molto (di) più, molto (di) meno: *je l'ai payé beaucoup plus*, *beaucoup moins*, l'ho pagato molto di più, molto di meno | ***à beaucoup près***, neppure lontanamente | ***de beaucoup***, di molto, di gran lunga | ***c'est beaucoup dire***, è dir molto: *spirituel, ce serait beaucoup dire, mais il est amusant*, spiritoso, è dir troppo, ma è divertente | ***merci beaucoup***, grazie mille | ***un peu beaucoup***, (*fam.*) un po' troppo.

beauf [bof] *n.m.* (*fam.*) **1** (*abbr. di* beau-frère) cognato **2** (*spreg.*) francese medio, piccolo borghese.

NOTA ***Beauf*** designa il francese medio, rozzo e campanilista, immortalato dai fumettisti Cabu (nella serie *Mon beauf*, 1976) e Binet (nella serie *Les Bidochon*).
Il *beauf* ha *une grosse moustache* (baffoni) e non esce mai senza l'inseparabile *marcel* o *pompe sueur* (maglietta della salute). Gioca alla *pétanque* (bocce) e aspetta l'ora dell'*apéro* (aperitivo) ascoltando le ultime *brèves de comptoir* (barzellette che si raccontano al bar). La sera, porta a spasso il *clebs* (cane), infila le *charentaises* (pantofole) guarda il *foot* (il calcio) alla *téloche* (tele), mentre *bobonne* (sua moglie), che lui è solito chiamare *maman* (mamma), gli prepara un *Paris-beurre* (panino con prosciutto cotto e burro) servito con una *kro* (birra).

beau-fils [bofis] *n.m.* [pl. *beaux-fils*] **1** figliastro **2** genero.

beau-frère [bofʀɛʀ] *n.m.* [pl. *beaux-frères*] cognato.

beaujolais [boʒɔlɛ] *n.m.* beaujolais (vino rosso della regione di Beaujolais).

beaunois [bonwa] *agg.* di Beaune.

B

beau-père [bopɛʀ] ***n.m.*** [pl. *beaux-pères*] **1** suocero **2** patrigno.

beaupré [bopʀe] ***n.m.*** (*mar.*) bompresso.

beauté [bote] ***n.f.*** **1** bellezza: *le sens de la beauté*, il senso del bello **2** donna bella, bellezza: *une jeune beauté*, una bella ragazza.
● ***de toute beauté***, bellissimo | ***en beauté***, in bellezza: *terminer en beauté*, chiudere in bellezza; *tu es en beauté ce soir!*, stai proprio bene stasera! | ***se faire une beauté***, truccarsi.
■ CONTR. **1** laideur.

beauvaisien [bovɛzjɛ̃] [f. *-enne*] **beauvaisin** [bovɛzɛ̃] ***agg.*** di Beauvais.

beaux-arts [bozaʀ] ***n.m.pl.*** belle arti (*f.*).

beaux-parents [bopaʀɑ̃] ***n.m.pl.*** suoceri.

bébé [bebe] ***n.m.*** **1** pupo, bimbo: *attendre un bébé*, aspettare un bambino **2** (*sempre seguito da nome di animale*) cucciolo: *bebé chat*, gattino.
● ***se passer le bébé***, passarsi la patata bollente.
■ SIN. **1** nourrisson, nouveau-né.

bébelle [bebɛl] ***n.f.*** (*Canada*) (*fam.*) **1** giocattolo (*m.*) **2** aggeggio (*m.*).

bébête [bebɛt] ***agg.*** (*fam.*) sciocchino, stupidino.

bec [bɛk] ***n.m.*** **1** becco: *coup de bec*, beccata **2** (*di utensile*) becco, beccuccio: *le bec de la théière*, il beccuccio della teiera **3** imboccatura (*f.*) (di strumenti musicali) **4** (*Belgio, Canada, Svizzera*) bacio.
● ***bec de gaz***, (*ant.*) lampione a gas: *tomber sur un bec* (*de gaz*), (*fig.*) rimanere a bocca asciutta | ***avoir une prise de bec***, avere un battibecco | ***se défendre du bec et des ongles***, difendersi con le unghie e coi denti.

bécane [bekan] ***n.f.*** **1** (*fam.*) bicicletta **2** macchinario (*m.*) sul quale si lavora; computer (*m.*).
■ SIN. **1** vélo.

bécarre [bekaʀ] ***n.m.*** (*mus.*) bequadro.

bécasse [bekas] ***n.f.*** **1** beccaccia **2** (*fig. fam.*) ochetta.

bécassine [bekassin] ***n.f.*** **1** beccaccino (*m.*) **2** (*fam.*) ragazza ingenua, sempliciotta.

NOTA ***Bécassine*** è il nome di una giovane domestica bretone ingenua e di gran cuore, popolarissima protagonista di un fumetto pubblicato nel 1905 (testi di Caumery e disegni di Pinchon) sulla *Semaine de Suzette*, un settimanale per bambine. Nonostante il nome, Bécassine dimostra grandi risorse di coraggio e di saggezza popolare. Le sue avventure si ispirano con fantasia e umorismo a storie di vita quotidiana (*Bécassine aux bains de mer*, 1932, *Bécassine dans la neige*, 1933) e alla storia del primo Novecento (*Bécassine pendant la Grande Guerre*, 1916).

bec-croisé [bɛkkʀwaze] ***n.m.*** [pl. *becs-croisés*] (*zool.*) crociere, becchincroce.

bec-de-cane [bɛkdəkan] ***n.m.*** [pl. *becs-de-cane*] **1** maniglia (*f.*) (a becco) **2** paletto a scatto (di serratura).

bec-de-lièvre [bɛkdəljɛvʀ] ***n.m.*** [pl. *becs-de-lièvre*] (*med.*) labbro leporino.

bêchage [bɛʃaʒ] ***n.m.*** vangatura (*f.*).

béchamel [beʃamɛl] ***n.f.*** (*cuc.*) besciamella.

NOTA La ***béchamel*** è una salsa bianca a base di burro, farina, latte, sale e pepe, che prende nome dal suo inventore, il finanziere francese marchese L. de Béchamel (1630-1703), diventato poi maître d'hôtel di Louis XIV.

bêche [bɛʃ] ***n.f.*** vanga: *coup de bêche*, vangata.

bêcher [beʃe] ***v.tr.*** vangare ♦ ***v.intr.*** (*fam.*) fare lo snob.
● ***machine à bêcher***, vangatrice.

bêcheur [bɛʃœʀ] ***n.m.*** [f. *-euse*] (*fam.*) snob.

bécot [beko] ***n.m.*** (*fam.*) bacetto, bacino.

bécoter [bekɔte] ***v.tr.*** (*fam.*) sbaciucchiare ♦ **se bécoter** ***v.pron.rec.*** (*fam.*) sbaciucchiarsi.

becquée [beke] ***n.f.*** imbeccata.

bécquet [bɛkɛ] ***n.m.*** **1** (*tip.*) aggiunta (*f.*) (a una bozza ecc.) **2** (*teatr.*) modifica (*f.*) della sceneggiatura durante le prove.

becqueter [bɛkte] ***v.tr.*** [coniug. come *jeter*] **1** beccare, becchettare **2** (*fam.*) mangiare.

bedaine [bədɛn] ***n.f.*** (*fam.*) pancione (*m.*), trippa.

bédé [bede] ***n.f.*** (*fam.*) fumetto (*m.*).

bedeau [bədo] ***n.m.*** [pl. *-eaux*] scaccino.

bédéiste [bedeist] ***n.m.*** e ***f.*** fumettista.

bedon [bədɔ̃] ***n.m.*** (*fam.*) pancione.

bedonner [bədɔne] ***v.intr.*** (*fam.*) mettere su pancia.

bédouin [bedwɛ̃] ***agg.*** e ***n.m.*** beduino.

bedoume [bədum] ***n.f.*** (*Svizzera*) donna stupida.

bée [be] ***agg.***
● ***bouche bée***, a bocca aperta.

beffroi [befʀwa] ***n.m.*** **1** (*arch. gotica*) torre (*f.*) campanaria **2** campana (*f.*) d'allarme.

before [bifɔʀ] ***n.f.*** (*fam.*) festa pomeridiana o all'inizio della sera.

bégaiement [begɛmɑ̃] ***n.m.*** **1** balbuzie (*f.*) **2** balbettamento.

bégayer [begeje] ***v.intr.*** e ***tr.*** [coniug. come *payer*] balbettare, tartagliare.
■ SIN. bafouiller.

bégonia [begɔnja] ***n.m.*** (*bot.*) begonia (*f.*).

bègue [bɛg] ***agg.*** e ***n.m.*** e ***f.*** balbuziente.

bégueule [begœl] ***agg.*** (*fam.*) pudibondo ♦ ***n.f.*** (*fam.*) puritana.

béguin [begɛ̃] ***n.m.*** (*fam.*) passioncella (*f.*).
● ***avoir le béguin pour qqn***, avere un debole per qlcu.

béguinage [beginaʒ] ***n.m.*** (*st.*) beghinaggio.

béguine [begin] ***n.f.*** (*st.*) beghina.

beige [bɛʒ] ***agg.*** e ***n.m.*** (color) nocciola chiaro, beige.

beigne[1] [bɛɲ] ***n.f.*** (*fam.*) ceffone (*m.*), sventola.

beigne[2] ***n.m.*** e ***f.*** (*Canada*) (*cuc.*) beigne (frittella a forma di anello ricoperta di zucchero a velo).

beignet [bɛɲɛ] ***n.m.*** (*cuc.*) frittella (*f.*).

FAUX AMI
Da non confondere con *bignè*, che si traduce *chou à la crème*.

béké [beke] ***n.m.*** e ***f.*** (*Martinica, Guadalupa*) persona (*f.*) di razza bianca nata nelle Antille.

bel [bɛl] ***agg.*** → **beau**[1].

bêlant [bɛlɑ̃] ***agg.*** belante (*anche fig.*).

bel canto [bɛlkɑ̃to] ***n.m.invar.*** (*mus.*) bel canto.

bêlement [bɛlmɑ̃] ***n.m.*** belato.

bêler [bele] ***v.intr.*** **1** belare (*anche fig.*) **2** (*fig.*) parlare con voce tremolante.

belette [bəlɛt] ***n.f.*** (*zool.*) donnola.

belfortain, belfortin [bɛlfɔʀtɛ̃] ***agg.*** di Belfort.

belge [bɛlʒ] ***agg.*** belga.

Belge ***n.m.*** e ***f.*** (*abitante*) belga.

belgicisme [bɛlʒisism] ***n.m.*** termine, espressione (*f.*) della lingua francese parlata nel Belgio.

belgico [bɛlʒiko] ***n.m.*** (*spreg.*) belga.

bélier [belje] ***n.m.*** **1** montone; (*letter.*) ariete **2** (*astr.*) *Bélier*, Ariete **3** (*st. mil.*) ariete.
● ***bélier hydraulique***, ariete idraulico.

belladone [be(ɛl)ladɔn] ***n.f.*** (*bot.*) belladonna.

bellâtre [bɛlɑtʀ] ***agg.*** e ***n.m.*** vanesio, bellimbusto.

belle [bɛl] ***agg.f.*** di → **beau**[1] ♦ ***n.f.*** **1** bella: *écoute, ma belle!*, senti, bellezza! **2** (*nei giochi*) bella, partita decisiva.
● (*lett.*) ***la Belle au bois dormant***, la Bella addormentata nel bosco.

belle-dame [bɛldam] ***n.f.*** [pl. *belles-dames*] **1** (*bot.*) belladonna **2** (*zool.*) vanessa del cardo.

belle-de-jour [bɛldəʒuʀ] ***n.f.*** [pl. *belles-de-jour*] (*bot.*) bella di giorno.

belle-de-nuit [bɛldənɥi] ***n.f.*** [pl. *belles-de-nuit*] (*bot.*) bella di notte.

belle-famille [bɛlfamij] ***n.f.*** [pl. *belles-familles*] famiglia del coniuge; parenti (*m.pl.*) acquisiti.

belle-fille [bɛlfij] ***n.f.*** [pl. *belles-filles*] **1** nuora **2** figliastra.

belle-mère [bɛlmɛʀ] ***n.f.*** [pl. *belles-mères*] **1** suocera **2** matrigna.

belle-sœur [bɛlsœʀ] ***n.f.*** [pl. *belles-sœurs*] cognata.

belleysan [bɛlɛzɑ̃] ***agg.*** di Belley.

bellicisme [be(ɛl)lisism] ***n.m.*** bellicismo.

belliciste [be(ɛl)lisist] ***agg.*** e ***n.m.*** e ***f.*** bellicista.

bellifontain [bɛlifɔ̃tɛ̃] ***agg.*** di Fontainebleau.

belligérance [be(ɛl)liʒeʀɑ̃s] ***n.f.*** belligeranza.

belligérant [be(ɛl)liʒeʀɑ̃] ***agg.*** e ***n.m.*** belligerante.

belliqueux [be(ɛl)likø] ***agg.*** [f. *-euse*] bellicoso.

belon [bəlɔ̃] ***n.f.*** (tipo di) ostrica.

belote [bəlɔt] ***n.f.*** gioco (*m.*) di carte simile alla briscola.
● ***belote et rebelote!***, e ci risiamo!

bélouga [beluga] ***n.m.*** (*zool.*) beluga.

belvédère [bɛlvedɛʀ] ***n.m.*** belvedere.

bémol [bemɔl] ***agg.*** e ***n.m.*** (*mus.*) bemolle.

ben [bɛ̃] ***inter.*** (*fam.*) beh.

bénédictin [benediktɛ̃] ***agg.*** e ***n.m.*** benedettino.
● ***patience de bénédictin***, (*fig.*) pazienza da certosino.

bénédiction [benediksjɔ̃] ***n.f.*** benedizione.

bénef [benɛf] ***n.m.*** (*fam.*) abbr. di **bénéfice**.

bénéfice [benefis] ***n.m.*** **1** beneficio **2** utile, profitto **3** (*dir. eccl.*) beneficio.
● ***au bénéfice de***, a vantaggio di | ***accepter sous bénéfice d'inventaire***, accettare con beneficio d'inventario.
■ SIN. **2** profit.

bénéficiaire [benefisjɛʀ] ***n.m.*** e ***f.*** beneficiario/a ♦ ***agg.*** **1** (*dir.*) beneficiato **2** (*econ.*) attivo.
● (*econ.*) ***la marge bénéficiaire***, il margine di profitto.

bénéficial [benefisjal] ***agg.*** [pl. *-aux*] (*eccl.*) beneficiario.

bénéficier [benefisje] ***v.intr.*** beneficiare.

bénéfique [benefik] ***agg.*** benefico, salutare.
● (*astr.*) ***planète bénéfique***, pianeta (in congiunzione) favorevole.

benêt [bənɛ] ***agg.*** e ***n.m.*** babbeo, allocco.

bénévolat [benevɔla] ***n.m.*** volontariato.

bénévole [benevɔl] ***agg.*** **1** volontario **2** gratuito ♦ ***n.m.*** e ***f.*** volontario/a.
■ *AGG.* SIN. **1** volontaire.

FAUX AMI
Da non confondere con *benevolo*, che si traduce *bienveillant*.

bénévolement [benevɔlmɑ̃] ***avv.*** gratuitamente.

bengali [bɛ̃gali] ***agg.*** [f. *invar.*] del Bengala ♦ ***n.m.*** **1** (*lingua*) bengali **2** (*zool.*) bengalino.

béni [beni] *p.p.* di **bénir** ♦ ***agg.*** benedetto.

bénignité [beniɲite] ***n.f.*** benignità.

bénin [benɛ̃] ***agg.*** [f. *-igne*] benigno.

béninois [beninwa] ***agg.*** del Benin.

bénir [beniʀ] ***v.tr.*** [nell'accezione 2 l'uso oscilla fra il p.p. *béni* e *bénit*] **1** benedire **2** (*eccl.*) benedire; consacrare.
● ***être béni des dieux***, essere favorito dal destino.

bénit [beni] *p.p.* di **bénir** ♦ ***agg.*** benedetto (con cerimonia religiosa); consacrato: *eau bénite*, acqua santa.
● ***c'est pain bénit!***, ben ti (gli ecc.) sta!

bénitier [benitje] ***n.m.*** acquasantiera (*f.*).
● ***grenouille de bénitier***, (*fam.*) baciapile | ***se démener comme un diable dans un bénitier***, (*fam.*) sentirsi come un cane in chiesa.

benjamin [bɛ̃ʒamɛ̃] ***n.m.*** **1** beniamino **2** il minore (tra fratelli) **3** giovane sportivo (tra gli 11 e i 13 anni).
■ SIN. **2** cadet CONTR. **2** aîné.

benjoin [bɛ̃ʒwɛ̃] ***n.m.*** benzoino.

benne [bɛn] ***n.f.*** **1** (*di autocarro*) cassone (*m.*) ribaltabile **2** (*mecc.*) (*di gru ecc.*) benna.
● (*mecc.*): ***benne preneuse***, benna automatica; ***benne suspendue***, cabina della teleferica.

benoît [bənwa] ***agg.*** e ***n.m.*** mellifluo, sdolcinato.

benoîtement [bənwatmɑ̃] ***avv.*** in modo mellifluo, con ipocrisia.

benzène [bɛ̃zɛn] ***n.m.*** (*chim.*) benzene.

benzine [bɛ̃zin] ***n.f.*** benzina (per smacchiare).

FAUX AMI
Da non confondere con *benzina* nel significato di *carburante*, che si traduce *essence*.

benzol [bɛ̃zɔl] ***n.m.*** (*chim.*) benzolo.

béotien [beɔtjɛ̃] ***agg.*** [f. *-enne*] beota ♦ ***n.m.*** stupido; ignorante, zoticone.

béquée [beke] ***n.f.*** → **becquée**.

béquet [bekɛ] ***n.m.*** → **bécquet**.

béqueter [bekte] ***v.tr.*** → **becqueter**.

béquille [bekij] ***n.f.*** **1** stampella, gruccia **2** (*di motocicletta*) cavalletto (*m.*) di sostegno.

béquiller [bekije] ***v.intr.*** camminare con le stampelle.

berbère [bɛʀbɛʀ] ***agg.*** berbero.

bercail [bɛʀkaj] ***n.m.*** (*solo sing.*) ovile.

berce [bɛʀs] ***n.f.*** (*bot.*) panace (*m.*).

berceau [bɛʀso] ***n.m.*** [pl. *-eaux*] **1** culla (*f.*) (*anche fig.*) **2** pergolato **3** (*mar.*) invasatura (*f.*).
● ***au berceau***, in fasce; (*fig.*) agli albori | ***dès le berceau***, fin dalla nascita | (*arch.*) ***voûte en berceau***, volta a botte.

bercelonnette [bɛʀsəlɔnɛt] ***n.f.*** culla a bilico.

bercement [bɛʀsəmɑ̃] ***n.m.*** il cullare; dondolio.

bercer [bɛʀse] ***v.tr.*** [coniug. come *placer*] cullare (*anche fig.*): *bercer un enfant dans ses bras*, cullare un bimbo fra le braccia; *bercer un espoir*, (*fig.*) cullare una speranza ♦ **se bercer** ***v.pron.intr.*** **1** dondolarsi, cullarsi **2** (*fig.*) cullarsi (**in**).
● ***bercer qqn d'illusions***, dare delle illusioni a qlcu.

berceuse [bɛʀsøz] ***n.f.*** **1** ninnananna **2** sedia a dondolo.

béret [beʀɛ] ***n.m.*** berretto.
● ***béret basque***, basco.

bergamote [bɛʀgamɔt] ***n.f.*** **1** (*frutto e profumo*) bergamotto (*m.*) **2** pera bergamotta.

B

berge[1] [bɛʀʒ] *n.f.* ripa, argine (*m.*); sponda.
berge[2] *n.f.* (*fam.*) anno (*m.*).
berger [bɛʀʒe] *n.m.* [f. *-ère*] pastore (*anche fig.*).
● (*zool.*) (***chien de***) ***berger***, (cane da) pastore | ***l'étoile du berger***, la stella del pastore, Venere, Lucifero.
■ SIN. pâtre.

NOTA ***La Bergère de Domrémy*** è uno degli appellativi dati a Giovanna d'Arco.

bergeracois [bɛʀʒəʀakwa] *agg.* di Bergerac.
bergère [bɛʀʒɛʀ] *n.f.* bergère (poltrona con braccioli, alto schienale e poggiatesta).
bergerette [bɛʀʒəʀɛt] *n.f.* **1** pastorella **2** → bergeronnette.
bergerie [bɛʀʒəʀi] *n.f.* **1** ovile (*m.*) **2** bancone (*m.*) circolare (in un grande magazzino) **3** (*lett.*) componimento (*m.*) pastorale; (*arte*) quadro (*m.*) pastorale.
bergeronnette [bɛʀʒəʀɔnɛt] *n.f.* (*zool.*) cutrettola, ballerina.
bergsonien [bɛʀksɔnjɛ̃] *agg.* [f. *-enne*] bergsoniano, di Bergson.
berline [bɛʀlin] *n.f.* (*carrozza e automobile*) berlina.
berlingot [bɛʀlɛ̃go] *n.m.* **1** berlingot (caramella specialità di Carpentras) **2** tetrapak® (imballaggio in cartone).
berlinois [bɛʀlinwa] *agg.* berlinese.
Berlinois *n.m.* (*abitante*) berlinese.
berlue [bɛʀly] *n.f.* barbaglio (*m.*).
● ***avoir la berlue***, avere le traveggole; (*fig.*) prendere un abbaglio.
berme [bɛʀm] *n.f.* berma (di un argine).
bermuda [bɛʀmyda] *n.m.* (*abbigl.*) bermuda (*pl.*).
bernache [bɛʀnaʃ] **bernacle** [bɛʀnakl] *n.f.* (*zool.*) bernaccia.
bernard-l'(h)ermite [bɛʀnaʀlɛʀmit] *n.m.invar.* (*zool.*) bernardo l'eremita.
berne [bɛʀn] *n.f.*
● ***drapeau, pavillon en berne***, bandiera a mezz'asta; (*mar.*) bandiera in derno.
berner [bɛʀne] *v.tr.* farsi beffe (**di**).
bernicle [bɛʀnikl] **bernique** [bɛʀnik] *n.f.* (*zool. pop.*) patella.
bernois [bɛʀnwa] *agg.* bernese.
Bernois *n.m.* (*abitante*) bernese.
bérot [beʀo] *n.m.* (*Svizzera*) carretto a due ruote.
berrichon [bɛʀiʃɔ̃] *agg.* [f. *-onne*] del Berry.
berruyer [bɛʀɥije] *agg.* [f. *-ère*] di Bourges.
béryl [beʀil] *n.m.* (*min.*) berillo.
besace [bəzas] *n.f.* bisaccia.
bésef, **bézef** [bezɛf] *avv.* (*fam.*) a bizzeffe: *il n'y en a pas bésef*, non ce n'è molto.
bésicles [bezikl] *n.f.pl.* (*antiq.*) occhiali (*m.*).
● ***chausser ses bésicles***, (*scherz.*) inforcare gli occhiali.
besogne [bəzɔɲ] *n.f.* lavoro (*m.*) pesante, lavoro (*m.*) ingrato; compito (*m.*): *s'atteler, se mettre à la besogne*, mettersi al lavoro; *tu n'as pas la besogne toute faite*, il tuo compito è tutt'altro che facile.
● ***abattre de la besogne***, lavorare sodo | ***aller vite en besogne***, lavorare alla svelta; (*fig.*) andare dritto allo scopo.

FAUX AMI
Da non confondere con *bisogno*, che si traduce *besoin*.

besogner [bəzɔɲe] *v.intr.* sgobbare.
besogneux [bəzɔɲø] *agg.* e *n.m.* [f. *-euse*] **1** bisognoso, indigente **2** che, chi fa un lavoro pesante e mal retribuito.
besoin [bəzwɛ̃] *n.m.* **1** bisogno: *quel besoin avais-tu de dire cela!*, che bisogno c'era di dirlo! **2** (*spec. pl.*) fabbisogno: *les besoins de la France en charbon*, il fabbisogno di carbone della Francia **3** (*pl.*) (*necessità corporali*) bisogni, bisognini.
● ***besoins nutritionnels***, fabbisogno alimentare | ***au besoin, si besoin est, s'il en est besoin***, se necessario, all'occorrenza | ***être besoin*** (***de***), essere necessario | (*Senegal*) ***faire ses besoins***, lavorare, fare il proprio lavoro | ***il n'est pas besoin que***, non è necessario che | ***pour les besoins de la cause***, per necessità | ***suivant les besoins***, secondo le necessità.
■ SIN. **1** nécessité.
bestiaire[1] [bɛstjɛʀ] *n.m.* (*st. lett.*) bestiario.
bestiaire[2] *n.m.* (*st.*) gladiatore, bestiario.
bestial [bɛstjal] *agg.* [pl. *-aux*] bestiale, animalesco.
bestialement [bɛstjalmɑ̃] *avv.* bestialmente, brutalmente.
bestialité [bɛstjalite] *n.f.* bestialità.
bestiaux [bɛstjo] *n.m.pl.* bestiame (*sing.*) (di grossa taglia).
bestiole [bɛstjɔl] *n.f.* bestiola, bestiolina.
best of [bɛstɔf] *n.m.invar.* il meglio di; antologia (*f.*), florilegio: *le best of d'Aznavour*, la compilation di Aznavour.
bêta[1] [bɛta] *n.m.invar.* (*seconda lettera dell'alfabeto greco*) beta (*m.* o *f.*).
bêta[2] *agg.* e *n.m.* [f. *-asse*] (*fam.*) sciocchino.
bêtabloquant [bɛtablɔkɑ̃] *agg.* e *n.m.* (*biochim.*) betabloccante.
bétail [betaj] *n.m.* (*solo sing.*) bestiame.
bétaillère [betajɛʀ] *n.f.* carro (*m.*) bestiame.
bêtasse [bɛtas] *n.f.* → **bêta**[2].
bête [bɛt] *n.f.* **1** bestia **2** (*pl.*) bestie, bestiame (*m.sing.*) **3** (*pl.*) parassiti (*m.*): *avoir des bêtes*, avere i parassiti ♦ *agg.* scemo, stupido.
● (*zool. pop.*) ***bête à Bon Dieu***, coccinella | ***bête à concours***, (*fam.*) sgobbone | ***bête comme ses pieds***, scemo come la luna | ***c'est bête comme tout***, è una cosa semplicissima | ***c'est une bonne bête***, è un povero diavolo | ***chercher la petite bête***, (*fig.*) cercare il pelo nell'uovo | ***faire la bête***, fare lo stupido | ***rester tout bête***, rimanere senza parole, sbalordito | ***pas si bête!***, (*fam.*) mica scemo! | ***une bête curieuse***, (*fig.*) una bestia rara | ***une bête de scène***, (*fam.*) un animale da palcoscenico.
bétel [betɛl] *n.m.* (*bot.*) betel.
bêtement [bɛtmɑ̃] *avv.* stupidamente.
● ***tout bêtement***, semplicemente.
béthunois [betynwa] *agg.* di Béthune.
bêtifier [betifje] *v.intr.* fare lo scemo; dire stupidaggini.
bêtise [betiz] *n.f.* **1** stupidità, imbecillità **2** stupidaggine, sciocchezza **3** inezia, cosa di poco conto.
■ SIN. **1** stupidité.
bêtisier [bɛtizje] *n.m.* raccolta (*f.*) di sciocchezze, stupidario.
béton [betɔ̃] *n.m.* (*edil.*) calcestruzzo.
● ***béton armé, précontraint, damé***, cemento armato, precompresso, costipato | ***en béton***, (*fig. fam.*) inattaccabile: *alibi en béton*, alibi di ferro | (*calcio*) ***faire le béton***, fare catenaccio, chiudersi in difesa.

bétonner [betɔne] *v.tr.* 1 (*edil.*) costruire in calcestruzzo 2 (*fig. fam.*) perfezionare, rifinire ♦ *v.intr.* (*sport*) fare catenaccio, chiudersi in difesa.

bétonneur [betɔnœʀ] *n.m.* (*spreg.*) cementificatore.

bétonnière [betɔnjɛʀ] *n.f.* betoniera.

bette [bɛt] *n.f.* (*bot.*) bietola.

betterave [bɛtʀav] *n.f.* barbabietola.
● ***betterave sucrière***, barbabietola da zucchero.

betteravier [bɛtʀavje] *agg.* [f. *-ère*] bieticolo ♦ *n.m.* bieticoltore.

beuflant [bøflɑ̃] *agg.* (*verlan di* flambant) fantastico.

beuglante [bøglɑ̃t] *n.f.* (*fam.*) canzone urlata.
● ***pousser une beuglante***, (*fig.*) fare una sfuriata.

beuglement [bœgləmɑ̃] *n.m.* 1 muggito 2 (*estens.*) urlo.

beugler [bøgle] *v.intr.* 1 muggire 2 vociare, sbraitare ♦ *v.tr.* urlare.

beugue [bœg] *n.m.* (*inform.*) (*fam.*) bug, errore di programma.

beuh [bø] *inter.* puah.

beur [bœʀ] *n.m.* (*verlan di* arabe) giovane nato in Francia da genitori magrebini immigrati ♦ *agg.invar.* dei beur, relativo ai beur.

NOTA A partire da *beur* e *bourgeois* sono state create le parole macedonia ***beurgeois*** e ***beurgeoisie*** che indicano il francese di origine magrebina che è riuscito a integrarsi e a costruirsi una posizione sociale importante.

beurette [bœʀɛt] *n.f.* (*fam.*) ragazza nata in Francia da genitori magrebini immigrati.

beurre [bœʀ] *n.m.* burro.
● ***au prix où est le beurre***, (*fig.*) con i tempi che corrono | ***comme dans du beurre***, con estrema facilità | ***faire son beurre***, (*fam.*) fare i soldi | ***avoir un œil au beurre noir***, avere un occhio pesto.

beurrer [bœʀe] *v.tr.* imburrare.

beurrier [bœʀje] *agg.* [f. *-ère*] del burro ♦ *n.m.* burriera (*f.*).

beuverie [bœvʀi] *n.f.* (*fam.*) bevuta, sbevazzata.

bévue [bevy] *n.f.* topica, cantonata.
■ SIN. gaffe, impair.

bi- *pref.* bi-.

biais [bjɛ] *agg.* obliquo, sbieco ♦ *n.m.* 1 sbieco 2 lato: *on ne sait par quel biais le prendre*, non si sa per che verso prenderlo 3 (*fig.*) via (*f.*) traversa, scappatoia (*f.*).
● ***en biais***, ***de biais***, di sbieco; (*fig.*) di traverso: *aborder un problème de biais*, affrontare un problema indirettamente; *regarder de biais*, guardare di traverso | ***par le biais de***, per mezzo di | (*arch.*) ***voûte biaise***, volta a sbieco.

biaiser [bjeze] *v.intr.* 1 essere sbieco, andare di sbieco 2 (*fig.*) tergiversare: *parler sans biaiser*, parlare francamente ♦ *v.tr.* falsare.

biarrot [bjaʀo] *agg.* di Biarritz.

bibande [bibɑ̃d] *agg.* (*tel.*) dual band.

bibelot [biblo] *n.m.* ninnolo, soprammobile.

biberon [bibʀɔ̃] *n.m.* biberon: *nourrir au biberon*, allattare col poppatoio.

biberonner [bibʀɔne] *v.intr.* (*fam.*) bere come una spugna.

bibi[1] [bibi] *n.m.* (*fam.*) cappellino (da donna).

bibi[2] *pron.pers. 1ª pers.sing.* (*fam.*) io, me: *ça c'est à bibi*, questo è mio.

bibine [bibin] *n.f.* (*fam.*) brodaglia, bevanda di pessima qualità.

Bible [bibl] *n.f.* (*st. relig.*) Bibbia; (*estens.*) bibbia.
● ***papier Bible***, carta india.

bibli [bibli] *n.f.* (*fam.*) abbr. di **bibliothèque**.

bibliobus [biblijɔbys] *n.m.* biblioteca (*f.*) itinerante, bibliobus.

bibliographie [biblijɔgʀafi] *n.f.* bibliografia.

bibliographique [biblijɔgʀafik] *agg.* bibliografico.

bibliophile [biblijɔfil] *n.m.* e *f.* bibliofilo/a.

bibliophilie [biblijɔfili] *n.f.* bibliofilia.

bibliothécaire [biblijɔtekɛʀ] *n.m.* e *f.* bibliotecario/a.

bibliothèque [biblijɔtɛk] *n.f.* 1 biblioteca: *aller à la bibliothèque*, andare in biblioteca 2 (*mobile*) libreria 3 collana editoriale.

NOTA Nel 1994 è stata creata, per volere del presidente François Mitterrand, la grande *Bibliothèque Nationale de France* (BNF), che i francesi chiamano familiarmente TGB, sigla di *très grande bibliothèque*. Ha sede in un moderno complesso di edifici a forma di libri aperti. Oltre a libri e periodici, la TGB dispone di un considerevole fondo di manoscritti, stampe, monete, medaglie, fotografie, nonché di una videoteca. È comunque ancora operativa, in rue de Richelieu, la vecchia sede della *Bibliothèque Nationale* (BN).

biblique [biblik] *agg.* biblico.

bic®[1] [bik] *n.m.* penna (*f.*) a sfera, bic® (*f.*).

NOTA Il nome deriva dall'industriale francese di origine italiana M. Bich che è diventato famoso per aver lanciato sul mercato (1853) la penna a sfera Bic®.

bic[2] *n.m.* (*spreg.*) arabo.

bicaméral [bikameʀal] *agg.* [pl. *-aux*] bicamerale.

bicaméralisme [bikameʀalism] **bicamérisme** [bikameʀism] *n.m.* bicameralismo.

bicarbonate [bikaʀbɔnat] *n.m.* bicarbonato.

bicentenaire [bisɑ̃tnɛʀ] *agg.* e *n.m.* bicentenario.

bicéphale [bisefal] *agg.* bicefalo; bicipite.

biceps [bisɛps] *n.m.* (*anat.*) bicipite.
● ***avoir des biceps***, (*fam.*) essere forzuto.

biche [biʃ] *n.f.* 1 cerva, cerbiatta 2 (*fam.*) cocca, tesoro (*m.*).
● ***couleur ventre de biche***, color bianco rossiccio.

FAUX AMI
Da non confondere con *biscia*, che si traduce *couleuvre*.

bicher [biʃe] *v.intr.* (*fam.*) 1 andare bene 2 essere contento.

bichon [biʃɔ̃] *n.m.* 1 (cane) maltese 2 (*fam.*) (*appellativo affettuoso*) cocchino.

bichonner [biʃɔne] *v.tr.* 1 coccolare 2 agghindare ♦ **se bichonner** *v.pron.* agghindarsi.

bicolore [bikɔlɔʀ] *agg.* bicolore.

bicoque [bikɔk] *n.f.* bicocca, casupola.

bicorne [bikɔʀn] *n.m.* feluca (*f.*).

bicot [biko] *n.m.* 1 (*zool.*) capretto 2 (*fam. spreg.*) nordafricano.

bicross [bikʀɔs] *n.m.* 1 bicicletta (*f.*) da ciclocross 2 (*sport*) ciclocross.

bicyclette [bisiklɛt] *n.f.* bicicletta: *aller à, en bicyclette*, andare in bicicletta.
■ SIN. vélo, (*fam.*) bécane.

bidasse [bidas] *n.m.* (*fam.*) soldato, marmittone.

B

bide [bid] ***n.m.*** (*fam.*) pancia (*f.*).
● (*teatr.*) ***faire un bide***, fare fiasco.

bidet [bidɛ] ***n.m.*** bidè.

bidoche [bidɔʃ] ***n.f.*** (*fam.*) carne, ciccia.

bidon [bidɔ̃] ***n.m.*** **1** bidone **2** lattina (*f.*) (dell'olio) **3** (*fam.*) pancia (*f.*), ventre **4** (*fam.*) frottola (*f.*) **5** borraccia (*f.*) (della bicicletta) **6** fregatura (*f.*), bidonata (*f.*) ♦ ***agg.invar.*** (*fam.*) simulato: *attentat bidon*, attentato simulato.
● (*aut.*) ***bidon de secours***, serbatoio di riserva | ***ce n'est pas du bidon***, (*fam.*) è vero.

bidonner [bidɔne] ***v.tr.*** (*fam.*) imbrogliare, fregare ♦ **se bidonner** ***v.pron.intr.*** (*fam.*) spanciarsi (dalle risa).

bidonville [bidɔ̃vil] ***n.m.*** baraccopoli (*f.*).

bidouiller [biduje] ***v.tr.*** **1** aggiustare alla bell'e meglio **2** (*fig.*) manipolare.

bidule [bidyl] ***n.m.*** (*fam.*) aggeggio, affare, coso.

bief [bjɛf] ***n.m.*** **1** (*idraulica*) gora (*f.*) **2** (*di canale*) tronco (fra due chiuse).

bielle [bjɛl] ***n.f.*** (*mecc.*) biella.
● (*aut.*): ***bielle de commande***, asta di comando; ***bielle maîtresse***, asta di collegamento; ***couler une bielle***, fondere le bronzine.

biélorusse [bjelɔʀys] ***agg.*** bielorusso ♦ ***n.m.*** (*lingua*) bielorusso.

Biélorusse ***n.m.*** e ***f.*** (*abitante*) bielorusso/a.

bien[1] [bjɛ̃] ***avv.*** **1** bene: *il a appris à bien se conduire*, ha imparato a comportarsi bene; *on l'a bien accueilli*, è stato accolto bene **2** (*rafforzativo*) ben, proprio, molto: *il y a bien deux ans que*, sono ben due anni che; *j'ai bien envie de*, ho molta, proprio, una gran voglia di; *avoir bien soif, faim, sommeil*, avere molta sete, fame, sonno; *elle est bien jeune pour se marier*, è troppo giovane per sposarsi; *où peut-il bien être?*, dove sarà mai?; *c'est bien lui, vous!*, è proprio lui, siete proprio voi!; *c'est bien ça!*, è proprio così!; *j'en ai vu bien d'autres*, ho visto ben altro; (*comm.*) *votre devis nous est bien parvenu*, il vostro preventivo ci è arrivato regolarmente; *ce n'est pas dû à l'oubli, mais bien à l'indifférence*, non è trascuratezza, piuttosto indifferenza **3** (*concessivo*) pure: *il faut bien le dire*, bisogna pur dirlo ♦ ***agg.invar.*** **1** bene: *je suis, je me sens bien aujourd'hui*, oggi sto bene, mi sento bene; *il est bien cet appartement*, è bello questo appartamento; *il est bien ce potage*, è buona questa minestra; *tu es bien pour ton âge*, non sei male per la tua età; *il est bien de ta part de*, è gentile da parte tua **2** (*fam.*) perbene, come si deve: *c'est un homme vraiment bien*, è una persona come si deve; *une fille bien*, una ragazza in gamba.
● ***bien du, de la, des***, (*seguito da n.*) molto, molta, molti, molte: *elle a bien de la chance*, ha molta fortuna; *il a bien des relations*, ha molte conoscenze; *bien des choses à tes parents*, tante belle cose ai tuoi | ***bien mieux, pire, meilleur***, molto meglio, peggio, migliore: *elle est bien plus, bien moins riche que vous*, è molto più, molto meno ricca di voi | ***bien que***, sebbene, quantunque: *bien que riche, il travaille toute la journée*, sebbene ricco, lavora tutto il giorno; *bien qu'il soit intelligent*, quantunque, per quanto sia intelligente | ***aller, se porter bien***, star bene | ***c'est bien toi, lui***, è proprio da te, da lui: *tu as encore oublié ton parapluie: c'est bien toi!*, hai ancora dimenticato l'ombrello: sei sempre il solito! | ***eh bien!***, ebbene! | ***être bien avec qqn***, essere in buoni rapporti con qlcu | ***merci bien***, grazie mille | ***nous voilà bien!***, (*iron.*) eccoci sistemati! | ***si bien que***, tanto che: *il s'est trompé de chemin, si bien qu'il a dû revenir sur ses pas*, ha sbagliato strada tanto che è dovuto ritornare indietro | ***tant bien que mal***, alla meno peggio | (*prov.*) ***tout est bien qui finit bien***, tutto è bene quel che finisce bene.

bien[2] ***n.m.*** **1** bene **2** beni (*pl.*), sostanze (*f.pl.*).
● ***biens d'équipement***, beni strumentali | ***en bien***, in modo favorevole | ***grand bien te fasse!***, (*fam.*) buon pro ti faccia!

bien-aimé [bjɛ̃neme] ***agg.*** e ***n.m.*** [pl.m. *bien-aimés*] diletto, beneamato.

bien-être [bjɛ̃nɛtʀ] ***n.m.invar.*** **1** benessere **2** (*Canada*) assistenza (*f.*), aiuto sociale.

bienfaisance [bjɛ̃fəzɑ̃s] ***n.f.*** beneficienza, carità.

bienfaisant [bjɛ̃fəzɑ̃] ***agg.*** benefico.

bienfait [bjɛ̃fɛ] ***n.m.*** **1** beneficio; favore **2** vantaggio.

bienfaiteur [bjɛ̃fɛtœʀ] ***n.m.*** [f. *-trice*] benefattore.

bien-fondé [bjɛ̃fɔ̃de] ***n.m.*** [pl. *bien-fondés*] fondatezza (*f.*).

bien-fonds [bjɛ̃fɔ̃] ***n.m.*** [pl. *biens-fonds*] (bene) immobile.

bienheureux [bjɛ̃nœʀø] ***agg.*** e ***n.m.*** [f. *-euse*] beato.

biennal [biɛnal] ***agg.*** [pl. *-aux*] biennale.

biennale [biɛnal] ***n.f.*** (esposizione) biennale.

bien-pensant [bjɛ̃pɑ̃sɑ̃] ***n.m.*** [pl. *bien-pensants*] benpensante.

bienséance [bjɛ̃seɑ̃s] ***n.f.*** **1** (*letter.*) (buona) creanza, buone maniere (*pl.*); convenienze (*pl.*): *manquer à la bienséance, aux bienséances*, venir meno alle regole della buona educazione **2** decenza, decoro (*m.*).

bienséant [bjɛ̃seɑ̃] ***agg.*** conforme alla creanza.

bientôt [bjɛ̃to] ***avv.*** presto; rapidamente.
● ***à bientôt!***, a presto! | ***cela est bientôt dit***, si fa presto a dirlo.

bienveillance [bjɛ̃vɛjɑ̃s] ***n.f.*** benevolenza.

bienveillant [bjɛ̃vɛjɑ̃] ***agg.*** benevolo.

bienvenu [bjɛ̃vny] ***agg.*** e ***n.m.*** benvenuto.

bienvenue [bjɛ̃vny] ***n.f.*** benvenuto (*m.*): *souhaiter la bienvenue*, dare il benvenuto; *bienvenue à Madame Blanc!*, benvenuta signora Blanc! | (*Canada*) *bienvenue!*, prego!

bière[1] [bjɛʀ] ***n.f.*** birra.
● ***bière blonde, brune***, birra chiara, scura | ***c'est de la petite bière en comparaison de***, (*fig. fam.*) non è nulla paragonato a.
■ (*Belgio*) SIN. gueuze.

bière[2] ***n.f.*** bara, cassa (da morto).

biffage [bifaʒ] ***n.m.*** cancellatura (*f.*).

biffer [bife] ***v.tr.*** depennare.

biffeton [biftɔ̃] ***n.m.*** (*argot*) biglietto di banca.

biffure [bifyʀ] ***n.f.*** → **biffage**.

bifide [bifid] ***agg.*** bifido, biforcuto.

bifocal [bifɔkal] ***agg.*** [pl. *-aux*] (*fis.*) bifocale.

bifteck [biftɛk] ***n.m.*** **1** bistecca (*f.*) **2** (*fam.*) inglese.
● ***bifteck grillé***, bistecca ai ferri | ***bifteck saignant*** (o ***bleu***), ***à point***, ***bien cuit***, bistecca al sangue, giusta di cottura, molto cotta.

bifurcation [bifyʀkasjɔ̃] ***n.f.*** biforcazione; bivio (*m.*) (di strada ecc.).

bifurquer [bifyʀke] ***v.intr.*** **1** biforcarsi **2** deviare.

bigame [bigam] ***agg.*** e ***n.m.*** e ***f.*** bigamo/a.

bigamie [bigami] ***n.f.*** bigamia.

bigarade [bigaʀad] ***n.f.*** arancia amara.

bigarré [bigaʀe] *agg.* screziato, variegato; (*fig.*) eterogeneo.
■ SIN. bariolé.
bigarreau [bigaʀo] *n.m.* [pl. *-eaux*] ciliegia (*f.*) duracina.
bigarrer [bigaʀe] *v.tr.* screziare, variegare.
bigarrure [bigaʀyʀ] *n.f.* screziatura; varietà (di colori); (*fig.*) varietà.
Bige® [biʒ] *agg.invar.* (*ferr.*) (*sigla di* Billet Individuel de Groupe Étudiant) biglietto Bige®.
bigle [bigl] *agg.* e *n.m.* e *f.* strabico/a, guercio/a.
bigler [bigle] *v.intr.* (*fam.*) essere strabico ♦ *v.tr.* (*fam.*) sbirciare.
bigleux [biglø] *agg.* e *n.m.* [f. *-euse*] (*fam.*) strabico, guercio.
bignole [biɲɔl] *n.f.* (*fam.*) portinaia.
bigophone [bigɔfɔn] *n.m.* (*fam.*) telefono.
bigorneau[1] [bigɔʀno] *n.m.* [pl. *-eaux*] (*zool. pop.*) litorina (*f.*).
bigorneau[2] *n.m.* [pl. *-eaux*] (*fam.*) telefono.
bigorner [bigɔʀne] *v.tr.* (*fam.*) rovinare, scassare.
bigorrois [bigɔʀwa] *agg.* della Bigorre.
bigot [bigo] *agg.* e *n.m.* bigotto.
bigoterie [bigɔtʀi] *n.f.* **bigotisme** [bigɔtism] *n.m.* bigotteria (*f.*), bigottismo (*m.*).
bigoudi [bigudi] *n.m.* bigodino.
bigre [bigʀ] *inter.* (*fam.*) accidenti, diamine.
bigrement [bigʀəmɑ̃] *avv.* (*fam.*) terribilmente.
biguine [bigin] *n.f.* (*ballo*) béguine.
bihebdomadaire [biɛbdɔmadɛʀ] *agg.* bisettimanale.
bijou [biʒu] *n.m.* [pl. *-oux*] gioiello.
bijouterie [biʒutʀi] *n.f.* **1** gioielleria **2** gioielli (*m.pl.*).
bijoutier [biʒutje] *agg.* [f. *-ère*] del gioiello, dei gioielli ♦ *n.m.* gioielliere.
bikini® [bikini] *n.m.* bikini®.
bilan [bilɑ̃] *n.m.* bilancio (consuntivo): *dresser un bilan*, fare un bilancio.
● ***bilan de faillite***, bilancio fallimentare | (*med.*) ***bilan de santé***, check-up | ***bilan en excédent***, ***en déficit***, bilancio attivo, passivo | ***déposer son bilan***, dichiarare fallimento.
bilatéral [bilateʀal] *agg.* [pl. *-aux*] bilaterale.
bilatéralement [bilateʀalm] *agg.* [pl. *-aux*] bilaterale.
bilboquet [bilbɔkɛ] *n.m.* bilboquet (giocattolo formato da un bastoncino e da una boccia legata a esso da una cordicella).
bile [bil] *n.f.* bile.
● ***ne te fais pas de bile!***, non farti cattivo sangue! | ***se faire de la bile***, (*fam.*) mangiarsi il fegato.
biler, se [səbile] *v.pron.intr.* (*fam.*) farsi cattivo sangue, rodersi il fegato.
bileux [bilø] *agg.* [f. *-euse*] (*fam.*) preoccupato.
bilharzie [bilaʀzi] *n.f.* (*biol.*) bilarzia, schistosoma (*m.*).
biliaire [biljɛʀ] *agg.* (*fisiol.*) biliare.
● (*anat.*) ***vésicule biliaire***, cistifellea.
bilieux [biljø] *agg.* e *n.m.* [f. *-euse*] bilioso.
bilingue [bilɛ̃g] *agg.* e *n.m.* e *f.* bilingue.
bilinguisme [bilɛ̃gɥism] *n.m.* bilinguismo.
bilirubine [biliʀybin] *n.f.* (*biochim.*) bilirubina.
billard [bijaʀ] *n.m.* **1** biliardo **2** (sala da) biliardo **3** (*fam.*) tavolo operatorio.
● ***monter***, ***passer sur le billard***, (*fam.*) subire un'operazione.
bille[1] [bij] *n.f.* **1** bilia; palla (da biliardo); boccetta **2** (*tecn.*) sfera **3** (*fam.*) testa, zucca.
bille[2] *n.f.* tronco (*m.*) (di legno).
billet [bijɛ] *n.m.* **1** biglietto: *prendre son billet*, fare il biglietto **2** (*comm.*) ricevuta (*f.*); scontrino; buono **3** (*giorn.*) corsivo.
● (*comm.*): ***billet à ordre***, effetto all'ordine, pagherò cambiario; ***billet à vue***, ***au porteur***, effetto a vista, al portatore | ***billet combiné***, biglietto combinato | (*comm.*): ***billet de banque***, banconota; ***billet de change***, cambiale, effetto | ***billet de chemin de fer***, biglietto ferroviario | ***billet doux***, ***galant***, biglietto galante, letterina d'amore | ***billet open***, biglietto open | ***billet panachable***, biglietto open jaw.
billetterie [bijetʀi] *n.f.* distributore (*m.*) automatico di banconote; (*fam.*) bancomat® (*m.*).
billevesée [bij/vəze] *n.f.* futilità.
billion [biljɔ̃] *n.m.* bilione.
billot [bijo] *n.m.* ceppo.
bilobé [bilɔbe] *agg.* **1** bilobato **2** (*arch.*) bilobo.
bimbeloterie [bɛ̃blɔtʀi] *n.f.* **1** ninnoli (*m.pl.*) **2** fabbricazione di ninnoli; commercio (*m.*) di ninnoli.
bimbo [bimbo] *n.f.* (*fam.*) bambolona sexy.
bimensuel [bimɑ̃sɥɛl] *agg.* [f. *-elle*] bimensile, quindicinale ♦ *n.m.* (periodico) bimensile.
bimestriel [bimɛstʀijɛl] *agg.* [f. *-elle*] bimestrale ♦ *n.m.* (periodico) bimestrale.
bi-mode [bimɔd] *agg.invar.* (*tel.*) dual band.
bimoteur [bimɔtœʀ] *agg.* e *n.m.* (*aer.*) bimotore.
binaire [binɛʀ] *agg.* binario.
biner [bineʀ] *v.tr.* (*agr.*) zappettare.
binette[1] [binɛt] *n.f.* (*agr.*) zappetta.
binette[2] *n.f.* **1** (*fam.*) faccia **2** (*inform.*) faccina, smiley (*m.*).

NOTA In informatica, la parola ***binette*** è raccomandata dalla *Délégation générale à la langue française et aux langues de France* (DGLF) tra tutte quelle comunemente utilizzate per indicare le faccine (*émoticône, frimousse, souriard, souriant, trombine, tronche, bouille, mimique, bonhomme sourire*).
Le più comuni *binettes* sono:
:-) *sourire* (sorriso)
:-(*tristesse, déception* (tristezza, delusione)
;-) *clin d'œil* (occhiolino)
:-D *rit de toutes ses dents* (risata di gusto)
:-P *tire la langue* (lingua di fuori)
:-X *ne parle pas, muet* (silenzio)
:-* *bisou* (bacino)
:-o *étonné, bouche bée* (stupore, a bocca aperta)
:'(*pleure* (pianto).

biniou [binju] *n.m.* biniou (cornamusa bretone).
binocle [binɔkl] *n.m.* occhiali (*pl.*) a stringinaso.

FAUX AMI
Da non confondere con *binocolo*, che si traduce *jumelle(s)*.

binoculaire [binɔkylɛʀ] *agg.* binoculare.
binôme [binom] *n.m.* (*mat.*) binomio.
bio [bio] *agg.* abbr. di **biologique**.
bio- *pref.* bio-.
biochimie [bjɔʃimi] *n.f.* biochimica.
biochimique [bjɔʃimik] *agg.* biochimico.

B

biochimiste [bjɔʃimist] ***n.m.*** e ***f.*** biochimico/a.
biodégradable [bjɔdegʀadable] ***agg.*** biodegradabile.
biodégradation [bjɔdegʀadasjɔ̃] ***n.f.*** (*biochim.*) biodegradazione.
biodiversité [bjodivɛʀsite] ***n.f.*** biodiversità.
bioéthique [bjɔetik] ***n.f.*** bioetica.
biogénétique [bjɔʒenetik] ***agg.*** biogenetico.
biographe [bjɔgʀaf] ***n.m.*** e ***f.*** biografo/a.
biographie [bjɔgʀafi] ***n.f.*** biografia.
biographique [bjɔgʀafik] ***agg.*** biografico.
bioinformatique [bjoɛ̃fɔʀmatik] ***n.f.*** bioinformatica.
biologie [bjɔlɔʒi] ***n.f.*** biologia.
biologique [bjɔlɔʒik] ***agg.*** biologico.
biologiste [bjɔlɔʒist] ***n.m.*** e ***f.*** biologo/a.
bionique [bjɔnik] ***n.f.*** bionica ♦ ***agg.*** bionico.
biophysique [bjɔfizik] ***n.f.*** biofisica.
biopsie [bjɔpsi] ***n.f.*** (*med.*) biopsia.
biopuce [bjopys] ***n.f.*** (*inform.*) biochip (*m.*).
biorythme [bjɔʀitm] ***n.m.*** bioritmo.
biosécurité [bjosekyʀite] ***n.f.*** biosicurezza.
biosphère [bjɔsfɛʀ] ***n.f.*** biosfera.
bioxyde [biɔksid] ***n.m.*** (*chim.*) biossido.
bip [bip] ***n.m.*** bip, segnale sonoro.
biparti [bipaʀti] ***agg.*** **1** (*bot.*) bipartito **2** (*pol.*) bipartitico: *un gouvernement biparti*, un bipartito.
bipartisme [bipaʀtism] ***n.m.*** bipartitismo.
bipartite [bipaʀtit] ***agg.invar.*** → **biparti**.
bipartition [bipaʀtisjɔ̃] ***n.f.*** bipartizione.
bipasse [bipɑs] ***n.m.*** (*med.*) by-pass.
bipède [bipɛd] ***agg.*** e ***n.m.*** e ***f.*** bipede.
biper [bipe] ***v.tr.*** chiamare con un bip.
bipeur [bipœʀ] ***n.m.*** cercapersone.
biphasé [bifaze] ***agg.*** (*fis.*) bifase.
biplace [biplas] ***agg.*** e ***n.m.*** (*aer.*) biposto.
bipolaire [bipɔlɛʀ] ***agg.*** (*scient.*) bipolare.
bique [bik] ***n.f.*** (*fam.*) capra.
● ***une grande bique***, una spilungona | ***vieille bique!***, (*di cavallo*) vecchio ronzino!; (*di persona*) vecchia strega!
biquet [bikɛ] ***n.m.*** (*fam.*) capretto.
biquette [bikɛt] ***n.f.*** (*fam.*) capretta.
birbe [biʀb] ***n.m.***
● ***vieux birbe***, vecchio barbogio, bacucco.
biréacteur [biʀeaktœʀ] ***agg.*** e ***n.m.*** (*aer.*) bireattore.
biréfringence [biʀefʀɛ̃ʒɑ̃s] ***n.f.*** (*fis.*) birifrangenza.
birème [biʀɛm] ***n.f.*** (*st. mar.*) bireme.
birman [biʀmɑ̃] ***agg.*** birmano ♦ ***n.m.*** (*lingua*) birmano.
Birman ***n.m.*** (*abitante*) birmano.
bis[1] [bi] ***agg.*** bigio.
bis[2] [bis] ***avv.*** e ***n.m.*** bis.
bis- ***pref.*** bis-.
bisaïeul [bizajœl] ***n.m.*** [f. *bisaïeule*, pl.m. *bisaïeuls*] bisnonno, bisavolo.
bisannuel [bizanɥɛl] ***agg.*** [f. *-elle*] biennale.
bisbille [bisbij] ***n.f.*** (*fam.*) battibecco (*m.*): *être en bisbille avec qqn*, litigare con qlcu.
biscornu [biskɔʀny] ***agg.*** **1** sbilenco, storto **2** (*fig.*) strambo, strampalato.
■ SIN. 2 bizarre.
biscotte [biskɔt] ***n.f.*** **1** fetta biscottata **2** (*inform.*) (*fam.*) dischetto (*m.*), floppy (*m.*).

FAUX AMI
Da non confondere con *biscotto*, che si traduce *biscuit*.

biscuit [biskɥi] ***n.m.*** **1** biscotto **2** dolce, torta (*f.*): *biscuit au chocolat*, torta al cioccolato **3** porcellana (*f.*) bianca e opaca.
● (*cuc.*): ***biscuit à la cuiller***, savoiardo; ***biscuit de Savoie***, pandispagna; ***biscuit glacé***, semifreddo.
biscuiter [biskɥite] ***v.tr.*** biscottare.
bise[1] [biz] ***n.f.*** (*vento*) tramontana.
bise[2] ***n.f.*** (*fam.*) bacio (*m.*), bacetto (*m.*), bacino (*m.*): *faire la bise*, dare un bacino | *se faire la bise*, baciarsi (reciprocamente) sulle guance; (*fig.*) rappacificarsi: *allez, on se fait la bise?*, allora, facciamo pace?
biseau [bizo] ***n.m.*** [pl. *-eaux*] taglio obliquo.
biseauter [bizote] ***v.tr.*** **1** (*tecn.*) bisellare, tagliare a smusso **2** (*al gioco*) segnare (le carte per barare).
bisexualité [bisɛksɥalite] ***n.f.*** bisessualità.
bisexué [bisɛksɥe] ***agg.*** bisessuato.
bisexuel [bisɛksɥɛl] ***agg.*** [f. *-elle*] bisessuale.
bismuth [bismyt] ***n.m.*** bismuto.
bison [bizɔ̃] ***n.m.*** (*zool.*) bisonte.

NOTA Creato nell'estate 1975 in seguito agli enormi ingorghi stradali, ***Bison futé*** (Bisonte astuto) è il servizio d'informazione del *Centre National d'Information Routière* (CNIR) il cui logo rappresenta un piccolo indiano dal viso simpatico. Fornisce (per radio, televisione, giornali o sul suo sito) informazioni in tempo reale sulla sicurezza stradale in Francia e in Europa, sullo stato delle strade, sui lavori in corso, sulle previsioni meteorologiche e di traffico secondo una classificazione identificata da colori.

bisontin [bizɔ̃tɛ̃] ***agg.*** di Besançon.
bisou [bizu] ***n.m.*** (*fam.*) bacino, bacio.
bisque [bisk] ***n.f.*** (*cuc.*) bisque (passato di pesce e frutti di mare).
bisquer [biske] ***v.intr.*** (*fam.*) indispettirsi.
bissectrice [bisɛktʀis] ***n.f.*** (*mat.*) bisettrice.
bisser [bise] ***v.tr.*** **1** bissare **2** chiedere il bis (**a**): *bisser un artiste*, chiedere il bis a un artista **3** (*Africa*) (*anno scolastico*) ripetere.
bissextile [bisɛkstil] ***agg.*** bisestile.
bistouille [bistuj] ***n.f.*** (*region.*) caffè (*m.*) corretto (con grappa).
bistouri [bistuʀi] ***n.m.*** bisturi.
bistre [bistʀ] ***n.m.*** bistro ♦ ***agg.invar.*** color bistro.
bistré [bistʀe] ***agg.*** di color bistro.
bistrer [bistʀe] ***v.tr.*** bistrare.
bistro(t) [bistʀo] ***n.m.*** bistrò, caffè, bar; osteria (*f.*); trattoria (*f.*) familiare.
bistrouiller [bistʀuje] ***v.tr.*** (*vino*) contraffare.
bit [bit] ***n.m.*** (*inform.*) bit.
● ***bit-clé***, ***bit de contrôle***, bit di controllo | ***bit drapeau***, bit di contrassegno | ***bit/pouce***, bit per pollice | ***bit/seconde***, bit al secondo | ***bit utile*** (o ***d'information***), bit utile, bit di dati | ***un million de bits***, un megabit.
biterrois [bitɛʀwa] ***agg.*** di Béziers.
bitte [bit] ***n.f.*** (*mar.*) bitta.
bitume [bitym] ***n.m.*** **1** bitume **2** (*fam.*) marciapiede, strada (*f.*).
bitumer [bityme] ***v.tr.*** bitumare.

bivalent [bivalɑ̃] *agg.* bivalente.
bivalve [bivalv] *agg.* e *n.m.* (*zool.*) bivalve.
bivouac [bivwak] *n.m.* bivacco.
● ***au bivouac***, all'addiaccio: *coucher au bivouac*, dormire all'addiaccio.
bivouaquer [bivwake] *v.intr.* bivaccare, dormire all'addiaccio.
bizarre [bizaʀ] *agg.* strambo, strano, bizzarro.
● ***c'est bizarre!***, che strano!
■ SIN. étrange CONTR. banal.
bizarrement [bizaʀmɑ̃] *avv.* stranamente, in modo strano, in modo bizzarro.
bizarrerie [bizaʀʀi] *n.f.* stramberia, stranezza, bizzarria.
bizut, **bizuth** [bizy] *n.m.* (*argot studentesco*) matricola (*f.*); (*estens.*) pivello, novellino.
bizutage [bizytaʒ] *n.m.* (*fam.*) **1** nonnismo **2** iniziazione (*f.*) delle matricole.
bla-bla [blabla] **bla-bla-bla** [blablabla] *n.m.invar.* (*fam.*) chiacchiera (*f.*); bla-bla.

NOTA Il giornalista Paul Gordeaux usava spesso questa parola di sua invenzione quando raccontava storie agli amici. Uno di questi, il direttore del celebre settimanale satirico *Canard Enchaîné*, riprese l'espressione nei suoi articoli, e nel 1978, la parola entrò a far parte del dizionario dell'*Académie française*.

blackbouler [blakbule] *v.tr.* **1** silurare **2** (*scuola*) bocciare.
blackie [blaki] *n.m.* e *f.* (*fam.*) persona (*f.*) nera.
blafard [blafaʀ] *agg.* smorto, livido.
blague [blag] *n.f.* **1** (*fam.*) frottola, balla **2** (*fam.*) scherzo (*m.*), burla **3** (*fam.*) stupidaggine, sproposito (*m.*) **4** barzelletta.
● ***blague à part***, (*molto fam.*) scherzi a parte | ***blague*** (***à tabac***), borsa per tabacco | ***prendre tout à la blague***, non prendere mai nulla sul serio | ***sans blague?***, ma davvero?, ma no!
blaguer [blage] *v.intr.* (*fam.*) **1** raccontare storie, fandonie **2** scherzare ♦ *v.tr.* (*fam.*) prendere in giro.
blagueur [blagœʀ] *n.m.* [f. *-euse*] (*fam.*) **1** burlone **2** ballista ♦ *agg.* scherzoso.
blair [blɛʀ] *n.m.* (*molto fam.*) **1** naso **2** viso.
blaireau [blɛʀo] *n.m.* [pl. *-eaux*] **1** (*zool.*) tasso **2** pennello (da barba) **3** (*fam.*) persona (*f.*) di idee ristrette, conformista, talpa (*f.*).
blairer [bleʀe] *v.tr.* (*fam.*) sopportare, soffrire: *je ne peux pas le blairer*, non posso vederlo.
blaisois [blɛzwa] *agg.* di Blois.
blâmable [blɑmabl] *agg.* biasimevole.
blamage [blamaʒ] *n.m.* (*Lussemburgo*) gaffe (*f.*).
blâme [blɑm] *n.m.* **1** biasimo, disapprovazione (*f.*) **2** (*scuola francese*) nota (*f.*) di biasimo.
blâmer [blɑme] *v.tr.* **1** biasimare **2** (*scuola francese*) dare una nota di biasimo (a).
blanc [blɑ̃] *agg.* [f. *blanche*] bianco ♦ *n.m.* **1** bianco: *habillé de blanc*, vestito di bianco **2** (uomo) bianco **3** (*fam.*) (vino) bianco **4** (*fam.*) bianchetto **5** bianco, biancheria (*f.*) da casa: *quinzaine du blanc*, fiera del bianco **6** (*fig.*) vuoto di memoria.
● ***blanc de blanc***, blanc de blanc (vino bianco originario dei Pirenei) | (*chim.*) ***blanc de plomb***, ***de céruse***, bianco di piombo, biacca | ***blanc de poulet***, petto di pollo | ***blanc d'œuf***, chiara d'uovo | ***à blanc***, a incandescenza; (*di sparo ecc.*) a salve: *chauffer à blanc*, portare a incandescenza; *tirer à blanc*, sparare a salve | ***arme blanche***, arma bianca | ***bulletin blanc***, scheda bianca | ***copie blanche***, foglio in bianco: *il a rendu copie blanche à l'examen*, ha consegnato il compito in bianco all'esame | ***en blanc***, in bianco: *peindre en blanc*, dipingere di bianco; (*banca*) *chèque en blanc*, cambiale in bianco | ***examen blanc***, preesame, esame scritto o orale di prova | (*tip.*) ***laisser des blancs***, lasciare degli spazi (bianchi, vuoti) | ***les hommes en blanc***, i chirurghi | (*med. fam.*) ***mal blanc***, giradito | ***mariage blanc***, matrimonio non consumato | ***nuit blanche***, notte in bianco: *passer une nuit blanche*, passare la notte in bianco | ***parler d'une voix blanche***, parlare con la voce strozzata.
blanc-bec [blɑ̃bɛk] *n.m.* [pl. *blancs-becs*] pivello.
blanchaille [blɑ̃ʃaj] *n.f.* (*zool.*) bianchetti (*m.pl.*).
blanchâtre [blɑ̃ʃɑtʀ] *agg.* biancastro.
blanche [blɑ̃ʃ] *n.f.* **1** (*mus.*) minima **2** (donna) bianca: *la traite des blanches*, la tratta delle bianche.
blancheur [blɑ̃ʃœʀ] *n.f.* biancore (*m.*), candore (*m.*).
blanchiment [blɑ̃ʃimɑ̃] *n.m.* **1** imbiancatura (*f.*) **2** (*tecn.*) (*di fibre tessili*) imbianchimento, candeggio; (*di liquidi e soluzioni*) decolorazione (*f.*): *blanchiment d'huiles*, decolorazione di oli **3** (*di denaro sporco*) riciclaggio.
● (*agr.*) ***blanchiment du riz***, pilatura del riso | (*tecn.*) ***produit de blanchiment***, sbiancante.
blanchir [blɑ̃ʃiʀ] *v.tr.* **1** imbiancare **2** pulire, lavare; (*fig.*) purificare, discolpare **3** (*cuc.*) sbollentare **4** (*tecn.*) (*fibre tessili*) sbiancare, candeggiare; (*liquidi e soluzioni*) decolorare **5** (*denaro sporco*) riciclare: *blanchir de l'argent*, riciclare denaro sporco ♦ *v.intr.* incanutire: *il a blanchi*, è imbianchito, gli sono venuti i capelli bianchi.
■ V.TR. CONTR. **2** nettoyer.
blanchissage [blɑ̃ʃisaʒ] *n.m.* **1** lavaggio, pulitura (*f.*): *envoyer le linge au blanchissage*, mandare a lavare la biancheria **2** (*del sale ecc.*) raffinazione (*f.*).
blanchissant [blɑ̃ʃisɑ̃] *agg.* sbiancante, candeggiante.
blanchisserie [blɑ̃ʃisʀi] *n.f.* lavanderia, stireria.
blanchisseur [blɑ̃ʃisœʀ] *n.m.* lavandaio.
● ***blanchisseur*** (***d'argent***), chi ricicla denaro sporco.
blanchisseuse [blɑ̃ʃisøz] *n.f.* lavandaia.
blanchon [blɑ̃ʃɔ̃] *n.m.* (*Canada*) cucciolo della foca.
blanc-manger [blɑ̃mɑ̃ʒe] *n.m.* [pl. *blancs-mangers*] (*cuc.*) biancomangiare (budino con mandorle tritate, zucchero, acqua di fiori d'arancio).
blanc-seing [blɑ̃sɛ̃] *n.m.* [pl. *blancs-seings*] (*dir.*) firma (*f.*) in bianco; documento firmato in bianco.
blanquette [blɑ̃kɛt] *n.f.* **1** (*cuc.*) blanquette (sorta di spezzatino di vitello) **2** (*enol.*) blanquette (vino bianco spumante del Sud della Francia).
blasé [blaze] *agg.* disincantato, disilluso, blasé ♦ *n.m.* persona (*f.*) disincantata.
blaser [blaze] *v.tr.* **1** disincantare **2** (*Senegal*) snobbare, ignorare ♦ **se blaser** *v.pron.intr.* diventare indifferente, stancarsi.
blason [blazɔ̃] *n.m.* blasone.
blasphémateur [blasfematœʀ] *n.m.* [f. *-trice*] bestemmiatore, blasfemo.
blasphématoire [blasfematwaʀ] *agg.* blasfemo.
blasphème [blasfɛm] *n.m.* bestemmia (*f.*); (*fig.*) insulto, ingiuria (*f.*).
blasphémer [blasfeme] *v.tr.* e *intr.* [coniug. come *céder*] bestemmiare; (*fig.*) insultare.

B

blatte [blat] *n.f.* (*zool.*) blatta, scarafaggio (*m.*).
blayais [blɛjɛ] *agg.* di Blaye.
blazer [blazœ(ɛ)ʀ] *n.m.* (*giacca*) blazer.
blé [ble] *n.m.* **1** grano, frumento **2** (*pl.*) messi (*f.*) **3** (*pl.*) campi di grano **4** (*argot*) grana (*f.*), soldi (*pl.*) **5** (*inform.*) (*fam.*) casella (*f.*) di posta elettronica, casella (*f.*) postale elettronica.
● ***blé de Turquie, d'Espagne***, granturco | (*Canada*) ***blé d'Inde***, mais | ***blé noir, sarrasin***, grano saraceno.
bled [blɛd] *n.m.* **1** (*Africa del Nord*) retroterra **2** (*fam. spreg.*) buco sperduto, angolo remoto.
blême [blɛm] *agg.* smorto, pallido.
blêmir [blemiʀ] *v.intr.* impallidire, illividire.
blende [blɛ̃d] *n.f.* (*min.*) blenda.
blennorragie [blenɔʀaʒi] *n.f.* (*med.*) blenorragia.
bléser [bleze] *v.intr.* [coniug. come *céder*] parlare con pronuncia blesa.
blésois [blezwa] *agg.* di Blois.
blessant [blɛsɑ̃] *agg.* offensivo.
blessé [blese] *agg.* e *n.m.* ferito (*anche fig.*).
blesser [blese] *v.tr.* **1** ferire (*anche fig.*) **2** far male (**a**): *mes souliers me blessent*, mi fanno male le scarpe ♦ **se blesser** *v.pron.intr.* e *pron.* ferirsi.
● ***blesser qqn au vif***, pungere qlcu nel vivo.
blessure [blesyʀ] *n.f.* ferita (*anche fig.*).
● (*dir.*) ***coups et blessures***, lesioni personali.
blet [blɛ] *agg.* [f. *-ette*] **1** (*di frutto*) troppo maturo, mezzo **2** (*fig.*) vizzo.
blette [blɛt] *n.f.* → **bette**.
blettir [bletiʀ] *v.intr.* (*di frutta*) avvizzire.
bleu [blø] *agg.* [pl. *bleus*] azzurro, celeste; blu: *le ciel est bleu*, il cielo è azzurro; *des yeux bleus*, occhi azzurri, celesti; *encre bleue*, inchiostro blu; *lèvres bleues de froid*, labbra livide per il freddo ♦ *n.m.* **1** azzurro, celeste; blu **2** livido, ammaccatura (*f.*) **3** (*abbigl.*) tuta (*f.*): *bleu de travail*, tuta da lavoro **4** (*fam.*) recluta (*f.*), matricola (*f.*) **5** (*Canada*) membro del partito conservatore **6** (*tip.*) (copia) cianografica (*f.*).
● ***bleu ciel***, celeste, azzurro cielo | (*cuc.*) ***bleu de Bresse, d'Auvergne***, formaggio erborinato | ***bleu marine***, blu scuro | ***bleu roi***, blu Savoia | ***bleu vert***, verdazzurro | (*Canada*) ***avoir les bleus***, essere giù di morale | (*cuc.*) ***bifteck bleu***, bistecca al sangue | ***contes bleus***, racconti fiabeschi, racconti delle fate | ***disque bleu***, disco orario | (*Belgio*) ***être bleu de***, (*fam.*) essere cotto di | ***la grande bleue***, (*fig. fam.*) il Mediterraneo | ***n'y voir que du bleu***, (*fig.*) non capirci nulla | ***passer au bleu***, (*fam.*) passare sotto silenzio, far sparire | ***période bleue***, differenziazione tariffaria della SNCF per i giorni e periodi meno affollati | ***se mettre dans une colère bleue***, (*fam.*) andare su tutte le furie | ***zone bleue***, zona disco.

NOTA ***Les bleus*** sono gli atleti francesi delle squadre nazionali che, quando partecipano alle gare internazionali, indossano la maglia azzurra con lo stemma del *coq gaulois*, emblema della Francia.

bleuâtre [bløɑtʀ] *agg.* bluastro, azzurrognolo.
bleuet [bløɛ] *n.m.* **1** fiordaliso **2** (*Canada*) mirtillo.
bleuir [bløiʀ] *v.tr.* rendere blu ♦ *v.intr.* diventare blu.
bleuté [bløte] *agg.* azzurrino, azzurrognolo: *des verres bleutés*, delle lenti azzurrate.
blindage [blɛ̃daʒ] *n.m.* **1** (*mil.*) blindatura (*f.*), corazzatura (*f.*) **2** (*tecn.*) rinforzo **3** (*edil., elettr.*) armatura (*f.*).
blindé [blɛ̃de] *agg.* **1** blindato, corazzato **2** (*elettr.*) schermato ♦ *n.m.* (*mil.*) mezzo corazzato.
blinder [blɛ̃de] *v.tr.* **1** blindare, corazzare **2** (*fig.*) vaccinare, rendere meno vulnerabile.
blini [blini] **blinis** [blinis] *n.m.* (*cuc.*) blinis (crêpe di grano saraceno servita con salmone affumicato o caviale).
blinquer [blɛ̃ke] *v.intr.* (*Belgio*) brillare, splendere ♦ *v.tr.* lustrare.
blister [blistɛʀ] *n.m.* blister.
bloc [blɔk] *n.m.* **1** blocco (*anche fig.*) **2** caseggiato popolare **3** (*molto fam.*) prigione (*f.*), guardina (*f.*).
● (*med.*) ***bloc cardiaque***, blocco cardiaco | (*tecn.*) ***bloc d'alimentation***, unità di alimentazione | (*aer.*) ***bloc de commande***, plancia di comando | (*sport*) ***bloc de départ***, blocco di partenza | (*inform.*) ***bloc de mémoire***, batteria di memoria | (*geol.*) ***bloc erratique***, masso erratico | ***à bloc***, al massimo, a fondo | ***en bloc***, in blocco | ***être gonflé à bloc***, (*fam.*) essere su di giri | ***faire bloc***, (*anche fig.*) fare blocco.
blocage [blɔkaʒ] *n.m.* **1** bloccaggio, blocco **2** (*edil.*) pietrisco **3** (*med.*) blocco **4** (*inform.*) stallo: *bloc du clavier*, blocco alla tastiera.
● (*econ.*) ***blocage des prix***, blocco dei prezzi | (*psic.*) ***blocage psychique***, blocco (emotivo) | (*mecc.*) ***à blocage automatique***, autobloccante.
bloc-cuisine [blɔkkɥizin] *n.m.* [pl. *blocs-cuisines*] cucina (*f.*) componibile.
bloc-diagramme [blɔkdjagʀam] *n.m.* [pl. *blocs-diagrammes*] diagramma a blocchi.
bloc-évier [blɔkevje] *n.m.* [pl. *blocs-éviers*] (*di cucina componibile*) lavello.
bloc-moteur [blɔkmɔtœʀ] *n.m.* [pl. *blocs-moteurs*] (*aut.*) blocco motore.
bloc-notes [blɔknɔt] *n.m.* [pl. *blocs-notes*] bloc-notes, blocco (per appunti).
blocus [blɔkys] *n.m.* blocco.
blog [blɔg] *n.m.* (*Internet*) blog.
blogeoisie [blɔʒwazi] *n.f.* (*Internet*) (*scherz.*) (*acronimo di* blog *e* bourgeoisie) élite dei blogger più noti.
blogiciel [blɔʒisjɛl] *n.m.* (*Internet*) blogware.
blogosphère [blɔgɔsfɛʀ] *n.f.* (*Internet*) blogsfera.
blogueur [blɔgœʀ] *n.m.* [f. *-euse*] (*Internet*) blogger.
blond [blɔ̃] *agg.* e *n.m.* biondo.
blondasse [blɔ̃das] *agg.* biondiccio, biondastro.
blonde [blɔ̃d] *n.f.* **1** (*donna*) bionda **2** birra chiara **3** (*fam.*) sigaretta, bionda.
● ***ma blonde***, (*fam.*) la mia donna.
blondeur [blɔ̃dœʀ] *n.f.* biondezza.
blondinet [blɔ̃dinɛ] *agg.* [f. *-ette*] biondino.
blondir [blɔ̃diʀ] *v.intr.* imbiondirsi, diventare biondo: *elle a blondi*, (si) è imbiondita ♦ *v.tr.* (*cuc.*) (far) dorare: *faire blondir les oignons*, far dorare le cipolle.
bloque [blɔk] *n.m.* e *f.* (*Belgio*) (*argot scolastico*) sgobbata (*f.*) finale (prima di un esame).
bloquer [blɔke] *v.tr.* **1** bloccare (*anche fig.*): *bloquer un boulon*, stringere a fondo un bullone; *bloquer la route*, ostruire la strada | (*calcio*) *bloquer* (*le ballon*), parare (il pallone) **2** (*econ.*) bloccare, congelare: *bloquer les salaires*, congelare i salari **3** (*psic.*) bloccare: *être bloqué*, essere bloccato **4** (*Belgio*) (*argot scolastico*) sgobbare (**su**) ♦ **se bloquer** *v.pron.intr.* **1** bloccarsi **2** (*psic.*) bloccarsi, avere un blocco.

bloqueur [blɔkœʀ] *n.m.* 1 (*baseball*) interbase (*f.*) 2 (*Belgio*) (*argot scolastico*) secchione, sgobbone.

blottir, se [sәblɔtiʀ] *v.pron.* rannicchiarsi.
■ SIN. se recroqueviller.

blousant [bluzɑ̃] *agg.* blusante.

blouse [bluz] *n.f.* 1 (*di operaio*) camiciotto (*m.*); (*di scolaro*) camice (*m.*), grembiule (*m.*) 2 (*da donna*) blusa, camicetta.

blouser[1] [bluze] *v.tr.* (*fam.*) fare fesso, infinocchiare ♦ **se blouser** *v.pron.intr.* (*fam.*) sbagliarsi di grosso.

blouser[2] *v.intr.* (*di abito*) essere blusante.

blouson [bluzɔ̃] *n.m.* giubbotto, blusotto.

blouson-noir [bluzɔ̃nwaʀ] *n.m.* [pl. *blousons-noirs*] teppista, giovane sbandato.

blues [bluz] *n.m.* (*mus.*) blues.
● ***avoir le blues***, essere depresso, essere giù di corda.

bluet [blyɛ] *n.m.* → **bleuet**.

bluetooth® [blutus] *n.m.invar.* (*inform.*) bluetooth®, connessione (*f.*) senza fili.

bluffer [blœfe] *v.intr.* bluffare ♦ *v.tr.* imbrogliare.

bluffeur [blœfœʀ] *n.m.* [f. *-euse*] bluffatore.

bluter [blyte] *v.tr.* abburattare, setacciare.

blutoir [blytwaʀ] *n.m.* vaglio, setaccio.

bmx [beɛmiks] *n.m.invar.* (*sport*) (*acronimo di* bicyle motocross) bmx (*f.*), bicicletta (*f.*) da cross ♦ *agg.invar.* bmx.

boa [bɔa] *n.m.* (*zool.*) boa.

bob [bɔb] *n.m.* 1 cappello di tela 2 (*sport*) bob.

bobard [bɔbaʀ] *n.m.* (*fam.*) frottola (*f.*), balla (*f.*).

bobèche [bɔbɛʃ] *n.f.* (*di candeliere*) padellina.

bobinage [bɔbinaʒ] *n.m.* 1 (*elettr.*) bobinatura (*f.*) 2 (*cine.*) avvolgimento su bobina 3 (*ind. tess.*) incannatura (*f.*).

bobine [bɔbin] *n.f.* 1 bobina 2 (*ind. tess.*) rocchetto (*m.*), spoletta 3 (*molto fam.*) faccia.
● (*inform.*) ***bobine de bande***, avvolgitore di nastro magnetico | (*cine.*) ***bobine débitrice***, bobina di alimentazione | (*inform.*) ***bobine de ruban***, anello del nastro | (*cine.*) ***bobine réceptrice***, bobina di avvolgimento.

bobiner [bɔbine] *v.tr.* 1 (*elettr.*) avvolgere 2 (*cine.*) bobinare 3 (*ind. tess.*) incannare.

bobo[1] [bɔbo] *n.m.* 1 (*linguaggio infantile*) bua (*f.*) 2 dolorino.

bobo[2] *agg.* e *n.m.* e *f.* (*fam.*) (*contrazione di* bourgeois -bohème) radical chic.

boboïser [boboize] *v.tr.* rendere bobo, radical chic.

bobologie [bobolɔʒi] *n.f.* (*fam.*) medicina per cure di lieve entità.

bobsleigh [bɔbslɛg] *n.m.* (*sport*) bob.

bocage [bɔkaʒ] *n.m.* (*poet.*) boschetto.

bocal [bɔkal] *n.m.* [pl. *-aux*] vaso, barattolo di vetro: *le bocal à poissons rouges*, il vaso dei pesci rossi.

boche [bɔʃ] *n.m.* (*spreg.*) tedesco, crucco.

bock [bɔk] *n.m.* 1 boccale da birra (da un quarto di litro) 2 (*med.*) irrigatore.

bodybuildé [bɔdibylde] *agg.* (*fam.*) palestrato.

boer [buʀ, bɔɛʀ] *agg.* [f. *-ère*] boero.

boette [bwɛt] *n.f.* esca.

bœuf [bœf] *n.m.* [pl. *bœufs* [bø]] 1 bue 2 (*cuc.*) manzo ♦ *agg.invar.* (*argot*) enorme; magnifico: *un effet bœuf*, un figurone.
● (*cuc.*): ***bœuf (à la) mode***, stufato di manzo; ***bœuf bourguignon***, stracotto di manzo | ***souffler comme un bœuf***, soffiare come un mantice | ***travailler comme un bœuf***, sgobbare come un mulo.

bof [bɔf] *inter.* boh, mah.

boggie [bɔgi, bɔʒi] *n.m.* (*ferr.*) carrello.

bogue[1] [bɔg] *n.f.* (*di castagna*) riccio (*m.*).

bogue[2] *n.m.* (*inform.*) errore di programma.

boguet [bɔgɛ] *n.m.* (*Svizzera*) ciclomotore.

bohème [bɔɛm] *n.m.* e *f.* bohémien ♦ *n.f.* bohème, scapigliatura ♦ *agg.* (da) bohémien, da artista.

NOTA Il termine ***bohème*** ha origini letterarie: si rifà all'opera narrativa di Henri Murger (1822-1861) *Scènes de la vie de bohème* che ispirò Illica e Giacosa per il libretto dell'opera lirica 'Bohème' di Giacomo Puccini.

bohémien [bɔemjɛ̃] *agg.* [f. *-enne*] boemo ♦ *n.m.* zingaro, gitano.

Bohémien *n.m.* [f. *-enne*] (*abitante*) boemo.

boire[1] [bwaʀ] *v.tr.* [pres.indic.: *je bois* etc., *nous buvons, vous buvez, ils boivent*; imperf.indic.: *je buvais* etc.; p.rem.: *je bus* etc.; fut.indic.: *je boirai* etc.; cond.: *je boirais* etc.; pres.cong.: *que je boive* etc., *que nous buvions, que vous buviez, qu'ils boivent*; imperf.cong.: *que je busse* etc.; p.pres.: *buvant*; p.p.: *bu*; imp.: *bois, buvons, buvez*] 1 bere 2 bere, assorbire: *ce papier boit l'encre*, questa carta assorbe l'inchiostro 3 (*fig.*) bere, bersi.
● ***boire une, la tasse***, (*fam.*) (*nuotando*) fare una bevuta, bere; (*estens.*) fallire | ***ce n'est pas la mer à boire***, (*fam.*) non è poi la fine del mondo | ***dans ce qu'il dit il y a à boire et à manger***, (*fig.*) c'è del buono e del cattivo in quel che dice | (*prov.*) ***qui a bu boira***, il lupo perde il pelo ma non il vizio.

boire[2] *n.m.* il bere.

bois [bwɑ] *n.m.* 1 legno; (*da bruciare*) legna (*f.*); (*da costruzione*) legname: *table en bois*, tavolo di legno 2 bosco: *bois de pins, de sapins*, pineta, abetaia 3 (*pl.*) (*zool.*) (*di cervi ecc.*) corna (*f.*), palchi 4 (*pl.*) (*mus.*) legni.
● ***bois blanc***, legno naturale | (*bot.*) ***bois gentil, joli***, dafne | ***bois vert***, legno verde | ***il est du bois dont on fait les généraux***, ha la tempra del condottiero | ***faire flèche de tout bois***, appigliarsi a tutti i mezzi, aiutarsi con le unghie e con i denti | ***on verra de quel bois je me chauffe***, si vedrà di che pasta sono fatto | ***touchons du bois***, tocchiamo ferro, legno.

boisage [bwazaʒ] *n.m.* armatura (*f.*) in legno.

boisé [bwaze] *agg.* boscoso.

boisement [bwazmɑ̃] *n.m.* imboschimento.

boiser [bwaze] *v.tr.* 1 (*miner.*) armare 2 imboschire, rimboschire.

boiserie [bwazʀi] *n.f.* rivestimento (*m.*) di legno.

boisseau [bwaso] *n.m.* [pl. *-eaux*] boisseau (antica misura per aridi corrispondente a 12,5 l).
● ***mettre qqch sous le boisseau***, nascondere la verità su, riguardo a qlco.

boisson [bwasɔ̃] *n.f.* bevanda (spec. alcolica), bibita.
● ***droit sur les boissons***, tassa sugli alcolici | ***s'adonner à la boisson***, darsi al bere.
■ SIN. breuvage.

boîte [bwat] *n.f.* 1 scatola 2 (*per conserve ecc.*) barattolo (*m.*); (*spec. per bibite*) lattina 3 (*fam.*) luogo (*m.*) di lavoro, ditta; scuola 4 locale (notturno); discoteca: *boîte (de nuit)*, locale (notturno), discoteca; *aller en boîte*, andare in discoteca.
● ***boîte à bachot***, (*fam.*) scuola privata (per studi inten-

sivi) | ***boîte à gants***, guantiera | ***boîte à malice***, scatola a sorpresa | ***boîte à musique***, carillon | ***boîte à outils***, cassetta degli attrezzi | ***boîte aux lettres***, cassetta, buca delle lettere | ***boîte aux lettres électronique***, casella (postale) elettronica | (*anat.*) ***boîte crânienne***, scatola cranica | (*cine.*) ***boîte de film***, pizza, scatola per pellicole | ***boîte de Pandore***, vaso di Pandora | (*aut.*) ***boîte de vitesses***, cambio | (*elettr.*) ***boîte d'extrémité***, terminale | (*aer., tecn.*) ***boîte noire***, scatola nera | ***boîte postale***, casella postale; cassetta, buca delle lettere | (*inform.*) ***boîte vocale***, casella vocale | ***mettre à la boîte***, (*lettera*) imbucare, impostare | ***mettre en boîte***, (*fam.*) prendere in giro.

boiter [bwate] *v.intr.* **1** zoppicare **2** (*estens.*) traballare.
■ SIN. **1** claudiquer.

boiterie [bwatʀi] *n.f.* zoppicamento (*m.*), claudicazione (*f.*).

boiteux [bwatø] *agg.* [f. *-euse*] zoppo; (*fig.*) zoppicante ♦ *n.m.* zoppo.

boîtier [bwatje] *n.m.* **1** cassetta (*f.*) a scomparti **2** (*di orologio ecc.*) cassa (*f.*) **3** (*tv*) decoder.

boitiller [bwatije] *v.intr.* zoppicare leggermente.

boitte [bwat] *n.f.* → **boette**.

boive [bwav] → **boire**[1].

bol[1] [bɔl] *n.m.* **1** ciotola (*f.*), tazza (*f.*), scodella (*f.*) **2** (*fam.*) fortuna (*f.*): *avoir du bol*, *manquer de bol*, avere, non avere fortuna.
● ***coup de bol***, (*fam.*) colpo di fortuna | ***ne pas se casser le bol***, non prendersela (affatto) | ***prendre un bol d'air***, prendere una boccata d'aria.

bol[2] *n.m.* bolo.

bolchevik, **bolchevique** [bɔlʃəvik] *agg.* e *n.m.* e *f.* bolscevico/a.

bolchevisme [bɔlʃəvism] *n.m.* (*pol.*) bolscevismo.

bolcheviste [bɔlʃəvist] *agg.* e *n.m.* e *f.* bolscevico/a.

bolduc [bɔldyk] *n.m.* nastro per regali.

bolé [bɔle] *agg.* (*Canada*) intelligente.

bolée [bɔle] *n.f.* contenuto (*m.*) di una ciotola.

boléro [bɔleʀo] *n.m.* bolero.

bolet [bɔlɛ] *n.m.* (*bot.*) boleto, porcino.
■ SIN. cèpe.

bolide [bɔlid] *n.m.* bolide (*anche fig.*).

bolivien [bɔlivjɛ̃] *agg.* [f. *-enne*] boliviano.

Bolivien *n.m.* [f. *-enne*] (*abitante*) boliviano.

bolonais [bɔlɔnɛ] *agg.* bolognese.

Bolonais *n.m.* (*abitante*) bolognese.

bombage [bɔ̃baʒ] *n.m.* **1** il disegnare o scrivere con bombola spray **2** graffito.
■ SIN. **1** graff, tag.

bombance [bɔ̃bɑ̃s] *n.f.* bisboccia, baldoria.

bombarde [bɔ̃baʀd] *n.f.* (*mil., mus.*) bombarda.

bombardement [bɔ̃baʀdəmɑ̃] *n.m.* bombardamento.

bombarder [bɔ̃baʀde] *v.tr.* bombardare.

bombardier [bɔ̃baʀdje] *n.m.* bombardiere.

bombe[1] [bɔ̃b] *n.f.* **1** bomba **2** bombola, bomboletta (spray).
● (*cuc.*) ***bombe glacée***, gelato simile al tartufo | ***à toute bombe***, in gran fretta | ***attentat à la bombe***, attentato dinamitardo.

bombe[2] *n.f.* (*fam.*) baldoria.

bombé [bɔ̃be] *agg.* bombato, convesso.

bomber [bɔ̃be] *v.tr.* **1** rendere convesso **2** scrivere, dipingere con la bombola spray; coprire di graffiti ♦ *v.intr.* essere convesso.
● ***bomber le torse***, starsene tutto impettito.

bombyx [bɔ̃biks] *n.m.* (*zool.*) bombice.

bôme [bom] *n.f.* (*mar.*) boma (*m.*).

bon[1] [bɔ̃] *agg.* [f. *bonne*] **1** buono **2** buono, bravo, giusto: *est-ce la bonne route?*, siamo sulla strada giusta?; *il n'est pas bon en maths*, non è bravo in matematica **3** (*con valore rafforzativo*) buono, bello: *un bon bout de chemin*, un bel pezzo di strada ♦ *n.m.* **1** (*persona buona*) buono **2** (*cosa buona*) buono, bene: *il est bon que vous le sachiez*, è bene che lo sappiate; *juger, croire, trouver bon de*, credere opportuno **3** (*tip.*) vive ♦ *avv.* bene: *sentir bon*, avere un buon odore, profumo; *il fait bon, aujourd'hui*, è bel tempo, si sta bene, è bello oggi; *il fait bon vivre*, è bello vivere ♦ *inter.* d'accordo, intesi: *ah bon?*, davvero?
● ***bon à jeter***, da buttare | ***bon à manger***, buono da mangiare | ***bon à savoir***, buono a sapersi | (*tip.*) ***bon à tirer***, visto si stampi | ***bon pour le service***, (*alla leva militare*) abile | ***bonne foi***, buonafede | ***à quoi bon?***, a cosa serve? | ***(c'est) bon!***, va bene!, d'accordo! | ***elle est bien bonne!***, questa è proprio buona, bella! | ***en bon aristocrate***, da vero aristocratico | ***en raconter de bonnes***, raccontarne delle belle | ***faites comme bon vous semble***, faccia come crede | ***on est bon!***, (*fam.*) siamo fritti!: *voilà les flics, on est bon!*, arriva la polizia, siamo fritti! | ***pour (tout) de bon***, per davvero | ***tenir bon***, tenere duro, resistere | ***tenir le bon bout***, essere a buon punto, avercela quasi fatta.
■ AGG. e N.M. CONTR. **1** mauvais, méchant.

bon[2] *n.m.* (*comm.*) buono.
● ***bon au porteur***, obbligazione al portatore | ***bon de caisse***, buono di cassa | ***bons d'essence***, coupons | ***bon de jouissance***, buono fruttifero | ***bon de livraison***, bolla di consegna.

bonace [bɔnas] *n.f.* bonaccia.

bonapartisme [bɔnapaʀtism] *n.m.* (*st.*) bonapartismo.

bonapartiste [bɔnapaʀtist] *agg.* e *n.m.* e *f.* (*st.*) bonapartista.

bonasse [bɔnas] *agg.* bonaccione.

FAUX AMI
Da non confondere con *bonaccia*, che si traduce *bonace*.

bonbon [bɔ̃bɔ̃] *n.m.* caramella (*f.*).

bonbonne [bɔ̃bɔn] *n.f.* damigiana.

bonbonnière [bɔ̃bɔnjɛʀ] *n.f.* bomboniera.

bon-chrétien [bɔ̃kʀetjɛ̃] *n.m.* [pl. *bons-chrétiens*] (*pera*) spadona (*f.*).

bond [bɔ̃] *n.m.* balzo; salto.
● ***faire faux bond***, (*fig.*) mancare a un impegno, a un appuntamento | ***saisir la balle au bond***, (*fig.*) cogliere la palla al balzo.
■ SIN. saut.

bonde [bɔ̃d] *n.f.* **1** foro (*m.*) di scarico **2** (*di lavandino*) tappo (*m.*) **3** (*di botte*) cocchiume (*m.*), zipolo (*m.*).

bondé [bɔ̃de] *agg.* stipato, gremito.
■ SIN. bourré CONTR. vide.

bonder [bɔ̃de] *v.tr.* stivare.

bondieuserie [bɔ̃djøzʀi] *n.f.* **1** (*fam.*) bigottismo (*m.*) **2** (*pl.*) (*spreg.*) oggetti (*m.*) di pietà (spec. dozzinali).

bondir [bɔ̃diʀ] *v.intr.* **1** saltare; balzare **2** (*fig. fam.*) sobbalzare, saltare: *à ces mots, il bondit*, a queste parole sobbalzò; *cela me fait bondir*, la cosa mi fa andare in bestia.
■ SIN. **1** sauter.

bondissant [bɔ̃disɑ̃] *agg.* balzante, saltellante.

bonheur [bɔnœʀ] *n.m.* 1 fortuna (*f.*) 2 felicità (*f.*).
● ***au petit bonheur***, (*fam.*) a casaccio | ***avec un rare bonheur***, molto felicemente | ***j'ai le bonheur de***, ho il piacere di | ***par bonheur***, per fortuna.
■ CONTR. malheur.

bonhomie [bɔnɔmi] *n.f.* bonarietà, bonomia.

bonhomme [bɔnɔm] *n.m.* 1 buonuomo; (*fam.*) uomo, tipo 2 (*fam.*) (*bambino*) ometto ♦ *agg.* bonario; ingenuo.
● ***bonhomme de neige***, pupazzo di neve | (*Canada*) ***bonhomme sept heures***, babau (personaggio che fa paura ai bambini) | ***aller son petit bonhomme de chemin***, (*fig. fam.*) tirar dritto per la propria strada.

boni [bɔni] *n.m.* (*comm.*) utile, profitto, avanzo.
● ***boni de budget***, residuo di bilancio.

boniche [bɔniʃ] *n.f.* (*spreg.*) servetta.

bonification [bɔnifikasjɔ̃] *n.f.* 1 (*di terreno*) bonifica 2 (*comm.*) bonifico (*m.*); premio (*m.*); sconto (*m.*) 3 (*Borsa*) deporto (*m.*) 4 (*sport*) abbuono (*m.*).

bonifier [bɔnifje] *v.tr.* bonificare (*anche econ.*) ♦ **se bonifier** *v.pron.intr.* migliorare.
● (*econ.*): ***bonifier qqn d'une remise***, concedere uno sconto a qlcu; ***bonifier un déficit***, colmare un ammanco; ***bonifier une perte***, risarcire una perdita.

boniment [bɔnimɑ̃] *n.m.* imbonimento: *faire du boniment à qqn*, incantare qlcu con belle parole.

bonimenteur [bɔnimɑ̃tœʀ] *n.m.* [f. *-euse*] imbonitore.

bonjour [bɔ̃ʒuʀ] *n.m.* buongiorno.
● ***avoir le bonjour de qqn***, ricevere i saluti da qlcu | ***bien le bonjour!***, (*fam.*) salve! | ***dire bonjour à qqn***, (*fam.*) salutare qlcu.

NOTA L'interiezione familiare ***T'as le bonjour d'Alfred!*** (Tanti saluti a casa!) viene utilizzata per congedarsi bruscamente o sbarazzarsi di una persona inopportuna.

bonne [bɔn] *n.f.* cameriera.
● ***bonne à tout faire***, (domestica) tuttofare | ***bonne d'enfants***, bambinaia.

bonne-maman [bɔnmamɑ̃] *n.f.* [pl. *bonnes-mamans*] (*fam. antiq.*) nonnina.

bonnement [bɔnmɑ̃] *avv.* alla buona; schiettamente: *tout bonnement*, con tutta semplicità; *il est tout bonnement insupportable*, è veramente insopportabile.

bonnet [bɔnɛ] *n.m.* berretto; cuffia (*f.*); (*eccl.*) berretta (*f.*).
● ***bonnet à poil***, colbacco | ***bonnet de bain***, cuffia da bagno | ***c'est bonnet blanc et blanc bonnet***, se non è zuppa è pan bagnato | ***un gros bonnet***, un pezzo grosso | ***mettre, avoir son bonnet de travers***, avere la luna di traverso | ***prendre qqch sous son bonnet***, prendersi la responsabilità di qlco | ***triste comme un bonnet de nuit***, triste come un funerale.

bonneteau [bɔnto] *n.m.* gioco delle tre carte.

bonneterie [bɔnɛtʀi] *n.f.* 1 maglificio (*m.*); calzificio (*m.*) 2 maglieria; biancheria intima.

bonnetier [bɔntje] *n.m.* [f. *-ère*] fabbricante, rivenditore di articoli di maglieria.

bonnevillois [bɔnvilwa] *agg.* di Bonneville.

bonniche [bɔniʃ] *n.f.* → **boniche**.

bon-papa [bɔ̃papa] *n.m.* [pl. *bons-papas*] (*fam. antiq.*) nonnino.

bonsai [bɔnzaj] *n.m.* bonsai.

bonsoir [bɔ̃swaʀ] *n.m.* buonasera (*f.*).

bonté [bɔ̃te] *n.f.* 1 bontà: *voulez-vous avoir la bonté de m'expédier cette lettre?*, vuol essere così gentile da spedirmi questa lettera? 2 (*pl.*) cortesie: *avoir mille bontés pour qqn*, colmare qlcu di cortesie.
■ SIN. 1 bienveillance.

bonus [bɔnys] *n.m.* 1 abbuono; dividendo 2 (*assic.*) riduzione del premio RCA in caso di non incidente 3 (*di DVD*) bonus, supplementi (*pl.*).
● (*econ.*): ***bonus en actions***, azioni gratuite; ***bonus en espèces***, dividendo supplementare straordinario pagato agli azionisti.

bonze [bɔ̃z] *n.m.* (*buddismo*) bonzo (*anche fig.*).

boomerang [bumʀɑ̃g] *n.m.* boomerang.

booster [bustœʀ] *n.m.* (*elettr.*) booster.

boots [buts] *n.m.pl.* stivaletti.

boqueteau [bɔkto] *n.m.* [pl. *-eaux*] boschetto.

borax [bɔʀaks] *n.m.* (*chim.*) borace.

borborygme [bɔʀbɔʀigm] *n.m.* 1 (*med.*) borborigmo 2 (*fig.*) farfugliamento.

bord [bɔʀ] *n.m.* 1 orlo, bordo: *bord du lit*, sponda del letto; *bord du chapeau*, falda, tesa del cappello 2 (*di mare, fiume ecc.*) costa (*f.*), riva (*f.*) 3 (*mar.*) bordo: *hommes du bord*, uomini dell'equipaggio.
● ***au bord de***, sull'orlo di: *au bord de la mer*, in riva al mare; *au bord de la route*, sul ciglio della strada; *être au bord des larmes*, stare per piangere | ***être du même bord***, (*fig.*) avere le stesse idee (politiche) | ***jeter par-dessus bord***, gettare a mare | ***mettre bord à bord***, far combaciare | ***plein jusqu'au bord, à ras bord***, (*di bicchiere ecc.*) raso, pieno fino all'orlo | ***sur les bords***, appena appena, un pochino | ***virer de bord***, (*fig.*) cambiar parere.

bordage [bɔʀdaʒ] *n.m.* 1 bordatura (*f.*), orlatura (*f.*) 2 (*pl.*) (*di nave*) fasciame (*sing.*).

bordeaux [bɔʀdo] *n.m.* 1 (*vino*) bordeaux 2 (*colore*) bordò, bordeaux ♦ *agg.invar.* bordò, bordeaux.

bordée [bɔʀde] *n.f.* 1 (*mar.*) bordata, bordo (*m.*) 2 (*artiglieria*) bordata (*anche fig.*): *bordée d'injures*, bordata, scarica d'insulti 3 (*mar.*) guardia.
● ***tirer, courir une bordée***, (*mar.*) bordeggiare; (*fig. fam.*) darsi ai bagordi.

bordel [bɔʀdɛl] *n.m.* bordello (*anche fig.*): *faire bordel*, fare casino.

bordelais [bɔʀdəlɛ] *agg.* di Bordeaux.

Bordelais *n.m.* abitante di Bordeaux.

border [bɔʀde] *v.tr.* 1 orlare, bordare 2 rimboccare le coperte (a): *border qqn*, rimboccare le coperte a qlcu 3 costeggiare, fiancheggiare 4 (*mar.*) (*vela*) bordare.

bordereau [bɔʀdəʀo] *n.m.* [pl. *-eaux*] (*comm.*) borderò; distinta (*f.*).
● ***bordereau de livraison***, bolletta di consegna | ***bordereau des pièces***, elenco dei documenti.

bordier [bɔʀdje] *agg.* [f. *-ère*] (*Svizzera*) residente, frontista.

bordure [bɔʀdyʀ] *n.f.* 1 bordura; orlo (*m.*); (*di bosco*) limitare (*m.*) 2 (*mar.*) bordame (*m.*).
● ***bordure de trottoir***, cordone di marciapiede | ***en bordure***, sul bordo: *en bordure du sentier*, sul ciglio del sentiero.

bore [bɔʀ] *n.m.* (*chim.*) boro.

boréal [bɔʀeal] *agg.* [pl. *-als*, *-aux*] boreale.

borgne [bɔʀɲ] *agg.* 1 cieco da un occhio, guercio 2 (*fig.*) malfamato ♦ *n.m.* e *f.* cieco/a da un occhio, guercio/a.
● ***fenêtre borgne***, finestra cieca.

B

borinage [bɔʀinaʒ] ***n.m.*** (*region.*) estrazione (*f.*) del carbone.

borique [bɔʀik] ***agg.*** (*chim.*) borico.

bornage [bɔʀnaʒ] ***n.m.*** picchettazione (*f.*), delimitazione (*f.*) di confini.

borne [bɔʀn] ***n.f.*** **1** termine (*m.*) **2** (*elettr.*) morsetto (*m.*) **3** (*pl.*) confini (*m.*), limiti (*m.*) **4** (*fam.*) chilometro (*m.*) **5** (*mat.*) limite (*m.*), estremo (*m.*) **6** (*elettr.*) terminale (*m.*).
● ***borne d'incendie, d'alarme***, colonnina antincendio, di soccorso | (*inform.*) ***borne interactive***, barra interattiva | ***borne*** (***kilométrique***), pietra miliare; (*fam.*) chilometro, paracarro, colonnina (al bordo delle strade) | ***sans bornes***, (*anche fig.*) sconfinato, senza limiti.

borné [bɔʀne] ***agg.*** limitato (*anche fig.*).

borne-fontaine [bɔʀnəfɔ̃tɛn] ***n.f.*** [pl. *bornes-fontaines*] fontana a colonnetta.

borner [bɔʀne] ***v.tr.*** delimitare, limitare: *borner une terre*, segnare i confini di un fondo ♦ **se borner** ***v.pron.*** limitarsi.

Boschimans [bɔʃimɑ̃] ***n.m.pl.*** boscimani.

bosco [bɔsko] ***n.m.*** (*mar.*) nostromo.

bosniaque [bɔsnjak] ***agg.*** bosniaco ♦ ***n.m.*** (*lingua*) bosniaco.

bosnien [bɔsnjɛ̃] ***agg.*** [f. *-enne*] bosniaco.

Bosnien ***n.m.*** [f. *-enne*] (*abitante*) bosniaco.

bosquet [bɔskɛ] ***n.m.*** boschetto.

bossage [bɔsaʒ] ***n.m.*** (*arch.*) bugnato.

bosse [bɔs] ***n.f.*** **1** gobba **2** cunetta: *les bosses du terrain*, le gibbosità del terreno **3** bernoccolo (*m.*) (*anche fig.*): *il a la bosse des affaires*, ha il bernoccolo degli affari **4** (*anat.*) bozza **5** ammaccatura.
● ***rouler sa bosse***, scorrazzare, vagabondare.

bosseler [bɔsle] ***v.tr.*** [coniug. come *appeler*] **1** lavorare a sbalzo **2** ammaccare ♦ **se bosseler** ***v.pron.intr.*** ammaccarsi.

bosser [bɔse] ***v.tr.*** (*fam.*) sgobbare (**per**).
■ SIN. bûcher.

bosseur [bɔsœʀ] ***agg.*** e ***n.m.*** [f. *-euse*] (*fam.*) sgobbone.

bossu [bɔsy] ***agg.*** e ***n.m.*** gobbo.
● ***rire comme un bossu***, ridere a crepapelle.

bot [bo] ***agg.*** (*med.*) (*di piede o mano*) deforme.

botanique [bɔtanik] ***agg.*** botanico ♦ ***n.f.*** botanica.

botaniste [bɔtanist] ***n.m.*** e ***f.*** botanico/a.

botte[1] [bɔt] ***n.f.*** mazzo (*m.*), fascio (*m.*): *une botte de paille*, una balla di paglia; *une botte d'asperges*, un mazzo di asparagi.

FAUX AMI
Da non confondere con l'italiano *botte*, che si traduce *tonneau*, né con *botta* che si traduce *coup*.

botte[2] ***n.f.*** stivale (*m.*).
● ***en avoir plein les bottes***, (*fam.*) averne piene le tasche | ***être sous la botte de***, essere oppresso da.

botte[3] ***n.f.*** (*sport*) (*scherma*) botta.
● ***porter, pousser une botte***, (*fig.*) fare una domanda imbarazzante.

botté [bɔte] ***agg.*** calzato di, con gli stivali.
● (*lett.*) ***Le chat botté***, Il gatto con gli stivali.

botteler [bɔtle] ***v.tr.*** [coniug. come *appeler*] affastellare, legare in fasci, legare in mazzi.

botter [bɔte] ***v.tr.*** **1** (far) mettere gli stivali (**a**) **2** prendere a calci: *botter les fesses à qqn*, (*fam.*) prendere a calci qlcu **3** (*calcio*) (*pallone*) colpire, tirare.
● ***ça me botte***, (*fam.*) mi va bene.

botteur [bɔtœʀ] ***n.m.*** (*rugby*) tiratore.

bottier [bɔtje] ***n.m.*** calzolaio.

bottillon[1] [bɔtijɔ̃] ***n.m.*** mazzetto (di verdura).

bottillon[2] ***n.m.*** **1** polacchina (*f.*) **2** doposci.

bottin [bɔtɛ̃] ***n.m.*** (*tel.*) elenco degli abbonati.
● ***Bottin mondain***, (*annuario delle personalità*) Chi è?, Who's who?

bottine [bɔtin] ***n.f.*** stivaletto (*m.*).

botulisme [bɔtylism] ***n.m.*** (*med.*) botulismo.

boubou [bubu] ***n.m.*** lunga tunica (*f.*) (usata dagli africani).

bouc [buk] ***n.m.*** **1** becco, capro **2** (*barba*) pizzo.
● ***bouc émissaire***, (*anche fig.*) capro espiatorio.

FAUX AMI
Da non confondere con *buco*, che si traduce *trou*.

boucan [bukɑ̃] ***n.m.*** (*fam.*) baccano.
■ SIN. raffut.

boucane [bukan] ***n.f.*** (*Canada*) fumo (*m.*).

boucaner [bukane] ***v.tr.*** (*carne ecc.*) affumicare.

bouchage [buʃaʒ] ***n.m.*** otturazione (*f.*); (*di bottiglie*) tappatura (*f.*).

bouche [buʃ] ***n.f.*** **1** bocca **2** (*pl.*) (*geogr.*) foci, bocche.
● ***bouche cousue!***, acqua in bocca! | ***bouche d'air***, sfiatatoio | ***bouche d'eau***, presa d'acqua | ***bouche d'égout***, tombino | ***bouche de métro***, entrata della metropolitana | ***bouche d'incendie***, idrante | ***à la bouche***, in bocca | ***de bouche à oreille***, di bocca in bocca | ***en avoir plein la bouche, avoir toujours qqn, qqch à la bouche***, parlare sempre di qlcu, di qlco | ***faire la fine bouche***, fare lo schizzinoso | ***je le tiens de sa bouche***, l'ho saputo direttamente da lui | ***parler par la bouche de qqn***, parlare per bocca di qlcu | ***pour la bonne bouche***, per rifarsi la bocca | ***une fine bouche***, un buongustaio.

bouché [buʃe] ***agg.*** **1** tappato, ostruito (*anche fig.*): *lavabo bouché*, lavandino intasato; *périphérique bouchée*, tangenziale bloccata dal traffico; *carrière bouchée*, carriera senza sbocchi **2** (*fam.*) ottuso, stupido.
● ***temps bouché***, cielo coperto.

bouche-à-bouche [buʃabuʃ] ***n.m.invar.*** (*med.*) respirazione (*f.*) bocca a bocca.

bouche-bouteilles [buʃbutɛj] ***n.m.invar.*** turabottiglie.

bouchée [buʃe] ***n.f.*** boccone (*m.*).
● (*cuc.*) ***bouchée à la reine***, vol-au-vent ripieno di animelle, funghi ecc. | ***bouchée de chocolat***, cioccolatino ripieno | ***mettre les bouchées doubles***, (*fig.*) accelerare i tempi | ***ne faire qu'une bouchée de qqn***, (*fig.*) mangiarsi qlcu in un boccone | ***pour une bouchée de pain***, per un tozzo di pane.

boucher[1] [buʃe] ***v.tr.*** tappare, turare; ostruire ♦ **se boucher** ***v.pron.intr.*** otturarsi, tapparsi: *le tuyau s'est bouché*, si è otturato il tubo ♦ ***v.pron. indiretto*** otturarsi, turarsi: *se boucher les oreilles*, turarsi le orecchie.

boucher[2] ***n.m.*** [f. *-ère*] macellaio (*anche fig.*).

boucherie [buʃʀi] ***n.f.*** **1** macelleria **2** (*fig.*) carneficina, massacro (*m.*).
● ***animaux de boucherie***, bestie da macello.

bouche-trou [buʃtʀu] ***n.m.*** [pl. *bouches-trous*] (*fam.*) tappabuchi: *servir de bouche-trou*, fare da tappabuchi.

bouchon [buʃɔ̃] *n.m.* 1 tappo, turacciolo 2 (*estens.*) ingorgo 3 (*pesca*) sughero, galleggiante.
● ***bouchon de cérumen***, tappo di cerume | ***bouchon de paille***, bracciata di paglia | (*aut.*) ***bouchon de vidange***, tappo di scarico dell'olio | ***bouchon lyonnais***, trattoria casalinga (di Lione).

FAUX AMI
Da non confondere con *boccone*, che si traduce *bouchée*.

bouchonner [buʃɔne] *v.tr.* 1 strofinare con la paglia 2 (*fam.*) coccolare 3 appallottolare ♦ *v.intr.* formare un ingorgo.

bouchot [buʃo] *n.m.* vivaio di mitili.

bouclage [buklaʒ] *n.m.* 1 (*elettr.*) allacciamento 2 (*mil.*) accerchiamento a tenaglia 3 (*fam.*) messa (*f.*) sotto chiave.

boucle [bukl] *n.f.* 1 fibbia, borchia 2 (*di capelli*) ricciolo (*m.*) 3 anello (*m.*) di ferro 4 (*di fiume*) ansa 5 (*biol.*) avvolgimento (*m.*), ansa: *boucle d'ADN*, avvolgimento del DNA.
● ***boucle*** (***d'oreille***), orecchino.

NOTA ***La grande boucle*** è il nome dato al *Tour de France*, la celebre corsa ciclistica a tappe.

bouclé [bukle] *agg.* ricciuto, inanellato.

boucler [bukle] *v.tr.* 1 allacciare 2 chiudere: *boucler une porte*, chiudere a chiave una porta 3 arricciare 4 accerchiare: *la police a bouclé le quartier*, la polizia ha accerchiato il quartiere 5 portare a termine ♦ *v.intr.* essere riccioluto ♦ **se boucler** *v.pron.* rinchiudersi.
● ***boucler la boucle***, chiudere il cerchio | (*comm.*) ***boucler un budget***, far quadrare un bilancio | ***boucler un voleur***, (*fam.*) mettere un ladro al fresco | ***boucle-la!***, (*fam.*) chiudi il becco!
■ *V.TR.* SIN. 3 friser.

bouclette [buklɛt] *n.f.* 1 fibbietta 2 (*di capelli*) ricciolino (*m.*).

bouclier [buklije] *n.m.* 1 scudo (*anche fig.*): *faire bouclier de son corps à qqn*, fare da scudo a qlcu con il proprio corpo 2 (*mecc.*) piastra (*f.*) di sostegno 3 (*zool.*) corazza (*f.*), carapace.
● ***bouclier antimissile***, scudo antimissile | ***bouclier humain***, scudo umano | (*tecn.*) ***bouclier thermique***, scudo termico.

bouddha [buda] *n.m.* budda.

bouddhisme [budism] *n.m.* buddismo.

bouddhiste [budist] *agg.* e *n.m.* e *f.* buddista.

bouder [bude] *v.intr.* fare il broncio, avere il muso ♦ *v.tr.* 1 tenere il broncio (a): *il nous boude*, ci tiene il broncio 2 snobbare: *bouder un nouveau produit*, snobbare un nuovo prodotto ♦ **se bouder** *v.pron.rec.* tenersi il broncio.
● ***ne pas bouder à table***, (*fam.*) avere un ottimo appetito.

bouderie [budʀi] *n.f.* broncio (*m.*).

boudeur [budœʀ] *agg.* [f. *-euse*] imbronciato; scontroso ♦ *n.m.* musone.

boudin [budɛ̃] *n.m.* 1 (*cuc.*) sanguinaccio 2 (*arch.*) cordone 3 spirale (*f.*) d'acciaio 4 (*fam.*) bruttona (*f.*).
● (*cuc.*) ***boudin blanc***, salsiccia di carne bianca | ***ressort à boudin***, molla (a spirale) | ***s'en aller en eau de boudin***, (*fam.*) andare in fumo.

boudiné [budine] *agg.* (*in un vestito ecc.*) fasciato.
● ***doigts boudinées***, dita grassocce.

boudoir [budwaʀ] *n.m.* 1 boudoir, salottino per signora 2 biscotto ricoperto di zucchero.

boue [bu] *n.f.* 1 fango (*m.*) 2 (*in un recipiente*) residuo (*m.*), fondo (*m.*).
● ***boues industrielles***, ***d'épuration***, fanghi industriali, di depurazione | (*med.*) ***bains de boues***, fanghi.

B

bouée [bwe] *n.f.* (*mar.*) boa; gavitello (*m.*).
● ***bouée de sauvetage***, (*anche fig.*) salvagente.

boueux [bwø] *agg.* [f. *-euse*] fangoso ♦ *n.m.* (*fam.*) netturbino, spazzino.

bouffant [bufɑ̃] *agg.* 1 gonfio 2 (*abbigl.*) (*di manica ecc.*) a sbuffo.

bouffarde [bufaʀd] *n.f.* (*fam.*) (grossa) pipa.

bouffe[1] [buf] *agg.* (*teatr.*) buffo, comico.

bouffe[2] *n.f.* 1 abbuffata, scorpacciata 2 cibo (*m.*).
● ***faire la bouffe***, far da mangiare | ***porté sur la bouffe***, amante della buona tavola.

bouffée [bufe] *n.f.* 1 (*di vento*) folata; (*di odore*) zaffata; (*di calore*) vampata; (*di sigaretta*) boccata 2 (*fig.*) accesso (*m.*).
● ***par bouffées***, a intervalli.

bouffer [bufe] *v.intr.* (ri)gonfiare, (ri)gonfiarsi ♦ *v.tr.* (*fam.*) 1 abbuffarsi (di), papparsi 2 consumare: *cette voiture bouffe beaucoup d'essence!*, quanto beve questa macchina! 3 (*fig.*) assorbire.
● ***avoir envie de bouffer qqn***, essere furioso contro qlcu | ***bouffer de qqn***, avercela con qlcu | ***se bouffer le nez***, (*fig.*) litigare, bisticciare.

bouffi [bufi] *agg.* gonfio (*anche fig.*).

bouffir [bufiʀ] *v.intr.* gonfiarsi ♦ *v.tr.* gonfiare.

bouffon [bufɔ̃] *agg.* [f. *-onne*] buffo, comico ♦ *n.m.* 1 buffone 2 zimbello: *être le bouffon de qqn*, far da zimbello a qlcu.

bouffonnerie [bufɔnʀi] *n.f.* buffoneria.

bougainvillée [bugɛ̃vile] *n.f.* **bougainvillier** [bugɛ̃vilje] *n.m.* buganvillea (*f.*).

bouge [buʒ] *n.m.* 1 tugurio 2 bettola (*f.*), caffé malfamato.

bougeoir [buʒwaʀ] *n.m.* bugia (*f.*), piccolo candeliere.

bougeotte [buʒɔt] *n.f.* (*fam.*) irrequietezza.
● ***avoir la bougeotte***, non stare mai fermo.

bouger [buʒe] *v.intr.* [coniug. come *manger*] 1 muoversi: *personne ne bouge*, non si muove nessuno; *elle n'a pas bougé de la journée*, non si è mossa (di casa) per tutto il giorno 2 cambiare, modificarsi: *tissu qui ne bouge pas au lavage*, tessuto resistente al lavaggio 3 (*fig.*) agitarsi: *le peuple bouge*, il popolo si agita ♦ *v.tr.* (*fam.*) muovere, spostare.
● ***sans bouger le petit doigt***, (*fam.*) senza alzare un dito.
■ *V.INTR.* SIN. 1 remuer.

bougie [buʒi] *n.f.* 1 candela 2 (*med.*) catetere (*m.*), sonda; (*farmaco*) candeletta.
● (*aut.*) ***bougie*** (***d'allumage***), candela (di accensione).
■ SIN. 1 chandelle.

FAUX AMI
Da non confondere con *bugia*, nel senso di *menzogna*, che si traduce *mensonge*.

bougnat [buɲa] *n.m.* (*fam.*) carbonaio.
● ***aller chez le bougnat***, (*fig.*) andare al bar.

bougnoul(e) [buɲul] *n.m.* e *f.* e *agg.* (*fam. spreg.*) nordafricano/a.

bougon [bugɔ̃] *agg.* e *n.m.* [f. *-onne*] (*fam.*) brontolone.

bougonnement [bugɔnmɑ̃] *n.m.* (*fam.*) borbottio, borbottamento.

bougonner [bugɔne] *v.intr.* brontolare, borbottare.

B

bougre [bugʀ] ***n.m.*** [f. *-esse*] (*fam.*) tipo, individuo: *un bon, un pauvre bougre*, un buon uomo; *un sale bougre*, un losco figuro.
● ***bougre d'idiot!***, pezzo d'idiota!

bougrement [bugʀəmɑ̃] ***avv.*** (*fam.*) terribilmente, maledettamente.

boui-boui [bwibwi] ***n.m.*** [pl. *bouis-bouis*] (*fam.*) bettola (*f.*), taverna (*f.*).

bouillabaisse [bujabɛs] ***n.f.*** bouillabaisse (zuppa di pesce alla marsigliese).

bouillant [bujɑ̃] ***agg.*** **1** bollente **2** (*fig.*) ardente, focoso: *bouillant de colère*, fremente d'ira.

bouille [buj] ***n.f.*** (*fam.*) faccia, viso (*m.*).

bouilleur [bujœʀ] ***n.m.*** **1** distillatore d'acquavite **2** (*tecn.*) bollitore.
● ***bouilleur de cru***, distillatore in proprio.

bouilli [buji] *p.p.* di **bouillir** ♦ ***n.m.*** (*cuc.*) lesso, bollito.

bouillie [buji] ***n.f.*** **1** pappa **2** (*estens.*) poltiglia.
● ***en bouillie***, in poltiglia: *être en bouillie*, essere ridotto in poltiglia.
■ (*Svizzera*) SIN. **1** pape.

bouillir [bujiʀ] ***v.intr.*** [pres.indic.: *je bous* etc., *nous bouillons* etc.; imperf.indic.: *je bouillais* etc.; p.rem.: *je bouillis* etc.; fut.indic.: *je bouillirai* etc.; cond.: *je bouillirais* etc.; pres.cong.: *que je bouille* etc.; imperf.cong.: *que je bouillisse* etc.; p.pres.: *bouillant*; p.p.: *bouilli*; imp.: *bous, bouillons, bouillez*] **1** bollire: *faire bouillir de la viande*, lessare la carne; *faire bouillir un biberon*, sterilizzare un biberon **2** (*fig.*) (ri)bollire: *bouillir de colère*, ribollire di rabbia ♦ ***v.tr.*** (*fam.*) (far) bollire.

bouilloire [bujwaʀ] ***n.f.*** bollitore (*m.*).

bouillon [bujɔ̃] ***n.m.*** **1** brodo **2** bollore: *au premier bouillon*, al primo bollore **3** fiotto **4** (*di stoffa*) sbuffo **5** (*pl.*) (*comm.*) (*di prodotti invenduti*) resa (*f.sing.*).
● (*biol.*) ***bouillon de culture***, brodocoltura; (*fig.*) ambiente favorevole | ***bouillon d'onze heures***, (*fam.*) veleno | ***bouillon en cube***, dado per brodo | ***à gros bouillons***, a fiotti | ***boire un bouillon***, (*fam.*) bere (nuotando); (*fig.*) rimetterci del denaro.

bouillonnant [bujɔnɑ̃] ***agg.*** ribollente (*anche fig.*): *bouillonnant d'idées*, fervido di idee; *tout bouillonnant d'indignation*, fremente d'indignazione.

bouillonnement [bujɔnmɑ̃] ***n.m.*** ribollimento, fermento (*anche fig.*).

bouillonner [bujɔne] ***v.intr.*** ribollire (*anche fig.*); gorgogliare: *bouillonner de colère*, fremere di collera; *source qui bouillonne*, sorgente che gorgoglia.

bouillotte [bujɔt] ***n.f.*** **1** borsa dell'acqua calda, boule **2** bollitore (*m.*).

boulange [bulɑ̃ʒ] ***n.f.*** (*fam.*) mestiere (*m.*) del panettiere: *être dans la boulange*, fare il panettiere.

boulanger [bulɑ̃ʒe] ***n.m.*** [f. *-ère*] panettiere, fornaio ♦ ***agg.*** di, del panettiere; della panificazione.
● (*cuc.*) ***pommes boulangères***, patate cotte al forno con cipolle.

boulangerie [bulɑ̃ʒʀi] ***n.f.*** **1** panetteria, panificio (*m.*) **2** panificazione.

boule [bul] ***n.f.*** **1** palla, pallina: *boule de neige*, palla di neve **2** boccia: *jeu de boules*, gioco delle bocce **3** (*fam.*) testa, zucca: *avoir la boule à zéro*, avere la testa rapata.
● ***boule à thé***, uovo da tè | ***boule de gomme***, pasticca di gomma | (*Africa*) ***boule de manioc***, pagnottina di manioca | ***avoir les nerfs en boule***, (*fam.*) avere i nervi a fior di pelle | ***faire boule de neige***, (*fig.*) aumentare, crescere a valanga | (*Africa*) ***manger la boule et la sauce***, mangiare all'africana (intingendo la *boule* in una salsa) | ***perdre la boule***, (*fam.*) perdere la testa | ***se mettre en boule***, raggomitolarsi; (*fig. fam.*) arrabbiarsi.
■ (*Provenza*) SIN. **2** pétanque.

bouleau [bulo] ***n.m.*** [pl. *-eaux*] betulla (*f.*).

bouledogue [buldɔg] ***n.m.*** (*cane*) bouledogue.

bouler [bule] ***v.intr.*** rotolare (come una palla).
● ***envoyer bouler***, (*fam.*) mandare a quel paese.

boulet [bulɛ] ***n.m.*** **1** palla (*f.*) di cannone **2** (*di forzato*) palla (*f.*) al piede (*anche fig.*).

boulette [bulɛt] ***n.f.*** **1** pallottolina **2** (*cuc.*) polpetta **3** (*fam.*) errore (*m.*) grossolano, cantonata.

boulevard [bulvaʀ] ***n.m.*** viale.
● ***théâtre de boulevard***, boulevard (genere di teatro leggero e brillante).

> **NOTA** Al prefetto barone Georges Haussmann (1809-91) si devono i lavori di ristrutturazione di Parigi (1853-69) con l'apertura di grandi ***boulevards*** e la conseguente distruzione della Parigi medievale. I ***grands boulevards*** per antonomasia sono quelli sulla riva destra della Senna intorno ai quali si sviluppò, durante la Belle Époque, la vita notturna parigina e che restano uno dei centri della vita brillante della capitale francese.

boulevardier [bulvaʀdje] ***agg.*** [f. *-ère*] mordace, arguto: *un comique boulevardier*, una comicità arguta.

bouleversant [bulvɛʀsɑ̃] ***agg.*** sconvolgente.

bouleversement [bulvɛʀsəmɑ̃] ***n.m.*** sconvolgimento; cambiamento radicale: *bouleversement politique*, rivolgimento politico.

bouleverser [bulvɛʀse] ***v.tr.*** **1** sconvolgere; turbare **2** mettere sottosopra.
■ SIN. **1** troubler **2** déranger.

boulier [bulje] ***n.m.*** pallottoliere.

boulimie [bulimi] ***n.f.*** (*med.*) bulimia.

boulimique [bulimik] ***agg.*** e ***n.m.*** e ***f.*** (*med.*) bulimico/a.

bouline [bulin] ***n.f.*** (*mar.*) bolina: *naviguer à la bouline*, navigare di bolina.

boulingrin [bulɛ̃gʀɛ̃] ***n.m.*** terreno erboso (spec. circondato da alberi).

boulisme [bulism] ***n.m.*** (*gioco*) bocce (*f.pl.*).

bouliste [bulist] ***n.m.*** e ***f.*** giocatore/trice di bocce, bocciofilo/a.

boulle [bul] ***n.m.*** boulle (mobile a intarsi).

boulocher [bulɔʃe] ***v.intr.*** (*di tessuto*) formare palline.

boulodrome [bulodʀom] ***n.m.*** campo di bocce.

boulomane [bulɔman] ***n.m.*** e ***f.*** bocciofilo/a.

boulon [bulɔ̃] ***n.m.*** bullone.
● ***serrer les boulons***, (*fam.*) dare un giro di vite.

boulonnage [bulɔnaʒ] ***n.m.*** bullonatura (*f.*).

boulonnais [bulɔnɛ] ***agg.*** **1** di Boulogne-sur-Mer **2** di Boulogne-Billancourt **3** del Boulonnais.

boulonner [bulɔne] ***v.tr.*** bullonare ♦ ***v.intr.*** (*fam.*) sgobbare.

boulot[1] [bulo] ***agg.*** [f. *-otte*] grosso e tondo; (*persona*) grosso e tarchiato ♦ ***n.m.*** forma (*f.*) di pane tozza e cilindrica.

boulot[2] ***n.m.*** (*fam.*) lavoro.
● ***être boulot boulot***, essere tutto casa e lavoro | ***parler boulot***, parlare sempre e solo di lavoro | ***petit boulot***, (*fam.*) lavoretto.

boulotter [bulɔte] ***v.tr.*** (*fam.*) mangiare.

boum[1] [bum] *inter.* bum ♦ *n.m.* (*fam.*) boom: *en plein boum*, in piena attività.

boum[2] *n.f.* (*fam.*) festa, festicciola.

boumer [bume] *v.intr.* (*Africa*) ballare.
● *ça boume!*, (*fam.*) va bene!

bouquet[1] [bukɛ] *n.m.* 1 mazzo 2 boschetto 3 (*aroma del vino*) bouquet: *ce vin a du bouquet*, questo vino ha un ricco bouquet 4 (*di fuoco d'artificio*) scappata (*f.*).
● ***bouquet de mariée***, bouquet da sposa | (*tv*) ***bouquet de programmes***, palinsesto | (*cuc.*) ***bouquet garni***, odori | ***c'est le bouquet!***, (*fam.*) è il colmo!

bouquet[2] *n.m.* 1 coniglio maschio; lepre (*f.*) maschio 2 (*zool. pop.*) gamberone.

bouqueté [bukte] *agg.* (*di vino*) che ha un buon bouquet.

bouquetière [buktjɛʀ] *n.f.* fioraia.

bouquetin [buktɛ̃] *n.m.* (*zool.*) stambecco.

bouquin [bukɛ̃] *n.m.* vecchio libro; (*fam.*) libro.

bouquiner [bukine] *v.intr.* 1 andare in cerca di vecchi libri 2 (*fam.*) leggere.

bouquiniste [bukinist] *n.m.* e *f.* venditore/trice di libri usati.

bourbe [buʀb] *n.f.* fango (*m.*), melma (*anche fig.*).

bourbeux [buʀbø] *agg.* [f. *-euse*] fangoso, melmoso.

bourbier [buʀbje] *n.m.* 1 pantano 2 (*fig.*) imbroglio, impiccio.

bourbonien [buʀbɔnjɛ̃] *agg.* [f. *-enne*] borbonico.

bourdaine [buʀdɛn] *n.f.* (*bot.*) frangola.

bourde [buʀd] *n.f.* 1 (*fam.*) sproposito (*m.*), errore (*m.*) grossolano 2 (*ant.*) frottola.

bourdon[1] [buʀdɔ̃] *n.m.* 1 (*zool.*) calabrone 2 (*mus.*) bordone 3 campanone, grande campana (*f.*) 4 ronzio, mormorio.
● ***avoir le bourdon***, (*fig. fam.*) essere giù di corda | (*zool.*) ***faux bourdon***, fuco, pecchione; (*fam.*) moscone.

bourdon[2] *n.m.* (*tip.*) pesce.

bourdon[3] *n.m.* (*bastone*) bordone.
● (*ricamo*) ***point de bourdon***, punto cordoncino.

bourdonnant [buʀdɔnɑ̃] *agg.* ronzante.

bourdonnement [buʀdɔnmɑ̃] *n.m.* ronzio; brusio.

bourdonner [buʀdɔne] *v.intr.* ronzare.
■ SIN. vrombir.

bourg [buʀ] *n.m.* borgo, borgata (*f.*).

bourgade [buʀgad] *n.f.* borgata.

bourge [buʀʒ] *agg.* e *n.m.* e *f.* (*fam.*) abbr. di **bourgeois**[1].

bourgeois[1] [buʀʒwa] *agg.* 1 borghese 2 familiare 3 (*di casa ecc.*) signorile ♦ *n.m.* 1 borghese 2 (*st.*) abitante di un borgo 3 (*Svizzera*) (chi gode dei diritti di) cittadino.
● ***cuisine bourgeoise***, cucina casalinga | ***épater les bourgeois***, (*fig.*) far colpo sulla gente con parole o azioni | (*dir.*) ***habitation bourgeoise***, immobile a uso abitativo | ***pension bourgeoise***, albergo a gestione familiare.

bourgeois[2] *agg.* di Bourg-en-Bresse.

bourgeoise [buʀʒwaz] *n.f.* (*molto fam.*) donna: *ma bourgeoise*, mia moglie, la mia donna.

bourgeoisement [buʀʒwazmɑ̃] *avv.* in modo borghese, da borghese.

bourgeoisie [buʀʒwazi] *n.f.* 1 borghesia 2 (*Svizzera*) cittadinanza: *droit de bourgeoisie*, diritto di cittadinanza.

bourgeon [buʀʒɔ̃] *n.m.* 1 (*bot.*) gemma (*f.*), pollone 2 (*med.*) bottone.

bourgeonnement [buʀʒɔnmɑ̃] *n.m.* 1 gemmazione (*f.*) 2 (*med.*) granulazione (*f.*).

bourgeonner [buʀʒɔne] *v.intr.* 1 germinare, germogliare; (*fig.*) fiorire 2 (*di pelle*) ricoprirsi di brufoli.

bourgmestre [buʀgmɛstʀ] *n.m.* (*Belgio, Svizzera*) borgomastro.

bourguignon [buʀgiɲɔ̃] *agg.* [f. *-onne*] borgognone.
● (*cuc.*) (***bœuf***) ***bourguignon***, brasato in salsa con vino rosso.

Bourguignon *n.m.* [f. *-onne*] (*abitante*) borgognone.

NOTA Durante la guerra dei Cent'anni, i ***Bourguignons*** costituirono (1411-35) il partito raccoltosi intorno al duca di Borgogna Filippo III il Buono, alleato degli inglesi, che si opponeva agli *Armagnacs*, sostenitori del futuro re di Francia Carlo d'Orléans.

bourlinguer [buʀlɛ̃ge] *v.intr.* 1 (*di nave*) avanzare con difficoltà contro vento 2 (*fam.*) vagabondare.

bourlingueur [buʀlɛ̃gœʀ] *n.m.* [f. *-euse*] (*fam.*) giramondo.

bourrache [buʀaʃ] *n.f.* (*bot.*) borrana, borragine.

bourrade [buʀad] *n.f.* spintone (*m.*): *une bourrade amicale*, una pacca amichevole.

bourrage [buʀaʒ] *n.m.* 1 riempimento 2 (*mecc., inform.*) inceppamento 3 imbottitura (*f.*).
● ***bourrage de crâne***, (*fig.*) lavaggio del cervello, propaganda martellante.

bourrasque [buʀask] *n.f.* bufera (di vento); fortunale (*m.*).

bourrasser [buʀase] *v.tr.* (*Canada*) trattare male.

bourratif [buʀatif] *agg.* [f. *-ive*] (*fam.*) troppo sostanzioso: *gâteau bourratif*, dolce pesante, che riempie.

bourre[1] [buʀ] *n.f.* 1 borra (*anche fig.*) 2 (*di gemma*) lanugine.
● ***de première bourre***, di prima scelta, di prim'ordine.

bourre[2] *n.f.*
● ***être à la bourre***, (*fam.*) andare di fretta; essere in ritardo.

bourre[3] *n.m.* (*argot antiq.*) piedipiatti, poliziotto.

bourré [buʀe] *agg.* (*fam.*) 1 carico, pieno: *bourré de fautes*, zeppo d'errori 2 ubriaco (fradicio).

bourreau [buʀo] *n.m.* [pl. *-eaux*] carnefice; boia (*anche fig.*).
● ***bourreau des cœurs***, rubacuori | ***bourreau de travail***, lavoratore indefesso.

bourrée [buʀe] *n.f.* bourrée (musica e danza campagnola dell'Alvernia).

bourreler [buʀle] *v.tr.* [coniug. come *appeler*] tormentare (*non com.*), straziare.

bourrelet [buʀlɛ] *n.m.* 1 (*per porte e finestre*) parafreddo 2 cuscinetto.
● ***bourrelet*** (***de chair***), cuscinetto di grasso.

bourrelier [buʀəlje] *n.m.* [f. *-ère*] sellaio.

bourrellerie [buʀɛlʀi] *n.f.* selleria.

bourrer [buʀe] *v.tr.* imbottire; riempire: *bourrer une pipe*, caricare una pipa ♦ *v.intr.* 1 incepparsi 2 (*fam.*) sbrigarsi, spicciarsi 3 (*argot*) fare un pienone ♦ **se bourrer** *v.pron.* 1 (*fam.*) rimpinzarsi, abbuffarsi 2 (*molto fam.*) ubriacarsi, sbronzarsi ♦ *v.pron.rec.* (*molto fam.*) darsele (di santa ragione), menarsi.
● ***bourrer de coups***, (*fam.*) riempire di botte | ***bourrer le***

B

crâne de qqn, raccontare un sacco di frottole a qlcu, riempire la testa di qlcu di fandonie.

bourriche [buʀiʃ] ***n.f.*** paniere (*m.*), cesto (*m.*): *bourriche à huîtres*, cesto per le ostriche.

bourrichon [buʀiʃɔ̃] ***n.m.*** (*fam.*) capoccia (*f.*), testa (*f.*).
● ***se monter le bourrichon***, (*fig.*) montarsi la testa; farsi delle illusioni.

bourricot [buʀiko] ***n.m.*** asinello, somarello.

bourrin [buʀɛ̃] ***n.m.*** **1** (*fam.*) ronzino **2** (*argot*) (*di auto*) motore.

bourrique [buʀik] ***n.f.*** **1** asina **2** (*fig.*) asino (*m.*).
● ***faire tourner qqn en bourrique***, (*fam.*) far rincretinire qlcu.

bourru [buʀy] ***agg.*** burbero, scorbutico.
● ***lait bourru***, latte appena munto | ***vin bourru***, vino nuovo.

bourse [buʀs] ***n.f.*** **1** borsa (per denaro) **2** (*anat.*) borsa.
● ***bourse (d'études)***, borsa di studio | ***sans bourse délier***, senza spendere un soldo | ***tenir les cordons de la bourse***, amministrare i soldi di casa.

Bourse ***n.f.*** (*econ.*) Borsa: *la cote de la Bourse*, il listino di Borsa.
● ***Bourse des valeurs***, Borsa valori | ***Bourse du travail***, Camera del lavoro | ***coup de Bourse***, colpo in Borsa.

boursicoter [buʀsikɔte] ***v.intr.*** fare piccole operazioni di Borsa.

boursicoteur [buʀsikɔtœʀ] ***n.m.*** [f. *-euse*] chi fa piccole operazioni di Borsa.

boursier[1] [buʀsje] ***n.m.*** [f. *-ère*] (studente) borsista.

boursier[2] ***agg.*** [f. *-ère*] borsistico, di Borsa ♦ ***n.m.*** operatore di Borsa.

boursouflé [buʀsufle] ***agg.*** **1** gonfio, tumido **2** (*fig.*) ampolloso.

boursouflement [buʀsufləmɑ̃] ***n.m.*** gonfiezza (*f.*), gonfiore.

boursoufler [buʀsufle] ***v.tr.*** gonfiare, tumefare ♦ **se boursoufler** ***v.pron.intr.*** gonfiarsi, tumefarsi.

boursouflure [buʀsuflyʀ] ***n.f.*** **1** gonfiore (*m.*) **2** (*fig.*) ampollosità.

bous [bu] → **bouillir**.

bousculade [buskylad] ***n.f.*** **1** pigia pigia (*m.*), calca **2** spintonamento (*m.*).

bousculer [buskyle] ***v.tr.*** **1** mettere a soqquadro **2** urtare; spingere; spintonare **3** fare premura (a) **4** scuotere, sconvolgere ♦ **se bousculer** ***v.pron.rec.*** spingersi, urtarsi ♦ ***v.pron.intr.*** (*fam.*) sbrigarsi, spicciarsi.
■ *V.TR.* SIN. **3** presser.

bouse [buz] ***n.f.*** sterco (*m.*) (di bovini).

bouseux [buzø] ***n.m.*** (*fam. spreg.*) bifolco.

bousier [buzje] ***n.m.*** (*zool.*) scarabeo stercorario.

bousillage [buzijaʒ] ***n.m.*** **1** amalgama di paglia e fango **2** (*fam.*) lavoro abborracciato.

bousiller [buzije] ***v.intr.*** amalgamare con fango e paglia ♦ ***v.tr.*** **1** (*fam.*) abborracciare **2** (*fam.*) scassare, sfasciare **3** (*argot*) ammazzare.

bousilleur [buzijœʀ] ***n.m.*** [f. *-euse*] (*fam.*) abborraccione.

boussole [busɔl] ***n.f.*** bussola.
● ***perdre la boussole***, (*fig. fam.*) perdere la bussola.

boustifaille [bustifɑj] ***n.f.*** (*fam.*) cibo (*m.*).

bout[1] [bu] ***n.m.*** **1** estremità (*f.*); capo; fine (*f.*): *à bout pointu*, appuntito **2** pezzo: *un bout de papier*, un pezzo di carta; *un (petit) bout de femme*, (*fam.*) un donnino **3** (*mar.*) cima (*f.*).
● ***bout à bout***, testa a testa | (*mar.*) ***bout d'amarrage***, cima da ormeggio | ***bout de chou***, (*fam.*) mocciosetto, bambinetto | (*teatr., cine.*) ***bout d'essai***, provino | ***à bout portant***, a bruciapelo | ***à tout bout de champ***, a ogni piè sospinto | ***au bout de***, in capo a, in fondo a: (*tel.*) *au bout du fil*, dall'altro capo della linea telefonica; *au bout du compte*, dopotutto, alla fin fine; *au bout d'un mois*, nel giro di un mese; *au bout du monde*, in capo al mondo; *être au bout du rouleau*, (*fig.*) essere sfiancato | ***de bout en bout***, da cima a fondo, dall'inizio alla fine | ***du bout des lèvres***, a fior di labbra; a denti stretti | ***en connaître un bout***, (*fam.*) saperla lunga | ***être à bout***, non poterne più: *ma patience est à bout*, la mia pazienza ha un limite | ***être à bout de qqch***, avere esaurito qlco, non avere più qlco: *être à bout de souffle*, *à bout d'arguments*, essere senza fiato, a corto di argomenti; *être à bout des forces*, essere stremato; *venir à bout d'une difficulté*, sormontare una difficoltà | ***jusqu'au bout***, fino in fondo, fino alla fine | ***mettre les bouts***, (*fam.*) andarsene; fuggire | ***ne pas joindre deux bouts***, non riuscire a sbarcare il lunario | ***ne pas savoir par quel bout prendre qqch***, (*fig.*) non sapere da che parte prendere qlco | ***par le bon, le mauvais bout***, per il verso giusto, sbagliato | ***pousser à bout***, esasperare.
■ SIN. **1** extrémité, fin.

bout[2] → **bouillir**.

boutade [butad] ***n.f.*** **1** battuta di spirito **2** (*ant.*) capriccio (*m.*).

boutargue [butaʀg] ***n.f.*** (*cuc.*) bottarga.

boute-en-train [butɑ̃tʀɛ̃] ***n.m.invar.*** allegrone.

bouteille [butɛj] ***n.f.*** **1** bottiglia: *il aime la bouteille*, (*fam.*) gli piace alzare il gomito **2** bombola.
● ***c'est la bouteille à l'encre***, (*fam.*) è un gran pasticcio | ***prendre de la bouteille***, (*fig.*) invecchiare.

bouteur [butœʀ] ***n.m.*** → **bulldozer**.

boutique [butik] ***n.f.*** **1** bottega; negozio (*m.*) **2** boutique (di alta moda) **3** (*fam. spreg.*) posto (*m.*) di lavoro.
● ***parler boutique***, parlare di lavoro | ***robes boutique***, capi di alta moda.
■ SIN. **1** magasin.

boutiquier [butikje] ***agg.*** [f. *-ère*] di, da bottegaio ♦ ***n.m.*** negoziante, bottegaio.

boutoir [butwaʀ] ***n.m.*** (*di cinghiale*) grugno.
● ***coup de boutoir***, (*fig. fam.*) critica violenta, frecciata.

bouton [butɔ̃] ***n.m.*** **1** bottone **2** bottone (di comando), pulsante **3** pomo, pomello, manopola (*f.*) **4** (*bot.*) bocciolo; gemma (*f.*) **5** (*med.*) foruncolo, pustola (*f.*).
● ***boutons de manchette***, gemelli.
■ (*Belgio*) SIN. **4** dose.

bouton-d'or [butɔ̃dɔʀ] ***n.m.*** [pl. *boutons-d'or*] (*bot. pop.*) botton d'oro.

boutonnage [butɔnaʒ] ***n.m.*** abbottonatura (*f.*).

boutonné [butɔne] ***agg.*** abbottonato (*anche fig.*).

boutonner [butɔne] ***v.intr.*** germogliare ♦ ***v.tr.*** abbottonare ♦ **se boutonner** ***v.pron.intr.*** abbottonarsi.
● ***boutonner Pierrot avec Jacquot***, sbagliare occhiello nell'abbottonarsi.

boutonneux [butɔnø] ***agg.*** [f. *-euse*] foruncoloso.

boutonnière [butɔnjɛʀ] ***n.f.*** **1** occhiello (*m.*), asola **2** (*med.*) piccola incisione.
● ***avoir un ruban à sa boutonnière***, essere decorato | ***c'est une fleur à sa boutonnière***, (*fig.*) è il suo fiore all'occhiello.

bouton-pression [butɔ̃pʀesjɔ̃] ***n.m.*** [pl. *boutons-pression*] (bottone) automatico.

bout-rimé [burime] ***n.m.*** [pl. *bouts-rimés*] **1** poesia (*f.*) a rime obbligate **2** (*pl.*) rime (*f.*) obbligate.

bouturage [butyʀaʒ] ***n.m.*** (*agr.*) riproduzione (*f.*) per talea.

bouture [butyʀ] ***n.f.*** (*agr.*) talea.

bouturer [butyʀe] ***v.intr.*** mettere polloni ♦ ***v.tr.*** riprodurre per talea.

bouvier [buvje] ***n.m.*** [f. *-ère*] bovaro.
● ***bouvier des Flandres***, (*cane*) bovaro delle Fiandre.

bouvillon [buvijɔ̃] ***n.m.*** (*zootecn.*) manzo, manzetto.

bouvreuil [buvʀœj] ***n.m.*** (*zool.*) ciuffolotto.

bovarysme [bɔvaʀism] ***n.m.*** (*letter.*) bovarismo.

NOTA Il termine designa un atteggiamento, soprattutto femminile, di insoddisfazione e di rifiuto delle convenzioni, tipico della piccola borghesia di provincia; il nome deriva da Emma Bovary, protagonista del romanzo *Madame Bovary* (1857) dello scrittore Gustave Flaubert.

bovidé [bɔvide] ***n.m.*** bovide.

bovin [bɔvɛ̃] ***agg.*** e ***n.m.*** bovino.
● ***regard bovin***, (*fig.*) sguardo spento.

bowling [buliŋ] ***n.m.*** (*sport*) bowling.

box [bɔks] ***n.m.*** [pl. *invar.* o *boxes*] **1** box **2** gabbia (*f.*) (degli imputati).

boxe [bɔks] ***n.f.*** boxe, pugilato (*m.*).

boxer[1] [bɔkse] ***v.intr.*** tirare di boxe, boxare ♦ ***v.tr.*** (*fam.*) prendere a pugni.

boxer[2] [bɔksɛʀ] ***n.m.*** (*cane*) boxer.

boxer[3] [bɔksœʀ] ***n.m.*** (*abbigl.*) boxer (*pl.*).

boxeur [bɔksœʀ] ***n.m.*** [f. *-euse*] pugile, boxeur.

boyard [bɔjaʀ] ***n.m.*** (*st.*) boiaro, boiardo.

boyau [bwajo] ***n.m.*** [pl. *-aux*] **1** budello **2** (*di bicicletta*) tubolare **3** (*di gomma ecc.*) tubo **4** budello, vicolo stretto; (*mil.*) camminamento **5** (*pl.*) (*fam.*) viscere (*f.pl.*).
● (*med.*) ***boyau de chat***, catgut | (*mus.*) (***corde de***) ***boyau***, corda di minugia.

boycottage [bɔjkɔtaʒ] ***n.m.*** boicottaggio.

boycotter [bɔjkɔte] ***v.tr.*** boicottare.

boycotteur [bɔjkɔtœʀ] ***n.m.*** e ***agg.*** [f. *-euse*] boicottatore.

boy-scout [bɔjskut] ***n.m.*** [pl. *boy-scouts*] boy-scout, giovane esploratore.

brabançon [bʀabɑ̃sɔ̃] ***agg.*** [f. *-onne*] brabantino, del Brabante.

NOTA ***La Brabançonne*** è l'inno nazionale belga, composto nel 1830 da F. Van Campenhout (1779-1848).

bracelet [bʀaslɛ] ***n.m.*** **1** braccialetto **2** (*di orologio*) cinturino **3** (*pl.*) manette (*f.*).

bracelet-montre [bʀaslɛmɔ̃tʀ] ***n.m.*** [pl. *bracelets -montres*] orologio da polso.

brachycéphale [bʀakisefal] ***agg.*** e ***n.m.*** e ***f.*** brachicefalo/a.

braconnage [bʀakɔnaʒ] ***n.m.*** bracconaggio.

braconner [bʀakɔne] ***v.intr.*** cacciare di frodo; pescare di frodo.

braconnier [bʀakɔnje] ***n.m.*** [f. *-ère*] bracconiere; cacciatore, pescatore di frodo.

bractée [bʀakte] ***n.f.*** (*bot.*) brattea.

bradage [bʀadaʒ] ***n.m.*** il liberarsi di qlco; liquidazione (*f.*) (*spec. fig.*): *elle a fait le bradage de son passé*, ha chiuso con il suo passato.

brader [bʀade] ***v.tr.*** (*fam.*) svendere, liquidare; sbarazzarsi (**di**).

braderie [bʀadʀi] ***n.f.*** **1** (*Nord della Francia*) fiera di abiti e oggetti usati **2** svendita (all'aperto).

bradype [bʀadip] ***n.m.*** (*zool.*) bradipo.

bragard [bʀagaʀ] ***agg.*** di Saint-Dizier.

NOTA Perché ***Bragard*** è un nome così diverso da quello della città Saint-Dizier? Secondo la tradizione, quando il re Francesco I seppe della coraggiosa resistenza degli abitanti di questa città contro le truppe di Carlo V, esclamò: '*Les braves gars!*' (Che ragazzi valorosi!); da qui, il nome di 'Bragards'.

braguette [bʀagɛt] ***n.f.*** (*di pantaloni*) patta.

brahmane [bʀɑman] ***n.m.*** bramino.

brahmanisme [bʀɑmanism] ***n.m.*** bramanesimo.

braies [bʀɛ] ***n.f.pl.*** (*ant.*) brache.

braillard [bʀɑjaʀ] ***agg.*** chiassoso ♦ ***n.m.*** chiassone.

braille® [bʀɑj] ***n.m.*** braille® (metodo di scrittura per i ciechi).

NOTA Deriva dal nome di Louis Braille (1809-52) che, cieco dall'età di tre anni, ideò per i non vedenti un sistema di scrittura e lettura a puntini in rilievo, applicabile anche ai numeri, alle note musicali e alla stenografia.

braillé [bʀɑje] ***agg.*** (*Senegal*) che porta la camicia infilata nei pantaloni; elegante.

brailler [bʀɑje] ***v.intr.*** e ***tr.*** sbraitare.
■ SIN. hurler.

brailleur [bʀɑjœʀ] ***agg.*** e ***n.m.*** [f. *-euse*] → **braillard**.

braiment [bʀɛmɑ̃] ***n.m.*** raglio.

braire [bʀɛʀ] ***v.intr.dif.*** [usato al pres.indic.: *il brait*, *ils braient*; imperf.indic. (*non com.*): *il brayait*, *ils brayaient*; p.prossimo (*non com.*): *il a brait*; fut.indic.: *il braira*, *ils brairont*; cond.: *il brairait*, *ils brairaient*; pres.cong. (*non com.*): *qu'il braie*; p.pres.: *brayant*; p.p.: *brait*] ragliare.

braise [bʀɛz] ***n.f.*** brace.
● ***braise de boulanger***, carbonella | ***être sur la braise***, (*fig.*) essere sulle spine.

braiser [bʀeze] ***v.tr.*** (*cuc.*) brasare: *bœuf brasé*, brasato.

brait [bʀɛ] *p.p.* di **braire**.

bramer [bʀɑme] ***v.intr.*** **1** bramire **2** (*fam.*) sbraitare.

brancard [bʀɑ̃kaʀ] ***n.m.*** **1** barella (*f.*) **2** (*pl.*) (*di carro ecc.*) stanghe (*f.*).
● ***ruer dans les brancards***, (*fam.*) ribellarsi, protestare.
■ SIN. **1** litière.

brancardier [bʀɑ̃kaʀdje] ***n.m.*** **1** barelliere **2** (*mil.*) portaferiti.

branchage [bʀɑ̃ʃaʒ] ***n.m.*** **1** (*di pianta*) ramatura (*f.*) **2** (*pl.*) ramaglia (*f.sing.*).

branche [bʀɑ̃ʃ] ***n.f.*** **1** ramo (*m.*) (*anche estens.*) **2** (*fig.*) ramo (*m.*), branca, settore (*m.*): *ce n'est pas notre branche*, non è di nostra competenza **3** (*di candelabro ecc.*) braccio (*m.*) **4** (*di occhiali*) stanghetta.
● (*Svizzera*) ***branche de chocolat***, barretta di cioccolato | ***vieille branche***, (*fam.*) vecchio mio.

branché [bʀɑ̃ʃe] ***agg.*** (*fam.*) alla moda.
● ***être branché sur qqch***, essere al corrente, informato di qlco | ***être branché sur qqn***, avere una cotta per qlcu.

branchement [bʀɑ̃ʃmɑ̃] ***n.m.*** **1** diramazione (*f.*) **2** (*elettr.*) inserimento; allacciamento **3** (*inform.*) diramazione (*f.*), ramificazione (*f.*).
● (*elettr.*) ***branchement d'abonné***, collegamento elettrico per utenza | (*ferr.*) ***branchement d'une voie***, scambio.

B

brancher [bʀɑ̃ʃe] *v.tr.* 1 diramare 2 (*elettr.*) inserire; allacciare, collegare: *brancher la radio*, innestare la spina della radio ♦ *v.intr.* 1 (*di uccelli*) appollaiarsi 2 (*tel.*) mettere in comunicazione ♦ **se brancher** *v.pron. intr.* 1 (*tel.*) sintonizzarsi 2 interessarsi (**a**).
● ***brancher sur qqch***, orientare su qlco: *brancher la conversation sur*, portare il discorso su | ***ça me branche***, (*fam.*) mi interessa.
■ V.TR. SIN. 2 connecter.

branchial [bʀɑ̃ʃjal] *agg.* [pl. *-aux*] branchiale.

branchies [bʀɑ̃ʃi] *n.f.pl.* branchie.

brandade [bʀɑ̃dad] *n.f.* (*cuc.*) brandade (baccalà alla provenzale).

brandebourg [bʀɑ̃dbuʀ] *n.m.* alamaro.

brandebourgeois [bʀɑ̃dbuʀʒwa] *agg.* brandeburghese.

brandir [bʀɑ̃diʀ] *v.tr.* brandire.

brandon [bʀɑ̃dɔ̃] *n.m.* tizzone ardente.
● ***brandon de discorde***, (*fig.*) pomo della discordia.

brandy [bʀɑ̃di] *n.m.* (*acquavite inglese*) brandy.

branlant [bʀɑ̃lɑ̃] *agg.* traballante, vacillante.

branle [bʀɑ̃l] *n.m.* 1 oscillazione (*f.*) 2 (*fig.*) impulso.
● ***mettre en branle, donner le branle à qqch***, dare l'impulso, l'avvio a qlco | ***se mettre en branle***, mettersi in movimento.

branle-bas [bʀɑ̃lbɑ] *n.m.invar.* scompiglio, agitazione (*f.*), trambusto.
● (*mar.*) ***branle-bas de combat***, assetto di combattimento.

branlement [bʀɑ̃lmɑ̃] *n.m.* 1 scotimento 2 traballamento, vacillamento.

branler [bʀɑ̃le] *v.tr.* 1 scuotere 2 (*fam.*) combinare ♦ *v.intr.* traballare, vacillare: *avoir une dent qui branle*, avere un dente che dondola ♦ **se branler** *v.pron.* (*volg.*) farsi una sega.
● ***branler dans le manche***, (*fig. fam.*) vacillare; essere titubante | ***qu'est-ce que tu branles?***, (*volg.*) che cazzo fai? | ***s'en branler***, (*fam.*) fregarsene: *de tes idées politiques je m'en branle*, me ne frego delle tue idee politique.

braquage [bʀakaʒ] *n.m.* 1 sterzata (*f.*) 2 (*fam.*) rapina (*f.*) a mano armata.

braque [bʀak] *n.m.* 1 (*zool.*) bracco 2 (*fam.*) pazzerello ♦ *agg.* (*fam.*) suonato, picchiato.

braquer [bʀake] *v.tr.* 1 puntare 2 bloccare, braccare: *braquer un voleur en fuite*, bloccare un ladro in fuga 3 (*aut.*) sterzare 4 (*aer.*) virare 5 (*fam.*) aggredire a mano armata ♦ *v.intr.* (*aut.*) sterzare ♦ **se braquer** *v.pron.intr.* impuntarsi.
● ***braquer les yeux, le regard sur qqn, qqch***, guardare fissamente qlcu, qlco | ***braquer qqn contre qqch, qqn***, aizzare qlcu contro qlco, qlcu.

braquet [bʀakɛ] *n.m.* (*di bicicletta*) moltiplica (*f.*).
● ***passer le grand braquet***, (*fig.*) darsi una mossa.

bras [bʀɑ] *n.m.* 1 braccio: *être au bras de qqn*, essere a braccetto di qlcu; *dans ses bras*, in braccio 2 (*pl.*) braccia (*f.*), braccianti, manodopera (*f.sing.*) 3 bracciolo 4 (*scient.*) braccio 5 (*geogr.*) braccio: *bras de mer*, braccio di mare 6 (*mar.*) (*dell'ancora*) marra (*f.*) 7 (*pl.*) (*zool.*) zampe (*f.*) anteriori del cavallo.
● ***bras de fer***, braccio di ferro | ***bras dessus, bras dessous***, a braccetto | ***bras d'honneur***, gesto dell'ombrello, gesto volgare fatto col braccio | (*astr.*) ***bras téléguidé, de recolte***, braccio telecomandato, di raccolta | ***à bout de bras***, con le proprie forze | ***à bras***, a braccia | ***à bras ouverts***, (*estens.*) a braccia aperte | ***à tour de bras, à bras raccourcis***, con tutta la forza | ***avoir le bras long***, arrivare dappertutto, avere molti appoggi | ***avoir qqn sur les bras***, avere qlcu a carico | ***baisser les bras***, (*fig.*) rinunciare | ***couper bras et jambes***, (*fig.*) tagliare le gambe, mettere nell'impossibilità di agire | ***en bras de chemise***, in maniche di camicia | ***frapper à tour de bras***, dar botte da orbi | ***gros bras***, (*fam.*) individuo forzuto | ***le bras droit de qqn***, (*fig.*) il braccio destro di qlcu | ***les bras croisés***, con le, a braccia conserte.

braser [bʀɑze] *v.tr.* (*metall.*) brasare.

brasero [bʀɑzeʀo] *n.m.* caldano, braciere.

brasier [bʀɑzje] *n.m.* 1 braciere 2 (*fig.*) focolaio.

bras-le-corps, à [abʀɑlkɔʀ] *avv.* alla vita, ai fianchi; (*fig.*) energicamente: *saisir à bras-le-corps*, agguantare per la vita.

brassage [bʀasaʒ] *n.m.* 1 mescolamento; (*fig.*) amalgama 2 (*inform.*) interconnessione (*f.*).

brassard [bʀasaʀ] *n.m.* bracciale (di stoffa).
● (*calcio*) ***brassard (de capitain)***, fascia da capitano.

brasse [bʀas] *n.f.* 1 (*mar.*) braccio (*m.*) (misura di lunghezza pari a 1,60 m) 2 (*nuoto*) rana (*f.*) 3 (*nuoto*) bracciata (*f.*).
● ***brasse papillon***, nuoto a farfalla.

brassée [bʀase] *n.f.* bracciata.

brasser [bʀase] *v.tr.* 1 rimestare, mescolare 2 maneggiare ♦ *v.intr.* fare la birra.
● ***brasser des affaires***, avere per le mani molti affari disparati.

brasserie [bʀasʀi] *n.f.* 1 birreria 2 fabbrica di birra 3 trattoria per pasti rapidi.

brasseur[1] [bʀasœʀ] *n.m.* [f. *-euse*] birraio.
● ***brasseur d'affaires***, trafficone.

brasseur[2] *n.m.* [f. *-euse*] (*nuoto*) ranista.

brassière [bʀasjɛʀ] *n.f.* 1 coprifasce (*m.*), camicino (*m.*) 2 (*Canada*) reggiseno (*m.*) 3 (*pl.*) dande, (*per bambini piccoli*) bretelle.
● ***brassière de sauvetage***, giubbotto di salvataggio.

bravache [bʀavaʃ] *n.m.* spaccone ♦ *agg.* arrogante, prepotente.

bravade [bʀavad] *n.f.* bravata, spacconata.
● ***par bravade***, per sfida.

brave [bʀav] *agg.* 1 coraggioso: *un homme brave*, un uomo coraggioso 2 (*posto davanti al nome*) bravo, buono: *un brave homme*, un uomo buono e onesto; *de braves gens*, delle persone per bene ♦ *n.m.* e *f.* prode.
● ***mon brave!***, (*rivolto a persona di condizione inferiore*) vecchio mio!
■ AGG. SIN. 1 courageux.

bravement [bʀavmɑ̃] *avv.* valorosamente.

braver [bʀave] *v.tr.* affrontare; sfidare.

bravo [bʀavo] *inter.* bravo, bene ♦ *n.m.* applauso: *ce spectacle a attiré beaucoup de bravos*, lo spettacolo ha ottenuto molti applausi.

bravoure [bʀavuʀ] *n.f.* coraggio (*m.*).
● (*mus.*) ***morceau de bravoure***, pezzo forte, pezzo di bravura.

break [bʀɛk] *n.m.* 1 (*aut.*) familiare (*f.*), giardinetta (*f.*), station-wagon (*f.*) 2 (*mus., sport*) break, interruzione (*f.*).

brebis [bʀəbi] *n.f.* pecora (*anche fig.*).
● ***brebis galeuse***, (*fig.*) pecora nera | ***de brebis***, pecorino, di pecora: *fromage de brebis*, (formaggio) pecorino.

brèche [bʀɛʃ] *n.f.* 1 breccia 2 (*fig.*) danno (*m.*), torto (*m.*) 3 incrinatura; (*di coltello*) tacca.

● ***battre en brèche***, (*fig.*) attaccare violentemente | ***être sur la brèche***, (*fig.*) essere sulla breccia | ***faire une brèche dans qqch***, intaccare, rovinare qlco: *il a fait une brèche dans sa fortune*, ha intaccato la sua fortuna.

bréchet [bʀeʃɛ] ***n.m.*** (*di uccelli*) carena (*f.*).

bredouille [bʀəduj] ***agg.*** a mani vuote, sconfitto.

bredouiller [bʀəduje] ***v.intr.*** e ***tr.*** farfugliare; borbottare: *bredouiller une excuse*, borbottare delle scuse.
■ SIN. bafouiller.

bref [bʀɛf] ***agg.*** [f. *brève*] **1** breve **2** secco, reciso ♦ ***avv.*** in breve, per farla breve.
● ***à bref délai, à breve échéance***, a breve scadenza | ***en bref***, in breve.

brelan [bʀəlɑ̃] ***n.m.*** (*poker*) tris.

breloque [bʀəlɔk] ***n.f.*** **1** ciondolo (*m.*) **2** (*st. mil.*) segnale (*m.*) (per far rompere le righe ecc.).
● ***battre la breloque***, (*fig.*) (*di persona*) non connettere più; (*di cosa*) funzionare male.

brème [bʀɛm] ***n.m.*** **1** (*zool.*) abramide **2** (*argot*) carta (*f.*) da gioco.
● (*zool.*) ***brème de mer***, pagello.

brémois [bʀemwa] ***agg.*** di Brema.

brésilien [bʀeziljɛ̃] ***agg.*** [f. *-enne*] brasiliano ♦ ***n.m.*** (*lingua*) brasiliano.

Brésilien ***n.m.*** [f. *-enne*] (*abitante*) brasiliano.

bressan [bʀe(ɛ)sɑ̃] ***agg.*** **1** della Bresse **2** di Bourg-en-Bresse.

bressuirais [bʀe(ɛ)sɥiʀɛ] ***agg.*** di Bressuire.

brestois [bʀɛstwa] ***agg.*** di Brest.

Brestois ***n.m.*** abitante di Brest.

bretelle [bʀətɛl] ***n.f.*** **1** spallina, bretella **2** (*di fucile ecc.*) tracolla **3** (*ferr.*) incrocio (*m.*) doppio **4** (*mil.*) camminamento (*m.*) **5** bretella (stradale).

breton [bʀətɔ̃] ***agg.*** [f. *-onne*] bretone ♦ ***n.m.*** (*lingua*) bretone.

Breton ***n.m.*** [f. *-onne*] (*abitante*) bretone.

brette [bʀɛt] ***n.f.*** (*Belgio*) lite, discussione.

bretzel [bʀɛtzɛl] ***n.m.*** e ***f.*** bretzel (biscotto salato con semi di cumino, tipico dell'Alsazia).

breuvage [bʀœvaʒ] ***n.m.*** **1** beveraggio, pozione (*f.*) **2** (*Canada*) bevanda (*f.*).

brève [bʀɛv] ***n.f.*** **1** (*mus., fon.*) breve **2** notiziola.

brevet [bʀəvɛ] ***n.m.*** brevetto; diploma: *brevet de pilote*, brevetto di pilota.
● ***Brevet (d')enseignement (du) premier cycle***, diploma di licenza di scuola dell'obbligo dopo quattro anni di scuola elementare | ***Brevet de technicien*** (*BT*), diploma di maturità tecnica | ***Brevet de technicien supérieur*** (*BTS*), diploma che si consegue dopo due anni di studi, al termine della scuola superiore | ***Brevet d'études professionnelles*** (*BEP*), diploma di studi professionali | ***brevet d'invention***, brevetto industriale.

brevetable [bʀəvtabl] ***agg.*** brevettabile.

breveté [bʀəvte] ***agg.*** **1** brevettato **2** (*di persona*) diplomato, specializzato ♦ ***n.m.*** diplomato.
● (*mil.*) ***officier breveté***, ufficiale di stato maggiore.

breveter [bʀəvte] ***v.tr.*** [coniug. come *jeter*] brevettare.

bréviaire [bʀevjɛʀ] ***n.m.*** breviario.

briançonnais [bʀiɑ̃sɔnɛ] ***agg.*** di Briançon.

briard [bʀijaʀ] ***agg.*** della Brie.
● (***chien***) ***briard***, cane pastore (della Brie).

bribes [bʀib] ***n.f.pl.*** **1** briciole, frammenti (*m.*) (*anche fig.*) **2** resti (*m.*), avanzi (*m.*).
● ***par bribes***, a spizzichi.

bric-à-brac [bʀikabʀak] ***n.m.invar.*** **1** anticaglie (*f.pl.*) **2** bottega (*f.*) di rigattiere.
● (***marchand de***) ***bric-à-brac***, rigattiere, robivecchi.

bric et de broc, de [dəbʀikedəbʀɔk] ***avv.*** come capita, in qualche modo, prendendo un po' qua e un po' là.

brick[1] [bʀik] ***n.m.*** (*mar.*) brigantino.

brick[2] ***n.m.*** (*cuc.*) brick (frittella ripiena di uovo).

bricolage [bʀikɔlaʒ] ***n.m.*** **1** bricolage, fai da te **2** lavoretto, riparazione (*f.*) provvisoria.

bricole [bʀikɔl] ***n.f.*** **1** (*fam.*) inezia; cosa da nulla; lavoretto (*m.*) di poco conto **2** (*pesca*) doppio amo (*m.*) **3** (*nei finimenti del cavallo*) pettorale (*m.*) **4** (*del facchino*) cinghia **5** (*biliardo*) colpo (*m.*) di rimbalzo.

bricoler [bʀikɔle] ***v.intr.*** **1** (*fam.*) fare piccoli lavori manuali **2** esercitare mestieri di ogni genere ♦ ***v.tr.*** **1** riparare, aggiustare (alla meglio) **2** (*aut.*) (*un motore*) truccare.

bricoleur [bʀikɔlœʀ] ***n.m.*** [f. *-euse*] appassionato di fai da te.

bride [bʀid] ***n.f.*** **1** briglia **2** (*di cuffia ecc.*) sottogola (*m.*); (*di scarpe*) cinturino (*m.*); (*di cintura*) passante (*m.*) **3** (*uncinetto*) punto (*m.*) alto **4** (*med.*) briglia **5** (*tecn.*) flangia **6** (*mecc.*) bocchetta **7** (*elettr.*) morsetto (*m.*).
● ***à bride abattue***, a briglia sciolta | ***avoir la bride sur le cou***, (*fig.*) aver la briglia sul collo, godere di un'eccessiva libertà | ***tenir la bride haute à qqn***, (*fig.*) tener a freno qlcu | ***tourner bride***, fare dietrofront.

bridé [bʀide] ***agg.***
● ***yeux bridés***, occhi a mandorla.

brider [bʀide] ***v.tr.*** **1** imbrigliare (*anche fig.*): *brider les désirs, les passions*, reprimere i desideri, le passioni; *brider l'imagination*, porre un freno all'immaginazione **2** (*di abito*) stringere, andare stretto (a) **3** (*mar.*) imbrigliare **4** (*mecc.*) imbracare **5** (*tecn.*) flangiare **6** (*cuc.*) legare.

bridge[1] [bʀidʒ] ***n.m.*** (*protesi dentaria*) ponte.

bridge[2] ***n.m.*** (*gioco di carte*) bridge.

bridger [bʀidʒe] ***v.intr.*** giocare a bridge.

bridgeur [bʀidʒœʀ] ***n.m.*** [f. *-euse*] giocatore di bridge.

bridon [bʀidɔ̃] ***n.m.*** briglietta (*f.*).

brie [bʀi] ***n.m.*** brie (formaggio della Brie, regione tra la Senna e la Marna).
● ***quart de brie***, (*fam.*) nasone.

briefer [bʀife] ***v.tr.*** (*fam.*) informare, istruire.

briefing [bʀifiŋ] ***n.m.*** **1** (*aer.*) istruzioni (*f.pl.*) tattiche **2** (*estens.*) riunione (*f.*) informativa di lavoro, briefing.

brièvement [bʀijɛvmɑ̃] ***avv.*** brevemente.

brièveté [bʀijɛvte] ***n.f.*** brevità.

brigade [bʀigad] ***n.f.*** **1** (*mil.*) brigata **2** (*nella polizia ecc.*) squadra.
● ***brigade aérienne***, aerobrigata.

brigadier [bʀigadje] ***n.m.*** **1** (*gendarmeria*) brigadiere **2** (*esercito*) caporale **3** (*mar.*) prodiere.

brigadier-chef [bʀigadjeʃɛf] ***n.m.*** [pl. *brigadiers-chefs*] caporal maggiore.

brigand [bʀigɑ̃] ***n.m.*** brigante.
■ SIN. bandit.

brigandage [bʀigɑ̃daʒ] ***n.m.*** brigantaggio.

brigue [bʀig] ***n.f.*** (*letter.*) briga, broglio (*m.*).

B

briguer [bʀige] *v.tr.* brigare (per).
brillamment [bʀijamɑ̃] *avv.* brillantemente.
brillance [bʀijɑ̃s] *n.f.* 1 lucentezza, brillantezza 2 (*fis.*) brillanza.
● (*tv*) ***brillance de l'image***, luminosità dell'immagine.
brillant [bʀijɑ̃] *agg.* brillante (*anche fig.*) ♦ *n.m.* 1 splendore, lucentezza (*f.*) 2 brillante, diamante.
● (*cosmesi*) ***brillant à lèvres***, lucidalabbra | ***ne pas être brillant***, (*fam.*) non essere un gran che | ***papier brillant***, carta da lucido.
brillantine [bʀijɑ̃tin] *n.f.* brillantina.
briller [bʀije] *v.intr.* brillare (*anche fig.*).
● ***faire briller qqch aux yeux de qqn***, far balenare qlco agli occhi di qlcu | ***faire briller qqn***, far fare bella figura a qlcu.
■ SIN. luire.
brimade [bʀimad] *n.f.* 1 scherzo (*m.*) di cattivo gusto (fatto dagli anziani alle reclute e alle matricole) 2 sopruso (*m.*), angheria.
brimbaler [bʀɛ̃bale] *v.intr.* (*fam.*) traballare ♦ *v.tr.* agitare, scuotere.
brimborion [bʀɛ̃bɔʀjɔ̃] *n.m.* cosuccia (*f.*), bazzecola (*f.*).
brimer [bʀime] *v.tr.* vessare, maltrattare; schernire.
brin [bʀɛ̃] *n.m.* 1 (*d'erba*) filo; pagliuzza (*f.*); (*di paglia*) fuscello 2 (*fig. fam.*) filo, pizzico: *faire un brin de causette*, fare quattro chiacchiere.
● ***brin de muguet***, fiore di mughetto (simbolo del 1º maggio) | ***un beau brin de fille***, un bel pezzo di ragazza.
brindezingue [bʀɛ̃dzɛ̃g] *agg.* (*fam.*) 1 sbronzo 2 svitato, tocco ♦ *n.m.* svitato.
brindille [bʀɛ̃dij] *n.f.* ramoscello (*m.*).
bringue[1] [bʀɛ̃g] *n.f.* 1 (*fam.*) baldoria 2 (*Svizzera*) (*fam.*) battibecco (*m.*) 3 (*Svizzera*) ritornello (*m.*).
bringue[2] *n.f.*
● ***grande bringue***, spilungona.
bringuebaler [bʀɛ̃gbale] **brinquebaler** [bʀɛ̃kbale] *v.intr.* (*fam.*) traballare.
brio [bʀijo] *n.m.* brio, vivacità (*f.*).
brioche [bʀijɔʃ] *n.f.* 1 brioche 2 (*fam.*) pancia.
● ***prendre de la brioche***, (*fam.*) metter su pancia.
brioché [bʀijɔʃe] *agg.* simile alla, come la brioche.
● ***pain brioché***, pane al latte.
brique [bʀik] *n.f.* 1 mattone (*m.*): *brique creuse*, mattone forato 2 mattonella: *une brique de savon*, un pezzo di sapone 3 tetrapack® (*m.*) 4 (*Svizzera*) scheggia, frammento (*m.*) 5 (*fam. antiq.*) un milione (*m.*) (di vecchi franchi) ♦ *agg.invar.* (color) mattone.
● ***manger des briques***, (*fam.*) non avere niente da mangiare.
briquer [bʀike] *v.tr.* (*fam.*) tirare a lucido.
briquet [bʀikɛ] *n.m.* accendisigari, accendino.
briqueterie [bʀiktəʀi, bʀikɛtʀi] *n.f.* fabbrica di laterizi, mattonificio (*m.*); fornace.
briquette [bʀikɛt] *n.f.* bricchetta, mattonella, formella (di lignite).
bris [bʀi] *n.m.* (*dir.*) rottura (*f.*) dei sigilli.
brisants [bʀizɑ̃] *n.m.pl.* (*onde*) frangenti.
briscard [bʀiskaʀ] *n.m.* (*argot mil.*) veterano.
● ***un vieux briscard***, (*fam.*) uno che la sa lunga.
brise [bʀiz] *n.f.* brezza.
brisé [bʀize] *agg.* rotto, spezzato: *brisé de fatigue*, stanco morto; *un cœur brisé*, un cuore infranto.
● (*arch.*) ***arc brisé***, arco spezzato | (*cuc.*) ***pâte brisée***, pasta brisé.
brise-bise [bʀizbiz] *n.m.invar.* 1 tendina (*f.*) che si applica alla parte inferiore di una finestra 2 parafreddo (per finestre).
brisées [bʀize] *n.f.pl.* rami (*m.*) spezzati dal cacciatore sul passaggio della preda.
● ***aller, marcher sur les brisées de qqn***, (*fig.*) rivaleggiare con qlcu.
brise-fer [bʀizfɛʀ] *n.m.* e *f.invar.* (*fam.*) rompitutto.
brise-glace [bʀizglas] *n.m.invar.* rompighiaccio.
brise-jet [bʀizʒɛ] *n.m.invar.* rompigetto.
brise-lames [bʀizlam] *n.m.invar.* frangiflutti.
brise-mottes [bʀizmɔt] *n.m.invar.* frangizolle.
briser [bʀize] *v.tr.* 1 rompere; spezzare (*anche fig.*) 2 (*fig.*) troncare, interrompere ♦ **se briser** *v.pron.intr.* 1 frantumarsi; rompersi, spezzarsi 2 (*delle onde*) infrangersi.
● ***brisons-là***, (*iron.*) tagliamo corto.
■ V.TR. SIN. 1 rompre.
brise-tout [bʀiztu] *n.m.* e *f.invar.* (*fam.*) rompitutto.
brise-vent [bʀizvɑ̃] *n.m.invar.* frangivento.
brise-vue [bʀizvy] *n.m.* [pl. *brise-vues*] (*Belgio*) tendina (*f.*) applicata alla parte inferiore della finestra.
brisquard [bʀiskaʀ] *n.m.* → **briscard**.
bristol® [bʀistɔl] *n.m.* 1 (cartoncino) bristol® 2 biglietto da visita.
brisure [bʀizyʀ] *n.f.* 1 rottura, incrinatura 2 (*ebanisteria*) giuntura a cerniera 3 (*arald.*) brisura 4 (*pl.*) frammento (*m.sing.*).
britannique [bʀitanik] *agg.* britannico.
● (*st.*) ***les Britanniques***, i Britannici.
briviste [bʀivist] *agg.* di Brive-la-Gaillarde.
brize [bʀiz] *n.f.* (*bot.*) briza.
broc [bʀo] *n.m.* 1 brocca (*f.*) 2 boccale.
brocante [bʀɔkɑ̃t] *n.f.* commercio (*m.*) di anticaglie.
brocanter [bʀɔkɑ̃te] *v.intr.* commerciare in anticaglie.
brocanteur [bʀɔkɑ̃tœʀ] *n.m.* [f. *-euse*] mercante di anticaglie; rigattiere.
brocard[1] [bʀɔkaʀ] *n.m.* (*letter.*) motto pungente; frecciata (*f.*).
brocard[2] *n.m.* (*zool.*) capriolo (di un anno).
brocarder [bʀɔkaʀde] *v.tr.* (*letter.*) motteggiare, schernire.
brocart [bʀɔkaʀ] *n.m.* broccato.
brochage [bʀɔʃaʒ] *n.m.* 1 (*tess.*) broccato 2 (*di libro*) legatura (*f.*).
brochant [bʀɔʃɑ̃] *agg.*
● ***brochant sur le tout***, (*fam.*) per giunta, per soprammercato.
broche [bʀɔʃ] *n.f.* 1 spiedo (*m.*) 2 spilla, fermaglio (*m.*) 3 bastoncino (*m.*), asta 4 (*mecc.*) mandrino (*m.*) 5 (*med.*) chiodo (*m.*) 6 (*ind. tess.*) fuso (*m.*) 7 (*tecn.*) (*di presa elettrica ecc.*) maschio (*m.*) 8 (*pl.*) (*del cinghiale*) zanne 9 (*mecc.*) broccia.
● ***à la broche***, allo spiedo.
broché [bʀɔʃe] *n.m.* 1 broccato 2 tessitura (*f.*) a broccato.
brocher [bʀɔʃe] *v.tr.* 1 (*ind. tess.*) broccare 2 (*un libro*) legare in brossura 3 (*un cavallo*) ferrare.
brochet [bʀɔʃɛ] *n.m.* 1 (*zool.*) luccio 2 (*fam.*) magnaccia.

brochette [bRɔʃɛt] *n.f.* 1 (*cuc.*) spiedo (*m.*), spiedino (*m.*) 2 bastoncino (*m.*), stecco (*m.*) 3 spilletta (per decorazioni).
● ***une brochette de***, (*fig. fam.*) una sfilza di, (tutta) una serie di.

brocheur [bRɔʃœR] *agg.* e *n.m.* [f. *-euse*] (*tip.*) legatore.

brocheuse [bRɔʃøz] *n.f.* (*tip.*) brossuratrice.

brochure [bRɔʃyR] *n.f.* 1 (*tip.*) brossura 2 opuscolo (*m.*) 3 (*ind. tess.*) (disegno a) broccato (*m.*).

brocoli [bRɔkɔli] *n.m.* (*bot.*) broccoletto, broccolo.

brodequin [bRɔdkɛ̃] *n.m.* 1 scarpone 2 (*st., teatr.*) socco.

broder [bRɔde] *v.tr.* ricamare (*anche fig.*) ♦ *v.intr.* (*fig.*) esagerare, ricamare.

broderie [bRɔdRi] *n.f.* 1 ricamo (*m.*) 2 (*pl.*) (*mus.*) abbellimenti (*m.*).

brodeur [bRɔdœR] *n.m.* [f. *-euse*] ricamatore.

broiement [bRwamɑ̃] *n.m.* frantumazione (*f.*).

brol [bRɔl] *n.m.* (*Belgio*) (*fam.*) accozzaglia (*f.*) di oggetti disparati; disordine.

brome [bRom] *n.m.* (*chim.*) bromo.

bromure [bRɔmyR] *n.m.* (*chim.*) bromuro.

bronche [bRɔ̃ʃ] *n.f.* (*anat.*) bronco (*m.*).

broncher [bRɔ̃ʃe] *v.intr.* 1 brontolare: *personne n'ose broncher*, nessuno osa fiatare 2 (*di cavallo*) inciampare.
● ***sans broncher***, senza batter ciglio.

bronchiole [bRɔ̃ʃjɔl] *n.f.* (*anat.*) bronchiolo (*m.*).

bronchique [bRɔ̃ʃik] *agg.* (*med.*) bronchiale.

bronchite [bRɔ̃ʃit] *n.f.* (*med.*) bronchite.

broncho- *pref.* bronco-.

broncho-pneumonie [bRɔ̃kopnømɔni] *n.f.* [pl. *broncho-pneumonies*] (*med.*) broncopolmonite.

bronzage [bRɔ̃zaʒ] *n.m.* 1 (*tecn.*) bronzatura (*f.*) 2 abbronzatura (*f.*).

bronzant [bRɔ̃zɑ̃] *agg.* abbronzante.

bronze [bRɔ̃z] *n.m.* bronzo.

bronzé [bRɔ̃ze] *agg.* 1 bronzeo 2 abbronzato.

bronzer [bRɔ̃ze] *v.tr.* 1 (*tecn.*) bronzare 2 abbronzare (al sole) ♦ *v.intr.* abbronzarsi: *j'ai bronzé*, mi sono abbronzato.
● ***bronzer idiot***, (*fam.*) essere patito della tintarella.

brossage [bRɔsaʒ] *n.m.* spazzolatura (*f.*).

brosse [bRɔs] *n.f.* 1 spazzola: *un coup de brosse*, una spazzolata 2 grosso pennello (*m.*), pennellessa 3 (*Canada*) sbronza.
● ***brosse à cheveux***, spazzola per capelli | ***brosse à dents***, spazzolino da denti | ***brosse à habits***, spazzola per abiti | ***brosse métallique***, striglia | ***(cheveux en) brosse***, capelli a spazzola.

brosser [bRɔse] *v.tr.* 1 spazzolare: *se brosser les dents*, lavarsi i denti 2 abbozzare (un quadro) 3 (*fam.*) (*Belgio*) marinare la scuola ♦ **se brosser** *v.pron.* 1 spazzolarsi 2 (*fam.*) fare a meno di qualcosa.

brou [bRu] *n.m.* (*bot.*) mallo.
● ***brou de noix***, mallo di noce; (liquore) nocino; tintura preparata con mallo di noce.

brouet [bRuɛ] *n.m.* (*letter.*) brodaglia (*f.*).

brouette [bRuɛt] *n.f.* carriola.
● ***et des brouettes***, (*fig.*) e rotti: *3 millions et des brouettes*, 3 milioni e rotti.

brouhaha [bRuaa] *n.m.* vocio.

brouillade [bRujad] *n.f.* (*cuc.*) uova (*pl.*) strapazzate.

brouillage [bRujaʒ] *n.m.* (*fis.*) interferenza (*f.*), disturbo.

brouillamini [bRujamini] *n.m.* (*fam. antiq.*) baraonda (*f.*), caos.

brouillard [bRujaR] *n.m.* 1 nebbia (*f.*) 2 (*comm.*) brogliaccio.
● ***être dans le brouillard***, (*fig.*) brancolare nel buio; (*fam.*) essere sbronzo | ***foncer dans le brouillard***, (*fam.*) buttarsi a capofitto in qlco.

brouillasse [bRujas] *n.f.* nebbiolina; acquerugiola.

brouillasser [bRujase] *v.intr.impers.* piovigginare.

brouille [bRuj] *n.f.* disaccordo (*m.*), dissapore (*m.*), screzio (*m.*).

brouillé [bRuje] *agg.* 1 confuso; ingarbugliato: *avoir la vue brouillée*, avere la vista offuscata 2 non luminoso, offuscato: *un teint brouillé*, una carnagione opaca 3 in disaccordo, in rotta: *être brouillé avec qqn*, essere in rotta con qlcu.
● ***être brouillé avec une science***, (*fam.*) non capire molto di una scienza | (*cuc.*) ***œufs brouillés***, uova strapazzate.

brouiller [bRuje] *v.tr.* 1 confondere; ingarbugliare | *brouiller une émission de radio*, disturbare una trasmissione radiofonica 2 offuscare: *brouiller la vue*, annebbiare la vista 3 mettere il disaccordo (tra) ♦ **se brouiller** *v.pron.intr.* 1 intorbidirsi, offuscarsi 2 rompere l'amicizia, litigare.
● ***brouiller les cartes***, mescolare le carte; (*fig.*) mettere confusione.
■ V.PRON. SIN. 2 se fâcher.

brouillerie [bRujRi] *n.f.* disaccordo (*m.*), screzio (*m.*).

brouillon[1] [bRujɔ̃] *agg.* e *n.m.* [f. *-onne*] confusionario, disordinato.

brouillon[2] *n.m.* brutta copia (*f.*), minuta (*f.*).
● ***au brouillon***, in brutta copia | ***papier brouillon***, carta da minuta.

broussailles [bRusɑj] *n.f.pl.* cespugli (*m.*), rovi (*m.*), sterpaglia (*sing.*).
● ***en broussailles***, (*fig.*) irsuto; scompigliato: *cheveux en broussailles*, capelli scarmigliati.

broussailleux [bRusɑjø] *agg.* [f. *-euse*] 1 cespuglioso 2 (*fig.*) incolto, arruffato.

broussard [bRusaR] *n.m.* 1 chi abita nella brousse 2 (*Africa*) provinciale.

brousse [bRus] *n.f.* brousse (tipo di savana); boscaglia.

broussin [bRusɛ̃] *n.m.* (*bot.*) nocchio.

brout [bRu] *n.m.* (*bot.*) pollone.
● (*vet.*) ***mal de brout***, affezione intestinale del bestiame.

broutard, **broutart** [bRutaR] *n.m.* vitellone.

brouter [bRute] *v.tr.* brucare ♦ *v.intr.* (*di un motore*) funzionare a scatti.

broutille [bRutij] *n.f.* (*fam.*) bazzecola.

broyage [bRwajaʒ] *n.m.* frantumazione (*f.*); triturazione (*f.*).

broyer [bRwaje] *v.tr.* [coniug. come *employer*] frantumare; stritolare: *broyer du poivre*, macinare il pepe.
● ***broyer du noir***, (*fig.*) vedere tutto nero.
■ SIN. écraser.

broyeur [bRwajœR] *n.m.* 1 frantoio, trituratore 2 tritarifiuti.

bru [bRy] *n.f.* nuora.

brucelles [bRysɛl] *n.f.pl.* 1 pinzette a molla 2 (*Svizzera*) pinzette per le sopracciglia.

B

bruche [bRyʃ] *n.m.* (*zool.*) punteruolo.
bruchon [bRyʃɔ̃] *n.m.* (*Svizzera*) 1 granello di polvere 2 piccolo coccio.
brugeois [bRyʒwa] *agg.* di Bruges.
brugnon [bRyɲɔ̃] *n.m.* (*bot.*) pescanoce (*f.*), nocepesca (*f.*).
bruine [bRɥin] *n.f.* acquerugiola, pioggerella.
bruiner [bRɥine] *v.intr.impers.* piovigginare: *il a bruiné ce matin*, è piovigginato stamattina.
bruineux [bRɥinø] *agg.* [f. *-euse*] piovigginoso.
bruire [bRɥiR] *v.intr.dif.* [usato all'inf., alla 3ª pers.sing. e pl. del pres.indic.: *il bruit, ils bruissent*, e dell'imperf. indic.: *il bruissait, ils bruissaient*; non com. al pres.cong.: *qu'il bruisse*] frusciare, stormire.
bruissement [bRɥismɑ̃] *n.m.* fruscio.
bruit [bRɥi] *n.m.* 1 rumore: *sans bruit*, senza far rumore 2 (*fig.*) scalpore 3 (*fig.*) notizia (*f.*): *le bruit court que*, corre voce che.
● ***bruit de fond***, rumore di fondo | ***bruits et tapages nocturnes***, schiamazzi notturni | ***à grand bruit***, con molto scalpore | ***faux bruit***, notizia falsa.
bruitage [bRɥitaʒ] *n.m.* (*cine., tv*) effetti (*pl.*) sonori.
bruiteur [bRɥitœR] *n.m.* [f. *-euse*] (*cine., tv*) rumorista.
brûlage [bRylaʒ] *n.m.* 1 (*agr.*) debbio 2 tostatura (*f.*) 3 (*della punta dei capelli*) bruciatura (*f.*); strinatura (*f.*).
brûlant [bRylɑ̃] *agg.* bruciante, ardente (*anche fig.*): *café brûlant*, caffè bollente; *sujet brûlant*, (*fig.*) argomento scottante ♦ *n.m.* (*Belgio*) bruciore di stomaco.
● ***marcher sur un terrain brûlant***, (*fig.*) camminare su un terreno minato, che scotta.
brûlé [bRyle] *n.m.* 1 (odore di) bruciato 2 (*persona*) ustionato ♦ *agg.* bruciato (*anche fig.*): *c'est un homme brûlé*, è un uomo finito.
● ***ça sent le brûlé***, (*anche fig.*) c'è puzza di bruciato | ***être brûlé***, (*fig. fam.*) essere bruciato, non godere più di nessun credito | ***une tête brûlée***, (*fig.*) una testa calda.
brûle-gueule [bRylgœl] *n.m.invar.* (*fam.*) pipa (*f.*).
brûle-parfum [bRylpaRfœ̃] *n.m.* [pl. *brûle-parfums*] bruciaprofumi.
brûle-pourpoint, à [abRylpuRpwɛ̃] *avv.* a bruciapelo.
brûler [bRyle] *v.tr.* 1 bruciare (*anche fig.*) 2 scottare 3 tostare: *brûler le café*, tostare il caffè ♦ *v.intr.* 1 bruciare; ardere (*anche fig.*): *brûler de fièvre*, scottare per la febbre 2 bruciare, provocare irritazione ♦ **se brûler** *v.pron.* 1 bruciarsi, scottarsi 2 (*fig.*) distruggersi, rovinarsi ♦ *v.pron. indiretto* bruciarsi, scottarsi: *se brûler le doigt*, scottarsi un dito.
● ***brûler à petit feu***, (*fig.*) struggersi | ***brûler de***, (*fig.*) non veder l'ora di | ***brûler un feu rouge***, passare con il rosso | ***ça brule!***, (*nei giochi infantili*) fuoco! | ***se brûler la cervelle***, farsi saltare le cervella.
brûleur [bRylœR] *n.m.* 1 (*mecc.*) bruciatore 2 (*ant.*) incendiario.
brûloir [bRylwaR] *n.m.* tostacaffè.
brûlot [bRylo] *n.m.* 1 (*mar.*) brulotto 2 acquavite (*f.*) calda e zuccherata 3 libello, volantino, giornale polemico 4 (*Canada*) zanzara (*f.*) (la cui puntura provoca una sensazione di bruciore).
brûlure [bRylyR] *n.f.* 1 scottatura, bruciatura, ustione 2 bruciore (*m.*) (*anche fig.*).
● ***brûlure d'estomac***, bruciore di stomaco.
brumaire [bRymɛR] *n.m.* (*st.*) brumaio (secondo mese del calendario rivoluzionario, dal 22 ottobre al 21 novembre).
brumasser [bRymase] *v.intr.impers.* (*fam.*) (*meteor.*) essere un po' nebbioso: *il brumasse*, c'è una nebbiolina umida.
brume [bRym] *n.f.* foschia, nebbia (*anche fig.*).
brumeux [bRymø] *agg.* [f. *-euse*] nebbioso (*anche fig.*).
brumisateur [bRymizatœR] *n.m.* (*cosmesi*) nebulizzatore.
brun [bRœ̃] *agg.* bruno; scuro: *bière brune*, birra scura ♦ *n.m.* 1 (*colore*) bruno 2 (*uomo*) bruno 3 (*Canada*) biglietto da 100 dollari.
brunante [bRynɑ̃t] *n.f.* (*Canada*) crepuscolo (*m.*): *à la brunante*, al crepuscolo.
brunâtre [bRynɑtR] *agg.* brunastro.
brunch [bRœnʃ] *n.m.* brunch.
brune [bRyn] *n.f.* 1 (*donna*) bruna, mora 2 sigaretta di tabacco scuro 3 birra scura.
● ***à la, sur la brune***, (*letter.*) all'imbrunire.
brunir [bRyniR] *v.tr.* 1 abbronzare, scurire 2 (*tecn.*) brunire ♦ *v.intr.* 1 abbronzarsi: *il a bruni*, si è abbronzato 2 scurirsi: *ses cheveux ont bruni*, gli si sono scuriti i capelli ♦ **se brunir** *v.pron.intr.* abbronzarsi.
brunissoir [bRyniswaR] *n.m.* brunitoio.
brushing® [bRœʃiŋ] *n.m.* brushing®, (messa in) piega (*f.*) con spazzola e fon.
brusque [bRysk] *agg.* 1 brusco (*anche fig.*) 2 repentino, improvviso.
■ SIN. 1 brutal 2 imprévu.
brusquement [bRyskəmɑ̃] *avv.* bruscamente; all'improvviso.
brusquer [bRyske] *v.tr.* 1 trattare in modo brusco, trattare rudemente 2 affrettare, precipitare.
brusquerie [bRyskəRi] *n.f.* 1 rudezza; scortesia 2 precipitazione.
brut [bRyt] *agg.* 1 grezzo, greggio: *pétrole brut*, (petrolio) greggio 2 (*fig.*) bruto, rozzo 3 (*econ., comm.*) lordo: *poids, salaire brut*, peso, stipendio lordo 4 (*di champagne*) brut, secco ♦ *avv.* (*comm.*) al lordo.
● (*comm.*): ***brut (de)***, al lordo (di); ***brut pour net***, lordo per netto | ***à l'état brut***, allo stato brado | (*econ.*) ***produit national brut*** (PNB), prodotto nazionale lordo (PNL).

> **FAUX AMI**
> Da non confondere con *brutto*, che si traduce *laid, mauvais, vilain*.

brutal [bRytal] *agg.* [pl. *-aux*] 1 brutale, violento; bruto; rozzo: *force brutale*, forza bruta 2 risoluto, franco: *franchise brutale*, franchezza senza mezzi termini 3 improvviso, inaspettato ♦ *n.m.* bruto.
brutalement [bRytalmɑ̃] *avv.* brutalmente; con rozzezza.
brutaliser [bRytalize] *v.tr.* maltrattare; picchiare.
brutalité [bRytalite] *n.f.* 1 brutalità: *subir des brutalités*, subire un trattamento brutale 2 rozzezza 3 impeto (*m.*), violenza.
brute [bRyt] *n.f.* 1 bruto (*m.*) 2 persona rozza.
bruxellois [bRysɛlwa] *agg.* di Bruxelles.
Bruxellois *n.m.* abitante di Bruxelles.
bruyamment [bRyjamɑ̃, bRɥijamɑ̃] *avv.* rumorosamente.
bruyant [bRyjɑ̃, bRɥijɑ̃] *agg.* rumoroso, fragoroso.
bruyère [bRyjɛR, bRɥijɛR] *n.f.* (*bot.*) erica.
● ***terre de bruyère***, terra di brughiera.
bu [by] *p.p.* di **boire**¹.

buanderie [bɥɑ̃dʀi] *n.f.* 1 (*locale*) lavanderia 2 (*Canada*) lavanderia automatica.

bubon [bybɔ̃] *n.m.* (*med.*) bubbone.

bubonique [bybɔnik] *agg.* (*med.*) bubbonico.
● ***peste bubonique***, peste bubbonica.

bucarestois [bykaʀɛstwa] *agg.* di Bucarest.

Bucarestois *n.m.* abitante di Bucarest.

buccal [bykal] *agg.* [pl. *-aux*] (*scient.*) boccale.

buccin [byksɛ̃] *n.m.* 1 (*zool.*) buccino 2 (*st. mus.*) buccina (*f.*).

bûche [byʃ] *n.f.* 1 ceppo (*m.*) 2 (*fam.*) zuccone (*m.*), stupido (*m.*).
● (*cuc.*) ***bûche de Noël***, ceppo di Natale | ***ramasser une bûche***, (*fam.*) fare un capitombolo.

NOTA Secondo una leggenda, la vigilia di Natale, si prendeva un grosso ceppo, la ***bûche de Noël***, che si metteva nel camino, versandovi sopra olio, sale e vino caldo e recitando delle preghiere. La cenere di questo ceppo aveva il potere di proteggere la casa dal diavolo. Oggi, la *bûche* è per i francesi il dolce natalizio tradizionale: è fatto di pan di spagna ricoperto di crema al cioccolato o al caffè; e decorato con agrifoglio, rose di zucchero e un omino nell'atto di segare un ceppo.

bûcher[1] [byʃe] *n.m.* 1 legnaia (*f.*) 2 rogo (del supplizio).

bûcher[2] *v.tr.* 1 (*un pezzo di legno ecc.*) sgrossare 2 (*Canada*) (*un albero ecc.*) abbattere 3 secchiare (**per**), sgobbare (**per**) ♦ *v.intr.* 1 (*fam.*) secchiare, sgobbare 2 (*Canada*) abbattere alberi.

bûcheron [byʃʀɔ̃] *n.m.* [f. *-onne*] boscaiolo, taglialegna.

bûchette [byʃɛt] *n.f.* 1 piccolo ceppo (*m.*) 2 (*Africa*) fiammifero (*m.*) 3 (*pl.*) (*materiale didattico*) regoli (*m.*).

bûcheur [byʃœʀ] *n.m.* [f. *-euse*] (*fam.*) sgobbone.

bucolique [bykɔlik] *agg.* bucolico ♦ *n.f.* (*lett.*) bucolica.

budget [bydʒɛ] *n.m.* 1 bilancio (preventivo): *inscrire au budget*, preventivare 2 budget, denaro disponibile: *avec un budget minimum*, con la minor spesa.
● ***budget de l'État***, bilancio statale | ***budget des dépenses***, budget, preventivo delle spese | ***budget des ventes***, preventivo delle vendite.

budgétaire [bydʒetɛʀ] *agg.* (*econ.*) di bilancio, sul bilancio, budgetario.
● ***administration budgétaire***, amministrazione fiduciaria | ***année, exercice budgétaire***, esercizio finanziario.

budgétisation [bydʒetizasjɔ̃] *n.f.* iscrizione in bilancio.

budgétiser [bydʒetize] *v.tr.* iscrivere in bilancio.

buée [bɥe] *n.f.* velo (*m.*) di vapore, condensa: *vitres couvertes de buée*, vetri appannati.
■ SIN. condensation.

buffet [byfɛ] *n.m.* 1 (*mobile*) credenza (*f.*), buffè 2 buffet 3 (*nelle stazioni*) caffè-ristorante 4 (*fam.*) stomaco: *ne rien avoir dans le buffet*, essere a stomaco vuoto 5 cassa (*f.*) dell'organo.
● (*arch.*) ***buffet d'eau***, mostra d'acqua | ***danser devant le buffet***, (*fam.*) non avere da mangiare.

buffle [byfl] *n.m.* (*zool.*) bufalo.

bufflesse [byflɛs] **bufflonne** [byflɔn] *n.f.* (*zool.*) bufala.

buggué [bœge] *agg.* (*inform.*) (*di un programma*) buggato, bacato.

bugle[1] [bygl] *n.m.* (*mus.*) flicorno.

bugle[2] *n.m.* (*bot.*) erba (*f.*) di San Lorenzo.

building [bildiŋ] *n.m.* edificio di molti piani.

buis [bɥi] *n.m.* (*bot.*) (*pianta e legno*) bosso.

NOTA ***Le buis bénit***, 'il bosso benedetto' è il ramo di bosso che viene benedetto il giorno della festa delle Palme; corrisponde al nostro ulivo benedetto.

buisson [bɥisɔ̃] *n.m.* 1 cespuglio 2 (*cuc.*) presentazione (*f.*) di vivande a cupola.
● (*Bibbia*) ***buisson ardent***, roveto ardente | (***arbre en***) ***buisson***, albero da frutta potato a cespuglio | (*caccia*) ***battre les buissons***, battere la macchia.

buissonneux [bɥisɔnø] *agg.* [f. *-euse*] cespuglioso.

buissonnier [bɥisɔnje] *agg.* [f. *-ère*] (*antiq.*) che vive, che sta nei cespugli.
● ***faire l'école buissonière***, marinare la scuola.

bulbaire [bylbɛʀ] *agg.* bulbare.

bulbe [bylb] *n.m.* 1 bulbo 2 (*arch.*) cupola (*f.*) 3 (*mecc.*) testa (*f.*) 4 (*mar.*) prua (*f.*) a bulbo.
● (*anat.*) ***bulbe du poil***, bulbo pilifero.

bulbeux [bylbø] *agg.* [f. *-euse*] bulboso.

bulgare [bylgaʀ] *agg.* bulgaro ♦ *n.m.* (*lingua*) bulgaro.

Bulgare *n.m.* e *f.* (*abitante*) bulgaro/a.

bulldog [buldɔg] *n.m.* (*cane*) bulldog.

bulldozer [byldɔzɛʀ, buldozœʀ] *n.m.* apripista, bulldozer (*anche fig.*).

bulle[1] [byl] *n.f.* 1 (*di aria, di gas ecc.*) bolla 2 (*med.*) bolla, pustola 3 fumetto (*m.*), nuvoletta 4 (*inform.*) bolla.
● ***bulle de savon***, bolla di sapone | ***coincer la bulle***, (*fam.*) fare un pisolino.

bulle[2] *n.f.* (*st. eccl.*) bolla.

bulle[3] *n.m.* e *agg.invar.*
● (***papier***) ***bulle***, carta (greggia) da imballaggio, da pacchi (di colore giallastro).

bulletin [byltɛ̃] *n.m.* 1 bollettino, comunicato; certificato 2 (*comm.*) bolla (*f.*), bolletta (*f.*) 3 (*giorn.*) bollettino, notiziario 4 scheda (*f.*) 5 (*scuola*) pagella (*f.*).
● ***bulletin de garantie***, certificato di garanzia | (*comm.*) ***bulletin de livraison***, bolla, bolletta di consegna | ***bulletin de naissance***, certificato di nascita: *avaler son bulletin de naissance*, (*fig. fam.*) morire | ***bulletin de salaire***, ***de paie***, foglio paga | ***bulletin de santé***, bollettino medico | (*banca*) ***bulletin de versement***, modulo di versamento | ***bulletin*** (***de vote***), scheda elettorale | ***bulletin d'informations***, notiziario | ***bulletin météorologique***, bollettino meteorologico.

bulletin-réponse [byltɛ̃ʀepɔ̃s] *n.m.* [pl. *bulletins-réponse*] tagliando di risposta (per concorsi).

bull-terrier [bultɛʀje] *n.m.* [pl. *bull-terriers*] (*cane*) bull-terrier.

bungalow [bœ̃ngalo] *n.m.* bungalow.

bunker [bunkœʀ, bunkɛʀ] *n.m.* (*mil.*) bunker, fortino.

buraliste [byʀalist] *n.m.* e *f.* 1 (*in Posta*) ricevitore/trice 2 tabaccaio/a.

bure [byʀ] *n.f.* 1 saio (*m.*) 2 (*tessuto*) bigello (*m.*).

bureau [byʀo] *n.m.* [pl. *-eaux*] 1 scrivania (*f.*), scrittoio; (*a scuola*) cattedra (*f.*) 2 ufficio; (*di professionista ecc.*) studio: *au bureau*, in ufficio 3 (*di cinema, teatro*) botteghino 4 commissione (*f.*), comitato direttivo 5 (*pol.*) esecutivo, giunta (*f.*): *bureau politique du parti*, direttivo del partito 6 (*inform.*) desktop.
● ***bureau central***, (*di un istituto*) sede | ***bureau de douanes***, dogana | ***bureau de poste***, ufficio postale | ***bureau des contributions***, ufficio delle imposte | ***bureau des pleurs***,

(*fam.*) ufficio reclami | ***bureau de tabac***, rivendita di tabacchi, tabaccheria | ***bureau de tourisme***, ufficio turistico | ***bureau d'études***, ufficio di consulenza | ***bureau de vote***, seggio elettorale | (*mar.*) ***Bureau Veritas***, registro navale | (*teatr.*) ***à bureaux fermés***, con il tutto esaurito | ***chef de bureau***, capufficio.

■ SIN. **3** guichet.

bureaucrate [byʀokʀat] *n.m.* e *f.* burocrate.

bureaucratie [byʀokʀasi] *n.f.* burocrazia.

bureaucratique [byʀokʀatik] *agg.* burocratico.

bureaucratiquement [byʀokʀatikmɑ̃] *avv.* burocraticamente.

bureaucratisation [byʀokʀatizasjɔ̃] *n.f.* burocratizzazione.

bureaucratiser [byʀokʀatize] *v.tr.* burocratizzare.

bureautique [byʀotik] *n.f.* burotica.

burette [byʀɛt] *n.f.* **1** ampolla **2** (*pl.*) (*eccl.*) ampolline **3** (*chim.*) buretta **4** (*tecn.*) oliatore (*m.*).

burgien [byʀʒjɛ̃] *agg.* [f. *-enne*] di Bourg-en-Bresse.

burin [byʀɛ̃] *n.m.* **1** (*tecn.*) bulino; scalpello **2** incisione (*f.*) (fatta col bulino).

buriné [byʀine] *agg.* **1** (*tecn.*) bulinato **2** (*di lineamenti*) marcato.

buriner [byʀine] *v.tr.* **1** (*tecn.*) bulinare **2** scalpellare.

burkinabé [byʀkinabé] *agg.* del Burkina Faso.

burlesque [byʀlɛsk] *agg.* e *n.m.* burlesco.

burlingue [byʀlɛ̃g] *n.m.* (*argot*) **1** ufficio **2** pancia (*f.*); stomaco.

burnous [byʀnus] *n.m.* (*abbigl.*) **1** barracano **2** mantellina (*f.*) con cappuccio (per bambino).

burqa [byʀka] *n.f.* o *m.* burka (*m.*).

burundais [burundɛ] *agg.* burundese, del Burundi.

bus[1] [bys] *n.m.* (*fam.*) abbr. di **autobus**.

bus[2] *n.m.* (*inform.*) bus.

● ***bus à jeton***, token bus | ***bus de données***, bus dei dati, data-bus | ***bus d'entrée/sortie***, bus di I/O (input/output) | ***bus hôte***, bus host.

busard [byzaʀ] *n.m.* (*zool.*) albanella (*f.*).

buse[1] [byz] *n.f.* **1** (*zool.*) poiana **2** (*fig. fam.*) citrullo (*m.*).

buse[2] *n.f.* (*tecn.*) condotto (*m.*), ugello (*m.*).

buse[3] *n.f.* (*fam.*) bocciatura.

business [biznɛs] *n.m.* (*fam.*) **1** affare, attività (*f.*) economica, finanziaria **2** (*antiq.*) lavoro **3** affare complicato, faccenda (*f.*) intricata.

businessman [biznɛsman] *n.m.* [pl. *businessmen*] businessman, uomo d'affari.

busqué [byske] *agg.* **1** arcuato **2** (*abbigl.*) (rinforzato) con stecca (di balena).

buste [byst] *n.m.* **1** busto **2** seno, petto.

FAUX AMI
Da non confondere con *busta*, che si traduce *enveloppe*.

bustier [bystje] *n.m.* (*abbigl.*) bustino.

but [by*t*] *n.m.* **1** mira (*f.*); bersaglio: *frapper au but*, colpire nel segno **2** (*sport*) porta (*f.*); rete (*f.*); (*rugby*) meta (*f.*); (*estens.*) punto **3** (*fig.*) meta (*f.*), obiettivo **4** (*mat.*) codominio.

● (*calcio*) ***but en or***, golden goal | (*gramm.*) ***complément de but***, complemento di fine | ***dans le but de***, allo scopo di, per | ***de but en blanc***, (*fig.*) di punto in bianco | (*sport*) ***gardien de but***, portiere.

■ SIN. **1** cible.

butane [bytan] *n.m.* (*chim.*) butano.

buté [byte] *agg.* testardo, cocciuto.

butée [byte] *n.f.* **1** (*arch., edil.*) spalla **2** (*tecn.*) arresto (*m.*).

buter[1] [byte] *v.intr.* **1** appoggiare **2** inciampare (**in**) (*anche fig.*) ♦ *v.tr.* **1** puntellare **2** rendere ostinato ♦ **se buter** *v.pron.intr.* **1** ostinarsi **2** (*in difficoltà ecc.*) imbattersi.

FAUX AMI
Da non confondere con *buttare*, che si traduce *jeter*.

buter[2] *v.tr.* (*fam.*) accoppare, ammazzare.

buteur [bytœʀ] *n.m.* [f. *-euse*] (*calcio*) cannoniere, bomber.

butin [bytɛ̃] *n.m.* bottino.

butiner [bytine] *v.tr.* e *intr.* **1** (*delle api*) bottinare **2** (*fig.*) raccogliere.

butineur [bytinœʀ] *agg.* [f. *-euse*] bottinatore.

butoir [bytwaʀ] *n.m.* **1** (*ferr.*) paraurti; respingente **2** fermaporta **3** (*fig.*) termine ultimo, scadenza (*f.*).

butor [bytɔʀ] *n.m.* **1** (*zool.*) tarabuso **2** (*fig.*) cafone, tanghero.

butte [byt] *n.f.* **1** poggio (*m.*), collinetta **2** (*mil.*) parapalle (*m.*) **3** (*agr.*) terreno (*m.*) rincalzato.

● ***être en butte à***, essere esposto a.

butter[1] [byte] *v.tr.* (*agr.*) rincalzare.

butter[2] *v.tr.* → **buter**[2].

butyrique [bytiʀik] *agg.* (*chim.*) butirrico.

buvable [byvabl] *agg.* **1** bevibile **2** (*farm.*) per uso orale: *ampoule buvable*, fiala per uso orale **3** (*fig. fam.*) sopportabile.

buvant [byvɑ̃] *p.pres.* di **boire**[1].

buvard [byvaʀ] *n.m.* **1** carta (*f.*) assorbente **2** sottomano, cartella (*f.*) da scrittoio.

buvette [byvɛt] *n.f.* (*in stazioni ecc.*) chiosco (*m.*) per bibite.

buveur [byvœʀ] *n.m.* [f. *-euse*] bevitore.

buvons [byvɔ̃] → **boire**.

by-pass [bajpas] *n.m.invar.* → **bipasse**.

byssus [bisys] *n.m.* (*zool.*) bisso.

byte [bajt] *n.m.* (*inform.*) byte.

byzantin [bizɑ̃tɛ̃] *agg.* bizantino.

● (*st.*) ***les Byzantins***, i Bizantini.

Cc

c [se] ***n.m.invar.*** c (*f.* o *m.*).
● (*tel.*) ***c comme Camille***, c come Como.

ça[1] [sa] ***pron.dimostr.***[forma fam. contratta di *cela*] ciò, questo; quella cosa (*f.*): *montrez-moi ça*, fatemi vedere, fatemelo vedere; *je ne veux pas de ça*, non voglio cose del genere; *les voyages en avion ça coûte cher*, i viaggi in aereo costano cari.
● ***ça alors!***, questa poi! | ***ça dépend***, dipende | ***ça m'est égal***, per me è, fa lo stesso | ***ça va?***, va bene?, tutto bene? | ***ça y est!***, ecco (fatto)!: *ça y est, il a encore cassé quelque chose!*, ci risiamo, ha rotto ancora qualcosa! | ***à part ça***, a parte ciò | ***ce n'est pas encore ça!***, non ci siamo ancora! | ***c'est ça!***, ma certo!, è proprio così! | ***c'est déjà*** (o ***toujours***) ***ça!***, è già qualcosa! | ***comme ça***, così, in questo modo | ***comme ci comme ça***, così così | ***comment ça?***, ***qui ça?***, ***où ça?***, (*fam.*) come?, chi?, dove? | ***comment ça va?***, come va? | ***et avec ça?***, e con questo?: *et avec ça, Madame?*, desidera altro, signora? | ***et avec*** (***tout***) ***ça***, oltre a ciò; come se: *et avec tout ça on lui a volé sa valise*, e per di più gli hanno rubato la valigia; *et avec ça que tu n'en savais rien*, come se tu non lo avessi saputo; *et avec ça que nous ne nous sommes jamais trompés*, come se non ci fossimo mai sbagliati | ***il y a de ça***, è in parte vero, c'è del vero | ***pas de ça!***, ***ça jamais!***, questo poi no! | ***penser tout le temps à ça***, (*estens.*) non pensare ad altro che a quello (al sesso) | ***qu'est-ce que ça peut faire?***, che importanza ha (questo)? | ***qu'est-ce que c'est que ça?***, (*fam.*) che cos'è?, che cos'è questa roba? | ***rien que ça!***, (*fam.*) niente po' po' di meno! | ***sans ça***, se no | ***tant que ça!***, nientemeno!

> NOTA ***Ça***, forma familiare di *cela*, spesso non viene tradotta in italiano:
> *'Viens avec moi!' 'Où ça? Pourquoi ça? Quand ça?'*
> 'Vieni con me!' 'Dove? Perché? Quando?'.

ça[2] ***n.m.*** (*psic.*) Es.

çà [sa] ***avv.*** qua ♦ ***inter.*** *ah! çà, pour qui te prends-tu?*, ehi! chi ti credi di essere?
● ***çà et là***, qua e là.

cabale [kabal] ***n.f.*** **1** cabala **2** (*fig.*) intrigo (*m.*), complotto (*m.*).

cabalistique [kabalistik] ***agg.*** cabalistico.

caban [kabɑ̃] ***n.m.*** **1** (giacca) cerata (*f.*) **2** giaccone alla marinara.

cabane [kaban] ***n.f.*** **1** capanna; capanno (*m.*) **2** (*Antille*) giaciglio (*m.*) **3** (*Svizzera*) rifugio (*m.*) alpino.
● ***cabane à lapins***, conigliera; (*fig.*) topaia | (*Canada*) ***cabane à sucre***, zuccherificio (per la produzione di zucchero e sciroppo d'acero) | ***mettre en cabane***, (*argot*) mettere in prigione.

cabanon [kabanɔ̃] ***n.m.*** **1** piccola capanna (*f.*) **2** (*Provenza*) casetta (*f.*) di campagna; (*Nord Africa*) casa (*f.*) (di vacanza) sulla spiaggia **3** (*ant.*) cella (*f.*) d'isolamento **4** cabina (*f.*) balneare.
● ***il est bon à mettre au cabanon***, (*fam.*) è pazzo da legare.

cabaret [kabaʀɛ] ***n.m.*** **1** (*locale*) cabaret **2** (*antiq.*) bettola (*f.*), osteria (*f.*) **3** (*antiq.*) mobiletto bar; (*estens.*) vassoio su cui si pongono bottiglie di liquore ecc.

cabas [kabɑ] ***n.m.*** borsa (*f.*) (della spesa), sporta (*f.*).

cabernet [kabɛʀnɛ] ***n.m.*** cabernet (vitigno rosso del sud-est della Francia e della vallata della Loira).

cabestan [kabɛstɑ̃] ***n.m.*** (*mecc.*) cabestano.

cabillaud [kabijo] ***n.m.*** (*zool.*) **1** eglefino **2** merluzzo fresco.

cabine [kabin] ***n.f.*** cabina.
● ***cabine de douche***, cabina della doccia | (*aer.*) ***cabine de pilotage***, cabina di pilotaggio | (*astr.*) ***cabine spatiale***, abitacolo (di navicella spaziale) | ***cabine téléphonique***, cabina telefonica.

cabiner [kabine] ***v.intr.*** (*Africa*) fare i propri bisogni, andare al gabinetto ♦ ***v.tr.*** (*calcio*) *cabiner le ballon*, segnare un goal con un tunnel.

cabinet [kabinɛ] ***n.m.*** **1** stanzino, ripostiglio **2** (*locale professionale*) studio **3** sala (*f.*) **4** (*di museo ecc.*) sezione (*f.*); collezione (*f.*) **5** (*pol.*) gabinetto, governo **6** (*antiq.*) stipetto **7** (*Africa*) escrementi (*pl.*), feci (*f.pl.*).
● ***cabinet d'aisances*** (o ***cabinets***), (*antiq.*) gabinetto (di decenza) | ***cabinet d'avocat***, studio legale | ***cabinet de consultation***, ambulatorio, studio (medico) | ***cabinet de dentiste, de médecin***, studio dentistico, medico | ***cabinet de lecture***, (*antiq.*) sala, gabinetto di lettura | ***cabinet de travail, d'étude***, studio | ***cabinet noir***, sgabuzzino.

câblage [kɑblaʒ] ***n.m.*** **1** ritorcitura (*f.*) **2** (*elettr.*) cablaggio, cavi (*pl.*) **3** (*inform.*) cavi (*pl.*) di collegamento.

câble [kɑbl] ***n.m.*** **1** cavo **2** (*tel.*) cablogramma **3** (*mar.*) gomena (*f.*) **4** (*arch.*) modanatura (*f.*) a forma di cordone.
● (*aut.*): ***câble de frein***, cavo comando freno; ***câble d'embrayage***, cavo della frizione; ***câble pour dépannage***, cavo rimorchio | ***câble tracteur***, fune traente | (*tel.*) ***par câble***(***s***), via cavo: *télévision par câble(s)*, televisione via cavo.

câblé [kɑble] ***agg.*** **1** ritorto **2** (*tel.*) via cavo **3** (*fam.*) aggiornato; alla moda ♦ ***n.m.*** **1** (*tapezzeria*) grosso cordone **2** (*cucito*) filo grosso, cordonetto.

câbler [kɑble] ***v.tr.*** **1** (*un cavo*) ritorcere, intrecciare **2** (*elettr., tel.*) cablare **3** (*tel.*) inviare un cablogramma (a).

câblier [kɑblije] ***n.m.*** **1** fabbricante di cavi, cordaio **2** (*mar.*) (nave) posacavi (*f.*).

câblodistributeur [kɑblɔdistʀibytœʀ] ***n.m.*** (*tv*) distributore di programmi via cavo.

câblogramme [kɑblɔgʀam] ***n.m.*** cablogramma.

câblo-opérateur [kɑblooperatœʀ] ***n.m.*** [pl. *câblo-opérateurs*] (*tv*) emittente (*f.*) televisiva via cavo.

cabochard [kabɔʃaʀ] ***agg.*** e ***n.m.*** (*fam.*) testardo, cocciuto.

caboche [kabɔʃ] *n.f.* 1 (*fam.*) testa, zucca 2 bullettone (*m.*), chiodo (*m.*) da calzolaio.

cabochon [kabɔʃɔ̃] *n.m.* 1 cabochon (pietra preziosa tagliata a emisfero) 2 (*aut.*) calotta (*f.*) di plastica (che protegge le luci); fanalino.

C

cabosser [kabɔse] *v.tr.* ammaccare.
■ SIN. abîmer.

cabot[1] [kabo] *n.m.* (*fam.*) cane, botolo.

cabot[2] *n.m.* (*argot mil.*) caporale.

cabot[3] *n.m.* e *agg.* → **cabotin.**

cabotage [kabɔtaʒ] *n.m.* (*mar.*) cabotaggio.

caboteur [kabɔtœʀ] *n.m.* (*mar.*) nave (*f.*) cabotiera ♦ *agg.* (*mar.*) cabotiero.

cabotin [kabɔtɛ̃] *n.m.* e *agg.* gigione, esibizionista.

cabotinage [kabɔtinaʒ] *n.m.* gigionismo, esibizionismo.

caboulot [kabulo] *n.m.* (*fam. antiq.*) bettola (*f.*).

cabrage [kɑbʀaʒ] *n.m.* (*aer.*) cabrata (*f.*), impennata (*f.*).

cabrer [kɑbʀe] *v.tr.* 1 fare impennare (un cavallo) 2 (*fig.*) irritare ♦ **se cabrer** *v.pron.intr.* 1 (*di cavallo*) impennarsi 2 (*fig.*) impuntarsi 3 (*aer.*) cabrare.

cabri [kabʀi] *n.m.* (*zool.*) capretto.

cabriole [kabʀijɔl] *n.f.* capriola.
■ SIN. pirouette.

cabrioler [kabʀijɔle] *v.intr.* fare capriole.

cabriolet [kabʀijɔlɛ] *n.m.* 1 calesse (spec. con soffietto) 2 (*aut.*) cabriolet (*f.*), decappottabile (*f.*), spider (*f.*).

cabus [kaby] *agg.m.* e *n.m.*
● (*chou*) *cabus*, cavolo cappuccio.

caca [kaka] *n.m.* (*linguaggio infantile*) cacca (*f.*).
● *caca d'oie*, color giallo verdastro | *faire un caca nerveux*, (*fam.*) fare un sacco di storie.

cacahouète [kakawɛt] **cacahuète** [kakaɥɛt] *n.f.* 1 arachide, nocciolina americana 2 (*inform.*) (*fam.*) software (*m.*) multifunzione, bridge router (*m.*).
■ (*Canada*) SIN. 1 pinotte.

cacao [kakao] *n.m.* cacao.

cacaoté [kakaɔte] *agg.* contenente cacao.

cacaotier [kakaɔtje] **cacaoyer** [kakaɔje] *n.m.* (albero del) cacao.

cacaotière [kakaɔtjɛʀ] **cacaoyère** [kakaɔjɛʀ] *n.f.* piantagione di cacao.

cacarder [kakaʀde] *v.intr.* (*di oca*) schiamazzare.

cacatoès [kakatɔɛs] *n.m.* (*zool.*) cacatua, cacatoa.

cacatois [kakatwa] *n.m.* (*mar.*) velaccio.
● *grand cacatois*, controvelaccio.

cachalot [kaʃalo] *n.m.* (*zool.*) capodoglio.

cache [kaʃ] *n.f.* nascondiglio (*m.*) ♦ *n.m.* 1 (*fot., tecn.*) maschera (*f.*) 2 (*inform.*) memoria (*f.*) nascosta.

caché [kaʃe] *agg.* nascosto.

cache-bagages [kaʃbagaʒ] *n.m.invar.* (*aut.*) tendalino.

cache-cache [kaʃkaʃ] *n.m.invar.* (*gioco*) rimpiattino, nascondino.

cache-cœur [kaʃkœʀ] *n.m.invar.* blusa (*f.*), maglietta (*f.*) incrociata sul davanti.

cache-col [kaʃkɔl] *n.m.* [pl. *invar.* o *cache-cols*] sciarpetta (*f.*), cache-col.

cachemaille [kaʃmaj] *n.f.* (*Svizzera*) salvadanaio (*m.*).

cachemire [kaʃmiʀ] *n.m.* cachemire.

cache-misère [kaʃmizɛʀ] *n.m.invar.* 1 (*scherz. fam.*) coprimiserie 2 (*fig.*) (piccolo) rimedio da quattro soldi.

cache-nez [kaʃne] *n.m.invar.* sciarpa (*f.*).

cache-pot [kaʃpo] *n.m.* [pl. *invar.* o *cache-pots*] portavasi.

cache-poussière [kaʃpusjɛʀ] *n.m.invar.* [pl. *invar.* o *cache-poussières*] (*abbigl.*) spolverino.

cache-prise [kaʃpʀiz] *n.m.* [pl. *invar.* o *cache-prises*] (*elettr.*) copripresa.

cacher [kaʃe] *v.tr.* nascondere; celare; occultare ♦ **se cacher** *v.pron.* nascondersi.
● ***cacher son jeu, ses cartes***, (*fig.*) nascondere le proprie intenzioni | ***ne pas se cacher de qqch***, ammettere qlco, non nascondere qlco | ***se cacher de qqn***, agire di nascosto da qlcu.
■ V.TR. SIN. dissimuler.

FAUX AMI
Da non confondere con *cacciare*, che si traduce *chasser*.

cache-radiateur [kaʃʀadjatœʀ] *n.m.* [pl. *cache-radiateurs*] copricalorifero.

cache-sexe [kaʃsɛks] *n.m.* [pl. *invar.* o *cache-sexes*] perizoma.

cachet [kaʃɛ] *n.m.* 1 sigillo 2 timbro, bollo 3 (*fig.*) marchio, impronta (*f.*); stile: *avoir du cachet*, avere stile 4 cachet; retribuzione (*f.*): *travailler au cachet*, lavorare a cachet 5 (*farm.*) cialda (*f.*), cachet.
● ***cachet de la poste***, timbro postale | ***courir le cachet***, (*antiq.*) (*di insegnante*) dare lezioni a domicilio; (*di attore*) accettare scritture poco impegnative.
■ SIN. 1 sceau.

NOTA Durante l'Ancien Régime, la ***lettre de cachet*** era quella con sigillo reale che recava generalmente un ordine d'imprigionamento o di esilio.

cachetage [kaʃtaʒ] *n.m.* sigillatura (*f.*).

cache-tampon [kaʃtɑ̃pɔ̃] *n.m.invar.* (*gioco infantile*) acqua e fuoco, focherello.

cacheter [kaʃte] *v.tr.* [coniug. come *jeter*] sigillare: *cacheter une enveloppe*, chiudere una busta.

cachette [kaʃɛt] *n.f.* nascondiglio (*m.*).
● ***en cachette***, di nascosto, furtivamente.

cachexie [kaʃɛksi] *n.f.* (*med.*) cachessia.

cachot [kaʃo] *n.m.* 1 segreta (*f.*); prigione (*f.*) 2 (*pl.*) prigione (*f.sing.*).

cachotterie [kaʃɔtʀi] *n.f.* (*fam.*) piccolo segreto (*m.*).
● ***faire des cachotteries***, fare il misterioso.

cachottier [kaʃɔtje] *agg.* e *n.m.* [f. *-ère*] (*fam. scherz.*) (tipo) misterioso.

cachou [kaʃu] *n.m.* 1 catecù, cacciù 2 (*pastiglia*) mentina (*f.*).

cacique [kasik] *n.m.* 1 (*st.*) cacicco 2 (*fam.*) grosso papavero, barone, magnate 3 (*argot studentesco*) cacique (candidato che risulta primo, spec. al concorso per l'ammissione all'École Normale Supérieure).
■ SIN. 2 hiérarque.

cacochyme [kakɔʃim] *agg.* e *n.m.* e *f.* (*letter.* o *iron.*) malaticcio/a.

cacophonie [kakɔfɔni] *n.f.* cacofonia.

cacophonique [kakɔfɔnik] *agg.* cacofonico.

cactus [kaktys] *n.m.* (*bot.*) cactus.

cadastral [kadastʀal] *agg.* [pl. *-aux*] catastale: *revenu cadastral*, rendita catastale.

cadastre [kadastʀ] *n.m.* catasto.

cadastrer [kadastʀe] *v.tr.* accatastare, iscrivere a catasto.

cadavérique [kadɑveʀik] *agg.* cadaverico.

cadavre [kadɑvʀ] *n.m.* **1** cadavere **2** (*fam.*) bottiglia (*f.*) scolata.
● ***avoir un cadavre dans le placard***, (*fam.*) avere uno scheletro nell'armadio.
■ SIN. **1** dépouille.

caddie[1®] [kadi] *n.m.* carrello (di supermercato o per trasporto bagagli).

caddie[2], **caddy** *n.m.* (*golf*) caddie.

cadeau [kado] *n.m.* [pl. *-eaux*] **1** regalo, dono: *faire cadeau de qqch à qqn*, regalare qlco a qlcu **2** (*Africa*) mancia (*f.*); (*estens.*) elemosina (*f.*).
● ***cadeau(-)souvenir***, souvenir, ricordino | ***coffret -cadeau***, cofanetto regalo | ***en cadeau***, in omaggio | ***ne pas faire de cadeau à personne***, (*fam.*) non fare alcuna concessione | ***papier-cadeau***, carta da regalo | ***paquet (-)cadeau***, pacchetto, confezione regalo | ***point-cadeau***, punto regalo (da accumulare).
■ SIN. **1** don, présent.

cadeauter [kadote] *v.intr.* (*Senegal*) ricompensare con un regalo.

cadenas [kadnɑ] *n.m.* lucchetto.

cadenasser [kadnase] *v.tr.* chiudere con un lucchetto.

cadence [kadɑ̃s] *n.f.* cadenza.
■ SIN. rythme.

cadencer [kadɑ̃se] *v.tr.* e *intr.* [coniug. come *placer*] cadenzare.
● ***au pas cadencé***, a passo cadenzato.

cadet [kadɛ] *agg.* [f. *-ette*] cadetto, minore: *frère cadet, sœur cadette*, fratello minore, sorella minore ♦ *n.m.* **1** cadetto; (*di una famiglia*) ultimogenito **2** (il) più giovane: *il est mon cadet de quatre ans*, è più giovane di me di quattro anni **3** (*mil.*) cadetto **4** (*sport*) junior.
● ***c'est le cadet de mes soucis***, (*fam.*) è l'ultimo dei miei pensieri.

cadmium [kadmjɔm] *n.m.* (*chim.*) cadmio.

cadonner [kadɔne] *v.tr.* (*Africa*) regalare.

cadrage [kadʀaʒ] *n.m.* **1** (*cine., fot., tv*) inquadratura (*f.*) **2** (*inform.*) quadrante **3** (*miner.*) armatura (*f.*).

cadran [kadʀɑ̃] *n.m.* **1** quadrante **2** (*tel.*) commutatore **3** (*Canada*) sveglia (*f.*).
● (*tel.*) ***cadran d'appel***, (disco) combinatore | ***cadran solaire***, meridiana | ***faire le tour du cadran***, (*fig.*) dormire dodici ore filate.

cadrat [kadʀa] *n.m.* (*tip.*) quadrato; bianco tipografico.

cadre [kɑdʀ] *n.m.* **1** cornice (*f.*) (*anche fig.*); (*fig.*) ambiente; contesto **2** (*tecn.*) telaio: *le cadre d'un vélo*, il telaio di una bicicletta **3** container: *cadre de déménagement*, gabbia per traslochi **4** (*cine., fot.*) quadro **5** (*inform.*) schermata (*f.*), videata (*f.*), frame **6** (*rad.*) antenna (*f.*) a telaio **7** (*mar.*) cuccetta (*f.*) **8** (*in un modulo*) casella (*f.*), spazio **9** (*spec. pl.*) (*amm.*) quadro; ruolo, organico: *les cadres*, i quadri; *les cadres supérieurs*, i quadri direttivi **10** (*sport*) quadro svedese.
● (*mil.*) ***cadre de réserve***, (quadri della) riserva | ***cadre de vie***, atmosfera, stile di vita | ***dans le cadre de***, (*fig.*) nel quadro di, nell'ambito di.

FAUX AMI
Da non confondere con *quadro*, che si traduce *tableau*.

cadrer [kɑdʀe] *v.intr.* quadrare, essere compatibile ♦ *v.tr.* inquadrare; mettere a fuoco (*anche fig.*).

cadreur [kɑdʀœʀ] *n.m.* [f. *-euse*] (*cine., tv*) cineoperatore; cameraman.
■ SIN. operateur de prises de vues.

caduc [kadyk] *agg.* [f. *-uque*] **1** caduco **2** antiquato, sorpassato **3** (*dir.*) nullo.

caducée [kadyse] *n.m.* caduceo.

caducité [kadysite] *n.f.* caducità.

cadurcien [kadyʀsjɛ̃] *agg.* [f. *-enne*] di Cahors.

cæcal [sekal] *agg.* [pl. *-aux*] (*anat.*) cecale, ciecale: *appendice cæcal*, appendice cecale.

cæcum [sekɔm] *n.m.* (*anat.*) (intestino) cieco.

cae(n)nais [kanɛ] *agg.* di Caen.

CAF [kaf] *agg.invar.* e *avv.* (*comm.*) (*sigla di* Coût, Assurance, Fret) CIF, costo assicurazione nolo.

cafard [kafaʀ] *n.m.* **1** scarafaggio **2** (*fam.*) malinconia (*f.*), malumore **3** (*fam.*) spione **4** bigotto, bacchettone.
● ***avoir le cafard***, (*fam.*) essere, sentirsi giù di morale | ***un coup de cafard***, (*fam.*) un attacco di depressione.

cafardage [kafaʀdaʒ] *n.m.* il fare la spia; spiata (*f.*).

cafarder [kafaʀde] *v.tr.* e *intr.* (*fam.*) fare la spia ♦ *v.intr.* (*fam.*) essere di cattivo umore.

cafardeur [kafaʀdœʀ] *agg.* [f. *-euse*] falso, ipocrita ♦ *n.m.* spione.

cafardeux [kafaʀdø] *agg.* [f. *-euse*] **1** depresso **2** deprimente.

café [kafe] *n.m.* **1** caffè **2** (*locale*) caffè ♦ *agg.invar.* (color) caffè.
● ***café au lait***, caffellatte | ***café complet***, (*in albergo*) prima colazione | ***café crème***, caffè macchiato con panna liquida | ***café liégeois***, caffè freddo con panna | ***café littéraire***, caffè letterario | ***café noir***, caffè nero | ***maison du café***, torrefazione.

café-au-lait [kafeolɛ] *agg.* e *n.m.* e *f.invar.* (*Africa*) meticcio/a.

café-concert [kafekɔ̃sɛʀ] *n.m.* [pl. *cafés-concerts*] caffè con spettacoli di varietà, tipico della Belle Époque.

caféier [kafeje] *n.m.* (*pianta*) caffè.

caféine [kafein] *n.f.* (*chim.*) caffeina.

café-tabac [kafetaba] *n.m.* [pl. *cafés-tabacs*] caffè tabaccheria.

caf(e)tan [kaftɑ̃] *n.m.* (*abbigl.*) caffettano.

cafétéria [kafeteʀja] *n.f.* bar (*m.*).

café-théâtre [kafeteɑtʀ] *n.m.* [pl. *cafés-théâtres*] café -théâtre (locale in cui si rappresentano brevi spettacoli alternativi).

cafetier [kaftje] *n.m.* (*antiq.*) gestore di bar.

cafetière [kaftjɛʀ] *n.f.* **1** caffettiera **2** (*fam.*) zucca, testa.

cafouillage [kafujaʒ] *n.m.* → **cafouillis**.

cafouiller [kafuje] *v.intr.* (*fam.*) **1** (*di cosa*) funzionare male **2** (*di persona*) pasticciare; impappinarsi.

cafouilleur [kafujœʀ] **cafouilleux** [kafujø] *n.m.* [f. *-euse*] pasticcione ♦ *agg.* (*fam.*) disordinato; difettoso.

cafouillis [kafuji] *n.m.* (*fam.*) **1** cattivo funzionamento **2** disordine.

cage [kaʒ] *n.f.* **1** gabbia **2** (*fam.*) (*prigione*) gabbia **3** (*sport*) porta: *la cage adverse*, la porta avversaria.
● ***cage à lapins***, conigliera; (*fam.*) casermone, casa popolare | ***cage à poulets***, stia | ***cage d'escalier***, tromba delle scale | (*anat.*) ***cage thoracique***, gabbia toracica.

C

cageot [kaʒo] *n.m.* **1** (*di frutta ecc.*) cassetta (*f.*) **2** (*fam.*) (*donna brutta*) cozza (*f.*), racchia (*f.*).

cagibi [kaʒibi] *n.m.* (*fam.*) sgabuzzino; stanzino.

cagneux [kaɲø] *agg.* e *n.m.* [f. *-euse*] (*anat.*) varo; (*vet.*) cagnolo: *des jambes cagneuses*, gambe storte (a X).

cagnotte [kaɲɔt] *n.f.* **1** (*al gioco*) piatto (*m.*), insieme (*m.*) delle poste **2** cassa comune **3** (*fam.*) gruzzolo (*m.*).

cagoule [kagul] *n.f.* **1** passamontagna (*m.*), buffa, cappuccio (*m.*) **2** (*eccl.*) cocolla.

cahier [kaje] *n.m.* **1** quaderno **2** (*pl.*) pubblicazione (*f.sing.*) periodica; (*st.*) memoriali.
● (*dir.*) ***cahier des charges***, capitolato d'oneri | ***cahier de textes***, diario scolastico | (*Camerun*) ***vieux cahier***, ripetente.

cahin-caha [kaɛ̃kaa] *avv.* (*fam.*) così così, alla meno peggio.

cahot [kao] *n.m.* sobbalzo, scossa (*f.*): *les cahots de la vie*, (*fig.*) gli alti e bassi della vita.

cahotant [kaɔtɑ̃] *agg.* **1** (*di strada ecc.*) accidentato **2** (*di veicolo*) che procede a scosse, sobbalzando.

cahotement [kaɔtmɑ̃] *n.m.* scossa (*f.*); sballottamento.

cahoter [kaɔte] *v.tr.* sballottare ♦ *v.intr.* sobbalzare.

cahoteux [kaɔtø] *agg.* [f. *-euse*] (*di strada ecc.*) accidentato, sconnesso.

cahute [kayt] *n.f.* **1** capannina **2** tugurio (*m.*).

caïd [kaid] *n.m.* **1** cadì **2** (*fam.*) capo, boss.

caïeu [kajø] *n.m.* (*bot.*) bulbillo.

caillasse [kajas] *n.f.* **1** (*fam.*) terreno (*m.*) ghiaioso; acciottolato (*m.*) **2** (*tecn.*) pietrisco (*m.*); brecciame (*m.*) **3** (*Africa*) spiccioli (*m.pl.*), moneta **4** (*geol.*) (*nel sottosuolo parigino*) pietra scadente.

caillasser [kajase] *v.tr.* lanciare pietre e oggetti (su): *caillasser la police*, assalire la polizia con pietre.

caille [kɑj] *n.f.* (*zool.*) quaglia.
● ***gras, rond comme une caille***, grasso come un porcellino.

caillé [kɑje] *agg.* cagliato; coagulato: *sang caillé*, sangue coagulato ♦ *n.m.* **1** cagliata (*f.*) **2** caseina (*f.*).

cailler [kɑje] *v.tr.* far cagliare ♦ *v.intr.* **1** cagliare **2** (*fam.*) sentire freddo: *on caille ici!*, qui si gela! ♦ **se cailler** *v.pron.intr.* **1** coagularsi **2** (*fam.*) sentire molto freddo, gelare.

caillera [kajʀa] *n.f.* (*verlan di* racaille) giovane (*m.*) di periferia vestito con abbigliamento sportivo griffato, tamarro.

caillette [kajɛt] *n.f.* (*zool.*) abomaso (*m.*).

caillot [kɑjo] *n.m.* grumo; coagulo (di sangue).

caillou [kaju] *n.m.* [pl. *-oux*] **1** sasso **2** (*geol.*) masso **3** (*fam.*) pietra (*f.*) dura; (*molto fam.*) pietra (*f.*) preziosa, diamante **4** (*fam.*) testa (*f.*), zucca (*f.*).
● (*geol.*) ***caillou roulé***, masso erratico.

NOTA Deriva dal gallico *caliavo*, il cui radicale *cal* 'pietra, 'roccia', si ritrova in nomi di località, quali Calvados, Calais, St-Valéry-en-Caux.
Le Caillou è il nome familiare della Nouvelle-Calédonie, l'isola dell'Oceano Pacifico che è un territorio francese d'oltremare.

cailloutage [kajutaʒ] *n.m.* **1** acciottolatura (*f.*) **2** acciottolato.

caillouter [kajute] *v.tr.* acciottolare.

caillouteux [kajutø] *agg.* [f. *-euse*] sassoso.

cailloutis [kajuti] *n.m.* **1** (*geol.*) breccia (*f.*) **2** (*edil.*) brecciame.

caïman [kaimɑ̃] *n.m.* **1** (*zool.*) caimano **2** (*argot studentesco*) professore; esaminatore.

cainf [kɛ̃f] **cainfri** [kɛ̃fʀi] *n.m.* (*verlan di* africain) africano.

caïque [kaik] *n.m.* caicco.

cairote [keʀɔt] *agg.* cairota, del Cairo.

Cairote *n.m.* e *f.* (*abitante*) cairota.

caisse [kɛs] *n.f.* **1** cassa, cassetta: *caisse d'emballage*, cassa d'imballaggio **2** (*comm.*) cassa **3** (*econ., fin.*) cassa, fondo (*m.*) **4** (*aut.*) carrozzeria; (*fam.*) macchina, macinino (*m.*) **5** (*fam.*) petto (*m.*); testa **6** (*Svizzera*) sbronza.
● ***caisse à outils***, cassetta degli attrezzi | (*mus.*) ***caisse claire***, tamburello, tamburo militare | ***Caisse de chômage***, Fondo sussidi di disoccupazione | (*banca*) ***Caisse d'Épargne***, Cassa di Risparmio | (*fis.*) ***caisse de résonance***, cassa di risonanza | (*amm.*) ***Caisse de retraite***, Fondo pensioni | (*banca*) ***Caisse des dépôts et consignations***, Cassa depositi e prestiti | (*comm.*) ***caisse enregistreuse***, registratore di cassa | ***aller à fond la caisse***, (*fig.*) andare a tavoletta, a tutta velocità | (*mus.*) ***grosse caisse***, grancassa.

caisse-outre [kɛsutʀ] *n.f.* [pl. *caisses-outres*] scatola con sacca interna per contenere liquidi.

caisse-palette [kɛspalɛt] *n.f.* [pl. *caisses-palettes*] (*trasporti*) pallet (*m.*) costituito di almeno tre pannelli.

caissette [kɛsɛt] *n.f.* cassetta.

caissier [kesje] *n.m.* [f. *-ère*] cassiere.

caisson [kɛsɔ̃] *n.m.* **1** (*mil., tecn.*) cassone **2** (*arch.*) cassettone **3** (*fis.*) vessel **4** (*molto fam.*) testa (*f.*).
● (*mar.*) ***caisson à air comprimé***, campana pneumatica.

cajoler [kaʒɔle] *v.tr.* vezzeggiare; coccolare ♦ *v.intr.* (*di ghiandaia*) stridere.
■ SIN. dorloter.

cajolerie [kaʒɔlʀi] *n.f.* **1** moina; coccola **2** (*fig.*) adulazione.

cajoleur [kajɔlœʀ] *agg.* [f. *-euse*] **1** suadente, carezzevole **2** affettuoso ♦ *n.m.* adulatore.

cajou [kaʒu] *n.m.* [pl. *-ous*].
● ***noix de cajou***, noce, pomo di acagiù.

cajun [kaʒœ̃] *agg.* [f. *invar.*] cajun (della Louisiana francofona): *parler, culture, cuisine cajun*, parlata, cultura, cucina cajun.

cal [kal] *n.m.* [pl. *cals*] callo.

FAUX AMI
Da non confondere con *calo*, che si traduce *diminution, baisse*.

calabrais [kalabʀɛ] *agg.* calabrese.

Calabrais *n.m.* (*abitante*) calabrese.

calaisien [kalɛzjɛ̃] *agg.* [f. *-enne*] di Calais.

Calaisien *n.m.* [f. *-enne*] abitante di Calais.

calamar [kalamaʀ] *n.m.* → **calmar**.

calamine [kalamin] *n.f.* **1** (*min.*) calamina **2** (*di motore*) deposito (*m.*) carbonioso.

calaminé [kalamine] *agg.* incrostato.

calamité [kalamite] *n.f.* calamità.

calandrage [kalɑ̃dʀaʒ] *n.m.* (*tecn.*) calandratura (*f.*).

calandre [kalɑ̃dʀ] *n.f.* (*tecn., aut.*) calandra.

calandrer [kalɑ̃dʀe] *v.tr.* (*tecn.*) calandrare.

calanque [kalɑ̃k] *n.f.* (*geol.*) calanco (*m.*).

calcaire [kalkɛʀ] *agg.* calcareo ♦ *n.m.* calcare.

calcédoine [kalsedwan] *n.f.* (*min.*) calcedonio (*m.*).

calcémie [kalsemi] *n.f.* (*med.*) calcemia.

calcification [kalsifikasjɔ̃] *n.f.* (*biochim.*) calcificazione.

calcifier [kalsifje] *v.tr.* calcificare.

calciner [kalsine] *v.tr.* 1 (*chim.*) calcinare 2 bruciare, carbonizzare.

calcite [kalsit] *n.f.* (*min.*) calcite.

calcium [kalsjɔm] *n.m.* (*chim.*) calcio.

calcul[1] [kalkyl] *n.m.* 1 calcolo (*anche fig.*): *calcul juste, faux*, calcolo giusto, sbagliato; *faire des calculs*, fare dei calcoli 2 (*inform.*) computazione (*f.*).
● ***calcul des probabilités***, calcolo delle probabilità | ***agir par calcul***, (*fig.*) agire per calcolo | ***d'après mes calculs***, (*anche fig.*) secondo i miei calcoli.

calcul[2] *n.m.* (*med.*) calcolo.

calculable [kalkylabl] *agg.* calcolabile.

calculateur [kalkylatœʀ] *agg.* e *n.m.* [f. *-trice*] calcolatore (*spec. fig.*) ♦ *n.m.* (*inform.*) calcolatore, elaboratore, computer.

calculatrice [kalkylatʀis] *n.f.* calcolatrice: *calculatrice numérique*, calcolatrice digitale.

NOTA La prima calcolatrice meccanica fu inventata e costruita nel 1642 dal filosofo e matematico francese Blaise Pascal, che all'epoca aveva appena 19 anni.

calculer [kalkyle] *v.tr.* 1 calcolare: *calculer à l'avance*, preventivare 2 (*fig.*) calcolare, prendere in considerazione 3 (*fam.*) prestare attenzione (a) ♦ *v.intr.* calcolare, fare i calcoli.
● ***machine à calculer***, (macchina) calcolatrice.

calculette [kalkylɛt] *n.f.* calcolatrice tascabile.

cale[1] [kal] *n.f.* 1 zeppa; puntello (*m.*) 2 (*mecc.*) ceppo (*m.*).

cale[2] *n.f.* (*mar.*) 1 stiva, cala 2 calata; scalo (*m.*).
● ***cale avant, arrière***, stiva di poppa, di prua | ***cale de halage***, scalo di alaggio | ***cale flottante***, bacino galleggiante | ***cale sèche, de radoub***, bacino di carenaggio | ***être à fond de cale***, (*fam.*) essere all'asciutto.

calé [kale] *agg.* (*fam.*) 1 (*di persona*) ferrato, forte: *être calé dans son métier*, essere in gamba nel proprio mestiere 2 (*di cosa*) difficile.

calebasse [kalbɑs] *n.f.* 1 zucca a fiasco 2 (*fam.*) testa.

calèche [kalɛʃ] *n.f.* (*antiq.*) carrozza.

caleçon [kalsɔ̃] *n.m.* 1 (*da uomo*) mutandoni (*pl.*) 2 (*da donna*) pantacollant (*pl.*).
● ***caleçon de bain***, (*antiq.*) calzoncini da bagno.

FAUX AMI
Da non confondere con *calzone*, che si traduce *pantalon*.

calédonien [kaledɔnjɛ̃] *agg.* [f. *-enne*] caledoniano.

calembour [kalɑ̃buʀ] *n.m.* gioco di parole.

calembredaine [kalɑ̃bʀədɛn] *n.f.* (*antiq.*) sciocchezza.

calendes [kalɑ̃d] *n.f.pl.* (*st.*) calende.
● ***renvoyer aux calendes grecques***, (*fig.*) rimandare alle calende greche.

calendrier [kalɑ̃dʀije] *n.m.* calendario.
● ***calendrier grégorien***, calendario gregoriano.

cale-pied [kalpje] *n.m.* [pl. *cale-pieds*] (*di bicicletta*) fermapiede, serrapiede.

calepin [kalpɛ̃] *n.m.* taccuino, agendina (*f.*).

caler[1] [kale] *v.tr.* 1 rincalzare (con una zeppa) 2 (*mecc.*) fissare; stringere 3 sistemare, appoggiare 4 (*aut.*) (*fam.*) far spegnere il motore ♦ *v.intr.* 1 bloccarsi: *le moteur a calé*, il motore si è fermato 2 (*fam.*) arrendersi 3 (*molto fam.*) saziare.

caler[2] *v.tr.* (*mar.*) ammainare; calare ♦ *v.intr.* (*mar.*) pescare: *ce navire cale trop*, questa nave pesca troppo.

C

calfatage [kalfataʒ] *n.m.* (*mar.*) calafataggio.

calfater [kalfate] *v.tr.* (*mar.*) calafatare.

calfeutrage [kalføtʀaʒ] **calfeutrement** [kalføtʀəmɑ̃] *n.m.* sigillatura (*f.*) (di una fessura).

calfeutrer [kalføtʀe] *v.tr.* sigillare, tappare le fessure (di) ♦ **se calfeutrer** *v.pron.* tapparsi: *se calfeutrer chez soi*, tapparsi in casa.

calibrage [kalibʀaʒ] *n.m.* (*tecn.*) calibrazione (*f.*).

calibre [kalibʀ] *n.m.* 1 calibro (*anche fig.*) 2 (*argot*) rivoltella (*f.*).
● (*tecn.*) ***calibre d'épaisseur***, spessimetro.

calibrer [kalibʀe] *v.tr.* calibrare.
● (*tip.*) ***calibrer la copie***, calcolare le battute di un manoscritto.

calibreur [kalibʀœʀ] *n.m.* (*tecn.*) calibratore.

calice [kalis] *n.m.* (*bot., eccl.*) calice.

calicot [kaliko] *n.m.* 1 (*tess.*) calicò 2 (*estens.*) striscione.

califat [kalifa] *n.m.* califfato.

calife [kalif] *n.m.* califfo.

californien [kalifɔʀnjɛ̃] *agg.* [f. *-enne*] californiano.

Californien *n.m.* [f. *-enne*] (*abitante*) californiano.

califourchon, à [akalifurʃɔ̃] *avv.* a cavalcioni.

câlin [kɑlɛ̃] *n.m.* 1 coccola (*f.*): *faire des câlins*, fare le coccole 2 (*estens.*) (*di persona*) coccolone ♦ *agg.* 1 tenero, affettuoso: *voix câline*, voce carezzevole 2 (*antiq.*) pigro, indolente.

câliner [kɑline] *v.tr.* accarezzare, coccolare.

câlinerie [kɑlinʀi] *n.f.* (*spec. pl.*) tenerezze (*pl.*).

calisson [kalisɔ̃] *n.m.* calisson (pasticcino a base di pasta di mandorle, specialità di Aix-en-Provence).

calla [kala] *n.f.* (*bot.*) calla.

calleux [kalø] *agg.* [f. *-euse*] calloso.
● (*anat.*) ***corps calleux***, corpo calloso.

calligraphie [kalligʀafi] *n.f.* calligrafia; bella scrittura.

calligraphier [kalligʀafje] *v.tr.* scrivere con caratteri eleganti.

callosité [kalozite] *n.f.* callosità.

calmant [kalmɑ̃] *agg.* e *n.m.* calmante.

calmar [kalmaʀ] *n.m.* (*zool.*) calamaro, totano.

calme[1] [kalm] *n.m.* calma (*f.*): *le calme de la campagne*, la quiete dei campi; *garder son calme*, mantenere la calma.
● (*mar.*) ***calme plat***, (*anche fig.*) calma assoluta, bonaccia | ***du calme, s'il vous plaît!***, calma, per favore!

calme[2] *agg.* calmo, tranquillo.

calmement [kalməmɑ̃] *avv.* con calma.

calmer [kalme] *v.tr.* calmare ♦ **se calmer** *v.pron.intr.* calmarsi: *on se calme!*, (*fam.*) calma!

calmos [kalmos] *avv.* (*fam.*) calma!, tranquillo!

calomniateur [kalɔmnjatœʀ] *agg.* e *n.m.* [f. *-trice*] calunniatore.

calomnie [kalɔmni] *n.f.* calunnia.

C

calomnier [kalɔmnie] *v.tr.* calunniare.
calomnieusement [kalɔmnjøzmɑ̃] *avv.* calunniosamente.
calomnieux [kalɔmnjø] *agg.* [f. *-euse*] calunnioso.
calorie [kalɔʀi] *n.f.* caloria.
calorifère [kalɔʀifɛʀ] *agg.* calorifico ♦ *n.m.* (*antiq.*) calorifero, termosifone.
calorifique [kalɔʀifik] *agg.* calorifico.
calorifuge [kalɔʀifyʒ] *agg.* e *n.m.* coibente.
calorimètre [kalɔʀimɛtʀ] *n.m.* calorimetro.
calorique [kalɔʀik] *agg.* calorico.
● ***ration calorique***, fabbisogno calorico giornaliero.
calot[1] [kalo] *n.m.* (*cappello*) bustina (*f.*).
calot[2] *n.m.* 1 grossa biglia (*f.*) 2 (*argot*) occhio.
calotin [kalɔtɛ̃] *n.m.* (*spreg.*) bacchettone, bigotto.
calotte [kalɔt] *n.f.* 1 calotta 2 (*eccl.*) papalina, zucchetto (*m.*) 3 cuffia da chirurgo 4 (*fam.*) scappellotto (*m.*) 5 (*Canada*) berretto (*m.*).
● ***la calotte***, (*spreg. antiq.*) il clero.
calotter [kalɔte] *v.tr.* (*fam.*) prendere a scapellotti.
calque [kalk] *n.m.* 1 calco, ricalco; carta (*f.*) da ricalco, lucido: *prendre le calque d'un dessin*, ricalcare un disegno 2 (*fig.*) calco, copia (*f.*), imitazione (*f.*).
● ***(papier) calque***, carta da ricalco, da lucido.
calquer [kalke] *v.tr.* 1 ricalcare, lucidare (un disegno) 2 (*fig.*) copiare, imitare.
calter [kalteʀ] *v.intr.* filare, svignarsela: *je t'ai dit de calter*, ti ho detto di filare ♦ **se calter** *v.pron.intr.* filarsela, svignarsela: *on s'est calté en vitesse*, ce la siamo filata in fretta.
caluger [kalyʒe] *v.intr.* (*Svizzera*) (*aut.*) slittare.
calva [kalva] *n.m.* (*fam.*) abbr. di **calvados**.
calvados [kalvadɔs] *n.m.* calvados (acquavite di sidro del Calvados, in Normandia).
calvadosien [kalvadɔzjɛ̃] *agg.* [f. *-enne*] del Calvados.
calvaire [kalvɛʀ] *n.m.* calvario (*anche fig.*).

NOTA Il ***Calvaire breton*** è una croce di pietra, con o senza i personaggi della Passione, tipica della Bretagna.

calvais [kalvɛ] *agg.* di Calvi.
Calvais *n.m.* abitante di Calvi.
calvinisme [kalvinism] *n.m.* (*relig.*) calvinismo.
calviniste [kalvinist] *agg.* e *n.m.* e *f.* (*relig.*) calvinista.
calvitie [kalvisi] *n.f.* calvizie.
camaïeu [kamajø] *n.m.* (*arte*) 1 camaïeu 2 monocromo 3 cammeo.
● ***en camaïeu***, monocromato.
camail [kamaj] *n.m.* 1 pellegrina (*f.*) (con cappuccio) 2 (*eccl.*) mozzetta (*f.*).
camarade [kamaʀad] *n.m.* compagno: *camarade d'école*, compagno di scuola; *camarade de travail*, compagno di lavoro, collega.
■ SIN. copain.
camaraderie [kamaʀadʀi] *n.f.* cameratismo (*m.*); (*estens.*) amicizia.
camard [kamaʀ] *agg.* e *n.m.* camuso.
● ***la Camarde***, (*letter.*) la morte.
camarguais [kamaʀgɛ] *agg.* della Camargue.
Camarguais *n.m.* abitante della Camargue.
cambial [kɑ̃bjal] *agg.* [pl. *-aux*] (*fin.*) cambiario.
cambodgien [kɑ̃bɔdʒjɛ̃] *agg.* [f. *-enne*] cambogiano.
Cambodgien *n.m.* [f. *-enne*] (*abitante*) cambogiano.
cambouis [kɑ̃bwi] *n.m.* morchia (*f.*).
cambré [kɑ̃bʀe] *agg.* arcuato: *taille cambrée*, dorso flessuoso.
cambrer [kɑ̃bʀe] *v.tr.* curvare ad arco, inarcare ♦ **se cambrer** *v.pron.* inarcarsi; inarcare la schiena.
cambrésien [kɑ̃bʀezjɛ̃] *agg.* [f. *-enne*] di Cambrai.
cambriolage [kɑ̃bʀijɔlaʒ] *n.m.* svaligiamento; furto con scasso.
■ SIN. vol.
cambrioler [kɑ̃bʀijɔle] *v.tr.* svaligiare.
cambrioleur [kɑ̃bʀijɔlœʀ] *n.m.* [f. *-euse*] svaligiatore; scassinatore.
cambrousse [kɑ̃bʀus] *n.f.* (*fam. spreg.*) campagna: *habiter en pleine cambrousse*, abitare in un posto sperduto.
cambrure [kɑ̃bʀyʀ] *n.f.* 1 centina, curvatura ad arco 2 (*di scarpa*) cambriglione (*m.*).
● ***cambrure du pied***, arco plantare.
cambuse [kɑ̃byz] *n.f.* 1 (*mar.*) cambusa 2 (*fam.*) topaia, tugurio (*m.*).
came[1] [kam] *n.f.* (*mecc.*) camma.
came[2] *n.f.* 1 (*argot*) roba, droga 2 (*fam.*) merce scadente, fondo (*m.*) di magazzino.
camé [kame] *agg.* (*argot*) fatto, drogato ♦ *n.m.* (*argot*) drogato, tossico.
camée [kame] *n.m.* cammeo.
caméléon [kameleɔ̃] *n.m.* (*zool.*) camaleonte (*anche fig.*).
camélia [kamelja] *n.m.* (*bot.*) camelia (*f.*).
camelot [kamlo] *n.m.* 1 venditore ambulante 2 (*st.*) strillone.
camelote [kamlɔt] *n.f.* (*fam.*) paccottiglia, robaccia.
camembérer [kamɑ̃beʀe] *v.intr.* (*Africa*) puzzare, avere i piedi che puzzano.
camembert [kamɑ̃bɛʀ] *n.m.* 1 camembert (formaggio vaccino molle della Normandia) 2 (*grafico*) torta (*f.*).
camer, se [səkame] *v.pron.* (*fam.*) drogarsi, farsi.
caméra [kameʀa] *n.f.* (*tv*) telecamera; (*cine.*) cinepresa.
● ***caméra cachée***, telecamera nascosta, candid camera | ***caméra de télévision***, telecamera | ***caméra vidéo***, videocamera.

FAUX AMI
Da non confondere con *camera*, nel significato di *stanza*, che si traduce *chambre*.

cameraman [kameʀaman] *n.m.* [pl. *cameramans* o *cameramen*] (*cine., tv*) cameraman, cineoperatore.
caméraphone [kameʀafɔn] *n.m.* (*tel.*) videofonino, cellulare con fotocamera digitale.
camériste [kameʀist] *n.f.* 1 (*letter.*) camerista 2 (*letter. scherz.*) cameriera.
camerlingue [kamɛʀlɛ̃g] *n.m.* (*eccl.*) camerlengo.
camerounais [kamʀunɛ] *agg.* camerunese, del Camerun.
Camerounais *n.m.* (*abitante*) camerunese.
caméscope® [kameskɔp] *n.m.* videocamera (*f.*) portatile.
camion [kamjɔ̃] *n.m.* autocarro, camion.
● ***camion-benne***, camion con cassone ribaltabile | (*aer.*) ***camion commissariat***, automezzo di catering | ***camion***

-poubelle, camion per la raccolta rifiuti | (*aer.*) ***camion -ravitailleur***, autobotte per rifornimento del carburante.

camion-citerne [kamjɔ̃sitɛʀn] ***n.m.*** [pl. *camions-citernes*] autocisterna (*f.*).

camionnage [kamjɔnaʒ] ***n.m.*** autotrasporto.

camionner [kamjɔne] ***v.tr.*** trasportare con autocarro, autotrasportare.

camionnette [kamjɔnɛt] ***n.f.*** camioncino (*m.*).

camionneur [kamjɔnœʀ] ***n.m.*** [f. *-euse*] **1** camionista **2** autotrasportatore.

camion-remorque [kamjɔ̃ʀəmɔʀk] ***n.m.*** [pl. *camions -remorques*] autotreno.

camisard [kamizaʀ] ***n.m.*** (*st. relig.*) camisardo (calvinista oppositore di Luigi XIV dopo l'editto di Nantes, 1685).

camisole [kamizɔl] ***n.f.*** **1** (*antiq.*) camiciola **2** (*Canada*) (*antiq.*) canottiera.
● ***camisole de force***, camicia di forza.

camomille [kamɔmij] ***n.f.*** (*bot.*) camomilla.

camouflage [kamuflaʒ] ***n.m.*** **1** (*mil.*) mimetizzazione (*f.*) **2** (*fig.*) camuffamento **3** (*rad.*) trasmissione (*f.*) in codice.
● ***panneau de camouflage***, telo mimetico.

camoufler [kamufle] ***v.tr.*** **1** (*mil.*) mimetizzare **2** camuffare: *camoufler un bilan*, truccare un bilancio.

camouflet [kamuflɛ] ***n.m.*** **1** (*letter.*) affronto **2** (*mil.*) contromina (*f.*).

camp [kɑ̃] ***n.m.*** **1** campo, accampamento (*anche mil.*) **2** (*estens.*) gruppo **3** (*sport*) campo.
● ***camp de concentration***, campo di concentramento | ***camp de refugiés***, campo profughi | ***camp d'été***, campo estivo | (*mil.*) ***camp volant***, accampamento provvisorio | (*gioco*) ***balle au camp***, palla prigioniera | ***fiche-moi le camp!***, (*fam.*) sloggia!

campagnard [kɑ̃paɲaʀ] ***agg.*** e ***n.m.*** campagnolo.

campagne [kɑ̃paɲ] ***n.f.*** **1** campagna: *à la campagne*, in campagna **2** (*mil.*) campagna (*anche fig.*).
● ***campagne de fouilles***, campagna di scavi (archeologici) | (*pol.*) ***campagne électorale***, campagna elettorale | (*comm.*) ***campagne promotionnelle***, campagna promozionale | ***battre la campagne***, battere la campagna; (*fig.*) sragionare | ***faire campagne pour, contre qqn***, (*fig.*) militare per, contro qlcu | ***se mettre en campagne***, (*fig.*) mettersi alla ricerca (di qlco).

> NOTA ***À la campagne***, per tradurre 'in campagna':
> SÌ *Vous vivez **à la campagne** ?*
> NO *Vous vivez **en campagne** ?*
> Vivete in campagna?

campagnol [kɑ̃paɲɔl] ***n.m.*** (*zool.*) arvicola (*f.*), topo campagnolo.

campanile [kɑ̃panil] ***n.m.*** campanile, torre (*f.*) campanaria.

campanule [kɑ̃panyl] ***n.f.*** (*bot.*) campanula.

campé [kɑ̃pe] ***agg.***
● ***bien campé***, solido; (*fig.*) ben costruito: *un homme bien campé*, un uomo ben piantato; *un personnage bien campé*, un personaggio ben delineato.

campement [kɑ̃pmɑ̃] ***n.m.*** accampamento.

camper [kɑ̃pe] ***v.intr.*** porre il campo; campeggiare, fare campeggio ♦ ***v.tr.*** **1** (*antiq. mil.*) accampare **2** (*fig.*) caratterizzare: *camper un personnage*, caratterizzare un personaggio **3** (*antiq.*) piantare, ficcare ♦ **se camper** ***v.pron.intr.*** mettersi: *se camper devant qqn*, piantarsi davanti a qlcu.

campeur [kɑ̃pœʀ] ***n.m.*** [f. *-euse*] campeggiatore.

camphre [kɑ̃fʀ] ***n.m.*** canfora (*f.*).

camphré [kɑ̃fʀe] ***agg.*** canforato.

camping [kɑ̃piŋ] ***n.m.*** campeggio.
● ***camping à la ferme***, campeggio in fattoria.

camping-car [kɑ̃piŋkaʀ] ***n.m.*** [pl. *camping-cars*] camper.

camping-cariste [kɑ̃piŋkaʀist] ***n.m.*** e ***f.*** [pl. *camping-caristes*] camperista.

camping-gaz® [kɑ̃piŋgɑz] ***n.m.invar.*** camping-gaz® (fornello a gas per campeggio).

campus [kɑ̃pys] ***n.m.*** **1** campus universitario **2** (*estens.*) città universitaria; città studi.

camus [kamy] ***agg.*** camuso.

canadien [kanadjɛ̃] ***agg.*** [f. *-enne*] canadese.

Canadien ***n.m.*** [f. *-enne*] (*abitante*) canadese.

canadienne [kanadjɛn] ***n.f.*** **1** (giacca) canadese **2** (canoa) canadese **3** (tenda) canadese.

canaille [kanɑj] ***n.f.*** **1** canaglia, plebaglia **2** canaglia, furfante (*m.*) ♦ ***agg.*** triviale, sguaiato: *un air canaille*, un'aria sfrontata.

canaillerie [kanɑjʀi] ***n.f.*** **1** trivialità, volgarità **2** mascalzonata.

canal [kanal] ***n.m.*** [pl. *-aux*] **1** canale **2** (*anat.*) canale; condotto; dotto **3** (*rad., tel., inform.*) canale; pista (*f.*) **4** (*arch.*) scanalatura (*f.*).
● (*anat.*): ***canal auditif***, condotto uditivo; ***canal biliaire***, dotto biliare | (*rad., tv*) ***canal (de fréquences)***, canale di frequenza | ***canal d'irrigation, d'écoulement***, canale d'irrigazione, di scolo | ***par le canal de***, (*fig.*) per mezzo di, attraverso.

> NOTA La Francia è percorsa da una fitta rete di ***canaux*** navigabili: il più importante è il *Canal du Midi*, chiamato anche *Canal des Deux-Mers*, lungo 241 km e scavato nel 1666-81, che mette in comunicazione l'Atlantico (attraverso la Garonna) con il Mediterraneo. È il canale funzionante più antico in Europa ed è classificato dall'Unesco come patrimonio mondiale dell'umanità.
> A Parigi anche la Senna è collegata ai suoi affluenti con una serie di canali: il *canal Saint-Martin*, in parte coperto, attraversa la città dalla Villette alla Senna.

canalisation [kanalizasjɔ̃] ***n.f.*** **1** canalizzazione **2** condotto (*m.*), conduttura.
● ***canalisation à pétrole***, oleodotto | ***canalisation de gaz***, gasdotto.

canaliser [kanalize] ***v.tr.*** **1** canalizzare **2** incanalare (*anche fig.*); convogliare **3** (*inform.*) inviare sul canale.

canapé [kanape] ***n.m.*** **1** canapè **2** (*cuc.*) crostino, tartina (*f.*).
■ SIN. **1** sofa.

canapé-lit [kanapeli] ***n.m.*** [pl. *canapés-lits*] divano letto.

canard [kanaʀ] ***n.m.*** **1** (*zool.*) anatra (*f.*) (maschio) **2** (*fam.*) frottola (*f.*); (*giorn.*) canard, serpente di mare **3** (*fam.*) giornale **4** (*fam.*) zolletta (*f.*) di zucchero imbevuta di caffè o di liquore **5** (*mus.*) stecca (*f.*).
● ***canard boiteux***, (*fig.*) brocco, persona maldestra; (*estens.*) persona inaffidabile; (*estens.*) azienda in cattive acque | (*zool.*) ***canard sauvage***, germano reale | ***bleu canard***, blu pavone | (*lett.*) ***Le vilain petit canard***, Il brut-

to anatroccolo | ***un froid de canard***, (*fam.*) un freddo cane.

canarder [kanaʀde] ***v.tr.*** sparare (a) senza farsi vedere ♦ ***v.intr.*** **1** (*mus.*) (*fam.*) fare una stecca, steccare **2** (*mar.*) appruarsi.

C

canari[1] [kanaʀi] ***n.m.*** (*zool.*) canarino.

canari[2] ***n.m.*** (*Africa, Antille*) vaso in terracotta per l'acqua potabile.

canasson [kanasɔ̃] ***n.m.*** (*fam.*) ronzino.

canasta [kanasta] ***n.f.*** (*gioco*) canasta.

cancan[1] [kɑ̃kɑ̃] ***n.m.*** (*fam.*) pettegolezzo.

cancan[2] ***n.m.*** (*ballo*) cancan.

cancaner [kɑ̃kane] ***v.intr.*** **1** (*dell'anatra*) schiamazzare **2** (*fig. fam.*) spettegolare.

cancanier [kɑ̃kanje] ***agg.*** e ***n.m.*** [f. *-ère*] pettegolo.

cancer [kɑ̃sɛʀ] ***n.m.*** **1** (*med.*) cancro (*anche fig.*) **2** (*astr.*) *Cancer*, Cancro.

cancéreux [kɑ̃seʀø] ***agg.*** e ***n.m.*** [f. *-euse*] (*med.*) canceroso.

cancérogène [kɑ̃seʀɔʒɛn] ***agg.*** (*med.*) cancerogeno.

cancérologie [kɑ̃seʀɔlɔʒi] ***n.f.*** (*med.*) cancerologia.

cancérologue [kɑ̃seʀɔlɔg] ***n.m.*** e ***f.*** (*med.*) cancerologo/a.

cancéropôle [kɑ̃seʀopol] ***n.m.*** (*med.*) polo, centro oncologico.

cancre [kɑ̃kʀ] ***n.m.*** (*fam.*) (*scolaro*) somaro.

FAUX AMI
Da non confondere con *cancro*, che si traduce *cancer*.

cancrelat [kɑ̃kʀəla] ***n.m.*** (*zool. pop.*) scarafaggio.

candélabre [kɑ̃delɑbʀ] ***n.m.*** **1** candelabro **2** (*antiq.*) lampione stradale **3** (*arch.*) candeliera (*f.*), candelabra (*f.*).

candeur [kɑ̃dœʀ] ***n.f.*** candore (*m.*), innocenza.

candi [kɑ̃di] ***agg.*** e ***n.m.*** candito.

candidat [kɑ̃dida] ***n.m.*** candidato: *se porter candidat aux élections*, presentare la propria candidatura alle elezioni.
■ SIN. postulant.

candidature [kɑ̃didatyʀ] ***n.f.*** candidatura.

candide [kɑ̃did] ***agg.*** candido; ingenuo.

candidement [kɑ̃didmɑ̃] ***avv.*** candidamente, con candore.

candidose [kɑ̃didoz] **candidiase** [kɑ̃didjaz] ***n.f.*** (*med., vet.*) candidosi, candidiasi.

cane [kan] ***n.f.*** (*zool.*) anatra (femmina).

FAUX AMI
Da non confondere con l'italiano *cane*, che si traduce *chien*.

caner[1] [kane] ***v.intr.*** (*fig. fam.*) calarsi le brache.

caner[2] ***v.intr.*** (*fam.*) **1** darsela a gambe **2** crepare.

caneton [kantɔ̃] ***n.m.*** (*zool.*) anatroccolo.

canette[1] [kanɛt] ***n.f.*** (*zool.*) anatroccola.

canette[2] ***n.f.*** **1** (*spec. di birra*) lattina **2** bobina; (*di macchina per cucire*) spola.

canevas [kanva] ***n.m.*** **1** canovaccio **2** (*estens.*) canovaccio, traccia (*f.*).
● (*geodesia*) ***canevas*** (***trigonométrique***), triangolazione.

caniche [kaniʃ] ***n.m.*** (*zool.*) (*cane*) barboncino.

caniculaire [kanikylɛʀ] ***agg.*** canicolare.

canicule [kanikyl] ***n.f.*** canicola.

canif [kanif] ***n.m.*** temperino, coltellino | *donner un coup de canif dans le contrat* (*de mariage*), (*fig. fam.*) fare una scappatella.

canin [kanɛ̃] ***agg.*** canino.

canine [kanin] ***n.f.*** (dente) canino (*m.*).

caniveau [kanivo] ***n.m.*** [pl. *-eaux*] canaletto di scolo.

cannage [kanaʒ] ***n.m.*** impagliatura (*f.*) (con canna d'India).

canne[1] [kan] ***n.f.*** **1** canna **2** bastone (*m.*) (da passeggio), canna **3** (*fig. fam.*) gamba **4** (*ant.*) (*misura di lunghezza*) canna.
● ***canne anglaise***, stampella (da gomito) | ***canne à pêche***, canna da pesca | (*bot.*) ***canne à sucre***, canna da zucchero | ***canne blanche***, bastone per ciechi: *les cannes blanches*, (*estens.*) i ciechi.

canne[2] ***n.f.*** (*zool.*) anatra femmina.

cannelé [kanle] ***agg.*** **1** scanalato **2** striato.

cannelle [kanɛl] ***n.f.*** (*bot.*) cannella ♦ ***agg.invar.*** (color) cannella.

cannelure [kanlyʀ] ***n.f.*** **1** (*arch., tecn.*) scanalatura **2** (*bot.*) striatura.

canner[1] [kane] ***v.tr.*** **1** (*una sedia ecc.*) impagliare (con canna d'india) **2** (*Canada*) conservare (cibi) in scatola.

canner[2] ***v.intr.*** → **caner**[2].

cannibale [kanibal] ***agg.*** e ***n.m.*** e ***f.*** cannibale (*anche fig.*) ♦ ***n.m.*** (*Belgio*) carne (*f.*) alla tartara servita su un toast.

cannibalisme [kanibalism] ***n.m.*** cannibalismo (*anche fig.*).

canoë [kanɔe] ***n.m.*** canoa (*f.*): *canoë canadien*, canoa canadese.

canoéiste [kanɔeist] ***n.m.*** e ***f.*** (*sport*) canoista.

canon[1] [kanɔ̃] ***n.m.*** **1** cannone: *coup de canon*, cannonata **2** (*di arma da fuoco*) canna (*f.*) **3** (*di chiave, siringa ecc.*) cannello **4** (*zootecn.*) stinco **5** canon (misura di capacità per vini equivalente a 1/8 di litro); (*fam.*) bicchiere di vino **6** (*st. abbigl.*) gala (*f.*) **7** (*tecn.*) monitore.
● (*fis.*) ***canon à électrons***, cannone elettronico | (*mil.*) ***canon à longue portée***, cannone a lunga gittata | ***canon à neige***, cannone sparaneve | ***canon paragrêle***, cannone antigrandine.

canon[2] ***n.m.*** **1** canone **2** (*mus.*) canone **3** (*teol.*) canone **4** (*tip.*) corpo (dei caratteri) ♦ ***agg.*** (*eccl.*) canonico ♦ ***agg.invar.*** (*fam.*) sensazionale, sorprendente: *prix canon*, prezzo stracciato; *ça, c'est canon!*, è una cannonata!; *une fille canon*, un gran pezzo di ragazza.
● ***canons d'autel***, (*ant.*) cartagloria | (*eccl.*) ***droit canon***, diritto canonico.

canonique [kanɔnik] ***agg.*** canonico (*anche fig.*).
● ***être d'un âge canonique***, (*fam.*) avere un'età rispettabile.

canonisation [kanɔnizasjɔ̃] ***n.f.*** canonizzazione.

canoniser [kanɔnize] ***v.tr.*** canonizzare.

canonnade [kanɔnad] ***n.f.*** cannoneggiamento (*m.*).

canonner [kanɔne] ***v.tr.*** cannoneggiare.

canonnier [kanɔnje] ***n.m.*** cannoniere (*anche sport*).

canonnière [kanɔnjɛʀ] ***n.f.*** (*mar.*) cannoniera.

canope [kanɔp] ***n.m.*** (*archeol.*) canopo.

canot [kano] ***n.m.*** **1** canotto **2** (*Canada*) canoa (*f.*).
● ***canot automobile***, ***à moteur***, motoscafo | ***canot de sauvetage***, scialuppa di salvataggio | ***canot pneumatique*** (***à moteur***), gommone.

canotage [kanɔtaʒ] ***n.m.*** canottaggio (*anche sport*).

canoter [kanɔte] ***v.intr.*** fare del canottaggio.

canotier [kanɔtje] *n.m.* 1 (*sport*) canottiere 2 (*cappello*) paglietta (*f.*).
cantal [kɑ̃tal] *n.m.* [pl. *-als*] cantal (formaggio dell'Alvernia).
cantate [kɑ̃tat] *n.f.* (*mus.*) cantata.
cantatrice [kɑ̃tatʀis] *n.f.* cantante (lirica).
cantilène [kɑ̃tilɛn] *n.f.* cantilena (*anche fig.*).
cantine [kɑ̃tin] *n.f.* 1 mensa (aziendale); refettorio (*m.*) 2 baule (*m.*).

FAUX AMI
Da non confondere con *cantina*, che si traduce *cave* o *cellier*.

cantinière [kɑ̃tinjɛʀ] *n.f.* (*mil. antiq.*) vivandiera.
cantique [kɑ̃tik] *n.m.* cantico.
canton [kɑ̃tɔ̃] *n.m.* 1 circoscrizione (*f.*) territoriale del dipartimento tra l'arrondissement e il comune 2 (*Svizzera*) cantone 3 (*Canada*) suddivisione (*f.*) catastale.
cantonade [kɑ̃tɔnad] *n.f.* (*teatr. antiq.*) (*per spettatori privilegiati*) palco (*m.*) di proscenio, barcaccia.
● ***parler, crier à la cantonade***, parlare, gridare ai quattro venti, a destra e a manca.
cantonal [kɑ̃tɔnal] *agg.* [pl. *-aux*] cantonale.
cantonnement [kɑ̃tɔnmɑ̃] *n.m.* (*mil.*) acquartieramento; quartiere.
cantonner [kɑ̃tɔne] *v.tr.* 1 (*mil.*) acquartierare 2 (*fig.*) isolare, relegare ♦ *v.intr.* (*mil.*) acquartierarsi ♦ **se cantonner** *v.pron.* 1 ritirarsi, rinchiudersi: *se cantonner chez soi*, rinchiudersi, rintanarsi in casa 2 (*fig.*) concentrarsi.
cantonnier [kɑ̃tɔnje] *n.m.* stradino.
cantonnière [kɑ̃tɔnjɛʀ] *n.f.* mantovana.
canular [kanylaʀ] *n.m.* (*fam.*) 1 scherzo 2 notizia (*f.*) falsa, bufala (*f.*) 3 (*Internet*) notizia (*f.*) falsa, notizia (*f.*) spargipanico, hoax.
canule [kanyl] *n.f.* (*med.*) cannula.
canuler [kanyle] *v.tr.* (*fam.*) stufare, scocciare.
canut [kany] *n.m.* (*region.*) (*operaio*) setaiolo.
canyoning [kaɲoniŋ] *n.m.* (*sport*) canyoning, torrentismo.
caoutchouc [kautʃu] *n.m.* 1 caucciù, gomma (*f.*) (naturale) 2 (*abbigl.*) impermeabile 3 (*fam.*) elastico 4 (*pl.*) soprascarpe (*f.*) di gomma 5 (*bot. pop.*) ficus 6 (*pl.*) (*fam.*) galosce (*f.*).
● ***caoutchouc mousse***, gommapiuma.
caoutchouter [kautʃute] *v.tr.* (*tecn.*) 1 gommare 2 impermeabilizzare: *tissu caoutchouté*, tessuto impermeabilizzato.
caoutchouteux [kautʃutø] *agg.* [f. *-euse*] gommoso.
cap [kap] *n.m.* 1 (*geogr.*) capo 2 (*mar., aer.*) rotta (*f.*).
● (*mar., aer.*) ***cap de boussole***, prora (alla) bussola | ***franchir, doubler, passer un cap***, (*fig.*) superare uno scoglio: *doubler le cap de la trentaine*, superare la trentina | (*mar., aer.*) ***mettre le cap sur***, far rotta per.
capable [kapabl] *agg.* 1 capace 2 (*Africa*) ricco: *homme capable*, uomo ricco.
● (*dir.*) ***capable d'ester en justice***, capace di stare in giudizio.
■ CONTR. 1 incapable.
capacité [kapasite] *n.f.* capacità.
● (*inform.*) ***capacité de production***, capacità di trattamento | (*dir.*) ***capacité pour tester***, capacità di testare.
caparaçon [kapaʀasɔ̃] *n.m.* gualdrappa (*f.*).
caparaçonner [kapaʀasɔne] *v.tr.* imbottire.
cape [kap] *n.f.* 1 cappa, mantello (*m.*); mantella 2 (*di sigaro*) fascia.
● (*lett., cine.*) ***de cape et d'épée***, di cappa e spada: *roman de cape et d'épée*, romanzo di cappa e spada | ***sous cape***, (*fig.*) di nascosto: *rire sous cape*, ridere sotto i baffi.
capé [kape] *agg.* (*sport*) selezionato in nazionale | *joueur le plus capé*, giocatore con più presenze in nazionale.
● (*fin.*) ***taux capé***, tasso di interesse variabile fino a un limite massimo.
capeline [kaplin] *n.f.* cappellina, sinforosa.
CAPES [kapɛs] *n.m.* (*Sigla di* Certificat d'Aptitude au Professorat de l'Enseignement du Second degré) CAPES (diploma di abilitazione all'insegnamento nelle scuole superiori).
capésien [kapesjɛ̃] *n.m.* [f. *-enne*] chi ha superato il CAPES (abilitazione all'insegnamento secondario).
capétien [kapetjɛ̃] *agg.* [f. *-enne*] capetingio.
● (*st.*) ***les Capétiens***, i Capetingi.

NOTA ***Les Capétiens***, i Capetingi, erano i membri della dinastia reale (iniziata con Ugo Capeto nel 987) che regnò in Francia fino al 1328. Succeduti ai Carolingi (Carlo Magno), furono a loro volta seguiti dai Valois.

capharnaüm [kafaʀnaɔm] *n.m.* cafarnao, confusione (*f.*).
capillaire [kapilɛʀ] *agg.* 1 per capelli: *lotion capillaire*, lozione per capelli 2 (*scient.*) capillare ♦ *n.m.* 1 (*anat.*) capillare 2 (*bot.*) capelvenere.
● (*fis.*) ***tube capillaire***, tubo capillare | (*anat.*) ***vaisseau capillaire***, vaso capillare.
capillarité [kapilaʀite] *n.f.* capillarità.
capilloscopie [kapilɔskɔpi] *n.f.* (*med.*) esame (*m.*) computerizzato dei capelli.
capilotade [kapilɔtad] *n.f.* (*cuc. antiq.*) spezzatino (*m.*).
● ***en capilotade***, (*fig.*) a pezzi, in poltiglia: *je suis en capilotade*, sono a pezzi; *avoir le dos en capilotade*, avere la schiena a pezzi.
capitaine [kapitɛn] *n.m.* 1 capitano (*anche sport*) 2 (*letter.*) condottiero: *les grands capitaines de l'antiquité*, i grandi condottieri dell'antichità.

NOTA La *Sécurité routière* (Sicurezza stradale) ha ideato, nel 1997, la figura del ***capitaine de soirée*** (chiamato a volte anche *Conducteur désigné*) per far calare il numero di incidenti stradali all'uscita da discoteche, feste ecc. Il *capitaine de soirée* è il membro del gruppo che si impegna a non bere alcol per tutta la serata per essere in grado di guidare e accompagnare tutti a casa. Uno dei motti più ricorrenti della *Sécurité routière* è infatti: *Celui qui conduit, c'est celui qui ne boit pas*, Chi guida è chi non beve.

capitainerie [kapitɛnʀi] *n.f.* capitaneria.
capital[1] [kapital] *agg.* [pl. *-aux*] capitale (*anche fig.*): *l'œuvre capitale d'un artiste*, l'opera fondamentale di un artista.
capital[2] *n.m.* [pl. *-aux*] capitale.
● ***capital-actions***, capitale azionario | ***capital de roulement, d'exploitation***, capitale d'esercizio | ***capitaux flottants***, hot money | ***un joli capital***, un bel gruzzolo.
capitale [kapital] *n.f.* 1 capitale 2 (*tip.*) capitale, (lettera) maiuscola.
■ SIN. 1 métropole.
capitalisation [kapitalizasjɔ̃] *n.f.* (*econ.*) capitalizzazione.
● ***sous capitalisation***, capitalizzazione insufficiente.

capitaliser [kapitalize] *v.tr.* 1 (*econ.*) capitalizzare 2 (*fig.*) far tesoro (di) ♦ *v.intr.* accumulare denaro, tesaurizzare.

capitalisme [kapitalism] *n.m.* capitalismo.

capitaliste [kapitalist] *agg.* capitalistico ♦ *n.m.* e *f.* capitalista.

C

capiteux [kapitø] *agg.* [f. *-euse*] inebriante.

capitonnage [kapitɔnaʒ] *n.m.* imbottitura (*f.*).

capitonné [kapitɔne] *agg.* (*riferito a sedie, divani ecc.*) capitonné: *fauteuil capitonné*, poltrona capitonné.

capitonner [kapitɔne] *v.tr.* (*sedie, divani ecc.*) imbottire.

capitulaire [kapitylɛʀ] *agg.* e *n.m.* capitolare.

capitulation [kapitylasjɔ̃] *n.f.* capitolazione (*anche fig.*).

capituler [kapityle] *v.intr.* capitolare (*anche fig.*).

caporal [kapɔʀal] *n.m.* [pl. *-aux*] 1 (*mil.*) caporale 2 (*tabacco*) trinciato.

NOTA ***Le Petit Caporal*** era il soprannome dato a Napoleone Bonaparte.

caporal-chef [kapɔʀalʃɛf] *n.m.* [pl. *caporaux-chefs*] (*mil.*) caporalmaggiore.

caporalisme [kapɔʀalism] *n.m.* militarismo.

capot[1] [kapo] *n.m.* (*aut.*) cofano.

capot[2] *agg.* e *n.m.invar.* (*alle carte*) cappotto.
● ***être capot***, perdere per cappotto.

capote [kapɔt] *n.f.* 1 (*aut.*) capote, capotta 2 (*mil.*) pastrano.
● ***capote anglaise***, (*fam.*) preservativo, condom.

capoter [kapɔte] *v.intr.* 1 cappottare, capovolgersi 2 (*fig.*) fallire, andare all'aria.

câpre [kɑpʀ] *n.f.* (*frutto*) cappero (*m.*).

caprice [kapʀis] *n.m.* 1 capriccio 2 infatuazione (*f.*), cotta (*f.*).

capricieusement [kapʀisjøzmɑ̃] *avv.* capricciosamente.

capricieux [kapʀisjø] *agg.* [f. *-euse*] capriccioso.

capricorne [kapʀikɔʀn] *n.m.* 1 (*zool.*) capricorno 2 (*astr.*) *Capricorne*, Capricorno.

câprier [kapʀije] *n.m.* (*albero*) cappero.

caprin [kapʀɛ̃] *agg.* e *n.m.* (*zool.*) caprino.

capron [kapʀɔ̃] *n.m.* (*bot.*) fragolone.

capsule [kapsyl] *n.f.* capsula.

capsuler [kapsyle] *v.tr.* incapsulare.

capter [kapte] *v.tr.* 1 (*tecn.*) captare 2 (*fig.*) attirare, carpire; conquistarsi, accattivarsi: *capter l'attention*, attirare l'attenzione; *capter la confiance*, conquistarsi la fiducia 3 (*dir.*) captare, carpire: *capter un héritage*, captare un'eredità.

capteur [kaptœʀ] *n.m.* 1 (*tecn.*) sensore; ricevitore 2 (*inform.*) telerilevatore.
● (*tecn.*) ***capteur solaire***, pannello solare.

captieusement [kapsjøzmɑ̃] *avv.* capziosamente.

captieux [kapsjø] *agg.* [f. *-euse*] capzioso.

captif [kaptif] *agg.* e *n.m.* [f. *-ive*] (*letter.*) prigioniero.
● (*aer.*) ***ballon captif***, pallone frenato.

FAUX AMI
Da non confondere con *cattivo*, che si traduce *mauvais* o *méchant*.

captivant [kaptivɑ̃] *agg.* avvincente, attraente.

captiver [kaptive] *v.tr.* avvincere, attrarre.

captivité [kaptivite] *n.f.* 1 cattività 2 prigionia.

capture [kaptyʀ] *n.f.* 1 cattura 2 bottino (*m.*).
● (*Internet*) ***capture d'écran***, schermata, videata istantanea, screenshot.
■ SIN. prise.

capturer [kaptyʀe] *v.tr.* catturare.
■ CONTR. libérer.

capuche [kapyʃ] *n.f.* (*abbigl.*) cappuccio (*m.*).

capuchon [kapyʃɔ̃] *n.m.* cappuccio.

capucin [kapysɛ̃] *n.m.* (*eccl.*) cappuccino.

capucine [kapysin] *n.f.* (*bot.*) nasturzio (*m.*).

caque [kak] *n.f.* (*per aringhe*) barile (*m.*).

caquelon [kaklɔ̃] *n.m.* tegame di terracotta per fonduta.

caquet [kakɛ] *n.m.* 1 coccodè 2 (*fam.*) cicaleccio.
● ***rabattre le caquet de qqn***, (*fig.*) fare abbassare la cresta a qlcu.

caquetage [kaktaʒ] *n.m.* cicaleccio.

caqueter [kakte] *v.intr.* [coniug. come *semer*] 1 (*della gallina*) schiamazzare 2 (*fam.*) ciarlare.

caqueteur[1] [kaktœʀ] *agg.* e *n.m.* [f. *-euse*] cicalone; ciarlone.

caqueteur[2] [kaktœ̃ʀ] *n.m.* (*Internet*) interfaccia (*f.*) chatterbox (che simula una conversazione in linguaggio naturale).

car[1] [kaʀ] *cong.* poiché, giacché.

car[2] *n.m.* pullman, torpedone, corriera (*f.*).
● ***car de ramassage***, autobus per il trasporto dei lavoratori | ***car de ramassage scolaire, car (scolaire)***, scuolabus | (*tv*) ***car de reportage***, unità di ripresa mobile.

carabe [kaʀab] *n.m.* (*zool.*) carabo.

carabin [kaʀabɛ̃] *n.m.* (*fam.*) studente di medicina.

carabine [kaʀabin] *n.f.* carabina.
■ SIN. fusil.

carabiné [kaʀabine] *agg.* (*fig. fam.*) violento, micidiale.

caraco [kaʀako] *n.m.* copribusto, casacchina (*f.*).

caracoler [kaʀakɔle] *v.intr.* caracollare.

caractère [kaʀaktɛʀ] *n.m.* 1 carattere 2 carattere, caratteristica (*f.*) 3 carattere, segno grafico.
● (*tip.*) ***en gros caractères***, a caratteri cubitali | ***maison de caractère***, casa d'epoca | ***maison sans caractère***, casa anonima, ordinaria.

caractériel [kaʀakteʀjɛl] *agg.* e *n.m.* [f. *-elle*] caratteriale.

caractérisation [kaʀakteʀizasjɔ̃] *n.f.* caratterizzazione.

caractérisé [kaʀakteʀize] *agg.* chiaro, netto; dichiarato: *maladie caractérisée*, malattia conclamata; *une erreur caractérisée*, un vero e proprio errore.

caractériser [kaʀakteʀize] *v.tr.* caratterizzare ♦ **se caractériser** *v.pron.intr.* caratterizzarsi, distinguersi, essere caratterizzato (da).

caractéristique [kaʀakteʀistik] *agg.* caratteristico ♦ *n.f.* caratteristica.

carafe [kaʀaf] *n.f.* 1 caraffa, brocca 2 (*fam.*) testa, zucca.
● ***rester en carafe***, (*fam.*) esser piantato in asso.

carafon [kaʀafɔ̃] *n.m.* piccola caraffa (*f.*).

caraïbe [kaʀaib] *agg.* caribico.

carambolage [kaʀɑ̃bɔlaʒ] *n.m.* 1 (*biliardo*) carambo-

la (*f.*) **2** (*estens.*) (*fra due automobili*) carambola (*f.*), collisione (*f.*).
● ***un carambolage de voitures***, (*fam.*) un tamponamento a catena.

caramboler [kaʀɑ̃bɔle] ***v.intr.*** (*biliardo*) carambolare ♦ **se caramboler** ***v.pron.intr.*** (*di automobili*) scontrarsi.

caramel [kaʀamɛl] ***n.m.*** **1** (*cuc.*) caramello **2** caramella (*f.*) mou ♦ ***agg.invar.*** caramello: *couleur caramel*, color caramello.
● (*cuc.*) ***crème au caramel***, crème caramel.

caraméliser [kaʀamelize] ***v.tr.*** caramellare ♦ ***v.intr.*** caramellarsi ♦ **se caraméliser** ***v.pron.intr.*** caramellarsi, diventare caramello.

carapace [kaʀapas] ***n.f.*** **1** carapace (*m.*), guscio (*m.*) **2** (*fig.*) corazza, schermo (*m.*).

carat [kaʀa] ***n.m.*** **1** carato **2** (*argot*) (*d'età*) anno.

caravanage [kaʀavanaʒ] ***n.m.*** turismo in roulotte.

caravane [kaʀavan] ***n.f.*** **1** carovana; (*estens.*) comitiva **2** (*aut.*) roulotte, caravan (*m.*).
● ***caravane pliante***, carrello tenda.

caravanier [kaʀavanje] ***n.m.*** [f. *-ère*] **1** roulottista, caravanista **2** carovaniere **3** (*Senegal*) turista; viaggiatore.

caravaning [kaʀavaniŋ] ***n.m.*** (il fare) campeggio in roulotte.

caravansérail [kaʀavɑ̃seʀaj] ***n.m.*** caravanserraglio (*anche fig.*).

caravelle [kaʀavɛl] ***n.f.*** caravella.

carb(o)- ***pref.*** carb(o)-.

carbonate [kaʀbɔnat] ***n.m.*** (*chim.*) carbonato.

carbone [kaʀbɔn] ***n.m.*** (*chim.*) carbonio.
● ***papier carbone***, carta carbone.

carbonifère [kaʀbɔnifɛʀ] ***agg.*** e ***n.m.*** carbonifero.

carbonique [kaʀbɔnik] ***agg.*** (*chim.*) carbonico.

carbonisation [kaʀbɔnizasjɔ̃] ***n.f.*** carbonizzazione.

carboniser [kaʀbɔnize] ***v.tr.*** carbonizzare.

carburant [kaʀbyʀɑ̃] ***agg.*** e ***n.m.*** carburante.

carburateur [kaʀbyʀatœʀ] ***n.m.*** carburatore.

carburation [kaʀbyʀasjɔ̃] ***n.f.*** carburazione.

carbure [kaʀbyʀ] ***n.m.*** (*chim.*) carburo.

carburer [kaʀbyʀe] ***v.tr.*** (*tecn.*) carburare ♦ ***v.intr.*** **1** (*aut.*) carburare **2** (*fam.*) riflettere, pensare.
● ***ça carbure?***, (*fam.*) va tutto bene?

carcan [kaʀkɑ̃] ***n.m.*** **1** gogna (*f.*) **2** (*fig.*) costrizione (*f.*), imposizione (*f.*).

carcasse [kaʀkas] ***n.f.*** carcassa (*anche fig.*): *la carcasse d'un divan*, il fusto di un divano.
● ***sauver sa carcasse***, (*fam.*) salvare la pelle.

carcassonnais [kaʀkasɔnɛ] ***agg.*** di Carcassonne.

carcéral [kaʀseʀal] ***agg.*** [pl. *-aux*] carcerario.

carcinome [kaʀsinom] ***n.m.*** (*med.*) carcinoma.

cardage [kaʀdaʒ] ***n.m.*** cardatura (*f.*).

cardan [kaʀdɑ̃] ***n.m.*** (*mecc.*) cardano.
● ***joint de cardan***, giunto cardanico.

carde [kaʀd] ***n.f.*** (*cuc.*) cardo (*m.*); bietola.

carder [kaʀde] ***v.tr.*** cardare.

cardeur [kaʀdœʀ] ***n.m.*** [f. *-euse*] cardatore.

cardeuse [kaʀdøz] ***n.f.*** (*ind. tess.*) cardatrice.

cardiaque [kaʀdjak] ***agg.*** cardiaco: *chirurgie cardiaque*, cardiochirurgia; *chirurgien cardiaque*, cardiochirurgo ♦ ***n.m.*** e ***f.*** cardiopatico/a.

cardigan [kaʀdigɑ̃] ***n.m.*** (*abbigl.*) cardigan.

cardinal[1] [kaʀdinal] ***agg.*** [pl. *-aux*] cardinale.

cardinal[2] ***n.m.*** [pl. *-aux*] (*eccl., zool.*) cardinale.

cardinalice [kaʀdinalis] ***agg.*** cardinalizio.

cardi(o)- ***pref.*** cardi(o)-.

cardiologie [kaʀdjɔlɔʒi] ***n.f.*** cardiologia.

cardiologue [kaʀdjɔlɔg] ***n.m.*** e ***f.*** cardiologo/a.

cardiopathie [kaʀdjɔpati] ***n.f.*** cardiopatia.

cardiotonique [kaʀdjɔtɔnik] ***agg.*** e ***n.m.*** cardiotonico.

cardon [kaʀdɔ̃] ***n.m.*** cardo (commestibile).

carême [kaʀɛm] ***n.m.*** quaresima (*f.*).
● ***face de carême***, (*fam.*) faccia da funerale.

carénage [kaʀenaʒ] ***n.m.*** **1** carenatura (*f.*), carenaggio **2** (*mar.*) bacino di carenaggio **3** carrozzeria (*f.*) aerodinamica.

carence [kaʀɑ̃s] ***n.f.*** **1** carenza: *carence en vitamines*, carenza di vitamine **2** (*comm.*) insolvenza.

carencé [kaʀɑ̃se] ***agg.*** carenzato (*anche psic.*): *régime carencé*, regime carenzato.

carène [kaʀɛn] ***n.f.*** carena.

caréner [kaʀene] ***v.tr.*** [coniug. come *céder*] carenare ♦ ***v.intr.*** (*mar.*) essere in cantiere.

carentiel [kaʀɑ̃sjɛl] ***agg.*** [f. *-elle*] di, da carenza, carenziale.

caressant [kaʀɛsɑ̃] ***agg.*** **1** carezzevole **2** affettuoso.

caresse [kaʀɛs] ***n.f.*** carezza.
■ SIN. cajolerie.

caresser [kaʀese] ***v.tr.*** accarezzare.

car-ferry [kaʀfeʀe, kaʀfeʀi] ***n.m.*** [pl. *car-ferries*] traghetto.

cargaison [kaʀgɛzɔ̃] ***n.f.*** **1** carico (*m.*) **2** (*fam.*) gran quantità, mucchio (*m.*).

cargo [kaʀgo] ***n.m.*** cargo, mercantile.

carguer [kaʀge] ***v.tr.*** (*mar.*) (*vele*) imbrogliare.

cariatide [kaʀjatid] ***n.f.*** (*arch.*) cariatide.

caribou [kaʀibu] ***n.m.*** (*zool.*) caribù.

caricatural [kaʀikatyʀal] ***agg.*** [pl. *-aux*] caricaturale.

caricature [kaʀikatyʀ] ***n.f.*** caricatura.

caricaturer [kaʀikatyʀe] ***v.tr.*** fare la caricatura (**di**).

caricaturiste [kaʀikatyʀist] ***n.m.*** e ***f.*** caricaturista.

carie [kaʀi] ***n.f.*** (*med., bot.*) carie.

carier [kaʀje] ***v.tr.*** cariare ♦ **se carier** ***v.pron.intr.*** cariarsi.

carillon [kaʀijɔ̃] ***n.m.*** **1** carillon **2** (*di campane*) scampanio.

carillonné [kaʀijɔne] ***agg.***
● ***fête carillonnée***, festa solenne.

carillonnement [kaʀijɔnmɑ̃] ***n.m.*** scampanio.

carillonner [kaʀijɔne] ***v.intr.*** **1** scampanare **2** (*fam.*) scampanellare ♦ ***v.tr.*** (*fam.*) strombazzare.

cariogène [kaʀjɔʒɛn] ***agg.*** (*med.*) cariogeno.

caritatif [kaʀitatif] ***agg.*** [f. *-ive*] caritatevole; filantropico.

carlin [kaʀlɛ̃] ***n.m.*** (*zool.*) carlino.

carlingue [kaʀlɛ̃g] ***n.f.*** carlinga.

carmagnole [kaʀmaɲɔl] ***n.f.*** (*st.*) carmagnola.

carme [kaʀm] ***n.m.*** (*eccl.*) carmelitano.

carmélite [kaʀmelit] ***n.f.*** (*eccl.*) carmelitana.

C

carmin [karmɛ̃] *n.m.* (color) carminio ♦ *agg.invar.* (color) carminio: *des roses carmin*, rose scarlatte.

carminé [karmine] *agg.* carminio, scarlatto.

carnage [karnaʒ] *n.m.* carneficina (*f.*).

carnassier [karnasje] *agg.* e *n.m.* [f. *-ère*] carnivoro.

carnassière [karnasjɛr] *n.f.* carniere (*m.*).

carnation [karnasjɔ̃] *n.f.* carnagione.

carnaval [karnaval] *n.m.* [pl. *-als*] carnevale.

carnavalesque [karnavalɛsk] *agg.* **1** carnevalesco **2** (*estens.*) grottesco.

carne [karn] *n.f.* (*fam.*) **1** carne dura, carnaccia **2** ronzino (*m.*), cavalcatura scadente.

carné [karne] *agg.* carneo: *régime carné*, dieta a base di carne.

carnet [karnɛ] *n.m.* **1** taccuino; libretto; blocchetto: *carnet de timbres, de tickets*, blocchetto di francobolli, di biglietti **2** (*di giornale*) annunci (*pl.*): *carnet rose, blanc*, annunci di nascita, di matrimonio **3** (*comm.*) carnet.

● ***carnet d'adresses***, (*per indirizzi*) rubrica | (*mar., aer.*) ***carnet de bord***, giornale di bordo | ***carnet d'échéances***, scadenzario | ***carnet de chèques***, libretto degli assegni | ***carnet de notes***, (*in alcune scuole*) pagellina settimanale o mensile.

■ SIN. **1** calepin.

carnéticiel [karnetisjɛl] *n.m.* (*Internet*) blogware.

carnétique [karnetik] *n.f.* (*Internet*) blogging (*m.*), pubblicazione di un blog.

carnétiser [karnetize] *v.intr.* (*Internet*) bloggare, scrivere un blog.

carnétomane [karnetɔman] *n.m.* e *f.* (*Internet*) bloggista.

carnier [karnje] *n.m.* carniere.

carnivore [karnivɔr] *agg.* e *n.m.* e *f.* carnivoro (*m.*).

carnotzet [karnɔtsɛ] *n.m.* (*Svizzera*) piccolo bar, localino accogliente.

carolingien [karɔlɛ̃ʒjɛ̃] *agg.* [f. *-enne*] carolingio.

● (*st.*) ***les Carolingiens***, i Carolingi.

NOTA ***Les Carolingiens***, i Carolingi, furono la dinastia di sovrani franchi che succedette con Pipino il Breve ai Merovingi (751). Presero il nome da Carlo Magno e regnarono fino al 987, quando furono seguiti dai Capetingi.

caroncule [karɔ̃kyl] *n.f.* (*anat., bot.*) caruncola.

carotène [karɔtɛn] *n.m.* carotene.

carotide [karɔtid] *n.f.* (*anat.*) carotide.

carottage [karɔtaʒ] *n.m.* **1** (*tecn.*) carotaggio **2** (*fam.*) piccola truffa (*f.*).

carotte [karɔt] *n.f.* **1** carota **2** tabacco (*m.*) da masticare **3** (*miner.*) carota ♦ *agg.invar.* (color) carota: *rouge carotte*, rosso carota.

NOTA ***La carotte de tabac*** è la caratteristica insegna delle tabaccherie francesi, che ricorda la forma arrotolata delle foglie di tabacco da masticare.

carotter [karɔte] *v.tr.* **1** (*fam.*) scroccare **2** (*miner.*) carotare.

caroube [karub] *n.f.* (*bot.*) carruba.

carpe[1] [karp] *n.f.* (*zool.*) carpa.

● ***bâiller comme une carpe***, sbadigliare come un ippopotamo | ***faire des sauts de carpe dans son lit***, (*fam.*) girarsi e rigirarsi nel letto | ***muet comme une carpe***, muto come un pesce.

carpe[2] *n.m.* (*anat.*) carpo.

carpentrassien [karpɑ̃trasjɛ̃] *agg.* [f. *-enne*] di Carpentras.

carpette [karpɛt] *n.f.* tappetino (*m.*).

carquois [karkwa] *n.m.* faretra (*f.*).

carre [kar] *n.f.* **1** (*di oggetto tagliato a squadra*) spessore (*m.*) **2** (*di sci*) lamina **3** (*di spada*) faccia della lama **4** (*Svizzera*) acquazzone (*m.*).

carré [kare] *agg.* **1** quadrato (*anche mat.*): *mètre carré*, metro quadro; *nombre carré*, numero al quadrato **2** (*fig.*) deciso, energico ♦ *n.m.* **1** (*mat.*) quadrato **2** quadrato, oggetto di forma quadrata: *carré de tissu*, pezzo (quadrato) di stoffa; *carré de chocolat*, quadratino di cioccolato | (*anat.*) *carré du menton*, quadrato del mento **3** aiuola (*f.*) quadrata **4** (*mar., mil.*) quadrato **5** (*macelleria*) lombata (*f.*).

● ***carré VIP***, zona vip (in una discoteca).

■ AGG. CONTR. **1** rond.

carreau [ka(ɑ)ro] *n.m.* [pl. *-aux*] **1** (*di finestra, porta*) vetro **2** mattonella (*f.*), piastrella (*f.*) **3** (*di mattoni, piastrelle ecc.*) pavimento **4** quadro, quadretto **5** (*pl.*) (*alle carte*) quadri **6** (*La Riunione*) ferro da stiro.

● ***à carreaux***, a quadri | ***rester sur le carreau***, (*fam.*) lasciarci la pelle; (*fig. fam.*) essere sconfitto, eliminato | ***se tenir à carreau***, (*fig.*) stare in guardia.

■ SIN. **1** vitre.

carrefour [karfur] *n.m.* **1** incrocio **2** (*fig.*) bivio.

■ SIN. **1** croisement **2** bifurcation.

carrelage [ka(ɑ)rlaʒ] *n.m.* pavimentazione a piastrelle.

carreler [ka(ɑ)rle] *v.tr.* [coniug. come *appeler*] pavimentare a piastrelle.

carrelet [ka(ɑ)rlɛ] *n.m.* **1** (*zool.*) passera (*f.*) di mare **2** (*tecn.*) quadrello.

carreleur [ka(ɑ)rlœr] *n.m.* piastrellista.

carrément [ka(ɑ)remɑ̃] *avv.* chiaramente, schiettamente; con decisione: *allez-y carrément*, agite con decisione.

carrer [ka(ɑ)re] *v.tr.* **1** squadrare **2** (*mat.*) (*ridurre a forma quadrata*) quadrare; (*numero*) elevare al quadrato ♦ **se carrer** *v.pron.* (*fig.*) sistemarsi comodamente.

carrier [ka(ɑ)rje] *n.m.* cavapietre.

carrière[1] [ka(ɑ)rjɛr] *n.f.* carriera.

● ***donner carrière à***, dar libero corso a.

carrière[2] *n.f.* cava.

carriériste [ka(ɑ)rjerist] *n.m.* e *f.* **1** carrierista **2** (*Senegal*) secchione/a.

carriole [ka(ɑ)rjɔl] *n.f.* carretta, carriola.

carrossable [ka(ɑ)rɔsabl] *agg.* carrozzabile, carrabile.

carrosse [ka(ɑ)rɔs] *n.m.* cocchio.

● ***la cinquième roue du carrosse***, (*fig.*) l'ultima ruota del carro.

carrosserie [ka(ɑ)rɔsri] *n.f.* carrozzeria.

carrossier [ka(ɑ)rɔsje] *n.m.* carrozziere.

carrousel [karusɛl] *n.m.* **1** giostra (*f.*) **2** (*st.*) carosello.

carrure [ka(ɑ)ryr] *n.f.* **1** larghezza delle spalle **2** (*fig.*) levatura.

cartable [kartabl] *n.m.* (*di scolaro*) cartella (*f.*).

■ (*Belgio*) SIN. calepin.

carte [kart] *n.f.* **1** biglietto (*m.*): *carte d'invitation*, biglietto d'invito **2** carta, certificato (*m.*) **3** lista, menu (*m.*) **4** scheda, tessera.

● (*inform.*) ***carte accélératrice***, acceleratore grafico | ***carte (à jouer)***, carta (da gioco): *jouer aux cartes*, giocare a carte; *partie de cartes*, partita a carte; *tirer les cartes à qqn*, fare le carte a qlcu | ***carte à puce***, tesserino con microprocessore | ***carte de crédit***, carta di credito | ***carte d'électeur***, certificato elettorale | ***carte de séjour***, permesso di soggiorno | ***carte de téléphone***, scheda telefonica | ***carte de visite***, biglietto da visita | (*inform.*) ***carte d'extension***, scheda di espansione | ***carte (géographique)***, cartina, carta (geografica) | ***carte grise***, libretto di circolazione | (*inform.*) ***carte mère***, scheda madre | ***carte (postale)***, cartolina | (*inform.*) ***carte sensible*** (o ***à zones sensibles*** o ***à zones clicables***), area attiva, di collegamento | ***carte SIM***, carta sim | (*med.*) ***carte vitale***, scheda sanitaria elettronica (contenente tutti i dati medici di una persona) | ***abattre ses cartes***, (*anche fig.*) scoprire il proprio gioco | ***à la carte***, a scelta, secondo le proprie esigenze: *horaires à la carte*, orari elastici, orario flessibile.

cartel[1] [kaʀtɛl] *n.m.* **1** (*nei musei; di quadro ecc.*) targhetta **2** orologio da muro; cornice (*f.*) di orologio da muro.

cartel[2] *n.m.* (*econ., pol.*) cartello.

carte-lettre [kaʀtəlɛtʀ] *n.f.* [pl. *cartes-lettres*] biglietto (*m.*) postale.

carte-monnaie [kaʀtmɔnɛ] *n.f.* (*banca*) carta di credito ricaricabile.

carter [kaʀtɛʀ] *n.m.* (*mecc.*) carter.

● ***carter d'huile***, coppa dell'olio.

cartésien [kaʀtezjɛ̃] *agg.* e *n.m.* [f. *-enne*] cartesiano.

NOTA Deriva dal nome latinizzato, Cartesio, del filoso e matematico francese René Descartes (1596-1650), fondatore del razionalismo moderno.

carte-vue [kaʀtəvy] *n.f.* [pl. *cartes-vues*] (*Belgio*) cartolina illustrata.

carthaginois [kaʀtaʒinwa] *agg.* cartaginese.

Carthaginois [kaʀtaʒinwa] *n.m.* (*abitante*) cartaginese.

cartilage [kaʀtilaʒ] *n.m.* cartilagine (*f.*).

cartilagineux [kaʀtilaʒinø] *agg.* [f. *-euse*] cartilagineo.

cartographie [kaʀtɔgʀafi] *n.f.* cartografia.

cartographique [kaʀtɔgʀafik] *agg.* cartografico.

cartomancie [kaʀtɔmɑ̃si] *n.f.* cartomanzia.

cartomancien [kaʀtɔmɑ̃sjɛ̃] *n.m.* [f. *-enne*] cartomante.

carton [kaʀtɔ̃] *n.m.* **1** cartone **2** scatola (*f.*) di cartone **3** bersaglio di cartone **4** (*per disegni*) cartella (*f.*).

● ***carton à chapeaux***, cappelliera | ***faire un carton***, tirare al bersaglio; (*fig.*) sparare a qlcu.

cartonné [kaʀtɔne] *agg.* cartonato.

● ***livre cartonné***, libro cartonato, rilegato in cartoncino.

cartonner [kaʀtɔne] *v.tr.* **1** cartonare, incartonare **2** (*fam.*) criticare con forza, con violenza ♦ *v.intr.* (*fam.*) avere un grande successo, sfondare.

carton-pâte [kaʀtɔ̃pɑt] *n.m.* [pl. *cartons-pâtes*] cartapesta (*f.*).

● ***en, de carton-pâte***, in, di cartapesta (*anche fig.*).

cartouche[1] [kaʀtuʃ] *n.f.* **1** cartuccia; (*di artiglieria*) cartoccio (*m.*): *cartouche de dynamite*, cartuccia di dinamite **2** (*estens.*) cartuccia, ricarica: *cartouche de gaz, d'encre*, cartuccia di gas, d'inchiostro **3** (*di sigarette*) stecca.

● ***cartouche éclairante***, razzo illuminante.

cartouche[2] *n.m.* (*scult., arch.*) cartiglio.

cartouchière [kaʀtuʃjɛʀ] *n.f.* cartucciera.

carving [kaʀviŋ] *n.m.* (*sci*) carving.

caryo- *pref.* cario-.

cas [kɑ] *n.m.* **1** caso (*anche dir., gramm.*) **2** (*fam.*) elemento, soggetto: *c'est un cas!*, è un bell'elemento!

C

● ***cas d'espèce***, caso particolare | ***au*** (o ***dans*** o ***pour***) ***le cas où***, nel caso che: *pour le cas où il viendrait*, nel caso che venisse | ***c'est souvent le cas***, succede spesso | ***dans le cas contraire***, in caso contrario | ***dans le cas présent***, attualmente | ***en cas***, non si sa mai | ***en cas de***, in caso di | ***en tout cas***, in ogni caso | ***faire cas de***, tener conto di, dare importanza a.

casanier [kazanje] *agg.* e *n.m.* [f. *-ère*] casalingo.

casaque [kazak] *n.f.* casacca.

● ***tourner casaque***, (*fig.*) voltare gabbana.

casbah [kazba] *n.f.* casba(h).

cascade [kaskad] *n.f.* cascata; (*fig.*) scroscio: *cascade d'applaudissements*, scroscio di applausi.

● ***en cascade***, a catena.

■ SIN. chute.

cascadeur [kaskadœʀ] *n.m.* [f. *-euse*] **1** (*cine.*) controfigura (*f.*) **2** (*circo*) cascatore, acrobata.

case [kɑz] *n.f.* **1** capanna **2** scomparto (*m.*), casella **3** (*della scacchiera*) scacco (*m.*), casa.

● ***il lui manque une case***, (*fig. fam.*) gli manca una rotella.

FAUX AMI
Da non confondere con *casa* nel senso di *edificio*, che si traduce *maison*.

caséification [kazeifikasjɔ̃] *n.f.* caseificazione.

caséine [kazein] *n.f.* caseina.

casemate [kazmat] *n.f.* casamatta.

caser [kaze] *v.tr.* riporre; sistemare (*anche fig.*) ♦ **se caser** *v.pron.intr.* sistemarsi (*anche fig.*).

caserne [kazɛʀn] *n.f.* caserma.

casernement [kazɛʀnəmɑ̃] *n.m.* (*mil.*) **1** accasermamento **2** caserme (*f.pl.*).

caserner [kazɛʀne] *v.tr.* (*mil.*) accasermare.

cash [kaʃ] *avv.* in contanti.

casier [kɑzje] *n.m.* **1** casellario **2** cassetta (*f.*): *casier à bouteilles*, cassetta per le bottiglie.

● ***casier à roulettes***, carrello portaverdura | (*dir.*): ***casier judiciaire***, casellario giudiziario; (***extrait de***) ***casier judiciaire***, fedina penale: *un casier judiciaire vierge, chargé*, una fedina penale pulita, sporca.

casino [kazino] *n.m.* casinò.

casoar [kazɔaʀ] *n.m.* **1** (*zool.*) casuario **2** pennacchio (del chepì degli allievi dell'Accademia Militare di Saint-Cyr).

casque [kask] *n.m.* **1** casco **2** (*rad., tel.*) cuffia (*f.*).

● ***casque à pointe***, elmo chiodato.

casqué [kaske] *agg.* con l'elmetto, con l'elmo.

casquer [kaske] *v.intr.* (*fam.*) sborsare.

casquette [kaskɛt] *n.f.* berretto (*m.*) (a visiera).

cassable [kɑsabl] *agg.* fragile.

cassant [kɑsɑ̃] *agg.* **1** fragile **2** brusco.

cassation [kɑsasjɔ̃] *n.f.* (*dir.*) cassazione.

● ***Cour de Cassation***, Corte di Cassazione.

casse[1] [kɑs] *n.f.* **1** rottura **2** oggetti (*m.pl.*) rotti.

● ***mettre, envoyer une voiture à la casse***, (*fam.*) mandare un'auto alla demolizione | ***payer la casse***, pagare i danni.

casse[2] *n.f.* (*bot.*) cassia.

C

cassé [kɑse] *agg.* 1 rotto (*anche fig.*), spezzato 2 curvo, ingobbito: *vieillard cassé*, vecchio cadente.
● ***blanc cassé***, bianco sporco.

casse-cou [kɑsku] *n.m.invar.* scavezzacollo.

casse-couilles [kɑskuj] *n.m.invar.* (*molto fam.*) rompipalle.

casse-croûte [kɑskʀut] *n.m.invar.* spuntino.

casse-gueule [kɑsgœl] *n.m.invar.* (*fam.*) impresa (*f.*) rischiosa e temeraria.

casse-noisettes [kɑsnwazɛt] *n.m.invar.* schiaccianoci.

casse-pieds [kɑspje] *n.m.* e *f.invar.* (*fam.*) rompiscatole.

casse-pipe(s) [kɑspip] *n.m.invar.* (*fam.*) guerra (*f.*).

casser [kɑse] *v.tr.* 1 rompere 2 degradare; destituire 3 (*dir.*) cassare, annullare 4 (*comm.*) (*prezzi*) stracciare, far crollare 5 (*Réunion*) cogliere, raccogliere 6 (*inform.*) decodificare (la protezione di un software), decifrare ♦ *v.intr.* 1 rompersi 2 (*Africa*) avere successo ♦ **se casser** *v.pron.intr.* 1 rompersi 2 (*fam.*) squagliarsela ♦ *v.pron.* (*fig. fam.*) stancarsi, preoccuparsi.
● ***casser les pieds à qqn***, (*fig.*) rompere le scatole a qlcu | ***à tout casser***, straordinario, sensazionale | ***ne rien casser***, (*fam.*) non essere niente di speciale | ***se casser la figure***, (*fam.*) cadere, rompersi il muso.
■ V.TR. SIN. 1 briser CONTR. 1 réparer.

casserole [kasʀɔl] *n.f.* 1 pentolino (*m.*) 2 (*fam.*) strumento (*m.*) scordato 3 (*argot cine.*) proiettore (*m.*).
● ***à la casserole***, in casseruola | ***passer qqn à la casserole***, (*fig. fam.*) fare fuori qlcu.

casse-tête [kɑstɛt] *n.m.invar.* 1 rompicapo 2 clava (*f.*), mazza (*f.*).

cassette [kasɛt] *n.f.* 1 (*mus.*) cassetta 2 (*ant.*) cofanetto (*m.*).
● ***lecteur de cassettes***, mangiacassette, mangianastri.
■ SIN. 2 coffret.

casseur [kɑsœʀ] *n.m.* [f. *-euse*] 1 chi rompe 2 infiltrato fra i dimostranti di una manifestazione che danneggia i beni pubblici 3 (*argot*) scassinatore.
● ***casseur de pierres***, spaccapietre.

cassis[1] [kasis] *n.m.* 1 (*bot.*) ribes nero 2 liquore di ribes nero.

cassis[2] *n.m.* cunetta (*f.*) (per il deflusso delle acque in una strada).

cassolette [kasɔlɛt] *n.f.* bruciaprofumi (*m.*).

cassonade [kasɔnad] *n.f.* zucchero (*m.*) di primo prodotto.

cassoulet [kasulɛ] *n.m.* (*cuc.*) cassoulet (stufato di carni miste con fagioli).

cassure [kɑsyʀ] *n.f.* 1 spaccatura, frattura (*anche fig.*) 2 (*di carta, seta ecc.*) grinza.

castagnettes [kastaɲɛt] *n.f.pl.* (*mus.*) nacchere.

caste [kast] *n.f.* casta.

castellanais [kastɛlanɛ] *agg.* di Castellane.

castelsarrasinois [kastɛlsaʀazinwa] *agg.* di Castelsarrasin.

caster [kaste] *v.tr.* (*cine., tv.*) distribuire le parti (a), fare il casting (di).

castillan [kastijɑ̃] *agg.* castigliano ♦ *n.m.* (*lingua*) castigliano.

Castillan *n.m.* (*abitante*) castigliano.

castor [kastɔʀ] *n.m.* castoro.

castrais [kastʀɛ] *agg.* di La Châtre, di Castres.

castrat [kastʀa] *n.m.* castrato.

castration [kastʀasjɔ̃] *n.f.* castrazione.

castrer [kastʀe] *v.tr.* castrare.

casuel [kɑzɥɛl] *agg.* [f. *-elle*] casuale ♦ *n.m.* entrata (*f.*) extra.

casuistique [kɑ(a)zɥistik] *n.f.* (*teol.*) casistica.

cataclysme [kataklism] *n.m.* cataclisma.

catacombes [katakɔ̃b] *n.f.pl.* catacombe.

catadioptre [katadjɔptʀ] *n.m.* catarifrangente.

catafalque [katafalk] *n.m.* catafalco.

catalan [katalɑ̃] *agg.* catalano ♦ *n.m.* (*lingua*) catalano.

Catalan *n.m.* (*abitante*) catalano.

catalepsie [katalɛpsi] *n.f.* catalessi.

cataleptique [katalɛptik] *agg.* e *n.m.* catalettico.

catalogue [katalɔg] *n.m.* catalogo.
● (*in una biblioteca*) ***catalogue par ordre alphabétique***, catalogo alfabetico per autori; ***catalogue par ordre de matières***, catalogo per soggetti.

cataloguer [katalɔge] *v.tr.* catalogare.

catalyse [kataliz] *n.f.* (*chim.*) catalisi.

catalyser [katalize] *v.tr.* catalizzare (*anche fig.*): *catalyser l'attention*, polarizzare l'attenzione.

catalyseur [katalizœʀ] *n.m.* (*chim.*) catalizzatore.

catalytique [katalitik] *agg.* (*chim.*) catalitico.

catamaran [katamaʀɑ̃] *n.m.* catamarano.

cataphote [katafɔt] *n.m.* catarifrangente.

cataplasme [kataplasm] *n.m.* cataplasma.

catapultage [katapyltaʒ] *n.m.* catapultamento.

catapulte [katapylt] *n.f.* catapulta.

catapulter [katapylte] *v.tr.* catapultare.

cataracte [kataʀakt] *n.f.* cateratta.

catarrhe [kataʀ] *n.m.* catarro.

catastrophe [katastʀɔf] *n.f.* catastrofe (*anche fig.*): *tu es une vraie catastrophe!*, sei un vero disastro!
● ***en catastrophe***, in fretta e furia; (*aer.*) (*di atterraggio*) di emergenza, di fortuna: *le pilote a tenté de se poser en catastrophe*, il pilota ha tentato un atterraggio di fortuna | ***film catastrophe***, film (di genere) catastrofico.
■ SIN. cataclysme, désastre.

catastrophé [katastʀɔfe] *agg.* sconvolto, annichilito.

catastropher [katastʀɔfe] *v.tr.* sconvolgere.

catastrophique [katastʀɔfik] *agg.* catastrofico.

catcheur [katʃœʀ] *n.m.* [f. *-euse*] lottatore (di catch).

catéchèse [kateʃɛz] *n.f.* catechesi.

catéchiser [kateʃize] *v.tr.* catechizzare.

catéchisme [kateʃism] *n.m.* catechismo.

catéchiste [kateʃist] *n.m.* e *f.* catechista.

catéchumène [katekymɛn] *n.m.* catecumeno.

catégorie [kategɔʀi] *n.f.* categoria.
● (*amm.*) ***catégorie de revenu***, ***du cadastre***, classe di reddito, catastale.

catégoriel [kategɔʀjɛl] *agg.* [f. *-elle*] di categoria, settoriale.

catégorique [kategɔʀik] *agg.* categorico.

catégoriquement [kategɔʀikmɑ̃] *avv.* categoricamente.

catégoriser [kategɔʀize] *v.tr.* categorizzare.

caténaire [katenɛʀ] *agg.* (*ferr.*) a catenaria ♦ *n.f.* (*ferr.*) linea di contatto.
● (***suspension***) ***caténaire***, sospensione a catenaria.

cathare [kataʀ] *agg.* e *n.m.* (*st. relig.*) cataro.
catharsis [kataʀsis] *n.f.* catarsi (*anche psic.*).
cathédrale [katedʀal] *n.f.* cattedrale.
● ***verre cathédrale***, vetro smerigliato.
catherinette [katʀinɛt] *n.f.* (*fam.*) catherinette (in Francia, sartina venticinquenne nubile che festeggia il giorno di santa Caterina, il 25 novembre).
cathéter [kateteʀ] *n.m.* (*med.*) catetere.
catho [kato] *agg.* e *n.m.* e *f.* (*fam.*) abbr. di **catholique**.
cathode [katɔd] *n.f.* (*fis.*) catodo (*m.*).
cathodique [katɔdik] *agg.* (*fis.*) catodico.
● ***héros cathodique***, eroe catodico.
catholicisme [katɔlisism] *n.m.* cattolicesimo.
catholique [katɔlik] *agg.* e *n.m.* e *f.* cattolico/a.
● ***air pas très catholique***, (*fam.*) aria poco raccomandabile.
catimini, en [ɑ̃katimini] *avv.* di soppiatto, di nascosto.
catin [katɛ̃] *n.f.* (*Canada*) bambola.
cation [katjɔ̃] *n.m.* (*fis., chim.*) catione.
catogan [katɔgɑ̃] *n.m.* **1** grosso nastro (per capelli) **2** chignon basso sulla nuca.
caucasien [kɔkɑzjɛ̃] *agg.* [f. *-enne*] caucasico.
Caucasien *n.m.* [f. *-enne*] (*abitante*) caucasico.
caucasique [kɔkɑsik] *agg.* caucasico.
cauchemar [kɔʃmaʀ] *n.m.* incubo (*anche fig.*).
■ SIN. hantise.
cauchemarder [kɔʃmaʀde] *v.intr.* avere degli incubi.
cauchemardesque [kɔʃmaʀdɛsk] **cauchemardeux** [kɔʃmaʀdø] [f. *-euse*] *agg.* da incubo.
cauchois [koʃwa] *agg.* della regione di Caux.
caudal [kodal] *agg.* [pl. *-aux*] caudale.
causal [kozal] *agg.* [pl. *-als*, *-aux*] causale.
causalité [kozalite] *n.f.* causalità.
● (*dir.*) ***lien de causalité***, nesso di causalità.
causant [kozɑ̃] *agg.* (*fam.*) affabile, comunicativo; loquace.
cause [koz] *n.f.* **1** causa **2** (*dir.*) causa, controversia.
● ***à cause de***, a causa di, per colpa di; per riguardo a, in considerazione di: *je suis en retard à cause de lui*, sono in ritardo per colpa sua; *je te pardonne à cause de ta mère*, ti perdono per riguardo a tua madre | (*dir.*) ***avoir gain de cause***, vincere una causa; (*fig.*) averla vinta | ***en connaissance de cause***, con cognizione di causa | ***en tout état de cause***, in ogni caso, comunque sia | ***et pour cause***, e a ragione | ***être hors de cause***, essere fuori causa, fuori discussione: *toi, tu es hors de cause*, tu non c'entri; *ceci est hors de cause*, non se ne parla | ***mettre en cause***, (*anche fig.*) chiamare in causa | ***pour cause de***, per, per motivi di: *fermé pour cause de travaux*, *d'inventaire*, chiuso per lavori, per inventario | ***prendre fait et cause pour qqn***, difendere qlcu a spada tratta | ***sans cause***, senza motivo, senza ragione.
causer[1] [koze] *v.tr.* causare, arrecare.
causer[2] *v.intr.* conversare, chiacchierare: *causer* (*de*) *politique*, discorrere di politica.
causerie [kozʀi] *n.f.* conversazione, chiacchierata.
● (*Internet*) ***causerie en temps réel***, conversazione in tempo reale | ***causerie littéraire***, incontro letterario.
causette [kozɛt] *n.f.* chiacchieratina | *faire la causette*, fare quattro chiacchiere.
causeur [kozœʀ] *agg.* [f. *-euse*] loquace ♦ *n.m.* **1** conversatore **2** (*Senegal*) conferenziere, relatore.
causeuse [kozøz] *n.f.* divanetto (*m.*) a due posti.
causse [kos] *n.m.* causse (altopiano calcareo nella Francia meridionale).
causticité [kostisite] *n.f.* causticità (*anche fig.*).
caustique [kostik] *agg.* caustico (*anche fig.*).
cauteleux [kotlø] *agg.* [f. *-euse*] (*spreg.*) sornione.
cautérisation [kɔ(o)teʀizasjɔ̃] *n.f.* (*med.*) cauterizzazione.
cautériser [kɔ(o)teʀize] *v.tr.* (*med.*) cauterizzare.
caution [kosjɔ̃] *n.f.* **1** cauzione; garanzia: *verser une caution*, versare una cauzione **2** (*dir.*) garante (*m.*): *être, se porter caution pour*, garantire, rendersi garante di.
● (*dir.*) ***caution bancaire***, fideiussione bancaria | ***sous caution***, dietro cauzione | ***sujet à caution***, (*fig.*) poco attendibile: *cela est sujet à caution*, non ci si può fidare (di ciò).
cautionnement [kosjɔnmɑ̃] *n.m.* (*dir.*) garanzia (*f.*), cauzione (*f.*); fideiussione (*f.*).
cautionner [kosjɔne] *v.tr.* **1** (*dir.*) garantire (**per**) **2** (*estens.*) appoggiare.
cavalcade [kavalkad] *n.f.* **1** (*fam.*) corsa precipitosa, galoppata **2** (*antiq.*) cavalcata.
cavalcader [kavalkade] *v.intr.* (*fam.*) correre disordinatamente, scorrazzare, galoppare.
cavale [kaval] *n.f.* (*argot*) (*da carcere*) evasione.
cavaler [kavale] *v.intr.* (*fam.*) correre a rotta di collo ♦ **se cavaler** *v.pron.intr.* (*fam.*) darsela a gambe.
cavalerie [kavalʀi] *n.f.* (*mil.*) cavalleria.
● ***c'est de la grosse cavalerie***, (*fam.*) è poco fine.
cavalier[1] [kavalje] *agg.* [f. *-ère*] **1** destinato ai cavalieri **2** sgarbato, insolente.
cavalier[2] *n.m.* **1** cavaliere **2** (*agli scacchi*) cavallo **3** (*tecn.*) cavallottino, cambretta (*f.*), chiodo a U.
● ***faire cavalier seul***, (*fig.*) agire da solo.
cavalière [kavaljɛʀ] *n.f.* **1** cavallerizza **2** (*di ballerino*) dama.
cavalièrement [kavaljɛʀmɑ̃] *avv.* con troppa disinvoltura, arrogantemente.
cave[1] [kav] *n.f.* cantina: *descendre à la cave*, scendere in cantina; *avoir une bonne cave*, avere una cantina ben fornita.
● ***cave à liqueurs***, cofanetto bar | ***de la cave au grenier***, da cima a fondo: *fouiller la maison de la cave au grenier*, rovistare la casa da cima a fondo.

FAUX AMI
Da non confondere con *cava*, che si traduce *carrière*, né con *cavo* nel significato di *fune*, che si traduce *câble*.

cave[2] *agg.* cavo, incavato.
● (*astr.*) ***année cave***, anno lunare di 353 giorni.
caveau [kavo] *n.m.* [pl. *-eaux*] tomba (*f.*); cripta (*f.*).
caverne [kavɛʀn] *n.f.* caverna.
■ SIN. grotte.
caverneux [kavɛʀnø] *agg.* [f. *-euse*] cavernoso.
cavernicole [kavɛʀnikɔl] *agg.* e *n.m.* cavernicolo.
cavet [kavɛ] *n.m.* (*arch.*) cavetto, guscio.
caviar [kavjaʀ] *n.m.* caviale.
caviarder [kavjaʀde] *v.tr.* (*scritto*) censurare.
caviste [kavist] *n.m.* cantiniere.
cavité [kavite] *n.f.* cavità.

C

CB [sibi] *n.m.* (*sigla di* Citizen Band) **1** cb, banda (*f.*) cittadina **2** (*di radioamatore*) baracchino.

CD [sede] *n.m.* (*sigla di* Compact disc) cd, compact disc.

CD-ROM [sedeRɔm] *n.m.invar.* cd-rom.

ce[1] [sə] *agg.dimostr.* [**cet** davanti a vocale o *h* muta; f. **cette**; pl.m. e f. **ces**] questo; (*letter.*) codesto; (*lontano nel tempo e nello spazio*) quello: *j'achèterai cette jolie bague*, comprerò questo bell'anello; *veux-tu ces livres?*, vuoi questi libri?; *cet enfant aime beaucoup la musique*, questo bambino ama molto la musica; *tu vois ce village là-bas?*, vedi quel villaggio laggiù?; *à cette époque il faisait très chaud*, a quell'epoca faceva molto caldo; *je lui ai écrit une de ces lettres!*, gli ho scritto una di quelle lettere!; *je le verrai cet été*, lo vedrò quest'estate, l'estate prossima; *je l'ai vu cet été*, l'ho visto l'estate scorsa; *il eut cette sensation qu'il était de trop*, ebbe la sensazione d'essere di troppo; *que prendront ces messieurs?*, che cosa prendono i signori? | *ce bon François!, ce cher François!*, (*fam.*) il buon François!, il caro François!

● ***ce dernier***, quest'ultimo | ***il y a de ces gens qui***, (*letter.*) c'è chi | (*comm.*) ***par cette lettre***, con la presente.

□ **ce... -ci**, **ce... -là** *agg.dimostr.* questo... (qui); quello... (là): *ce livre-ci et cette photo-là*, questo libro e quella fotografia; *ces jours-ci*, in questi giorni.

ce[2] *pron.dimostr.* [diventa *c'* davanti a *en* e alle forme del v. *être* che cominciano per vocale; *ç'* davanti ad *a*] **1** (*seguito da pron.rel.*) ciò, quello: *voilà ce qui m'a frappé*, ecco ciò che mi ha colpito; *pense à ce que tu fais*, pensa a quello che fai; *ce dont on parle*, ciò di cui si parla; *ce à quoi je pense*, quello a cui penso **2** (*sogg. del v.* être) (*non si traduce*): *c'est celui-ci*, è questo; *"À qui est-ce?", "C'est à moi"*, "Di chi è?", "È mio"; *ç'a été beau*, è stato bello; *ç'a été moi*, sono stato io; *ce doit être Jean*, deve essere Jean; *ce ne peut* (o *ne saurait*) *être que lui*, non può essere che lui; *ce n'est pas là mon idée*, non è questa la mia idea; *c'est aujourd'hui jeudi*, oggi è giovedì; *l'ennui c'est que je suis sans argent*, il guaio è che sono senza soldi.

● ***ce faisant***, ***ce disant***, (*letter.*) così facendo, così dicendo | ***ce n'est pas pour***, non è per: *ce n'est pas pour te vexer*, non è per offenderti; *ce n'est pas pour dire*, (*fam.*) non è per dire, non si fa per dire | ***ce que***, (*fam.*) come, quanto: *ce qu'il a dû souffrir!*, quello che non ha sofferto!; *ce qu'elle a changé!*, com'è cambiata! | ***ce que c'est*** (***que***), che cosa: *tu vois ce que c'est que de ne pas écouter mes conseils!*, vedi che cosa vuol dire non ascoltare i miei consigli!; *je ne sais pas ce que c'est*, non so cosa sia; *ce que c'est que de nous!*, che ne sarà di noi! | ***c'est cela***, è così | ***c'est que***, il fatto è che: *"Veux-tu me répondre?" "Ç'est que je n'ai pas compris!"*, "Vuoi rispondermi?" "È che non ho capito!"; *ce n'est pas que je veuille te contrarier, mais...*, non è che voglia contrariarti, ma... | ***c'est... qui***, ***c'est... que***, sono stato io a (sei stato tu a ecc.): *c'était mon père qui m'a puni*, è stato mio padre a punirmi; *c'est moi qui ai payé*, ho pagato io; *c'est vous qui l'avez dit*, l'avete detto voi; *ce sont les romans policiers que je préfère*, i romanzi gialli sono quelli che preferisco; *c'était un brave garçon que Pierre*, Pierre era un bravo ragazzo | ***à ce que***, da quel(lo) che, per quel(lo) che; affinché: *à ce que je vois*, da quel che vedo; *veille à ce que ton style soit plus sobre*, fa' in modo che il tuo stile sia più sobrio | ***de ce que***, per il fatto che: *il se plaint de ce qu'il n'a pas été averti*, si lamenta per il fatto che, perché non è stato avvertito | ***pour ce faire***, (*letter.*) per fare ciò | ***qui est-ce?***, chi è? | ***si ce n'est***, eccetto, tranne: *je n'ai rencontré personne si ce n'est le concierge*, non ho incontrato nessuno eccetto il portiere; *il n'est pas sorti si ce n'est pour aller acheter du pain*, non è uscito tranne che per andare a comprare il pane | ***sur ce***, (*fam.*) a questo punto: *sur ce je vous quitte*, e con ciò vi lascio.

□ **est-ce que** (*non si traduce*): *est-ce que tu viens?*, vieni?; *est-ce que les autres viennent aussi?*, anche gli altri vengono?; *n'est-ce pas* (*vrai*)*?*, non è vero?, nevvero?

□ **qu'est-ce que**, **qu'est-ce qui** *pron.interr.* → que[1].

CÉ [see] *n.m.* e-mail (*f.*), posta (*f.*) elettronica.

céans [seɑ̃] *avv.* (*letter.*) qui, qua (dentro).

● ***le maître de céans***, il padrone di casa.

ceci [səsi] *pron.dimostr.invar.* questo, ciò: *ceci est tout près, cela est trop loin*, questo è vicinissimo, quello è troppo lontano; *écoutez, retenez bien ceci*, ascoltate, ricordate bene questo.

● ***à ceci près***, pressappoco.

cécité [sesite] *n.f.* cecità.

céder [sede] *v.tr.* [cambia la *é* in *è* davanti a sillaba muta, eccetto al fut.ind. e al cond.: *je cède, tu cèdes* etc.; *je céderai, tu céderas* etc.] cedere ♦ *v.intr.* cedere.

● ***ne le céder en rien à***, essere al pari di, non essere inferiore a.

■ V.TR. SIN. donner ♦ V.INTR. SIN. consentir.

cédéthèque [sedetɛk] *n.f.* compacteca.

cedex [sedɛks] *n.m.* posta (*f.*) celere (per aziende, ecc.).

cédille [sedij] *n.f.* (*ling.*) cediglia.

NOTA La ***cédille*** si mette soltanto sotto la lettera *c*, sia minuscola **ç** che maiuscola **Ç**. Indica che non deve essere pronunciata *k* ma *s* davanti alle vocali **a**, **o**, **u** (*ça, François, reçu*). Tuttavia, parole con *œ* e *æ* non prendono mai la *cédille*: *une cœlioscopie, et cætera.*

cédrat [sedʀa] *n.m.* (*frutto*) cedro.

cèdre [sɛdʀ] *n.m.* (*pianta*) cedro.

● ***cèdre du Liban***, cedro del Libano.

céfran [sefʀɑ̃] *n.m.* (*fam.*) (*verlan di* français) francese.

cégétiste [seʒetist] *n.m.* iscritto alla CGT (*Confédération Générale du Travail*) ♦ *agg.* della CGT.

ceindre [sɛ̃dʀ] *v.tr.* [coniug. come *peindre*] (*letter.*) cingere.

ceint [sɛ̃] *p.p.* di **ceindre**.

ceinture [sɛ̃tyʀ] *n.f.* **1** cintura **2** giro (*m.*) di vita, cintola: *jusqu'à la ceinture*, fino alla vita **3** cinta (di mura).

● ***ceinture de sauvetage***, cintura di salvataggio | (*aer., aut.*) ***ceinture de sécurité***, cintura di sicurezza | (*sport*) ***prise de ceinture***, cintura | ***se serrer la ceinture***, (*fig.*) tirare la cinghia.

ceinturer [sɛ̃tyʀe] *v.tr.* **1** cingere **2** (*sport*) cinturare.

ceinturon [sɛ̃tyʀɔ̃] *n.m.* cinturone.

cela [səla] *pron.dimostr.invar.* ciò, questo; (*opposto a* ceci) quello, quella cosa; (*letter.*) codesto: *cela ne te regarde pas*, questo, ciò non ti riguarda; *ceci est mieux que cela*, questo è meglio di quello; *cela ne fait rien*, non fa niente; *il y a quinze ans de cela*, da allora sono trascorsi quindici anni; *est-il donc si méchant que cela?*, è dunque così cattivo?

● ***cela dit***, detto ciò | ***cela ne tient pas à ça***, (*fam.*) non è per questa ragione | ***à cela près***, pressappoco | ***c'est cela même***, ***c'est bien cela***, è proprio questo; appunto, già | ***comme cela***, così, in questo modo | ***comment cela?***, come?, come mai? | ***et avec cela?***, desidera altro?: *"Donnez-moi un kilo de tomates" "Et avec cela madame?"*, "Mi dia un chilo di pomodori" "Desidera altro, signora?" | ***et avec tout cela***, e oltretutto | ***n'est-ce que cela?***, è tutto qui? | ***pour cela même***, ***par cela même***, proprio per questo, proprio per questa ragione | ***qu'est-ce que c'est que cela?***, ***qu'est-ce que cela?***, che cosa è (questo)?

céladon [seladɔ̃] *n.m.* e *agg.invar.* (color) verde pallido.

célébrant [selebʀɑ̃] *agg.* e *n.m.* (*eccl.*) celebrante.

célébration [selebʀasjɔ̃] *n.f.* celebrazione.

célèbre [selɛbʀ] *agg.* celebre.
■ SIN. connu, réputé CONTR. inconnu.

célébrer [selebʀe] *v.tr.* [coniug. come *céder*] celebrare.

célébrité [selebʀite] *n.f.* celebrità.
■ SIN. notoriété.

celer [səle] *v.tr.* [coniug. come *semer*] (*letter.*) celare.

céleri [sɛlʀi] *n.m.* sedano: *céleri-branche*, sedano.
● ***pied de céleri***, cespo di sedano.

céleri-rave [sɛlʀiʀav] *n.m.* [pl. *céleris-raves*] sedano rapa.

célérité [seleʀite] *n.f.* celerità.

céleste [selɛst] *agg.* celeste; (*fig.*) celestiale.

célibat [seliba] *n.m.* celibato.

célibataire [selibatɛʀ] *agg.* celibe, scapolo; (*donna*) nubile ♦ *n.m.* celibe, scapolo ♦ *n.f.* nubile.
● ***mère célibataire***, ragazza madre.

celle [sɛl] *pron.dimostr.f.sing.* [pl. *celles*] → **celui**.

celle-ci [sɛlsi] *pron.dimostr.f.sing.* [pl. *celles-ci*] → **celui**.

celle-là [sɛlla] *pron.dimostr.f.sing.* [pl. *celles-là*] → **celui**.

cellier [selje] *n.m.* cantina (*f.*).

cellophane® [selɔfan] *n.f.* cellofan® (*m.*).

cellulaire [selylɛʀ] *agg.* cellulare.
● ***régime cellulaire***, segregazione cellulare | (***téléphone***) ***cellulaire***, (telefono) cellulare | ***voiture***, ***fourgon cellulaire***, (furgone) cellulare.

cellule [selyl] *n.f.* **1** cella **2** (*di alveare*) cella, alveolo (*m.*) **3** (*biol.*) cellula **4** (*fig.*) cellula: *la cellule familiale*, (*fig.*) la cellula familiare.
● ***cellule disciplinaire de prison***, cella di rigore | (*biol.*) ***cellule nerveuse***, cellula nervosa | ***cellule photo-électrique***, fotocellula | (*tecn.*) ***cellule solaire***, cella solare | (*biol.*) ***cellules souches***, cellule staminali.

cellulite [selylit] *n.f.* cellulite.

celluloïd [selylɔid] *n.m.* celluloide (*f.*).

cellulose [selyloz] *n.f.* cellulosa.

cellulosique [selylozik] *agg.* cellulosico.

celte [sɛlt] *agg.* celtico ♦ *n.m.* (*lingua*) celtico.
● (*st.*) ***les Celtes***, i celti.

celtique [sɛltik] *agg.* e *n.m.* celtico.

celui [səlɥi] *pron.dimostr.m.sing.* [f. **celle**; pl.m. **ceux**, f. **celles**] **1** quello: *prends celui de gauche*, prendi quello di sinistra; *tes problèmes sont ceux de tous les jeunes gens*, i tuoi problemi sono quelli di tutti i giovani; *quelle tarte veux-tu, celle aux cerises ou celle aux pommes?*, che torta vuoi, quella di ciliegie o quella di mele? **2** (*seguito da pron.rel.*) quello, colui; (*riferito a cosa*) quello: *ceux qui le veulent peuvent venir*, coloro che lo desiderano possono venire; *cette fille n'est pas celle dont je te parlais hier*, questa ragazza non è quella di cui ti parlavo ieri; *ceux d'entre vous qui n'ont pas compris sont priés de le dire*, chi di voi non ha capito è pregato di dirlo; *cette revue n'est pas celle que je cherche*, questa rivista non è quella che cerco; *il faisait celui qui ne sait rien*, faceva finta di non sapere niente.
□ **celui-ci**, **celui-là** *pron.dimostr.m.sing.* questo (qui); quello (là): *ceux-ci sont plus beaux que celles-là*, questi (qui) sono più belli di quelle (là); *celui-là veut toujours avoir raison*, (*spreg.*) quello vuol sempre aver ragione; *c'est celui-là même que j'ai connu à la mer*, è proprio quello che ho conosciuto al mare; *celle-là, c'est la meilleure!*, (*fig.*) questa sì che è buona!; *ah, celle-là, est bien bonne!*, (*fam.*) questa sì che è buona!

celui-ci *pron.dimostr.m.sing.* → **celui**.

celui-là *pron.dimostr.m.sing.* → **celui**.

cénacle [senakl] *n.m.* cenacolo (*anche fig.*).

cendre [sɑ̃dʀ] *n.f.* cenere.
● (*eccl.*) ***les Cendres***, le Ceneri.

cendré [sɑ̃dʀe] *agg.* (colore) grigio cenere, cenerino: *blond cendré*, biondo cenere.
● (*astr.*) ***lumière cendrée***, luce cinerea.

cendrier [sɑ̃dʀije] *n.m.* portacenere.

cène [sɛn] *n.f.* **1** (*relig.*) *la Cène*, l'Ultima Cena: *la 'Cène' de Léonard de Vinci*, il 'Cenacolo' di Leonardo **2** (*eccl.*) Cena santa (la comunione dei protestanti).

cénobite [senɔbit] *n.m.* cenobita.

cénotaphe [senɔtaf] *n.m.* cenotafio.

cens [sɑ̃s] *n.m.* (*ant.*) censo.

censé [sɑ̃se] *agg.* presunto, supposto: *vous êtes censés le savoir*, siete tenuti a saperlo; *il est censé partir demain*, dovrebbe partire domani.

censément [sɑ̃semɑ̃] *avv.* presumibilmente; apparentemente.

censeur [sɑ̃sœʀ] *n.m.* **1** censore (*anche fig.*) **2** (*nei licei francesi*) funzionario responsabile della disciplina, vicepreside.

censure [sɑ̃syʀ] *n.f.* censura.
● (*pol.*) ***motion de censure***, mozione di sfiducia.

censurer [sɑ̃syʀe] *v.tr.* censurare.
● (*pol.*) ***censurer le gouvernement***, votare la sfiducia al governo.

cent [sɑ̃] *agg.num.card.* e *n.m.* cento: *cent euros*, *deux cents euros*, *deux cent quarante euros*, cento, duecento, duecentoquaranta euro ♦ *agg.num.ord.invar.* cento, centesimo: *page cent*, pagina cento.
● ***cent pour cent***, (al) cento per cento | ***à cent contre un***, (in) cento contro uno; (*nelle scommesse*) cento a uno | ***être aux cent coups***, (*fig.*) non saper più dove sbattere la testa | ***faire les quatre cents coups***, (*fig.*) farne di cotte e di crude | ***pour cent***, per cento: *réduction de 15 pour cent*, sconto del 15 per cento; *dix pour cent de*, il dieci per cento di.

NOTA ***Cent***, quando è preceduto da un numerale che lo moltiplica, prende la *s* del plurale, ma resta invariato se è seguito da un altro numerale: *trois cents étudiants*, trecento studenti; *trois cent dix étudiants*, trecentodieci studenti.

Viene chiamata ***Guerre des Cent Ans*** quella combattuta (1337-1453) dalla Francia contro l'Inghilterra, che rivendicava il trono francese. Si concluse grazie soprattutto all'intervento di Giovanna d'Arco, che risvegliò il patriottismo dei francesi, liberò la città di Orléans e fece incoronare Carlo VII.

Les Cent Jours, 'I Cento giorni' sono il periodo (20 marzo - 22 giugno 1815) in cui Napoleone, rientrato dall'isola d'Elba dove era stato confinato, assunse nuovamente il potere fino alla definitiva disfatta di Waterloo.

centaine [sɑ̃tɛn] *n.f.* centinaio (*m.*).
● ***par centaines***, a centinaia.

centaure [sɑ̃tɔʀ] *n.m.* centauro.

centaurée [sɑ̃tɔʀe] *n.f.* (*bot.*) centaurea.

centenaire [sɑ̃tnɛʀ] *agg.* e *n.m.* centenario.

C

centésimal [sɑ̃tezimal] *agg.* [pl. *-aux*] centesimale.
centi- *pref.* centi-.
centième [sɑ̃tjɛm] *agg.num.ord.* e *n.m.* e *f.* centesimo/a.
centigrade [sɑ̃tigʀad] *agg.* e *n.m.* centigrado.
centigramme [sɑ̃tigʀam] *n.m.* centigrammo.
centilitre [sɑ̃tilitʀ] *n.m.* centilitro.
centime [sɑ̃tim] *n.m.* centesimo.
centimètre [sɑ̃timɛtʀ] *n.m.* centimetro.
centrafricain [sɑ̃tʀafʀikɛ̃] *agg.* centroafricano.
centrage [sɑ̃tʀaʒ] *n.m.* (*mecc., tecn.*) centratura (*f.*), centraggio: *centrage d'un avion*, centramento di un aereo.
● ***à centrage automatique***, autocentrante.
central[1] [sɑ̃tʀal] *agg.* [pl. *-aux*] centrale.
central[2] *n.m.* (*tel.*) centrale (*f.*).
centrale [sɑ̃tʀal] *n.f.* **1** centrale **2** centralina **3** (*pol.*) confederazione nazionale dei sindacati.
● (*comm.*) ***centrale d'achats***, unità d'acquisti centralizzata | ***centrale d'alarme***, centralina d'allarme | ***centrale électrique, nucléaire***, centrale elettrica, nucleare.
centralisateur [sɑ̃tʀalizatœʀ] *agg.* e *n.m.* [f. *-trice*] accentratore, centralizzatore.
centralisation [sɑ̃tʀalizasjɔ̃] *n.f.* accentramento (*m.*), centralizzazione.
centraliser [sɑ̃tʀalize] *v.tr.* centralizzare, accentrare.
centralisme [sɑ̃tʀalism] *n.m.* centralismo.
centre [sɑ̃tʀ] *n.m.* **1** centro: *habiter au centre*, abitare in centro; *le centre de la question*, (*fig.*) il punto focale del problema **2** (*sport*) (*basket*) pivot; (*baseball*) esterno centro.
● ***centre commercial***, centro commerciale | ***centre culturel***, centro culturale | ***centre d'accueil des jeunes***, centro sociale (per giovani) | ***centre d'accueil des réfugiés***, centro d'accoglienza profughi | ***centre d'appels*** (o ***d'appel téléphonique***), call center | ***centre d'apprentissage***, centro di formazione professionale | ***centre de documentation***, centro di documentazione | ***centre de rétention*** (***administrative***), centro di accoglienza temporanea | (*mat.*) ***centre de symétrie***, centro di simmetria | (*pol.*) ***centre gauche, droit***, centrosinistra, centrodestra | ***centre hospitalier***, centro ospedaliero | (*anat.*) ***centre nerveux***, centro nervoso.
■ SIN. **1** cœur, milieu.

NOTA A Parigi, il *Centre national d'art et de culture Georges Pompidou*, detto ***Centre Pompidou*** o familiarmente *Beaubourg*, inaugurato nel 1977 sul *plateau Beaubourg* (nome di un antico villaggio inglobato poi nella città), raggruppa in un unico edificio vari istituti tra cui una biblioteca pubblica, il Museo nazionale d'arte moderna e l'*Institut de recherche et de coordination acoustique-musique*. L'edificio è stato progettato dall'architetto italiano Renzo Piano in collaborazione con l'inglese Richard Rogers.

centré [sɑ̃tʀe] *agg.* centrato; (*fig.*) incentrato.
centre-européen [sɑ̃tʀøʀɔpeɛ̃] *agg.* [f. *centre-européenne*, pl.m. *centre-européens*] centroeuropeo, mitteleuropeo.
centrer [sɑ̃tʀe] *v.tr.* centrare; (*fig.*) imperniare.
centre-ville [sɑ̃tʀəvil] *n.m.* [pl. *centres-villes*] (*segnaletica*) centro(-città).
centrifugation [sɑ̃tʀifygasjɔ̃] *n.f.* centrifugazione.
centrifuge [sɑ̃tʀifyʒ] *agg.* centrifugo.
centrifuger [sɑ̃tʀifyʒe] *v.tr.* [coniug. come *manger*] centrifugare.
centrifugeur [sɑ̃tʀifyʒœʀ] *n.m.* **centrifugeuse** [sɑ̃tʀfyʒøz] *n.f.* centrifuga (*f.*).
centripète [sɑ̃tʀipɛt] *agg.* centripeto.
centrisme [sɑ̃tʀism] *n.m.* centrismo.
centriste [sɑ̃tʀist] *agg.* e *n.m.* e *f.* centrista.
centuple [sɑ̃typl] *agg.* e *n.m.* centuplo.
● ***au centuple***, centuplicato.
centupler [sɑ̃typle] *v.tr.* centuplicare ♦ *v.intr.* centuplicarsi: *le profit a centuplé*, l'utile si è centuplicato.
centurion [sɑ̃tyʀjɔ̃] *n.m.* (*st.*) centurione.
cep [sɛp] *n.m.* ceppo.
cépage [sepaʒ] *n.m.* vitigno.
cèpe [sɛp] *n.m.* (*bot. pop.*) (fungo) porcino.
cependant [səpɑ̃dɑ̃] *avv.* **1** tuttavia, però; eppure **2** (*letter. antiq.*) nel frattempo.
● ***cependant que***, (*letter. antiq.*) mentre che.
■ SIN. **1** pourtant, toutefois.
céphalique [sefalik] *agg.* cefalico.
céphalopode [sefalɔpɔd] *n.m.* (*zool.*) cefalopode.
céramique [seʀamik] *agg.* ceramico ♦ *n.f.* ceramica.
● ***céramique dentaire***, porcellana dentaria.
céramiste [seʀamist] *n.m.* e *f.* ceramista.
cerbère [sɛʀbɛʀ] *n.m.* (*fig.*) cerbero.
cerceau [sɛʀso] *n.m.* [pl. *-eaux*] cerchio.
cerclage [sɛʀklaʒ] *n.m.* **1** cerchiatura (*f.*) **2** (*med.*) cerchiaggio.
cercle [sɛʀkl] *n.m.* **1** cerchio **2** (*geogr.*) circolo **3** (*fig.*) cerchia (*f.*): *le cercle de la famille*, la cerchia familiare **4** circolo, club **5** (*inform.*) anello.
cercler [sɛʀkle] *v.tr.* cerchiare.
cercopithèque [sɛʀkɔpitɛk] *n.m.* cercopiteco.
cercueil [sɛʀkœj] *n.m.* bara (*f.*), feretro.
■ SIN. bière.
céréale [seʀeal] *agg.* cereale ♦ *n.f.* cereale (*m.*).
céréalier [seʀealje] *agg.* [f. *-ère*] cerealicolo ♦ *n.m.* cerealicoltore.
cérébral [seʀebʀal] *agg.* [pl. *-aux*] cerebrale.
cérébrospinal [seʀebʀɔspinal] *agg.* [pl. *-aux*] (*anat.*) cerebrospinale.
cérémonial [seʀemɔnjal] *n.m.* [pl. *-als*] cerimoniale.
cérémonie [seʀemɔni] *n.f.* cerimonia.
● ***faire des cérémonies***, fare complimenti.
■ SIN. commémoration.
cérémonieusement [seʀemɔnjøzmɑ̃] *avv.* cerimoniosamente.
cérémonieux [seʀemɔnjø] *agg.* [f. *-euse*] cerimonioso.
cerf [sɛʀ] *n.m.* cervo.
cerfeuil [sɛʀfœj] *n.m.* (*bot.*) cerfoglio.
cerf-volant [sɛʀvɔlɑ̃] *n.m.* [pl. *cerfs-volants*] **1** aquilone **2** (*zool.*) cervo volante.
cerise [səʀiz] *n.f.* ciliegia ♦ *agg.invar.* (color) rosso ciliegia.
● (*Africa*) ***cerise*** (***de café***), bacca del caffè.
cerisier [səʀizje] *n.m.* ciliegio.
cerne [sɛʀn] *n.m.* **1** occhiaia (*f.*) **2** (*di disegno ecc.*) contorno.
cerné [sɛʀne] *agg.*
● ***yeux cernés***, occhi cerchiati.
cerneau [sɛʀno] *n.m.* [pl. *-eaux*] gheriglio.
cerner [sɛʀne] *v.tr.* **1** accerchiare **2** delineare i contorni (**di**) **3** circondare (di un alone ecc.).
● ***cerner un problème***, (*fig.*) circoscrivere un problema.

certain [sɛʀtɛ̃] *agg.* certo, sicuro: *c'est un fait certain*, è un fatto certo, sicuro | *c'est sûr et certain!*, (*fam.*) è più che certo! ♦ *agg.indef.* (*sing.*) certo; (*pl.*) alcuni: *un certain nombre de gens*, un certo numero di persone; *certaines personnes le pensent*, alcuni lo pensano ♦ *pron. indef.* (*solo pl.*) certi, taluni, alcuni: *certains pensent que*, certi, alcuni pensano che; *certains, certaines d'entre nous, vous* (o *de nous, de vous*), taluni, talune di noi, di voi; qualcuno, qualcuna di voi, di noi ♦ *n.m.* (*fin.*) *coter le certain*, esprimere in unità monetaria estera un'unità monetaria nazionale.
■ *AGG.* SIN. sûr, assuré CONTR. incertain, doutable.

certainement [sɛʀtɛnmɑ̃] *avv.* certamente, certo.

certes [sɛʀt] *avv.* certamente, certo.

certificat [sɛʀtifika] *n.m.* **1** certificato; attestato **2** diploma.
● ***certificat d'aptitude professionnelle*** (CAP), diploma della scuola professionale | ***certificat d'aptitude professionnelle à l'enseignement secondaire*** (CAPES), abilitazione all'insegnamento nelle scuole superiori | ***certificat de bonne vie et mœurs***, certificato di buona condotta | (*banca*) ***certificat de dépôt***, certificato di deposito | ***certificat d'études primaires élémentaires*** (CEP), diploma di licenza elementare (abolito nel 1989) | ***certificat de résidence, de nationalité***, certificato di residenza, di nazionalità | ***certificat de travail***, dichiarazione d'impiego del datore di lavoro | (*comm.*) ***certificat d'origine***, certificato d'origine | ***certificat d'urbanisme***, certificato di destinazione urbanistica | ***certificat médical***, certificato medico.

certification [sɛʀtifikasjɔ̃] *n.f.* autenticazione.

certifié [sɛʀtifje] *agg.*
● ***chèque certifié***, assegno coperto da garanzia bancaria | ***copie certifiée conforme***, copia conforme autenticata | (***professeur***) ***certifié***, (professore) abilitato (con un CAPES o un CAPET).

certifier [sɛʀtifje] *v.tr.* **1** attestare, certificare **2** (*dir.*) autenticare **3** dichiarare, affermare.

certitude [sɛʀtityd] *n.f.* certezza, sicurezza.

cérumen [seʀymɛn] *n.m.* cerume.

céruse [seʀyz] *n.f.* biacca, cerussa.

cerveau [sɛʀvo] *n.m.* [pl. *-eaux*] cervello (*anche fig.*).
● ***c'est un*** (***puissant***) ***cerveau!***, è un cervellone! | ***il a le cerveau dérangé***, (*fam.*) è tocco nel cervello.

cervelas [sɛʀvəlɑ] *n.m.* (*cuc.*) cervellata (*f.*).

cervelet [sɛʀvəlɛ] *n.m.* (*anat.*) cervelletto.

cervelle [sɛʀvɛl] *n.f.* **1** (*anat.*) materia cerebrale **2** cervello (*m.*).
● ***se creuser la cervelle***, (*fam.*) scervellarsi.

cervical [sɛʀvikal] *agg.* [pl. *-aux*] cervicale.

ces [se; sez, *davanti a vocale e* h *muta*] *agg.dimostr.m.* e *f.pl.* → **ce**[1].

césar [sezaʀ] *n.m.* (*st.*) cesare, imperatore.

César[1] *n.pr.m.* Cesare ♦ *n.m.* Cesare (titolo degli imperatori romani).
● (*st.*) ***Jules César***, Giulio Cesare.

César[2] *n.m.* César (premio cinematografico francese).

césarienne [sezaʀjɛn] *n.f.* taglio (*m.*) cesareo.

cessant [sɛsɑ̃] *agg.*
● ***toute(s) affaire(s) cessante(s)***, sospesa ogni altra attività; subito, immediatamente.

cessation [sɛsasjɔ̃] *n.f.* cessazione.

cesse [sɛs] *n.f.* sosta; tregua.
● ***n'avoir point*** (o ***pas***) ***de cesse que***, (*letter.*) non aver tregua finché non: *il n'aura pas de cesse qu'il n'obtienne ce travail*, non desisterà finché non avrà quel lavoro | ***sans cesse***, senza sosta, senza tregua.

cesser [sɛse] *v.tr.* smettere; interrompere: *il a cessé le travail*, ha smesso di lavorare ♦ *v.intr.* cessare: *le bruit a cessé*, il rumore è cessato; *il n'a pas cessé de pleuvoir*, non ha smesso di piovere.
● ***ne pas cesser de***, continuare a.

cessez-le-feu [sɛselfø] *n.m.invar.* cessate il fuoco.

cessible [sɛsibl] *agg.* cedibile.
● (*fin.*) ***titres cessibles***, titoli commerciabili.

cession [sɛsjɔ̃] *n.f.* cessione.

cessionnaire [sɛsjɔnɛʀ] *n.m.* (*dir.*) cessionario.

c'est-à-dire [sɛtadiʀ] *cong.* cioè, vale a dire.

césure [sezyʀ] *n.f.* (*metrica, mus.*) cesura.

cet [sɛt] *agg.dimostr.m.sing.* → **ce**[1].

cétacé [setase] *n.m.* (*zool.*) cetaceo.

cétoine [setwan] *n.f.* (*zool.*) cetonia.

cétone [setɔn] *n.f.* (*chim.*) chetone (*m.*).

cette [sɛt] *agg.dimostr.f.sing.* → **ce**[1].

ceux [sø] *pron.dimostr.m.pl.* → **celui**.

ceux-ci [søsi] *pron.dimostr.m.pl.* → **celui**.

ceux-là [søla] *pron.dimostr.m.pl.* → **celui**.

cévenol [sɛvnɔl] *agg.* delle Cevenne.

ceylanais [sɛlanɛ] *agg.* singalese.

Ceylanais *n.m.* (*abitante*) singalese.

chabichou [ʃabiʃu] *n.m.* formaggio caprino del Poitou.

chabler [ʃable] *v.tr.* bacchiare (noci ecc.).

chablis [ʃabli] *n.m.* vino bianco della zona di Chablis (a nord della Borgogna).

chacal [ʃakal] *n.m.* [pl. *-als*] sciacallo.

chacun [ʃakœ̃] *pron.indef.* [f. *chacune*] **1** ciascuno, ognuno: *l'intérêt de chacun*, l'interesse di ciascuno; *chacun de vous, d'eux* (o *d'entre vous, d'entre eux*), ciascuno di voi, di loro; *il faisait des pauses entre chacune de ses phrases*, faceva delle pause tra una frase e l'altra, dopo ogni frase **2** l'uno, (*letter.*) cadauno: *ces œufs coûtent 30 cents chacun*, queste uova costano 30 centesimi l'una **3** tutti (*pl.*): *chacun le dit*, tutti lo dicono; *dans une petite ville chacun se connaît*, in una città piccola tutti si conoscono.
● ***chacun sa chacune***, (*fam.*) ogni ragazzo con la sua ragazza | ***tout un chacun***, (*letter.*) ciascuno, ognuno.

chafouin [ʃafwɛ̃] *agg.* e *n.m.* sornione.

chagrin[1] [ʃagʀɛ̃] *agg.* triste, malinconico; pessimista: *un esprit chagrin*, una natura pessimista ♦ *n.m.* dispiacere; tristezza (*f.*): *avoir du chagrin*, essere triste.
● ***chagrin d'amour***, pena d'amore | ***chagrin d'enfant***, piccolo dispiacere.

chagrin[2] *n.m.* zigrino.
● ***peau de chagrin***, (*fig.*) bene effimero.

chagriner[1] [ʃagʀine] *v.tr.* addolorare, rattristare.

chagriner[2] *v.tr.* (*pellame ecc.*) zigrinare.

chah [ʃa] *n.m.* → **shah**.

chahut [ʃay] *n.m.* (*fam.*) baccano, cagnara (*f.*).
■ SIN. tapage.

chahuter [ʃayte] *v.intr.* (*fam.*) far baccano ♦ *v.tr.* **1** impedire (**a qlcu**) di parlare facendo baccano **2** maltrattare.

chahuteur [ʃaytœʀ] *n.m.* [f. *-euse*] chiassone.

chaîne [ʃɛn] *n.f.* **1** catena (*anche fig.*) **2** (*inform.*) stringa **3** (*geogr.*) catena **4** (*di un tessuto*) ordito (*m.*) **5** (*tv*)

canale (*m.*), rete **6** (*elettr., rad.*) impianto (*m.*) stereo **7** (*pl.*) (*aut.*) catene.
● (*ecol.*) ***chaîne alimentaire***, catena alimentare | (*tv*) ***chaîne à péage***, pay-tv | (*tecn.*) ***chaîne de montage***, catena di montaggio | (*anat.*) ***chaîne des osselets***, ossicini dell'udito | ***chaîne de vélo***, catena di bicicletta | (*elettr., rad.*) ***chaîne hi-fi***, impianto stereo ad alta fedeltà | ***réaction en chaîne***, (*anche fig.*) reazione a catena | ***travailler à la chaîne***, lavorare a catena.

C

chaînette [ʃɛnɛt] ***n.f.*** catenella.
chaînon [ʃɛnɔ̃] ***n.m.*** anello (di catena).
chair [ʃɛʀ] ***n.f.*** **1** carne (*anche fig.*) **2** (*estens.*) polpa ♦ ***agg.invar.*** (*colore*) carne, carnicino.
● ***chair à saucisses***, carne da insaccato | ***en chair et en os***, in carne e ossa | ***être bien en chair***, essere in carne | ***j'en ferai de la chair à pâté***, (*fam.*) ne farò polpette.
chaire [ʃɛʀ] ***n.f.*** **1** cattedra **2** (*eccl.*) pulpito (*m.*).
chaise [ʃɛz] ***n.f.*** sedia.
● ***chaise à bascule***, sedia a dondolo | ***chaise à porteurs***, portantina | ***chaise de poste***, diligenza | ***chaise haute***, ***chaise d'enfant***, seggiolone | ***chaise longue***, sedia a sdraio | ***chaise percée***, seggetta | ***entre deux chaises***, (*fig.*) in situazione precaria.
■ SIN. siège.
chaisier [ʃɛzje] ***n.m.*** [f. *-ère*] chi affitta sedie.
chaland [ʃalɑ̃] ***n.m.*** chiatta (*f.*).
chalcographie [kalkɔgʀafi] ***n.f.*** calcografia.
châle [ʃɑl] ***n.m.*** scialle.
● ***col châle***, collo a scialle, collo sciallato.
chalet [ʃalɛ] ***n.m.*** chalet, villino.
chaleur [ʃalœʀ] ***n.f.*** calore (*m.*), caldo (*m.*).
chaleureusement [ʃalœʀøzmɑ̃] ***avv.*** calorosamente.
chaleureux [ʃalœʀø] ***agg.*** [f. *-euse*] caloroso: *un ami chaleureux*, un amico affettuoso.
■ SIN. cordial CONTR. froid.
châlit [ʃɑli] ***n.m.*** telaio del letto, lettiera (*f.*).
challenge [ʃalɑ̃ʒ] ***n.m.*** (*sport*) sfida (*f.*).
challenger [ʃalɑ̃ʒœʀ] ***n.m.*** (*sport*) sfidante.
chalonnais [ʃalɔnɛ] ***agg.*** di Chalon-sur-Saône.
chaloupe [ʃalup] ***n.f.*** scialuppa.
chaloupé [ʃalupe] ***agg.*** ondeggiante.
chalumeau [ʃalymo] ***n.m.*** [pl. *-eaux*] cannello.
chalut [ʃaly] ***n.m.*** (*pesca*) sciabica (*f.*).
chalutier [ʃalytje] ***n.m.*** (*mar.*) motopeschereccio.
chamade [ʃamad] ***n.f.*** (*st. mil.*) segnale (*m.*) di resa.
● ***avoir le cœur qui bat la chamade***, (*fig.*) avere il cuore in gola.
chamaillerie [ʃamɑjʀi] ***n.f.*** battibecco (*m.*), baruffa.
chamailler, se [səʃamɑje] ***v.pron.rec.*** (*fam.*) accapigliarsi.
■ SIN. se disputer.
chamailleur [ʃamajœʀ] ***agg.*** e ***n.m.*** [f. *-euse*] (*fam.*) attaccabrighe.
chaman [ʃamɑ̃] ***n.m.*** sciamano.
chamanisme [ʃamaniʒmə] ***n.m.*** sciamanismo.
chamarrer [ʃamaʀe] ***v.tr.*** gallonare; (*fig.*) decorare con fronzoli.
chamarrure [ʃamaʀyʀ] ***n.f.*** (*spreg.*) fronzoli (*m.pl.*).
chambard [ʃɑ̃baʀ] ***n.m.*** (*fam.*) baccano.
chambardement [ʃɑ̃baʀdəmɑ̃] ***n.m.*** trambusto, scompiglio.
chambarder [ʃɑ̃baʀde] ***v.tr.*** buttare all'aria.
chambellan [ʃɑ̃be(ɛl)lɑ̃] ***n.m.*** ciambellano.
chambérien [ʃɑ̃beʀjɛ̃] ***agg.*** [f. *-enne*] di Chambéry.
chambouler [ʃɑ̃bule] ***v.tr.*** (*fam.*) buttare all'aria.
chambranle [ʃɑ̃bʀɑ̃l] ***n.m.*** stipite.
chambre [ʃɑ̃bʀ] ***n.f.*** **1** camera **2** (*dir.*) (*di una corte, di un tribunale*) sezione **3** (*pol., econ.*) *Chambre*, Camera: *Chambre (des députés)*, Camera (dei deputati); *Chambre de commerce*, Camera di commercio.
● ***chambre à air***, camera d'aria | (*tecn.*) ***chambre à combustion***, camera di combustione | ***chambre à coucher***, camera da letto | ***chambre à louer***, camera in affitto; (*nelle insegne*) affittasi camera | (*dir.*): ***chambre correctionnelle***, sezione penale; ***chambre d'accusation***, sezione istruttoria | ***chambre d'ami***, camera degli ospiti | (*Svizzera*) ***chambre de bains***, ***à lessive***, bagno; lavanderia | (*econ.*) ***chambre de compensation***, stanza di compensazione | ***chambre des notaires***, collegio notarile | ***chambre d'hôtes***, camera affittata presso privati | (*mar.*) ***chambre étanche***, camera stagna | (*banca*) ***chambre forte***, caveau, camera blindata | ***chambre froide***, ***frigorifique***, cella frigorifera | ***chambre individuelle***, ***double***, camera singola, doppia | (*fot.*) ***chambre noire***, camera oscura | ***chambre sourde***, camera insonorizzata | ***faire chambre à part***, (*di coniugi*) dormire in camere separate | ***femme de chambre***, cameriera | ***garder la chambre***, rimanere in camera (per indisposizione) | (*mar.*) ***salle de chauffe***, sala caldaie.
chambrée [ʃɑ̃bʀe] ***n.f.*** camerata.
chambrer [ʃɑ̃bʀe] ***v.tr.*** **1** portare a temperatura ambiente (un vino) **2** (*fam.*) prendere in giro ♦ ***v.intr.*** (*Canada*) abitare in una camera in affitto.
chambrette [ʃɑ̃bʀɛt] ***n.f.*** cameretta.
chambriste [ʃɑ̃bʀist] ***n.m.*** e ***f.*** strumentista in un'orchestra da camera.
chameau [ʃamo] ***n.m.*** [pl. *-eaux*] **1** (*zool.*) cammello **2** (*fam.*) carogna (*f.*).
● (*Africa*) ***lancer un chameau***, fare un errore (di lingua).
chamelier [ʃamlje] ***n.m.*** cammelliere.
chamelle [ʃamɛl] ***n.f.*** (*zool.*) cammella.
chamois [ʃamwa] ***n.m.*** **1** camoscio **2** gara (*f.*) a premio delle scuole sciistiche.
● ***peau de chamois***, pelle di daino.
chamoisage [ʃamwazaʒ] ***n.m.*** scamosciatura (*f.*).
chamoniard [ʃamɔnjaʀ] ***agg.*** di Chamonix.
Chamoniard ***n.m.*** abitante di Chamonix.
champ[1] [ʃɑ̃] ***n.m.*** **1** campo: *à travers champs*, attraverso i campi **2** campo da gioco **3** (*fig.*) campo, ambito **4** area (*f.*), zona (*f.*) di spazio | (*fis.*) *champ d'un microscope*, campo ottico di un microscopio.
● ***champ de bataille***, campo di battaglia | ***champ de courses***, ippodromo | ***champ de mines***, campo minato | (*tv, cine.*) ***champ de prise de vues***, campo di ripresa | ***champ de tir***, poligono di tiro | ***champ d'honneur***, (*estens.*) guerra: *les morts au champ d'honneur*, i morti per la patria, in guerra | (*med.*) ***champ opératoire***, campo operatorio | ***champ visuel***, campo visivo | ***à tout bout de champ***, (*fam.*) a ogni piè sospinto | (*mil.*) ***battre aux champs***, suonare gli onori militari | ***donner libre champ à***, (*fig.*) dare libero corso a | (*tv, cine.*) ***hors champ***, fuori campo | ***laisser le champ libre***, ritirarsi; (*fig.*) lasciar libero il campo | ***prendre la clef des champs***, (*fig.*) tagliare la corda, svignarsela | ***prendre du champ***, arretrare (per vedere meglio); (*fig.*) considerare obiettivamente | ***sur le champ***, immediatamente, subito.
champ[2] ***n.m.*** abbr. di **champagne**.

champagne [ʃɑ̃paɲ] *n.m.* champagne ♦ *agg.invar.* (color) champagne.
● ***champagne frappé***, champagne in ghiaccio | ***fine champagne***, acquavite di qualità superiore prodotta nelle Charentes.

NOTA Una bottiglia standard di ***champagne*** (*champenoise*) contiene 75 cl. Le bottiglie più grandi del *magnum* (= 2 bottiglie) portano nomi biblici: ad es. *jéroboam* (= 4 bottiglie), *mathusalem* (= 8 bottiglie), *salmanazar* (= 12 bottiglie), *balthazar* (= 16 bottiglie), *nabuchodonosor* (= 20 bottiglie) ecc. a eccezione di *double magnum, impériale, souverain* (= 35 bottiglie) e *primat* (= 36 bottiglie).

champagnisation [ʃɑ̃paɲizasjɔ̃] *n.f.* (*enol.*) spumantizzazione.

champagniser [ʃɑ̃paɲize] *v.tr.* preparare i vini spumanti secondo il metodo champenois.

champenois [ʃɑ̃pənwa] *agg.* della Champagne.

Champenois *n.m.* abitante della Champagne.

champêtre [ʃɑ̃pɛtʀ] *agg.* campestre.

champignon [ʃɑ̃piɲɔ̃] *n.m.* **1** fungo: *aller aux champignons*, andare a, per funghi **2** pomo: *champignon d'un porte-manteau*, pomo di un attaccapanni **3** (*fam.*) acceleratore: *appuyer sur le champignon*, premere l'acceleratore.
● ***champignon de couche, de Paris***, champignon, fungo coltivato.

champignonnière [ʃɑ̃piɲɔnjɛʀ] *n.f.* fungaia.

champion [ʃɑ̃pjɔ̃] *n.m.* [f. *-onne*] campione: *championne de natation*, campionessa di nuoto.
● ***c'est champion!***, (*fam.*) è fantastico!
■ SIN. as.

championnat [ʃɑ̃pjɔna] *n.m.* campionato.

chance [ʃɑ̃s] *n.f.* **1** fortuna; sorte: *avoir de la chance*, aver fortuna; *en voilà une chance!*, ecco una bella fortuna! **2** (*spec. pl.*) probabilità; possibilità, chance.
● ***bonne chance!***, buona fortuna! | ***coup de chance***, colpo di fortuna | ***courir sa chance***, tentare la sorte | ***donner sa chance à qqn***, dare a qlcu un'opportunità | ***la chance aidant***, con l'aiuto della fortuna | ***par chance***, fortunatamente, per fortuna | ***pas de chance!***, che sfortuna!, che peccato! | ***saisir sa chance***, cogliere l'occasione.
■ SIN. **2** probabilité.

NOTA La parola ***chance*** deriva dal verbo *choir* 'cadere': *chance* o *chéance* nel francese antico significava 'il modo in cui cadono i dadi', da cui il modo fortunato o no del compiersi di un evento. L'interiezione ***Pas de chance, Constance!***, 'Che scalogna!', viene utilizzata per ridimensionare una sconfitta.

chancelant [ʃɑ̃slɑ̃] *agg.* vacillante, malfermo.

chanceler [ʃɑ̃sle] *v.intr.* [coniug. come *appeler*] vacillare, barcollare (*anche fig.*).

chancelier [ʃɑ̃səlje] *n.m.* cancelliere; guardasigilli.

chancellerie [ʃɑ̃sɛlʀi] *n.f.* cancelleria.

chanceux [ʃɑ̃sø] *agg.* [f. *-euse*] fortunato.

chancre [ʃɑ̃kʀ] *n.m.* **1** (*med.*) ulcera (*f.*) **2** (*fig.*) flagello, cancro; (*bot.*) cancro.

chandail [ʃɑ̃daj] *n.m.* maglione: *chandail à col roulé*, maglione a collo alto.

chandeleur [ʃɑ̃dlœʀ] *n.f.* (*relig.*) Candelora.

chandelier [ʃɑ̃dəlje] *n.m.* candeliere.

chandelle [ʃɑ̃dɛl] *n.f.* **1** candela **2** (*tennis*) lob (*m.*), pallonetto (*m.*).
● ***brûler la chandelle par les deux bouts***, (*fig.*) sprecare le proprie energie; spendere troppo | ***des économies de bouts de chandelles***, economie meschine | ***devoir une fière chandelle à qqn***, dovere della gratitudine a qlcu | ***en voir trente-six chandelles***, (*fam.*) vedere le stelle | ***faire la chandelle***, (*argot*) fare il palo | (*aer.*) ***monter en chandelle***, salire a candela | ***tenir la chandelle***, (*fig.*) tenere il moccolo.

chanfreiner [ʃɑ̃fʀene] *v.tr.* (*tecn.*) cianfrinare.

change [ʃɑ̃ʒ] *n.m.* cambio, scambio.
● ***change complet***, pannolino mutandina (per neonato) | ***donner le change à qqn***, (*fig.*) imbrogliare qlcu | (*econ.*): ***lettre de change***, cambiale; ***titre de change***, titolo cambiario.

changeable [ʃɑ̃ʒabl] *agg.* **1** mutabile **2** (*econ.*) convertibile.

changeant [ʃɑ̃ʒɑ̃] *agg.* mutevole, incostante; (*di colore*) cangiante.

changement [ʃɑ̃ʒmɑ̃] *n.m.* cambiamento, cambio: (*aut.*) *changement de vitesse*, cambio di velocità.
● (*mar.*) ***changement (de route, de cap)***, inversione di rotta.
■ SIN. modification.

changer [ʃɑ̃ʒe] *v.tr.* [coniug. come *manger*] cambiare: *changer des dollars en euros*, cambiare dei dollari in euro ♦ *v.intr.* [aus. *avoir* e *être*] cambiare: *les choses ont changé*, le cose sono cambiate; *le temps change*, il tempo sta cambiando ♦ **se changer** *v.pron.* (*d'abito ecc.*) cambiarsi.
● ***changer de***, cambiare: *changer de train*, cambiare treno; *changer de coiffure*, cambiare pettinatura; *changer de visage, de couleur*, (*fig.*) cambiar colore | ***changer de disque***, (*fig. fam.*) cambiare argomento, smetterla | ***et, pour changer***, e, tanto per cambiare.
■ V.TR. SIN. modifier.

changeur [ʃɑ̃ʒœʀ] *n.m.* **1** cambiavalute **2** (*di moneta, gettoni*) distributore automatico **3** cambiadischi automatico.

chanmé [ʃɑ̃me] *agg.* (*verlan di* méchant) impressionante, notevole: *elle est chamné ta mob*, è forte il tuo motorino.

channe [ʃan] *n.f.* (*Svizzera*) brocca in stagno.

chanoine [ʃanwan] *n.m.* (*eccl.*) canonico.

chanson [ʃɑ̃sɔ̃] *n.f.* canzone.
● ***chanson à boire***, canto d'osteria | (*st. lett.*) ***Chanson de geste***, Chanson de geste, Canzone di gesta | ***c'est toujours la même chanson!***, (*estens.*) è sempre la stessa solfa!

NOTA Le ***Chansons de geste*** sono componimenti poetici e musicali francesi dei secoli XI-XIII. Il più famoso del genere è la *Chanson de Roland* (XI sec.) che racconta la resistenza e la morte eroica del paladino Roland a Roncisvalle.

chansonnette [ʃɑ̃sɔnɛt] *n.f.* canzonetta.

chansonnier [ʃɑ̃sɔnje] *n.m.* [f. *-ère*] chansonnier (autore ed esecutore di canzoni umoristiche o satiriche).

chant[1] [ʃɑ̃] *n.m.* canto.

chant[2] *n.m.*
● ***de chant***, di taglio.

chantage [ʃɑ̃taʒ] *n.m.* ricatto: *lettre de chantage*, lettera ricattatoria.
● ***faire du chantage à qqn***, ricattare qlcu.

chantant [ʃɑ̃tɑ̃] *agg.* musicale.
● ***accent chantant***, accento cantilenante | ***air chantant***, motivo orecchiabile.

C

chanter [ʃɑ̃te] *v.tr.* e *intr.* cantare: *la bouilloire chante*, (*estens.*) il bollitore sta fischiando.
● ***chanter juste, faux***, essere intonato, stonato | ***chanter sur tous les tons***, dire, ripetere in mille modi | ***faire chanter qqn***, (*fam.*) ricattare qlcu | ***qu'est-ce que tu nous chantes!***, (*fam.*) ma cosa dici, vai dicendo! | ***si ça te chante***, se ti va.

chanterelle[1] [ʃɑ̃tʀɛl] *n.f.* (*di violino*) cantino (*m.*).

chanterelle[2] *n.f.* (*bot.*) gallinaccio (*m.*).

chanteur [ʃɑ̃tœʀ] *n.m.* cantante ♦ *agg.* canoro.
● ***chanteur de charme***, cantante melodico.

chanteuse [ʃɑ̃tøz] *n.f.* cantante.

chantier [ʃɑ̃tje] *n.m.* cantiere.
● ***chantier naval***, cantiere navale | (*Internet*) ***en chantier***, in costruzione | ***mettre un travail en chantier***, (*fig.*) mettere in cantiere un lavoro | ***quel chantier!***, (*fam.*) che baraonda!

chantilly [ʃɑ̃tiji] *n.f.* panna montata, dolce.

chantonner [ʃɑ̃tɔne] *v.tr.* e *intr.* canticchiare, canterellare.
■ SIN. fredonner.

chantourner [ʃɑ̃tuʀne] *v.tr.* intagliare.

chantre [ʃɑ̃tʀ] *n.m.* cantore.

chanvre [ʃɑ̃vʀ] *n.m.* canapa (*f.*).

chaos [kao] *n.m.* caos (*anche fig.*).

chaotique [kaɔtik] *agg.* caotico.

chaparder [ʃapaʀde] *v.tr.* (*fam.*) rubacchiare.

chapardeur [ʃapaʀdœʀ] *n.m.* [f. *-euse*] (*fam.*) ladruncolo ♦ *agg.* che ha la tendenza a rubacchiare.

chape [ʃap] *n.f.* **1** (*eccl.*) piviale (*m.*) **2** (*tecn.*) copertura **3** (*mecc.*) giunto (*m.*) a orchetta **4** (*edil.*) cappa.
● ***chape de plomb***, (*fig.*) cappa di piombo | (*aut.*) ***chape d'un pneu***, battistrada.

chapeau [ʃapo] *n.m.* [pl. *-eaux*] **1** cappello: *un coup de chapeau*, una scappellata **2** (*bot.*) cappella (*f.*) (di fungo) **3** (*tecn.*) copertura (*f.*), coperchio, calotta (*f.*) **4** (*giorn.*) cappello.
● ***chapeau (bas)!***, tanto di cappello! | ***chapeau de cardinal***, galero | ***chapeau de guignol***, (*fam.*) cono spartitraffico (mobile) | ***chapeau de paille***, cappello di paglia | (*tecn.*) ***chapeau de roue***, cerchione: *prendre un virage sur les chapeaux de roue*, prendere una curva su due ruote | ***chapeau melon***, bombetta | ***chapeau mou***, lobbia | ***porter le chapeau***, (*fam.*) essere ritenuto responsabile (di un errore ecc.) | ***tirer son chapeau à qqn***, levarsi tanto di cappello davanti a qlcu | ***travailler du chapeau***, (*fam.*) dare i numeri.

chapeauté [ʃapote] *agg.* col cappello in testa.

chapeauter [ʃapote] *v.tr.* **1** (*fam.*) mettere il cappello (**a**) **2** capeggiare, essere a capo (**di**).

chapelain [ʃaplɛ̃] *n.m.* cappellano.

chapelet [ʃaplɛ] *n.m.* **1** rosario **2** (*estens.*) (s)filza (*f.*), serie (*f.*) | *un chapelet d'oignons*, una resta di cipolle.

chapelier [ʃapəlje] *n.m.* [f. *-ère*] cappellaio ♦ *agg.* *industrie chapelière*, industria di cappelli.

chapelle [ʃapɛl] *n.f.* **1** cappella **2** (*fig.*) cricca.
● ***chapelle ardente***, camera ardente | ***chapelle littéraire***, cenacolo letterario | ***esprit de chapelle***, spirito di consorteria, di clan.

chapelure [ʃaplyʀ] *n.f.* pangrattato (*m.*).

chaperon [ʃapʀɔ̃] *n.m.* **1** cappuccio **2** (*accompagnatore*) chaperon.

chaperonner [ʃapʀɔne] *v.tr.* fare da chaperon.

chapiteau [ʃapito] *n.m.* [pl. *-eaux*] **1** (*arch.*) capitello **2** tendone (da circo); (*estens.*) circo.

chapitre [ʃapitʀ] *n.m.* **1** capitolo **2** (*eccl.*) capitolo **3** (*fig.*) argomento.
● ***au chapitre de, sur le chapitre de***, a proposito di, riguardo a, in fatto di | ***avoir voix au chapitre***, (*fig.*) aver voce in capitolo.

chapitrer [ʃapitʀe] *v.tr.* redarguire, fare la predica (**a**).

chapka [ʃapka] *n.f.* berretto (*m.*) di pelliccia con paraorecchi.

chapon [ʃapɔ̃] *n.m.* **1** cappone **2** (*cuc.*) crostino all'aglio.

chaptalisation [ʃaptalizasjɔ̃] *n.f.* (*enol.*) zuccheraggio (*m.*).

chaque [ʃak] *agg.indef.* ogni, ciascuno: *chaque fois qu'il vient*, ogni volta che viene; *chaque article sera examiné*, ogni (singolo) articolo sarà esaminato; *entre chaque pilier il y avait une statue*, tra un pilastro e l'altro c'era una statua | *chaque trente secondes*, (*fam.*) ogni trenta secondi ♦ *pron.* (*fam.*) ciascuno: *ces cravates coûtent trente euros chaque*, queste cravatte costano trenta euro ciascuna, l'una.
● ***à chaque jour suffit sa peine***, a ogni giorno basta il suo affanno.

char [ʃaʀ] *n.m.* **1** carro **2** (*Canada*) automobile (*f.*).
● ***char à foin***, (*antiq.*) carro da fieno | (*sport*) ***char à voile***, windsurf da terra (praticato su superfici piatte o ghiacciate) | ***char de carnaval***, carro allegorico | (*mil.*) ***char de combat, d'assaut***, carro armato | ***arrête ton char, Ben-Hur!***, (*fam.*) datti una regolata!

charabia [ʃaʀabja] *n.m.* (*fam.*) linguaggio incomprensibile.

charade [ʃaʀad] *n.f.* sciarada (*anche fig.*).

charançon [ʃaʀɑ̃sɔ̃] *n.m.* (*zool.*) punteruolo del grano.

charbon [ʃaʀbɔ̃] *n.m.* **1** carbone **2** (*med., vet.*) carbonchio; (*agr.*) carbone.
● ***charbon de terre, de bois***, carbon fossile, carbonella | ***aller au charbon***, (*fam.*) rimboccarsi le maniche | (***dessin au***) ***charbon***, (*antiq.*) (disegno a) carboncino.

charbonnage [ʃaʀbɔnaʒ] *n.m.* miniera (*f.*) di carbone.

charbonneux [ʃaʀbɔnø] *agg.* [f. *-euse*] **1** nero come il carbone: *œil charbonneux*, occhio pesantemente truccato di nero **2** simile a carbone; carbonizzato **3** (*med., vet.*) carbonchioso.

charbonnier [ʃaʀbɔnje] *agg.* [f. *-ère*] carboniero ♦ *n.m.* **1** carbonaio **2** (nave) carboniera (*f.*).
● ***noir comme un charbonnier***, nero come uno spazzacamino.

charcuter [ʃaʀkyte] *v.tr.* (*fam.*) massacrare (riferito spec. a operazioni chirurgiche) ♦ **se charcuter** *v.pron.* (*fam.*) rovinarsi, massacrarsi.

charcuterie [ʃaʀkytʀi] *n.f.* **1** salumeria **2** salumi (*m. pl.*) affettati.

charcutier [ʃaʀkytje] *n.m.* [f. *-ère*] salumiere, pizzicagnolo.

chardon [ʃaʀdɔ̃] *n.m.* **1** (*bot.*) cardo **2** spuntone di ferro (di una cancellata).

chardonay, chardonnay [ʃaʀdɔnɛ] *n.m.* vitigno della Champagne e della Côte d'Azur.

chardonneret [ʃaʀdɔnʀɛ] *n.m.* (*zool.*) cardellino.

charentais [ʃaʀɑ̃tɛ] *agg.* della Charente.

charentaise [ʃaʀɑ̃tɛz] *n.f.* pantofolona (particolarmente comoda e calda).

charge [ʃaʀʒ] *n.f.* 1 carico (*m.*) 2 (*fig.*) carico (*m.*), peso (*m.*), responsabilità, impegno (*m.*) 3 onere (*m.*), contributo (*m.*) 4 (*pl.*) spese (condominiali) 5 incarico (*m.*): *avoir la charge de faire qqch*, avere l'incarico di fare qlco 6 (*dir.*) indizio a carico 7 (*di esplosivo*) carica 8 caricatura, satira: *ce film est la charge d'un certain milieu*, questo film fa dell'ironia su un determinato ambiente 9 (*mil., sport*) carica.
● (*tecn.*) ***charge de plastic***, carica al plastico | (*fis.*) ***charge utile***, carico utile | ***charges d'exploitation***, spese di esercizio | ***charges fiscales***, oneri fiscali | ***charges publiques***, spese dello Stato | ***charges sociales***, oneri sociali, contributi previdenziali | ***à charge de***, a condizione, a patto di: *à charge de revanche*, a buon rendere | ***être à la charge de qqn***, essere a carico di qlcu | ***les charges de l'État***, la spesa pubblica | ***prendre en charge qqn, qqch***, farsi carico di qlcu, qqch: *opération prise en charge par la Sécurité Sociale*, operazione rimborsata dalla mutua; *prendre les frais à sa charge*, farsi carico delle spese | (*dir.*) ***témoin à charge***, testimone a carico.

chargé [ʃaʀʒe] *agg.* carico (*anche fig.*), caricato ♦ *n.m.* incaricato, addetto.
● ***chargé de cours***, (professore) incaricato | ***chargé de famille***, responsabile di una famiglia | ***chargé des achats***, addetto agli acquisti | (*med. pop.*): ***estomac chargé***, stomaco ingombro; ***langue chargée***, lingua sporca | ***lettre chargée***, lettera assicurata | ***portrait chargé***, ritratto caricaturale.

chargement [ʃaʀʒəmɑ̃] *n.m.* 1 caricamento 2 carico 3 (*inform.*) caricamento.

charger [ʃaʀʒe] *v.tr.* [coniug. come *manger*] 1 caricare 2 imputare 3 (*una lettera*) assicurare, raccomandare 4 (*inform.*) caricare ♦ **se charger** *v.pron.* incaricarsi: *je m'en charge*, ci penso io; (*comm.*) *se charger d'une dette*, assumersi, addossarsi un debito.
● ***charger de***, incaricare.

chargeur [ʃaʀʒœʀ] *n.m.* 1 caricatore 2 (*elettr.*) alimentatore 3 (*mar.*) spedizioniere.
● ***chargeur de piles***, caricabatterie.

chargeuse [ʃaʀʒøz] *n.f.* (*tecn. miner.*) caricatrice.

chariot [ʃaʀjo] *n.m.* 1 carrello 2 carretto, carro.
● ***chariot à bagages***, carrello portabagagli | (*econ.*) ***chariot-type***, paniere (dei consumatori) | (*astr.*) ***Grand, Petit Chariot***, Grande, Piccolo Carro.

charismatique [kaʀismatik] *agg.* (*teol.*) carismatico (*anche estens.*): *un leader charismatique*, un leader carismatico.

charisme [kaʀism] *n.m.* carisma.

charitable [ʃaʀitabl] *agg.* caritatevole; indulgente.
● ***œuvre charitable***, opera pia.
■ SIN. caritatif.

charitablement [ʃaʀitabləmɑ̃] *avv.* in modo caritatevole.

charité [ʃaʀite] *n.f.* carità.

charivari [ʃarivari] *n.m.* (*fam.*) cagnara (*f.*), fracasso.

charlatan [ʃaʀlatɑ̃] *n.m.* 1 ciarlatano 2 (*Africa*) indovino; stregone; guaritore.

charlatanisme [ʃaʀlatanism] *n.m.* ciarlataneria (*f.*).

charlotte [ʃaʀlɔt] *n.f.* (*cuc.*) charlotte (dolce freddo a base di biscotti o pancarré imbevuti di liquore, crema o frutta).
● ***charlotte de légumes***, sformato di verdura.

charmant [ʃaʀmɑ̃] *agg.* affascinante; seducente | *le charmant de l'affaire c'est que*, il più bello è che.

charme[1] [ʃaʀm] *n.m.* 1 fascino 2 (*pl.*) grazie (*f.*) 3 (*antiq.*) incantesimo.
● ***faire du charme à qqn***, cercare di sedurre qlcu, di ingraziarsi qlcu | ***se porter comme un charme***, (*fam.*) stare d'incanto | ***vivre de ses charmes***, prostituirsi.

charme[2] *n.m.* (*bot.*) carpine.

charmer [ʃaʀme] *v.tr.* incantare, affascinare, sedurre.
● ***être charmé de***, essere felice, contento di.

charmeur [ʃaʀmœʀ] *agg.* [f. *-euse*] seducente, incantevole: *sourire charmeur*, sorriso ammaliatore ♦ *n.m.* persona (*f.*) affascinante: *quelle charmeuse!*, che maliarda!
● ***charmeur de serpents***, incantatore di serpenti.

charmille [ʃaʀmij] *n.f.* 1 pergola 2 viale (*m.*) di carpini.

charnel [ʃaʀnɛl] *agg.* [f. *-elle*] 1 carnale: *liens charnels*, vincoli, legami di sangue 2 (*estens.*) materiale: *biens charnels*, beni materiali.

charnellement [ʃaʀnɛlmɑ̃] *avv.* carnalmente.

charnier [ʃaʀnje] *n.m.* fossa (*f.*) comune; (*estens.*) carnaio.

charnière [ʃaʀnjɛʀ] *n.f.* 1 (*tecn.*) cerniera 2 (*fig.*) cardine (*m.*).
● ***à la charnière de***, a cavallo di, al limite fra | ***époque charnière***, epoca di transizione.

charnu [ʃaʀny] *agg.* carnoso; (*di frutto*) polposo.

charognard [ʃaʀɔɲaʀ] *n.m.* 1 (*zool.*) avvoltoio 2 (*fig. spreg.*) sciacallo.

charogne [ʃaʀɔɲ] *n.f.* carogna.

charollais [ʃaʀɔlɛ] *agg.* di Charolles.

charpente [ʃaʀpɑ̃t] *n.f.* 1 (*edil.*) struttura (*anche fig.*); armatura: *charpente d'un toit*, travatura di un tetto 2 (*anat.*) ossatura.
● ***bois de charpente***, legname da costruzioni.

charpenté [ʃaʀpɑ̃te] *agg.* 1 strutturato, costruito (*anche fig.*) 2 robusto, solido: *homme solidement charpenté*, uomo ben piantato.

charpenter [ʃaʀpɑ̃te] *v.tr.* 1 squadrare, sgrossare (il legno) 2 (*fig.*) strutturare.

charpentier [ʃaʀpɑ̃tje] *n.m.* carpentiere.

charpie [ʃaʀpi] *n.f.* (*ant.*) filaccia.
● ***en charpie***, a pezzi, a brandelli.

charretée [ʃaʀte] *n.f.* carrettata.

charretier [ʃaʀtje] *n.m.* [f. *-ère*] carrettiere.

charrette [ʃaʀɛt] *n.f.* 1 carretta, carretto (*m.*) 2 (*fam.*) sfacchinata.
● ***la dernière charrette de***, (*fam.*) l'ultima ondata di.

charriage [ʃaʀjaʒ] *n.m.* 1 carreggio 2 (*mil.*) tradotta (*f.*).
● (*geol.*) ***nappe de charriage***, falda di carreggiamento.

charrier [ʃaʀje] *v.tr.* 1 trasportare 2 (*fam.*) prendere in giro ♦ *v.intr.* (*fam.*) esagerare, scherzare: *faut pas charrier!*, non esageriamo!

charroi [ʃaʀwa] *n.m.* 1 carreggio 2 (*mil.*) tradotta (*f.*).

charron [ʃaʀɔ̃] *n.m.* carradore, carraio.

charrue [ʃaʀy] *n.f.* aratro (*m.*).
● ***mettre la charrue avant, devant les bœufs***, (*fig.*) mettere il carro davanti ai buoi.

charte [ʃaʀt] *n.f.* (*dir.*) carta.
● ***Charte de l'Atlantique***, Carta Atlantica | (*st. ingl.*) ***La Grande Charte***, la Magna Charta | ***l'École nationale des chartes***, la Scuola di paleografia di Parigi.

charter [tʃaʀtœʀ, ʃaʀtɛʀ] *n.m.* (aereo) charter.

chartrain [ʃaʀtʀɛ̃] *agg.* di Chartres.

C

chartreuse [ʃaʀtʀøz] ***n.f.*** **1** certosa **2** chartreuse (liquore di erbe).

chartreux[1] [ʃaʀtʀø] ***n.m.*** [f. *-euse*] (*eccl.*) certosino.

chartreux[2] ***n.m.*** (*zool.*) gatto certosino.

chas [ʃa] ***n.m.*** cruna (*f.*).

chasse [ʃas] ***n.f.*** **1** caccia **2** (*mil.*) caccia (aerea, navale).
● ***chasse d'eau***, sciacquone | ***chasse gardée***, riserva di caccia | (*mil.*) ***avion de chasse***, (aereo da) caccia | ***faire la chasse aux abus***, combattere gli abusi | ***prendre en chasse***, (in)seguire, filare (qlcu); (*mil.*) dar caccia (a), inseguire | ***rendez-vous de chasse***, casino di caccia | ***se mettre en chasse pour***, andare a caccia di.

châsse [ʃɑs] ***n.f.*** **1** reliquiario (*m.*) **2** (*di occhiali*) montatura ♦ ***n.m.*** (*solo pl.*) (*argot*) occhi.

chassé-croisé [ʃasekʀwaze] ***n.m.*** [pl. *chassés-croisés*] **1** (*danza*) chassé-croisé **2** (*fig.*) (*di persone, notizie ecc.*) il rincorrersi, l'incrociarsi.

chasselas [ʃasla] ***n.m.*** chasselas (vitigno di uva bianca da tavola).

chasse-mouches [ʃasmuʃ] ***n.m.invar.*** scacciamosche.

chasse-neige [ʃasnɛʒ] ***n.m.invar.*** spazzaneve.

chasser [ʃase] ***v.tr.*** **1** cacciare **2** cacciare, scacciare (*anche fig.*): *le vent chasse les nuages*, il vento spazza via le nuvole ♦ ***v.intr.*** **1** slittare **2** (*di vento*) soffiare.
● (*mar.*) ***chasser sur ses ancres***, trascinare le ancore.

chasseresse [ʃasʀɛs] ***agg.*** e ***n.f.*** (*letter.*) cacciatrice.

chasseur [ʃasœʀ] ***n.m.*** **1** [f. *-euse*] cacciatore (*anche fig.*) **2** (*aer., mar.*) caccia **3** fattorino d'albergo.
● ***chasseur de têtes***, (*anche fig.*) cacciatore di teste | ***chasseur d'images***, chi va in cerca di luoghi da fotografare | (*cuc.*) ***lapin chasseur***, coniglio alla cacciatora.

chassie [ʃasi] ***n.f.*** cispa.

chassieux [ʃasjø] ***agg.*** [f. *-euse*] cisposo.

châssis [ʃɑsi] ***n.m.*** telaio, intelaiatura (*f.*).
● (*tecn.*) ***châssis dormant***, telaio fisso | ***un beau châssis***, (*fam.*) (*di donna*) una bella carrozzeria.

chaste [ʃast] ***agg.*** casto.

chastement [ʃastəmɑ̃] ***avv.*** castamente.

chasteté [ʃastəte] ***n.f.*** castità.

chasuble [ʃazybl] ***n.f.*** (*eccl.*) pianeta.

chat[1] [ʃa] ***n.m.*** gatto: *petit, gros chat*, gattino, gattone.
● ***chat de gouttière***, gatto soriano | ***chat perché***, (*gioco infantile*) rialzo | ***acheter chat en poche***, (*fig.*) comprare a scatola chiusa | ***appeler un chat un chat***, dire pane al pane e vino al vino | ***avoir d'autres chats à fouetter***, (*fig.*) avere altre gatte da pelare | ***avoir un chat dans la gorge***, (*fig.*) avere la raucedine | ***donner sa langue au chat***, (*fig.*) rinunciare a capire | (*Belgio*) ***faire le chat***, marinare la scuola | ***il n'y a pas de quoi fouetter un chat***, non è il caso di farne una tragedia | ***il n'y a pas un chat***, non c'è un cane | ***mon (petit) chat***, (*fig. fam.*) tesoruccio, tesoro.

chat[2] [tʃat] ***n.m.*** (*Internet*) chat (*f.*).
● ***chat room***, chat room, chat.

NOTA Per comunicare in Internet, l'ortografia è stata semplificata; infatti, per digitare più in fretta, si accorciano le parole, fino a scriverle anche foneticamente. Tale lessico si arricchisce continuamente, ne sono alcuni esempi:
6 né, *ciné* per *cinéma* (cinema)
6 T, *cité* (banlieue)
CT, *c'était* (era)
GT, *j'étais* (ero)
H E T, *acheter, acheté* (comprare, comprato)
KC, *cassé* (distrutto)
M È, *aimer, aimé* (amare, amato)
r29, *rien de neuf* (niente di nuovo)
alp *à la prochaine* (ci vediamo)
bcp *beaucoup* (molto)
bjr *bonjour* (buongiorno)
kf, *café* (caffè)
ki c, *qui c'est* (chi è)
mdp, *mot de passe* (password)
ras, *rien à signaler* (niente da segnalare)
rstp, *réponds s'il te plait* (rispondi per favore)
tlm, *tout le monde* (tutti).

châtaigne [ʃɑtɛɲ] ***n.f.*** **1** castagna **2** (*fam.*) cazzotto (*m.*), pugno (*m.*).

châtaigneraie [ʃɑtɛɲʀɛ] ***n.f.*** castagneto (*m.*).

châtaignier [ʃɑteɲe] ***n.m.*** castagno.

châtain [ʃɑtɛ̃] ***agg.*** castano.

château [ʃɑto] ***n.m.*** [pl. *-eaux*] castello.
● ***château d'eau***, serbatoio di acqua | ***château fort***, roccaforte | ***faire des châteaux en Espagne***, (*fig.*) far castelli in aria | ***mener une vie de château***, vivere da gran signore | ***tomber comme un château de cartes***, (*fig.*) crollare come un castello di carte.

chateaubriand, **châteaubriant** [ʃɑtobʀijɑ̃] ***n.m.*** (*cuc.*) filetto di manzo ai ferri.

château-chinonais [ʃatoʃinonɛ] ***agg.invar.*** di Château-Chinon.

châtelain [ʃɑtlɛ̃] ***n.m.*** castellano.

chat-huant [ʃaɥɑ̃] ***n.m.*** [pl. *chats-huants*] (*zool.*) allocco; gufo.

châtier [ʃɑtje] ***v.tr.*** **1** castigare **2** (*stile ecc.*) correggere | *style châtié*, stile molto curato.

chatière [ʃatjɛʀ] ***n.f.*** **1** gattaiola (dell'uscio) **2** foro (*m.*) d'aerazione.

châtiment [ʃɑtimɑ̃] ***n.m.*** castigo.

chatoiement [ʃatwamɑ̃] ***n.m.*** riflesso cangiante, gatteggiamento.

chaton[1] [ʃatɔ̃] ***n.m.*** **1** [f. *-onne*] gattino **2** (*fam.*) gatto (di polvere), laniccio **3** (*bot.*) gattino, amento.

chaton[2] ***n.m.*** (*di anello*) castone.

chatouille [ʃatuj] ***n.f.*** (*spec. pl.*) (*fam.*) solletico (*m.*).

chatouillement [ʃatujmɑ̃] ***n.m.*** **1** solletico **2** pizzicore, prurito.

chatouiller [ʃatuje] ***v.tr.*** **1** solleticare (*anche fig.*) **2** (*fig.*) provocare.

chatouilleux [ʃatujø] ***agg.*** [f. *-euse*] **1** sensibile al solletico **2** (*fig.*) suscettibile.

chatoyant [ʃatwajɑ̃] ***agg.*** brillante, cangiante.

chatoyer [ʃatwaje] ***v.intr.*** [coniug. come *employer*] essere cangiante; (*di pietre*) gatteggiare.

châtrer [ʃɑtʀe] ***v.tr.*** castrare.

chatte [ʃat] ***n.f.*** gatta.
● ***ma chatte!***, (*fig. fam.*) micina!, tesoro!

chatter [tʃate] ***v.intr.*** (*Internet*) chattare.

chatterie [ʃatʀi] ***n.f.*** **1** moina **2** ghiottoneria.

chatterton [ʃatɛʀtɔn] ***n.m.*** nastro isolante.

chaud [ʃo] ***agg.*** caldo (*anche fig.*): *la bataille fut chaude*, la battaglia fu accanita ♦ ***n.m.*** caldo ♦ ***avv.*** *manger chaud*, mangiare cibi caldi.
● ***à chaud***, a caldo | ***ne pas être chaud pour faire qqch***,

(*fam.*) non essere entusiasta di fare qlco | ***on a eu chaud!***, (*fam.*) ce la siamo vista brutta! | ***un chaud et froid***, (*fam.*) un colpo d'aria.
■ CONTR. froid.

chaudement [ʃodmɑ̃] *avv.* 1 caldamente (*anche fig.*) 2 (*estens.*) vivamente.

chaud-froid [ʃofʀwɑ] *n.m.* [pl. *chauds-froids*] (*cuc.*) pollo, cacciagione (*f.*) in gelatina.

chaudière [ʃodjɛʀ] *n.f.* caldaia.

chaudron [ʃodʀɔ̃] *n.m.* paiolo, caldaio.

chaudronnerie [ʃodʀɔnʀi] *n.f.* 1 mestiere (*m.*), industria del calderaio 2 articoli (*m.pl.*), oggetti (*m.pl.*) fabbricati dal calderaio.

chaudronnier [ʃodʀɔnje] *n.m.* [f. *-ère*] calderaio.

chauffage [ʃofaʒ] *n.m.* riscaldamento.
● ***chauffage collectif***, riscaldamento centralizzato | ***chauffage urbain***, teleriscaldamento.

chauffagiste [ʃofaʒist] *n.m.* fuochista.

chauffant [ʃofɑ̃] *agg.* che scalda.
● ***couverture chauffante***, termocoperta, coperta elettrica.

chauffard [ʃofaʀ] *n.m.* pirata della strada.

chauffe [ʃof] *n.f.* riscaldamento (*m.*).

chauffe-assiettes [ʃofasjɛt] *n.m.invar.* scaldavivande, scaldapiatti.

chauffe-biberon [ʃofbibʀɔ̃] *n.m.* [pl. *chauffe-biberons*] scaldabiberon.

chauffe-eau [ʃofo] *n.m.invar.* scaldabagno.

chauffe-plats [ʃofpla] *n.m.invar.* scaldavivande, scaldapiatti.

chauffer [ʃofe] *v.tr.* 1 scaldare 2 (*fam.*) rubare, fregare ♦ *v.intr.* scaldare ♦ **se chauffer** *v.pron.* scaldarsi.
● ***chauffer à blanc***, rendere incandescente | ***chauffer des élèves***, (*fam.*) mettere sotto pressione gli studenti | ***ça va chauffer!***, (*fam.*) si mette brutta! | ***montrer de quel bois on se chauffe***, far vedere di che tempra si è fatti.
■ *V.TR.* CONTR. 1 refroidir.

NOTA L'interiezione familiare ***Chauffe, Marcel!*** 'Dacci dentro!' viene utilizzata per incitare un musicista.

chaufferette [ʃofʀɛt] *n.f.* scaldapiedi (*m.*).

chaufferie [ʃofʀi] *n.f.* locale (*m.*) delle caldaie.

chauffeur [ʃofœʀ] *n.m.* 1 autista 2 fuochista.
■ SIN. 1 conducteur.

chauffeuse [ʃoføz] *n.f.* sedia bassa, panchetta.

chaulage [ʃolaʒ] *n.m.* (*agr.*) calcinatura (*f.*).

chauler [ʃole] *v.tr.* 1 (*agr.*) calcinare 2 imbiancare a calce.

chaume [ʃom] *n.m.* 1 (*bot.*) culmo 2 stoppia (*f.*) 3 paglia (*f.*): *toit de chaume*, tetto di paglia.

chaumière [ʃomjɛʀ] *n.f.* capanna (col tetto di paglia).

chaumontais [ʃomɔ̃tɛ] **chaumontois** [ʃomɔ̃twa] *agg.* di Chaumont.

chaussée [ʃose] *n.f.* 1 carreggiata: *chaussée défoncée*, fondo stradale dissestato 2 (*di fiume*) argine (*m.*).
■ SIN. 1 route.

chausse-pied [ʃospje] *n.m.* [pl. *chausse-pieds*] calzascarpe.

chausser [ʃose] *v.tr.* 1 calzare: *chausser du trente six*, calzare il numero trentasei 2 mettere le scarpe (a): *chausser qqn*, mettere le scarpe a qlcu 3 (*agr.*) rincalzare ♦ *v.intr.* calzare ♦ **se chausser** *v.pron.* 1 mettersi le scarpe 2 rifornirsi di scarpe.
● ***chausser ses lunettes***, (*fam.*) inforcare gli occhiali.

chausse-trap(p)e [ʃostʀap] *n.f.* [pl. *chausse-trap(p)es*] trappola.

chaussette [ʃosɛt] *n.f.* calza, calzino (*m.*).
● ***jus de chaussette***, (*fam. scherz.*) sciacquatura di piatti.
■ (*Canada*) SIN. chausson.

chausseur [ʃosœʀ] *n.m.* 1 calzaturiere 2 negoziante di scarpe.

chausson [ʃosɔ̃] *n.m.* 1 pantofola (*f.*); scarpetta (*f.*) di lana (per neonato) 2 (*cuc.*) (*dolce*) fagottino; (*salato*) calzone.
● ***chaussons de danse***, scarpette da ballo.

chaussure [ʃosyʀ] *n.f.* scarpa, calzatura.
● ***chaussure de sport***, scarpa da ginnastica | ***chaussure sport***, scarpa sportiva | ***trouver chaussure à son pied***, (*fig.*) trovare ciò che fa al caso proprio.

NOTA Nel linguaggio familiare ***chaussure*** ha vari sinonimi come *pompe, godasse, godillot* (*m.*), *tatane*.

chauve [ʃov] *agg.* e *n.m.* e *f.* calvo/a.
■ *AGG.* SIN. dégarni CONTR. chevelu.

chauve-souris [ʃovsuʀi] *n.f.* [pl. *chauves-souris*] pipistrello (*m.*).

chauvin [ʃovɛ̃] *agg.* e *n.m.* sciovinista.

NOTA La parola ***chauvin*** deriva dal nome di Nicolas Chauvin, soldato noto per il suo ingenuo patriottismo e la fanatica devozione a Napoleone.

chauvinisme [ʃovinism] *n.m.* sciovinismo.

chaux [ʃo] *n.f.* calce.

chavirement [ʃaviʀmɑ̃] *n.m.* capovolgimento.

chavirer [ʃaviʀe] *v.intr.* 1 rovesciarsi, capovolgersi 2 (*fig.*) sprofondare, vacillare 3 (*di occhi*) strabuzzare ♦ *v.tr.* 1 rovesciare 2 (*fig.*) sconvolgere.

chéchia [ʃeʃja] *n.f.* fez (*m.*) (a forma di calotta).

checker [tʃɛke] *v.tr.* (*fam.*) controllare: *checker ses mails*, controllare la posta elettronica.

check-list [ʃɛklist] *n.f.* [pl. *check-lists*] (*aer.*) lista di controllo, check-list.

check-up [tʃɛkœp] *n.m.invar.* 1 check-up, controllo sanitario 2 (*mecc.*) revisione (*f.*): *check-up d'une voiture*, revisione del motore di una macchina.

chef [ʃɛf] *n.m.* 1 capo; (*mil.*) comandante 2 (*cuc.*) *chef* (*cuisinier*), chef, capocuoco 3 (*ant.*) testa (*f.*) 4 (*fam.*) campione, asso.
● (*dir.*) ***chef d'accusation***, capo d'accusa | ***chef de bureau***, capufficio | ***chef de fabrication***, direttore della produzione | ***chef de famille***, capofamiglia | ***chef de gare***, capostazione | ***chef d'entreprise***, imprenditore | ***chef d'équipe***, caporeparto | ***chef de service***, caposervizio | ***chef de train***, capotreno | ***chef d'orchestre***, direttore d'orchestra | ***en chef***, (in) capo: *rédacteur en chef*, caporedattore | ***opiner du chef***, annuire.

chef-d'œuvre [ʃɛdœvʀ] *n.m.* [pl. *chefs-d'œuvre*] capolavoro.

chefferie [ʃɛfʀi] *n.f.* 1 (*Africa*) territorio (*m.*) sotto l'autorità di un capo tradizionale 2 (*Canada*) direzione di un partito politico.

chef-lieu [ʃɛfljø] *n.m.* [pl. *chefs-lieux*] capoluogo.

cheftaine [ʃɛftɛn] *n.f.* (*scoutismo*) capobranco.

cheik, **cheickh** [ʃɛk] *n.m.* sceicco.

chelem [ʃlɛm] *n.m.* (*bridge*) slam.

C

chelou [ʃəlu] *agg.* (*verlan di* louche) losco, bieco, strano.

chemin [ʃəmɛ̃] *n.m.* **1** cammino; strada (*f.*); via (*f.*) **2** (*inform.*) percorso.
● ***chemin de croix***, via crucis | ***faire son chemin***, (*fig.*) fare, farsi strada | ***le chemin des écoliers***, (*anche fig.*) la strada più lunga | ***ne pas y aller par quatre chemins***, andare per le spicce | ***passer son chemin***, tirar via, passare oltre | ***s'ouvrir, se frayer un chemin***, aprirsi un varco.

chemin de fer [ʃəmɛ̃dfɛʀ] *n.m.* [pl. *chemins de fer*] **1** ferrovia (*f.*) **2** (*gioco d'azzardo*) chemin de fer.

cheminée [ʃəmine] *n.f.* **1** camino (*m.*), caminetto (*m.*) **2** comignolo (*m.*), camino (*m.*); (*di nave*) fumaiolo (*m.*); (*di fabbrica*) ciminiera **3** (*geol.*) camino (*m.*).
● ***cheminée d'aération***, condotto di aerazione | ***fumer comme une cheminée***, (*fig.*) fumare come una ciminiera.
■ (*Belgio*) SIN. feu ouvert.

cheminement [ʃəminmɑ̃] *n.m.* **1** l'avanzare, il progredire (*spec. fig.*) **2** cammino **3** (*mil.*) camminamento.

cheminer [ʃəmine] *v.intr.* **1** camminare faticosamente **2** (*fig.*) progredire.

cheminot [ʃəmino] *n.m.* ferroviere.

chemise [ʃəmiz] *n.f.* **1** camicia **2** (*per documenti*) cartella, cartelletta **3** (*edil.*) rivestimento (*m.*).
● ***s'en moquer comme de sa première chemise***, (*fam.*) fregarsene completamente | ***y laisser jusqu'à sa dernière chemise***, lasciarci anche la camicia.

chemiser [ʃəmize] *v.tr.* (*tecn.*) rivestire.

chemiserie [ʃəmizʀi] *n.f.* camiceria.

chemisette [ʃəmizɛt] *n.f.* **1** camicetta **2** camiciola (a maniche corte).

chemisier [ʃəmizje] *n.m.* **1** [f. *-ère*] camiciaio **2** camicetta (*f.*).
● (*abbigl.*) (***robe***) ***chemisier***, chemisier.

chenal [ʃənal] *n.m.* [pl. *-aux*] canale, stretto.

chenapan [ʃənapɑ̃] *n.m.* (*scherz.*) furfante, mascalzone.

chêne [ʃɛn] *n.m.* quercia (*f.*).
● ***chêne rouvre***, rovere | ***chêne vert***, leccio.

chéneau [ʃeno] *n.m.* [pl. *-eaux*] grondaia (*f.*).

chêne-liège [ʃɛnljɛʒ] *n.m.* [pl. *chênes-lièges*] (*bot.*) quercia da sughero.

chenet [ʃənɛ] *n.m.* alare.

chenil [ʃənil] *n.m.* **1** canile **2** (*Svizzera*) disordine; sporcizia (*f.*).

chenille [ʃənij] *n.f.* **1** (*zool.*) bruco (*m.*) **2** (*tecn.*) cingolo (*m.*) **3** (*tessuto*) ciniglia.

chenillé [ʃənije] *agg.* (*tecn.*) cingolato.

chenu [ʃəny] *agg.* canuto.

cheptel [ʃɛptɛl] *n.m.* **1** bestiame; scorte (*f.pl.*) vive: *le cheptel ovin*, il patrimonio ovino **2** (*dir.*) soccida (*f.*) **3** (*agr.*) scorte (*f.pl.*).
● ***cheptel mort***, scorte morte, attrezzature agricole.

chèque [ʃɛk] *n.m.* assegno (bancario).
● ***chèque à ordre***, assegno all'ordine | ***chèque au porteur***, assegno al portatore | ***chèque barré***, assegno sbarrato, non trasferibile | ***chèque en blanc***, (*fam.*) ***chèque en bois***, assegno a vuoto | ***chèque-essence***, buono benzina | ***chèque ouvert***, assegno trasferibile | ***chèque postal***, vaglia | ***chèque-restaurant***, ticket restaurant | ***chèque sans provision***, assegno scoperto | ***chèque touristique***, traveller's cheque, assegno turistico.

chèque-vacances [ʃɛkvakɑ̃s] *n.m.* [pl. *chèques-vacances*] buono aziendale per beni o servizi legati alle vacanze.

chéquier [ʃekje] *n.m.* libretto degli assegni.

cher [ʃɛʀ] *agg.* [f. *chère*] **1** caro: *un ami cher*, un caro amico **2** caro, costoso ♦ *n.m.* (*nelle espressioni di affetto, cortesia*) caro: *mon cher*, mio caro; *ma chère*, mia cara; *tous chers*, miei cari ♦ *avv.* caro: *acheter cher*, comperare a un prezzo caro, alto; *coûter cher*, costare caro | *payer cher*, (*anche fig.*) pagar caro.
● (*nella corrispondenza*) ***Cher Monsieur***, Egregio Signore; ***Chère Madame***, Gentile Signora | ***avoir qqch pour pas cher***, comperare qlco a buon prezzo, per poco | ***il ne vaut pas cher!***, è capace di tutto!

chérant [ʃeʀɑ̃] *agg.* (*Antille*) (*di commerciante*) esoso, ladro.

cherbourgeois [ʃɛʀbuʀʒwa] *agg.* di Cherbourg.

chercher [ʃɛʀʃe] *v.tr.* cercare | *que vas-tu chercher là!*, (*fig.*) che cosa vai a pensare! ♦ *v.intr.* **1** cercare (**di**), sforzarsi (**di**); *chercher à comprendre*, cercare di capire; *cherchez à ce qu'on puisse partir tôt*, fate in modo che si possa partire presto **2** (*fam.*) (*di prezzo*) aggirarsi (**su**, **intorno a**): *ça va chercher dans les 50 euros*, il prezzo si aggira sui 50 euro.
● ***chercher après qqn***, (*fam.*) cercare qlcu | ***aller, venir chercher***, andare, venire, passare a prendere | ***ça ne va pas chercher loin***, (*fam.*) non è granché, non vale molto | (*comm.*) ***cherchons coursier***, cercasi fattorino.

chercheur [ʃɛʀʃœʀ] *agg.* e *n.m.* [f. *-euse*] cercatore | *un esprit chercheur*, (*fig.*) una mente indagatrice ♦ *n.m.* ricercatore: *il est chercheur en chimie*, fa il ricercatore di chimica.
● ***chercheur d'or***, cercatore d'oro.

chère [ʃɛʀ] *n.f.* cibo (*m.*).
● ***aimer la bonne chère***, amare la buona tavola | ***faire bonne chère***, fare un buon pasto.

chèrement [ʃɛʀmɑ̃] *avv.* **1** a caro prezzo **2** caramente, affettuosamente.

chéri [ʃeʀi] *agg.* e *n.m.* caro, adorato, prediletto.

chérir [ʃeʀiʀ] *v.tr.* amare teneramente, aver caro ♦ **se chérir** *v.pron.rec.* volersi bene.

cherrai [ʃɛʀʀe] → **choir**.

cherry [ʃɛʀi] *n.m.* cherry-brandy.

cherté [ʃɛʀte] *n.f.* alto costo (*m.*).

chérubin [ʃeʀybɛ̃] *n.m.* cherubino (*anche fig.*).

chétif [ʃetif] *agg.* [f. *-ive*] gracile; minuto.

cheval [ʃəval] *n.m.* [pl. *-aux*] cavallo.
● (*aut.*) ***cheval fiscal***, cavallo fiscale | ***chevaux de bois***, giostra | ***c'est un grand cheval***, (*fam.*) è una cavallona | ***être à cheval sur qqch***, (*fig.*) essere saldo, sicuro su qlco | ***faire du cheval***, fare equitazione | ***monter sur ses grands chevaux***, (*fig.*) andare su tutte le furie.

cheval d'arçons [ʃəvaldaʀsɔ̃] **cheval-arçons** [ʃəvalaʀsɔ̃] *n.m.invar.* (*ginnastica*) cavallo con maniglie.

chevaler [ʃəvale] *v.tr.* puntellare (con cavalletti).

chevaleresque [ʃəvalʀɛsk] *agg.* cavalleresco.

chevalerie [ʃəvalʀi] *n.f.* cavalleria.
● (*lett.*) ***romans, poèmes de chevalerie***, romanzi, poemi cavallereschi.

chevalet [ʃəvalɛ] *n.m.* **1** cavalletto **2** (*mus.*) ponticello.

chevalier [ʃəvalje] *n.m.* cavaliere.

chevalière [ʃəvaljɛʀ] *n.f.* chevalière (anello con monogramma o stemma).

chevalin [ʃəvalɛ̃] *agg.* equino, cavallino.

cheval-vapeur [ʃəvalvapœʀ] *n.m.* [pl. *chevaux-vapeur*] (*fis.*) cavallo (vapore).
chevauchant [ʃəvoʃɑ̃] *agg.* accavallato.
chevauchée [ʃəvoʃe] *n.f.* cavalcata.
chevauchement [ʃəvoʃmɑ̃] *n.m.* accavallamento, sovrapposizione (*f.*).
chevaucher [ʃəvoʃe] *v.intr.* 1 cavalcare 2 accavallarsi ♦ *v.tr.* cavalcare, stare a cavalcioni (di) ♦ **se chevaucher** *v.pron.intr.* accavallarsi, essere accavallato, sovrapporsi.
chevêche [ʃəvɛʃ] *n.f.* (*zool.*) civetta.
chevelu [ʃəvly] *agg.* capelluto.
chevelure [ʃəvlyʀ] *n.f.* 1 capigliatura, chioma (*anche fig.*) 2 (*astr.*) (*di cometa*) coda.
chevet [ʃəvɛ] *n.m.* 1 capezzale 2 (*arch.*) abside (*f.*).
● ***lampe de chevet***, lampada da comodino | ***livre de chevet***, libro prediletto | ***table de chevet***, comodino.
cheveu [ʃəvø] *n.m.* [pl. *-eux*] capello.
● ***cheveux d'ange***, cordoncino argentato (per decorazioni natalizie); (*cuc.*) capelli d'angelo | ***avoir un cheveu (sur la langue)***, parlare bleso | ***cela vient comme un cheveu sur la soupe***, capita a sproposito | ***couper les cheveux en quatre***, spaccare un capello in quattro | ***il n'a tenu qu'à un cheveu qu'il ne tombe***, per un pelo non è caduto | ***se faire des cheveux blancs***, farsi cattivo sangue | ***se prendre aux cheveux***, prendersi per i capelli, accapigliarsi.
cheville [ʃəvij] *n.f.* 1 caviglia 2 (*mecc.*) cavicchio (*m.*), caviglia; perno (*m.*) 3 (*mus.*) cavicchio (*m.*), bischero (*m.*) 4 (*di botte*) zaffo (*m.*).
● (*mecc.*): ***cheville à expansion***, vite a espansione; ***cheville ouvrière***, chiavarda; (*fig.*) perno, colonna portante | ***être en cheville avec qqn***, (*fam.*) essere in combutta con qlcu | ***ne pas arriver à la cheville de qqn***, (*fig.*) non essere degno di legare le scarpe a qlcu.
cheviller [ʃəvije] *v.tr.* (*mecc.*) incavigliare.
chèvre [ʃɛvʀ] *n.f.* 1 capra 2 (*tecn.*) capra, argano (*m.*) ♦ *n.m.* (formaggio) caprino.
● ***faire devenir chèvre***, (*fam.*) fare la testa come un pallone.
chevreau [ʃəvʀo] *n.m.* [pl. *-eaux*] capretto.
chèvrefeuille [ʃɛvʀəfœj] *n.m.* (*bot.*) caprifoglio.
chevrer [ʃəvʀe] *v.intr.* [coniug. come *semer*] (*Svizzera*) andare in bestia: *faire chevrer qqn*, mandare in bestia qlcu.
chevrette [ʃəvʀɛt] *n.f.* 1 capretta 2 femmina del capriolo.
chevreuil [ʃəvʀœj] *n.m.* capriolo.
chevrier [ʃəvʀije] *n.m.* [pl. *-ère*] capraio.
chevron [ʃəvʀɔ̃] *n.m.* 1 (*edil.*) puntone, paradosso 2 (*mil.*) gallone.
● ***à chevrons***, a spina di pesce.
chevronné [ʃəvʀɔne] *agg.* esperto, veterano.
chevrotant [ʃəvʀɔtɑ̃] *agg.* tremulo.
chevrotement [ʃəvʀɔtmɑ̃] *n.m.* tremolio della voce.
chevroter [ʃəvʀɔte] *v.intr.* parlare con voce tremula.
chevrotine [ʃəvʀɔtin] *n.f.* pallettoni (*m.pl.*) da caccia.
chewing-gum [ʃwiŋgɔm] *n.m.* [pl. *chewing-gums*] gomma (*f.*), cicca (*f.*) da masticare.
chez [ʃe] *prep.* presso, da; in: *aller chez le coiffeur*, andare dal parrucchiere; *écrivez-moi chez Mme Dupont*, scrivetemi presso la signora Dupont; *j'irai chez mes grands-parents*, andrò dai, a casa dei nonni; *chez Angelo on mange bien*, da Angelo si mangia bene | *chez les Rossi*, in, a casa Rossi | *chez les Grecs*, presso i Greci; *chez Molière*, in Molière | *chez les enfants on observe que*, ne, fra i bambini si osserva che.
● ***chez moi, chez toi etc.***, a casa, a casa mia, tua ecc.; da me, da te ecc.: *je rentre chez moi à huit heures*, torno a casa alle otto; *près de chez moi*, vicino a casa mia; *je passerai par chez toi*, passerò da casa tua; *de chez moi à la gare*, da casa mia alla stazione; *il sortait de chez lui*, usciva da casa sua; *le vin de chez nous*, il vino dei nostri posti | ***chez nous***, da noi, dalle nostre parti: *bien de chez nous*, in uso, tipico da noi, dalle nostre parti.

NOTA Deriva dall'antico francese *chiese* che a sua volta viene dal latino *casa*.
De chez, seguito dall'aggettivo che lo precede, è un nuovo intercalare familiare con funzione di superlativo: *celui-là, il est débile de chez débile*, quello lì è tutto stupido.

chez-moi [ʃemwa] **chez-soi** [ʃeswa] *n.m.invar.* abitazione (*f.*), casa (*f.*): *j'aimerais avoir un chez-moi!*, mi piacerebbe avere una casa mia!; *aimer son chez-soi*, amare la propria casa.
chiader [ʃjade] *v.intr.* (*fam.*) sgobbare.
chialer [ʃjale] *v.intr.* (*fam.*) piagnucolare, frignare.
chiant [ʃjɑ̃] *agg.* (*fam.*) scocciante, palloso: *ce qu'il est chiant!*, che rompiscatole!
● ***c'est chiant!***, che rottura!
chiasse [ʃjas] *n.f.* (*volg.*) diarrea, cacarella.
chic [ʃik] *agg.invar.* 1 elegante, raffinato 2 (*fam.*) carino, simpatico ♦ *n.m.* eleganza (*f.*), raffinatezza (*f.*) ♦ *inter.* (*fam.*) benone, fantastico.
● ***avoir le chic de***, (*iron.*) avere il dono di: *elle a le chic de toujours dire ce qu'il ne faut pas dire*, ha il dono di parlare sempre a sproposito | ***bon chic bon genre*** (*BCBG*), distinto ed elegante; perbene | ***c'est un chic type***, (*fam.*) è un tipo in gamba.
chicane [ʃikan] *n.f.* 1 cavillo (*m.*), arzigogolo (*m.*) 2 bega, briga, lite 3 passaggio (*m.*) fra ostacoli a zigzag: *chicanes d'un barrage de police*, sbarramenti trasversali di un posto di blocco.
chicaner [ʃikane] *v.intr.* cavillare ♦ *v.tr.* attaccar briga (con) ♦ **se chicaner** *v.pron.rec.* (*fam.*) bisticciarsi.
chicanerie [ʃikanʀi] *n.f.* cavillosità; cavilli (*m.pl.*).
chicaneur [ʃikanœʀ] *agg.* [f. *-euse*] **chicanier** [ʃikanje] [f. *-ère*] cavilloso, litigioso ♦ *n.m.* attaccabrighe.
chichard [ʃiʃaʀ] *n.m.* (*Camerun*) tirchio.
chiche[1] [ʃiʃ] *agg.* 1 avaro (*anche fig.*) 2 misero, scarso: *une chiche récompense*, una misera ricompensa.
chiche[2] *agg.*
● ***pois chiche***, cece.
chiche[3] *inter.* (*fam.*) scommettiamo ♦ *agg. être chiche de*, (*fam.*) osare, essere capace di.
chichement [ʃiʃmɑ̃] *agg.* con avarizia; miseramente.
chichi [ʃiʃi] *n.m.* (*fam.*) smorfie (*f.pl.*), smancerie (*f.pl.*).
● ***faire des chichis***, far tanti complimenti.
chichiteux [ʃiʃitø] *agg.* [f. *-euse*] (*fam.*) smorfioso.
chichon [ʃiʃɔ̃] *n.m.* (*verlan di* haschich) haschich.
chicon [ʃikɔ̃] *n.m.* (*bot. pop.*) 1 lattuga (*f.*) romana 2 (*Belgio*) (*insalata*) indivia (*f.*).
chicorée [ʃikɔʀe] *n.f.* (*bot.*) cicoria.
● ***chicorée frisée***, insalata riccia.
chicot [ʃiko] *n.m.* 1 troncone di albero 2 moncone di dente.
chicotin [ʃikɔtɛ̃] *n.m.* (*ant.*) (estratto di) aloe.
● ***amer comme chicotin***, (*fig.*) amaro come il fiele.

chien [ʃjɛ̃] ***n.m.*** **1** cane **2** cane (delle armi da fuoco).
● (*Canada*) ***chien chaud***, hot dog | (*zool. pop.*) ***chien de mer***, pescecane | (*zool.*) ***chien de prairie***, cane delle praterie | ***chien méchant!***, (*sui cartelli*) attenti al cane! | ***avoir du chien***, (*fam.*) essere attraente | ***avoir un caractère de chien***, avere un pessimo carattere | ***coup de chien***, (*fig.*) colpo mancino, stangata | ***dormir en chien de fusil***, (*fig.*) dormire raggomitolati | ***entre chien et loup***, all'imbrunire | ***être reçu comme un chien dans un jeu de quilles***, essere accolto come un cane in chiesa | ***garder à qqn un chien de sa chienne***, (*fam.*) premeditare una vendetta contro qlcu | ***j'ai eu un mal de chien à*** (o ***pour***) ***finir ce travail***, ho fatto una fatica bestiale per finire questo lavoro | ***nom d'un chien!***, (*fam.*) porco cane! | ***se regarder en chiens de faïence***, guardarsi in cagnesco.

chien-assis [ʃjɛ̃asi] ***n.m.*** [pl. *chiens-assis*] (*edil.*) lucernario.

chiendent [ʃjɛ̃dɑ̃] ***n.m.*** **1** gramigna (*f.*) **2** (*fam.*) difficoltà (*f.*), ostacolo.

chienlit [ʃjɑ̃li] ***n.f.*** baraonda, confusione.

chien-loup [ʃjɛ̃lu] ***n.m.*** [pl. *chiens-loups*] cane lupo.

chienne [ʃjɛn] ***n.f.*** cagna.
● ***une chienne de vie***, una vitaccia.

chier [ʃje] ***v.intr.*** (*volg.*) cacare, cagare.

chiffe [ʃif] ***n.f.*** (*ant.*) stoffa scadente.
● ***chiffe molle***, (*fig.*) pappamolla.

chiffon [ʃifɔ̃] ***n.m.*** **1** straccio **2** (*pl.*) (*fam.*) vestiti | *causer chiffons*, (*spec. fra donne*) parlare di moda.
● ***chiffon à poussière***, straccio per la polvere | ***papier chiffon***, carta crespa.

chiffonné [ʃifɔne] ***agg.*** **1** sgualcito, spiegazzato **2** (*fig.*) tirato: *visage chiffonné*, viso tirato, stanco.

chiffonner [ʃifɔne] ***v.tr.*** **1** sgualcire, spiegazzare **2** (*fig. fam.*) contrariare: *ça me chiffonne*, la cosa non mi piace.

chiffonnier [ʃifɔnje] ***n.m.*** **1** [f. *-ère*] straccivendolo **2** (*mobile*) cassettiera (*f.*).

chiffrable [ʃifʀabl] ***agg.*** calcolabile.

chiffrage [ʃifʀaʒ] ***n.m.*** **1** computo; valutazione (*f.*) **2** → chiffrement.

chiffre [ʃifʀ] ***n.m.*** **1** cifra (*f.*), numero **2** codice segreto **3** (*di cassaforte*) combinazione (*f.*) **4** monogramma, cifra (*f.*).
● (*comm.*): ***chiffre d'affaires***, fatturato; ***le chiffre des frais***, l'ammontare delle spese.

chiffré [ʃifʀe] ***agg.*** cifrato.

chiffrement [ʃifʀəmɑ̃] ***n.m.*** **1** cifratura (*f.*); trascrizione (*f.*) in codice **2** (*inform.*) cifratura (*f.*).

chiffrer [ʃifʀe] ***v.tr.*** **1** valutare (in cifre) **2** cifrare ♦ ***v.intr.*** (*fam.*) costare parecchio ♦ **se chiffrer** ***v.pron.intr.*** ammontare.

chignole [ʃiɲɔl] ***n.f.*** **1** trapano (*m.*) portatile **2** (*fam.*) (*auto*) macinino (*m.*).

chignon [ʃiɲɔ̃] ***n.m.*** (*di capelli*) crocchia (*f.*).

chiite [ʃiit] ***agg.*** e ***n.m.*** e ***f.*** (*relig.*) sciita.

chilien [ʃiljɛ̃] ***agg.*** [f. *-enne*] cileno.

Chilien ***n.m.*** [f. *-enne*] (*abitante*) cileno.

chimère [ʃimɛʀ] ***n.f.*** chimera.

chimérique [ʃimeʀik] ***agg.*** chimerico.

chimie [ʃimi] ***n.f.*** chimica.

chimiothérapie [ʃimjɔteʀapi] ***n.f.*** (*med.*) chemioterapia.

chimique [ʃimik] ***agg.*** chimico.

chimiquement [ʃimikmɑ̃] ***avv.*** chimicamente.

chimiste [ʃimist] ***n.m.*** e ***f.*** chimico/a.

chimpanzé [ʃɛ̃pɑ̃ze] ***n.m.*** (*zool.*) scimpanzé.

chinchilla [ʃɛ̃ʃila] ***n.m.*** cincillà.

chiné [ʃine] ***agg.*** e ***n.m.*** (tessuto) chiné, screziato.

chiner [ʃine] ***v.intr.*** girare in cerca di anticaglie ♦ ***v.tr.*** (*fam.*) criticare, canzonare.

chinois [ʃinwa] ***agg.*** cinese ♦ ***n.m.*** (*lingua*) cinese.
● ***c'est du chinois pour moi!***, (*fig.*) per me è arabo!

Chinois ***n.m.*** (*abitante*) cinese.

chinoiserie [ʃinwazʀi] ***n.f.*** cineseria.

chinonais [ʃinɔnɛ] ***agg.*** di Chinon.

chiot [ʃjo] ***n.m.*** cucciolo.

chiottes [ʃjɔt] ***n.f.pl.*** (*fam.*) latrine, cesso (*m.sing.*).

chiper [ʃipe] ***v.tr.*** (*fam.*) sgraffignare, fregare.

chipie [ʃipi] ***n.f.*** (*fam.*) megera.

chipolata [ʃipɔlata] ***n.f.*** chipolata (salsiccia di maiale).

chipoter [ʃipɔte] ***v.intr.*** **1** fare storie; tirare sul prezzo **2** piluccare, mangiucchiare **3** (*Belgio*) maneggiare, frugare.

chipoteur [ʃipɔtœʀ] ***agg.*** e ***n.m.*** [f. *-euse*] (*fam.*) **1** (individuo) cavilloso, pignolo **2** (tipo) schizzinoso.

chips [ʃips] ***n.m.pl.*** patatine fritte, chips.

chique [ʃik] ***n.f.*** **1** cicca (di tabacco) **2** (*Belgio*) cicca, gomma da masticare.

chiqué [ʃike] ***n.m.*** (*fam.*) smargiassata (*f.*), vanteria (*f.*).
● ***c'est du chiqué***, è un bluff | ***faire du chiqué***, (*fam.*) darsi delle arie.

chiquenaude [ʃiknod] ***n.f.*** buffetto (*m.*).

chiquer [ʃike] ***v.tr.*** (*tabacco*) masticare ♦ ***v.intr.*** ciccare.

chiromancie [kiʀɔmɑ̃si] ***n.f.*** chiromanzia.

chiromancien [kiʀɔmɑ̃sjɛ̃] ***n.m.*** [f. *-enne*] chiromante.

chiropracteur [kiʀɔpʀaktœʀ] **chiropracticien** [kiʀɔpʀaktisjɛ̃] [f. *-enne*] ***n.m.*** chiropratico.

chirurgical [ʃiʀyʀʒikal] ***agg.*** [pl. *-aux*] chirurgico.

chirurgie [ʃiʀyʀʒi] ***n.f.*** chirurgia.

chirurgien [ʃiʀyʀʒjɛ̃] ***n.m.*** [f. *-enne*] chirurgo.

chirurgien-dentiste [ʃiʀyʀʒjɛ̃dɑ̃tist] ***n.m.*** [pl. *chirurgiens-dentistes*] medico dentista, odontoiatra.

chiure [ʃjyʀ] ***n.f.*** cacatura (d'insetto).

chlore [klɔʀ] ***n.m.*** (*chim.*) cloro.

chloré [klɔʀe] ***agg.*** (*chim.*) clorato.

chlorelle [klɔʀɛl] ***n.f.*** (*bot.*) clorella.

chlorhydrique [klɔʀidʀik] ***agg.*** cloridrico.

chlor(o)- ***pref.*** clor(o)-.

chloroforme [klɔʀɔfɔʀm] ***n.m.*** (*chim.*) cloroformio.

chloroformer [klɔʀɔfɔʀme] ***v.tr.*** (*chim.*) cloroformizzare.

chlorophylle [klɔʀɔfil] ***n.f.*** (*bot.*) clorofilla.

chlorophyllien [klɔʀɔfiljɛ̃] ***agg.*** [f. *-enne*] clorofilliano.

chlorure [klɔʀyʀ] ***n.m.*** (*chim.*) cloruro.

choc [ʃɔk] ***n.m.*** **1** urto (*anche fig.*); scontro (*anche fig.*): *le choc de deux voitures*, il cozzo di due automobili; *choc des intérêts*, conflitto di interessi **2** (*fig.*) colpo **3** (*med.*) shock.
● ***choc en retour***, colpo di rimbalzo, contraccolpo | (*mil.*) ***troupes de choc***, truppe d'assalto.
■ SIN. **1** coup.

choc(o) [ʃɔk(o)] ***n.m.*** (*fam.*) abbr. di **chocolat**.

chocolat [ʃɔkɔla] *n.m.* 1 cioccolato, cioccolata (*f.*) 2 cioccolatino 3 cioccolata (*f.*) (in tazza) ♦ *agg.invar.* (color) cioccolato.
● ***chocolat noir, fondant***, cioccolato fondente | ***être chocolat***, (*fam.*) essere fregato, essere preso in giro.

chocolaté [ʃɔkɔlate] *agg.* al cioccolato.

chocolaterie [ʃɔkɔlatʀi] *n.f.* 1 fabbrica di cioccolato 2 industria del cioccolato.

chocolatier [ʃɔkɔlatje] *n.m.* [f. *-ère*] cioccolataio.

chocolatine [ʃɔkɔlatin] *n.f.* (*region.*) brioche al cioccolato.

chœur [kœʀ] *n.m.* coro.
● ***enfant de chœur***, chierichetto.

choir [ʃwaʀ] *v.intr.dif.* [usato all'inf.; pres.indic. (non com.): *je chois, tu chois, il choit, ils choient*; p.rem. (non com.): *il chut, nous chûmes*; fut.indic. (non com.): *je choirai* o *cherrai*; cond. (non com.): *je choirais* o *cherrais*; p.p.: *chu*] cadere.
● ***laisser choir qqn***, (*fam.*) piantare in asso qlcu.

choisi [ʃwazi] *agg.* scelto.

choisir [ʃwaziʀ] *v.tr.* scegliere.

choix [ʃwa] *n.m.* scelta (*f.*).
● ***au choix***, a scelta | ***de choix***, di buona, di prima qualità.

cholécyste [kɔlesist] *n.f.* (*anat.*) colecisti.

choléra [kɔleʀa] *n.m.* (*med.*) colera.

cholérique [kɔleʀik] *agg.* e *n.m.* e *f.* coleroso/a.

cholestérol [kɔlɛsteʀɔl] *n.m.* (*biol.*) colesterolo.

choletais [ʃɔltɛ] *agg.* di Cholet.

chômage [ʃomaʒ] *n.m.* 1 disoccupazione (*f.*) 2 sospensione (*f.*) del lavoro; inattività (*f.*).
● ***chômage partiel***, sottoccupazione, occupazione a orario ridotto (per mancanza di lavoro) | ***chômage technique***, cassa integrazione: *mis au chômage technique*, cassintegrato | ***allocation de chômage***, sussidio, indennità di disoccupazione.
■ CONTR. **1** travail.

chômé [ʃome] *agg.*
● ***jour chômé***, giorno non lavorativo.

chômedu [ʃomdy] *n.m.* (*fam.*) disoccupazione (*f.*).

chômer [ʃome] *v.intr.* 1 essere disoccupato 2 astenersi dal lavoro ♦ *v.tr.* festeggiare (astenendosi dal lavoro): *chômer le 14 Juillet*, fare festa il 14 luglio (festa nazionale francese).
● ***ne pas chômer***, darsi da fare, darci dentro, lavorare sodo.

chômeur [ʃomœʀ] *n.m.* [f. *-euse*] disoccupato.

chope [ʃɔp] *n.f.* boccale (*m.*) per birra; (*contenuto*) boccale (*m.*) di birra.

choper [ʃɔpe] *v.tr.* 1 beccarsi: *choper un rhume*, beccarsi un raffreddore 2 beccare, acchiappare 3 fregare, sgraffignare.

choquant [ʃɔkɑ̃] *agg.* scioccante.

choquer [ʃɔke] *v.tr.* 1 urtare; disturbare 2 indignare 3 scioccare.
● ***choquer les verres***, brindare.

choral [kɔʀal] *agg.* [pl. *-aux* o *-als*] corale ♦ *n.m.* [pl. *-als*] (*mus.*) corale.

chorale [kɔʀal] *n.f.* corale.

chorégraphe [kɔʀegʀaf] *n.m.* e *f.* coreografo/a.

chorégraphie [kɔʀegʀafi] *n.f.* coreografia.

chorégraphique [kɔʀegʀafik] *agg.* coreografico.

choriste [kɔʀist] *n.m.* e *f.* corista.

chorus [kɔʀys] *n.m.* coro.
● ***faire chorus***, approvare in coro.

chose [ʃoz] *n.f.* cosa: *chose étonnante, il ne s'est pas fâché*, caso strano, non si è arrabbiato.
● (*prov.*) ***chose promise, chose due***, ogni promessa è debito | ***à peu de chose près***, suppergiù | ***avant toute chose***, prima di tutto, innanzitutto | ***bien des choses à votre femme***, tante (belle) cose a sua moglie | ***c'est chose faite***, è cosa fatta, è fatto | ***c'est la même chose***, è lo stesso | ***c'est la moindre des choses***, è il minimo (indispensabile) che si possa fare | ***c'est peu de chose***, non importa, non ha importanza | ***c'est une bonne chose de faite***, è una cosa in meno da fare | ***être, se sentir tout chose***, (*fam.*) sentirsi tutto scombussolato | (*dir.*) ***la chose publique***, la cosa pubblica, lo Stato | ***parler d'autre chose***, parlare d'altro | ***parler de choses et d'autres***, parlare del più e del meno | ***quelque chose*** → quelque chose | ***un pas grand chose de bon***, un poco di buono.

chou [ʃu] *n.m.* [pl. *-oux*] 1 cavolo 2 (*fam.*) cocco, tesoro 3 (*cuc.*) bignè ♦ *agg.invar.* (*fam.*) carino, grazioso.
● (*cuc.*) ***chou à la crème***, bignè alla crema | ***chou cabus***, cavolo cappuccio | ***choux de Bruxelles***, cavolini di Bruxelles | ***chou frisé***, verza | ***chou rouge***, cavolo rosso | ***chou (vert) de Milan***, cavolo verza | ***avoir les oreilles en feuille de chou***, aver le orecchie a sventola | ***faire chou blanc***, far fiasco | ***faire ses choux gras de qqch***, trarre profitto da qlco | ***feuille de chou***, giornale da poco | ***petit bout de chou***, bambino piccolo.

chouan [ʃwɑ̃] *n.m.* (*st. fr.*) insorto realista sotto la prima repubblica.

NOTA Il nome **chouan** deriva dal soprannome (forma regionale di *chat-huant* 'gufo') di Jean Cottereau, uno dei capi del movimento contadino scoppiato contro il governo repubblicano nella regione del Maine ed estesosi alla Bretagna e alla Normandia (1793-1800).

chouannerie [ʃwanʀi] *n.f.* (*st. fr.*) il movimento (*f.*) degli chouans.

choucas [ʃukɑ] *n.m.* (*zool.*) taccola (*f.*).

chouchen [ʃuʃɛn] *n.m.* idromele (bevanda della Bretagna).

chouchou [ʃuʃu] *n.m.* [f. *chouchoute*, pl.m. *-oux*] (*fam.*) prediletto, cocco.

chouchouter [ʃuʃute] *v.tr.* (*fam.*) coccolare; prediligere.

choucroute [ʃukʀut] *n.f.* (*cuc.*) crauti (*m.pl.*).
● ***choucroute garnie***, piatto di crauti e salsicce.

chouette [ʃwɛt] *n.f.* (*zool.*) civetta ♦ *agg.invar.* (*fam.*) bello, carino: *une chouette voiture*, un'automobile che è una cannonata; *c'est chouette de ta part*, è carino da parte tua ♦ *inter.* benissimo.
● ***chouette (alors)!***, dai, che bello!

chou-fleur [ʃuflœʀ] *n.m.* [pl. *choux-fleurs*] cavolfiore.

chou-rave [ʃuʀav] *n.m.* [pl. *choux-raves*] cavolo-rapa.

choyer [ʃwaje] *v.tr.* [coniug. come *employer*] 1 coccolare, vezzeggiare 2 (*fig.*) cullare, accarezzare.

chrême [kʀɛm] *n.m.* (*eccl.*) crisma.

chrétien [kʀetjɛ̃] *agg.* e *n.m.* [f. *-enne*] cristiano.

chrétiennement [kʀetjɛnmɑ̃] *avv.* cristianamente.

chrétienté [kʀetjɛ̃te] *n.f.* cristianità.

christianiser [kʀistjanize] *v.tr.* cristianizzare.

christianisme [kʀistjanism] *n.m.* cristianesimo.

chromage [kʀomaʒ] *n.m.* cromatura (*f.*).

C

chromatique [kRɔmatik] ***agg.*** cromatico.
chromatisme [kRɔmatism] ***n.m.*** cromatismo.
chrome [kRom] ***n.m.*** cromo.
chromé [kRome] ***agg.*** cromato.
chromer [kRome] ***v.tr.*** cromare.
chromo [kRomo] ***n.m.*** abbr. di **chromolithographie** ♦ ***n.f.*** (*fam.*) oleografia (*anche spreg.*).
chromo- ***pref.*** cromo-.
chromolithographie [kRɔmɔlitɔgRafi] ***n.f.*** cromolitografia.
chromosome [kRɔmozom] ***n.m.*** cromosoma.
chromosomique [kRɔmozomik] ***agg.*** cromosomico.
chromothérapie [kromoteRapi] ***n.f.*** (*med.*) cromoterapia.
chronicité [kRɔnisite] ***n.f.*** (*med.*) cronicità.
chronique[1] [kRɔnik] ***n.f.*** cronaca.
chronique[2] ***agg.*** cronico.
chroniquement [kRɔnikmɑ̃] ***avv.*** in modo cronico.
chroniqueur [kRɔnikœR] ***n.m.*** [f. *-euse*] **1** cronista **2** (*ant.*) cronachista.
chrono [kRɔno] ***n.m.*** (*fam.*) abbr. di **chronomètre**.
chrono- ***pref.*** crono-.
chronographe [kRɔnɔgRaf] ***n.m.*** cronografo.
chronologie [kRɔnɔlɔʒi] ***n.f.*** cronologia.
chronologique [kRɔnɔlɔʒik] ***agg.*** cronologico.
chronologiquement [kRɔnɔlɔʒikmɑ̃] ***avv.*** cronologicamente, in ordine cronologico.
chronométrage [kRɔnɔmetRaʒ] ***n.m.*** cronometraggio.
chronomètre [kRɔnɔmɛtR] ***n.m.*** cronometro.
chronométrer [kRɔnɔmetRe] ***v.tr.*** [coniug. come *céder*] cronometrare.
chronométreur [kRɔnɔmetRœR] ***n.m.*** [f. *-euse*] cronometrista.
chronométrique [kRɔnɔmetRik] ***agg.*** cronometrico.
chronopost [kRɔnɔpɔst] ***n.m.*** (*Poste*) CAI POST (corriere accelerato internazionale).
chrysalide [kRizalid] ***n.f.*** crisalide.
chrysanthème [kRizɑ̃tɛm] ***n.m.*** crisantemo.
chtarbé [ʃtaRbe] ***agg.*** (*fam.*) matto, pazzo.
chu [ʃy] *p.p.* di **choir**.
chuchotement [ʃyʃɔtmɑ̃] ***n.m.*** bisbiglio, sussurro.
chuchoter [ʃyʃɔte] ***v.tr.*** e ***intr.*** bisbigliare, sussurrare.
■ SIN. murmurer.
chuintement [ʃɥɛ̃tmɑ̃] ***n.m.*** **1** (*fon.*) pronuncia (*f.*) delle consonanti fricative-palatali **2** (*estens.*) sibilo, fischio.
chuinter [ʃɥɛ̃te] ***v.intr.*** **1** (*della civetta*) gridare **2** (*fon.*) pronunciare una fricativa-palatale **3** sibilare.
chut [ʃyt] ***inter.*** sss, silenzio.
chute [ʃyt] ***n.f.*** **1** caduta (*anche fig.*) **2** cascata **3** (*fig.*) estremità, fine **4** (*pl.*) (*di stoffa*) ritagli (*m.*) **5** (*letter.*) chiusa: *la chute d'un sonnet*, la chiusa di un sonetto.
● ***chute des reins***, inarcatura del punto di vita | (*edil.*) ***chute d'un toit***, pendenza di un tetto | ***la chute du jour***, il declinare del giorno | ***la chute d'une histoire drôle***, la battuta finale di una barzelletta | ***la chute du rideau***, il calare del sipario | ***point de chute***, (*di proiettile*) punto di caduta; (*fig.*) punto di riferimento, recapito; (*estens.*) punto d'appoggio.
chuter [ʃyte] ***v.intr.*** **1** (*fam.*) cadere **2** (*fig.*) calare; crollare: *le franc a chuté*, il franco è crollato **3** (*alle carte*) saltare una mano.
chyle [ʃil] ***n.m.*** (*biol.*) chilo.
chypriote [ʃipRiɔt] ***agg.*** → **cypriote**.
ci [si] ***avv.*** qui, qua.
ci-après [siapRɛ] ***avv.*** più avanti, di seguito.
cibiste [sibist] ***n.m.*** e ***f.*** automobilista con emittente radio; utente della citizen's band (CB).

NOTA I ***cibistes*** hanno creato un loro gergo: per esempio, *moustache* (baffi) è il segnale che disturba la radio; *tonton* è l'amplificatore di potenza; le *push-Pull* sono le macchine troppo lente; il *gastro-liquide* è l'aperitivo; il *gastro*, il pranzo, il *mille pattes* è il loro TIR.

cible [sibl] ***n.f.*** **1** bersaglio (*m.*) (*anche fig.*) **2** (*estens.*) target (*m.*) pubblicitario.
● (*ling.*) ***langue cible***, lingua d'arrivo | ***navire cible***, nave civetta.
ciblé [sible] ***agg.*** mirato.
cibler [sible] ***v.tr.*** **1** colpire nel segno **2** (*estens.*) (*di un prodotto*) stabilire il target (**di**).
ciboire [sibwaR] ***n.m.*** (*eccl.*) pisside (*f.*), ciborio.
ciboule [sibul] ***n.f.*** (*bot.*) cipollotto (*m.*).
ciboulette [sibulɛt] ***n.f.*** (*bot.*) erba cipollina.
ciboulot [sibulo] ***n.m.*** (*fam.*) testa (*f.*), zucca (*f.*).
cicatrice [sikatRis] ***n.f.*** cicatrice.
cicatrisant [sikatRizɑ̃] ***agg.*** e ***n.m.*** cicatrizzante.
cicatrisation [sikatRizasjɔ̃] ***n.f.*** cicatrizzazione.
cicatriser [sikatRize] ***v.tr.*** e ***intr.*** cicatrizzare ♦ **se cicatriser** ***v.pron.intr.*** cicatrizzarsi.
cicérone [siseRɔn] ***n.m.*** cicerone, guida (*f.*).
ci-contre [sikɔ̃tR] ***avv.*** a fianco; qui accanto.
ci-dessous [sidəsu] ***avv.*** qui sotto; (*comm.*) sotto citato.
ci-dessus [sidəsy] ***avv.*** qui sopra; (*comm.*) sopra citato.
cidre [sidR] ***n.m.*** sidro.
ciel [sjɛl] ***n.m.*** [pl. *cieux*, *ciels* nei significati 2 e 3] **1** cielo **2** (*pitt.*) cielo **3** (*fig.*) volta (*f.*).
● ***ciel de lit***, cielo di letto (a baldacchino) | ***à ciel ouvert***, all'aperto | ***remuer ciel et terre***, darsi un gran daffare, smuovere mari e monti | ***tomber du ciel***, (*scherz.*) capitare a proposito.
cierge [sjɛRʒ] ***n.m.*** cero.
cigale [sigal] ***n.f.*** (*zool.*) cicala.
● ***cigale de mer***, cicala di mare, canocchia.
cigare [sigaR] ***n.m.*** sigaro.
cigarette [sigaRɛt] ***n.f.*** sigaretta.
cigaretter [sigaRɛte] ***v.intr.*** (*Africa*) fumare sigarette ♦ ***v.tr.*** (*Africa*) dare una sigaretta a qlcu.
ci-gît [siʒi] ***locuz.*** → **gésir**.
cigogne [sigɔɲ] ***n.f.*** cicogna.
ciguë [sigy] ***n.f.*** cicuta.
ci-inclus [siɛ̃kly] ***agg.*** e ***avv.*** [f. *ci-incluse*] incluso, accluso: (*comm.*) *nous vous adressons ci-inclus notre facture*, vi inviamo qui acclusa la nostra fattura; *les formules ci-incluses*, i moduli allegati.
ci-joint [siʒwɛ̃] ***agg.*** e ***avv.*** [f. *ci-jointe*] allegato: (*comm.*) *vous trouverez ci-joint la copie de la lettre*, troverete in allegato la copia della lettera; *les pièces ci -jointes*, i documenti allegati.

NOTA ***Ci-joint*** si accorda quando è posto dopo il nome:
La lettre ***ci-jointe*** *contient toutes les informations nécessaires.*

La lettera allegata contiene tutte le informazioni necessarie.
Posto prima del nome, *ci-joint* diventa avverbio ed è invariabile.
Veuillez trouver ***ci-joint*** *les c.v. des candidats.*
Trovate in allegato i curricula dei candidati.

cil [sil] *n.m.* ciglio.
cilice [silis] *n.m.* cilicio.
ciller [sije] *v.tr.* e *intr.* (s)battere (le palpebre).
● ***ne pas ciller***, non batter ciglio.
cimaise [simɛz] *n.f.* (*arch.*) cimasa.
cime [sim] *n.f.* cima.
■ SIN. sommet.
ciment [simɑ̃] *n.m.* cemento.
cimenter [simɑ̃te] *v.tr.* cementare.
cimenterie [simɑ̃tʀi] *n.f.* cementificio (*m.*).
cimeterre [simtɛʀ] *n.m.* scimitarra (*f.*).
cimetière [simtjɛʀ] *n.m.* cimitero, camposanto.
cimier [simje] *n.m.* cimiero.
cinabre [sinabʀ] *n.m.* cinabro.
ciné [sine] *n.m.* (*fam.*) abbr. di **cinématographe**.
ciné- *pref.* cine-.
cinéaste [sineast] *n.m.* e *f.* cineasta.
● ***cinéaste amateur***, cineamatore.
ciné-club [sineklœb] *n.m.* [pl. *ciné-clubs*] cineclub; cineforum.
cinéma [sinema] *n.m.* cinema, cinematografo.
● ***cinéma permanent***, spettacolo continuato | ***c'est du cinéma***, (*fam.*) è tutta scena | ***c'est toujours le même cinéma***, (*fam.*) è sempre la solita storia.
cinémascope [sinemaskɔp] *n.m.* cinemascope.
cinémathèque [sinematɛk] *n.f.* cineteca.
cinématique [sinematik] *agg.* cinematico ♦ *n.f.* cinematica.
cinématographe [sinematɔgʀaf] *n.m.* cinematografo.
cinématographie [sinematɔgʀafi] *n.f.* cinematografia.
cinématographique [sinematɔgʀafik] *agg.* cinematografico.
cinématographiquement [sinematɔgʀafikmɑ̃] *avv.* cinematograficamente.
cinéphile [sinefil] *agg.* e *n.m.* e *f.* cinefilo/a.
cinéraire [sineʀɛʀ] *agg.* cinerario ♦ *n.f.* (*bot.*) cineraria.
cinéroman [sineʀɔmɑ̃] *n.m.* cineromanzo.
cinescope [sinɛskɔp] *n.m.* (*tv*) cinescopio.
cinétique [sinetik] *agg.* cinetico ♦ *n.f.* cinetica.
cingalais [sɛ̃galɛ] *agg.* singalese ♦ *n.m.* (*lingua*) singalese.
Cingalais *n.m.* (*abitante*) singalese.
cinglant [sɛ̃glɑ̃] *agg.* (*fig.*) sferzante, tagliente.
cinglé [sɛ̃gle] *agg.* (*fam.*) svitato, suonato.
cingler[1] [sɛ̃gle] *v.tr.* sferzare (*anche fig.*).
cingler[2] *v.intr.* (*mar.*) far rotta, navigare (verso).
cinoche [sinɔʃ] *n.m.* (*fam.*) cine(ma).
cinq [sɛ̃k; sɛ̃ *davanti ad agg. o a n. che inizia con una consonante*] *agg.num.card.* e *n.m.invar.* cinque: *cinq mille*, cinquemila ♦ *agg.num.ord.invar.* (*di re, papi, capitoli ecc.*) quinto: *acte cinq*, atto quinto; *page cinq*, pagina cinque | (*st.*) *Henri cinq*, Enrico quinto.
● ***cinq sur cinq***, (*fam.*) perfettamente: *je te reçois cinq sur cinq*, ti capisco perfettamente | ***en cinq sec***, in quattro e quattro otto | ***il était moins cinq***, c'è mancato un pelo | ***les cinq lettres***, (*eufemismo*) 'merde'.
cinquantaine [sɛ̃kɑ̃tɛn] *n.f.* cinquantina.
cinquante [sɛ̃kɑ̃t] *agg.num.card.* e *n.m.invar.* cinquanta: *cinquante et un*, cinquantuno ♦ *agg.num.ord.invar.* cinquantesimo.
cinquantenaire [sɛ̃kɑ̃tnɛʀ] *agg.* e *n.m.* cinquantenario.
cinquantième [sɛ̃kɑ̃tjɛm] *agg.num.ord.* e *n.m.* e *f.* cinquantesimo/a.
cinquième [sɛ̃kjɛm] *agg.num.ord.* e *n.m.* e *f.* quinto/a: (*les*) *trois cinquièmes des gens*, (i) due terzi della popolazione ♦ *n.f.* **1** (*nell'ordinamento scolastico francese*) classe corrispondente alla seconda media | (*classe de*) *cinquième*, seconda media **2** (*aut.*) (*marcia*) quinta: *passer en cinquième*, mettere la quinta.
cintrage [sɛ̃tʀaʒ] *n.m.* **1** (*edil.*) centinatura (*f.*) **2** (*arch.*) curvatura (*f.*).
cintre [sɛ̃tʀ] *n.m.* **1** appendiabito, gruccia (*f.*) **2** (*arch.*) (*di arco, volta*) curvatura (*f.*) **3** (*edil.*) centina (*f.*) **4** (*spec. pl.*) (*teatr.*) soffitta (*f.*).
● (*arch.*) (***arc en***) ***plein cintre***, arco a tutto sesto.
cintré [sɛ̃tʀe] *agg.* **1** (*di abito*) sciancrato, stretto in vita **2** (*arch.*) ad arco **3** (*edil.*) centinato **4** (*fam.*) suonato, svitato.
cintrer [sɛ̃tʀe] *v.tr.* **1** (*di abito*) sciancrare, stringere in vita **2** (*arch.*) incurvare **3** (*edil.*) centinare.
cipaille [sipaj] *n.m.* (*Canada*) tortino salato a base di cipolle e carne.
cirage [siʀaʒ] *n.m.* **1** lucido (per scarpe) **2** lucidatura (*f.*) (a cera).
● ***être dans le cirage***, (*fig. fam.*) essere nel pallone.
circassien [siʀkasjɛ̃] *agg.* [f. *-enne*] circasso.
circoncier [siʀkɔ̃sje] *v.tr.* (*in Africa*) circoncidere.
circoncire [siʀkɔ̃siʀ] *v.tr.* [coniug. come *suffire*, salvo che al p.p. *circoncis*] circoncidere.
circoncis [siʀkɔ̃si] *agg.* e *n.m.* circonciso.
circoncision [siʀkɔ̃sizjɔ̃] *n.f.* circoncisione.
circonférence [siʀkɔ̃feʀɑ̃s] *n.f.* circonferenza.
circonflexe [siʀkɔ̃flɛks] *agg.* circonflesso.
circonlocution [siʀkɔ̃lɔkysjɔ̃] *n.f.* circonlocuzione.
circonscription [siʀkɔ̃skʀipsjɔ̃] *n.f.* circoscrizione.
circonscrire [siʀkɔ̃skʀiʀ] *v.tr.* [coniug. come *écrire*] circoscrivere.
circonscrit [siʀkɔ̃skʀi] *p.p.* di **circonscrire** ♦ *agg.* circoscritto.
circonspect [siʀkɔ̃spɛ*kt*] *agg.* circospetto, guardingo; cauto.
circonspection [siʀkɔ̃spɛksjɔ̃] *n.f.* circospezione; cautela.
circonstance [siʀkɔ̃stɑ̃s] *n.f.* circostanza, situazione.
● (*dir.*) ***circonstances et dépendances***, pertinenze | ***étant donné les circonstances***, date le circostanze | ***pour la circonstance***, per l'occasione.
circonstancié [siʀkɔ̃stɑ̃sje] *agg.* circostanziato, particolareggiato.
● (*dir.*) ***preuve circonstanciée***, prova circostanziale.

C

circonstanciel [siʀkɔ̃stɑ̃sjɛl] *agg.* [f. *-elle*] di circostanza, adatto all'occasione.
● (*gramm.*): ***complément circonstanciel de temps, de lieu etc.***, complemento di tempo, di luogo ecc. | ***proposition subordonnée circonstancielle temporelle, causale etc.***, proposizione temporale, causale ecc.

circonvenir [siʀkɔ̃vniʀ] *v.tr.* [coniug. come *tenir*] circonvenire, raggirare.

circonvenu [siʀkɔ̃vny] *p.p.* di **circonvenir**.

circonvolution [siʀkɔ̃vɔlysjɔ̃] *n.f.* circonvoluzione.

circuit [siʀkɥi] *n.m.* circuito; giro: *le circuit des châteaux de la Loire*, il giro dei castelli della Loira; *faire un long circuit*, fare un lungo giro.
● ***circuit automobile***, circuito automobilistico | (*elettr., inform.*): ***circuit fermé, ouvert***, circuito chiuso, aperto; ***circuit imprimé***, circuito stampato | ***être hors circuit***, (*fam.*) essere fuori dal giro | (*tv*) ***télévision à circuit fermé***, televisione a circuito chiuso.

circulaire [siʀkylɛʀ] *agg.* e *n.f.* circolare.

circulairement [sirkylɛʀmɑ̃] *avv.* circolarmente.

circularité [siʀkylaʀite] *n.f.* circolarità.

circulation [siʀkylasjɔ̃] *n.f.* **1** circolazione **2** traffico (*m.*), circolazione: *accidents de la circulation*, incidenti stradali **3** (*med.*) circolazione.
● (*inform.*) ***circulation de données***, flusso dei dati | ***circulation routière***, traffico stradale | ***mettre en circulation***, (*anche fig.*) mettere in circolazione.

circulatoire [siʀkylatwaʀ] *agg.* circolatorio.

circuler [siʀkyle] *v.intr.* circolare: *le bruit a circulé que*, è circolata la notizia che.

circum- *pref.* circum-.

circumnavigation [siʀkɔmnavigasjɔ̃] *n.f.* circumnavigazione.

cire [siʀ] *n.f.* **1** cera **2** cerume (*m.*).
● ***cire à cacheter***, ceralacca | ***cire d'abeille***, cera d'api.

ciré [siʀe] *agg.* **1** (in)cerato **2** lucidato (a cera), lucido ♦ *n.m.* (in)cerata (*f.*).

cirer [siʀe] *v.tr.* **1** (in)cerare **2** lucidare (a cera).
● (*Africa*) ***cirer les airs***, darsi un sacco d'arie | ***n'en avoir rien à cirer***, (*fam.*) fregarsene.

cireur [siʀœʀ] *n.m.* [f. *-euse*] lucidatore.

cireuse [siʀøz] *n.f.* (*macchina*) lucidatrice.

cireux [siʀø] *agg.* [f. *-euse*] ceroso; (*fig.*) cereo.

cirque [siʀk] *n.m.* circo.

cirrhose [siʀoz] *n.f.* (*med.*) cirrosi.

cirrus [siʀys] *n.m.invar.* (*meteor.*) cirro.

cisaille [sizɑj] *n.f.* **1** cesoia **2** (*tecn.*) trancia.
● (*cuc.*) ***cisailles à volaille***, trinciapollo.

cisailler [sizɑje] *v.tr.* tranciare, tagliare.

cisalpin [sizalpɛ̃] *agg.* cisalpino.

ciseau [sizo] *n.m.* [pl. *-eaux*] **1** scalpello **2** (*sport*) forbice (*f.*) **3** (*pl.*) forbici (*f.*).
● ***ciseaux à ongles***, forbicine da unghie.

ciseler [sizle] *v.tr.* [coniug. come *semer*] **1** cesellare **2** (*pietra ecc.*) scalpellare.

ciseleur [sizlœʀ] *n.m.* [f. *-euse*] cesellatore.

ciselure [sizlyʀ] *n.f.* cesellatura.

ciste [sist] *n.m.* (*bot.*) cisto.

cistercien [sistɛʀsjɛ̃] *agg.* e *n.m.* [f. *-enne*] (*eccl.*) cistercense.

citadelle [sitadɛl] *n.f.* cittadella; roccaforte (*anche fig.*).

citadin [sitadɛ̃] *agg.* e *n.m.* cittadino.
● (*Rep.Dem. del Congo*): ***citadin commissaire***, signor commissario; ***citadin professeur***, signor professore.

citation [sitasjɔ̃] *n.f.* citazione.

cité [site] *n.f.* **1** città **2** (*dir.*) stato (*m.*) **3** *Cité*, la parte vecchia di una città.
● ***cité ouvrière***, quartiere operaio, di case operaie | ***cité universitaire***, quartiere, polo universitario | (*st.*) ***droit de cité***, diritto di cittadinanza.

> **NOTA** Nella lingua contemporanea, la ***cité*** ha anche assunto il significato di '*cité de banlieue*', cioè un gruppo di edifici costruiti in periferia per uso abitativo e spesso dotati di servizi commerciali; ne è esempio tipico *La cité des 4000* à La Cour -neuve, vicino a Parigi, costruita dalla fine degli anni Cinquanta per operai e immigrati. Tali ambienti urbani sono diventati luoghi di disagio sociale e di violenza, ma nello stesso tempo centri di forte aggregazione sociale originale.

cité-dortoir [sitedɔʀtwaʀ] *n.f.* [pl. *cités-dortoirs*] città dormitorio.

citer [site] *v.tr.* **1** citare **2** (*dir.*) chiamare in giudizio.
■ SIN. **1** mentionner.

citerne [sitɛʀn] *n.f.* cisterna.

cithare [sitaʀ] *n.f.* cetra.

cithariste [sitaʀist] *n.m.* e *f.* citarista.

citoyen [sitwajɛ̃] *n.m.* [f. *-enne*] cittadino ♦ *agg.* civico: *une attitude citoyenne*, un comportamento civico.
● (*Rep.Dem. del Congo*): ***citoyen commissaire***, signor commissario; ***citoyen professeur***, signor professore.

citoyenneté [sitwajɛnte] *n.f.* cittadinanza.

citrate [sitʀat] *n.m.* citrato.

citrique [sitʀik] *agg.* citrico.

citron [sitʀɔ̃] *n.m.* **1** limone **2** (*fam.*) testa (*f.*), zucca (*f.*).
● ***citron pressé***, spremuta di limone.

citronnade [sitʀɔnad] *n.f.* limonata.

citronnelle [sitʀɔnɛl] *n.f.* (*bot.*) cedronella, limoncina.

citronnier [sitʀɔnje] *n.m.* (*pianta*) limone.

citrouille [sitʀuj] *n.f.* zucca (*anche fig.*).

cive [siv] *n.f.* cipollina.

civet [sivɛ] *n.m.* (*cuc.*) salmì.
● ***civet de lièvre***, lepre in salmì.

civette[1] [sivɛt] *n.f.* zibetto (*m.*).

civette[2] *n.f.* (erba) cipollina.

civière [sivjɛʀ] *n.f.* barella.

civil [sivil] *agg.* civile (*anche fig.*) ♦ *n.m.* **1** (*dir.*) procedura (*f.*) civile **2** civile, borghese.
● ***dans le civil***, da borghese | ***en civil***, in borghese | ***état civil***, stato civile.

civilement [sivilmɑ̃] *avv.* civilmente.

civilisateur [sivilizatœʀ] *agg.* e *n.m.* [f. *-trice*] civilizzatore.

civilisation [sivilizasjɔ̃] *n.f.* **1** civilizzazione **2** civiltà.

civilisé [sivilize] *agg.* e *n.m.* civile; civilizzato: *les peuples civilisés*, i popoli civili.

civiliser [sivilize] *v.tr.* civilizzare ♦ **se civiliser** *v.pron.* civilizzarsi.

civilité [sivilite] *n.f.* **1** (*antiq.*) cortesia, educazione **2** (*pl.*) ossequi (*m.*).

civique [sivik] *agg.* **1** civico **2** civile.

civisme [sivism] *n.m.* civismo.

clabauder [klabode] *v.intr.* 1 schiamazzare 2 spettegolare.
clafouti(s) [klafuti] *n.m.* dolce di ciliegie nere (tipico del Limousin).
claie [klɛ] *n.f.* graticcio (*m.*), graticciata.
clair [klɛʀ] *agg.* 1 chiaro | *son affaire est claire*, la sua sorte è decisa 2 limpido: *eau claire*, acqua limpida; *ciel clair*, cielo terso, limpido 3 leggero; liquido: *bouillon clair*, brodo leggero; *une soupe trop claire*, una minestra troppo liquida, brodosa ♦ *avv.* chiaro ♦ *n.m.* chiaro.
● ***clair de lune***, chiaro di luna | ***c'est clair!***, (*fam.*) verissimo!, certo!: *"Ce prof est hyper-intéressant!" "C'est clair!"*, "Questo prof è interessantissimo" "Verissimo!" | (*tv*) ***chaîne en clair***, canale in chiaro | ***en clair, ça signifie...***, in poche parole, significa... | ***être au clair***, essere al corrente | ***le plus clair du temps***, la maggior parte del tempo | ***mettre un message en clair***, decifrare un messaggio | ***parler haut et clair***, parlare chiaro e tondo | ***sabre au clair***, con la spada sguainata | ***tirer une affaire au clair***, mettere in chiaro una faccenda.
■ AGG. CONTR. **1** sombre **2** trouble.
clairement [klɛʀmɑ̃] *avv.* chiaramente.
clairet [klɛʀɛ] *agg.* (*cuc.*) leggero.
● (*vin*) ***clairet***, chiaretto.
clairette [klɛʀɛt] *n.f.* vino (*m.*) bianco spumante e dolce.
claire-voie [klɛʀvwa] *n.f.* [pl. *claires-voies*] graticciata.
● ***à claire-voie***, a giorno; a spazi regolari; (*di tessuto*) a trama rada.
clairière [klɛʀjɛʀ] *n.f.* radura.
clair-obscur [klɛʀɔpskyʀ] *n.m.* [pl. *clairs-obscurs*] chiaroscuro.
clairon [klɛʀɔ̃] *n.m.* 1 tromba (*f.*) 2 (suonatore di) tromba 3 (*mil.*) trombettiere.
claironnant [klɛʀɔnɑ̃] *agg.* squillante.
claironner [klɛʀɔne] *v.intr.* suonare la tromba ♦ *v.tr.* (*fig.*) strombazzare.
clairsemé [klɛʀsəme] *agg.* rado; raro.
clairvoyance [klɛʀvwajɑ̃s] *n.f.* chiaroveggenza.
clairvoyant [klɛʀvwajɑ̃] *agg.* 1 perspicace, sagace 2 chiaroveggente.
clamecycois [klamsikwa] *agg.* di Clamecy.
clamer [klame] *v.tr.* gridare; proclamare.
clameur [klamœʀ] *n.f.* clamore (*m.*).
clan [klɑ̃] *n.m.* clan.
clandé [klɑ̃de] *n.m.* (*argot*) 1 casa (*f.*) di malaffare 2 bisca (*f.*) clandestina 3 immigrato irregolare, clandestino.
clandestin [klɑ̃dɛstɛ̃] *agg.* clandestino.
clandestinement [klɑ̃dɛstinmɑ̃] *avv.* clandestinamente.
clandestinité [klɑ̃dɛstinite] *n.f.* clandestinità.
clando [klɑ̃do] *n.m.* → **clandé**.
clapet [klapɛ] *n.m.* (*tecn.*) valvola (*f.*).
● ***ferme ton clapet***, (*fam.*) chiudi il becco.
clapier [klapje] *n.m.* 1 conigliera (*f.*) 2 (*fam.*) topaia (*f.*), tugurio.
clapir [klapiʀ] *v.intr.* (*del coniglio*) zigare.
clapotement [klapɔtmɑ̃] *n.m.* sciabordio.
clapoter [klapɔte] *v.intr.* sciabordare.
clapotis [klapɔti] *n.m.* sciacquio.
clappement [klapmɑ̃] *n.m.* schiocco (con la lingua).
clapper [klape] *v.intr.* schioccare (con la lingua).
claquage [klakaʒ] *n.m.* (*med.*) stiramento.
claquant [klakɑ̃] *agg.* (*fam.*) estenuante.
claque [klak] *n.f.* 1 ceffone (*m.*), schiaffo (*m.*) 2 (*teatr.*) claque 3 (*Canada*) soprascarpa di gomma.
● ***en avoir sa claque***, (*fam.*) essere stufo.
■ SIN. **1** gifle.
claquement [klakmɑ̃] *n.m.* 1 schiocco 2 il battere (mani, denti).
claquemurer [klakmyʀe] *v.tr.* rinchiudere ♦ **se claquemurer** *v.pron.* rinchiudersi, tapparsi in casa.
claquer [klake] *v.intr.* 1 battere (qlco); sbattere (qlco) 2 schioccare | *faire claquer ses doigts*, fare schioccare le dita 3 (*fam.*) crepare, morire 4 (*fam.*) spaccarsi, rompersi ♦ *v.tr.* 1 (*porta, finestra*) sbattere 2 (*fam.*) prendere a schiaffi 3 (*fam.*) stancare, sfinire 4 (*fam.*) scialacquare ♦ **se claquer** *v.pron.* (*fig.*) sfiancarsi: *se claquer de travail*, ammazzarsi di lavoro ♦ *v.pron. indiretto* strapparsi: *se claquer un tendon*, strapparsi un tendine; *se claquer un muscle*, prodursi uno strappo muscolare.
● ***claquer des dents***, battere i denti.
claquette [klakɛt] *n.f.* 1 (*cine.*) ciak (*m.*) 2 (*pl.*) claquettes; tip tap (*m.sing.*).
clarification [klaʀifikasjɔ̃] *n.f.* chiarificazione.
clarifier [klaʀifje] *v.tr.* 1 chiarificare; schiarire 2 (*fig.*) chiarire 3 (*ind.*) raffinare.
clarine [klaʀin] *n.f.* campanaccio (*m.*).
clarinette [klaʀinɛt] *n.f.* clarinetto (*m.*).
clarinettiste [klaʀinetist] *n.m.* e *f.* clarinettista.
clarisse [klaʀis] *n.f.* (*eccl.*) clarissa.
clarté [klaʀte] *n.f.* 1 chiarore (*m.*) 2 trasparenza, limpidezza 3 (*fig.*) chiarezza.
classe [klɑs] *n.f.* 1 classe 2 (*a scuola*) classe, aula 3 lezione (in classe); (*estens.*) scuola: *faire la classe*, fare lezione 4 classe, ceto (sociale) 5 categoria.
● ***classe d'âge***, classe d'età | ***classe de neige***, settimana bianca con la scuola | ***classe moyenne***, ceto medio | ***classe verte, de mer***, gita scolastica in campagna, al mare | ***aller en classe***, andare a scuola | ***bon pour la classe***, (*fam.*) idoneo per il servizio militare | (*mil.*) ***faire ses classes***, fare il CAR; (*fig.*) farsi le ossa | ***hors classe***, fuori classe | (*ferr.*) ***première, deuxième classe***, prima, seconda classe | ***redoubler une classe***, (*a scuola*) ripetere l'anno.
classement [klɑsmɑ̃] *n.m.* 1 classifica (*f.*); graduatoria (*f.*) 2 classificazione (*f.*) 3 (*comm.*) archiviazione (*f.*).
● ***au classement***, in graduatoria.
classer [klɑse] *v.tr.* 1 classificare 2 archiviare, schedare.
● ***classer par, en ordre alphabétique***, ordinare alfabeticamente.
■ SIN. **1** cataloguer.
classeur [klɑsœʀ] *n.m.* classificatore, raccoglitore.
classicisme [klasisism] *n.m.* classicismo.
classificateur [klasifikatœʀ] *n.m.* e *agg.* [f. *-trice*] classificatore.
classification [klasifikasjɔ̃] *n.f.* classificazione.
classifier [klasifje] *v.tr.* classificare.
classique [klasik] *agg.* e *n.m.* classico.
classiquement [klasikmɑ̃] *avv.* classicamente.
claudicant [klodikɑ̃] *agg.* claudicante.
claudiquer [klodike] *v.intr.* (*letter.*) claudicare.
clause [kloz] *n.f.* (*dir.*) clausola.
● ***clause de style***, clausola formale.

C

C

claustral [klostʀal] *agg.* [pl. *-aux*] claustrale.
claustration [klostʀasjɔ̃] *n.f.* clausura.
claustrer [klostʀe] *v.tr.* rinchiudere; segregare ♦ **se claustrer** *v.pron.* segregarsi, isolarsi.
claustrophobie [klostʀɔfɔbi] *n.f.* claustrofobia.
clavaire [klavɛʀ] *n.f.* (*bot.*) clavaria.
● ***clavaire menotte***, ditola.
clavardage [klavaʀdaʒ] *n.m.* (*Internet*) chat (*f.*).
clavarder [klavaʀde] *v.intr.* (*Internet*) chattare.
claveau [klavo] *n.m.* [pl. *-eaux*] (*edil.*) concio (d'imposta).
clavecin [klavsɛ̃] *n.m.* clavicembalo.
claveciniste [klavsinist] *n.m.* e *f.* clavicembalista.
clavette [klavɛt] *n.f.* (*mecc.*) chiavetta.
clavicule [klavikyl] *n.f.* (*anat.*) clavicola.
clavier [klavje] *n.m.* **1** tastiera (*f.*) **2** (*fig.*) gamma (*f.*).
clayette [klɛjɛt] *n.f.* **1** ripiano (*m.*); (*di frigorifero*) griglia mobile **2** (*per frutta e verdura*) cassetta.
clayon [klɛjɔ̃] *n.m.* graticcio.
clé [kle] *n.f.* **1** chiave **2** (*tecn.*) chiave **3** (*mus.*) chiave **4** (*inform.*) bit (*m.*).
● (*tecn.*) ***clé anglaise***, chiave inglese | (*aut.*) ***clé de contact***, chiavetta dell'accensione | (*stat.*) ***clé de répartition***, scala, criterio di ripartizione | (*mus.*) ***clé de sol***, chiave di violino | (*arch.*) ***clé de voûte***, chiave di volta: *la clé de voûte, l'homme-clé d'une entreprise*, (*fig.*) il personaggio chiave, il pilastro di un'azienda | (*inform.*) ***clé USB***, chiave USB | ***clés en main***, (*nelle compravendite*) chiavi in mano | ***à la clé***, con l'aggiunta di | (*La Riunione*) ***casser la clé***, avere grande successo; (*di festa ecc.*) essere in pieno svolgimento | ***mettre la clé sous la porte***, (*fig.*) prendere il volo | ***prendre la clé des champs***, (*fig.*) svignarsela | ***tenir, mettre qqch sous clé***, tenere, mettere qlco sotto chiave.
clébard [klebaʀ] **clebs** [klɛps] *n.m.* (*molto fam.*) cane.
clef [kle] *n.f.* → **clé**.
clématite [klematit] *n.f.* (*bot.*) clematide.
clémence [klemɑ̃s] *n.f.* clemenza.
clément [klemɑ̃] *agg.* clemente.
clémentine [klemɑ̃tin] *n.f.* clementina, mandarancio (*m.*).
clenche [klɑ̃ʃ] *n.f.* **1** (*di porta*) (sbarra del) saliscendi **2** (*Belgio*) maniglia della porta.
clepo [klәpo] *n.m.* (*fam.*) sigaretta (*f.*), cicca (*f.*).
clepsydre [klɛpsidʀ] *n.f.* clessidra ad acqua.
cleptomane [klɛptɔman] *n.m.* e *f.* cleptomane.
cleptomanie [klɛptɔmani] *n.f.* cleptomania.
clerc [klɛʀ] *n.m.* **1** (*eccl.*) chierico **2** giovane di studio.
● ***clerc de notaire***, praticante notaio | ***faire un pas de clerc***, (*fig.*) fare un passo falso, prendere un granchio | ***il est grand clerc en la matière***, è un conoscitore della materia.
clergé [klɛʀʒe] *n.m.* clero.
clérical [kleʀikal] *agg.* e *n.m.* [pl. *-aux*] clericale.
cléricalisme [kleʀikalism] *n.m.* clericalismo.
cléricature [kleʀikatyʀ] *n.f.* chiericato (*m.*).
clermontois [klɛʀmɔ̃twa] *agg.* di Clermont-Ferrand.
clic [klik] *inter.* clic, clac.
cliché [kliʃe] *n.m.* **1** (*tip.*) cliché, lastra (*f.*) **2** (*fot.*) negativo **3** (*fig.*) luogo comune, cliché.
clicher [kliʃe] *v.tr.* (*tip.*) eseguire dei cliché.
client [klijɑ̃] *n.m.* cliente.
clientèle [klijɑ̃tɛl] *n.f.* clientela.
clientélisme [klijɑ̃telism] *n.m.* clientelismo.
clignement [kliɲ(ә)mɑ̃] *n.m.* ammiccamento, strizzatina (*f.*) (d'occhi).
cligner [kliɲe] *v.tr.* e *intr.* strizzare (gli occhi).
● ***cligner de l'œil***, fare l'occhiolino | ***cligner des yeux, les yeux***, sbattere le palpebre; strizzare gli occhi.
cligno [kliɲo] *n.m.* (*fam.*) abbr. di **clignotant**.
clignotant [kliɲɔtɑ̃] *agg.* (*di luce*) intermittente, lampeggiante ♦ *n.m.* (*aut.*) lampeggiatore.
clignotement [kliɲɔtmɑ̃] *n.m.* **1** battito delle ciglia **2** (*di luce*) lampeggiamento.
clignoter [kliɲɔte] *v.intr.* (*di luce*) lampeggiare.
● ***clignoter des yeux***, sbattere le palpebre.
climat [klima] *n.m.* **1** clima **2** (*fig.*) clima, atmosfera (*f.*).
■ SIN. 2 ambiance.
climatère [klimatɛʀ] *n.m.* (*med.*) climaterio.
climatique [klimatik] *agg.* climatico.
climatisation [klimatizasjɔ̃] *n.f.* climatizzazione, condizionamento (*m.*) (dell'aria).
climatisé [klimatize] *agg.* climatizzato, ad aria condizionata.
● ***air climatisé***, aria condizionata.
climatiser [klimatize] *v.tr.* **1** climatizzare; (*di un ambiente*) condizionare l'aria **2** (*tecn.*) tropicalizzare.
climatiseur [klimatizœʀ] *n.m.* climatizzatore, condizionatore (d'aria).
clin d'œil [klɛ̃dœj] *n.m.* [pl. *clins d'œil*] strizzatina (*f.*) d'occhio.
● ***en un clin d'œil***, in un batter d'occhio.
clinicien [klinisjɛ̃] *n.m.* [f. *-enne*] clinico.
clinique [klinik] *agg.* clinico ♦ *n.f.* clinica.
cliniquement [klinikmɑ̃] *avv.* clinicamente.
clinquant [klɛ̃kɑ̃] *agg.* sgargiante, pacchiano ♦ *n.m.* **1** (*abbigl.*) lustrino; strass **2** (*fig.*) orpello.
clip[1] [klip] *n.m.* **1** fermaglio **2** orecchino a clip.
clip[2] *n.m.* videoclip.
clique [klik] *n.f.* **1** (*fam.*) cricca, combriccola **2** (*mil.*) banda, fanfara militare.
cliquer [klike] *v.intr.* (*inform.*) cliccare.
cliques [klik] *n.f.pl.*
● ***prendre ses cliques et ses claques***, (*fam.*) andarsene con armi e bagagli.
cliquet [klikɛ] *n.m.* (*mecc.*) nottolino.
cliqueter [klikte] *v.intr.* [coniug. come *jeter*] tintinnare, ticchettare.
cliquetis [klikti] *n.m.* tintinnio, ticchettio.
clitoris [klitɔʀis] *n.m.* (*anat.*) clitoride (*m.* e *f.*).
clivage [klivaʒ] *n.m.* **1** (*min.*) sfaldatura (*f.*) **2** (*fig.*) separazione (*f.*), divisione (*f.*) **3** (*estens.*) divario; discriminazione.
● ***clivage social***, disuguaglianza sociale.
cliver [klive] *v.tr.* sfaldare.
cloaque [klɔak] *n.m.* cloaca (*f.*).
clochard [klɔʃaʀ] *n.m.* barbone, clochard, senza tetto.
■ SIN. SDF.
cloche [klɔʃ] *n.f.* **1** campana **2** (*aer.*) cloche ♦ *agg.* (*fam.*) tonto, stupido.
● ***cloche à fromage***, campana copriformaggio | (*tecn.*) ***cloche d'air***, camera d'aria | ***cloche*** (***de métal***), coprivi-

vande, campana | ***cloche (de verre)***, campana (di vetro) | (*sport*) ***coup en cloche***, pallonetto | ***déménager à la cloche de bois***, traslocare alla chetichella | ***garder sous cloche***, custodire sotto una campana di vetro | ***sonner les cloches à qqn***, dare una lavata di capo a qlcu.

cloche-pied, à [aklɔʃpje] *avv.* su un piede solo.

clocher[1] [klɔʃe] *n.m.* campanile | *il n'a jamais quitté son clocher*, non ha mai lasciato il paesello.
● ***esprit de clocher***, spirito campanilistico.

clocher[2] *v.intr.* (*antiq.*) claudicare; zoppicare (*anche fig.*).
● ***il y a qqch qui cloche***, c'è qlco che non va.

clocheton [klɔʃtɔ̃] *n.m.* (*arch.*) guglietta (*f.*).

clochette [klɔʃɛt] *n.f.* campanella.

clodo [klɔdo] *n.m.* (*fam.*) barbone, accattone.

cloison [klwazɔ̃] *n.f.* 1 tramezzo (*m.*), parete divisoria, muro (*m.*) divisorio 2 (*anat., bot.*) setto (*m.*) 3 (*mar., aer.*) paratia.
● ***cloison étanche***, paratia stagna; (*fig.*) compartimento stagno | ***abattre les cloisons***, (*fig.*) abbattere le barriere.
■ SIN. 1 séparation.

cloisonné [klwazɔne] *agg.* e *n.m.* (*arte*) pittura (*f.*) a smalto in alveoli su oggetti metallici.

cloisonnement [klwazɔnmɑ̃] *n.m.* 1 suddivisione (*f.*) con tramezzi 2 (*fig.*) incomunicabilità (*f.*).

cloisonner [klwazɔne] *v.tr.* tramezzare.

cloître [klwatʀ] *n.m.* chiostro.

cloîtrer [klwatʀe] *v.tr.* 1 rinchiudere in un chiostro 2 (*fig.*) isolare ♦ **se cloîtrer** *v.pron.* 1 farsi monaco o suora di clausura 2 (*fig.*) vivere appartato, segregato.

clonage [klɔnaʒ] *n.m.* (*biol.*) clonazione (*f.*).

cloner [klɔnɛ] *v.tr.* (*biol.*) clonare.

clope [klɔp] *n.f.* (*fam.*) cicca, sigaretta.
● ***des clopes!***, un corno!

clopet [klɔpɛ] *n.m.* (*Svizzera*) (*fam.*) pisolo.

clopin-clopant [klɔpɛ̃klɔpɑ̃] *avv.* (*fam.*) zoppicando.

clopiner [klɔpine] *v.intr.* (*fam.*) zoppicare.

clopinettes [klɔpinɛt] *n.f.pl.* (*fam.*) bazzecole, cose da nulla: *il en reste des clopinettes*, ne rimane molto poco.

cloporte [klɔpɔʀt] *n.m.* (*zool.*) onisco ♦ *n.f.* (*fam.*) portinaia.

cloque [klɔk] *n.f.* 1 bolla, vescica 2 (*bot.*) bolla.

cloquer [klɔke] *v.intr.* (*di vernice ecc.*) far bolle ♦ *v.tr.* (*stoffa, cartone*) goffrare.

clore [klɔʀ] *v.tr.dif.* [usato all'inf. e al pres.indic.: *je clos, tu clos, il clôt*, (non com.) *ils closent*; fut.indic. (non com.): *je clorai* etc.; cond. (non com.): *je clorais* etc.; pres.cong. (non com.): *que je close* etc.; p.pres. (non com.): *closant*; p.p.: *clos*; imp.: *clos*] chiudere.

clos [klo] *p.p.* di **clore** ♦ *agg.* chiuso | *la séance est close*, la seduta è tolta ♦ *n.m.* 1 terreno coltivato recintato 2 vigneto (recintato).

closant [klozɑ̃] *p.pres.* di **clore**.

clôture [klotyʀ] *n.f.* 1 recinto (*m.*); recinzione; steccato (*m.*) 2 (*banca, Borsa*) chiusura 3 (*eccl.*) clausura.
■ SIN. 1 barrière.

clôturer [klotyʀe] *v.tr.* 1 recintare 2 chiudere; (*fig.*) metter fine (a).

clou [klu] *n.m.* 1 chiodo 2 clou, attrazione (*f.*) principale 3 (*fam.*) (*di veicolo*) catorcio, carretta 4 (*fam.*) foruncolo, brufolo 5 (*molto fam.*) monte di pietà.
● (*bot.*) ***clou de girofle***, chiodo di garofano | ***des clous!***, (*fam.*) un corno! | ***mettre au clou***, mettere in prigione | ***ne pas valoir un clou***, non valere un fico secco | ***river son clou à qqn***, (*fig.*) rispondere per le rime a qlcu | ***traverser dans les clous***, attraversare sulle strisce.

clouer [klue] *v.tr.* inchiodare (*anche fig.*).
● ***rester cloué sur place***, (*fig.*) rimanere di sasso.

clouté [klute] *agg.* chiodato.
● ***passage clouté***, passaggio pedonale.

clouter [klute] *v.tr.* chiodare.

clovisse [klɔvis] *n.f.* (*zool. pop.*) vongola.

clown [klun] *n.m.* [f. *clownesse*] pagliaccio, clown.

clownerie [klunʀi] *n.f.* pagliacciata.

clownesque [klunɛsk] *agg.* pagliaccesco.

club [klœb] *n.m.* 1 circolo, club 2 mazza (*f.*) da golf.

clubeur [klœbœʀ] *n.m.* [f. *-euse*] discotecaro, frequentatore assiduo di discoteche e locali.

clunisien [klynizjɛ̃] *agg.* e *n.m.* [f. *-enne*] cluniacense.

clystère [klistɛʀ] *n.m.* (*med.*) clistere.

co- *pref.* co-, con-.

coacquéreur [kɔakeʀœʀ] *n.m.* coacquirente.

coaction [kɔaksjɔ̃] *n.f.* (*dir.*) coazione.

coadjuteur [kɔadʒytœʀ] *n.m.* (*eccl.*) coadiutore.

coagulant [kɔagylɑ̃] *agg.* e *n.m.* coagulante.

coagulation [kɔagylasjɔ̃] *n.f.* coagulazione.

coaguler [kɔagyle] *v.tr.* coagulare ♦ **se coaguler** *v.pron.intr.* coagularsi.

coagulum [kɔagylɔm] *n.m.* coagulo.

coaliser [kɔalize] *v.tr.* coalizzare ♦ **se coaliser** *v.pron. rec.* coalizzarsi.

coalition [kɔalisjɔ̃] *n.f.* coalizione.
● ***coalition d'intérêts***, (*fig.*) convergenza d'interessi.

coarctation [kɔaʀktasjɔ̃] *n.f.* (*med.*) coartazione.

coassement [kɔasmɑ̃] *n.m.* gracidio.

coasser [kɔase] *v.intr.* gracidare.

coassocié [kɔasɔsje] *n.m.* consociato, consocio.

coauteur [kɔotœʀ] *n.m.* 1 coautore 2 (*dir.*) correo.

coaxial [kɔaksjal] *agg* [pl. *-aux*] coassiale.

cobalt [kɔbalt] *n.m.* cobalto.

cobaltothérapie [kɔbaltɔteʀapi] **cobalthérapie** [kɔbalteʀapi] *n.f.* (*med.*) cobaltoterapia.

cobaye [kɔbaj] *n.m.* cavia (*f.*).

cobra [kɔbʀa] *n.m.* cobra.

coca[1] [kɔka] *n.f.* (*bot.*) coca.

coca[2] *n.m.* (*fam.*) abbr. di **coca-cola**.

coca-cola® [kɔkakɔla] *n.m.invar.* coca-cola® (*f.*).

cocagne [kɔkaɲ] *n.f.* cuccagna (*f.*).
● ***mât de cocagne***, albero della cuccagna.

cocaïne [kɔkain] *n.f.* cocaina.

cocaïnomane [kɔkainɔman] *n.m.* e *f.* cocainomane.

cocarde [kɔkaʀd] *n.f.* coccarda.

cocardier [kɔkaʀdje] *agg.* e *n.m.* [f. *-ère*] nazionalista, sciovinista.

cocasse [kɔkas] *agg.* (*fam.*) buffo, ridicolo.

cocasserie [kɔkasʀi] *n.f.* comicità; buffonata.

coccinelle [kɔksinɛl] *n.f.* (*zool.*) coccinella.

coccyx [kɔksis] *n.m.* (*anat.*) coccige.

coche[1] [kɔʃ] *n.m.* diligenza (*f.*).
● ***rater, louper le coche***, (*fig. fam.*) perdere una buona occasione.

coche[2] *n.m.*
● ***coche d'eau***, (*ant.*) chiatta fluviale per il trasporto di merci e passeggeri.

cochenille [kɔʃnij] ***n.f.*** (*zool.*) cocciniglia.

cocher[1] [kɔʃe] ***n.m.*** cocchiere, vetturino.

cocher[2] ***v.tr.*** contrassegnare.

cochère [kɔʃɛʀ] ***agg.f.***
● ***porte cochère***, portone.

C

cochon [kɔʃɔ̃] ***n.m.*** maiale, porco ♦ ***agg.*** [f. *-onne*] sporcaccione; (*di spettacolo*) sconcio, osceno.
● ***cochon de lait***, porcellino da latte; (*cuc.*) porchetta | (*zool.*) ***cochon d'Inde***, porcellino d'India | ***c'est pas cochon***, (*fam.*) mica male | ***comme un cochon***, (*fig. fam.*) come un maiale: *gros, sale comme un cochon*, grasso, sudicio come un maiale; *manger comme un cochon*, mangiare come un porco | ***il fait un temps de cochon***, (*fam.*) fa, è un tempo schifoso | ***un tour de cochon***, (*molto fam.*) un tiro mancino.

cochonceté [kɔʃɔ̃ste] ***n.f.*** (*fam.*) porcata.

cochonnaille [kɔʃɔnaj] ***n.f.*** (*fam.*) salumi (*m.pl.*), insaccati (*m.pl.*).

cochonner [kɔʃɔne] ***v.tr.*** (*fam.*) pasticciare, fare male: *travail cochonné*, lavoro raffazzonato.

cochonnerie [kɔʃɔnʀi] ***n.f.*** (*fam.*) porcheria.

cochonnet [kɔʃɔnɛ] ***n.m.*** **1** porcellino **2** (*bocce, biliardo*) pallino, boccino.

cocker [kɔkɛʀ] ***n.m.*** (*cane*) cocker.

cockpit [kɔkpit] ***n.m.*** **1** (*aer.*) cabina (*f.*) del pilota **2** (*mar.*) pozzetto.

cocktail [kɔktɛl] ***n.m.*** cocktail.
● ***cocktail Molotov***, (bomba, bottiglia) molotov.

coco[1] [koko] ***n.m.*** (*frutto*) cocco.
● (*La Riunione*) ***coco (de tête)***, testa | ***noix de coco***, noce di cocco.

coco[2] ***n.m.*** **1** (*fam.*) cocco, coccolo **2** (*nel linguaggio infantile*) uovo, ovetto.

coco[3] ***n.m.*** (*fam. spreg.*) tipo, tizio.

coco[4] ***n.f.*** (*fam.*) cocaina.

coco[5] ***n.m.*** (*fam. spreg.*) abbr. di **communiste**.

cocon [kɔkɔ̃] ***n.m.*** bozzolo (*anche fig.*).

cocooner [kɔkune] ***v.intr.*** **1** accoccolarsi **2** (*fam.*) starsene nel proprio guscio.

cocorico [kɔkɔʀiko] ***n.m.*** **1** chicchirichì **2** (*fig.*) espressione, spirito di campanile (soprattutto con riferimento allo sciovinismo francese).

cocotier [kɔkɔtje] ***n.m.*** palma (*f.*) da cocco.

cocotte[1] [kɔkɔt] ***n.f.*** **1** (*nel linguaggio infantile*) gallina **2** (*fam.*) cocca, coccola **3** (*antiq.*) cocotte, donnina allegra.
● ***cocotte en papier***, origami (foglio di carta piegato a forma di uccello).

cocotte[2] ***n.f.*** pentola di ghisa (per cottura lenta).

cocotte-minute® [kɔkɔtminyt] ***n.f.*** [pl. *cocottes-minute*] pentola a pressione.

cocu [kɔky] ***agg.*** e ***n.m.*** (*fam.*) cornuto.

cocufier [kɔkyfje] ***v.tr.*** (*fam.*) cornificare.

codage [kɔdaʒ] ***n.m.*** **1** cifratura (*f.*) **2** (*scient., inform.*) codifica (*f.*).

code [kɔd] ***n.m.*** **1** codice **2** (*pl.*) (*aut.*) anabbaglianti.
● ***code (à) barres***, codice a barre | (*dir.*) ***code civil, pénal***, codice civile, penale | ***code de la nationalité***, diritto di cittadinanza (dei figli di stranieri residenti in Francia) | ***code de la route***, codice stradale | (*biol.*) ***code génétique***, codice genetico | ***code postal***, codice di avviamento postale | ***code secret***, codice segreto; (*banca*) pin.

FAUX AMI
Da non confondere con *coda*, che si traduce *queue*.

codé [kɔde] ***agg.*** in codice.

codéine [kɔdein] ***n.f.*** (*chim.*) codeina.

coder [kɔde] ***v.tr.*** **1** cifrare **2** (*tecn.*) codificare.

codet [kɔdɛ] ***n.m.*** (*inform.*) etichetta (*f.*).

codétenu [kodetny] ***n.m.*** compagno di detenzione.

codeur [kɔdœʀ] ***n.m.*** (*elettr., inform.*) codificatore.

codex [kɔdɛks] ***n.m.*** farmacopea (*f.*), formulario farmaceutico.

codicille [kɔdisil] ***n.m.*** (*dir.*) codicillo.

codification [kɔdifikasjɔ̃] ***n.f.*** codificazione, codifica.

codifier [kɔdifje] ***v.tr.*** codificare.

codirecteur [kodiʀɛktœʀ] ***n.m.*** [f. *-trice*] condirettore.

codirection [kodiʀɛksjɔ̃] ***n.f.*** condirezione.

coédition [kɔedisjɔ̃] ***n.f.*** coedizione.

coefficient [koɛfisjɑ̃] ***n.m.*** coefficiente.

cœlacanthe [selakɑ̃t] ***n.m.*** (*zool.*) celacanto.

coépouse [kɔepuz] ***n.f.*** (*Africa*) una delle mogli di un poligamo.

coéquation [kɔekwasjɔ̃] ***n.f.*** perequazione (tributaria).

coéquipier [kɔekipje] ***n.m.*** [f. *-ère*] **1** compagno di squadra **2** (*ciclismo*) gregario.

coercitif [kɔɛʀsitif] ***agg.*** [f. *-ive*] coercitivo.

coercition [kɔɛʀsisjɔ̃] ***n.f.*** coercizione.

cœur [kœʀ] ***n.m.*** **1** cuore: *malade du cœur*, malato di cuore **2** (*fig.*) cuore, nocciolo; nucleo: *le cœur de la ville*, il cuore della città; *un cœur de laitue*, un cuore di lattuga; *le cœur du problème*, il nocciolo del problema **3** (*fig.*) coraggio, animo **4** (*fam.*) stomaco **5** (*alle carte*) cuori (*pl.*): *avoir du cœur*, avere in mano dei cuori.
● ***cœur de marbre, de pierre***, (*fig.*) cuore di pietra | ***à cœur***, (*di formaggio*) stagionato | (*med.*) ***à cœur ouvert***, a cuore aperto; (*fig.*) a cuor aperto, francamente | ***au cœur de***, (*fig.*) nel cuore di: *au cœur de l'hiver*, nel cuore dell'inverno | ***avoir du cœur***, essere valoroso | ***avoir du cœur au ventre***, (*fam.*) aver del fegato | ***avoir le cœur au bord des lèvres***, avere il voltastomaco | ***avoir le cœur gros, le cœur serré***, avere un nodo alla gola | ***avoir le cœur lourd***, avere un peso sul cuore | ***avoir mal au cœur***, avere la nausea | ***avoir qqch sur le cœur, en avoir gros sur le cœur***, essere amareggiato per qlco | ***avoir un cœur gros comme ça***, (*fig. fam.*) avere un cuore grande come una casa | ***bourreau des cœurs***, rubacuori | ***ça me soulève le cœur***, (*fam.*) mi fa venire la nausea | ***celui-là, je ne le porte pas dans mon cœur***, (*fam.*) quello non mi è molto simpatico | ***chauffer le cœur***, confortare | ***de bon cœur***, volentieri | ***déchirer, fendre, percer le cœur***, spezzare il cuore | ***de tout (son) cœur***, con tutto il cuore | ***elle est jolie comme un cœur***, è un amore, è molto carina | ***en forme de cœur***, a forma di cuore, cuoriforme | ***faire battre le cœur***, dare il batticuore | ***faire contre mauvaise fortune bon cœur***, far buon viso a cattiva sorte | ***faire le joli cœur***, fare il galante | ***je n'ai le cœur à rien***, non ho l'umore giusto per nulla | ***je n'ai pas le cœur à rire***, non sono in vena di ridere | ***je ne le fais pas de gaieté de cœur***, lo faccio a malincuore | ***je suis de tout cœur avec toi***, ti sono vicino con tutto il cuore | ***je veux en avoir le cœur net***, voglio vederci chiaro | ***le cœur battant***, col cuore in gola | ***mettre du cœur à faire qqch***, mettere passione in quello che si fa | ***ouvrir son cœur***, confidarsi, aprirsi con qlcu | ***par cœur***, a memoria; a fondo: *apprendre un poème par cœur*, imparare una poesia a memoria; *connaître qqn par cœur*, conoscere a fondo, bene qlcu | ***partir le cœur léger***, andarsene a cuor leggero | ***rester sur le cœur***, (*fig.*) rimanere sullo stomaco |

s'en donner à cœur joie, darsi alla pazza gioia | *serrer qqn, qqch sur son cœur*, stringere qlcu, qlco al petto | *si le cœur n'y est pas, ce n'est pas la peine de le faire*, se non c'è la volontà, non val la pena di farlo | *si le cœur vous en dit*, se ne avete voglia | *son bonheur me tient à cœur*, mi sta a cuore la sua felicità.

coexistence [kɔɛgzistɑ̃s] *n.f.* coesistenza.

coexister [kɔɛgziste] *v.intr.* coesistere.

coffrage [kɔfʀaʒ] *n.m.* (*edil.*) 1 (*di pozzi ecc.*) casseratura (*f.*) 2 (*per strutture in calcestruzzo*) cassaforma (*f.*), cassero.

coffre [kɔfʀ] *n.m.* 1 baule, cassone 2 (*aut.*) bagagliaio, baule: *coffre arrière*, baule posteriore 3 cassaforte (*f.*), forziere; (*in banca*) cassetta (*f.*) di sicurezza 4 (*di tapparella*) cassonetto 5 (*fig. fam.*) petto, torace.
● *avoir du coffre*, aver fiato; avere una voce potente | *les coffres de l'État*, le casse dello Stato.

coffre-fort [kɔfʀəfɔʀ] *n.m.* [pl. *coffres-forts*] cassaforte (*f.*), forziere: *compartiment de coffre-fort*, cassetta di sicurezza.

coffrer [kɔfʀe] *v.tr.* 1 (*argot*) schiaffar dentro 2 (*edil.*) (*casseratura*) mettere in opera.

coffret [kɔfʀɛ] *n.m.* cofanetto.
● *coffret à bijoux*, portagioie | *coffret-cadeau*, cofanetto regalo.

cogérance [kɔʒeʀɑ̃s] *n.f.* cogestione.

cogérer [kɔʒeʀe] *v.tr.* [coniug. come *céder*] cogestire.

cogestion [kɔʒɛstjɔ̃] *n.f.* cogestione.

cogitation [kɔʒitasjɔ̃] *n.f.* (*fam.*) pensata.

cogiter [kɔʒite] *v.tr.* (*letter., scherz.*) cogitare.

cognac [kɔɲak] *n.m.* cognac.

cognaçais [kɔɲase] *agg.* di Cognac.

cognassier [kɔɲasje] *n.m.* (*bot.*) cotogno.

cognat [kɔgna] *n.m.* (*dir.*) consanguineo.

cognée [kɔɲe] *n.f.* scure.
● *jeter le manche après la cognée*, perdersi d'animo.
■ SIN. hache.

cogner [kɔɲe] *v.tr.* picchiare | *se cogner la tête*, (*anche fig.*) sbattere la testa ♦ *v.intr.* 1 (*fam.*) pestare (qlco), battere (qlco) 2 (*aut.*) battere in testa ♦ **se cogner** *v.pron.* sbattere, urtare ♦ *v.pron.rec.* (*fam.*) picchiarsi.
■ *V.INTR* SIN. 1 frapper ♦ *V.PRON.* SIN. heurter.

cognitif [kɔɲitif] *agg.* [f. *-ive*] conoscitivo, cognitivo.

cohabitation [koabitasjɔ̃] *n.f.* coabitazione.

cohabiter [koabite] *v.intr.* coabitare.

cohérence [kɔeʀɑ̃s] *n.f.* coerenza.

cohérent [kɔeʀɑ̃] *agg.* coerente.

cohéritier [koeʀitje] *n.m.* [f. *-ère*] (*dir.*) coerede.

cohésion [koezjɔ̃] *n.f.* coesione.

cohorte [kɔɔʀt] *n.f.* 1 (*st.*) coorte 2 (*fam.*) schiera.

cohue [kɔy] *n.f.* 1 calca, ressa 2 confusione, baraonda.

coi [kwa] *agg.* [f. *coite*] cheto, tranquillo.

coiffe [kwaf] *n.f.* 1 cuffia, cuffietta; (*da cameriera*) crestina 2 (*mil.*) cappuccio (*m.*) 3 (*anat.*) membrana amniotica, amnio (*m.*).

coiffé [kwafe] *agg.* 1 pettinato 2 (*di persona*) con il capo coperto; (*di capo*) coperto: *coiffé d'un béret bleu*, con in capo un berretto blu 3 (*di animali, cose*) sormontato, coperto 4 (*fig.*) infatuato.
● *il est né coiffé*, (*fig.*) è nato con la camicia.

coiffer [kwafe] *v.tr.* 1 pettinare, acconciare 2 coprire il capo (a): *coiffer qqn d'un chapeau*, mettere un cappello in testa a qlcu 3 (*estens.*) ricoprire 4 (*cappello ecc.*) mettersi (in capo), avere (in capo) 5 essere a capo (di), controllare 6 (*sport*) superare: *coiffer qqn sur le poteau*, battere qlcu sul traguardo ♦ **se coiffer** *v.pron.* e *pron.intr.* 1 pettinarsi 2 (*con un cappello ecc.*) coprirsi il capo.
● *coiffer Sainte Catherine*, (*di ragazza*) compiere i venticinque anni ancora nubile.
■ SIN. 1 peigner CONTR. 1 décoiffer.

C

coiffeur [kwafœʀ] *n.m.* parrucchiere.

coiffeuse[1] [kwaføz] *n.f.* parrucchiera.

coiffeuse[2] *n.f.* (*mobile*) toeletta, pettiniera.

coiffure [kwafyʀ] *n.f.* 1 pettinatura, acconciatura 2 cappello (*m.*), copricapo (*m.*).
● *salon de coiffure*, (salone di) parrucchiere.

coin [kwɛ̃] *n.m.* 1 angolo: *le magasin du coin*, il negozio all'angolo; *un coin de ciel bleu*, un lembo di cielo azzurro 2 (*mecc.*) cuneo, bietta (*f.*) 3 (*per monete ecc.*) conio, punzone.
● *coin couloir*, *coin fenêtre*, (*su mezzi di trasporto*) posto vicino al corridoio, al finestrino | *coin de terre*, fazzoletto, pezzetto di terra: *rester au coin du feu*, stare accanto al camino | *coin du feu*, focolare: *rester au coin du feu*, stare accanto al camino | *aller au petit coin*, (*fig. fam.*) andare in quel posticino | *du coin de l'œil*, con la coda dell'occhio: *regarder du coin de l'œil*, guardare con la coda dell'occhio | *en boucher un coin à qqn*, (*fig. fam.*) lasciare qlcu di stucco | *en coin*, (*fig.*) di striscio, di sbieco: *regard en coin*, sguardo in tralice, di sottecchi, di sbieco; *sourire en coin*, mezzo sorriso | *être dans le coin*, (*fig.*) restare nelle vicinanze | *être du coin*, (*abitarci*) essere del posto: *rester au coin du feu*, stare accanto al camino | *jouer aux quatre coins*, giocare ai quattro cantoni | *rester dans son coin*, (*fig.*) starsene in disparte.

coincé [kwɛ̃se] *agg.* 1 (*tecn.*) bloccato, incastrato (*anche fig.*) 2 (*fam.*) inibito, complessato.

coincement [kwɛ̃smɑ̃] *n.m.* inceppamento.
● (*med.*) *coincement de vertèbre*, schiacciamento vertebrale.

coincer [kwɛ̃se] *v.tr.* [coniug. come *placer*] 1 incastrare (*anche fig.*) 2 (*fig.*) beccare, prendere ♦ **se coincer** *v.pron.intr.* 1 rimanere incastrato 2 (*tecn.*) incepparsi.
● *ça coince*, (*fam.*) butta male.
■ CONTR. décoincer.

coinche [kwɛ̃ʃ] *n.f.* (*region.*) gioco (*m.*) di carte simile alla belote.

coïncidence [kɔɛ̃sidɑ̃s] *n.f.* coincidenza.

coïncider [kɔɛ̃side] *v.intr.* coincidere.

coin-coin [kwɛ̃kwɛ̃] *onom.* (*di anatra*) qua qua.

coin-cuisine [kwɛ̃kɥizin] *n.m.* [pl. *coins-cuisine*] angolo cottura.

coing [kwɛ̃] *n.m.* (mela) cotogna (*f.*).

coin-repas [kwɛ̃ʀəpɑ] *n.m.* [pl. *coins-repas*] zona (*f.*) pranzo.

coït [kɔit] *n.m.* coito.

coke[1] [kɔk] *n.m.* coke.

coke[2] *n.f.* (*fam.*) cocaina.

col [kɔl] *n.m.* 1 collo, colletto 2 (*estens.*) (*parte ristretta di qlco.*) collo 3 (*geogr.*) valico, passo, colle.
● *col blanc*, (*fig.*) colletto bianco, impiegato | *col bleu*, (*fig.*) colletto blu, operaio | *col châle*, colletto a scialle | *col Claudine*, colletto tondo | (*anat.*) *col de l'utérus*, cervice uterina, collo dell'utero | *col du manteau*, bavero del cappotto | *col marin*, colletto alla marinara | *col officier*, colletto alla coreana | *faux col*, solino, colletto ina-

midato | ***un demi sans faux col***, (*fam.*) una birra senza schiuma.

col- *pref.* → **con-**.

cola [kɔla] *n.m.* (*bot.*) cola (*f.*).

colback [kɔlbak] *n.m.* **1** colbacco **2** (*fam.*) collo, colletto.

C

colchique [kɔlʃik] *n.m.* (*bot.*) colchico.

coléoptère [kɔleɔptɛʀ] *n.m.* coleottero.

colère [kɔlɛʀ] *n.f.* **1** collera, ira: *passer sa colère sur qqn*, sfogare la propria rabbia su qlcu; *se mettre en colère contre qqn*, andare in collera con qlcu **2** scatto (*m.*) d'ira.
● ***faire une colère***, (*fam.*) fare le bizze | ***piquer une colère***, (*fam.*) andare in bestia.
■ SIN. **1** courroux.

coléreux [kɔleʀø] [f. *-euse*] **colérique** [kɔleʀik] *agg.* collerico, irascibile.

colibacille [kɔlibasil] *n.m.* (*biol.*) colibacillo.

colibri [kɔlibʀi] *n.m.* colibrì.

colifichet [kɔlifiʃɛ] *n.m.* gingillo, fronzolo; gioiello falso.

colimaçon [kɔlimasɔ̃] *n.m.* lumaca (*f.*), chiocciola (*f.*).
● ***escalier en colimaçon***, scala a chiocciola.

colin [kɔlɛ̃] *n.m.* (*zool.*) merluzzo; (*cuc.*) stoccafisso.

colin-maillard [kɔlɛ̃majaʀ] *n.m.* (*gioco infantile*) mosca (*f.*) cieca.

colique [kɔlik] *n.f.* **1** (*med.*) colica **2** (*fam.*) diarrea.
● (*med.*) ***colique néphrétique***, colica renale | ***quelle colique cet homme!***, (*fam.*) che pizza quell'uomo!

colis [kɔli] *n.m.* collo, pacco; balla (*f.*).
■ SIN. paquet.

colite [kɔlit] *n.f.* (*med.*) colite.

collabo [kɔlabo] *n.m.* e *f.* (*st.*) (*fam. spreg.*) abbr. di **collaborateur**.

collaborateur [kɔl/abɔʀatœʀ] *n.m.* [f. *-trice*] **1** collaboratore **2** (*st.*) collaborazionista (durante l'occupazione tedesca 1940-44).
● ***collaborateur d'atelier***, operaio.

collaboration [kɔl/abɔʀɑsjɔ̃] *n.f.* **1** collaborazione **2** (*pol.*) collaborazionismo (*m.*).

collaborer [kɔl/abɔʀe] *v.intr.* collaborare.

collage [kɔlaʒ] *n.m.* **1** incollatura (*f.*) **2** (*arte*) collage **3** (*di vino*) chiarificazione (*f.*) **4** (*fam.*) relazione (*f.*) (amorosa) **5** (*cine.*) giuntaggio.

collagène [kɔlaʒɛn] *n.m.* collagene.

collant [kɔlɑ̃] *agg.* **1** adesivo; appiccicoso (*anche fig.*) **2** aderente ♦ *n.m.* calzamaglia (*f.*), collant.

collante [kɔlɑ̃t] *n.f.* (*argot scolastico*) comunicazione con cui gli studenti vengono convocati agli orali.

collapsé [kɔlapse] *agg.* (*fam.*) distrutto, annientato.

collapsus [kɔlapsys] *n.m.* (*med.*) collasso.

collatéral [kɔl/ateʀal] *agg.* [pl. *-aux*] collaterale ♦ *n.m.* **1** collaterale **2** (*arch.*) navata (*f.*) laterale.

collation [kɔlɑsjɔ̃] *n.f.* spuntino (*m.*), merenda.

collationner [kɔlɑsjɔne] *v.tr.* collazionare.

colle [kɔl] *n.f.* **1** colla **2** (*argot scolastico*) interrogazione; domanda difficile; ore (*pl.*) supplementari di scuola (inflitte come punizione): *poser une colle*, fare una domanda difficile.
● ***colle de pâte***, colla di farina | ***un pot de colle***, (*fam.*) un appiccicoso.

collecte [kɔlɛkt] *n.f.* **1** raccolta (*anche agr.*) **2** colletta.
● ***collecte du papier***, raccolta della carta | ***collecte du verre***, raccolta del vetro | ***collecte sélective des ordures***, raccolta differenziata dei rifiuti.

collecter [kɔlɛkte] *v.tr.* raccogliere.

collecteur [kɔlɛktœʀ] *agg.* [f. *-trice*] collettore ♦ *n.m.* collettore.
● (*elettr.*) ***collecteur d'ondes***, antenna ricevente | ***égout collecteur***, collettore di fogna.

collectif [kɔlɛktif] *agg.* [f. *-ive*] collettivo ♦ *n.m.* **1** collettivo **2** (*gramm.*) nome collettivo.
● (*econ.*) ***collectif*** (***budgétaire***), bilancio di previsione (dello stato).
■ AGG. SIN. **1** commun CONTR. **1** individuel.

collection [kɔlɛksjɔ̃] *n.f.* **1** collezione, raccolta **2** (*moda*) collezione: *collection printemps-été*, collezione primavera-estate **3** (*di libri ecc.*) collana.

collectionner [kɔlɛksjɔne] *v.tr.* collezionare.

collectionneur [kɔlɛksjɔnœʀ] *n.m.* [f. *-euse*] collezionista.

> NOTA La categoria dei ***collectionneurs*** è stata catalogata dai francesi con nomi specifici, in base all'oggetto collezionato. Così *l'avrilopiscophile* colleziona pesci d'aprile; *le canivettiste* le immaginette sacre, *le cartopuciste* i tesserini con microprocessori; *le copocléphile* i portachiavi; *le cumixaphile* le scatole di fiammiferi; *le fabophile* le fèves della *galette des Rois*; *le hululophile* le civette; *le mnémophile* i souvenirs; *le molabophile* i macinacaffé; *le molubdotémophile* i temperamatite; *le nœudetérophile* le cravatte a papillon; *le placomusophile* i tappi di champagne; *le pressophile* i ferri da stiro; *le télécartophile* le schede telefoniche; *le tyrosémiophile* le etichette di formaggi; *le vexilloplogiste* le bandiere.

collectique [kɔl/ɛktik] *n.f.* (*inform.*) tecniche (*pl.*) telematiche per la comunicazione multimediale.

collectivement [kɔlɛktivmɑ̃] *avv.* collettivamente.

collectiviser [kɔlɛktivize] *v.tr.* collettivizzare.

collectivisme [kɔlɛktivism] *n.m.* collettivismo.

collectivité [kɔlɛktivite] *n.f.* **1** collettività: *collectivité nationale*, comunità nazionale **2** associazione: *collectivité professionnelle*, associazione professionale **3** ente: *collectivités publiques*, enti pubblici.
● ***collectivité locale***, ente locale; circoscrizione amministrativo-territoriale (per la Francia).

collège [kɔlɛʒ] *n.m.* **1** collegio **2** scuola (*f.*) media statale, istituto di istruzione secondaria (inferiore o superiore): *au collège*, a scuola.
● (*fin.*) ***collège de gérance***, comitato di gestione | (*pol.*) ***collège électoral***, collegio elettorale.

> NOTA Il ***Collège de France*** è un istituto di ricerca e istruzione, dipendente dal *Ministère de l'Education nationale*, che offre corsi aperti a tutti, senza diploma finale, tenuti da importanti e notissimi professori (52) nominati dal capo dello Stato. Fu creato nel 1529 dal re Francesco I, sollecitato dall'umanista G. Budé per consentire lo studio di discipline che l'università dell'epoca non dispensava; ha sede a Parigi.

collégial [kɔleʒjal] *agg.* [pl. *-aux*] collegiale.

collégiale [kɔleʒjal] *n.f.* collegiata.

collégialement [kɔleʒjalmɑ̃] *avv.* collegialmente.

collégialité [kɔleʒjalite] *n.f.* collegialità.

collégien [kɔleʒjɛ̃] *n.m.* [f. *-enne*] **1** studente (di istituto di istruzione secondaria) **2** (*estens.*) collegiale.

collègue [kɔl/ɛg] *n.m.* e *f.* collega.

coller [kɔle] *v.tr.* **1** incollare, appiccicare **2** (*argot scolastico*) (*a un esame*) bocciare; punire (con ore supple-

mentari di scuola) 3(*fam.*) appioppare, rifilare; attaccare, trasmettere: *il m'a collé son rhume*, mi ha attaccato il raffreddore 4(*fam.*) ficcare ♦ *v.intr.* 1 incollarsi, appiccicarsi (*anche fig.*) 2 aderire 3(*fam.*) quadrare; adattarsi: *raisonnement qui ne colle pas*, ragionamento che non calza.
● ***ça colle!***, (*fig. fam.*) va bene! | ***ça ne colle pas!***, (*fig. fam.*) non attacca!

NOTA L'interiezione familiare ***Ça colle, Anatole!*** si usa per dire che va tutto bene, è ok.

collerette [kɔlʀɛt] *n.f.* 1 colletto (*m.*) arricciato 2 (*tecn.*) flangia.

collet [kɔlɛ] *n.m.* 1 colletto; bavero (della giacca) | *prendre qqn au collet*, (*fam.*) prendere qlcu per il collo 2 laccio (per animali) 3(*anat., bot.*) colletto 4 collo, collottola (*f.*) (di animali).
● ***collet monté***, (*fig.*) persona solenne e austera.

colleter, se [səkɔlte] *v.pron.rec.* e *pron.intr.* [coniug. come *jeter*] battersi, azzuffarsi.

colleur [kɔlœʀ] *n.m.* [f. *-euse*] 1 incollatore 2 (*argot scolastico*) esaminatore.
● ***colleur d'affiches***, attacchino.

colley [kɔlɛ] *n.m.* (*cane*) collie.

collier [kɔlje] *n.m.* 1 collana (*f.*) 2 collare 3(*mecc.*) fascetta (*f.*) 4(*zool.*) collare.
● ***collier de barbe***, barba alla Cavour | ***donner un coup de collier***, (*fig.*) fare una sgobbata | ***reprendre le collier***, (*fig.*) riprendere il lavoro.

collimateur [kɔlimatœʀ] *n.m.* (*fis., mil.*) collimatore.
● ***avoir qqn dans son collimateur***, (*fig.*) avere qlcu nel mirino, prendere qlcu di mira.

colline [kɔlin] *n.f.* collina; poggio (*m.*).

collision [kɔlizjɔ̃] *n.f.* collisione, scontro (*m.*); investimento (*m.*).

colloïdal [kɔlɔidal] *agg.* [pl. *-aux*] colloidale.

colloïde [kɔlɔid] *n.m.* (*chim.*) colloide.

colloque [kɔllɔk] *n.m.* convegno, seminario.

collusion [kɔlyzjɔ̃] *n.f.* (*dir.*) collusione.

collusoire [kɔlyzwaʀ] *agg.* (*dir.*) collusivo, collusorio.

collutoire [kɔlytwaʀ] *n.m.* collutorio.

collyre [kɔliʀ] *n.m.* collirio.

colmarien [kɔlmaʀjɛ̃] *agg.* [f. *-enne*] di Colmar.

colmatage [kɔlmataʒ] *n.m.* 1 (*agr.*) colmata (*f.*) 2 il turare.

colmater [kɔlmate] *v.tr.* 1 (*agr.*) colmare (un terreno) 2 turare, tappare.

colo [kɔlo] *n.f.* (*fam.*) colonia estiva.

coloc [kolɔk] *n.m.* (*fam.*) abbr. di **colocataire**.

colocataire [kɔlɔkatɛʀ] *n.m.* e *f.* coinquilino/a.

colombage [kɔlɔ̃baʒ] *n.m.* (*edil.*) muro, parete (*f.*) con travatura lignea a vista.
● ***maison à colombages***, casa a graticcio.

colombe [kɔlɔ̃b] *n.f.* colomba.

colombien [kɔlɔ̃bjɛ̃] *agg.* [f. *-enne*] colombiano.

Colombien *n.m.* [f. *-enne*] (*abitante*) colombiano.

colombier [kɔlɔ̃bje] *n.m.* colombaia (*f.*).
● (***papier***) ***colombier***, (carta) formato 90 x 63 cm circa.

colombophile [kɔlɔ̃bɔfil] *agg.* e *n.m.* e *f.* colombofilo/a; (*zootecn.*) colombicoltore/trice.

colon [kɔlɔ̃] *n.m.* 1 coloniale 2 mezzadro, colono 3 (*fam.*) abbr. di **colonel**.

côlon [kolɔ̃] *n.m.* (*anat.*) colon.

colonel [kɔlɔnɛl] *n.m.* (*mil.*) colonnello.

colonial [kɔlɔnjal] *agg.* e *n.m.* [pl. *-aux*] coloniale.

colonialisme [kɔlɔnjalism] *n.m.* colonialismo.

colonialiste [kɔlɔnjalist] *agg.* colonialistico ♦ *n.m.* e *f.* colonialista.

colonie [kɔlɔni] *n.f.* colonia.

colonisateur [kɔlɔnizatœʀ] *agg.* e *n.m.* [f. *-trice*] colonizzatore.

colonisation [kɔlɔnizasjɔ̃] *n.f.* colonizzazione.

coloniser [kɔlɔnize] *v.tr.* 1 colonizzare 2(*estens.*) invadere.

colonnade [kɔlɔnad] *n.f.* (*arch.*) colonnato (*m.*).

colonne [kɔlɔn] *n.f.* colonna.

colonnette [kɔlɔnɛt] *n.f.* colonnina, colonnetta.

colophane [kɔlɔfan] *n.f.* colofonia, pece greca.

coloquinte [kɔlɔkɛ̃t] *n.f.* (*bot.*) coloquintide.

colorant [kɔlɔʀɑ̃] *agg.* e *n.m.* colorante.

coloration [kɔlɔʀasjɔ̃] *n.f.* colorazione.

coloré [kɔlɔʀe] *agg.* colorato; colorito (*anche fig.*): *avoir un teint coloré*, avere un bel colorito.

colorer [kɔlɔʀe] *v.tr.* colorare; colorire (*anche fig.*): *colorer un récit*, colorire un racconto.

coloriage [kɔlɔʀjaʒ] *n.m.* 1 colorazione (*f.*) 2 (*per bambini*) disegno da colorare.
● ***album de coloriages***, album da colorare.

colorier [kɔlɔʀje] *v.tr.* colorare.

colorimètre [kɔlɔʀimɛtʀ] *n.m.* colorimetro.

coloris [kɔlɔʀi] *n.m.* 1 tinta (*f.*) 2(*di fiori, frutti ecc.*) colore (naturale) 3(*della pelle*) colorito, carnagione (*f.*).

colossal [kɔlɔsal] *agg.* [pl. *-aux*] colossale.
■ CONTR. minuscule.

colossalement [kɔlɔsalmɑ̃] *avv.* in modo colossale.

colosse [kɔlɔs] *n.m.* colosso.

colostrum [kɔlɔstʀɔm] *n.m.* (*biol.*) colostro.

colportage [kɔlpɔʀtaʒ] *n.m.* 1 commercio ambulante 2(*fig.*) (*di notizie*) divulgazione (*f.*).

colporter [kɔlpɔʀte] *v.tr.* 1 fare il venditore ambulante (di) 2(*fig.*) (*notizie*) divulgare, diffondere.

colporteur [kɔlpɔʀtœʀ] *n.m.* [f. *-euse*] venditore ambulante.

coltiner [kɔltine] *v.tr.* (*pesi*) portare, trasportare ♦ **se coltiner** *v.pron. indiretto* (*cosa*) sciropparsi; (*persona*) spupazzarsi.

columbarium [kɔlɔ̃baʀjɔm] *n.m.* colombario.

colza [kɔlza] *n.m.* (*bot.*) colza (*f.*), ravizzone.

coma [kɔma] *n.m.* (*med.*) coma: *entrer dans le coma*, entrare in coma.

cômasque [komask] *agg.* comasco.

comater [kɔmate] *v.intr.* (*fam.*) sonnecchiare, dormicchiare (per effetto dell'alcool).

comateux [kɔmatø] *agg.* [f. *-euse*] comatoso.

combat [kɔ̃ba] *n.m.* combattimento, lotta (*f.*) (*anche fig.*).
● ***combat de boxe***, incontro di pugilato | ***au plus fort du combat***, sul più bello | ***hors de combat***, fuori combattimento | ***littérature de combat***, letteratura impegnata | ***livrer combat***, dar battaglia.
■ SIN. lutte.

combatif [kɔ̃batif] *agg.* [f. *-ive*] combattivo, battagliero.

combativité [kɔ̃bativite] *n.f.* combattività.

combattant [kɔ̃batɑ̃] ***agg.*** e ***n.m.*** combattente.
● ***ancien combattant***, reduce, ex combattente.

combattre [kɔ̃batʀ] ***v.tr.*** e ***intr.*** [coniug. come *battre*] combattere, lottare (**contro**).

combien [kɔ̃bjɛ̃] ***avv.*** quanto, come: *tu sais combien j'aime cette confiture*, sai quanto, come mi piace questa marmellata; *combien il a souffert!*, quanto ha sofferto!; *il y a je ne sais combien*, è non so quanto tempo ♦ ***pron. interr.*** e ***esclamativo*** quanto, quanta, quanti, quante: *combien êtes-vous?*, (in) quanti siete?; *combien voudraient avoir ta patience!*, quanti vorrebbero avere la tua pazienza!; *combien veux-tu?*, quanto vuoi?; *combien vous dois-je?*, quanto le devo?; *combien y a-t-il d'ici à Rome?*, quanto c'è da qui a Roma? ♦ ***n.m.invar.*** quanto: *tous les combien passe le bus?*, ogni quanto passa l'autobus?; *le combien es-tu?*, che posto hai?; che numero hai?
● ***c'est combien?***, ***ça fait combien?***, quant'è? | ***on est le combien?***, ***le combien sommes-nous?***, quanti ne abbiamo? | ***pour combien en as-tu?***, (*tempo*) per quanto ne avrai?; (*denaro*) quanto l'hai pagato?
□ **combien de** (*seguito da n.*) quanto, quanta, quanti, quante: *combien de timbres te faut-il?*, quanti francobolli ti occorrono?; *combien as-tu d'argent sur toi?*, quanto denaro hai con te?

combinaison [kɔ̃binɛzɔ̃] ***n.f.*** **1** combinazione: *combinaison de couleurs*, accostamento di colori **2** (*fig.*) mezzo (*m.*), espediente (*m.*), intrallazzo (*m.*) **3** (*abbigl.*) sottoveste **4** (*abbigl.*) tuta.
● ***combinaison de ski***, tuta da sci | ***combinaison de plongée sous-marine***, muta.

combinard [kɔ̃binaʀ] ***n.m.*** (*fam.*) maneggione, faccendiere.

combine [kɔ̃bin] ***n.f.*** (*fam.*) intrallazzo (*m.*), trucco (*m.*) | *je vais t'expliquer la combine*, adesso ti spiego quel che c'è sotto.

combiné [kɔ̃bine] ***n.m.*** **1** (*tel.*) cornetta (*f.*), ricevitore **2** (*sport*) combinata (*f.*) **3** (*abbigl.*) body.
● ***combiné (radio-phono)***, radiogrammofono.

combiner [kɔ̃bine] ***v.tr.*** combinare ♦ **se combiner** ***v.pron.intr.*** combinarsi.

comble[1] [kɔ̃bl] ***n.m.*** **1** (*anche fig.*) colmo: *être au comble de la joie*, essere al culmine, al colmo della gioia **2** (*edil.*) copertura (*f.*) del tetto **3** (*pl.*) sottotetto (*sing.*).
● ***c'est un comble!***, questo è il colmo! | ***de fond en comble***, da cima a fondo | ***sous les combles***, in soffitta.
■ SIN. **3** mansarde.

comble[2] ***agg.*** **1** colmo **2** pieno zeppo.
● ***la mesure est comble***, (*fig.*) la misura è colma.

comblement [kɔ̃bləmɑ̃] ***n.m.*** colmata (*f.*).

combler [kɔ̃ble] ***v.tr.*** **1** colmare **2** appagare, soddisfare; esaudire.
● ***vous me comblez***, la sua gentilezza mi confonde.

comburant [kɔ̃byʀɑ̃] ***agg.*** e ***n.m.*** comburente.

combustible [kɔ̃bystibl] ***agg.*** e ***n.m.*** combustibile.

combustion [kɔ̃bystjɔ̃] ***n.f.*** combustione.
● ***combustion spontanée***, autocombustione.

comédie [kɔmedi] ***n.f.*** commedia.
● ***comédie italienne***, commedia dell'arte | ***faire une comédie***, (*fam.*) fare tante storie: *il m'a fait une de ces comédies!*, mi ha fatto tante di quelle storie! | ***jouer la comédie***, (*fig.*) fare la commedia | ***quelle comédie!***, quante storie!

> **NOTA** ***La Comédie-Française*** è il teatro nazionale francese sovvenzionato dallo Stato e consacrato al repertorio classico. La sua fondazione risale al 1680 per ordine di Luigi XIV.

comédien [kɔmedjɛ̃] ***n.m.*** [f. *-enne*] **1** attore; attore comico **2** (*fig.*) commediante.
■ SIN. **1** acteur.

comédon [kɔmedɔ̃] ***n.m.*** comedone.

comestible [kɔmɛstibl] ***agg.*** commestibile ♦ ***n.m.*** (*solo pl.*) generi alimentari.
■ AGG. CONTR. vénéneux.

comète [kɔmɛt] ***n.f.*** cometa.
● ***tirer des plans sur la comète***, (*fig.*) fare castelli in aria.

comice [kɔmis] ***n.m.*** comizio.

coming-out [kɔmiŋaut] ***n.f.invar.*** outing (*m.*).

comique [kɔmik] ***agg.*** e ***n.m.*** comico: *le comique de la situation*, il lato comico della situazione.
■ CONTR. tragique.

comiquement [kɔmikmɑ̃] ***avv.*** comicamente, in modo comico.

comité [kɔmite] ***n.m.*** comitato, consiglio.
● (*econ.*) ***comité d'entreprise***, consiglio di fabbrica | ***comité d'études***, commissione di studio | (*econ.*) ***comité directeur***, consiglio d'amministrazione | ***en petit comité***, in pochi (intimi).

commandant [kɔmɑ̃dɑ̃] ***n.m.*** **1** comandante, capo **2** (*mil.*) maggiore; (*mar., aer.*) comandante ♦ ***agg.*** autoritario, dispotico.
● (*mil.*) ***commandant en chef***, comandante in capo, comandante supremo.

commande [kɔmɑ̃d] ***n.f.*** **1** ordine (*m.*), ordinazione; commessa **2** (*mecc.*) comando (*m.*) **3** (*tv*) comando (*m.*); regolazione.
● ***bon de commande***, buono d'ordine | ***de commande***, d'obbligo; (*estens.*) di circostanza: *sourire de commande*, sorriso di circostanza | ***fête de commande***, festa comandata, di precetto | ***sur commande***, su ordinazione; (*fig.*) a comando | ***tenir les***, ***être aux commandes***, (*fig.*) tenere le leve del comando.

commandement [kɔmɑ̃dmɑ̃] ***n.m.*** **1** comando: *il a l'habitude du commandement*, è abituato a comandare **2** (*relig.*) comandamento **3** (*dir.*) intimazione (*f.*), precetto.
● (*sport*) ***être au commandement***, essere in testa, al comando | (*mil.*) ***haut commandement***, comando supremo.

commander [kɔmɑ̃de] ***v.tr.*** **1** comandare **2** esigere, imporre: *commander la prudence*, esigere prudenza **3** (*al ristorante*) ordinare **4** (*comm.*) ordinare, commissionare **5** (*fig.*) dominare, sovrastare ♦ ***v.intr.*** **1** comandare **2** (*fig.*) dominare ♦ **se commander** ***v.pron.intr.*** comunicare, essere comunicanti: *les deux pièces se commandent*, le due stanze comunicano.
● ***ne pas se commander***, essere indipendente dalla volontà: *les sentiments ne se commandent pas*, al cuore non si comanda.

commanderie [kɔmɑ̃dʀi] ***n.f.*** (*eccl.*) commenda.

commandeur [kɔmɑ̃dœʀ] ***n.m.*** commendatore.

commanditaire [kɔmɑ̃ditɛʀ] ***agg.*** e ***n.m.*** e ***f.*** **1** committente; sponsor **2** (*dir.*) accomandante.

commandite [kɔmɑ̃dit] ***n.f.*** (*dir.*) (società in) accomandita.

commandité [kɔmɑ̃dite] ***agg.*** e ***n.m.*** (*dir.*) accomandatario.

commanditer [kɔmɑ̃dite] ***v.tr.*** **1** finanziare; sponsorizzare **2** (*econ.*) investire.

commando [kɔmɑ̃do] ***n.m.*** (*mil.*) commando.

comme [kɔm] ***avv.*** **1** come: *il s'est conduit comme un fou*, si è comportato da pazzo; *comme consultant*, come, in qualità di consulente; *il vient tous les soirs, été comme hiver*, viene ogni sera, estate e inverno; *comme tu le sais, je ne peux pas*, come ben sai, non posso; *j'ai comme l'idée qu'il ne viendra pas*, ho come il presentimento che non verrà **2** (*in espressioni esclamative*) come, quanto: *comme c'est beau!*, com'è bello!; *comme il a changé!*, come, quando è cambiato! ♦ *cong.* **1** (*modo*) come: *j'ai acheté des roses comme tu le désirais*, ho comperato delle rose come desideravi **2** (*tempo*) mentre: *il entrait comme je sortais*, lui entrava mentre io uscivo **3** (*causa*) siccome, poiché: *comme tu n'étais pas là, je suis parti*, siccome non c'eri, me ne sono andato.

● ***comme ça***, così: (*alors*) *comme ça tu m'as menti!*, così mi hai mentito!; *par un temps comme ça, il vaut mieux ne pas sortir*, con un tempo così è meglio non uscire; *un accueil comme ça!*, un'accoglienza coi fiocchi!; *c'est comme ça!*, è così e non c'è niente da fare! | ***comme ci, comme ça***, (*fam.*) così così | ***comme de juste***, ***comme de raison***, con ragione, giustamente | ***comme il faut***, come si deve: *faire son travail comme il faut*, fare il proprio lavoro come si deve; *un homme comme il faut*, un uomo perbene | ***comme on dit***, ***comme dit*** (o ***dirait***) ***l'autre***, (*fam.*) come si suol dire | ***comme par hasard***, come per caso: *il est arrivé, comme par hasard, au bon moment*, è arrivato, guarda caso, al momento giusto | ***comme pas un***, ***comme personne***, meglio di chiunque (altro) | ***comme qui dirait***, per così dire | ***comme quoi***, il che dimostra: *il est millionnaire, comme quoi il n'est pas nécessaire d'être intelligent pour réussir*, è milionario, il che dimostra che non occorre essere intelligente per riuscire; *faites-lui une autorisation comme quoi il peut sortir*, fategli un permesso che lo autorizzi a uscire | ***comme toujours***, ***comme de bien entendu***, come al solito, come sempre | ***comme tout***, (*fam.*) proprio, veramente: *cet enfant est mignon comme tout*, quel bambino è veramente carino | ***comme vous y allez!***, ma non le sembra di esagerare? | ***tout comme***, proprio come: *tu t'en apercevras tout comme moi*, te ne accorgerai come me ne sono accorto io; *c'est tout comme*, è lo stesso; *ils ne sont pas frères mais c'est tout comme*, (*fam.*) non sono fratelli ma è come se lo fossero.

NOTA ***Comme*** introduce numerosi paragoni 'fissi', molto usati in francese soprattutto con gli aggettivi. Accanto a paragoni classici come:

maigre comme un clou, magro come un chiodo;
riche comme Crésus, ricco come Creso;
rouge comme une tomate, rosso come un papavero, come un peperone;

si trovano locuzioni familiari più recenti, nelle quali il rapporto tra i due elementi non è sempre trasparente:

simple comme bonjour, più facile di così si muore
con comme un balai, idiota patentato;
beau comme un camion, bello da paura.

Quando poi si vuole intensificare un qualificativo e non si trova un'equivalenza soddisfacente, si usa la frase: *comme je (ne) sais pas quoi*, come non so che.

commémoratif [kɔmemɔʀatif] *agg.* [f. *-ive*] commemorativo.

commémoration [kɔmemɔʀɑsjɔ̃] *n.f.* **1** commemorazione **2** memoria, ricordo (*m.*).

commémorer [kɔmemɔʀe] *v.tr.* commemorare; (*estens.*) celebrare.

commencement [kɔmɑ̃smɑ̃] *n.m.* inizio, principio.

● ***il y a un commencement à tout***, c'è sempre una prima volta.

■ SIN. début.

commencer [kɔmɑ̃se] *v.tr.* e *intr.* [coniug. come *placer*] cominciare, iniziare: *il a commencé son travail hier*, ha iniziato il lavoro ieri; *l'été est commencé depuis quelques jours*, l'estate è cominciata da qualche giorno; *il fait chaud, l'été a commencé*, fa caldo, l'estate è cominciata.

■ CONTR. finir.

□ **commencer à** cominciare a: *l'enfant commence à parler*, il bambino comincia a parlare; *ça commence à bien faire!*, (*fam.*) ne ho piene le scatole!

□ **commencer par** cominciare da, con: *par où dois-je commencer?*, da che parte devo cominciare?; *il a commencé par nous dire que*, ha cominciato col dirci che.

commensal [kɔmɑ̃sal] *n.m.* [pl. *-aux*] commensale.

commensurable [kɔmɑ̃syʀabl] *agg.* commensurabile.

comment [kɔmɑ̃] *avv.* come, in che modo: *comment t'appelles-tu?*, (*fam.*) *tu t'appelles comment?*, come ti chiami?; *on se demande comment il a pu arriver à temps*, ci si chiede come sia potuto arrivare in tempo ♦ *inter.* come: *comment!, tu es encore là?*, come!, sei ancora lì? ♦ *n.m.invar.* il come.

● ***comment?***, come?, come hai detto? | ***comment cela?***, come mai? | ***comment donc!***, come no, certo! | ***comment se fait-il que***, come mai, com'è che | ***et comment!***, (*fam.*) eccome! | ***le pourquoi et le comment***, il perché e il percome | ***n'importe comment*** → importer.

commentaire [kɔmɑ̃tɛʀ] *n.m.* commento: *cela se passe de commentaires*, non ha bisogno di commenti.

● ***sans commentaire!***, no comment!

commentateur [kɔmɑ̃tatœʀ] *n.m.* [f. *-trice*] commentatore, cronista.

commenter [kɔmɑ̃te] *v.tr.* commentare.

commérage [kɔmeʀaʒ] *n.m.* pettegolezzo, chiacchiera (*f.*).

commerçant [kɔmɛʀsɑ̃] *agg.* mercantile; commerciale ♦ *n.m.* commerciante, negoziante.

■ *N.M.* SIN. négociant.

commerce [kɔmɛʀs] *n.m.* **1** commercio **2** negozio: *avoir un commerce de*, avere un negozio di **3** (*letter.*) rapporto, relazione (*f.*): *c'est un homme d'un commerce agréable*, è una persona di piacevole compagnia.

● ***commerce de détail***, ***petit commerce***, commercio al minuto, al dettaglio | ***commerce de***, ***en gros***, commercio all'ingrosso | ***commerce électronique***, commercio elettronico | ***commerce équitable***, commercio equo | ***de commerce***, commerciale, di commercio | ***être dans le commerce***, fare il commerciante | ***livres de commerce***, libri contabili.

■ SIN. **1** vente **2** magasin.

commercer [kɔmɛʀse] *v.intr.* [coniug. come *placer*] commerciare.

commercial [kɔmɛʀsjal] *agg.* e *n.m.* [pl. *-aux*] commerciale: *un film commercial*, un film di cassetta.

commercialement [kɔmɛʀsjalmɑ̃] *avv.* commercialmente.

commercialisation [kɔmɛʀsjalizɑsjɔ̃] *n.f.* commercializzazione; (*estens.*) marketing (*m.*).

commercialiser [kɔmɛʀsjalize] *v.tr.* commercializzare.

commère [kɔmɛʀ] *n.f.* **1** comare, donna pettegola **2** (*teatr.*) (*di spettacolo di rivista ecc.*) presentatrice.

commettre [kɔmɛtʀ] *v.tr.* [coniug. come *mettre*] **1** commettere **2** (*dir.*) incaricare, preporre.

comminatoire [kɔminatwaʀ] *agg.* **1** (*dir.*) comminatorio **2** (*letter.*) intimidatorio.

commis[1] [kɔmi] *p.p.* di **commettre** ♦ *agg.* (*dir.*) incaricato, preposto, nominato: *avocat commis d'office*, avvocato nominato d'ufficio.

commis[2] *n.m.* commesso.

● ***commis aux écritures***, impiegato addetto alla contabilità | ***commis voyageur***, commesso viaggiatore | ***les grands commis de l'Etat***, gli alti funzionari dello Stato.

commisération [kɔmizeʀɑsjɔ̃] *n.f.* commiserazione.

commissaire [kɔmisɛʀ] *n.m.* e *f.* commissario/a.

● ***commissaire aux comptes***, revisore dei conti; sindaco di società: *les commissaires aux comptes (d'une société)*, il collegio sindacale.

commissaire-priseur [kɔmisɛʀpʀizœʀ] *n.m.* [pl. *commissaires-priseurs*] (*di asta giudiziaria*) banditore.

commissariat [kɔmisaʀja] *n.m.* commissariato.

commission [kɔmisjɔ̃] *n.f.* **1** commissione (*anche comm.*): *donner une commission*, affidare una commissione, dare un incarico **2** (*pl.*) spesa (*sing.*).

● (*comm.*) ***commission de banque***, commissione bancaria | ***commission d'examen***, commissione di esame | (*dir.*) ***commission d'office***, nomina d'ufficio | (*comm.*): ***à la commission***, su commissione; **(*droit de*) *commission***, provvigione.

commissionnaire [kɔmisjɔnɛʀ] *n.m.* **1** commissionario **2** (*antiq.*) fattorino.

commissionner [kɔmisjɔne] *v.tr.* **1** commissionare **2** incaricare **3** (*Africa*) chiedere un favore ♦ *v.intr.* (*Africa*) andare a fare spese.

commissure [kɔmisyʀ] *n.f.* (*anat.*) commessura.

commode[1] [kɔmɔd] *agg.* **1** comodo **2** (*estens.*) facile: *commode à manier*, facile da usare, maneggevole **3** (*fam.*) indulgente, accomodante: *caractère pas commode*, carattere difficile.

■ SIN. **1** pratique **2** aisé CONTR. **1** incommode **2** difficile.

commode[2] *n.f.* cassettone (*m.*).

commodité [kɔmɔdite] *n.f.* comodità.

commotion [kɔmosjɔ̃] *n.f.* **1** commozione **2** (*fig.*) scossa, colpo (*m.*).

commotionner [kɔmosjɔne] *v.tr.* traumatizzare, scioccare: *il a été commotionné par un accident de voiture*, ha subito un grave trauma in seguito a un incidente d'auto.

commuer [kɔmɥe] *v.tr.* (*dir.*) commutare.

commun [kɔmœ̃] *agg.* **1** comune (*anche fig.*) **2** ordinario: *des manières communes*, modi ordinari ♦ *n.m.* **1** maggior parte (*f.*): *le commun des mortels*, la maggior parte degli uomini, i comuni mortali **2** (*pl.*) (*di villa ecc.*) dipendenze (*f.*).

● ***d'un commun accord***, di comune accordo | ***en commun***, in comune | ***hors du commun***, fuori dal comune | ***n'avoir rien de commun avec***, non aver niente in comune con | ***sans commune mesure***, senza paragone.

communal [kɔmynal] *agg.* [pl. *-aux*] comunale.

● **(*école*) *communale***, scuola comunale | (*Belgio*) ***maison communale***, municipio.

communard [kɔmynaʀ] *agg.* e *n.m.* (*st. fr.*) comunardo (chi, che partecipò alla Comune di Parigi nel 1871).

communautaire [kɔmynotɛʀ] *agg.* comunitario.

communauté [kɔmynote] *n.f.* **1** comunità **2** comunanza: *posséder qqch en communauté*, essere comproprietario di qlco **3** (*dir.*) comunione.

● (*dir.*): ***communauté de vie***, coabitazione; ***sous le régime de la communauté***, in regime di comunione dei beni.

commune [kɔmyn] *n.f.* comune (*m.*): *les employés de la commune*, gli impiegati comunali.

> **NOTA** ***La Commune* (*de Paris*)**, 'la Comune (di Parigi)' fu detto il governo rivoluzionario che si instaurò a Parigi durante il Terrore (1792-93).
>
> ***La Commune***, 'la Comune', fu un altro governo rivoluzionario instauratosi a Parigi nel 1871, in seguito alla sollevazione del popolo contro il governo del ministro Thiers, dopo la dura sconfitta francese a opera della Prussia e la conseguente imposizione di pesanti condizioni.

communément [kɔmynemɑ̃] *avv.* comunemente, generalmente.

communiant [kɔmynjɑ̃] *n.m.* comunicando.

communicable [kɔmynikabl] *agg.* comunicabile.

communicant [kɔmynikɑ̃] *agg.* comunicante.

communicatif [kɔmynikatif] *agg.* [f. *-ive*] comunicativo.

communication [kɔmynikasjɔ̃] *n.f.* comunicazione.

communier [kɔmynje] *v.intr.* **1** (*relig.*) comunicarsi: *ils ont communié*, si sono comunicati **2** (*d'idee ecc.*) essere in comunione: *communier dans un même idéal*, condividere le stesse idee.

communion [kɔmynjɔ̃] *n.f.* **1** comunione, unione spirituale **2** (*relig.*) comunione.

communiqué [kɔmynike] *n.m.* comunicato.

● ***communiqué de presse***, comunicato stampa.

communiquer [kɔmynike] *v.tr.* **1** comunicare; trasmettere: *communiquer une nouvelle*, comunicare una notizia; *communiquer un mouvement*, imprimere un movimento **2** esibire, produrre: *communiquer des pièces*, esibire documenti ♦ *v.intr.* comunicare; essere comunicante: *communiquer par signes*, comunicare a segni; *nos chambres communiquent*, le nostre camere sono comunicanti.

● (*radio, tv*) ***communiquer sur qqch***, diffondere un comunicato su qlco.

communisme [kɔmynism] *n.m.* comunismo.

communiste [kɔmynist] *agg.* e *n.m.* e *f.* comunista.

commutateur [kɔmytatœʀ] *n.m.* (*elettr.*) commutatore.

commutation [kɔmytasjɔ̃] *n.f.* commutazione.

commuter [kɔmyte] *v.tr.* commutare.

comorien [kɔmɔʀjɛ̃] *agg.* [f. *-enne*] delle Comore.

compacité [kɔ̃pasite] *n.f.* compattezza.

compact [kɔ̃pakt] *agg.* compatto ♦ *n.m.* **1** stereo monoblocco **2** sci corto **3** compact (disc) **4** macchina (*f.*) fotografica tascabile.

Compact Disc [kɔ̃paktdisk] *n.m.* [pl. *Compact Discs*] compact (disc), CD.

● ***Compact Disc vidéo***, videodisco.

compacter [kɔ̃pakte] *v.tr.* compattare; comprimere.

compacteur [kɔ̃paktœʀ] *n.m.* (*tecn.*) compressore (di terreno, strade).

compagne [kɔ̃paɲ] *n.f.* compagna.

compagnie [kɔ̃paɲi] *n.f.* **1** compagnia **2** (*zool.*) branco (*m.*), stormo (*m.*).

● ***compagnie d'assurance***, compagnia di assicurazioni | ***compagnie de théâtre***, compagnia teatrale | ***des propos de bonne compagnie***, discorsi formali | (*comm.*) ***et compagnie*** (abbr. ***& Cie***), e Soci (abbr. & C.): *Dubois et compagnie* (abbr. *Dubois & Cie*), Dubois e Soci (abbr. Dubois & C.) | ***...et compagnie***, (*fam.*) (*riferito a persone*) ....e compagnia (bella) | ***fausser compagnie à qqn***, piantare in asso qlcu | ***l'illustre Compagnie***, l'Académie française.

compagnon [kɔ̃paɲɔ̃] *n.m.* 1 compagno 2 operaio specializzato.
● ***compagnon d'armes***, commilitone | ***compagnon de route***, compagno di viaggio | ***compagnon maçon***, muratore | ***de pair à compagnon***, da pari a pari | ***un joyeux compagnon***, (*antiq.*) un buontempone.
■ SIN. 1 camarade.

compagnonnage [kɔ̃paɲɔnaʒ] *n.m.* 1 organizzazione (*f.*) di lavoratori di una stessa professione 2 (*ant.*) organizzazione (*f.*) del lavoro in corporazione 3 (*ant.*) (periodo di) apprendistato presso un maestro.

comparable [kɔ̃paʀabl] *agg.* paragonabile: *ce n'est pas comparable*, non c'è paragone.

comparaison [kɔ̃paʀɛzɔ̃] *n.f.* 1 paragone (*m.*); raffronto (*m.*); confronto (*m.*): *établir une comparaison*, fare un paragone 2 riscontro: *faire la comparaison entre deux documents*, fare il riscontro di due documenti.
● (*econ.*) ***comparaison de coûts***, comparazione dei costi | (*gramm.*) ***degrés de comparaison***, gradi di comparazione | (*comm.*) ***en comparaison***, a fronte | ***en comparaison de***, in confronto a, a paragone di | ***par comparaison avec, à***, a paragone di.

comparaître [kɔ̃paʀɛtʀ] *v.intr.* [coniug. come *connaître*] comparire.

comparatif [kɔ̃paʀatif] *agg.* e *n.m.* [f. *-ive*] comparativo.

comparativement [kɔ̃paʀativmɑ̃] *avv.* in paragone.

comparer [kɔ̃paʀe] *v.tr.* paragonare (a), confrontare (con).
● ***littératures comparées***, letterature comparate.

comparse [kɔ̃paʀs] *n.m.* e *f.* comparsa (*f.*).

compartiment [kɔ̃paʀtimɑ̃] *n.m.* 1 (*ferr.*) scompartimento 2 scomparto; riquadro; vano 3 (*aer.*) cabina (*f.*), reparto, modulo (di velivolo).
● ***compartiment à bagages***, bagagliaio.

compartimenter [kɔ̃paʀtimɑ̃te] *v.tr.* dividere.

comparu [kɔ̃paʀy] *p.p.* di **comparaître**.

comparution [kɔ̃paʀysjɔ̃] *n.f.* comparizione.

compas [kɔ̃pa] *n.m.* 1 compasso: *tracer au compas*, tracciare col compasso 2 (*mar.*) bussola (*f.*).
● ***avoir le compas dans l'œil***, (*fig.*) avere molto occhio.

compassé [kɔ̃pɑse] *agg.* compassato.

compassion [kɔ̃pɑsjɔ̃] *n.f.* compassione.

compatibilité [kɔ̃patibilite] *n.f.* compatibilità.

compatible [kɔ̃patibl] *agg.* compatibile.

compatir [kɔ̃patiʀ] *v.intr.* compatire.

compatissant [kɔ̃patisɑ̃] *agg.* compassionevole; partecipe.

compatriote [kɔ̃patʀijɔt] *n.m.* e *f.* compatriota, connazionale.

compensateur [kɔ̃pɑ̃satœʀ] *agg.* [f. *-trice*] compensatore.

compensation [kɔ̃pɑ̃sasjɔ̃] *n.f.* 1 compenso (*m.*) 2 compensazione.

compenser [kɔ̃pɑ̃se] *v.tr.* compensare ♦ **se compenser** *v.pron.rec.* compensarsi.
● ***publicité compensée***, pubblicità collettiva | ***semelle compensée***, suola ortopedica.

compère [kɔ̃pɛʀ] *n.m.* e *f.* 1 compare 2 complice.

compère-loriot [kɔ̃pɛʀlɔʀjo] *n.m.* [pl. *compères-loriots*] (*med. pop.*) orzaiolo.

compétence [kɔ̃petɑ̃s] *n.f.* competenza.
● ***être de la compétence de***, spettare a.

compétent [kɔ̃petɑ̃] *agg.* competente.

compétitif [kɔ̃petitif] *agg.* [f. *-ive*] competitivo, concorrenziale.

compétition [kɔ̃petisjɔ̃] *n.f.* competizione, gara.
■ SIN. concours.

compétitivité [kɔ̃petitivite] *n.f.* competitività, concorrenzialità.

compiégnois [kɔ̃pjeɲwa] *agg.* di Compiègne.

compil' [kɔ̃pil] *n.f.* (*fam.*) abbr. di **compilation** 2.

compilateur [kɔ̃pilatœʀ] *n.m.* 1 [*-trice*] compilatore 2 (*inform.*) programma compilatore.

compilation [kɔ̃pilasjɔ̃] *n.f.* 1 compilazione 2 (*mus.*) compilation.

compiler [kɔ̃pile] *v.tr.* 1 compilare 2 (*spreg.*) plagiare, copiare.

complainte [kɔ̃plɛ̃t] *n.f.* (*lett.*) cantilena, nenia.

complaire [kɔ̃plɛʀ] *v.tr.* e *intr.* [coniug. come *plaire*] compiacere (a) ♦ **se complaire** *v.pron.intr.* divertirsi; provare gusto; compiacersi: *se complaire dans ses illusions*, cullarsi nelle illusioni.

complaisamment [kɔ̃plɛzamɑ̃] *avv.* con compiacenza, in modo compiacente.

complaisance [kɔ̃plɛzɑ̃s] *n.f.* 1 gentilezza: *ayez la complaisance de*, faccia, abbia la cortesia di 2 compiacenza; condiscendenza.
● (*dir.*) ***billet de complaisance***, ***signature de complaisance***, cambiale, firma di favore.

complaisant [kɔ̃plɛzɑ̃] *agg.* 1 compiacente; premuroso 2 compiaciuto, soddisfatto.

complément [kɔ̃plemɑ̃] *n.m.* complemento; integrazione (*f.*).
● ***complément alimentaire***, integratore alimentare | ***complément cheveux***, protesi contro la calvizie, parrucchino | ***complément d'instruction***, supplemento di istruttoria | (*gramm.*) ***complément direct***, complemento oggetto | ***complément de salaire***, integrazione dello stipendio | ***complément familial***, sussidio fornito alle famiglie bisognose con almeno tre figli dai 3 ai 21 anni.

complémentaire [kɔ̃plemɑ̃tɛʀ] *agg.* 1 complementare 2 supplementare.
● ***indemnité complémentaire***, indennità integrativa.

complet [kɔ̃plɛ] *agg.* [f. *-ète*] completo; pieno: *l'hôtel est complet*, l'albergo è al completo ♦ *n.m.* (*abbigl.*) completo.
● ***c'est complet!***, è tutto esaurito; (*fam.*) ci mancava solo questo! | ***pain complet***, pane integrale.
■ *AGG.* SIN. entier, total CONTR. incomplet.

complètement [kɔ̃plɛtmɑ̃] *avv.* completamente | *"Tu ne trouve pas que le rouge lui va bien?" "Complètement!"*, (*fam.*) "Non trovi che il rosso le doni?" "Decisamente!".

compléter [kɔ̃plete] *v.tr.* [coniug. come *céder*] completare ♦ **se compléter** *v.pron.rec.* e *pron.intr.* completarsi.

complétive [kɔ̃pletiv] *n.f.* (*gramm.*) (proposizione) completiva.

complexe [kɔ̃plɛks] *agg.* e *n.m.* complesso.
● ***complexe sportif***, centro sportivo.

complexé [kɔ̃plɛkse] *agg.* e *n.m.* (*fam.*) inibito, complessato.

complexion [kɔ̃plɛksjɔ̃] *n.f.* 1 (*letter.*) costituzione 2 temperamento (*m.*), carattere (*m.*).

complexité [kɔ̃plɛksite] *n.f.* complessità.

complication [kɔ̃plikasjɔ̃] *n.f.* complicazione.

C

complice [kɔ̃plis] *agg.* e *n.m.* e *f.* complice.
complicité [kɔ̃plisite] *n.f.* complicità.
complies [kɔ̃pli] *n.f.pl.* (*eccl.*) compieta (*sing.*).
compliment [kɔ̃plimɑ̃] *n.m.* 1 complimento 2 discorsetto d'occasione 3 (*pl.*) omaggi, ossequi, saluti.

C

complimenter [kɔ̃plimɑ̃te] *v.tr.* complimentare: *complimenter qqn de, pour, sur*, complimentarsi con qlcu per.
■ SIN. féliciter.
complimenteur [kɔ̃plimɑ̃tœʀ] *agg.* e *n.m.* [f. *-euse*] complimentoso.
compliqué [kɔ̃plike] *agg.* e *n.m.* complicato.
■ SIN. complexe CONTR. simple.
compliquer [kɔ̃plike] *v.tr.* complicare ♦ **se compliquer** *v.pron.intr.* complicarsi.
complot [kɔ̃plo] *n.m.* complotto.
comploter [kɔ̃plɔte] *v.tr.* e *intr.* complottare.
comploteur [kɔ̃plɔtœʀ] *n.m.* [f. *-euse*] cospiratore.
complu [kɔ̃ply] *p.p.invar.* di **complaire**.
compo [kɔ̃po] abbr. di **composition** 2.
componction [kɔ̃pɔ̃ksjɔ̃] *n.f.* compunzione.
comportement [kɔ̃pɔʀtəmɑ̃] *n.m.* comportamento, contegno.
comportemental [kɔ̃pɔʀtəmɑ̃tal] *agg.* [pl. *-aux*] comportamentale.
comportementaliste [kɔ̃pɔʀtəmɑ̃talist] *agg.* comportamentalistico ♦ *n.m.* e *f.* comportamentista.
comporter [kɔ̃pɔʀte] *v.tr.* 1 implicare, comportare 2 disporre (di), essere composto (di) ♦ **se comporter** *v.pron.intr.* comportarsi (da).
composant [kɔ̃pozɑ̃] *agg.* e *n.m.* componente.
composante [kɔ̃pozɑ̃t] *n.f.* componente (*m.* e *f.*).
composé [kɔ̃poze] *agg.* e *n.m.* composto.
composer [kɔ̃poze] *v.tr.* comporre ♦ *v.intr.* 1 (*antiq.*) fare un compito in classe 2 venire a patti ♦ **se composer** *v.pron.intr.* e *pron.* essere composto (di, da).
● ***composer son attitude***, studiare il proprio atteggiamento.
composite [kɔ̃pozit] *agg.* 1 composito 2 (*fig.*) eterogeneo.
● ***fusée composite***, missile pluristadio.
compositeur [kɔ̃pozitœʀ] *n.m.* [f. *-trice*] compositore.
composition [kɔ̃pozisjɔ̃] *n.f.* 1 composizione 2 tema (*m.*), compito (*m.*) in classe 3 accordo (*m.*), accomodamento (*m.*).
● ***être de bonne composition***, (*fig.*) essere una buona pasta | (*teatr.*) ***rôle de composition***, ruolo da caratterista.
compost [kɔ̃pɔst] *n.m.* (*concime*) terricciato, composta (*f.*).
compostage[1] [kɔ̃pɔstaʒ] *n.m.* convalida (di biglietti ferroviari ecc.).
compostage[2] *n.m.* (*agr.*) compostaggio (di rifiuti organici).
composter [kɔ̃pɔste] *v.tr.* (*biglietti ecc.*) convalidare, obliterare.
composteur [kɔ̃pɔstœʀ] *n.m.* 1 (*di biglietti ecc.*) obliteratrice (*f.*), perforatrice (*f.*) 2 (*tip.*) compositoio.
compote [kɔ̃pɔt] *n.f.* 1 (*cuc.*) composta 2 (*fam.*) poltiglia.
● ***en compote***, a pezzi.
compotier [kɔ̃pɔtje] *n.m.* compostiera (*f.*).
compréhensible [kɔ̃pʀeɑ̃sibl] *agg.* comprensibile.
■ CONTR. incompréhensible.
compréhensif [kɔ̃pʀeɑ̃sif] *agg.* [f. *-ive*] comprensivo.
■ SIN. bienveillant, indulgent CONTR. intolérant.
compréhension [kɔ̃pʀeɑ̃sjɔ̃] *n.f.* comprensione.
comprendre [kɔ̃pʀɑ̃dʀ] *v.tr.* [coniug. come *prendre*] comprendere ♦ **se comprendre** *v.pron.rec.* capirsi.
● ***c'est à rien n'y comprendre***, non ci si capisce niente | ***comprenne qui pourra***, chi ci capisce è bravo.
comprenette [kɔ̃pʀənɛt] *n.f.* (*fam.*) comprendonio (*m.*).
compresse [kɔ̃pʀɛs] *n.f.* 1 compressa (di garza) 2 impacco (*m.*).
compresser [kɔ̃pʀese] *v.tr.* 1 pigiare, comprimere 2 (*inform.*) compattare → compacter 3 (*Costa d'Avorio*) licenziare.
compresseur [kɔ̃pʀesœʀ] *agg.* e *n.m.* (*mecc.*) compressore.
● ***rouleau compresseur***, rullo compressore, compressore stradale.
compressibilité [kɔ̃pʀesibilite] *n.f.* comprimibilità; (*fig.*) compressione.
compressible [kɔ̃pʀesibl] *agg.* comprimibile.
compression [kɔ̃pʀesjɔ̃] *n.f.* 1 compressione 2 riduzione, compressione.
● ***compression du personnel***, riduzione del personale.
comprimé [kɔ̃pʀime] *agg.* compresso ♦ *n.m.* (*med.*) compressa (*f.*), discoide.
■ N.M. SIN. cachet.
comprimer [kɔ̃pʀime] *v.tr.* 1 comprimere 2 (*fig.*) reprimere; ridurre; trattenere.
compris [kɔ̃pʀi] *p.p.* di **comprendre** ♦ *agg.* compreso, incluso.
● ***non compris***, escluso, non compreso: *il y a deux appartements, non compris la villa*, ha due appartamenti, senza contare la villa | ***tout compris***, tutto compreso | ***y compris***, compreso, incluso: *il a tout payé, y compris les indemnités*, ha pagato tutto, comprese le indennità; *y compris les frais de transport*, spese di trasporto comprese.
compromettant [kɔ̃pʀɔmetɑ̃] *agg.* compromettente.
compromettre [kɔ̃pʀɔmɛtʀ] *v.tr.* [coniug. come *mettre*] compromettere ♦ **se compromettre** *v.pron.* compromettersi.
compromis [kɔ̃pʀɔmi] *p.p.* di **compromettre** ♦ *agg.* e *n.m.* compromesso: *sa santé est compromise*, la sua salute è compromessa.
● (*dir.*) ***compromis de vente***, compromesso.
compromission [kɔ̃pʀɔmisjɔ̃] *n.f.* compromissione.
comptabilité [kɔ̃tabilite] *n.f.* contabilità; ragioneria: *livres de comptabilité*, libri contabili.
● ***comptabilité publique***, ragioneria generale dello stato | ***chef de comptabilité***, ragioniere capo.
comptable [kɔ̃tabl] *agg.* contabile ♦ *n.m.* e *f.* contabile, computista; ragioniere/a.
● ***comptable agréé***, commercialista | ***expert-comptable***, dottore commercialista | (***officier***) ***comptable***, computista.
comptage [kɔ̃taʒ] *n.m.* conteggio.
comptant [kɔ̃tɑ̃] *agg.* e *n.m.* contante.
● (***au***) ***comptant***, per, in contanti.
compte [kɔ̃t] *n.m.* 1 conto; calcolo: *le compte des dépenses*, il calcolo delle spese; *un compte rond*, una cifra tonda 2 (*comm.*) conto: *boucler un compte*, chiudere un conto 3 (*sport*) conteggio: *compt des points*, conteggio dei punti.

● (*comm.*) ***compte à découvert***, conto scoperto | ***compte à rebours***, (*anche fig.*) conto alla rovescia | (*comm.*) ***compte chèque postal*** (o ***courant postal***), conto corrente postale | (*comm., banca*) ***compte courant*** (o ***dépôt***), conto corrente | (*Internet*) ***compte d'accès Internet***, abbonamento Internet | (*amm.*) ***compte d'administration***, rendiconto d'esercizio | (*comm.*) ***compte d'exploitation***, conto d'esercizio | (*Internet*) ***compte e-mail***, account | (*comm.*) ***compte joint***, conto a firme congiunte | ***à bon compte***, a buon mercato; (*fig.*) senza danni | ***à ce compte-là***, a quella stregua | ***à compte***, in acconto; a credito | ***avoir son compte***, (*fam.*) essere sbronzo | ***en fin de compte***, ***au bout du compte***, in fin dei conti | ***il a son compte d'ennuis***, (*fig.*) ha la sua parte di grane | ***le compte y est***, il conto torna | ***prendre sur***, ***à son compte***, (*fig.*) prendere su di sé | ***pour le compte de***, per conto di | (*editoria*) ***publication à compte d'auteur***, pubblicazione a spese dell'autore | ***recevoir son compte***, ricevere quel che ci si merita, (*di un domestico*) essere licenziato | ***son compte est bon***, (*fam.*) è proprio nei guai | ***tenir compte de***, considerare: *compte tenu de ce qui précède*, tenuto conto di quanto avvenuto prima | ***travailler à son compte***, lavorare in proprio | ***tout compte fait***, a conti fatti, tutto sommato | ***tu te rends compte!***, (*fam.*) ma pensa! | ***y trouver son compte***, avere il proprio tornaconto in qlco.

FAUX AMI
Da non confondere con *conte*, che si traduce *comte*.

compte-chèques, **compte chèques** *n.m.* [pl. *comptes(-)chèques*] conto bancario.

compte-gouttes [kɔ̃tgut] *n.m.invar.* contagocce.
● ***au compte-gouttes***, col contagocce.

compter [kɔ̃te] *v.tr.* **1** contare, calcolare; annoverare: *je le compte parmi mes amis*, lo annovero tra i miei amici **2** ritenere: *on compte que*, si ritiene che ♦ *v.intr.* **1** contare **2** proporsi (**di**), contare (**di**).
● ***compter avec qqn***, ***qqch***, tenere conto di qlcu, di qlco | ***à compter de***, a partire da: *à compter d'aujourd'hui*, a partire da oggi; *à compter du 15 mars*, con decorrenza dal 15 marzo | ***ne compter pour rien***, non contare (nulla).

compte-rendu, **compte rendu** *n.m.* [pl. *comptes (-)rendus*] **1** rendiconto, resoconto: *compte-rendu des dépenses*, consuntivo delle spese **2** recensione (*f.*) (di giornale); rassegna (*f.*).

compte-tours [kɔ̃ttuʀ] *n.m.invar.* (*tecn.*) contagiri.

compteur [kɔ̃tœʀ] *n.m.* contatore.
● (*tecn.*): ***compteur à gaz***, ***à eau***, ***d'électricité***, contatore del gas, dell'acqua, elettrico; ***compteur de chaleur***, contabilizzatore di calore | (*aut.*): ***compteur de vitesse***, tachimetro; ***compteur*** (***kilométrique***), contachilometri.

comptine [kɔ̃tin] *n.f.* filastrocca (*f.*) (per la conta).

comptoir [kɔ̃twaʀ] *n.m.* **1** banco, bancone **2** agenzia (*f.*) commerciale (all'estero).
● (*econ.*): ***comptoir d'escompte***, banco di sconto; ***comptoir de vente en commun***, cartello, sindacato dei produttori.

compulser [kɔ̃pylse] *v.tr.* prendere in esame; consultare.

comte [kɔ̃t] *n.m.* conte.

FAUX AMI
Da non confondere con *conto*, che si traduce *compte*.

comté[1] [kɔ̃te] *n.m.* **1** contea (*f.*) **2** (*Canada*) circoscrizione (*f.*) elettorale.

comté[2] *n.m.* comté (formaggio simile al gruyère, prodotto nella Franche-Comté).

comtesse [kɔ̃tɛs] *n.f.* contessa.

comtois [kɔ̃twa] *agg.* della Franca Contea.

con [kɔ̃] *n.m.* **1** (*volg.*) figa (*f.*), fica (*f.*) **2** [f. *conne*] (*molto fam.*) fesso, coglione, stronzo ♦ *agg.* (*molto fam.*) fesso.

con- *pref.* con-.

C

conard [kɔnaʀ] *agg.* e *n.m.* (*molto fam.*) stronzo.

conasse [kɔnas] *n.f.* (*molto fam.*) stupida, stronza.

concassage [kɔ̃kasaʒ] *n.m.* frantumazione (*f.*).

concassée [kɔ̃kase] *n.f.*
● ***concassée de tomate***, polpa di pomodoro a pezzi.

concasser [kɔ̃kase] *v.tr.* frantumare, macinare.

concasseur [kɔ̃kasœʀ] *n.m.* frantoio.

concave [kɔ̃kav] *agg.* concavo.

concavité [kɔ̃kavite] *n.f.* concavità.

concéder [kɔ̃sede] *v.tr.* [coniug. come *céder*] concedere, accordare | *tu* (*me*) *concéderas bien que j'ai raison*, ammetterai che ho ragione.

concentration [kɔ̃sɑ̃tʀasjɔ̃] *n.f.* **1** concentrazione **2** concentramento (*m.*): *concentration des pouvoirs*, accentramento dei poteri.
● ***camp de concentration***, campo di concentramento.

concentrationnaire [kɔ̃sɑ̃tʀasjɔnɛʀ] *agg.* relativo ai campi di concentramento.

concentré [kɔ̃sɑ̃tʀe] *agg.* e *n.m.* concentrato.

concentrer [kɔ̃sɑ̃tʀe] *v.tr.* **1** concentrare **2** (*fot.*) mettere a fuoco ♦ **se concentrer** *v.pron.* concentrarsi.

concentrique [kɔ̃sɑ̃tʀik] *agg.* concentrico.

concept [kɔ̃sɛpt] *n.m.* concetto.

concepteur [kɔ̃sɛptœʀ] *n.m.* [f. *-trice*] creativo (in un'agenzia di pubblicità): *concepteur projeteur*, *d'un projet*, progettista, ideatore di un progetto.

concepteur-rédacteur [kɔ̃sɛptœʀʀedaktœʀ] *n.m.* [f. *conceptrice-rédactrice*; pl.m. *concepteurs-rédacteurs*] copywriter.

conception [kɔ̃sɛpsjɔ̃] *n.f.* **1** concepimento (*m.*) **2** (*fig.*) concezione.
● (*inform.*) ***conception assistée par ordinateur*** (*CAO*), progettazione assistita da computer (CAD).

conceptualiser [kɔ̃sɛptɥalize] *v.tr.* concettualizzare.

conceptuel [kɔ̃sɛptɥɛl] *agg.* [f. *-elle*] concettuale.

concernant [kɔ̃sɛʀnɑ̃] *prep.* concernente: *les frais concernant le transport*, le spese inerenti al trasporto.

concerner [kɔ̃sɛʀne] *v.tr.* concernere.
● (*comm.*) ***concerne***, riferimento, oggetto | ***en ce qui concerne***, per quanto concerne, riguarda.

concert [kɔ̃sɛʀ] *n.m.* concerto: *un concert de protestations*, (*estens.*) un coro di proteste.

concertation [kɔ̃sɛʀtasjɔ̃] *n.f.* consultazione.

concerter [kɔ̃sɛʀte] *v.tr.* concertare ♦ **se concerter** *v.pron.rec.* consultarsi; accordarsi.

concertiste [kɔ̃sɛʀtist] *n.m.* e *f.* concertista.

concerto [kɔ̃sɛʀto] *n.m.* (*mus.*) concerto.

concession [kɔ̃sesjɔ̃] *n.f.* concessione.

concessionnaire [kɔ̃sesjɔnɛʀ] *agg.* e *n.m.* e *f.* concessionario/a.

concessive [kɔ̃sesiv] *n.f.* (*gramm.*) proposizione concessiva.

concevable [kɔ̃svabl] *agg.* concepibile.

concevoir [kɔ̃səvwaʀ] *v.tr.* [coniug. come *recevoir*] concepire (*anche fig.*): *concevoir un enfant*, concepire un figlio; *concevoir un projet*, concepire, ideare un progetto | *cela se conçoit facilement*, è molto comprensibile ♦ *v.intr.* concepire, restare incinta.

concevrai [kɔ̃səvʀe] → **concevoir**.

concierge [kɔ̃sjɛʀʒ] *n.m.* 1 portiere, portinaio 2 (*Internet*) (*fam.*) gestore di una mailing list ♦ *n.f.* 1 portiera, portinaia 2 (*fam.*) persona pettegola.

C

conciergerie [kɔ̃sjɛʀʒəʀi] *n.f.* portineria.

concile [kɔ̃sil] *n.m.* concilio.

conciliabule [kɔ̃siljabyl] *n.m.* conciliabolo.

conciliaire [kɔ̃siljɛʀ] *agg.* conciliare.

conciliant [kɔ̃siljɑ̃] *agg.* conciliante.

conciliateur [kɔ̃siljatœʀ] *agg.* e *n.m.* [f. *-trice*] conciliatore.

conciliation [kɔ̃siljasjɔ̃] *n.f.* conciliazione; (*dir.*) arbitrato (*m.*).

concilier [kɔ̃silje] *v.tr.* conciliare ♦ **se concilier** *v.pron. indiretto* guadagnarsi, accattivarsi: *se concilier la sympathie de tout le monde*, accattivarsi la simpatia di tutti.

concis [kɔ̃si] *agg.* conciso.

concision [kɔ̃sizjɔ̃] *n.f.* concisione.

concitoyen [kɔ̃sitwajɛ̃] *n.m.* [f. *-enne*] concittadino.

conclave [kɔ̃klav] *n.m.* (*eccl.*) conclave.

conclu [kɔ̃kly] *p.p.* di **conclure**.

concluant [kɔ̃klyɑ̃] *agg.* concludente.

conclure [kɔ̃klyʀ] *v.tr.* [pres.indic.: *je conclus* etc., *nous concluons* etc.; imperf.indic.: *je concluais* etc.; p.rem.: *je conclus* etc.; fut.indic.: *je conclurai* etc.; cond.: *je conclurais* etc.; pres.cong.: *que je conclue* etc.; imperf. cong.: *que je conclusse* etc.; p.pres.: *concluant*; p.p.: *conclu*; imp.: *conclus*, *concluons*, *concluez*] 1 concludere 2 dedurre ♦ *v.intr.* concludere, giungere a una conclusione.

● (*dir.*) ***conclure à l'acquittement***, pronunziarsi per l'assoluzione.

conclusif [kɔ̃klyzif] *agg.* [f. *-ive*] conclusivo.

conclusion [kɔ̃klyzjɔ̃] *n.f.* 1 conclusione 2 deduzione 3 (*pl.*) (*dir.*) conclusioni.

concocter [kɔ̃kɔkte] *v.tr.* (*fam. scherz.*) 1 combinare, macchinare 2 mettere insieme.

conçois [kɔ̃swa] → **concevoir**.

conçoive [kɔ̃swav] → **concevoir**.

concombre [kɔ̃kɔ̃bʀ] *n.m.* cetriolo.

concomitance [kɔ̃kɔmitɑ̃s] *n.f.* concomitanza.

concomitant [kɔ̃kɔmitɑ̃] *agg.* concomitante.

concordance [kɔ̃kɔʀdɑ̃s] *n.f.* concordanza.

concordant [kɔ̃kɔʀdɑ̃] *agg.* concordante, concorde.

concordat [kɔ̃kɔʀda] *n.m.* (*eccl., dir.*) concordato.

concordataire [kɔ̃kɔʀdatɛʀ] *agg.* (*eccl., dir.*) concordatario.

concorde [kɔ̃kɔʀd] *n.f.* concordia.

> **FAUX AMI**
> Da non confondere con l'aggettivo *concorde*, che si traduce *concordant*.

concorder [kɔ̃kɔʀde] *v.intr.* concordare.

● ***faire concorder les chiffres***, far quadrare i conti.

concourir [kɔ̃kuʀiʀ] *v.intr.* [coniug. come *courir*] concorrere.

concours [kɔ̃kuʀ] *n.m.* 1 concorso, competizione 2 (*collaborazione*) concorso, aiuto: *offrir son concours*, offrire la propria collaborazione 3 concorso, affluenza.

● ***concours de circostances***, serie di coincidenze, concorso di circostanze | ***Concours général***, (*nei licei francesi*) concorso annuale | ***avis de concours***, bando di concorso.

concouru [kɔ̃kuʀy] *p.p.* di **concourir**.

concret [kɔ̃kʀɛ] *agg.* e *n.m.* [f. *-ète*] concreto.

concrètement [kɔ̃kʀɛtmɑ̃] *avv.* concretamente.

concrétion [kɔ̃kʀesjɔ̃] *n.f.* (*geol.*) concrezione.

concrétiser [kɔ̃kʀetize] *v.tr.* concretizzare ♦ **se concrétiser** *v.pron.intr.* concretizzarsi.

conçu [kɔ̃sy] *p.p.* di **concevoir**.

concubin [kɔ̃kybɛ̃] *agg.* e *n.m.* (*estens.*) convivente.

concubinage [kɔ̃kybinaʒ] *n.m.* concubinato; (*estens.*) convivenza (*f.*).

concubine [kɔ̃kybin] *n.f.* concubina; (*estens.*) convivente.

concupiscence [kɔ̃kypisɑ̃s] *n.f.* concupiscenza.

concupiscent [kɔ̃kypisɑ̃] *agg.* concupiscente.

concurrence [kɔ̃kyʀɑ̃s] *n.f.* concorrenza.

● (*comm.*) ***appel à la concurrence***, bando di gara | ***jusqu'à concurrence de***, fino alla concorrenza di.

concurrencer [kɔ̃kyʀɑ̃se] *v.tr.* [coniug. come *placer*] fare concorrenza (a).

concurrent [kɔ̃kyʀɑ̃] *agg.* e *n.m.* concorrente.

concurrentiel [kɔ̃kyʀɑ̃sjɛl] *agg.* [f. *-elle*] concorrenziale, concorrente.

concussion [kɔ̃kysjɔ̃] *n.f.* (*dir.*) concussione.

concussionnaire [kɔ̃kysjɔnɛʀ] *agg.* (*dir.*) concussionario.

condamnable [kɔ̃dɑnabl] *agg.* condannabile.

condamnation [kɔ̃dɑnasjɔ̃] *n.f.* condanna.

● (*aut.*) ***condamnation des portes***, chiusura centralizzata con comando a distanza | (*dir.*) ***passer condamnation***, dichiararsi colpevole.

■ SIN. sentence.

condamné [kɔ̃dɑne] *agg.* e *n.m.* condannato.

condamner [kɔ̃dɑne] *v.tr.* condannare.

condé [kɔ̃de] *n.m.* (*argot*) sbirro.

● ***avoir le condé***, essere in combutta con la polizia.

condensateur [kɔ̃dɑ̃satœʀ] *n.m.* condensatore.

condensation [kɔ̃dɑ̃sasjɔ̃] *n.f.* condensazione.

■ SIN. buée.

condensé [kɔ̃dɑ̃se] *agg.* condensato ♦ *n.m.* compendio, riassunto.

condenser [kɔ̃dɑ̃se] *v.tr.* condensare ♦ **se condenser** *v.pron.* condensarsi.

condenseur [kɔ̃dɑ̃sœʀ] *n.m.* condensatore.

condescendance [kɔ̃desɑ̃dɑ̃s] *n.f.* condiscendenza.

condescendant [kɔ̃desɑ̃dɑ̃] *agg.* condiscendente.

condescendre [kɔ̃desɑ̃dʀ] *v.intr.* [coniug. come *rendre*] accondiscendere, degnarsi di condiscendere.

condiment [kɔ̃dimɑ̃] *n.m.* condimento.

condisciple [kɔ̃disipl] *n.m.* e *f.* condiscepolo/a.

condition [kɔ̃disjɔ̃] *n.f.* 1 condizione 2 requisito (*m.*).

● ***conditions de paiement***, modalità, condizioni di pagamento | (*comm.*) ***conditions requises***, condizioni pattuite: *présenter toutes les conditions requises*, avere tutti i requisiti richiesti | ***à condition de***, (*seguito da inf.*) a condizione di, a patto di | ***à condition que***, (*seguito da fut.ind. o cong.*) a condizione che, a patto che | ***c'est qqn de sa condition***, è del suo stesso livello sociale | ***dans ces condi-***

tions, stando così le cose | ***mettre en condition***, preparare (spec. un atleta); (*fig.*) condizionare | ***sans conditions***, senza condizioni, incondizionatamente | ***sous condition***, a certe condizioni: (*comm.*) *acheter sous condition*, comprare con riserva (di gradimento).

conditionné [kɔ̃disjɔne] *agg.* condizionato.
● ***air conditionné***, aria condizionata | ***aliment conditionné sous vide***, alimento confezionato sotto vuoto.

conditionnel [kɔ̃disjɔnɛl] *n.m.* e *agg.* [f. *-elle*] condizionale.

NOTA Non sempre il ***conditionnel*** è reso in italiano con un condizionale.
Si ha il congiuntivo italiano
– dopo ***au cas où, quand même***:
*Prends ton parapluie **au cas où** il pleuvrait.*
Prendi l'ombrello **nel caso che piova**.
*Il a pris son parapluie **au cas où** il pleuvrait.*
Ha preso l'ombrello **nel caso che piovesse**.
***Au cas où** il pleuvrait, je ne sortirais pas.*
Nel caso (che) piovesse, non uscirei.
***Quand même** il pleuvrait, je sortirais.*
Quand'anche piovesse, uscirei.
– per esprimere un'ipotesi, un'eventualità quando il verbo della frase principale è al condizionale:
Je l'offrirais à quiconque me le demanderait.
Lo offrirei a chiunque me lo **domandasse.**
Je ne répondrais pas à un homme qui me parlerait de cette manière.
Non risponderei a un uomo che mi **parlasse** in questo modo.
Il condizionale semplice (futuro nel passato) è reso in italiano con il condizionale passato:
– quando il verbo della frase principale è al passato:
Il déclara qu'il m'aiderait.
Dichiarò che mi **avrebbe aiutato**.
Il m'a assuré qu'il arriverait à temps.
Mi ha assicurato che **sarebbe arrivato** in tempo.

conditionnellement [kɔ̃disjɔnɛlmɑ̃] *avv.* condizionatamente.

conditionnement [kɔ̃disjɔnmɑ̃] *n.m.* **1** condizionamento **2** confezione (*f.*) (di prodotti commerciali).

conditionner [kɔ̃disjɔne] *v.tr.* **1** condizionare **2** confezionare (prodotti commerciali).

condoléances [kɔ̃dɔleɑ̃s] *n.f.pl.* condoglianze.

condominium [kɔ̃dɔminjɔm] *n.m.* (*dir. internazionale*) condominio.

condor [kɔ̃dɔʀ] *n.m.* (*zool.*) condor.

conducteur [kɔ̃dyktœʀ] *agg.* [f. *-trice*] conduttore ♦ *n.m.* **1** conducente; (*ferr.*) macchinista; (*di macchina utensile*) manovratore **2** (*elettr.*) conduttore.
● ***conducteur de travaux***, capo cantiere.
■ *N.M.* SIN. chauffeur.

conduction [kɔ̃dyksjɔ̃] *n.f.* (*fis.*) conduzione.

conduire [kɔ̃dɥiʀ] *v.tr.* [pres.indic.: *je conduis* etc., *nous conduisons* etc.; imperf.indic.: *je conduisais* etc.; p.rem.: *je conduisis* etc.; fut.indic.: *je conduirai* etc.; cond.: *je conduirais* etc.; pres.cong.: *que je conduise* etc.; imperf.cong.: *que je conduisisse* etc.; p.pres.: *conduisant*; p.p.: *conduit*; imp.: *conduis, conduisons, conduisez*] **1** condurre, portare: *conduire un enfant à l'école*, accompagnare un bambino a scuola; *cette route conduit à la ville*, questa strada porta in città **2** guidare (un veicolo) ♦ **se conduire** *v.pron.* condursi, comportarsi.

conduisant [kɔ̃dɥizɑ̃] *p.pres.* di **conduire**.

conduit [kɔ̃dɥi] *p.p.* di **conduire** ♦ *n.m.* condotto.
● (*anat.*) ***conduit auditif***, condotto uditivo | (*edil.*) ***conduit de fumée***, canna fumaria.

conduite [kɔ̃dɥit] *n.f.* **1** condotta, comportamento (*m.*) **2** guida, direzione **3** (*aut.*) guida **4** (*tecn.*) conduttura; condotta: *conduite de gaz*, tubazione del gas.
● (*aut.*) ***conduite intérieure***, utilitaria | ***faire un bout de conduite à qqn***, (*fam.*) accompagnare qlcu.

cône [kon] *n.m.* cono.

conf [kɔ̃f] *n.f.* (*fam.*) abbr. di **conférence**.

confection [kɔ̃fɛksjɔ̃] *n.f.* **1** confezione **2** industria della confezione (in serie).
● ***robe de confection***, vestito fatto in serie.

confectionner [kɔ̃fɛksjɔ̃ne] *v.tr.* **1** confezionare (un abito) **2** preparare.

confectionneur [kɔ̃fɛksjɔnœʀ] *n.m.* [f. *-euse*] confezionatore; (*abbigl.*) confezionista.

confédéral [kɔ̃fedeʀal] *agg.* [pl. *-aux*] confederale.

confédération [kɔ̃fedeʀasjɔ̃] *n.f.* confederazione.

confédéré [kɔ̃fedeʀe] *agg.* e *n.m.* confederato.

confer [kɔ̃fɛʀ] *locuz.* confronta, vedi, cfr.

conférence [kɔ̃feʀɑ̃s] *n.f.* **1** conferenza **2** riunione, seduta.
● ***conférence de presse***, conferenza stampa | ***en conférence***, in riunione.

conférencier [kɔ̃feʀɑ̃sje] *n.m.* [f. *-ère*] **1** conferenziere **2** (*Africa*) chi assiste a una conferenza.

conférer [kɔ̃feʀe] *v.intr.* [coniug. come *céder*] conferire (**su**), intrattenersi (**su**) ♦ *v.tr.* conferire.

confesse [kɔ̃fɛs] *n.f.* confessione.

confesser [kɔ̃fese] *v.tr.* **1** confessare (*anche estens.*) **2** (*fede, credenze ecc.*) professare ♦ **se confesser** *v.pron.* confessarsi.

confesseur [kɔ̃fesœʀ] *n.m.* confessore.

confession [kɔ̃fesjɔ̃] *n.f.* confessione.

confessionnal [kɔ̃fesjɔnal] *n.m.* [pl. *-aux*] confessionale.

confessionnel [kɔ̃fesjɔnɛl] *agg.* [f. *-elle*] confessionale.

confetti [kɔ̃feti] *n.m.* coriandolo.

FAUX AMI
Da non confondere con *confetto*, che si traduce *dragée*.

confiance [kɔ̃fjɑ̃s] *n.f.* fiducia.
● ***de confiance***, in confidenza; di fiducia | ***en toute confiance***, in tutta confidenza; sulla fiducia | ***faire confiance à***, confidare in; fidarsi di: *il s'en sortira, je lui fais confiance*, sono sicuro che se la caverà.

confiant [kɔ̃fjɑ̃] *agg.* fiducioso.

confidence [kɔ̃fidɑ̃s] *n.f.* confidenza.
● ***mettre qqn dans la confidence***, mettere qlcu a parte di un segreto.
■ SIN. confession.

confident [kɔ̃fidɑ̃] *n.m.* confidente.

confidentialité [kɔ̃fidɑ̃sjalite] *n.f.* riservatezza.

confidentiel [kɔ̃fidɑ̃sjɛl] *agg.* [f. *-elle*] confidenziale.

confidentiellement [kɔ̃fidɑ̃sjɛlmɑ̃] *avv.* confidenzialmente.

confier [kɔ̃fje] *v.tr.* **1** confidare; rivelare **2** affidare ♦ **se confier** *v.pron.* confidarsi (**con**).

configuration [kɔ̃figyʀasjɔ̃] *n.f.* configurazione.
● (*inform.*): ***configuration machine***, requisiti hardware;

C

configuration matérielle, configurazione hardware; *configuration minimale*, configurazione di base (*o* minima).

confiné [kɔ̃fine] *agg.* 1 confinato 2 (*di aria di ambienti chiusi*) viziato: *air confiné*, aria viziata.

C

confiner [kɔ̃fine] *v.intr.* 1 confinare (con) 2 (*fig.*) rasentare (qlco) ♦ *v.tr.* confinare, relegare ♦ **se confiner** *v.pron.* confinarsi, rinchiudersi.

confins [kɔ̃fɛ̃] *n.m.pl.* confini; (*fig.*) limiti.

confiote [kɔ̃fjɔt] *n.f.* (*fam.*) marmellata.

confire [kɔ̃fiʀ] *v.tr.* [coniug. come *suffire*] 1 (*frutta ecc.*) candire 2 (*verdura ecc.*) conservare (sott'olio, sott'aceto ecc.).

confirmation [kɔ̃fiʀmɑsjɔ̃] *n.f.* 1 conferma 2 (*relig.*) cresima 3 (*dir.*) convalida.

confirmer [kɔ̃fiʀme] *v.tr.* 1 confermare 2 (*relig.*) cresimare 3 (*dir.*) convalidare ♦ **se confirmer** *v.pron.intr.* 1 confermarsi 2 avverarsi.

confiscation [kɔ̃fiskɑsjɔ̃] *n.f.* confisca.

confiserie [kɔ̃fizʀi] *n.f.* 1 confetteria; pasticceria 2 dolciumi (*m.pl.*).

confiseur [kɔ̃fizœʀ] *n.m.* [f. *-euse*] confettiere.
● (*pol.*) ***trêve des confiseurs***, sospensione dell'attività politica per le feste di fine anno.

confisquer [kɔ̃fiske] *v.tr.* 1 confiscare 2 (*fig.*) sottrarre.
■ CONTR. restituer.

confit [kɔ̃fi] *p.p.* di **confire** ♦ *agg.* 1 (*di frutta ecc.*) candito 2 (*di verdura ecc.*) conservato (sott'olio, sott'aceto ecc.) 3 (*di persona*) compreso (di), penetrato (di): *tout confit en dévotion*, tutto (dedito alla) chiesa ♦ *n.m.* (*cuc.*) confit (carne cotta conservata nel grasso).

confiture [kɔ̃fityʀ] *n.f.* marmellata.

confiturier [kɔ̃fityʀje] *n.m.* vaso per marmellate.

conflagration [kɔ̃flagʀɑsjɔ̃] *n.f.* conflagrazione.

conflictualité [kɔ̃fliktɥalite] *n.f.* conflittualità.

conflictuel [kɔ̃fliktɥɛl] *agg.* [f. *-elle*] conflittuale.

conflit [kɔ̃fli] *n.m.* 1 conflitto 2 vertenza (*f.*).

confluence [kɔ̃flyɑ̃s] *n.f.* confluenza.

confluent [kɔ̃flyɑ̃] *agg.* confluente; convergente ♦ *n.m.* (*geogr.*) confluenza (*f.*).

confluer [kɔ̃flye] *v.intr.* confluire (in): *dans le projet avaient conflué toutes ses expériences*, nel progetto erano confluite tutte le sue esperienze.

confondre [kɔ̃fɔ̃dʀ] *v.tr.* [coniug. come *rendre*] confondere ♦ **se confondre** *v.pron.* 1 confondersi 2 profondersi: *se confondre en excuses*, profondersi in scuse.

confondu [kɔ̃fɔ̃dy] *p.p.* di **confondre**.

conformation [kɔ̃fɔʀmasjɔ̃] *n.f.* conformazione.

conforme [kɔ̃fɔʀm] *agg.* 1 conforme 2 concorde.

conformé [kɔ̃fɔʀme] *agg.* conformato.

conformément [kɔ̃fɔʀmemɑ̃] *avv.* conformemente, in conformità (a, di).

conformer [kɔ̃fɔʀme] *v.tr.* conformare ♦ **se conformer** *v.pron.* conformarsi, uniformarsi.

conformisme [kɔ̃fɔʀmism] *n.m.* conformismo.

conformiste [kɔ̃fɔʀmist] *agg.* e *n.m.* e *f.* conformista.

conformité [kɔ̃fɔʀmite] *n.f.* conformità.
● ***en conformité avec, à***, in conformità di.

confort[1] [kɔ̃fɔʀ] *n.m.* agio, comfort, comodità (*f.*).

FAUX AMI
Da non confondere con *conforto*, nel significato di *sollievo*, che si traduce *réconfort*.

confort[2] *n.m.*
● ***médicament de confort***, palliativo.

confortable [kɔ̃fɔʀtabl] *agg.* 1 comodo, confortevole 2 cospicuo.
■ CONTR. 1 inconfortable.

confortablement [kɔ̃fɔʀtabləmɑ̃] *avv.* comodamente, in modo confortevole.

conforter [kɔ̃fɔʀte] *v.tr.* rafforzare.

FAUX AMI
Da non confondere con *confortare* nel senso di *rincuorare*, che si traduce *réconforter*.

confraternel [kɔ̃fʀatɛʀnɛl] *agg.* [f. *-elle*] fraterno, amichevole.

confraternité [kɔ̃fʀatɛʀnite] *n.f.* spirito (*m.*) di colleganza.

confrère [kɔ̃fʀɛʀ] *n.m.* 1 collega 2 (*eccl.*) confratello.

confrérie [kɔ̃fʀeʀi] *n.f.* confraternita.

confrontation [kɔ̃fʀɔ̃tasjɔ̃] *n.f.* confronto (*m.*), riscontro (*m.*).

confronter [kɔ̃fʀɔ̃te] *v.tr.* 1 confrontare, raffrontare, riscontrare 2 (*dir.*) mettere a confronto: *confronter qqn avec les témoins*, mettere qlcu a confronto con i testimoni.
● ***être confronté à un problème***, dover risolvere un problema.

confucianisme [kɔ̃fysjanism] *n.m.* confucianesimo.

confus [kɔ̃fy] *agg.* confuso.
■ CONTR. clair.

confusément [kɔ̃fyzemɑ̃] *avv.* confusamente.

confusion [kɔ̃fyzjɔ̃] *n.f.* 1 confusione: *être plein de confusion*, essere molto confuso 2 imbarazzo (*m.*): *rougir de confusion*, arrossire per l'imbarazzo.

confusionnel [kɔ̃fyzjɔnɛl] *agg.* [f. *-elle*] (*psic.*) confusionale.

congé [kɔ̃ʒe] *n.m.* 1 congedo, permesso; ferie (*f.pl.*) 2 commiato: *prendre congé de qqn*, congedarsi da qlcu 3 (*di contratto d'affitto*) disdetta (*f.*): *donner congé à un locataire*, sfrattare un inquilino 4 licenziamento: *donner son congé*, licenziarsi 5 (*comm.*) autorizzazione (*f.*) fiscale per il trasporto di una merce.
● ***congé annuel***, ferie | ***congé de maladie***, congedo per malattia | ***congé pour raisons de famille***, aspettativa per motivi di famiglia.

congédiement [kɔ̃ʒedimɑ̃] *n.m.* 1 congedo 2 licenziamento 3 disdetta (*f.*).

congédier [kɔ̃ʒedje] *v.tr.* 1 congedare 2 licenziare; (*da una carica*) destituire 3 disdettare.

congélateur [kɔ̃ʒelatœʀ] *n.m.* congelatore, freezer.

congélation [kɔ̃ʒelasjɔ̃] *n.f.* 1 congelamento (*m.*), congelazione 2 (*econ.*) blocco (*m.*), congelamento (*m.*).

congelé [kɔ̃ʒle] *agg.* congelato (*anche econ.*).
● ***produits congelés***, surgelati.

congeler [kɔ̃ʒle] *v.tr.* [coniug. come *semer*] congelare (*anche econ.*) ♦ **se congeler** *v.pron.intr.* congelarsi.

congélo [kɔ̃ʒelo] *n.m.* abbr. di **congélateur**.

congénère [kɔ̃ʒenɛʀ] *agg.* e *n.m.* 1 (*scient.*) congenere 2 (*fam.*) simile.

congénital [kɔ̃ʒenital] *agg.* [pl. *-aux*] congenito.

congère [kɔ̃ʒɛʀ] *n.f.* cumulo (*m.*) di neve.

congestif [kɔ̃ʒɛstif] *agg.* [f. *-ive*] (*med.*) congestizio.

congestion [kɔ̃ʒɛstjɔ̃] *n.f.* congestione (*anche med.*).

congestionner [kɔ̃ʒɛstjɔne] *v.tr.* congestionare (*anche med.*).

conglobation [kɔ̃glɔbasjɔ̃] *n.f.* (*econ.*) conglobamento (*m.*).

conglomérat [kɔ̃glɔmeʀa] *n.m.* conglomerato.

congolais [kɔ̃gɔlɛ] *agg.* congolese.

Congolais *n.m.* (*abitante*) congolese.

congratulations [kɔ̃gʀatylasjɔ̃] *n.f.pl.* (*letter., iron.*) congratulazioni.

NOTA ***Congratulations*** è termine più letterario di *félicitations*; sono in genere complimenti un po' esagerati che nascondono un pizzico di ironia.

congratuler [kɔ̃gʀatyle] *v.tr.* (*letter., iron.*) congratularsi (**con**) ♦ **se congratuler** *v.pron.rec.* congratularsi.

congre [kɔ̃gʀ] *n.m.* (*zool.*) grongo, congro.

congrégation [kɔ̃gʀegasjɔ̃] *n.f.* congregazione.

congrès [kɔ̃gʀɛ] *n.m.* congresso; convegno.

congressiste [kɔ̃gʀesist] *n.m.* e *f.* congressista.

congru [kɔ̃gʀy] *agg.* congruo.
● (*eccl.*) ***portion congrue***, congrua; (*fig.*) stretto necessario.

congruence [kɔ̃gʀyɑ̃s] *n.f.* congruenza.

conifère [kɔnifɛʀ] *n.m.* (*bot.*) conifera (*f.*).

conique [kɔnik] *agg.* conico ♦ *n.f.* (*mat.*) conica.

conjectural [kɔ̃ʒɛktyʀal] *agg.* [pl. *-aux*] congetturale.

conjecture [kɔ̃ʒɛktyʀ] *n.f.* congettura.

conjecturer [kɔ̃ʒɛktyʀe] *v.tr.* congetturare.

conjoint [kɔ̃ʒwɛ̃] *agg.* congiunto ♦ *n.m.* coniuge.
● (*dir.*) ***débiteurs conjoints***, condebitori (non solidali).
■ *AGG.* CONTR. disjoint ♦ *N.M.* SIN. époux.

conjoncteur [kɔ̃ʒɔ̃ktœʀ] *n.m.* (*elettr.*) presa (*f.*) a muro per il telefono.

conjoncteur-disjoncteur [kɔ̃ʒɔ̃ktœʀdisʒɔ̃ktœʀ] *n.m.* [pl. *conjoncteurs-disjoncteurs*] (*elettr.*) interruttore automatico.

conjonctif [kɔ̃ʒɔ̃ktif] *agg.* [f. *-ive*] **1** (*gramm.*) congiuntivo **2** (*anat.*) connettivo.

conjonction [kɔ̃ʒɔ̃ksjɔ̃] *n.f.* **1** congiunzione **2** unione, riunione.

conjonctive [kɔ̃ʒɔ̃ktiv] *n.f.* (*anat.*) congiuntiva.

conjonctivite [kɔ̃ʒɔ̃ktivit] *n.f.* (*med.*) congiuntivite.

conjoncture [kɔ̃ʒɔ̃ktyʀ] *n.f.* **1** congiuntura **2** (*Costa d'Avorio*) crisi (economica).
■ SIN. **1** circonstance, contexte.

conjoncturel [kɔ̃ʒɔ̃ktyʀɛl] *agg.* [f. *-elle*] congiunturale.

conjugaison [kɔ̃ʒygɛzɔ̃] *n.f.* coniugazione.

NOTA Si vedano le tavole di coniugazione dei verbi in appendice al dizionario.

conjugal [kɔ̃ʒygal] *agg.* [pl. *-aux*] coniugale.

conjugalement [kɔ̃ʒygalmɑ̃] *avv.* coniugalmente.

conjuguer [kɔ̃ʒyge] *v.tr.* **1** unire, riunire **2** (*gramm.*) coniugare.

conjuration [kɔ̃ʒyʀasjɔ̃] *n.f.* **1** congiura **2** scongiuro (*m.*), esorcismo (*m.*).

conjuré [kɔ̃ʒyʀe] *n.m.* congiurato.

conjurer [kɔ̃ʒyʀe] *v.tr.* **1** tramare, macchinare **2** scongiurare (*anche fig.*).

connais [kɔnɛ] → **connaître**.

connaissance [kɔnɛsɑ̃s] *n.f.* **1** conoscenza, cognizione; nozione: *porter à la connaissance de qqn*, portare a conoscenza di qlcu **2** conoscenza, sensi (*m.pl.*): *tomber sans connaissance*, cadere privo di sensi **3** (*persona*) conoscenza, conoscente (*m.*).
● ***à ma connaissance***, che io sappia | ***en connaissance de cause***, con cognizione di causa.

connaissement [kɔnɛsmɑ̃] *n.m.* (*comm.*) polizza (*f.*) di carico.

connaisseur [kɔnɛsœʀ] *agg.* [f. *-euse*] da conoscitore, da intenditore ♦ *n.m.* conoscitore, intenditore.

connaître [kɔnɛtʀ] *v.tr.* [pres.indic.: *je connais, tu connais, il connaît, nous connaissons* etc.; imperf.indic.: *je connaissais* etc.; p.rem.: *je connus* etc.; fut.indic.: *je connaîtrai* etc.; cond.: *je connaîtrais* etc.; pres.cong.: *que je connaisse* etc.; imperf.cong.: *que je connusse* etc.; p.pres.: *connaissant*; p.p.: *connu*; imp.: *connais, connaissons, connaissez*] conoscere: *il ne connaît que son intérêt*, pensa solo al suo interesse ♦ *v.intr.* (*dir.*) conoscere (**di**): *connaître d'une cause*, conoscere di una causa ♦ **se connaître** *v.pron.* conoscersi ♦ *v.pron.intr.* intendersi (**di**): *il s'y connaît*, se ne intende ♦ *v.pron.rec.* conoscersi.
● ***connaître comme sa poche***, conoscere come le proprie tasche | ***il en connaît un rayon***, (*fam.*) è molto competente | ***je connais la musique, la chanson***, (*fam.*) so come vanno le cose | ***je ne le connais ni d'Ève ni d'Adam***, non l'ho mai visto né conosciuto | ***ne plus se connaître***, essere fuori di sé.

connectabilité [kɔnɛktabilite] *n.f.* (*inform.*) connettività.

connecter [kɔnɛkte] *v.tr.* (*elettr.*) collegare, connettere ♦ **se connecter** *v.pron.* (*inform.*) connettersi.
● (*inform.*) ***non connecté***, off line.
■ *V.TR.* CONTR. couper, débrancher.

connecteur [kɔnɛktœʀ] *n.m.* connettore, presa (*f.*).

connerie [kɔnʀi] *n.f.* (*volg.*) fesseria, stronzata, cazzata.

connétable [kɔnetabl] *n.m.* (*st.*) conestabile.

connexe [kɔnɛks] *agg.* connesso.

connexion [kɔnɛksjɔ̃] *n.f.* **1** connessione **2** (*elettr., tel.*) collegamento (*m.*): *connexion par câble, par satellite*, collegamento via cavo, via satellite **3** (*inform.*) connessione.

connivence [kɔnivɑ̃s] *n.f.* **1** connivenza, collusione: *être de, en connivence avec qqn*, essere in combutta con qlcu **2** (*dir.*) favoreggiamento (*m.*).

connotation [kɔnnɔtasjɔ̃] *n.f.* connotazione.

connu [kɔny] *p.p.* di **connaître** ♦ *agg.* conosciuto, noto ♦ *n.m.* (ciò che è) noto, conosciuto.
● ***c'est connu, archiconnu***, (*fam.*) è noto, arcinoto | ***ni vu ni connu***, (*fam.*) rimanga tra noi.

conque [kɔ̃k] *n.f.* **1** conca, conchiglia **2** (*anat.*) (*di padiglione auricolare*) conca.

conquérant [kɔ̃keʀɑ̃] *agg.* e *n.m.* conquistatore.

conquérir [kɔ̃keʀiʀ] *v.tr.* [coniug. come *acquérir*] **1** conquistare **2** (*estens.*) ottenere.

conquerrai [kɔ̃kɛʀʀe] → **conquérir**.

conquête [kɔ̃kɛt] *n.f.* conquista.

conquiers [kɔ̃kjɛʀ] → **conquérir**.

conquis [kɔ̃ki] *p.p.* di **conquérir** ♦ *agg.* conquistato.

consacré [kɔ̃sakʀe] *agg.* consacrato (*anche fig.*).

consacrer [kɔ̃sakʀe] *v.tr.* consacrare (*anche fig.*) ♦ **se consacrer** *v.pron.* consacrarsi, dedicarsi.

consanguin [kɔ̃sɑ̃gɛ̃] *agg.* e *n.m.* consanguineo.

consanguinité [kɔ̃sɑ̃gɥinite] *n.f.* consanguineità.

consciemment [kɔ̃sjamɑ̃] *avv.* coscientemente, consapevolmente.

conscience [kɔ̃sjɑ̃s] *n.f.* coscienza: *avoir bonne conscience, la conscience tranquille*, avere la coscienza a posto, tranquilla.
● ***directeur de conscience***, direttore spirituale | ***en conscience***, in tutta coscienza | ***en mon âme et conscience***, in coscienza, in fede.

C

consciencieusement [kɔ̃sjɑ̃sjøzmɑ̃] *avv.* coscienziosamente.

consciencieux [kɔ̃sjɑ̃sjø] *agg.* [f. *-euse*] coscienzioso.
■ SIN. scrupuleux.

conscient [kɔ̃sjɑ̃] *agg.* cosciente, consapevole.

conscription [kɔ̃skʀipsjɔ̃] *n.f.* (*mil.*) coscrizione.

conscrit [kɔ̃skʀi] *n.m.* (*mil.*) coscritto.

consécration [kɔ̃sekʀasjɔ̃] *n.f.* consacrazione.

consécutif [kɔ̃sekytif] *agg.* [f. *-ive*] **1** consecutivo (*anche gramm.*) **2** conseguente: *consécutif à qqch*, conseguente a qlco.

consécutivement [kɔ̃sekytivmɑ̃] *avv.* consecutivamente.
● ***consécutivement à***, in seguito a.

conseil [kɔ̃sɛj] *n.m.* **1** consiglio: *prendre conseil de qqn*, chieder consiglio a qlcu **2** consiglio; collegio; commissione (*f.*) **3** (*persona*) consulente: *conseil juridique, fiscal*, consulente legale, fiscale.
● (*mil.*) ***conseil de révision***, commissione di leva | (*dir.*) ***conseil de tutelle***, assistente della madre tutrice | (*dir.*) ***conseil judiciaire***, curatore | ***conseil municipal***, consiglio comunale | (*mil.*) ***passer en conseil de guerre***, comparire davanti al tribunale militare.

conseiller[1] [kɔ̃seje] *v.tr.* consigliare.

conseiller[2] *n.m.* [f. *-ère*] **1** consigliere **2** consulente: *conseiller financier*, consulente finanziario.
● (*Svizzera*) ***conseiller fédéral***, ministro (del governo federale).

consensuel [kɔ̃sɑ̃sɥɛl] *agg.* [f. *-elle*] (*dir.*) consensuale.

consensus [kɔ̃sɛ̃sys] *n.m.* consenso, accordo.

consentant [kɔ̃sɑ̃tɑ̃] *agg.* consenziente.

consentement [kɔ̃sɑ̃tmɑ̃] *n.m.* consenso; assenso.
● ***consentement libre***, consenso incondizionato | ***du consentement de tous***, con il consenso di tutti.

consentir [kɔ̃sɑ̃tiʀ] *v.intr.* [coniug. come *sentir*] acconsentire, permettere: *tu dois consentir (à ce) qu'il vienne*, devi permettere che venga; *j'y consens avec plaisir!*, sono perfettamente d'accordo! ♦ *v.tr.* autorizzare: *consentir un prêt*, concedere un prestito.

conséquemment [kɔ̃sekamɑ̃] *avv.* di conseguenza.

conséquence [kɔ̃sekɑ̃s] *n.f.* conseguenza.
● ***de conséquence***, importante | ***en conséquence (de)***, conformemente (a), in conformità (di) | (*gramm.*) ***proposition de conséquence***, proposizione consecutiva | ***sans conséquence***, di nessuna importanza | ***tirer à conséquence***, avere gravi conseguenze.
■ SIN. effet.

conséquent [kɔ̃sekɑ̃] *agg.* **1** conseguente; conforme **2** (*di persona*) coerente **3** (*fam.*) cospicuo, importante.
● ***par conséquent***, di conseguenza.

conservateur [kɔ̃sɛʀvatœʀ] *agg.* [f. *-trice*] conservatore (*anche pol.*) ♦ *n.m.* **1** conservatore (*anche pol.*) **2** freezer, surgelatore **3** (*chim.*) conservante.
● ***conservateur d'un musée***, direttore di un museo.

conservation [kɔ̃sɛʀvasjɔ̃] *n.f.* conservazione.

conservatisme [kɔ̃sɛʀvatism] *n.m.* conservatorismo.

conservatoire[1] [kɔ̃sɛʀvatwaʀ] *agg.* (*dir.*) cautelare, conservativo: *saisie, mesure conservatoire*, sequestro, provvedimento cautelare.

conservatoire[2] *n.m.* **1** conservatorio **2** (*teatr.*) scuola (*f.*) d'arte drammatica.

conserve [kɔ̃sɛʀv] *n.f.* **1** conserva **2** (*estens.*) scatola: *en conserve*, in scatola.

conserve, de [dəkɔ̃sɛʀv] *avv.* (*mar.*) di conserva (*anche fig.*).

conserver [kɔ̃sɛʀve] *v.tr.* conservare, mantenere ♦ **se conserver** *v.pron.intr.* conservarsi.
■ SIN. garder.

considérable [kɔ̃sideʀabl] *agg.* considerevole, notevole.

considérablement [kɔ̃sideʀɑbləmɑ̃] *agg.* considerevolmente.

considération [kɔ̃sideʀasjɔ̃] *n.f.* considerazione: *jouir de la considération de qqn*, godere della considerazione, della stima di qlcu; (*comm.*) *agréez, Monsieur, l'assurance de ma parfaite considération*, gradisca i sensi della mia più alta stima.
● ***en considération***, in considerazione | ***par considération pour***, per rispetto a | ***sans considération***, in modo sconsiderato | ***se perdre en considérations***, divagare.

considérer [kɔ̃sideʀe] *v.tr.* [coniug. come *céder*] **1** scrutare, osservare **2** considerare, ritenere: *considérer comme probable*, ritenere probabile; *je considère qu'il a eu tort*, ritengo che abbia avuto torto; *être bien considéré par qqn*, essere tenuto in grande considerazione da qlcu **3** (*econ.*) consolidare ♦ **se considérer** *v.pron.* considerarsi.
● ***considérant que***, considerato che | ***tout bien considéré***, tutto sommato.

consignataire [kɔ̃siɲatɛʀ] *n.m.* (*comm.*) consegnatario, depositario.

consignation [kɔ̃siɲasjɔ̃] *n.f.* **1** (*comm.*) deposito (*m.*); consegna **2** (*per un vuoto a rendere*) anticipo (*m.*).
● ***dépôts et consignations***, depositi e prestiti.

consigne [kɔ̃siɲ] *n.f.* **1** (*mil.*) (*ordine; punizione*) consegna: *c'est la consigne!*, questi sono gli ordini! **2** (*alla stazione ecc.*) deposito (*m.*) (bagagli) **3** (*comm.*) (*per vuoti ecc.*) deposito (*m.*).
● ***fiche des consignes de sécurité***, (*sugli aerei*) scheda con le istruzioni in caso di emergenza | ***sans consigne ni retour***, (*dicitura sulle bottiglie*) senza deposito e senza resa.

consigné [kɔ̃siɲe] *agg.* e *n.m.* (*mil.*) consegnato.
● ***navire consigné***, nave in quarantena.

consigner [kɔ̃siɲe] *v.tr.* **1** (*denaro ecc.*) depositare **2** mettere per iscritto **3** (*mil.*) consegnare (*anche estens*): *cet élève a été consigné*, quell'alunno è stato trattenuto a scuola per punizione **4** (*vuoti ecc.*) far pagare il deposito (**per**).

consistance [kɔ̃sistɑ̃s] *n.f.* consistenza.

consistant [kɔ̃sistɑ̃] *agg.* consistente, solido.

consister [kɔ̃siste] *v.intr.* consistere (**in**); essere costituito (**da**).

consistoire [kɔ̃sistwaʀ] *n.m.* (*eccl.*) concistoro.

conso [kɔ̃so] *n.f.* (*fam.*) abbr. di **consommation**[1].

consœur [kɔ̃sœʀ] *n.f.* **1** collega **2** (*eccl.*) consorella.

consolant [kɔ̃sɔlɑ̃] *agg.* consolante.

consolateur [kɔ̃sɔlatœʀ] *agg.* e *n.m.* [f. *-trice*] consolatore.

consolation [kɔ̃sɔlasjɔ̃] *n.f.* consolazione.
console [kɔ̃sɔl] *n.f.* 1 (*arch.*) mensola 2 (*tavolino da parete*) console 3 (*tecn.*) console, quadro (*m.*) di comando; (*inform.*) consolle 4 (*mus.*) (*di organo*) consolle.
consoler [kɔ̃sɔle] *v.tr.* consolare ♦ **se consoler** *v.pron.* consolarsi.
■ SIN. réconforter.
consolidation [kɔ̃sɔlidasjɔ̃] *n.f.* consolidamento (*m.*).
● (*dir.*) ***emprunt de consolidation***, prestito consolidato.
consolider [kɔ̃sɔlide] *v.tr.* consolidare ♦ **se consolider** *v.pron.* consolidarsi, rafforzarsi.
consommateur [kɔ̃sɔmatœʀ] *n.m.* [f. *-trice*] 1 consumatore 2 (*di locale pubblico*) cliente.
consommation[1] [kɔ̃sɔmasjɔ̃] *n.f.* 1 consumo (*m.*) 2 (*in locale pubblico*) consumazione.
● ***société de consommation***, società dei consumi.
consommation[2] *n.f.* compimento (*m.*), consumazione.
consommé [kɔ̃sɔme] *agg.* 1 consumato, provetto, abile 2 grande, sommo: *d'une habileté consommée*, di grande abilità 3 consumato, compiuto ♦ *n.m.* (*cuc.*) (*brodo ristretto di carne*) consommé.
consommer[1] [kɔ̃sɔme] *v.tr.* consumare.
consommer[2] *v.tr.* compiere, consumare.
consomption [kɔ̃sɔ̃psjɔ̃] *n.f.* (*med.*) consunzione.
consonance [kɔ̃sɔnɑ̃s] *n.f.* 1 (*mus., metrica*) consonanza 2 (*estens.*) suono (*m.*): *un nom à consonance slave*, un nome che suona slavo.
consonne [kɔ̃sɔn] *n.f.* consonante.
consort [kɔ̃sɔʀ] *agg.* consorte ♦ *n.m.* (*solo pl.*) (*spreg.*) soci, compagni.
consortium [kɔ̃sɔʀsjɔm] *n.m.* consorzio.
conspirateur [kɔ̃spiʀatœʀ] *n.m.* [f. *-trice*] cospiratore.
conspiration [kɔ̃spiʀasjɔ̃] *n.f.* cospirazione.
conspirer [kɔ̃spiʀe] *v.intr.* 1 cospirare 2 concorrere: *tout conspire à son bonheur*, tutto concorre alla sua felicità.
conspuer [kɔ̃spɥe] *v.tr.* schernire, insultare.
constamment [kɔ̃stamɑ̃] *avv.* costantemente, ininterrottamente.
constance [kɔ̃stɑ̃s] *n.f.* costanza, perseveranza.
constant [kɔ̃stɑ̃] *agg.* costante.
■ CONTR. inconstant.
constante [kɔ̃stɑ̃t] *n.f.* costante.
● ***constante de temps***, costante temporale.
constat [kɔ̃sta] *n.m.* 1 (*dir.*) verbale; (*prova*) constatazione (*f.*), accertamento 2 (*fig.*) bilancio, analisi (*f.*).
● ***constat (à l')amiable***, (*di incidente*) constatazione amichevole | (*dir.*) ***constat d'adultère***, accertamento d'adulterio.
constatation [kɔ̃statasjɔ̃] *n.f.* 1 constatazione; accertamento (*m.*) 2 risultato (*m.*), risultanza.
● (*dir.*): ***constatation d'expert***, accertamento peritale; ***constatations d'usage***, accertamenti d'uso.
constater [kɔ̃state] *v.tr.* constatare.
constellation [kɔ̃stelasjɔ̃] *n.f.* costellazione.
constellé [kɔ̃stele] *agg.* costellato.
consteller [kɔ̃stele] *v.tr.* costellare.
consternation [kɔ̃stɛʀnasjɔ̃] *n.f.* costernazione.
consterner [kɔ̃stɛʀne] *v.tr.* costernare.
constipation [kɔ̃stipasjɔ̃] *n.f.* (*med.*) stipsi, stitichezza, costipazione.
constipé [kɔ̃stipe] *agg.* 1 (*med.*) stitico, costipato 2 (*fig. fam.*) imbarazzato.
constiper [kɔ̃stipe] *v.tr.* (*med.*) rendere stitico, costipare.
constituant [kɔ̃stitɥɑ̃] *agg.* e *n.m.* costituente.
constitué [kɔ̃stitɥe] *agg.* costituito.
● ***bien constitué***, (*di persona*) di sana costituzione (fisica).
constituer [kɔ̃stitɥe] *v.tr.* 1 costituire 2 (*econ.*) accendere: *constituer une hypothèque*, accendere un'ipoteca ♦ **se constituer** *v.pron.* costituirsi.
● (*dir.*) ***se constituer prisonnier***, costituirsi; (*estens.*) arrendersi.
constitutif [kɔ̃stitytif] *agg.* [f. *-ive*] costitutivo.
constitution [kɔ̃stitysjɔ̃] *n.f.* costituzione (*anche pol.*).
constitutionnalité [kɔ̃stitysjɔnalite] *n.f.* costituzionalità.
constitutionnel [kɔ̃stitysjɔnɛl] *agg.* [f. *-elle*] costituzionale.
constitutionnellement [kɔ̃stitysjɔnɛlmɑ̃] *avv.* costituzionalmente.
constricteur [kɔ̃stʀiktœʀ] *agg.* e *n.m.*
● (*zool.*) ***boa constricteur***, boa constrictor | (*anat.*) (***muscle***) ***constricteur***, muscolo costrittore.
constructeur [kɔ̃stʀyktœʀ] *agg.* e *n.m.* [f. *-trice*] costruttore.
constructif [kɔ̃stʀyktif] *agg.* [f. *-ive*] costruttivo.
construction [kɔ̃stʀyksjɔ̃] *n.f.* 1 (*il costruire*) costruzione; (*il fabbricare*) fabbricazione 2 (*edil.*) costruzione, fabbricato (*m.*), edificio (*m.*); (*il settore*) edilizia 3 (*estens.*) struttura; elaborazione.
● (*edil.*) ***entrepreneur de construction***, costruttore edile | ***la construction aéronautique***, l'industria aeronautica.
■ CONTR. 1 destruction.
construire [kɔ̃stʀɥiʀ] *v.tr.* [coniug. come *conduire*] 1 costruire 2 (*opera letteraria*) comporre; (*teoria ecc.*) elaborare.
■ CONTR. 1 démolir.
construisant [kɔ̃stʀɥizɑ̃] *p.pres.* di **construire**.
construit [kɔ̃stʀɥi] *p.p.* di **construire**.
consubstantiel [kɔ̃sypstɑ̃sjɛl] *agg.* [f. *-elle*] (*teol.*) consustanziale; (*estens.*) connaturato.
consul [kɔ̃syl] *n.m.* console.
consulaire [kɔ̃sylɛʀ] *agg.* consolare.
consulat [kɔ̃syla] *n.m.* consolato.

NOTA ***Consulat*** fu detto il collegio di tre consoli che sostituì nel 1799 il Direttorio e di cui Napoleone fu primo console fino al 1804, quando si fece proclamare imperatore.

consultant [kɔ̃syltɑ̃] *agg.* e *n.m.* consulente.
● (***avocat***) ***consultant***, consulente (legale).
consultatif [kɔ̃syltatif] *agg.* [f. *-ive*] consultivo.
consultation [kɔ̃syltasjɔ̃] *n.f.* 1 consultazione 2 (*di medico nel proprio studio*) visita; (*di più medici intorno a un malato*) consulto (*m.*): *heures de consultation*, orario di visita; *le médecin est en consultation*, il medico sta visitando; *appeler en consultation*, chiamare a consulto 3 (*di esperti*) consulenza.
● (***cabinet de***) ***consultation***, ambulatorio, studio (medico) | ***d'une consultation facile***, di facile consultazione.
consulte [kɔ̃sylt] *n.f.* (*st., pol.*) consulta.
consulter [kɔ̃sylte] *v.tr.* consultare ♦ *v.intr.* (*di medi-*

co) ricevere, visitare ♦ **se consulter** *v.pron.rec.* consultarsi.
● ***ouvrage à consulter***, opera di consultazione.

consumer [kɔ̃syme] *v.tr.* consumare; logorare; distruggere.

C

contact [kɔ̃takt] *n.m.* contatto: *établir, couper le contact*, stabilire, interrompere il contatto; *prendre contact avec qqn*, mettersi in contatto con qlcu.
● (*elettr.*) ***contact à la terre***, contatto di terra | ***au contact de***, a contatto con: *au contact de l'air*, a contatto con l'aria | ***en contact avec***, a, in contatto con: *être, entrer en contact avec qqn*, essere, venire a, in contatto con qlcu | (*aut.*) ***clef de contact***, chiavetta d'accensione | ***verres de contact***, lenti a contatto.

contacter [kɔ̃takte] *v.tr.* prendere contatti (**con**), contattare.

contagieux [kɔ̃taʒjø] *agg.* [f. *-euse*] contagioso ♦ *n.m.* malato contagioso.

contagion [kɔ̃taʒjɔ̃] *n.f.* contagio (*m.*).

container [kɔ̃tɛnɛʀ] *n.m.* → **conteneur**.

contamination [kɔ̃taminasjɔ̃] *n.f.* contaminazione.
● ***agent de contamination***, agente patogeno.

contaminer [kɔ̃tamine] *v.tr.* contaminare.

conte [kɔ̃t] *n.m.* 1 racconto; novella (*f.*) 2 (*spreg.*) frottola (*f.*), fandonia (*f.*).
● ***conte de fées***, fiaba; (*estens.*) storia inverosimile | ***contes bleus***, racconti fiabeschi.
■ SIN. 1 fable.

FAUX AMI
Da non confondere con l'italiano *conte*, che si traduce *comte*, né con *conto*, che si traduce *compte*.

contemplatif [kɔ̃tɑ̃platif] *agg.* e *n.m.* [f. *-ive*] contemplativo.

contemplation [kɔ̃tɑ̃plasjɔ̃] *n.f.* contemplazione.

contempler [kɔ̃tɑ̃ple] *v.tr.* contemplare.

contemporain [kɔ̃tɑ̃pɔʀɛ̃] *agg.* e *n.m.* contemporaneo.
■ SIN. actuel, moderne.

contenance [kɔ̃tnɑ̃s] *n.f.* 1 capienza, capacità 2 contegno (*m.*).
● ***faire bonne contenance***, mantenere il controllo | ***par contenance***, per darsi un contegno | ***perdre contenance***, perdere la calma; (*estens.*) confondersi.

contendant [kɔ̃tɑ̃dɑ̃] *agg.* e *n.m.* contendente.

conteneur [kɔ̃tnœʀ] *n.m.* container, contenitore.

contenir [kɔ̃tniʀ] *v.tr.* [coniug. come *tenir*] 1 contenere 2 contenere, trattenere: *contenir ses larmes*, trattenere le lacrime ♦ **se contenir** *v.pron.* vincersi, dominarsi.

content [kɔ̃tɑ̃] *agg.* contento: *être content de sa personne*, essere soddisfatto di sé.
● ***avoir son content de qqch***, avere quanto si desidera di qlco: *il en a son content!*, ha avuto quel che si merita! | ***manger son content***, mangiare a sazietà.
■ SIN. heureux.

contentement [kɔ̃tɑ̃tmɑ̃] *n.m.* 1 soddisfazione (*f.*) 2 contentezza (*f.*), gioia (*f.*).

contenter [kɔ̃tɑ̃te] *v.tr.* 1 accontentare 2 soddisfare: *contenter ses désirs*, appagare i propri desideri ♦ **se contenter** *v.pron.* accontentarsi.

contentieux [kɔ̃tɑ̃sjø] *n.m.* e *agg.* [f. *-euse*] contenzioso.

contention [kɔ̃tɑ̃sjɔ̃] *n.f.* concentrazione.

contenu [kɔ̃t(ə)ny] *p.p.* di **contenir** ♦ *agg.* 1 contenuto 2 (*fig.*) contenuto, trattenuto; represso ♦ *n.m.* contenuto.

conter [kɔ̃te] *v.tr.* raccontare.

contestable [kɔ̃tɛstabl] *agg.* contestabile.

contestataire [kɔ̃tɛstatɛʀ] *agg.* contestatario ♦ *n.m.* e *f.* contestatore/trice.

contestation [kɔ̃tɛstasjɔ̃] *n.f.* contestazione.

conteste, sans [sɑ̃kɔ̃tɛst] *avv.* senza dubbio, incontestabilmente.

contester [kɔ̃tɛste] *v.tr.* 1 contestare; negare 2 (*dir.*) impugnare: (*dir.*) *contester un testament*, impugnare un testamento ♦ *v.intr.* discutere (**su**).

conteur [kɔ̃tœʀ] *n.m.* [f. *-euse*] narratore.

contexte [kɔ̃tɛkst] *n.m.* contesto.

contexture [kɔ̃tɛkstyʀ] *n.f.* struttura; tessitura.

contigu [kɔ̃tigy] *agg.* [f. *-uë*] contiguo.
■ SIN. adjacent, voisin CONTR. distant, séparé.

contiguïté [kɔ̃tigɥite] *n.f.* 1 contiguità 2 (*fig.*) affinità.

continence [kɔ̃tinɑ̃s] *n.f.* continenza.

continent[1] [kɔ̃tinɑ̃] *agg.* continente.

continent[2] *n.m.* (*geogr.*) continente.

continental [kɔ̃tinɑ̃tal] *agg.* [pl. *-aux*] continentale.

contingence [kɔ̃tɛ̃ʒɑ̃s] *n.f.* 1 (*fil.*) contingenza 2 (*pl.*) circostanze (fortuite), eventualità: *les contingences de la vie*, i casi della vita.

contingent [kɔ̃tɛ̃ʒɑ̃] *agg.* contingente ♦ *n.m.* 1 (*mil.*) contingente di leva 2 contingente, quota (*f.*); contributo.
● (*econ.*): ***contingent d'importation***, contingente di importazione; ***contingent d'impôt***, gettito d'imposta.

contingenter [kɔ̃tɛ̃ʒɑ̃te] *v.tr.* (*econ.*) contingentare.

continu [kɔ̃tiny] *agg.* e *n.m.* continuo.
● ***journée continue***, orario continuato (di lavoro).

continuateur [kɔ̃tinɥatœʀ] *n.m.* [f. *-trice*] continuatore.

continuation [kɔ̃tinɥasjɔ̃] *n.f.* continuazione, prosecuzione.

continuel [kɔ̃tinɥɛl] *agg.* [f. *-elle*] continuo.

continuellement [kɔ̃tinɥɛlmɑ̃] *avv.* continuamente, di continuo.

continuer [kɔ̃tinɥe] *v.tr.* e *intr.* continuare, proseguire: *il a continué ses études*, ha continuato gli studi; *le travail a continué jusqu'au soir*, il lavoro è continuato fino a sera; *il a continué à, de chanter*, ha continuato a cantare.
■ V.TR. SIN. poursuivre.

continuité [kɔ̃tinɥite] *n.f.* continuità.

continûment [kɔ̃tinymɑ̃] *avv.* continuamente, di continuo.

contondant [kɔ̃tɔ̃dɑ̃] *agg.* contundente: *un objet contondant*, un corpo contundente.

contorsion [kɔ̃tɔʀsjɔ̃] *n.f.* contorsione, contorcimento (*m.*).

contorsionner, se [səkɔ̃tɔʀsjɔne] *v.pron.* contorcersi.

contorsionniste [kɔ̃tɔʀsjɔnist] *n.m.* e *f.* contorsionista.

contour [kɔ̃tuʀ] *n.m.* 1 contorno 2 curva (*f.*), ansa (*f.*).

FAUX AMI
Da non confondere con *contorno* nel senso gastronomico, che si traduce *garniture* o *légumes*.

contourné [kɔ̃turne] *agg.* 1 contorto 2 (*fig.*) complicato, involuto.
contourner [kɔ̃turne] *v.tr.* 1 girare intorno (a); aggirare 2 tracciare il contorno (di).
contra- *pref.* contro-.
contraceptif [kɔ̃trasɛptif] *agg.* e *n.m.* [f. *-ive*] contraccettivo, antifecondativo.
contraception [kɔ̃trasɛpsjɔ̃] *n.f.* contraccezione.
contractant [kɔ̃traktɑ̃] *agg.* e *n.m.* contraente.
contracté [kɔ̃trakte] *agg.* 1 contratto 2 (*fig.*) teso.
● (*gramm.*) ***article contracté***, preposizione articolata.
contracter [kɔ̃trakte] *v.tr.* 1 contrarre 2 (*fig.*) innervosire ♦ **se contracter** *v.pron.intr.* contrarsi; irrigidirsi.
contraction [kɔ̃traksjɔ̃] *n.f.* contrazione.
contractualiser [kɔ̃traktɥalize] *v.tr.* assumere con contratto a termine (nel settore pubblico).
contractuel [kɔ̃traktɥɛl] *agg.* [f. *-elle*] contrattuale ♦ *n.m.* 1 impiegato statale avventizio 2 (*vigile*) ausiliare (del traffico).
contracture [kɔ̃traktyr] *n.f.* 1 (*med.*) contrattura 2 (*arch.*) rastremazione.
contradicteur [kɔ̃tradiktœr] *n.m.* 1 contraddittore 2 (*dir.*) avversario, controparte (*f.*).
contradiction [kɔ̃tradiksjɔ̃] *n.f.* contraddizione.
contradictoire [kɔ̃tradiktwar] *agg.* contraddittorio.
contradictoirement [kɔ̃tradiktwarmɑ̃] *avv.* contradditoriamente.
contraignant [kɔ̃trɛɲɑ̃] *p.pres.* di **contraindre** ♦ *agg.* 1 costrittivo 2 (*fig.*) impegnativo 3 (*dir.*) vincolante: *norme contraignante*, norma vincolante.
contraindre [kɔ̃trɛ̃dr] *v.tr.* [coniug. come *craindre*] costringere (a), obbligare (a) ♦ **se contraindre** *v.pron.* 1 costringersi (a) 2 dominarsi.
● (*dir.*) ***contraindre en justice***, perseguire in giudizio.
contraint [kɔ̃trɛ̃] *p.p.* di **contraindre** ♦ *agg.* impacciato; forzato.
● ***contraint et forcé***, costretto con la forza.
contrainte [kɔ̃trɛ̃t] *n.f.* costrizione; obbligo (*m.*), vincolo (*m.*).
● (*dir.*): ***contrainte par corps***, arresto per insolvenza; ***contrainte par saisie de biens***, espropriazione forzata | ***par la contrainte***, con la forza | ***sans contrainte***, liberamente | ***sous contrainte***, per costrizione.
contraire [kɔ̃trɛr] *agg.* 1 contrario 2 avverso ♦ *n.m.* contrario, opposto.
● ***au contraire***, al contrario, anzi | ***au contraire de***, contrariamente a | ***bien au*** (o ***tout au***) ***contraire***, proprio al contrario, tutt'altro.
contrairement [kɔ̃trɛrmɑ̃] *avv.* contrariamente.
contralto [kɔ̃tralto] *n.m.* e *f.* (*mus.*) contralto.
contrariant [kɔ̃trarjɑ̃] *agg.* irritante, indisponente.
contrarié [kɔ̃trarje] *agg.* 1 indispettito, contrariato 2 contrastato.
contrarier [kɔ̃trarje] *v.tr.* 1 contrariare, irritare 2 (*estens.*) ostacolare.
contrariété [kɔ̃trarjete] *n.f.* 1 contrarietà 2 irritazione, stizza.
contraste [kɔ̃trast] *n.m.* contrasto.
contraster [kɔ̃traste] *v.intr.* contrastare ♦ *v.tr.* mettere in contrasto.
contrat [kɔ̃tra] *n.m.* contratto.
● ***contrat à durée déterminée***, ***indéterminée***, contratto a termine, a tempo indeterminato | ***contrat d'apprentissage***, contratto di formazione | ***contrat de mariage***, contratto di matrimonio | ***contrat de travail***, contratto di lavoro | ***contrat notarié***, atto pubblico | ***contrat sous-seing privé***, scrittura privata.
contravention [kɔ̃travɑ̃sjɔ̃] *n.f.* contravvenzione.
■ SIN. P.V.
contre [kɔ̃tr] *prep.* 1 contro: *sirop contre la toux*, sciroppo per la tosse; *se protéger contre la pluie*, proteggersi dalla pioggia | *en ce moment tu parles contre ta pensée*, in questo momento dici cose che non pensi 2 in cambio di ♦ *avv.* contro: *ne t'appuie pas contre*, non appoggiarti contro ♦ *n.m.* 1 contro 2 (*scherma*) parata (*f.*) di contro 3 (*sport*) contrattacco.
● ***aller contre***, opporsi | ***en colère contre qqn***, in collera con qlcu | ***envers et contre tous***, a dispetto di tutti, contro tutti | (*comm.*) ***envoi contre remboursement***, spedizione contro assegno | ***être contre***, essere contrario, contro | ***je n'ai rien contre***, non ho nulla in contrario | ***le pour et le contre***, il pro e il contro | ***par contre***, invece, ma | ***voter contre***, votare contro, dare voto contrario.
contre- *pref.* contro-, contra-, anti-.
contre-allée [kɔ̃trale] *n.f.* [pl. *contre-allées*] controviale (*m.*), viale (*m.*) laterale.
contre-amiral [kɔ̃tramiral] *n.m.* [pl. *contre-amiraux*] contrammiraglio.
contre-attaque [kɔ̃tratak] *n.f.* [pl. *contre-attaques*] contrattacco (*m.*).
contrebalancer [kɔ̃trəbalɑ̃se] *v.tr.* [coniug. come *placer*] controbilanciare.
contrebande [kɔ̃trəbɑ̃d] *n.f.* 1 contrabbando (*m.*) 2 merce di contrabbando.
● ***en contrebande***, di contrabbando.
contrebandier [kɔ̃trəbɑ̃dje] *agg.* e *n.m.* [f. *-ère*] contrabbandiere.
contrebas, en [ɑ̃kɔ̃trəbɑ] *avv.* a un livello inferiore.
contrebasse [kɔ̃trəbɑs] *n.f.* (*mus.*) contrabbasso (*m.*).
contrebasson [kɔ̃trəbɑsɔ̃] *n.m.* (*mus.*) controfagotto.
contrebattre [kɔ̃trəbatr] *v.tr.* [coniug. come *battre*] (*mil.*) controbattere.
contrecarrer [kɔ̃trəkare] *v.tr.* ostacolare, contrastare.
contre-chant [kɔ̃trəʃɑ̃] *n.m.* [pl. *contre-chants*] (*mus.*) controcanto.
contrecœur, à [akɔ̃trəkœr] *avv.* a malincuore, controvoglia.
contrecoup [kɔ̃trəku] *n.m.* contraccolpo (*anche fig.*).
contre-courant [kɔ̃trəkurɑ̃] *n.m.* [pl. *contre-courants*] controcorrente.
● ***à contre-courant***, controcorrente.
contredanse [kɔ̃trədɑ̃s] *n.f.* 1 (*mus.*) contraddanza 2 (*fam.*) contravvenzione, multa.
contredire [kɔ̃trədir] *v.tr.* [coniug. come *dire*, tranne alla seconda persona pl. del pres.indic. e dell'imp.: *contredisez*] contraddire ♦ **se contredire** *v.pron.* e *pron.rec.* contraddirsi.
contredit [kɔ̃trədi] *p.p.* di **contredire** ♦ *n.m.* (*dir.*) controreplica (*f.*).
● ***sans contredit***, incontestabilmente.
contrée [kɔ̃tre] *n.f.* (*letter.*) paese (*m.*), contrada.
contre-épreuve [kɔ̃treprœv] *n.f.* [pl. *contre-épreuves*] controprova.

contre-espionnage [kɔ̃tʀespjɔnaʒ] ***n.m.*** [pl. *contre -espionnages*] controspionaggio.

contre-expertise [kɔ̃tʀɛkspɛʀtiz] ***n.f.*** [pl. *contre-expertises*] (*dir.*) controperizia.

contrefaçon [kɔ̃tʀəfasɔ̃] ***n.f.*** contraffazione; falsificazione.

contrefacteur [kɔ̃tʀəfaktœʀ] ***n.m.*** [f. *-trice*] (*dir.*) contraffattore; falsificatore.

contrefaire [kɔ̃tʀəfɛʀ] ***v.tr.*** [coniug. come *faire*] **1** contraffare; falsificare **2** simulare.

contrefait [kɔ̃tʀəfɛ] *p.p.* di **contrefaire** ♦ ***agg.*** **1** contraffatto; falsificato **2** (*fig.*) deforme.

contreficher, se [səkɔ̃tʀəfiʃe] ***v.pron.intr.*** (*fam.*) strainfischiarsi.

● ***s'en contreficher***, infischiarsene (altamente).

contre-fil [kɔ̃tʀəfil] ***n.m.*** [pl. *contre-fils*] senso contrario.

● ***contre-fil de l'eau***, controcorrente dell'acqua | ***contre-fil du bois***, controfilo del legno | ***à contre-fil***, in senso contrario (al filo).

contre-filet [kɔ̃tʀəfilɛ] ***n.m.*** [pl. *contre-filets*] (*cuc.*) controfiletto.

contrefort [kɔ̃tʀəfɔʀ] ***n.m.*** (*arch., geogr.*) contrafforte.

contre-haut, en [ɑ̃kɔ̃tʀəo] ***avv.*** a un livello superiore.

contre-indication [kɔ̃tʀɛ̃dikasjɔ̃] ***n.f.*** [pl. *contre-indications*] (*med.*) controindicazione.

contre-indiqué [kɔ̃tʀɛ̃dike] ***agg.*** [pl. *contre-indiqués*] controindicato.

contre-jour [kɔ̃tʀəʒuʀ] ***n.m.invar.*** controluce (*f.*).

● ***à contre-jour***, controluce, in controluce.

contre-la-montre [kɔ̃tʀəlamɔ̃tʀ] ***agg.invar.*** (*sport*) a cronometro: *course, étape contre-la-montre*, corsa, tappa a cronometro.

contremaître [kɔ̃tʀəmɛtʀ] ***n.m.*** [f. *-esse*] **1** (*edil.*) capomastro **2** (*ind.*) caporeparto, caposquadra, capotecnico.

contremarche [kɔ̃tʀəmaʀʃ] ***n.f.*** (*edil.*) frontalino (*m.*).

contremarque [kɔ̃tʀəmaʀk] ***n.f.*** contromarca.

contre-mesure [kɔ̃tʀəməzyʀ] ***n.f.*** [pl. *contre-mesures*] **1** contromisura **2** (*mus.*) controtempo (*m.*).

contre-offensive [kɔ̃tʀɔfɑ̃siv] ***n.f.*** [pl. *contre-offensives*] controffensiva.

contre-offre [kɔ̃tʀɔfʀ] ***n.f.*** [pl. *contre-offres*] (*comm.*) controfferta.

contrepartie [kɔ̃tʀəpaʀti] ***n.f.*** **1** (*comm.*) contropartita **2** (*comm.*) controvalore (*m.*): *contrepartie en argent*, controvalore in denaro **3** (*dir.*) controparte.

● ***en contrepartie***, in compenso.

contre-passation [kɔ̃tʀəpɑsasjɔ̃] ***n.f.*** [pl. *contre-passations*] (*comm.*) storno (*m.*).

contre-performance [kɔ̃tʀəpɛʀfɔʀmɑ̃s] ***n.f.*** [pl. *contre-performances*] **1** (*sport*) prestazione scadente: *malgré quelques contre-performances, les athlètes italiens ont obtenu de bons résultats*, nonostante qualche prestazione deludente, gli atleti italiani hanno ottenuto dei buoni risultati **2** (*estens.*) risultato (*m.*) deludente; performance negativa.

contrepèterie [kɔ̃tʀəpɛtʀi] ***n.f.*** gioco (*m.*) di parole con inversione di una lettera o di una sillaba.

contre-pied [kɔ̃tʀəpje] ***n.m.*** [pl. *contre-pieds*] **1** contrario **2** (*sport*) contropiede.

● ***à contre-pied***, al contrario | ***prendre le contre-pied*** (***de***), contraddire (in).

contreplaqué [kɔ̃tʀəplake] ***agg.*** e ***n.m.*** (legno) compensato.

contreplaquer [kɔ̃tʀəplake] ***v.tr.*** impiallacciare.

contre-plongée [kɔ̃tʀəplɔ̃ʒe] ***n.f.*** [pl. *contre-plongées*] (*fot., cine.*) ripresa dal basso.

contrepoids [kɔ̃tʀəpwɑ] ***n.m.*** contrappeso.

contre-poil, à [akɔ̃tʀəpwal] ***avv.*** (di) contropelo.

contrepoint [kɔ̃tʀəpwɛ̃] ***n.m.*** (*mus.*) contrappunto (*anche fig.*).

contrepoison [kɔ̃tʀəpwazɔ̃] ***n.m.*** contravveleno.

contrer [kɔ̃tʀe] ***v.tr.*** (*fam.*) contrastare; opporsi (**a**) ♦ ***v.intr.*** (*bridge*) contrare.

contre-réforme [kɔ̃tʀəʀefɔʀm] ***n.f.invar.*** (*st. relig.*) controriforma.

contreseing [kɔ̃tʀəsɛ̃] ***n.m.*** (*dir.*) controfirma (*f.*).

contresens [kɔ̃tʀəsɑ̃s] ***n.m.*** **1** senso contrario, verso contrario **2** controsenso, interpretazione (*f.*) erronea.

● ***à contresens***, a rovescio; (*di direzione*) in senso contrario | ***faire un contresens***, fraintendere; dare un'interpretazione errata.

contresigner [kɔ̃tʀəsiɲe] ***v.tr.*** controfirmare.

contretemps [kɔ̃tʀətɑ̃] ***n.m.*** **1** contrattempo **2** (*mus.*) controtempo.

● ***à contretemps***, a sproposito.

contre-torpilleur [kɔ̃tʀətɔʀpijœʀ] ***n.m.*** [pl. *contre -torpilleurs*] (*mil.*) cacciatorpediniere.

contre-valeur [kɔ̃tʀəvalœʀ] ***n.f.*** [pl. *contre-valeurs*] controvalore (*m.*).

contrevenant [kɔ̃tʀəvnɑ̃] ***n.m.*** (*dir.*) contravventore, trasgressore.

contrevenir [kɔ̃tʀəvniʀ] ***v.intr.*** [coniug. come *venir*] contravvenire, trasgredire.

contrevent [kɔ̃tʀəvɑ̃] ***n.m.*** persiana (*f.*), imposta (*f.*).

contrevenu [kɔ̃tʀəvny] *p.p.* di **contrevenir**.

contrevérité [kɔ̃tʀəveʀite] ***n.f.*** falsità.

contre-visite [kɔ̃tʀəvizit] ***n.f.*** [pl. *contre-visites*] (*med.*) visita di controllo.

contribuable [kɔ̃tʀibɥabl] ***agg.*** e ***n.m.*** e ***f.*** contribuente.

contribuer [kɔ̃tʀibɥe] ***v.intr.*** contribuire; concorrere.

contributif [kɔ̃tʀibytif] ***agg.*** [f. *-ive*] contributivo.

contribution [kɔ̃tʀibysjɔ̃] ***n.f.*** **1** contributo (*m.*): *contribution aux dépenses*, concorso alle spese **2** imposta.

● ***contributions directes, indirectes***, imposte dirette, indirette | ***mettre qqn à contribution***, avvalersi di qlcu.

contrit [kɔ̃tʀi] ***agg.*** contrito.

contrition [kɔ̃tʀisjɔ̃] ***n.f.*** (*letter.*) contrizione.

contrôle [kɔ̃tʀol] ***n.m.*** **1** controllo: *contrôle des billets*, controllo dei biglietti; *perdre son contrôle*, perdere il controllo **2** (ufficio del) controllo **3** ruolo **4** (*a scuola*) verifica (*f.*), controllo.

● ***contrôle continu***, monitoraggio | ***contrôle continu des connaissances***, controllo periodico della preparazione degli studenti universitari per mezzo di prove scritte in funzione dell'esame finale | (*amm.*) ***contrôle des comptes***, revisione contabile | ***contrôle des naissances***, controllo delle nascite | (*dir.*) ***contrôle judiciaire***, libertà vigilata.

contrôlé [kɔ̃tʀole] ***agg.*** controllato.

contrôler [kɔ̃tʀole] *v.tr.* controllare ♦ **se contrôler** *v.pron.* controllarsi.
■ V.TR. SIN. examiner.
contrôleur [kɔ̃tʀolœʀ] *n.m.* [f. *-euse*] controllore.
● ***contrôleur des chemins de fer, de la navigation aérienne***, controllore ferroviario, di volo | ***contrôleur des contributions directes***, ispettore fiscale | ***contrôleur des douanes***, ispettore doganale.
contrordre [kɔ̃tʀɔʀdʀ] *n.m.* contrordine.
controversable [kɔ̃tʀɔvɛʀsabl] *agg.* discutibile.
controverse [kɔ̃tʀɔvɛʀs] *n.f.* controversia.
controversé [kɔ̃tʀɔvɛʀse] *agg.* controverso.
contumace [kɔ̃tymas] *n.f.* (*dir.*) contumacia.
● ***par contumace***, in contumacia | ***purger sa contumace***, costituirsi.
contumax [kɔ̃tymaks] *agg.* e *n.m.* e *f.* (*dir.*) contumace.
contusion [kɔ̃tyzjɔ̃] *n.f.* (*med.*) contusione.
contusionné [kɔ̃tyzjɔne] *agg.* contuso.
contusionner [kɔ̃tyzjɔne] *v.tr.* contundere; *il s'est contusionné le bras*, si è prodotto una contusione al braccio.
conurbation [kɔnyʀbasjɔ̃] *n.f.* **1** conurbazione **2** (*estens.*) agglomerato urbano.
convaincant [kɔ̃vɛ̃kɑ̃] *agg.* convincente.
convaincre [kɔ̃vɛ̃kʀ] *v.tr.* [coniug. come *vaincre*] convincere.
■ SIN. persuader.
convaincu [kɔ̃vɛ̃ky] *p.p.* di **convaincre** ♦ *agg.* convinto.
convalescence [kɔ̃valesɑ̃s] *n.f.* convalescenza.
convalescent [kɔ̃valesɑ̃] *agg.* e *n.m.* convalescente.
convecteur [kɔ̃vɛktœʀ] *n.m.* (*fis.*) convettore.
convection [kɔ̃vɛksjɔ̃] *n.f.* (*fis.*) convezione.
convenable [kɔ̃vnabl] *agg.* **1** adeguato, adatto, opportuno **2** decoroso; corretto: *une personne tout à fait convenable*, una persona veramente perbene.
● ***cela n'est pas convenable***, non sta bene.
■ SIN. **2** correct CONTR. **2** inconvenant.
convenablement [kɔ̃vnabləmɑ̃] *avv.* in modo conveniente, opportunamente.
convenance [kɔ̃vnɑ̃s] *n.f.* **1** convenienza **2** (*pl.*) convenienze, buona creanza (*sing.*).
● ***à ma, ta, sa convenance***, a mio, tuo, suo piacimento | ***congé de convenance personnelle***, permesso per motivi personali | ***manquer aux convenances***, venir meno alle regole della buona educazione | ***mariage de convenance***, matrimonio di convenienza.
convenir [kɔ̃vniʀ] *v.intr.* [coniug. come *venir*] **1** convenire, fare al caso (**di**) | *ce jouet ne convient pas aux enfants*, questo giocattolo non è adatto ai bambini **2** convenire; ammettere; essere d'accordo: *nous avons convenu de partir ensemble*, abbiamo deciso di partire insieme ♦ *v.intr.impers.* convenire, essere opportuno: *il conviendrait que vous partiez*, sarebbe opportuno che partiste.
convention [kɔ̃vɑ̃sjɔ̃] *n.f.* **1** accordo (*m.*); convenzione **2** convenzione; abitudine: *un langage de convention*, un linguaggio convenzionale; *une attitude de convention*, un contegno studiato **3** raduno (*m.*), assemblea.
● ***convention à l'amiable***, accordo amichevole | ***convention collective du travail***, contratto collettivo di lavoro | ***convention salariale***, accordo salariale, in materia di salari.
conventionné [kɔ̃vɑ̃sjɔne] *agg.* convenzionato.
conventionnel [kɔ̃vɑ̃sjɔnɛl] *agg.* [f. *-elle*] **1** convenzionale **2** (*dir.*) contrattuale.
conventionnellement [kɔ̃vɑ̃sjɔnɛlmɑ̃] *avv.* convenzionalmente.
conventuel [kɔ̃vɑ̃tɥɛl] *agg.* e *n.m.* [f. *-elle*] (*eccl.*) conventuale.
convenu [kɔ̃vny] *p.p.* di **convenir** ♦ *agg.* **1** convenuto, deciso, stabilito **2** (*spreg.*) convenzionale: *langage convenu*, lingua convenzionale.
● ***c'est convenu!***, intesi!
convergence [kɔ̃vɛʀʒɑ̃s] *n.f.* convergenza.
convergent [kɔ̃vɛʀʒɑ̃] *agg.* convergente.
converger [kɔ̃vɛʀʒe] *v.intr.* [coniug. come *manger*] convergere; (*fig.*) concorrere.
convers [kɔ̃vɛʀ] *agg.*
● (*eccl.*): ***frère convers***, converso; ***sœur converse***, conversa.
conversation [kɔ̃vɛʀsasjɔ̃] *n.f.* conversazione: *lier conversation avec qqn*, attaccare discorso con qlcu.
● ***avoir de la conversation***, (*fam.*) essere un buon conversatore.
conversationnel [kɔ̃vɛʀsasjɔnɛl] *agg.* [f. *-elle*] (*inform.*) interattivo.
converser [kɔ̃vɛʀse] *v.intr.* conversare.
conversion [kɔ̃vɛʀsjɔ̃] *n.f.* conversione.
converti [kɔ̃vɛʀti] *agg.* e *n.m.* convertito.
● ***prêcher un converti***, (*fig.*) sfondare una porta aperta, cercare di convincere chi è già convinto.
convertible [kɔ̃vɛʀtibl] *agg.* convertibile.
convertir [kɔ̃vɛʀtiʀ] *v.tr.* **1** convertire **2** convertire, mutare, trasformare ♦ **se convertir** *v.pron.* convertirsi.
convertisseur [kɔ̃vɛʀtisœʀ] *n.m.* convertitore.
convexe [kɔ̃vɛks] *agg.* (*fis.*) convesso.
convexité [kɔ̃vɛksite] *n.f.* convessità.
conviction [kɔ̃viksjɔ̃] *n.f.* convinzione, convincimento (*m.*).
● (*dir.*) ***pièces à conviction***, corpo del reato.
convier [kɔ̃vje] *v.tr.* invitare (*anche fig.*).
convive [kɔ̃viv] *n.m.* e *f.* commensale.
convivial [kɔ̃vivjal] *agg.* [pl. *-aux*] conviviale: *atmosphère conviviale*, ambiente accogliente.
convivialité [kɔ̃vivjalite] *n.f.* **1** giovialità, socievolezza **2** (*inform., tel.*) accessibilità, facilità d'impiego (di un computer), user-friendliness.
convocation [kɔ̃vɔkasjɔ̃] *n.f.* convocazione.
convoi [kɔ̃vwa] *n.m.* **1** convoglio **2** corteo funebre.
convoiter [kɔ̃vwate] *v.tr.* bramare, desiderare.
convoitise [kɔ̃vwatiz] *n.f.* bramosia; cupidigia; avidità; brama.
convoler [kɔ̃vɔle] *v.intr.* (*antiq., scherz.*) convolare.
● ***convoler (en justes noces)***, convolare (a giuste nozze).
convoquer [kɔ̃vɔke] *v.tr.* convocare.
■ SIN. convier.
convoyer [kɔ̃vwaje] *v.tr.* [coniug. come *employer*] scortare.
convoyeur [kɔ̃vwajœʀ] *agg.* [f. *-euse*] di scorta ♦ *n.m.* **1** (*mecc.*) trasportatore; convogliatore **2** agente di scorta.
● ***convoyeur de fonds***, portavalori.
convulsé [kɔ̃vylse] *agg.* (*di volto*) contratto.
convulser [kɔ̃vylse] *v.tr.* contrarre; (*fig.*) sconvolgere.

C

C

convulsif [kɔ̃vylsif] *agg.* [f. *-ive*] convulso.
convulsion [kɔ̃vylsjɔ̃] *n.f.* 1 (*med.*) convulsione 2 sconvolgimento (*m.*), sussulto (*m.*).
convulsionner [kɔ̃vylsjɔne] *v.tr.* far venire le convulsioni (a) | *visage convulsionné*, viso contratto.
convulsivement [kɔ̃vylsivmɑ̃] *avv.* in modo convulso.
cool [kul] *agg.invar.* (*fam.*) 1 semplice, alla mano 2 (*di persona*) simpatico; (*di cosa*) figo; bello.
coopérant [kɔɔpeʀɑ̃] *n.m.* cooperante (insegnante, medico, tecnico che presta servizio all'estero).
coopérateur [k(ɔ)ɔpeʀatœʀ] *agg.* e *n.m.* [f. *-trice*] cooperante; cooperatore.
coopératif [k(ɔ)ɔpeʀatif] *agg.* [f. *-ive*] cooperativo; cooperativistico.
coopération [kɔɔpeʀasjɔ̃] *n.f.* cooperazione.
coopératisme [k(ɔ)ɔpeʀatism] *n.m.* cooperativismo.
coopérative [k(ɔ)ɔpeʀativ] *n.f.* cooperativa.
coopérer [kɔɔpeʀe] *v.intr.* cooperare, collaborare (**con, a**).
cooptation [kɔɔptasjɔ̃] *n.f.* (*dir.*) cooptazione.
coopter [kɔɔpte] *v.tr.* (*dir.*) cooptare.
coordinateur [kɔɔʀdinatœʀ] *agg.* e *n.m.* [f. *-trice*] coordinatore.
coordination [kɔɔʀdinasjɔ̃] *n.f.* coordinazione, coordinamento (*m.*).
coordonné [kɔɔʀdɔne] *agg.* coordinato ♦ *n.m.* (*pl.*) (*abbigl.*) coordinati.
coordonnée [kɔɔʀdɔne] *n.f.* (*mat.*) coordinata.
● ***donner ses coordonnées à qqn***, (*fam.*) dare il proprio recapito (anche telefonico) a qlcu.
coordonner [kɔɔʀdɔne] *v.tr.* coordinare.
cop [kɔp] *n.m.* (*fam.*) abbr. di **copain**.
copain [kɔpɛ̃] *n.m.* 1 amico, compagno 2 (*estens.*) ragazzo: *elle est sortie avec son copain*, è uscita con il suo ragazzo.
■ SIN. 1 ami, compagnon.
coparentalité [kopaʀɑ̃talite] *n.f.* patria potestà esercitata in condivisione dagli adulti che circondano i minori di una famiglia allargata.
coparticipation [kɔpaʀtisipasjɔ̃] *n.f.* compartecipazione.
copeau [kɔpo] *n.m.* [pl. *-eaux*] truciolo.
copiage [kɔpjaʒ] *n.m.* copiatura (*f.*) (a un esame).
copie [kɔpi] *n.f.* 1 copia (*anche fig.*), riproduzione 2 (*a scuola*) compito (*m.*), elaborato (*m.*) (da consegnare all'insegnante) 3 foglio (*m.*) protocollo.
● ***copie au net***, bella copia | ***copie conforme***, copia conforme | ***bureau de copie***, copisteria | ***être en mal de copie***, (*fam.*) essere a corto d'informazioni.
copier [kɔpje] *v.tr.* e *intr.* copiare: *copier sur qqn*, copiare da qlcu.
copier-coller [kɔpjekɔle] *n.m.invar.* (*inform.*) copia e incolla, copia-incolla: *faire un copier-coller*, fare un copia-incolla.
copieur [kɔpjœʀ] *n.m.* 1 [f. *-euse*] copione 2 fotocopiatrice (*f.*).
copieusement [kɔpjøzmɑ̃] *avv.* abbondantemente, copiosamente.
copieux [kɔpjø] *agg.* [f. *-euse*] abbondante, copioso.
copilote [kopilɔt] *n.m.* (*aer.*) copilota.
copinage [kɔpinaʒ] *n.m.* (*fam., spreg.*) 1 cricca (*f.*) (di amici) 2 cameratismo.
copine [kɔpin] *n.f.* (*fam.*) 1 amica, compagna 2 (*estens.*) ragazza: *il s'est amené avec sa copine*, (*fam.*) è venuto con la sua ragazza.
copiner [kɔpine] *v.intr.* (*fam.*) intrallazzare.
copinerie [kɔpinʀi] *n.f.* (*fam.*) 1 amicizia stretta 2 gruppo (*m.*) di amici intimi.
copion [kɔpjɔ̃] *n.m.* (*Belgio*) foglietto (per copiare durante i compiti in classe).
copiste [kɔpist] *n.m.* e *f.* 1 copista 2 contraffattore/trice 3 (*Africa*) copione/a, allievo/a che copia.
coproduction [kɔpʀɔdyksjɔ̃] *n.f.* (*cine.*) coproduzione.
copropriétaire [kopʀɔpʀijetɛʀ] *n.m.* e *f.* comproprietario/a; condomino/a.
copropriété [kopʀɔpʀijete] *n.f.* comproprietà; condominio (*m.*).
cops [kɔps] *n.m.* e *f.* (*abbr. di* copain *o* copine) amico/a.
copte [kɔpt] *agg.* (*relig.*) copto ♦ *n.m.* (*lingua*) copto.
copulatif [kɔpylatif] *agg.* [f. *-ive*] (*gramm.*) copulativo.
copulation [kɔpylasjɔ̃] *n.f.* copula, copulazione.
copule [kɔpyl] *n.f.* (*gramm.*) copula.
copyright [kɔpiʀajt] *n.m.* copyright.
coq¹ [kɔk] *n.m.* gallo.
● ***coq de bruyère***, gallo cedrone | ***être, vivre comme un coq en pâte***, stare, vivere come un pascià | (*pugilato*) ***poids coq***, peso gallo.

NOTA In latino, la parola *gallus* era riferita sia al 'gallo' animale sia alla nazione gallica. Da qui la scelta del ***coq gaulois*** (di nome ***Chanteclair***, personaggio del poema *Roman de Renart* del XII sec.) come emblema della Francia e del carattere fiero dei francesi. Oggi compare sulle maglie degli atleti delle squadre nazionali. Durante i tornei internazionali di calcio o di rugby, accade talora che, come rito scaramantico, i tifosi liberino un gallo sul campo.

coq² *n.m.* cuoco di bordo, cuciniere.
coq-à-l'âne [kɔkalɑn] *n.m.invar.* discorso senza capo né coda.
● ***faire des coq-à-l'âne***, saltare di palo in frasca.
coquard, **coquart** [kɔkaʀ] *n.m.* (*fam.*) occhio nero.
coque¹ [kɔk] *n.f.* 1 guscio (*m.*) 2 (*del baco*) bozzolo (*m.*) 3 (*mar.*) scafo (*m.*) 4 (*di capelli*) banana.
● (*tel.*) ***coque interchangeable***, (*di cellulare*) cover, scocca, guscio intercambiabile.
coque² *n.m.* (*biol.*) cocco.
coquelet [kɔklɛ] *n.m.* (*cuc.*) galletto.
coquelicot [kɔkliko] *n.m.* papavero, rosolaccio.
● ***rouge comme un coquelicot***, rosso come un peperone.
coqueluche [kɔklyʃ] *n.f.* 1 (*med.*) pertosse 2 (*fam.*) idolo (*m.*), cocco (*m.*).
coquet [kɔkɛ] *agg.* [f. *-ette*] civettuolo; grazioso: *c'est un homme coquet*, è un uomo che tiene all'eleganza.
● ***une somme coquette***, (*fam.*) una bella sommetta.
■ SIN. élégant.
coquetier [kɔktje] *n.m.* portauovo.
coquette [kɔkɛt] *n.f.* (donna) civetta.
● ***jouer les (grandes) coquettes***, (*fig.*) fare la civetta, civettare.
coquettement [kɔkɛtmɑ̃] *avv.* in modo grazioso, civettuolo.
coquetterie [kɔkɛtʀi] *n.f.* civetteria.

● ***avoir une coquetterie dans l'œil***, essere leggermente strabico.

coquillage [kɔkijaʒ] ***n.m.*** **1** conchiglia (*f.*) **2** mollusco (conchifero): *manger des coquillages*, mangiare frutti di mare.

coquille [kɔkij] ***n.f.*** **1** conchiglia **2** guscio (*m.*); buccia **3** (*tip.*) refuso (*m.*).
● (*cuc.*) ***coquille de beurre***, ricciolo di burro | ***coquille de noix***, (*estens.*) guscio di noce, barchetta | (*zool. pop.*) ***coquille Saint-Jacques***, capasanta, pettine di mare | ***rentrer dans sa coquille***, (*fig.*) rinchiudersi nel proprio guscio.

NOTA Il nome della ***coquille Saint-Jacques*** deriva dal fatto che coloro che nel medioevo si recavano in pellegrinaggio a Santiago de Compostela, per venerare san Giacomo, usavano appuntare una conchiglia sul mantello o sul copricapo.

coquillettes [kɔkijɛt] ***n.f.pl.*** coquillettes (pasta simile ai nostri gomiti).

coquin [kɔkɛ̃] ***agg.*** birichino; malizioso ♦ ***n.m.*** **1** birichino **2** furfante, briccone.

cor[1] [kɔʀ] ***n.m.*** **1** corno **2** (*pl.*) (*zool.*) palchi (di un cervo).
● (*mus.*) ***cor anglais***, corno inglese | ***à cor et à cri***, con grande strepito.

cor[2] ***n.m.*** callo (spec. dei piedi).

cora [kɔʀa] ***n.f.*** (*mus.*) strumento (*m.*) a corde della tradizione africana.

corail[1] [kɔʀaj] ***n.m.*** [pl. *-aux*] corallo.

corail[2] ***agg.invar.***
● ***trains corail***, treni francesi a lunga percorrenza diurna (dal 1975).

corallien [kɔʀaljɛ̃] ***agg.*** [f. *-enne*] corallino.

Coran [kɔʀɑ̃] ***n.m.*** Corano.

corbeau [kɔʀbo] ***n.m.*** [pl. *-eaux*] **1** (*zool.*) corvo **2** (*arch.*) beccatello **3** (*fam.*) autore di lettere, telefonate anonime, corvo.

corbeille [kɔʀbɛj] ***n.f.*** **1** cesto (*m.*), canestro (*m.*), cestino (*m.*) **2** piccola aiuola fiorita **3** (*Borsa*) recinto (*m.*) delle grida **4** (*teatr.*) palco (*m.*) di proscenio.
● ***corbeille à pain***, cestino del pane | ***corbeille à papier***, cestino della carta straccia | ***corbeille de mariage***, (*fig.*) regali di nozze da parte del fidanzato.

corbillard [kɔʀbijaʀ] ***n.m.*** carro funebre.

cordage [kɔʀdaʒ] ***n.m.*** **1** fune (*f.*), corda (*f.*); (*mar.*) cavo **2** (*tennis*) incordatura (*f.*) **3** (*pl.*) cordame (*sing.*).

corde [kɔʀd] ***n.f.*** **1** corda; fune **2** (*pl.*) (*mus.*) strumenti (*m.*) a corda, archi (*m.*).
● ***corde à linge***, corda, filo per stendere (la biancheria) | ***corde à sauter***, corda per saltare | (*anat.*) ***cordes vocales***, corde vocali | ***avoir plusieurs cordes à son arc***, (*fig.*) avere molte frecce al proprio arco | ***ce n'est pas dans mes cordes***, (*fig.*) non è di mia competenza | ***c'est une corde qu'il ne faut pas toucher***, (*fig.*) è un tasto che non bisogna toccare | ***être sur la corde raide***, camminare sul filo del rasoio | ***il tombe des cordes***, (*fam.*) piove a catinelle | ***mériter la corde***, essere un tipo da galera | (*Canada*) ***passer la nuit sur la corde à linge***, far festa tutta la notte | (*aut.*) ***prendre un virage à la corde***, prendere una curva stretta | ***se mettre la corde au cou***, (*fig.*) sposarsi | ***toucher la corde sensible***, (*fig.*) toccare il punto debole | ***trop tirer sur la corde***, tirare troppo la corda.

cordeau [kɔʀdo] ***n.m.*** [pl. *-eaux*] **1** cordicella (*f.*) **2** lenza (*f.*) (per la pesca di fondo) **3** miccia (*f.*).
● ***tiré au cordeau***, (*fig.*) regolare, impeccabile.

cordée [kɔʀde] ***n.f.*** **1** (*alpinismo*) cordata **2** fastello (*m.*), fascio (*m.*).
● ***premier de cordée***, capocordata.

cordelette [kɔʀdəlɛt] ***n.f.*** cordicella, funicella.

cordelier [kɔʀdəlje] ***n.m.*** (*eccl.*) cordigliere.

cordelière [kɔʀdəljɛʀ] ***n.f.*** **1** cordone (*m.*); cordoncino (*m.*) **2** (*eccl.*) cordiglio (*m.*) **3** (*arch.*) colonnina ritorta.

corder [kɔʀde] ***v.tr.*** **1** attorcigliare **2** legare con corde | *corder une raquette*, incordare una racchetta.

cordial [kɔʀdjal] ***agg.*** e ***n.m.*** [pl. *-aux*] cordiale.
■ *AGG.* SIN. amical, chaleureux CONTR. hostile, indifférent.

cordialement [kɔʀdjalmɑ̃] ***avv.*** **1** cordialmente **2** cordialità (formula conclusiva nelle lettere).

cordialité [kɔʀdjalite] ***n.f.*** cordialità.

cordillère [kɔʀdijɛʀ] ***n.f.*** (*geogr.*) cordigliera.

cordon [kɔʀdɔ̃] ***n.m.*** **1** cordone **2** (*di scarpa*) laccio **3** (*metall.*) cordolo.
● ***cordon de police***, cordone di polizia | (*anat.*) ***cordon ombilical***, cordone ombelicale | ***cordon sanitaire***, cordone sanitario | ***tirer, délier les cordons de sa bourse***, (*fig.*) stringere, allentare i cordoni della borsa.

cordon-bleu [kɔʀdɔ̃blø] ***n.m.*** e ***f.*** [pl. *cordons-bleus*] cordon-bleu, cuoco/a provetto/a.

NOTA La cordicella blu della croce dell'*Ordre du Saint-Esprit*, creato dal re Enrico III nel 1578 diede il nome di ***cordons bleus*** ai cavalieri di quest'ordine, tra l'altro anche buongustai, particolare che determinò il significato attuale della parola.

cordonnerie [kɔʀdɔnʀi] ***n.f.*** calzoleria.

cordonnet [kɔʀdɔnɛ] ***n.m.*** cordoncino.
● (*merceria*) ***cordonnet tubulaire en soie***, coda di topo.

cordonnier [kɔʀdɔnje] ***n.m.*** [f. *-ère*] calzolaio, ciabattino.

coréen [kɔʀeɛ̃] ***agg.*** [f. *-enne*] coreano ♦ ***n.m.*** (*lingua*) coreano.

Coréen ***n.m.*** [f. *-enne*] (*abitante*) coreano.

coreligionnaire [kɔʀəliʒjɔnɛʀ] ***n.m.*** e ***f.*** correligionario/a.

coriace [kɔʀjas] ***agg.*** coriaceo (*anche fig.*).

coriandre [kɔʀjɑ̃dʀ] ***n.f.*** (*bot.*) coriandolo (*m.*).

coricide [kɔʀisid] ***n.m.*** callifugo.

corindon [kɔʀɛ̃dɔ̃] ***n.m.*** (*min.*) corindone.

corinthien [kɔʀɛ̃tjɛ̃] ***agg.*** e ***n.m.*** [f. *-enne*] corinzio.

cormoran [kɔʀmɔʀɑ̃] ***n.m.*** (*zool.*) cormorano.

cornaline [kɔʀnalin] ***n.f.*** (*min.*) corniola.

corne [kɔʀn] ***n.f.*** **1** corno (*m.*) **2** calzascarpe (*m.*) **3** orecchio (*m.*), piega (in un foglio di carta).
● ***corne d'abondance***, cornucopia | (*mar.*) ***corne de brume***, sirena da nebbia | ***bêtes à cornes***, i bovini | ***faire porter des cornes***, (*fam.*) metter le corna | ***un coup de corne***, una cornata.

corné [kɔʀne] ***agg.*** corneo.

cornée [kɔʀne] ***n.f.*** (*anat.*) cornea.

cornéen [kɔʀneɛ̃] ***agg.*** [f. *-enne*] corneale.
● ***lentilles cornéennes***, lenti corneali.

corneille [kɔʀnɛj] ***n.f.*** cornacchia.

cornélien [kɔʀneljɛ̃] ***agg.*** [f. *-enne*] **1** relativo a, tipico di Corneille **2** (*fig.*) conflittuale.

NOTA L'espressione ***dilemme cornélien*** viene dalla tragicommedia *Le Cid* di P. Corneille (1637) ed evoca il caso di coscienza del protagonista *Rodrigo*, diviso tra l'amore per *Chi-*

C

C

mène e il desiderio di vendicare l'onore del proprio padre *Don Diego* offeso dal padre dell'amata.

cornemuse [kɔʀnəmyz] ***n.f.*** (*mus.*) cornamusa.

corner [kɔʀne] ***v.intr.*** **1** suonare (il corno o la tromba) **2** (*aut.*) strombazzare ♦ ***v.tr.*** **1** fare un orecchio (a una pagina) **2** (*fam.*) strombazzare.
● ***corner aux oreilles de qqn***, (fare) rintronare le orecchie di qlcu.

cornet [kɔʀnɛ] ***n.m.*** **1** cornetto **2** cono (gelato) **3** cartoccio **4** (*Svizzera*) sacchetto (di carta o di plastica).
● ***cornet acoustique***, cornetto acustico | ***cornet (à dés)***, bossolo (per dadi) | (*mus.*) ***cornet à pistons***, cornetta.

cornette [kɔʀnɛt] ***n.f.*** (*eccl.*) cornetta (cuffia delle suore di Carità).

corniaud [kɔʀnjo] ***n.m.*** **1** cane bastardo **2** (*fig.*) imbecille.

corniche [kɔʀniʃ] ***n.f.*** (*edil.*) cornicione (*m.*).
● (***route en***) ***corniche***, strada panoramica (a picco).

cornichon [kɔʀniʃɔ̃] ***n.m.*** **1** cetriolino sottaceto **2** (*fam.*) imbecille, babbeo.

FAUX AMI
Da non confondere con *cornicione*, che si traduce *corniche*.

cornier [kɔʀnje] ***agg.*** [f. *-ère*] d'angolo; cantonale.

cornière [kɔʀnjɛʀ] ***n.f.*** **1** (*edil.*) conversa, canale (*m.*) di raccolta **2** (*pl.*) (*metall.*) angolari (*m.*), profilati (*m.*) a L.

corniste [kɔʀnist] ***n.m.*** e ***f.*** (*mus.*) cornista.

cornouaillais [kɔʀnwajɛ] ***agg.*** cornovagliese.

Cornouaillais ***n.m.*** (*abitante*) cornovagliese.

cornouille [kɔʀnuj] ***n.f.*** (*bot.*) corniola.

cornouiller [kɔʀnuje] ***n.m.*** (*pianta*) corniolo.

cornu [kɔʀny] ***agg.*** cornuto, con le corna.
● (*bot.*) ***blé cornu***, grano speronato.

cornue [kɔʀny] ***n.f.*** (*chim.*) storta.

corollaire [kɔʀɔlɛʀ] ***n.m.*** corollario.

corolle [kɔʀɔl] ***n.f.*** (*bot.*) corolla.

coron [kɔʀɔ̃] ***n.m.*** agglomerato di case (nei distretti minerari).

coronaire [kɔʀɔnɛʀ] ***agg.*** coronario.

coronarien [kɔʀɔnaʀjɛ̃] ***agg.*** [f. *-enne*] (*med., anat.*) coronarico.

corporal [kɔʀpɔʀal] ***agg.*** [pl. *-aux*] corporale.

corporatif [kɔʀpɔʀatif] ***agg.*** [f. *-ive*] corporativo.

corporation [kɔʀpɔʀasjɔ̃] ***n.f.*** corporazione.

corporatisme [kɔʀpɔʀatism] ***n.m.*** corporativismo.

corporatiste [kɔʀpɔʀatist] ***agg.*** corporativistico, corporativista.

corporel [kɔʀpɔʀɛl] ***agg.*** [f. *-elle*] corporeo, corporale.
● (*dir.*) ***biens corporels***, beni materiali.

corps [kɔʀ] ***n.m.*** **1** corpo (*anche fig.*) **2** corpo, cadavere **3** consistenza (*f.*): *un vin qui a du corps*, un vino corposo.
● (*anat.*) ***corps caverneux***, corpo cavernoso | (*mil.*) ***corps d'armée***, corpo d'armata | ***corps de ballet***, corpo di ballo | ***corps diplomatique***, corpo diplomatico | (*dir.*) ***corps du délit***, corpo del reato | (*biochim.*) ***corps gras***, i grassi | ***à corps perdu***, a corpo morto | ***à son corps défendant***, (*fig.*) suo malgrado | ***avoir l'esprit de corps***, avere spirito di corpo | ***faire corps***, fare causa comune | (*fis.*) ***la chute des corps***, la caduta dei gravi | ***le corps des lois***, il corpo delle leggi | ***pleurer toutes les larmes de son corps***, versare tutte le proprie lacrime | ***se donner corps et âme à***, darsi anima e corpo a | (*dir.*) ***séparation de corps*** (***et des biens***), separazione di fatto.

corps-à-corps [kɔʀakɔʀ] ***avv.*** e ***n.m.invar.*** corpo a corpo.

corpulence [kɔʀpylɑ̃s] ***n.f.*** corpulenza.

corpulent [kɔʀpylɑ̃] ***agg.*** corpulento.

corpus [kɔʀpys] ***n.m.*** corpus, raccolta (*f.*).

corpusculaire [kɔʀpyskylɛʀ] ***agg.*** corpuscolare.

corpuscule [kɔʀpyskyl] ***n.m.*** corpuscolo.

correct [kɔʀɛkt] ***agg.*** corretto: *hôtel correct*, albergo dignitoso; *prix correct*, prezzo ragionevole.
■ SIN. convenable CONTR. incorrect, inconvenant.

correctement [kɔʀɛktəmɑ̃] ***agg.*** correttamente, in modo corretto.

correcteur [kɔʀɛktœʀ] ***n.m.*** **1** [f. *-trice*] correttore **2** (*liquido*) correttore, bianchetto.

correctif [kɔʀɛktif] ***agg.*** [f. *-ive*] correttivo ♦ ***n.m.*** correttivo, rimedio.

correction [kɔʀɛksjɔ̃] ***n.f.*** **1** correzione **2** punizione (corporale) **3** correttezza (*anche fig.*).

correctionnel [kɔʀɛksjɔnɛl] ***agg.*** [f. *-elle*] (*dir.*) correzionale.

correctionnelle [kɔʀɛksjɔnɛl] ***n.f.*** tribunale (*m.*) correzionale.
● ***passer en correctionnelle***, finire in tribunale.

corrector [kɔʀɛktɔʀ] ***n.m.*** scolorina (*f.*).

corrélatif [kɔʀelatif] ***agg.*** [f. *-ive*] correlativo.

corrélation [kɔʀelasjɔ̃] ***n.f.*** correlazione.

corréler [kɔʀele] ***v.tr.*** correlare.

correspondance [kɔʀɛspɔ̃dɑ̃s] ***n.f.*** **1** corrispondenza **2** (*di mezzi pubblici*) coincidenza.

correspondant [kɔʀɛspɔ̃dɑ̃] ***agg.*** corrispondente ♦ ***n.m.*** **1** corrispondente **2** garante, tutore (di un collegiale).
● ***correspondant à l'étranger***, corrispondente dall'estero.

correspondre [kɔʀɛspɔ̃dʀ] ***v.intr.*** [coniug. come *rendre*] **1** corrispondere, essere in relazione epistolare (**con**) **2** essere comunicante, comunicare **3** (*di mezzi pubblici*) essere in coincidenza.

correspondu [kɔʀɛspɔ̃dy] *p.p.* di **correspondre**.

corrézien [kɔʀezjɛ̃] ***agg.*** [f. *-enne*] della Corrèze.

corrida [kɔʀida] ***n.f.*** **1** corrida **2** (*fam.*) trambusto (*m.*).

corridor [kɔʀidɔʀ] ***n.m.*** corridoio; passaggio.

FAUX AMI
Da non confondere con *corridore*, che si traduce *coureur*.

corrigé [kɔʀiʒe] ***n.m.*** testo corretto, soluzione (*f.*).

corriger [kɔʀiʒe] ***v.tr.*** [coniug. come *manger*] **1** correggere **2** castigare, punire **3** attenuare ♦ **se corriger** ***v.pron.*** correggersi: *se corriger d'un défaut*, correggere un proprio difetto.
■ V.TR. SIN. **1** rectifier **2** punir.

corroborer [kɔʀɔbɔʀe] ***v.tr.*** corroborare; (*fig.*) avvalorare.

corroder [kɔʀɔde] ***v.tr.*** corrodere.

corrompre [kɔʀɔ̃pʀ] ***v.tr.*** [coniug. come *rompre*] **1** corrompere **2** (*i cibi*) alterare, corrompere: *la chaleur corrompt les aliments*, il calore altera i cibi.

corrompu [kɔʀɔ̃py] *p.p.* di **corrompre** ♦ ***agg.*** corrotto.
● (*inform.*) ***fichier corrompu***, file danneggiato, infetto.

corrosif [kɔʀozif] ***agg.*** e ***n.m.*** [f. *-ive*] corrosivo.

corrosion [kɔʀosjɔ̃] ***n.f.*** corrosione.

corroyer [kɔʀwaje] *v.tr.* [coniug. come *employer*] **1** (*cuoio*) conciare **2** (*metall.*) saldare a caldo **3** (*legno*) sgrossare.

corroyeur [kɔʀwajœʀ] *n.m.* conciatore.

corrupteur [kɔʀyptœʀ] *agg.* e *n.m.* [f. *-trice*] corruttore.

corruptible [kɔʀyptibl] *agg.* corruttibile.

corruption [kɔʀypsjɔ̃] *n.f.* corruzione.

corsage [ɔʀʒ] *n.m.* **1** corpino, corpetto **2** camicetta (*f.*) (da donna).

corsaire [kɔʀsɛʀ] *agg.* e *n.m.* corsaro.
■ SIN. flibustier.

corse [kɔʀs] *agg.* corso.

Corse *n.m.* e *f.* (*abitante*) corso/a.

corsé [kɔʀse] *agg.* **1** robusto, forte | *vin corsé*, vino generoso **2** saporito, piccante (*anche fig.*).

corselet [kɔʀsəlɛ] *n.m.* corsetto.

corser [kɔʀse] *v.tr.* **1** rendere più robusto; dar mordente (a un racconto ecc.) **2** (*cuc.*) insaporire ♦ **se corser** *v.pron.intr.* complicarsi.

corset [kɔʀsɛ] *n.m.* busto, corsetto.

corseter [kɔʀsəte] *v.tr.* [coniug. come *jeter*] stringere in un busto.

corsetière [kɔʀsətjɛʀ] *n.f.* bustaia.

corso [kɔʀso] *n.m.* sfilata (*f.*) di carri (carnevaleschi ecc.).

cortège [kɔʀtɛʒ] *n.m.* corteo; (*fig.*) seguito.

cortenais [kɔʀtənɛ] *agg.* di Corte.

cortex [kɔʀtɛks] *n.m.* (*anat.*) corteccia (*f.*).
● ***cortex cérébrale***, corteccia cerebrale.

cortical [kɔʀtikal] *agg.* [pl. *-aux*] corticale.

cortico- *pref.* cortico-.

cortisone [kɔʀtizɔn] *n.f.* (*biochim.*) cortisone (*m.*).

cortisonique [kɔʀtizɔnik] *agg.* cortisonico.

corvée [kɔʀve] *n.f.* **1** lavoro (*m.*) ingrato, corvé **2** (*mil., mar.*) comandata.
■ SIN. **1** pensum.

corvette [kɔʀvɛt] *n.f.* (*mar.*) corvetta.

coryphée [kɔʀife] *n.m.* corifeo (*anche fig.*).

coryza [kɔʀiza] *n.m.* (*med.*) coriza (*f.*).

cosaque [kɔzak] *n.m.* cosacco.

cosignataire [kosiɲatɛʀ] *agg.* e *n.m.* e *f.* cofirmatario/a.

cosinus [kɔsinys] *n.m.* (*mat.*) coseno.

cosmétique [kɔsmetik] *agg.* e *n.m.* cosmetico.

cosmétologie [kɔsmetɔlɔʒi] *n.f.* cosmesi.

cosmique [kɔsmik] *agg.* cosmico.

cosm(o)- *pref.* cosm(o)-.

cosmogonie [kɔsmɔgɔni] *n.f.* cosmogonia.

cosmographie [kɔsmɔgʀafi] *n.f.* cosmografia.

cosmologie [kɔsmɔlɔʒi] *n.f.* cosmologia.

cosmonaute [kɔsmɔnot] *n.m.* e *f.* cosmonauta.

cosmopolite [kɔsmɔpɔlit] *agg.* e *n.m.* e *f.* cosmopolita.

cosmopolitisme [kɔsmɔpɔlitism] *n.m.* cosmopolitismo.

cosmos [kɔsmos] *n.m.* cosmo.

cossard [kɔsaʀ] *n.m.* (*fam.*) scansafatiche.

cosse[1] [kɔs] *n.f.* **1** baccello (*m.*) **2** (*elettr.*) capocorda (*m.*).

cosse[2] *n.f.* (*fam.*) fiacca.

cossu [kɔsy] *agg.* **1** danaroso, facoltoso **2** (*di cosa*) che denota agiatezza: *maison cossue*, solida dimora borghese.

costal [kɔstal] *agg.* [pl. *-aux*] (*anat.*) costale.

costard [kɔstaʀ] *n.m.* (*fam.*) abito da uomo.
● ***costard-cravate***, (*scherz.*) colletti bianchi; giovani rampanti | (*Belgio*) ***costard de bain***, costume da bagno.

costaricien [kɔstaʀisjɛ̃] *agg.* [f. *-enne*] costaricano.

Costaricien *n.m.* [f. *-enne*] (*abitante*) costaricano.

costaud [kɔsto] *agg.* (*fam.*) forte, ben piantato ♦ *n.m.* (*fam.*) pezzo d'uomo.

costume [kɔstym] *n.m.* **1** costume **2** (*abbigl.*) abito, vestito (da uomo).
● (*Belgio*) ***costume de bain***, costume da bagno | ***en costume d'Adam***, (*fig.*) in costume adamitico.

FAUX AMI
Da non confondere con *costume* (*da bagno*), che si traduce *maillot* (*de bain*).

costumé [kɔstyme] *agg.* travestito (**da**).
● ***bal costumé***, ballo in maschera.

costumer [kɔstyme] *v.tr.* travestire ♦ **se costumer** *v.pron.* travestirsi, mascherarsi.

costumier [kɔstymje] *n.m.* [f. *-ère*] (*teatr., cine.*) costumista.

cotation [kɔtasjɔ̃] *n.f.* quotazione.
● (*fin.*) ***cotations à terme***, futures.

cote [kɔt] *n.f.* **1** (*in una biblioteca*) segnatura (di un libro) **2** (*topografia*) livello (*m.*); quota, altitudine **3** (*mat.*) quota **4** (*econ., fin.*) quotazione, prezzo (*m.*) **5** (*fig.*) considerazione, stima: *avoir une bonne cote*, essere stimato.
● (*econ.*) ***cote boursière*** (o ***de la Bourse***), listino di Borsa | ***cote d'alerte***, livello di guardia | ***cote d'amour***, apprezzamento fondato su valori morali: *avoir la cote d'amour*, essere popolare | (*tv*) ***cote d'écoute***, indice di ascolto | (*econ.*) ***cote en Bourse***, (*di un titolo*) quotazione, corso di Borsa | (*dir.*): ***cote mal taillée***, transazione, compromesso; ***cote mobilière***, aliquota di imposta sui beni mobili | ***avoir la cote***, (*fam.*) godere di grande considerazione; (*estens.*) andare per la maggiore | (*econ.*) ***valeurs hors cote***, valori non quotati.

côte [kot] *n.f.* **1** (*anat.*) costa, costola **2** (*macelleria*) costata, braciola **3** (*parte sporgente*) costa, costola; (*arch.*) costolone (*m.*) **4** costa, litorale (*m.*) **5** (*di monte*) costa, fianco (*m.*); pendio (*m.*); salita: *route en côte*, strada in salita.
● ***côte à côte***, fianco a fianco | (*geogr.*) ***Côte d'Azur***, Costa Azzurra | (*bot.*) ***côte de céleri***, gambo di sedano | ***point de côtes***, punto a coste (nei lavori femminili) | ***se tenir les côtes***, (*fam.*) tenersi la pancia (dal ridere).

NOTA Oltre alla notissina *Côte d'Azur* (Costa Azzurra), altre ***Côtes*** francesi hanno nomi suggestivi che richiamano un colore, quali la *Côte Fleurie* (Deauville), *Vermeille* (Collioure), *de Nacre* (Cherbourg).
Altre evocano invece un minerale, come la *Côte d'Opale* (Le Touquet), *d'Albâtre* (Etretat), *d'Émeraude* (Saint-Malo), de *Granit rose* (Perros-Guirec), *de Jade* (Les Sables-d'Olonne), *d'Argent* (Royan), *d'Améthyste* (Saintes-Maries-de-la-Mer).
Altre hanno infine nomi ancora più evocatori, quali la *Côte des Légendes* (Douarnenez), *d'Amour* (La Baule) o *des Maures* (Saint-Tropez).

coté [kɔte] *agg.* quotato (*anche fig.*).

C

côté [kote] *n.m.* 1 fianco 2 (*di cosa*) lato: *le côté faible de*, il punto debole di.
● (*teatr.*) ***côté cour, côté jardin***, parte destra, sinistra della scena (rispetto agli spettatori) | ***côté santé***, (*fam.*) dal lato salute | ***à côté***, accanto, vicino: *elle habite (tout) à côté*, abita (proprio) accanto; *passons à côté*, andiamo di là | ***à côté de***, accanto a, di fianco a; in confronto a, a paragone di: *vous êtes passé à côté de la question*, (*fig.*) avete solo sfiorato il problema | ***à mes (tes, etc.) côtés***, al mio (tuo ecc.) fianco: *rester aux côtés de qqn*, stare al fianco di qlcu | ***d'à côté***, vicino, accanto: *la dame d'à côté*, la signora della porta accanto | ***de ce côté-ci***, da questa parte | ***de côté***, da parte; storto, di traverso: *marcher de côté*, camminare storto; *regarder de côté*, guardare in tralice | ***de côté et d'autre***, da una parte come dall'altra | ***de mon (ton etc.) côté***, dal canto mio (tuo ecc.) | ***de tous côtés, de tout côté***, da ogni parte, da ogni lato | ***du côté de***, dalla parte di; dalle parti di: *un cousin du côté de mon père*, un cugino da parte di mio padre | (*med.*) ***point de côté***, fitta alla milza.

NOTA ***Côté*** è preceduto dalla preposizione ***à*** e seguito dalla preposizione ***de*** quando traduce l'italiano 'accanto a':
SÌ *Écris ton adresse **à côté de** ton nom.*
NO *Écris ton adresse **côté à** ton nom.*
Scrivi il tuo indirizzo accanto al tuo nome.

coteau [kɔto] *n.m.* [pl. *-eaux*] 1 poggio 2 costa (*f.*), fianco (di monte); pendio.

côtelé [kotəle] *agg.* (*spec. di tessuto*) a coste.

côtelette [ko(ɔ)tlɛt] *n.f.* costoletta.

coter [kɔte] *v.tr.* 1 quotare; (*fig.*) apprezzare, stimare 2 (*comm.*) valutare, fissare il prezzo (di); prezzare 3 marcare con una segnatura, catalogare (libri, documenti ecc.); numerare ♦ *v.intr.* valere.

coterie [kɔtʀi] *n.f.* cricca, consorteria.

côtes(-du-rhône) [kotdyʀon] *n.m.invar.* vino rosso della Valle del Rodano.

côtier [kotje] *agg.* [f. *-ère*] costiero, rivierasco.

cotillon [kɔtijɔ̃] *n.m.* festa (*f.*) da ballo con giochi e sorprese.
● ***(objet de) cotillon***, cotillon.

cotisant [kɔtizɑ̃] *agg.* e *n.m.* che, chi paga una quota.

cotisation [kɔtizasjɔ̃] *n.f.* 1 quota; quota (associativa), tassa di iscrizione: *cotisation d'assurances*, quota assicurativa 2 contributo (*m.*).

cotiser [kɔtize] *v.intr.* 1 pagare la propria quota 2 (*a un organismo ecc.*) versare una somma regolarmente: *cotiser à la Sécurité sociale*, versare i contributi previdenziali ♦ **se cotiser** *v.pron.* fare una colletta.

côtoiement [kotwamɑ̃] *n.m.* 1 il costeggiare; il fiancheggiare 2 (*fig.*) frequentazione (*f.*).

coton [kɔtɔ̃] *n.m.* cotone.
● (*tecn.*) ***coton de verre***, lana di vetro | ***coton hydrophile***, cotone idrofilo | ***avoir les jambes en coton***, avere le gambe molli | ***c'est coton!***, è dura! | ***élever qqn dans du coton***, allevare qlcu nella bambagia | ***filer un mauvais coton***, navigare in cattive acque; essere molto cagionevole di salute.

cotonnade [kɔtɔnad] *n.f.* cotonato (*m.*).

cotonneux [kɔtɔnø] *agg.* [f. *-euse*] 1 cotonoso 2 (*di frutti*) stopposo.
● ***ciel cotonneux***, cielo a pecorelle | ***nuages cotonneux***, (nuvole) pecorelle | ***se sentir cotonneux***, (*fig.*) sentirsi debole.

cotonnier [kɔtɔnje] *agg.* [f. *-ère*] cotoniero ♦ *n.m.* (*pianta*) cotone.

coton-tige® [kɔtɔ̃tiʒ] *n.m.* [pl. *cotons-tiges*] cotton fioc®.

côtoyer [kotwaje] *v.tr.* [coniug. come *employer*] 1 costeggiare 2 (*fig.*) rasentare 3 frequentare (una persona).

cottage [kɔtɛdʒ; kɔtaʒ] *n.m.* villino.

cotte [kɔt] *n.f.* tuta da lavoro.
● (*st.*) ***cotte (de mailles)***, cotta, maglia di ferro.

cou [ku] *n.m.* collo: *sauter au cou de*, gettare le braccia al collo di; *se casser le cou*, rompersi l'osso del collo.
● ***prendre ses jambes à son cou***, darsela a gambe.

couac [kwak] *n.m.* (*mus. fam.*) stecca (*f.*), nota (*f.*) stonata: *faire un couac*, prendere una stecca.

couard [kwaʀ] *agg.* e *n.m.* codardo.
■ SIN. lâche.

couardise [kwaʀdiz] *n.f.* codardia.

couchage [kuʃaʒ] *n.m.* 1 pernottamento 2 biancheria (*f.*) da letto.

couchant [kuʃɑ̃] *agg.* *soleil couchant*, sole calante | *chien couchant*, cane da punta; (*fig.*) leccapiedi ♦ *n.m.* ponente, tramonto (*anche fig.*): *au couchant*, a ponente.

couche [kuʃ] *n.f.* 1 strato (*m.*); (*geol.*) falda: *passer une couche de vernis*, dare una mano di vernice; *les couches sociales*, (*fig.*) i ceti sociali 2 pannolino (*m.*) (da neonato) 3 (*pl.*) parto (*m.*) 4 (*letter.*) giaciglio (*m.*).
● (*agr.*): ***couche chaude***, letto caldo; ***couche herbeuse***, cotica erbosa | ***à couches multiples***, multistrato | ***champignons de couche***, funghi coltivati | ***en tenir, en avoir une (sacrée) couche***, (*fam.*) essere duro di comprendonio | ***être en couches, faire ses couches***, partorire | ***fausse couche***, aborto spontaneo: *faire une fausse couche*, abortire | ***la couche d'ozone***, lo strato dell'ozono | ***une femme en couches***, una partoriente.

FAUX AMI
Da non confondere con *cuccia*, che si traduce *niche* (*à chien*).

couché [kuʃe] *agg.* 1 coricato: *rester couché*, rimanere a letto 2 (*di cosa*) inclinato.
● ***papier couché***, carta patinata.

couche-culotte [kuʃkylɔt] *n.f.* [pl. *couches-culottes*] mutandine (*pl.*) impermeabili (da neonato).

coucher[1] [kuʃe] *v.tr.* 1 mettere a letto; adagiare, stendere 2 (*cose*) piegare, inclinare ♦ *v.intr.* dormire ♦ **se coucher** *v.pron.* 1 andare a letto, adagiarsi 2 (*di astri*) tramontare 3 (*di cose*) piegarsi, inclinarsi.
● ***coucher avec qqn***, andare a letto con qlcu | ***coucher gros***, (*al gioco*) puntare molto | ***coucher (par écrit)***, stendere, mettere per iscritto | ***coucher qqn en joue***, prendere di mira qlcu (con il fucile) | ***coucher qqn sur le carreau***, stendere qlcu a terra | ***coucher qqn sur son testament***, nominare qlcu nel proprio testamento | ***chambre à coucher***, camera da letto | ***un nom à coucher dehors***, un nome difficilissimo da pronunciare (e ricordare) | ***(va) coucher!***, a cuccia!

coucher[2] *n.m.* 1 l'andare a dormire; il mettere a dormire 2 (*astr.*) tramonto (*m.*): *le coucher du soleil*, il tramonto (del sole).

couche-tard [kuʃtaʀ] *agg.* e *n.m.* e *f.invar.* (*fam.*) tiratardi.

couche-tôt [kuʃto] *agg.* e *n.m.invar.* che, chi va a letto presto.

couchette [kuʃɛt] *n.f.* cuccetta.

coucheur [kuʃœʀ] *n.m.* [f. *-euse*].
● ***être mauvais coucheur***, avere un caratteraccio.

couci-couça [kusikusa] *avv.* (*fam.*) così così.

coucou [kuku] *n.m.* **1** (*zool.*) cuculo, cucù **2** orologio a cucù **3** (*bot. pop.*) primula (*f.*) odorosa **4** (*fam.*) trabiccolo, aereo antiquato ♦ *inter.* cucù.

coude [kud] *n.m.* gomito: *un coup de coude*, una gomitata.

● ***jouer des coudes***, (*anche fig.*) farsi largo a gomitate, sgomitare | ***se pousser du coude***, darsi di gomito | ***se serrer les coudes***, (*fig.*) sostenersi a vicenda.

coudé [kude] *agg.* a (forma di) gomito.

coudée [kude] *n.f.* cubito (*m.*).

● ***avoir les coudées franches***, avere libertà d'azione | ***dépasser qqn de cent coudées***, essere di gran lunga superiore a qlcu.

cou-de-pied [kudpje] *n.m.* [pl. *cous-de-pied*] collo del piede.

couder [kude] *v.tr.* curvare, piegare (a gomito).

coudoiement [kudwamɑ̃] *n.m.* l'essere gomito a gomito; vicinanza (*f.*), contatto.

coudoyer [kudwaje] *v.tr.* [coniug. come *employer*] **1** trovarsi gomito a gomito (**con**); essere a contatto (**con**); frequentare (una persona) **2** (*fig.*) rasentare.

coudraie [kudʀɛ] *n.f.* noccioleto (*m.*).

coudre [kudʀ] *v.tr.* [pres.indic.: *je couds* etc.; *nous cousons* etc.; imperf.indic.: *je cousais* etc.; p.rem.: *je cousis* etc.; fut.indic.: *je coudrai* etc.; cond.: *je coudrais* etc.; pres.cong.: *que je couse* etc.; imperf.cong.: *que je cousisse* etc.; p.pres.: *cousant*; p.p.: *cousu*; imp.: *couds*, *cousons*, *cousez*] cucire.

● ***coudre à la main***, ***à la machine***, cucire a mano, a macchina.

coudrier [kudʀije] *n.m.* nocciolo.

couenne [kwan] *n.f.* cotenna, cotica.

couette[1] [kwɛt] *n.f.* piumino (*m.*), piumone (*m.*) (da letto).

couette[2] *n.f.* codino (*m.*) (spec. di capelli).

couffin [kufɛ̃] *n.m.* **1** cesta (*f.*) **2** culla (*f.*) di vimini (spec. portatile).

cougouar [kugwaʀ] *n.m.* (*zool.*) coguaro.

couic [kwik] *onom.* cuic, zic.

couille [kuj] *n.f.* (*volg.*) coglione (*m.*).

couillon [kujɔ̃] *n.m.* [f. *-onne*] (*volg.*) (*fig.*) coglione.

couillonnade [kujɔnad] *n.f.* (*volg.*) cazzata.

couillonner [kujɔne] *v.tr.* (*volg.*) fregare, coglionare.

couinement [kwinmɑ̃] *n.m.* **1** frignio, piagnucolio **2** (*estens.*) scricchiolio.

couiner [kwine] *v.intr.* **1** (*fam.*) frignare, piagnucolare **2** (*estens.*) scricchiolare.

coulage [kulaʒ] *n.m.* **1** colatura (*f.*) **2** (*metall.*) colata (*f.*) **3** (*fig.*) sciupio, spreco.

coulant [kulɑ̃] *agg.* **1** scorrevole (*anche fig.*) **2** (*fig.*) accondiscendente, conciliante; di manica larga ♦ *n.m.* anello scorrevole.

● ***nœud coulant***, nodo scorsoio.

coule, à la [alakul] *avv.* (*fam. antiq.*) al corrente.

coulée [kule] *n.f.* colata.

coulemelle [kulmɛl] *n.f.* (*bot. pop.*) bubbola maggiore.

couler [kule] *v.intr.* **1** scorrere, fluire **2** colare; (*di recipiente*) perdere: *couler goutte à goutte*, gocciolare **3** liquefarsi: *un fromage qui coule à cause de la chaleur*, un formaggio che si scioglie con il caldo **4** (*del tempo*) scorrere, trascorrere ♦ *v.tr.* **1** versare; colare **2** (*metall.*) fondere, colare: (*aut.*) *couler une bielle*, fondere una bronzina **3** mandare a fondo; (*fig.*) mandare in rovina: *couler une affaire*, (*fig. fam.*) mandare a monte un affare **4** far scivolare (**a**, **in**, **verso**) | *couler un mot à l'oreille*, dire una parola all'orecchio | *couler un regard complice*, lanciare uno sguardo di complicità **5** (*del tempo*) passare, trascorrere: *couler une vie heureuse*, vivere una vita felice ♦ **se couler** *v.pron.* insinuarsi (**tra**).

● ***couler*** (***à pic***), (*anche fig.*) colare a picco, affondare: *le navire a coulé à pic*, la nave è colata a picco | ***couler de source***, (*fig.*) essere ovvio | ***se la couler douce***, (*fam.*) passarsela bene | ***se laisser couler le long de***, calarsi lungo.

couleur [kulœʀ] *n.f.* **1** colore (*m.*): *couleur franche*, *passée*, colore deciso, scolorito; *le récit prend une couleur tragique*, (*fig.*) il racconto assume una colorazione tragica; *son humeur change selon la couleur du temps*, (*fig.*) il suo umore cambia secondo le circostanze; *on ne connaît pas la couleur de son argent*, (*fig.*) dei suoi soldi non abbiamo visto neanche l'ombra **2** (*sostanza colorante*) colore (*m.*); colorante (*m.*): *une boîte de couleurs*, una scatola di colori **3** (*alle carte*) colore (*m.*), seme (*m.*) **4** (*pl.*) colorito (*m.sing.*) **5** (*pl.*) colori (*m.*), bandiera (*f.sing.*).

● ***annoncer la couleur***, (*alle carte*) dichiarare il proprio gioco; (*fig.*) dichiarare le proprie intenzioni | ***de toutes les couleurs***, di tutti i colori: *en voir de toutes les couleurs*, vederne di tutti i colori, di cotte e di crude | ***film***, ***photo en couleurs***, film, fotografia a colori | ***homme***, ***femme de couleur***, uomo, donna di colore | ***haut en couleur***, colorito, pittoresco | ***la couleur d'un journal***, l'opinione politica di un giornale | ***linge de couleur***, biancheria colorata | ***prendre des couleurs***, prendere un bel colorito | ***sous couleur de***, (*fig.*) col pretesto di.

> **NOTA** Nell'ambito della fotografia o del cinema, ***couleurs*** è preceduto dalla preposizione ***en*** quando traduce l'italiano 'a colori':
>
> **SÌ** *C'est une belle photo **en couleurs**.*
> **NO** *C'est une belle photo **à couleurs**.*
> È una bella foto a colori.

couleuvre [kulœvʀ] *n.f.* biscia, serpe.

● ***couleuvre à collier***, biscia d'acqua | ***avaler des couleuvres***, (*fig.*) ingoiare rospi.

couleuvrine [kulœvʀin] *n.f.* (*st.*) colubrina.

coulis [kuli] *n.m.* **1** (*cuc.*) passato, concentrato: *coulis de tomates*, passata di pomodoro **2** (*edil.*) malta (*f.*) liquida.

● ***vent coulis***, spiffero (d'aria).

coulissant [kulisɑ̃] *agg.* scorrevole.

coulisse [kulis] *n.f.* **1** guida (di scorrimento), scanalatura **2** (*cucito*) guaina, coulisse **3** (*spec. pl.*) (*teatr.*) retroscena (*m.*), quinte (*pl.*) **4** (*Borsa*) borsino (*m.*).

● ***porte à coulisse***, porta scorrevole | ***se tenir dans la coulisse***, osservare gli altri restando in disparte | ***un regard en coulisse***, un'occhiata di traverso.

coulisser [kulise] *v.tr.* **1** munire di guida (di scorrimento) **2** (*cucito*) munire di una guaina, una coulisse ♦ *v.intr.* scorrere (su guida).

couloir [kulwaʀ] *n.m.* **1** corridoio **2** (*sport*) corsia (*f.*); (*tennis*) corridoio **3** (*geol.*) canalone **4** (*cine.*) canale di scorrimento (della pellicola).

● ***couloir d'autobus***, corsia preferenziale | ***couloir de courtoisie***, (*nelle grandi città*) pista ciclabile | (*basket*) ***couloir des lancers francs***, area di tiro libero | (*Africa*) ***faire couloir***, farsi raccomandare.

C

C

coulommier [kulɔmje] *n.m.* formaggio di latte vaccino a pasta molle.

coulpe [kulp] *n.f.* (*antiq.*) colpa.
● ***battre sa coulpe***, battere il mea culpa.

coulure [kulyʀ] *n.f.* sbavatura.

coup [ku] *n.m.* **1** colpo (*anche fig.*): *je me suis donné un coup contre la table*, ho picchiato contro il tavolo; *un coup de peigne*, una pettinata; *un mauvais coup, un coup dur*, (*anche fig.*) un brutto colpo **2** botta (*f.*), percossa (*f.*): *recevoir des coups*, ricevere delle percosse **3** colpo; scoppio; (*di arma da fuoco*) sparo; (*di campana*) rintocco **4** (*sport*) tiro: *coup de coin*, calcio d'angolo **5** (*agli scacchi, a dama*) mossa (*f.*): *jouer un coup*, fare una mossa; *deuxième coup*, contromossa **6** sorso; bicchiere (di vino): *boire un coup*, farsi un bicchierino (in compagnia); *je te paye un coup*, ti pago da bere.
● ***coup sur coup***, uno dopo l'altro | (*dir.*) ***coups et blessures***, lesioni personali: *coups et blessures ayant occasionné la mort*, omicidio preterintenzionale | ***à coup de***, a suon di, a forza di | ***après coup***, a cose fatte, a posteriori | ***à tous les coups***, sempre | ***avoir le coup***, saperci fare | ***avoir un bon coup de fourchette***, essere una buona forchetta | ***bien accuser le coup***, incassare bene il colpo | ***cela vaut le coup***, val la pena | ***c'est un coup monté***, è un complotto | ***du coup***, di conseguenza | ***du même coup***, nello stesso tempo | ***d'un seul coup***, in un solo colpo | ***du premier coup***, di primo acchito | ***en venir aux coups***, venire alle mani | ***être aux cent coups***, essere preoccupato | ***être dans le coup***, (*fam.*) partecipare all'impresa; (*estens.*) essere al corrente; seguire la moda: *ne plus être dans le coup*, essere fuori gioco | ***être hors du coup***, non essere invischiato (in una faccenda) | ***faire coup double***, (*fig.*) prendere due piccioni con una fava | ***faire les cent, les quatre cents coups***, fare il diavolo a quattro; farne di tutti i colori | (*teatr.*) ***frapper les trois coups***, dare il segnale di inizio dello spettacolo | ***gagner à tous les coups***, non fallire un colpo | ***il a pris un coup de vieux***, è invecchiato tutto in un colpo | ***pour le coup***, stavolta | ***rendre coup pour coup***, rendere pan per focaccia | ***respirer un grand coup***, respirare a fondo | ***réussir le coup***, farcela: *réussir un beau coup*, mettere a segno un bel colpo | ***sous le coup de***, sotto il peso di; sotto la minaccia di; per (effetto di): *sous le coup de l'émotion il s'est trahi*, si è tradito per l'emozione; *tomber sous le coup d'une terrible condamnation*, incorrere in una terribile condanna | ***sur le coup***, sul colpo; al (primo) momento: *sur le coup de midi*, verso mezzogiorno | ***tenir le coup***, tener duro, reggere all'urto | ***tout à coup***, di colpo | ***un coup bas***, (*fig.*) un brutto tiro | ***un sale coup***, (*fig.*) una carognata | ***y, en mettre un coup***, (*fam.*) fare un grosso sforzo.
■ SIN. **1** choc.

coupable [kupabl] *agg.* **1** (*persona*) colpevole **2** (*cosa*) deplorevole: *amour coupable*, amore peccaminoso ♦ *n.m.* e *f.* colpevole; (*dir.*) reo/a.
■ AGG. CONTR. **1** innocent.

coupage [kupaʒ] *n.m.* (*enol.*) taglio.

coupant [kupɑ̃] *agg.* tagliente.

coup-de-poing [kudpwɛ̃] *n.m.* [pl. *coups-de-poing*].
● ***coup-de-poing américain***, tirapugni.

coupe[1] [kup] *n.f.* **1** coppa; coppetta **2** (*pl.*) (*alle carte*) coppe.
● (*tennis*) ***Coupe Davis***, Coppa Davis.

coupe[2] *n.f.* **1** taglio (*m.*): *une belle coupe de cheveux*, un bel taglio di capelli; *une fausse coupe*, un avanzo di stoffa **2** (*disegno*) spaccato (*m.*) **3** (*selvicoltura*) taglio (*m.*) **4** (*in una frase ecc.*) pausa.
● ***coupe sombre*** (o ***d'ensemencement***), taglio di risemina naturale; (*fig.*) sfoltimento per soprannumero | ***être, tomber sous la coupe de qqn***, essere, diventare schiavo di qlcu.

coupé [kupe] *n.m.* **1** (*aut., ferr.*) cupè, coupé **2** (*sport*) taglio, palla (*f.*) tagliata.

coupe-choux [kupʃu] *n.m.invar.* (*fam.*) sciabola (*f.*), baionetta (*f.*).

coupe-circuit [kupsiʀkɥi] *n.m.* [pl. *coupe-circuirts*] (*elettr.*) fusibile, valvola (*f.*).

coupe-coupe [kupkup] *n.m.invar.* machete.

coupe-faim [kupfɛ̃] *n.m.invar.* cibo, farmaco per calmare la fame.

coupe-feu [kupfø] *agg.invar.* tagliafuoco ♦ *n.m.invar.* (*Internet*) firewall.

coupe-file [kupfil] *n.m.* [pl. *coupe-files*] lasciapassare.

coupe-gorge [kupgɔʀʒ] *n.m.invar.* luogo malfamato, infido.

coupe-jambon [kupʒɑ̃bɔ̃] *n.m.invar.* affettatrice (*f.*).

coupe-légumes [kuplegym] *n.m.invar.* tritatutto, tritaverdure.

coupelle [kupɛl] *n.f.* (*metall.*) coppella.

coupe-ongles [kupɔ̃gl] *n.m.invar.* tronchesina (*f.*) (per unghie).

coupe-papier [kuppapje] *n.m.* [pl. *coupe-papiers*] tagliacarte.

couper [kupe] *v.tr.* **1** tagliare: *couper le pain*, tagliare il pane; *couper en tranches*, tagliare a fette; *couper à travers champs, par le bois*, (*estens.*) tagliare per i campi, per il bosco **2** (*estens.*) interrompere; troncare: *couper le souffle*, mozzare il fiato; *cette visite a coupé ma journée*, questa visita mi ha spezzato la giornata; *couper le courant*, togliere la corrente **3** intersecare ♦ *v.intr.* **1** tagliare **2** (*fam.*) sfuggire (a) ♦ **se couper** *v.pron.* **1** tagliarsi **2** intersecarsi (*anche mat.*) **3** (*fig.*) tradirsi; contraddirsi.
● ***couper la parole à qqn***, togliere la parola a, interrompere qlcu | ***couper l'appétit***, rovinare l'appetito | ***couper les vivres***, (*anche fig.*) tagliare i viveri | ***couper son vin***, annacquare il vino | (*tel.*): ***ne coupez pas***, resti in linea, non attacchi; ***on nous a coupés***, è caduta la linea | ***se couper de qqn***, (*fig.*) tagliarsi fuori, isolarsi da qlcu | ***se couper en quatre pour qqn***, farsi in quattro per qlcu.

couper-coller [kupekɔle] *n.m.invar.* (*inform.*) taglia e incolla.

couperet [kupʀɛ] *n.m.* mannaia (*f.*).

couperose [kupʀoz] *n.f.* (*med.*) acne rosacea, couperose.

couperosé [kupʀoze] *agg.* (*del viso*) affetto da couperose.

coupe-tif [kuptif] *n.m.* [pl. *coupe-tifs*] (*fam.*) parrucchiere.

coupeur [kupœʀ] *n.m.* [f. *-euse*].
● ***coupeur de bourses***, borsaiolo.

coupe-vent [kupvɑ̃] *n.m.invar.* **1** (*mar.*) tagliavento **2** (*abbigl.*) (giacca) cerata (*f.*).

couplage [kuplaʒ] *n.m.* (*tecn.*) accoppiamento.

couple [kupl] *n.m.* **1** coppia (*f.*) **2** (*mar., aer.*) ordinata (*f.*) ♦ *n.f.* (*antiq.*) paio (*m.*), coppia.

coupler [kuple] *v.tr.* accoppiare, abbinare.

couplet [kuplɛ] *n.m.* strofa (di canzone).

coupole [kupɔl] *n.f.* cupola.

● ***être reçu sous la coupole***, essere accolto all'Accademia di Francia.

coupon [kupɔ̃] *n.m.* 1 scampolo (di stoffa) 2 buono, tagliando 3 (*Borsa*) cedola (*f.*).

coupon-réponse [kupɔ̃Repɔ̃s] *n.m.* [pl. *coupons-réponse*] buono risposta.

coupure [kupyR] *n.f.* 1 taglio (*m.*) (*anche fig.*): *je me suis fait une petite coupure au pied*, mi sono fatto un taglietto al piede; *faire des coupures dans un texte*, apportare tagli a un testo 2 (*geol.*) frattura 3 (*tecn.*) interruzione (momentanea): *coupure de courant, d'eau, de gaz*, interruzione di corrente, d'acqua, di gas 4 (*banca*) taglio (*m.*) di banconota: *petites, grosses coupures*, banconote di piccolo, di grosso taglio 5 (*Borsa*) spezzatura.
● ***coupure de mots en fin de ligne***, divisione sillabica della parola a fine riga | (*inform.*) ***coupure de page-écran***, imposta pagina | ***coupures de journaux***, ritagli di giornali.

cour [kuR] *n.f.* 1 corte, cortile (*m.*): *mes fenêtres donnent sur une cour intérieure*, le mie finestre danno su un cortile interno 2 corte: *à la cour*, a corte 3 (*dir.*) corte 4 corteggiamento (*m.*), corte: *faire la cour à qqn*, corteggiare, fare la corte a qlcu 5 (*Belgio*) servizi (*m. pl.*), toilette.
● (*dir.*): ***Cour d'appel***, Corte d'appello; ***Cour d'assises***, Corte d'assise; ***Cour de cassation***, Corte di cassazione | ***cour d'honneur***, cortile d'onore | ***être bien en cour auprès de qqn***, essere nelle grazie di qlcu | (*dir.*) ***Haute Cour de Justice***, Suprema Corte di giustizia.

courage [kuRaʒ] *n.m.* coraggio: *perdre courage*, scoraggiarsi.
● ***bon courage!***, buon lavoro!, buona fortuna! | ***(du) courage!***, coraggio!, forza!

courageusement [kuRaʒøzmɑ̃] *avv.* coraggiosamente.

courageux [kuRaʒø] *agg.* [f. *-euse*] coraggioso.
■ CONTR. lâche, peureux.

courailler [kuRaje] *v.intr.* 1 (*antiq.*) correre la cavallina 2 (*Canada*) correre di qua e di là.

couramment [kuRamɑ̃] *avv.* correntemente.

courant[1] [kuRɑ̃] *agg.* corrente.
● (*amm.*) ***affaires courantes***, affari di ordinaria amministrazione | (*comm.*) ***paiement fin courant***, pagamento a fine mese | ***prix courants***, listino (dei) prezzi.

courant[2] *n.m.* 1 corrente (*f.*) (*anche fig.*): *courant d'air*, corrente d'aria; *nager contre le courant*, (*anche fig.*) andare contro corrente 2 (*elettr.*) corrente (*f.*): *courant alternatif, continu*, corrente alternata, continua 3 flusso: *le courant de l'immigration*, il flusso dell'immigrazione 4 corso: *dans le courant du mois*, nel corso del mese.
● ***au courant de***, al corrente di, su.

couranté [kuRɑ̃te] *agg.* (*Camerun*) essere al corrente.

courbatu [kuRbaty] *agg.* indolenzito.

courbature [kuRbatyR] *n.f.* indolenzimento (*m.*); estrema stanchezza (*f.*).

courbaturé [kuRbatyRe] *agg.* indolenzito; sfinito.

courbaturer [kuRbatyRe] *v.tr.* indolenzire; sfinire, sfiancare.

courbe [kuRb] *agg.* curvo ♦ *n.f.* curva.

courber [kuRbe] *v.tr.* curvare, incurvare: *courber la tête*, piegare la testa ♦ *v.intr.* curvarsi ♦ **se courber** *v.pron.intr.* incurvarsi; piegarsi.
● (*Svizzera*) ***courber l'école***, bigiare, marinare la scuola.

courbette [kuRbɛt] *n.f.* inchino (*m.*) profondo; riverenza servile.

courbure [kuRbyR] *n.f.* curvatura.

coureries [kuRəRi] *n.f.pl.* (*Belgio*) andirivieni (*m.*).

courette [kuRɛt] *n.f.* cortiletto (*m.*), cavedio (*m.*).

coureur [kuRœR] *n.m.* [f. *-euse*] 1 corridore 2 persona (*f.*) in cerca di avventure amorose 3 (*zool.*) corridore.
● (*Canada*) ***coureur de, des bois***, cacciatore | ***coureur de dot***, cacciatore di dote | (*sport*): ***coureur automobile***, corridore automobilista; ***coureur de cent mètres***, centometrista; ***coureur de fond***, fondista; ***coureur de haies***, ostacolista; ***coureur de vitesse***, velocista.

courge [kuRʒ] *n.f.* zucca.

courgette [kuRʒɛt] *n.f.* zucchina, zucchetta.

courir [kuRiR] *v.intr.* [pres.indic.: *je cours* etc.; imperf. indic.: *je courais* etc.; p.rem.: *je courus* etc.; fut.indic.: *je courrai* etc.; cond.: *je courrais* etc.; pres.cong.: *que je coure* etc.; imperf.cong.: *que je courusse* etc.; p.pres.: *courant*; p.p.: *couru*; imp.: *cours, courons, courez*] 1 correre: *elle a couru chercher le médecin*, è corsa a cercare il medico; *j'ai trop couru*, ho corso troppo; *courir à toutes jambes*, correre a gambe levate 2 accorrere 3 (*di notizia ecc.*) circolare: *le bruit court que*, corre voce che; *il court des bruits fâcheux sur*, circolano delle voci spiacevoli su 4 decorrere ♦ *v.tr.* 1 correre 2 percorrere; (*fig.*) frequentare (con assiduità) | *courir la campagne*, battere la campagna 3 (*di notizia ecc.*) propagarsi (in un luogo).
● ***courir après***, correre dietro (a), inseguire | ***courir à sa perte***, (*fig.*) correre incontro alla propria rovina | ***courir les magasins***, andare in giro per i negozi | ***ça court les rues***, è cosa risaputa | ***tu peux (il peut etc.) toujours courir!***, (*fam.*) niente da fare!

NOTA Il verbo ***courir*** seguito da infinito è reso in italiano da 'correre' seguito dalla preposizione *a* prima dell'infinito:
Cours chercher *de l'eau.*
Corri a prendere dell'acqua.

couronne [kuRɔn] *n.f.* 1 corona 2 (*fig.*) cerchia 3 pane (*m.*) a ciambella.
● ***déposer la couronne***, abdicare | ***en couronne***, a corona.

couronné [kuRɔne] *agg.* 1 incoronato; coronato 2 (*estens.*) circondato 3 premiato: *ouvrage couronné par l'Académie Française*, opera premiata dall'Accademia di Francia.
● ***couronné de succès***, coronato dal successo | ***genou couronné***, (*fam.*) ginocchio sbucciato.

couronnement [kuRɔnmɑ̃] *n.m.* 1 incoronazione (*f.*) 2 coronamento (*anche fig.*).
■ SIN. 2 consécration.

couronner [kuRɔne] *v.tr.* 1 incoronare; coronare (*anche fig.*) 2 (*estens.*) far corona (a) 3 premiare: *couronner un écrivain*, premiare uno scrittore.

courrai [kuRRe] → **courir**.

courre [kuR] *v.tr.dif.* [usato solo all'inf.] cacciare, inseguire.
● ***chasse à courre***, caccia alla corsa.

courriel [kuRjɛl] *n.m.* (*fam.*) (*contrazione di* courri(er) él(ectronique)) posta (*f.*) elettronica.

courrier [kuRje] *n.m.* 1 corrispondenza (*f.*), posta (*f.*) 2 (*giorn.*) cronaca (*f.*) 3 corriere.
● ***courrier électronique***, posta elettronica | ***par retour du courrier***, a giro di posta.
■ SIN. 1 correspondance.

courriériste [kuRjeRist] *n.m.* e *f.* 1 opinionista 2 giornalista che cura la corrispondenza con i lettori.

courroie [kuRwa] *n.f.* cinghia, correggia.
● (*aut.*) ***courroie de transmission***, (*anche fig.*) cinghia di trasmissione.

C

courroucer [kuʀuse] ***v.tr.*** [coniug. come *placer*] (*letter.*) far corrucciare ♦ **se courroucer** ***v.pron.*** corrucciarsi.

courroux [kuʀu] ***n.m.*** (*letter.*) corruccio, sdegno.
■ SIN. colère.

cours[1] [kuʀ] ***n.m.*** **1** corso (*anche fig.*): *le cours d'un fleuve*, il corso di un fiume; *donner libre cours à sa joie*, dare libero sfogo alla gioia **2** (*econ.*) corso, quotazione (*f.*) **3** corso (di studi); lezione (*f.*): *le professeur est en cours*, il professore sta facendo lezione **4** scuola (*f.*) privata **5** (*di città*) viale, corso.
● ***cours d'eau***, corso d'acqua | (*Borsa*) ***cours des actions, du change***, corso azionario, dei cambi | (*econ.*): ***cours du marché***, quotazioni di mercato; ***cours forcé, légal***, corso forzoso, legale | ***au cours de***, durante | (*econ.*) ***avoir cours***, aver corso; (*fig.*) essere in voga | (*mar.*) ***capitaine au*** (o ***de***) ***long cours***, capitano di lungo corso | ***en cours***, in corso: *en cours de route*, strada facendo.

cours[2] → **courir**.

course [kuʀs] ***n.f.*** **1** corsa (*anche fig.*) **2** (*sport*) corsa, gara **3** percorso (*m.*), tragitto (*m.*); gita: *une course en montagne*, un'escursione in montagna **4** (*pl.*) acquisti (*m.*), compere: *faire ses courses*, fare le commissioni **5** (*mecc.*) corsa **6** (*astr.*) corso (*m.*) **7** (*Svizzera*) gita organizzata.
● (*sport*): ***course à pied***, corsa a piedi; ***course automobile, cicliste***, corsa automobilistica, ciclistica; ***course contre la montre***, gara a cronometro; ***course d'obstacles***, corsa a ostacoli | ***au pas de course***, a passo di corsa | ***être à bout de course***, (*fig.*) essere sfinito | ***être dans la course***, (*fig. fam.*) essere al passo coi tempi | ***être en fin de course***, (*fig.*) essere in declino.
■ CONTR. **5** arrêt.

courser [kuʀse] ***v.tr.*** (*fam.*) rincorrere, inseguire.

coursier[1] [kuʀsje] ***n.m.*** (*letter.*) corsiero, destriero.

coursier[2] ***n.m.*** [f. *-ère*] fattorino.
● ***coursier international***, corriere internazionale.

coursive [kuʀsiv] ***n.f.*** **1** ballatoio (*m.*) **2** (*fra cabine, su una nave*) corridoio (*m.*).

court[1] [kuʀ] ***agg.*** corto (*anche fig.*): *un chemisier à manches courtes*, una camicetta con le maniche corte ♦ ***avv.*** corto.
● ***à court de***, a corto di | ***à court terme***, a breve scadenza | ***aller au plus court***, (*fig.*) andare per le spicce | ***de court***, di sorpresa | (***en***) ***avoir le souffle court***, (*fig.*) rimanere senza fiato | ***s'arrêter court***, fermarsi di botto | ***tourner court***, cambiare direzione; (*fig.*) cambiare discorso | ***tout court***, semplicemente.

court[2] ***n.m.*** campo di tennis.

courtage [kuʀtaʒ] ***n.m.*** **1** (*comm.*) mediazione (*f.*) **2** (*fin., Borsa*) brokeraggio, intermediazione (*f.*).
● ***frais de courtage***, provvigione di intermediazione.

courtaud [kuʀto] ***agg.*** e ***n.m.*** tracagnotto.

court-bouillon [kuʀbujɔ̃] ***n.m.*** [pl. *courts-bouillons*] court-bouillon (sorta di brodo con vino o aceto e spezie in cui si fanno lessare crostacei, pesce e simili).

court-circuit [kuʀsiʀkɥi] ***n.m.*** [pl. *courts-circuits*] cortocircuito.

court-circuiter [kuʀsiʀkɥite] ***v.tr.*** **1** (*elettr.*) mettere in cortocircuito **2** (*fig. fam.*) tagliar fuori.

courtepointe [kuʀtəpwɛ̃t] ***n.f.*** trapunta.

courtier [kuʀtje] ***n.m.*** [f. *-ère*] **1** (*comm.*) mediatore **2** (*Borsa*) intermediario **3** (*comm.*) agente venditore.
● (*Borsa*) ***courtier de change***, intermediario finanziario | (*comm.*) ***courtier marron***, mediatore non autorizzato.

courtine [kuʀtin] ***n.f.*** **1** (*fortificazioni*) cortina **2** (*ant.*) (*di letto*) cortina.

courtisan [kuʀtizɑ̃] ***n.m.*** cortigiano (*anche fig.*).

courtisane [kuʀtizan] ***n.f.*** (*letter.*) cortigiana, prostituta.

courtiser [kuʀtize] ***v.tr.*** **1** corteggiare **2** (*letter.*) lusingare ♦ ***v.intr.*** (*Belgio*) *courtiser avec*, essere fidanzato con.

court-jus [kuʀʒy] ***n.m.*** [pl. *courts-jus*] (*fam.*) abbr. di **court-circuit**.

court-métrage, court métrage [kuʀmetʀaʒ] ***n.m.*** [pl. *courts(-)métrages*] (*cine.*) cortometraggio.

courtois [kuʀtwa] ***agg.*** cortese.
● (*st. lett.*) ***poésie courtoise***, poesia cortese.

courtoisement [kuʀtwazmɑ̃] ***avv.*** cortesemente.

courtoisie [kuʀtwazi] ***n.f.*** cortesia.

court-vêtu [kuʀvɛty] ***agg.*** [f. *court-vêtue*, pl.m. *court -vêtus*] che ha un abito corto, vestito succintamente.

couru [kuʀy] *p.p.* di **courir** ♦ ***agg.*** **1** popolare, ricercato; frequentato: *un conférencier très couru*, un conferenziere di gran successo **2** (*fam.*) certo, sicuro **3** (*comm.*) maturato.
● ***c'est couru!***, (*fam.*) è garantito!

cousant [kuzɑ̃] *p.pres.* di **coudre**.

couscous [kuskus] ***n.m.*** (*cuc.*) cuscus.

couscoussier [kuskusje] ***n.m.*** (*cuc.*) pentola (*f.*) per la cottura del cuscus.

cousette [kuzɛt] ***n.f.*** **1** (*fam.*) sartina **2** astuccio (*m.*) da lavoro.

couseuse [kuzøz] ***n.f.*** cucitrice.

cousin[1] [kuzɛ̃] ***n.m.*** cugino.
● ***cousin à la mode de Bretagne***, (*fam.*) cugino alla lontana.

cousin[2] ***n.m.*** (*zool.*) cugino, pappataci.

cousinage [kuzinaʒ] ***n.m.*** **1** cuginanza (*f.*) **2** (*fam.*) parentado.

cousine [kuzin] ***n.f.*** cugina.

cousinière [kuzinjɛʀ] ***n.f.*** zanzariera (da letto).

cousis [kuzi] → **coudre**.

coussin [kusɛ̃] ***n.m.*** **1** cuscino **2** (*tecn.*) cuscinetto **3** (*Belgio*) guanciale.
● (*aut.*): ***coussin berlinois***, dissuasore di velocità; ***coussin gonflable de sécurité***, airbag.

coussinet [kusinɛ] ***n.m.*** cuscinetto.
● (*mecc.*) ***coussinet de bronze***, bronzina.

cousu [kuzy] *p.p.* di **coudre** ♦ ***agg.*** cucito.
● ***cousu*** (***à la***) ***main***, fatto a mano: *c'est du cousu main!*, (*fam.*) è roba sopraffina! | ***cousu de fil blanc***, (*fig.*) (*di scusa ecc.*) che non regge: *tes excuses sont cousues de fil blanc*, le tue scuse non stanno in piedi | ***cousu d'or***, (*fig.*) ricco sfondato.

coût [ku] ***n.m.*** costo.
● ***coût de la vie***, costo della vita | (*comm.*) ***coût fret***, costo e nolo.
■ SIN. prix.

coûtant [kutɑ̃] ***agg.***
● ***au, à prix coûtant***, a prezzo di costo.

couteau [kuto] ***n.m.*** [pl. *-eaux*] **1** coltello: *coup de couteau*, coltellata; *couper au couteau*, tagliare col coltello **2** (*zool.*) cannolicchio.
● ***couteau à cran d'arrêt***, coltello a serramanico | ***couteau à découper***, trinciante | ***couteau à dessert***, coltellino da frutta | (*pitt.*) ***couteau*** (***à palette***), spatola | ***couteau éplu-***

cheur, pelapatate | ***être à couteaux tirés***, (*fig.*) essere ai ferri corti | ***mettre à qqn le couteau sous*** (o ***sur***) ***la gorge***, (*fig.*) mettere qlcu con le spalle al muro.

couteau-scie [kutosi] ***n.m.*** [pl. *couteaux-scies*] (*per pane ecc.*) coltello seghettato.

coutelas [kutlɑ] ***n.m.*** 1 coltellaccio 2 (*st. mil.*) squarcina (*f.*).

coutelier [kutəlje] ***n.m.*** [f. *-ère*] coltellinaio.

coutellerie [kutɛlʀi] ***n.f.*** coltelleria.

coûter [kute] ***v.intr.*** costare: *combien ça coûte?*, (*fam.*) quanto costa?; *combien coûte ce pull?*, quanto costa questo golf?; *cela a coûté cher*, è costato caro; *il m'en coûte de l'avouer*, (*fig.*) mi costa confessarlo; *il m'en coûtera de ne pas avoir accepté cette offre*, la pagherò per non aver accettato quell'offerta ♦ ***v.tr.*** (*fig.*) costare: *son courage lui a coûté la vie*, il suo coraggio gli è costato la vita.

● ***coûter les yeux de la tête***, (*fig.*) costare un occhio della testa | ***coûte que coûte***, costi quel che costi.

■ SIN. valoir.

coûteusement [kutøzmɑ̃] ***avv.*** costosamente.

coûteux [kutø] ***agg.*** [f. *-euse*] costoso (*anche fig.*).

coutil [kuti] ***n.m.*** (*tessuto*) traliccio.

coutume [kutym] ***n.f.*** 1 costume (*m.*); abitudine 2 (*dir.*) consuetudine.

● ***avoir coutume de faire qqch***, essere solito fare qlco | ***de coutume***, di solito: *plus, moins, mieux que de coutume*, più, meno, meglio del solito; *comme de coutume*, come al solito | (*prov.*) ***une fois n'est pas coutume***, una volta non fa regola.

■ SIN. 1 habitude, tradition.

coutumier [kutymje] ***agg.*** [f. *-ère*] 1 solito, abituale 2 (*dir.*) consuetudinario ♦ ***n.m.*** (*dir.*) raccolta (*f.*) delle consuetudini.

● ***il est coutumier du fait!***, siamo alle solite!

■ *AGG.* SIN. 1 habituel.

couture [kutyʀ] ***n.f.*** 1 cucito (*m.*) 2 cucitura 3 cicatrice, sfregio (*m.*).

● ***battre à plate couture***, (*fig.*) sconfiggere su tutta la linea | (***haute***) ***couture***, alta moda | ***maison de couture***, casa di moda | ***sur*** (o ***sous***) ***toutes les coutures***, (*fam.*) da cima a fondo.

FAUX AMI
Da non confondere con *cottura*, che si traduce *cuisson*.

couturé [kutyʀe] ***agg.*** coperto di cicatrici, di segni.

couturier [kutyʀje] ***n.m.*** [f. *-ère*] sarto.

● ***grand couturier***, sarto d'alta moda.

couvade [kuvad] ***n.f.*** (*etnologia*) covata.

couvain [kuvɛ̃] ***n.m.*** (*apicoltura*) covata (*f.*).

couvaison [kuvɛzɔ̃] ***n.f.*** (*zool.*) cova.

couve [kuv] ***n.f.*** (*fam.*) (*abbr. di* couverture) copertina: *il a fait la couve de Vogue*, è stato sulla copertina di Vogue.

couvée [kuve] ***n.f.*** covata, nidiata (*anche fig.*).

couvent [kuvɑ̃] ***n.m.*** 1 convento: *au couvent*, in convento 2 collegio, educandato.

couver [kuve] ***v.tr.*** e ***intr.*** covare (*anche fig.*).

● ***couver qqn des yeux***, (*fig.*) covare qlcu con gli occhi | ***couver une maladie***, (*fam.*) covare una malattia.

couvercle [kuvɛʀkl] ***n.m.*** coperchio.

● (*aut.*): ***couvercle d'allumeur***, calotta di distribuzione; ***couvercle de culasse***, coperchio della testata.

couvert [kuvɛʀ] *p.p.* di **couvrir** ♦ ***agg.*** coperto: *ciel couvert*, cielo coperto; *il ne faut pas rester couvert devant une dame*, non si deve tenere il cappello in testa davanti a una signora ♦ ***n.m.*** 1 coperto; riparo 2 (*a tavola*) coperto 3 posate (*f.pl.*).

● ***à couvert***, al riparo: *se mettre à couvert*, (*anche fig.*) mettersi al riparo | ***le vivre et le couvert***, il vitto e l'alloggio | ***mettre, dresser le couvert***, apparecchiare (la tavola) | ***mettre un couvert***, aggiungere un posto a tavola | ***ôter le couvert***, sparecchiare (la tavola) | ***sous le couvert de***, (*fig.*) sotto l'apparenza di; sotto la responsabilità di; (*letter.*) con il pretesto di.

couverte [kuvɛʀt] ***n.f.*** 1 (*ceramica*) vetrina 2 (*mar.*) coperta 3 (*fam.*) abbr. di couverture.

couverture [kuvɛʀtyʀ] ***n.f.*** 1 coperta 2 (*tip.*) (*di libro*) copertina; prima di copertina 3 (*edil.*) copertura, tetto (*m.*) 4 (*fin.*) copertura 5 (*fig.*) copertura, pretesto (*m.*) 6 (*giorn.*) copertura, coverage (*m.*).

● ***couverture chauffante***, termocoperta, coperta elettrica | (*amm.*): ***couverture maladie universelle*** (CMU), assistenza sanitaria gratuita (per i meno abbienti); ***couverture sociale***, assistenza sociale | ***tirer la couverture à soi***, (*fam.*) tirare l'acqua al proprio mulino.

couveuse [kuvøz] ***n.f.*** chioccia.

● (*med.*) ***couveuse*** (***artificielle***), incubatrice.

couvre-chef [kuvʀəʃɛf] ***n.m.*** [pl. *couvre-chefs*] (*fam.*) copricapo.

couvre-feu [kuvʀəfø] ***n.m.*** [pl. *couvre-feux*] coprifuoco.

couvre-lit [kuvʀəli] ***n.m.*** [pl. *couvre-lits*] copriletto.

couvre-livre [kuvʀəlivʀ] ***n.m.*** [pl. *couvre-livres*] (*di libro*) sopraccoperta (*f.*).

couvre-pied ***n.m.*** [pl. *couvre-pieds*] **couvre-pieds** [kuvʀəpje] ***n.m.invar.*** copripiedi.

couvreur [kuvʀœʀ] ***n.m.*** operaio conciatetti, copritetto.

couvrir [kuvʀiʀ] ***v.tr.*** [coniug. come *offrir*] 1 coprire (con, di) (*anche estens.*): *couvrir la table d'une nappe*, coprire la tavola con una tovaglia; *couvrir de baisers*, coprire di baci; *couvrir une distance*, coprire, percorrere una distanza 2 (*mil.*) coprire: *couvrir la retraite*, coprire la ritirata 3 (*giorn.*) fare il coverage (di), coprire 4 (*di animali*) coprire, montare ♦**se couvrir** ***v.pron.*** 1 coprirsi: *couvre-toi bien*, copriti bene; *couvrez-vous*, si copra, si metta il cappello 2 coprirsi (contro), proteggersi (da): *se couvrir d'un risque*, coprirsi, garantirsi contro un rischio.

covalence [kovalɑ̃s] ***n.f.*** (*chim.*) covalenza.

covendeur [kovɑ̃dœʀ] ***n.m.*** [f. *-euse*] (*comm.*) associato alla vendita.

cover-girl [kɔvœʀgœʀl] ***n.f.*** [pl. *cover-girls*] ragazza copertina.

covoiturage [kɔvwatyʀaʒ] ***n.m.*** uso collettivo di un'automobile privata.

coyote [kɔjɔt] ***n.m.*** (*zool.*) coyote.

crabe [kʀɑb] ***n.m.*** granchio.

● ***marcher en crabe***, camminare di sghimbescio | ***panier de crabes***, (*fig.*) vespaio: *cette affaire est un vrai panier de crabes*, questa faccenda è un vespaio.

crac [kʀak] ***inter.*** crac, cric.

crachat [kʀaʃa] ***n.m.*** 1 sputo 2 (*antiq. fam.*) medaglia (*f.*), decorazione (*f.*), patacca (*f.*).

craché [kʀaʃe] ***agg.***

● ***promis, juré, craché!***, (*nei giochi infantili*) prometto e giuro! | ***tout craché***, (*fam.*) sputato, fatto e finito.

crachement [kʀaʃmɑ̃] ***n.m.*** 1 sputo: *crachement de*

C

sang, sbocco di sangue **2** (*estens.*) getto, sprizzo **3** (*di altoparlante, di radio ecc.*) crepitio.

cracher [kʀaʃe] ***v.intr.*** **1** sputare (**su**, **sopra**) **2** mandare faville; (*di penna*) schizzare, sbavare: *ce stylo crache*, questa stilografica sbava **3** (*di radio ecc.*) gracchiare ♦ ***v.tr.*** **1** sputare (*anche fig.*): *cracher des injures*, vomitare insulti **2** lanciare; emettere, sbavare: *volcan qui crache des laves*, vulcano che emette lava **3** (*fam.*) sborsare, sganciare.
● ***cracher dans la soupe***, (*fig. fam.*) sputare nel piatto in cui si mangia | ***cracher sur qqn***, sputare addosso a qlcu; (*fig.*) insultare qlcu | ***ne pas cracher sur qqch***, (*fam.*) non sputarci sopra.

crachin [kʀaʃɛ̃] ***n.m.*** acquerugiola (*f.*).

crachoir [kʀaʃwaʀ] ***n.m.*** sputacchiera (*f.*).
● ***tenir le crachoir***, (*fam.*) parlare continuamente | ***tenir le crachoir à qqn***, (*fam.*) farsi attaccare bottone da qlcu.

crachoter [kʀaʃɔte] ***v.intr.*** **1** sputacchiare **2** (*di penna*) schizzare **3** (*di radio ecc.*) gracchiare, crepitare.

crack[1] [kʀak] ***n.m.*** **1** (*ippica*) crack (cavallo che ha conseguito molte vittorie) **2** (*fig. fam.*) asso, cima (*f.*): *être un crack en mathématiques*, essere un cannone in matematica.

crack[2] ***n.m.*** (*droga*) crack.

cracker[1] [kʀakœʀ, kʀakɛʀ] ***n.m.*** **1** (*galletta*) cracker **2** (*chim.*) cracker.

cracker[2] [kʀake] ***v.tr.*** (*inform.*) craccare.

cradingue [kʀadɛ̃g] ***agg.*** (*fam.*) lercio, lurido.

craie [kʀɛ] ***n.f.*** gesso (*m.*): *un bâton de craie*, un gessetto.

craignant [kʀɛɲɑ̃] *p.pres.* di **craindre**.

crailler [kʀɑje] ***v.intr.*** gracchiare.

craindre [kʀɛ̃dʀ] ***v.tr.*** [pres.indic.: *je crains* etc., *nous craignons* etc.; imperf.indic.: *je craignais* etc.; p.rem.: *je craignis* etc.; fut.indic.: *je craindrai* etc.; cond.: *je craindrais* etc.; pres.cong.: *que je craigne* etc.; imperf.cong.: *que je craignisse* etc.; p.pres.: *craignant*; p.p.: *craint*; imp.: *crains*, *craignons*, *craignez*] temere: *il craint d'être indiscret*, teme di essere indiscreto; *il craint pour sa santé*, ha paura per la sua salute; *craindre l'eau*, aver paura dell'acqua; *je crains qu'il ne vienne*, temo che venga; *je crains qu'il ne vienne pas*, temo che non venga; *je ne crains pas qu'il dise la vérité*, non ho paura che dica la verità; *crains-tu qu'il (ne) tombe malade?*, temi che si ammali? ♦ ***v.intr.*** *ça craint!*, (*fam.*) è pericoloso!, è rischioso!
● ***craint la chaleur***, ***l'humidité***, (*sulle confezioni*) teme il calore, l'umidità.
■ *V.TR.SIN.* appréhender.

NOTA Con il verbo ***craindre***, il *ne* usato senza *pas* prima del congiuntivo ha valore pleonastico e non negativo:
Je crains qu'il ***ne*** *vienne.*
Temo che venga.
Je crains qu'il ***ne*** *vienne* ***pas***.
Temo che non venga.

craint [kʀɛ̃] *p.p.* di **craindre**.

crainte [kʀɛ̃t] ***n.f.*** timore (*m.*), paura: *soyez sans crainte*, non abbiate paura; *n'ayez crainte*, non temete.
● ***de crainte que***, per timore che: *de, dans la crainte qu'on ne le découvrît il s'enfuit*, per timore che lo scoprissero fuggì.

craintif [kʀɛ̃tif] ***agg.*** [f. *-ive*] timoroso; spaurito.
■ SIN. peureux.

craintivement [kʀɛ̃tivmɑ̃] ***avv.*** timorosamente.

cramé [kʀame] ***n.m.*** bruciaticcio.

cramer [kʀame] ***v.tr.*** e ***intr.*** (*fam.*) bruciare; (*stirando*) strinare.

cramine [kʀamin] ***n.f.*** (*Svizzera*) (*fam.*) freddo (*m.*) intenso.

cramique [kʀamik] ***n.m.*** (*Belgio*) pane con uvetta.

cramoisi [kʀamwazi] ***agg.*** e ***n.m.*** (colore) cremisi.
● ***devenir cramoisi***, arrossire violentemente.

crampe [kʀɑ̃p] ***n.f.*** crampo (*m.*).

crampon [kʀɑ̃pɔ̃] ***n.m.*** **1** (*edil.*) graffa (*f.*) **2** rampone **3** (*pl.*) scarpe (*f.*) con ramponi **4** (*bot.*) radice (*f.*) aggrappante **5** (*fig.*) seccatore.

cramponner [kʀɑ̃pɔne] ***v.tr.*** **1** (*tecn.*) assicurare con un rampone **2** (*fam.*) dar fastidio (**a**), seccare, scocciare ♦ **se cramponner** ***v.pron.*** aggrapparsi (*anche fig.*): *se cramponner à un prétexte*, appigliarsi a un pretesto ♦ ***v.pron.intr.*** intestardirsi.

cran [kʀɑ̃] ***n.m.*** **1** tacca (*f.*), intaccatura (*f.*); (*di cintura*) buco **2** (*di capelli*) onda (*f.*) **3** (*fig.*) gradino, grado: *monter d'un cran*, salire di un gradino **4** (*fam.*) coraggio: *avoir du cran*, aver fegato.
● ***cran de sûreté***, (*di arma da fuoco*) sicura | ***être à cran***, (*fam.*) avere i nervi a fior di pelle.

crâne[1] [kʀɑn] ***n.m.*** **1** (*anat.*) cranio, teschio **2** (*fam.*) testa (*f.*).

crâne[2] ***agg.*** (*letter.*) ardito, coraggioso; impavido.

crânement [kʀɑnmɑ̃] ***avv.*** (*letter.*) arditamente, spavaldamente.

crâner [kʀɑne] ***v.intr.*** (*fam.*) fare lo spavaldo: *crâner devant le danger*, mostrare sprezzo del pericolo.

crânerie [kʀɑnʀi] ***n.f.*** (*fam.*) spavalderia.

crâneur [kʀɑnœʀ] ***agg.*** e ***n.m.*** [f. *-euse*] spavaldo; arrogante.

crânien [kʀɑnjɛ̃] ***agg.*** [f. *-enne*] (*anat.*) cranico.

cranter [kʀɑ̃te] ***v.tr.*** dentellare: *lame crantée*, lama seghettata.
● (*abbigl.*) ***col cranté***, collo a revers.

crapaud [kʀapo] ***n.m.*** **1** (*zool.*) rospo **2** (*mus.*) baby grand piano, pianoforte a un quarto di coda **3** (*di pietra preziosa*) macchia (*f.*) **4** (*fam.*) monello, marmocchio **5** (*fam.*) portafoglio.
● (*zool.*) ***crapaud de mer***, coda di rospo | (***fauteuil***) ***crapaud***, poltroncina bassa imbottita.

crapule [kʀapyl] ***n.f.*** **1** farabutto (*m.*) **2** (*letter.*) plebaglia, canaglia.

crapuleux [kʀapylø] ***agg.*** [f. *-euse*] abietto, infame.
● (*dir.*) ***crime crapuleux***, delitto commesso a scopo di rapina.

craquant [kʀakɑ̃] ***agg.*** (*fam.*) irresistibile, travolgente, da sballo.

craque [kʀak] ***n.f.*** (*fam.*) frottola, fandonia.

craquelage [kʀaklaʒ] ***n.m.*** craquelé (screpolatura di una ceramica, di un dipinto ecc.).

craqueler [kʀakle] ***v.tr.*** [coniug. come *appeler*] (*una ceramica, un dipinto ecc.*) screpolare ♦ **se craqueler** ***v.pron.intr.*** screpolarsi.

craquelure [kʀaklyʀ] ***n.f.*** (*di smalto di una ceramica ecc.*) screpolatura.

craquement [kʀakmɑ̃] ***n.m.*** scricchiolio.

craquer [kʀake] ***v.intr.*** **1** scricchiolare **2** scoppiare (*anche fig.*): *les coutures ont craqué*, le cuciture hanno ceduto **3** (*fig.*) vacillare; fallire: *l'affaire a craqué au dernier* *moment*, l'affare è andato a monte all'ultimo momento **4** (*fam.*) impazzire: *il a craqué pour elle*, è impazzito per lei ♦ ***v.tr.*** strappare: *il a craqué son pantalon*, si è strappato i pantaloni.

● ***craquer une allumette***, accendere un fiammifero sfregandolo.

craquètement [kRakɛtmɑ̃] ***n.m.*** **1** scricchiolio, scoppiettio **2** (*di cicogna, gru*) grido, stridio.

craqueter [kRakte] ***v.intr.*** [coniug. come *jeter*] **1** scoppiettare, scricchiolare **2** (*di cicogna, gru*) gridare, stridere.

crasher, se [səkRaʃe] ***v.pron.intr.*** (*fam.*) schiantarsi (al suolo).

crasse [kRas] ***n.f.*** **1** sporcizia, sudiciume (*m.*) **2** (*fig.*) luridume (*m.*), fango (*m.*) **3** (*fam.*) brutto tiro (*m.*), carognata **4** (*metall.*) scoria, incrostazione **5** (*pl.*) (*Belgio*) spazzatura (*sing.*) ♦ ***agg.*** crasso: *bétise crasse*, stupidaggine madornale.

crasseux [kRasø] ***agg.*** [f. *-euse*] sozzo, sporco.

crassier [kRasje] ***n.m.*** (*metall.*) ammasso di scorie (delle fonderie).

cratère [kRatɛR] ***n.m.*** cratere.

cravache [kRavaʃ] ***n.f.*** frustino (*m.*), scudiscio (*m.*): *un coup de cravache*, una scudisciata.

cravacher [kRavaʃe] ***v.tr.*** frustare ♦ ***v.intr.*** (*fam.*) sgobbare.

cravate [kRavat] ***n.f.*** **1** cravatta **2** (*mar.*) cravatta **3** (*sport*) cravatta.

● ***cravate de chanvre***, capestro | ***cravate de drapeau***, nastro di bandiera | ***s'en jeter un*** (o ***se jeter un petit verre***) ***derrière la cravate***, (*fam.*) scolarsi un bicchierino.

NOTA È la forma francesizzata della parola *croate* e allude al *Royal-Croate*, deformato in *Royal-Cravate*, come era chiamato il soldato appartenente al corpo dei mercenari croati, presenti in Francia al tempo di Luigi XIII e Luigi XIV, che avevano l'abitudine di portare al collo un pezzo di stoffa rettangolare, del quale poi si è impadronita la moda maschile.

cravater [kRavate] ***v.tr.*** **1** mettere la cravatta (a): *il est toujours cravaté*, porta sempre la cravatta **2** (*fam.*) prendere per il collo **3** (*fam.*) acciuffare, pizzicare **4** (*fig. fam.*) fregare, ingannare.

crawler [kRole] ***v.intr.*** nuotare a crawl.

crayeux [kRɛjø] ***agg.*** [f. *-euse*] **1** gessoso **2** (*di colorito*) pallido, terreo.

crayon [kRɛjɔ̃] ***n.m.*** **1** matita (*f.*), lapis **2** disegno a matita; schizzo.

● (*cosmesi*) ***crayon à levres***, matita per le labbra | ***crayon de couleur***, matita colorata | (*inform.*) ***crayon lecteur, optique***, penna ottica | (*cosmesi*) ***crayon pour les yeux***, matita per gli occhi | ***au crayon***, a matita | ***avoir un bon coup de crayon***, (*nel disegno*) avere una buona mano.

crayon-feutre [kRɛjɔ̃fœtR] ***n.m.*** [pl. *crayons-feutres*] pennarello.

crayonnage [kRɛjɔnaʒ] ***n.m.*** **1** lo schizzare, il disegnare (a matita) **2** disegno a matita, schizzo.

crayonner [kRɛjɔne] ***v.tr.*** disegnare a matita; schizzare.

créance [kReɑ̃s] ***n.f.*** **1** (*letter.*) credito (*m.*) **2** (*dir., comm.*) credito (*m.*), titolo (*m.*) di credito.

● ***donner créance à qqch***, conferire credibilità a qlco | ***lettres de créance***, credenziali.

FAUX AMI
Da non confondere con *creanza*, che si traduce *éducation*.

créancier [kReɑ̃sje] ***n.m.*** e ***agg.*** [f. *-ère*] creditore.

créateur [kReatœR] ***agg.*** [f. *-trice*] **1** creatore **2** (*inventivo*) creativo: *esprit créateur*, spirito creativo ♦ ***n.m.*** **1** creatore **2** (*relig.*) *le Créateur*, il Creatore **3** (*comm.*) emittente.

● (*comm.*) ***créateur d'un titre***, emittente di un titolo di credito.

C

créatif [kReatif] ***agg.*** e ***n.m.*** [f. *-ive*] creativo.

créatine [kReatin] ***n.f.*** (*biochim.*) creatina.

créatinine [kReatinin] ***n.f.*** (*biochim.*) creatinina.

création [kReasjɔ̃] ***n.f.*** **1** creazione **2** creato (*m.*): *les merveilles de la création*, le meraviglie del creato **3** fondazione, costituzione: *la création d'une académie*, la fondazione di un'accademia; *la création d'une société*, la costituzione di una società **4** (*comm.*) emissione.

● (*comm.*) ***création d'argent***, emissione di moneta.

créativité [kReativite] ***n.f.*** creatività.

créature [kReatyR] ***n.f.*** **1** creatura, essere (*m.*) **2** (*spreg.*) creatura, protetto (*m.*).

crécelle [kResɛl] ***n.f.*** **1** raganella **2** (*fam.*) chiacchierone (*m.*).

● ***voix de crécelle***, (*fig.*) voce gracchiante.

crèche [kRɛʃ] ***n.f.*** **1** greppia, mangiatoia **2** presepio (*m.*) **3** asilo (*m.*) nido **4** (*Canada*) orfanotrofio (*m.*) **5** (*argot*) casa; stanza.

● ***crèche familiale***, affidamento di un bambino presso una maestra d'asilo.

crécher [kReʃe] ***v.intr.*** [coniug. come *céder*] (*fam.*) abitare, stare di casa.

crédence [kRedɑ̃s] ***n.f.*** **1** (*mobile*) credenza **2** (*eccl.*) credenza, credenzino (*m.*).

crédibilité [kRedibilite] ***n.f.*** credibilità, attendibilità.

crédible [kRedibl] ***agg.*** credibile, attendibile.

crédit [kRedi] ***n.m.*** **1** (*letter.*) credito; fiducia (*f.*): *jouir d'un grand crédit auprès de qqn*, godere di molta stima presso qlcu **2** (*econ.*) credito; (*banca*) fido: *porter au crédit de*, registrare a credito di **3** (*comm.*) accreditamento.

● (*comm.*) ***crédit et débit***, dare e avere | ***crédit foncier***, credito fondiario | ***crédit mutuel agricole***, consorzio di credito agrario | (*tip.*) ***crédit photographique***, fonte fotografica | ***crédit relais***, prefinanziamento | ***crédit reprise***, ritiro in permuta di auto usata | ***à crédit***, a credito | ***Caisse de crédit municipal***, monte dei pegni | ***carte de crédit***, carta di credito | ***établissement de crédit***, istituto di credito | ***faire crédit à qqn***, fare credito a qlcu; (*fig.*) avere fiducia in qlcu | (*econ.*) ***restriction du crédit***, stretta creditizia.

crédit-bail [kRedibɑj] ***n.m.*** [pl. *crédits-bails*] (*econ.*) leasing.

créditer [kRedite] ***v.tr.*** **1** (*comm.*) accreditare **2** (*fig.*) attribuire.

créditeur [kReditœR] ***agg.*** e ***n.m.*** [f. *-trice*] (*comm.*) creditore.

● ***compte créditeur***, conto a credito.

credo [kRedo] ***n.m.invar.*** **1** credo, fede (*f.*) **2** (*relig.*) *Credo*, Credo.

crédule [kRedyl] ***agg.*** credulone.

crédulité [kRedylite] ***n.f.*** credulità.

créer [kRee] ***v.tr.*** **1** creare (*anche estens.*): *créer des difficultés, un précédent*, creare difficoltà, un precedente **2** nominare: *créer un ministre*, nominare un ministro **3** (*riferito a spettacoli*) interpretare, mettere in scena per la prima volta: *créer un rôle*, portare una parte sulla scena per la prima volta; *créer un spectacle*, mettere in scena uno spettacolo **4** (*inform.*) implementare.

crémaillère [kRemajɛR] ***n.f.*** **1** catena (del focolare) **2** (*mecc.*) cremagliera.
● ***pendre la crémaillère***, (*fam.*) inaugurare la nuova casa.

crémation [kRemasjɔ̃] ***n.f.*** cremazione.

crématoire [kRematwaR] ***agg.*** e ***n.m.*** crematorio.
● ***four crématoire***, forno crematorio.

crème [kRɛm] ***n.f.*** **1** panna (del latte) **2** crema: *crème au chocolat*, crema al cioccolato; *crème de cacao*, crema cacao **3** (*cosmesi*) crema: *crème détergente*, crema detergente **4** (*fig.*) fior fiore (*m.*): *la crème de la société*, la crema, il fior fiore della società **5** (*chim.*) cremore (*m.*) ♦ ***agg.invar.*** (color) crema.
● ***crème aigre***, panna acida | (*cosmesi*): ***crème à raser***, crema da barba; ***crème de beauté***, crema di bellezza | ***crème fleurette***, ***liquide***, panna liquida | ***crème fouettée***, ***chantilly***, panna montata | ***crème glacée***, semifreddo alla crema; (*Canada*) gelato | ***crème (moulée) au caramel*** (o ***crème renversée***), crème caramel | ***crème patissière***, crema pasticciera | ***(café) crème***, caffè macchiato (con latte o panna).

crémerie [kRɛmRi] ***n.f.*** latteria; cremeria.
● ***changer de crémerie***, (*fam.*) cambiare posto, andare altrove.

crémet [kRemɛ] ***n.m.*** (*formaggio*) cremino.

crémeux [kRemø] ***agg.*** [f. *-euse*] cremoso ♦ ***n.m.*** cremosità (*f.*), consistenza (*f.*) cremosa.
● ***lait crémeux***, latte intero.

crémier [kRemje] ***n.m.*** [f. *-ère*] lattaio.

créneau [kReno] ***n.m.*** [pl. *-eaux*] **1** (*fortificazioni*) merlo: *mur à créneaux*, muro merlato **2** (*edil.*) feritoia (*f.*) **3** spazio libero fra due veicoli **4** (*econ.*) settore di mercato libero, sbocco commerciale **5** (*fig.*) tempo libero, buco **6** (*tv*) spazio riservato **7** (*inform.*) nicchia (*f.*) applicativa.
● ***créneau mâchicoulis***, (*fortificazioni*) caditoia | ***faire un créneau***, parcheggiare fra due auto | ***monter au créneau***, (*fam.*) portarsi sul luogo dove si svolge l'azione; (*estens.*) impegnarsi a fondo in un'azione.

crénelage [kRɛ(ə)nlaʒ] ***n.m.*** **1** (*di moneta*) granitura (*f.*); zigrinatura (*f.*) **2** (*inform.*) aliasing.

crénelé [kRen(ə)le] ***agg.*** **1** merlato **2** (*mecc.*) dentato **3** (*di moneta*) zigrinato **4** (*anat., biol.*) crenato.

créneler [kRen(ə)le] ***v.tr.*** [coniug. come *appeler*] **1** (*arch.*) guarnire di merli **2** (*mecc.*) dentellare **3** (*una moneta*) zigrinare.

crénelure [kRenəlyR] ***n.f.*** **1** (*arch.*) merlatura **2** (*mecc.*) dentellatura.

créole [kReɔl] ***agg.*** creolo ♦ ***n.m.*** (*lingua*) creolo.

Créole ***n.m.*** e ***f.*** (*persona*) creolo/a.

crêpage [kRɛpaʒ] ***n.m.*** **1** (*di tessuto*) increspatura (*f.*) **2** (*di capelli*) cotonatura (*f.*).
● ***crêpage de chignons***, (*fam.*) lite fra donne.

crêpe[1] [kRɛp] ***n.f.*** (*cuc.*) crespella, crêpe.
● ***crêpe bretonne***, crêpe bretone | ***crêpe flambée***, crêpe flambée, alla fiamma | ***crêpe Suzette***, crêpe Suzette.

crêpe[2] ***n.m.*** **1** (*tessuto*) crespo **2** fascia (*f.*) da lutto: *voile de crêpe*, velo da lutto **3** gomma (*f.*) laminata in fogli: *des semelles de crêpe*, suole di para.
● ***crêpe de Chine***, crespo di Cina.

crêpelé [kRɛple] ***agg.*** crespo.

crêper [kRepe] ***v.tr.*** **1** (*tess.*) (*una stoffa*) increspare **2** (*i capelli*) cotonare.
● ***se crêper le chignon***, (*fam.*) (*fra donne*) accapigliarsi.

FAUX AMI
Da non confondere con *crepare* nel senso di *morire*, che si traduce *crever*.

crêperie [kRɛpRi] ***n.f.*** crêperie, creperia.

crépi [kRepi] ***n.m.*** (*edil.*) arricciato, intonaco.

crêpière [kRɛpjɛR] ***n.f.*** (*cuc.*) crêpière (padella per preparare le crêpe).

crépine [kRepin] ***n.f.*** **1** (*guarnizione*) frangia **2** (*mecc.*) pigna **3** (*macelleria*) rete, omento (*m.*).

crépinette [kRepinɛt] ***n.f.*** crépinette (salsiccia piatta avvolta in omento di maiale).

crépir [kRepiR] ***v.tr.*** **1** (*edil.*) intonacare **2** (*pellame*) zigrinare.

crépissage [kRepisaʒ] ***n.m.*** (*edil.*) intonacatura (*f.*).

crépitation [kRepitasjɔ̃] ***n.f.*** **1** crepitio (*m.*) **2** (*med.*) crepitio respiratorio.

crépitement [kRepitmɑ̃] ***n.m.*** crepitio, scoppiettio: *le crépitement du feu*, il crepitio del fuoco.

crépiter [kRepite] ***v.intr.*** crepitare, scoppiettare.
■ SIN. grésiller.

crépon [kRepɔ̃] ***agg.*** *papier crépon*, carta goffrata ♦ ***n.m.*** (*tessuto*) crespone.

crépu [kRepy] ***agg.*** crespo: *cheveux crépus*, capelli crespi.

crépusculaire [kRepyskylɛR] ***agg.*** crepuscolare.

crépuscule [kRepyskyl] ***n.m.*** **1** crepuscolo **2** (*letter.*) crepuscolo, declino.

crescendo [kReʃɛndo, kReʃẽdo] ***avv.*** e ***n.m.*** (*mus.*) crescendo.

cresson [kResɔ̃] ***n.m.*** (*bot.*) crescione.

cressonnette [kResɔnɛt] ***n.f.*** (*bot. pop.*) crescione (*m.*) dei prati.

crésus [kRezys] ***n.m.*** creso, riccone.

crêt [kRɛ] ***n.m.*** (*nel Giura*) cima (*f.*) rocciosa.

crétacé [kRetase] ***agg.*** e ***n.m.*** (*geol.*) cretaceo.

crête [kRɛt] ***n.f.*** **1** cresta **2** (*fig.*) picco (*m.*), valore (*m.*) massimo: (*stat.*) *la crête d'un graphique*, il picco di un grafico **3** (*edil.*) (*di tetto*) colmo (*m.*).
● (*elettr.*) ***courant de crête***, valore di punta | (*geogr.*) ***ligne de crête***, spartiacque.

crête-de-coq [kRɛtdəkɔk] ***n.f.*** [pl. *crêtes-de-coq*] (*med., bot.*) cresta di gallo.

crétin [kRetɛ̃] ***agg.*** e ***n.m.*** cretino.

crétinerie [kRetinRi] ***n.f.*** (*fam.*) cretinata, stupidata.

crétiniser [kRetinize] ***v.tr.*** rincretinire; instupidire.

crétinisme [kRetinism] ***n.m.*** **1** (*fam.*) imbecillità (*f.*) **2** (*med.*) cretinismo.

crétois [kRetwa] ***agg.*** cretese.

Crétois ***n.m.*** (*abitante*) cretese.

cretonne [kRətɔn] ***n.f.*** (*tessuto*) cretonne (tessuto di cotone a fiorami, apprettato sul rovescio).

creusage [kRøzaʒ] **creusement** [kRøzmɑ̃] ***n.m.*** scavo; perforazione (*f.*).
● ***creusage de canaux***, canalizzazione.

creuser [kRøze] ***v.tr.*** **1** incavare **2** scavare (*anche fig.*): *visage creusé de rides*, viso segnato dalle rughe **3** inarcare: *creusere le dos*, inarcare la schiena **4** (*fig.*) approfondire ♦ **se creuser** ***v.pron.intr.*** **1** diventare cavo **2** inarcare.
● ***creuser (l'estomac)***, (*fam.*) far venire appetito | ***se creuser la cervelle***, (*fam.*) spremersi il cervello, scervellarsi.

creuset [kRøzɛ] ***n.m.*** crogiolo (*anche fig.*).

creusois [kʀøzwa] ***agg.*** della Creuse.

creux [kʀø] ***agg.*** [f. *creuse*] cavo; incavato; vuoto (*anche fig.*) ♦ ***n.m.*** **1** incavo; cavità (*f.*); vuoto: *au creux de la main*, nel cavo della mano; *le creux d'une entrée de garage*, la rampa di un garage **2** (*di attività*) periodo morto, calo: *un creux dans les ventes*, un periodo morto nelle vendite **3** (*metall.*) forma (*f.*) **4** (*mar.*) (*di un'onda*) altezza (*f.*) **5** (*mar.*) puntale **6** (*scult.*) (*ant.*) forma (*f.*) **7** (*stat.*) (punto) minimo ♦ ***avv.*** a vuoto: *sonner creux*, mandare un suono di vuoto.
● ***assiette creuse***, piatto fondo | ***avoir le nez creux***, (*fig. fam.*) aver fiuto | ***avoir un creux dans l'estomac***, (*fam.*) avere un buco nello stomaco | ***dent creuse***, dente cariato | ***en creux***, inciso, a intagli; (*fig.*) indirettamente | ***être dans le, au creux de la vague***, (*fig.*) essere a terra | ***heures creuses***, ore di poco traffico, ore morte | ***mois creux***, mesi di bassa stagione | ***voix creuse***, voce cavernosa.

crevaison [kʀəvɛzɔ̃] ***n.f.*** (*di pneumatico*) foratura, scoppio (*m.*).

crevant [kʀəvɑ̃] ***agg.*** (*fam.*) **1** spossante **2** spassoso.

crevasse [kʀəvas] ***n.f.*** **1** crepa, fenditura **2** (*geol.*) (*nei ghiacciai*) crepaccio (*m.*); (*nelle rocce*) spaccatura **3** (*della pelle*) screpolatura, ragade.

crevasser [kʀəvase] ***v.tr.*** screpolare ♦ **se crevasser** ***v.pron.intr.*** screpolarsi, creparsi.

crève [kʀɛv] ***n.f.***
● ***attraper la crève***, (*fam.*) prendersi un malanno.

crevé [kʀəve] ***agg.*** **1** (*di pneumatico*) forato, bucato **2** (*fam.*) stanco morto **3** (*fam.*) crepato, morto ♦ ***n.m.*** (*abbigl.*) (*antiq.*) spacco (nelle maniche che lascia intravedere la fodera).

crève-cœur [kʀɛvkœʀ] ***n.m.*** [pl. *crève-cœurs* o *invar.*] crepacuore.

crève-la-faim [kʀɛvlafɛ̃] ***n.m.invar.*** (*fam.*) morto di fame, poveraccio.

crever [kʀəve] ***v.intr.*** [coniug. come *semer*] **1** scoppiare **2** (*fam.*) crepare ♦ ***v.tr.*** **1** far scoppiare: (*aut.*) *crever un pneu*, forare una gomma **2** (*fam.*) spossare: *se crever les yeux à lire*, cavarsi gli occhi a leggere ♦ **se crever** ***v.pron.*** (*fam.*) **1** ammazzarsi **2** affaticarsi troppo.
● ***crever la faim*** (o ***la crever***), (*fam.*) essere nella miseria più nera; patire la fame | ***crever le cœur***, spezzare il cuore | ***crever les yeux***, (*fig.*) essere ovvio | ***c'est à crever de rire***, (*fam.*) c'è da crepare dal ridere.

crevette [kʀəvɛt] ***n.f.*** (*zool.*) gamberetto (*m.*).
● ***crevette grise***, gambero di fiume | ***grosse crevette***, gamberone di mare.

cri [kʀi] ***n.m.*** **1** grido; strillo; urlo: *jeter des cris*, urlare **2** (*di animale*) verso, grido.
● ***dernier cri***, (*fig.*) di gran moda, all'ultima moda | ***le cri du cœur***, (*fig.*) la voce del cuore | ***pousser les hauts cris***, protestare violentemente.
■ SIN. **1** hurlement.

criailler [kʀijɑje] ***v.intr.*** **1** strillare, gridare **2** (*spec. di polli e volatili*) schiamazzare.

criaillerie [kʀijɑjʀi] ***n.f.*** **1** (*fam.*) schiamazzo (*m.*) **2** (*pl.*) lagne, piagnistei (*m.*).

criant [kʀiɑ̃] ***agg.*** palese: *injustice criante*, flagrante ingiustizia; *des preuves criantes*, prove schiaccianti.

criard [kʀiaʀ] ***agg.*** **1** che strilla, che urla **2** (*di suono*) stridulo **3** (*di colore*) chiassoso.
● ***dettes criardes***, debiti improrogabili.

criblage [kʀiblaʒ] ***n.m.*** (*tecn.*) vagliatura (*f.*).

crible [kʀibl] ***n.m.*** vaglio, setaccio.
● ***passer au crible***, (*fig.*) vagliare.

cribler [kʀible] ***v.tr.*** **1** vagliare **2** crivellare; (*fig.*) coprire: *cribler de plombs, de balles*, impallinare; *cribler de questions*, tempestare di domande; *cribler de reproches*, subissare di rimproveri; *être criblé de dettes*, essere oberato di debiti.

cric[1] [kʀik] ***inter.*** cric.

cric[2] ***n.m.*** cric, (*mecc.*) cricco, martinetto.

cric[3] ***n.m.*** (*Svizzera*) acquavite (*f.*).

cricri [kʀikʀi] ***onom.*** (*di grillo e cicala*) cricri ♦ ***n.m.*** (*zool. pop.*) grillo.

criée [kʀije] ***n.f.*** asta: *audience des criées*, udienza d'asta giudiziaria.

crier [kʀije] ***v.intr.*** **1** gridare, urlare: **2** (*di animali*) gridare; gemere; stridere **3** cigolare ♦ ***v.tr.*** **1** gridare **2** (*Antille*) chiamare.
● ***crier après, contre qqn, qqch***, protestare contro qlcu, qlco | ***crier au secours***, gridare aiuto | ***crier grâce***, chiedere, implorare grazia | ***crier misère***, piangere miseria | ***crier son innocence***, protestare la propria innocenza | ***partir, arriver sans crier gare***, partire, arrivare senza avvertire.
■ SIN. **1** hurler.

crieur [kʀijœʀ] ***n.m.*** [f. *-euse*] urlone.
● ***crieur de journaux***, strillone | ***crieur public***, banditore.

crime[1] [kʀim] ***n.m.*** **1** crimine, reato: *on lui fait un crime de*, gli si fa una colpa di **2** (*dir.*) delitto.
● ***crime contre l'humanité***, crimine contro l'umanità | ***crime de guerre***, crimine di guerra | ***crime d'État***, delitto di stato | ***crime organisé***, crimine organizzato | ***incitation au crime***, istigazione a delinquere | ***le théâtre du crime***, il luogo del delitto.

crime[2], **crim'** [kʀim] ***n.f.*** (*abbr. di* criminelle) polizia criminale.

criminaliser [kʀiminalize] ***v.tr.*** (*dir.*) convertire un'azione civile in penale.

criminaliste [kʀiminalist] ***n.m.*** e ***f.*** penalista.

criminalité [kʀiminalite] ***n.f.*** criminalità.

criminel [kʀiminɛl] ***agg.*** [f. *-elle*] **1** criminale **2** (*dir.*) penale ♦ ***n.m.*** **1** criminale, delinquente **2** (*dir.*) azione (*f.*) penale.

criminellement [kʀiminɛlmɑ̃] ***avv.*** **1** criminalmente, criminosamente **2** (*dir.*) penalmente.

criminologie [kʀiminɔlɔʒi] ***n.f.*** criminologia.

criminologiste [kʀiminɔlɔʒist] **criminologue** [kʀiminɔlɔg] ***n.m.*** e ***f.*** criminologo/a.

crin [kʀɛ̃] ***n.m.*** (*zool.*) crine.
● ***crin végétal***, crine vegetale | ***à tous crins***, (*fam.*) fino al midollo | ***être comme un crin***, (*fam.*) essere intrattabile.

crincrin [kʀɛ̃kʀɛ̃] ***n.m.*** (*fam.*) cattivo violino.

crinière [kʀinjɛʀ] ***n.f.*** criniera.

crinoline [kʀinɔlin] ***n.f.*** crinolina.

crique [kʀik] ***n.f.*** **1** cala, baia **2** (*metall.*) (*dell'acciaio*) incrinatura.

criquet [kʀikɛ] ***n.m.*** (*zool.*) cavalletta (*f.*) migratrice.

crise [kʀiz] ***n.f.*** crisi.
● ***crise de nerfs***, crisi di nervi.

crispant [kʀispɑ̃] ***agg.*** irritante, esasperante.

crispation [kʀispasjɔ̃] ***n.f.*** **1** raggrinzamento (*m.*) **2** contrazione **3** (*fig.*) gesto (*m.*) d'impazienza, di nervosismo.

crispé [kʀispe] ***agg.*** **1** contratto: *sourire crispé*, sorriso forzato **2** (*fam.*) irritato.

crisper [kʀispe] ***v.tr.*** **1** raggrinzare **2** contrarre **3**

(*fam.*) irritare, innervosire ♦ **se crisper** *v.pron.intr.* **1** contrarsi **2** irritarsi.

crissement [kʀismɑ̃] *n.m.* scricchiolio; stridore.

crisser [kʀise] *v.intr.* scricchiolare; stridere.

cristal [kʀistal] *n.m.* [pl. *-aux*] **1** cristallo **2** (*pl.*) (*oggetti*) cristalleria (*f.sing.*).

C

cristallerie [kʀistalʀi] *n.f.* cristalleria.

cristallin [kʀistalɛ̃] *agg.* cristallino ♦ *n.m.* (*anat.*) cristallino.

cristallisation [kʀistalizasjɔ̃] *n.f.* cristallizzazione.

cristallisé [kʀistalize] *agg.* cristallizzato.

cristalliser [kʀistalize] *v.tr.* e *intr.* cristallizzare (*anche fig.*): *cristalliser les énergies*, ridare impulso alle energie.

critère [kʀitɛʀ] *n.m.* criterio.

critérium [kʀiteʀjɔm] *n.m.* (*sport*) criterium.

critiquable [kʀitikabl] *agg.* criticabile; discutibile.

critique [kʀitik] *agg.* critico ♦ *n.m.* e *f.* critico/a ♦ *n.f.* **1** critica: *la critique a bien accueilli son livre*, la critica ha accolto favorevolmente il suo libro **2** critica, recensione: *faire la critique d'un livre*, recensire un libro.

critiquer [kʀitike] *v.tr.* criticare.

croassement [kʀɔasmɑ̃] *n.m.* (*di corvidi*) gracchio.

croasser [kʀɔase] *v.intr.* (*di corvidi*) gracchiare.

croate [kʀɔat] *agg.* croato ♦ *n.m.* (*lingua*) croato.

Croate *n.m.* e *f.* (*abitante*) croato/a.

croc [kʀo] *n.m.* **1** uncino, gancio **2** (*zool.*) (*di carnivoro*) zanna (*f.*).

● ***avoir les crocs***, (*fam.*) aver fame.

croc-en-jambe [kʀɔkɑ̃ʒɑ̃b] *n.m.* [pl. *crocs-en-jambe*] sgambetto (*anche fig.*).

croche[1] [kʀɔʃ] *n.f.* (*mus.*) croma.

croche[2] *agg.* (*Canada*) (*fam.*) **1** curvo **2** (*fig.*) disonesto.

croche-patte [kʀɔʃpat] *n.m.* [pl. *croche-pattes*] (*fam.*) → **croc-en-jambe**.

croche-pied [kʀɔʃpje] *n.m.* [pl. *croche-pieds*] → **croc-en-jambe**.

crocher [kʀɔʃe] *v.tr.* (*mar.*) incocciare ♦ *v.intr.* (*Svizzera*) essere tenace.

crochet [kʀɔʃɛ] *n.m.* **1** uncino, gancio **2** (*mar.*) raffio, gancio **3** uncinetto **4** giro, svolta (*f.*): *en allant à Paris, faites un crochet par Orléans*, andando a Parigi, fate una puntatina a Orléans **5** (*di rettili*) dente velenoso **6** (*segno grafico*) parentesi (*f.*) quadra **7** (*mus.*) (*di croma*) codetta (*f.*) **8** (*pugilato*) gancio.

● ***crochet de serrurier***, grimaldello | ***vivre aux crochets de qqn***, vivere alle spalle di qlcu.

crochetage [kʀɔʃtaʒ] *n.m.* scassinatura (*f.*).

crocheter [kʀɔʃte] *v.tr.* [coniug. come *semer*] scassinare (col grimaldello).

crocheteur [kʀɔʃtœʀ] *n.m.* **1** scassinatore **2** (*antiq.*) facchino.

crochu [kʀɔʃy] *agg.* adunco, uncinato: *nez crochu*, naso adunco.

● ***avoir des atomes crochus***, (*fig.*) avere affinità elettive | ***avoir les doigts crochus***, (*fam.*) essere tirchio; essere avido.

crocodile [kʀɔkɔdil] *n.m.* **1** (*zool.*) coccodrillo **2** (*ferr.*) coccodrillo, contatto fisso.

crocus [kʀɔkys] *n.m.* (*bot.*) croco.

croire [kʀwaʀ] *v.tr.* e *intr.* [pres.indic.: *je crois* etc., *nous croyons, vous croyez, ils croient*; imperf.indic.: *je croyais* etc.; p.rem.: *je crus* etc.; fut.indic.: *je croirai* etc.; cond.: *je croirais* etc.; pres.cong.: *que je croie* etc., *que nous croyions, que vous croyiez, qu'ils croient*; imperf.cong.: *que je crusse*, etc.; p.pres.: *croyant*; p.p.: *cru*; imp.: *crois, croyons, croyez*] credere: *je crois l'avoir déjà fait*, credo di averlo gà fatto; *je crois qu'il pleut*, credo che piova; *qui l'eût cru?*, chi l'avrebbe creduto?; *je crois bien!*, lo credo bene!, altro che!; *croire que oui, que non*, credere di sì, di no; *je veux bien le croire, mais*, sarà anche vero, ma ♦ *v.intr.* credere ♦ **se croire** *v.pron.* credersi, ritenersi: *il se croyait déjà élu*, si credeva già eletto.

● ***croire au père Noël***, (*fig.*) credere alle favole | ***en croire qqn, qqch***, fidarsi di qlcu, qlco: *à l'en croire*, stando a quello che dice; *si vous m'en croyez*, se mi vuol dare retta | ***(il) faut croire!***, (*fam.*) a quanto pare | ***je n'en crois pas mes yeux, mes oreilles***, non credo ai miei occhi, alle mie orecchie | ***ne pas croire si bien dire***, cogliere nel segno | ***s'y croire***, (*fam.*) avere l'illusione di essere da qualche parte o che una cosa è successa: *on s'y croirait!*, sembra vero!

■ *V.TR* SIN. supposer ♦ *V.PRON.* SIN. se voir.

NOTA Quando ***croire*** è seguito da un infinito non è accompagnato da preposizione:
SÌ *Vous **croyez avoir** tout compris?*
NO *Vous **croyez d'avoir** tout compris?*
Credete di avere capito tutto?

crois [kʀwa] → **croire**.

croîs [kʀwa] → **croître**.

croisade [kʀwazad] *n.f.* (*st.*) crociata (*anche fig.*).

croisé [kʀwaze] *agg.* incrociato ♦ *n.m.* (*st.*) crociato.

● (*lett.*) ***rimes croisées***, rime alternate | (*abbigl.*) ***veston croisé***, giacca a doppiopetto.

croisée [kʀwaze] *n.f.* **1** incrocio (*m.*): *à la croisée des chemins*, all'incrocio **2** (*di finestra*) telaio (*m.*) **3** (*arch.*) crociera **4** (*della spada*) crociera.

● (*arch.*) ***voûte en croisée d'ogive***, volta a crociera e costoloni.

croisement [kʀwazmɑ̃] *n.m.* **1** incrocio **2** (*di strade*) crocicchio, crocevia, incrocio.

■ SIN. **2** carrefour, intersection.

croiser [kʀwaze] *v.tr.* **1** incrociare: *croiser les jambes*, accavallare le gambe **2** incrociare, incontrare: *je l'ai croisé dans l'escalier*, l'ho incontrato per le scale ♦ *v.intr.* **1** (*mar.*) incrociare **2** (*di un abito ecc.*) sovrapporsi ♦ **se croiser** *v.pron.rec.* incrociarsi.

● ***croiser le fer***, battersi in duello.

croiseur [kʀwazœʀ] *n.m.* (*mar.*) incrociatore.

croisière [kʀwazjɛʀ] *n.f.* crociera.

croisillon [kʀwazijɔ̃] *n.m.* **1** traversa (*f.*) **2** (*arch.*) transetto.

● ***fenêtre à croisillons***, finestra a croce.

croissance [kʀwasɑ̃s] *n.f.* crescita; accrescimento (*m.*).

croissant [kʀwasɑ̃] *p.pres.* di **croître** ♦ *agg.* crescente ♦ *n.m.* **1** (*di luna*) falce (*f.*) **2** (*pasticceria*) brioche (*f.*), croissant, cornetto **3** roncola (*f.*) **4** (*simbolo*) mezzaluna (*f.*) **5** (*Canada*) strada (*f.*) a semicerchio.

● ***Croissant Rouge***, Mezzaluna Rossa (nei paesi musulmani istituzione corrispondente alla Croce Rossa).

■ *N.M.* SIN. **3** serpe.

croître [kʀwatʀ] *v.intr.* [pres.indic.: *je croîs, tu croîs, il croît, nous croissons* etc.; imperf.indic.: *je croissais* etc.; p.rem.: *je crûs, tu crûs, il crût, nous crûmes, vous crûtes*, *ils crûrent*; fut.indic.: *je croîtrai* etc.; cond.: *je croîtrais* etc.; pres.cong.: *que je croisse* etc.; imp.cong.: *que je crûsse* etc.; *p.pres.*: croissant; p.p.: *crû*, f. *crue*; imp.: *croîs, croissons, croissez*] crescere: *son ambition va croissant*, la sua ambizione aumenta sempre più | *les jours croissent*, le giornate si allungano.

croix [kʀwa] *n.f.* croce.
● ***croix gammée***, croce uncinata, svastica | ***Croix Rouge***, Croce Rossa | ***ça a été la croix et la bannière!***, (*fam.*) è stata veramente un'impresa! | ***chemin de Croix***, (*anche fig.*) via crucis | ***faire*** (o ***mettre***) ***un croix sur qqch***, (*fig.*) fare una croce su qlco | ***les bras en croix***, a braccia spalancate | (*ricamo*) ***point de croix***, punto (a) croce | (*relig.*) ***signe de*** (***la***) ***croix***, segno della croce.

crolle [kʀɔl] *n.f.* (*Belgio*) ricciolo (*m.*).

cromlech [kʀɔmlɛk] *n.m.* (*archeol.*) cromlech.

croquant[1] [kʀɔkɑ̃] *agg.* e *n.m.* croccante.

croquant[2] *n.m.* (*spreg.*) zotico, villanzone.

croque [kʀɔk] *n.m.* (*fam.*) abbr. di **croque-monsieur**.

croque au sel, à la [alakʀɔkosɛl] *avv.* (*di verdure*) crudo e condito solo con sale.

croque-madame [kʀɔkmadam] *n.m.invar.* toast di prosciutto e formaggio con uovo.

croque-mitaine [kʀɔkmitɛn] *n.m.* [pl. *croque-mitaines*] orco, babau (dei bambini).

croque-monsieur [kʀɔkməsjø] *n.m.invar.* toast farcito di prosciutto e formaggio.

croque-mort [kʀɔkmɔʀ] *n.m.* [pl. *croque-morts*] (*fam.*) beccamorto, becchino.

croquenot [kʀɔkno] *n.m.* (*fam.*) scarpa (*f.*) grossa.

croquer [kʀɔke] *v.tr.* 1 sgranocchiare 2 divorare 3 fare lo schizzo (**di**, **a**) ♦ *v.intr.* (s)crocchiare.
● (*Africa*) ***croquer*** (***de la cola***), masticare la noce di cola | (***joli***, ***mignon***) ***à croquer***, molto carino, delizioso | ***il a croqué une fortune***, (*fam.*) ha fatto fuori un patrimonio.

croquet [kʀɔkɛ] *n.m.* (*gioco*) croquet.

croquette [kʀɔkɛt] *n.f.* (*cuc.*) crocchetta.

croquignolet [kʀɔkiɲɔlɛ] *agg.* [f. *-ette*] (*fam.*) piccolo e carino.

croquis [kʀɔki] *n.m.* schizzo, abbozzo.
■ SIN. ébauche.

cross [kʀɔs] **cross-country** [kʀɔskuntʀi] [pl. *cross -countries*] *n.m.* (*sport*) corsa (*f.*) campestre, cross-country.

crosse [kʀɔs] *n.f.* 1 (*eccl.*) pastorale (*m.*) 2 (*di arma*) calcio (*m.*) 3 chiocciola (del violino) 4 (*sport*) mazza (da hockey).
● ***chercher des crosses à qqn***, (*fig. fam.*) cercare pretesti per attaccar briga con qlcu | (*anat.*) ***crosse de l'aorte***, arco dell'aorta.

crotte [kʀɔt] *n.f.* 1 (*di capra ecc.*) sterco (*m.*) 2 (*antiq.*) fango (*m.*).
● ***crotte de chocolat***, cioccolatino ripieno.

crotté [kʀɔte] *agg.* (*antiq.*) infangato, inzaccherato.

crottin [kʀɔtɛ̃] *n.m.* 1 (*di cavalli, muli ecc.*) sterco 2 crottin (formaggino rotondo di capra, prodotto nella regione di Chavignol).

crouillat [kʀuija] **crouille** [kʀuj] *n.m.* (*spreg.*) arabo.

croulant [kʀulɑ̃] *agg.* pericolante, fatiscente ♦ *n.m.* (*fam., iron.*) vecchio decrepito, cariatide (*f.*).
● ***les croulants***, (*fam.*) i genitori, i vecchi.

crouler [kʀule] *v.intr.* crollare.

croupe [kʀup] *n.f.* 1 groppa 2 (*fam.*) sedere (*m.*).
● ***en croupe***, in groppa.

croupetons, à [akʀuptɔ̃] *avv.* coccoloni.

croupi [kʀupi] *agg.* (*di acqua*) stagnante, putrido.

croupier [kʀupje] *n.m.* [f. *-ère*] croupier.

croupion [kʀupjɔ̃] *n.m.* 1 (*vet.*) codrione 2 (*fam.*) sedere.

croupir [kʀupiʀ] *v.intr.* 1 (*di acque stagnanti*) imputridire 2 (*fig.*) marcire.

croupissant [kʀupisɑ̃] *agg.* (*di acqua*) putrido.

croupissement [kʀupismɑ̃] *n.m.* imputridimento.

croustade [kʀustad] *n.f.* (*cuc.*) sorta di vol-au-vent farcito.

croustillant [kʀustijɑ̃] *agg.* 1 croccante 2 (*fig.*) salace, piccante.

croustiller [kʀustije] *v.intr.* crocchiare sotto i denti.

croûte [kʀut] *n.f.* 1 crosta (*anche fig.*) 2 (*fig.*) crosta, patina 3 (*cuc.*) crostino (*m.*).
● (*cuc.*) ***croûte aux champignons***, crostino di funghi | (*geol.*) ***croûte terrestre***, crosta terrestre | ***casser la croûte***, (*fam.*) mangiare | ***gagner sa croûte***, (*fam.*) guadagnarsi il pane | (*cuc.*) ***poulet en croûte de sel***, pollo al sale.

croûter [kʀute] *v.tr.* (*molto fam.*) mangiare.

croûton [kʀutɔ̃] *n.m.* 1 pezzo di pane 2 (*cuc.*) crostino.
● ***vieux croûton***, (*fam.*) vecchio rimbambito.

croyable [kʀwajabl] *agg.* credibile, attendibile.

croyance [kʀwajɑ̃s] *n.f.* 1 credenza, credo (*m.*): *les croyances politiques*, le convinzioni politiche 2 fede (religiosa).

croyant [kʀwajɑ̃] *p.pres.* di **croire** ♦ *agg.* e *n.m.* credente.

cru[1] [kʀy] *agg.* crudo.
● ***histoires crues***, storielle audaci, spinte | ***monter à cru***, cavalcare a pelo | ***la vérité toute crue***, la verità nuda e cruda.

cru[2] *n.m.* 1 vigneto 2 produzione (*f.*) vinicola; (*estens.*) vino.
● ***ce n'est pas de son cru***, non è farina del suo sacco | ***vin du cru***, vino nostrano.

cru[3] *p.p.* di **croire**.

crû [kʀy] *p.p.* di **croître**.

cruauté [kʀyote] *n.f.* crudeltà.

cruche [kʀyʃ] *n.f.* 1 brocca 2 (*fig. fam.*) oca 3 (*Svizzera*) bollitore (*m.*).
● (*prov.*) ***tant va la cruche à l'eau qu'à la fin elle se casse***, tanto va la gatta al lardo che ci lascia lo zampino.

cruchon [kʀyʃɔ̃] *n.m.* piccola brocca (*f.*).

crucial [kʀysjal] *agg.* [pl. *-aux*] 1 cruciforme 2 (*fig.*) cruciale.

crucifié [kʀysifje] *agg.* 1 crocifisso 2 (*fig.*) messo in croce.
● (*relig.*) ***le Crucifié***, Cristo crocifisso.

crucifiement [kʀysifimɑ̃] *n.m.* crocifissione (*f.*).

crucifier [kʀysifje] *v.tr.* 1 crocifiggere 2 (*fig.*) martoriare: *la mort de son fils l'a crucifiée*, ha sofferto atrocemente per la morte del figlio.

crucifix [kʀysifi] *n.m.* crocifisso.

crucifixion [kʀysifiksjɔ̃] *n.f.* crocifissione.

cruciforme [kʀysifɔʀm] *agg.* cruciforme.

cruciverbiste [kʀysivɛʀbist] *n.m.* e *f.* cruciverbista, enigmista.

crudité [kʀydite] *n.f.* 1 crudità 2 (*fig.*) crudezza 3 (*pl.*) verdure crude.

crue [kʀy] *n.f.* piena (di un corso d'acqua).

C

cruel [kʀyɛl] *agg.* [f. *-elle*] 1 crudele 2 (*estens.*) atroce, pazzesco.

cruellement [kʀyɛlmɑ̃] *avv.* crudelmente; con crudeltà.

cruiser [kʀuzœʀ] *n.m.* (*mar.*) cabinato.

crûment [kʀymɑ̃] *avv.* crudamente.

crustacé [kʀystase] *n.m.* (*zool.*) crostaceo.

crût [cʀy] → **croire**, **croître**.

cryochirurgie [kʀijoʃiʀyʀʒi] *n.f.* (*med.*) criochirurgia.

cryothérapie [kʀijoteʀapi] *n.f.* (*med.*) crioterapia.

cryptage [kʀiptaʒ] *n.m.* 1 codifica (*f.*) 2 (*inform.*) cifratura (*f.*); crittografia (*f.*).

crypte [kʀipt] *n.f.* cripta.

crypter [kʀipte] *v.tr.* codificare.
● ***chaîne cryptée***, pay-tv.

crypto- *pref.* cripto-, critto-.

cryptogame [kʀiptɔgam] *agg.* e *n.f.* (*bot.*) crittogama.

cryptogramme [kʀiptɔgʀam] *n.m.* crittogramma.

csardas [ks(gz)aʀdɑs] *n.f.* (*mus.*) csarda.

cubage [kybaʒ] *n.m.* cubatura (*f.*).

cubain [kybɛ̃] *agg.* cubano.

Cubain *n.m.* (*abitante*) cubano.

cube [kyb] *agg.* e *n.m.* cubo.
● (***concentré de bouillon***) ***en cube***, dado (per brodo) | ***gros cube***, (*fam.*) moto di grossa cilindrata.

cuber [kybe] *v.tr.* 1 (*mat.*) elevare al cubo 2 cubare, calcolare il volume (di) ♦ *v.intr.* 1 (*in volume*) contenere 2 (*fam.*) incidere, aver peso, contare.

cubilot [kybilo] *n.m.* (*metall.*) cubilotto.

cubique [kybik] *agg.* 1 cubico 2 (*cristallografia*) monometrico.
● (*mat.*) ***racine cubique***, radice cubica.

cubisme [kybism] *n.m.* (*arte*) cubismo.

cubiste [kybist] *agg.* e *n.m.* e *f.* (*arte*) cubista.

cubital [kybital] *agg.* [pl. *-aux*] (*anat.*) cubitale.

cubitus [kybitys] *n.m.* (*anat.*) cubito, ulna (*f.*).

cucul [kyky] *agg.invar.* (*fam.*) stupido, idiota ♦ *n.m.* (*linguaggio infantile*) culetto, sederino, popò | *si tu n'es pas sage, tu auras pan pan cucul*, se non stai buono te le do sul sederino.

cueillant [kœjɑ̃] *p.pres.* di **cueillir**.

cueillerai [kœjəʀe] → **cueillir**.

cueillette [kœjɛt] *n.f.* 1 raccolta (di frutti) 2 (*estens.*) raccolto (*m.*).

cueilli [kœji] *p.p.* di **cueillir**.

cueillir [kœjiʀ] *v.tr.* [pres.indic.: *je cueille* etc., *nous cueillons* etc.; imperf.indic.: *je cueillais* etc.; p.rem.: *je cueillis* etc.; fut.indic.: *je cueillerai* etc.; cond.: *je cueillerais* etc.; pres.cong.: *que je cueille* etc.; imperf.cong.: *que je cueillisse* etc.; p.pres.: *cueillant*; p.p.: *cueilli*; imp. *cueille, cueillons, cueillez*] 1 cogliere 2 (*fam.*) pizzicare, arrestare.
● ***cueillir qqn à froid***, (*fig.*) cogliere qlcu alla sprovvista | ***aller cueillir qqn***, (*fam.*) andare a prendere qlcu.

cui-cui [kɥikɥi] *onom.* (*fam.*) cip cip.

cuiller, **cuillère** [kɥijɛʀ] *n.f.* cucchiaio (*m.*).
● ***cuiller à pot***, ramaiolo | ***cuiller à soupe***, cucchiaio da tavola | ***cuiller à thé, à dessert***, cucchiaino da tè, da dessert | ***en deux coups de cuiller à pot***, (*fam.*) in quattro e quattr'otto | ***être à ramasser à la petite cuiller***, (*fig. fam.*) essere da raccogliere col cucchiaino | ***ne pas y aller avec le dos de la cuiller***, (*fam.*) non andare troppo per il sottile | ***pêche à la cuiller***, pesca col cucchiaino | ***petite cuiller, cuiller à café***, cucchiaino da caffè | ***serrer la cuiller***, (*fam.*) stringere la mano.

cuillerée [kɥijʀe, kɥijeʀe] *n.f.* cucchiaiata, cucchiaio (*m.*).

cuir [kɥiʀ] *n.m.* 1 pelle (*f.*) (di alcuni animali) 2 cuoio, pelle (*f.*) (conciata) 3 (*fon.*) legamento scorretto: *il s'en va-t-en guerre*, parte per la guerra (invece di *il s'en va en guerre*).
● ***cuir brut, vert***, cuoio greggio | ***cuir chevelu***, cuoio capelluto.

cuirasse [kɥiʀas] *n.f.* corazza.

cuirassé [kɥiʀase] *agg.* corazzato (*anche fig.*) ♦ *n.m.* (*mar. mil.*) corazzata (*f.*).

cuirasser [kɥiʀase] *v.tr.* corazzare (*anche fig.*) ♦ **se cuirasser** *v.pron.* (*fig.*) corazzarsi.

cuirassier [kɥiʀasje] *n.m.* (*mil.*) corazziere.

cuire [kɥiʀ] *v.intr.* [coniug. come *conduire*] 1 cuocere, cuocersi 2 bruciare: *les yeux me cuisent*, mi bruciano gli occhi ♦ *v.tr.* cuocere ♦ **se cuire** *v.pron.intr.* rosolarsi (al sole).
● ***cuire à feu vif, doux***, cuocere a fuoco vivo, lento | ***cuire à gros, petits bouillons***, far bollire a calore vivace, moderato | ***cuire à l'eau salée***, cuocere in acqua salata | ***être dur à cuire***, (*fam.*) essere duro da convincere | ***il vous en cuira!***, (*fig.*) ve ne pentirete! | ***trop cuire***, scuocere | ***un dur à cuire***, (*fam.*) un osso duro.

cuisant [kɥizɑ̃] *agg.* cocente, pungente.

cuisine [kɥizin] *n.f.* 1 cucina: *aller à la cuisine*, andare in cucina 2 (*fig. fam.*) maneggio (*m.*), intrigo (*m.*).
● ***cuisine du terroir***, cucina regionale, tipica | ***cuisine électorale***, pastetta elettorale | (*mil.*) ***cuisine roulante***, cucina da campo | ***faire la cuisine***, cucinare, far da mangiare | ***la haute cuisine***, la grande cucina francese | ***nouvelle cuisine***, nouvelle cuisine (tendenza innovativa della gastronomia francese che privilegia accostamenti inediti e raffinati).

cuisiné [kɥizine] *agg.* 1 cucinato 2 (*fam.*) interrogato, torchiato.
● ***plat cuisiné***, piatto pronto.

cuisiner [kɥizine] *v.intr.* cucinare, far da mangiare ♦ *v.tr.* 1 preparare; (*piatto*) guarnire 2 (*fam.*) torchiare (durante un interrogatorio).

cuisinette [kɥizinɛt] *n.f.* cucinino (*m.*); angolo (*m.*) cottura.

cuisinier [kɥizinje] *n.m.* cuoco.
■ SIN. chef.

cuisinière [kɥizinjɛʀ] *n.f.* 1 cuoca 2 cucina economica.
● ***cuisinière à gaz, électrique***, cucina a gas, elettrica.

cuisiniste [kɥizinist] *n.m.* e *f.* costruttore/trice e progettista di cucine.

cuissard [kɥisaʀ] *n.m.* (*di armatura*) cosciale.

cuissardes [kɥisaʀd] *n.f.pl.* stivali (*m.*) a metà coscia.

cuisse [kɥis] *n.f.* coscia.
● ***se croire sorti de la cuisse de Jupiter***, (*fam.*) credersi chissà chi, credere di essere il Padre Eterno.

cuisseau [kɥiso] *n.m.* [pl. *-eaux*] cosciotto (di vitello).

cuissettes [kɥisɛt] *n.f.pl.* (*Svizzera*) calzoncini (*m.*) (sportivi).

cuisson [kɥisɔ̃] *n.f.* 1 cottura 2 bruciore (*m.*).
● ***cuisson à la vapeur***, cottura a vapore.

cuissot [kɥiso] *n.m.* cosciotto (di selvaggina).

cuistance [kɥistɑ̃s] *n.f.* (*argot*) cucina.

cuistot [kɥisto] *n.m.* (*argot*) cuoco.
cuistre [kɥistʀ] *n.m.* (*letter.*) pedante.
cuistrerie [kɥistʀəʀi] *n.f.* (*letter.*) pedanteria, saccenteria.
cuit [kɥi] *p.p.* di **cuire** ♦ *agg.* **1** cotto **2** (*fam.*) fritto, spacciato **3** (*fam.*) sbronzo.
● ***c'est du tout cuit***, (*fam.*) è fatta! | ***jambon cuit***, prosciutto cotto.
cuite [kɥit] *n.f.* **1** (*di mattoni ecc.*) cottura **2** (*fam.*) sbornia, sbronza.
● ***prendre une cuite***, (*fam.*) prendersi una sbornia.
cuivre [kɥivʀ] *n.m.* **1** rame **2** (*pl.*) (*mus.*) ottoni **3** (*pl.*) rami (di cucina).
● ***cuivre jaune***, ottone.
cuivré [kɥivʀe] *agg.* **1** color rame **2** (*di pelle*) abbronzato **3** squillante.
cuivrer [kɥivʀe] *v.tr.* **1** ramare **2** (*estens.*) abbronzare.
cul [ky] *n.m.* (*volg.*) culo.
● (*Senegal*) ***cul blanc***, membro di organismi di cooperazione internazionale | ***cul de bouteille***, (*fam.*) fondo di bottiglia | (*Senegal*) ***cul vert***, automobile di ambasciata | ***avoir du cul***, (*volg.*) avere culo | ***avoir le cul entre deux chaises***, (*fam.*) essere tra l'incudine e il martello | ***coup de pied au cul***, pedata nel sedere | ***en avoir plein le cul***, (*volg.*) averne le palle piene | ***faire cul sec***, (*fam.*) tracannare d'un fiato | ***faux cul***, (*fam.*) ipocrita | ***film de cul***, film porno | ***gros cul***, grosso camion | ***histoire de cul***, storia di sesso | ***se casser le cul***, (*volg.*) farsi un culo così.
culasse [kylas] *n.f.* **1** (*di arma da fuoco*) culatta: *arme se chargeant par la culasse*, arma a retrocarica **2** (*mecc.*) testata **3** (*elettr.*) giogo (*m.*).
culbute [kylbyt] *n.f.* **1** capriola **2** capitombolo (*m.*).
● (*comm.*) ***faire la culbute***, rivendere a prezzo doppio; (*fig. fam.*) andare in rovina.
culbuter [kylbyte] *v.tr.* **1** rovesciare, ribaltare **2** sbaragliare ♦ *v.intr.* ribaltarsi: *cette voiture a culbuté dans le fossé*, quella macchina si è rovesciata ed è finita nel fossato.
culbuteur [kylbytœʀ] *n.m.* **1** (*mecc.*) bilanciere **2** apparecchio di ribaltamento (di autocarri e simili).
cul-de-basse-fosse [kyd(ə)bɑsfos] *n.m.* [pl. *culs-de-basse-fosse*] cella (*f.*) sotterranea; (*di prigione*) segreta (*f.*).
cul-de-jatte [kyd(ə)ʒat] *n.m.* e *f.* [pl. *culs-de-jatte*] persona (*f.*) priva delle gambe.
cul-de-lampe [kyd(ə)lɑ̃p] *n.m.* [pl. *culs-de-lampe*] **1** (*arch. gotica*) peduccio **2** (*tip.*) finalino.
cul-de-sac [kyd(ə)sak] *n.m.* [pl. *culs-de-sac*] strada (*f.*) senza uscita, vicolo cieco (*anche fig.*).
culée [kyle] *n.f.* (*di ponte, volta ecc.*) spalla.
culinaire [kylinɛʀ] *agg.* culinario.
culminant [kylminɑ̃] *agg.* culminante.
culminer [kylmine] *v.intr.* culminare.
culot [kylo] *n.m.* **1** (*di lampada, fucile*) culatta (*f.*); (*di cartuccia*) fondello; (*di fiala*) zoccolo **2** (*di pipa*) gruma (*f.*) **3** (*metall.*) culatta (*f.*) **4** (*fam.*) sfacciataggine (*f.*), faccia (*f.*) tosta **5** (*fam.*) fanalino di coda, ultimo.
● ***avoir un sacré culot***, (*fam.*) avere una gran faccia tosta.
culotte [kylɔt] *n.f.* **1** (*da uomo*) calzoni (*m.pl.*) **2** (*da donna*) mutande (*pl.*), mutandine (*pl.*).
● ***culotte courte***, calzoncini | ***culotte de cheval***, cuscinetti di grasso sulle cosce | ***faire dans sa culotte***, (*fam.*) farsela addosso dalla paura | ***porter la culotte***, (*fig. fam.*) portare i pantaloni.
culotté [kylɔte] *agg.* **1** (*fam.*) sfrontato **2** (*di pipa*) grommato.
● ***être culotté***, avere la faccia tosta, di bronzo.
culotte-guêtres [kylɔtgɛtʀ] *n.f.* [pl. *culottes-guêtres*] ghetta (per bambini).
culotter [kylɔte] *v.tr.* (*pipa*) ingrommare.
culpabiliser [kylpabilize] *v.tr.* colpevolizzare ♦ *v.intr.* colpevolizzarsi.
culpabilité [kylpabilite] *n.f.* colpevolezza.
● ***sentiment de culpabilité***, senso di colpa.
culte [kylt] *n.m.* culto: *assister au culte*, assistere a una funzione religiosa ♦ *agg.* di culto, cult: *un film culte*, un film di culto, un cult-movie.
● ***culte de la personnalité***, culto della personalità | ***avoir un culte pour qqn***, avere una venerazione per qlcu.
cul-terreux [kyltɛʀø] *n.m.* [pl. *culs-terreux*] (*spreg.*) contadino; villano.
cultivable [kyltivabl] *agg.* coltivabile.
cultivateur [kyltivatœʀ] *n.m.* **1** [f. *-trice*] coltivatore, agricoltore **2** (*macchina*) coltivatore.
cultivé [kyltive] *agg.* **1** coltivato **2** (*fig.*) colto.
cultiver [kyltive] *v.tr.* coltivare (*anche fig.*) ♦ **se cultiver** *v.pron.* coltivarsi.
cultuel [kyltɥɛl] *agg.* [f. *-elle*] cultuale: *objets cultuels*, oggetti di culto.
culture [kyltyʀ] *n.f.* **1** coltivazione, coltura **2** cultura.
● (*sociologia*) ***culture d'entreprise***, cultura d'impresa | ***culture à sec***, aridocoltura | ***culture des céréales***, cerealicoltura | ***culture du riz***, risicoltura | ***culture fruitière***, frutticoltura.
culturel [kyltyʀɛl] *agg.* [f. *-elle*] culturale.
culturellement [kyltyʀɛlmɑ̃] *avv.* culturalmente.
culturisme [kyltyʀism] *n.m.* culturismo, body building.
culturiste [kyltyʀist] *agg.* culturistico ♦ *n.m.* e *f.* culturista.
cumin [kymɛ̃] *n.m.* (*bot.*) comino, cumino.
cumul [kymyl] *n.m.* cumulo, accumulo.
● (*dir.*) ***cumul de peines***, cumulo di pene | (*econ.*) ***cumul des rémunérations*** (o ***des salaires***), cumulo degli stipendi.
cumulable [kymylabl] *agg.* cumulabile, accumulabile.
cumulatif [kymylatif] *agg.* [f. *-ive*] cumulativo.
cumuler [kymyle] *v.tr.* cumulare, accumulare.
cumulet [kymylɛ] *n.m.* (*Belgio*) capriola (*f.*).
cumulus [kymylys] *n.m.* (*meteor.*) cumulo.
cunéiforme [kyneifɔʀm] *agg.* e *n.m.* cuneiforme.
cupide [kypid] *agg.* (*antiq.*) cupido.
cupidement [kypidmɑ̃] *avv.* (*letter.*) cupidamente.
cupidité [kypidite] *n.f.* cupidigia.
cupule [kypyl] *n.f.* (*bot.*) cupula.
curable [kyʀabl] *agg.* curabile.
curage [kyʀaʒ] *n.m.* pulitura (*f.*).
curare [kyʀaʀ] *n.m.* curaro.
curatelle [kyʀatɛl] *n.f.* (*dir.*) curatela.
curateur [kyʀatœʀ] *n.m.* [f. *-trice*] (*dir.*) curatore.
curatif [kyʀatif] *agg.* [f. *-ive*] curativo.
cure[1] [kyʀ] *n.f.* (*med.*) cura, terapia.
● ***cure de sommeil***, cura del sonno | ***cures thermales***, cure termali | ***n'avoir cure de qqch***, (*letter.*) non curarsi di qlco.

C

cure[2] *n.f.* 1 (*di sacerdote*) cura 2 parrocchia 3 casa parrocchiale, canonica.

curé [kyʀe] *n.m.* curato, parroco; (*fam.*) prete: *bonjour, Monsieur le curé!*, buongiorno, reverendo!

cure-dent(s) [kyʀdɑ̃] *n.m.* [pl. *cure-dents*] stuzzicadenti.

curée [kyʀe] *n.f.* (*di onori, guadagni ecc.*) avidità.
● ***se jeter à la curée***, (*estens.*) contendersi la preda.

cure-pipe(s) [kyʀpip] *n.m.* [pl. *cure-pipes*] curapipe; scovolino.

curer [kyʀe] *v.tr.* pulire, nettare.

FAUX AMI
Da non confondere con *curare*, che si traduce *soigner*.

curetage [kyʀtaʒ] *n.m.* (*med.*) raschiamento.

cureter [kyʀte] *v.tr.* [coniug. come *jeter*] (*med.*) raschiare.

curette [kyʀɛt] *n.f.* 1 raschietto (*m.*), raschiatoio (*m.*) 2 (*med.*) cucchiaio (*m.*) (per raschiamenti).

curie [kyʀi] *n.f.* curia.

curieusement [kyʀjøzmɑ̃] *avv.* curiosamente, stranamente.

curieux [kyʀjø] *agg.* [f. *-euse*] 1 curioso 2 curioso, strano, singolare ♦ *n.m.* 1 curioso 2 lato singolare, strano.
● ***regarder qqn comme une bête curieuse***, guardare qlcu come una bestia rara.
■ AGG. SIN. 2 étrange.

curiosité [kyʀjozite] *n.f.* 1 curiosità 2 (*pl.*) curiosità, rarità.

curiste [kyʀist] *n.m.* e *f.* chi si sottopone a una cura termale.

curriculum (vitæ) [kyʀikylɔmvite] *n.m.invar.* curriculum (vitæ), curricolo.

curseur [kyʀsœʀ] *n.m.* (*mecc., inform.*) cursore.

cursif [kyʀsif] *agg.* [f. *-ive*] 1 corsivo 2 (*fig.*) rapido; scorrevole.

cursus [kyʀsys] *n.m.* piano di studi di un corso, di un ciclo universitario.

curviligne [kyʀviliɲ] *agg.* curvilineo.

cuspide [kyspid] *n.f.* (*bot., anat.*) cuspide.

customiser [kœstɔmize] *v.tr.* customizzare, personalizzare: *customiser sa voiture*, personalizzare la propria macchina.

cutané [kytane] *agg.* cutaneo.

cuti [kyti] *n.f.* (*med.*) cutireazione.
● ***virer sa cuti***, (*fig.*) fare un cambiamento radicale.

cuti-réaction [kytiʀeaksjɔ̃] *n.f.* [pl. *cuti-réactions*] (*med.*) cutireazione.

cutter [kœtœʀ, kytɛʀ] *n.m.* 1 cutter 2 (*tecn.*) taglierina (*f.*).

cuve [kyv] *n.f.* 1 tino (*m.*); tinozza 2 bacinella, vaschetta 3 cisterna: *les cuves d'un pétrolier*, le cisterne di una petroliera.
● (*fot.*) ***cuve à développement***, bacinella per sviluppo | (*enol.*) ***cuve de fermentation***, tino di fermentazione.

cuvée [kyve] *n.f.* (*enol.*) 1 cuvée, vino (*m.*) contenuto in un tino 2 vino (*m.*) prodotto in una determinata zona vinicola.
● ***une bonne cuvée***, una buona annata (per il vino).

cuver [kyve] *v.intr.* fermentare (nel tino) ♦ *v.tr.* far fermentare (nel tino).
● ***cuver son vin***, (*fam.*) smaltire la sbornia.

cuvette [kyvɛt] *n.f.* 1 catino (*m.*), bacinella 2 (*di gabinetto*) tazza 3 vaschetta (del barometro); bulbo (*m.*) (del termometro) 4 (*geogr.*) conca.

cuveur [kyvœʀ] *n.m.* (*Ciad*) ubriacone.

CV [seve] *n.m.* (*sigla di* curriculum vitæ) curriculum.

cyan(o)- *pref.* cian(o)-.

cyanose [sjanoz] *n.f.* (*med.*) cianosi.

cyanotique [sjanɔtik] *agg.* (*med.*) cianotico.

cyanure [sjanyʀ] *n.m.* cianuro.

cyberami [sibɛrami] *n.m.* amico virtuale.

cybercafé [sibɛʀkafe] *n.m.* Internet Café.

cybercommerce [sibɛrkɔmɛrs] *n.m.* e-business.

cybercriminalité [sibɛʀkʀiminalite] *n.f.* criminalità informatica.

cyberculture [sibɛʀkyltyʀ] *n.f.* cultura virtuale, cibercultura.

cyberdrague [sibɛrdrag] *n.f.* hotchat; il rimorchiare un partner in rete.

cyberespace [sibɛʀɛspas] *n.m.* cyberspazio.

cybérie [sibeʀi] *n.f.* ciberspazio (*m.*).

cyberjoueur [sibɛʀʒwœʀ] *n.m.* [f. *-euse*] giocatore on line.

cybermarchand [sibɛʀmaʀʃɑ̃] *n.m.* (*Internet*) sito di vendita on line.

cybernaute [sibɛʀnot] *n.m.* e *f.* cybernauta.

cybernéticien [sibɛʀnetisjɛ̃] *agg.* e *n.m.* [f. *-enne*] cibernetico.

cybernétique [sibɛʀnetik] *agg.* cibernetico ♦ *n.f.* cibernetica.

cybersquatteur [sibɛʀskwatœʀ] *n.m.* (*Internet*) cybersquatter.

cyclable [siklabl] *agg.* ciclabile.
● ***piste cyclable***, pista ciclabile.

cyclamen [siklamɛn] *n.m.* ciclamino.

cycle[1] [sikl] *n.m.* ciclo.
● ***cycle d'études***, ciclo di studi | (*med.*) ***cycle menstruel***, ciclo mestruale.

cycle[2] *n.m.* bicicletta (*f.*).

cyclique [siklik] *agg.* ciclico.

cycliquement [siklikmɑ̃] *avv.* ciclicamente.

cyclisme [siklism] *n.m.* ciclismo.

cycliste [siklist] *agg.* ciclistico ♦ *n.m.* e *f.* ciclista.

cyclo- *pref.* ciclo-.

cyclo-cross [siklɔkʀɔs] *n.m.invar.* (*sport*) (corsa) ciclocampestre (*f.*), ciclocross.

cycloïde [siklɔid] *n.f.* (*mat.*) cicloide.

cyclomoteur [siklɔmɔtœʀ] *n.m.* ciclomotore.

cyclomotoriste [siklɔmɔtɔʀist] *n.m.* e *f.* ciclomotorista.

cyclonal [siklɔnal] *agg.* [pl. *-aux*] ciclonico.

cyclone [siklon] *n.m.* ciclone.

cyclopéen [siklɔpeɛ̃] *agg.* [f. *-enne*] ciclopico.

cyclotourisme [siklɔtuʀism] *n.m.* cicloturismo.

cyclotron [siklɔtʀɔ̃] *n.m.* (*fis.*) ciclotrone.

cygne [siɲ] *n.m.* cigno.

cylindrage [silɛ̃dʀaʒ] *n.m.* (*tecn.*) cilindratura (*f.*).

cylindre [silɛ̃dʀ] *n.m.* cilindro.

cylindrée [silɛ̃dʀe] *n.f.* cilindrata.
● ***une grosse, petite cylindrée***, (*estens.*) una grossa, piccola cilindrata.

cylindrer [silɛ̃dʀe] *v.tr.* (*tecn.*) cilindrare.

cylindrique [silɛ̃dʀik] *agg.* cilindrico.
cymbale [sɛ̃bal] *n.f.* (*spec. pl.*) (*mus.*) cimbalo (*m.*), piatto (*m.*).
cynégétique [sineʒetik] *agg.* (*caccia*) cinegetico ♦ *n.f.* cinegetica.
cynique [sinik] *agg.* e *n.m.* e *f.* cinico/a.
cyniquement [sinikmɑ̃] *avv.* cinicamente.
cynisme [sinism] *n.m.* cinismo.
cynodrome [sinɔdʀom] *n.m.* cinodromo.
cynophile [sinɔfil] *n.m.* e *f.* cinofilo/a.
cyprès [sipʀɛ] *n.m.* cipresso.
cypriote [sipʀijɔt] *agg.* cipriota.
Cypriote *n.m.* e *f.* (*abitante*) cipriota.
cyrillique [siʀilik] *agg.* cirillico.
cyst(i)-, **cysto-**, *pref.* cist(i)-, cisto-.
cystite [sistit] *n.f.* (*med.*) cistite.
cyto- *pref.* cito-.
cytologie [sitɔlɔʒi] *n.f.* (*biol.*) citologia.
cytoplasme [sitɔplasm] *n.m.* (*biol.*) citoplasma.
czardas [gzaʀdas, tsaʀdas] *n.f.* → **csardas**.

Dd

d [de] ***n.m.invar.*** d (*m.* o *f.*).
● (*tel.*) ***d comme Désiré***, d come Domodossola | ***le système D***, (*fam.*) l'arte dell'arrangiarsi.
d'abord [dabɔʀ] ***avv.*** → **abord**.
dactyle [daktil] ***n.m.*** **1** (*metrica*) dattilo **2** (*bot.*) dactilide.
dactylo [daktilo] ***n.m.*** e ***f.*** dattilografo/a ♦ ***n.f.*** dattilografia.
dactylographe [daktilɔgʀaf] ***n.m.*** e ***f.*** dattilografo/a.
dactylographie [daktilɔgʀafi] ***n.f.*** dattilografia.
dactylographier [daktilɔgʀafje] ***v.tr.*** dattilografare.
dada[1] [dada] ***n.m.*** **1** (*nel linguaggio infantile*) cavallo **2** (*fig.*) argomento prediletto; idea (*f.*) fissa, pallino.
dada[2] ***agg.*** e ***n.m.*** (*arte*) dada.
dadais [dadɛ] ***n.m.*** babbeo.
dadaïsme [dadaism] ***n.m.*** (*arte*) dadaismo.
dadaïste [dadaist] ***agg.*** e ***n.m.*** e ***f.*** (*arte*) dadaista.
dague [dag] ***n.f.*** daga.
daguerréotype [dagɛʀeɔtip] ***n.m.*** (*fot.*) dagherrotipo.
dahlia [dalja] ***n.m.*** dalia (*f.*).
daigner [deɲe] ***v.intr.*** degnare, degnarsi: *il n'a pas daigné répondre*, non si è degnato di rispondere.
daim [dɛ̃] ***n.m.*** daino.
daine [dɛn] ***n.f.*** **1** femmina del daino **2** pelle scamosciata.
dais [dɛ] ***n.m.*** baldacchino.
dallage [dalaʒ] ***n.m.*** lastricatura (*f.*); pavimentazione (*f.*) a lastre.
dallasser [dalase] ***v.intr.*** (*Senegal*) far ondeggiare le spalle (per darsi importanza).
dalle [dal] ***n.f.*** **1** pietra, lastra **2** (*argot*) gola.
● ***avoir la dalle***, essere affamato.
dalle, que [kədal] ***avv.*** (*argot*) niente: *je n'y comprends que dalle*, non ci capisco un tubo.
daller [dale] ***v.tr.*** lastricare; pavimentare.
dalmate [dalmat] ***agg.*** dalmata, dalmatico ♦ ***n.m.*** (*lingua*) dalmatico.
Dalmate ***n.m.*** (*abitante*) dalmata.
dalmatien [dalmasjɛ̃] ***n.m.*** (*cane*) dalmata.
daltonien [daltɔnjɛ̃] ***agg.*** e ***n.m.*** [f. *-enne*] daltonico.
daltonisme [daltɔnism] ***n.m.*** daltonismo.
dam [dɑ̃] ***n.m.*** (*antiq.*) danno.
● ***au grand dam de***, a scapito di.
damage [damaʒ] ***n.m.*** (*agr.*) spianatura (*f.*).
damas [dama] ***n.m.*** damasco.
damasquiner [damaskine] ***v.tr.*** damaschinare.
damassé [damase] ***agg.*** e ***n.m.*** damascato.
dame[1] [dam] ***n.f.*** **1** dama, signora **2** (*donna sposata*) signora **3** (*alle carte*) donna **4** (*pl.*) (*gioco*) dama (*sing.*): *jouer aux dames*, giocare a dama.
dame[2] ***inter.*** (*region.*) diamine.
dame-jeanne [damʒɑn] ***n.f.*** [pl. *dames-jeannes*] damigiana.
damer [dame] ***v.tr.*** **1** (*nel gioco della dama*) damare, andare a dama (**con**) **2** spianare (un terreno): *damer une piste*, battere una pista (da sci) **3** (*Africa*) picchiare; battere.
● ***damer le pion à qqn***, (*fig. fam.*) avere la meglio su qlcu.
dameuse [damøz] ***n.f.*** gatto (*m.*) delle nevi.
damier [damje] ***n.m.*** damiera (*f.*).
● ***en damier***, a scacchi.
damnation [dɑ(a)nasjɔ̃] ***n.f.*** dannazione.
damné [dɑne] ***agg.*** e ***n.m.*** dannato.
damner [dɑne] ***v.tr.*** dannare: *faire damner qqn*, far perdere la pazienza a qlcu ♦ **se damner** ***v.pron.*** dannarsi.
damoiseau [damwazo] ***n.m.*** [pl. *-eaux*] **1** bellimbusto **2** (*ant.*) damigello.
damoiselle [damwazɛl] ***n.f.*** (*ant.*) damigella.
dandinement [dɑ̃dinmɑ̃] ***n.m.*** **1** il dondolarsi **2** andatura (*f.*) ondeggiante.
dandiner, se [sədɑ̃dine] ***v.intr.*** dondolarsi; ondeggiare (camminando).
dandy [dɑ̃di] ***n.m.*** dandy, damerino.
dandysme [dɑ̃dism] ***n.m.*** dandismo.
danger [dɑ̃ʒe] ***n.m.*** pericolo.
■ SIN. péril, risque.
dangereusement [dɑ̃ʒʀøzmɑ̃] ***avv.*** pericolosamente.
dangereux [dɑ̃ʒʀø] ***agg.*** [f. *-euse*] pericoloso.
■ SIN. périlleux.
danois [danwa] ***agg.*** danese ♦ ***n.m.*** (*lingua*) danese.
● (***chien***) ***danois***, danese | ***grand danois***, alano.
Danois ***n.m.*** (*abitante*) danese.
dans [dɑ̃; *davanti a vocale* dɑ̃z] ***prep.*** **1** (*luogo*) in; dentro: *entrer dans Paris*, entrare in, a Parigi; *dans l'armoire*, nell'armadio, dentro l'armadio; *dans la chambre*, *dans la cuisine*, in camera, in cucina; *monter dans le train*, *dans la voiture*, salire in, sul treno, in macchina; *dans le train pour Rome*, nel treno per Roma; *dans la voiture de ma sœur*, nella macchina di mia sorella | *flâner dans la ville*, gironzolare per la città | *lire dans un journal*, leggere in, su un giornale | *apercevoir dans la foule*, scorgere tra la folla | *cette expression se trouve dans Virgile*, questa espressione si trova in Virgilio | *défiler dans les rues du centre*, sfilare per le vie del centro **2** (*tempo*) (*al futuro*) fra, entro; (*al passato*) in: *dans un an*, *dans cinq minutes*, fra un anno, fra cinque minuti; *dans les siècles passés*, nei secoli passati | *il est dans sa trentième année*, ha compiuto trent'anni | (*comm.*) *livraison dans les 20 jours*, consegna a 20 giorni **3** (*modo*) in: *vivre dans la terreur*, *dans la misère*, vivere nel terrore, in miseria **4** circa, su: *cela coûte dans les 50 euros*, costa intorno ai 50 euro; *il est dans les quarante ans*, è sui quaranta.

● ***dans la journée***, in giornata | ***dans la rue***, per la strada, in strada | ***dans la semaine***, in settimana, entro la settimana | ***dans l'attente de***, in, nell'attesa di | ***dans le fond***, in fondo: *dans le fond, cela ne me déplaît pas*, in fondo, ciò non mi dispiace; *dans le fond de son cœur il me déteste*, nel suo intimo mi odia | ***dans l'espoir de***, nella, con la speranza di | ***dans ma, ta, etc. jeunesse, vieillesse***, in gioventù, in vecchiaia | ***agir dans les règles***, agire secondo le regole | ***être dans les affaires***, essere in affari | ***être dans le secret***, essere a parte del segreto.

dansant [dɑ̃sɑ̃] *agg.* **1** danzante **2** ballabile.

danse [dɑ̃s] *n.f.* ballo (*m.*); danza: *ouvrir la danse*, aprire le danze.
● ***entrer dans la, en danse***, (*fam.*) entrare in azione | ***salle de danse***, sala da ballo.

danser [dɑ̃se] *v.intr.* e *tr.* ballare, danzare.
● ***ne pas savoir sur quel pied danser***, (*fig.*) non sapere che pesci pigliare.

danseur [dɑ̃sœʀ] *n.m.* [f. *-euse*] ballerino, danzatore.
● ***pédaler en danseuse***, pedalare sollevandosi dalla sella.

dantesque [dɑ̃tɛsk] *agg.* dantesco.

danubien [danybjɛ̃] *agg.* [f. *-enne*] danubiano.

daphné [dafne] *n.m.* (*bot.*) dafne (*f.*).

dard [daʀ] *n.m.* **1** pungiglione **2** dardo **3** lingua (*f.*) biforcuta (del serpente).

darder [daʀde] *v.tr.* dardeggiare.

dare-dare [daʀdaʀ] *avv.* in fretta e furia.

darne [daʀn] *n.f.* fetta, trancio (*m.*) (di pesce).

daron [daʀɔ̃] *n.m.* (*fam.*) **1** padrone; padre **2** (*pl.*) genitori.

daronne [daʀɔn] *n.f.* (*fam.*) madre; padrona di casa.

darse [daʀs] *n.f.* darsena.

dartre [daʀtʀ] *n.f.* (*med.*) dermatosi squamosa.

darwinisme [daʀwinism] *n.m.* darvinismo.

dasse [das] *n.m.* (*verlan di* Sida) AIDS.

datation [datasjɔ̃] *n.f.* datazione.

datcha [datʃa] *n.f.* dacia.

date [dat] *n.f.* data: *si vous voulez un rendez-vous, prenez date*, se vuole un appuntamento, fissi la data | (*comm.*) *lettre de change à 20 jours de date*, cambiale a 20 giorni (data).
● ***date limite***, scadenza: *date limite de consommation* (DLC), data di scadenza (di alimenti) | ***à longue date***, a lungo termine | ***de longue date***, da lungo tempo | ***en date du, à la date du***, in data | ***faire date***, fare epoca | ***premier en date***, primo in ordine di tempo | ***sans date***, sine die.

FAUX AMI
Da non confondere con *dato*, che si traduce *donnée*.

dater [date] *v.tr.* datare ♦ *v.intr.* **1** decorrere, datare **2** risalire (**a**): *ça ne date pas d'hier*, è una cosa di vecchia data **3** segnare una data **4** essere datato, fuori moda: *expression qui date*, espressione antiquata, passata di moda.
● ***à dater de***, (a partire) da.

dateur [datœʀ] *agg.* e *n.m.* [f. *-euse*] datario.
● ***timbre dateur***, datario.

datif [datif] *n.m.* dativo.

datte [dat] *n.f.* (*frutto*) dattero (*m.*).

dattier [datje] *n.m.* (palma da) dattero.

daube [dob] *n.f.* (*cuc.*) stracotto (*m.*).
● ***bœuf en daube***, stracotto di manzo.

dauber[1] [dobe] *v.tr.* (*cuc.*) stufare.

dauber[2] *v.tr.* e *intr.* sparlare (**di**), tagliare i panni addosso (**a**); schernire: *dauber sur tout le monde*, dire male di tutti.

dauber[3] *v.intr.* puzzare.

dauphin[1] [dofɛ̃] *n.m.* (*zool.*) delfino.

dauphin[2] *n.m.* **1** delfino (probabile successore a una carica) **2** (*st.*) *Dauphin*, Delfino (figlio primogenito del re di Francia).

dauphinois [dofinwa] *agg.* del Delfinato.
● (*cuc.*) ***gratin dauphinois***, tortino di patate al forno.

daurade [doʀad] *n.f.* (*zool.*) orata.

davantage [davɑ̃taʒ] *avv.* **1** (*quantità*) di più **2** (*tempo*) più a lungo: *sans attendre davantage*, senza attendere oltre; *durer davantage*, durare di più.
● ***davantage de***, più: *il a davantage d'argent*, ha più denaro | ***davantage que***, più di: *tu en as davantage que lui*, ne hai più di lui | ***bien davantage***, molto di più.
■ CONTR. **1** moins.

davier [davje] *n.m.* pinza (*f.*) d'estrazione (per dentisti).

dazibao [datzəbao] *n.m.* dazibao, tazebao.

de [də] *prep.* [si apostrofa davanti a vocale o *h* muta; in unione con l'art. *le* forma la prep. art. m. **du** (**de l'** davanti a vocale o *h* muta); in unione con l'art. *la* forma **de la** (**de l'** davanti a vocale o *h* muta); in unione con l'art. *les* forma la prep. art. pl.m. e f. **des**] **1** di: *les mœurs d'un pays*, le usanze di un paese; *le fils de Jean*, il figlio di Jean; *vent d'est*, vento dell'est; *l'œuvre de Racine*, l'opera di Racine; *l'un de nous*, uno di noi | *il est de mes amis*, è uno dei, fra i miei amici | *j'aurai toute la soirée de libre*, avrò tutta la serata libera | *encore un disque de cassé*, ancora un disco rotto **2** (*moto da luogo*) da: *il vient de Paris, d'Italie*, viene da Parigi, dall'Italia; *il venait du Mans, du Poitou*, veniva da Le Mans, dal Poitou; *sortir de la maison, de l'école*, uscire da, di casa, da scuola; *il est sorti de la maison de Jean, de l'école Manzoni*, è uscito dalla casa di Jean, dalla scuola Manzoni; *le vent souffle du nord, de l'est*, il vento soffia da nord, da est **3** (*agente*) da: *il se fait aimer de tout le monde*, si fa amare da tutti **4** (*prezzo*) da: *une voiture de 15 000 euros*, un'automobile da 15.000 euro **5** (*limitazione*) da: *aveugle d'un œil*, cieco da un occhio; *un couteau de cuisine*, un coltello da cucina; *des vetements de femmes*, vestiti da donna **6** (*quantità intermedia*) da: *il nous faut de trois à quatre heures*, ci occorrono da tre a quattro ore **7** (*origine*) di; da: *natif de la Toscane*, nativo della Toscana; *né de parents illustres*, nato da illustri genitori **8** (*causa*) di, da, per: *mourir de soif*, morire di sete; *trembler de peur*, tremare dalla paura; *il sera puni de ses fautes*, sarà punito per i suoi errori **9** (*tempo*) da; durante: *de trois heures à six heures*, dalle tre alle sei; *je n'ai rien fait de la matinée*, non ho fatto niente in, durante tutta la mattina | *cela date de trois ans*, ciò risale a tre anni fa | *cinq minutes de plus*, cinque minuti in più | *gagner cent euros de l'heure*, guadagnare cento euro all'ora **10** (*maniera*) di: *marcher d'un bon pas*, camminare di buon passo | *de mémoire*, a memoria **11** (*mezzo*) di; con: *d'un coup de pied*, con un calcio; *frapper de la main*, colpire con la mano; *faire qqch de rien*, fare qlco con nulla; *il me fait signe de la tête*, mi fa cenno con la testa; *un manteau garni de fourrure*, un cappotto guarnito di pelliccia **12** (*davanti a un inf. sogg. logico di una proposizione impers.*): *c'est une folie* (*que*) *de sortir par un temps pareil*, è una pazzia uscire con un tempo simile; *il est difficile de savoir ce qu'il veut*, è difficile sapere quello che vuole; *voilà ce que c'est que de répondre sans réfléchir*, ecco che cosa significa rispondere senza riflettere; *cela me* *réconforte de la voir si gaie*, vederla così allegra mi consola **13** (*letter.*) (*inf. storico*) a: *et mon frère de se plaindre*, e mio fratello a lamentarsi ♦ ***art. partitivo*** (*quasi sempre omesso in italiano*) del, dello, della; dei, degli, delle: *du chocolat, de la viande, des gateaux*, del cioccolato, della carne, dei dolci; *il ne lit que des romans*, legge solo romanzi; *elle a de la patience*, è molto paziente | *ne jouer que du Chopin*, suonare solo (pezzi di) Chopin | *lire du Balzac*, leggere (dei passi di) Balzac.

D

● ***de... à...***, da... a...: *de Rome à Milan*, da Roma a Milano | ***de ce que***, per il fatto che: *nous sommes contrariés de ce qu'il arrive toujours en retard*, siamo contrariati per il fatto che arriva sempre in ritardo | ***de... en...***, di... in...: *de ville en ville*, di città in città | ***de jour***, ***de nuit***, di, durante il giorno; di, durante la notte | ***de nos jours***, ai giorni nostri | ***de par la volonté de qqn***, per la volontà espressa, l'autorità di qlcu | ***de vous à moi***, da lei a me, in confidenza.

NOTA Il partitivo ***du***, ***de la***, ***des*** è sempre espresso, anche quando in italiano non è obbligatorio o si usa l'articolo determinativo:
SÌ *Tu veux **du** pain?*
NO *Tu veux pain?*
Vuoi (del) pane?
SÌ *Je mange **de la** viande.*
NO *Je mange la viande.*
Mangio la carne.
SÌ *Tu prends **du** thé ou **du** café?*
NO *Tu prends le thé ou le café?*
Prendi il te o il caffé?

dé[1] [de] ***n.m.*** ditale.
● ***dé (à coudre)***, ditale (da lavoro); (*fig.*) bicchiere piccolissimo.

dé[2] ***n.m.*** dado: *dé pipé*, dado truccato.
● ***coup de dés***, (*fig.*) impresa rischiosa.

dealer [dilœʀ] ***n.m.*** spacciatore (di droga).

déambulation [deɑ̃bylasjɔ̃] ***n.f.*** deambulazione.

déambulatoire [deɑ̃bylatwaʀ] ***n.m.*** (*arch.*) deambulatorio.

déambuler [deɑ̃byle] ***v.intr.*** deambulare.

débâcle [debɑkl] ***n.f.*** **1** rottura dei ghiacci (su un corso d'acqua) **2** (*fig.*) rovina, disastro (*m.*): *débâcle financière*, crollo finanziario.

débaliser [debalize] ***v.tr.*** (*inform.*) privare della codifica.

déballage [debalaʒ] ***n.m.*** **1** sballatura (*f.*) (di merci) **2** bancarella (*f.*) di merce **3** (*fam.*) ampia confessione (*f.*).

déballer [debale] ***v.tr.*** **1** sballare (merci) **2** esporre la merce (su bancarelle) **3** (*fam.*) vuotare il sacco, spifferare, spiattellare.

débandade [debɑ̃dad] ***n.f.*** scompiglio (*m.*); sbandamento (*m.*).
● ***à la débandade***, in modo caotico, senza ordine.

débander [debɑ̃de] ***v.tr.*** **1** sbendare, sfasciare **2** allentare.

débaptiser [debatize] ***v.tr.*** cambiare nome (**a**).

débarbouiller [debaʀbuje] ***v.tr.*** lavare la faccia (**a**) ♦ **se débarbouiller** ***v.pron.*** **1** lavarsi la faccia; ripulirsi **2** (*fig. fam.*) trarsi d'impaccio, sbrigarsela.

débarbouillette [debaʀbujɛt] ***n.f.*** (*Canada*) manopola di spugna (per l'igiene personale).

débarcadère [debaʀkadɛʀ] ***n.m.*** **1** pontile (di sbarco), imbarcadero **2** (*Canada*) zona (*f.*) di marciapiede riservata allo scarico e al carico delle merci.

débarder [debaʀde] ***v.tr.*** **1** sbarcare, scaricare (spec. legname) **2** trasportare fuori (**da**).

débardeur [debaʀdœʀ] ***n.m.*** **1** scaricatore (spec. di porto) **2** (*abbigl.*) canottiera (*f.*), canotta (*f.*).
● ***robe débardeur***, scamiciato senza maniche.

débarquement [debaʀkəmɑ̃] ***n.m.*** sbarco; scarico (di merci).

débarquer [debaʀke] ***v.tr.*** **1** sbarcare; scaricare (merci) **2** (*fam.*) sbarazzarsi (**di qlcu**) ♦ ***v.intr.*** **1** sbarcare: *elle a débarqué hier*, è sbarcata ieri **2** (*fig. fam.*) capitare all'improvviso **3** (*fam.*) cadere dalle nuvole **4** (*Canada*) (*da un'automobile ecc.*) scendere.

débarras [debaʀa] ***n.m.*** **1** ripostiglio **2** (*fam.*) sollievo, liberazione (*f.*).
● ***bon débarras!***, che sollievo!

débarrasser [debaʀase] ***v.tr.*** sgomberare, sbarazzare; liberare ♦ **se débarrasser** ***v.pron.*** disfarsi, liberarsi: *se débarrasser de son manteau*, togliersi il cappotto.
● ***débarrasser*** (***la table***), sparecchiare | ***débarrassez-moi ça!***, (*fam.*) portate via!

débarrer [debaʀe] ***v.tr.*** **1** (*Canada*) aprire **2** togliere la spranga (da porte, finestre).

débat [deba] ***n.m.*** **1** discussione (*f.*) **2** (*fig.*) travaglio, conflitto **3** (*pol.*) dibattito **4** (*pl.*) (*dir.*) battimento (*sing.*), udienza (*f.sing.*).
● ***émission-débat***, dibattito televisivo | ***journée-débat***, giornata di dibattito | ***rencontre-débat***, incontro dibattito.

débâtir [debɑtiʀ] ***v.tr.*** sbastire.

débattre [debatʀ] ***v.tr.*** [coniug. come *battre*] dibattere ♦ **se débattre** ***v.pron.*** dibattersi (*anche fig.*).
● ***prix à débattre***, prezzo da convenirsi, trattabile.

débattu [debaty] *p.p.* di **débattre**.

débauchage [deboʃaʒ] ***n.m.*** licenziamento (per ridurre il personale).

débauche [deboʃ] ***n.f.*** **1** dissolutezza, corruzione **2** orgia.

débauché [deboʃe] ***agg.*** e ***n.m.*** dissoluto; libertino.

débaucher [deboʃe] ***v.tr.*** **1** traviare; corrompere **2** licenziare **3** (*fam.*) distrarre, distogliere (dal lavoro ecc.).

débile [debil] ***agg.*** **1** debole: *une santé débile*, una salute fragile, delicata **2** (*fam.*) scemo, stupido; demenziale: *film débile*, film demenziale ♦ ***n.m.*** ritardato: *débile* (*mental*), ritardato mentale; (*fam.*) idiota, imbecille.

débilitant [debilitɑ̃] ***agg.*** **1** debilitante **2** (*estens.*) deprimente: *une ambiance débilitante*, un'atmosfera deprimente.

débilité [debilite] ***n.f.*** debolezza.
● (*psic.*) ***débilité mentale***, labilità mentale.

débiliter [debilite] ***v.tr.*** **1** debilitare **2** deprimere.

débiner, se [sədebine] ***v.pron.*** (*fam.*) squagliarsela, tagliare la corda.

débit[1] [debi] ***n.m.*** **1** smercio, vendita (*f.*) (al minuto) **2** spaccio **3** (*di liquidi, gas ecc.*) flusso, erogazione (*f.*); portata (*f.*): *le débit d'un fleuve, d'une pompe*, la portata di un fiume, di una pompa; *le débit d'un puits de pétrole*, la resa (unitaria) di un pozzo petrolifero **4** (*fig.*) modo di esprimersi, parlata (*f.*): *elle a un débit rapide*, parla velocemente **5** (*inform.*) velocità (*f.*) di trasmissione dei dati **6** (*mecc., econ.*) produzione (*f.*).
● (*med.*) ***débit cardiaque***, gettata cardiaca | ***débit de boissons***, mescita, bar | ***débit de tabac***, tabaccheria | (*med.*)

débit respiratoire, flusso respiratorio | (*inform.*) ***haut débit***, connessione a banda larga, ADSL.

FAUX AMI
Da non confondere con *debito*, nel significato di *conto non saldato*, che si traduce *dette*.

débit[2] *n.m.* (*comm.*) debito; (*amm.*) addebito, dare.
● (*comm.*) ***le débit et le crédit***, il dare e l'avere.

débitant [debitɑ̃] *n.m.* dettagliante, esercente.

débiter[1] [debite] *v.tr.* 1 vendere (al minuto), smerciare 2 produrre; fornire; (*liquidi, gas ecc.*) erogare 3 (*fig. spreg.*) raccontare, dire; spacciare 4 tagliare a pezzi (spec. legname).

débiter[2] *v.tr.* (*amm.*) addebitare.

débiteur [debitœʀ] *agg.* e *n.m.* [f. *-trice*] debitore.

déblai [deblɛ] *n.m.* sterro.

déblaiement [deblɛmɑ̃] *n.m.* sterramento.

déblatérer [deblateʀe] *v.intr.* [coniug. come *céder*] 1 inveire 2 denigrare (**qlcu**), sparlare (**di qlcu**).

déblayage [deblɛjaʒ] *n.m.* sgombero.

déblayer [debleje] *v.tr.* [coniug. come *payer*] 1 sgomberare 2 sterrare (un terreno).
● ***déblayer le terrain***, (*fig.*) spianare il terreno.
■ CONTR. **2** remblayer.

deblé [dəble] *n.m.* (*verlan di* bled) paese natale.

déblocage [deblɔkaʒ] *n.m.* 1 sblocco 2 (*econ.*) smobilizzo, sblocco 3 (*tel.*) sblocco (del telefonino per carta SIM).

débloquer [deblɔke] *v.tr.* 1 sbloccare 2 (*tel.*) sbloccare (il telefonino per farlo funzionare con qualsiasi carta SIM) 3 (*inform.*) sbloccare (una tastiera) ♦ *v.intr.* (*fam.*) parlare a vanvera ♦ **se débloquer** *v.pron.* sbloccarsi (*anche fig.*).
● ***débloquer une somme***, stanziare una somma.

débobiner [debɔbine] *v.tr.* srotolare, svolgere; sbobinare.

débogage [debɔgaʒ] *n.m.* (*inform.*) debugging.

déboguer [debɔge] *v.tr.* (*inform.*) debuggare.

débogueur [debɔgœʀ] *n.m.* (*inform.*) debugger.

déboire [debwaʀ] *n.m.* 1 delusione (*f.*) 2 scacco, insuccesso.

déboisement [debwazmɑ̃] *n.m.* disboscamento.

déboiser [debwaze] *v.tr.* disboscare ♦ **se déboiser** *v.pron.intr.* 1 impoverirsi di alberi 2 (*fam.*) perdere i capelli.

déboîtement [debwatmɑ̃] *n.m.* (*med.*) lussazione (*f.*); slogatura (*f.*).

déboîter [debwate] *v.tr.* 1 togliere, sfilare: *déboîter une fenêtre*, scardinare una finestra 2 (*med.*) lussare; slogare ♦ *v.intr.* uscire dalla fila.

débonder [debɔ̃de] *v.tr.* sturare (una botte ecc.) ♦ *v.intr.* straripare ♦ **se débonder** *v.pron.* (*fig.*) sfogarsi.

débonnaire [debɔnɛʀ] *agg.* bonario; bonaccione.

débonnairement [debɔnɛʀmɑ̃] *avv.* bonariamente; da bonaccione.

débord [debɔʀ] *n.m.* (*comm.*) eccedenza (*f.*) (di merci).

débordant [debɔʀdɑ̃] *agg.* 1 traboccante (*anche fig.*): *une activité débordante*, un'attività frenetica 2 (*di persona*) esuberante.

débordé [debɔʀde] *agg.* 1 sommerso (di lavoro, di cose da fare); sopraffatto 2 staccato dal bordo: *un lit débordé*, un letto non fatto.

débordement [debɔʀdəmɑ̃] *n.m.* 1 straripamento, traboccamento 2 (*fig.*) diluvio, valanga (*f.*) 3 (*pol.*) sorpasso 4 (*pl.*) (*fig.*) eccesso (*sing.*) 5 (*inform.*) sconfinamento, superamento della capacità.

déborder [debɔʀde] *v.intr.* 1 traboccare, straripare (*anche fig.*): *la rivière a débordé*, il fiume è, ha straripato; *la ville déborde de touristes*, la città è colma di turisti 2 invadere (uno spazio), riversarsi (**in**, **su**): *la foule déborde sur la place*, la folla si riversa nella, sulla piazza 3 sporgere, sopravvanzare ♦ *v.tr.* 1 oltrepassare, superare 2 (*mil.*) aggirare ♦ **se déborder** *v.pron.* scoprirsi dormendo.
● ***déborder de joie***, essere al colmo della gioia | ***déborder de santé***, scoppiare di salute | ***déborder le cadre de la question***, (*fig.*) esulare dall'argomento | ***être débordé (de, par qqch)***, essere molto preso, preso fino al collo (da qlco).

débouchage [debuʃaʒ] *n.m.* sturamento.

débouché [debuʃe] *n.m.* sbocco.

déboucher[1] [debuʃe] *v.tr.* sturare, stappare.

déboucher[2] *v.intr.* sboccare; sfociare; (*fig.*) dare come esito: *la Seine débouche dans la Manche*, la Senna sfocia nella Manica.

déboucler [debukle] *v.tr.* (*cinture ecc.*) slacciare.

débouler [debule] *v.intr.* 1 ruzzolare: *débouler dans l'escalier*, ruzzolare per le scale 2 (*fam.*) precipitarsi, fiondarsi ♦ *v.tr.* *débouler l'escalier*, (*fam.*) scendere le scale a precipizio.

déboulonnage [debulɔnaʒ] **déboulonnement** [debulɔnmɑ̃] *n.m.* 1 (*mecc.*) lo sbullonare 2 (*fig.*) distruzione (*f.*); siluramento.

déboulonner [debulɔne] *v.tr.* 1 (*mecc.*) sbullonare 2 (*fig.*) silurare.

débourrer [debuʀe] *v.tr.* 1 (*ind. tess.*) sborrare, togliere la borra (**a**); (*ind. conciaria*) depilare 2 svuotare: *débourrer sa pipe*, svuotare la pipa 3 scozzonare (un cavallo) 4 (*Canada*) disimballare, scartare ♦ *v.intr.* germogliare (spec. della vite).

débours [debuʀ] *n.m.* (*spec. pl.*) somma anticipata, (e)sborso.
● ***rentrer dans ses débours***, rientrare nelle spese.

déboursement [debuʀsəmɑ̃] *n.m.* esborso.

débourser [debuʀse] *v.tr.* sborsare.

déboussoler [debusɔle] *v.tr.* (*fam.*) scombussolare.

debout [dəbu] *avv.* in piedi: *je ne tiens plus debout!*, non mi reggo più dalla stanchezza! ♦ *agg.* in piedi, eretto: *station debout*, stazione eretta.
● ***histoire à dormir debout***, storia incredibile | (*dir.*) ***magistrature debout***, pubblico ministero.
■ AGG. SIN. droit.

débouter [debute] *v.tr.* (*dir.*) espingere (una domanda in giudizio).

déboutonner [debutɔne] *v.tr.* sbottonare ♦ **se déboutonner** *v.pron.* sbottonarsi (*anche fig.*).

débraillé [debʀɑje] *agg.* trasandato, sciatto ♦ *n.m.* trasandatezza (*f.*), sciatteria (*f.*).

débrancher [debʀɑ̃ʃe] *v.tr.* 1 (*elettr.*) disinserire: *débrancher le grille-pain*, staccare la spina del tostapane 2 (*ferr.*) scomporre, smistare (i vagoni).
■ SIN. **1** déconnecter CONTR. **1** brancher.

débrayage [debʀɛjaʒ] *n.m.* 1 (*mecc.*) disinnesto; (*aut.*) disinnesto della frizione 2 (*estens.*) breve sciopero.

débrayer [debʀeje] *v.tr.* [coniug. come *payer*] (*mecc.*) disinnestare; (*aut.*) staccare (la frizione) ♦ *v.intr.* 1 sospendere il lavoro, staccare 2 entrare in sciopero.

D

débridé [debʀide] *agg.* sbrigliato.
● ***langue débridée***, (*fig.*) lingua sciolta.

débrider [debʀide] *v.tr.* **1** togliere le briglie (**a**); sciogliere **2** (*med.*) sbrigliare **3** (*cuc.*) slegare.

débriefer [debʀife] *v.tr.* **1** (*mil.*) fare rapporto (**su**) **2** interrogare, fare il terzo grado (**a**) **3** informare, relazionare.

D

débris [debʀi] *n.m.* **1** frantume, coccio **2** (*pl.*) (*fig.*) resti; cocci.

débrouillard [debʀujaʀ] *agg.* (*fam.*) sveglio ♦ *n.m.* (*fam.*) persona (*f.*) piena di risorse, che se la sa cavare: *c'est un débrouillard*, è un dritto.

débrouillardise [debʀujaʀdiz] *n.f.* capacità di cavarsela.

débrouille [debʀuj] *n.f.* abbr. di **débrouillardise**.

débrouillé [debʀuje] *n.m.* (*Mali*) chi mastica un po' di francese.

débrouiller [debʀuje] *v.tr.* sbrogliare, districare ♦ **se débrouiller** *v.pron.intr.* arrangiarsi, trarsi d'impaccio, sbrogliarsela.

débroussailler [debʀusaje] *v.tr.* ripulire dai cespugli (un terreno).

débucher [debyʃe] *v.tr.* stanare (la selvaggina) dalla macchia ♦ *n.m.* lo sbucare (della selvaggina) dalla macchia.

débusquer [debyske] *v.tr.* stanare, scovare; (*fig.*) (far) sloggiare.

début [deby] *n.m.* **1** inizio, principio **2** (*spec. pl.*) esordio; (*teatr.*) debutto: *faire ses débuts dans le monde*, muovere i primi passi in società; *un jeune avocat à ses débuts*, un giovane avvocato alle prime armi **3** (*comm.*) avvio, avviamento.
● ***au début***, ***dès le début***, all'inizio, fin dall'inizio | ***tout au début***, proprio all'inizio.
■ CONTR. **1** fin, terme.

NOTA Quando significa 'in principio', 'all'inizio' ***début*** è preceduto dalla preposizione ***au***.
SÌ ***Au début***, *je n'ai rien compris.*
NO ***En début***, *je n'ai rien compris.*
In principio non ho capito nulla.

débutant [debytɑ̃] *agg.* e *n.m.* esordiente, principiante.
■ SIN. novice.

débutante [debytɑ̃t] *n.f.* debuttante: *le bal des débutantes*, il ballo delle debuttanti.

débuter [debyte] *v.intr.* **1** cominciare **2** (*in un lavoro, una professione*) esordire; (*teatr.*) debuttare: *cet acteur a bien débuté*, quell'attore ha fatto un bel debutto.

déca [deka] *n.m.* (*fam.*) abbr. di **décaféiné**.

deçà [dəsa] *avv.* da questa parte, di qua: *deçà* (*et*) *delà*, qua e là.
● ***en deçà de***, al di qua di | ***ni en deçà ni au-delà***, nel giusto mezzo.

déca- *pref.* deca-.

décacheter [dekaʃte] *v.tr.* [coniug. come *jeter*] dissigillare: *décacheter une lettre*, aprire una lettera.

décade [dekad] *n.f.* **1** decade **2** decennio (*m.*).

décadence [dekadɑ̃s] *n.f.* decadenza; decadimento (*m.*), degrado (*m.*).
■ SIN. déclin CONTR. croissance, progrès.

décadent [dekadɑ̃] *agg.* e *n.m.* decadente.
● (*st. lett.*) ***Les Décadents***, i decadenti.

décadentisme [dekadɑ̃tism] *n.m.* (*st. lett.*) Decadentismo.

décaèdre [dekaɛdʀ] *agg.* (*mat.*) decaedrico ♦ *n.m.* (*mat.*) decaedro.

décaféiné [dekafeine] *agg.* e *n.m.* (caffè) decaffeinato.

décaféiner [dekafeine] *v.tr.* decaffeinare.

décagone [dekagɔn] *n.m.* decagono.

décagramme [dekagʀam] *n.m.* decagrammo.

décalage [dekalaʒ] *n.m.* **1** spostamento **2** (*fig.*) differenza (*f.*), scarto, divario: *le décalage entre ses principes et ses actions*, la discrepanza, il divario fra i suoi principi e il suo modo d'agire **3** (*tecn., tv*) sfasamento **4** (*inform.*) sfasamento (di registro).
● (*econ.*) ***décalage de prix***, differenza di prezzo | ***décalage horaire***, jetlag, differenza di fuso orario | (*tv*) ***décalage son-image***, sfasamento audio-video.

décalcifiant [dekalsifjɑ̃] *agg.* decalcificante.

décalcification [dekalsifikasjɔ̃] *n.f.* decalcificazione.

décalcifier [dekalsifje] *v.tr.* decalcificare.

décalcomanie [dekalkɔmani] *n.f.* decalcomania.

décaler [dekale] *v.tr.* **1** spostare (*anche fig.*) **2** sfasare, ritardare.

décalitre [dekalitʀ] *n.m.* decalitro.

décalogue [dekalɔg] *n.m.* (*Bibbia*) decalogo.

décalotter [dekalɔte] *v.tr.* scoperchiare.

décalquage [dekalkaʒ] **décalque** [dekalk] *n.m.* **1** ricalco; (copia su) lucido **2** (*amm.*) ricalco.

décalquer [dekalke] *v.tr.* decalcare, ricalcare.

décamètre [dekamɛtʀ] *n.m.* decametro.

décamper [dekɑ̃pe] *v.intr.* **1** (*mil.*) levare il campo **2** (*fam.*) battersela, darsela a gambe; sloggiare.

décan [dekɑ̃] *n.m.* (*astr.*) decano.

décantage [dekɑ̃taʒ] *n.m.* **décantation** [dekɑ̃tasjɔ̃] *n.f.* (*chim.*) decantazione (*f.*).

décanter [dekɑ̃te] *v.tr.* (*chim.*) decantare (*anche fig.*) ♦ **se décanter** *v.pron.intr.* decantarsi; (*fig.*) chiarirsi, purificarsi.

décapage [dekapaʒ] *n.m.* **1** il raschiare; il grattare (pietre ecc.) **2** (*chim., metall.*) decapaggio.

décapant [dekapɑ̃] *n.m.* **1** solvente (per vernici ecc.) **2** (*chim., metall.*) disossidante per metalli.

décaper [dekape] *v.tr.* **1** raschiare (muri, assiti ecc.); grattare (pietre ecc.) **2** (*chim., metall.*) decapare.

décapitation [dekapitasjɔ̃] *n.f.* decapitazione.

décapiter [dekapite] *v.tr.* **1** decapitare **2** scapitozzare (alberi) **3** (*fig.*) distruggere, annientare.

décapotable [dekapɔtabl] *agg.* decappottabile ♦ *n.f.* (*aut.*) decappottabile, spider.

décapoter [dekapɔte] *v.tr.* decappottare.

décapsuler [dekapsyle] *v.tr.* togliere la capsula (**a**), decapsulare.

décapsuleur [dekapsylœʀ] *n.m.* apribottiglie.

décapuchonner [dekapyʃɔne] *v.tr.* togliere il cappuccio (**di**, **a**).

décarcasser [dekaʀkase] *v.tr.* (*cuc.*) (*un pollo ecc.*) disossare ♦ **se décarcasser** *v.pron.* (*fig. fam.*) darsi un gran daffare, ammazzarsi a (forza di) fare (**qlco**).

décathlon [dekatlɔ̃] *n.m.* (*sport*) decatl(h)on.

décati [dekati] *agg.* (*tess.*) decatizzato; (*fig. fam.*) sfiorito, sciupato.

décatir [dekatiʀ] *v.tr.* (*tess.*) decatizzare ♦ **se décatir** *v.pron.intr.* (*fam.*) sfiorire, sciuparsi, avvizzire.

décauser [dekoze] *v.intr.* (*Belgio*) sparlare, spettegolare.

décavé [dekave] *agg.* e *n.m.* 1 rovinato al gioco 2 (*fam.*) spiantato.

décédé [desede] *agg.* e *n.m.* defunto, deceduto.
■ SIN. défunt.

décéder [desede] *v.intr.* [coniug. come *céder*; aus. *être*] decedere.
■ SIN. mourir.

déceler [de(ɛ)sle] *v.tr.* [coniug. come *appeler*] scoprire, palesare, rivelare.

décélération [deseleʀasjɔ̃] *n.f.* decelerazione; (*estens.*) rallentamento (*m.*).

décélérer [deseleʀe] *v.tr.* [coniug. come *céder*] decelerare.

décembre [desɑ̃bʀ] *n.m.* dicembre.

décemment [desamɑ̃] *avv.* decentemente; ragionevolmente | *décemment, je ne pouvais accepter*, (*fam.*) in coscienza, non potevo proprio accettare.

décence [desɑ̃s] *n.f.* decenza; tatto (*m.*).

décennal [dese(ɛn)nal] *agg.* [pl. *-aux*] decennale.

décennie [deseni] *n.f.* decennio (*m.*).

décent [desɑ̃] *agg.* decente.

décentrage [desɑ̃tʀaʒ] *n.m.* scentratura (*f.*).

décentralisateur [desɑ̃tʀalizatœʀ] *agg.* [f. *-trice*] decentratore.

décentralisation [desɑ̃tʀalizasjɔ̃] *n.f.* decentramento (*m.*).

décentraliser [desɑ̃tʀalize] *v.tr.* decentrare.

décentrer [desɑ̃tʀe] *v.tr.* (*fis.*) mettere fuori centro; non centrare.

déception [desɛpsjɔ̃] *n.f.* disinganno (*m.*); delusione.
■ SIN. désillusion.

décernement [desɛʀnəmɑ̃] *n.m.* assegnazione (*f.*), conferimento.

décerner [desɛʀne] *v.tr.* 1 conferire, assegnare: *décerner des éloges*, tributare delle lodi 2 (*dir.*) spiccare, emettere.

décès [desɛ] *n.m.* decesso.
● (*dir.*) ***acte de décès***, atto di morte.

décevant [dɛsvɑ̃] *agg.* deludente.

décevoir [dɛsvwaʀ] *v.tr.* [coniug. come *recevoir*] deludere.

décevrai [desəvʀe] → **décevoir**.

déchaîné [deʃene] *agg.* (*fig.*) scatenato, sfrenato.

déchaînement [deʃɛnmɑ̃] *n.m.* scatenamento, lo scatenare, lo scatenarsi.

déchaîner [deʃene] *v.tr.* scatenare ♦ **se déchaîner** *v.pron.* scatenarsi (*anche fig.*).

déchanter [deʃɑ̃te] *v.intr.* (*fam.*) venire a più miti pretese; smontarsi.

décharge [deʃaʀʒ] *n.f.* 1 scarica 2 (*dir.*) discolpa 3 (*comm.*) quietanza.
● (*dir.*) ***décharge du débiteur***, liberazione del debitore | ***décharge publique***, discarica, scarico (di rifiuti) | ***décharge sauvage***, discarica libera, illegale | ***de décharge***, di scarico | (*dir.*) ***témoin à décharge***, teste a discarico.

déchargement [deʃaʀʒəmɑ̃] *n.m.* scarico; scaricamento.

décharger [deʃaʀʒe] *v.tr.* [coniug. come *manger*] 1 scaricare (*anche fig.*) 2 (*dir.*) discolpare ♦ *v.intr.* (*di colori* ecc.) stingere ♦ **se décharger** *v.pron.* e *pron.intr.* scaricarsi.
■ V.TR. SIN. 1 débarquer 2 disculper CONTR. 2 condamner.

décharné [deʃaʀne] *agg.* scarno (*anche fig.*); spolpato.

déchaussé [deʃose] *agg.* scalzo.

déchausser [deʃose] *v.tr.* togliere le scarpe (a) ♦ **se déchausser** *v.pron.* 1 togliersi le scarpe 2 (*di un dente ecc.*) scalzarsi.

dèche [dɛʃ] *n.f.* (*fam.*) miseria.
● ***être dans la dèche***, essere in bolletta.

déchéance [deʃeɑ̃s] *n.f.* decadenza.

déchet [deʃɛ] *n.m.* 1 residuo; (*spec. pl.*) scorie (*f.pl.*): *un déchet de l'humanité*, (*fig.*) un relitto della società 2 diminuzione (*f.*), calo.
● ***déchets de fabrication***, scarti di fabbricazione | ***déchets ménagers***, rifiuti domestici | ***déchets radioactifs***, scorie radioattive | ***déchets verts***, rifiuti verdi (provenienti dalla manutenzione del verde pubblico o dei giardini).

déchetterie [deʃɛtʀi] *n.f.* discarica autorizzata (per deposito o riciclo di oggetti ingombranti).

déchiffonner [deʃifɔne] *v.tr.* lisciare, stendere (stoffa ecc.).

déchiffrable [deʃifʀabl] *agg.* decifrabile.

déchiffrage [deʃifʀaʒ] **déchiffrement** [deʃifʀəmɑ̃] *n.m.* decifrazione (*f.*); lettura (*f.*) a prima vista.

déchiffrer [deʃifʀe] *v.tr.* decifrare.
■ SIN. décrypter.

déchiqueter [deʃikte] *v.tr.* [coniug. come *jeter*] dilaniare; fare a brandelli.

déchirant [deʃiʀɑ̃] *agg.* lacerante, straziante.

déchirement [deʃiʀmɑ̃] *n.m.* 1 lacerazione (*f.*); strappo 2 (*fig.*) strazio.

déchirer [deʃiʀe] *v.tr.* 1 strappare; stracciare (*anche fig.*): *un cri déchira le silence*, (*fig.*) un grido squarciò il silenzio 2 dilaniare, straziare (*anche fig.*) ♦ **se déchirer** *v.pron.intr.* strapparsi; squarciarsi (*anche fig.*) | *se déchirer un muscle*, prodursi uno strappo muscolare ♦ *v.pron. rec.* straziarsi.

déchirure [deʃiʀyʀ] *n.f.* strappo (*m.*), lacerazione; squarcio (*m.*).

déchoir [deʃwaʀ] *v.intr.dif.* [viene usato al pres.indic.: *je déchois*, *tu déchois*, *il déchoit*, *nous déchoyons*, *vous déchoyez*, *ils déchoient*; p.rem.: *je déchus* etc.; fut.indic.: *je déchoirai* etc., (*ant.*) *je décherrai* etc.; cond.: *je déchoirais* etc., (*ant.*) *je décherrais* etc.; pres.cong.: *que je déchoie* etc., *que nous déchoyions*, *que vous déchoyiez*, *qu'ils déchoient*; imperf.cong.: *que je déchusse*; p.p.: *déchu*; aus. *être* e *avoir*] decadere, scadere ♦ *v.tr.* privare (di diritti, cariche): *déchoir qqn de ses fonctions*, sollevare, rimuovere qlcu dalle sue funzioni.

déchristianiser [dekʀistjanize] *v.tr.* scristianizzare.

déchu [deʃy] *p.p.* di **déchoir** ♦ *agg.* decaduto.

de-ci [dəsi] *avv.*
● ***de-ci de-là***, (*luogo*) di qua e di là; (*tempo*) di quando in quando.

déci- *pref.* deci-.

décidé [deside] *agg.* deciso.

décidément [desidemɑ̃] *avv.* indubbiamente, proprio, davvero, veramente.

décider [deside] *v.tr.* 1 decidere, risolvere, definire 2 decidere, stabilire 3 convincere, indurre: *il l'a décidé à partir*, lo ha convinto a partire 4 determinare, provocare ♦ *v.intr.* 1 decidere, prendere una decisione 2 deter-

D

minare (qlco), provocare (qlco): *cela décidera de ton avenir*, da ciò dipenderà il tuo avvenire ♦ **se décider** *v.pron.intr.* decidersi, risolversi.

décigramme [desigʀam] *n.m.* decigrammo.

décilitre [desilitʀ] *n.m.* decilitro.

décimal [desimal] *agg.* [pl. *-aux*] decimale.

décimale [desimal] *n.f.* (*numero*) decimale (*m.*).

D

décimer [desime] *v.tr.* decimare.

décimètre [desimɛtʀ] *n.m.* decimetro.
● ***double décimètre***, righello, doppio decimetro.

décisif [desizif] *agg.* [f. *-ive*] **1** decisivo **2** deciso: *ton décisif*, tono perentorio.

décision [desizjɔ̃] *n.f.* decisione.

décisionnel [desizjɔnɛl] *agg.* [f. *-elle*] decisionale.

déclamation [deklamasjɔ̃] *n.f.* **1** declamazione **2** (*fig.*) ampollosità.

déclamatoire [deklamatwaʀ] *agg.* declamatorio.

déclamer [deklame] *v.tr.* declamare ♦ *v.intr.* **1** declamare **2** protestare violentemente.

déclaratif [deklaʀatif] *agg.* [f. *-ive*] (*dir., gramm.*) dichiarativo.

déclaration [deklaʀasjɔ̃] *n.f.* **1** dichiarazione **2** (*per iscritto*) dichiarazione, denuncia.
● ***déclaration de naissance, de mort***, denuncia di nascita, di morte | ***déclaration d'impôts***, dichiarazione, denuncia dei redditi.

déclarer [deklaʀe] *v.tr.* **1** dichiarare **2** (*per iscritto*) dichiarare, denunciare: *déclarer la naissance d'un enfant à la mairie*, denunciare la nascita di un bambino all'anagrafe ♦ **se déclarer** *v.pron.* **1** dichiararsi **2** dichiararsi, dichiarare il proprio amore **3** manifestarsi, rivelarsi.
■ SIN. **1** annoncer, proclamer.

déclassé [deklɑse] *agg.* **1** declassato **2** decaduto ♦ *n.m.* chi è socialmente decaduto.

déclasser [deklɑse] *v.tr.* **1** mettere in disordine, spostare **2** (*ferr., mar.*) declassare **3** (*fig.*) degradare.

déclassifier [deklasifje] *v.tr.* (*documenti*) desecretare.

déclenchement [deklɑ̃ʃmɑ̃] *n.m.* **1** (*mecc.*) disinnesto; avvio; (*fot.*) scatto **2** (*fig.*) scoppio, inizio.

déclencher [deklɑ̃ʃe] *v.tr.* **1** (*mecc.*) disinnestare; mettere in moto, avviare; (*fot.*) far scattare **2** (*fig.*) dare inizio (a), scatenare: *déclencher une attaque*, sferrare un attacco ♦ **se déclencher** *v.pron.* **1** mettersi in movimento, avviarsi **2** (*fig.*) scatenarsi.

déclencheur [deklɑ̃ʃœʀ] *n.m.* (*mecc.*) (dispositivo di) scatto.
● (*fot.*) ***déclencheur automatique***, autoscatto.

déclic [deklik] *n.m.* **1** (*mecc.*) dispositivo di scatto **2** (rumore dello) scatto **3** (*fig.*) lampo di genio.

déclin [deklɛ̃] *n.m.* declino; decadenza (*f.*): *être à son déclin, sur son déclin*, essere in declino, essere al tramonto.

déclinable [deklinabl] *agg.* (*gramm.*) declinabile.

déclinaison [deklinɛzɔ̃] *n.f.* declinazione (*anche gramm.*).

déclinant [deklinɑ̃] *agg.* declinante.

décliner [dekline] *v.tr.* e *intr.* declinare (*anche gramm.*): *déclinez vos nom, prénom, âge et qualités*, declini le sue generalità.

déclive [dekliv] *n.f.* declivio (*m.*), pendenza.

déclivité [deklivite] *n.f.* declività, pendenza.

décloisonner [deklwazɔne] *v.tr.* abbattere le barriere, gli ostacoli (tra).

déclouer [deklue] *v.tr.* schiodare.

déco[1] [deko] *agg.invar.* (*arte*) déco.
● ***art déco***, art déco (forma d'arte, stilizzazione dello stile Liberty).

déco[2] *n.f.* (*fam.*) abbr. di **décoration**.

déco[3] *n.f.* (*abbr. di* décor) decorazione.

décocher [dekɔʃe] *v.tr.* **1** scoccare **2** sferrare: *décocher un coup*, sferrare un colpo **3** (*fig.*) (*frecciata, occhiata ecc.*) lanciare.

décoction [dekɔksjɔ̃] *n.f.* decotto (*m.*).

décodage [dekɔdaʒ] *n.m.* decodificazione (*f.*).

décoder [dekɔde] *v.tr.* decodificare, decifrare.

décodeur [dekɔdœʀ] *n.m.* **1** (*tecn., elettr.*) decodificatore **2** [f. *-euse*] decodificatore, addetto alla decodificazione dei dati **3** (*tv digitale terrestre e satellitare*) decoder.

décoiffer [dekwafe] *v.tr.* spettinare ♦ *v.intr.* (*fig. fam.*) spiazzare, sbalordire, mozzare il fiato ♦ **se decoiffer** *v.pron.* **1** spettinarsi **2** togliersi il cappello.
● ***ça décoiffe!***, (*fig. fam.*) è impressionante!, è sbalorditivo!
■ V.TR. SIN. dépeigner CONTR. coiffer, peigner.

décoincer [dekwɛ̃se] *v.tr.* [coniug. come *placer*] sbloccare, disinceppare ♦ **se décoincer** *v.pron.intr.* sbloccarsi (*anche fig.*).

déçois [deswa] → **décevoir**.

déçoive [deswav] → **décevoir**.

décolérer [dekɔleʀe] *v.intr.* [coniug. come *céder*] (*solo in frasi negative*) calmarsi, rabbonirsi: *il n'a pas décoléré de toute la journée*, è stato fuori di sé tutto il giorno.

décollage [dekɔlaʒ] *n.m.* decollo.

décollement [dekɔlmɑ̃] *n.m.* **1** scollamento **2** (*med.*) distacco.

décoller [dekɔle] *v.tr.* scollare, staccare ♦ *v.intr.* **1** decollare (*anche fig.*): *l'avion a décollé*, l'aereo è decollato; *l'économie a décollé*, l'economia ha decollato **2** (*fam.*) andarsene **3** (*fam.*) dimagrire ♦ **se décoller** *v.pron.* scollarsi, staccarsi.

décolleté [dekɔlte] *agg.* scollato ♦ *n.m.* scollatura (*f.*).
● ***décolleté en pointe, (en) V***, scollatura a punta, a V | ***dame en grand décolleté, en petit décolleté***, signora in abito da sera, da mezza sera.

décolleter [dekɔlte] *v.tr.* [coniug. come *jeter*] scollare.

décolonisation [dekɔlɔnizasjɔ̃] *n.f.* decolonizzazione.

décoloniser [dekɔlɔnize] *v.tr.* decolonizzare.

décolorant [dekɔlɔʀɑ̃] *agg.* e *n.m.* decolorante.

décoloration [dekɔlɔʀasjɔ̃] *n.f.* **1** decolorazione **2** scolorimento (*m.*).

décoloré [dekɔlɔʀe] *agg.* **1** decolorato **2** scolorito (*anche fig.*).

décolorer [dekɔlɔʀe] *v.tr.* **1** decolorare **2** scolorire ♦ **se décolorer** *v.pron.intr.* scolorirsi, schiarirsi.

décombres [dekɔ̃bʀ] *n.m.pl.* **1** macerie (*f.*) **2** rovine (*f.*), ruderi.

décommander [dekɔmɑ̃de] *v.tr.* disdire, annullare ♦ **se décommander** *v.pron.intr.* declinare, disdire un invito, un appuntamento.

décompacter [dekɔ̃pakte] *v.tr.* (*inform.*) decomprimere.

décompensation [dekɔ̃pɑ̃sasjɔ̃] *n.f.* (*med.*) scompenso (*m.*).

décomplexé [dekɔ̃plɛkse] *agg.* disinibito.

décomplexer [dekɔ̃plɛkse] *v.tr.* 1 togliere i complessi (a) 2 (*fig.*) disinibire, liberare.

décomposable [dekɔ̃pozabl] *agg.* 1 scomponibile 2 (*chim.*) decomponibile.

décomposé [dekɔ̃mpoze] *agg.* 1 decomposto 2 scomposto 3 (*fig.*) alterato.

décomposer [dekɔ̃poze] *v.tr.* 1 decomporre, deteriorare 2 scomporre 3 (*fig.*) alterare ♦ **se décomposer** *v.pron.intr.* 1 decomporsi, deteriorarsi 2 (*fig.*) alterarsi.

décomposition [dekɔ̃pozisjɔ̃] *n.f.* 1 decomposizione, disfacimento (*m.*) 2 (*mat., fis.*) scomposizione.
● ***en décomposition***, in stato di decomposizione.

décompresser [dekɔ̃prese] *v.intr.* (*fam.*) rilassarsi, distendersi ♦ *v.tr.* (*tecn., inform.*) decomprimere.

décompression [dekɔ̃presjɔ̃] *n.f.* decompressione.

décomprimer [dekɔ̃prime] *v.tr.* decomprimere.

décompte [dekɔ̃t] *n.m.* 1 detrazione (*f.*), sconto: *faire le décompte de qqch*, detrarre qlco 2 conto, conteggio.

décompter [dekɔ̃te] *v.tr.* detrarre, dedurre, scontare, spuntare.

déconcentrer [dekɔ̃sɑ̃tre] *v.tr.* 1 decentrare, decentralizzare 2 deconcentrare, distrarre ♦ **se déconcentrer** *v.pron.* deconcentrarsi.

déconcertant [dekɔ̃sɛrtɑ̃] *agg.* sconcertante.

déconcerter [dekɔ̃sɛrte] *v.tr.* sconcertare; sconvolgere.

déconditionner [dekɔ̃disjɔne] *v.tr.* (*psic.*) decondizionare.

déconfit [dekɔ̃fi] *agg.* avvilito, abbattuto; confuso.

déconfiture [dekɔ̃fityr] *n.f.* 1 (*dir.*) dissesto (*m.*), insolvenza 2 (*fam.*) disastro (*m.*), rovina.

décongélation [dekɔ̃ʒelasjɔ̃] *n.f.* scongelamento (*m.*).

décongeler [dekɔ̃ʒle] *v.tr.* [coniug. come *semer*] sgelare, scongelare.

décongestionnant [dekɔ̃ʒɛstjɔnɑ̃] *agg.* decongestionante.

décongestionner [dekɔ̃ʒɛstjɔne] *v.tr.* decongestionare.

déconnecté [dekɔnɛkte] *agg.* (*fam.*) dissociato.

déconnecter [dekɔnɛkte] *v.tr.* disalimentare, scollegare, disconnettere ♦ *v.intr.* (*fam.*) 1 (*da un'attività*) staccare 2 (*estens.*) dare i numeri, farneticare: *celui-là, il déconnecte complètement*, quelle è completamente fuori di testa ♦ **se déconnecter** *v.pron.* (*fam.*) dare i numeri, farneticare.

déconner [dekɔne] *v.intr.* (*molto fam.*) dire, fare fesserie.
● ***faut pas déconner!***, non esageriamo! | ***tu déconnes?***, che cavolate dici?

déconnexion [dekɔnɛksjɔ̃] *n.f.* 1 disgiunzione; distacco (*m.*) 2 (*inform.*) disconnessione.

déconseiller [dekɔ̃seje] *v.tr.* sconsigliare.

déconsidérer [dekɔ̃sidere] *v.tr.* [coniug. come *céder*] screditare ♦ **se déconsidérer** *v.pron.intr.* screditarsi.

deconsigner [dekɔ̃siɲe] *v.tr.* 1 (*bagagli dal deposito*) ritirare 2 (*imballaggi, vuoti ecc.*) pagare il costo per la consegna (di).

décontamination [dekɔ̃taminasjɔ̃] *n.f.* decontaminazione.

décontaminer [dekɔ̃tamine] *v.tr.* decontaminare.

décontenancé [dekɔ̃tnɑ̃se] *agg.* sconcertato, sbalordito.

décontenancer [dekɔ̃tnɑ̃se] *v.tr.* [coniug. come *placer*] 1 sconcertare 2 mettere in imbarazzo ♦ **se décontenancer** *v.pron.intr.* smarrirsi, confondersi.

décontracté [dekɔ̃trakte] *agg.* 1 rilassato, disteso 2 (*fam.*) disinvolto, disinibito ♦ *avv.* (*abbigl.*) casual.
■ AGG. SIN. 1 détendu.

D

décontracter [dekɔ̃trakte] *v.tr.* rilassare, distendere ♦ **se décontracter** *v.pron.intr.* rilassarsi, distendersi.
■ V.PRON. SIN. se détendre, se relaxer.

décontraction [dekɔ̃traksjɔ̃] *n.f.* 1 distensione, rilassamento (*m.*) 2 (*fam.*) disinvoltura.

déconvenue [dekɔ̃vny] *n.f.* disappunto (*m.*), delusione.
■ SIN. déception.

déconversion [dekɔ̃vɛrsjɔ̃] *n.f.* abbandono (*m.*) di una fede religiosa.

décor [dekɔr] *n.m.* 1 (*teatr., cine.*) scena (*f.*) 2 (*pl.*) scenografia (*f.sing.*) 3 (*fig.*) cornice (*f.*), scenario, sfondo 4 arredamento, arredo.
● (*teatr., cine.*) ***décor de théâtre***, decorazione scenica | ***entrer, aller dans le décor***, (*fam.*) (*di automobile*) uscire di strada | (*teatr., cine.*) ***scène sans décor***, scena nuda.

FAUX AMI
Da non confondere con *decoro*, che si traduce *dignité*.

décorateur [dekɔratœr] *n.m.* [f. *-trice*] 1 decoratore 2 (*teatr., cine.*) scenografo.
● ***décorateur (d'intérieurs)***, arredatore d'interni.

décoratif [dekɔratif] *agg.* [f. *-ive*] decorativo.
■ SIN. ornemental.

décoration [dekɔrasjɔ̃] *n.f.* 1 decorazione 2 addobbo (*m.*) 3 arredamento (*m.*) 4 (*onorificenza*) decorazione.

décorer [dekɔre] *v.tr.* 1 decorare 2 addobbare 3 (*fig.*) fregiare 4 (*conferire una onorificenza*) decorare.
■ SIN. 1 orner, parer.

décortiqué [dekɔrtike] *agg.* 1 (*agr.*) decorticato, scortecciato 2 (*di riso ecc.*) sbramato 3 (*di mandorle ecc.*) sbucciato, sgusciato 4 (*med.*) decorticato.

décortiquer [dekɔrtike] *v.tr.* scortecciare; sbucciare; sgusciare.
■ SIN. éplucher.

décorum [dekɔrɔm] *n.m.* (*solo sing.*) decoro, convenienze (*f.pl.*).

décote [dekɔt] *n.f.* (*econ.*) 1 sgravio (*m.*) fiscale 2 sconto (*m.*) 3 (*di moneta*) svalutazione.

découcher [dekuʃe] *v.intr.* dormire fuori (casa).

découdre [dekudr] *v.tr.* [coniug. come *coudre*] scucire.
● ***en découdre***, (*fam.*) affrontarsi.

découler [dekule] *v.intr.* 1 scaturire, derivare: *il en découle que*, ne consegue che 2 sgocciolare.

découpage [dekupaʒ] *n.m.* 1 taglio 2 il ritagliare 3 (*cosa ritagliata*) ritaglio; figura (*f.*) da ritagliare 4 (*cine.*) copione (di montaggio) 5 (*amm.*) suddivisione (*f.*).
● (*inform.*) ***découpage du temps***, assegnazione di tempo | (*amm.*) ***découpage électoral***, suddivisione in seggi elettorali | (*inform.*) ***découpage en fenêtres***, gestione delle finestre.

découpe [dekup] *n.f.* 1 (*abbigl.*) motivo (*m.*); taglio (*m.*) (fatto in un vestito per guarnizione) 2 taglio (*m.*) di tronco d'albero 3 (*macelleria*) taglio (*m.*).

découpé [dekupe] *agg.* 1 ritagliato 2 (*bot., geogr.*) frastagliato.

découper [dekupe] *v.tr.* 1 tagliare 2 ritagliare 3 (*cuc.*) trinciare 4 (*tecn.*) (*metallo*) tranciare; (*legno*) traforare 5 stagliare, stagliarsi (con): *le château découpait ses tourelles sur* (o *contre*) *le ciel*, il castello stagliava le sue torri, si stagliava con le sue torri contro il cielo ♦ **se découper** *v.pron.intr.* stagliarsi (contro).

D

découplé [dekuple] *agg.* vigoroso, robusto.
● ***bien découplé***, ben piantato.

découpoir [dekupwaʀ] *n.m.* 1 cesoia (*f.*), trancia (*f.*) 2 lama (*f.*) (di una trancia).

découpure [dekupyʀ] *n.f.* 1 ritaglio (*m.*) 2 (*bot., geogr.*) frastagliatura 3 (*tecn.*) (*di metallo*) tranciatura; (*di legno*) traforo (*m.*).

décourageant [dekuʀaʒɑ̃] *agg.* scoraggiante.

découragement [dekuʀaʒmɑ̃] *n.m.* scoraggiamento.

décourager [dekuʀaʒe] *v.tr.* [coniug. come *manger*] scoraggiare, avvilire ♦ **se décourager** *v.pron.intr.* scoraggiarsi, avvilirsi.

décours [dekuʀ] *n.m.* fase (*f.*) decrescente.

décousu [dekuzy] *p.p.* di **découdre** ♦ *agg.* 1 scucito 2 (*fig.*) sconnesso, incoerente.

découvert [dekuvɛʀ] *p.p.* di **découvrir** ♦ *agg.* e *n.m.* scoperto.
● (*comm.*) ***découvert d'un compte***, scoperto di un conto | ***à découvert***, allo scoperto; (*fig.*) apertamente.

découverte [dekuvɛʀt] *n.f.* scoperta.

découvreur [dekuvʀœʀ] *n.m.* [f. *-euse*] scopritore, inventore.

découvrir [dekuvʀiʀ] *v.tr.* [coniug. come *ouvrir*] 1 scoprire 2 scorgere ♦ *v.intr.* affiorare, emergere ♦ **se découvrir** *v.pron.* scoprirsi ♦ *v.pron.intr.* 1 (*di cielo*) schiarirsi, rasserenarsi: *le ciel se découvre*, il cielo si rasserena 2 (*fig.*) rivelarsi.

décrassage [dekʀasaʒ] *n.m.* 1 (ri)pulitura (*f.*) 2 (*tecn.*) disincrostazione (*f.*).

décrasser [dekʀase] *v.tr.* 1 (ri)pulire 2 (*tecn.*) disincrostare.

décrément [dekʀemɑ̃] *n.m.* (*fis., inform.*) decremento.

décrêper [dekʀepe] *v.tr.* (*capelli*) stirare.

décrépir [dekʀepiʀ] *v.tr.* scrostare, togliere l'intonaco (a) ♦ **se décrépir** *v.pron.intr.* scrostarsi.

décrépit [dekʀepi] *agg.* decrepito.

décrépitude [dekʀepityd] *n.f.* decrepitezza, senescenza.
● ***en décrépitude***, fatiscente.

décret [dekʀɛ] *n.m.* decreto.

décréter [dekʀete] *v.tr.* [coniug. come *céder*] 1 decretare 2 decidere, stabilire.

décret-loi [dekʀɛlwa] *n.m.* [pl. *décrets-lois*] decreto legge.

décrier [dekʀije] *v.tr.* screditare.

décrire [dekʀiʀ] *v.tr.* [coniug. come *écrire*] descrivere.

décrispation [dekʀispasjɔ̃] *n.f.* distensione (*spec. pol.*).

décrisper [dekʀispe] *v.tr.* distendere (*spec. pol.*).

décrit [dekʀi] *p.p.* di **décrire**.

décrochage [dekʀɔʃaʒ] *n.m.* 1 (*quadro, ricevitore del telefono ecc.*) lo staccare 2 sgancio, sganciamento 3 (*pol.*) disimpegno 4 (*econ.*) calo: *décrochage des ventes*, calo delle vendite 5 (*fam.*) (*di attività*) abbandono.

décrocher [dekʀɔʃe] *v.tr.* 1 staccare: *décrocher* (*le téléphone*), staccare il ricevitore 2 sganciare 3 (*fam.*) ottenere, strappare ♦ *v.intr.* (*fam.*) (*da attività*) staccare; ritirarsi: *il a complètement décroché*, si è definitivamente ritirato ♦ **se décrocher** *v.pron.intr.* 1 staccarsi 2 sganciarsi.

décrocheur [dekʀɔʃœʀ] *n.m.* [f. *-euse*] (*Canada*) alunno che abbandona la scuola dell'obbligo prima del termine.

décrochez-moi-ça [dekʀɔʃemwasa] *n.m.invar.* 1 negozio di rigattiere 2 (*fam.*) abito d'occasione, usato.

décroiser [dekʀwaze] *v.tr.* disincrociare: *décroiser les bras*, disincrociare le braccia.

décroissance [dekʀwasɑ̃s] *n.f.* 1 diminuzione, calo (*m.*) 2 (*mat.*) decremento (*m.*).

décroissant [dekʀwasɑ̃] *agg.* decrescente.

décroître [dekʀwa(ɑ)tʀ] *v.intr.* [coniug. come *croître*] decrescere, diminuire.

décrotter [dekʀɔte] *v.tr.* 1 scrostare, ripulire dal fango 2 (*fig.*) dirozzare.

décrottoir [dekʀɔtwaʀ] *n.m.* 1 puliscipiedi 2 raschietto.

décru [dekʀy] *p.p.* di **décroître**.

décrue [dekʀy] *n.f.* (*di acque ecc.*) ritiro (*m.*).

décryptage [dekʀiptaʒ] *n.m.* decodifica (*f.*).

décrypter [dekʀipte] *v.tr.* 1 decifrare 2 decodificare.
■ SIN. 1 déchiffrer 2 décoder.

déçu [desy] *p.p.* di **décevoir** ♦ *agg.* deluso.

déculotter [dekylɔte] *v.tr.* togliere i calzoni, le mutande (a) ♦ **se déculotter** *v.pron.* 1 togliersi i calzoni, le mutande 2 (*fam.*) fare il leccapiedi 3 (*argot*) confessare.

déculpabiliser [dekylpabilize] *v.tr.* (*psic.*) togliere il senso di colpa (a).

décuple [dekypl] *agg.* e *n.m.* decuplo.

décupler [dekyple] *v.tr.* decuplicare.

décurie [dekyʀi] *n.f.* (*st. romana*) decuria.

dédaignable [dedɛɲabl] *agg.* disprezzabile, trascurabile.

dédaigner [dedɛɲe] *v.tr.* disdegnare; disprezzare.
● ***dédaigner de***, non degnarsi di.

dédaigneusement [dedɛɲøzmɑ̃] *avv.* sprezzantemente, in modo sprezzante.

dédaigneux [dedɛɲø] *agg.* [f. *-euse*] sdegnoso, sprezzante, altezzoso.

dédain [dedɛ̃] *n.m.* disdegno; disprezzo.

dédale [dedal] *n.m.* dedalo.

dedans [dədɑ̃] *avv.* dentro ♦ *n.m.* (l')interno, parte (*f.*) interna.
● ***de dedans***, ***par dedans***, dall'interno, (dal) di dentro: *la porte s'ouvre de, par dedans*, la porta si apre dall'interno, dal di dentro | ***en dedans***, in dentro; all'interno, verso l'interno: *marcher les pieds en dedans*, camminare coi piedi in dentro; *cette maison est mieux en dehors qu'en dedans*, questa casa è più bella di fuori che all'interno, di dentro | ***il a donné dedans!***, (*fam.*) c'è cascato! | ***mettre qqn dedans***, (*fam.*) imbrogliare qlcu | ***rentrer dedans***, (*fam.*) venire addosso; aggredire: *cette voiture m'est rentrée dedans*, questa macchina mi è venuta addosso; *il m'est rentré dedans*, mi ha aggredito.

dédevenir [dedəvniʀ] *v.intr.* (*Svizzera*) deperire.

dédicace [dedikas] *n.f.* dedica.

dédicacer [dedikase] *v.tr.* [coniug. come *placer*] scrivere una dedica (su).

dédié [dedie] *agg.* (*inform.*) dedicato.

dédier [dedje] *v.tr.* dedicare.

dédire, se [sədediʀ] *v.pron.* smentirsi, ritrattare: *se dédire d'une promesse*, venir meno a una promessa.

dédit [dedi] *n.m.* 1 ritrattazione (*f.*) 2 (*dir.*) penale (*f.*), disdetta (*f.*).

dédommagement [dedɔmaʒmɑ̃] *n.m.* 1 risarcimento 2 (*fig.*) compenso.
● ***dédommagements de guerre***, riparazioni di guerra.
■ SIN. indemnité.

dédommager [dedɔmaʒe] *v.tr.* [coniug. come *manger*] 1 risarcire 2 (*fig.*) ricompensare.

dédorer [dedɔʀe] *v.tr.* togliere la doratura (a).

dédouanage [dedwanaʒ] **dédouanement** [dedwanmɑ̃] *n.m.* sdoganamento.

dédouaner [dedwane] *v.tr.* 1 sdoganare 2 (*fig.*) discolpare, scagionare.

dédoublement [dedubləmɑ̃] *n.m.* sdoppiamento.

dédoubler [deduble] *v.tr.* 1 sdoppiare, dividere (in due): (*ferr.*) *dédoubler un train*, formare un treno supplementare 2 sfoderare ♦ **se dédoubler** *v.pron.intr.* sdoppiarsi.

dédramatisation [dedʀamatizasjɔ̃] *n.f.* sdrammatizzazione.

dédramatiser [dedʀamatize] *v.tr.* sdrammatizzare.

déductibilité [dedyktibilite] *n.f.* deducibilità.

déductible [dedyktibl] *agg.* deducibile, detraibile.

déductif [dedyktif] *agg.* [f. *-ive*] deduttivo.

déduction [dedyksjɔ̃] *n.f.* 1 deduzione, detrazione 2 (*estens.*) conclusione.
● (*fin.*) ***sans déduction d'impôt***, non esente da tasse.

déduire [dedɥiʀ] *v.tr.* [coniug. come *conduire*] 1 dedurre, detrarre 2 dedurre, concludere.

déduit [dedɥi] *p.p.* di **déduire** ♦ *agg.* detratto.
● (*fin.*) ***impôt non déduit***, al lordo d'imposta.

déesse [deɛs] *n.f.* dea.

défaillance [defajɑ̃s] *n.f.* 1 debolezza improvvisa; (*fig.*) cedimento (*m.*) 2 (*dir.*) inadempienza 3 (*tecn., inform.*) guasto (*m.*); anomalia.
● (*med.*) ***défaillance cardiaque***, collasso cardiaco | ***défaillance de mémoire***, improvvisa amnesia.
■ SIN. 1 faiblesse CONTR. 1 énergie, puissance.

défaillant [defajɑ̃] *agg.* 1 che viene meno, che si spegne: *une voix défaillante*, una voce fioca 2 (*dir.*) contumace: *témoin défaillant*, testimone contumace 3 (*dir.*) inadempiente.

défaillir [defajiʀ] *v.intr.dif.* [usato al pres.indic.: *je défaille, tu défailles, il défaille, nous défaillons, vous défaillez, ils défaillent*; (*letter.*) *je défaus, tu défaus, il défaut*; imperf.indic.: *je défaillais* etc.; p.rem.: *je défaillis* etc.; fut.indic. (*letter.*): *je défaudrai* etc.; p.p.: *défailli*; pass. prossimo: *j'ai défailli* etc.; p.pres.: *défaillant*] 1 venir meno; indebolirsi: *sa mémoire défaille*, ha dei vuoti di memoria 2 (*dir.*) non adempiere.

défaire [defɛʀ] *v.tr.* [coniug. come *faire*] 1 disfare 2 slacciare: *défais tes sandales*, slacciati i sandali 3 sconfiggere ♦ **se défaire** *v.pron.intr.* disfarsi, liberarsi.

défait [defɛ] *p.p.* di **défaire** ♦ *agg.* disfatto.

défaite [defɛt] *n.f.* disfatta, sconfitta.

défaitisme [defetism] *n.m.* disfattismo.

défaitiste [defetist] *agg.* e *n.m.* e *f.* disfattista.

défalcation [defalkasjɔ̃] *n.f.* defalco (*m.*).

défalquer [defalke] *v.tr.* defalcare.

défatigant [defatigɑ̃] *agg.* e *n.m.* tonificante, rigenerante.

défausser [defose] *v.tr.* raddrizzare ♦ **se défausser** *v.pron.intr.* (*alle carte*) scartare.

défaut [defo] *n.m.* 1 mancanza (*f.*), assenza (*f.*) 2 difetto, imperfezione (*f.*); vizio: *un défaut physique*, un difetto fisico 3 errore.
● ***à défaut de***, in mancanza di: *à défaut de mieux*, in mancanza di meglio | (*mat.*) ***approximation par défaut***, approssimazione per difetto | ***en défaut***, in fallo; in errore, in difetto: *trouver, prendre qqn en défaut*, cogliere qlcu in fallo; *être en défaut*, essere in errore, in difetto | ***faire défaut***, mancare, far difetto: *la volonté lui fait défaut*, manca di volontà | (*dir.*) ***jugement par défaut***, giudizio in contumacia | ***le défaut de la cuirasse***, (*fig.*) il punto debole.
■ CONTR. 2 qualité.

défaveur [defavœʀ] *n.f.* sfavore (*m.*), discredito (*m.*).

défavorable [defavɔʀabl] *agg.* sfavorevole.

défavorablement [defavɔʀabləmɑ̃] *avv.* sfavorevolmente.

défavorisé [defavɔʀize] *agg.* (socialmente) svantaggiato: *les classes défavorisées*, le classi meno abbienti.

défavoriser [defavɔʀize] *v.tr.* sfavorire, svantaggiare.

défécation [defekɑsjɔ̃] *n.f.* (*fisiol., chim.*) defecazione.

défectif [defɛktif] *agg.* [f. *-ive*] (*gramm.*) difettivo.

défection [defɛksjɔ̃] *n.f.* defezione: *faire défection*, defezionare.

défectueusement [defɛktɥøzmɑ̃] *avv.* difettosamente, in modo difettoso.

défectueux [defɛktɥø] *agg.* [f. *-euse*] 1 imperfetto, manchevole 2 difettoso 3 (*dir.*) viziato.

défectuosité [defɛktɥozite] *n.f.* difettosità.

défendable [defɑ̃dabl] *agg.* difendibile; (*estens.*) sostenibile: *thèse défendable*, tesi sostenibile.

défendeur [defɑ̃dœʀ] *n.m.* [f. *-eresse*] (*dir.*) convenuto.

défendre [defɑ̃dʀ] *v.tr.* [coniug. come *rendre*] 1 difendere 2 riparare, proteggere 3 proibire ♦ **se défendre** *v.pron.* difendersi ♦ *v.pron.intr.* negare: *je ne m'en défends pas*, non lo nego.
● ***défendre sa porte à qqn***, vietare l'ingresso (della propria casa) a qlcu | ***ça se défend***, è accettabile | ***il est défendu de fumer***, vietato fumare | ***se défendre de***, imporsi di non: *elle se défend de penser à cela*, si è imposta di non pensarci.

défenestration [defənɛstʀasjɔ̃] *n.f.* defenestrazione.

défenestrer [defənɛstʀe] *v.tr.* defenestrare.

défense [defɑ̃s] *n.f.* 1 difesa 2 divieto (*m.*), proibizione 3 (*dir.*) difesa 4 (*zool.*) zanna, difesa 5 (*mar.*) parabordo (*m.*).
● ***défense d'entrer***, vietato l'ingresso | ***défense de stationner***, divieto di sosta | ***pour la défense de nos intérêts***, a tutela dei nostri interessi | ***sans défense***, indifeso.

NOTA ***La Défense*** è un quartiere di affari, costruito a ovest di Parigi, tra il 1957 e il 1989. Su una grande piattaforma di cemento armato, riservata ai pedoni, sorgono varie torri occupate da istituzioni e uffici. Ne fa parte, affrontata prospetticamente all'*Arc de Triomphe*, la *Grande Arche*.

défenseur [defɑ̃sœʀ] *n.m.* difensore; (*estens.*) sostenitore.

défensif [defɑ̃sif] *agg.* [f. *-ive*] difensivo.

défensive [defɑ̃siv] *n.f.* difensiva.

D

déféquer [defeke] ***v.tr.*** [coniug. come *céder*] (*fisiol., chim.*) defecare.

déférence [deferɑ̃s] ***n.f.*** deferenza, rispetto (*m.*).

déférent [deferɑ̃] ***agg.*** deferente.

déférer [defere] ***v.tr.*** [coniug. come *céder*] (*dir.*) deferire.

déferlant [defɛrlɑ̃] ***agg.*** (*di onda*) che si infrange.

D

déferlante [defɛrlɑ̃t] ***n.f.*** frangente (*m.*); (*fig.*) ondata di marea.

déferlement [defɛrləmɑ̃] ***n.m.*** **1** (*di onde*) il frangersi **2** irruzione (*f.*); scatenamento: *le déferlement des haines*, lo scatenarsi dell'odio.

déferler [defɛrle] ***v.intr.*** **1** infrangersi **2** (*fig.*) dilagare, riversarsi: *les vacanciers déferlèrent sur les plages*, i vacanzieri si riversarono sulle spiagge.

déferrer [defere] ***v.tr.*** (*cavallo ecc.*) sferrare.

défi [defi] ***n.m.*** sfida (*f.*): *défi au bon sens*, insulto al buonsenso.
● ***mettre au défi***, sfidare: *mettre qqn au défi de faire qqch*, sfidare qlcu a fare qlco.
■ SIN. bravade.

défiance [defjɑ̃s] ***n.f.*** diffidenza; sfiducia.

défiant [defjɑ̃] ***agg.*** diffidente; sospettoso.

défibrer [defibre] ***v.tr.*** sfibrare.

défibrillateur [defibrijatœr] ***n.m.*** (*med.*) defibrillatore.

déficeler [defisle] ***v.tr.*** [coniug. come *appeler*] togliere lo spago (**a**): *déficeler un paquet*, disfare un pacchetto.

déficience [defisjɑ̃s] ***n.f.*** deficienza.
● (*med.*) ***déficience immunitaire***, deficienza immunitaria.

déficient [defisjɑ̃] ***agg.*** e ***n.m.*** deficiente.

déficit [defisit] ***n.m.*** deficit, disavanzo: *le bilan se solde par un déficit*, il bilancio si chiude in deficit; *déficit des dépenses publiques*, disavanzo della spesa pubblica.

déficitaire [defisitɛr] ***agg.*** **1** deficitario **2** (*Africa*) a corto di soldi.

défier [defje] ***v.tr.*** sfidare.

défier, se [sədefje] ***v.pron.intr.*** non fidarsi, diffidare.

défigurer [defigyre] ***v.tr.*** **1** sfigurare **2** (*fig.*) alterare, snaturare.

défilé [defile] ***n.m.*** **1** sfilata (*f.*); corteo: *un défilé de touristes*, una fila di turisti **2** stretta (*f.*), gola (*f.*), passo: *le défilé de Roncevaux*, il passo di Roncisvalle ♦ ***agg.*** (*mil.*) defilato.

défiler[1] [defile] ***v.tr.*** **1** sfilare **2** (*mil. mar.*) defilare ♦ **se défiler** ***v.pron.intr.*** **1** sfilarsi **2** (*fam.*) squagliarsela, defilarsi.
● (*inform.*) ***faire défiler***, (*immagine video*) scorrere, (*nastro*) avanzare.

défiler[2] ***v.intr.*** sfilare, procedere in fila; (*fig.*) scorrere: *les souvenirs défilaient devant mes yeux*, (*fig.*) mi passavano davanti agli occhi i ricordi.

défini [defini] ***agg.*** definito; delineato.

définir [definir] ***v.tr.*** **1** definire **2** inquadrare: *je l'ai défini, c'est un imbécile*, l'ho inquadrato, è un imbecille.
■ SIN. **1** déterminer.

définissable [definisabl] ***agg.*** definibile.

définitif [definitif] ***agg.*** [f. *-ive*] definitivo.
● ***en définitive***, in definitiva, alla fin fine.

définition [definisjɔ̃] ***n.f.*** definizione.
● ***par définition***, per definizione.

définitivement [definitivmɑ̃] ***avv.*** definitivamente.

déflagration [deflagrasjɔ̃] ***n.f.*** deflagrazione.

déflagrer [deflagre] ***v.intr.*** deflagrare.

déflation [deflasjɔ̃] ***n.f.*** (*econ.*) deflazione.

déflationniste [deflasjɔnist] ***agg.*** (*econ.*) deflazionistico.
● ***facteur déflationniste***, deflatore.

déflecteur [deflɛktœr] ***n.m.*** deflettore.

défloraison [deflɔrɛzɔ̃] ***n.f.*** sfioritura.

défloration [deflɔrasjɔ̃] ***n.f.*** deflorazione.

déflorer [deflɔre] ***v.tr.*** **1** deflorare **2** (*fig.*) sciupare, rovinare.

défoliant [defɔljɑ̃] ***agg.*** e ***n.m.*** defoliante.

défonce [defɔ̃s] ***n.f.*** (*argot*) sballo (*m.*), viaggio (*m.*) (per assunzione di droghe).

défoncé [defɔ̃se] ***agg.*** **1** sfondato **2** (*argot*) drogato, fatto.
● ***route défoncée***, strada a fondo dissestato.

défoncer [defɔ̃se] ***v.tr.*** [coniug. come *placer*] sfondare ♦ **se défoncer** ***v.pron.intr.*** (*fam.*) farsi (di droga), bucarsi.

déforestation [defɔrɛstasɪɔ̃] ***n.f.*** deforestazione.

déformant [defɔrmɑ̃] ***agg.*** deformante.

déformation [defɔrmasjɔ̃] ***n.f.*** deformazione.

déformer [defɔrme] ***v.tr.*** sformare, deformare.

défoulement [defulmɑ̃] ***n.m.*** **1** (*fam.*) sfogo **2** (*psic.*) disinibizione (*f.*).

défouler, se [sədefule] ***v.pron.*** sfogarsi, scaricarsi.

défourner [defurne] ***v.tr.*** sfornare.

défragmenter [defragmɑ̃te] ***v.tr.*** (*inform.*) deframmentare.

défraîchir, se [sədefreʃir] ***v.pron.intr.*** sciuparsi; (*di colore*) sbiadire.

défrayer [defreje] ***v.tr.*** [coniug. come *payer*] spesare.
● ***défrayer la chronique***, far parlare di sé, essere al centro della cronaca.

défrichage [defriʃaʒ] **défrichement** [defriʃmɑ̃] ***n.m.*** dissodamento.

défricher [defriʃe] ***v.tr.*** dissodare | *domaine qui reste à défricher*, (*fig.*) campo ancora da esplorare.

défriser [defrize] ***v.tr.*** **1** (*capelli*) stirare **2** (*fam.*) contrariare, deludere.

défroisser [defrwase] ***v.tr.*** togliere le spiegazzature (**a**).

défroque [defrɔk] ***n.f.*** abito (*m.*) smesso, fuori moda.

défroqué [defrɔke] ***agg.*** e ***n.m.*** spretato.

défunt [defœ̃] ***agg.*** e ***n.m.*** defunto.
■ SIN. décédé.

dégagé [degaʒe] ***agg.*** **1** libero, sgombro: *ciel dégagé*, cielo terso; *front dégagé*, fronte scoperta; *une vue dégagée*, un'ampia vista **2** sciolto, disinvolto, spigliato.

dégagement [degaʒmɑ̃] ***n.m.*** **1** sgombero **2** emanazione (*f.*), liberazione (*f.*): *dégagement de chaleur*, emanazione di calore **3** disimpegno **4** (*arch.*) disimpegno; spiazzo **5** (*med.*) espulsione (*f.*).

dégager [degaʒe] ***v.tr.*** [coniug. come *manger*] **1** liberare (*anche fig.*): *dégager sa responsabilité*, liberarsi di una responsabilità; *dégager qqn de sa promesse*, sciogliere qlcu da una promessa **2** sgomberare **3** emanare, sprigionare: *dégager de la chaleur*, sprigionare calore **4** (*fig.*) trarre, cogliere: *dégager la morale d'un fait*, trarre la morale di un fatto **5** disimpegnare **6** (*econ.*) svincola-

re: *dégager des valeurs*, svincolare dei titoli ♦ *v.intr.* (*fam.*) smammare, togliersi dai piedi: *dégagez!*, circolare! ♦ **se dégager** *v.pron.intr.* 1 liberarsi (*anche fig.*) 2 sprigionarsi, emanare 3 (*fig.*) emergere: *il se dégage de cela que*, da ciò emerge che.
● ***ça dégage!***, (*molto fam.*) è veramente fantastico!

dégaine [degɛn] *n.f.* (*fam.*) aspetto (*m.*) goffo e ridicolo.

dégainer [degene] *v.tr.* (*arma*) sguainare, sfoderare.

déganter, se [sədegɑ̃te] *v.pron.intr.* togliersi i guanti.

dégarni [degaʀni] *agg.* sguarnito.

dégarnir [degaʀniʀ] *v.tr.* sguarnire ♦ **se dégarnir** *v.pron.intr.* 1 sguarnirsi 2 vuotarsi 3 stempiarsi: *ses tempes se dégarnissent, il se dégarnit*, si sta stempiando.

dégât [degɑ] *n.m.* danno, guasto.
● ***il y a du dégât***, (*fam.*) è un macello.

dégauchir [degoʃiʀ] *v.tr.* 1 (*tecn.*) raddrizzare; spianare 2 (*fam.*) trovare, scovare.

dégel [deʒɛl] *n.m.* 1 disgelo 2 (*fig.*) disgelo, distensione (*f.*) 3 (*econ.*) smobilizzo; scongelamento.

dégeler [deʒle] *v.tr.* [coniug. come *semer*] 1 disgelare 2 (*comm.*) scongelare, sbloccare ♦ *v.intr.* disgelarsi: *le fleuve a dégelé*, il fiume è disgelato ♦ **se dégeler** *v.pron.intr.* (*fig.*) distendersi.

dégénératif [deʒeneʀatif] *agg.* [f. *-ive*] degenerativo.

dégénération [deʒeneʀasjɔ̃] *n.f.* degenerazione.

dégénéré [deʒeneʀe] *agg.* e *n.m.* 1 degenerato 2 (*fam.*) (*persona*) tarato.

dégénérer [deʒeneʀe] *v.intr.* [coniug. come *céder*] degenerare.

dégénérescence [deʒeneʀesɑ̃s] *n.f.* (*med., fis.*) degenerazione.

dégingandé [deʒɛ̃gɑ̃de] *agg.* (*fam.*) alto e dinoccolato; sgraziato.

dégivrage [deʒivʀaʒ] *n.m.* sbrinamento.

dégivrer [deʒivʀe] *v.tr.* sbrinare.

dégivreur [deʒivʀœʀ] *n.m.* sbrinatore; (*aer.*) antighiaccio.

déglacer [deglase] *v.tr.* [coniug. come *placer*] 1 sgelare 2 (*cuc.*) deglassare.

déglingué [deglɛ̃ge] *agg.* sfasciato.

déglinguer [deglɛ̃ge] *v.tr.* (*fam.*) sfasciare, scassare.

déglutir [deglytiʀ] *v.tr.* deglutire.

déglutition [deglytisjɔ̃] *n.f.* deglutizione.

dégobiller [degɔbije] *v.tr.* e *intr.* (*fam.*) vomitare.

dégoiser [degwaze] *v.tr.* (*fam.*) blaterare, parlare a vanvera.

dégommer [degɔme] *v.tr.* (*fam.*) licenziare; silurare, far fuori.

dégonder [degɔ̃de] *v.tr.* scardinare.

dégonflage [degɔ̃flaʒ] **dégonflement** [degɔ̃fləmɑ̃] *n.m.* 1 sgonfiamento 2 (*fam.*) rinuncia (*f.*), cedimento, marcia (*f.*) indietro.

dégonfler [degɔ̃fle] *v.tr.* 1 sgonfiare 2 (*fam.*) scoraggiare, smontare ♦ *v.intr.* 1 sgonfiarsi 2 (*fig. fam.*) mollare, fare marcia indietro, dichiarare forfait ♦ **se dégonfler** *v.pron.* 1 sgonfiarsi 2 (*fam.*) perdersi d'animo 3 (*fig. fam.*) tirarsi indietro (all'ultimo momento), piantare in asso.

dégorgement [degɔʀʒəmɑ̃] *n.m.* 1 sgorgo, scarico 2 (*med. pop.*) travaso: *dégorgement de la bile*, travaso di bile 3 (*ind. tess.*) spurgo 4 (*enol.*) sboccatura (*f.*).

dégorger [degɔʀʒe] *v.tr.* [coniug. come *manger*] 1 stasare 2 vomitare 3 (*tecn.*) pulire, purificare ♦ *v.intr.* scaricare; sboccare.
● ***faire dégorger***, (*tecn.*) far spurgare; (*cuc.*) tenere a bagno nell'acqua.

dégot(t)er [degɔte] *v.tr.* (*fam.*) scovare | *il a dégoté un de ces rhumes!*, si è beccato uno di quei raffreddori!

dégouliner [deguline] *v.intr.* (*fam.*) colare, sgocciolare.

D

dégoupiller [degupije] *v.tr.* (*tecn.*) togliere la coppiglia (a).

dégourdi [deguʀdi] *agg.* (*fam.*) sveglio, svelto ♦ *n.m.* (*fam.*) tipo sveglio, dritto.

dégourdir [deguʀdiʀ] *v.tr.* 1 sgranchire: *dégourdir ses jambes*, sgranchirsi le gambe 2 (*fig.*) sveltire, rendere disinvolto 3 intiepidire (l'acqua) ♦ **se dégourdir** *v.pron. intr.* 1 sgranchirsi 2 (*fig.*) sveltirsi ♦ *v.pron. indiretto* sgranchirsi: *se dégourdir les jambes*, sgranchirsi le gambe.

dégoût [degu] *n.m.* disgusto, ripugnanza (*f.*); schifo: *avoir du dégoût pour qqch*, provare disgusto per qlco.

dégoûtant [degutɑ̃] *agg.* disgustoso, ripugnante.

dégoûtation [degutasjɔ̃] *n.f.* 1 (*fam.*) schifo (*m.*); schifezza 2 cosa, persona schifosa, disgustosa.

dégoûté [degute] *agg.* 1 disgustato, nauseato 2 schizzinoso ♦ *n.m.* schizzinoso, schifiltoso: *faire le dégoûté*, fare lo schizzinoso, il difficile.

dégoûter [degute] *v.tr.* 1 disgustare, nauseare 2 stancare, venire a noia ♦ **se dégoûter** *v.pron.intr.* disgustarsi, stancarsi.
■ *V.TR.* SIN. **1** écœurer.

dégoutter [degute] *v.intr.* gocciolare; sgocciolare; colare.

dégradable [degʀadabl] *agg.* degradabile.

dégradant [degʀadɑ̃] *agg.* degradante.

dégradation [degʀadasjɔ̃] *n.f.* 1 (*da una carica ecc.*) destituzione, degradazione 2 (*di edificio ecc.*) deterioramento (*m.*), degrado (*m.*) 3 abiezione, avvilimento (*m.*) 4 (*fis.*) decadimento (*m.*) 5 (*biol.*) degradazione.
● (*dir.*) ***dégradation civique***, perdita dei diritti civili | ***en état de dégradation***, degradato.

dégradé [degʀade] *n.m.* 1 sfumatura (*f.*): *un effet de dégradé*, un gioco di toni sfumati 2 (*pitt.*) sfumato 3 (*fot., cine.*) flou.

dégrader[1] [degʀade] *v.tr.* 1 (*da una carica ecc.*) destituire; degradare (*anche fig.*) 2 deteriorare 3 (*geol.*) degradare ♦ **se dégrader** *v.pron.intr.* 1 deteriorarsi 2 degradarsi (moralmente).

dégrader[2] *v.tr.* 1 (*pitt.*) (*un colore*) sfumare 2 (*nel taglio di capelli*) scalare.

dégrafer [degʀafe] *v.tr.* slacciare ♦ **se dégrafer** *v.pron.intr.* slacciarsi.
■ *V.TR.* CONTR. agrafer.

dégrafeur [degʀafœʀ] *n.m.* **dégrafeuse** [degʀaføz] *n.f.* levapunti (*m.* e *f.*).

dégraissage [degʀɛsaʒ] *n.m.* 1 sgrassatura (*f.*); pulitura (*f.*) 2 smacchiatura (*f.*) 3 (*fam.*) riduzione (*f.*) del personale.

dégraisser [degʀese] *v.tr.* 1 sgrassare 2 smacchiare ♦ *v.intr.* (*fam.*) ridurre il personale di un'azienda.

degré [dəgʀe] *n.m.* 1 grado; (*estens.*) livello 2 (*scient.*) grado: *degré d'une équation*, grado di un'equazione; *angle de 90 degrés*, angolo di 90 gradi; *le thermomètre*

marque 30 degrés, il termometro segna 30 gradi; *une secousse tellurique du cinquième degré*, una scossa tellurica del quinto grado; *brûlure du troisième degré*, ustione di terzo grado **3** (*gramm.*) grado **4** (*mus.*) grado **5** (*letter.*) scalino, gradino (*anche fig.*).
● ***degré alcoolique***, gradazione alcolica | (*fis.*) ***degré Celsius***, ***Fahrenheit***, grado Celsius, Fahrenheit | (*mus.*) ***dégré conjoint***, ***disjoint***, grado congiunto, disgiunto | ***degré d'alarme terroriste***, livello di allarme terroristico | (*gramm.*) ***degré de comparaison***, grado comparativo | (*geogr.*) ***degré de latitude***, ***de longitude***, grado di latitudine, di longitudine | ***degré de parenté***, grado di parentela: *cousins au premier degré*, cugino di primo grado | (*fis.*) ***degré d'humidité***, ***de dureté***, grado di umidità, di durezza | ***au plus haut degré***, in sommo grado | ***au premier degré***, alla lettera | ***école du premier degré***, ***du second degré***, scuola elementare, secondaria | ***le dernier degré***, il massimo grado: *au dernier degré*, all'ultimo stadio | ***par degré(s)***, a, per gradi.

dégressif [degʀesif] *agg.* [f. *-ive*] (*econ., fin.*) decrescente: *tarif*, *intérêt dégressif*, tariffa, interesse scalare; *impôt*, *taux dégressif*, imposta, aliquota regressiva.

dégrèvement [degʀɛvmɑ̃] *n.m.* sgravio (fiscale).

dégrever [degʀəve] *v.tr.* [coniug. come *semer*] (*fin.*) sgravare (da un carico fiscale).

dégriffé [degʀife] *agg.* (*di indumento o accessorio firmato*) privato di etichetta (per venderlo a prezzo ridotto).

dégringolade [degʀɛ̃gɔlad] *n.f.* **1** (*fam.*) ruzzolone (*m.*), capitombolo (*m.*) **2** (*fig.*) crollo (*m.*), tracollo (*m.*).

dégringoler [degʀɛ̃gɔle] *v.intr.* **1** (*fam.*) ruzzolare, precipitare: *dégringoler dans l'escalier*, ruzzolare dalle scale **2** (*fig.*) crollare ♦ *v.tr.* scendere di corsa.
■ *V.INTR.* SIN. tomber.

dégriser [degʀize] *v.tr.* **1** far passare la sbornia (**a**) **2** (*fig.*) disilludere, smontare ♦ **se dégriser** *v.pron.intr.* farsi passare l'ubriacatura.

dégrossi [degʀosi] *agg.* sgrossato.
● ***mal dégrossi***, (*fig.*) rozzo.

dégrossir [degʀosiʀ] *v.tr.* **1** sgrossare **2** (*fig.*) dirozzare, ingentilire ♦ **se dégrossir** *v.pron.intr.* (*fig.*) dirozzarsi, raffinarsi.

dégroupage [degʀupaʒ] *n.m.* (*tel.*) disaggregazione (*f.*), disassemblaggio.

dégroupé [degʀupe] *agg.* (*tel.*) disaggregato, disassemblato: *zone dégroupée*, zona disaggregata.

dégroupement [degʀupmɑ̃] *n.m.* ripartizione (*f.*).

dégrouper [degʀupe] *v.tr.* separare.

déguenillé [dɛg(ə)nije] *agg.* cencioso ♦ *n.m.* straccione.

déguerpir [degɛʀpiʀ] *v.intr.* svignarsela, darsela a gambe: *faire déguerpir qqn*, far sloggiare qlcu.

dégueu [degø] **dégueulasse** [degœ(ø)las] *agg.* e *n.m.* (*molto fam.*) schifoso, lurido.
● ***c'est pas dégueu(lasse)!***, (è) proprio buono!, niente male!

dégueuler [degœle] *v.tr.* (*molto fam.*) vomitare.

dégueulis [degœli] *n.m.* (*fam.*) vomito.

déguiller [degije] *v.tr.* (*Svizzera*) abbattere: *déguiller un arbre*, abbattere un albero ♦ *v.intr.* (*Svizzera*) cadere.

déguisé [degize] *agg.* **1** camuffato (**da**), mascherato (**da**); travestito (**da**): *déguisé en Arlequin*, mascherato da Arlecchino **2** (*dir.*) simulato, contraffatto.

NOTA L'aggettivo ***déguisé*** è seguito dalla preposizione ***en***:
SÌ *Ils se sont **déguisés en** soldats.*
NO *Ils se sont **déguisés de** soldats.*
Si sono travestiti da soldati.

déguisement [degizmɑ̃] *n.m.* **1** camuffamento, mascheramento **2** simulazione (*f.*): *parler sans déguisement*, parlare francamente.
■ SIN. **1** accoutrement.

déguiser [degize] *v.tr.* **1** camuffare, travestire; mascherare (*anche fig.*) **2** (*dir.*) simulare ♦ **se déguiser** *v.pron.* camuffarsi, mascherarsi: *se déguiser en Pierrot*, mascherarsi da Pierrot.
● ***se déguiser en courant d'air***, (*fam.*) svignarsela, darsela a gambe.

dégustateur [degystatœʀ] *n.m.* [f. *-trice*] assaggiatore, degustatore.

dégustation [degystasjɔ̃] *n.f.* degustazione.

déguster [degyste] *v.tr.* degustare; assaporare; gustare (*anche fig.*).
● ***deguster (des coups)***, subire (dei colpi) | ***en déguster de toutes les couleurs***, passarne di tutti i colori | ***qu'est-ce qu'on a dégusté!***, che cosa non ci è toccato!
■ SIN. savourer.

déhanché [deɑ̃ʃe] *agg.* ancheggiante.

déhanchement [deɑ̃ʃmɑ̃] *n.m.* ancheggiamento.

déhancher, se [sədeɑ̃ʃe] *v.pron.intr.* **1** ancheggiare **2** portare il peso del corpo su una sola gamba.

dehors [dəɔʀ] *avv.* fuori: *aller dehors*, uscire ♦ *n.m.* **1** (l')esterno, il fuori: *venir du dehors*, venire da fuori; *les bruits du dehors*, i rumori esterni **2** (*spec. pl.*) apparenza (*f.*): *des dehors trompeurs*, delle apparenze ingannevoli; *juger qqn sur ses dehors*, giudicare qlcu dalle apparenze.
● ***au(-)dehors***, (in) fuori: *se pencher au (o en) dehors*, sporgersi | ***de dehors***, ***par dehors***, da fuori, dal di fuori, dall'esterno | ***en dehors***, in fuori | ***en dehors de***, fuori di, al di fuori di: *ceci est en dehors de ma compétence*, questo è fuori, esula dalla mia competenza; *en dehors de cela*, oltre a ciò; *cela s'est fait en dehors de moi*, è accaduto a mia insaputa; *être en dehors de la question*, essere fuori tema, non essere chiamato in causa | ***garder*** (o ***sauver***) ***les dehors***, salvare le apparenze | ***mettre qqn dehors***, mettere qlcu alla porta.

déicide[1] [deisid] *agg.* e *n.m.* e *f.* deicida.

déicide[2] *n.m.* deicidio.

déifier [deifje] *v.tr.* deificare.

déisme [deism] *n.m.* (*fil.*) deismo.

déité [deite] *n.f.* (*letter.*) divinità (mitologica).

déj [dɛʒ] *n.m.* (*fam.*) → **déjeuner**[2].

déjà [deʒa] *avv.* **1** già: *il a déjà fini son travail*, ha già finito il suo lavoro **2** (*rafforzativo*) già, affatto: *ce n'est déjà pas si mal*, (*fam.*) non è affatto male **3** (*fam.*) (*in una domanda*) a proposito: *comment t'appelles-tu, déjà?*, a proposito, come ti chiami?

déjanté [deʒɑ̃te] *agg.* (*fam.*) fuori di testa.

déjà-vu [deʒavy] *n.m.invar.* **1** (*fam.*) banalità (*f.*), déjà-vu **2** (*psic.*) déjà-vu.

déjection [deʒɛksjɔ̃] *n.f.* **1** (*geol.*) deiezione **2** (*pl.*) (*med.*) deiezioni.

déjeté [deʒte] *agg.* **1** storto, sbilenco **2** (*Belgio*) in disordine.

déjeuner[1] [deʒœne] *v.intr.* **1** pranzare **2** (*Belgio, Svizzera*) fare (la prima) colazione.

FAUX AMI
Da non confondere con *digiunare*, che si traduce *jeûner*.

déjeuner[2] *n.m.* 1 pranzo, (seconda) colazione (*f.*) 2 insieme di tazza e piattino per caffellatte o cioccolata 3 (*Belgio, Canada, Svizzera*) prima colazione (*f.*).
● ***déjeuner buffet***, colazione in piedi | ***déjeuner d'affaires***, pranzo d'affari | ***déjeuner de soleil***, stoffa che sbiadisce facilmente, (*fig.*) cosa effimera | ***déjeuner dîner***, pranzo fatto piuttosto tardi, che funge anche da cena | ***déjeuner sur l'herbe***, picnic | ***petit déjeuner***, prima colazione.

déjouer [deʒwe] *v.tr.* sventare, eludere.

déjuger, se [sədeʒyʒe] *v.pron.intr.* ricredersi.

delà [dəla] *avv.*
● ***au delà*** → au-delà | ***deçà et delà***, qua e là | ***par delà*** → par-delà.

délabré [delɑbʀe] *agg.* malandato, in cattivo stato.

délabrement [delɑbʀəmɑ̃] *n.m.* sfacelo, rovina (*f.*).

délabrer [delɑbʀe] *v.tr.* rovinare, danneggiare ♦ **se délabrer** *v.pron.intr.* rovinarsi, andare in rovina: *sa santé se délabre*, la sua salute peggiora.

délacer [delase] *v.tr.* [coniug. come *placer*] slacciare.

délai [delɛ] *n.m.* 1 tempo (stabilito), termine (stabilito) 2 dilazione (*f.*), proroga (*f.*) 3 (*dir.*) termine.
● ***à bref délai***, a breve scadenza | ***dans les délais fixés***, entro i termini stabiliti | ***dans les plus brefs délais***, nel più breve tempo possibile | ***sans délai***, senza indugio.

délaissé [delese] *agg.* trascurato.

délaissement [delɛsmɑ̃] *n.m.* (*letter.*) abbandono.

délaisser [delese] *v.tr.* trascurare.

délassant [delasɑ̃] *agg.* rilassante, distensivo.

délassement [delasmɑ̃] *n.m.* 1 distensione (*f.*), riposo 2 svago, diversivo.

délasser [delase] *v.tr.* distendere, rilassare ♦ **se délasser** *v.pron.intr.* distendersi, rilassarsi.

délateur [delatœʀ] *n.m.* [f. *-trice*] delatore.

délation [delasjɔ̃] *n.f.* delazione.

délavé [delave] *agg.* 1 slavato, sbiadito 2 (*di tessuto*) délavé, sbiadito.

délaver [delave] *v.tr.* 1 sbiadire 2 intridere, inzuppare (d'acqua).

délayage [delɛjaʒ] *n.m.* 1 diluizione (*f.*) 2 (*fig.*) prolissità (*f.*).

délayer [delɛje] *v.tr.* [coniug. come *payer*] stemperare; diluire (*anche fig.*).

delco® [dɛlko] *n.m.* (*aut.*) spinterogeno.

délectable [delɛktabl] *agg.* (*letter.*) delizioso.

délectation [delɛktasjɔ̃] *n.f.* (*letter.*) diletto (*m.*), piacere (*m.*).

délecter, se [sədelɛkte] *v.pron.intr.* dilettarsi (a, con).

délégation [delegasjɔ̃] *n.f.* 1 (*dir., fin.*) delega, delegazione 2 delegazione, commissione.
● ***délégation municipale*** (o ***spéciale***), commissariamento comunale | ***délégation syndicale***, consiglio di fabbrica | ***par délégation***, per delega.

délégué [delege] *agg.* delegato ♦ *n.m.* 1 delegato 2 (*amm.*) assessore.
● ***délégué syndical***, rappresentante sindacale.

déléguer [delege] *v.tr.* [coniug. come *céder*] delegare.

délestage [delɛstaʒ] *n.m.* 1 scarico (della zavorra) 2 (*estens.*) alleggerimento.
● ***itinéraire de délestage***, percorso alternativo (in caso di traffico intenso).

délester [delɛste] *v.tr.* 1 liberare dalla zavorra, alleggerire 2 (*elettr.*) togliere la corrente (a), disalimentare.
● ***délester qqn de son portefeuille***, (*fam.*) rubare il portafogli a qlcu, derubare qlcu.

délétère [deletɛʀ] *agg.* deleterio, nocivo (*anche fig.*).

délibérant [delibeʀɑ̃] *agg.* deliberante.

délibératif [delibeʀatif] *agg.* [f. *-ive*] deliberativo.
● ***avoir voix délibérative***, aver diritto di voto (in assemblee, tribunale).

délibération [delibeʀasjɔ̃] *n.f.* 1 deliberazione; riflessione 2 (*dir.*) deliberazione, delibera.

délibéré [delibeʀe] *agg.* 1 deliberato, intenzionale 2 risoluto, deciso ♦ *n.m.* (*dir.*) deliberazione (*f.*), delibera (*f.*).
● ***de propos délibéré***, (*letter.*) di proposito.

délibérément [delibeʀemɑ̃] *avv.* deliberatamente.

délibérer [delibeʀe] *v.intr.* [coniug. come *céder*] 1 deliberare (qlco): *délibérer sur une sentence*, deliberare una sentenza 2 (*letter.*) (*una decisione*) valutare.

délicat [delika] *agg.* 1 delicato: *un esprit délicat*, un spirito raffinato 2 delicato, fragile: *une santé délicate*, una salute fragile, cagionevole 3 esigente, difficile 4 onesto, scrupoloso: *conscience délicate*, coscienza scrupolosa ♦ *n.m.* difficile, schizzinoso: *faire le délicat*, fare lo schizzinoso.

délicatesse [delikatɛs] *n.f.* 1 delicatezza; squisitezza 2 fragilità.
● ***manquer de délicatesse***, mancare di tatto.

délice [delis] *n.m.* [f. al pl. salvo nelle espressioni: *un de, un des, le plus grand des* etc.] delizia (*f.*): *c'est un délice de l'écouter*, è una delizia ascoltarlo.
● ***faire ses délices de***, andare pazzo per: *il fait ses délices des romans policiers*, va pazzo per i libri gialli.

délicieux [delisjø] *agg.* [f. *-euse*] 1 delizioso 2 voluttuoso.
■ SIN. 1 exquis.

délicieusement [delisjøzmɑ̃] *avv.* deliziosamente.

délictueux [deliktɥø] *agg.* [f. *-euse*] delittuoso.

délié[1] [delje] *agg.* sciolto (*anche fig.*).
● ***avoir la langue déliée***, avere la parlantina.

délié[2] *agg.* sottile ♦ *n.m.* (*tip.*) (*di una lettera*) filetto.

délier [delje] *v.tr.* 1 slegare, slacciare; (*fig.*) sciogliere 2 (*teol.*) assolvere.
● ***sans bourse délier***, (*fig.*) senza spendere una lira.

délimitation [delimitasjɔ̃] *n.f.* delimitazione.

délimiter [delimite] *v.tr.* delimitare.

délinquance [delɛ̃kɑ̃s] *n.f.* delinquenza.
● ***la délinquance routière***, i pirati della strada.

délinquant [delɛ̃kɑ̃] *agg.* e *n.m.* 1 delinquente 2 (*Africa*) debosciato.
● (*dir.*) ***délinquant primaire***, delinquente senza precedenti penali | ***enfance délinquante***, delinquenza minorile.

déliquescence [delikesɑ̃s] *n.f.* 1 (*chim.*) deliquescenza 2 (*fig.*) decadenza; indebolimento (*m.*) intellettivo.

déliquescent [delikesɑ̃] *agg.* 1 (*chim.*) deliquescente 2 (*fig.*) decadente; decrepito.

délirant [deliʀɑ̃] *agg.* 1 delirante 2 (*estens.*) farneticante, sfrenato: *une idée délirante*, un'idea folle 3 (*fam.*) molto divertente: *c'était délirant!*, era da morir dal ridere!

délire [deliʀ] *n.m.* 1 delirio (*anche fig.*) 2 (*fam.*) passione (*f.*).
● (*psic.*): ***délire de persécution***, ***de grandeur***, mania di persecuzione, di grandezza; ***délire onirique***, ***alcoolique***, delirio onirico, etilico | ***c'est le délire!***, (*fam.*) è la fine del mondo!

D

D

délirer [deliʀe] *v.intr.* 1 delirare, farneticare 2 essere pazzo (di): *délirer de joie*, essere pazzo di gioia.

délit[1] [deli] *n.m.* (*dir.*) reato, delitto.

● ***délit de droit commun***, reato minore | ***délit de fuite***, omissione di soccorso | ***délit d'imprudence***, reato colposo | ***délit d'ivresse***, guida in stato di ubriachezza | ***délit prémédité, non prémédité***, delitto premeditato, preterintenzionale | ***prendre en flagrant délit***, cogliere in flagrante.

délit[2] *n.m.* (*di ardesia*) vena (*f.*) | *pierre posée en délit*, pietra posata in senso contrario alla venatura.

délivrance [delivʀɑ̃s] *n.f.* 1 liberazione 2 rilascio (*m.*), consegna 3 (*med.*) (*nel parto*) secondamento (*m.*).

délivrer [delivʀe] *v.tr.* 1 liberare 2 rilasciare; consegnare 3 assistere durante il parto ♦ **se délivrer** *v.pron.* liberarsi.

délocalisation [delɔkalizasjɔ̃] *n.f.* nuova collocazione; dislocazione (di sede); decentramento (*m.*).

délocaliser [delɔkalize] *v.tr.* decentrare, dislocare nuovamente.

déloger [delɔʒe] *v.intr.* [coniug. come *manger*] 1 sloggiare 2 (*Belgio*) dormire fuori casa ♦ *v.tr.* (far) sloggiare.

déloyal [delwajal] *agg.* [pl. *-aux*] sleale.

déloyauté [delwajote] *n.f.* slealtà.

delphinarium [dɛlfinaʀjɔm] *n.m.* delfinario; acquario marino dove si allevano delfini.

delta [dɛlta] *n.m.* delta.

deltaplane [dɛltaplan] *n.m.* deltaplano.

déluge [delyʒ] *n.m.* diluvio (*anche fig.*): *un déluge de larmes*, un torrente di lacrime.

● ***remonter au déluge***, (*fam.*) essere antidiluviano.

déluré [delyʀe] *agg.* 1 disinvolto, spigliato 2 sfrontato, sfacciato.

démagnétiser [demaɲetize] *v.tr.* smagnetizzare.

démagogie [demagɔʒi] *n.f.* demagogia.

démagogique [demagɔʒik] *agg.* demagogico.

démagogue [demagɔg] *agg.* e *n.m.* e *f.* demagogo/a.

démailler [demɑje] *v.tr.* smagliare ♦ **se démailler** *v.pron.intr.* smagliarsi.

démailloter [demajɔte] *v.tr.* sfasciare (un neonato).

demain [dəmɛ̃] *avv.* e *n.m.* domani: *dans la nuit de demain*, domani notte; *je le verrai demain*, lo vedrò domani.

● ***ce n'est pas pour demain, ce n'est pas demain*** (***la veille***), ce ne vuole di tempo | (***de***) ***demain en huit***, domani a otto | ***d'ici*** (***à***) ***demain***, da oggi a domani.

démanché [demɑ̃ʃe] *agg.* senza manico.

démancher [demɑ̃ʃe] *v.tr.* togliere il manico (a) ♦ *v.intr.* (*mus.*) suonare in posizione di capotasto ♦ **se démancher** *v.pron.intr.* 1 uscire dal manico 2 (*fam.*) farsi in quattro ♦ *v.pron. indiretto* slogarsi, lussarsi: *se démancher une épaule*, slogarsi una spalla.

demande [dəmɑ̃d] *n.f.* 1 domanda, richiesta: *faire une demande*, inoltrare una domanda, formulare una richiesta 2 (*nei giochi di carte*) dichiarazione: *demande à trèfle*, chiamata a fiori.

● ***demande d'admission***, domanda di ammissione | ***demande d'emploi***, domanda di impiego | ***demande en divorce***, istanza di divorzio | ***demande en mariage***, domanda di matrimonio | ***demande meublée, vide***, (*negli annunci*) cercasi alloggio ammobiliato, vuoto | ***à, sur la demande de***, a richiesta di: *sur votre demande*, dietro vostra richiesta | (*comm.*) ***l'offre et la demande***, la domanda e l'offerta | ***selon la demande***, come da richiesta.

demandé [dəmɑ̃de] *agg.* richiesto.

demander [dəmɑ̃de] *v.tr.* 1 chiedere: *demander pardon*, chiedere scusa; *je demande que vous m'écoutiez*, vi chiedo di ascoltarmi, che mi ascoltiate; *elle demande à voir l'appartement*, chiede di vedere l'appartamento; *je n'en demande pas tant*, non chiedo tanto 2 chiedere, informarsi (di): *demander son chemin*, chiedere la strada; *on te demande*, chiedono di te, ti vogliono 3 chiamare, far venire: *demander un médecin, un taxi*, chiamare un medico, un taxi 4 richiedere, esigere 5 (*comm.*) richiedere: *on demande beaucoup cet article*, questo articolo è molto richiesto ♦ **se demander** *v.pron.* domandarsi: *je me demande ce qu'il va devenir*, mi domando che cosa ne sarà di lui.

● ***en demander trop à qqn***, esigere troppo da qlcu | ***je vous demande un peu!***, figuratevi un po'! | ***ne demander qu'à***, desiderare solamente: *il ne demande qu'à s'amuser*, vuole solo divertirsi | ***ne pas demander mieux*** (***que de***), non chiedere di meglio (che): *il ne demande pas mieux que de s'en aller*, non chiede di meglio che andarsene | ***on demande***, (*negli annunci*) cercasi: *on demande des vendeurs*, cercansi commessi | ***on ne vous a rien demandé!***, (*fam.*) si faccia i fatti suoi! | ***partir sans demander son reste***, (*fig.*) andarsene via di corsa.

demandeur [dəmɑ̃dœʀ] *n.m.* 1 [f. *-euse*] richiedente 2 [f. *-eresse*] (*dir.*) citante, querelante.

● ***démandeur d'asile***, richiedente asilo (politico) | ***demandeur d'emploi***, disoccupato.

démangeaison [demɑ̃ʒɛzɔ̃] *n.f.* 1 prurito (*m.*), pizzicore (*m.*) 2 (*fig. fam.*) voglia.

■ SIN. 1 prurit.

démanger [demɑ̃ʒe] *v.intr.* [coniug. come *manger*] 1 prudere, pizzicare (*anche fig.*) 2 (*fig. fam.*) far venir voglia: *ça me démange de manger un gâteau*, ho una voglia matta di mangiare una torta.

■ SIN. gratter.

démantèlement [demɑ̃tɛlmɑ̃] *n.m.* smantellamento.

démanteler [demɑ̃tle] *v.tr.* [coniug. come *semer*] smantellare.

démantibuler [demɑ̃tibyle] *v.tr.* (*fam.*) sconquassare, sfasciare.

démaquillage [demakijaʒ] *n.m.* struccatura (*f.*).

démaquillant [demakijɑ̃] *agg.* e *n.m.* detergente, struccante.

démaquiller [demakije] *v.tr.* struccare ♦ **se démaquiller** *v.pron.* struccarsi.

démarabouter [demaʀabute] *v.intr.* (*Costa d'Avorio*) togliere un incantesimo.

démarcation [demaʀkasjɔ̃] *n.f.* 1 demarcazione 2 (*fig.*) limite (*m.*), divisione.

● ***ligne de démarcation***, linea di demarcazione.

démarchage [demaʀʃaʒ] *n.m.* vendita (*f.*) porta a porta.

démarche [demaʀʃ] *n.f.* 1 andatura, passo (*m.*) 2 (*fig.*) tentativo (*m.*); mossa: *faire les démarches nécessaires pour*, fare le pratiche necessarie per; *faire les premières démarches*, fare i primi passi 3 (*modo di pensare*) processo (*m.*): *les démarches intellectuelles*, i processi intellettivi.

● ***démarches occultes***, intrallazzi.

démarcheur [demaʀʃœʀ] *n.m.* [f. *-euse*] 1 piazzista 2 (*comm.*) propagandista.

démarquage [demaʀkaʒ] *n.m.* 1 il togliere il marchio (a) 2 (*fig.*) plagio 3 (*sport*) smarcamento.

démarque [demaʀk] *n.f.* 1 il togliere (*m.*) il marchio alle merci (per una svendita) **2** svendita, saldo (*m.*) **3** (*mus.*) plagio (*m.*).

démarquer [demaʀke] *v.tr.* **1** togliere il marchio (a) **2** (*un testo*) copiare alterando; plagiare **3** (*comm.*) abbassare il prezzo (di) **4** (*sport*) smarcare ♦ **se démarquer** *v.pron.intr.* **1** (*sport*) smarcarsi **2** (*fig.*) prendere le distanze.

démarrage [demaʀaʒ] *n.m.* **1** (*mar.*) disormeggio **2** avvio, avviamento, partenza (*f.*) (*anche fig.*).

démarrer [demaʀe] *v.tr.* **1** (*mar.*) disormeggiare, liberare dagli ormeggi **2** (*fam.*) avviare, iniziare ♦ *v.intr.* **1** (*mecc.*) mettersi in moto, partire **2** (*fig.*) prendere il via: *faire démarrer*, avviare **3** (*fam.*) partire; andarsene; muoversi **4** (*inform.*) avviare **5** (*sport*) scattare; accelerare **6** (*mar.*) liberarsi dagli ormeggi.

■ V.INTR. SIN. **1** partir **2** commencer CONTR. **1** stopper **2** s'arrêter.

démarreur [demaʀœʀ] *n.m.* motorino d'avviamento, starter.

démasquer [demaske] *v.tr.* smascherare.

● ***démasquer ses batteries***, (*fig.*) scoprire le proprie carte.

dématérialiser [demateʀjalize] *v.tr.* smaterializzare.

démazouter [demazute] *v.tr.* disinquinare (dalla nafta).

démêlage [demɛlaʒ] *n.m.* **1** lo sbrogliare, il districare **2** (*ind. tess.*) cardatura (*f.*) **3** (*ind. della birra*) mescolamento (del malto con l'acqua).

démêlant [demɛlɑ̃] *n.m.* balsamo per capelli ♦ *agg.* districante per capelli.

démêlé [demele] *n.m.* seccatura (*f.*), noia (*f.*), guaio.

démêler [demele] *v.tr.* **1** sbrogliare, districare (*anche fig.*) **2** distinguere, separare.

démêloir [demɛlwaʀ] *n.m.* pettine rado.

démêlures [demelyʀ] *n.f.pl.* capelli (*m.*) che cadono pettinandosi.

démembrement [demɑ̃bʀəmɑ̃] *n.m.* smembramento.

démembrer [demɑ̃bʀe] *v.tr.* smembrare; frazionare.

déménagement [demenaʒmɑ̃] *n.m.* trasloco.

déménager [demenaʒe] *v.tr.* [coniug. come *manger*] **1** traslocare **2** sgomberare ♦ *v.intr.* **1** traslocare **2** (*fam.*) andarsene, sloggiare **3** (*fam.*) sragionare, dare i numeri: *tu déménages!*, tu sragioni!

déménageur [demenaʒœʀ] *n.m.* **1** impresario di traslochi **2** operaio addetto ai traslochi.

déménageuse [demenaʒøz] *n.f.* (*Svizzera*) camion (*m.*) dei traslochi.

démence [demɑ̃s] *n.f.* **1** (*psic.*) demenza **2** (*fig.*) pazzia.

● ***démence précoce***, demenza precoce | ***démence sénile***, demenza senile.

démener, se [sədemne] *v.pron.intr.* [coniug. come *semer*] **1** dimenarsi, agitarsi **2** (*fig.*) affannarsi.

dément [demɑ̃] *agg.* **1** (*psic.*) demente **2** (*fam.*) folle, insensato; demenziale ♦ *n.m.* (*psic.*) demente.

démenti [demɑ̃ti] *n.m.* smentita (*f.*): *donner un démenti à qqn, qqch*, smentire qlcu, qlco.

démentiel [demɑ̃sjɛl] *agg.* [f. *-elle*] **1** (*psic.*) di demenza, relativo alla demenza **2** (*fig.*) demenziale; assurdo.

démentir [demɑ̃tiʀ] *v.tr.* [coniug. come *mentir*] smentire: *il dément l'avoir vu*, smentisce di averlo visto ♦ **se démentir** *v.pron.* smentirsi.

démerde [demɛʀd] *n.f.* (*molto fam.*) capacità di cavarsela.

démerder, se [sədemɛʀde] *v.pron.* (*molto fam.*) sbrogliarsela: *il s'est bien démerdé*, se l'è sbrogliata bene.

démérite [demeʀit] *n.m.* (*letter.*) demerito.

démériter [demeʀite] *v.intr.* demeritare; agire in maniera riprovevole: *il n'a jamais démérité*, si è sempre comportato bene.

● ***démériter (auprès) de qqn***, perdere la stima di qlcu.

démesure [deməzyʀ] *n.f.* dismisura, eccesso (*m.*).

démesuré [deməzyʀe] *agg.* **1** smisurato **2** (*fig.*) eccessivo.

D

démesurément [deməzyʀemɑ̃] *avv.* smisuratamente.

démettre[1] [demɛtʀ] *v.tr.* [coniug. come *mettre*] lussare, slogare.

démettre[2] *v.tr.* [coniug. come *mettre*] dimettere, destituire ♦ **se démettre** *v.pron.* dimettersi.

demeurant, au [odəmœʀɑ̃] *avv.* dopo tutto, del resto.

demeure [dəmœʀ] *n.f.* **1** dimora (*spec. fig.*) **2** (*letter.*) dimora, indugio (*m.*) **3** (*dir.*) mora.

● ***à demeure***, in pianta stabile | ***en la demeure***, nell'attesa: *il n'y a pas péril en la demeure*, non c'e pericolo nell'immediato | ***mettre qqn en demeure de***, ingiungere a qlcu di | (*dir.*) ***mise en demeure***, costituzione in mora; (*estens.*) ultimatum.

demeuré [dəmœʀe] *agg.* e *n.m.* (*fam.*) scemo, imbecille.

demeurer [dəmœʀe] *v.intr.* [aus. *avoir* e *être*] **1** abitare; risiedere **2** restare, rimanere.

● ***en demeurer là***, fermarsi.

■ SIN. **1** habiter **2** rester CONTR. **2** partir.

demi[1] [dəmi] *agg.* [è *invar.* quando precede il nome che qualifica] mezzo: *trois heures et demie*, tre ore e mezzo; *des demi-mesures*, delle mezze misure ♦ *avv.* a metà: *une boîte demi pleine*, una scatola piena a metà; *un mur demi détruit*, un muro semidistrutto.

● ***à demi***, a metà: *tu fais toujours les choses à demi*, fai sempre le cose a metà; *la maison était à demi détruite*, la casa era semidistrutta; *à demi nu*, mezzo nudo, seminudo; *il dormait à demi en m'écoutant*, quasi dormiva ascoltandomi.

> NOTA L'aggettivo ***demi***, posto davanti a un nome e seguito da un trattino, è invariabile: *une demi-douzaine*, una mezza dozzina; *des demi-dieux*, dei semidei.
> Se invece è posto dopo il nome, si accorda nel genere, rimanendo al singolare: *deux heures et demie plus tard*, due ore e mezza dopo.

demi[2] *n.m.* **1** metà (*f.*), mezzo: *un demi me suffit*, mezzo mi basta, me ne basta una metà **2** bicchiere di birra da 25 cl; (*antiq.*) bicchiere di birra da 50 cl: *boire un demi*, bere un bicchiere di birra (alla spina) **3** (*Svizzera*) mezzo litro di vino **4** (*sport*) mediano.

demi- *pref.* semi-; mezz(o)-, mezz(a)-.

demi-bas [dəmibɑ] *n.m.invar.* calzino, gambaletto.

demi-bouteille [dəmibutɛj] *n.f.* [pl. *demi-bouteilles*] mezza bottiglia, bottiglietta (da 37 cl).

demi-centre [dəmisɑ̃tʀ] *n.m.* [pl. *demi-centres*] (*calcio*) centromediano.

demi-cercle [dəmisɛʀkl] *n.m.* [pl. *demi-cercles*] **1** semicerchio **2** goniometro.

demi-deuil [dəmidœj] *n.m.* [pl. *demi-deuils*] mezzo lutto.

● (*cuc.*) ***poularde demi-dueil***, pollo con salsa bianca e tartufi.

demi-dieu [dəmidjø] *n.m.* [pl. *demi-dieux*] semidio.

demi-douzaine [dəmiduzɛn] *n.f.* [pl. *demi-douzaines*] mezza dozzina.
demi-droite [dəmidʀwat] *n.f.* [pl. *demi-droites*] (*mat.*) semiretta.
demie [dəmi] *n.f.* 1 metà, mezzo (*m.*) 2 (*di ora*) mezza: *partir à la demie*, partire alla mezza 3 mezza bottiglia.
demi-finale [dəmifinal] *n.f.* [pl. *demi-finales*] semifinale.

D

demi-finaliste [dəmifinalist] *n.m.* e *f.* [pl. *demi-finalistes*] semifinalista.
demi-fond [dəmifɔ̃] *n.m.invar.* (*sport*) mezzofondo.
demi-frère [dəmifʀɛʀ] *n.m.* [pl. *demi-frères*] fratellastro.
demi-heure [dəmijœʀ] *n.f.* [pl. *demi-heures*] mezz'ora.
demi-jour [dəmiʒuʀ] *n.m.* [pl. *invar.* o *demi-jours*] penombra (*f.*), mezza luce (*f.*).
demi-journée [dəmiʒuʀne] *n.f.* [pl. *demi-journées*] mezza giornata.
démilitarisation [demilitaʀizasjɔ̃] *n.f.* smilitarizzazione.
démilitariser [demilitaʀize] *v.tr.* smilitarizzare.
demi-litre [dəmilitʀ] *n.m.* [pl. *demi-litres*] mezzo litro.
demi-longueur [dəmilɔ̃gœʀ] *n.f.* [pl. *demi-longueurs*] (*sport*) mezza lunghezza.
demi-lune [dəmilyn] *n.f.* [pl. *demi-lunes*] 1 mezza luna 2 (*st. mil.*) rivellino (*m.*), lunetta 3 (*edil.*) mezzaluna ♦ *agg.* [f. *invar.*] a mezzaluna.
● ***en demi-lune***, a (forma di) mezzaluna.
demi-mal [dəmimal] *n.m.* [pl. *demi-maux*] inconveniente meno grave del previsto.
● ***il n'y a que demi-mal***, poteva andare peggio.
demi-mesure [dəmimzyʀ] *n.f.* [pl. *demi-mesures*] mezza misura (*anche fig.*).
demi-mot [dəmimo] *n.m.* [pl. *demi-mots*] (*letter.*) eufemismo.
● ***à demi-mot***, al volo: *comprendre à demi-mot*, capire al volo.
déminage [deminaʒ] *n.m.* (*mil.*) sminamento.
déminer [demine] *v.tr.* (*mil.*) sminare.
demi-pause [dəmipoz] *n.f.* [pl. *demi-pauses*] (*mus.*) pausa di semibreve.
demi-pension [dəmipɑ̃sjɔ̃] *n.f.* [pl. *demi-pensions*] 1 mezza pensione 2 (*nella scuola francese*) interscuola.
● ***régime de demi-pension***, servizio di refezione scolastica.
demi-pensionnaire [dəmipɑ̃sjɔnɛʀ] *n.m.* e *f.* [pl. *demi-pensionnaires*] 1 chi sta a mezza pensione 2 (*nella scuola francese*) allievo/a che fruisce della refezione scolastica.
demi-place [dəmiplas] *n.f.* [pl. *demi-places*] (*su mezzi di trasporto, nei teatri ecc.*) biglietto (*m.*) a metà prezzo.
demi-plan [dəmiplɑ̃] *n.m.* [pl. *demi-plans*] (*mat.*) semipiano.
demi-portion [dəmipɔʀsjɔ̃] *n.f.* [pl. *demi-portions*] (*fam. spreg.*) mezza cartuccia.
demi-produit [dəmipʀɔdɥi] *n.m.* [pl. *demi-produits*] semilavorato.
demi-queue [dəmikø] *n.m.* [pl. *demi-queues*] pianoforte a mezza coda ♦ *agg.invar.* (*di pianoforte*) a mezza coda.
démis [demi] *p.p.* di **démettre**.
demi-saison [dəmisɛzɔ̃] *n.f.* [pl. *demi-saisons*] mezza stagione.
demi-sang [dəmisɑ̃] *n.m.invar.* mezzosangue.
demi-sel [dəmisɛl] *agg.invar.* leggermente salato ♦ *n.m.* 1 formaggio fresco leggermente salato 2 (*fam.*) mezzacalzetta (*f.*).
demi-sœur [dəmisœʀ] *n.f.* [pl. *demi-sœurs*] sorellastra.
demi-sommeil [dəmisɔmɛj] *n.m.* [pl. *demi-sommeils*] dormiveglia.
demi-soupir [dəmisupiʀ] *n.m.* [pl. *demi-soupirs*] (*mus.*) pausa (*f.*) di croma.
démission [demisjɔ̃] *n.f.* dimissioni (*pl.*).
● ***donner sa démission***, dare, rassegnare le dimissioni.
démissionnaire [demisjɔnɛʀ] *agg.* e *n.m.* e *f.* dimissionario/a.
démissionner [demisjɔne] *v.intr.* dimettersi, dare le dimissioni ♦ *v.tr.* (*fam.*) far dimettere.
demi-tarif [dəmitaʀif] *agg.* e *n.m.* [pl. *demi-tarifs*] (a) metà prezzo, (a) tariffa ridotta.
demi-teinte [dəmitɛ̃t] *n.f.* [pl. *demi-teintes*] mezzatinta.
demi-ton [dəmitɔ̃] *n.m.* [pl. *demi-tons*] (*mus.*) semitono, mezzo tono.
demi-tour [dəmituʀ] *n.m.* [pl. *demi-tours*] mezzo giro; (*aut.*) inversione (*f.*) di marcia.
● ***faire demi-tour***, fare dietrofront (*anche fig.*).
démiurge [demjyʀʒ] *n.m.* demiurgo.
demi-voix, à [adəmivwa] *avv.* sottovoce.
démo [demo] *n.f.* (*inform.*) demo (*m.* o *f.invar.*).
démobilisation [demɔbilizasjɔ̃] *n.f.* smobilitazione.
démobiliser [demɔbilize] *v.tr.* smobilitare.
démocrate [demɔkʀat] *agg.* e *n.m.* e *f.* democratico/a.
démocratie [demɔkʀasi] *n.f.* democrazia.
démocratique [demɔkʀatik] *agg.* democratico.
démocratiquement [demoɔkʀatikmɑ̃] *avv.* democraticamente.
démocratisation [demɔkʀatizasjɔ̃] *n.f.* democratizzazione.
démocratiser [demɔkʀatize] *v.tr.* democratizzare.
démodé [demɔde] *agg.* fuori moda, passato di moda.
■ SIN. dépassé, périmé, désuet.
démoder, se [sədemɔde] *v.pron.intr.* passare di moda.
démographie [demɔgʀafi] *n.f.* demografia.
démographique [demɔgʀafik] *agg.* demografico.
demoiselle [dəmwazɛl] *n.f.* 1 signorina 2 (*zool. pop.*) libellula.
● ***demoiselle de compagnie***, dama di compagnia | ***demoiselle d'honneur***, damigella d'onore.
démolir [demɔliʀ] *v.tr.* 1 demolire 2 (*fig.*) demolire, rovinare: *roman démoli par la critique*, romanzo stroncato dalla critica 3 (*fam.*) massacrare, fracassare.
■ SIN. détruire.
démolisseur [demɔlisœʀ] *n.m.* e *agg.* [f. *-euse*] demolitore.
démolition [demɔlisjɔ̃] *n.f.* 1 demolizione 2 (*pl.*) macerie.
démon [demɔ̃] *n.m.* demone, demonio.
● ***démon de midi***, (*fig.*) crisi della mezza età.
■ SIN. diable.
démonétiser [demɔnetize] *v.tr.* 1 (*econ.*) demonetizzare 2 (*fig.*) screditare (qlcu).
démoniaque [demɔnjak] *agg.* demoniaco ♦ *n.m.* indemoniato, ossesso.

démonstrateur [demɔ̃stʀatœʀ] *n.m.* [f. *-trice*] dimostratore.

démonstratif [demɔ̃stʀatif] *agg.* [f. *-ive*] 1 dimostrativo (*anche gramm.*) 2 espansivo ♦ *n.m.* (*gramm.*) dimostrativo.

démonstration [demɔ̃stʀasjɔ̃] *n.f.* dimostrazione.
■ SIN. preuve.

démontable [demɔ̃tabl] *agg.* smontabile.

démontage [demɔ̃taʒ] *n.m.* smontaggio.

démonté [demɔ̃te] *agg.* 1 disarcionato; appiedato 2 smontato; smembrato.
● ***mer démontée***, mare in tempesta.

démonter [demɔ̃te] *v.tr.* 1 disarcionare 2 smontare, smembrare 3 (*fig.*) smontare, scoraggiare ♦ **se démonter** *v.pron.intr.* 1 sconquassarsi 2 (*fig.*) smontarsi, perdersi d'animo.

démontrable [demɔ̃tʀabl] *agg.* dimostrabile.

démontrer [demɔ̃tʀe] *v.tr.* dimostrare.
● ***ce qu'il fallait démontrer*** (*CQFD*), come volevasi dimostrare | ***démontrer par A plus B***, provare in modo inoppugnabile.

démoralisant [demɔʀalizɑ̃] *agg.* deprimente.

démoralisation [demɔʀalizasjɔ̃] *n.f.* demoralizzazione.

démoraliser [demɔʀalize] *v.tr.* demoralizzare, scoraggiare ♦ **se démoraliser** *v.pron.intr.* demoralizzarsi, scoraggiarsi.

démordre [demɔʀdʀ] *v.intr.* [coniug. come *mordre*] demordere, desistere, rinunciare.

démotiver [demɔtive] *v.tr.* demotivare.

démoulage [demulaʒ] *n.m.* sformatura (*f.*).

démouler [demule] *v.tr.* sformare, togliere dalla forma.

démultiplication [demyltiplikasjɔ̃] *n.f.* (*mecc.*) demoltiplica.

démultiplier [demyltiplije] *v.tr.* (*mecc.*) demoltiplicare.

démunir [demyniʀ] *v.tr.* sguarnire; privare: *être démuni d'argent*, essere sprovvisto di denaro ♦ **se démunir** *v.pron.intr.* privarsi.

démystifier [demistifje] *v.tr.* 1 demistificare 2 smitizzare.

démythification [demitifikɑsjɔ̃] *n.f.* 1 demistificazione 2 smitizzazione.

démythifier [demitifje] *v.tr.* smitizzare.

dénationalisation [denasjɔnalizasjɔ̃] *n.f.* snazionalizzazione, denazionalizzazione (*anche econ.*).

dénationaliser [denasjɔnalize] *v.tr.* snazionalizzare, denazionalizzare (*anche econ.*).

dénaturaliser [denatyʀalize] *v.tr.* privare della naturalizzazione.

dénaturé [denatyʀe] *agg.* 1 snaturato 2 (*chim.*) denaturato.

dénaturer [denatyʀe] *v.tr.* 1 snaturare 2 (*chim.*) denaturare.

dénégation [denegasjɔ̃] *n.f.* 1 diniego (*m.*); negazione (*anche psic.*) 2 disconoscimento (*m.*).

déneiger [deneʒe] *v.tr.* spazzare la neve (da).

déni [deni] *n.m.* 1 diniego 2 (*psic.*) rifiuto.

déniaiser [denjeze] *v.tr.* scaltrire, smaliziare.

dénicher [deniʃe] *v.tr.* snidare, scovare, stanare (*anche fig.*) ♦ *v.intr.* lasciare il nido.

dénicheur [deniʃœʀ] *n.m.* [f. *-euse*] scopritore; talent scout.

dénicotiniser [denikɔtinize] *v.tr.* denicotinizzare.

denier [dənje] *n.m.* 1 (*moneta antica*) denaro 2 (*pl.*) denaro (*sing.*), soldi.
● ***denier du culte***, offerte dei cattolici per il mantenimento del clero | ***les deniers publics***, il denaro pubblico.

dénier [denje] *v.tr.* negare, rifiutare.

dénigrement [denigʀəmɑ̃] *n.m.* denigrazione (*f.*).

dénigrer [denigʀe] *v.tr.* denigrare.

dénigreur [denigʀœʀ] *n.m.* [f. *-euse*] denigratore.

dénivelée [denivle] *n.f.* dislivello (*m.*).

dénivellation [denivɛlasjɔ̃] *n.f.* **dénivellement** [denivɛlmɑ̃] *n.m.* dislivello (*m.*).

dénombrable [denɔ̃bʀabl] *agg.* 1 computabile, enumerabile 2 (*mat.*) numerabile.

dénombrement [denɔ̃bʀəmɑ̃] *n.m.* 1 computo, conto 2 censimento.

dénombrer [denɔ̃bʀe] *v.tr.* 1 contare, computare 2 censire.

dénominateur [denɔminatœʀ] *n.m.* 1 (*mat.*) denominatore 2 (*fig.*) punto in comune.
● ***le plus petit dénominateur commun***, il minimo comun denominatore.

dénominatif [denɔminatif] *n.m.* e *agg.* [f. *-ive*] denominativo.

dénomination [denɔminasjɔ̃] *n.f.* denominazione.

dénommé [denɔme] *agg.* denominato, nominato | *un dénommé Jean*, un certo Jean.

dénommer [denɔme] *v.tr.* denominare.

dénoncer [denɔ̃se] *v.tr.* [coniug. come *placer*] 1 denunciare 2 denotare.

dénonciateur [denɔ̃sjatœʀ] *agg.* [f. *-trice*] che denuncia ♦ *n.m.* denunciatore, denunciante.

dénonciation [denɔ̃sjasjɔ̃] *n.f.* denuncia.
● (*dir.*) ***non dénonciation d'un crime***, occultamento di reato.

dénoter [denɔte] *v.tr.* denotare.

dénouement [denumɑ̃] *n.m.* epilogo, finale: *le dénouement d'une aventure*, l'epilogo di un'avventura.

dénouer [denwe] *v.tr.* 1 sciogliere; slegare; slacciare 2 (*fig.*) risolvere, sbrogliare ♦ **se dénouer** *v.pron.intr.* sciogliersi (*anche fig.*).
● ***dénouer la langue***, sciogliere la lingua.

dénoyauter [denwajote] *v.tr.* snocciolare.

dénoyauteur [denwajotœʀ] *n.m.* (*arnese da cucina*) levanoccioli.

denrée [dɑ̃ʀe] *n.f.* derrata.
● ***denrées alimentaires***, derrate, generi alimentari | ***denrées périssables***, prodotti deperibili | ***denrée rare***, (*fig.*) rarità.

dense [dɑ̃s] *agg.* denso, fitto, spesso: *brouillard dense*, nebbia fitta | *un style dense*, uno stile compatto e conciso.

densifier [dɑ̃sifje] *v.tr.* e *intr.* addensare (*anche fig.*).

densité [dɑ̃site] *n.f.* densità.

dent [dɑ̃] *n.f.* dente (*m.*).
● ***dent de sagesse***, dente del giudizio | ***armé jusqu'aux dents***, (*fig.*) armato fino ai denti | ***avoir la dent dure***, (*di critico*) essere severissimo | ***avoir les dents longues***, avere fame; (*fig.*) essere avido | ***avoir une dent contre qqn***, avere il dente avvelenato contro qlcu | ***coup de dent***, morso;

(*fig.*) stoccata | ***être sur les dents***, essere molto occupato; essere in febbrile attesa | ***faire ses dents***, mettere i denti | ***grincer des dents***, digrignare i denti | ***les dents serrées***, a denti stretti | ***manger à belles dents***, mangiare a quattro palmenti | ***manger du bout des dents***, mangiare con poco appetito, mangiucchiare | ***montrer les dents***, (*fig.*) mostrare i denti | ***n'avoir rien à se mettre sous la dent***, non avere niente da mettere sotto i denti | ***ne pas desserrer les dents***, (*fig.*) non aprir bocca | ***œil pour œil, dent pour dent***, occhio per occhio, dente per dente | ***parler entre ses dents***, parlare tra i denti | ***prendre le mors aux dents***, (*fig.*) perdere le staffe | ***quand les poules auront des dents***, quando gli asini voleranno | ***se casser les dents***, (*fig.*) avere la peggio | ***une rage de dents***, un tremendo mal di denti.

D

dentaire [dɑ̃tɛʀ] *agg.* dentario.

dental [dɑ̃tal] *agg.* [pl. *-aux*] (*fon.*) dentale.

denté [dɑ̃te] *agg.* dentato.

dentelé [dɑ̃tle] *agg.* dentellato; frastagliato ♦ *n.m.* (*anat.*) dentato.

dentelle [dɑ̃tɛl] *n.f.* merletto (*m.*), pizzo (*m.*).
● (*cuc.*) ***crêpes dentelle***, crêpes molto sottili | ***ne pas faire dans la dentelle***, (*fam.*) non andare per il sottile.

dentellerie [dɑ̃tɛlʀi] *n.f.* fabbricazione, commercio (*m.*) di merletti.

dentellière [dɑ̃təljɛʀ] *n.f.* merlettaia.

dentelure [dɑ̃t(ə)lyʀ] *n.f.* dentellatura; frastagliatura.

dentex [dɑ̃tɛks] *n.m.* (*zool.*) dentice.

denticulé [dɑ̃tikyle] *agg.* (*arch.*) dentellato.

dentier [dɑ̃tje] *n.m.* dentiera (*f.*).

dentifrice [dɑ̃tifʀis] *agg.* e *n.m.* dentifricio.
● ***pâte dentifrice***, pasta dentifricia.
■ N.M. (*Canada*) SIN. pâte à dent.

dentine [dɑ̃tin] *n.f.* (*anat.*) dentina.

dentiste [dɑ̃tist] *n.m.* e *f.* dentista.

dentisterie [dɑ̃tistəʀi] *n.f.* (*med.*) odontoiatria.

dentition [dɑ̃tisjɔ̃] *n.f.* **1** (*med.*) dentizione **2** dentatura.

denture [dɑ̃tyʀ] *n.f.* dentatura.

dénucléarisation [denykleaʀizasjɔ̃] *n.f.* denuclearizzazione.

dénuder [denyde] *v.tr.* **1** denudare, mettere a nudo **2** (*albero*) scortecciare; sfrondare ♦ **se dénuder** *v.pron.* denudarsi.

dénué [denɥe] *agg.* privo.
● ***dénué de tout***, nullatenente.

dénuement [denymɑ̃] *n.m.* indigenza (*f.*), miseria (*f.*).

dénutrition [denytʀisjɔ̃] *n.f.* denutrizione.

déodorant [deɔdɔʀɑ̃] *agg.* e *n.m.* deodorante.

déontologie [deɔ̃tɔlɔʒi] *n.f.* deontologia.

dépannage [depanaʒ] *n.m.* **1** (*di veicolo, apparecchio ecc.*) riparazione (*f.*) **2** (*fig. fam.*) soccorso, il trarre d'impaccio (**qlcu**) **3** (*inform.*) ricerca (*f.*) e correzione (*f.*) del guasto (di hardware).

dépanner [depane] *v.tr.* **1** (*veicolo, apparecchio ecc.*) riparare **2** (*fig. fam.*) trarre d'impaccio, aiutare.

dépanneur [depanœʀ] *n.m.* **1** [f. *-euse*] meccanico (riparatore) **2** (*Canada*) minimarket (aperto oltre l'orario normale).

dépanneuse [depanøz] *n.f.* carro (*m.*) attrezzi; rimorchio (*m.*).

dépaqueter [depakte] *v.tr.* [coniug. come *jeter*] disfare (un pacco), spacchettare.

dépareillé [depaʀeje] *agg.* **1** scompagnato **2** spaiato **3** (*Canada*) eccentrico.

dépareiller [depaʀeje] *v.tr.* scompagnare, spaiare.

déparer [depaʀe] *v.tr.* imbruttire, rovinare.

déparier [depaʀje] *v.tr.* spaiare (due cose).

départ [depaʀ] *n.m.* **1** partenza (*f.*) **2** (*estens.*) partenza (*f.*), inizio **3** (*fig.*) impulso, slancio: *un nouveau départ de l'enquête*, un nuovo sviluppo dell'inchiesta **4** (*mecc.*) avviamento, messa (*f.*) in moto **5** (*pl.*) (*in stazioni e aeroporti*) zona (*f.sing.*) partenze.
● ***au départ***, in partenza, all'inizio | ***dès le départ***, fin dall'inizio | ***donner***, ***prendre le départ***, dare, prendere il via | ***être sur le***, ***sur son départ***, stare per partire | (*sport*) ***faux départ***, falsa partenza; (*fig.*) inizio abortito | ***point de départ***, punto di partenza | ***prendre un bon***, ***un mauvais départ***, iniziare bene, male | (*amm.*) ***rémunération de départ***, stipendio iniziale.
■ CONTR. **1** arrivée.

départager [depaʀtaʒe] *v.tr.* [coniug. come *manger*] **1** fare lo spareggio (**fra**) **2** fare da arbitro (**fra**).
● ***départager les votes***, determinare la maggioranza dei voti per spareggio.

département [dəpaʀtəmɑ̃] *n.m.* **1** dipartimento (in Francia, circoscrizione amministrativa) **2** (*di pubblica amministrazione o dicastero*) divisione (*f.*), sezione (*f.*); (*amm.*) reparto **3** (*Svizzera*) ministero federale o cantonale **4** (*Canada*) servizio importante della Pubblica Amministrazione.
● (*geogr., pol.*) ***les Départements d'Outre-Mer***, i Dipartimenti d'Oltremare.

NOTA Il ***département*** è una divisione amministrativa del territorio francese posta sotto l'autorità di un prefetto assistito da un Consiglio Generale. La Francia è divisa in 96 dipartimenti sul proprio territorio metropolitano e 4 dipartimenti d'oltremare (*Départements d'Outre-Mer*, abbreviati in DOM): Guyana, l'isola di Réunion, Martinica e Guadalupa. Ogni dipartimento è diviso in *arrondissements*. Il numero del dipartimento figura sulla targa automobilistica e nel codice postale. Dopo la riforma costituzionale del 2003, i DOM sono diventati DROM (*Départements et Régions d'Outre-Mer*).

départemental [depaʀtəmɑ̃tal] *agg.* [pl. *-aux*] dipartimentale.
● ***route départementale***, strada provinciale.

départir [depaʀtiʀ] *v.tr.* [coniug. come *partir*] (*letter.*) distribuire, conferire ♦ **se départir** *v.pron.* rinunciare (**a**).

dépassé [depase] *agg.* **1** superato, sorpassato **2** sopraffatto.

dépassement [depasmɑ̃] *n.m.* **1** sorpasso, superamento **2** sconfinamento.
● (*comm.*) ***dépassement des crédits***, superamento del limite di credito accordato | ***dépassement interdit***, divieto di sorpasso.

dépasser [depase] *v.tr.* superare, sorpassare; oltrepassare, andare oltre (*anche fig.*): *dépasser un cap*, doppiare un capo | *ce problème me dépasse*, questo problema supera la mia comprensione | *cette nouvelle me dépasse*, questa notizia mi sbalordisce ♦ *v.intr.* sporgere, spuntare ♦ **se dépasser** *v.pron.* e *pron.rec.* superarsi.

dépassionner [depasjɔne] *v.tr.* sdrammatizzare.

dépatouiller, se [sədepatuje] *v.pron.* (*fam.*) cavarsela, sbrigarsela.

dépaupération [depopeʀaʃjɔ̃] *n.f.* (*fin.*) depauperamento (*m.*).

dépaver [depave] *v.tr.* disselciare.
dépaysant [depeizɑ̃] *agg.* che fa sentire spaesato.
dépaysé [depeize] *agg.* spaesato.
dépaysement [depeizmɑ̃] *n.m.* 1 allontanamento dal proprio ambiente; estraniamento 2 (*fig.*) disorientamento, smarrimento.
dépayser [depeize] *v.tr.* 1 allontanare dal proprio ambiente 2 (*fig.*) disorientare.
dépeçage [depəsaʒ] **dépècement** [depɛsmɑ̃] *n.m.* smembramento (*anche fig.*).
dépecer [depəse] *v.tr.* [coniug. come *semer* e *placer*] 1 tagliare a pezzi 2 (*fig.*) smembrare.
dépêche [depɛʃ] *n.f.* dispaccio (*m.*).
● ***dépêche diplomatique***, dispaccio diplomatico | ***dépêche télégraphique***, (*antiq.*) telegramma.
dépêcher [depeʃe] *v.tr.* inviare un messaggero, un corriere ♦ **se dépêcher** *v.pron.intr.* sbrigarsi (**a**), affrettarsi (**a**).
dépeigner [depeɲe] *v.tr.* spettinare.
■ SIN. décoiffer.
dépeindre [depɛ̃dʀ] *v.tr.* [coniug. come *peindre*] descrivere, dipingere (con le parole).
dépeint [depɛ̃] *p.p.* di **dépeindre**.
dépenaillé [dep(ə)nɑje] *agg.* (*fam.*) 1 lacero, a brandelli 2 (*estens.*) sciatto.
dépénaliser [depenalize] *v.tr.* (*dir.*) depenalizzare.
dépendance [depɑ̃dɑ̃s] *n.f.* 1 dipendenza 2 (*pl.*) (*edificio*) dépendance (*sing.*).
● ***être sous la dépendance de***, essere alle dipendenze di.
dépendant [depɑ̃dɑ̃] *agg.* dipendente.
dépendre[1] [depɑ̃dʀ] *v.intr.* [coniug. come *rendre*] dipendere.
● ***ça dépend***, dipende.
dépendre[2] *v.tr.* staccare.
dépens [depɑ̃] *n.m.pl.* (*dir.*) spese (*f.*) processuali.
● ***à ses dépens***, (*anche fig.*) a proprie spese | ***aux dépens de***, a carico di; (*fig.*) a spese di: *rire aux dépens de qqn*, ridere alle spalle di qlcu | (*dir.*) ***condamné aux dépens***, condannato a pagare le spese.
dépense [depɑ̃s] *n.f.* 1 spesa; (*comm.*) uscita 2 consumo (*m.*); dispendio (*m.*): *dépense de forces*, dispendio di forze.
● (*econ.*) ***dépenses nationales brutes***, spesa nazionale lorda | (*comm.*) ***les dépenses et les recettes***, le entrate e le uscite | (*fin.*) ***les dépenses publiques***, la spesa pubblica | ***ne pas regarder à la dépense***, non badare a spese | (*comm.*) ***porter en dépense***, registrare in uscita.
■ SIN. 1 frais.
dépenser [depɑ̃se] *v.tr.* 1 spendere 2 consumare; (*fig.*) disperdere: *dépenser ses forces*, disperdere le proprie forze ♦ **se dépenser** *v.pron.* prodigarsi.
● ***dépenser sans compter***, spendere e spandere.
■ V.TR. CONTR. 1 économiser.
dépensier [depɑ̃sje] *agg.* e *n.m.* [f. *-ère*] spendaccione.
déperdition [depɛʀdisjɔ̃] *n.f.* diminuzione; perdita; dispersione.
dépérir [depeʀiʀ] *v.intr.* 1 deperire 2 declinare.
dépérissement [depeʀismɑ̃] *n.m.* deperimento.
déperlant [depɛʀlɑ̃] *n.m.* e *agg.* impermeabile, idrorepellente: *traitement, enduit déperlant*, trattamento, rivestimento idrorepellente; *coupe-vent déperlant*, cerata impermeabile.
dépersonnaliser [depɛʀsɔnalize] *v.tr.* spersonalizzare.
dépêtrer [depetʀe] *v.tr.* trarre d'impaccio ♦ **se dépêtrer** *v.pron.* 1 liberarsi, sbarazzarsi (**di**) 2 trarsi d'impaccio.
dépeuplé [depœple] *agg.* spopolato.
dépeuplement [depœpləmɑ̃] *n.m.* spopolamento.
dépeupler [depœple] *v.tr.* spopolare ♦ **se dépeupler** *v.pron.intr.* spopolarsi.
déphasé [defɑze] *agg.* 1 (*elettr., fis.*) fuori fase, sfasato 2 (*fam.*) sfasato, fuori fase.
dépiauter [depjote] *v.tr.* (*fam.*) 1 scorticare, scuoiare 2 (*testo*) spulciare 3 sminuzzare.
dépigmentation [depigmɑ̃tasjɔ̃] *n.f.* (*biol., med.*) depigmentazione.
dépilation [depilasjɔ̃] *n.f.* depilazione.
dépilatoire [depilatwaʀ] *agg.* e *n.m.* depilatorio.
■ AGG. SIN. épilatoire.
dépiler [depile] *v.tr.* depilare.
dépistage [depistaʒ] *n.m.* 1 individuazione (*f.*) 2 (*med.*) dépistage, depistaggio.
● (*med.*) ***test de dépistage***, screening.
dépister [depiste] *v.tr.* 1 scoprire le piste (**di**); rintracciare 2 (*med.*) depistare 3 sviare, mettere fuori strada.
dépit [depi] *n.m.* stizza (*f.*), dispetto: *un air de dépit*, un'aria risentita.
● ***en dépit de***, nonostante, a dispetto di: *en dépit du bon sens*, contro ogni logica, senza buon senso | ***faire qqch par dépit***, fare qlco per dispetto.
dépité [depite] *agg.* indispettito, stizzito.
dépiter [depite] *v.tr.* indispettire, stizzire ♦ **se dépiter** *v.pron.intr.* risentirsi; indispettirsi.
déplacé [deplase] *agg.* 1 spostato, fuori posto 2 (*fig.*) inopportuno, fuori luogo.
● ***personnes déplacées***, profughi, rifugiati politici.
déplacement [deplasmɑ̃] *n.m.* 1 spostamento 2 trasferimento; trasferta (*f.*) (*anche sport*) 3 (*comm.*) movimentazione (*f.*) 4 (*mar.*) dislocamento.
● ***déplacement d'air***, spostamento d'aria | (*econ.*) ***déplacement du personnel***, ricambio del personale | ***cela vaut le déplacement***, (*fam.*) vale la pena di andarci.
déplacer [deplase] *v.tr.* [coniug. come *placer*] 1 spostare; trasferire 2 (*comm.*) dislocare: *déplacer les points de vente*, dislocare i punti di vendita ♦ **se déplacer** *v.pron.* spostarsi.
● ***déplacer la question***, (*fig.*) eludere l'argomento, la domanda.
déplafonnement [deplafɔnmɑ̃] *n.m.* (*econ.*) soppressione (*f.*) del massimale.
déplafonner [deplafɔne] *v.tr.* (*econ.*) sopprimere il massimale.
déplaire [deplɛʀ] *v.intr.* [coniug. come *plaire*] dispiacere, essere sgradevole ♦ **se déplaire** *v.pron.intr.* trovarsi a disagio; annoiarsi: *elle s'est déplue à la campagne*, si è annoiata in campagna ♦ *v.pron.rec.* non piacersi: *ils se sont déplus*, non si sono piaciuti.
● ***ce n'est pas pour me déplaire***, non mi dispiace affatto | ***ne t'en déplaise***, (*iron.*) che ti piaccia o meno, checché tu ne dica.
■ V.INTR. CONTR. plaire.
déplaisant [deplɛzɑ̃] *agg.* spiacevole, sgradevole.
déplaisir [deplezjʀ] *n.m.* rincrescimento, dispiacere; disappunto.
● ***à mon grand déplaisir***, con mio sommo dispiacere.
déplanter [deplɑ̃te] *v.tr.* 1 trapiantare 2 spiantare.

D

D

déplâtrage [deplɑtʀaʒ] *n.m.* (*med.*) rimozione (*f.*) del gesso.

déplâtrer [deplɑtʀe] *v.tr.* (*med.*) togliere il gesso (a).

dépliage [deplijaʒ] *n.m.* spiegatura (*f.*).

dépliant [deplijɑ̃] *n.m.* opuscolo, dépliant; prospetto ♦ *agg.* pieghevole.

dépliement [deplimɑ̃] *n.m.* → **dépliage**.

déplier [deplije] *v.tr.* spiegare; svolgere ♦ **se déplier** *v.pron.intr.* spiegarsi.

déplisser [deplise] *v.tr.* togliere le pieghe (a).

déploiement [deplwamɑ̃] *n.m.* 1 spiegamento, schieramento 2 (*fig.*) sfoggio.

déplomber [deplɔ̃be] *v.tr.* spiombare.

déplorable [deplɔʀabl] *agg.* deplorevole; increscioso.

déplorablement [deplɔʀabləmɑ̃] *avv.* in modo deplorevole.

déplorer [deplɔʀe] *v.tr.* deplorare; compiangere.

déployer [deplwaje] *v.tr.* [coniug. come *employer*] 1 spiegare: *déployer les voiles*, spiegare le vele 2 (*fig.*) dar prova (di): *déployer tout son charme*, sfoderare tutto il proprio fascino.

déplumer, se [sədeplyme] *v.pron.* 1 perdere le piume 2 (*fam.*) perdere i capelli.

dépoitraillé [depwatʀɑje] *agg.* (*fam.*) scamiciato.

dépoli [depɔli] *agg.* smerigliato.

dépolir [depɔliʀ] *v.tr.* 1 rendere opaco 2 (*vetro*) smerigliare.

dépolissage [depɔlisaʒ] *n.m.* smerigliatura (*f.*).

dépolitisation [depɔlitizasjɔ̃] *n.f.* spoliticizzazione.

dépolitiser [depɔlitize] *v.tr.* spoliticizzare.

dépolluant [depɔlɥɑ̃] *agg.* e *n.m.* antinquinante.

dépolluer [depɔlɥe] *v.tr.* disinquinare.

dépollution [depɔlysjɔ̃] *n.f.* disinquinamento (*m.*).

déponent [depɔnɑ̃] *agg.* e *n.m.* (*gramm.*) deponente.

dépopulation [depɔpylasjɔ̃] *n.f.* spopolamento (*m.*).

déportation [depɔʀtasjɔ̃] *n.f.* deportazione.

déporté [depɔʀte] *agg.* e *n.m.* deportato.

déporter [depɔʀte] *v.tr.* 1 deportare 2 far sbandare; far deviare.

déposant [depozɑ̃] *n.m.* 1 (*dir.*) deponente 2 (*banca*) depositante.

dépose [depoz] *n.f.* (*tecn.*) rimozione.

déposé [depoze] *agg.* depositato.
● ***marque déposée***, marchio depositato.

déposer [depoze] *v.tr.* 1 posare, deporre: *le taxi vous déposera à la gare*, il taxi la lascerà alla stazione 2 depositare, lasciare in deposito 3 deporre, destituire ♦ *v.intr.* (*dir.*) deporre in giudizio, testimoniare.
● ***déposer les armes***, (*anche fig.*) deporre le armi | (*dir.*) ***déposer son bilan***, dichiarare fallimento | ***déposer une caution***, versare una cauzione | (*dir.*) ***déposer une plainte***, presentare un'istanza.

dépositaire [depozitɛʀ] *n.m.* e *f.* 1 depositario/a 2 (*comm.*) concessionario.

déposition [depozisjɔ̃] *n.f.* deposizione (*anche dir.*).

déposséder [depɔsede] *v.tr.* [coniug. come *céder*] 1 spossessare, privare (di un bene) 2 spodestare, privare (di una carica).

dépossession [depɔsɛsjɔ̃] *n.f.* espropriazione, esproprio (*m.*); spossessamento (*m.*); privazione.

dépôt [depo] *n.m.* deposito.
● (*banca*) ***dépôt bancaire***, deposito bancario | (*dir.*): ***dépôt de bilan***, fallimento; ***dépôt légal***, deposito legale | ***le Dépôt***, il carcere provvisorio (di Parigi) | (*dir.*) ***mandat de dépôt***, mandato di carcerazione.

dépoter [depɔte] *v.tr.* 1 (*pianta*) svasare 2 (*liquido*) travasare ♦ *v.intr.* (*fam.*) sbrigarsi.

dépotoir [depɔtwaʀ] *n.m.* 1 immondezzaio 2 stabilimento di riciclaggio dei materiali di scarico.

dépouille [depuj] *n.f.* 1 spoglia: *la dépouille d'un tigre*, la pelle di tigre 2 (*pl.*) bottino (*m.sing.*) di guerra.

dépouillé [depuje] *agg.* 1 spoglio 2 (*fig.*) (*di stile*) scarno.

dépouillement [depujmɑ̃] *n.m.* 1 privazione (*f.*), rinuncia (*f.*) 2 sobrietà (*f.*) 3 spoglio.
● (*banca*) ***dépouillement de compte***, estratto conto | ***dépouillement du scrutin***, spoglio dei voti.

dépouiller [depuje] *v.tr.* 1 spellare, scuoiare 2 spogliare 3 (*di libri ecc.*) fare lo spoglio ♦ **se dépouiller** *v.pron.* 1 spogliarsi (*spec. fig.*) 2 abbandonare (qlco).

dépourvu [depuʀvy] *agg.* sprovvisto, privo.
● ***au dépourvu***, alla sprovvista.

dépoussiérer [depusjeʀe] *v.tr.* [coniug. come *céder*] 1 togliere la polvere (a) 2 (*fig.*) rinnovare; rinfrescare.

dépravation [depʀavasjɔ̃] *n.f.* depravazione.

dépravé [depʀave] *agg.* e *n.m.* depravato.

dépraver [depʀave] *v.tr.* depravare, corrompere, pervertire.

dépréciatif [depʀesjatif] *agg.* [f. *-ive*] peggiorativo; spregiativo.

dépréciation [depʀesjasjɔ̃] *n.f.* deprezzamento (*m.*), svalutazione.

déprécier [depʀesje] *v.tr.* deprezzare; sminuire ♦ **se déprécier** *v.pron.intr.* perdere (di) valore, deprezzarsi.

déprédation [depʀedasjɔ̃] *n.f.* 1 depredazione, saccheggio (*m.*) 2 atto (*m.*) di vandalismo 3 (*di fondi*) storno (*m.*), sperpero (*m.*).

dépressif [depʀesif] *agg.* [f. *-ive*] depressivo; deprimente ♦ *n.m.* (*psic.*) depresso.

dépression [depʀesjɔ̃] *n.f.* depressione.
● (*meteor.*) ***dépression atmosphérique***, depressione atmosferica | (*med.*) ***dépression nerveuse***, esaurimento nervoso.

dépressionnaire [depʀesjɔnɛʀ] *agg.* (*meteor.*) depressionario.

dépressuriser [depʀesyʀize] *v.tr.* depressurizzare.

déprimant [depʀimɑ̃] *agg.* deprimente.

déprime [depʀim] *n.f.* (*fam.*) depressione, malinconia.

déprimé [depʀime] *agg.* e *n.m.* depresso.

déprimer [depʀime] *v.tr.* deprimere ♦ *v.intr.* (*fam.*) deprimersi, essere depresso.

déprogrammer [depʀɔgʀame] *v.tr.* 1 togliere dal programma, dal palinsesto, dal cartellone 2 disdire, annullare.

dépuceler [depysle] *v.tr.* [coniug. come *appeler*] (*fam.*) far perdere la verginità (a), sverginare.

depuis [dəpɥi] *prep.* 1 (*tempo*) da, fin da: *depuis le 3 août*, dal 3 agosto; *je le connais depuis trois ans*, lo conosco da tre anni; *depuis l'ordinateur bien des choses ont changé*, molte cose sono cambiate con l'avvento del computer 2 (*luogo*) da: *depuis ma fenêtre*, dalla mia finestra ♦ *avv.* da allora; dopo, poi: *nous ne l'avons plus rencontré depuis*, da allora non l'abbiamo più incontrato.

● ***depuis... jusqu'à***, da... a: *depuis le matin jusqu'au soir*, dalla mattina alla sera; *depuis Paris jusqu'à Versailles*, da Parigi a Versailles | ***depuis longtemps***, da molto tempo | ***depuis lors***, da allora | ***depuis quand?***, da quando?: *depuis quand est-il permis d'entrer sans frapper?*, da quando in qua si entra senza bussare? | ***depuis que***, da quando, dacché: *depuis que tu me l'as dit*, da quando me l'hai detto | ***depuis toujours***, da sempre.

dépuratif [depyʀatif] *n.m.* e *agg.* [f. *-ive*] depurativo.

dépuration [depyʀasjɔ̃] *n.f.* depurazione.

dépurer [depyʀe] *v.tr.* depurare.

députation [depytasjɔ̃] *n.f.* 1 deputazione 2 funzione di deputato.

député [depyte] *n.m.* deputato.

déqualifier [dekalifje] *v.tr.* dequalificare.

der [dɛʀ] *n.m.* e *f.* (*fam.*) (*abbr. di* dernier) ultimo.
● ***c'est le, la der des ders***, è l'ultimissimo, è l'ultimissima (volta) | ***la der des ders***, la grande guerra (del 1915-18) | ***le dix de der***, (*nel gioco della belote*) dieci punti extra a chi fa l'ultima mano.

déraciné [deʀasine] *agg.* e *n.m.* sradicato; sbandato.

déracinement [deʀasinmɑ̃] *n.m.* sradicamento, estirpazione (*f.*) (*anche fig.*).

déraciner [deʀasine] *v.tr.* sradicare, estirpare (*anche fig.*).

déraillement [deʀɑjmɑ̃] *n.m.* deragliamento.

dérailler [deʀɑje] *v.intr.* 1 deragliare 2 (*fig. fam.*) non funzionare 3 (*fig. fam.*) farneticare: *il déraille complètement*, è completamente fuori (di testa).

dérailleur [deʀɑjœʀ] *n.m.* 1 (*ferr.*) deviatore 2 (*di bicicletta*) cambio di velocità.

déraison [deʀɛzɔ̃] *n.f.* (*letter.*) insensatezza, irragionevolezza.

déraisonnable [deʀɛzɔnabl] *agg.* irragionevole.

déraisonnablement [deʀɛzɔnabləmɑ̃] *avv.* in modo irragionevole, irragionevolmente.

déraisonner [deʀɛzɔne] *v.intr.* sragionare, farneticare.

dérangé [deʀɑ̃ʒe] *agg.* (*fam.*) pazzerello.
● ***avoir l'esprit dérangé***, essere un po' matto | ***être dérangé***, avere disturbi intestinali.

dérangement [deʀɑ̃ʒmɑ̃] *n.m.* 1 disturbo, fastidio 2 disordine, scompiglio 3 guasto.
● ***être en dérangement***, (*di apparecchio*) avere un guasto.

déranger [deʀɑ̃ʒe] *v.tr.* [coniug. come *manger*] 1 disturbare 2 scombussolare, scompigliare 3 mettere fuori posto, mettere in disordine ♦ **se déranger** *v.pron.intr.* disturbarsi.
■ *V.TR.* SIN. 1 troubler, importuner.

dérapage [deʀapaʒ] *n.m.* 1 slittamento (*anche fig.*) 2 (*aer., aut.*) derapata (*f.*) 3 (*sci*) dérapage.

déraper [deʀape] *v.intr.* 1 scivolare, slittare 2 (*mar.*) (*dell'ancora*) arare 3 (*sci, aut., aer.*) derapare 4 (*fig.*) prendere un andamento imprevisto.
■ SIN. 1 glisser.

dératé [deʀate] *n.m.*
● ***courir comme un dératé***, (*fam.*) correre a rotta di collo, all'impazzata.

dératisation [deʀatizasjɔ̃] *n.f.* derattizzazione.

dératiser [deʀatize] *v.tr.* derattizzare.

derche [dɛʀʃ] *n.m.* (*fam.*) sedere, posteriore.

derechef [dəʀəʃɛf] *avv.* (*letter.*) daccapo, di nuovo.

déréglé [deʀegle] *agg.* 1 irregolare; (*fig.*) sregolato 2 (*tecn.*) sfasato.

dérèglement [deʀɛgləmɑ̃] *n.m.* irregolarità; (*fig.*) disordine; sregolatezza (*f.*).

déréglementation [deʀɛgləmɑ̃tasjɔ̃] *n.f.* (*econ.*) deregolamentazione, deregulation.

déréglementer [deʀɛgləmɑ̃te] *v.tr.* (*econ.*) deregolamentare.

dérégler [deʀegle] *v.tr.* [coniug. come *céder*] scompigliare; guastare; sregolare.

dérider [deʀide] *v.tr.* 1 (*chirurgia*) fare il lifting (a) 2 (*fig.*) rasserenare, rallegrare ♦ **se dérider** *v.pron.intr.* rasserenarsi, rallegrarsi.

dérision [deʀizjɔ̃] *n.f.* 1 derisione 2 bazzecola.
● ***tourner qqn, qqch en dérision***, farsi beffe di qlcu, di qlco.

dérisoire [deʀizwaʀ] *agg.* 1 derisorio; irrisorio 2 insignificante.

dérivatif [deʀivatif] *n.m.* 1 (*med.*) derivativo 2 diversivo: *il a trouvé un dérivatif dans la musique*, ha trovato un diversivo nella musica.

dérivation[1] [deʀivasjɔ̃] *n.f.* derivazione.

dérivation[2] *n.f.* (*mar., elettr.*) deriva, derivazione.

dérive [deʀiv] *n.f.* deriva.
● (*geol.*) ***dérive des continents***, deriva dei continenti | ***aller, être à la dérive***, (*fig.*) andare, essere alla deriva: *une entreprise qui va à la dérive*, un'azienda che va in malora.

dérivé [deʀive] *agg.* e *n.m.* derivato.

dérivée [deʀive] *n.f.* (*mat.*) derivata.

dériver[1] [deʀive] *v.tr.* e *intr.* derivare.

dériver[2] *v.intr.* 1 (*mar., aer.*) derivare 2 (*fig.*) andare alla deriva.

dériveur [deʀivœʀ] *n.m.* barca (*f.*) a vela con deriva; deriva (*f.*).

dermabrasion [dɛʀmabʀazjɔ̃] *n.f.* dermoabrasione.

dermato [dɛʀmato] *n.f.* (*fam.*) dermatologia ♦ *n.m.* e *f.* (*fam.*) dermatologo/a.

dermatologie [dɛʀmatɔlɔʒi] *n.f.* dermatologia.

dermatologue [dɛʀmatɔlɔg] *n.m.* e *f.* dermatologo/a.

dermatose [dɛʀmatoz] *n.f.* (*med.*) dermatosi.

derme [dɛʀm] *n.m.* (*anat.*) derma.

dermique [dɛʀmik] *agg.* dermico.

dermite [dɛʀmit] *n.f.* (*med.*) dermatite.

dernier [dɛʀnje] *agg.* [f. *-ère*] 1 ultimo 2 (*di giorno, mese ecc.*) scorso, passato: *les deux derniers mois*, gli ultimi due mesi 3 massimo, estremo: *c'est de la dernière importance*, è una cosa della massima importanza 4 infimo: *de dernière qualité*, di infima qualità ♦ *n.m.* ultimo: *il marchait le dernier*, camminava per ultimo.
● ***dernier en date***, ultimo in ordine di tempo | ***au dernier point***, al massimo grado | ***avoir le dernier mot***, avere l'ultima parola | ***ces derniers temps***, in questi ultimi tempi | ***en dernière analyse***, in ultima analisi | ***en dernier (lieu)***, per ultimo, da ultimo | ***en dernier ressort***, come ultima risorsa | ***le petit dernier***, il più piccolo (dei figli).
■ *AGG.* CONTR. 1 premier.

dernièrement [dɛʀnjɛʀmɑ̃] *avv.* ultimamente.

dernier-né [dɛʀnjene] *n.m.* [f. *dernière-née*, pl.m. *derniers-nés*] 1 ultimo nato 2 (*fig.*) ultimo modello.

dérobade [deʀɔbad] *n.f.* il tirarsi indietro, l'indietreggiare.

D

dérobé [deʀɔbe] *agg.* 1 sottratto, trafugato 2 nascosto; segreto.
● *à la dérobée*, furtivamente, di sfuggita.

dérober [deʀɔbe] *v.tr.* (*letter.*) 1 sottrarre, trafugare; (*fig.*) carpire 2 nascondere ♦ **se dérober** *v.pron.intr.* sottrarsi; sfuggire | *ses genoux se dérobaient sous elle*, le si piegavano le ginocchia.

D

dérogation [deʀɔgasjɔ̃] *n.f.* (*dir.*) deroga.

dérogatoire [deʀɔgatwaʀ] *agg.* (*dir.*) derogatorio, derogativo.

déroger [deʀɔʒe] *v.intr.* [coniug. come *manger*] 1 derogare 2 (*letter.*) degradarsi.

dérouillée [deʀuje] *n.f.* (*molto fam.*) 1 scarica di botte 2 (*fig.*) batosta.

dérouiller [deʀuje] *v.tr.* 1 togliere la ruggine (a) 2 (*molto fam.*) pestare 3 (*fig.*) sgranchire ♦ *v.intr.* (*fam.*) prendere un sacco di botte.
● *se dérouiller les jambes*, sgranchirsi le gambe.

déroulant [deʀulɑ̃] *agg.* scorrevole.
● (*inform.*) *menu déroulant*, menu a tendina.

déroulement [deʀulmɑ̃] *n.m.* svolgimento (*anche fig.*).

dérouler [deʀule] *v.tr.* 1 srotolare; svolgere 2 (*fig.*) sviluppare ♦ **se dérouler** *v.pron.intr.* 1 srotolarsi, svolgersi 2 (*fig.*) aver luogo, svilupparsi.

dérouleur [deʀulœʀ] *n.m.* (*inform.*) unità (*f.*) nastro.

déroutant [deʀutɑ̃] *agg.* sconcertante.

déroute [deʀut] *n.f.* 1 disfatta 2 (*fig.*) sconvolgimento (*m.*).
● *mettre en déroute*, sconvolgere; sconcertare.

déroutement [deʀutmɑ̃] *n.m.* dirottamento.

dérouter [deʀute] *v.tr.* 1 (*nave, aereo ecc.*) dirottare 2 (*fig.*) sconcertare, disorientare.

derrick [deʀik] *n.m.* derrick, torre (*f.*) di trivellazione.

derrière [dɛʀjɛʀ] *prep.* dietro: *derrière la maison, le mur*, dietro la casa, il muro; *derrière son apparente gaieté*, sotto la sua apparente allegria; *il a tous ses collègues derrière lui*, (*fig.*) tutti i suoi colleghi sono con lui ♦ *avv.* (di) dietro; indietro ♦ *n.m.* 1 parte (*f.*) posteriore; retro 2 didietro, sedere 3 (*pl.*) (*mil.*) retroguardia (*f.sing.*): *les derrières d'une armée*, la retroguardia di un esercito.
● *derrière moi, nous*, dietro di me, di noi | *de derrière*, da dietro; posteriore: *il sortit de derrière l'arbre*, uscì da dietro l'albero; *pattes de derrière*, zampe posteriori | *donner un coup de pied au derrière*, dare un calcio nel sedere | *mettre un vêtement (sens) devant derrière*, mettere un abito all'incontrario | *rester derrière*, restare indietro; (*Camerun*) non essere al corrente.
■ PREP. SIN. devant ♦ N.M. SIN. 2 fesses.

NOTA È improprio, ma frequentissimo, l'uso dell'avverbio **derrière** nel senso temporale di 'dopo', 'in seguito', nato nell'ambito del lavoro e dello sport:
SÌ *On fait un mailing et **ensuite** on rappelle le client.*
NO *On fait un mailing et on rappelle le client **derrière**.*
Facciamo una vendita per corrispondenza, poi richiamiamo il cliente.
SÌ *Zizou relance, **puis** Henry frappe, et but!*
NO *Zizou relance, Henry frappe **derrière**, et but!*
Zizou rilancia, poi Henry tira ed è goal!

derviche [dɛʀviʃ] *n.m.* derviscio.

des [de; dez *davanti a vocale e* h *muta*] *prep.art.* e *art. partitivo pl.* → **de** ♦ *art.indet.pl.* dei, degli; delle: *il faudrait être des Pantagruel pour manger tout cela*, bisognerebbe essere dei Pantagruel per mangiare tutta quella roba; *il nous a pris pour des idiots*, ci ha presi per stupidi.

dès [de; dez *davanti a vocale*] *prep.* 1 (*tempo*) fin da, (a partire) da; appena: *dès neuf heures*, (a partire) dalle nove; *dès son entrée dans la salle*, appena entrò nella stanza; *je t'appelle dès mon arrivée*, ti chiamo appena arrivo; *dès mon retour je préviendrai le directeur*, appena rientrerò avviserò il direttore; *dès son enfance*, fin dall'infanzia 2 (*luogo*) da: *dès le seuil*, dalla soglia; *dès Orléans le train a ralenti*, da, dopo Orléans il treno ha rallentato.
● *dès demain*, da domani | *dès l'abord*, di primo acchito | *dès le début*, (fin) dall'inizio | *dès lors*, da allora (in poi); (*estens.*) di conseguenza, quindi: *dès lors, on ne l'a plus vu*, da allora non lo si è più visto; *il nous a fourni des preuves, dès lors nous pouvons lui faire confiance*, ci ha fornito delle prove quindi possiamo accordargli la nostra fiducia | *dès lors que*, dal momento in cui; (*estens.*) dal momento che, visto che | *dès maintenant, dès à présent*, fin d'adesso | *dès que*, (non) appena: *dès que je l'aperçus*, (non) appena lo vidi.

désabusé [dezabyze] *agg.* disincantato, disilluso.

désabuser [dezabyze] *v.tr.* disincantare, disilludere.

désaccord [dezakɔʀ] *n.m.* 1 disaccordo, dissidio 2 discordanza (*f.*); divergenza (*f.*).

désaccordé [dezakɔʀde] *agg.* (*mus.*) scordato.

désaccoutumance [dezakutymɑ̃s] *n.f.* disassuefazione; il perdere un'abitudine.

désacraliser [desakʀalize] *v.tr.* dissacrare.

désactiver [dezaktive] *v.tr.* disattivare.

désadapté [dezadapte] *agg.* disadattato.

désaffecté [dezafɛkte] *agg.* adibito ad altro uso.
● *église désaffectée*, chiesa sconsacrata.

désaffection [dezafɛksjɔ̃] *n.f.* disamore (*m.*), disaffezione.

désagréable [dezagʀeabl] *agg.* sgradevole, spiacevole.
■ SIN. déplaisant CONTR. agréable, plaisant.

dèsagréablement [dezagʀeabləmɑ̃] *avv.* sgradevolmente; in modo spiacevole.

désagrégation [dezagʀegasjɔ̃] *n.f.* disgregazione, disgregamento (*m.*).

désagréger [dezagʀeʒe] *v.tr.* [coniug. come *abréger*] disgregare ♦ **se désagréger** *v.pron.intr.* disgregarsi.

désagrément [dezagʀemɑ̃] *n.m.* 1 contrarietà (*f.*) 2 (*pl.*) noie (*f.*), seccature (*f.*) 3 disappunto; dispiacere.

désalper [dezalpe] *v.intr.* (*Svizzera*) (di)scendere dall'alpeggio.

désaltérer [dezalteʀe] *v.tr.* [coniug. come *céder*] dissetare ♦ **se désaltérer** *v.pron.* dissetarsi.

désâmer, se [sədezɑme] *v.pron.* (*Canada*) farsi in quattro.

désamianter [dezamjɑ̃te] *v.tr.* bonificare dall'amianto.

désaminase [dezaminaz] *n.f.* (*biochim.*) deaminasi.

désamorçage [dezamɔʀsaʒ] *n.m.* disinnesco, disattivazione (*f.*).

désamorcer [dezamɔʀse] *v.tr.* [coniug. come *placer*] 1 disinnescare 2 (*fig.*) neutralizzare.

désaper [desape] *v.tr.* (*fam.*) svestire, spogliare.

désappointé [dezapwɛ̃te] *agg.* deluso.

désappointement [dezapwɛ̃tmɑ̃] *n.m.* delusione (*f.*), disappunto.

désappointer [dezapwɛ̃te] *v.tr.* deludere.

désapprendre [dezapʀɑ̃dʀ] *v.tr.* [coniug. come *prendre*] disimparare.

désapprobateur [dezapʀɔbatœʀ] *agg.* [f. *-trice*] di disapprovazione.

désapprobation [dezapʀɔbasjɔ̃] *n.f.* disapprovazione.

désapprouver [dezapʀuve] *v.tr.* disapprovare.

désarçonner [dezaʀsɔne] *v.tr.* 1 disarcionare 2 (*fig. fam.*) disorientare, sconcertare.

désargenté [dezaʀʒɑ̃te] *agg.* (*fam.*) squattrinato.
● ***être désargenté***, essere al verde.

désarmant [dezaʀmɑ̃] *agg.* disarmante.

désarmement [dezaʀməmɑ̃] *n.m.* disarmo.

désarmer [dezaʀme] *v.tr.* e *intr.* disarmare (*anche fig.*).

désarroi [dezaʀwa] *n.m.* smarrimento, sgomento.

désarticuler, se [sədezaʀtikyle] *v.tr.* contorcersi, eseguire delle contorsioni.

désassorti [dezasɔʀti] *agg.* scompagnato.
● ***être désassorti***, (*di negozio*) non avere assortimento.

désastre [dezastʀ] *n.m.* disastro.

désastreux [dezastʀø] *agg.* [f. *-euse*] disastroso.

désavantage [dezavɑ̃taʒ] *n.m.* svantaggio; sfavore.
● ***au désavantage de qqn***, a sfavore di qlcu.

désavantager [dezavɑ̃taʒe] *v.tr.* [coniug. come *manger*] sfavorire, svantaggiare.

désavantageusement [dezavɑ̃taʒøzmɑ̃] *avv.* svantaggiosamente; sfavorevolmente.

désavantageux [dezavɑ̃taʒø] *agg.* [f. *-euse*] svantaggioso, sfavorevole.

désaveu [dezavø] *n.m.* [pl. *-eux*] 1 disconoscimento 2 sconfessione (*f.*), ritrattazione (*f.*) 3 disapprovazione (*f.*).

désavouer [dezavwe] *v.tr.* 1 sconfessare, ritrattare: *désavouer ses principes*, rinnegare i propri principi 2 disapprovare, condannare 3 (*dir.*) disconoscere.

désaxé [dezakse] *agg.* e *n.m.* sfasato, squilibrato.

désaxer [dezakse] *v.tr.* 1 mettere fuori asse 2 (*fig.*) sfasare, squilibrare.

desceller [desɛle] *v.tr.* dissigillare.

descendance [desɑ̃dɑ̃s] *n.f.* discendenza.

descendant [desɑ̃dɑ̃] *agg.* e *n.m.* discendente.

descendeur [desɑ̃dœʀ] *n.m.* 1 [f. *-euse*] (*sport*) discesista 2 (*alpinismo*) discensore.

descendre [desɑ̃dʀ] *v.intr.* [coniug. come *rendre*; aus. *être*] 1 scendere, andare giù: *descendre de voiture*, scendere, uscire dall'auto; *descends à la cave chercher du vin*, scendi, vai giù in cantina a prendere un po' di vino | *mon déjeuner ne descend pas*, (*fam.*) la colazione mi è rimasta sullo stomaco 2 fare irruzione 3 prendere alloggio (**in**): *descendre à l'hôtel*, prendere alloggio in albergo 4 discendere, avere origine (**da**) ♦ *v.tr.* 1 scendere 2 portare giù; tirare giù: *descendre un tableau*, tirare giù un quadro; *descends les bagages*, porta giù le valige; *descendre un avion*, (*estens.*) abbattere un aereo 3 far scendere: *descendez-moi ici*, mi faccia scendere qui 4 (*fam.*) far fuori; uccidere: *on l'a descendu*, l'hanno steso.
● ***descendre dans le détail***, scendere nei particolari | ***descendre qqn en flammes***, (*fig. fam.*) criticare violentemente qlcu | ***descendre une bouteille***, (*fam.*) scolarsi una bottiglia.
■ V.INTR. CONTR. **1** monter ♦ V.TR. CONTR. **1-2** monter.

descente [desɑ̃t] *n.f.* 1 discesa; (*fig.*) calata: *je t'attends à la descente du train*, ti aspetto all'arrivo del treno 2 (*sci*) discesa libera 3 (*Africa*) termine (*m.*) della giornata lavorativa.
● (*arte*) ***descente de croix***, deposizione dalla croce | (*dir.*) ***descente de justice***, sopralluogo | ***descente de lit***, scendiletto | ***descente (de police)***, irruzione della polizia | ***avoir une bonne descente***, (*fam.*) essere un gran bevitore | ***ski de descente***, discesismo.
■ CONTR. **1** montée.

déscolarisation [deskɔlaʀizasjɔ̃] *n.f.* descolarizzazione.

descriptif [dɛskʀiptif] *agg.* [f. *-ive*] descrittivo.

description [dɛskʀipsjɔ̃] *n.f.* descrizione.

desdits [dedi] *agg.m.pl.* **desdites** [dedit] *agg.f.pl.* → **ledit**.

désembouteiller [dezɑ̃buteje] *v.tr.* (*traffico* o *linea telefonica*) ripristinare.

désembuer [dezɑ̃bɥe] *v.tr.* disappannare.

désemparé [dezɑ̃paʀe] *agg.* sperduto, smarrito; disorientato.
● (*mar.*) ***navire désemparé***, nave alla deriva (per avarie).

désemparer [dezɑ̃paʀe] *v.intr.* 1 (*mar.*) smantellare 2 (*fig.*) disorientare, sconcertare.
● ***sans désemparer***, ininterrottamente.

désemplir [dezɑ̃pliʀ] *v.intr.*
● ***ne pas désemplir***, essere sempre pieno.

désencadrer [dezɑ̃kadʀe] *v.tr.* scorniciare.

désenchantement [dezɑ̃ʃɑ̃tmɑ̃] *n.m.* disincanto, disillusione (*f.*).

désenchanter [dezɑ̃ʃɑ̃te] *v.tr.* disincantare; disilludere.

désenclaver [dezɑ̃klave] *v.tr.* rompere l'isolamento di una regione.

désencombrer [dezɑ̃kɔ̃bʀe] *v.tr.* 1 sgomberare 2 (*tel.*) sbloccare.

désenfler [dezɑ̃fle] *v.tr.* (far) sgonfiare ♦ *v.intr.* sgonfiarsi: *ma joue n'a pas encore désenflé*, la guancia non mi si è ancora sgonfiata.

désengager [dezɑ̃gaʒe] *v.tr.* [coniug. come *manger*] disimpegnare ♦ **se désengager** *v.pron.intr.* disimpegnarsi, liberarsi da un impegno.

désengorger [dezɑ̃gɔʀʒe] *v.tr.* [coniug. come *manger*] disintasare.

désensabler [dezɑ̃sable] *v.tr.* 1 (*mar.*) disincagliare 2 (*canale ecc.*) dragare.

désensibilisation [desɑ̃sibilizasjɔ̃] *n.f.* desensibilizzazione.

désensibiliser [desɑ̃sibilize] *v.tr.* desensibilizzare.

déséquilibre [dezekilibʀ] *n.m.* squilibrio.

déséquilibré [dezekilibʀe] *agg.* e *n.m.* squilibrato.

déséquilibrer [dezekilibʀe] *v.tr.* 1 squilibrare, sbilanciare 2 (*fig.*) sconvolgere la mente (**a**).

déséquiper [dezekipe] *v.tr.* (*mar.*) (*nave*) disarmare.

désert[1] [dezɛʀ] *agg.* deserto.

désert[2] *n.m.* deserto.
● ***prêcher dans le désert***, (*fig.*) predicare nel deserto, al vento.

déserter [dezɛʀte] *v.tr.* e *intr.* disertare: *déserter son poste*, abbandonare il proprio posto.

déserteur [dezɛʀtœʀ] *n.m.* disertore.

désertification [dezɛʀtifikasjɔ̃] *n.f.* 1 (*geol.*) desertificazione 2 (*estens.*) spopolamento (*m.*).

D

D

désertion [dezɛʀsjɔ̃] *n.f.* diserzione.
désertique [dezɛʀtik] *agg.* desertico.
désescalader [dezɛskalade] *v.tr.* (*alpinismo*) scendere (dopo una scalata).
désespérant [dezɛspeʀɑ̃] *agg.* sconfortante; desolante, deprimente: *ces enfants sont désespérants*, questi bambini sono una disperazione.
désespéré [dezɛspeʀe] *agg.* e *n.m.* disperato.
désespérément [dezɛspeʀemɑ̃] *avv.* 1 disperatamente 2 con accanimento.
désespérer [dezɛspeʀe] *v.intr.* [coniug. come *céder*] disperare, perdere la speranza ♦ *v.tr.* costernare; far disperare ♦ **se désespérer** *v.pron.intr.* disperarsi.
désespoir [dezɛspwaʀ] *n.m.* disperazione (*f.*).
● ***être au désespoir***, essere disperato | ***en désespoir de cause***, come ultima risorsa.
■ CONTR. espoir.
désétatiser [dezetatize] *v.tr.* (*econ., pol.*) snazionalizzare.
déshabillage [dezabijaʒ] *n.m.* lo spogliare, lo spogliarsi.
déshabillé [dezabije] *n.m.* (*abbigl.*) vestaglia (*f.*) elegante (da donna) ♦ *agg.* spogliato, svestito.
● ***être en déshabillé***, essere in vestaglia; non essere presentabile.
déshabiller [dezabije] *v.tr.* spogliare, svestire ♦ **se déshabiller** *v.pron.* e *pron.intr.* spogliarsi, svestirsi.
■ SIN. dévêtir CONTR. habiller.
déshabituer [dezabitɥe] *v.tr.* disabituare (a), far perdere l'abitudine (di) ♦ **se déshabituer** *v.pron.intr.* disabituarsi (a), perdere l'abitudine (di).
désherbant [dezɛʀbɑ̃] *agg.* e *n.m.* (*agr.*) diserbante.
désherber [dezɛʀbe] *v.tr.* (*agr.*) diserbare.
déshérité [dezeʀite] *agg.* e *n.m.* diseredato (*anche fig.*).
déshériter [dezeʀite] *v.tr.* (*dir.*) diseredare.
déshonneur [dezɔnœʀ] *n.m.* disonore; vergogna (*f.*).
déshonorant [dezɔnɔʀɑ̃] *agg.* disonorevole.
déshonorer [dezɔnɔʀe] *v.tr.* disonorare.
déshumanisant [dezymanizɑ̃] *agg.* disumanizzante.
déshumidificateur [dezymidifikatœʀ] *n.m.* (*tecn.*) deumidificatore.
déshydratant [dezidʀatɑ̃] *agg.* e *n.m.* disidratante.
déshydratation [dezidʀatasjɔ̃] *n.f.* disidratazione.
déshydrater [dezidʀate] *v.tr.* disidratare ♦ **se déshydrater** *v.pron.intr.* disidratarsi.
design [dizajn, dezajn] *n.m.* design ♦ *agg.invar.* di design, creato da un designer.
désignation [deziɲasjɔ̃] *n.f.* designazione.
désigné [deziɲe] *agg.* 1 designato, nominato 2 adatto: *il est tout désigné pour cette fonction*, è proprio l'uomo adatto a quest'incarico.
● ***à l'heure désignée***, all'ora stabilita.
designer [dizajnœʀ, dezajnœʀ] *n.m.* e *f.* designer; stilista.
désigner [deziɲe] *v.tr.* 1 designare, nominare: *il a été désigné comme successeur du président*, è stato designato come successore del presidente 2 fissare, stabilire: *désigner le lieu d'un rendez-vous*, stabilire il luogo di un appuntamento 3 designare, denominare: *terme par lequel on désigne un objet*, termine con cui si designa un oggetto 4 segnalare, additare; indicare: *désigner à l'admiration de qqn*, additare all'ammirazione di qlcu.

désillusion [dezilyzjɔ̃] *n.f.* disillusione.
désillusionner [dezilyzjɔne] *v.tr.* disilludere; disincantare.
désimlockage [desimlɔkaʒ] *n.m.* (*tel.*) sblocco (del telefonino perché funzioni con qualsiasi carta SIM).
désincarcérer [dezɛ̃kaʀseʀe] *v.tr.* [coniug. come *céder*] liberare una persona dai rottami di un veicolo (dopo un incidente).
désincorporer [dezɛ̃kɔʀpɔʀe] *v.tr.* (*dir.*) scorporare.
désincrustant [dezɛ̃kʀystɑ̃] *agg.* e *n.m.* 1 (*chim.*) disincrostante 2 (*cosmesi*) prodotto per il peeling.
désindustrialiser [dezɛ̃dystʀjalize] *v.tr.* deindustrializzare.
désinence [dezinɑ̃s] *n.f.* (*gramm.*) desinenza.
désinfectant [dezɛ̃fɛktɑ̃] *agg.* e *n.m.* disinfettante.
■ SIN. antiseptique.
désinfecter [dezɛ̃fɛkte] *v.tr.* 1 disinfettare 2 (*inform. fam.*) disinfettare (da un virus).
désinfection [dezɛ̃fɛksjɔ̃] *n.f.* disinfezione.
désinflation [dezɛ̃flasjɔ̃] *n.f.* (*econ.*) disinflazione.
désinformer [dezɛ̃fɔʀme] *v.tr.* disinformare.
désinhiber [dezinibe] *v.tr.* (*psic.*) disinibire.
désinsectiser [dezɛ̃sɛktize] *v.tr.* disinfestare (da insetti).
désinstaller [dezɛ̃stale] *v.tr.* (*inform.*) disinstallare.
désintégration [dezɛ̃tegʀasjɔ̃] *n.f.* 1 disintegrazione; disgregazione 2 (*fis.*) decadimento (*m.*).
désintégrer [dezɛ̃tegʀe] *v.tr.* [coniug. come *céder*] disintegrare; disgregare ♦ **se désintégrer** *v.pron.intr.* 1 disintegrarsi; disgregarsi 2 (*fis.*) decadere.
désintéressé [dezɛ̃teʀese] *agg.* disinteressato.
désintéressement [dezɛ̃teʀɛsmɑ̃] *n.m.* disinteresse.
désintéresser, se [sədezɛ̃teʀese] *v.pron.intr.* disinteressarsi.
désintérêt [dezɛ̃teʀɛ] *n.m.* 1 disinteresse 2 (*estens.*) distacco, indifferenza (*f.*).
désintoxication [dezɛ̃tɔksikasjɔ̃] *n.f.* disintossicazione.
désintoxiquer [dezɛ̃tɔksike] *v.tr.* disintossicare.
désinvolte [dezɛ̃vɔlt] *agg.* disinvolto; impertinente.
désinvolture [dezɛ̃vɔltyʀ] *n.f.* disinvoltura; impertinenza.
désir [deziʀ] *n.m.* desiderio: *formuler un désir*, esprimere un desiderio.
■ SIN. envie.
désirable [deziʀabl] *agg.* desiderabile.
désirer [deziʀe] *v.tr.* desiderare.
● ***laisser à désirer***, lasciare a desiderare | ***se faire désirer***, farsi desiderare.
■ SIN. vouloir.
désireux [deziʀø] *agg.* [f. *-euse*] desideroso.
désistement [dezistəmɑ̃] *n.m.* 1 (*dir.*) rinuncia (*f.*); remissione (*f.*) 2 (*di candidato ecc.*) ritiro.
désister, se [sədeziste] *v.pron.intr.* rinunciare (a), desistere: *se désister d'une candidature*, ritirare una candidatura.
désobéir [dezɔbeiʀ] *v.intr.* disobbedire, disubbidire.
■ CONTR. obéir.
désobéissance [dezɔbejsɑ̃s] *n.f.* disobbedienza, disubbidienza.

désobéissant [dezɔbeisɑ̃] *agg.* disobbediente, disubbidiente.

désobligeant [dezɔbliʒɑ̃] *agg.* sgradevole, sgarbato.

désobliger [dezɔbliʒe] *v.tr.* [coniug. come *manger*] indisporre; contrariare.

désodé [desɔde] *agg.* senza sodio.

désodorisant [dezɔdɔʀizɑ̃] *agg.* e *n.m.* deodorante per ambienti.

désodoriser [dezɔdɔʀize] *v.tr.* deodorare.

désœuvré [dezœvʀe] *agg.* e *n.m.* sfaccendato.

désœuvrement [dezœvʀəmɑ̃] *n.m.* inoperosità (*f.*), ozio.

désolant [dezɔlɑ̃] *agg.* desolante, sconfortante, deprimente.

désolation [dezɔlasjɔ̃] *n.f.* **1** desolazione, squallore (*m.*) **2** disperazione.

désolé [dezɔle] *agg.* **1** (*di ambiente*) desolato, squallido **2** (*fig.*) sconsolato, afflitto **3** (*scontento*) spiacente, dispiaciuto.
● ***être désolé de***, essere spiacente di: *je suis désolé de vous avoir fait attendre*, mi spiace di averla fatta aspettare.

désoler [dezɔle] *v.tr.* affliggere, rattristare ♦ **se désoler** *v.pron.intr.* affliggersi, desolarsi.

désolidariser, se [sədesɔlidaʀize] *v.pron.* non essere solidale (**con**), dissociarsi (**da**).

désopilant [dezɔpilɑ̃] *agg.* (*fam.*) spassoso, buffissimo.

désordonné [dezɔʀdɔne] *agg.* disordinato.

désordre [dezɔʀdʀ] *n.m.* disordine.
● ***dans le désordre***, disordinatamente | ***en désordre***, in disordine.
■ SIN. confusion CONTR. ordre.

désorganisation [dezɔʀganizasjɔ̃] *n.f.* disorganizzazione.

désorganiser [dezɔʀganize] *v.tr.* disorganizzare; scompigliare.

désorienter [dezɔʀjɑ̃te] *v.tr.* **1** disorientare **2** (*fig.*) sconcertare.

désormais [dezɔʀmɛ] *avv.* **1** ormai **2** d'ora in avanti, d'ora in poi.

désosser [dezɔse] *v.tr.* **1** disossare **2** (*estens.*) smontare (a pezzi).

désoxydant [dezɔksidɑ̃] *agg.* e *n.m.* disossidante.

déspammeur [despamœʀ] *n.m.* (*Internet*) persona (*f.*), programma antispam; despammer.

desperado [dɛspeʀado] *n.m.* fuorilegge (pronto a tutto).

despote [dɛspɔt] *n.m.* despota ♦ *agg.* dispotico.

despotique [dɛspɔtik] *agg.* dispotico.

despotisme [dɛspɔtism] *n.m.* **1** dispotismo **2** (*fig.*) tirannia (*f.*).

desquamation [dɛskwamasjɔ̃] *n.f.* desquamazione.

desquamer, se [sədɛskwame] *v.pron.intr.* (de)squamarsi.

desquelles [dekɛl] *pron.rel.* e *interr.f.pl.* → **lequel**.

desquels [dekɛl] *pron.rel.* e *interr.m.pl.* → **lequel**.

dessabler [desɑble] *v.tr.* pulire dalla sabbia, togliere la sabbia (**da**).

dessaisir [deseziʀ] *v.tr.* (*dir.*) privare, spossessare ♦ **se dessaisir** *v.pron.* disfarsi.
● (*dir.*) ***dessaisir un tribunal d'une affaire***, dichiarare incompetente un tribunale per una vertenza.

dessaisissement [desezismɑ̃] *n.m.* (*dir.*) spossessamento; privazione (*f.*).

dessaler [desale] *v.tr.* **1** dissalare **2** (*fam.*) sveltire, smaliziare ♦ *v.intr.* (*mar.*) scuffiare ♦ **se dessaler** *v.pron.intr.* (*fam.*) sveltirsi, svegliarsi.

dessaleur [desalœʀ] *n.m.* (*tecn., chim.*) dissalatore.

desséchant [deseʃɑ̃] *agg.* essiccante; che inaridisce (*anche fig.*).

desséché [deseʃe] *agg.* **1** secco; arido (*anche fig.*) **2** asciutto, scarno.

dessèchement [desɛʃmɑ̃] *n.m.* il seccarsi, l'inaridirsi (*anche fig.*).

dessécher [deseʃe] *v.tr.* [coniug. come *céder*] **1** seccare; inaridire (*anche fig.*) **2** prosciugare.

dessein [desɛ̃] *n.m.* disegno; intenzione (*f.*); progetto, proposito.
● ***à dessein***, di proposito | ***à dessein de***, in vista di, nell'intenzione di | ***dans ce dessein***, con quest'intenzione.
■ SIN. intention, volonté.

desseller [desele] *v.tr.* dissellare.

desserrage [desɛʀaʒ] *n.m.* allentamento.

desserrer [deseʀe] *v.tr.* allentare, disserrare ♦ **se desserrer** *v.pron.intr.* allentarsi.
● ***ne pas desserrer les dents***, (*fig.*) non aprire bocca.

dessert [desɛʀ] *n.m.* (*cuc.*) dessert.

desserte[1] [desɛʀt] *n.f.* servizio (*m.*) (di trasporto), collegamento (*m.*).

desserte[2] *n.f.* (*mobile*) credenza.

dessertir [desɛʀtiʀ] *v.tr.* (*di pietra preziosa*) smontare dall'incastonatura.

desservi [desɛʀvi] *p.p.* di **desservir**[1] ♦ *agg.* servito (da trasporti pubblici): *cette ville est bien, mal desservie*, questa città ha buoni, insufficienti collegamenti.

desservir[1] [desɛʀviʀ] *v.tr.* [coniug. come *servir*] **1** (*di mezzo di trasporto*) fare servizio (**in**), servire: *le TGV ne dessert pas cette gare*, il TGV non ferma in questa stazione **2** mettere in comunicazione **3** (*di sacerdote*) prestare le proprie funzioni (**in**).

desservir[2] *v.tr.* **1** (*tavola*) sparecchiare **2** nuocere (**a**).

dessiccation [desikasjɔ̃] *n.f.* essiccazione, essiccamento (*m.*).

dessiller [desije] *v.tr.*
● ***dessiller les yeux à, de qqn***, (*fig.*) aprire gli occhi a qlcu.

dessin [desɛ̃] *n.m.* **1** disegno **2** linea (*f.*) **3** (*di romanzo ecc.*) schema.
● ***dessin à main levée***, disegno a mano libera | (*cine.*) ***dessins animés***, cartoni, disegni animati | ***dessin au crayon, au fusain***, disegno a matita, a carboncino | ***dessin humoristique***, vignetta umoristica | ***dessin industriel***, disegno industriale | ***je dois te faire un dessin?***, (*fam.*) devo entrare nei particolari?

dessinateur [desinatœʀ] *n.m.* [f. *-trice*] disegnatore.
● ***dessinateur de mode***, figurinista | ***dessinateur humoristique***, vignettista | ***dessinateur industriel***, diesgnatore industriale | ***dessinateur publicitaire***, cartellonista.

dessiné [desine] *agg.* disegnato.

dessiner [desine] *v.tr.* **1** disegnare **2** segnare, far risaltare ♦ **se dessiner** *v.pron.intr.* disegnarsi, prendere forma; delinearsi.

dessineur [dɛsinœʀ] *n.m.* (*inform.*) software grafico, pacchetto grafico.

dessoiffer [deswafe] *v.tr.* (*fam.*) dissetare.

dessouder [desude] *v.tr.* dissaldare.

dessoûler [desule] *v.tr.* (*fam.*) far passare la sbornia (a) ♦ *v.intr.* smaltire la sbornia.
● ***ne pas dessoûler***, essere sempre ubriaco.

dessous [dəsu] *avv.* sotto: *le prix est marqué dessous*, il prezzo è scritto sotto ♦ *n.m.* **1** il disotto, la parte (*f.*) sotto **2** (*pl.*) biancheria (*f.sing.*) intima femminile **3** (*pl.*) (*teatr.*) sottopalco (*sing.*) (del palcoscenico); (*fig.*) retroscena (*sing.*).
● ***agir en dessous***, (*fig.*) agire di nascosto | ***avoir le dessous***, (*fig.*) avere la peggio | ***en dessous***, sotto: *soulève le livre, la lettre est en dessous*, solleva il libro, la lettera è sotto | ***être dans le trente-sixième dessous***, (*fig.*) essere ridotto uno straccio | ***l'étage du dessous***, il piano di sotto | ***regarder en dessous***, (*fig.*) guardare di sottecchi | ***rire en dessous***, (*fig.*) ridere sotto i baffi.
■ AVV. CONTR. dessus.
□ **de dessous** *prep.* da sotto: *de dessous la terre*, da sottoterra; *on l'a tiré de dessous les décombres*, l'hanno tirato fuori dalle macerie ♦ *agg.* di sotto: *dans l'appartement de dessous*, nell'appartamento di sotto.

dessous-de-plat [dəsudpla] *n.m.invar.* sottopiatto.

dessous-de-table [dəsudtabl] *n.m.invar.* (somma data) sottobanco, bustarella (*f.*).

dessous-de-verre [dəsudvɛʀ] *n.m.invar.* sottobicchiere.

dessus [dəsy] *avv.* sopra, su: *il n'y a rien dessus*, non c'è niente sopra; *tu cherches ton chapeau et tu as le nez dessus*, cerchi il cappello e l'hai sotto il naso ♦ *n.m.* il disopra, la parte (*f.*) sopra.
● ***dessus de table***, tappeto da tavola | ***avoir le dessus***, avere il sopravvento | ***bras dessus bras dessous***, a braccetto | ***en dessus***, sopra | ***le dessus du panier***, (*fig.*) il fior fiore | ***l'étage du dessus***, (*fam.*) il piano di sopra | ***mettre la main dessus***, (*fam.*) avere tra le mani | ***prendre le dessus***, prendere il sopravvento | ***reprendre le dessus***, riprendersi | ***sens dessus dessous***, sottosopra | ***tomber dessus***, (*fam.*) aggredire.
■ AVV. CONTR. dessous.
□ **de dessus** *prep.* da (sopra): *ôte ton cahier de dessus la chaise*, togli il quaderno dalla sedia ♦ *agg.* di sopra: *dans l'appartement de dessus*, nell'appartamento di sopra.

dessus-de-lit [dəsydli] *n.m.invar.* copriletto.

déstabilisation [destabilizasjɔ̃] *n.f.* destabilizzazione.

déstabiliser [destabilize] *v.tr.* destabilizzare.

destin [dɛstɛ̃] *n.m.* destino, fato.
■ SIN. sort.

destinataire [dɛstinatɛʀ] *n.m.* e *f.* destinatario/a.

destination [dɛstinasjɔ̃] *n.f.* destinazione: *arriver à destination*, giungere a destinazione.
● ***à destination de***, diretto a, con destinazione.
■ SIN. but.

destinée [dɛstine] *n.f.* destino (*m.*), sorte.

destiner [dɛstine] *v.tr.* destinare; assegnare.

destituer [dɛstitɥe] *v.tr.* destituire.

destitution [dɛstitysjɔ̃] *n.f.* destituzione.

destrier [dɛstʀije] *n.m.* destriero.

destructeur [dɛstʀyktœʀ] *agg.* e *n.m.* [f. *-trice*] distruttore.

destructif [dɛstʀyktif] *agg.* [f. *-ive*] distruttivo.

destruction [dɛstʀyksjɔ̃] *n.f.* distruzione.
■ CONTR. construction.

déstructuration [destʀyktyʀasjɔ̃] *n.f.* destrutturazione.

déstructurer [destʀyktyʀe] *v.tr.* destrutturare.

désuet [des(z)ɥɛ] *agg.* [f. *-ète*] desueto; antiquato.

désuétude [des(z)ɥetyd] *n.f.* disuso (*m.*).
● ***tomber en désuétude***, cadere in disuso.

désunion [dezynjɔ̃] *n.f.* disunione; disaccordo (*m.*).

désunir [dezyniʀ] *v.tr.* **1** disunire; disgiungere **2** (*fig.*) mettere in disaccordo.

désynchronisation [desɛ̃kʀɔnizasjɔ̃] *n.f.* desincronizzazione.

désyndicalisation [desɛ̃dikalizasjɔ̃] *n.f.* desindacalizzazione.

détachable [detaʃabl] *agg.* staccabile; amovibile.

détachage [detaʃaʒ] *n.m.* smacchiatura (*f.*).

détachant [detaʃɑ̃] *n.m.* smacchiatore.

détaché [detaʃe] *agg.* staccato; distaccato (*anche fig.*).
● ***pièces détachées***, pezzi di ricambio.

détachement [detaʃmɑ̃] *n.m.* **1** distacco **2** (*mil.*) distaccamento.

détacher[1] [detaʃe] *v.tr.* **1** staccare; distaccare | *détacher un fonctionnaire à l'étranger*, distaccare, comandare un funzionario all'estero **2** slegare: *détacher son manteau*, slacciarsi il cappotto **3** far risaltare ♦ **se détacher** *v.pron.intr.* **1** staccarsi, distaccarsi (*anche fig.*) **2** slegarsi **3** (*di colori*) spiccare.

détacher[2] *v.tr.* smacchiare.

détacheur [detaʃœʀ] *n.m.* smacchiatore.

détail [detaj] *n.m.* **1** dettaglio, particolare **2** lista (*f.*) particolareggiata; (*comm.*) specifica (*f.*) **3** (*comm.*) dettaglio.
● (*comm.*) ***au***, ***de détail***, al dettaglio, al minuto: *vente au détail*, vendita al dettaglio | ***dans le détail***, nei particolari | ***en détail***, in dettaglio.

détaillant [detajɑ̃] *n.m.* dettagliante, venditore al dettaglio.

détailler [detaje] *v.tr.* **1** esporre minutamente, per filo e per segno **2** (*comm.*) vendere al dettaglio.

détaler [detale] *v.intr.* (*fam.*) scappare, tagliare la corda.

détartrage [detaʀtʀaʒ] *n.m.* **1** (*di caldaia ecc.*) sgrommatura (*f.*), disincrostazione (*f.*) **2** (*med.*) ablazione (*f.*) del tartaro (dai denti).

détartrant [detaʀtʀɑ̃] *n.m.* → **détartreur**.

détartrer [detaʀtʀe] *v.tr.* **1** (*med.*) togliere il tartaro (dai denti) **2** (*tecn.*) disincrostare.

détartreur [detaʀtʀœʀ] *n.m.* disincrostatore.

détaxe [detaks] *n.f.* **1** detassazione **2** rimborso (*m.*) fiscale **3** sgravio (*m.*) di imposte indirette.

détaxer [detakse] *v.tr.* detassare.

détecter [detɛkte] *v.tr.* scoprire, rivelare; sondare.

détecteur [detɛktœʀ] *agg.* [f. *-trice*] (*tecn.*) rivelatore ♦ *n.m.* (*tecn.*, *fis.*) rivelatore; sensore; detector.

détection [detɛksjɔ̃] *n.f.* (*tecn.*, *fis.*) rivelazione; individuazione; segnalazione.

détective [detɛktiv] *n.m.* agente investigativo, detective.
● ***détective privé***, investigatore privato.

déteindre [detɛ̃dʀ] *v.tr.* [coniug. come *teindre*] stingere, scolorire ♦ *v.intr.* stingersi, scolorire.
● ***déteindre sur qqch***, lasciare il colore su qlco | ***déteindre sur qqn***, (*fig.*) influenzare qlcu.

déteint [detɛ̃] *p.p.* di **déteindre**.

dételer [dɛ(e)tle] *v.tr.* [coniug. come *appeler*] (*animale da tiro, veicolo*) staccare ♦ *v.intr.* smettere, staccare.

détendeur [detɑ̃dœʀ] *n.m.* (*tecn.*) riduttore di pressione; valvola (*f.*) di scarico.

détendre [detɑ̃dʀ] *v.tr.* [coniug. come *tendre*] **1** allentare **2** far scattare: *détendre un ressort*, far scattare una molla **3** (*fig.*) distendere, rilassare ♦ **se détendre** *v.pron.* e *pron.intr.* **1** allentarsi **2** scattare **3** (*fig.*) distendersi, rilassarsi.

détendu [detɑ̃dy] *p.p.* di **détendre** ♦ *agg.* **1** allentato **2** (*fig.*) rilassato, disteso.

détenir [dɛtniʀ] *v.tr.* [coniug. come *tenir*] detenere.

détente [detɑ̃t] *n.f.* **1** allentamento (*m.*) **2** scatto (*m.*) **3** (*fig.*) distensione, rilassamento (*m.*): *avoir besoin de détente*, aver bisogno di riposo **4** (*di arma da fuoco*) grilletto (*m.*) **5** (*fis.*) (*di gas ecc.*) espansione.
● ***être dur à la détente***, (*fam.*) essere duro di comprendonio; essere tirato nei soldi.

détenteur [detɑ̃tœʀ] *agg.* e *n.m.* [f. *-trice*] detentore.

détention [detɑ̃sjɔ̃] *n.f.* detenzione.

détenu [dɛtny] *p.p.* di **détenir** ♦ *agg.* e *n.m.* detenuto.
■ SIN. prisonnier.

détergent [detɛʀʒɑ̃] *agg.* e *n.m.* detergente, detersivo.

détérioration [deteʀjɔʀɑsjɔ̃] *n.f.* deterioramento (*m.*).

détériorer [deteʀjɔʀe] *v.tr.* deteriorare, guastare ♦ **se détériorer** *v.pron.intr.* deteriorarsi, guastarsi.

déterminant [detɛʀminɑ̃] *agg.* e *n.m.* determinante.

déterminatif [detɛʀminatif] *agg.* e *n.m.* [f. *-ive*] determinativo.

détermination [detɛʀminɑsjɔ̃] *n.f.* determinazione.

déterminé [detɛʀmine] *agg.* determinato: *il est déterminé à tout*, è deciso a tutto.

déterminer [detɛʀmine] *v.tr.* determinare ♦ **se déterminer** *v.pron.* decidersi, risolversi.

déterminisme [detɛʀminism] *n.m.* (*fil.*) determinismo.

déterré [deteʀe] *n.m.*
● ***avoir l'air, une mine de déterré***, avere un aspetto cadaverico, spettrale, terreo.

déterrement [detɛʀmɑ̃] *n.m.* **1** dissotterramento **2** esumazione (*f.*), riesumazione (*f.*).

déterrer [deteʀe] *v.tr.* **1** dissotterrare **2** esumare, riesumare **3** (*fam.*) scovare.

détersif [detɛʀsif] *agg.* e *n.m.* [f. *-ive*] detersivo.

détestable [detɛstabl] *agg.* **1** detestabile, odioso **2** pessimo: *une habitude détestable*, una pessima abitudine.

détestablement [detɛstabləmɑ̃] *avv.* in modo detestabile.

détester [detɛste] *v.tr.* detestare, odiare.
■ SIN. haïr.

déthéiné [deteine] *agg.* deteinato.

détonant [detɔnɑ̃] *agg.* detonante.

détonateur [detɔnatœʀ] *n.m.* **1** detonatore **2** (*fig.*) innesco, fattore scatenante.

détonation [detɔnɑsjɔ̃] *n.f.* detonazione.

détoner [detɔne] *v.intr.* detonare.

détonner [detɔne] *v.intr.* stonare (*anche fig.*).

détordre [detɔʀdʀ] *v.tr.* [coniug. come *rendre*] **1** svolgere (qlco. di attorcigliato) **2** srotolare.

détordu [detɔʀdy] *p.p.* di **détordre**.

détour [detuʀ] *n.m.* **1** svolta (*f.*), curva (*f.*): *les détours de la rivière*, le anse del fiume; *au détour du chemin*, alla svolta della strada **2** deviazione (*f.*), giro: *faire un détour par*, passare per **3** (*fig.*) scappatoia (*f.*), sotterfugio; giro di parole.
● ***pas de détours, au fait!***, poche storie, veniamo al sodo! | ***sans détour***, senza mezzi termini.

détourné [detuʀne] *agg.* **1** appartato, fuori mano **2** (*fig.*) indiretto.

détournement [detuʀnəmɑ̃] *n.m.* **1** deviazione (*f.*); (*di aereo*) dirottamento **2** (*dir.*) sottrazione (*f.*).
● (*dir.*): ***détournement de fonds***, appropriazione indebita di fondi; ***détournement de mineur***, sottrazione di minore; abuso o corruzione di minore.

détourner [detuʀne] *v.tr.* **1** deviare, sviare (*anche fig.*); (*aereo*) dirottare **2** distogliere, stornare: *détourner qqn d'un projet*, distogliere qlcu da un progetto **3** voltare, girare (dall'altra parte): *détourner la tête*, voltare il capo (dall'altra parte) **4** (*dir.*) sottrarre ♦ **se détourner** *v.pron.* **1** deviare, fare una deviazione: *se détourner du droit chemin*, allontanarsi dalla retta via **2** distogliersi **3** voltarsi, girarsi (dall'altra parte).

détracteur [detʀaktœʀ] *n.m.* [f. *-trice*] detrattore ♦ *agg.* denigratorio.

détraqué [detʀake] *agg.* **1** guasto **2** (*fig.*) squilibrato ♦ *n.m.* squilibrato.

détraquement [detʀakmɑ̃] *n.m.* **1** il guastare, il rovinare **2** (*fig.*) squilibrio.

détraquer [detʀake] *v.tr.* **1** guastare, rovinare **2** (*fig.*) sconvolgere.

détrempe [detʀɑ̃p] *n.f.* tempera.

détremper [detʀɑ̃pe] *v.tr.* **1** stemperare **2** inzuppare, ammollare.

détresse [detʀɛs] *n.f.* **1** disperazione, sconforto (*m.*) **2** miseria, indigenza **3** (*mar., aer.*) pericolo (*m.*).
● (*aut.*) ***feux de détresse***, luci di emergenza.

détriment [detʀimɑ̃] *n.m.* (*letter.*) detrimento.
● ***au détriment de***, a scapito di.

détritus [detʀitys] *n.m.* **1** detrito **2** (*pl.*) rifiuti.

détroit [detʀwa] *n.m.* (*geogr.*) stretto.

détromper [detʀɔ̃pe] *v.tr.* disingannare, far ricredere: *je l'ai détrompé*, gli ho aperto gli occhi ♦ **se détromper** *v.pron.* ricredersi.

détrôner [detʀone] *v.tr.* detronizzare.

détrousser [detʀuse] *v.tr.* (*letter.*) rapinare, depredare.

détruire [detʀɥiʀ] *v.tr.* [coniug. come *conduire*] distruggere ♦ **se détruire** *v.pron.* **1** distruggersi **2** (*fam.*) suicidarsi **3** cadere in rovina, crollare.
■ *V.TR.* CONTR. construire.

détruisant [detʀɥizɑ̃] *p.pres.* di **détruire**.

détruit [detʀɥi] *p.p.* di **détruire**.

dette [dɛt] *n.f.* debito (*m.*).

deuil [dœj] *n.m.* **1** lutto: *être en deuil* (*de qqn*), essere in lutto (per la morte di qlcu) **2** corteo funebre.
● ***avoir les ongles en deuil***, (*scherz.*) avere le unghie orlate di nero | ***faire son deuil de qqch***, (*fig.*) mettere una croce su qlco | ***fermé pour cause de deuil***, chiuso per lutto | ***grand deuil***, lutto stretto.

deutérium [døteʀjɔm] *n.m.* (*chim.*) deuterio.

deux [dø; døz *davanti a vocale o* h *muta*] *agg.num.card.invar.* due ♦ *agg.num.ord.invar.* (*di re, papi, capitoli ecc.*) secondo | *acte deux*, atto secondo | (*st.*) *Frédéric deux*, Federico secondo ♦ *n.m.* due: *le deux de pic*, il due di picche.
● (*canottaggio*): ***deux barré***, due con; ***deux sans barreur***, due senza | ***comme pas deux***, come nessun altro | ***en***

D

moins de deux, (*fam.*) in quattro e quattr'otto, in men che non si dica | ***entre les deux***, una via di mezzo, così così | ***être deux***, essere in due.

deux-de-tension [dødtɑ̃sjɔ̃] ***n.m.invar.*** (*fam.*) persona (*f.*) apatica.

deuxième [døzjɛm] ***agg.num.ord.*** e ***n.m.*** e ***f.*** secondo/a: *arriver le deuxième*, arrivare secondo ♦ ***n.f.*** (*aut.*) (*marcia*) seconda: *passer en deuxième*, mettere la seconda.

D

deuxièmement [døzjɛmmɑ̃] ***avv.*** in secondo luogo.

deux-pièces [døpjɛs] ***n.m.invar.*** **1** due pezzi; (*abbigl.*) spezzato **2** (*edil.*) bilocale.

deux-roues [døʀu] ***n.m.invar.*** (veicolo a) due ruote.

deux-temps [døtɑ̃] ***n.m.invar.*** motore a due tempi.

dévaler [devale] ***v.tr.*** e ***intr.*** scendere precipitosamente.

dévaliser [devalize] ***v.tr.*** svaligiare.

dévaloir [devalwaʀ] ***n.m.*** (*Svizzera*) (*in un caseggiato*) condotto di scarico per l'immondizia.

dévalorisation [devalɔʀizɑsjɔ̃] ***n.f.*** **1** svalutazione **2** deprezzamento (*m.*).

dévaloriser [devalɔʀize] ***v.tr.*** **1** (*moneta*) svalutare; (*estens.*) deprezzare **2** (*fig.*) sminuire.

dévaluation [devalɥɑsjɔ̃] ***n.f.*** svalutazione.

dévaluer [devalɥe] ***v.tr.*** (*fin.*) svalutare ♦ **se dévaluer** ***v.pron.intr.*** (*fin.*) svalutarsi, slittare.

devancement [dəvɑ̃smɑ̃] ***n.m.*** anticipazione (*f.*).

devancer [dəvɑ̃se] ***v.tr.*** [coniug. come *placer*] **1** precedere; superare: *devancer les désirs de qqn*, prevenire i desideri di qlcu **2** precorrere: *devancer son temps*, precorrere i tempi.

devancier [dəvɑ̃sje] ***n.m.*** [f. *-ère*] precursore, predecessore.

devant[1] [dəvɑ̃] ***prep.*** davanti (a), dinanzi (a): *devant la maison*, davanti alla casa; *devant toi, eux*, davanti a te, a loro; *parler devant témoins*, parlare in presenza di testimoni ♦ ***avv.*** avanti, davanti.

● ***avoir de l'argent devant soi***, (*fig.*) avere del denaro da parte | (***sens***) ***devant derrière***, all'incontrario: *mettre une jupe (sens) devant derrière*, mettere una gonna all'incontrario.

NOTA ***Devant*** non è seguito da nessun'altra preposizione:
sì *Elle est **devant** vous.*
NO *Elle est **devant à** vous.*
È davanti a voi.

devant[2] ***n.m.*** il davanti, la parte anteriore: *le devant d'une maison*, la facciata di una casa.

● ***de devant***, anteriore: *pattes de devant*, zampe anteriori | ***prendre les devants***, precedere.

devanture [dəvɑ̃tyʀ] ***n.f.*** **1** vetrina **2** (*di merci*) esposizione.

■ SIN. **1** vitrine.

dévastateur [devastatœʀ] ***agg.*** e ***n.m.*** [f. *-trice*] devastatore.

dévastation [devastɑsjɔ̃] ***n.f.*** devastazione.

dévaster [devaste] ***v.tr.*** devastare.

déveine [devɛn] ***n.f.*** (*fam.*) scalogna, sfortuna.

développement [devlɔpmɑ̃] ***n.m.*** **1** sviluppo **2** (*di argomento ecc.*) esposizione (*f.*), svolgimento **3** (*di bicicletta*) rapporto.

● ***développement durable***, sviluppo sostenibile.

développer [devlɔpe] ***v.tr.*** **1** sviluppare **2** dispiegare **3** (*argomento ecc.*) esporre **4** scartare, togliere l'involucro (a): *développer un cadeau*, disfare la confezione di un regalo **5** (*di bicicletta*) avere un rapporto (di) **6** (*med.*) manifestare i sintomi (di): *développer une maladie*, manifestare i sintomi di una malattia ♦ **se développer** ***v.pron.intr.*** svilupparsi.

devenir [dəvniʀ] ***v.intr.*** [coniug. come *venir*; aus. *être*] diventare, divenire.

● ***qu'est devenu qqch, qqn?***, (*fam.*) che ne è di, che fine ha fatto qlco, qlcu?: *qu'est devenu ton frère?*, che ne è di tuo fratello? | ***que deviens-tu?***, (*fam.*) come va?

devenu [dəvny] *p.p.* di **devenir**.

dévergondé [devɛʀgɔ̃de] ***agg.*** e ***n.m.*** scostumato, spudorato.

dévergonder, se [sədevɛʀgɔ̃de] ***v.pron.intr.*** abbandonarsi a ogni sorta di scostumatezze.

déverrouiller [devɛʀuje] ***v.tr.*** **1** togliere il catenaccio (a) **2** (*tastiera di telefonino*) sbloccare.

déverrouiller [deveʀuje] ***v.tr.*** **1** disserrare; togliere il catenaccio (a una porta ecc.) | (*aer.*) *déverrouiller le train d'atterrissage*, liberare il carrello d'atterraggio **2** (*di arma da fuoco*) aprire (l'otturatore) **3** (*ferr.*) aprire (il fermascambio o il fermadeviatoio) **4** (*tel.*) sbloccare la tastiera del telefonino.

déversement [devɛʀsəmɑ̃] ***n.m.*** scarico.

déverser [devɛʀse] ***v.tr.*** scaricare; (ri)versare (*anche fig.*) ♦ **se déverser** ***v.pron.intr.*** riversarsi.

déversoir [devɛʀswaʀ] ***n.m.*** **1** (*idraulica*) sfioratore, scarico **2** (*fig.*) sfogo.

dévêtir [devetiʀ] ***v.tr.*** [coniug. come *vêtir*] svestire.

dévêtu [devety] *p.p.* di **dévêtir**.

déviant [devjɑ̃] ***agg.*** e ***n.m.*** deviante.

déviation [devjasjɔ̃] ***n.f.*** deviazione.

dévider [devide] ***v.tr.*** **1** dipanare **2** srotolare, svolgere.

dévidoir [devidwaʀ] ***n.m.*** avvolgitore.

dévier [devje] ***v.tr.*** e ***intr.*** deviare.

devin [dəvɛ̃] ***n.m.*** indovino.

deviner [dəvine] ***v.tr.*** **1** indovinare **2** presagire; intuire.

● ***deviner juste***, vedere giusto.

devineresse [dəvinʀɛs] ***n.f.*** indovina.

devinette [dəvinɛt] ***n.f.*** indovinello (*m.*).

devis [dəvi] ***n.m.*** preventivo.

dévisager [devizaʒe] ***v.tr.*** [coniug. come *manger*] squadrare, fissare.

devise[1] [dəviz] ***n.f.*** motto (*m.*), massima.

NOTA La ***devise*** della Francia è: *Liberté, égalité, fraternité* (Libertà, uguaglianza, fratellanza). Quelle dei principali paesi francofoni sono: *L'union fait la force* (Belgio), *Je me souviens* (Québec), *Un pour tous, tous pour un* (Svizzera).

devise[2] ***n.f.*** (*fin.*) divisa, valuta.

deviser [dəvize] ***v.intr.*** conversare.

dévissable [devisabl] ***agg.*** svitabile.

dévissage [devisaʒ] ***n.m.*** svitamento.

dévisser [devise] ***v.tr.*** svitare ♦ ***v.intr.*** **1** (*alpinismo*) precipitare **2** (*fam.*) alzare i tacchi, schiodarsi.

dévitaliser [devitalize] ***v.tr.*** (*med.*) devitalizzare.

dévoilement [devwalmɑ̃] ***n.m.*** **1** scoprimento **2** (*fig.*) rivelazione (*f.*).

dévoiler [devwale] ***v.tr.*** scoprire (*anche fig.*) ♦ **se dévoiler** ***v.pron.*** scoprirsi.

devoir[1] [dəvwaʀ] ***v.tr.*** [pres.indic.: *je dois* etc., *nous devons, vous devez, ils doivent*; imperf.indic.: *je devais* etc.; p.rem.: *je dus* etc.; fut.indic.: *je devrai* etc.; cond.: *je de-*

vrais etc.; pres.cong.: *que je doive* etc.; imperf.cong.: *que je dusse, que tu dusses, qu'il dût* etc.; p.pres.: *devant*; p.p.: *dû*, f. *due*, pl.m. *dus*, f. *dues*] **1** dovere: *je dois partir*, devo andar via; *vous n'auriez pas dû y aller*, non avreste dovuto andarci, non ci sareste dovuti andare; *elle a dû s'absenter*, ha dovuto assentarsi, si è dovuta assentare **2** (*probabilità o eventualità*) dovere: *il devait être sept heures*, dovevano essere, saranno state le sette; *il doit arriver dans quelques minutes*, dovrebbe arrivare a minuti; *tu dois te tromper*, credo che tu sia in errore, devi sbagliarti **3** dovere, essere debitore: *je vous dois d'être encore en vie*, le devo la vita ♦ **se devoir** *v.pron.* (*letter.*) avere il dovere (**di**); essere tenuto (**a**): *je me dois de le prévenir*, è mio dovere avvertirlo.

● ***comme il se doit***, come vuole l'uso; come è d'obbligo, come si deve | ***dussé-je***, (*letter.*) quand'anche dovessi: *dussé-je dépenser une fortune*, quand'anche dovessi spenderci un capitale | ***se devoir à qqn***, avere dei doveri verso qlcu: *elle se doit à ses enfants*, ha dei doveri verso i figli.

NOTA Il verbo ***devoir*** nei tempi composti ha sempre l'ausiliare *avoir*, mentre 'dovere' in italiano, seguito da un infinito, prende generalmente l'ausiliare che si userebbe con il verbo all'infinito:

*Elle **n'a pas dû** se coiffer.*
Non si è dovuta pettinare / Non ha dovuto pettinarsi.
*Ils **ont dû** aller directement au travail.*
Sono dovuti / hanno dovuto andare direttamente al lavoro.

Il participio passato *dû* è invariabile quando è seguito da un infinito anche sottinteso:

*Il n'a pas payé toutes les sommes qu'il aurait **dû** (payer).*
Non ha pagato tutte le somme che avrebbe dovuto (pagare).

devoir[2] *n.m.* **1** dovere: *faire, accomplir son devoir*, fare, compiere il proprio dovere **2** (*di scuola*) compito **3** (*pl.*) omaggi: *présenter ses devoirs à une dame*, presentare i propri omaggi a una signora.

● ***derniers devoirs***, onoranze funebri: *rendre les derniers devoirs*, rendere l'estremo saluto | ***devoirs de vacances***, compiti delle vacanze | ***devoirs mondains***, obblighi mondani | ***homme de devoir***, uomo ligio al dovere | ***il est de mon devoir de***, è mio dovere | ***se faire un devoir de, croire de son devoir de***, sentirsi in dovere di | ***se mettre en devoir de***, prepararsi, predisporsi a.

dévoltage [devɔltaʒ] *n.m.* (*elettr.*) caduta (*f.*) di tensione.

dévolu[1] [devɔly] *agg.* devoluto.

dévolu[2] *n.m.*

● ***jeter son dévolu sur***, mettere gli occhi su.

dévolution [devɔlysjɔ̃] *n.f.* (*dir.*) devoluzione.

dévorant [devɔʀɑ̃] *agg.* **1** insaziabile **2** che rode, che consuma.

dévorer [devɔʀe] *v.tr.* divorare (*anche fig.*): *le feu a dévoré tout le quartier*, il fuoco ha distrutto tutto il quartiere.

● ***dévorer des yeux***, mangiare con gli occhi.

dévot [devo] *agg.* e *n.m.* devoto.

● ***faux dévot***, bigotto.

dévotion [devosjɔ̃] *n.f.* devozione.

● ***donner dans la dévotion***, diventare bigotto | ***être à la dévotion de qqn***, essere devotissimo a qlcu.

dévoué [devwe] *agg.* devoto; dedito.

dévouement [devumɑ̃] *n.m.* **1** devozione (*f.*); dedizione (*f.*) **2** abnegazione (*f.*).

dévouer, se [sədevwe] *v.pron.* **1** consacrarsi, dedicarsi **2** sacrificarsi.

dévoyé [devwaje] *agg.* traviato ♦ *n.m.* scapestrato.

dévoyer [devwaje] *v.tr.* [coniug. come *employer*] **1** deviare **2** (*fig.*) traviare, sviare.

devrai [dəvʀe] → **devoir**[1].

dextérité [dɛksteʀite] *n.f.* **1** destrezza, abilità **2** sagacia.

dextrorse [dɛkstʀɔʀs] **dextrorsum** [dɛkstʀɔʀsɔm] *agg.* e *avv.* destrorso.

dextrose [dɛkstʀoz] *n.m.* (*chim.*) destrosio.

dézipper [dezipe] *v.tr.* (*inform.*) decomprimere.

di- *pref.* bi-, di-.

dia [dja] *inter.* a sinistra (voce dei carrettieri per far girare il cavallo a sinistra).

dia- *pref.* dia-.

diabète [djabɛt] *n.m.* diabete.

diabétique [djabetik] *agg.* e *n.m.* e *f.* diabetico/a.

diable [djɑbl] *n.m.* **1** diavolo, demonio **2** carrello a due ruote (per i bagagli) **3** tegame di terracotta per cuocere senz'acqua e senza grassi ♦ *inter.* diavolo.

● ***à la diable***, in fretta e furia; (*cuc.*) alla diavola: *poulet à la diable*, pollo alla diavola | ***avoir le diable au corps***, avere il diavolo in corpo | ***beauté du diable***, bellezza della gioventù, bellezza dell'asino | ***ce n'est pas le diable!***, non è poi tanto difficile!: *ne te décourage pas, ce n'est pas le diable!*, non perderti d'animo, non è poi tanto difficile! | ***c'est bien le diable si***, sarebbe stranissimo che: *c'est bien le diable s'il ne vient pas*, sarebbe stranissimo che non venisse | ***c'est le diable pour***, ce ne vuole per: *c'est le diable pour le convaincre!*, ce ne vuole per convincerlo! | ***de tous les diables***, del diavolo, incredibile: *un bruit de tous les diables*, un baccano del diavolo | ***en diable***, terribilmente | ***habiter au diable (vauvert)***, abitare a casa del diavolo | (*Svizzera*) ***mener le diable***, far chiasso | ***tirer le diable par la queue***, far fatica a sbarcare il lunario.

■ N.M. SIN. **1** démon.

diablement [djɑ(a)bləmɑ̃] *avv.* (*fam.*) terribilmente, maledettamente.

diablerie [djɑ(a)bləʀi] *n.f.* diavoleria.

diablesse [djɑ(a)blɛs] *n.f.* **1** diavolessa **2** (*estens.*) strega.

diablotin [djɑ(a)blɔtɛ̃] *n.m.* diavoletto.

diabolique [djabɔlik] *agg.* diabolico.

diaboliquement [djabɔlikmɑ̃] *avv.* diabolicamente.

diabolo [djabɔlo] *n.m.* **1** (*gioco*) diabolo **2** bibita (*f.*) a base di gassosa e sciroppo.

diachylon [djakilɔ̃] *n.m.* (*Canada*) cerotto.

diaconat [djakɔna] *n.m.* (*eccl.*) diaconato.

diacre [djakʀ] *n.m.* (*eccl.*) diacono.

diadème [djadɛm] *n.m.* diadema.

diagnostic [djagnɔstik] *n.m.* (*med.*) **1** diagnostica (*f.*) **2** diagnosi (*f.*).

diagnostiquer [djagnɔstike] *v.tr.* diagnosticare.

diagonal [djagɔnal] *agg.* [pl. *-aux*] diagonale.

diagonale [djagɔnal] *n.f.* diagonale.

● ***en diagonale***, diagonalmente, di sbieco | ***lire en diagonale***, leggere rapidamente, fare una lettura sommaria.

diagramme [djagʀam] *n.m.* diagramma.

dialectal [djalɛktal] *agg.* [pl. *-aux*] dialettale.

dialecte [djalɛkt] *n.m.* dialetto.

■ SIN. patois.

D

dialecticien [djalɛktisjɛ̃] *n.m.* [f. *-enne*] studioso di dialettica.
dialectique [djalɛktik] *agg.* dialettico ♦ *n.f.* dialettica.
dialectologie [djalɛktɔlɔʒi] *n.f.* dialettologia.
dialogue [djalɔg] *n.m.* **1** dialogo **2** (*inform.*) comunicazione (*f.*).
dialoguer [djalɔge] *v.intr.* dialogare, conversare; (*estens.*) negoziare: *dialoguer avec l'opposition*, negoziare con l'opposizione.
dialoguiste [djalɔgist] *n.m.* e *f.* (*cine., tv*) dialogista.
dialyse [djaliz] *n.f.* dialisi.
diamant [djamɑ̃] *n.m.* diamante.
diamantaire [djamɑ̃tɛʀ] *n.m.* e *f.* **1** tagliatore/trice di diamanti **2** commerciante di diamanti.
diamantifère [djamɑ̃tifɛʀ] *agg.* diamantifero.
diamétral [djametʀal] *agg.* [pl. *-aux*] diametrale.
diamétralement [djametʀalmɑ̃] *avv.* diametralmente.
diamètre [djamɛtʀ] *n.m.* diametro.
diantre [djɑ̃tʀ] *inter.* diamine.
diapason [djapazɔ̃] *n.m.* (*mus.*) **1** diapason **2** (*fig.*) sintonia (*f.*).
● ***au diapason***, (*fig.*) in armonia.
diaphane [djafan] *agg.* diafano.
diaphragme [djafʀagm] *n.m.* diaframma.
diapo [djapo] *n.f.* (*fam.*) abbr. di **diapositive**.
diapositive [djapozitiv] *n.f.* diapositiva.
diapré [djapʀe] *agg.* iridescente.
diarrhée [djaʀe] *n.f.* (*med.*) diarrea.
diaspora [djaspɔʀa] *n.f.* diaspora.
diastole [djastɔl] *n.f.* (*med.*) diastole.
diatonique [djatɔnik] *agg.* (*mus.*) diatonico.
diatribe [djatʀib] *n.f.* diatriba.
dibiterie [dibitʀi] *n.f.* (*Senegal*) rivendita di carne arrostita.
dicastère [dikastɛʀ] *n.m.* (*Svizzera*) suddivisione (*f.*) di un'amministrazione comunale.
dichotomie [dikɔtɔmi] *n.f.* **1** dicotomia **2** spartizione illecita di onorari tra due medici.
dico [diko] *n.m.* (*fam.*) abbr. di **dictionnaire**.
dicotylédone [dikɔtiledɔn] *agg.* e *n.f.* (*bot.*) dicotiledone.
dictaphone [diktafɔn] *n.m.* dittafono.
dictateur [diktatœʀ] *n.m.* [f. *-trice*] dittatore.
dictatorial [diktatɔʀjal] *agg.* [pl. *-aux*] dittatoriale.
dictature [diktatyʀ] *n.f.* dittatura.
dictée [dikte] *n.f.* **1** dettatura **2** dettato (*m.*).
dicter [dikte] *v.tr.* dettare (*anche fig.*).
diction [diksjɔ̃] *n.f.* dizione; recitazione.

NOTA Alcuni dei più noti ***exercices de diction*** o scioglilingua francesi sono:
Didon dîna, dit-on, du dos dodu d'un dodu dindon (Didone mangiò, si dice, la grassa schiena di un grasso tacchino).
Un chasseur sachant chasser doit savoir chasser sans son chien (Un cacciatore che sa cacciare deve saper cacciare senza il suo cane).
Tonton, ton thé t'a-t-il ôté ta toux? (Zio, il tuo tè ti ha fatto passare la tosse?).

dictionnaire [diksjɔnɛʀ] *n.m.* dizionario.
dicton [diktɔ̃] *n.m.* detto, sentenza (*f.*).
didacticiel [didaktisjɛl] *n.m.* (*inform.*) programma didattico.
didactique [didaktik] *agg.* didattico; (*letter.*) didascalico ♦ *n.f.* didattica.
didactyle [didaktil] *agg.* (*zool.*) didattilo.
dièdre [djɛdʀ] *n.m.* e *agg.* (*mat.*) diedro.
dieppois [diɛpwa] *agg.* di Dieppe.
diérèse [djeʀɛz] *n.f.* dieresi.
dièse [djɛz] *agg.* e *n.m.* (*mus.*) diesis.
diesel [djezɛl] *agg.* e *n.m.* diesel.
● (***moteur***) ***diesel***, motore diesel.
diète[1] [djɛt] *n.f.* dieta.
diète[2] *n.f.* (*st.*) dieta.
diététicien [djetetisjɛ̃] *n.m.* [f. *-enne*] dietologo.
diététique [djetetik] *agg.* dietetico ♦ *n.f.* dietetica, dietologia.
dieu [djø] *n.m.* [pl. *-eux*] **1** dio **2** (*relig.*) *Dieu*, Dio: *Dieu le père*, Dio Padre **3** (*estens.*) divo: *les dieux du spectacle*, i divi dello spettacolo.
● ***Dieu merci!***, grazie a Dio!, Dio sia lodato! | ***Dieu sait si***, chissà se; Dio solo sa quanto: *Dieu sait si nous travaillons ici!*, Dio solo sa quanto lavoriamo qui! | ***dieu tutélaire***, (*fig.*) nume tutelare | (*mar.*) ***à-Dieu-vat!***, che Dio ci assista! | ***à la grâce de Dieu!***, che Dio ce la mandi buona! | (*zool. pop.*) ***bête à bon Dieu***, coccinella | ***jurer ses grands dieux***, giurare e spergiurare | ***grands dieux!***, santi numi! | ***nom de Dieu!***, (*bestemmia*) perdio!
diffamateur [difa(ɑ)matœʀ] *agg.* e *n.m.* [f. *-trice*] diffamatore.
diffamation [difa(ɑ)masjɔ̃] *n.f.* diffamazione.
diffamatoire [difa(ɑ)matwaʀ] *agg.* diffamatorio.
diffamer [difa(ɑ)me] *v.tr.* diffamare.
différé [difeʀe] *agg.* differito, dilazionato ♦ *n.m.* (*rad., tv*) differita (*f.*).
● (*rad., tv*) ***en différé***, in differita: *émission en différé*, trasmissione in differita.
différemment [difeʀamɑ̃] *avv.* in modo diverso; in modo vario.
différence [difeʀɑ̃s] *n.f.* differenza (*anche mat., econ.*).
● ***à la différence que***, con la differenza che.
différenciateur [difeʀɑ̃sjatœʀ] *agg.* [f. *-trice*] differenziatore.
différenciation [difeʀɑ̃sjasjɔ̃] *n.f.* differenziazione.
différencier [difeʀɑ̃sje] *v.tr.* differenziare, distinguere ♦ **se différencier** *v.pron.intr.* differenziarsi, distinguersi.
différend [difeʀɑ̃] *n.m.* vertenza (*f.*), controversia (*f.*).
différent [difeʀɑ̃] *agg.* **1** differente, diverso: *différent de moi*, diverso da me **2** (*pl.*) diversi, parecchi.
■ CONTR. **1** semblable.
différentiel [difeʀɑ̃sjɛl] *agg.* e *n.m.* [f. *-elle*] differenziale.
différer [difeʀe] *v.tr.* e *intr.* [coniug. come *céder*] differire.
difficile [difisil] *agg.* e *n.m.* difficile.
● ***difficile à***, difficile a: *il est difficile à vivre*, è difficile vivere con lui.
■ SIN. pénible CONTR. facile.
difficilement [difisilmɑ̃] *avv.* difficilmente, con difficoltà.
difficulté [difikylte] *n.f.* difficoltà.
difforme [difɔʀm] *agg.* deforme.

difformité [difɔʀmite] *n.f.* deformità.
diffraction [difʀaksjɔ̃] *n.f.* (*fis.*) diffrazione.
diffus [dify] *agg.* diffuso.
diffusément [difyzemɑ̃] *avv.* diffusamente.
diffuser [difyze] *v.tr.* **1** diffondere **2** (*rad., tv*) trasmettere.
diffuseur [difyzœʀ] *n.m.* **1** (*tecn.*) diffusore **2** [f. *-euse*] (*comm.*) distributore.
diffusion [difyzjɔ̃] *n.f.* **1** diffusione **2** (*rad., tv*) trasmissione.
digaule [digol] *n.m.* (*Africa*) stangone.
digérer [diʒeʀe] *v.tr.* [coniug. come *céder*] digerire.
digestat [diʒɛsta] *n.m.* prodotto ottenuto dalla lavorazione dei prodotti organici mediante un digestore.
digeste [diʒɛst] *agg.* facilmente digeribile.
digesteur [diʒɛstœʀ] *n.m.* (*tecn.*) digestore.
digestible [diʒɛstibl] *agg.* digeribile.
digestif [diʒɛstif] *agg.* [f. *-ive*] **1** digerente **2** digestivo ♦ *n.m.* digestivo.
● (*anat.*) ***appareil digestif***, apparato digerente.
digestion [diʒɛstjɔ̃] *n.f.* digestione.
digicode® [diʒikɔd] *n.m.* codice numerico digitale (per aprire cancelli e portoni).
digiphone [diʒifɔn] *n.m.* dispositivo di sicurezza per aprire cancelli e portoni, costituito da un citofono e da una tastiera numerica.
digital [diʒital] *agg.* [pl. *-aux*] digitale.
digitale [diʒital] *n.f.* (*bot.*) digitale.
digitaline [diʒitalin] *n.f.* digitalina.
digitaliser [diʒitalize] *v.tr.* (*inform.*) digitalizzare.
digitigrade [diʒitigʀad] *agg.* (*zool.*) digitigrado.
digitopuncture [diʒitopɔ̃ktyʀ] *n.f.* digitopressione.
digne [diɲ] *agg.* **1** degno, meritevole **2** dignitoso.
● ***digne de foi***, attendibile | ***air digne***, aria di sussiego.
dignement [diɲmɑ̃] *avv.* **1** convenientemente **2** dignitosamente.
dignitaire [diɲitɛʀ] *n.m.* dignitario.
dignité [diɲite] *n.f.* dignità: *garder son calme et sa dignité*, mantenersi calmo e dignitoso | *avec dignité*, dignitosamente, con decoro: *vivre avec dignité*, vivere dignitosamente, con decoro.
dignois [diɲwa] *agg.* di Dignes.
digression [digʀesjɔ̃] *n.f.* digressione.
digue [dig] *n.f.* **1** diga **2** (*fig.*) barriera, baluardo (*m.*).
dijonnais [diʒɔnɛ] *agg.* di Digione.
dilapidateur [dilapidatœʀ] *agg.* e *n.m.* [f. *-trice*] dilapidatore.
dilapidation [dilapidɑsjɔ̃] *n.f.* dilapidazione, dissipazione.
dilapider [dilapide] *v.tr.* dilapidare.
dilatable [dilatabl] *agg.* dilatabile.
dilatateur [dilatatœʀ] *agg.* e *n.m.* [f. *-trice*] dilatatore.
dilatation [dilatɑsjɔ̃] *n.f.* dilatazione.
dilater [dilate] *v.tr.* dilatare.
dilatoire [dilatwaʀ] *agg.* dilatorio.
dilemme [dilɛm] *n.m.* dilemma.
dilettantisme [diletɑ̃tism] *n.m.* dilettantismo.
diligemment [diliʒamɑ̃] *avv.* diligentemente.
diligence[1] [diliʒɑ̃s] *n.f.* sollecitudine, premura.
● ***faire diligence***, fare in fretta, affrettarsi.
diligence[2] *n.f.* diligenza, vettura a cavalli.
diligent [diliʒɑ̃] *agg.* diligente.
diluant [dilɥɑ̃] *agg.* e *n.m.* diluente.
diluer [dilɥe] *v.tr.* diluire.
dilution [dilysjɔ̃] *n.f.* diluizione.
diluvien [dilyvjɛ̃] *agg.* [f. *-enne*] diluviano.
● ***pluie diluvienne***, pioggia torrenziale.
dimanche [dimɑ̃ʃ] *n.m.* domenica (*f.*).
● ***se mettre en dimanche***, (*fam.*) mettersi il vestito della festa.
dîme [dim] *n.f.* (*st.*) decima.
dimension [dimɑ̃sjɔ̃] *n.f.* dimensione.
● ***à la dimension de***, proporzionale a.
■ SIN. grandeur.
dîmes [dim] → **dire**[1].
diminué [diminɥe] *agg.* debilitato.
● (*arch.*) ***colonne diminuée***, colonna rastremata.
diminuer [diminɥe] *v.tr.* **1** diminuire, ridurre **2** (*fig.*) sminuire ♦ *v.intr.* [aus. *avoir* e *être*] diminuire, calare: *la chaleur a diminué*, il caldo è diminuito; *la fièvre est diminuée depuis hier*, la febbre è calata da ieri ♦ **se diminuer** *v.pron.* sminuirsi.
■ V.TR. CONTR. **1** augmenter.
diminutif [diminytif] *n.m.* e *agg.* [f. *-ive*] (*ling.*) diminutivo.
■ CONTR. augmentatif.
diminution [diminysjɔ̃] *n.f.* diminuzione, calo (*m.*).
dînatoire [dinatwaʀ] *agg.*
● ***goûter dînatoire***, merenda copiosa che sostituisce la cena.
dinde [dɛ̃d] *n.f.* **1** tacchina **2** (*estens.*) (*donna stupida*) oca.
dindon [dɛ̃dɔ̃] *n.m.* tacchino.
● ***être le dindon de la farce***, essere lo zimbello di tutti.
dindonneau [dɛ̃dɔno] *n.m.* [pl. *-aux*] piccolo del tacchino.
dîner[1] [dine] *v.intr.* **1** cenare **2** (*Belgio, Canada, Svizzera*) pranzare.
dîner[2] *n.m.* cena (*f.*); (*Belgio, Canada, Svizzera*) pranzo.
dînette [dinɛt] *n.f.* cenetta leggera; pranzetto (*m.*).
● ***dînette de poupée***, servizio da tavola per le bambole.
ding dong [dɛ̃dɔ̃] *onom.* din don.
dingo [dɛ̃go] *agg.* e *n.m.* (*fam.*) svitato, matto, tocco.
dingue [dɛ̃g] *agg.* e *n.m.* (*fam.*) suonato, toccato.
● ***c'est dingue!***, è folle, pazzesco, assurdo! | ***être dingue de qqn, de qqch***, andare matto per qlco; essere pazzo di qlcu.
dinguer [dɛ̃ge] *v.intr.* (*fam.*) cascare, cadere.
● ***envoyer dinguer qqn***, mandare qlcu a quel paese.
dinien [dinjɛ̃] *agg.* [f. *-enne*] di Digne.
dinosaure [dinozɔʀ] *n.m.* dinosauro.
diocésain [djɔsezɛ̃] *agg.* e *n.m.* diocesano.
diocèse [djɔsɛz] *n.m.* diocesi (*f.*).
diode [diɔd] *n.f.* (*elettr.*) diodo (*m.*).
dionysiaque [djɔnizjak] *agg.* dionisiaco.
dionysien [djɔnizjɛ̃] *agg.* [f. *-enne*] di Saint-Denis.
Dionysien *n.m.* [f. *-enne*] abitante di Saint-Denis.
dioptrie [djɔptʀi] *n.f.* diottria.
dioxine [diɔksin] *n.f.* (*chim.*) diossina.
diphasé [difɑze] *agg.* (*elettr.*) bifase.
diphtérie [difteʀi] *n.f.* (*med.*) difterite.

diphtérique [difteRik] *agg.* e *n.m.* (*med.*) difterico.
diphtongue [diftɔ̃g] *n.f.* (*fon.*) dittongo (*m.*).
diplomate [diplɔmat] *agg.* e *n.m.* e *f.* diplomatico/a.

FAUX AMI Da non confondere con *diplomato*, che si traduce *diplômé*.

diplomatie [diplɔmasi] *n.f.* diplomazia.
diplomatique [diplɔmatik] *agg.* diplomatico.
D
diplomatiquement [diplɔmatikmɑ̃] *avv.* diplomaticamente, con diplomazia.
diplôme [diplom] *n.m.* diploma.

NOTA In Francia esistono diversi ***diplômes***, contrassegnati da sigle, che vengono rilasciati dalle università dopo il primo biennio di studi (DEUG, DEUST, DUEL, DUE, DUT) oppure dopo corsi di specializzazione post-laurea (DEA, DESS). Si veda alle singole sigle.

diplômé [diplome] *agg.* e *n.m.* diplomato.
diptère [diptɛR] *agg.* e *n.m.* (*zool.*) dittero.
diptyque [diptik] *n.m.* (*arte*) dittico.
dire[1] [diR] *v.tr.* [pres.indic.: *je dis* etc., *nous disons*, *vous dites*, *ils disent*; imperf.indic.: *je disais* etc.; p.rem.: *je dis* etc.; fut.indic.: *je dirai* etc.; cond.: *je dirais* etc.; pres. cong.: *que je dise* etc.; imperf.cong.: *que je disse* etc.; p.pres.: *disant*; p.p.: *dit*; imp.: *dis*, *disons*, *dites*] **1** dire: *il a dit qu'il viendrait*, disse che sarebbe venuto; *comment dit-on en italien?*, come si dice in italiano?; *je ne dis pas non*, non dico di no **2** (*alle carte*) dichiarare: *c'est à vous de dire*, tocca a voi (parlare) ♦ **se dire** *v.pron.* e *pron.rec.* dirsi.
● ***dire (que) non, (que) oui***, dire (di) no, (di) sì | ***dis donc!***, (*fam.*) senti!, di' un po'! | ***disons le mot***, diciamolo pure | ***dis-toi que***, persuaditi che | ***à vrai dire***, a dire il vero | ***cela va sans dire***, ovviamente | ***ce n'est pas pour dire***, non faccio per dire | ***comment dirais-je***, come dire | ***d'après ce qu'il dit***, stando a quel che dice | ***(est-ce que) ça vous dirait de***, che ne direbbe di, le andrebbe di: *est-ce que ça vous dirait de venir dîner chez nous?*, che ne direbbe, le andrebbe di venire a cena da noi? | ***il n'y a pas à dire***, c'è poco da dire | ***je n'en dirai pas plus***, e non dico altro | ***j'te dis pas!***, e non ti dico! | ***on dirait un fou***, lo si direbbe un pazzo | ***pour ainsi*** (o ***mieux***) ***dire***, per così (*o* meglio) dire | ***pour tout dire***, per farla breve | ***quoiqu'on dise***, checché, per quanto se ne dica | ***soit dit en passant***, tanto per dire | ***soit dit entre nous***, resti, sia detto fra noi | ***tout n'est pas dit***, non è detta l'ultima parola | ***trouver à dire***, trovare da ridire | ***vous m'en direz tant!***, (*fam.*) e poi mi saprete dire!

NOTA La tendenza naturale di sottolineare il proprio discorso ha dato origine ad alcuni *tics de langage* (intercalari) anche con il verbo ***dire***. Diffusa per esempio la frase *je veux dire*:

Ce n'est pas de ma faute, ***je veux dire***.
Non è colpa mia, insomma.

Per indicare un'esitazione o una sfumatura, si usa molto l'intercalare *on va dire*, che sembra sostituire *disons*:

Ils étaient une vingtaine, ***on va dire***.
Erano, diciamo, una ventina.

dire[2] *n.m.* il dire.
● ***au dire de***, a detta di.
direct [diRɛkt] *agg.* e *n.m.* **1** diretto **2** franco, schietto; esplicito: *allusion directe*, allusione esplicita.
● (*rad., tv*) ***en direct***, in diretta.
directement [diRɛktmɑ̃] *avv.* direttamente.
directeur [diRɛktœR] *n.m.* [f. *-trice*] direttore ♦ *agg.* direttivo.
● (*comm.*) ***directeur commercial***, direttore commerciale | ***directeur de banque***, direttore di banca | ***directeur d'école***, direttore didattico | (*relig.*) ***directeur de conscience***, direttore spirituale | (*comm.*) ***directeur des ressources humaines***, (*in un'azienda*) responsabile delle risorse umane | (*comm.*) ***directeur des ventes***, supervisore delle vendite | ***directeur d'une galerie d'art***, gallerista | (*comm.*) ***directeur du personnel***, capo del personale | ***directeur du travail***, capocantiere, direttore dei lavori | ***idée directrice***, filo conduttore | (*tecn.*) ***roue directrice***, ruota direttrice.
directeur-adjoint [diRɛktœRadʒwɛ̃] *n.m.* [pl. *directeurs-adjoints*] vicedirettore.
directif [diRɛktif] *agg.* [f. *-ive*] direttivo.
direction [diRɛksjɔ̃] *n.f.* **1** direzione **2** (*aut.*) guida **3** (*Canada*) senso (*m.*) unico.
● (*aut.*) ***direction assistée***, servosterzo | ***en direction de***, per, alla volta di | ***toutes directions***, (*segnaletica*) tutte le direzioni.
directionnel [diRɛksjɔnɛl] *agg.* [f. *-elle*] direzionale.
directive [diRɛktiv] *n.f.* direttiva, istruzione.
directoire [diRɛktwaR] *n.m.* direttorio.

NOTA Il ***Directoire***, instaurato nella Francia rivoluzionaria dal 1785 al 1799, era il Consiglio di cinque membri incaricato del potere esecutivo.

directorial [diRɛktɔRjal] *agg.* [pl. *-aux*] **1** direttoriale **2** (*st.*) del Direttorio.
dirigeable [diRiʒabl] *agg.* e *n.m.* dirigibile.
dirigeant [diRiʒɑ̃] *agg.* e *n.m.* dirigente.
● (*amm.*) ***de dirigeant***, direttivo, dirigenziale.
diriger [diRiʒe] *v.tr.* [coniug. come *manger*] dirigere; volgere; rivolgere ♦ **se diriger** *v.pron.* dirigersi.
● ***diriger, se diriger sur***, dirigere, dirigersi su, a: *diriger son attention sur*, rivolgere la propria attenzione a; *le train se dirige sur Paris*, il treno va verso Parigi | ***diriger, se diriger vers***, dirigere, dirigersi verso, in direzione di: *il se dirige vers nous*, ci viene incontro | (*inform.*) ***dirigé par ordinateur***, gestito con elaboratore | (*econ.*) ***économie dirigée***, economia dirigistica.
dirigisme [diRiʒism] *n.m.* dirigismo.
dirigiste [diRiʒist] *agg.* dirigistico ♦ *n.m.* e *f.* dirigista.
dirlo [diRlo] *n.m.* (*fam.*) abbr. di **directeur**.
dis [di] → **dire**[1].
dis- *pref.* dis-, s-.
disant [dizɑ̃] *p.pres.* di **dire**[1].
discernable [disɛRnabl] *agg.* distinguibile.
discernement [disɛRnəmɑ̃] *n.m.* discernimento.
● ***sans discernement***, sconsideratamente.
discerner [disɛRne] *v.tr.* discernere, distinguere; scoprire.
disciple [disipl] *n.m.* e *f.* discepolo/a.
■ SIN. élève.
disciplinaire [disiplinɛR] *agg.* disciplinare.
discipline [disiplin] *n.f.* disciplina.
discipliné [disipline] *agg.* disciplinato.
disc-jockey [diskʒɔkɛ] *n.m.* [pl. *disc-jockeys*] disc-jockey.
■ SIN. animateur.
disco [disko] *n.f.* (*fam.*) discoteca ♦ *agg.* (*musique*) *disco*, disco music.
discobole [diskɔbɔl] *n.m.* discobolo.
discographie [diskɔgRafi] *n.f.* discografia.

discographique [diskɔgʀafik] *agg.* discografico.

discoïde [diskɔid] *agg.* discoide, discoidale.

discompte [diskɔ̃t] *n.m.* discount.

discompter [diskɔ̃te] *v.tr.* vendere a prezzi di discount.

discompteur [diskɔ̃tœʀ] *n.m.* negoziante che vende merce in un discount.

discontinu [diskɔ̃tiny] *agg.* discontinuo.

discontinuer [diskɔ̃tinɥe] *v.tr.* interrompere.
● ***sans discontinuer***, senza interruzione.

discontinuité [diskɔ̃tinɥite] *n.f.* discontinuità.

disconvenir [diskɔ̃vniʀ] *v.intr.* [coniug. come *venir*; aus. *être* e *avoir*] (*solo in frasi negative*) negare, dire di no: *je n'en disconviens pas*, non lo metto in dubbio.

disconvenu [diskɔ̃vny] *p.p.* di **disconvenir**.

discophile [diskɔfil] *n.m.* e *f.* discofilo/a.

discordance [diskɔʀdɑ̃s] *n.f.* discordanza.

discordant [diskɔʀdɑ̃] *agg.* discordante, contrastante.

discorde [diskɔʀd] *n.f.* discordia.

FAUX AMI
Da non confondere con l'aggettivo italiano *discorde*, che si traduce *en désaccord* o *discordant*.

discothèque [diskɔtɛk] *n.f.* discoteca.

discoureur [diskuʀœʀ] *n.m.* [f. *-euse*] parlatore, conversatore.

discourir [diskuʀiʀ] *v.intr.* [coniug. come *courir*] chiacchierare.

discours [diskuʀ] *n.m.* **1** discorso; chiacchiera **2** linguaggio.

discouru [diskuʀy] *p.p.* di **discourir**.

discrédit [diskʀedi] *n.m.* discredito.

discréditer [diskʀedite] *v.tr.* screditare ♦ **se discréditer** *v.pron.intr.* screditarsi.

discret [diskʀɛ] *agg.* [f. *-ète*] discreto.
■ SIN. réservé CONTR. indiscret.

discrètement [diskʀɛtmɑ̃] *avv.* discretamente, con discrezione.

discrétion [diskʀesjɔ̃] *n.f.* discrezione.
● ***à discrétion***, a volontà.

discrétionnaire [diskʀesjɔnɛʀ] *agg.* (*dir.*) discrezionale.

discrétos [diskʀetos] *avv.* (*fam.*) discretamente.

discriminant [diskʀiminɑ̃] *agg.* discriminante.

discrimination [diskʀiminasjɔ̃] *n.f.* discriminazione.
● (*econ.*) ***financements sans discrimination***, finanziamenti a pioggia.

discriminatoire [diskʀiminatwaʀ] *agg.* discriminatorio.

discriminer [diskʀimine] *v.tr.* discriminare.

disculpation [diskylpasjɔ̃] *n.f.* discolpa.

disculper [diskylpe] *v.tr.* discolpare, scagionare.

discursif [diskyʀsif] *agg.* [f. *-ive*] discorsivo.

discussion [diskysjɔ̃] *n.f.* **1** discussione **2** (*dir.*) escussione.

discutable [diskytabl] *agg.* discutibile.

discute [diskyt] *n.f.* (*Africa*) discussione violenta.

discuté [diskyte] *agg.* discusso, messo in discussione.

discuter [diskyte] *v.tr.* e *intr.* discutere: *discuter une question*, discutere (su) un problema; *discuter* (*de*) *poésie*, discutere di poesia.
● (*dir.*) ***discuter un débiteur***, escutere un debitore.
■ SIN. parler.

disert [dizɛʀ] *agg.* (*letter.*) facondo, eloquente.

disette [dizɛt] *n.f.* carestia; (*fam.*) penuria, scarsità.

diseur [dizœʀ] *n.m.* [f. *-euse*] parlatore, dicitore.
● ***diseuse de bonne aventure***, chiromante.

disgrâce [disgʀɑs] *n.f.* disgrazia.

FAUX AMI
Da non confondere con *disgrazia* nel significato di *incidente*, che si traduce *accident*.

disgracieux [disgʀasjø] *agg.* [f. *-euse*] sgraziato.

disjoindre [disʒwɛ̃dʀ] *v.tr.* [coniug. come *joindre*] disgiungere; separare.

disjoint [disʒwɛ̃] *p.p.* di **disjoindre** ♦ *agg.* disgiunto; separato | *des marches disjointes*, gradini sconnessi.

disjoncter [disʒɔ̃kte] *v.tr.* (*elettr.*) interrompere la corrente (di) ♦ *v.intr.* **1** subire un'interruzione di corrente **2** (*fam.*) andare in tilt, non connettere: *avant ses examens il disjoncte complètement*, prima degli esami va completamente in tilt.

disjoncteur [disʒɔ̃ktœʀ] *n.m.* (*elettr.*) (interruttore automatico) differenziale, salvavita.

disjonctif [disʒɔ̃ktif] *agg.* [f. *-ive*] disgiuntivo.

disjonction [disʒɔ̃ksjɔ̃] *n.f.* disgiunzione; separazione.

dislocation [dislɔkasjɔ̃] *n.f.* **1** (*med.*) slogatura **2** (*fig.*) smembramento (*m.*); dispersione (di un corteo) **3** (*geol.*) dislocazione.

disloquer [dislɔke] *v.tr.* **1** (*med.*) slogare **2** sfasciare **3** (*fig.*) smembrare; sciogliere ♦ **se disloquer** *v.pron.intr.* **1** sfasciarsi **2** disperdersi.

disparaître [dispaʀɛtʀ] *v.intr.* [coniug. come *connaître*] sparire, scomparire; (*fig.*) svanire: *il a disparu*, è scomparso; *ses illusions ont disparu*, le sue illusioni sono svanite; *elle a disparu dans la fleur de l'âge*, è morta nel fiore degli anni.
■ CONTR. apparaître.

disparate [dispaʀat] *agg.* disparato.

disparité [dispaʀite] *n.f.* disparità.

disparition [dispaʀisjɔ̃] *n.f.* scomparsa, sparizione.
● ***espèce en voie de disparition***, specie in via d'estinzione.
■ CONTR. apparition.

disparu [dispaʀy] *p.p.* di **disparaître** ♦ *agg.* e *n.m.* **1** scomparso: *prions pour notre cher disparu*, preghiamo per il nostro caro estinto **2** disperso.
● (***être***) ***porté disparu***, (essere dato per) disperso.

dispatcher[1] [dispatʃœ(ɛ)ʀ] *n.m.* (*tecn.*) addetto allo smistamento (nei servizi postali, ferroviari, aerei ecc.).

dispatcher[2] [dispatʃe] *v.tr.* distribuire, smistare (merci o posta).

dispatching [dispatʃiŋ] *n.m.* (*ferr., aer. ecc.*) ufficio smistamento.

dispendieusement [dispɑ̃djøzmɑ̃] *avv.* dispendiosamente.

dispendieux [dispɑ̃djø] *agg.* [f. *-euse*] dispendioso.

dispensaire [dispɑ̃sɛʀ] *n.m.* dispensario, ambulatorio.

dispensateur [dispɑ̃satœʀ] *n.m.* [f. *-trice*] dispensatore.

dispense [dispɑ̃s] *n.f.* **1** dispensa, esonero (*m.*) **2** permesso (*m.*), autorizzazione.

D

dispenser [dispɑ̃se] *v.tr.* 1 dispensare, distribuire 2 dispensare | *dispensez-moi de ces détails*, risparmiatemi questi particolari ♦ **se dispenser** *v.pron.intr.* esimersi.

disperser [dispɛʀse] *v.tr.* 1 disperdere 2 spargere ♦ **se disperser** *v.pron.intr.* disperdersi.
● ***en ordre dispersé***, in ordine sparso.

dispersif [dispɛʀsif] *agg.* [f. *-ive*] dispersivo.

dispersion [dispɛʀsjɔ̃] *n.f.* dispersione.

D

disponibilité [dispɔnibilite] *n.f.* disponibilità; (*amm.*) aspettativa.
● ***en disponibilité***, in aspettativa.

disponible [dispɔnibl] *agg.* disponibile; (*amm.*) (che è) in aspettativa.
■ SIN. libre CONTR. occupé.

dispos [dispo] *agg.* in forma.
● ***frais et dispos***, fresco e riposato.

disposé [dispoze] *agg.* disposto.

disposer [dispoze] *v.tr.* 1 disporre, collocare 2 disporre, preparare 3 disporre, stabilire: *la loi dispose que*, la legge prescrive, dispone che ♦ *v.intr.* disporre (di), avere (qlco), possedere (qlco) ♦ **se disposer** *v.pron.intr.* disporsi, prepararsi.
● ***vous pouvez disposer***, è libero, può andare.

dispositif [dispozitif] *n.m.* dispositivo.
● ***dispositif d'alarme***, dispositivo d'allarme | (*dir.*) ***dispositif d'un jugement***, disposto di una sentenza.

disposition [dispozisjɔ̃] *n.f.* 1 disposizione, sistemazione 2 (*fig.*) predisposizione; attitudine: *il a beaucoup de dispositions*, è molto dotato 3 disposizione, comando (*m.*) 4 (*pl.*) provvedimenti (*m.*).
● ***à la disposition de***, a disposizione di | ***être dans de bonnes dispositions à l'égard de qqn***, essere favorevolmente disposto verso qlcu.

disproportion [dispʀɔpɔʀsjɔ̃] *n.f.* sproporzione.

disproportionné [dispʀɔpɔʀsjɔne] *agg.* sproporzionato.

dispute [dispyt] *n.f.* disputa, litigio (*m.*), alterco (*m.*).
■ SIN. discussion, querelle.

disputer [dispyte] *v.tr.* 1 contendere 2 (*sport*) disputare 3 (*fam.*) sgridare ♦ *v.intr.* discutere, disputare ♦ **se disputer** *v.pron.intr.* litigare: *il s'est disputé avec un camarade*, ha litigato con un compagno ♦ *v.pron.rec.* contendersi, disputarsi.

disquaire [diskɛʀ] *n.m.* e *f.* negoziante di dischi.

disqualification [diskalifikasjɔ̃] *n.f.* squalifica.

disqualifier [diskalifje] *v.tr.* 1 (*sport*) squalificare 2 (*fig.*) screditare ♦ **se disqualifier** *v.pron.* e *pron.intr.* screditarsi.

disque [disk] *n.m.* 1 disco 2 (*inform.*) disco.
● (*inform.*) ***disque dur***, disco fisso | (*anat.*) ***disque intervertébral***, disco intervertebrale | (*inform.*): ***disque numérique, audionumérique***, ***DVD***, disco digitale, audiodigitale, DVD; ***disque souple***, dischetto, floppy disk | (*mus.*) ***disque vidéo***, videodisco | ***industrie du disque***, industria discografica.

disquette [diskɛt] *n.f.* 1 (*inform.*) dischetto (*m.*), floppy (*m.*) disk 2 (*Africa*) ragazzina.

dissection [disɛksjɔ̃] *n.f.* dissezione.

dissemblable [disɑ̃blabl] *agg.* dissimile.

dissemblance [disɑ̃blɑ̃s] *n.f.* dissomiglianza.

dissémination [diseminasjɔ̃] *n.f.* disseminazione.

disséminer [disemine] *v.tr.* disseminare.

dissension [disɑ̃sjɔ̃] *n.f.* 1 dissenso (*m.*) 2 discordia.

dissentiment [disɑ̃timɑ̃] *n.m.* (*letter.*) dissenso.

disséquer [diseke] *v.tr.* [coniug. come *céder*] 1 sezionare 2 (*fig.*) analizzare a fondo.

dissertation [disɛʀtasjɔ̃] *n.f.* tema (*m.*), dissertazione.

disserte [disɛʀt] *n.f.* (*fam.*) tema (*m.*).

disserter [disɛʀte] *v.intr.* dissertare.

dissidence [disidɑ̃s] *n.f.* dissidenza; (*estens.*) divergenza.

dissident [disidɑ̃] *agg.* e *n.m.* dissidente.

dissimulateur [disimylatœʀ] *agg.* e *n.m.* [f. *-trice*] dissimulatore.

dissimulation [disimylasjɔ̃] *n.f.* dissimulazione.

dissimulé [disimyle] *agg.* 1 dissimulato 2 (*fig.*) ipocrita.

dissimuler [disimyle] *v.tr.* dissimulare; nascondere: *dissimuler la verité*, nascondere la verità ♦ **se dissimuler** *v.pron.* nascondersi.
■ SIN. cacher.

dissipateur [disipatœʀ] *n.m.* [f. *-trice*] dissipatore.

dissipation [disipasjɔ̃] *n.f.* 1 dissipazione 2 distrazione 3 dissolutezza.

dissipé [disipe] *agg.* 1 dissipato 2 distratto, svagato.

dissiper [disipe] *v.tr.* 1 dissipare 2 distrarre ♦ **se dissiper** *v.pron.intr.* 1 dileguarsi 2 essere disattento.

dissociable [disɔsjabl] *agg.* dissociabile.

dissociation [disɔsjasjɔ̃] *n.f.* dissociazione.

dissocier [disɔsje] *v.tr.* dissociare ♦ **se dissocier** *v.pron.intr.* dissociarsi.

dissolu [disɔly] *agg.* e *n.m.* dissoluto.

dissolution [disɔlysjɔ̃] *n.f.* 1 dissoluzione (*anche fig.*) 2 (*fig.*) dissolutezza 3 disgregazione, scioglimento (*m.*) 4 (*chim.*) soluzione 5 (*dir.*) scioglimento (*m.*).

dissolvant [disɔlvɑ̃] *agg.* e *n.m.* solvente.

dissonance [disɔnɑ̃s] *n.f.* dissonanza.

dissonant [disɔnɑ̃] *agg.* dissonante.

dissoudre [disudʀ] *v.tr.* [coniug. come *absoudre*] sciogliere ♦ **se dissoudre** *v.pron.intr.* 1 sciogliersi 2 (*fig.*) sgretolarsi, sfasciarsi.

dissous [disu] *p.p.* di **dissoudre**.

dissuader [disɥade] *v.tr.* dissuadere.
■ CONTR. convaincre, persuader.

dissuasif [disɥazif] *agg.* [f. *-ive*] dissuasivo.

dissuasion [disɥazjɔ̃] *n.f.* dissuasione.
● ***force de dissuasion***, (*anche fig.*) deterrente.

dissyllabe [disil*l*ab] **dissyllabique** [disil*l*abik] *agg.* e *n.m.* (*ling.*) bisillabo.

dissymétrie [disimetʀi] *n.f.* asimmetria.

dissymétrique [disimetʀik] *agg.* dissimmetrico, asimmetrico.

distance [distɑ̃s] *n.f.* distanza.
● (*inform.*) ***à distance***, remoto: *accès à distance*, accesso remoto.

distancer [distɑ̃se] *v.tr.* [coniug. come *placer*] distanziare.

distanciation [distɑ̃sjasjɔ̃] *n.f.* 1 (*teatr.*) straniamento (*m.*) 2 (*estens.*) distacco (*m.*).

distant [distɑ̃] *agg.* distante.

distendre [distɑ̃dʀ] *v.tr.* [coniug. come *tendre*] 1 dilatare 2 tendere, allungare ♦ **se distendre** *v.pron.intr.* 1 dilatarsi 2 (*fig.*) allentarsi.

distendu [distɑ̃dy] *p.p.* di **distendre**.

distension [distɑ̃sjɔ̃] ***n.f.*** distensione.

distillateur [distilatœʀ] ***n.m.*** distillatore.

distillation [distilasjɔ̃] ***n.f.*** distillazione.

distiller [distile] ***v.tr.*** **1** distillare; secernere **2** (*fig.*) emanare ♦ ***v.intr.*** **1** cadere goccia a goccia **2** (*chim.*) separarsi (per distillazione).

distillerie [distilʀi] ***n.f.*** distilleria.

distinct [distɛ̃*kt*] ***agg.*** **1** distinto; diverso; separato **2** distinto, chiaro: *des souvenirs distincts*, ricordi nitidi.

distinctement [distɛ̃ktəmɑ̃] ***avv.*** distintamente.

distinctif [distɛ̃ktif] ***agg.*** [f. *-ive*] distintivo.

distinction [distɛ̃ksjɔ̃] ***n.f.*** **1** distinzione **2** riconoscimento (*m.*); decorazione.

distingué [distɛ̃ge] ***agg.*** distinto; illustre | *recevez* (o *veuillez agréer*)*, Monsieur, mes salutations les plus distinguées*, (*in chiusura di lettera*) la prego di gradire (i miei) distinti saluti.

distinguer [distɛ̃ge] ***v.tr.*** distinguere ♦ **se distinguer** ***v.pron.intr.*** distinguersi.

distique [distik] ***n.m.*** distico.

distordre [distɔʀdʀ] ***v.tr.*** [coniug. come *tordre*] distorcere.

distorsion [distɔʀsjɔ̃] ***n.f.*** distorsione.

distraction [distʀaksjɔ̃] ***n.f.*** distrazione.

■ **SIN.** inattention.

distraire [distʀɛʀ] ***v.tr.*** [coniug. come *traire*] distrarre ♦ **se distraire** ***v.pron.*** e ***pron.intr.*** distrarsi.

■ ***V.TR.*** **SIN.** amuser **CONTR.** ennuyer.

distrait [distʀɛ] *p.p.* di **distraire** ♦ ***agg.*** distratto.

distraitement [distʀɛtmɑ̃] ***avv.*** distrattamente.

distrayant [distʀɛjɑ̃] ***agg.*** piacevole.

distribuer [distʀibɥe] ***v.tr.*** **1** distribuire: *distribuer les rôles aux acteurs*, distribuire, assegnare le parti agli attori; (*econ.*) *distribuer un dividende aux actionnaires*, distribuire un dividendo agli azionisti **2** disporre, distribuire: *distribuer des couleurs sur une toile*, disporre dei colori su una tela **3** (*tip.*) scomporre.

distributeur [distʀibytœʀ] ***n.m.*** **1** [f. *-trice*] (*persona*) distributore **2** (*tecn., comm.*) distributore, erogatore.

● (*tecn.*) ***distributeur automatique***, distributore automatico | (*banca*) ***distributeur automatique de billets*** (***de banque***), bancomat®, sportello automatico | (*Internet*) ***distributeur de nouvelles***, fornitore di gruppi di discussione | (*tecn.*) ***distributeur d'essence***, distributore di benzina.

distributif [distʀibytif] ***agg.*** [f. *-ive*] distributivo.

distribution [distʀibysjɔ̃] ***n.f.*** **1** distribuzione **2** disposizione, distribuzione **3** (*cine., teatr.*) distribuzione, assegnazione (dei ruoli agli attori); casting (*m.*).

● ***distribution de l'eau***, ***de l'éléctricité***, erogazione dell'acqua potabile, dell'energia elettrica | ***distribution de tracts***, volantinaggio | (*comm.*): ***distribution exclusive***, distribuzione in esclusiva; ***grande distribution***, grande distribuzione | (*cine.*) ***maison de distribution***, casa di distribuzione.

district [distʀik*t*] ***n.m.*** **1** (*amm.*) distretto **2** (*Svizzera*) suddivisione (*f.*) di un cantone.

dit [di] *p.p.* di **dire**[1] ♦ ***agg.*** **1** convenuto **2** detto, soprannominato ♦ ***n.m.*** detto; sentenza (*f.*).

● ***c'est dit***, siamo intesi.

□ **audit**, **dudit**, **ledit** ***agg.*** [per *audit*, pl.m. *auxdits*, f. *auxdites*; per *dudit*, pl.m. *desdits*, f. *desdites*; per *ledit*, f. *ladite*, pl.m. *lesdits*, f. *lesdites*] al suddetto, del suddetto, il suddetto.

FAUX AMI
Da non confondere con il sostantivo *dito*, che si traduce *doigt*.

dites [dit] → **dire**[1].

dithyrambe [ditiʀɑ̃b] ***n.m.*** (*metrica*) ditirambo.

diurétique [djyʀetik] ***agg.*** e ***n.m.*** diuretico.

diurne [djyʀn] ***agg.*** diurno.

divagation [divagasjɔ̃] ***n.f.*** **1** divagazione **2** (*geogr.*) deviazione (di corso d'acqua).

divaguer [divage] ***v.intr.*** (*fig.*) sragionare.

divan [divɑ̃] ***n.m.*** **1** divano **2** (*fam.*) lettino (dello psicanalista).

divergence [divɛʀʒɑ̃s] ***n.f.*** divergenza.

divergent [divɛʀʒɑ̃] ***agg.*** divergente.

diverger [divɛʀʒe] ***v.intr.*** [coniug. come *manger*] divergere.

divers [divɛʀ] ***agg.*** **1** diverso, differente **2** (*pl.*) diversi, parecchi ♦ ***n.m.pl.*** varie (*f.*) ed eventuali (*f.*).

● ***fait divers***, fatto di cronaca | ***les faits divers***, la cronaca.

diversement [divɛʀsəmɑ̃] ***avv.*** variamente.

diversification [divɛʀsifikasjɔ̃] ***n.f.*** diversificazione, differenziazione.

diversifier [divɛʀsifje] ***v.tr.*** diversificare ♦ **se diversifier** ***v.pron.intr.*** diversificarsi.

diversion [divɛʀsjɔ̃] ***n.f.*** **1** (*mil.*) diversione **2** (*fig.*) diversivo (*m.*).

diversité [divɛʀsite] ***n.f.*** diversità; varietà.

divertir [divɛʀtiʀ] ***v.tr.*** distrarre, divertire ♦ **se divertir** ***v.pron.intr.*** divertirsi.

divertissant [divɛʀtisɑ̃] ***agg.*** divertente.

divertissement [divɛʀtismɑ̃] ***n.m.*** **1** divertimento **2** (*st. teatr.*) intermezzo con canti e danze **3** (*dir.*) distrazione (*f.*).

dividende [dividɑ̃d] ***n.m.*** **1** dividendo **2** (*dir.*) percentuale (*f.*) di liquidazione fallimentare.

divination [divinasjɔ̃] ***n.f.*** divinazione.

divinatoire [divinatwaʀ] ***agg.*** divinatorio.

divinement [divinmɑ̃] ***avv.*** divinamente.

divinisation [divinizasjɔ̃] ***n.f.*** divinizzazione.

diviniser [divinize] ***v.tr.*** divinizzare.

divinité [divinite] ***n.f.*** divinità.

diviser [divize] ***v.tr.*** dividere ♦ **se diviser** ***v.pron.intr.*** dividersi.

● ***diviser pour régner***, divide et impera.

diviseur [divizœʀ] ***n.m.*** divisore.

divisibilité [divizibilite] ***n.f.*** divisibilità.

divisible [divizibl] ***agg.*** divisibile.

division [divizjɔ̃] ***n.f.*** divisione.

● (*econ.*) ***division du travail***, suddivisione del lavoro | (*calcio*) ***première***, ***deuxième division***, serie A, serie B.

divisionnaire [divizjɔnɛʀ] ***agg.*** divisionale, divisionario ♦ ***n.m.*** (*mil.*) generale di divisione.

divisionnisme [divizjɔnism] ***n.m.*** (*pitt.*) divisionismo.

divorce [divɔʀs] ***n.m.*** divorzio.

● (*dir.*): ***divorce par consentement mutuel***, divorzio consensuale; ***action en divorce***, azione di divorzio.

divorcé [divɔʀse] ***agg.*** e ***n.m.*** divorziato.

divorcer [divɔʀse] ***v.intr.*** [coniug. come *placer*] divorziare: *divorcer d'avec sa femme*, divorziare dalla moglie.

D

divulgateur [divylgatœʀ] ***n.m.*** [f. *-trice*] divulgatore.
divulgation [divylgasjɔ̃] ***n.f.*** divulgazione.
divulguer [divylge] ***v.tr.*** divulgare.
dix [dis, *isolato o alla fine di un gruppo di parole*; diz, *davanti a vocale o* h *muta*; di, *davanti a consonante*] ***agg. num.card.invar.*** e ***n.m.*** dieci ♦ ***agg.num.ord.invar.*** (*di re, papi, capitoli ecc.*) decimo: *chapitre dix*, capitolo decimo | (*st.*) *Charles dix*, Carlo X.

D

dix-heures [dizœʀ] ***n.m.*** (*Belgio*) merendina (*f.*).
dix-huit [dizɥit] ***agg.num.card.*** e ***n.m.invar.*** diciotto ♦ ***agg.num.ord.invar.*** (*di re, papi, capitoli ecc.*) diciottesimo.
● ***dix-huit cents*** (o ***mille huit cents***), milleottocento.
dix-huitième [dizɥitjɛm] ***agg.num.ord.*** e ***n.m.*** e ***f.*** [pl. *dix-huitièmes*] diciottesimo/a.
● ***le dix-huitième siècle***, il diciottesimo secolo, il Settecento.
dixième [dizjɛm] ***agg.num.ord.*** e ***n.m.*** e ***f.*** decimo/a | *un dixième de la loterie nationale*, un biglietto della lotteria nazionale ♦ ***n.f.*** 1 (*un tempo nella scuola francese*) seconda elementare 2 (*mus.*) decima.
dixièmement [dizjɛmmɑ̃] ***avv.*** in decimo luogo.
dix-neuf [diznœf] ***agg.num.card.*** e ***n.m.invar.*** diciannove ♦ ***agg.num.ord.invar.*** (*di re, papi, capitoli ecc.*) diciannovesimo.
● ***dix-neuf cents*** (o ***mille neuf cents***), millenovecento.
dix-neuvième [diznœvjɛm] ***agg.num.ord.*** e ***n.m.*** e ***f.*** [pl. *dix-neuvièmes*] diciannovesimo/a.
● ***le dix-neuvième siècle***, il diciannovesimo secolo, l'Ottocento.
dix-sept [dissɛt] ***agg.num.card.*** e ***n.m.invar.*** diciassette ♦ ***agg.num.ord.invar.*** (*di re, papi, capitoli ecc.*) diciassettesimo.
● ***dix-sept cents*** (o ***mille sept cents***), millesettecento.
dix-septième [diz(s)ɛtjɛm] ***agg.num.ord.*** e ***n.m.*** e ***f.*** diciassettesimo/a.
● ***le dix-septième siècle***, il diciasettesimo secolo, il Seicento.
dizaine [dizɛn] ***n.f.*** decina.
djebel [dʒebɛl] ***n.m.*** (*geogr.*) gebel.
djellaba [dʒɛl/aba] ***n.f.*** barracano (arabo).
djiboutien [dʒibutjɛ̃] ***agg.*** [f. *-enne*] 1 di Gibuti 2 dello stato di Gibuti.
djihad [dʒiad] ***n.m.*** jihad (*f.*), guerra (*f.*) santa.
djihadiste [dʒiadist] ***agg.*** della jihad, relativo alla jihad islamica ♦ ***n.m.*** e ***f.*** membro (*m.*) della jihad.
do [do] ***n.m.invar.*** (*mus.*) do.
docile [dɔsil] ***agg.*** docile.
■ SIN. obéissant.
docilement [dɔsilmɑ̃] ***avv.*** docilmente.
docilité [dɔsilite] ***n.f.*** docilità.
docimologie [dɔsimɔlɔʒi] ***n.f.*** docimologia.
dock [dɔk] ***n.m.*** 1 bacino (portuale) 2 (*pl.*) magazzini (per le merci sbarcate).
docker [dɔkɛʀ] ***n.m.*** scaricatore portuale.
docte [dɔkt] ***agg.*** dotto; (*iron.*) pedante, saccente.
doctement [dɔktəmɑ̃] ***avv.*** dottamente; (*iron.*) in modo pedante, saccente.
docteur [dɔktœʀ] ***n.m.*** 1 medico, dottore 2 titolo di chi ha conseguito il dottorato.
doctoral [dɔktɔʀal] ***agg.*** [pl. *-aux*] dottorale.
doctorat [dɔktɔʀa] ***n.m.*** dottorato (di ricerca).
doctoresse [dɔktɔʀɛs] ***n.f.*** (*fam.*) dottoressa (in medicina).
doctrinaire [dɔktʀinɛʀ] ***agg.*** e ***n.m.*** e ***f.*** dottrinario/a.
doctrinal [dɔktʀinal] ***agg.*** [pl. *-aux*] dottrinale.
doctrine [dɔktʀin] ***n.f.*** dottrina.
docu [dɔky] ***n.m.*** (*fam.*) abbr. di **document**.
docu-fiction [dɔkyfiksjɔ̃] ***n.m.*** [pl. *docu-fictions*] (*tv*) docu-fiction (*m.* o *f.*), film documentario.
document [dɔkymɑ̃] ***n.m.*** 1 documento 2 (*comm.*) bolla (*f.*) di vettura.
documentaire [dɔkymɑ̃tɛʀ] ***agg.*** e ***n.m.*** documentario.
● ***à titre documentaire***, a scopo informativo.
documentaliste [dɔkymɑ̃talist] ***n.m.*** e ***f.*** documentalista.
documentariste [dɔkymɑ̃taʀist] ***n.m.*** e ***f.*** (*cine.*) documentarista.
documentation [dɔkymɑ̃tasjɔ̃] ***n.f.*** documentazione.
documenté [dɔkymɑ̃te] ***agg.*** documentato.
documenter [dɔkymɑ̃te] ***v.tr.*** documentare ♦ **se documenter** ***v.pron.*** documentarsi.
dodéca- ***pref.*** dodeca-.
dodécaèdre [dɔdekaɛdʀ] ***n.m.*** dodecaedro.
dodécaphonique [dɔdekafɔnik] ***agg.*** dodecafonico.
dodécaphonisme [dɔdekafɔnism] ***n.m.*** dodecafonia (*f.*).
dodécaphoniste [dɔdekafɔnist] ***n.m.*** e ***f.*** (*mus.*) compositore/trice di musica dodecafonica.
dodécasyllabe [dɔdekasilab] ***n.m.*** (*metrica*) dodecasillabo.
dodeliner [dɔdline] ***v.intr.*** dondolare | *dodeliner (de) la tête*, ciondolare il capo.
dodine [dɔdin] ***n.f.*** 1 (*cuc.*) dodine (salsa bianca con cipolle e funghi cotta nei sughi di selvaggina arrostita); galantina di pollo 2 (*Antille*) sedia a dondolo.
dodo[1] [dɔdo] ***n.m.*** 1 nanna (*f.*) | *faire dodo*, fare la nanna 2 letto, lettino.
dodo[2] ***n.m.*** (*zool.*) dodo.
dodu [dɔdy] ***agg.*** (*fam.*) paffuto, grassottello.
■ SIN. replet.
doge [dɔʒ] ***n.m.*** (*st.*) doge.
dogmatique [dɔgmatik] ***agg.*** e ***n.m.*** dogmatico.
dogmatiquement [dɔgmatikmɑ̃] ***avv.*** dogmaticamente.
dogmatiser [dɔgmatize] ***v.intr.*** dogmatizzare.
dogmatisme [dɔgmatism] ***n.m.*** dogmatismo.
dogme [dɔgm] ***n.m.*** dogma.
dogue [dɔg] ***n.m.*** bull-dog.
● ***humeur de dogue***, (*fig. fam.*) pessimo umore.
doigt [dwa] ***n.m.*** 1 dito: *du bout des doigts*, con la punta delle dita; *un doigt de vin*, (*estens.*) un dito di vino; *montrer du doigt*, (*fig.*) mostrare a dito 2 (*tecn.*) nottolino.
● ***doigts de fée***, (*fig.*) mani di fata | ***être à deux doigts de la tombe***, avere un piede nella fossa | ***être comme les deux doigts de la main***, essere inseparabili | (*Africa*) ***faire le deux doigts***, borseggiare | ***faire marcher au doigt et à l'œil***, comandare a bacchetta | ***il s'en est fallu d'un doigt que***, c'è mancato un pelo che | ***le petit doigt***, il mignolo: *ne pas lever le petit doigt*, (*fig.*) non muovere un dito; *c'est mon petit doigt qui me l'a dit!*, (*fig. fam.*) me l'ha detto l'uccellino! | ***mettre le doigts dessus***, (*fig.*) colpire nel segno, azzeccare | ***ne rien faire de ses dix doigts***,

(*fig.*) essere un buono a nulla | ***savoir sur le bout du doigt***, (*fig.*) sapere a menadito | ***se brûler les doigts***, (*fig.*) rimanere scottato | ***se fourrer le doigt dans l'œil***, (*fig.*) prendere un abbaglio | ***se mordre les doigts***, (*fig.*) mordersi le mani.

doigté [dwate] ***n.m.*** **1** (*mus.*) diteggiatura (*f.*) **2** (*fig.*) tatto.

doigtier [dwatje] ***n.m.*** dito di gomma (protettivo).

dois [dwa] → **devoir**[1].

doit [dwa] ***n.m.*** (*comm.*) debito, il dare.
● ***doit et avoir***, dare e avere.

doive [dwav] → **devoir**[1].

dol [dɔl] ***n.m.*** (*dir.*) dolo.

doléances [dɔleɑ̃s] ***n.f.pl.*** lagnanze, lamentele.
● ***présenter son cahier de doléances à qqn***, esporre le proprie lagnanze a qcu.

NOTA I ***cahiers de doléances*** erano, durante l'Ancien Régime, i memoriali con rivendicazioni indirizzati al sovrano dalla nobiltà, dal clero e dai delegati agli Stati Generali del 1789.

dolent [dɔlɑ̃] ***agg.*** **1** lamentoso **2** dolente.

dolichocéphale [dɔlikɔsefal] ***agg.*** e ***n.m.*** e ***f.*** dolicocefalo/a.

doline [dɔlin] ***n.f.*** (*geol.*) dolina.

dollar [dɔlaʀ] ***n.m.*** dollaro.
● (*econ.*) ***zone dollar***, area del dollaro.

dolmen [dɔlmɛn] ***n.m.*** (*archeol.*) dolmen.

NOTA Il ***dolmen*** (dal bretone *dol*, tavolo, e *men*, pietra) è un monumento megalitico formato da uno o più blocchi orizzontali appoggiati su pietre erette. Avevano la funzione di sepolture collettive e, in Francia, si trovano nel *Massif central* e, soprattutto, in Bretagna.

dolois [dɔlwa] ***agg.*** di Dole.

dolomie [dɔlɔmi] ***n.f.*** (*min.*) dolomia, dolomite.

dolomitique [dɔlɔmitik] ***agg.*** dolomitico.

DOM [deoɛm, dɔm] ***n.m.*** Dipartimento d'Oltremare.

NOTA Sigla di *Département d'Outre-Mer*, si veda département.

domaine [dɔmɛn] ***n.m.*** **1** dominio **2** tenuta (*f.*), fondo (agricolo) **3** (*dir.*) demanio **4** (*fig.*) campo, ambito, sfera (*f.*) | *ce n'est pas de mon domaine*, non è di mia competenza.
● ***tomber dans le domaine public***, diventare di dominio pubblico.

domanial [dɔmanjal] ***agg.*** [pl. *-aux*] demaniale.

dôme[1] [dom] ***n.m.*** **1** (*arch.*) cupola (*f.*) **2** (*mecc.*) duomo **3** (*geol.*) domo.

dôme[2] ***n.m.*** duomo, cattedrale (*f.*).

domestication [dɔmɛstikasjɔ̃] ***n.f.*** addomesticamento (*m.*).

domesticité [dɔmɛstisite] ***n.f.*** servitù, personale (*m.*) di servizio.

domestique [dɔmɛstik] ***agg.*** domestico ♦ ***n.m.*** e ***f.*** **1** (*antiq.*) domestico/a, servitore/trice **2** (*pl.*) servitù (*f.sing.*).

domestiquer [dɔmɛstike] ***v.tr.*** **1** addomesticare **2** (*fig.*) asservire, assoggettare.

domicile [dɔmisil] ***n.m.*** domicilio.
● ***abandon du domicile conjugal***, abbandono del tetto coniugale | ***être sans domicile fixe***, essere senza fissa dimora.
■ SIN. demeure, résidence.

domiciliaire [dɔmisiljɛʀ] ***agg.*** domiciliare.

domicilié [dɔmisilje] ***agg.*** domiciliato.

domicilier [dɔmisilje] ***v.tr.*** (*comm.*) domiciliare ♦ **se domicilier** ***v.pron.*** prendere domicilio.

dominant [dɔminɑ̃] ***agg.*** dominante.

dominante [dɔminɑ̃t] ***n.f.*** **1** (*mus.*) dominante: *la dominante d'un ouvrage*, (*fig.*) il motivo dominante di un'opera **2** insegnamenti (*m.pl.*) fondamentali (in un corso universitario).

dominateur [dɔminatœʀ] ***agg.*** e ***n.m.*** [f. *-trice*] dominatore.

domination [dɔminasjɔ̃] ***n.f.*** dominio (*m.*): *sous la domination étrangère*, sotto la dominazione straniera.

dominer [dɔmine] ***v.intr.*** e ***tr.*** dominare ♦ **se dominer** ***v.pron.*** dominarsi.
● ***dominer son sujet***, essere padrone della materia.

dominicain[1] [dɔminikɛ̃] ***agg.*** e ***n.m.*** (*eccl.*) domenicano.

dominicain[2] ***agg.*** (*geogr.*) dominicano.

Dominicain ***n.m.*** (*abitante*) dominicano.

dominical [dɔminikal] ***agg.*** [pl. *-aux*] (*letter.*) domenicale.

domino [dɔmino] ***n.m.*** **1** (*st. abbigl.*) domino **2** (*pl.*) pedina (*f.sing.*) (del domino); (gioco del) domino (*sing.*) **3** (*argot*) dente.
● (*Africa*) ***le couple domino***, la coppia formata da una persona bianca e una di colore.

dommage [dɔmaʒ] ***n.m.*** **1** danno **2** (*con il verbo* être) peccato: *c'est dommage de l'abîmer*, è peccato sciuparlo; (*c'est*) *dommage qu'il pleuve*, peccato che piova; *il serait dommage que nous partions sans lui*, sarebbe un peccato se partissimo, partire senza di lui.
● ***dommage!, quel dommage!***, (che) peccato! | (*dir.*) ***dommage matériel, moral***, danno materiale, morale | (*prov.*) ***dommage rend sage***, sbagliando s'impara | ***dommages collatéraux***, danni, effetti collaterali | (*dir.*) ***dommages et intérêts***, (risarcimento) danni.

dommageable [dɔmaʒabl] ***agg.*** dannoso.

dommages-intérêts [dɔmaʒɛ̃teʀɛ] ***n.m.pl.*** (*dir.*) danni.
● ***action en dommages-intérêts***, azione di risarcimento danni | ***poursuivre en dommages-intérêts***, citare per danni.

domotique [dɔmɔtik] ***n.f.*** domotica.

dompter [dɔ̃te] ***v.tr.*** domare.

dompteur [dɔ̃tœʀ] ***n.m.*** [f. *-euse*] domatore.

don [dɔ̃] ***n.m.*** dono.

donataire [dɔnatɛʀ] ***n.m.*** e ***f.*** (*dir.*) donatario/a.

donateur [dɔnatœʀ] ***n.m.*** [f. *-trice*] donatore.

donation [dɔnasjɔ̃] ***n.f.*** (*dir.*) donazione.

donc [dɔ̃k *all'inizio di una frase o di un membro di frase e davanti a vocale*; dɔ̃ *negli altri casi*] ***cong.*** e ***avv.*** dunque, quindi: *tu as travaillé sérieusement, donc tu dois réussir*, hai lavorato seriamente, dunque devi riuscire; *raconte-moi donc ce que tu as fait*, raccontami un po' quello che hai fatto.
● ***allons donc !***, ma andiamo! | ***dis donc!***, (*fam.*) senti un po'.

NOTA Da notare che spesso le espressioni *dis-donc, dites-donc* hanno valore rafforzativo o di interiezione, e quindi generalmente non si traducono:

Non mais dis-donc!, tu exagères!
Ma di' un po', esageri!
"Il s'est offert une voiture de sport!" "Oh! dis-donc!"
"Si è fatto la macchina sportiva" "Ma va'?"

D

donder [dɔ̃nde] *v.intr.* (*Svizzera*) addormentarsi.

dondon [dɔ̃dɔ̃] *n.f.* (*fam.*) grassona, cicciona.

donjon [dɔ̃ʒɔ̃] *n.m.* (*arch.*) torrione, mastio, maschio.

don Juan [dɔ̃ʒɥɑ̃] *n.m.* dongiovanni.
● ***jouer les don(s) Juan(s)***, fare il cascamorto.

donne [dɔn] *n.f.* **1** (*nei giochi di carte*) distribuzione **2** (*estens.*) situazione, dato (*m.*).

donné [dɔne] *agg.* **1** donato, regalato **2** fissato: *à l'heure donnée*, all'ora fissata **3** dato, determinato: *en un temps donné*, entro un determinato tempo ♦ *n.m.* (*fil.*) dato, percezione (*f.*) immediata della realtà.
● ***c'est donné!***, (*fam.*) è regalato!, non costa nulla! | ***étant donné***, dato: *étant donné la situation*, data la situazione; (*mat.*) *la surface du cercle étant donnée*, data la superficie del cerchio | ***étant donné que***, dato che, visto che | ***il n'est pas donné à tout le monde de***, non è concesso a tutti di.

donnée [dɔne] *n.f.* **1** dato (*m.*) **2** (*inform., stat.*) dato (*m.*): *données d'essai*, dati campione; *données à traiter* (o *d'entrée* o *en entrée*); *saisie* (o *introduction*) *de données*, immissione dei dati; *données statistiques*, dati statistici **3** (*estens.*) motivo (*m.*) di fondo, idea di base.

donner [dɔne] *v.tr.* **1** dare: *donner la main*, dare la mano; *donner des conseils*, *un avis*, dare (dei) consigli, un parere; *donner envie de*, dare voglia di **2** regalare, donare: *je lui ai donné un livre pour sa fête*, gli ho regalato un libro per il suo onomastico **3** dare, fruttare, rendere: *le blé n'a rien donné cette année*, il grano non ha reso nulla quest'anno; *je me demande ce que ça va donner*, mi chiedo cosa ne verrà fuori **4** dare, concedere: *il m'a donné la permission de sortir*, mi ha dato il permesso di uscire **5** dedicare, consacrare: *donner toute sa vie au travail*, consacrare la propria vita al lavoro **6** fissare; dire: *donner l'heure exacte*, dire l'ora esatta; *donner l'heure d'un rendez-vous*, fissare l'ora di un appuntamento **7** (*una lezione ecc.*) tenere **8** (*una malattia ecc.*) attaccare; (*fig.*) (*un gusto, una passione ecc.*) comunicare, trasmettere **9** (*uno spettacolo*) dare; rappresentare **10** (*argot*) denunciare: *donner qqn* (*à la police*), denunciare qlcu (alla polizia) **11** (*nei giochi di carte*) dare, distribuire: *c'est à toi de donner* (*les cartes*), tocca a te distribuire le carte ♦ *v.intr.* **1** battere, urtare: *donner de la tête contre le mur*, battere la testa contro il muro; *le soleil lui donnait dans les yeux*, aveva il sole negli occhi **2** cadere, lasciarsi andare (**a**): *donner dans un piège*, cadere in una trappola; *donner dans le luxe*, *la débauche*, abbandonarsi al lusso, al vizio; *donner dans le ridicule*, cadere nel ridicolo **3** (*di finestra ecc.*) dare, affacciarsi: *la fenêtre donnait sur le jardin*, la finestra dava sul giardino **4** (*mil.*) intervenire **5** (*di tessuto ecc.*) cedere ♦ **se donner** *v.pron.* **1** darsi, concedersi **2** consacrarsi, dedicarsi ♦ *v.pron.rec.* darsi, scambiarsi.
● ***donner à***, (*seguito da inf.*) dare da; fare: *donner à entendre*, far intendere | ***donner de***, (*seguito da inf.*) concedere; avere la fortuna di: *ce n'est pas donné à tout le monde de*, non a tutti è concesso di | ***donner le jour à un enfant***, dare alla luce un bambino | ***donner l'éveil***, (*fig.*) dare l'allarme, insospettire | ***donner tout au monde pour***, (*fig.*) dare qualsiasi cosa per | ***j'ai déjà donné!***, (*fam.*) ho già dato! | ***je te le donne en cent***, ***en mille***, vediamo se indovini, prova a indovinare | ***ne*** (***plus***) ***savoir où donner de la tête***, (*fig. fam.*) non sapere (più) dove sbattere la testa | ***se donner du bon temps***, ***s'en donner à cœur joie***, spassarsela | ***se donner en spectacle***, dare spettacolo di sé | ***se donner le mot***, passarsi parola.

donneur [dɔnœʀ] *n.m.* [f. *-euse*] **1** datore **2** donatore **3** (*nei giochi di carte*) mazziere **4** (*fam.*) spia (*f.*), confidente della polizia.
● (*med.*): ***donneur de sang***, donatore di sangue; ***donneur d'organes***, ***de tissu***, donatore d'organi, di tessuto; ***donneur universel***, donatore universale.

don Quichotte [dɔ̃kiʃɔt] *n.m.* donchisciotte.

dont [dɔ̃] *pron.rel.* **1** (*compl. di specificazione*) di cui; del quale, della quale, dei quali, delle quali: *l'auteur dont tu parles*, l'autore di cui, del quale parli; *l'outillage dont l'usine est pourvue*, i macchinari di cui la fabbrica è fornita; *une plante dont les fleurs sont parfumées*, una pianta i cui fiori sono profumati **2** (*partitivo*) di cui, dei quali, delle quali; tra cui, tra i quali, tra le quali: *il m'a montré plusieurs volumes dont deux étaient reliés*, mi ha mostrato molti volumi di cui due rilegati, due dei quali rilegati; *il y avait là beaucoup de gens dont mon père*, c'erano molte persone, tra cui mio padre **3** (*compl. di modo*) in cui; nel quale, nella quale, nei quali, nelle quali: *je n'aime pas la façon dont tu t'exprimes*, non mi piace il modo in cui ti esprimi **4** (*provenienza, origine*) da cui; dal quale, dalla quale, dai quali, dalle quali: *des mines dont on extrait le fer*, miniere da cui si estrae il ferro; *la famille dont il descend*, la famiglia dalla quale, da cui discende; *il espérait une aide de ceux dont il se croyait aimé*, sperava un aiuto da coloro da cui, dai quali si credeva amato **5** (*compl. di mezzo*) con cui; col quale, con la quale, con i quali, con le quali: *il saisit un caillou dont il le frappa*, prese un sasso con cui, con il quale lo colpì.
● ***ce dont***, ciò di cui; del che, della qual cosa: *donne-moi ce dont j'ai besoin*, dammi ciò di cui ho bisogno; *il n'a pas fini son travail, ce dont je m'étonne*, non ha terminato il lavoro, del che, cosa di cui mi stupisco.

donzelle [dɔ̃zɛl] *n.f.* **1** (*fam.*) donna poco seria **2** (*spreg.*) donna pretenziosa e ridicola.

dopage [dɔpaʒ] *n.m.* **1** (*sport*) doping **2** (*fis.*) drogaggio.

dopant [dɔpɑ̃] *n.m.* e *agg.* stimolante, dopante.

doper [dɔpe] *v.tr.* **1** dopare, somministrare stimolanti **2** migliorare, aumentare il rendimento (**di**) **3** (*biol.*) dopare ♦ **se doper** *v.pron.* assumere stimolanti; drogarsi.

doping [dɔpiŋ] *n.m.* (*sport*) doping, drogaggio.

dorade [dɔʀad] *n.f.* (*zool.*) orata.

dorage [dɔʀaʒ] *n.m.* doratura (*f.*).

doré [dɔʀe] *agg.* dorato ♦ *n.m.* doratura (*f.*).
● (*st. relig.*) ***légende dorée***, leggenda aurea.

dorée [dɔʀe] *n.f.* (*zool.*) pesce (*m.*) San Pietro.

dorénavant [dɔʀenavɑ̃] *avv.* d'ora in poi.

dorer [dɔʀe] *v.tr.* **1** dorare **2** (*cuc.*) spennellare con tuorlo d'uovo (prima della cottura).
● ***dorer la pilule***, (*fig.*) indorare la pillola.

doreur [dɔʀœʀ] *n.m.* [f. *-euse*] doratore.

dorien [dɔʀjɛ̃] *agg.* [f. *-enne*] (*st.*) dorico ♦ *n.m.* dialetto dorico.
● (*st.*) ***les Doriens***, i dori.

dorique [dɔʀik] *agg.* e *n.m.* dorico.
● (*arch.*) (***ordre***) ***dorique***, (ordine) dorico.

dorloter [dɔʀlɔte] *v.tr.* coccolare ♦ **se dorloter** *v.pron.* coccolarsi: *ce paresseux se dorlote dans son lit*, quel pigrone si crogiola nel letto.
■ *V.TR* SIN. cajoler.

dormant [dɔʀmɑ̃] *agg.* **1** dormiente **2** (*di acqua*) stagnante **3** fisso **4** (*comm.*) inattivo.
● (*tecn.*) ***châssis dormant***, telaio fisso.

dormeur [dɔʀmœʀ] ***agg.*** e ***n.m.*** [f. *-euse*] **1** dormiente **2** dormiglione.

● ***Dormeur***, Pisolo (uno dei sette nani di Biancaneve).

dormeuse [dɔʀmøz] ***n.f.*** **1** orecchino (*m.*) (a perno) **2** (*divanetto*) agrippina, dormeuse.

dormir [dɔʀmiʀ] ***v.intr.*** [pres.indic.: *je dors* etc., *nous dormons* etc.; imperf.indic.: *je dormais* etc.; p.rem.: *je dormis* etc.; fut.indic.: *je dormirai* etc.; cond.: *je dormirais* etc.; pres.cong.: *que je dorme* etc.; imperf.cong.: *que je dormisse, que tu dormisses, qu'il dormît* etc.; p.pres.: *dormant*; p.p.: *dormi*; imp.: *dors, dormons, dormez*] dormire: *ne pas dormir de la nuit*, non chiudere occhio tutta la notte; *dormir très tard*, dormire fino a tardi; *il n'en dort pas*, questo pensiero gli toglie il sonno.

● ***dormir comme un bienheureux***, dormire beatamente | ***dormir comme une souche, à poings fermés***, dormire come un sasso, della grossa | ***dormir comme un loir, une marmotte***, dormire come un ghiro, come una marmotta | ***dormir debout***, (*fig.*) dormire in piedi: *histoire à dormir debout*, storia che non sta né in cielo né in terra, assurda | ***dormir du dernier sommeil***, (*fig.*) dormire l'ultimo sonno | ***dormir sur ses deux oreilles***, (*fig.*) dormire fra due guanciali | ***dormir sur son travail***, (*fig.*) tirare per le lunghe | ***laisser dormir une affaire***, trascurare un affare.

■ CONTR. veiller.

dors [dɔʀ] → **dormir**.

dorsal [dɔʀsal] ***agg.*** [pl. *-aux*] dorsale.

● (*anat.*) (***muscle***) ***dorsal***, (muscolo) dorsale.

dorsale [dɔʀsal] ***n.f.*** **1** (*fon.*) consonante dorsale **2** (*geogr.*) dorsale **3** (*Internet*) dorsale.

● (*meteor.*) ***dorsale barométrique***, dorsale barometrica.

dortoir [dɔʀtwaʀ] ***n.m.*** dormitorio.

● ***citè-dortoir, ville-dortoir***, città dormitorio.

dorure [dɔʀyʀ] ***n.f.*** doratura.

doryphore [dɔʀifɔʀ] ***n.m.*** (*zool.*) dorifora (*f.*).

dos [do] ***n.m.*** **1** schiena (*f.*), spalle (*f.pl.*); dorso; (*spec. di animali*) groppa (*f.*): *avoir mal au dos*, aver mal di schiena; *dès que j'ai le dos tourné*, come volto le spalle **2** (*di cose*) dorso; tergo, retro **3** (*di sedia*) schienale **4** (*nuoto*) dorso.

● ***dos à dos***, schiena contro schiena: *renvoyer les deux parties dos à dos*, (*fig.*) non dare ragione a nessuna delle due parti in causa | (*tip.*) ***dos de couverture***, quarta di copertina | ***à dos de***, a spalla, a dorso di: *transporter à dos d'homme, à dos de mulet*, portare a spalla, a dorso di mulo | ***au bas du dos***, (*fam.*) sul fondoschiena | ***avoir bon dos***, (*fig.*) avere le spalle larghe | ***dans le dos***, (*anche fig.*) dietro la schiena, dietro le, alle spalle: *arriver dans le dos*, giungere alle spalle; *cacher dans le dos*, nascondere dietro le spalle; *donner froid dans le dos*, suscitare raccapriccio; *l'avoir dans le dos*, (*fig. fam.*) essere fregato; *passer la main dans le dos de qqn*, (*fig.*) lisciare qlcu; *robe décolletée dans le dos*, vestito scollato sulle spalle; *tirer dans le dos*, colpire alle spalle | ***de dos***, di spalle | ***derrière le dos***, dietro la schiena: *derrière le dos de qqn*, (*fig.*) all'insaputa di qlcu | ***en avoir plein le dos***, (*fig. fam.*) averne le tasche piene | ***être le dos au mur***, (*fig.*) essere con le spalle al muro | ***faire le gros dos***, (*di gatto*) fare la gobba; (*fig.*) mettersi sulla difensiva | ***ne pas y aller avec le dos de la cuillère***, (*fam.*) calcare la mano | ***se mettre qqn à dos***, (*fig.*) inimicarsi qlcu | ***sur le dos***, (*anche fig.*) sulla schiena, sulle spalle: *se mettre sur le dos*, sdraiarsi sulla schiena; (*di animale*) mettersi a pancia all'aria; *se mettre qqch sur le dos*, mettersi qlco addosso; *mettre sur le dos de qqn*, (*fig.*) scaricare la responsabilità su qlcu; *avoir toute la famille sur le dos*, (*fig.*) avere tutta la famiglia sulle spalle; *je l'ai eu sur le dos tout l'après-midi*, (*fig.*) ho dovuto sopportarlo tutto il pomeriggio; *tomber sur le dos de qqn*, (*fig.*) piombare da qlcu | ***voir au dos***, vedi a tergo.

dosage [dozaʒ] ***n.m.*** dosaggio.

dos-d'âne [dodɑn] ***n.m.invar.*** dosso.

● ***route en dos-d'âne***, strada a schiena d'asino.

dose [doz] ***n.f.*** dose: *à haute dose*, ad alte dosi.

● ***à dose homéopathique***, in quantità minima | ***en tenir une sacrée dose***, (*fam.*) essere un idiota integrale | ***forcer la dose***, rincarare la dose.

doser [doze] ***v.tr.*** dosare.

doseur [dozœʀ] ***n.m.*** dosatore.

dossard [dosaʀ] ***n.m.*** (*sport*) pettorale.

dossier [dosje] ***n.m.*** **1** schienale, spalliera (*f.*) **2** (*amm.*) incartamento, pratica (*f.*), fascicolo, dossier **3** (*estens.*) inchiesta (*f.*).

● (*giorn.*) ***dossier de presse***, rassegna stampa.

dossiste [dosist] ***n.m.*** e ***f.*** (*sport*) dorsista.

dot [dɔt] ***n.f.*** dote.

dotal [dɔtal] ***agg.*** [pl. *-aux*] (*dir.*) dotale.

dotation [dɔtasjɔ̃] ***n.f.*** dotazione, appannaggio (*m.*).

doter [dɔte] ***v.tr.*** dotare (*anche fig.*).

douaire [dwɛʀ] ***n.m.*** (*st. dir.*) sopraddote (*f.*).

douairière [dwɛʀjɛʀ] ***n.f.*** **1** (*st. dir.*) vedova titolare di una sopraddote **2** (*spreg.*) vecchia signora aristocratica.

douaisien [dwɛzjɛ̃] ***agg.*** [f. *-enne*] di Douai.

douance [dwɑ̃s] ***n.f.*** abbondanza di doti intellettuali; l'essere (*m.*) superdotato.

douane [dwan] ***n.f.*** dogana: *de douane*, doganale; *passer* (*à*) *la douane*, passare la dogana.

douanier [dwanje] ***agg.*** [f. *-ère*] doganale ♦ ***n.m.*** doganiere.

doublage [dublaʒ] ***n.m.*** **1** raddoppio **2** (*mar.*) doppiatura (*f.*); (*della carena*) rivestimento; (*delle vele*) rinforzo **3** (*cine.*) doppiaggio **4** (*teatr.*) sostituzione (*f.*) (di attori) **5** (*tip.*) duplicato **6** (*abbigl.*) fodera (*f.*).

double [dubl] ***agg.*** doppio: *double rang de perles*, doppio filo di perle ♦ ***n.m.*** **1** doppio: *plus du double*, più del doppio **2** duplicato, doppione: *faire un double des clés*, fare un duplicato delle chiavi **3** (*tennis*) doppio ♦ ***avv.*** doppio: *payer double*, pagare (il) doppio.

● (*tennis*) ***double messieurs, dames, mixte***, doppio maschile, femminile, misto | ***à double sens***, a doppio senso | ***à double tour***, a doppia mandata | ***agent double***, agente segreto che fa il doppio gioco | ***au double***, due volte tanto; abbondantemente | ***en double***, in due; in duplice copia: *je l'ai en double*, ne ho due; *en double exemplaire*, in duplice copia | ***jouer un double jeu***, fare il doppio gioco.

doublé [duble] ***agg.*** **1** foderato: *manteau doublé* (*de*) *fourrure*, cappotto foderato di pelliccia **2** (*cine.*) doppiato ♦ ***n.m.*** **1** gioiello placcato: *un doublé or*, un gioiello placcato oro **2** (*caccia*) doppietta (*f.*).

● ***doublé de***, (*fig.*) che è anche, e inoltre: *c'est un grand médecin doublé d'un artiste*, oltre a essere un valente medico, è anche un artista | ***faire un beau doublé***, (*fig.*) prendere due piccioni con una fava | ***papier doublé***, carta per rivestimento.

double-clic [dubləklik] ***n.m.*** [pl. *doubles-clics*] (*inform.*) doppio clic.

double-cliquer [dubləklike] ***v.tr.*** (*inform.*) cliccare due volte, fare doppio clic.

double-crème [dubləkʀɛm] ***n.m.*** [pl. *doubles-crèmes*]

1 doppia panna (*f.*) **2** formaggio fresco molto grasso e spumoso.

double-croche [dublәkʀɔʃ] *n.f.* [pl. *doubles-croches*] (*mus.*) semicroma.

double-face [dublәfas] *n.f.* [pl. *doubles-faces*] (tessuto) double-face (*m.*), tessuto (*m.*) a due diritti.

double-fond [dublәfɔ̃] *n.m.* [pl. *doubles-fonds*] doppio fondo.

D

doublement[1] [dublәmɑ̃] *n.m.* raddoppio.

doublement[2] *avv.* doppiamente.

doubler [duble] *v.tr.* **1** raddoppiare **2** raddoppiare, piegare in due **3** foderare, rivestire **4** (*mar.*) doppiare | *il a doublé le cap de la quarantaine*, (*fig.*) ha superato la quarantina **5** (*cine.*) doppiare **6** (*teatr.*) sostituire **7** (*aut.*) sorpassare; (*sport*) doppiare **8** (*Belgio*) ripetere (una classe) **9** (*fam.*) fare le scarpe (**a**) ♦ *v.intr.* raddoppiare: *le chiffre a doublé*, la cifra è raddoppiata ♦ **se doubler** *v.pron.intr.* **1** raddoppiare **2** accompagnarsi, unirsi: *le compliment se doublait d'une moquerie*, il complimento nascondeva la presa in giro.

● ***défense de doubler***, divieto di sorpasso.

doublet [dublɛ] *n.m.* **1** (*gioielleria*) doppia (*f.*) **2** (*fis.*) doublet; (*spettroscopia*) doppietto **3** (*ling.*) doppione, allotropo.

doubleur [dublœʀ] *n.m.* [f. *-euse*] **1** (*cine.*) doppiatore **2** (*Belgio, Canada*) (studente) ripetente.

doublon [dublɔ̃] *n.m.* (*tip.*) duplicato.

doublure [dublyʀ] *n.f.* **1** fodera **2** (*teatr.*) doppio (*m.*) **3** (*cine.*) controfigura **4** (*argot*) prestanome (*m.*).

douce [dus] *agg.f.* → **doux** ♦ *n.f.* **1** (*fam.*) innamorata, bella **2** (*argot*) marijuana.

douce-amère [dusamɛʀ] *n.f.* [pl. *douces-amères*] (*bot.*) dulcamara.

douceâtre [dusɑtʀ] *agg.* **1** dolciastro **2** (*fig.*) sdolcinato, melenso.

doucement [dusmɑ̃] *avv.* **1** dolcemente, con dolcezza **2** piano, adagio **3** piano: *parler doucement*, parlare sottovoce **4** (*fam.*) tra sé e sé: *cela me fait doucement sourire*, mi fa ridere sotto i baffi.

● ***allez-y doucement!***, (*fig.*) andateci piano! | ***tout doucement***, adagio adagio, pian pianino: *"Ça va?" "Ça va tout doucement"*, "Come va?" "Così così".

doucereusement [dusʀøzmɑ̃] *avv.* [f. *-euse*] in modo dolciastro, mellifluo.

doucereux [dusʀø] *agg.* [f. *-euse*] **1** dolciastro **2** (*fig.*) mellifluo.

doucette [dusɛt] *n.f.* (*bot. pop.*) dolcetta.

■ SIN. mâche.

douceur [dusœʀ] *n.f.* **1** dolcezza (*anche fig.*) **2** morbidezza, levigatezza **3** (*pl.*) dolciumi (*m.*); (*fig.*) parole dolci, tenerezze.

● ***en douceur***, con garbo, con dolcezza; (*di meccanismi*) in modo morbido, impercettibile: *atterrir en douceur*, fare un atterraggio morbido.

douche [duʃ] *n.f.* **1** doccia: *prendre une douche*, fare una doccia **2** strigliata, lavata di capo **3** (*fam.*) delusione.

● ***douche écossaise***, (*anche fig.*) doccia scozzese | ***douche en jet***, doccia a colonna | ***douche en pluie***, doccia a pioggia | ***douche froide***, (*anche fig.*) doccia fredda.

doucher [duʃe] *v.tr.* **1** fare la doccia (**a**) **2** (*fam.*) dare una lavata di capo (**a**) ♦ **se doucher** *v.pron.* fare la doccia.

● ***se faire doucher***, (*fam.*) prendersi una lavata (di pioggia); (*fig.*) prendersi una lavata di capo: *il s'est fait doucher par son père*, si è preso una lavata di capo da suo padre.

douchette [duʃɛt] *n.f.* **1** doccia a telefono **2** (*fam.*) lettore (*m.*) di codice a barre.

doudou[1] [dudu] *n.m.* (*nel linguaggio infantile*) coperta (*f.*) di Linus; il giocattolo con cui dormire.

doudou[2] *n.f.* (*Antille*) (*fam.*) ragazza amata.

doudoune [dudun] *n.f.* (*fam.*) giacca a vento, piumino (*m.*).

doué [dwe] *agg.* dotato.

■ SIN. capable.

douer [dwe] *v.tr.* dotare.

douille [duj] *n.f.* **1** (*tecn.*) manicotto (*m.*) **2** (*di cartuccia*) bossolo (*m.*) **3** (*elettr.*) portalampada (*m.*).

douillet [dujɛ] *agg.* [f. *-ette*] **1** morbido, soffice **2** accogliente: *appartement douillet*, appartamento accogliente **3** esageratamente sensibile, delicato.

● ***ne fais pas le douillet***, (*fam.*) non fare la piaga.

douillette [dujɛt] *n.f.* **1** vestaglia imbottita e trapuntata **2** (*per bambini*) paltoncino (*m.*) imbottito **3** (*per ecclesiastici*) soprabito (*m.*) invernale **4** (*Canada*) trapunta.

douillettement [dujɛtmɑ̃] *avv.* **1** comodamente **2** con eccessivi riguardi: *élever douillettement*, crescere nella bambagia.

douleur [dulœʀ] *n.f.* dolore (*m.*), sofferenza.

● ***sans douleur***, indolore.

douloureuse [duluʀøz] *n.f.* (*fam.*) conto (*m.*), fattura.

douloureusement [duluʀøzmɑ̃] *avv.* dolorosamente.

douloureux [duluʀø] *agg.* [f. *-euse*] **1** doloroso **2** dolente.

doute [dut] *n.m.* dubbio: *j'ai des doutes sur la réussite de l'affaire*, ho dei dubbi sulla riuscita dell'affare.

● ***dans le doute***, in dubbio; nel dubbio: *être dans le doute*, essere in dubbio; *laisser dans le doute*, lasciare nel dubbio | ***il n'y a pas de doute que***, ***cela ne fait aucun doute que***, non c'è dubbio che: *il n'y a pas de doute, cela ne fait aucun doute qu'elle* (*ne*) *se soit trompée*, non c'è dubbio che si sia sbagliata | ***sans aucun doute***, indubbiamente, senza dubbio, certamente: *c'est sans aucun doute un bon livre*, è senza (alcun) dubbio un bel libro | ***sans doute***, forse, probabilmente: *sans doute viendra-t-il ce soir*, verrà probabilmente stasera.

> NOTA ***Sans doute***, posto all'inizio della frase, richiede il verbo con l'inversione del soggetto:
> *Sans doute se sont-ils trompés.*
> Probabilmente si sono sbagliati.

douter [dute] *v.intr.* **1** dubitare: *je doute* (*fort*) *qu'il vienne*, dubito (assai) che venga; *je ne doute pas qu'il* (*ne*) *vienne*, non dubito che venga **2** (*antiq.*) esitare ♦ **se douter** *v.pron.intr.* sospettare (**qlco**): *elle s'est toujours doutée que c'était nous*, ha sempre sospettato che fossimo noi; *elle s'est doutée de qqch*, ha sospettato qlco; *nous nous doutions bien qu'il ne viendrait pas*, sospettavamo che non sarebbe venuto.

● ***je m'en doutais!***, lo sospettavo! | ***ne douter de rien***, credere di saper tutto, di saper fare tutto.

douteux [dutø] *agg.* [f. *-euse*] **1** dubbio: *d'une moralité douteuse*, di dubbia moralità; *mœurs douteuses*, costumi equivoci; *son anglais est douteux*, il suo inglese è incerto | *jour douteux*, luce incerta **2** (*antiq.*) dubbioso, esitante.

■ SIN. **1** aléatoire, ambigu CONTR. **1** indubitable, manifeste.

douve[1] [duv] *n.f.* 1 (*di botte*) doga 2 fossato (*m.*) 3 (*ippica*) fosso (*m.*), riviera.

douve[2] *n.f.* (*vet.*) fasciola, fasciolosi.

doux [du] *agg.* [f. *douce*] 1 dolce (*anche fig.*): *un hiver doux*, un inverno mite, clemente 2 morbido 3 naturale, che non fa violenza alla natura ♦ *avv.* dolcemente ♦ *n.m.* 1 dolce: *préférer le doux*, preferire le cose dolci 2 tempo mite 3 (*vino*) dolce 4 persona (*f.*) dolce, mite.
● ***en douce***, (*fam.*) senza far rumore; di nascosto | ***énergies douces***, fonti di energia pulita | ***filer doux***, (*fam.*) filare dritto | ***il fait doux***, il tempo è mite | ***médecine douce***, medicina naturale | ***se la couler douce***, (*fam.*) godersi la vita, godersela | ***tout doux***, (*antiq.*) piano piano.
■ AGG. CONTR. 2 dur.

doux-amer [duzamɛʀ] *agg.* [f. *douce-amère*; pl.m. *doux-amers*] dolceamaro.

douzaine [duzɛn] *n.f.* dozzina.
● ***à la douzaine***, in grande quantità.

douze [duz] *agg.num.card.invar.* dodici: *les douze mois*, i dodici mesi ♦ *agg.num.ord.invar.* dodicesimo: *page douze*, pagina dodici ♦ *n.m.invar.* 1 dodici 2 (*tip.*) cicero.
● ***douze cents***, milleduecento.

douzième [duzjɛm] *agg.num.ord.* e *n.m.* e *f.* dodicesimo/a.

douzièmement [duzjɛmmɑ̃] *avv.* al dodicesimo posto.

doyen [dwajɛ̃] *n.m.* [f. *-enne*] 1 decano 2 (*eccl.*) decano 3 preside di facoltà universitaria.

drache [dʀaʃ] *n.f.* (*Belgio*) pioggia battente.

drachme [dʀakm] *n.f.* (*moneta*) dracma, dramma (greca, sostituita dall'euro).

draconien [dʀakɔnjɛ̃] *agg.* [f. *-enne*] draconiano.

dragage [dʀagaʒ] *n.m.* dragaggio.

dragée [dʀaʒe] *n.f.* 1 confetto (*m.*): *dragée au chocolat*, confetto al cioccolato; *une dragée purgative*, un confetto lassativo 2 pallini (*m.pl.*) (da caccia) 3 (*fam.*) (*di pistola*) pallottola.
● ***tenir la dragée haute à qqn***, (*fig.*) farla pagare a qlcu; farla cadere dall'alto a qlcu.

dragéifier [dʀaʒeifje] *v.tr.* confettare.

drageoir [dʀaʒwaʀ] *n.m.* confettiera (*f.*), bomboniera (*f.*).

drageon [dʀaʒɔ̃] *n.m.* (*bot.*) pollone.

dragon [dʀagɔ̃] *n.m.* 1 drago | *cette femme est un dragon*, (*fig.*) quella donna è un cerbero | *elle est un dragon de vertu*, (*fig.*) è un mostro di virtù 2 (*mil.*) dragone.

dragonnade [dʀagɔnad] *n.f.* (*st. fr.*) dragonnade (spedizione dei dragoni di Luigi XIV contro i calvinisti francesi).

dragonne [dʀagɔn] *n.f.* 1 (*mil.*) dragona 2 (*di ombrello, di macchina fotografica ecc.*) cinturino (*m.*).

dragonnier [dʀagɔnje] *n.m.* (*bot. pop.*) tronchetto della felicità; dracena (*f.*).

drague [dʀag] *n.f.* 1 (*mecc.*) draga 2 (*pesca*) draga 3 (*fig. fam.*) il rimorchiare (*m.*) (un partner), abbordaggio (*m.*).
● (*mecc.*): ***drague à godets***, draga a tazze; ***drague à succion***, draga ad aspirazione.

draguer [dʀage] *v.tr.* 1 dragare 2 (*pesca*) pescare con la draga 3 (*fig. fam.*) rimorchiare (un partner), abbordare.

dragueur [dʀagœʀ] *n.m.* 1 (*mar.*) draghista 2 (*fam.*) pappagallo, adescatore.
● (*mar. mil.*) ***dragueur de mines***, dragamine.

dragueuse [dʀagøz] *n.f.* (*fam.*) adescatrice, cacciatrice di uomini.

draguignanais [dʀagiɲanɛ] *agg.* di Draguignan.

draille[1] [dʀɑj] *n.f.* (*region.*) tratturo (*m.*).

draille[2] *n.f.* (*mar.*) draglia.

drain [dʀɛ̃] *n.m.* 1 (*idraulica*) tubo di drenaggio, collettore di scolo 2 (*med.*) tubo di drenaggio.
● (*mar.*) ***pompe de drain***, pompa di sentina.

D

drainage [dʀɛnaʒ] *n.m.* drenaggio.

drainer [dʀene] *v.tr.* 1 drenare 2 (*di fiume*) raccogliere (le acque di una regione) 3 (*fig.*) assorbire, accaparrare.

drakkar [dʀakaʀ] *n.m.* (*st. mar.*) drakar.

dramatique [dʀamatik] *agg.* drammatico ♦ *n.f.* (*rad., tv*) dramma (*m.*).

dramatiquement [dʀamatikmɑ̃] *avv.* drammaticamente, in modo drammatico.

dramatiser [dʀamatize] *v.tr.* drammatizzare (*anche fig.*).

dramaturge [dʀamatyʀʒ] *n.m.* e *f.* drammaturgo/a.

dramaturgie [dʀamatyʀʒi] *n.f.* drammaturgia.

drame [dʀam] *n.m.* dramma.
● (*lett.*): ***drame pastoral***, dramma pastorale; ***drame satyrique***, dramma satirico | ***faire un drame de qqch***, (*fam.*) fare un dramma di qlco | ***tourner au drame***, trasformarsi in dramma.
■ CONTR. comédie.

dramédie [dʀamedi] *n.f.* (*tv*) serie televisiva in cui coesistono dramma e commedia.

drap [dʀa] *n.m.* 1 tessuto di lana, panno 2 drappo 3 lenzuolo.
● ***drap de bain, de plage***, telo da bagno, telospugna | ***drap (de lit)***, lenzuolo | (*Belgio*) ***drap de maison***, straccio per pavimenti | ***drap mortuaire***, drappo funebre | ***mettre qqn dans de beaux, de jolis draps***, (*fam.*) cacciare qlcu in un pasticcio.

drapé [dʀape] *n.m.* 1 drappeggio 2 (*arte*) panneggio.

drapeau [dʀapo] *n.m.* [pl. *-eaux*] 1 bandiera (*f.*) 2 (*sport*) bandierina (*f.*) (per segnare il campo di gioco).
● ***drapeau blanc***, (*anche fig.*) bandiera bianca | ***être sous les drapeaux***, essere sotto le armi | ***se ranger sous le drapeau de qqn***, (*fig.*) schierarsi in favore di qlcu.

> NOTA Il ***drapeau tricolore*** è la bandiera nazionale francese. La sua origine risale al luglio 1789 quando su una coccarda vennero uniti il bianco, colore del re, con il blu e il rosso, colori della città di Parigi, come simbolo di riunione della monarchia e del popolo.
> Nel 1797, Napoleone Bonaparte impose alla Repubblica Cispadana una bandiera tricolore con il verde al posto del blu, da cui prese origine il tricolore italiano.

draper [dʀape] *v.tr.* 1 ricoprire, addobbare con drappi: *draper le portail d'une église en signe de deuil*, parare a lutto il portale di una chiesa 2 drappeggiare 3 (*arte*) panneggiare ♦ **se draper** *v.pron.* drappeggiarsi, avvolgersi.
● ***se draper dans sa dignité***, (*fig.*) ammantarsi della propria dignità.

draperie [dʀapʀi] *n.f.* 1 tessuto (*m.*) di lana 2 industria tessile laniera 3 drappeggio (*m.*).

drap-housse [dʀaus] *n.m.* [pl. *draps-housses*] lenzuolo con gli angoli.

drapier [dʀapje] *agg.* [f. *-ère*] che vende o fabbrica tessuti di lana ♦ *n.m.* fabbricante, venditore di tessuti di lana.

D

drastique [dʀastik] ***agg.*** drastico ♦ ***agg.*** e ***n.m.*** (*med.*) (purgante) drastico.

dressage [dʀɛsaʒ] ***n.m.*** **1** erezione (*f.*), installazione (*f.*) **2** (*di animali*) addestramento **3** (*tecn.*) raddrizzatura (*f.*).

dresser [dʀese] ***v.tr.*** **1** drizzare, raddrizzare; innalzare, erigere **2** preparare, disporre: *dresser la table*, apparecchiare; *dresser le camp*, porre l'accampamento **3** istigare, aizzare: *dresser une personne contre une autre*, istigare una persona contro un'altra **4** redigere, compilare: *dresser un plan*, tracciare un piano **5** addestrare; (*un animale*) ammaestrare **6** (*tecn.*) raddrizzare, spianare ♦ **se dresser** ***v.pron.*** e ***pron.intr.*** rizzarsi, drizzarsi: *ses cheveux se dressèrent sur sa tête*, gli si rizzarono i capelli sul capo.

● ***dresser l'oreille***, (*fig.*) tendere l'orecchio | ***se dresser contre qqn, qqch***, mettersi contro qlcu, qlco; opporsi a qlcu, qlco: *se dresser contre un abus*, reagire contro un abuso.

dresseur [dʀɛsœʀ] ***n.m.*** [f. *-euse*] ammaestratore, addestratore.

dressoir [dʀɛswaʀ] ***n.m.*** credenza (*f.*).

dreve [dʀɛv] ***n.f.*** (*Belgio*) viale (*m.*) alberato.

DRH [deɛʀaʃ] ***n.m.*** e ***f.*** (*sigla di* Directeur des Ressources Humaines) direttore/trice delle risorse umane.

dribble [dʀibl] ***n.m.*** (*calcio*) dribbling.

dribbler [dʀible] ***v.intr.*** e ***tr.*** (*calcio*) dribblare.

drille [dʀij] ***n.m.*** (*ant.*) soldataccio.

● ***un joyeux drille***, un buontempone.

dring [dʀiŋ] ***onom.*** drin.

dringuelle [dʀɛ̃gɛl] ***n.f.*** (*Belgio*) mancia, mancetta.

drisse [dʀis] ***n.f.*** (*mar.*) drizza della randa.

drive [dʀajv] ***n.m.*** (*inform.*) drive.

drive-in [dʀajvin] ***n.m.invar.*** drive-in.

driver[1] [dʀajvœʀ] ***n.m.*** (*inform.*) driver.

driver[2] [dʀajve, dʀive] ***v.intr.*** (*tennis*) fare un diritto ♦ ***v.tr.*** (*trotto*) guidare.

driver[3] [dʀajvœʀ, dʀivœʀ] ***n.m.*** **1** (*trotto*) driver, guidatore **2** (*tennis, golf*) giocatore che esegue un drive.

drogue [dʀɔg] ***n.f.*** **1** droga **2** (*spreg.*) intruglio (*m.*).

● ***drogue dure, douce***, droga pesante, leggera | ***drogue pharmaceutique***, droga farmaceutica | ***la télé drogue***, la teledipendenza.

drogué [dʀɔge] ***agg.*** e ***n.m.*** drogato, tossicomane.

droguer[1] [dʀɔge] ***v.tr.*** **1** drogare **2** somministrare troppe medicine (a) ♦ **se droguer** ***v.pron.*** **1** drogarsi **2** assumere troppe medicine.

droguer[2] ***v.intr.*** (*fam.*) aspettare a lungo: *on l'a fait droguer*, lo hanno fatto aspettare a lungo.

droguerie [dʀɔgʀi] ***n.f.*** droguerie (negozio di prodotti chimici per uso domestico, farmaci da banco e articoli da toilette).

FAUX AMI
Da non confondere con *drogheria*, che si traduce *épicerie*.

droguiste [dʀɔgist] ***n.m.*** e ***f.*** chi gestisce una droguerie.

droit[1] [dʀwa] ***n.m.*** **1** diritto: *faire valoir ses droits*, far valere i propri diritti **2** diritto, complesso di norme giuridiche **3** (*amm.*) diritto, dazio, tassa (*f.*).

● ***droit canon***, diritto canonico | ***droit civil, pénal***, diritto civile, penale | ***droit de change***, aggio | ***droit de douane***, dazio doganale | ***droit de société***, diritto societario | ***droit de timbre***, tassa di bollo | ***droit de vote***, diritto di voto | ***droit d'importation***, dazio d'importazione | ***droit international, de gens***, diritto internazionale | ***droit romain***, diritto romano | ***droits d'auteur***, diritti d'autore | ***droit supplémentaire***, soprattassa | ***à bon droit***, a buon diritto | ***avoir droit à***, avere diritto a; (*fam.*) non poter sfuggire a (qlco) | ***de (plein) droit***, di diritto, con pieno diritto | ***de quel droit?***, con quale diritto?: *de quel droit parles -tu?*, con quale diritto parli? | (*dir.*) ***en droit***, giuridicamente: *responsabilité en droit*, responsabilità giuridica | ***être en droit de***, aver il diritto di | ***faire son droit***, studiare legge | ***qui de droit***, chi di dovere.

droit[2] ***agg.*** **1** diritto; (*fig.*) retto: *un homme droit*, un uomo retto; *un cœur droit*, un cuore leale **2** (*mat.*) retto ♦ ***avv.*** diritto: *marcher droit*, camminare diritto.

● (*tennis*) ***coup droit***, diritto | ***être droit comme un cierge, un I***, essere diritto come un fuso, un palo | ***le droit chemin***, (*fig.*) la retta via | ***tout droit***, sempre diritto.

droit[3] ***agg.*** destro: *la main droite*, la mano destra ♦ ***n.m.*** (*pugilato*) destro.

droite [dʀwat] ***n.f.*** **1** destra **2** (mano) destra **3** (*pol.*) destra **4** (*mat.*) retta.

● ***à droite et à gauche***, a destra e a sinistra; (*estens.*) dove capita, di qua e di là.

droit-fil [dʀwafil] ***n.m.*** [pl. *droits-fils*] drittofilo.

droitier [dʀwatje] ***agg.*** e ***n.m.*** [f. *-ère*] **1** destrimano **2** (*pol.*) (esponente) di destra.

■ CONTR. **1** gaucher.

droiture [dʀwatyʀ] ***n.f.*** rettitudine.

drolatique [dʀɔlatik] ***agg.*** buffo; burlone.

drôle [dʀol] ***agg.*** **1** divertente; buffo: *tu es drôle avec tes idées!*, mi fai ridere con le tue idee! **2** bizzarro, strano, curioso.

● ***un drôle de***, uno strano, un bel, un grande: *un drôle de type*, un tipo strano; *jouer un drôle de tour*, giocare un brutto tiro; *il faut un drôle de courage pour*, ci vuole un bel coraggio per | ***tout drôle***, un po' strano: *elle l'a trouvé tout drôle*, lo ha trovato un po' strano; *ça me fait tout drôle*, mi fa una strana impressione; *se sentir tout drôle*, sentirsi strano.

■ SIN. **1** comique CONTR. **1** triste.

drôlement [dʀolmɑ̃] ***avv.*** **1** in modo strano **2** (*fam.*) molto, terribilmente: *il a drôlement raison*, ha perfettamente ragione.

drôlerie [dʀolʀi] ***n.f.*** **1** comicità **2** buffonata.

dromadaire [dʀɔmadɛʀ] ***n.m.*** (*zool.*) dromedario.

drômois [dʀomwa] ***agg.*** della Drôme.

drop [dʀɔp] ***n.m.*** → **drop-goal**.

droper [dʀɔpe] ***v.tr.*** **1** (*mil.*) paracadutare **2** (*estens.*) lasciar cadere **3** (*fam.*) mollare, lasciare **4** (*fam.*) lasciare (un'attività), abbandonare (gli studi).

● (*golf*) ***droper une balle***, raccogliere una pallina e lasciarla ricadere.

drop-goal [dʀɔpgol] ***n.m.*** [pl. *drop-goals*] (*rugby*) calcio di rimbalzo, drop.

drouais [dʀuɛ] ***agg.*** di Dreux.

dru [dʀy] ***agg.*** fitto, spesso: *des cheveux drus*, capelli ispidi e folti; *une pluie drue*, una pioggia fitta fitta ♦ ***avv.*** fitto.

drugstore [dʀœgstɔʀ] ***n.m.*** drugstore (negozio sempre aperto dove si vendono generi di prima necessità).

druide [dʀɥid] ***n.m.*** [f. *-esse*] (*st.*) druido.

NOTA Deriva dal latino *druides*, di origine celtica, che significa 'che conosce (*wid*) la quercia (*dru*)', con allusione alle misteriose pratiche fatte col vischio della quercia.

druidique [dʀɥidik] *agg.* (*st.*) druidico.
druze [dʀyz] *agg.* e *n.m.* druso.
du [dy] *prep.art.* e *art. partitivo m.sing.* → **de**.
dû [dy] *p.p.* di **devoir**[1] ♦ *agg.* [f. *due*; pl.m. *dus*] 1 dovuto 2 (*comm.*) assegnato ♦ *n.m.* dovuto.
● (*prov.*) ***à chacun son dû***, a ciascuno il suo | (*amm.*) ***en bonne et due forme***, nella debita forma | (*comm.*) ***port dû***, porto assegnato.
dual [dɥal] *agg.* [pl. *duaux*] duale.
dualisme [dɥalism] *n.m.* dualismo.
dualité [dɥalite] *n.f.* dualità.
dubitatif [dybitatif] *agg.* [f. *-ive*] dubitativo.
dubitativement [dybitativmɑ̃] *avv.* dubitativamente.
dublinois [dyblinwa] *agg.* dublinese.
Dublinois *n.m.* (*abitante*) dublinese.
duc [dyk] *n.m.* duca.
● (*zool.*): ***grand duc***, gufo reale; ***moyen duc***, gufo comune; ***petit duc***, assiolo.
ducal [dykal] *agg.* [pl. *-aux*] ducale.
ducat [dyka] *n.m.* (*moneta*) ducato.
duché [dyʃe] *n.m.* ducato.
duchesse [dyʃɛs] *n.f.* 1 duchessa 2 (*bot.*) (pera) duchessa.
● ***faire la duchesse***, (*fam.*) darsi delle arie.
ductile [dyktil] *agg.* duttile.
ductilité [dyktilite] *n.f.* duttilità.
dudit [dydi] *agg.m.* → **dit**.
duègne [dɥɛɲ] *n.f.* (*antiq.*) governante.
duel[1] [dɥɛl] *n.m.* duello.
duel[2] *n.m.* (*gramm.*) duale.
duelliste [dɥelist] *n.m.* e *f.* duellante.
duettiste [dɥetist] *n.m.* e *f.* chi canta o suona in un duo.
duffel-coat, **duffle-coat** [dœfœlkot] *n.m.* [pl. *duffel -coats*, *duffle-coats*] (*abbigl.*) montgomery.
dulcifier [dylsifje] *v.tr.* dolcificare, addolcire (*anche fig.*).
dulcinée [dylsine] *n.f.* (*iron.*) dulcinea.
dûment [dymɑ̃] *avv.* debitamente.
dune [dyn] *n.f.* duna.

NOTA Deriva dal gallico *duno* 'altura', termine conservato in *Augustodunum* (oggi Autun), in *Lugdunum* (oggi Lione) e in molti altri nomi di località francesi quali Verdun, Châteaudun ecc.

dunette [dynɛt] *n.f.* (*mar.*) casseretto (*m.*).
dunkerquois [dœ̃kɛʀkwa] *agg.* di Dunkerque.
dunois [dynwa] *agg.* di Châteaudun.
duo [dɥo] *n.m.* 1 (*mus.*) duetto, duo 2 (*metall.*) duo.
● ***duo d'injures***, (*fig. fam.*) scambio di insulti.
duodénal [dɥɔdenal] *agg.* [pl. *-aux*] (*anat.*) duodenale.
duodénum [dɥɔdenɔm] *n.m.* (*anat.*) duodeno.
dupe [dyp] *n.f.* vittima (di un inganno) ♦ *agg.* ingannato, raggirato.
● ***être dupe*** (***de***), lasciarsi ingannare (da): *il n'est pas dupe de vos mensonges*, non si è lasciato abbindolare dalle vostre menzogne | ***être la dupe de qqn***, essere imbrogliato da qlcu | ***jeu, marché de dupes***, imbroglio.
duper [dype] *v.tr.* (*letter.*) ingannare, raggirare.
duperie [dypʀi] *n.f.* (*letter.*) inganno (*m.*), raggiro (*m.*).
duplex [dyplɛks] *n.m.invar.* 1 (*rad., tel.*) duplex 2 appartamento su due piani.
duplicata [dyplikata] *n.m.* [pl. *invar.* o *-s*] duplicato.
● ***en duplicata***, in duplice copia.
duplication [dyplikasjɔ̃] *n.f.* duplicazione.
duplicité [dyplisite] *n.f.* duplicità, doppiezza.
dupliquer [dyplike] *v.tr.* duplicare.
duquel [dykɛl] *pron.rel.* e *interr.m.sing.* → **lequel**.
dur [dyʀ] *agg.* duro (*anche fig.*): *sommeil dur*, sonno pesante; *de dures vérités*, delle verità spiacevoli; *se montrer dur pour*, *envers qqn*, essere duro con qlcu ♦ *avv.* forte, sodo ♦ *n.m.* 1 (*fam.*) duro: *jouer les durs*, fare il duro 2 (*argot*) treno 3 (*pl.*) lavori forzati.
● ***dur à***, difficile da; resistente a: *dur à manier*, difficile da usare; *être dur au mal*, sopportare bene il dolore; *être dur à la tâche*, essere uno sgobbone | ***dur comme du bois***, duro come il legno | ***avoir l'oreille dure***, essere duro d'orecchi | (*edil.*) ***bâtiment en dur***, costruzione in muratura | ***brûler le dur***, (*argot*) viaggiare senza biglietto | ***croire dur comme fer***, credere fermamente | ***il est dur de***, è doloroso, difficile: *il m'est dur de vous quitter*, mi è doloroso lasciarvi | ***un dur à cuire***, (*fam.*) un osso duro.
durable [dyʀabl] *agg.* durevole, duraturo.
durablement [dyʀabləmɑ̃] *agg.* durevolmente.
duralumin [dyʀalymɛ̃] *n.m.* (*metall.*) duralluminio.
durant [dyʀɑ̃] *prep.* durante, per tutta la durata di: *toute sa vie durant*, per tutta la vita.
durcir [dyʀsiʀ] *v.tr.* 1 indurire 2 (*fig.*) irrigidirsi ♦ *v.intr.* indurirsi ♦ **se durcir** *v.pron.intr.* indurirsi.
durcissant [dyʀsisɑ̃] *agg.* indurente.
durcissement [dyʀsismɑ̃] *n.m.* 1 indurimento; (*fig.*) irrigidimento 2 (*del cemento*) presa (*f.*).
durcisseur [dyʀsisœʀ] *agg.* e *n.m.* [f. *-euse*] (*tecn.*) indurente.
dure [dyʀ] *n.f.*
● ***à la dure***, spartanamente, con severità | ***coucher sur la dure***, dormire sulla nuda terra | ***de dures***, di tutti i colori: *en voir de dures*, passarne di tutti i colori.
durée [dyʀe] *n.f.* durata.
● ***durée conventionnelle du travail***, orario lavorativo contrattuale | (*tecn.*) ***durée de vie***, (*di un dispositivo*) tempo di vita | ***à durée détérminée***, (*di contratto*) a tempo determinato.
durement [dyʀmɑ̃] *avv.* duramente; aspramente.
dure-mère [dyʀmɛʀ] *n.f.* [pl. *dures-mères*] (*anat.*) dura madre.
durer [dyʀe] *v.intr.* 1 durare: *cela a assez duré*, è durato abbastanza; *il ne durera pas longtemps*, non ne avrà per molto 2 continuare, prolungarsi: *faire durer*, prolungare 3 resistere 4 (*Africa*) restare, rimanere.
● ***le temps me dure de***, (*fam.*) non vedo l'ora di.
dureté [dyʀte] *n.f.* durezza.
durillon [dyʀijɔ̃] *n.m.* durone.
durocasse [dyʀɔkas] *agg.* di Dreux.
dus [dy] → **devoir**[1].
duvet [dyvɛ] *n.m.* 1 peluria (*f.*), lanugine (*f.*) 2 sacco a pelo.
duveté [dyvte] *agg.* lanuginoso.
duveter, se [sədyvte] *v.pron.intr.* coprirsi di peluria, di lanugine.
duveteux [dyvtø] *agg.* [f. *-euse*] lanuginoso.
dvd, **DVD** [devede] *n.m.invar.* (*inform.*) (*sigla di* Digital Video Disk) DVD.

dvdcam [devedekam] *n.f.invar.* (*inform.*) cinepresa per dvd, dvdcam.
dvdthèque [devedetɛk] *n.f.* (*inform.*) dvdteca; videoteca.
dyade [djad] *n.f.* diade.
dyarchie [djaʀʃi] *n.f.* diarchia.
dynamique [dinamik] *agg.* dinamico ♦ *n.f.* **1** (*fis.*) dinamica **2** (*fig.*) dinamica.
● (*sociol.*) ***dynamique de groupe***, dinamica di gruppo.
dynamiquement [dinamikmɑ̃] *avv.* dinamicamente.
dynamisant [dinamizɑ̃] *agg.* tonificante; dinamizzante.
● (*cosmesi*) ***eau dynamisante***, acqua tonificante.
dynamiser [dinamize] *v.tr.* dinamizzare; dare forza, energia.
dynamisme [dinamism] *n.m.* dinamismo.
dynamitage [dinamitaʒ] *n.m.* **1** il far esplodere (con la dinamite) **2** (*fig.*) scardinamento.
dynamite [dinamit] *n.f.* dinamite.
● ***c'est de la dynamite***, (*fig.*) (*di persona*) è un tipo esplosivo; (*di situazione*) è terreno minato.
dynamiter [dinamite] *v.tr.* far saltare in aria con la dinamite.
dynamiteur [dinamitœʀ] *n.m.* [f. *-euse*] dinamitardo.
dynamo [dinamo] *n.f.* (*elettr.*) dinamo.
dynamomètre [dinamɔmɛtʀ] *n.m.* dinamometro.
dynastie [dinasti] *n.f.* dinastia.
dynastique [dinastik] *agg.* dinastico.
dys- *pref.* dis-.
dysendocrinien [dizɑ̃dɔkʀinjɛ̃] *agg.* [f. *-enne*] (*med.*) disendocrino.
dysenterie [disɑ̃tʀi] *n.f.* (*med.*) dissenteria.
dysentérique [disɑ̃teʀik] *agg.* e *n.m.* e *f.* (*med.*) dissenterico/a.
dysfonctionnement [disfɔ̃ksjɔnmɑ̃] *n.m.* **1** (*med.*) disfunzione (*f.*) **2** (*estens.*) malfunzionamento.
dysharmonie [disaʀmɔni] *n.f.* disarmonia.
dyslexie [dislɛksi] *n.f.* (*psic.*) dislessia.
dyslexique [dislɛksik] *agg.* e *n.m.* e *f.* (*psic.*) dislessico/a.
dysménorrhée [dismenɔre] *n.f.* (*med.*) dismenorrea.
dyspepsie [dispɛpsi] *n.f.* (*med.*) dispepsia.
dyspepsique [dispɛpsik] **dyspeptique** [dispɛptik] *agg.* e *n.m.* e *f.* (*med.*) dispeptico/a.
dysphagie [disfaʒi] *n.f.* (*med.*) disfagia.
dysplasie [displazi] *n.f.* (*med.*) displasia.
dyspnée [dispne] *n.f.* (*med.*) dispnea.
dystonie [distɔni] *n.f.* (*med.*) distonia.
dystonique [distɔnik] *agg.* (*med.*) distonico.
dystrophie [distʀɔfi] *n.f.* (*med.*) distrofia.
dystrophique [distʀɔfik] *agg.* e *n.m.* e *f.* (*med.*) distrofico/a.
dysurie [disyʀi] *n.f.* (*med.*) disuria.

Ee

e [ə] *n.m.invar.* e (*f.* o *m.*).
● (*tel.*) ***e comme Émile***, e come Empoli.

e-apprenant [iapʀənɑ̃] *n.m.* e *f.* (*Internet*) studente/essa a distanza, e-learner.

eau [o] *n.f.* [pl. *eaux*] acqua.
● ***eau bénite***, acqua santa | ***eau de baignade***, acqua di balneazione consentita | ***eau de Cologne***, acqua di Colonia | ***eau de Javel***, candeggina | ***eau de pluie***, acqua piovana | ***eau de roche***, ***de source***, acqua di fonte | ***eau de rose***, acqua di rose | ***eau de vaisselle***, sciacquatura di piatti | ***eau douce***, ***salée***, acqua dolce, salata | ***eau minérale***, acqua minerale | ***eau oxygénée***, acqua ossigenata | ***eau plate***, ***gazeuse***, acqua naturale, gassata | ***eau potable***, acqua potabile | ***eau vive***, acqua sorgiva | ***eaux (thermales)***, acque (curative) | ***eaux usées***, acque di rifiuto, di scolo | ***à fleur d'eau***, a fior d'acqua | ***avoir***, ***faire venir l'eau à la bouche***, avere, far venire l'acquolina in bocca | ***basses***, ***hautes eaux***, magra, piena (di un corso d'acqua) | ***c'est un coup d'épée dans l'eau!***, (*fig.*) è un buco nell'acqua! | ***chute d'eau***, cascata | ***d'ici là il passera de l'eau sous les ponts!***, (*fig.*) ne passerà d'acqua sotto i ponti! | ***être tout en eau***, essere in un bagno di sudore | ***faire eau (de toutes parts)***, (*anche fig.*) far acqua (da tutte le parti) | ***il y a de l'eau dans le gaz***, (*fig.*) l'ambiente si surriscalda; tira una brutta aria | ***le temps est à l'eau***, il tempo minaccia pioggia | ***mettre de l'eau dans son vin***, (*fig.*) gettare acqua sul fuoco | ***nager entre deux eaux***, (*fig.*) barcamenarsi | ***pêcher en eau trouble***, (*fig.*) pescare nel torbido | ***prendre l'eau***, (*di scarpe*) lasciar passare l'acqua | ***promenade sur l'eau***, gita in barca | ***se jeter à l'eau***, (*fig.*) buttarsi a capofitto | ***se noyer dans une goutte*** (o ***un verre***) ***d'eau***, (*fig.*) affogare in un bicchier d'acqua | ***se passer les mains à l'eau***, sciacquarsi le mani | ***tomber à l'eau***, (*fig.*) andare in fumo | ***ville d'eaux***, stazione termale.

> **NOTA** La parola ***eau***, derivata dal latino *aqua*, si ritrova anche nella forma *aix* in nomi di località come *Aix-en-Provence*, *Aix-les-Bains*, già rinomate ai tempi dei romani per le acque termali, oppure nella forma *aigue* in altri nomi di località come *Aiguebelle* in Savoia o *Aigues-Mortes* nella Camargue.

eau-de-vie [odvi] *n.f.* [pl. *eaux-de-vie*] acquavite.
● ***cerises à l'eau-de-vie***, ciliegie sotto spirito.
■ (*Canada*) SIN. eau-de-feu.

eau-forte [ofɔʀt] *n.f.* [pl. *eaux-fortes*] (*chim., arte*) acquaforte.

ébahi [ebai] *agg.* sbalordito, stupefatto.

ébahir [ebaiʀ] *v.tr.* stupire, sbalordire ♦ **s'ébahir** *v.pron.intr.* stupirsi.

ébahissement [ebaismɑ̃] *n.m.* stupore.

ébarber [ebaʀbe] *v.tr.* 1 (*tip.*) rifilare 2 (*metall.*) sbavare 3 (*agr.*) sbarbettare.

ébats [eba] *n.m.pl.* giochi, trastulli.
● ***ébats amoureux***, giochi amorosi.

ébattre, s' [sebatʀ] *v.pron.intr.* [coniug. come *battre*] scorrazzare; trastullarsi.

ébauche [eboʃ] *n.f.* 1 abbozzo (*m.*) (*anche fig.*) 2 (*fig.*) accenno (*m.*); inizio (*m.*): *l'ébauche d'un sourire*, l'accenno di un sorriso.
■ SIN. 1 croquis.

ébaucher [eboʃe] *v.tr.* 1 abbozzare 2 (*fig.*) iniziare; accennare 3 (*tecn.*) sgrossare ♦ **s'ébaucher** *v.pron.intr.* prendere forma.

ébauchoir [eboʃwaʀ] *n.m.* scalpello.

ébène [ebɛn] *n.f.* (*legno*) ebano (*m.*).

ébénier [ebenje] *n.m.* (*albero*) ebano.

ébéniste [ebenist] *n.m.* e *f.* ebanista.

ébénisterie [ebenistəʀi] *n.f.* ebanisteria.

éberlué [ebɛʀlɥe] *agg.* (*fam.*) stupefatto, sbalordito.

éblouir [ebluiʀ] *v.tr.* 1 abbagliare (*anche fig.*) 2 (*fig.*) impressionare: *il veut nous éblouir*, vuole impressionarci 3 (*fig.*) meravigliare.
■ SIN. 1 aveugler.

éblouissant [ebluisɑ̃] *agg.* abbagliante, smagliante; splendido | *un teint éblouissant*, una carnagione luminosa.

éblouissement [ebluismɑ̃] *n.m.* 1 abbagliamento, bagliore 2 (*fig.*) stupore 3 annebbiamento (della vista); capogiro.

ébonite [ebɔnit] *n.f.* (*chim.*) ebanite.

éborgner [ebɔʀɲe] *v.tr.* accecare da un occhio.

éboueur [ebwœʀ] *n.m.* spazzino, netturbino.

ébouillanter [ebujɑ̃te] *v.tr.* sbollentare.

éboulement [ebulmɑ̃] *n.m.* frana (*f.*), smottamento; crollo.

ébouler, s' [sebule] *v.pron.intr.* crollare; franare.

éboulis [ebuli] *n.m.* 1 frana (*f.*) 2 detriti (*pl.*).

ébouriffant [ebuʀifɑ̃] *agg.* (*fam.*) sbalorditivo, incredibile.

ébouriffer [ebuʀife] *v.tr.* 1 arruffare, scompigliare 2 (*fig. fam.*) sbalordire.
■ SIN. 1 écheveler.

ébrancher [ebʀɑ̃ʃe] *v.tr.* (*agr.*) (*albero*) diramare.

ébranlement [ebʀɑ̃lmɑ̃] *n.m.* vibrazione (*f.*); oscillazione (*f.*); scossa (*f.*) (*anche fig.*).
● (*med.*) ***ébranlement nerveux***, choc nervoso.

ébranler [ebʀɑ̃le] *v.tr.* far tremare, far vacillare (*anche fig.*); scrollare, scuotere (*anche fig.*) ♦ **s'ébranler** *v.pron.* e *pron.intr.* mettersi in moto, muoversi.
● ***ébranler la réputation de qqn***, intaccare la reputazione di qlcu.

ébrasement [ebʀɑzmɑ̃] *n.m.* (*edil.*) strombatura (*f.*).

ébrécher [ebʀeʃe] *v.tr.* [coniug. come *céder*] sbreccare, scheggiare; intaccare (*anche fig.*).

ébriété [ebʀijete] *n.f.* ubriachezza, ebbrezza.
● ***en état d'ébriété***, in stato di ebbrezza.

ébroïcien [ebʀɔisjɛ̃] *agg.* [f. *-enne*] di Évreux.

ébrouage [ebʀuaʒ] *n.m.* (*ind. tess.*) purga (*f.*) della lana.

ébrouer, s' [sebʀue] *v.pron.* 1 scrollarsi, scuotersi 2 (*di cavallo*) sbuffare.

ébruiter [ebʀɥite] *v.tr.* divulgare, diffondere ♦ **s'ébruiter** *v.pron.intr.* diffondersi, propagarsi.

ébullition [ebylisjɔ̃] *n.f.* ebollizione.
● ***en ébullition***, (*fig.*) in fermento.

écaille [ekɑj] *n.f.* 1 squama, scaglia 2 (*estens.*) (*materiale*) tartaruga: *lunettes d'écaille*, occhiali di tartaruga 3 (*zool.*) (*di ostrica ecc.*) valva.
● ***écailles de fer***, scaglie di ferro.

E

écaillement [ekɑjmɑ̃] *n.m.* sfaldatura (*f.*); scrostatura (*f.*); sfogliatura (*f.*).

écailler[1] [ekɑje] *v.tr.* 1 squamare 2 aprire (un'ostrica) 3 scrostare ♦ **s'écailler** *v.pron.intr.* scrostarsi.

écailler[2] *n.m.* [f. *-ère*] ostricaio.

écailleux [ekɑjø] *agg.* [f. *-euse*] squamoso, scaglioso.

écale [ekal] *n.f.* guscio (*m.*); (*di noce*) mallo (*m.*).

écaler [ekale] *v.tr.* togliere il guscio (a), sgusciare.

écarlate [ekaʀlat] *agg.* e *n.f.* scarlatto (*m.*).
● (*cuc.*) ***langue à l'écarlate***, lingua salmistrata.

écarquiller [ekaʀkije] *v.tr.* spalancare, sgranare (gli occhi).

écart[1] [ekaʀ] *n.m.* 1 scarto; distanza (*f.*); differenza (*f.*); variazione (*f.*) 2 (*spec. pl.*) errori, sbagli 3 (*econ., fin.*) differenza (*f.*), divario, gap: *l'écart entre les salaires et le coût de la vie*, la sperequazione fra i salari e il costo della vita 4 (*amm.*) frazione (*f.*) di paese.
● ***écart admissible***, tolleranza ammessa | ***écarts de langage***, linguaggio sconveniente | ***écarts de température***, sbalzi di temperatura | (*med.*) ***écart de tension***, pressione differenziale | ***écart économique, technologique***, gap economico, tecnologico | ***à l'écart***, in disparte | ***à l'écart de***, lontano da | ***faire des écarts***, non seguire le regole; fare delle eccezioni | (*ginnastica*) ***grand écart***, spaccata.

écart[2] *n.m.* (*alle carte*) scarto.

écarté [ekaʀte] *agg.* 1 appartato, isolato, fuori mano 2 allargato, aperto | *les bras écartés*, con le braccia aperte.

écartèlement [ekaʀtɛlmɑ̃] *n.m.* 1 squartamento 2 (*fig.*) tormento, strazio.

écarteler [ekaʀtəle] *v.tr.* [coniug. come *appeler*] 1 squartare vivo 2 (*fig.*) dilaniare.

écartement [ekaʀtəmɑ̃] *n.m.* 1 scostamento, allontanamento 2 distanza (*f.*); (*mecc.*) passo; (*ferr.*) scartamento.

écarter[1] [ekaʀte] *v.tr.* 1 allontanare, scostare: *écarter les jambes*, divaricare le gambe 2 eliminare; escludere; allontanare: *il faut écarter cette hypothèse*, (*fig.*) bisogna scartare questa ipotesi ♦ **s'écarter** *v.pron.* e *pron.intr.* 1 scostarsi, allontanarsi (*anche fig.*) 2 (*Canada*) smarrirsi.
■ V.TR. SIN. 1 éloigner CONTR. 1 rapprocher.

écarter[2] *v.tr.* (*alle carte*) scartare.

ecchymose [ekimoz] *n.f.* (*med.*) ecchimosi.

ecclésiastique [eklezjastik] *agg.* e *n.m.* ecclesiastico.

écervelé [esɛʀvəle] *agg.* e *n.m.* scervellato, sbadato.

échafaud [eʃafo] *n.m.* patibolo.

échafaudage [eʃafodaʒ] *n.m.* 1 (*edil.*) ponteggio, impalcatura (*f.*) 2 cumulo, catasta (*f.*) 3 (*fig.*) costruzione (*f.*): *l'échafaudage d'un système*, la costruzione di un sistema.

échafauder [eʃafode] *v.intr.* (*edil.*) (*di impalcature* ecc.) erigere ♦ *v.tr.* 1 (*antiq.*) accatastare 2 (*fig.*) architettare.

échalas [eʃalɑ] *n.m.* 1 (*agr.*) tutore, palo 2 (*fig. fam.*) spilungone.

échalote [eʃalɔt] *n.f.* (*bot.*) scalogno (*m.*).

échancré [eʃɑ̃kʀe] *agg.* 1 (*sartoria*) scavato, scollato; sgambato 2 (*geogr.*) frastagliato.

échancrer [eʃɑ̃kʀe] *v.tr.* (*sartoria*) scavare, scalfare.

échancrure [eʃɑ̃kʀyʀ] *n.f.* 1 rientranza, incavatura 2 (*sartoria*) scavo (*m.*), scollatura 3 (*geogr.*) insenatura.

échange [eʃɑ̃ʒ] *n.m.* 1 scambio; (*dir.*) permuta (*f.*) 2 (*sport*) (*nella staffetta*) cambio.
● ***en échange***, in cambio.

échanger [eʃɑ̃ʒe] *v.tr.* [coniug. come *manger*] scambiare; (*dir.*) cambiare, permutare: *échanger des cadeaux*, scambiarsi dei regali.
● ***échanger contre***, barattare con | (*sport*) ***échanger des balles***, palleggiare.

échangeur [eʃɑ̃ʒœʀ] *n.m.* (*fis.*) scambiatore.
● ***échangeur (routier)***, svincolo (stradale).

échantillon [eʃɑ̃tijɔ̃] *n.m.* campione, saggio, esemplare.
● (*comm.*): ***carnet, liasse d'échantillons***, campionario; ***vente à l'échantillon***, vendita su campione.

échantillonnage [eʃɑ̃tijɔnaʒ] *n.m.* 1 campionatura (*f.*) 2 campionario 3 (*stat.*) campionamento.

échantillonner [eʃɑ̃tijɔne] *v.tr.* campionare.

échappatoire [eʃapatwaʀ] *n.f.* scappatoia, ripiego (*m.*).

échappée [eʃape] *n.f.* 1 fuga: *l'échappée d'un coureur*, la fuga di un corridore 2 vista, scorcio (*m.*) 3 spazio (*m.*) libero; vano (*m.*).
● ***par échappées***, a sprazzi.

échappement [eʃapmɑ̃] *n.m.* (*aut.*) scappamento, scarico.
● ***tuyau d'échappement***, tubo di scappamento.

échapper [eʃape] *v.intr.* [aus. *avoir* e *être*] scappare; sfuggire; scampare: *laisser échapper une bonne occasion*, lasciarsi scappare una buona occasione; *la victoire lui a échappé*, la vittoria gli è sfuggita tra le mani; *échapper à la mort*, scampare alla morte ♦ **s'échapper** *v.pron.intr.* scappare, fuggire.
● ***l'échapper belle***, scamparla bella.
■ V.INTR. SIN. fuir ♦ V.PRON. SIN. s'enfuir.

écharde [eʃaʀd] *n.f.* scheggia.

écharpe [eʃaʀp] *n.f.* 1 fascia 2 (*abbigl.*) sciarpa.
● ***en écharpe***, a bandoliera; di sbieco | ***porter le bras en écharpe***, avere il braccio al collo.

écharper [eʃaʀpe] *v.tr.* fare a pezzi, massacrare, mutilare.

échasse [eʃas] *n.f.* 1 trampolo (*m.*) 2 (*zool.*) cavaliere (*m.*), merlo (*m.*) acquatico maggiore.

échassier [eʃasje] *n.m.* (*zool.*) trampoliere.

échauder [eʃode] *v.tr.* 1 scottare (*anche fig.*) 2 (*cuc.*) sbollentare.

échauffement [eʃofmɑ̃] *n.m.* 1 riscaldamento 2 (*fig.*) sovraeccitazione (*f.*).

échauffer [eʃofe] *v.tr.* 1 (ri)scaldare 2 (*fig.*) infiammare, eccitare ♦ **s'échauffer** *v.pron.* scaldarsi (*anche fig.*).
● ***échauffer les oreilles, la bile à qqn***, far andare in bestia qlcu.

échauffourée [eʃofuʀe] *n.f.* tafferuglio (*m.*), parapiglia (*m.*), scaramuccia.

échauguette [eʃogɛt] *n.f.* (*fortificazioni*) guardiola.

échéance [eʃeɑ̃s] ***n.f.*** scadenza.
● ***échéance électorale***, scadenza elettorale | ***à brève, longue échéance***, a breve, lunga scadenza | ***venir, arriver à échéance***, maturare: (*comm.*) *venant à échéance le*, con scadenza il.

échéancier [eʃeɑ̃sje] ***n.m.*** (*comm.*) scadenziario.

échéant [eʃeɑ̃] ***agg.*** (*comm.*) in scadenza.
● ***le cas échéant***, all'occorrenza.

échec [eʃɛk] ***n.m.*** **1** insuccesso, fallimento; (*teatr.*) fiasco **2** (*gioco*) scacco; (*pl.*) scacchi.
● ***faire échec au roi***, dare scacco al re | ***partie d'échecs***, partita a scacchi | ***tenir qqn en échec***, (*fig.*) tenere in scacco qlcu.
■ SIN. **1** défaite, fiasco CONTR. **1** réussite, succès.

échelier [eʃəlje] ***n.m.*** scala (*f.*) a pioli (a un solo montante).

échelle [eʃɛl] ***n.f.*** **1** scala **2** (*fam.*) smagliatura (in una calza femminile).
● ***échelle de corde***, scala di corda | (*sismologia*) ***échelle de Richter***, scala Richter | ***échelle double***, scala a libretto | ***échelle INES***, scala INES (misura di gravità di un incidente nucleare) | ***à l'échelle de***, in scala: *carte à l'échelle de 1: 25 000*, carta in scala 1:25 000 | ***à l'échelle nationale***, su scala nazionale | ***être en haut de l'échelle***, (*fig.*) essere in alto nella gerarchia sociale | ***faire échelle***, fare scalo | ***faire la courte échelle à qqn***, fare scala a qlcu (con le mani incrociate); (*fig.*) aiutare qlcu a farsi strada | ***sur une vaste, petite échelle***, su vasta, piccola scala.

échelon [eʃəlɔ̃] ***n.m.*** **1** piolo; (*fig.*) gradino, grado **2** (*mil.*) scaglione.
● ***à l'échelon (de)***, a livello (di): *à l'échelon national*, a livello nazionale | ***d'échelon en échelon***, di grado in grado | ***par échelons***, gradualmente; (*comm.*) a rate.

échelonné [eʃəlɔne] ***agg.*** scaglionato.

échelonnement [eʃəlɔnmɑ̃] ***n.m.*** **1** scaglionamento **2** (*comm.*) rateizzazione (*f.*).

échelonner [eʃəlɔne] ***v.tr.*** **1** scaglionare **2** (*comm.*) rateizzare ♦ **s'échelonner** ***v.pron.intr.*** scaglionarsi.

écheniller [eʃənije] ***v.tr.*** disinfestare dai bruchi.

écherra [eʃɛʀʀa] → **échoir**.

écheveau [eʃəvo] ***n.m.*** [pl. *-eaux*] matassa (*f.*); (*fig.*) groviglio.
● ***démêler l'écheveau***, (*fig.*) trovare il bandolo della matassa.

échevelé [eʃəvəle] ***agg.*** **1** scapigliato, arruffato **2** (*fig.*) disordinato.
■ SIN. **1** ébouriffé.

échevin [eʃəvɛ̃] ***n.m.*** **1** (*st.*) scabino **2** [f. *-e*] (*Belgio*) assessore comunale.

échidné [ekidne] ***n.m.*** (*zool.*) echidna (*f.*).

échine[1] [eʃin] ***n.f.*** **1** spina dorsale **2** (*macelleria*) lombata (di maiale).
● ***plier*** (o ***courber***) ***l'échine***, (*fig.*) piegare la schiena, sottomettersi.

échine[2] ***n.f.*** (*arch.*) echino (*m.*).

échiner, s' [seʃine] ***v.pron.*** ammazzarsi di fatica, sfibrarsi.

Echinodermes [ekinɔdɛʀm] ***n.m.pl.*** (*zool.*) Echinodermi.

échiquier [eʃikje] ***n.m.*** **1** scacchiera (*f.*) **2** (*fig.*) scacchiere: *l'échiquier politique*, lo scacchiere politico.
● ***en échiquier***, a scacchiera.

écho [eko] ***n.m.*** eco (*f.* o *m.*).
● ***j'en ai eu des échos***, me n'è giunta voce | (*giorn.*) ***les échos***, gli echi di cronaca | ***rester sans écho***, non avere risposta | ***se faire l'écho de***, farsi portavoce di.

échographie [ekogʀafi] ***n.f.*** (*med.*) ecografia.

échoir [eʃwaʀ] ***v.intr.dif.*** [usato al: pres.indic.: *il échoit*; p.rem.: *il échut*; fut.indic.: *il échoira*, (*antiq. letter.*) *il écherra*; cond.: *il échoirait*, *ils échoiraient*, (*antiq. letter.*) *il écherrait*, *ils écherraient*; imperf.cong.: *qu'il échût*; p.pres.: *échéant*; p.p.: *échu*; aus. *être* e *avoir*] **1** toccare (in sorte) **2** (*comm.*) scadere.
● (*comm.*) ***intérêts à échoir***, interessi maturandi.

échoppe [eʃɔp] ***n.f.*** botteguccia; (*pop.*) baracchino (*m.*).

échosondeur [ekɔsɔ̃dœʀ] ***n.m.*** ecoscandaglio.

échotier [ekɔtje] ***n.m.*** [f. *-ère*] cronista mondano.

échouage [eʃwaʒ] ***n.m.*** (*mar.*) **1** secca (*f.*) **2** arenamento.

échouer [eʃwe] ***v.intr.*** **1** arenarsi, incagliarsi (*anche fig.*) **2** fallire; non superare: *son projet a échoué*, il suo progetto è fallito; *cette affaire a échoué*, l'affare è andato a monte; *il a échoué à tous ses examens*, è stato respinto in tutti gli esami **3** (*fig.*) finire, capitare ♦ ***v.tr.*** (*mar.*) fare arenare, fare incagliare.

échu [eʃy] *p.p.* di **échoir** ♦ ***agg.*** **1** scaduto **2** (*di interesse*) maturato.

écimer [esime] ***v.tr.*** (*agr.*) cimare.

éclabousser [eklabuse] ***v.tr.*** inzaccherare, schizzare, infangare.

éclaboussure [eklabusyʀ] ***n.f.*** **1** schizzo (*m.*) di fango **2** (*fig.*) ripercussione.

éclair [eklɛʀ] ***n.m.*** **1** lampo **2** (*fig.*) bagliore, sprazzo **3** (*cuc.*) pasticcino glassato ripieno di crema.
● ***éclair de lucidité***, sprazzo di lucidità | ***en un éclair***, (*fig.*) in un lampo, in un baleno | ***fermeture éclair***, chiusura lampo | ***guerre éclair***, guerra lampo | ***partir comme un éclair***, (*fig.*) partire come un razzo.

éclairage [eklɛʀaʒ] ***n.m.*** **1** illuminazione (*f.*) | *le chauffage et l'éclairage*, il riscaldamento e la luce **2** (*spec. di spettacolo*) luci (*f.pl.*) **3** (*fig.*) punto di vista, aspetto **4** (*mil.*) avanscoperta (*f.*), ricognizione (*f.*).
● ***sous cet éclairage***, (*fig.*) da questo punto di vista.

éclairagiste [eklɛʀaʒist] ***n.m.*** e ***f.*** tecnico/a delle luci.

éclairant [eklɛʀɑ̃] ***agg.*** illuminante (*anche fig.*).

éclaircie [eklɛʀsi] ***n.f.*** **1** schiarita **2** (*in un bosco*) radura.

éclaircir [eklɛʀsiʀ] ***v.tr.*** **1** schiarire, rischiarare **2** diradare **3** (*fig.*) chiarire ♦ **s'éclaircir** ***v.pron.intr.*** **1** schiarirsi, rischiararsi **2** diradarsi **3** (*fig.*) chiarirsi: *l'horizon politique s'est éclairci*, l'orizzonte politico si è schiarito.
● (*cuc.*) ***éclaircir une sauce***, allungare una salsa.

éclaircissement [eklɛʀsismɑ̃] ***n.m.*** (s)chiarimento, delucidazione (*f.*).

éclairé [ekleʀe] ***agg.*** **1** illuminato **2** colto, istruito.

éclairement [eklɛʀmɑ̃] ***n.m.*** (*fis.*) illuminamento.
● ***éclairement énergétique***, irraggiamento di energia.

éclairer [ekleʀe] ***v.tr.*** **1** rischiarare; illuminare (*anche fig.*) **2** (*fig.*) chiarire **3** (*mil.*) esplorare ♦ ***v.intr.*** fare luce ♦ **s'éclairer** ***v.pron.intr.*** **1** rischiararsi; illuminarsi (*anche fig.*): *la scène s'éclaira tout à coup*, la scena si illuminò improvvisamente **2** (*fig.*) chiarirsi **3** (*fig.*) farsi luce | *s'éclairer à la bougie*, farsi luce con una candela.
■ V.TR. CONTR. **1** obscurcir.

éclaireur [eklɛʀœʀ] ***n.m.*** **1** (*mil.*) esploratore **2** [f. *-euse*] (*scoutismo*) giovane esploratore.

éclat [ekla] ***n.m.*** **1** scheggia (*f.*); frammento **2** bagliore;

luminosità (*f.*); splendore (*anche fig.*): *l'éclat d'une flamme*, il bagliore d'una fiamma; *l'éclat d'un diamant*, lo sfavillio d'un diamante **3** scoppio: *éclat de voix*, scoppio di voce **4** (*fig.*) risonanza (*f.*); scalpore; scandalo.
● ***action d'éclat***, azione brillante | ***faire un éclat***, fare uno scandalo | ***rire aux éclats***, ridere fragorosamente | ***voler en éclats***, andare in frantumi.

éclatant [eklatɑ̃] ***agg.*** **1** luminoso; splendente (*anche fig.*): *un sourire éclatant*, un sorriso smagliante | *vérité éclatante*, verità lampante **2** (*fig.*) clamoroso, strepitoso; straordinario.

E

éclate [eklat] ***n.f.*** (*fam.*) spasso (*m.*), divertimento (*m.*).

éclaté [eklate] ***agg.*** **1** scoppiato, esploso **2** frammentato, diviso: *une famille éclatée*, una famiglia divisa **3** (*tecn.*) esploso **4** (*argot della droga*) fatto, sballato **5** (*fam.*) molto divertito.

éclatement [eklatmɑ̃] ***n.m.*** **1** scoppio; esplosione (*f.*) **2** (*fig.*) rapido sviluppo **3** (*fig.*) scissione (*f.*): *l'éclatement d'un parti politique*, la scissione di un partito politico.

éclater [eklate] ***v.intr.*** **1** scoppiare; esplodere **2** brillare, risplendere **3** diventare celebre, venire alla ribalta ♦ **s'éclater** ***v.pron.intr.*** (*molto fam.*) spassarsela; godersela.
● ***éclater de rire***, scoppiare a ridere | ***éclater en sanglots***, ***en larmes***, scoppiare in singhiozzi, in lacrime.
■ V.INTR. SIN. **1** exploser **2** rayonner.

éclectique [eklɛktik] ***agg.*** e ***n.m.*** e ***f.*** eclettico/a.

éclectisme [eklɛktism] ***n.m.*** eclettismo, eclettICITà (*f.*).

éclipse [eklips] ***n.f.*** eclissi.
● ***éclipse de lune***, ***de soleil***, eclissi lunare, solare | ***à éclipses***, a intermittenza.

éclipser [eklipse] ***v.tr.*** eclissare (*anche fig.*) ♦ **s'éclipser** ***v.pron.intr.*** eclissarsi.

écliptique [ekliptik] ***agg.*** eclittico ♦ ***n.m.*** eclittica (*f.*).

éclisse [eklis] ***n.f.*** **1** scheggia di legno **2** (*med.*) stecca (per fratture) **3** (*mecc., ferr.*) ganascia **4** (*di violini ecc.*) fascia **5** (*per formaggi*) graticcio (*m.*).

éclisser [eklise] ***v.tr.*** (*med.*) steccare (un arto fratturato).

éclopé [eklɔpe] ***agg.*** e ***n.m.*** storpio, sciancato.

éclore [eklɔʀ] ***v.intr.dif.*** [usato al pres.indic.: *il éclôt*, *ils éclosent*; (*non com.*) *j'éclos*, *tu éclos*, *nous éclosons*, *vous éclosez*; fut.indic.: *il éclora*, *ils écloront*; cond.: *il éclorait*, *ils écloraient*; pres.cong.: *qu'il éclose*, *qu'ils éclosent*; p.pres. (*non com.*): *éclosant*; p.p.: *éclos*; aus. *être* e *avoir*] **1** schiudersi **2** (*di animali*) uscire dal guscio **3** sbocciare (*anche fig.*): *la fleur a éclos ce matin*, il fiore è sbocciato stamattina; *la fleur est éclose depuis hier*, il fiore è sbocciato da ieri; *l'aube vient d'éclore*, (*poet.*) l'alba è appena spuntata.

éclos [eklo] *p.p.* di **éclore**.

éclosion [eklozjɔ̃] ***n.f.*** **1** (*di uova*) schiusa, lo schiudersi (*m.*) **2** sboccio (*m.*), lo sbocciare (*m.*) **3** (*fig.*) nascita: *l'éclosion d'une idée*, la nascita, l'apparizione di un'idea.

écluse [eklyz] ***n.f.*** (*idraulica*) chiusa, cateratta.
● ***porte d'écluse***, paratoia.

écluser [eklyze] ***v.tr.*** **1** chiudere con una chiusa **2** (*fam.*) bere, scolarsi.
● ***écluser un bateau***, far passare un natante attraverso una chiusa.

éclusier [eklyzje] ***agg.*** [f. *-ère*] di chiusa, di cateratta ♦ ***n.m.*** guardiano della chiusa.

écobilan [ekobilɑ̃] ***n.m.*** (*ind.*) bilancio dell'impatto ecologico.

écobuage [ekɔbɥaʒ] ***n.m.*** (*agr.*) debbio.

éco-conception [ekokɔ̃sepsjɔ̃] ***n.f.*** [pl. *éco-conceptions*] ecoprogettazione.

éco-consommateur [ekokɔ̃somatœʀ] ***n.m.*** [f. *éco-consommatrice*, pl.m. *éco-consommateurs*] ecoconsumatore.

écœurant [ekœʀɑ̃] ***agg.*** **1** nauseante, rivoltante **2** (*fam.*) scoraggiante, demoralizzante.

écœurement [ekœʀmɑ̃] ***n.m.*** **1** nausea (*f.*), disgusto **2** (*fam.*) scoraggiamento, demoralizzazione (*f.*).

écœurer [ekœʀe] ***v.tr.*** **1** nauseare, stomacare **2** (*fam.*) scoraggiare, demoralizzare.

éco-industrie [ekoɛ̃dystʀi] ***n.f.*** [pl. *éco-industries*] ecoindustria.

écolabel [ekolabɛl] ***n.m.*** ecoetichetta (*f.*).

écolage [ekɔlaʒ] ***n.m.*** (*Svizzera*) spese (*f.pl.*) scolastiche.

école [ekɔl] ***n.f.*** scuola: *aller à l'école*, andare a scuola; *sortir de l'école*, uscire da scuola.
● ***école de filles***, ***de garçons***, scuola femminile, maschile | ***école du soir***, scuola serale | ***école libre***, scuola confessionale | ***école maternelle***, scuola materna | ***école normale***, istituto magistrale | ***école-pilote***, scuola sperimentale | ***école primaire***, scuola elementare | ***école secondaire***, scuola secondaria | ***faire école***, fare scuola | ***faire l'école buissonnière***, marinare la scuola | ***homme de la vieille école***, uomo di vecchio stampo.

NOTA In Francia le ***Grandes Écoles*** (*Écoles normales supérieures, École polytechnique, École nationale d'administration, École centrale des arts et manufactures, École de Saint Cyr, École des mines, École supérieure de commerce* ecc.) sono scuole di insegnamento specialistico a livello universitario alle quali si accede dopo un corso propedeutico e mediante concorso. Hanno lo scopo di preparare la classe dirigente nel settore pubblico e privato.

écolier [ekɔlje] ***n.m.*** [f. *-ère*] scolaro.
● ***le chemin des écoliers***, (*fig.*) il percorso più lungo.

écolo [ekɔlo] ***n.m.*** e ***f.*** (*fam.*) ecologista, ambientalista.

écologie [ekɔlɔʒi] ***n.f.*** ecologia.

écologique [ekɔlɔʒik] ***agg.*** ecologico.

écologisme [ekɔlɔʒism] ***n.m.*** ecologismo.

écologiste [ekɔlɔʒist] ***agg.*** e ***n.m.*** e ***f.*** ecologista, ambientalista; ecologo/a.

écologue [ekɔlɔg] ***n.m.*** e ***f.*** ecologo/a.

écomusée [ekɔmyze] ***n.m.*** museo etnografico.

éconduire [ekɔ̃dɥiʀ] ***v.tr.*** [coniug. come *conduire*] **1** congedare **2** respingere.

éconocroques [ekɔnɔkʀɔk] ***n.f.pl.*** (*fam.*) risparmi (*m.*).

économat [ekɔnɔma] ***n.m.*** economato.

économe [ekɔnɔm] ***agg.*** e ***n.m.*** e ***f.*** economo/a.

économétrie [ekɔnɔmetʀi] ***n.f.*** econometria.

économétrique [ekɔnɔmetʀik] ***agg.*** econometrico.

économie [ekɔnɔmi] ***n.f.*** economia; risparmio (*m.*).
● ***économie de marché***, economia di mercato | ***des économies de bouts de chandelle***, economie spicciole | ***faire l'économie de***, risparmiarsi di | ***faire des économies***, fare economia.

économique [ekɔnɔmik] ***agg.*** economico.
■ SIN. avantageux CONTR. coûteux.

économiquement [ekɔnɔmikmɑ̃] ***avv.*** economicamente.

économiser [ekɔnɔmize] *v.tr.* economizzare, risparmiare.
■ SIN. épargner CONTR. dépenser.

économiseur [ekɔnɔmizœʀ] *n.m.* (*tecn.*) economizzatore: *l'économiseur d'un carburateur, d'une chaudière*, l'economizzatore di un carburatore, di una caldaia.
● (*inform.*) ***économiseur d'écran***, salvaschermo.

économiste [ekɔnɔmist] *n.m.* e *f.* economista.

écoper [ekɔpe] *v.tr.* (*mar.*) aggottare ♦ *v.intr.* (*fam.*) (*botte, rimproveri*) buscarsi, beccarsi.

écoproduit [ekɔprɔdyi] *n.m.* prodotto ecologico.

écorce [ekɔʀs] *n.f.* **1** corteccia; (*di limone ecc.*) scorza; (*di frutta ecc.*) buccia **2** (*geol.*) crosta.
● (*geol.*) ***écorce terrestre***, crosta terrestre.

écorcer [ekɔʀse] *v.tr.* [coniug. come *placer*] scortecciare; sbucciare.

écorché [ekɔʀʃe] *agg.* e *n.m.* scorticato.
● ***sensibilité d'écorché vif***, sensibilità a fior di pelle.

écorcher [ekɔʀʃe] *v.tr.* **1** scorticare | *son accent m'écorche les oreilles*, (*estens.*) il suo accento mi strazia le orecchie **2** (*fig.*) storpiare: *écorcher une langue*, storpiare una lingua ♦ **s'écorcher** *v.pron.* e *pron.intr.* scorticarsi, sbucciarsi.
● ***écorcher les clients***, (*fig.*) pelare i clienti.

écorcheur [ekɔʀʃœʀ] *n.m.* **1** scorticatore **2** (*fig.*) strozzino.

écorchure [ekɔʀʃyʀ] *n.f.* scorticatura, sbucciatura.
■ SIN. égratignure.

écorer [ekɔʀe] *v.tr.* (*banca*) valutare la solvibilità di un cliente che chiede un prestito.

écorner [ekɔʀne] *v.tr.* **1** scornare **2** smangiare **3** (*fig.*) intaccare.

écornifleur [ekɔʀniflœʀ] *n.m.* [f. *-euse*] (*fam.*) scroccone.

écosphère [ekɔsfɛʀ] *n.f.* ecosfera.

écossais [ekɔsɛ] *agg.* scozzese ♦ *n.m.* (*lingua*) scozzese.

Écossais *n.m.* (*abitante*) scozzese.

écosser [ekɔse] *v.tr.* **1** sgranare, sgusciare **2** (*molto fam.*) scucire, sganciare: *écosser de l'argent*, scucire la grana.

écosystème [ekɔsistɛm] *n.m.* ecosistema.

écot [eko] *n.m.* quota (*f.*).

écotaxe [ekotaks] *n.f.* ecotassa.

écotourisme [ekoturism] *n.m.* turismo ecologico, ecoturismo.

écotype [ekɔtip] *n.m.* (*ecol.*) ecotipo.

écoulé [ekule] *agg.* e *n.m.* (ultimo) scorso (*spec. comm.*); passato: *le mois écoulé*, il mese scorso.

écoulement [ekulmɑ̃] *n.m.* **1** scorrimento; scolo **2** smercio, smaltimento (di merci) **3** (*fig.*) flusso, deflusso.
● ***écoulement d'eau***, scarico d'acqua.

écouler [ekule] *v.tr.* (*comm.*) smerciare, smaltire ♦ **s'écouler** *v.pron.* **1** fluire, scorrere (via); scolare **2** (*fig.*) passare; (*del tempo*) trascorrere.
● ***écouler de faux billets***, spacciare moneta falsa.

écoumène [ekumɛn] *n.m.* (*geogr.*) ecumene (*f.*).

écourter [ekuʀte] *v.tr.* accorciare, scorciare.

écoute[1] [ekut] *n.f.* **1** (*rad.*) ascolto (*m.*) **2** (*tel.*) linea, ascolto (*m.*).
● ***écoute téléphonique***, controllo del telefono | ***être à l'écoute***, essere in ascolto | ***être aux écoutes***, stare con l'orecchio teso | ***être en écoute***, avere il telefono sotto controllo | ***mettre un téléphone sur écoute***, mettere il telefono sotto controllo | ***table d'écoute***, apparecchiatura per mettere i telefoni sotto controllo | ***l'heure de grande écoute***, la fascia (oraria) di massimo ascolto.

écoute[2] *n.f.* (*mar.*) scotta.

écouter [ekute] *v.tr.* ascoltare ♦ **s'écouter** *v.pron.* ascoltarsi.
● ***écouter aux portes***, origliare alle porte | ***écouter de toutes ses oreilles***, essere tutt'orecchi | ***il s'écoute trop***, dà troppo peso ai suoi acciacchi | ***si je m'écoutais***, se dipendesse da me.

écouteur [ekutœʀ] *n.m.* **1** (*tel.*) ricevitore **2** (*pl.*) (*rad.*) cuffia (*f.sing.*).

écoutille [ekutij] *n.f.* (*mar.*) boccaporto (*m.*).

écouvillon [ekuvijɔ̃] *n.m.* **1** scovolino **2** (*med.*) tampone.

écrabouiller [ekʀabuje] *v.tr.* (*fam.*) spappolare, schiacciare.

écran [ekʀɑ̃] *n.m.* **1** schermo; cortina (*f.*): *un écran de fumée*, una cortina di fumo **2** (*cine.*) schermo; (*estens.*) cinema **3** (*fot.*) filtro, schermo.
● ***écran (de la cheminée)***, parafuoco (del caminetto) | ***écran plat***, schermo piatto | (*tv, rad.*) ***écran (publicitaire)***, intervallo, spazio pubblicitario | ***écran solaire***, schermo solare; (*crema*) protezione solare | ***écran thermique***, scudo termico | ***à l'écran***, sullo schermo | ***faire écran***, (*anche fig.*) fare schermo | ***le petit écran***, il piccolo schermo, la televisione | ***société écran***, società fantasma.

écrasant [ekʀɑzɑ̃] *agg.* schiacciante, opprimente.

écrasé [ekʀɑze] *agg.* schiacciato: *écrasé de dettes*, (*fig.*) sommerso dai debiti.
● ***la rubrique des chiens écrasés***, la rubrica di cronaca locale.

écrasement [ekʀɑzmɑ̃] *n.m.* schiacciamento; (*fig.*) annientamento.

écraser [ekʀɑze] *v.tr.* **1** schiacciare (*anche fig.*): *l'ennemi a été écrasé*, il nemico è stato annientato **2** (*inform.*) sovrascrivere ♦ **s'écraser** *v.pron.intr.* **1** schiantarsi: *s'écraser sur le sol*, schiantarsi al suolo **2** (*fam.*) accalcarsi, stiparsi **3** (*fam.*) starsene zitto; avere la peggio.
● ***écrase!***, (*fam.*) lascia stare!

écrémage [ekʀemaʒ] *n.m.* scrematura (*f.*).

écrémé [ekʀeme] *agg.* scremato.
● ***lait écrémé***, latte scremato.

écrémer [ekʀeme] *v.tr.* [coniug. come *céder*] **1** scremare **2** (*fig.*) scegliere il meglio (**da**).

écrémeuse [ekʀemøz] *n.f.* (*tecn.*) scrematrice.

écrevisse [ekʀəvis] *n.f.* (*zool.*) gambero (*m.*) (di fiume).
● ***rouge comme une écrevisse***, rosso come un gambero.

écrier, s' [sekʀije] *v.pron.intr.* esclamare, gridare.

écrin [ekʀɛ̃] *n.m.* scrigno; (*estens.*) astuccio.
● ***écrin à bijoux***, portagioie.

écrire [ekʀiʀ] *v.tr.* [pres.indic.: *j'écris* etc., *nous écrivons* etc.; imperf.indic.: *j'écrivais* etc.; p.rem.: *j'écrivis* etc.; fut.indic.: *j'écrirai* etc.; cond.: *j'écrirais* etc.; pres. cong.: *que j'écrive* etc.; imperf.cong.: *que j'écrivisse*; p.pres.: *écrivant*; p.p.: *écrit*; imp.: *écris, écrivons, écrivez*] scrivere: *la déception était écrite sur son visage*, la delusione era dipinta sul suo viso.
● ***écrire au crayon, à la craie***, scrivere a matita, col gesso | ***écrire au propre, au net***, scrivere in bella copia | ***écrire un mot à qqn***, (*fam.*) scrivere due righe a qlcu | ***c'était écrit!***,

E

era destino! | ***il écrit comme un chat***, ha una scrittura a zampa di gallina.

écrit [ekʀi] *p.p.* di **écrire** ♦ *n.m.* 1 (*testo*) scritto 2 scritto, prova (*f.*) scritta.
● ***par écrit***, per iscritto.

écriteau [ekʀito] *n.m.* [pl. *-eaux*] cartello.

écritoire [ekʀitwaʀ] *n.f.* 1 servizio (*m.*) da scrivania 2 (*Africa*) qualsiasi strumento (*m.*) per scrivere.

écriture [ekʀityʀ] *n.f.* 1 scrittura 2 calligrafia, scrittura 3 (testo) scritto (*m.*).
● (*tel.*) ***écriture intuitive***, scrittura facilitata | ***écritures publiques***, atti pubblici | (*relig.*) ***l'Écriture (sainte)***, le Sacre Scritture.

E

écrivailler [ekʀivɑje] *v.intr.* (*fam.*) scribacchiare.

écrivailleur [ekʀivɑjœʀ] *n.m.* [f. *-euse*] (*fam.*) scribacchino.

écrivain [ekʀivɛ̃] *n.m.* scrittore.
● ***écrivain public***, scrivano | ***(femme) écrivain***, scrittrice.
■ SIN. auteur.

écrivaine [ekʀivɛn] *n.f.* scrittrice.

écrivant [ekʀivɑ̃] *p.pres.* di **écrire**.

écrivassier [ekʀivasje] *n.m.* [f. *-ère*] → **écrivailleur**.

écrou[1] [ekʀu] *n.m.* (*mecc.*) dado.

écrou[2] *n.m.* (*dir.*) immatricolazione (*f.*) (in un carcere).
● ***levée d'écrou***, scarcerazione.

écroue [ekʀu] *n.f.* ufficio (*m.*) del ricevitore delle imposte dirette (prima della Rivoluzione).

écrouelles [ekʀuɛl] *n.f.pl.* (*med. antiq.*) scrofolosi (*sing.*).

écrouer [ekʀue] *v.tr.* 1 immatricolare (un detenuto) 2 imprigionare.

écroulement [ekʀulmɑ̃] *n.m.* crollo (*anche fig.*).

écrouler, s' [sekʀule] *v.pron.intr.* 1 crollare: *tous mes projets se sont écroulés*, tutti i miei progetti sono andati in fumo 2 (*fam.*) sprofondare, abbattersi.

écru [ekʀy] *agg.* greggio.

ecstasy [ɛkstazi] *n.f.* (*droga*) ecstasy.

ecto- *pref.* ecto-.

ectoplasme [ɛktɔplasm] *n.m.* ectoplasma.

écu[1] [eky] *n.m.* scudo.

écu[2] *n.m.* ecu (unità monetaria europea sostituita dall'euro).

écueil [ekœj] *n.m.* scoglio (*anche fig.*).

écuelle [ekɥɛl] *n.f.* scodella.

éculé [ekyle] *agg.* scalcagnato; (*estens.*) sfruttato, logoro.

écume [ekym] *n.f.* 1 schiuma; spuma 2 (*metall.*) scorie (*pl.*).
● (*min.*) ***écume de mer***, schiuma di mare: *pipe en écume (de mer)*, pipa di schiuma.

écumer [ekyme] *v.tr.* 1 schiumare, togliere la schiuma (a) 2 fare scorrerie: *les cambrioleurs ont écumé le quartier*, i ladri hanno ripulito il quartiere ♦ *v.intr.* schiumare; spumare; spumeggiare.
● ***écumer (de rage)***, (*fig.*) schiumare di rabbia.

écumeur [ekymœʀ] *n.m.*
● ***écumeur des mers***, pirata.

écumeux [ekymø] *agg.* [f. *-euse*] schiumoso, coperto di schiuma.

écumoire [ekymwaʀ] *n.f.* schiumaiola, schiumarola, colabrodo (*m.*).
● ***troué comme une écumoire***, ridotto un colabrodo.

écureuil [ekyʀœj] *n.m.* (*zool.*) scoiattolo.

écurie [ekyʀi] *n.f.* 1 scuderia | *cette chambre est une écurie*, (*fig.*) questa stanza è una stalla 2 (*ippica, aut.*) scuderia.
● ***garçon d'écurie***, stalliere.

écusson [ekysɔ̃] *n.m.* 1 scudetto; stemma; distintivo 2 (*di serratura*) scudetto 3 (*mil.*) mostrina (*f.*) 4 (*agr.*) scudetto.

écuyer [ekɥije] *n.m.* 1 (*st.*) scudiero 2 cavallerizzo, cavaliere.

écuyère [ekɥijɛʀ] *n.f.* cavallerizza; amazzone.

eczéma [ɛgzema] *n.m.* (*med.*) eczema.

edelweiss [edɛlvajs] *n.m.* stella (*f.*) alpina, edelweiss.
■ SIN. étoile d'argent, immortelle des neiges.

eden [edɛn] *n.m.* (*fig.*) eden, paradiso terrestre.

édenté [edɑ̃te] *agg.* e *n.m.* sdentato.

édenter [edɑ̃te] *v.tr.* rompere i denti (a).

édicter [edikte] *v.tr.* decretare, emanare.

édicule [edikyl] *n.m.* 1 chiosco; tettoia (*f.*) 2 vespasiano, orinatoio 3 (*arch.*) (*non com.*) edicola (*f.*).

édifiant [edifjɑ̃] *agg.* edificante.

édification [edifikasjɔ̃] *n.f.* 1 edificazione, costruzione 2 (*fig.*) edificazione.

édifice [edifis] *n.m.* 1 edificio 2 (*fig.*) struttura (*f.*), costruzione (*f.*).

édifier [edifje] *v.tr.* 1 edificare, costruire (*anche fig.*) 2 (*iron.*) ragguagliare: *je vais t'édifier sur son compte*, ti aprirò gli occhi sul suo conto.

édile [edil] *n.m.* 1 (*st.*) edile 2 (*pl.*) autorità (*f.*) municipali.

édit [edi] *n.m.* (*st.*) editto.

éditer [edite] *v.tr.* 1 pubblicare, stampare (libri ecc.) 2 curare, fare l'editing (di) 3 (*inform.*) editare.

éditeur [editœʀ] *agg.* e *n.m.* 1 [f. *-trice*] editore 2 [f. *-trice*] curatore (di un testo) 3 (*inform.*) editor.
● (*inform.*) ***éditeur de textes***, editor di testi.

édition [edisjɔ̃] *n.f.* 1 edizione 2 (industria dell')editoria 3 (*pl.*) (casa) editrice (*sing.*).
● ***édition revue et corrigée***, edizione riveduta e corretta | ***édition spéciale***, (*di giornale*) edizione straordinaria | ***maison d'édition***, casa editrice | ***succès d'édition***, successo editoriale.

éditique [editik] *n.f.* (*inform.*) editoria elettronica.

éditorial [editɔʀjal] *agg.* e *n.m.* [pl. *-aux*] editoriale.

éditorialiste [editɔʀjalist] *n.m.* e *f.* editorialista.

édredon [edʀədɔ̃] *n.m.* piumino (del letto).

éducateur [edykatœʀ] *agg.* e *n.m.* [f. *-trice*] educatore.
● ***éducateur spécialisé***, operatore sociale che assiste i bambini handicappati.

éducatif [edykatif] *agg.* [f. *-ive*] educativo.

éducation [edykasjɔ̃] *n.f.* educazione; istruzione.
● ***éducation physique***, educazione fisica | ***éducation professionnelle***, istruzione professionale | ***manquer d'éducation***, essere maleducato.

édulcorant [edylkɔʀɑ̃] *agg.* e *n.m.* dolcificante, edulcorante.

édulcorer [edylkɔʀe] *v.tr.* edulcorare, addolcire (*anche fig.*).

éduquer [edyke] *v.tr.* educare.

effacé [efase] *agg.* 1 cancellato 2 scialbo, incolore 3 modesto, riservato.

effacement [efasmɑ̃] *n.m.* 1 cancellatura (*f.*) 2 modestia (*f.*), riservatezza (*f.*).

effacer [efase] ***v.tr.*** [coniug. come *placer*] **1** cancellare (*anche fig.*) **2** eclissare ♦ **s'effacer** ***v.pron.intr.*** **1** cancellarsi **2** scansarsi, farsi da parte (*anche fig.*).
● ***s'effacer devant qqn***, cedere il passo a qlcu.

effaceur [efasœʀ] ***n.m.*** (*pennarello*) scolorina (*f.*).

effarant [efaʀɑ̃] ***agg.*** stupefacente, sbalorditivo.

effaré [efaʀe] ***agg.*** attonito, stupefatto; smarrito.

effarement [efaʀmɑ̃] ***n.m.*** stupore; sgomento; smarrimento.

effarer [efaʀe] ***v.tr.*** sgomentare; sbigottire.

effaroucher [efaʀuʃe] ***v.tr.*** impaurire; intimidire.

effectif [efɛktif] ***agg.*** e ***n.m.*** [f. *-ive*] effettivo.

effectivement [efɛktivmɑ̃] ***avv.*** effettivamente.

effectuer [efɛktɥe] ***v.tr.*** effettuare, eseguire ♦ **s'effectuer** ***v.pron.intr.*** effettuarsi, compiersi.

efféminé [efemine] ***agg.*** e ***n.m.*** effeminato.

effervescence [efɛʀvesɑ̃s] ***n.f.*** **1** effervescenza **2** (*fig.*) fermento (*m.*).

effervescent [efɛʀvesɑ̃] ***agg.*** **1** effervescente **2** (*fig.*) in fermento; vivace.

effet [efɛ] ***n.m.*** **1** effetto **2** (*comm.*) effetto, cambiale (*f.*) **3** (*pl.*) (*abbigl.*) indumenti, effetti **4** (*pl.*) beni.
● (*fin.*) ***effets publics***, titoli del debito pubblico | (*cine., tv, fot.*) ***effets spéciaux***, effetti speciali | ***à cet effet***, a questo fine, a tale scopo | ***en effet***, infatti, effettivamente | ***faire de l'effet***, fare effetto, fare una grande impressione: *une robe qui fait de l'effet*, un vestito che fa figura | ***faire des effets de jambes***, mettere volutamente in mostra le gambe | ***faire l'effet de***, dare l'impressione di, fare l'effetto di | ***faire très mauvais effet***, fare pessima impressione | (*dir.*) ***prendre effet***, essere, diventare effettivo | ***rater son effet***, non ottenere l'effetto voluto | ***sous l'effet de***, sotto l'influenza di, sotto l'effetto di.
■ SIN. **1** conséquence.

effeuiller [efœje] ***v.tr.*** sfogliare.

efficace [efikas] ***agg.*** efficace; efficiente.
■ CONTR. inefficace.

efficacement [efikasmɑ̃] ***avv.*** efficacemente; in modo efficace.

efficacité [efikasite] ***n.f.*** efficacia; efficienza.

efficience [efisjɑ̃s] ***n.f.*** (*econ.*) efficienza.

effigie [efiʒi] ***n.f.*** effigie.

effilé [efile] ***agg.*** **1** sfilacciato **2** affilato; esile ♦ ***n.m.*** frangia (*f.*).

effiler [efile] ***v.tr.*** **1** sfilacciare **2** affilare | *effiler les cheveux*, sfumare i capelli.

effilocher [efilɔʃe] ***v.tr.*** sfilacciare ♦ **s'effilocher** ***v.pron.intr.*** sfilacciarsi.

efflanqué [eflɑ̃ke] ***agg.*** scheletrico, allampanato; sfiancato.

effleurement [eflœʀmɑ̃] ***n.m.*** sfioramento.

effleurer [eflœʀe] ***v.tr.*** sfiorare (*anche fig.*).

effluent [eflyɑ̃] ***agg.*** e ***n.m.*** effluente.
● ***effluent urbain***, rifiuti eliminati attraverso le fognature | ***effluents radioactifs***, residui radioattivi.

effluve [eflyv] ***n.m.*** effluvio.

effondré [efɔ̃dʀe] ***agg.*** (*fig.*) abbattuto, prostrato.

effondrement [efɔ̃dʀəmɑ̃] ***n.m.*** **1** crollo (*anche fig.*): *effondrement du sol*, cedimento del terreno **2** collasso, abbattimento; (*fig.*) prostrazione (*f.*).

effondrer, s' [sefɔ̃dʀe] ***v.pron.intr.*** crollare (*anche fig.*).

efforcer, s' [sefɔʀse] ***v.pron.intr.*** [coniug. come *placer*] sforzarsi (**di**).
■ SIN. essayer.

effort [efɔʀ] ***n.m.*** sforzo: *un effort physique, intellectuel*, uno sforzo fisico, intellettuale; *j'ai fait tous mes efforts pour l'aider*, ho fatto ogni sforzo per aiutarlo.

effraction [efʀaksjɔ̃] ***n.f.*** effrazione, scasso (*m.*).
● (*dir.*) ***vol avec effraction***, furto con scasso.

effraie [efʀɛ] ***n.f.*** (*zool.*) barbagianni (*m.*).

effranger [efʀɑ̃ʒe] ***v.tr.*** [coniug. come *manger*] sfrangiare ♦ **s'effranger** ***v.pron.intr.*** sfrangiarsi.

effrayant [efʀɛjɑ̃] ***agg.*** spaventoso, terribile; atroce.
■ SIN. épouvantable, terrifiant CONTR. rassurant.

effrayer [efʀeje] ***v.tr.*** [coniug. come *payer*] spaventare ♦ **s'effrayer** ***v.pron.intr.*** spaventarsi; allarmarsi.

effréné [efʀene] ***agg.*** sfrenato.

effritement [efʀitmɑ̃] ***n.m.*** sgretolamento, sfaldamento (*anche fig.*).

effriter [efʀite] ***v.tr.*** sgretolare, sfaldare ♦ **s'effriter** ***v.pron.*** sgretolarsi (*anche fig.*), sfaldarsi; (*dei prezzi*) crollare.

effroi [efʀwa] ***n.m.*** (*letter.*) terrore, spavento.

effronté [efʀɔ̃te] ***agg.*** e ***n.m.*** sfacciato.

effrontement [efʀɔ̃temɑ̃] ***avv.*** sfacciatamente, spudoratamente.

effronterie [efʀɔ̃tʀi] ***n.f.*** sfacciataggine, sfrontatezza.

effroyable [efʀwajabl] ***agg.*** spaventoso; orribile; tremendo.
■ SIN. effrayant.

effroyablement [efʀwajabləmɑ̃] ***avv.*** spaventosamente; tremendamente.

effusion [efyzjɔ̃] ***n.f.*** effusione.
● ***effusion de sang***, spargimento di sangue | ***avec effusion***, calorosamente.

e-formation [ifɔʀmasjɔ̃] ***n.f.*** [pl. *e-formations*] (*Internet*) e-learning (*m.*), apprendimento (*m.*), formazione a distanza.

égailler, s' [segaje] ***v.pron.*** e ***pron.intr.*** sparpagliarsi, disperdersi.

égal [egal] ***agg.*** [pl. *-aux*] **1** uguale | *tout lui est égal*, tutto gli è indifferente **2** uniforme; regolare: *humeur égale*, umore costante ♦ ***n.m.*** pari, uguale.
● ***à l'égal de***, al pari di, come | ***ça m'est égal***, per me fa lo stesso | ***sans égal***, senza pari, unico.

également [egalmɑ̃] ***avv.*** **1** ugualmente **2** anche, pure.

égaler [egale] ***v.tr.*** **1** uguagliare, pareggiare **2** (*mat.*) fare, essere uguale (**a**): *trois fois trois égale neuf*, tre per tre (fa) nove.

égalisateur [egalizatœʀ] ***agg.*** [f. *-trice*] che pareggia.
● (*sport*) ***point, but égalisateur***, punto, goal del pareggio.

égalisation [egalizasjɔ̃] ***n.f.*** **1** livellamento (*m.*) **2** (*econ., comm.*) conguaglio (*m.*) **3** (*sport*) pareggio (*m.*) **4** (*rad.*) equalizzazione.

égaliser [egalize] ***v.tr.*** **1** livellare (*anche fig.*) | *égaliser les cheveux*, pareggiare i capelli **2** (*econ.*) pareggiare; uguagliare ♦ ***v.intr.*** (*sport*) pareggiare.

égalitaire [egalitɛʀ] ***agg.*** egualitario.

égalitarisme [egalitaʀism] ***n.m.*** egualitarismo.

égalité [egalite] ***n.f.*** **1** uguaglianza, parità **2** uniformità; regolarità: *l'égalité de son humeur*, la stabilità del suo umore.

E

E

● *égalité des chances*, pari opportunità | *à égalité de mérite*, a parità di merito | *être à égalité*, essere alla pari.

égard [egaʀ] *n.m.* 1 considerazione (*f.*), riguardo 2 (*pl.*) riguardi, premure (*f.*).
● *à l'égard de*, riguardo a, verso | *à tous (les) égards*, sotto ogni aspetto, sotto tutti i punti di vista | *en égard à*, in considerazione di, tenuto conto di | *par égard pour*, per riguardo verso | *sans égard pour*, senza riguardo per.

égaré [egaʀe] *agg.* 1 smarrito; disperso 2 (*fig.*) sconvolto.

égarement [egaʀmɑ̃] *n.m.* (*letter.*) smarrimento, turbamento.

égarer [egaʀe] *v.tr.* 1 smarrire, perdere 2 mettere fuori strada; (*fig.*) fuorviare 3 (*fig.*) sconvolgere ♦ **s'égarer** *v.pron.intr.* smarrirsi (*anche fig.*), perdersi: *la discussion s'égare*, (*fig.*) la discussione divaga.
■ V.TR. SIN. 1 perdre CONTR. 1 trouver.

égayer [egeje] *v.tr.* [coniug. come *payer*] 1 allietare; rallegrare 2 (*di abiti, alimenti*) ravvivare ♦ **s'égayer** *v.pron.intr.* (*letter.*) divertirsi.

égéen [eʒeɛ̃] *agg.* [f. *-enne*] egeo.

égérie [eʒeʀi] *n.f.* (*fig.*) ninfa Egeria, ispiratrice.

égide [eʒid] *n.f.* egida.

églantier [eglɑ̃tje] *n.m.* (*pianta*) rosa (*f.*) canina, rosa (*f.*) di macchia.

églantine [eglɑ̃tin] *n.f.* (*fiore*) rosa canina, rosa di macchia.

églefin [egləfɛ̃] *n.m.* (*zool.*) eglefino.

église [egliz] *n.f.* chiesa: *à l'église*, in chiesa.
● (*relig.*) *Église*, Chiesa: *les gens d'Église*, il clero; *un homme d'Église*, un ecclesiastico; *Église catholique*, Chiesa cattolica.

églogue [eglɔg] *n.f.* egloga.

égocentrique [egɔsɑ̃tʀik] *agg.* e *n.m.* e *f.* egocentrico/a.

égocentrisme [egɔsɑ̃tʀism] *n.m.* egocentrismo.

égoïne [egɔin] *n.f.* saracco (*m.*).

égoïsme [egɔism] *n.m.* egoismo.

égoïste [egɔist] *agg.* e *n.m.* e *f.* egoista.

égoïstement [egɔistəmɑ̃] *avv.* egoisticamente, da egoista.

égorger [egɔʀʒe] *v.tr.* [coniug. come *manger*] sgozzare; scannare ♦ **s'égorger** *v.pron.rec.* scannarsi.

égosiller, s' [segozije] *v.pron.intr.* sgolarsi.

égotiste [egɔtist] *agg.* e *n.m.* e *f.* egotista.

égout [egu] *n.m.* 1 fogna (*f.*) 2 (*pl.*) fognature (*f.*), rete (*f.sing.*) fognaria 3 (*del tetto*) gronda (*f.*); spiovente.
● *eaux d'égout*, acque luride, nere.

égoutier [egutje] *n.m.* addetto alle fogne.

égoutter [egute] *v.tr.* scolare ♦ **s'égoutter** *v.pron.intr.* sgocciolare.

égouttoir [egutwaʀ] *n.m.* scolatoio.
● *égouttoir (à vaisselle)*, scolapiatti.

égratigner [egʀatiɲe] *v.tr.* 1 graffiare 2 (*fig.*) punzecchiare; lanciare frecciate (contro) ♦ **s'égratigner** *v.pron.* graffiarsi.
■ V.TR. SIN. 1 érafler.

égratignure [egʀatiɲyʀ] *n.f.* 1 graffio (*m.*), graffiatura 2 (*fig.*) ferita all'amor proprio.

égrenage [egʀənaʒ] *n.m.* sgranatura (*f.*).

égrener [egʀəne] *v.tr.* [coniug. come *semer*] sgranare ♦ **s'égrener** *v.pron.intr.* 1 sgranarsi 2 snodarsi.

égrillard [egʀijaʀ] *agg.* licenzioso; spinto.

égruger [egʀyʒe] *v.tr.* [coniug. come *manger*] (*pepe ecc.*) macinare; pestare (nel mortaio).

égyptien [eʒipsjɛ̃] *agg.* [f. *-enne*] egiziano; (*st.*) egizio.

Égyptien *n.m.* [f. *-enne*] (*abitante*) egiziano.

égyptologie [eʒiptɔlɔʒi] *n.f.* egittologia.

égyptologue [eʒiptɔlɔg] *n.m.* e *f.* egittologo/a.

eh [e] *inter.* ehi; eh.
● *eh bien?*, ebbene?

éhonté [eɔ̃te] *agg.* e *n.m.* 1 spudorato 2 vergognoso, scandaloso.

eider [ɛdɛʀ] *n.m.* (*zool.*) edredone.

éjaculation [eʒakylasjɔ̃] *n.f.* eiaculazione.

éjaculer [eʒakyle] *v.tr.* eiaculare.

éjectable [eʒɛktabl] *agg.* eiettabile.
● (*aer.*) *siège éjectable*, sedile a espulsione.

éjecter [eʒɛkte] *v.tr.* 1 espellere 2 (*fam.*) buttar fuori.

éjecteur [eʒɛktœʀ] *n.m.* 1 eiettore (di fluido) 2 espulsore (di un'arma).

éjection [eʒɛksjɔ̃] *n.f.* 1 espulsione 2 (*med.*) evacuazione.

élaboration [elabɔʀasjɔ̃] *n.f.* elaborazione.

élaborer [elabɔʀe] *v.tr.* elaborare.

élagage [elagaʒ] *n.m.* potatura (*f.*); sfrondatura (*f.*).

élaguer [elage] *v.tr.* potare; sfrondare (*anche fig.*).

élan[1] [elɑ̃] *n.m.* slancio: *prendre son élan*, prendere la rincorsa.

élan[2] *n.m.* (*zool.*) alce.

élancé [elɑ̃se] *agg.* slanciato.
■ SIN. svelte CONTR. trapu.

élancement [elɑ̃smɑ̃] *n.m.* 1 slancio (*spec. fig.*) 2 (*med.*) fitta (*f.*).

élancer[1] [elɑ̃se] *v.tr.* [coniug. come *placer*] provocare fitte: *le doigt l'élance, lui élance*, ha delle fitte al dito.

élancer[2] *v.tr.* (*non com.*) protendere, proiettare ♦ **s'élancer** *v.pron.intr.* slanciarsi, precipitarsi.

élargi [elaʀʒi] *p.p.* di **élargir** ♦ *agg.* allargato, ampliato.
● *famille élargie*, famiglia allargata.

élargir [elaʀʒiʀ] *v.tr.* 1 allargare (*anche fig.*), ampliare 2 liberare, rimettere in libertà ♦ **s'élargir** *v.pron.intr.* allargarsi.
■ V.TR. SIN. agrandir CONTR. rétrécir.

élargissement [elaʀʒismɑ̃] *n.m.* 1 allargamento, ampliamento 2 liberazione (*f.*), scarcerazione (*f.*).

élasticité [elastisite] *n.f.* 1 elasticità 2 (*dei prezzi*) flessibilità.

élastine [elastin] *n.f.* (*biochim.*) elastina.

élastique [elastik] *agg.* e *n.m.* elastico.

élastiqué [elastike] *agg.* elasticizzato, fornito di elastico: *pantalon à taille élastiquée*, pantaloni con elastico in vita.

élastomère [elastɔmɛʀ] *n.m.* (*chim.*) elastomero.

électeur [elɛktœʀ] *agg.* e *n.m.* [f. *-trice*] elettore.
● *carte d'électeur*, certificato elettorale.

NOTA | ***Grands électeurs*** sono, in Francia, i membri del collegio elettorale che elegge i senatori ed è formato dai deputati, dai consiglieri generali, dai delegati dei consigli comunali e dai consiglieri regionali dei Dipartimenti d'Oltremare.

électif [elɛktif] *agg.* [f. *-ive*] elettivo.

élection [elɛksjɔ̃] *n.f.* elezione.

électoral [elɛktɔʀal] *agg.* [pl. *-aux*] elettorale.
électorat [elɛktɔʀa] *n.m.* elettorato.
électricien [elɛktʀisjɛ̃] *n.m.* [f. *-enne*] 1 elettricista 2 elettrotecnico.
électricité [elɛktʀisite] *n.f.* elettricità.
● ***note d'électricité***, bolletta della luce: *payer sa note d'électricité*, pagare la bolletta della luce.
électrification [elɛktʀifikasjɔ̃] *n.f.* elettrificazione.
électrifier [elɛktʀifje] *v.tr.* elettrificare.
électrique [elɛktʀik] *agg.* elettrico.
électriquement [elɛktʀikmɑ̃] *avv.* elettricamente.
électrisant [elɛktʀizɑ̃] *agg.* elettrizzante (*anche fig.*).
électrisation [elɛktʀizasjɔ̃] *n.f.* elettrizzazione.
électriser [elɛktʀize] *v.tr.* elettrizzare (*anche fig.*).
électro [elɛktʀo] *n.m.* abbr. di **electricien**.
électro- *pref.* elettro-.
électroaimant [elɛktʀɔɛmɑ̃] *n.m.* elettromagnete, elettrocalamita (*f.*).
électrocardiogramme [elɛktʀɔkaʀdjɔgʀam] *n.m.* (*med.*) elettrocardiogramma.
électrochimie [elɛktʀɔʃimi] *n.f.* elettrochimica.
électrochoc [elɛktʀɔʃɔk] *n.m.* elettroshock.
électrocoagulation [elɛktrɔkɔagylasjɔ̃] *n.f.* elettrocoagulazione.
électrocuter [elɛktʀɔkyte] *v.tr.* 1 fulminare 2 (*dir.*) (*negli Stati Uniti*) eseguire l'elettroesecuzione (di un condannato).
électrocution [elɛktʀokysjɔ̃] *n.f.* 1 fulminazione 2 (*dir.*) elettroesecuzione, elettrocuzione.
électrode [elɛktʀɔd] *n.f.* elettrodo (*m.*).
électrodomestique [elɛktʀɔdɔmɛstik] *agg.* e *n.m.* elettrodomestico.
électrodynamique [elɛktʀɔdinamik] *agg.* elettrodinamico ♦ *n.f.* elettrodinamica.
électro-encéphalogramme [elɛktʀɔɑ̃sefalɔgʀam] *n.m.* [pl. *électro-encéphalogrammes*] elettroencefalogramma.
électrogène [elɛktʀɔʒɛn] *agg.* e *n.m.* elettrogeno.
électrolyse [elɛktʀɔliz] *n.f.* (*chim.*) elettrolisi.
électrolytique [elɛktʀɔlitik] *agg.* (*chim.*) elettrolitico.
électromagnétique [elɛktʀɔmaɲetik] *agg.* elettromagnetico.
électromagnétisme [elɛktʀɔmaɲetism] *n.m.* elettromagnetismo.
électromécanicien [elɛktʀɔmekanisjɛ̃] *agg.* e *n.m.* [f. *-enne*] elettromeccanico.
électromécanique [elɛktʀɔmekanik] *agg.* elettromeccanico ♦ *n.f.* elettromeccanica.
électroménager [elɛktʀɔmenaʒe] *agg.* elettrodomestico ♦ *n.m.* industria (*f.*) degli elettrodomestici.
● ***appareil électroménager***, (apparecchio) elettrodomestico.
électrométrie [elɛktʀɔmetʀi] *n.f.* elettrometria.
électromoteur [elɛktʀɔmɔtœʀ] *agg.* [f. *-trice*] elettromotore ♦ *n.m.* motore elettrico, elettromotore.
électron [elɛktʀɔ̃] *n.m.* 1 (*fis.*) elettrone 2 (*metall.*) electron.
électronégatif [elɛktʀɔnegatif] *agg.* [f. *-ive*] elettronegativo.
électronicien [elɛktʀɔnisjɛ̃] *n.m.* [f. *-enne*] fisico elettronico.
● ***ingénieur électronicien***, ingegnere elettronico.
électronique [elɛktʀɔnik] *agg.* elettronico ♦ *n.f.* elettronica.
● ***musique électronique***, musica elettronica.
électronucléaire [elɛktʀɔnykleɛʀ] *agg.* elettronucleare ♦ *n.m.* settore elettronucleare.
● ***centrale électronucléaire***, centrale elettronucleare.
électronvolt [elɛktʀɔ̃vɔlt] *n.m.* (*fis.*) elettronvolt.
électrophone [elɛktʀɔfɔn] *n.m.* giradischi.
électropompe [elɛktʀɔpɔ̃p] *n.f.* elettropompa.
électroportatif [elɛktʀɔpɔʀtatif] *agg.* [f. *-ive*] (*di apparecchio elettrico*) portatile.
électropositif [elɛktʀɔpozitif] *agg.* [f. *-ive*] elettropositivo.
électroscope [elɛktʀɔskɔp] *n.m.* elettroscopio.
électrostatique [elɛktʀɔstatik] *agg.* elettrostatico ♦ *n.f.* elettrostatica.
électrostimulation [elɛktʀostimylasjɔ̃] *n.f.* elettrostimolazione.
électrotechnicien [elɛktʀɔtɛknisjɛ̃] *n.m.* [f. *-enne*] elettrotecnico.
électrotechnique [elɛktʀɔtɛknik] *agg.* elettrotecnico ♦ *n.f.* elettrotecnica.
électrothérapie [elɛktʀɔteʀapi] *n.f.* (*med.*) elettroterapia.
électrotrain [elɛktʀɔtʀɛ̃] *n.m.* elettrotreno.
élégamment [elegamɑ̃] *avv.* elegantemente.
élégance [elegɑ̃s] *n.f.* eleganza.
élégant [elegɑ̃] *agg.* e *n.m.* elegante.
élégiaque [eleʒjak] *agg.* (*lett.*) elegiaco ♦ *n.m.* e *f.* poeta/essa elegiaco/a.
élégie [eleʒi] *n.f.* (*lett.*) elegia.
élément [elemɑ̃] *n.m.* 1 elemento 2 (mobile) componibile 3 (*pl.*) elementi, rudimenti.
● ***élément bas***, base (di mobile componibile) | ***élément haut***, (mobile) pensile | ***à éléments***, componibile: *cuisine à éléments*, cucina componibile.
élémentaire [elemɑ̃tɛʀ] *agg.* elementare.
● ***cours élémentaire*** (CE1), ***cycle élémentaire*** (CE2), (*nell'ordinamento scolastico francese*) secondo, terzo anno della scuola elementare | (*fis.*) ***particule élémentaire***, particella elementare.
■ SIN. essentiel, fondamental.
éléphant [elefɑ̃] *n.m.* 1 (*zool.*) elefante 2 (*scherz.*) pachiderma.
● (*zool.*) ***éléphant de mer***, elefante marino.
éléphante [elefɑ̃t] *n.f.* (*zool.*) elefantessa.
éléphanteau [elefɑ̃to] *n.m.* [pl. *-aux*] (*zool.*) elefantino.
éléphantesque [elefɑ̃tɛsk] *agg.* (*scherz.*) elefantesco, gigantesco.
éléphantiasis [elefɑ̃tjazis] *n.m.* (*med.*) elefantiasi (*f.*).
éléphantin [elefɑ̃tɛ̃] *agg.* elefantino.
élevage [ɛlvaʒ] *n.m.* 1 allevamento, coltura (*f.*) | *faire de l'élevage*, allevare bestiame 2 tecnica (*f.*) di invecchiamento del vino.
élévateur [elevatœʀ] *n.m.* e *agg.* [f. *-trice*] elevatore.
élévation [elevasjɔ̃] *n.f.* 1 elevazione, innalzamento (*m.*) 2 (*edil.*) innalzamento (*m.*), erezione: *élévation d'un mur*, erezione di un muro 3 aumento (*m.*), rialzo (*m.*): *élévation du coût de la vie*, aumento del costo della vita; *l'élévation de la température*, il rialzo della temperatura.
élève [elɛv] *n.m.* 1 allievo, alunno 2 (*zool.*) animale

E

d'allevamento 3 (*bot.*) piantina (*f.*) (di vivaio) ♦ *n.f.* allieva, alunna.

NOTA ***Élève* o ...?**
Élève è il termine più generico per indicare chi riceve un'istruzione in un istituto scolastico, ***écolier*** è l'allievo della scuola elementare, ***collégien*** quello della scuola secondaria inferiore, ***lycéen*** chi frequenta il *lycée*, ***étudiant*** lo studente universitario.
Chi poi frequenta le *Grandes Écoles* è indicato con termini più specifici quali *chartiste* (*École des chartes*), *centralien* (*École centrale des arts et manufactures*), *énarque* (*École nationale d'administration*), *gadzart* (*École des arts et métiers*), *grignon* (*Institut national agronomique*), *normalien* (*École normale*), *quatz'arts* (*École des beaux-arts*), *saint-cyrien* (*École de Saint-Cyr*), *x* o *pipo* (*École polytechnique*), *sévrienne* (*École normale supérieure féminine*).

élevé [ɛlve] *agg.* elevato (*anche fig.*); alto: *esprit élevé*, (*fig.*) spirito eletto.
● ***bien élevé***, (ben) educato | ***mal élevé***, maleducato | (*med.*) ***pouls élevé***, polso frequente.

élever [ɛlve] *v.tr.* [coniug. come *semer*] 1 erigere, innalzare 2 (*fig.*) elevare, nobilitare 3 allevare; educare 4 aumentare: *élever les prix*, alzare, aumentare i prezzi ♦ **s'élever** *v.pron.intr.* 1 elevarsi (*anche fig.*): *une montagne s'élève au milieu de la plaine*, una montagna si erge in mezzo alla pianura; *des murmures s'élevèrent de l'auditoire*, dall'aula si levarono dei mormorii 2 ammontare (a) 3 aumentare.
● ***élever des objections***, sollevare obiezioni | ***élever la voix contre qqch***, protestare contro qlco | ***s'élever contre qqch***, protestare contro qlco.

éleveur [ɛlvœʀ] *n.m.* [f. *-euse*] allevatore.

elfe [ɛlf] *n.m.* elfo.

élider [elide] *v.tr.* elidere.

éligibilité [eliʒibilite] *n.f.* eleggibilità.

éligible [eliʒibl] *agg.* eleggibile.

élimer [elime] *v.tr.* logorare.

éliminateur [eliminatœʀ] *agg.* [f. *-trice*] eliminatorio.

élimination [eliminasjɔ̃] *n.f.* eliminazione.

éliminatoire [eliminatwaʀ] *agg.* eliminatorio ♦ *n.f.* (*sport*) eliminatoria.

éliminer [elimine] *v.tr.* 1 eliminare 2 (*inform.*) sopprimere.

élinguer [elɛ̃ge] *v.tr.* (*mar.*) imbragare, imbracare.

élire [eliʀ] *v.tr.* [coniug. come *lire*] eleggere.

élision [elizjɔ̃] *n.f.* (*gramm.*) elisione.

élite [elit] *n.f.* 1 élite, fior fiore (*m.*): *l'élite intellectuelle*, gli esponenti della cultura 2 (*pl.*) classe (*sing.*) dirigente 3 (*Svizzera*) truppe (*pl.*) dell'esercito formate da uomini tra i 20 e i 32 anni.
● ***d'élite***, elitario: *troupes d'élite*, truppe scelte; *une créature d'élite*, una creatura d'eccezione.

élitisme [elitism] *n.m.* atteggiamento di chi si considera parte di un'élite.

élitiste [elitist] *agg.* elitario.

élixir [eliksiʀ] *n.m.* elisir.

elle [ɛl] *pron.pers.f. 3ª pers.sing.* [pl. *elles*] 1 (*sogg.*) (*persona*) lei; (*animale o cosa*) essa: *elle est restée*, (lei) è rimasta; *est-elle déjà partie?*, è già partita?; *a-t-elle dit la vérité?*, ha detto la verità?; *je resterai, dit-elle, je le promets*, resterò, disse, lo prometto; *elle et moi nous irons le chercher à la gare*, lei e io, io e lei andremo a prenderlo alla stazione; *ni elles ni leurs parents n'étaient à la réunion*, alla riunione non c'erano né loro né i loro genitori; *n'approche pas de la chienne, elle est méchante*, non ti avvicinare alla cagna, (essa) è cattiva; *ne mange pas ces pêches: elles ne sont pas mûres*, non mangiare queste pesche, (esse) non sono mature 2 (*compl.ogg. e compl. retto da prep.*) lei; (*riflessivo*) sé: *il ne voit qu'elle*, vede soltanto lei; *c'est pour elle que je l'ai fait*, l'ho fatto per lei; *nous irons chez elles demain*, andremo da loro domani; *elle a beaucoup fait parler d'elle*, ha fatto molto parlare di sé; *la rivière entraîna tout avec elle*, il fiume trascinò tutto con sé; *ne jette pas ces revues, quelques-unes d'entre elles pourraient servir*, non buttar via queste riviste, qualcuna (di esse) potrebbe ancora essere utile.
● ***elle aussi***, anche lei | ***elle-même***, lei stessa, proprio lei: *elles ne pensent qu'à elles(-mêmes)*, non pensano che a sé (stesse); *elle a agi d'elle-même*, ha agito da sola, per conto suo; *la fenêtre s'est fermée d'elle-même*, la finestra si è chiusa da sola | ***elle non plus***, nemmeno lei | ***à elle***, a lei; suo, di lei: *un ami à elle*, un suo amico, un amico di lei; *c'est gentil à elle*, è gentile da parte sua; *à elles trois, elles y arriveront*, in tre ce la faranno; *à elle (toute) seule*, da sola; *elle a une façon de faire bien à elle*, ha un modo di fare tutto suo; *c'est à elle de parler*, tocca a lei parlare.

NOTA Da notare che ***elle*** è sempre riferito a persona, animale o cosa; in italiano invece, benché nell'uso corrente il pronome personale soggetto sia generalmente sottinteso 'ella' è riferito solo a persona.

ellébore [e(ɛl)lebɔʀ] *n.m.* (*bot.*) elleboro.

ellipse [elips] *n.f.* 1 (*mat.*) ellisse 2 (*gramm.*) ellissi.

ellipsoïde [elipsɔid] *n.m.* (*mat.*) ellissoide ♦ *agg.* ellissoidale.

elliptique [eliptik] *agg.* ellittico.

élocution [elɔkysjɔ̃] *n.f.* eloquio (*m.*).
● ***facilité d'élocution***, facilità di parola.

éloge [elɔʒ] *n.m.* elogio, encomio.

élogieux [elɔʒjø] *agg.* [f. *-euse*] elogiativo.

éloigné [elwaɲe] *agg.* 1 lontano: *leurs idées sont très éloignées*, le loro idee divergono molto 2 (*inform.*) remoto.

éloignement [elwaɲmɑ̃] *n.m.* 1 allontanamento 2 lontananza (*f.*).

éloigner [elwaɲe] *v.tr.* 1 allontanare 2 ritardare 3 distogliere ♦ **s'éloigner** *v.pron.intr.* 1 allontanarsi 2 divergere.

élongation [elɔ̃gasjɔ̃] *n.f.* 1 (*scient.*) elongazione 2 (*med.*) trazione.

éloquence [elɔkɑ̃s] *n.f.* eloquenza.

éloquent [elɔkɑ̃] *agg.* eloquente.

élu [ely] *p.p.* di **élire** ♦ *agg.* eletto, prescelto ♦ *n.m.* eletto.
● ***les élus locaux***, gli amministratori locali | ***l'heureux élu***, (*fam.*) il fortunato.

élucidation [elysidasjɔ̃] *n.f.* delucidazione.

élucider [elyside] *v.tr.* delucidare, spiegare.

élucubration [elykybʀasjɔ̃] *n.f.* elucubrazione.

élucubrer [elykybʀe] *v.tr.* (*letter.*) elucubrare.

éluder [elyde] *v.tr.* eludere.

élusif [elyzif] *agg.* [f. *-ive*] elusivo.

Élysée [elize] *n.m.* Eliseo.

NOTA Il palazzo dell'***Élysée***, costruito nel 1718 per il conte d'Evreux e residenza di molti grandi personaggi, da Madame de Pompadour a Napoleone, dal 1873 è la residenza principale del presidente della Repubblica francese.

élyséen [elizeɛ̃] *agg.* [f. *-enne*] (*fam.*) dell'Eliseo.

élytre [elitʀ] *n.m.* (*zool.*) elitra (*f.*).

em- *pref.* → **en-**.

émacié [emasje] *agg.* emaciato, macilento.

émail [emaj] *n.m.* [pl. *-aux*] smalto.

e-mail [imɛl] *n.m.* [pl. *e-mails*] (*inform.*) e-mail (*f.*), posta (*f.*) elettronica; messaggio di posta elettronica.

NOTA La *Délégation générale à la langue française et aux langues de France* consiglia di sostituire ***e-mail*** e *mail* con *courriel*. Davanti all'indirizzo elettronico, per esempio su un biglietto da visita, si può anche scrivere *Mél.*

émaillage [emajaʒ] *n.m.* smaltatura (*f.*).

émailler [emaje] *v.tr.* smaltare; (*fig.*) ornare.

émaillerie [emajʀi] *n.f.* arte dello smaltatore.

émailleur [emajœʀ] *n.m.* [f. *-euse*] smaltatore.

émanation [emanasjɔ̃] *n.f.* **1** emanazione **2** (*fig.*) espressione.

émancipateur [emɑ̃sipatœʀ] *agg.* e *n.m.* [f. *-trice*] emancipatore.

émancipation [emɑ̃sipasjɔ̃] *n.f.* emancipazione.

émanciper [emɑ̃sipe] *v.tr.* emancipare ♦ **s'émanciper** *v.pron.intr.* emanciparsi.

émaner [emane] *v.intr.* **1** emanare **2** (*fig.*) emanare, provenire.

émargement [emaʀʒəmɑ̃] *n.m.* **1** sigla (*f.*) in margine **2** (*tip.*) smarginatura (*f.*).
● (*amm.*) ***feuille d'émargement***, foglio presenze.

émarger [emaʀʒe] *v.tr.* [coniug. come *manger*] **1** siglare in margine **2** (*tip.*) smarginare ♦ *v.intr.* riscuotere (lo stipendio).

e-marketing [imaʀketiŋ] *n.m.* (*Internet*) e-marketing.

émasculation [emaskylasjɔ̃] *n.f.* evirazione.

émasculer [emaskyle] *v.tr.* evirare.

emballage [ɑ̃balaʒ] *n.m.* **1** imballaggio; confezione (*f.*) **2** (*ciclismo*) sprint, volata (*f.*).

emballage-coque [ɑ̃balaʒkɔk] *n.m.* [pl. *emballages -coques*] blister.

emballement [ɑ̃balmɑ̃] *n.m.* **1** (*del motore*) imballatura (*f.*) **2** (*fig.*) infatuazione (*f.*).

emballer [ɑ̃bale] *v.tr.* **1** imballare: *emballez bien les verres!*, imballate bene i bicchieri! **2** (*mecc.*) imballare (il motore) **3** (*fam.*) entusiasmare **4** (*fam.*) sedurre **5** (*molto fam.*) sgridare ♦ **s'emballer** *v.pron.* e *pron.intr.* **1** (*di motore*) imballarsi **2** (*di cavallo*) imbizzarrirsi **3** (*fig. fam.*) lasciarsi trascinare (**da**), entusiasmarsi (**per**) **4** dare in escandescenze.

emballeur [ɑ̃balœʀ] *n.m.* [f. *-euse*] imballatore; incartatore.

embarcadère [ɑ̃baʀkadɛʀ] *n.m.* imbarcadero.

embarcation [ɑ̃baʀkasjɔ̃] *n.f.* imbarcazione, natante (*m.*).

embardée [ɑ̃baʀde] *n.f.* **1** (*aut.*) sbandata **2** (*mar.*) guizzata **3** (*aer.*) imbardata.

embargo [ɑ̃baʀgo] *n.m.* embargo.

embarquement [ɑ̃baʀkəmɑ̃] *n.m.* imbarco.

embarquer [ɑ̃baʀke] *v.tr.* **1** imbarcare (*anche fig.*) **2** (*fam.*) mettere dentro, in prigione **3** (*fig. fam.*) portar via, rubare ♦ *v.intr.* **1** imbarcarsi: *ils ont embarqué hier soir*, si sono imbarcati ieri sera **2** (*mar.*) imbarcare **3** (*Canada*) salire in automobile ♦ **s'embarquer** *v.pron.* e *pron.intr.* imbarcarsi.

embarras [ɑ̃baʀa] *n.m.* **1** imbarazzo **2** ingorgo.
● (*med.*) ***embarras gastrique***, imbarazzo di stomaco | ***des embarras d'argent***, difficoltà finanziarie | ***faire des embarras***, fare complimenti, essere cerimonioso | ***se tirer d'embarras***, sbrogliarsela.

embarrassant [ɑ̃baʀasɑ̃] *agg.* imbarazzante.

embarrassé [ɑ̃baʀase] *agg.* **1** imbarazzato **2** ingombro **3** oscuro, poco chiaro.

embarrasser [ɑ̃baʀase] *v.tr.* **1** ingombrare **2** (*fig.*) mettere in imbarazzo ♦ **s'embarrasser** *v.pron.* e *pron. intr.* **1** essere ingombro **2** (*fig.*) preoccuparsi **3** ingarbugliarsi (*anche fig.*).

E

embarrer [ɑ̃baʀe] *v.tr.* **1** sollevare (facendo leva con una barra) **2** (*Canada*) chiudere ♦ **s'embarrer** *v.pron. intr.* (*di cavallo*) urtare nel battifianco.

embastiller [ɑ̃bastije] *v.tr.* (*ant.*) incarcerare nella Bastiglia.

embauchage [ɑ̃boʃaʒ] *n.m.* **embauche** [ɑ̃boʃ] *n.f.* (*fam.*) assunzione (*f.*); ingaggio (*m.*); reclutamento (*m.*).

embaucher [ɑ̃boʃe] *v.tr.* assumere; ingaggiare; reclutare.
■ SIN. recruter CONTR. licencier.

embaumement [ɑ̃bommɑ̃] *n.m.* imbalsamazione (*f.*).

embaumer [ɑ̃bome] *v.tr.* **1** imbalsamare **2** profumare ♦ *v.intr.* odorare.

embaumeur [ɑ̃bomœʀ] *n.m.* imbalsamatore.

embecquer [ɑ̃beke] *v.tr.* imbeccare, ingozzare.

embellie [ɑ̃beli] *n.f.* **1** calma momentanea (del mare) **2** (*fig.*) buona occasione.

embellir [ɑ̃beliʀ] *v.tr.* e *intr.* imbellire: *elle a embelli*, è imbellita.

embellissement [ɑ̃belismɑ̃] *n.m.* **1** abbellimento **2** miglioria (*f.*).

emberlificoter [ɑ̃bɛʀlifikɔte] *v.tr.* (*fam.*) abbindolare, infinocchiare ♦ **s'emberlificoter** *v.pron.intr.* **1** (*fam.*) imbrogliarsi, impigliarsi **2** (*fig.*) impappinarsi (nel parlare).

emberlificoteur [ɑ̃bɛʀlifikɔtœʀ] *agg.* e *n.m.* [f. *-euse*] (*fam.*) imbroglione.

embêtant [ɑ̃bɛtɑ̃] *agg.* (*fam.*) scocciante; noioso: *c'est une histoire bien embêtante*, è proprio una faccenda seccante.
■ SIN. ennuyeux.

embêtement [ɑ̃bɛtmɑ̃] *n.m.* seccatura (*f.*), scocciatura (*f.*).

embêter [ɑ̃bete] *v.tr.* (*fam.*) seccare, scocciare.

embeurrée [ɑ̃bœʀe] *n.f.* (*cuc.*) cottura di un alimento con abbondante burro: *embeurrée de choux*, cavoli al burro.

emblaver [ɑ̃mblave] *v.tr.* (*agr.*) seminare a grano.

emblée, d' [dɑ̃ble] *avv.* di primo acchito, di colpo, d'emblée.

emblématique [ɑ̃blematik] *agg.* emblematico.

emblème [ɑ̃blɛm] *n.m.* emblema.

embobiner [ɑ̃bɔbine] *v.tr.* (*fam.*) abbindolare, raggirare, infinocchiare.

emboîtable [ɑ̃bwatabl] *agg.* incastrabile.

emboîtage [ɑ̃bwataʒ] *n.m.* **1** cofanetto (di libro), custodia (*f.*) **2** (*tip.*) cartonatura (*f.*).

emboîtement [ɑ̃bwatmɑ̃] *n.m.* incassatura (*f.*), incastro.

emboîter [ɑ̃bwate] ***v.tr.*** **1** incastrare **2** (*tip.*) cartonare ♦ **s'emboîter** ***v.pron.intr.*** incastrarsi.
● ***emboîter le pas à qqn***, (*anche fig.*) seguire qlcu passo passo.
embole [ɑ̃bɔl] ***n.m.*** (*med.*) embolo.
embolie [ɑ̃bɔli] ***n.f.*** (*med.*) embolia.
embonpoint [ɑ̃bɔ̃pwɛ̃] ***n.m.*** pinguedine (*f.*); rotondità (*f.*).
● ***prendre de l'embonpoint***, appesantirsi.
emboucaner [ɑ̃bukane] ***v.intr.*** (*fam.*) puzzare ♦ ***v.tr.*** (*fig.*) disonorare, rovinare.
embouche [ɑ̃buʃ] ***n.f.*** **1** ingrasso (*m.*) (di bestiame al pascolo) **2** (*agr.*) prato (*m.*) da ingrasso.
embouché [ɑ̃buʃe] ***agg.***
● ***mal embouché***, (*fam.*) sboccato.
emboucher [ɑ̃buʃe] ***v.tr.*** imboccare (uno strumento a fiato).
embouchure [ɑ̃buʃyʀ] ***n.f.*** **1** imboccatura; (*mus.*) bocchino (*m.*) **2** (*di un fiume*) foce, sbocco (*m.*).
embourber [ɑ̃buʀbe] ***v.tr.*** impantanare ♦ **s'embourber** ***v.pron.*** **1** impantanarsi **2** (*fig.*) impegolarsi.
embourgeoisement [ɑ̃buʀʒwazmɑ̃] ***n.m.*** imborghesimento.
embourgeoiser [ɑ̃buʀʒwaze] ***v.tr.*** imborghesire ♦ **s'embourgeoiser** ***v.pron.intr.*** imborghesirsi.
embourrer [ɑ̃buʀe] ***v.tr.*** **1** imbottire (con borra) **2** avvolgere; impacchettare.
embout [ɑ̃bu] ***n.m.*** **1** ghiera (*f.*) **2** puntale (di bastone da passeggio).
embouteillage [ɑ̃butɛjaʒ] ***n.m.*** **1** imbottigliamento **2** ingorgo, intasamento (di traffico).
■ SIN. **2** bouchon.
embouteiller [ɑ̃buteje] ***v.tr.*** **1** imbottigliare **2** intasare, bloccare.
emboutir [ɑ̃butiʀ] ***v.tr.*** **1** (*mecc.*) forgiare **2** (*fam.*) urtare, cozzare.
embranchement [ɑ̃bʀɑ̃ʃmɑ̃] ***n.m.*** **1** diramazione (*f.*), ramificazione (*f.*) **2** diramazione (*f.*); bivio; raccordo, nodo: *à l'embranchement de deux routes*, all'incrocio di due strade **3** (*scient.*) sottotipo.
embrancher [ɑ̃bʀɑ̃ʃe] ***v.tr.*** raccordare ♦ **s'embrancher** ***v.pron.intr.*** immettersi.
embrasement [ɑ̃bʀɑzmɑ̃] ***n.m.*** incendio (*anche fig.*).
embraser [ɑ̃bʀɑze] ***v.tr.*** **1** accendere **2** (*fig.*) infiammare, infocare ♦ **s'embraser** ***v.pron.intr.*** (*fig. lett.*) accendersi, infervorarsi.
embrassade [ɑ̃bʀasad] ***n.f.*** abbraccio (*m.*).
embrasse [ɑ̃bʀas] ***n.f.*** cordone (*m.*), fascia (per tendaggi).
embrasser [ɑ̃bʀase] ***v.tr.*** **1** baciare, dare un bacio (a) **2** abbracciare (*anche fig.*) ♦ **s'embrasser** ***v.pron.rec.*** baciarsi; abbracciarsi.
embrasure [ɑ̃bʀɑzyʀ] ***n.f.*** **1** vano (*m.*) **2** (*edil.*) sguancio (*m.*), strombatura.
embrayage [ɑ̃bʀɛjaʒ] ***n.m.*** **1** (*mecc.*) innesto **2** (*aut.*) frizione (*f.*): *appuyer sur l'embrayage*, schiacciare la frizione.
embrayer [ɑ̃bʀeje] ***v.tr.*** [coniug. come *payer*] **1** (*mecc.*) innestare **2** (*aut.*) disinnestare la frizione ♦ ***v.intr.*** (*fam.*) attaccare (a lavorare ecc.).
embrigadement [ɑ̃bʀigadmɑ̃] ***n.m.*** reclutamento.
embrigader [ɑ̃bʀigade] ***v.tr.*** reclutare; (*fig.*) irreggimentare.
● ***se laisser embrigader***, (*fig.*) farsi invischiare.
embringuer [ɑ̃bʀɛ̃ge] ***v.tr.*** (*fam.*) incastrare, coinvolgere.
embrocher [ɑ̃bʀɔʃe] ***v.tr.*** infilzare (*anche fig.*).
embrouillage [ɑ̃bʀujaʒ] ***n.m.*** **1** (*fam.*) ingarbugliamento **2** (*tel.*) scrambling.
embrouillamini [ɑ̃bʀujamini] ***n.m.*** (*fam.*) caos, baraonda (*f.*).
embrouille [ɑ̃bʀuj] ***n.f.*** (*fam.*) imbroglio (*m.*), pasticcio (*m.*).
embrouiller [ɑ̃bʀuje] ***v.tr.*** ingarbugliare (*anche fig.*) ♦ **s'embrouiller** ***v.pron.intr.*** ingarbugliarsi (*anche fig.*).
embroussaillé [ɑ̃bʀusaje] ***agg.*** cespuglioso; (*fig.*) arruffato.
embrumer [ɑ̃bʀyme] ***v.tr.*** **1** avvolgere nella nebbia **2** (*fig.*) rattristare.
embrun [ɑ̃bʀœ̃] ***n.m.*** spruzzo (d'acqua di mare).
embryo- ***pref.*** embrio-.
embryologie [ɑ̃bʀijɔlɔʒi] ***n.f.*** embriologia.
embryon [ɑ̃bʀijɔ̃] ***n.m.*** (*scient.*) embrione (*anche fig.*).
embryonnaire [ɑ̃bʀijɔnɛʀ] ***agg.*** embrionale.
embûche [ɑ̃byʃ] ***n.f.*** (*spec. pl.*) insidia.
embuer [ɑ̃bɥe] ***v.tr.*** appannare ♦ **s'embuer** ***v.pron. intr.*** appannarsi.
embuscade [ɑ̃byskad] ***n.f.*** imboscata; (*fig.*) insidia.
embusqué [ɑ̃byske] ***agg.*** e ***n.m.*** imboscato.
embusquer [ɑ̃byske] ***v.tr.*** imboscare ♦ **s'embusquer** ***v.pron.intr.*** imboscarsi.
éméché [emeʃe] ***agg.*** (*fam.*) brillo, sbronzo.
émécher [emeʃe] ***v.tr.*** [coniug. come *céder*] **1** (*di candela*) smoccolare **2** (*fam.*) sbronzare.
émeraude [ɛmʀod] ***n.f.*** smeraldo (*m.*) ♦ ***agg.invar.*** smeraldo.
émergence [emɛʀʒɑ̃s] ***n.f.*** l'emergere (*m.*) (*anche fig.*).
émergent [emɛʀʒɑ̃] ***agg.*** emergente.
émerger [emɛʀʒe] ***v.intr.*** [coniug. come *manger*] emergere.
émeri [ɛmʀi] ***n.m.*** smeriglio.
● ***bouché à l'émeri***, (*fig. fam.*) duro di comprendonio | ***bouchon à l'émeri***, tappo smerigliato | ***papier émeri***, carta smerigliata.
émérite [emeʀit] ***agg.*** emerito; eminente.
émersion [emɛʀsjɔ̃] ***n.f.*** emersione.
émerveillement [emɛʀvɛjmɑ̃] ***n.m.*** meraviglia (*f.*), stupore.
émerveiller [emɛʀveje] ***v.tr.*** meravigliare ♦ **s'émerveiller** ***v.pron.intr.*** meravigliarsi.
émétique [emetik] ***agg.*** e ***n.m.*** (*med.*) emetico.
émetteur [emetœʀ] ***agg.*** [f. *-trice*] emittente ♦ ***n.m.*** **1** emittente (*f.*) **2** (*elettr.*) trasmittente (*f.*) **3** (*rad., tv*) trasmettitore **4** (*inform.*) autore.
émetteur-récepteur [emetœʀʀesɛptœʀ] ***agg.*** e ***n.m.*** [pl. *émetteurs-récepteurs*] ricetrasmittente (*f.*).
émettre [emɛtʀ] ***v.tr.*** [coniug. come *mettre*] **1** emettere **2** (*fig.*) esprimere, manifestare: *émettre une opinion*, esprimere un parere; *émettre une hypothèse*, formulare un'ipotesi **3** (*rad., tv*) trasmettere.
■ SIN. **1** énoncer, formuler **3** diffuser.
émeu [emø] ***n.m.*** [pl. *émeux*] (*zool.*) emù.
émeute [emøt] ***n.f.*** sommossa.
■ SIN. révolte, trouble.

émeutier [emøtje] *n.m.* [f. *-ère*] rivoltoso.

émiettement [emjetmɑ̃] *n.m.* 1 sgretolamento, sbriciolamento 2 (*fig.*) dispersione (*f.*).

émietter [emjete] *v.tr.* 1 sbriciolare; sgretolare 2 (*fig.*) disperdere.

émigrant [emigʀɑ̃] *agg.* e *n.m.* emigrante.

émigration [emigʀasjɔ̃] *n.f.* emigrazione.

émigré [emigʀe] *agg.* e *n.m.* emigrato.

émigrer [emigʀe] *v.intr.* emigrare: *elle a émigré*, è emigrata.

émincé [emɛ̃se] *n.m.* (*cuc.*) piatto di carne affettata sottile.
● *émincé de gigot*, cosciotto d'agnello tagliato a fettine sottili.

émincer [emɛ̃se] *v.tr.* [coniug. come *placer*] (*cuc.*) tagliare a fette sottili.

éminemment [eminamɑ̃] *avv.* eminentemente.

éminence [eminɑ̃s] *n.f.* 1 eminenza (*anche fig.*); altura 2 (*eccl.*) eminenza.

NOTA ***Éminence grise***, 'eminenza grigia', fu detto in origine il cappuccino François Le Clerc du Tremblay (chiamato anche *le père Joseph*), confidente e consigliere occulto del cardinale Richelieu. Il soprannome passò quindi a indicare l'influente consigliere di personaggi importanti che agisce nell'ombra.

éminent [eminɑ̃] *agg.* eminente.

émir [emiʀ] *n.m.* emiro.

émirat [emiʀa] *n.m.* emirato.

émirien [emiʀjɛ̃] *agg.* [f. *-enne*] degli Emirati Arabi Uniti.

émis [emi] *p.p.* di **émettre**.

émissaire [emisɛʀ] *agg.* e *n.m.* 1 (*geogr.*) emissario 2 (*agente*) emissario.

émission [emisjɔ̃] *n.f.* 1 emissione: *banque d'émission*, banca emittente 2 (*rad., tv*) trasmissione: *une émission de variétés*, un programma di varietà 3 (*tel.*) emittenza.
● *émission par câble*, filodiffusione.

émissole [emisɔl] *n.f.* (*zool.*) palombo (*m.*).

emmagasinage [ɑ̃magazinaʒ] **emmagasinement** [ɑ̃magazinmɑ̃] *n.m.* immagazzinamento, magazzinaggio.

emmagasiner [ɑ̃magazine] *v.tr.* immagazzinare; accumulare (*anche fig.*).

emmailloter [ɑ̃majɔte] *v.tr.* fasciare.

emmancher [ɑ̃mɑ̃ʃe] *v.tr.* 1 fornire di manico 2 (*mecc.*) calettare 3 (*fig. fam.*) intraprendere: *affaire bien emmanchée*, affare ben avviato ♦ **s'emmancher** *v.pron. intr.* (*fig. fam.*) avviarsi; cominciare.

emmanchure [ɑ̃mɑ̃ʃyʀ] *n.f.* (*abbigl.*) giromanica (*m.*); incavo (*m.*) della manica.

emmêlé [ɑ̃mele] *agg.* aggrovigliato; intricato (*anche fig.*): *des cheveux emmêlés*, capelli arruffati.

emmêlement [ɑ̃mɛlmɑ̃] *n.m.* aggrovigliamento; groviglio; intrico.

emmêler [ɑ̃mele] *v.tr.* aggrovigliare, ingarbugliare (*anche fig.*) ♦ **s'emmêler** *v.pron.intr.* aggrovigliarsi, ingarbugliarsi (*anche fig.*).
● *s'emmêler les pieds*, (*fam.*) sbagliarsi, impappinarsi.

emménagement [ɑ̃menaʒmɑ̃] *n.m.* trasloco.

emménager [ɑ̃menaʒe] *v.intr.* traslocare; (*in un nuovo appartamento*) installarsi, sistemarsi: *nous allons emménager ailleurs*, andremo ad abitare altrove.

emmener [ɑ̃mne] *v.tr.* [coniug. come *semer*] 1 portare con sé, condurre: *emmène-moi!*, portami con te!; *viens, je t'emmène*, vieni, ti accompagno io; *j'ai emmené un livre*, mi sono portato un libro 2 (*mil., sport*) condurre, trascinare, tirare: *emmener le peloton*, tirare il gruppo.

emmerdant [ɑ̃mɛʀdɑ̃] *agg.* (*molto fam.*) scocciante, seccante; palloso.

emmerdement [ɑ̃mɛʀdəmɑ̃] *n.m.* (*molto fam.*) grana (*f.*), scocciatura (*f.*), rottura (*f.*).

emmerder [ɑ̃mɛʀde] *v.tr.* (*molto fam.*) rompere le scatole (a), scocciare ♦ **s'emmerder** *v.pron.intr.* scocciarsi, rompersi le scatole.

emmerdeur [ɑ̃mɛʀdœʀ] *n.m.* [f. *-euse*] (*molto fam.*) rompiscatole, rompipalle.

emmitoufler [ɑ̃mitufle] *v.tr.* imbacuccare ♦ **s'emmitoufler** *v.pron.* imbacuccarsi.

emmurer [ɑ̃myʀe] *v.tr.* 1 murare (*anche fig.*) 2 (*estens.*) bloccare.

émoi [emwa] *n.m.* (*letter.*) 1 agitazione (*f.*) 2 emozione (*f.*); turbamento.
● *en émoi*, in agitazione.
■ SIN. 2 trouble.

émollient [emɔljɑ̃] *agg.* e *n.m.* emolliente.

émolument [emɔlymɑ̃] *n.m.* 1 (*dir.*) quota (*f.*) ereditaria 2 (*pl.*) emolumenti, compenso (*sing.*); onorario (*sing.*).

émonder [emɔ̃de] *v.tr.* 1 (*un albero*) rimondare 2 (*un seme ecc.*) mondare.

émotif [emɔtif] *agg.* e *n.m.* [f. *-ive*] emotivo.

émotion [emosjɔ̃] *n.f.* 1 emozione: *ressentir une vive émotion*, provare un forte turbamento 2 commozione: *sa voix se brisa d'émotion*, la sua voce si spezzò per la commozione.
■ SIN. 1 trouble, émoi.

émotionnel [emosjɔnɛl] *agg.* [f. *-elle*] emozionale.

émotionner [emosjɔne] *v.tr.* (*fam.*) emozionare, commuovere.

émotivité [emɔtivite] *n.f.* emotività.

émouleur [emulœʀ] *n.m.* arrotino.

émoulu [emuly] *agg.* affilato.
● *frais émoulu de*, (*fig. fam.*) uscito fresco fresco da.

émousser [emuse] *v.tr.* 1 smussare 2 (*fig.*) attenuare, attutire.

émoustillant [emustijɑ̃] *agg.* eccitante; piccante.

émoustiller [emustije] *v.tr.* eccitare; rendere euforico.

émouvant [emuvɑ̃] *agg.* commovente.

émouvoir [emuvwaʀ] *v.tr.* [coniug. come *mouvoir* salvo il p.p. *ému*] 1 commuovere 2 (*antiq.*) turbare, mettere in agitazione 3 (*antiq. letter.*) muovere, agitare ♦ **s'émouvoir** *v.pron.intr.* 1 commuoversi 2 mettersi in agitazione.

empaillage [ɑ̃pɑjaʒ] *n.m.* impagliatura (*f.*).

empaillé [ɑ̃pɑje] *agg.* 1 impagliato 2 (*fig. fam.*) goffo, imbranato.

empailler [ɑ̃pɑje] *v.tr.* impagliare.

empailleur [ɑ̃pɑjœʀ] *n.m.* [f. *-euse*] impagliatore.

empaler [ɑ̃pale] *v.tr.* (*supplizio*) impalare ♦ **s'empaler** *v.pron.* infilzarsi.

empan [ɑ̃pɑ̃] *n.m.* spanna (*f.*), palmo.

empanaché [ɑ̃panaʃe] *agg.* 1 piumato 2 (*fig.*) pomposo.

empanacher [ɑ̃panaʃe] *v.tr.* impennacchiare.

empanner [ɑ̃pane] *v.intr.* (*mar.*) strambare.

E

empaquetage [ɑ̃paktaʒ] ***n.m.*** impacchettatura (*f.*), imballaggio.

empaqueter [ɑ̃pakte] ***v.tr.*** [coniug. come *jeter*] impacchettare, impaccare; confezionare.

emparer, s' [sɑ̃paʀe] ***v.pron.intr.*** **1** impadronirsi, impossessarsi (*anche fig.*) **2** afferrare (**qlco**) **3** catturare (**qlcu**), far prigioniero (**qlcu**): *les bandits se sont emparés d'un otage*, i banditi hanno catturato un ostaggio.

empâté [ɑ̃pɑte] ***agg.*** **1** appesantito **2** (*della lingua*) impastato.

E

empâtement [ɑ̃pɑtmɑ̃] ***n.m.*** **1** (*pitt.*) impasto (di colori) **2** (*di lineamenti ecc.*) appesantimento.

empâter [ɑ̃pɑte] ***v.tr.*** **1** impastare **2** appesantire **3** (*oche ecc.*) ingozzare, ingrassare **4** (*pitt.*) impastare ♦ **s'empâter** ***v.pron.intr.*** **1** impastarsi **2** appesantirsi.

empathique [ɑ̃patik] ***agg.*** (*fil., psic.*) empatico.

empattement [ɑ̃patmɑ̃] ***n.m.*** **1** (*tecn.*) calettatura (*f.*) **2** (*aut.*) interasse **3** (*edil.*) basamento, zoccolo **4** (*bot.*) (*di tronco, di ramo*) base (*f.*), piede.

empêché [ɑ̃peʃe] ***agg.*** **1** occupato **2** (*antiq.*) imbarazzato.

empêchement [ɑ̃pɛʃmɑ̃] ***n.m.*** **1** impedimento **2** impegno: *je n'y vais pas parce que j'ai un empêchement*, non ci vado perché ho un impegno **3** (*dir.*) interruzione (*f.*) prematura del mandato presidenziale.

● (*dir.*): ***empêchement de mariage***, impedimento matrimoniale; ***empêchement dirimant***, ***prohibitif***, impedimento dirimente, impediente.

empêcher [ɑ̃peʃe] ***v.tr.*** impedire: *empêcher l'accès*, vietare l'ingresso; *elle l'a empêché de partir*, gli ha impedito di partire ♦ **s'empêcher** ***v.pron.intr.*** astenersi: *je ne peux m'empêcher de rire*, non posso fare a meno di ridere.

● ***(cela) n'empêche (pas) que***, ciò non toglie che | ***n'empêche!***, (*fam.*) non basta!, non è una buona ragione!

■ V.TR. SIN. interdire CONTR. permettre.

empêcheur [ɑ̃pɛʃœʀ] ***n.m.*** [f. *-euse*].

● ***empêcheur de danser***, ***de tourner en rond***, (*fig.*) guastafeste.

empeigne [ɑ̃pɛɲ] ***n.f.*** tomaia.

empennage [ɑ̃pɛnaʒ] ***n.m.*** impennaggio.

empereur [ɑ̃pʀœʀ] ***n.m.*** imperatore.

● (*st.*) ***l'Empereur***, Napoleone I.

emperler [ɑ̃pɛʀle] ***v.tr.*** (*letter.*) imperlare.

empesage [ɑ̃pəzaʒ] ***n.m.*** inamidatura (*f.*).

empesé [ɑ̃pəze] ***agg.*** **1** inamidato, apprettato **2** (*fig.*) sostenuto, affettato.

empeser [ɑ̃pəze] ***v.tr.*** [coniug. come *semer*] inamidare, apprettare.

empester [ɑ̃pɛste] ***v.tr.*** appestare, impestare ♦ ***v.intr.*** puzzare.

empêtré [ɑ̃pɛtʀe] ***agg.*** impacciato.

empêtrer [ɑ̃pɛtʀe] ***v.tr.*** **1** impigliare **2** (*fig.*) impegolare ♦ **s'empêtrer** ***v.pron.intr.*** **1** impigliarsi **2** (*fig.*) impegolarsi.

emphase [ɑ̃fɑz] ***n.f.*** enfasi.

emphatique [ɑ̃fatik] ***agg.*** enfatico.

emphatiquement [ɑ̃fatikmɑ̃] ***avv.*** in modo enfatico.

emphysème [ɑ̃fizɛm] ***n.m.*** (*med.*) enfisema.

empiècement [ɑ̃pjɛsmɑ̃] ***n.m.*** (*abbigl.*) sprone, carré.

empierrer [ɑ̃pjeʀe] ***v.tr.*** inghiaiare.

empiétement [ɑ̃pjɛtmɑ̃] ***n.m.*** **1** sconfinamento (**in**) **2** (*fig.*) abuso, usurpazione (*f.*).

empiéter [ɑ̃pjete] ***v.intr.*** [coniug. come *céder*] **1** sconfinare (**in**): *empiéter sur son voisin*, sconfinare nel campo del vicino **2** (*fig.*) usurpare (**qlco**): *empiéter sur la liberté de qqn*, ledere la libertà di qlcu.

empiffrer, s' [sɑ̃pifʀe] ***v.pron.intr.*** (*fam.*) rimpinzarsi.

empilable [ɑ̃pilabl] ***agg.*** impilabile.

empilement [ɑ̃pilmɑ̃] ***n.m.*** **1** impilaggio **2** accatastamento.

empiler [ɑ̃pile] ***v.tr.*** **1** mettere in pila; accatastare, ammucchiare **2** (*fam.*) truffare: *je me suis fait empiler*, mi hanno truffato ♦ **s'empiler** ***v.pron.intr.*** ammucchiarsi.

empire [ɑ̃piʀ] ***n.m.*** **1** impero: *un empire colonial*, un impero coloniale **2** (*fig.*) autorità (*f.*); dominio: *l'empire de la raison*, il dominio della ragione ♦ ***agg.invar.*** (*di stile decorativo*) impero.

● ***être sous l'empire de qqch***, ***de qqn***, essere in preda a qlco, essere succube di qlcu | (*st.*): ***l'Empire du Milieu***, la Cina imperiale; ***le Premier***, ***le Second Empire***, il primo Impero (1804-14), il secondo Impero (1852-70) | ***pour un empire***, per nulla al mondo, per tutto l'oro del mondo | ***style empire***, stile impero.

empirer [ɑ̃piʀe] ***v.tr.*** e ***intr.*** peggiorare: *son état a empiré*, il suo stato di salute è peggiorato.

empirique [ɑ̃piʀik] ***agg.*** empirico.

empiriquement [ɑ̃piʀikmɑ̃] ***avv.*** empiricamente.

empirisme [ɑ̃piʀism] ***n.m.*** empirismo.

emplacement [ɑ̃plasmɑ̃] ***n.m.*** **1** area (*f.*), luogo **2** ubicazione (*f.*), posizione (*f.*).

● ***emplacement de stationnement***, parcheggio riservato | (*inform.*) ***emplacement en mémoire***, posizione di memoria.

emplafonner [ɑ̃plafɔne] ***v.tr.*** (*fam.*) urtare violentemente.

emplâtre [ɑ̃plɑtʀ] ***n.m.*** impiastro (*anche fig.*).

emplette [ɑ̃plɛt] ***n.f.*** compera.

● ***faire l'emplette de qqch***, comperare qlco.

■ SIN. course.

emplir [ɑ̃pliʀ] ***v.tr.*** (*letter.*) riempire, colmare.

■ CONTR. vider.

emploi [ɑ̃plwa] ***n.m.*** **1** impiego, uso: *faire un bon, mauvais emploi de*, fare un buon, cattivo uso di **2** lavoro, occupazione (*f.*): *demander un emploi*, chiedere lavoro; *créer de nouveaux emplois*, creare nuovi posti di lavoro **3** (*teatr.*) ruolo, parte (*f.*).

● ***emploi du temps***, impegni (settimanali); (*a scuola*) orario (settimanale): *avoir un emploi du temps chargé*, avere molto da fare | ***avoir le physique de l'emploi***, (*fig.*) essere adatti al proprio ruolo | (*amm.*) ***demandeur d'emploi***, disoccupato (iscritto nelle liste dell'ufficio di collocamento) | ***double emploi***, (*fig.*) doppione, ripetizione inutile | ***mode d'emploi***, istruzioni per l'uso.

■ SIN. **2** travail.

employabilité [ɑ̃plwajabilite] ***n.f.*** (*econ.*) occupabilità, impiegabilità.

employé [ɑ̃plwaje] ***n.m.*** impiegato; lavoratore dipendente.

● ***employé de maison***, collaboratore familiare | ***employé qualifié***, ***non qualifié***, operaio qualificato, non qualificato.

employer [ɑ̃plwaje] ***v.tr.*** [cambia la *y* in *i* davanti a *e* muta: *j'emploie, tu emploies* etc.; *j'emploierai, tu emploieras* etc.] **1** usare, adoperare: *mot qui n'est plus guère employé*, parola caduta in disuso **2** dare lavoro (**a**) ♦ **s'employer** ***v.pron.intr.*** dedicarsi (**a**), fare il possibile

(**per**): *il s'y emploie*, ce la mette tutta | *s'employer à ne rien faire*, (*fig.*) ingegnarsi a non far niente.
■ V.TR. SIN. **1** utiliser, se servir de **2** faire travailler CONTR. **2** renvoyer.

employeur [ɑ̃plwajœʀ] ***n.m.*** [f. *-euse*] datore di lavoro.

emplumer [ɑ̃plyme] ***v.tr.*** coprire di piume.

empocher [ɑ̃pɔʃe] ***v.tr.*** **1** intascare **2** (*fig. fam.*) subire.

empoignade [ɑ̃pwaɲad] ***n.f.*** (*fam.*) alterco (*m.*), litigio (*m.*).

empoigne [ɑ̃pwaɲ] ***n.f.***
● ***foire d'empoigne***, (*fig.*) giungla.

empoigner [ɑ̃pwaɲe] ***v.tr.*** **1** agguantare **2** (*fig.*) avvincere, commuovere ♦ **s'empoigner** ***v.pron.rec.*** azzuffarsi.

empois [ɑ̃pwa] ***n.m.*** amido, appretto.

empoisonnant [ɑ̃pwazɔnɑ̃] ***agg.*** (*fam.*) noioso, asfissiante.

empoisonnement [ɑ̃pwazɔnmɑ̃] ***n.m.*** **1** avvelenamento; intossicazione (*f.*) **2** (*fam.*) seccatura (*f.*), grana (*f.*).

empoisonner [ɑ̃pwazɔne] ***v.tr.*** **1** avvelenare (*anche fig.*): *ce souci m'empoisonne l'existence*, questa preoccupazione mi avvelena la vita **2** appestare **3** (*fam.*) seccare: *ça m'empoisonne d'y aller*, mi secca doverci andare **4** (*antiq.*) corrompere moralmente ♦ **s'empoisonner** ***v.pron.intr.*** (*fam.*) scocciarsi.
■ V.TR. SIN. **1** intoxiquer.

empoisonneur [ɑ̃pwazɔnœʀ] ***n.m.*** [f. *-euse*] **1** avvelenatore **2** (*fam.*) scocciatore.

empoissonner [ɑ̃pwasɔne] ***v.tr.*** (*ittiologia*) ripopolare (un corso d'acqua).

emporté [ɑ̃pɔʀte] ***agg.*** violento, collerico.

emportement [ɑ̃pɔʀtəmɑ̃] ***n.m.*** accesso di collera.

emporte-pièce [ɑ̃pɔʀtəpjɛs] ***n.m.*** [pl. *emporte-pièces*] **1** (*tecn.*) fustella (*f.*) **2** (*cuc.*) (*per biscotti ecc.*) stampino.
● ***à l'emporte-pièce***, (*fig.*) mordace, sferzante.

emporter [ɑ̃pɔʀte] ***v.tr.*** **1** portare (con sé), portarsi; portar(si) via: *il a emporté son secret dans la tombe*, ha portato il suo segreto nella tomba; *les voleurs ont emporté tout l'argent*, i ladri hanno portato via tutti i soldi; *la maladie l'a emporté en quelques jours*, la malattia lo ha stroncato in pochi giorni **2** conquistare, ottenere: *emporter une place forte*, espugnare una piazzaforte **3** trascinare, trasportare: *se laisser emporter par l'imagination*, lasciarsi trasportare dall'immaginazione ♦ **s'emporter** ***v.pron.intr.*** **1** adirarsi, andare in collera **2** (*di cavallo*) imbizzarrirsi.
● ***emporter le morceau***, avere la meglio, spuntarla | ***l'emporter***, prevalere, vincere: *ils l'ont emporté par trois buts à zéro*, hanno vinto tre a zero; *c'est lui qui l'a emporté*, ha vinto lui | ***que le diable t'emporte!***, vai al diavolo!
■ V.TR. CONTR. **1** apporter.

empoté [ɑ̃pɔte] ***agg.*** (*fam.*) imbranato, impacciato.

empoter [ɑ̃pɔte] ***v.tr.*** invasare, mettere in un vaso.

empourprer [ɑ̃puʀpʀe] ***v.tr.*** imporporare ♦ **s'empourpher** ***v.pron.intr.*** imporporarsi, accendersi in viso.

empreindre [ɑ̃pʀɛ̃dʀ] ***v.tr.*** [coniug. come *craindre*] (*letter.*) imprimere (*anche fig.*).

empreint [ɑ̃pʀɛ̃] *p.p.* di **empreindre** ♦ ***agg.*** impresso.
● ***empreint de***, segnato da, pieno di: *un regard empreint de douceur*, uno sguardo pieno di dolcezza.

empreinte [ɑ̃pʀɛ̃t] ***n.f.*** **1** impronta (*anche fig.*): *les empreintes des pas sur le sable*, le impronte dei passi sulla sabbia; *son visage porte l'empreinte de la douleur*, il suo viso è segnato dal dolore **2** (*etologia*) imprinting (*m.*).
● ***empreintes digitales***, impronte digitali.
■ SIN. **1** trace, marque.

empressé [ɑ̃pʀese] ***agg.*** **1** premuroso, sollecito: *veuillez agréer, Madame, mes salutations empressées*, La prego, Signora, di gradire i miei ossequi **2** indaffarato: *être empressé à faire qqch*, avere premura di fare qlco.
● ***être empressé auprès de qqn, à l'égard de qqn***, colmare qlcu di attenzioni.

empressement [ɑ̃pʀɛsmɑ̃] ***n.m.*** (*letter.*) **1** premura (*f.*), sollecitudine (*f.*) **2** fretta (*f.*).

E

empresser, s' [sɑ̃pʀese] ***v.pron.intr.*** **1** prodigarsi, darsi da fare **2** affrettarsi.
● ***s'empresser auprès de qqn***, darsi da fare con qlcu.

NOTA Da notare che negli incisi si usa l'inversione del soggetto:

*D'ailleurs, **s'empressa-t-il** de dire, je ne suis pas d'accord.*
Del resto, s'affrettò a dirmi, io non sono d'accordo.

emprise [ɑ̃pʀiz] ***n.f.*** **1** ascendente (*m.*), influenza **2** (*dir.*) espropriazione forzata.

emprisonnement [ɑ̃pʀizɔnmɑ̃] ***n.m.*** **1** carcerazione (*f.*) **2** (*dir.*) detenzione (*f.*).

emprisonner [ɑ̃pʀizɔne] ***v.tr.*** imprigionare (*anche fig.*).

emprunt [ɑ̃pʀœ̃] ***n.m.*** prestito; mutuo: *faire un emprunt*, fare un prestito.
● ***emprunt public***, prestito pubblico | ***d'emprunt***, d'accatto, fittizio: *nom d'emprunt*, falso nome; *mine d'emprunt*, espressione convenzionale.

emprunté [ɑ̃pʀœ̃te] ***agg.*** goffo.

emprunter [ɑ̃pʀœ̃te] ***v.tr.*** **1** prendere in prestito; chiedere un prestito: *emprunter de l'argent à qqn*, chiedere un prestito (in denaro) a qlcu; *emprunter un livre*, prendere in prestito un libro **2** (*fig.*) prendere (**da**), trarre (**da**): *le sujet du livre est emprunté à un fait divers*, il soggetto del libro è tratto da un fatto di cronaca **3** (*una strada, un sentiero ecc.*) prendere, imboccare.

emprunteur [ɑ̃pʀœ̃tœʀ] ***n.m.*** [f. *-euse*] **1** chi prende a prestito **2** (*dir.*) mutuatario.

empuantir [ɑ̃pɥɑ̃tiʀ] ***v.tr.*** appestare, ammorbare.

empyrée [ɑ̃piʀe] ***n.m.*** empireo.

ému [emy] *p.p.* di **émouvoir** ♦ ***agg.*** commosso.

émulation [emylasjɔ̃] ***n.f.*** emulazione.

émule [emyl] ***n.m.*** e ***f.*** emulo/a.

émulsifiant [emylsifjɑ̃] ***agg.*** e ***n.m.*** emulsionante.

émulsion [emylsjɔ̃] ***n.f.*** emulsione.

émulsionner [emylsjɔne] ***v.tr.*** emulsionare.

en[1] [ɑ̃] ***prep.*** **1** (*luogo*) in: *habiter, aller en France*, abitare, andare in Francia; *en Allemagne, en Uruguay*, in Germania, in Uruguay; *aller en Crète*, andare a Creta; *de ville en ville*, di città in città **2** (*tempo*) in: *en été*, in estate, d'estate; *en hiver*, in inverno, d'inverno; *en août 1983*, nell'agosto (del) 1983; *en 1983*, nel 1983 **3** (*modo, condizione*) in, a; da; di: *lait en poudre*, latte in polvere; *peint en vert*, dipinto di verde; *habillé en blanc*, vestito di bianco; *film en couleurs*, pellicola a colori; *agir en homme*, agire da uomo; *il parle en connaisseur*, parla da intenditore **4** (*materia*) di: *une table en bois*, un tavolo di legno; *un tissu en soie*, un tessuto di seta **5** (*fine, scopo*) in: *recevoir une somme en cadeau*, ricevere una somma come regalo, ricevere in regalo una somma **6** (*limitazione*) in; di: *docteur en droit*, dottore in legge; *un*

élève fort en latin, un alunno bravo in latino; *une région riche en céréales*, una regione ricca di cereali 7 (*seguito da gerundio*): *elle travaille en chantant*, lavora cantando; *elle régardait la télévision tout en tricotant*, guardava la televisione mentre lavorava a maglia.
● ***en vitesse***, in gran fretta, a tutta velocità: *il est sorti en vitesse*, è uscito a tutta velocità | ***d'heure en heure***, d'ora in ora.

en[2] *avv.* ne: *il entrait dans la pièce comme j'en sortais*, entrava nella stanza proprio quando ne uscivo io ♦ *pron.pers.* ne: *il faut en parler*, bisogna parlarne; *en en parlant*, parlandone; *parles-en*, *manges-en*, parlane, mangiane; *en voici quelques-uns*, eccone alcuni; *je ne vis pas avec mes parents, il y a un an que j'en suis séparé*, non vivo con i miei genitori, è un anno che sono separato da loro; *ces fleurs sont belles, j'en aime le parfum*, questi fiori sono belli, mi piace il loro profumo; *de ces livres, combien en avez-vous lus?*, di questi libri, quanti ne avete letti?; *ce prospectus est à refaire: les données n'en sont pas exactes*, questo prospetto è da rifare: i dati non sono esatti; *donne-m'en, ne m'en donne pas*, dammene, non darmene; *va-t'en, ne t'en va pas*, vattene, non andartene; *donnez-nous-en*, datecene; *il vous en donnera quelques -uns*, ve ne darà alcuni | *il m'en coûte de l'avouer*, mi costa confessarlo | *il n'en finissait pas de bavarder*, non la smetteva più di chiacchierare | *si le cœur vous en dit*, se vi fa piacere, se è di vostro gradimento.
● ***en avoir*** → avoir | ***en voilà une chance!***, ecco una bella fortuna! | ***c'en est assez!***, adesso basta! | ***c'en est trop!***, questo passa i limiti! | ***il ne peut en être ainsi***, non può essere così | ***leur en***, ne... loro; (*fam.*) gliene: *je leur en offrirai quelques-unes*, ne offrirò loro, (*fam.*) gliene offrirò qualcuna | ***lui en***, gliene: *je lui en parlerai*, gliene parlerò; *montre-lui en deux*, mostragliene due | ***où en sommes nous?***, a che punto siamo?

en-, em- [davanti a *p* e *b*] *pref.* in-, im-.

enamourer, s' [sɑ̃namuʀe] **énamourer, s'** [senamuʀe] *v.pron.intr.* e *pron.rec.* (*letter.*) innamorarsi.

énarque [enaʀk] *n.m.* e *f.* ex allievo/a dell'ENA (*École Nationale d'Administration*).

en-but [ɑ̃by] *n.m.invar.* (*rugby*) area (*f.*) di meta.

encablure [ɑ̃kablyʀ] *n.f.* (*mar.*) (*misura*) gomena.

encadré [ɑ̃kadʀe] *n.m.* (*tip.*) riquadro, finestra (*f.*).

encadrement [ɑ̃kadʀəmɑ̃] *n.m.* 1 incorniciatura (*f.*) 2 cornice (*f.*); telaio, riquadro; intelaiatura (*f.*) 3 (*amm.*) inquadramento 4 direzione (*f.*), dirigenza (*f.*); personale responsabile 5 (*arch.*) cornice (*f.*).
● (*econ.*) ***encadrement des prix***, controllo dei prezzi | (*amm.*) ***personnel d'encadrement***, dirigenza, quadri.

encadrer [ɑ̃kɑdʀe] *v.tr.* 1 incorniciare; inquadrare 2 scortare 3 dirigere, controllare 4 (*amm., mil.*) inquadrare 5 (*fam.*) urtare: *il a encadré un arbre*, si è impastato contro un albero.
● ***ne pas pouvoir encadrer qqn***, (*fig. fam.*) non sopportare qlcu.

encadreur [ɑ̃kɑdʀœʀ] *n.m.* [f. *-euse*] corniciaio.

encager [ɑ̃kaʒe] *v.tr.* [coniug. come *manger*] ingabbiare.

encagoulé [ɑ̃kagule] *agg.* coperto da un passamontagna.

encaissable [ɑ̃kɛsabl] *agg.* incassabile, riscuotibile.

encaisse [ɑ̃kɛs] *n.f.* giacenza di cassa; riserva.
● ***encaisse métallique***, riserva metallica | ***encaisse or***, riserva aurea.

encaissé [ɑ̃kese] *agg.* incassato.

encaissement [ɑ̃kɛsmɑ̃] *n.m.* 1 incassamento, incassatura (*f.*) 2 (*banca*) incasso, riscossione (*f.*) 3 (*lavori pubblici*) trincea (*f.*).

encaisser [ɑ̃kese] *v.tr.* 1 (*non com.*) incassare, mettere in una cassa 2 riscuotere, incassare (*anche fig.*).
● ***ne pas pouvoir encaisser qqn, qqch***, (*fam.*) non sopportare qlcu, qlco.

encaisseur [ɑ̃kɛsœʀ] *n.m.* esattore (a domicilio).

encan, à l' [alɑ̃kɑ̃] *avv.* all'incanto.
● ***mettre, vendre à l'encan***, mettere, vendere all'incanto, all'asta.

encanailler, s' [sɑ̃kanɑje] *v.pron.intr.* 1 (*ant.*) incanaglirsi 2 frequentare gentaglia.

encapsulé [ɑ̃kapsyle] *agg.* incapsulato.
● (*med.*) ***tumeur encapsulée***, tumore incapsulato.

encapsuler [ɑ̃kapsyle] *v.tr.* incapsulare.

encapuchonner [ɑ̃kapyʃɔne] *v.tr.* incappucciare.

encart [ɑ̃kaʀ] *n.m.* 1 (*tip.*) foglio, quartino volante 2 (*di giornale*) inserto pubblicitario.

encarté [ɑ̃kaʀte] *agg.* e *n.m.* iscritto a un partito politico.

encarter [ɑ̃kaʀte] *v.tr.* 1 (*tip.*) (*un foglio, un quartino volante*) inserire 2 (*bottoni ecc.*) fissare a un cartoncino.

en-cas [ɑ̃kɑ] *n.m.invar.* 1 spuntino 2 (*antiq.*) oggetto, persona (*f.*) di scorta.

encastrable [ɑ̃kastʀabl] *agg.* (*di mobile, elettrodomestico*) a incasso ♦ *n.m.* mobile a incastro, elettrodomestico a incastro.

encastrement [ɑ̃kastʀəmɑ̃] *n.m.* incastro.

encastrer [ɑ̃kastʀe] *v.tr.* (*un mobile, un elettrodomestico*) incastrare; incassare: *un four encastré*, un forno a incastro ♦ **s'encastrer** *v.pron.* incastrarsi.

encaustique [ɑ̃kostik] *n.f.* 1 (*pitt.*) encausto (*m.*), encaustica 2 encausto (*m.*).

encaustiquer [ɑ̃kostike] *v.tr.* incerare, lucidare (con encausto).

enceinte[1] [ɑ̃sɛ̃t] *n.f.* 1 cinta; recinto (*m.*): *mur d'enceinte*, muro di cinta 2 sala, aula 3 (*mus.*) cassa (acustica).
● ***enceinte de l'octroi***, cinta daziaria | ***enceinte (des murs)***, cerchia delle mura | ***enceinte fortifiée***, cinta muraria.

enceinte[2] *agg.* incinta: *femme enceinte*, donna incinta.

enceinter [ɑ̃sɛ̃te] *v.tr.* (*Africa*) mettere incinta.

encens [ɑ̃sɑ̃] *n.m.* incenso (*anche fig.*).

encenser [ɑ̃sɑ̃se] *v.tr.* incensare (*anche fig.*) ♦ *v.intr.* (*di cavallo*) incensare.

encenseur [ɑ̃sɑ̃sœʀ] *n.m.* [f. *-euse*] incensatore, adulatore.

encensoir [ɑ̃sɑ̃swaʀ] *n.m.* (*eccl.*) turibolo.
● ***donner des coup d'encensoir***, (*fig.*) incensare, adulare.

encéphale [ɑ̃sefal] *n.m.* (*anat.*) encefalo.

encéphalite [ɑ̃sefalit] *n.f.* (*med.*) encefalite.

encéphalogramme [ɑ̃sefalɔgʀam] *n.m.* (*med.*) encefalogramma.

encéphalographie [ɑ̃sefalɔgʀafi] *n.f.* (*med.*) encefalografia.

encéphalopathie [ɑ̃sefalɔpati] *n.f.* (*med.*) encefalopatia, cerebropatia.

encéphalopathique [ɑ̃sefalɔpatik] *agg.* e *n.m.* e *f.* (*med.*) cerebropatico/a, cerebroleso/a.

encerclement [ɑ̃sɛʀkləmɑ̃] *n.m.* accerchiamento.

encercler [ɑ̃sɛʀkle] *v.tr.* 1 cerchiare 2 accerchiare, circondare, attorniare.

enchaîné [ɑ̃ʃene] *agg.* 1 incatenato 2 (*cine.*) incrociato.

● (*cine.*) ***(fondu) enchaîné***, dissolvenza incrociata.

enchaînement [ɑ̃ʃɛnmɑ̃] *n.m.* 1 incatenamento 2 concatenazione (*f.*), nesso: *ses idées manquent d'enchaînement*, le sue idee mancano di nesso logico 3 (*mus.*) successione (*f.*) armonica di accordi 4 (*teatr.*) intermezzo.

enchaîner [ɑ̃ʃene] *v.tr.* 1 incatenare 2 (*fig.*) assoggettare, sottomettere: *enchaîner la presse*, imbavagliare la stampa 3 (*fig.*) concatenare, connettere ♦ *v.intr.* 1 continuare, proseguire 2 (*teatr.*) riprendere (dall'ultima battuta) ♦ **s'enchaîner** *v.pron.* concatenarsi.

enchanté [ɑ̃ʃɑ̃te] *agg.* 1 incantato, magico 2 entusiasta, soddisfattissimo 3 incantevole.

● ***enchanté (de vous connaître, de faire votre connaissance)***, piacere, lieto di conoscerla.

enchantement [ɑ̃ʃɑ̃tmɑ̃] *n.m.* incantesimo.

● ***comme par enchantement***, come per incanto.

enchanter [ɑ̃ʃɑ̃te] *v.tr.* 1 incantare, stregare 2 incantare, affascinare ♦ **s'enchanter** *v.pron.intr.* restare incantato, entusiasmarsi (**per**).

enchanteur [ɑ̃ʃɑ̃tœʀ] *agg.* [f. *-eresse*] incantevole; affascinante ♦ *n.m.* incantatore, mago.

enchâssement [ɑ̃ʃɑsmɑ̃] *n.m.* incastonatura (*f.*).

enchâsser [ɑ̃ʃɑse] *v.tr.* 1 incastonare 2 (*tecn.*) (*su telaio ecc.*) montare 3 (*letter.*) inserire.

enchemiser [ɑ̃ʃmize] *v.tr.* 1 ricoprire; foderare: *enchemiser un livre*, ricoprire un libro 2 (*un proiettile ecc.*) incamiciare.

enchère [ɑ̃ʃɛʀ] *n.f.* 1 (*nelle vendite all'asta*) offerta, licitazione 2 asta, incanto (*m.*).

● ***enchère publique***, asta pubblica | ***aux enchères***, all'asta | ***couvrir une enchère***, fare un'offerta superiore | ***folle enchère***, rialzo di offerta inadempibile, senza copertura.

enchérir [ɑ̃ʃeʀiʀ] *v.intr.* 1 (*in un'asta pubblica*) rilanciare 2 (*fig. letter.*) superare (**qlco, qlcu**).

enchérisseur [ɑ̃ʃeʀisœʀ] *n.m.* [f. *-euse*] (*nelle aste pubbliche*) offerente.

● ***dernier enchérisseur***, maggior offerente | ***fol enchérisseur***, aggiudicatario inadempiente.

enchevêtrement [ɑ̃ʃəvɛtʀəmɑ̃] *n.m.* groviglio, viluppo (*anche fig.*).

enchevêtrer [ɑ̃ʃəvetʀe] *v.tr.* 1 (*di cavallo*) incavezzare, incapestrare 2 (*edil.*) incastrare, collegare con travi 3 aggrovigliare ♦ **s'enchevêtrer** *v.pron.intr.* 1 (*di cavallo*) incapestrarsi 2 aggrovigliarsi.

enchevêtrure [ɑ̃ʃəvetʀyʀ] *n.f.* 1 (*edil.*) travatura 2 (*vet.*) incapestratura.

enclave [ɑ̃klav] *n.f.* 1 (*geogr., pol.*) enclave 2 (*dir.*) fondo (*m.*) intercluso 3 (*geol.*) inclusione.

enclaver [ɑ̃klave] *v.tr.* 1 incuneare 2 inserire; interporre.

enclenchement [ɑ̃klɑ̃ʃmɑ̃] *n.m.* 1 blocco meccanico; blocco elettrico 2 avviamento.

enclencher [ɑ̃klɑ̃ʃe] *v.tr.* (*mecc.*) 1 collegare (due parti meccaniche) 2 avviare, mettere in moto (*anche fig.*) ♦ **s'enclencher** *v.pron.intr.* innestarsi, avviarsi (*anche fig.*).

enclin [ɑ̃klɛ̃] *agg.* propenso, incline.

enclore [ɑ̃klɔʀ] *v.tr.dif.* [pres.indic.: *j'enclos, tu enclos, il enclôt, nous enclosons, vous enclosez, ils enclosent*; per le altre forme coniug. come *clore*] 1 recintare, chiudere 2 (*letter.*) racchiudere, rinchiudere.

enclos [ɑ̃klo] *p.p.* di **enclore** ♦ *n.m.* 1 steccato 2 recinto.

enclouer [ɑ̃klue] *v.tr.* inchiodare.

enclume [ɑ̃klym] *n.f.* 1 incudine 2 (*anat.*) incudine.

● ***être entre le marteau et l'enclume***, (*fig.*) essere tra l'incudine e il martello.

encoche [ɑ̃kɔʃ] *n.f.* 1 (*tecn.*) tacca 2 (*di freccia*) cocca.

encocher [ɑ̃kɔʃe] *v.tr.* 1 (*tecn.*) fare una tacca 2 (*una freccia*) incoccare.

E

encodage [ɑ̃kɔdaʒ] *n.m.* codificazione (*f.*).

encoder [ɑ̃kɔde] *v.tr.* codificare.

encoignure [ɑ̃kɔ(wa)ɲyʀ] *n.f.* 1 canto (*m.*), cantone (*m.*) 2 (*mobile*) cantonale (*m.*), angoliera.

encollage [ɑ̃kɔlaʒ] *n.m.* 1 incollatura (*f.*), incollaggio 2 (*ind. tess.*) imbozzimatura (*f.*).

encoller [ɑ̃kɔle] *v.tr.* 1 spalmare di colla; incollare 2 (*ind. tess.*) imbozzimare.

encolure [ɑ̃kɔlyʀ] *n.f.* 1 (*di cavallo*) incollatura 2 misura del collo 3 (*abbigl.*) scollo (*m.*), scollatura; collo (*m.*) 4 (*non com.*) collo (*m.*).

● (*mar.*) ***encolure d'une varangue***, altezza del punto mediano di un madiere sopra la chiglia.

encombrant [ɑ̃kɔ̃bʀɑ̃] *agg.* ingombrante; (*fig.*) fastidioso.

encombre, sans [sɑ̃zɑ̃kɔ̃bʀ] *avv.* senza intoppi.

encombré [ɑ̃kɔ̃bʀe] *agg.* ingombro; (*di traffico*) intasato: *une carrière encombrée*, una carriera senza sbocchi; *un marché encombré*, un mercato saturo.

encombrement [ɑ̃kɔ̃bʀəmɑ̃] *n.m.* 1 ingombro 2 (*di traffico*) intasamento 3 (*fig.*) saturazione (*f.*): *l'encombrement du marché*, la saturazione del mercato.

encombrer [ɑ̃kɔ̃bʀe] *v.tr.* 1 ingombrare 2 intralciare 3 (*fig.*) caricare, imbottire: *il encombrait son cerveau de notions inutiles*, si imbottiva la testa di nozioni inutili ♦ **s'encombrer** *v.pron.intr.* (*fam.*) caricarsi (*anche fig.*), accollarsi (**qlcu**).

encontre, à l' [alɑ̃kɔ̃tʀ] *avv.* contro, contrariamente a: *je n'ai rien à dire à l'encontre*, non ho nulla in contrario da dire.

● ***à l'encontre de***, contro: *aller à l'encontre de toutes les traditions*, andare contro ogni tradizione.

encorbellement [ɑ̃kɔʀbɛlmɑ̃] *n.m.* (*arch.*) aggetto, sbalzo.

● ***en encorbellement***, aggettante: *voûte en encorbellement*, volta a canestro.

encorder, s' [sɑ̃kɔʀde] *v.pron.* (*alpinismo*) disporsi in cordata.

encore [ɑ̃kɔʀ] *avv.* 1 ancora: *il n'est pas encore rentré*, non è ancora rientrato; *tu es encore en retard*, sei ancora in ritardo 2 almeno, ancora: *si encore tu étais reconnaissant*, (se) almeno fossi riconoscente; *encore s'il était spirituel*, ancora ancora fosse spiritoso ♦ *inter.* ancora.

● ***encore moins, moins encore***, ancora meno | ***encore que***, (*letter.*) sebbene, quantunque: *encore qu'il soit pauvre*, sebbene sia povero | ***et encore!***, (*fam.*) se anche, se pure: *il gagnera 1500 euros par mois et encore!*, guadagnerà sì e no 1500 euro al mese!; *il me faudra bien deux jours pour ranger la bibliothèque et encore!*, mi ci vorranno come minimo due giorni per riordinare la biblioteca! | ***mais encore***, ma anche: *non seulement il est riche, mais encore il est généreux*, non solo è ricco, ma anche generoso; *je veux bien partir demain, mais encore faudrait-il qu'il ne pleuve pas*, ho intenzione di partire domani, purché non piova; *"Tu auras des avantages" "Mais encore?"*, "Avrai dei vantaggi" "E quali?" | ***plus encore***, ***encore plus***, ancora (di) più: *il est encore plus riche que son frère*, è ancora più ricco di suo fratello; *j'en voudrais encore plus*, ne vorrei ancora di più.

encorner [ɑ̃kɔʀne] *v.tr.* incornare.

encoubler, s' [sɑ̃kuble] *v.pron.intr.* (*Svizzera*) inciampare; impigliarsi.

encourageant [ɑ̃kuʀaʒɑ̃] *agg.* incoraggiante.

encouragement [ɑ̃kuʀaʒmɑ̃] *n.m.* incoraggiamento.
● ***prix d'encouragement***, premio di consolazione.

E

encourager [ɑ̃kuʀaʒe] *v.tr.* [coniug. come *manger*] incoraggiare: *encourager qqn à faire qqch*, incoraggiare qlcu a fare qlco.
■ SIN. inciter CONTR. décourager.

encourir [ɑ̃kuʀiʀ] *v.tr.* [coniug. come *courir*] (*letter.*) incorrere (**in**).

encrage [ɑ̃kʀaʒ] *n.m.* (*tip.*) inchiostrazione (*f.*).

encrassement [ɑ̃kʀasmɑ̃] *n.m.* l'insudiciare; incrostazione (*f.*).

encrasser [ɑ̃kʀase] *v.tr.* sporcare, insudiciare; incrostare ♦ **s'encrasser** *v.pron.* e *pron.intr.* insudiciarsi, incrostarsi.

encre [ɑ̃kʀ] *n.f.* inchiostro (*m.*): *écrire à l'encre*, scrivere con l'inchiostro; *cette histoire a fait couler beaucoup d'encre*, (*estens.*) questa faccenda ha fatto versare fiumi d'inchiostro | *une nuit d'encre*, (*estens.*) una notte nera come l'inchiostro.
● ***se faire un sang d'encre***, (*fig.*) farsi cattivo sangue.

encrer [ɑ̃kʀe] *v.tr.* (*tip.*) inchiostrare.

encreur [ɑ̃kʀœʀ] *agg.m.* (*tip.*) inchiostratore.

encrier [ɑ̃kʀije] *n.m.* calamaio.

encroûtement [ɑ̃kʀutmɑ̃] *n.m.* **1** incrostazione (*f.*), incrostamento **2** (*fig.*) fossilizzazione (*f.*).

encroûter [ɑ̃kʀute] *v.tr.* **1** incrostare **2** (*fig.*) abbrutire ♦ **s'encroûter** *v.pron.intr.* **1** incrostarsi **2** (*fig. fam.*) fossilizzarsi.

enculé [ɑ̃kyle] *n.m.* (*volg.*) stronzo.

enculer [ɑ̃kyle] *v.tr.* (*volg.*) inculare.

encuver [ɑ̃kyve] *v.tr.* (*enol.*) mettere in un tino.

encyclique [ɑ̃siklik] *n.f.* (*eccl.*) enciclica ♦ *agg.* (*eccl.*) enciclico.

encyclopédie [ɑ̃siklɔpedi] *n.f.* enciclopedia.

NOTA ***L'Encyclopédie*** (o *Dictionnaire raisonné des sciences, des arts et des métiers*) è l'opera in 35 volumi pubblicata in Francia (1751-72) sotto la direzione di D. Diderot e J.-B. d'Alembert. L'opera si proponeva di rendere conto del progresso umano in tutti i campi, ispirandosi al pensiero illuminista, ma il lavoro degli *encyclopédistes* (tra i quali i maggiori furono Voltaire, Montesquieu, Rousseau e Buffon) venne osteggiato dal clero e dalla nobiltà reazionaria. *L'Encyclopédie* consentì lo sviluppo di una corrente di pensiero che faceva prevalere la ragione sui pregiudizi.

encyclopédique [ɑ̃siklɔpedik] *agg.* enciclopedico.

encyclopédiste [ɑ̃siklɔpedist] *n.m.* e *f.* enciclopedista.
● (*st. lett.*) ***Encyclopédiste***, enciclopedista, collaboratore dell'Encyclopédie.

endémique [ɑ̃demik] *agg.* endemico.

endettement [ɑ̃dɛtmɑ̃] *n.m.* indebitamento.

endetter [ɑ̃dete] *v.tr.* indebitare ♦ **s'endetter** *v.pron. intr.* indebitarsi.

endeuiller [ɑ̃dœje] *v.tr.* addolorare; gettare nel lutto.

endiablé [ɑ̃djɑble] *agg.* indiavolato.

endiguer [ɑ̃dige] *v.tr.* arginare (*anche fig.*).

endimancher, s' [sɑ̃dimɑ̃ʃe] *v.pron.* vestirsi a festa, mettersi in ghingheri.

endive [ɑ̃div] *n.f.* **1** (*bot.*) indivia, insalata belga **2** (*Belgio*) cicoria.

endo- *pref.* endo-.

endocrine [ɑ̃dɔkʀin] *agg.* (*anat.*) endocrino.

endocrinien [ɑ̃dɔkʀinjɛ̃] *agg.* [f. *-enne*] (*anat.*) endocrino.

endocrinologie [ɑ̃dɔkʀinɔlɔʒi] *n.f.* endocrinologia.

endocrinologiste [ɑ̃dɔkʀinɔlɔʒist] **endocrinologue** [ɑ̃dɔkʀinɔlɔg] *n.m.* e *f.* endocrinologo/a.

endoctrinement [ɑ̃dɔktʀinmɑ̃] *n.m.* indottrinamento.

endoctriner [ɑ̃dɔktʀine] *v.tr.* indottrinare, addottrinare.

endodontiste [ɑ̃dodɔ̃tist] *n.m.* e *f.* (*med.*) endodontista, endodonzista.

endogamie [ɑ̃dɔgami] *n.f.* endogamia.

endogène [ɑ̃dɔʒɛn] *agg.* endogeno.

endolori [ɑ̃dɔlɔʀi] *agg.* **1** indolenzito **2** (*fig.*) dolente.

endolorir [ɑ̃dɔlɔʀiʀ] *v.tr.* indolenzire; rendere dolente.

endomètre [ɑ̃dɔmɛtʀ] *n.m.* (*anat.*) endometrio.

endommager [ɑ̃dɔmaʒe] *v.tr.* [coniug. come *manger*] danneggiare.

endormant [ɑ̃dɔʀmɑ̃] *agg.* soporifero; noioso.

endormi [ɑ̃dɔʀmi] *p.p.* di **endormir** ♦ *agg.* addormentato (*anche fig.*).

endormir [ɑ̃dɔʀmiʀ] *v.tr.* [coniug. come *dormir*] **1** addormentare; sopire: *endormir la douleur*, sopire il dolore **2** attenuare: *endormir les soupçons de qqn*, attenuare i sospetti di qlcu **3** lusingare; ingannare ♦ **s'endormir** *v.pron.intr.* addormentarsi.
● ***s'endormir sur le rôti***, (*fig.*) dormire sugli allori.
■ V.TR. CONTR. **1** réveiller **2** éveiller.

endormissement [ɑ̃dɔʀmismɑ̃] *n.m.* dormiveglia; l'addormentarsi.

endos [ɑ̃do] *n.m.* (*banca*) girata (*f.*).

endoscopie [ɑ̃dɔskɔpi] *n.f.* (*med.*) endoscopia.

endossable [ɑ̃dosabl] *agg.* (*banca*) girabile, trasferibile.

endossement [ɑ̃dosmɑ̃] *n.m.* (*banca*) girata (*f.*).

endosser [ɑ̃dose] *v.tr.* **1** indossare **2** (*fig.*) addossarsi **3** (*banca*) girare **4** (*legatoria*) indorsare.

endothélial [ɑ̃dɔteljal] *agg.* [pl. *-aux*] (*anat.*) endoteliale.

endothélium [ɑ̃dɔteljɔm] *n.m.* (*anat.*) endotelio.

endroit [ɑ̃dʀwa] *n.m.* **1** posto, luogo; punto: *un joli endroit près de Tours*, un bel posto vicino a Tours; *à cet endroit du film*, a quel punto del film **2** (*di tessuto ecc.*) diritto **3** (*geogr.*) (*di montagna*) versante esposto al sole.
● ***à l'endroit***, a diritto: *maille à l'endroit*, (*nei lavori a maglia*) punto diritto | ***à l'endroit de***, (*letter.*) nei riguardi di, nei confronti di | ***au bon endroit***, al momento giusto, buono: *rire au bon endroit*, ridere al momento giusto | ***l'endroit sensible***, (*fig.*) il punto debole | ***le petit endroit***, (*fam.*) il gabinetto | ***par endroits***, a tratti, qua e là.
■ SIN. **1** lieu.

enduire [ɑ̃dɥiʀ] *v.tr.* [coniug. come *conduire*] **1** spalmare **2** ricoprire (**di**): *enduire un tuyau de minium*, dare una mano di minio a un tubo.

enduit [ɑ̃dɥi] *p.p.* di **enduire** ♦ ***n.m.*** **1** rivestimento, mano (*f.*) **2** intonaco, intonacatura (*f.*) **3** (*anat.*) secrezione (*f.*) **4** (*pitt.*) (*nella preparazione delle tele*) imprimitura (*f.*).
● (*med.*) ***enduit fœtal***, lanugine fetale.

endurance [ɑ̃dyʀɑ̃s] ***n.f.*** resistenza.

endurant [ɑ̃dyʀɑ̃] ***agg.*** resistente.

endurci [ɑ̃dyʀsi] ***agg.*** **1** indurito **2** (*fig.*) incallito.

endurcir [ɑ̃dyʀsiʀ] ***v.tr.*** indurire (*anche fig.*) ♦ **s'endurcir** ***v.pron.intr.*** indurirsi (*anche fig.*).

endurcissement [ɑ̃dyʀsismɑ̃] ***n.m.*** **1** resistenza (*f.*) **2** durezza (*f.*), insensibilità (*f.*): *endurcissement du cœur*, durezza di cuore.

endurer [ɑ̃dyʀe] ***v.tr.*** sopportare, patire.

enduro [ɑ̃dyʀo] ***n.m.*** (*motocicletta*) enduro.

énergétique [enɛʀʒetik] ***agg.*** energetico ♦ ***n.f.*** (*fis.*) energetica.

énergie [enɛʀʒi] ***n.f.*** **1** energia, vigore (*m.*) **2** (*fis., chim.*) energia.
● (*fis.*): ***énergie atomique***, ***solaire***, energia atomica, solare; ***énergie renouvelable***, energia rinnovabile; ***énergies douces***, energie alternative; ***sources d'énergie alternative***, fonti alternative di energia.

énergique [enɛʀʒik] ***agg.*** energico.

énergiquement [enɛʀʒikmɑ̃] ***avv.*** energicamente.

énergisant [enɛʀʒizɑ̃] ***agg.*** energetico, tonificante.

énergiser [enɛʀʒize] ***v.tr.*** dar tono, energia.

énergumène [enɛʀgymɛn] ***n.m.*** energumeno.

énervant [enɛʀvɑ̃] ***agg.*** snervante; irritante.
■ SIN. agaçant.

énervé [enɛʀve] ***agg.*** e ***n.m.*** irritato, innervosito; nervoso.

énervement [enɛʀvəmɑ̃] ***n.m.*** **1** irritabilità (*f.*); nervosismo **2** (*antiq.*) snervamento.

énerver [enɛʀve] ***v.tr.*** **1** irritare, innervosire **2** (*antiq.*) infiacchire ♦ **s'énerver** ***v.pron.intr.*** innervosirsi, spazientirsi.

enfance [ɑ̃fɑ̃s] ***n.f.*** **1** infanzia **2** (*fig. letter.*) infanzia; età delle origini **3** (*pl.*) (*nei titoli di poemi epici, medievali*) imprese giovanili (di eroi).
● ***enfance délinquante***, delinquenza minorile | ***c'est l'enfance de l'art***, (*fig.*) è un gioco da bambini | ***la petite enfance***, la prima infanzia | ***retomber en enfance***, rimbambire.

enfant [ɑ̃fɑ̃] ***n.m.*** e ***f.*** **1** bambino/a, bimbo/a **2** figlio/a: *attendre un enfant*, aspettare un bambino, un figlio ♦ ***agg.*** infantile.
● ***enfant chéri***, figlio prediletto; cocco | ***enfant de chœur***, chierichetto | ***enfant de la balle***, figlio d'arte | ***enfant du pays***, persona del luogo, del posto: *c'est l'enfant du pays le plus illustre*, è il più illustre concittadino | ***enfant gâté***, bambino viziato; enfant gâté | (*relig.*) ***Enfant Jésus***, Gesù Bambino | ***enfant prodige***, enfant prodige; bambino prodigio | ***enfant prodigue***, figliol prodigo | ***enfant terrible***, bambino terribile, peste; enfant terrible | ***enfant trouvé***, trovatello | ***bon enfant***, buon diavolo: *un air bon enfant*, un'aria da bravo ragazzo | ***faire l'enfant***, (*di una ragazza*) bamboleggiare | ***une femme enfant***, una donna bambina.

NOTA Le parole più usate dai bambini (***enfants***) francesi che non si esprimono ancora correttamente sono: *arreuh* o *oin oin* (uè uè), *bisou* (bacino), *bobo* (bibi, bua), *caca* (pupù, cacca), *cucu* (culetto, popò), *dodo* (nanna), *mémé* (nonnina), *menotte* (manina), *mimi* (carezza), *nounou* (tata), *nounours* (orsacchiotto), *pépé* (nonnino), *peton* (piedino), *riquiqui* (piccolino), *tata* (zietta), *toto* o *tutute* (macchinina), *zézette* o *zizi* (pisellino, pistolino).

enfanter [ɑ̃fɑ̃te] ***v.tr.*** (*letter.*) partorire (*anche fig.*).

enfantillage [ɑ̃fɑ̃tijaʒ] ***n.m.*** bambinata (*f.*), puerilità (*f.*).

enfantin [ɑ̃fɑ̃tɛ̃] ***agg.*** **1** infantile, puerile **2** semplice.
● (*Svizzera*) ***école enfantine***, scuola materna | ***littérature enfantine***, letteratura per l'infanzia.

enfant-soldat [ɑ̃fɑ̃sɔlda] ***n.m.*** [pl. *enfants-soldats*] bambino soldato.

enfariné [ɑ̃faʀine] ***agg.*** infarinato.
● ***le bec enfariné***, ***la gueule enfarinée***, (*fig.*) fresco come una rosa.

enfer [ɑ̃fɛʀ] ***n.m.*** **1** inferno (*anche fig.*) **2** enfer (settore di una biblioteca pubblica in cui sono conservati libri di argomento scabroso, consultabili solo dietro autorizzazione).
● ***d'enfer***, d'inferno, infernale | (*mit.*) ***les Enfers***, gli Inferi.

enfermement [ɑ̃fɛʀməmɑ̃] ***n.m.*** il rinchiudere; reclusione (*f.*).

enfermer [ɑ̃fɛʀme] ***v.tr.*** **1** (rin)chiudere: *enfermer un fou*, rinchiudere un pazzo **2** (*fig.*) racchiudere **3** circondare; chiudere: *une cour enfermée par de hauts immeubles*, un cortile cinto da alti palazzi ♦ **s'enfermer** ***v.pron.*** e ***pron.intr.*** chiudersi, rinchiudersi.
● ***être bon à enfermer***, (*fam.*) essere matto da legare.

enferrer [ɑ̃feʀe] ***v.tr.*** infilzare, trafiggere ♦ **s'enferrer** ***v.pron.intr.*** **1** infilzarsi, trafiggersi **2** (*di pesci*) abboccare **3** (*fig.*) darsi la zappa sui piedi.

enfiévré [ɑ̃fjevʀe] ***agg.*** febbrile.

enfiévrer [ɑ̃fjevʀe] ***v.tr.*** [coniug. come *céder*] **1** (*antiq.*) dare, far venire la febbre (**a**) **2** (*fig.*) infervorare.

enfilade [ɑ̃filad] ***n.f.*** infilata, fila: *une enfilade de colonnes*, una fuga di colonne.
● (*mil.*) ***tir d'enfilade***, tiro d'infilata.

enfilage [ɑ̃filaʒ] ***n.m.*** infilatura (*f.*).

enfiler [ɑ̃file] ***v.tr.*** **1** (*con un filo ecc.*) infilare **2** (*un vestito*) infilare, infilarsi **3** (*una strada ecc.*) imboccare: *enfiler une rue*, imboccare una strada.
● ***s'enfiler qqch***, (*fam.*) inghiottire, ingurgitare qlco; sbafarsi qlco.

enfin [ɑ̃fɛ̃] ***avv.*** **1** finalmente: *enfin, vous voilà!*, eccovi finalmente! **2** infine, alla fine: *les hommes, les femmes, enfin les enfants*, gli uomini, le donne, infine i ragazzi; *ils choisirent enfin de rester*, alla fine decisero di restare **3** (*senso restrittivo*) almeno: *c'est un beau livre, enfin, à ce qu'en dit la presse*, è un bel libro, almeno stando a quel che ne dicono i giornali **4** insomma, in breve: *il est patient, intelligent, courageux, enfin il possède toutes les qualités*, è paziente, intelligente, coraggioso, insomma ha tutte le qualità; *enfin, décide-toi!*, insomma deciditi!; *je ne peux pas vous aider, enfin, vous comprenez*, non posso aiutarvi, insomma, cercate di capire.

enflammé [ɑ̃fla(ɑ)me] ***agg.*** infiammato, acceso.

enflammer [ɑ̃fla(ɑ)me] ***v.tr.*** infiammare: *enflammer des feuilles mortes*, dar fuoco a delle foglie secche.

enflé [ɑ̃fle] ***agg.*** **1** gonfio **2** (*fig.*) tronfio; ampolloso ♦ ***n.m.*** (*fam.*) scemo.

enfler [ɑ̃fle] ***v.tr.*** gonfiare ♦ ***v.intr.*** gonfiarsi.

enflure [ɑ̃flyʀ] ***n.f.*** **1** gonfiore (*m.*) **2** (*fig.*) ampollosità.

E

E

enfoncé [ɑ̃fɔ̃se] *agg.* 1 infossato, incassato 2 conficcato; sprofondato: *le chapeau enfoncé jusqu'aux oreilles*, il cappello calcato fino agli orecchi.

enfoncement [ɑ̃fɔ̃smɑ̃] *n.m.* 1 (*di chiodi ecc.*) conficcamento 2 sprofondamento 3 affondamento 4 (*di porta ecc.*) sfondamento 5 (*di terreno*) avvallamento 6 (*di muro*) rientranza (*f.*).

enfoncer [ɑ̃fɔ̃se] *v.tr.* [coniug. come *placer*] 1 conficcare 2 affondare 3 sfondare 4 (*fam.*) sconfiggere ♦ *v.intr.* affondare ♦ **s'enfoncer** *v.pron.* e *pron.intr.* 1 conficcarsi 2 sprofondare 3 affondare 4 (*di terreno*) avvallarsi 5 (*di muro*) rientrare 6 (*fig.*) cadere in rovina 7 addentrarsi: *s'enfoncer dans la forêt*, addentrarsi nella foresta.

enfonceur [ɑ̃fɔ̃sœʀ] *n.m.* [f. *-euse*].
● ***enfonceur de porte(s) ouverte(s)***, (*fig.*) chi sfonda porte aperte.

enfouir [ɑ̃fwiʀ] *v.tr.* sotterrare; nascondere ♦ **s'enfouir** *v.pron.* nascondersi.

enfouissement [ɑ̃fwismɑ̃] *n.m.* sotterramento.

enfourcher [ɑ̃fuʀʃe] *v.tr.* inforcare.
● ***enfourcher son dada***, (*fig.*) riprendere l'argomento favorito.

enfournage [ɑ̃fuʀnaʒ] **enfournement** [ɑ̃fuʀnmɑ̃] *n.m.* infornata (*f.*).

enfourner [ɑ̃fuʀne] *v.tr.* 1 infornare 2 (*fam.*) sbafare 3 (*fam.*) ficcare, schiaffare.

enfreindre [ɑ̃fʀɛ̃dʀ] *v.tr.* [coniug. come *craindre*] infrangere.

enfuir, s' [sɑ̃fɥiʀ] *v.pron.intr.* [coniug. come *fuir*] 1 fuggire: *ils se sont enfuis*, sono fuggiti 2 (*fig.*) svanire.
■ SIN. s'échapper, se sauver.

enfumer [ɑ̃fyme] *v.tr.* affumicare, riempire di fumo.

engagé [ɑ̃gaʒe] *agg.* impegnato ♦ *n.m.* (soldato) volontario.
● (*econ.*) ***capital engagé***, capitale investito.

engageant [ɑ̃gaʒɑ̃] *agg.* 1 allettante, invitante 2 (*di persona*) attraente.

engagement [ɑ̃gaʒmɑ̃] *n.m.* 1 impegno: *faire honneurs à ses engagements*, soddisfare agli impegni presi 2 (*di denaro*) investimento: *engagement de capitaux*, investimento di capitali 3 assunzione (*f.*); (*teatr., cine.*) scrittura (*f.*); (*sport*) ingaggio; (*mil.*) arruolamento 4 avvio, inizio 5 invito, stimolo: *c'est un engagement à poursuivre*, è un invito a continuare 6 scaramuccia (*f.*) 7 introduzione (*f.*), inserimento 8 iscrizione (*f.*): *l'engagement pour une compétition*, l'iscrizione a una gara.
● (*sport*) ***balle d'engagement***, calcio d'inizio.

engager [ɑ̃gaʒe] *v.tr.* [coniug. come *manger*] 1 impegnare: *engager l'avenir*, ipotecare il futuro 2 (*denaro*) investire 3 assumere; (*teatr.*) scritturare; (*sport*) ingaggiare; (*mil.*) arruolare 4 intraprendere: *engager une discussion*, intavolare una discussione 5 esortare, invitare 6 far entrare, introdurre; (*aut.*) ingranare: *engager une vitesse*, ingranare una marcia ♦ **s'engager** *v.pron.* e *pron.intr.* 1 impegnarsi 2 impiegarsi; (*mil.*) arruolarsi 3 incominciare 4 entrare: *s'engager sur l'autoroute*, immettersi sull'autostrada.

engeance [ɑ̃ʒɑ̃s] *n.f.* (*spreg.*) genia, razza.

engelure [ɑ̃ʒlyʀ] *n.f.* gelone (*m.*).

engendrer [ɑ̃ʒɑ̃dʀe] *v.tr.* generare (*anche fig.*).

engin [ɑ̃ʒɛ̃] *n.m.* 1 arnese; apparecchio: *quel drôle d'engin!*, (*fam.*) che strano trabiccolo! 2 (*mil.*) mezzo: *engins de guerre*, ordigni di guerra 3 missile 4 (*sport*) attrezzo 5 (*Africa*) motorino 6 (*Africa*) mangianastri.
● (*mil.*) ***engin blindé***, mezzo corazzato | ***engin spatial***, veicolo spaziale.

englober [ɑ̃glɔbe] *v.tr.* inglobare; includere.

engloutir [ɑ̃glutiʀ] *v.tr.* 1 ingoiare, inghiottire 2 (*fig.*) inghiottire, assorbire, far sparire 3 (*fig.*) dissipare ♦ **s'engloutir** *v.pron.intr.* sprofondare.

engluer [ɑ̃glye] *v.tr.* invischiare, impaniare.

engoncer [ɑ̃gɔ̃se] *v.tr.* [coniug. come *placer*] 1 infagottare 2 (*fig.*) rendere goffo.

engorgement [ɑ̃gɔʀʒəmɑ̃] *n.m.* 1 ingorgo 2 (*fig.*) saturazione (*f.*).

engorger [ɑ̃gɔʀʒe] *v.tr.* [coniug. come *manger*] intasare, ostruire.

engouement [ɑ̃gumɑ̃] *n.m.* 1 infatuazione (*f.*) 2 (*med.*) ristagno.

engouer, s' [sɑ̃gwe] *v.pron.intr.* infatuarsi.

engouffrer [ɑ̃gufʀe] *v.tr.* 1 divorare 2 (*fig.*) inghiottire ♦ **s'engouffrer** *v.pron.intr.* 1 riversarsi 2 infilarsi.

engoulevent [ɑ̃gulvɑ̃] *n.m.* (*zool.*) caprimulgo.

engourdi [ɑ̃guʀdi] *agg.* intorpidito, torpido.

engourdir [ɑ̃guʀdiʀ] *v.tr.* intorpidire ♦ **s'engourdir** *v.pron.intr.* intorpidirsi.

engourdissement [ɑ̃guʀdismɑ̃] *n.m.* intorpidimento, torpore.

engrais [ɑ̃gʀɛ] *n.m.* 1 concime, fertilizzante 2 (*zootecn.*) ingrasso.

engraissement [ɑ̃gʀɛsmɑ̃] *n.m.* ingrasso.

engraisser [ɑ̃gʀese] *v.tr.* 1 ingrassare 2 concimare: *engraisser des terres*, concimare delle terre ♦ *v.intr.* ingrassare: *il a engraissé*, è ingrassato ♦ **s'engraisser** *v.pron.intr.* 1 ingrassarsi 2 (*fig.*) arricchirsi.

engranger [ɑ̃gʀɑ̃ʒe] *v.tr.* [coniug. come *manger*] 1 riporre (nel granaio) 2 (*fig.*) mettere da parte.

engrenage [ɑ̃gʀənaʒ] *n.m.* ingranaggio.
● ***mettre le doigt dans l'engrenage***, (*fig.*) andarsi a cacciare in un guaio.

engrener [ɑ̃gʀəne] *v.tr.* [coniug. come *semer*] (*mecc.*) ingranare.

engrosser [ɑ̃gʀose] *v.tr.* (*fam.*) mettere incinta.

engueulade [ɑ̃gœlad] *n.f.* (*fam.*) sfuriata, strapazzata.

engueuler [ɑ̃gœle] *v.tr.* (*fam.*) strapazzare, maltrattare ♦ **s'engueuler** *v.pron.rec.* (*fam.*) dirsene di tutti i colori.

enguirlander [ɑ̃giʀlɑ̃de] *v.tr.* 1 ornare di ghirlande 2 (*fam.*) strapazzare.

enhardir [ɑ̃aʀdiʀ] *v.tr.* imbaldanzire ♦ **s'enhardir** *v.pron.intr.* prendere coraggio.

énième [ɛnjɛm] *agg.* → **nième**.

énigmatique [enigmatik] *agg.* enigmatico.

énigme [enigm] *n.f.* enigma (*m.*).
■ SIN. mystère.

enivrant [ɑ̃nivʀɑ̃] *agg.* inebriante.

enivrement [ɑ̃nivʀəmɑ̃] *n.m.* ebbrezza (*f.*).

enivrer [ɑ̃nivʀe] *v.tr.* ubriacare; (*fig.*) inebriare.

enjambée [ɑ̃ʒɑ̃be] *n.f.* passo (*m.*).

enjamber [ɑ̃ʒɑ̃be] *v.tr.* scavalcare.

enjeu [ɑ̃ʒø] *n.m.* [pl. *-eux*] 1 (*al gioco*) posta (*f.*) 2 (*fig.*) posta (*f.*) in gioco: *l'enjeu de la guerre*, la posta in gioco nella guerra.

enjoindre [ɑ̃ʒwɛ̃dʀ] *v.tr.* [coniug. come *joindre*] intimare.

enjoint [ɑ̃ʒwɛ̃] *p.p.* di **enjoindre**.

enjôlement [ɑ̃ʒolmɑ̃] *n.m.* raggiro, lusinga (*f.*).

enjôler [ɑ̃ʒole] *v.tr.* raggirare, lusingare.

enjôleur [ɑ̃ʒolœʀ] *agg.* e *n.m.* [f. *-euse*] seduttore.

enjolivement [ɑ̃ʒɔlivmɑ̃] *n.m.* ornamento, abbellimento.

enjoliver [ɑ̃ʒɔlive] *v.tr.* adornare, abbellire.

enjoliveur [ɑ̃ʒɔlivœʀ] *n.m.* (*aut.*) disco coprimozzo.

enjolivure [ɑ̃ʒɔlivyʀ] *n.f.* fregio (*m.*), svolazzo (*m.*).

enjoué [ɑ̃ʒwe] *agg.* vivace, gioviale.

enjouement [ɑ̃ʒumɑ̃] *n.m.* 1 buonumore 2 brio, vivacità (*f.*).

enkyster, s' [sɑ̃kiste] *v.pron.* (*biol., med.*) incistarsi.

enlacement [ɑ̃lɑsmɑ̃] *n.m.* abbraccio, stretta (*f.*).

enlacer [ɑ̃lɑse] *v.tr.* [coniug. come *placer*] 1 avvolgere 2 abbracciare, cingere ♦ **s'enlacer** *v.pron.rec.* e *pron. intr.* 1 avvolgersi 2 abbracciarsi.

enlaidir [ɑ̃lediʀ] *v.tr.* e *intr.* imbruttire: *elle a enlaidi*, (si) è imbruttita.

enlaidissement [ɑ̃ledismɑ̃] *n.m.* imbruttimento.

enlevé [ɑ̃lve] *agg.* eseguito brillantemente, con maestria.

● ***style enlevé***, stile brillante.

enlèvement [ɑ̃lɛvmɑ̃] *n.m.* 1 rimozione (*f.*) 2 ritiro; (*comm.*) presa (*f.*) 3 rapimento 4 (*mil.*) presa (*f.*), espugnazione (*f.*).

● (*dir.*): ***enlèvement de mineur***, ratto di minorenne; ***enlèvement parental***, trasferimento all'estero non autorizzato di un figlio da parte di un genitore divorziato.

enlever [ɑ̃lve] *v.tr.* [coniug. come *lever*] 1 togliere 2 portare via 3 rapire 4 (*mil.*) espugnare: *enlever une place*, espugnare una posizione 5 (*consensi ecc.*) guadagnare, riscuotere: *enlever une victoire*, strappare una vittoria 6 eseguire brillantemente ♦ **s'enlever** *v.pron.* togliersi: *enlève-toi de là!*, (*fam.*) togliti di lì!

enlisement [ɑ̃lizmɑ̃] *n.m.* 1 (*in sabbie mobili, terreno cedevole ecc.*) affondamento, sprofondamento 2 l'impantanarsi (*anche fig.*).

enliser, s' [sɑ̃lize] *v.pron.* e *pron.intr.* 1 (*in sabbie mobili, terreno cedevole ecc.*) affondare, sprofondare 2 (*fig.*) impantanarsi.

enluminer [ɑ̃lymine] *v.tr.* 1 miniare 2 (*estens.*) colorire.

enlumineur [ɑ̃lyminœʀ] *n.m.* [f. *-euse*] miniatore, miniaturista.

enluminure [ɑ̃lyminyʀ] *n.f.* miniatura.

enneigé [ɑ̃neʒe] *agg.* coperto di neve, innevato.

enneigement [ɑ̃nɛʒmɑ̃] *n.m.* innevamento, altezza (*f.*) della neve.

● ***bulletin d'enneigement***, bollettino della neve.

ennemi [ɛnmi] *agg.* e *n.m.* nemico.

● ***c'est autant de pris sur l'ennemi***, è tanto di guadagnato.

■ SIN. ami.

ennoblir [ɑ̃nɔbliʀ] *v.tr.* nobilitare.

ennoblissement [ɑ̃nɔblismɑ̃] *n.m.* nobilitazione (*f.*).

ennui [ɑ̃nɥi] *n.m.* 1 noia (*f.*) 2 preoccupazione (*f.*): *il a des ennuis avec son fils*, suo figlio gli dà delle preoccupazioni 3 seccatura (*f.*): *l'ennui c'est que*, la seccatura è che.

● ***ennuis d'argent***, difficoltà finanziarie | ***pour comble d'ennui***, per colmo di sventura.

ennuyé [ɑ̃nɥije] *agg.* 1 annoiato 2 seccato, infastidito.

ennuyer [ɑ̃nɥije] *v.tr.* [coniug. come *employer*] 1 annoiare 2 preoccupare 3 contrariare, seccare: *est-ce que cela vous ennuierait si*, le dispiace se ♦ **s'ennuyer** *v.pron.intr.* annoiarsi.

■ V.TR. SIN. 2 préoccuper, inquiéter 3 énerver, agaçer.

ennuyeux [ɑ̃nɥijø] *agg.* [f. *-euse*] 1 noioso 2 preoccupante: *une affaire ennuyeuse*, una cosa seria, preoccupante 3 seccante 4 imbarazzante: *question ennuyeuse*, domanda imbarazzante.

énoncé [enɔ̃se] *n.m.* 1 enunciazione (*f.*) 2 (*ling., mat.*) enunciato.

● (*dir.*) ***énoncé d'un jugement***, testo di una sentenza.

énoncer [enɔ̃se] *v.tr.* [coniug. come *placer*] enunciare, formulare.

énonciation [enɔ̃sjasjɔ̃] *n.f.* 1 enunciazione, formulazione 2 (*dir.*) dichiarazione.

enorgueillir [ɑ̃nɔʀgœjiʀ] *v.tr.* inorgoglire ♦ **s'enorgueillir** *v.pron.intr.* inorgoglirsi.

énorme [enɔʀm] *agg.* enorme.

● ***à l'énorme majorité***, per la stragrande maggioranza | ***mais c'est énorme!***, ma è pazzesco!

■ SIN. démesuré.

énormément [enɔʀmemɑ̃] *avv.* enormemente, moltissimo: *il y a énormément de monde*, c'è un sacco di gente.

énormité [enɔʀmite] *n.f.* enormità.

enquérir, s' [sɑ̃keʀiʀ] *v.pron.intr.* [coniug. come *acquérir*] informarsi.

enquête [ɑ̃kɛt] *n.f.* inchiesta, indagine.

● ***enquête d'échantillons***, indagine campionaria | ***enquête d'opinion***, indagine demoscopica.

enquêter [ɑ̃kete] *v.intr.* fare un'inchiesta, indagare.

enquêteur [ɑ̃kɛtœʀ] *agg.* [f. *-euse*] inquirente ♦ *n.m.* 1 inquirente 2 agente investigativo, detective 3 (*stat.*) campionatore.

enquiquinant [ɑ̃kikinɑ̃] *agg.* (*fam.*) scocciante.

enquiquinement [ɑ̃kikinmɑ̃] *n.m.* (*fam.*) scocciatura (*f.*).

enquiquiner [ɑ̃kikine] *v.tr.* (*fam.*) scocciare.

enquiquineur [ɑ̃kikinœʀ] *n.m.* [f. *-euse*] (*fam.*) scocciatore.

enquis [ɑ̃ki] *p.p.* di **enquérir, s'**.

enraciné [ɑ̃ʀasine] *agg.* (*fig.*) radicato: *croyance solidement enracinée*, credenza fortemente radicata.

enraciner [ɑ̃ʀasine] *v.tr.* far attecchire; (*fig.*) far radicare ♦ **s'enraciner** *v.pron.intr.* attecchire; (*fig.*) radicarsi.

enragé [ɑ̃ʀaʒe] *agg.* 1 arrabbiato, furibondo 2 accanito ♦ *n.m.* fanatico, patito: *c'est un enragé de rock*, va pazzo per il rock.

● ***chien enragé***, cane rabbioso.

enrageant [ɑ̃ʀaʒɑ̃] *agg.* irritante, che fa rabbia.

enrager [ɑ̃ʀaʒe] *v.intr.* [coniug. come *manger*] essere furioso, rabbioso (**per**).

● ***faire enrager***, mandare in bestia.

enrayer [ɑ̃ʀeje] *v.tr.* [coniug. come *payer*] 1 (*ruota*) ostacolare, frenare 2 (*meccanismo, arma ecc.*) inceppare 3 (*fig.*) arrestare, contenere ♦ **s'enrayer** *v.pron.intr.* (*di meccanismo, arma ecc.*) incepparsi.

enrégimenter [ɑ̃ʀeʒimɑ̃te] *v.tr.* irreggimentare.

E

enregistrement [ɑ̃ʀəʒistʀəmɑ̃] *n.m.* registrazione (*f.*).
● (*inform.*) ***enregistrement en tête***, registrazione iniziale | ***enregistrement vidéo***, videoregistrazione | (***bureau de l'***)***enregistrement***, ufficio del registro | ***droits d'enregistrement***, imposta di registro | ***numéro d'enregistrement***, numero di protocollo.

enregistrer [ɑ̃ʀəʒistʀe] *v.tr.* registrare | *enregistrer des bagages*, spedire del bagaglio appresso.
● ***c'est enregistré!, j'ai enregistré!***, (*fam.*) messaggio ricevuto!

E

enregistreur [ɑ̃ʀəʒistʀœʀ] *agg.* [f. *-euse*] registratore ♦ *n.m.* (*apparecchio*) registratore.
● ***caisse enregistreuse***, registratore di cassa.

enrhumé [ɑ̃ʀyme] *agg.* raffreddato: *je suis enrhumé*, sono raffreddato.

enrhumer [ɑ̃ʀyme] *v.tr.* far venire un raffreddore (a) ♦ **s'enrhumer** *v.pron.intr.* raffreddarsi.

enrichir [ɑ̃ʀiʃiʀ] *v.tr.* arricchire (*anche fig.*) ♦ **s'enrichir** *v.pron.* e *pron.intr.* arricchirsi (*anche fig.*).

enrichissant [ɑ̃ʀiʃisɑ̃] *agg.* (*fig.*) che arricchisce: *expérience enrichissante*, esperienza formativa.

enrichissement [ɑ̃ʀiʃismɑ̃] *n.m.* arricchimento (*anche fig.*).
● (*amm.*) ***enrichissement des tâches***, riqualificazione delle mansioni.

enrobage [ɑ̃ʀɔbaʒ] *n.m.* rivestimento, copertura (*f.*).

enrobé [ɑ̃ʀɔbe] *agg.* (*fam.*) grassoccio, cicciotto.

enrobement [ɑ̃ʀɔbmɑ̃] *n.m.* → **enrobage**.

enrober [ɑ̃ʀɔbe] *v.tr.* 1 ricoprire 2 (*fig.*) attenuare.

enrôlé [ɑ̃ʀole] *agg.* e *n.m.* arruolato.

enrolement [ɑ̃ʀolmɑ̃] *n.m.* arruolamento, reclutamento.

enrôler [ɑ̃ʀole] *v.tr.* 1 arruolare 2 (*estens.*) associare: *nous l'avons enrôlé dans notre groupe*, l'abbiamo associato al nostro gruppo ♦ **s'enrôler** *v.pron.* e *pron.intr.* 1 arruolarsi 2 (*estens.*) associarsi (a), aderire (a).

enroué [ɑ̃ʀwe] *agg.* rauco.

enrouement [ɑ̃ʀumɑ̃] *n.m.* raucedine (*f.*).

enrouer [ɑ̃ʀwe] *v.tr.* rendere rauco ♦ **s'enrouer** *v.pron.intr.* diventare rauco, arrochirsi.

enroulement [ɑ̃ʀulmɑ̃] *n.m.* 1 arrotolamento 2 (*arch.*) voluta (*f.*).

enrouler [ɑ̃ʀule] *v.tr.* arrotolare, avvolgere ♦ **s'enrouler** *v.pron.* avvolgersi.

enrouleur [ɑ̃ʀulœʀ] *n.m.* e *agg.* [f. *-euse*] avvolgitore.
● ***enrouleur sur roues***, avvolgitore di tubo.

enrubanner [ɑ̃ʀybane] *v.tr.* infiocchettare.

ensablement [ɑ̃sabləmɑ̃] *n.m.* 1 (*di porto*) insabbiamento 2 (*di nave*) arenamento 3 cumulo, banco di sabbia.

ensabler, s' [sɑ̃sable] *v.pron.intr.* 1 (*di porto ecc.*) insabbiarsi 2 (*di nave*) arenarsi.

ensacher [ɑ̃saʃe] *v.tr.* insaccare.

ensanglanter [ɑ̃sɑ̃glɑ̃te] *v.tr.* insanguinare.

enseignant [ɑ̃sɛɲɑ̃] *agg.* e *n.m.* insegnante, docente | *le corps enseignant, les enseignants*, gli insegnanti, il corpo docente.

enseigne [ɑ̃sɛɲ] *n.f.* 1 insegna 2 (*letter.*) insegna, bandiera ♦ *n.m.* (*ant.*) alfiere, portabandiera.
● (*mar.*): ***enseigne de vaisseau de première classe***, sottotenente di vascello; ***enseigne de vaisseau de seconde classe***, guardiamarina | ***à telle(s) enseigne(s) que***, tant'è vero che | ***être logé à la même enseigne***, (*fig.*) essere nella stessa barca.

enseignement [ɑ̃sɛɲmɑ̃] *n.m.* insegnamento.
● ***enseignement assisté par ordinateur*** (EAO), didattica informatizzata.

enseigner [ɑ̃sɛɲe] *v.tr.* insegnare.
■ SIN. apprendre.

ensemble[1] [ɑ̃sɑ̃bl] *avv.* insieme.

ensemble[2] *n.m.* 1 insieme 2 sincronia (*f.*), accordo, unità (*f.*): *cette œuvre manque d'ensemble*, quell'opera manca di unità 3 serie (*f.*) 4 (*abbigl.*) insieme, completo 5 (*mus.*) complesso, formazione (*f.*).
● ***dans l'ensemble***, nel complesso | (*edil.*) ***grand ensemble***, complesso edilizio (spec. residenziale) | (*mat.*) ***théorie des ensembles***, insiemistica | ***vue d'ensemble***, visione complessiva.

ensemblier [ɑ̃sɑ̃blije] *n.m.* ambientatore; arredatore.

ensemencement [ɑ̃smɑ̃smɑ̃] *n.m.* 1 semina (*f.*) 2 (*biol.*) inseminazione (*f.*).

ensemencer [ɑ̃smɑ̃se] *v.tr.* [coniug. come *placer*] 1 seminare 2 (*biol.*) inseminare 3 (*stagno ecc.*) ripopolare.

enserrer [ɑ̃seʀe] *v.tr.* 1 rinserrare 2 racchiudere.

ensevelir [ɑ̃səvliʀ] *v.tr.* 1 (*un cadavere*) avvolgere in un sudario 2 seppellire (*anche fig.*) ♦ **s'ensevelir** *v.pron.intr.* seppellirsi (*anche fig.*).

ensevelissement [ɑ̃səvlismɑ̃] *n.m.* seppellimento.

ensoleillé [ɑ̃sɔleje] *agg.* soleggiato.

ensoleillement [ɑ̃sɔlɛjmɑ̃] *n.m.* 1 soleggiamento 2 (*meteor.*) insolazione (*f.*).

ensoleiller [ɑ̃sɔleje] *v.tr.* illuminare, rischiarare.

ensommeillé [ɑ̃sɔmeje] *agg.* assonnato, insonnolito.

ensorcelant [ɑ̃sɔʀsəlɑ̃] *agg.* ammaliatore.

ensorceler [ɑ̃sɔʀsəle] *v.tr.* [coniug. come *appeler*] stregare, ammaliare.

ensorceleur [ɑ̃sɔʀsəlœʀ] *agg.* [f. *-euse*] ammaliatore.

ensorcellement [ɑ̃sɔʀsɛlmɑ̃] *n.m.* ammaliamento, malia (*f.*).

ensuite [ɑ̃sɥit] *avv.* poi, dopo.

ensuivre, s' [sɑ̃sɥivʀ] *v.pron.dif.* [coniug. come *suivre*; usato all'inf. e alla terza pers.sing. e pl. di ciascun tempo; ai tempi composti il pref. *en* si stacca dal v.] 1 seguire 2 derivare, conseguire: *il s'ensuit que vous avez tort*, ne consegue che avete torto; *il s'en est suivi que*, ne è derivato che.
● ***et tout ce qui s'ensuit***, e via di seguito | ***jusqu'à ce que mort s'ensuive***, finché morte non sopravvenga.

ensuqué [ɑ̃syke] *agg.* (*fam.*) stanco, addormentato.

entablement [ɑ̃tabləmɑ̃] *n.m.* 1 trabeazione (*f.*) 2 cornicione.

entacher [ɑ̃taʃe] *v.tr.* 1 contaminare; (*fig.*) macchiare: *discours entaché de pessimisme*, discorso intriso di pessimismo 2 (*dir.*) infirmare, viziare: *arrêt entaché de nullité*, ordinanza viziata di nullità.

entaille [ɑ̃taj] *n.f.* 1 incisione, intaglio (*m.*); tacca 2 taglio (*m.*), ferita.

entailler [ɑ̃taje] *v.tr.* intagliare, intaccare.

entame [ɑ̃tam] *n.f.* 1 (*di arrosto ecc.*) prima fetta tagliata 2 (*alle carte*) prima carta giocata.

entamer [ɑ̃tame] *v.tr.* 1 intaccare (*anche fig.*) 2 incominciare: *entamer une discussion*, intavolare una discussione 3 scalfire, incidere.

entartrer [ɑ̃taʀtʀe] *v.tr.* incrostare di tartaro.

entassement [ɑ̃tɑsmɑ̃] *n.m.* **1** ammassamento, ammucchiamento **2** ammasso.

entasser [ɑ̃tɑse] *v.tr.* ammucchiare, accatastare.

entendement [ɑ̃tɑ̃dmɑ̃] *n.m.* **1** intelletto, intendimento **2** buonsenso, giudizio.

entendre [ɑ̃tɑ̃dʀ] *v.tr.* [coniug. come *rendre*] **1** sentire, udire **2** ascoltare **3** capire, intendere: *je ne t'entends pas*, non ti capisco **4** intendere, voler significare, voler dire: *qu'est-ce que tu entends par là?*, che cosa intendi (dire) con ciò? **5** pretendere ♦ **s'entendre** *v.pron.intr.* intendersi (**di**) ♦ *v.pron.rec.* **1** intendersi, capirsi **2** accordarsi.
● ***entendre mal***, essere duro di orecchi | ***à l'entendre***, a sentire lui: *à l'entendre il est innocent*, a sentire lui è innocente | ***(cela) s'entend!***, si capisce! | ***ce qu'il faut entendre!***, (*fam.*) che cosa ci, mi tocca sentire! | ***fais comme tu l'entends***, fai come vuoi | ***il ne l'entend pas de cette oreille-là***, (*anche fig.*) non ci sente da quell'orecchio | ***il ne veut pas entendre raison***, non vuol sentir ragioni | ***laisser (à) entendre***, lasciar capire | ***on aura tout entendu!***, roba da matti! | ***s'y entendre***, intendersene.

entendu [ɑ̃tɑ̃dy] *p.p.* di **entendre** ♦ *agg.* **1** inteso **2** complice, d'intesa | *un sourire entendu*, un sorriso d'intesa.
● ***bien entendu!***, certo!, beninteso! | ***bien entendu que***, beninteso che: *bien entendu que oui, que non*, certo che sì, che no | ***(c'est) entendu!***, siamo intesi! | ***prendre un air entendu***, darsi arie di saperla lunga.

entente [ɑ̃tɑ̃t] *n.f.* intesa, accordo (*m.*).
● ***vivre en bonne entente***, vivere in buona armonia.

entériner [ɑ̃teʀine] *v.tr.* (*dir.*) interinare.

entérite [ɑ̃teʀit] *n.f.* (*med.*) enterite.

entéro- *pref.* entero-.

entérocolite [ɑ̃teʀɔkɔlit] *n.f.* (*med.*) enterocolite.

enterrement [ɑ̃tɛʀmɑ̃] *n.m.* **1** tumulazione (*f.*), sepoltura (*f.*) **2** funerale **3** (*fig.*) fine (*f.*), insabbiamento.
● ***messe d'enterrement***, messa funebre.

enterrer [ɑ̃teʀe] *v.tr.* **1** sotterrare, interrare: *enterrer une canalisation*, interrare le tubazioni **2** seppellire **3** (*fig.*) insabbiare: *enterrer un projet*, insabbiare un progetto ♦ **s'enterrer** *v.pron.intr.* (*fig.*) seppellirsi.
■ V.TR. SIN. **2** inhumer.

entêtant [ɑ̃tɛtɑ̃] *agg.* che stordisce.

en-tête [ɑ̃tɛt] *n.m.* [pl. *en-têtes*] intestazione (*f.*).
● ***papier à en-tête***, carta intestata.

entêté [ɑ̃tete] *agg.* e *n.m.* testardo.
■ SIN. têtu.

entêtement [ɑ̃tɛtmɑ̃] *n.m.* testardaggine (*f.*).

entêter [ɑ̃tete] *v.tr.* stordire, dare alla testa ♦ **s'entêter** *v.pron.intr.* ostinarsi, impuntarsi.

enthousiasmant [ɑ̃tuzjasmɑ̃] *agg.* entusiasmante.

enthousiasme [ɑ̃tuzjasm] *n.m.* entusiasmo.

enthousiasmer [ɑ̃tuzjasme] *v.tr.* entusiasmare ♦ **s'enthousiasmer** *v.pron.intr.* entusiasmarsi.

enthousiaste [ɑ̃tuzjast] *agg.* e *n.m.* e *f.* entusiasta.

entichement [ɑ̃tiʃmɑ̃] *n.m.* infatuazione (*f.*), capriccio.

enticher, s' [sɑ̃tiʃe] *v.pron.intr.* incapricciarsi, invaghirsi.

entier [ɑ̃tje] *agg.* [f. *-ère*] **1** intero **2** completo, assoluto: *ils ont une entière confiance en lui*, hanno completa fiducia in lui **3** integro, intatto ♦ *n.m.* intero.
● ***en entier***, per intero | ***la question reste entière***, la questione è ancora aperta.

entièrement [ɑ̃tjɛʀmɑ̃] *avv.* interamente, completamente.

entièreté [ɑ̃tjɛʀte] *n.f.* (*Belgio*) totalità, interezza.

entité [ɑ̃tite] *n.f.* entità.

entoilage [ɑ̃twalaʒ] *n.m.* **1** intelamento **2** (*per rivestimenti*) tela (*f.*).

entoiler [ɑ̃twale] *v.tr.* intelare.

entomologie [ɑ̃tɔmɔlɔʒi] *n.f.* entomologia.

entomologiste [ɑ̃tɔmɔlɔʒist] *n.m.* e *f.* entomologo/a.

entonner [ɑ̃tɔne] *v.tr.* intonare: *entonner les louanges de qqn*, (*fig.*) tessere le lodi di qlcu.

entonnoir [ɑ̃tɔnwaʀ] *n.m.* **1** imbuto **2** cavità (*f.*) **3** (*geol.*) (*di vulcano*) cratere imbutiforme.

entorse [ɑ̃tɔʀs] *n.f.* **1** storta, distorsione: *se faire une entorse*, prendere una storta **2** strappo (*m.*): *faire une entorse à un règlement*, contravvenire a un regolamento.
■ SIN. **1** foulure.

entortiller [ɑ̃tɔʀtije] *v.tr.* **1** attorcigliare; avvolgere **2** (*fig.*) circuire, raggirare ♦ **s'entortiller** *v.pron.intr.* **1** attorcigliarsi; avvolgersi **2** (*fig.*) ingarbugliarsi.

entour, à l' [alɑ̃tuʀ] *avv.* nei dintorni, nelle vicinanze.

entourage [ɑ̃tuʀaʒ] *n.m.* **1** contorno **2** (*di persone*) cerchia: *il se méfiait de son entourage*, diffidava delle persone che gli stavano intorno.
■ SIN. **2** cercle, milieu, compagnie.

entourer [ɑ̃tuʀe] *v.tr.* circondare, attorniare ♦ **s'entourer** *v.pron.intr.* circondarsi.

entourloupette [ɑ̃tuʀlupɛt] *n.f.* tiro (*m.*) mancino.

entournure [ɑ̃tuʀnyʀ] *n.f.* giro (*m.*) della manica.
● ***gêné aux entournures***, (*fam.*) a disagio.

entracte [ɑ̃tʀakt] *n.m.* **1** (*durante uno spettacolo*) intervallo **2** (*fig.*) pausa (*f.*).

entraide [ɑ̃tʀɛd] *n.f.* mutua assistenza.

entraider, s' [sɑ̃tʀede] *v.pron.rec.* aiutarsi.

entrailles [ɑ̃tʀɑj] *n.f.pl.* **1** interiora, viscere **2** (*fig.*) cuore (*m.sing.*): *être remué jusqu'aux entrailles*, essere commosso nel profondo dell'animo.

entr'aimer, s' [sɑ̃tʀeme] *v.pron.* e *pron.rec.* amarsi.

entrain [ɑ̃tʀɛ̃] *n.m.* lena (*f.*); vivacità (*f.*).
● ***avec entrain***, alacremente, di buona lena.

entraînant [ɑ̃tʀɛnɑ̃] *agg.* avvincente.

entraînement [ɑ̃tʀɛnmɑ̃] *n.m.* **1** impulso **2** (*sport*) allenamento, addestramento **3** (*tecn.*) trasmissione.
● (*tecn.*) ***arbre d'entraînement***, albero motore.

entraîner [ɑ̃tʀene] *v.tr.* **1** trascinare, trasportare: *les circonstances l'ont entraîné à faire cela*, le circostanze l'hanno portato a fare questo **2** (*fig.*) causare, provocare **3** (*mecc.*) azionare **4** (*sport*) allenare ♦ **s'entraîner** *v.pron.intr.* **1** (*sport*) allenarsi **2** (*mil.*) addestrarsi.

entraîneur [ɑ̃tʀɛnœʀ] *n.m.* [f. *-euse*] (*sport*) allenatore.

entr'apercevoir [ɑ̃tʀapɛʀsəvwaʀ] *v.tr.* [coniug. come *apercevoir*] intravvedere.

entrave [ɑ̃tʀav] *n.f.* **1** pastoia (*anche fig.*) **2** (*fig.*) ostacolo (*m.*), impedimento (*m.*).

entraver [ɑ̃tʀave] *v.tr.* **1** impastoiare (*anche fig.*) **2** (*fig.*) ostacolare.

entre [ɑ̃tʀ] *prep.* **1** tra, fra: *entre Milan et Rome*, tra Milano e Roma; *il prit sa tête entre ses mains*, si prese la testa fra le mani; *entre midi et deux heures*, tra mezzogiorno e le due; *il y eut une discussion entre eux*, ci fu una discussione fra loro **2** (*partitivo*) di, tra: *l'un d'entre*

E

vous, uno di voi; *choisir entre plusieurs*, scegliere tra molti.

● ***entr'autres, entre autres (choses)***, (*fam.*) fra le altre cose, tra l'altro | ***entre les deux***, così così: *"Fait-il beau?" "Entre les deux"*, "È bello il tempo?" "Così così" | ***d'entre les mains***, di mano, dalle mani: *il lui échappa d'entre les mains*, gli sfuggì di mano | ***soit dit entre nous***, (sia) detto tra noi.

entr(e)- *pref.* inter-, intra-, tra-, intro-.

entrebâillement [ɑ̃tʀəbajmɑ̃] *n.m.* spiraglio.

E

entrebâiller [ɑ̃tʀəbaje] *v.tr.* socchiudere.

entrechat [ɑ̃tʀəʃa] *n.m.* (*ballo*) scambietto.

entrechoquer [ɑ̃tʀəʃɔke] *v.tr.* far cozzare, far urtare ♦ **s'entrechoquer** *v.pron.rec.* cozzare, scontrarsi (*anche fig.*).

entrecôte [ɑ̃tʀəkot] *n.f.* (*cuc.*) costata.

entrecouper [ɑ̃tʀəkupe] *v.tr.* frammezzare: *sa voix était entrecoupée de sanglots*, la sua voce era rotta dai singhiozzi.

entrecroisement [ɑ̃tʀəkʀwazmɑ̃] *n.m.* incrocio.

entrecroiser [ɑ̃tʀəkʀwaze] *v.tr.* incrociare; intrecciare ♦ **s'entrecroiser** *v.pron.intr.* incrociarsi, intersecarsi.

entre-déchirer, s' [sɑ̃tʀədeʃiʀe] *v.pron.rec.* (*letter.*) dilaniarsi, sbranarsi (*anche fig.*).

entre-deux [ɑ̃tʀədø] *n.m.invar.* **1** (*abbigl.*) falsatura (*f.*), tramezzo **2** spazio fra due cose; (*fig.*) via (*f.*) di mezzo **3** (*arredamento*) console (*f.*) tra due finestre **4** (*basket*) rimessa (*f.*) a due.

entre-deux-guerres [ɑ̃tʀədøgɛʀ] *n.m.invar.* periodo fra la prima e la seconda guerra mondiale.

entre-dévorer, s' [sɑ̃tʀədevɔʀe] *v.pron.rec.* (*letter.*) sbranarsi (*anche fig.*).

entrée [ɑ̃tʀe] *n.f.* **1** ingresso (*m.*), entrata **2** (*tecn.*) apertura, bocca, imbocco (*m.*), imboccatura: *l'entrée du port*, l'imboccatura del porto **3** (*inform.*) input (*m.*); invio (*m.*): *touche entrée*, tasto invio **4** (*cuc.*) prima portata, primo (*m.*) piatto (dopo gli antipasti) **5** (*ling.*) lemma (*m.*), voce **6** (*pl.*) (*comm.*) entrate, redditi (*m.*).

● (*inform.*) ***entrée dans le réseau, le système***, connessione alla rete, al sistema | (*econ.*) ***entrée de capitaux***, afflusso di capitali | ***entrée en fonction***, entrata in funzione | ***entrée interdite***, ingresso vietato | ***entrée libre, payante***, ingresso libero, a pagamento | ***à l'entrée de***, all'entrata di | ***avoir ses entrées chez qqn***, avere libero accesso presso qlcu | ***comme entrée en matière***, tanto per cominciare | ***examen d'entrée***, esame d'ammissione | (*teatr.*) ***faire son entrée***, entrare in scena: *faire son entrée dans le monde*, (*fig.*) debuttare in società.

■ CONTR. **1** sortie.

entrefaites [ɑ̃tʀəfɛt] *n.f.pl.*

● ***sur ces entrefaites***, in quel mentre, intanto, nel frattempo.

entrefilet [ɑ̃tʀəfilɛ] *n.m.* (*giorn.*) trafiletto.

entregent [ɑ̃tʀəʒɑ̃] *n.m.* **1** abilità (*f.*) **2** (*letter.*) garbo, il saper vivere.

● ***avoir de l'entregent***, sapersi destreggiare.

entrejambe [ɑ̃tʀəʒɑ̃b] *n.m.* (*abbigl.*) cavallo (dei calzoni).

entrelacement [ɑ̃tʀəlasmɑ̃] *n.m.* intreccio.

entrelacer [ɑ̃tʀəlase] *v.tr.* [coniug. come *placer*] intrecciare.

entrelacs [ɑ̃tʀəla] *n.m.* (*arch.*) intreccio.

entrelarder [ɑ̃tʀəlaʀde] *v.tr.* **1** (*cuc.*) lardellare **2** (*fig.*) infarcire.

entre-ligne [ɑ̃tʀəliɲ] *n.m.* [pl. *entre-lignes*] (*non com.*) interlinea (*f.*).

entremêler [ɑ̃tʀəmele] *v.tr.* **1** mescolare, intrecciare **2** inframmezzare.

entremets [ɑ̃tʀəmɛ] *n.m.* portata (*f.*) tra i formaggi e il dessert.

entremetteur [ɑ̃tʀəmɛtœʀ] *n.m.* [f. *-euse*] (*spreg.*) mezzano.

entremettre, s' [sɑ̃tʀəmɛtʀ] *v.pron.rec.* [coniug. come *mettre*] intromettersi.

entremis [ɑ̃tʀəmi] *p.p.* di **entremettre, s'**.

entremise [ɑ̃tʀəmiz] *n.f.* interposizione, (inter)mediazione.

● ***par l'entremise de***, tramite, per mezzo di.

entrepont [ɑ̃tʀəpɔ̃] *n.m.* (*mar.*) interponte.

entreposer [ɑ̃tʀəpoze] *v.tr.* depositare in magazzino.

entrepôt [ɑ̃tʀəpo] *n.m.* magazzino, deposito.

● (*inform.*) ***entrepôt de données***, datawarehouse, grande magazzino dati | ***entrepôt frigorifique***, magazzino frigorifero.

entreprenant [ɑ̃tʀəpʀənɑ̃] *agg.* intraprendente.

entreprenaute [ɑ̃tʀəpʀənot] *n.m.* e *f.* (*Internet*) creatore/trice d'imprese su Internet; imprenditore/trice della new-economy.

entreprendre [ɑ̃tʀəpʀɑ̃dʀ] *v.tr.* [coniug. come *prendre*] **1** intraprendere **2** (*fig.*) cercare di convincere | *il m'entreprit sur ma façon de conduire*, mi ha fatto delle osservazioni sul mio modo di guidare.

● ***entreprendre de faire qqch***, predisporsi a fare qlco | ***entreprendre une femme***, cercare di sedurre una donna.

entrepreneur [ɑ̃tʀəpʀənœʀ] *n.m.* [f. *-euse*] **1** imprenditore **2** appaltatore.

● ***entrepreneur (de bâtiments, en maçonnerie)***, costruttore, impresario edile | ***entrepreneur de travaux publics***, impresario di lavori pubblici | ***entrepreneur de transports***, spedizioniere.

entrepreneurial [ɑ̃tʀəpʀənœʀjal] *agg.* [pl. *-aux*] imprenditoriale.

entrepreneuriat [ɑ̃tʀəpʀənœʀja] *n.m.* imprenditorialità (*f.*).

entrepris [ɑ̃tʀəpʀi] *p.p.* di **entreprendre**.

entreprise [ɑ̃tʀəpʀiz] *n.f.* **1** impresa **2** (*econ.*) impresa, azienda **3** (*pl.*) attacchi (*m.*) | *résister aux entreprises de qqn*, resistere alle profferte di qlcu.

● ***entreprise de construction***, impresa edile | ***entreprise de navigation***, compagnia di navigazione | ***entreprise privée***, azienda privata | (*dir.*) ***à l'entreprise***, in appalto | ***comité d'entreprise***, comitato di gestione | (*dir.*) ***contrat d'entreprise***, (contratto d')appalto | ***esprit d'entreprise***, spirito d'iniziativa | ***libre entreprise***, libera impresa | ***travail à l'entreprise***, lavoro a contratto.

entrer [ɑ̃tʀe] *v.intr.* [aus. *être*] **1** entrare: *entrer à l'église*, entrare in chiesa | *l'eau entre pour beaucoup dans certaines boissons*, l'acqua entra come componente di alcune bevande **2** (*fig.*) rientrare: *cela entre dans mes intentions*, ciò rientra nelle mie intenzioni ♦ *v.tr.* far entrare: *on a entré les meubles par la fenêtre*, hanno fatto entrare i mobili dalla finestra.

● ***entrer dans un arbre***, andare a sbattere contro un albero | ***entrer en colère***, andare in collera | ***entrer en convalescence***, entrare in convalescenza | ***entrer en gare***, (*di treni*) entrare in stazione | ***entrer en guerre***, entrare in guerra | ***entrer en matière***, entrare in argomento | ***entrer en scène***, (*anche fig.*) entrare in scena | ***entrer en viguer***, entrare in vigore | ***entrez!***, avanti! | ***défense d'entrer***, è vie-

tato entrare | ***on entre dans cette maison comme dans un moulin***, questa casa è un porto di mare.
■ V.INTR. SIN. 1 pénétrer CONTR. 1 sortir.

entrer-coucher [ɑ̃tʀekuʃe] *n.m.invar.* (*Benin*) monolocale.

entresol [ɑ̃tʀəsɔl] *n.m.* ammezzato, mezzanino.

entre-temps [ɑ̃tʀətɑ̃] *avv.* nel frattempo.

entretenir [ɑ̃tʀətniʀ] *v.tr.* [coniug. come *tenir*] **1** conservare, mantenere: *entretenir de bons rapports*, mantenere buoni rapporti **2** tenere (in ordine), curare (la manutenzione di): *une voiture bien entretenue*, un'automobile ben tenuta; *un jardin mal entretenu*, un giardino tenuto male **3** mantenere, sostentare: *entretenir sa famille*, mantenere la famiglia **4** intrattenere: *entretenir qqn d'un sujet important*, intrattenere qlcu su un argomento importante ♦ **s'entretenir** *v.pron.intr.* **1** mantenersi in forma **2** intrattenersi.
● ***entretenir des illusions***, nutrire illusioni | ***entretenir qqn dans l'erreur***, tenere qlcu nell'errore | ***entretenir un feu***, alimentare un fuoco | ***une femme entretenue***, una mantenuta.

entretenu [ɑ̃tʀətny] *p.p.* di **entretenir**.

entretien [ɑ̃tʀətjɛ̃] *n.m.* **1** manutenzione (*f.*) **2** mantenimento, sostentamento **3** conversazione (*f.*), colloquio: *solliciter un entretien*, sollecitare un colloquio.
● ***entretien particulier***, colloquio privato | ***atelier d'entretien***, officina riparazioni | ***frais d'entretien***, spese di mantenimento | ***produits d'entretien***, prodotti per la pulizia.

entretoise [ɑ̃tʀətwaz] *n.f.* **1** (*edil.*) puntello (*m.*), traversa (di rinforzo) **2** (*ferr.*) traversino (*m.*).

entre-tuer, s' [sɑ̃tʀətɥe] *v.pron.rec.* uccidersi.

entrevoir [ɑ̃tʀəvwaʀ] *v.tr.* [coniug. come *voir*] intravvedere.

entrevu [ɑ̃tʀəvy] *p.p.* di **entrevoir**.

entrevue [ɑ̃tʀəvy] *n.f.* colloquio (*m.*); incontro (*m.*).

entropie [ɑ̃tʀɔpi] *n.f.* entropia.

entrouvert [ɑ̃tʀuvɛʀ] *p.p.* di **entrouvrir** ♦ *agg.* socchiuso.

entrouvrir [ɑ̃tʀuvʀiʀ] *v.tr.* [coniug. come *ouvrir*] socchiudere ♦ **s'entrouvrir** *v.pron.intr.* socchiudersi.

énucléation [enykleasjɔ̃] *n.f.* **1** (*med.*) enucleazione **2** (*di frutto*) snocciolatura (*f.*).

énucléer [enyklee] *v.tr.* **1** (*med.*) enucleare **2** (*frutto*) snocciolare.

énumératif [enymeʀatif] *agg.* [f. *-ive*] che enumera.

énumération [enymeʀasjɔ̃] *n.f.* enumerazione, conteggio (*m.*).

énumérer [enymeʀe] *v.tr.* [coniug. come *céder*] enumerare, conteggiare.

énurésie [enyʀezi] *n.f.* (*med.*) enuresi.

envahir [ɑ̃vaiʀ] *v.tr.* invadere: *un doute l'envahit*, (*fig.*) fu assalito da un dubbio.
● ***se laisser envahir***, (*fam.*) lasciarsi coinvolgere.

envahissant [ɑ̃vaisɑ̃] *agg.* **1** invasore; (*fig.*) dilagante **2** (*fig.*) invadente.

envahissement [ɑ̃vaismɑ̃] *n.m.* invasione (*f.*).

envahisseur [ɑ̃vaisœʀ] *n.m.* invasore.

envasement [ɑ̃vazmɑ̃] *n.m.* (*di corso d'acqua*) interramento.

envaser, s' [sɑ̃vaze] *v.pron.intr.* **1** interrarsi **2** (*di imbarcazione*) arenarsi **3** (*di pesci*) insabbiarsi.

enveloppant [ɑ̃vəlɔpɑ̃] *agg.* **1** avvolgente **2** carezzevole, seducente.

enveloppe [ɑ̃vəlɔp] *n.f.* **1** busta **2** (*tecn.*) rivestimento (*m.*), involucro (*m.*) **3** (*fig.*) apparenza, aspetto (*m.*).
● ***enveloppe adhésive***, ***autocollante***, busta adesiva, autoadesiva | ***enveloppe à fenêtre***, busta a finestra | (*fin.*) ***enveloppe*** (***budgétaire***), stanziamento | ***recevoir une enveloppe***, (*fam.*) ricevere una bustarella | ***sous enveloppe***, in busta.

enveloppé [ɑ̃vəlɔpe] *agg.* bene in carne.

enveloppement [ɑ̃vəlɔpmɑ̃] *n.m.* **1** avvolgimento **2** (*med.*) impacco **3** (*mil.*) aggiramento.

envelopper [ɑ̃vəlɔpe] *v.tr.* **1** avvolgere (*anche fig.*) **2** (*fig.*) mascherare, nascondere: *un crime enveloppé de mystère*, un delitto avvolto nel mistero **3** (*mil.*) aggirare: *envelopper l'armée ennemie*, aggirare l'esercito nemico ♦ **s'envelopper** *v.pron.* avvolgersi (*anche fig.*).
● ***s'envelopper dans son silence***, chiudersi nel proprio silenzio.

envenimé [ɑ̃vnime] *agg.* **1** infetto **2** (*fig.*) malevolo; astioso; velenoso.

envenimer [ɑ̃vnime] *v.tr.* **1** infettare **2** (*fig.*) avvelenare, inasprire ♦ **s'envenimer** *v.pron.intr.* **1** infettarsi **2** (*fig.*) inasprirsi.

envergure [ɑ̃vɛʀgyʀ] *n.f.* **1** (*di velivolo, uccello*) apertura alare **2** (*fig.*) ampiezza, vastità; portata, levatura: *œuvre d'envergure*, opera di ampio respiro; *entreprise de grande envergure*, impresa di grande portata.

enverrai [ɑ̃vɛʀe] → **envoyer**.

envers[1] [ɑ̃vɛʀ] *prep.* verso, per; nei riguardi di, con: *l'amour envers la patrie*, l'amore per la patria; *il faut être indulgent envers tout le monde*, bisogna essere indulgenti con tutti.
● ***envers et contre tous***, a dispetto di tutti.

envers[2] *n.m.* rovescio.
● ***à l'envers***, alla rovescia; (*estens.*) a soqquadro: *mettre une jupe à l'envers*, mettere una gonna al rovescio; *mettre une chambre à l'envers*, mettere a soqquadro una stanza | ***à l'envers de***, contro: *à l'envers du bon sens*, contro il buon senso | ***l'envers du décor***, (*fig.*) il rovescio della medaglia | ***tu as la tête à l'envers***, (*fam.*) ti ha dato di volta il cervello.
■ CONTR. endroit.

envi, à l' [alɑ̃vi] *avv.* (*letter.*) a gara.

enviable [ɑ̃vjabl] *agg.* invidiabile.

envie [ɑ̃vi] *n.f.* **1** invidia **2** voglia, desiderio (*m.*) **3** (*med. pop.*) voglia **4** (*spec. pl.*) pipita (delle unghie).
● ***avoir envie de***, ***que***, aver voglia di, che | ***avoir très envie***, aver molta voglia | ***donner envie de***, far venir voglia di | ***faire envie***, (*anche fig.*) far gola | ***passer son envie***, levarsi la voglia | ***si l'envie lui en prend***, se gli viene la voglia, il ghiribizzo.
■ SIN. 2 désir.

envier [ɑ̃vje] *v.tr.* invidiare.

envieux [ɑ̃vjø] *agg.* e *n.m.* [f. *-euse*] invidioso.

environ [ɑ̃viʀɔ̃] *avv.* all'incirca, circa: *un homme d'environ cinquante ans*, *de cinquante ans environ*, un uomo sulla cinquantina.

environnant [ɑ̃viʀɔnɑ̃] *agg.* circostante.

environnement [ɑ̃viʀɔnmɑ̃] *n.m.* ambiente.

environnemental [ɑ̃viʀɔnmɑ̃tal] *agg.* [pl. *-aux*] ambientale.

environnementaliste [ɑ̃viʀɔnmɑ̃talist] *n.m.* e *f.* ambientalista; ecologista.

E

environner [ɑ̃viʀɔne] ***v.tr.*** circondare ♦ **s'environner** ***v.pron.*** circondarsi.

environs [ɑ̃viʀɔ̃] ***n.m.pl.*** dintorni.
● ***aux environs de***, nei pressi, nelle vicinanze di; (*tempo*) verso, intorno a | ***dans les environs***, nei dintorni.

envisageable [ɑ̃vizaʒabl] ***agg.*** immaginabile; concepibile.

envisager [ɑ̃vizaʒe] ***v.tr.*** [coniug. come *manger*] **1** esaminare; considerare **2** progettare, decidere.

E

envoi [ɑ̃vwa] ***n.m.*** **1** invio, spedizione (*f.*) **2** (*lett.*) commiato, congedo **3** (*Internet*) invio.
● (*comm.*): ***envoi contre remboursement***, spedizione contro assegno; ***envoi franco de port***, spedizione franco di porto | (*Internet*) ***envoi multiple***, invio multiplo | (*calcio*) ***coup d'envoi***, calcio d'inizio; (*fig.*) segnale d'inizio.

envol [ɑ̃vɔl] ***n.m.*** **1** (l'alzarsi in) volo **2** (*aer.*) decollo.
● ***prendre son envol***, prendere il volo.

envolée [ɑ̃vɔle] ***n.f.*** **1** (*fig.*) volo (*m.*), slancio (*m.*) **2** (*fig.*) impennata.

envoler, s' [sɑ̃vɔle] ***v.pron.intr.*** **1** prendere il volo, alzarsi in volo; volare (via): *l'oiseau s'est envolé*, l'uccello ha preso il volo, è volato via; *les papiers s'envolèrent*, i fogli volarono via **2** (*fig.*) volare, involarsi, fuggir via **3** (*fig. fam.*) sparire: *il s'est envolé!*, è sparito! **4** (*fig.*) subire un'impennata.

envoûtant [ɑ̃vutɑ̃] ***agg.*** ammaliante; avvincente.

envoûtement [ɑ̃vutmɑ̃] ***n.m.*** **1** maleficio, sortilegio **2** (*fig.*) fascino, seduzione (*f.*).

envoûter [ɑ̃vute] ***v.tr.*** **1** stregare, fare un sortilegio (**a**) **2** (*fig.*) stregare, ammaliare.

envoyé [ɑ̃vwaje] ***agg.*** e ***n.m.*** inviato.
● (*giorn.*) ***envoyé spécial***, inviato speciale | ***une réponse bien envoyée***, (*fam.*) una risposta come si deve.

envoyer [ɑ̃vwaje] ***v.tr.*** [pres.indic.: *j'envoie* etc., *nous envoyons, vous envoyez, ils envoient*; imperf.indic.: *j'envoyais* etc.; fut.indic.: *j'enverrai* etc.; cond.: *j'enverrais* etc.; pres.cong.: *que j'envoie* etc.; imperf.cong.: *que j'envoyasse* etc.; p.pres.: *envoyant*; p.p.: *envoyé*; imp.: *envoie, envoyons, envoyez*] **1** mandare; spedire, inviare **2** lanciare, gettare ♦ **s'envoyer** ***v.pron. indiretto*** (*fam.*) trangugiare; (*bevanda*) tracannare; (*fig.*) sorbirsi, sciropparsi: *il s'est envoyé quatre verres de vin*, ha tracannato quattro bicchieri di vino; *c'est lui qui s'envoie tout le boulot*, (*fig.*) il lavoro se lo sciroppa tutto lui.
● (*pugilato*) ***envoyer au tapis***, mandare al tappeto | (*mar.*) ***envoyer les couleurs, le pavillon***, alzare la bandiera | ***envoyer promener*** (o ***balader***) ***qqn***, (*fam.*) mandare qlcu a quel paese | ***s'envoyer des fleurs***, (*fig. fam.*) lodarsi.
■ SIN. **1** expédier.

envoyeur [ɑ̃vwajœʀ] ***n.m.*** mittente.
● ***retour à l'envoyeur***, respinto al mittente.

enzymatique [ɑ̃zimatik] ***agg.*** (*biochim.*) enzimatico.

enzyme [ɑ̃zim] ***n.m.*** (*biochim.*) enzima.

éocène [eɔsɛn] ***n.m.*** (*geol.*) eocene.

éolien [eɔljɛ̃] ***agg.*** [f. *-enne*] eolico.
● ***énergie éolienne***, energia eolica.

éolienne [eɔljɛn] ***n.f.*** **1** pala a vento **2** (*tecn.*) motore (*m.*) a energia eolica.

épagneul [epaɲœl] ***n.m.*** (*cane*) spaniel.

épais [epɛ] ***agg.*** [f. *épaisse*] **1** spesso: *planche épaisse de trois centimètres*, asse di tre centimetri di spessore **2** denso **3** grosso, tozzo; (*fig.*) grossolano: *des lèvres épaisses*, grosse labbra; *des mains épaisses*, mani tozze **4** fitto, spesso ♦ ***avv.*** fitto, fittamente ♦ ***n.m.*** fitto, folto.
● ***atmosphère épaisse***, atmosfera pesante | ***au plus épais de***, nel folto di | ***esprit épais***, (*fig.*) cervello ottuso | ***il n'y en a pas épais***, (*fam.*) non ce n'è molto.

épaisseur [epɛsœʀ] ***n.f.*** **1** spessore (*m.*) (*anche fig.*) **2** densità **3** l'essere (*m.*) fitto, spesso; folto (*m.*): *l'épaisseur du brouillard nous empêchait d'avancer*, non potevamo più andare avanti per la fitta nebbia; *l'épaisseur des feuilles*, il fitto fogliame **4** (*fig.*) rozzezza, grossolanità: *l'épaisseur de son esprit*, la sua ottusità.

épaissir [epesiʀ] ***v.tr.*** ispessire; appesantire: *la fumée a épaissi l'air*, il fumo ha appesantito l'aria; *l'âge l'a épaissie*, gli anni l'hanno appesantita ♦ ***v.intr.*** ispessirsi ♦ **s'épaissir** ***v.pron.intr.*** ispessirsi, infittirsi, addensarsi; appesantirsi: *le mystère s'épaissit*, il mistero si fa più fitto.

épaississement [epesismɑ̃] ***n.m.*** addensamento, ispessimento.
● ***épaississement de l'esprit***, (*fig.*) intorpidimento della mente.

épanchement [epɑ̃ʃmɑ̃] ***n.m.*** **1** (*med.*) travaso, versamento **2** (*fig.*) sfogo; effusione (*f.*).

épancher [epɑ̃ʃe] ***v.tr.*** sfogare, dare libero sfogo (**a**) ♦ **s'épancher** ***v.pron.intr.*** sfogarsi, aprirsi; confidarsi.

épandage [epɑ̃daʒ] ***n.m.*** spargimento, spandimento.

épandre [epɑ̃dʀ] ***v.tr.*** [coniug. come *rendre*] spandere, spargere.

épandu [epɑ̃dy] *p.p.* di **épandre**.

épanoui [epanwi] ***agg.*** **1** sbocciato, schiuso **2** pieno, rigoglioso **3** luminoso, raggiante.

épanouir [epanwiʀ] ***v.tr.*** **1** far sbocciare **2** (*fig.*) distendere, rischiarare; illuminare (di gioia) ♦ **s'épanouir** ***v.pron.*** **1** sbocciare, fiorire (*anche fig.*) **2** (*fig.*) rischiararsi, illuminarsi (di gioia).

épanouissement [epanwismɑ̃] ***n.m.*** **1** lo sbocciare, fioritura (*f.*) (*anche fig.*); rigoglio; pienezza (*f.*) **2** (*fig.*) l'illuminarsi (di gioia).
● ***être dans tout l'épanouissement de***, essere nel pieno rigoglio di.

épargnant [epaʀɲɑ̃] ***n.m.*** risparmiatore.

épargne [epaʀɲ] ***n.f.*** risparmio (*m.*) (*anche fig.*).
● (*banca*) ***épargne(-)logement, épargne(-)retraite***, risparmio a interessi vantaggiosi per acquistare un alloggio, per una pensione privata | ***Caisse d'Épargne***, cassa di risparmio.

épargner [epaʀɲe] ***v.tr.*** risparmiare (*anche fig.*).
■ SIN. économiser CONTR. dépenser.

éparpillement [epaʀpijmɑ̃] ***n.m.*** sparpagliamento; (*fig.*) dispersione (*f.*).

éparpiller [epaʀpije] ***v.tr.*** sparpagliare; disperdere: *il a éparpillé tout son argent*, (*estens.*) ha sperperato tutto il suo denaro ♦ **s'éparpiller** ***v.pron.intr.*** sparpagliarsi; disperdersi | *il s'éparpille trop*, è troppo dispersivo.

épars [epaʀ] ***agg.*** sparso.
● ***cheveux épars***, capelli in disordine.

épatamment [epatamɑ̃] ***avv.*** (*fam.*) stupendamente; straordinariamente.

épatant [epatɑ̃] ***agg.*** (*fam.*) stupendo; straordinario.

épate [epat] ***n.f.*** (*fam.*) spacconata.
● ***faire de l'épate***, fare lo sbruffone | ***le faire à l'épate***, bluffare.

épaté [epate] ***agg.*** (*fam.*) stupito, meravigliato.
● ***nez épaté***, naso schiacciato, camuso.

épatement [epatmɑ̃] ***n.m.*** **1** (*fam.*) stupore, meraviglia (*f.*) **2** schiacciamento, appiattimento.

épater [epate] *v.tr.* (*fam.*) stupire, sbalordire.
● ***épater le bourgeois***, ***la galerie***, far colpo sulla gente.
■ SIN. surprendre, étonner.

épaulard [epolaʀ] *n.m.* (*zool.*) orca (*f.*).

épaule [epol] *n.f.* spalla: *lire par-dessus*, *sur l'épaule de qqn*, leggere sbirciando sopra le spalle di qlcu.
● ***épaule contre épaule***, spalla a spalla | (*cuc.*) ***épaule de veau***, spalla di vitello | ***changer son fusil d'épaule***, (*fig.*) voltare gabbana | ***coup d'épaule***, spallata | ***donner un coup d'épaule***, (*fig.*) dare una mano | ***faire toucher les épaules***, mettere al tappeto; (*fig.*) sconfiggere | ***hausser***, ***lever les épaules***, alzare le spalle; (*fig.*) fare spallucce | ***regarder par-dessus l'épaule***, (*fig.*) guardare dall'alto in basso.

épaulé [epole] *agg.* (*abbigl.*) imbottito alle spalle.

épaulement [epolmɑ̃] *n.m.* **1** (*mil.*) parapetto **2** muro di sostegno.

épauler [epole] *v.tr.* **1** spalleggiare **2** imbracciare (il fucile) ♦ **s'épauler** *v.pron.rec.* spalleggiarsi.

épaulette [epolɛt] *n.f.* (*mil., abbigl.*) spallina.

épave [epav] *n.f.* **1** relitto (*m.*) **2** (*aut.*) rottame (*m.*) **3** (*dir.*) oggetto (*m.*) smarrito.

épeautre [epotʀ] *n.m.* (*bot.*) farro.

épectase [epɛktaz] *n.f.* (*fam.*) decesso (*m.*) nel corso di un atto sessuale.

épée [epe] *n.f.* spada: *se battre à l'épée*, battersi con la spada.
● ***épée de Damoclès***, (*fig.*) spada di Damocle | ***à la pointe de l'épée***, con gran difficoltà | ***donner un coup d'épée dans l'eau***, (*fig.*) fare un buco nell'acqua | ***être une bonne épée***, essere una buona lama | ***passer au fil de l'épée***, passare a fil di spada.

épeiche [epɛʃ] *n.f.* (*zool.*) picchio (*m.*) rosso maggiore.

épéiste [epeist] *n.m.* e *f.* (*sport*) spadista.

épeler [epəle] *v.tr.* [coniug. come *semer*] compitare, fare lo spelling.

épépiner [epepine] *v.tr.* (*cuc.*) togliere i semi (**a**).

éperdu [epɛʀdy] *agg.* **1** sconvolto; desolato, sconsolato **2** travolgente.
● ***éperdu de***, pazzo di.

éperdument [epɛʀdymɑ̃] *avv.* perdutamente, disperatamente.
● ***s'en ficher éperdument***, (*fam.*) infischiarsene altamente.

éperlan [epɛʀlɑ̃] *n.m.* (*zool.*) eperlano.

éperon [epəʀɔ̃] *n.m.* sperone.
● ***donner de l'éperon***, (*anche fig.*) dar di sprone.

éperonner [epəʀɔne] *v.tr.* **1** spronare (*anche fig.*) **2** (*mar.*) speronare.

épervier [epɛʀvje] *n.m.* **1** (*zool.*) sparviere **2** (*pesca*) giacchio.

éphèbe [efɛb] *n.m.* efebo.

éphélide [efelid] *n.f.* efelide.
■ SIN. tache de rousseur.

éphémère [efemɛʀ] *agg.* effimero ♦ *n.m.* (*zool.*) effimera (*f.*).
■ AGG. SIN. fugitif, passager.

éphéméride [efemeʀid] *n.f.* **1** calendario (*m.*) (con foglietti giornalieri staccabili) **2** (*pl.*) (*astr.*) effemeridi.

épi [epi] *n.m.* **1** spiga (*f.*) **2** rosa (*f.*) (di capelli) **3** (*edil.*) tramezzo.
● ***épi de blé***, spiga di frumento | (*edil.*) ***épi de faîtage***, spiga del tetto | ***épi de maïs***, pannocchia di mais | ***en épi***, a spina di pesce.

épi- *pref.* epi-.

épice [epis] *n.f.* spezie (*pl.*), droga.
● ***pain d'épice***, panpepato.

épicé [epise] *agg.* piccante (*anche fig.*); speziato.

épicéa [episea] *n.m.* (*bot.*) abete rosso.

épicentre [episɑ̃tʀ] *n.m.* (*geol.*) epicentro.

épicer [epise] *v.tr.* [coniug. come *placer*] **1** aromatizzare con spezie, speziare **2** (*fig.*) rendere piccante.

épicerie [episʀi] *n.f.* negozio (*m.*) di generi alimentari; drogheria.

épicier [episje] *n.m.* [f. *-ère*] negoziante di alimentari; droghiere.

épicurien [epikyʀjɛ̃] *agg.* e *n.m.* [f. *-enne*] epicureo.

épicurisme [epikyʀism] *n.m.* epicureismo.

épidémie [epidemi] *n.f.* epidemia (*anche fig.*).

épidémique [epidemik] *agg.* epidemico.

épiderme [epidɛʀm] *n.m.* epidermide (*f.*).
● ***avoir l'épiderme sensible***, (*fig.*) essere suscettibile.

épidermique [epidɛʀmik] *agg.* epidermico.

épier [epje] *v.tr.* spiare.
■ SIN. guetter, espionner.

épierrer [epjeʀe] *v.tr.* (*agr.*) rimuovere le pietre (**da**).

épieu [epjø] *n.m.* [pl. *-eux*] (*arma*) spiedo.

épigastre [epigastʀ] *n.m.* (*anat.*) epigastrio.

épiglotte [epiglɔt] *n.f.* (*anat.*) epiglottide.

épigone [epigɔn] *n.m.* epigono.

épigramme [epigʀam] *n.f.* (*lett.*) epigramma (*m.*).

épigraphe [epigʀaf] *n.f.* epigrafe.

épigraphie [epigʀafi] *n.f.* epigrafia.

épigraphique [epigʀafik] *agg.* epigrafico.

épilateur [epilatœʀ] *n.m.* apparecchio depilatore.
● ***épilateur à cire***, depilatore per ceretta.

épilation [epilasjɔ̃] *n.f.* depilazione.

épilatoire [epilatwaʀ] *agg.* depilatorio.

épilepsie [epilɛpsi] *n.f.* (*med.*) epilessia.

épileptique [epilɛptik] *agg.* e *n.m.* e *f.* epilettico/a.

épiler [epile] *v.tr.* depilare.

épilogue [epilɔg] *n.m.* epilogo.
■ SIN. fin, conclusion CONTR. début.

épiloguer [epilɔge] *v.intr.* far commenti (**su**): *il épilogue sur tout*, trova da ridire su tutto.

épinard [epinaʀ] *n.m.* spinacio.
● ***mettre du beurre dans les épinards***, (*fig.*) concedersi qualche piccolo lusso | ***vert épinard***, verde marcio.

épine [epin] *n.f.* spina; (*di riccio, pesci ecc.*) aculeo (*m.*).
● (*anat.*) ***épine dorsale***, spina dorsale | ***tirer une belle épine du pied***, (*fig.*) togliere un bel pensiero.

épinette [epinɛt] *n.f.* (*mus.*) spinetta.

épineux [epinø] *agg.* [f. *-euse*] spinoso (*anche fig.*) ♦ *n.m.* arbusto spinoso.

épingle [epɛ̃gl] *n.f.* spilla, spillo (*m.*).
● ***épingle à chapeau***, spillone | ***épingle à cheveux***, forcina | ***épingle à linge***, molletta per la biancheria | ***épingle de nourrice, de sûreté***, spilla da balia, di sicurezza | ***coup d'épingle***, (*fig.*) punzecchiatura | ***être tiré à quatre épingles***, essere, mettersi in ghingheri | ***monter en épingle***, esagerare, gonfiare: *monter en épingle un écrivain*, esagerare i meriti di uno scrittore | ***tirer son épingle du jeu***,

E

E

(*fig.*) cavarsela con eleganza | ***virage en épingle à cheveux***, curva a gomito.

épingler [epɛ̃gle] ***v.tr.*** **1** appuntare (con uno spillo) **2** (*fig. fam.*) pizzicare, acciuffare.

épinière [epinjɛʀ] ***agg.f.***
● (*anat.*) ***moelle épinière***, midollo spinale.

épinoche [epinɔʃ] ***n.f.*** (*zool.*) spinarello (*m.*).

épiphanie [epifani] ***n.f.*** epifania.

épique [epik] ***agg.*** **1** epico **2** (*estens.*) memorabile, mitico.

épiscopal [episkɔpal] ***agg.*** [pl. *-aux*] episcopale, vescovile.

épiscopat [episkɔpa] ***n.m.*** episcopato, vescovato.

épisode [epizɔd] ***n.m.*** episodio.
● ***à épisodes***, a episodi, a puntate: *feuilleton à épisodes*, sceneggiato a puntate.

épisodique [epizɔdik] ***agg.*** episodico; secondario.

épisodiquement [epizɔdikmɑ̃] ***avv.*** episodicamente.

épissure [episyʀ] ***n.f.*** (*mar.*) (*di funi, cavi ecc.*) impiombatura.

épistaxis [epistaksis] ***n.f.*** (*med.*) epistassi.

épistémologie [epistemɔlɔʒi] ***n.f.*** (*fil.*) epistemologia.

épistolaire [epistɔlɛʀ] ***agg.*** epistolare.

épitaphe [epitaf] ***n.f.*** epitaffio (*m.*).

épithalame [epitalam] ***n.m.*** (*lett.*) epitalamio.

épithélial [epiteljal] ***agg.*** [pl. *-aux*] (*anat.*) epiteliale.

épithélium [epiteljɔm] ***n.m.*** (*anat.*) epitelio.

épithète [epitɛt] ***n.f.*** epiteto (*m.*).
● (*gramm.*) ***adjectif épithète***, attributo.

épitoge [epitɔʒ] ***n.f.*** (*abbigl.*) batalo (*m.*).

épître [epitʀ] ***n.f.*** epistola.

éploré [eplɔʀe] ***agg.*** in lacrime; sconsolato.

éployer [eplwaje] ***v.tr.*** [coniug. come *employer*] (*letter.*) spiegare, distendere.

épluchage [eplyʃaʒ] ***n.m.*** **1** sbucciatura (*f.*); mondatura (*f.*) **2** (*fig.*) spulciatura (*f.*).

éplucher [eplyʃe] ***v.tr.*** **1** pelare; sbucciare; mondare: *éplucher des pommes de terre*, pelare delle patate **2** (*fig.*) spulciare, esaminare a fondo.

épluchette [eplyʃɛt] ***n.f.*** (*Canada*) festa per la raccolta del granoturco.

épluchure [eplyʃyʀ] ***n.f.*** buccia; mondatura.

épode [epɔd] ***n.m.*** (*metrica*) epodo.

épointer [epwɛ̃te] ***v.tr.*** spuntare.

éponge [epɔ̃ʒ] ***n.f.*** spugna.
● ***éponge velours***, ciniglia | ***boire comme une éponge***, (*fig.*) bere come una spugna | ***jeter l'éponge***, (*fig.*) gettare la spugna | ***passer l'éponge***, (*fig.*) dare un colpo di spugna | ***tissu éponge***, (tessuto di) spugna.

éponger [epɔ̃ʒe] ***v.tr.*** [coniug. come *manger*] **1** spugnare **2** (*cuc.*) asciugare **3** (*fig.*) riassorbire.
● ***éponger une dette***, (finire di) pagare un debito.

éponyme [epɔnim] ***agg.*** e ***n.m.*** eponimo.

épopée [epɔpe] ***n.f.*** epopea.

époque [epɔk] ***n.f.*** epoca: *l'époque des semailles*, il tempo della semina.
● ***à cette époque-là***, in quel tempo | ***à pareille*** (o ***à la même***) ***époque***, alla stessa data | (*st.*) ***Belle Époque***, Belle Époque (periodo creativo e spensierato tra la fine del XIX e l'inizio del XX secolo) | ***d'époque***, d'epoca.

épouiller [epuje] ***v.tr.*** spidocchiare.

époumoner, s' [sepumɔne] ***v.pron.intr.*** spolmonarsi.

épousailles [epuzɑj] ***n.f.pl.*** (*ant., iron.*) sponsali (*m.*).

épouse [epuz] ***n.f.*** sposa, consorte.
■ SIN. femme.

épouser [epuze] ***v.tr.*** **1** sposare (*anche fig.*) **2** adattarsi (**a**), aderire (**a**); modellare.
■ SIN. **1** se marier.

époussetage [epustaʒ] ***n.m.*** spolveratura (*f.*), spolverata (*f.*).

épousseter [epuste] ***v.tr.*** [coniug. come *jeter*] spolverare.

époustouflant [epustuflɑ̃] ***agg.*** (*fam.*) strabiliante, sbalorditivo.

époustoufler [epustufle] ***v.tr.*** (*fam.*) strabiliare, sbalordire.

épouvantable [epuvɑ̃tabl] ***agg.*** spaventoso, orrendo.
■ SIN. affreux.

épouvantablement [epuvɑ̃tabləmɑ̃] ***avv.*** spaventosamente, orrendamente.

épouvantail [epuvɑ̃taj] ***n.m.*** spaventapasseri, spauracchio (*anche fig.*).

épouvante [epuvɑ̃t] ***n.f.*** spavento (*m.*).
● (*cine.*) ***film d'épouvante***, film dell'orrore.

épouvanter [epuvɑ̃te] ***v.tr.*** spaventare ♦ **s'épouvanter** ***v.pron.intr.*** spaventarsi.

époux [epu] ***n.m.*** sposo, consorte.
■ SIN. mari.

éprendre, s' [sepʀɑ̃dʀ] ***v.pron.intr.*** [coniug. come *prendre*] **1** invaghirsi, innamorarsi **2** appassionarsi (**a**).

épreuve [epʀœv] ***n.f.*** **1** prova **2** prova, esame (*m.*) **3** (*tecn.*) (*di motore ecc.*) collaudo (*m.*) **4** (*sport*) prova, gara **5** (*tip.*) bozza **6** (*fot.*) copia.
● (*sport*) ***épreuve contre la montre***, prova a cronometro | ***épreuve de force***, prova di forza | (*cine.*) ***épreuve de tournage***, prima stampa | ***épreuves écrites, orales***, prove scritte, orali | (*sport*) ***épreuves éliminatoires***, (gare) eliminatorie | (*fot.*) ***épreuve négative***, immagine negativa, negativo | (*st.*) ***épreuve par le feu***, prova del fuoco | ***à l'épreuve***, in prova | ***à l'épreuve de***, a prova di | ***à toute épreuve***, a tutta prova, a prova di bomba | ***mettre à l'épreuve***, mettere alla prova.
■ SIN. **3** test **6** tirage.

épris [epʀi] *p.p.* di **éprendre, s'** ♦ ***agg.*** **1** invaghito, innamorato **2** amante, appassionato.

éprouvant [epʀuvɑ̃] ***agg.*** duro, faticoso.

éprouvé [epʀuve] ***agg.*** **1** provato; sperimentato: *ce produit est d'une qualité éprouvée*, questo prodotto è di qualità provata; *un ami éprouvé*, un amico fedelissimo **2** provato, colpito da sventura: *être éprouvé par les événements*, essere provato dagli avvenimenti.

éprouver [epʀuve] ***v.tr.*** **1** provare (*anche fig.*) **2** (*edil.*) collaudare **3** mettere a dura prova **4** subire.

éprouvette [epʀuvɛt] ***n.f.*** **1** (*chim.*) provetta **2** (*tecn.*) campione (*m.*).

epsilon [ɛpsilɔn] ***n.m.*** (*quinta lettera dell'alfabeto greco*) epsilon (*m.* o *f.*).

épucer [epyse] ***v.tr.*** [coniug. come *placer*] spulciare.

épuisant [epɥizɑ̃] ***agg.*** spossante, estenuante.

épuisé [epɥize] ***agg.*** **1** spossato, sfinito; prostrato **2** esaurito; inaridito.

épuisement [epɥizmɑ̃] ***n.m.*** **1** esaurimento, prostrazione (*f.*), spossatezza (*f.*), sfinimento **2** esaurimento; inaridimento.

● ***épuisement des eaux***, prosciugamento delle acque | ***épuisement du sol***, impoverimento del terreno.

épuiser [epɥize] ***v.tr.*** **1** spossare; sfinire **2** esaurire **3** inaridire | *épuiser le sol*, impoverire il terreno ♦ **s'épuiser** ***v.pron.intr.*** spossarsi, sfinirsi.

épuisette [epɥizɛt] ***n.f.*** **1** (*pesca*) guadino (*m.*) **2** (*mar.*) gottazza.

épurateur [epyʀatœʀ] ***n.m.*** (*tecn.*) depuratore.

épuration [epyʀasjɔ̃] ***n.f.*** **1** depurazione **2** (*fig.*) purificazione | *l'épuration des mœurs*, la moralizzazione dei costumi **3** epurazione: *épuration d'un parti*, epurazione di un partito.

épure [epyʀ] ***n.f.*** **1** disegno (*m.*) tridimensionale **2** disegno (*m.*) finito, progetto (*m.*) definitivo.

épurer [epyʀe] ***v.tr.*** **1** depurare; purificare (*anche fig.*) **2** epurare: *épurer un parti*, epurare un partito.

équarrir [ekaʀiʀ] ***v.tr.*** **1** squadrare **2** squartare, fare a pezzi.

équarrissage [ekaʀisaʒ] ***n.m.*** **1** squadratura (*f.*) **2** (*macelleria*) squartamento.

équarrisseur [ekaʀisœʀ] ***n.m.*** macellatore.

équateur [ekwatœʀ] ***n.m.*** equatore.

équation [ekwasjɔ̃] ***n.f.*** equazione: *équation du premier degré*, equazione di primo grado.

équatorial [ekwatɔʀjal] ***agg.*** e ***n.m.*** [pl. *-aux*] equatoriale.

● (*geogr.*) ***climat équatorial***, clima equatoriale.

équatorien [ekwatɔʀjɛ̃] ***agg.*** [f. *-enne*] ecuadoriano.

Équatorien ***n.m.*** [f. *-enne*] (*abitante*) ecuadoriano.

équerre [ekɛʀ] ***n.f.*** squadra.

● ***en équerre***, ***d'équerre***, ***à l'équerre***, a squadra.

équestre [ekɛstʀ] ***agg.*** equestre.

équeuter [ekøte] ***v.tr.*** depicciolare; (*un frutto*) togliere il picciolo (a).

équi- ***pref.*** equi-.

équidés [ekide] ***n.m.pl.*** (*zool.*) equidi, equini.

équidistance [ekɥidistɑ̃s] ***n.f.*** equidistanza.

équidistant [ekɥidistɑ̃] ***agg.*** equidistante.

équilatéral [ekɥilateʀal] ***agg.*** [pl. *-aux*] (*mat.*) equilatero.

équilibrage [ekilibʀaʒ] ***n.m.*** (*mecc.*) equilibramento, equilibratura (*f.*).

équilibre [ekilibʀ] ***n.m.*** equilibrio.

● (*fin.*): ***équilibre du budget***, equilibrio del bilancio; ***budget en équilibre***, bilancio in pareggio | ***en équilibre***, in equilibrio | ***sens de l'équilibre***, senso dell'equilibrio.

équilibré [ekilibʀe] ***agg.*** equilibrato.

équilibrer [ekilibʀe] ***v.tr.*** equilibrare; pareggiare ♦ **s'équilibrer** ***v.pron.rec.*** equilibrarsi.

● (*fin.*) ***équilibrer un bilan***, pareggiare un bilancio.

équilibriste [ekilibʀist] ***n.m.*** e ***f.*** equilibrista.

équin [ekɛ̃] ***agg.*** equino.

équinoxe [ekinɔks] ***n.m.*** equinozio.

équinoxial [ekinɔksjal] ***agg.*** [pl. *-aux*] (*astr.*) equinoziale.

équipage [ekipaʒ] ***n.m.*** **1** equipaggio **2** (*tecn.*) equipaggiamento.

● (*mil.*) ***train des équipages***, treno trasporto.

équipe [ekip] ***n.f.*** squadra (*anche sport*); gruppo (*m.*).

● ***équipe de jour***, ***de nuit***, squadra di giorno, di notte | ***équipe de travail***, gruppo di lavoro | ***chef d'équipe***, caposquadra | ***esprit d'équipe***, spirito di corpo | ***faire équipe avec qqn***, lavorare con qlcu | ***quelle équipe!***, (*fam. iron.*) che coppia! | ***travailler en équipe***, lavorare in gruppo, in équipe.

équipé [ekipe] ***agg.*** **1** equipaggiato; attrezzato; accessoriato: *voiture bien équipée*, macchina ben accessoriata **2** (*arald.*) fornito.

● (*mar.*) ***un navire équipé***, una nave armata.

équipée [ekipe] ***n.f.*** **1** scappata; prodezza, impresa: *folles équipées de jeunesse*, follie di gioventù **2** uscita, escursione: *les équipées du dimanche*, le escursioni domenicali.

équipement [ekipmɑ̃] ***n.m.*** **1** attrezzatura (*f.*); apparecchiatura (*f.*); impianto **2** equipaggiamento.

● ***équipement du territoire***, sistemazione (delle sovrastrutture) del territorio | ***équipement électrique***, apparecchiatura elettrica, impianto elettrico | ***équipement électronique***, apparato elettronico | ***équipement routier***, sistema viario.

équipementier [ekipmɑ̃tje] ***n.m.*** **1** (industria) componentistica (*f.*) **2** (*sport*) fornitore di una squadra: *l'équipementier officiel de l'équipe de France*, il fornitore ufficiale della squadra nazionale francese.

équiper [ekipe] ***v.tr.*** equipaggiare, attrezzare | *équiper un navire*, armare una nave ♦ **s'équiper** ***v.pron.intr.*** equipaggiarsi; attrezzarsi: *s'équiper pour le ski*, equipaggiarsi per lo sci.

● ***équiper un territoire***, dotare un territorio di sovrastrutture.

équipier [ekipje] ***n.m.*** [f. *-ère*] membro di una squadra.

équitable [ekitabl] ***agg.*** equo, imparziale.

● ***commerce équitable***, commercio equo e solidale.

équitablement [ekitabləmɑ̃] ***avv.*** equamente.

équitation [ekitasjɔ̃] ***n.f.*** equitazione: *faire de l'équitation*, fare equitazione.

équité [ekite] ***n.f.*** equità.

équivalence [ekivalɑ̃s] ***n.f.*** equivalenza.

NOTA Il *Journal Officiel* pubblica regolarmente una ***table d'équivalences*** di termini da utilizzare per evitare il ricorso a parole straniere; per esempio, nell'ambito dell'informatica, si consigliano *agenda électronique* invece di 'organizer', *connexion* per 'login', *multiprocesseur* per 'multiprocessor' e *réinitialiser* per 'to reset'.

équivalent [ekivalɑ̃] ***agg.*** e ***n.m.*** equivalente.

équivaloir [ekivalwaʀ] ***v.intr.*** [coniug. come *valoir*] equivalere.

équivoque [ekivɔk] ***agg.*** e ***n.f.*** equivoco (*m.*).

● ***dissiper l'équivoque***, chiarire l'equivoco | ***pour éviter toute équivoque***, a scanso di equivoci.

équivoquer [ekivɔke] ***v.intr.*** (*letter.*) giocare sulle parole, far giri di parole.

érable [eʀabl] ***n.m.*** (*bot.*) acero.

éradication [eʀadikasjɔ̃] ***n.f.*** **1** sradicamento (*m.*), estirpazione **2** (*med.*) debellamento (*m.*).

érafler [eʀɑfle] ***v.tr.*** scalfire; graffiare.

■ SIN. égratigner.

éraflure [eʀɑflyʀ] ***n.f.*** scalfittura.

éraillé [eʀɑje] ***agg.*** liso; sfilacciato.

● ***voix éraillée***, voce roca.

érailler [eʀɑje] ***v.tr.*** **1** sfilacciare; logorare **2** scalfire ♦ ***v.pron. indiretto*** arrochirsi: *s'érailler la voix*, diventare rauco.

éraillure [eʀɑjyʀ] ***n.f.*** **1** sfilacciatura **2** scalfittura.

ère [ɛʀ] ***n.f.*** **1** era, epoca **2** (*geol.*) era.

■ SIN. **1** époque.

E

e-recharge [iʀəʃaʀʒ] *n.f.* (*tel.*) ricarica di un cellulare (acquistata su Internet).

érectile [eʀɛktil] *agg.* (*scient.*) erettile.

érection [eʀɛksjɔ̃] *n.f.* erezione.

éreintage [eʀɛ̃taʒ] *n.m.* → **éreintement**.

éreintant [eʀɛ̃tɑ̃] *agg.* (*fam.*) spossante, sfibrante.

éreintement [eʀɛ̃tmɑ̃] *n.m.* **1** sfiancamento, spossatezza (*f.*) **2** (*fig. fam.*) stroncatura (*f.*).

éreinter [eʀɛ̃te] *v.tr.* **1** sfinire | *je suis éreinté*, sono a pezzi **2** (*fam.*) stroncare ♦ **s'éreinter** *v.pron.intr.* sfiancarsi, affaticarsi.

érémiste [eʀemist] *n.m.* e *f.* chi percepisce il sussidio di disoccupazione RMI.

érémitique [eʀemitik] *agg.* eremitico, da eremita.

ergométrique [ɛʀgometʀik] *agg.* ergometrico.

ergonomie [ɛʀgɔnɔmi] *n.f.* ergonomia.

ergostressie [ɛʀgostʀɛsi] *n.f.* stress (*m.*) da lavoro.

ergot [ɛʀgo] *n.m.* **1** sperone **2** (*agr.*) sclerozio, grano speronato **3** (*tecn.*) naso, nasello; perno.
● *se dresser sur ses ergots*, (*fig.*) inalberarsi.

ergotage [ɛʀgɔtaʒ] *n.m.* cavillosità (*f.*).

ergoter [ɛʀgɔte] *v.tr.* cavillare, trovare da ridire.

ergoteur [ɛʀgɔtœʀ] *agg.* [f. *-euse*] cavilloso ♦ *n.m.* cavillatore, sofista.

ergothérapie [ɛʀgɔteʀapi] *n.f.* ergoterapia.

ériger [eʀiʒe] *v.tr.* [coniug. come *manger*] **1** erigere (*anche fig.*) **2** istituire **3** elevare; (*fig.*) trasformare ♦ **s'ériger** *v.pron.* ergersi (a), atteggiarsi (a).

ermitage [ɛʀmitaʒ] *n.m.* eremitaggio; eremo.

ermite [ɛʀmit] *n.m.* eremita.

éroder [eʀɔde] *v.tr.* erodere, corrodere.

érogène [eʀɔʒɛn] *agg.* erogeno.

érosif [eʀozif] *agg.* [f. *-ive*] erosivo.

érosion [eʀozjɔ̃] *n.f.* erosione.

érotique [eʀɔtik] *agg.* erotico.

érotisme [eʀɔtism] *n.m.* erotismo.

errance [ɛʀɑ̃s] *n.f.* (*letter.*) vagabondaggio (*m.*).

errant [ɛʀɑ̃] *agg.* errante, errabondo, vagante.

erratique [ɛʀatik] *agg.* erratico.

erratum [ɛʀatɔm] *n.m.* [pl. *errata*] errata corrige.

erre [ɛʀ] *n.f.* (*mar.*) abbrivio (*m.*).

errements [ɛʀmɑ̃] *n.m.pl.* errori.

errer [ɛʀʀe] *v.intr.* **1** errare, vagabondare **2** (*letter.*) errare, ingannarsi.

erreur [ɛʀœʀ] *n.f.* errore (*m.*) | *tu crois cela? erreur!*, credi davvero? sbagli!
● *erreur de calcul*, errore di calcolo | (*dir.*) *erreur judiciaire*, errore giudiziario | *être, tomber dans l'erreur*, essere, cadere in errore | *faire erreur*, sbagliare | *revenir de son erreur*, ricredersi | *sauf erreur ou omission*, salvo errori o omissioni.
■ SIN. faute.

erroné [eʀɔne] *agg.* erroneo, errato.

erronément [eʀɔnemɑ̃] *avv.* erroneamente.

ersatz [ɛʀzats] *n.m.* surrogato.

éructation [eʀyktasjɔ̃] *n.f.* eruttazione.

éructer [eʀykte] *v.intr.* eruttare ♦ *v.tr.* (*fig.*) vomitare.

érudit [eʀydi] *agg.* e *n.m.* erudito.

érudition [eʀydisjɔ̃] *n.f.* erudizione.

éruptif [eʀyptif] *agg.* [f. *-ive*] (*med., geol.*) eruttivo.

éruption [eʀypsjɔ̃] *n.f.* eruzione.
● (*geol.*) *éruption volcanique*, eruzione vulcanica | (*med.*) *éruption cutanée*, eruzione cutanea.

érysipèle [eʀizipɛl] *n.m.* (*med.*) erisipela (*f.*).

érythème [eʀitɛm] *n.m.* (*med.*) eritema.

érythréen [eʀitʀeɛ̃] *agg.* [f. *-enne*] eritreo.

Érythréen *n.m.* [f. *-enne*] (*abitante*) eritreo.

es [ɛ] → **être**[1].

ès [ɛs] *prep.* [contrazione di *en les* usata solo in alcune espressioni].
● *docteur ès sciences*, dottore in scienze | *licencié ès lettres*, laureato in lettere.

ESB [əɛsbe] *n.f.* (*vet.*) (*sigla di* Encéphalopathie Spongiforme Bovine) encefalopatia spongiforme bovina.

esbroufe [ɛsbʀuf] *n.f.* (*fam.*) sbruffonata, spacconata.
● *faire de l'esbroufe*, fare lo spaccone | *vol à l'esbroufe*, scippo.

esbroufeur [ɛsbʀufœʀ] *n.m.* [f. *-euse*] (*fam.*) sbruffone, spaccone.

escabeau [ɛskabo] *n.m.* [pl. *-eaux*] **1** sgabello **2** scaletta (*f.*); scala (*f.*) a libretto.

escabèche [ɛskabɛʃ] *n.f.* (*cuc.*) (pesce in) carpione (*m.*).

escadre [ɛskadʀ] *n.f.* (*mil.*) squadra.

escadrille [ɛskadʀij] *n.f.* (*mil.*) squadriglia.

escadron [ɛskadʀɔ̃] *n.m.* **1** squadrone (spec. di cavalleria) **2** (*mil.*) gruppo **3** (*fig.*) nugolo.

escagasser [ɛskagase] *v.tr.* (*region.*) **1** deteriorare **2** stancare.

escalade [ɛskalad] *n.f.* **1** scalata, arrampicata **2** (*fig.*) (*di fenomeno*) intensificazione, escalation.
● (*alpinismo*) *escalade libre*, *artificielle*, arrampicata libera, in artificiale | *l'escalade des prix*, l'impennata dei prezzi | (*alpinismo*): *école d'escalade*, scuola di roccia; *faire de l'escalade*, fare roccia.

escalader [ɛskalade] *v.tr.* scalare; arrampicarsi (su).
■ SIN. grimper, gravir.

escalateur [ɛskalatœʀ] *n.m.* scala (*f.*) mobile.

escalator [ɛskalatɔʀ] *n.m.* scala (*f.*) mobile.

escale [ɛskal] *n.f.* (*aer., mar.*) scalo (*m.*).
● *faire escale*, fare scalo.

FAUX AMI
Da non confondere con *scala*, che si traduce *escalier, échelle*.

escalier [ɛskalje] *n.m.* scala (*f.*); scalinata (*f.*).
● (*aer.*) *escalier automoteur*, scaletta semovente | *escalier de service*, scala di servizio | *escalier d'honneur*, scalone d'onore | *escalier en colimaçon*, scala a chiocciola | *escalier roulant*, scala mobile | *avoir l'esprit de l'escalier*, ragionare con il senno di poi; non avere la battuta pronta | *dans l'escalier*, per le scale | *en bas*, *en haut de l'escalier*, in fondo, in cima alle scale | *en escalier*, a gradini.

escalope [ɛskalɔp] *n.f.* (*cuc.*) fetta di carne o di pesce; scaloppina: *une escalope de veau, de saumon*, una fetta di vitello, di salmone.

escamotable [ɛskamɔtabl] *agg.* **1** ribaltabile **2** (*aer.*) retrattile.
● *lit escamotable*, letto ribaltabile | (*aer.*) *train d'atterrissage escamotable*, carrello retrattile.

escamotage [ɛskamɔtaʒ] *n.m.* **1** gioco di prestigio; (*estens.*) (*di oggetto*) sottrazione (*f.*) **2** (*fig.*) elusione (*f.*), escamotage **3** (*mecc.*) (*di parte mobile*) rientro.

escamoter [ɛskamɔte] *v.tr.* **1** (*spec. di un prestigiatore*) far sparire; (*estens.*) sottrarre, portar via **2** (*fig.*) eludere, evitare **3** (*mecc.*) far rientrare.
● ***escamoter un mot***, mangiarsi una parola.

escamoteur [ɛskamɔtœʀ] *n.m.* [f. *-euse*] **1** illusionista, prestigiatore **2** (*estens.*) ladruncolo.

escampette [ɛskɑ̃pɛt] *n.f.*
● ***prendre la poudre d'escampette***, (*fam.*) darsela a gambe.

escapade [ɛskapad] *n.f.* scappata.
● ***faire une escapade***, fare una scappata.

escarbille [ɛskaʀbij] *n.f.* (*di carbone*) bruscolo (*m.*); faville (*pl.*).

escarbot [ɛskaʀbo] *n.m.* (*zool.*) scarabeo.

escarboucle [ɛskaʀbukl] *n.f.* (*min.*) carbonchio (*m.*).
● ***des yeux d'escarboucle***, (*letter.*) occhi di brace.

escarcelle [ɛskaʀsɛl] *n.f.* (*ant.*) scarsella.

escargot [ɛskaʀgo] *n.m.* (*zool.*) chiocciola (*f.*); lumaca (*f.*) (*anche cuc.*).
● ***escargot de mer***, chiocciola di mare | ***marcher***, ***avancer comme un escargot***, (*fig.*) camminare come una lumaca.

escargotière [ɛskaʀgɔtjɛʀ] *n.f.* **1** vivaio (*m.*) di lumache **2** piatto (*m.*) per lumache.

escarmouche [ɛskaʀmuʃ] *n.f.* scaramuccia.

escarpe [ɛskaʀp] *n.f.* (*st. mil.*) scarpa.

escarpé [ɛskaʀpe] *agg.* scosceso, erto, ripido.

escarpement [ɛskaʀpəmɑ̃] *n.m.* **1** scarpata (*f.*), balza (*f.*) **2** scoscendimento.

escarpin [ɛskaʀpɛ̃] *n.m.* scarpetta (*f.*), scarpino.

escarpolette [ɛskaʀpɔlɛt] *n.f.* altalena.

escarre [ɛskaʀ] *n.f.* (*med.*) escara, piaga da decubito.

eschatologie [ɛskatɔlɔʒi] *n.f.* (*fil.*) escatologia.

eschatologique [ɛskatɔlɔʒik] *agg.* (*fil.*) escatologico.

escient [ɛsjɑ̃] *n.m.*
● ***à bon escient***, consapevolmente, di proposito | ***à mauvais escient***, a torto, senza motivo.

esclaffer, s' [sɛsklafe] *v.pron.intr.* scoppiare a ridere.

esclandre [ɛsklɑ̃dʀ] *n.m.* scenata (*f.*); putiferio.
● ***faire de l'esclandre***, fare scandalo | ***faire un esclandre à qqn***, fare una scenata a qlcu.

esclavage [ɛsklavaʒ] *n.m.* schiavitù (*f.*).

esclavagisme [ɛsklavaʒism] *n.m.* schiavismo.

esclavagiste [ɛsklavaʒist] *n.m.* e *f.* schiavista.

esclave [ɛsklav] *agg.* e *n.m.* e *f.* schiavo/a.

escogriffe [ɛskɔgʀif] *n.m.*
● ***grand escogriffe***, spilungone.

escompte [ɛskɔ̃t] *n.m.* (*comm., fin.*) sconto.

escompter [ɛskɔ̃te] *v.tr.* **1** (*banca*) scontare: *escompter une traite, un effet*, scontare una tratta, un effetto **2** (*fig.*) dare (**qlco**) per scontato; aspettarsi.

escompteur [ɛskɔ̃tœʀ] *n.m.* [f. *-euse*] (*banca*) scontatario.

escopette [ɛskɔpɛt] *n.f.* (*st. mil.*) schioppetto (*m.*).

escorte [ɛskɔʀt] *n.f.* scorta.
● ***faire escorte à qqn***, scortare qlcu.

escorter [ɛskɔʀte] *v.tr.* scortare.

escorteur [ɛskɔʀtœʀ] *n.m.* (*mar.*) nave (*f.*) scorta.

escouade [ɛskwad] *n.f.* (*mil.*) squadra, drappello (*m.*).

escrime [ɛskʀim] *n.f.* scherma.
● ***faire de l'escrime***, tirare di scherma.

escrimer, s' [sɛskʀime] *v.pron.intr.* ingegnarsi (**a**), cercare (**di**).

escrimeur [ɛskʀimœʀ] *n.m.* [f. *-euse*] schermitore.

escroc [ɛskʀo] *n.m.* truffatore, imbroglione.

escroquer [ɛskʀɔke] *v.tr.* estorcere; (*fam.*) scroccare.
● ***escroquer qqn***, truffare qlcu.

escroquerie [ɛskʀɔkʀi] *n.f.* truffa.

e-service [isɛʀvis] *n.m.* [pl. *e-services*] (*Internet*) e-service (l'insieme dei servizi di cui si può fruire per via informatica).

esgourde [ɛsguʀd] *n.f.* (*argot*) orecchio (*m.*).

eskimo [ɛskimo] *n.m.* → **esquimau**.

ésotérique [ezɔteʀik] *agg.* esoterico.

ésotérisme [ezɔteʀism] *n.m.* esoterismo.

espace [ɛspas] *n.m.* spazio.
● ***espace aérien***, spazio aereo | ***espace arboré***, spazio (piantumato) a verde | (*inform.*) ***espace intercalaire***, spazio intercalato | ***espace libre***, open space | (*inform.*) ***espace mémoire***, spazio in memoria | ***espace publicitaire***, spazio pubblicitario | (*inform.*) ***espace vide***, spazio vuoto | ***espaces verts***, (*di città*) zone verdi | ***achat***, ***vente d'espace***, acquisto, vendita di spazi pubblicitari | ***géométrie de*** (o ***dans***) ***l'espace***, geometria dello spazio.

espacement [ɛspasmɑ̃] *n.m.* **1** distanziamento; diradamento **2** distanza (*f.*), spazio **3** (*tip.*) spaziatura (*f.*).
● (*inform.*) ***espacement arrière***, arretramento di uno spazio.

espacer [ɛspase] *v.tr.* [coniug. come *placer*] **1** distanziare; diradare: *espacer ses visites*, diradare le visite **2** (*tip.*) spaziare ♦ **s'espacer** *v.pron.intr.* diradarsi.

espace-repas [ɛspasʀəpa] *n.m.* [pl. *espaces-repas*] (*in un negozio*) zona (*f.*) dove mangiare seduti.

espadon [ɛspadɔ̃] *n.m.* (*zool.*) pesce spada.

espadrille [ɛspadʀij] *n.f.* espadrille (scarpa bassa di tela con suola di corda).

espagnol [ɛspaɲɔl] *agg.* spagnolo ♦ *n.m.* (*lingua*) spagnolo.

Espagnol *n.m.* (*abitante*) spagnolo.

espagnolette [ɛspaɲɔlɛt] *n.f.* (*di finestra*) spagnoletta.

FAUX AMI
Da non confondere con *spagnoletta* nel senso di *arachide*, che si traduce *cacahouète*.

espalier [ɛspalje] *n.m.* **1** (*agr.*) spalliera (*f.*) **2** (*sport*) spalliera (*f.*).

espar [ɛspaʀ] *n.m.* (*mar.*) asta (*f.*), pennone.

espèce [ɛspɛs] *n.f.* **1** specie **2** specie, genere (*m.*): *un escroc de la pire espèce*, un furfante della peggior specie **3** (*pl.*) denaro (*m.sing.*) (liquido), moneta (*sing.*) **4** (*pl.*) (*teol.*) specie.
● ***espèce d'imbécile!***, (*fam.*) razza di imbecille! | (*dir.*) (***cas d'***)***espèce***, fattispecie, caso particolare | ***de toute espèce***, di ogni specie, di ogni genere | ***en l'espèce***, nella fattispecie | ***payer en espèces***, pagare in contanti | (*econ.*) ***revenu en espèces***, reddito in denaro | ***sous les espèces de***, sotto le specie di | ***une espèce de***, una specie di, una sorta di.

espérance [ɛspeʀɑ̃s] *n.f.* **1** speranza; aspettativa **2** (*pl.*) eredità (*sing.*) in vista.
● ***espérance de vie***, speranza di vita.
■ SIN. **1** espoir.

espéranto [ɛspeʀɑ̃to] *n.m.* esperanto.

espérer [ɛspeʀe] *v.tr.* [coniug. come *céder*] **1** sperare **2** aspettarsi, attendersi: *n'espère de lui aucune aide*, non

aspettarti aiuto da parte sua; *n'espérons pas qu'il nous dise la vérité*, non aspettiamoci che ci dica la verità | *je n'en espérais pas tant!*, non mi aspettavo tanto! ♦ *v.intr.* sperare, confidare.
● ***espérer que oui***, ***que non***, sperare di sì, di no | ***je l'espère bien!***, spero bene, ci mancherebbe altro! | ***on ne vous espérait plus!***, (*fam.*) non vi aspettavamo più.

NOTA Quando ***espérer*** è seguito da un infinito, non è accompagnato da nessuna preposizione:
SÌ ***J'espère*** *vous revoir très vite.*
NO ***J'espère de*** *vous revoir très vite.*
Spero di rivederla molto presto.

E

esperluette [ɛspɛʀlɥɛt] *n.f.* (*tip.*) congiunzione commerciale (&).

espiègle [ɛspjɛgl] *agg.* e *n.m.* e *f.* birichino/a, vivace.

espièglerie [ɛspjɛgləʀi] *n.f.* **1** birichineria **2** birichinata.

espingouin [ɛspɛ̃gwɛ̃] *n.m.* (*fam.*) spagnolo.

espiogiciel [ɛspjɔʒisjɛl] *n.m.* (*Internet*) spyware.

espion [ɛspjɔ̃] *n.m.* [f. *-onne*] spia (*f.*).

espionnage [ɛspjɔnaʒ] *n.m.* spionaggio.
● ***espionnage industriel***, spionaggio industriale.

espionner [ɛspjɔne] *v.tr.* spiare.

espionnite [ɛspjɔnit] *n.f.* (*fam.*) ossessione di essere spiato.

esplanade [ɛsplanad] *n.f.* spianata, spiazzo (*m.*), piazzale (*m.*).

espoir [ɛspwaʀ] *n.m.* speranza (*f.*).
● ***avoir bon espoir de***, avere buone speranze di | ***dans l'espoir de***, nella speranza di | ***perdre tout espoir***, perdere ogni speranza.
■ SIN. espérance CONTR. désespoir.

esprit [ɛspʀi] *n.m.* **1** spirito, anima (*f.*) **2** (*essere immateriale*) spirito **3** mente (*f.*), intelligenza (*f.*): *avoir l'esprit vif*, avere un'intelligenza vivace; *il n'a pas l'esprit au travail*, non ha la mente al lavoro; *revenir à l'esprit*, tornare in mente; *sortir de l'esprit*, uscire di mente **4** spirito, animo; temperamento, natura (*f.*): *un esprit noble*, un animo nobile; *un esprit mélancolique*, una natura melanconica **5** spirito; senso: *l'esprit d'une loi*, lo spirito di una legge **6** spirito, umorismo: *avoir de l'esprit*, essere spiritoso; *faire de l'esprit*, fare dello spirito **7** (*pl.*) sensi: *perdre ses esprits*, perdere i sensi; (*fig.*) perdere la testa.
● ***esprit bourgeois***, mentalità borghese | ***esprit d'à-propos***, senso dell'opportunità | ***esprit de chapelle***, spirito di consorteria | ***esprit de clocher***, campanilismo | ***esprit de contradiction***, spirito di contraddizione | ***esprit d'entreprise***, spirito imprenditoriale | ***esprit de justice***, senso della giustizia | ***esprit de suite***, coerenza di idee | ***esprit d'observation***, spirito d'osservazione | ***esprit malin***, spirito maligno, demonio | (*relig.*) ***Esprit Saint*** (o ***Saint -Esprit***), Spirito Santo | ***avoir bon esprit***, essere benevolo, fiducioso | ***avoir l'esprit étroit***, avere la mente ristretta | ***avoir l'esprit mal tourné***, essere malizioso; (*estens.*) vedere il male ovunque | ***avoir mauvais esprit***, vedere il male dappertutto; (*estens.*) seminare zizzania | ***dans mon esprit***, secondo il, a mio modo di vedere | ***état d'esprit***, disposizione mentale | ***homme d'esprit***, uomo spiritoso | ***présence d'esprit***, presenza di spirito | ***trait***, ***mot d'esprit***, battuta di spirito | ***un petit esprit***, una mente limitata | ***vue de l'esprit***, (*spreg.*) fantasma della mente, chimera.

esprit-de-bois [ɛspʀidbwa] *n.m.* [pl. *esprits-de-bois*] (*chim.*) alcool metilico.

esprit-de-sel [ɛspʀidsɛl] *n.m.* [pl. *esprits-de-sel*] (*chim.*) acido cloridrico diluito.

esprit-de-vin [ɛspʀidvɛ̃] *n.m.* [pl. *esprits-de-vin*] (*chim.*) alcol etilico.

esquif [ɛskif] *n.m.* (*letter.*, *mar.*) schifo, battellino.

esquille [ɛskij] *n.f.* (*di osso*) scheggia.

esquimau [ɛskimo] *agg.* [f. *-aude*, pl.m. *-aux*] eschimese ♦ *n.m.* **1** (*lingua*) eschimese **2** tuta (*f.*) di maglia per bambini **3** gelato da passeggio.

Esquimau *n.m.* [f. *-aude*, pl.m. *-aux*] (*abitante*) eschimese.

esquinté [ɛskɛ̃te] *agg.* (*fam.*) **1** sciupato, malconcio **2** (*di persona*) stanco morto, sfinito.

esquinter [ɛskɛ̃te] *v.tr.* (*fam.*) **1** spossare, sfibrare **2** rovinare, sciupare **3** (*fig.*) stroncare ♦ **s'esquinter** *v.pron.intr.* spossarsi, sfiancarsi.

esquisse [ɛskis] *n.f.* schizzo (*m.*); abbozzo (*m.*) (*anche fig.*).

esquisser [ɛskise] *v.tr.* schizzare; abbozzare (*anche fig.*).

esquive [ɛskiv] *n.f.* lo schivare (*m.*); (*sport*) schivata.

esquiver [ɛskive] *v.tr.* schivare, scansare ♦ **s'esquiver** *v.pron.intr.* svignarsela.

essai [esɛ] *n.m.* **1** prova (*f.*): *ses essais ont été infructueux*, i suoi tentativi sono stati infruttuosi **2** (*tecn.*) prova (*f.*); collaudo **3** (*lett.*) saggio **4** (*rugby*) meta (*f.*).
● ***banc d'essai***, banco di prova | (*cine.*) ***bout d'essai***, provino | ***coup d'essai***, tentativo, prova | ***pilote d'essai***, collaudatore | ***prendre à l'essai***, prendere in prova | ***mettre à l'essai***, mettere alla prova.
■ SIN. **1** tentative **2** test.

essaim [esɛ̃] *n.m.* sciame (*anche fig.*).

essaimage [esɛmaʒ] *n.m.* **1** sciamatura (*f.*) **2** (*econ.*) spin-off.

essaimer [eseme] *v.intr.* sciamare.

essarter [esaʀte] *v.tr.* (*agr.*) debbiare; dissodare e sterpare.

essayage [esɛjaʒ] *n.m.* (*di abito*) prova (*f.*).

essayer [eseje] *v.tr.* [coniug. come *payer*] **1** provare | *essayer un vaccin*, sperimentare un vaccino **2** (*tecn.*) provare; collaudare ♦ *v.intr.* tentare: *j'essaierai de venir*, cercherò di venire ♦ **s'essayer** *v.pron.* esercitarsi (**in**): *s'essayer à la nage*, cimentarsi nel nuoto.

NOTA Quando ***essayer*** precede un verbo all'infinito, deve essere seguito dalla preposizione ***de***:
SÌ ***Essayez de*** *m'expliquer cette histoire.*
NO ***Essayez à*** *m'expliquer cette histoire.*
Provate a spiegarmi questa storia.

essayeur [esɛjœʀ] *n.m.* [f. *-euse*] **1** collaudatore **2** (*abbigl.*) sarto addetto alle prove.

essayiste [esejist] *n.m.* e *f.* saggista.

esse [ɛs] *n.f.* uncino (*m.*) a forma di S.

essence [esɑ̃s] *n.f.* **1** essenza **2** essenza, olio (*m.*) essenziale **3** benzina: *le plein d'essence*, il pieno di benzina.
● ***essence de café***, estratto di caffè | ***essence sans plomb***, benzina verde | ***être en panne d'essence***, essere a secco (di benzina), rimanere senza benzina | ***par essence***, per natura, per definizione | ***prendre de l'essence***, fare benzina.

essencerie [esɑ̃sʀi] *n.f.* (*Africa*) stazione di servizio.

essentiel [esɑ̃sjɛl] *agg.* e *n.m.* [f. *-elle*] essenziale.
● ***huile essentielle***, olio essenziale | ***l'essentiel de son***

temps, la maggior parte del suo tempo | ***pour l'essentiel***, essenzialmente.
■ CONTR. superflu.

essentiellement [esɑ̃sjɛlmɑ̃] *avv.* essenzialmente.

esseulé [esøle] *agg.* solo, abbandonato; isolato.

essieu [esjø] *n.m.* [pl. *-eux*] (*aut.*) asse, assale.

essor [esɔʀ] *n.m.* progresso, sviluppo, slancio.
● ***donner essor à***, dare libero corso a | ***prendre son essor***, spiccare il volo.

essorage [esɔʀaʒ] *n.m.* strizzatura (*f.*); centrifuga (*f.*), centrifugazione (*f.*).

essorer [esɔʀe] *v.tr.* strizzare; centrifugare | *essorer la salade*, scolare l'insalata.

essoreuse [esɔʀøz] *n.f.* centrifuga; idroestrattore (*m.*).
● ***essoreuse à salade***, centrifuga per insalata.

essoufflement [esufləmɑ̃] *n.m.* **1** affanno, difficoltà (*f.*) di respiro **2** (*fig.*) rallentamento.

essouffler [esufle] *v.tr.* far ansimare, lasciare senza fiato ♦ **s'essouffler** *v.pron.intr.* **1** sfiatarsi, perdere il fiato **2** (*fig.*) perdere colpi, rallentare.

essuie-glace [esɥiglas] *n.m.* [pl. *essuie-glaces*] (*aut.*) tergicristallo.

essuie-mains [esɥimɛ̃] *n.m.invar.* asciugamano.

essuie-tout [esɥitu] *n.m.invar.* carta (*f.*) assorbente (per uso domestico).

essuyage [esɥijaʒ] *n.m.* asciugatura (*f.*).

essuyer [esɥije] *v.tr.* [coniug. come *employer*] **1** asciugare: *essuyer ses mains*, asciugarsi le mani **2** spolverare **3** (*fig.*) subire: *essuyer un refus*, ricevere un rifiuto.

est[1] [ɛst] *n.m.invar.* **1** est **2** (*geogr.*) *Est*, est, oriente ♦ *agg.invar.* orientale, dell'Est.
● (*geogr.*) ***l'Est*** (***de la France***), le regioni orientali della Francia.

est[2] [ɛ] → **être**[1].

estacade [ɛstakad] *n.f.* sbarramento (*m.*); (*mar.*) frangiflutti.
● ***estacade flottante***, barriera galleggiante.

estafette [ɛstafɛt] *n.f.* (*mil.*) staffetta.

estafilade [ɛstafilad] *n.f.* sfregio (*m.*).

est-allemand [ɛstalmɑ̃] *agg.* [f. *est-allemande*, pl.m. *est-allemands*] (*st.*) tedesco-orientale, della Germania dell'Est (prima dell'unificazione del 1990).

Est-allemand *n.m.* [f. *est-allemande*, pl.m. *est-allemands*] (*st.*) (*abitante*) tedesco-orientale.

estaminet [ɛstaminɛ] *n.m.* piccolo caffè; bettola (*f.*).

estampage [ɛstɑ̃paʒ] *n.m.* **1** (*metall.*) stampaggio **2** (*delle monete*) coniatura (*f.*) **3** (*del cuoio*) goffraggio **4** (*fam.*) truffa (*f.*).

estampe [ɛstɑ̃p] *n.f.* **1** stampa **2** (*tecn.*) stampo (*m.*).

estamper [ɛstɑ̃pe] *v.tr.* **1** stampare, imprimere; (*cuoio*) goffrare **2** (*fam.*) spillare denaro (**a**).

estampeur [ɛstɑ̃pœʀ] *n.m.* [f. *-euse*] **1** stampatore **2** (*fam.*) truffatore, imbroglione.

estampillage [ɛstɑ̃pijaʒ] *n.m.* stampigliatura (*f.*).

estampille [ɛstɑ̃pij] *n.f.* stampiglia, timbro (*m.*), bollo (*m.*).

estampiller [ɛstɑ̃pije] *v.tr.* marchiare; timbrare, stampigliare.

est-ce que [ɛskə] *locuz.interr.* → **ce**[2].

ester[1] [ɛste] *v.intr.*
● (*dir.*) ***ester en justice***, stare in giudizio: *droit d'ester en justice*, legittimazione processuale.

ester[2] *n.m.* (*chim.*) estere.

esthète [ɛstɛt] *n.m.* e *f.* esteta.

esthéticien [ɛstetisjɛ̃] *n.m.* **1** (*fil.*) estetico **2** estetista.

esthéticienne [ɛstetisjɛn] *n.f.* estetista.

esthétique [ɛstetik] *agg.* estetico ♦ *n.f.* estetica.
● ***esthétique industrielle***, design industriale.

esthétiquement [ɛstetikmɑ̃] *avv.* esteticamente.

esthétisme [ɛstetism] *n.m.* estetismo.

estimable [ɛstimabl] *agg.* stimabile: *un geste estimable*, un gesto lodevole.

estimatif [ɛstimatif] *agg.* [f. *-ive*] estimativo.
● (*econ.*): ***devis estimatif***, preventivo; ***prix estimatif***, prezzo presunto.

estimation [ɛstimasjɔ̃] *n.f.* (*dir.*) stima.

estime [ɛstim] *n.f.* stima.
● ***à l'estime***, approssimativamente | ***avoir qqn en haute estime***, tenere qlcu in grande stima | ***un succès d'estime***, un successo di critica.

estimer [ɛstime] *v.tr.* **1** stimare, valutare **2** stimare, apprezzare **3** ritenere, reputare ♦ **s'estimer** *v.pron.* reputarsi, stimarsi.

estival [ɛstival] *agg.* [pl. *-aux*] estivo.

estivant [ɛstivɑ̃] *n.m.* villeggiante.

estoc [ɛstɔk] *n.m.* (*arma*) stocco.
● ***frapper d'estoc et de taille***, colpire di punta e di taglio.

estocade [ɛstɔkad] *n.f.* stoccata (*anche fig.*).

estom [ɛstɔm] *n.m.* (*fam.*) abbr. di **estomac**.

estomac [ɛstɔma] *n.m.* stomaco.
● ***avoir de l'estomac***, ***manquer d'estomac***, (*fig. fam.*) avere, non avere fegato | ***avoir l'estomac dans les talons***, (*fig.*) non vederci più dalla fame | ***avoir un creux dans l'estomac***, (*fig.*) sentire un vuoto nello stomaco | ***avoir un estomac d'autruche***, (*fig.*) avere uno stomaco di struzzo | ***faire qqch à l'estomac***, (*fam.*) avere la faccia tosta di fare qlco | ***il a de l'estomac celui-là!***, (*fig. fam.*) ha una bella faccia tosta quello! | (*med.*) ***lavage d'estomac***, lavanda gastrica.

estomaquer [ɛstɔmake] *v.tr.* (*fam.*) **1** sconcertare, sbalordire **2** stomacare, disgustare.

estompage [ɛstɔ̃paʒ] *n.m.* (*pitt.*) sfumo, sfumatura (*f.*).

estompé [ɛstɔ̃pe] *agg.* sfumato; (*fig.*) sbiadito.

estomper [ɛstɔ̃pe] *v.tr.* **1** sfumare **2** (*fig.*) smorzare, attenuare ♦ **s'estomper** *v.pron.intr.* sfumare; attenuarsi, smorzarsi.

estonien [ɛstɔnjɛ̃] *agg.* [f. *-enne*] estone ♦ *n.m.* (*lingua*) estone.

Estonien *n.m.* [f. *-enne*] (*abitante*) estone.

estouffade [ɛstufad] *n.f.* (*cuc.*) (tipo di) stufato (*m.*).

estourbir [ɛstuʀbiʀ] *v.tr.* (*fam.*) **1** far fuori; far la festa (**a**) **2** stordire (con un colpo).

estrade [ɛstʀad] *n.f.* podio (*m.*), palco (*m.*), pedana.

estragon [ɛstʀagɔ̃] *n.m.* (*bot.*) dragoncello, estragone.

estrapade [ɛstʀapad] *n.f.* **1** (*st.*) supplizio (*m.*) della corda **2** (*ginnastica*) esercizio (*m.*) alla fune.

estropié [ɛstʀɔpje] *agg.* e *n.m.* storpio.

estropier [ɛstʀɔpje] *v.tr.* storpiare (*anche fig.*) ♦ **s'estropier** *v.pron.intr.* storpiarsi.

estuaire [ɛstɥɛʀ] *n.m.* estuario.

estudiantin [ɛstydjɑ̃tɛ̃] *agg.* studentesco.

E

E

esturgeon [ɛstyʀʒɔ̃] ***n.m.*** (*zool.*) storione.

et [e] ***cong.*** e, ed (*davanti a n. iniziante per* e): *quand il fait beau et que tout le monde va à la mer*, quando è bello e tutti vanno al mare.
● ***deux et deux font quatre***, due più due fanno quattro | ***et d'un, et de deux***, e uno, e due.

étable [etabl] ***n.f.*** stalla.

établi [etabli] ***agg.*** stabilito, accertato ♦ ***n.m.*** banco da lavoro.
● ***établi à l'avance***, prestabilito.

établir [etabliʀ] ***v.tr.*** **1** stabilire; fissare **2** sistemare **3** stabilire, accertare **4** costruire; fondare (*spec. fig.*) | *établir un gouvernement*, costituire un governo ♦ **s'établir** ***v.pron.*** **1** stabilirsi; insediarsi **2** sistemarsi.
● ***établir solidement sa renommée***, farsi una solida fama | ***établir son domicile***, eleggere, fissare il proprio domicilio | (*comm.*) ***établir un devis***, fare un preventivo | (*med.*) ***établir un diagnostic***, fare una diagnosi | ***s'établir cordonnier***, metter su bottega di calzolaio.

établissement [etablismɑ̃] ***n.m.*** **1** istituzione (*f.*); instaurazione (*f.*): *l'établissement d'une dictature*, l'instaurazione di una dittatura **2** insediamento **3** accertamento, dimostrazione (*f.*): *l'établissement d'un fait*, l'accertamento di un fatto **4** (*comm.*) redazione (*f.*), stesura (*f.*): *l'établissement d'un devis*, la stesura di un preventivo **5** sistemazione (*f.*) **6** edificazione (*f.*), erezione (*f.*): *l'établissement d'un barrage*, la costruzione di una diga **7** azienda (*f.*), ditta (*f.*); stabilimento **8** pubblico esercizio **9** edificio (adibito a particolari servizi); istituto **10** ente.
● ***établissement agricole***, azienda agricola | (*econ.*) ***établissement classé***, stabilimento, azienda a rischio | ***établissement de crédit***, istituto di credito | ***établissement d'utilité publique***, ente di pubblica utilità | ***établissement hospitalier***, istituto ospedaliero | ***établissement pénitentiaire***, istituto di pena | ***établissement scolaire***, istituto scolastico | ***établissement thermal***, stabilimento termale | ***établissements publics***, enti pubblici | ***chef d'établissement***, capo d'istituto.

étage [etaʒ] ***n.m.*** **1** piano; ripiano **2** (*aer.*) stadio, fase (*f.*) **3** (*geogr.*) zona (*f.*); fascia (*f.*).
● ***à l'étage*** (o ***au premier étage***), al primo piano | ***de bas étage***, di bassa condizione, estrazione: *un hôtel de bas étage*, un albergo di infimo ordine; *plaisanterie de bas étage*, scherzo di pessimo gusto | ***maison à étages***, casa a più piani.

étagement [etaʒmɑ̃] ***n.m.*** **1** disposizione (*f.*) a piani, a ripiani **2** (*agr.*) terrazzamento.

étager [etaʒe] ***v.tr.*** [coniug. come *manger*] **1** disporre a (ri)piani **2** (*agr.*) terrazzare.

étagère [etaʒɛʀ] ***n.f.*** **1** mensola, ripiano (*m.*) **2** scansia, scaffale (*m.*).

étai ***n.m.*** **étaie** [etɛ] ***n.f.*** **1** puntello (*m.*), sostegno (*m.*) **2** (*mar.*) strallo (*m.*).

étaiement [etɛmɑ̃] ***n.m.*** puntellamento.

étain [etɛ̃] ***n.m.*** stagno.
● ***étain*** (***raffiné***), peltro | ***papier*** (***d'***)***étain***, (carta) stagnola.

étais [etɛ] → **être**[1].

étal [etal] ***n.m.*** [pl. *-als* o *-aux*] **1** banco; bancarella (*f.*) **2** banco di macelleria.

étalage [etalaʒ] ***n.m.*** **1** esposizione (*f.*); (*di merci in vendita*) mostra (*f.*); vetrina (*f.*) **2** banco; (*di mercato ecc.*) bancarella (*f.*).
● ***faire étalage de***, fare sfoggio di, ostentare | ***vol à étalage***, taccheggio.

étalagiste [etalaʒist] ***n.m.*** e ***f.*** vetrinista.

étale [etal] ***n.m.*** (*di marea*) stanca (*f.*).
● ***mer étale***, marea in stanca | ***navire étale***, nave ferma.

étalement [etalmɑ̃] ***n.m.*** **1** distribuzione (*f.*), ripartizione (*f.*) **2** (*nel tempo*) scaglionamento.

étaler [etale] ***v.tr.*** **1** (*merce*) esporre: *étaler sa marchandise*, (*anche fig.*) esporre le propria merce **2** spiegare; stendere: *étaler une carte routière*, spiegare una carta stradale | *étaler qqn d'un coup de poing*, stendere qlcu con un pugno **3** spalmare, stendere: *étaler du beurre*, spalmare del burro **4** disporre, spargere, sparpagliare: *elle étala ses livres sur la table*, sparpagliò i libri sul tavolo **5** ripartire, scaglionare: *étaler des paiements*, scaglionare dei pagamenti **6** (*fig.*) esibire, mettere in mostra; sfoggiare; ostentare: *étaler ses richesses*, ostentare le proprie ricchezze; *étaler son érudition*, fare sfoggio di erudizione ♦ **s'étaler** ***v.pron.*** e ***pron.intr.*** **1** stendersi: *le village s'étale au fond de la vallée*, il villaggio si stende in fondo alla valle **2** allargarsi, spandersi **3** far bella mostra; campeggiare **4** (*nel tempo*) prolungarsi **5** (*fam.*) stravaccarsi; cadere lungo disteso.
● ***étaler son jeu***, (*anche fig.*) scoprire le proprie carte.

étalon[1] [etalɔ̃] ***n.m.*** **1** (*di pesi e misure*) campione **2** (*tecn.*) calibratore **3** (*econ.*) tallone.
● (*fin.*) ***étalon monétaire***, base monetaria.

étalon[2] ***n.m.*** (*zootecn.*) stallone.

étalonnage [etalɔnaʒ] **étalonnement** [etalɔnmɑ̃] ***n.m.*** **1** (*di pesi e misure*) verificazione (*f.*) **2** (*di pezzi industriali*) calibratura (*f.*), standardizzazione (*f.*) **3** (*di metalli*) campionatura (*f.*) **4** (*di strumenti di misura*) taratura (*f.*) **5** (*econ.*) benchmarking.

étalonner [etalɔne] ***v.tr.*** **1** (*pesi e misure*) verificare **2** (*pezzi industriali*) calibrare, standardizzare **3** (*metalli*) campionare **4** (*strumenti di misura*) tarare.

étamage [etamaʒ] ***n.m.*** (*metall.*) stagnatura (*f.*).

étambot [etɑ̃bo] ***n.m.*** (*mar.*) telaio di poppa.

étamer [etame] ***v.tr.*** **1** (*metall.*) stagnare **2** (*specchi*) argentare.

étameur [etamœʀ] ***n.m.*** stagnaio, stagnino.

étamine[1] [etamin] ***n.f.*** (*bot.*) stame (*m.*).

étamine[2] ***n.f.*** (*tessuto*) stamigna.

étampe [etɑ̃p] ***n.f.*** (*tecn.*) stampo (*m.*).

étamper [etɑ̃pe] ***v.tr.*** (*tecn.*) stampare.

étanche [etɑ̃ʃ] ***agg.*** stagno.
● ***cloison étanche***, paratia stagna; (*fig.*) compartimento stagno | ***montre étanche***, orologio impermeabile.
■ SIN. imperméable, hermétique.

étanchéité [etɑ̃ʃeite] ***n.f.*** tenuta stagna.

étancher [etɑ̃ʃe] ***v.tr.*** **1** arrestare (il flusso di) **2** (*tecn.*) stagnare.
● ***étancher sa soif***, estinguere la sete | (*mar.*) ***étancher une voie d'eau***, chiudere una falla.

étançon [etɑ̃sɔ̃] ***n.m.*** pilastro (di sostegno).

étançonner [etɑ̃sɔne] ***v.tr.*** puntellare, sostenere.

étang [etɑ̃] ***n.m.*** stagno.

étant [etɑ̃] *p.pres.* di **être**[1].

étape [etap] ***n.f.*** **1** tappa **2** (*ciclismo*) tappa.
● (*ciclismo*) ***étape contre la montre***, tappa a cronometro | ***brûler les étapes***, (*fig.*) bruciare le tappe | ***par étapes***, (*fig.*) per gradi.

etarra [etaʀa] ***n.m.*** e ***f.*** membro (*m.*) dell'ETA (l'organizzazione clandestina separatista basca).

état [eta] ***n.m.*** **1** stato, condizione (*f.*): *le malade est*

dans un état grave, il malato è grave; *en mauvais état*, in cattivo stato **2** *État*, Stato: *subvention de l'État*, sovvenzione statale **3** (*antiq.*) stato; professione (*f.*).
● (*dir.*) ***état civil***, stato civile | ***état d'âme***, stato d'animo | ***état de fait***, dato di fatto | ***état de santé***, stato di salute | (*dir.*) ***état des lieux***, (*di edificio ecc.*) verifica dello stato di conservazione | ***état gendarme***, stato di polizia, stato poliziesco | ***état neuf***, (*di auto ecc.*) come nuovo, in ottimo stato | (*st.*) ***états généraux***, stati generali (assemblea dei rappresentanti di nobiltà, clero e terzo stato sotto l'Ancien Régime) | ***bureau d'état civil***, anagrafe | ***coup d'État***, colpo di stato | ***dans cet état de choses, dans l'état où sont les choses***, così come stanno, stando così le cose | ***de son état***, (*letter.*) di mestiere, di professione | (*fin.*) ***dépenses d'État***, spese pubbliche | ***en état d'ivresse***, in stato di ubriachezza | ***en l'état***, così com'è | ***en tout état de cause***, in ogni modo, in ogni caso | ***être dans tous ses états***, (*fam.*) esser fuori di sé, dare i numeri | ***être dans un état intéressant***, essere in stato interessante | ***être en état***, essere in buono stato; essere in grado; (*Africa*) essere incinta | ***être en état de***, essere in condizione di: *être en état de manque*, essere in crisi di astinenza | ***faire état de***, fare affidamento su; tener conto di; prendere in considerazione: *les journaux font état des pertes subies par l'adversaire*, i giornali parlano delle perdite subite dall'avversario | (*Africa*) ***faire (un) coup d'État***, fare una fuga d'amore con una ragazza | ***hors d'état***, fuori uso: *on l'a mis hors d'état de parler*, l'hanno messo nell'impossibilità di parlare | ***remettre en état***, rimettere a posto, restaurare | (*st.*) ***tiers état***, terzo stato (composto da tutti i cittadini non appartenenti a clero o nobiltà, sotto l'Ancien Régime).

FAUX AMI
Da non confondere con *età*, che si traduce *âge* o *époque*.

état-civil [etasivil] ***n.m.*** [pl. *états-civils*] (*fam.*) (*ufficio comunale*) anagrafe (*f.*).
● ***pièces d'état-civil***, dati anagrafici.

étatique [etatik] ***agg.*** statuale, dello stato.

étatisation [etatizasjɔ̃] ***n.f.*** statalizzazione, nazionalizzazione.

étatiser [etatize] ***v.tr.*** statalizzare, nazionalizzare.

étatisme [etatism] ***n.m.*** statalismo.

étatiste [etatist] ***agg.*** e ***n.m.*** e ***f.*** statalista.

état-major [etamaʒɔʀ] ***n.m.*** [pl. *états-major*] (*mil.*) stato maggiore (*anche fig.*).

État-providence [etapʀɔvidɑ̃s] ***n.m.*** [pl. *États-providence*] (*econ.*) stato provvidenza, stato assistenziale, welfare state.

états-unien [etazynjɛ̃] ***agg.*** [f. *états-unienne*, pl.m. *états-uniens*] statunitense.

États-unien ***n.m.*** [f. *États-unienne*, pl.m. *États-uniens*] (*abitante*) statunitense.

État-voyou [etavwaju] ***n.m.*** [pl. *États-voyous*] (*pol.*) stato canaglia.

étau [eto] ***n.m.*** [pl. *-aux*] (*mecc.*) morsa (*f.*).

étayer [eteje] ***v.tr.*** [coniug. come *payer*] puntellare; (*fig.*) sostenere.

et cætera, et cetera [ɛtseteʀa] ***avv.*** eccetera.

été[1] [ete] ***n.m.*** estate (*f.*): *c'est l'été*, è estate; *hiver comme été*, d'inverno come d'estate.
● ***été de la Saint-Martin***, estate di San Martino | (*Canada*) ***été indien*** (o ***des Indiens***), estate indiana (periodo di buona stagione agli inizi dell'autunno) | ***en été***, d'estate: *se mettre, être en été*, (*fam.*) vestirsi, essere vestito da estate.

été[2] *p.p.* di **être**[1].

éteignoir [etɛɲwaʀ] ***n.m.*** **1** spegnitoio **2** (*fig. fam.*) guastafeste.

éteindre [etɛ̃dʀ] ***v.tr.*** [coniug. come *peindre*] **1** spegnere; (*un fuoco*) estinguere: *éteindre la lumière, la radio*, spegnere la luce, la radio **2** (*comm.*) (*un debito ecc.*) estinguere **3** (*letter.*) placare, attenuare: *éteindre la soif*, placare la sete ♦ **s'éteindre** ***v.pron.intr.*** (*letter.*) **1** spegnersi; estinguersi **2** (*fig.*) svanire.
■ *V.TR.* CONTR. **1** allumer.

éteint [etɛ̃] *p.p.* di **éteindre** ♦ ***agg.*** **1** spento (*anche fig.*) **2** estinto.

étendage [etɑ̃daʒ] ***n.m.*** lo stendere (biancheria ecc.).

étendard [etɑ̃daʀ] ***n.m.*** **1** stendardo, vessillo (*anche fig.*) **2** (*bot.*) vessillo.
● ***l'étendard de la révolte***, il vessillo della rivolta.

étendoir [etɑ̃dwaʀ] ***n.m.*** stenditoio.

étendre [etɑ̃dʀ] ***v.tr.*** [coniug. come *rendre*] **1** stendere: *étendre les draps*, stendere le lenzuola **2** coricare, sdraiare: *étendre un malade sur le lit*, coricare un malato sul letto **3** estendere (*anche fig.*) **4** (*con un liquido*) diluire, allungare ♦ **s'étendre** ***v.pron.*** e ***pron.intr.*** **1** stendersi; estendersi | *s'étendre sur un sujet*, dilungarsi su un argomento **2** sdraiarsi, adagiarsi.
● ***se faire étendre***, (*fam.*) farsi bocciare.

étendu [etɑ̃dy] *p.p.* di **étendre** ♦ ***agg.*** **1** esteso, vasto | *une voix étendue*, una grande estensione vocale **2** disteso; spiegato **3** (*con un liquido*) allungato.

étendue [etɑ̃dy] ***n.f.*** **1** distesa; estensione: *pays d'une vaste étendue*, paese di grande estensione **2** durata: *l'étendue de la vie*, la durata della vita **3** (*fig.*) ampiezza, portata: *sujet d'une grande étendue*, soggetto molto vasto **4** (*fil., mat.*) dimensione.
● (*mus.*) ***étendue d'une voix***, registro vocale, estensione della voce.

éternel [etɛʀnɛl] ***agg.*** [f. *-elle*] eterno ♦ ***n.m.*** **1** eterno, eternità (*f.*) **2** (*relig.*) *l'Éternel*, Dio.
● ***la ville éternelle***, la città eterna (Roma) | (*relig.*) ***le Père éternel***, il Padre eterno.
■ *AGG.* SIN. immortel.

éternellement [etɛʀnɛlmɑ̃] ***avv.*** eternamente.

éterniser [etɛʀnize] ***v.tr.*** **1** (*letter.*) eternare, perpetuare **2** tirare per le lunghe ♦ **s'éterniser** ***v.pron.intr.*** **1** durare (troppo) a lungo **2** (*fam.*) mettere radici, non andare più via; (*di conversazione ecc.*) non finire più.

éternité [etɛʀnite] ***n.f.*** eternità.
● ***de toute éternité***, da tempo immemorabile.

éternuement [etɛʀnymɑ̃] ***n.m.*** starnuto.

éternuer [etɛʀnɥe] ***v.intr.*** starnutire, starnutare.

êtes [ɛt] → **être**[1].

étêter [etɛte] ***v.tr.*** **1** (*agr.*) scapezzare, cimare **2** (*a spilli, chiodi ecc.*) togliere la capocchia **3** (*a un pesce*) togliere la testa.

éteule [etœl] ***n.f.*** (*agr.*) stoppia.

éther [etɛʀ] ***n.m.*** etere.

éthéré [eteʀe] ***agg.*** etereo.

éthiopien [etjɔpjɛ̃] ***agg.*** [f. *-enne*] etiopico, etiope.

Éthiopien ***n.m.*** [f. *-enne*] etiope.

éthique [etik] ***agg.*** etico ♦ ***n.f.*** etica.
● ***éthique médicale***, deontologia medica.

ethniciser [ɛtnisize] ***v.tr.*** etnicizzare.

ethnicité [ɛtnisite] ***n.f.*** etnicità.

ethnie [ɛtni] ***n.f.*** etnia.

ethnique [ɛtnik] *agg.* etnico.
● (*ling.*) ***nom ethnique***, etnonimo.

ethno- *pref.* etno-.

ethnographie [ɛtnɔgʀafi] *n.f.* etnografia.

ethnographique [ɛtnɔgʀafik] *agg.* etnografico.

ethnologie [ɛtnɔlɔʒi] *n.f.* etnologia.

ethnologue [ɛtnɔlɔg] *n.m.* e *f.* etnologo/a.

ethnomercatique [ɛtnomɛʀkatik] *n.f.* (*comm.*) etnomarketing (*m.*).

E

éthologie [etɔlɔʒi] *n.f.* etologia.

éthologique [etɔlɔʒik] *agg.* etologico.

éthologiste [etɔlɔʒist] *n.m.* e *f.* etologo/a.

éthyle [etil] *n.m.* (*chim.*) etile.

éthylène [etilɛn] *n.m.* (*chim.*) etilene.

éthylique [etilik] *agg.* (*chim.*) etilico ♦ *n.m.* e *f.* (*med.*) etilista.

éthylisme [etilism] *n.m.* (*med.*) etilismo.

éthylotest [etilɔtɛst] *n.m.* alcoltest.

étiage [etjaʒ] *n.m.* (*di fiume ecc.*) magra (*f.*).

étincelant [etɛ̃slɑ̃] *agg.* scintillante, sfavillante; brillante (*anche fig.*): *esprit étincelant*, ingegno brillante.

étinceler [etɛ̃sle] *v.intr.* [coniug. come *appeler*] scintillare, sfavillare; brillare.
■ SIN. briller, resplendir.

étincelle [etɛ̃sɛl] *n.f.* scintilla, favilla.
● ***faire des étincelles***, (*fig.*) brillare, avere successo, far faville.

étincellement [etɛ̃sɛlmɑ̃] *n.m.* scintillio, sfavillio.

étiolement [etjɔlmɑ̃] *n.m.* 1 (*agr.*) l'imbozzacchire 2 (*bot.*) eziolamento 3 (*fig.*) indebolimento.

étioler [etjɔle] *v.tr.* (*agr.*) imbozzacchire ♦ **s'étioler** *v.pron.intr.* 1 (*agr.*) imbozzacchirsi 2 (*fig.*) indebolirsi.

étiologie [etjɔlɔʒi] *n.f.* (*med.*) eziologia.

étique [etik] *agg.* 1 (*letter.*) scarno, emaciato 2 (*ant.*) tubercolitico.

FAUX AMI
Da non confondere con *etico*, che si traduce *éthique*.

étiquetage [etiktaʒ] *n.m.* etichettatura (*f.*).

étiqueter [etikte] *v.tr.* [coniug. come *jeter*] etichettare (*anche fig.*).

étiqueteuse [etiktøz] *n.f.* (*macchina*) etichettatrice.

étiquette [etikɛt] *n.f.* 1 etichetta (*anche fig.*); cartellino (*m.*) 2 (*fig.*) etichetta, cerimoniale (*m.*) 3 (*pl.*) (*argot*) orecchie, ventole 4 (*inform.*) etichetta.
● (*pol.*) ***deputé sans étiquette***, indipendente, deputato che non appartiene ad alcun partito.

étirage [etiʀaʒ] *n.m.* 1 (*tecn.*) trafilatura (*f.*) 2 (*ind. tess.*) stiramento.
● (*ind. tess.*) ***banc d'étirage***, stiratoio.

étirement [etiʀmɑ̃] *n.m.* (*tecn.*) stiramento.

étirer [etiʀe] *v.tr.* 1 distendere, stirare 2 (*metall.*) trafilare 3 (*mecc.*) tirare ♦ **s'étirer** *v.pron.* e *pron.intr.* distendersi, stirarsi; (*fam.*) stiracchiarsi.

étoffe [etɔf] *n.f.* 1 tessuto (*m.*); stoffa 2 (*fig.*) stoffa, attitudine 3 (*metall.*) lega di stagno e piombo (per la fabbricazione di canne d'organo).
● ***avoir de l'étoffe***, (*fig.*) avere stoffa, avere grandi capacità | ***être de la même étoffe***, (*fig.*) essere dello stesso stampo.
■ SIN. 1 tissu.

étoffé [etɔfe] *agg.* ricco, pieno: *style étoffé*, stile corposo; *voix bien étoffée*, voce sonora.

étoffer [etɔfe] *v.tr.* 1 ricoprire di stoffa 2 (*fig.*) arricchire, rimpolpare ♦ **s'étoffer** *v.pron.intr.* irrobustirsi.

étoile [etwal] *n.f.* 1 stella; astro (*m.*) (*anche fig.*): *un hôtel trois étoiles*, un albergo tre stelle 2 (*mil.*) stelletta 3 (*tip.*) asterisco (*m.*), stelletta 4 (*personaggio famoso*) stella: *une étoile du cinéma*, una stella del cinema 5 (*mat.*) stella, poligono (*m.*) stellato 6 (*di vetro ecc.*) incrinatura a raggiera 7 (*di strade*) incrocio (*m.*) a raggiera 8 (*arald.*) stella.
● ***étoile de David***, stella di Davide | (*zool.*) ***étoile de mer***, stella marina, di mare | ***étoile du berger*** (o ***du soir*** o ***du matin***), (*fam.*) pianeta Venere | (*astr.*): ***étoile filante***, (*fam.*) stella cadente; ***étoile géante***, ***naine***, stella gigante, nana | (*st.*) ***étoile jaune***, stella gialla | (*astr.*) ***étoile polaire***, stella polare | ***coucher à la belle étoile***, dormire all'addiaccio | (***danseur***, ***danseuse***) ***étoile***, étoile (ballerino/a di fama internazionale) | ***en étoile***, a stella.

étoilé [etwale] *agg.* 1 stellato 2 costellato.
● ***la bannière étoilée***, la bandiera statunitense.

étoiler [etwale] *v.tr.* 1 (*letter.*) stellare; costellare 2 (*in un vetro ecc.*) fare, causare un'incrinatura a raggiera (**in**, **su**).

étole [etɔl] *n.f.* stola.

étonnamment [etɔnamɑ̃] *avv.* sorprendentemente, straordinariamente.

étonnant [etɔnɑ̃] *agg.* 1 stupefacente, sbalorditivo, sorprendente: *rien d'étonnant à cela*, non c'è niente di strano 2 prodigioso, straordinario.

étonnement [etɔnmɑ̃] *n.m.* stupore, meraviglia (*f.*): *à mon grand étonnement*, con mio grande stupore.

étonner [etɔne] *v.tr.* 1 stupire, sorprendere, meravigliare 2 (*ant.*) turbare, sconvolgere ♦ **s'étonner** *v.pron.intr.* 1 stupirsi, meravigliarsi: *je m'étonne qu'il ne soit pas* (o *de ce qu'il ne soit pas* o *de ce qu'il n'est pas*) *encore arrivé*, mi stupisco che non sia ancora arrivato 2 (*ant.*) turbarsi.
■ V.TR. SIN. 1 surprendre.

étouffant [etufɑ̃] *agg.* soffocante, asfissiante (*anche fig.*): *temps étouffant*, tempo soffocante, afoso; *atmosphère étouffante*, (*fig.*) atmosfera opprimente.

étouffe-chrétien [etufkʀetjɛ̃] *n.m.invar.* (*fam.*) (*di alimento*) macigno; cibo che ingozza.

étouffée, à l' [aletufe] *avv.* e *agg.*
● ***cuire à l'étouffée***, stufare | ***viande à l'étouffée***, stufato.

étouffement [etufmɑ̃] *n.m.* 1 soffocamento (*anche fig.*) 2 afa (*f.*), atmosfera (*f.*) soffocante.

étouffer [etufe] *v.tr.* e *intr.* 1 soffocare (*anche fig.*): *le tapis étouffait le bruit de ses pas*, il tappeto attutiva il rumore dei suoi passi; *cela a étouffé sa carrière*, questo ha ostacolato la sua carriera; *étouffer une révolte*, sedare una rivolta | *la générosité ne l'étouffe pas*, (*scherz.*) la generosità non è il suo forte 2 (*fig. fam.*) sgraffignare 3 (*bachicultura, apicultura*) soffocare ♦ **s'étouffer** *v.pron. intr.* e *pron.rec.* soffocarsi; strozzarsi.
● ***étouffer de rage***, (*fig.*) crepare di rabbia.

étouffoir [etufwaʀ] *n.m.* 1 braciere 2 (*del pianoforte*) smorzatore 3 (*fig. fam.*) stanza (*f.*) senz'aria.

étoupe [etup] *n.f.* stoppa, capecchio (*m.*).
● ***avoir les cheveux comme de l'étoupe***, avere i capelli di stoppa.

étourderie [etuʀdəʀi] *n.f.* sventatezza, sbadataggine; distrazione: *fautes d'étourderie*, errori di distrazione.
■ SIN. distraction.

étourdi [eturdi] *agg.* e *n.m.* sbadato, sventato.
● *à l'étourdie*, sconsideratamente, in modo avventato.
■ SIN. distrait.

étourdiment [etuʀdimɑ̃] *avv.* sbadatamente, sconsideratamente.

étourdir [etuʀdiʀ] *v.tr.* stordire (*anche fig.*) ♦ **s'étourdir** *v.pron.intr.* stordirsi (*anche fig.*).

étourdissant [etuʀdisɑ̃] *agg.* 1 assordante 2 (*fam.*) sbalorditivo, strabiliante: *il est étourdissant ce soir*, è straordinariamente brillante questa sera.

étourdissement [etuʀdismɑ̃] *n.m.* 1 stordimento; vertigine (*f.*): *avoir des étourdissements*, avere dei mancamenti 2 (*fig. letter.*) follia (*f.*), ebbrezza (*f.*).

étourneau [etuʀno] *n.m.* [pl. *-eaux*] 1 (*zool.*) storno 2 (*fig.*) sventato; sciocco.

étrange [etʀɑ̃ʒ] *agg.* strano; insolito: *d'une étrange façon*, in modo strano ♦ *n.m.* strano, stranezza (*f.*).
■ AGG. SIN. bizarre, insolite CONTR. courant, normal.

étrangement [etʀɑ̃ʒmɑ̃] *avv.* stranamente.

étranger [etʀɑ̃ʒe] *agg.* [f. *-ère*] 1 straniero; forestiero; estero: *vivre en terre étrangère*, vivere in terra straniera; *coutumes étrangères*, usanze forestiere; *devise étrangère*, valuta estera 2 estraneo; sconosciuto: *les personnes étrangères*, gli estranei; *il n'est pas étranger à ce complot*, non è estraneo a questo complotto; *ce visage ne m'est pas étranger*, questa faccia non mi è nuova ♦ *n.m.* 1 straniero; forestiero 2 estraneo; sconosciuto: *ils vivent en étrangers*, vivono come estranei 3 (*paese*) estero: *de l'étranger*, *à l'étranger*, dall'estero, all'estero 4 (*Africa*) ospite di passaggio.
● (*med.*) ***corps étranger***, corpo estraneo | (*giorn.*) ***correspondant à l'étranger***, corrispondente dall'estero | ***politique étrangère***, politica estera.

NOTA I francesi, che familiarmente si danno il nome di *franchouillard*, hanno coniato appellativi talora spregiativi anche per gli ***étrangers***: *boche* o *chleuh* (per *allemand*); *amerlo*, *ricain* o *amerloque* (per *américain*); *angliche* o *rosbif* (per *anglais*); *bicot*, *bougoule* o *crouillot* (per *arabe*); *belgico* (per *belge*); *chinetoque* (per *chinois*); *espingouin* (per *espagnol*); *macaroni*, *rital* e *spaghetti* (per *italien*); *porto* (per *portugais*); *popof* o *ruscof* (per *russe*); *niakoué* (per *vietnamien*).

étrangeté [etʀɑ̃ʒte] *n.f.* 1 stranezza 2 (*psic.*) estraneità.

étranglé [etʀɑ̃gle] *agg.* strozzato.

étranglement [etʀɑ̃gləmɑ̃] *n.m.* 1 strangolamento 2 strozzatura (*f.*) 3 (*med.*) strozzamento.
● (*med.*) ***étranglement herniaire***, strozzamento erniario.

étrangler [etʀɑ̃gle] *v.tr.* 1 strozzare, strangolare 2 stringere 3 (*fig.*) soffocare ♦ **s'étrangler** *v.pron.intr.* strozzarsi: *s'étrangler de rire*, soffocare dalle risa.

étrangleur [etʀɑ̃glœʀ] *n.m.* [f. *-euse*] strangolatore.

étrave [etʀav] *n.f.* (*mar.*) ruota di prua; dritto (*m.*) di prua.

être[1] [ɛtʀ] *v.intr.* [pres.indic.: *je suis, tu es, il est, nous sommes, vous êtes, ils sont*; imperf.indic.: *j'étais* etc.; p.rem.: *je fus, tu fus, il fut, nous fûmes, vous fûtes, ils furent*; fut.indic.: *je serai* etc.; cond.: *je serais* etc.; pres.cong.: *que je sois, que tu sois, qu'il soit, que nous soyons, que vous soyez, qu'ils soient*; imperf.cong.: *que je fusse, que tu fusses, qu'il fût* etc.; p.pres.: *étant*; p.p.: *été*; imp.: *sois, soyons, soyez*; aus. *avoir*] 1 essere: *comment es-tu ce matin?*, come stai questa mattina?; *si j'étais vous, à votre place*, se fossi in voi | *fût-il coupable*, quand'anche fosse colpevole | *qu'il est bête!*, *est-il bête!*, che stupido! | *elle n'est pas très repas de famille*, non le vanno proprio i pranzi di famiglia | *je suis très Noël*, sono molto legata alle tradizioni del Natale 2 (*v. ausiliare*) essere: *ils ont été accusés de vol*, sono stati accusati di furto; *ils se sont aimés*, si sono amati 3 esistere, essere: *je pense donc je suis*, penso dunque esisto | *il n'est plus*, è morto | (*mat.*) *soit un triangle ABC*, dato un triangolo ABC 4 essere, trovarsi, stare: *je suis à la maison*, sono a casa; *être trois, quatre*, essere (in) tre, (in) quattro | (*mat.*) *20 est à 40 ce que 50 est à 100*, 20 sta a 40 come 50 sta a 100 5 (*usato nei tempi passati invece di* aller) essere: *tu as été en Italie*, sei stato in Italia 6 (*tempo*) essere: *demain, c'est dimanche*, domani è domenica; *il est encore tôt*, è ancora presto; *"Quel jour sommes-nous?" "Nous sommes mercredi"*, "Che giorno è oggi?" "È mercoledì"; *"Quelle heure est-il?" "Il est deux heures"*, "Che ore sono?" "Sono le due"; *"Le combien sommes-nous?" "Nous sommes le trois"*, "Quanti ne abbiamo?" "È il tre" ♦ *v.intr.impers.* essere: *il était une fois*, c'era una volta; *il est des gens que*, c'è gente che; *il n'est rien d'aussi beau*, non c'è niente di così bello.
● ***être à***, essere di, essere da: *ce livre est à moi*, questo libro è mio; *je suis à vous*, sono a vostra disposizione; *tout est à refaire*, è tutto da rifare; *ils sont à plaindre*, sono da compiangere; *il est à travailler*, (*fam.*) sta lavorando; *il est toujours à travailler*, (*fam.*) sta sempre a lavorare; *l'heure est au travail, pas aux bavardages*, è il momento di lavorare, non di chiacchierare; *il n'est pas homme à*, non è uomo da; *le temps est à la pluie*, minaccia di piovere; *tu n'es pas à ce qu'on dit, à ce qu'on fait*, non stai attento a quello che diciamo, a quello che facciamo | ***être de***, essere di: *il est de Paris*, è di Parigi; *ce tableau est de Picasso*, questo quadro è di Picasso; *serez-vous des nôtres?*, sarete dei nostri? | ***être en***, essere in: *elle est en robe du soir*, è in abito da sera | ***être en état de***, ***être à même de***, essere in condizione di, in grado di | ***être pour***, essere per, essere a favore di: *je suis pour la liberté*, sono a favore della libertà; *je suis pour qqch dans sa décision*, sono in parte responsabile della sua decisione | ***être sans***, essere senza: *il est sans le sou*, non ha un soldo | ***c'est*** → ce | ***comme si de rien n'était***, come se niente fosse | ***il ne m'est rien***, non è niente per me | ***il n'est que de***, la cosa migliore è | ***je suis comme je suis***, sono come sono (e non mi si può chiedere di essere diverso) | ***ne pas être sans savoir que***, non ignorare che | ***on ne peut pas être et avoir été***, il tempo passa per tutti | ***qui est là?***, chi c'è | ***toujours est-il que***, fatto sta che.
□ **en être** 1 essere, esserci: *il y a un bal chez nous, en serez-vous?*, daremo un ballo, ci sarete anche voi?; *un beau livre, s'il en fut*, (*letter.*) un libro bello quant'altri mai; *puisqu'il en est ainsi*, visto che è così; *je ne sais plus où j'en suis*, (*fig.*) non mi ci raccapezzo più; (*nel leggere, nel fare*) non so più dove ero rimasto; *nous n'en sommes pas encore là*, non siamo ancora a quel punto; *j'en suis à me demander*, ora mi chiedo se; *je ne sais pas ce qu'il en est*, non so come stiano le cose; *j'en suis pour ma peine, mon argent*, ci ho rimesso la fatica, il denaro; *j'en suis pour ce que j'ai dit*, sostengo quanto ho detto; *j'en suis de ma poche*, ci rimetto di tasca mia; *il s'en fut chez lui*, se ne andò a casa 2 (*argot*) essere omosessuale 3 (*argot*) essere della polizia.
● ***il en est de même de***, lo stesso vale per | ***il n'en est rien***, nulla di tutto ciò, non è affatto così | ***où en es-tu?***, (*fig.*) a che punto sei?
□ **y être** 1 esserci (*anche fig.*): *j'y suis, j'y reste*, ora che ci sono, ci rimango!; *je n'y suis pour rien*, non c'entro per nulla; *tu y es pour beaucoup*, c'entri e parecchio; *il y est pour quelque chose*, c'entra anche lui 2 (*fig.*) capire: *j'y*

E

suis, *nous y sommes*, ci sono, ci siamo, ora capisco, ora capiamo; *y êtes-vous?*, mi spiego?, avete capito?; *vous y êtes!*, avete indovinato!; *vous n'y êtes pas du tout*, non ci siete proprio; *je n'y suis plus du tout*, non ci capisco più nulla.

NOTA ***C'est*** o ***il est***?
È si traduce ***c'est*** quando è seguito da un determinativo o da un nome proprio:
C'est *un de mes amis.* ***C'est*** *Paolo.* ***C'est*** *le frère de Roberta.*
È un mio amico. È Paolo. È il fratello di Roberta.
È si traduce ***il est*** o ***elle est*** quando è seguito da un aggettivo o da un nome senza determinativo in funzione di attributo:
Il est *sympathique.* ***Il est*** *Italien.* ***Il est*** *médecin.*
È simpatico. È italiano. È medico.
La stessa regola vale per la terza persona plurale.
Ce sont *les enfants d'Elisabeth.*
Sono i figli di Elisabeth.
Ils sont *bilingues.*
Sono bilingui.

être[2] *n.m.* 1 l'essere, esistenza (*f.*): *l'être et le devenir*, l'essere e il divenire 2 essere, individuo: *un être pensant*, un essere pensante; *un être odieux*, un individuo odioso; *désirer qqch de tout son être*, desiderare qlco ardentemente, con tutto sé stesso 3 (*fil.*) ente.
● ***l'Être Suprême***, l'ente supremo.

étreindre [etʀɛ̃dʀ] *v.tr.* [coniug. come *peindre*] stringere (*anche fig.*): *étreindre dans ses bras*, stringere tra le braccia.

étreinte [etʀɛ̃t] *n.f.* stretta; abbraccio (*m.*) (*anche fig.*).

étrenne [etʀɛn] *n.f.* (*spec. pl.*) strenna.
● ***avoir l'étrenne de***, (*fig.*) usare per la prima volta.

étrenner [etʀene] *v.tr.* usare per la prima volta: *étrenner une robe*, inaugurare un vestito ♦ *v.intr.* (*fam.*) andarci di mezzo.

êtres [ɛtʀ] *n.m.pl.* (*antiq.*) angoli di una casa: *connaître les êtres d'une maison*, conoscere tutti gli angoli di una casa.

étrier [etʀije] *n.m.* 1 staffa (*f.*) 2 (*tecn.*) morsetto 3 (*anat.*) staffa (*f.*) 4 (*alpinismo*) scala (*f.*) di corda.
● ***avoir le pied à l'étrier***, (*fig.*) essere con il piede nella staffa, essere in procinto di partire; essere a cavallo | ***coup de l'étrier***, (*fig.*) bicchiere della staffa | ***tenir l'étrier à qqn***, reggere la staffa a qlcu; (*fig.*) tenere mano a qlcu | ***vider les étriers***, cadere da cavallo.

étrille [etʀij] *n.f.* 1 striglia 2 (*zool.*) grancella.

étriller [etʀije] *v.tr.* 1 strigliare (*anche fig.*) 2 (*fam.*) spillare denaro (a), pelare: *dans ce restaurant on nous a étrillés*, in quel ristorante ci hanno pelati.

étriper [etʀipe] *v.tr.* (*un animale*) sventrare, sbudellare ♦ **s'étriper** *v.pron.rec.* (*fig. fam.*) scannarsi, sbudellarsi.

étriqué [etʀike] *agg.* striminzito; meschino.

étriquer [etʀike] *v.tr.* fare (un vestito ecc.) troppo stretto.

étrivière [etʀivjɛʀ] *n.f.* (*di staffa*) staffile (*m.*).

étroit [etʀwa] *agg.* stretto; ristretto (*anche fig.*): *une rue étroite*, una strada stretta; *un esprit étroit*, una mentalità ristretta, gretta ♦ *n.m.* stretto.
● ***être à l'étroit***, stare stretti | ***vivre à l'étroit***, (*fig.*) vivere in ristrettezze.
■ *AGG.* CONTR. large, spacieux.

étroitement [etʀwatmɑ̃] *avv.* strettamente: *être étroitement liés*, essere strettamente, intimamente legati.

étroitesse [etʀwatɛs] *n.f.* strettezza; (*fig.*) ristrettezza.

étron [etʀɔ̃] *n.m.* escremento, stronzo.

étrusque [etʀysk] *agg.* etrusco ♦ *n.m.* (*lingua*) etrusco.
● (*st.*) ***Etrusques***, etruschi.

étude [etyd] *n.f.* 1 studio (*m.*): *il fait des études de droit*, studia legge 2 studio (*m.*), saggio (*m.*): *il a publié un étude sur la France au Moyen Âge*, ha pubblicato uno studio sulla Francia medievale 3 ricerca, studio (*m.*): *le projet de loi est à l'étude*, il progetto di legge è allo studio 4 (*arte*) studio (*m.*) 5 (*nelle scuole francesi*) aula di studio (destinata allo studio individuale degli alunni); (*estens.*) tempo (*m.*) trascorso nell'aula di studio 6 (*di avvocato, notaio ecc.*) studio (*m.*); (*estens.*) (*di un professionista*) clientela.
● (*arte*) ***étude d'après nature***, studio dal vero | (*stat.*) ***étude de marché***, ricerca, indagine di mercato | ***homme d'étude***, studioso | ***maître d'étude***, (*antiq.*) istitutore, prefetto.

étudiant [etydjɑ̃] *n.m.* studente ♦ *agg.* studentesco.

étudié [etydje] *agg.* (ben) studiato (*anche fig.*).

étudier [etydje] *v.tr.* studiare: *étudier une langue étrangère*, studiare una lingua straniera; *étudier le piano, le chant*, studiare pianoforte, canto ♦ **s'étudier** *v.pron.* e *pron.rec.* studiarsi, osservarsi, analizzarsi.
● ***s'étudier à***, studiarsi di; adoperarsi per: *il s'étudiat à lui cacher la vérité*, faceva di tutto per nascondergli la verità.
■ *V.TR.* SIN. apprendre.

étui [etɥi] *n.m.* 1 custodia (*f.*), astuccio; fodera (*f.*) 2 (*mar.*) (*per le vele*) camicia (*f.*).
● ***étui à aiguilles***, agoraio | ***étui à lunettes***, portaocchiali | ***étui à revolver***, fondina della pistola.

étuve [etyv] *n.f.* 1 stufa; stanza per bagno di vapore: *cette pièce est une étuve!*, (*fig.*) questa stanza è un forno! 2 forno (*m.*) di essiccazione.
● ***étuve à stérilisation***, sterilizzatore.

étuvée, à l' [aletyve] *avv.*
● ***légumes cuits à l'étuvée***, verdure stufate.

étuver [etyve] *v.tr.* 1 (*cuc.*) stufare 2 (*tecn.*) essiccare 3 sterilizzare.

étymologie [etimɔlɔʒi] *n.f.* etimologia.

étymologique [etimɔlɔʒik] *agg.* etimologico.

étymologiquement [etimɔlɔʒikmɑ̃] *avv.* etimologicamente.

étymologiste [etimɔlɔʒist] *n.m.* e *f.* etimologista.

étymon [etimɔ̃] *n.m.* (*ling.*) etimo.

eu [y] *p.p.* di **avoir**[1].

eucalyptus [økaliptys] *n.m.* (*bot.*) eucalipto.

eucharistie [økaʀisti] *n.f.* (*relig.*) eucaristia.

eucharistique [økaʀistik] *agg.* (*relig.*) eucaristico.

euclidien [øklidjɛ̃] *agg.* [f. *-enne*] euclideo.
● ***géométrie euclidienne***, geometria euclidea.

eugénique [øʒenik] *agg.* eugenetico, eugenico ♦ *n.f.* eugenetica, eugenica.

eugénisme [øʒenism] *n.m.* eugenetica (*f.*), eugenica (*f.*).

eunuque [ønyk] *n.m.* eunuco.

euphémique [øfemik] *agg.* eufemistico.

euphémisme [øfemism] *n.m.* eufemismo.

NOTA Anche nella lingua francese quotidiana, si è diffusa, come in italiano, la tendenza a introdurre eufemismi (***euphémismes***). Così, per esempio, si dirà: *il nous a quitté* (ci ha lasciato) invece che *il est mort* (è morto); *le troisième âge* (la terza età) per gli anziani; *le quatrième âge* (la quarta età) per l'età senile; *les jeunes en rupture de scolarité* per i giovani che hanno abbandonato gli studi; *employée de maison* per la domestica; *non-voyant* (non vedente) al posto di *aveugle* (cieco).

euphonie [øfɔni] *n.f.* eufonia.
euphonique [øfɔnik] *agg.* eufonico.
euphorbe [øfɔʀb] *n.f.* (*bot.*) euforbia.
euphorie [øfɔʀi] *n.f.* euforia.
euphorique [øfɔʀik] *agg.* euforico.
euphorisant [øfɔʀizɑ̃] *agg.* e *n.m.* (*chim.*) euforizzante.
eurasien [øʀazjɛ̃] *agg.* [f. *-enne*] eurasiatico.
Eurasien *n.m.* [f. *-enne*] (*abitante*) eurasiatico.
euro [øʀo] *n.m.* (*moneta*) euro: *un billet de dix euros*, un biglietto da dieci euro.
● ***zone euro***, Eurolandia.
euro- *pref.* euro-.
eurobaromètre [øʀobaʀɔmɛtʀ] *n.m.* (*stat.*) eurobarometro (analizza le tendenze dell'opinione pubblica degli stati membri dell'Unione Europea).
eurocentrisme [øʀosɑ̃tʀism] *n.m.* eurocentrismo.
Eurocorps [øʀokɔʀ] *n.m.* (*mil.*) Eurocorpo (contingente militare, sotto giurisdizione NATO, costituito da soldati di Germania, Francia, Belgio, Spagna e Lussemburgo).
eurocorridor [øʀokɔʀidɔʀ] *n.m.* (*comm.*) eurocorridoio (grande asse di comunicazione per favorire il traffico di merci).
eurodéputé [øʀodepyte] *n.m.* eurodeputato.
eurodevise [øʀodəviz] *n.f.* (*fin.*) eurodivisa.
eurodistrict [øʀodistʀikt] *n.m.* (*amm.*) distretto europeo (entità raggruppante agglomerati urbani transnazionali).
eurodollar [øʀodɔlaʀ] *n.m.* (*fin.*) eurodollaro.
eurogroupe [øʀogʀup] *n.m.* (*pol.*) eurogruppo (gruppo consiliare dei ministri economici e finanziari degli stati membri dell'UE).
eurojargon [øʀoʒaʀgɔ̃] *n.m.* eurocratese.
Euroland, **Eurolande** [øʀolɑ̃d] *n.m.* Eurolandia (*f.*).
euromarché [øʀomaʀʃe] *n.m.* euromercato.
euromercatique [øʀomɛʀkatik] *n.f.* (*comm.*) euromarketing (*m.*).
euromissile [øʀomisil] *n.m.* euromissile.
euromonnaie [øʀomɔnɛ] *n.f.* euro (*m.*), euromoneta.
euronavette [øʀonavɛt] *n.f.* europendolarismo (*m.*) (di chi lavora durante la settimana in uno stato europeo diverso da quello in cui risiede).
euronavetteur [øʀonavɛtœʀ] *n.m.* [f. *-euse*] europendolare.
européaniser [øʀɔpeanize] *v.tr.* europeizzare.
européanisme [øʀɔpeanism] *n.m.* europeismo.
européen [øʀɔpeɛ̃] *agg.* [f. *-enne*] **1** europeo **2** europeistico ♦ *n.m.* **1** persona (*f.*) di razza bianca **2** europeista.
Européen *n.m.* [f. *-enne*] (*abitante*) europeo.
européisme [øʀopeism] *n.m.* europeismo.
Europol [øʀopɔl] *n.m.* europol (servizio di polizia coordinato a livello europeo).
eurovision [øʀovizjɔ̃] *n.f.* (*tv*) eurovisione.
eurythmie [øʀitmi] *n.f.* euritmia.
eus [y] → **avoir**[1].
eusse [ys] → **avoir**[1].
euthanasie [øtanazi] *n.f.* eutanasia.
eux [ø] *pron.pers.m.* e *f.* *3ª pers.pl.* **1** (*sogg.*) loro; essi: *eux et toi, vous resterez à la maison*, tu e loro resterete a casa; *eux, rester à la maison?*, loro, rimanere a casa?; *eux partis*, andati via loro; *ce sont eux*, sono loro **2** (*compl. ogg. e compl. retto da prep.*) loro; (*riflessivo*) sé: *je sors avec eux*, esco con loro; *ils n'ont jamais d'argent sur eux*, non hanno mai denaro con sé.
● ***eux aussi***, anche loro | ***eux-mêmes***, se stessi; loro stessi, proprio loro: *ils ne pensent qu'à eux(-mêmes)*, non pensano che a se stessi | ***eux non plus***, nemmeno loro | ***à eux***, a loro; loro: *c'est gentil à eux*, è gentile da parte loro; *à eux trois ils y arriveront*, in tre ce la faranno; *à eux (tous) seuls*, da soli; *il ont une manière de faire bien à eux*, hanno un modo di fare tutto loro; *c'est à eux de parler*, tocca a loro parlare.
évacuation [evakɥasjɔ̃] *n.f.* evacuazione.
évacuer [evakɥe] *v.tr.* evacuare; vuotare.
évadé [evade] *agg.* e *n.m.* evaso.
évader, s' [sevade] *v.pron.intr.* evadere: *s'évader de prison*, evadere dal carcere.
■ SIN. fuir.
évaluable [evalɥabl] *agg.* valutabile.
évaluation [evalɥasjɔ̃] *n.f.* valutazione, stima.
évaluer [evalɥe] *v.tr.* valutare, stimare.
évanescence [evanesɑ̃s] *n.f.* evanescenza.
évanescent [evanesɑ̃] *agg.* evanescente, fugace.
évangélique [evɑ̃ʒelik] *agg.* e *n.m.* e *f.* (*relig.*) evangelico/a.
évangélisateur [evɑ̃ʒelizatœʀ] *agg.* e *n.m.* [f. *-trice*] evangelizzatore.
évangélisation [evɑ̃ʒelizasjɔ̃] *n.f.* evangelizzazione.
évangéliser [evɑ̃ʒelize] *v.tr.* evangelizzare.
évangélisme [evɑ̃ʒelism] *n.m.* evangelismo.
évangéliste [evɑ̃ʒelist] *n.m.* evangelista.
évangile [evɑ̃ʒil] *n.m.* vangelo (*anche fig.*).
● ***parole d'évangile***, (*fig.*) vangelo; verità indiscutibile.
évanouir, s' [sevanwiʀ] *v.pron.intr.* **1** svenire: *s'évanouir de peur*, svenire dalla paura **2** svanire, dileguarsi.
évanouissement [evanwismɑ̃] *n.m.* **1** svenimento **2** (*fig.*) dileguamento **3** (*di suoni e immagini*) evanescenza (*f.*).
évaporateur [evapɔʀatœʀ] *n.m.* (*tecn.*) evaporatore.
évaporation [evapɔʀasjɔ̃] *n.f.* evaporazione.
évaporé [evapɔʀe] *agg.* e *n.m.* (*fig.*) svanito, svampito.
évaporer, s' [sevapɔʀe] *v.pron.intr.* **1** evaporare **2** (*fig.*) dileguarsi, svanire.
évasé [evaze] *agg.* svasato.
évasement [evazmɑ̃] *n.m.* svasatura (*f.*).
évaser [evaze] *v.tr.* svasare; (*estens.*) allargare ♦ **s'évaser** *v.pron.intr.* svasarsi; (*estens.*) allargarsi.
évasif [evazif] *agg.* [f. *-ive*] evasivo.
évasion [evazjɔ̃] *n.f.* evasione (*anche fig.*).
● ***évasion de capitaux***, evasione di capitali | ***évasion fiscale***, evasione fiscale.
évasivement [evazivmɑ̃] *avv.* evasivamente.
évêché [eveʃe] *n.m.* **1** vescovato **2** vescovado, dimora (*f.*) del vescovo.
évection [evɛksjɔ̃] *n.f.* (*astr.*) evezione.
éveil [evɛj] *n.m.* **1** risveglio (*anche fig.*) **2** (*fig.*) attenzione (*f.*), interesse.
● ***donner l'éveil à qqn***, richiamare l'attenzione di qlcu | ***être, se tenir en éveil***, stare in guardia, all'erta.

éveillé [evɛje] *agg.* sveglio (*anche fig.*): *avoir l'air, l'œil éveillé*, avere un'espressione sveglia.
● ***un rêve éveillé***, un sogno a occhi aperti.
■ CONTR. endormi.

éveiller [eveje] *v.tr.* 1 risvegliare; suscitare, stimolare 2 (*letter.*) svegliare ♦ **s'éveiller** *v.pron.* e *pron.intr.* 1 (*fig.*) risvegliarsi; manifestarsi 2 (*letter.*) svegliarsi, destarsi.

événement, **évènement** [evɛnmɑ̃] *n.m.* 1 avvenimento; fatto: *un événement historique*, un avvenimento storico; *les événements du jour*, i fatti del giorno; *le cours des événements*, il corso degli eventi; *dépassé par les événements*, sopraffatto dagli eventi 2 (*stat., fis.*) evento.
● (*farm.*) ***événement indésirable***, effetto indesiderato | ***attendre un heureux événement***, attendre un lieto evento, essere incinta | (*giorn.*) ***créer l'événement***, costruire uno scoop giornalistico.

E

événementiel [evɛnmɑ̃sjɛl] *agg.* [f. *-elle*] evenemenziale: *histoire événementielle*, storia evenemenziale.

évent [evɑ̃] *n.m.* 1 (*di vino o cibo*) alterazione (*f.*) (dovuta all'aria) 2 sfiatatoio, condotto (di ventilazione) 3 (*zool.*) (*dei cetacei*) sfiatatoio.

éventail [evɑ̃taj] *n.m.* [pl. *-ails*] 1 ventaglio 2 (*Canada*) ventilatore.
● ***en éventail***, a ventaglio: (*arch.*) *voûte en éventail*, volta a ventaglio.

éventaire [evɑ̃tɛʀ] *n.m.* 1 (*all'esterno di un negozio*) bancarella (*f.*), banco 2 (*antiq.*) (*di venditore ambulante*) cassetta (*f.*), paniere.

éventé [evɑ̃te] *agg.* 1 (*di cibo o vino*) alterato (per esposizione all'aria) 2 ventilato 3 (*letter.*) svelato: *c'est un truc éventé!*, è un vecchio trucco!

éventer [evɑ̃te] *v.tr.* 1 ventilare; esporre all'aria 2 far vento (**a**), sventagliare 3 (*fig.*) svelare, rivelare: *éventer un complot*, sventare un complotto ♦ **s'éventer** *v.pron.* e *pron.intr.* 1 farsi vento, sventagliarsi 2 alterarsi (a contatto con l'aria).

éventration [evɑ̃tʀasjɔ̃] *n.f.* (*med.*) sventramento (*m.*).

éventrer [evɑ̃tʀe] *v.tr.* sventrare; sfondare.

éventreur [evɑ̃tʀœʀ] *n.m.* chi sventra.
● (*st.*) ***Jack l'Éventreur***, Jack lo Squartatore.

éventualité [evɑ̃tɥalite] *n.f.* eventualità, evenienza: *prêt à toute éventualité*, pronto a qualsiasi evenienza.
● ***en toute éventualité***, per ogni evenienza.

éventuel [evɑ̃tɥɛl] *agg.* [f. *-elle*] eventuale.

éventuellement [evɑ̃tɥɛlmɑ̃] *avv.* eventualmente.

évêque [evɛk] *n.m.* vescovo.
● ***bonnet d'évêque***, (*fig. fam.*) boccone del prete | (*min.*) ***pierre d'évêque***, ametista.

éversion [evɛʀsjɔ̃] *n.f.* (*med.*) eversione.

évertuer, s' [sevɛʀtɥe] *v.pron.intr.* sforzarsi (**di**), darsi da fare (**per**).

éviction [eviksjɔ̃] *n.f.* 1 (*dir.*) evizione 2 espulsione.
● ***éviction scolaire***, allontanamento di un alunno dalle lezioni per malattia infettiva.

évidage [evidaʒ] *n.m.* (*mecc.*) incavo; incavatura (*f.*).
● ***évidage au tour***, alesatura al tornio.

évidement [evidmɑ̃] *n.m.* 1 (*mecc.*) incavo; incavatura (*f.*) 2 (*med.*) svuotamento.

évidemment [evidamɑ̃] *avv.* evidentemente; incontestabilmente.

évidence [evidɑ̃s] *n.f.* evidenza.
● ***de toute évidence***, ***à l'évidence***, certamente, indubbiamente | ***en évidence***, in evidenza.

évident [evidɑ̃] *agg.* evidente.
● ***c'est pas évident***, (*fam.*) non è facile.
■ SIN. certain.

évider [evide] *v.tr.* 1 incavare; scavare 2 (*sartoria*) scavare.

évier [evje] *n.m.* acquaio, lavandino.

évincer [evɛ̃se] *v.tr.* [coniug. come *placer*] 1 (*dir.*) evincere 2 espellere, allontanare.

évitable [evitabl] *agg.* evitabile.

évitement [evitmɑ̃] *n.m.* 1 (*ant.*) l'evitare 2 (*Belgio*) deviazione (*f.*) del traffico.
● (*ferr.*) ***voie d'évitement***, binario di stazionamento.

éviter [evite] *v.tr.* evitare: *évite qu'il ne fasse des bêtises*, evita che faccia delle sciocchezze ♦ *v.intr.* (*mar.*) imbardare.

évocateur [evɔkatœʀ] *agg.* [f. *-trice*] evocatore, evocativo: *image évocatrice*, immagine suggestiva.

évocation [evɔkasjɔ̃] *n.f.* 1 evocazione 2 (*dir.*) avocazione.

évocatoire [evɔkatwaʀ] *agg.* 1 evocatorio 2 (*dir.*) avocatorio.

évolué [evɔlɥe] *agg.* evoluto ♦ *n.m.* (*Africa*) chi ha ricevuto un'educazione di tipo europeo.

évoluer [evɔlɥe] *v.intr.* 1 evolversi: *la situation a évolué*, la situazione si è evoluta 2 (*di aerei, navi ecc.*) compiere delle evoluzioni.

évolutif [evɔlytif] *agg.* [f. *-ive*] evolutivo.

évolution [evɔlysjɔ̃] *n.f.* 1 evoluzione 2 andamento (*m.*), decorso (*m.*).

évolutionnisme [evɔlysjɔnism] *n.m.* (*biol., sociol.*) evoluzionismo.

évolutionniste [evɔlysjɔnist] *agg.* evoluzionistico ♦ *n.m.* e *f.* (*biol., sociol.*) evoluzionista.

évoquer [evɔke] *v.tr.* 1 evocare 2 rievocare: *cela, t'évoque-t-il quelque chose?*, questo ti fa venire in mente qualcosa? 3 accennare (**a**): *évoquer un sujet*, accennare a un argomento 4 (*dir.*) avocare.

ex- *pref.* ex-.

exacerber [ɛgzasɛʀbe] *v.tr.* esacerbare, inasprire.

exact [ɛgza*kt*] *agg.* 1 esatto, preciso: *l'heure exacte*, l'ora esatta 2 puntuale.

exactement [ɛgzaktəmɑ̃] *avv.* 1 esattamente 2 scrupolosamente.

exaction [ɛgzaksjɔ̃] *n.f.* 1 estorsione 2 (*pl.*) soprusi (*m.*); violenze.

exactitude [ɛgzaktityd] *n.f.* 1 esattezza, precisione 2 puntualità.

exagération [ɛgzaʒeʀasjɔ̃] *n.f.* esagerazione.

exagéré [ɛgzaʒeʀe] *agg.* esagerato.

exagérément [ɛgzaʒeʀemɑ̃] *avv.* esageratamente.

exagérer [ɛgzaʒeʀe] *v.tr.* [coniug. come *céder*] esagerare.

exaltant [ɛgzaltɑ̃] *agg.* esaltante.

exaltation [ɛgzaltasjɔ̃] *n.f.* 1 esaltazione 2 eccitazione.

exalté [ɛgzalte] *agg.* e *n.m.* esaltato.

exalter [ɛgzalte] *v.tr.* 1 esaltare; vantare 2 eccitare ♦ **s'exalter** *v.pron.intr.* esaltarsi.

exam [ɛgzam] *n.m.* (*fam.*) abbr. di **examen**.

examen [ɛgzamɛ̃] ***n.m.*** esame: *passer un examen*, sostenere, dare un esame.
● ***examen blanc***, preesame | ***examen de conscience***, esame di coscienza | ***examen d'entrée***, esame di ammissione; esame di idoneità | ***examen de passage***, esame di ammissione a una classe superiore o di passaggio a un diverso indirizzo di studi | ***examen de repêchage***, esame di riparazione | (*med.*): ***examen de santé***, check-up; ***examen médical***, visita medica | ***libre examen***, libero esame | (*dir.*): ***mettre en examen***, indagare (su): *mis en examen*, indagato; ***mise en examen***, apertura d'indagine.

examinateur [ɛgzaminatœʀ] ***n.m.*** [f. *-trice*] esaminatore.

examiner [ɛgzamine] ***v.tr.*** esaminare.

exanthémateux [ɛgzɑ̃tematø] [f. *-euse*] **exanthématique** [ɛgzɑ̃tematik] ***agg.*** (*med.*) esantematico.

exanthème [ɛgzɑ̃tɛm] ***n.m.*** (*med.*) esantema.

exaoctet [ɛgzaɔktɛ] ***n.m.*** (*inform.*) exabyte, EB.

exaspérant [ɛgzaspeʀɑ̃] ***agg.*** esasperante.

exaspération [ɛgzaspeʀasjɔ̃] ***n.f.*** **1** esasperazione **2** (*letter.*) esasperazione, aggravamento (*m.*).

exaspérer [ɛgzaspeʀe] ***v.tr.*** [coniug. come *céder*] esasperare.

exaucement [ɛgzosmɑ̃] ***n.m.*** esaudimento.

exaucer [ɛgzose] ***v.tr.*** [coniug. come *placer*] esaudire: *exaucer un désir*, esaudire un desiderio.

excavateur [ekskavatœʀ] ***n.m.*** (*tecn.*) scavatore, escavatore; ruspa (*f.*).
● ***excavateur à godets***, escavatrice a tazze | ***excavateur à tenailles***, draga a morse.

excavation [ɛkskavasjɔ̃] ***n.f.*** escavazione; scavo (*m.*).

excavatrice [ɛkskavatʀis] ***n.f.*** scavatrice, escavatrice.

excaver [ɛkskave] ***v.tr.*** scavare.

excédant [ɛksedɑ̃] ***agg.*** esasperante; irritante.

excédent [ɛksedɑ̃] ***n.m.*** eccedente, eccedenza (*f.*).
● ***excédent de bagages***, bagaglio in eccedenza | (*econ.*) ***excédent de caisse***, avanzo di cassa | ***en excédent***, in eccedenza.

excédentaire [ɛksedɑ̃tɛʀ] ***agg.*** eccedente, in eccedenza.

excéder [ɛksede] ***v.tr.*** [coniug. come *céder*] **1** eccedere, superare **2** sfiinire, esasperare: *le bruit l'excède*, il rumore lo esaspera.

excellemment [ɛksɛlamɑ̃] ***avv.*** (*letter.*) in modo eccellente.

excellence [ɛksɛlɑ̃s] ***n.f.*** **1** eccellenza **2** (*titolo*) *Excellence*, Eccellenza.
● ***par excellence***, per eccellenza | ***prix d'excellence***, (*nella scuola francese*) primo premio.

excellent [ɛksɛlɑ̃] ***agg.*** eccellente, ottimo.

exceller [ɛksele] ***v.intr.*** eccellere (**in**): *exceller en musique*, eccellere nella musica; *exceller au tennis*, eccellere ncl tennis; *il excelle dans sa profession*, eccelle nella sua professione; *il excelle à jouer du piano*, eccelle nel suonare il pianoforte.

excentré [ɛksɑ̃tʀe] ***agg.*** (*tecn.*) eccentrico.

excentricité [ɛksɑ̃tʀisite] ***n.f.*** **1** (*scient.*) eccentricità **2** (*fig.*) eccentricità, stranezza.

excentrique [ɛksɑ̃tʀik] ***agg.*** e ***n.m.*** e ***f.*** eccentrico.

excepté [ɛksɛpte] ***prep.*** eccetto, tranne, salvo: *excepté le samedi*, tranne il sabato ♦ ***agg.*** eccettuato: *les enfants exceptés*, eccettuati, eccetto i bambini.
● ***excepté que***, tranne che: *il a fait beau toute la semaine, excepté qu'il a plu jeudi*, il tempo è stato bello tutta la settimana tranne giovedì che è piovuto.
■ SIN. sauf.

excepter [ɛksɛpte] ***v.tr.*** eccettuare; escludere.

exception [ɛksɛpsjɔ̃] ***n.f.*** eccezione: *faire exception*, fare eccezione.
● ***exception faite pour***, fatta eccezione per | ***à l'exception de***, a eccezione di | ***à quelques exceptions près***, a parte alcune eccezioni | ***d'exception***, eccezionale, fuori dal comune | ***par exception***, eccezionalmente | ***sans exception***, senza eccezione.

exceptionnel [ɛksɛpsjɔnɛl] ***agg.*** [f. *-elle*] eccezionale.

exceptionnellement [ɛksɛpsjɔnɛlmɑ̃] ***avv.*** eccezionalmente, in via eccezionale.

excès [ɛksɛ] ***n.m.*** eccesso.
● ***excès de langage***, eccessi verbali | (*dir.*) ***excès de pouvoir***, eccesso di potere | ***excès de vitesse***, eccesso di velocità | ***à l'excès*** (o ***jusqu'à l'excès***), all'eccesso, eccessivamente | ***avec excès***, troppo, esageratamente | (*prov.*) ***l'excès en tout est un défaut***, il troppo stroppia | ***sans excès***, con moderazione.
■ SIN. abus.

excessif [ɛksesif] ***agg.*** [f. *-ive*] eccessivo.

excessivement [ɛksesivmɑ̃] ***avv.*** eccessivamente.

exciper [ɛksipe] ***v.intr.*** (*dir.*) eccepire (**qlco**).

excipient [ɛksipjɑ̃] ***n.m.*** (*farm.*) eccipiente.

exciser [ɛksize] ***v.tr.*** (*med.*) asportare col bisturi.

excision [ɛksizjɔ̃] ***n.f.*** **1** (*med.*) escissione **2** clitoridectomia.

excitabilité [ɛksitabilite] ***n.f.*** eccitabilità.

excitable [ɛksitabl] ***agg.*** eccitabile.

excitant [ɛksitɑ̃] ***agg.*** e ***n.m.*** eccitante.

excitateur [ɛksitatœʀ] ***n.m.*** **1** [f. *-trice*] (*letter.*) eccitatore, chi eccita **2** (*elettr.*) eccitatore.

excitation [ɛksitasjɔ̃] ***n.f.*** **1** eccitazione **2** incitamento (*m.*), esortazione; istigazione **3** (*fis., elettr.*) eccitazione.

excité [ɛksite] ***agg.*** eccitato, agitato ♦ ***n.m.*** scalmanato.

exciter [ɛksite] ***v.tr.*** **1** eccitare; provocare: *exciter le rire*, suscitare il riso **2** incitare, esortare; istigare: *exciter à la révolte*, istigare alla rivolta ♦ **s'exciter** ***v.pron.intr.*** eccitarsi (**per**), agitarsi (**per**).
● ***s'exciter sur***, (*fam.*) eccitarsi per, entusiasmarsi per: *arrête de t'exciter sur ce voyage*, smettila di entusiasmarti per questo viaggio.

exclamatif [ɛksklamatif] ***agg.*** [f. *-ive*] esclamativo.

exclamation [ɛksklamasjɔ̃] ***n.f.*** esclamazione.
● ***point d'exclamation***, punto esclamativo.

exclamer, s' [sɛksklame] ***v.pron.intr.*** esclamare: *il s'est exclamé*, ha esclamato; *s'exclamer de surprise*, esclamare per la sorpresa.

NOTA Da notare che, negli incisi, si usa l'inversione del soggetto:
Ce n'est pas possible!, ***s'exclama-t-il***.
Non è possibile!, esclamò.

exclu [ɛkskly] *p.p.* di **exclure** ♦ ***agg.*** e ***n.m.*** escluso | *les exclus*, gli emarginati.

exclure [ɛksklyʀ] ***v.tr.*** [coniug. come *conclure*] escludere; estromettere.

exclusif [ɛksklyzif] ***agg.*** [f. *-ive*] esclusivo.
● (*comm.*) ***agent exclusif***, agente unico, esclusivista | (*dir.*) ***droit exclusif***, diritto di privativa.

E

exclusion [ɛksklyzjɔ̃] ***n.f.*** **1** esclusione **2** espulsione.
● ***à l'exclusion de***, a esclusione di, eccetto, tranne.

exclusivement [ɛksklyzivmɑ̃] ***avv.*** esclusivamente; unicamente.

exclusivisme [ɛksklyzivism] ***n.m.*** esclusivismo.

exclusivité [ɛksklyzivite] ***n.f.*** **1** esclusività **2** (*di un prodotto ecc.*) esclusiva.
● ***en exclusivité***, in esclusiva: *film en exclusivité*, film di prima visione.

excommunication [ɛkskɔmynikasjɔ̃] ***n.f.*** **1** (*eccl.*) scomunica **2** (*estens.*) espulsione.

excommunier [ɛkskɔmynje] ***v.tr.*** **1** (*eccl.*) scomunicare **2** (*estens.*) escludere.

excoriation [ɛkskɔʀjasjɔ̃] ***n.f.*** escoriazione.

excorier [ɛkskɔʀje] ***v.tr.*** escoriare.

excrément [ɛkskʀemɑ̃] ***n.m.*** escremento.

excréter [ɛkskʀete] ***v.tr.*** [coniug. come *céder*] eliminare per secrezione, secernere.

excrétion [ɛkskʀesjɔ̃] ***n.f.*** escrezione.

excroissance [ɛkskʀwasɑ̃s] ***n.f.*** **1** (*med.*) escrescenza **2** (*del legno*) tumore (*m.*) **3** (*fig.*) proliferazione.

excursion [ɛkskyʀsjɔ̃] ***n.f.*** escursione, gita.

excursionniste [ɛkskyʀsjɔnist] ***n.m.*** e ***f.*** escursionista, gitante.

excusable [ɛkskyzabl] ***agg.*** scusabile.

excuse [ɛkskyz] ***n.f.*** **1** scusa **2** scusante: *une faute sans excuse*, uno sbaglio senza scusanti.
● ***pour toute excuse***, come unica scusante.

excuser [ɛkskyse] ***v.tr.*** scusare ♦ **s'excuser** ***v.pron.*** scusarsi.

exécrable [ɛgzekʀabl] ***agg.*** **1** esecrabile **2** (*estens.*) pessimo, abominevole.

exécration [ɛgzekʀasjɔ̃] ***n.f.*** **1** esecrazione **2** (*estens.*) orrore (*m.*).

exécrer [ɛgzekʀe] ***v.tr.*** [coniug. come *céder*] **1** esecrare **2** (*estens.*) aborrire, detestare.

exécutant [ɛgzekytɑ̃] ***n.m.*** esecutore.

exécuter [ɛgzekyte] ***v.tr.*** **1** eseguire **2** giustiziare; (*fig.*) stroncare: *il a été exécuté par la critique*, è stato stroncato dalla critica ♦ **s'exécuter** ***v.pron.intr.*** **1** ubbidire **2** decidersi (a fare qlco).

exécuteur [ɛgzekytœʀ] ***n.m.*** [f. *-trice*] esecutore.

exécutif [ɛgzekytif] ***agg.*** e ***n.m.*** [f. *-ive*] esecutivo.

exécution [ɛgzekysjɔ̃] ***n.f.*** **1** esecuzione, adempimento (*m.*) **2** esecuzione, sentenza capitale.
● ***mettre à exécution***, mettere in esecuzione, in atto.

exécutoire [ɛgzekytwaʀ] ***agg.*** (*dir.*) esecutivo.

exèdre [ɛgzɛdʀ] ***n.f.*** (*arch.*) esedra.

exégèse [ɛgzeʒɛz] ***n.f.*** esegesi.

exégète [ɛgzeʒɛt] ***n.m.*** e ***f.*** esegeta.

exemplaire[1] [ɛgzɑ̃plɛʀ] ***agg.*** esemplare.

exemplaire[2] ***n.m.*** esemplare: *tirage à cent mille exemplaires*, tiratura di centomila copie.

exemplairement [ɛgzɑ̃plɛʀmɑ̃] ***avv.*** in modo esemplare.

exemple [ɛgzɑ̃pl] ***n.m.*** esempio: *prendre exemple sur qqn*, prendere esempio da qlcu.
● ***à l'exemple de***, sull'esempio di; a somiglianza di, come | (***ça***) ***par exemple!***, ma guarda un po'! | ***en exemple***, a esempio, come modello: *prendre qqn en exemple*, prendere qlcu a esempio; *donner en exemple*, proporre come modello | ***par exemple***, per esempio | ***pour l'exemple***, perché serva da esempio.

exemplification [ɛgzɑ̃plifikasjɔ̃] ***n.f.*** esemplificazione.

exemplifier [ɛgzɑ̃plifje] ***v.tr.*** esemplificare.

exempt [ɛgzɑ̃] ***agg.*** **1** esente: *exempt d'impôts*, esente da tassa **2** privo: *exempt d'ambition*, privo d'ambizione; *exempt d'erreurs*, privo d'errori.

exempté [ɛgzɑ̃te] ***agg.*** e ***n.m.*** esonerato, esentato.

exempter [ɛgzɑ̃te] ***v.tr.*** esentare, esonerare ♦ **s'exempter** ***v.pron.intr.*** astenersi (**da**), evitare (**di**).

exemption [ɛgzɑ̃psjɔ̃] ***n.f.*** esenzione.

exercé [ɛgzɛʀse] ***agg.*** esercitato, esperto.

exercer [ɛgzɛʀse] ***v.tr.*** [coniug. come *placer*] esercitare ♦ **s'exercer** ***v.pron.*** esercitarsi.

exercice [ɛgzɛʀsis] ***n.m.*** esercizio: *faire, prendre de l'exercice*, fare esercizio, fare del moto.
● (*econ.*) ***exercice*** (***financier***), esercizio finanziario | ***entrer en exercice***, entrare in funzione, in attività.

exerciseur [ɛgzɛʀsizœʀ] ***n.m.*** **1** (*attrezzo ginnico*) estensore **2** (*inform.*) eserciziario interattivo: *exerciseur de conjugaison*, eserciziario delle coniugazioni.

exergue [ɛgzɛʀg] ***n.m.*** (*numismatica*) esergo; (*estens.*) epigrafe (*f.*).
● ***porter en exergue***, portare come epigrafe.

exfoliation [ɛksfɔljasjɔ̃] ***n.f.*** **1** (*di rocce ecc.*) sfaldatura **2** (*med.*) esfoliazione.

exfolier, s' [sɛksfɔlje] ***v.pron.intr.*** sfaldarsi.

exhalaison [ɛgzalɛzɔ̃] ***n.f.*** esalazione.

exhalation [ɛgzalasjɔ̃] ***n.f.*** esalazione.

exhaler [ɛgzale] ***v.tr.*** **1** esalare **2** emanare.

exhaussement [ɛgzosmɑ̃] ***n.m.*** sopraelevazione (*f.*).

exhausser [ɛgzose] ***v.tr.*** sopraelevare.

exhaustif [ɛgzostif] ***agg.*** [f. *-ive*] esauriente.

exhaustivement [ɛgzostivmɑ̃] ***avv.*** in modo esauriente.

exhaustivité [ɛgzostivite] ***n.f.*** completezza.

exhiber [ɛgzibe] ***v.tr.*** **1** esibire **2** sfoggiare ♦ **s'exhiber** ***v.pron.intr.*** mettersi in mostra.

exhibition [ɛgzibisjɔ̃] ***n.f.*** esibizione.

exhibitionnisme [ɛgzibisjɔnism] ***n.m.*** esibizionismo.

exhibitionniste [ɛgzibisjɔnist] ***n.m.*** e ***f.*** esibizionista.

exhortation [ɛgzɔʀtasjɔ̃] ***n.f.*** esortazione.

exhorter [ɛgzɔʀte] ***v.tr.*** esortare.

exhumation [ɛgzymasjɔ̃] ***n.f.*** (ri)esumazione.

exhumer [ɛgzyme] ***v.tr.*** (ri)esumare.

exigeant [ɛgziʒɑ̃] ***agg.*** esigente.

exigence [ɛgziʒɑ̃s] ***n.f.*** **1** esigenza: *les exigences de la profession*, gli obblighi della professione **2** l'essere (*m.*) esigente, esigenza: *il est d'une exigence insupportable*, è troppo esigente.

exiger [ɛgziʒe] ***v.tr.*** [coniug. come *manger*] **1** esigere, pretendere **2** esigere, richiedere: *diplômes exigés*, titoli di studio richiesti.

exigible [ɛgziʒibl] ***agg.*** esigibile.

exigu [ɛgzigy] ***agg.*** [f. *exiguë*] esiguo, molto piccolo.

exiguïté [ɛgziguite] ***n.f.*** esiguità.

exil [ɛgzil] ***n.m.*** esilio.

exilé [ɛgzile] ***agg.*** esiliato ♦ ***n.m.*** esule.
■ SIN. banni, expulsé.

exiler [ɛgzile] ***v.tr.*** esiliare ♦ **s'exiler** ***v.pron.*** **1** esiliarsi **2** ritirarsi.

existant [ɛgzistɑ̃] ***agg.*** vigente.

existence [ɛgzistɑ̃s] ***n.f.*** **1** esistenza, vita: *deux mois d'existence*, due mesi di vita **2** (*di merci*) giacenza.
● ***moyens d'existence***, mezzi di sostentamento.
■ **SIN. 1** vie.

existentialisme [ɛgzistɑ̃sjalism] ***n.m.*** (*fil.*) esistenzialismo.

existentialiste [ɛgzistɑ̃sjalist] ***agg.*** e ***n.m.*** e ***f.*** (*fil.*) esistenzialista.

existentiel [ɛgzistɑ̃sjɛl] ***agg.*** [f. *-elle*] esistenziale.

exister [ɛgziste] ***v.intr.*** esistere: *une chose qui n'a jamais existé*, una cosa che non è mai esistita ♦ ***v.intr.impers.*** esserci, esistere: *il existe des gens qui*, c'è gente che.
■ **V.INTR. SIN.** vivre.

exo [ɛgzo] ***n.m.*** (*fam.*) esercizio.

ex(o)- ***pref.*** es(o)-.

exode [ɛgzɔd] ***n.m.*** esodo.
● ***exode des cerveaux***, fuga di cervelli.

exogène [ɛgzɔʒɛn] ***agg.*** esogeno.

exonération [ɛgzɔneʀasjɔ̃] ***n.f.*** esonero (*m.*).

exonérer [ɛgzɔneʀe] ***v.tr.*** [coniug. come *céder*] esonerare, esentare.

exorbitant [ɛgzɔʀbitɑ̃] ***agg.*** esorbitante.

exorbité [ɛgzɔʀbite] ***agg.*** **1** (*med.*) affetto da esoftalmo **2** (*fig.*) fuori dalle orbite: *les yeux exorbités par la peur*, con gli occhi fuori dalle orbite per la paura.

exorciser [ɛgzɔʀsize] ***v.tr.*** esorcizzare.

exorcisme [ɛgzɔʀsism] ***n.m.*** esorcismo.

exorciste [ɛgzɔʀsist] ***n.m.*** e ***f.*** esorcista.

exorde [ɛgzɔʀd] ***n.m.*** esordio.

exosphère [ɛgzɔsfɛʀ] ***n.f.*** (*fis.*) esosfera.

exotérique [ɛgzɔteʀik] ***agg.*** esoterico.

exothermique [ɛgzɔtɛʀmik] ***agg.*** esotermico.

exotique [ɛgzɔtik] ***agg.*** esotico.

exotisme [ɛgzɔtism] ***n.m.*** esotismo.

expandeur [ɛkspɑ̃dœʀ] ***n.m.*** (*inform.*) sintetizzatore.

expansé [ɛkspɑ̃se] ***agg.*** espanso.

expansif [ɛkspɑ̃sif] ***agg.*** [f. *-ive*] espansivo.

expansion [ɛkspɑ̃sjɔ̃] ***n.f.*** **1** espansione **2** manifestazione d'affetto.

expansionnisme [ɛkspɑ̃sjɔnism] ***n.m.*** espansionismo.

expansionniste [ɛkspɑ̃sjɔnist] ***agg.*** espansionistico ♦ ***n.m.*** e ***f.*** espansionista.

expansivité [ɛkspɑ̃sivite] ***n.f.*** espansività.

expatriation [ɛkspatʀijasjɔ̃] ***n.f.*** espatrio (*m.*).

expatrier [ɛkspatʀije] ***v.tr.*** mandare all'estero ♦ **s'expatrier** ***v.pron.intr.*** espatriare.

expé [ɛkspe] ***n.f.*** (*fam.*) abbr. di **expédition**.

expectative [ɛkspɛktativ] ***n.f.*** aspettativa, attesa: *rester dans l'expectative*, restare in attesa.

expectorant [ɛkspɛktɔʀɑ̃] ***agg.*** e ***n.m.*** (*med.*) espettorante.

expectorer [ɛkspɛktɔʀe] ***v.tr.*** espettorare.

expédient [ɛkspedjɑ̃] ***n.m.*** espediente.

expédier [ɛkspedje] ***v.tr.*** **1** spedire **2** sbrigare: *expédier une affaire, un dossier*, sbrigare una faccenda, una pratica **3** sbarazzarsi (**di**) **4** (*dir.*) (*atto ecc.*) stendere la copia conforme (**di**).
■ **SIN. 1** envoyer.

expéditeur [ɛkspeditœʀ] ***n.m.*** [f. *-trice*] chi spedisce, mittente.

expéditif [ɛkspeditif] ***agg.*** [f. *-ive*] sbrigativo.

expédition [ɛkspedisjɔ̃] ***n.f.*** **1** spedizione **2** disbrigo (*m.*) **3** (*dir.*) copia conforme.

expéditionnaire [ɛkspedisjɔnɛʀ] ***n.m.*** e ***f.*** spedizioniere/a ♦ ***agg.*** (*mil.*) di spedizione: *corps expéditionnaire*, corpo di spedizione.
● (***commis***) ***expéditionnaire***, addetto di segreteria.

expérience [ɛkspeʀjɑ̃s] ***n.f.*** **1** esperienza: *il n'a pas l'expérience de l'enseignement*, non ha pratica di insegnamento **2** esperimento (*m.*): *expériences de physique*, esperimenti di fisica.
● ***tenter l'expérience***, fare il tentativo.

expérimental [ɛkspeʀimɑ̃tal] ***agg.*** [pl. *-aux*] sperimentale.

expérimentalement [ɛkspeʀimɑ̃talmɑ̃] ***avv.*** sperimentalmente.

expérimentateur [ɛkspeʀimɑ̃tatœʀ] ***agg.*** e ***n.m.*** [f. *-trice*] sperimentatore.

expérimentation [ɛkspeʀimɑ̃tasjɔ̃] ***n.f.*** sperimentazione.

expérimenté [ɛkspeʀimɑ̃te] ***agg.*** esperto.

expérimenter [ɛkspeʀimɑ̃te] ***v.tr.*** sperimentare ♦ ***v.intr.*** fare esperimenti (scientifici).

expert [ɛkspɛʀ] ***agg.*** e ***n.m.*** esperto: *il est expert en la matière*, è esperto in materia; *il est expert à manier une arme*, è esperto nel maneggiare un'arma; *à dire d'experts*, a detta di esperti.
● ***expert judiciaire***, perito del tribunale | ***médecin expert***, medico fiscale | (*dir.*) ***rapport d'expert***, perizia.

expert-comptable [ɛkspɛʀkɔ̃tabl] ***n.m.*** [pl. *experts -comptables*] (dottore) commercialista.

expertise [ɛkspɛʀtiz] ***n.f.*** perizia, stima, expertise.
● (*assic.*) ***expertise contradictoire***, controperizia.

expertiser [ɛkspɛʀtize] ***v.tr.*** **1** stimare, valutare **2** sottoporre a perizia.

expiable [ɛkspjabl] ***agg.*** espiabile.

expiation [ɛkspjasjɔ̃] ***n.f.*** espiazione.

expiatoire [ɛkspjatwaʀ] ***agg.*** espiatorio.

expier [ɛkspje] ***v.tr.*** espiare.

expiration [ɛkspiʀasjɔ̃] ***n.f.*** **1** espirazione **2** scadenza.
● ***date d'expiration***, data di scadenza | ***venir à expiration***, scadere.

expirer [ɛkspiʀe] ***v.tr.*** espirare ♦ ***v.intr.*** [aus. *avoir* e *être*] **1** spirare, morire **2** scadere.

explant [ɛksplɑ̃] ***n.m.*** (*biol.*) espianto.

explétif [ɛkspletif] ***agg.*** [f. *-ive*] (*gramm.*) espletivo, pleonastico.

explicable [ɛksplikabl] ***agg.*** spiegabile.

explicatif [ɛksplikatif] ***agg.*** [f. *-ive*] esplicativo.

explication [ɛksplikasjɔ̃] ***n.f.*** spiegazione: *quelle est l'explication de tout cela?*, come si spiega il tutto?
● ***explication de texte***, analisi e commento di un testo letterario.

explicite [ɛksplisit] ***agg.*** esplicito.

explicitement [ɛksplisitmɑ̃] ***avv.*** esplicitamente.

expliciter [ɛksplisite] ***v.tr.*** esplicitare, chiarire.

expliquer [ɛksplike] ***v.tr.*** spiegare ♦ **s'expliquer** ***v.pron.*** spiegarsi ♦ ***v.pron.rec.*** spiegarsi, venire a una spiegazione; (*fam. scherz.*) menarsi, fare a pugni.
● ***explique qui pourra***, non si sa come | ***je m'explique***, che

sia ben chiaro | ***s'expliquer mal***, non (riuscire a) spiegarsi: *je m'explique mal ce que vous faites ici*, non mi spiego cosa facciate qui | ***s'expliquer sur***, rendere conto di.

exploit [ɛksplwa] ***n.m.*** **1** prodezza (*f.*), impresa (*f.*) **2** (*sport*) (*risultato importante, record*) exploit **3** (*dir.*) citazione (*f.*), notifica (*f.*): *par exploit d'huissier*, con notifica di ufficiale giudiziario.
■ SIN. **1** prouesse.

exploitable [ɛksplwatabl] ***agg.*** sfruttabile.

exploitant [ɛksplwatɑ̃] ***n.m.*** **1** (*di sale cinematografiche*) gestore, esercente **2** (*agr.*) coltivatore diretto.

E

exploitation [ɛksplwatasjɔ̃] ***n.f.*** **1** sfruttamento (*m.*); utilizzazione; (*di terreno*) coltura: *c'est une véritable exploitation des gens!*, questo si chiama sfruttare la gente! **2** (*di impresa, servizio*) gestione **3** impresa, azienda **4** (*inform.*) funzionamento (*m.*).
● ***exploitation agricole***, azienda agricola | (*inform.*) ***exploitation en ligne***, ***en autonome***, funzionamento in linea, in locale | ***exploitation industrielle***, impresa industriale | ***charges d'exploitation***, spese d'esercizio | ***mettre en exploitation***, mettere a frutto | (*inform.*) ***système d'exploitation***, sistema operativo.

exploiter [ɛksplwate] ***v.tr.*** **1** sfruttare; utilizzare; (*terreno*) coltivare **2** (*impresa, servizio*) gestire.

exploiteur [ɛksplwatœʀ] ***n.m.*** [f. *-euse*] sfruttatore.

explorateur [ɛksplɔʀatœʀ] ***n.m.*** [f. *-trice*] esploratore.

exploration [ɛksplɔʀasjɔ̃] ***n.f.*** **1** esplorazione **2** (*fig.*) esame (*m.*) **3** (*med.*) indagine **4** (*tv*) scansione, scanning (*m.*) **5** (*inform.*) (*di data base*) navigazione.

exploratoire [ɛkplɔʀatwaʀ] ***agg.*** esplorativo.

explorer [ɛksplɔʀe] ***v.tr.*** **1** esplorare **2** (*fig.*) esaminare, analizzare **3** (*inform.*) analizzare.

explosé [ɛksploze] ***agg.*** (*fam.*) spossato, spompato.

exploser [ɛksploze] ***v.intr.*** esplodere (*anche fig.*): *la bombe a explosé en retard*, la bomba è esplosa in ritardo ♦ ***v.tr.*** (*fam.*) picchiare.

explosif [ɛksplozif] ***n.m.*** e ***agg.*** [f. *-ive*] esplosivo.

explosion [ɛksplozjɔ̃] ***n.f.*** esplosione, scoppio (*m.*) (*anche fig.*): *faire explosion*, esplodere; *explosion d'hilarité*, scoppio d'ilarità.
● ***moteur à explosion***, motore a scoppio.

expo [ɛkspo] ***n.f.*** (*fam.*) abbr. di **exposition**.

expomarché [ɛkspomaʀʃe] ***n.m.*** esposizione (*f.*) permanente, fiera (*f.*) di settore.

exponentiel [ɛkspɔnɑ̃sjɛl] ***agg.*** [f. *-elle*] (*mat.*) esponenziale.

exportable [ɛkspɔʀtabl] ***agg.*** esportabile.

exportateur [ɛkspɔʀtatœʀ] ***agg.*** e ***n.m.*** [f. *-trice*] esportatore.

exportation [ɛkspɔʀtasjɔ̃] ***n.f.*** esportazione.

exporter [ɛkspɔʀte] ***v.tr.*** esportare.

exposant [ɛkspozɑ̃] ***n.m.*** **1** espositore, standista **2** (*mat.*) esponente.

exposé [ɛkspoze] ***n.m.*** **1** relazione (*f.*): *un bref exposé des faits*, una breve esposizione, un breve resoconto dei fatti **2** (*dir.*) esposto: *faire un exposé*, presentare un esposto.
● (*dir.*) ***exposé des motifs***, proposta per un disegno di legge.

exposer [ɛkspoze] ***v.tr.*** esporre (*anche fig.*) | *exposer sa vie*, mettere a repentaglio la propria vita ♦ **s'exposer** ***v.pron.*** e ***pron.intr.*** esporsi.

exposimètre [ɛkspozimɛtʀ] ***n.m.*** (*fot.*) esposimetro.

exposition [ɛkspozisjɔ̃] ***n.f.*** **1** esposizione **2** mostra, esposizione.
● ***exposition agricole***, fiera agricola | ***exposition (individuelle)***, (mostra) personale | ***foire exposition***, mostra mercato.

exprès[1] [ɛkspʀɛs] ***agg.*** [f. *-esse*] espresso, esplicito: *défense expresse*, espresso divieto ♦ ***agg.invar.*** e ***n.m.*** (*poste*) espresso: *lettre exprès*, *un exprès*, lettera espresso, espresso.

exprès[2] [ɛkspʀɛ] ***avv.*** espressamente, apposta: *je ne l'ai pas fait exprès*, non l'ho fatto apposta.
● ***un fait exprès***, una coincidenza spiacevole.

express[1] [ɛkspʀɛs] ***agg.*** e ***n.m.*** espresso: (*café*) *express*, (caffè) espresso.

express[2] ***agg.*** e ***n.m.*** espresso: (*train*) *express*, (treno) espresso.

expressément [ɛkspʀesemɑ̃] ***avv.*** espressamente, esplicitamente.

expressif [ɛkspʀesif] ***agg.*** [f. *-ive*] espressivo; significativo, eloquente.

expression [ɛkspʀɛsjɔ̃] ***n.f.*** **1** espressione: *veuillez agréer l'expression de mes sentiments distingués*, le porgo i più distinti saluti **2** lingua: *écrivain d'expression française*, scrittore di lingua francese.
● (*ling.*): ***expression figée***, modo di dire; ***expression toute faite***, luogo comune | ***au-delà de toute expression***, (in modo) indicibile, indescrivibile | (*mat.*) ***réduire à sa plus simple expression***, (*anche fig.*) ridurre ai minimi termini.

expressionnisme [ɛkspʀɛsjɔnism] ***n.m.*** (*arte, lett.*) espressionismo.

expressionniste [ɛkspʀɛsjɔnist] ***agg.*** e ***n.m.*** e ***f.*** (*arte, lett.*) espressionista.

expressivité [ɛkspʀɛsivite] ***n.f.*** espressività.

exprimable [ɛkspʀimabl] ***agg.*** esprimibile.

exprimer [ɛkspʀime] ***v.tr.*** esprimere ♦ **s'exprimer** ***v.pron.intr.*** esprimersi.

expropriation [ɛkspʀɔpʀijasjɔ̃] ***n.f.*** espropriazione, esproprio (*m.*).

exproprier [ɛkspʀɔpʀije] ***v.tr.*** espropriare.

expulsé [ɛkspylse] ***agg.*** e ***n.m.*** **1** espulso **2** (*di inquilino*) sfrattato.

expulser [ɛkspylse] ***v.tr.*** **1** espellere **2** (*inquilino*) sfrattare.

expulsion [ɛkspylsjɔ̃] ***n.f.*** **1** espulsione **2** (*di inquilino*) sfratto (*m.*).
● (*dir.*) ***arrêt d'expulsion***, sentenza di sfratto.

expurger [ɛkspyʀʒe] ***v.tr.*** [coniug. come *manger*] (*libro, testo ecc.*) espurgare, tagliare.

exquis [ɛkski] ***agg.*** squisito; delizioso; raffinato.
■ SIN. délicieux.

exsangue [ɛksɑ̃g, ɛgzɑ̃g] ***agg.*** esangue.

exsuder [ɛksyde] ***v.tr.*** e ***intr.*** trasudare.

extase [ɛkstɑz] ***n.f.*** estasi: *tomber en extase*, andare in estasi.

extasié [ɛkstazje] ***agg.*** estasiato.

extasier, s' [sɛkstɑzje] ***v.pron.intr.*** estasiarsi, andare in estasi.

extatique [ɛkstatik] ***agg.*** estatico.

extenseur [ɛkstɑ̃sœʀ] ***n.m.*** (*per esercizi ginnici*) estensore.

extensible [ɛkstɑ̃sibl] ***agg.*** estensibile.

extensif [ɛkstɑ̃sif] ***agg.*** [f. *-ive*] estensivo.

extension [ɛkstɑ̃sjɔ̃] *n.f.* estensione.
● ***extension de cheveux***, extension, estensione di capelli | ***donner de l'extension à qqch***, ampliare qlco | ***prendre de l'extension***, ampliarsi: *son commerce a pris de l'extension*, il volume d'affari della sua attività commerciale è aumentato.

exténuant [ɛkstenɥɑ̃] *agg.* estenuante.

exténué [ɛkstenɥe] *agg.* estenuato, spossato.

exténuer [ɛkstenɥe] *v.tr.* estenuare ♦ **s'exténuer** *v.pron.intr.* estenuarsi, sfinirsi.

extérieur [ɛksteʀjœʀ] *agg.* 1 esterno; (*fig.*) esteriore: *les boulevards extérieurs*, i viali periferici 2 straniero ♦ *n.m.* 1 esterno 2 estero: *relations avec l'extérieur*, relazioni con l'estero 3 (*pl.*) (*cine.*) esterni.
● ***extérieur à***, esterno a; (*fig.*) estraneo a | ***à l'extérieur***, fuori; all'estero | ***d'après l'extérieur***, dall'apparenza: *juger d'après l'extérieur*, giudicare dall'apparenza | ***de l'extérieur***, dal di fuori, dall'esterno.
■ AGG. CONTR. intérieur.

extérieurement [ɛksteʀjœʀmɑ̃] *avv.* 1 esteriormente 2 apparentemente, in apparenza.

extériorisation [ɛksteʀjɔʀizasjɔ̃] *n.f.* esternazione.

extérioriser [ɛksteʀjɔʀize] *v.tr.* esternare ♦ **s'extérioriser** *v.pron.intr.* esprimersi.

extériorité [ɛksteʀjɔʀite] *n.f.* esteriorità.

exterminateur [ɛkstɛʀminatœʀ] *agg.* e *n.m.* [f. *-trice*] sterminatore.

extermination [ɛkstɛʀminasjɔ̃] *n.f.* sterminio (*m.*).

exterminer [ɛkstɛʀmine] *v.tr.* sterminare ♦ **s'exterminer** *v.pron.intr.* (*fam.*) ammazzarsi.

externalisation [ɛkstɛʀnalizasjɔ̃] *n.f.* (*econ.*) esternalizzazione (l'appaltare a terzi attività produttive di un'azienda).

externat [ɛkstɛʀna] *n.m.* 1 esternato 2 scuola (*f.*) senza convitto.

externe [ɛkstɛʀn] *agg.* e *n.m.* e *f.* esterno/a.

exterritorialité [ɛkstɛʀitɔʀjalite] *n.f.* extraterritorialità.

extincteur [ɛkstɛ̃ktœʀ] *n.m.* estintore.

extinction [ɛkstɛ̃ksjɔ̃] *n.f.* 1 estinzione; spegnimento: *extinction d'un incendie*, spegnimento di un incendio; *jusqu'à l'extinction de ses forces*, fino all'esaurimento delle forze 2 (*di voce*) abbassamento: *extinction de voix*, abbassamento di voce.
● (*mil.*) ***extinction des feux***, silenzio: *sonner l'extinction des feux*, suonare il silenzio.

extirpation [ɛkstiʀpasjɔ̃] *n.f.* estirpazione.

extirper [ɛkstiʀpe] *v.tr.* 1 estirpare 2 (*fam.*) tirar fuori ♦ **s'extirper** *v.pron.intr.* (*fam.*) uscire (a fatica); schiodarsi.

extorquer [ɛkstɔʀke] *v.tr.* estorcere.

extorsion [ɛkstɔʀsjɔ̃] *n.f.* estorsione.

extourner [ɛkstuʀne] *v.tr.* (*banca*) stornare.

extra [ɛkstʀa] *agg.invar.* 1 extra: *frais extra*, spese extra 2 (*fam.*) eccezionale, straordinario ♦ *n.m.* 1 extra 2 strappo alla regola, eccezione (*f.*): *s'offrir un extra*, soddisfare un capriccio 3 (*amm.*) straordinario, lavoro supplementare 4 (*lavoratore occasionale*) aiuto.
■ AGG. SIN. 2 super, sensass.

extra- *pref.* extra-.

extracommunautaire [ɛkstʀakɔmynotɛʀ] *agg.* extracomunitario.

extraconjugal [ɛkstʀakɔ̃ʒygal] *agg.* [pl. *-aux*] extraconiugale.

extracorporel [ɛkstʀakɔʀpɔʀɛl] *agg.* [f. *-elle*] (*med.*) extracorporeo.

extracteur [ɛkstʀaktœʀ] *n.m.* estrattore.

extractif [ɛkstʀaktif] *agg.* [f. *-ive*] estrattivo.

extraction [ɛkstʀaksjɔ̃] *n.f.* 1 estrazione 2 estrazione sociale, origini (*pl.*): *elle cache son extraction*, nasconde le sue origini.

extrader [ɛkstʀade] *v.tr.* estradare.

extradition [ɛkstʀadisjɔ̃] *n.f.* estradizione.

extra-européen [ɛkstʀaøʀɔpeɛ̃] *agg.* [f. *extra-européenne*, pl.m. *extra-européens*] extraeuropeo.

extra-fin [ɛkstʀafɛ̃] *agg.* [pl. *extra-fins*] 1 molto piccolo, finissimo 2 di prima qualità.

extra-fort [ɛkstʀafɔʀ] *n.m.* [pl. *extra-forts*] fettuccia (*f.*).

extraire [ɛkstʀɛʀ] *v.tr.* [coniug. come *traire*] 1 estrarre 2 trarre: *article extrait d'une revue*, articolo tratto da una rivista ♦ **s'extraire** *v.pron.intr.* (*fam.*) uscire a fatica.

extrait [ɛkstʀɛ] *p.p.* di **extraire** ♦ *n.m.* 1 estratto 2 (*spec. pl.*) brani (*pl.*) scelti, passi (*pl.*) scelti: *extraits d'un roman*, brani scelti, passi scelti d'un romanzo.
● (*amm.*) ***extrait d'acte de naissance***, estratto dell'atto di nascita.

extralucide [ɛkstʀalysid] *agg.* e *n.m.* e *f.* chiaroveggente.

Extranet [ɛkstʀanɛt] *n.m.* (*tel., Internet*) Extranet.

extraordinaire [ɛkstʀaɔʀdinɛʀ] *agg.* straordinario: *elle n'a rien d'extraordinaire*, non ha niente di straordinario, di speciale.
● ***par extraordinaire***, per un caso strano: *si, par extraordinaire, il ne venait pas*, se, per un caso strano, non venisse.
■ SIN. étonnant CONTR. commun, banal.

extraordinairement [ɛkstʀaɔʀdinɛʀmɑ̃] *avv.* 1 straordinariamente; in modo strano 2 immensamente.

extraplat [ɛkstʀapla] *agg.* ultrapiatto.

extrapolation [ɛkstʀapɔlasjɔ̃] *n.f.* estrapolazione.

extrapoler [ɛkstʀapɔle] *v.tr.* 1 estrapolare 2 (*estens.*) dedurre.

extrasensoriel [ɛkstʀasɑ̃sɔʀjɛl] *agg.* [f. *-elle*] extrasensoriale.

extra systole [ɛkstʀasistɔl] *n.f.* (*med.*) extrasistole.

extraterrestre [ɛkstʀatɛʀɛstʀ] *agg.* e *n.m.* e *f.* extraterrestre.

extraterritorial [ɛkstʀatɛʀitɔʀjal] *agg.* [pl. *-aux*] estraterritoriale.

extraterritorialité [ɛktʀatɛʀitɔʀjalite] *n.f.* estraterritorialità.

extravagance [ɛkstʀavagɑ̃s] *n.f.* stravaganza.

extravagant [ɛkstʀavagɑ̃] *agg.* 1 stravagante, strambo 2 eccessivo.

extraverti [ɛkstʀavɛʀti] *agg.* estroverso.

extrême [ɛkstʀɛm] *agg.* estremo: *être extrême en tout*, essere eccessivo in tutto ♦ *n.m.* estremo.
● ***à l'extrême***, alle estreme conseguenze | ***à l'extrême rigueur***, in caso estremo, se proprio sarà necessario.

extrêmement [ɛkstʀɛmmɑ̃] *avv.* estremamente.

extrême-onction [ɛkstʀɛmɔ̃ksjɔ̃] *n.f.* [pl. *extrêmes -onctions*] (*eccl.*) estrema unzione.

extrême-oriental [ɛkstʀɛmɔʀjɑ̃tal] ***agg.*** [pl. *extrême-orientaux*] dell'Estremo Oriente.

extrémisme [ɛkstʀemism] ***n.m.*** estremismo.

extrémiste [ɛkstʀemist] ***agg.*** e ***n.m.*** e ***f.*** estremista.

extrémité [ekstʀemite] ***n.f.*** **1** estremità; estremo (*m.*) (*anche fig.*): *aux extrémités du monde*, in capo al mondo; *à l'extrémité de la rue*, in fondo alla strada; *tomber d'une extrémité dans l'autre*, passare da un estremo all'altro **2** (*pl.*) (*mani e piedi*) estremità.
● ***en venir à des extrémités***, lasciarsi andare a degli eccessi | ***être à toute extrémité***, ***à la dernière extrémité***, essere agli estremi | ***être réduit à la dernière extrémité***, essere nella più assoluta miseria.
■ SIN. **1** bout.

E

extrinsèque [ɛkstʀɛ̃sɛk] ***agg.*** estrinseco.

exubérance [ɛgzybeʀɑ̃s] ***n.f.*** esuberanza: *l'exubérance de la végétation*, il rigoglio della vegetazione.

exubérant [ɛgzybeʀɑ̃] ***agg.*** esuberante: *végétation exubérante*, vegetazione lussureggiante.

exultation [egzyltasjɔ̃] ***n.f.*** esultanza.

exulter [ɛgsylte] ***v.intr.*** esultare.

exutoire [ɛgzytwaʀ] ***n.m.*** **1** canale di scolo **2** (*fig.*) sfogo.

eye-liner [ajlajnœʀ] ***n.m.*** [pl. *eye-liners*] (*cosmesi*) eye-liner.

e-zine [izin] ***n.m.*** (*Internet*) e-zine (*m.* o *f.*).

Ff

f [ɛf] ***n.m.invar.*** f (*f.* o *m.*).
● ***F***, franco francese | ***F1***, ***F2***, ***F3***, (*negli annunci immobiliari*) monolocale, bilocale, trilocale | (*tel.*) ***f comme François***, f come Firenze | ***il s'en f***, (*abbr. usata solo scrivendo*) se ne frega.

fa [fɑ(a)] ***n.m.invar.*** (*mus.*) fa.

fabacée [fabase] ***n.f.*** (*bot.*) fabacea.

fable [fɑbl] ***n.f.*** favola (*anche fig.*).
■ SIN. conte.

fabliau [fablijo] ***n.m.*** [pl. *-aux*] (*lett.*) fabliau, favolello (raccontino realistico e satirico in versi rimati in voga nei secoli XII e XIV).

fabricant [fabʀikɑ̃] ***n.m.*** fabbricante.

fabrication [fabʀikasjɔ̃] ***n.f.*** fabbricazione, lavorazione; (*ind.*) produzione: *frais de fabrication*, costi di fabbricazione; *de ma fabrication*, fatto da me.
● ***fabrication artisanale***, lavorazione artigiana | ***fabrication en grande série***, fabbricazione in serie.

fabrique [fabʀik] ***n.f.*** fabbrica.
● ***fabrique de chaussures***, calzaturificio.

fabriquer [fabʀike] ***v.tr.*** **1** fabbricare; (*ind.*) produrre **2** (*fam.*) fare, combinare; inventare: *qu'est-ce que tu fabriques?*, cosa stai combinando? | *fabriquer un alibi*, (*fig.*) costruire un alibi.
■ SIN. **1** réaliser.

fabulateur [fabylatœʀ] ***n.m.*** [f. *-trice*] **1** raccontafrottole **2** mitomane.

fabuler [fabyle] ***v.intr.*** raccontare storie, frottole.

fabuleusement [fabyløzmɑ̃] ***avv.*** favolosamente; spaventosamente.

fabuleux [fabylø] ***agg.*** [f. *-euse*] favoloso (*anche fig.*).

fac [fak] ***n.f.*** (*fam.*) abbr. di **faculté**.

façade [fasad] ***n.f.*** **1** facciata (*anche fig.*) **2** (*tel.*) cover: *façade interchangeable*, (*di cellulare*) cover intercambiabile.
● ***de façade***, di facciata, apparente.

façadisme [fasadism] ***n.m.*** (*edil.*) facciatismo (tecnica di demolizione di uno stabile preservando la facciata esterna).

face [fas] ***n.f.*** **1** faccia **2** (*fig.*) faccia; aspetto (*m.*): *toutes les faces du problème*, tutti gli aspetti del problema **3** (*di medaglia, di moneta*) diritto (*m.*) **4** lato (*m.*): *face d'un disque*, facciata, lato di un disco **5** (*mat.*) (*di un poliedro ecc.*) faccia.
● ***face à face avec qqn***, faccia a faccia con qlcu | ***face à la mer***, sul mare: *chambre face à la mer*, camera (con vista) sul mare | ***de face***, di faccia, di fronte: (*ferr.*) *une place de face*, un posto nel senso di marcia del treno | ***en face de***, di fronte a: *le magasin d'en* (o *en*) *face*, il negozio di fronte | ***faire face à***, essere di fronte a; (*fig.*) far fronte a, fronteggiare | ***perdre***, ***sauver la face***, (*fig.*) perdere, salvare la faccia | ***pile ou face?***, testa o croce?

face-à-face [fasafas] ***n.m.invar.*** (*tv*) confronto televisivo; faccia a faccia.

face-à-main [fasamɛ̃] ***n.m.*** [pl. *faces-à-main*] occhialetto.

facétie [fasesi] ***n.f.*** facezia.

facétieux [fasesjø] ***agg.*** e ***n.m.*** [f. *-euse*] faceto, burlone.

facette [fasɛt] ***n.f.*** faccetta; (*fig.*) sfaccettatura.
● (*zool.*) ***œil à facettes***, occhio composto | ***tailler à facettes***, sfaccettare.

facetter [fasete] ***v.tr.*** sfaccettare.

fâché [fɑʃe] ***agg.*** **1** arrabbiato **2** spiacente.
● ***être fâché avec qqn***, essere in rotta con qlcu | ***être fâché contre qqn***, avercela con qlcu.

fâcher [fɑʃe] ***v.tr.*** contrariare, dispiacere a: *ce que tu dis me fâche beaucoup*, quello che mi dici mi dispiace molto ♦ **se fâcher** ***v.pron.intr.*** arrabbiarsi.
● ***sans vous fâcher***, senza offesa | ***se fâcher avec qqn***, rompere con qlcu | ***se fâcher contre qqn***, arrabbiarsi con qlcu.
■ *V.PRON.* SIN. s'emporter.

fâcherie [fɑʃʀi] ***n.f.*** screzio (*m.*), dissapore (*m.*).
■ SIN. brouille.

fâcheusement [fɑʃøzmɑ̃] ***avv.*** malauguratamente, purtroppo.

fâcheux [fɑʃø] ***agg.*** [f. *-euse*] increscioso, seccante; spiacevole: *une fâcheuse idée*, una malaugurata idea ♦ ***n.m.*** seccatore.

facho [faʃo] ***agg.*** e ***n.m.*** e ***f.*** abbr. di **fasciste**.

facial [fasjal] ***agg.*** [pl. *-aux*] facciale.

faciès [fasjɛs] ***n.m.*** **1** aspetto, fisionomia (*f.*) **2** (*scient.*) facies (*f.*).

facile [fasil] ***agg.*** facile; agevole ♦ ***avv.*** (*fam.*) facilmente.
● ***facile à***, facile da: *facile à réaliser*, facilmente attuabile; *personne facile à vivre*, persona con cui è facile andar d'accordo | ***facile comme bonjour***, ***comme tout***, (*fam.*) facilissimo, un gioco da ragazzi.
■ *AGG.* SIN. aisé, simple CONTR. difficile.

NOTA L'interiezione familiare ***Facile, Basile!*** 'Troppo facile!' significa che si sta facendo qualcosa con leggerezza.

facilement [fasilmɑ̃] ***avv.*** facilmente.

facilité [fasilite] ***n.f.*** **1** facilità: *la solution de facilité*, la soluzione più facile **2** attitudine, disposizione **3** (*pl.*) facilitazioni, agevolazioni.

faciliter [fasilite] ***v.tr.*** facilitare, agevolare.

façon [fasɔ̃] ***n.f.*** **1** modo (*m.*), maniera: *il y a une façon de dire les choses!*, c'è modo e modo di dire le cose! **2** (*pl.*) maniere, modo (*m.sing.*) di fare **3** (*pl.*) complimenti (*m.*), cerimonie **4** fattura, confezione.
● ***façon cuir***, uso pelle | ***à la façon de***, come | ***c'est une façon de parler***, si fa per dire | ***de façon à***, in modo da |

de la façon dont, da come, dal modo in cui | ***de quelle façon?***, in che modo? | ***de quelque façon que ce soit***, comunque sia, in qualunque modo | ***de (telle) façon que***, di modo che | ***de toute façon***, in ogni modo, comunque | ***d'une façon générale***, in linea di massima | ***d'une façon ou d'une autre***, in un modo o nell'altro | ***en aucune façon***, in nessun modo | ***en voilà des façons!***, ma che modi sono questi?: *en voilà une façon de parler!*, che modo di parlare è questo! | ***il lui a joué un tour de sa façon***, gliene ha combinata una delle sue | ***sans façon(s)***, alla buona | ***travail à façon***, lavoro con materiale fornito dal cliente.
■ SIN. 1 manière.

faconde [fakɔ̃d] *n.f.* facondia; (*spreg.*) verbosità.

façonnage [fasɔnaʒ] **façonnement** [fasɔnmɑ̃] *n.m.* lavorazione (*f.*).

façonner [fasɔne] *v.tr.* **1** lavorare; foggiare, sagomare **2** (*fig.*) formare **3** (*agr.*) lavorare (un campo).
● ***façonner au tour***, tornire, lavorare al tornio.

fac-similé [faksimile] *n.m.* [pl. *fac-similés*] **1** facsimile **2** (*inform.*) hardcopy, copia (*f.*) su supporto rigido.

factage [faktaʒ] *n.m.* **1** ritiro e consegna (*f.*) (di merci) a domicilio **2** recapito della posta.

facteur[1] [faktœʀ] *n.m.* fattore; coefficiente.

facteur[2] *n.m.* [f. *-trice*] **1** postino, portalettere **2** fabbricante (di strumenti musicali) **3** fattorino (di messaggerie).

FAUX AMI
Da non confondere con *fattore agricolo*, che si traduce *fermier*.

factice [faktis] *agg.* **1** artificiale, di imitazione **2** (*fig.*) fittizio, artificioso.
● ***emballage factice***, confezione (vuota) da esposizione.

factieux [faksjø] *agg.* e *n.m.* [f. *-euse*] sedizioso, fazioso.

faction [faksjɔ̃] *n.f.* **1** fazione **2** (*mil.*) (turno di) guardia **3** turno (*m.*) lavorativo.

factionnaire [faksjɔnɛʀ] *n.m.* **1** (*lavoratore*) turnista **2** (*mil.*) sentinella (*f.*).

factoriel [faktɔʀjɛl] *agg.* [f. *-elle*] fattoriale.

factotum [faktɔtɔm] *n.m.* factotum.

factuel [faktɥɛl] *agg.* [f. *-elle*] fattuale; di fatto.

facturation [faktyʀasjɔ̃] *n.f.* fatturazione.

facture[1] [faktyʀ] *n.f.* fattura, lavorazione.

facture[2] *n.f.* (*comm.*) fattura: *facture de gaz*, bolletta del gas.
● (*tel.*) ***facture detaillée***, bolletta dettagliata | (*comm.*) ***suivant facture***, come da fattura.

facturer [faktyʀe] *v.tr.* fatturare.

facturette [faktyʀɛt] *n.f.* ricevuta di pagamento con carta di credito.

facturier [faktyʀje] *n.m.* [f. *-ère*] (*comm.*) fatturista.

facultaire [fakyltɛʀ] *agg.* (*Belgio*) relativo a una facoltà universitaria.

facultatif [fakyltatif] *agg.* facoltativo, opzionale.
■ CONTR. obligatoire.

facultativement [fakyltativmɑ̃] *avv.* facoltativamente.

faculté [fakylte] *n.f.* **1** facoltà; capacità **2** facoltà universitaria.
● ***jouir de toutes ses facultés***, essere nel pieno possesso delle proprie facoltà (mentali) | ***la Faculté***, la facoltà di medicina, (*estens.*) i medici: *consulter la faculté*, (*scherz.*) consultare un medico.

fada [fada] *agg.* e *n.m.* (*fam.*) picchiato, scemo.

fadaise [fadɛz] *n.f.* insulsaggine, stupidaggine.

fadasse [fadas] *agg.* (*fam.*) insipido (*anche fig.*).

fade [fad] *agg.* insipido (*anche fig.*): *odeur fade*, odore dolciastro; *blond fade*, biondo slavato.
■ SIN. insipide.

fadeur [fadœʀ] *n.f.* scipitezza; (*fig.*) insulsaggine.

faf [faf] *n.m.* e *f.* (*fam.*) fascista.

fagot [fago] *n.m.* **1** fascina (*f.*) **2** (*inform.*) (*fam.*) cancelletto (il simbolo #).
● (*prov.*) ***il y a fagots et fagots***, non bisogna fare di tutta l'erba un fascio | ***sentir le fagot***, (*scherz.*) puzzar di eresia | ***vin de derrière les fagots***, vino conservato per le grandi occasioni.

FAUX AMI
Da non confondere con *fagotto*, nel senso di *involto di cose*, che si traduce *ballot*, né con lo strumento musicale che si traduce *basson*.

fagoter [fagɔte] *v.tr.* **1** affastellare **2** (*fam.*) infagottare.

faiblard [fɛblaʀ] *agg.* (*fam.*) deboluccio, fiacco.

faible [fɛbl] *agg.* debole (*anche fig.*): *une faible différence*, una lieve differenza; *un faible avantage*, un vantaggio di poco conto; *je n'en ai qu'une faible idée*, ne ho solo una vaga idea ♦*n.m.* **1** (persona) debole (*anche fig.*) **2** (punto) debole (*anche fig.*).
● (*econ.*) ***faibles profits***, scarsi profitti | ***à faible teneur en alcool***, a basso tenore d'alcol | ***les économiquement faibles***, i meno abbienti | ***navire de faible tonnage***, nave di piccolo tonnellaggio | (*econ.*) ***prix***, ***coût faible***, basso prezzo, costo.
■ AGG. CONTR. fort.

faiblement [fɛbləmɑ̃] *avv.* debolmente.

faiblesse [fɛblɛs] *n.f.* **1** debolezza **2** malessere (*m.*), mancamento (*m.*) **3** (*fig.*) punto (*m.*) debole.

faiblir [febliʀ] *v.intr.* indebolirsi: *sa voix a faibli*, la voce gli si è indebolita; *son pouls faiblit*, il suo polso diventa meno frequente; *le vent faiblit*, il vento cala.

faïence [fajɑ̃s] *n.f.* maiolica.

NOTA La parola ***faïence*** deriva dalla città di Faenza, celebre già nel Medioevo per la lavorazione di terre verniciate e smaltate. La maiolica si diffuse poi dall'Italia in Francia nel 1400 e dal secolo XVIII prevalse in questa produzione il gusto francese. I centri più famosi in Francia sono: Nevers, Rouen, Moustiers, Strasburgo e Marsiglia.

faille[1] [faj] *n.f.* **1** (*geol.*) faglia **2** (*fig.*) difetto (*m.*): *raisonnement sans faille*, ragionamento che non fa una grinza | *trouver une faille dans la loi*, trovare una scappatoia nella legge.

faille[2] *n.f.* faille (*m.*) (tessuto di seta).

faille[3] → **falloir**.

failli [faji] *agg.* e *n.m.* (*dir.*) fallito.

faillir [fajiʀ] *v.intr.dif.* [usato all'inf., al p.p. e nei tempi composti: *j'ai failli*, *j'avais failli* etc., e al p.rem. nella lingua scritta: *je faillis* etc.; le altre forme sono arcaiche: pres.indic.: *je faux*, *tu faux*, *il faut*, *nous faillons*, *vous faillez*, *ils faillent*; imperf.indic.: *je faillais* etc.; fut.indic.: *je faillirai* etc.; cond.: *je faillirais* etc.; pres.cong.: *que je faille* etc.] **1** (*seguito da inf.*) essere lì lì per: *il a failli mourir*, era lì lì per morire, poco mancò che morisse **2** (*dir.*) fallire.
● ***faillir à***, (*letter.*) venir meno a.

faillite [fajit] *n.f.* fallimento (*m.*) (*anche fig.*).

● ***état de faillite***, stato fallimentare | ***être en faillite***, essere in stato fallimentare | ***faire faillite***, fallire, fare fallimento | ***mettre en faillite***, far fallire | ***se déclarer en faillite***, dichiarare fallimento.

faim [fɛ̃] *n.f.* 1 fame: *avoir très, bien faim*, avere (molta) fame 2 (*fig.*) sete; bramosia, desiderio (*m.*): *avoir faim de richesses*, avere sete di ricchezze.

● ***manger à sa faim***, mangiare a sazietà | ***rester sur sa faim***, non aver mangiato abbastanza; (*fig.*) aspettarsi di più.

FAUX AMI
Da non confondere con *fama*, che si traduce *renommée* o *réputation*.

faîne [fɛn] *n.f.* (*bot.*) faggina, faggiola.

fainéant [feneɑ̃] *agg.* e *n.m.* fannullone, sfaticato; ozioso.

NOTA Sono passati alla storia come ***rois fainéants***, 're fannulloni', gli ultimi re Merovingi (675-751), così chiamati perché costretti all'ozio dall'ingerenza politica dei prefetti di palazzo (*maires du palais*).

fainéanter [feneɑ̃te] *v.intr.* (*fam.*) poltrire, oziare.

fainéantise [feneɑ̃tiz] *n.f.* poltroneria.

faire[1] [fɛʀ] *v.tr.* e *intr.* [pres.indic.: *je fais* etc., *nous faisons, vous faites, ils font*; imperf.indic.: *je faisais* etc.; p.rem.: *je fis* etc.; fut.indic.: *je ferai* etc.; cond.: *je ferais* etc.; pres.cong.: *que je fasse* etc.; imperf.cong.: *que je fisse* etc.; p.pres.: *faisant*; p.p.: *fait*; imp. *fais, faisons, faites*] 1 fare: *faire une mauvaise action*, commettere una cattiva azione; *faire du bon travail*, fare un buon lavoro; *tous les bébés pleurent quand ils font leurs dents*, tutti i bambini piangono quando mettono i denti 2 fare, creare; costruire, fabbricare: *la jupe que ma sœur a fait faire, s'est faite faire*, la gonna che mia sorella si è fatta fare; *la jupe que ma sœur a faite*, la gonna che mia sorella ha fatto 3 fare, praticare: *faire du sport, de la politique*, fare dello sport, (della) politica 4 fare, percorrere; visitare: *cette année je ferai la Grèce*, (*fam.*) quest'anno visiterò, farò la Grecia; *faire du 100 à l'heure*, fare i cento all'ora 5 formare: *cette école d'hôtellerie fait de bons cuisiniers*, quella scuola alberghiera forma bravi cuochi 6 fare, frequentare: *faire (sa) médecine*, fare medicina 7 fare, imitare; atteggiarsi (a): *faire l'innocent*, fare l'innocente 8 procreare, fare: *faire un enfant*, partorire | *il lui a fait un enfant*, (*fam.*) l'ha messa incinta 9 fare, causare, provocare: *faire l'admiration de tous*, suscitare l'ammirazione di tutti 10 fare, rifornirsi (di): *faire le plein (d'essence)*, fare il pieno (di benzina) 11 (*fam.*) misurare; pesare; contenere: *ce couloir fait dix mètres de long*, questo corridoio è lungo dieci metri 12 (*mat.*) fare: *deux et deux font quatre*, due e due fanno quattro 13 fare, durare: *ce manteau doit te faire plusieurs années*, questo cappotto deve durarti qualche anno 14 (*con valore causativo, seguito da inf.*) fare: *faire établir un devis*, far fare un preventivo | *l'exercice fait maigrir*, l'esercizio fa dimagrire 15 (*in sostituzione del v. usato nella reggente*): *je n'aurais pas agi comme il l'a fait*, non mi sarei comportato come lui; *il étudie mieux que tu ne le fais*, studia meglio di te 16 sembrare, essere: *il fait très jeune pour son âge*, è molto giovanile per la sua età 17 (*comm.*) trattare: *nous ne faisons pas cet article*, non trattiamo questo articolo 18 fare, nominare; eleggere: *faire le Pape*, eleggere il Papa | *il fera un bon mari*, sarà un buon marito 19 (*fam.*) fare, dire: *"Non" fit-elle*, "No" disse ♦ *v.intr.impers.* 1 (*meteor.*) fare, essere: *il fait jour, il fait nuit*, è giorno, è notte; *quel temps fait-il?*, che tempo fa?; *il fait beau, il fait mauvais*, è bel tempo, è brutto tempo; *il fait chaud, très froid*, fa caldo, molto freddo; *il fait du vent*, tira vento; *il faisait 30 degrés à l'ombre*, c'erano 30 gradi all'ombra; *les pluies qu'il a fait cet hiver*, le piogge che sono cadute quest'inverno 2 (*seguito da agg. più inf.*) essere: *il fait bon se promener dans la campagne*, è bello passeggiare in campagna ♦ **se faire** *v.pron.* 1 farsi: *il s'est fait lui-même*, si è fatto da solo, da sé; *il se fait vieux*, sta invecchiando; *cela se fait*, è una cosa che si fa; *c'est ce qui se fait de mieux*, è quello che c'è di meglio 2 (*in costruzioni impers.*): *il se fait tard, il se fait nuit*, si fa tardi, si fa notte; *il se fit un silence profond*, si fece un silenzio profondo ♦ *v.pron. indiretto* farsi: *se faire des amis*, farsi degli amici; *il se fait 2 000 euros par mois*, (*fam.*) guadagna 2000 euro al mese; *se faire les yeux*, truccarsi gli occhi; *il faut se le faire*, (*fam.*) bisogna sorbirselo.

● ***faire bien de, mieux de***, fare bene a, meglio a | ***faire de l'anémie, de la dépression nerveuse***, essere anemico, avere l'esaurimento nervoso | ***faire (en sorte) que***, fare in modo che: *faites que je puisse la retrouver*, fate (in modo) che possa ritrovarla; *sa négligence fait que tout le monde se plaint de lui*, tutti si lamentano per la sua negligenza | ***faire l'amour***, fare l'amore | ***faire très bien (dans)***, intonarsi (a), armonizzarsi (con): *ce fauteuil fait très bien dans cette pièce*, quella poltrona sta bene in questa stanza | ***avoir à faire avec***, avere a che fare con | ***cela fait un an que***, è un anno che | ***cela ne fera pas plus de***, non saranno più di | ***c'en est fait de lui***, è finita per lui | ***ce n'est n'y fait n'y à faire***, non sono cose da farsi; è fatto da cani | ***ce qui fait que***, e per questo | ***c'est bien fait pour toi!***, ben ti sta! | ***faites (donc)!***, fate pure! | ***il fait dans le paternalisme***, (*fam.*) ci marcia con il paternalismo | ***(il) faut le faire!***, ci vuole un bel coraggio (per farlo)! | ***il ne faut pas me la faire***, a me non la si fa | ***il peut se faire que***, può darsi che: *il peut se faire qu'il vienne*, può darsi che venga | ***(il) y a de quoi faire***, (*fam.*) c'è un bel daffare | ***je n'ai que faire de ton amitié***, non so che farmene della tua amicizia | ***ne faire que (de)***, non fare altro che: *il ne fait que (de) se plaindre*, non fa che lamentarsi | ***n'en faire jamais d'autres***, non farne una giusta: *elle a encore raté le train, elle n'en fait jamais d'autres*, ha perso il treno un'altra volta, è sempre la solita (non ne fa mai una giusta) | ***pour bien faire***, sarebbe bene: *pour bien faire vous devriez l'écouter*, sarebbe bene che voi gli deste ascolto | ***qu'est-ce que cela peut faire?***, che importanza può avere? | ***se faire à***, abituarsi a: *tu t'y feras*, ti ci abituerai; *ces chaussures doivent encore se faire*, queste scarpe devono ancora prendere la forma (del piede) | ***se faire avoir***, (*fam.*) farsi fregare, imbrogliare | ***se faire bien voir de qqn***, entrare nelle grazie di qlcu | ***s'en faire***, (*fam.*) preoccuparsi: *il s'en fait pas, celui-là!*, non si scompone, quello! | ***si faire se peut***, se è possibile | ***tant qu'à faire***, (*fam.*) a questo punto, ormai: *tant qu'à faire il vaut mieux partir*, tanto vale partire | ***voilà qui est fait***, ecco fatto | ***y faire***, farci: *qu'y faire?*, che farci?; *il sait y faire*, ci sa fare; *que voulez-vous que j'y fasse?*, che posso farci?; *on a beau le dire, rien n'y fait*, si ha un bel dire, non serve a nulla; *ça y fait beaucoup*, questo ha il suo peso.

faire[2] *n.m.* il fare.

● ***il y a loin du dire au faire***, tra il dire e il fare c'è di mezzo il mare.

faire-part [fɛʀpaʀ] *n.m.invar.* partecipazione (*f.*).

faire-valoir [fɛʀvalwaʀ] *n.m.invar.* 1 (*teatr.*) spalla (*f.*) 2 (*estens.*) persona (*f.*), cosa (*f.*) che ne valorizza un'altra.

● (*agr.*) ***faire-valoir direct***, conduzione diretta (di azienda agricola).

F

fair-play [fɛʀplɛ] ***n.m.*** e ***agg.invar.*** fair-play: *il n'est pas très fair-play*, il fair-play non è il suo forte.

fais [fɛ] → **faire**[1].

faisabilité [fəzabilite] ***n.f.*** fattibilità.

faisable [fəzabl] ***agg.*** fattibile.

faisan [fəzɑ̃] ***n.m.*** **1** fagiano **2** (*fam.*) individuo losco.

faisandé [fəzɑ̃de] ***agg.*** **1** frollo, frollato **2** (*fig.*) marcio, corrotto.

faisander [fəzɑ̃de] ***v.tr.*** (*cuc.*) frollare.

faisant [fəzɑ̃] *p.pres.* di **faire**[1].

faisceau [fɛso] ***n.m.*** [pl. *-eaux*] fascio.

F

faiseur [fəzœʀ] ***n.m.*** [f. *-euse*] **1** facitore; creatore | *s'habiller chez un bon faiseur*, vestirsi da un buon sarto **2** sbruffone; intrigante.

● ***faiseuse d'anges***, praticona, donna che pratica aborti.

fait[1] [fɛ] *p.p.* di **faire**[1] ♦ ***agg.*** **1** fatto | *elle a les yeux, les ongles faits*, ha gli occhi truccati, ha lo smalto sulle unghie **2** fatto, maturo: *un homme fait*, un uomo fatto **3** (*fam.*) sbronzo, cotto.

● ***fait à***, abituato a: *fait à la fatigue*, abituato alla fatica | ***fait pour***, fatto per, adatto a | ***bien***, ***mal fait***, benfatto, malfatto | ***fromage fait***, formaggio stagionato | ***nous sommes faits!***, (*fam.*) siamo spacciati! | ***tout fait***, pronto, fatto: *costume tout fait*, abito pronto, confezionato; *une phrase toute faite*, una frase fatta; *il n'a que des idées toutes faites*, è pieno di idee preconcette, di pregiudizi.

fait[2] ***n.m.*** **1** fatto: *un fait bizarre*, un fatto strano; *fait nouveau*, elemento sopravvenuto, fatto nuovo; *il m'a raconté tous les faits et gestes de son grand-père*, mi ha raccontato vita, morte e miracoli di suo nonno.

● (*dir.*) ***faits et articles***, circostanze di fatto | ***au fait***, a proposito | ***c'est un fait***, è un (dato di) fatto | ***dire son fait à qqn***, dire il fatto suo a qlcu | ***du fait que***, ***du fait de***, per il fatto che, dal momento che, a causa di | ***en fait de***, in fatto di | ***en fait***, ***de fait***, ***par le fait***, in realtà, in effetti | ***en venir au fait***, venire al sodo | ***être le fait de***, fare al caso di | ***être sûr de son fait***, sapere il fatto suo | ***hauts faits***, gesta | ***il est de fait que***, sta di fatto che | ***passer aux voies de fait***, passare alle vie di fatto | ***prendre fait et cause pour qqn***, schierarsi dalla parte di qlcu | ***prendre sur le fait***, cogliere sul fatto, in flagrante.

faîtage [fɛtaʒ] ***n.m.*** (*di un tetto*) colmo, spina (*f.*); (*di un edificio*) fastigio.

fait divers [fɛdivɛʀ] ***n.m.*** [pl. *faits divers*] **1** fatto di cronaca **2** (*pl.*) (pagina di) cronaca (*f.sing.*) (soprattutto nera).

fait-diversier [fɛdivɛʀsje] ***n.m.*** e ***f.*** [pl. *faits-diversiers*] (*giornalismo*) cronista.

faîte [fɛt] ***n.m.*** **1** (*edil.*) (*di un tetto*) colmo, spina (*f.*); (*di un edificio*) fastigio **2** cima (*f.*), vetta (*f.*); (*fig.*) apice.

● (*geogr.*) ***ligne de faîte***, crinale, (linea) spartiacque.

faites [fɛt] → **faire**[1].

faîtière [fɛtjɛʀ] ***agg.*** e ***n.f.***

● (***lucarne***) ***faîtière***, lucernario | (***tuile***) ***faîtière***, tegola di colmo.

fait-tout [fɛtu] ***n.m.invar.*** pentola (*f.*), casseruola (*f.*).

fakir [fakiʀ] ***n.m.*** fachiro.

falaise [falɛz] ***n.f.*** scogliera (a picco), falesia.

falbala [falbala] ***n.m.*** (*spec. pl.*) fronzoli (*pl.*).

fallacieusement [fal/asjøzmɑ̃] ***avv.*** fallacemente.

fallacieux [fal/asjø] ***agg.*** [f. *-euse*] fallace.

falloir [falwaʀ] ***v.intr.impers.*** [pres.indic.: *il faut*; imperf.indic.: *il fallait*; p.rem.: *il fallut*; fut.indic.: *il faudra*; cond.: *il faudrait*; pres.cong.: *qu'il faille*; imperf.cong.: *qu'il fallût*; p.pres.: manca; p.p.: *fallu*; imp.: manca] bisognare, occorrere, volerci: *il faut un médecin*, ci vuole, occorre un medico; *il a fallu un médecin*, ci è voluto un medico; *il le faut*, è necessario; *il nous faut des livres*, ci occorrono dei libri, abbiamo bisogno di libri; *combien te faut-il?*, di quanto hai bisogno?; *il a fallu toute la matinée pour achever le travail*, ci è voluta, è occorsa tutta la mattina per terminare il lavoro; *il a fallu lui dire la vérité*, è stato necessario, abbiamo dovuto dirgli la verità; *il fallait bien qu'elle parte, qu'elle partît avant lui*, bisognava pure che partisse prima di lui; *il travaille beaucoup plus qu'il ne faut, ne faudrait*, lavora molto più del necessario ♦ **s'en falloir** ***v.pron.impers.*** mancare: *il s'en est fallu de cinq minutes qu'ils ne se soient rencontrés*, per soli cinque minuti non si sono incontrati.

● ***comme il faut***, come si deve | ***encore faut-il que***, sempre che: *encore faut-il qu'ils habitent encore là*, sempre che abitino ancora lì | ***faut aimer!***, (*fam.*) è questione di gusti! | ***faut-il être bête!***, si può essere più stupidi di così! | ***faut voir!***, (*fam.*) vedessi che roba! | ***il en faut peu***, basta un nonnulla: *il lui en faut peu pour le mettre en colère*, basta un nonnulla per farlo arrabbiare | ***il s'en est fallu d'un cheveu***, c'è mancato un pelo | ***il s'en faut!***, ce ne vuole! | ***il s'en faut*** (***de***) ***beaucoup***, ***bien***, ci manca molto: *je n'ai pas pu corriger toutes les dictées, il s'en faut de beaucoup*, non ho potuto correggere tutti i dettati, me ne mancano molti; *elle n'est pas aussi jolie que sa sœur, beaucoup s'en faut*, è di gran lunga meno carina di sua sorella | ***il s'en faut*** (***de***) ***peu***, ci manca poco: *il s'en faut de peu que le livre soit terminé*, ci vuole ancora poco prima che, ci manca poco perché il libro sia terminato | ***peu s'en faut***, poco ci manca, quasi | ***quand*** (***il***) ***faut y aller!***, (***il***) ***faut y aller!***, (*fam.*) se è da fare, si fa! | ***tant s'en faut***, tutt'altro, anzi ce ne corre | ***tant s'en faut que***, è ben lontano da, è tutt'altro che.

> **NOTA** Il participio passato ***fallu*** è sempre invariabile:
> *Les sommes qu'il a fallu.*
> Le somme che sono state necessarie.

fallu [faly] *p.p.* di **falloir**.

falot[1] [falo] ***n.m.*** lanternone.

falot[2] ***agg.*** insignificante, scialbo.

falsificateur [falsifikatœʀ] ***n.m.*** [f. *-trice*] falsificatore; (*di cibi*) adulteratore.

falsification [falsifikasjɔ̃] ***n.f.*** falsificazione; (*di alimenti*) adulterazione, sofisticazione.

falsifier [falsifje] ***v.tr.*** **1** falsificare; (*di alimenti*) adulterare, sofisticare **2** (*fig.*) svisare, falsare.

famé [fame] ***agg.***

● ***mal famé***, malfamato.

famélique [famelik] ***agg.*** famelico.

fameusement [famøzmɑ̃] ***avv.*** (*fam.*) estremamente, straordinariamente.

fameux [famø] ***agg.*** [f. *-euse*] **1** famoso, celebre **2** (*fam.*) notevole; eccellente, eccezionale: *un fameux coquin*, un perfetto mascalzone.

● ***ce n'est pas fameux!***, non è un gran che!

■ **SIN.** **1** célèbre, renommé **CONTR.** **1** inconnu.

familial [familjal] ***agg.*** [pl. *-aux*] di famiglia, familiare.

familiale [familjal] ***n.f.*** (automobile) familiare.

familiariser [familjaʀize] ***v.tr.*** rendere familiare (**a**); far prendere confidenza (**con**) ♦ **se familiariser** ***v.pron.intr.*** familiarizzarsi (**con**), prendere dimestichezza (**con**); assuefarsi (**a**).

familiarité [familjaʀite] *n.f.* 1 familiarità 2 (*pl.*) libertà.
● ***prendre des familiarités avec qqn***, prendersi delle libertà, troppa confidenza con qlcu.

familier [familje] *agg.* [f. *-ère*] familiare ♦ *n.m.* 1 (amico) intimo 2 frequentatore abituale.
● ***ton familier***, tono confidenziale.

NOTA ***Le langage familier*** è in Francia particolarmente vivace e ricco. Ne sono esempi
tra i sostantivi: *bagnole* per *voiture* (automobile); *bécane* o *vélo* per *bicyclette*; *frangin* e *frangine* per *frère* e *sœur*,
tra gli aggettivi: *bigleux* per *myope*; *merdique* per *médiocre*; *réglo* per *correct*;
tra i verbi: *bouffer* per *manger*, *se barrer* per *s'en aller*, *s'emmerder* per *s'ennuyer*;
tra gli avverbi: *vachement* per *remarquablement*, *bésef* per *beaucoup*; *à fond* per *extrêmement*.

familièrement [familjɛʀmɑ̃] *avv.* familiarmente, con familiarità.

familistère [familistɛʀ] *n.m.* cooperativa (*f.*) di produzione.

famille [famij] *n.f.* 1 famiglia (*anche fig.*) 2 familiari (*m.pl.*), parenti (*m.pl.*): *avoir de la famille*, aver parenti.
● ***famille nucléaire, recomposée***, famiglia nucleare, allargata | (*Belgio*) ***attendre famille***, essere incinta, aspettare un bambino | ***de famille***, familiare, di famiglia: *pension de famille*, pensione familiare; *fils de famille*, ragazzo bene; *avoir l'esprit de famille*, avere il senso della famiglia; *nom de famille*, cognome | ***des familles***, (*fam.*) alla buona, senza pretese: *un petit gueuleton des familles*, un pranzetto alla buona | ***la famille Fenouillard***, (*fam. scherz.*) la famiglia Brambilla in vacanza | (*relig.*) ***la Sainte Famille***, la Sacra Famiglia.

famine [famin] *n.f.* carestia | *salaire de famine*, (*fam.*) stipendio da fame.
● ***crier famine***, avere fame; (*fig.*) piangere miseria.

fan [fan] *n.m.* e *f.* (*fam.*) fan; patito/a; (*di sport*) tifoso/a.

fana [fana] *agg.* e *n.m.* e *f.* (*abbr. di* fanatique) (*fam.*) fanatico | *les fanas de la télé*, i teledipendenti.

fanage [fanaʒ] *n.m.* (*agr.*) fienagione (*f.*).

fanal [fanal] *n.m.* [pl. *-aux*] fanale.

fanatique [fanatik] *agg.* e *n.m.* fanatico.
■ SIN. exalté; passionné.

fanatiquement [fanatikmɑ̃] *avv.* fanaticamente, in modo fanatico.

fanatiser [fanatize] *v.tr.* fanatizzare.

fanatisme [fanatism] *n.m.* fanatismo.

fane [fan] *n.f.* 1 foglia secca (caduta da un albero) 2 (*pl.*) foglie (di verdura).

fané [fane] *agg.* 1 appassito, avvizzito 2 (*fig.*) sfiorito, sbiadito.

faner [fane] *v.tr.* 1 fare appassire 2 (*fig.*) far perdere la freschezza (a); scolorire, sbiadire 3 (*agr.*) rivoltare (l'erba falciata) ♦ **se faner** *v.pron.intr.* 1 appassire, avvizzire 2 (*fig.*) sfiorire; sbiadire, scolorire.

faneuse [fanøz] *n.f.* (*agr.*) voltafieno (*m.*).

fanfare [fɑ̃faʀ] *n.f.* banda (musicale); fanfara.
● ***un réveil en fanfare***, (*fam.*) un risveglio a suon di trombe.

fanfaron [fɑ̃faʀɔ̃] *agg.* [f. *-onne*] spavaldo ♦ *n.m.* fanfarone, spaccone, gradasso.

fanfaronnade [fɑ̃faʀɔnad] *n.f.* fanfaronata.

fanfaronner [fɑ̃faʀɔne] *v.intr.* fare il gradasso, lo spaccone.

fanfreluche [fɑ̃fʀəlyʃ] *n.f.* fronzolo (*m.*).

fange [fɑ̃ʒ] *n.f.* fango (*m.*); melma.

fangeux [fɑ̃ʒø] *agg.* [f. *-euse*] fangoso, melmoso.

fangothérapie [fɑ̃gɔteʀapi] *n.f.* fangoterapia.

fanion [fanjɔ̃] *n.m.* gagliardetto; (*mar.*) guidone.

fanon [fanɔ̃] *n.m.* 1 fanone, osso di balena 2 (*zool.*) giogaia (*f.*) 3 (*del cavallo*) barbetta (*f.*) 4 (*pl.*) (*eccl.*) fanoni.

fantaisie [fɑ̃tezi] *n.f.* 1 inventiva, estro (*m.*), fantasia, immaginazione 2 capriccio (*m.*), ghiribizzo (*m.*) 3 (*moda*) fantasia 4 (*mus., arte*) fantasia.
● ***bijoux (de) fantaisie***, bigiotteria | ***pain fantaisie***, pane lavorato (venduto a unità e non a peso) | ***se passer, se payer la fantaisie de***, cavarsi la voglia di | ***vivre à sa fantaisie***, vivere secondo l'impulso del momento.

fantaisiste [fɑ̃tezist] *agg.* fantasioso, estroso ♦ *n.m.* e *f.* 1 (*teatr.*) fantasista 2 persona (*f.*) estrosa.

fantasmagorie [fɑ̃tasmagɔʀi] *n.f.* fantasmagoria.

fantasmagorique [fɑ̃tasmagɔʀik] *agg.* fantasmagorico.

fantasmatique [fɑ̃tasmatik] *agg.* (*psic.*) fantasmatico.

fantasme [fɑ̃tasm] *n.m.* (*psic.*) fantasma.

fantasmer [fɑ̃tasme] *v.intr.* (*psic.*) fantasticare, dare libero sfogo alle proprie fantasie.

fantasque [fɑ̃task] *agg.* lunatico, capriccioso: *humeur fantasque*, umore mutevole.

fantassin [fɑ̃tasɛ̃] *n.m.* (*mil.*) fante, fantaccino.

fantastique [fɑ̃tastik] *agg.* 1 fantastico, favoloso 2 incredibile, sensazionale ♦ *n.m.* (*lett., arte ecc.*) (genere) fantastico.

fantastiquement [fɑ̃tastikmɑ̃] *avv.* fantasticamente, straordinariamente.

fantoche [fɑ̃tɔʃ] *n.m.* marionetta (*f.*), fantoccio (*anche fig.*).
● (*pol.*) ***gouvernement fantoche***, governo fantoccio.

fantomatique [fɑ̃tɔmatik] *agg.* fantomatico.

fantôme [fɑ̃tom] *n.m.* e *agg.* fantasma (*anche fig.*).
● (*pol.*) ***gouvernement fantôme***, governo fantasma.

fanzine [fɑ̃zin] *n.m.* fanzina (*f.*), fanzine (*f.*).

faon [fɑ̃] *n.m.* cerbiatto; piccolo del capriolo, del daino.

FAQ [fak] *n.f.* (*sigla di* Foire Aux Questions) (*inform.*) FAQ, lista di domande ricorrenti.

far [faʀ] *n.m.* (*cuc.*) far (sformato dolce con uva sultanina e prugne, tipico della Bretagna).

faramineux [faʀaminø] *agg.* [f. *-euse*] (*fam.*) strabiliante, stupefacente, prodigioso: *des prix faramineux*, prezzi esorbitanti.

farandole [faʀɑ̃dɔl] *n.f.* farandola.

faraud [faʀo] *agg.* e *n.m.* (*fam.*) vanesio, fatuo.
● (*Africa*) ***faire faraud***, pavoneggiarsi.

farce[1] [faʀs] *n.f.* 1 (*teatr.*) farsa: *tourner à la farce*, volgere al comico 2 (*fig.*) scherzo (*m.*), burla ♦ *agg.invar.* (*fam.*) spassoso, buffo.

farce[2] *n.f.* (*cuc.*) ripieno (*m.*).

farceur [faʀsœʀ] *n.m.* [f. *-euse*] burlone.

farci [faʀsi] *agg.* farcito; con il ripieno.
● (*cuc.*) ***courgettes farcies***, zucchine ripiene.

farcir [faʀsiʀ] *v.tr.* (*cuc.*) farcire ♦ **se farcir** *v.pron. indiretto* 1 (*fig.*) infarcirsi: *se farcir le cerveau de dates*, (*fam.*) riempirsi il cervello di date 2 (*fam.*) farsi (fuori), mangiarsi: *il s'est farci toutes les crêpes*, si è fatto fuori tutte le crêpes 3 (*fam.*) sobbarcarsi il peso (di): *il s'est*

F

farci tout le travail, si è addossato tutto il lavoro; *celle-là, il faut se la farcir*, quella lì, bisogna sorbirsela.

fard [faʀ] ***n.m.*** trucco, belletto.
● ***fard (à joues)***, fard | ***fard à paupières***, ombretto | ***fard (pour la scène)***, cerone | ***parler sans fard***, parlare senza artificio | ***piquer un fard***, (*fam.*) arrossire, avvampare.

farde [faʀd] ***n.f.*** (*Belgio*) **1** cartelletta **2** fogli (*m.pl.*) di quaderno non rilegati **3** stecca di sigarette.

fardeau [faʀdo] ***n.m.*** [pl. *-eaux*] fardello.

farder [faʀde] ***v.tr.*** **1** truccare; mettere il cerone (a un attore) **2** mascherare (*anche fig.*), camuffare ♦ **se farder** ***v.pron.*** truccarsi.
● ***farder la marchandise***, nascondere la merce scadente sotto quella di buona qualità.

F

faré [faʀe] ***n.m.*** costruzione (*f.*) di legno ricoperta di paglia (tipica della Polinesia).

farfadet [faʀfadɛ] ***n.m.*** spirito, folletto.

farfelu [faʀfəly] ***agg.*** balzano, estroso, strambo: *des dialogues farfelus*, dialoghi assurdi.

farfouiller [faʀfuje] ***v.intr.*** (*fam.*) frugare.

FAUX AMI
Da non confondere con *farfugliare*, che si traduce *bredouiller*.

faribole [faʀibɔl] ***n.f.*** (*fam.*) frivolezza; stupidaggine.

farinage [faʀinaʒ] ***n.m.*** (*di una pittura*) lo sgretolarsi in polveri sottili (per effetto di agenti atmosferici).

farine [faʀin] ***n.f.*** farina.
● ***farine de blé*** (o ***de froment***), farina di frumento | ***farine de bois***, segatura | ***farine de maïs***, farina di granoturco, farina gialla | ***farine lactée***, farina lattea | ***de la même farine***, (*fig.*) dello stesso stampo | ***se faire rouler dans la farine***, (*fam.*) farsi menare per il naso.

fariner [faʀine] ***v.tr.*** infarinare ♦ ***v.intr.*** (*La Riunione*) piovigginare.

farineux [faʀinø] ***agg.*** [f. *-euse*] **1** farinoso **2** infarinato ♦ ***n.m.pl.*** farinacei.

farniente [faʀnjɛnte, faʀnjɑ̃t] ***n.m.*** (*fam.*) il dolce far niente.

farouche [faʀuʃ] ***agg.*** **1** selvatico; (*di persona*) poco socievole, scontroso: *un animal farouche*, un animale selvatico **2** (*fig.*) feroce, selvaggio; accanito: *une volonté farouche*, una volontà indomita; *un air farouche*, un'aria truce.
■ SIN. **1** sauvage.

farouchement [faʀuʃmɑ̃] ***avv.*** ferocemente; accanitamente.

fart [faʀ*t*] ***n.m.*** sciolina (*f.*) (per gli sci).

fartage [faʀtaʒ] ***n.m.*** sciolinatura (*f.*).

farter [faʀte] ***v.tr.*** sciolinare.

FAS [fas] ***agg.*** e ***avv.*** (*sigla di* Free Alongside Ship) (*comm.*) franco banchina, FAS.

fasciathérapie [fasjateʀapi] ***n.f.*** (*med.*) fasciaterapia.

fascicule [fasikyl] ***n.m.*** fascicolo, dispensa (*f.*).
● ***par fascicules***, a dispense.

fascinant [fasinɑ̃] ***agg.*** affascinante.

fascination [fasinasjɔ̃] ***n.f.*** **1** fascino (*m.*) **2** (*ipnosi*) affascinamento (*m.*).

fasciner [fasine] ***v.tr.*** affascinare; incantare.

fascisant [faʃizɑ̃] ***agg.*** fascistoide.

fascisme [fas(ʃ)ism] ***n.m.*** fascismo (*anche estens.*).

fasciste [fas(ʃ)ist] ***agg.*** e ***n.m.*** e ***f.*** fascista.

fasse [fas] → **faire**[1].

faste[1] [fast] ***n.m.*** fasto, sfarzo, pompa (*f.*).

faste[2] ***agg.*** (*st.*) fasto: *jour faste*, giorno fasto.

fast-food [fastfud] ***n.m.*** [pl. *fast-foods*] fast food; tavola (*f.*) calda.

fastidieusement [fastidjøzmɑ̃] ***avv.*** fastidiosamente.

fastidieux [fastidjø] ***agg.*** [f. *-euse*] fastidioso, noioso.

fastueusement [fastɥøzmɑ̃] ***avv.*** fastosamente; sfarzosamente.

fastueux [fastɥø] ***agg.*** [f. *-euse*] fastoso, sfarzoso.

fat [fa*t*] ***agg.*** e ***n.m.*** fatuo, vanesio.

fatal [fatal] ***agg.*** [pl. *fatals*] **1** fatale: *c'était fatal!*, era destino! **2** (*ind.*) derivato.

fatalement [fatalmɑ̃] ***avv.*** fatalmente.

fataliste [fatalist] ***agg.*** e ***n.m.*** e ***f.*** fatalista.

fatalité [fatalite] ***n.f.*** fatalità.

fatidique [fatidik] ***agg.*** fatidico.

fatigant [fatigɑ̃] ***agg.*** **1** faticoso, affaticante, pesante: *travail fatigant*, lavoro faticoso, pesante; *journée fatigante*, giornata estenuante **2** (*fam.*) noioso, pesante.
■ SIN. **1** épuisant CONTR. **1** reposant.

fatigue [fatig] ***n.f.*** stanchezza; fatica, affaticamento (*m.*): *fatigue musculaire, cérébrale*, fatica muscolare, cerebrale.
● ***être mort de fatigue***, (*fam.*) essere stanco morto.
■ SIN. lassitude.

fatigué [fatige] ***agg.*** **1** stanco, affaticato | *traits fatigués*, lineamenti tirati **2** (*fam.*) malandato, malridotto.
● ***être fatigué de***, essere stufo di.

fatiguer [fatige] ***v.tr.*** stancare, affaticare ♦ ***v.intr.*** **1** faticare, sostenere uno sforzo **2** (*mecc.*) essere sottoposto a sollecitazione, a sforzo ♦ **se fatiguer** ***v.pron.*** o ***pron. intr.*** stancarsi, affaticarsi.

fatma [fatma] ***n.f.*** donna araba.

fatras [fatʀa] ***n.m.*** ammasso, mucchio; (*estens.*) guazzabuglio.

fatuité [fatɥite] ***n.f.*** fatuità.

fatwa [fatwa] ***n.f.*** (*diritto islamico*) fatwa.

faubourg [fobuʀ] ***n.m.*** sobborgo; (*pl.*) periferia (*f.sing.*).

NOTA I ***faubourgs*** di Parigi erano nel Medioevo i quartieri più poveri ubicati fuori dalle mura cittadine (da *forsbore* alterazione del latino *foris* 'fuori' e *burgus* 'borgo'). In seguito all'estensione della città sono ormai quasi tutti zone centrali residenziali e commerciali di gran pregio (per es. *le Faubourg Saint-Honoré, le Faubourg Saint-Germain* ecc.).

faubourien [fobuʀjɛ̃] ***agg.*** [f. *-enne*] di, da sobborgo; di, da periferia | *accent faubourien*, accento popolare della periferia parigina ♦ ***n.m.*** abitante della periferia, di un sobborgo (di Parigi).

fauchage [foʃaʒ] ***n.m.*** **fauchaison** [foʃɛzɔ̃] ***n.f.*** falciatura (*f.*).

fauche [foʃ] ***n.f.*** **1** falciatura **2** (*fam.*) furto (*m.*), saccheggio (*m.*); (*estens.*) malloppo (*m.*) **3** (*fam.*) privazione, povertà: *c'est une période de fauche*, è un periodo di magra.

fauché [foʃe] ***agg.*** (*fam.*) squattrinato.
● ***être fauché***, essere al verde, in bolletta.

faucher [foʃe] ***v.tr.*** **1** falciare (*anche fig.*) **2** (*fam.*) rubare, sgraffignare, fregare.

faucheuse [foʃøz] ***n.f.*** falciatrice; mietitrice.

faucille [fosij] ***n.f.*** falcetto (*m.*).
● ***la faucille et le marteau***, falce e martello.

faucon [fokɔ̃] *n.m.* (*zool.*) falco, falcone.
fauconneau [fokɔno] *n.m.* [pl. *-eaux*] (*zool.*) falchetto.
fauconnerie [fokɔnʀi] *n.f.* 1 falconeria 2 caccia col falcone.
faudra [fodʀa] → **falloir**.
faufil [fofil] *n.m.* (*cucito*) (filo dell')imbastitura (*f.*).
faufiler [fofile] *v.tr.* imbastire ♦ **se faufiler** *v.pron.* (*fig.*) intrufolarsi, infilarsi.
■ V.PRON. SIN. se glisser.
faune[1] [fon] *n.f.* fauna.
faune[2] *n.m.* (*mit.*) fauno.
faussaire [fosɛʀ] *n.m.* e *f.* 1 falsario/a 2 (*fig.*) mistificatore/trice.
faussement [fosmɑ̃] *avv.* falsamente.
fausser [fose] *v.tr.* 1 falsare; falsificare; alterare 2 storcere, torcere 3 mancare (a), venir meno (a) ♦ *v.intr.* stonare.
● ***fausser compagnie à qqn***, piantare in asso qlcu | ***fausser le pas d'une vis***, spanare una vite.
fausset [fosɛ] *n.m.* (*mus.*) falsetto.
fausseté [foste] *n.f.* falsità.
faut [fo] → **faillir**, **falloir**.
faute [fot] *n.f.* 1 colpa (*anche dir.*): *c'est en partie de sa faute*, è in parte colpa sua; *c'est la faute d'Henri*, è colpa di Enrico | *c'est sa faute*, è colpa sua 2 errore (*m.*), sbaglio (*m.*) 3 (*sport*) fallo (*m.*).
● ***faute de***, in, per mancanza di: *faute de mieux*, in mancanza di meglio | ***faute de frappe***, errore di battitura | (*prov.*) ***faute de grives, on mange des merles***, in mancanza di cavalli, trottano gli asini | ***faute de quoi***, se no, altrimenti: *étudie davantage, faute de quoi tu échoueras*, studia di più, se no sarai bocciato | ***faute d'impression***, errore di stampa | ***faute professionnelle***, errore nell'esercizio della professione | ***à qui la faute?***, di chi è la colpa? | ***c'est la faute à pas de chance***, (*fam.*) è colpa della sfortuna | ***faire faute***, mancare | ***ne pas se faire faute de***, non mancare di | ***par sa faute***, per colpa sua | ***prendre***, ***trouver en faute***, cogliere in fallo | ***sans faute***, senz'altro, sicuramente.
■ SIN. 2 erreur.
fauter [fote] *v.intr.* 1 (*fam.*) (*di ragazza*) lasciarsi sedurre 2 (*Africa*) fare un errore (parlando o scrivendo in francese).
fauteuil [fotœj] *n.m.* 1 poltrona (*f.*) 2 seggio di accademico all'Académie Française.
● ***fauteuil à bascule***, poltrona a dondolo | ***fauteuil d'orchestre***, poltrona (di platea) | ***fauteuil pliant***, sedia a sdraio | ***fauteuil roulant***, sedia a rotelle | (*sport*) ***arriver dans un fauteuil***, (*fam.*) vincere di larga misura | ***occuper le fauteuil***, presiedere.
fauteur [fotœʀ] *n.m.* [f. *-trice*] fomentatore, istigatore.
fautif [fotif] *agg.* [f. *-ive*] 1 colpevole, in colpa 2 errato, scorretto 3 (*dir.*) colposo ♦ *n.m.* colpevole; responsabile.
fauve [fov] *agg.* 1 fulvo, rossiccio 2 selvatico: *odeur fauve*, odore di selvatico 3 (*arte*) fauve ♦ *n.m.* belva (*f.*).
● ***bête fauve***, belva, bestia feroce | ***chasse aux fauves***, caccia grossa.
fauvette [fovɛt] *n.f.* (*zool.*) silvia.
● ***fauvette à tête noire***, capinera | ***fauvette des jardins***, bigia grossa, beccafico.
fauvisme [fovism] *n.m.* (*arte*) fauvismo.
faux[1] [fo] *agg.* [f. *fausse*] 1 falso; sbagliato, errato, erroneo: *avoir des idées fausses sur*, avere un'idea falsa in merito a; *suivre une fausse piste*, seguire una pista sbagliata 2 falso, finto, artificiale 3 falso, illusorio; fallace: *de fausses espérances*, speranze illusorie 4 (*mus.*) stonato: *ce piano est faux*, questo pianoforte è stonato ♦ *avv.* in modo stonato.
● ***faux cils***, ciglia finte | ***faux diamant***, diamante sintetico | (*dir.*) ***faux témoignage***, falsa testimonianza | ***fausses cartes***, carte truccate | ***chanter faux***, stonare | ***faire fausse route***, (*fig.*) essere fuori strada, sbagliare | ***faire un faux calcul***, (*fig.*) calcolare male | ***faire un faux pas***, (*anche fig.*) fare un passo falso | (*ling.*) ***les faux amis***, i falsi amici | ***une fausse fenêtre***, una finestra finta.
■ AGG. SIN. 1 inexact CONTR. 2 authentique.
faux[2] *n.m.* falso (*anche dir.*).
● ***à faux***, a torto, ingiustamente | ***porter à faux***, non essere in equilibrio; (*edil.*) essere fuori squadra: *ce discours porte à faux*, (*fig.*) questo discorso non regge, non sta in piedi | (*dir.*) ***s'inscrire en faux***, impugnare di falso: *je m'inscris en faux contre ce que vous dites*, (*fig.*) contesto ciò che dite.
faux[3] *n.f.* falce (*anche anat.*).
faux[4] → **faillir**.
faux-bourdon [fobuʀdɔ̃] *n.m.* [pl. *faux-bourdons*] 1 (*mus.*) falso bordone 2 (*zool.*) fuco.
faux-cul [foky] *n.m.* e *agg.* (*fam.*) ipocrita.
faux-derche [fodɛʀʃ] *n.m.* e *f.* [pl. *faux-derches*] (*fam.*) persona (*f.*) ipocrita, paraculo/a.
faux-filet [fofilɛ] *n.m.* [pl. *faux-filets*] (*macelleria*) controfiletto.
faux-fuyant [fofɥijɑ̃] *n.m.* [pl. *faux-fuyants*] scappatoia (*f.*), sotterfugio.
faux-monnayeur [fomɔnɛjœʀ] *n.m.* [pl. *faux-monnayeurs*] falsario.
faux-semblant [fosɑ̃blɑ̃] *n.m.* [pl. *faux-semblants*] finzione (*f.*), ipocrisia (*f.*).
faux-sens [fosɑ̃s] *n.m.invar.* interpretazione (*f.*) erronea (del senso di una parola).
favelisation [favelizasjɔ̃] *n.f.* favelizzazione, riduzione a favela, a baraccopoli.
faveur [favœʀ] *n.f.* 1 favore (*m.*); benevolenza 2 piacere (*m.*), favore (*m.*) | *faites-moi la faveur de*, mi faccia il favore di 3 (*pl.*) (*di una donna*) favori (*m.*), grazie 4 nastrino (*m.*).
● ***à la faveur de***, col favore di | ***billet***, ***prix de faveur***, biglietto, prezzo di favore | ***en faveur de***, in considerazione di; a favore di | ***être en faveur auprès de qqn***, godere il favore di qlcu.
favorable [favɔʀabl] *agg.* 1 favorevole, propizio, benigno 2 benevolo, indulgente.
favorablement [favɔʀabləmɑ̃] *avv.* favorevolmente; benevolmente.
favori [favɔʀi] *agg.* [f. *-ite*] favorito, preferito ♦ *n.m.* 1 favorito 2 (*pl.*) (*Internet*) preferiti.
■ SIN. préféré.
favoris [favɔʀi] *n.m.pl.* favoriti, fedine (*f.*).
favoriser [favɔʀize] *v.tr.* favorire.
favorite [favɔʀit] *n.f.* (*di re, sultano ecc.*) favorita.
favoritisme [favɔʀitism] *n.m.* favoritismo.
fax [faks] *n.m.* fax, telefax.
■ SIN. télécopie.
faxer [fakse] *v.tr.* inviare per fax, faxare.
fayot [fajo] *n.m.* (*fam.*) 1 fagiolo secco 2 leccapiedi.
fébrifuge [febʀifyʒ] *agg.* e *n.m.* antipiretico, antifebbrile.

F

fébrile [febʀil] ***agg.*** **1** febbrile: *malade fébrile*, malato febbricitante **2** (*fig.*) febbrile: *impatience fébrile*, impazienza febbrile, nervosa.
● (*econ.*) ***capitaux fébriles***, moneta calda.

fébrilement [febʀilmɑ̃] ***avv.*** febbrilmente.

fébrilité [febʀilite] ***n.f.*** (*med.*) stato (*m.*) febbrile; carattere (*m.*) febbrile.

fécal [fekal] ***agg.*** [pl. *-aux*] fecale.

fèces [fɛs] ***n.f.pl.*** feci.

fécond [fekɔ̃] ***agg.*** fecondo, fertile (*anche fig.*).

fécondable [fekɔ̃dabl] ***agg.*** fecondabile.

fécondant [fekɔ̃dɑ̃] ***agg.*** fecondativo.

F

fécondateur [fekɔ̃datœʀ] ***agg.*** e ***n.m.*** [f. *-trice*] fecondatore.

fécondation [fekɔ̃dasjɔ̃] ***n.f.*** (*biol.*) fecondazione.
● ***fécondation artificielle***, fecondazione artificiale.

féconder [fekɔ̃de] ***v.tr.*** fecondare (*anche fig.*).

fécondité [fekɔ̃dite] ***n.f.*** fecondità, fertilità.

fécule [fekyl] ***n.f.*** fecola.

féculent [fekylɑ̃] ***agg.*** che contiene fecola ♦ ***n.m.*** farinaceo.

fedayin [fedajin] ***n.m.*** fedain, fedayn.

fédé [fede] ***n.f.*** (*abbr. di* fédération) federazione.

fédéral [fedeʀal] ***agg.*** [pl. *-aux*] federale.

fédérale [fedeʀal] ***n.f.*** (*Svizzera*) (*fam.*) sbronza.

fédéralisme [fedeʀalism] ***n.m.*** federalismo.

fédéraliste [fedeʀalist] ***agg.*** e ***n.m.*** e ***f.*** federalista.

fédératif [fedeʀatif] ***agg.*** [f. *-ive*] federativo.

fédération [fedeʀasjɔ̃] ***n.f.*** federazione.

fédéré [fedeʀe] ***agg.*** e ***n.m.*** federato.

fédérer [fedeʀe] ***v.tr.*** [coniug. come *céder*] federare ♦ **se fédérer** ***v.pron.intr.*** federarsi.

fée [fe] ***n.f.*** fata (*anche fig.*).
● ***fée verte***, assenzio | ***c'est vieille fée*** (o ***une vraie fée Carabosse***), è una vecchia strega | ***la fée du logis***, l'angelo del focolare.

féerie [feʀi] ***n.f.*** **1** mondo (*m.*) incantato **2** (*estens.*) magia, incantesimo (*m.*) **3** (*teatr.*) féerie **4** (*estens.*) spettacolo (*m.*) meraviglioso, fantasmagoria.

féerique [feʀik] ***agg.*** fiabesco; magico.

feignant [fɛɲɑ̃] ***agg.*** (*fam.*) sfaticato ♦ ***n.m.*** (*fam.*) fannullone.

feindre [fɛ̃dʀ] ***v.tr.*** [coniug. come *craindre*] fingere, simulare.

feint [fɛ̃] *p.p.* di **feindre**.

feinte [fɛ̃t] ***n.f.*** **1** finta (*anche sport*) **2** (*fam.*) scherzo (*m.*).

feinter [fɛ̃te] ***v.intr.*** (*sport*) fare una finta, fintare ♦ ***v.tr.*** **1** (*fam.*) imbrogliare **2** (*sport*) fintare **3** (*Africa*) (*argot*) marinare la scuola **4** (*Africa*) evitare (**qlcu**).

feldspath [fɛldspat] ***n.m.*** (*min.*) feldspato.

fêlé [fele] ***agg.*** **1** incrinato **2** (*di suono*) fesso.
● ***avoir le cerveau fêlé***, (*fam.*) essere suonato, tocco.

fêler [fele] ***v.tr.*** incrinare ♦ **se fêler** ***v.pron.intr.*** incrinarsi.

félicitations [felisitasjɔ̃] ***n.f.pl.*** congratulazioni, felicitazioni.
● (***toutes mes***) ***félicitations***, congratulazioni (vivissime).

féliciter [felisite] ***v.tr.*** felicitarsi (**con**), congratularsi (**con**), complimentarsi (**con**): *je vous félicite*, le faccio le mie congratulazioni, i miei complimenti ♦ **se féliciter** ***v.pron.intr.*** felicitarsi (**con**), congratularsi (**con**), complimentarsi (**con**): *je me félicite de votre réussite*, mi congratulo per il suo successo.
■ SIN. complimenter.

félin [felɛ̃] ***agg.*** e ***n.m.*** felino.

fellation [fe(ɛl)lasjɔ̃] ***n.f.*** fellatio, fellazione.

félon [felɔ̃] ***agg.*** e ***n.m.*** [f. *-onne*] (*antiq.*) fellone.

félonie [felɔni] ***n.f.*** (*antiq.*) fellonia.

fêlure [felyʀ] ***n.f.*** **1** incrinatura, crepa **2** (*fig.*) ferita.

femelle [fəmɛl] ***n.f.*** femmina ♦ ***agg.*** femmina; femminile.
■ CONTR. mâle.

féminin [feminɛ̃] ***agg.*** **1** femminile **2** femmineo: *des traits féminins*, lineamenti femminei ♦ ***n.m.*** (*gramm.*) femminile.
● ***l'éternel féminin***, l'eterno femminino.

féminisation [feminizasjɔ̃] ***n.f.*** **1** (*biol.*) femminilizzazione **2** aumento (*m.*) della presenza femminile: *la féminisation du secteur tertiaire*, l'aumento dell'occupazione femminile nel settore terziario.

féminiser [feminize] ***v.tr.*** **1** rendere femminile **2** effeminare ♦ **se féminiser** ***v.pron.intr.*** (*di professioni*) essere esercitato sempre più da donne.

féminisme [feminism] ***n.m.*** femminismo.

féministe [feminist] ***agg.*** e ***n.m.*** e ***f.*** femminista.

féminité [feminite] ***n.f.*** femminilità.

femme [fam] ***n.f.*** **1** donna **2** moglie | *prendre* (*pour*) *femme*, prendere (in) moglie.
● ***femme au foyer***, casalinga | ***femme cadre***, donna manager | ***femme de chambre***, cameriera | (*Belgio*) ***femme de journée***, domestica a ore | ***femme de ménage***, domestica a ore | ***femme de tête***, donna con la testa sulle spalle | ***femme d'intérieur***, donna di casa | ***femme écrivain***, scrittrice | ***femme médecin***, dottoressa | ***femme peintre***, pittrice | ***femme sur le retour***, (*scherz.*) donna negli 'anta' | ***bonne femme***, (*fam.*) donna, tipa | ***une maîtresse femme***, una donna di polso.

NOTA Termini familiari per dire **femme** (donna) sono *nana*, *souris* e, di registro più popolare, *gonzesse* e *pépée*. Se accompagnate da un aggettivo possessivo, queste parole indicano anche la moglie. Infine, è sempre più diffuso il termine verlan *meuf*.

femmelette [famlɛt] ***n.f.*** **1** donnetta **2** (*spreg.*) femminuccia, donnicciola.

fémoral [femɔʀal] ***agg.*** [pl. *-aux*] (*anat.*) femorale.

fémur [femyʀ] ***n.m.*** (*anat.*) femore.

fenaison [fənɛzɔ̃] ***n.f.*** fienagione.

fendant[1] [fɑ̃dɑ̃] ***n.m.*** fendant (varietà di vino del cantone Vallese) ♦ ***agg.*** spavaldo, arrogante.

fendant[2] ***n.m.*** (*sport*) fendente.

fendard [fɑ̃daʀ] ***n.m.*** (*fam.*) pantaloni (*pl.*), brache (*f.pl.*).

fendillement [fɑ̃dijmɑ̃] ***n.m.*** screpolatura (*f.*).

fendiller [fɑ̃dije] ***v.tr.*** far screpolare ♦ **se fendiller** ***v.pron.intr.*** screpolarsi.

fendre [fɑ̃dʀ] ***v.tr.*** [coniug. come *rendre*] fendere; spaccare ♦ **se fendre** ***v.pron.*** o ***pron.intr.*** **1** fendersi; spaccarsi **2** (*argot*) sborsare; sganciare: *il s'est fendu pour elle d'une belle orchidée!*, ha fatto lo sforzo di regalarle una bella orchidea! **3** (*scherma*) fare un affondo.
● ***fendre le cœur***, (*fig.*) spezzare il cuore | ***il gèle à pierre fendre***, fa un freddo che spacca i sassi | (***rire à***) ***se fendre la gueule***, (*fam.*) ridere a crepapelle.

fendu [fɑ̃dy] *p.p.* di **fendre** ♦ *agg.* spaccato.

fenêtre [fənɛtʀ] *n.f.* 1 finestra 2 (*di treno, automobile ecc.*) finestrino (*m.*) 3 (*inform.*) finestra.
● (*arch.*) ***fenêtre à guillotine***, finestra a ghigliottina.

NOTA ***Par la*** o ***de la fenêtre***?
SÌ *Le merle est entré* ***par la fenêtre.***
NO *Le merle est entré* ***de la fenêtre.***
Il merlo è entrato dalla finestra.

fenil [fəni*l*] *n.m.* fienile.

fenouil [fənuj] *n.m.* finocchio.

fente [fɑ̃t] *n.f.* 1 fessura; spacco (*m.*); crepa; incrinatura: *veste à fentes sur les côtés*, giacca con spacchi laterali 2 (*mecc.*) scanalatura 3 (*scherma*) affondo (*m.*).
● (*mil.*) ***fente de tir***, feritoia.

féodal [feɔdal] *agg.* [pl. *-aux*] feudale ♦ *n.m.* feudatario (*anche fig.*).

féodalisme [feɔdalism] *n.m.* (*st.*) feudalesimo.

féodalité [feɔdalite] *n.f.* 1 feudalità; (*st.*) feudalesimo (*m.*) 2 (*fig.*) gruppo (*m.*) di potere.

fer [fɛʀ] *n.m.* 1 ferro 2 (*forma abbreviata di chemin de fer*) ferrovia (*f.*) 3 (*pl.*) ferri, ceppi.
● ***fer à souder***, saldatore | ***fer battu, forgé***, ferro battuto | ***de fer***, (*anche fig.*) di ferro, ferrea: *une discipline de fer*, una disciplina ferrea | (***en***) ***fer à cheval***, (a) ferro di cavallo | ***fer*** (***à repasser***), ferro da stiro | (*prov.*) ***il faut battre le fer pendant qu'il est chaud***, bisogna battere il ferro finché è caldo | ***marquer au fer rouge***, marchiare a fuoco | ***mettre aux fers***, mettere in ceppi, ai ferri | ***par fer ou par air***, per ferrovia o per via aerea | ***tomber les quatre fers en l'air***, cadere a gambe levate.

ferai [fəʀe] → **faire**[1].

fer-blanc [fɛʀblɑ̃] *n.m.* [pl. *fers-blancs*] latta (*f.*).

ferblanterie [fɛʀblɑ̃tʀi] *n.f.* 1 industria, commercio (*m.*) di articoli casalinghi (di latta, zinco ecc.) 2 articoli (*m.pl.*) casalinghi (di latta, zinco ecc.).

férial [feʀjal] *agg.* [pl. *-aux*] (*eccl.*) feriale.

FAUX AMI
Da non confondere con *feriale* nel senso di giorno *non festivo*, che si traduce *ouvrable*.

férié [feʀje] *agg.*
● ***jour férié***, giorno festivo.
■ CONTR. ouvrable.

NOTA I principali ***jours fériés***, festività religiose e civili in Francia, sono: *le jour de l'An* (1° gennaio), Capodanno; *la Fête du Travail* (1° maggio), la Festa del Lavoro; *la Victoire 1945* (8 maggio), la ricorrenza della vittoria del1945; *le 14 juillet* (*Fête nationale*), il 14 luglio (festa nazionale); *l'Assomption* (15 agosto), l'Assunzione; *la Toussaint* (1° novembre), Ognissanti; *l'Armistice 1918* (11 novembre), l'Armistizio del 1918; *Noël* (25 dicembre), Natale; *Pâques* (Pasqua), *Lundi de Pâques* (Lunedì di Pasqua), *Ascension* (Ascensione), *Pentecôte* (Pentecoste). Il lunedì di Pentecoste, che prima era festivo, è stato soppresso nel 2005 e sostituito dalla *journée de solidarité*, giorno di lavoro non retribuito per finanziare gli anziani e gli handicappati.

férir [feʀiʀ] *v.tr.dif.* [usato solo all'inf. e al p.p.: *féru*].
● ***sans coup férir***, senza colpo ferire.

fermage [fɛʀmaʒ] *n.m.* (canone d')affitto (di un fondo rustico).

ferme[1] [fɛʀm] *agg.* 1 fermo; saldo; stabile 2 duro, compatto: *des joues fermes*, guance sode 3 (*di persona*) fermo, inflessibile ♦ *avv.* forte, sodo, duro.
● ***la terre ferme***, la terraferma | (*econ.*) ***marché ferme***, mercato stabile, sostenuto | ***marcher d'un pas ferme***, camminare con passo deciso | (*econ.*) ***prix ferme*** (***et définitif***), prezzo fisso, non contrattabile | (*comm.*) ***vendre ferme***, vendere a prezzo fisso.

ferme[2] *n.f.* 1 fattoria, azienda agricola 2 fondo (*m.*) rustico, podere (*m.*) (dato in affitto).
● ***ferme auberge***, azienda agricola agrituristica | (*dir.*) ***bail à ferme***, contratto d'affitto di un fondo rustico.

ferme[3] *n.f.* 1 (*edil.*) capriata (del tetto) 2 (*teatr.*) spezzato (*m.*).

fermé [fɛʀme] *agg.* 1 chiuso (*anche fig.*): *un club très fermé*, un circolo esclusivo | *un visage fermé*, un viso impenetrabile 2 (*fig.*) insensibile.
■ CONTR. 1 ouvert.

fermement [fɛʀməmɑ̃] *avv.* fermamente; con fermezza.

ferment [fɛʀmɑ̃] *n.m.* fermento (*anche fig.*).
● ***ferments lactiques***, fermenti lattici.

fermentation [fɛʀmɑ̃tasjɔ̃] *n.f.* 1 fermentazione 2 (*fig.*) fermento (*m.*).

fermenter [fɛʀmɑ̃te] *v.intr.* fermentare (*anche fig.*).

fermer [fɛʀme] *v.tr.* chiudere ♦ *v.intr.* chiudere, chiudersi ♦ **se fermer** *v.pron.* e *pron.intr.* chiudersi.
● ***fermer à clef***, chiudere a chiave | ***fermer boutique***, (*fig.*) chiudere bottega | ***fermer la porte au nez***, chiudere la porta in faccia | ***fermer les yeux***, chiudere gli occhi, (*fig.*) chiudere un occhio | ***ferme-la!***, ***ferme ta gueule!***, (*fam.*) chiudi il becco!

FAUX AMI
Da non confondere con *fermare*, che si traduce *arrêter*.

fermeté [fɛʀməte] *n.f.* 1 stabilità; saldezza; sicurezza 2 compattezza 3 (*fig.*) fermezza.

fermette [fɛʀmɛt] *n.f.* 1 piccola fattoria 2 casa di campagna.

fermeture [fɛʀmətyʀ] *n.f.* 1 chiusura, il chiudere 2 chiusura; (*pl.*) serramenti (*m.*): *fermeture d'une fenêtre*, serramento di una finestra.
● (*aut.*) ***fermeture centralisée***, chiusura centralizzata | (*inform.*) ***fermeture de session***, chiusura della sessione di lavoro | ***fermeture éclair***®, (cerniera) lampo | ***heures de fermeture***, orario di chiusura.

fermier [fɛʀmje] *n.m.* [f. *-ère*] fattore, fittavolo; coltivatore diretto ♦ *agg.* di fattoria.
● ***beurre fermier***, burro di campagna | (*st.*) ***fermier général***, fermiere | ***poulet fermier***, pollo ruspante.

fermoir [fɛʀmwaʀ] *n.m.* fermaglio; cerniera (*f.*).

féroce [feʀɔs] *agg.* feroce; (*fig.*) spietato.
■ SIN. cruel.

férocement [feʀɔsmɑ̃] *avv.* ferocemente.

férocité [feʀɔsite] *n.f.* ferocia.

ferraille [fɛʀɑj] *n.f.* 1 rottami (*m.pl.*) di ferro, ferraglia 2 (*fam.*) spiccioli (*m.pl.*).

ferrailler [feʀɑje] *v.intr.* 1 (*spreg.*) battersi (con la spada), duellare 2 sferragliare.

ferrailleur [fɛʀɑjœʀ] *n.m.* 1 ferrovecchio 2 (*operaio*) ferraiolo.

ferrarais [fɛʀaʀɛ] *agg.* ferrarese.

Ferrarais *n.m.* (*abitante*) ferrarese.

ferré [feʀe] *agg.* ferrato (*anche fig.*).
● ***être ferré sur un sujet***, (*fig.*) essere ferrato su un argomento | ***voie ferrée***, strada ferrata.

ferrer [feʀe] *v.tr.* ferrare.
● ***ferrer le poisson***, uncinare il pesce (con l'amo).

ferret [feʀɛ] *n.m.* 1 aghetto, puntale 2 (*inform.*) etichetta (*f.*).
ferreux [feʀø] *agg.* [f. *-euse*] (*chim.*) ferroso.
ferro-alliage [feʀɔaljaʒ] *n.m.* ferrolega (*f.*).
ferrociment [fɛrosimɑ̃] *n.m.* (*edil.*) ferrocemento.
ferromagnétisme [feʀɔmaɲetism] *n.m.* ferromagnetismo.
ferronnerie [feʀɔnʀi] *n.f.* 1 (*metall.*) ferriera 2 (*edil.*) armatura in ferro 3 (fabbricazione di) oggetti in ferro battuto.
ferronnier [feʀɔnje] *n.m.* [f. *-ère*] fabbricante, venditore di oggetti in ferro battuto.

F

ferroviaire [feʀɔvjɛʀ] *agg.* ferroviario.
● ***réseau ferroviaire***, rete ferroviaria.
ferrugineux [feʀyʒinø] *agg.* [f. *-euse*] ferruginoso.
ferrure [feʀyʀ] *n.f.* 1 guarnizione di metallo 2 (*di cavallo*) ferratura.
ferry-boat [feʀe(i)bot] *n.m.* [pl. *ferry-boats*] ferry-boat, nave (*f.*) traghetto.
fertile [fɛʀtil] *agg.* fertile (*anche fig.*).
■ CONTR. stérile.
fertilisant [fɛʀtilizɑ̃] *agg.* e *n.m.* fertilizzante.
fertiliser [fɛʀtilize] *v.tr.* fertilizzare.
fertilité [fɛʀtilite] *n.f.* fertilità.
féru [feʀy] *p.p.* di **férir** ♦ *agg.* appassionato.
férule [feʀyl] *n.f.* ferula, bacchetta.
● ***être sous la férule de qqn***, (*letter.*) filare a bacchetta (con qlcu).
fervent [fɛʀvɑ̃] *agg.* fervente, appassionato ♦ *n.m.* appassionato, tifoso.
ferveur [fɛʀvœʀ] *n.f.* fervore (*m.*), ardore (*m.*), passione.
fesse [fɛs] *n.f.* 1 gluteo (*m.*), natica 2 (*molto fam.*) sedere.
● ***coup de pied aux fesses***, (*fam.*) calcio nel sedere | ***coûter la peau des fesses***, (*fam.*) essere caro come il fuoco | ***serrer les fesses***, (*fam.*) aver fifa.
fessée [fese] *n.f.* 1 sculacciata 2 (*fam.*) batosta.
fesser [fese] *v.tr.* sculacciare.
fessier [fesje] *agg.* [f. *-ère*] (*anat.*) della natica ♦ *n.m.* sedere.
● (*anat.*) ***grand fessier***, grande gluteo.
festin [fɛstɛ̃] *n.m.* banchetto.
■ SIN. banquet.
festival [fɛstival] *n.m.* [pl. *-als*] festival.
festivalier [fɛstivalje] *agg.* e *n.m.* [f. *-ère*] festivaliero.
festivité [fɛstivite] *n.f.* festeggiamento (*m.*).
feston [fɛstɔ̃] *n.m.* festone.
● (*ricamo*) ***point de feston***, punto smerlo.
festoyer [fɛstwaje] *v.intr.* [coniug. come *employer*] fare bisboccia, fare baldoria.
fêtard [fɛtaʀ] *n.m.* (*fam.*) festaiolo.
fête [fɛt] *n.f.* 1 festa (*anche fig.*) 2 onomastico (*m.*) 3 (*Canada*) compleanno (*m*).
● ***fête des mères***, festa della mamma | ***fête du travail***, festa del lavoro | ***fête nationale***, festa nazionale | ***fêtes d'obligation***, feste di precetto, comandate | ***faire la fête***, fare la bella vita | ***faire sa fête à qqn***, (*fig. fam.*) sistemare qlcu per le feste | ***les Fêtes***, le feste (di fine anno) | ***n'avoir jamais été à pareille fête***, non essere mai stato così bene | ***ne pas être à la fête***, attraversare un momento difficile | ***se faire une fête de qqch***, essere molto contento di qlco.

Fête-Dieu [fɛtdjø] *n.f.* [pl. *Fêtes-Dieu*] (*eccl.*) Corpus Domini (*m.*).
fêter [fete] *v.tr.* festeggiare, far festa (a) | *il faut fêter ça!*, bisogna brindare!
fétiche [fetiʃ] *n.m.* feticcio.
fétichisme [fetiʃism] *n.m.* feticismo.
fétichiste [fetiʃist] *agg.* e *n.m.* e *f.* feticista.
fétide [fetid] *agg.* fetido.
fétidité [fetidite] *n.f.* fetore (*m.*).
fétu [fety] *n.m.* fuscello, pagliuzza (*f.*).
feu[1] [fø] *n.m.* [pl. *-eux*] 1 fuoco (*anche fig.*) 2 focolare (*anche fig.*); (*estens.*) famiglia (*f.*) 3 (*elettr.*) luce (*f.*); (*aut.*) faro; (*mar.*) fanale 4 (*argot*) pistola (*f.*), revolver.
● ***feu d'artifice***, fuoco d'artificio | ***feu de camp***, fuoco di bivacco | ***feu (de circulation), feu de signalisation***, semaforo: *le feu rouge, vert, orange*, il rosso, il verde, il giallo; *le feu est au vert*, il semaforo è verde | ***feu de joie***, falò | ***feu de paille***, (*fig.*) fuoco di paglia | ***feu follet***, fuoco fatuo | (*aut.*) ***feux arrière***, luci posteriori | (*mil.*) ***feux croisés***, fuoco incrociato | (*aut.*): ***feux de croisement***, (fari) anabbaglianti; ***feux de détresse***, lampeggiatori di emergenza; ***feux de direction, clignotants***, lampeggiatori; ***feux de gabarit***, luci di ingombro; ***feux de position***, luci di sosta, di posizione; ***feux de recul***, luci di retromarcia; ***feux de route***, (fari) abbaglianti; ***feux de stationnement***, luci di posizione, di sosta; ***feux stop***, luci di arresto, di stop | ***à feu doux, à petit feu, à grand feu***, a fuoco lento, a fuoco vivo | (*mil.*) ***aller au feu***, andare in prima linea | ***avez-vous du feu?***, ha da accendere? | ***coup de feu***, (*mil.*) sparo; (*estens.*) fiammata: *le rôti a pris un coup de feu*, l'arrosto si è un po' bruciato; *c'est le moment du coup de feu*, (*fig.*) è il momento di maggior lavoro | ***craindre qqn comme le feu***, (*fig.*) temere qlcu come la peste | ***dans le feu de l'action***, nel vivo | ***donner le feu vert***, (*fig.*) dare il via, il benestare | ***en feu***, in fiamme | ***être entre deux feux***, (*fig.*) essere tra due fuochi | ***être tout feu tout flammes***, essere tutto fuoco e fiamma; (*estens.*) essere entusiasta (per qlco) | ***faire feu de tout bois***, (*fig.*) utilizzare ogni mezzo per raggiungere un obiettivo | ***faire la part du feu***, salvare il salvabile | ***faire long feu***, far cilecca | ***il n'y a pas le feu!***, (*fam.*) non c'è fretta! | ***jeter de l'huile sur le feu***, (*fig.*) gettare olio sul fuoco | ***mettre à feu et à sang***, mettere a ferro e fuoco | ***mettre au feu***, mettere sul fuoco, buttare nel fuoco | ***mettre le feu***, appiccare il fuoco, dar fuoco | ***ne pas faire long feu***, (*fig.*) non durare a lungo | ***n'y voir que du feu***, (*fig.*) non capirci niente.
feu[2] *agg.* [pl. *feus*] defunto: *feu sa mère, sa feue mère*, la sua defunta madre.
feudataire [fødatɛʀ] *n.m.* (*st.*) feudatario.
feuillage [fœjaʒ] *n.m.* 1 fogliame, foglie (*f.pl.*) 2 frasche (*f.pl.*).
feuillaison [fœjɛzɔ̃] *n.f.* fogliazione.
feuillant [fœjɑ̃] *n.m.* (*st. relig.*) fogliante.
feuillantine [fœjɑ̃tin] *n.f.* (*cuc.*) sfogliatina.
feuille [fœj] *n.f.* 1 foglia 2 foglio (*m.*) 3 foglio (*m.*), giornale (*m.*) 4 (*tecn.*) foglio (*m.*), lamina; (*metall.*) lamiera.
● ***feuille de chou***, (*fam. spreg.*) giornaletto locale (di poco conto) | ***feuille de paie, de salaire***, foglio paga | ***feuille de route***, foglio di via; (*comm.*) foglio di spedizione | (*banca*) ***feuille de versement***, distinta di versamento | ***feuille de vigne***, (*su statue ecc.*) foglia di fico | ***feuille d'impôts***, cartella delle tasse, cartella esattoriale | ***être dur de la feuille***, (*fam.*) essere duro d'orecchi | ***trembler comme une feuille***, tremare come una foglia.

feuillet [fœjɛ] *n.m.* 1 foglio, foglietto; volantino 2 (*biol.*) foglietto 3 (*zootecn.*) omaso 4 pannello (di legno) 5 cartella (*f.*) di testo (per la stampa).

feuilleté [fœjte] *agg.* sfogliato ♦ *n.m.* (*cuc.*) sfogliata (*f.*).
● (*cuc.*) ***pâte feuilletée***, pasta sfoglia.

feuilleter [fœjte] *v.tr.* [coniug. come *jeter*] sfogliare, scartabellare.

feuilleton [fœjtɔ̃] *n.m.* 1 (*giorn.*) rubrica (*f.*) 2 (*pol.*) agenda (*f.*) parlamentare 3 romanzo d'appendice 4 (*di romanzo d'appendice ecc.*) puntata (*f.*) 5 (*rad., tv*) serial, (tele)film 6 (*estens.*) storia (*f.*) romanzesca, inverosimile.
● ***feuilleton radiophonique***, sceneggiato radiofonico | ***feuilleton télévisé***, sceneggiato (televisivo), teleromanzo | ***publier en feuilleton***, pubblicare a puntate.

feuillu [fœjy] *agg.* frondoso ♦ *n.m.* (*bot.*) latifoglia (*f.*).

feuillure [fœjyʀ] *n.f.* 1 (*di finestra ecc.*) battuta 2 (*edil.*) scanalatura.

feuj [fœʒ] *n.m.* (*fam.*) (*verlan di* juif) ebreo.

feuler [føle] *v.intr.* (*di tigre*) ruggire; (*di gatto*) soffiare.

feutrage [føtʀaʒ] *n.m.* 1 feltratura (*f.*) 2 infeltrimento.

feutre [føtʀ] *n.m.* 1 feltro 2 cappello di feltro 3 pennarello.

feutré [føtʀe] *agg.* 1 feltrato; felpato (*anche fig.*): *atmosphère feutrée*, atmosfera ovattata 2 infeltrito.

feutrer [føtʀe] *v.intr.* infeltrirsi ♦ **se feutrer** *v.pron.intr.* infeltrirsi.

feutrine [føtʀin] *n.f.* panno (*m.*) lenci®.

fève [fɛv] *n.f.* (*bot.*) fava.

NOTA Si veda la nota a *galette*.

février [fevʀije] *n.m.* febbraio.

fez [fɛz] *n.m.* fez.

fi [fi] *inter.* (*antiq.*) ohibò, via via.
● ***fi donc!***, ohibò! | ***faire fi de qqch***, ridersela di qlco.

fiabilité [fjabilite] *n.f.* affidabilità.

fiable [fjabl] *agg.* affidabile.

fiacre [fjakʀ] *n.m.* fiacre (vettura di piazza a cavalli).

fiançailles [fjɑ̃sɑj] *n.f.pl.* 1 fidanzamento (*m.sing.*) 2 (*pol.*) alleanza (*sing.*); (*econ.*) fusione (*sing.*).

fiancé [fjɑ̃se] *n.m.* fidanzato.

fiancée [fjɑ̃se] *n.f.* fidanzata.

fiancer [fjɑ̃se] *v.tr.* [coniug. come *placer*] fidanzare ♦ **se fiancer** *v.pron.* e *pron.rec.* fidanzarsi.

fiasque [fjask] *n.f.* fiasco (*m.*).

fibranne [fibʀan] *n.f.* (*tess.*) fiocco (*m.*) artificiale.

fibre [fibʀ] *n.f.* fibra (*anche fig.*).
● ***fibre de verre***, fibra di vetro | ***fibre optique***, fibra ottica | ***avoir la fibre paternelle***, essere nato per fare il padre.

fibreux [fibʀø] *agg.* [f. *-euse*] fibroso.

fibrille [fibʀij] *n.f.* (*anat., biol.*) fibrilla.

fibrine [fibʀin] *n.f.* (*biochim.*) fibrina.

fibrociment [fibʀɔsimɑ̃] *n.m.* (*edil.*) fibrocemento, eternit®.

fibromateux [fibʀɔmatø] *agg.* [f. *-euse*] (*med.*) fibromatoso.

fibrome [fibʀom] *n.m.* (*med.*) fibroma.

fibule [fibyl] *n.f.* (*archeol.*) fibula.

ficelé [fis(ə)le] *agg.* 1 legato (con spago) 2 (*fam.*) (*di persona*) vestito; (*di cosa*) fatto, congegnato.

ficeler [fis(ə)le] *v.tr.* [coniug. come *appeler*] 1 legare (con spago) 2 (*fam.*) realizzare con abilità.

ficelle [fisɛl] *n.f.* 1 spago (*m.*), cordicella 2 (*fig.*) trucco (*m.*); astuzia 3 furbacchione (*m.*), dritto (*m.*) 4 filoncino (*m.*) di pane.
● ***les ficelles du métier***, i trucchi del mestiere | ***tirer les ficelles***, (*fig.*) tenere le fila.

fiche[1] [fiʃ] *n.f.* 1 scheda 2 (*nei giochi*) fiche, gettone (*m.*) 3 (*elettr., tel.*) spina 4 (*tecn.*) ganghero (*m.*).
● ***classement par fiches***, schedatura | ***mettre sur, en fiche(s)***, schedare.

fiche[2] *v.tr.* (*fam.*) → **ficher**[1].

ficher[1] [fiʃe] *v.tr.* [p.p. *fichu*] (*fam.*) fare; lavorare; dare, appioppare, mollare; sbattere, mettere ♦ **se ficher** *v.pron.intr.* (*fam.*) 1 ficcarsi 2 prendere in giro: *on se fiche de lui*, lo prendono in giro 3 infischiarsi, fregarsene.
● ***ficher le camp***, squagliarsela, smammare | ***fiche-moi la paix***, lasciami in pace | ***s'en ficher***, fregarsene | ***va te faire fiche!***, va' a quel paese!

ficher[2] *v.tr.* 1 conficcare, piantare: *ficher en terre*, conficcare per terra 2 schedare.

fichier [fiʃje] *n.m.* 1 schedario 2 (*inform.*) file, archivio.
● (*Internet*) ***fichier attaché***, allegato | ***fichier d'adresses***, schedario degli indirizzi; (*comm.*) mailing list | (*inform.*): ***fichier de sauvegarde***, file di backup; ***fichier journal***, archivio storico, logfile; ***fichier maître disque***, file originale; ***fichier mouvements***, file di transazioni; ***fichier signature***, file di firma; ***fichier temporaire***, file temporaneo.

fichtre [fiʃtʀ] *inter.* (*fam.*) caspita, diamine.

fichtrement [fiʃtʀəmɑ̃] *avv.* (*fam.*) moltissimo, straordinariamente.

fichu[1] [fiʃy] *n.m.* scialletto, fisciù.

fichu[2] *p.p.* di **ficher**[1] ♦ *agg.* (*fam.*) 1 brutto | *quel fichu temps!*, che tempaccio!, che cavolo di tempo! 2 (*di persona*) rovinato, spacciato; (*di cosa*) rovinato, fuori uso.
● ***bien fichu***, ben piantato; ben vestito | ***c'est fichu!***, è finita!, non c'è più niente da fare! | ***mal fichu***, fatto male; mal vestito: *il est mal fichu*, è malconcio | ***ne pas être fichu de***, non esser capace di.

fictif [fiktif] *agg.* [f. *-ive*] fittizio, apparente.
● (*econ.*) ***pavillon fictif***, bandiera ombra.

fiction [fiksjɔ̃] *n.f.* fantasia; finzione (*anche dir., econ.*).
● ***histoire-fiction***, fantastoria | ***police-fiction***, fantapoliziesco | ***science-fiction***, fantascienza.

fictivement [fiktivmɑ̃] *avv.* fittiziamente.

ficus [fikys] *n.m.* (*bot.*) ficus.

fidéicommis [fideikɔmi] *n.m.* (*dir.*) fedecommesso.

fidéjussion [fideʒysjɔ̃] *n.f.* (*dir.*) fideiussione.

fidèle [fidɛl] *agg.* 1 fedele | *fidèle à son devoir*, ligio al proprio dovere 2 fidato: *un guide fidèle*, una guida fidata, sicura ♦ *n.m.* e *f.* fedele.
■ AGG. 1 e N.M. e F. SIN. dévoué CONTR. infidèle.

fidèlement [fidɛlmɑ̃] *avv.* fedelmente.

fidéliser [fidelize] *v.tr.* assicurarsi una clientela, un pubblico con mezzi appropriati.

fidélité [fidelite] *n.f.* 1 fedeltà 2 esattezza, precisione: *fidélité d'un récit*, esattezza di un racconto.
● ***haute fidélité***, alta fedeltà, hi-fi.

fiduciaire [fidysjɛʀ] *agg.* e *n.m.* e *f.* fiduciario/a.
● ***société, compagnie fiduciaire***, fiduciaria.

fiducie [fidysi] *n.f.* (*fin., banca*) amministrazione fiduciaria.

fief [fjɛf] *n.m.* feudo (*anche fig.*).

F

fieffé [fjefe] ***agg.*** (*fam.*) matricolato, di prim'ordine: *un fieffé coquin*, un gran furfante.

fiel [fjɛl] ***n.m.*** fiele (*anche fig.*).

fielleux [fjɛlø] ***agg.*** [f. *-euse*] astioso.

fiente [fjɑ̃t] ***n.f.*** escremento (*m.*), sterco (*m.*) (di alcuni animali).
● ***fiente de volaille***, pollina.

fier [fjɛʀ] ***agg.*** [f. *fière*] **1** superbo, orgoglioso; fiero; sprezzante **2** fiero, dignitoso, nobile: *un cœur fier*, un animo nobile **3** (*fam.*) (*con valore enfatico*) grande, bello: *un fier toupet*, una bella, gran faccia tosta.
● ***fier comme Artaban*** (o ***comme un pou***, o ***comme un coq***, o ***comme un paon***), più superbo di un pavone | ***pas fier***, (*fam.*) alla mano.

F

fier, se [səfje] ***v.pron.intr.*** fidarsi (**di**); aver fiducia (**in**); fare affidamento (**su**): *fiez-vous à lui*, fidatevi di lui.
● ***fiez-vous y!***, (*fam.*) vatti a fidare! | ***ne pas s'y fier***, non fidarsi.

fier-à-bras [fjɛʀabʀɑ] ***n.m.invar.*** fanfarone, spaccone, gradasso.

fièrement [fjɛʀmɑ̃] ***avv.*** **1** orgogliosamente; sdegnosamente **2** audacemente **3** (*fam.*) estremamente.

fierté [fjɛʀte] ***n.f.*** **1** orgoglio (*m.*); superbia **2** fierezza, dignità.

fièvre [fjɛvʀ] ***n.f.*** **1** febbre **2** (*fig.*) animazione, atmosfera febbrile **3** (*fig.*) febbre, passione: *la fièvre du jeu*, la febbre, passione del gioco.
● ***avec fièvre***, febbrilmente, animatamente | ***avoir de la fièvre***, avere la febbre | ***une grosse, forte, bonne fièvre***, un febbrone.

fiévreusement [fjevʀøzmɑ̃] ***avv.*** febbrilmente.

fiévreux [fjevʀø] ***agg.*** [f. *-euse*] febbrile (*anche fig.*), febbricitante: *yeux fiévreux*, occhi febbricitanti; *attente fiévreuse*, attesa febbrile; *une imagination fiévreuse*, una fervida immaginazione.

fifre [fifʀ] ***n.m.*** **1** piffero **2** pifferaio, suonatore di piffero.

figé [fiʒe] ***agg.*** **1** immobile, fisso; irrigidito | *un sourire figé*, un sorriso stereotipato **2** (*cuc.*) denso, rappreso.
● (*gramm.*) ***expression, locution figée***, frase fatta | ***rester figé sur place***, restare pietrificato, paralizzato.

figer [fiʒe] ***v.tr.*** [coniug. come *manger*] **1** rapprendere **2** (*estens.*) irrigidire, paralizzare: *la surprise le figea sur place*, rimase paralizzato dallo stupore ♦ **se figer** ***v.pron.intr.*** **1** rapprendersi: *son sang se figea dans ses veines*, (*fig.*) gli si gelò il sangue nelle vene **2** (*estens.*) irrigidirsi.

fignolage [fiɲɔlaʒ] ***n.m.*** rifinitura (*f.*) (accurata e minuziosa).

fignoler [fiɲɔle] ***v.tr.*** (*fam.*) rifinire (con cura e minuzia); perfezionare.

fignoleur [fiɲɔlœʀ] ***n.m.*** [f. *-euse*] perfezionista; pignolo.

figue [fig] ***n.f.*** **1** fico (*m.*) **2** (*Antille*) banana.
● ***figue de Barbarie***, fico d'India | ***figue sèche***, fico secco | ***mi-figue, mi-raisin***, né carne né pesce; (*riferito al tempo*) né brutto né bello; (*riferito a persone*) non ben definito.

figuier [figje] ***n.m.*** (*pianta*) fico.
● ***figuier de Barbarie***, fico d'India.

figurant [figyʀɑ̃] ***n.m.*** (*cine., teatr.*) comparsa (*f.*), figurante.
● ***jouer un rôle de figurant***, fare la comparsa; (*fig.*) far da comparsa.

figuratif [figyʀatif] ***agg.*** e ***n.m.*** [f. *-ive*] figurativo.
● ***arts figuratifs***, arti figurative | ***écriture figurative***, scrittura a caratteri figurativi.

figuration [figyʀasjɔ̃] ***n.f.*** **1** figurazione, rappresentazione **2** (*cine., teatr.*) ruolo (*m.*) di comparsa; comparse (*pl.*).
● ***faire de la figuration***, fare la comparsa; (*fig.*) avere un ruolo di secondo piano.

figure [figyʀ] ***n.f.*** **1** figura: *les grandes figures de l'histoire*, i grandi personaggi della storia **2** viso (*m.*), faccia: *il le porte sur sa figure*, ce l'ha scritto in faccia **3** sembianza, aspetto (*m.*).
● (*mar.*) ***figure de proue***, polena; (*fig.*) personalità di spicco | ***figure géométrique***, figura geometrica | ***figures (de rhétorique)***, figure retoriche | ***faire bonne figure à qqn***, fare buon viso a qlcu | ***faire bonne, piètre figure***, fare bella, cattiva figura | ***faire figure de héros***, passare per un eroe | ***jeter à la figure***, (*anche fig.*) gettare in faccia | ***prendre figure***, prendere forma.

figuré [figyʀe] ***agg.*** e ***n.m.*** figurato.
● ***sens figuré***, senso figurato.

figurer [figyʀe] ***v.tr.*** raffigurare; rappresentare ♦ ***v.intr.*** **1** figurare **2** (*teatr.*) fare la comparsa; (*fig.*) avere una parte di secondo piano ♦ **se figurer** ***v.pron. indiretto*** figurarsi, immaginarsi: *elle s'était figurée l'avoir vu*, si era immaginata di averlo visto.

figurine [figyʀin] ***n.f.*** figurina, statuetta.

fil [fil] ***n.m.*** **1** filo (*anche fig.*) **2** filo (di metallo), cavo **3** (*di carne, legno ecc.*) verso, fibra (*f.*) **4** (*inform.*) (*di circuiti stampati*) uscita (*f.*).
● ***fil à plomb***, filo a piombo | ***fil de fer, électrique***, filo di ferro, elettrico | ***au fil de***, nel corso di: *au fil de l'eau*, (*anche fig.*) seguendo la corrente | ***avoir un fil à la patte***, avere una palla al piede | ***coup de fil***, (*fam.*) telefonata: *donner, passer un coup de fil*, fare una telefonata | ***cousu de fil blanc***, evidente, palese | ***de fil en aiguille***, passo passo, gradualmente | ***droit fil***, (*di tessuto*) drittofilo: *dans le droit fil de*, (*fig.*) in linea con | ***il n'a pas inventé le fil à couper le beurre***, (*fig.*) non è un'aquila | ***le fil d'Ariane***, (*letter.*) il filo d'Arianna | ***le fil d'un rasoir***, (*anche fig.*) il filo di un rasoio | ***ne tenir qu'à un fil***, reggere per un pelo (*anche fig.*), essere attaccato a un filo | ***passer au fil de l'épée***, passare a fil di spada | ***perdre le fil***, (*fig.*) perdere il filo | ***pur fil***, puro lino.

filage [filaʒ] ***n.m.*** **1** (*ind. tess.*) filatura (*f.*) **2** (*cine.*) proiezione (*f.*) continua (di un film).

filament [filamɑ̃] ***n.m.*** filamento.

filamenteux [filamɑ̃tø] ***agg.*** [f. *-euse*] filamentoso.

filandre [filɑ̃dʀ] ***n.f.*** **1** (*di carne e verdura*) filamento (*m.*) fibroso **2** filo (*m.*) di ragnatela.

filandreux [filɑ̃dʀø] ***agg.*** [f. *-euse*] filaccioso, stopposo | *discours filandreux*, (*fig.*) discorso lungo e contorto.

filant [filɑ̃] ***agg.*** (*di liquido*) filante, viscoso.
● (*astr.*) ***étoile filante***, stella cadente.

filasse [filas] ***n.f.*** filaccia, stoppa ♦ ***agg.invar.*** color stoppa: *des cheveux filasse*, capelli color stoppa.

filature [filatyʀ] ***n.f.*** **1** filatura **2** filanda **3** (*fig.*) pedinamento (*m.*).
● (*Africa*) ***faire la filature***, fare l'amore | ***prendre en filature***, pedinare.

file [fil] ***n.f.*** fila.
● ***à la, en file***, in fila | ***chef de file***, capofila | ***prendre la file***, mettersi in fila, in coda.

filer [file] ***v.tr.*** **1** filare: *l'araignée file sa toile*, il ragno tesse la sua tela **2** (*fig.*) pedinare **3** (*fam.*) rifilare, sganciare ♦ ***v.intr.*** **1** (*fam.*) filare, correre; smammare **2** (*di*

liquido, sostanza vischiosa) filare: *ce fromage file*, questo formaggio fila **3** smagliarsi: *mon bas a filé*, mi si è smagliata una calza.
● ***filer à l'anglaise***, andarsene alla chetichella; svignarsela | ***filer à toute allure***, filare a tutta velocità | ***filer doux***, rigare, filare diritto | ***filer le parfait amour***, filare il perfetto amore; andare d'amore e d'accordo.

filet[1] [filɛ] *n.m.* rete (*f.*); reticella (*f.*).
● ***filet (à bagages)***, (rete) portabagagli | ***filet à cheveux***, reticella per i capelli | ***filet à papillons***, retino per farfalle | ***filet à provisions***, rete, reticella per la pesca | ***filet de pêche***, rete da pesca | ***filet de tennis***, rete (del campo) da tennis | ***filet garde-jupes***, (*di bicicletta*) reticella salvagonna | ***coup de filet***, retata (della polizia) | ***sans filet***, (*anche fig.*) senza rete.

filet[2] *n.m.* **1** filo **2** (*arch., tecn., tip.*) filetto **3** (*bot.*) filamento **4** (*anat.*) frenulo **5** (*cuc.*) filetto.
● (*cuc.*): ***filet mignon***, punta di filetto; ***faux filet***, controfiletto.

filetage [filtaʒ] *n.m.* (*tecn.*) filettatura (*f.*).

fileter [filte] *v.tr.* [coniug. come *semer*] **1** (*tecn.*) trafilare; filettare (una vite, un dado) **2** (*cuc.*) sfilettare.

fileuse [filøz] *n.f.* filandaia, filandina.

filial [filjal] *agg.* [pl. *-aux*] filiale.

filiale [filjal] *n.f.* (*comm.*) filiale, succursale.

filiation [filjasjɔ̃] *n.f.* filiazione (*anche fig.*).

filière [filjɛʀ] *n.f.* **1** (*tecn.*) filiera **2** (*fig.*) trafila **3** indirizzo (*m.*) scolastico, professionale.
● ***filière de trafic clandestin***, rete di trafficanti clandestini | ***passer par***, ***suivre la filière***, seguire la trafila.

filiforme [filifɔʀm] *agg.* filiforme.

filigrane [filigʀan] *n.m.* filigrana (*f.*).
● ***en filigrane***, (*fig.*) tra le righe.

filin [filɛ̃] *n.m.* (*mar.*) cima (*f.*), canapo.

fille [fij] *n.f.* **1** figlia: *elle a deux garçons et trois filles*, ha due maschi e tre femmine **2** ragazza | *lycée de filles*, liceo femminile.
● ***fille de salle***, inserviente (in un ospedale) | ***fille mère***, ragazza madre | ***fille publique***, ***des rues***, donna di strada | ***courir les filles***, correr dietro alle ragazze | ***grande fille***, adolescente | ***jeune fille***, fanciulla, ragazza | ***jouer la fille de l'air***, rendersi uccel di bosco | ***petite fille***, bambina | ***une chic fille***, una ragazza in gamba | ***vieille fille***, zitella.

fillette[1] [fijɛt] *n.f.* bambina, ragazzina.

fillette[2] *n.f.* bottiglia (di vino) di un terzo di litro.

filleul [fijœl] *n.m.* figlioccio.

FAUX AMI
Da non confondere con *figliolo*, che si traduce *fils*.

film [film] *n.m.* **1** (*fot.*) pellicola (*f.*) **2** (*cine.*) film, pellicola (*f.*) | *le film des événements*, (*fig.*) il susseguirsi, lo svolgersi degli avvenimenti **3** pellicola (*f.*), sottile strato; (*di olio, petrolio ecc.*) film.
● ***film à grand spectacle***, supercolosso | ***film-annonce***, provino, trailer | ***film-catastrophe***, film catastrofico | ***film d'animation***, cartone animato | ***film doublé***, ***(en) version originale***, film doppiato, in versione originale | ***film noir et blanc***, ***en couleurs***, film in bianco e nero, a colori | ***film policier***, film giallo, poliziesco | ***film-reportage***, ***film-témoignage***, (film) documentario | ***film télévisé***, telefilm | ***(papier) film***, pellicola trasparente (per cibi).

filmage [filmaʒ] *n.m.* realizzazione (*f.*) del film; riprese (*f.pl.*).

filmer [filme] *v.tr.* filmare, riprendere.

filmographie [filmɔgʀafi] *n.f.* filmografia.

filmothèque [filmɔtɛk] *n.f.* collezione di microfilm.

filon [filɔ̃] *n.m.* **1** (*miner.*) filone, vena (*f.*) **2** (*fam.*) pacchia (*f.*), cuccagna (*f.*).
● ***exploiter un filon***, sfruttare al massimo una situazione favorevole | ***trouver le bon filon***, trovare il filone d'oro.

filou [filu] *n.m.* (*fam.*) truffatore; imbroglione.

filouter [filute] *v.tr.* (*fam.*) rubare; imbrogliare ♦ *v.intr.* (*fam.*) imbrogliare (spec. al gioco).

fils [fis] *n.m.* figlio.
● ***fils à papa***, figlio di papà | ***fils de famille***, ragazzo di buona famiglia | ***c'est bien le fils de son père***, è tutto suo padre | ***de père en fils***, di padre in figlio.

filtrage [filtʀaʒ] *n.m.* **1** filtraggio (*anche fig.*) **2** (*inform.*) mascheratura (*f.*).

F

filtrant [filtʀɑ̃] *agg.* filtrante.

filtrat [filtʀa] *n.m.* filtrato.

filtre [filtʀ] *n.m.* filtro.
● ***filtre (à café)***, filtro per caffè | (*aut.*) ***filtre à huile***, ***à air***, filtro dell'olio, dell'aria.

filtre-courrier [filtʀkuʀje] *n.m.* (*Internet*) filtro di posta elettronica.

filtrer [filtʀe] *v.tr.* **1** filtrare **2** (*fig.*) setacciare: *filtrer des informations*, vagliare informazioni; *la police filtrait les passants*, la polizia setacciava i passanti ♦ *v.intr.* **1** filtrare **2** (*fig.*) trapelare: *les nouvelles ont fini par filtrer*, alla fine le notizie sono trapelate.

fin[1] [fɛ̃] *n.f.* **1** fine (*anche fig.*); termine (*m.*), finale (*m.*): *sur la fin de l'hiver*, sul finire dell'inverno **2** fine (*m.*), scopo (*m.*): *en arriver à ses fins*, raggiungere lo scopo.
● (*dir.*): ***fin de non-recevoir***, eccezione di inammissibilità; (*fig.*) diniego, rifiuto; ***fins civiles***, richieste della parte civile | ***à cette fin***, ***à ces fins***, a tal fine, a tale scopo | ***à la fin***, dopotutto | ***à la fin des fins***, alla fin fine | ***à toute fin***, in ogni caso, per ogni evenienza | ***à toutes fins utiles***, a ogni buon conto | ***faire une fin***, cambiar vita; (*scherz.*) sposarsi | (*prov.*) ***la fin justifie les moyens***, il fine giustifica i mezzi | ***le mot de la fin***, la battuta finale | ***mener à bonne fin***, condurre a buon fine | ***mettre fin à***, porre fine a | ***prendre fin***, finire | ***sans fin***, senza fine | ***tirer à sa fin***, esaurirsi, finire.
■ CONTR. **1** début, commencement.

fin[2] *agg.* **1** fine, sottile; minuto **2** (*fig.*) fine; acuto, sottile: *une analyse fine du problème*, un'analisi puntuale del problema | *une fine plaisanterie*, uno scherzo spiritoso | *il avait l'air fin!*, sembrava proprio un cretino! **3** fine, fino, di ottima qualità: *un vin fin*, un vino prelibato **4** (*Canada*) carino, grazioso ♦ *n.m.* **1** finezza (*f.*); colmo **2** furbo ♦ *avv.* **1** fine, sottile **2** (*fam.*) completamente, del tutto: *fin plein*, pieno fino all'orlo; *fin prêt*, prontissimo; *fin soûl*, ubriaco fradicio.
● ***fin gourmet***, buongustaio | ***fine mouche***, (*fig.*) volpone; furbetto | (*cuc.*) ***fines herbes***, odori | ***avoir le nez fin***, aver fiuto (*anche fig.*) | ***faire le fin***, fare il furbo | ***jouer au plus fin***, gareggiare in astuzia | ***la fine fleur de la société***, il fior fiore della società | ***le fin du fin serait de***, il colmo della raffinatezza, il non plus ultra sarebbe | ***or fin***, oro fino | ***voilà le fin mot de l'histoire***, ecco come sono andate realmente le cose.

final [final] *agg.* [pl. *-als*, *-aux*] finale.

finale [final] *n.f.* **1** (*di sillaba, parola*) finale **2** (*sport*) finale **3** (*mus.*) (nota) tonica.
● (*sport*) ***quarts***, ***huitièmes de finale***, quarti, ottavi di finale.

finalement [finalmɑ̃] *avv.* alla fine, in conclusione.

finalisation [finalizasjɔ̃] *n.f.* finalizzazione.

F

finaliser [finalize] ***v.tr.*** finalizzare.
finaliste [finalist] ***agg.*** e ***n.m.*** e ***f.*** (*sport*) finalista.
finalité [finalite] ***n.f.*** finalità.
finance [finɑ̃s] ***n.f.*** **1** finanza **2** (*pl.*) finanze.
● ***haute finance***, alta finanza | ***les Finances publiques***, le Finanze pubbliche | ***loi de finances***, legge finanziaria.
financement [finɑ̃smɑ̃] ***n.m.*** finanziamento.
financer [finɑ̃se] ***v.tr.*** [coniug. come *placer*] finanziare ♦ ***v.intr.*** (*scherz.*) pagare.
financier [finɑ̃sje] ***agg.*** [f. *-ère*] finanziario ♦ ***n.m.*** finanziere.
● (*fin.*) ***société financière***, società finanziaria.
financière [finɑ̃sjɛʀ] ***n.f.*** **1** (*cuc.*) (salsa) finanziera **2** Guardia di finanza.
financièrement [finɑ̃sjɛʀmɑ̃] ***avv.*** finanziariamente.
finasser [finase] ***v.intr.*** **1** voler fare il furbo **2** pignoleggiare.
finasserie [finasʀi] ***n.f.*** astuzia, furbizia.
finaud [fino] ***agg.*** e ***n.m.*** furbo.
fine [fin] ***n.f.*** acquavite di prima qualità.
finement [finmɑ̃] ***avv.*** finemente.
finesse [finɛs] ***n.f.*** **1** finezza; delicatezza **2** (*estens.*) finezza, acutezza: *la finesse d'un jugement*, l'acutezza di un giudizio.
● ***finesse d'esprit***, finezza, acutezza d'ingegno | ***user de finesse***, giocare d'astuzia.
finette [finɛt] ***n.f.*** (*stoffa*) finetto (*m.*).
fini [fini] ***agg.*** **1** finito **2** finito, rovinato **3** rifinito: *bien fini*, (ben) rifinito **4** fatto e finito: *un coquin fini*, un mascalzone fatto e finito ♦ ***n.m.*** finitezza (*f.*), rifinitezza (*f.*): *le produit a un très beau fini*, il prodotto è ben rifinito.
finir [finiʀ] ***v.tr.*** e ***intr.*** finire: *il a fini par tout me raconter*, ha finito col raccontarmi tutto.
● ***finir en queue de poisson***, finire in niente | ***en finir***, finirla: *il faut en finir!*, bisogna farla finita!; *il n'en finissait pas de parler*, non la finiva più di parlare; *donner des explications à n'en plus finir*, dare spiegazioni interminabili; *un discous qui n'en finit pas*, (*fam.*) un discorso interminabile.
■ SIN. terminer CONTR. commencer.

NOTA ***Finir par*** traduce l'italiano 'finire con':
SÌ *Son livre finit* **par** *une très belle phrase.*
NO *Son livre finit* **avec** *une très belle phrase.*
Il suo libro finisce con una bellissima frase.

finish [finiʃ] ***n.m.*** (*sport*) scatto, sprint finale.
● ***au finish***, (*fig.*) alla resa dei conti.
finissage [finisaʒ] ***n.m.*** **1** finitura (*f.*), rifinitura (*f.*) **2** (*ind.*) finissaggio.
finissant [finisɑ̃] *p.pres.* di **finir** ♦ ***n.m.*** (*Canada*) studente dell'ultimo anno di un ciclo di studi.
finisseur [finisœʀ] ***n.m.*** [f. *-euse*] **1** (*operaio*) finitore, rifinitore **2** (*sport*) sprinter.
finistérien [finisteʀjɛ̃] ***agg.*** [f. *-enne*] del Finistère.
finition [finisjɔ̃] ***n.f.*** finitura, rifinitura.
finlandais [fɛ̃lɑ̃dɛ] ***agg.*** finlandese ♦ ***n.m.*** (*lingua*) finlandese.
Finlandais ***n.m.*** (*abitante*) finlandese.
finnois [finwa] ***agg.*** finnico.
● (*st.*) ***les Finnois***, i Finni.
finno-ougrien [finɔugʀiɛ̃] ***agg.*** e ***n.m.*** [f. *finno-ougrienne*, pl.m. *finno-ougriens*] ugrofinnico.
fiole [fjɔl] ***n.f.*** **1** fiala, boccetta **2** (*fam.*) faccia.
fion [fjɔ̃] ***n.m.*** (*fam.*) **1** ultima mano (*f.*), tocco finale; ritocco **2** culo **3** (*Svizzera*) battuta (*f.*) di spirito; presa (*f.*) in giro; insulto.
● ***il a du fion!***, (*fig.*) che culo!, che fortuna.
fiord [fjɔʀd] ***n.m.*** → **fjord**.
fioriture [fjɔʀityʀ] ***n.f.*** **1** fioritura, abbellimento (*m.*), ornamento (*m.*) **2** (*mus.*) fioritura.
fioul [fjul] ***n.m.***
● ***fioul domestique***, nafta; gasolio.
firmament [fiʀmamɑ̃] ***n.m.*** firmamento.
firme [fiʀm] ***n.f.*** ditta, azienda.

FAUX AMI
Da non confondere con *firma*, che si traduce *signature* o *nom*.

fis [fi] → **faire**[1].
fisc [fisk] ***n.m.*** fisco.
fiscal [fiskal] ***agg.*** [pl. *-aux*] fiscale, tributario.
● ***charge fiscale***, onere fiscale | ***droit fiscal***, diritto tributario | ***évasion fiscale***, evasione fiscale.
fiscalement [fiskalmɑ̃] ***avv.*** fiscalmente.
fiscalisation [fiskalizasjɔ̃] ***n.f.*** fiscalizzazione.
fiscaliste [fiskalist] ***n.m.*** e ***f.*** fiscalista.
fiscalité [fiskalite] ***n.f.*** fiscalità | *réforme de la fiscalité*, riforma fiscale.
fish-eye [fiʃaj] ***n.m.*** [pl. *fish-eyes*] (*fot.*) occhio di pesce, fish-eye.
fissa [fisa] ***avv.*** (*fam.*) subito, in fretta: *faire fissa*, fare in fretta.
fissible [fisibl] ***agg.*** (*fis.*) fissile.
fission [fisjɔ̃] ***n.f.*** (*fis.*) fissione.
● ***fission nucléaire***, fissione nucleare.
fissure [fisyʀ] ***n.f.*** **1** fessura, crepa, fenditura **2** (*fig.*) incrinatura.
fissurer [fisyʀe] ***v.tr.*** crepare, fendere ♦ **se fissurer** ***v.pron.intr.*** creparsi, fendersi.
fiston [fistɔ̃] ***n.m.*** (*fam.*) figlio, figliolo.
fistule [fistyl] ***n.f.*** (*med.*) fistola.
fitness [fitnɛs] ***n.m.*** fitness (*m.* o *f.*).
Fiv [fiv] ***n.f.*** (*med.*) (*acronimo di* Fécondation in vitro et transfert embryonnaire, *fecondazione in vitro e impianto di embrione*) fecondazione in vitro.
fixage [fiksaʒ] ***n.m.*** **1** (*scient., tecn.*) fissaggio **2** (*Borsa*) fixing.
fixateur [fiksatœʀ] ***agg.*** [f. *-trice*] fissatore, fissativo ♦ ***n.m.*** **1** vaporizzatore per fissativi **2** (*fot.*) (bagno) fissatore.
fixatif [fiksatif] ***n.m.*** fissativo.
fixation [fiksasjɔ̃] ***n.f.*** **1** fissaggio (*m.*) **2** (*di prezzo ecc.*) determinazione **3** (*psic.*) fissazione **4** (*sci*) attacco (*m.*).
● ***crochets de fixation***, ganci di sicurezza.
fixe [fiks] ***agg.*** fisso ♦ ***n.m.*** (minimo) fisso (di stipendio).
● (*meteor.*) ***beau fixe***, bello stabile | ***idée fixe***, idea fissa | ***revenu fixe***, reddito fisso.
fixé [fikse] ***agg.*** **1** fissato (*anche fig.*) **2** (*fam.*) deciso: *il n'est pas fixé*, è indeciso **3** informato: *nous voilà fixés sur son compte*, ora sappiamo tutto su di lui.
fixer [fikse] ***v.tr.*** **1** fissare; fermare **2** stabilire, fissare **3** precisare, chiarire: *je l'ai fixé sur mes intentions*, gli ho precisato le mie intenzioni ♦ **se fixer** ***v.pron.intr.*** **1** fissarsi, fermarsi **2** (*in un luogo*) fissarsi, stabilirsi.
fixette [fiksɛt] ***n.f.*** (*fam.*) (idea) fissa, mania: *faire une fixette sur qqn, qqch*, fissarsi su qlcu, qlco.

fixité [fiksite] *n.f.* 1 fissità 2 (*fig.*) fermezza.
fjord [fjɔʀd] *n.m.* (*geogr.*) fiordo.
flac [flak] *inter.* ciac.
flaccidité [flaksidite] *n.f.* flaccidezza.
flacon [flakɔ̃] *n.m.* 1 flacone, boccetta (*f.*) 2 (*fig.*) forma (*f.*), aspetto esteriore.
fla-fla [flafla] *n.m.invar.* (*fam.*) sfoggio, ostentazione (*f.*).
flagellation [flaʒɛl/ɑsjɔ̃] *n.f.* flagellazione.
flagelle [flaʒɛl] *n.m.* (*biol.*) flagello.
flageller [flaʒele] *v.tr.* flagellare, sferzare (*anche fig.*).
flageoler [flaʒɔle] *v.intr.* vacillare, barcollare; (*di gambe*) tremare.
flageolet[1] [flaʒɔlɛ] *n.m.* (*mus.*) flautino.
flageolet[2] *n.m.* (*bot.*) fagiolo nano.
flagorner [flagɔʀne] *v.tr.* adulare.
flagornerie [flagɔʀnəʀi] *n.f.* adulazione sperticata, piaggeria.
flagorneur [flagɔʀnœʀ] *n.m.* e *agg.* [f. *-euse*] adulatore.
flagrant [flagʀɑ̃] *agg.* flagrante.
● ***en flagrant délit***, in flagrante.
flair [flɛʀ] *n.m.* fiuto (*anche fig.*).
flairer [fleʀe] *v.tr.* 1 fiutare, annusare 2 (*fig.*) fiutare, subodorare.
flamand [flamɑ̃] *agg.* fiammingo ♦ *n.m.* (*lingua*) fiammingo.
Flamand *n.m.* (*abitante*) fiammingo.
flamant [flamɑ̃] *n.m.* (*zool.*) fenicottero.

FAUX AMI
Da non confondere con l'aggettivo *fiammante*, che si traduce *flamboyant, flambant*.

flambage [flɑ̃baʒ] *n.m.* 1 lo strinare 2 (*mecc., edil.*) incurvamento.
flambant [flɑ̃bɑ̃] *agg.* 1 fiammeggiante 2 (*fig.*) fiammante.
● ***flambant neuf***, nuovo fiammante: *des souliers flambant neufs*, scarpe nuove fiammanti.
flambard [flɑ̃baʀ] *n.m.* spaccone.
flambé [flɑ̃be] *agg.* 1 strinato 2 (*cuc.*) alla fiamma, flambé 3 (*fig. fam.*) spacciato.
flambeau [flɑ̃bo] *n.m.* 1 fiaccola (*f.*); torcia (*f.*) 2 candelabro.
● ***marche*** (o ***retraite***) ***aux flambeaux***, fiaccolata.
flambée [flɑ̃be] *n.f.* 1 fiammata, vampata 2 (*fig.*) espolosione.
● (*econ.*) ***la flambée des prix***, l'impennata dei prezzi.
flamber [flɑ̃be] *v.tr.* 1 strinare 2 sterilizzare (alla fiamma) 3 (*fam.*) sperperare, bruciare ♦ *v.intr.* 1 fiammeggiare, ardere, divampare 2 (*econ.*) salire, lievitare 3 (*fig.*) giocare (somme di denaro).
flambeur [flɑ̃bœʀ] *n.m.* [f. *-euse*] (*argot*) giocatore d'azzardo.
flamboiement [flɑ̃bwamɑ̃] *n.m.* il fiammeggiare; sfavillio, scintillio.
flamboyant [flɑ̃bwajɑ̃] *agg.* fiammeggiante, sfavillante (*anche fig.*) ♦ *n.m.* (*bot.*) albero corallo.
● (*st. arte*) ***gothique flamboyant***, gotico fiammeggiante.
flamboyer [flɑ̃bwaje] *v.intr.* [coniug. come *employer*] fiammeggiare, ardere; sfavillare.
flamiche [flamiʃ] *n.f.* (*cuc.*) (*region.*) tortino di porri.
flamingant [flamɛ̃gɑ̃] *agg.* di lingua fiamminga: *la Belgique flamingante*, il Belgio di lingua fiamminga ♦ *n.m.* sostenitore dell'autonomia fiamminga.
flamme [flam] *n.f.* 1 fiamma 2 (*fig.*) ardore (*m.*), passione | *déclarer sa flamme*, dichiarare il proprio amore 3 (*mar. mil.*) gagliardetto (*m.*).
● (*Internet*) ***flamme électronique***, flame | ***en flammes***, in fiamme | ***être tout feu tout flamme***, (*fig.*) essere pieno di entusiasmo | ***jeter***, ***lancer des flammes*** (o ***feu et flammes***), (*fig.*) far fuoco e fiamme.
flammé [flame] *agg.* fiammato.
flammèche [flamɛʃ] *n.f.* favilla, scintilla.
flan[1] [flɑ̃] *n.m.* 1 (*cuc.*) flan 2 tondello (di medaglia) 3 (*tip.*) flan.
● ***en rester comme deux ronds de flan***, (*fig. fam.*) restare di stucco.
flan[2] *n.m.*
● ***à la flan***, (*antiq.*) (fatto) alla carlona | ***c'est du flan!***, (*fam.*) non è vero, sono tutte storie! | ***dire qqch***, ***agir au flan***, (*fam.*) dire qlco, agire a caso.
flanc [flɑ̃] *n.m.* fianco; fiancata (*f.*).
● (*Canada*) ***flanc mou***, pappamolla; lavativo | ***à flanc de***, a fianco di | ***être sur le flanc***, essere sfinito, malato | ***prêter le flanc***, (*fig.*) prestare il fianco | ***tirer au flanc***, (*fam.*) fare lo scansafatiche.
flancher [flɑ̃ʃe] *v.intr.* (*fam.*) mollare, cedere.
flanchet [flɑ̃ʃɛ] *n.m.* (*macelleria*) pancia (*f.*).
flanelle [flanɛl] *n.f.* flanella.
flâner [flɑne] *v.intr.* 1 bighellonare, gironzolare, andare a spasso 2 gingillarsi, perder tempo.
flânerie [flɑnʀi] *n.f.* l'andare a zonzo, a spasso.
flâneur [flɑnœʀ] *n.m.* [f. *-euse*] perdigiorno, girandolone ♦ *agg.* sfaccendato.
flanquer[1] [flɑ̃ke] *v.tr.* 1 fiancheggiare; (*estens.*) accompagnare 2 (*mil.*) fiancheggiare, proteggere.
flanquer[2] *v.tr.* (*fam.*) 1 appioppare, mollare: *flanquer une gifle*, mollare un ceffone 2 mettere; gettare, buttare: *flanquer à la porte, par la fenêtre*, mettere alla porta, gettare dalla finestra ♦ **se flanquer** *v.pron.* buttarsi, gettarsi.
● ***flanquer la frousse***, metter fifa | ***se flanquer par terre***, cadere lungo disteso.
flapi [flapi] *agg.* (*fam.*) spompato, esausto.
flaque [flak] *n.f.* pozza.
● ***flaque*** (***d'eau***), pozzanghera | ***flaque de sang***, pozza di sangue.
flash [flaʃ] *n.m.* [pl. *flashs, flashes*] 1 (*fot.*) lampo, flash 2 (*cine.*) istantanea (*f.*) 3 (*giorn.*) notizia (*f.*) dell'ultima ora.
● ***flash d'information***, flash di agenzia | ***flash publicitaire***, spot pubblicitario | ***avoir un flash***, (*fam.*) avere una folgorazione.
flashage [flaʃaʒ] *n.m.* (*tip.*) pellicolazione (*f.*).
flashant [flaʃɑ̃] *agg.* (*fam.*) straordinario, da sballo.
flasher [flaʃe] *v.intr.* (*fam.*) avere un colpo di fulmine: *elle a flashé sur son prof*, ha perso la testa per il professore | *elle fait flasher tous les garçon*, fa girare la testa a tutti i ragazzi ♦ *v.tr.* (*tip.*) pellicolare.
flasque[1] [flask] *agg.* 1 flaccido, floscio | *des joues flasques*, guance cascanti 2 (*fig.*) molle, fiacco.
flasque[2] *n.f.* fiasca, fiaschetta.
flatter [flate] *v.tr.* 1 lusingare, adulare 2 accarezzare, solleticare (*anche fig.*) 3 (*fig.*) favorire, incoraggiare 4 imbellire, abbellire, donare (a) 5 (*Africa*) ingannare ♦ **se flatter** *v.pron.intr.* 1 illudersi, credere (in), sperare

F

(**in**): *il se flatte de réussir*, è convinto di riuscire **2** vantarsi.
● ***sans me flatter***, non per vantarmi.
flatterie [flatʀi] ***n.f.*** lusinga, adulazione.
flatteur [flatœʀ] ***agg.*** [f. *-euse*] **1** adulatorio; lusinghiero **2** che dona, che abbellisce ♦ ***n.m.*** adulatore.
flatteusement [flatøzmɑ̃] ***avv.*** **1** lusinghevolmente **2** ingannevolmente.
flatulence [flatylɑ̃s] **flatuosité** [flatyozite] ***n.f.*** (*med.*) flatulenza, meteorismo (*m.*).
flaveur [flavœʀ] ***n.f.*** proprietà (*pl.*) organolettiche di un alimento.
F
fléau [fleo] ***n.m.*** [pl. *-eaux*] **1** flagello; calamità (*f.*) **2** (*agr.*) correggiato **3** (*di bilancia*) giogo.
flèche [flɛʃ] ***n.f.*** **1** freccia **2** (*fig.*) frecciata **3** (*tecn.*) freccia; stanga, asta; timone (*m.*): *flèche de la grue*, braccio della gru **4** (*arch.*) guglia, pinnacolo (*m.*); cuspide; (*di volta*) freccia.
● (*aut.*) ***flèche de direction***, freccia di direzione | (*geogr.*) ***flèche littorale***, cordone litorale | ***faire flèche de tout bois***, (*fig.*) tentare ogni mezzo | ***monter en flèche***, salire vertiginosamente (*anche fig.*) | ***partir, courir comme une flèche***, (*fig.*) partire, correre come un razzo.
flécher [fleʃe] ***v.tr.*** [coniug. come *céder*] dotare (una strada) di segnali di direzione.
fléchette [fleʃɛt] ***n.f.*** freccetta, freccina.
fléchir [fleʃiʀ] ***v.tr.*** **1** flettere, curvare; piegare (*anche fig.*) **2** (*fig.*) intenerire, impietosire ♦ ***v.intr.*** **1** piegarsi (*anche fig.*), (in)curvarsi: *il sentait ses jambes fléchir*, si sentiva piegare le gambe **2** (*fig.*) cedere; diminuire.
fléchissement [fleʃismɑ̃] ***n.m.*** piegamento; flessione (*f.*) (*anche fig.*): *le fléchissement d'une poutre*, l'incurvatura, il cedimento di una trave; *le fléchissement de la production*, il calo della produzione.
flegmatique [flɛgmatik] ***agg.*** flemmatico ♦ ***n.m.*** e ***f.*** persona (*f.*) flemmatica.
■ AGG. SIN. imperturbable.
flegmatiquement [flɛgmatikmɑ̃] ***avv.*** flemmaticamente.
flegme [flɛgm] ***n.m.*** flemma (*f.*); calma (*f.*); imperturbabilità (*f.*).
flemmard [flemaʀ] ***agg.*** (*fam.*) pigro, indolente, fannullone ♦ ***n.m.*** (*fam.*) scansafatiche.
flemmarder [flemaʀde] ***v.intr.*** (*fam.*) poltrire.
flemme [flɛm] ***n.f.*** (*fam.*) fiacca; pigrizia.
● ***avoir la flemme de***, non avere voglia di | ***tirer, battre sa flemme***, batter la fiacca.
flétan [fletɑ̃] ***n.m.*** (*zool.*) ippoglosso.
flétrir[1] [fletʀiʀ] ***v.tr.*** **1** far appassire, far avvizzire **2** (*fig.*) far sfiorire ♦ **se flétrir** ***v.pron.intr.*** **1** appassire, avvizzire **2** (*fig.*) sfiorire.
flétrir[2] ***v.tr.*** infamare, macchiare d'infamia.
● ***flétrir la réputation de qqn***, (*fig.*) rovinare la reputazione di qlcu.
flétrissure[1] [fletʀisyʀ] ***n.f.*** appassimento (*m.*), avvizzimento (*m.*).
flétrissure[2] ***n.f.*** (*letter.*) marchio (*m.*) d'infamia (*anche fig.*).
fleur [flœʀ] ***n.f.*** **1** fiore (*m.*) **2** fiore (*m.*), parte migliore, parte scelta **3** (*pl.*) (*enol.*) fioretta (*sing.*).
● ***à fleur de***, a fior di: *avoir des yeux à fleur de tête*, avere gli occhi sporgenti | ***comme une fleur***, senza problemi | ***couvrir qqn de fleurs***, (*fig.*) incensare qlcu | ***être très fleur bleue***, essere incline ai sentimentalismi | ***faire une fleur à qqn***, (*fam.*) fare una gentilezza a qlcu | ***la fine fleur***, il fior fiore: *la fine fleur de la société*, il fior fiore della società.
fleurdelisé [flœʀdəlize] ***agg.*** (*arald.*) gigliato.
fleurer [flœʀe] ***v.tr.*** olezzare, avere odore (**di**): *ça fleure bon la violette*, c'è un buon profumo di violetta.
fleuret [flœʀɛ] ***n.m.*** fioretto.
fleurette [flœʀɛt] ***n.f.*** fiorellino (*m.*).
● ***conter fleurette à qqn***, corteggiare qlcu.
fleuri [flœʀi] ***agg.*** fiorito (*anche fig.*).
● ***teint fleuri***, bel colorito: *avoir le teint fleuri*, essere colorito in volto.
fleurir [flœʀiʀ] ***v.intr.*** [nell'uso fig. fa all'imperf.indic. *je florissais etc.*, al p.pres. *florissant*] fiorire (*anche fig.*): *les primevères ont déjà fleuri*, le primule sono già fiorite ♦ ***v.tr.*** **1** infiorare, ornare con fiori **2** abbellire.
● ***fleurir sa boutonnière***, mettersi un fiore all'occhiello.
fleuriste [flœʀist] ***n.m.*** e ***f.*** fiorista, fioraio/a.
fleuron [flœʀɔ̃] ***n.m.*** **1** (*arch.*) fiorone **2** (*tip.*) fregio **3** (*fig.*) gemma (*f.*), gioiello.
fleuve [flœv] ***n.m.*** fiume (*anche fig.*).
● ***discours-fleuve***, discorso fiume | ***procès-fleuve***, processo fiume.
flexibilité [flɛksibilite] ***n.f.*** flessibilità (*anche fig.*).
flexible [flɛksibl] ***agg.*** flessibile (*anche fig.*).
● (*tecn.*) (***tuyau***) ***flexible***, flessibile.
■ SIN. souple.
flexion [flɛksjɔ̃] ***n.f.*** flessione.
flibustier [flibystje] ***n.m.*** filibustiere (*anche fig.*).
flic [flik] ***n.m.*** (*fam.*) **1** (*poliziotto*) sbirro, piedipiatti **2** vigile (urbano).
flicaille [flikaj] ***n.f.*** (*fam.*) (*polizia*) pula, madama.
flic flac [flikflak] ***onom.*** cic ciac.
flinguer [flɛ̃ge] ***v.tr.*** **1** far fuori, sparare (**a**) **2** (*fig.*) sparare a zero (**su**) ♦ **se flinguer** ***v.pron.*** (*fam.*) spararsi.
flipper[1] [flipe] ***v.intr.*** **1** (*argot*) (*da droga*) essere in crisi di astinenza **2** (*fam.*) essere depresso, giù di giri **3** (*fam.*) essere esaltato, euforico.
flipper[2] [flipœʀ] ***n.m.*** (*gioco*) flipper.
fliquer [flike] ***v.tr.*** **1** (*un luogo da parte della polizia*) pattugliare, piantonare, sovergliare **2** (*personale, internauti ecc.*) sorvegliare, tenere sotto controllo.
fliquette [flikɛt] ***n.f.*** (*fam.*) vigilessa, poliziotta.
flirter [flœʀte] ***v.intr.*** flirtare (*anche fig.*).
floc [flɔk] ***onom.*** plaf, splash.
floche [flɔʃ] ***n.f.*** (*Belgio*) nappa, fiocco (*m.*).
flocon [flɔkɔ̃] ***n.m.*** **1** fiocco **2** fiocco, falda (*f.*): *neiger à gros flocons*, nevicare a larghe falde **3** (*di cereali*) fiocco: *flocons d'avoine*, fiocchi d'avena.
floconneux [flɔkɔnø] ***agg.*** [f. *-euse*] fioccoso.
flopée [flɔpe] ***n.f.*** (*fam.*) sfilza, caterva.
floraison [flɔʀɛzɔ̃] ***n.f.*** fioritura (*anche fig.*).
floral [flɔʀal] ***agg.*** [pl. *-aux*] floreale.
flore [flɔʀ] ***n.f.*** flora.
floréal [flɔʀeal] ***n.m.*** (*st.*) floreale, fiorile (ottavo mese del calendario rivoluzionario, dal 20-21 aprile al 19-20 maggio).
florentin [flɔʀɑ̃tɛ̃] ***agg.*** **1** fiorentino | (*cuc.*) *escalope florentine*, scaloppina con spinaci **2** incline agli intrighi politici.
Florentin ***n.m.*** (*abitante*) fiorentino.
floriculteur [flɔʀikyltœʀ] ***n.m.*** floricoltore.

floriculture [flɔRikyltyR] *n.f.* floricoltura.

florilège [flɔRilɛʒ] *n.m.* florilegio.

florin [flɔRɛ̃] *n.m.* (*moneta*) fiorino.

florissant [flɔRisɑ̃] *agg.* fiorente, florido.

flot [flo] *n.m.* 1 flutto, onda (*f.*) 2 fiotto: *un flot de sang*, un fiotto di sangue 3 flusso, alta marea (*f.*) 4 (*fig.*) (*gran quantità*) fiume, valanga (*f.*); (*di persone*) fiumana (*f.*): *un flot d'injures*, una valanga d'insulti.
● ***à flots***, in mare, a galla; (*fig.*) a fiumi, abbondantemente: *mettre à flot*, mettere in acqua, in mare; *remettre, se remettre à flot*, riportare, risalire a galla | (*mar.*) ***ligne de brisement des flots***, battigia.

flottable [flɔtabl] *agg.* 1 (*di legno*) galleggiabile 2 (*di corso d'acqua*) atto alla fluitazione.

flottage [flɔtaʒ] *n.m.* (*di legname*) fluitazione (*f.*).

flottaison [flɔtɛzɔ̃] *n.f.* galleggiamento (*m.*).

flottant [flɔtɑ̃] *agg.* 1 galleggiante 2 ondeggiante 3 svolazzante, sventolante 4 (*fig.*) incerto, indeciso 5 (*econ., fin.*) fluttuante: *monnaie flottante*, moneta fluttuante ♦ *n.m.* (*abbigl.*) (*da calcio, rugby ecc.*) calzoncini (*pl.*).
● (*med.*) ***rein flottant***, rene mobile.

flotte[1] [flɔt] *n.f.* 1 flotta 2 parco (*m.*) macchine.

flotte[2] *n.f.* (*fam.*) 1 acqua 2 pioggia 3 (*di canna da pesca*) galleggiante (*m.*).

flottement [flɔtmɑ̃] *n.m.* 1 (*movimento ondeggiante*) ondeggiamento 2 sventolio 3 (*fig.*) esitazione (*f.*), incertezza (*f.*) 4 (*econ., fin.*) fluttuazione (*f.*).

flotter [flɔte] *v.intr.* 1 galleggiare; (*del legno*) fluitare 2 (*muoversi in modo ondeggiante*) ondeggiare 3 sventolare, svolazzare 4 (*fig.*) esitare, essere incerto 5 (*di indumenti*) essere largo; (*fam.*) ballare addosso 6 (*fam.*) piovere 7 (*econ., fin.*) fluttuare: *laisser flotter une monnaie*, lasciare fluttuare una moneta.

flotteur [flɔtœR] *n.m.* 1 galleggiante 2 (*da windsurf*) tavola (*f.*).

flottille [flɔtij] *n.f.* flottiglia.

flou [flu] *agg.* 1 sfumato, evanescente 2 (*fot.*) sfocato 3 (*fig.*) vago, incerto 4 (*di capigliatura ecc.*) morbido, vaporoso ♦ *n.m.* 1 evanescenza (*f.*) 2 (*fot.*) sfocamento.
■ *AGG.* SIN. **3** vague CONTR. **2** net.

flouer [flue] *v.tr.* (*fam.*) imbrogliare, gabbare.

flouter [flute] *v.tr.* (*fot., tv*) (*immagine*) sfocare, sfumare.

fluctuant [flyktɥɑ̃] *agg.* fluttuante, instabile.

fluctuation [flyktɥasjɔ̃] *n.f.* fluttuazione (*anche fig.*).

fluctuer [flyktɥe] *v.intr.* fluttuare (*anche fig.*).

fluet [flyɛ] *agg.* [f. *-ette*] esile; gracile: *une voix fluette*, una vocina sottile.

fluide [flyid] *agg.* e *n.m.* fluido (*anche fig.*).

fluidifiant [flyidifjɑ̃] *agg.* e *n.m.* fluidificante.

fluidifier [flyidifje] *v.tr.* 1 fluidificare 2 (*traffico*) smaltire, rendere più scorrevole: *fluidifier la circulation*, rendere più scorrevole il traffico.

fluidité [flyidite] *n.f.* fluidità (*anche fig.*).

fluo [flyo] *agg.* (*fam.*) abbr. di **fluorescent**.

fluor [flyɔR] *n.m.* (*chim.*) fluoro.

fluoré [flyɔRe] *agg.* (*chim.*) fluororato, fluorato.
● ***dentifrice fluoré***, dentifricio al fluoro.

fluorescence [flyɔResɑ̃s] *n.f.* (*fis.*) fluorescenza.

fluorescent [flyɔResɑ̃] *agg.* (*fis.*) fluorescente.

fluorine [flyɔRin] **fluorite** [flyɔRit] *n.f.* (*chim.*) fluorite.

fluorure [flyɔRyR] *n.m.* (*chim.*) fluoruro.

flûte [flyt] *n.f.* 1 flauto (*m.*) 2 (*musicista*) flauto (*m.*), flautista (*m.*) 3 (*di pane*) filoncino (*m.*) 4 flûte (*m.*) (calice alto e stretto da champagne) 5 (*pl.*) (*fam.*) gambe ♦ *inter.* accidenti!

flûté [flyte] *agg.* flautato: *voix flutée*, voce flautata.

flûtiau [flytio] *n.m.* [pl. *-aux*] zufolo.

flûtiste [flytist] *n.m.* flautista.

fluvial [flyvjal] *agg.* [pl. *-aux*] fluviale.

flux [fly] *n.m.* 1 flusso (*anche fig.*) 2 flusso, alta marea (*f.*).

flyer [flajœR] *n.m.* volantino pubblicitario (di una festa, un rave ecc.).

flysurf [flajsœRf] *n.m.* (*sport*) flysurf, kitesurf.

FOB [fɔb] *agg.* e *avv.* (*comm.*) franco (a) bordo, FOB.

foc [fɔk] *n.m.* (*mar.*) fiocco.

focal [fɔkal] *agg.* [pl. *-aux*] focale.

focaliser [fɔkalize] *v.tr.* focalizzare.

fœhn [føn] *n.m.* 1 föhn (vento caldo e secco delle regioni alpine) 2 (*Svizzera*) fon, asciugacapelli.

foëne [fwɛn] *n.f.* fiocina; rampone (*m.*).

fœtal [fetal] *agg.* [pl. *-aux*] fetale.

fœtus [fetys] *n.m.* feto.

foi [fwa] *n.f.* 1 fede 2 fede, fiducia 3 fede, attestazione.
● ***ajouter foi***, prestar fede: *ajouter foi aux paroles de qqn*, prestar fede alle parole di qlcu | ***bonne***, ***mauvaise foi***, buonafede, malafede: *être de bonne*, *de mauvaise foi*, essere in buonafede, in malafede; *en toute bonne foi*, con la massima buonafede | ***le cachet de la poste faisant foi***, fa fede il timbro postale | ***n'avoir ni foi ni loi***, (*fig.*) essere senza religione.
■ SIN. **2** confiance CONTR. doute.

> FAUX AMI
> Da non confondere con *fede* nel senso di *anello nuziale*, che si traduce *alliance*.

foie [fwa] *n.m.* fegato.
● (*cuc.*): ***foie gras***, fegato d'oca; ***foies de volaille***, fegatini di pollo | ***avoir les foies***, (*fam.*) aver fifa.

foin [fwɛ̃] *n.m.* 1 fieno 2 (*di carciofo*) barba (*f.*).
● ***faire du foin***, (*fam.*) far scalpore, scandalo | (*med.*) ***rhume des foins***, raffreddore da fieno.

foire [fwaR] *n.f.* 1 fiera 2 (*fam.*) babele, caos (*m.*).
● (*fam.*) ***faire la foire***, far baldoria.

> NOTA La Domenica delle Palme, da più di mille anni si tiene a Parigi, nel *Bois de Vincennes*, la ***Foire du Trône***, 'Fiera del Trono' o ***Foire aux pains d'épices***, 'Fiera del pan pepato', che è una delle principali fiere di divertimenti della capitale francese.

foirer [fwaRe] *v.intr.* 1 (*di vite spanata*) non far presa 2 (*fig.*) mollare, tirarsi indietro; (*di affare ecc.*) andare a monte.

foireux [fwaRø] *agg.* e *n.m.* [f. *-euse*] (*fam.*) 1 fifone 2 fallito, andato a monte.

fois [fwa] *n.f.* volta: *deux, trois fois plus grand*, due, tre volte tanto, di più; (*mat.*) *deux fois cinq* (*font*) *dix*, due per cinque (fa) dieci.
● ***à la fois***, nello stesso tempo: *deux à la fois*, due per volta | ***cette fois-ci***, stavolta | ***cette fois-là***, quella volta | ***des fois***, (*fam.*) a volte, tante volte | ***si des fois***, ***des fois que***, (*fam.*) se per caso, casomai: *si des fois vous allez le voir*, se per caso andate a trovarlo; *des fois qu'il serait encore chez lui*, casomai fosse ancora in casa | ***une fois***, un tem-

po, una volta: *il était une fois*, c'era una volta | ***une fois (que)***, una volta (che): *une fois (que nous serons) arrivés à Paris*, una volta (che saremo) arrivati a Parigi | ***une fois sur deux***, una volta sì e una (volta) no.

foison, à [afwazɔ̃] *avv.* in abbondanza.

foisonnant [fwazɔnɑ̃] *agg.* abbondante, copioso.

foisonnement [fwazɔnmɑ̃] *n.m.* abbondanza (*f.*).

foisonner [fwazɔne] *v.intr.* 1 abbondare (in), essere ricco (di), pullulare (di) 2 moltiplicarsi.

fol [fɔl] *agg.* → **fou**[1].

folâtre [fɔlɑtʀ] *agg.* pazzerello.

folâtrer [fɔlɑtʀe] *v.intr.* divertirsi spensieratamente, folleggiare.

F

foldingue [fɔldɛ̃g] *agg.* [f. anche *folledingue*] schizzato.

foliacé [fɔljase] *agg.* (*bot.*) fogliaceo.

foliation [fɔljɑsjɔ̃] *n.f.* (*bot., geol.*) fogliazione.

folichon [fɔliʃɔ̃] *agg.* [f. *-onne*] (*fam.*) (*spec. in frasi negative*) divertente: *ce n'est pas très folichon*, non è molto divertente.

folie [fɔli] *n.f.* 1 pazzia, follia: *c'est de la pure folie!*, è una follia! 2 (*psic.*) mania: *folie des grandeurs*, mania di grandezza 3 passione: *avoir la folie des voitures*, avere il pallino delle automobili.
● ***à la folie***, alla follia, pazzamente.

folio [fɔljo] *n.m.* 1 (*di registro, libro ecc.*) foglio (numerato) 2 (*di libro*) numero di pagina.

foliole [fɔljɔl] *n.f.* (*bot.*) fogliolina.

folique [fɔlik] *agg.* (*chim.*) folico | *acide folique*, acido folico.

folkeux [fɔlkø] *agg.* [f. *-euse*] (*fam.*) folcloristico.

folklo [fɔlklo] *agg.invar.* (*fam.*) abbr. di **folklorique**.

folklore [fɔlklɔʀ] *n.m.* folclore, folklore.

folklorique [fɔlklɔʀik] *agg.* 1 folcloristico 2 (*spreg.*) pittoresco, strambo.

folle [fɔl] *agg.* → **fou**[1] ♦ *n.f.* pazza, folle.
● ***la folle du logis***, (*fig.*) l'immaginazione.

follement [fɔlmɑ̃] *avv.* follemente, pazzamente.

follet [fɔlɛ] *agg.* [f. *-ette*] pazzerello.
● ***feu follet***, fuoco fatuo.

follicule [fɔlikyl] *n.m.* (*biol.*) follicolo.

fomentateur [fɔmɑ̃tatœʀ] *n.m.* [f. *-trice*] fomentatore.

fomenter [fɔmɑ̃te] *v.tr.* fomentare.

fomenteur [fɔmɑ̃tœʀ] *n.m.* [f. *-euse*] fomentatore; sobillatore.

foncé [fɔ̃se] *agg.* scuro, cupo.

foncer [fɔ̃se] *v.tr.* [coniug. come *placer*] 1 (*colore*) scurire, caricare 2 (*cuc.*) (*uno stampo di pasta ecc.*) foderare 3 (*pozzo*) scavare 4 (*botte*) fornire di fondo ♦ *v.intr.* 1 scagliarsi, avventarsi: *foncer sur l'ennemi*, scagliarsi sul nemico 2 (*fam.*) filare, andare a forte velocità: *l'auto fonçait sur nous*, l'automobile ci veniva addosso a tutta velocità 3 scurirsi.
● ***foncer dans le brouillard***, (*fam.*) buttarsi alla cieca.

NOTA L'interiezione familiare ***Fonce, Alphonse!***, 'Dai! forza!', viene utilizzata per incoraggiare ad agire.

fonceur [fɔ̃sœʀ] *n.m.* [f. *-euse*] uomo deciso, tipo grintoso.

foncier [fɔ̃sje] *agg.* [f. *-ère*] 1 fondiario 2 (*fig.*) fondamentale, di fondo; innato, naturale.

foncièrement [fɔ̃sjɛʀmɑ̃] *avv.* fondamentalmente, sostanzialmente.

fonction [fɔ̃ksjɔ̃] *n.f.* funzione (*anche mat., relig.*): *se démettre de ses fonctions*, dimettersi da un incarico.
● ***fonction publique***, pubblico impiego | ***de fonction***, di rappresentanza | ***en fonction de***, in funzione di | ***être (en) fonction de***, dipendere da | ***faire fonction de***, fungere da.

fonctionnaire [fɔ̃ksjɔnɛʀ] *n.m.* e *f.* (impiegato/a) statale.
● ***les hauts fonctionnaires***, gli alti dirigenti dello Stato.

fonctionnaliser [fɔ̃ksjɔnalize] *v.tr.* rendere funzionale.

fonctionnalisme [fɔ̃ksjɔnalism] *n.m.* funzionalismo.

fonctionnalité [fɔ̃ksjɔnalite] *n.f.* funzionalità.

fonctionnariser [fɔ̃ksjɔnaʀize] *v.tr.* 1 statalizzare, immettere nei ruoli degli impiegati statali 2 burocratizzare.

fonctionnarisme [fɔ̃ksjɔnaʀism] *n.m.* burocratismo.

fonctionnel [fɔ̃ksjɔnɛl] *agg.* [f. *-elle*] funzionale.

fonctionnellement [fɔ̃ksjɔnɛlmɑ̃] *avv.* in modo funzionale.

fonctionnement [fɔ̃ksjɔnmɑ̃] *n.m.* funzionamento.
● ***en fonctionnement***, in funzione, attivo, acceso | (*inform.*) ***fonctionnement autonome***, funzionamento in locale.

fonctionner [fɔ̃ksjɔne] *v.intr.* 1 funzionare 2 (*Africa*) avere un impiego statale.
■ SIN. **1** marcher.

fond [fɔ̃] *n.m.* 1 fondo (*anche fig.*); profondità (*f.*): *vingt mètres de fond*, venti metri di profondità 2 sfondo 3 (*sport*) fondo: *ski de fond*, sci di fondo; *course de fond*, gara di fondo; *coureur de fond*, fondista.
● (*inform.*) ***fond d'écran***, sfondo del desktop | (*comm.*) ***fond de magasin***, fondi, avanzi di magazzino | (*abbigl.*) ***fond de robe***, fourreau, sottabito | ***fond de teint***, fondo tinta | (*cine.*) ***fond sonore***, sottofondo | ***à fond***, a fondo | ***à fond de train***, a tutta velocità | ***au fond, dans le fond***, in fondo | ***avoir bon fond***, (*fig.*) essere di indole buona | ***de fond en comble***, da cima a fondo | (*mar.*) ***donner fond***, gettare l'ancora | ***envoyer par le fond***, affondare | (*dir.*) ***juger au fond***, giudicare nel merito | ***le fin fond de***, il cuore, il profondo di: *elle vient du fin fond de l'Auvergne*, viene dal cuore dell'Alvernia.

NOTA ***Au fond de*** traduce l'italiano 'in fondo a':
SÌ *Il a laissé son vélo **au fond du** jardin.*
NO *Il a laissé son vélo **au fond au** jardin.*
Ha lasciato la sua bici in fondo al giardino.

fondamental [fɔ̃damɑ̃tal] *agg.* [pl. *-aux*] fondamentale.

fondamentalement [fɔ̃damɑ̃talmɑ̃] *avv.* fondamentalmente.

fondamentaliste [fɔ̃damɑ̃talist] *n.m.* e *f.* e *agg.* fondamentalista.

fondant [fɔ̃dɑ̃] *agg.* 1 fondente 2 (*cuc.*) che si scioglie in bocca, morbido, tenero: *poire fondante*, pera che si scioglie in bocca ♦ *n.m.* (*confetto di zucchero*) fondant.

fondateur [fɔ̃datœʀ] *n.m.* [f. *-trice*] fondatore.

fondation [fɔ̃dasjɔ̃] *n.f.* 1 fondazione 2 (*pl.*) (*edil.*) fondamenta.

fondé [fɔ̃de] *agg.* fondato.
● (*dir.*) ***fondé de pouvoir***, procuratore | ***être fondé à dire***, essere autorizzato a dire.

fondement [fɔ̃dmɑ̃] *n.m.* 1 fondamento, base (*f.*) 2 (*fam.*) sedere, didietro.

● ***sans fondement***, senza fondamento, infondato.

fonder [fɔ̃de] *v.tr.* fondare (*anche fig.*).

fonderie [fɔ̃dʀi] *n.f.* 1 fonderia 2 (*metall.*) lavorazione dei metalli.

fondeur[1] [fɔ̃dœʀ] *n.m.* [f. *-euse*] fonditore.

fondeur[2] *n.m.* [f. *-euse*] (*sport*) fondista.

fondre [fɔ̃dʀ] *v.tr.* [coniug. come *rendre*] 1 fondere 2 sciogliere 3 (*fig.*) fondere, unire ♦ *v.intr.* 1 sciogliersi (*anche fig.*) 2 piombare, abbattersi 3 (*fam.*) dimagrire.
● ***fondre en larmes, en pleurs***, scoppiare, sciogliersi in lacrime | ***l'argent lui fond dans les mains***, (*fig.*) ha le mani bucate.

fondrière [fɔ̃dʀijɛʀ] *n.f.* 1 (*di strada*) buca 2 pantano (*m.*), acquitrino (*m.*).

fonds [fɔ̃] *n.m.* 1 fondo, bene immobile 2 (*econ.*) fondi (*pl.*), capitale: *rentrer dans ses fonds*, rientrare nelle spese.
● (*econ.*) ***Fonds Commun de Placement***, Fondo Comune d'Investimento | ***fonds (de commerce)***, azienda (commerciale) | (*econ.*): ***fonds de pensions***, fondi pensione; ***fonds publics***, titoli pubblici; ***fonds de roulement***, capitale d'esercizio | ***fonds (de terre)***, podere | (*econ.*) ***mise de fonds***, apporto finanziario.

fondu [fɔ̃dy] *p.p.* di **fondre** ♦ *agg.* 1 fuso 2 sciolto, dissolto ♦ *n.m.* 1 (*pitt.*) (colore) sfumato 2 (*cine.*) dissolvenza (*f.*).

fondue [fɔ̃dy] *n.f.* (*cuc.*) fonduta.
● ***fondue bourguignonne***, fondue bourguignonne (piatto a base di carne cotta in olio bollente e condita con salse varie) | ***fondue savoyarde***, fondue (piatto a base di formaggio fuso).

fongible [fɔ̃ʒibl] *agg.* (*dir.*) fungibile.

fongicide [fɔ̃ʒisid] *agg.* e *n.m.* fungicida, antimicotico.

fongique [fɔ̃ʒik] *agg.* fungino.

font [fɔ̃] → **faire**[1].

fontaine [fɔ̃tɛn] *n.f.* fontana, fonte.

fontanelle [fɔ̃tanɛl] *n.f.* (*anat.*) fontanella.

fonte[1] [fɔ̃t] *n.f.* 1 (*metall.*) ghisa 2 (*metall.*) fusione 3 (*di neve ecc.*) scioglimento (*m.*).

FAUX AMI
Da non confondere con *fonte*, che si traduce *source*.

fonte[2] *n.f.* (*di armi*) fondina.

fontine [fɔ̃tin] *n.f.* (*cuc.*) fontina.

fonts [fɔ̃] *n.m.pl.*
● ***fonts baptismaux***, fonte battesimale: *tenir un enfant sur les fonts baptismaux*, tenere un bambino a battesimo.

foot [fut] *n.m.* (*fam.*) abbr. di **football**.

football [futbol] *n.m.* (*sport*) (gioco del) calcio.

footballeur [futbolœʀ] *n.m.* [f. *-euse*] (*sport*) calciatore.

footeux [futø] *agg.* e *n.m.* [f. *-euse*] appassionato, tifoso di calcio.

footing [futiŋ] *n.m.* footing.

for [fɔʀ] *n.m.* (*dir., eccl.*) foro.
● ***en son for intérieur***, (*fig.*) nel proprio intimo.

forage [fɔʀaʒ] *n.m.* 1 (*miner.*) trivellazione (*f.*), perforazione (*f.*); sondaggio 2 (*med.*) perforazione (*f.*).

forain [fɔʀɛ̃] *agg.* di fiera ♦ *n.m.* 1 venditore ambulante; fieraiolo 2 giostraio.
● ***baraque foraine***, baraccone da fiera | ***fête foraine***, fiera di paese, sagra | ***marchand forain***, venditore ambulante; fieraiolo.

forban [fɔʀbɑ̃] *n.m.* 1 (*st.*) pirata 2 (*fig.*) filibustiere, furfante.

forçage [fɔʀsaʒ] *n.m.* (*agr.*) forzatura (*f.*).

forçat [fɔʀsa] *n.m.* 1 forzato, galeotto 2 (*Antille*) lunga catenella (*f.*), collana (*f.*).

force [fɔʀs] *n.f.* 1 forza: *avoir de la force*, essere molto forte; *reprendre ses forces*, rimettersi in forze; *ce qui fait sa force c'est*, il suo punto forte è; *il est d'une belle force au tennis*, è forte a tennis 2 vigore (*m.*), pienezza: *dans la force de l'âge*, nel pieno vigore dell'età; *dans toute la force du terme*, nel vero senso della parola 3 resistenza; solidità: *la force d'un mur*, la resistenza di un muro 4 (*mil., pol.*) forza ♦ *avv.* in gran quantità: *il me fit force compliments*, mi fece un'infinità di complimenti.
● ***force est de***, bisogna | ***à force***, dai e dai, alla fin fine | ***à force de***, a forza di, a furia di | ***à la force du poignet***, a forza di braccia; (*fig.*) contando solo sulle proprie forze | ***à toute force***, a ogni costo | ***coup de force***, azione di forza | ***de force***, con la forza, per forza | ***de première force***, di prim'ordine: *un athlète de première force*, un atleta di prim'ordine | ***de toutes ses forces***, con tutte le (sue) forze; (*fig.*) con tutto se stesso | ***en force***, in forze: *attaquer en force*, attaccare in forze | ***être de force à***, essere in grado di | (*mar.*) ***faire force de rames, de voiles***, forzare di remi, di vele | ***par force***, con la forza | ***tour de force***, tour de force, grande faticata: *ça a été un (véritable) tour de force!*, è stata una bella tirata, fatica!
■ N.F. SIN. 2 vigueur CONTR. 1 faiblesse.

forcé [fɔʀse] *agg.* 1 forzato 2 costretto, obbligato 3 (*econ.*) forzoso 4 (*dir.*) coatto.
● ***atterrissage forcé***, atterraggio d'emergenza | ***c'est forcé***, (*fam.*) per forza, è inevitabile, è scontato | (*dir.*) ***résidence forcée***, domicilio coatto.

forcement [fɔʀsəmɑ̃] *n.m.* forzatura (*f.*).

forcément [fɔʀsemɑ̃] *avv.* per forza, necessariamente.

forcené [fɔʀsəne] *agg.* 1 forsennato: *activité forcenée*, attività frenetica 2 accanito ♦ *n.m.* forsennato.

forceps [fɔʀsɛps] *n.m.* (*med.*) forcipe.

forcer [fɔʀse] *v.tr.* [coniug. come *placer*] 1 forzare (*anche fig.*): *forcer la porte de qqn*, introdursi con la forza in casa di qlcu 2 costringere, obbligare 3 (*mil.*) espugnare ♦ *v.intr.* forzare ♦ **se forcer** *v.pron.* sforzarsi.
● ***forcer l'admiration de tout le monde***, imporsi all'ammirazione di tutti | ***forcer la dose***, esagerare la dose; (*fig.*) caricare la dose | ***forcer le pas***, accelerare il passo.

forcing [fɔʀsiŋ] *n.m.* 1 (*sport*) forcing 2 (*estens.*) attività (*f.*) frenetica; azione (*f.*) di forza.
● ***faire du forcing***, (*fig.*) darci dentro.

forcir [fɔʀsiʀ] *v.intr.* (*fam.*) 1 irrobustirsi 2 ingrassare.

forclos [fɔʀklo] *agg.* (*dir.*) precluso.

forclusion [fɔʀklyzjɔ̃] *n.f.* (*dir.*) preclusione.

forer [fɔʀe] *v.tr.* 1 forare, perforare 2 (*ind. miner.*) trivellare.

foresterie [fɔʀɛstəʀi] *n.f.* 1 forestazione 2 industria forestale.

FAUX AMI
Da non confondere con *foresteria*, che si traduce *hôtellerie*.

forestier [fɔʀɛstje] *agg.* [f. *-ère*] 1 forestale: *garde forestier*, guardia forestale 2 boscoso, boschivo ♦ *n.m.* guardia (*f.*) forestale, guardaboschi.
● (*cuc.*) ***à la forestière***, con funghi.

FAUX AMI
Da non confondere con *forestiero*, che si traduce *étranger*.

F

foret [fɔʀɛ] *n.m.* 1 succhiello 2 (*di trapano*) punta (*f.*); (*di perforatrice*) fioretto.

forêt [fɔʀɛ] *n.f.* 1 foresta 2 (*fig.*) selva.

foreuse [fɔʀøz] *n.f.* 1 trapano (*m.*) 2 (*miner.*) trivella, sonda; (*per rocce*) perforatrice.

forfaire [fɔʀfɛʀ] *v.intr.* [coniug. come *faire*, ma è raro salvo all'inf., all'indic.pres.sing. e ai tempi composti] (*letter.*) mancare, venir meno.

forfait[1] [fɔʀfɛ] *p.p.* di **forfaire** ♦ *n.m.* misfatto.

forfait[2] *n.m.* (*sport*) penalità (*f.*).
● ***déclarer forfait***, dichiarare forfait, ritirarsi (*anche estens.*).

F

forfait[3] *n.m.* (*comm.*) forfait.
● (*sport*) ***forfait de ski***, skipass | ***à forfait***, forfettario, in blocco: *prix à forfait*, prezzo forfettario, in blocco.

forfaitaire [fɔʀfɛtɛʀ] *agg.* (*comm.*) forfettario.

forfaiture [fɔʀfetyʀ] *n.f.* (*dir.*) interesse (*m.*) privato in atti d'ufficio.

forge [fɔʀʒ] *n.f.* 1 fucina 2 ferriera.
● ***souffler comme une forge***, soffiare come un mantice.

forger [fɔʀʒe] *v.tr.* [coniug. come *manger*] 1 fucinare, forgiare 2 (*fig.*) foggiare, plasmare 3 (*fig.*) inventare, creare.

forgeron [fɔʀʒəʀɔ̃] *n.m.* fabbro.

forjeter [fɔʀʒəte] *v.tr.* [coniug. come *jeter*] costruire in aggetto ♦ *v.intr.* (*arch.*) aggettare.

formage [fɔʀmaʒ] *n.m.* (*tecn.*) sagomatura (*f.*), modellatura (*f.*).

formaldéhyde [fɔʀmaldeid] *n.f.* (*chim.*) formaldeide.

formaline [fɔʀmalin] *n.f.* (*chim.*) formalina.

formalisation [fɔʀmalizɑsjɔ̃] *n.f.* formalizzazione.

formaliser [fɔʀmalize] *v.tr.* formalizzare ♦ **se formaliser** *v.pron.intr.* formalizzarsi.

formalisme [fɔʀmalism] *n.m.* formalismo.

formaliste [fɔʀmalist] *agg.* e *n.m.* e *f.* formalista.

formalité [fɔʀmalite] *n.f.* formalità.

format [fɔʀma] *n.m.* formato.
■ SIN. dimension.

formatage [fɔʀmataʒ] *n.m.* (*inform.*) formattazione (*f.*).

formater [fɔʀmate] *v.tr.* (*inform.*) formattare.

formateur [fɔʀmatœʀ] *agg.* [f. *-trice*] formativo ♦ *n.m.* educatore, formatore.

formatif [fɔʀmatif] *agg.* [f. *-ive*] formativo.

formation [fɔʀmasjɔ̃] *n.f.* 1 formazione 2 formazione, educazione 3 (*mil., sport ecc.*) formazione, schieramento: *les formations politiques*, gli schieramenti politici.
● ***formation continue***, formazione permanente | ***formation en ligne***, e-learning, formazione a distanza | ***formation professionnelle***, formazione professionale | ***âge de la formation***, età dello sviluppo.

forme [fɔʀm] *n.f.* 1 forma 2 forma, condizione (fisica): *ne pas avoir la forme*, non essere in forma.
● ***centre de mise en forme***, centro per la cura e la salute del corpo | ***dans les formes***, secondo le regole | ***de pure forme***, pro forma: *l'invitation est de pure forme*, è solo un invito pro forma | (*dir.*) ***en bonne et due forme***, nella debita forma, con le dovute forme | ***en forme de***, a, in forma di | ***en (pleine) forme***, in (piena) forma: *être en (pleine) forme*, essere in (piena) forma | ***mettre les formes***, (*fam.*) usare tatto: *il y a mis les formes*, lo ha fatto con le dovute forme | ***par forme de***, a titolo di: *par forme d'avertissement*, a titolo di avvertimento | ***pour la forme***, per pura formalità, pro forma | (*dir.*) ***pour vice de forme***, per vizio di forma | ***sous forme***, sotto forma: *sous la forme de*, sotto forma di, nelle sembianze di; *sous une forme bénigne*, in forma benigna.

formé [fɔʀme] *agg.* 1 formato: *un fuit formé*, un frutto maturo; *une phrase bien formée*, (*fig.*) una frase ben fatta, ben costruita 2 sviluppato: *jeune fille formée*, ragazza (che si è) sviluppata.

formel [fɔʀmɛl] *agg.* [f. *-elle*] 1 formale 2 (*di persona*) categorico, deciso.

formellement [fɔʀmɛlmɑ̃] *avv.* 1 formalmente 2 tassativamente, assolutamente.

former [fɔʀme] *v.tr.* 1 formare, dare forma (**a**), costituire: *former un gouverment*, fare, comporre un governo 2 concepire: *former un projet*, concepire un progetto ♦ **se former** *v.pron.intr.* 1 formarsi 2 disporsi, mettersi.
● ***former des vœux pour***, formulare auguri per.

formidable [fɔʀmidabl] *agg.* 1 formidabile; enorme 2 (*fam.*) straordinario, fantastico.

formidablement [fɔʀmidabləmɑ̃] *avv.* straordinariamente, terribilmente.

formid(e) [fɔʀmid] *agg.* (*fam.*) abbr. di **formidable**.

formique [fɔʀmik] *agg.* (*chim.*) formico.

formulable [fɔʀmylabl] *agg.* formulabile.

formulaire [fɔʀmylɛʀ] *n.m.* 1 modulo, questionario 2 formulario.
● (*Internet*) ***formulaire interactif***, modulo interattivo.

formulation [fɔʀmylɑsjɔ̃] *n.f.* formulazione.
● (*Internet*) ***formulation de la question de recherche***, interrogazione, query.

formule [fɔʀmyl] *n.f.* 1 formula: *formule de paiement*, forma, modalità di pagamento 2 modulo (*m.*).

formuler [fɔʀmyle] *v.tr.* 1 esprimere; formulare; enunciare: *formuler une objection*, sollevare, muovere un'obiezione 2 stendere, redigere, stilare (secondo una formula).

fornication [fɔʀnikɑsjɔ̃] *n.f.* fornicazione.

forniquer [fɔʀnike] *v.intr.* fornicare.

fors [fɔʀ] *prep.* (*letter.*) fuorché, tranne.

forsythia [fɔʀsisja] *n.m.* (*bot.*) forsizia (*f.*).

fort[1] [fɔʀ] *agg.* 1 forte (*anche fig.*): *il est encore fort pour son âge*, è ancora vigoroso per la sua età; *une forte femme*, una donna decisa 2 robusto, grosso: *une femme forte*, una donna robusta; *un cou très fort*, un collo taurino; *un nez un peu fort*, un naso pronunciato 3 (*grande*) forte, abbondante, ingente: *une forte différence*, una grande differenza; *une forte somme*, una grossa somma; *avoir une forte envie de*, avere una gran voglia di; *une forte impression*, una grande, profonda impressione 4 forte, resistente, tenace (*anche fig.*): *du papier fort*, carta resistente; *une forte constitution*, una robusta costituzione | *une forte tête*, un carattere irriducibile 5 forte, bravo, ferrato, abile: *fort en maths*, bravo in matematica; *il est très fort sur l'histoire de la Révolution*, è molto ferrato nella storia della Rivoluzione 6 forte, esagerato: *elle est forte celle-là!*, questa è proprio grossa! 7 (*mus.*) forte: *temps fort*, tempo forte | (*estens.*) *les temps forts de d'actualité*, i fatti di cronaca salienti.
● ***ça c'est un peu fort!***, questa poi! | ***ce n'est pas très fort***, (*fam.*) non è da furbi: *ce n'est pas très fort d'avoir fait ça!*, non è da furbi averlo fatto! | ***c'est trop fort!***, è il colmo! | ***le plus fort c'est que***, il più bello è che | ***se faire fort de***, vantarsi di; essere certo di | (*dir.*) ***se porter fort pour qqn***, farsi garante per qlcu | ***ville forte***, città fortificata.

fort[2] *avv.* 1 forte 2 molto, assai: *c'est une fort belle écharpe*, è una gran bella sciarpa.
● ***y aller fort***, (*fam.*) esagerare.

fort[3] *n.m.* forte.
● ***au fort de***, nel cuore di, nel colmo di: *au plus fort de l'été*, nel pieno dell'estate | ***les forts des Halles***, (*fam.*) i facchini delle Halles.

forte [fɔʀte] *avv.* e *n.m.* (*mus.*) forte.

fortement [fɔʀtəmɑ̃] *avv.* 1 fortemente 2 (*estens.*) molto.

forteresse [fɔʀtəʀɛs] *n.f.* 1 (*mil.*) fortezza 2 (*fig.*) fortezza, roccaforte.

fortifiant [fɔʀtifjɑ̃] *agg.* corroborante, fortificante; ricostituente: *boisson fortifiante*, bevanda corroborante ♦ *n.m.* ricostituente.

fortification [fɔʀtifikɑsjɔ̃] *n.f.* (*mil.*) fortificazione: *les fortifications d'une ville*, i bastioni di una città.
■ SIN. rempart.

fortifier [fɔʀtifje] *v.tr.* fortificare ♦ **se fortifier** *v.pron. intr.* fortificarsi.

fortin [fɔʀtɛ̃] *n.m.* (*mil.*) fortino.

fortuit [fɔʀtɥi] *agg.* fortuito.

fortuitement [fɔʀtɥitmɑ̃] *avv.* fortuitamente.

fortune [fɔʀtyn] *n.f.* 1 fortuna; sorte 2 fortuna, ricchezze (*pl.*), patrimonio (*m.*).
● ***manger à la fortune du pot***, mangiare quel che c'è | ***moyens de fortune***, mezzi di fortuna.

fortuné [fɔʀtyne] *agg.* ricco, agiato, danaroso.

FAUX AMI
Da non confondere con *fortunato*, che si traduce *chanceux*.

forum [fɔʀɔm] *n.m.* 1 (*st.*) foro 2 (*fig.*) tavola (*f.*) rotonda; simposio.
● (*Internet*) ***forum de discussion***, gruppo di discussione, newsgroup.

fosse [fos] *n.f.* fossa.
● (*teatr.*) ***fosse d'orchestre***, buca dell'orchestra | ***fosse septique***, fossa biologica | (*anat.*) ***fosses nasales***, fosse nasali.

fossé [fose] *n.m.* 1 fosso, fossato 2 (*fig.*) abisso.
● (*geol.*) ***fossé tectonique***, fossa tettonica.

fossette [fosɛt] *n.f.* fossetta.

fossile [fo(ɔ)sil] *agg.* 1 fossile 2 (*scherz.*) antiquato, superato ♦ *n.m.* fossile (*anche scherz.*).

fossilisation [fo(ɔ)silizɑsjɔ̃] *n.f.* fossilizzazione.

fossiliser [fo(ɔ)silize] *v.tr.* fossilizzare ♦ **se fossiliser** *v.pron.intr.* fossilizzarsi.

fossoyeur [fo(ɔ)swajœʀ] *n.m.* [f. *-euse*] 1 becchino, beccamorti 2 (*fig.*) affossatore.

fou[1] [fu] *agg.* [davanti a vocale o *h* muta *fol*, f. *folle*] 1 pazzo, matto, folle: *devenir fou*, impazzire; *rendre fou*, far impazzire; *un camion fou*, un camion impazzito (senza controllo) 2 (*fam.*) pazzesco, incredibile, enorme: *un succès fou*, un successo strepitoso; *j'y ai mis un temps fou*, ci ho messo un'eternità; *dépenser un argent fou*, spendere da pazzi ♦ *n.m.* matto, pazzo, folle.
● ***fou à lier***, matto da legare | (*Canada*) ***fou comme un balai***, allegrone, esuberante | ***fou rire***, ridarella, risata irrefrenabile e contagiosa | ***à demi fou***, mezzo matto | ***asile de fous***, manicomio | ***avoir un mal fou à***, dannarsi l'anima per: *j'ai eu un mal fou à me faire comprendre*, è stata una faticaccia farmi capire | ***c'est fou!***, cose da pazzi!, pazzesco | ***comme un fou***, da matti | ***être fou de qqn, de qqch***, essere pazzo di qlcu, andar matto per qlco | ***histoire de fous***, (*fam.*) storiella sui matti; (*estens.*) storia pazzesca | ***il n'est pas fou***, (*fam.*) non è mica stupido | ***maison de fous***, gabbia di matti: *c'est une maison de fous!*, è una gabbia di matti! | ***un monde fou***, un sacco di gente.

fou[2] *n.m.* 1 buffone, giullare 2 (*negli scacchi*) alfiere.

foudre[1] [fudʀ] *n.f.* 1 fulmine (*m.*), folgore 2 (*pl.*) (*fig.*) rimproveri (*m.*).
● ***coup de foudre***, (*fig.*) colpo di fulmine.

foudre[2] *n.m.* (*mit.*) (*di Giove*) saetta (*f.*).
● ***foudre de guerre***, gran condottiero | ***foudre d'éloquence***, grande oratore.

foudre[3] *n.m.* grosso barile (da 50 a 300 ettolitri).

foudroiement [fudʀwamɑ̃] *n.m.* folgorazione (*f.*).

foudroyant [fudʀwajɑ̃] *agg.* 1 fulminante, folgorante 2 fulmineo.

foudroyer [fudʀwaje] *v.tr.* [coniug. come *employer*] fulminare, folgorare (*anche fig.*): *être foudroyé*, essere colpito dal fulmine.

fouet [fwɛ] *n.m.* 1 frusta (*f.*) 2 (*cuc.*) frusta (*f.*), frullino.
● ***coup de fouet***, frustata; (*fig.*) sferzata | ***de plein fouet***, in pieno, direttamente.

fouettard [fwɛtaʀ] *agg.*
● ***père fouettard***, castigamatti.

fouetté [fwete] *agg.* (*cuc.*) sbattuto.
● ***crème fouettée***, panna montata.

fouetter [fwete] *v.tr.* 1 frustare: *fouetter jusqu'au sang*, frustare a sangue 2 sferzare 3 stimolare 4 (*cuc.*) sbattere, frullare.

foufou [fufu] *agg.* [f. *fofolle*] (*fam.*) svitato, picchiato.

foufoune [fufun] *n.f.* (*fam.*) fica.

fougasse [fugas] *n.f.* focaccia.

fougère [fuʒɛʀ] *n.f.* (*bot.*) felce.

fougue [fug] *n.f.* foga; impeto (*m.*).

fougueusement [fugøzmɑ̃] *avv.* impetuosamente, focosamente.

fougueux [fugø] *agg.* [f. *-euse*] impetuoso, focoso.

fouille [fuj] *n.f.* 1 (*spec. pl.*) scavo (*m.*) 2 ispezione; perquisizione 3 (*argot*) tasca.

fouiller [fuje] *v.tr.* 1 scavare; compiere scavi archeologici (in) 2 frugare; ispezionare; perquisire: *la police a fouillé tout le quartier*, la polizia ha perlustrato tutto il quartiere 3 (*fig.*) sviscerare: *une étude très fouillée*, uno studio molto approfondito ♦ *v.intr.* frugare, rovistare ♦ **se fouiller** *v.pron.* frugarsi (in tasca) | *tu peux te fouiller!*, (*fam.*) aspetta e spera!; scordatelo!

fouillis [fuji] *n.m.* 1 disordine 2 accozzaglia (*f.*).
■ SIN. 1 désordre.

fouine [fwin] *n.f.* 1 (*zool.*) faina 2 (*fig.*) ficcanaso (*m.*).

fouiner [fwine] *v.intr.* (*fam.*) frugare, rovistare; ficcare il naso, curiosare.

fouineur [fwinœʀ] *n.m.* 1 [f. *-euse*] ficcanaso 2 (*Internet*) hacker 3 (*Internet*) browser ♦ *agg.* curioso, indiscreto.

fouir [fwiʀ] *v.tr.* (*spec. di animale*) scavare.

fouisseur [fwisœʀ] *agg.* e *n.m.* [f. *-euse*] (*zool.*) (animale) scavatore.

foulage [fulaʒ] *n.m.* 1 (*di uva*) pigiatura (*f.*) 2 (*di tessuti ecc.*) follatura (*f.*) 3 (*tip.*) pressione (*f.*).

foulant [fulɑ̃] *agg.* (*fam.*) faticoso.
● (*tecn.*) ***pompe foulante***, pompa premente.

foulard [fulaʀ] ***n.m.*** foulard, fazzoletto da collo.

foule [ful] ***n.f.*** **1** folla (*anche fig.*): *il y avait foule*, c'era molta gente; *une foule d'amis*, una moltitudine di amici; *une foule d'idées*, una ridda di idee **2** massa, volgo (*m.*).
● ***foule éclair***, folla lampo (raduno improvviso di persone, per lo più sconosciute tra loro, che si sono date appuntamento via Internet) | ***en foule***, in massa.
■ **SIN. 1** multitude.

foulée [fule] ***n.f.*** **1** (*sport*) falcata **2** traccia, pesta.
● ***dans la foulée***, (*fig.*) sullo slancio.

fouler [fule] ***v.tr.*** **1** calpestare **2** (*uva*) pigiare **3** (*tessuti ecc.*) follare ♦ **se fouler** ***v.pron.*** slogarsi, storcersi.
● ***fouler aux pieds***, calpestare (*anche fig.*) | ***ne pas se fouler***, (*fam.*) prendersela comoda.

F

foulon [fulɔ̃] ***n.m.*** **1** (*ind. tess.*) follatore, sodatore **2** (*tecn.*) follone, follatrice (*f.*).

foulque [fulk] ***n.f.*** (*zool.*) folaga.

foulure [fulyʀ] ***n.f.*** storta, slogatura.
■ **SIN.** entorse.

four [fuʀ] ***n.m.*** **1** forno **2** fornace (*f.*) **3** (*fig.*) fiasco: *faire un four*, fare fiasco.
● ***four a micro-ondes***, (forno a) microonde | ***il fait noir comme dans un four!***, c'è buio pesto!

fourbe [fuʀb] ***agg.*** e ***n.m.*** e ***f.*** subdolo/a, falso/a.

FAUX AMI
Da non confondere con *furbo*, che si traduce *rusé, malin, malicieux*.

fourberie [fuʀbəʀi] ***n.f.*** **1** falsità, doppiezza **2** impostura, raggiro (*m.*).

fourbi [fuʀbi] ***n.m.*** (*fam.*) **1** aggeggio, coso **2** cose (*f.pl.*), armamentario **3** (*mil.*) equipaggiamento **4** caos, baraonda (*f.*).

fourbir [fuʀbiʀ] ***v.tr.*** forbire (*anche fig.*).
● ***fourbir ses armes***, affilare le proprie armi (*anche fig.*).

fourbu [fuʀby] ***agg.*** sfinito, stremato.

fourche [fuʀʃ] ***n.f.*** **1** (*agr.*) forca, forcone (*m.*), tridente (*m.*) **2** forcella: *fourche de bicyclette*, forcella della bicicletta **3** biforcazione, bivio (*m.*): *à la fourche du sentier*, alla biforcazione del sentiero **4** (*Belgio, Rep. Dem. del Congo*) (*a scuola*) ora buca.

fourcher [fuʀʃe] ***v.intr.*** biforcare, biforcarsi.
● ***la langue m'a fourché***, (*fam.*) è stato un lapsus.

fourchette [fuʀʃɛt] ***n.f.*** **1** forchetta **2** (*econ., stat.*) forbice.
● ***fourchette à dessert***, forchetta da dolce | ***avoir un bon coup de fourchette***, essere una buona forchetta.

fourchu [fuʀʃy] ***agg.*** forcuto, biforcuto.
● ***cheveux fourchus***, capelli con doppie punte.

fourgon[1] [fuʀgɔ̃] ***n.m.*** furgone.
● (*ferr.*): ***fourgon*** (***à bagages***), bagagliaio; ***fourgon à bestiaux***, carro bestiame | ***fourgon mortuaire***, carro funebre | (*ferr.*) ***fourgon postal***, vagone postale.

fourgon[2] ***n.m.*** attizzatoio.

fourgonner [fuʀgɔne] ***v.intr.*** **1** attizzare **2** (*fam.*) rovistare (**qlco**), frugare.

fourgonnette [fuʀgɔnɛt] ***n.f.*** furgoncino (*m.*).

fourgon-pompe [fuʀgɔ̃pɔ̃p] ***n.m.*** [pl. *fourgons -pompes*] autopompa (*f.*).

fourguer [fuʀge] ***v.tr.*** (*fam.*) rifilare, vendere.

fourme [fuʀm] ***n.f.*** fourme (formaggio vaccino della Francia centrale).

fourmi [fuʀmi] ***n.f.*** **1** formica **2** (*fam.*) piccolo spacciatore (*m.*).
● ***avoir des fourmis dans les jambes***, (*fam.*) avere le gambe che formicolano; (*fig.*) aver voglia di muoversi.

fourmilier [fuʀmilje] ***n.m.*** (*zool.*) formichiere.

fourmilière [fuʀmiljɛʀ] ***n.f.*** formicaio (*m.*) (*anche fig.*).

fourmilion, fourmi-lion [fuʀmiljɔ̃] ***n.m.*** [pl. *fourmis-lions*] (*zool.*) formicaleone.

fourmillement [fuʀmijmɑ̃] ***n.m.*** formicolio.

fourmiller [fuʀmije] ***v.intr.*** formicolare.

fournaise [fuʀnɛz] ***n.f.*** **1** fornace **2** forno (*m.*) (*anche fig.*) **3** (*Canada*) stufa; caldaia.

fourneau [fuʀno] ***n.m.*** [pl. *-eaux*] **1** fornello **2** forno.

fournée [fuʀne] ***n.f.*** infornata (*anche fig.*).

fourni [fuʀni] ***agg.*** **1** fornito, provvisto **2** folto, spesso.

fournil [fuʀni] ***n.m.*** forno (per fare il pane).

fourniment [fuʀnimɑ̃] ***n.m.*** (*mil.*) equipaggiamento.

fournir [fuʀniʀ] ***v.tr.*** **1** fornire, rifornire (**di**) **2** dare, procurare: *fournir des renseignements*, dare informazioni **3** compiere, fare: *fournir un gros effort*, compiere un grande sforzo ♦ ***v.intr.*** provvedere ♦ **se fournir** ***v.pron.*** fornirsi, rifornirsi.
● ***fournir à trèfle***, (*alle carte*) rispondere a fiori.

fournisseur [fuʀnisœʀ] ***n.m.*** [f. *-euse*] fornitore.
● (*Internet*): ***fournisseur d'accès Internet***, fornitore servizi Internet; ***fournisseur de contenu***, provider d'informazioni, information provider, IP.

fourniture [fuʀnityʀ] ***n.f.*** **1** fornitura **2** (*pl.*) forniture, articoli (*m.*): *fournitures de bureau*, articoli per ufficio **3** (*cuc.*) odori (*m.pl.*), spezie (*pl.*).

fourrage [fuʀaʒ] ***n.m.*** foraggio.

fourrager[1] [fuʀaʒe] ***v.intr.*** [coniug. come *manger*] (*fam.*) rovistare (**qlco**), frugare.

fourrager[2] ***agg.*** [f. *-ère*] foraggero.

fourragère [fuʀaʒɛʀ] ***n.f.*** (*mil.*) cordellina.

fourre [fuʀ] ***n.f.*** (*Svizzera*) **1** astuccio (*m.*); fodera, custodia **2** (*di disco, quaderno*) copertina.

fourré[1] [fuʀe] ***n.m.*** (*di bosco*) folto; macchia (*f.*), boscaglia (*f.*).

fourré[2] ***agg.*** **1** foderato di pelliccia **2** ripieno, farcito: *bonbon fourré*, caramella ripiena.
● (*scherma*) ***coup fourré***, colpo scambievole; (*fig.*) tiro mancino.

fourreau [fuʀo] ***n.m.*** [pl. *-eaux*] **1** fodero, guaina (*f.*) **2** (*abbigl.*) tubino **3** (*mecc.*) manicotto; camicia (*f.*).

fourrer [fuʀe] ***v.tr.*** **1** foderare **2** (*cuc.*) farcire **3** (*fam.*) infilare, cacciare, ficcare: *il fourre son nez partout*, ficca il naso dappertutto; *fourrer en prison*, sbattere in prigione; *il est toujours fourré chez les voisins*, è sempre a casa dei vicini ♦ **se fourrer** ***v.pron.*** cacciarsi, ficcarsi.
● ***je ne savais plus où me fourrer***, (*fam.*) avrei voluto sprofondare.

fourre-tout [fuʀtu] ***n.m.invar.*** **1** ripostiglio, sgabuzzino **2** borsa (*f.*) da viaggio **3** (*fig.*) guazzabuglio.

fourreur [fuʀœʀ] ***n.m.*** pellicciaio.

fourrier [fuʀje] ***n.m.*** (*mil.*) furiere.

fourrière [fuʀjɛʀ] ***n.f.*** deposito (*m.*) municipale (di animali, veicoli sequestrati o trovati).
● ***mise à la fourrière***, (*di veicolo*) rimozione forzata.

fourrure [fuʀyʀ] ***n.f.*** **1** pelliccia **2** (*mecc.*) materiale (*m.*) di rivestimento, di riempimento.

fourvoyer [fuʀvwaje] ***v.tr.*** [coniug. come *employer*] fuorviare (*anche fig.*) ♦ **se fourvoyer** ***v.pron.intr.*** **1** sbagliare strada, perdersi **2** sbagliarsi.

fous [fu] → **foutre**.

foutaise [futɛz] *n.f.* (*fam.*) sciocchezza.

foutoir [futwaʀ] *n.m.* (*fam.*) disordine, macello.

foutraque [futʀak] *agg.* (*fam.*) pazzo, fuori di testa, stravagante.

foutre [futʀ] *v.tr.* [pres.indic.: *je fous, tu fous, il fout, nous foutons etc.*; imperf.indic.: *je foutais etc.*; fut.indic.: *je foutrai etc.*; cond.: *je foutrais etc.*; pres.cong.: *que je foute etc.*; p.pres.: *foutant*; p.p.: *foutu*; non usato negli altri tempi] **1** (*volg.*) fottere: *envoyer qqn se faire foutre*, mandare qlcu a farsi fottere **2** (*molto fam.*) fregare: *qu'est-ce que ça peut me foutre?, qu'est-ce que j'en ai à foutre?*, che me ne frega? **3** (*molto fam.*) gettare, buttare: *foutre (qqch) à la poubelle*, sbatter via (qlco) **4** (*molto fam.*) mollare: *foutre un coup de pied*, mollare un calcio **5** (*molto fam.*) fare, combinare: *ne rien foutre de la journée*, non fare un tubo tutto il giorno ♦ **se foutre** *v.pron.* (*molto fam.*) **1** fregarsene **2** prendere per i fondelli (qlcu) **3** buttarsi.
● ***foutre le camp***, (*molto fam.*) svignarsela | ***ça la fout mal***, (*molto fam.*) fa cattiva impressione; non è proprio il caso | ***rien à foutre***, (*molto fam.*) non me frega niente | ***se foutre dedans***, (*molto fam.*) prendere un granchio | ***va te faire foutre!***, (*molto fam.*) vaffanculo!

foutriquet [futʀikɛ] *n.m.* persona meschina, spregevole.

foutu [futy] *agg.* (*molto fam.*) **1** del cavolo: *cette foutue bagnole*, questa macchina del cavolo **2** fottuto, finito.
● ***bien foutu***, ben fatto; ben vestito | ***être foutu de***, essere capace di | ***mal foutu***, fatto male; vestito male; messo male.

foyer [fwaje] *n.m.* **1** focolare (*anche fig.*) **2** casa (*f.*), famiglia (*f.*): *fonder un foyer*, metter su famiglia **3** pensionato: *foyer d'étudiants*, pensionato per studenti **4** (*teatr.*) ridotto **5** focolaio, fonte (*f.*) **6** (*ottica, mat., fot.*) fuoco.
● (*trib.*) ***foyer fiscal***, soggetto fiscale | ***lunettes à double foyer***, occhiali bifocali.

frac [fʀak] *n.m.* frac.

fracas [fʀaka] *n.m.* fragore, fracasso: *le fracas des vagues*, il fragore delle onde; *le fracas des assiettes qui se brisent*, il fracasso dei piatti che si rompono.

fracassant [fʀakasɑ̃] *agg.* **1** fragoroso **2** (*fig.*) strepitoso, clamoroso.

fracasser [fʀakase] *v.tr.* fracassare, sconquassare ♦ **se fracasser** *v.pron.intr.* fracassarsi.

fraction [fʀaksjɔ̃] *n.f.* frazione.

fractionnaire [fʀaksjɔnɛʀ] *agg.* frazionario.

fractionnel [fʀaksjɔnɛl] *agg.* [f. *-elle*] frazionistico.

fractionnement [fʀaksjɔnmɑ̃] *n.m.* frazionamento.

fractionner [fʀaksjɔne] *v.tr.* frazionare.

fracture [fʀaktyʀ] *n.f.* frattura.

fracturer [fʀaktyʀe] *v.tr.* **1** fratturare: *se fracturer la jambe*, fratturarsi una gamba **2** scassinare.

fragile [fʀaʒil] *agg.* **1** fragile **2** (*fig.*) debole, delicato.
■ SIN. **2** délicat CONTR. **1** résistant.

fragiliser [fʀaʒilize] *v.tr.* rendere più fragile.

fragilité [fʀaʒilite] *n.f.* **1** fragilità **2** (*fig.*) caducità, precarietà.

fragment [fʀagmɑ̃] *n.m.* **1** frammento **2** passo, brano.

fragmentaire [fʀagmɑ̃tɛʀ] *agg.* frammentario.

fragmentation [fʀagmɑ̃tasjɔ̃] *n.f.* frammentazione (*anche inform.*).

fragmenter [fʀagmɑ̃te] *v.tr.* frammentare.

frai [fʀɛ] *n.m.* **1** (*di pesci e rane*) fregola (*f.*) **2** uova (*f.pl.*) **3** avannotti (*pl.*).

fraîche [fʀɛʃ] *n.f.* fresco (*m.*): *sortir à la fraîche*, uscire col fresco.

fraîchement [fʀɛʃmɑ̃] *avv.* **1** di recente **2** (*fam.*) freddamente, senza entusiasmo.

fraîcheur [fʀɛʃœʀ] *n.f.* **1** freschezza **2** fresco (*m.*): *la fraîcheur du soir*, il fresco della sera **3** (*fam.*) freddezza: *la fraîcheur de son accueil*, la freddezza della sua accoglienza.

fraîchin [fʀɛʃɛ̃] *n.m.* (*region.*) odore di marea e di pesce fresco.

fraîchir [fʀɛʃiʀ] *v.intr.* rinfrescare.

frais[1] [fʀɛ] *n.m.* e *agg.* [f. *fraîche*] fresco (*anche fig.*) ♦ *avv.* recentemente.
● ***de fraîche date***, (di) recente | ***te voilà frais!***, (*fam.*) stai fresco!

frais[2] *n.m.pl.* spese (*f.*); costo (*sing.*).
● (*econ.*) ***frais de déplacement***, spese di trasferta | (*dir.*) ***frais de justice***, spese processuali | (*econ.*) ***frais d'exploitation***, spese di esercizio | ***à peu de, à moindre frais***, con poca spesa, con poco | ***aux frais de***, a spese di | ***aux frais de la princesse***, (*fam.*) a spese altrui | ***en être pour ses frais***, non guadagnarci nulla | ***faire*** (o ***rentrer dans***) ***ses frais***, coprire le spese | ***faux frais***, spese straordinarie | ***se mettre en frais***, fare spese; (*fig.*) darsi da fare.
■ SIN. dépense.

fraisage [fʀezaʒ] *n.m.* fresatura (*f.*).

fraise[1] [fʀɛz] *n.f.* **1** (*frutto*) fragola **2** (*fam.*) faccia **3** (*med.*) voglia di fragola.
● ***aller aux fraises***, (*iron.*) andare in camporella | ***ramener sa fraise***, (*fam.*) intervenire a sproposito; ***ramène ta fraise!***, (*fam.*) vieni qua! | ***sucrer les fraises***, (*fam.*) avere le mani che tremano.

fraise[2] *n.f.* **1** (*st. abbigl.*) gorgiera **2** (*zool.*) (*di tacchino*) bargiglio (*m.*) **3** (*macelleria*) trippa riccia (di vitello).

fraise[3] *n.f.* **1** (*mecc.*) fresa **2** (*di dentista*) trapano (*m.*).

fraiser [fʀeze] *v.tr.* (*mecc.*) fresare.

fraiseuse [fʀezøz] *n.f.* (*mecc.*) fresatrice.

fraisier [fʀezje] *n.m.* (*pianta*) fragola (*f.*).

framboise [fʀɑ̃bwaz] *n.f.* (*frutto*) lampone (*m.*).

framboisier [fʀɑ̃bwazje] *n.m.* (*pianta*) lampone.

franc[1] [fʀɑ̃] *n.m.* (*moneta*) franco.

franc[2] *agg.* [f. *franche*] **1** franco, libero **2** (*fig.*) franco, leale, sincero: *être franc avec qqn*, essere franco, leale con qlcu **3** (*estens.*) vero, reale: *une franche canaille*, una vera canaglia **4** (*di colore*) deciso, vivido: *couleurs franches*, colori decisi | *un rouge franche*, un rosso squillante ♦ *avv.* apertamente, francamente.
● ***avoir les coudées franches***, (*fig.*) aver mano libera, avere libertà d'azione | ***avoir son franc parler***, non aver peli sulla lingua | (*sport*) ***coup franc***, calcio di punizione | ***vin franc***, vino schietto, sincero.

franc[3] *agg.* [f. *franque*] franco.
● (*st.*) ***les Francs***, i Franchi.

NOTA ***Les Francs*** 'i Franchi' erano un gruppo di tribù germaniche stanziate sul Reno fin dal III secolo. Nel V e VI secolo furono unificati e convertiti al cristianesimo da *Clovis* (Clodoveo) e conquistarono la Gallia, fondendosi con le popolazioni gallo-romane. La Francia deve a loro il proprio nome.

français [fʀɑ̃sɛ] *agg.* francese ♦ *n.m.* (*lingua*) francese.
● ***en bon français***, (*estens.*) chiaro e tondo | ***parler fran-***

çais comme une vache espagnole, parlare francese da cani.

Français *n.m.* (*abitante*) francese.

NOTA I francesi hanno coniato il termine di *franchouillard* per ironizzare sul loro tradizionale sciovinismo, ma sono anche soprannominati dagli inglesi *frog*, perché amano mangiare le rane.

franc-comtois [fʀɑ̃kɔ̃twa] *agg.* [pl. *francs-comtois*; f. *franc-comtoise*] della Franca Contea.

franchement [fʀɑ̃ʃmɑ̃] *avv.* **1** francamente **2** senza esitare **3** decisamente.

franchir [fʀɑ̃ʃiʀ] *v.tr.* **1** oltrepassare, superare; (*montagne*) valicare: *franchir les Alpes*, valicare le Alpi **2** (*fig.*) attraversare, passare: *franchir les bornes de la décence*, passare i limiti della decenza.

● ***franchir la ligne d'arrivée***, tagliare il traguardo | ***franchir un cap***, doppiare un capo.

■ SIN. **1** traverser.

franchisage [fʀɑ̃ʃizaʒ] *n.m.* (*comm.*) franchising.

franchise [fʀɑ̃ʃiz] *n.f.* **1** franchezza **2** franchigia **3** (*comm.*) franchising (*m.*).

franchisé [fʀɑ̃ʃize] *n.m.* (*comm.*) concessionario di contratto franchising.

franchissable [fʀɑ̃ʃisabl] *agg.* superabile, varcabile.

franchissement [fʀɑ̃ʃismɑ̃] *n.m.* **1** superamento **2** attraversamento.

francilien [fʀɑ̃siljɛ̃] *agg.* e *n.m.* [f. *-enne*] dell'Île-de -France.

francique [fʀɑ̃sik] *n.m.* (*ling.*) francone.

francisation [fʀɑ̃sizɑsjɔ̃] *n.f.* il francesizzare.

franciscain [fʀɑ̃siskɛ̃] *agg.* e *n.m.* francescano.

franciser [fʀɑ̃size] *v.tr.* francesizzare.

francisque [fʀɑ̃sisk] *n.f.* (*st. mil.*) francesca.

francité [fʀɑ̃site] *n.f.* carattere (*m.*) specifico della cultura francese, francesità.

franc-jeu [fʀɑ̃ʒø] *n.m.* [pl. *francs-jeux*] fair-play.

● ***jouer franc-jeu***, agire lealmente.

franc-maçon [fʀɑ̃masɔ̃] *n.m.* [f. *franc-maçonne*; pl.m. *francs-maçons*] massone.

franc-maçonnerie [fʀɑ̃masɔnʀi] *n.f.* [pl. *franc-maçonneries*] massoneria.

franco [fʀɑ̃ko] *avv.* (*comm.*) franco.

● ***franco sur quai***, franco banchina | ***y aller franco***, (*fam.*) agire senza esitazioni.

francophile [fʀɑ̃kɔfil] *agg.* e *n.m.* francofilo.

francophilie [fʀɑ̃kɔfili] *n.f.* francofilia.

francophobe [fʀɑ̃kɔfɔb] *agg.* e *n.m.* francofobo.

francophone [fʀɑ̃kɔfɔn] *agg.* e *n.m.* francofono.

francophonie [fʀɑ̃kɔfɔni] *n.f.* francofonia.

franc-parler [fʀɑ̃paʀle] *n.m.* [pl. *francs-parlers*] il parlare schietto: *avoir son franc-parler*, non avere peli sulla lingua.

franc-tireur [fʀɑ̃tiʀœʀ] *n.m.* [pl. *francs-tireurs*] franco tiratore (*anche fig.*).

frange [fʀɑ̃ʒ] *n.f.* frangia (*anche fig.*).

franger [fʀɑ̃ʒe] *v.tr.* [coniug. come *manger*] ornare di frange (*anche fig.*).

frangin [fʀɑ̃ʒɛ̃] *n.m.* (*fam.*) fratello.

frangine [fʀɑ̃ʒin] *n.f.* (*fam.*) sorella.

frangipane [fʀɑ̃ʒipan] *n.f.* (*cuc.*) crema pasticciera con amaretti o mandorle amare.

franglais [fʀɑ̃glɛ] *agg.* e *n.m.* franglese (il francese infarcito di anglismi).

NOTA La parola ***franglais***, composta da *français* e *anglais*, è stata introdotta dallo scrittore René Étiemble, autore di *Parlez-vous franglais?* (1964) in cui si attacca l'eccessiva influenza dell'inglese sul francese. Influenza che si manifesta soprattutto nel linguaggio economico: *business* (affari), *briefing* (riunione), *incentive* (motivazione), ma anche nel lessico pratico quotidiano: *brushing* (messa in piega a fon), *pressing* (tintoria). Altre parole inglesi sono state assimilate nel francese adottandone la morfologia e le regole di formazione: *booster* (stimolare), *marketer* (commercializzare), *se fighter* (litigare) sono normali verbi del primo gruppo; *surbooker* (sovraccaricare) è stato formato a partire da *overbook*, *supporteur/supporteuse* (tifoso/a) da *supporter*.

franquette [fʀɑ̃kɛt] *n.f.*

● ***à la bonne franquette***, (*fam.*) alla buona.

franquisme [fʀɑ̃kism] *n.m.* (*st.*) franchismo.

franquiste [fʀɑ̃kist] *agg.* e *n.m.* (*st.*) franchista.

franricain [fʀɑ̃ʀikɛ̃] *n.m.* la lingua francese nutrita di molte parole inglesi e soprattutto anglo-americane.

frappant [fʀapɑ̃] *agg.* sorprendente.

frappe [fʀap] *n.f.* **1** conio (*m.*) **2** (*di macchina per scrivere ecc.*) battuta; battitura **3** (*fam.*) canaglia.

● ***faute de frappe***, errore di battitura | (*mil.*) ***force de frappe***, forza d'urto; (*estens.*) impatto: *la force de frappe d'un slogan publicitaire*, l'impatto di uno slogan pubblicitario.

frap(p)e [fʀap] *n.f.* (*molto fam.*) teppista (*m.*).

frappé [fʀape] *agg.* **1** colpito; sorpreso **2** (*fam.*) (*pazzo*) tocco, suonato **3** (*di champagne ecc.*) ghiacciato.

frapper [fʀape] *v.tr.* **1** battere, picchiare: *frapper la table du poing*, battere il pugno sul tavolo **2** colpire (*anche fig.*) **3** (*dir.*) colpire, tacciare **4** (*champagne ecc.*) mettere in ghiaccio **5** (*monete ecc.*) coniare ♦ *v.intr.* **1** battere, picchiare: *frapper fort, dur*, picchiare sodo **2** (*alla porta*) bussare **3** (*fig.*) colpire ♦ **se frapper** *v.pron.intr.* (*fam.*) preoccuparsi ♦ *v.pron.rec.* picchiarsi, battersi.

● ***frapper juste***, colpire nel segno | (*Africa*) ***frapper mur***, prelevare da un bancomat.

frappeur [fʀapœʀ] *agg.* [f. *-euse*] che batte.

● (*occultismo*) ***esprit frappeur***, spirito (che si manifesta battendo colpi).

frasque [fʀask] *n.f.* scappatella.

FAUX AMI
Da non confondere con *frasca*, che si traduce *branche*.

fraternel [fʀatɛʀnɛl] *agg.* [f. *-elle*] fraterno.

fraternellement [fʀatɛʀnɛlmɑ̃] *avv.* fraternamente.

fraternisation [fʀatɛʀnizɑsjɔ̃] *n.f.* fraternizzazione, affratellamento (*m.*).

fraterniser [fʀatɛʀnize] *v.intr.* fraternizzare.

■ SIN. sympathiser.

fraternité [fʀatɛʀnite] *n.f.* fratellanza, fraternità.

fratricide[1] [fʀatʀisid] *agg.* e *n.m.* e *f.* fratricida.

fratricide[2] *n.m.* fratricidio.

fratrie [fʀatʀi] *n.f.* **1** (*biol.*) fratria **2** (*estens.*) gruppo (*m.*) (familiare) di fratelli e sorelle.

fraude [fʀod] *n.f.* **1** frode **2** frodo (*m.*).

● ***fraude électorale***, broglio elettorale | ***par***, ***en fraude***, con la frode, con l'inganno.

frauder [fʀode] *v.tr.* frodare ♦ *v.intr.* commettere frodi: *frauder sur le poids*, rubare sul peso | *frauder à un examen*, (*estens.*) imbrogliare a un esame (copiando ecc.).

fraudeur [fʀodœʀ] ***agg.*** [f. *-euse*] fraudolento ♦ ***n.m.*** frodatore; contrabbandiere.

frauduleusement [fʀodyløzmɑ̃] ***avv.*** con frode.

frauduleux [fʀodylø] ***agg.*** [f. *-euse*] fraudolento.

frayer [fʀeje] ***v.tr.*** [coniug. come *payer*] (*strada, pista ecc.*) aprire, tracciare ♦ ***v.intr.*** **1** (*piscicoltura*) (*della femmina*) deporre le uova; (*del maschio*) fecondare le uova **2** (*fig.*) frequentare (**qlcu**): *ils ne frayent avec personne*, non frequentano nessuno.
● ***frayer le chemin à qqn***, (*fig.*) spianare la strada a qlcu | ***se frayer un chemin***, farsi strada (*anche fig.*).

frayeur [fʀɛjœʀ] ***n.f.*** spavento (*m.*), paura.

fredaine [fʀədɛn] ***n.f.*** scappatella.

fredonnement [fʀədɔnmɑ̃] ***n.m.*** il canticchiare a bocca chiusa.

fredonner [fʀədɔne] ***v.tr.*** e ***intr.*** canticchiare.
■ **SIN.** chantonner.

free-lance [fʀilɑ̃s] ***agg.*** e ***n.m.*** e ***f.*** [pl. *free-lances*] free -lance.

freeride [fʀiʀajd] ***n.m.*** (*sci, snowboard*) fuoripista.

freerider [fʀiʀajdœʀ] ***n.m.*** e ***f.*** (*sci, snowboard*) chi pratica il fuoripista.

freerideur [fʀiʀajdœʀ] ***n.m.*** [f. *-euse*] → **freerider**.

freesia [fʀɛzja] ***n.f.*** (*bot.*) fresia.

freestyle [fʀistajl] ***n.m.*** (*sci, snowboard*) freestyle.

freestyleur [fʀistajlœʀ] ***n.m.*** [f. *-euse*] chi pratica il freestyle.

freezer [fʀizœʀ] ***n.m.*** congelatore, freezer; (*estens.*) cella (*f.*) frigorifera.

frégate [fʀegat] ***n.f.*** (*mar., zool.*) fregata.

frein [fʀɛ̃] ***n.m.*** **1** freno (*anche fig.*) **2** (*anat.*) frenulo.
● ***coup de frein***, frenata | ***ronger son frein***, mordere il freno (*anche fig.*).

freinage [fʀɛnaʒ] ***n.m.*** **1** frenata (*f.*) **2** frenatura (*f.*), frenaggio.

freiner [fʀene] ***v.tr.*** e ***intr.*** frenare (*anche fig.*).
■ **SIN.** ralentir **CONTR.** accélérer.

frelaté [fʀəlate] ***agg.*** **1** adulterato, sofisticato: *aliments frelatés*, alimenti adulterati **2** (*fig.*) corrotto: *une société frelatée*, una società corrotta.

frelater [fʀəlate] ***v.tr.*** adulterare, sofisticare.

frêle [fʀɛl] ***agg.*** gracile; fragile (*anche fig.*).

frelon [fʀəlɔ̃] ***n.m.*** (*zool.*) calabrone.

freluquet [fʀəlykɛ] ***n.m.*** (*fam.*) mezza cartuccia (*f.*).

frémir [fʀemiʀ] ***v.intr.*** **1** fremere **2** (*per paura ecc.*) rabbrividire **3** (*cuc.*) sobbollire.

frémissant [fʀemisɑ̃] ***agg.*** fremente.

frémissement [fʀemismɑ̃] ***n.m.*** fremito.

frêne [fʀɛn] ***n.m.*** (*bot.*) frassino.

frénésie [fʀenezi] ***n.f.*** frenesia.

frénétique [fʀenetik] ***agg.*** e ***n.m.*** frenetico.

frénétiquement [fʀenetikmɑ̃] ***avv.*** freneticamente.

fréquemment [fʀekamɑ̃] ***avv.*** frequentemente.

fréquence [fʀəkɑ̃s] ***n.f.*** frequenza.

fréquent [fʀekɑ̃] ***agg.*** frequente.
■ **SIN.** courant **CONTR.** rare.

fréquentable [fʀekɑ̃tabl] ***agg.*** frequentabile.

fréquentation [fʀekɑ̃tasjɔ̃] ***n.f.*** **1** frequentazione: *la fréquentation des œuvres classiques*, lo studio assiduo delle opere classiche **2** (*spec. pl.*) compagnia, amicizia: *avoir de mauvaises fréquentations*, frequentare cattive compagnie.

fréquenter [fʀekɑ̃te] ***v.tr.*** **1** frequentare **2** (*fam.*) avere una relazione sentimentale (**con**), uscire (**con**) ♦ ***v.intr.*** (*Africa*) andare a scuola ♦ **se fréquenter** ***v.pron.rec.*** frequentarsi, vedersi.

fréquentiel [fʀekɑ̃sjɛl] ***agg.*** [f. *-elle*] frequenziale.

frère [fʀɛʀ] ***n.m.*** **1** fratello: *petit frère*, fratellino **2** (*eccl.*) frate, fratello; (*davanti a nomi propri*) fra **3** (*estens.*) amico, camerata.
● ***frère d'armes***, compagno, fratello d'armi, commilitone | ***faux frère***, traditore.

frérot [fʀeʀo] ***n.m.*** (*fam.*) fratellino.

fresque [fʀɛsk] ***n.f.*** **1** affresco (*m.*): *décorer de fresques*, affrescare **2** (*fig.*) affresco (*m.*), descrizione: *fresque historique*, quadro storico.
● ***fresque murale***, murales | ***peindre à fresque***, dipingere a fresco.

FAUX AMI
Da non confondere con l'aggettivo *fresco*, che si traduce *frais*.

fret [fʀɛ] ***n.m.*** **1** (*di nave, aereo*) nolo **2** (*di nave, aereo*) carico.

fréter [fʀete] ***v.tr.*** [coniug. come *céder*] **1** (*veicolo*) noleggiare **2** (*nave, aereo*) dare a nolo.

fréteur [fʀetœʀ] ***n.m.*** (*di nave*) noleggiante.

frétillant [fʀetijɑ̃] ***agg.*** **1** guizzante **2** (*fig.*) brioso.

frétillement [fʀetijmɑ̃] ***n.m.*** **1** guizzo **2** (*di coda*) scodinzolio.

frétiller [fʀetije] ***v.intr.*** **1** (*di pesce*) guizzare **2** (*di cane*) scodinzolare: *le chien frétille de la queue*, il cane dimena la coda, scodinzola.
● ***frétiller de joie***, saltare dalla gioia.

fretin [fʀətɛ̃] ***n.m.*** pesce minuto, minutaglia (*f.*).
● ***menu fretin***, (*fig.*) gentucola (*f.*).

frette [fʀɛt] ***n.f.*** (*tecn.*) ghiera.

freudien [fʀødjɛ̃] ***agg.*** [f. *-enne*] freudiano.

friabilité [fʀijabilite] ***n.f.*** friabilità.

friable [fʀijabl] ***agg.*** friabile.

friand [fʀijɑ̃] ***agg.*** **1** ghiotto **2** (*fig.*) avido ♦ ***n.m.*** (*cuc.*) **1** friand (pasta sfoglia farcita di carne trita, funghi ecc.) **2** pasticcino di pasta di mandorle.

friandise [fʀijɑ̃diz] ***n.f.*** leccornia; dolciume (*m.*).
■ **SIN.** gourmandise.

fric [fʀik] ***n.m.*** (*argot*) grana (*f.*), soldi (*pl.*).

fricandeau [fʀikɑ̃do] ***n.m.*** [pl. *-eaux*] (*cuc.*) fricandò.

fricassée [fʀikase] ***n.f.*** (*cuc.*) fricassea.

fricative [fʀikativ] ***n.f.*** (*fon.*) fricativa.

fric-frac [fʀikfʀak] ***n.m.invar.*** (*fam.*) furto con scasso.

friche [fʀiʃ] ***n.f.*** (*agr.*) terreno (*m.*) incolto.
● ***friche industrielle***, zona industriale dismessa | ***en friche***, incolto (*anche fig.*).

frichti [fʀiʃti] ***n.m.*** (*fam.*) piatto, pietanza (*f.*).

fricot [fʀiko] ***n.m.*** (*fam.*) sbobba (*f.*).

fricoter [fʀikɔte] ***v.intr.*** (*fam.*) trafficare ♦ ***v.tr.*** (*fam.*) **1** cucinare **2** fare.

fricoteur [fʀikɔtœʀ] ***n.m.*** [f. *-euse*] (*fam.*) imbroglione.

friction [fʀiksjɔ̃] ***n.f.*** **1** frizione **2** (*fis., mecc.*) frizione, attrito (*m.*) **3** (*fig.*) attrito (*m.*).

frictionner [fʀiksjɔne] ***v.tr.*** frizionare ♦ **se frictionner** ***v.pron.*** frizionarsi.

frigidaire [fʀiʒidɛʀ] ***n.m.*** frigorifero.
■ **SIN.** réfrigérateur.

frigide [fʀiʒid] ***agg.*** frigido.

frigidité [fʀiʒidite] ***n.f.*** frigidità, frigidezza.
frigithérapie [fʀiʒiteʀapi] ***n.f.*** (*med.*) terapia che si avvale dell'applicazione di compresse rinfrescanti.
frigo [fʀigo] ***n.m.*** (*fam.*) abbr. di **frigidaire**.
frigorifié [fʀigɔʀifje] ***agg.*** **1** (*di cibo*) refrigerato, congelato **2** (*fam.*) (*di persona*) congelato.
frigorifier [fʀigɔʀifje] ***v.tr.*** **1** (*cibo*) refrigerare, congelare **2** (*fam.*) (*di persona*) congelare.
frigorifique [fʀigɔʀifik] ***agg.*** frigorifero ♦ ***n.m.*** magazzino frigorifero.
frileusement [fʀiløzmɑ̃] ***avv.*** freddolosamente.
frileux [fʀilø] ***agg.*** e ***n.m.*** [f. *-euse*] freddoloso.
F
frimaire [fʀimɛʀ] ***n.m.*** (*st.*) frimaio (terzo mese del calendario rivoluzionario, dal 22-23 novembre al 20-21 dicembre).
frimas [fʀimɑ] ***n.m.*** galaverna (*f.*).
frime [fʀim] ***n.f.*** (*fam.*) finta, finzione.
● ***c'est de la frime***, è tutta scena.
frimer [fʀime] ***v.intr.*** (*fam.*) **1** fare scena, fare lo sbruffone **2** darsi delle arie.
frimeur [fʀimœʀ] ***agg.*** e ***n.m.*** [f. *-euse*] (*fam.*) spaccone; esibizionista.
frimousse [fʀimus] ***n.f.*** **1** (*fam.*) faccina, musetto (*m.*) **2** (*inform.*) faccina, smiley (*m.*), emoticon (*m.*).
fringale [fʀɛ̃gal] ***n.f.*** (*fam.*) **1** fame da lupo, fame violenta **2** (*fig.*) frenesia, smania.
fringant [fʀɛ̃gɑ̃] ***agg.*** **1** (*di cavallo*) scalpitante **2** (*fig.*) arzillo, vivace.
fringuer [fʀɛ̃ge] ***v.tr.*** (*fam.*) vestire ♦ **se fringuer** ***v.pron.*** (*fam.*) mettersi in ghingheri.
fringues [fʀɛ̃g] ***n.f.pl.*** (*fam.*) vestiti (*m.*): *vieilles fringues*, vestiti usati.
frioulan [fʀiulɑ̃] ***agg.*** e ***n.m.*** friulano.
fripé [fʀipe] ***agg.*** **1** sgualcito: *tissu fripé*, tessuto spiegazzato **2** (*di pelle*) sciupato: *visage fripé*, viso segnato (dalle rughe).
friper[1] [fʀipe] ***v.tr.*** sgualcire.
friper[2] ***v.tr.*** (*antiq.*) **1** mangiare avidamente, divorare **2** rubare; saccheggiare **3** sperperare, dissipare.
friperie [fʀipʀi] ***n.f.*** **1** vestiti (*m.pl.*) usati **2** commercio (*m.*) di vestiti usati **3** negozio (*m.*) di vestiti usati.
fripes [fʀip] ***n.f.pl.*** (*fam.*) **1** vestiti (*m.*) usati, di seconda mano **2** (*iron.*) (l'insieme dei) negozi (*m.*) di prêt-à-porter.
fripier [fʀipje] ***n.m.*** [f. *-ère*] commerciante di abiti usati.
fripon [fʀipɔ̃] ***agg.*** e ***n.m.*** [f. *-onne*] birbone, briccone.
fripouille [fʀipuj] ***n.f.*** (*fam.*) farabutto (*m.*).
frire [fʀiʀ] ***v.tr.dif.*** e ***intr.*** [usato al pres.indic.: *je fris, tu fris, il frit*; fut.indic., non com.: *je frirai etc.*; cond., non com.: *je frirais etc.*; p.p.: *frit*; imp.: *fris*; e ai tempi composti] friggere.
frisant [fʀizɑ̃] ***agg.*** (*di luce*) radente.
frise [fʀiz] ***n.f.*** **1** (*arch.*) fregio (*m.*) **2** (*di legno*) lista **3** (*teatr.*) celetto (*m.*).
frisé [fʀize] ***agg.*** riccio, ricciuto; arricciato.
■ SIN. bouclé.
frisée [fʀize] ***n.f.*** (insalata) riccia.
friser [fʀize] ***v.tr.*** **1** arricciare **2** sfiorare, rasentare (*spec. fig.*) ♦ ***v.intr.*** arricciarsi; essere riccio.
frisette[1] [fʀizɛt] ***n.f.*** (*di capelli*) ricciolino (*m.*).
frisette[2] ***n.f.*** (*di legno*) perlina.
frisonne [fʀizɔn] ***agg.*** e ***n.f.*** (*zootecn.*) (*razza*) frisona.
frisotter [fʀizɔte] ***v.tr.*** (*capelli*) arricciare leggermente ♦ ***v.intr.*** (*di capelli*) arricciarsi leggermente.
frisquet [fʀiskɛ] ***agg.*** [f. *-ette*] (*fam.*) freddino.
frisson [fʀisɔ̃] ***n.m.*** brivido (*anche fig.*), fremito.
● ***j'en ai le frisson***, (*fam.*) mi vengono i brividi: *rien que d'y penser, j'en ai le frisson*, mi vengono i brividi al solo pensarci.
frissonnement [fʀisɔnmɑ̃] ***n.m.*** brivido (*anche fig.*), fremito.
frissonner [fʀisɔne] ***v.intr.*** rabbrividire, (*anche fig.*) fremere.
frisure [fʀizyʀ] ***n.f.*** **1** (*di capelli*) arricciatura **2** ricciolo (*m.*).
frit [fʀi] *p.p.* di **frire** ♦ ***agg.*** fritto (*anche fig.*).
frite [fʀit] ***n.f.*** patatina fritta.
● ***avoir la frite***, (*fam.*) essere in gran forma.
friterie [fʀitʀi] ***n.f.*** friggitoria.
friteuse [fʀitøz] ***n.f.*** friggitrice.
friture [fʀityʀ] ***n.f.*** **1** frittura: *friture de poisson*, fritto di pesce **2** grasso (*m.*) per friggere **3** (*rad., tel.*) interferenza: *il y a de la friture* (*sur la ligne*), la linea è disturbata **4** (*Belgio*) friggitoria, baracchino (*m.*) per la vendita di patate fritte.
fritz [fʀits] ***n.m.*** (*spreg. antiq.*) crucco, tedesco.
frivole [fʀivɔl] ***agg.*** frivolo, leggero.
■ SIN. futile.
frivolement [fʀivolmɑ̃] ***avv.*** in modo frivolo.
frivolité [fʀivɔlite] ***n.f.*** **1** frivolezza, futilità **2** bazzecola, oggetto (*m.*) frivolo.
froc [fʀɔk] ***n.m.*** **1** saio, tonaca (*f.*) **2** (*fam.*) pantaloni (*pl.*).
● ***jeter le froc aux orties***, gettare la tonaca alle ortiche, spretarsi.
froglog [fʀɔglɔg] ***n.m.invar.*** (*Internet*) blog francofono.
froid [fʀwa] ***agg.*** freddo (*anche fig.*): *mains froides*, mani fredde; *sueur froide*, sudore freddo; *un ton froid*, un tono freddo ♦ ***n.m.*** **1** freddo: *avoir très froid*, avere molto freddo; *il fait froid*, fa freddo **2** (*fig.*) freddezza (*f.*): *il y a un froid entre eux*, c'è una certa freddezza fra loro; *son arrivée a jeté un froid*, il suo arrivo ha raggelato l'ambiente **3** (*coup de*) *froid*, raffreddore; infreddatura (*f.*) ♦ ***avv.*** freddo: *manger froid*, mangiare cibi freddi; *boire froid*, bere bevande fredde.
● ***froid industriel***, industria del freddo | ***à froid***, a freddo | ***avoir froid dans le dos***, (*fig.*) sudare freddo | ***battre froid à qqn***, (*fig.*) dimostrare freddezza nei confronti di qlcu | ***donner froid dans le dos***, (*estens.*) far venire i brividi | ***être en froid avec qqn***, (*fig.*) essere in urto con qlcu | ***garder la tête froide***, non perdere la testa | ***ne pas avoir froid aux yeux***, (*fam.*) non aver paura di niente | (*med.*) ***thérapeutique par le froid***, terapia del freddo, crioterapia | ***un froid de canard*** (o ***de chien*** o ***de loup*** o ***du diable*** o ***de tous les diables***), un freddo cane.
■ AGG. e N.M., AVV. CONTR. **1** chaud.
froidement [fʀwadmɑ̃] ***avv.*** freddamente, con freddezza.
froideur [fʀwadœʀ] ***n.f.*** freddezza.
froidure [fʀwadyʀ] ***n.f.*** **1** (*med.*) assideramento (*m.*) **2** freddo (*m.*).
froissable [frwasabl] ***agg.*** che si sgualcisce facilmente, gualcibile.
froissement [fʀwasmɑ̃] ***n.m.*** **1** (*di stoffa, carta ecc.*)

sgualcitura (*f.*), spiegazzamento **2** fruscio **3** (*med.*) stiramento, contusione (*f.*) **4** (*fig.*) offesa (*f.*).

froisser [fRwase] ***v.tr.*** **1** sgualcire, spiegazzare **2** (*med.*) stirare **3** (*fig.*) offendere, urtare ♦ **se froisser** ***v.pron.intr.*** **1** sgualcirsi, spiegazzarsi **2** (*fig.*) offendersi ♦ ***v.pron.indiretto*** (*med.*) stirarsi: *se froisser un muscle*, stirarsi un muscolo.

frôlement [fRolmɑ̃] ***n.m.*** **1** sfioramento, lo sfiorare **2** fruscio.

frôler [fRole] ***v.tr.*** sfiorare, rasentare.

fromage [fRɔmaʒ] ***n.m.*** **1** formaggio **2** (*fam.*) piede.
● ***fromage blanc***, formaggio fresco e cremoso | ***fromage de tête***, soppressata | ***faire un fromage de***, (*fig. fam.*) farla lunga con | ***se partager le fromage***, (*fig. fam.*) spartirsi la torta.

fromageon [fRɔmaʒɔ̃] ***n.m.*** formaggio pecorino (del Sud della Francia).

fromager [fRɔmaʒe] ***agg.*** [f. *-ère*] caseario ♦ ***n.m.*** formaggiaio.

fromagerie [fRɔmaʒRi] ***n.f.*** caseificio (*m.*).

froment [fRɔmɑ̃] ***n.m.*** frumento.

fronce [fRɔ̃s] ***n.f.*** (*cucito*) arricciatura.

froncement [fRɔ̃smɑ̃] ***n.m.*** l'aggrottare (le sopracciglia).

froncer [fRɔ̃se] ***v.tr.*** [coniug. come *placer*] **1** increspare, arricciare **2** (*fronte, sopracciglia*) aggrottare ♦ **se froncer** ***v.pron.intr.*** **1** incresparsi, arricciarsi **2** (*di fronte, sopracciglia*) aggrottarsi.

frondaison [fRɔ̃dɛzɔ̃] ***n.f.*** **1** fogliazione **2** fogliame (*m.*).

fronde[1] [fRɔ̃d] ***n.f.*** (*di albero*) fronda.

fronde[2] ***n.f.*** **1** fionda **2** (*fig.*) fronda, opposizione.

fronder [fRɔ̃de] ***v.tr.*** attaccare, criticare.

frondeur [fRɔ̃dœR] ***agg.*** [f. *-euse*] frondista, schernitore, motteggiatore (delle autorità): *propos frondeurs*, parole di scherno ♦ ***n.m.*** **1** fiondatore, fromboliere **2** (*fig.*) frondista, oppositore.

front [fRɔ̃] ***n.m.*** **1** fronte (*f.*) (*anche fig.*): *marcher le front haut*, camminare a fronte alta **2** fronte (*m.* o *f.*), parte (*f.*) anteriore: *le front d'un glacier*, il fronte di un ghiacciaio; *le front d'un monument*, la fronte di un monumento **3** (*mil., pol.*) fronte (*anche fig.*).
● ***front de mer***, lungomare | ***avoir le front de***, avere l'impudenza di, la sfacciataggine di | ***de front***, di petto, frontalmente; fianco a fianco; simultaneamente, contemporaneamente | ***faire front à***, fare fronte a, fronteggiare | ***relever le front***, alzare la fronte; (*fig.*) ribellarsi | ***sur le front***, in fronte.

frontal [fRɔ̃tal] ***agg.*** [pl. *-aux*] frontale.
● (*anat.*) ***os frontal***, osso frontale.

frontalier [fRɔ̃talje] ***n.m.*** e ***agg.*** [f. *-ère*] frontaliero: *zone frontalière*, zona di frontiera.

fronteau [fRɔ̃to] ***n.m.*** [pl. *-aux*] (*arch.*) frontone.

frontière [fRɔ̃tjɛR] ***n.f.*** **1** frontiera, confine (*m.*) **2** limite (*m.*) (*anche fig.*) ♦ ***agg.*** frontaliero, di confine, di frontiera.

frontignan [fRɔ̃tiɲɑ̃] ***n.m.*** frontignan (vino moscato dell'Hérault).

frontispice [fRɔ̃tispis] ***n.m.*** (*tip.*) frontespizio.

fronton [fRɔ̃tɔ̃] ***n.m.*** (*arch.*) frontone.

frottage [fRɔtaʒ] ***n.m.*** **1** sfregamento, strofinamento **2** lucidatura (*f.*).

frottement [fRɔtmɑ̃] ***n.m.*** **1** sfregamento, strofinamento, strofinio **2** (*fis.*) attrito **3** (*spec. pl.*) (*fig.*) disaccordo, frizione (*f.*).

frotter [fRɔte] ***v.tr.*** **1** sfregare, strofinare; (*accendino*) accendere: *frotter une allumette*, accendere un fiammifero **2** (*strofinando*) lucidare ♦ ***v.intr.*** **1** sfregare **2** (*strofinando*) lucidare ♦ **se frotter** ***v.pron.*** **1** sfregarsi, strofinarsi **2** (*fig.*) attaccare briga (**con**), sfidare (**qlcu**), provocare (**qlcu**): *ne t'y frotte pas!*, (*fig.*) non andare a cercar grane! ♦ ***v.pron. indiretto*** fregarsi, stropicciarsi: *se frotter les mains*, fregarsi le mani; *se frotter les yeux*, stropicciarsi gli occhi.
● ***frotter les oreilles à qqn***, (*fig. fam.*) dare una tirata d'orecchi a qlcu.

frottis [fRɔti] ***n.m.*** **1** (*pitt.*) velatura (*f.*) **2** (*med.*) striscio.
● (*med.*) ***frottis vaginal***, striscio vaginale, pap-test.

frou-frou, **froufrou** [fRufRu] ***n.m.*** [pl. *frous-frous*, *froufrous*] fruscio, fru-fru.

froufrouter [fRufRute] ***v.intr.*** frusciare.

froussard [fRusaR] ***agg.*** e ***n.m.*** (*fam.*) fifone.

frousse [fRus] ***n.f.*** (*fam.*) fifa.
■ SIN. trouille.

fructidor [fRyktidɔR] ***n.m.*** (*st.*) fruttidoro (dodicesimo mese del calendario rivoluzionario, dal 18 agosto al 17-18 settembre).

fructifère [fRyktifɛR] ***agg.*** (*bot.*) fruttifero.

fructifier [fRyktifje] ***v.intr.*** **1** fruttificare **2** (*fig.*) fruttare.

fructose [fRyktoz] ***n.m.*** fruttosio.

fructueusement [fRyktɥøzmɑ̃] ***avv.*** in modo fruttuoso, redditizio.

fructueux [fRyktɥø] ***agg.*** [f. *-euse*] **1** fruttuoso **2** (*econ.*) fruttifero, redditizio.

frugal [fRygal] ***agg.*** [pl. *-aux*] frugale, parco.

frugalement [fRygalmɑ̃] ***avv.*** frugalmente.

frugalité [fRygalite] ***n.f.*** frugalità.

fruit[1] [fRɥi] ***n.m.*** **1** frutto **2** (*fig.*) frutto; profitto; prodotto.
● ***fruits de mer***, frutti di mare | ***avec, sans fruit***, con, senza profitto | ***magasin de fruits et légumes***, (negozio di) fruttivendolo | ***tomber comme un fruit mûr***, cadere come una pera cotta | ***un fruit sec***, (*fig.*) un fallito.

fruit[2] ***n.m.*** (*arch.*) scarpa (*f.*).

fruité [fRɥite] ***agg.*** che sa di frutta, fruttato.

fruiterie [fRɥitRi] ***n.f.*** negozio (*m.*) di fruttivendolo.

fruitier [fRɥitje] ***agg.*** [f. *-ère*] fruttifero ♦ ***n.m.*** **1** fruttivendolo **2** frutteto **3** locale dove si conserva la frutta.
● ***arbre fruitier***, albero da frutto.

frusques [fRysk] ***n.f.pl.*** (*fam.*) abiti (*m.*) di poco valore, stracci (*m.*).

fruste [fRyst] ***agg.*** rozzo.

frustrant [fRystRɑ̃] ***agg.*** frustrante.

frustration [fRystRɑsjɔ̃] ***n.f.*** frustrazione.

frustré [fRystRe] ***agg.*** e ***n.m.*** frustrato.
■ SIN. insatisfait CONTR. comblé.

frustrer [fRystRe] ***v.tr.*** **1** frustrare, deludere **2** defraudare.

fuchsia [fyʃja] ***n.m.*** (*bot.*) fucsia (*f.*).

fuchsine [fyksin] ***n.f.*** (*chim.*) fucsina.

fucus [fykys] ***n.m.*** (*bot.*) fuco.

fuel [fjul] ***n.m.*** nafta (*f.*).

fugace [fygas] ***agg.*** fugace, fuggevole.
■ SIN. passager CONTR. durable.

F

fugacité [fygasite] ***n.f.*** fugacità.

fugitif [fyʒitif] ***agg.*** [f. *-ive*] **1** fuggitivo, fuggiasco **2** (*fig.*) fuggevole, fugace ♦ ***n.m.*** fuggitivo, fuggiasco.

fugitivement [fyʒitivmɑ̃] ***avv.*** fuggevolmente, fugacemente.

fugue [fyg] ***n.f.*** **1** fuga (da casa) **2** (*mus.*) fuga.

fuguer [fyge] ***v.intr.*** (*fam.*) scappare (di casa), fare una fuga.

fugueur [fygœʀ] ***agg.*** [f. *-euse*] (*di bambino o adolescente*) facile alle fughe ♦ ***n.m.*** bambino, adolescente facile alle fughe.

fuir [fɥiʀ] ***v.intr.*** [pres.indic.: *je fuis etc.*, *nous fuyons*, *vous fuyez*, *ils fuient*; imperf.indic.: *je fuyais etc.*; p.rem.: *je fuis etc.*; fut.indic.: *je fuirai etc.*; cond.: *je fuirais etc.*; pres.cong.: *que je fuie etc.*, *que nous fuyions*, *que vous fuyez*, *qu'ils fuient*; imperf.cong.: *que je fuisse etc.*; p.pres.: *fuyant*; p.p.: *fui*; imp.: *fuis*, *fuyons*, *fuyez*] **1** fuggire, scappare: *elle a fui à l'étranger*, è fuggita all'estero **2** perdere: *ce tuyau fuit*, questo tubo perde ♦ ***v.tr.*** fuggire, evitare, schivare: *il fuit les responsabilités*, sfugge alle responsabilità.

fuite [fɥit] ***n.f.*** **1** fuga: *prendre la fuite*, darsi alla fuga **2** fuga, fuoruscita, perdita: *fuite de gaz*, fuga di gas; *où est la fuite?*, dove è la perdita? **3** fuga di notizie: *il y a eu des fuites*, c'è stata una fuga di notizie.
● (*econ.*) ***fuite de capitaux***, fuga di capitali | (*dir.*) ***délit de fuite***, omissione di soccorso.

fulgurant [fylgyʀɑ̃] ***agg.*** **1** folgorante, fulminante (*anche fig.*) **2** fulmineo: *rapidité fulgurante*, velocità del fulmine.

fulguration [fylgyʀɑsjɔ̃] ***n.f.*** **1** (*meteor.*) lampo (*m.*) di calore **2** (*med.*) folgorazione **3** (*fig.*) lampo (*m.*), illuminazione.

fuligineux [fyliʒinø] ***agg.*** [f. *-euse*] fuligginoso.

fulmicoton [fylmikɔtɔ̃] ***n.m.*** fulmicotone.

fulminant [fylminɑ̃] ***agg.*** fulminante (*anche fig.*).

fulminate [fylminat] ***n.m.*** (*chim.*) fulminato.

fulminer [fylmine] ***v.intr.*** **1** scagliarsi, tuonare: *fulminer contre qqn*, scagliarsi contro qlcu **2** (*chim.*) detonare ♦ ***v.tr.*** (*letter.*) scagliare, lanciare.

fumage[1] [fymaʒ] ***n.m.*** → **fumaison**.

fumage[2] ***n.m.*** (*agr.*) letamazione (*f.*).

fumaison [fymɛzɔ̃] ***n.f.*** affumicatura.

fumant [fymɑ̃] ***agg.*** fumante (*anche fig.*): *fumant de colère*, fumante di collera.
● ***coup fumant***, (*fam.*) bel colpo.

fumé[1] [fyme] ***agg.*** affumicato.
● ***jambon fumé***, prosciutto affumicato | ***saumon fumé***, salmone affumicato | ***verres fumés***, lenti affumicate.

fumé[2] ***n.m.*** (*tip.*) stampone.

fume-cigare [fymsigaʀ] [pl. *fume-cigares*] **fume-cigarette** [fymsigaʀɛt] [pl. *fume-cigarettes*] ***n.m.invar.*** bocchino.

fumée [fyme] ***n.f.*** fumo (*m.*).
● (*prov.*) ***il n'y a pas de fumée sans feu***, non c'è fumo senza arrosto | ***s'en aller en fumée***, (*fig.*) andare in fumo, sfumare.

fumer[1] [fyme] ***v.intr.*** fumare (*anche fig. fam.*): *ce vieux poêle fume*, quella vecchia stufa fa fumo; *fumer* (*de colère*), fumare dalla rabbia ♦ ***v.tr.*** **1** fumare: *fumer une pipe*, fare una pipata **2** affumicare.

fumer[2] ***v.tr.*** concimare.

fumerie [fymʀi] ***n.f.*** (*spec. di oppio*) fumeria.

fumerolle [fymʀɔl] ***n.f.*** (*geol.*) fumarola.

fumet [fymɛ] ***n.m.*** **1** (*di vivande*) profumo, aroma **2** (*di animali*) odore di selvatico.

fumette [fymɛt] ***n.f.*** (*fam.*) il farsi una canna, uno spinello.

fumeur [fymœʀ] ***n.m.*** [f. *-euse*] fumatore.

fumeux [fymø] ***agg.*** [f. *-euse*] fumoso (*anche fig.*).

fumier [fymje] ***n.m.*** **1** letame, concime (organico) **2** (*molto fam.*) fetente.

fumigateur [fymigatœʀ] ***n.m.*** (*med.*) apparecchio per suffumigi.

fumigation [fymigɑsjɔ̃] ***n.f.*** (*med.*) suffumigio (*m.*).

fumigène [fymiʒɛn] ***agg.*** e ***n.m.*** fumogeno.

fumiste ***n.m.*** (*operaio*) fumista ♦ ***n.m.*** e ***f.*** **1** (*fig.*) venditore/trice di fumo, contaballe **2** dilettante; superficiale ♦ ***agg.*** superficiale, poco serio.

fumisterie [fumistəʀi] ***n.f.*** (*fam.*) fumisteria, cosa poco seria.

fumoir [fymwaʀ] ***n.m.*** **1** sala (*f.*) per fumatori **2** (*ind. alimentare*) affumicatoio.

fumure [fymyʀ] ***n.f.*** (*agr.*) **1** concimazione **2** concime (*m.*).

fun[1] [fœn] ***n.m.*** → **funboard**.

fun[2] [fɔn] ***n.m.*** (*Canada*) (*fam.*) divertimento.
● ***avoir du fun***, divertirsi | ***être le fun***, essere spassoso.

funambule [fynɑ̃byl] ***n.m.*** e ***f.*** funambolo/a.

funambulesque [fynɑ̃bylɛsk] ***agg.*** funambolesco.

funboard [fœnbɔʀd] ***n.m.*** (*sport*) surf di piccole dimensioni.

funèbre [fynɛbʀ] ***agg.*** **1** funebre **2** funereo, lugubre: *idées funèbres*, pensieri lugubri.
● ***mine funèbre***, faccia da funerale | ***silence funèbre***, silenzio di tomba.

funérailles [fyneʀɑj] ***n.f.pl.*** funerali (*m.*), esequie.

funéraire [fyneʀɛʀ] ***agg.*** funerario, funebre: *art funéraire*, arte funeraria.
● ***salon funéraire***, camera ardente.

funeste [fynɛst] ***agg.*** **1** funesto **2** (*fig.*) nefasto.

funiculaire [fynikylɛʀ] ***n.m.*** funicolare (*f.*).

fur [fyʀ] ***n.m.***
● ***au fur et à mesure de***, a seconda di | ***au fur et à mesure*** (***que***), man mano (che), via via (che).

furax [fyʀaks] ***agg.*** (*fam.*) incavolato.

furet [fyʀɛ] ***n.m.*** **1** (*zool.*) furetto **2** (*fig.*) ficcanaso **3** (*gioco infantile*) gioco dell'anello.

furetage [fyʀtaʒ] ***n.m.*** (*fig.*) il curiosare.

fureter [fyʀte] ***v.intr.*** [coniug. come *jeter*] **1** (*fig.*) curiosare **2** (*Internet*) (*fam.*) navigare in rete.

fureteur [fyʀtœʀ] ***agg.*** [f. *-euse*] curioso ♦ ***n.m.*** **1** (*fig.*) ficcanaso **2** (*Internet*) (*fam.*) navigatore.

fureur [fyʀœʀ] ***n.f.*** **1** furore (*m.*): *faire fureur*, far furore, furoreggiare **2** furia.
● ***à la fureur***, enormemente | ***se mettre en fureur***, montare su tutte le furie, andare in bestia.

furibard [fyʀibaʀ] ***agg.*** (*fam.*) incavolato.

furie [fyʀi] ***n.f.*** **1** furia **2** (*mit.*) furia (*anche fig.*): *c'est une furie*, è una megera.
● ***en furie***, infuriato: *se mettre en furie*, montare su tutte le furie.

furieusement [fyʀjøzmɑ̃] ***avv.*** **1** furiosamente; impetuosamente **2** estremamente, terribilmente.

furieux [fyʀjø] ***agg.*** [f. *-euse*] **1** furioso, furente; infero-

cito: *rendre furieux*, far andare in bestia **2** terribile, tremendo: *une furieuse envie de rire*, una gran voglia di ridere.
● ***fou furieux***, pazzo furioso.
■ SIN. **1** furibond **2** terrible.

furoncle [fyʀɔ̃kl] *n.m.* foruncolo.
■ SIN. bouton.

furonculose [fyʀɔ̃kyloz] *n.f.* (*med.*) foruncolosi.

furtif [fyʀtif] *agg.* [f. *-ive*] furtivo: *sourire furtif*, sorriso appena accennato.

furtivement [fyʀtivmɑ̃] *avv.* furtivamente.

fus [fy] → **être**[1].

fusain [fyzɛ̃] *n.m.* **1** (*bot.*) fusaggine (*f.*) **2** (*disegno*) carboncino.
● ***au fusain***, a carboncino.

fusant [fyzɑ̃] *agg.* che brucia senza esplodere.
● (*mil.*) ***(projectile) fusant***, proiettile a tempo.

fuseau [fyzo] *n.m.* [pl. *-eaux*] **1** fuso; (*per il pizzo*) fusello **2** (*astr.*) fuso **3** (*abbigl.*) fuseau (*pl.*) (pantaloni a tubo).
● ***fuseau horaire***, fuso orario | ***dentelle aux fuseaux***, pizzo a tombolo.

fusée [fyze] *n.f.* **1** razzo (*m.*), missile (*m.*) **2** (*mil.*) spoletta **3** (*ind. tess.*) fusata, fuso (*m.*) **4** (*tecn., mar.*) fuso (*m.*).
● ***fusée à étages***, ***gigogne***, razzo a più stadi | ***fusée antichars***, razzo anticarro | ***fusée à ogive nucléaire***, missile a testata nucleare | ***partir comme une fusée***, (*fig.*) partire a razzo.

fusée-sonde [fyzesɔ̃d] *n.f.* [pl. *fusées-sondes*] razzo -sonda (*m.*).

fuselage [fyzlaʒ] *n.m.* (*aer.*) fusoliera (*f.*).

fuselé [fyzle] *agg.* affusolato.

fuseler [fyzle] *v.tr.* [coniug. come *appeler*] affusolare; assottigliare.

fuser [fyze] *v.intr.* **1** fondere **2** bruciare senza esplodere **3** (*fig.*) scaturire: *des rires fusèrent*, scoppiarono delle risate.

fusette [fyzɛt] *n.f.* (*tess.*) spagnoletta.

fusible [fyzibl] *agg.* e *n.m.* fusibile.

fusiforme [fyzifɔʀm] *agg.* fusiforme.

fusil [fyzi] *n.m.* **1** fucile **2** tiratore **3** affilatoio.
● ***fusil à canon scié***, fucile a canne mozze, lupara | ***fusil à deux coups***, doppietta | ***changer son fusil d'épaule***, (*fig.*) cambiare idea | ***coup de fusil***, fucilata; (*fig.*) conto salato: *dans ce restaurant, c'est le coup de fusil!*, in quel ristorante stangano! | ***n'avoir rien dans le fusil***, (*fam.*) non aver nulla nello stomaco | ***pierre à fusil***, pietra focaia.
■ SIN. **1** carabine.

fusilier [fyzilje] *n.m.* (*mil.*) fuciliere.

fusilier-marin [fyziljemaʀɛ̃] *n.m.* [pl. *fusiliers-marins*] (*mil.*) fuciliere di marina.

fusillade [fyzijad] *n.f.* **1** scarica di fucileria **2** sparatoria.

fusiller [fyzije] *v.tr.* **1** fucilare **2** (*fig.*) fulminare: *fusiller du regard*, fulminare, folgorare con lo sguardo **3** (*fam.*) guastare.

fusil-mitrailleur [fysimitʀɑjœʀ] *n.m.* [pl. *fusils-mitrailleurs*] fucile mitragliatore.

fusion [fyzjɔ̃] *n.f.* fusione (*anche fig.*).

fusionnement [fyzjɔnmɑ̃] *n.m.* fusione (*f.*), riunione (*f.*).

fusionner [fyzjɔne] *v.tr.* fondere, riunire ♦ *v.intr.* fondersi, riunirsi.

fusse [fys] → **être**[1].

fustigation [fystigasjɔ̃] *n.f.* fustigazione.

fustiger [fystiʒe] *v.tr.* [coniug. come *manger*] fustigare (*anche fig.*).

F

fût [fy] *n.m.* **1** fusto (*anche arch.*): *le fût d'une colonne*, il fusto di una colonna **2** fusto, armatura (*f.*): *le fût d'une malle*, l'armatura di un baule **3** (*recipiente*) fusto **4** (*di armi, tamburo*) cassa (*f.*).

futaie [fytɛ] *n.f.* fustaia.
● ***arbre de haute futaie***, albero di alto fusto.

futaille [fytɑj] *n.f.* botte.

futaine [fytɛn] *n.f.* fustagno (*m.*).

futal [fytal] *n.m.* [pl. *-als*] (*fam.*) pantaloni (*pl.*).

futé [fyte] *agg.* (*fam.*) furbo, astuto.
■ SIN. malin, astucieux.

futile [fytil] *agg.* **1** futile **2** frivolo.

futilement [fytilmɑ̃] *avv.* futilmente.

futilité [fytilite] *n.f.* futilità, frivolezza.

futur [fytyʀ] *agg.* futuro ♦ *n.m.* **1** futuro, avvenire **2** (*gramm.*) futuro **3** (*fam.*) futuro sposo, fidanzato.
● ***dans le futur***, in avvenire.

NOTA Il ***futur dans le passé*** (futuro nel passato) è la forma verbale in cui l'azione futura, espressa da una dipendente retta da un tempo passato, si esprime con un condizionale semplice invece del condizionale passato italiano:

Il m'avait promis qu'il viendrait.
Mi aveva promesso che sarebbe venuto.

Il ***futur proche*** indica un'azione futura molto prossima al presente; si esprime in francese con il verbo *aller* seguito dall'infinito e in italiano si può rendere anche con il presente indicativo accompagnato da un avverbio di tempo:

Je vais vous dire toute la vérité.
Adesso le dico, le dirò tutta la verità.

futurisme [fytyʀism] *n.m.* (*arte, lett.*) futurismo.

futuriste [fytyʀist] *n.m.* e *f.* (*arte, lett.*) futurista ♦ *agg.* **1** (*arte, lett.*) futurista **2** (*estens.*) futuristico, avveniristico.

futurologie [fytyʀɔlɔʒi] *n.f.* futurologia.

fuyant [fɥijɑ̃] *agg.* **1** fuggevole, fuggente **2** (*fig.*) sfuggente: *regard fuyant*, sguardo sfuggente ♦ *n.m.* linea (*f.*) di fuga.

fuyard [fɥijaʀ] *n.m.* fuggiasco.

Gg

g [ʒe] ***n.m.invar.*** g (*f.* o *m.*).
● (*tel.*) ***g comme Gaston***, g come Genova.

gabardine [gabaʀdin] ***n.f.*** **1** gabardine (*m.*) **2** impermeabile (*m.*) (di gabardine).

gabarit [gabaʀi] ***n.m.*** **1** sagoma (*f.*): *véhicules de gros gabarit*, veicoli di portata superiore alla norma **2** (*mecc.*) calibro **3** (*fig.*) calibro; valore.
● (*ferr.*) ***gabarit*** (***de chargement***), sagoma di carico.

gabegie [gabʒi] ***n.f.*** scialo (*m.*); sperpero (*m.*).

gabelle [gabɛl] ***n.f.*** (*st.*) imposta sul sale; gabella.

gable, **gâble** [gɑbl] ***n.m.*** (*arch.*) ghimberga (*f.*).

gabonais [gabɔnɛ] ***agg.*** gabonese.

Gabonais ***n.m.*** (*abitante*) gabonese.

gâchage [gɑʃaʒ] ***n.m.*** **1** sciupio, spreco **2** (*edil.*) l'impastare di calcina.

gâche[1] [gɑʃ] ***n.f.*** (*di serratura*) bocchetta.

gâche[2] ***n.f.*** (*edil.*) marra.

gâcher [gɑʃe] ***v.tr.*** **1** sciupare, sprecare **2** (*edil.*) impastare (la calcina).
● ***gâcher le métier***, (*fam.*) rovinare la piazza.

gâchette [gaʃɛt] ***n.f.*** **1** (*di arma da fuoco*) grilletto (*m.*) **2** (*di serratura*) nottolino (*m.*).

gâcheur [gɑʃœʀ] ***n.m.*** **1** [f. *-euse*] pasticcione; sprecone **2** (*operaio*) calcinaio.

gâchis [gɑʃi] ***n.m.*** **1** pasticcio, guazzabuglio; spreco; scempio **2** (*edil.*) malta (*f.*).

gadget [gadʒɛt] ***n.m.*** gadget; accessorio.
● ***culture gadget***, cultura preconfezionata.

gadgétiser [gadʒetize] ***v.tr.*** accessoriare.

gadoue [gadu] ***n.f.*** **1** fango (*m.*) **2** (*antiq.*) bottino (*m.*), cessino (*m.*).

gadrouiller [gadʀuje] ***v.intr.*** (*Svizzera*) sguazzare nel fango.

gaélique [gaelik] ***agg.*** gaelico ♦ ***n.m.*** (*lingua*) gaelico.

gaffe [gaf] ***n.f.*** **1** gaffe, topica **2** (*mar.*) gancio (*m.*) di accosto, alighiero (*m.*), gaffa.
● ***faire gaffe***, (*fam.*) fare attenzione; stare in campana.

gaffer [gafe] ***v.intr.*** **1** fare una gaffe **2** (*fam.*) fare attenzione ♦ ***v.tr.*** **1** (*mar.*) agganciare con la gaffa, con l'alighiero **2** (*fam.*) fissare, osservare ♦ **se gaffer** ***v.pron.intr.*** (*Svizzera*) fare attenzione.

gaffeur [gafœʀ] ***n.m.*** [f. *-euse*] chi commette spesso delle gaffe.

gag [gag] ***n.m.*** gag (*f.*).

gaga [gaga] ***agg.*** e ***n.m.*** e ***f.*** (*fam.*) rimbambito/a, rincoglionito/a.

gage [gaʒ] ***n.m.*** **1** pegno: *prêter sur gages*, prestare su pegno **2** (*fig.*) garanzia (*f.*); pegno **3** (*fig.*) pegno; testimonianza (*f.*); prova (*f.*) **4** (*nei giochi*) penitenza (*f.*) **5** (*pl.*) paga (*f.sing.*); (*spec. di persona di servizio*) salario (*sing.*).
● ***à gages***, salariato: *tueur à gages*, sicario | ***en gage***, in pegno: *mettre en gage*, impegnare | ***être aux gages de qqn***, essere al soldo, al servizio di qlcu.

gager [gaʒe] ***v.tr.*** [coniug. come *manger*] **1** (*letter.*) scommettere **2** (*dir.*) dare in pegno.

gageure [gaʒyʀ] ***n.f.*** scommessa.

gagnant [gaɲɑ̃] ***agg.*** e ***n.m.*** vincente, vincitore.
■ SIN. vainqueur CONTR. perdant.

gagnant-gagnant [gaɲɑ̃gaɲɑ̃] ***agg.invar.*** (*comm.*) vantaggioso per tutti.

gagne-pain [gaɲpɛ̃] ***n.m.invar.*** mezzo di sostentamento.

gagne-petit [gaɲpəti] ***n.m.invar.*** persona (*f.*) che guadagna poco.

gagner [gaɲe] ***v.tr.*** **1** guadagnare, ricavare: *repos bien gagné*, riposo meritato **2** vincere: *le sommeil me gagne*, mi sta venendo sonno **3** (*fig.*) guadagnare; conquistare: *gagner la confiance de qqn*, guadagnarsi la fiducia di qlcu; *je me sentais gagné par son optimisme*, mi sentivo contagiato dal suo ottimismo **4** raggiungere; (*fig.*) propagarsi (**in**), dilagare (**in**): *gagner la frontière*, raggiungere la frontiera; *le typhus gagnait les provinces*, il tifo si propagava nelle province ♦ ***v.intr.*** **1** guadagnare: *le vin gagne en vieillissant*, il vino migliora invecchiando; *vous y gagnerez de laisser tomber cette affaire*, se lasciate perdere quell'affare, sarà tanto di guadagnato **2** estendersi, propagarsi, dilagare: *le feu gagne rapidement*, il fuoco si propaga rapidamente **3** (*fig.*) cogliere, prendere: *une violente émotion la gagna*, fu presa da una forte emozione.
● ***gagner à***, ***de***, (*seguito da v.*) guadagnare: *il gagne à être connu*, guadagna a essere conosciuto | ***gagner de vitesse***, (*fig.*) superare in velocità | ***gagner du temps***, prender tempo | ***gagner du terrain***, (*anche fig.*) guadagnare terreno | ***gagner le ciel***, (*fig.*) meritarsi il Paradiso | ***gagner le large***, (*anche fig.*) prendere il largo | ***gagner le premier prix*** (o ***le gros lot***), vincere il primo premio | ***gagner qqn à sa cause***, convertire qlcu alle proprie idee | ***gagner sa vie***, guadagnarsi da vivere | ***c'est autant de gagné***, è tanto di guadagnato.

gagneur [gaɲœʀ] ***n.m.*** [f. *-euse*] vincitore.
■ CONTR. perdant.

gai [ge, gɛ] ***agg.*** **1** allegro, gaio: *une couleur gaie*, un colore vivace **2** (*fam.*) brillo, allegro ♦ ***agg.*** e ***n.m.*** → **gay**.
● ***gai comme un pinson***, allegro come un fringuello | ***c'est gai!***, (*iron.*) che allegria!
■ *AGG.* SIN. **1** joyeux CONTR. **1** triste.

NOTA ***Le Gai Savoir***, 'la gaia scienza', era la poesia trovadorica (XII e XIII sec.) che trattava argomenti d'amore.

gaiement [gemɑ̃] ***avv.*** allegramente, gaiamente | *y aller gaiement*, intraprendere qlco con decisione, con slancio.

gaieté [gete] ***n.f.*** allegria: *montrer de la gaieté*, mostrarsi allegro.

● ***de gaieté de cœur***, volentieri, con gioia: *il ne le fait pas de gaieté de cœur*, lo fa malvolentieri | ***mettre en gaieté***, mettere di buonumore.

gaillard[1] [gajaʀ] *agg.* 1 vigoroso, in gamba: *une mine gaillarde*, un aspetto sano 2 salace, licenzioso ♦ *n.m.* (*fam.*) 1 pezzo d'uomo: *un grand gaillard*, un pezzo di marcantonio 2 tipo, tizio: *alors, mon gaillard!*, allora, bello mio!

gaillard[2] *n.m.* (*mar.*) cassero (di prua).

● ***gaillard d'arrière***, cassero (di poppa), casseretto | ***gaillard d'avant***, castello (di prua).

gaillardement [gajaʀdəmɑ̃] *avv.* con disinvoltura, allegramente.

gaillardise [gajaʀdiz] *n.f.* (*letter.*) 1 allegria, buonumore (*m.*) 2 (*pl.*) storielle piccanti.

gain [gɛ̃] *n.m.* 1 guadagno (*anche fig.*): *gain de temps*, guadagno, risparmio di tempo 2 (*fis.*) amplificazione (*f.*), guadagno 3 (*al gioco*) vincita (*f.*) su puntata o posta.

● (*dir.*) ***gain de cause***, causa vinta: *donner gain de cause à*, giudicare in favore di, (*fig.*) darla vinta a; *obtenir gain de cause*, vincere una causa; (*fig.*) averla vinta | (***solution***) ***gain de place***, (soluzione) salvaspazio.

gaine [gɛn] *n.f.* 1 guaina; astuccio (*m.*), custodia; rivestimento (*m.*) | *fil sous gaine de caoutchouc*, filo rivestito di gomma 2 (*abbigl.*) bustino (*m.*), corsetto (*m.*), guaina 3 zoccolo (*m.*); piedistallo (*m.*) 4 (*anat., bot.*) guaina 5 (*mar.*) (*di vela*) guaina, orlatura.

● ***gaine d'aération***, condotto d'aerazione.

gainer [gene] *v.tr.* 1 inguainare 2 ricoprire, rivestire.

gala [gala] *n.m.* gala (*f.*): *soirée de gala*, serata di gala.

galactique [galaktik] *agg.* (*astr.*) galattico.

galactose [galaktoz] *n.m.* (*chim.*) galattosio.

galalithe [galalit] *n.f.* (*chim.*) galalite.

galamment [galamɑ̃] *avv.* galantemente.

galant [galɑ̃] *agg.* 1 galante 2 (*Africa*) chic, alla moda ♦ *n.m.* 1 (*antiq.*) uomo galante 2 (*scherz.*) spasimante, innamorato.

● ***galant homme***, galantuomo, gentiluomo | ***femme galante***, (*letter.*) donna di facili costumi | ***un vert galant***, (*letter.*) un donnaiolo.

NOTA ***Le Vert-Galant*** era il soprannome dato al re di Francia Enrico IV (1553-1610) per le sue innumerevoli conquiste femminili.

galanterie [galɑ̃tʀi] *n.f.* galanteria: *la vieille galanterie française*, la famosa galanteria francese.

● ***faire galanterie de***, trovare elegante, di buon gusto | (*Africa*) ***faire la galanterie***, essere sempre benvestito, elegante.

galantine [galɑ̃tin] *n.f.* (*cuc.*) galantina.

galaxie [galaksi] *n.f.* (*astr.*) galassia.

● ***la Galaxie***, la Via Lattea.

galbe [galb] *n.m.* 1 contorno, linea (*f.*) 2 (*arch., scultura*) sagoma (*f.*); (*di colonna*) entasi (*f.*).

galbé [galbe] *agg.* sagomato: *jambe galbée*, gamba ben tornita.

galber [galbe] *v.tr.* sagomare.

gale [gal] *n.f.* 1 (*med., bot.*) scabbia, rogna 2 (*vet.*) rogna sarcoptica 3 (*fig. fam.*) peste, carogna.

galéjade [galeʒad] *n.f.* (*region.*) fandonia, panzana.

galène [galɛn] *n.f.* (*min.*) galena.

galénique [galenik] *agg.* galenico.

● ***médicaments galéniques***, preparati galenici.

galère [galɛʀ] *n.f.* 1 (*st. mar.*) galera 2 (*pl.*) galera (*sing.*), lavori (*m.*) forzati 3 (*fig. fam.*) inferno (*m.*).

● ***être en galère***, (*fam.*) avere dei guai, tribolare | ***vogue la galère!***, (*fam.*) vada come vada!

galérer [galeʀe] *v.intr.* [coniug. come *céder*] 1 (*fam.*) sgobbare, lavorare come un negro 2 (*molto fam.*) rompersi; (*estens.*) svaccarsi.

galerie [galʀi] *n.f.* 1 galleria 2 (*arte*) galleria 3 (*arch.*) galleria 4 (*teatr.*) balconata, galleria 5 (*fig.*) platea: *amuser, épater la galerie*, divertire, stupire la platea, l'uditorio 6 (*aut.*) portabagagli (*m.*), portapacchi (*m.*).

● ***galerie à arcades***, galleria, portico ad arcate | ***galerie d'art***, galleria d'arte | ***galerie de peinture***, ***de tableaux***, pinacoteca | (*Internet*) ***galeries électroniques***, centro commerciale virtuale | ***galerie marchande***, galleria (di negozi) | ***pour la galerie***, (*fig.*) per vanità, per compiacenza: *parler pour la galerie*, parlare pavoneggiandosi.

galérien [galeʀjɛ̃] *n.m.* galeotto; forzato.

● ***mener une vie de galérien***, (*fig.*) fare una vita da galera.

galeriste [galʀist] *n.m.* e *f.* gallerista.

galet [galɛ] *n.m.* 1 ciottolo: *plage de galets*, spiaggia ghiaiosa 2 (*tecn.*) (*di mobili*) rotella (*f.*) 3 (*mecc.*) rullo.

FAUX AMI
Da non confondere con *galletto*, che si traduce *jeune coq, coquelet*.

galetas [galtɑ] *n.m.* tugurio.

galette [galɛt] *n.f.* 1 (*cuc.*) focaccia; torta 2 oggetto (*m.*) di forma piatta e rotonda 3 (*cine.*) pizza 4 (*fam.*) grana, quattrini (*m.pl.*): *avoir de la galette*, aver grana 5 (*cuc.*) crêpe di grano saraceno e mais (specialità della Bretagna).

● ***plat comme une galette***, sottile come un'ostia.

NOTA ***La galette des Rois*** è una schiacciata di pasta sfoglia ripiena di pasta di mandorle che si mangia il giorno dell'Epifania e in cui viene nascosta una figurina di ceramica o di plastica, la cosiddetta *fève des Rois*, che in origine era un fava vera e propria. Chi la trova riceve una corona che lo consacra re o regina della festa dell'Epifania.

galeux [galø] *agg.* [f. *-euse*] scabbioso.

● ***brebis galeuse***, (*fig.*) pecora nera: *on le traite comme une brebis galeuse*, lo trattano come un appestato.

galicien [galisjɛ̃] *agg.* [f. *-enne*] (*Spagna e Polonia*) galiziano.

galiléen[1] [galileɛ̃] *agg.* [f. *-enne*] galileo, della Galilea.

galiléen[2] *agg.* [f. *-enne*] galileiano, di Galileo.

galimatias [galimatja] *n.m.* discorso confuso, sproloquio.

galion [galjɔ̃] *n.m.* (*st. mar.*) galeone.

galipette [galipɛt] *n.f.* (*fam.*) capriola.

● ***faire des galipettes***, fare le capriole; (*estens.*) darsi alla pazza gioia.

galle [gal] *n.f.* (*bot.*) galla.

gallican [gal/ikɑ̃] *agg.* e *n.m.* (*st. relig.*) gallicano.

gallicanisme [gal/ikanism] *n.m.* (*st. relig.*) gallicanesimo.

NOTA Il termine ***gallicanisme*** designa una dottrina politico-religiosa, sviluppatasi in Francia tra il grande scisma d'Occidente (XIV sec.) e la Rivoluzione francese a tutela dell'autonomia della chiesa di Francia nei confronti della Santa Sede romana.

gallicisme [gal/isism] *n.m.* (*ling.*) gallicismo, francesismo.

G

gallinacé [galinasɛ] *agg.* e *n.m.* (*zool.*) gallinaceo.
gallinule [galinyl] *n.f.* (*zool.*) gallinella d'acqua.
gallique [galik] *agg.* (*chim.*) gallico.
gallium [galjɔm] *n.m.* (*chim.*) gallio.
gallo [galo] *n.m.* gallo (dialetto romanzo della Bretagna).
gallois [galwa] *agg.* gallese ♦ *n.m.* (*lingua*) gallese.
Gallois *n.m.* (*abitante*) gallese.
gallon [galɔ̃] *n.m.* (*misura di capacità*) gallone.
gallo-roman [galɔʀɔmɑ̃] *agg.* e *n.m.* [pl. *gallo-romans*] (*dialetto*) galloromanzo.
galoche [galɔʃ] *n.f.* 1 zoccolo (*m.*) con tomaia di cuoio 2 (*mar.*) pastecca.
● ***menton en galoche***, (*fam.*) mento sporgente, bazza.
G
galon [galɔ̃] *n.m.* 1 gallone, passamano 2 (*mil.*) gallone 3 (*Canada*) (*strumento*) centimetro.
● ***prendre du galon***, (*anche fig.*) salire di grado, fare carriera.
galonné [galɔne] *agg.* e *n.m.* gallonato.
galop [galo] *n.m.* 1 galoppo 2 (*mus.*) galoppo.
● ***galop d'essai***, (*fig.*) prima prova, preesame | ***au galop***, (*anche fig.*) al galoppo; di corsa | ***au grand galop***, (*fig.*) di gran carriera | (*med.*) ***bruit de galop***, ritmo di galoppo.
galopade [galɔpad] *n.f.* galoppata.
galopant [galɔpɑ̃] *agg.* galoppante (*anche fig.*).
galoper [galɔpe] *v.intr.* galoppare (*anche fig.*).
galopin [galɔpɛ̃] *n.m.* 1 (*antiq.*) galoppino 2 (*fam.*) monello 3 birra (*f.*) alla spina.
galuchat [galyʃa] *n.m.* zigrino.
galure [galyʀ] **galurin** [galyʀɛ̃] *n.m.* (*fam.*) cappello.
galvanique [galvanik] *agg.* (*scient.*) galvanico.
galvaniser [galvanize] *v.tr.* galvanizzare (*anche fig.*).
galvanomètre [galvanɔmɛtʀ] *n.m.* (*elettr.*) galvanometro.
galvanoplastie [galvanɔplasti] *n.f.* galvanoplastica.
galvauder [galvode] *v.tr.* compromettere, svilire; sprecare ♦ *v.intr.* (*antiq.*) vagabondare ♦ **se galvauder** *v.pron.* (*fam.*) svilirsi, degradarsi.
gambade [gɑ̃bad] *n.f.* saltello (*m.*), balzo (*m.*).
● ***faire des gambades***, saltellare di gioia.
gambader [gɑ̃bade] *v.intr.* saltellare.
gambas [gɑ̃bas] *n.f.pl.* gamberoni (*m.*).
gamberet [gɑ̃bəʀɛ] *n.m.* passerella (*f.*) (per salire su una nave).
gamberger [gɑ̃bɛʀʒe] *v.intr.* [coniug. come *manger*] (*fam.*) pensare, fantasticare ♦ *v.tr.* (*fam.*) combinare, macchinare.
gambien [gɑ̃bjɛ̃] *agg.* [f. *-enne*] della Gambia.
gambiller [gɑ̃bije] *v.intr.* (*fam.*) fare quattro salti, ballare.
gamelle [gamɛl] *n.f.* 1 gavetta, gamella 2 (*cine., teatr.*) proiettore (*m.*), riflettore (*m.*).
● ***ramasser une gamelle***, (*fam.*) fare un ruzzolone; (*fig.*) subire uno scacco.
game station [geimsteiʃœn] *n.f.* (*inform.*) play station.
gamète [gamɛt] *n.m.* (*biol.*) gamete.
gamin [gamɛ̃] *n.m.* monello, bambino; (*fam.*) figlio ♦ *agg.* birichino.
gaminerie [gaminʀi] *n.f.* birichinata, ragazzata.
gamma [gam*m*a] *n.m.* gamma.
● (*fis.*) ***rayons gamma***, raggi gamma.
gammaglobuline [gam*m*aglɔbylin] *n.f.* (*biochim.*) gammaglobulina.
gamme [gam] *n.f.* 1 (*mus.*) scala, gamma 2 (*fig.*) gamma: *gamme de couleurs*, gamma di colori 3 (*inform.*) gamma, campo (*m.*) di variabilità.
● (*rad.*) ***gamme de fréquence***, gamma di frequenza | ***bas de gamme***, ***haut de gamme***, (*fig.*) di basso livello, di alto livello; (*estens.*) modello corrente, versione di lusso | ***changer de gamme***, (*fig.*) cambiar musica | ***toute la gamme***, (*fam.*) dal primo all'ultimo.
gammé [game] *agg.*
● ***croix gammée***, croce uncinata, svastica.
ganache [ganaʃ] *n.f.* 1 (*del cavallo*) ganascia 2 (*fig. fam.*) imbecille (*m.*), rammollito (*m.*) 3 (*cuc.*) ganache (crema con cioccolato, burro e panna).
gandin [gɑ̃dɛ̃] *n.m.* (*letter.*) zerbinotto, ganimede.
gang [gɑ̃g] *n.m.* gang (*f.*), banda (*f.*).
ganglion [gɑ̃glijɔ̃] *n.m.* (*anat.*) ganglio.
● ***avoir des ganglions***, (*fam.*) avere le ghiandole infiammate.
ganglionnaire [gɑ̃glijɔnɛʀ] *agg.* gangliare.
gangrène [gɑ̃gʀɛn] *n.f.* (*med.*) cancrena (*anche fig.*).
gangrener [gɑ̃gʀəne] *v.tr.* [coniug. come *semer*] 1 far incancrenire 2 (*fig.*) corrompere ♦ **se gangrener** *v.pron.intr.* (*med.*) andare in cancrena, incancrenire.
gangreneux [gɑ̃gʀənø] *agg.* [f. *-euse*] cancrenoso.
gangster [gɑ̃gstɛʀ] *n.m.* 1 malvivente, gangster 2 (*estens.*) farabutto, mascalzone.
gangstérisme [gɑ̃gsteʀism] *n.m.* gangsterismo.
gangue [gɑ̃g] *n.f.* 1 (*min.*) ganga 2 (*letter.*) pastoia, peso (*m.*): *la gangue des préjugés*, il peso dei pregiudizi.
ganse [gɑ̃s] *n.f.* 1 cordoncino (*m.*), spighetta 2 (*mar.*) stroppo (*m.*).
ganser [gɑ̃se] *v.tr.* profilare, bordare (un vestito).
gant [gɑ̃] *n.m.* guanto.
● ***gant de crin***, guanto di crine | (*bot. pop.*) ***gant de Notre-Dame***, ditale, digitale della Madonna | ***gant de toilette***, guanto, manopola di spugna, da bagno | ***gants de boxe***, guantoni da pugilato | ***aller comme un gant***, andare a pennello | ***jeter le gant***, (*fig.*) gettare il guanto, sfidare | ***mettre***, ***prendre des gants avec qqn***, (*fig.*) trattare qlcu con i guanti: *il n'a pas pris de gants pour me dire cela*, me l'ha detto senza tanti complimenti | ***ramasser***, ***relever le gant***, (*fig.*) accettare la sfida | ***retourner qqn comme un gant***, (*fig.*) far cambiare totalmente parere a qlcu | ***se donner les gant de qqch***, (*fig.*) attribuirsi il merito di qlco | ***souple comme un gant***, molto accomodante, malleabile.
gantelet [gɑ̃tlɛ] *n.m.* 1 guardamano 2 (*dell'armatura*) manopola (*f.*).
ganter [gɑ̃te] *v.tr.* mettere i guanti (a), inguantare ♦ *v.intr.* calzare, portare (guanti): *ganter du sept*, portare i guanti numero sette ♦ **se ganter** *v.pron.* mettersi i guanti.
gantier [gɑ̃tje] *n.m.* [f. *-ère*] guantaio.
gantois [gɑ̃twa] *agg.* di Gand.
gap [gap] *n.m.* gap, scarto, divario: *gap des générations*, gap generazionale.
garage [gaʀaʒ] *n.m.* 1 garage, autorimessa (*f.*): *rentrer sa voiture au garage*, mettere la macchina in garage 2 autofficina (*f.*): *porter sa voiture au garage*, portare la macchina dal meccanico 3 il posteggiare.
● (*ferr.*) ***voie de garage***, (*anche fig.*) binario morto.

garagiste [gaʀaʒist] *n.m.* e *f.* 1 meccanico (*m.*) 2 garagista (*m.*).

garance [gaʀɑ̃s] *n.f.* 1 (*bot.*) garanza, robbia 2 (*colorante*) robbia ♦ *agg.invar.* (color) rosso vivo.

garant [gaʀɑ̃] *agg.* garante ♦ *n.m.* 1 garante 2 garanzia (*f.*) 3 (*mar.*) (*di paranco*) tirante.

garantie [gaʀɑ̃ti] *n.f.* garanzia.
● ***garantie trois ans usine***, (*di una macchina, un apparecchio*) garanzia a tre anni | (*dir.*) ***contrat de garantie***, contratto di garanzia | ***sous garantie***, in garanzia.

garantir [gaʀɑ̃tiʀ] *v.tr.* 1 garantire 2 garantire; assicurare: *je te garantis que c'est vrai*, ti garantisco, assicuro che è vero 3 riparare, proteggere ♦ **se garantir** *v.pron.* 1 garantirsi (**da**) 2 ripararsi (**da**).

garbure [gaʀbyʀ] *n.f.* (*cuc.*) garbure (minestrone di verdure con grasso e carne d'oca, tipico del Sud-Ovest della Francia).

garce [gaʀs] *n.f.* 1 (*fam.*) strega, carogna: *elle est un peu garce*, è una carognetta 2 (*volg.*) puttana 3 (*ant.*) ragazza.
● ***cette garce de vie!***, (*fig.*) questa vita da cani!

garçon [gaʀsɔ̃] *n.m.* 1 ragazzo: *il est beau garçon*, è un bel ragazzo; *il a un air bon garçon*, ha un aspetto da brava persona 2 figlio maschio: *j'ai deux enfants: un garçon et une fille*, ho due figli, un maschio e una femmina 3 scapolo: *une vie de garçon*, una vita da scapolo 4 garzone, apprendista 5 cameriere.
● ***garçon boulanger***, garzone di fornaio | ***garçon de bord***, mozzo | ***garçon de bureau, de courses***, (*antiq.*) fattorino | ***garçon de cabine***, cameriere di bordo | ***garçon manqué***, (*di ragazza*) maschiaccio | ***école de garçons***, scuola maschile | ***grand garçon***, (*iron.*) giovanotto | ***petit garçon***, bambino: *être traité en petit garçon*, essere trattato come un ragazzino | ***vieux garçon***, scapolone.

garçonne [gaʀsɔn] *n.f.* maschietta.
● ***à la garçonne***, (*di taglio di capelli*) alla garçonne.

garçonnet [gaʀsɔnɛ] *n.m.* ragazzino.

garçonnier [gaʀsɔnje] *agg.* [f. *-ère*] mascolino; da uomo.

garçonnière [gaʀsɔnjɛʀ] *n.f.* garçonnière, appartamentino (*m.*) da scapolo.

garde[1] [gaʀd] *n.f.* 1 guardia, custodia; sorveglianza: *confier la garde de la maison à qqn*, affidare la custodia della casa a qlcu 2 guardia, difesa 3 (*mil.*) guardia, corpo (*m.*) di guardia 4 (*di arma bianca*) elsa, guardamano (*m.*) 5 (*tip.*) risguardo (*m.*) 6 (*pl.*) (*di serratura*) fernette.
● (*dir.*) ***garde à vue***, fermo di polizia | ***garde nationale***, guardia nazionale | ***garde pontificale***, guardia pontificia | ***garde républicaine***, guardia repubblicana (scorta del Presidente della Repubblica francese) | (*dir.*) ***droit de garde***, patria potestà | ***en garde!***, in guardia!: *mettre en garde contre*, (*fig.*) mettere in guardia da | ***être de garde***, (*anche fig.*) essere, mettersi in guardia, sulla difensiva | ***être, se mettre sur ses gardes***, (*anche fig.*) essere, mettersi in guardia, sulla difensiva | ***la vieille garde***, la vecchia guardia | ***médecin, pharmacie de garde***, medico di guardia, farmacia di turno | ***mettre qqch en garde***, mettere qlco in custodia | (*mil.*) ***monter la garde***, montare di guardia | ***plaisanterie de salle de garde***, battuta da caserma | ***prendre garde***, stare attento: *prends garde qu'il ne te voie*, stai attento che non ti veda | (*mil.*) ***relever la garde***, cambiare la guardia | ***sous bonne garde***, sotto stretta sorveglianza.

garde[2] *n.m.* 1 guardia (*f.*); guardiano, custode, sorvegliante 2 guardia (*f.*), soldato della guardia.
● ***garde de nuit***, guardia notturna | (*pol.*) ***Garde des Sceaux***, guardasigilli | ***garde du corps***, guardia del corpo | ***garde forestier***, guardia forestale, guardaboschi | ***garde particulier***, guardia privata.

garde[3] *n.f.* infermiera.
● ***garde à domicile***, assistenza a domicilio, domiciliare | ***garde de nuit***, infermiera per la notte.

garde-à-vous [gaʀdavu] *n.m.invar.* attenti: *se mettre au garde-à-vous*, mettersi sull'attenti.

garde-barrière [gaʀdəbaʀjɛʀ] *n.m.* [pl. *gardes-barrière(s)*] casellante.

garde-boue [gaʀdəbu] *n.m.invar.* parafango.

garde-chasse [gaʀdəʃas] *n.m.* [pl. *gardes-chasse(s)*] guardacaccia.

garde-chiourme [gaʀdəʃjuʀm] *n.m.* [pl. *gardes-chiourme(s)*] aguzzino, carceriere.

garde-corps [gaʀdəkɔʀ] *n.m.invar.* 1 parapetto 2 (*mar.*) guardacorpo.
■ SIN. 1 garde-fou.

garde-côte [gaʀdəkot] *n.m.* [pl. *garde-côtes*] (*nave*) guardacoste.

garde-feu [gaʀdəfø] *n.m.* [pl. *garde-feu(x)*] parafuoco.
■ SIN. pare-étincelles.

garde-fou [gaʀdəfu] *n.m.* [pl. *garde-fous*] 1 ringhiera (*f.*), parapetto; (*di autostrada*) guardrail 2 (*fig.*) freno.

garde-ligne [gaʀdəliɲ] *n.m.* [pl. *garde-lignes*] (*sport*) guardalinee.

garde-malade [gaʀdəmalad] *n.m.* e *f.* [pl. *gardes-malade(s)*] infermiere/a.

garde-manger [gaʀdmɑ̃ʒe] *n.m.invar.* 1 moscaiola (*f.*) 2 (*antiq.*) dispensa (*f.*).

gardénia [gaʀdenja] *n.m.* (*bot.*) gardenia (*f.*).

garde-pêche [gaʀdəpɛʃ] *n.m.* 1 [pl. *gardes-pêche*] (*persona*) guardapesca 2 [pl. *invar.*] (*nave*) guardapesca.

garder [gaʀde] *v.tr.* 1 custodire, sorvegliare; badare (**a**): *garder le troupeau*, custodire il gregge; *garder un prisonnier*, sorvegliare un prigioniero 2 (*dir.*) tutelare 3 tenere, conservare (*anche fig.*): *garder son chapeau*, tenere il cappello in testa; *garder un secret*, mantenere un segreto; *garder un bon souvenir de qqn*, serbare un buon ricordo di qlcu; *garder à jour*, tenere aggiornato 4 rimanere (**a**, **in**): *garder le lit, la chambre*, rimanere a letto, in casa 5 proteggere, salvaguardare: *garder les apparences*, salvare le apparenze 6 trattenere: *je ne vous garde pas longtemps*, non la tratterrò a lungo ♦ **se garder** *v.pron.* guardarsi; astenersi: *elle s'est bien gardée de me le dire*, si è ben guardata dal dirmelo.
● ***garder la monnaie***, tenere il resto | ***garder les distances***, mantenere le distanze | ***garder le silence***, stare in silenzio, tacere | ***garder sa parole***, mantenere la parola (data) | ***garder son sérieux***, mantenersi, restare serio | ***on n'a pas gardé les cochons ensemble***, (*fig.*) non abbiamo mangiato nello stesso piatto.

FAUX AMI
Da non confondere con *guardare*, che si traduce *regarder*.

garderie [gaʀdəʀi] *n.f.* 1 giardino (*m.*) d'infanzia, asilo (*m.*) 2 doposcuola (*m.*).

garde-robe [gaʀdəʀɔb] *n.f.* [pl. *garde-robes*] 1 (*antiq.*) armadio (*m.*), guardaroba (*m.*) 2 guardaroba (*m.*), abbigliamento (*m.*) (personale).

gardeur [gaʀdœʀ] *n.m.* [f. *-euse*] guardiano (di animali).
● ***gardeur de bœufs***, bovaro | ***gardeur de chevaux***, caval-

laro | ***gardeur de porcs***, porcaro | ***gardeur de vaches***, vaccaro.

garde-voie [gaʀdəvwa] ***n.m.*** [pl. *gardes-voie(s)*] (*ferr.*) guardalinee.

gardian [gaʀdjɑ̃] ***n.m.*** (*in Camargue*) buttero.

gardien [gaʀdjɛ̃] ***n.m.*** [f. *-enne*] guardiano; custode (*anche fig.*) ♦ ***agg.*** guardiano, custode.

● (*baseball*) ***gardien de base une, deux, trois***, giocatore di prima, seconda, terza base | ***gardien (de but)***, portiere | ***gardien de la paix***, (*a Parigi*) vigile urbano | ***gardien de nuit***, guardiano notturno | ***gardien de parking***, posteggiatore | ***gardien de troupeaux***, mandriano | ***gardien d'immeuble***, portiere, portinaio | ***ange gardien***, angelo custode | (*eccl.*) ***(père) gardien***, padre guardiano.

gardiennage [gaʀdjɛnaʒ] ***n.m.*** custodia (*f.*), sorveglianza (*f.*).

G

gardinier [gaʀdinje] ***n.m.*** (*Africa*) guardiano giardiniere.

gardois [gaʀdwa] ***agg.*** del Gard.

gardon [gaʀdɔ̃] ***n.m.*** (*zool.*) lasca (*f.*).

● ***frais comme un gardon***, fresco come una rosa.

gare[1] [gaʀ] ***n.f.*** **1** stazione: *il m'a accompagné à la gare*, mi ha accompagnato alla, in stazione **2** (*in un fiume, un canale*) attracco (*m.*), ormeggio (*m.*).

● ***gare centrale, principale***, stazione centrale | ***gare de marchandises***, scalo merci | ***gare maritime***, stazione marittima | ***gare routière***, autostazione | ***gare terminus*** (o ***gare tête de ligne***), stazione di testa, capolinea | ***chef de gare***, capostazione.

FAUX AMI
Da non confondere con *gara*, che si traduce *épreuve, compétition*.

gare[2] ***inter.*** attento, attenzione, bada.

● ***gare à toi si***, guai a te se | ***crier gare à qqn***, gridare a qlcu di stare attento | ***sans crier gare***, senza avvertire.

garenne [gaʀɛn] ***n.f.*** **1** (*zootecn.*) garenna **2** riserva di pesca ♦ ***n.m.*** (*zool.*) coniglio selvatico.

garer [gaʀe] ***v.tr.*** **1** mettere (un veicolo) in rimessa; parcheggiare **2** (*fig. fam.*) mettere al sicuro, in salvo ♦ **se garer** ***v.pron.*** **1** mettersi al riparo (**da**); scansare (**qlco**) **2** (*fam.*) posteggiare, parcheggiare.

■ *V.PRON.* SIN. **2** stationner.

gargantuesque [gaʀgɑ̃tɥɛsk] ***agg.*** gargantuesco, smisurato.

NOTA L'aggettivo ***gargantuesque***, che denota un grado smisurato (soprattutto di appetito), fa riferimento al gigante Gargantua, protagonista del celebre romanzo *Gargantua* dello scrittore F. Rabelais (1494-1553).

gargariser, se [səgaʀgaʀize] ***v.pron.*** **1** fare i gargarismi **2** (*fam.*) compiacersi: *se gargariser de grands mots*, riempirsi la bocca di belle parole.

gargarisme [gaʀgaʀism] ***n.m.*** gargarismo.

gargote [gaʀgɔt] ***n.f.*** bettola.

gargouille [gaʀguj] ***n.f.*** (*arch.*) doccione (*m.*).

gargouillement [gaʀgujmɑ̃] ***n.m.*** **1** gorgoglio **2** (*med.*) gorgogliamento.

gargouiller [gaʀguje] ***v.intr.*** gorgogliare.

gargouillis [gaʀguji] ***n.m.*** gorgoglio.

gargoulette [gaʀgulɛt] ***n.f.*** orcio (*m.*).

gari [gaʀi] ***n.m.*** (*Africa*) farina (*f.*) di manioca.

garibaldien [gaʀibaldjɛ̃] ***agg.*** e ***n.m.*** [f. *-enne*] (*st.*) garibaldino.

garnement [gaʀnəmɑ̃] ***n.m.*** monello, ragazzino terribile.

garni [gaʀni] ***agg.*** **1** guarnito **2** fornito; riempito: *table bien garnie*, tavola riccamente imbandita ♦ ***n.m.*** (*antiq.*) camera (*f.*) ammobiliata; appartamento ammobiliato.

● ***chambre garnie***, camera ammobiliata | (*Svizzera*) ***(hotel) garni***, albergo senza ristorante | ***plat de viande garni***, piatto di carne con contorno di verdure.

garnir [gaʀniʀ] ***v.tr.*** **1** guarnire; ornare **2** munire; rinforzare **3** fornire; riempire **4** (*cuc.*) (*una pietanza*) guarnire ♦ **se garnir** ***v.pron.intr.*** riempirsi.

garnison [gaʀnizɔ̃] ***n.f.*** (*mil.*) guarnigione, presidio (*m.*).

● ***être en garnison à***, essere di stanza a.

garnissage [gaʀnisaʒ] ***n.m.*** **1** guarnitura (*f.*) **2** (*tecn.*) rivestimento; riempimento.

garniture [gaʀnityʀ] ***n.f.*** **1** guarnizione **2** (*tecn.*) guarnizione **3** servizio (*m.*), accessori (*m.pl.*): *garniture de bureau*, set da scrivania **4** (*cuc.*) contorno (*m.*); guarnizione; ripieno (*m.*) **5** (*pl.*) (*tip.*) marginature **6** (*pl.*) (*di arma da fuoco*) fornimenti (*m.*).

● (*tecn.*) ***garniture de frein***, ferodo | (*aut.*) ***garniture intérieure***, tappezzeria | ***garniture périodique***, assorbente igienico.

garrigue [gaʀig] ***n.f.*** gariga, macchia.

garrocher [gaʀɔʃe] ***v.tr.*** (*Canada*) (*fam.*) lanciare, gettare.

garrot[1] [gaʀo] ***n.m.*** garrese.

garrot[2] ***n.m.*** **1** (*tecn.*) randello (per torcere e tendere corde) **2** (*della sega*) zeppa (*f.*), stecca (*f.*) **3** (*med.*) laccio emostatico **4** (*st.*) garrotta (*f.*).

garrottage [gaʀɔtaʒ] ***n.m.*** **1** legatura (*f.*) stretta **2** (*st.*) garrottamento.

garrotter [gaʀɔte] ***v.tr.*** **1** legare strettamente **2** (*fig.*) imbavagliare **3** (*st.*) garrottare.

gars [gɑ] ***n.m.*** (*fam.*) ragazzo; tipo, tizio: *un grand gars*, un ragazzone.

gascon [gaskɔ̃] ***agg.*** [f. *-onne*] guascone ♦ ***n.m.*** **1** (*dialetto*) guascone **2** (*fig.*) guascone, fanfarone.

Gascon ***n.m.*** [f. *-onne*] (*abitante*) guascone.

● ***une histoire de Gascon***, (*fig.*) una fanfaronata | ***une offre, une promesse de Gascon***, (*fig.*) una promessa da marinaio.

gasconnade [gaskɔnad] ***n.f.*** guasconata, fanfaronata.

gas-oil [pl. *gas-oils*] **gasoil** [gazɔjl, gazwal] ***n.m.*** gasolio.

gaspillage [gaspijaʒ] ***n.m.*** scialo, spreco, sperpero.

gaspiller [gaspije] ***v.tr.*** sperperare; sprecare, sciupare (*anche fig.*): *gaspiller son temps*, sprecare il proprio tempo.

gaspilleur [gaspijœʀ] ***agg.*** e ***n.m.*** [f. *-euse*] scialacquatore, sprecone.

gastéropode [gasteʀɔpɔd] ***n.m.*** (*zool.*) gasteropodo.

gastrectomie [gastʀɛktɔmi] ***n.f.*** (*med.*) gastrectomia.

gastrique [gastʀik] ***agg.*** gastrico.

gastrite [gastʀit] ***n.f.*** (*med.*) gastrite.

gastro-entérique [gastʀɔɑ̃teʀik] ***agg.*** [pl. *gastro-entériques*] gastroenterico.

gastro-entérite [gastʀɔɑ̃teʀit] ***n.f.*** [pl. *gastro-entérites*] (*med.*) gastroenterite.

gastro-entérologue [gastʀoɑ̃teʀɔlɔg] *n.m.* e *f.* [pl. *gastro-entérologues*] (*med.*) gastroenterologo/a.

gastro-intestinal [gastʀoɛ̃tɛstinal] *agg.* [pl. *gastro -intestinaux*] (*anat.*) gastrointestinale.

gastronome [gastʀɔnɔm] *n.m.* e *f.* gastronomo/a.

gastronomie [gastʀɔnɔmi] *n.f.* gastronomia.

gastronomique [gastʀɔnɔmik] *agg.* gastronomico.

gastroscopie [gastʀɔskɔpi] *n.f.* (*med.*) gastroscopia.

gâté [gɑte] *agg.* 1 guasto 2 (*fig.*) viziato.
● ***enfant gâté***, bambino viziato: *être l'enfant gâté de*, essere il beniamino di | ***nous sommes gâtés!***, (*iron.*) siamo proprio fortunati!

gâteau [gɑto] *n.m.* [pl. *-eaux*] 1 dolce, torta (*f.*): *gâteau aux amandes*, torta di mandorle 2 (*Svizzera*) crostata (*f.*) 3 (*tecn.*) pane, panello 4 (*scultura*) forma (*f.*) ♦ *agg. invar.* (*fam.*) indulgente, di manica larga: *un papa gâteau*, un padre che è uno zucchero.
● (*apicoltura*) ***gâteau de cire***, favo | ***gâteau de mariage***, torta nuziale | ***gâteau de riz***, budino di riso | ***gâteaux secs***, biscotti | ***c'est du gâteau!***, (*fam.*) è facilissimo! | ***petits gâteaux***, pasticcini | ***se partager le gâteau***, (*fig.*) dividersi la torta.

gâter [gɑte] *v.tr.* 1 guastare; rovinare: *la grêle a gâté la récolte*, la grandine ha rovinato il raccolto 2 (*fig.*) viziare: *gâter un enfant*, viziare un bambino; *le temps ne nous a pas gâtés*, il tempo non è stato clemente con noi ♦ **se gâter** *v.pron.intr.* guastarsi; rovinarsi: *les choses se gâtent*, le cose si mettono male; *le temps se gâte*, il tempo si guasta, si mette al brutto.
● ***ce qui ne gâte rien***, il che non guasta.

gâterie [gɑtʀi] *n.f.* (*spec. pl.*) 1 leccornia; regalino (*m.*) 2 (*letter.*) coccole (*pl.*).

gâte-sauce [gɑtsos] *n.m.invar.* 1 (*antiq.*) cattivo cuoco 2 sguattero, lavapiatti.

gâteux [gɑtø] *agg.* e *n.m.* [f. *-euse*] 1 (*fam.*) rimbambito: *devenir gâteux*, rimbecillire 2 (*med.*) (*antiq.*) incontinente.

gâtion [gɑtjɔ̃] *n.m.* (*Svizzera*) bambino viziato.

gâtisme [gɑtism] *n.m.* rimbambimento.

gauche[1] [goʃ] *agg.* 1 sinistro: *la main gauche*, la mano sinistra 2 (*fig.*) goffo, maldestro 3 (*mat.*) sghembo 4 deformato; piegato (*anche mecc.*): *un mur gauche*, un muro sghembo.
● ***à main gauche***, a sinistra | ***se lever du pied gauche***, (*fig. fam.*) alzarsi col piede sbagliato.
■ CONTR. 2 adroit.

gauche[2] *n.f.* 1 sinistra: *tenir sa gauche*, tenere la sinistra 2 (*pol.*) sinistra: *gouvernement de centre gauche*, governo di centro-sinistra ♦ *n.m.* 1 (*pugilato*) sinistro 2 (*mecc.*) deformazione (*f.*).
● ***gauche caviar***, sinistra radical-chic | ***à droite et à gauche***, (*anche fig.*) a destra e a manca, di qua e di là | ***jusqu'à la gauche***, (*argot*) fino in fondo: *être endetté jusqu'à la gauche*, essere indebitato fino al collo | ***mettre de l'argent à gauche***, (*fam.*) mettere da parte del denaro.
■ N.F. CONTR. 1 droite.

gauchement [goʃmɑ̃] *avv.* goffamente.

gaucher [goʃe] *agg.* e *n.m.* [f. *-ère*] mancino.
■ CONTR. droitier.

gaucherie [goʃʀi] *n.f.* 1 (*fam.*) goffaggine 2 (*fig.*) gaffe, topica 3 (*med.*) mancinismo (*m.*).

gauchir [goʃiʀ] *v.intr.* 1 storcersi, sformarsi, deformarsi 2 (*antiq.*) deviare ♦ *v.tr.* 1 torcere, storcere, deformare 2 (*fig.*) alterare, deformare.

gauchisant [goʃizɑ̃] *agg.* (*pol.*) sinistrorso, con tendenze di sinistra | *langage gauchisant*, sinistrese ♦ *n.m.* (*pol.*) sinistrorso, persona (*f.*) con tendenze di sinistra.

gauchisme [goʃism] *n.m.* estrema sinistra (*f.*).

gauchissement [goʃismɑ̃] *n.m.* 1 storcimento, deformazione (*f.*) (*anche fig.*) 2 (*tecn.*) svergolamento.

gauchiste [goʃist] *agg.* (*pol.*) gauchista, sinistrorso ♦ *n.m.* e *f.* (*pol.*) gauchista, extraparlamentare di sinistra.

gaudriole [godʀijɔl] *n.f.* (*fam.*) 1 storiella licenziosa 2 vita licenziosa: *il ne pense qu'à la gaudriole*, pensa solo a correre la cavallina.

gauffrer, se [səgofʀe] *v.pron.* (*fam.*) cadere.

gaufrage [gofʀaʒ] *n.m.* (*tecn.*) goffratura (*f.*).

gaufre [gofʀ] *n.f.* 1 (*di miele*) favo (*m.*) 2 (*cuc.*) (*cialda*) gaufre.
● ***ramasser une gaufre***, (*fam.*) ricevere un colpo, uno schiaffo | ***se sucrer la gaufre***, (*fam.*) truccarsi.

gaufrer [gofʀe] *v.tr.* (*tecn.*) (*tessuto, carta ecc.*) goffrare.

gaufrette [gofʀɛt] *n.f.* wafer (*m.*).

gaufrier [gofʀije] *n.m.* cialdiera (*f.*), stampo per cialde.

gaulage [golaʒ] *n.m.* bacchiatura (*f.*).

gaule [gol] *n.f.* 1 bacchio (*m.*) 2 canna da pesca 3 pertica.
● ***avoir la gaule***, (*molto fam.*) avere un'erezione.

gaulé [gole] *agg.* (*fam.*) ben fatto: *bien gaulé*, che ha un bel corpo; *elle est gaulée, je te dis pas!*, ha un fisico eccezionale!

gauler [gole] *v.tr.* bacchiare.
● ***se faire gauler***, (*fam.*) farsi pizzicare.

gaullien [goljɛ̃] *agg.* [f. *-enne*] (*pol.*) di, relativo a de Gaulle; gollista.

gaullisme [golism] *n.m.* (*pol.*) gollismo.

gaulliste [golist] *agg.* e *n.m.* e *f.* (*pol.*) gollista.

gaulois [golwa] *agg.* 1 gallico, della Gallia 2 (*fig.*) arguto e licenzioso ♦ *n.m.* (*lingua*) gallico.
● ***esprit gaulois***, spirito arguto e licenzioso.

Gaulois *n.m.* (*abitante*) gallo.
● (*st.*) ***les Gaulois***, i galli.

gauloise® [golwaz] *n.f.* gauloise® (marca di sigaretta del monopolio francese).

gauloiserie [golwazʀi] *n.f.* facezia, arguzia salace.

gausser, se [səgose] *v.pron.intr.* (*letter.*) farsi beffe (di).

gavage [gavaʒ] *n.m.* 1 ingozzatura (*f.*) 2 (*med.*) alimentazione (*f.*) con sonda.

gave [gav] *n.m.* corso d'acqua a regime torrentizio (nei Pirenei).

gaver [gave] *v.tr.* ingozzare, rimpinzare ♦ **se gaver** *v.pron.* rimpinzarsi.

gavot [gavo] *agg.* della regione di Gap (Hautes-Alpes).

gavotte [gavɔt] *n.f.* (*mus.*) gavotta.

gavroche [gavʀɔʃ] *n.m.* monello di Parigi ♦ *n.f.* (*Niger*) prostituta.
● ***air gavroche***, aria birichina.

NOTA ***Gavroche*** deriva dal nome del piccolo eroe dei *Misérables* di V. Hugo (1862), un monello parigino generoso e intrepido che muore sulle barricate durante l'insurrezione del 1832.

gay [gɛ] *agg.invar.* e *n.m.* gay, omosessuale.

G

gaz [gɑz] ***n.m.invar.*** gas: *un employé du gaz*, un impiegato (della società) del gas.
● ***gaz carbonique***, anidride carbonica | ***gaz d'échappement***, gas di scarico | ***gaz liquefié***, gas liquido, liquefatto | ***gaz naturel***, gas naturale | ***à pleins gaz***, a tutto gas | (*med.*) ***avoir des gaz***, soffrire di flatulenza | ***chambre à gaz***, camera a gas | ***il y a de l'eau dans le gaz***, (*fam.*) c'è aria di burrasca | ***masque à gaz***, maschera antigas | (*aut.*) ***mettre les gaz***, dare gas (a un motore).

gaze [gɑz] ***n.f.*** garza.

gazé [gaze] ***agg.*** e ***n.m.*** che, chi è stato colpito da gas asfissianti, gassato.

gazéifier [gazeifje] ***v.tr.*** gassificare; gassare (un liquido).

gazelle [gazɛl] ***n.f.*** (*zool.*) gazzella.

G

gazer [gɑze] ***v.tr.*** **1** gassare (con gas tossici) **2** (*tecn.*) gazare ♦ ***v.intr.*** (*fig. fam.*) andare bene.

gazette [gazɛt] ***n.f.*** **1** gazzetta (*anche fig.*) **2** (*Belgio*) quotidiano (*m.*).

gazeux [gɑzø] ***agg.*** [f. *-euse*] gassoso.

gazier [gɑzje] ***agg.*** [f. *-ère*] del gas ♦ ***n.m.*** gassista.

gazinière [gazinjɛʀ] ***n.f.*** cucina a gas.

gazoduc [gɑzɔdyk] ***n.m.*** gasdotto.

gazogène [gɑzɔʒɛn] ***n.m.*** gasogeno.

gazole [gɑzɔl] ***n.m.*** → **gas-oil**.

gazomètre [gɑzɔmɛtʀ] ***n.m.*** gasometro.

gazon [gɑzɔ̃] ***n.m.*** **1** erba (*f.*), erbetta (*f.*) **2** prato, tappeto erboso.
■ SIN. **2** pelouse.

gazouillement [gazujmɑ̃] ***n.m.*** → **gazouillis**.

gazouiller [gazuje] ***v.intr.*** **1** cinguettare **2** (*di bambini*) fare versetti, balbettare **3** (*di acque*) mormorare.

gazouillis [gazuji] ***n.m.*** **1** (*di uccelli*) cinguettio **2** (*di bambini*) versetti, balbettio **3** (*di acqua*) mormorio.

geai [ʒɛ] ***n.m.*** (*zool.*) ghiandaia (*f.*).

géant [ʒeɑ̃] ***agg.*** gigantesco ♦ ***n.m.*** gigante.
■ *AGG.* SIN. gigantesque, énorme.

géantiste [ʒeɑ̃tist] ***n.m.*** e ***f.*** (*sci*) gigantista.

gecko [ʒeko] ***n.m.*** (*zool.*) geco.

geignard [ʒɛɲaʀ] ***agg.*** (*fam.*) piagnucoloso, lamentoso ♦ ***n.m.*** piagnone, lagnone.

geindre [ʒɛ̃dʀ] ***v.intr.*** [coniug. come *craindre*] **1** gemere, lamentarsi **2** (*fam.*) frignare.

gel [ʒɛl] ***n.m.*** **1** gelo **2** (*chim.*) gel.
● (*cosmesi*) ***gel coiffant***, gel per i capelli | (*econ.*) ***gel des crédits***, congelamento dei crediti.

gélatine [ʒelatin] ***n.f.*** **1** (*chim.*) gelatina **2** (*cuc.*) colla di pesce.

gélatineux [ʒelatinø] ***agg.*** [f. *-euse*] gelatinoso.

gelé [ʒəle] ***agg.*** **1** gelato; ghiacciato; (*fig.*) gelido **2** (*fam.*) schizzato: *ils sont complètement gelés ceux-là*, quelli sono proprio fuori.
● (*econ.*) ***crédits, capitaux gelés***, crediti, capitali congelati.

gelée [ʒəle] ***n.f.*** **1** gelo (*m.*), gelata **2** (*cuc.*) gelatina.
● ***gelée blanche***, brina | ***gelée royale***, pappa reale.

geler [ʒəle] ***v.tr.*** [coniug. come *semer*] **1** gelare; congelare (*anche fig.*) | (*econ.*) *geler des crédits*, congelare i crediti **2** (*fig.*) gelare, raggelare ♦ ***v.intr.*** ghiacciare; gelare (*anche fig.*): *l'eau a gelé dans le radiateur*, l'acqua è gelata nel radiatore ♦ ***v.intr.impers.*** gelare: *il a gelé cette nuit*, stanotte è gelato ♦ **se geler** ***v.pron.*** gelarsi.
● ***il a gelé blanc***, è brinato | ***il gèle à pierre fendre***, fa un freddo cane.

gélinotte [ʒelinɔt] ***n.f.*** (*zool.*) francolino (*m.*).

gélule [ʒelyl] ***n.f.*** capsula.

gelure [ʒəlyʀ] ***n.f.*** **1** congelamento (*m.*) **2** gelone (*m.*).

gémeau [ʒemo] ***agg.*** e ***n.m.*** [f. *-elle*, pl.m. *-eaux*] **1** (*antiq.*) gemello **2** (*astr.*) *Gémeaux*, Gemelli.
■ SIN. **1** jumeau.

gémellaire [ʒeme(ɛl)lɛʀ] ***agg.*** gemellare.

géminé [ʒemine] ***agg.*** geminato.

gémir [ʒemiʀ] ***v.intr.*** **1** gemere (*anche fig.*) **2** (*di tortora, colomba*) tubare.

gémissant [ʒemisɑ̃] ***agg.*** gemente; lamentoso.

gémissement [ʒemismɑ̃] ***n.m.*** gemito; lamento.

gemmation [ʒɛmɑsjɔ̃] ***n.f.*** (*bot.*) gemmazione.

gemme [ʒɛm] ***n.f.*** **1** (*bot.*) gemma; resina (vegetale) **2** (*min.*) gemma, pietra preziosa.
● ***sel gemme***, salgemma.

gemmé [ʒeme] ***agg.*** gemmato.

gemmothérapie [ʒɛmoteʀapi] ***n.f.*** gemmoterapia.

gémonies [ʒemɔni] ***n.f.pl.*** (*st. romana*) gemonie.
● ***vouer qqn aux gémonies***, mettere qlcu alla berlina.

gênant [ʒɛnɑ̃] ***agg.*** **1** fastidioso, importuno **2** imbarazzante.

gencive [ʒɑ̃siv] ***n.f.*** (*anat.*) gengiva.

gendarme [ʒɑ̃daʀm] ***n.m.*** **1** gendarme, guardia (*f.*) **2** (*fig.*) carabiniere: *faire le gendarme*, (*fig.*) fare il carabiniere **3** (*zool.*) piattola (*f.*) di bosco **4** (*cuc.*) gendarme (salame secco e duro).
● ***jouer au gendarme et au voleur***, giocare a guardie e ladri | ***la peur du gendarme***, la paura della punizione.

gendarmer, se [səʒɑ̃daʀme] ***v.pron.intr.*** protestare; alzare la voce; inalberarsi.

gendarmerie [ʒɑ̃daʀməʀi] ***n.f.*** gendarmeria.

NOTA La ***gendarmerie*** esercita le funzioni della polizia di Stato: assicura l'ordine pubblico e il rispetto della legge. Le sue mansioni sono analoghe a quelle dei carabinieri italiani.

gendre [ʒɑ̃dʀ] ***n.m.*** genero.

gène [ʒɛn] ***n.m.*** (*biol.*) gene.

gêne [ʒɛn] ***n.f.*** **1** disturbo (*m.*); imbarazzo (*m.*): *éprouver de la gêne*, sentirsi a disagio **2** difficoltà **3** ristrettezze (*pl.*): *être dans la gêne*, essere in ristrettezze.
● (*dir.*) ***gêne de la tranquillité publique***, disturbo della quiete pubblica | ***avoir de la gêne à***, avere difficoltà a: *avoir de la gêne à respirer*, avere difficoltà a respirare | ***sans gêne***, senza imbarazzo, con disinvoltura: *être sans gêne*, (*estens.*) avere la faccia tosta.

gêné [ʒene] ***agg.*** **1** impedito, impacciato **2** imbarazzato, a disagio **3** in difficoltà finanziarie, in ristrettezze.

généalogie [ʒenealɔʒi] ***n.f.*** genealogia.

généalogique [ʒenealɔʒik] ***agg.*** genealogico.

génécologie [ʒenekɔlɔʒi] ***n.f.*** (*biol.*) ecogenetica.

genépi [ʒənepi] ***n.m.*** genepì.

gêner [ʒene] ***v.tr.*** **1** dare fastidio (a) **2** impedire, ostacolare **3** mettere a disagio, in soggezione ♦ **se gêner** ***v.pron.*** incomodarsi, disturbarsi | *il ne s'est pas gêné pour*, non si è fatto scrupolo di.

général[1] [ʒeneʀal] ***agg.*** [pl. *-aux*] **1** generale **2** generico ♦ ***n.m.*** (ciò che è) generale.
● ***en général***, in genere, in generale.

général[2] ***n.m.*** [pl. *-aux*] generale.

générale [ʒeneʀal] *n.f.* 1 generalessa, moglie di un generale 2 (*teatr.*) prova generale 3 (*mil.*) adunata.

généralement [ʒeneʀalmɑ̃] *avv.* generalmente.

généralisation [ʒeneʀalizasjɔ̃] *n.f.* generalizzazione.

généraliser [ʒeneʀalize] *v.tr.* generalizzare ♦ **se généraliser** *v.pron.intr.* generalizzarsi.

généralissime [ʒeneʀalisim] *n.m.* generalissimo.

généraliste [ʒeneʀalist] *n.m.* e *f.* 1 medico (*m.*) generico 2 (*pol.*) tuttofare, factotum ♦ *agg.* non specializzato.
■ SIN. 1 omnipraticien.

généralité [ʒeneʀalite] *n.f.* 1 generalità 2 (*pl.*) idee generali.
● ***la généralité des***, la maggior parte di | ***s'en tenir aux généralités***, restare, tenersi sulle generali.

FAUX AMI
Da non confondere con *generalità*, nel senso di 'dati personali' che si traduce *identité*.

générateur [ʒeneʀatœʀ] *agg.* [f. *-trice*] generatore ♦ *n.m.* (*elettr.*) generatore.

génération [ʒeneʀasjɔ̃] *n.f.* generazione.

générer [ʒeneʀe] *v.tr.* generare, produrre.

généreusement [ʒeneʀøzmɑ̃] *avv.* generosamente.

généreux [ʒeneʀø] *agg.* [f. *-euse*] generoso.

générique [ʒeneʀik] *agg.* generico ♦ *n.m.* (*cine.*) titoli (*pl.*) di testa.

générosité [ʒeneʀozite] *n.f.* 1 generosità 2 (*pl.*) larghezze, doni (*m.*); munificenza (*sing.*).

genèse [ʒənɛz] *n.f.* genesi.

genêt [ʒənɛ] *n.m.* (*bot.*) ginestra (*f.*).

généticien [ʒenetisjɛ̃] *n.m.* [f. *-enne*] genetista.

génétique [ʒenetik] *n.f.* genetica ♦ *agg.* genetico.

génétiquement [ʒenetikmɑ̃] *avv.* geneticamente.

genevois [ʒənvwa] *agg.* ginevrino.

Genevois *n.m.* (*abitante*) ginevrino.

genévrier [ʒənevʀije] *n.m.* (*bot.*) ginepro.

genhar [ʒɑ̃aʀ] *n.m.* (*fam.*) (*verlan di* argent) grana (*f.*), soldi (*pl.*).

génial [ʒenjal] *agg.* [pl. *-aux*] 1 geniale 2 (*fam.*) magnifico, stupendo, favoloso: (*c'est*) *génial*, (è) magnifico!; *un truc génial*, una cosa straordinaria; *il m'est arrivé une histoire géniale*, mi è successa una cosa incredibile | *comme ça tu es génial*, così sei la fine del mondo.

génialement [ʒenjalmɑ̃] *avv.* genialmente.

génialoïde [ʒenjalɔid] *agg.* (*fam.*) geniale.

génie[1] [ʒeni] *n.m.* genio.
● ***coup de génie***, colpo di genio.

génie[2] *n.m.* 1 (*mil.*) genio 2 ingegneria (*f.*).
● ***génie génétique***, ingegneria genetica.

genièvre [ʒənjɛvʀ] *n.m.* 1 ginepro 2 coccola (*f.*) del ginepro 3 acquavite (*f.*) di ginepro.

génisse [ʒenis] *n.f.* vitella, manza.

génital [ʒenital] *agg.* [pl. *-aux*] genitale.

génitif [ʒenitif] *n.m.* (*gramm.*) genitivo.

génocide [ʒenɔsid] *n.m.* genocidio.

génois [ʒenwa] *agg.* genovese.

Génois *n.m.* (*abitante*) genovese.

génome [ʒenom] *n.m.* (*biol.*) genoma.

génotype [ʒenɔtip] *n.m.* (*biol.*) genotipo.

genou [ʒənu] *n.m.* [pl. *-oux*] 1 ginocchio 2 (*mecc.*) gomito 3 (*mar.*) ginocchio.
● ***à genoux***, in ginocchio; a ginocchioni: *être à genoux devant qqn*, (*fig.*) essere in adorazione davanti a qlcu | ***être sur les genoux***, (*fam.*) essere a pezzi dalla fatica.

genouillère [ʒənujɛʀ] *n.f.* ginocchiera.

genre [ʒɑ̃ʀ] *n.m.* genere; specie (*f.*), tipo: *ce n'est pas mon genre de me vanter*, non sono il tipo che si dà delle arie.
● ***genre de vie***, modo di vivere | ***acteur de genre***, caratterista | ***avoir mauvais genre***, avere un'aria poco per bene | ***en*** (o ***dans***) ***son genre***, nel suo genere | ***faire du genre***, ***se donner un*** (o ***du***) ***genre***, (*fam.*) darsi un tono, fare scena: *elle cherche à se donner un genre*, cerca di crearsi un tipo.

gens [ʒɑ̃] *n.m.* e *f.pl.* gente (*f.sing.*), persone (*f.*).
● ***beaucoup, peu de gens***, poche, molte persone | ***certaines gens***, certa gente | ***des gens bien***, gente, persone per bene | ***la plupart des gens***, i più, la maggioranza | ***les gens d'église***, gli ecclesiastici | ***les gens de lettres***, i letterati | ***les gens de robe***, i magistrati, gli avvocati | ***les jeunes, les vieilles gens***, i giovani, i vecchi | ***les petites gens***, (*spreg.*) il popolino | ***tous les gens***, tutti.

NOTA L'accordo di ***gens*** è complesso in quanto questa parola, originariamente femminile, è ormai considerata da lunghissimo tempo come un plurale maschile.

L'uso ha conservato l'accordo al femminile soprattutto in formule quasi fisse, come: ***petites*** *gens*, gente modesta; ***vieilles*** *gens*, persone anziane; ***bonnes*** *gens*, brava gente.

Nell'uso attuale, ***gens*** si accorda al femminile quando è immediatamente preceduto da un aggettivo:

*de **méchantes** gens*, gente cattiva;
certaines *gens*, certa gente.

Tuttavia quando l'aggettivo che accompagna *gens* ha uguale pronuncia al maschile e al femminile, l'accordo si fa al maschile:

*De braves gens sont **arrivés**.*
È arrivata della brava gente.
*Ces jeunes gens sont **charmants**.*
Questi giovani sono affascinanti.

Con un aggettivo posto dopo il nome o in funzione di attributo, ***gens*** è sempre maschile:

*des gens **intéressants***, persone interessanti;
*des gens **méchants***, persone cattive;
*ces gens sont **vieux***, queste persone sono anziane.

Anche se preceduto da un altro aggettivo al femminile, l'attributo è al maschile:

*Les vieilles gens sont **généreux**.*
Le persone anziane sono generose.

Preceduto da ***tous***, *gens* è maschile:

***Tous** ces **gens** sont idiots.*
Tutta questa gente è stupida.

Ma se *tous* è seguito da un aggettivo qualificativo, si applica la regola degli aggettivi:

***tous** ces **honnêtes** gens*,
tutte quelle oneste persone
(*honnête* è uguale al femminile e maschile singolare)

ma:

***toutes** ces **vieilles** gens*,
tutte quelle persone anziane
(*vieille* è un femminile distinto dalla forma maschile).

Usato insieme a un complemento determinativo *gens* è sempre al maschile:

*de **vieux** gens de lettres*, vecchi letterati.

gent [ʒɑ̃] *n.f.* (*letter.*) razza, specie.
● ***la gent trotte-menu***, i topi.

G

gentiane [ʒɑ̃sjan] ***n.f.*** (*bot.*) genziana.

gentil [ʒɑ̃ti] ***agg.*** [f. *gentille*] **1** gentile **2** grazioso, carino **3** bravo, buono.
● ***une gentille somme***, (*fam.*) una bella sommetta.
■ **SIN.** 1 aimable **CONTR.** désagréable.

gentilhomme [ʒɑ̃tijɔm] ***n.m.*** [pl. *gentilshommes*] gentiluomo.

gentillesse [ʒɑ̃tijɛs] ***n.f.*** **1** gentilezza, cortesia: *on m'a reçu avec beaucoup de gentillesse*, sono stato ricevuto molto cortesemente **2** grazia.

gentillet [ʒɑ̃tijɛ] ***agg.*** [f. *-ette*] graziosetto.

gentiment [ʒɑ̃timɑ̃] ***avv.*** **1** gentilmente; con garbo | *vous resterez gentiment dans votre chambre*, ve ne resterete buoni buoni nella vostra stanza **2** (*Svizzera*) con calma.

génuflexion [ʒenyflɛksjɔ̃] ***n.f.*** genuflessione.

géo [ʒeo] ***n.f.*** (*fam.*) abbr. di **géographie**.

géo- ***pref.*** geo-.

géobiologie [ʒeobjɔlɔʒi] ***n.f.*** geobiologia.

géocentrique [ʒeɔsɑ̃tʀik] ***agg.*** geocentrico.

géochimie [ʒeɔʃimi] ***n.f.*** geochimica.

géocodage [ʒeokɔdaʒ] ***n.m.*** geocodifica (*f.*).

géode [ʒeɔd] ***n.f.*** (*min.*) geode (*m.*).

géodésie [ʒeɔdezi] ***n.f.*** geodesia.

géodésique [ʒeɔdezik] ***agg.*** geodetico ♦ ***n.f.*** geodetica.

géodistribution [ʒeodistʀibysjɔ̃] ***n.f.*** (*trasporti, turismo*) GDS (*Global Distribution System*), circuito (*m.*) telematico di prenotazione operante su scala mondiale.

géographe [ʒeɔgʀaf] ***n.m.*** e ***f.*** geografo/a.

géographie [ʒeɔgʀafi] ***n.f.*** geografia.

géographique [ʒeɔgʀafik] ***agg.*** geografico.

géographiquement [ʒeɔgʀafikmɑ̃] ***avv.*** geograficamente.

géoïde [ʒeɔid] ***n.m.*** (*geogr.*) geoide.

geôle [ʒol] ***n.f.*** carcere (*m.*), prigione.

geôlier [ʒolje] ***n.m.*** [f. *-ère*] carceriere.

géologie [ʒeɔlɔʒi] ***n.f.*** geologia.

géologique [ʒeɔlɔʒik] ***agg.*** geologico.

géologue [ʒeɔlɔg] ***n.m.*** e ***f.*** geologo/a.

géomercatique [ʒeomɛʀkatik] ***n.f.*** (*comm.*) geomarketing (*m.*).

géomètre [ʒeɔmɛtʀ] ***n.m.*** e ***f.*** **1** geometra **2** topografo/a.

géomètre-expert [ʒeomɛtʀɛkspɛʀ] ***n.m.*** [pl. *géomètres-experts*] perito tecnico esperto in topografia.

géométrie [ʒeɔmetʀi] ***n.f.*** geometria.

géométrique [ʒeɔmetʀik] ***agg.*** geometrico.

géométriquement [ʒeɔmetʀikmɑ̃] ***avv.*** geometricamente.

géophysique [ʒeɔfisik] ***n.f.*** geofisica.

géopolitique [ʒeɔpɔlitik] ***agg.*** geopolitico ♦ ***n.f.*** geopolitica.

géorgien [ʒeɔʀʒjɛ̃] ***agg.*** [f. *-enne*] georgiano ♦ ***n.m.*** (*lingua*) georgiano.

Géorgien ***n.m.*** [f. *-enne*] (*abitante*) georgiano.

géostationnaire [ʒeɔstasjɔnɛʀ] ***agg.*** geostazionario.

gérance [ʒeʀɑ̃s] ***n.f.*** gestione; amministrazione.

géranium [ʒeʀanjɔm] ***n.m.*** geranio.

gérant [ʒeʀɑ̃] ***n.m.*** gerente, gestore.

gerbe [ʒɛʀb] ***n.f.*** **1** fascio (*m.*); mazzo (*m.*): *une gerbe d'eau*, un getto d'acqua **2** (*fis.*) sciame (*m.*) **3** (*molto fam.*) nausea, disgusto (*m.*).

gerbera [ʒɛʀbəʀa] ***n.m.*** (*bot.*) gerbera (*f.*).

gerce [ʒɛʀs] ***n.f.*** fessura (spec. nel legno), screpolatura.

gercement [ʒɛʀsəmɑ̃] ***n.m.*** screpolatura (*f.*).

gercer [ʒɛʀse] ***v.tr.*** [coniug. come *placer*] screpolare ♦ ***v.intr.*** screpolarsi ♦ **se gercer** ***v.pron.*** screpolarsi.

gerçure [ʒɛʀsyʀ] ***n.f.*** **1** screpolatura **2** crepa, fenditura **3** (*metall.*) incrinatura.

gérer [ʒeʀe] ***v.tr.*** [coniug. come *céder*] gestire, amministrare.

gerfaut [ʒɛʀfo] ***n.m.*** (*zool.*) girfalco.

gériatre [ʒeʀjatʀ] ***n.m.*** e ***f.*** geriatra.

gériatrie [ʒeʀjatʀi] ***n.f.*** geriatria.

gériatrique [ʒeʀjatʀik] ***agg.*** geriatrico.

germain[1] [ʒɛʀmɛ̃] ***agg.*** germano.
● ***cousins germains***, cugini primi.

germain[2] ***agg.*** germano, germanico.
● (*st.*) ***les Germains***, i germani.

germanique [ʒɛʀmanik] ***agg.*** e ***n.m.*** germanico.

germaniser [ʒɛʀmanize] ***v.tr.*** germanizzare.

germanisme [ʒɛʀmanism] ***n.m.*** germanismo.

germaniste [ʒɛʀmanist] ***n.m.*** e ***f.*** germanista.

germe [ʒɛʀm] ***n.m.*** **1** germe (*anche fig.*) **2** germoglio.
● ***germe de blé***, germe di grano | ***germes de soja***, germogli di soia | ***en germe***, (*fig.*) in embrione, in nuce.

germer [ʒɛʀme] ***v.intr.*** germinare, germogliare (*anche fig.*): *le blé a germé tard cette année*, il grano quest'anno è, ha germinato tardi.

germicide [ʒɛʀmisid] ***agg.*** e ***n.m.*** germicida.

germinal [ʒɛʀminal] ***n.m.*** (*st.*) germinale (settimo mese del calendario rivoluzionario, dal 21-22 marzo al 18-19 aprile).

germinatif [ʒɛʀminatif] ***agg.*** [f. *-ive*] germinativo.

germination [ʒɛʀminasjɔ̃] ***n.f.*** germinazione.

gérondif [ʒeʀɔ̃dif] ***n.m.*** (*gramm.*) gerundio.

gérontocratie [ʒeʀɔ̃tɔkʀasi] ***n.f.*** gerontocrazia.

gérontologie [ʒeʀɔ̃tɔlɔʒi] ***n.f.*** gerontologia.

gésier [ʒezje] ***n.m.*** ventriglio (degli uccelli).

gésir [ʒeziʀ] ***v.intr.dif.*** [pres.indic.: *je gis, tu gis, il gît, nous gisons, vous gisez, ils gisent*; imperf.indic.: *je gisais* etc.; p.pres.: *gisant*] giacere.
● ***ci-gît***, qui giace.

gestation [ʒɛstasjɔ̃] ***n.f.*** gestazione (*anche fig.*).

geste[1] [ʒɛst] ***n.m.*** gesto (*anche fig.*): *d'un geste de la main*, con un gesto della mano.
● ***avoir le geste large***, essere generoso | ***par gestes***, a gesti.

geste[2] ***n.f.*** gesta (*pl.*).
● (*lett.*) ***chanson de geste***, canzone di gesta.

gesticulation [ʒɛstikylasjɔ̃] ***n.f.*** il gesticolare.

gesticuler [ʒɛstikyle] ***v.intr.*** gesticolare.
■ **SIN.** remuer.

gestion [ʒɛstjɔ̃] ***n.f.*** gestione.
● (*Internet*) ***gestion de contenu Web***, gestione del contenuto di un sito web, web content management | (*inform.*) ***gestion de formulaire***, analisi, gestione dei moduli.

gestionnaire [ʒɛstjɔnɛʀ] ***agg.*** gestionale ♦ ***n.m.*** gestore; amministratore.
● (*inform.*): ***gestionnaire de fenêtres***, gestore di finestre,

window manager; ***gestionnaire de périphérique***, driver | (*Internet*) ***gestionnaire d'un site W3***, amministratore di sito web, webmaster.

gestuel [ʒɛstɥɛl] *agg.* [f. *-elle*] gestuale.

geyser [ʒɛzɛʀ] *n.m.* geyser.

ghanéen [ganeɛ̃] *agg.* [f. *-enne*] del Ghana.

ghetto [geto] *n.m.* ghetto.

gibbon [ʒibɔ̃] *n.m.* (*zool.*) gibbone.

gibbosité [ʒibozite] *n.f.* gibbosità.

gibecière [ʒibsjɛʀ] *n.f.* carniere (*m.*).

gibelin [ʒiblɛ̃] *agg.* e *n.m.* (*st.*) ghibellino.

gibelotte [ʒiblɔt] *n.f.* (*cuc.*) fricassea di coniglio.

giberne [ʒibɛʀn] *n.f.* giberna, cartucciera.

gibet [ʒibɛ] *n.m.* forca (*f.*), patibolo.

gibier [ʒibje] *n.m.* **1** selvaggina (*f.*) **2** (*cuc.*) cacciagione (*f.*).
● ***gibier à poil, à plume(s)***, selvaggina di pelo, di penna | ***gibier de potence***, (*fig.*) pendaglio da forca, avanzo di galera.

giboulée [ʒibule] *n.f.* **1** acquazzone (*m.*) **2** (*fam.*) gragnuola, scarica.

giboyeux [ʒibwajø] *agg.* [f. *-euse*] ricco di selvaggina.

giclée [ʒikle] *n.f.* spruzzo (*m.*), schizzo (*m.*).

giclement [ʒikləmɑ̃] *n.m.* schizzata (*f.*), spruzzata (*f.*).

gicler [ʒikle] *v.intr.* **1** schizzare, sprizzare **2** (*fam.*) togliersi dai piedi.

gicleur [ʒiklœʀ] *n.m.* (*aut.*) spruzzatore.

gifle [ʒifl] *n.f.* **1** schiaffo (*m.*), ceffone (*m.*) **2** (*fig.*) schiaffo (*m.*) morale.
● ***tête à gifles***, (*fam.*) faccia da schiaffi.

gifler [ʒifle] *v.tr.* schiaffeggiare.

giga[1] [ʒiga] *agg.* (*fam.*) super, forte: *ça c'est giga!*, è una bomba.

giga[2] *n.m.* (*inform.*) (*abbr. di* gigabyte) giga.

gigantesque [ʒigɑ̃tɛsk] *agg.* gigantesco; (*fig.*) colossale.

gigantisme [ʒigɑ̃tism] *n.m.* gigantismo.

gigantographie [ʒigɑ̃tɔgʀafi] *n.f.* (*fot.*) gigantografia.

gigaoctet [ʒigaɔktɛ] *n.m.* (*inform.*) gigabyte.

gigogne [ʒigɔɲ] *agg.invar.*
● ***boîtes gigognes***, scatole cinesi | (*missilistica*) ***fusée gigogne***, razzo multistadio | ***lits gigognes***, letti estraibili | ***mère Gigogne***, madre prolifica, mamma chioccia | ***poupées gigognes***, matrioske | ***tables gigognes***, servitorelli.

NOTA La parola ***gigogne*** deriva dal personaggio comico del teatro popolare del Seicento (*Mère* o *Dame*) *Gigogne*, donna gigantesca dalle cui sottane uscivano tantissimi bambini.

gigolo [ʒigolo] *n.m.* ganzo, mantenuto, gigolo.

gigot [ʒigo] *n.m.* **1** cosciotto **2** (*fam.*) gamba (*f.*).
● (*abbigl.*) ***manches à gigot***, maniche a sbuffo.

gigoter [ʒigɔte] *v.intr.* (*fam.*) sgambettare, dimenarsi.

gigue[1] [ʒig] *n.f.* (*macelleria*) cosciotto (*m.*) (di capriolo).
● ***grande gigue***, (*fam.*) spilungona.

gigue[2] *n.f.* (*mus.*) giga.

gilet [ʒilɛ] *n.m.* **1** panciotto, gilè **2** golf aperto, cardigan.
● ***gilet de sauvetage***, giubbotto di salvataggio.

gille [ʒil] *agg.* sempliciotto.

gin [dʒin] *n.m.* gin.

gingembre [ʒɛ̃ʒɑ̃bʀ] *n.m.* zenzero.

gingival [ʒɛ̃ʒival] *agg.* [pl. *-aux*] gengivale.

gingivite [ʒɛ̃ʒivit] *n.f.* (*med.*) gengivite.

girafe [ʒiʀaf] *n.f.* giraffa.

girafeau [ʒiʀafo] [pl. *-eaux*] **girafon** [ʒiʀafɔ̃] *n.m.* piccolo della giraffa.

girafer [ʒiʀafe] *v.intr.* (*Africa*) (*fam.*) copiare dal compagno di banco (tendendo il collo come una giraffa).

girandole [ʒiʀɑ̃dɔl] *n.f.* **1** girandola (di fuoco d'artificio) **2** candelabro (*m.*) (a più bracci) **3** ghirlanda, festone (*m.*).

giratoire [ʒiʀatwaʀ] *agg.* giratorio.
● ***mouvement giratoire***, movimento circolare, rotatorio | ***sens giratoire***, (*nella circolazione stradale*) senso rotatorio.

girofle [ʒiʀɔfl] *n.m.* (*bot.*) gemma (*f.*) floreale di eugenia.
● (*cuc.*) ***clou de girofle***, chiodo di garofano.

giroflée [ʒiʀɔfle] *n.f.* **1** (*bot.*) violaciocca **2** (*fam.*) schiaffo (*m.*).

giroflier [ʒiʀɔflije] *n.m.* (*bot.*) eugenia (*f.*) aromatica.

girolle [ʒiʀɔl] *n.f.* (*bot.*) cantarello (*m.*), gallinaccio (*m.*).
■ SIN. chanterelle.

giron [ʒiʀɔ̃] *n.m.* **1** grembo (*anche fig.*): *dans le giron de*, in grembo a; (*fig.*) in seno a **2** pedata (*f.*) (di scalino).

girond [ʒiʀɔ̃] *agg.* (*fam.*) fiorente, prosperoso.

girondin [ʒiʀɔ̃dɛ̃] *agg.* del dipartimento della Gironda ♦ *n.m.* (*st.*) girondino.

NOTA Si chiamavano ***Girondins*** (perché in gran parte provenienti dal dipartimento della Gironda) i membri di un gruppo politico, costituitosi nel 1791, durante la Rivoluzione, che esprimeva gli ideali di una borghesia illuminata contro il populismo dei giacobini.

girouette [ʒiʀwɛt] *n.f.* **1** banderuola (*anche fig.*) **2** (*mar.*) segnavento (*m.*).

gisant [ʒizɑ̃] *p.pres.* di **gésir** ♦ *n.m.* figura (*f.*) giacente (nei monumenti sepolcrali).

gisement [ʒizmɑ̃] *n.m.* **1** giacimento **2** (*fig.*) pubblico, clientela (*f.*) potenziale.

gît [ʒi] → **gésir**.

gitan [ʒitɑ̃] *n.m.* e *agg.* zingaro, gitano.

gitane [ʒitan] *n.f.* **1** zingara, gitana **2** gitane (marca di sigaretta del monopolio francese).

gîte[1] [ʒit] *n.m.* **1** alloggio; dimora (*f.*): *rentrer au gîte*, ritornare a casa **2** asilo, riparo **3** tana (*f.*), covo (di animale) **4** (*min.*) giacimento.
● (*macelleria*) ***gîte (à la noix)***, controgirello | ***gîte de France***, agriturismo certificato dalla carta di qualità stabilita dalla *Fédération Nationale des gîtes de France* | ***gîte d'enfants***, agriturismo che accoglie solo bambini | ***gîte équestre***, agriturismo a cavallo | ***gîte panda***, agriturismo certificato dal WWF particolarmente legato al rispetto per la natura | ***le gîte et le couvert***, vitto e alloggio.

FAUX AMI
Da non confondere con *gita*, che si traduce *randonnée, excursion, promenade*.

gîte[2] *n.f.* (*mar.*) sbandata.
● ***donner de la gîte***, sbandare.

gîter [ʒite] *v.intr.* **1** (*di animali*) avere la tana, il covo **2** (*scherz.*) abitare **3** (*mar.*) sbandare.

gitologie [ʒitɔlɔʒi] *n.f.* (*geol.*) giacimentologia.

G

givrage [ʒivʀaʒ] *n.m.* (*aer.*) incrostazione (*f.*) di ghiaccio.

givre [ʒivʀ] *n.m.* brina (*f.*), galaverna (*f.*).

givré [ʒivʀe] *agg.* **1** ricoperto di brina **2** (*fam.*) tocco, suonato.
● (*cuc.*) ***mandarine givrée***, mandarino ghiacciato.

givrer [ʒivʀe] *v.tr.* coprire di brina ♦ **se givrer** *v.pron.intr.* ricoprirsi di brina.

givreux [ʒivʀø] *agg.* [f. *-euse*] brinato.

glabre [glɑbʀ] *agg.* glabro.

glaçage [glasaʒ] *n.m.* **1** (*ind. tess.*) apprettatura (*f.*) **2** (*della carta*) patinatura (*f.*) **3** (*del riso e di altri cereali*) brillatura (*f.*) **4** (*cuc.*) glassatura (*f.*) **5** (*fot.*) smaltatura (*f.*).

G

glaçant [glasɑ̃] *agg.* **1** gelido (*anche fig.*) **2** agghiacciante.

glace [glas] *n.f.* **1** ghiaccio (*m.*) (*anche fig.*): *un sourire de glace*, (*fig.*) un sorriso gelido **2** gelato (*m.*) **3** cristallo (*m.*), vetro (*m.*); (*di automobile ecc.*) finestrino (*m.*) **4** specchio (*m.*) **5** (*cuc.*) glassa.
● ***glace incassable***, vetro, cristallo infrangibile | (*cuc.*) ***sucre glace***, zucchero a velo.
■ SIN. **4** miroir.

glacé [glase] *agg.* **1** ghiacciato; gelido (*anche fig.*) **2** (*cuc.*) glassato.

glacer [glase] *v.tr.* [coniug. come *placer*] **1** ghiacciare, gelare (*anche fig.*) **2** (*cuc.*) glassare **3** (*ind. tess.*) apprettare **4** (*di pellame ecc.*) lucidare, glassare **5** (*pitt.*) verniciare ♦ **se glacer** *v.pron.intr.* ghiacciarsi, gelarsi.

glaciaire [glasjɛʀ] *agg.* (*geol.*) glaciale.

glacial [glasjal] *agg.* [pl. *-als*] glaciale (*anche fig.*); gelido (*anche fig.*).

glacialement [glasjalmɑ̃] *avv.* glacialmente.

glaciation [glasjasjɔ̃] *n.f.* (*geol.*) glaciazione.

glaciel [glasjɛl] *n.m.* ghiacci (*pl.*) galleggianti.

glacier[1] [glasje] *n.m.* (*geol.*) ghiacciaio.

glacier[2] *n.m.* gelataio.

glacière [glasjɛʀ] *n.f.* ghiacciaia (*anche fig.*).

glacis [glasi] *n.m.* **1** pendio, scarpata (*f.*); (*mil.*) spalto **2** (*edil.*) conversa (*f.*), compluvio **3** (*pitt.*) vernice (*f.*), velatura (*f.*).

glaçon [glasɔ̃] *n.m.* **1** cubetto di ghiaccio **2** (*fig.*) pezzo di ghiaccio.

gladiateur [gladjatœʀ] *n.m.* gladiatore.

glagla [glagla] *inter.* brrr (per esprimere la sensazione di freddo).

glaïeul [glajœl] *n.m.* (*bot.*) gladiolo.

glaire [glɛʀ] *n.f.* **1** muco (*m.*), catarro (*m.*) **2** albume (*m.*), bianco (*m.*) (d'uovo).

glaireux [glɛʀø] *agg.* [f. *-euse*] mucoso.

glaise [glɛz] *n.f.* creta, argilla.
● (***terre***) ***glaise***, creta, argilla.

glaiseux [glɛzø] *agg.* [f. *-euse*] argilloso, cretoso.

glaive [glɛv] *n.m.* gladio.
● ***le glaive de la justice***, (*fig.*) la spada della giustizia.

glanage [glanaʒ] *n.m.* (*agr.*) spigolatura (*f.*).

gland [glɑ̃] *n.m.* **1** (*bot.*) ghianda (*f.*) **2** (*anat.*) glande.

glande [glɑ̃d] *n.f.* **1** (*anat.*) ghiandola **2** (*med. fam.*) ghiandola linfatica infiammata.
● ***glandes endocrines***, ghiandole endocrine.

glander [glɑ̃de] *v.intr.* (*fam.*) non fare un tubo.

glandu [glɑ̃dy] *n.m.* (*fam. spreg.*) tipo insulso, moscione.

glandulaire [glɑ̃dylɛʀ] **glanduleux** [glɑ̃dylø] [f. *-euse*] *agg.* ghiandolare.

glaner [glane] *v.tr.* spigolare (*anche fig.*).

glaneur [glanœʀ] *n.m.* [f. *-euse*] spigolatore.

glapir [glapiʀ] *v.intr.* **1** guaire, uggiolare **2** urlare con voce stridula.

glapissant [glapisɑ̃] *agg.* acuto, stridulo.

glapissement [glapismɑ̃] *n.m.* **1** guaito, uggiolio **2** grido stridulo.

glas [glɑ] *n.m.* campana (*f.*) a morto.
● ***sonner le glas de qqch***, (*fig.*) segnare la fine di qlco.

glatir [glatiʀ] *v.intr.* gridare (dell'aquila).

glaucome [glokom] *n.m.* (*med.*) glaucoma.

glauque [glok] *agg.* **1** glauco **2** (*fam.*) lugubre; losco.

glèbe [glɛb] *n.f.* gleba.

glinglin [glɛ̃glɛ̃] *n.m.* (*Svizzera*) auricolare.

glissade [glisad] *n.f.* **1** scivolone (*m.*), sdrucciolone (*m.*), scivolata **2** pista ghiacciata.

glissant [glisɑ̃] *agg.* sdrucciolevole, scivoloso.

glisse [glis] *n.f.* capacità di scivolamento.
● (*sport*): ***glisses urbaines***, sport di scivolamento in ambiente urbano (come skate, roller ecc.); ***nouvelles glisses***, nuovi sport di scivolamento (come kitesurf, wakeboard ecc.); ***sports de glisse***, sport di scivolamento.

glissé-déposé [glisedepoze] *n.m.* [pl. *glissés-déposés*] (*inform.*) trascinamento.

glissement [glismɑ̃] *n.m.* **1** scivolamento, sdrucciolamento; (*fig.*) slittamento **2** (*tecn.*) slittamento; scorrimento.
● ***glissement de terrain***, smottamento, frana.

glisser [glise] *v.intr.* **1** scivolare, sdrucciolare; slittare; (*estens.*) scorrere: *elle a glissé*, è scivolata; *le poisson a glissé entre ses doigts*, il pesce gli è guizzato fra le dita **2** (*fig.*) passar sopra, sfiorare, sorvolare: *nos remontrances n'ont fait que glisser sur lui*, le nostre rimostranze lo hanno lasciato indifferente **3** (*di terreno*) smottare, franare ♦ *v.tr.* far scivolare; introdurre, inserire | *glisser un mot à l'oreille*, sussurrare una parola all'orecchio | *tâche de lui glisser cela*, (*fig.*) cerca di dirglielo fra le altre cose ♦ **se glisser** *v.pron.intr.* entrare furtivamente, introdursi; (*fig.*) insinuarsi.
● ***glisser des mains***, (*anche fig.*) sfuggir di mano | ***se laisser glisser***, calarsi.

glissière [glisjɛʀ] *n.f.* (*tecn.*) guida (di scorrimento), slitta.
● ***glissière de sécurité***, guardrail | ***porte à glissière***, porta scorrevole.

glissoire [gliswaʀ] *n.f.* pista ghiacciata.

global [glɔbal] *agg.* [pl. *-aux*] globale, complessivo.

globalement [glɔbalmɑ̃] *avv.* globalmente, complessivamente.

globaliser [glɔbalize] *v.tr.* considerare globalmente, globalizzare.

globalité [glɔbalite] *n.f.* globalità.

globe [glɔb] *n.m.* globo.
● (*anat.*) ***globe oculaire***, globo oculare | ***le globe*** (***terrestre***), il globo (terrestre) | ***mettre sous globe***, (*fig.*) mettere sotto una campana di vetro.

globe-trotter [glɔbtʀɔtœʀ] *n.m.* [pl. *globe-trotters*] giramondo, globe-trotter.

globulaire [glɔbylɛʀ] *agg.* 1 globulare, sferico 2 (*med.*) globulare.
● (*med.*) ***numération globulaire***, conteggio dei globuli (del sangue).

globule [glɔbyl] *n.m.* globulo.

globuleux [glɔbylø] *agg.* [f. *-euse*] 1 globuloso 2 formato di globuli.
● ***des yeux globuleux***, occhi sporgenti.

globuline [glɔbylin] *n.f.* (*biochim.*) globulina.

gloire [glwaʀ] *n.f.* gloria: *s'attribuer toute la gloire*, attribuirsi tutto il merito.
● ***à la gloire de la vérité***, a onor del vero | ***à la gloire de qqn***, in onore di qlcu.
■ SIN. célébrité.

gloriette [glɔʀjɛt] *n.f.* 1 padiglione (*m.*), chiosco (*m.*) (di un parco o un giardino) 2 voliera da giardino.

glorieusement [glɔʀjøzmɑ̃] *avv.* gloriosamente.

glorieux [glɔʀjø] *agg.* [f. *-euse*] glorioso.

glorification [glɔʀifikasjɔ̃] *n.f.* glorificazione.

glorifier [glɔʀifje] *v.tr.* glorificare, rendere gloria (a) ♦ **se glorifier** *v.pron.* gloriarsi, vantarsi.

gloriole [glɔʀjɔl] *n.f.* vanagloria; vanità.

glose [gloz] *n.f.* 1 glossa, chiosa 2 (*spec. pl.*) maldicenza.

gloser [gloze] *v.tr.* glossare, chiosare ♦ *v.intr.* fare commenti malevoli, criticare.

glossaire [glɔsɛʀ] *n.m.* glossario.

glossette® [glɔsɛt] *n.f.* (*med.*) compressa sublinguale.
■ SIN. linguette.

gloss(o)- *pref.* gloss(o)-.

glotte [glɔt] *n.f.* (*anat.*) glottide.

glott(o)- *pref.* glott(o)-.

glouglou [gluglu] *onom.* e *n.m.* 1 glu glu 2 (*del tacchino*) gloglottio.

glouglouter [gluglute] *v.intr.* 1 fare glu glu 2 (*del tacchino*) gloglottare.

gloussement [glusmɑ̃] *n.m.* 1 il chiocciare 2 (*fam.*) risolino soffocato.

glousser [gluse] *v.intr.* 1 chiocciare 2 (*fam.*) ridacchiare.

glouton [glutɔ̃] *agg.* [f. *-onne*] ingordo; vorace ♦ *n.m.* ghiottone (*anche zool.*).

gloutonnement [glutɔnmɑ̃] *avv.* con ingordigia.

gloutonnerie [glutɔnʀi] *n.f.* ingordigia.

glu [gly] *n.f.* pania, vischio (*m.*).

gluant [glyɑ̃] *agg.* viscoso; appiccicoso, attaccaticcio.
■ SIN. collant, visqueux.

glucide [glysid] *n.m.* glucide.

gluc(o)- *pref.* gluc(o)-.

glucose [glykoz] *n.m.* (*chim.*) glucosio.

glutamate [glytamat] *n.m.* (*chim.*) glutammato.

gluten [glytɛn] *n.m.* glutine.

glycémie [glisemi] *n.f.* (*med.*) glicemia.

glycéride [gliseʀid] *n.m.* gliceride.

glycérine [gliseʀin] *n.f.* glicerina.

glycine [glisin] *n.f.* (*bot.*) glicine (*m.*).

glyco- *pref.* glic(o)-.

glyphe [glif] *n.m.* (*arch.*) glifo.

glyptique [gliptik] *n.f.* glittica.

gnacquoué [ɲakwe] *n.m.* e *agg.* (*spreg.*) asiatico.

gnangnan [ɲɑ̃ɲɑ̃] *n.m.* e *f.* (*fam.*) pappamolla, posapiano ♦ *agg.invar.* (*fam.*) lagnoso; molle.

gnard [ɲaʀ] *n.m.* (*molto fam.*) 1 moccioso, marmocchio 2 figlio, pupo, creatura (*f.*).

gneiss [gnɛs] *n.m.* (*geol.*) gneiss.

gnocchi [ɲɔki] *n.m.* [pl. *invar.* o *gnocchis*] gnocco.

gnognot(t)e [ɲɔɲɔt] *n.f.* (*fam.*) bazzecola, cosa da poco.

gnôle [ɲol] *n.f.* (*fam.*) acquavite, grappa.

gnome [gnom] *n.m.* gnomo.

gnomon [gnomɔ̃] *n.m.* gnomone.

gnon [ɲɔ̃] *n.m.* (*fam.*) botta (*f.*), colpo.

gnose [gnoz] *n.f.* (*fil.*) gnosi.

gnosticisme [gnɔstisism] *n.m.* (*fil.*) gnosticismo.

gnou [gnu] *n.m.* (*zool.*) gnu.

go, tout de [tudgo] *avv.* (*fam.*) senza tanti complimenti.

goal [gol] *n.m.* (*sport*) portiere.

gobelet [gɔblɛ] *n.m.* 1 bicchiere (senza piede) 2 (*dei dadi*) bussolotto.

gobelin [gɔblɛ̃] *n.m.* gobelin.

gobe-mouches [gɔbmuʃ] *n.m.invar.* 1 (*zool.*) acchiappamosche 2 (*fam.*) credulone.

gober [gɔbe] *v.tr.* 1 ingoiare, inghiottire 2 (*fig. fam.*) bere: *il gobe tout ce qu'on lui dit*, beve tutto quel che gli si dice 3 (*fig. fam.*) sopportare, digerire: *ne pas (pouvoir) gober qqn*, non riuscire a sopportare qlcu.
● ***gober les mouches***, (*fam.*) perder tempo in fantasticherie futili.
■ SIN. avaler.

goberger, se [səgɔbɛʀʒe] *v.pron.* [coniug. come *manger*] (*fam.*) 1 godersela, spassarsela 2 farsi una bella mangiata.

gobeur [gɔbœʀ] *agg.* e *n.m.* [f. *-euse*] credulone.

godasse [gɔdas] *n.f.* (*fam.*) scarpa.

godelureau [gɔdlyʀo] *n.m.* [pl. *-eaux*] (*fam.*) bellimbusto.

goder [gɔde] *v.intr.* (*di tessuto*) fare pieghe false.

godet [gɔdɛ] *n.m.* 1 ciotola (*f.*), vasetto 2 (*fam.*) bicchierino 3 (*mecc.*) (*di draga, elevatore ecc.*) tazza (*f.*) 4 (*abbigl.*) godet.
● ***jupe à godets***, gonna svasata.

godiche [gɔdiʃ] *agg.* (*fam.*) imbranato, maldestro.

godille [gɔdij] *n.f.* 1 (*mar.*) bratto (*m.*) 2 (*sci*) cortoraggio (*m.*), scodinzolo (*m.*).

godiller [gɔdije] *v.intr.* 1 (*mar.*) brattare 2 (*sci*) fare il cortoraggio, lo scodinzolo.

godillot [gɔdijo] *n.m.* 1 (*per militari*) scarpone 2 (*fam.*) scarpa (*f.*) 3 (*fam.*) portaborse.

godronner [gɔdʀɔne] *v.tr.* (*abbigl.*) pieghettare; stirare a cannoncini.

goéland [gɔelɑ̃] *n.m.* (*zool.*) gavina (*f.*).

goélette [gɔelɛt] *n.f.* (*mar.*) goletta.

gogo [gogo] *n.m.* (*fam.*) credulone, merlo.

gogo, à [agogo] *avv.* (*fam.*) in abbondanza, a volontà.

gogo danseur [gogodɑ̃sœʀ] *n.m.* [f. *gogo danseuse*; pl.m. *gogo danseurs*] cubista.

goguenard [gɔgnaʀ] *agg.* beffardo.

goguenardise [gɔgnaʀdiz] *n.f.* beffa, presa in giro (con cattiveria).

goguette [gɔgɛt] *n.f.*
● ***être en goguette***, (*fam.*) essere brillo; essere su di giri.

G

goinfre [gwɛ̃fʀ] ***agg.*** e ***n.m.*** (*fam.*) mangione, ingordo.
■ SIN. glouton, goulu.

goinfrer, se [səgwɛ̃fʀe] ***v.pron.*** (*fam.*) abbuffarsi.

goinfrerie [gwɛ̃fʀəʀi] ***n.f.*** ingordigia, voracità.

goitre [gwatʀ] ***n.m.*** (*med.*) gozzo.

goitreux [gwatʀø] ***agg.*** e ***n.m.*** [f. *-euse*] gozzuto.

golf [gɔlf] ***n.m.*** (*sport*) golf.
● ***golf miniature***, minigolf.

golfe [gɔlf] ***n.m.*** golfo.

golfeur [gɔlfœʀ] ***n.m.*** [f. *-euse*] (*sport*) golfista.

golo [golo] ***n.m.*** (*Senegal*) buffone.

gomina [gɔmina] ***n.f.*** gommina.

gommage [gɔmaʒ] ***n.m.*** **1** ingommatura (*f.*) **2** cancellatura (*f.*) (con gomma) **3** (*fig.*) cancellazione (*f.*) **4** (*cosmetica*) pulizia (*f.*) profonda della pelle, peeling.

gomme [gɔm] ***n.f.*** gomma.
● (*Canada*) ***gomme*** (***à mâcher***), chewing-gum | ***à la gomme***, (*fam.*) di nessun valore, mediocre | ***mettre toute la gomme***, (*fam.*) mettercela tutta; (*aut.*) accelerare, andare a tavoletta.

FAUX AMI
Da non confondere con *gomma* nel senso di *pneumatico*, che si traduce *pneu*.

gommé [gɔme] ***agg.*** gommato.

gommer [gɔme] ***v.tr.*** **1** ingommare, gommare **2** cancellare (con la gomma) **3** (*fig.*) cancellare, eliminare.

gommeux [gɔmø] ***agg.*** [f. *-euse*] gommoso ♦ ***n.m.*** (*fam.*) zerbinotto, gagà.

gommier [gɔmje] ***n.m.*** albero gommifero.

gonade [gɔnad] ***n.f.*** (*biol.*) gonade.

gond [gɔ̃] ***n.m.*** **1** ganghero, cardine **2** (*tecn.*) maschietto.
● ***mettre hors de ses gonds***, (*fam.*) far uscire dai gangheri | ***sortir de ses gonds***, (*fam.*) uscire dai gangheri.

gondolage [gɔ̃dɔlaʒ] ***n.m.*** imbarcatura (*f.*).

gondole [gɔ̃dɔl] ***n.f.*** **1** gondola **2** (*estens.*) espositore (*m.*), gondola (mobile a più ripiani nei supermercati).

gondoler [gɔ̃dɔle] ***v.intr.*** **1** (*di legno*) imbarcarsi, (in)curvarsi **2** (*di carta*) accartocciarsi ♦ **se gondoler** ***v.pron.intr.*** **1** imbarcarsi, (in)curvarsi **2** (*fam.*) sbellicarsi dalle risa.

gondolier [gɔ̃dɔlje] ***n.m.*** gondoliere.

gone [gon] ***n.m.*** (*fam.*) monello, ragazzo (di Lione).

gonfalon [gɔ̃falɔ̃] **gonfanon** [gɔ̃fanɔ̃] ***n.m.*** gonfalone, stendardo, vessillo.

gonflable [gɔ̃flabl] ***agg.*** gonfiabile.

gonflage [gɔ̃flaʒ] ***n.m.*** gonfiaggio, gonfiatura (*f.*).

gonflé [gɔ̃fle] ***agg.*** gonfiato, gonfio.
● ***être gonflé à bloc***, (*fam.*) essere su di giri, gasato | ***il est vraiment gonflé!***, (*fam.*) ha una bella faccia tosta!

gonflement [gɔ̃fləmɑ̃] ***n.m.*** gonfiatura (*f.*); gonfiezza (*f.*).

gonfler [gɔ̃fle] ***v.tr.*** **1** gonfiare **2** (*fig.*) gonfiare, esagerare **3** (*fam.*) scocciare, rompere ♦ ***v.intr.*** gonfiare, gonfiarsi: *mon genou a gonflé*, il mio ginocchio (si) è gonfiato, mi si è gonfiato il ginocchio ♦ **se gonfler** ***v.pron.*** gonfiarsi (*anche fig.*): *se gonfler d'orgueil*, inorgoglirsi.

gonflette [gɔ̃flɛt] ***n.f.*** (*fam. spreg.*) muscolatura gonfiata (dei culturisti).

gonfleur [gɔ̃flœʀ] ***n.m.*** pompa (*f.*) ad aria.

gong [gɔ̃g] ***n.m.*** gong.
● (*Africa*) ***gong unique***, ***double***, giornata lavorativa a orario continuato, con pausa.

goniomètre [gɔnjɔmɛtʀ] ***n.m.*** goniometro.

gonocoque [gɔnɔkɔk] ***n.m.*** (*biol.*) gonococco.

gonzesse [gɔ̃zɛs] ***n.f.*** (*argot*) ragazza, tipa, donna.

goret [gɔʀɛt] ***n.m.*** maialino, porcellino.

gorge [gɔʀʒ] ***n.f.*** **1** gola: *avoir la gorge serrée*, avere un groppo, un nodo alla gola **2** seno (*m.*), petto (*m.*) **3** (*geogr.*) gola, orrido (*m.*) **4** (*mecc.*) gola, scanalatura.
● ***à gorge déployée***, a gola spiegata | ***à pleine gorge***, a squarciagola | ***faire des gorges chaudes de***, farsi beffe di, ridere alle spalle di | ***faire rentrer à qqn ses mots dans la gorge***, fare rimangiare a qlcu le sue parole | ***mettre à qqn le couteau sur***, ***sous la gorge***, (*fig.*) mettere a qlcu il coltello alla gola | ***rendre gorge***, restituire il maltolto.

gorge-de-pigeon [gɔʀʒdəpiʒɔ̃] ***agg.invar.*** cangiante.

gorgée [gɔʀʒe] ***n.f.*** sorso (*m.*), sorsata.

gorgeon [gɔʀʒɔ̃] ***n.m.*** (*fam.*) sorso; bicchiere: *vous venez boire un p'tit gorgeon?*, venite a bere un bicchierino?

gorger [gɔʀʒe] ***v.tr.*** [coniug. come *manger*] **1** rimpinzare **2** (*fig.*) ricolmare, imbottire ♦ **se gorger** ***v.pron.*** **1** rimpinzarsi **2** (*fig.*) riempirsi, imbottirsi.

gorgone [gɔʀgɔn] ***n.f.*** (*zool.*) gorgonia.

gorille [gɔʀij] ***n.m.*** gorilla (*anche fig.*).

gosier [gozje] ***n.m.*** gola (*f.*).
● ***à plein gosier***, a squarciagola, a gola spiegata.

gosse [gɔs] ***n.m.*** e ***f.*** **1** (*fam.*) bambino/a; ragazzino/a; ragazzo/a: *il était encore tout gosse*, era ancora ragazzino **2** (*pl.*) (*Canada*) testicoli (*m.*).
● ***gosse de riches***, figlio di papà.

gossette [gɔsɛt] ***n.f.*** (*Africa*) innamorata, ragazza.

gothique [gɔtik] ***agg.*** e ***n.m.*** gotico.

gouache [gwaʃ] ***n.f.*** (*pitt.*) guazzo (*m.*).

gouaille [gwɑj] ***n.f.*** verve, prontezza di spirito beffarda.

gouailleur [gwɑjœʀ] ***agg.*** [f. *-euse*] beffardo.

gouape [gwap] ***n.f.*** (*fam.*) teppista (*m.*).

goudron [gudʀɔ̃] ***n.m.*** **1** catrame **2** asfalto.

goudronnage [gudʀɔnaʒ] ***n.m.*** catramatura (*f.*).

goudronné [gudʀɔne] ***agg.*** catramato.

goudronner [gudʀɔne] ***v.tr.*** **1** catramare, bitumare **2** asfaltare.

goudronneuse [gudʀɔnøz] ***n.f.*** bitumatrice.

gouffre [gufʀ] ***n.m.*** **1** baratro, voragine (*f.*): *être au bord du gouffre*, (*anche fig.*) essere sull'orlo dell'abisso **2** gorgo, vortice **3** (*geol.*) inghiottitoio.
■ SIN. **1** précipice.

gouge [guʒ] ***n.f.*** (*tecn.*) sgorbia.

goujat [guʒa] ***n.m.*** cafone, zotico.

goujaterie [guʒatʀi] ***n.f.*** **1** cafonaggine **2** cafonata.

goujon[1] [guʒɔ̃] ***n.m.*** (*zool.*) ghiozzo.

goujon[2] ***n.m.*** (*tecn.*) **1** bietta (*f.*) **2** perno.

goulasch, **goulache** [gulaʃ] ***n.m.*** (*cuc.*) gulasch.

goulée [gule] ***n.f.*** (*fam.*) **1** boccata **2** boccone (*m.*) **3** sorso (*m.*).

goulet [gulɛ] ***n.m.*** **1** (*di porto, rada*) imboccatura (*f.*) stretta **2** (*fra montagne ecc.*) gola (*f.*) **3** (*fig.*) collo, imboccatura (*f.*).

goulot [gulo] ***n.m.*** (*di bottiglia ecc.*) collo.
● ***boire au goulot***, bere alla bottiglia, bere a canna.

goulu [guly] *agg.* e *n.m.* ingordo, avido.
■ SIN. glouton.

goulûment [gulymɑ̃] *avv.* avidamente.

goupil [gupi(l)] *n.m.* (*ant.*) volpe (*f.*).

goupille [gupij] *n.f.* (*tecn.*) coppiglia, spina.

goupiller [gupije] *v.tr.* **1** (*tecn.*) fissare con coppiglie **2** (*fam.*) combinare, arrangiare ♦ **se goupiller** *v.pron.* (*fam.*) arrangiarsi, sistemarsi.

goupillon [gupijɔ̃] *n.m.* **1** scovolino **2** (*eccl.*) aspersorio.

gourbi [guʀbi] *n.m.* **1** gourbi (capanna degli arabi) **2** (*fam.*) topaia (*f.*).

gourd [guʀ] *agg.* intirizzito.

gourde [guʀd] *n.f.* **1** borraccia **2** (*fig. fam.*) donna tonta e sciocca, oca ♦ *agg.* (*fam.*) imbranato, tonto.

gourdin [guʀdɛ̃] *n.m.* manganello, randello.

gourer, se [səguʀe] *v.pron.intr.* (*fam.*) cannare, toppare.

gourgandine [guʀgɑ̃din] *n.f.* (*antiq.*) sgualdrina.

gourmand [guʀmɑ̃] *agg.* **1** goloso, ghiotto **2** (*fig.*) avido, assetato: *jeter un regard gourmand*, guardare con desiderio **3** (*estens.*) gastronomico ♦ *n.m.* **1** ghiottone **2** (*bot.*) succhione.

gourmander [guʀmɑ̃de] *v.tr.* sgridare.

gourmandise [guʀmɑ̃diz] *n.f.* **1** golosità **2** (*pl.*) ghiottonerie, leccornie.
■ SIN. **2** friandise.

gourme [guʀm] *n.f.* **1** (*med. pop.*) crosta lattea **2** (*vet.*) (*di cavallo*) cimurro (*m.*).
● ***jeter sa gourme***, (*fig.*) fare le prime esperienze amorose.

gourmé [guʀme] *agg.* compassato, sostenuto.

gourmet [guʀmɛ] *n.m.* buongustaio.

gourmette [guʀmɛt] *n.f.* braccialetto (*m.*) a catena piatta.

gourou [guʀu] *n.m.* guru.

gousse [gus] *n.f.* **1** (*di piselli ecc.*) baccello (*m.*) **2** (*di aglio ecc.*) spicchio (*m.*).

gousset [gusɛ] *n.m.* **1** (*del gilet, dei calzoni*) taschino **2** (*edil.*) mensolina (*f.*) di legno.
● (*mar.*) ***gousset de latte***, stecca | ***avoir le gousset vide***, (*fig.*) essere al verde.

goût [gu] *n.m.* **1** gusto: *avoir le goût fin*, avere un palato fine **2** gusto, sapore: *relever le goût d'une sauce*, insaporire una salsa **3** gusto, piacere, entusiasmo: *manger, travailler avec goût*, mangiare, lavorare con gusto; *il fait ce métier par goût*, fa questo mestiere perché gli piace; *il n'a goût à rien*, niente lo interessa; *mettre du goût à faire qqch*, fare qlco con entusiasmo **4** voglia (*f.*) **5** inclinazione (*f.*): *avoir du goût pour la musique*, amare la musica **6** gusto, senso estetico: *il est de mauvais goût d'insister*, insistere è di cattivo gusto **7** gusto, stile, maniera (*f.*).
● ***à mon goût***, a mio giudizio, secondo me | ***dans ce goût -là***, di questo genere: *quelque chose dans ce goût-là*, qualcosa del genere | ***dans le goût de***, alla maniera di | ***être au, du goût de qqn***, andare a genio a qlcu | ***je vais te faire passer le goût du pain!***, adesso ti do una lezione che ti ricorderai! | ***savoir goût de***, sapere di.

goûter[1] [gute] *v.tr.* **1** assaggiare **2** gustare, assaporare (*anche fig.*) **3** gradire, apprezzare: *il n'a pas du tout goûté votre plaisanterie*, non ha gradito affatto il vostro scherzo ♦ *v.intr.* **1** fare merenda **2** (*Belgio*) piacere.
● ***goûter à***, assaggiare, (*anche fig.*) provare: *goûtes-y!*, assaggialo, provalo! | ***goûter de***, assaggiare (spec. per la prima volta).

goûter[2] *n.m.* **1** merenda (*f.*) **2** (*Belgio*) prima colazione (*f.*).

goûteur [gutœʀ] *n.m.* [f. *-euse*] degustatore.

goûteux [gutø] *agg.* [f. *-euse*] gustoso.

goutte[1] [gut] *n.f.* **1** goccia **2** (*fig.*) goccia, goccio (*m.*), goccetto (*m.*) **3** (*pl.*) (*med.*) gocce: *des gouttes pour le nez*, gocce per il naso ♦ *avv.* affatto, per nulla: *je n'y vois goutte*, non ci vedo affatto, non vedo (un bel) niente.
● ***goutte à goutte***, a goccia a goccia | ***boire la goutte***, (*fam.*) farsi un grappino.

goutte[2] *n.f.* (*med.*) gotta.

goutte-à-goutte [gutagut] *n.m.invar.* (*med.*) fleboclisi (*f.*), flebo (*f.*).

gouttelette [gutlɛt] *n.f.* gocciolina.

goutter [gute] *v.intr.* gocciolare, sgocciolare.

goutteur [gutœʀ] *n.m.* **1** (*med.*) apparecchio per flebo **2** (*giardinaggio*) annaffiatore a gocce.

goutteux [gutø] *agg.* [f. *-euse*] (*med.*) gottoso.

gouttière [gutjɛʀ] *n.f.* **1** (*edil.*) grondaia **2** (*med.*) doccia.

gouvernable [guvɛʀnabl] *agg.* governabile.

gouvernail [guvɛʀnaj] *n.m.* timone: *tenir le gouvernail* (*anche fig.*), essere al timone, reggere il timone.

gouvernance [guvɛʀnɑ̃s] *n.f.* (*Africa*) uffici (*m.pl.*) amministrativi regionali.

gouvernant [guvɛʀnɑ̃] *agg.* al governo, al potere ♦ *n.m.* governante.

gouvernante [guvɛʀnɑ̃t] *n.f.* governante.

gouverne [guvɛʀn] *n.f.* (*aer.*) timone (*m.*).
● (*aer.*) ***gouverne latéral***, alettone | ***pour ta*** (***votre etc.***) ***gouverne***, per tua (vostra ecc.) norma e regola.

gouvernement [guvɛʀnəmɑ̃] *n.m.* governo.

gouvernemental [guvɛʀnəmɑ̃tal] *agg.* [pl. *-aux*] governativo, di governo: *journal gouvernemental*, giornale filogovernativo.

gouverner [guvɛʀne] *v.tr.* **1** governare **2** (*fig.*) dominare **3** (*gramm.*) reggere ♦ *v.intr.* (*mar.*) governare.

gouverneur [guvɛʀnœʀ] *n.m.* governatore.

gouzi-gouzi [guziguzi] *n.m.invar.* (*fam.*) ghirighiri (voce onomatopeica usata per indicare il solletico sotto il collo).

grabat [gʀaba] *n.m.* (*letter.*) giaciglio.

grabataire [gʀabatɛʀ] *agg.* e *n.m.* e *f.* (*med.*) allettato/a, infermo/a (a letto).

grabber [gʀabe] *v.tr.* (*snowboard, surf, skateboard*) grabbare, afferrare con la mano.

grabuge [gʀabyʒ] *n.m.* (*fam.*) rissa (*f.*), zuffa (*f.*): *faire du grabuge*, far macello.

grâce [gʀɑs] *n.f.* **1** grazia (*anche dir., teol.*) **2** grazia, leggiadria **3** grazie (*pl.*), grazia, benevolenza **4** grazie (*pl.*), ringraziamento (*m.*).
● ***grâce à***, grazie a | ***coup de grâce***, colpo di grazia (*anche fig.*) | ***de bonne grâce***, di buon grado | (*dir.*) ***délai de grâce***, termine di grazia | ***de grâce***, di grazia, per favore | ***de mauvaise grâce***, malvolontieri | ***être dans les bonnes grâces de qqn***, essere nelle grazie di qlcu | ***faire des grâces***, fare delle moine | ***faire grâce de***, risparmiare: *faites -moi grâce de vos observations*, risparmiatemi le vostre osservazioni | (*dir.*) ***recours en grâce***, domanda di grazia.

gracier [gʀasje] *v.tr.* graziare.

G

gracieusement [gʀasjøzmɑ̃] *avv.* 1 graziosamente 2 cortesemente, con affabilità: *accueillir gracieusement*, accogliere cortesemente 3 come omaggio, gratis.

gracieuseté [gʀasjøzte] *n.f.* gentilezza, cortesia.

gracieux [gʀasjø] *agg.* [pl. *gracieux*] 1 grazioso, aggraziato: *démarche gracieuse*, andatura piena di grazia 2 gentile, cortese 3 gratuito.

gracile [gʀasil] *agg.* 1 gracile 2 esile.
■ SIN. grêle CONTR. trapu.

gracilité [gʀasilite] *n.f.* gracilità, fragilità.

gradation [gʀadɑsjɔ̃] *n.f.* gradazione.

grade [gʀad] *n.m.* 1 grado 2 (*Canada*) diploma universitario.
● ***il en a eu pour son grade***, (*fam.*) ha avuto quel che si meritava | ***monter en grade***, salire di grado.

G

gradé [gʀade] *agg.* e *n.m.* (*mil.*) graduato (di truppa).

gradient [gʀadjɑ̃] *n.m.* gradiente.

gradin [gʀadɛ̃] *n.m.* 1 gradino 2 (*pl.*) gradinate (*f.*); spalti 3 (*agr.*) terrazza (*f.*).
● ***en gradins***, a terrazze.

graduation [gʀadɥɑsjɔ̃] *n.f.* graduazione.

gradué [gʀadɥe] *agg.* 1 graduato 2 graduale, progressivo.

graduel [gʀadɥɛl] *agg.* [f. *-elle*] graduale.

graduellement [gʀadɥɛlmɑ̃] *avv.* gradualmente.

graduer [gʀadɥe] *v.tr.* graduare.

graffiti [gʀafiti] *n.m.invar.* (*sui muri*) graffito.

graffitiste [gʀafitist] *n.m.* e *f.* graffitista.

graille [gʀaj] *n.f.* (*molto fam.*) cibo (*m.*).

grailler[1] [gʀɑje] *v.intr.* gracchiare (*anche fig.*).

grailler[2] *v.tr.* (*molto fam.*) mangiare, sbafare.

graillon [gʀɑjɔ̃] *n.m.* odore di fritto.

grain [gʀɛ̃] *n.m.* 1 chicco, grano, granello: *grain de raisin*, chicco, acino d'uva; *grain de sable*, granello di sabbia 2 (*pl.*) granaglie (*f.*) 3 (*piccola quantità*) pizzico (*anche fig.*), briciolo: *grain de sel*, pizzico di sale; *grain de bon sens*, briciolo di buon senso; *grain de folie*, pizzico di follia 4 (*di pelle ecc.*) grana (*f.*) 5 (*mar.*) groppo; (*estens.*) violento acquazzone.
● ***grain de beauté***, (*letter.*) neo | ***café en grains***, caffè in grani | ***il a un grain***, (*fig.*) gli manca una rotella | ***mettre son grain de sel dans qqch***, (*fig.*) dire la propria su qlco | ***veiller au grain***, (*fig.*) essere attenti al pericolo.

FAUX AMI
Da non confondere con *grano* nel senso di *frumento*, che si traduce *blé*.

graine [gʀɛn] *n.f.* seme (*m.*), semente: *graines de soja*, semi di soia.
● ***casser la graine***, (*fam.*) mangiare | ***c'est de la graine de voyou***, (*fig.*) promette di diventare un mascalzone | ***en prendre de la graine***, (*fig.*) prendere a modello | ***mauvaise graine***, (*fig.*) cattivo soggetto | (*agr.*) ***monter en graine***, far semenza; (*fig.*) diventare uno spilungone.

graineterie [gʀɛnətʀi] *n.f.* commercio (*m.*) di granaglie.

graissage [gʀɛsaʒ] *n.m.* lubrificazione (*f.*), ingrassaggio.

graisse [gʀɛs] *n.f.* 1 grasso (*m.*), adipe (*m.*) 2 grasso (*m.*), unto (*m.*): *tache de graisse*, macchia d'unto 3 (*tecn.*) lubrificante (*m.*).

graisser [gʀese] *v.tr.* 1 ungere, lubrificare, ingrassare 2 ungere, macchiare di unto.
● ***graisser la patte***, (*fig.*) ungere le ruote.

graisseur [gʀɛsœʀ] *n.m.* 1 lubrificatore 2 (*Africa*) meccanico (al seguito di un camion).

graisseux [gʀɛsø] *agg.* [f. *-euse*] 1 (*anat.*) adiposo 2 unto, sporco di grasso.

graminacées [gʀaminase] *n.f.pl.* (*bot.*) graminacee.

graminée [gʀamine] *agg.* e *n.f.* (*bot.*) graminacea.

grammage [gʀamaʒ] *n.m.* (*tecn.*) grammatura (*f.*).

grammaire [gʀammɛʀ] *n.f.* grammatica.

grammatical [gʀamatikal] *agg.* [pl. *-aux*] grammaticale.

grammaticalement [gʀamatikalmɑ̃] *avv.* grammaticalmente.

gramme [gʀam] *n.m.* grammo.

grand [gʀɑ̃, gʀɑ̃t *davanti a vocale o* h *muta*] *agg.* 1 grande (*anche fig.*): *un grand homme*, un grand'uomo; *un grand buveur*, un gran bevitore 2 (*di statura*) alto: *une grande femme*, una donna alta; *un homme grand*, un uomo alto 3 grande, adulto: *les grandes personnes*, i grandi, gli adulti; *quand je serai grand*, da grande ♦ *n.m.* 1 grande: *les grands de la Terre*, i grandi della Terra 2 grande, adulto 3 (*Africa*) fratello maggiore ♦ *avv.* (in) grande.
● ***grand bien***, un gran bene, molto bene: *faire grand bien*, fare un gran bene, molto bene | ***grand frère***, fratello maggiore | ***grand garçon***, giovanotto: *c'est désormais un grand garçon*, ormai è un giovanotto | (*st.*) ***Alexandre le Grand***, Alessandro Magno | ***deux grandes heures***, due ore buone | ***il est grand temps de***, è proprio ora di | ***voir grand***, avere idee grandiose.
■ AGG. SIN. 1 important CONTR. 2 petit.

grand-angle [gʀɑ̃tɑ̃gl] [pl. *grands-angles*] **grand-angulaire** [gʀɑ̃tɑ̃gylɛʀ] [pl. *grands-angulaires*] *n.m.* (*fot.*) grandangolo.

grand-chose [gʀɑ̃ʃoz] *n.m.invar.* gran che.
● ***un pas grand-chose***, un poveraccio; (*estens.*) uno che non vale molto.

grand-duc [gʀɑ̃dyk] *n.m.* [pl. *grands-ducs*] 1 granduca 2 (*zool.*) gufo reale.

grand-duché [gʀɑ̃dyʃe] *n.m.* [pl. *grands-duchés*] granducato.

grande-duchesse [gʀɑ̃dyʃɛs] *n.f.* [pl. *grandes-duchesses*] granduchessa.

grandelet [gʀɑ̃dlɛ] *agg.* [f. *-ette*] (*fam.*) grandicello, grandino.

grandement [gʀɑ̃dmɑ̃] *avv.* 1 grandemente, molto 2 in grande.
● ***il est grandement temps que***, sarebbe proprio ora che.

grandeur [gʀɑ̃dœʀ] *n.f.* grandezza (*spec. fig.*): *grandeur d'âme*, grandezza, nobiltà d'animo; *la grandeur d'une offense*, la gravità di un'offesa.
● ***grandeur nature***, (a) grandezza naturale | (*psic.*) ***folie des grandeurs***, mania di grandezza | ***regarder du haut de sa grandeur***, guardare dall'alto in basso.

grand-guignolesque [gʀɑ̃giɲɔlɛsk] *agg.* [pl. *grand-guignolesques*] granguignolesco, raccapricciante; macabro.

NOTA Il ***Grand-Guignol*** era un piccolo teatro parigino, fondato nel 1897 e rimasto attivo fino al 1962; sviluppò soprattutto il genere del macabro.

grandiloquence [gʀɑ̃dilɔkɑ̃s] *n.f.* magniloquenza.

grandiloquent [gʀɑ̃dilɔkɑ̃] *agg.* magniloquente.

grandiose [gʀɑ̃djoz] *agg.* grandioso, maestoso.

grandir [gʀɑ̃diʀ] ***v.intr.*** crescere: *il a beaucoup grandi cette année*, è cresciuto molto quest'anno ♦ ***v.tr.*** **1** ingrandire; (*fig.*) ingrandire, ingigantire, esagerare: *grandir un danger*, esagerare un pericolo **2** rendere più alto; (*fig.*) innalzare: *grandir aux yeux de qqn*, innalzare agli occhi di qlcu.

grandissant [gʀɑ̃disɑ̃] ***agg.*** crescente.

grandissime [gʀɑ̃disim] ***agg.*** grandissimo.

grand-livre [gʀɑ̃livʀ] ***n.m.*** [pl. *grands-livres*] libro mastro, partitario.

grand-maman [gʀɑ̃mamɑ̃] ***n.f.*** [pl. *grand(s)-mamans*] (*fam.*) nonna.

grand-mère [gʀɑ̃mɛʀ] ***n.f.*** [pl. *grand(s)-mères*] **1** nonna **2** (*fam.*) vecchietta, nonnina.

grand-messe [gʀɑ̃mɛs] ***n.f.*** [pl. *grand(s)-messes*] **1** messa cantata **2** (*fig.*) meeting (*m.*), raduno (*m.*).

grand-oncle [gʀɑ̃tɔ̃kl] ***n.m.*** [pl. *grands-oncles*] prozio.

grand-papa [gʀɑ̃papa] ***n.m.*** [pl. *grands-papas*] (*fam.*) nonno.

grand-peine, à [agʀɑ̃pɛn] ***avv.*** a (gran) fatica, a stento.

grand-père [gʀɑ̃pɛʀ] ***n.m.*** [pl. *grands-pères*] **1** nonno **2** (*fam.*) vecchietto, nonnino.

grand reporter [gʀɑ̃ʀ(ə)pɔʀtœʀ] ***n.m.*** caporeporter.

grand-route [gʀɑ̃ʀut] ***n.f.*** [pl. *grand(s)-routes*] stradone (*m.*), strada maestra.

grand-rue [gʀɑ̃ʀy] ***n.f.*** [pl. *grand(s)-rues*] (*di paese*) via principale.

grands-parents [gʀɑ̃paʀɑ̃] ***n.m.pl.*** nonni.

grand-tante [gʀɑ̃tɑ̃t] ***n.f.*** [pl. *grand(s)-tantes*] prozia.

grand-voile [gʀɑ̃vwal] ***n.f.*** [pl. *grand(s)-voiles*] (*mar.*) vela di maestra, randa.

grange [gʀɑ̃ʒ] ***n.f.*** granaio (*m.*); fienile (*m.*); pagliaio (*m.*).

granit, **granite** [gʀanit] ***n.m.*** (*min.*) granito.

granité [gʀanite] ***agg.*** granulare, a grani ♦ ***n.m.*** **1** tessuto a grana grossa **2** (*bibita*) granita (*f.*).

graniteux [gʀanitø] ***agg.*** [f. *-euse*] contenente granito.

granitique [gʀanitik] ***agg.*** granitico (*anche fig.*).

granulaire [gʀanylɛʀ] ***agg.*** granulare.

granulation [gʀanylasjɔ̃] ***n.f.*** **1** (*scient.*) granulazione **2** (*fot.*) granulosità.

granule [gʀanyl] ***n.m.*** granulo.

granulé [gʀanyle] ***agg.*** granulare ♦ ***n.m.*** granulo.

granuleux [gʀanylø] ***agg.*** [f. *-euse*] granuloso.

granulite [gʀanylit] ***n.f.*** (*geol.*) granulite.

granulocyte [gʀanylɔsit] ***n.m.*** (*biol.*) granulocita.

granulome [gʀanylom] ***n.m.*** (*med.*) granuloma.

grape-fruit [gʀɛpfʀut] ***n.m.*** [pl. *grape-fruits*] pompelmo rosa.

■ SIN. pomelo.

graphie [gʀafi] ***n.f.*** grafia.

graphique [gʀafik] ***agg.*** e ***n.m.*** grafico ♦ ***n.f.*** grafica.

● ***graphique cartésien***, diagramma cartesiano.

graphiquement [gʀafikmɑ̃] ***avv.*** graficamente.

graphisme [gʀafism] ***n.m.*** **1** grafia (*f.*) **2** grafismo.

graphiste [gʀafist] ***n.m.*** e ***f.*** grafico/a.

graphite [gʀafit] ***n.m.*** grafite (*f.*).

grapho- ***pref.*** grafo-.

graphologie [gʀafɔlɔʒi] ***n.f.*** grafologia.

graphologique [gʀafɔlɔʒik] ***agg.*** grafologico.

graphologue [gʀafɔlɔg] ***n.m.*** e ***f.*** grafologo/a.

graphomanie [gʀafɔmani] ***n.f.*** grafomania.

grappe [gʀap] ***n.f.*** **1** grappolo (*m.*) **2** (*inform.*) cluster (*m.*).

> FAUX AMI
> Da non confondere con *grappa*, che si traduce *eau-de-vie*.

grappiller [gʀapije] ***v.intr.*** e ***tr.*** **1** racimolare **2** rubacchiare.

grappin [gʀapɛ̃] ***n.m.*** **1** (*mar.*) grappino **2** rampino **3** (*di escavatrice*) benna (*f.*).

● ***jeter le grappin sur qqn***, (*fam.*) accalappiare qlcu.

gras [gʀɑ] ***agg.*** [f. *grasse*] **1** grasso: *les matières grasses*, le sostanze grasse; *les corps gras*, i grassi **2** unto **3** (*fig.*) grasso, volgare **4** (*fig.*) grasso, abbondante **5** (*tip.*) in grassetto, neretto: *caractères gras*, caratteri in grassetto ♦ ***avv.*** (di) grasso: *manger gras*, mangiare grasso ♦ ***n.m.*** **1** grasso: *le gras du jambon*, il grasso del prosciutto **2** (*tip.*) grassetto, neretto.

● ***crayon gras***, matita morbida | ***faire gras***, mangiare di grasso | ***faire la grasse matinée***, dormire fino a tardi | ***il n'y a pas gras à manger***, (*fam.*) non c'è molto da mangiare | ***jours gras***, giorni di grasso | ***mardi gras***, martedì grasso | ***un homme gros et gras***, un ciccione.

■ *AGG.* CONTR. **1** maigre.

gras-double [gʀadubl] ***n.m.*** [pl. *gras-doubles*] (*macelleria*) chiappa (*f.*), trippa (*f.*) di bue.

grassement [gʀasmɑ̃] ***avv.*** largamente, abbondantemente: *il est grassement payé*, è pagato profumatamente; *rire grassement*, ridere sguaiatamente.

grasseyement [gʀasɛjmɑ̃] ***n.m.*** il pronunciare la erre grassa, la erre uvulare.

grasseyer [gʀaseje] ***v.intr.*** [conserva sempre *y* e aggiunge una *i* alle due prime persone pl. dell'imperf.indic. e del pres.cong.] pronunciare la erre grassa, la erre uvulare.

grassois [gʀaswa] ***agg.*** di Grasse.

grassouillet [gʀasujɛ] ***agg.*** [f. *-ette*] (*fam.*) grassoccio, grassottello.

■ SIN. replet.

gratifiant [gʀatifjɑ̃] ***agg.*** gratificante.

gratification [gʀatifikasjɔ̃] ***n.f.*** **1** gratifica, premio (*m.*) **2** (*psic.*) gratificazione.

gratifier [gʀatifje] ***v.tr.*** **1** concedere (**a**), accordare (**a**): *gratifier qqn d'un pourboire*, dare una mancia a qlcu **2** (*psic.*) gratificare (*anche fig.*).

gratin [gʀatɛ̃] ***n.m.*** **1** (*cuc.*) gratin **2** (*fig. fam.*) fior fiore, crema (*f.*), élite (*f.*): *il ne fréquente que le gratin*, frequenta solo il fior fiore della società.

● (*cuc.*) ***au gratin***, al gratin, gratinato: *macaronis au gratin*, maccheroni al gratin.

gratiné [gʀatine] ***agg.*** **1** (*cuc.*) gratinato **2** (*fam.*) originale; ridicolo: *un chapeau gratiné*, un cappello ridicolo; *une histoire gratinée*, una storiella piccante.

gratinée [gʀatine] ***n.f.*** (*cuc.*) zuppa gratinata di cipolle.

gratiner [gʀatine] ***v.tr.*** (*cuc.*) gratinare.

gratis [gʀatis] ***avv.*** gratis ♦ ***agg.invar.*** gratuito, gratis.

gratitude [gʀatityd] ***n.f.*** gratitudine.

gratos [gʀatos] ***agg.invar.*** e ***avv.*** (*fam.*) gratis.

grattage [gʀataʒ] ***n.m.*** raschiamento.

● ***jeu de grattage***, gioco del gratta e vinci.

gratte [gʀat] ***n.f.*** (*fam.*) **1** chitarra **2** piccoli guadagni (*m.pl.*) illeciti **3** (*Belgio*) graffio (*m.*).

gratte-ciel [gʀatsjɛl] *n.m.invar.* grattacielo.

gratte-cul [gʀatky] *n.m.invar.* (*bot. pop.*) grattaculo.

grattement [gʀatmɑ̃] *n.m.* (*rumore*) grattata (*f.*).

gratte-papier [gʀatpapje] *n.m.invar.* (*spreg.*) imbrattacarte, scribacchino.

gratter [gʀate] *v.tr.* 1 grattare 2 raschiare (via) 3 (*fam.*) prudere: *ça me gratte*, mi prude ♦ *v.intr.* 1 raspare, grattare 2 raschiare: *cette plume gratte*, questa penna raschia 3 (*fam.*) sgobbare ♦ **se gratter** *v.pron.* grattarsi.
● ***gratter à la porte***, bussare con discrezione, timidamente | ***gratter de***, (*fam.*) (*strumento*) strimpellare: *gratter du violon*, strimpellare il violino | ***gratter le papier***, (*fam.*) scribacchiare.

grattoir [gʀatwaʀ] *n.m.* 1 raschiatoio 2 (*per carta*) raschietto, sgarzino.

G

grattons [gʀatɔ̃] *n.m.pl.* (*cuc.*) 1 ciccioli (anche di oca, anatra) 2 residui attaccati, crosta (*f.sing.*) in fondo alla pentola.

gratuiciel [gʀatɥisjɛl] *n.m.* (*Internet*) software gratuito.

gratuit [gʀatɥi] *agg.* 1 gratuito 2 (*fig.*) gratuito, arbitrario.
■ CONTR. 1 payant.

gratuité [gʀatɥite] *n.f.* gratuità (*anche fig.*).

gratuitement [gʀatɥitmɑ̃] *avv.* 1 gratuitamente 2 (*fig.*) gratuitamente, arbitrariamente.

gravable [gʀavabl] *agg.* (*inform.*) scrivibile.

gravats [gʀavɑ] *n.m.pl.* materiale (*sing.*) di demolizione, calcinacci.

grave [gʀav] *agg.* 1 grave (*anche mus., gramm.*) 2 (*fam.*) tonto, imbecille: *mes parents sont graves*, i miei sono un disastro ♦ *n.m.* 1 grave 2 (*mus.*) registro dei suoni gravi; (*pl.*) (suoni) gravi ♦ *avv.* (*fam.*) di brutto, molto: *tu commences à m'emmerder grave*, cominci veramente a rompermi di brutto.
● ***c'est pas grave!***, (*fam.*) non preoccuparti!
■ AGG. CONTR. 1 aigu.

graveleux [gʀavlø] *agg.* [f. *-euse*] 1 ghiaioso 2 (*med.*) calcoloso 3 (*fig.*) licenzioso.

gravelle [gʀavɛl] *n.f.* (*med.*) renella.

gravement [gʀavmɑ̃] *avv.* gravemente, seriamente.

graver [gʀave] *v.tr.* 1 incidere; intagliare; scolpire: *graver sur le marbre*, scolpire nel marmo 2 (*mus.*) incidere: *graver un disque*, incidere un disco 3 (*fig.*) (*nella mente*) imprimere, incidere 4 (*inform.*) masterizzare ♦ **se graver** *v.pron.intr.* (*fig.*) (*nella mente*) imprimersi.

graves [gʀav] *n.f.pl.* terre sabbiose e ciottolose nella regione di Bordeaux ♦ *n.m.* graves (vino della regione di Bordeaux).

graveur [gʀavœʀ] *n.m.* [f. *-euse*] incisore, intagliatore.
● ***graveur à l'eau-forte***, acquafortista | ***graveur sur bois***, silografo | ***graveur sur cuivre***, calcografo | ***graveur sur pierre***, litografo.

gravide [gʀavid] *agg.* (*med., zool.*) gravido.

gravidique [gʀavidik] *agg.* (*med.*) gravidico.

gravier [gʀavje] *n.m.* ghiaia (*f.*).

gravillon [gʀavijɔ̃] *n.m.* ghiaietto.

gravir [gʀaviʀ] *v.tr.* 1 salire (con fatica); inerpicarsi (su per) 2 (*fig.*) percorrere.
■ SIN. 1 grimper, escalader.

gravitation [gʀavitɑsjɔ̃] *n.f.* (*fis.*) gravitazione.

gravitationnel [gʀavitasjɔnɛl] *agg.* [f. *-elle*] (*fis.*) gravitazionale.

gravité [gʀavite] *n.f.* gravità (*anche fis.*): *un air de gravité*, un'aria grave.
● ***sans gravité***, di lieve entità: *un accident sans gravité*, un incidente di lieve entità.

graviter [gʀavite] *v.intr.* gravitare (*anche fig.*).

gravure [gʀavyʀ] *n.f.* 1 incisione 2 (*estens.*) illustrazione, immagine.
● ***gravure à l'eau-forte***, acquaforte | ***gravure de mode***, figurino (di moda) | ***gravures en couleurs***, illustrazioni, stampe a colori.

gré [gʀe] *n.m.* 1 gradimento, piacimento 2 gratitudine (*f.*), riconoscenza (*f.*).
● ***à mon (ton...) gré***, a mio (tuo...) piacimento; di mio (tuo...) gradimento; secondo me (te...): *vous pouvez choisir à votre gré*, potete scegliere a vostro piacimento; *je l'ai trouvé à mon gré*, l'ho trovato di mio gradimento; *à mon gré, tu es trop gentil*, secondo me sei troppo gentile | ***au gré de***, secondo | ***bon gré mal gré***, volente o nolente | ***contre le gré de***, contro il volere di | ***contre mon, son gré***, mio, suo malgrado | ***de bon gré***, di buon grado, volentieri | ***de gré à gré***, in via amichevole | ***de gré ou de force***, con le buone o con le cattive | ***de mauvais gré***, controvoglia | ***de son plein gré***, di sua spontanea volontà | ***savoir (bon) gré à qqn***, essere grato a qlcu | ***savoir mauvais gré à qqn***, essere scontento di qlcu.

grec [gʀɛk] *agg.* e *n.m.* greco.

gréco-romain [gʀekɔʀɔmɛ̃] *agg.* [f. *gréco-romaine*, pl.m. *gréco-romains*] greco-romano.

grecque [gʀɛk] *n.f.* (*ornamento*) greca.

gredin [gʀədɛ̃] *n.m.* mascalzone, furfante.

gréement [gʀemɑ̃] *n.m.* (*mar.*) attrezzatura (*f.*).

gréer [gʀee] *v.tr.* (*mar.*) armare.

greffage [gʀɛfaʒ] *n.m.* innesto.

greffe[1] [gʀɛf] *n.f.* 1 innesto (*m.*) 2 (*med.*) trapianto (*m.*): *greffe d'organes*, trapianto di organi.
● ***greffe capillaire***, trapianto di capelli.

greffe[2] *n.f.* cancelleria.

greffer [gʀefe] *v.tr.* 1 innestare 2 (*med.*) trapiantare ♦ **se greffer** *v.pron.* e *pron.intr.* (*fig.*) aggiungersi, inserirsi.

greffier [gʀefje] *n.m.* cancelliere.

greffoir [gʀɛfwaʀ] *n.m.* (*agr.*) innestatoio.

greffon [gʀɛfɔ̃] *n.m.* 1 (*agr.*) marza (*f.*) 2 (*med.*) (lembo da) innesto.

grégaire [gʀegɛʀ] *agg.* gregario.

grégarisme [gʀegaʀism] *n.m.* gregarismo.

grège [gʀɛʒ] *agg.* greggio, grezzo.

grégeois [gʀeʒwa] *agg.*
● ***feu grégeois***, fuoco greco.

grégorien [gʀegɔʀjɛ̃] *agg.* [f. *-enne*] gregoriano.
● (*mus.*) ***chant grégorien***, canto gregoriano.

grêle[1] [gʀɛl] *agg.* 1 gracile 2 (*di suono*) tremulo.
● (*anat.*) ***intestin grêle***, intestino tenue.

grêle[2] *n.f.* grandine; gragnola (*anche fig.*): *une grêle de balles*, una scarica di pallottole.

grêlé [gʀɛle] *agg.* butterato.

grêler [gʀele] *v.intr.impers.* grandinare: *il a grêlé*, è (*o* ha) grandinato ♦ *v.tr.* (*di grandine*) devastare.

grêlon [gʀɛlɔ̃] *n.m.* chicco di grandine.

grelot [gʀəlo] *n.m.* sonaglio.
● ***attacher le grelot***, (*fig.*) prendere l'iniziativa | ***avoir les grelots***, (*fam.*) avere fifa.

grelottant [gʀəlɔtɑ̃] *agg.* tremante.
■ SIN. transi.

grelottement [gʀəlɔtmɑ̃] ***n.m.*** tremito.

grelotter [gʀəlɔte] ***v.intr.*** tremare (per febbre, freddo ecc.).

grémille [gʀemij] ***n.f.*** (*zool. pop.*) acerina.

grenade [gʀənad] ***n.f.*** **1** (*bot.*) melagrana, granata **2** (*mil.*) bomba a mano, granata **3** (*mil.*) grenade (insegna a forma di granata simbolo della fanteria, del genio ecc.).

grenadier[1] [gʀənadje] ***n.m.*** (*bot.*) melograno.

grenadier[2] ***n.m.*** (*mil. ant.*) granatiere.

grenadin [gʀənadɛ̃] ***agg.*** di Granada ♦ ***n.m.*** (*cuc.*) grenadin (medaglione di vitello lardellato).

grenadine [gʀənadin] ***n.f.*** (*bibita*) granatina.

grenaille [gʀənɑj] ***n.f.*** **1** (*mangime*) granaglie (*pl.*) **2** (*metall.*) graniglia.

grenat [gʀəna] ***n.m.*** (*min.*) granato ♦ ***agg.invar.*** (colore) granata.

greneler [gʀə(ɛ)nle] ***v.tr.*** [coniug. come *appeler*] (*tecn.*) granire.

grenette [gʀənɛt] ***n.f.*** (*Svizzera*) mercato (*m.*) coperto.

grenier [gʀənje] ***n.m.*** **1** granaio (*anche fig.*) **2** solaio, soffitta (*f.*) **3** (*mar.*) pagliolo.
● ***grenier à foin***, fienile | ***de la cave au grenier***, da cima a fondo: *fouiller la maison de la cave au grenier*, rovistare la casa da cima a fondo.

grenoblois [gʀənɔblwa] ***agg.*** di Grenoble.

grenouillage [gʀənujaʒ] ***n.m.*** (*fam. spreg.*) intrallazzo, maneggi (*pl.*).

grenouille [gʀənuj] ***n.f.*** (*zool.*) rana, ranocchio (*m.*).
● ***avoir des grenouilles dans le ventre***, (*fam.*) avere le rane in pancia | ***manger, faire sauter la grenouille***, (*fig.*) rubare il denaro di cassa.

grenouiller [gʀənuje] ***v.intr.*** (*fam. spreg.*) intrallazzare, manovrare.

grenouillère [gʀənujɛʀ] ***n.f.*** (*per bebè*) tutina.

grenu [gʀəny] ***agg.*** **1** granuloso **2** (*geol.*) granulare **3** (*di spiga*) granito, granoso ♦ ***n.m.*** granulosità (*f.*).

grès [gʀɛ] ***n.m.*** gres.

gréseux [gʀezø] ***agg.*** [f. *-euse*] arenoso.

grésil [gʀezil] ***n.m.*** **1** nevischio **2** → groisil.

grésillement [gʀezijmɑ̃] ***n.m.*** **1** crepitio **2** (*di grillo*) stridio.

grésiller[1] [gʀezije] ***v.intr.impers.*** nevischiare.

grésiller[2] ***v.intr.*** **1** crepitare; sfrigolare **2** (*di grillo*) stridere **3** (*di radio ecc.*) gracchiare.
■ SIN. **1** crépiter.

gressin [gʀesɛ̃] ***n.m.*** grissino.

grève[1] [gʀɛv] ***n.f.*** **1** spiaggia estesa **2** (*di corso d'acqua*) greto (*m.*).

grève[2] ***n.f.*** sciopero (*m.*): *faire (la) grève*, fare sciopero, scioperare; *se mettre en grève*, mettersi, entrare in sciopero; *lancer une grève*, indire uno sciopero.
● ***grève de la faim***, sciopero della fame | ***grève de l'impôt***, sciopero delle tasse | ***grève du zèle***, sciopero bianco | ***grève illimitée, reconductible***, sciopero a oltranza | ***grève perlée***, sciopero a singhiozzo | ***grève sauvage, surprise***, sciopero selvaggio, a sorpresa | ***grève sur le tas***, sciopero con occupazione del posto di lavoro | ***grève tournante***, sciopero a scacchiera, articolato | ***briseur de grève***, crumiro.

NOTA Deriva dalla **place de Grève**, un'antica piazza parigina lungo la Senna (odierna *place de l'Hôtel-de-Ville*) dove avevano luogo le esecuzioni capitali e si radunavano le persone in attesa di un lavoro: da qui il significato del termine moderno.

grever [gʀəve] ***v.tr.*** [coniug. come *semer*] gravare (**su**): *dépenses qui grèvent un budget*, spese che gravano su un bilancio.

gréver [gʀeve] ***v.intr.*** (*Africa*) scioperare.

gréviste [gʀevist] ***agg.*** e ***n.m.*** e ***f.*** scioperante.

gribiche [gʀibiʃ] ***agg.***
● (*cuc.*) ***sauce gribiche***, salsa gribiche (salsa fredda a base di tuorlo di uova sode, capperi e aromi vari).

gribouillage [gʀibujaʒ] ***n.m.*** (*fam.*) scarabocchio, sgorbio.

gribouille [gʀibuj] ***n.m.*** sempliciotto.

gribouiller [gʀibuje] ***v.intr.*** e ***tr.*** (*fam.*) scarabocchiare.

gribouilleur [gʀibujœʀ] ***n.m.*** [f. *-euse*] (*fam.*) scarabocchione.

G

gribouillis [gʀibuji] ***n.m.*** → **gribouillage**.

grief [gʀijɛf] ***n.m.*** motivo di risentimento, lamentela (*f.*), lagnanza (*f.*): *exposer ses griefs*, esporre le proprie lagnanze.
● (*dir.*) ***griefs d'appel, d'accusation***, motivi di appello, capi d'accusa | ***avoir des griefs contre qqn***, avere motivi di risentimento verso qlcu: *j'ai de vieux griefs contre lui*, ho una vecchia ruggine con lui | ***faire grief de qqch à qqn***, (*letter.*) rimproverare qlco a qlcu; volerne a qlcu per qlco: *il m'en a toujours fait grief*, non me l'ha mai perdonata.

grièvement [gʀijɛvmɑ̃] ***avv.*** gravemente.

griffe [gʀif] ***n.f.*** **1** artiglio (*m.*); unghia **2** (*tecn.*) graffa; (*edil., mar.*) grappa **3** (*oreficeria*) graffa **4** (*bot.*) viticcio (*m.*); rizoma (*m.*) **5** (*marchio di fabbrica*) firma, griffe; (*fig.*) impronta, tocco (*m.*): *ce tableau porte la griffe du maître*, in questo quadro si vede il tocco del maestro **6** firma stampigliata; sigla **7** (*arch.*) elemento (*m.*) decorativo alla base di una colonna **8** (*Belgio*) graffio (*m.*).
● (*mus.*) ***griffe à musique***, rastro (per tracciare il pentagramma musicale) | ***coup de griffe***, unghiata; (*fig.*) critica pungente | ***tomber sous la griffe de qqn***, (*fig.*) cadere sotto le grinfie di qlcu.

griffer [gʀife] ***v.tr.*** **1** graffiare **2** griffare, firmare.

griffon [gʀifɔ̃] ***n.m.*** **1** (*cane*) griffone, spinone **2** (*uccello*) grifone **3** (*arald.*) grifone.

griffonnage [gʀifɔnaʒ] ***n.m.*** **1** scarabocchio, scrittura (*f.*) illeggibile **2** (*fig.*) abbozzo.

griffonner [gʀifɔne] ***v.tr.*** **1** scarabocchiare; buttar giù **2** (*fig.*) fare un abbozzo.

griffu [gʀify] ***agg.*** artigliato, munito di artigli.

griffure [gʀifyʀ] ***n.f.*** graffiata; graffio (*m.*).

grignotage [gʀiɲɔtaʒ] ***n.m.*** **1** lo spilluzzicare, il rosicchiare **2** (*fig.*) distruzione (*f.*) lenta e progressiva **3** (*fig.*) tattica (*f.*) di martellamento psicologico.

grignotement [gʀiɲɔtmɑ̃] ***n.m.*** il rosicchiare; (*rumore*) rosicchiamento.

grignoter [gʀiɲɔte] ***v.tr.*** **1** rosicchiare, spilluzzicare: *grignoter un biscuit*, sgranocchiare un biscotto **2** (*fam.*) guadagnare, sgraffignare **3** (*fig.*) intaccare, erodere: *petit à petit il a grignoté toute sa fortune*, a poco a poco ha fatto fuori tutto il suo patrimonio; *la mer a grignoté le littoral*, il mare ha eroso il litorale.

grignotine [gʀiɲɔtin] ***n.f.*** (*Canada*) (*cuc.*) stuzzichino (*m.*).

grigou [gʀigu] ***n.m.*** (*fam.*) spilorcio, taccagno.

grigri, **gri-gri** [gʀigʀi] *n.m.* [pl. *gris-gris*] **1** amuleto africano contro il malocchio **2** (*estens.*) portafortuna.

gril [gʀil] *n.m.* **1** graticola (*f.*), griglia (*f.*), grill **2** (*teatr.*) graticcia (*f.*) **3** (*mar.*) impalcatura (*f.*) di bacino di carenaggio.
● (*anat.*) ***gril costal***, cassa toracica | ***être, tenir sur le gril***, (*fig.*) stare, tenere sulle spine.

grill [gʀil] *n.m.* grill-room (ristorante specializzato in grigliate).

grillade [gʀijad] *n.f.* **1** carne ai ferri, alla griglia **2** grigliata.

grillage[1] [gʀijaʒ] *n.m.* reticolato, rete (*f.*) metallica.

grillage[2] *n.m.* **1** tostatura (*f.*) **2** (*miner.*) arrostimento.

grillager [gʀijaʒe] *v.tr.* [coniug. come *manger*] chiudere, recingere con rete metallica.

G

grille [gʀij] *n.f.* **1** cancello (*m.*); inferriata, ringhiera **2** griglia, grata **3** schema (*m.*), tabella; (*di cruciverba*) reticolato (*m.*) **4** (*elettr.*) griglia **5** (*per crittografia*) griglia.
● (*apicoltura*) ***grille de séparation***, schermo togliregina | (*tv, rad.*) ***grille des programmes***, scaletta dei programmi, palinsesto | ***grille des salaires***, tabella salariale | ***grille d'un égout***, chiusino (di un tombino) | (*aut.*) ***grille du radiateur***, griglia del radiatore.

grille-pain [gʀijpɛ̃] *n.m.invar.* tostapane.

griller[1] [gʀije] *v.tr.* **1** (*carne, pesce ecc.*) cuocere ai ferri, sulla griglia **2** (*pane, caffè ecc.*) abbrustolire; tostare **3** bruciare: *griller une résistance*, far saltare, bruciare una resistenza **4** (*miner.*) arrostire **5** (*ind. tess.*) gazare **6** (*giorn.*) (*una notizia*) pubblicare in anteprima ♦ *v.intr.* **1** (*di carne, di pesce*) cuocere (ai ferri) **2** (*di pane ecc.*) tostare; abbrustolire **3** (*fig.*) bruciare, ardere: *griller d'impatience*, fremere.
● ***griller le moteur***, (*fam.*) fondere il motore | ***griller les étapes***, (*fig.*) bruciare le tappe | ***griller une sigarette***, ***en griller une***, (*fam.*) fumare una sigaretta | ***griller un feu rouge***, (*fam.*) passare col rosso | ***se faire griller***, (*fig.*) farsi scoprire.

griller[2] *v.tr.* **1** fornire di grata; graticolare **2** (*ant.*) imprigionare; (*estens.*) chiudere in convento.

grilloir [gʀijwaʀ] *n.m.* (*di forno*) grill.

grillon [gʀijɔ̃] *n.m.* (*zool.*) grillo.

grimaçant [gʀimasɑ̃] *agg.* contratto, contorto: *un visage grimaçant*, un viso contratto in una smorfia.

grimace [gʀimas] *n.f.* **1** smorfia, boccaccia: *faire des grimaces*, fare le boccacce **2** (*pl.*) (*letter.*) moina (*sing.*) **3** (*arte*) mascherone (*m.*) **4** (*di tessuto ecc.*) grinza.
● ***faire la grimace***, fare le boccacce; (*fam.*) arricciare il naso | ***il m'ont servi la soupe à la grimace***, (*fam.*) non mi hanno guardato in faccia.

grimacer [gʀimase] *v.intr.* [coniug. come *placer*] **1** fare una smorfia, fare smorfie **2** (*di tessuto ecc.*) fare grinze ♦ *v.tr.* *grimacer un sourire*, sforzarsi di sorridere.

grimage [gʀimaʒ] *n.m.* (*teatr.*) (*di attore*) truccatura (*f.*); trucco.

grimer [gʀime] *v.tr.* (*teatr.*) **1** (*un attore*) truccare **2** (*antiq.*) (*un attore*) truccare da vecchio.

grimoire [gʀimwaʀ] *n.m.* **1** libro di magia **2** (*fig.*) scritto, libro incomprensibile, indecifrabile.

grimpant [gʀɛ̃pɑ̃] *agg.* rampicante ♦ *n.m.* (*argot*) calzoni (*pl.*).

grimper[1] [gʀɛ̃pe] *v.intr.* arrampicarsi; inerpicarsi: *ils ont grimpé jusqu'au sommet de la montagne*, si sono arrampicati fino in cima al monte; *le sentier grimpe dur*, il sentiero sale ripido; *les prix grimpent à vue d'œil*, (*fam.*) i prezzi salgono a vista d'occhio ♦ *v.tr.* salire.
■ **SIN.** monter **CONTR.** descendre.

grimper[2] *n.m.* (*ginnastica*) arrampicamento (sulla fune).

grimpette [gʀɛ̃pɛt] *n.f.* **1** (*fam.*) sentiero (*m.*) ripido **2** arrampicata.

grimpeur [gʀɛ̃pœʀ] *agg.* [f. *-euse*] (*zool.*) rampicante ♦ *n.m.* **1** (*alpinismo, ciclismo*) scalatore **2** (*pl.*) (*zool.*) rampicanti.

grimpion [gʀɛ̃pjɔ̃] *n.m.* [f. *-onne*] (*Svizzera*) (*fam.*) arrivista.

grinçant [gʀɛ̃sɑ̃] *agg.* **1** cigolante **2** (*fig.*) stridente; acido: *des compliments grinçants*, dei complimenti a denti stretti.

grincement [gʀɛ̃smɑ̃] *n.m.* **1** cigolio, stridio **2** (*di denti*) digrignamento **3** (*del pipistrello*) stridio.
● ***grincement de dents***, digrignamento di denti; (*fig.*) scontento, malumore.

grincer [gʀɛ̃se] *v.intr.* [coniug. come *placer*] **1** cigolare, stridere **2** (*del pipistrello*) stridere.
● ***grincer des dents***, (*anche fig.*) digrignare i denti.

grincheux [gʀɛ̃ʃø] *agg.* e *n.m.* [f. *-euse*] brontolone, scorbutico.
● ***Grincheux***, Brontolo (uno dei sette nani di Biancaneve).

gringalet [gʀɛ̃galɛ] *n.m.* (*fam.*) mezza cartuccia (*f.*).

gringue [gʀɛ̃g] *n.m.*
● ***faire du gringue à qqn***, (*fam.*) fare la corte a qlcu, filarsi qlcu.

griot [gʀijo] *n.m.* (*Africa*) griot (poeta, cantastorie).

griotte [gʀijɔt] *n.f.* **1** (*bot.*) visciola, amarena, agriotta **2** marmo (*m.*) rosso ciliegia screziato di bianco.

grippage [gʀipaʒ] *n.m.* **1** (*mecc.*) grippaggio **2** (*fig.*) inceppamento, arresto.

grippal [gʀipal] *agg.* [pl. *-aux*] (*med.*) influenzale.

grippe [gʀip] *n.f.* (*med., vet.*) influenza.
● ***grippe du poulet***, ***aviaire***, influenza dei polli, aviaria | ***grippe espagnole***, febbre spagnola | ***prendre qqn en grippe***, (*fig.*) prendere in antipatia qlcu.

grippé [gʀipe] *agg.* **1** (*med.*) influenzato **2** (*mecc.*) grippato.

gripper [gʀipe] *v.intr.* **1** (*mecc.*) grippare **2** (*di stoffa ecc.*) incresparsi **3** (*fig.*) incepparsi; bloccarsi ♦ **se gripper** *v.pron.intr.* incepparsi, gripparsi.

grippe-sou [gʀipsu] *n.m.* [pl. *grippe-sous*] (*fam.*) avaraccio, spilorcio, pidocchio.

gris [gʀi] *agg.* **1** grigio (*anche fig.*): *une jupe gris foncé, gris vert*, una gonna grigio scuro, grigio verde **2** (*fam.*) alticcio, brillo ♦ *n.m.* **1** (*colore*) grigio **2** (tabacco) trinciato.
● ***gris cendré***, grigio cenere | ***gris*** (***de***) ***perle***, grigio perla | ***gris plombé***, grigio piombo | ***carton gris***, cartone ottenuto da carta riciclata | ***faire grise mine à qqn***, fare il sostenuto con qlcu | ***il fait gris***, il cielo è coperto | (*anat.*) ***substance***, ***matière grise***, sostanza, materia grigia.

grisaille [gʀizɑj] *n.f.* **1** (*pitt.*) grisaille **2** (*tessuto*) grisaglia **3** (*fig.*) grigiore (*m.*).

grisant [gʀizɑ̃] *agg.* inebriante, esaltante (*anche fig.*).

grisâtre [gʀizɑtʀ] *agg.* grigiastro.

grisbi [gʀizbi] *n.m.* (*argot*) grana (*f.*), malloppo.

griser [gʀize] *v.tr.* ubriacare, inebriare (*anche fig.*): *il s'est laissé griser par le succès*, il successo gli ha dato alla testa ♦ **se griser** *v.pron.* ubriacarsi, inebriarsi (*anche fig.*).

griserie [grizri] *n.f.* ebbrezza (*anche fig.*).

grisoller [grizɔle] *v.intr.* (*dell'allodola*) trillare.

grison [grizɔ̃] *agg.* [f. *-onne*] (del cantone) dei Grigioni.

grisonnant [grizɔnɑ̃] *agg.* brizzolato.

grisonner [grizɔne] *v.intr.* diventar grigio di capelli, ingrigire.

grisou [grizu] *n.m.* (*chim.*) grisù.
● ***coup de grisou***, scoppio di grisù.

grive [griv] *n.f.* (*zool.*) tordo (*m.*).
● ***soûl comme un grive***, ubriaco fradicio.

grivèlerie [grivɛlri] *n.f.* (*dir.*) il consumare (*m.*) senza pagare (in un locale pubblico).

grivois [grivwa] *agg.* salace, licenzioso.

grivoiserie [grivwazri] *n.f.* **1** storiella salace **2** salacità.

groenlandais [grɔɛnlɑ̃dɛ] *agg.* groenlandese.

groggy [grɔgi] *agg.* (*fam.*) **1** (*di pugile*) suonato **2** (*fig.*) stordito.

grognard [grɔɲar] *n.m.* soldato, veterano della guardia di Napoleone.

grogne [grɔɲ] *n.f.* (*fam.*) mugugno (*m.*), malcontento (*m.*): *le climat est à la grogne*, c'è del malcontento in giro.

grognement [grɔɲmɑ̃] *n.m.* **1** grugnito **2** (*fig. fam.*) mugugno.

grogner [grɔɲe] *v.intr.* **1** grugnire (*anche fig.*) **2** (*del cane*) ringhiare.
■ SIN. **1** bougonner.

grognon [grɔɲɔ̃] *agg.* e *n.m.* [f. *-onne* o *invar.*] brontolone; musone.

groin [grwɛ̃] *n.m.* **1** (*di maiale ecc.*) grugno, grifo **2** (*fam.*) (*di persona*) grugno, muso.

groisil [grwazil] *n.m.* polvere (*f.*) di vetro.

grole, grolle [grɔl] *n.f.* (*fam.*) scarpa.

grommeler [grɔmle] *v.tr.* e *intr.* [coniug. come *appeler*] (*fam.*) borbottare, mormorare fra i denti.

grommellement [grɔmɛlmɑ̃] *n.m.* borbottio.

gromologie [grɔmɔlɔʒi] *n.f.* (*Africa*) l'arte di utilizzare parole forbite (in una conversazione o in un testo).

grondement [grɔ̃dmɑ̃] *n.m.* **1** brontolio, borbottio **2** ringhio: *le grondement d'un chien*, il ringhio di un cane **3** rombo, boato: *le grondement du tonnerre*, il rombo del tuono.

gronder [grɔ̃de] *v.tr.* sgridare, rimproverare ♦ *v.intr.* **1** (*di tuono ecc.*) rimbombare **2** (*di cannone ecc.*) tuonare **3** (*di cane ecc.*) ringhiare (*anche fig.*); (*di persona*) grugnire **4** (*fig.*) incombere.

FAUX AMI
Da non confondere con *grondare*, che si traduce *ruisseler, couler*.

gronderie [grɔ̃dri] *n.f.* rimbrotto (*m.*).

grondeur [grɔ̃dœr] *agg.* [f. *-euse*] **1** che rimprovera: *d'un ton grondeur*, in tono di rimprovero **2** che brontola continuamente.

grondin [grɔ̃dɛ̃] *n.m.* (*zool.*) pesce cappone, triglia (*f.*).

gros[1] [gro] *agg.* [f. *grosse*] **1** grosso (*anche fig.*): *un gros chat*, un gattone; *de grosses larmes*, dei lacrimoni; *une grosse chute de neige*, un'abbondante nevicata; *une grosse faute*, un grave errore; *un gros rire*, una risata fragorosa; *la grosse chaleur*, il gran caldo; *faire de gros travaux*, fare dei lavori importanti; *elle n'aime pas faire les gros travaux*, non le piace fare i lavori pesanti **2** gonfio: *des yeux gros de larmes*, occhi gonfi di lacrime **3** grasso: *un homme gros et flasque*, un uomo grasso e flaccido ♦ *avv.* **1** grosso: *écrire gros*, scrivere grosso **2** molto: *gagner gros*, (*fam.*) guadagnare molto.
● (*anat.*) ***gros intestin***, intestino crasso | ***gros mots***, parolacce | ***gros sel***, sale grosso | ***gros temps***, tempo di burrasca | ***grosse mer***, mare grosso | ***avoir la grosse tête***, (*fam.*) essere pieno di sé | ***c'est gros***, ***c'est un peu gros***, è un po' troppo, è un po' esagerato | ***en avoir gros sur la patate***, (*fam.*) avere un gran magone | ***faire les gros yeux***, fare gli occhiacci, dare un'occhiataccia | ***il y a gros à parier que***, c'è proprio da scommetterci che | ***une femme grosse***, (*fam.*) una donna incinta | ***une grosse femme***, un donnone.

NOTA Dato che non esiste un suffisso accrescitivo in francese, l'aggettivo **gros** traduce in molti casi il suffisso italiano 'one': *de grosses chaussettes*, dei calzettoni; *un gros pull, un gros chandail*, un maglione; *une grosse* (*bonne*) *femme*, un donnone.

gros[2] *n.m.* **1** grosso: *le plus gros est fait*, il più è fatto **2** (*fam. scherz.*) uomo grosso, corpulento **3** (*fam.*) pezzo grosso, capoccia **4** colmo, culmine **5** (*comm.*) grosso, ingrosso.
● ***commerce de***, ***en gros***, commercio in grosso, all'ingrosso | ***en gros***, a grandi linee | ***un bon gros***, (*fam.*) un pacioccone | ***un gros plein de souple***, (*fam.*) un ciccione.

gros-doigt [grodwa] *agg.* [pl. *gros-doigts*] (*La Riunione*) maldestro.

groseille [grozɛj] *n.f.* (*bot.*) (*frutto*) ribes (*m.*) ♦ *agg. invar.* rosso chiaro.
● ***groseille épineuse***, ***à maquereau***, uva spina | ***groseille noire***, ribes nero | ***groseille rouge***, ***à grappes***, ribes comune.

groseillier [grozɛje] *n.m.* (*bot.*) (*pianta*) ribes.

gros-grain [grogrɛ̃] *n.m.* [pl. *gros-grains*] **1** (*nastro*) gros-grain **2** (*tessuto*) canneté.

gros-Jean [groʒɑ̃] *n.m.invar.*
● ***être gros-Jean comme devant***, rimanere con un palmo di naso.

gros-plant [groplɑ̃] *n.m.* [pl. *gros-plants*] gros-plant (vitigno e vino della regione di Nantes).

gros-porteur [gropɔrtœr] *n.m.* [pl. *gros-porteurs*] (*aer.*) jumbo-jet, cargo.

grosse [gros] *n.f.* **1** (*comm.*) grossa, dodici dozzine (*pl.*) **2** (*dir.*) copia originale (di un atto).

grossesse [grosɛs] *n.f.* gravidanza.
● ***grossesse nerveuse***, gravidanza isterica.

FAUX AMI
Da non confondere con *grossezza*, che si traduce *grosseur, épaisseur*.

grosseur [grosœr] *n.f.* **1** grossezza, grandezza; dimensione **2** (*med.*) gonfiore (*m.*).

grossier [grosje] *agg.* [f. *-ère*] **1** grossolano, ordinario, rozzo (*anche fig.*): *une faute grossière*, un errore grossolano | *étoffe grossière*, stoffa grezza **2** volgare, grossolano **3** sommario: *description grossière*, descrizione sommaria.
■ CONTR. **2** distingué, raffiné.

grossièrement [grosjɛrmɑ̃] *avv.* **1** grossolanamente **2** volgarmente **3** sommariamente.

grossièreté [grosjɛrte] *n.f.* **1** grossolanità; rozzezza **2** volgarità.

G

grossir [grosir] *v.tr.* 1 ingrossare 2 ingrandire, aumentare (*anche fig.*) 3 (*fig.*) esagerare; gonfiare ♦ *v.intr.* 1 ingrassare: *il a beaucoup grossi*, è ingrassato molto 2 ingrossare: *la mer grossit*, il mare ingrossa.
■ V.INTR. CONTR. 1 maigrir, mincir.

grossissant [grosisɑ̃] *agg.* 1 crescente, in aumento 2 che ingrandisce.
● ***verre grossissant***, lente d'ingrandimento.
■ CONTR. 2 amincissant, amaigrissant.

grossissement [grosismɑ̃] *n.m.* 1 ingrossamento 2 (*ottica*) ingrandimento 3 (*fig.*) ingrandimento; esagerazione (*f.*).

grossiste [grosist] *n.m.* e *f.* (*comm.*) grossista.
■ CONTR. détaillant.

grotesque [grɔtɛsk] *agg.* e *n.m.* grottesco.

grotesquement [grɔtɛskəmɑ̃] *avv.* grottescamente.

grotte [grɔt] *n.f.* grotta.

NOTA In Francia esistono alcune importanti ***grottes*** preistoriche. Una delle più note è quella di Lascaux in Dordogne che, scoperta nel 1940, risale a 17.000 anni a.C.; contiene più di 600 dipinti e 1500 incisioni. Altrettanto notevoli sono quelle di Niaux, nella regione Midi-Pyrénées, con pitture rupestri datate tra i 10.000 e i 14.000 anni a.C. e la grotta, scoperta più recentemente (fine 1994), di Chauvet (Ardèche) databile a più di 30.000 anni fa, ricca di un pregevole bestiario pittorico con circa 350 animali.

grouillant [grujɑ̃] *agg.* brulicante, formicolante.

grouillement [grujmɑ̃] *n.m.* brulichio, formicolio.

grouiller [gruje] *v.intr.* 1 brulicare, formicolare 2 (*antiq.*) muovere ♦ **se grouiller** *v.pron.intr.* (*fam.*) sbrigarsi, spicciarsi.

groupage [grupaʒ] *n.m.* 1 (*ferr.*) collettame 2 (*med.*) determinazione (*f.*) del gruppo sanguigno.

groupal [grupal] *agg.* [pl. *-aux*] (*psic.*) di gruppo; (*estens.*) collettivo.
● ***imaginaire groupal***, immaginario collettivo.

groupe [grup] *n.m.* 1 gruppo: *un groupe d'amis, d'invités*, un gruppo di amici, di invitati 2 (*mus.*) gruppo, complesso; orchestrina (*f.*): *groupe pop*, complesso pop.
● (*Internet*) ***groupe de discussion, de nouvelles***, gruppo di discussione, newsgroup, forum | ***groupe de presse***, gruppo editoriale | (*elettr.*) ***groupe de secours, électrogène***, gruppo ausiliario, elettrogeno | (*econ.*) ***groupe d'études, d'intervention***, task force | (*mil.*) ***groupe franc***, commando | (*tv*) ***groupe mobile***, unità mobile | (*biol.*) ***groupe sanguin***, gruppo sanguigno | ***groupe scolaire***, complesso scolastico multicomprensivo | ***cabinet de groupe***, studio di professionisti (associati) | ***chef de groupe***, capogruppo.

groupement [grupmɑ̃] *n.m.* 1 raggruppamento 2 gruppo: *groupement d'acheteurs*, gruppo d'acquisto 3 coalizione (*f.*): *groupement d'entreprises*, coalizione d'imprese.
● (*dir.*) ***groupement d'intérêt économique*** (GIE), joint-venture.

grouper [grupe] *v.tr.* raggruppare; riunire ♦ **se grouper** *v.pron.intr.* 1 raggrupparsi 2 (*zool.*) imbrancarsi.

groupeur [grupœr] *n.m.* (*trasporti*) azienda (*f.*) di trasporto a collettame.

groupie [grupi] *n.f.* groupie; (*estens.*) fan, ammiratrice.

groupuscule [grupyskyl] *n.m.* gruppuscolo.

grouse [gruz] *n.f.* (*zool.*) pernice bianca.

gruau [gryo] *n.m.* [pl. *-aux*] 1 fior di farina 2 chicco di avena privo della crusca 3 (*Canada*) porridge.
● ***gruau d'avoine***, farina d'avena.

grue [gry] *n.f.* 1 (*zool.*) gru 2 (*fam. antiq.*) passeggiatrice, prostituta 3 (*mecc.*) gru.
● ***grue à flèche***, gru a braccio | ***grue mobile***, autogru | ***grue roulante, à pont roulant***, gru a ponte | ***faire le pied de grue***, (*fig.*) aspettare a lungo in piedi.

gruger [gryʒe] *v.tr.* [coniug. come *manger*] 1 (*ant.*) sbriciolare, sminuzzare 2 (*ant.*) sgranocchiare 3 (*lett., fig.*) turlupinare, truffare.

grulette [grylɛt] *n.f.* (*Svizzera*) (*fam.*) tremarella: *avoir la grulette*, avere la tremarella.

grumeau [grymo] *n.m.* [pl. *-eaux*] grumo.

grumeler, se [səgrymle] *v.pron.intr.* [coniug. come *appeler*] raggrumarsi.

grumeleux [grymlø] *agg.* [f. *-euse*] 1 grumoso 2 granuloso.

grunge [granʒ] *agg.invar.* (*abbigl., mus.*) grunge ♦ *n.m.* (*mus.*) grunge.

grutier [grytje] *n.m.* gruista.

gruyère [gryjɛr] *n.m.* groviera.
● ***avoir la cervelle comme du gruyère***, (*fam.*) avere vuoti di memoria.

guadeloupéen [gwadlupeɛ̃] *agg.* [f. *-enne*] della Guadalupa.

Guadeloupéen *n.m.* [f. *-enne*] abitante della Guadalupa.

guanaco [gwanako] *n.m.* (*zool.*) guanaco.

guano [gwano] *n.m.* guano.

guatémaltèque [gwatemaltɛk] *agg.* guatemalteco.

gué [ge] *n.m.* guado.

guéable [geabl] *agg.* guadabile.

guéer [gee] *v.tr.* guadare (*non com.*).

guéguerre [gegɛr] *n.f.* (*fam.*) baruffa.

guelfe [gɛlf] *agg.* e *n.m.* e *f.* (*st.*) guelfo/a.

guelte [gɛlt] *n.f.* (*comm.*) provvigione.

guenille [gənij] *n.f.* 1 straccio (*m.*), cencio (*m.*): *vêtu de guenilles*, vestito di stracci 2 (*Canada*) strofinaccio (*m.*) 3 (*fig.*) straccio (*m.*), cosa di poco valore.

guenon [gənɔ̃] *n.f.* 1 (*zool.*) scimmia femmina 2 (*fam.*) befana, racchiona.

guépard [gepar] *n.m.* (*zool.*) ghepardo, gattopardo.

guêpe [gɛp] *n.f.* vespa.
● ***pas folle, la guêpe!***, (*fam.*) mica scemo! | ***une fine guêpe***, (*fig.*) una donna astuta, una drittona | ***une taille de guêpe***, un vitino di vespa.

guêpier [gepje] *n.m.* vespaio (*anche fig.*).
● (*zool.*) ***guêpier d'Europe***, gruccione, vespiere.

guêpière [gɛpjɛr] *n.f.* (*abbigl.*) guepière.

guère [gɛr] *avv.* (*usato sempre in frasi negative*) non molto: *je ne fume guère*, non fumo quasi mai; *je n'ai guère de courage*, non ho molto coraggio; *il n'y a guère que toi qui puisses l'aider*, solo tu potresti aiutarlo.
● ***guère plus***, poco più: *il doit avoir une trentaine d'années, guère plus*, avrà una trentina d'anni o poco più.

FAUX AMI
Da non confondere con *guerra*, che si traduce *guerre*.

guéret [gerɛ] *n.m.* (*agr.*) maggese: *en guérets*, a maggese.

guérétois [geretwa] *agg.* di Guéret.

guéri [geri] *agg.* guarito (*anche fig.*).

guéridon [gerid̃ɔ] *n.m.* guéridon (tavolino di ghisa, a gamba centrale e ripiano di marmo).

guérilla [gerija] *n.f.* (*mil.*) guerriglia.

guérillero [gerijero] *n.m.* (*mil.*) guerrigliero.

guérir [geriʀ] *v.tr.* e *intr.* guarire (*anche fig.*): *guérir un malade*, guarire un malato; *il faut le guérir de sa timidité*, bidogna guarirlo dalla sua timidezza ♦ **se guérir** *v.pron. intr.* guarire (*anche fig.*): *se guérir d'une mauvaise habitude*, liberarsi da una cattiva abitudine.

guérison [gerizɔ̃] *n.f.* guarigione.

guérissable [gerisabl] *agg.* guaribile, sanabile.

guérisseur [gerisœʀ] *n.m.* [f. *-euse*] **1** guaritore **2** pranoterapeuta.

guérite [gerit] *n.f.* **1** (*mil.*) garitta **2** (*estens.*) casotto (*m.*).

guerre [gɛʀ] *n.f.* guerra: *partir à la guerre*, partire per la guerra; *mourir*, *tomber à la guerre*, morire, cadere in guerra; *industrie de guerre*, industria bellica.
● ***guerre biologique***, ***bactériologique***, guerra biologica, batteriologica | ***guerre civile***, guerra civile | ***guerre des étoiles***, guerra stellare | ***guerre des ondes***, guerra dell'etere | ***guerre éclair***, guerra lampo | ***guerre froide***, guerra fredda | ***guerre nucléaire***, ***chimique***, guerra nucleare, chimica | ***guerre totale***, guerra a oltranza | (*prov.*) ***à la guerre comme à la guerre***, fare di necessità virtù | ***c'est de bonne guerre***, mi sembra giusto, siamo pari | ***de guerre lasse***, per farla finita | ***faire la guerre à***, (*fig.*) combattere, lottare contro | ***homme de guerre***, uomo di guerra, militare di professione | ***nom de guerre***, nome di battaglia | ***partir en guerre contre qqch***, (*fig.*) scagliarsi contro qlco.

guerrier [gɛʀje] *agg.* [f. *-ère*] **1** (*letter.*) guerresco: *chant guerrier*, canto di guerra **2** guerriero, bellicoso ♦ *n.m.* (*letter.*) guerriero.

guerroyer [gɛʀwaje] *v.intr.* [coniug. come *employer*] (*letter.*) guerreggiare.

guet [gɛ] *n.m.* **1** guardia (*f.*), vigilanza (*f.*) **2** (*ant.*) corpo di guardia (notturna).
● ***au guet***, di, in guardia | ***faire le guet***, fare la guardia; fare il palo.

guet-apens [gɛtapɑ̃] *n.m.* [pl. *guets-apens*] **1** imboscata (*f.*) **2** (*fig.*) tranello, trappola (*f.*).

guêtre [gɛtʀ] *n.f.* (*abbigl.*) ghetta.
● ***guêtre de cuir***, gambale | ***traîner ses guêtres***, (*fam.*) andare a zonzo.

guetter [gete] *v.tr.* **1** spiare, fare la posta (**a**) **2** incombere (**su**), minacciare: *l'infarctus le guette*, rischia l'infarto ♦ **se guetter** *v.pron.intr.* spiarsi.
■ SIN. **1** épier.

guetteur [gɛtœʀ] *n.m.* **1** spia (*f.*) **2** sentinella (*f.*), vedetta (*f.*).

gueulante [gœlɑ̃t] *n.f.* (*fam.*) **1** sfuriata: *pousser une gueulante*, fare una sfuriata **2** urlo (*m.*) di protesta.

gueulard[1] [gœlaʀ] *agg.* (*fam.*) che ha l'abitudine di urlare ♦ *n.m.* (*fam.*) urlone.

gueulard[2] *n.m.* (*metall.*) (*di altoforno*) bocca (*f.*).

gueule [gœl] *n.f.* **1** fauci (*pl.*), (*di animale*) bocca **2** (*fam.*) bocca **3** (*fam.*) (*di persona*) faccia, grugno (*m.*), muso (*m.*) **4** aspetto (*m.*): *une drole de gueule*, un aspetto strano **5** (*di forno, cannone ecc.*) bocca.
● (*mil.*) ***gueule cassé***, mutilato al viso | ***gueule noire***, (*fam.*) minatore | ***avoir de la gueule***, avere stile, classe | ***avoir la gueule de bois***, avere la bocca impastata (dopo una sbornia) | ***donner de la gueule***, urlare | ***en foutre plein la gueule***, darsi delle arie | ***être fort en gueule***, ***une grande gueule***, essere uno sbruffone | ***faire la gueule***, (*fam.*) fare il muso | (***ferme***) ***ta gueule!***, chiudi il becco! | ***il fait noir comme dans la gueule d'un loup***, è buio pesto | (***pousser***) ***un coup de gueule***, (fare) una sfuriata | ***se casser la gueule***, (*fam.*) cadere, rompersi il muso; (*estens.*) fare fiasco | ***s'en foutre plein la gueule***, abboffarsi, rimpinzarsi | ***se rincer la gueule***, bere | ***se soûler la gueule***, sbronzarsi | ***une fine gueule***, un buongustaio.

FAUX AMI
Da non confondere con *gola*, che si traduce *gorge*.

gueule-de-loup [gœldəlu] *n.f.* [pl. *gueules-de-loup*] **1** (*bot.*) bocca di leone **2** (*arch.*) gola rovescia.

gueulement [gœlmɑ̃] *n.m.* (*fam.*) urlo, strillo.

gueuler [gœle] *v.intr.* (*fam.*) **1** sbraitare **2** (*estens.*) protestare ♦ *v.tr.* (*fam.*) gridare.

gueuleton [gœltɔ̃] *n.m.* (*fam.*) mangiata (*f.*), scorpacciata (*f.*): *un bon petit gueuleton*, un buon pranzetto.

gueuletonner [gœltɔne] *v.intr.* (*molto fam.*) fare una mangiata, una scorpacciata.

gueux [gø] *n.m.* [f. *gueuse*] (*letter.*) **1** mendicante, accattone: *c'est un pauvre gueux*, è un povero diavolo **2** birbone, furfante.
● ***courir la gueuse***, (*fam.*) correre la cavallina.

gueuze [gøz] *n.f.* gueuze (birra belga forte e aspra).

gugusse [gygys] *n.m.* (*fam.*) pagliaccio, clown.

gui[1] [gi] *n.m.* (*bot.*) vischio.

gui[2] *n.m.* (*mar. antiq.*) boma (*m.* e *f.*).

guibol(l)e [gibɔl] *n.f.* (*fam.*) gamba.

guiche [giʃ] *n.f.* ricciolo (*m.*), tirabaci (*m.*).

guichet [giʃɛ] *n.m.* **1** sportello **2** (*antiq.*) portello, sportello (praticato in un portone) **3** (*pl.*) (*nelle stazioni*) biglietteria (*f.sing.*) **4** (*pl.*) (*al Louvre e alle Tuileries*) passaggi stretti che collegano cortili interni.
● ***guichet automatique***, sportello automatico; (*Canada*) biglietteria | ***guichet automatique de banque*** (*GAB*), bancomat® | ***guichet bancaire***, sportello bancario | ***guichet*** (***de location***), (*in un teatro ecc.*) botteghino, biglietteria | ***guichet unique***, sportello unico | ***jouer à guichets fermés***, registrare il tutto esaurito | (*tecn.*) ***scie à guichet***, sega a voltino.

guichetier [giʃtje] *n.m.* [f. *-ère*] **1** sportellista **2** (*di teatro ecc.*) bigliettaio.

guidage [gidaʒ] *n.m.* **1** guida (*f.*) **2** (*aer.*) radioguida (*f.*).

guidance [gidɑ̃s] *n.f.*
● ***centre de guidance***, centro per l'assistenza ai bambini disadattati.

guide [gid] *n.m.* **1** guida (*anche fig.*) (*f.*): *servir de guide à qqn*, far da guida a qlcu **2** (*di museo ecc.*) guida (*f.*), cicerone **3** guida (*f.*), vademecum, prontuario: *guide illustré*, guida illustrata **4** (*Belgio*) orario ferroviario; elenco telefonico, guida (*f.*) del telefono **5** (*mecc., elettr.*) guida (*f.*) ♦ *n.f.* **1** (*spec. pl.*) guida, redine **2** (*scoutismo*) giovane esploratrice.
● ***guide de montagne***, guida alpina | (*st.*) ***les guides***, guardia della scorta a cavallo (nel XVIII e XIX sec.); (*Belgio*) reggimento blindato | ***à grandes guides***, a briglia sciolta: *mener la vie à grandes guides*, vivere alla grande.

guider [gide] *v.tr.* guidare (*anche fig.*) ♦ **se guider** *v.pron.* orientarsi.

guidon [gidɔ̃] *n.m.* **1** (*di bicicletta ecc.*) manubrio **2** (*di arma da fuoco*) mirino.
● (*tip.*) ***guidon de renvoi***, segno di riferimento | ***viser plein guidon***, prendere esattamente la mira.

G

guignard[1] [giɲaʀ] *n.m.* (*zool. pop.*) piviere.

guignard[2] *agg.* (*fam. antiq.*) iellato, scalognato.

guigne[1] [giɲ] *n.f.* (*bot.*) ciliegia tenerina, lustrina.
● ***se soucier de qqn, qqch comme d'une guigne***, (*fam.*) fregarsene completamente di qlcu, qlco.

guigne[2] *n.f.* (*fam.*) scalogna, iella: *avoir la guigne*, essere scalognato.

guigner [giɲe] *v.tr.* **1** sbirciare **2** (*fig.*) adocchiare ♦ *v.intr.* sbirciare.
● ***guigner du coin de l'œil***, dare una sbirciatina.

guignol [giɲɔl] *n.m.* **1** burattino **2** teatro dei burattini **3** buffone: *faire le guignol*, fare il buffone.
■ SIN. **1** marionnette.

guignolée [giɲɔle] *n.f.* (*Canada*) raccolta di offerte.
● ***courir la guignolée***, andare di casa in casa raccogliendo denaro e cibo per i poveri, nel periodo delle Feste.

guignolet [giɲɔlɛ] *n.m.* liquore di ciliegia.

guignon [giɲɔ̃] *n.m.* (*fam.*) iella (*f.*), scalogna (*f.*): *avoir du guignon*, essere scalognato.

guilde [gild] *n.f.* **1** (*st.*) gilda **2** organizzazione commerciale che offre articoli a prezzi vantaggiosi ai suoi aderenti: *la Guilde du livre*, il Club del libro.

guilledou [gijdu] *n.m.*
● ***courir le guilledou***, (*fam.*) correre la cavallina.

guillemets [gijmɛ] *n.m.pl.* virgolette (*f.*).
● ***entre guillemets***, (*anche fig.*) tra virgolette.

guilleret [gijʀɛ] *agg.* [f. *-ette*] arzillo, vispo; allegro.

guillocher [gijɔʃe] *v.tr.* arabescare.

guillochure [gijɔʃyʀ] *n.f.* arabescatura.

guillotine [gijɔtin] *n.f.* ghigliottina.
● ***fenêtre à guillotine***, finestra a ghigliottina.

NOTA Inventata dal dottor J.-J. Guillotin (1738-1814), la ***guillotine*** fu utilizzata in Francia per la prima volta il 25 aprile 1792 e rimase in funzione fino al 9 ottobre 1981, quando in Francia venne abolita la pena di morte.

guillotiner [gijɔtine] *v.tr.* ghigliottinare.

guimauve [gimov] *n.f.* **1** (*bot.*) altea selvatica, bismalva **2** (*fig.*) sdolcinatezza.
● ***à la guimauve***, (*fig.*) sdolcinato, strappalacrime | ***pâte de guimauve***, pasticca emolliente all'altea.

guimbarde [gɛ̃baʀd] *n.f.* **1** (*fam.*) (*riferito ad automobile*) macinino (*m.*), carretta **2** (*mus.*) scacciapensieri (*m.*).

guimpe [gɛ̃p] *n.f.* (*abbigl.*) **1** (*di abito monacale*) soggolo (*m.*) **2** davantino (*m.*).

guincher [gɛ̃ʃe] *v.intr.* (*fam.*) fare quattro salti.

guindé [gɛ̃de] *agg.* **1** impettito; compassato: *un air guindé*, un'aria sostenuta **2** (*di stile ecc.*) sostenuto, di maniera: *style guindé*, stile affettato.

guindeau [gɛ̃do] *n.m.* [pl. *-eaux*] (*mar.*) (*per le ancore*) argano.

guinder [gɛ̃de] *v.tr.* **1** (*mar.*) ghindare, issare **2** (*fig.*) rendere impettito, compassato ♦ **se guinder** *v.pron.* stare impettito; (*fig.*) darsi delle arie.

guinée [gine] *n.f.* (*antica moneta*) ghinea.

guinéen [gineɛ̃] *agg.* [f. *-enne*] guineano.

Guinéen *n.m.* [f. *-enne*] (*abitante*) guineano.

guingois, de [dəgɛ̃gwa] *avv.* di traverso, di sbieco.

guinguette [gɛ̃gɛt] *n.f.* trattoria di campagna (con balera).

guiper [gipe] *v.tr.* **1** (*elettr.*) (*un filo elettrico*) isolare **2** (*ind. tess.*) (*una corda, un cordoncino ecc.*) rivestire.

guipure [gipyʀ] *n.f.* guipure (merletto a trama larga e in rilievo).

guirlande [giʀlɑ̃d] *n.f.* **1** ghirlanda, serto (*m.*) **2** (*mar.*) ghirlanda.
● ***guirlandes de papier***, festoni di carta.

guise [giz] *n.f.* guisa, modo (*m.*).
● ***à sa guise***, a modo suo, a suo piacimento: *à votre guise!*, come vuole lei! | ***en guise de***, come; al posto di.

guitare [gitaʀ] *n.f.* chitarra: *jouer de la guitare*, suonare la chitarra.
● ***guitare de jazz***, chitarra jazz | ***guitare électrique***, chitarra elettrica.

guitariste [gitaʀist] *n.m.* e *f.* chitarrista.

guitoune [gitun] *n.f.* (*argot*) tenda.

guivre [givʀ] *n.f.* (*arald.*) biscione (*m.*).

gus, gusse [gys] *n.m.* (*fam.*) tizio.

gustatif [gystatif] *agg.* [f. *-ive*] gustativo.
● (*anat.*) ***nerf gustatif***, nervo gustatorio.

gutta-percha [gytapɛʀka] *n.f.* [pl. *guttas-perchas*] (*chim.*) guttaperca.

guttural [gytyʀal] *agg.* [pl. *-aux*] gutturale.

guyanais [gɥijanɛ] *agg.* della Guiana.

Guyanais *n.m.* abitante della Guiana.

Guyanien [gɥijanjɛ̃] *n.m.* [f. *-enne*] abitante della Guiana.

gym [ʒim] *n.f.* abbr. di **gymnastique**.

gymkhana [ʒimkana] *n.m.* gincana (*f.*).

gymnase [ʒimnɑz] *n.m.* **1** palestra (*f.*) **2** (*Svizzera*) ginnasio-liceo **3** (*st.*) ginnasio.

gymnaste [ʒimnast] *n.m.* e *f.* ginnasta.

gymnastique [ʒimnastik] *agg.* ginnastico ♦ *n.f.* **1** ginnastica **2** (*fam.*) acrobazie (*pl.*).
● ***gymnastique corrective***, ginnastica correttiva | ***gymnastique intellectuelle***, (*fig.*) ginnastica mentale | ***gymnastique moderne, rythmique***, ginnastica artistica, ritmica | ***pas de gymnastique***, passo di corsa regolare e cadenzato.

gymnique [ʒimnik] *agg.* ginnico.
● ***jeux gymniques***, ludi ginnici.

gymnosperme [ʒimnɔspɛʀm] *agg.* e *n.f.* (*bot.*) gimnosperma.

gymnote [ʒimnɔt] *n.m.* (*zool.*) gimnoto.

gynécée [ʒinese] *n.m.* gineceo.

gyné(co)- *pref.* gineco-.

gynécologie [ʒinekɔlɔʒi] *n.f.* (*med.*) ginecologia.

gynécologique [ʒinekɔlɔʒik] *agg.* (*med.*) ginecologico.

gynécologue [ʒinekɔlɔg] *n.m.* e *f.* (*med.*) ginecologo/a.

gypaète [ʒipaɛt] *n.m.* (*zool.*) gipeto.

gypse [ʒips] *n.m.* (*min.*) gesso, scagliola (*f.*).

gypseux [ʒipsø] *agg.* [f. *-euse*] gessoso.

gyrophare [ʒiʀɔfaʀ] *n.m.* (*di ambulanze ecc.*) lampeggiatore.

gyroscope [ʒiʀɔskɔp] *n.m.* giroscopio.

gyroscopique [ʒiʀɔskɔpik] *agg.* giroscopico.

Hh

h [aʃ] *n.m.invar.* h (*m.* o *f.*).
● (*tel.*) ***h comme Henri***, acca come hotel | ***h muet***, ***aspiré***, h muta, aspirata | (*fis.*) ***bombe H***, bomba H | ***l'heure H***, l'ora X.
*****ha** [ɑ] *inter.* ah.
habile [abil] *agg.* **1** abile **2** (*dir.*) capace.
● ***habile à***, capace di, abile in.
■ CONTR. **1** malhabile, maladroit.
habilement [abilmɑ̃] *avv.* abilmente, con abilità.
habileté [abilte] *n.f.* **1** abilità, destrezza **2** (*dir.*) capacità.
habilitation [abilitasjɔ̃] *n.f.* (*dir.*) abilitazione.
habilité [abilite] *n.f.* (*dir.*) capacità.
habiliter [abilite] *v.tr.* (*dir.*) abilitare.
habillage [abijaʒ] *n.m.* **1** il vestire, vestizione (*f.*) **2** rivestimento.
habillé [abije] *agg.* **1** vestito **2** elegante.
habillement [abijmɑ̃] *n.m.* **1** il vestire, il vestirsi **2** abbigliamento, vestiario **3** (*econ.*) industria (*f.*) dell'abbigliamento.
habiller [abije] *v.tr.* **1** vestire: *cette robe t'habille bien*, questo vestito ti sta bene **2** ricoprire, rivestire **3** (*cuc.*) preparare (cibi per la cottura) ♦ **s'habiller** *v.pron.* vestirsi, abbigliarsi: *s'habiller en Arlequin*, mascherarsi da Arlecchino.
● ***habiller qqn pour l'hiver***, (*fig.*) dire male di qlcu | ***s'habiller en civil***, (*di soldato*) vestirsi, mettersi in borgese.
■ *V.TR.* SIN. **1** vêtir.
habilleuse [abijøz] *n.f.* (*teatr.*) vestiarista.
habit [abi] *n.m.* **1** abito, vestito elegante (da uomo) **2** (*eccl.*) abito talare **3** (*pl.*) vestiti, abiti.
● ***habit de gala***, abito di gala | (*Canada*) ***habit de neige***, tutina intera (per proteggere i bambini dal freddo) | ***habit vert***, abito da cerimonia degli accademici di Francia; (*estens.*) accademico di Francia | (*prov.*) ***l'habit ne fait pas le moine***, l'abito non fa il monaco | ***prendre l'habit***, farsi prete, monaco.
habitabilité [abitabilite] *n.f.* abitabilità.
habitable [abitabl] *agg.* abitabile.
habitacle [abitakl] *n.m.* (*aer.*, *aut.*) abitacolo.
habitant [abitɑ̃] *n.m.* **1** abitante **2** (*Canada*, *Antille*) contadino.
● ***loger chez l'habitant***, alloggiare in casa privata.
habitat [abita] *n.m.* **1** habitat, ambiente **2** insediamento.
● ***habitat rural***, ***urbain***, insediamento rurale, urbano.
habitation [abitasjɔ̃] *n.f.* **1** abitazione **2** (*Antille*) proprietà agricola, fondo (*m.*), tenuta.
● ***habitation en commun***, coabitazione | ***habitations à loyer modéré*** (*HLM*), case popolari | ***taxe d'habitation***, imposta annuale pagata da proprietari o affittuari di un'abitazione ammobiliata.
■ SIN. **1** logis.
habité [abite] *agg.* abitato, popolato.
habiter [abite] *v.intr.* e *tr.* abitare (**in**), vivere (**in**): *habiter (à) la ville, en ville, la banlieue, en banlieue*, abitare in città, in centro, in periferia; *il habite Rome*, abita a Roma; *quelle rue habitez-vous?*, in che via abita?; *habiter 32, rue de la Paix*, abitare in rue de la Paix, n. 32.
■ SIN. résider, demeurer.
habitude [abityd] *n.f.* abitudine: *les habitudes d'un pays*, le usanze di un paese.
● ***à son habitude***, come suo solito | ***avoir l'habitude de***, avere l'abitudine di; essere abituato a: *j'en ai l'habitude*, ci sono abituato | ***comme d'habitude***, come al solito | ***d'habitude***, di solito, generalmente | ***par habitude***, per abitudine.
■ SIN. coutume, tradition.
habitué [abitɥe] *n.m.* habitué; cliente abituale; frequentatore assiduo.
habituel [abitɥɛl] *agg.* [f. *-elle*] abituale, consueto | *au sens habituel du mot*, nell'accezione comune del termine.
● ***c'est l'histoire habituelle***, è la solita storia.
habituellement [abitɥɛlmɑ̃] *avv.* abitualmente, solitamente, di consueto.
habituer [abitɥe] *v.tr.* abituare ♦ **s'habituer** *v.pron. intr.* abituarsi.
*****hâblerie** [ɑbləʀi] *n.f.* (*letter.*) fanfaronata, vanteria.
*****hâbleur** [ɑblœʀ] *agg.* e *n.m.* [f. *-euse*] (*letter.*) fanfarone, spaccone.
*****hache** [aʃ] *n.f.* scure, ascia.
● ***hache de guerre***, ascia di guerra: *déterrer la hache de guerre*, (*fig.*) dissotterrare l'ascia di guerra.
*****haché** [aʃe] *agg.* tritato, trito ♦ *n.m.* carne trita, macinata.
● ***style haché***, (*estens.*) stile frammentario | ***viande hachée***, carne trita, tritata.
*****hache-légumes** [aʃlegym] *n.m.invar.* tritaverdura.
*****hacher** [aʃe] *v.tr.* **1** tritare, trinciare: *hacher du persil*, tritare del prezzemolo **2** (*estens.*) (*frasi, parole*) spezzettare, spezzare; (*discorso ecc.*) interrompere.
*****hachereau** [aʃʀo] *n.m.* [pl. *-eaux*] *****hachette** [aʃɛt] *n.f.* accetta (*f.*).
*****hache-viande** [aʃvjɑ̃d] *n.m.invar.* tritacarne.
*****hachis** [aʃi] *n.m.* (*cuc.*) **1** carne (*f.*) tritata, macinata **2** battuto, trito.
*****hachisch** [aʃiʃ] *n.m.* → **haschisch**.
*****hachoir** [aʃwaʀ] *n.m.* **1** tagliere **2** mezzaluna (*f.*) **3** (*apparecchio*) tritatutto.
*****hachure** [aʃyʀ] *n.f.* tratteggio (*m.*).
● ***à hachures***, tratteggiato.
*****hachurer** [aʃyʀe] *v.tr.* tratteggiare.
*****hafnium** [afnjɔm] *n.m.* (*chim.*) afnio.
*****hagard** [agaʀ] *agg.* stravolto, sconvolto.
hagiographie [aʒjɔgʀafi] *n.f.* agiografia.
hagiographique [aʒjɔgʀafik] *agg.* agiografico.
*****haie** [ɛ] *n.f.* **1** siepe: *une haie de cyprès*, un filare di cipressi **2** (*sport*) siepe, ostacolo (*m.*).

● ***haie d'agents de police***, cordone di agenti di polizia | ***haie vive***, siepe viva, naturale | (*sport*) ***course de haies***, corsa a ostacoli | ***faire haie sur le passage de qqn***, fare ala al passaggio di qlcu.
haillon** [ɑjɔ̃] ***n.m. straccio, cencio.
● ***en haillons***, cencioso.
haine** [ɛn] ***n.f. odio (*m.*), astio (*m.*).
● ***avoir de la haine pour qqch, qqn***, provare avversione per qlco, qlcu | ***avoir la haine***, (*fam.*) andare in bestia | ***par*** (o ***en***) ***haine de***, in odio a, contro | ***prendre en haine***, avere, prendere in odio, in avversione.
■ SIN. hostilité.
haineusement** [ɛnøzmɑ̃] ***avv. con odio, astiosamente.
haineux** [ɛnø] ***agg. [f. *-euse*] pieno, carico di odio; astioso, malevolo.
hainuyer** [ɛnɥije] ***agg. [f. *-ère*] dell'Hainaut (in Belgio).
haïr** [aiʀ] ***v.tr. [perde la dieresi nelle prime tre persone del pres.indic.: *je hais, tu hais, il hait*, e nella 2ª pers.sing. dell'imper.: *hais*; p.rem.: *nous haïmes, vous haïtes*] odiare, detestare: *je le hais d'avoir trahi notre cause*, lo odio per avere tradito la nostra causa; *je hais que l'on me dérange*, detesto essere disturbato; *il ne hait pas le bon vin*, non disdegna il buon vino ♦ **se *haïr** ***v.pron.*** e ***pron.rec.*** odiarsi.
■ V.TR. SIN. détester.
haïssable** [aisabl] ***agg. odioso, detestabile.
haïtien** [aisjɛ̃] ***agg. [f. *-enne*] haitiano.
Haïtien** ***n.m. [f. *-enne*] (*abitante*) haitiano.
halage** [alaʒ] ***n.m. alaggio.
● ***chemin de halage***, alzaia.
halbran** [albʀɑ̃] ***n.m. (*zool.*) anatroccolo selvatico.
hâle** [ɑl] ***n.m. abbronzatura (*f.*).
hâlé** [ɑle] ***agg. abbronzato.
haleine [alɛn] ***n.f.*** **1** alito (*m.*), fiato (*m.*) **2** respiro (*m.*).
● ***avoir mauvaise haleine***, avere l'alito cattivo | ***courir à perdre haleine, à perte d'haleine***, correre a perdifiato | ***de longue haleine***, (*fig.*) di vasto, ampio respiro: *un travail de longue haleine*, un lavoro di ampio respiro | ***hors d'haleine***, trafelato: *être hors d'haleine*, avere il fiato mozzo | ***prendre*** (o ***reprendre***) ***haleine***, riprendere fiato | ***tenir qqn en haleine***, (*fig.*) tenere qlcu nell'incertezza.
haler** [ale] ***v.tr. e ***intr.*** (*mar.*) alare, rimorchiare da terra.
hâler** [ɑle] ***v.tr. abbronzare.
haletant** [altɑ̃] ***agg. ansante, ansimante: *respiration haletante*, respirazione affannosa; *haletant d'effroi*, senza fiato per lo spavento.
halètement** [alɛtmɑ̃] ***n.m. ansito, affanno.
haleter** [alte] ***v.intr. [coniug. come *semer*] ansare, ansimare: *haleter d'émotion*, avere il cuore in gola per l'emozione.
halitueux [alitɥø] ***agg.*** [f. *-euse*] (*med.*) madido.
hall** [ol] ***n.m. **1** hall (*f.*), atrio **2** sala (*f.*), salone.
● (*aer.*) ***hall d'arrivée***, arrivi.
halle** [al] ***n.f. **1** mercato (*m.*) coperto **2** (*pl.*) mercati (*m.*) generali.
● (*Svizzera*) ***halle de gymnastique***, palestra.

NOTA ***Les Halles*** (***de Paris***), che lo scrittore francese Émile Zola (1840-1902) soprannominò 'il ventre di Parigi', erano i vecchi mercati generali. L'area sulla quale sorgevano fin dal Medioevo è ora occupata da un grande complesso architettonico che ospita un centro commerciale, il *Forum des Halles*, costruito a partire dal 1979. I nuovi mercati generali di Parigi sono stati trasferiti a Rungis, a nord di Orly, nel 1969.

hallebarde** [albaʀd] ***n.f. alabarda.
● ***il tombe, il pleut des hallebardes***, (*fam.*) piove a catinelle.
hallucinant [al/ysinɑ̃] ***agg.*** allucinante.
hallucination [al/ysinasjɔ̃] ***n.f.*** allucinazione.
halluciné [al/ysine] ***agg.*** e ***n.m.*** allucinato.
halluciner [al/ysine] ***v.tr.*** **1** (*non com.*) allucinare, provocare un'allucinazione (a) **2** (*fam.*) rimanere stupefatto, allucinato: *lorsqu'elle m'a raconté son aventure, j'ai halluciné*, quando mi ha raccontato la sua avventura, sono rimasto allucinato.
hallucinogène [al/ysinɔʒɛn] ***agg.*** e ***n.m.*** (*chim.*) allucinogeno.
hallus [alys] **hallux** [alyks] ***n.m.*** (*anat.*) alluce.
● (*med.*): ***hallus valgus***, alluce valgo; ***hallus varus***, alluce varo.
halo** [alo] ***n.m. **1** alone **2** (*fot.*) alone.
halogène [alɔʒɛn] ***agg.*** e ***n.m.*** alogeno.
● ***lampe halogène***, lampada alogena.
halte** [alt] ***n.f. sosta (*anche fig.*); tappa ♦ ***inter.*** alt.
● ***halte-là!***, altolà! | ***faire*** (***une***) ***halte***, fare una sosta; sostare.
■ N.F. SIN. pause.
halte-garderie** [altgaʀdəʀi] ***n.f. [pl. *haltes-garderies*] asilo (*m.*) nido di quartiere, che ospita, per un tempo limitato, i bambini dai 3 mesi ai 6 anni.
haltère [altɛʀ] ***n.m.*** (*sport*) peso, manubrio; bilanciere.
● ***poids et haltères***, sollevamento pesi.
haltérophile [alteʀɔfil] ***n.m.*** e ***f.*** sollevatore/trice di pesi.
haltérophilie [alteʀɔfili] ***n.f.*** (*sport*) sollevamento (*m.*) pesi, pesistica.
hamac** [amak] ***n.m. amaca (*f.*).
hamamélis [amamelis] ***n.m.*** (*bot.*) amamelide (*f.*).
hambourgeois** [ɑ̃buʀʒwa] ***agg. amburghese, di Amburgo ♦ ***n.m.*** (*Canada*) (*cuc.*) hamburger.
hameau** [amo] ***n.m. [pl. *-eaux*] (*di un comune*) frazione (*f.*); (*estens.*) casolari (*pl.*) isolati.
hameçon [amsɔ̃] ***n.m.*** amo (da pesca).
● ***mordre à l'hameçon***, abboccare all'amo (*anche fig.*).
hameçonnage [amsɔnaʒ] ***n.m.*** (*Internet*) phishing, truffa (*f.*) su Internet (generalmente tramite invio dei propri dati spec. bancari per posta elettronica).
hampe** [ɑ̃p] ***n.f. **1** asta **2** (*bot.*) stelo (*m.*) senza foglie.
hamster** [amstɛʀ] ***n.m. (*zool.*) criceto.
hanche** [ɑ̃ʃ] ***n.f. (*anat.*) anca.
handball** [ɑ̃dbal] ***n.m. (*sport*) pallamano (*f.*).
handicap** [ɑ̃dikap] ***n.m. **1** handicap, svantaggio **2** (*ippica*) handicap.
handicapé** [ɑ̃dikape] ***agg. e ***n.m.*** handicappato.
● ***handicapé moteur***, motuleso.
handicaper** [ɑ̃dikape] ***v.tr. handicappare.
handover** [ɑ̃dɔvœʀ] ***n.m. (*tel.*) handover.
hangar** [ɑ̃gaʀ] ***n.m. **1** capannone **2** (*aer.*) hangar, aviorimessa (*f.*).
hanneton** [antɔ̃] ***n.m. (*zool.*) maggiolino.
hanté** [ɑ̃te] ***agg. ossessionato, assillato.
● ***maison hantée***, casa abitata dagli spiriti, stregata.
hanter** [ɑ̃te] ***v.tr. ossessionare, assillare.
hantise** [ɑ̃tiz] ***n.f. ossessione, idea fissa.
happer** [ape] ***v.tr. **1** ghermire, afferrare **2** (*di animale*) azzannare; afferrare (con il becco).
happy apéro** [apiapeʀo] ***n.m.invar. happy hour (*m.* o *f.*).
harangue** [aʀɑ̃g] ***n.f. **1** arringa **2** predica.

***haranguer** [aʀɑ̃ge] *v.tr.* **1** arringare **2** fare un predicozzo (**a**).
***haras** [aʀɑ] *n.m.* stazione (*f.*) di monta equina.
***harassant** [aʀasɑ̃] *agg.* sfibrante, massacrante.
***harasser** [aʀase] *v.tr.* stancare, sfiancare.
***harcelant** [aʀsəlɑ̃] *agg.* assillante; molesto.
***harcèlement** [aʀsɛlmɑ̃] *n.m.* **1** l'assillare, assillo **2** molestia (*f.*).
● ***harcèlement moral***, mobbing | ***harcèlement sexuel***, molestie sessuali.
***harceler** [aʀsəle] *v.tr.* [coniug. come *semer*] assillare; molestare: *harceler l'ennemi*, incalzare il nemico.
***harceleur** [aʀsəlœʀ] *n.m.* [f. *-euse*] mobber.
***harde** [aʀd] *n.f.* branco (*m.*).
***hardeur** [ardœʀ] *n.m.* [f. *-euse*] pornoattore.
***hardi** [aʀdi] *agg.* **1** ardito, audace **2** audace; scabroso **3** ardito, sfrontato: *tu es bien hardi de faire comme ça!*, sei un bello sfacciato a fare così ♦ *inter.* forza, coraggio.
● ***hardi, les gars!***, forza ragazzi!
***hardiesse** [aʀdjɛs] *n.f.* **1** ardimento (*m.*), audacia: *il manque de hardiesse*, gli manca il coraggio **2** spudoratezza, audacia **3** sfrontatezza, sfacciataggine.
● ***se permettre certaines hardiesses***, permettersi certe libertà.
***hardiment** [aʀdimɑ̃] *avv.* **1** audacemente **2** sfacciatamente.
***harem** [aʀɛm] *n.m.* harem.
***hareng** [aʀɑ̃] *n.m.* aringa (*f.*).
● ***sec comme un hareng***, magro come un'acciuga | ***serrés comme des harengs***, pigiati come sardine.
***hargne** [aʀɲ] *n.f.* astio (*m.*), rancore (*m.*).
● ***avec hargne***, con astio, rabbiosamente.
***hargneusement** [aʀɲøzmɑ̃] *avv.* astiosamente, con malanimo.
***hargneux** [aʀɲø] *agg.* [f. *-euse*] astioso | *un chien hargneux*, un cane ringhioso.
***haricot**[1] [aʀiko] *n.m.* fagiolo.
● ***haricots verts***, fagiolini | ***c'est la fin des haricots!***, (*molto fam.*) è la fine di tutto! | ***des haricots!***, (*molto fam.*) (non avrai) un fico secco! | ***tu me cours sur le haricot!***, (*molto fam.*) mi dai sui nervi!
***haricot**[2] *n.m.* (*cuc.*) spezzatino di agnello con patate e cipolle.
***haridelle** [aʀidɛl] *n.f.* ronzino (*m.*).
***harissa** [aʀisa] *n.f.* (*cuc.*) harissa (salsa piccante, tipica del Nord Africa).
***harki** [aʀki] *n.m.* (*mil.*) harki (soldato algerino affiancato all'esercito francese dal 1951 al 1962).
harmonica [aʀmɔnika] *n.m.* (*mus.*) armonica (*f.*).
harmonie [aʀmɔni] *n.f.* armonia (*anche fig.*).
● ***harmonie municipale***, banda municipale | (*mus.*) ***table d'harmonie***, cassa armonica.
harmonieusement [aʀmɔnjøzmɑ̃] *avv.* armoniosamente, con armonia.
harmonieux [aʀmɔnjø] *agg.* [f. *-euse*] **1** armonioso, melodioso **2** armonico, ben proporzionato.
harmonique [aʀmɔnik] *agg.* e *n.m.* armonico (*anche fig.*) ♦ *n.f.* (*fis., mus.*) armonica.
harmonisation [aʀmɔnizasjɔ̃] *n.f.* (*mus.*) armonizzazione.
harmoniser [aʀmɔnize] *v.tr.* armonizzare (*anche fig.*) ♦ **s'harmoniser** *v.pron.intr.* armonizzarsi, intonarsi.
harmoniste [aʀmɔnist] *n.m.* e *f.* (*mus.*) armonista.
harmonium [aʀmɔnjɔm] *n.m.* (*mus.*) armonium.
***harnachement** [aʀnaʃmɑ̃] *n.m.* **1** bardatura (*f.*) **2** (*fam.*) tenuta (*f.*).
***harnacher** [aʀnaʃe] *v.tr.* bardare (*anche fig.*).
***harnais** [aʀnɛ] *n.m.* bardatura (*f.*), finimenti (*pl.*).
● (*mecc.*) ***harnais d'engrenages***, serie d'ingranaggi | ***blanchir, vieillir sous le harnais***, (*fig.*) invecchiare nel mestiere.
***haro** [aʀo] *inter.* dagli.
● ***crier haro sur qqn***, (*fig.*) inveire contro qlcu.
harpagon [aʀpagɔ̃] *n.m.* avaro, spilorcio.

> **NOTA** La parola ***harpagon*** deriva dal protagonista della commedia *L'Avare* (1668) di Molière.

***harpe** [aʀp] *n.f.* (*mus.*) arpa.
***harpie** [aʀpi] *n.f.* **1** (*mit.*) arpia **2** (*fig.*) arpia, megera.
***harpiste** [aʀpist] *n.m.* e *f.* (*mus.*) arpista.
***harpon** [aʀpɔ̃] *n.m.* (*pesca*) arpione, fiocina (*f.*).
***harponnage** [aʀpɔnaʒ] ***harponnement** [aʀpɔnmɑ̃] *n.m.* l'arpionare.
***harponner** [aʀpɔne] *v.tr.* **1** (*pesca*) arpionare, fiocinare **2** (*fam.*) agganciare, acciuffare.
***harponneur** [aʀpɔnœʀ] *n.m.* fiociniere, ramponiere.
***hasard** [azaʀ] *n.m.* caso; combinazione (*f.*); sorte (*f.*).
● ***à tout hasard***, per ogni evenienza, a ogni buon conto | ***au hasard***, a caso, alla ventura | ***au hasard de***, secondo, a seconda di | ***jeu de hasard***, gioco d'azzardo | ***les hasards de la vie***, i casi della vita | ***par hasard***, per caso | ***quel heureux hasard!***, che combinazione!

> **NOTA** L'interiezione familiare ***Au hasard, Balthazar!*** viene utilizzata per congedarsi.

***hasarder** [azaʀde] *v.tr.* **1** rischiare **2** arrischiare; tentare ♦ **se *hasarder** *v.pron.intr.* **1** arrischiarsi, osare **2** avventurarsi.
***hasardeux** [azaʀdø] *agg.* [f. *-euse*] **1** rischioso **2** audace, temerario.
***haschisch** [aʃiʃ] *n.m.* hashish, hascisc.
***hase** [ɑz] *n.f.* (*zool.*) lepre femmina.
***hâte** [ɑt] *n.f.* fretta, premura.
● ***à la hâte***, in fretta, alla svelta | ***avoir (grande) hate de***, avere (una gran) fretta di | ***en (toute) hâte***, in fretta e furia | ***sans hâte***, senza fretta.
■ SIN. empressement CONTR. lenteur.
***hâter** [ɑte] *v.tr.* **1** affrettare; accelerare **2** (*antiq.*) fare sbrigare, fare premura (**a**) ♦ **se *hâter** *v.pron.intr.* affrettarsi (**a**), sbrigarsi (**a**).
***hâtif** [ɑtif] *agg.* [f. *-ive*] **1** affrettato, frettoloso **2** precoce.
● ***fruits hâtifs***, frutti primaticci.
***hâtivement** [ɑtivmɑ̃] *avv.* **1** affrettatamente, frettolosamente, in fretta e furia **2** precocemente.
***hauban** [obɑ̃] *n.m.* **1** (*mar.*) sartia (*f.*) **2** (*aer.*) cavo, tirante **3** (*pl.*) cavi (di filo elettrico ecc.).
***haubaner** [obane] *v.tr.* (*mar.*) controventare.
***hausse** [os] *n.f.* **1** rialzo (*m.*), rincaro (*m.*): *la hausse des loyers*, il rincaro degli affitti **2** rialzo (*m.*), tacco (*m.*) **3** (*di arma*) alzo.
● ***en hausse***, in aumento, in rialzo: *température en hausse*, temperatura in aumento | (*Borsa*) ***jouer à la hausse***, giocare al rialzo.
■ CONTR. **1** baisse.
***haussement** [osmɑ̃] *n.m.* alzata (*f.*).
***hausser** [ose] *v.tr.* alzare (*anche fig.*) ♦ *v.intr.* salire, crescere: *le prix de la viande a haussé*, il prezzo della carne è aumentato ♦ **se *hausser** *v.pron.* **1** alzarsi **2** (*fig.*) innalzarsi, elevarsi.
● ***hausser les épaules***, alzare le spalle, fare spallucce.
***haut**[1] [o] *agg.* alto: *mur haut de trois mètres*, muro alto tre metri ♦ *avv.* **1** alto, in alto: *sauter haut*, saltare alto **2** lontano (nel tempo): *si haut qu'on remonte dans l'his-*

toire, per quanto si risalga nella storia **3** ad alta voce: *penser tout haut*, pensare ad alta voce.
● (*inform.*) ***haut débit***, connessione a banda larga, adsl | ***haut en couleurs***, molto colorito (*anche fig.*) | ***haut la main***, con la massima facilità | ***haut les cœurs!***, in alto i cuori! | ***haut les mains!***, mani in alto! | ***haut placé***, altolocato: *des personnes haut placées*, delle persone altolocate | ***haute mer***, alto mare, mare aperto | ***haute société***, alta società | ***de la plus haute importance***, della massima importanza | ***de (très) haut***, (*fig.*) con arroganza | ***en haut lieu***, (*estens.*) in alto loco | ***marcher la tête haute***, (*fig.*) camminare a testa alta | ***par en haut***, dall'alto | ***parler haut et clair***, parlare chiaro e tondo | ***plus haut***, più in alto, più sopra: *le paragraphe plus haut*, il paragrafo sopra | ***tenir qqn en haute estime***, tenere qlcu in grande considerazione.
■ AGG. SIN. élevé CONTR. bas.

H

haut**[2] ***n.m. **1** alto; parte (*f.*) superiore: *le haut de la montagne*, la cima della montagna **2** altezza (*f.*): *monument de 30 mètres de haut*, monumento alto 30 metri.
● ***d'en haut***, dall'alto: *le rayon d'en haut*, lo scaffale più alto | ***des hauts et des bas***, alti e bassi | ***regarder qqn de haut en bas***, (*fig.*) guardare qlcu dall'alto in basso | ***tomber de haut***, (*fig.*) rimanere deluso | ***tomber de son haut***, (*fig.*) cadere dalle nuvole.
□ **de *haut** ***avv.*** dall'alto: *voir les choses de haut*, vedere le cose dall'alto.
□ **en *haut** ***avv.*** **1** in alto: *tout en haut du clocher*, proprio sulla punta del campanile **2** di sopra, al piano superiore: *les chambres sont en haut*, le camere sono di sopra.

hautain** [otɛ̃] ***agg. altero, arrogante, altezzoso.

hautbois** [obwa] ***n.m. (*mus.*) oboe.

hautboïste** [obɔist] ***n.m. e ***f.*** (*mus.*) oboista.

haut-de-chausse(s)** [odʃos] ***n.m. [pl. *hauts-de -chausses*] (*st. abbigl.*) polpe (*f.pl.*), brache (*f.pl.*) (al ginocchio).

haut-de-forme** [odfɔʀm] ***n.m. [pl. *hauts-de-forme*] (*abbigl.*) (cappello a) cilindro.

haut-de-gamme** [odgam] ***agg.invar. di alto livello, molto chic.

haute-contre** [otkɔ̃tʀ] ***n.f. e ***m.*** [pl. *hautes-contre*] (*mus.*) contralto (*m.*).

haute-fidélité** [otfidelite] ***n.f. [pl. *hautes-fidélités*] (*tecn.*) alta fedeltà, hi-fi.

hautement** [otmɑ̃] ***avv. **1** apertamente, francamente **2** altamente, profondamente.

hauteur** [otœʀ] ***n.f. **1** altezza: *quelle est la hauteur de cette maison?*, quanto è alta questa casa? **2** (*mat., fis., astr.*) altezza **3** (*fig.*) elevatezza **4** (*fig.*) alterigia, altezzosità **5** altura, colle (*m.*) **6** (*aer.*) quota.
● ***à la hauteur de***, all'altezza di | ***être à la hauteur***, essere all'altezza | (*aer.*) ***prendre de la hauteur***, prendere quota.
■ SIN. **4** dédain **6** altitude.

haut-fond** [ofɔ̃] ***n.m. [pl. *hauts-fonds*] (*mar.*) bassofondo.

haut-fourneau** [ofuʀno] ***n.m. [pl. *hauts-fourneaux*] (*metall.*) altoforno.

haut-le-cœur** [olkœʀ] ***n.m.invar. **1** nausea (*f.*), conato di vomito **2** (*fig.*) nausea (*f.*), disgusto.

haut-le-corps** [olkɔʀ] ***n.m.invar. sussulto, sobbalzo.

haut-parleur** [opaʀlœʀ] ***n.m. [pl. *haut-parleurs*] **1** altoparlante **2** (*inform.*) cassa (*f.*), altoparlante.

haut-plateau** [oplato] ***n.m. [pl. *hauts-plateaux*] altopiano.

haut-relief** [oʀəljɛf] ***n.m. [pl. *hauts-reliefs*] (*arte*) altorilievo.

hauturier** [otyʀje] ***agg. [f. *-ère*] (*mar.*) d'altura, di alto mare.

havane** [avan] ***n.m. avana ♦ ***agg.invar.*** (color) avana.

hâve** [ɑv] ***agg. smunto.

havrais** [ɑvʀɛ] ***agg. di Le Havre.

havre** [ɑvʀ] ***n.m. **1** porto di estuario; piccolo porto riparato **2** (*fig.*) oasi (*f.*), rifugio.

hawaïen, hawaiien [awajɛ̃] ***agg.*** e ***n.m.*** [f. *hawaïenne, hawaiienne*] hawaiano.

hayon** [ɛjɔ̃] ***n.m. (*aut.*) portellone posteriore.

hé** [e] ***inter. **1** (*per richiamare l'attenzione*) ehi **2** (*sorpresa; rimpianto*) eh!
● ***hé bien!***, ebbene? | ***hé là!***, ehi là! | ***hé oui!***, eh sì!

heaume** [om] ***n.m. (*arald., st.mil.*) elmo medievale.

hebdo [ɛbdo] ***n.m.*** (*fam.*) abbr. di **hebdomadaire**.

hebdomadaire [ɛbdɔmadɛʀ] ***agg.*** settimanale ♦ ***n.m.*** (*giornale*) settimanale.
● ***hebdomadaire illustré***, rotocalco.

hébergement [ebɛʀʒəmɑ̃] ***n.m.*** **1** l'alloggiare, il dare asilo (**a**) **2** (*Internet*) hosting.
■ SIN. **1** logement.

héberger [ebɛʀʒe] ***v.tr.*** [coniug. come *manger*] ospitare, alloggiare; dare asilo (**a**).
■ SIN. accueillir, loger.

hébergeur [ebɛʀʒœʀ] ***n.m.*** (*Internet*) hoster.

hébété [ebete] ***agg.*** ebete; inebetito ♦ ***n.m.*** ebete.

hébétement [ebetmɑ̃] ***n.m.*** ebetismo.

hébéter [ebete] ***v.tr.*** [coniug. come *céder*] inebetire.

hébétude [ebetyd] ***n.f.*** ebetismo (*m.*).

hébraïque [ebʀaik] ***agg.*** ebraico.

hébraïsant [ebʀaizɑ̃] ***n.m.*** ebraista, ebraicista.

hébreu [ebʀø] ***agg.m.*** [pl. *-eux*] ebreo, ebraico ♦ ***n.m.*** (*lingua*) ebraico.
● ***c'est de l'hébreu pour moi***, (*fig.*) questo per me è arabo.

Hébreu ***n.m.*** [pl. *-eux*] (*persona*) ebreo.

hécatombe [ekatɔ̃b] ***n.f.*** ecatombe.

hectare [ɛktaʀ] ***n.m.*** ettaro.

hecto- ***pref.*** etto-.

hectogramme [ɛktɔgʀam] ***n.m.*** etto(grammo).

hectolitre [ɛktɔlitʀ] ***n.m.*** ettolitro.

hectomètre [ɛktɔmɛtʀ] ***n.m.*** ettometro.

hédonisme [edɔnism] ***n.m.*** edonismo.

hédoniste [edɔnist] ***agg.*** edonistico ♦ ***n.m.*** e ***f.*** edonista.

hédonistique [edɔnistik] ***agg.*** edonistico.

hégémonie [eʒemɔni] ***n.f.*** egemonia.

hégire [eʒiʀ] ***n.f.*** (*st. islamica*) egira.

hein** [ɛ̃, hɛ̃] ***inter. (*fam.*) **1** eh?, vero? **2** che cosa?, che?

hélas**, **hélas** [elɑs] ***inter. **1** ahimè, ohimè **2** sfortunatamente, purtroppo.

héler** [ele] ***v.tr. [coniug. come *céder*] chiamare (da lontano): *héler un taxi*, chiamare un taxi.

hélianthe [eljɑ̃t] ***n.m.*** (*bot.*) elianto.

hélice [elis] ***n.f.*** **1** elica **2** (*anat., arch.*) elice.
● ***hélice de ventilation***, ventola | ***escalier en hélice***, scala a chiocciola.

hélico [eliko] ***n.m.*** (*fam.*) abbr. di **hélicoptère**.

hélicoïdal [elikɔidal] ***agg.*** [pl. *-aux*] elicoidale.

hélicoptère [elikɔptɛʀ] ***n.m.*** elicottero.

héligare [eligaʀ] ***n.f.*** elistazione.

héliocentrique [eljɔsɑ̃tʀik] ***agg.*** (*astr.*) eliocentrico.

héliocentrisme [eljɔsɑ̃tʀism] *n.m.* (*astr.*) eliocentrismo.
héliographie [eljɔgʀafi] *n.f.* (*astr.*) eliografia.
héliogravure [eljɔgʀavyʀ] *n.f.* (*tip.*) rotocalcografia.
héliothérapie [eljɔteʀapi] *n.f.* (*med.*) elioterapia.
héliothérapique [eljɔteʀapik] *agg.* (*med.*) elioterapico.
héliotrope [eljɔtʀɔp] *n.m.* (*bot., min.*) eliotropio.
héliotypie [eljɔtipi] *n.f.* (*fot.*) eliotipia.
héliport [elipɔʀ] *n.m.* (*aer.*) eliporto.
héliporté [elipɔʀte] *agg.* elitrasportato.
héliski [eliski] *n.m.* (*sport*) eliski, elisci.
hélisurface [elisyʀfas] *n.f.* (*aer.*) eliparco (*m.*).
hélitreuiller [elitʀœje] *v.tr.* (*aer.*) (*di un elicottero*) imbarcare in volo mediante un argano: *les alpinistes blessés ont été hélitreuillés*, gli alpinisti feriti sono stati issati a bordo dell'elicottero mediante un argano.
hélium [eljɔm] *n.m.* (*chim.*) elio.
hellébore [e(ɛl)lebɔʀ] *n.m.* → **ellébore**.
hellénique [e(ɛl)lenik] *agg.* ellenico.
hellénisme [e(ɛl)lenism] *n.m.* ellenismo.
helléniste [e(ɛl)lenist] *agg.* e *n.m.* e *f.* ellenista, grecista.
hellénistique [e(ɛl)lenistik] *agg.* ellenistico.
helvétique [ɛlvetik] *agg.* elvetico.
● ***la Confédération helvétique***, la Confederazione elvetica.
***hem** [ɛm] *inter.* 1 (*per richiamare l'attenzione*) ehi 2 (*dubbio*) uhm.
hématie [emasi] *n.f.* (*biol.*) emazia.
hématique [ematik] *agg.* (*med.*) ematico.
hématite [ematit] *n.f.* (*min.*) ematite.
hémato- *pref.* emato-.
hématologie [ematɔlɔʒi] *n.f.* ematologia.
hématologiste [ematɔlɔʒist] **hématologue** [ematɔlɔg] *n.m.* e *f.* ematologo/a.
hématome [ematom] *n.m.* (*med.*) ematoma.
hémérothèque [emeʀɔtɛk] *n.f.* emeroteca.
hémi- *pref.* emi-, semi-.
hémicycle [emisikl] *n.m.* emiciclo.
● ***l'hémicycle***, (*estens.*) l'Assemblea Nazionale francese.
hémiplégique [emipleʒik] *agg.* e *n.m.* e *f.* (*med.*) emiplegico/a.
hémisphère [emisfɛʀ] *n.m.* 1 emisfero 2 (*mat.*) semisfera (*f.*).
● (*anat.*) ***les hémisphères cérébraux***, gli emisferi cerebrali.
hémisphérique [emisfeʀik] *agg.* emisferico.
hémistiche [emistiʃ] *n.m.* (*metrica*) emistichio.
hémo- *pref.* emo-.
hémoglobine [emɔglɔbin] *n.f.* (*biol.*) emoglobina.
hémolyse [emɔliz] *n.f.* (*biol.*) emolisi.
hémophile [emɔfil] *agg.* e *n.m.* e *f.* (*med.*) emofiliaco/a.
hémophilie [emɔfili] *n.f.* (*med.*) emofilia.
hémoptysie [emɔptizi] *n.f.* (*med.*) emottisi.
hémorragie [emɔʀaʒi] *n.f.* 1 (*med.*) emorragia 2 (*fig.*) emorragia, salasso (*m.*).
hémorragique [emɔʀaʒik] *agg.* (*med.*) emorragico.
hémorroïdes [emɔʀɔid] *n.f.pl.* (*med.*) emorroidi.
hémostatique [emɔstatik] *agg.* e *n.m.* emostatico.
hendécasyllabe [ɛ̃dekasil/ab] *agg.* e *n.m.* (*metrica*) endecasillabo.
***henné** [ene] *n.m.* (*bot.*) henna (*f.*), henné.
***hennir** [eniʀ] *v.intr.* nitrire.
***hennissement** [enismɑ̃] *n.m.* nitrito.
***hep** [ɛp] *inter.* ehi.
hépatique [epatik] *agg.* e *n.m.* e *f.* epatico/a.
hépatite [epatit] *n.f.* (*med.*) epatite.
hépat(o)- *pref.* epat(o)-.
hepta- *pref.* epta-.
heptagonal [ɛptagɔnal] *agg.* [pl. *-aux*] (*mat.*) ettagonale, ettagono.
heptagone [ɛptagɔn] *n.m.* (*mat.*) ettagono.
heptamètre [ɛptamɛtʀ] *n.m.* (*metrica*) settenario trocaico.
héraldique [eʀaldik] *agg.* araldico ♦ *n.f.* araldica.
héraultais [eʀoltɛ] *agg.* del dipartimento dell'Hérault.
***héraut** [eʀo] *n.m.* 1 araldo 2 (*fig.*) messaggero.
herbacé [ɛʀbase] *agg.* erbaceo.
herbage [ɛʀbaʒ] *n.m.* pascolo permanente.
herbe [ɛʀb] *n.f.* 1 erba 2 (*argot*) erba, marijuana.
● ***couper, faucher l'herbe sous le(s) pied(s) de qqn***, (*fig.*) fare lo sgambetto a qlcu | ***en herbe***, in erba (*anche fig.*) | ***fines herbes***, erbe aromatiche, odori | ***mauvaise herbe***, erbaccia, malerba; (*fig.*) pecora nera | ***pousser comme une mauvaise herbe***, (*fig.*) crescere come la gramigna.
herbeux [ɛʀbø] *agg.* [f. *-euse*] erboso.
herbicide [ɛʀbisid] *agg.* e *n.m.* erbicida, diserbante.
herbier [ɛʀbje] *n.m.* erbario.
herbivore [ɛʀbivɔʀ] *agg.* e *n.m.* e *f.* erbivoro/a.
herboriser [ɛʀbɔʀize] *v.intr.* erborizzare.
herboriste [ɛʀbɔʀist] *n.m.* e *f.* erborista.
herboristerie [ɛʀbɔʀistəʀi] *n.f.* erboristeria.
herbu [ɛʀby] *agg.* erboso.
hercule [ɛʀkyl] *n.m.* (*fig.*) ercole.
● ***hercule de foire***, maciste.
herculéen [ɛʀkyleɛ̃] *agg.* [f. *-enne*] erculeo.
***hère**[1] [ɛʀ] *n.m.*
● ***un pauvre hère***, un poveraccio, un disgraziato.
***hère**[2] *n.m.* (*zool.*) cerbiatto.
héréditaire [eʀeditɛʀ] *agg.* ereditario.
● ***prince héréditaire***, principe ereditario.
héréditairement [eʀeditɛʀmɑ̃] *avv.* ereditariamente.
hérédité [eʀedite] *n.f.* 1 (*dir.*) eredità 2 (*biol.*) ereditarietà, eredità.
hérésie [eʀezi] *n.f.* (*relig.*) eresia.
hérétique [eʀetik] *agg.* e *n.m.* e *f.* eretico/a.
***hérissé** [eʀise] *agg.* 1 irto, ispido 2 (*fig.*) irto, spinoso.
● ***poil hérissé***, pelo arruffato.
***hérisser** [eʀise] *v.tr.* 1 (*pelo ecc.*) rizzare 2 rendere irto (*anche fig.*) 3 fare rizzare (i capelli in testa) ♦ **se hérisser** *v.pron.intr.* 1 (*di pelo ecc.*) rizzarsi 2 irritarsi, andare in collera.
***hérisson** [eʀisɔ̃] *n.m.* 1 (*zool.*) riccio 2 (*fig.*) (*di persona*) istrice 3 (*agr.*) erpice.
● (*zool.*) ***hérisson de mer***, riccio di mare.
héritage [eʀitaʒ] *n.m.* eredità (*f.*) (*anche fig.*).
● ***faire un gros héritage***, ricevere un'eredità cospicua.
hériter [eʀite] *v.intr.* e *tr.* ereditare (qlco): *hériter d'une fortune*, ereditare un patrimonio.

H

héritier [eʀitje] *n.m.* [f. *-ère*] erede | *riche héritière*, ricca ereditiera.
● (*dir.*) ***héritier testamentaire***, erede testamentario.
hermaphrodite [ɛʀmafʀɔdit] *agg.* e *n.m.* ermafrodito.
herméticité [ɛʀmetisite] *n.f.* ermeticità.
hermétique [ɛʀmetik] *agg.* **1** ermetico **2** (*fig.*) ermetico, enigmatico.
hermétiquement [ɛʀmetikmɑ̃] *avv.* ermeticamente.
hermétisme [ɛʀmetism] *n.m.* ermetismo.
hermine [ɛʀmin] *n.f.* (*zool.*) ermellino (*m.*).
***herniaire** [ɛʀnjɛʀ] *agg.* (*med.*) erniario.
● ***bandage herniaire***, cinto erniario.
***hernie** [ɛʀni] *n.f.* ernia.
● (*med.*) ***hernie discale***, ernia del disco.
héroïne[1] [eʀɔin] *n.f.* eroina.
héroïne[2] *n.f.* (*chim.*) eroina.
héroïnomane [eʀɔinɔman] *n.m.* e *f.* eroinomane.
héroïque [eʀɔik] *agg.* eroico.
héroïquement [eʀɔikmɑ̃] *avv.* eroicamente, in modo eroico.
héroïsme [eʀɔism] *n.m.* eroismo.
***héron** [eʀɔ̃] *n.m.* (*zool.*) airone.
***héros** [eʀo] *n.m.* eroe.
● ***en héros***, da eroe.
herpès [ɛʀpɛs] *n.m.* herpes, erpete.
***herse** [ɛʀs] *n.f.* **1** (*agr.*) erpice (*m.*) **2** saracinesca.
***herser** [ɛʀse] *v.tr.* (*agr.*) erpicare.
hertz [ɛʀts] *n.m.* (*fis.*) hertz.
hertzien [ɛʀts(dz)jɛ̃] *agg.* [f. *-enne*] (*fis.*) hertziano.
hésitant [ezitɑ̃] *agg.* esitante: *voix hésitante*, voce incerta.
hésitation [ezitasjɔ̃] *n.f.* esitazione.
■ SIN. incertitude.
hésiter [ezite] *v.intr.* esitare, titubare.
hétaïre [etaiʀ] *n.f.* (*st. greca*) etera.
hétéro- *pref.* etero-.
hétérodoxe [eteʀɔdɔks] *agg.* eterodosso.
hétérodoxie [eteʀɔdɔksi] *n.f.* eterodossia.
hétérogamie [eteʀɔgami] *n.f.* (*biol.*) eterogamia.
hétérogène [eteʀɔʒɛn] *agg.* eterogeneo.
hétérogénéité [eteʀɔʒeneite] *n.f.* eterogeneità.
hétérogreffe [eteʀɔgʀɛf] *n.f.* (*med.*) eterotrapianto (*m.*).
héterosexuel [eteʀɔsɛksɥɛl] *agg.* e *n.m.* [f. *-elle*] eterosessuale.
***hêtre** [ɛtʀ] *n.m.* (*bot.*) faggio.
***heu** [ø] *inter.* **1** (*dubbio*) uhm **2** (*sorpresa*) oh.
heur [œʀ] *n.m.* (*letter.*) fortuna (*f.*).
heure [œʀ] *n.f.* **1** ora: *deux heures par jour*, due ore al giorno; *faire du 150 à l'heure*, andare a 150 (km) all'ora; *il gagne 100 euros (de) l'heure*, guadagna 100 euro all'ora; *dans une heure*, fra un'ora; *une bonne heure*, un'ora buona; *ça fait une heure qu'il l'attend*, è un'ora che l'aspetta; *l'heure est venue de régler les comptes*, è giunto il momento di regolare i conti | *n'avoir pas une heure à soi*, non avere un momento per se stesso **2** ora (all'orologio): *il est sept heures moins le quart, moins dix*, sono le sette meno un quarto, meno dieci; *à cinq heures juste*, alle cinque precise; *il est l'heure d'aller dormir*, è ora di andare a dormire; *quelle heure est-il?*, che ora è?, che ore sono?; *quelle heure as-tu?*, che ora fai?
● ***heure d'hiver***, ora solare | ***heure exacte***, ora esatta | ***heure légale, d'été***, ora legale, estiva | ***heure locale***, ora locale | ***heures creuses***, ore libere, buche; ore di minor traffico | ***heures d'affluence***, ore di massima affluenza | ***à la bonne heure!***, meno male!; finalmente! | ***à l'heure actuelle***, oggi come oggi | ***à l'heure où***, in un momento in cui: *à l'heure même (où)*, nello stesso momento (in cui) | ***à l'heure qu'il est***, per adesso, attualmente | ***à ses heures perdues***, a tempo perso: *à ses heures perdues il écrit des vers*, a tempo perso scrive versi | ***à une heure avancée***, a tarda ora | ***aux heures de bureau***, nelle ore d'ufficio | ***aux premières heures (de la matinée)***, nelle prime ore (del mattino), di prima mattina | ***de bonne heure***, presto, di buon'ora | ***être à l'heure***, essere in orario, puntuale | ***il est spirituel à ses heures***, qualche volta è spiritoso | ***mettre à l'heure***, regolare (sull'ora esatta); (*estens.*) aggiornare, adeguare ai tempi: *mettre sa montre à l'heure*, regolare l'orologio | ***pour l'heure***, per il momento | ***sur l'heure***, immediatamente | ***tout à l'heure***, fra poco tempo; poco tempo fa: *à tout à l'heure*, arrivederci a fra poco | ***toutes les heures***, ogni ora | ***une petite heure***, un'oretta, circa un'ora.
heureusement [œʀøzmɑ̃] *avv.* **1** felicemente **2** per fortuna, meno male | *heureusement que*, meno male che.
heureux [œʀø] *agg.* [f. *-euse*] **1** felice **2** fortunato ♦ *n.m.* persona (*f.*) felice, fortunata.
● ***encore heureux!***, meno male!; poteva andar peggio! | ***il est heureux pour lui que***, (*fam.*) è una buona cosa per lui che | ***sous d'heureux auspices***, sotto buoni, fausti auspici | ***très heureux de***, felicissimo di: *très heureux d'avoir fait votre connaissance*, felicissimo di averla conosciuta.
■ AGG. SIN. **2** chanceux.
***heurt** [œʀ] *n.m.* urto, cozzo, scontro.
***heurté** [œʀte] *agg.* netto, privo di sfumature; contrastante.
***heurter** [œʀte] *v.tr.* **1** urtare, cozzare (contro) | *heurter la tête contre qqch*, picchiare la testa contro qlco **2** (*fig.*) urtare, offendere ♦ **se heurter** *v.pron.* urtare, scontrarsi (*anche fig.*) ♦ *v.pron.rec.* urtarsi, cozzare (*anche fig.*).
■ V.TR. SIN. **1** taper **2** choquer.
***heurtoir** [œʀtwaʀ] *n.m.* picchiotto, battaglio.
***hévéa** [evea] *n.m.* (*bot.*) hevea (*f.*).
hex(a)- *pref.* es(a)-.
hexaèdre [ɛgzaɛdʀ] *n.m.* (*mat.*) esaedro.
hexagonal [ɛgzagɔnal] *agg.* [pl. *-aux*] **1** esagonale **2** francese, della Francia.
hexagone [ɛgzagɔn] *n.m.* **1** esagono **2** *l'Hexagone*, la Francia.

NOTA L'***Hexagone*** è il nome dato familiarmente alla Francia, perché i suoi contorni geografici ricordano la forma di un esagono.

hexamètre [ɛgzamɛtʀ] *n.m.* (*metrica*) esametro.
***hi** [i] *inter.* (*riso, pianto*) hi, ah.
***hiatus**, **hiatus** [jatys] *n.m.* iato.
hibernal [ibɛʀnal] *agg.* [pl. *-aux*] invernale.
hibernant [ibɛʀnɑ̃] *agg.* (*di animale*) che va in letargo.
hibernation [ibɛʀnasjɔ̃] *n.f.* **1** ibernazione **2** (*fig.*) inattività, passività (intellettuale); letargo (*m.*).
● (*med.*) ***hibernation artificielle***, ibernazione artificiale | ***en hibernation***, in sospeso, in attesa, da parte; (*estens.*) congelato.
hiberner [ibɛʀne] *v.intr.* ibernare.
hibiscus [ibiskys] *n.m.* (*bot.*) ibisco.
***hibou** [ibu] *n.m.* [pl. *-oux*] gufo (*anche fig.*).

● ***un vieux hibou***, un vecchio orso.
hic** [ik] ***n.m. difficoltà (*f.*).
● ***voilà le hic!***, qui sta il busillis!
hideur** [idœʀ] ***n.f. orridezza, bruttezza, laidezza.
hideux** [idø] ***agg. [f. *-euse*] orrendo, orrido.
hier [jɛʀ] ***avv.*** e ***n.m.*** ieri.
● ***hier (au) matin, hier (au) soir***, ieri mattina, ieri sera | ***dater d'hier***, essere recente: *sa fortune ne date que d'hier*, la sua fortuna è molto recente | ***il me semble que c'était hier que***, mi sembra ieri che | ***il n'est pas né d'hier***, (*fig.*) non è nato ieri.
hiérarchie** [jeʀaʀʃi] ***n.f. gerarchia.
hiérarchique** [jeʀaʀʃik] ***agg. gerarchico.
hiérarchiquement** [jeʀaʀʃikmɑ̃] ***avv. gerarchicamente, in modo gerarchico.
hiérarchisation** [jeʀaʀʃizasjɔ̃] ***n.f. gerarchizzazione.
hiérarchiser** [jeʀaʀʃize] ***v.tr. gerarchizzare.
hiérarque** [jeʀaʀk] ***n.m. gerarca.
hiératique [jeʀatik] ***agg.*** ieratico.
hiératisme [jeʀatism] ***n.m.*** ieraticità (*f.*).
hiéroglyphe [jeʀɔglif] ***n.m.*** geroglifico.
hiéroglyphique [jeʀɔglifik] ***agg.*** geroglifico.
hiérophante [jeʀɔfɑ̃t] ***n.m.*** (*st.*) ierofante.
hi-fi** [ifi] ***n.f.invar. alta fedeltà, hi-fi.
high-tech [ajtɛk] ***n.m.invar.*** high-tech (*f.*) ♦ ***agg.invar.*** high-tech, a tecnologia avanzata.
hi-han** [jɑ̃] ***inter. hi ho (raglio dell'asino) ♦ ***n.m.invar.*** raglio.
hilarant [ilaʀɑ̃] ***agg.*** esilarante.
hilare [ilaʀ] ***agg.*** ilare, gaio.
hilarité [ilaʀite] ***n.f.*** ilarità.
himalayen [imalajɛ̃] ***agg.*** [f. *-enne*] imalaiano.
hindi [indi] ***n.m.*** (*lingua*) hindi.
hindou [ɛ̃du] ***agg.*** e ***n.m.*** indù.
hindouisme [ɛ̃duism] ***n.m.*** induismo.
hindouiste [ɛ̃duist] ***agg.*** induista, induistico ♦ ***n.m.*** e ***f.*** induista.
hipparion [ipaʀjɔ̃] ***n.m.*** (*paleont.*) ippoterio.
hipparque [ipaʀk] ***n.m.*** (*st. greca*) ipparco.
hippie [ipi] ***n.m.*** hippy.
hippique [ipik] ***agg.*** ippico.
hippisme [ipism] ***n.m.*** ippica (*f.*).
hippocampe [ipɔkɑ̃p] ***n.m.*** (*zool.*) ippocampo.
hippodrome [ipɔdʀom] ***n.m.*** ippodromo.
hippogriffe [ipɔgʀif] ***n.m.*** ippogrifo.
hippopotame [ipɔpɔtam] ***n.m.*** ippopotamo.
hirondeau [iʀɔ̃do] ***n.m.*** [pl. *-eaux*] rondinotto.
hirondelle [iʀɔ̃dɛl] ***n.f.*** **1** rondine **2** (*antiq. fam.*) poliziotto (*m.*) in bicicletta.
● ***hirondelle de mer***, rondine di mare; pesce rondine.
hirsute [iʀsyt] ***agg.*** irsuto; ispido (*anche fig.*).
hispanique [ispanik] ***agg.*** ispanico.
hispanisant [ispanizɑ̃] ***n.m.*** ispanista.
hispanisme [ispanism] ***n.m.*** ispanismo, spagnolismo.
hispano- ***pref.*** ispano-.
hispano-américain [ispanɔameʀikɛ̃] ***agg.*** e ***n.m.*** [f. *hispano-américaine*, pl.m. *hispano-américains*] ispano -americano.
hisse** [is] ***inter. issa.
● ***ho, hisse!***, su, issa!
hisser** [ise] ***v.tr. issare, alzare ♦ **se hisser** ***v.pron.*** issarsi, alzarsi; (*monter*) salire.
● (*mar.*) ***hisser les couleurs***, alzare la bandiera.
histogramme [istɔgʀam] ***n.m.*** istogramma.
histoire [istwaʀ] ***n.f.*** **1** storia **2** storia, fatto (*m.*): *histoire sans importance*, faccenda senza importanza **3** (*spec. pl.*) (*fam.*) storia, frottola.
● ***histoire de***, (*fam.*) tanto per | ***entrer dans l'histoire***, passare alla storia | ***en voilà des histoires!***, quante storie! | ***la petite histoire***, la storia minore (le vicende private dei personaggi storici): *raconter pour la petite histoire*, raccontare tanto per fare cronaca | ***le plus beau de l'histoire c'est que***, il più bello è che | ***pas d'histoires!***, poche storie! | ***quelle histoire!***, che roba! | ***une histoire drôle***, una barzelletta.
histologie [istɔlɔʒi] ***n.f.*** istologia.
histologique [istɔlɔʒik] ***agg.*** istologico.
historicisme [istɔʀisism] ***n.m.*** storicismo.
historiciste [istɔʀisist] ***n.m.*** e ***f.*** storicista ♦ ***agg.*** storicistico.
historicité [istɔʀisite] ***n.f.*** storicità.
historié [istɔʀje] ***agg.*** istoriato.
historien [istɔʀjɛ̃] ***n.m.*** [f. *-enne*] storico.
historier [istɔʀje] ***v.tr.*** istoriare.
historiette [istɔʀjɛt] ***n.f.*** storiella.
historiographe [istɔʀjɔgʀaf] ***n.m.*** e ***f.*** storiografo/a.
historiographie [istɔʀjɔgʀafi] ***n.f.*** storiografia.
historique [istɔʀik] ***agg.*** storico ♦ ***n.m.*** **1** cronistoria (*f.*) **2** (*Internet*) cronologia (*f.*), jogging, raccolta (*f.*) dati, registrazione (*f.*) cronologica.
historiquement [istɔʀikmɑ̃] ***avv.*** storicamente; dal punto di vista storico.
historisme [istɔʀism] ***n.m.*** (*fil.*) storicismo.
histrion [istʀijɔ̃] ***n.m.*** **1** istrione, commediante **2** (*fig.*) istrione, buffone.
hitlérien [itleʀjɛ̃] ***agg.*** e ***n.m.*** [f. *-enne*] hitleriano.
hitlérisme [itleʀism] ***n.m.*** hitlerismo.
hit-parade** [itpaʀad] ***n.m. [pl. *hit-parades*] hit-parade (*f.*): *en tête du hit-parade*, in testa alla classifica.
hiver [ivɛʀ] ***n.m.*** inverno: *plantes d'hiver*, piante invernali; *c'est l'hiver*, è inverno.
● ***en hiver***, d'inverno: *être habillé en hiver*, (*fam.*) essere vestito da inverno.

> NOTA L'espressione italiana 'd'inverno, in inverno' si traduce solo ***en hiver***.
> SÌ ***En hiver*** *nous skions tous les dimanches.*
> NO ***D'hiver*** *nous skions tous les dimanches.*
> D'inverno sciamo tutte le domeniche.

hivernage [ivɛʀnaʒ] ***n.m.*** **1** svernamento **2** (*agr.*) aratura (*f.*) invernale **3** stagione (*f.*) delle piogge (nelle regioni tropicali) **4** (*mar.*) rilascio invernale.
hivernal [ivɛʀnal] ***agg.*** [pl. *-aux*] invernale.
hivernant [ivɛʀnɑ̃] ***n.m.*** chi sverna (in un luogo climatico).
hiverner [ivɛʀne] ***v.intr.*** svernare.
HLM [aʃɛlɛm] ***n.f.*** o ***m.*** (*sigla di* Habitation à Loyer Modéré) casa (*f.*) popolare.
ho** [o] ***inter. **1** ehi **2** (*stupore*) oh **3** (*indignazione*) uh.
hobby** [ɔbi] ***n.m. hobby, passatempo.
hobereau** [ɔbʀo] ***n.m. [pl. *-eaux*] **1** (*zool.*) lodolaio **2** (*spreg.*) signorotto di campagna.
hochement** [ɔʃmɑ̃] ***n.m. cenno (del capo).

H

*__hochequeue__ [ɔʃkø] *n.m.* (*zool.*) cutrettola (*f.*).
*__hocher__ [ɔʃe] *v.tr.*
● ***hocher (la tête)***, scuotere il capo.
*__hochet__ [ɔʃɛ] *n.m.* (giocattolo con) sonaglino.
*__hockey__ [ɔkɛ] *n.m.* (*sport*) hockey.
● ***hockey sur gazon***, ***sur glace***, hockey su prato, sul ghiaccio.
*__hockeyeur__ [ɔkɛjœʀ] *n.m.* [f. *-euse*] hockeista.
hoirie [waʀi] *n.f.* (*dir.*) eredità.
*__holà__ [ɔla] *inter.* olà, ehi là.
● ***mettre le holà à qqch***, por fine a qlco.
*__holding__ [ɔldiŋ] *n.m.* e *f.* holding (*f.*), società (*f.*) finanziaria.
*__hold-up__ [ɔldœp] *n.m.invar.* rapina (*f.*) (a mano armata).
● ***hold-up électronique***, furto di contante tramite l'uso di una falsa tessera bancomat.
*__hollandais__ [ɔl/ədɛ] *agg.* olandese.
*__Hollandais__ *n.m.* (*abitante*) olandese.
*__hollande__ [ɔl/əd] *n.m.* **1** (formaggio) olandese **2** carta (*f.*) d'Olanda.
*__hollywoodien__ [ɔlivudjɛ̃] *agg.* [f. *-enne*] hollywoodiano.
holocauste [ɔlɔkost] *n.m.* olocausto.
hologramme [ɔlɔgʀam] *n.m.* ologramma.
holographie [ɔlɔgʀafi] *n.f.* olografia.
holothurie [ɔlɔtyʀi] *n.f.* (*zool.*) oloturia.
holotype [ɔlɔtip] *n.m.* (*bot., zool.*) olotipo.
*__homard__ [ɔmaʀ] *n.m.* astice.
● ***rouge comme un homard***, (*fig.*) rosso come un gambero.
*__home__ [om] *n.m.* **1** casa (*f.*) **2** (*Belgio*) casa (*f.*) di riposo.
● ***home d'enfants***, colonia, kinderheim.
*__home jacking__ [omdʒakiŋ] *n.m.invar.* aggressione (*f.*) a domicilio.
homélie [ɔmeli] *n.f.* omelia.
homéo- *pref.* omeo-.
homéopathe [ɔmeɔpat] *agg.* omeopatico.
● (***médecin***) ***homéopathe***, medico omeopatico, omeopata.
homéopathie [ɔmeɔpati] *n.f.* omeopatia.
homéopathique [ɔmeɔpatik] *agg.* omeopatico.
homéostasie [ɔmeɔstazi] *n.f.* (*biol.*) omeostasi.
homérique [ɔmeʀik] *agg.* omerico (*anche fig.*): *un rire homérique*, una risata omerica.
*__home-trainer__ [omtʀɛnœʀ] *n.m.* [pl. *home-trainers*] cyclette® (*f.*).
homicide¹ [ɔmisid] *agg.* e *n.m.* e *f.* omicida.
homicide² *n.m.* omicidio.
● (*dir.*): ***homicide intentionnel*** (o ***prémédité***), omicidio doloso (*o* premeditato); ***homicide involontaire*** (o ***par imprudence*** o ***sans préméditation***), omicidio involontario, colposo, preterintenzionale; ***homicide volontaire***, omicidio volontario.
hominien [ɔminjɛ̃] *n.m.* ominide.
hommage [ɔmaʒ] *n.m.* **1** omaggio, ossequio | *mes hommages à madame votre mère*, i miei ossequi a sua madre **2** omaggio, presente, dono.
hommasse [ɔmas] *agg.* (*spreg.*) (*di donna*) mascolina, poco femminile.
homme [ɔm] *n.m.* uomo, essere umano.
● ***homme à femmes***, (*fam.*) donnaiolo | ***homme d'affaires***, uomo d'affari | ***homme de bien***, uomo dabbene | ***homme de la rue***, uomo della strada, uomo qualunque | ***homme de main***, tirapiedi, factotum | ***homme de qualité***, (*antiq.*) uomo d'alto rango | ***homme de science***, scienziato | ***homme d'esprit***, uomo d'ingegno | ***homme d'État***, statista | ***homme publique***, personalità politica | ***d'homme à homme***, da uomo a uomo | ***jeune homme***, giovanotto, ragazzo: *un tout jeune homme*, un giovanottino | ***n'être pas homme à***, non essere il tipo da | ***pour homme***, da uomo: *chaussures pour homme*, scarpe da uomo.
homme-grenouille [ɔmgʀənuj] *n.m.* [pl. *hommes -grenouilles*] uomo-rana, sommozzatore.
homme-orchestre [ɔmɔʀkɛstʀ] *n.m.* [pl. *hommes-orchestres*] **1** (*ant.*) uomo-orchestra **2** (*fig.*) (uomo) tuttofare; jolly.
homme-sandwich [ɔmsɑ̃dwitʃ] *n.m.* [pl. *hommes -sandwichs*] uomo-sandwich.
homme-tronc [ɔmtʀɔ̃] *n.m.* [pl. *hommes-troncs*] (*tv*) mezzobusto.
homo¹ [ɔmo] *n.m.* e *agg.* (*fam.*) abbr. di **homosexuel**.
homo² *n.m.* (*Africa*) omonimo; (*estens.*) amico.
homo- *pref.* omo-.
homogamie [ɔmɔgami] *n.f.* (*biol.*) omogamia.
homogène [ɔmɔʒɛn] *agg.* omogeneo.
homogénéisé [ɔmɔʒeneize] *agg.* omogeneizzato.
homogénéiser [ɔmɔʒeneize] *v.tr.* omogeneizzare.
homogénéité [ɔmɔʒeneite] *n.f.* omogeneità.
homographe [ɔmɔgʀaf] *agg.* e *n.m.* omografo.
homogreffe [ɔmɔgʀɛf] *n.f.* omotrapianto (*m.*).
homologation [ɔmɔlɔgasjɔ̃] *n.f.* omologazione.
homologue [ɔmɔlɔg] *agg.* omologo.
homologuer [ɔmɔlɔge] *v.tr.* omologare; convalidare.
homonyme [ɔmɔnim] *agg.* e *n.m.* e *f.* omonimo/a.
homonymie [ɔmɔnimi] *n.f.* omonimia.
homoparentalité [omopaʀɑ̃talite] *n.f.* omoparentalità.
homophile [ɔmɔfil] *agg.* e *n.m.* omofilo.
homophobie [omofɔbi] *n.f.* omofobia.
homophone [ɔmɔfɔn] *agg.* e *n.m.* omofono.
homosexualité [ɔmɔsɛksɥalite] *n.f.* omosessualità.
homosexuel [ɔmɔsɛksɥɛl] *agg.* e *n.m.* [f. *-elle*] omosessuale.
■ CONTR. hétérosexuel.
homozygote [ɔmɔzigɔt] *agg.* e *n.m.* (*biol.*) omozigote.
*__hondurien__ [ɔ̃dyʀjɛ̃] *agg.* [f. *-enne*] onduregno, dell'Honduras.
*__Hondurien__ *n.m.* [f. *-enne*] (*abitante*) onduregno.
*__hongre__ [ɔ̃gʀ] *agg.* (*di cavallo*) castrato ♦ *n.m.* castrone.
*__hongrois__ [ɔ̃gʀwa] *agg.* ungherese ♦ *n.m.* (*lingua*) ungherese.
*__Hongrois__ *n.m.* (*abitante*) ungherese.
honnête [ɔnɛt] *agg.* e *n.m.* **1** onesto **2** onesto, accettabile, discreto: *des résultats honnêtes*, discreti risultati; *un repas honnête*, un pasto accettabile.
● ***vivre en honnête homme***, vivere rettamente.
■ *AGG. SIN.* intègre, correct CONTR. malhonnête.
honnêtement [ɔnɛtmɑ̃] *avv.* **1** onestamente, lealmente **2** onestamente, adeguatamente: *travail honnêtement payé*, lavoro ricompensato adeguatamente; *elle s'en tire très honnêtement*, se la cava più che bene.
honnêteté [ɔnɛtte] *n.f.* onestà.

honneur [ɔnœʀ] *n.m.* 1 onore 2 (*pl.*) onori, onorificenze (*f.*).
● ***honneurs funèbres, suprêmes***, onoranze funebri, estreme onoranze | ***à tout seigneur, tout honneur***, a ciascuno il suo | ***c'est tout à son honneur***, va tutto a suo onore | ***demoiselle d'honneur***, damigella d'onore | ***en l'honneur de***, in onore di | ***en quel honneur?***, in onore di chi, di che cosa? | ***être à l'honneur***, essere alla ribalta: *la personne à l'honneur ce soir*, il festeggiato di questa sera | ***faire les honneurs de la maison***, fare gli onori di casa | ***faire qqch en tout bien tout honneur***, (*fig.*) fare qlco senza secondi fini | ***garçon d'honneur***, paggetto | ***jurer sur l'honneur***, giurare sul proprio onore | ***membre d'honneur***, membro onorario | ***se faire honneur de qqch***, (*fig.*) vantarsi di qlco | ***s'en tirer à son honneur***, cavarsela con onore | ***tout est perdu fors l'honneur***, tutto è perduto tranne l'onore | ***travailler pour l'honneur***, lavorare per la gloria.
■ SIN. 1 gloire CONTR. 1 déshonneur.

***honni** [ɔni] *agg.* disprezzato, maledetto.
● ***honni soit qui mal y pense***, male ne incolga a chi male pensa.

honorabilité [ɔnɔʀabilite] *n.f.* onorabilità.

honorable [ɔnɔʀabl] *agg.* 1 onorevole; degno di stima, rispettabile: *une personne honorable*, una persona rispettabile 2 sufficiente, discreto: *une pension honorable*, una discreta pensione ♦ *n.m.* (*Africa*) alto funzionario.

honorablement [ɔnɔʀabləmɑ̃] *avv.* 1 onorevolmente 2 discretamente, adeguatamente.

honoraire [ɔnɔʀɛʀ] *agg.* onorario.

honoraires [ɔnɔʀɛʀ] *n.m.pl.* onorario (*sing.*), parcella (*f.sing.*).

honoré [ɔnɔʀe] *agg.* stimato | (*comm.*) *votre honorée (lettre) du*, la vostra (lettera) del.

honorer [ɔnɔʀe] *v.tr.* onorare ♦ **s'honorer** *v.pron.intr.* essere, sentirsi onorato.

honorifique [ɔnɔʀifik] *agg.* onorifico.

***honte** [ɔ̃t] *n.f.* 1 onta, disonore (*m.*) 2 vergogna: *à ma grande honte*, con mia grande vergogna 3 (*Africa*) timidezza; pudore (*m.*).
● ***honte à vous!***, vergognatevi! | ***à la honte de***, a onta di | ***avoir honte***, provare vergogna, vergognarsi: *tu n'as pas honte?*, vergognati! | ***avoir toute honte bue*** (o ***avoir perdu toute honte***), aver perduto ogni pudore | ***faire honte à qqn***, far vergognare, disonorare qlcu | ***gagner la honte***, perdere la faccia | ***sans fausse honte***, senza scrupoli inutili | ***sans honte***, senza pudore, senza ritegno.
■ SIN. 1 déshonneur.

***honteusement** [ɔ̃tøzmɑ̃] *avv.* vergognosamente.

***honteux** [ɔ̃tø] *agg.* [f. *-euse*] 1 vergognoso, turpe, disonorevole 2 vergognoso, ritroso, timido.
● ***il est honteux de***, è disonorevole | ***les parties honteuses***, le pudenda.

***hop** [ɔp, hɔp] *inter.* hop, hop là.

hôpital [ɔ(o)pital] *n.m.* [pl. *-aux*] ospedale, nosocomio: *à l'hôpital*, in ospedale.
● ***hôpital de jour***, day hospital | ***hôpital général***, policlinico.

***hoquet** [ɔkɛ] *n.m.* singhiozzo; singulto.

***hoqueter** [ɔkte] *v.intr.* [coniug. come *jeter*] 1 avere il singhiozzo; singhiozzare 2 sobbalzare: *la voiture hoquette*, l'automobile procede a singhiozzo, a balzelloni.

horaire [ɔʀɛʀ] *agg.* 1 orario: *salaire horaire*, retribuzione oraria; *fuseau horaire*, fuso orario 2 (*fam.*) a ore: *le personnel horaire*, il personale a ore ♦ *n.m.* orario: *un horaire chargé*, un orario pesante; *être en retard sur son horaire*, essere in ritardo sull'orario.
● ***horaire de travail***, orario di lavoro | ***horaire libre, souple, flexible, à la carte***, orario flessibile | ***horaire modulable***, orario elastico | ***tableu horaire***, tabellone degli orari.

***horde** [ɔʀd] *n.f.* orda (*anche fig.*).

***horion** [ɔʀjɔ̃] *n.m.* (*letter.*) botta (*f.*), percossa (*f.*).

horizon [ɔʀizɔ̃] *n.m.* orizzonte ♦ *agg.* *bleu horizon*, blu aviazione.

horizontal [ɔʀizɔ̃tal] *agg.* [pl. *-aux*] orizzontale.

horizontale [ɔʀizɔ̃tal] *n.f.* (linea) orizzontale.
● ***à l'horizontale***, in posizione orizzontale.

horizontalement [ɔʀizɔ̃talmɑ̃] *avv.* orizzontalmente.

horloge [ɔʀlɔʒ] *n.f.* orologio (*m.*).
● ***horloge à balancier***, orologio a pendolo | ***horloge à quartz***, orologio al quarzo | ***horloge atomique***, orologio atomico | ***horloge biologique***, orologio biologico | (*tel.*) ***horloge parlante***, (segnalatore telefonico dell')ora esatta | ***horloge solaire***, orologio solare | ***être réglé comme une horloge***, (*fig.*) essere preciso come un orologio.

horloger [ɔʀlɔʒe] *n.m.* [f. *-ère*] orologiaio ♦ *agg.* orologiero.

horlogerie [ɔʀlɔʒʀi] *n.f.* orologeria.

***hormis** [ɔʀmi] *prep.* (*letter.*) eccetto, salvo.

hormonal [ɔʀmɔnal] *agg.* [pl. *-aux*] (*biol.*) ormonale.

hormone [ɔʀmɔn] *n.f.* (*biol.*) ormone (*m.*).
● ***hormone de croissance***, ormone della crescita.

***hornblende** [ɔʀnblɛ̃d] *n.f.* (*min.*) orneblenda.

horodatage [ɔʀɔdataʒ] *n.m.* (*Internet*) indicazione (*f.*) dell'ora e della data in un messaggio ricevuto.

horodaté [ɔʀɔdate] *agg.* che porta l'indicazione dell'ora.
● ***stationnement horodaté***, parcheggio a pagamento con parchimetro (che emette biglietti su cui è indicata l'ora di arrivo) | ***ticket horodaté***, biglietto emesso da un distributore con l'indicazione dell'ora.

horodateur [ɔʀɔdatœʀ] *agg.* e *n.m.* [f.agg. *-trice*] marcatempo.

horoscope [ɔʀɔskɔp] *n.m.* oroscopo: *tirer l'horoscope*, fare l'oroscopo.

horreur [ɔʀœʀ] *n.f.* 1 orrore (*m.*); spavento (*m.*); ribrezzo (*m.*) 2 (*pl.*) orrori (*m.*), atrocità 3 mostruosità, efferatezza 4 (*pl.*) oscenità, volgarità.
● ***avoir horreur de qqch, avoir en horreur qqch***, avere orrore di qlco, avere in orrore qlco: *j'ai horreur de me lever tôt le matin*, detesto alzarmi presto il mattino | ***c'est l'horreur!, quelle horreur!***, (*fam.*) che schifo!, che orrore! | ***dire des horreurs de qqn***, dire cose orribili di qlcu | ***prendre qqn, qqch en horreur***, prendere qlcu, qlco in antipatia.

horrible [ɔʀibl] *agg.* orribile, orrendo.
■ SIN. affreux, atroce.

horriblement [ɔʀibləmɑ̃] *avv.* orribilmente, orrendamente.

horrifiant [ɔʀifjɑ̃] *agg.* terrificante, raccapricciante.

horrifié [ɔʀifje] *agg.* inorridito, atterrito; (*estens.*) allibito, scandalizzato.

horrifier [ɔʀifje] *v.tr.* far inorridire.

horripilant [ɔʀipilɑ̃] *agg.* (*fam.*) orripilante, raccapricciante.

horripiler [ɔʀipile] *v.tr.* 1 far venire la pelle d'oca (a) 2 irritare, dare sui nervi (a).

***hors** [ɔʀ] *prep.* 1 fuori: *hors la ville*, fuori città 2 (*letter.*) eccetto: *hors cela*, a parte ciò.
● ***hors catégorie***, di lusso | ***hors commerce***, fuori com-

H

mercio | ***hors concours***, fuori concorso | ***hors de***, fuori da: *hors de l'eau*, fuori dall'acqua; *hors du commun*, fuori dal comune; *hors de danger*, fuori pericolo; *hors d'atteinte*, inaccessibile; *hors de portée*, fuori dalla portata; *hors de prix*, carissimo; *hors d'usage*, fuori uso; *il est hors d'état de nuire*, non può più nuocere; *cela est hors de doute*, è certo, è indubbio; *être hors de soi*, essere fuori di sé | ***hors ligne***, eccezionale | ***hors pair***, senza pari | ***hors série***, fuori serie.

***hors-bord** [ɔʀbɔʀ] *n.m.invar.* (*mar.*) fuoribordo.

***hors-concours** [ɔʀkɔ̃kuʀ] *n.m.invar.* fuori concorso, fuori gara.

***hors-d'œuvre** [ɔʀdœvʀ] *n.m.invar.* antipasto: *hors -d'œuvre variés*, antipasti misti.

***hors-jeu** [ɔʀʒø] *n.m.invar.* fuorigioco.

***hors-la-loi** [ɔʀlalwa] *n.m.* e *f.invar.* fuorilegge.

***hors ligne** [ɔʀliɲ] *agg.invar.* e *avv.* (*Internet*) off line, non in linea.

H

***hors-piste** [ɔʀpist] *n.m.invar.* fuoripista.

***hors-série** [ɔʀseʀi] *agg.invar.* fuori serie: *un produit hors-série*, un prodotto fuori serie.

***horst** [ɔʀst] *n.m.* (*geol.*) pilastro tettonico.

***hors-texte** [ɔʀtɛkst] *n.m.invar.* (*tip.*) fuoritesto.

hortensia [ɔʀtɑ̃sja] *n.m.* (*bot.*) ortensia (*f.*).

horticole [ɔʀtikɔl] *agg.* orticolo.

horticulteur [ɔʀtikyltœʀ] *n.m.* [f. *-trice*] orticoltore.

horticulture [ɔʀtikyltyʀ] *n.f.* orticoltura.

hosanna [ozanna] *n.m.* osanna.

hospice [ɔspis] *n.m.* ospizio.

hospitalier[1] [ɔspitalje] *agg.* [f. *-ère*] ospitale.

hospitalier[2] *agg.* e *n.m.* [f. *-ère*] ospedaliero.

hospitalisation [ɔspitalizasjɔ̃] *n.f.* **1** ricovero (in ospedale) **2** degenza.

hospitaliser [ɔspitalize] *v.tr.* ricoverare (in ospedale).

hospitalité [ɔspitalite] *n.f.* ospitalità: *donner l'hospitalité*, dare ospitalità.

hospitalo-universitaire [ɔspitalɔyniveʀsitɛʀ] *agg.* [pl. *hospitalo-universitaires*]

● ***centre hospitalo-universitaire*** (*CHV*), clinica universitaria.

hostellerie [ɔstɛlʀi] *n.f.* albergo (*m.*), ristorante (*m.*) di lusso (spec. fuori città).

hostie [ɔsti] *n.f.* ostia.

hostile [ɔstil] *agg.* ostile: *la fortune lui est hostile*, la fortuna gli è avversa.

hostilement [ɔstilmɑ̃] *avv.* ostilmente.

hostilité [ɔstilite] *n.f.* ostilità.

hosto [ɔsto] *n.m.* (*fam.*) ospedale.

hôte [ot] *n.m.* **1** [f. *hôtesse*] ospite, padrone di casa **2** ospite, invitato **3** (*biol.*) ospite | *cellule hôte*, cellula ospite **4** (*inform.*) host.

● ***chambre d'hôte***, camera in affitto (presso un privato) | (*med.*) ***réaction hôte contre greffon***, reazione di rigetto.

FAUX AMI
Da non confondere con *oste* nel significato di 'taverniere', che si traduce *aubergiste*.

hôtel [o(ɔ)tɛl] *n.m.* **1** albergo, hotel **2** palazzo.

● ***hôtel de passe***, albergo a ore; (*estens.*) catapecchia | ***hôtel de plein air***, campeggio | ***hôtel des ventes***, casa delle aste, sala d'aste | ***hôtel de tourisme***, albergo di categoria turistica | ***hôtel de ville***, palazzo comunale, municipio | ***hôtel meublé***, albergo senza servizio ristorante | ***hôtel particulier***, (*in città*) residenza privata | ***maître d'hôtel***, (*di dimora signorile*) maggiordomo; (*di ristorante*) capocameriere, direttore di sala.

hôtel-Dieu [o(ɔ)tɛldjø] *n.m.* [pl. *hôtels-Dieu*] ospedale maggiore.

NOTA L'***Hôtel-Dieu*** è il più antico ospedale di Parigi. Eretto sull'Île de la Cité nel 651 e ricostruito tra i secoli XII e XIII, accoglieva tutti i poveri e chiunque avesse bisogno di essere curato. Ancora oggi funge da ospedale nel centro di Parigi.
Per analogia, *Hôtel-Dieu* è anche la denominazione tradizionale di altri vecchi ospedali francesi.

hôtelier [o(ɔ)təlje] *n.m.* [f. *-ère*] albergatore ♦ *agg.* alberghiero.

hôtellerie [o(ɔ)tɛlʀi] *n.f.* **1** attività alberghiera, industria alberghiera: *travailler dans l'hôtellerie*, lavorare nel campo alberghiero **2** → **hostellerie**.

hôtesse [otɛs] *n.f.* **1** ospite, padrona di casa **2** signorina; hostess.

● ***hôtesse d'accueil***, hostess, accompagnatrice | ***hôtesse (de l'air)***, hostess, assistente di volo.

FAUX AMI
Da non confondere con *ostessa*, che si traduce *aubergiste*.

***hotte** [ɔt] *n.f.* **1** cappa **2** gerla.

● ***hotte aspirante***, cappa (d'aspirazione).

***hottentot** [ɔtɑ̃to] *agg.* e *n.m.* ottentotto.

***hou** [u] *inter.* uh, buh.

***houblon** [ublɔ̃] *n.m.* (*bot.*) luppolo.

***houe** [u] *n.f.* zappa.

***houille** [uj] *n.f.* carbon fossile.

● ***houille blanche***, carbone bianco, energia idroelettrica | ***houille bleue***, energia fornita dal movimento di onde e maree | ***houille rouge***, carbone rosso, energia geotermica.

***houiller** [uje] *agg.* [f. *-ère*] carbonifero.

***houillère** [ujɛʀ] *n.f.* miniera di carbon fossile.

***houle** [ul] *n.f.* **1** mare (*m.*) lungo, onda lunga, mareggio (*m.*) **2** cavalloni (*m.pl.*), marosi (*m.pl.*), flutti (*m.pl.*) **3** (*fig.*) ondata, marea.

***houlette** [ulɛt] *n.f.* bastone (*m.*) da pastore.

● ***sous la houlette de***, (*fig.*) sotto la guida di.

***houleux** [ulø] *agg.* [f. *-euse*] **1** (*di mare*) mosso **2** (*fig.*) burrascoso.

***houppe** [up] *n.f.* **1** fiocco (*m.*), nappa **2** ciuffo (*m.*).

● ***houppe à poudre***, piumino della cipria.

***houppelande** [uplɑ̃d] *n.f.* palandrana.

***houppette** [upɛt] *n.f.* piumino (*m.*) da cipria.

***hourdis** [uʀdi] *n.m.* (*edil.*) muratura (*f.*) alla rustica.

***hourra** [uʀa, huʀa] *inter.* e *n.m.* urrà, evviva.

***hourvari** [uʀvaʀi] *n.m.* baccano, schiamazzo.

***houspiller** [uspije] *v.tr.* (*con critiche e rimproveri*) strapazzare.

***housse** [us] *n.f.* fodera: *la housse d'un fauteuil*, la fodera di una poltrona; *les housses de la voiture*, le foderine dell'automobile.

● ***housse à couette***, copripiumone | ***housse à vêtements***, (*per abiti*) sacco custodia.

***houx** [u] *n.m.* (*bot.*) agrifoglio.

● ***petit houx***, pungitopo.

***HS** [aʃɛs] *agg.* (*fam.*) (*sigla di* Hors Service) spossato, distrutto: *je vais me coucher, je suis HS*, vado a letto, sono distrutto.

***hublot** [yblo] *n.m.* oblò.

***huche** [yʃ] *n.f.* madia: *huche à pain*, madia del pane.

***hue** [y] *inter.* a destra.

***huée** [ɥe] *n.f.* (*spec. pl.*) urlo (*m.*), schiamazzo (*m.*).

***huer** [ɥe] *v.tr.* subissare di urla, di fischi ♦ *v.intr.* (*di gufo*) stridere.

***huguenot** [ygno] *agg.* e *n.m.* (*st.*) ugonotto (nome nato dai cattolici ai calvinisti dal XVI al XVIII secolo).

hui [ɥi] *avv.* (*antiq.*) oggi (*f.*).

huilage [ɥilaʒ] *n.m.* oliatura (*f.*).

huile [ɥil] *n.f.* 1 olio (*m.*) 2 (*fam.*) (petrolio) greggio 3 (*pl.*) (*fam.*) alti papaveri, pezzi grossi: *être dans les huiles*, bazzicare i pezzi grossi.

● ***huile à friture***, olio per friggere | ***huile de chauffage***, nafta | ***huile de graissage***, olio lubrificante | ***huile détonante***, nitroglicerina | ***huile de vidange***, olio per motori | (*pitt.*) ***à l'huile***, a olio: *peinture, vernis à l'huile*, pittura, colori a olio; (*tableau à l'*) *huile*, (quadro, tela a) olio | (***baigner***) ***dans l'huile***, (andare) liscio come l'olio | ***faire tache d'huile***, allargarsi a macchia d'olio | (*mar.*) ***mer d'huile***, mare liscio come l'olio | (*eccl.*) ***saintes huiles***, estrema unzione.

huilé [ɥile] *agg.* oliato.

● ***papier huilé***, carta oleata.

huiler [ɥile] *v.tr.* oliare; ungere; lubrificare.

huilerie [ɥilʀi] *n.f.* 1 oleificio (*m.*) 2 commercio (*m.*) dell'olio.

huileux [ɥilø] *agg.* [f. *-euse*] 1 oleoso 2 grasso, untuoso.

● ***mer huileuse***, mare liscio come l'olio.

huilier [ɥilje] *agg.* [f. *-ère*] oleario ♦ *n.m.* oliera (*f.*).

huis [ɥi] *n.m.* (*antiq.*) uscio.

● (*dir.*): ***huis clos***, processo a porte chiuse: *demander le huis clos*, chiedere il processo a porte chiuse; ***à huis clos***, a porte chiuse.

huisserie [ɥisʀi] *n.f.* (*edil.*) infissi (*m.pl.*).

huissier [ɥisje] *n.m.* [f. *-ère*] 1 usciere; (*in Parlamento*) commesso 2 (*dir.*) usciere, messo.

● (*dir.*): ***huissier audiencier***, usciere di udienza; ***huissier*** (***de justice***), ufficiale giudiziario.

***huit** [ɥit; ɥi *davanti a consonante*] *agg.num.card.* e *n.m. invar.* otto ♦ *agg.num.ord.invar.* (*di re, papi, capitoli ecc.*) ottavo | *tome huit*, volume ottavo | (*st.*) *Charles huit*, Carlo VIII.

● (*sport*) ***huit barré***, otto con | ***dans huit jours***, ***d'aujourd'hui en huit***, oggi a otto | ***grand huit***, ottovolante.

***huitain** [ɥitɛ̃] *n.m.* (*metrica*) 1 ottava (*f.*) 2 poesia (*f.*) di otto versi.

***huitaine** [ɥitɛn] *n.f.* 1 (circa) otto: *dans une huitaine de jours*, fra otto giorni circa 2 (circa) otto giorni (*m. pl.*), (circa) una settimana.

● ***à huitaine***, oggi a otto | ***dans la huitaine***, entro otto giorni.

***huitante** [ɥitɑ̃t] *agg.num.card.* e *n.m.invar.* (*Svizzera, Belgio*) ottanta.

***huitième** [ɥitjɛm] *agg.num.ord.* e *n.m.* e *f.* ottavo/a | *le huitième art*, la televisione.

● (*sport*) ***huitièmes de finale***, ottavi di finale | (***classe de***) ***huitième***, (*nell'ordinamento scolastico francese*) quarta elementare.

***huitièmement** [ɥitjɛmmɑ̃] *avv.* in ottavo luogo.

huître [ɥitʀ] *n.f.* (*zool.*) ostrica.

● ***huître perlière***, ostrica perlifera | ***parc à huîtres***, ostricaio, allevamento di ostriche.

huîtrier [ɥitʀije] *agg.* [f. *-ère*] delle ostriche, relativo alle ostriche ♦ *n.m.* (*zool.*) ostricaro, beccaccia (*f.*) di mare.

● ***parc huîtrier***, ostricaio.

huîtrière [ɥitʀijɛʀ] *n.f.* 1 banco (*m.*) di ostriche 2 ostricaio.

***hulotte** [ylɔt] *n.f.* (*zool.*) allocco (*m.*).

***hululer** [ylyle] *e deriv.* → **ululer** *e deriv.*

***hum** [œm] *inter.* uhm, ehm.

humain [ymɛ̃] *agg.* umano ♦ *n.m.* 1 umano 2 uomo, essere umano.

● ***aux dimensions humaines***, a misura d'uomo.

humainement [ymɛnmɑ̃] *avv.* umanamente.

humanisation [ymanizasjɔ̃] *n.f.* umanizzazione, il rendere più umano.

humaniser [ymanize] *v.tr.* rendere più umano ♦ **s'humaniser** *v.pron.* e *pron.intr.* 1 umanizzarsi, incivilirsi 2 diventare più conciliante, più socievole.

humanisme [ymanism] *n.m.* umanesimo.

humaniste [ymanist] *n.m.* e *f.* 1 umanista 2 (*Rep. Dem. del Congo*) chi ha completato gli studi superiori ♦ *agg.* umanistico.

humanitaire [ymanitɛʀ] *agg.* umanitario.

humanitarisme [ymanitaʀism] *n.m.* umanitarismo.

humanité [ymanite] *n.f.* 1 umanità 2 (*pl.*) studi (*m.*) umanistici; (*Belgio*) studi (*m.*) superiori.

humanoïde [ymanɔid] *agg.* e *n.m.* e *f.* umanoide.

humble [œ̃bl] *agg.* umile.

● ***à mon humble avis***, a mio modesto parere.

humblement [œ̃bləmɑ̃] *avv.* umilmente.

humectage [ymɛktaʒ] *n.m.* umettazione (*f.*).

humectant [ymɛktɑ̃] *n.m.* e *agg.* idratante | *humectant pour lentilles de contact*, liquido lubrificante per lenti a contatto.

humecter [ymɛkte] *v.tr.* umettare, inumidire: *les yeux humectés de larmes*, gli occhi umidi di lacrime.

***humer** [yme] *v.tr.* 1 respirare, aspirare 2 annusare.

huméral [ymeʀal] *agg.* [pl. *-aux*] (*anat.*) omerale.

humérus [ymeʀys] *n.m.* (*anat.*) omero.

humeur [ymœʀ] *n.f.* 1 umore (*m.*), stato (*m.*) d'animo 2 cattivo umore (*m.*), stizza: *un mouvement d'humeur*, un gesto di stizza 3 (*letter.*) capriccio (*m.*), ghiribizzo (*m.*): *se livrer à son humeur*, abbandonarsi al proprio capriccio 4 (*scient.*) umore (*m.*).

● (*anat.*) ***humeur aquense***, umore acqueo | ***humeur noire***, cattivo, pessimo umore | ***avoir des sautes d'humeur***, avere sbalzi di umore | ***bonne***, ***belle humeur***, buon umore, buonumore | ***être d'humeur à***, ***être en humeur de***, essere in vena di, avere voglia di | ***incompatibilité d'humeur***, incompatibilità di carattere | ***mauvaise humeur***, cattivo umore | ***selon son humeur***, secondo l'umore del momento.

humide [ymid] *agg.* umido: *front humide de sueur*, fronte madida di sudore ♦ *n.m.* umido, umidità (*f.*).

■ AGG. SIN. moite.

humidificateur [ymidifikatœʀ] *n.m.* umidificatore.

humidification [ymidifikasjɔ̃] *n.f.* umidificazione.

humidifier [ymidifje] *v.tr.* 1 inumidire 2 umidificare.

humidité [ymidite] *n.f.* umidità, umido (*m.*).

humiliant [ymiljɑ̃] *agg.* umiliante; mortificante.

humiliation [ymiljasjɔ̃] *n.f.* umiliazione; mortificazione.

humilier [ymilje] *v.tr.* umiliare; mortificare.

humilité [ymilite] *n.f.* umiltà.

humoral [ymɔʀal] *agg.* [pl. *-aux*] (*med.*) umorale.

humoriste [ymɔʀist] *agg.* e *n.m.* e *f.* umorista.

humoristique [ymɔʀistik] *agg.* umoristico.

humour [ymuʀ] *n.m.* umorismo: *avoir de l' humour*, avere il senso dell'umorismo.

humus [ymys] *n.m.* (*agr.*) humus.

***Hun** [œ̃] *n.m.* (*st.*) unno.

H

*__hune__ [yn] *n.f.* (*mar.*) coffa, gabbia.
*__hunier__ [ynje] *n.m.* (*mar.*) vela (*f.*) di gabbia.
*__huppe__ [yp] *n.f.* **1** (*zool.*) upupa **2** (*di uccelli*) ciuffo (*m.*), cresta.
■ SIN. 2 houppe.
*__huppé__ [ype] *agg.* **1** (*zool.*) cappelluto **2** (*fam.*) altolocato **3** (*fam.*) facoltoso.
*__hure__ [yʀ] *n.f.* (*di cinghiale ecc.*) testa mozza.
*__hurlant__ [yʀlɑ̃] *agg.* **1** urlante **2** (*fig.*) violento.
*__hurlement__ [yʀləmɑ̃] *n.m.* **1** urlo **2** ululato, ululo.
■ SIN. *V.TR.* 1 cri.
*__hurler__ [yʀle] *v.intr.* **1** urlare **2** ululare **3** (*fig.*) stridere: *ces couleurs hurlent* (*ensemble*), questi colori stridono ♦ *v.tr.* urlare.
● ***à hurler de rire***, da morir dal ridere.
■ SIN. 1 crier.
hurluberlu [yʀlybɛʀly] *n.m.* (*fam.*) strambo.
*__hurrah__ [uʀa, huʀa] *inter.* e *n.m.* → **hourra**.
*__hussard__ [ysaʀ] *n.m.* (*mil.*) ussaro.
*__hussarde, à la__ [alaysaʀd] *avv.* brutalmente, in modo rozzo e violento.
*__hutte__ [yt] *n.f.* capanna.
● ***hutte d'affût, de chasseur***, capanno del cacciatore.
hyacinthe [jasɛ̃t] *n.f.* (*ant. poet.*) giacinto (*m.*).
hybridation [ibʀidasjɔ̃] *n.f.* (*biol.*) ibridazione.
hybride [ibʀid] *agg.* e *n.m.* ibrido.
● ***voiture hybride***, automobile ibrida (con motore a benzina ed elettrico).
hydratant [idʀatɑ̃] *agg.* e *n.m.* idratante.
hydratation [idʀatasjɔ̃] *n.f.* idratazione.
hydrate [idʀat] *n.m.* (*chim.*) idrato.
hydrater [idʀate] *v.tr.* idratare.
hydraulique [idʀolik] *agg.* idraulico ♦ *n.f.* idraulica.

FAUX AMI
Da non confondere con l'artigiano 'idraulico', che si traduce *plombier*.

hydravion [idʀavjɔ̃] *n.m.* (*aer.*) idrovolante.
● ***hydravion torpilleur***, idrosilurante | ***base d'hydravions***, idroscalo.
hydre [idʀ] *n.f.* idra.
hydrique [idʀik] *agg.* idrico.
hydr(o)- *pref.* idr(o)-.
hydrobase [idʀɔbɑz] *n.f.* idroscalo (*m.*).
hydrocarbure [idʀɔkaʀbyʀ] *n.m.* (*chim.*) idrocarburo.
hydrocéphale [idʀɔsefal] *agg.* e *n.m.* idrocefalo.
hydroculture [idʀɔkyltyʀ] *n.f.* idrocoltura.
hydrocution [idʀɔkysjɔ̃] *n.f.* (*med.*) idrocuzione, congestione.
hydrodynamique [idʀɔdinamik] *agg.* idrodinamico ♦ *n.f.* (*fis.*) idrodinamica.
hydroélectrique [idʀɔelɛktʀik] *agg.* idroelettrico.
hydrofoil [idʀɔfɔjl] *n.m.* aliscafo.
■ SIN. hydroptère.
hydrofuge [idʀɔfyʒ] *agg.* idrorepellente.
hydrogène [idʀɔʒɛn] *n.m.* (*chim.*) idrogeno.
hydroglisseur [idʀɔglisœʀ] *n.m.* (*mar.*) idroscivolante.
hydrographie [idʀɔgʀafi] *n.f.* idrografia.
hydrographique [idʀɔgʀafik] *agg.* idrografico.
hydrologie [idʀɔlɔʒi] *n.f.* idrologia.
hydrolyse [idʀɔliz] *n.f.* (*chim.*) idrolisi.
hydrolytique [idʀɔlitik] *agg.* (*chim.*) idrolitico.
hydromassage [idʀɔmasaʒ] *n.m.* idromassaggio.
hydromel [idʀɔmɛl] *n.m.* idromele.
hydromètre [idʀɔmɛtʀ] *n.m.* (*tecn.*) idrometro.
hydrophile [idʀɔfil] *agg.* idrofilo.
hydrophobe [idʀɔfɔb] *agg.* e *n.m.* e *f.* (*med., chim.*) idrofobo/a.
hydrophobie [idʀɔfɔbi] *n.f.* (*med.*) idrofobia: *il fait de l'hydrophobie*, soffre di idrofobia.
hydropique [idʀɔpik] *agg.* e *n.m.* e *f.* (*med.*) idropico/a.
hydropisie [idʀɔpizi] *n.f.* (*med.*) idropisia.
hydroplane [idʀɔplan] *n.m.* (*mar.*) idroplano.
hydroponique [idʀɔpɔnik] *agg.* (*agr.*) idroponico.
hydroptère [idʀɔptɛʀ] *n.m.* aliscafo.
■ SIN. hydrofoil.
hydrosoluble [idʀɔsɔlybl] *agg.* idrosolubile.
hydrosphère [idʀɔsfɛʀ] *n.f.* (*geogr.*) idrosfera.
hydrostatique [idʀɔstatik] *agg.* idrostatico ♦ *n.f.* idrostatica.
hydrothérapie [idʀɔteʀapi] *n.f.* idroterapia.
hydrothermal [idʀɔtɛʀmal] *agg.* [pl. *-aux*] idrotermale.
hydroxyde [idʀɔksid] *n.m.* (*chim.*) idrossido.
hydrure [idʀyʀ] *n.m.* (*chim.*) idruro.
hyène [jɛn] *n.f.* (*zool.*) iena.
hygiène [iʒjɛn] *n.f.* igiene.
hygiénique [iʒjenik] *agg.* igienico.
hygiéniquement [iʒjenikmɑ̃] *avv.* igienicamente.
hygiéniste [iʒjenist] *n.m.* e *f.* igienista.
hygr(o)- *pref.* igr(o)-.
hygromètre [igʀɔmɛtʀ] *n.m.* (*fis.*) igrometro.
hymen[1] [imɛn] *n.m.* imeneo, nozze (*f.pl.*).
hymen[2] *n.m.* (*anat.*) imene.
hyménée [imene] *n.m.* (*letter.*) imeneo.
hymne [imn] *n.m.* inno ♦ *n.f.* e *m.* inno (*m.*), canto (*m.*) religioso.

NOTA Gli inni nazionali francese, belga e svizzero sono rispettivamente *La Marseillaise*, *La Brabançonne* e *Le Cantique suisse*.

hyoïde [iɔid] *agg.* e *n.m.* (*anat.*) ioide.
hypallage [ipal*l*aʒ] *n.f.* (*ret.*) ipallage.
*__hype__ [ajp] *n.f.invar.* (*fam.*) l'essere di moda ♦ *agg.* (*fam.*) alla, di moda; trendy.
hyper- *pref.* iper-.
hyperactivité [ipɛʀaktivite] *n.f.* iperattività: *le stress est dû à l'hyperactivité*, lo stress è dovuto a un'attività eccessiva.
hyperbole [ipɛʀbɔl] *n.f.* (*ret., mat.*) iperbole.
hyperbolique [ipɛʀbɔlik] *agg.* (*ret., mat.*) iperbolico (*anche fig.*).
hypercalorique [ipɛʀkalɔʀik] *agg.* ipercalorico.
hyperémotivité [ipɛʀemɔtivite] *n.f.* (*psic.*) iperemotività, emotività eccessiva.
hyperlien [ipɛʀljɛ̃] *n.m.* (*Internet*) ipercollegamento, link ipertestuale.
hypermarché [ipɛʀmaʀʃe] *n.m.* ipermercato.
hypermédia [ipɛʀmɛdja] *n.m.pl.* (*inform.*) collegamenti ipermediali.

hypermétrope [ipɛRmetRɔp] *agg.* e *n.m.* (*med.*) ipermetrope.
hypermétropie [ipɛRmetRɔpi] *n.f.* (*med.*) ipermetropia.
hyperréalisme [ipɛRRealism] *n.m.* iperrealismo.
hypersensible [ipɛRsɑ̃sibl] *agg.* ipersensibile.
hypersonique [ipɛRsɔnik] *agg.* supersonico.
hypertendu [ipɛRtɑ̃dy] *agg.* e *n.m.* (*med.*) iperteso.
hypertension [ipɛRtɑ̃sjɔ̃] *n.f.* (*med.*) ipertensione.
hypertexte [ipɛRtɛkst] *n.m.* (*inform.*) ipertesto.
hyperthyroïdie [ipɛRtiRɔidi] *n.f.* (*med.*) ipertiroidismo (*m.*).
hyperthyroïdien [ipɛRtiRɔidjɛ̃] *agg.* [f. *-enne*] (*med.*) ipertiroideo.
hypertrophie [ipɛRtRɔfi] *n.f.* (*med.*) ipertrofia: *hypertrophie du cœur*, ipertrofia cardiaca.
hypertrophié [ipɛRtRɔfje] *agg.* ipertrofico.
hypertrophier [ipɛRtRɔfje] *v.tr.* ipertrofizzare.
hypertrophique [ipɛRtRɔfik] *agg.* ipertrofico.
hypne [ipn] *n.f.* (*bot.*) ipno (*m.*).
hypn(o)- *pref.* ipn(o)-.
hypnose [ipnoz] *n.f.* ipnosi.
hypnotique [ipnɔtik] *agg.* e *n.m.* e *f.* ipnotico/a.
hypnotiser [ipnɔtize] *v.tr.* **1** ipnotizzare **2** (*fig.*) affascinare.
hypnotiseur [ipnɔtizœR] *n.m.* [f. *-euse*] ipnotizzatore.
hypnotisme [ipnɔtism] *n.m.* ipnotismo.
hypo- *pref.* ipo-.
hypoallergique [ipɔalɛRʒik] *agg.* ipoallergico.
hypocalorique [ipɔkalɔRik] *agg.* ipocalorico: *un régime hypocalorique*, una dieta ipocalorica.
hypocentre [ipɔsɑ̃tR] *n.m.* (*geol.*) ipocentro.
hypocondriaque [ipɔkɔ̃dRiak] *agg.* e *n.m.* e *f.* (*med.*) ipocondriaco/a.
hypocondrie [ipɔkɔ̃dRi] *n.f.* (*med.*) ipocondria.
hypocrisie [ipɔkRizi] *n.f.* ipocrisia.
hypocrite [ipɔkRit] *agg.* e *n.m.* e *f.* ipocrita.
■ AGG. SIN. sournois CONTR. loyal ♦ N.M. SIN. imposteur.
hypocritement [ipɔkRitmɑ̃] *avv.* ipocritamente.
hypodermique [ipɔdɛRmik] *agg.* ipodermico.
hypodermoclyse [ipɔdɛRmɔkliz] *n.f.* (*med.*) ipodermoclisi.
hypogée [ipɔʒe] *n.m.* (*archeol.*) ipogeo.
hypoglycémie [ipɔglisemi] *n.f.* (*med.*) ipoglicemia.
hypoglycémique [ipɔglisemik] *agg.* (*med.*) ipoglicemico.
hypophyse [ipɔfiz] *n.f.* (*anat.*) ipofisi.
hypotendu [ipɔtɑ̃dy] *agg.* e *n.m.* (*med.*) ipoteso.
hypotension [ipɔtɑ̃sjɔ̃] *n.f.* (*med.*) ipotensione.
hypoténuse [ipɔtenyz] *n.f.* (*mat.*) ipotenusa.
hypothalamus [ipɔtalamys] *n.m.* (*anat.*) ipotalamo.
hypothécable [ipɔtekabl] *agg.* ipotecabile.
hypothécaire [ipɔtekɛR] *agg.* ipotecario.
hypothèque [ipɔtɛk] *n.f.* ipoteca (*anche fig.*).
hypothéquer [ipɔteke] *v.tr.* [coniug. come *céder*] ipotecare (*anche fig.*).
hypothermie [ipɔtɛRmi] *n.f.* (*med.*) ipotermia.
hypothèse [ipɔtɛz] *n.f.* ipotesi: *faire des hypothèses*, far congetture.
● ***dans l'hypothèse où***, nell'ipotesi che, nel caso (in cui): *dans l'hypothèse où il viendrait*, nell'ipotesi che, nel caso venisse | ***par hypothèse***, per ipotesi, per fare una supposizione.
hypothétique [ipɔtetik] *agg.* ipotetico.
hypothétiquement [ipɔtetikmɑ̃] *avv.* ipoteticamente.
hypothyroïdie [ipɔtiRɔidi] *n.f.* (*med.*) ipotiroidismo (*m.*).
hypothyroïdien [ipɔtiRɔidjɛ̃] *agg.* [f. *-enne*] (*med.*) ipotiroideo.
hypsométrie [ipsɔmetRi] *n.f.* ipsometria.
hypsométrique [ipsɔmetRik] *agg.* ipsometrico.
hysope [izɔp] *n.f.* (*bot.*) issopo (*m.*), isopo (*m.*).
hystérie [isteRi] *n.f.* (*psic.*) isteria (*anche estens.*), isterismo (*m.*).
hystérique [isteRik] *agg.* e *n.m.* e *f.* (*psic.*) isterico/a (*anche estens.*).

Ii

i [i] *n.m.invar.* i (*f.* o *m.*).
● (*tel.*) ***i comme Irma***, i come Imola.
ïambe [jɑ̃b] *n.m.* (*metrica*) giambo (*anche estens.*).
ïambique [jɑ̃bik] *agg.* (*metrica*) giambico (*anche estens.*).
ibère [ibɛʀ] *agg.* e *n.m.* e *f.* iberico/a.
ibérique [ibeʀik] *agg.* iberico.
ibéris [ibeʀis] *n.m.* (*bot.*) iberide (*f.*).
ibis [ibis] *n.m.* (*zool.*) ibis.
icaunais [ikɔnɛ] *agg.* del dipartimento della Yonne.
iceberg [isbɛʀg] *n.m.* (*geogr.*) iceberg.
ichneumon [iknømɔ̃] *n.m.* (*zool.*) icneumonide.
ichtyol [iktjɔl] *n.m.* (*med.*) ittiolo.
ichtyologie [iktjɔlɔʒi] *n.f.* ittiologia.
ichtyologique [iktjɔlɔʒik] *agg.* ittiologico.
ichtyologiste [iktjɔlɔʒist] *n.m.* e *f.* ittiologo/a.
ichtyophage [iktjɔfaʒ] *agg.* e *n.m.* e *f.* ittiofago/a.
ichtyosaure [iktjɔsɔʀ] *n.m.* (*paleont.*) ittiosauro.
ici [isi] *avv.* qui, qua: *sortez d'ici!, hors d'ici!*, fuori di qui.
● ***ici-bas***, quaggiù, su questa terra | ***d'ici***, da qui (a): *d'ici là*, da qui a laggiù; da qui ad allora; *d'ici peu*, tra poco; *d'ici demain*, da qui a domani, entro domani; *d'ici quelques minutes*, fra qualche minuto | ***je vois cela d'ici***, immagino facilmente la cosa | ***jusqu'ici***, fin qui; fino a questo momento | ***par ici la sortie***, l'uscita è per di qua | ***près d'ici***, qui vicino.
■ CONTR. ailleurs.
icône [ikon] *n.f.* icona.
iconoclaste [ikɔnɔklast] *agg.* iconoclastico ♦ *n.m.* e *f.* iconoclasta.
iconographie [ikɔnɔgʀafi] *n.f.* iconografia.
iconographique [ikɔnɔgʀafik] *agg.* iconografico.
iconostase [ikɔnɔstɑz] *n.f.* (*arch.*) iconostasi.
ictère [iktɛʀ] *n.m.* (*med.*) ittero.
idéal [ideal] *agg.* e *n.m.* [pl. *-als* o *-éaux*] ideale.
idéalement [idealmɑ̃] *avv.* idealmente.
idéalisation [idealizasjɔ̃] *n.f.* idealizzazione.
idéaliser [idealize] *v.tr.* idealizzare.
idéalisme [idealism] *n.m.* idealismo (*anche fil.*).
idéaliste [idealist] *agg.* idealistico ♦ *n.m.* e *f.* idealista.
idéalité [idealite] *n.f.* idealità.
idéateur [ideatœʀ] *n.m.* (*inform.*) outliner.
idée [ide] *n.f.* **1** idea (*anche fil.*) **2** idea, opinione: *se faire une idée de qqch*, formarsi un'opinione su qlco.
● ***idée reçue***, preconcetto | ***idées sans suite***, idee sconnesse | ***à son idée***, a suo modo, di testa propria: *vivre à son idée*, vivere a modo proprio | ***a-t-on idée de...?***, è possibile immaginare...?: *a-t-on idée d'une chose pareille?*, è possibile immaginare una cosa simile? | ***avec***, ***dans l'idée de***, con l'intenzione di | ***avoir dans l'idée de***, avere idea, pensare di | ***avoir de la suite dans les idées***, essere coerente nelle proprie idee | ***avoir des idées noires***, (*fam.*) vedere tutto nero | ***avoir les idées larges***, essere di larghe vedute | ***avoir une haute idée de qqn***, avere un'alta opinione di qlcu | ***il change d'idée comme de chemise***, cambia spesso idea | ***(quelle) drôle d'idée!***, che idea! | ***se faire des idées***, farsi delle illusioni | ***sortir de l'idée***, uscire di mente | ***venir à l'idée***, venire in mente.
idem [idɛm] *avv.* **1** (*in elenchi*) idem **2** (*fam.*) idem come sopra, lo stesso: *le père était royaliste et le fils idem*, il padre era monarchico e il figlio idem come sopra.
identifiable [idɑ̃tifjabl] *agg.* identificabile.
identifiant [idɑ̃tifjɑ̃] *n.m.* (*inform.*) login, richiesta (*f.*) di connessione.
identification [idɑ̃tifikasjɔ̃] *n.f.* identificazione.
identifier [idɑ̃tifje] *v.tr.* identificare ♦ **s'identifier** *v.pron.* identificarsi, immedesimarsi.
identique [idɑ̃tik] *agg.* identico.
■ SIN. semblable.
identiquement [idɑ̃tikmɑ̃] *avv.* in modo identico, nello stesso modo.
identité [idɑ̃tite] *n.f.* **1** identità **2** identità, generalità (*pl.*): *décliner son identité*, dare le proprie generalità.
● (*dir.*) ***identité judiciaire***, casellario giudiziale | ***carte***, ***pièce d'identité***, carta, documento d'identità | (*mil.*) ***plaque d'identité***, piastrina di riconoscimento.
idéogramme [ideɔgʀam] *n.m.* ideogramma.
idéographie [ideɔgʀafi] *n.f.* ideografia.
idéographique [ideɔgʀafik] *agg.* ideografico.
idéologie [ideɔlɔʒi] *n.f.* **1** ideologia **2** (*spreg.*) ideologismo (*m.*).
idéologique [ideɔlɔʒik] *agg.* ideologico.
idéologue [ideɔlɔg] *n.m.* e *f.* ideologo/a.
idiomatique [idjɔmatik] *agg.* idiomatico.
idiome [idjom] *n.m.* idioma.
idiosyncrasie [idjɔsɛ̃kʀazi] *n.f.* (*med.*) idiosincrasia (*anche estens.*).
idiot [idjo] *agg.* e *n.m.* idiota.
● ***faire l'idiot***, (*fig.*) fare lo scemo.
■ SIN. bête.
idiotement [idjɔtmɑ̃] *avv.* idiotamente, in modo idiota.
idiotie [idjɔsi] *n.f.* idiozia.
idiotisme [idjɔtism] *n.m.* (*ling.*) idiotismo.
idoine [idwan] *agg.* (*ant., dir.*) idoneo.
idolâtre [idɔlɑtʀ] *agg.* e *n.m.* e *f.* idolatra.
idolâtrer [idɔlɑtʀe] *v.tr.* idolatrare.
idolâtrie [idɔlɑtʀi] *n.f.* idolatria.
idolâtrique [idɔlɑtʀik] *agg.* idolatrico.
idole [idɔl] *n.f.* idolo (*m.*).
idylle [idil] *n.f.* (*lett.*) idillio (*m.*) (*anche fig.*).

idyllique [idilik] *agg.* idillico, idilliaco.
if [if] *n.m.* (*bot.*) tasso.
● ***if à bouteilles***, scolabottiglie.
igloo, **iglou** [iglu] *n.m.* iglù, igloo.
igname [iɲam] *n.f.* (*bot.*) igname (*m.*).
ignare [iɲaʀ] *agg.* e *n.m.* e *f.* ignorante (**di**, **in materia di**).
igné [igne] *agg.* igneo.
ignifuge [iɲ(gn)ifyʒ] *agg.* e *n.m.* (*chim.*) ignifugo.
ignifuger [iɲ(gn)ifyʒe] *v.tr.* [coniug. come *manger*] rendere ignifugo.
ignition [iɲ(gn)isjɔ̃] *n.f.* (*chim.*) ignizione, accensione, combustione.
ignoble [iɲɔbl] *agg.* ignobile, spregevole, indegno.
ignominie [iɲɔmini] *n.f.* ignominia, infamia.
ignominieusement [iɲɔminjøzmɑ̃] *avv.* in modo ignominioso, con disonore.
ignominieux [iɲɔminjø] *agg.* [f. *-euse*] ignominioso, infamante, disonorevole.
ignorance [iɲɔʀɑ̃s] *n.f.* ignoranza | *il s'aventura par ignorance du danger*, si avventurò ignorando il pericolo | *tenir qqn dans l'ignorance de qqch*, tenere qlcu all'oscuro di qlco.
ignorant [iɲɔʀɑ̃] *agg.* **1** ignorante **2** ignaro ♦ *n.m.* ignorante.
ignoré [iɲɔʀe] *agg.* ignorato, ignoto, sconosciuto.
ignorer [iɲɔʀe] *v.tr.* ignorare: *il ignorait vous avoir fait tant de mal*, non si era reso conto di avervi fatto tanto male; *quand il nous rencontre, il nous ignore*, quando ci incontra, finge di non vederci ♦ **s'ignorer** *v.pron.* ignorarsi ♦ *v.pron.rec.* ignorarsi.
■ *V.TR.* CONTR. savoir.
iguane [igwan] *n.m.* (*zool.*) iguana (*f.*).
iguanodon [igwanɔdɔ̃] *n.m.* (*paleont.*) iguanodonte.
ikebana [ikebana] *n.m.* ikebana.
il [il] *pron.pers.m. 3ª pers.sing.* [pl. *ils*] **1** (*sogg.*) (*persona*) egli; (*fam.*) lui; (*animale o cosa*) esso: *il est arrivé*, (egli) è arrivato; *est-il déjà arrivé?*, è già arrivato?; *a-t-il signé finalement?*, ha finalmente firmato?; *d'accord, dit-il, je reste*, d'accordo, disse, rimango; *j'étudiais, il lisait*, io studiavo, lui leggeva; *j'ai un chien et il est noir*, ho un cane ed (esso) è nero; *ils ne viendront pas*, (loro) non verranno; *ils nous en veulent*, ce l'hanno con noi **2** (*con v. impers., di norma non si traduce*): *il pleut, il neige*, piove, nevica; *il est minuit, il est trois heures*, è mezzanotte, sono le tre; *il est tôt, tard*, è presto, tardi; *il est temps de partir*, è ora di partire; *il est impossible de partir*, è impossibile partire.
● ***il y a***, c'è, ci sono: *n'y a-t-il pas autre chose à faire?*, non c'è altro da fare?

NOTA In italiano i pronomi ***il / ils*** nell'uso corrente sono generalmente sottintesi e comunque si rendono con *egli* o *lui*, sempre riferito a persone, *esso* ad animali o cose, *essi* o *loro* a persone, animali o cose.
Spesso, nella lingua parlata, i pronomi *il* e *ils* perdono *l* o *ls* e vengono trascritti *i* davanti a consonante e *i z'* davanti a vocale:

I vient pas, non viene;
I sont partis, sono partiti.
I z'en ont pas, non ne hanno.

Il o *ils* possono anche scomparire del tutto nella forma *il y a*:

Y a deux ans, due anni fa;
Y avait du monde, c'era gente;
Y aura du vent, ci sarà vento.

île [il] *n.f.* isola.
iléon [ileɔ̃] *n.m.* (*anat.*) ileo, ilio.
iléus [ileys] *n.m.* (*med.*) ileo (occlusione intestinale).
iliaque [iljak] *agg.* (*anat.*) iliaco.
îlien [iljɛ̃] *agg.* e *n.m.* [f. *-enne*] isolano (spec. delle isole bretoni).
ilion [iljɔ̃] *n.m.* (*anat.*) (*osso*) ileo.
illégal [il*l*egal] *agg.* [pl. *-aux*] illegale.
● (*dir.*) ***port d'armes illégal***, porto abusivo di armi.
■ SIN. illicite CONTR. légal.
illégalement [il*l*egalmɑ̃] *avv.* illegalmente.
illégalité [il*l*egalite] *n.f.* **1** illegalità, illiceità **2** azione illegale.
illégitime [il*l*eʒitim] *agg.* illegittimo.
illégitimement [il*l*eʒitimmɑ̃] *avv.* in modo illegittimo, illecitamente.
illégitimité [il*l*eʒitimite] *n.f.* illegittimità.
illettré [il*l*ɛtʀe] *agg.* e *n.m.* illetterato, analfabeta.
illettrisme [il*l*ɛtʀism] *n.m.* analfabetismo di ritorno.
illicite [il*l*isit] *agg.* illecito.
illicitement [il*l*isitmɑ̃] *avv.* illecitamente.
illico [il*l*iko] *avv.* (*fam.*) immediatamente, seduta stante.
illimité [il*l*imite] *agg.* illimitato.
illisible [il*l*izibl] *agg.* illeggibile.
illogique [il*l*ɔʒik] *agg.* illogico.
illogiquement [il*l*ɔʒikmɑ̃] *avv.* in modo illogico.
illogisme [il*l*ɔʒism] *n.m.* illogicità (*f.*), mancanza (*f.*) di logica.
illumination [il*l*yminasjɔ̃] *n.f.* illuminazione (*anche fig.*).
illuminé [il*l*ymine] *agg.* illuminato ♦ *n.m.* (*spreg.*) visionario.
illuminer [il*l*ymine] *v.tr.* illuminare (*anche fig.*) ♦ **s'illuminer** *v.pron.intr.* illuminarsi (*anche fig.*).
■ *V.TR* SIN. éclairer.
illuminisme [il*l*yminism] *n.m.* (*st. fil.*) **1** dottrina (*f.*) degli illuminati **2** illuminismo (italiano).
illuse [ilyz] *n.f.* (*fam.*) abbr. di **illusion**.
illusion [il*l*yzjɔ̃] *n.f.* illusione: *caresser une illusion*, accarezzare un sogno.
● ***illusion d'optique***, illusione ottica.
illusionner [il*l*yzjɔne] *v.tr.* illudere ♦ **s'illusionner** *v.pron.* illudersi.
illusionnisme [il*l*yzjɔnism] *n.m.* illusionismo.
illusionniste [il*l*yzjɔnist] *n.m.* e *f.* illusionista.
■ SIN. prestidigitateur, magicien.
illusoire [il*l*yzwaʀ] *agg.* illusorio.
illustrateur [il*l*ystʀatœʀ] *n.m.* [f. *-trice*] illustratore, vignettista.
illustratif [il*l*ystʀatif] *agg.* [f. *-ive*] illustrativo.
illustration [il*l*ystʀasjɔ̃] *n.f.* **1** illustrazione **2** illustrazione, spiegazione.
illustre [il*l*ystʀ] *agg.* illustre.
■ SIN. célèbre, renommé.
illustré [il*l*ystʀe] *agg.* illustrato ♦ *n.m.* periodico illustrato, rotocalco.
illustrer [il*l*ystʀe] *v.tr.* **1** illustrare **2** spiegare, illustrare ♦ **s'illustrer** *v.pron.* distinguersi, diventare illustre.

I

illustrissime [il/ystʀisim] *agg.* illustrissimo.

illyrien [il/iʀjɛ̃] *agg.* e *n.m.* [f. *-enne*] illirico.

îlot [ilo] *n.m.* 1 isolotto, isoletta (*f.*) 2 isolato.

ilote [ilɔt] *n.m.* (*st.*) (*anche fig.*) ilota.

îlotier [ilɔtje] *n.m.* vigile di quartiere.

image [imaʒ] *n.f.* 1 immagine, aspetto (*m.*): *il voyait son image se refléter dans l'eau*, vedeva la sua immagine riflettersi nell'acqua 2 (*fig.*) immagine, visione: *je ne peux pas chasser cette image de mon esprit*, ho sempre quella scena davanti agli occhi 3 figura, illustrazione 4 (*fot., tv, cine.*) immagine; fotogramma (*m.*).
● (*fot., cine., tv*) ***image composite***, fotomontaggio | ***image de marque***, (*fig.*) immagine (ufficiale, pubblica) | ***image fausse***, idea sbagliata: *se faire une image fausse de qqn*, farsi un'idea sbagliata di qlcu | (*fot., cine., tv*): ***images d'archives***, immagini di repertorio; ***arrêt sur image***, fermo immagine | ***comme une image***, come un angelo: *enfant sage comme une image*, bambino buono come un angelo | ***être à l'image de***, essere l'espressione di: *c'est à l'image de notre temps*, è l'espressione del nostro tempo | ***être l'image de***, essere l'immagine, il ritratto di: *être l'image du bonheur*, essere il ritratto della felicità.

imagé [imaʒe] *agg.* immaginoso: *langage imagé*, linguaggio immaginoso.

imager [imaʒe] *v.tr.* [coniug. come *manger*] (*stile, linguaggio*) colorire, rendere immaginoso.

imagerie [imaʒʀi] *n.f.* 1 immagini (*pl.*), stampe (*pl.*) popolari 2 produzione, commercio (*m.*) di stampe popolari 3 iconografia.
● ***imagerie d'Épinal***, stampe di Épinal | ***imagerie numérique***, grafica computerizzata, computer graphics.

imageur [imaʒœʀ] *n.m.* (*med.*) apparecchio per la risonanza magnetica.

imagier [imaʒje] *agg.* [f. *-ère*] di immagini e stampe popolari ♦ *n.m.* 1 mercante di immagini e stampe popolari 2 (*nel Medioevo*) pittore, scultore.

imaginable [imaʒinabl] *agg.* immaginabile.

imaginaire [imaʒinɛʀ] *agg.* e *n.m.* immaginario.

imaginatif [imaʒinatif] *agg.* [f. *-ive*] immaginativo, immaginoso.

imagination [imaʒinasjɔ̃] *n.f.* immaginazione, inventiva: *imagination débridée*, fantasia sfrenata.

imaginer [imaʒine] *v.tr.* 1 immaginare: *j'imagine qu'il a consulté son père*, penso che abbia consultato suo padre; *imaginez ma surprise*, figuratevi la mia sorpresa 2 ideare, inventare ♦ **s'imaginer** *v.pron.intr.* immaginarsi, figurarsi, illudersi: *il s'imaginait faire fortune*, si illudeva di fare fortuna; *le fou s'imaginait qu'il était Napoléon*, il pazzo credeva di essere Napoleone.
● ***dépasser tout ce qu'on peut imaginer***, superare ogni immaginazione: *cela dépasse tout ce qu'on peut imaginer*, ciò supera ogni immaginazione.

imago [imago] *n.m.* (*zool.*) immagine (*f.*) ♦ *n.f.* (*psic.*) imago.

imam [imam] *n.m.* imam.

imbattable [ɛ̃batabl] *agg.* imbattibile, insuperabile.

imbécile [ɛ̃besil] *agg.* e *n.m.* e *f.* imbecille, ebete, scemo/a.
● ***imbécile heureux***, sempliciotto, stupidotto.
■ SIN. idiot.

imbécilement [ɛ̃besilmɑ̃] *avv.* scioccamente, stupidamente.

imbécillité [ɛ̃besilite] *n.f.* imbecillità: *dire des imbécillités*, dire stupidaggini.

imberbe [ɛ̃bɛʀb] *agg.* imberbe.

imbiber [ɛ̃bibe] *v.tr.* 1 imbevere, impregnare (*anche fig.*) 2 inzuppare ♦ **s'imbiber** *v.pron.intr.* 1 imbeversi, impregnarsi 2 (*fam.*) bere come una spugna.

imbitable [ɛ̃bitabl] *agg.* 1 incomprensibile: *ce mode d'emploi est imbitable*, queste istruzioni sono incomprensibili 2 bruttissimo: *sa dernière chanson est imbitable*, la sua ultima canzone è bruttissima.

imbrication [ɛ̃bʀikasjɔ̃] *n.f.* 1 (*edil.*) embricatura 2 (*fig.*) connessione.

imbriquer [ɛ̃bʀike] *v.tr.* embricare ♦ **s'imbriquer** *v.pron.intr.* incastrarsi.

imbroglio [ɛ̃bʀɔljo] *n.m.* 1 pasticcio, confusione (*f.*) 2 (*teatr.*) commedia (*f.*) d'intrigo.

imbu [ɛ̃by] *agg.* imbevuto.
● ***imbu de soi-même***, (*fig.*) pieno di sé.

imbuvable [ɛ̃byvabl] *agg.* 1 imbevibile; (*di acqua*) non potabile 2 (*fam.*) insopportabile.

imitable [imitabl] *agg.* imitabile.

imitateur [imitatœʀ] *agg.* e *n.m.* [f. *-trice*] imitatore.

imitatif [imitatif] *agg.* [f. *-ive*] imitativo.

imitation [imitasjɔ̃] *n.f.* imitazione.
● ***imitation cuir***, in similpelle, in finta pelle, uso pelle | ***à l'imitation de***, a imitazione di, come.

imiter [imite] *v.tr.* imitare.
● ***imitant le bois***, uso legno.

immaculé [imakylɛ] *agg.* immacolato, senza macchia.
● (*teol.*) ***Immaculée Conception***, Immacolata Concezione.

immanence [imanɑ̃s] *n.f.* (*fil.*) immanenza.

immanent [imanɑ̃] *agg.* (*fil.*) immanente.

immangeable [ɛ̃mɑ̃ʒabl] *agg.* immangiabile.

immanquable [ɛ̃mɑ̃kabl] *agg.* immancabile.

immanquablement [ɛ̃mɑ̃kabləmɑ̃] *avv.* immancabilmente.

immatériel [im*m*atɛʀjɛl] *agg.* [f. *-elle*] immateriale.

immatriculation [imatʀikylasjɔ̃] *n.f.* immatricolazione.
● ***numéro d'immatriculation***, numero di matricola; (*di veicoli*) numero di targa | ***plaque d'immatriculation***, targa automobilistica.

immatriculé [imatʀikyle] *agg.* targato, immatricolato: *camion immatriculé* MI, autocarro targato MI.

immatriculer [imatʀikyle] *v.tr.* immatricolare.

immature [imatyʀ] **immaturé** [imatyʀe] *agg.* immaturo.

immaturité [imatyʀite] *n.f.* immaturità.

immédiat [imedja] *agg.* immediato: *successeur immédiat*, diretto successore; *mort immédiate*, morte istantanea.
● ***dans l'immédiat***, per il momento, nell'immediato | ***intervention immédiate***, pronto intervento.
■ SIN. direct.

immédiatement [imedjatmɑ̃] *avv.* immediatamente.

immémorial [im*m*emɔʀjal] *agg.* [pl. *-aux*] immemorabile.
● ***depuis un temps immémorial***, da tempo immemorabile.

immense [im*m*ɑ̃s] *agg.* immenso, enorme (*anche fig.*).
■ CONTR. infime, petit.

immensément [im*m*ɑ̃semɑ̃] *avv.* immensamente.

immensité [immɑ̃site] *n.f.* immensità, enormità (*anche fig.*).
immerger [imɛʀʒe] *v.tr.* [coniug. come *manger*] immergere ♦ **s'immerger** *v.pron.* immergersi, andare a fondo.
● (*econ.*) ***economie immergée***, economia sommersa.
immérité [imeʀite] *agg.* immeritato.
immersion [imɛʀsjɔ̃] *n.f.* immersione.
immettable [ɛ̃mɛtabl] *agg.* immettibile.
immeuble [imœbl] *agg.* (*dir.*) immobile ♦ *n.m.* **1** (*dir.*) (bene) immobile **2** edificio, stabile: *immeuble commercial*, edificio (adibito a uso) commerciale, palazzo per uffici; *immeuble de six étages*, casa, palazzo di sei piani.
● ***immeuble classé***, immobile vincolato dalle Belle Arti | ***immeuble pierre***, edificio in pietra viva.
immigrant [imigʀɑ̃] *agg.* e *n.m.* immigrante.
immigration [imigʀasjɔ̃] *n.f.* immigrazione.
immigré [imigʀe] *agg.* e *n.m.* immigrato.
immigrer [imigʀe] *v.tr.* immigrare.
imminence [iminɑ̃s] *n.f.* imminenza.
imminent [iminɑ̃] *agg.* imminente.
immiscer, s' [simise] *v.pron.* [coniug. come *placer*] immischiarsi, intromettersi.
● (*dir.*) ***s'immiscer dans une succession***, prender possesso di un'eredità.
immixtion [imikstjɔ̃] *n.f.* intromissione, ingerenza.
immobile [immɔbil] *agg.* immobile: *visage immobile*, viso impassibile; *eau immobile*, acqua ferma.
immobilier [imɔbilje] *agg.* [f. *-ère*] (*dir.*) immobiliare ♦ *n.m.* il settore immobiliare.
● ***agent immobilier***, agente immobiliare | ***promoteur immobilier***, imprenditore edile.
immobilisation [imɔbilizasjɔ̃] *n.f.* **1** immobilizzazione **2** (*comm.*) immobilizzo (*m.*).
immobiliser [imɔbilize] *v.tr.* immobilizzare ♦ **s'immobiliser** *v.pron.intr.* immobilizzarsi.
● (*econ.*) ***immobiliser des capitaux***, immobilizare capitali.
immobilisme [imɔbilism] *n.m.* immobilismo.
immobiliste [imɔbilist] *agg.* (*pol., econ.*) immobilistico ♦ *n.m.* e *f.* immobilista.
immobilité [imɔbilite] *n.f.* immobilità.
immodéré [imɔdeʀe] *agg.* immoderato; smodato; eccessivo: *dépenses immodérées*, spese eccessive.
■ SIN. excessif.
immodérément [imɔdeʀemɑ̃] *avv.* immoderatamente; smodatamente; eccessivamente.
immodestie [imɔdɛsti] *n.f.* (*letter.*) immodestia; indecenza; impudicizia.
immoler [imɔle] *v.tr.* immolare, sacrificare (*anche fig.*) ♦ **s'immoler** *v.pron.* immolarsi, sacrificarsi.
immonde [immɔ̃d] *agg.* **1** immondo; disgustoso: *propos immondes*, oscenità **2** (*relig.*) immondo.
immondice [immɔ̃dis] *n.f.* **1** (*pl.*) immondizie, spazzatura (*sing.*) **2** (*antiq.*) immondezza.
immoral [immɔʀal] *agg.* [pl. *-aux*] immorale; (*estens.*) corrotto.
immoralité [immɔʀalite] *n.f.* immoralità; (*estens.*) corruzione.
immortaliser [imɔʀtalize] *v.tr.* immortalare, eternare ♦ **s'immortaliser** *v.pron.intr.* immortalarsi.
immortalité [imɔʀtalite] *n.f.* immortalità.
immortel [imɔʀtɛl] *agg.* e *n.m.* [f. *-elle*] immortale.
● ***les Immortels***, gli accademici di Francia.
■ AGG. SIN. éternel.
immortelle [imɔʀtɛl] *n.f.* (*bot.*) semprevivo (*m.*).
● ***immortelle des Alpes***, stella alpina.
immotivé [immɔtive] *agg.* immotivato, infondato.
immuable [imɥabl] *agg.* immutabile.
immuablement [imɥabləmɑ̃] *avv.* immutabilmente, invariabilmente.
immunisé [imynizɛ] *agg.* immunizzato, immune.
immuniser [imynizɛ] *v.tr.* immunizzare (**da**).
immunitaire [imynitɛʀ] *agg.* (*med.*) immunitario.
immunité [imynitɛ] *n.f.* immunità.
● (*dir.*) ***immunité d'impôt***, immunità, esenzione di imposte | (*biol.*) ***immunité naturelle***, ***acquise***, ***congénitale***, immunità naturale, acquisita, congenita | (*dir.*) ***immunité parlementaire***, ***diplomatique***, immunità parlamentare, diplomatica.
immunodéficience [imynɔdefisjɑ̃s] *n.f.* (*med.*) immunodeficienza.
immunodépresseur [imynɔdepʀɛsœʀ] *n.m.* (*med.*) immunodepressore.
immunoglobuline [imynɔglɔbylin] *n.f.* (*med.*) immunoglobulina.
immunologie [imynɔlɔʒi] *n.f.* (*med.*) immunologia.
immunologiste [imynɔlɔʒɪst] *n.m.* e *f.* (*med.*) immunologo/a.
immunosuppresseur [imynosypʀesœʀ] *n.m.* (*med.*) immunosoppressore.
immunothérapie [imynɔteʀapi] *n.f.* (*med.*) immunoterapia.
immutabilité [immytabilitɛ] *n.f.* (*letter.*) immutabilità.
impact [ɛ̃pakt] *n.m.* **1** impatto; urto **2** (*fig.*) impatto, effetto.
● ***étude d'impact***, studio dell'impatto ambientale | ***force d'impact***, forza d'urto.
impacter [ɛ̃pakte] *v.tr.* impattare, avere effetto (**su**).
impair[1] [ɛ̃pɛʀ] *agg.* **1** dispari **2** (*anat.*) impari.
● ***jouer à pair ou impair***, giocare a pari e dispari.
impair[2] *n.m.* (*fam.*) gaffe (*f.*), topica (*f.*): *faire un impair*, fare una gaffe.
impalpable [ɛ̃palpabl] *agg.* impalpabile.
imparable [ɛ̃paʀabl] *agg.* **1** (*sport*) imparabile **2** (*fig.*) inevitabile.
impardonnable [ɛ̃paʀdɔnabl] *agg.* imperdonabile.
imparfait [ɛ̃paʀfɛ] *agg.* **1** imperfetto **2** (*gramm.*) imperfetto ♦ *n.m.* (*gramm.*) (tempo) imperfetto.
imparfaitement [ɛ̃paʀfɛtmɑ̃] *avv.* imperfettamente, in modo imperfetto.
impartial [ɛ̃paʀsjal] *agg.* [pl. *-aux*] imparziale; equo.
impartialement [ɛ̃paʀsjalmɑ̃] *avv.* imparzialmente, con imparzialità.
impartialité [ɛ̃paʀsjalite] *n.f.* imparzialità; equità.
impartir [ɛ̃paʀtiʀ] *v.tr.* (*dir., letter.*) accordare, concedere.
impartition [ɛ̃paʀtisjɔ̃] *n.f.* (*econ.*) appalto (*m.*) esterno di mezzi di produzione e servizi non essenziali.
impasse [ɛ̃pas] *n.f.* **1** vicolo (*m.*) cieco, strada senza uscita (*anche fig.*) **2** (*bridge*) impasse **3** (*inform.*) stallo (*m.*).
● (*econ.*) ***impasse budgétaire***, disavanzo pubblico | ***abou-***

I

tir à une impasse, (*fig.*) arrivare a un punto morto | *faire une impasse*, saltare una parte di programma (per un esame).

impassibilité [ɛ̃pasibilite] ***n.f.*** impassibilità.

impassible [ɛ̃pasibl] ***agg.*** impassibile, imperturbabile.
■ SIN. imperturbable.

impassiblement [ɛ̃pasibləmɑ̃] ***agg.*** in modo impassibile.

impatiemment [ɛ̃pasjamɑ̃] ***avv.*** impazientemente, con impazienza.

impatience [ɛ̃pasjɑ̃s] ***n.f.*** impazienza; insofferenza: *il bouillait d'impatience*, fremeva di impazienza.

impatiens [ɛ̃pasjɛ̃s] ***n.f.*** (*bot.*) impaziente; (*pop.*) balsamina.

impatient [ɛ̃pasjɑ̃] ***agg.*** e ***n.m.*** impaziente.

impatienter [ɛ̃pasjɑ̃te] ***v.tr.*** spazientire, irritare ♦ **s'impatienter** ***v.pron.intr.*** spazientirsi.

impavide [ɛ̃pavid] ***agg.*** (*letter.*) impavido.

impayable [ɛ̃pɛjabl] ***agg.*** impagabile.

I

impayé [ɛ̃peje] ***agg.*** insoluto, non pagato ♦ ***n.m.*** effetto, titolo insoluto.

impec [ɛ̃pɛk] ***agg.*** (*fam.*) (*abbr. di* impeccable) perfetto.
● (*c'est*) ***impec!***, tutto OK!, va benissimo!

impeccable [ɛ̃pɛkabl] ***agg.*** impeccabile; perfetto: *conduite impeccable*, condotta irreprensibile.
■ SIN. irréprochable, parfait.

impeccablement [ɛ̃pɛkabləmɑ̃] ***avv.*** impeccabilmente; in modo impeccabile.

impédance [ɛ̃pedɑ̃s] ***n.f.*** (*elettr.*) impedenza.

impédancemetrie [ɛ̃pedɑ̃smetʀi] ***n.f.*** (*talassoterapia*) impedenzometria.

impénétrable [ɛ̃penetʀabl] ***agg.*** impenetrabile (*anche fig.*).

impénitent [ɛ̃penitɑ̃] ***agg.*** impenitente; (*fam.*) accanito: *un fumeur impénitent*, un fumatore impenitente.

impensable [ɛ̃pɑ̃sabl] ***agg.*** impensabile, inconcepibile.
■ SIN. inimaginable, inconcevable.

imper [ɛ̃pɛʀ] ***n.m.*** (*fam.*) abbr. di **imperméable**.

impératif [ɛ̃peʀatif] ***agg.*** [f. *-ive*] **1** imperativo **2** (*gramm.*) imperativo ♦ ***n.m.*** **1** imperativo: *les impératifs de la mode*, i dettami della moda **2** (*gramm.*) imperativo.
● (*fil.*) ***impératif catégorique***, ***hypothétique***, imperativo categorico, ipotetico | (*gramm.*) ***mode impératif***, modo imperativo.

impérativement [ɛ̃peʀativmɑ̃] ***avv.*** imperativamente, in modo imperativo.

impératrice [ɛ̃peʀatʀis] ***n.f.*** imperatrice.

imperceptible [ɛ̃pɛʀsɛptibl] ***agg.*** impercettibile.

imperceptiblement [ɛ̃pɛʀsɛptibləmɑ̃] ***avv.*** impercettibilmente.

imperdable [ɛ̃pɛʀdabl] ***agg.*** imperdibile ♦ ***n.f.*** (*Svizzera*) spilla di sicurezza, da balia.

imperfection [ɛ̃pɛʀfɛksjɔ̃] ***n.f.*** imperfezione.

impérial [ɛ̃peʀjal] ***agg.*** [pl. *-aux*] **1** imperiale **2** (*fig.*) imperiale, maestoso: *un air impérial*, un'aria maestosa.
● ***série impériale***, (*alle carte*) scala reale.

impériale [ɛ̃peʀjal] ***n.f.*** **1** (*di carrozza, tram ecc.*) imperiale (*m.*) **2** (*numismatica*) imperiale (*m.*).

impérialisme [ɛ̃peʀjalism] ***n.m.*** imperialismo.

impérialiste [ɛ̃peʀjalist] ***agg.*** e ***n.m.*** e ***f.*** imperialista.

impérieusement [ɛ̃peʀjøzmɑ̃] ***avv.*** imperiosamente.

impérieux [ɛ̃peʀjø] ***agg.*** [f. *-euse*] imperioso.

impérissable [ɛ̃peʀisabl] ***agg.*** imperituro.

imperméabilisation [ɛ̃pɛʀmeabilizasjɔ̃] ***n.f.*** impermeabilizzazione.

imperméabiliser [ɛ̃pɛʀmeabilize] ***v.tr.*** impermeabilizzare.

imperméabilité [ɛ̃pɛʀmeabilite] ***n.f.*** impermeabilità.

imperméable [ɛ̃pɛʀmeabl] ***agg.*** impermeabile (*anche fig.*): *il est imperméable à l'art*, (*scherz.*) è refrattario a ogni forma d'arte ♦ ***n.m.*** (*abbigl.*) impermeabile.

imperrespirant [ɛ̃pɛʀʀɛspiʀɑ̃] ***agg.*** (*di un tessuto*) impermeabile e traspirante.

impersonnel [ɛ̃pɛʀsɔnɛl] ***agg.*** [f. *-elle*] impersonale ♦ ***n.m.*** (*gramm.*) (verbo) impersonale.

NOTA Il soggetto del verbo ***impersonnel*** francese deve essere sempre espresso con ***il*** o ***ce*** o ***cela/ça***:

Il *pleut.* Piove.

Il *est important de lui en parler.*
È importante parlargliene.

Il *conviendra de se taire.*
Converrà tacere.

C'*est lui le responsable.*
È lui il responsabile.

*Qui était-***ce***?*
Chi era?

Ce *doit être Michel.*
Deve essere Michel.

Cela/ça *me paraît difficile.*
Mi pare difficile.

impersonnellement [ɛ̃pɛʀsɔnɛlmɑ̃] ***avv.*** in modo impersonale.

impertinence [ɛ̃pɛʀtinɑ̃s] ***n.f.*** impertinenza.

impertinent [ɛ̃pɛʀtinɑ̃] ***agg.*** e ***n.m.*** impertinente.

imperturbable [ɛ̃pɛʀtyʀbabl] ***agg.*** imperturbabile.

imperturbablement [ɛ̃pɛʀtyʀbabləmɑ̃] ***avv.*** imperturbabilmente.

impétigo [ɛ̃petigo] ***n.m.*** (*med.*) impetigine (*f.*).

impétrant [ɛ̃petʀɑ̃] ***n.m.*** (*dir.*) richiedente.

impétueusement [ɛ̃petɥøzmɑ̃] ***avv.*** impetuosamente, con impeto.

impétueux [ɛ̃petɥø] ***agg.*** [f. *-euse*] impetuoso.

impétuosité [ɛ̃petɥozite] ***n.f.*** impeto (*m.*), impetuosità.

impie [ɛ̃pi] ***agg.*** e ***n.m.*** e ***f.*** (*letter.*) empio/a.

impiété [ɛ̃pjete] ***n.f.*** (*letter.*) **1** empietà **2** eresia, bestemmia **3** (*antiq.*) scelleratezza.

impitoyable [ɛ̃pitwajabl] ***agg.*** spietato, inesorabile: *une haine impitoyable*, un odio implacabile.

impitoyablement [ɛ̃pitwajabləmɑ̃] ***avv.*** senza pietà, inesorabilmente.

implacable [ɛ̃plakabl] ***agg.*** implacabile, inesorabile | *logique implacable*, logica ferrea.

implant [ɛ̃plɑ̃] ***n.m.*** **1** (*med.*) impianto; (*di tessuto*) innesto **2** protesi (*f.*) (ossea) **3** (*di capelli*) impianto, trapianto.
● ***implant dentaire***, impianto dentario.

implantable [ɛ̃plɑ̃tabl] ***agg.*** (*med.*) **1** trapiantabile **2** (*estens.*) che può essere sottoposto a trapianto.

implantation [ɛ̃plɑ̃tasjɔ̃] ***n.f.*** **1** (*tecn.*) impianto (*m.*), istallazione **2** (*med., biol.*) impianto (*m.*), innesto (*m.*)

3 (*fis.*) impiantazione **4** (*dei capelli*) attaccatura **5** (*di persone*) insediamento (*m.*).

implanter [ɛ̃plɑ̃te] *v.tr.* **1** impiantare, introdurre **2** (*edil.*) tracciare le fondamenta **3** (*med.*) fare il trapianto (di) ♦ **s'implanter** *v.pron.* stabilirsi, insediarsi.

implantologie [ɛ̃plɑ̃tɔlɔʒi] *n.f.* (*med.*) implantologia.

implication [ɛ̃plikasjɔ̃] *n.f.* **1** implicazione, coinvolgimento (*m.*) **2** (*spec. pl.*) implicazioni (*pl.*), conseguenze (*pl.*).

implicite [ɛ̃plisit] *agg.* implicito, sottinteso.

implicitement [ɛ̃plisitmɑ̃] *avv.* **1** implicitamente **2** (*inform.*) per default.

impliquer [ɛ̃plike] *v.tr.* **1** implicare, coinvolgere: *impliquer qqn dans un assassinat*, coinvolgere qlcu in un omicidio **2** implicare; lasciar supporre: *tout cela implique qu'il a menti*, tutto ciò lascia supporre che abbia mentito ♦ **s'impliquer** *v.pron.* (*fam.*) impegnarsi.

implorant [ɛ̃plɔʀɑ̃] *agg.* (*letter.*) implorante, supplichevole.

imploration [ɛ̃plɔʀasjɔ̃] *n.f.* implorazione, supplica.

implorer [ɛ̃plɔʀe] *v.tr.* implorare.

imploser [ɛ̃ploze] *v.intr.* fare implosione, implodere.

implosion [ɛ̃plozjɔ̃] *n.f.* (*fis., fon.*) implosione.

impoli [ɛ̃pɔli] *agg.* maleducato, sgarbato: *être impoli envers qqn*, mostrarsi sgarbato nei confronti di qlcu ♦ *n.m.* maleducato.

impoliment [ɛ̃pɔlimɑ̃] *avv.* scortesemente, sgarbatamente.

impolitesse [ɛ̃pɔlitɛs] *n.f.* **1** maleducazione **2** sgarbo (*m.*), scortesia.

impondérable [ɛ̃pɔ̃deʀabl] *agg.* e *n.m.* imponderabile.

impopulaire [ɛ̃pɔpylɛʀ] *agg.* impopolare.
■ CONTR. populaire.

impopularité [ɛ̃pɔpylaʀite] *n.f.* impopolarità.

importable[1] [ɛ̃pɔʀtabl] *agg.* (*di abito*) importabile, immettibile.

importable[2] *agg.* (*comm.*) (*di merce*) importabile, che si può importare.

importance [ɛ̃pɔʀtɑ̃s] *n.f.* importanza: *c'est une question qui prend de l'importance*, è una faccenda che sta diventando importante; *cela n'a pas d'importance* (o *n'a aucune importance*), questo non ha (alcuna) importanza.
● ***c'est sans importance***, non importa, non ha importanza | ***d'importance***, importante, rilevante: *une affaire de toute première importance*, un affare di importanza capitale; *l'erreur est d'importance*, l'errore è grave; *faire l'homme d'importance*, atteggiarsi a uomo importante.

important [ɛ̃pɔʀtɑ̃] *agg.* **1** importante: *c'est important à savoir*, è buono a sapersi; *cela seul est important*, questo solo conta; *se donner, prendre des airs importants*, darsi arie di persona importante **2** notevole, considerevole; grande: *un héritage important*, una grossa eredità ♦ *n.m.* importante, cosa (*f.*) importante.
● ***faire l'important***, darsi arie di importanza.

importateur [ɛ̃pɔʀtatœʀ] *agg.* e *n.m.* [f. *-trice*] importatore.

importation [ɛ̃pɔʀtasjɔ̃] *n.f.* importazione.

importer[1] [ɛ̃pɔʀte] *v.tr.* (*comm.*) importare (*anche fig.*): *importer des marchandises*, importare delle merci.

importer[2] *v.intr.dif.* [usato all'inf. e alla 3ª pers. di tutti i tempi e più sovente alla forma impers.] importare, avere importanza, contare: *tous ces potins m'importent peu*, tutti questi pettegolezzi mi importano poco; *ce sont les sentiments qui importent*, sono i sentimenti che contano; *il importe de se faire apprécier*, è importante farsi apprezzare; *il importait qu'il prenne les décisions justes*, era importante che prendesse le decisioni giuste; *ce qui importe est de partir à temps*, l'importante è partire in tempo.
● ***n'importe comment***, in qualunque modo: *n'importe comment, il faut que je parte*, in un modo o nell'altro bisogna che parta; *elle écrit n'importe comment*, scrive in qualche modo, sciattamente | ***n'importe où***, in qualunque luogo, ovunque | ***n'importe quand***, in qualunque momento | ***peu importe***, ***n'importe***, non ha importanza, non importa | ***qu'importe!***, che importa!: *qu'importe la pluie, j'irai quand même*, che importa se piove, andrò ugualmente.
□ **n'importe lequel** *pron.indef.* [f. *laquelle*; pl.m. *lesquels*, f. *lesquelles*] uno qualunque, non importa quale: *donnez-moi un livre, n'importe lequel*, datemi un libro, uno qualunque.
□ **n'importe quel** *agg.indef.* [f. *quelle*] qualunque, qualsiasi: *tu peux venir à n'importe quelle heure*, puoi venire a qualunque ora, a un'ora qualsiasi; *n'importe quel autre ami aurait compris*, qualsiasi altro amico avrebbe capito.
□ **n'importe qui** *pron.indef.* chiunque: *n'importe qui pourrait le faire*, potrebbe farlo chiunque; *ce n'est pas n'importe qui!*, non è l'ultimo venuto!; *il ne se prend pas pour n'importe qui!*, si crede chissà chi!, chissà chi crede di essere!
□ **n'importe quoi** *pron.indef.* qualunque cosa: *il ferait n'importe quoi pour l'aider*, farebbe qualunque cosa, farebbe di tutto per aiutarlo; *tu dis vraiment n'importe quoi*, parli proprio a vanvera.

importun [ɛ̃pɔʀtœ̃] *agg.* e *n.m.* importuno.

importuner [ɛ̃pɔʀtyne] *v.tr.* (*letter.*) importunare, molestare.
■ SIN. ennuyer, déranger.

importunité [ɛ̃pɔʀtynite] *n.f.* (*letter.*) **1** importunità **2** (*pl.*) inconvenienti (*m.*), disagi (*m.*).

imposable [ɛ̃pozabl] *agg.* imponibile; (*fin.*) tassabile.
● ***revenu imposable***, (reddito) imponibile.

imposant [ɛ̃pozɑ̃] *agg.* imponente.

imposé [ɛ̃poze] *agg.* **1** imposto **2** tassato **3** (*sport*) obbligatorio, obbligato ♦ *n.m.* **1** contribuente **2** (*sport*) esercizio obbligatorio.

imposer [ɛ̃poze] *v.tr.* **1** imporre: *imposer un nom à qqn*, imporre, dare un nome a qlcu; *imposer le silence à qqn*, imporre il silenzio a qlcu; *imposer le respect*, incutere rispetto **2** tassare: *imposer les contribuables*, tassare i contribuenti **3** (*tip.*) fare l'imposizione (di un foglio) ♦ **s'imposer** *v.pron.* e *pron.intr.* **1** imporsi, farsi valere **2** imporsi; essere necessario, opportuno: *une décision s'impose*, si impone una decisione.
□ **(en) imposer** *v.intr.* imporsi; intimidire; ispirare ammirazione, soggezione: *il (en) impose par son aspect solennel*, si impone per il suo aspetto solenne; *c'est un homme qui (en) impose à tout le monde*, è un uomo che mette soggezione a tutti.

imposition [ɛ̃pozisjɔ̃] *n.f.* **1** imposizione **2** (*tip.*) imposizione, impostazione **3** tassazione; (*ant.*) imposta, tributo (*m.*).
● (*relig.*) ***imposition des mains***, imposizione delle mani | (*fin.*) ***catégorie d'imposition***, fascia fiscale, categoria di reddito.

impossibilité [ɛ̃pɔsibilite] *n.f.* impossibilità: *être* (o *se*

I

trouver) *dans l'impossibilité de faire qqch*, essere, trovarsi nell'impossibilità di fare qlco.

impossible [ɛ̃pɔsibl] ***agg.*** **1** impossibile: *impossible à atteindre*, irraggiungibile; *il était impossible qu'ils ne le connaissent pas*, era impossibile che non lo conoscessero; *il n'y a rien d'impossible à ce qu'il réussisse bien*, non è affatto escluso che possa riuscire bene; *c'est une situation impossible*, è una situazione insostenibile **2** (*fam.*) impossibile, incredibile: *il a une chance impossible*, ha una fortuna incredibile ♦ ***n.m.*** impossibile: *faire l'impossible pour*, fare l'impossibile per.
● (*prov.*) ***à cœur vaillant rien d'impossible***, volere è potere | ***par impossible***, per assurdo: *si, par impossible, il revenait*, se, per assurdo, egli tornasse.
■ *AGG.* CONTR. possible.

imposte [ɛ̃pɔst] ***n.f.*** **1** (*arch.*) (*di un arco*) imposta **2** (*edil.*) sopraffinestra; sovrapporta.

imposteur [ɛ̃pɔstœʀ] ***n.m.*** impostore.

imposture [ɛ̃pɔstyʀ] ***n.f.*** (*letter.*) impostura.

impôt [ɛ̃po] ***n.m.*** imposta (*f.*), tassa (*f.*): *lever* (o *percevoir* o *recouvrer*) *les impôts*, riscuotere le tasse.
● ***impôt à la source***, imposta alla fonte, ritenuta d'acconto | ***impôt de solidarité sur la fortune*** (*ISF*), imposta sui patrimoni (creata nel 1989 e destinata a finanziare i contratti di formazione dei giovani) | ***impôt direct, indirect***, imposta diretta, indiretta | ***impôt extraordinaire***, una tantum | ***impôt sur le revenu des personnes morales***, imposta sui redditi delle persone giuridiche (IRPEG) | ***impôt sur le revenu des personnes physiques*** (***IRPP***), imposta sui redditi delle persone fisiche (IRPEF) | ***impôt sur les alcools***, tassa sugli alcolici | ***assiette de l'impôt***, base imponibile | ***déclaration d'impôts***, dichiarazione dei redditi: *faire sa déclaration d'impôts*, fare la dichiarazione dei redditi | ***exempt d'impôts***, esentasse | ***feuille d'impôt***, modulo di dichiarazione dei redditi: *remplir sa feuille d'impôt*, compilare la dichiarazione dei redditi | ***frapper d'impôt***, assoggettare a imposta | ***retenir l'impôt à la source***, fare la ritenuta d'acconto.

impotence [ɛ̃pɔtɑ̃s] ***n.f.*** (*med.*) invalidità.

impotent [ɛ̃pɔtɑ̃] ***agg.*** e ***n.m.*** invalido.

impraticabilité [ɛ̃pʀatikabilite] ***n.f.*** impraticabilità.

impraticable [ɛ̃pʀatikabl] ***agg.*** **1** impraticabile, inagibile **2** inattuabile, irrealizzabile **3** (*antiq.*) (*di persona*) insopportabile.

imprécation [ɛ̃pʀekasjɔ̃] ***n.f.*** (*letter.*) imprecazione.

imprécatoire [ɛ̃pʀekatwaʀ] ***agg.*** (*letter.*) imprecatorio, imprecativo.

imprécis [ɛ̃pʀesi] ***agg.*** impreciso; (*estens.*) indistinto.

imprécision [ɛ̃pʀesizjɔ̃] ***n.f.*** imprecisione.

imprégnation [ɛ̃pʀeɲasjɔ̃] ***n.f.*** **1** impregnazione **2** (*fig.*) condizionamento (*m.*).
● (*med.*) ***imprégnation alcoolique***, alcolemia.

imprégner [ɛ̃pʀeɲe] ***v.tr.*** [coniug. come *céder*] **1** impregnare, imbevere (*anche fig.*) **2** (*di animali*) ingravidare ♦ **s'imprégner** ***v.pron.intr.*** impregnarsi; assorbire (*anche fig.*).

imprenable [ɛ̃pʀənabl] ***agg.*** imprendibile, inespugnabile.
● ***vue imprenable***, (*nel gergo immobiliare*) vista assicurata, garantita.

impréparation [ɛ̃pʀepaʀasjɔ̃] ***n.f.*** (*letter.*) impreparazione.

imprésario [ɛ̃pʀes(z)aʀjo] ***n.m.*** (*teatr.*) impresario.

imprescriptible [ɛ̃pʀɛskʀiptibl] ***agg.*** (*dir.*) imprescrittibile.

impression [ɛ̃pʀesjɔ̃] ***n.f.*** **1** impressione: *faire une bonne impression sur qqn*, fare una buona impressione su qlcu **2** sensazione: *éprouver une impression de vertige*, provare una sensazione di vertigine **3** (*tip., fot.*) stampa **4** (*tecn.*) (*su tessuti, ceramiche ecc.*) stampaggio (*m.*) **5** impronta: *l'impression des pas sur le sable*, l'impronta dei passi sulla sabbia **6** (*pitt.*) imprimitura **7** (*antiq.*) edizione.
● (*tip., fot.*) ***impression en couleurs, à quatre couleurs***, policromia, quadricromia | ***avoir l'impression de, que***, avere l'impressione di, che: *avoir l'impression de tomber*, avere l'impressione di cadere; *j'ai l'impression qu'on se moque de vous*, ho l'impressione che vi prendano in giro; *"Croyez-vous que cette parole l'ait blessé?" "J'en ai l'impression!"*, "Crede che quella parola l'abbia ferito?" "Mi pare di sì!" | ***faire impression***, fare impressione, fare colpo.

impressionnable [ɛ̃pʀesjɔnabl] ***agg.*** impressionabile.

impressionnant [ɛ̃pʀesjɔnɑ̃] ***agg.*** impressionante.

impressionner [ɛ̃pʀesjɔne] ***v.tr.*** impressionare: *ils m'ont favorablement impressionné*, mi hanno fatto una buona impressione ♦ **s'impressionner** ***v.pron.*** impressionarsi.

impressionnisme [ɛ̃pʀesjɔnism] ***n.m.*** (*pitt.*) impressionismo.

impressionniste [ɛ̃pʀesjɔnist] ***agg.*** (*pitt.*) impressionista, impressionistico ♦ ***n.m.*** e ***f.*** (*pitt.*) impressionista.

imprévisibilité [ɛ̃pʀevizibilite] ***n.f.*** imprevedibilità.

imprévisible [ɛ̃pʀevizibl] ***agg.*** imprevedibile.

imprévoyance [ɛ̃pʀevwajɑ̃s] ***n.f.*** imprevidenza.

imprévoyant [ɛ̃pʀevwajɑ̃] ***agg.*** e ***n.m.*** imprevidente.

imprévu [ɛ̃pʀevy] ***agg.*** e ***n.m.*** imprevisto.
● ***en cas d'imprévu***, in caso d'imprevisto | ***sauf imprévu***, salvo imprevisti.
■ SIN. inattendu.

imprimable [ɛ̃pʀimabl] ***agg.*** stampabile.

imprimante [ɛ̃pʀimɑ̃t] ***n.f.*** (*inform.*) stampante.
● ***imprimante à aiguilles***, stampante ad aghi | ***imprimante à jet*** (o ***projection***) ***d'encre***, stampante a inchiostro | ***imprimante*** (***à***) ***laser***, stampante laser.

imprimé [ɛ̃pʀime] ***agg.*** stampato ♦ ***n.m.*** **1** stampa (*f.*), stampato; modulo **2** tessuto stampato.
● ***boîte des imprimés***, cassetta (postale) per le stampe.

imprimer [ɛ̃pʀime] ***v.tr.*** **1** stampare: *imprimer une affiche*, stampare un manifesto; *imprimer une étoffe*, stampare una stoffa **2** dare alle stampe, pubblicare: *faire imprimer un roman*, far pubblicare un romanzo **3** imprimere (*anche fig.*): *tous ces souvenirs sont imprimés dans mon esprit*, tutti questi ricordi sono impressi nella mia mente **4** imprimere, comunicare: *imprimer un mouvement à qqch*, imprimere un movimento a qlco **5** (*letter.*) incutere, ispirare: *imprimer le respect*, incutere rispetto **6** (*ant.*) inculcare.

imprimerie [ɛ̃pʀimʀi] ***n.f.*** **1** stampa, tipografia **2** tipografia, stamperia.
● ***caractères d'imprimerie***, caratteri tipografici.

imprimeur [ɛ̃pʀimœʀ] ***n.m.*** stampatore; tipografo.

impro [ɛ̃pʀo] ***n.f.*** (*teatr., mus.*) (*fam.*) (*abbr. di* improvisation) improvvisazione.

improbabilité [ɛ̃pʀɔbabilite] ***n.f.*** improbabilità.

improbable [ɛ̃pʀɔbabl] ***agg.*** improbabile.

improbation [ɛ̃pʀɔbasjɔ̃] ***n.f.*** (*letter.*) disapprovazione, riprovazione.

improbité [ɛ̃pʀɔbite] ***n.f.*** (*letter.*) improbità, disonestà.

improductif [ɛ̃pʀɔdyktif] *agg.* [f. *-ive*] improduttivo; infruttifero ♦ *n.m.* (*econ.*) lavoratore del terziario.
improductivité [ɛ̃pʀɔdyktivite] *n.f.* improduttività; (*comm.*) giacenza.
impromptu [ɛ̃pʀɔ̃pty] *agg.* improvvisato ♦ *n.m.* 1 (*mus.*) improvviso 2 (*teatr.*) commedia (*f.*) a soggetto ♦ *avv.* (*lett.*) all'improvviso | *traduire impromptu*, tradurre a prima vista.
imprononçable [ɛ̃pʀɔnɔ̃sabl] *agg.* impronunciabile.
impropre [ɛ̃pʀɔpʀ] *agg.* improprio; scorretto.
● ***impropre à***, inadatto a.
improprement [ɛ̃pʀɔpʀəmɑ̃] *avv.* in modo improprio.
impropriété [ɛ̃pʀɔpʀijete] *n.f.* improprietà.
improuvable [ɛ̃pʀuvabl] *agg.* indimostrabile.
improvisateur [ɛ̃pʀɔvizatœʀ] *n.m.* [f. *-trice*] improvvisatore.
improvisation [ɛ̃pʀɔvizasjɔ̃] *n.f.* improvvisazione.
improviser [ɛ̃pʀɔvize] *v.tr.* improvvisare: *improviser au piano*, improvvisare al pianoforte.
improviste, à l' [alɛ̃pʀɔvist] *avv.* 1 all'improvviso, improvvisamente 2 alla sprovvista.
imprudemment [ɛ̃pʀydamɑ̃] *avv.* imprudentemente.
imprudence [ɛ̃pʀydɑ̃s] *n.f.* imprudenza.
imprudent [ɛ̃pʀydɑ̃] *agg.* e *n.m.* imprudente.
■ CONTR. prudent.
impubère [ɛ̃pybɛʀ] *agg.* e *n.m.* e *f.* impubere.
impubliable [ɛ̃pyblijabl] *agg.* impubblicabile.
impudemment [ɛ̃pydamɑ̃] *avv.* impudentemente, sfacciatamente.
impudence [ɛ̃pydɑ̃s] *n.f.* 1 impudenza 2 atto (*m.*), parola impudente.
impudent [ɛ̃pydɑ̃] *agg.* e *n.m.* impudente, sfacciato.
impudeur [ɛ̃pydœʀ] *n.f.* 1 impudicizia 2 (*letter.*) impudenza, sfacciataggine.
impudicité [ɛ̃pydisite] *n.f.* (*letter.*) 1 impudicizia 2 atto (*m.*), proposito (*m.*) impudico.
impudique [ɛ̃pydik] *agg.* impudico.
impudiquement [ɛ̃pydikmɑ̃] *avv.* impudicamente, in modo indecente.
impuissance [ɛ̃pɥisɑ̃s] *n.f.* 1 impotenza; impossibilità: *l'impuissance à dire qqch*, l'impossibilità di dire qlco 2 (*med.*) impotenza (sessuale).
impuissant [ɛ̃pɥisɑ̃] *agg.* impotente ♦ *n.m.* (*med.*) impotente.
impulser [ɛ̃pylse] *v.tr.* dare impulso (a).
impulsif [ɛ̃pylsif] *agg.* e *n.m.* [f. *-ive*] impulsivo.
impulsion [ɛ̃pylsjɔ̃] *n.f.* 1 (*scient.*) impulso (*m.*) 2 (*fig.*) impulso (*m.*), stimolo (*m.*) 3 (*psic.*) impulso (*m.*).
● (*med.*) ***impulsion cardiaque***, impulso cardiaco | ***sous l'impulsion du moment***, d'impulso.
impulsivement [ɛ̃pylsivmɑ̃] *avv.* impulsivamente.
impulsivité [ɛ̃pylsivite] *n.f.* impulsività.
impunément [ɛ̃pynemɑ̃] *avv.* impunemente.
impuni [ɛ̃pyni] *agg.* impunito.
impunité [ɛ̃pynite] *n.f.* impunità.
● ***en toute impunité***, impunemente.
impur [ɛ̃pyʀ] *agg.* impuro.
impureté [ɛ̃pyʀte] *n.f.* 1 impurità 2 (*letter.*, *antiq.*) atto (*m.*) impuro.
imputabilité [ɛ̃pytabilite] *n.f.* (*dir.*) imputabilità.
imputable [ɛ̃pytabl] *agg.* imputabile.
imputation [ɛ̃pytasjɔ̃] *n.f.* (*dir.*, *comm.*) imputazione.
imputer [ɛ̃pyte] *v.tr.* (*dir.*, *comm.*) imputare; attribuire | (*dir.*) *imputer un crime à qqn, imputer qqn d'un crime*, imputare qlcu di un delitto.
imputrescible [ɛ̃pytʀesibl] *agg.* imputrescibile.
inabordable [inabɔʀdabl] *agg.* inavvicinabile; inaccessibile: *prix inabordables*, (*fam.*) prezzi proibitivi.
inaccentué [inaksɑ̃tɥe] *agg.* (*gramm.*) atono, privo di accento.
inacceptable [inaksɛptabl] *agg.* inaccettabile.
■ SIN. inadmissible.
inaccessibilité [inaksesibilite] *n.f.* inaccessibilità.
inaccessible [inaksesibl] *agg.* 1 inaccessibile 2 incomprensibile: *un poème inaccessible*, un poema incomprensibile.
inaccompli [inakɔ̃pli] *agg.* (*letter.*) incompiuto, inadempiuto.
inaccoutumé [inakutyme] *agg.* 1 insolito, inconsueto 2 disabituato, non avvezzo.
inachevé [inaʃve] *agg.* incompiuto.
inachèvement [inaʃɛvmɑ̃] *n.m.* incompiutezza (*f.*).
inactif [inaktif] *agg.* [f. *-ive*] inattivo, inoperoso: *le commerce est encore inactif*, il commercio è ancora fermo.
inaction [inaksjɔ̃] *n.f.* inazione, inoperosità.
inactivité [inaktivite] *n.f.* inattività, inoperosità: *l'inactivité du marché*, la fiacchezza del mercato.
● ***être, se faire mettre en inactivité***, essere, farsi mettere in aspettativa.
inactuel [inaktɥɛl] *agg.* [f. *-elle*] inattuale.
inadaptable [inadaptabl] *agg.* inadattabile.
inadaptation [inadaptasjɔ̃] *n.f.* 1 inadattabilità 2 (*psic.*) disadattamento (*m.*).
inadapté [inadapte] *agg.* 1 disadatto, inadatto 2 (*psic.*) disadattato ♦ *n.m.* (*psic.*) disadattato.
inadéquat [inadekwa] *agg.* inadeguato.
inadéquation [inadekwasjɔ̃] *n.f.* inadeguatezza.
inadmissibilité [inadmisibilite] *n.f.* inammissibilità.
inadmissible [inadmisibl] *agg.* inammissibile.
■ SIN. inacceptable.
inadvertance [inadvɛʀtɑ̃s] *n.f.* inavvertenza, distrazione.
● ***par inadvertance***, inavvertitamente.
inajournable [inaʒuʀnabl] *agg.* indifferibile; (*comm.*) indilazionabile.
inaliénabilité [inaljenabilite] *n.f.* (*dir.*) inalienabilità.
inaliénable [inaljenabl] *agg.* (*dir.*) inalienabile.
inaltérabilité [inalteʀabilite] *n.f.* inalterabilità.
inaltérable [inalteʀabl] *agg.* inalterabile.
inamical [inamikal] *agg.* [pl. *-aux*] (*letter.*) ostile, non amichevole.
inamovibilité [inamɔvibilite] *n.f.* (*dir.*) inamovibilità.
inamovible [inamɔvibl] *agg.* inamovibile.
inanimé [inanime] *agg.* 1 inanimato; esanime | *beauté inanimée*, bellezza senz'anima 2 (*ling.*) che designa un essere inanimato.
inanité [inanite] *n.f.* inanità, inutilità.
inanition [inanisjɔ̃] *n.f.* inanizione, inedia | *je tombe d'ination*, (*fam.*) sto morendo di fame.
inapaisé [inapeze] *agg.* (*letter.*) inappagato.

inaperçu [inapɛʀsy] *agg.* inosservato, non visto.
inappétence [inapetɑ̃s] *n.f.* inappetenza, disappetenza.
inapplicable [inaplikabl] *agg.* inapplicabile.
inappliqué [inaplike] *agg.* **1** negligente, disattento **2** inapplicato; (*estens.*) inutilizzato.
inappréciable [inapʀesjabl] *agg.* **1** inapprezzabile, impercettibile **2** inestimabile: *service inappréciable*, servizio prezioso.
inapproprié [inapʀɔpʀije] *agg.* inadatto.
inapte [inapt] *agg.* **1** inadatto **2** (*mil.*) inabile.
inaptitude [inaptityd] *n.f.* **1** inattitudine, incapacità **2** (*mil.*) inabilità.
inarticulé [inaʀtikyle] *agg.* inarticolato.
inassimilable [inasimilabl] *agg.* inassimilabile: *minorité inassimilable*, minoranza non assimilabile.
inassouvi [inasuvi] *agg.* (*letter.*) inappagato, insoddisfatto.
inattaquable [inatakabl] *agg.* inattaccabile.
inattendu [inatɑ̃dy] *agg.* inatteso, inaspettato.
■ SIN. imprévu.
inattentif [inatɑ̃tif] *agg.* [f. *-ive*] disattento, distratto: *inattentif aux avertissements*, incurante degli avvertimenti.
inattention [inatɑ̃sjɔ̃] *n.f.* disattenzione, distrazione.
■ SIN. distraction.
inaudible [inodibl] *agg.* **1** impercettibile: *un murmure inaudible*, un mormorio impercettibile **2** inascoltabile: *cette musique est inaudible!*, questa musica è inascoltabile!
inaugural [inɔ(o)gyʀal] *agg.* [pl. *-aux*] inaugurale.
inauguration [inɔ(o)gyʀasjɔ̃] *n.f.* **1** inaugurazione: *discours d'inauguration*, discorso inaugurale **2** (*fig.*) inizio (*m.*).
inaugurer [inɔ(o)gyʀe] *v.tr.* **1** inaugurare: *inaugurer une statue*, scoprire una statua **2** (*fig.*) iniziare.
inauthentique [inɔ(o)tɑ̃tik] *agg.* non autentico.
inavouable [inavwabl] *agg.* inconfessabile.
inavoué [inavwe] *agg.* inconfessato.
in-bord [inbɔʀd] *agg.* e *n.m.invar.* (*mar.*) entrobordo.
inca [ɛ̃ka] *agg.* (*st.*) incaico, inca: *la civilisation inca*, la civiltà incaica.
Inca *n.m.* e *f.* (*st.*) inca.
incalculable [ɛ̃kalkylabl] *agg.* incalcolabile.
incandescence [ɛ̃kɑ̃desɑ̃s] *n.f.* incandescenza.
● ***lampe à incandescence***, lampada a incandescenza.
incandescent [ɛ̃kɑ̃desɑ̃] *agg.* incandescente (*anche fig.*).
incantation [ɛ̃kɑ̃tasjɔ̃] *n.f.* incantesimo (*m.*).
incantatoire [ɛ̃kɑ̃tatwaʀ] *agg.* magico; che incanta.
incapable [ɛ̃kapabl] *agg.* **1** incapace; inabile; inetto: *incapable de mentir*, incapace di mentire **2** (*dir.*) incapace ♦ *agg.* e *n.m.* e *f.* **1** incapace; inabile; inetto/a: *vous êtes tous des incapables*, siete tutti degli incapaci **2** (*dir.*) incapace.
■ AGG. CONTR. capable.
incapacité [ɛ̃kapasite] *n.f.* **1** incapacità; inettitudine **2** inabilità; invalidità **3** (*dir.*) incapacità.
● ***incapacité de travail***, inabilità al lavoro | ***incapacité temporaire***, invalidità temporanea.
incarcération [ɛ̃kaʀseʀasjɔ̃] *n.f.* **1** (*dir.*) carcerazione, incarcerazione **2** (*med.*) incarceramento (*m.*).
incarcérer [ɛ̃kaʀseʀe] *v.tr.* [coniug. come *céder*] incarcerare, imprigionare.
incarnat [ɛ̃kaʀna] *agg.* carnicino ♦ *n.m.* incarnato, colorito roseo.
incarnation [ɛ̃kaʀnasjɔ̃] *n.f.* incarnazione.
● (*teol.*) ***le mystère de l'Incarnation***, il mistero dell'Incarnazione.
incarné [ɛ̃kaʀne] *agg.* **1** incarnato; (*fig.*) personificato: *c'est le diable incarné*, (*fam.*) è il diavolo in persona **2** (*med.*) incarnito: *ongle incarné*, unghia incarnita.
incarner [ɛ̃kaʀne] *v.tr.* incarnare ♦ **s'incarner** *v.pron. intr.* **1** incarnarsi **2** (*med.*) incarnirsi.
incartade [ɛ̃kaʀtad] *n.f.* **1** stravaganza; capriccio (*m.*) **2** (*equitazione*) scarto (*m.*).
incassable [ɛ̃kasabl] *agg.* infrangibile: *verre incassable*, vetro infrangibile.
incendiaire [ɛ̃sɑ̃djɛʀ] *agg.* e *n.m.* e *f.* incendiario/a.
incendie [ɛ̃sɑ̃di] *n.m.* incendio.
● (*dir.*) ***incendie dolosif***, incendio doloso.
incendier [ɛ̃sɑ̃dje] *v.tr.* **1** incendiare **2** (*fig.*) infiammare, accendere **3** (*fam.*) insultare.
incertain [ɛ̃sɛʀtɛ̃] *agg.* incerto: *pas incertain*, passo incerto, malsicuro; *couleur incertaine*, colore indeciso; *elle est d'un âge incertain*, è di età indefinibile | *caractère incertain*, carattere insicuro ♦ *n.m.* **1** incerto **2** (*Borsa*) quotazione (*f.*) all'incerto.
■ AGG. SIN. indéterminé, indéfinissable CONTR. certain, sûr.
incertitude [ɛ̃sɛʀtityd] *n.f.* **1** incertezza: *incertitude de l'avenir*, incertezza del futur **2** esitazione, dubbio (*m.*).
incessamment [ɛ̃sesamɑ̃] *avv.* **1** incessantemente **2** immediatamente.
● ***incessamment sous peu***, (*fam. scherz.*) subito immediatamente.
incessant [ɛ̃sesɑ̃] *agg.* incessante.
incessibilité [ɛ̃sesibilite] *n.f.* (*dir., fin.*) inalienabilità.
incessible [ɛ̃sesibl] *agg.* (*dir., fin.*) non cedibile, inalienabile.
inceste [ɛ̃sɛst] *n.m.* incesto.
incestueux [ɛ̃sɛstɥø] *agg.* e *n.m.* [f. *-euse*] incestuoso.
inchangé [ɛ̃ʃɑ̃ʒe] *agg.* immutato.
inchoatif [ɛ̃kɔatif] *n.m.* e *agg.* [f. *-ive*] (*gramm.*) incoativo.
incidemment [ɛ̃sidamɑ̃] *avv.* incidentalmente, per inciso.
incidence [ɛ̃sidɑ̃s] *n.f.* incidenza (*anche fig.*): *avoir incidence sur*, incidere su.
incident[1] [ɛ̃sidɑ̃] *agg.* **1** (*fis.*) incidente **2** (*dir.*) incidentale **3** (*gramm.*) incidentale.
● (*gramm.*) ***proposition incidente***, proposizione incidentale.
incident[2] *n.m.* **1** incidente **2** avvenimento, episodio: *un incident sans importance*, un episodio senza importanza **3** (*dir.*) incidente **4** (*inform.*) guasto.
● (*pol.*) ***incident diplomatique***, incidente diplomatico | (*dir.*) ***faux incident***, impugnazione di falso | ***l'incident est clos***, (*fig.*) la questione è chiusa, non ne parliamo più.

FAUX AMI
Da non confondere con *incidente* nel senso di *infortunio, disgrazia*, che si traduce *accident*.

incinérateur [ɛ̃sineʀatœʀ] *n.m.* inceneritore.
incinération [ɛ̃sineʀasjɔ̃] *n.f.* **1** incenerimento (*m.*) **2** cremazione.

incinérer [ɛ̃sineʀe] *v.tr.* [coniug. come *céder*] **1** incenerire **2** cremare.
incise [ɛ̃siz] *n.f.* (*gramm., mus.*) inciso (*m.*).
inciser [ɛ̃size] *v.tr.* incidere.
incisif [ɛ̃sizif] *agg.* [f. *-ive*] **1** incisivo, tagliente, mordace: *mots incisifs*, parole incisive **2** (*anat.*) incisivo.
incision [ɛ̃sizjɔ̃] *n.f.* (*agr., med.*) incisione.
incisive [ɛ̃siziv] *n.f.* (*anat.*) (*dente*) incisivo (*m.*).
incitatif [ɛ̃sitatif] *agg.* [f. *-ive*] incentivante.
incitation [ɛ̃sitasjɔ̃] *n.f.* **1** incitamento (*m.*) **2** (*dir.*) istigazione **3** incentivazione, incentivo (*m.*): *incitations aux investissements*, incentivi agli investimenti.
inciter [ɛ̃site] *v.intr.* **1** incitare, istigare: *inciter qqn à faire qqch*, incitare qlcu a fare qlco **2** incentivare.
incivil [ɛ̃sivil] *agg.* (*letter.*) incivile.
incivilité [ɛ̃sivilite] *n.f.* (*letter.*) inciviltà; scortesia, maleducazione.
incivique [ɛ̃sivik] *agg.* che manca di senso civico ♦ *n.m.* e *f.* (*Belgio*) collaborazionista (durante la seconda guerra mondiale).
incivisme [ɛ̃sivism] *n.m.* (*letter.*) mancanza (*f.*) di civismo.
inclassable [ɛ̃klasabl] *agg.* inclassificabile.
inclémence [ɛ̃klemɑ̃s] *n.f.* inclemenza.
inclément [ɛ̃klemɑ̃] *agg.* inclemente.
inclinable [ɛ̃klinabl] *agg.* inclinabile.
inclinaison [ɛ̃klinɛzɔ̃] *n.f.* **1** inclinazione; pendenza **2** (*astr., fis.*) inclinazione.
inclination [ɛ̃klinasjɔ̃] *n.f.* **1** inclinazione, tendenza: *avoir de l'inclination, une inclination pour qqn*, avere un debole per qlcu; *avoir de l'inclination pour le dessin*, essere portato per il disegno **2** cenno (*m.*) del capo.
incliner [ɛ̃kline] *v.tr.* **1** inclinare; chinare **2** (*fig.*) rendere incline; spingere: *tout cela m'incline à croire que vous avez raison*, tutto ciò mi spinge a credere che abbiate ragione ♦ *v.intr.* propendere (**per**): *ce parti incline à l'absolutisme*, questo partito tende all'assolutismo ♦ **s'incliner** *v.pron.* e *pron.intr.* inchinarsi; inclinarsi.
■ *V.TR.* SIN. **1** pencher.
inclure [ɛ̃klyʀ] *v.tr.* [coniug. come *conclure*, eccetto al p.p.: *inclus*] includere, accludere.
inclus [ɛ̃kly] *p.p.* di **inclure** ♦ *agg.* **1** incluso **2** (*comm.*) accluso, allegato.
inclusif [ɛ̃klyzif] *agg.* [f. *-ive*] inclusivo.
inclusion [ɛ̃klyzjɔ̃] *n.f.* inclusione.
inclusivement [ɛ̃klyzivmɑ̃] *avv.* inclusivamente: *jusqu'au* XV*e* *siècle inclusivement*, fino al XV secolo compreso.
incoercible [ɛ̃kɔɛʀsibl] *agg.* incoercibile; irrefrenabile: *un rire incoercible*, un riso irrefrenabile.
incognito [ɛ̃kɔɲito] *n.m.* incognito ♦ *avv.* in incognito.
incohérence [ɛ̃kɔeʀɑ̃s] *n.f.* incoerenza.
incohérent [ɛ̃kɔeʀɑ̃] *agg.* incoerente.
incollable [ɛ̃kɔlabl] *agg.* (*fam.*) **1** imbattibile (nei quiz) **2** (*di alimento*) che non scuoce.
incolore [ɛ̃kɔlɔʀ] *agg.* incolore.
incomber [ɛ̃kɔ̃be] *v.intr.* spettare, incombere: *la responsabilité t'en incombe*, la responsabilità incombe su di te ♦ *v.intr.impers.* spettare, competere.
incombustible [ɛ̃kɔ̃bystibl] *agg.* incombustibile.
incommensurable [ɛ̃kɔmɑ̃syʀabl] *agg.* e *n.m.* incommensurabile.
incommodant [ɛ̃kɔmɔdɑ̃] *agg.* molesto, fastidioso.
incommode [ɛ̃kɔmɔd] *agg.* **1** scomodo **2** fastidioso.
incommodé [ɛ̃kɔmɔde] *agg.* (*antiq.*) indisposto: *il est incommodé par la chaleur*, il caldo gli dà molto fastidio.
incommodément [ɛ̃kɔmɔdemɑ̃] *avv.* in modo scomodo.
incommoder [ɛ̃kɔmɔde] *v.tr.* disturbare, dar fastidio (**a**).
incommodité [ɛ̃kɔmɔdite] *n.f.* scomodità.
incommunicabilité [ɛ̃kɔmynikabilite] *n.f.* incomunicabilità.
incommunicable [ɛ̃kɔmynikabl] *agg.* incomunicabile.
incomparable [ɛ̃kɔ̃paʀabl] *agg.* incomparabile, impareggiabile.
incomparablement [ɛ̃kɔ̃paʀabləmɑ̃] *avv.* incomparabilmente, senza confronto.
incompatibilité [ɛ̃kɔ̃patibilite] *n.f.* incompatibilità.
incompatible [ɛ̃kɔ̃patibl] *agg.* **1** incompatibile **2** (*elettr.*) non compatibile.
incompétence [ɛ̃kɔ̃petɑ̃s] *n.f.* incompetenza.
incompétent [ɛ̃kɔ̃petɑ̃] *agg.* incompetente.
incomplet [ɛ̃kɔ̃plɛ] *agg.* [f. *-ète*] incompleto.
incomplètement [ɛ̃kɔ̃plɛtmɑ̃] *avv.* in modo incompleto.
incompréhensible [ɛ̃kɔ̃pʀeɑ̃sibl] *agg.* incomprensibile.
incompréhensif [ɛ̃kɔ̃pʀeɑ̃sif] *agg.* [f. *-ive*] non comprensivo.
incompréhension [ɛ̃kɔ̃pʀeɑ̃sjɔ̃] *n.f.* incomprensione.
incompressible [ɛ̃kɔ̃pʀesibl] *agg.* incompressibile.
incompris [ɛ̃kɔ̃pʀi] *agg.* incompreso.
inconcevable [ɛ̃kɔ̃svabl] *agg.* inconcepibile.
inconciliabilité [ɛ̃kɔ̃siljabilite] *n.f.* inconciliabilità, incompatibilità.
inconciliable [ɛ̃kɔ̃siljabl] *agg.* inconciliabile.
inconcluant [ɛ̃kɔ̃klyɑ̃] *agg.* inconcludente.
inconditionné [ɛ̃kɔ̃disjɔne] *agg.* (*fil.*) incondizionato.
inconditionnel [ɛ̃kɔ̃disjɔnɛl] *agg.* [f. *-elle*] **1** incondizionato; assoluto **2** (*inform.*) sistematico ♦ *n.m.* fanatico, patito.
inconditionnellement [ɛ̃kɔ̃disjɔnɛlmɑ̃] *avv.* incondizionatamente, senza alcuna riserva.
inconduite [ɛ̃kɔ̃dɥit] *n.f.* cattiva condotta.
inconfortable [ɛ̃kɔ̃fɔʀtabl] *agg.* scomodo; disagevole.
inconfortablement [ɛ̃kɔ̃fɔʀtabləmɑ̃] *avv.* scomodamente, in modo disagevole.
incongru [ɛ̃kɔ̃gʀy] *agg.* sconveniente, scorretto.
incongruité [ɛ̃kɔ̃gʀɥite] *n.f.* sconvenienza.
incongrûment [ɛ̃kɔ̃gʀymɑ̃] *avv.* in modo sconveniente.
inconnaissable [ɛ̃kɔnɛsabl] *agg.* e *n.m.* inconoscibile.
inconnu [ɛ̃kɔny] *agg.* sconosciuto (**a**), ignoto (**a**) ♦ *n.m.* ignoto, sconosciuto.
● (*mat.*) ***(quantité) inconnue***, (quantità) incognita | ***saut dans l'inconnu***, salto nel buio.
inconnue [ɛ̃kɔny] *n.f.* incognita.
inconsciemment [ɛ̃kɔ̃sjamɑ̃] *avv.* incoscientemente, inconsciamente.
inconscience [ɛ̃kɔ̃sjɑ̃s] *n.f.* incoscienza.
inconscient [ɛ̃kɔ̃sjɑ̃] *agg.* incosciente: *désir incons-*

I

cient, desiderio inconscio ♦ *n.m.* 1 incosciente 2 (*psic.*) inconscio.
inconséquence [ɛ̃kɔ̃sekɑ̃s] *n.f.* 1 inconseguenza; incoerenza 2 sventatezza.
inconséquent [ɛ̃kɔ̃sekɑ̃] *agg.* inconseguente; incoerente.
inconsidéré [ɛ̃kɔ̃sideʀe] *agg.* sconsiderato; inconsulto.
inconsidérément [ɛ̃kɔ̃sideʀemɑ̃] *avv.* sconsideratamente, avventatamente.
inconsistance [ɛ̃kɔ̃sistɑ̃s] *n.f.* inconsistenza.
inconsistant [ɛ̃kɔ̃sistɑ̃] *agg.* inconsistente.
inconsolable [ɛ̃kɔ̃sɔlabl] *agg.* inconsolabile: *inconsolable de*, inconsolabile per.
inconsolé [ɛ̃kɔ̃sɔle] *agg.* sconsolato.
inconsommable [ɛ̃kɔ̃sɔmabl] *agg.* 1 inconsumabile 2 (*letter.*) immangiabile.
● (*dir.*) ***bien inconsommable***, bene inconsumabile.
inconstance [ɛ̃kɔ̃stɑ̃s] *n.f.* incostanza.
inconstant [ɛ̃kɔ̃stɑ̃] *agg.* incostante, mutevole.
inconstitutionnalité [ɛ̃kɔ̃stitysjɔnalite] *n.f.* incostituzionalità.
inconstitutionnel [ɛ̃kɔ̃stitysjɔnɛl] *agg.* [f. *-elle*] incostituzionale.
inconstructible [ɛ̃kɔ̃stʀyktibl] *agg.* non edificabile.
incontestabilité [ɛ̃kɔ̃tɛstabilite] *n.f.* incontestabilità.
incontestable [ɛ̃kɔ̃tɛstabl] *agg.* incontestabile, innegabile.
incontestablement [ɛ̃kɔ̃tɛstabləmɑ̃] *avv.* incontestabilmente.
incontesté [ɛ̃kɔ̃tɛste] *agg.* indiscusso.
incontinence [ɛ̃kɔ̃tinɑ̃s] *n.f.* 1 incontinenza; intemperanza 2 (*med.*) incontinenza.
incontinent[1] [ɛ̃kɔ̃tinɑ̃] *agg.* incontinente.
incontinent[2] *avv.* immantinente, immediatamente.
incontournable [ɛ̃kɔ̃tuʀnabl] *agg.* inaggirabile, inevitabile: *des films incontournables*, film da non perdere.
incontrôlable [ɛ̃kɔ̃tʀolabl] *agg.* incontrollabile.
incontrôlé [ɛ̃kɔ̃tʀole] *agg.* incontrollato.
inconvenance [ɛ̃kɔ̃vnɑ̃s] *n.f.* sconvenienza.
inconvenant [ɛ̃kɔ̃vnɑ̃] *agg.* sconveniente.
inconvénient [ɛ̃kɔ̃venjɑ̃] *n.m.* inconveniente.
■ CONTR. avantage.
inconvertible [ɛ̃kɔ̃vɛʀtibl] **inconvertissable** [ɛ̃kɔ̃vɛʀtisabl] *agg.* inconvertibile.
incorporable [ɛ̃kɔʀpɔʀabl] *agg.* incorporabile.
incorporation [ɛ̃kɔʀpɔʀasjɔ̃] *n.f.* incorporazione.
incorporel [ɛ̃kɔʀpɔʀɛl] *agg.* [f. *-elle*] incorporeo; (*dir.*) immateriale.
● (*dir.*): ***biens incorporels***, beni immateriali.
incorporer [ɛ̃kɔʀpɔʀe] *v.tr.* incorporare.
incorrect [ɛ̃kɔʀɛkt] *agg.* scorretto: *une citation incorrecte*, una citazione inesatta.
■ CONTR. exact.
incorrectement [ɛ̃kɔʀɛktəmɑ̃] *avv.* scorrettamente.
incorrection [ɛ̃kɔʀɛksjɔ̃] *n.f.* scorrettezza; errore (*m.*).
incorrigible [ɛ̃kɔʀiʒibl] *agg.* incorreggibile.
incorruptibilité [ɛ̃kɔʀyptibilite] *n.f.* incorruttibilità.
incorruptible [ɛ̃kɔʀyptibl] *agg.* incorruttibile.

NOTA ***L'Incorruptible*** era il soprannome dato a Robespierre durante la Rivoluzione francese.

incorruptiblement [ɛ̃kɔʀyptibləmɑ̃] *avv.* incorruttibilmente.
incoterms [ɛ̃kotɛʀm] *n.m.pl.* (*comm.*) incoterms (regole internazionali per la consegna delle merci da inserire nei contratti di compravendita).
incrédule [ɛ̃kʀedyl] *agg.* e *n.m.* e *f.* incredulo/a.
incrédulité [ɛ̃kʀedylite] *n.f.* incredulità.
incrémenter [ɛ̃kʀemɑ̃te] *v.tr.* (*inform.*) incrementare.
increvable [ɛ̃kʀəvabl] *agg.* 1 (*di pneumatico ecc.*) che non si fora, che non scoppia 2 (*fig. fam.*) instancabile, infaticabile.
incrimination [ɛ̃kʀiminasjɔ̃] *n.f.* incriminazione.
incriminer [ɛ̃kʀimine] *v.tr.* incriminare.
incrochetable [ɛ̃kʀɔʃtabl] *agg.* a prova di scasso.
incroyable [ɛ̃kʀwajabl] *agg.* incredibile.
■ SIN. surprenant.
incroyablement [ɛ̃kʀwajabləmɑ̃] *avv.* incredibilmente.
incroyance [ɛ̃kʀwajɑ̃s] *n.f.* miscredenza.
incroyant [ɛ̃kʀwajɑ̃] *agg.* e *n.m.* miscredente, non credente.
incrustation [ɛ̃kʀystasjɔ̃] *n.f.* incrostazione.
incruste [ɛ̃kʀyst] *n.f.* (*fam.*) imbucamento (*m.*), l'intrufolarsi.
● ***taper l'incruste***, intrufolarsi, imbucarsi: *on tape l'incruste à l'anniversaire de ta sœur?*, ci imbuchiamo al compleanno di tua sorella?
incruster [ɛ̃kʀyste] *v.tr.* 1 incrostare 2 (*abbigl.*) ornare con applicazioni (di pizzo, perle ecc.): *robe incrustée de dentelle*, vestito con applicazioni di pizzo ♦ **s'incruster** *v.pron.intr.* 1 incrostarsi 2 (*fig.*) metter radici, piantare le tende.
incubateur [ɛ̃kybatœʀ] *n.m.* 1 incubatrice (per uova) 2 (*econ.*) incubatrice (struttura di spazi e servizi per imprese innovative operanti nei settori tecnologici dell'informazione, della comunicazione e dell'ambiente).
incubation [ɛ̃kybasjɔ̃] *n.f.* incubazione.
incube [ɛ̃kyb] *n.m.* (*st. relig.*) incubo.
incuber [ɛ̃kybe] *v.tr.* (*tecn.*) covare, incubare.
inculpation [ɛ̃kylpasjɔ̃] *n.f.* imputazione.
■ SIN. mise en examen.
inculpé [ɛ̃kylpe] *n.m.* imputato.
inculper [ɛ̃kylpe] *v.tr.* incolpare.
inculquer [ɛ̃kylke] *v.tr.* inculcare, imprimere nella mente.
inculte [ɛ̃kylt] *agg.* incolto (*anche fig.*).
inculture [ɛ̃kyltyʀ] *n.f.* incultura, mancanza di cultura.
incunable [ɛ̃kynabl] *n.m.* incunabolo.
incurable [ɛ̃kyʀabl] *agg.* e *n.m.* e *f.* incurabile.
incurablement [ɛ̃kyʀabləmɑ̃] *avv.* (*fig.*) irrimediabilmente.
incurie [ɛ̃kyʀi] *n.f.* incuria, negligenza.
incursion [ɛ̃kyʀsjɔ̃] *n.f.* incursione (*anche fig.*).
incurver [ɛ̃kyʀve] *v.tr.* incurvare ♦ **s'incurver** *v.pron. intr.* incurvarsi.
indécemment [ɛ̃desamɑ̃] *avv.* indecentemente.
indécence [ɛ̃desɑ̃s] *n.f.* indecenza.
indécent [ɛ̃desɑ̃] *agg.* indecente.
indéchiffrable [ɛ̃deʃifʀabl] *agg.* indecifrabile; (*fig.*) impenetrabile.
indécis [ɛ̃desi] *agg.* e *n.m.* indeciso, incerto.

indécision [ɛ̃desizjɔ̃] *n.f.* indecisione, incertezza.
indéclinable [ɛ̃deklinabl] *agg.* indeclinabile.
indécrottable [ɛ̃dekʀɔtabl] *agg.* (*fig. fam.*) incorreggibile.
indéfectible [ɛ̃defɛktibl] *agg.* indefettibile.
indéfendable [ɛ̃defɑ̃dabl] *agg.* indifendibile; insostenibile.
indéfini [ɛ̃defini] *agg.* e *n.m.* indefinito.
● (*gramm.*) ***article indéfini***, articolo indeterminativo.
indéfiniment [ɛ̃definimɑ̃] *avv.* indefinitamente.
indéfinissable [ɛ̃definisabl] *agg.* indefinibile.
indéformable [ɛ̃defɔʀmabl] *agg.* indeformabile.
indélébile [ɛ̃delebil] *agg.* indelebile.
indélicat [ɛ̃delika] *agg.* **1** indelicato **2** poco onesto.
indélicatesse [ɛ̃delikatɛs] *n.f.* **1** indelicatezza **2** scorrettezza.
indemne [ɛ̃dɛmn] *agg.* indenne; illeso, incolume.
indemnisation [ɛ̃dɛmnizasjɔ̃] *n.f.* indennizzo (*m.*), risarcimento (*m.*).
indemniser [ɛ̃dɛmnize] *v.tr.* **1** (*comm.*) indennizzare, risarcire **2** (*econ.*) bonificare.
indemnité [ɛ̃dɛmnite] *n.f.* indennità, indennizzo (*m.*); risarcimento (*m.*).
● ***indemnité de départ***, (*di dipendenti*) liquidazione, indennità di fine rapporto | ***indemnité de déplacement, indemnité journalière***, diaria | ***indemnité de grève***, ***de maladie***, ***de licenciement***, indennità di sciopero, di malattia, di licenziamento | ***indemnité de retard***, mora | ***indemnité de transport***, ***de voyage***, ***de mission***, indennità di trasporto, di viaggio, di missione | ***indemnité parlamentaire***, indennità parlamentare | ***indemnité pour accident***, indennità per sinistro.
indémodable [ɛ̃demɔdabl] *agg.* intramontabile.
indémontrable [ɛ̃demɔ̃tʀabl] *agg.* indimostrabile.
indéniable [ɛ̃denjabl] *agg.* innegabile, incontestabile.
indéniablement [ɛ̃denjabləmɑ̃] *avv.* innegabilmente, incontestabilmente.
indénombrable [ɛ̃denɔ̃bʀabl] *agg.* non numerabile.
indépendamment [ɛ̃depɑ̃damɑ̃] *avv.* indipendentemente.
● ***indépendamment de***, a prescindere da, oltre a.
indépendance [ɛ̃depɑ̃dɑ̃s] *n.f.* indipendenza.
indépendant [ɛ̃depɑ̃dɑ̃] *agg.* e *n.m.* indipendente.
● ***travailleur indépendant***, lavoratore autonomo.
indépendantisme [ɛ̃depɑ̃dɑ̃tism] *n.m.* (*pol.*) indipendentismo.
indépendantiste [ɛ̃depɑ̃dɑ̃tist] *agg.* e *n.m.* e *f.* indipendentista.
indéracinable [ɛ̃deʀasinabl] *agg.* inestirpabile.
indescriptible [ɛ̃dɛskʀiptibl] *agg.* indescrivibile.
indésirable [ɛ̃deziʀabl] *agg.* e *n.m.* indesiderabile.
indestructible [ɛ̃dɛstʀyktibl] *agg.* indistruttibile.
indéterminable [ɛ̃detɛʀminabl] *agg.* indeterminabile, imprecisabile.
indétermination [ɛ̃detɛʀminasjɔ̃] *n.f.* **1** indeterminatezza, indecisione **2** imprecisione **3** (*scient.*) indeterminazione.
indéterminé [ɛ̃detɛʀmine] *agg.* indeterminato.
● ***date indéterminée***, data da destinarsi.
index [ɛ̃dɛks] *n.m.* **1** (dito) indice **2** (*di misuratori e simili*) indice, lancetta (*f.*) **3** indice (alfabetico) **4** (*eccl.*) *l'Index*, l'Indice | *mettre qqn à l'Index*, mettere qlcu all'indice, al bando.
● (*stat.*) ***index de mortalité***, indice di mortalità.
indexation [ɛ̃dɛksasjɔ̃] *n.f.* (*econ.*) indicizzazione.
indexer [ɛ̃dɛkse] *v.tr.* **1** (*econ.*) indicizzare **2** (*Africa*) indicare con il dito.
indic [ɛ̃dik] *n.m.* (*argot*) informatore (della polizia).
indicateur [ɛ̃dikatœʀ] *agg.* [f. *-trice*] indicatore ♦ *n.m.* **1** indicatore **2** guida (*f.*) **3** informatore, confidente (della polizia).
● (*aut.*) ***indicateur de changement de direction***, indicatore di direzione, luce direzionale | (*comm.*) ***indicateur de commerce***, annuario commerciale | (*tecn.*) ***indicateur de pression***, indicatore di pressione | ***indicateur des chemins de fer***, orario ferroviario | ***indicateur des rues***, stradario | (*aut.*) ***indicateur de vitesse***, tachimetro | ***indicateur économique***, indicatore economico | (*fis.*) ***indicateur radioactif***, tracciante radioattivo | ***panneau indicateur***, cartello stradale.
indicatif [ɛ̃dikatif] *agg.* [f. *-ive*] indicativo ♦ *n.m.* **1** (*gramm.*) indicativo **2** (*tel.*) prefisso **3** (*tv, rad.*) sigla (*f.*) musicale (di una trasmissione).
● (*rad.*) ***indicatif d'appel***, indicativo di chiamata; (*inform.*) segnale di chiamata.
indication [ɛ̃dikasjɔ̃] *n.f.* indicazione.
● ***à titre d'indication***, a titolo indicativo | ***sur l'indication de qqn***, su segnalazione di qlcu.
indice [ɛ̃dis] *n.m.* **1** indizio: *être l'indice de*, essere indizio di **2** (*tecn., scient.*) indice.
● (*tv, rad.*) ***indice d'écoute***, indice d'ascolto | (*econ.*): ***indice de chômage***, tasso di disoccupazione; ***indice de la production***, coefficiente di produzione | ***indice d'octane***, numero di ottano.

FAUX AMI
Da non confondere con l'italiano '(dito) indice' che si traduce *index*.

indicible [ɛ̃disibl] *agg.* indicibile.
indiciblement [ɛ̃disibləmɑ̃] *avv.* indicibilmente, ineffabilmente.
indien [ɛ̃djɛ̃] *agg.* [f. *-enne*] indiano.
Indien *n.m.* [f. *-enne*] (*abitante*) indiano.
indifféremment [ɛ̃difeʀamɑ̃] *avv.* indifferentemente.
indifférence [ɛ̃difeʀɑ̃s] *n.f.* indifferenza.
indifférencié [ɛ̃difeʀɑ̃sje] *agg.* indifferenziato.
indifférent [ɛ̃difeʀɑ̃] *agg.* e *n.m.* indifferente.
● ***parler de choses indifférentes***, parlare del più e del meno.
indifférer [ɛ̃difeʀe] *v.tr.* [coniug. come *céder*] (*fam.*) lasciare indifferente.
indigénat [ɛ̃diʒena] *n.m.* (*Svizzera*) diritto di cittadinanza.
indigence [ɛ̃diʒɑ̃s] *n.f.* indigenza, povertà.
indigène [ɛ̃diʒɛn] *agg.* e *n.m.* e *f.* indigeno/a.
indigent [ɛ̃diʒɑ̃] *agg.* e *n.m.* e *f.* indigente, povero/a.
indigeste [ɛ̃diʒɛst] *agg.* indigesto.
indigestion [ɛ̃diʒɛstjɔ̃] *n.f.* indigestione: *j'ai une indigestion de toutes ces histoires*, (*scherz.*) basta con queste storie.
indignation [ɛ̃diɲasjɔ̃] *n.f.* indignazione, sdegno (*m.*).
indigne [ɛ̃diɲ] *agg.* indegno.
indigné [ɛ̃diɲe] *agg.* indignato: *indigné de*, sdegnato per.

indignement [ɛ̃diɲmɑ̃] *avv.* indegnamente, in modo indegno.
indigner [ɛ̃diɲe] *v.tr.* indignare ♦ **s'indigner** *v.pron.intr.* indignarsi.
indignité [ɛ̃diɲite] *n.f.* indegnità.
● (*st.*) ***indignité nationale***, perdita dei diritti civili inflitta ai collaborazionisti (1940-44).
indigo [ɛ̃digo] *n.m.* indaco.
indiqué [ɛ̃dike] *agg.* indicato; adatto.
indiquer [ɛ̃dike] *v.tr.* **1** indicare; segnalare **2** dimostrare, rivelare; lasciar intendere **3** essere indicato: *ce n'est pas indiqué*, è sconsigliato.
■ SIN. **1** montrer.
indirect [ɛ̃diʀɛkt] *agg.* indiretto.
indirectement [ɛ̃diʀɛktəmɑ̃] *avv.* indirettamente, in modo indiretto.
indiscernable [ɛ̃disɛʀnabl] *agg.* indistinguibile.
indiscipline [ɛ̃disiplin] *n.f.* indisciplina.
indiscipliné [ɛ̃disipline] *agg.* indisciplinato.
■ SIN. désobéissant, dissipé.
indiscret [ɛ̃diskʀɛ] *agg.* [f. *-ète*] indiscreto.
indiscrètement [ɛ̃diskʀɛtmɑ̃] *avv.* indiscretamente.
indiscrétion [ɛ̃diskʀesjɔ̃] *n.f.* indiscrezione | *peut-on, sans indiscrétion, vous demander pourquoi?*, posso chiederle perché, se non sono indiscreto?
indiscutable [ɛ̃diskytabl] *agg.* indiscutibile.
indiscutablement [ɛ̃diskytabləmɑ̃] *avv.* indiscutibilmente.
indispensable [ɛ̃dispɑ̃sabl] *agg.* e *n.m.* indispensabile.
■ SIN. nécessaire.
indisponibilité [ɛ̃dispɔnibilite] *n.f.* indisponibilità.
indisponible [ɛ̃dispɔnibl] *agg.* indisponibile.
indisposé [ɛ̃dispoze] *agg.* indisposto.
indisposer [ɛ̃dispoze] *v.tr.* **1** indisporre; dar fastidio (**a**) **2** rendere indisposto ♦ *v.intr.* essere indisponente.
indisposition [ɛ̃dispozisjɔ̃] *n.f.* indisposizione.
indissociable [ɛ̃disɔsjabl] *agg.* indissociabile.
● ***un tout indissociable***, un tutto unico.
indissolubilité [ɛ̃disɔlybilite] *n.f.* indissolubilità.
indissoluble [ɛ̃disɔlybl] *agg.* indissolubile.
indissolublement [ɛ̃disɔlybləmɑ̃] *avv.* indissolubilmente.
indistinct [ɛ̃distɛ̃*kt*] *agg.* indistinto.
indistinctement [ɛ̃distɛ̃ktəmɑ̃] *avv.* indistintamente.
individu [ɛ̃dividy] *n.m.* individuo, tipo: *quel est cet individu?*, (*fam.*) chi è quel tizio?
individualiser [ɛ̃dividɥalize] *v.tr.* individuare, individualizzare.
individualisme [ɛ̃dividɥalism] *n.m.* individualismo.
individualiste [ɛ̃dividɥalist] *agg.* individualistico ♦ *n.m.* e *f.* individualista.
individualité [ɛ̃dividɥalite] *n.f.* individualità.
individuel [ɛ̃dividɥɛl] *agg.* [f. *-elle*] individuale ♦ *n.m.* (*sport*) indipendente.
● ***chambre individuelle***, camera singola.
individuellement [ɛ̃dividɥɛlmɑ̃] *avv.* individualmente.
indivis [ɛ̃divi] *agg.* (*dir.*) indiviso.
● ***par indivis***, cointestato.
indivisible [ɛ̃divizibl] *agg.* indivisibile.
indivision [ɛ̃divizjɔ̃] *n.f.* (*dir.*) comunione, proprietà indivisa.
indochinois [ɛ̃dɔʃinwa] *agg.* indocinese.
Indochinois *n.m.* (*abitante*) indocinese.
indocile [ɛ̃dɔsil] *agg.* indocile.
indo-européen [ɛ̃doøʀɔpeɛ̃] *agg.* [f. *indo-européenne*, pl.m. *indo-européens*] indoeuropeo ♦ *n.m.* (*lingua*) indoeuropeo.
● (*st.*) ***les Indo-européens***, gli indoeuropei.
indolemment [ɛ̃dɔlamɑ̃] *avv.* indolentemente.
indolence [ɛ̃dɔlɑ̃s] *n.f.* indolenza.
■ SIN. langueur.
indolent [ɛ̃dɔlɑ̃] *agg.* indolente.
indolore [ɛ̃dɔlɔʀ] *agg.* indolore.
indomptable [ɛ̃dɔ̃tabl] *agg.* indomabile.
indompté [ɛ̃dɔ̃te] *agg.* **1** indomato **2** (*fig.*) indomito.
indonésien [ɛ̃dɔnezjɛ̃] *agg.* [f. *-enne*] indonesiano.
Indonésien *n.m.* [f. *-enne*] (*abitante*) indonesiano.
in-douze [induz] *agg.invar.* e *n.m.invar.* (*tip.*) in dodicesimo.
indu [ɛ̃dy] *agg.* indebito; ingiusto, illecito: *il rentre à des heures indues!*, rincasa a ore impossibili! ♦ *n.m.* (*dir.*) indebito.
indubitable [ɛ̃dybitabl] *agg.* indubitabile; incontestabile: *c'est indubitable!*, è fuori di dubbio!
indubitablement [ɛ̃dybitabləmɑ̃] *avv.* indubbiamente, senza dubbio.
inductance [ɛ̃dyktɑ̃s] *n.f.* (*elettr.*) induttanza.
inducteur [ɛ̃dyktœʀ] *agg.* [f. *-trice*] (*elettr.*) induttore, inducente ♦ *n.m.* (*elettr., biol.*) induttore.
inductif [ɛ̃dyktif] *agg.* [f. *-ive*] induttivo.
● (*elettr.*) ***circuit inductif***, circuito induttivo | (*fil.*) ***méthode inductive***, metodo induttivo.
induction [ɛ̃dyksjɔ̃] *n.f.* induzione.
induire [ɛ̃dɥiʀ] *v.tr.* [coniug. come *conduire*] **1** indurre, spingere **2** dedurre; inferire: *j'en induis que*, ne deduco che **3** portare (**a**), comportare: *cette décision induira de nouvelles réformes*, questa decisione comporterà nuove riforme **4** (*elettr.*) indurre.
induit [ɛ̃dɥi] *p.p.* di **induire** ♦ *agg.* e *n.m.* (*elettr.*) indotto.
indulgence [ɛ̃dylʒɑ̃s] *n.f.* indulgenza.
■ SIN. bienveillance.
indulgent [ɛ̃dylʒɑ̃] *agg.* indulgente (**con**).
indûment [ɛ̃dymɑ̃] *avv.* indebitamente.
induration [ɛ̃dyʀasjɔ̃] *n.f.* (*med.*) indurimento (*m.*).
industrialisation [ɛ̃dystʀializasjɔ̃] *n.f.* industrializzazione.
industrialiser [ɛ̃dystʀialize] *v.tr.* industrializzare.
industrie [ɛ̃dystʀi] *n.f.* **1** industria **2** (*fig.*) industriosità, operosità.
industriel [ɛ̃dystʀijɛl] *agg.* e *n.m.* [f. *-elle*] industriale.
industriellement [ɛ̃dystʀijɛlmɑ̃] *avv.* industrialmente, su scala industriale.
industrieux [ɛ̃dystʀijø] *agg.* [f. *-euse*] industrioso.
inébranlable [inebʀɑ̃labl] *agg.* saldo; incrollabile; (*fig.*) irremovibile: *courage inébranlable*, coraggio incrollabile.
inédit [inedi] *agg.* e *n.m.* inedito.
ineffable [inefabl] *agg.* ineffabile.
ineffablement [inefabləmɑ̃] *avv.* ineffabilmente.

ineffaçable [inefasabl] *agg.* incancellabile, indelebile (*anche fig.*).

inefficace [inefikas] *agg.* inefficace.
■ CONTR. efficace.

inefficacité [inefikasite] *n.f.* inefficacia.

inégal [inegal] *agg.* [pl. *-aux*] **1** disuguale, impari: *forces inégales*, forze impari **2** ineguale; discontinuo: *pas inégal*, passo irregolare; *écrivain inégal*, scrittore discontinuo.

inégalable [inegalabl] *agg.* ineguagliabile, incomparabile.

inégalé [inegale] *agg.* che non ha uguali, senza pari: *un record inégalé*, un record ineguagliato.

inégalement [inegalmɑ̃] *avv.* inegualmente.

inégalitaire [inegalitɛʀ] *agg.* non egualitario; non equo.

inégalité [inegalite] *n.f.* disuguaglianza; ineguaglianza: *l'inégalité des classes sociales*, la disuguaglianza delle classi sociali; *l'inégalité du caractère*, l'incostanza, la mutevolezza del carattere.

inélégamment [inelegamɑ̃] *avv.* senza eleganza.

inélégance [inelegɑ̃s] *n.f.* ineleganza.

inélégant [inelegɑ̃] *agg.* **1** inelegante **2** inopportuno, scortese: *il serait inélégant d'insister*, sarebbe scortese insistere.

inéligible [ineliʒibl] *agg.* ineleggibile, non eleggibile.

inéluctable [inelyktabl] *agg.* ineluttabile.

inéluctablement [inelyktabləmɑ̃] *avv.* ineluttabilmente.

inemployé [inɑ̃plwaje] *agg.* inutilizzato; (*econ.*) inattivo, improduttivo: *argent inemployé*, denaro non investito.

inénarrable [inenaʀabl] *agg.* inenarrabile, indescrivibile.

inepte [inɛpt] *agg.* assurdo, insensato.

ineptie [inɛpsi] *n.f.* insulsaggine, sciocchezza.

inépuisable [inepɥizabl] *agg.* inesauribile.

inéquation [inekwasjɔ̃] *n.f.* (*mat.*) disequazione.

inéquitable [inekitabl] *agg.* iniquo, ingiusto.

inerte [inɛʀt] *agg.* inerte.

inerter [inɛʀte] *v.tr.* inertare (rifiuti tossici).

inertie [inɛʀsi] *n.f.* inerzia.

ines [inɛs] *n.f.* (*sigla di* International Nuclear Event Scale) ines: *échelle ines*, scala ines (misura di gravità di un incidente nucleare).

inespéré [inɛspeʀe] *agg.* insperato.

inesthétique [inɛstetik] *agg.* antiestetico.

inesthétisme [inɛstetism] *n.m.* inestetismo.

inestimable [inɛstimabl] *agg.* inestimabile.

inévitable [inevitabl] *agg.* e *n.m.* inevitabile.

inévitablement [inevitabləmɑ̃] *avv.* inevitabilmente.

inexact [inɛgzakt] *agg.* **1** inesatto **2** non puntuale.
■ SIN. **1** faux, incorrect CONTR. **1** correct, juste **2** ponctuel.

inexactement [inɛgzaktəmɑ̃] *avv.* in modo inesatto.

inexactitude [inɛgzaktityd] *n.f.* **1** inesattezza **2** mancanza di puntualità.

inexaucé [inɛgzose] *agg.* non esaudito.

inexcusable [inɛkskyzabl] *agg.* imperdonabile.

inexécutable [inɛgzekytabl] *agg.* inattuabile.

inexécution [inɛgzekysjɔ̃] *n.f.* non esecuzione, mancata esecuzione.
● (*dir.*) *inexécution d'un contrat*, inadempienza contrattuale.

inexhaustible [inɛgzostibl] *agg.* (*letter.*) inesauribile.

inexigible [inɛgziʒibl] *agg.* inesigibile.

inexistant [inɛgzistɑ̃] *agg.* inesistente.

inexistence [inɛgzistɑ̃s] *n.f.* inesistenza.

inexorabilité [inɛgzɔʀabilite] *n.f.* inesorabilità.

inexorable [inɛgzɔʀabl] *agg.* inesorabile.
■ SIN. implacable.

inexorablement [inɛgzɔʀabləmɑ̃] *avv.* inesorabilmente.

inexpérience [inɛkspeʀjɑ̃s] *n.f.* inesperienza.

inexpérimenté [inɛkspeʀimɑ̃te] *agg.* inesperto, senza esperienza.

inexpert [inɛkspɛʀ] *agg.* inesperto.

inexpiable [inɛkspjabl] *agg.* inespiabile.

inexpié [inɛkspje] *agg.* inespiato.

inexplicable [inɛksplikabl] *agg.* inesplicabile, inspiegabile.

inexplicablement [inɛksplikabləmɑ̃] *avv.* inesplicabilmente, inspiegabilmente.

inexpliqué [inɛksplike] *agg.* inesplicato, inspiegato.

inexploitable [inɛksplwatabl] *agg.* **1** non sfruttabile **2** (*di terreno*) non coltivabile.

inexploité [inɛksplwate] *agg.* **1** non sfruttato **2** (*di terreno*) non coltivato.

inexplorable [inɛksplɔʀabl] *agg.* inesplorabile.

inexploré [inɛksplɔʀe] *agg.* inesplorato.

inexpressif [inɛkspʀesif] *agg.* [f. *-ive*] inespressivo.

inexprimable [inɛkspʀimabl] *agg.* inesprimibile, indicibile.

inexprimé [inɛkspʀime] *agg.* inespresso, taciuto.

inexpugnable [inɛkspygnabl] *agg.* inespugnabile, imprendibile.

inextensible [inɛkstɑ̃sibl] *agg.* inestensibile.

inextinguible [inɛkstɛ̃gibl] *agg.* inestinguibile (*spec. fig.*): *rire inextinguible*, riso irrefrenabile.

inextirpable [inɛkstiʀpabl] *agg.* inestirpabile.

inextricable [inɛkstʀikabl] *agg.* inestricabile.

inextricablement [inɛkstʀikabləmɑ̃] *avv.* inestricabilmente.

infaillibilité [ɛ̃fajibilite] *n.f.* infallibilità.

infaillible [ɛ̃fajibl] *agg.* infallibile.

infailliblement [ɛ̃fajibləmɑ̃] *avv.* infallibilmente, inevitabilmente, immancabilmente.

infaisable [ɛ̃fəzabl] *agg.* non fattibile; impossibile.

infamant [ɛ̃famɑ̃] *agg.* infamante.

infâme [ɛ̃fɑm] *agg.* infame.

infamie [ɛ̃fami] *n.f.* infamia.

infant [ɛ̃fɑ̃] *n.m.* (*st.*) infante.

infanterie [ɛ̃fɑ̃tʀi] *n.f.* (*mil.*) fanteria.

infanticide[1] [ɛ̃fɑ̃tisid] *agg.* e *n.m.* e *f.* infanticida.

infanticide[2] *n.m.* infanticidio.

infantile [ɛ̃fɑ̃til] *agg.* infantile.

infantiliser [ɛ̃fɑ̃tilize] *v.tr.* rendere infantile.

infantilisme [ɛ̃fɑ̃tilism] *n.m.* infantilismo.

infarctus [ɛ̃faʀktys] *n.m.* (*med.*) infarto.

infatigable [ɛ̃fatigabl] *agg.* infaticabile, instancabile.

infatigablement [ɛ̃fatigabləmɑ̃] *avv.* infaticabilmente, instancabilmente.

infatuation [ɛ̃fatɥasjɔ̃] *n.f.* presunzione.

infatué [ɛ̃fatɥe] *agg.* fatuo, pieno di sé.

infatuer, s' [sɛ̃fatɥe] *v.pron.* (*letter.*) infatuarsi, invaghirsi.

inféconde [ɛ̃fekɔ̃] *agg.* infecondo.

infécondité [ɛ̃fekɔ̃dite] *n.f.* infecondità.

infect [ɛ̃fɛkt] *agg.* **1** fetido **2** (*fam.*) schifoso, ripugnante: *un temps infect*, un tempo orribile.

infecté [ɛ̃fɛkte] *agg.* infetto.

infecter [ɛ̃fɛkte] *v.tr.* infettare, contagiare ♦ **s'infecter** *v.pron.intr.* infettarsi.

infectieux [ɛ̃fɛksjø] *agg.* [f. *-euse*] (*med.*) infettivo.

infection [ɛ̃fɛksjɔ̃] *n.f.* **1** infezione **2** fetore (*m.*).

infectiosité [ɛ̃fɛksjɔzite] *n.f.* (*med.*) → **infectivité**.

infectivité [ɛ̃fɛktivite] *n.m.* (*med.*) infettività.

inféoder [ɛ̃feɔde] *v.tr.* **1** (*st. dir.*) infeudare **2** (*fig.*) assoggettare ♦ **s'inféoder** *v.pron.* infeudarsi.

inférer [ɛ̃fere] *v.tr.* [coniug. come *céder*] inferire; arguire; indurre.

inférieur [ɛ̃ferjœr] *agg.* **1** inferiore: *la partie inférieure d'un édifice*, la parte inferiore di un edificio **2** (*mat.*) minore ♦ *n.m.* inferiore; subordinato, subalterno.
● (*anat.*) ***mâchoire inférieure***, mascella inferiore; ***membres inférieurs***, arti inferiori.
■ CONTR. supérieur.

inférioriser [ɛ̃ferjɔrize] *v.tr.* **1** ridurre a una condizione di inferiorità **2** sottovalutare.

infériorité [ɛ̃ferjɔrite] *n.f.* inferiorità.
● (*gramm.*) ***comparatif d'infériorité***, comparativo di minoranza | (*psic.*) ***complexe d'infériorité***, complesso di inferiorità.

infernal [ɛ̃fɛrnal] *agg.* [pl. *-aux*] infernale.

infertile [ɛ̃fɛrtil] *agg.* sterile, infecondo.

infertilité [ɛ̃fɛrtilite] *n.f.* (*letter.*) infertilità, sterilità.

infestation [ɛ̃fɛstasjɔ̃] *n.f.* infestazione.

infester [ɛ̃fɛste] *v.tr.* infestare.

infeutrable [ɛ̃føtrabl] *agg.* che non infeltrisce.

infibulation [ɛ̃fibylasjɔ̃] *n.f.* infibulazione.

infichu [ɛ̃fiʃy] *agg.* (*fam.*) incapace.

infidèle [ɛ̃fidɛl] *agg.* **1** infedele **2** (*di memoria*) labile ♦ *n.m.* e *f.* infedele, miscredente.
● ***être infidèle à sa parole***, non essere di parola.

infidèlement [ɛ̃fidɛlmɑ̃] *avv.* infedelmente.

infidélité [ɛ̃fidelite] *n.f.* infedeltà.

infiltration [ɛ̃filtrasjɔ̃] *n.f.* infiltrazione.

infiltré [ɛ̃filtre] *agg.* e *n.m.* infiltrato.

infiltrer, s' [sɛ̃filtre] *v.pron.intr.* infiltrarsi; (*fig.*) insinuarsi.

infime [ɛ̃fim] *agg.* **1** infimo **2** infinitesimale.

infini [ɛ̃fini] *agg.* infinito, illimitato ♦ *n.m.* **1** infinità (*f.*), immensità (*f.*) **2** infinito.
● (***jusqu'***)***à l'infini***, (fino) all'infinito.
■ AGG. SIN. illimité.

infiniment [ɛ̃finimɑ̃] *avv.* infinitamente, immensamente.

infinité [ɛ̃finite] *n.f.* infinità.

infinitésimal [ɛ̃finitezimal] *agg.* [pl. *-aux*] infinitesimale.
● (*mat.*) ***partie infinitésimale***, infinitesimo.

infinitif [ɛ̃finitif] *agg.* e *n.m.* [f. *-ive*] (*gramm.*) infinito.
● ***une*** (***proposition***) ***infinitive***, una (proposizione) infinitiva.

infirmatif [ɛ̃firmatif] *agg.* [f. *-ive*] (*dir.*) invalidante.

infirmation [ɛ̃firmasjɔ̃] *n.f.* (*dir.*) invalidamento (*m.*).
● ***infirmation d'un jugement***, annullamento di una sentenza.

infirme [ɛ̃firm] *agg.* e *n.m.* e *f.* infermo/a, invalido/a.

infirmer [ɛ̃firme] *v.tr.* infirmare, invalidare; annullare.

infirmerie [ɛ̃firməri] *n.f.* infermeria.

infirmier [ɛ̃firmje] *n.m.* infermiere.

infirmière [ɛ̃firmjɛr] *n.f.* infermiera.

infirmité [ɛ̃firmite] *n.f.* infermità.

inflammabilité [ɛ̃flamabilite] *n.f.* infiammabilità.

inflammable [ɛ̃flamabl] *agg.* infiammabile.

inflammation [ɛ̃flamasjɔ̃] *n.f.* infiammazione.

inflammatoire [ɛ̃flamatwar] *agg.* (*med.*) infiammatorio.

inflation [ɛ̃flasjɔ̃] *n.f.* **1** (*econ.*) inflazione **2** (*fig.*) inflazione, forte aumento (*m.*): *l'inflation criminelle*, il dilagare della criminalità.
● ***inflation rampante***, ***galopante***, inflazione strisciante, galoppante.

inflationniste [ɛ̃flɑsjɔnist] *agg.* inflazionistico.

infléchir [ɛ̃fleʃir] *v.tr.* **1** flettere **2** (*fig.*) indirizzare, modificare ♦ **s'infléchir** *v.pron.intr.* **1** flettersi, incurvarsi **2** (*fig.*) spostarsi, slittare.

infléchissement [ɛ̃fleʃismɑ̃] *n.m.* flessione (*f.*); (*fig.*) attenuazione (*f.*).

inflexibilité [ɛ̃flɛksibilite] *n.f.* inflessibilità.

inflexible [ɛ̃flɛksibl] *agg.* inflessibile.

inflexiblement [ɛ̃flɛksibləmɑ̃] *avv.* in modo inflessibile.

inflexion [ɛ̃flɛksjɔ̃] *n.f.* **1** inflessione, intonazione **2** flessione (*anche fig.*) **3** deviazione: *les inflexions de la rivière*, l'andamento sinuoso del fiume **4** cambiamento (*m.*), mutamento (*m.*).
● ***d'une inflexion de la tête***, con un cenno del capo.

infliger [ɛ̃fliʒe] *v.tr.* [coniug. come *manger*] **1** infliggere, imporre **2** (*dir.*) (*una pena*) infliggere; (*una multa*) applicare.

inflorescence [ɛ̃flɔresɑ̃s] *n.f.* (*bot.*) infiorescenza.

influençable [ɛ̃flyɑ̃sabl] *agg.* influenzabile.

influence [ɛ̃flyɑ̃s] *n.f.* influenza.
● ***sous l'influence de***, sotto l'influsso di | ***user de son influence***, far valere la propria influenza.

influencer [ɛ̃flyɑ̃se] *v.tr.* [coniug. come *placer*] influenzare.

influent [ɛ̃flyɑ̃] *agg.* influente.

influer [ɛ̃flye] *v.intr.* influire.

influx [ɛ̃fly] *n.m.* influsso.

info [ɛ̃fo] *n.f.* (*fam.*) abbr. di **information** 3.

infogérance [ɛ̃foʒerɑ̃s] *n.f.* (*econ.*) facility management (*m.*), outsourcing (*m.*), esternalizzazione.

infogistique [ɛ̃foʒistik] *n.f.* (*inform.*) **1** infologistica **2** gestione di depositi o magazzini mediante l'informatica.

infographie® [ɛ̃fɔgrafi] *n.f.* computer graphics®, grafica computerizzata.

infographiste [ɛ̃fɔgrafist] *n.m.* e *f.* operatore/trice di grafica computerizzata.

infogroupe [ɛ̃fɔgʀup] *n.m.* (*Internet*) gruppo di discussione.

in-folio [infɔljo] *agg.* e *n.m.invar.* (*tip.*) in-folio.

infondé [ɛ̃fɔ̃de] *agg.* infondato.

informateur [ɛ̃fɔʀmatœʀ] *n.m.* [f. *-trice*] informatore.

informaticien [ɛ̃fɔʀmatisjɛ̃] *n.m.* [f. *-enne*] informatico, esperto di informatica.

informatif [ɛ̃fɔʀmatif] *agg.* [f. *-ive*] informativo.

information [ɛ̃fɔʀmasjɔ̃] *n.f.* **1** informazione **2** (*dir.*) indagine, inchiesta **3** (*pl.*) telegiornale (*m.sing.*); giornale radio (*m.sing.*) **4** (*inform.*) informazione.
● ***agence d'information***, agenzia d'informazioni | (*dir.*) ***ouvrir une information***, aprire un'istruttoria | ***pour votre information***, a titolo informativo | (*inform.*) ***théorie de l'information***, teoria dell'informazione.

informatique [ɛ̃fɔʀmatik] *n.f.* informatica ♦ *agg.* informatico.

informatisation [ɛ̃fɔʀmatizasjɔ̃] *n.f.* informatizzazione, computerizzazione.

informatisé [ɛ̃fɔʀmatize] *agg.* informatizzato; (*estens.*) computerizzato.
● ***linguistique informatisée***, linguistica computazionale.

informatiser [ɛ̃fɔʀmatize] *v.tr.* informatizzare, computerizzare.

informe [ɛ̃fɔʀm] *agg.* **1** informe **2** (*spreg.*) senza forma, sgraziato.

informé [ɛ̃fɔʀme] *n.m.* (*dir.*) istruttoria (*f.*).
● ***jusqu'à plus ample informé***, fino a un supplemento di istruttoria; (*estens.*) in attesa di maggiori informazioni.

informel [ɛ̃fɔʀmɛl] *agg.* e *n.m.* [f. *-elle*] informale.

informer [ɛ̃fɔʀme] *v.tr.* **1** informare **2** informare, improntare, influenzare ♦ *v.intr.* (*dir.*) aprire un'istruttoria, un'indagine ♦ **s'informer** *v.pron.intr.* informarsi.
● ***mal informé***, disinformato.
■ *V.TR.* SIN. **1** aviser.

informulé [ɛ̃fɔʀmyle] *agg.* non formulato, non espresso.

inforoute [ɛ̃fɔʀut] *n.f.* (*inform.*) autostrada telematica.

infortune [ɛ̃fɔʀtyn] *n.f.* sfortuna.
● ***compagnon d'infortune***, compagno di sventura | ***pour comble d'infortune***, per colmo di sventura.

FAUX AMI
Da non confondere con *infortunio* nel senso di *incidente*, che si traduce *accident*.

infortuné [ɛ̃fɔʀtyne] *agg.* e *n.m.* (*letter.*) sfortunato, sventurato.

infra [ɛ̃fʀa] *avv.* e *prep.* infra, sotto, oltre.

infra- *pref.* infra-.

infraction [ɛ̃fʀaksjɔ̃] *n.f.* infrazione.

infranchissable [ɛ̃fʀɑ̃ʃisabl] *agg.* insormontabile, invalicabile.

infrarouge [ɛ̃fʀaʀuʒ] *agg.* e *n.m.* (*fis.*) infrarosso.
● (*inform.*) ***port infrarouge***, porta a infrarossi | (*fis.*) ***rayons infrarouges***, raggi infrarossi.

infrason [ɛ̃fʀasɔ̃] *n.m.* (*fis.*) infrasuono.

infrastructure [ɛ̃fʀastʀyktyʀ] *n.f.* infrastruttura.

infréquentable [ɛ̃fʀekɑ̃tabl] *agg.* infrequentabile.

infroissable [ɛ̃fʀwasabl] *agg.* ingualcibile, antipiega.

infructueux [ɛ̃fʀyktɥø] *agg.* [f. *-euse*] **1** infruttifero **2** (*fig.*) infruttuoso, inutile.

infus [ɛ̃fy] *agg.* infuso.
● ***avoir la science infuse***, (*fam.*) avere la scienza infusa.

infuser [ɛ̃fyze] *v.tr.* **1** fare un infuso (**di**) **2** (*letter.*) infondere.
● ***laisser, faire infuser***, lasciare in infusione.

infusion [ɛ̃fyzjɔ̃] *n.f.* infuso (*m.*), infusione.

ingambe [ɛ̃gɑ̃b] *agg.* (*fam.*) arzillo, in gamba.

ingénier, s' [sɛ̃ʒenje] *v.pron.* sforzarsi (**di**), ingegnarsi (**a**).

ingénierie [ɛ̃ʒeniʀi] *n.f.* **1** engineering (*m.*) **2** ingegneria.
● ***ingénierie biomédicale, génétique***, ingegneria biomedica, genetica.

ingénieur [ɛ̃ʒenjœʀ] *n.m.* **1** tecnico specializzato; perito **2** ingegnere, laureato in ingegneria.
● ***ingénieur agronome***, dottore in agraria | ***ingénieur chimiste***, ingegnere chimico | ***ingénieur des Ponts et Chaussées***, ingegnere del genio civile | (*inform.*) ***ingénieur de système***, sistemista | ***ingénieur du son***, tecnico del suono | ***ingénieur électronique***, ingegnere elettronico | (*inform.*) ***ingénieur en génie logiciel***, esperto di software | ***c'est un ingénieur***, (*Africa*) è uno che si è fatto da sé | ***femme ingénieur***, donna ingegnere.

ingénieur-conseil [ɛ̃ʒenjœʀkɔ̃sɛj] *n.m.* [pl. *ingénieurs-conseils*] ingegnere consulente.

ingénieusement [ɛ̃ʒenjøzmɑ̃] *avv.* ingegnosamente.

ingénieux [ɛ̃ʒenjø] *agg.* [f. *-euse*] ingegnoso.

ingéniosité [ɛ̃ʒenjozite] *n.f.* ingegnosità; ingegno (*m.*).

ingénu [ɛ̃ʒeny] *agg.* e *n.m.* ingenuo.
■ SIN. innocent.

ingénuité [ɛ̃ʒenɥite] *n.f.* ingenuità.

ingénument [ɛ̃ʒenymɑ̃] *avv.* ingenuamente.

ingérence [ɛ̃ʒeʀɑ̃s] *n.f.* ingerenza.

ingérer [ɛ̃ʒeʀe] *v.tr.* [coniug. come *céder*] ingerire, ingoiare ♦ **s'ingérer** *v.pron.intr.* intromettersi.

ingestion [ɛ̃ʒɛstjɔ̃] *n.f.* ingestione.

ingouvernable [ɛ̃guvɛʀnabl] *agg.* ingovernabile.

ingrat [ɛ̃gʀa] *agg.* **1** ingrato, irriconoscente **2** sgradevole: *un visage ingrat*, un viso sgradevole ♦ *n.m.* ingrato.

ingratitude [ɛ̃gʀatityd] *n.f.* ingratitudine.
● ***payer d'ingratitude***, ripagare con l'ingratitudine.

ingrédient [ɛ̃gʀedjɑ̃] *n.m.* ingrediente.

inguérissable [ɛ̃geʀisabl] *agg.* inguaribile, insanabile.

inguinal [ɛ̃gɥinal] *agg.* [pl. *-aux*] (*anat.*) inguinale.

ingurgitation [ɛ̃gyʀʒitasjɔ̃] *n.f.* l'ingurgitare.

ingurgiter [ɛ̃gyʀʒite] *v.tr.* ingurgitare.

inhabile [inabil] *agg.* inabile, incapace.

inhabileté [inabilte] *n.f.* mancanza di abilità; incapacità.

inhabilité [inabilite] *n.f.* (*dir.*) incapacità.

inhabitable [inabitabl] *agg.* inabitabile; inagibile.

inhabité [inabite] *agg.* disabitato.

inhabituel [inabitɥɛl] *agg.* [f. *-elle*] insolito, non abituale.

inhalateur [inalatœʀ] *n.m.* inalatore.

inhalation [inalasjɔ̃] *n.f.* inalazione.

inhaler [inale] *v.tr.* inalare, inspirare.

inhérent [ineʀɑ̃] *agg.* inerente; intrinseco; connesso (**con**).

inhiber [inibe] *v.tr.* inibire; ostacolare.

inhibiteur [inibitœʀ] *agg.* [f. *-trice*] (*scient.*) inibitore, inibitorio.
inhibition [inibisjɔ̃] *n.f.* inibizione.
inhospitalier [inɔspitalje] *agg.* [f. *-ère*] inospitale.
inhumain [inymɛ̃] *agg.* inumano, disumano.
inhumainement [inymɛnmɑ̃] *avv.* in modo disumano.
inhumanité [inymanite] *n.f.* inumanità; crudeltà.
inhumation [inymasjɔ̃] *n.f.* inumazione.
inhumer [inyme] *v.tr.* inumare.
inimaginable [inimaʒinabl] *agg.* inimmaginabile.
inimitable [inimitabl] *agg.* inimitabile.
inimitié [inimitje] *n.f.* inimicizia.
ininflammable [inɛ̃flamabl] *agg.* non infiammabile.
inintelligence [inɛ̃teliʒɑ̃s] *n.f.* mancanza di intelligenza, ottusità.
inintelligent [inɛ̃teliʒɑ̃] *agg.* ottuso.
inintelligible [inɛ̃teliʒibl] *agg.* inintelligibile, incomprensibile.
inintéressant [inɛ̃teʀesɑ̃] *agg.* privo di interesse.
ininterrompu [inɛ̃teʀɔ̃py] *agg.* ininterrotto.
inique [inik] *agg.* iniquo.
iniquement [inikmɑ̃] *avv.* iniquamente.
iniquité [inikite] *n.f.* iniquità; ingiustizia.
initial [inisjal] *agg.* [pl. *-aux*] iniziale.
initiale [inisjal] *n.f.* (lettera) iniziale; (*di nome e cognome*) iniziali (*pl.*).

NOTA Quando un personaggio pubblico viene chiamato dalla stampa o dal pubblico con le iniziali del proprio nome e cognome, può essere certo di avere raggiunto la massima popolarità. Tra le sigle più famose si ricordano: *B.B.*, l'attrice Brigitte Bardot; *B.H.L.*, il filosofo Bernard-Henry Lévy; *V.G.E.*, il presidente Valéry Giscard d'Estaing; *Y.S.L.*, lo stilista Yves Saint -Laurent.

initialement [inisjalmɑ̃] *avv.* inizialmente.
initiateur [inisjatœʀ] *agg.* e *n.m.* [f. *-trice*] iniziatore.
initiation [inisjasjɔ̃] *n.f.* iniziazione.
initiatique [inisjatik] *agg.* iniziatico.
initiative [inisjativ] *n.f.* iniziativa.
● ***initiative privée, publique***, iniziativa privata, pubblica | ***à, sur l'initiative de***, per, su iniziativa di | ***faire preuve d'initiative***, dimostrare spirito d'iniziativa | ***syndicat d'initiative***, azienda autonoma di soggiorno, pro loco.
initié [inisje] *agg.* e *n.m.* iniziato.
initier [inisje] *v.tr.* iniziare ♦ **s'initier** *v.pron.intr.* avviarsi, accostarsi: *s'initier à une profession*, apprendere i primi rudimenti di un mestiere.
injectable [ɛ̃ʒɛktabl] *agg.* iniettabile.
injecté [ɛ̃ʒɛkte] *agg.* iniettato (di sangue); arrossato, congestionato.
injecter [ɛ̃ʒɛkte] *v.tr.* **1** iniettare **2** (*fin.*) apportare capitali.
injecteur [ɛ̃ʒɛktœʀ] *agg.* e *n.m.* [f. *-trice*] (*tecn.*) iniettore.
injection [ɛ̃ʒɛksjɔ̃] *n.f.* **1** iniezione **2** (*fin., econ.*) immissione.
● (*fin.*) ***injection de capital***, immissione di capitale.
injoignable [ɛ̃ʒwaɲabl] *agg.* irraggiungibile, introvabile: *il est toujours injoignable au téléphone*, non si fa mai trovare al telefono.
injonction [ɛ̃ʒɔ̃ksjɔ̃] *n.f.* ingiunzione.
● ***injonction de payer***, ingiunzione di pagamento.
injouable [ɛ̃ʒwabl] *agg.* **1** (*di gioco, partita ecc.*) che non si può giocare **2** (*teatr.*) non rappresentabile **3** (*mus.*) ineseguibile.
injure [ɛ̃ʒyʀ] *n.f.* ingiuria.
● ***en venir aux injures***, prendersi a male parole | ***faire injure à qnn***, offendere qlcu | ***une injure personnelle***, un affronto personale.
■ SIN. affront.
injurier [ɛ̃ʒyʀje] *v.tr.* ingiuriare ♦ **s'injurier** *v.pron.rec.* ingiuriarsi, insultarsi.
■ *V.TR.* SIN. insulter.
injurieusement [ɛ̃ʒyʀjøzmɑ̃] *avv.* ingiuriosamente.
injurieux [ɛ̃ʒyʀjø] *agg.* [f. *-euse*] ingiurioso, oltraggioso.
injuste [ɛ̃ʒyst] *agg.* ingiusto (**con**).
■ SIN. inique.
injustement [ɛ̃ʒystəmɑ̃] *avv.* ingiustamente.
injustice [ɛ̃ʒystis] *n.f.* ingiustizia.
injustifiable [ɛ̃ʒystifjabl] *agg.* ingiustificabile.
injustifié [ɛ̃ʒystifje] *agg.* ingiustificato.
inlassable [ɛ̃lɑsabl] *agg.* instancabile, infaticabile.
inlassablement [ɛ̃lɑsabləmɑ̃] *avv.* instancabilmente.
inlay [inle] *n.m.* (*med.*) otturazione (*f.*) dentale (in oro o altro metallo).
inné [inne] *agg.* innato.
innervation [innɛʀvasjɔ̃] *n.f.* (*anat.*) innervazione.
innerver [innɛʀve] *v.tr.* (*anat.*) innervare.
innocemment [inɔsamɑ̃] *avv.* innocentemente.
innocence [inɔsɑ̃s] *n.f.* innocenza.
● ***en toute innocence***, in perfetta buona fede.
■ SIN. pureté CONTR. culpabilité.
innocent [inɔsɑ̃] *agg.* e *n.m.* **1** innocente **2** ingenuo.
● ***faire l'innocent***, fare il finto tonto.
innocenter [inɔsɑ̃te] *v.tr.* **1** scagionare; (*dir.*) dichiarare innocente **2** (*fig.*) giustificare.
innocuité [inɔkɥite] *n.f.* innocuità.
innombrable [innɔ̃bʀabl] *agg.* innumerevole.
innommable [innɔmabl] *agg.* innominabile.
innovateur [inɔvatœʀ] *agg.* e *n.m.* [f. *-trice*] innovatore.
innovation [inɔvasjɔ̃] *n.f.* innovazione.
innover [inɔve] *v.tr.* e *intr.* (r)innovare.
inobservance [inɔpsɛʀvɑ̃s] *n.f.* inosservanza.
inobservation [inɔpsɛʀvasjɔ̃] *n.f.* (*dir.*) inosservanza.
inoccupé [inɔkype] *agg.* **1** inoperoso; non occupato **2** libero, vacante.
in-octavo [inɔktavo] *agg.* e *n.m.invar.* (*tip.*) in ottavo.
inoculation [inɔkylasjɔ̃] *n.f.* (*med.*) inoculazione.
inoculer [inɔkyle] *v.tr.* inoculare (*anche fig.*).
inodore [inɔdɔʀ] *agg.* inodore.
inoffensif [inɔfɑ̃sif] *agg.* [f. *-ive*] inoffensivo, innocuo.
■ CONTR. dangereux.
inondation [inɔ̃dasjɔ̃] *n.f.* **1** inondazione **2** allagamento (*m.*) **3** (*fig.*) invasione.
inonder [inɔ̃de] *v.tr.* inondare (*anche fig.*); invadere.
inopérable [inɔpeʀabl] *agg.* (*med.*) inoperabile.
inopérant [inɔpeʀɑ̃] *agg.* inoperante, inefficace.
inopinément [inɔpinemɑ̃] *avv.* inopinatamente.
inopportun [inɔpɔʀtœ̃] *agg.* inopportuno.
inopportunément [inɔpɔʀtynemɑ̃] *avv.* (*letter.*) inopportunamente.

inopportunité [inɔpɔʀtynite] *n.f.* (*letter.*) inopportunità.

inorganique [inɔʀganik] *agg.* (*chim.*) inorganico.

inorganisation [inɔʀganizasjɔ̃] *n.f.* disorganizzazione, mancanza di organizzazione.

inorganisé [inɔʀganize] *agg.* 1 non organizzato, disorganizzato 2 (*pol.*) non iscritto (a sindacato o a partito).

inoubliable [inublijabl] *agg.* indimenticabile.

inouï [inwi] *agg.* 1 inaudito 2 straordinario, incredibile.
■ SIN. 2 incroyable.

inox [inɔks] *agg.* e *n.m.invar.* abbr. di **inoxydable**.

inoxydable [inɔksidabl] *agg.* inossidabile ♦ *n.m.* acciaio inossidabile.

in petto [inpeto] *avv.* (*letter.*) dentro di sé, interiormente.

inqualifiable [ɛ̃kalifjabl] *agg.* inqualificabile.

in-quarto [inkwaʀto] *agg.* e *n.m.invar.* (*tip.*) in quarto.

inquiet [ɛ̃kjɛ] *agg.* [f. *-ète*] inquieto; preoccupato: *je suis inquiet à son sujet*, sono preoccupato per lui.

inquiétant [ɛ̃kjetɑ̃] *agg.* inquietante; allarmante, preoccupante.

inquiéter [ɛ̃kjete] *v.tr.* [coniug. come *céder*] 1 inquietare; allarmare, preoccupare 2 dar noia (a), infastidire: *la police ne l'a plus inquiété*, la polizia l'ha lasciato in pace ♦ **s'inquiéter** *v.pron.intr.* preoccuparsi.
● ***ne t'inquiète pas!***, non ti preoccupare! | ***t'inquiète pas!***, (*fam.*) non te la prendere!

inquiétude [ɛ̃kjetyd] *n.f.* inquietudine; apprensione; preoccupazione: *cela me donne de l'inquiétude*, sono in pensiero per questo; *j'ai des inquiétudes*, ho delle preoccupazioni.

inquisiteur [ɛ̃kizitœʀ] *agg.* [f. *-trice*] inquisitore ♦ *n.m.* (*st.*) inquisitore.

inquisition [ɛ̃kizisjɔ̃] *n.f.* inquisizione.
● (*st.*) ***l'Inquisition***, l'Inquisizione.

inquisitoire [ɛ̃kizitwaʀ] *agg.* (*dir.*) inquisitorio.

inracontable [ɛ̃ʀakɔ̃table] *agg.* irraccontabile, irripetibile.

inratable [ɛ̃ʀatabl] *agg.* (*fam.*) infallibile, che non si può sbagliare: *une recette inratable*, una ricetta facilissima, semplicissima.

insaisissable [ɛ̃sezisabl] *agg.* 1 inafferrabile, imprendibile 2 (*fig.*) impercettibile 3 (*dir.*) insequestrabile; impignorabile.

insalubre [ɛ̃salybʀ] *agg.* insalubre.

insalubrité [ɛ̃salybʀite] *n.f.* insalubrità.

insanité [ɛ̃sanite] *n.f.* sciocchezza, assurdità.

insatiabilité [ɛ̃sasjabilite] *n.f.* insaziabilità.

insatiable [ɛ̃sasjabl] *agg.* insaziabile.

insatisfaction [ɛ̃satisfaksjɔ̃] *n.f.* insoddisfazione.

insatisfaisant [ɛ̃satisfəzɑ̃] *agg.* insoddisfacente.

insatisfait [ɛ̃satisfɛ] *agg.* insoddisfatto.

inscription [ɛ̃skʀipsjɔ̃] *n.f.* 1 iscrizione; registrazione 2 iscrizione, scritta.
● (*fin.*) ***inscription au budget***, iscrizione, stanziamento in bilancio | (*comm.*) ***inscription comptable***, registrazione contabile | (*dir.*) ***inscription en faux***, impugnazione di falso | ***inscription publicitaire***, scritta pubblicitaria | ***droit d'inscription***, tassa d'iscrizione | (*dir.*) ***propriété libre de toute inscription***, proprietà non gravata da ipoteche.

inscrire [ɛ̃skʀiʀ] *v.tr.* [coniug. come *écrire*] 1 iscrivere; annotare 2 iscrivere, incidere: *inscrire un nom sur un monument*, incidere un nome su un monumento 3 (*mat.*) inscrivere ♦ **s'inscrire** *v.pron.* e *pron.intr.* 1 iscriversi 2 (*fig.*) inscriversi, collocarsi: *cela s'inscrit dans un projet plus général*, ciò si inserisce, si colloca in un progetto più ampio 3 (*mat.*) inscriversi.
● (*econ.*) ***inscrire à la cote officielle***, quotare in Borsa | (*comm.*) ***inscrire au budget***, inserire a bilancio | (*dir.*) ***s'inscrire en faux contre qqch***, impugnare di falso qlco.

inscrit [ɛ̃skʀi] *agg.* e *n.m.* iscritto.
● (*Svizzera*) ***colis inscrit***, pacco raccomandato.

insecte [ɛ̃sɛkt] *n.m.* insetto.

insecticide [ɛ̃sɛktisid] *agg.* e *n.m.* insetticida.

insectivore [ɛ̃sɛktivɔʀ] *agg.* e *n.m.* (*zool.*) insettivoro.

insécuritaire [ɛ̃sekyʀitɛʀ] *agg.* insicuro; incerto: *une société insécuritaire*, una società che non dà sicurezze; *un climat insécuritaire*, (*fig.*) un clima incerto, di incertezza.

insécurité [ɛ̃sekyʀite] *n.f.* insicurezza.

in-seize [insɛz] *agg.* e *n.m.invar.* (*tip.*) in sedicesimo.

insémination [ɛ̃seminasjɔ̃] *n.f.* (*biol.*) inseminazione.
● ***insémination artificielle***, inseminazione artificiale.

inséminer [ɛ̃semine] *v.tr.* (*biol.*) inseminare.

insensé [ɛ̃sɑ̃se] *agg.* insensato, assurdo.

insensibilisation [ɛ̃sɑ̃sibilizasjɔ̃] *n.f.* (*med.*) desensibilizzazione.

insensibiliser [ɛ̃sɑ̃sibilize] *v.tr.* desensibilizzare.

insensibilité [ɛ̃sɑ̃sibilite] *n.f.* insensibilità.

insensible [ɛ̃sɑ̃sibl] *agg.* 1 insensibile 2 impercettibile.

insensiblement [ɛ̃sɑ̃sibləmɑ̃] *avv.* insensibilmente; impercettibilmente.

inséparable [ɛ̃sepaʀabl] *agg.* e *n.m.* e *f.* inseparabile.

inséparablement [ɛ̃sepaʀabləmɑ̃] *avv.* inseparabilmente.

insérer [ɛ̃seʀe] *v.tr.* [coniug. come *céder*] inserire ♦ **s'insérer** *v.pron.intr.* inserirsi, integrarsi.

insertion [ɛ̃sɛʀsjɔ̃] *n.f.* 1 inserzione, inserimento (*m.*) 2 inserimento (*m.*), reinserimento (*m.*) (sociale).
● ***entreprise d'insertion***, impresa che si occupa del reinserimento sociale.

insidieusement [ɛ̃sidjøzmɑ̃] *avv.* insidiosamente.

insidieux [ɛ̃sidjø] *agg.* [f. *-euse*] insidioso.

insigne[1] [ɛ̃siɲ] *agg.* notevole, insigne.

insigne[2] *n.m.* 1 insegna (*f.*) 2 distintivo.

insignifiance [ɛ̃siɲifjɑ̃s] *n.f.* insignificanza; futilità.

insignifiant [ɛ̃siɲifjɑ̃] *agg.* insignificante, irrilevante.

insinuant [ɛ̃sinɥɑ̃] *agg.* insinuante.

insinuation [ɛ̃sinɥasjɔ̃] *n.f.* insinuazione.

insinuer [ɛ̃sinɥe] *v.tr.* insinuare, fare insinuazioni ♦ **s'insinuer** *v.pron.intr.* insinuarsi; introdursi, infiltrarsi.

insipide [ɛ̃sipid] *agg.* insipido, scipito.
■ SIN. fade.

insipidité [ɛ̃sipidite] *n.f.* insipidezza, scipitezza.

insistance [ɛ̃sistɑ̃s] *n.f.* insistenza.

insistant [ɛ̃sistɑ̃] *agg.* insistente.

insister [ɛ̃siste] *v.intr.* insistere.

insolation [ɛ̃sɔlasjɔ̃] *n.f.* 1 (*med.*) insolazione 2 (*fot.*) esposizione (alla luce).

I

insolemment [ɛ̃sɔlamɑ̃] *avv.* con insolenza, insolentemente.

insolence [ɛ̃sɔlɑ̃s] *n.f.* insolenza.

insolent [ɛ̃sɔlɑ̃] *agg.* e *n.m.* insolente; arrogante.
● ***une chance insolente***, una fortuna sfacciata.
■ SIN. impertinent, arrogant CONTR. respectueux.

insolite [ɛ̃sɔlit] *agg.* insolito, inconsueto ♦ *n.m.* ciò che è insolito.

insoluble [ɛ̃sɔlybl] *agg.* insolubile.

insolvabilité [ɛ̃sɔlvabilite] *n.f.* (*dir., comm.*) insolvenza.

insolvable [ɛ̃sɔlvabl] *agg.* (*dir.*) insolvente.

insomniaque [ɛ̃sɔmnjak] *agg.* e *n.m.* e *f.* insonne; che, chi soffre d'insonnia.

insomnie [ɛ̃sɔmni] *n.f.* insonnia.
● ***avoir des insomnies***, soffrire d'insonnia | ***nuit d'insomnie***, notte insonne.

insondable [ɛ̃sɔ̃dabl] *agg.* insondabile | *un désespoir insondable*, un'immensa disperazione.

insonore [ɛ̃sɔnɔʀ] *agg.* **1** insonoro; fonoassorbente **2** silenzioso.

insonorisation [ɛ̃sɔnɔʀizasjɔ̃] *n.f.* insonorizzazione; isolamento (*m.*) acustico.

insonoriser [ɛ̃sɔnɔʀize] *v.tr.* insonorizzare, isolare acusticamente.

insouciance [ɛ̃susjɑ̃s] *n.f.* spensieratezza; noncuranza: *l'insouciance du danger*, l'incuranza, lo sprezzo del pericolo.

insouciant [ɛ̃susjɑ̃] *agg.* spensierato; noncurante: *il est insouciant du lendemain*, vive alla giornata.

insoumis [ɛ̃sumi] *agg.* non sottomesso, ribelle.
● (*mil.*) (***soldat***) ***insoumis***, (soldato) renitente.

insoumission [ɛ̃sumisjɔ̃] *n.f.* **1** mancanza di sottomissione, insubordinazione **2** (*mil.*) renitenza.

insoupçonnable [ɛ̃supsɔnabl] *agg.* insospettabile.

insoupçonné [ɛ̃supsɔne] *agg.* insospettato.

insoutenable [ɛ̃sutnabl] *agg.* **1** insostenibile **2** insopportabile.

inspecter [ɛ̃spɛkte] *v.tr.* ispezionare; scrutare.

inspecteur [ɛ̃spɛktœʀ] *n.m.* [f. *-trice*] ispettore.
● ***inspecteur de l'enseignement***, ispettore scolastico | ***inspecteur de police***, ispettore di polizia | ***inspecteur des impôts***, ispettore fiscale | ***inspecteur du travail***, ispettore del lavoro.

inspection [ɛ̃spɛksjɔ̃] *n.f.* **1** ispezione: *une tournée d'inspection*, un giro di ispezione **2** ispettorato (*m.*).

inspirateur [ɛ̃spiʀatœʀ] *agg.* e *n.m.* [f. *-trice*] **1** ispiratore **2** (*anat.*) inspiratore.

inspiration [ɛ̃spiʀasjɔ̃] *n.f.* **1** ispirazione **2** (*di aria*) inspirazione.
● ***agir sous l'inspiration de la colère***, agire sotto l'impulso della collera | ***avoir l'heureuse inspiration de***, avere la felice idea di.

inspiré [ɛ̃spiʀe] *agg.* ispirato (**a**).

inspirer [ɛ̃spiʀe] *v.tr.* **1** ispirare **2** (*aria*) inspirare ♦ **s'inspirer** *v.pron.intr.* ispirarsi (**a**).
● ***inspirer la crainte***, incutere paura | ***être bien, mal inspiré*** (***de***), (*fam.*) avere la buona, cattiva idea (di).

insse [ɛ̃s] *n.m.* (*verlan di* sein) seno.

instabilité [ɛ̃stabilite] *n.f.* instabilità: *instabilité d'une situation*, precarietà di una situazione.

instable [ɛ̃stabl] *agg.* instabile: *paix instable*, pace precaria; *personne instable*, persona incostante, volubile.
● ***population instable***, popolazione nomade.

installateur [ɛ̃stalatœʀ] *n.m.* [f. *-trice*] installatore.

installation [ɛ̃stalasjɔ̃] *n.f.* **1** (*tecn.*) impianto; installazione **2** (*in una funzione*) insediamento (*m.*) **3** sistemazione: *c'est une installation de fortune*, è una sistemazione di fortuna **4** (*arte contemporanea*) installazione.
● ***installation chimique***, impianto chimico | ***installation électrique, hydraulique***, impianto elettrico, idraulico | ***installations portuaires***, installazioni portuali.

installé [ɛ̃stale] *agg.* sistemato: *une maison mal installée*, una casa priva di comodità | *elle est bien installée*, ha una bella casa.

installer [ɛ̃stale] *v.tr.* **1** installare, impiantare **2** (*in una funzione*) insediare **3** sistemare: *il a installé sa famille chez ses parents*, ha sistemato la famiglia dai genitori ♦ **s'installer** *v.pron.intr.* **1** installarsi, sistemarsi | *installez-vous dans ce fauteuil*, si accomodi su questa poltrona **2** (*fig.*) convivere.

instamment [ɛ̃stamɑ̃] *avv.* insistentemente; con insistenza: *je vous prie instamment de me répondre*, mi permetto di sollecitare una risposta.

instance [ɛ̃stɑ̃s] *n.f.* **1** (*spec.pl.*) istanza **2** (*dir.*) istanza **3** (*pl.*) organismi (*m.*), organizzazioni (*m.*).
● (*dir.*) ***affaire en instance***, giudizio, causa in corso | ***courrier en instance***, posta in giacenza | (*dir.*) ***en instance de divorce***, in attesa di divorzio | ***en première, dernière instance***, in prima, ultima istanza | ***les instances internationales***, gli organismi internazionali | (*dir.*) ***introduire une instance***, proporre ricorso | ***sur les instances de***, su istanza di | (*dir.*) ***tribunal de première instance***, tribunale di prima istanza.

instant[1] [ɛ̃stɑ̃] *n.m.* istante, attimo, momento.
● ***à l'instant***, immediatamente: *je lui téléphone à l'instant*, gli telefono immediatamente; *j'arrive à l'instant*, sono arrivato in questo momento | ***à l'instant*** (***même***) ***où***, nel momento preciso in cui | ***à cet instant***, in quel momento | ***à chaque instant***, di continuo | ***c'est l'affaire d'un instant***, è questione di un momento | ***dans un instant***, tra un attimo | ***dès l'instant que***, dal momento che, dato che | ***de tous les instants***, continuo: *un souci de tous les instants*, una preoccupazione continua | ***par instants***, a momenti, a tratti | ***pour l'instant***, per il momento | ***un instant!***, un attimo!
■ SIN. moment.

instant[2] *agg.* (*letter.*) pressante.

instantané [ɛ̃stɑ̃tane] *agg.* istantaneo ♦ *n.m.* (*fot.*) istantanea (*f.*).

instantanément [ɛ̃stɑ̃tanemɑ̃] *avv.* istantaneamente.

instar de, à l' [alɛ̃staʀdə] *prep.* (*letter.*) seguendo l'esempio di; come.

instauration [ɛ̃stɔʀasjɔ̃] *n.f.* (*letter.*) instaurazione.

instaurer [ɛ̃stɔʀe] *v.tr.* instaurare.

instigateur [ɛ̃stigatœʀ] *n.m.* [f. *-trice*] istigatore.

instigation [ɛ̃stigasjɔ̃] *n.f.* istigazione.
● ***à, sous l'instigation de***, su istigazione di, sotto la spinta di.

instillation [ɛ̃stilasjɔ̃] *n.f.* (*med.*) instillazione.

instiller [ɛ̃stile] *v.tr.* **1** (*med.*) instillare **2** (*fig.*) infondere.

instinct [ɛ̃stɛ̃] *n.m.* istinto.
● ***instinct de conservation***, istinto di conservazione | ***d'instinct***, ***par instinct***, d'istinto, per istinto.

instinctif [ɛ̃stɛ̃ktif] *agg.* e *n.m.* [f. *-ive*] istintivo.

instinctivement [ɛ̃stɛ̃ktivmɑ̃] *avv.* istintivamente, per istinto.

instit [ɛ̃stit] *n.m.* e *f.* (*fam.*) abbr. di **instituteur**.

instituer [ɛ̃stitɥe] *v.tr.* istituire.
institut [ɛ̃stity] *n.m.* istituto.
● ***institut bancaire, de crédit***, istituto bancario, di credito | ***institut de beauté***, istituto di bellezza.

NOTA L'***Institut*** (***de France***) comprende cinque Accademie: *l'Académie Française, l'Académie des Inscriptions et Belles-Lettres, l'Académie des Sciences, l'Académie des beaux-arts* e *l'Académie des sciences morales et politiques*. Ha sede, fin dal 1805, nel *palais de l'Institut* eretto (1667-85) sotto la direzione dell'architetto francese L. Le Vau, di fronte al Louvre.

instituteur [ɛ̃stitytœʀ] *n.m.* [f. *-trice*] maestro, insegnante delle scuole elementari.
institution [ɛ̃stitysjɔ̃] *n.f.* **1** istituzione: *l'institution de la famille*, l'istituto, l'istituzione della famiglia; *l'institution du mariage*, l'istituzione matrimoniale **2** (*pl.*) (*pol.*) istituzioni **3** istituto (*m.*), pensionato (*m.*).
● (*dir.*) ***institution d'héritier***, istituzione di erede.
institutionnaliser [ɛ̃stitysjɔnalize] *v.tr.* istituzionalizzare.
institutionnel [ɛ̃stitysjɔnɛl] *agg.* [f. *-elle*] istituzionale.
instructeur [ɛ̃stʀyktœʀ] *agg.* e *n.m.* istruttore.
● (*dir.*) ***instructeur de dossier***, giudice che istruisce la pratica.
instructif [ɛ̃stʀyktif] *agg.* [f. *-ive*] istruttivo.
■ SIN. éducatif.
instruction [ɛ̃stʀyksjɔ̃] *n.f.* **1** istruzione; insegnamento (*m.*) **2** istruzione, cultura: *un homme sans instruction*, un uomo privo di istruzione; *un homme qui a de l'instruction*, (*fam.*) una persona che ha studiato **3** (*pl.*) istruzioni; direttive: *se conformer aux instructions*, attenersi alle direttive **4** (*dir.*) istruttoria.
● ***instruction primaire***, istruzione elementare | ***instruction publique***, istruzione pubblica | ***instructions de montage***, istruzioni per il montaggio | ***avoir peu d'instruction***, essere poco istruito | (*dir.*) ***juge d'instruction***, giudice delle indagini preliminari, GIP.
instruire [ɛ̃stʀɥiʀ] *v.tr.* [coniug. come *conduire*] **1** istruire; addestrare: *instruire des recrues*, addestrare le reclute **2** informare **3** (*dir.*) istruire ♦ **s'instruire** *v.pron.* **1** istruirsi, imparare: *on peut s'instruire à tout âge*, non è mai tardi per imparare **2** informarsi.
● ***instruire par l'exemple***, insegnare con l'esempio.
■ *V.TR.* SIN. **1** éduquer ♦ *V.PRON.* SIN. **1** se former.
instruit [ɛ̃stʀɥi] *agg.* istruito.
instrument [ɛ̃stʀymɑ̃] *n.m.* strumento.
● (*mus.*): ***instruments à cordes, à percussion, à vent***, strumenti a corda, a percussione, a fiato; ***instruments*** (***de musique***), strumenti musicali: *jouer d'un instrument*, suonare uno strumento.
instrumental [ɛ̃stʀymɑ̃tal] *agg.* [pl. *-aux*] strumentale.
instrumentation [ɛ̃stʀymɑ̃tasjɔ̃] *n.f.* **1** (*mus.*) strumentazione, orchestrazione **2** (*tecn.*) strumentazione.
instrumenter [ɛ̃stʀymɑ̃te] *v.intr.* (*dir.*) rogare, stipulare (un atto) ♦ *v.tr.* (*mus.*) strumentare.
instrumentiste [ɛ̃stʀymɑ̃tist] *n.m.* e *f.* (*mus.*) strumentista.
insu [ɛ̃sy] *n.m.*
● ***à l'insu de***, all'insaputa di | ***à mon, à son insu***, a mia, a sua insaputa.
insubmersible [ɛ̃sybmɛʀsibl] *agg.* inaffondabile.
insubordination [ɛ̃sybɔʀdinasjɔ̃] *n.f.* insubordinazione.
insubordonné [ɛ̃sybɔʀdɔne] *agg.* insubordinato.
insuccès [ɛ̃syksɛ] *n.m.* insuccesso, fallimento.
insuffisamment [ɛ̃syfizamɑ̃] *avv.* insufficientemente.
insuffisance [ɛ̃syfizɑ̃s] *n.f.* **1** insufficienza, scarsità **2** (*pl.*) lacune **3** (*med.*) insufficienza.
● (*med.*) ***insuffisance cardiaque***, insufficienza cardiaca | (*dir.*) ***insuffisance de preuves***, insufficienza di prove.
insuffisant [ɛ̃syfizɑ̃] *agg.* insufficiente, scarso.
● ***être insuffisant pour***, non bastare per.
insuffler [ɛ̃syfle] *v.tr.* **1** (*med.*) insufflare **2** (*fig.*) infondere; ispirare.
insulaire [ɛ̃sylɛʀ] *agg.* insulare ♦ *n.m.* e *f.* isolano/a.
insularité [ɛ̃sylaʀite] *n.f.* insularità.
insuline [ɛ̃sylin] *n.f.* (*biochim.*) insulina.
insultant [ɛ̃syltɑ̃] *agg.* insultante, ingiurioso.
● ***une chance insultante***, (*fig.*) una fortuna sfacciata.
insulte [ɛ̃sylt] *n.f.* insulto (*m.*), affronto (*m.*).
insulté [ɛ̃sylte] *agg.* e *n.m.* insultato, oltraggiato.
insulter [ɛ̃sylte] *v.tr.* insultare ♦ *v.intr.* essere un insulto (a) ♦ **s'insulter** *v.pron.rec.* insultarsi.
insupportable [ɛ̃sypɔʀtabl] *agg.* insopportabile; intollerabile.
■ SIN. intolérable.
insupporter [ɛ̃sypɔʀte] *v.tr.* (*fam.*) essere insopportabile (a): *tu m'insupportes*, non ti reggo.
■ SIN. irriter.
insurgé [ɛ̃syʀʒe] *agg.* e *n.m.* insorto.
insurger, s' [sɛ̃syʀʒe] *v.pron.* [coniug. come *manger*] insorgere: *ils se sont insurgés*, sono insorti.
insurmontable [ɛ̃syʀmɔ̃tabl] *agg.* insormontabile; insuperabile.
insurrection [ɛ̃syʀɛksjɔ̃] *n.f.* insurrezione.
insurrectionnel [ɛ̃syʀɛksjɔnɛl] *agg.* [f. *-elle*] insurrezionale.
intact [ɛ̃takt] *agg.* intatto.
intangibilité [ɛ̃tɑ̃ʒibilite] *n.f.* intangibilità.
intangible [ɛ̃tɑ̃ʒibl] *agg.* intangibile.
intarissable [ɛ̃taʀisabl] *agg.* inesauribile.
intarissablement [ɛ̃taʀisabləmɑ̃] *avv.* inesauribilmente.
intégral [ɛ̃tegʀal] *agg.* [pl. *-aux*] integrale.
● (*mat.*) ***calcul intégral***, calcolo integrale.
intégrale [ɛ̃tegʀal] *n.f.* **1** (*mat.*) integrale (*m.*) **2** opera completa (di uno scrittore, un artista).
intégralement [ɛ̃tegʀalmɑ̃] *avv.* integralmente.
intégralité [ɛ̃tegʀalite] *n.f.* interezza, totalità.
intégrant [ɛ̃tegʀɑ̃] *agg.* integrante.
intégratif [ɛ̃tegʀatif] *agg.* [f. *-ive*] integrativo.
intégration [ɛ̃tegʀasjɔ̃] *n.f.* **1** integrazione (*anche scient.*) **2** (*astr.*) assemblaggio (*m.*) (di componenti).
● ***intégration sociale***, integrazione sociale.
intègre [ɛ̃tɛgʀ] *agg.* onesto, retto.
intégré [ɛ̃tegʀe] *agg.* e *n.m.* integrato.
intégrer [ɛ̃tegʀe] *v.tr.* [coniug. come *céder*] inserire, incorporare, integrare: *il a été intégré à l'École Normale Supérieure*, (*fam.*) ha vinto il concorso per entrare all'École Normale Supérieure ♦ **s'intégrer** *v.pron.intr.* inserirsi.
intégrisme [ɛ̃tegʀism] *n.m.* integralismo.
intégriste [ɛ̃tegʀist] *agg.* e *n.m.* e *f.* integralista.
intégrité [ɛ̃tegʀite] *n.f.* **1** integrità **2** onestà.
intellect [ɛ̃telɛkt] *n.m.* intelletto.

I

intellectualiser [ɛ̃telɛktɥalize] ***v.tr.*** intellettualizzare.
intellectualisme [ɛ̃telɛktɥalism] ***n.m.*** intellettualismo.
intellectualiste [ɛ̃telɛktɥalist] ***agg.*** intellettualistico.
intellectualité [ɛ̃telɛktɥalite] ***n.f.*** intellettualità.
intellectuel [ɛ̃telɛktɥɛl] ***agg.*** e ***n.m.*** [f. *-elle*] intellettuale.
intellectuellement [ɛ̃telɛktɥɛlmɑ̃] ***avv.*** intellettualmente.
intelligemment [ɛ̃teliʒamɑ̃] ***avv.*** intelligentemente.
intelligence [ɛ̃teliʒɑ̃s] ***n.f.*** **1** intelligenza: *avoir beaucoup d'intelligence dans les affaires*, essere molto abile negli affari **2** comprensione; senso (*m.*): *pour l'intelligence de ce qui va suivre*, per capire ciò che segue; *il a l'intelligence des affaires*, ha il senso degli affari **3** intesa: *un signe d'intelligence*, un cenno d'intesa.
● ***intelligence artificielle***, intelligenza artificiale | ***avoir des intelligences avec qqn***, essere complice di qlcu | ***être d'intelligence avec qqn***, intendersela con qlcu | ***vivre en bonne, en mauvaise intelligence avec qqn***, vivere in buona armonia, in disaccordo con qlcu.
intelligent [ɛ̃teliʒɑ̃] ***agg.*** intelligente: *un homme intelligent en affaires*, un uomo abile negli affari.
intelligentsia [ɛ̃teliʒɛnsja] ***n.f.*** intellighenzia (*anche iron.*).
intelligibilité [ɛ̃teliʒibilite] ***n.f.*** intelligibilità.
intelligible [ɛ̃teliʒibl] ***agg.*** intelligibile.
intelligiblement [ɛ̃teliʒibləmɑ̃] ***avv.*** intelligibilmente.
intello [ɛ̃telo] ***n.m.*** e ***agg.*** (*fam.*) abbr. di **intellectuel**.
intempérance [ɛ̃tɑ̃peʀɑ̃s] ***n.f.*** intemperanza.
intempérant [ɛ̃tɑ̃peʀɑ̃] ***agg.*** intemperante.
intempéries [ɛ̃tɑ̃peʀi] ***n.f.pl.*** intemperie.
intempestif [ɛ̃tɑ̃pɛstif] ***agg.*** [f. *-ive*] intempestivo.
intemporel [ɛ̃tɑ̃pɔʀɛl] ***agg.*** [f. *-elle*] fuori dal tempo; eterno.
intenable [ɛ̃tnabl] ***agg.*** **1** insostenibile **2** (*fam.*) insopportabile.
intendance [ɛ̃tɑ̃dɑ̃s] ***n.f.*** **1** intendenza; economato (*m.*) **2** (*estens.*) questioni (*pl.*) economiche | *l'intendance suivra*, le questioni economiche sono subordinate alle decisioni politiche; (*fam.*) qualche santo provvederà!
intendant [ɛ̃tɑ̃dɑ̃] ***n.m.*** intendente; economo, amministratore.
intense [ɛ̃tɑ̃s] ***agg.*** intenso.
intensément [ɛ̃tɑ̃semɑ̃] ***avv.*** intensamente.
intensif [ɛ̃tɑ̃sif] ***agg.*** [f. *-ive*] intensivo.
intensification [ɛ̃tɑ̃sifikasjɔ̃] ***n.f.*** intensificazione.
intensifier [ɛ̃tɑ̃sifje] ***v.tr.*** intensificare ♦ **s'intensifier** ***v.pron.intr.*** intensificarsi.
intensité [ɛ̃tɑ̃site] ***n.f.*** intensità.
intensivement [ɛ̃tɑ̃sivmɑ̃] ***avv.*** intensivamente.
intenter [ɛ̃tɑ̃te] ***v.tr.*** (*dir.*) intentare: *intenter un procès*, intentar causa.
intention [ɛ̃tɑ̃sjɔ̃] ***n.f.*** intenzione.
● ***à l'intention de***, destinato a, per; in favore di, per: *il a dit cela à mon intention*, l'ha detto per me; *kermesse à l'intention de la Croix Rouge*, festa di beneficenza in favore della Croce Rossa | ***c'est l'intention qui compte***, è il pensiero che conta | ***dans l'intention de***, nell'intento di, con l'intenzione di | ***faire un procès d'intention***, fare un processo alle intenzioni | ***mon intention est que***, intendo che.
■ SIN. dessein.
intentionné [ɛ̃tɑ̃sjɔne] ***agg.*** intenzionato.
intentionnel [ɛ̃tɑ̃sjɔnɛl] ***agg.*** [f. *-elle*] intenzionale.
■ SIN. délibéré.
intentionnellement [ɛ̃tɑ̃sjɔnɛlmɑ̃] ***avv.*** intenzionalmente, di proposito.
inter[1] [ɛ̃tɛʀ] ***n.m.*** (*tel.*) (*antiq.*) servizio interurbano.
inter[2] ***n.m.*** (*calcio*) mediano, interno, mezzala (*f.*).
inter- ***pref.*** inter-.
interactif [ɛ̃tɛʀaktif] ***agg.*** [f. *-ive*] interattivo.
interaction [ɛ̃tɛʀaksjɔ̃] ***n.f.*** interazione.
interactivité [ɛ̃tɛʀaktivite] ***n.f.*** interattività.
interagir [ɛ̃tɛʀaʒiʀ] ***v.intr.*** interagire.
interbancaire [ɛ̃tɛʀbɑ̃kɛʀ] ***agg.*** interbancario.
interblocage [ɛ̃tɛʀblɔkaʒ] ***n.m.*** (*inform.*) deadlock, stallo.
intercalaire [ɛ̃tɛʀkalɛʀ] ***agg.*** intercalare ♦ ***n.m.*** (*tip.*) foglio intercalato.
intercaler [ɛ̃tɛʀkale] ***v.tr.*** intercalare, inserire.
intercéder [ɛ̃tɛʀsede] ***v.intr.*** [coniug. come *céder*] intercedere.
intercepter [ɛ̃tɛʀsɛpte] ***v.tr.*** intercettare.
interception [ɛ̃tɛʀsɛpsjɔ̃] ***n.f.*** intercettazione.
● (*mil.*) ***chasseurs d'interception***, caccia intercettori.
intercesseur [ɛ̃tɛʀsesœʀ] ***n.m.*** (*letter.*) intercessore.
intercession [ɛ̃tɛʀsesjɔ̃] ***n.f.*** intercessione.
interchangeable [ɛ̃tɛʀʃɑ̃ʒabl] ***agg.*** intercambiabile.
interclasse [ɛ̃tɛʀklɑs] ***n.m.*** intervallo (fra due lezioni scolastiche).
intercommunal [ɛ̃tɛʀkɔmynal] ***agg.*** [pl. *-aux*] intercomunale.
intercommunale [ɛ̃tɛʀkɔmynal] ***n.f.*** (*Belgio*) ente (*m.*) pubblico o semipubblico intercomunale.
interconnexion [ɛ̃tɛʀkɔnɛksjɔ̃] ***n.f.*** interconnessione.
intercontinental [ɛ̃tɛʀkɔ̃tinɑ̃tal] ***agg.*** [pl. *-aux*] intercontinentale.
intercostal [ɛ̃tɛʀkɔstal] ***agg.*** [pl. *-aux*] (*anat.*) intercostale.
intercours [ɛ̃tɛʀkuʀ] ***n.m.*** intervallo (fra due lezioni).
intercurrent [ɛ̃tɛʀkyʀɑ̃] ***agg.*** (*med.*) intercorrente.
interdépendance [ɛ̃tɛʀdepɑ̃dɑ̃s] ***n.f.*** interdipendenza.
interdépendant [ɛ̃tɛʀdepɑ̃dɑ̃] ***agg.*** interdipendente.
interdiction [ɛ̃tɛʀdiksjɔ̃] ***n.f.*** **1** divieto (*m.*) **2** (*dir.*) interdizione; (*eccl.*) interdetto (*m.*).
● ***interdiction de doubler, de stationner***, divieto di sorpasso, di sosta | (*dir.*) ***interdiction de séjour***, divieto di soggiorno.
interdire [ɛ̃tɛʀdiʀ] ***v.tr.*** [coniug. come *dire*, tranne alla 2ª pers.pl. del pres.indic. e dell'imp.: *interdisez*] **1** proibire, vietare **2** (*dir.*) interdire.
● (*dir. eccl.*) ***interdire un prêtre***, colpire d'interdetto un sacerdote | ***il est interdit de fumer***, è vietato fumare.
■ SIN. **1** défendre.
interdisciplinaire [ɛ̃tɛʀdisiplinɛʀ] ***agg.*** interdisciplinare.
interdisciplinarité [ɛ̃tɛʀdisiplinaʀite] ***n.f.*** interdisciplinarità.
interdit [ɛ̃tɛʀdi] *p.p.* di **interdire** ♦ ***agg.*** **1** vietato **2** (*dir.*) interdetto **3** interdetto, sconcertato: *demeurer*

interdit, rimanere interdetto ♦ *n.m.* 1 interdetto, persona (*f.*) interdetta 2 divieto; (*estens.*) tabù: *braver les interdits sociaux*, sfidare i tabù sociali.
● ***interdit bancaire***, interdizione da ogni operazione bancaria | ***interdit de séjour***, persona colpita da divieto di soggiorno | ***jeter l'interdit sur qqn***, dare l'ostracismo a qlcu | ***passage interdit***, divieto di transito.

intéressant [ɛ̃teʀɛsɑ̃] *agg.* interessante.

intéressé [ɛ̃teʀese] *agg.* e *n.m.* interessato.

intéressement [ɛ̃teʀɛsmɑ̃] *n.m.* (*econ.*) interessenza (*f.*), cointeressenza (*f.*): *intéressement sur affaires*, interessenza sugli utili.

intéresser [ɛ̃teʀese] *v.tr.* 1 interessare: *son opinion m'intéresse beaucoup*, tengo molto alla sua opinione 2 riguardare, interessare, concernere 3 (*econ.*) interessare, cointeressare ♦ **s'intéresser** *v.pron.intr.* interessarsi.

intérêt [ɛ̃teʀɛ] *n.m.* 1 interesse; interessamento: *avoir de l'intérêt pour*, interessarsi a 2 interesse, importanza (*f.*): *il y a le plus haut intérêt à ce que ce voyage se fasse*, è d'importanza capitale che questo viaggio si faccia 3 interesse, vantaggio, convenienza (*f.*): *tu as tout intérêt à travailler plus sérieusement*, ti conviene impegnarti più seriamente; *il ne voit que son intérêt*, vede solo il proprio tornaconto; *il est de mon intérêt de le faire*, è nel mio stesso interesse farlo 4 (*econ.*) interesse: *un intérêt de 4%*, un interesse del 4%; *prêter de l'argent à 4% d'intérêt*, prestare denaro al 4% 5 (*assic.*) cosa (*f.*) assicurata.
● (*trib.*) ***intérêt de retard***, interessi di mora (sulle imposte) | ***conflit d'intérêts***, conflitto di interessi | (*econ.*): ***investissement productif d'intérêt***, investimento fruttifero; ***placer un capital à intérêt***, mettere a frutto un capitale.

interface [ɛ̃tɛʀfas] *n.f.* (*fis., inform.*) interfaccia.

interfécondité [ɛ̃tɛʀfekɔ̃dite] *n.f.* (*biol.*) interfecondità.

interférence [ɛ̃tɛʀfeʀɑ̃s] *n.f.* interferenza.

interférer [ɛ̃tɛʀfeʀe] *v.intr.* [coniug. come *céder*] interferire.

intergroupe [ɛ̃tɛʀgʀup] *n.m.* riunione (*f.*) di intergruppo parlamentare, intergruppo.

intérieur [ɛ̃teʀjœʀ] *agg.* 1 interno 2 (*fig.*) interiore; intimo ♦ *n.m.* 1 interno: *l'intérieur d'une boite*, l'interno di una scatola 2 casa (*f.*): *un intérieur confortable*, una casa comoda 3 (*calcio*) → inter² 4 interno (di un paese): *les villes de l'intérieur de la France*, le città dell'interno della Francia; *nouvelles de l'intérieur et de l'étranger*, notizie dall'interno e dall'estero.
● ***à l'intérieur (de)***, all'interno (di), dentro (a) | ***d'intérieur***, da, di casa: *femme d'intérieur*, donna di casa; *robe d'intérieur*, abito da casa; *photographies d'intérieur*, fotografie d'interni | ***(Ministère de l')Intérieur***, Ministero degli Interni | (*cine.*) ***tourner les intérieurs***, girare gli interni.
■ AGG. CONTR. 1 extérieur.

intérieurement [ɛ̃teʀjœʀmɑ̃] *avv.* interiormente (*anche fig.*).

intérim [ɛ̃teʀim] *n.m.invar.* interim.
● ***agence d'intérim***, organizzazione che si occupa del lavoro a termine | ***faire, assurer l'intérim de qqn***, fare le veci di, sostituire qlcu | ***faire de l'intérim***, fare dei lavori di breve durata (spec. in sostituzione del personale titolare) | ***par intérim***, ad interim.

intérimaire [ɛ̃teʀimɛʀ] *agg.* interinale, provvisorio, temporaneo ♦ *n.m.* e *f.* lavoratore/trice a tempo (in sostituzione del titolare).

intérioriser [ɛ̃teʀjɔʀize] *v.tr.* interiorizzare; fare proprio.

intériorité [ɛ̃teʀjɔʀite] *n.f.* interiorità.

interjection [ɛ̃tɛʀʒɛksjɔ̃] *n.f.* (*gramm.*) interiezione.
● (*dir.*) ***interjection d'appel***, ricorso in appello | (*gramm.*) ***point d'interjection***, punto esclamativo.

interjeter [ɛ̃tɛʀʒəte] *v.tr.* [coniug. come *jeter*] (*dir.*) interporre.
● (*dir.*) ***interjeter appel***, ricorrere in appello.

interlettrage [ɛ̃tɛʀlɛtʀaʒ] *n.m.* spaziatura (*f.*) tra le lettere di una parola.

interlignage [ɛ̃tɛʀliɲaʒ] *n.m.* interlineatura (*f.*).

interligne [ɛ̃tɛʀliɲ] *n.m.* interlinea (*f.*).

interligner [ɛ̃tɛʀliɲe] *v.tr.* interlineare.

interlocuteur [ɛ̃tɛʀlɔkytœʀ] *n.m.* [f. *-trice*] interlocutore.

interlocutoire [ɛ̃tɛʀlɔkytwaʀ] *agg.* e *n.m.* (*dir.*) interlocutorio.
● ***(jugement) interlocutoire***, sentenza interlocutoria.

interlope [ɛ̃tɛʀlɔp] *agg.* 1 illegale 2 (*fam.*) equivoco, losco.

interloquer [ɛ̃tɛʀlɔke] *v.tr.* (*fam.*) sconcertare, lasciare interdetto.

interlude [ɛ̃tɛʀlyd] *n.m.* interludio.

intermède [ɛ̃tɛʀmɛd] *n.m.* intermezzo.

intermédiaire [ɛ̃tɛʀmedjɛʀ] *agg.* 1 intermedio 2 intermediario ♦ *n.m.* e *f.* intermediario/a; mediatore/trice: *servir d'intermédiaire*, fare da intermediario.
● ***agent intermédiaire***, mediatore | ***par l'intermédiaire de***, per il tramite di, tramite | ***sans intermédiaire***, direttamente, senza intermediari.

interminable [ɛ̃tɛʀminabl] *agg.* interminabile.

interminablement [ɛ̃tɛʀminabləmɑ̃] *avv.* interminabilmente.

interministériel [ɛ̃tɛʀministeʀjɛl] *agg.* [f. *-elle*] interministeriale.

intermittence [ɛ̃tɛʀmitɑ̃s] *n.f.* intermittenza.
● ***par intermittence***, in modo intermittente, a intervalli.

intermittent [ɛ̃tɛʀmitɑ̃] *agg.* intermittente; discontinuo ♦ *n.m.* lavoratore temporaneo.
● ***les intermittents du spectacle***, i lavoratori dello spettacolo con contratto a termine.

intermodal [ɛ̃tɛʀmɔdal] *agg.* [pl. *-aux*] intermodale.
● ***gare intermodale***, stazione intermodale (nella quale confluiscono differenti mezzi di trasporto).

internat [ɛ̃tɛʀna] *n.m.* (*di alunni, medici*) internato: *passer l'internat*, superare il concorso di internato (per medici).
● ***internat de jeunes filles***, internato femminile, educandato | ***maître d'internat***, insegnante incaricato della sorveglianza (nelle aule di studio e nei dormitori).

international [ɛ̃tɛʀnasjɔnal] *agg.* [pl. *-aux*] internazionale ♦ *n.m.* (*sport*) nazionale (atleta che rappresenta il proprio paese in gare internazionali).

internationalement [ɛ̃tɛʀnasjɔnalmɑ̃] *avv.* internazionalmente.

internationalisation [ɛ̃tɛʀnasjɔnalizasjɔ̃] *n.f.* internazionalizzazione.

internationalisme [ɛ̃tɛʀnasjɔnalism] *n.m.* internazionalismo.

internaute [ɛ̃tɛʀnot] *n.m.* e *f.* internauta, navigatore/trice.

I

interne [ɛ̃tɛʀn] *agg.* interno ♦ *n.m.* e *f.* interno/a, convittore/trice, collegiale.
interné [ɛ̃tɛʀne] *n.m.* internato.
internement [ɛ̃tɛʀnəmɑ̃] *n.m.* internamento.
interner [ɛ̃tɛʀne] *v.tr.* internare.
Internet [ɛ̃tɛʀnɛt] *n.m.* (*inform.*) Internet.

NOTA Lo spazio virtuale ***Internet*** è considerato una superficie e non uno spazio in cui si entra, quindi è retto dalla preposizione ***sur***.
SÌ *J'ai trouvé une maison à louer* ***sur*** *Internet.*
NO *J'ai trouvé une maison à louer* ***dans*** *Internet.*
Ho trovato una casa da affittare su Internet.

interopérabilité [ɛ̃tɛʀɔpeʀabilite] *n.f.* (*inform.*) interoperabilità.
interparlementaire [ɛ̃tɛʀpaʀləmɑ̃tɛʀ] *agg.* interparlamentare.
interpellateur [ɛ̃tɛʀpelatœʀ] *n.m.* [f. *-trice*] interpellante.
interpellation [ɛ̃tɛʀpelasjɔ̃] *n.f.* interpellanza.
● (*pol.*) ***interpellation parlementaire***, interpellanza parlamentare.
interpeller [ɛ̃tɛʀpele] *v.tr.* **1** interpellare | *interpeller un suspect*, fermare un sospetto **2** (*pol.*) presentare un'interpellanza (**a**): *interpeller un ministre*, fare un'interpellanza a un ministro.
interpénétration [ɛ̃tɛʀpenetʀasjɔ̃] *n.f.* compenetrazione.
interpénétrer, s' [sɛ̃tɛʀpenetʀe] *v.pron.intr.* compenetrarsi.
interphone® [ɛ̃tɛʀfɔn] *n.m.* interfono®, citofono.
interplanétaire [ɛ̃tɛʀplanetɛʀ] *agg.* interplanetario.
interpolation [ɛ̃tɛʀpɔlasjɔ̃] *n.f.* interpolazione.
interpoler [ɛ̃tɛʀpɔle] *v.tr.* interpolare (*anche mat.*).
interposé [ɛ̃tɛʀpoze] *agg.* interposto.
● ***par personne interposée***, per interposta persona.
interposer [ɛ̃tɛʀpoze] *v.tr.* interporre, frapporre ♦ **s'interposer** *v.pron.intr.* interporsi, frapporsi; intromettersi.
interprétable [ɛ̃tɛʀpʀetabl] *agg.* interpretabile.
interprétariat [ɛ̃tɛʀpʀetaʀja] *n.m.* interpretariato.
● ***école d'interprétariat***, scuola interpreti.
interprétatif [ɛ̃tɛʀpʀetatif] *agg.* [f. *-ive*] interpretativo.
interprétation [ɛ̃tɛʀpʀetasjɔ̃] *n.f.* interpretazione.
interprète [ɛ̃tɛʀpʀɛt] *n.m.* e *f.* interprete (*anche fig.*): *soyez mon interprète auprès de lui*, fatevi mio interprete presso di lui.
● ***interprète juré***, interprete giurato.
interpréter [ɛ̃tɛʀpʀete] *v.tr.* [coniug. come *céder*] interpretare.
interprofessionnel [ɛ̃tɛʀpʀɔfesjɔnɛl] *agg.* [f. *-elle*] intercategoriale, interprofessionale.
interrégional [ɛ̃tɛʀʀeʒjɔnal] *agg.* [pl. *-aux*] interregionale.
interrègne [ɛ̃tɛʀʀɛɲ] *n.m.* interregno.
interréseau [ɛ̃tɛʀʀezo] *n.m.* (*Internet*) internetwork, interrete (*f.*).
interrogateur [ɛ̃teʀɔgatœʀ] *agg.* [f. *-trice*] interrogatorio, interrogativo ♦ *n.m.* esaminatore.
interrogatif [ɛ̃teʀɔgatif] *agg.* [f. *-ive*] interrogativo ♦ *n.m.* (*gramm.*) (pronome, avverbio) interrogativo.
interrogation [ɛ̃teʀɔgasjɔ̃] *n.f.* interrogazione.
● ***interrogation écrite, orale***, interrogazione scritta, orale | (*gramm.*): ***interrogation indirecte, directe***, interrogazione indiretta, diretta; ***point d'interrogation***, punto interrogativo, di domanda.
interrogative [ɛ̃teʀɔgativ] *n.f.* (proposizione) interrogativa.
interrogativement [ɛ̃teʀɔgativmɑ̃] *avv.* interrogativamente.
interrogatoire [ɛ̃teʀɔgatwaʀ] *n.m.* interrogatorio.
interroger [ɛ̃teʀɔʒe] *v.tr.* [coniug. come *manger*] interrogare.
■ **SIN.** questionner.
interrompre [ɛ̃teʀɔ̃pʀ] *v.tr.* [coniug. come *rompre*] interrompere ♦ **s'interrompre** *v.pron.intr.* interrompersi: *il s'interrompit de lire*, interruppe la lettura, smise di leggere.
interrupteur [ɛ̃teʀyptœʀ] *n.m.* (*elettr.*) interruttore.
● (*inform.*): ***interrupteur à positions multiples***, DIP switch; ***interrupteur à verrou de sécurité***, pulsante con dispositivo di sicurezza | (*elettr.*): ***interrupteur automatique***, interruttore automatico; ***interrupteur général***, interruttore generale.
interruption [ɛ̃teʀypsjɔ̃] *n.f.* interruzione.
● ***interruption de grossesse***, interruzione di gravidanza, aborto | ***interruption volontaire de grossesse*** (*IVG*), interruzione volontaria di gravidanza (IVG), aborto procurato.
intersaison [ɛ̃tɛʀsɛzɔ̃] *n.f.* stagione intermedia.
interscolaire [ɛ̃tɛʀskɔlɛʀ] *agg.* di, tra diverse scuole; interscolastico.
intersection [ɛ̃tɛʀsɛksjɔ̃] *n.f.* intersezione, (punto di) incrocio (*m.*).
intersidéral [ɛ̃tɛʀsideʀal] *agg.* [pl. *-aux*] intersiderale.
interstellaire [ɛ̃tɛʀstelɛʀ] *agg.* interstellare.
interstice [ɛ̃tɛʀstis] *n.m.* interstizio.
interurbain [ɛ̃tɛʀyʀbɛ̃] *agg.* interurbano ♦ *n.m.* (*tel.*) servizio interurbano.
intervalle [ɛ̃tɛʀval] *n.m.* intervallo: *à cinq mètres d'intervalle*, a distanza di cinque metri; *à trois mois d'intervalle*, a tre mesi di distanza.
● ***à intervalles rapprochés***, a intervalli ravvicinati | ***dans l'intervalle de***, nel giro di: *dans l'intervalle de trois ans*, nel giro di tre anni | ***par intervalles***, a intervalli | ***sans intervalle***, senza sosta.
intervenant [ɛ̃tɛʀvənɑ̃] *agg.* e *n.m.* **1** (*in un dibattito ecc.*) che, chi interviene, relatore, convenuto **2** (*dir.*) interveniente.
intervenir [ɛ̃tɛʀvəniʀ] *v.intr.* [coniug. come *venir*; aus. *être*] **1** intervenire **2** intromettersi, interferire **3** sopraggiungere, accadere: *un fait est intervenu qui*, è sopraggiunto un fatto che; *de nouvelles dépositions sont intervenues au cours du procès*, si sono avute nuove deposizioni nel corso del processo.
intervention [ɛ̃tɛʀvɑ̃sjɔ̃] *n.f.* intervento (*m.*): *je compte sur votre intervention*, conto sul vostro appoggio.
● (*mil.*) ***les forces d'intervention***, le forze d'intervento.
interventionnisme [ɛ̃tɛʀvɑ̃sjɔnism] *n.m.* (*pol.*) interventismo.
interventionniste [ɛ̃tɛʀvɑ̃sjɔnist] *agg.* (*pol.*) interventistico, d'intervento ♦ *n.m.* e *f.* (*pol.*) interventista.
intervenu [ɛ̃tɛʀvəny] *p.p.* di **intervenir** ♦ *agg.* (*di contratto ecc.*) concluso.

interversion [ɛ̃tɛʀvɛʀsjɔ̃] *n.f.* inversione.
intervertir [ɛ̃tɛʀvɛʀtiʀ] *v.tr.* invertire.
intervieuweur [ɛ̃tɛʀvjuvœʀ] *n.m.* [f. *-euse*] intervistatore.
interview [ɛ̃tɛʀvju] *n.f.* intervista: *accorder une interview*, dare un'intervista.
interviewé [ɛ̃tɛʀvjuwe] *agg.* e *n.m.* intervistato.
interviewer[1] [ɛ̃tɛʀvjuve] *v.tr.* intervistare.
interviewer[2] *n.m.* e *f.* intervistatore/trice.
intestat [ɛ̃tɛsta] *agg.* [f. *invar.*] (*dir.*) intestato.
intestin [ɛ̃tɛstɛ̃] *n.m.* (*anat.*) intestino.
● ***intestin grêle, gros intestin***, intestino tenue, crasso.
intestinal [ɛ̃tɛstinal] *agg.* [pl. *-aux*] intestinale.
Intifada [intifada] *n.f.* Intifada.
intimation [ɛ̃timasjɔ̃] *n.f.* (*dir.*) citazione (in appello).
intime [ɛ̃tim] *agg.* intimo ♦ *n.m.* (amico) intimo: *pour les intimes*, per pochi intimi.
intimement [ɛ̃timmɑ̃] *avv.* intimamente.
intimer [ɛ̃time] *v.tr.* 1 intimare, ingiungere 2 (*dir.*) citare (in appello).
intimidant [ɛ̃timidɑ̃] *agg.* che incute timore, soggezione.
intimidateur [ɛ̃timidatœʀ] *agg.* [f. *-trice*] intimidatorio.
intimidation [ɛ̃timidasjɔ̃] *n.f.* intimidazione: *manœuvres d'intimidation*, manovre intimidatorie.
intimider [ɛ̃timide] *v.tr.* intimidire; incutere soggezione.
intimisme [ɛ̃timism] *n.m.* intimismo.
intimiste [ɛ̃timist] *agg.* e *n.m.* e *f.* intimista.
intimité [ɛ̃timite] *n.f.* 1 intimità: *vivre dans l'intimité de qqn*, vivere in intimità con qlcu 2 vita privata: *préserver son intimité*, difendere la propria vita privata 3 (*Africa*) festa fra intimi.
● ***dans l'intimité***, in privato, in famiglia.
intitulé [ɛ̃tityle] *n.m.* intitolazione (*f.*), intestazione (*f.*); titolo.
intituler [ɛ̃tityle] *v.tr.* intitolare ♦ **s'intituler** *v.pron. intr.* intitolarsi, essere intitolato.
intolérabilité [ɛ̃tɔleʀabilite] *n.f.* intollerabilità.
intolérable [ɛ̃tɔleʀabl] *agg.* intollerabile, insopportabile.
intolérance [ɛ̃tɔleʀɑ̃s] *n.f.* intolleranza (*anche med.*).
intolérant [ɛ̃tɔleʀɑ̃] *agg.* e *n.m.* intollerante.
intonation [ɛ̃tɔnasjɔ̃] *n.f.* intonazione.
intouchable [ɛ̃tuʃabl] *agg.* e *n.m.* e *f.* intoccabile.
intox(e) [ɛ̃tɔks] *n.f.* (*abbr. di* intoxication) condizionamento (psicologico).
● ***faire de l'intox(e)***, condizionare l'opinione pubblica.
intoxicant [ɛ̃tɔksikɑ̃] *agg.* intossicante.
intoxication [ɛ̃tɔksikasjɔ̃] *n.f.* 1 (*med.*) intossicazione 2 (*fig.*) disinformazione.
● (*med.*) ***intoxication alimentaire***, intossicazione alimentare | ***pubblicité d'intoxication***, pubblicità condizionante.
intoxiqué [ɛ̃tɔksike] *agg.* e *n.m.* intossicato: *un intoxiqué de cinéma*, (*fig. fam.*) un patito di cinema.
● ***intoxiqué (par les drogues)***, drogato, tossicomane.
intoxiquer [ɛ̃tɔksike] *v.tr.* 1 intossicare (*anche fig.*) 2 (*fig.*) condizionare ♦ **s'intoxiquer** *v.pron.intr.* intossicarsi (*anche fig.*).
intra- *pref.* intra-.
intradermique [ɛ̃tʀadɛʀmik] *agg.* intradermico.
intrados [ɛ̃tʀado] *n.m.* (*arch., aer.*) intradosso.
intraduisible [ɛ̃tʀadɥizibl] *agg.* intraducibile.
intraitable [ɛ̃tʀɛtabl] *agg.* 1 intrattabile 2 intransigente.
intra-muros [ɛ̃tʀamyʀos] *avv.* e *agg.invar.* entro le mura (cittadine); in città.
intramusculaire [ɛ̃tʀamyskylɛʀ] *agg.* intramuscolare ♦ *n.f.* iniezione (*f.*) intramuscolare.
intranet [ɛ̃tʀanɛt] *n.m.* (*inform.*) intranet (*f.*).
intransigeance [ɛ̃tʀɑ̃ziʒɑ̃s] *n.f.* intransigenza.
intransigeant [ɛ̃tʀɑ̃ziʒɑ̃] *agg.* e *n.m.* intransigente.
intransitif [ɛ̃tʀɑ̃zitif] *agg.* e *n.m.* [f. *-ive*] (*gramm.*) intransitivo.
intransitivement [ɛ̃tʀɑ̃zitivmɑ̃] *avv.* (*gramm.*) intransitivamente.
intransportable [ɛ̃tʀɑ̃spɔʀtabl] *agg.* intrasportabile.
intrapreneuriat [ɛ̃tʀapʀənœʀja] *n.m.* (*econ.*) imprenditorialità (*f.*).
intra-utérin [ɛ̃tʀayteʀɛ̃] *agg.* [pl. *intra-utérins*] (*med.*) intrauterino.
● ***dispositif intra-utérin*** (DIU), dispositivo intrauterino (IUD), spirale intrauterina.
intraveineux [ɛ̃tʀavɛnø] *agg.* [f. *-euse*] endovenoso.
intrépide [ɛ̃tʀepid] *agg.* 1 intrepido 2 (*fam.*) accanito, tenace.
■ SIN. 1 audacieux CONTR. 1 couard.
intrépidement [ɛ̃tʀepidmɑ̃] *avv.* intrepidamente.
intrépidité [ɛ̃tʀepidite] *n.f.* intrepidezza.
● ***avec intrépidité***, (*fam.*) sfacciatamente.
intrigant [ɛ̃tʀigɑ̃] *agg.* e *n.m.* intrigante.
intrigue [ɛ̃tʀig] *n.f.* 1 intrigo (*m.*); complotto (*m.*) 2 (*lett., teatr.*) intreccio (*m.*), trama.
● ***une intrigue (amoureuse)***, una tresca.
intriguer [ɛ̃tʀige] *v.tr.* incuriosire: *cela m'intriguerait de savoir si*, sarei curioso di sapere se ♦ *v.intr.* brigare.
intrinsèque [ɛ̃tʀɛ̃sɛk] *agg.* intrinseco.
intrinsèquement [ɛ̃tʀɛ̃sɛkmɑ̃] *avv.* intrinsecamente.
intriquer [ɛ̃tʀike] *v.tr.* complicare ♦ **s'intriquer** *v.pron. intr.* confondersi, mescolarsi.
introducteur [ɛ̃tʀɔdyktœʀ] *n.m.* [f. *-trice*] introduttore; iniziatore.
● ***servir d'introducteur***, introdurre.
introductif [ɛ̃tʀɔdyktif] *agg.* [f. *-ive*] introduttivo.
introduction [ɛ̃tʀɔdyksjɔ̃] *n.f.* 1 introduzione 2 presentazione 3 (*inform.*) input (*m.*); digitazione.
● (*dir.*) ***introduction d'instance***, introduzione della causa | ***lettre d'introduction***, lettera di presentazione.
introduire [ɛ̃tʀɔdɥiʀ] *v.tr.* [coniug. come *conduire*] 1 introdurre: *introduire la clé dans la serrure*, introdurre la chiave nella serratura; *je l'ai introduit auprès du directeur*, l'ho presentato al direttore; *introduire qqn dans une affaire*, far entrare qlcu in un affare 2 introdurre, iniziare: *introduire une mode, un usage*, introdurre una moda, un'usanza 3 (*inform.*) digitare ♦ **s'introduire** *v.pron. intr.* introdursi; entrare: *il est difficile de s'introduire dans certains salons*, è difficile essere ammessi in certi salotti.
● ***introduire en contrebande***, far entrare di contrabbando | (*dir.*) ***introduire une instance***, introdurre un'istanza.
introduit [ɛ̃tʀɔdɥi] *agg.* introdotto (*spec. fig.*).

I

introït [ɛ̃tʀɔit] ***n.m.*** (*eccl.*) introito.
introjection [ɛ̃tʀɔʒɛksjɔ̃] ***n.f.*** (*psic.*) introiezione.
intromission [ɛ̃tʀɔmisjɔ̃] ***n.f.*** introduzione.
intronisation [ɛ̃tʀɔnizasjɔ̃] ***n.f.*** intronizzazione.
introniser [ɛ̃tʀɔnize] ***v.tr.*** **1** insediare in trono; (*eccl.*) investire **2** (*fig.*) instaurare.
introspectif [ɛ̃tʀɔspɛktif] ***agg.*** [f. *-ive*] introspettivo.
introspection [ɛ̃tʀɔspɛksjɔ̃] ***n.f.*** introspezione.
introuvable [ɛ̃tʀuvabl] ***agg.*** introvabile, irreperibile.
introversion [ɛ̃tʀɔvɛʀsjɔ̃] ***n.f.*** (*psic.*) introversione.
introverti [ɛ̃tʀɔvɛʀti] ***agg.*** e ***n.m.*** (*psic.*) introverso.
intrus [ɛ̃tʀy] ***agg.*** e ***n.m.*** intruso.
intrusion [ɛ̃tʀyzjɔ̃] ***n.f.*** intrusione.
intubation [ɛ̃tybasjɔ̃] ***n.f.*** (*med.*) intubazione.
intuber [ɛ̃tybe] ***v.tr.*** (*med.*) intubare.
intuitif [ɛ̃tɥitif] ***agg.*** e ***n.m.*** [f. *-ive*] intuitivo: *c'est un intuitif*, è dotato di intuizione.
intuition [ɛ̃tɥisjɔ̃] ***n.f.*** **1** intuito (*m.*): *avoir de l'intuition*, avere intuito **2** intuizione, presentimento (*m.*).
● ***par intuition***, per intuito.
intuitivement [ɛ̃tɥitivmɑ̃] ***avv.*** intuitivamente.
inuit [inɥit] ***agg.invar.*** eschimese.
Inuit ***n.m.*** e ***f.*** (*abitante*) inuit, eschimese.
inusable [inyzabl] ***agg.*** resistente, indistruttibile.
inusité [inyzite] ***agg.*** inusitato, inconsueto.
inutile [inytil] ***agg.*** inutile: *inutile d'insister*, inutile insistere ♦ ***n.m.*** e ***f.*** persona (*f.*) inutile, disutile.
■ AGG. SIN. superflu.
inutilement [inytilmɑ̃] ***avv.*** inutilmente.
inutilisable [inytilizabl] ***agg.*** inutilizzabile.
inutilisé [inytilize] ***agg.*** inutilizzato.
inutilité [inytilite] ***n.f.*** **1** inutilità **2** (*pl.*) futilità.
invagination [ɛ̃vaʒinasjɔ̃] ***n.f.*** (*med., biol.*) invaginazione.
invaincu [ɛ̃vɛ̃ky] ***agg.*** invitto; indomito.
invalidant [ɛ̃validɑ̃] ***agg.*** invalidante.
invalidation [ɛ̃validasjɔ̃] ***n.f.*** (*dir.*) invalidazione.
invalide [ɛ̃valid] ***agg.*** e ***n.m.*** e ***f.*** invalido/a.
● ***les invalides de guerre***, ***du travail***, gli invalidi di guerra, del lavoro.
invalider [ɛ̃valide] ***v.tr.*** (*dir.*) invalidare.
invalidité [ɛ̃validite] ***n.f.*** invalidità (*anche dir.*).
● ***invalidité partielle***, ***permanente***, ***temporaire***, invalidità parziale, permanente, temporanea | ***pension d'invalidité***, pensione di invalidità.
invariabilité [ɛ̃vaʀjabilite] ***n.f.*** invariabilità.
invariable [ɛ̃vaʀjabl] ***agg.*** invariabile.
invariablement [ɛ̃vaʀjabləmɑ̃] ***avv.*** invariabilmente; immancabilmente.
invariance [ɛ̃vaʀjɑ̃s] ***n.f.*** (*mat., fis.*) invarianza.
● (*mat.*) ***propriété d'invariance***, proprietà invariantiva.
invariant [ɛ̃vaʀjɑ̃] ***agg.*** (*mat., fis.*) invariante.
invasion [ɛ̃vazjɔ̃] ***n.f.*** invasione (*anche fig.*).
invective [ɛ̃vɛktiv] ***n.f.*** invettiva.
invectiver [ɛ̃vɛktive] ***v.intr.*** e ***tr.*** lanciare invettive (**a**), inveire (**contro**): *invectiver* (*contre*) *qqn*, inveire contro qlcu.
invendable [ɛ̃vɑ̃dabl] ***agg.*** invendibile.
invendu [ɛ̃vɑ̃dy] ***agg.*** invenduto: *marchandise invendue*, merce in giacenza ♦ ***n.m.*** (*spec. pl.*) invenduto, resa (*f.*).
inventaire [ɛ̃vɑ̃tɛʀ] ***n.m.*** inventario.
● ***inventaire de caisse***, accertamento di cassa | ***sous bénéfice d'inventaire***, (*anche fig.*) con beneficio d'inventario.
inventer [ɛ̃vɑ̃te] ***v.tr.*** inventare: *il a inventé un moyen de se tirer d'affaire*, ha escogitato un mezzo per cavarsela; *elle a inventé de changer tout l'ameublement de la maison*, le è saltato in mente di cambiare tutto l'arredamento di casa.
● ***ça ne s'invente pas!***, non può che essere vero! | ***s'il n'existait pas, il faudrait l'inventer***, (*fam.*) se non esistesse bisognerebbe inventarlo; è unico nel suo genere.
inventeur [ɛ̃vɑ̃tœʀ] ***agg.*** e ***n.m.*** [f. *-trice*] inventore, ideatore.
inventif [ɛ̃vɑ̃tif] ***agg.*** [f. *-ive*] inventivo.
invention [ɛ̃vɑ̃sjɔ̃] ***n.f.*** **1** invenzione: *c'est une pure invention*, è un'invenzione bella e buona; *une recette de mon invention*, una ricetta di mia invenzione **2** inventiva **3** (*letter., dir.*) invenzione, ritrovamento (*m.*) **4** (*mus.*) invenzione.
inventivité [ɛ̃vɑ̃tivite] ***n.f.*** inventiva.
inventorier [ɛ̃vɑ̃tɔʀje] ***v.tr.*** inventariare.
invérifiable [ɛ̃veʀifjabl] ***agg.*** non verificabile, non controllabile.
inverse [ɛ̃vɛʀs] ***agg.*** e ***n.m.*** inverso.
● ***à l'inverse***, al contrario, all'inverso | ***en raison inverse***, in misura inversamente proporzionale | ***en sens inverse***, ***dans l'ordre inverse***, in senso inverso, nell'ordine inverso.
inversement [ɛ̃vɛʀsəmɑ̃] ***avv.*** inversamente | (*mat.*) *inversement proportionnel à*, inversamente proporzionale a.
inverser [ɛ̃vɛʀse] ***v.tr.*** invertire.
inverseur [ɛ̃vɛʀsœʀ] ***n.m.*** invertitore, commutatore.
● (*elettr.*) ***inverseur*** (***de courant***), invertitore, commutatore (di corrente) | (*mecc.*): ***inverseur de marche***, invertitore di marcia; ***inverseur de sens***, inversore.
inversible [ɛ̃vɛʀsibl] ***agg.*** (*fot.*) invertibile.
inversion [ɛ̃vɛʀsjɔ̃] ***n.f.*** inversione.
● (*biol.*) ***inversion chromosomique***, inversione cromosomica | (*meteor.*) ***inversion de température***, inversione di temperatura | (*gramm.*) ***inversion du sujet***, inversione del soggetto.

NOTA In francese si mette il soggetto dopo il verbo (***inversion de sujet***)
– nelle interrogative dirette:
Avez-vous *compris?*
Avete capito?
Comment ***va ton frère****?*
Come sta tuo fratello?
– nelle proposizioni incidentali:
"D'accord", ***me dit-il****, "tu peux partir".*
"D'accordo", mi disse, "puoi partire".
– spesso, quando all'inizio della frase vi sono avverbi quali *ainsi, aussi, à peine, en vain, peut-être, sans doute*:
À peine me vit-il *qu'il comprit qui j'étais.*
Appena mi vide capì chi ero.
Sans doute savez-vous *sa nouvelle adresse.*
Probabilmente sapete il suo nuovo indirizzo.

invertébré [ɛ̃vɛʀtebʀe] ***agg.*** e ***n.m.*** (*zool.*) invertebrato.
inverti [ɛ̃vɛʀti] ***agg.*** invertito ♦ ***n.m.*** (*antiq.*) invertito.
invertir [ɛ̃vɛʀtiʀ] ***v.tr.*** invertire.

investigateur [ɛ̃vɛstigatœʀ] *agg.* [f. *-trice*] indagatore ♦ *n.m.* investigatore.

investigation [ɛ̃vɛstigasjɔ̃] *n.f.* investigazione, indagine.

investiguer [ɛ̃vɛstige] *v.tr.* (*med.*) esaminare, analizzare ♦ *v.intr.* (*fam.*) investigare, compiere delle indagini: *la police va investiguer sur cette affaire*, la polizia indagherà, svolgerà delle indagini sul caso.

investir [ɛ̃vɛstiʀ] *v.tr.* 1 investire: *investir qqn de pouvoirs extraordinaires*, investire qlcu di poteri straordinari | *investir qqn de sa confiance*, concedere la propria fiducia a qlcu 2 (*mil.*) investire, assalire; accerchiare, assediare 3 (*comm.*) investire, impiegare | *investir dans des actions*, investire in azioni ♦ **s'investir** *v.pron.intr.* investire le proprie energie psichiche.

investissement [ɛ̃vɛstismɑ̃] *n.m.* 1 (*econ., fin.*) investimento, collocamento 2 (*mil.*) investimento 3 (*psic.*) investimento.
● (*fin.*) ***fonds d'investissement***, fondi comuni d'investimento.

investisseur [ɛ̃vɛstisœʀ] *n.m.* e *agg.* (*econ.*) investitore.

investiture [ɛ̃vɛstityʀ] *n.f.* (*st., pol.*) investitura.

invétéré [ɛ̃veteʀe] *agg.* inveterato; incallito: *un bavard invétéré*, un incorreggibile chiacchierone.

invincibilité [ɛ̃vɛ̃sibilite] *n.f.* invincibilità.

invincible [ɛ̃vɛ̃sibl] *agg.* invincibile.

invinciblement [ɛ̃vɛ̃sibləmɑ̃] *avv.* invincibilmente.

inviolabilité [ɛ̃vjɔlabilite] *n.f.* (*dir.*) inviolabilità.

inviolable [ɛ̃vjɔlabl] *agg.* inviolabile.

inviolé [ɛ̃vjɔle] *agg.* inviolato.

invisibilité [ɛ̃vizibilite] *n.f.* invisibilità.

invisible [ɛ̃vizibl] *agg.* e *n.m.* invisibile.

invit [ɛ̃vit] *n.f.* (*fam.*) (*abbr. di* invitation) invito (*m.*).

invitation [ɛ̃vitasjɔ̃] *n.f.* invito (*m.*): *accepter, décliner* (o *refuser*) *une invitation*, accettare, declinare (o rifiutare) un invito; *lancer des invitations*, diramare inviti.
● ***carte d'invitation***, (biglietto d')invito | ***entrée sur invitation***, entrata con invito, a inviti | ***sur l'invitation de***, dietro, su invito di.

invite [ɛ̃vit] *n.f.* invito (*m.*).

invité [ɛ̃vite] *n.m.* invitato; ospite.

inviter [ɛ̃vite] *v.tr.* invitare: *inviter qqn à déjeuner*, invitare qlcu a pranzo | *c'est moi qui invite*, offro io.
■ SIN. convier.

in vitro [invitʀo] *agg.* e *avv.* (*med.*) in vitro.
● ***fécondation in vitro***, fecondazione artificiale.

invivable [ɛ̃vivabl] *agg.* invivibile; insopportabile.

invocateur [ɛ̃vɔkatœʀ] *agg.* e *n.m.* [f. *-trice*] invocatore.

invocation [ɛ̃vɔkasjɔ̃] *n.f.* invocazione | *chapelle sous l'invocation de la Vierge*, cappella dedicata alla Vergine.

invocatoire [ɛ̃vɔkatwaʀ] *agg.* invocativo, invocatorio.

involontaire [ɛ̃vɔlɔ̃tɛʀ] *agg.* 1 involontario 2 (*dir.*) colposo; preterintenzionale.

involontairement [ɛ̃vɔlɔ̃tɛʀmɑ̃] *avv.* involontariamente.

involution [ɛ̃vɔlysjɔ̃] *n.f.* involuzione.

invoquer [ɛ̃vɔke] *v.tr.* invocare: *invoquer la Vierge*, invocare la Vergine, la Madonna; *les arguments invoqués à l'appui ne sont pas probants*, le argomentazioni addotte non sono probanti.

invraisemblable [ɛ̃vʀɛsɑ̃blabl] *agg.* 1 inverosimile, incredibile 2 (*fam.*) stravagante, bizzarro.
■ SIN. 1 incroyable 2 extravagant.

invraisemblablement [ɛ̃vʀɛsɑ̃blabləmɑ̃] *avv.* inverosimilmente; incredibilmente.

invraisemblance [ɛ̃vʀɛsɑ̃blɑ̃s] *n.f.* 1 inverosimiglianza 2 cosa inverosimile.

invulnérabilité [ɛ̃vylneʀabilite] *n.f.* invulnerabilità.

invulnérable [ɛ̃vylneʀabl] *agg.* invulnerabile.

iode [jɔd] *n.m.* (*chim.*) iodio.

iodé [jɔde] *agg.* (*chim.*) iodato: *air iodé*, aria ricca di iodio; *odeur iodée*, odore di iodio.
● ***sels iodés***, sali iodati.

iodique [jɔdik] *agg.* (*chim.*) iodico.

iodure [jɔdyʀ] *n.m.* (*chim.*) ioduro.

ion [jɔ̃] *n.m.* (*fis.*) ione.

ionien [jɔnjɛ̃] *agg.* [f. *-enne*] ionico; ionio ♦ *n.m.* dialetto ionico.
● (*st.*) ***les Ioniens***, gli Ioni | (*geogr.*) ***Mer Ionienne***, Mar Ionio.

ionique[1] [jɔnik] *agg.* (*fis.*) ionico.

ionique[2] *agg.* e *n.m.* (*arch.*) ionico.
● ***ordre ionique***, ordine ionico.

ionisation [jɔnizasjɔ̃] *n.f.* (*fis.*) ionizzazione.

ioniser [jɔnize] *v.tr.* (*fis.*) ionizzare.

ionosphère [jɔnɔsfɛʀ] *n.f.* ionosfera.

iota [jɔta] *n.m.invar.* iota (*m.* o *f.*).
● ***sans changer un iota***, senza cambiare una virgola.

iouler [jule] *v.intr.* cantare lo jodler.

iourte [juʀt] *n.f.* yurta.

ipéca [ipeka] **ipécacuana** [ipekakwana] *n.m.* (*bot.*) ipecacuana (*f.*).

irai [iʀe] → **aller**[1].

irakien [iʀakjɛ̃] *agg.* [f. *-enne*] iracheno ♦ *n.m.* (*lingua*) iracheno.

Irakien *n.m.* [f. *-enne*] (*abitante*) iracheno.

iranien [iʀanjɛ̃] *agg.* [f. *-enne*] iraniano; (*st.*) iranico ♦ *n.m.* (*lingua*) iranico; persiano.

Iranien *n.m.* [f. *-enne*] (*abitante*) iraniano; (*st.*) iranico.

iraquien [iʀakjɛ̃] *n.m.* e *agg.* [f. *-enne*] → **irakien**.

Iraquien *n.m.* [f. *-enne*] → **Irakien**.

irascibilité [iʀasibilite] *n.f.* (*letter.*) irascibilità.

irascible [iʀasibl] *agg.* (*letter.*) irascibile, iracondo.

ire [iʀ] *n.f.* (*poet.*) ira.

iridescent [iʀidesɑ̃] *agg.* (*letter.*) iridescente.

iridium [iʀidjɔm] *n.m.* (*chim.*) iridio.

iris [iʀis] *n.m.* 1 (*anat.*) iride (*f.*) 2 (*fot.*) iride (*f.*) 3 (*bot.*) iris (*f.*), giaggiolo 4 (*antiq.*) iride (*f.*), arcobaleno.
● (*min.*) ***(pierre d')iris***, iris, iride.

irisation [iʀizasjɔ̃] *n.f.* iridazione, iridescenza.

irisé [iʀize] *agg.* iridato.

iriser [iʀize] *v.tr.* iridare, rendere iridescente.

irlandais [iʀlɑ̃dɛ] *agg.* irlandese ♦ *n.m.* (*lingua*) irlandese.

Irlandais *n.m.* (*abitante*) irlandese.

IRM [iɛʀɛm] *n.f.* (*med.*) (*sigla di* Imagerie par Résonance Magnétique) risonanza magnetica.

ironie [iʀɔni] *n.f.* ironia: *c'est par ironie que j'ai dit cela*, l'ho detto in senso ironico.
● ***ironie du sort***, ironia della sorte.

I

ironique [iʀɔnik] *agg.* ironico.
■ SIN. railleur.
ironiquement [iʀɔnikmɑ̃] *avv.* ironicamente.
ironiser [iʀɔnize] *v.intr.* fare dell'ironia, ironizzare.
ironiste [iʀɔnist] *n.m.* e *f.* ironista.
iroquois [iʀɔkwa] *agg.* irochese ♦ *n.m.* (*lingua*) irochese.
● ***coiffure à l'iroquois***, pettinatura alla moicana.
irradiation [iʀadjasjɔ̃] *n.f.* **1** irradiazione, irraggiamento (*m.*): *l'irradiation des ondes sonores*, l'irraggiamento delle onde sonore **2** (*fis., med.*) irradiazione.
irradié [iʀadje] *agg.* irradiato.
irradier [iʀadje] *v.tr.* e *intr.* irradiare ♦ **s'irradier** *v.pron.intr.* irradiarsi.
irraisonné [iʀɛzɔne] *agg.* irragionevole: *un geste irraisonné*, un gesto inconsulto.
irrationalité [iʀasjɔnalite] *n.f.* irrazionalità.
irrationnel [iʀasjɔnɛl] *agg.* e *n.m.* [f. *-elle*] irrazionale.
irrattrapable [iʀatʀapabl] *agg.* irrimediabile.
irréalisable [iʀealizabl] *agg.* irrealizzabile.
irréalisme [iʀealism] *n.m.* mancanza (*f.*) di realismo.
irréaliste [iʀealist] *agg.* non realistico ♦ *n.m.* e *f.* chi manca di realismo.
irréalité [iʀealite] *n.f.* irrealtà.
irrecevable [iʀesəvabl] *agg.* (*dir.*) irricevibile; inaccettabile.
irréconciliable [iʀekɔ̃siljabl] *agg.* inconciliabile.
irrécouvrable [iʀekuvʀabl] *agg.* irrecuperabile; (*dir.*) inesigibile.
irrécupérable [iʀekypeʀabl] *agg.* irrecuperabile.
irrécusable [iʀekyzabl] *agg.* irrecusabile.
irrédentisme [iʀedɑ̃tism] *n.m.* irredentismo.
irrédentiste [iʀedɑ̃tist] *agg.* e *n.m.* e *f.* (*st., pol.*) irredentista.
irréductibilité [iʀedyktibilite] *n.f.* irriducibilità.
irréductible [iʀʀedyktibl] *agg.* irriducibile.
irréductiblement [iʀedyktibləmɑ̃] *avv.* irriducibilmente.
irréel [iʀeɛl] *n.m.* e *agg.* [f. *-elle*] irreale.
● (*gramm.*) ***le mode irréel*** (o ***l'irréel***), il modo dell'irrealtà.
■ SIN. imaginaire.
irréfléchi [iʀefleʃi] *agg.* irriflessivo, impulsivo: *mouvements irréfléchis*, movimenti inconsulti.
irréflexion [iʀeflɛksjɔ̃] *n.f.* irriflessione.
irréfutable [iʀefytabl] *agg.* irrefutabile.
irréfutablement [iʀefytabləmɑ̃] *avv.* irrefutabilmente, in modo irrefutabile.
irrégularité [iʀegylaʀite] *n.f.* irregolarità.
irrégulier [iʀegylje] *agg.* [f. *-ère*] **1** irregolare **2** discontinuo, incostante.
● (*gramm.*) ***verbes irréguliers***, verbi irregolari.
■ CONTR. **1** régulier.
irrégulièrement [iʀegyljɛʀmɑ̃] *avv.* irregolarmente.
irréligieux [iʀeliʒjø] *agg.* [f. *-euse*] irreligioso.
irréligion [iʀeliʒjɔ̃] *n.f.* irreligione.
irréligiosité [iʀeliʒjɔzite] *n.f.* irreligiosità.
irrémédiable [iʀemedjabl] *agg.* irrimediabile.
irrémédiablement [iʀemedjabləmɑ̃] *avv.* irrimediabilmente.
irrémissible [iʀemisibl] *agg.* **1** (*letter.*) irremissibile **2** inesorabile, inarrestabile.
irremplaçable [iʀɑ̃plasabl] *agg.* insostituibile.
■ SIN. unique.
irréparable [iʀepaʀabl] *agg.* e *n.m.* irreparabile.
irréparablement [iʀepaʀabləmɑ̃] *avv.* irreparabilmente, in modo irreparabile.
irrépréhensible [iʀepʀeɑ̃sibl] *agg.* irreprensibile.
irrépressible [iʀepʀesibl] *agg.* incontenibile, irreprimibile, irrefrenabile.
irréprochable [iʀepʀɔʃabl] *agg.* **1** irreprensibile, ineccepibile **2** (*dir.*) incensurato.
irréprochablement [iʀepʀɔʃabləmɑ̃] *avv.* irreprensibilmente.
irrésistible [iʀezistibl] *agg.* irresistibile.
irrésistiblement [iʀezistibləmɑ̃] *avv.* irresistibilmente.
irrésolu [iʀezɔly] *agg.* **1** irresoluto, indeciso **2** insoluto ♦ *n.m.* indeciso.
irrésolution [iʀezɔlysjɔ̃] *n.f.* irresolutezza, indecisione.
irrespect [iʀɛspɛ] *n.m.* mancanza (*f.*) di rispetto, irriverenza (*f.*).
irrespectueusement [iʀɛspɛktɥøzmɑ̃] *avv.* irrispettosamente.
irrespectueux [iʀɛspɛktɥø] *agg.* [f. *-euse*] irrispettoso, irriverente.
irrespirable [iʀɛspiʀabl] *agg.* irrespirabile.
irresponsabilité [iʀɛspɔ̃sabilite] *n.f.* **1** irresponsabilità **2** leggerezza, incoscienza.
irresponsable [iʀɛspɔ̃sabl] *agg.* e *n.m.* e *f.* irresponsabile.
irrétrécissable [iʀetʀesisabl] *agg.* irrestringibile.
irrévérence [iʀeveʀɑ̃s] *n.f.* irriverenza.
irrévérencieusement [iʀeveʀɑ̃sjøzmɑ̃] *avv.* (*letter.*) irriverentemente.
irrévérencieux [iʀeveʀɑ̃sjø] *agg.* [f. *-euse*] irriverente.
irréversibilité [iʀevɛʀsibilite] *n.f.* irreversibilità.
irréversible [iʀevɛʀsibl] *agg.* irreversibile.
irréversiblement [iʀevɛʀsibləmɑ̃] *avv.* in modo irreversibile.
irrévocabilité [iʀʀevɔkabilite] *n.f.* irrevocabilità.
irrévocable [iʀʀevɔkabl] *agg.* e *n.m.* irrevocabile.
irrévocablement [iʀevɔkabləmɑ̃] *avv.* irrevocabilmente.
irrigable [iʀigabl] *agg.* irrigabile.
irrigation [iʀigasjɔ̃] *n.f.* irrigazione.
● ***eau d'irrigation***, acqua irrigua.
irriguer [iʀige] *v.tr.* irrigare (*anche med.*).
irritabilité [iʀitabilite] *n.f.* irritabilità.
irritable [iʀitabl] *agg.* irritabile.
irritant [iʀitɑ̃] *agg.* irritante.
irritation [iʀitasjɔ̃] *n.f.* irritazione.
irriter [iʀite] *v.tr.* **1** irritare: *sa réponse m'a beaucoup irrité*, la sua risposta mi ha irritato molto **2** (*antiq.*) eccitare, stimolare ♦ **s'irriter** *v.pron.intr.* irritarsi.
■ *V.TR.* SIN. **1** contrarier, exaspérer.
irruption [iʀypsjɔ̃] *n.f.* irruzione: *faire irruption*, fare irruzione.
isabelle [izabɛl] *agg.invar.* (colore) isabella.
● (***cheval***) ***isabelle***, isabella.

isard [izaʀ] ***n.m.*** (*zool.*) camoscio dei Pirenei.
isarien [izaʀjɛ̃] ***agg.*** [f. *-enne*] del dipartimento dell'Oise.
isatis [izatis] ***n.m.*** (*zool.*) volpe (*f.*) azzurra.
isba [izba] ***n.f.*** isba.
ischémie [iskemi] ***n.f.*** (*med.*) ischemia.
ischion [iskjɔ̃] ***n.m.*** (*anat.*) ischio.
islam [islam] ***n.m.*** islam, islamismo.
islamique [islamik] ***agg.*** islamico.
islamisation [islamizasjɔ̃] ***n.f.*** islamizzazione.
islamiser [islamize] ***v.tr.*** islamizzare.
islamisme [islamism] ***n.m.*** islamismo.
islamiste [islamist] ***agg.*** islamico ♦ ***n.m.*** e ***f.*** islamista.
islamophobie [islamɔfɔbi] ***n.f.*** islamofobia.
islandais [islɑ̃dɛ] ***agg.*** islandese ♦ ***n.m.*** **1** (*lingua*) islandese **2** (*estens.*) marinaio bretone (che va a pesca di merluzzi in Islanda).
Islandais ***n.m.*** (*abitante*) islandese.
iso- ***pref.*** iso-.
isobare [izɔbaʀ] ***agg.*** **1** (*fis.*) isobaro **2** (*meteor.*) isobarico ♦ ***n.f.*** (*meteor.*) isobara ♦ ***n.m.*** (*fis.*) isobaro.
isobathe [izɔbat] ***agg.*** e ***n.f.***
● (*geogr.*) (***ligne***) ***isobathe***, (linea) isobata.
isocèle [izɔsɛl] ***agg.*** (*mat.*) isoscele.
isochrone [izɔkʀɔn] **isochronique** [izɔkʀɔnik] ***agg.*** (*fis.*) isocrono.
isochronisme [izɔkʀɔnism] ***n.m.*** (*fis.*) isocronismo.
isohyète [izɔjɛt] ***agg.*** e ***n.f.***
● (*meteor.*) (***ligne***) ***isohyète***, (linea) isoieta.
isolant [izɔlɑ̃] ***agg.*** **1** (*fis.*) isolante, coibente **2** (*ling.*) isolante ♦ ***n.m.*** (*fis.*) isolante, coibente.
isolation [izɔlasjɔ̃] ***n.f.*** (*tecn.*) isolamento (*m.*).
● ***isolation acoustique***, ***phonique***, isolamento acustico, sonoro | (*psic.*) ***isolation sensorielle***, deprivazione sensoriale.
isolationnisme [izɔlɑsjɔnism] ***n.m.*** (*pol.*) isolazionismo.
isolationniste [izɔlɑsjɔnist] ***agg.*** (*pol.*) isolazionistico ♦ ***n.m.*** e ***f.*** (*pol.*) isolazionista.
isolé [izɔle] ***agg.*** **1** isolato **2** (*tecn., elettr., mat.*) isolato.
isolement [izɔlmɑ̃] ***n.m.*** **1** isolamento **2** (*fis., chim.*) isolamento.
● ***isolement thermique***, ***acoustique***, isolamento termico, acustico | (*st.*) ***splendide isolement***, splendido isolamento.
isolément [izɔlemɑ̃] ***avv.*** isolatamente.
isoler [izɔle] ***v.tr.*** **1** isolare **2** segregare **3** (*fis., chim., edil.*) isolare ♦ **s'isoler** ***v.pron.*** isolarsi.
isoloir [izɔlwaʀ] ***n.m.*** cabina (*f.*) elettorale.
isomère [izɔmɛʀ] ***agg.*** e ***n.m.*** (*chim.*) isomero.
isomérie [izɔmeʀi] ***n.f.*** (*chim.*) isomeria.
isométrique [izɔmetʀik] ***agg.*** (*scient.*) isometrico.
isomorphe [izɔmɔʀf] ***agg.*** (*chim., mat., ling.*) isomorfo.
isotherme [izɔtɛʀm] ***agg.*** isotermico ♦ ***n.f.*** (*meteor.*) isoterma.
isotope [izɔtɔp] ***agg.*** e ***n.m.*** (*chim.*) isotopo.
israélien [isʀaeljɛ̃] ***agg.*** [f. *-enne*] israeliano.
Israélien ***n.m.*** [f. *-enne*] (*abitante*) israeliano.
israélite [isʀaelit] ***agg.*** israelita, israelitico.
Israélite ***n.m.*** e ***f.*** israelita.
issu [isy] ***agg.*** nato; (*fig.*) proveniente, derivato.
issue [isy] ***n.f.*** **1** uscita; (*di fumo, vapore ecc.*) sfogo (*m.*) (*anche fig.*) **2** (*fig.*) via d'uscita; soluzione **3** (*fig.*) esito (*m.*); conclusione.
● ***issue de secours***, uscita di sicurezza | ***à l'issue de***, al termine di: *à l'issue de la cérémonie*, al termine della cerimonia | ***voie sans issue***, strada senza uscita.
■ SIN. **1** sortie.
isthme [ism] ***n.m.*** istmo.
isthmique [ismik] ***agg.*** istmico.
istrien [istʀjɛ̃] ***agg.*** [f. *-enne*] istriano.
italianisant [italjanizɑ̃] ***n.m.*** e ***agg.*** italianista.
italianiser [italjanize] ***v.tr.*** italianizzare.
italianisme [italjanism] ***n.m.*** italianismo.
italien [italjɛ̃] ***agg.*** [f. *-enne*] italiano ♦ ***n.m.*** (*lingua*) italiano.
Italien ***n.m.*** [f. *-enne*] (*abitante*) italiano.
italique [italik] ***agg.*** **1** (*tip.*) corsivo, italico **2** (*st.*) italico ♦ ***n.m.*** **1** (*tip.*) corsivo, italico **2** (*lingua*) italico.
● (*st.*) ***les Italiques***, gli italici.
italo-américain [italoameʀikɛ̃] ***agg.*** [pl. *italo-américains*] italoamericano.
italo-français [italofʀɑ̃sɛ] ***agg.*** [pl.m. *invar.*] italo-francese.
itératif [iteʀatif] ***agg.*** [f. *-ive*] iterativo.
itération [iteʀasjɔ̃] ***n.f.*** iterazione.
itinéraire [itineʀɛʀ] ***n.m.*** e ***agg.*** itinerario.
● (*trasporti*): ***itinéraire bis***, itinerario alternativo per traffico molto intenso; ***itinéraire de délestage***, itinerario alternativo per lavori in corso.
■ N.M. SIN. parcours.
itinérance [itineʀɑ̃s] ***n.f.*** (*tel.*) roaming (*m.*) (accordo per cui un utente di telefonia mobile può utilizzare le reti di più operatori).
itinérant [itineʀɑ̃] ***agg.*** itinerante.
itou [itu] ***avv.*** (*fam.*) idem.
IVG [iveʒe] ***n.f.*** (*sigla di* Interruption Volontaire de Grossesse) aborto (*m.*) procurato.
ivoire [ivwaʀ] ***n.m.*** avorio.
ivoirien [ivwaʀjɛ̃] ***agg.*** [f. *-enne*] ivoriano.
Ivoirien ***n.m.*** [f. *-enne*] (*abitante*) ivoriano.
ivoirin [ivwaʀɛ̃] ***agg.*** (*letter.*) eburneo.
ivraie [ivʀɛ] ***n.f.*** (*bot.*) loglio (*m.*); zizzania.
ivre [ivʀ] ***agg.*** ubriaco; ebbro (*anche fig.*).
● ***ivre comme une bourrique*** (o ***un polonais***), ubriaco come un marinaio | ***être à moitié ivre***, ***aux trois quarts ivre***, essere mezzo ubriaco | ***être ivre mort***, essere ubriaco fradicio.
■ SIN. grisé, saoul.
ivresse [ivʀɛs] ***n.f.*** ubriachezza; ebbrezza (*anche fig.*): *noyer son chagrin dans l'ivresse*, annegare i dispiaceri nell'alcol.
● ***les fumées de l'ivresse***, i fumi dell'alcol.
ivressomètre [ivʀɛsɔmɛtʀ] ***n.m.*** (*Canada*) etilotest, etilometro.
ivrogne [ivʀɔɲ] ***agg.*** ubriaco ♦ ***n.m.*** ubriacone.
● ***serment d'ivrogne***, promessa da marinaio.
ivrognerie [ivʀɔɲʀi] ***n.f.*** ubriachezza, vizio (*m.*) del bere.
ivrognesse [ivʀɔɲɛs] ***n.f.*** (*antiq.*) ubriacona.
ixer [ikse] ***v.tr.*** (*cine.*) classificare (un film) nella categoria X (cioè come porno): *cette chaîne ne passe que des films ixés*, questo canale passa solo film porno.

Jj

j [ʒi] *n.m.invar.* j (*f.* o *m.*).
● (*tel.*) ***j comme Jean***, j come Jolly | (*mil.*) ***le jour J***, il giorno X; (*fam.*) il giorno fatidico.

jabot [ʒabo] *n.m.* **1** gozzo, ingluvie (*f.pl.*) **2** (*abbigl.*) jabot, davantino.

jacassement [ʒakasmɑ̃] *n.m.* **1** (*di gazza*) stridio **2** (*fig. fam.*) cicaleccio.

jacasser [ʒakase] *v.intr.* **1** (*di gazza*) stridere **2** (*fam.*) cicalare.

jacasseur [ʒakasœʀ] *n.m.* [f. *-euse*] (*fam.*) chiacchierone.

jachère [ʒaʃɛʀ] *n.f.* (*agr.*) maggese (*m.*): *mettre en jachère*, mettere a maggese, a riposo.

jacinthe [ʒasɛ̃t] *n.f.* (*bot.*) giacinto (*m.*).

jacobin [ʒakɔbɛ̃] *agg.* e *n.m.* giacobino; (*fig.*) estremista.

NOTA I ***Jacobins*** erano i membri di un club politico, sorto durante la Rivoluzione, così chiamati perché si riunivano nel convento dei Jacobins. Dapprima moderati e di indirizzo monarchico-costituzionale, approdarono poi a posizioni radicali e rivoluzionarie (1791), sotto la guida di Robespierre. La reazione del Termidoro (27 luglio 1794) e la morte di Robespierre segnarono la loro sconfitta.

jacquard [ʒakaʀ] *n.m.* (*tess.*) **1** telaio di Jacquard **2** (*punto a maglia*) jacquard.

jacquerie [ʒakʀi] *n.f.* **1** (*st.*) jacquerie **2** (*estens.*) rivolta contadina.

NOTA ***Jacquerie*** è il nome dato a una sollevazione antifeudale di contadini (1358), chiamati *Jacques Bonhommes* dai nobili. Venne duramente repressa nel corso di un paio di mesi.

Jacques [ʒak] *n.pr.m.* (*st.*) soprannome del contadino francese.
● ***faire le Jacques***, (*fam.*) fare il tonto.

jacquet [ʒakɛ] *n.m.* **1** (*gioco*) giacchetto **2** (*zool. pop.*) scoiattolo.

jactance[1] [ʒaktɑ̃s] *n.f.* (*letter.*) iattanza, arroganza.

jactance[2] *n.f.* (*fam.*) chiacchiera.

Jacuzzi® [ʒakyzi] *n.m.* e *f.invar.* Jacuzzi®, vasca idromassaggio.

jade [ʒad] *n.m.* giada (*f.*).

jadis [ʒɑdis] *avv.* un tempo ♦ *agg.* *au temps jadis*, un tempo | *le temps jadis*, il tempo che fu.
■ AVV. SIN. autrefois.

jaguar [ʒagwaʀ] *n.m.* (*zool.*) giaguaro ♦ *agg.invar.* (*Africa*) elegante.

jaillir [ʒajiʀ] *v.intr.* **1** scaturire, sgorgare (*anche fig.*) **2** spuntare fuori.

jaillissant [ʒajisɑ̃] *agg.* zampillante; che scaturisce (*anche fig.*).

jaillissement [ʒajismɑ̃] *n.m.* lo sgorgare (*anche fig.*): *jaillissement de vapeur*, getto di vapore; *un jaillissement d'idées*, un'esplosione di idee.

jais [ʒɛ] *n.m.* **1** jais, giaietto **2** (*abbigl.*) jais, lustrini (*pl.*).
● ***cheveux de jais***, capelli corvini | ***noir comme du jais***, nero come il carbone.

jaja [ʒaʒa] *n.m.* (*fam.*) vino rosso.

jalon [ʒalɔ̃] *n.m.* **1** picchetto, biffa (*f.*) **2** (*fig.*) punto fondamentale, base (*f.*): *poser les jalons d'un travail*, porre le basi di un lavoro.

jalonner [ʒalɔne] *v.intr.* tracciare un allineamento (con picchetti o paline) ♦ *v.tr.* **1** picchettare **2** delimitare (*anche fig.*): *vie jalonnée de succès*, vita costellata di successi.

jalousement [ʒaluzmɑ̃] *avv.* gelosamente.

jalouser [ʒaluze] *v.tr.* essere geloso (**di**), invidiare.

jalousie[1] [ʒaluzi] *n.f.* gelosia: *une crise*, *une scène de jalousie*, una crisi, una scena di gelosia; *exciter la jalousie de qqn*, suscitare la gelosia di qlcu.

jalousie[2] *n.f.* gelosia, persiana.

jaloux [ʒalu] *agg.* e *n.m.* [f. *jalouse*] geloso; invidioso: *un mari jaloux*, un marito geloso; *être jaloux de sa liberté*, essere geloso della propria libertà.
● ***jaloux comme un tigre***, geloso come un Otello | ***avec un soin jaloux***, con cura meticolosa | ***faire des jaloux***, destare gelosia, invidia.

jamaïcain, jamaïquain [ʒamaikɛ̃] *agg.* giamaicano.

Jamaïcain, Jamaïquain *n.m.* (*abitante*) giamaicano.

jamais [ʒamɛ] *avv.* mai: *cela ne s'est jamais produit*, questo non si è mai verificato; *jamais je ne pourrai l'oublier*, non potrò mai dimenticarlo; *je préfère ne jamais le rencontrer*, preferisco non incontrarlo mai.
● ***jamais deux sans trois***, non c'è due senza tre | ***jamais plus***, mai più | ***à (tout) jamais***, ***pour jamais***, per sempre | ***au grand jamais***, ***jamais de la vie***, mai e poi mai | ***c'est le moment ou jamais***, ***maintenant ou jamais***, adesso o mai più | (*prov.*) ***mieux vaut tard que jamais***, meglio tardi che mai | ***on ne sait jamais***, non si sa mai | ***plus***, ***moins que jamais***, più, meno che mai | ***si jamais***, se mai: *si jamais vous le rencontrez*, se mai, caso mai lo incontraste.
■ CONTR. toujours.

jambage [ʒɑ̃baʒ] *n.m.* **1** (*di segno grafico*) gamba (*f.*), asta (*f.*) **2** (*edil.*) stipite, montante; pilastro di sostegno.

jambe [ʒɑ̃b] *n.f.* **1** gamba: *avoir des jambes longues*, avere delle gambe lunghe **2** (*edil.*) (*di finestra, porta*) stipite (*m.*) **3** (*di compasso*) gamba.
● ***jambe de bois***, gamba di legno: *c'est un emplâtre sur une jambe de bois*, (*fig.*) è un rimedio inutile | ***jambe deçà, jambe delà***, a gambe larghe | (*edil.*) ***jambe de force***, montante | ***jambes de coq***, gambe da ciclista | ***avoir les jambes coupées***, avere le gambe a pezzi; (*estens.*) rimanere di stucco | ***avoir les jambes en coton***, (*estens.*) sentirsi cedere le gambe | ***cela me fait une belle jambe!***, non so cosa farmene!, bel guadagno! | ***faire qqch par-dessus*** (*antiq.* ***par-dessous***) ***la jambe***, prendere qlco sottogamba: *il fait son travail un peu par dessous la jambe*, prende il suo la-

voro un po' sottogamba | (*sport*) ***jeu de jambes***, gioco di gambe | ***la peur lui donna des jambes***, (*estens.*) la paura gli mise le ali ai piedi | ***n'avoir plus de jambes***, non sentirsi più le gambe: *j'ai trop marché, je n'ai plus de jambes*, ho camminato tanto che non mi sento più le gambe | ***prendre ses jambes à son cou***, (*fig.*) mettersi le gambe in spalla | ***se sauver à toutes jambes***, fuggire a gambe levate | ***tenir la jambe à qqn***, (*fig.*) attaccare bottone con qlcu: *il m'a tenu la jambe pendant deux heures*, mi ha attaccato un bottone per due ore | ***tirer dans les jambes de qqn***, (*fig.*) tirare colpi bassi, mancini a qlcu.

jambette [ʒɑ̃bɛt] ***n.f.*** **1** (*region.*) temperino (*m.*), coltellino (*m.*) da tasca **2** (*Canada*) sgambetto (*m.*).

jambière [ʒɑ̃bjɛʀ] ***n.f.*** **1** gambale (*m.*) **2** (*sport*) parastinchi (*m.*) **3** (*pl.*) scaldamuscoli (*m.*) **4** (*st.*) (*di armatura*) schiniere (*m.*).

jambon [ʒɑ̃bɔ̃] ***n.m.*** **1** prosciutto **2** (*fam.*) coscia (*f.*).
● ***jambon cru, cuit***, prosciutto crudo, cotto.

jambonneau [ʒɑ̃bɔno] ***n.m.*** [pl. *-eaux*] **1** (*cuc.*) zampetto (di maiale) **2** (*zool.*) nacchera (*f.*).

janissaire [ʒanisɛʀ] ***n.m.*** (*st. mil.*) giannizzero.

jansénisme [ʒɑ̃senism] ***n.m.*** (*st. relig.*) giansenismo.

janséniste [ʒɑ̃senist] ***agg.*** (*st. relig.*) giansenista, giansenistico ♦ ***n.m.*** e ***f.*** (*st. relig.*) giansenista.

jante [ʒɑ̃t] ***n.f.*** cerchione (*m.*); (*di ruota*) cerchio (*m.*).

janvier [ʒɑ̃vje] ***n.m.*** gennaio: *en janvier, au mois de janvier*, in gennaio, nel mese di gennaio; *le premier, le cinq janvier*, il primo, il cinque (di) gennaio.

japon [ʒapɔ̃] ***n.m.*** porcellana (*f.*) giapponese.
● ***(papier) japon***, carta giapponese.

japonais [ʒapɔnɛ] ***agg.*** giapponese ♦ ***n.m.*** (*lingua*) giapponese.

Japonais ***n.m.*** (*abitante*) giapponese.

japonaiserie [ʒapɔnɛzʀi] **japonerie** [ʒapɔnʀi] ***n.f.*** giapponeseria, oggetto (*m.*) giapponese, di stile giapponese.

japonisant [ʒapɔnizɑ̃] ***n.m.*** (*etnologia*) iamatologo.

jappement [ʒapmɑ̃] ***n.m.*** uggiolio, guaito.

japper [ʒape] ***v.intr.*** uggiolare, guaire; abbaiare.

jaquemart [ʒakmaʀ] ***n.m.*** (*di orologio*) automa.

jaquette [ʒakɛt] ***n.f.*** **1** tight (*m.*) **2** (*di tailleur*) giacca **3** (*di libro*) sopraccoperta **4** (*odontoiatria*) capsula dentaria **5** (*Canada*) (*fam.*) camicia da notte.

jardin [ʒaʀdɛ̃] ***n.m.*** giardino: *il est au jardin*, è in giardino.
● ***jardin anglais***, giardino all'inglese | ***jardin botanique, des plantes***, giardino, orto botanico | ***jardin d'agrément***, giardino ornamentale | ***jardin de délices***, Paradiso terrestre, Eden | ***jardin d'enfants***, giardino d'infanzia, asilo | (*Bibbia*) ***Jardin des Oliviers***, Orto degli Olivi | ***jardin d'hiver***, giardino d'inverno | ***jardin fruitier***, frutteto | ***jardin potager***, orto | ***jardin suspendu***, giardino pensile | (*teatr.*) ***côté jardin***, la parte del palcoscenico alla sinistra degli spettatori | ***jeter une pierre dans le jardin de qqn***, (*fig.*) lanciare una frecciatina contro qlcu.

jardinage [ʒaʀdinaʒ] ***n.m.*** **1** giardinaggio **2** disboscamento.

jardiner [ʒaʀdine] ***v.intr.*** dedicarsi al giardinaggio.

jardinerie [ʒaʀdinʀi] ***n.f.*** garden-center (*m.*), centro (*m.*) botanico.

jardinet [ʒaʀdinɛ] ***n.m.*** giardinetto.

jardinier [ʒaʀdinje] ***agg.*** [f. *-ère*] da, di giardino ♦ ***n.m.*** giardiniere.
● ***jardinier fleuriste***, floricoltore | ***jardinier maraîcher***, ortolano.

jardinière [ʒaʀdinjɛʀ] ***n.f.*** **1** giardiniera, fioriera **2** (*cuc.*) verdure (*pl.*) miste tagliate a dadi **3** (*zool.*) carabo (*m.*) dorato.
● ***jardinière d'enfants***, maestra d'asilo.

jargon [ʒaʀgɔ̃] ***n.m.*** **1** gergo **2** (*dell'oca maschio*) schiamazzo.

jargonner [ʒaʀgɔne] ***v.intr.*** **1** parlare in gergo **2** (*dell'oca maschio*) schiamazzare.

jarre [ʒaʀ] ***n.f.*** giara, orcio (*m.*).

jarret [ʒaʀɛ] ***n.m.*** **1** (*anat.*) poplite **2** (*di animali*) garretto **3** (*macelleria*) stinco **4** (*edil.*) sporgenza (*f.*) **5** (*tecn.*) (*di tubo*) gomito.
● (*macelleria*) ***jarret de veau***, geretto | ***avoir du jarret, des jarrets d'acier***, (*fam.*) aver buone gambe.

jarretelle [ʒaʀtɛl] ***n.f.*** (*abbigl.*) giarrettiera.

jarretière [ʒaʀtjɛʀ] ***n.f.*** (*abbigl.*) giarrettiera.

jars [ʒaʀ] ***n.m.*** (*zool.*) oca (*f.*) maschio.

jas[1] [ʒɑ] ***n.m.*** (*mar.*) (*dell'ancora*) ceppo.

jas[2] ***n.m.*** (*nel sud della Francia*) ovile.

jaser [ʒɑze] ***v.intr.*** **1** chiacchierare **2** spettegolare: *on a beaucoup jasé sur son compte*, si sono fatte molte chiacchiere sul suo conto | *tout le monde en jase*, è sulla bocca di tutti **3** (*di bambini*) cinguettare **4** (*letter.*) (*di acqua*) ciangottare.
■ SIN. **1** bavarder.

jasette [ʒazɛt] ***n.f.*** (*Canada*) (*fam.*) chiacchierata.
● ***avoir de la jasette***, avere la lingua sciolta.

jasmin [ʒasmɛ̃] ***n.m.*** (*bot.*) gelsomino.

jaspe [ʒasp] ***n.m.*** (*min.*) diaspro.

jaspé [ʒaspe] ***v.tr.*** marezzato; marmorizzato: *marbre jaspé*, marmo marezzato; *papier jaspé*, carta marmorizzata.

jaspure [ʒaspyʀ] ***n.f.*** marezzo (*m.*), marmorizzazione.

jatte [ʒat] ***n.f.*** grossa ciotola, scodella.

jauge [ʒoʒ] ***n.f.*** **1** misura, capacità **2** (*mar.*) stazza **3** (*tecn.*) indicatore (*m.*), asta di livello **4** (*agr.*) solco (*m.*), fossa.
● (*aut.*) ***jauge de niveau d'huile, d'essence***, indicatore del livello dell'olio, della benzina | (*tecn.*) ***jauge d'épaisseur, de profondeur***, calibro di spessore, di profondità.

jaugeage [ʒoʒaʒ] ***n.m.*** **1** calibratura (*f.*) **2** (*mar.*) stazzatura (*f.*).

jauger [ʒoʒe] ***v.tr.*** [coniug. come *manger*] **1** misurare la capacità, la portata, la stazza (**di**): *jauger un cours d'eau*, misurare la portata d'un corso d'acqua; *jauger un navire*, misurare la stazza d'una nave **2** (*fig. letter.*) valutare: *jauger un homme*, valutare un uomo ♦ ***v.intr.*** avere la capacità, la portata (**di**); (*mar.*) stazzare: *ce navire jauge 2 mètres*, questa nave ha un pescaggio di 2 metri.

jaunasse [ʒonas] ***agg.*** giallastro.

jaunâtre [ʒonɑtʀ] ***agg.*** gialliccio, giallastro.

jaune [ʒon] ***agg.*** giallo ♦ ***n.m.*** **1** giallo **2** individuo di pelle gialla **3** (*spreg.*) crumiro ♦ ***avv.*** *rire jaune*, (*fig.*) ridere verde.
● ***jaune citron, d'or***, giallo limone, oro | ***jaune d'œuf***, tuorlo | ***jaune paille, serin***, giallo paglierino, canarino | (*anat.*) ***corps jaune***, corpo luteo | (*med.*) ***fièvre jaune***, febbre gialla | ***il est jaune comme un coing***, è giallo come un limone | ***les Jaunes***, la razza gialla | ***vin jaune***, vino bianco forte, di colore dorato, tipico del Giura.

NOTA Il giallo era considerato nel Medioevo il colore del tradimento.
Syndicats jaunes furono dette le organizzazioni sindacali sorte nel 1899 per ostacolare i sindacati operai; avevano come

emblema una ghianda gialla e una ginestra. Da loro è derivato il nome di *jaunes* per definire i crumiri, durante gli scioperi.

Il ***maillot jaune*** è la maglia gialla che indossa il ciclista in testa alla classifica durante il *Tour de France*; la scelta del colore è dovuta al fatto che il giornale sportivo 'L'Équipe' era inizialmente stampato su carta gialla.

jaunir [ʒoniʀ] ***v.tr.*** e ***intr.*** ingiallire: *ce tissu a jauni*, questo tessuto è ingiallito.

jaunissant [ʒonisɑ̃] ***agg.*** che ingiallisce: *moissons jaunissantes*, messi biondeggianti.

jaunisse [ʒonis] ***n.f.*** **1** (*med.*) itterizia, ittero (*m.*) **2** (*bot.*) giallume (*m.*).
● ***en faire une jaunisse***, (*fam.*) diventare giallo dalla bile, farne una malattia.

jaunissement [ʒonismɑ̃] ***n.m.*** ingiallimento.

java[1] [ʒava] ***n.f.*** (*danza*) giava.
● ***faire la java***, (*fam.*) fare baldoria.

java[2®] ***n.m.*** (*inform.*) java®.

javanais [ʒavanɛ] ***agg.*** giavanese ♦ ***n.m.*** **1** (*lingua*) giavanese **2** gergo scherzoso che consiste nell'inserire nelle parole le sillabe 'av' e 'va' dopo ogni consonante.

J

Javel, eau de [odəʒavɛl] ***n.f.*** candeggina, varechina.

NOTA L'***eau de Javel*** prende nome dal quartiere di Parigi *Javel* (XV arrondissement), dove si trovava la ditta di prodotti chimici che la produceva.

javelle [ʒavɛl] ***n.f.*** **1** (*di fieno ecc.*) mannello (*m.*), fastello (*m.*) **2** fascina.

javelliser [ʒavelize] ***v.tr.*** **1** (*acqua*) sterilizzare **2** candeggiare.

javelot [ʒavlo] ***n.m.*** giavellotto.

jazz [dʒɑz] ***n.m.*** (*mus.*) jazz ♦ ***agg.invar.*** (*Africa*) **1** elegante **2** falso.

je [ʒə] ***pron.pers. 1ª pers.sing.*** [si apostrofa davanti a vocale o *h* muta] (*sogg.*) io: *je partirai demain*, (io) partirò domani; *j'écoute souvent de la musique*, ascolto spesso la musica; *devrais-je mentir?*, dovrei mentire?; *d'accord, répondis-je, n'en parlons plus*, d'accordo, risposi, non ne parliamo più ♦ ***n.m.invar.*** io (*anche fil.*).

NOTA Nella lingua parlata, il pronome personale ***je*** perde la vocale *e* davanti a verbi che iniziano con una consonante, sostituita da un apostrofo:

J'te dis que oui, ti dico di sì
J'veux pas y aller, non voglio andarci
J'pensais pas, non pensavo.

Quando invece *je* viene seguito da un verbo che inizia con una *s* come alla prima persona dei verbi *être* o *savoir*, viene trascritto con *ch'*:

Ch'sais pas, non lo so
Ch'suis pas content, non sono contento.

jean-foutre [ʒɑ̃futʀ] ***n.m.invar.*** (*fam.*) mezzacalzetta (*f.*), incapace.

jeannette [ʒanɛt] ***n.f.*** **1** asse doppia, stiramaniche (*m.*) **2** (*scoutismo*) coccinella.

jean(s) [dʒin(s)] ***n.m.*** jeans.

jeep [dʒip] ***n.f.invar.*** jeep.

je-m'en-fichisme [ʒmɑ̃fiʃism] ***n.m.*** (*fam.*) menefreghismo.

je-m'en-fichiste [ʒmɑ̃fiʃist] ***agg.*** e ***n.m.*** e ***f.*** (*fam.*) menefreghista.

je-m'en-foutisme [ʒmɑ̃futism] ***n.m.*** (*fam.*) menefreghismo.

je-m'en-foutiste [ʒmɑ̃futist] ***agg.*** e ***n.m.*** e ***f.*** (*fam.*) menefreghista.

je-ne-sais-quoi [ʒənsɛkwa] ***n.m.invar.*** un (certo) non so che.

jérémiade [ʒeʀemjad] ***n.f.*** geremiade.

jéroboam [ʒeʀɔbɔam] ***n.m.*** bottiglione di champagne di circa 3 litri.

jerrican, jerrycan [dʒeʀikan] ***n.m.*** (*di benzina*) tanica (*f.*), bidone.

jersey [ʒɛʀzɛ] ***n.m.*** jersey (tessuto a maglia).
● ***point de jersey***, (*lavoro a maglia*) maglia rasata.

je-sais-tout [ʒəsɛtu] ***n.m.invar.*** saccentone.

jésuite [ʒezɥit] ***n.m.*** gesuita ♦ ***agg.*** gesuitico.

jésuitique [ʒezɥitik] ***agg.*** gesuitico.

jésuitisme [ʒezɥitism] ***n.m.*** gesuitismo.

jésus [ʒezy] ***n.m.*** immaginetta (*f.*), statuetta (*f.*) di Gesù Bambino.
● (*cuc.*) ***jésus de Lyon***, insaccato di carne secca | ***Petit Jésus, Enfant Jésus***, Gesù Bambino.

jet[1] [ʒɛ] ***n.m.*** **1** getto, lancio **2** (*di liquidi*) getto, zampillo; (*estens.*) sprazzo: *le jet d'une pompe*, il getto di una pompa; *un jet de lumière*, uno sprazzo di luce **3** (*bot.*) getto, germoglio **4** (*metall.*) getto.
● ***du premier jet***, di getto | (*inform.*) ***imprimante à jet d'encre***, stampante a getto d'inchiostro | ***premier jet***, abbozzo: *le premier jet d'un ouvrage*, l'abbozzo di un'opera.

jet[2] [dʒɛt] ***n.m.*** jet, aereo a reazione.

jetable [ʒətabl] ***agg.*** usa e getta, monouso.

jetée [ʒəte] ***n.f.*** molo (*m.*); (diga a) gettata.
■ SIN. môle.

jeter [ʒəte] ***v.tr.*** [raddoppia la *t* davanti a *e* muta: *je jette, tu jettes* etc.; *je jetterai, tu jetteras* etc.] **1** gettare, lanciare (*anche fig.*): *jeter le discrédit sur qqn*, gettare il discredito su qlcu **2** buttar (via), gettar (via) **3** mettere, buttare (*spec. fig.*): *jeter à la porte*, mettere alla porta; *jeter en prison*, buttare in prigione **4** (*edil., metall.*) gettare (*anche fig.*): *jeter une statue en bronze*, gettare una statua in bronzo; *jeter les bases d'une constitution*, gettare le basi di una costituzione **5** gettare, spargere: *la lampe jetait une faible lueur*, la lampada spargeva un debole chiarore ♦ **se jeter** ***v.pron.*** **1** gettarsi, buttarsi **2** (*di fiume*) gettarsi, confluire.
● ***jeter (à) bas***, (*anche fig.*) abbattere; distruggere | ***jeter au panier***, cestinare | ***jeter la (première) pierre à qqn***, (*fig.*) scagliare la prima pietra contro qlcu; accusare, biasimare qlcu | ***jeter qqch à la tête de qqn***, (*fig.*) rinfacciare qlco a qlcu | ***jeter un coup d'œil***, dare un'occhiata | ***jeter un sort à qqn***, fare un sortilegio a qlcu | ***en jeter***, (*molto fam.*) mettersi in bella mostra, far colpo | ***le sort en est jeté***, il dado è tratto | ***s'en jeter un***, (*molto fam.*) farsi un bicchierino.

jeteur [ʒətœʀ] ***n.m.*** [f. *-euse*] lanciatore.
● ***jeteur de sort***, iettatore.

jeton [ʒətɔ̃] ***n.m.*** gettone, puglia (*f.*).
● ***avoir les jetons***, (*fam.*) avere fifa | ***faux jeton***, ipocrita.

jet-ski [dʒɛtski] ***n.m.*** [pl. *jet-skis*] jet ski.

jeu [ʒø] ***n.m.*** [pl. *jeux*] **1** gioco: *jeu de construction*, costruzioni; *jeu des muscles*, gioco dei muscoli; (*tecn.*) gioco del cilindro **2** (*teatr.*) recitazione (*f.*); (*mus.*) esecuzione (*f.*) **3** serie (*f.*), assortimento, set: *un jeu de cartes, de clés*, un mazzo di carte, di chiavi **4** (*tennis*) game, gioco.
● (*inform.*) ***jeu d'arcade***, videogioco arcade | ***jeu de lumière***, gioco di luci | ***jeu de mots***, gioco di parole | (*in-

form.) ***jeu de plate-forme***, videogioco a piattaforme | ***jeu d'éveil***, gioco di apprendimento | (*inform.*): ***jeu multijoueurs***, videogioco a più giocatori, multiplayer; ***jeu vidéo***, videogioco, giochino elettronico | ***jeux d'eau***, giochi d'acqua | ***jeux instantanés***, gratta e vinci | ***Jeux Olympiques***, Giochi Olimpici | ***jeux télévisés***, quiz, giochi televisivi | ***avoir beau jeu***, (*fig.*) aver buon gioco | ***avoir du jeu***, avere belle carte | ***cacher son jeu***, (*fig.*) nascondere le proprie carte | ***cela n'est pas de jeu***, (*fam.*) non è nelle regole | ***d'entrée de jeu***, fin dall'inizio | ***entrer dans le jeu***, entrare in gioco | ***étaler son jeu***, mostrare le proprie carte | ***être dans le jeu***, ***en jeu***, essere in gioco, in ballo | ***être du jeu***, far parte del gioco | ***être vieux jeu***, essere sorpassato, fuori moda | ***jouer double jeu***, fare il doppio gioco | ***jouer gros jeu***, rischiare grosso | ***jouer le grand jeu***, (*fig.*) recitare la scena madre | ***jouer le jeu***, giocare secondo le regole | ***les jeux sont faits!***, (*anche fig.*) il gioco è fatto! | ***se faire un jeu de***, farsi un baffo di: *se faire un jeu des difficultés*, superare facilmente le difficoltà | ***se laisser prendre au jeu***, esser preso dal proprio gioco.

NOTA Nel Medioevo, il ***jeu*** era una rappresentazione drammatica, sacra o profana, in lingua volgare, cioè in francese e non in latino. Il primo *jeu* è *Le Jeu d'Adam* (XII sec.), dramma semiliturgico, mentre *Le jeu de la feuillée* (1276) di Adam le Bossu è l'antenato delle rappresentazioni satiriche.

I ***jeux instantanés*** corrispondono in Francia ai 'gratta e vinci' italiani. Prendono nomi come *Banco, Bingo, Black-jack, Millionnaire* ecc.

jeudi [ʒødi] ***n.m.*** giovedì.
● ***la semaine des quatre jeudis***, (*fam.*) il giorno di san Mai.

jeun, à [aʒœ̃] ***avv.*** a digiuno.

jeune [ʒœn] ***agg.*** **1** giovane **2** giovanile **3** inesperto: *être jeune dans le métier*, essere nuovo del mestiere ♦ ***n.m.*** **1** giovane **2** (*region.*) (*animale*) piccolo, cucciolo ♦ ***avv.*** in modo giovanile, giovane: *elle s'habille jeune*, si veste in modo giovanile.
● ***jeune fille***, ragazza, fanciulla | ***jeune homme***, ragazzo, giovanotto | ***jeunes mariés***, sposini, giovani sposi | ***dans son jeune temps***, ai suoi tempi | ***faire jeune***, (*fam.*) ringiovanire: *cette coiffure fait jeune*, questa pettinatura ringiovanisce | ***les jeunes gens***, i giovani.
■ *AGG.* SIN. **3** inexpérimenté CONTR. **1** vieux.

jeûne [ʒøn] ***n.m.*** digiuno.
■ SIN. abstinence.

jeune pousse [ʒœnpus] ***n.f.*** [pl. *jeunes pousses*] (*econ.*) nuova azienda, start-up, azienda emergente della net economy.

jeûner [ʒøne] ***v.tr.*** **1** digiunare **2** (*fig.*) astenersi.

jeunesse [ʒœnɛs] ***n.f.*** **1** giovinezza, gioventù **2** gioventù, i giovani (*m.pl.*).
● ***n'être plus de la première jeunesse***, non essere di primo pelo | ***œuvre de jeunesse***, opera giovanile.

jeunet [ʒœnɛ] ***agg.*** [f. *-ette*] (*fam.*) giovanissimo.

jeûneur [ʒønœʀ] ***n.m.*** [f. *-euse*] digiunatore.

jeunisme [ʒœnism] ***n.m.*** **1** discriminazione (*f.*) verso i giovani **2** giovanilismo.

jeuniste [ʒœnist] ***agg.*** giovanilistico.

jeunot [ʒœno] ***agg.*** e ***n.m.*** [f. *-otte*] (*fam.*) giovincello.

jihad [dʒiad] ***n.m.*** jihad (*f.*).

jingle [dʒingœl] ***n.m.*** stacco musicale.

jité [ʒite] ***n.m.*** (*fam.*) (*da* JT *per* Journal Télévisé) telegiornale.

joaillerie [ʒɔɑjʀi] ***n.f.*** **1** gioielleria **2** gioielli (*m.pl.*).

joaillier [ʒɔɑje] ***n.m.*** [f. *-ère*] gioielliere.
■ SIN. orfèvre.

job [dʒɔb] ***n.m.*** (*fam.*) **1** lavoro, impiego **2** lavoretto temporaneo, occasionale (spec. di studente).

jobard [ʒɔbaʀ] ***n.m.*** (*fam.*) credulone, grullo.

jobarderie [ʒɔbaʀdəʀi] **jobardise** [ʒɔbaʀdiz] ***n.f.*** (*fam.*) grullaggine.

jobine [dʒɔbin] ***n.f.*** (*Canada*) secondo lavoro (*m.*).

jobiste [dʒɔbist] ***n.m.*** e ***f.*** (*Belgio*) (*fam.*) studente/essa che fa un lavoretto temporaneo.

jockey [ʒɔkɛ] ***n.m.*** fantino.

jocrisse [ʒɔkʀis] ***n.m.*** (*antiq.*) babbeo, sciocco.

jodhpurs [ʒɔdpyʀ] ***n.m.pl.*** calzoni da cavallerizzo.

jogging [dʒɔgiŋ] ***n.m.*** **1** jogging **2** tuta (*f.*) sportiva.

joibour [ʒwabuʀ] ***n.m.*** (*verlan di* bourgeois) borghese.

joie [ʒwa] ***n.f.*** gioia.
● ***c'est pas la joie!***, (*fam.*) non è certo una cosa piacevole | ***feu de joie***, falò | ***fille de joie***, donna di strada | ***se faire une joie de***, pregustare la gioia di: *il se fait une joie de ce voyage*, pregusta la gioia di quel viaggio | ***s'en donner à cœur joie***, darsi alla pazza gioia: *il s'en est donné à cœur joie*, se l'è goduta un mondo.
■ SIN. allégresse CONTR. peine.

J

joignable [ʒwaɲabl] ***agg.*** raggiungibile.

joignant [ʒwaɲɑ̃] *p.pres.* di **joindre**.

joindre [ʒwɛ̃dʀ] ***v.tr.*** [pres.indic.: *je joins* etc.; *nous joignons* etc.; imperf.indic.: *je joignais* etc.; p.rem.: *je joignis* etc.; fut.indic.: *je joindrai* etc.; cond.: *je joindrais* etc.; pres.cong.: *que je joigne* etc.; imperf.cong.: *que je joignisse* etc.; p.pres.: *joignant*; p.p.: *joint*; imp.: *joins, joignons, joignez*] **1** congiungere, unire: *joindre l'intérêt au capital*, aggiungere l'interesse al capitale **2** accludere, allegare **3** (*per telefono ecc.*) raggiungere: *on ne sait jamais où te joindre*, non si sa mai dove rintracciarti ♦ ***v.intr.*** **1** combaciare **2** essere attiguo, adiacente ♦ **se joindre** ***v.pron.intr.*** unirsi, associarsi ♦ ***v.pron.rec.*** contattarsi, trovarsi.

joint[1] [ʒwɛ̃] ***n.m.*** **1** giuntura (*f.*) **2** (*mecc., edil.*) giunto **3** (*di rubinetto ecc.*) guarnizione (*f.*).
● (*mecc.*) ***joint de cardan***, giunto cardanico | ***trouver le joint***, (*fam.*) trovare il verso buono.

joint[2] *p.p.* di **joindre** ♦ ***agg.*** **1** unito, congiunto **2** accluso, allegato.
● ***à pieds joints***, a piedi uniti | ***ci-joint*** → ci-joint | ***les mains jointes***, a mani giunte.

joint[3] ***n.m.*** (*argot*) spinello.

jointif [ʒwɛ̃tif] ***agg.*** [f. *-ive*] **1** congiunto **2** che combacia.

jointoyer [ʒwɛ̃twaje] ***v.tr.*** [coniug. come *aboyer*] (*edil.*) (*muro ecc.*) rabboccare.

jointure [ʒwɛ̃tyʀ] ***n.f.*** **1** giuntura **2** (*anat.*) articolazione, giuntura.

jojo[1] [ʒɔʒo] ***n.m.*** (*fam.*) ragazzino terribile.
● ***un affreux jojo***, una piccola peste, un Pierino.

jojo[2] ***agg.*** [f. *invar.*] (*fam.*) bello, carino: *c'est pas jojo!*, non è molto bello!

jojoba [ʒɔʒoba] ***n.m.*** (*bot.*) jojoba (*f.*).

joker [ʒɔkɛʀ] ***n.m.*** (*alle carte*) matta (*f.*), jolly.

joli [ʒɔli] ***agg.*** **1** carino, grazioso, bello (*anche iron.*): *une jolie fille*, una bella ragazza; *il a fait là une jolie affaire!*, bell'affare che ha fatto! **2** (*fig.*) bello, notevole: *une jolie somme*, una bella somma ♦ ***n.m.*** bello.
● ***joli à croquer***, (*fig.*) adorabile | ***c'est du joli!***, bella roba! | ***jouer un joli tour***, (*iron.*) giocare un bel tiro.
■ *AGG.* SIN. **1** beau, ravissant.

joliesse [ʒɔljɛs] ***n.f.*** (*letter.*) graziosità, grazia.

joliment [ʒɔlimɑ̃] ***avv.*** **1** con grazia, graziosamente, bene (*anche iron.*): *robe joliment brodée*, vestito finemente ricamato; *il l'a joliment reçu!*, lo ha accolto proprio bene! **2** (*fam.*) molto: *il était joliment content*, era proprio contento.

jonc [ʒɔ̃] ***n.m.*** **1** giunco **2** (*estens.*) braccialetto, anello (a cerchio) **3** (*fam.*) oro.
● (*bot.*) ***jonc d'Inde***, canna d'India.

jonchée [ʒɔ̃ʃe] ***n.f.*** **1** fiorita (in occasione di cerimonie); tappeto (*m.*) di foglie morte **2** (*fig.*) strato (*m.*), tappeto (*m.*).

joncher [ʒɔ̃ʃe] ***v.tr.*** ricoprire: *les feuilles jonchaient les prés*, i prati erano cosparsi di foglie.

jonchère [ʒɔ̃ʃɛʀ] ***n.f.*** giuncaia.

jonction [ʒɔ̃ksjɔ̃] ***n.f.*** **1** congiunzione, congiungimento (*m.*) **2** (*di corsi d'acqua*) confluenza **3** (*tecn.*) collegamento (*m.*); accoppiamento (*m.*).

jongler [ʒɔ̃gle] ***v.intr.*** **1** fare giochi di destrezza, giocolare **2** (*fig.*) giocare: *il jongle avec les difficultés*, per lui le difficoltà sono uno scherzo.

jonglerie [ʒɔ̃gləʀi] ***n.f.*** **1** gioco (*m.*) di destrezza **2** (*fig.*) ciarlataneria.

jongleur [ʒɔ̃glœʀ] ***n.m.*** [f. *-euse*] **1** giocoliere **2** (*ant.*) giullare, menestrello.

> **NOTA** Nel Medioevo, il ***jongleur*** era il menestrello che componeva e cantava poesie e canzoni e viaggiava da una corte feudale all'altra facendo conoscere storie e leggende. Alcuni si esibivano anche nelle piazze durante le feste organizzate in occasione delle cerimonie religiose.

jonque [ʒɔ̃k] ***n.f.*** giunca.

jonquille [ʒɔ̃kij] ***n.f.*** (*bot.*) giunchiglia.

jordanien [ʒɔʀdanjɛ̃] ***agg.*** [f. *-enne*] giordano.

Jordanien ***n.m.*** [f. *-enne*] (*abitante*) giordano.

jouable [ʒwabl] ***agg.*** **1** (*teatr.*) rappresentabile **2** (*mus.*) eseguibile **3** fattibile.

joual [ʒual] ***n.m.*** dialetto del Quebec.

> **NOTA** Il nome deriva dalla pronuncia modificata del termine *cheval* 'cavallo'.

joue [ʒu] ***n.f.*** **1** guancia: *tendre sa joue*, porgere la guancia **2** fiancata: *les joues d'un fauteuil*, le fiancate di una poltrona **3** (*mecc., tecn.*) flangia.
● ***joue contre joue***, a guancia a guancia | (*macelleria*) ***joue de bœuf***, guancia di bue | (*mil.*): ***en joue!***, puntate!; ***mettre*** (o ***coucher*** o ***tenir***) ***qqn en joue***, spianare il fucile contro qlcu.

joueb [ʒwɛb] ***n.m.*** (*Internet*) (*contrazione di* Journal Web) giornale Web, giornale on line.

jouer [ʒwe] ***v.intr.*** **1** giocare: *jouer avec son collier*, giocare, gingillarsi con la collana; *jouer à des jeux de hasard*, giocare d'azzardo; *jouer à la Bourse*, giocare in Borsa; *jouer à la poupée*, giocare con le bambole; *à qui de jouer?*, a chi tocca (giocare)?; *à toi de jouer*, tocca a te (giocare) **2** scherzare **3** (*teatr.*) recitare **4** (*mus.*) suonare: *jouer du violon*, suonare il violino **5** (*del legno*) deformarsi, imbarcarsi **6** (*di un meccanismo*) avere gioco: *l'essieu joue dans son moyeu*, l'asse balla nel mozzo ♦ ***v.tr.*** **1** giocare: *jouer trèfle*, giocare fiori; *jouer la revanche*, fare la rivincita; *jouer un cheval*, giocare, puntare su un cavallo **2** (*mus.*) suonare: *jouer du Chopin*, suonare Chopin **3** (*teatr.*) recitare: *jouer du Marivaux*, recitare Marivaux; *jouer Néron*, interpretare il ruolo di Nerone **4** (*opera teatrale*) dare, rappresentare; (*film*) dare, proiettare **5** simulare, fingere; atteggiarsi (**a**), darsi arie (**da**, **di**): *jouer la surprise, le désespoir*, simulare sorpresa, fingere di essere disperato; *jouer les patrons*, atteggiarsi a, darsi delle arie di padrone ♦ **se jouer** ***v.pron.*** e ***pron.intr.*** prendersi gioco, burlarsi: *se jouer des difficultés*, superare brillantemente le difficoltà.
● ***jouer au plus malin, au plus fin***, giocare d'astuzia | ***jouer avec le feu***, (*fig.*) scherzare col fuoco | ***jouer cartes sur table***, (*fig.*) giocare a carte scoperte | ***jouer contre qqn***, giocare a sfavore di qlcu, essere avverso a qlcu: *le temps a joué contre lui*, il tempo ha giocato a suo sfavore | ***jouer des coudes***, farsi largo coi gomiti | ***jouer du couteau***, esser lesto di coltello | ***jouer en exclusivité***, (*di film*) proiettare in prima visione: *ce film se joue en exclusivité*, questo film viene dato in prima visione | ***jouer la comédie***, fare l'attore; (*fig.*) recitare la commedia | ***jouer les don Juans***, (*estens.*) fare il don Giovanni | ***en se jouant***, con disinvoltura: *faire qqch en se jouant*, fare qlco con disinvoltura | ***faire jouer***, mettere in azione, in moto: *faire jouer un ressort*, far scattare una molla; *faire jouer toutes sortes de ressorts*, (*fig.*) ricorrere a tutti i mezzi a disposizione; *faire jouer ses relations*, (*fig.*) mettere in moto le proprie conoscenze | ***pour jouer***, per scherzo | ***se la jouer***, bluffare; darsi delle arie.

> **NOTA** I vari significati del verbo ***jouer*** sono precisati dalla sua costruzione:
>
> **sì** ***Jouer au*** *tennis,* ***aux*** *cartes.*
> **NO** ***Jouer à*** *tennis,* ***à*** *cartes.*
> Giocare a tennis, a carte.
>
> **sì** ***Jouer*** *Chimène.*
> **NO** ***Réciter*** *Chimène.*
> Recitare la parte di Chimène.
>
> **sì** ***Jouer*** *les imbéciles.*
> **NO** ***Faire*** *l'imbécile.*
> Fare il finto tonto.

jouet [ʒwɛ] ***n.m.*** **1** giocattolo **2** (*fig.*) zimbello; vittima (*f.*).

jouette [ʒwɛt] ***n.f.*** (*Belgio*) giocherellone (*m.*).

joueur [ʒwœʀ] ***agg.*** [f. *-euse*] giocherellone ♦ ***n.m.*** **1** giocatore: *joueur de tennis*, tennista **2** (*mus.*) suonatore: *joueur de cornemuse*, zampognaro.
● ***joueur*** (***de hasard***), che ama giocare (d'azzardo) | ***se montrer beau, mauvais joueur***, saper, non saper perdere al gioco.

joufflu [ʒufly] ***agg.*** paffuto, grassottello.

joug [ʒu] ***n.m.*** giogo (*anche fig.*).

jouir [ʒwiʀ] ***v.intr.*** godere: *jouir d'une bonne réputation*, godere di buona reputazione.
● ***jouir de la vie***, godersi la vita | ***jouir de toutes ses facultés***, essere nel pieno possesso delle proprie facoltà mentali.

jouissance [ʒwisɑ̃s] ***n.f.*** **1** godimento (*m.*), piacere (*m.*) **2** (*dir.*) godimento (*m.*), usufrutto (*m.*).
● (*dir.*) ***jouissance légale***, usufrutto legale.

jouisseur [ʒwisœʀ] ***n.m.*** [f. *-euse*] gaudente.

joujou [ʒuʒu] ***n.m.*** [pl. *-oux*] (*fam.*) giocattolo.
● ***faire joujou***, baloccarsi; (*linguaggio infantile*) giocare.

jour [ʒuʀ] ***n.m.*** **1** giorno: *le jour, il dort*, di giorno dorme; *quel jour sommes-nous aujourd'hui?*, che giorno è oggi? **2** giorno, luce (*f.*): *il fait jour*, fa giorno; *il est encore jour*, è ancora giorno, chiaro **3** apertura (*f.*), luce (*f.*).
● ***à ce jour***, fino a oggi | ***au goût du jour***, secondo i gusti del momento | ***au grand jour***, (*fig.*) alla luce del sole | ***au jour d'hui, aujourd'hui***, oggigiorno | ***au jour le jour***, alla giornata; regolarmente | ***au lever du jour***, sul far del gior-

no | ***au petit jour***, all'alba | ***ce jour même***, oggi stesso | ***comme le jour***, come il sole: *clair comme le jour*, chiaro come il sole; *belle comme le jour*, bella come il sole | ***dans dix jours***, fra dieci giorni | ***de nos jours***, ai giorni nostri | ***depuis trois jours***, da tre giorni: *il est là depuis trois jours*, è qui da tre giorni | ***donner le jour à***, dare alla luce: *donner le jour à un enfant*, dare alla luce un bambino | ***donner ses huit jours***, dare gli otto giorni, licenziarsi | ***du jour***, del giorno, (fresco) di giornata: *œufs du jour*, uova fresche di giornata | ***du jour au lendemain***, dall'oggi al domani | ***être dans un de ses bons, mauvais jours***, essere in un giorno di buon, di cattivo umore; (*di atleta*) essere, non essere in forma | (*mil.*) ***être de jour***, essere di giornata | ***il y a dix jours***, dieci giorni fa | ***les beaux jours***, il bel tempo antico, i bei tempi | ***le jour de l'An***, Capodanno, il primo dell'anno | (*mil.*) ***le jour J***, il giorno X | ***le jour viendra où***, verrà il giorno in cui | ***les jours ouvrables, fériés***, i giorni feriali, festivi | ***mettre à jour***, aggiornare | ***se faire jour***, (*fig.*) venire a galla: *la vérité se fit jour*, la verità venne a galla | ***service de jour***, servizio diurno | ***ses jours sont comptés***, ha i giorni contati | ***sous un faux jour***, sotto una falsa luce: *présenter qqch sous un faux jour*, presentare qlco sotto una falsa luce | ***sous un jour nouveau***, in una nuova luce: *voir qqch sous un jour nouveau*, vedere qlco in una nuova luce | ***succès d'un jour***, gloria effimera.

journal [ʒuʀnal] ***n.m.*** [pl. *-aux*] **1** giornale: *lire dans le journal*, leggere sul giornale **2** diario.
● (*Belgio*) ***journal de classe***, diario scolastico | ***Journal Officiel***, Gazzetta Ufficiale | ***journal parlé***, giornale radio | ***journal télévisé***, telegiornale.

> **NOTA** ***Dans*** **o** ***sur le journal*?**
> **SÌ** *Je l'ai lu* ***dans*** *le journal*
> **NO** *Je l'ai lu* ***sur*** *le journal*
> L'ho letto sul giornale.
> Si utilizza *dans* perché ci si riferisce a un oggetto che si apre; *sur* invece si usa per un oggetto fisso:
> *Je l'ai lu sur une affiche.*

journaleux [ʒuʀnalø] ***n.m.*** [f. *-euse*] giornalista da strapazzo.

journalier [ʒuʀnalje] ***agg.*** [f. *-ère*] giornaliero ♦ ***n.m.*** bracciante.

journalisme [ʒuʀnalism] ***n.m.*** giornalismo.

journaliste [ʒuʀnalist] ***n.m.*** e ***f.*** giornalista.
● ***journaliste reporteur d'images***, fotoreporter, cineoperatore.

journalistique [ʒuʀnalistik] ***agg.*** giornalistico.

journée [ʒuʀne] ***n.f.*** giornata.
● ***à la journée***, a giornata; alla giornata: *travailler à la journée*, lavorare a giornata | ***dans la journée***, in giornata | ***de toute la journée***, in tutto il giorno | ***toute la sainte journée, à longueur de journée***, tutto il santo giorno.

journellement [ʒuʀnɛlmɑ̃] ***avv.*** giornalmente, ogni giorno.

joute [ʒut] ***n.f.*** **1** (*st.*) giostra **2** (*fig.*) tenzone.

jouvence [ʒuvɑ̃s] ***n.f.*** (*antiq.*) giovinezza.
● ***la fontaine de Jouvence***, la fonte dell'eterna giovinezza.

jouvenceau [ʒuvɑ̃so] ***n.m.*** [pl. *-eaux*] (*antiq., scherz.*) giovincello.

jouvencelle [ʒuvɑ̃sɛl] ***n.f.*** (*antiq., scherz.*) giovincella.

jovial [ʒɔvjal] ***agg.*** [pl. *-als* o *-aux*] gioviale.

jovialement [ʒɔvjalmɑ̃] ***avv.*** giovialmente.

jovialité [ʒɔvjalite] ***n.f.*** giovialità.

joyau [ʒwajo] ***n.m.*** [pl. *-aux*] gioiello.

joyeusement [ʒwajøzmɑ̃] ***avv.*** gioiosamente.

joyeuses [ʒwajøz] ***n.f.pl.*** (*molto fam.*) testicoli (*m.*).

joyeux [ʒwajø] ***agg.*** [f. *-euse*] gioioso: *un air joyeux*, un'aria allegra.
● ***Joyeux***, Gongolo (uno dei sette nani di Biancaneve) | ***joyeux Noël***, buon Natale.
■ SIN. enjoué, gai.

joypad [dʒɔjpad] ***n.m.*** (*inform.*) joystick.

jubé [ʒybe] ***n.m.*** tribuna (*f.*) su archi che isola il coro (nelle cattedrali gotiche).

jubilation [ʒybilasjɔ̃] ***n.f.*** (*fam.*) giubilo (*m.*), esultanza.

jubilé [ʒybile] ***n.m.*** giubileo.

jubiler [ʒybile] ***v.intr.*** (*fam.*) giubilare, esultare.

jucher [ʒyʃe] ***v.intr.*** appollaiarsi ♦ ***v.tr.*** collocare in alto ♦ **se jucher** ***v.pron.*** appollaiarsi.

juchoir [ʒyʃwaʀ] ***n.m.*** posatoio.

judaïque [ʒydaik] ***agg.*** giudaico.

judaïsme [ʒydaism] ***n.m.*** giudaismo.

judas [ʒyda] ***n.m.*** **1** giuda, traditore **2** (*di porta*) spioncino.

judéo-chrétien [ʒydeɔkʀetjɛ̃] ***agg.*** e ***n.m.*** [f. *judéo-chrétienne*, pl.m. *judéo-chrétiens*] giudeocristiano.

judiciaire [ʒydisjɛʀ] ***agg.*** giudiziario.
● ***action judiciaire***, azione giudiziale.

judicieusement [ʒudisjøzmɑ̃] ***avv.*** giudiziosamente, assennatamente.

judicieux [ʒudisjø] ***agg.*** [f. *-euse*] giudizioso.

judo [ʒydo] ***n.m.*** (*sport*) judo.

judoka [ʒydɔka] ***n.m.*** [f. *judokate*] (*sport*) judoista.

juge [ʒyʒ] ***n.m.*** giudice.
● ***juge aux affaires familiales***, giudice con competenza su ogni questione attinente la famiglia (divorzio, adozione ecc.) | ***juge des enfants***, giudice del tribunale dei minori | ***juge des référés***, giudice competente in un processo per direttissima | (*sport*) ***juge de touche***, segnalinee | ***juge d'instance, juge de paix***, (giudice) conciliatore | ***juge d'instruction***, giudice delle indagini preliminari, GIP | ***juge d'un concours***, commissario di un concorso | ***être bon juge en la matière***, essere buon giudice in materia: *il est bon juge en matière de vins*, è un intenditore (in fatto) di vini | ***je vous en fais juge, je vous prends pour juge***, vi faccio arbitro di ciò | ***par devant le juge***, davanti al giudice.

jugé [ʒyʒe] ***agg.*** e ***n.m.*** (*dir.*) giudicato.
● ***au jugé***, a occhio e croce; a caso: *tirer au jugé*, sparare a casaccio | ***passer en forme de chose jugée***, passare in giudicato.

jugement [ʒyʒmɑ̃] ***n.m.*** **1** giudizio (*anche dir.*) **2** (*dir.*) sentenza (*f.*) **3** opinione (*f.*), giudizio **4** buonsenso: *être dépourvu de jugement*, essere senza criterio; *je fais appel à ton jugement*, lascio giudicare a te.
● ***Jugement dernier***, Giudizio Universale | (*dir.*): ***jugement de sursis***, sentenza di condanna con la condizionale; ***jugement en dernier ressort***, sentenza inappellabile | ***jugement préconçu***, preconcetto, pregiudizio | (*dir.*) ***poursuivre en jugement***, perseguire in giudizio | ***revenir sur son jugement***, ricredersi.

jugeote [ʒyʒɔt] ***n.f.*** (*fam.*) buonsenso (*m.*).

juger[1] [ʒyʒe] ***v.tr.*** [coniug. come *manger*] giudicare (*anche dir.*): *juger une affaire*, giudicare una causa; *juger sur les apparences*, giudicare dalle apparenze ♦ ***v.intr.*** **1** giudicare (**qlcu, qlco**): *juger d'un poème qu'il est bon ou mauvais*, giudicare un poema buono o cattivo; *jugez-en vous*

J

-mêmes, giudicate da voi **2** immaginare (qlco), figurarsi (qlco): *jugez de ma surprise*, figuratevi la mia sorpresa ♦ **se juger** *v.pron.* giudicarsi, considerarsi.
● ***juger opportun, bon, à propos***, giudicare, reputare opportuno.
juger[2] *n.m.*
● ***au juger***, a occhio e croce; a caso.
jugulaire [ʒygylɛʀ] *agg.* (*anat.*) giugulare ♦ *n.f.* **1** (*anat.*) vena giugulare **2** (*di elmetto*) sottogola (*m.*).
juguler [ʒygyle] *v.tr.* (*fig.*) soffocare, stroncare.
juif [ʒɥif] *agg.* e *n.m.* [f. *-ive*] ebreo, giudeo.
juillet [ʒɥijɛ] *n.m.* luglio.

NOTA ***Le 14 juillet*** è l'anniversario della presa della Bastiglia (1789) e la festa nazionale francese.

juilletiste [ʒɥijɛtist] *n.m.* e *f.* (*fam.*) chi fa le vacanze in luglio.
juin [ʒɥɛ̃] *n.m.* giugno.
juiverie [ʒɥivʀi] *n.f.* **1** (*spreg.*) ebrei (*m.pl.*) **2** (*spreg.*) lobby ebraica: *coup monté par la juiverie internationale*, manovra della lobby ebraica internazionale.
jujube [ʒyʒyb] *n.m.* **1** (*bot.*) giuggiola (*f.*) **2** pasticca (*f.*).
jujubier [ʒyʒybje] *n.m.* (*bot.*) giuggiolo.
juke-box [dʒykbɔks] *n.m.* [pl. *invar.* o *juke-bokes*] juke-box.
jules [ʒyl] *n.m.* (*molto fam.*) **1** uomo, ragazzo, amichetto, tipo, moroso **2** pitale, vaso da notte.
juliénas [ʒyljenas] *n.m.* juliénas (vino rinomato del Beaujolais).
julienne [ʒyljɛn] *n.f.* **1** (*cuc.*) minestra di verdure (tagliate a striscioline) **2** (*zool.*) sorta di merluzzo (dell'Atlantico).
jumbo-jet [dʒœmbodʒɛt] *n.m.* [pl. *jumbo-jets*] jumbo-jet.
jumeau [ʒymo] *agg.* e *n.m.* [f. *-elle*, pl.m. *-eaux*] gemello.
jumelage [ʒymlaʒ] *n.m.* **1** accoppiamento, abbinamento **2** gemellaggio: *jumelage de deux villes*, gemellaggio di due città.
jumelé [ʒymle] *agg.* accoppiato, abbinato.
● (*arch.*): ***colonne jumelée***, colonna composta; ***fenêtre jumelée***, bifora.
jumeler [ʒymle] *v.tr.* [coniug. come *appeler*] **1** abbinare, accoppiare **2** gemellare: *jumeler deux villes*, gemellare due città.
jumelle [ʒymɛl] *n.f.* (*spec. pl.*) binocolo (*m.*).
jument [ʒymɑ̃] *n.f.* giumenta, cavalla.
jumping [dʒœmpiŋ] *n.m.* (*ippica*) corsa (*f.*) a ostacoli.
jungle [ʒɔ̃gl, ʒœ̃gl] *n.f.* giungla.
junior [ʒynjɔʀ] *agg.* e *n.m.* e *f.* junior.
● (*sport*): ***catégorie junior***, categoria juniores; ***équipe junior***, squadra giovanile.
junkie, junky [dʒœnki] *n.m.* [pl. *junkies*] (*fam.*) eroinomane.
junonien [ʒynɔnjɛ̃] *agg.* [f. *-enne*] giunonico.
junte [ʒœ̃t] *n.f.* (*pol.*) giunta.
jupe [ʒyp] *n.f.* **1** gonna **2** (*tecn.*) mantello (*m.*), involucro (*m.*).
● ***jupe en forme, jupe cloche***, gonna svasata, scampanata | ***jupe fendue sur le côté***, gonna con spacco laterale | ***être toujours dans les jupes de sa mère***, (*fig.*) essere attaccato alla gonna della mamma.
jupe-culotte [ʒypkylɔt] *n.f.* [pl. *jupe-culottes*] gonna pantaloni.
jupette [ʒypɛt] *n.f.* gonnellina, gonnellino (*m.*).
jupon [ʒypɔ̃] *n.m.* sottogonna (*f.*).
● ***courir le jupon***, correr dietro alle sottane.
juponné [ʒypɔne] *agg.* coperto fino ai piedi.
● ***table juponnée***, tavolo vestito (coperto fino ai piedi dalla tovaglia).
jurassien [ʒyʀasjɛ̃] *agg.* [f. *-enne*] del Giura.
jurassique [ʒyʀasik] *agg.* e *n.m.* (*geol.*) giurassico.
juré [ʒyʀe] *agg.* e *n.m.* giurato.
jurer[1] [ʒyʀe] *v.tr.* e *intr.* giurare: *je vous jure que non*, vi giuro di no; *les conspirateurs jurèrent la mort du tyran*, i cospiratori giurarono morte al tiranno; *jurer sur l'honneur*, giurare sul proprio onore; *je n'en jurerais pas*, non ci giurerei; *il ne faut jurer de rien*, non bisogna giurare su nulla ♦ **se jurer** *v.pron. indiretto* ripromettersi: *je me suis juré de ne plus m'y laisser prendre*, mi sono ripromesso di non cascarci più ♦ *v.pron.rec.* giurarsi.
● ***elle ne jure que par lui***, (*fig.*) stravede per lui.
jurer[2] *v.tr.* e *intr.* bestemmiare; (*fig.*) stonare, non essere in armonia: *jurer le nom de Dieu*, bestemmiare il nome di Dio; *ces couleurs jurent entre elles*, quei colori fanno a pugni.
juridiction [ʒyʀidiksjɔ̃] *n.f.* (*dir.*) giurisdizione.
juridictionnel [ʒyʀidiksjɔnɛl] *agg.* [f. *-elle*] (*dir.*) giurisdizionale.
juridique [ʒyʀidik] *agg.* giuridico.
● ***action juridique***, azione legale.
juridiquement [ʒyʀidikmɑ̃] *avv.* giuridicamente.
jurisconsulte [ʒyʀiskɔ̃sylt] *n.m.* giureconsulto.
jurisprudence [ʒyʀispʀydɑ̃s] *n.f.* giurisprudenza.
juriste [ʒyʀist] *n.m.* e *f.* giurista.
juron [ʒyʀɔ̃] *n.m.* bestemmia (*f.*), imprecazione (*f.*).
jury [ʒyʀi] *n.m.* giuria (*f.*).
● ***jury d'examen***, commissione d'esame | ***jury d'honneur***, giurì d'onore.
jus [ʒy] *n.m.* **1** succo **2** sugo **3** (*fam.*) corrente (*f.*) (elettrica).
● ***jus (de chaussettes)***, (*fam.*) caffè lungo, broda | ***ça vaut le jus***, (*fam.*) ne vale la pena | ***laisser qqn cuire, mijoter dans son jus***, (*fam.*) lasciare cuocere qlcu nel proprio brodo | ***jeter du jus***, (*fam.*) fare un figurone | ***pur jus***, (*fam.*) autentico: *un Parisien pur jus*, un vero parigino.
jusant [ʒyzɑ̃] *n.m.* (*di marea*) deflusso.
jusqu'au-boutisme [ʒyskobutism] *n.m.* [pl. *jusqu'au-boutismes*] oltranzismo, estremismo.
jusqu'au-boutiste [ʒyskobutist] *n.m.* e *f.* [pl. *jusqu'au-boutistes*] oltranzista, estremista.
jusque [ʒysk] *prep.* fino: *jusqu'à la gare*, fino alla stazione; *du matin jusqu'au soir*, dalla mattina (fino) alla sera.
● ***jusqu'à***, perfino: *on m'a tout volé jusqu'à mes livres*, mi hanno rubato tutto, perfino i libri | ***jusqu'à ce que***, finché: *ne pars pas jusqu'à ce que je revienne*, non partire finché non sarò tornato | ***jusque-là***, fin là; (*tempo*) fino a quel momento: *en avoir jusque-là de qqch*, (*fam.*) averne fin sopra i capelli di qlco | ***jusqu'ici***, fin qui; (*tempo*) finora | ***jusqu'où***, fino a dove, fino a che punto.
justaucorps [ʒystokɔʀ] *n.m.* **1** body **2** (*per danza o ginnastica*) tutina (*f.*) aderente intera **3** (*st. abbigl.*) giustacuore.
juste [ʒyst] *agg.* **1** giusto: *tenir pour juste*, ritenere giu-

sto; *juste crainte*, timore fondato; *il était juste qu'ils le sachent*, era giusto che lo sapessero **2** esatto, preciso; (*di voce*) intonato: *l'heure juste*, l'ora esatta **3** stretto; (*fig.*) appena sufficiente: *des souliers trop justes*, scarpe un po' strette ♦ ***avv.*** **1** giusto: *voir juste*, vedere giusto **2** esattamente, in punto: *il est midi juste*, è mezzogiorno preciso, in punto **3** proprio: *il arriva juste à ce moment*, arrivò proprio in quel momento **4** appena (appena): *il sait juste lire*, sa appena leggere ♦ ***n.m.*** (*persona o cosa giusta*) giusto: *le sommeil du juste*, il sonno del giusto.
● ***juste à temps***, appena in tempo: *arriver juste à temps*, arrivare appena in tempo | ***au juste***, esattamente: *je n'en sais rien au juste*, non so niente di preciso | ***comme de juste***, come è giusto | ***faire des comptes au plus juste***, contare il centesimo.

justement [ʒystəmɑ̃] ***avv.*** **1** precisamente, appunto: *c'est justement ce que je voulais vous demander*, è precisamente, appunto quello che volevo chiederle; *nous parlions justement de vous*, parlavamo proprio di lei **2** esattamente, in modo giusto: *on dira plus justement*, si dirà più esattamente.
● ***justement, le voici!***, a proposito, eccolo!

justesse [ʒystɛs] ***n.f.*** esattezza, giustezza, precisione.
● ***de justesse***, per un pelo, di stretta misura: *gagner de justesse*, vincere di misura.

justice [ʒystis] ***n.f.*** giustizia.
● ***ce n'est que justice***, ben gli sta | (*dir.*) ***en justice***, in giudizio: *être appelé en justice*, essere convocato in giudizio; *comparaître en justice*, comparire in giudizio | (*st. dir.*) ***lit de justice***, seduta in cui il re decideva sugli editti emessi dal Parlamento | ***Ministère de la Justice***, Ministero di Grazia e Giustizia | ***se faire justice soi-même***, farsi giustizia da sé.

justiciable [ʒystisjabl] ***n.m.*** (*dir.*) giudicabile ♦ ***agg.*** **1** (*dir.*) giudicabile **2** responsabile **3** bisognoso: *malade justiciable d'un traitement prolongé*, malato che necessita di una cura prolungata.

justicier [ʒystisje] ***n.m.*** [f. *-ère*] giustiziere.

justifiable [ʒystifjabl] ***agg.*** giustificabile.

justificateur [ʒystifikatœʀ] ***agg.*** e ***n.m.*** [f. *-trice*] giustificatore.

justificatif [ʒystifikatif] ***agg.*** e ***n.m.*** [f. *-ive*] giustificativo.

justification [ʒystifikasjɔ̃] ***n.f.*** **1** giustificazione **2** (*tip.*) giustezza.

justifier [ʒystifje] ***v.tr.*** giustificare ♦ ***v.intr.*** provare (**qlco**): *justifier de sa bonne foi*, provare la propria buona fede ♦ **se justifier** ***v.pron.*** giustificarsi.

jute [ʒyt] ***n.m.*** **1** iuta (*f.*) **2** (*volg.*) sperma.

juter [ʒyte] ***v.intr.*** (*fam.*) dar succo.

juteux [ʒytø] ***agg.*** [f. *-euse*] **1** succoso **2** sugoso **3** (*fig.*) vantaggioso.

juvénile [ʒyvenil] ***agg.*** giovanile.

juvénilité [ʒyvenilite] ***n.f.*** (*letter.*) giovinezza, freschezza giovanile.

juxta- ***pref.*** giusta-, iusta-.

juxtaposable [ʒykstapozabl] ***agg.*** affiancabile, che si può giustapporre.

juxtaposer [ʒykstapoze] ***v.tr.*** giustapporre.

juxtaposition [ʒykstapozisjɔ̃] ***n.f.*** giustapposizione.

J

Kk

k [kɑ] ***n.m.*** k (*m.* o *f.*).
● (*tel.*) ***k comme Kléber***, k come Kursaal.
kabbale [kabal] ***n.f.*** → **cabale**.
kabic [kabik] **kabig** [kabig] ***n.m.*** (*region.*) corto cappotto con cappuccio e tasca anteriore a manicotto (tipico in Bretagna).
kabyle [kabil] ***agg.*** cabila, della Cabilia ♦ ***n.m.*** lingua berbera della Cabilia.
Kabyle ***n.m.*** e ***f.*** (*abitante*) cabila.
kafkaïen [kafkajɛ̃] ***agg.*** [f. *-enne*] kafkiano.
kaki[1] [kaki] ***n.m.*** (*bot.*) cachi.
■ SIN. plaquemine.
kaki[2] ***agg.invar.*** (color) kaki.
kakou [kaku] ***n.m.*** (*fam.*) sbruffone: *faire le kakou*, fare il galletto.
kalé [kale] ***n.m.*** e ***agg.*** gitano.
kaléidoscope [kaleidɔskɔp] ***n.m.*** caleidoscopio.
kalmouk [kalmuk] ***agg.*** calmucco.
kamichi [kamiʃi] ***n.m.*** (*zool.*) aniuma (*f.*).
kamikaze [kamikaz] ***n.m.*** kamikaze (*anche fig.*); persona temeraria che si sacrifica per una causa ♦ ***agg.*** da kamikaze: *esprit kamikaze*, spirito da kamikaze.
kanak [kanak] ***agg.*** canaco, melanesiano della Nuova Caledonia.
Kanak ***n.m.*** (*abitante*) canaco, melanesiano della Nuova Caledonia.
kangourou [kɑ̃guʀu] ***n.m.*** canguro.
kantien [kɑ̃sjɛ̃, kɑ̃tjɛ̃] ***agg.*** [f. *-enne*] kantiano.
kaolin [kaɔlɛ̃] ***n.m.*** (*min.*) caolino.
kaoter [kaɔte] ***v.tr.*** (*Africa*) **1** mettere KO **2** far perdere la testa (**a qlcu**), sedurre.
kapok [kapɔk] ***n.m.*** kapok, capoc.
karaoké [kaʀaɔke] ***n.m.*** karaoke.
karaté [kaʀate] ***n.m.*** (*sport*) karaté.
karatéka [kaʀateka] ***n.m.*** e ***f.*** karateka.
karcher® [kaʀʃɛʀ] ***n.m.*** karsher®, pulitrice (*f.*) ad alta pressione.
● ***nettoyer au karcher***, (*fig. fam.*) ripulire da cima a fondo.
karpatique [kaʀpatik] ***agg.*** (*geogr.*) carpatico.
karst [kaʀst] ***n.m.*** (*geogr.*) regione (*f.*) carsica.
karstification [kaʀstifikasjɔ̃] ***n.f.*** (*geogr.*) carsismo (*m.*).
karstique [kaʀstik] ***agg.*** (*geogr.*) carsico.
kart [kaʀt] ***n.m.*** (*aut.*) (go-)kart.
● ***piste de kart***, kartodromo.
karting [kaʀtiŋ] ***n.m.*** (*aut.*) kartismo, karting.
kasher [kaʃɛʀ] ***agg.invar.*** (*ebraico*) kasher.
kayak [kajak] ***n.m.*** **1** caiacco **2** (*sport*) kayak.
kayakiste [kajakist] ***n.m.*** e ***f.*** (*sport*) kayakista.
kebab [kebab] ***n.m.*** (*cuc.*) kebab (piatto mediorientale).
kebla [kəbla] ***n.m.*** e ***f.*** (*verlan di* black) nero/a.
keffieh [kefje] ***n.m.*** kefiyah (*f.*).
kéfir [kefiʀ] ***n.m.*** → **képhir**.
kéké [keke] ***n.m.*** (*fam.*) sbruffone, spaccone.
kényan [kenjɑ̃] ***agg.*** keniano, keniota.
Kényan ***n.m.*** (*abitante*) keniota.
képhir [kefiʀ] ***n.m.*** (*bevanda*) chefir.
képi [kepi] ***n.m.*** chepì, képi.
kératine [keʀatin] ***n.f.*** (*biochim.*) cheratina.
kératite [keʀatit] ***n.f.*** (*med.*) cheratite.
kératome [keʀatom] ***n.m.*** (*med.*) cheratoma.
kermès [kɛʀmɛs] ***n.m.*** chermes (insetto e tintura).
kermesse [kɛʀmɛs] ***n.f.*** **1** kermesse **2** (*estens.*) kermesse, fiera popolare all'aria aperta.
■ SIN. fête.
kérosène [keʀozɛn] ***n.f.*** (*chim.*) cherosene (*m.*).
keuf [køf] ***n.m.*** (*fam.*) (*verlan di* flic) sbirro.
keufé [kœfe] ***agg.*** (*fam.*) sorvegliato dalla polizia.
keum [kœm] **keumé** [kœme] ***n.m.*** (*verlan di* mec) uomo; tipo.
khâgne [kaɲ] ***n.f.*** (*argot*) corso preparatorio, propedeutico all'Ecole Normale Supérieure, la scuola parauniversitaria che forma professori.
khalife [kalif] ***n.m.*** → **calife**.
khan [kɑ̃] ***n.m.*** khan, can.
khédive [kediv] ***n.m.*** kedivè.
khmer [kmɛʀ] ***agg.*** [f. *khmère*] khmer ♦ ***n.m.*** (*lingua*) khmer.
Khmer ***n.m.*** [f. *Khmère*] (*abitante*) khmer.
khôl [kol] ***n.m.*** polvere (*f.*) usata in Oriente per scurire le palpebre.
kibboutz [kibuts] ***n.m.*** kibbutz.
kicker [kɪkœʀ] ***n.m.*** (*Belgio*) calcio-balilla, calcetto.
kidnappage [kidnapaʒ] ***n.m.*** → **kidnapping**.
kidnapper [kidnape] ***v.tr.*** rapire, sequestrare (per ricatto).
kidnappeur [kidnapœʀ] ***n.m.*** [f. *-euse*] rapitore, sequestratore.
kidnapping [kidnapiŋ] ***n.m.*** rapimento, sequestro di persona.
kif[1] [kif] ***n.m.*** polvere (*f.*) di haschisch e tabacco fumata in Nordafrica.
kif[2] ***n.m.*** (*fam.*) passione (*f.*), mania (*f.*), fissa (*f.*), hobby: *son kif, c'est la danse*, la danza è la sua passione.
kif(f)er [kife] ***v.intr.*** (*fam.*) divertirsi, impazzire: *le ciné, ça me fait kif(f)er*, vado matto per il cinema ♦ ***v.tr.*** (*fam.*) andare matto (**per**); amare: *tu la kif(f)es?*, ti piace?
kif-kif [kifkif] ***agg.invar.*** (*fam.*) uguale.
● ***c'est kif-kif***, è la stessa cosa, è lo stesso.

kiki [kiki] *n.m.* (*fam.*) gargarozzo.
● ***serrer le kiki à qqn***, tirare il collo a qlcu.
killeur [kilœʀ] *n.m.* [f. *-euse*] (*fam.*) **1** persona (*f.*) pericolosa **2** (*fig.*) killer, squalo.
kilo [kilo] *n.m.* abbr. di **kilogramme**.
kilo- *pref.* chilo-.
kilogramme [kilɔgʀam] *n.m.* chilogrammo.
kilogrammètre [kilɔgʀammɛtʀ] *n.m.* (*fis.*) chilogrammetro.
kilométrage [kilɔmetʀaʒ] *n.m.* chilometraggio.
kilomètre [kilɔmɛtʀ] *n.m.* chilometro.
kilomètre-heure [kilɔmɛtʀœʀ] *n.m.* [pl. *kilomètres-heure*] chilometro all'ora.
kilométrer [kilɔmetʀe] *v.tr.* [coniug. come *céder*] chilometrare.
kilométrique [kilɔmetʀik] *agg.* chilometrico.
kilo-octet [kiloɔktɛ] *n.m.* [pl. *kilo-octets*] (*inform.*) kilobyte.
kilowatt [kilɔwat] *n.m.* (*elettr.*) chilowatt.
kilowattheure [kilɔwatœʀ] *n.m.* (*elettr.*) chilowattora.
kimono [kimɔno] *n.m.* chimono.
kiné [kine] *n.m.* e *f.* (*fam.*) abbr. di **kinésithérapeute**.
kinescope [kinɛskɔp] *n.m.* (*tv*) cinescopio.
kin(ési)- *pref.* chinesi-, cinesi-.
kinésithérapeute [kineziteʀapøt] *n.m.* e *f.* cinesiterapista.
■ (*Belgio*) SIN. kinésiste.
kinésithérapie [kineziteʀapi] *n.f.* (*med.*) chinesiterapia.
kiosque [kjɔsk] *n.m.* **1** chiosco; gazebo **2** (*mar.*) casotto **3** (*mar.*) (*di sommergibile*) torretta (*f.*).
● ***kiosque (à journaux)***, edicola dei giornali.
kippour, **kippur** [kipuʀ] *n.m.* kippur, kipur.
kir [kiʀ] *n.m.* aperitivo di vino bianco e sciroppo alcolico di ribes nero.
● ***kir royal***, kir con champagne (invece del vino bianco).
kirghiz, **kirghize** [kiʀgiz] *agg.* kirghiso ♦ *n.m.* (*lingua*) kirghiso.
Kirghiz, **Kirghize** *n.m.* (*abitante*) kirghiso.
kisdé [kisde] *n.m.* (*fam.*) sbirro.
kit [kit] *n.m.* kit.
● (*tel.*) ***kit piéton***, ***mains libres***, kit mani libere, (kit) vivavoce.
kitchenette [kitʃənɛt] *n.f.* **1** cucinino (*m.*), cucinotto (*m.*) **2** angolo (*m.*) cottura, cucina a vista.
kitesurf [kajtsœʀf] *n.m.* (*sport*) kitesurf (tavola spinta da un aquilone).
kitsch [kitʃ] *n.m.* e *agg.* kitsch.
kiwi [kiwi] *n.m.* **1** (*zool.*) kivi **2** (*bot.*) kiwi.
klaxon [klaksɔn] *n.m.* clacson.
klaxonner [klaksɔne] *v.intr.* clacsonare, suonare il clacson.
klébard [klebaʀ] **klebs** [klɛps] *n.m.* (*argot*) cane.
kleptomane [klɛptɔman] *n.m.* e *f.* (*psic.*) cleptomane.
knack [knak] *n.f.* (*cuc.*) salsiccia di Strasburgo.
knock-out [(k)nɔkaut] *agg.* e *n.m.invar.* (*sport*) knock-out, KO.
● ***être knock-out***, (*fam.*) essere stanco morto.
knout [knut] *n.m.* knut, staffile.
koala [kɔala] *n.m.* (*zool.*) koala.
kola [kɔla] *n.m.* (*bot.*) cola (*f.*).
kolkhoze [kɔlkoz] *n.m.* kolchoz, colcos.
kopeck [kɔpɛk] *n.m.* copeco.
● ***je n'ai pas un kopeck***, (*fam.*) non ho il becco di un quattrino.
korrigan [kɔʀigɑ̃] *n.m.* spiritello (nella tradizione bretone).
kosovar [kɔsɔvaʀ] *agg.* kosovaro, del Kosovo.
Kosovar *n.m.* (*abitante*) kosovaro.
koter [kɔte] *v.intr.* (*Belgio*) vivere in una cameretta per studenti: *j'habite à Liège mais je kote à Bruxelles*, abito a Liegi ma ho una camera per studenti a Bruxelles.
kouglof [kuglɔf] *n.m.* (*cuc.*) dolce tipico dell'Alsazia (sorta di brioche con uvetta, a forma di corona).
koweïtien [kɔwɛjtjɛ̃] *agg.* [f. *-enne*] kuwaitiano.
krach [kʀak] *n.m.* (*Borsa*) crac, crollo.
kraft [kʀaft] *n.m.*
● ***(papier) kraft***, carta kraft, da pacchi.
krypton [kʀiptɔ̃] *n.m.* (*chim.*) cripto.
kummel [kymɛl] *n.m.* (*liquore*) kümmel.
kumquat [kɔmkwat] *n.m.* (*bot.*) mandarino cinese.
kurde [kyʀd] *agg.* curdo ♦ *n.m.* (*lingua*) curdo.
Kurde *n.m.* e *f.* (*abitante*) curdo/a.
k-way® [kawɛ] *n.m.invar.* (*abbigl.*) k-way®.
kyrielle [kiʀjɛl] *n.f.* (*fam.*) sfilza, sequela.
kyste [kist] *n.m.* (*med.*) cisti (*f.*).

Ll

l [ɛl] *n.m.* l (*m.* o *f.*).
● (*tel.*) ***l comme Louis***, l come Livorno.
la[1] [la] *art.det.f.sing.* → **le**[1].
la[2] *pron.pers.f. 3ª pers.sing.* [si apostrofa davanti a vocale o *h* muta] → **le**[2].
la[3] *n.m.invar.* (*mus.*) la.
● ***donner le la***, (*anche fig.*) dare il la.
là [la] *avv.* **1** là, lì; qui, qua: *restez là où vous êtes!*, restate dove siete!; *est-ce que vous êtes tous là?*, siete tutti qui?, ci siete tutti? | *les faits sont là*, questi sono i fatti | *que dis-tu là?*, che cosa stai dicendo? **2** qui, a questo punto: *quand vous êtes arrivés les choses en étaient là*, quando siete arrivati le cose erano a questo punto; *là il eut une réaction*, a questo punto reagì; *l'affaire n'en restera pas là!*, la cosa non finisce qui! ♦ *inter.* su, suvvia: *hé là, calmez-vous!*, *là, là calmez- vous!*, suvvia, calmatevi!
● ***là-bas***, laggiù | ***là-dedans***, là dentro (*anche fig.*) | ***là-dessous***, là sotto (*anche fig.*) | ***là-dessus***, là sopra; (*fig.*) a questo proposito; dopodiché | ***là-haut***, lassù (*anche fig.*) | ***c'est là..., ce sont là...***, questo è..., questi sono...: *ce sont là des propos insensés*, (questi) sono discorsi insensati; *est-ce là ton opinion?*, è questa la tua opinione? | ***c'est là que je t'attendais!***, qui ti volevo! | ***de là***, (*anche fig.*) da lì: *ôte-toi de là*, togliti di lì; *à quelques mois de là*, qualche mese dopo; *de là vient que*, da ciò si deduce che; *il n'a pas assez travaillé, de là son échec*, non ha lavorato abbastanza, questo spiega il suo fallimento | ***d'ici là***, da qui a lì; nel frattempo: *d'ici là les choses se seront arrangées*, nel frattempo tutto si sarà sistemato | ***je le reconnais bien là!***, è una delle sue! | ***jusque-là***, fin là; (*fig.*) fino a quel punto | ***loin de là***, lontano da qui; (*fig.*) lungi da ciò: *non loin de là*, a poca distanza; *il n'est pas encore arrivé, loin de là!*, non è ancora arrivato, ce ne manca! | ***par là***, di qua; di là; da quella parte; (*fig.*) con questo, in tal modo: *ils sont passés par là*, sono passati di qua | ***tout est là!***, è tutto qui!
label [labɛl] *n.m.* **1** marchio (di origine o di fabbrica); etichetta (*f.*) **2** (*fig.*) marchio di qualità.
● ***label bio***, *AB*, certificato di produzione biologica.
labeur [labœʀ] *n.m.* (*letter.*) fatica (*f.*), lavoro: *un dur labeur*, una fatica improba.
labial [labjal] *agg.* [pl. *-aux*] labiale.
labiale [labjal] *n.f.* (*fon.*) labiale.
labo [labo] *n.m.* abbr. di **laboratoire**.
laborantin [labɔʀɑ̃tɛ̃] *n.m.* laboratorista.
laboratoire [labɔʀatwaʀ] *n.m.* laboratorio.
● ***laboratorie d'études***, laboratorio di ricerca | ***laboratoire de langues***, laboratorio linguistico.
laborieusement [labɔʀjøzmɑ̃] *avv.* laboriosamente.
laborieux [labɔʀjø] *agg.* [f. *-euse*] **1** laborioso **2** elaborato, artefatto: *une prose laborieuse*, una prosa faticosa.
labour [labuʀ] *n.m.* **1** aratura (*f.*) **2** (*pl.*) campi arati.
● ***bêtes de labour***, bestie da lavoro.

labourable [labuʀabl] *agg.* arabile.
labourage [labuʀaʒ] *n.m.* aratura (*f.*).
labourer [labuʀe] *v.tr.* **1** arare **2** solcare (*spec. fig.*) **3** (*fig.*) lacerare.

FAUX AMI
Da non confondere con *lavorare*, che si traduce *travailler*.

laboureur [labuʀœʀ] *n.m.* aratore; coltivatore; contadino.
labrador[1] [labʀadɔʀ] *n.m.* (*cane*) labrador.
labrador[2] *n.m.* → **labradorite**.
labradorite [labʀadɔʀit] *n.f.* (*min.*) labradorite.
labyrinthe [labiʀɛ̃t] *n.m.* labirinto.
■ SIN. dédale.
lac [lak] *n.m.* lago.
● ***tomber dans le lac***, (*fig.*) andare a monte: *mon projet est tombé dans le lac*, il mio progetto è andato a monte | ***un lac de sang***, (*estens.*) un lago di sangue.
laçage [lasaʒ] *n.m.* allacciatura (*f.*) con stringhe.
lacer [lase] *v.tr.* [coniug. come *placer*] allacciare, stringare: *lacer ses souliers*, allacciarsi le scarpe.
■ SIN. attacher.
lacération [laseʀasjɔ̃] *n.f.* **1** lacerazione **2** (*dir.*) distruzione.
lacérer [laseʀe] *v.tr.* [coniug. come *céder*] lacerare, strappare.
lacet [lasɛ] *n.m.* **1** stringa (*f.*), legaccio **2** tornante, serpentina (*f.*) **3** (*caccia*) laccio **4** spighetta (*f.*).
● ***route en lacets***, strada a zigzag, a tornanti.
lâchage [lɑʃaʒ] *n.m.* **1** allentamento **2** (*aer.*) (*di bombe*) sganciamento **3** (*fam.*) abbandono.
lâche [lɑʃ] *agg.* **1** floscio, molle; allentato: *un nœud trop lâche*, un nodo troppo lento **2** (*fig.*) vile, vigliacco ♦ *avv.* (*di lavoro a maglia ecc.*) in modo lento: *tricoter trop lâche*, avere la maglia lenta ♦ *n.m.* e *f.* vigliacco/a.
■ AGG. CONTR. **2** courageux ♦ N.M. e F. CONTR. courageux.
lâchement [lɑʃmɑ̃] *avv.* vigliaccamente.
lâcher[1] [lɑʃe] *v.tr.* **1** allentare **2** lasciar andare; sganciare; mollare: *lâcher la proie*, lasciare la preda; *lâcher les chiens*, sguinzagliare i cani **3** (*fig.*) lasciarsi sfuggire: *lâcher une sottise*, lasciarsi sfuggire una sciocchezza **4** (*fig.*) lasciare, abbandonare: *lâcher ses études*, abbandonare gli studi ♦ *v.intr.* **1** (*di corda, nodo ecc.*) essere allentato, essere molle **2** cedere; rompersi ♦ **se lâcher** *v.pron.* (*fam.*) lasciarsi andare, smettere di controllarsi.
● (*mar.*) ***lâcher du lest***, gettare la zavorra; (*fig.*) abbassare la cresta | (*sport*) ***lâcher le peloton***, staccare il gruppo | (*mar.*) ***lâcher les amarres***, mollare gli ormeggi | ***lâcher les brides***, (*anche fig.*) lasciare, allentare le briglie | ***lâcher pied***, fuggire; (*fig.*) mollare | ***lâcher prise***, (*anche fig.*) abbandonare la presa; cedere | ***lâche-moi les baskets***, (*fam.*) smettila di rompere.
lâcher[2] *n.m.* (*di uccelli, palloncini ecc.*) lancio.

lâcheté [lɑʃte] ***n.f.*** viltà, vigliaccheria.
lâcheur [lɑʃœʀ] ***n.m.*** [f. *-euse*] (*fam.*) chi abbandona facilmente gli amici; bidonista.
lacis [lasi] ***n.m.*** intrico; groviglio.
● (*anat.*) ***lacis veineux***, rete venosa.
laconique [lakɔnik] ***agg.*** laconico.
laconiquement [lakɔnikmɑ̃] ***avv.*** laconicamente, in modo laconico.
laconisme [lakɔnism] ***n.m.*** laconicità (*f.*).
lacrymal [lakʀimal] ***agg.*** [pl. *-aux*] (*anat.*) lacrimale.
lacrymogène [lakʀimɔʒɛn] ***agg.*** lacrimogeno.
lacs [lɑ] ***n.m.*** laccio (*anche fig.*).
● ***lacs d'amour***, (*decorazione*) nodo d'amore.
lactaire [laktɛʀ] ***n.m.*** (*bot.*) lattario ♦ ***agg.*** (*anat.*) lattifero.
lactation [laktasjɔ̃] ***n.f.*** (*biol.*) lattazione.
lacté [lakte] ***agg.*** latteo.
● (*med.*) ***fièvre lactée***, febbre lattea, del latte | (*astr.*) ***voie Lactée***, Via Lattea.
lactescence [laktɛsɑ̃s] ***n.f.*** (*letter.*) lattescenza.
lactique [laktik] ***agg.*** (*chim.*) lattico.
● ***acide lactique***, acido lattico | ***ferments lactiques***, fermenti lattici.
lactose [laktoz] ***n.m.*** (*biochim.*) lattosio.
lactosérum [laktɔseʀɔm] ***n.m.*** siero di latte.
lacunaire [lakynɛʀ] ***agg.*** **1** lacunoso, incompleto **2** lacunare.
lacune [lakyn] ***n.f.*** lacuna (*anche scient.*).
● ***lacunes de mémoire***, vuoti di memoria.
lacuneux [lakynø] ***agg.*** [f. *-euse*] lacunoso.
lacustre [lakystʀ] ***agg.*** lacustre.
lad [lad] ***n.m.*** garzone di scuderia.
là-dedans [ladədɑ̃] ***avv.*** → **là**.
là-dessous [ladəsu] ***avv.*** → **là**.
là-dessus [ladəsy] ***avv.*** → **là**.
ladin [ladɛ̃] ***n.m.*** (*ling.*) ladino.
ladite [ladit] ***agg.f.*** → **ledit**.
ladre [lɑdʀ] ***agg.*** e ***n.m.*** (*letter.*) tirchio, spilorcio.
ladrerie [lɑdʀəʀi] ***n.f.*** (*letter.*) tirchieria, spilorceria.
lagger [lage] ***v.intr.*** (*videogiochi*) essere lento, laggare.
lagon [lagɔ̃] ***n.m.*** (*di atollo*) laguna (*f.*).
lagothrix [lagɔtʀiks] **lagotriche** [lagɔtʀiʃ] ***n.m.*** (*zool.*) lagotrice (*f.*).
lagune [lagyn] ***n.f.*** laguna.
là-haut [lao] ***avv.*** → **là**.
lai [lɛ] ***n.m.*** (*lett. fr.*) lai (breve componimento lirico cantato dai giullari e ispirato alle leggende bretoni, secc. XII-XIII).

NOTA Nei secoli XII e XIII, il ***lai*** era una breve composizione lirica che i giullari cantavano accompagnandosi con la musica; era anche un componimento in versi di carattere narrativo ispirato alle leggende bretoni; sono rimasti celebri i *lais* di Maria di Francia, poetessa della seconda metà del XII secolo.

laïc [laik] ***agg.*** e ***n.m.*** [f. *laïque*] → **laïque**.
laïcisation [laisizasjɔ̃] ***n.f.*** laicizzazione.
laïciser [laisize] ***v.tr.*** laicizzare; secolarizzare.
laïcité [laisite] ***n.f.*** laicità.
laid [lɛ] ***agg.*** e ***n.m.*** brutto.
● ***laid à faire peur***, brutto da far paura | ***laid comme les sept péchés capitaux***, brutto come il peccato | ***laid comme un pou, un singe***, brutto come un rospo | ***c'est laid de faire ça!***, non sta bene fare questo!
■ *AGG.* SIN. vilain CONTR. beau.
laidement [lɛdmɑ̃] ***avv.*** in modo brutto.
laideron [lɛdʀɔ̃] ***n.m.*** bruttona (*f.*), racchiona (*f.*).
laideur [lɛdœʀ] ***n.f.*** **1** bruttezza **2** bruttura.
laie[1] [lɛ] ***n.f.*** (*zool.*) cinghiale (*m.*) femmina.
laie[2] ***n.f.*** sentiero (*m.*), viottolo (*m.*).
lainage [lɛnaʒ] ***n.m.*** **1** tessuto di lana **2** indumento di lana.
laine [lɛn] ***n.f.*** **1** lana **2** (*fam.*) maglia, golfino (*m.*) di lana.
● ***laine à tricoter***, lana per lavorare ai ferri | (*tecn.*) ***laine d'acier***, lana d'acciaio | ***laine de verre***, lana di vetro | ***laine polaire***, pile | ***en laine***, di lana | ***mi-laine***, misto lana | (*Canada*) ***pure laine***, discendente diretto dei primi coloni francesi; chi si è radicato in un territorio: *un Parisien pure laine*, un parigino doc.
lainerie [lɛnʀi] ***n.f.*** lanificio (*m.*).
laineux [lɛnø] ***agg.*** [f. *-euse*] **1** lanoso **2** (*bot.*) lanuginoso.
lainier [lɛnje] ***agg.*** [f. *-ère*] laniero ♦ ***n.m.*** laniere.
laïque [laik] ***agg.*** e ***n.m.*** e ***f.*** laico/a.
● ***habit laïque***, abito secolare.
laisse[1] [lɛs] ***n.f.*** **1** guinzaglio (*m.*) **2** (*per bambini*) briglia, danda.
● ***en laisse***, (*anche fig.*) al guinzaglio.
laisse[2] ***n.f.*** (*lett. fr.*) lassa.
laisse[3] ***n.f.*** **1** (*geogr.*) piattaforma costiera **2** (*geol.*) sedimento (*m.*) sabbioso.
laissé-pour-compte [lesepuʀkɔ̃t] ***agg.*** [pl. *laissés-pour-compte*] (*comm.*) reso, invenduto ♦ ***n.m.*** **1** (*comm.*) merce (*f.*) resa **2** (*fig.*) (*di persona*) emarginato.
laisser [lese] ***v.tr.*** **1** lasciare; abbandonare: *elle a laissé son mari*, ha lasciato il marito **2** lasciare, far restare: *cela me laisse indifférent*, ciò mi lascia indifferente ♦ **se laisser** ***v.pron.*** e ***pron.rec.*** lasciarsi: *elle s'est laissée tomber dans un fauteuil*, si è lasciata cadere su una poltrona.
● ***laisser à désirer***, lasciare a desiderare: *son travail laisse à désirer*, il suo lavoro lascia a desiderare | ***laisser aller, tomber***, mollare; (*fig.*) lasciar perdere | ***laisser à penser***, dar da pensare: *cela laisse à penser*, la cosa dà da pensare | ***laisser voir***, dare a vedere: *il mourait de peur, mais il n'en a rien laissé voir*, moriva di paura, ma non l'ha dato a vedere | ***c'est à prendre ou à laisser***, prendere o lasciare | ***je me suis laissé dire que***, (*antiq.*) ho sentito dire che | ***laisse ça!***, lascia andare! | ***laisse-moi tranquille!***, lasciami stare!, lasciami in pace! | ***laissez-moi rire***, (*fig.*) non mi faccia ridere | ***ne pas laisser de***, (*antiq.*) non cessare di: *sa décision ne laisse pas* (*que*) *de m'étonner*, la sua decisione continua a stupirmi | ***se laisser aller***, lasciarsi andare | ***se laisser faire***, lasciarsi convincere | ***y laisser***, lasciarci: *y laisser la vie*, lasciarci la vita; *y laisser sa peau, ses os*, (*fam.*) lasciarci la pelle.
■ SIN. **1** quitter.
laisser-aller [leseale] ***n.m.invar.*** trascuratezza (*f.*), negligenza (*f.*).
laissez-passer [lesepɑse] ***n.m.invar.*** lasciapassare.
lait [lɛ] ***n.m.*** latte.
● ***lait clair, petit lait***, latticello | ***lait crémeux***, latte intero | ***lait d'amande***, latte di mandorla | (*cosmesi*) ***lait démaquillant***, latte detergente | (*cuc.*) ***lait de poule***, tuorlo d'uovo sbattuto nel latte caldo zuccherato | ***lait entier, écrémé, maigre***, latte intero, scremato, magro | ***lait en***

L

poudre, latte in polvere | ***boire du (petit) lait***, (*fig.*) andare in brodo di giuggiole | ***café au lait***, caffelatte | ***chocolat au lait***, cioccolato al latte; (*bevanda*) cioccolata | ***dents de lait***, denti da latte | ***frère, sœur de lait***, fratello, sorella di latte | ***il est très soupe au lait***, (*fig.*) è uno che si scalda subito.

laitage [lɛtaʒ] ***n.m.*** latticino.

laitance [lɛtɑ̃s] **laite** [lɛt] ***n.f.*** latte (*m.*) di pesce.

laiterie [lɛtʀi] ***n.f.*** caseificio (*m.*).

laiteux [lɛtø] ***agg.*** [f. *-euse*] latteo; lattiginoso.
● ***blanc laiteux***, bianco latte.

laitier[1] [letje] ***agg.*** [f. *-ère*] lattiero ♦ ***n.m.*** lattaio, lattivendolo.
● ***centrale laitière***, centrale del latte | ***vache laitière***, vacca lattifera, da latte.

laitier[2] ***n.m.*** (*metall.*) scoria (*f.*), loppa (*f.*).

laitière [lɛtjɛʀ] ***n.f.*** bricco (*m.*) per il latte.

laiton [lɛtɔ̃] ***n.m.*** ottone.

laitue [lety] ***n.f.*** (*bot.*) lattuga.
● ***laitue pommée***, lattuga cappuccino | ***laitue romaine***, lattuga, insalata romana.

laïus [lajys] ***n.m.*** (*fam.*) sproloquio, vaniloquio.

laize [lɛz] ***n.f.*** (*di stoffa*) altezza.

lama[1] [lama] ***n.m.*** (*relig. buddista*) lama.

lama[2] ***n.m.*** (*zool.*) lama.

lamage [lamaʒ] ***n.m.*** (*tecn.*) lamatura (*f.*) (di un pezzo metallico).

lambda [lɑ̃bda] ***n.m.invar.*** **1** (*undicesima lettera dell'alfabeto greco*) lambda (*f.* o *m.*) **2** (*fam.*) (*usato come apposizione*) medio, qualunque: *le spectateur lambda*, lo spettatore medio.

lambeau [lɑ̃bo] ***n.m.*** [pl. *-eaux*] brandello (*anche fig.*): *des lambeaux de conversation*, frammenti di conversazione.
● ***en lambeaux***, a brandelli.
■ SIN. morceau.

lambin [lɑ̃bɛ̃] ***agg.*** e ***n.m.*** (*fam.*) posapiano, lumaca (*f.*).

lambiner [lɑ̃bine] ***v.intr.*** (*fam.*) gingillarsi, tirare in lungo.

lambourde [lɑ̃buʀd] ***n.f.*** (*edil.*) listello (*m.*) (di sostegno).

lambrequin [lɑ̃bʀəkɛ̃] ***n.m.*** (*di finestra, baldacchino ecc.*) panneggio, drappeggio.

lambris [lɑ̃bʀi] ***n.m.*** (*di parete ecc.*) rivestimento.

lambrissage [lɑ̃bʀisaʒ] ***n.m.*** **1** (*di pareti, spec. in legno*) rivestitura (*f.*) **2** intonacatura (*f.*).

lambrisser [lɑ̃bʀise] ***v.tr.*** (*pareti ecc., spec. di legno*) rivestire.

lame [lam] ***n.f.*** **1** lama **2** lamina **3** onda, maroso (*m.*).
● ***lame de couteau***, lama di coltello: *visage en lame de couteau*, (*estens.*) viso affilato | ***lame de parquet***, doga, tavoletta di pavimento in legno | ***lame (de rasoir)***, lametta | (***grosse***) ***lame***, maroso | ***une fine lame***, un bravo spadaccino.

lamé [lame] ***agg.*** e ***n.m.*** (*tess.*) lamé, laminato.

lamellaire [lamelɛʀ] ***agg.*** (*scient.*) lamellare.

lamelle [lamɛl] ***n.f.*** **1** lamella, lamina **2** coprioggetto (*m.*), vetrino (*m.*) del microscopio.

lamentable [lamɑ̃tabl] ***agg.*** **1** pietoso: *cette traduction est lamentable*, questa traduzione fa pietà **2** lamentoso.

lamentablement [lamɑ̃tabləmɑ̃] ***avv.*** **1** miseramente, pietosamente **2** lamentosamente.

lamentation [lamɑ̃tasjɔ̃] ***n.f.*** **1** lamento (*m.*) **2** lagnanza.

lamenter, se [səlamɑ̃te] ***v.pron.intr.*** lamentarsi.
■ SIN. se plaindre; gémir CONTR. se réjouir.

laminage [laminaʒ] ***n.m.*** (*metall.*) laminatura (*f.*).

laminer [lamine] ***v.tr.*** **1** (*metall.*) laminare **2** (*fig.*) diminuire; annientare.

laminoir [laminwaʀ] ***n.m.*** (*tecn.*) laminatoio.
● ***passer au laminoir***, (*fig.*) essere messo sotto torchio.

lampadaire [lɑ̃padɛʀ] ***n.m.*** **1** lampada (*f.*) a stelo **2** lampione.
● ***lampadaire orientable***, lampada orientabile.

> FAUX AMI
> Da non confondere con *lampadario*, che si traduce *lustre*.

lampant [lɑ̃pɑ̃] ***agg.*** illuminante, lampante.

lamparo [lɑ̃paʀo] ***n.m.*** (*pesca*) lampara (*f.*).

lampe [lɑ̃p] ***n.f.*** **1** lampada **2** (*elettr.*) lampada; lampadina **3** (*rad.*) valvola.
● ***lampe à huile***, lume a olio | ***lampe à pétrole***, lume a petrolio | ***lampe de chevet***, lampada da comodino, abat-jour | ***lampe de poche***, pila (tascabile) | ***lampe témoin***, spia luminosa | ***lampe-tempête***, torcia a vento | ***lampe U.V.***, lampada abbronzante | ***s'en mettre plein la lampe***, (*fig. fam.*) rimpinzarsi.

> FAUX AMI
> Da non confondere con *lampo*, che si traduce *éclair*.

lampée [lɑ̃pe] ***n.f.*** (*fam.*) sorsata, sorso (*m.*).
● ***d'une seule lampée***, d'un sol fiato.

lamper [lɑ̃pe] ***v.tr.*** (*fam.*) tracannare.

lampion [lɑ̃pjɔ̃] ***n.m.*** lampioncino.

> FAUX AMI
> Da non confondere con *lampione*, che si traduce *réverbère*.

lampiste [lɑ̃pist] ***n.m.*** e ***f.*** **1** lumaio/a **2** (*fig.*) impiegato/a subalterno/a.

lamproie [lɑ̃pʀwa] ***n.f.*** (*zool.*) lampreda.

lance [lɑ̃s] ***n.f.*** lancia.
● ***lance d'arrosage***, lancia (di idrante) | ***lance d'incendie***, lancia, manichetta antincendio | ***fer de lance***, punta di lancia; (*fig.*) punta di diamante | ***rompre une lance avec, contre qqn***, polemizzare con qlcu | ***rompre une lance en faveur de qqn***, (*fig.*) spezzare una lancia in favore di qlcu.

lancé [lɑ̃se] ***agg.*** affermato, lanciato.

lancée [lɑ̃se] ***n.f.*** impeto (*m.*), slancio (*m.*).
● ***sur sa lancée***, sullo slancio: *sur la lancée de la révolution*, (*fig.*) sull'onda della rivoluzione; *continuer sur sa lancée*, continuare sullo slancio.

lance-flammes [lɑ̃sflam] ***n.m.invar.*** (*mil.*) lanciafiamme.

lance-fusées [lɑ̃sfyze] ***n.m.invar.*** (*mil.*) lanciarazzi.

lancement [lɑ̃smɑ̃] ***n.m.*** **1** lancio (*anche fig.*) **2** (*mar.*) varo **3** (*inform.*) avvio.

lance-missiles [lɑ̃smisil] ***n.m.invar.*** lanciamissili.

lancéolé [lɑ̃seɔle] ***agg.*** (*bot., arch.*) lanceolato.

lance-pierres [lɑ̃spjɛʀ] ***n.m.invar.*** fionda (*f.*).

lancer[1] [lɑ̃se] ***v.tr.*** [coniug. come *placer*] **1** lanciare: *lancer une plaisanterie*, uscire con una battuta **2** (*fig.*) lanciare, propagandare **3** (*inform.*) lanciare, avviare ♦ **se lancer** ***v.pron.*** lanciarsi: *il se lança à la poursuite du voleur*, si lanciò all'inseguimento del ladro.
● ***lancer en l'air***, lanciare in aria | ***lancer un coup de pied***, sferrare una pedata | (*dir.*) ***lancer un mandat d'arrêt***, spic-

care un mandato di cattura | (*mar.*) ***lancer un navire***, varare una nave | ***lancer un pont***, gettare un ponte | ***lancer un regard***, lanciare uno sguardo: *lancer un regard fulgurant à qqn*, fulminare qlcu con lo sguardo | ***lancer un SOS***, lanciare un SOS | ***être lancé***, (*fam.*) essere su di giri.
■ *V.TR.* SIN. **1** jeter.

lancer[2] ***n.m.*** lancio (*anche sport*).
● ***pêche au lancer***, pesca a lancio.

lance-roquettes [lɑ̃sʀɔkɛt] ***n.m.invar.*** (*mil.*) lanciarazzi.

lance-torpilles [lɑ̃stɔʀpij] ***n.m.invar.*** (*mil.*) lanciasiluri.

lancette [lɑ̃sɛt] ***n.f.*** **1** (*med.*) lancetta, bisturi (*m.*) **2** (*arch.*) arco (*m.*) ogivale, ogiva.
● (*arch.*) ***fenêtre en lancette***, finestra a ogiva.

FAUX AMI
Da non confondere con *lancetta* dell'orologio, che si traduce *aiguille*, né con quella dell'indicatore di livello, che si traduce *jauge*.

lanceur [lɑ̃sœʀ] ***n.m.*** **1** [f. *-euse*] (*sport*) lanciatore **2** [f. *-euse*] iniziatore, promotore **3** (*astr.*) razzo vettore.
● (*sport*) ***lanceur de javelot***, lanciatore di giavellotto | (*mar.*) ***lanceur de missiles***, nave lanciamissili.

lancier [lɑ̃sje] ***n.m.*** (*st. mil.*) lanciere.

lancinant [lɑ̃sinɑ̃] ***agg.*** **1** lancinante: *remords lancinant*, rimorso cocente **2** (*fig.*) seccante, noioso.

lanciner [lɑ̃sine] ***v.intr.*** (*di dolore*) trafiggere ♦ ***v.tr.*** torturare.

landais [lɑ̃dɛ] ***agg.*** delle Landes.

landau [lɑ̃do] ***n.m.*** [pl. *landaus*] **1** carrozzina (*f.*) per bambini **2** (*antiq.*) (*carrozza scoperta*) landò.

lande [lɑ̃d] ***n.f.*** landa.

langage [lɑ̃gaʒ] ***n.m.*** linguaggio (*anche inform.*) | *veux-tu changer de langage?*, (*fam.*) cambia tono, per piacere!
● ***langage administratif***, linguaggio amministrativo | ***langage gestuel***, linguaggio gestuale | (*inform.*) ***langage de programmation***, linguaggio di programmazione.

langagier [lɑ̃gaʒje] ***agg.*** [f. *-ère*] del linguaggio.

lange [lɑ̃ʒ] ***n.m.*** **1** (*pl.*) (*di neonato*) fasce (*f.*) **2** pannolino.
● ***dans les langes***, in fasce.

langer [lɑ̃ʒe] ***v.tr.*** [coniug. come *manger*] fasciare (neonati).
● ***table à langer***, fasciatoio.

langoureusement [lɑ̃guʀøzmɑ̃] ***avv.*** languidamente.

langoureux [lɑ̃guʀø] ***agg.*** [f. *-euse*] languido.

langouste [lɑ̃gust] ***n.f.*** (*zool.*) aragosta.

langoustine [lɑ̃gustin] ***n.f.*** (*zool.*) scampo (*m.*).

langrois [lɑ̃gʀwa] ***agg.*** di Langres.

langue [lɑ̃g] ***n.f.*** **1** lingua (*anche fig.*) **2** lingua, linguaggio (*m.*): *langue parlée, écrite*, lingua parlata, scritta.
● ***langue de bois***, (*fig.*) politichese | ***langue de terre***, lingua di terra | ***langue de vipère***, (*fig.*) lingua di vipera | ***langue maternelle***, lingua madre | ***langue verte***, gergo, argot | ***avoir la langue bien pendue***, (*fig.*) avere la lingua sciolta | ***avoir la langue trop longue***, (*fig.*) avere la lingua lunga | ***c'est une mauvaise langue***, è una malalingua | ***coup de langue***, schiocco (di lingua); leccata; (*fig.*) maldicenza | ***donner sa langue au chat***, (*fig.*) rinunciare a capire | ***faire tirer la langue à qqn***, fare allungare il collo a qlcu | ***il faut tourner sept fois sa langue dans sa bouche avant de parler***, prima di parlare bisogna pensarci due volte | ***la langue lui a fourché***, (*fam.*) ha preso una papera | ***se mordre la langue***, (*fig.*) mordersi la lingua | ***tenir sa langue***, tenere la bocca chiusa | ***tirer la langue***, tirar fuori la lingua, far le boccacce; (*fig.*) tirare la cinghia.

langue-de-chat [lɑ̃gdəʃa] ***n.f.*** [pl. *langues-de-chat*] (biscotto) lingua di gatto.

languedocien [lɑ̃gdɔsjɛ̃] ***agg.*** [f. *-enne*] della Linguadoca.

Languedocien ***n.m.*** [f. *-enne*] abitante della Linguadoca.

languette [lɑ̃gɛt] ***n.f.*** linguetta.

langueur [lɑ̃gœʀ] ***n.f.*** languore (*m.*): *regard plein de langueur*, sguardo languido.
● ***maladie de langueur***, (*antiq.*) mal sottile.

languir [lɑ̃giʀ] ***v.intr.*** languire (*anche fig.*) ♦ **se languir** ***v.pron.intr.*** (*region.*) annoiarsi.
● ***languir d'ennui***, morire di noia | ***se languir de qqn***, soffrire per la lontananza di qlcu.

languissant [lɑ̃gisɑ̃] ***agg.*** **1** languente, debole: *santé languissante*, salute precaria **2** languido (*anche fig.*).

lanière [lanjɛʀ] ***n.f.*** correggia.
● (*cuc.*) ***en lanières***, a striscioline.

lannionais [lanjɔnɛ] ***agg.*** di Lannion.

lanoline [lanɔlin] ***n.f.*** lanolina.

lansquenet [lɑ̃skənɛ] ***n.m.*** (*st.*) lanzichenecco.

lanterne [lɑ̃tɛʀn] ***n.f.*** **1** lanterna **2** (*antiq.*) lampione (*m.*) **3** (*arch.*) lanterna.
● ***lanterne à projection***, lanterna da proiezione | ***lanterne magique***, lanterna magica | ***lanterne rouge***, (*fig. fam.*) fanalino di coda | ***lanterne sourde***, lanterna cieca | ***lanternes vénitiennes***, lampioncini alla veneziana | (*aut.*) ***lanternes (d'automobiles)***, luci di posizione; (*estens.*) fari | ***éclairer la lanterne de qqn***, (*fig.*) chiarire le idee a qlcu | ***prendre des vessies pour des lanternes***, (*fig.*) prendere lucciole per lanterne | (*arch.*) ***tour lanterne***, tiburio.

lanterneau [lɑ̃tɛʀno] ***n.m.*** [pl. *-eaux*] → **lanternon**.

lanterner [lɑ̃tɛʀne] ***v.intr.*** gingillarsi.
● ***faire lanterner***, fare attendere, tener sulla corda.

lanternon [lɑ̃tɛʀnɔ̃] ***n.m.*** (*arch.*) lanterna (*f.*); lucernario.

lanugineux [lanyʒinø] ***agg.*** [f. *-euse*] lanuginoso.

lanugo [lanygo] ***n.m.*** lanugine (*f.*).

laotien [laɔsjɛ̃] ***agg.*** [f. *-enne*] laotiano.

Laotien ***n.m.*** [f. *-enne*] (*abitante*) laotiano.

lapalissade [lapalisad] ***n.f.*** verità lapalissiana.

NOTA La ***lapalissade***, detta anche *vérité de La Palisse*, viene dall'ultimo verso di una canzone composta in onore del Signore de La Palice: *"Un quart d'heure avant sa mort, il faisait encore envie"*; il popolo trasformò poi questo verso in: *"Un quart d'heure avant sa mort, il était encore en vie"*, creando la prima *lapalissade*. Esempi di altre creazioni del genere sono: *S'il faisait plus chaud, vous auriez moins froid*; *On ne peut pas être à l'heure quand on est en retard.*

laparotomie [lapaʀɔtɔmi] ***n.f.*** (*med.*) laparotomia.

lapement [lapmɑ̃] ***n.m.*** il lappare.

laper [lape] ***v.tr.*** e ***intr.*** lappare.

lapereau [lapʀo] ***n.m.*** [pl. *-eaux*] coniglietto.

lapidaire [lapidɛʀ] ***agg.*** lapidario (*anche fig.*) ♦ ***n.m.*** **1** (*operaio*) lapidario **2** (*macchina*) levigatrice (*f.*) per pietre preziose **3** commerciante in pietre preziose.

lapidation [lapidasjɔ̃] ***n.f.*** lapidazione.

lapider [lapide] ***v.tr.*** lapidare (*anche fig.*).

lapilli [lapil*l*i] ***n.m.pl.*** lapilli.

L

lapin [lapɛ̃] *n.m.* **1** coniglio **2** pelliccia (*f.*) di coniglio.
● ***lapin de garenne***, coniglio selvatico | ***cage à lapins***, (*fam.*) casermone popolare | ***coup du lapin***, (*fam.*) colpo di frusta (alla nuca) | ***courir comme un lapin***, correre come una lepre | ***mon petit lapin***, (*fam.*) tesoruccio mio | ***poser un lapin à qqn***, (*fam.*) fare un bidone a qlcu | ***se sauver comme des lapins***, scappare come conigli | ***un chaud lapin***, un donnaiolo, un mandrillo.

lapine [lapin] *n.f.* **1** coniglia **2** (*fam.*) donna molto prolifica.

lapiner [lapine] *v.intr.* (*di coniglia*) figliare.

lapis [lapis] **lapis-lazuli** [lapislazyli] *n.m.* lapislazzuli.

lapon [lapɔ̃] *agg.* lappone ♦ *n.m.* (*lingua*) lappone.

Lapon *n.m.* (*abitante*) lappone.

laps [laps] *n.m.*
● ***un laps de temps***, un lasso di tempo.

lapsus [lapsys] *n.m.* **1** (*psic.*) lapsus **2** (*estens.*) papera (*f.*).

laquage [lakaʒ] *n.m.* laccatura (*f.*).

laquais [lakɛ] *n.m.* lacchè.

laque [lak] *n.f.* **1** (*vernice*) lacca **2** smalto (*m.*) (per unghie) colorato **3** lacca (per capelli) ♦ *n.m.* oggetto laccato, lacca (*f.*).

laquelle [lakɛl] *pron.rel.* e *interr.f.sing.* → **lequel**.

laquer [lake] *v.tr.* laccare.

larbin [laʀbɛ̃] *n.m.* **1** (*fam.*) domestico, servo **2** (*spreg.*) tirapiedi.

larcin [laʀsɛ̃] *n.m.* furtarello.

lard [laʀ] *n.m.* lardo.
● ***lard fumé***, lardo affumicato | ***lard maigre***, pancetta | ***faire du lard***, (*fam.*) poltrire; metter su pancia | ***rentrer dans le lard de qqn***, (*fam.*) saltare addosso a qlcu | ***se demander si c'est du lard ou du cochon***, (*fam.*) non capire di che cosa si tratti | ***tête de lard***, (*fam.*) testa dura | ***un gros lard***, (*fam.*) un ciccione.

lardasse [laʀdas] *n.f.* (*Svizzera*) graffio (*m.*), graffiatura (sulla pelle o su oggetto).

larder [laʀde] *v.tr.* **1** (*cuc.*) lardellare; (*fig.*) infarcire **2** (*letter.*) crivellare.

lardeux [laʀdø] *agg.* [f. *-euse*] lardoso.

lardon [laʀdɔ̃] *n.m.* **1** (*cuc.*) lardello **2** (*fam.*) marmocchio.

lare [laʀ] *n.m.* (*mit.*) lare.

largable [laʀgabl] *agg.* (*aer.*) sganciabile.

largage [laʀgaʒ] *n.m.* (*aer.*) sganciamento, lancio (di bombe).

large [laʀʒ] *agg.* **1** largo, ampio (*anche fig.*): *large de deux mètres*, largo due metri; *avoir une large part dans une affaire*, avere una parte importante in un affare; *esprit large*, mente aperta **2** generoso ♦ *n.m.* largo, larghezza (*f.*) ♦ *avv.* ampiamente: *voir, calculer large*, vedere, misurare in grande; *s'habiller large*, vestirsi con abiti ampi.
● ***au sens (le plus) large du mot***, nel senso più lato della parola | ***dans une large mesure***, in larga misura | ***de large***, di larghezza: *avoir deux mètres de large*, misurare due metri di larghezza, essere largo due metri | ***être large d'idées***, essere di ampie vedute | ***ne pas en mener large***, (*fam.*) essere a disagio | (*mar.*) ***prendre*** (o ***gagner***) ***le large***, prendere il largo; (*fig.*) tagliar la corda, svignarsela | ***vie large***, vita molto agiata.
■ *AGG.* SIN. **1** ample CONTR. **1** étroit.

largement [laʀʒəmɑ̃] *avv.* largamente: *services largement rétribués*, servizi molto ben retribuiti; *avoir largement le temps*, aver tutto il tempo; *il était largement trois heures*, le tre erano passate da un pezzo; *il y a largement une heure*, è passata un'ora abbondante.
● ***gagner largement sa vie***, guadagnare bene | ***vivre largement***, vivere con larghezza di mezzi.

largesse [laʀʒɛs] *n.f.* **1** liberalità, prodigalità **2** (*spec. pl.*) elargizioni (*pl.*).
■ SIN. **1** libéralité CONTR. **1** avarice.

FAUX AMI
Da non confondere con *larghezza*, che si traduce *largeur*.

largeur [laʀʒœʀ] *n.f.* **1** larghezza; (*fig.*) ampiezza: *largeur de vues*, ampiezza di idee **2** (*di un tessuto*) altezza.
● ***étoffe en petite largeur, en grande largeur***, tessuto altezza semplice, doppia altezza | ***se tromper dans les grandes largeurs***, (*fam.*) sbagliarsi di grosso.

largo [laʀgo] *avv.* e *n.m.invar.* (*mus.*) largo.

largue [laʀg] *agg.* e *n.m.* (*mar.*) (vento) lasco.
● ***naviguer vent largue, aller grand largue***, navigare di gran lasco.

larguer [laʀge] *v.tr.* **1** (*mar.*) allascare; mollare: *larguez les amarres!*, mollate gli ormeggi! **2** (*aer.*) sganciare, lanciare **3** (*fam.*) mollare; buttar via.

larme [laʀm] *n.f.* **1** lacrima: *avec des larmes dans la voix*, con la voce rotta (dal pianto); *des larmes perlèrent à ses yeux*, gli spuntarono i lucciconi **2** (*fig. fam.*) goccia.
● (*bot.*) ***larmes de sapin***, lacrime di pino | ***hésiter entre le rire et les larmes***, non sapere se ridere o piangere | ***la larme à l'œil***, con le lacrime agli occhi: *avoir toujours la larme à l'œil*, avere le lacrime in tasca | ***pleurer toutes les larmes de son corps***, piangere tutte le proprie lacrime | ***y aller de sa petite larme***, (*fam.*) fare un pianterello.

larmier [laʀmje] *n.m.* **1** (*arch.*) gocciolatoio **2** (*anat.*) lacrimatoio.

larmoiement [laʀmwamɑ̃] *n.m.* **1** il lacrimare; (*med.*) lacrimazione (*f.*) **2** (*pl.*) piagnisteo (*sing.*).

larmoyant [laʀmwajɑ̃] *agg.* **1** lacrimoso: *des yeux larmoyants*, occhi lacrimosi **2** piagnucoloso **3** lacrimevole: *roman larmoyant*, romanzo strappalacrime.

larmoyer [laʀmwaje] *v.intr.* [coniug. come *employer*] **1** piagnucolare, frignare; lagnarsi **2** (*di occhi*) lacrimare.

larron [laʀɔ̃] *n.m.* [f. *-esse*] (*letter.*) ladrone, ladro.
● (*prov.*) ***l'occasion fait le larron***, l'occasione fa l'uomo ladro | ***s'entendre comme larrons en foire***, (*fam. antiq.*) fare comunella.

larvaire [laʀvɛʀ] *agg.* larvale.

larve [laʀv] *n.f.* larva (*anche fig.*).

larvé [laʀve] *agg.* larvato (*anche fig.*).

laryngé [laʀɛ̃ʒe] *agg.* laringeo.

laryngien [laʀɛ̃ʒjɛ̃] *agg.* [f. *-enne*] laringeo.

laryngite [laʀɛ̃ʒit] *n.f.* (*med.*) laringite.

laryng(o)- *pref.* laring(o)-.

laryngologie [laʀɛ̃gɔlɔʒi] *n.f.* laringoiatria.

laryngologiste [laʀɛ̃gɔlɔʒist] **laryngologue** [laʀɛ̃gɔlɔg] *n.m.* e *f.* laringoiatra.

larynx [laʀɛ̃ks] *n.m.* (*anat.*) laringe (*f.* o *m.*).

las [lɑ] *agg.* [f. *lasse*] stanco ♦ *inter.* (*letter.*) ahimè.
● ***de guerre lasse***, per farla finita.
■ *AGG.* SIN. fatigué.

lasagne [lazaɲ] *n.f.* [pl. *lasagnes* o *invar.*] (*cuc.*) lasagna.

lascar [laskaʀ] *n.m.* (*fam.*) **1** dritto, volpone **2** tizio, individuo **3** ragazzo, bullo di periferia, della banlieue.

lascif [lasif] ***agg.*** [f. *-ive*] lascivo.
lascivement [lasivmɑ̃] ***avv.*** lascivamente.
lasciveté [lasivte] **lascivité** [lasivite] ***n.f.*** lascivia.
laser [lazɛʀ] ***n.m.invar.*** laser.
lassant [lasɑ̃] ***agg.*** stancante.
lasser [lase] ***v.tr.*** stancare ♦ **se lasser** ***v.pron.intr.*** stancarsi.

FAUX AMI
Da non confondere con *lasciare*, che si traduce *laisser*.

lassitude [lasityd] ***n.f.*** **1** stanchezza, spossatezza **2** (*fig.*) abbattimento (*m.*); tedio (*m.*).
■ SIN. **1** fatigue.
lasso [laso] ***n.m.*** laccio, lazo.
lasure [lazyʀ] ***n.f.*** (*tecn.*) flatting (*m.*) (mordente traslucido per legno).
latence [latɑ̃s] ***n.f.*** latenza.
latent [latɑ̃] ***agg.*** latente.
latéral [lateʀal] ***agg.*** [pl. *-aux*] laterale.
latéralement [lateʀalmɑ̃] ***avv.*** lateralmente, di lato.
latérite [lateʀit] ***n.f.*** (*min.*) laterite.
latex [latɛks] ***n.m.*** latice.
latifolié [latifɔlje] ***agg.*** (*bot.*) latifoglio.
latin [latɛ̃] ***agg.*** latino ♦ ***n.m.*** (*lingua*) latino.
● ***latin de cuisine***, latino maccheronico | (*st.*) ***les Latins***, i latini | ***y perdre son latin***, (*fig.*) non capirci nulla: *j'y perds mon latin*, non ci capisco più niente; *c'est à y perdre son latin!*, che confusione! c'è da perderci la testa!
latiniser [latinize] ***v.tr.*** latinizzare.
latinisme [latinism] ***n.m.*** latinismo.
latiniste [latinist] ***n.m.*** e ***f.*** latinista.
latinité [latinite] ***n.f.*** latinità.
latino-américain [latinɔameʀikɛ̃] ***agg.*** [f. *latino-américaine*, pl.m. *latino-américains*] latino-americano.
Latino-Américain ***n.m.*** [f. *Latino-Américaine*, pl.m. *Latino-Américains*] (*abitante*) latino-americano.
latitude [latityd] ***n.f.*** latitudine.
● ***laisser toute latitude à qqn***, dare carta bianca a qlcu.
latitudinaire [latitydinɛʀ] ***agg.*** (*fig.*) eccessivamente tollerante, di manica larga (in fatto di morale).
latitudinal [latitydinal] ***agg.*** [pl. *-aux*] latitudinale.
latrie [latʀi] ***n.f.*** (*relig.*) latria.
latrines [latʀin] ***n.f.pl.*** latrina (*sing.*).
lattage [lataʒ] ***n.m.*** (*edil.*) messa (*f.*) in opera di listelli di legno.
latte [lat] ***n.f.*** **1** listello (*m.*) di legno **2** (*spec. pl.*) (*fam.*) scarpe (*pl.*); piede (*m.*).
● ***coup de latte***, calcio | ***sommier à lattes***, letto con rete a doghe.

FAUX AMI
Da non confondere con il *latte*, che si traduce *lait*, né con la *latta*, che si traduce *fer-blanc*.

latté [late] ***agg.*** a listelli, listellare: *panneau latté*, pannello listellare ♦ ***n.m.*** paniforte: *le latté est plus résistant que le contreplaqué*, il legno listellare è più resistente del compensato.
lattis [lati] ***n.m.*** (*edil.*) listellatura (*f.*) in legno.
laudanum [lodanɔm] ***n.m.*** laudano.
laudateur [lɔdatœʀ] ***n.m.*** [f. *-trice*] (*letter.*) elogiatore.
laudatif [lodatif] ***agg.*** [f. *-ive*] elogiativo.
lauré [lɔʀe] ***agg.*** (*letter.*) cinto d'alloro.
lauréat [lɔʀea] ***agg.*** premiato (a un concorso) ♦ ***n.m.*** (*di un concorso, premio ecc.*) vincitore.
laurier [lɔʀje] ***n.m.*** **1** lauro, alloro **2** (*pl.*) (*fig.*) allori; gloria (*f.sing.*): *cueillir des lauriers*, mietere allori; *se couvrir de lauriers*, coprirsi di gloria.
laurier rose, **laurier-rose** [lɔʀjeʀoz] ***n.m.*** [pl. *lauriers(-)roses*] (*bot.*) oleandro.
laurier-sauce [lɔʀjesos] ***n.m.*** [pl. *lauriers-sauce*] (*cuc.*) (foglia di) lauro, alloro.
laurier-tin [lɔʀjetɛ̃] ***n.m.*** [pl. *lauriers-tins*] (*bot.*) lentaggine (*f.*).
lausannois [lozanwa] ***agg.*** di Losanna.
Lausannois ***n.m.*** abitante di Losanna.
lavable [lavabl] ***agg.*** lavabile.
lavabo [lavabo] ***n.m.*** **1** lavabo, lavandino **2** (*pl.*) gabinetti.
lavage [lavaʒ] ***n.m.*** **1** lavaggio, lavatura (*f.*) **2** (*med.*) lavanda (*f.*).
● ***lavage à sec***, lavaggio a secco | (*med.*) ***lavage d'estomac***, lavanda gastrica | ***lavage de tête***, (*fig.*) lavata di capo.
lavallière [lavaljɛʀ] ***n.f.*** lavallière, cravatta a fiocco.
lavallois [lavalwa] ***agg.*** di Laval.
lavande [lavɑ̃d] ***n.f.*** lavanda.
lavandière [lavɑ̃djɛʀ] ***n.f.*** **1** lavandaia **2** (*zool. pop.*) cutrettola.
lavandin [lavɑ̃dɛ̃] ***n.m.*** (*bot.*) spigo.
lavasse [lavas] ***n.f.*** (*fam.*) brodaglia.
lave [lav] ***n.f.*** lava.
lavé [lave] ***agg.*** **1** (*di colore*) slavato **2** (*di un disegno*) acquerellato.
lave-auto [lavɔ(o)to] ***n.m.*** [pl. *lave-autos*] (*Canada*) autolavaggio.
lave-glace [lavglas] ***n.m.*** [pl. *lave-glaces*] (*aut.*) lavacristallo.
lave-linge [lavlɛ̃ʒ] ***n.m.invar.*** lavabiancheria (*f.*), lavatrice (*f.*).
lave-mains [lavmɛ̃] ***n.m.invar.*** lavabo, lavandino.
lavement [lavmɑ̃] ***n.m.*** (*med.*) enteroclisma.
● ***lavement baryté***, clisma opaco.
laver [lave] ***v.tr.*** lavare: *laver la vaisselle*, lavare i piatti ♦ **se laver** ***v.pron.*** lavarsi.
● ***laver à grande eau***, lavare in molta acqua | ***laver à l'eau chaude, froide***, lavare in acqua calda, fredda | (*dir.*) ***laver d'une accusation***, prosciogliere da un'accusa | ***laver la tête à qqn***, (*fig.*) dare una lavata di capo a qlcu | ***laver un dessin***, sfumare un disegno | ***machine à laver***, lavatrice.
■ *V.TR.* SIN. nettoyer CONTR. salir.
laverie [lavʀi] ***n.f.*** lavanderia (automatica).
lavette [lavɛt] ***n.f.*** **1** pezzuola, spazzolino (*m.*) lavapiatti **2** (*Svizzera*) guanto (*m.*) di spugna **3** (*fam.*) (persona) smidollata.
laveur [lavœʀ] ***n.m.*** [f. *-euse*] lavatore.
● ***laveur de carreaux***, lavavetri | ***laveur de voitures***, lavamacchine | ***laveuse (de linge)***, lavandaia.
lave-vaisselle [lavvɛsɛl] ***n.m.invar.*** lavastoviglie (*f.*), lavapiatti (*f.*).
lavier [lavje] ***n.m.*** (*Canada*) (*fam.*) acquaio, lavandino.
lavis [lavi] ***n.m.*** disegno a inchiostro sfumato.
lavoir [lavwaʀ] ***n.m.*** **1** lavatoio **2** (*ind.*) vasca (*f.*) di lavaggio.

L

lavomatique® [lavɔmatik] ***n.m.*** lavanderia (*f.*) self-service.

lavure [lavyʀ] ***n.f.*** (acqua di) lavatura.
● ***lavure de vaisselle***, (*anche fig.*) sciacquatura di piatti.

laxatif [laksatif] ***n.m.*** e ***agg.*** [f. *-ive*] lassativo.

laxisme [laksism] ***n.m.*** lassismo.

laxiste [laksist] ***n.m.*** e ***agg.*** e ***f.*** lassista.

laxité [laksite] ***n.f.*** rilassatezza; (*med.*) lassità.

layette [lɛjɛt] ***n.f.*** corredino (*m.*) (per neonato).

layon [lɛjɔ̃] ***n.m.*** sentiero (tracciato in un bosco).

lazaret [lazaʀɛ] ***n.m.*** lazzaretto.

lazzi [ladzi] ***n.m.*** lazzo.

le[1] [lə] ***art.det.*** [si apostrofa davanti a vocale e *h* muta; f. *la, l'* (davanti a vocale); pl.m. e f. *les*] il: *le livre*, il libro; *l'école, l'écolier*, la scuola, lo scolaro; *la chaise*, la sedia; *l'homme*, l'uomo; *l'idée*, l'idea; *l'habitude*, l'abitudine; *les amis, les amies*, gli amici, le amiche; *les livres*, i libri; *le Paris de ma jeunesse*, la Parigi della mia gioventù; *la Jeanne*, (*region.*) la Giovanna.

> NOTA Non è corretto mettere l'articolo determinativo davanti a un nome proprio, salvo per alcuni personaggi storici italiani o per dive dell'opera: *l'Arioste, le Dante, la Callas*.
> L'uso di forme come *la Marie, la Joséphine* è una vecchia usanza contadina ritenuta poco raffinata.

le[2] ***pron.pers.m. 3ª pers.sing.*** [si apostrofa davanti a vocale e *h* muta; f. *la*; pl.m. e f. *les*] (*compl. ogg.*) lo: *l'as-tu mangé?*, l'hai mangiato?; *je les ai vus*, li ho visti; *je les ai écoutées*, le ho ascoltate; *tu peux le prendre*, puoi prenderlo, lo puoi prendere; *regarde-la, ne la regarde pas*, guardala, non guardarla; *dis-le-nous, ne nous le dis pas*, diccelo, non dircelo; *prête-la-moi, ne me la prête pas*, prestamela, non prestarmela; *je l'y accompagnerai*, ce lo accompagnerò.
● ***le leur***, ***la leur***, ***les leur***, lo, la, li, le... (a) loro; (*fam.*) glielo, gliela, glieli, gliele: *j'aurais voulu les leur prêter*, avrei voluto prestarli (a) loro, avrei voluto prestarglieli | ***le lui***, ***la lui***, ***les lui***, glielo, gliela, glieli, gliele: *j'aurais voulu la lui offrir*, avrei voluto offrirgliela; *apporte-les-lui, ne les lui apporte pas*, portaglieli, non portarglieli.

lé [le] ***n.m.*** (*di un tessuto*) altezza (*f.*).
● ***jupe à quatre lés***, gonna a quattro teli.

leader [lidœʀ] ***n.m.*** e ***f.*** 1 leader, capo (*m.*) 2 (*sport*) primo/a (in classifica); (*di squadra*) capolista ♦ ***agg.*** leader: *industrie leader*, industria prima nel settore.

leadership [lidœʀʃip] ***n.m.*** leadership (*f.*); egemonia (*f.*).

léchage [leʃaʒ] ***n.m.*** leccamento.

lèche [lɛʃ] ***n.f.***
● ***faire de la lèche à qqn***, (*fam.*) leccare i piedi a qlcu.

léché [leʃe] ***agg.*** leccato.
● ***un ours mal léché***, uno zoticone.

lèche-botte(s) [lɛʃbɔt] ***n.m.*** e ***f.invar.*** leccapiedi.

lèche-cul [lɛʃkyl] ***n.m.*** e ***f.invar.*** (*volg.*) leccaculo.

lèchefrite [lɛʃfʀit] ***n.f.*** (*cuc.*) leccarda.

lécher [leʃe] ***v.tr.*** [coniug. come *céder*] 1 leccare (*anche fig.*) 2 (*estens.*) lambire.
● ***lécher les vitrines***, andare in giro per negozi.

lécheur [leʃœʀ] ***n.m.*** [f. *-euse*] (*fam.*) leccapiedi.

lèche-vitrines [lɛʃvitʀin] ***n.m.***
● ***faire du lèche-vitrines***, (*fam.*) andare in giro per negozi.

lécithine [lesitin] ***n.f.*** (*biochim.*) lecitina.

leçon [ləsɔ̃] ***n.f.*** 1 lezione: *réviser sa leçon*, ripassare la lezione; *il a l'air de réciter une leçon*, sembra che reciti la lezione 2 ammonimento (*m.*), insegnamento (*m.*), lezione: *la leçon de cette fable est que*, la morale della favola è che.
● ***leçons des choses***, lezioni pratiche (per i bambini delle elementari) | ***leçons particulières***, lezioni private | ***donner***, ***recevoir une (bonne) leçon***, dare, ricevere una (bella) lezione | ***faire la leçon à qqn***, (*fam.*) fare il predicozzo a qlcu.

lecteur [lɛktœʀ] ***n.m.*** [f. *-trice*] 1 lettore: *ce journal s'adresse au lecteur moyen*, questo giornale si rivolge al lettore medio; *il est lecteur d'italien à la Sorbonne*, è lettore d'italiano alla Sorbona 2 (*tecn.*) lettore.
● (*inform.*) ***lecteur audio***, lettore audio | (*tecn.*) ***lecteur de cassette*** (o ***cassettes***), mangiacassette, mangianastri | (*Internet*) ***lecteur de nouvelles*** (o ***lecteur Usenet***), lettore di conferenze | (*tecn.*) ***lecteur enregistreur***, apparecchio per la riproduzione e la registrazione | (*inform.*) ***lecteur graphique***, visualizzatore | (*inform.*) ***lecteur MP3***, lettore mp3.

lectorat [lɛktɔʀa] ***n.m.*** lettorato.

lecture [lɛktyʀ] ***n.f.*** lettura: *il aime la lecture*, gli piace leggere; *cette pièce ne donne rien à la lecture*, questo lavoro teatrale non si presta alla lettura; *donnez-moi de la lecture*, (*fam.*) mi dia qualcosa da leggere.
● ***lecture à haute voix***, lettura a voce alta | (*tecn.*): ***lecture du son***, lettura del suono; ***lecture optique***, lettura ottica | ***faire la lecture à qqn***, leggere a qlcu.

ledit [lədi] ***agg.*** → **dit**.

lédonien [ledɔnjɛ̃] ***agg.*** di Lons-le-Saunier.

légal [legal] ***agg.*** [pl. *-aux*] legale.
● ***avoir recours aux moyens légaux***, procedere per vie legali | ***par voies légales***, per vie legali.

légalement [legalmɑ̃] ***avv.*** legalmente.

légalisation [legalizasjɔ̃] ***n.f.*** (*dir.*) legalizzazione.

légaliser [legalize] ***v.tr.*** legalizzare, autenticare: *légaliser sa signature*, autenticare la propria firma.

légalité [legalite] ***n.f.*** legalità.

légat [lega] ***n.m.*** legato.

légataire [legatɛʀ] ***n.m.*** e ***f.*** (*dir.*) legatario/a.

légation [legasjɔ̃] ***n.f.*** legazione.

légendaire [leʒɑ̃dɛʀ] ***agg.*** leggendario.

légende [leʒɑ̃d] ***n.f.*** 1 leggenda 2 spiegazione, leg(g)enda; (*di illustrazione*) didascalia 3 (*su medaglie ecc.*) leggenda, dicitura, iscrizione.

léger [leʒe] ***agg.*** [f. *-ère*] leggero (*anche fig.*); (*fig.*) lieve ♦ ***n.m.*** (*Africa*) (*fam.*) treno espresso.
● ***à la légère***, alla leggera: *prendre les choses à la légère*, prendere le cose alla leggera; *parler à la légère*, parlare senza riflettere | ***avoir la touche légère***, avere il tocco leggero | ***avoir la***, ***une tête légère***, essere scervellato | ***être léger dans sa conduite***, comportarsi con leggerezza | ***femme de mœurs légères***, donna di facili costumi | ***un blessé léger***, un ferito in modo leggero | ***une légère idée de qqch***, una pallida idea di qlco.
■ *AGG.* CONTR. lourd.

légèrement [leʒɛʀmɑ̃] ***avv.*** 1 leggermente: *être vêtu légèrement*, essere vestito con abiti leggeri; *marcher légèrement*, camminare con passo leggero; *manger légèrement*, mangiare in modo leggero 2 (*fig.*) sconsideratamente, senza riflettere.

légèreté [leʒɛʀte] ***n.f.*** leggerezza (*anche fig.*).

L

légiférer [leʒifeʀe] *v.intr.* [coniug. come *céder*] legiferare.

légion [leʒjɔ̃] *n.f.* 1 legione 2 (*estens.*) esercito (*m.*), folla.
● *être légion*, essere in gran numero.

NOTA ***L'ordre national de la Légion d'honneur*** è stato istituito nel 1802 da Napoleone Bonaparte per ricompensare meriti militari o civili resi alla nazione. È da notare che alcune personalità quali La Fayette, George Sand, Daumier, Maupassant, Ravel, Sartre, Simone de Beauvoir, Camus, Brigitte Bardot, Catherine Deneuve o Prévert rifiutarono l'onorificenza.

La Légion étrangère, 'Legione straniera', è un'unità militare francese creata nel 1831 dal re Luigi Filippo I in Algeria e composta da volontari, prevalentemente stranieri, da impiegare fuori del territorio metropolitano. Spesso vi si arruolavano i perseguiti dalla giustizia nel loro paese. Dopo il ritiro della Francia dall'Algeria nel 1962, la Legione straniera è stata trasferita in Corsica.

légionnaire [leʒjɔnɛʀ] *n.m.* legionario.

législateur [leʒislatœʀ] *agg.* e *n.m.* [f. *-trice*] legislatore.

législatif [leʒislatif] *agg.* [f. *-ive*] legislativo ♦ *n.m.* potere legislativo.

législation [leʒislasjɔ̃] *n.f.* legislazione.

législature [leʒislatyʀ] *n.f.* legislatura.

légiste [leʒist] *n.m.* e *f.* giurista, esperto/a di diritto ♦ *n.m.* (*antiq.*) legista.
● (*médecin*) *légiste*, medico legale.

légitimation [leʒitimasjɔ̃] *n.f.* legittimazione.
● (*dir.*) *légitimation adoptive*, legittimazione per adozione.

légitime [leʒitim] *agg.* 1 (*dir.*) legittimo 2 giustificato, legittimo; lecito: *c'est tout à fait légitime*, è più che giusto ♦ *n.f.* (*fam.*) moglie.
● *légitime défense*, legittima difesa | (*amm.*) *licenciement par motif légitime*, licenziamento per giusta causa | *mariage légitime*, matrimonio che ha valore legale | *union légitime*, unione legittima.

légitimement [leʒitimmɑ̃] *avv.* in modo legittimo, legittimamente.

légitimer [leʒitime] *v.tr.* 1 (*dir.*) legittimare 2 giustificare, regolarizzare: *légitimer une situation*, regolarizzare una situazione.

légitimité [leʒitimite] *n.f.* legittimità.

legs [lɛ, lɛg] *n.m.* 1 (*dir.*) legato, lascito 2 (*fig.*) eredità (*f.*), retaggio.

léguer [lege] *v.tr.* [coniug. come *céder*] 1 (*dir.*) legare, lasciare in legato 2 (*fig.*) trasmettere.
■ SIN. 2 transmettre.

légume [legym] *n.m.* 1 ortaggio, verdura (*f.*); (*estens.*) (*cuc.*) contorno: *marchand de fruits et légumes*, fruttivendolo; *que veux-tu comme légumes?*, cosa vuoi per contorno? 2 (*bot.*) legume 3 (*fig.*) vegetale, fossile: *cet homme n'est plus qu'un légume*, quest'uomo è ormai ridotto a un vegetale ♦ *n.f.* (*fam.*) persona (*f.*) importante.
● *légumes verts, secs*, ortaggi freschi, secchi | (*cuc.*) *soupe de légumes*, minestra di verdura | *une grosse légume*, (*fig.*) un pezzo grosso, un papavero.

légumier [legymje] *agg.* [f. *-ère*] ortivo ♦ *n.m.* 1 (*cuc.*) legumiera (*f.*) 2 (*Belgio*) ortolano.
● *culture légumière*, orticoltura | *jardin légumier*, orto.

légumineuse [legyminøz] *agg.* e *n.f.*
● (*plante*) *légumineuse*, (pianta) leguminosa.

leitmotiv [laj(ɛ)tmɔtif] *n.m.* [pl. *-ive*] (*mus.*) leitmotiv, motivo conduttore (*anche fig.*).

lémanique [lemanik] *agg.* lemanico, del lago Lemano.

lemme [lɛm] *n.m.* (*mat., fil., ling.*) lemma.

lémurien [lemyʀjɛ̃] *n.m.* (*zool.*) lemure.

lendemain [lɑ̃dmɛ̃] *n.m.* 1 l'indomani, il giorno dopo: *le lendemain matin, soir*, il mattino, la sera dopo, seguente; *le lendemain de son arrivée*, l'indomani del suo arrivo, il giorno dopo il suo arrivo; *remettre au lendemain*, rimandare a domani; *les lendemains de fête sont toujours tristes*, i giorni successivi alle feste sono sempre tristi 2 il domani, il futuro: *une affaire qui eut d'heureux lendemains*, una faccenda che ebbe un felice esito.
● *au lendemain de*, all'indomani di | *du jour au lendemain*, dall'oggi al domani, improvvisamente | (*prov.*) *il ne faut jamais remettre au lendemain ce qu'on peut faire le jour même* (o *qui remet au lendemain trouve malheur en chemin*), non rimandare mai a domani ciò che si può fare oggi | *sans lendemain*, senza futuro: *un projet sans lendemain*, un progetto senza futuro.

lénifiant [lenifjɑ̃] *agg.* 1 (*med.*) lenitivo 2 (*fig.*) calmante.

lénifier [lenifje] *v.tr.* lenire, calmare; mitigare (*anche fig.*).

léninisme [leninism] *n.m.* (*st.*) leninismo.

léniniste [leninist] *n.m.* e *f.* leninista.

lénitif [lenitif] *agg.* e *n.m.* [f. *-ive*] lenitivo.

lensois [lɑ̃swa] *agg.* di Lens.

lent [lɑ̃] *agg.* lento (*anche fig.*).
● *avoir l'esprit lent*, essere tardo di mente.
■ CONTR. rapide.

lente [lɑ̃t] *n.f.* lendine (uovo di pidocchio).

FAUX AMI
Da non confondere con l'italiano *lente*, che si traduce *lentille, loupe*.

lentement [lɑ̃tmɑ̃] *avv.* lentamente.

lenteur [lɑ̃tœʀ] *n.f.* lentezza; (*pl.*) lungaggini.
■ CONTR. rapidité.

lenticulaire [lɑ̃tikylɛʀ] *agg.* lenticolare.

lentigo [lɑ̃tigo] *n.m.* lentiggine (*f.*); (*estens.*) neo.

lentille [lɑ̃tij] *n.f.* 1 (*bot.*) lenticchia, lente 2 (*fis.*) lente.
● (*fis.*): *lentille cornéenne*, lente a contatto; *lentille grossissante*, lente d'ingrandimento.

lentillon [lɑ̃tijɔ̃] *n.m.* (*bot.*) lenticchia (*f.*) rossiccia.

lentisque [lɑ̃tisk] *n.m.* (*bot.*) lentisco.

lento [lɛnto] *avv.* (*mus.*) lento.

léonais [leɔnɛ] **léonard** [leɔnaʀ] *agg.* del Léon (francese o spagnolo).

léonin [leɔnɛ̃] *agg.* leonino.

léopard [leɔpaʀ] *n.m.* leopardo.

lépidoptère [lepidɔptɛʀ] *n.m.* (*zool.*) lepidottero.

lèpre [lɛpʀ] *n.f.* lebbra.

FAUX AMI
Da non confondere con l'italiano *lepre*, che si traduce *lièvre*.

lépreux [lepʀø] *agg.* [f. *-euse*] 1 lebbroso 2 (*fig.*) marcio, fatiscente ♦ *n.m.* lebbroso.

léproserie [lepʀozʀi] *n.f.* lebbrosario (*m.*).

lequel [ləkɛl] *pron.rel.* [f. *laquelle*; pl.m. *lesquels*, f. *lesquelles*; in unione con la prep. *à* forma il m. **auquel** (pl. **auxquels**) e il f. **à laquelle** (pl. **auxquelles**); in unione con la prep. *de* forma il m. **duquel** (pl. **des-**

quels), e il f. **de laquelle** (pl. **desquelles**)] 1 (*sogg.*) (*antiq.*) il quale, che: *j'ai rencontré la sœur de Jean, laquelle m'a parlé de vous*, ho incontrato la sorella di Jean, la quale (*o* che) mi ha parlato di voi 2 (*compl.*) il quale, cui: *le milieu dans lequel il a vécu*, l'ambiente nel quale, in cui ha vissuto; *l'homme duquel elle a divorcé*, l'uomo dal quale, da cui ha divorziato; *les dames auxquelles je me suis adressé*, le signore alle quali, a cui mi sono rivolto; *c'est un homme sur la probité duquel il n'y a rien à dire*, è un uomo sulla cui onestà non c'è nulla da dire; *le frère de cette amie, de laquelle nous n'avons plus de nouvelles, m'a écrit*, mi ha scritto il fratello di quell'amica, della quale, di cui non abbiamo più notizie ♦ *pron.interr.* quale: *de ces maisons, laquelle est la tienne?*, di queste case, qual è la tua?; *à ma place, lequel choisirais-tu?*, al mio posto, quale sceglieresti?; *auquel donner la préférence?*, a quale dare la preferenza? ♦ *agg.rel.* (*dir., letter.*) | *auquel cas*, nel qual caso.

les[1] [le; lɛz *davanti a vocale o* h *muta*] *art.det.m.* e *f.pl* → **le**[1].

les[2] *pron.pers.m.* e *f.* 3ª *pers.pl.* → **le**[2].

lesbien [lɛsbjɛ̃] *agg.* [f. *-enne*] lesbico.

lesbienne [lɛsbjɛn] *n.f.* lesbica.

lesbisme [lɛsbism] *n.m.* lesbismo.

lesdits [lɛdi] **lesdites** [lɛdit] *agg.* → **dit**.

lèse-majesté [lɛzmaʒɛste] *n.f.invar.* lesa maestà.

léser [leze] *v.tr.* [coniug. come *céder*] ledere, danneggiare.

lésine [lezin] *n.f.* (*letter.*) spilorceria.

lésiner [lezine] *v.intr.* lesinare.

lésion [lezjɔ̃] *n.f.* lesione.

lesquelles [lekɛl] *pron.rel.* e *interr.f.pl.* → **lequel**.

lesquels [lekɛl] *pron.rel.* e *interr.m.pl.* → **lequel**.

lessivable [lesivabl] *agg.* che può andare in bucato, lavabile con detersivi.

lessivage [lesivaʒ] *n.m.* lavaggio (con detersivi).

lessive [lesiv] *n.f.* 1 liscivia; detersivo (*m.*) 2 bucato (*m.*): *faire la lessive*, fare il bucato.
● ***faire une lessive générale***, (*fig.*) fare un repulisti.

lessivé [lesive] *agg.* (*fam.*) stanco, distrutto; rovinato.

lessiver [lesive] *v.tr.* 1 lavare (con detersivi) 2 (*fam.*) spossare 3 (*fam.*) pelare al gioco.
● ***se faire lessiver***, (*fam.*) farsi escludere.

lessiveuse [lesivøz] *n.f.* pentolone (*m.*) (per bollire il bucato); (*ind.*) lisciviatrice.

lest [lɛst] *n.m.* zavorra (*f.*).
● ***jeter du lest***, gettare zavorra; (*fig.*) sacrificarsi per salvare una situazione.

lestage [lɛstaʒ] *n.m.* zavorramento.

leste [lɛst] *agg.* 1 svelto, spedito 2 sconveniente; disinvolto.
● ***avoir la main leste***, (*fig.*) essere lesto di mano, manesco.

lestement [lɛstəmɑ̃] *avv.* 1 rapidamente 2 scorrettamente.

lester [lɛste] *v.tr.* 1 zavorrare 2 provvedere ♦ **se lester** *v.pron.* provvedersi, munirsi.
● ***lester ses poches***, riempirsi le tasche.

létal [letal] *agg.* [pl. *-aux*] letale.

léthargie [letaʀʒi] *n.f.* letargo (*m.*): *tirer de sa léthargie*, (*anche fig.*) scuotere dal letargo.

léthargique [letaʀʒik] *agg.* e *n.m.* letargico.

letton [lɛtɔ̃] *agg.* [f. *-on(n)e*] lettone.

Letton *n.m.* [f. *-on(n)e*] (*abitante*) lettone.

lettre [lɛtʀ] *n.f.* 1 lettera; carattere (*m.*): *lettres cursives*, carattere corsivo; *lettre majuscule, initiale, aspirée*, lettera maiuscola, iniziale, aspirata 2 lettera, missiva 3 (*pl.*) lettere, letteratura (*sing.*): *les gens de lettres*, i letterati; *faculté des lettres*, facoltà di lettere.
● ***lettre chargée, exprès, recommandée, par avion***, lettera assicurata, espresso, raccomandata, (per via) aerea | ***lettre circulaire***, (lettera) circolare | ***lettre close***, lettera chiusa; (*fig.*) mistero | (*comm.*) ***lettre d'avis***, avviso di spedizione | (*comm.*) ***lettre (de change)***, cambiale, tratta | ***lettre de château***, lettera di ringraziamento (dopo un soggiorno in casa di amici) | (*comm.*) ***lettre de garantie***, lettera di fideiussione | ***lettre de rebut***, lettera giacente | ***lettre de recommandation***, lettera di presentazione | (*Internet*) ***lettre d'info***, newsletter, notiziario | ***à la lettre, au pied de la lettre***, alla lettera | ***avant la lettre***, ante litteram | ***écrire (un nombre) en toutes lettres***, scrivere (un numero) in lettere | (*tip.*) ***en grosses lettres***, a caratteri cubitali | ***en lettres rouges***, (*fig.*) a caratteri indelebili | ***passer comme une lettre à la poste***, (*fig.*) andare liscio come l'olio | (*comm.*) ***par cette lettre***, con la presente.

lettré [letʀe] *agg.* e *n.m.* 1 letterato 2 (*Africa*) (*estens.*) che, chi sa leggere e scrivere.

lettre-clé [lɛtʀəkle] *n.f.* [pl. *lettres-clés*] 1 (*inform.*) sigla computerizzata 2 (*med.*) codice (*m.*) di identificazione (di un atto medico).

lettrine [letʀin] *n.f.* (*tip.*) (lettera) iniziale.

leu [lø] *n.m.* (*ant.*) lupo.
● ***à la queue leu leu***, in fila indiana.

leucémie [løsemi] *n.f.* (*med.*) leucemia.

leucémique [løsemik] *agg.* e *n.m.* e *f.* leucemico/a.

leuc(o)- *pref.* leuc(o)-.

leucocyte [løkɔsit] *n.m.* leucocita.

leucome [løkɔm] *n.m.* (*med.*) leucoma.

leucorrhée [løkɔʀe] *n.f.* (*med.*) leucorrea.

leur[1] *pron.pers.invar.* 3ª *pers.m.* e *f.pl.* (*compl. di termine*) (a) loro; (*fam.*) gli: *je leur ai déjà parlé*, ho già parlato (a) loro, gli ho già parlato; *donnez-leur ce livre*, date loro, dategli questo libro.
● ***leur en***, ne... loro; (*fam.*) gliene: *je leur en offrirai*, ne offrirò loro, gliene offrirò | ***le leur, la leur, les leur***, lo, la, li, le... (a) loro; (*fam.*) glielo, gliela, glieli, gliele: *pretez-les-leur*, prestateli (a) loro, prestateglieli; *j'aurais voulu la leur demander*, avrei voluto chiederla loro, chiedergliela.

leur[2] [lœʀ] *agg.poss.* 3ª *pers.pl.* loro: *leur père et (leur) mère*, il loro padre e la loro madre; *leurs enfants*, i loro bambini; *leurs jupes*, le loro gonne; *une de leurs amies*, una loro amica ♦ *pron.poss.* 3ª *pers.pl.* loro: *mon auto et la leur*, la mia auto e la loro; *nos amis et les leurs*, i nostri amici e i loro, i nostri e i loro amici ♦ *n.m.* 1 il loro, ciò che è loro 2 (*pl.*) i loro (genitori, sostenitori ecc.): *j'étais un des leurs*, ero uno di loro; *nous étions des leurs dimanche*, eravamo con loro domenica.
● ***ils ont fait des leurs***, (*fam.*) ne hanno fatta una delle loro | ***ils y mettent du leur***, si impegnano, si danno da fare.

leurre [lœʀ] *n.m.* 1 esca (*f.*) artificiale 2 (*fig.*) illusione (*f.*), lusinga (*f.*).

leurrer [lœʀe] *v.tr.* allettare, lusingare ♦ **se leurrer** *v.pron.* illudersi.

levage [ləvaʒ] *n.m.* 1 sollevamento 2 (*cuc.*) lievitazione (*f.*).

levain [ləvɛ̃] *n.m.* lievito.

levant [ləvɑ̃] *agg.* e *n.m.* levante.
● ***soleil levant***, sole levante, sole nascente.

levantin [ləvɑ̃tɛ̃] *agg.* levantino.

levé [ləve] *agg.* **1** alzato **2** lievitato ♦ *n.m.* **1** rilevamento (topografico) **2** (*mus.*) battuta (*f.*) in levare.
● ***à mains levées***, per alzata di mano | ***au pied levé***, subito, su due piedi | ***tête levée***, a fronte alta | ***voter par assis et levé***, votare per alzata e seduta.

levée [ləve] *n.f.* **1** rimozione; levata **2** (*mil.*) leva, arruolamento (*m.*) **3** argine (*m.*), diga **4** (*alle carte*) presa.
● ***levée de boucliers***, (*fig.*) levata di scudi | (*dir.*) ***levée d'écrou***, ordine di scarcerazione | (*comm.*): ***levée de la caisse***, alzata, levata di cassa; ***levée de la marchandise***, prelevamento della merce | (*dir.*) ***levée de l'impunité***, sospensione dell'immunità parlamentare | (*dir.*) ***levée de réquisition***, derequisizione | (*fin.*) ***levée des impôts***, riscossione delle imposte | ***levée du corps***, trasporto funebre | ***levée du courrier***, levata delle lettere | ***à la levée de la séance***, alla fine della seduta | ***la levée du siège***, il togliere l'assedio.

lève-glace [lɛvglas] *n.m.* [pl. *lève-glaces*] (*aut.*) alzacristallo.

lever[1] [ləve] *v.tr.* [coniug. come *semer*] **1** alzare; sollevare: *lever les yeux de dessus son livre*, alzare gli occhi dal libro **2** togliere; rimuovere: *lever la séance*, togliere la seduta; *lever le camp*, togliere le tende **3** (*mil.*) arruolare **4** (*topografia*) rilevare **5** prendere, prelevare; riscuotere ♦ *v.intr.* **1** (*di piante*) spuntare, nascere **2** (*di pasta*) lievitare ♦ **se lever** *v.pron.intr.* alzarsi: *le soleil se lève*, (*estens.*) sorge il sole | *le temps se lève*, il tempo si mette al bello.
● ***lever le coude***, (*fig.*) alzare il gomito | ***lever les cartes***, fare una presa (a carte) | ***lever son verre***, brindare | ***lever un lièvre***, (*caccia*) stanare una lepre.
■ V.PRON. CONTR. s'asseoir; (*coricarsi*) se coucher.

lever[2] *n.m.* **1** l'alzarsi **2** (*topografia*) rilevamento.
● ***lever de rideau***, l'alzarsi del sipario; (*teatr.*) atto unico di breve durata, rappresentato prima dello spettacolo principale; (*sport*) partita preliminare | ***lever (du soleil)***, il sorgere del sole | ***au lever***, ***à son lever***, al mattino, quando (ci) si alza | ***le lever des couleurs***, l'alzabandiera | (*st.*) ***petit***, ***grand lever***, cerimoniali che accompagnavano il risveglio e la toilette del re di Francia.

lève-vitre [lɛvvitʀ] *n.m.* [pl. *lève-vitres*] (*aut.*) alzacristallo.

levier [ləvje] *n.m.* leva (*f.*).
● (*aut.*) ***levier de vitesse***, (leva del) cambio.

lévitation [levitasjɔ̃] *n.f.* levitazione.

lévite [levit] *n.m.* (*relig.*) levita.

levraut [ləvʀo] *n.m.* leprotto.

lèvre [lɛvʀ] *n.f.* labbro (*m.*): *avoir une cigarette aux lèvres*, avere una sigaretta in bocca; *avoir le sourire aux lèvres*, avere il sorriso sulle labbra.
● ***avoir un mot au bord des lèvres***, avere una parola sulla punta della lingua | ***être suspendu aux lèvres de qqn***, pendere dalle labbra di qlcu | ***manger du bout des lèvres***, mangiare controvoglia | (*anat.*) ***petites***, ***grandes lèvres***, piccole, grandi labbra | ***sourire du bout des lèvres***, sorridere a fior di labbra.

levrette [ləvʀɛt] *n.f.* **1** levriera **2** piccolo levriere (*m.*) italiano.

lévrier [levʀije] *n.m.* (*cane*) levriero.

levure [ləvyʀ] *n.f.* lievito (*m.*).

lexical [lɛksikal] *agg.* [pl. *-aux*] lessicale.

lexicographe [lɛksikɔgʀaf] *n.m.* e *f.* lessicografo/a.

lexicographie [lɛksikɔgʀafi] *n.f.* lessicografia.

lexicologie [lɛksikɔlɔʒi] *n.f.* lessicologia.

lexicologue [lɛksikɔlɔg] *n.m.* e *f.* lessicologo/a.

lexique [lɛksik] *n.m.* lessico.

lez [le] *prep.* (*antiq.*) presso.

lézard [lezaʀ] *n.m.* lucertola (*f.*).
● ***lézard vert***, ramarro.

lézarde [lezaʀd] *n.f.* crepa.

lézardé [lezaʀde] *agg.* screpolato, crepato.

lézarder[1] [lezaʀde] *v.intr.* (*fam.*) oziare, poltrire.

lézarder[2] *v.tr.* screpolare, fare delle crepe ♦ **se lézarder** *v.pron.intr.* creparsi; lesionarsi.

liage [ljaʒ] *n.m.* legatura (*f.*).

liaison [ljɛzɔ̃] *n.f.* **1** legame (*m.*); collegamento (*m.*); nesso (*m.*), relazione | (*cuc.*) *le jaune d'œuf est une excellente liaison*, il tuorlo d'uovo è un'ottima base legante **2** (*di amicizia, affari ecc.*) legame (*m.*) **3** (*comunicazioni*) collegamento (*m.*) **4** (*fon.*) legamento (*m.*) **5** (*mus.*) legatura **6** (*chim., inform.*) legame (*m.*) **7** (*edil.*) assestamento (*m.*) (di mattoni).
● ***liaison (amoureuse)***, relazione (amorosa) | (*rad., tv*) ***liaison en direct***, collegamento diretto | ***liaison par satellite***, collegamento via satellite | ***en liaison***, in collegamento: *rester en liaison*, restare in contatto | ***établir une liaison de cause à effet***, stabilire una relazione di causa ed effetto | (*edil.*) ***maçonnerie en liaison***, muratura a giunti sfalsati | (*gramm.*) ***mots***, ***termes de liaison***, congiunzioni e preposizioni | (*mil.*) ***officier de liaison***, ufficiale di collegamento.

> NOTA La ***liaison*** è il legamento nel pronunciare l'ultima consonante (generalmente muta come *d, p, s, t, x, z*) di una parola con la vocale iniziale del termine che segue: *ils ont, vous avez eu, six heures*.
> Non si ha mai *liaison* con la congiunzione *et*, prima di *h* aspirata e davanti a *oui, un, huit, huitième, onze, onzième*.

liane [ljan] *n.f.* (*bot.*) liana.

liant [ljɑ̃] *agg.* **1** socievole, affabile **2** (*chim.*) legante ♦ *n.m.* **1** elasticità (*f.*) **2** (*edil.*) legante.

liasse [ljas] *n.f.* **1** (*di documenti ecc.*) fascio (*m.*): *une liasse de billets de banque*, un pacchetto di banconote **2** (*inform.*) pacco (*m.*) di carta continua.

libanais [libanɛ] *agg.* libanese.

Libanais *n.m.* (*abitante*) libanese.

libation [libasjɔ̃] *n.f.* libagione.

libelle [libɛl] *n.m.* libello.

libellé [libele] *n.m.* (*di atti, documenti ecc.*) stesura (*f.*), formulazione (*f.*).

libeller [libele] *v.tr.* **1** redigere, stendere **2** compilare.

libelliste [libelist] *n.m.* e *f.* libellista.

libellule [libelyl] *n.f.* (*zool.*) libellula.

liber [libɛʀ] *n.m.* (*bot.*) libro.

libérable [libeʀabl] *agg.* **1** che si può liberare **2** (*mil.*) congedando.
● (*mil.*) ***permission libérable***, licenza che anticipa il congedo.

libéral [libeʀal] *agg.* [pl. *-aux*] liberale ♦ *n.m.* (*econ.*) liberale; liberista.

libéralement [libeʀalmɑ̃] *agg.* liberalmente, con larghezza, con generosità.

libéralisation [libeʀalizasjɔ̃] *n.f.* liberalizzazione.

libéraliser [libeʀalize] *v.tr.* liberalizzare.

L

libéralisme [libeʀalism] *n.m.* (*st. pol.*) liberalismo (*anche estens.*).

libéralité [libeʀalite] *n.f.* **1** liberalità **2** elargizione.

libérateur [libeʀatœʀ] *agg.* [f. *-trice*] liberatore; (*fig.*) liberatorio ♦ *n.m.* liberatore.

libération [libeʀasjɔ̃] *n.f.* **1** liberazione **2** (*mil.*) congedo (*m.*).

● (*dir.*) ***libération conditionnelle***, liberazione condizionale | (*econ.*) ***libération des prix***, liberalizzazione dei prezzi | (*fis.*) ***vitesse de libération***, velocità di fuga.

libératoire [libeʀatwaʀ] *agg.* (*dir., fin.*) liberatorio.

libéré [libeʀe] *agg.* **1** liberato **2** libero, emancipato **3** (*mil.*) congedato.

● (*fin.*) ***valeur entièrement libérée***, capitale interamente versato.

libérer [libeʀe] *v.tr.* [coniug. come *céder*] **1** liberare: *libérer le cran de sûreté d'un revolver*, togliere la sicura a una rivoltella; *libérer sa conscience*, liberarsi, sgravarsi la coscienza | *libérer les échanges économiques*, liberalizzare gli scambi economici **2** (*mil.*) congedare ♦ **se libérer** *v.pron.intr.* **1** liberarsi (*anche fig.*) **2** (*dir.*) (*da un debito, un'ipoteca ecc.*) liberarsi.

● ***libérer son cœur***, sfogarsi.

■ V.TR. SIN. **1** relâcher.

libérien [libeʀjɛ̃] *agg.* [f. *-enne*] liberiano.

libériste [libeʀist] *agg.* e *n.m.* e *f.* (*sport*) che, chi pratica il volo a vela.

libertaire [libɛʀtɛʀ] *agg.* e *n.m.* e *f.* libertario/a.

L **liberté** [libɛʀte] *n.f.* **1** libertà: *liberté individuelle*, libertà personale **2** libertà, licenza: *il a une liberté de manières excessive*, ha una eccessiva libertà di modi **3** (*pl.*) libertà; privilegi (*m.*): *les libertés de l'Église gallicane*, i privilegi della chiesa gallicana.

● (*inform.*) ***liberté d'accès***, libero accesso | ***liberté de culte, de la presse***, libertà di culto, di stampa | ***liberté d'expression, d'opinion***, libertà di parola, di opinione | (*dir.*): ***liberté provisoire, surveillée***, libertà provvisoria, vigilata; ***liberté sur parole***, libertà sulla parola | ***en toute liberté***, in totale libertà | ***les libertés locales***, l'autonomia locale | ***mettre en liberté***, liberare, rilasciare; (*dir.*) scarcerare | ***mise en liberté***, liberazione, rilascio; (*dir.*) scarcerazione | ***prendre des libertés***, prendersi delle libertà.

NOTA ***Liberté, Egalité, Fraternité***, 'Libertà, Uguaglianza, Fraternità', è il motto della Repubblica Francese che sintetizza le conquiste politiche e sociali della Rivoluzione; fu adottato nel giugno 1793.

libertel [libɛʀtɛl] *n.m.* (*Internet*) freenet (*f.*).

libertin [libɛʀtɛ̃] *agg.* e *n.m.* libertino.

libertinage [libɛʀtinaʒ] *n.m.* (*letter.*) libertinaggio.

libidineux [libidinø] *agg.* [f. *-euse*] libidinoso.

libido [libido] *n.f.* (*psic.*) libido.

libraire [libʀɛʀ] *n.m.* e *f.* libraio/a.

librairie [libʀɛʀi] *n.f.* **1** libreria **2** commercio (*m.*) librario.

● (*Africa*) ***librairie trottoir***, esposizione e vendita di libri sui marciapiedi.

librairie-papeterie [libʀɛʀipapɛtʀi] *n.f.* [pl. *librairies-papeteries*] cartolibreria.

libre [libʀ] *agg.* **1** libero: *je ne suis pas libre ce soir*, non sono libero stasera; *un rire franc et libre*, una risata franca e spontanea **2** sboccato, licenzioso: *mœurs libres*, facili costumi.

● ***libre à toi, à vous de***, sei libero, siete liberi di: *libre à vous d'accepter ou de refuser*, è libero di accettare o rifiutare | ***libre comme l'air***, libero come l'aria | ***école libre***, scuola privata (spec. religiosa) | ***la voie est libre!***, via libera! | ***se rendre libre de***, liberarsi da.

libre-appel [libʀapɛl] *n.m.* [pl. *libres-appels*] (*tel.*) numero verde.

libre-échange [libʀeʃɑ̃ʒ] *n.m.* [pl. *libres-échanges*] (*econ.*) libero scambio; liberismo.

libre-échangiste [libʀeʃɑ̃ʒist] *agg.* e *n.m.* e *f.* [pl. *libre-échangistes*] (*econ.*) liberoscambista, liberista.

librement [libʀəmɑ̃] *avv.* **1** liberamente **2** in modo libero: *elle vit très librement*, conduce una vita molto libera.

libre-penseur [libʀəpɑ̃sœʀ] *n.m.* [f. *libre-penseuse*, pl.m. *libres-penseurs*] libero pensatore.

libre-service [libʀəsɛʀvis] *n.m.* [pl. *libres-services*] self-service.

librettiste [libʀetist] *n.m.* e *f.* librettista.

libyen [libjɛ̃] *agg.* [f. *-enne*] libico.

Libyen *n.m.* [f. *-enne*] (*abitante*) libico.

lice[1] [lis] *n.f.* (*antiq.*) steccato (*m.*), palizzata.

● ***entrer en, dans la lice***, (*fig.*) entrare, scendere in lizza.

lice[2] *n.f.* cagna da caccia.

lice[3] *n.f.* → **lisse**[3].

licéité [liseite] *n.f.* liceità, carattere (*m.*) di ciò che è lecito.

licence [lisɑ̃s] *n.f.* **1** (*dir.*) licenza, permesso (*m.*); autorizzazione **2** (*letter.*) licenza, libertà (eccessiva): *prendre trop de licence avec qqn*, prendersi troppe libertà con qlcu; *donner toute licence*, dare ogni libertà **3** diploma (*m.*) universitario conseguito dopo tre anni di studi.

● ***licence de débit***, licenza di vendita di alcolici | ***licence d'importation, d'exportation***, licenza di importazione, di esportazione | ***licence poétique***, (*fig.*) licenza poetica.

licencié [lisɑ̃sje] *agg.* e *n.m.* che, chi ha conseguito la licence (diploma universitario).

licenciement [lisɑ̃simɑ̃] *n.m.* licenziamento.

● ***licenciement pour motif légitime***, licenziamento per giusta causa | ***licenciement sans préavis, sec***, licenziamento senza preavviso, in tronco.

licencier [lisɑ̃sje] *v.tr.* licenziare.

licencieusement [lisɑ̃sjøzmɑ̃] *avv.* licenziosamente.

licencieux [lisɑ̃sjø] *agg.* [f. *-euse*] licenzioso.

lichen [likɛn] *n.m.* **1** (*bot.*) lichene **2** (*med.*) lichen.

lichette [liʃɛt] *n.f.* **1** (*fam.*) fettina; pezzettino (*m.*) **2** (*Belgio*) (*per appendere i vestiti*) occhiello (*m.*), cordoncino (*m.*).

licite [lisit] *agg.* lecito.

licitement [lisitmɑ̃] *avv.* lecitamente, in modo lecito.

licol [likɔl] *n.m.* → **licou**.

licorne [likɔʀn] *n.f.* (*mit.*) unicorno (*m.*), liocorno (*m.*).

● (*zool.*) ***licorne de mer***, narvalo.

licou [liku] *n.m.* cavezza (*f.*).

lie [li] *n.f.* feccia (*anche fig.*).

lié [lje] *agg.* **1** legato **2** (*fig.*) legato, vincolato.

● ***avoir partie liée avec qqn***, far lega con qlcu.

lie-de-vin [lidvɛ̃] *agg.invar.* (color) vinaccia.

liège [ljɛʒ] *n.m.* **1** sughero **2** (*bot.*) quercia (*f.*) da sughero.

liégeois [ljeʒwa] *agg.* di Liegi.

● ***café liégeois***, caffè freddo con panna.

Liégeois *n.m.* abitante di Liegi.

lien [ljɛ̃] *n.m.* **1** laccio **2** (*fig.*) legame, vincolo: *lien reli-*

gieux, vincolo religioso; *nouer des liens avec qqn*, stringere un legame con qlcu **3** (*fig.*) legame, nesso: *des mots sans lien*, parole senza nesso, slegate **4** (*pl.*) catene (*f.*), ceppi (*anche fig.*) **5** (*edil.*) materiale cementante **6** (*inform.*) legame (fra zone di database), link.
● ***lien conjugal***, vincolo matrimoniale | ***lien de parenté***, legame di parentela | (*Internet*): ***lien hypertexte***, collegamento ipertestuale; ***lien imbriqué***, ipercollegamento incorporato | ***lien logique***, nesso logico | (*Internet*) ***lien mort***, link interrotto | ***liens du sang***, vincoli del sangue | ***briser ses liens***, (*fig.*) spezzare le catene | ***servir de lien***, fare da tramite.

lier [lje] *v.tr.* **1** legare; unire (*anche fig.*) **2** allacciare, annodare (*anche fig.*): *lier les lacets d'un soulier*, allacciare le stringhe d'una scarpa **3** collegare: *il ne sait pas lier ses idées*, non sa collegare le idee **4** legare, vincolare: *lier par un serment*, vincolare con giuramento ♦ **se lier** *v.pron.intr.* legarsi: *se lier d'amitié avec qqn*, stringere amicizia con qlcu.
● ***lier amitié***, fare amicizia | ***lier conversation avec qqn***, attaccar discorso con qlcu | (*cuc.*) ***lier une sauce***, (far) legare una salsa.

lierre [ljɛʀ] *n.m.* (*bot.*) edera (*f.*).

liesse [ljɛs] *n.f.* (*letter.*) esultanza, allegrezza.
● ***en liesse***, in festa.

lieu[1] [ljø] *n.m.* [pl. *lieux*] **1** luogo, posto: *un lieu désert*, un luogo deserto; *lieu public*, luogo pubblico **2** luogo, spazio **3** (*fig.*) ambiente, luogo; origine (*f.*) **4** (*pl.*) locali, ambienti: *vider les lieux*, lasciare, sgomberare i locali **5** (*inform.*) indirizzo di aggancio.
● ***lieu commun***, (*fig.*) luogo comune, banalità | ***lieu de naissance***, ***d'habitation***, luogo di nascita, di residenza | ***lieu de travail***, posto di lavoro | ***lieu du crime***, luogo del delitto | (*mat.*) ***lieu géométrique***, luogo geometrico | ***lieux d'aisances***, luogo di decenza | ***lieux saints***, luoghi santi | ***au lieu de***, invece di, anziché: *employer un mot au lieu d'un autre*, usare una parola al posto di un'altra | ***au lieu que***, invece di, mentre: *au lieu que votre récit l'ait calmé, il l'a plutôt excité*, invece di calmarlo, il vostro racconto lo ha eccitato | ***avoir lieu***, avere luogo | (*gramm.*) ***complément***, ***adverbe de lieu***, complemento, avverbio di luogo | ***donner lieu***, dare luogo; autorizzare: *rien ne nous donne lieu d'espérer*, nulla ci autorizza a sperare | ***en dernier lieu***, da ultimo, infine | (*dir.*) ***en lieu et place*** (***de***), in vece (di) | ***en premier***, ***second lieu***, in primo, secondo luogo | ***en temps et lieu***, a tempo e luogo | ***en tout lieu***, ***en tous lieux***, ovunque | ***haut lieu***, luogo importante; alto loco: *un haut lieu de la résistance*, un importante teatro della resistenza; *Florence est un haut lieu de l'art*, Firenze è un tempio dell'arte; *se plaindre en haut lieu*, lagnarsi in alto loco | ***il y a lieu de***, c'è ragione di: *je t'écrirai, s'il y a lieu*, ti scriverò, se sarà il caso; *il n'y a pas lieu de s'inquiéter*, non v'è motivo di preoccuparsi | ***mettre en lieu sûr***, mettere al sicuro | ***n'avoir ni feu ni lieu***, (*fig.*) essere senza tetto | ***sur les lieux***, sul posto: *la police s'est rendue sur les lieux*, la polizia si è recata sul posto | ***tenir lieu de***, fungere da: *cette copie tient lieu d'original*, questa copia sostituisce l'originale; *son oncle lui tenait lieu de père*, suo zio gli faceva da padre | (*teatr.*) ***unité de lieu***, unità di luogo.

lieu[2] *n.m.* [pl. *lieus*] (*zool.*) merlano.

lieudit, **lieu-dit** [ljødi] [pl. *lieux-dits*] *n.m.* località (*f.*): *au lieudit La Prairie*, in località (detta) La Prateria.

lieue [ljø] *n.f.* lega.
● ***lieue marine***, lega marina | ***à vingt***, ***cent lieues à la ronde***, per un raggio di molti chilometri | ***être à mille lieues de***, essere lontano le mille miglia da.

lieuse [ljøz] *n.f.* (*agr.*) accovonatrice.

lieutenant [ljøtnɑ̃] *n.m.* **1** luogotenente **2** (*mil.*) tenente **3** (*Svizzera*) (*mil.*) sottotenente.
● (*st.*) ***lieutenant criminel***, inquisitore di giustizia | (*mar.*) ***lieutenant de vaisseau***, tenente di vascello | (*st.*) ***lieutenant général du royaume***, luogotenente generale del regno.

lieutenant-colonel [ljøtnɑ̃kɔlɔnɛl] *n.m.* [pl. *lieutenants-colonels*] (*mil.*) tenente colonnello.

lièvre [ljɛvʀ] *n.m.* **1** (*zool.*) lepre (*f.*) **2** (*sport*) lepre (*f.*).
● ***c'est là que gît le lièvre***, (*fig.*) qui sta il punto | ***courir***, ***chasser deux lièvres à la fois***, (*fig.*) mettere troppa carne al fuoco | ***courir comme un lièvre***, correre come una lepre | ***courir le même lièvre que qqn***, (*fig.*) perseguire lo stesso scopo di qlcu | ***lever un lièvre***, stanare una lepre; (*fig.*) sollevare una questione spinosa.

lifter [lifte] *v.tr.* **1** (*tennis*) liftare **2** (*chirurgia estetica*) fare un lifting ♦ *v.intr.* (*tennis*) liftare.

liftier [liftje] *n.m.* [f. *-ère*] ascensorista, lift.

lifting [liftiŋ] *n.m.* (*chirurgia estetica*) lifting (*anche fig.*).
● ***lifting temporal***, lifting temporaneo delle zampe di gallina attorno agli occhi.

ligament [ligamɑ̃] *n.m.* (*anat.*) legamento.

ligature [ligatyʀ] *n.f.* **1** legatura **2** laccio (*m.*) **3** (*tip.*) legatura.
● (*med.*) ***ligature d'attente***, sutura provvisoria.

ligaturer [ligatyʀe] *v.tr.* legare; allacciare.

lige [liʒ] *agg.* (*dir. feudale*) ligio.
● ***être***, ***se faire l'homme lige de qqn***, (*fig.*) essere, diventare il fedelissimo di qlcu.

ligérien [liʒeʀjɛ̃] *agg.* [f. *-enne*] del dipartimento della Loira.

light [lajt] *agg.invar.* light, dietetico.

lignage [liɲaʒ] *n.m.* **1** lignaggio **2** (*tip.*) rigatura (*f.*); altezza (*f.*) del testo della pagina.
● ***de haute lignage***, di alto lignaggio.

ligne [liɲ] *n.f.* **1** linea (*anche fig.*); riga: *je lui écrirai deux lignes*, gli scriverò due righe **2** fila, riga: *une ligne de peupliers*, un filare di pioppi **3** (*di comunicazione*) linea **4** (*mil.*) linea; fronte (*m.*) **5** (*pesca*) lenza: *pêche à la ligne*, pesca con la lenza **6** (*mar.*) sagola **7** (*inform.*) linea **8** (*fam.*) pista (di cocaina): *ligne de coke*, pista di cocaina.
● ***ligne aérienne***, ***maritime***, linea aerea, marittima | (*segnaletica*) ***ligne continue***, ***discontinue***, striscia continua, discontinua | (*tip.*) ***ligne creuse***, righino | (*sport*) ***ligne d'arrivée***, traguardo, linea d'arrivo | ***ligne d'autobus***, ***de métro***, linea d'autobus, di metropolitana | ***ligne de banlieue***, linea ferroviaria di periferia | ***ligne de conduite***, linea di condotta | (*fis.*) ***ligne de force***, ***de flux***, linea di forza, di flusso | (*mar. mil.*) ***ligne de front***, linea di fila | (*geogr.*) ***ligne de partage des eaux***, (dorsale) spartiacque | (*comm.*) ***ligne de produits***, linea di prodotti | (*mar.*) ***ligne de sonde***, sagola di scandaglio | (*geogr.*) ***ligne des pôles***, asse terrestre | ***ligne d'horizon***, linea dell'orizzonte | (*mat.*) ***ligne droite***, (linea) retta | (*inform.*): ***ligne privée***, linea affittata; ***ligne spécialisée***, linea dedicata | ***ligne téléphonique***, linea telefonica | ***aller à la ligne***, (*scrivendo*) andare a capo | (*mar.*) ***bâtiment de ligne***, nave di linea | ***dans les grandes lignes***, (*fig.*) a grandi linee, grosso modo | ***descendre en ligne directe de***, discendere direttamente da | ***en ligne***, in fila; in linea; (*Internet*) on line: *mettre*, *se mettre en ligne*, mettere, mettersi in riga; (*tel., rad., tv*) *être en ligne*, essere in linea; (*Internet*) (*uti-*

lisateur) en ligne, (utente) in linea, collegato, in collegamento | ***entrer en ligne de compte***, essere preso in considerazione | ***garder la ligne***, stare attenti alla linea, al peso | ***hors ligne***, fuoriclasse; (*inform.*) scollegato, off line | ***lire entre les lignes***, (*fig.*) leggere fra le righe | ***première ligne***, (*mil.*) prima linea; (*sport*) linea d'attacco | ***sur toute la ligne***, su tutta la linea | ***tête de ligne***, (*di tram ecc.*) capolinea.

lignée [liɲe] *n.f.* stirpe; discendenza.
● ***chef de lignée***, capostipite.

ligner [liɲe] *v.tr.* rigare, tracciare righe (su).

ligneux [liɲø] *agg.* [f. *-euse*] ligneo; legnoso (*anche fig.*).

lignicole [liɲikɔl] *agg.* (*di insetto*) che vive nel legno.

lignifier, se [səliɲifje] *v.pron.intr.* (*bot.*) lignificarsi.

lignite [liɲit] *n.m.* (*min.*) lignite (*f.*).

ligoter [ligɔte] *v.tr.* legare saldamente; incatenare (*anche fig.*).

ligue [lig] *n.f.* lega.

liguer [lige] *v.tr.* coalizzare ♦ **se liguer** *v.pron.rec.* far lega, coalizzarsi.

ligueur [ligœʀ] *n.m.* [f. *-euse*] **1** leghista **2** (*st.*) fautore della Lega Santa.

ligure [ligyʀ] **ligurien** [ligyʀjɛ̃] [f. *-enne*] *agg.* ligure.

Ligure, **Ligurien** [f. *-enne*] *n.m.* (*abitante*) ligure.

lilas [lilɑ] *n.m.* (*bot.*) lillà, serenella (*f.*) ♦ *agg.invar.* (*colore*) lilla.

L

lilial [liljal] *agg.* [pl. *-aux*] liliale.

lilliputien [lilipysjɛ̃] *agg.* e *n.m.* [f. *-enne*] lillipuziano.

lillois [lilwa] *agg.* di Lilla.

limace [limas] *n.f.* (*zool.*) limaccia, lumaca.

limaçon [limasɔ̃] *n.m.* (*zool., anat.*) chiocciola (*f.*).

limage [limaʒ] *n.m.* (*mecc.*) limatura (*f.*), il limare.

limaille [limɑj] *n.f.* limatura.

limande [limɑ̃d] *n.f.* **1** (*zool.*) limanda **2** (*edil.*) tassello (*m.*), listello (*m.*).
● ***elle est plate comme une limande***, (*fam.*) è piatta come una sogliola | (*zool.*) ***fausse limande***, suacia.

limbe [lɛ̃b] *n.m.* (*scient.*) lembo.

limbes [lɛ̃b] *n.m.pl.* (*relig.*) limbo (*sing.*).
● ***être dans les limbes***, (*fig.*) essere nelle nuvole.

lime [lim] *n.f.* lima.
● ***lime à ongles***, limetta per unghie.

limer [lime] *v.tr.* limare (*anche fig.*).

limeur [limœʀ] *agg.* [f. *-euse*] che lima ♦ *n.m.* limatore.

limier [limje] *n.m.* **1** (*cane*) segugio **2** (*fam.*) segugio, poliziotto.

liminaire [liminɛʀ] *agg.* **1** preliminare **2** (*psic.*) liminare.

limitable [limitabl] *agg.* limitabile.

limitatif [limitatif] *agg.* [f. *-ive*] limitativo, riduttivo.

limitation [limitasjɔ̃] *n.f.* limitazione, delimitazione.

limite [limit] *n.f.* **1** limite (*m.*), confine (*m.*) (*anche fig.*): *les limites d'un champ*, i limiti, i confini di un campo; *sa patience a des limites*, la sua pazienza ha un limite **2** (*pl.*) (*sport*) linee di fondo e laterali.
● ***limite d'âge***, limiti di età: *il a atteint la limite d'âge*, ha raggiunto i limiti di età | ***limite de vitesse***, limite di velocità | (*mat.*) ***limite d'une fonction***, limite di una funzione | ***à la limite***, al limite | ***cas-limite***, caso limite.

limité [limite] *agg.* limitato (*anche fig.*).

limiter [limite] *v.tr.* limitare (*anche fig.*) ♦ **se limiter** *v.pron.intr.* limitarsi.

limitrophe [limitʀɔf] *agg.* limitrofo.

limogeage [limɔʒaʒ] *n.m.* (*fam.*) siluramento.

limoger [limɔʒe] *v.tr.* [coniug. come *manger*] (*fam.*) silurare.

limon[1] [limɔ̃] *n.m.* limo, fango.

limon[2] *n.m.* (*frutto*) varietà (*f.*) di limone.

limon[3] *n.m.* **1** (*di carro ecc.*) stanga (*f.*) **2** (*edil.*) (*di scala*) montante, longarina (*f.*).

limonade [limɔnad] *n.f.* **1** gazzosa **2** vendita, commercio (*m.*) di bevande.

> **FAUX AMI**
> Da non confondere con *limonata*, che si traduce *citronnade, citron pressé*.

limonadier [limɔnadje] *n.m.* [f. *-ère*] **1** (*antiq.*) venditore di bibite **2** fabbricante di gazzose e altre bevande.

limoneux [limɔnø] *agg.* [f. *-euse*] limoso, fangoso.

limonier [limɔnje] *n.m.* (*pianta*) varietà (*f.*) di limone.

limousin [limuzɛ̃] *agg.* limosino, del Limousin ♦ *n.m.* (*dialetto*) limosino.

Limousin *n.m.* (*abitante*) limosino.

limousine [limuzin] *n.f.* (*aut.*) limousine.

limpide [lɛ̃pid] *agg.* limpido (*anche fig.*).
■ CONTR. trouble.

limpidité [lɛ̃pidite] *n.f.* limpidezza (*anche fig.*).

lin [lɛ̃] *n.m.* lino.
● (*bot.*) ***lin de Nouvelle-Zélande***, lino della Nuova Zelanda, formio | ***couleur fleur de lin***, color celeste | ***couleur gris de lin***, color grigio metallico.

linceul [lɛ̃sœl] *n.m.* **1** sudario, lenzuolo funebre **2** (*fig.*) coltre (*f.*).
● ***le linceul du Christ***, la Sacra Sindone.
■ SIN. suaire.

linéaire [lineɛʀ] *agg.* lineare: *récit linéaire*, racconto lineare ♦ *n.m.* **1** (*nell'antica Grecia*) scrittura (*f.*) lineare **2** (*in un negozio*) spazio disponibile per l'esposizione della merce.

linéairement [lineɛʀmɑ̃] *avv.* linearmente.

linéament [lineamɑ̃] *n.m.* (*spec. pl.*) **1** lineamento **2** abbozzo.

linéarité [linearite] *n.f.* linearità.

linge [lɛ̃ʒ] *n.m.* **1** biancheria (*f.*) **2** panno **3** (*Svizzera*) asciugamano.
● ***linge de corps***, biancheria personale | ***linge de maison, de toilette***, biancheria da casa, da bagno | ***linges sacrés, d'autel***, lini sacri | ***coffre, panier à linge***, portabiancheria | ***être blanc comme un linge***, essere bianco come un lenzuolo | ***gros linge***, lenzuola e asciugamani | ***il y a du (beau) linge***, (*fig.*) c'è l'alta società | ***laver son linge en famille***, (*fig.*) lavare i panni sporchi in famiglia.

linger [lɛ̃ʒe] *v.tr.* (*Africa*) lavare (e stirare).

lingère [lɛ̃ʒɛʀ] *n.f.* **1** guardarobiera **2** cucitrice di bianco.

lingerie [lɛ̃ʒʀi] *n.f.* **1** confezione di biancheria; commercio (*m.*) di biancheria **2** lingerie, biancheria intima femminile **3** guardaroba (*m.*), stireria.

lingette [lɛ̃ʒɛt] *n.f.* salviettina umidificata.

lingot [lɛ̃go] *n.m.* **1** lingotto **2** (*tip.*) lingotto, margine **3** (*di fucile da caccia*) piombino.

lingual [lɛ̃gwal] *agg.* [pl. *-aux*] linguale.
● (*fon.*) (***consonne***) ***linguale***, consonante linguale.

linguette [lɛ̃gɛt] *n.f.* (*med.*) compressa sublinguale.
■ SIN. glossette.

linguiste [lɛ̃gɥist] *n.m.* e *f.* linguista, glottologo/a.

linguistique [lɛ̃gɥistik] *agg.* linguistico ♦ *n.f.* linguistica, glottologia.

linguistiquement [lɛ̃gɥistikmɑ̃] *avv.* linguisticamente.

liniment [linimɑ̃] *n.m.* (*med.*) linimento.

linoléum [linɔleɔm] *n.m.* linoleum.

linon [linɔ̃] *n.m.* (*tess.*) linone.

linotte [linɔt] *n.f.* (*zool.*) fanello (*m.*).
● ***tête de linotte***, (*fam.*) cervello di gallina, sventato.

linotype® [linɔtip] *n.f.* (*tip.*) linotype®.

linotypie [linɔtipi] *n.f.* (*tip.*) linotipia.

linotypiste [linɔtipist] *n.m.* e *f.* (*tip.*) linotipista.

linteau [lɛ̃to] *n.m.* [pl. *-eaux*] (*arch.*) (*di porta o finestra*) architrave.

lion [ljɔ̃] *n.m.* **1** leone (*anche fig.*) **2** (*astr.*) *Lion*, Leone.
● (*zool.*) ***lion de mer*** (o ***marin***), leone marino | (*arald.*) ***lion rampant***, leone rampante | ***avoir mangé, bouffé du lion***, (*fam.*) essere insolitamente aggressivi | ***c'est un lion***, ha un coraggio da leone | ***la part du lion***, la parte del leone.

lionceau [ljɔ̃so] *n.m.* [pl. *-eaux*] (*zool.*) leoncino.

lionne [ljɔn] *n.f.* leonessa.

lipide [lipid] *n.m.* (*biochim.*) lipide.

lipo- *pref.* lipo-.

lipo-aspiration [lipɔaspiʀasjɔ̃] *n.f.* [pl. *lipo-aspirations*] (*med.*) lipoaspirazione.

lipogramme [lipɔgʀam] *n.m.* (*lett.*) lipogramma.

lipoplasticien [lipoplastisjɛ̃] *n.m.* [f. *-enne*] (*med.*) chirurgo plastico specializzato in lipoaspirazione, liposuzione e lipoplastica.

lipoplastie [lipoplasti] *n.f.* (*med.*) lipoplastica.

liposculpture [liposkyltyʀ] *n.f.* (*med.*) liposcultura.

liposoluble [lipɔsɔlybl] *agg.* (*chim.*) liposolubile.

liposome [lipɔzom] *n.m.* (*biol.*) liposoma.

liposuccion [lipɔsyksjɔ̃] *n.f.* (*med.*) liposuzione.

lippe [lip] *n.f.* labbro (*m.*) inferiore sporgente.
● ***faire la lippe***, (*fam.*) fare il broncio.

lippu [lipy] *agg.* dalle labbra tumide, sporgenti.

liquéfaction [likefaksjɔ̃] *n.f.* **1** liquefazione **2** (*fam.*) mollezza, fiacchezza.

liquéfier [likefje] *v.tr.* **1** liquefare **2** (*fam.*) infiacchire ♦ **se liquéfier** *v.pron.intr.* **1** liquefarsi, squagliarsi **2** (*fam.*) infiacchirsi.

liquette [likɛt] *n.f.* (*fam.*) camicia.

liqueur [likœʀ] *n.f.* liquore (*m.*).

liquidateur [likidatœʀ] *agg.* e *n.m.* [f. *-trice*] (*dir.*) liquidatore.

liquidation [likidasjɔ̃] *n.f.* (*dir., comm.*) liquidazione.
● ***liquidation judiciaire***, liquidazione giudiziaria | ***liquidation pour cessation d'activité***, svendita per cessazione di attività | (*amm.*) ***bureau de liquidation***, ufficio stralcio.

liquide [likid] *agg.* **1** liquido **2** liquido, in contanti ♦ *n.m.* **1** liquido **2** (denaro) contante, liquido ♦ *n.f.* (*fon.*) liquida.
● ***argent liquide***, denaro liquido | (*chim.*) ***état liquide***, stato liquido.
■ AGG.CONTR. solide.

liquider [likide] *v.tr.* **1** (*dir., econ., comm.*) liquidare: *liquider un compte*, liquidare un conto **2** (*amm.*) stralciare, mettere in stralcio: *liquider une entreprise*, stralciare un'azienda **3** (*fam.*) liquidare, porre fine (**a**): *je liquide ce travail et je suis à toi*, finisco questo lavoro e sono a tua disposizione **4** liquidare, far fuori: *liquider un adversaire*, far fuori, eliminare un avversario.

liquidité [likidite] *n.f.* (*econ.*) **1** liquidità **2** (*pl.*) (denaro) liquido (*m.sing.*).

liquoreux [likɔʀø] *agg.* [f. *-euse*] liquoroso.

lire[1] [liʀ] *v.tr.* [pres.indic.: *je lis* etc., *nous lisons* etc.; imperf.indic.: *je lisais* etc.; p.rem.: *je lus* etc.; fut.indic.: *je lirai* etc.; cond.: *je lirais* etc.; pres.cong.: *que je lusse* etc.; p.pres.: *lisant*; p.p.: *lu*; imp.: *lis, lisons, lisez*] leggere: *j'ai de la peine à lire ton écriture*, faccio fatica a leggere la tua scrittura; *lire une carte*, leggere una mappa; *lire sur le visage*, leggere in viso; *lire les lignes de la main*, leggere la mano | (*comm.*) *dans l'attente de vous lire*, in attesa di una vostra risposta.
● ***lire dans le jeu de qqn***, (*fig.*) capire il gioco di qlcu | ***lire en diagonale***, (*fam.*) leggere superficialmente, scorrere velocemente.

lire[2] *n.f.* (*moneta*) lira (italiana, sostituita dall'euro).

lis [lis] *n.m.* giglio.
● (*bot. pop.*): ***lis d'eau*** (o ***d'étang***), giglio d'acqua, ninfea bianca; ***lis de mai*** (o ***des vallées***), mughetto | (*zool.*) ***lis de mer***, giglio di mare | ***fleur de lis***, giglio di Francia; (*letter.*) fiordaliso | ***un teint de lis***, una carnagione di latte.

NOTA ***Le lis de France***, 'il giglio di Francia', è una figura araldica, formata da tre gigli stilizzati uniti, che fu l'emblema dei re di Francia.
Fino alla prima metà del XIX secolo, il fiore del giglio fu anche il marchio d'infamia che veniva impresso con un ferro rovente sulla spalla dei condannati.

lisant [lizɑ̃] *p.pres.* di **lire**[1].

lisbonnais [lisbɔnɛ] *agg.* lisbonese, di Lisbona.

Lisbonnais *n.m.* (*abitante*) lisbonese.

liseré [lizʀe] **liséré** [lizeʀe] *n.m.* (*cucito*) bordo, profilo.

liserer [lizʀe] **lisérer** [lizeʀe] [coniug. come *céder*] *v.tr.* (*cucito*) orlare, profilare.

liseron [lizʀɔ̃] *n.m.* (*bot.*) convolvolo.
● ***liseron des haies***, vilucchione.

liseur [lizœʀ] *n.m.* [f. *-euse*] lettore.

liseuse [lizøz] *n.f.* **1** tagliacarte-segnalibro (*m.*) **2** (*per libro*) fodera **3** (*abbigl.*) liseuse (mantellina da notte) **4** lampada per la lettura.

lisibilité [lizibilite] *n.f.* leggibilità.

lisible [lizibl] *agg.* leggibile.

lisiblement [lizibləmɑ̃] *avv.* in modo leggibile.

lisière [lizjɛʀ] *n.f.* **1** margine (*m.*); bordo (*m.*): *la lisière d'un bois*, il limitare di un bosco **2** (*di tessuto*) cimosa, vivagno (*m.*) **3** (*per bambini*) briglia, danda.
● ***tenir qqn en lisières***, (*letter.*) tenere qlcu al guinzaglio, a freno.
■ SIN. **1** bord, orée.

lissage [lisaʒ] *n.m.* **1** (*tecn.*) lisciatura (*f.*) **2** (*chirurgia estetica*) lifting.

lisse[1] [lis] *agg.* liscio, levigato.
■ CONTR. rugueux.

lisse[2] *n.f.* (*mar.*) ossatura longitudinale; parapetto (*m.*).

lisse[3] *n.f.* (*ind. tess.*) liccio (*m.*).

lisser [lise] *v.tr.* **1** lisciare: *lisser sa moustache*, lisciarsi i baffi **2** (*tecn.*) levigare: *lisser le papier*, satinare la carta; *lisser une étoffe*, dare il lucido a una stoffa.

liste [list] *n.f.* **1** lista, elenco (*m.*): *dans, sur la liste*, sulla lista, in elenco; *faire, dresser une liste*, fare, compilare un elenco **2** (*inform.*) lista.
● (*tel.*) ***liste chamois***, elenco degli abbonati che non vogliono comparire nell'elenco telefonico, a disposizione solo dell'operatore | ***liste d'adresses***, indirizzario | (*Internet*) ***liste de diffusion***, mailing list | ***liste de mariage***, lista (di) nozze | ***liste des associés***, elenco dei soci | ***liste des prix***, listino prezzi, tariffario | ***liste électorale***, lista elettorale | (*Internet*) ***liste modérée***, mailing list gestita da un moderatore | ***liste noire***, (*fig.*) lista nera | (*tel.*) ***liste orange***, elenco degli abbonati che rifiutano l'utilizzo dei propri dati a fini commerciali, figurando comunque negli elenchi telefonici cartacei ed elettronici | (*Internet*) ***liste privilégiée***, hot list | (*tel.*) ***liste rouge***, elenco degli abbonati che rifiutano di apparire sull'elenco telefonico | (*tel.*) ***liste safran***, elenco corrispondente a quello *orange*, ma per il fax | ***aller grossir la liste de***, andare a ingrossare le file di | ***en tête de liste***, primo (per voti) nella propria lista elettorale.

listeau [listo] [pl. *-eaux*] **listel** [listɛl] *n.m.* listello.

lister [liste] *v.tr.* **1** mettere in (una) lista **2** (*inform.*) listare.

listing [listiŋ] *n.m.* (*inform.*) listato.

lit [li] *n.m.* **1** letto: *être, aller au lit*, essere, andare a letto; *faire le lit*, rifare il letto **2** giaciglio: *un lit de feuillage*, un giaciglio di foglie **3** strato **4** (*geol.*) strato; alveo; (*di fiume*) letto: *lit de calcaire*, strato calcareo.
● ***lit de camp***, letto da campo, brandina | ***lit d'enfant***, lettino a sbarre | ***lit de parade***, catafalco, letto funebre | ***lit de repos***, divanetto | ***lit de sangle***, branda | ***lit double***, ***à deux places***, ***grand lit***, letto matrimoniale, a due piazze | (*mar.*) ***lit du vent***, direzione, filo del vento | ***lit escamotable***, letto ribaltabile, mobile letto | ***lit gigogne***, letto estraibile | (*geol.*): ***lit majeur*** (o ***de crue***), alveo di piena; ***lit mineur***, alveo di magra | ***lits superposés***, letti a castello | ***faire lit à part***, dormire in letti separati | ***garder le lit***, (*estens.*) rimanere a letto (malato) | ***mourir dans son lit***, morire nel proprio letto, di morte naturale.

litanie [litani] *n.f.* **1** (*eccl.*) litania **2** (*fam.*) litania, tiritera: *toujours la même litanie!*, sempre la stessa solfa!

lit-cage [likaʒ] *n.m.* [pl. *lits-cages*] letto pieghevole.

litchi [litʃi] *n.m.* (*bot.*) litchi.

literie [litʀi] *n.f.* **1** biancheria da letto **2** (*Africa*) fabbrica, negozio (*m.*) di letti.

lithiase [litjɑz] *n.f.* (*med.*) litiasi.

lithium [litjɔm] *n.m.* (*chim.*) litio.

litho [lito] *n.f.* (*fam.*) abbr. di **lithographie**.

litho- *pref.* lito-.

lithographe [litɔgʀaf] *n.m.* e *f.* litografo/a.

lithographie [litɔgʀafi] *n.f.* litografia.

lithographique [litɔgʀafik] *agg.* litografico.

lithosphère [litɔsfɛʀ] *n.f.* (*geol.*) litosfera.

lithuanien [litɥanjɛ̃] *n.m.* e *agg.* [f. *-enne*] → **lituanien**.

Lithuanien *n.m.* [f. *-enne*] → **Lituanien**.

litière [litjɛʀ] *n.f.* lettiera, strame (*m.*).
● ***faire litière de qqch***, (*letter.*) disprezzare, non tenere in alcuna considerazione qlco.

litige [litiʒ] *n.m.* (*dir.*) lite (*f.*), controversia (*f.*).
● ***point en litige***, oggetto di contestazione.

litigieux [litiʒjø] *agg.* [f. *-euse*] **1** litigioso **2** (*dir.*) contenzioso; in contestazione.

litote [litɔt] *n.f.* (*ret.*) litote.

litrage [litʀaʒ] *n.m.* (*di un contenitore come baule, acquario ecc.*) capacità (*f.*) | *sac à dos petit litrage*, zainetto di modesta capacità.

litre [litʀ] *n.m.* litro: *un litre de lait*, un litro di latte.

litron [litʀɔ̃] *n.m.* (*fam.*) litro di vino.

littéraire [liteʀɛʀ] *agg.* letterario ♦ *n.m.* e *f.* chi ha doti, attitudini letterarie; letterato/a.

littérairement [liteʀɛʀmɑ̃] *avv.* da un punto di vista letterario.

littéral [liteʀal] *agg.* [pl. *-aux*] **1** letterale, alla lettera: *sens littéral*, senso letterale **2** (*ling.*) letterario: *l'arabe littéral est très différent de l'arabe parlé*, l'arabo scritto è molto diverso dall'arabo parlato **3** (*mat.*) letterale.
● (*dir.*) ***preuve littérale***, prova documentale.

littéralement [liteʀalmɑ̃] *avv.* **1** letteralmente, alla lettera **2** letteralmente, totalmente.

littérateur [liteʀatœʀ] *n.m.* (*spesso spreg.*) letterato.

littérature [liteʀatyʀ] *n.f.* **1** letteratura **2** documentazione.
● ***littérature engagée***, letteratura impegnata | ***littérature grise***, letteratura grigia, letteratura costituita da tesi, atti di convegni ecc. | ***c'est de la littérature***, (*spreg.*) sono solo belle parole | ***histoire de la littérature***, storia della letteratura.

littérisme [liteʀism] *n.m.* alfabetismo.

littoral [litɔʀal] *agg.* [pl. *-aux*] litorale, litoraneo ♦ *n.m.* (*zona costiera*) litorale.
● ***route littorale***, (strada) litoranea.

lituanien [litɥanjɛ̃] *agg.* [f. *-enne*] lituano ♦ *n.m.* (*lingua*) lituano.

Lituanien *n.m.* [f. *-enne*] (*abitante*) lituano.

liturgie [lityʀʒi] *n.f.* liturgia.

liturgique [lityʀʒik] *agg.* liturgico.

livarot [livaʀo] *n.m.* livarot (formaggio a pasta molle dell'omonima regione).

livide [livid] *agg.* livido: *un teint livide*, un colorito livido | *livide de froid, de rage*, livido per il freddo, di rabbia.

lividité [lividite] *n.f.* lividezza.
● (*med.*) ***lividité cadavérique***, livore cadaverico.

living [liviŋ] **living-room** [liviŋʀum] [pl. *living-rooms*] *n.m.* (*stanza*) soggiorno.

livrable [livʀabl] *agg.* (*comm.*) consegnabile.
● ***livrable à domicile***, da consegnare a domicilio | ***livrable immédiatement***, pronta consegna.

livraison [livʀɛzɔ̃] *n.f.* **1** consegna (*anche comm.*): *livraison avant le 30 juin*, consegna entro il 30 giugno; *nous avons pris livraison de la marchandise*, abbiamo preso in consegna la merce **2** (*di pubblicazione*) fascicolo (*m.*), dispensa.
● ***livraison à domicile***, consegna a domicilio | ***livraison sous quinzaine***, consegna entro quindici giorni | ***après livraison***, a consegna avvenuta | ***en cas de non livraison***, in caso di mancata consegna | ***faire livraison de qqch***, effettuare la consegna di qlco | ***paiement à la livraison***, pagamento alla consegna | ***par livraisons successives***, a consegne scaglionate.

livre[1] [livʀ] *n.m.* **1** libro **2** (*suddivisione di opera letteraria*) libro: *les douze livres de l'Énéide*, i dodici libri dell'Eneide **3** (*comm.*) libro; registro.
● ***livre à l'impression***, ***sous presse***, libro in (corso di) stampa | ***livre broché***, libro in brossura | (*mar.*) ***livre de***

bord, libro di bordo | ***livre de chevet***, (*estens.*) libro prediletto | ***livre de classe, d'étude***, libro di testo | (*eccl.*) ***livre de messe***, libro da messa, messale | (*amm.*) ***livre de paye***, libro paga | ***livre de poche***, libro tascabile, in edizione economica | ***livre de prix***, libro premio di fine anno | (*comm.*) ***livre des commandes***, libro commissioni | (*eccl.*) ***livre d'heures***, libro d'ore | ***livre d'images***, libro con illustrazioni (per bambini) | ***livre d'or***, libro, albo d'oro | ***livre en réimpression***, libro in ristampa | ***comme dans les livres***, come in un romanzo | (*comm.*) ***grand livre***, (libro) mastro | ***parler comme un livre***, (*iron.*) parlare come un libro stampato | ***traduire à livre ouvert***, tradurre a prima vista.

livre[2] ***n.f.*** **1** (*antica unità monetaria e misura di peso*) libbra: *un pain d'une livre*, una pagnotta da mezzo chilo; *une demi-livre*, 250 grammi **2** lira (egiziana, israeliana, turca).
● ***livre*** (***sterling***), sterlina (inglese).

livre-cassette [livʀkɑsɛt] ***n.m.*** [pl. *livres-cassettes*] audiolibro.

livrée [livʀe] ***n.f.*** **1** livrea **2** (*antiq.*) servitù **3** (*zool.*) piumaggio (*m.*), livrea.
● ***gens de livrée***, (*antiq.*) domestici.

livrer [livʀe] ***v.tr.*** **1** consegnare: (*comm.*) *livrer une commande*, fare una consegna; *livrer son âme au diable*, (*fig.*) dar l'anima al diavolo; *livrer qqch de soi-même*, dare qlco di sé **2** abbandonare, lasciare (in balia di): *livrer qqn à son destin*, abbandonare qlcu al suo destino **3** tradire: *livrer un secret*, svelare un segreto ♦ **se livrer** ***v.pron.intr.*** **1** abbandonarsi; affidarsi: *se livrer à la justice*, consegnarsi alla giustizia **2** (*fig.*) concedersi **3** confidarsi: *c'est une personne qui se livre peu*, ha un carattere molto chiuso **4** dedicarsi, darsi: *se livrer à une occupation*, darsi a un'attività.
● ***livrer bataille***, dar battaglia | ***livrer passage à qqn***, cedere il passo a qlcu | (*comm.*) ***livrer un client***, (*fam.*) fare una consegna a un cliente | (*comm.*) ***à livrer***, a futura consegna.
■ *V.TR.* SIN. **1** apporter ♦ *V.PRON.INTR.* SIN. **3** se confier.

livresque [livʀɛsk] ***agg.*** libresco.

livret [livʀɛ] ***n.m.*** **1** libretto **2** (*Svizzera*) tavola (*f.*) pitagorica.
● ***livret de caisse d'épargne***, libretto di risparmio | ***livret de famille***, libretto consegnato agli sposi all'atto del matrimonio per registrare eventi futuri riguardanti il nucleo familaire | ***livret de santé***, libretto sanitario | ***livret de travail***, libretto di lavoro | (*mus.*) ***livret d'opéra***, libretto d'opera | (*mil.*) ***livret militaire, individuel***, estratto del foglio matricolare | ***livret scolaire***, pagella | ***auteur de livrets***, librettista.

livreur [livʀœʀ] ***n.m.*** [f. *-euse*] fattorino (per consegne a domicilio).

lobbyiste [lɔbist] ***n.m.*** e ***f.*** lobbista.

lobe [lɔb] ***n.m.*** lobo.
● (*arch.*) ***à trois lobes***, trilobato | (*bot.*) ***en lobes***, lobato.

lobé [lɔbe] ***agg.*** lobato.
● (*arch.*) ***plan lobé***, pianta ovale.

lober [lɔbe] ***v.intr.*** (*tennis*) fare un lob ♦ ***v.tr.*** (*calcio, rugby*) fare un pallonetto (**a**); superare con un pallonetto (l'avversario).

lobotomie [lɔbɔtɔmi] ***n.f.*** (*med.*) lobotomia.

lobule [lɔbyl] ***n.m.*** (*anat.*) lobulo.

local [lɔkal] ***agg.*** e ***n.m.*** [pl. *-aux*] locale.

localement [lɔkalmɑ̃] ***avv.*** localmente.

localisable [lɔkalizabl] ***agg.*** localizzabile.

localisation [lɔkalizasjɔ̃] ***n.f.*** **1** localizzazione **2** (*econ.*) ubicazione.

localiser [lɔkalize] ***v.tr.*** **1** localizzare; individuare **2** circoscrivere.

localité [lɔkalite] ***n.f.*** località.

locataire [lɔkatɛʀ] ***n.m.*** e ***f.*** locatario/a, inquilino/a.
■ CONTR. bailleur, propriétaire.

locateur [lɔkatœʀ] ***n.m.*** [f. *-trice*] (*Canada*) locatore.

locatif[1] [lɔkatif] ***agg.*** [f. *-ive*] (*dir., fin.*) locativo.
● ***parc locatif***, insieme delle case da affittare | ***réparations locatives***, riparazioni spettanti all'inquilino.

locatif[2] ***agg.*** [f. *-ive*] (*gramm.*) locativo.

location [lɔkasjɔ̃] ***n.f.*** **1** (*di immobile*) locazione, affitto (*m.*); (*di cosa*) noleggio (*m.*): *voiture de location*, automobile da noleggio **2** (*di posti in treno ecc.*) prenotazione.
● ***location à usage d'habitation***, locazione uso abitazione | ***location avec option d'achat***, leasing | ***location perpétuelle*** (o ***à vie***), affittanza perpetua | ***bureau de location***, ufficio prenotazioni, biglietteria | ***prix de location***, canone d'affitto.

location-gérance [lɔkasjɔ̃ʒeʀɑ̃s] ***n.f.*** [pl. *locations-gérances*] (*econ.*) franchising (*m.*).

location-vente [lɔkasjɔ̃vɑ̃t] ***n.f.*** [pl. *locations-ventes*] (*econ.*) leasing (*m.*), locazione con riscatto.

loche [lɔʃ] ***n.f.*** **1** (*zool.*) lasca **2** (*zool. pop.*) lumacone (*m.*) grigio.

lock-out [lɔkaut] ***n.m.invar.*** serrata (*f.*).

lock-outer [lɔkawte] ***v.tr.*** chiudere con una serrata.

locomoteur [lɔkɔmɔtœʀ] ***agg.*** [f. *-trice*] locomotore.

locomotion [lɔkɔmosjɔ̃] ***n.f.*** locomozione.

locomotive [lɔkɔmɔtiv] ***n.f.*** **1** locomotiva **2** (*fig.*) motore (*m.*) propulsore: *jouer un rôle de locomotive*, essere l'elemento trainante.
● ***locomotive à vapeur***, locomotiva a vapore | ***locomotive électrique***, locomotore | ***film locomotive***, film di successo | ***fumer comme une locomotive***, fumare come una locomotiva, una ciminiera | ***la locomotive de l'État***, (*fig.*) la macchina statale.

locomotrice [lɔkɔmɔtʀis] ***n.f.*** locomotore (*m.*), locomotrice.

locuste [lɔkyst] ***n.f.*** (*zool.*) locusta.

locuteur [lɔkytœʀ] ***n.m.*** [f. *-trice*] (*ling.*) locutore, parlante.

locution [lɔkysjɔ̃] ***n.f.*** **1** locuzione, modo (*m.*) di dire **2** (*gramm.*) locuzione.

lof [lɔf] ***n.m.*** (*mar.*) orza (*f.*).
● ***aller au lof***, orzare | ***virer lof pour lof***, virare di poppa.

lofer [lɔfe] ***v.intr.*** (*mar.*) orzare.

loft [lɔft] ***n.m.*** loft.

logarithme [lɔgaʀitm] ***n.m.*** (*mat.*) logaritmo.

loge [lɔʒ] ***n.f.*** **1** guardiola, portineria **2** (*teatr.*) palco (*m.*) **3** (*antiq.*) capanna **4** (*arch.*) loggia **5** (*anat.*) loggia **6** (*bot.*) loculo (*m.*) **7** loggia (massonica).
● ***loge*** (***d'artiste***), camerino | (*teatr.*) ***loge d'avant-scène***, barcaccia | ***être aux premières loges***, (*fig.*) essere nella posizione migliore (per vedere qlco) | (*teatr.*) ***premières, deuxièmes loges***, palchi di primo, di secondo ordine.

logeable [lɔʒabl] ***agg.*** **1** abitabile **2** (*di recipiente*) capiente.

logement [lɔʒmɑ̃] ***n.m.*** **1** alloggio, abitazione (*f.*): *chercher un logement*, cercare casa; *logement de quatre pièces*, appartamento di quattro locali; *crise du loge-*

L

ment, crisi degli alloggi **2** (*mil.*) alloggiamento, alloggio **3** (*mecc.*) alloggiamento.
● ***logements sociaux***, edilizia popolare.
■ SIN. **1** habitation.

loger [lɔʒe] *v.intr.* [coniug. come *manger*] **1** abitare, alloggiare: *il loge chez sa tante*, abita da sua zia **2** entrarci, starci: *ces valises ne logeront jamais dans le coffre!*, queste valigie non ci staranno mai nel portabagagli! ♦ *v.tr.* **1** ospitare, dare alloggio (a) **2** mettere; collocare: *il lui a logé une balle dans la tête*, (*fam.*) gli ha ficcato una pallottola in testa ♦ **se loger** *v.pron.intr.* alloggiare, abitare.
● ***bonne logée et nourrie***, domestica a tutto servizio | ***logez-vous ça dans le crâne***, (*fam.*) ficcatevelo bene in testa.

logeur [lɔʒœʀ] *n.m.* [f. *-euse*] affittacamere.

logger, se [səlɔge] *v.pron.* [coniug. come *parler*] (*inform.*) loggarsi.

loggia [lɔdʒja] *n.f.* **1** (*arch.*) loggia **2** piccola veranda; terrazzino (*m.*) chiuso (da vetrate).

logiciel [lɔʒisjɛl] *n.m.* (*inform.*) software ♦ *agg.* [f. *-elle*] di, del software.
● ***logiciel d'application***, software applicativo | ***logiciel de messagerie***, programma di posta elettronica | ***logiciel de navigation***, browser | ***logiciel de pilotage***, driver | ***logiciel espion***, spyware | ***logiciel gratuit***, ***public***, software gratuito, freeware | ***logiciel libre***, programma open source.

logicien [lɔʒisjɛ̃] *n.m.* [f. *-enne*] logico; ragionatore: *il raisonne en logicien*, è un ragionatore.

login [lɔgin] *n.m.invar.* (*inform.*) login, richiesta (*f.*) di collegamento o connessione; nome utente.

logique [lɔʒik] *n.f.* **1** logica **2** logicità ♦ *agg.* logico.
● (*gramm.*) ***analyse logique***, analisi logica.

logiquement [lɔʒikmɑ̃] *avv.* logicamente.

logis [lɔʒi] *n.m.* casa (*f.*), abitazione (*f.*); alloggio: *au logis*, a, in casa; *quitter le logis familial*, lasciare il tetto familiare.
● (*arch.*) ***corps de logis***, (*di un edificio*) corpo principale.

logistique [lɔʒistik] *n.f.* logistica ♦ *agg.* logistico.

logithèque [lɔʒitɛk] *n.f.* (*inform.*) biblioteca di software.

logo [lɔgo] *n.m.* logo.

logo- *pref.* logo-.

logogriphe [lɔgɔgʀif] *n.m.* (*enigmistica*) logogrifo.

logopède [lɔgɔpɛd] *n.m.* e *f.* (*Belgio*) (*med.*) ortofonista, logopedista.

logopédie [lɔgɔpedi] *n.f.* (*med.*) logopedia.

logorrhée [lɔgɔʀe] *n.f.* (*med.*) logorrea.

logorrhéique [lɔgɔʀeik] *agg.* (*med.*) logorroico.

loi [lwa] *n.f.* legge: *lois physique*, legge fisica; *les lois de la mode*, i dettami della moda; *faire des lois*, legiferare.
● ***loi de la jungle***, legge della giungla | ***loi de programme***, legge programmatica | ***loi divine***, legge divina | ***loi du plus fort***, legge del più forte | ***loi du talion***, legge del taglione | ***loi en vigeur***, legge vigente | ***loi martiale***, legge marziale | ***avoir force de loi***, avere forza di legge | ***c'est la loi et les prophètes***, (*scherz.*) è sacrosanto | ***de par la loi***, secondo la legge | ***faire la loi***, dettar legge | ***faire loi***, far legge, far testo | ***nul n'est censé ignorer la loi***, non è ammessa l'ignoranza della legge | ***sous le coup de la loi***, disciplinato dalla legge, sotto le sanzioni di legge.

loi-cadre [lwakɑdʀ] *n.f.* [pl. *lois-cadres*] (*dir.*) legge quadro.

loin [lwɛ̃] *avv.* lontano; avanti: *les voleurs sont déjà loin*, i ladri sono ormai lontani; *dix kilomètres plus loin*, dieci chilometri più avanti; *pas plus loin qu'hier*, non più tardi di ieri; *voir plus loin à la page 85*, vedere più avanti a pagina 85 | *si loin qu'on remonte dans le passé*, per quanto si risalga nel tempo.
● (*prov.*) ***loin des yeux, loin du cœur***, lontano dagli occhi, lontano dal cuore | ***aller loin***, (*anche fig.*) andare lontano; fare, farsi strada; avere conseguenze; esagerare: *aller plus loin que*, oltrepassare; *ce malade n'ira pas loin*, quel malato ha i giorni contati; *cette affaire risque d'aller loin*, questa faccenda rischia d'avere gravissime conseguenze; *je n'irai pas plus loin*, non mi spingerò oltre; *il ira loin*, si farà strada; *ne va pas plus loin!*, non andare oltre!; *tu vas un peu loin*, esageri un po' | ***au loin***, lontano; in lontananza: *être au loin*, essere lontano, assente | ***d'aussi loin que***, ***du plus loin que***, appena: *d'aussi loin, du plus loin qu'il m'aperçut, il vint à ma rencontre*, appena mi ha scorto in lontananza, mi è venuto incontro | ***être loin***, (*anche fig.*) essere lontano, finito: *ils ont eu une prise de bec, mais cela n'a pas été plus loin*, hanno avuto un battibecco, ma tutto è finito lì | ***il y a loin***, c'è un bel po': *de là à dire que c'est un idiot, il y a loin*, da questo a dire che è un idiota ce ne corre; *de là à ce qu'il tombe malade, il n'y a pas loin*, ci manca poco che si ammali | ***mener loin***, (*anche fig.*) portare lontano: *tout cela peut vous mener loin*, tutto ciò può procurarvi delle noie | ***voir loin***, essere lungimirante.
□ **de loin** *avv.* **1** da, di lontano: *suivre qqn de loin*, seguire qlcu di lontano; *nous sommes parents de loin*, siamo parenti alla lontana **2** di gran lunga: *c'est de loin son meilleur roman*, è di gran lunga il suo romanzo migliore **3** da molto tempo: *c'est une habitude qui date de loin*, è un'abitudine che data da molto tempo.
● ***de loin en loin***, di quando in quando | ***de près ou de loin***, in qualche modo: *ni de près ni de loin*, in nessun modo | ***revenir de loin***, (*fig.*) averla scampata bella.
□ **loin de** *prep.* **1** lontano da: *loin des villes*, lontano dalle città; *il n'est pas loin de midi*, è quasi mezzogiorno, manca poco a mezzogiorno **2** invece di: *loin de le recevoir, il lui a fermé la porte au nez*, invece di riceverlo, gli ha chiuso la porta in faccia.
● ***loin de là***, al contrario: *je ne suis pas pessimiste, loin de là*, non sono pessimista, al contrario.

lointain [lwɛ̃tɛ̃] *agg.* lontano: *époque lointaine*, epoca remota; *ressemblance lointaine*, (*fig.*) vaga somiglianza; *avoir l'air lointain*, (*fig.*) avere l'aria assente ♦ *n.m.* **1** lontananza (*f.*) **2** (*pitt.*) sfondo.
● ***au lointain***, ***dans le lointain***, in lontananza.
■ AGG. SIN. éloigné, distant CONTR. proche, voisin.

loir [lwaʀ] *n.m.* (*zool.*) ghiro.
● ***dormir comme un loir***, dormire come un ghiro.

loisible [lwazibl] *agg.* lecito, permesso: *il vous est loisible de partir quand vous voudrez*, lei è padronissimo di partire quando vuole.

loisir [lwaziʀ] *n.m.* **1** tempo (libero): *moments de loisir*, momenti di libertà **2** (*pl.*) divertimenti, svaghi: *organisation des loisirs*, organizzazione del tempo libero.
● ***avoir*** (***tout***) ***le loisir de***, avere tutto il tempo di | (***tout***) ***à loisir***, a proprio agio; a piacimento; a volontà.

lolette [lɔlɛt] *n.f.* (*Svizzera*) succhiotto (*m.*).

lombaire [lɔ̃bɛʀ] *agg.* (*anat.*) lombare ♦ *n.f.* (*anat.*) (vertebra) lombare.

lombalgie [lɔ̃balʒi] *n.f.* (*med.*) lombalgia.

lombard [lɔ̃baʀ] *agg.* **1** lombardo **2** (*st.*) longobardo.

Lombard *n.m.* **1** (*abitante*) Lombardo **2** (*st.*) longobardo.

lombes [lɔ̃b] ***n.m.pl.*** (*anat.*) lombi.

lombo-sacré [lɔ̃bosakʀe] ***agg.*** [f. *lombo-sacrée*; pl.m. *lombo-sacrés*] (*anat.*) lombosacrale.

lombric [lɔ̃bʀik] ***n.m.*** (*zool.*) lombrico.

lombri-compostage [lɔ̃bʀikɔ̃pɔstaʒ] ***n.m.*** [pl. *lombri-compostages*] lombricompostaggio, compostaggio ottenuto con i lombrichi.

lombriculture [lɔ̃bʀikyltyʀ] ***n.f.*** lombricicoltura.

londonien [lɔ̃dɔnjɛ̃] ***agg.*** [f. *-enne*] londinese.

Londonien ***n.m.*** [f. *-enne*] (*abitante*) londinese.

long [lɔ̃] ***agg.*** [f. *longue*] **1** lungo (*anche fig.*): *ça n'a pas été long*, non è stata una cosa lunga; *ce ne sera pas long*, non ci vorrà molto tempo | *nez long d'une aune*, naso lungo una spanna | (*cuc.*) *sauce longue*, salsa lunga | *trouver le temps long*, trovare che il tempo non passa mai **2** (*fam.*) lungo, lento: *elle est longue à s'habiller*, è lenta a vestirsi **3** (*fon.*) lungo ♦ ***avv.*** molto ♦ ***n.m.*** lunghezza (*f.*): *mur de trente mètres de long*, muro lungo trenta metri, muro di trenta metri.
● ***long comme un jour sans pain***, (*fam.*) lungo come la fame | ***à la longue***, a lungo andare, alla lunga, col tempo | ***avoir les bras longs***, (*fig.*) avere degli appoggi altolocati | ***avoir les dents longues***, (*fig.*) essere ingordo | ***de long en large***, ***en long et en large***, (*anche fig.*) in lungo e in largo; da cima a fondo | ***de long***, ***en long***, per il lungo: *couper en long*, tagliare per il lungo, nel senso della lunghezza | ***en dire long***, dirla lunga, essere eloquente: *ton silence en dit long*, il tuo silenzio è molto eloquente | ***en savoir long***, saperla lunga: *le désir d'en savoir plus long*, il desiderio di saperne di più | ***tomber de tout son long***, cadere lungo disteso | (***tout***) ***au long de***, (***tout***) ***le long de***, lungo: *le long du fleuve*, lungo il fiume; *tout le long de sa vie, il n'a jamais eu de chance*, lungo, in tutta la vita non è mai stato fortunato; *tout au long de la journée*, per tutta la giornata | ***tout du long***, tutto, per intero: *il a lu tout du long ce roman*, ha letto quel romanzo per intero.
■ AGG. CONTR. **1** court.

longanimité [lɔ̃ganimite] ***n.f.*** longanimità.

long-courrier [lɔ̃kuʀje] ***agg.*** [pl. *long-courriers*] **1** (*mar.*) di lungo corso **2** (*aer.*) a lunga percorrenza ♦ ***n.m.*** **1** (*mar.*) transatlantico **2** (*aer.*) aereo a lunga percorrenza.

longe[1] [lɔ̃ʒ] ***n.f.*** **1** cavezza **2** correggia.

longe[2] ***n.f.*** (*macelleria*) lombata.

longer [lɔ̃ʒe] ***v.tr.*** [coniug. come *manger*] costeggiare, fiancheggiare: *le navire longeait la côte*, la nave procedeva lungo la costa.
■ SIN. côtoyer.

longère [lɔ̃ʒɛʀ] ***n.f.*** casa rurale bassa (tipica della Bretagna).

longeron [lɔ̃ʒʀɔ̃] ***n.m.*** **1** (*aer., aut.*) longherone **2** (*edil.*) trave (*f.*) maestra, principale **3** (*ferr.*) longarina (*f.*) di sponda.

longévité [lɔ̃ʒevite] ***n.f.*** longevità.

longiligne [lɔ̃ʒiliɲ] ***agg.*** longilineo.

longitude [lɔ̃ʒityd] ***n.f.*** longitudine.
● (*astr.*) ***longitude céleste***, longitudine celeste, eclittica.

longitudinal [lɔ̃ʒitydinal] ***agg.*** [pl. *-aux*] longitudinale.

long-métrage, **long métrage** [lɔ̃metʀaʒ] ***n.m.*** [pl. *longs(-)métrages*] (*cine., tv*) lungometraggio.

longtemps [lɔ̃tɑ̃] ***avv.*** a lungo, (per) molto tempo: *je l'ai attendu longtemps*, l'ho aspettato a lungo; *je n'attendrai pas plus longtemps*, non aspetterò oltre.
● ***aussi longtemps que***, per tutto il tempo che: *vous pouvez rester aussi longtemps que vous voudrez*, può restare quanto vuole | ***avant longtemps***, fra non molto | ***de*** (o ***d'ici***) ***longtemps***, per molto tempo: *je ne le verrai plus de longtemps, d'ici longtemps*, non lo vedrò per molto tempo | ***depuis longtemps***, da molto tempo | ***il y a longtemps***, molto tempo fa: *il y a bien longtemps que je ne l'ai vu*, è un pezzo che non lo vedo | ***pendant longtemps***, per molto tempo | ***pour longtemps***, per molto (tempo): *je n'en ai pas pour longtemps*, non ne ho per molto | ***voilà longtemps que***, è tanto (tempo) che: *voilà longtemps qu'il ne vient plus*, è tanto che non viene più.

longue [lɔ̃g] ***n.f.*** (*fon., mus.*) lunga.
● ***à la longue*** → long.

longuement [lɔ̃gmɑ̃] ***avv.*** lungamente, a lungo.

longuet [lɔ̃gɛ] ***agg.*** [f. *-ette*] (*fam.*) lunghetto ♦ ***n.m.*** (*pane*) filoncino, sfilatino.

longueur [lɔ̃gœʀ] ***n.f.*** **1** lunghezza: *quelle est la longueur de ce tapis?*, quale è la lunghezza di questo tappeto?, quanto è lungo questo tappeto?; *il a une longueur d'un mètre*, è lungo un metro, misura un metro di lunghezza **2** (*pl.*) lungaggini; lentezza (*sing.*).
● (*fis.*) ***longueur d'onde***, lunghezza d'onda: *être sur la même longueur d'onde*, (*fig.*) essere sulla stessa lunghezza d'onda | (*mar.*) ***longueur hors tout***, lunghezza fuori tutto; (*aut.*) lunghezza totale | ***à longueur de journée***, tutto il santo giorno | ***en longueur***, per il lungo | (*sport*) ***gagner d'une longueur***, vincere per una lunghezza | ***tirer***, ***traîner en longueur***, tirare, trascinare in lungo, per le lunghe.

longue-vue [lɔ̃gvy] ***n.f.*** [pl. *longues-vues*] cannocchiale (*m.*).

looké [luke] ***agg.*** (*fam.*) che ha un look particolare.

lookeur [lukœʀ] ***n.m.*** [f. *-euse*] curatore di immagine.

lopin [lɔpɛ̃] ***n.m.*** pezzo, pezzetto: *un lopin de terre*, un pezzetto di terra.

loquace [lɔkas] ***agg.*** loquace.

loquacité [lɔkasitɛ] ***n.f.*** loquacità.

loque [lɔk] ***n.f.*** **1** brandello (*m.*) **2** cencio (*m.*), straccio (*m.*) **3** (*Belgio*) (*fam.*) strofinaccio (*m.*), straccio (*m.*).
● ***ce n'est qu'une loque*** (***humaine***), (*fig.*) è uno straccio d'uomo | ***en loques***, cencioso: *être en loques*, essere sbrindellato.

loquet [lɔkɛ] ***n.m.*** saliscendi: *fermer la porte au loquet*, mettere il catenaccio alla porta.

loqueteau [lɔkto] ***n.m.*** [pl. *-eaux*] nottolino.

loqueteux [lɔktø] ***agg.*** [f. *-euse*] (*letter.*) cencioso, sbrindellato.

lordose [lɔʀdoz] ***n.f.*** (*med., anat.*) lordosi.

lorgner [lɔʀɲe] ***v.tr.*** **1** sbirciare, guardare di sottecchi **2** (*fig.*) adocchiare, mettere gli occhi (**su**).

lorgnette [lɔʀɲɛt] ***n.f.*** occhialetto (*m.*), piccolo binocolo (*m.*) portatile.
● ***regarder qqch par le petit bout de la lorgnette***, (*fig.*) far di una mosca un elefante.

lorgnon [lɔʀɲɔ̃] ***n.m.*** **1** occhialetto, occhialino **2** stringinaso.

lorientais [lɔʀjɑ̃tɛ] ***agg.*** di Lorient.

loriot [lɔʀjo] ***n.m.*** (*zool.*) rigogolo.

loris [lɔʀi] ***n.m.*** (*zool.*) lori.

lorrain [lɔʀɛ̃] ***agg.*** lorenese.

Lorrain ***n.m.*** (*abitante*) lorenese.

lors [lɔʀ] ***avv.*** allora.
● ***lors de***, al momento di; all'epoca di | ***lors même que***,

(*seguito da cond.*) quand'anche; (*seguito da indic.*) anche quando: *je l'aiderais lors même que je devrais tout sacrifier*, lo aiuterei quand'anche dovessi sacrificare tutto; *il est grossier lors même qu'il s'efforce d'être aimable*, è maleducato anche quando si sforza d'essere gentile | ***depuis lors***, da allora | ***dès lors***, da allora; perciò, quindi: *dès lors que*, dal momento che, poiché; *dès lors je ne l'ai plus vu*, da allora non l'ho più visto; *il m'a menti, dès lors je ne lui fais plus confiance*, mi ha mentito, perciò non mi fido più di lui | ***pour lors***, (*letter.*) per il momento.

lorsque [lɔʀskə] *cong.* [si apostrofa davanti a *il, elle, on, une, à, avec, aussi, aucun, en, enfin*] **1** (*simultaneità temporale*) quando, allorché: *lorsque la loi entra en vigueur*, quando la legge entrò in vigore **2** (*letter.*) (*simultaneità avversativa*) quando, mentre invece: *il se croit coupable lorsqu'il est innocent*, si crede colpevole, mentre invece è innocente.

losange [lɔzɑ̃ʒ] *n.m.* **1** (*mat.*) losanga (*f.*), rombo **2** (*arald.*) losanga (*f.*) **3** (*inform.*) losanga (*f.*).

lose [luz] *n.f.* (*fam.*) sfiga, iella: *je pars en vacances chez mes grands-parents, c'est trop la lose*, vado in vacanza dai nonni, che sfiga.

loseur [luzœʀ] *n.m.* [f. *-euse*] (*fam.*) sfigato, perdente.

lot [lo] *n.m.* **1** parte (*f.*): *en lots égaux*, in parti uguali **2** (*di terreno*) lotto **3** (*di merce*) lotto, stock **4** premio (alla lotteria) **5** sorte (*f.*), destino **6** (*inform.*) lotto.
● ***le gros lot***, il primo premio: *gagner le gros lot*, (*fig.*) vincere un terno al lotto.

L

loterie [lɔtʀi] *n.f.* lotteria.

loti [lɔti] *agg.* **1** lottizzato **2** fornito, provvisto.
● ***être bien loti, mal loti***, (*fig.*) essere favorito, sfavorito dalla fortuna.

lotion [losjɔ̃] *n.f.* **1** lozione **2** (*antiq.*) abluzione.
● ***lotion après-rasage***, (lozione) dopobarba | ***lotion capillaire***, lozione per capelli.

lotionner [losjone] *v.tr.* frizionare.

lotir [lɔtiʀ] *v.tr.* **1** ripartire, dividere **2** (*un terreno*) lottizzare **3** provvedere, fornire.

lotissement [lɔtismɑ̃] *n.m.* **1** lottizzazione (*f.*) **2** terreno lottizzato.

lotisseur [lɔtisœʀ] *n.m.* [f. *-euse*] lottizzatore.

loto [lɔto] *n.m.* (*gioco*) tombola: *jouer au loto*, giocare a tombola; *boule de loto*, pallina della tombola.
● ***loto national***, gioco corrispondente al lotto italiano | ***loto sportif***, gioco corrispondente al totocalcio italiano | ***des yeux en boules de loto***, (*fam.*) occhi a palla.

lotte [lɔt] *n.f.* (*zool.*) bottatrice.
● ***lotte de mer***, rana pescatrice; (*cuc.*) coda di rospo.

FAUX AMI
Da non confondere con *lotta*, che si traduce *lutte*.

lotus [lɔtys] *n.m.* (*bot.*) loto.
● ***fleur de lotus***, fior di loto.

louable[1] [lwabl] *agg.* lodevole, encomiabile.

louable[2] *agg.* affittabile.

louage [lwaʒ] *n.m.* locazione (*f.*); (*di un veicolo*) noleggio: *voiture de louage*, vettura da nolo.
● ***à louage***, in affitto, a nolo.

louange [lwɑ̃ʒ] *n.f.* lode, elogio (*m.*).

louanger [lwɑ̃ʒe] *v.tr.* [coniug. come *manger*] (*letter.*) elogiare; incensare.

louangeur [lwɑ̃ʒœʀ] *agg.* [f. *-euse*] laudativo, elogiativo ♦ *n.m.* adulatore.

loubard [lubaʀ] *n.m.* (*fam.*) bullo di periferia.

loucedé, en [ɑ̃lusde] *avv.* (*fam.*) di nascosto, furtivamente: *je t'ai vu manger tous les petis-fours en loucedé*, ti ho visto mangiare tutti i pasticcini di nascosto.

louche[1] [luʃ] *agg.* **1** (*antiq.*) guercio, strabico **2** (*fig.*) losco, bieco: *un milieu louche*, un ambiente equivoco **3** incerto, indeciso: *une lumière louche* ♦ *n.m.* losco: *il y a du louche dans cette histoire*, c'è del losco in questa storia.

louche[2] *n.f.* **1** mestolo (*m.*), ramaiolo (*m.*) **2** (*fam.*) mano, zampa.

loucher [luʃe] *v.intr.* essere strabico, guardare storto: *loucher de l'œil gauche*, esser strabico dall'occhio sinistro.
● ***loucher sur qqn, qqch***, adocchiare qlcu, qlco | ***faire loucher qqn***, (*fam.*) far morire qlcu d'invidia.

loucherie [luʃʀi] *n.f.* strabismo (*m.*).

loucheur [luʃœʀ] *n.m.* [f. *-euse*] strabico, guercio.

louer[1] [lwe] *v.tr.* **1** lodare **2** adulare, incensare **3** congratularsi (**con**): *je vous loue de votre excellent choix*, mi congratulo con lei per l'ottima scelta ♦ **se louer** *v.pron.* e *pron.intr.* **1** lodarsi, vantarsi **2** essere felice, congratularsi: *je n'ai qu'à me louer de vous*, non posso che essere soddisfatto di voi ♦ *v.pron.rec.* lodarsi.

louer[2] *v.tr.* **1** (*un immobile*) affittare, prendere in affitto; (*una cosa mobile*) noleggiare, prendere a nolo: *louer un VTT*, noleggiare una mountain bike | *appartement à louer*, affittasi appartamento **2** (*un immobile*) affittare, dare in affitto; (*una cosa mobile*) noleggiare, dare a nolo: *je lui ai loué mon studio*, gli ho affittato il mio monolocale **3** prenotare: *louer une place de parterre*, prenotare un posto di platea **4** (*una persona*) assumere, ingaggiare.

loueur [lwœʀ] *n.m.* [f. *-euse*] locatore; (*di cosa mobile*) noleggiatore.
● ***loueur de chambres garnies***, affittacamere.

loufoque [lufɔk] *agg.* e *n.m.* e *f.* (*fam.*) strambo/a, svitato/a: *idée loufoque*, idea bislacca.

loufoquerie [lufɔkʀi] *n.f.* (*fam.*) stramberia, stranezza.

louhannais [lwanɛ] *agg.* di Louhans.

louis [lwi] *n.m.* (*moneta*) luigi.

loukoum [lukum] *n.m.* (*cuc.*) locum, lokum.

loulou[1] [lulu] *n.m.* (*cane*) volpino.

loulou[2] *n.m.* [f. *-out(t)e*] (*fam.*) **1** cocco, tesoruccio **2** bulletto di periferia.

loup [lu] *n.m.* **1** lupo **2** mascherina (*f.*) di carnevale, moretta (*f.*) **3** (*tecn.*) difetto, errore **4** (*fig.*) orso, misantropo **5** (*Borsa*) speculatore.
● (*zool.*): ***loup américain*** (o ***des prairies***), coyote; ***loup de mer***, spigola, branzino; (*fig.*) lupo di mare; ***loup peint***, licaone; ***chien loup***, cane lupo | ***entre chien et loup***, fra il lusco e il brusco | ***être connu comme le loup blanc, gris***, essere conosciuto come l'erba betonica | ***hurler avec les loups***, (*fig.*) seguire la corrente | ***jeune loup***, (*fig.*) giovane rampante | ***marcher à pas de loup***, camminare a passi felpati | ***mon*** (***gros, petit***) ***loup***, (*fam.*) tesoro mio | (*prov.*) ***quand on parle du loup, on en voit la queue***, lupus in fabula | ***se mettre, se jeter dans la gueule du loup***, (*fig.*) gettarsi in bocca al lupo | ***tête de loup***, spazzola per soffitto | ***une faim de loup***, una fame da lupo | ***un froid de loup***, un freddo cane.

loup-cervier [lusɛʀvje] *n.m.* [pl. *loups-cerviers*] (*zool.*) lince (*f.*).

loupe [lup] *n.f.* **1** lente (d'ingrandimento) **2** (*med.*) natta **3** nocchio (*m.*) (del legno).
● ***regarder à la loupe***, (*fig.*) guardare minuziosamente.

loupé [lupe] ***agg.*** (*fam.*) sbagliato, non riuscito ♦ ***n.m.*** (*fam.*) sbaglio, errore.

louper [lupe] ***v.tr.*** (*fam.*) perdere; mancare; fallire: *louper son examen*, farsi bocciare a un esame; *louper la bonne occasion*, lasciarsi sfuggire l'occasione buona ♦ ***v.intr.*** *ça n'a pas loupé*, (*fam.*) era inevitabile.

loup-garou [lugaʀu] ***n.m.*** [pl. *loups-garous*] lupo mannaro.

loupiote [lupjɔt] ***n.f.*** (*fam.*) piccola lampada.

lourd [luʀ] ***agg.*** pesante (*anche fig.*): *une valise lourde*, una valigia pesante; *une lourde tâche*, un compito gravoso; *lourdes dettes*, debiti onerosi | *temps chaud et lourd*, tempo caldo e opprimente ♦ ***avv.*** molto: *ce sac pèse lourd*, questa borsa pesa molto.

● ***lourd de***, denso di; carico di: *action lourde de conséquences*, azione gravida di conseguenze | ***avoir la main lourde***, (*fig.*) avere la mano pesante, andare giù pesante | ***avoir l'esprit lourd***, essere lento, tardo a capire | ***en avoir lourd sur la conscience***, avere un peso sulla coscienza | ***il fait lourd***, (*fam.*) c'è afa | ***il n'en fait pas lourd***, (*fam.*) se la prende comoda | ***ne pas en savoir lourd***, (*fam.*) essere molto ignorante | ***peser lourd***, (*fig.*) avere molto peso, pesare, contare molto.

■ *AGG.* **CONTR.** léger.

FAUX AMI
Da non confondere con *lordo* nel senso di *sporco*, che si traduce *souillé*, né riferito a peso o importo, che si traduce *brut*.

lourdaud [luʀdo] ***agg.*** **1** goffo **2** grossolano, zotico ♦ ***n.m.*** zoticone, tanghero.

lourde [luʀd] ***n.f.*** (*fam.*) porta.

lourdement [luʀdəmɑ̃] ***avv.*** **1** pesantemente **2** grossolanamente: *vous vous trompez lourdement*, vi sbagliate di grosso.

lourder [luʀde] ***v.tr.*** (*molto fam.*) scaricare, mettere alla porta.

lourdeur [luʀdœʀ] ***n.f.*** **1** pesantezza (*anche fig.*) **2** (*fig.*) grossolanità; goffaggine.

loustic [lustik] ***n.m.*** (*fam.*) buffone, mattacchione.

loutre [lutʀ] ***n.f.*** (*zool.*) lontra.

louve [luv] ***n.f.*** (*zool.*) lupa.

louveteau [luvto] ***n.m.*** [pl. *-eaux*] **1** lupacchiotto **2** (*scoutismo*) lupetto.

louvoiement [luvwamɑ̃] ***n.m.*** **1** (*mar.*) bordeggio **2** (*fig.*) il destreggiarsi, il barcamenarsi.

louvoyer [luvwaje] ***v.intr.*** [coniug. come *employer*] **1** (*mar.*) bordeggiare (*anche fig.*) **2** (*fig.*) destreggiarsi, barcamenarsi.

lover [lɔve] ***v.tr.*** (*mar.*) (*una gomena ecc.*) arrotolare, abbisciare ♦ **se lover** ***v.pron.*** acciambellarsi.

loyal [lwajal] ***agg.*** [pl. *-aux*] leale.

● ***à la loyale***, in modo leale, con lealtà | ***Monsieur Loyal***, personaggio del circo che presenta e dirige gli spettacoli.

loyalement [lwajalmɑ̃] ***avv.*** lealmente, con lealtà.

loyalisme [lwajalism] ***n.m.*** lealismo.

loyaliste [lwajalist] ***agg.*** e ***n.m.*** e ***f.*** lealista.

loyauté [lwajote] ***n.f.*** lealtà.

loyer [lwaje] ***n.m.*** **1** canone, affitto: *donner, prendre à loyer*, dare, prendere in affitto **2** (*econ.*) interesse **3** (*antiq.*) salario.

● (*econ.*) ***le loyer de l'argent***, il tasso d'interesse.

lu [ly] *p.p.* di **lire**[1].

lubie [lybi] ***n.f.*** (*fam.*) ghiribizzo (*m.*), capriccio (*m.*).

lubricité [lybʀisite] ***n.f.*** (*fig.*) lubricità.

lubrifiant [lybʀifjɑ̃] ***agg.*** e ***n.m.*** lubrificante.

lubrification [lybʀifikasjɔ̃] ***n.f.*** lubrificazione.

lubrifier [lybʀifje] ***v.tr.*** lubrificare.

lubrique [lybʀik] ***agg.*** lubrico (*anche fig.*): *œil lubrique*, sguardo libidinoso.

lucane [lykan] ***n.m.*** (*zool.*) cervo volante.

lucarne [lykaʀn] ***n.f.*** **1** abbaino (*m.*); lucernario (*m.*) **2** finestrella **3** (*calcio*) sette (*m.*).

● ***lucarne à tabatière***, lucernario a cerniera orizzontale | ***lucarne faîtière***, lucernario.

lucide [lysid] ***agg.*** (*fig.*) lucido.

lucidement [lysidmɑ̃] ***avv.*** lucidamente, con lucidità.

lucidité [lysidite] ***n.f.*** lucidità: *lucidité des idées*, chiarezza di idee.

luciole [lysjɔl] ***n.f.*** (*zool.*) lucciola.

lucratif [lykʀatif] ***agg.*** [f. *-ive*] lucrativo, lucroso.

● (*dir.*) ***association sans but lucratif***, associazione senza scopo di lucro.

lucre [lykʀ] ***n.m.*** lucro, guadagno.

ludiciel [lydisiɛl] ***n.m.*** (*inform.*) software per giocare sul computer.

ludique [lydik] ***agg.*** ludico.

ludothécaire [lydotekɛʀ] ***n.m.*** e ***f.*** ludotecario/a.

ludothèque [lydɔtɛk] ***n.f.*** ludoteca.

luette [lɥɛt] ***n.f.*** (*anat.*) ugola.

lueur [lɥœʀ] ***n.f.*** **1** chiarore (*m.*); bagliore (*m.*) **2** (*fig.*) barlume (*m.*) **3** (*dello sguardo*) luccichio (*m.*), lampo (*m.*).

luge [lyʒ] ***n.f.*** slitta, slittino (*m.*): *faire de la luge*, andare in slitta.

lugée [lyʒe] ***n.f.*** (*Svizzera*) **1** siluramento (*m.*), trombatura, fallimento (*m.*) **2** sbornia **3** capitombolo (*m.*).

luger [lyʒe] ***v.intr.*** [coniug. come *manger*] andare in slitta ♦ **se luger** ***v.pron.*** (*Svizzera*) (*fam.*) (*a un esame, alle elezioni ecc.*) essere silurato, trombato.

lugubre [lygybʀ] ***agg.*** **1** lugubre **2** squallido.

lugubrement [lygybʀəmɑ̃] ***avv.*** lugubramente.

lui[1] [lɥi] ***pron.pers.m. 3ª pers.sing.*** [pl. *eux*] **1** (*sogg.*) lui: *son père et lui*, lui e suo padre; *lui, il ne voudra pas le faire*, lui non vorrà farlo; *lui, partir à minuit?*, lui, partire a mezzanotte?; *lui parti*, partito lui; *c'était lui*, era lui; *c'est lui qui a raison*, ha ragione lui **2** (*compl.ogg. e compl. retto da prep.*) lui; (*riflessivo*) sé: *tu ne vois que lui!*, vedi soltanto lui!; *vous pouvez compter sur lui*, potete contare su di lui; *il regardait autour de lui*, guardava intorno a sé, si guardava in giro ♦ ***pron.pers.m.*** e ***f. 3ª pers.sing.*** [pl. *leur*] (*compl. di termine*) gli (*m.*); le (*f.*): *il me demanda si je pouvais lui offrir une cigarette*, mi chiese se potevo offrirgli una sigaretta; *dis-lui la verité*, digli, dille la verità; *je dois lui parler*, gli, le devo parlare, devo parlargli, parlarle.

● ***lui aussi***, anche lui | ***lui en***, gliene: *il faudrait lui en prêter une*, bisognerebbe prestargliene una | ***lui-même***, lui stesso, proprio lui: *c'est un égoïste, il ne pense qu'à lui-même*, è un egoista, pensa solo a se stesso; *il a agi de lui-même*, ha agito per conto proprio; *il s'est trahi de lui-même*, si è tradito da sé; *le coupable a avoué sa faute de lui-même*, il colpevole ha confessato spontaneamente la sua colpa | ***lui non plus***, nemmeno lui | ***à lui***, a lui; suo, di lui: *un ami à lui*, un suo amico; *c'est gentil à lui*, è gentile da parte sua; *à lui (tout) seul*, da solo; *il a une façon de faire bien à lui*, ha un modo di fare tutto suo; *c'est à lui de parler*, tocca a lui parlare | ***le lui***, ***la lui***, ***les lui***, glielo, gliela, glieli, gliele: *il les lui offrira pour Noël*, glieli regalerà per Natale; *il, elle doit venir!, dis-le-lui*, (lei, lui) deve venire!, diglielo.

NOTA ***Lui*** è la forma che assume il pronome personale maschile della terza persona quando è soggetto o complemento indiretto, e quando è riflessivo:
SÌ *Il a emporté les documents avec **lui**.*
NO *Il a emporté les documents avec **soi**.*
Ha portato i documenti con sé.

lui² *p.p.* di **luire**.

luire [lɥiʀ] *v.intr.* [coniug. come *conduire*, tranne al p.p.: *lui*] brillare, scintillare, rilucere (*anche fig.*): *le soleil luit*, il sole splende; *luire au soleil*, scintillare al sole; *des yeux qui luisent d'envie*, occhi che brillano d'invidia.
■ SIN. briller, étinceler.

luisant [lɥizɑ̃] *agg.* lucido; brillante, luccicante: *des yeux luisants de curiosité*, occhi sprizzanti curiosità ♦ *n.m.* lucido, lucentezza (*f.*).
● (*zool. pop.*) ***ver luisant***, lucciola.

lumbago [lɔ̃bago] *n.f.* (*med.*) lombaggine.

lumen [lymɛn] *n.m.* (*fis.*) lumen.

lumière [lymjɛʀ] *n.f.* **1** luce (*anche fig.*): *donner de la lumière*, dar luce **2** (*spec. pl.*) lume (*m.*), chiarimento (*m.*), delucidazione **3** (*persona*) luminare (*m.*) **4** (*tecn.*) luce, apertura; foro (*m.*) **5** (*anat.*) lume (*m.*) **6** (*pl.*) (*aut.*) fari (*m.*), fanali (*m.*).
● (*astr.*) ***lumière cendrée***, luce cinerea | ***lumière du jour***, ***artificielle***, luce naturale, artificiale: *perdre la lumière du jour*, (*fig.*) perdere la luce degli occhi | ***à la lumière de***, alla luce di | ***avoir quelque lumière sur, de qqch***, avere una vaga idea di qlco | ***ce n'est pas une lumière***, (*fam.*) non è un'aquila | ***faire la lumière sur***, (*fig.*) far luce su | ***habit de lumière***, vestito ricamato del torero | (*st.*) ***les Lumières***, l'Illuminismo | ***un trait de lumière***, (*fig.*) uno sprazzo di genio.

NOTA L'espressione ***siècle des lumières***, 'secolo dei lumi', indica per i francesi il periodo dell'Illuminismo (*philosophie des lumières*), movimento di idee che ha caratterizzato il XVIII secolo per la fiducia assoluta nella possibilità di risolvere i problemi sociali e politici con i soli 'lumi' della ragione, senza far riferimento a verità rivelate e alla tradizione. Sorto in Inghilterra, si sviluppò soprattutto in Francia: i maggiori rappresentanti furono Voltaire, Montesquieu, Rousseau, Diderot e i collaboratori dell'*Encyclopédie*.

lumignon [lymiɲɔ̃] *n.m.* **1** lucignolo **2** (*di candela*) moccolo **3** lumicino.

luminaire [lyminɛʀ] *n.m.* **1** lampade (*f.pl.*), apparecchio per l'illuminazione **2** (*spec. di chiesa*) ceri (*pl.*) **3** (*astr.*) lume, astro.

FAUX AMI
Da non confondere con *luminare*, che si traduce *lumière*.

luminescence [luminesɑ̃s] *n.f.* (*fis., zool.*) luminescenza.

luminescent [lyminesɑ̃] *agg.* luminescente.

lumineusement [lyminøzmɑ̃] *avv.* con chiarezza.

lumineux [lyminø] *agg.* [f. *-euse*] **1** luminoso **2** (*fig.*) brillante: *intelligence lumineuse*, intelligenza brillante.

luminosité [lyminozite] *n.f.* luminosità.

lump [lœp] *n.m.* (*zool.*) lompo.
● ***œufs de lump***, uova di lompo.

lunaire¹ [lynɛʀ] *agg.* **1** lunare **2** (*fig.*) fantastico, irreale.
● (*mar.*) ***distance lunaire***, distanza lunare.

FAUX AMI
Da non confondere con *lunario*, che si traduce *almanach*.

lunaire² *n.f.* (*bot.*) lunaria.

lunaison [lynɛzɔ̃] *n.f.* (*astr.*) lunazione.

lunapark [lynapaʀk] *n.m.* (*Belgio*) sala (*f.*) giochi elettronici.

lunatique [lynatik] *agg.* e *n.m.* e *f.* lunatico/a.

lunch [lœntʃ, lœ̃ʃ] *n.m.* lunch, pranzo in piedi.

lundi [lœ̃di] *n.m.* lunedì.
● ***le lundi de Pâques***, il lunedì dell'Angelo, di Pasqua | ***le lundi de Pentecôte***, il lunedì dopo Pentecoste.

lune [lyn] *n.f.* **1** luna: *nouvelle lune*, luna nuova, novilunio; *pleine lune*, luna piena, plenilunio **2** (*fam.*) didietro (*m.*), sederino (*m.*) ♦ *n.m.* (*zool.*) pesce luna.
● (*bot.*) ***lune d'eau***, ninfea bianca | ***lune de miel***, luna di miele; (*estens.*) intesa | ***lune rousse***, luna rossa, luna d'Aprile | ***avoir ses lunes***, (*fam.*) andare a lune | ***avoir un visage (rond) comme une lune***, avere un viso tondo come la luna | ***clair de lune***, chiaro di luna | ***décrocher la lune***, fare l'impossibile: *il décrocherait la lune pour elle*, andrebbe a prendere la luna per lei | ***être dans la lune***, essere nel mondo della luna | ***être dans une bonne, une mauvaise lune***, essere di luna buona, avere la luna di traverso | ***faire voir la lune en plein midi***, (*fig.*) far vedere la luna nel pozzo | (*min.*) ***pierre de lune***, pietra di luna | ***promettre la lune***, (*fig.*) promettere mari e monti | ***tomber de la lune***, (*fig.*) cadere dalle nuvole | ***vieilles lunes***, (*fam.*) idee antiquate.

luné [lyne] *agg.* lunato.
● ***être bien, mal luné***, (*fig. fam.*) essere di luna buona, avere la luna di traverso.

lunetier [lyntje] *agg.* [f. *-ère*] *industrie lunetière*, industria di strumenti ottici | *marchand lunetier*, occhialaio ♦ *n.m.* occhialaio.

lunette [lynɛt] *n.f.* **1** cannocchiale (*m.*) **2** lunetta **3** (*di gabinetto ecc.*) ciambella **4** (*arte*) lunetta **5** (*pl.*) → lunettes.
● (*aut.*) ***lunette arrière***, lunotto posteriore | ***lunette (d'approche)***, cannocchiale | (*mar.*) ***lunette d'étambot***, apertura, bocca di dritto.

lunetterie [lynɛtʀi] *n.f.* industria, commercio (*m.*) di strumenti ottici.

lunettes [lynɛt] *n.f.pl.* occhiali (*m.*): *mettre ses lunettes*, inforcare gli occhiali; *dame à lunettes*, signora con gli occhiali; *prescrire le port des lunettes*, prescrivere l'uso di occhiali.
● ***lunettes auditives***, occhiali acustici | ***lunettes de plongée***, occhiali per la pesca subacquea | ***lunettes de soleil***, occhiali da sole | (*zool.*) ***serpent à lunettes***, vipera dagli occhiali, naia.

lunévillois [lynevilwa] *agg.* di Lunéville.

lunule [lynyl] *n.f.* **1** (*mat.*) lunula **2** (*anat.*) (*dell'unghia*) lunetta, lunula **3** (*astr.*) satellite (*m.*).

lupin [lypɛ̃] *n.m.* (*bot.*) lupino.

lupinelle [lypinɛl] *n.f.* (*bot.*) lupinella.

lupus [lypys] *n.m.* (*med.*) lupus.
● ***lupus érythémateux***, lupus eritematoso.

lurette [lyʀɛt] *n.f.*
● ***il y a belle lurette***, (*fam.*) molto tempo fa: *il y a belle lurette que*, è un bel pezzo che.

luron¹ [lyʀɔ̃] *n.m.* **1** (*fam.*) giovialone: *un gai luron*, un buontempone **2** (*antiq.*) uomo gagliardo

luron² *agg.* di Lure.

lusitain [lyzitɛ̃] **lusitanien** [lyzitanjɛ̃] [f. *-enne*] ***agg.*** lusitano.

Lusitain, **Lusitanien** [f. *-enne*] ***n.m.*** (*abitante*) lusitano.

lustrage [lystʀaʒ] ***n.m.*** lucidatura (*f.*).

lustral [lystʀal] ***agg.*** [pl. *-aux*] lustrale.

lustre[1] [lystʀ] ***n.m.*** **1** lucentezza (*f.*), lucido; (*fig.*) lustro: *donner lustre*, (*fig.*) dare lustro **2** lampadario.

FAUX AMI
Da non confondere con l'aggettivo *lustro*, che si traduce *reluisant, brillant*.

lustre[2] ***n.m.*** lustro: *je le connais depuis trois lustres*, lo conosco da tre lustri.

lustré [lystʀe] ***agg.*** lucido.

lustrer [lystʀe] ***v.tr.*** lucidare, lustrare: *il a lustré son veston aux coudes*, le maniche della sua giacca sono lucide ai gomiti (per l'usura) | *lustrer du papier*, satinare la carta.

lustrine [lystʀin] ***n.f.*** stoffa lucida (spec. per fodere).

lutéine [lytein] ***n.f.*** (*biochim.*) luteina.

luth [lyt] ***n.m.*** **1** (*mus.*) liuto **2** (*zool.*) tartaruga (*f.*) dell'Oceano Indiano.

luthéranisme [lyteʀanism] ***n.m.*** (*relig.*) luteranesimo.

lutherie [lytʀi] ***n.f.*** liuteria.

luthérien [lyteʀjɛ̃] ***agg.*** e ***n.m.*** [f. *-enne*] luterano.

luthier [lytje] ***n.m.*** [f. *-ère*] liutaio.

luthiste [lytist] ***n.m.*** e ***f.*** liutista.

lutin [lytɛ̃] ***n.m.*** folletto, spiritello: *cet enfant est un petit lutin*, (*fig.*) questo bambino è un demonietto ♦ ***agg.*** (*letter.*) vivace, birichino.

lutiner [lytine] ***v.tr.*** stuzzicare (una donna); fare piccoli dispetti (a una donna).

lutrin [lytʀɛ̃] ***n.m.*** **1** leggio **2** (*arch.*) (*nelle chiese*) (recinto del) coro.

lutte [lyt] ***n.f.*** lotta: *engager la lutte*, dar battaglia.
● (*agr.*) ***lutte biologique***, ***intégrée***, lotta biologica, integrata | ***lutte des classes***, lotta di classe | (*econ.*) ***lutte des tarifs***, lotta tariffaria | (*sport*): ***lutte gréco-romaine***, lotta greco-romana; ***lutte libre***, lotta libera | ***lutte pour la vie***, lotta per la vita | ***luttes syndicales***, lotte sindacali | ***de haute lutte***, con la forza, a viva forza.

lutter [lyte] ***v.intr.*** lottare.
● ***lutter de***, rivaleggiare in: *lutter de vitesse*, gareggiare in velocità.

lutteur [lytœʀ] ***n.m.*** [f. *-euse*] lottatore.
● ***un lutteur de foire***, (*estens.*) un Maciste.

luxation [lyksasjɔ̃] ***n.f.*** (*med.*) lussazione.

luxe [lyks] ***n.m.*** lusso: *vivre dans le luxe*, vivere nel lusso; *un luxe de couleurs, de fleurs*, una profusione di colori, di fiori.
● ***ce n'est pas du luxe***, (*fam.*) è indispensabile, necessario | ***de luxe***, di lusso: *article de luxe*, articolo di lusso; *taxe de luxe*, imposta suntuaria | ***s'offrir***, ***se payer le luxe de***, concedersi il lusso di.
■ **SIN.** opulence, faste.

luxembourgeois [lyksɑ̃buʀʒwa] ***agg.*** lussemburghese.

Luxembourgeois ***n.m.*** (*abitante*) lussemburghese.

luxer [lykse] ***v.tr.*** (*med.*) lussare.

luxueusement [lyksɥøzmɑ̃] ***avv.*** lussuosamente.

luxueux [lyksɥø] ***agg.*** [f. *-euse*] lussuoso.
■ **SIN.** somptueux, magnifique **CONTR.** simple, modeste.

luxure [lyksyʀ] ***n.f.*** (*letter.*) lussuria.

luxuriance [lyksyʀjɑ̃s] ***n.f.*** rigoglio (*m.*), esuberanza.

luxuriant [lyksyʀjɑ̃] ***agg.*** lussureggiante.

luxurieux [lyksyʀjø] ***agg.*** [f. *-euse*] lussurioso.

luzerne [lyzɛʀn] ***n.f.*** (*bot.*) erba medica.

lycanthrope [likɑ̃tʀɔp] ***n.m.*** licantropo.

lycée [lise] ***n.m.*** scuola (*f.*) secondaria superiore statale.
● ***lycée d'enseignement professionnel*** (LEP), istituto professionale.

lycéen [liseɛ̃] ***n.m.*** [f. *-enne*] studente delle superiori ♦ ***agg.*** liceale, del liceo; dei liceali.

lycra® [likʀa] ***n.m.*** (*tess.*) lycra® (*f.*).

lymphadénome [lɛ̃fadenɔm] ***n.m.*** (*med.*) linfoadenoma.

lymphatique [lɛ̃fatik] ***agg.*** e ***n.m.*** **1** (*med.*) linfatico/a **2** (*antiq.*) apatico/a.
● (*anat.*) ***ganglion lymphatique***, linfoghiandola, linfonodo.

lymphatisme [lɛ̃fatism] ***n.m.*** (*med.*) linfatismo.

lymphe [lɛ̃f] ***n.f.*** (*fisiol.*) linfa.

lymph(o)- ***pref.*** linf(o)-.

lymphocyte [lɛ̃fɔsit] ***n.m.*** (*biol.*) linfocito.

lymphome [lɛ̃fom] ***n.m.*** (*med.*) linfoma.

lymphopathie [lɛ̃fɔpati] ***n.f.*** (*med.*) linfopatia.

lynchage [lɛ̃ʃaʒ] ***n.m.*** linciaggio.

lyncher [lɛ̃ʃe] ***v.tr.*** linciare (*anche fig.*).

lynx [lɛ̃ks] ***n.m.*** (*zool.*) lince (*f.*).
● ***avoir des yeux de lynx***, (*fig.*) avere occhi di lince.

lyonnais [ljɔnɛ] ***agg.*** lionese.

Lyonnais ***n.m.*** (*abitante*) lionese.

lyophilisat [ljɔfiliza] ***n.m.*** liofilizzato.

lyophilisation [ljɔfilizasjɔ̃] ***n.f.*** liofilizzazione.

lyophiliser [ljɔfilize] ***v.tr.*** liofilizzare: *café lyophilisé*, caffè liofilizzato.

lyre [liʀ] ***n.f.*** **1** (*mus.*) lira **2** (*letter.*) poesia (lirica).
● ***accorder***, ***essayer sa lyre***, (*fig.*) cimentarsi nella poesia | ***en*** (***forme de***) ***lyre***, a forma di lira.

lyrique [liʀik] ***agg.*** **1** (*ant.*) lirico **2** lirico, poetico **3** (*fig.*) entusiasta: *devenir*, *être lyrique*, entusiasmarsi, esaltarsi ♦ ***n.m.*** (poeta) lirico: *les lyriques grecs*, i lirici greci ♦ ***n.f.*** (poesia) lirica.

lyriquement [liʀikmɑ̃] ***avv.*** liricamente, con lirismo.

lyrisme [liʀism] ***n.m.*** **1** lirismo **2** (*fig.*) entusiasmo.

lys [lis] ***n.m.*** → **lis**.

lysine [lizin] ***n.f.*** (*biochim.*) lisina.

L

Mm

m [ɛm] ***n.m.invar.*** m (*f.* o *m.*).
● (*tel.*) ***m comme Marie***, m come Milano.

ma [ma] ***agg.poss.f. 1ª pers.sing.*** → **mon**.

maboul [mabul] ***agg.*** e ***n.m.*** (*fam.*) pazzo.

macabre [makabʀ] ***agg.*** macabro.

macadam [makadam] ***n.m.*** **1** macadam; (*estens.*) asfalto stradale **2** strada (*f.*) asfaltata.

macadamiser [makadamize] ***v.tr.*** macadamizzare; (*estens.*) asfaltare.

macaque [makak] ***n.m.*** (*zool.*) macaco.

macareux [makaʀø] ***n.m.*** (*zool.*) pulcinella (*f.*) di mare.

macaron [makaʀɔ̃] ***n.m.*** **1** (*cuc.*) amaretto **2** (*fam.*) patacca (*f.*), distintivo; contrassegno (da apporre sul parabrezza dell'automobile) **3** (*fam.*) pugno **4** (*pl.*) trecce (*f.*) avvolte sulle orecchie.

macaroni [makaʀɔni] ***n.m.*** [pl. *macaronis*] **1** maccheroni (*pl.*) **2** (*spreg.*) italiano.

macaronique [makaʀɔnik] ***agg.*** maccheronico.
● (*lett.*) ***poésie macaronique***, poesia maccheronica.

macchabée [makabe] ***n.m.*** (*fam.*) cadavere.

macédoine [masedwan] ***n.f.*** (*cuc.*) misto (*m.*) di verdure tagliate a dadini.
● ***macédoine de fruits***, macedonia.

macédonien [masedɔnjɛ̃] ***agg.*** [f. *-enne*] macedone ♦ ***n.m.*** (*lingua*) macedone.

Macédonien ***n.m.*** [f. *-enne*] (*abitante*) macedone.

macération [maseʀasjɔ̃] ***n.f.*** **1** (*tecn.*) macerazione **2** (*fig.*) mortificazione.

macérer [maseʀe] ***v.tr.*** e ***intr.*** [coniug. come *céder*] **1** macerare **2** (*fig.*) mortificare ♦ **se macérer** ***v.pron.intr.*** (*fig.*) macerarsi.

macérien [maseʀjɛ̃] ***agg.*** [f. *-enne*] di Mézières.

machaon [makaɔ̃] ***n.m.*** (*zool.*) macaone.

mâche [mɑʃ] ***n.f.*** (*bot.*) soncino (*m.*), valerianella, dolcetta.

mâchefer [mɑʃfɛʀ] ***n.m.*** scoria (*f.*) (di carbone).

mâcher [mɑʃe] ***v.tr.*** **1** masticare **2** (*fam.*) spappolare, sbriciolare.
● ***mâcher la besogne à qqn***, (*fig.*) far trovare a qlcu la pappa pronta | ***ne pas mâcher ses mots***, (*fig.*) non avere peli sulla lingua.

machette [maʃɛt] ***n.f.*** machete (*m.*).

mâcheur [mɑʃœʀ] ***n.m.*** [f. *-euse*] masticatore.

machiavélique [makjavelik] ***agg.*** machiavellico.

machiavélisme [makjavelism] ***n.m.*** machiavellismo.

mâchicoulis [maʃikuli] ***n.m.*** (*fortificazioni*) piombatoio, caditoia (*f.*).

machin [maʃɛ̃] ***n.m.*** (*fam.*) coso, aggeggio, affare.
● ***un petit machin de rien du tout***, una cosina da niente.
■ SIN. truc, chose.

Machin [maʃɛ̃] ***n.m.*** [f. *-e*] (*fam.*) tizio, (il) tale, coso: *hier soir j'ai vu Machin..., Machin Truc..., Machin Chouette*, ieri sera ho visto coso, coso lì, come si chiama?; *as-tu parlé avec Monsieur Machin, Machin-Chose?*, hai parlato con quel tale, con quel tizio?

machinal [maʃinal] ***agg.*** [pl. *-aux*] meccanico, automatico.
■ SIN. mécanique, automatique.

machinalement [maʃinalmɑ̃] ***avv.*** macchinalmente, meccanicamente.

machination [maʃinasjɔ̃] ***n.f.*** macchinazione, intrigo (*m.*).

machine [maʃin] ***n.f.*** macchina: *tapé à la machine*, battuto a macchina, dattilografato.
● (*Canada*) ***machine à boule***, flipper | ***machine à calculer***, calcolatrice | ***machine à coudre***, macchina per cucire | ***machine à écrire***, macchina per scrivere | ***machine à imprimer***, macchina da stampa | ***machine à laver***, lavatrice | ***machine à laver la vaisselle***, lavastoviglie | ***machine à sous***, slot-machine, macchinetta mangiasoldi | ***machine à tricoter***, macchina per maglieria | ***faire machine arrière***, far marcia indietro (*anche fig.*) | ***fait à la machine***, fatto a macchina.

machine-outil [maʃinuti] ***n.f.*** [pl. *machines-outils*] macchina utensile.

machiner [maʃine] ***v.tr.*** macchinare, tramare.

FAUX AMI
Da non confondere con *macinare*, che si traduce *moudre*, *broyer*.

machinerie [maʃinʀi] ***n.f.*** **1** macchinario (*m.*) **2** (*mar.*) sala macchine.

machinisme [maʃinism] ***n.m.*** (*ind.*) meccanizzazione (*f.*).

machiniste [maʃinist] ***n.m.*** e ***f.*** **1** macchinista **2** guidatore/trice di autobus.

machino [maʃino] ***n.m.*** (*fam.*) abbr. di **machiniste**.

machisme [ma(t)ʃism] ***n.m.*** maschilismo.

machiste [ma(t)ʃist] ***n.m.*** e ***f.*** maschilista.

macho [matʃo] ***agg.*** e ***n.m.*** (*fam.*) macho; (*estens.*) maschilista.

mâchoire [mɑʃwaʀ] ***n.f.*** **1** mascella **2** (*mecc.*) ganascia.
● (*mecc.*) ***mâchoire d'étau***, ganascia di morsa | (*aut.*) ***mâchoire de frein***, ceppo del freno | (*anat.*) ***mâchoire inférieure***, ***supérieure***, mascella inferiore, superiore | ***bâiller à se décrocher la mâchoire***, (*estens.*) sbadigliare a più non posso.

mâchonnement [mɑʃɔnmɑ̃] ***n.m.*** biascicamento.

mâchonner [mɑʃɔne] ***v.tr.*** **1** masticare (lentamente) | *mâchonner son crayon*, rosicchiare la matita **2** biascicare, borbottare.

mâchouiller [mɑʃuje] ***v.tr.*** (*fam.*) → **mâchonner**.

mâchure [mɑʃyʀ] *n.f.* (*tess.*) ammaccatura.

macle [makl] *n.f.* (*min.*) geminazione; (cristallo) geminato (*m.*).

maçon [masɔ̃] *n.m.* **1** muratore **2** [f. *-onne*] → franc-maçon ♦ *agg.* (*di certi animali*) muraiolo, muratore.
● ***aide maçon***, manovale | ***maître maçon***, capomastro | (*zool.*) ***pic maçon***, picchio muraiolo.

maçonnage [masɔnaʒ] *n.m.* muratura (*f.*).

mâconnais [mɑkɔnɛ] *agg.* di Mâcon.

maçonné [masɔne] *agg.* in muratura.

maçonner [masɔne] *v.tr.* (*edil.*) costruire (in muratura).

maçonnerie [masɔnʀi] *n.f.* **1** (*edil.*) (lavori di) muratura **2** → franc-maçonnerie.
● ***entrepreneur de maçonnerie***, imprenditore edile | (*edil.*) ***grosse maçonnerie***, muratura di fondazione.

maçonnique [masɔnik] *agg.* massonico.

macreuse [makʀøz] *n.f.* (*macelleria*) parte magra vicina all'osso della spalla di bue.
● (*zool.*): ***macreuse brune***, orco marino; ***macreuse noire***, orchetto marino.

macro- *pref.* macro-.

macrobiotique [makʀɔbjɔtik] *agg.* macrobiotico ♦ *n.f.* macrobiotica.

macrocéphale [makʀɔsefal] *agg.* e *n.m.* e *f.* macrocefalo/a.

macrocosme [makʀɔkɔsm] *n.m.* macrocosmo.

macroéconomie [makʀɔekɔnɔmi] *n.f.* macroeconomia.

macro-ordinateur [makʀoɔʀdinatœʀ] *n.m.* [pl. *macro-ordinateurs*] (*inform.*) mainframe; computer centrale.

macrophotographie [makʀɔfɔtɔgʀafi] *n.f.* macrofotografia.

macroscopique [makʀɔskɔpik] *agg.* macroscopico.

maculature [makylatyʀ] *n.f.* (*tip.*) scarto (*m.*).

macule [makyl] *n.f.* **1** (*anat.*) macula, macchia **2** carta da imballaggio **3** (*tip.*) scarto (*m.*).
● (*astr.*) ***macule solaire***, macchia solare.

maculer [makyle] *v.tr.* macchiare.

madame [madam] *n.f.* [pl. *mesdames*] **1** signora: *madame Dupont*, la signora Dupont; *allez voir madame la directrice*, andate dalla signora direttrice; *je vous prie, Madame la Directrice, de bien vouloir me répondre*, la prego, signora direttrice, di rispondermi; *Madame la Marquise*, la signora Marchesa; *Madame votre mère*, la Sua signora madre; *chère madame*, cara signora; *bonjour Mesdames, bonjour Mesdemoiselles, bonjour Messieurs*, Signore e Signori, buongiorno; *Madame est sortie*, la signora è fuori; *Madame est servie*, la signora è servita; *je vous présente madame Grand, le professeur de mon fils*, le presento la professoressa Grand, l'insegnante di mio figlio **2** (*st.*) Madame (titolo riservato alle principesse reali spec. alla moglie del fratello del re di Francia).

NOTA ***Madame***, come anche *Monsieur* e *Mademoiselle*, non sono mai preceduti dall'articolo *la* o *le* perché sono parole composte, rispettivamente, da *dame*, *sieur* e *demoiselle* e dagli aggettivi possessivi *ma* o *mon* che in francese non vogliono l'articolo.
Madame, come *Monsieur* e *Mademoiselle*, **non prende la maiuscola** in un testo:
*Hier, j'ai rencontré **madame / monsieur / mademoiselle** au restaurant.*
Ieri ho incontrato la signora / il signore / la signorina al ristorante.
Prende la maiuscola:
– quando è abbreviato:
*Hier, j'ai rencontré **Mme** Lefebvre et monsieur au restaurant.*
Ieri ho incontrato la signora Lefebvre e il marito al ristorante.
– in una lettera:
*Je vous écris, **Madame / Monsieur / Mademoiselle** pour vous annoncer mon arrivée.*
Le scrivo, signora / signore / signorina per annunciarle il mio arrivo.
– per rispetto:
*Je vous préviens **Madame** que **Monsieur** est ancore en réunion.*
La avverto, Signora, che il Signore è ancora in riunione.
La forma abbreviata si usa solo davanti a un nome o un titolo:
***Mme** et **M.** Charpentier, **Mmes** et **MM.** Tarot et Olive*
i signori Charpentier, i coniugi Tarot e Olive.
***Mme** la déléguée générale*, la signora delegato generale
***M.** le vice-président*, il signor vice-presidente.

madécasse [madekas] *agg.* malgascio.

Madécasse *n.m.* e *f.* (*abitante*) malgascio/a.

madeleine [madlɛn] *n.f.* (*cuc.*) maddalena.

NOTA La ***madeleine***, dolce così chiamato dal nome della cuoca che lo preparò per la prima volta (1845), deve la sua fama allo scrittore M. Proust (1871-1922), che, nella sua *Recherche du temps perdu* (Alla ricerca del tempo perduto), la descrisse come punto di partenza della propria esperienza psicologica di resurrezione del passato.

Madeleine [madlɛn] *n.pr.f.* Maddalena.
● ***pleurer comme une Madeleine***, piangere come una vite tagliata, una fontana.

mademoiselle [madmwazɛl] *n.f.* [pl. *mesdemoiselles*] **1** signorina: *mademoiselle Dupont*, la signorina Dupont; *mademoiselle est sortie*, la signorina è uscita **2** (*st.*) Mademoiselle (titolo dato alla figlia maggiore dei fratelli o degli zii del re di Francia) **3** (*antiq.*) madamigella.

NOTA Per l'uso della maiuscola con ***mademoiselle*** si veda alla voce *madame*.

madère [madɛʀ] *n.m.* (*vino*) madera.
● (*cuc.*) ***sauce madère***, salsa al madera.

madone [madɔn] *n.f.* (*arte*) madonna.

madrague [madʀag] *n.f.* (*pesca*) tonnara.

madras [madʀɑs] *n.m.* tela (*f.*) di Madras.

madré [madʀe] *agg.* **1** (*del legno*) marezzato **2** (*fig.*) astuto, scaltro.

madrépore [madʀepɔʀ] *n.m.* (*zool.*) madrepora (*f.*).

madrier [madʀije] *n.m.* asse (*f.*) di legno (spessa).

madrigal [madʀigal] *n.m.* [pl. *-aux*] madrigale.

madrilène [madʀilɛn] *agg.* madrileno.

Madrilène *n.m.* e *f.* (*abitante*) madrileno/a.

maelström [malstʀøm] *n.m.* → **malstrom**.

maestoso [maɛstozo] *agg.* (*mus.*) maestoso.

maestro [maɛstʀo] *n.m.* (*mus.*) maestro.

maf(f)ia [mafja] *n.f.* mafia.

maf(f)ieux [mafjø] *agg.* [f. *-euse*] mafioso.

maf(f)ioso [mafjozo] *n.m.* [pl. *maf(f)iosi*] mafioso.

M

mag [mag] *n.m.* (*abbr. di* magazine) rivista (*f.*).
maganer [magane] *v.tr.* (*Canada*) maltrattare.
magasin [magazɛ̃] *n.m.* 1 negozio; bottega (*f.*) 2 magazzino, deposito 3 (*tecn.*) magazzino 4 (*inform.*) magazzino di memoria.
● ***magasin à poudre***, deposito munizioni | ***magasin d'alimentation***, negozio di generi alimentari | ***magasin d'antiquités***, negozio d'antiquario | ***magasin de discompte***, ***magasin minimarge***, discounter, negozio discount | ***magasin de prêt-à-porter***, boutique, negozio di confezioni | ***magasin de proximité***, negozio di vicinato | (*teatr.*) ***magasin des accessoires***, attrezzeria | ***magasin d'usine***, spaccio, outlet | ***courir les magasins***, (*fam.*) fare spese, fare shopping | ***grands magasins***, grandi magazzini.
■ SIN. **1** boutique **2** entrepôt.
magasinage [magazinaʒ] *n.m.* 1 magazzinaggio 2 (*Canada*) il fare compere.
magasiner [magazine] *v.intr.* (*Canada*) fare compere.
magasinier [magazinje] *n.m.* [f. *-ère*] magazziniere.
magazine [magazin] *n.m.* 1 periodico, rivista (*f.*) 2 (*rad.*, *tv*) rubrica (*f.*).
● ***magazine illustré***, rotocalco.
mage [maʒ] *n.m.* (*st.*) magio.
● ***les Rois Mages***, i Re Magi.
magenta [maʒɛta] *agg.* e *n.m.* (color) cremisi.
maghrébin [magʀebɛ̃] *agg.* magrebino.
Maghrébin *n.m.* (*abitante*) magrebino.
magicien [maʒisjɛ̃] *n.m.* [f. *-enne*] 1 mago 2 illusionista.
■ SIN. **2** prestidigitateur, illusionniste.
magie [maʒi] *n.f.* magia (*anche fig.*).
● ***par magie***, per incanto.
magique [maʒik] *agg.* magico; prodigioso.
magiquement [maʒikmɑ̃] *avv.* magicamente.
magistère [maʒistɛʀ] *n.m.* 1 magistero 2 titolo universitario superiore conseguito dopo un triennio di studi.
magistral [maʒistʀal] *agg.* [pl. *-aux*] 1 magistrale, da maestro | *une gifle magistrale*, un solenne ceffone 2 cattedratico; (*fig.*) dottorale.
magistralement [maʒistʀalmɑ̃] *avv.* magistralmente.
magistrat [maʒistʀa] *n.m.* magistrato.
magistrature [maʒistʀatyʀ] *n.f.* magistratura.
● ***magistrature assise***, magistratura giudicante | ***magistrature debout***, pubblico ministero.
magma [magma] *n.m.* 1 magma 2 (*fig.*) ammasso (informe).
magmatique [magmatik] *agg.* (*geol.*) magmatico.
magnanerie [maɲanʀi] *n.f.* 1 bigattiera (per bachi da seta) 2 bachicoltura.
magnanime [maɲanim] *agg.* magnanimo.
magnanimité [maɲanimite] *n.f.* magnanimità.
magnat [magna] *n.m.* magnate.
magner, se [səmaɲe] *v.pron.* (*molto fam.*) sbrigarsi, spicciarsi.
magnésie [maɲezi] *n.f.* magnesia.
magnésite [maɲezit] *n.f.* (*min.*) magnesite.
magnésium [maɲezjɔm] *n.m.* (*chim.*) magnesio.
magnétique [maɲetik] *agg.* magnetico (*anche fig.*).
magnétiquement [maɲetikmɑ̃] *avv.* magneticamente.
magnétisation [maɲetizasjɔ̃] *n.f.* magnetizzazione.
magnétiser [maɲetize] *v.tr.* 1 magnetizzare 2 (*fig.*) calamitare, ipnotizzare.
magnétiseur [maɲetizœʀ] *n.m.* [f. *-euse*] ipnotizzatore; pranoterapeuta.
magnétisme [maɲetism] *n.m.* magnetismo.
magnétite [maɲetit] *n.f.* (*min.*) magnetite.
magnéto [maɲeto] *n.f.* magnete (*m.*).
magnétophone [maɲetɔfɔn] *n.m.* magnetofono®, registratore a nastro.
● ***magnétophone à cassettes***, mangianastri.
magnétoscope [maɲetɔskɔp] *n.m.* videoregistratore.
magnificence [maɲifisɑ̃s] *n.f.* magnificenza.
magnifier [maɲifje] *v.tr.* magnificare; esaltare.
magnifique [maɲifik] *agg.* 1 magnifico; sontuoso; splendido 2 (*antiq.*) munifico.
■ SIN. **1** splendide, admirable, superbe CONTR. **1** simple, modeste.
magnifiquement [maɲifikmɑ̃] *avv.* magnificamente; splendidamente.
magnitude [magnityd] *n.f.* magnitudine.
magnolia [maɲɔlja] *n.m.* magnolia (*f.*).
magnum [magnɔm] *n.m.* magnum (*f.*) (bottiglia della capacità di ca 1 litro e 1/2 o di 2 litri).
magot[1] [mago] *n.m.* 1 (*zool.*) bertuccia (*f.*) 2 figurina (*f.*) grottesca, in porcellana o altro materiale, prodotta in Estremo Oriente.
magot[2] *n.m.* (*fam.*) gruzzolo.
magouillage [magujaʒ] **magouille** [maguj] *n.f.* (*fam.*) intrallazzo (*m.*), maneggio (*m.*); intrigo.
magouiller [maguje] *v.tr.* (*fam.*) intrallazzare.
magouilleur [magujœʀ] *agg.* e *n.m.* [f. *-euse*] (*fam.*) intrallazzatore, maneggione.
magret [magʀɛ] *n.m.* (*cuc.*) filetto d'anatra.
magyar [magjaʀ] *agg.* e *n.m.* magiaro.
maharajah, **maharadjah** [ma(a)ʀadʒa] *n.m.* maharajah.
mahométan [maɔmetɑ̃] *agg.* e *n.m.* maomettano.
mai [mɛ] *n.m.* maggio: *au mois de mai*, nel mese di maggio.

FAUX AMI
Da non confondere con l'avverbio italiano *mai*, che si traduce *jamais*.

maïa [maja] *n.m.* (*zool.*) maia (*f.*).
maie [mɛ] *n.f.* madia.
maigre[1] [mɛgʀ] *agg.* magro (*anche fig.*): *une maigre récolte*, un raccolto scarso | *c'est un peu maigre!*, è un po' pochino! ♦ *n.m.* 1 (*di carni*) magro, parte (*f.*) magra 2 (*spec. pl.*) (*di corso d'acqua*) magra (*f.*).
● ***maigre comme un clou*** (o ***un coucou*** o ***un hareng saur***), magro come un chiodo, come un'acciuga | (*tip.*) ***caractères maigres***, caratteri chiari | ***faire maigre***, mangiare di magro | (*eccl.*) ***jours maigres***, giorni di magro | ***une fausse maigre***, una falsa magra.
■ AGG. CONTR. gros ♦ N.M. CONTR. **1** gras.
maigre[2] *n.m.* (*zool. pop.*) ombrina (*f.*).
maigrelet [mɛgʀəlɛ] *agg.* [f. *-ette*] magrolino.
maigrement [mɛgʀəmɑ̃] *avv.* scarsamente, magramente: *vivre maigrement*, vivere di stenti; *dîner maigrement*, fare un magro pasto; *une place maigrement payée*, un posto (di lavoro) mal retribuito.
maigreur [mɛgʀœʀ] *n.f.* 1 magrezza 2 (*fig.*) povertà, scarsità.

maigri [mɛgʀi] *agg.* dimagrito, smagrito.

maigrichon [megʀiʃɔ̃] *agg.* e *n.m.* [f. *-onne*] magrolino.

maigriot [megʀijo] *agg.* e *n.m.* [f. *-otte*] magrolino, mingherlino.

maigrir [megʀiʀ] *v.intr.* dimagrire: *elle a maigri de dix kilos*, è dimagrita di dieci chili ♦ *v.tr.* smagrire; snellire.
■ V.INTR. CONTR. grossir.

mail[1] [maj] *n.m.* 1 maglio (da gioco) 2 (*gioco*) pallamaglio 3 viale, passeggiata (*f.*).

mail[2] [mɛl] *n.m.* messaggio di posta elettronica, mail (*f.*).

mailer [mele] *v.intr.* e *tr.* fare, mandare una e-mail: *mailez-moi*, mi mandi una e-mail.

mailing [mɛliŋ] *n.m.* mailing, spedizione (*f.*) tramite posta elettronica.
■ SIN. publipostage.

maille[1] [mɑj] *n.f.* 1 maglia; punto (*m.*) (a maglia) 2 (*di catena ecc.*) maglia, anello (*m.*).
● ***maille à l'endroit, à l'envers***, punto diritto, rovescio | ***passer à travers les mailles (du filet)***, (*fig.*) farla franca | ***tissu à mailles***, tessuto a maglia.

maille[2] *n.f.* (*numismatica*) 1 maglia 2 (*argot*) denaro (*m.*), grana.
● ***avoir maille à partir avec qqn***, avere a che dire con qlcu | ***sans sou ni maille***, senza il becco di un quattrino.

maillechort [majʃɔʀ] *n.m.* (*metall.*) alpacca (*f.*).

mailler [mɑje] *v.tr.* fare, aggiustare (una rete) ♦ *v.intr.* (*bot.*) germogliare, buttare.

maillet [majɛ] *n.m.* 1 (*tecn.*) mazzuolo 2 (*sport*) (*da polo*) mazzetta (*f.*); (*da croquet*) mazza (*f.*) 3 (*mus.*) mazza (*f.*).

mailloche [majɔʃ] *n.f.* 1 mazza 2 (*mus.*) mazzuolo (*m.*).

maillon [mɑjɔ̃] *n.m.* 1 maglia (*f.*), anello (di catena) 2 (*mar.*) maniglia (*f.*); lunghezza (*f.*) di catena.

maillot [majo] *n.m.* 1 maglia (*f.*) 2 fasce (*f.pl.*) (per neonati).
● (*abbigl.*): ***maillot (de bain)***, costume da bagno: *maillot une pièce*, costume (da bagno) intero; ***maillot de corps***, canottiera | ***enfant au maillot***, bambino in fasce.

main [mɛ̃] *n.f.* 1 mano: *travailler de ses mains*, fare un lavoro manuale 2 (*tocco*) mano: *dans ce livre on reconnait la main du maître*, in questo libro si sente la mano del maestro 3 (*alle carte*) mano.
● ***main courante***, corrimano; (*amm.*) brogliaccio | ***à la main***, a mano, in mano: *fait à la main*, fatto a mano; *il se promenait une canne à la main*, passeggiava con un bastone in mano | ***attraper le coup de main***, fare la mano (a un lavoro) | ***avoir la haute main***, comandare | ***avoir la main***, (*alle carte*) essere di mano, fare le carte | ***avoir le cœur sur la main***, (*fig.*) avere il cuore in mano | ***dans la main, dans les mains***, in mano: *avoir, tenir dans sa main*, (*anche fig.*) tenere in pugno; (*faire*) *glisser dans la main*, far scivolare in mano | ***de sa (propre) main***, di suo pugno: *je l'ai reçu de sa main*, l'ho ricevuto dalle sue mani | ***donner de la main à la main***, dare direttamente, da mano a mano | ***donner un coup de main***, dare una mano, aiutare | ***d'une main sûre***, con mano franca, sicura | ***en main***, in mano: *avoir, tenir en main*, avere, tenere in mano, in pugno; *le livre est en main*, il libro è in consultazione; *mettre le marché en main*, (*fig.*) dare l'aut-aut, mettere con le spalle al muro | ***entre les mains***, tra le mani, in mano: *je me mets entre tes mains*, mi metto nelle tue mani; *entre toutes les mains*, in mano a tutti, a chiunque | ***en un tour de main***, in un batter d'occhi | ***faire main basse sur qqch***, fare man bassa di qlco | ***homme de main***, scagnozzo | ***je n'arrive pas à mettre la main dessus***, non riesco a trovarlo, a pescarlo | ***la main dans la main***, mano nella mano: *ils s'en allèrent la main dans la main*, se ne andarono tenendosi per mano | ***mettre la dernière main à qqch***, dare l'ultima mano, l'ultimo tocco a qlco | ***mettre sa main au feu***, (*fig.*) metter la mano sul fuoco | ***mourir de la main de***, morire per mano di | ***ne pas y aller de main morte***, picchiare forte; (*fig.*) andarci pesante | ***par la main***, per mano: *tout passe par ses mains*, gli passa tutto per le mani | ***petite main***, giovane apprendista di sartoria | ***prêter main forte à qqn***, dar manforte a qlcu | ***remettre en main(s) propre(s)***, rimettere nelle mani di qlcu: *à remettre en main(s) propre(s)*, (*sulle buste*) sue proprie mani | ***se faire la main à qqch***, far la mano a qlco | ***sous la main***, sotto mano: *tomber sous la main*, capitare tra le mani | ***toucher de la main***, toccare con mano.

mainate [mɛnat] *n.m.* (*zool.*) gracola (*f.*).

main-d'œuvre [mɛ̃dœvʀ] *n.f.* [pl. *mains-d'œuvre*] manodopera.

main-forte [mɛ̃fɔʀt] *n.f.* (*solo sing.*) manforte.
● ***prêter main-forte***, dar manforte.

mainlevée [mɛ̃lve] *n.f.* (*dir.*) revoca.
● ***mainlevée d'hypothèque***, cancellazione d'ipoteca.

mainmise [mɛ̃miz] *n.f.* 1 presa di possesso, appropriazione 2 dominio (*m.*).

mainmorte [mɛ̃mɔʀt] *n.f.* (*dir.*) manomorta.

mains-libres [mɛ̃libʀ] *agg.invar.* (*tel.*) viva-voce.

maint [mɛ̃] *agg.indef.* (*spec.pl.*) (*letter.*) numeroso, diverso ♦ *pron.indef.* (*spec.pl.*) (*antiq.*) molti, parecchi: *comme maints l'affirment*, come molti affermano.
● ***maintes et maintes fois***, più e più volte, parecchie volte | ***à maintes reprises***, a più riprese.

maintenance [mɛ̃tnɑ̃s] *n.f.* 1 manutenzione 2 (*mil.*) (*di uomini*) complemento (*m.*); (*di materiali*) rifornimento (*m.*).

maintenant [mɛ̃tnɑ̃] *avv.* ora, adesso.
● ***maintenant que***, ora che | ***à partir de maintenant***, d'ora in poi | ***dès maintenant***, fin da ora, fin da questo momento | ***jusqu'à maintenant***, finora | ***pour maintenant***, per ora.

maintenir [mɛ̃tniʀ] *v.tr.* [coniug. come *tenir*] 1 mantenere, conservare: *maintenir l'ordre public*, mantenere l'ordine pubblico; *maintenir sa candidature*, mantenere la propria candidatura 2 sostenere (*anche fig.*): *je l'ai dit et je le maintiens*, l'ho detto e lo sostengo 3 tenere, trattenere ♦ **se maintenir** *v.pron.* e *pron.intr.* mantenersi, conservarsi.

maintenu [mɛ̃tny] *p.p.* di **maintenir**.

maintien [mɛ̃tjɛ̃] *n.m.* 1 mantenimento 2 contegno: *une leçon de maintien*, una lezione di buone maniere.
● (*mil.*) ***maintien sous les drapeaux***, obbligo di rimanere sotto le armi (in caso di necessità).

maire [mɛʀ] *n.m.* sindaco.
● ***ils sont passés devant Monsieur le Maire***, (*scherz.*) sono legalmente sposati.

mairesse [mɛʀɛs] *n.f.* (*fam. antiq.*) 1 moglie del sindaco 2 sindaco (donna).

mairie [meʀi] *n.f.* 1 municipio (*m.*), comune (*m.*) 2 carica di sindaco.

mais[1] [mɛ] *cong.* 1 (*avversativa*) ma, però: *je vous remercie, mais je ne peux pas accepter votre invitation*, vi, la ringrazio, ma non posso accettare il vostro, suo invito 2 (*rafforzativa, esclamativa o interlocutoria*) ma: *mais oui*, ma sì; *mais bien sûr!*, ma certo!; *mais non!*, macché!; *mais voyons, c'est normal!*, ma via, è normale!; *mais enfin*, ma insomma; *mais qui vous a dit cela?*, ma chi vi

M

ha detto questo? ♦ ***n.m.*** ma: *il n'y a pas de mais qui tienne*, non c'è ma che tenga.
● ***mais bien***, (*antiq.*) bensì | ***mais encore?***, e con questo?

mais[2] ***avv.***
● ***n'en pouvoir mais***, (*antiq.*) non poterci fare nulla.

maïs [mais] ***n.m.*** granturco, mais.

maison [mɛzɔ̃] ***n.f.*** **1** casa: *à la maison, dans la maison*, in casa; *un ami de la maison*, un amico di famiglia; *faire les honneurs de la maison*, fare gli onori di casa; *être de la maison*, essere di casa **2** (*comm.*) ditta, casa **3** casato (*m.*), casa ♦ ***agg.invar.*** della casa, casalingo; (*comm.*) della ditta, aziendale: *une bagarre maison*, una lite familiare.
● ***maison achetée sur plan***, casa comprata sulla carta | ***maison de commerce***, ditta commerciale | ***maison d'édition***, casa editrice | ***maison de grand standing***, casa di lusso | ***maison de jeu***, casa da gioco | ***maison de passe***, casa d'appuntamenti | ***maison de prêt***, monte dei pegni | ***maison de repos***, casa di convalescenza | ***maison de retraite***, ricovero per anziani, casa di riposo, ospizio | ***maison de santé***, casa di cura | ***maison des étudiants***, casa dello studente | ***maison de standing***, casa signorile | ***maison individuelle***, villetta unifamiliare | ***maison particulière***, casa privata | ***maison solaire***, casa riscaldata con pannelli solari | ***gâteau maison***, dolce della casa | ***il nous a fait un accueil maison***, (*fam.*) ci ha accolto come il suo solito | ***ingénieur maison***, ingegnere che ha fatto tutta la carriera nella stessa azienda | ***les gens de maison***, i domestici | ***prendre l'esprit maison***, adeguarsi alle abitudini di una famiglia, alla filosofia di un'azienda.
■ ***N.F. SIN.*** **1** demeure **2** entreprise.

M

NOTA L'espressione francese ***à la maison***, traduce quella italiana 'a casa':
*Nous allons rester **à la maison** ce soir.*
Stasera rimarremo a casa.
*Tu rentres **à la maison** ce soir?*
Torni a casa stasera?

maisonnée [mɛzɔne] ***n.f.*** (*fam.*) famiglia.
● ***toute la maisonnée***, tutta la sacra famiglia.

maisonnette [mɛzɔnɛt] ***n.f.*** casetta.

maître [mɛtʀ] ***n.m.*** **1** padrone; signore **2** capo **3** (*a scuola*) maestro, insegnante **4** (*fig.*) maestro | *les maîtres de la Renaissance*, i maestri del Rinascimento **5** (*antiq.*) (*di artigiano*) mastro **6** (*appellativo*) *Maître*, (*di artisti*) maestro; (*di uomini di legge*) avvocato, notaio ♦ ***agg.*** principale | *un maître fripon*, un furfante matricolato.
● ***maître à penser***, guida intellettuale | ***maître auxiliaire***, (insegnante) precario | ***maître de ballet***, direttore del corpo di ballo, coreografo | ***maître de conférences***, professore incaricato (in alcune facoltà universitarie) | (*Internet*) ***maître de poste***, amministratore della posta elettronica | ***maître*** (***d'hôtel***), (*in una casa*) maggiordomo; (*al ristorante*) capocameriere, direttore di sala | (*edil.*) ***maître d'œuvre***, direttore dei lavori; committente | ***maître Jacques***, (uomo) tuttofare | ***coup de maître***, colpo da maestro | ***de main de maître***, con mano maestra | ***être maître de***, essere padrone di, dominare: *être maître de sa colère*, dominare la collera; *être maître de son temps*, disporre del proprio tempo; *être son maître*, non dipendere da nessuno; *il est maître de lui-même*, è padrone di sé; *il n'était plus maître de sa voiture*, aveva perso il controllo dell'automobile; *l'homme est* (*le*) *maître de son destin*, l'uomo è arbitro del proprio destino | ***grand maître***, (*di ordine cavalleresco*) gran maestro | ***il régnait en maître chez lui***, spadroneggiava a casa sua | ***le maître de maison***, il padrone di casa | ***se rendre maître de***, impadronirsi di | ***se trouver maître de qqch***, trovarsi in possesso di qlco | ***tableau de maître***, quadro di autore | ***trouver son maître***, trovare qlcu più abile di sé: *en fait de mensonges, il a trouvé son maître*, quanto a bugie, ha trovato chi lo batte.

maître-autel [mɛtʀotɛl] ***n.m.*** [pl. *maîtres-autels*] altare maggiore.

maîtresse [mɛtʀɛs] ***n.f.*** **1** padrona **2** amante **3** (*a scuola*) maestra, insegnante ♦ ***agg.*** maestra; principale: *poutre maîtresse*, trave maestra; *la pièce maîtresse*, il pezzo forte (di una collezione ecc.); *sa qualité maîtresse est la loyauté*, la sua principale qualità è la lealtà.
● ***maîtresse femme***, donna di polso.

maîtrisable [metʀizabl] ***agg.*** dominabile; domabile.

maîtrise [metʀiz] ***n.f.*** **1** dominio (*m.*) **2** maestria, abilità **3** (*mus.*) cantoria **4** (*st.*) dignità di maestro (in una corporazione) **5** (*nel vecchio ordinamento universitario*) diploma (*m.*) ottenuto dopo quattro anni di corsi e la discussione di una tesi; laurea **6** l'insieme (*m.*) dei capi reparto e dei capisquadra.
● ***maîtrise*** (***de soi***), padronanza (di sé) | (***agents de***) ***maîtrise***, capi reparto, capisquadra.

maîtriser [metʀize] ***v.tr.*** domare; dominare, padroneggiare ♦ **se maîtriser** ***v.pron.*** dominarsi, controllarsi.

majesté [maʒɛste] ***n.f.*** maestà.
● (*gramm.*) ***pluriel de majesté***, plurale maiestatis.

NOTA ***Sa Majesté très Chrétienne*** era l'appellativo del re di Francia.

majestueusement [maʒɛstɥøzmɑ̃] ***avv.*** maestosamente.

majestueux [maʒɛstɥø] ***agg.*** [f. *-euse*] maestoso.

majeur [maʒœʀ] ***agg.*** **1** maggiore; principale, più importante: *en majeure partie*, per la maggior parte; *c'est mon intérêt majeur*, è il mio principale interesse **2** maggiorenne ♦ ***n.m.*** **1** maggiorenne **2** (dito) medio.
■ ***AGG. SIN.*** **1** principal ***CONTR.*** **1-2** mineur ♦ ***N.M. SIN.*** **2** index.

majeure [maʒœʀ] ***n.f.*** maggiorenne.

majolique [majɔlik] ***n.f.*** maiolica.

major [maʒɔʀ] ***n.m.*** **1** (*mil.*) maggiore **2** (*argot universitario*) primo in un concorso.
● (*Svizzera*) ***major de table***, chi presiede un banchetto; animatore della serata | (*mil.*) ***major général***, aiutante di capo di Stato Maggiore.

majoration [maʒɔʀasjɔ̃] ***n.f.*** maggiorazione, aumento (*m.*).

majordome [majɔʀdɔm] ***n.m.*** maggiordomo.

majorer [maʒɔʀe] ***v.tr.*** maggiorare; aumentare.

majorette [maʒɔʀɛt] ***n.f.*** majorette.

majoritaire [maʒɔʀitɛʀ] ***agg.*** maggioritario.

majoritairement [maʒɔʀitɛʀmɑ̃] ***avv.*** in maggioranza.

majorité [maʒɔʀite] ***n.f.*** **1** maggiore età **2** maggior parte; maggioranza: *les Italiens dans leur immense majorité*, la stragrande maggioranza degli italiani.
● ***majorité absolue***, ***relative***, ***constitutionnelle***, maggioranza assoluta, relativa, costituzionale | ***atteindre sa***, ***la majorité***, giungere a maggiore età | ***élire à la majorité***, eleggere a maggioranza.

majuscule [maʒyskyl] ***agg.*** **1** maiuscolo **2** (*fig.*) considerevole: *un événement majuscule*, un evento importantissimo ♦ ***n.f.*** (lettera) maiuscola.
■ ***AGG. SIN.*** **2** capital ♦ ***N.F. CONTR.*** minuscule.

NOTA Oltre ai casi comuni con l'italiano, il francese usa l'iniziale maiuscola con i punti cardinali, i nomi di popoli, abitanti ed etnie purché non usati come aggettivi, i nomi di avvenimenti e periodi storici, i nomi di feste religiose e civili, i titoli onorifici o di cortesia.

mal[1] [mal] ***n.m.*** [pl. *-aux*] male: *le bien et le mal*, il bene e il male; *rendre le bien pour le mal*, rendere bene per male.
● ***mal à la tête***, mal di testa: *j'ai mal à la tête*, ho mal di testa; *souffrir de forts maux de tête*, soffrire di forti mal di testa | (*med.*) ***mal blanc***, giradito | ***mal de mer***, mal di mare | ***mal lui en prit***, mal gliene incolse | ***attraper du mal***, ammalarsi | ***avoir du mal***, ***un mal de chien à***, far fatica, una gran fatica a | ***avoir le mal du pays***, aver nostalgia del proprio paese | ***avoir mal au cœur***, sentir nausea | ***cela me fait mal au cœur de***, (*fig. fam.*) mi piange il cuore a | ***dire du mal de qqn***, parlar male di qlcu | ***donner du mal à qqn***, dar del filo da torcere a qlcu | ***être en mal de***, mancare di | ***il n'y a pas grand mal***, non è un gran male | ***ne pas songer à mal***, non avere cattive intenzioni | ***ne vouloir de mal à personne***, non volere il male di nessuno | ***on n'a rien sans mal***, non si ottiene nulla senza fatica | ***se donner du mal***, ***un mal de chien***, darsi daffare, un gran daffare.

mal[2] ***avv.*** male: *je l'ai traité très mal*, l'ho trattato molto male; *il a mal répondu*, ha risposto male ♦ ***agg.invar.*** non male: *ce n'était pas mal comme spectacle*, come spettacolo non era male.
● ***mal tourner***, finir male, fare una brutta fine | ***ça la fout mal***, (*fam.*) sta male, fa cattiva impressione | ***être au plus mal***, essere agli estremi | ***être mal à l'aise***, essere a disagio | ***être mal en point***, essere mal ridotto | ***être mal vu***, essere mal visto | ***plus mal***, ***le plus mal***, peggio: *c'est la maison la plus mal tenue que j'ai vue*, è la casa peggio tenuta che abbia visto; *c'est lui qui travaille le plus mal*, è lui quello che lavora peggio | ***s'y prendre mal***, sbagliar sistema, tattica | ***tant bien que mal***, alla meno peggio | ***tomber mal***, cadere a sproposito.
□ **pas mal** ***avv.*** **1** (*negativo*) bene: *ce tableau ne fait pas mal dans ta chambre*, quel quadro sta bene in camera tua; *tu ne ferais pas mal de la prévenir*, faresti bene ad avvisarla; *elle ne s'en est pas mal tirée*, se l'è cavata bene **2** (*positivo*) abbastanza; parecchio | *"Comment ça va?" "Pas mal, merci"*, "Come stai?" "Non c'è male, grazie" | *pas mal de*, un bel po' di: *j'ai appris pas mal de choses*, ho saputo un bel po' di cose.

malabar [malabaʀ] ***agg.*** (*fam.*) ben piantato ♦ ***n.m.*** (*argot*) pezzo d'uomo, marcantonio.

malachite [malak(ʃ)it] ***n.f.*** (*min.*) malachite.

malacologie [malakɔlɔʒi] ***n.f.*** malacologia.

malade [malad] ***agg.*** malato, ammalato: *être malade*, essere malato; *être malade de jalousie*, essere roso dalla gelosia; *être malade de fatigue*, essere sfinito; *tomber malade*, ammalarsi | *tu es malade!*, *t'es pas un peu malade!*, (*fam.*) sei matto! ♦ ***n.m.*** e ***f.*** malato/a, ammalato/a.
● ***malade du cœur***, malato di cuore | ***avoir l'air malade***, non avere un buon aspetto: *tu as l'air malade aujourd'hui*, oggi hai una brutta cera | ***en être malade pour qqch***, stare male per qlco: *rire à en être malade*, ridere fino a star male; *il en est malade*, ne fa una malattia | ***être malade comme un chien***, star male da morire, stare da cani | ***se faire porter malade***, darsi malato; (*argot mil.*) marcare visita | ***rendre malade***, far star male; (*fig.*) far impazzire, esasperare | ***un grand malade***, un malato grave.
■ *AGG.* **SIN.** souffrant.

maladie [maladi] ***n.f.*** **1** malattia; morbo (*m.*); malanno (*m.*): *tu vas attraper une bonne maladie!*, ti prenderai un bel malanno! **2** (*fig.*) mania; malattia: *maladie de la propreté*, mania della pulizia.
● ***maladie à virus***, malattia virale, da virus | ***maladie de cœur***, ***de foie***, mal di cuore, di fegato | ***maladie de Parkinson***, morbo di Parkinson | ***maladie honteuse***, malattia venerea | ***maladies infantiles***, malattie dell'infanzia | ***maladies professionnelles***, malattie professionali | ***assurance maladie***, assicurazione contro le malattie | ***en faire une maladie***, (*fig.*) farne una malattia | (*Africa*) ***grande maladie***, lebbra | ***relever de maladie***, essere in convalescenza.

maladif [maladif] ***agg.*** [f. *-ive*] **1** malaticcio, cagionevole **2** (*fig.*) morboso.

maladivement [maladivmɑ̃] ***avv.*** morbosamente.

maladresse [maladʀɛs] ***n.f.*** **1** mancanza di abilità, di destrezza; goffaggine: *tu es d'une maladresse!*, quanto sei maldestro! **2** topica, gaffe; errore (*m.*), sbaglio (*m.*).

maladroit [maladʀwa] ***agg.*** **1** maldestro; goffo; inesperto **2** inopportuno ♦ ***n.m.*** (*fam.*) persona (*f.*) maldestra.
● ***être maladroit de ses mains***, non avere nessuna manualità | ***être un maladroit***, non saperci fare.
■ *AGG.* **SIN. 1** malhabile, gauche **CONTR. 1** adroit, habile.

maladroitement [maladʀwatmɑ̃] ***avv.*** in modo maldestro; goffamente.

mal-aimé [maleme] ***n.m.*** [f. *mal-aimée*, pl.m. *mal-aimés*] figura (*f.*), persona (*f.*) poco amata, impopolare.

malais [malɛ] ***agg.*** malese ♦ ***n.m.*** (*lingua*) malese.

Malais ***n.m.*** (*abitante*) malese.

malaise [malɛz] ***n.m.*** **1** malessere; malore: *être pris d'un malaise*, essere colto da malore **2** (*fig.*) disagio; inquietudine (*f.*); (*fam.*) imbarazzo.

malaisé [maleze] ***agg.*** malagevole; difficile.

malaisément [malezemɑ̃] ***avv.*** malagevolmente; difficilmente.

malandrin [malɑ̃dʀɛ̃] ***n.m.*** (*antiq.*) predone, brigante.

malappris [malapʀi] ***agg.*** e ***n.m.*** maleducato, screanzato.

malaria [malaʀja] ***n.f.*** (*non com.*) → **paludisme**.

malavisé [malavize] ***agg.*** e ***n.m.*** malaccorto.

malaxage [malaksaʒ] ***n.m.*** **1** mescolatura (*f.*), impastatura (*f.*) **2** massaggio energico.

malaxer [malakse] ***v.tr.*** **1** mescolare, impastare **2** massaggiare energicamente.

malaxeur [malaksœʀ] ***n.m.*** (*mecc.*) impastatrice (*f.*), mescolatrice (*f.*).
● ***malaxeur à béton***, betoniera.

malbouffe [malbuf] ***n.f.*** trash-food (*m.*), cibo-spazzatura (*m.*).

malchance [malʃɑ̃s] ***n.f.*** **1** sfortuna: *avoir de la malchance*, essere sfortunato **2** sventura, disgrazia.
● ***par malchance***, per sfortuna, per disgrazia.
■ **SIN. 1** déveine **2** mésaventure.

malchanceux [malʃɑ̃sø] ***agg.*** e ***n.m.*** [f. *-euse*] sfortunato, disgraziato.

malcommode [malkɔmɔd] ***agg.*** scomodo; poco pratico.

maldonne [maldɔn] ***n.f.*** **1** (*alle carte*) distribuzione errata: *il y a maldonne!*, le carte sono state mal distribuite! **2** (*fig.*) equivoco (*m.*), malinteso (*m.*).

mâle [mɑl] ***agg.*** **1** maschio; maschile: *héritier mâle*, erede maschio; *la population mâle*, la popolazione maschile; *perdrix mâle*, maschio della pernice; *fleur mâle*, fiore maschio **2** virile, maschio, da uomo **3** (*tecn.*) maschio: *une prise électrique mâle*, una presa elettrica maschio ♦ ***n.m.*** **1** maschio **2** (*tecn.*) maschio; punzone per coniatura.
■ *N.M.* **CONTR.** femelle.

M

malédiction [malediksjɔ̃] *n.f.* maledizione: *la malédiction est sur lui*, ha la maledizione addosso.

maléfice [malefis] *n.m.* maleficio.

maléfique [malefik] *agg.* malefico, nefasto.

malencontreusement [malɑ̃kɔ̃tʀøzmɑ̃] *avv.* in modo inopportuno; disgraziatamente.

malencontreux [malɑ̃kɔ̃tʀø] *agg.* [f. *-euse*] **1** fuori luogo, fuori posto, inopportuno **2** malaugurato, disgraziato.

mal-en-point [malɑ̃pwɛ̃] *agg.invar.* malandato.

malentendant [malɑ̃tɑ̃dɑ̃] *agg.* e *n.m.* sordastro, debole di udito.

malentendu [malɑ̃tɑ̃dy] *n.m.* malinteso, equivoco: *cette dispute repose sur un malentendu*, questa discussione nasce da un malinteso.

malfaçon [malfasɔ̃] *n.f.* difetto (*m.*) (di fabbricazione ecc.).

malfaisance [malfəzɑ̃s] *n.f.* malvagità.

malfaisant [malfəzɑ̃] *agg.* **1** malvagio: *esprit malfaisant*, spirito maligno; *individu malfaisant*, individuo malintenzionato **2** nocivo, dannoso; nefasto.

malfaiteur [malfɛtœʀ] *n.m.* [f. *-trice*] malfattore, malvivente.

● ***association de malfaiteurs***, associazione a delinquere.

malfamé, mal famé [malfame] *agg.* malfamato.

malformation [malfɔʀmasjɔ̃] *n.f.* malformazione.

malformé [malfɔʀme] *agg.* malformato.

malfrat [malfʀa] *n.m.* (*fam.*) malvivente, malavitoso.

■ SIN. truand.

M

malgache [malgaʃ] *agg.* malgascio.

Malgache *n.m.* e *f.* (*abitante*) malgascio/a.

malgré [malgʀe] *prep.* nonostante, malgrado: *il est parti malgré ses parents*, è partito contro il volere dei suoi.

● ***malgré moi, lui***, mio, suo malgrado | ***malgré que***, malgrado, benché | ***malgré soi***, suo malgrado, controvoglia | ***malgré (tout) cela***, ciononostante, con tutto ciò.

malhabile [malabil] *agg.* incapace, inetto; maldestro.

malhabilement [malabilmɑ̃] *avv.* in modo maldestro, in modo goffo.

malheur [malœʀ] *n.m.* **1** sfortuna (*f.*), disgrazia (*f.*): *porter malheur*, portar sfortuna, male; *il a le malheur d'être malade*, per sua disgrazia è malato; *le malheur voulut que*, sfortuna volle che; *le malheur c'est que*, il guaio è che; *quel malheur que je ne l'aie pas su!*, che peccato non averlo saputo! **2** infelicità (*f.*): *faire le malheur de qqn*, causare l'infelicità di qlcu **3** sciagura (*f.*), disgrazia (*f.*): *en cas de malheur*, se dovesse accadere qualcosa, una disgrazia.

● ***malheur!***, maledizione!, accidenti!: *malheur à toi!*, accidenti a te! | ***malheur aux vaincus!***, guai ai vinti! | ***de malheur***, funesto, maledetto: *oiseau de malheur*, uccello del malaugurio; *ces formulaires de malheur!*, queste maledette pratiche! | ***faire un malheur***, (*fam.*) avere un grande successo; (*scherz.*) fare un macello: *son livre a fait un malheur*, il suo libro ha avuto un successone; *retenez-moi ou je fais un malheur!*, fermatemi o faccio uno sproposito, un macello! | ***jouer de malheur***, essere sfortunato | ***par malheur***, sfortunatamente, per disgrazia | ***pour mon malheur***, per mia sfortuna, per mia disgrazia | ***prophète de malheur***, profeta di sventura.

■ CONTR. **2** bonheur.

FAUX AMI
Da non confondere con *malore*, che si traduce *malaise*, né con *malora*, che si traduce *ruine*.

malheureusement [malœʀøzmɑ̃] *avv.* sfortunatamente, malauguratamente.

malheureux [malœʀø] *agg.* [f. *-euse*] **1** sventurato, disgraziato; infelice; sfortunato: *malheureux au jeu*, sfortunato al gioco; *les malheureuses victimes de l'accident*, le povere vittime dell'incidente **2** sfortunato; nefasto, infausto; infelice, poco felice **3** miserabile, dappoco: *pour dix malheureux euros*, per dieci miseri euro; *une malheureuse petite faute*, un errore di poco conto ♦ *n.m.* **1** disgraziato, sventurato, infelice: *soulager les malheureux*, consolare gli afflitti **2** poveraccio.

● ***malheureux comme les pierres***, terribilmente infelice | ***avoir la main malheureuse***, essere maldestro; non avere la mano felice | ***ce n'est pas malheureux!***, (*fam.*) era ora!: *te voilà enfin, ce n'est pas malheureux*, eccoti finalmente, era ora | ***il est malheureux que***, peccato che | ***si c'est pas malheureux!***, che peccato!

malhonnête [malɔnɛt] *agg.* disonesto; in mala fede.

■ CONTR. honnête, intègre.

malhonnêtement [malɔnɛtmɑ̃] *avv.* in modo disonesto.

malhonnêteté [malɔnɛtte] *n.f.* disonestà; malafede.

malice [malis] *n.f.* malizia: *ce ne sont que d'innocentes malices*, sono solo scherzi innocenti.

● ***chercher malice***, pensar male: *il ne faut pas chercher malice*, non bisogna pensar male | ***entendre malice à qqch***, interpretare qlco in modo malizioso: *ne pas y entendre malice*, non metterci malizia | ***faire des malices à qqn***, giocare un tiro mancino a qlcu.

■ SIN. espièglerie.

malicieusement [malisjøzmɑ̃] *avv.* maliziosamente, con malizia; argutamente.

malicieux [malisjø] *agg.* [f. *-euse*] malizioso; arguto; furbesco.

■ SIN. farceur, malin.

malien [maljɛ̃] *agg.* [f. *-enne*] maliano, del Mali.

malignement [maliɲəmɑ̃] *avv.* malignamente.

malignité [maliɲite] *n.f.* malignità.

malin [malɛ̃] *agg.* [f. *-gne*; fam. *-ne*] **1** scaltro, furbo **2** (*fam.*) intelligente: *il serait plus malin de*, sarebbe più intelligente; *bien malin qui trouvera!*, bravo chi indovina! **3** malizioso **4** maligno **5** nocivo **6** (*med.*) maligno ♦ *n.m.* furbo: *c'est un malin*, è un dritto.

● ***ce n'est pas bien malin de***, non è difficile | ***ce n'est pas plus malin que cela***, non è poi una cosa tanto difficile | ***ce n'est pas malin de...***, è stupido... | ***c'est (pas) malin!***, (*iron.*) bella prodezza!, ci mancava solo questa! | ***l'esprit malin***, lo spirito maligno | ***Le Malin***, il Maligno, il diavolo.

■ AGG. SIN. **2** vif.

malines [malin] *n.f.* merletto (*m.*) di Malines.

malingre [malɛ̃gʀ] *agg.* mingherlino, gracile.

malinois [malinwa] *agg.* di Malines.

malintentionné [malɛ̃tɑ̃sjɔne] *agg.* malintenzionato.

malle [mal] *n.f.* **1** baule (*m.*); valigia **2** → malle-poste **3** (*Belgio*) traghetto (*m.*).

● (*aut.*) ***la malle arrière***, il baule posteriore | ***se faire la malle***, (*fam.*) tagliare la corda.

malléabilité [maleabilite] *n.f.* malleabilità.

malléable [maleabl] *agg.* malleabile.

malle-cabine [malkabin] *n.f.* [pl. *malles-cabines*] baule (*m.*) armadio.

malléole [maleɔl] *n.m.* (*anat.*) malleolo.

malle-poste [malpɔst] ***n.f.*** [pl. *malles-poste*] diligenza postale.

mallette [malɛt] ***n.f.*** valigetta ventiquattr'ore.

mal-logé [mallɔʒe] ***n.m.*** [f. *mal-logée*; pl.m. *mal-logés*] chi vive in un alloggio precario.

malmener [malməne] ***v.tr.*** [coniug. come *semer*] **1** malmenare, maltrattare; (*estens.*) trattare male **2** (*sport*) soverchiare.

malnutrition [malnytʀisjɔ̃] ***n.f.*** malnutrizione.

malodorant [malɔdɔʀɑ̃] ***agg.*** maleodorante.

malotru [malɔtʀy] ***n.m.*** (*fam.*) burino, cafone, zoticone.

malouin [malwɛ̃] ***agg.*** di Saint-Malo.

malpoli [malpɔli] ***agg.*** (*fam.*) maleducato.

malpropre [malpʀɔpʀ] ***agg.*** sporco (*anche fig.*) ♦ ***n.m.*** **1** sudicione, sporcaccione (*anche fig.*) **2** sporco individuo.

malproprement [malpʀɔpʀəmɑ̃] ***avv.*** in modo scorretto.

malpropreté [malpʀɔpʀəte] ***n.f.*** **1** sporcizia **2** sconcezza **3** disonestà.

malsain [malsɛ̃] ***agg.*** malsano (*anche fig.*).

malséance [malseɑ̃s] ***n.f.*** sconvenienza.

malséant [malseɑ̃] ***agg.*** sconveniente; inopportuno.

malsonnant [malsɔnɑ̃] ***agg.*** sconveniente, disdicevole.

malstrom [malstʀɔm] ***n.m.*** mälström; (*fig.*) vortice.

malt [malt] ***n.m.*** malto.

maltais [maltɛ] ***agg.*** maltese.

Maltais ***n.m.*** (*abitante*) maltese.

malté [malte] ***agg.*** **1** (*tecn.*) convertito in malto **2** che contiene malto: *lait malté*, latte al malto.

malterie [maltəʀi] ***n.f.*** malteria.

maltraitance [maltʀɛtɑ̃s] ***n.f.*** maltrattamento (*m.*).

maltraiter [maltʀete] ***v.tr.*** maltrattare, strapazzare.

malus [malys] ***n.m.*** (*assic.*) malus.

malveillance [malvɛjɑ̃s] ***n.f.*** **1** malevolenza, malanimo (*m.*) **2** dolo (*m.*): *incendie dû à la malveillance*, incendio doloso.

malveillant [malvɛjɑ̃] ***agg.*** e ***n.m.*** malevolo, malvagio.

malvenu [malvəny] ***agg.*** (*dir.*) non avente diritto: *vous êtes malvenu à critiquer*, (*fig.*) non avete diritto di criticare.

malversation [malvɛʀsasjɔ̃] ***n.f.*** (*dir.*) malversazione.

malvoisie [malvwazi] ***n.f.*** (*vino*) malvasia.

malvoyant [malvwajɑ̃] ***agg.*** subvedente.

maman [mamɑ̃] ***n.f.*** mamma.

mamelle [mamɛl] ***n.f.*** mammella.
● ***enfant à la mamelle***, lattante, poppante.

mamelon [mamlɔ̃] ***n.m.*** **1** capezzolo **2** (*geol.*) mammellone.

mamelonné [mamlɔne] ***agg.*** mammellonato.

mameluk [mamluk] ***n.m.*** (*st.*) mamelucco.

mamie [mami] ***n.f.*** (*fam.*) nonnina.

mamillaire [mamilɛʀ] ***n.f.*** (*bot.*) mamillaria.

mammaire [mamɛʀ] ***agg.*** (*anat.*) mammario.

mammifère [mamifɛʀ] ***agg.*** e ***n.m.*** mammifero.

mammite [mamit] ***n.f.*** (*med.*) mastite.

mammographie [mamɔgʀafi] ***n.f.*** (*med.*) mammografia.

mammouth [mamut] ***n.m.*** (*paleont.*) mammut.

mamours [mamuʀ] ***n.m.pl.*** (*fam.*) carezze (*f.*), coccole (*f.*).

mam'selle, **mam'zelle** [mamzɛl] ***n.f.*** (*fam.*) abbr. di **mademoiselle**.

manade [manad] ***n.f.*** (*Provenza*) mandria.

manager [manadʒɛʀ] ***n.m.*** manager.

manant [manɑ̃] ***n.m.*** **1** (*sotto l'Ancien Régime*) contadino **2** (*letter. antiq.*) tanghero, zoticone.

manche[1] [mɑ̃ʃ] ***n.m.*** **1** manico: *couteau à manche de bois*, coltello con manico di legno **2** (*fam.*) persona (*f.*) maldestra, incapace, idiota: *il s'est débrouillé comme un manche*, si è comportato da idiota.
● ***manche à balai***, (*aer.*) barra di comando, cloche; (*inform.*) joystick | ***manche de violon***, manico di violino | (*cuc.*) ***côtelette à manche***, costoletta con l'osso | ***être, se mettre du côté du manche***, (*fig.*) essere, mettersi dalla parte del più forte | (*prov.*) ***il ne faut jamais jeter le manche après la cognée***, non bisogna mai scoraggiarsi | ***tenir le couteau du côté du manche***, (*fig.*) avere il coltello dalla parte del manico.

FAUX AMI
Da non confondere con *mancia*, che si traduce *pourboire*.

manche[2] ***n.f.*** **1** manica **2** (*geogr.*) canale (*m.*), braccio (*m.*) (di mare) **3** (*tecn.*) manica; (*mar.*) manichetta **4** (*bridge*) mano **5** (*sport*) partita, manche.
● ***manches longues***, ***courtes***, maniche lunghe, corte | ***manches montées***, maniche a giro | ***fausses manches***, mezze maniche | ***avoir qqn dans sa manche***, (*fig.*) avere in pugno qlcu; essere nella manica di qlcu: *je l'ai dans ma manche*, l'ho dalla mia (parte) | ***se faire tirer la manche***, (*fig.*) farsi pregare.

M

manche[3] ***n.f.***
● ***faire la manche***, chiedere l'elemosina.

manchette [mɑ̃ʃɛt] ***n.f.*** **1** polsino (*m.*) **2** (*giornalismo*) titolo (*m.*) a caratteri cubitali (in prima pagina): *en grosses manchettes*, a grossi titoli **3** (*tip.*) nota marginale.

manchois [mɑ̃ʃwa] ***agg.*** del dipartimento della Manica.

manchon [mɑ̃ʃɔ̃] ***n.m.*** manicotto.
● (*miner.*) ***lampe à manchon***, lampada a reticella.

manchot[1] [mɑ̃ʃo] ***agg.*** e ***n.m.*** **1** monco **2** (*estens.*) (individuo) goffo.
● ***ne pas être manchot***, (*fam.*) essere molto abile con le mani: *il n'est pas manchot*, (*fig.*) è in gamba.

manchot[2] ***n.m.*** (*zool.*) pinguino.

mandale [mɑ̃dal] ***n.f.*** (*fam.*) sberla.

mandant [mɑ̃dɑ̃] ***n.m.*** (*dir.*) mandante.

mandarin [mɑ̃daʀɛ̃] ***n.m.*** **1** (*st. cinese*) mandarino **2** (*fam.*) mandarino, barone: *les mandarins de l'université*, i baroni universitari.

mandarinat [mɑ̃daʀina] ***n.m.*** (*fig.*) baronia (*f.*).

mandarine [mɑ̃daʀin] ***n.f.*** (*frutto*) mandarino (*m.*).

mandarinier [mɑ̃daʀinje] ***n.m.*** (*pianta*) mandarino.

mandat [mɑ̃da] ***n.m.*** **1** mandato: *s'acquitter d'un mandat*, eseguire, adempire un mandato **2** vaglia (postale).
● (*dir.*): ***mandat d'arrêt***, mandato di arresto, di cattura; ***mandat de comparution***, mandato di comparizione | (*comm.*) ***mandat de paiement***, mandato di pagamento | ***par mandat***, a mezzo vaglia.

mandataire [mɑ̃datɛʀ] ***n.m.*** e ***f.*** mandatario/a.
● (*Internet*) ***serveur mandataire***, server proxy.

mandat-carte [mɑ̃dakaʀt] *n.m.* [pl. *mandats-cartes*] cartolina (*f.*) vaglia.

mandater [mɑ̃date] *v.tr.* 1 emettere un mandato di pagamento (per) 2 delegare, dare un mandato (a).

mandat-lettre [mɑ̃dalɛtʀ] *n.m.* [pl. *mandats-lettres*] vaglia.

mandchou [mɑ̃dʃu] *agg.* manciù ♦ *n.m.* (*lingua*) manciù.

mandement [mɑ̃dmɑ̃] *n.m.* (*eccl.*) lettera (*f.*) pastorale.

mander [mɑ̃de] *v.tr.* (*antiq.*) 1 mandare a dire; far sapere, comunicare 2 far venire, convocare 3 ingiungere.

FAUX AMI
Da non confondere con *mandare*, che si traduce *envoyer*.

mandibule [mɑ̃dibyl] *n.f.* (*anat.*) mandibola.
● ***jouer des mandibules***, (*fam.*) mangiare a quattro palmenti.

mandoline [mɑ̃dɔlin] *n.f.* mandolino (*m.*).

mandragore [mɑ̃dʀagɔʀ] *n.f.* (*bot.*) mandragola.

mandrill [mɑ̃dʀil] *n.m.* mandrillo.

mandrin [mɑ̃dʀɛ̃] *n.m.* mandrino.

manège [manɛʒ] *n.m.* 1 maneggio (*anche fig.*) 2 giostra (*f.*) 3 pista (*f.*) del circo equestre.
● ***manège d'autos***, giostra con le automobiline.

manette [manɛt] *n.f.* (*mecc.*) leva, manetta.
● (*inform.*) ***manette de jeu***, joystick | ***manettes des dérailleurs***, (*della bicicletta*) leve del cambio.

manga [mɑ̃ga] *n.m.* manga (fumetto giapponese).

manganèse [mɑ̃ganɛz] *n.m.* (*chim.*) manganese.

M

mangeable [mɑ̃ʒabl] *agg.* mangiabile.

mangeaille [mɑ̃ʒɑj] *n.f.* (*fam. spreg.*) cibo (*m.*), pastone (*m.*).

mange-disques [mɑ̃ʒdisk] *n.m.invar.* mangiadischi.

mangeoire [mɑ̃ʒwaʀ] *n.f.* mangiatoia.

manger [mɑ̃ʒe] *v.tr.* [prende una *e muta* dopo la *g* davanti alle vocali *a* e *o*, per es.: *nous mangeons*; *je mangeais*] mangiare: *avez-vous mangé de ce gâteau?*, avete assaggiato questo dolce?; *cette voiture mange beaucoup d'huile*, (*estens.*) questa automobile consuma molto olio ♦ *v.intr.* mangiare: *manger chez soi*, *au restaurant*, mangiare a casa propria, al ristorante ♦ *n.m.* il mangiare; il cibo ♦ **se manger** *v.pron. indiretto* (*fam.*) ricevere; (*in automobile*) urtare: *il s'est mangé une belle baffe*, ha ricevuto una bella sberla; *je me suis mangé le trottoir*, ho urtato il marciapiede.
● ***manger à la carte***, ***à prix fixe***, mangiare alla carta, a prezzo fisso | ***manger à en crever***, mangiare da scoppiare | ***manger à sa faim***, mangiare a sazietà | ***manger gras***, ***maigre***, mangiare di grasso, di magro | ***manger qqn des yeux***, (*fig.*) mangiare qlcu con gli occhi | ***manger ses mots***, mangiarsi le parole | ***manger un ordre***, (*fam.*) trascurare un ordine | ***en perdre le boire et le manger***, perderci il sonno.

mange-tout [mɑ̃ʒtu] *agg.* e *n.m.invar.*
● (*bot.*) (***haricots***, ***pois***) ***mange-tout***, fagioli, piselli mangiatutto.

mangeur [mɑ̃ʒœʀ] *n.m.* [f. *-euse*] mangiatore: *être un gros mangeur*, essere un mangione.
● (*Africa*) ***mangeur d'âme***, stregone | ***mangeurs de grenouilles***, (*scherz.*) mangiatori di rane (soprannome dato ai francesi all'estero).

mangouste [mɑ̃gust] *n.f.* (*zool.*) mangusta.

mangrove [mɑ̃gʀɔv] *n.f.* (*bot.*) mangrovia.

mangue [mɑ̃g] *n.f.* (*frutto*) mango (*m.*).

manguier [mɑ̃gje] *n.m.* (*pianta*) mango.

maniabilité [manjabilite] *n.f.* maneggevolezza.

maniable [manjabl] *agg.* maneggevole: *personne maniable*, (*fig.*) persona trattabile; *caractère maniable*, (*fig.*) carattere malleabile.

maniaque [manjak] *agg.* e *n.m.* e *f.* maniaco/a (*anche psic.*).
● (*psic.*) ***euphorie maniaque***, euforia maniacale.

maniaquerie [manjakʀi] *n.f.* (*fam.*) comportamento (*m.*) maniacale.

manichéen [manikeɛ̃] *agg.* e *n.m.* [f. *-enne*] (*st. relig.*) manicheo.

manichéisme [manikeism] *n.m.* (*st. relig.*) manicheismo.

manicle [manikl] *n.f.* manopola (di protezione).

manie [mani] *n.f.* mania; stato (*m.*) maniacale (*anche psic.*).
● (*psic.*) ***manie de la persécution***, mania di persecuzione.

maniement [manimɑ̃] *n.m.* maneggio; (*estens.*) uso, gestione (*f.*): *le maniement d'une machine*, l'uso di una macchina; *le maniement d'une langue étrangère*, l'uso di una lingua straniera.
● (*amm.*) ***maniement de fonds***, gestione di fondi.

manier [manje] *v.tr.* maneggiare ♦ **se manier** *v.pron.* → **magner, se**.
■ *V.TR.* SIN. manipuler.

manière [manjɛʀ] *n.f.* 1 modo (*m.*), maniera: *des manières franches*, dei modi schietti 2 specie, sorta 3 abitudine, vizio (*m.*): *avec cette manière qu'elle a de*, con la sua abitudine di 4 maniera; stile (*m.*) 5 (*pl.*) (*fam.*) complimenti (*m.*), smancerie: *faire des manières*, far complimenti, fare delle storie.
● (*pitt.*) ***manière noire***, mezzatinta, maniera nera | ***à ma manière***, a modo mio | ***avoir la manière***, saperci fare | ***de cette manière***, in questo modo | ***de la manière dont***, da come: *de la manière dont il s'exprime*, da come si esprime | ***de la manière que***, (*antiq.*) dal modo in cui | ***de la même manière***, nello stesso modo | ***de la première manière***, prima maniera: *un Picasso de la première manière*, un Picasso prima maniera | ***de manière à***, in modo da: *agis de manière à ce qu'on ne sache rien*, fa' in modo che non si sappia nulla | ***de toute manière***, a ogni modo | ***d'une manière générale***, in linea di massima | ***en manière de consolation***, a mo' di consolazione | ***gronder de la belle***, ***de la bonne manière***, (*iron.*) dare una bella sgridata | ***il y a la manière***, c'è modo e modo | (***par***) ***manière de parler***, per modo di dire, così per dire | ***sans manières***, alla buona, senza complimenti.
■ SIN. **1** façon.

maniéré [manjeʀe] *agg.* 1 manierato, affettato 2 smorfioso.
■ SIN. affecté CONTR. naturel.

maniérisme [manjeʀism] *n.m.* manierismo.

maniériste [manjeʀist] *n.m.* e *f.* manierista.

manif [manif] *n.f.* (*fam.*) → **manifestation**.

manifestant [manifɛstɑ̃] *n.m.* manifestante, dimostrante.

manifestation [manifɛstasjɔ̃] *n.f.* 1 manifestazione 2 dimostrazione (pubblica), manifestazione.

manifeste[1] [manifɛst] *agg.* manifesto, evidente: *avoir un goût manifeste pour qqch*, avere un gusto evidente per qlco.

manifeste[2] *n.m.* manifesto; proclama.

manifestement [manifɛstəmɑ̃] ***avv.*** manifestamente, chiaramente.

manifester [manifɛste] ***v.tr.*** manifestare, palesare: *manifester l'intention de*, esprimere l'intenzione di ♦ ***v.intr.*** manifestare, inscenare una dimostrazione ♦ **se manifester** ***v.pron.intr.*** manifestarsi.

manigance [manigɑ̃s] ***n.f.*** (*fam.*) intrigo (*m.*), raggiro (*m.*).

manigancer [manigɑ̃se] ***v.tr.*** [coniug. come *placer*] (*fam.*) brigare; tramare; intrallazzare.

manille[1] [manij] ***n.f.*** (*tecn.*) maniglia, staffa.

manille[2] ***n.m.*** manille (gioco di carte a quattro in cui le carte più importanti sono il dieci e l'asso).

manillon [manijɔ̃] ***n.m.*** (*nel gioco della manille*) asso di ogni seme.

manioc [manjɔk] ***n.m.*** (*bot.*) manioca (*f.*).

manipulateur [manipylatœʀ] ***n.m.*** [f. *-trice*] manipolatore.

manipulation [manipylasjɔ̃] ***n.f.*** **1** manipolazione (*anche med.*) **2** (*fig.*) manipolazione, broglio (*m.*).
● ***manipulations électorales***, brogli elettorali.

manipuler [manipyle] ***v.tr.*** **1** manipolare; (*estens.*) maneggiare, usare **2** (*fig.*) manipolare.

manique [manik] ***n.f.*** → **manicle**.

manitou [manitu] ***n.m.*** (*fam.*) personaggio influente, pezzo grosso.

manivelle [manivɛl] ***n.f.*** **1** manovella **2** (*di bicicletta*) pedivella.
● (*fot.*) ***manivelle de rembobinage***, leva di riavvolgimento (nella macchina fotografica) | (*cine.*) ***donner le premier tour de manivelle***, iniziare le riprese, dare il primo ciak a un film.

manne[1] [man] ***n.f.*** **1** manna (*anche fig.*) **2** (*bot.*) manna.
● ***manne des poissons***, esca per i pesci.

manne[2] ***n.f.*** lunga cesta.

mannequin [mankɛ̃] ***n.m.*** **1** manichino, fantoccio **2** indossatrice (*f.*), fotomodella (*f.*); indossatore.
● ***mannequin vedette***, top model | ***avoir la taille mannequin***, avere le misure regolari.

mannequinat [mankina] ***n.m.*** professione (*f.*) di top-model.

manœuvrabilité [manøvʀabilite] ***n.f.*** manovrabilità.

manœuvrable [manœvʀabl] ***agg.*** manovrabile.

manœuvre[1] [manœvʀ] ***n.f.*** manovra.
● ***liberté de manœuvre***, libertà di azione.

manœuvre[2] ***n.m.*** **1** manovale **2** (*pl.*) manovalanza (*f.sing.*).

manœuvrer [manœvʀe] ***v.tr.*** e ***intr.*** manovrare: *le paquebot manœuvre dans le port*, il piroscafo fa manovra nel porto; *manœuvrer l'opinion publique*, manipolare l'opinione pubblica.

manœuvrier [manœvʀije] ***agg.*** [f. *-ère*] manovriero ♦ ***n.m.*** **1** manovriero (*anche fig.*) **2** (*mar.*) manovratore.

manoir [manwaʀ] ***n.m.*** maniero.

manomètre [manɔmɛtʀ] ***n.m.*** (*fis.*) manometro.

manouche [manuʃ] ***n.m.*** e ***f.*** (*fam.*) zingaro/a ♦ ***agg.*** da zingaro, zingaresco.

manquant [mɑ̃kɑ̃] ***agg.*** mancante; assente ♦ ***n.m.*** **1** assente **2** (*comm.*) ammanco.

manque[1] [mɑ̃k] ***n.m.*** **1** mancanza (*f.*); carenza (*f.*); deficienza (*f.*) **2** (*nei lavori a maglia*) punto saltato **3** (*alla roulette*) manque (numeri da 1 a 18).
● (*comm.*) ***manque à gagner***, mancato profitto | ***manque de chance, de pot***, (*fam.*) sfortuna, sfiga | ***manque de personnel***, carenza di personale | (***état de***) ***manque***, crisi di astinenza (di drogato).

manque[2] ***agg.***
● ***à la manque***, (*fam.*) mal riuscito, fallito.

manqué [mɑ̃ke] ***agg.*** mancato; fallito.
● ***c'est un garçon manqué***, (*riferito a ragazza*) è un maschiaccio.

manquement [mɑ̃kmɑ̃] ***n.m.*** infrazione (*f.*), trasgressione (*f.*); errore.

manquer [mɑ̃ke] ***v.intr.*** **1** mancare: *les occasions ne lui ont pas manqué*, le occasioni non gli sono mancate; *il a manqué rater son train*, è mancato poco che perdesse il treno **2** mancare, venire meno: *les forces lui manquent*, gli mancano, gli vengono meno le forze **3** mancare, sentire la mancanza: *sa femme lui manque beaucoup*, sente molto la mancanza della moglie ♦ ***v.tr.*** **1** mancare, fallire; sbagliare: *manquer son coup*, sbagliare, fallire il colpo; *manquer un virage*, prendere male una curva; *manquer une affaire*, non concludere un affare; *le destin ne l'a pas manqué*, il destino non lo ha risparmiato | *il a manqué sa vie*, la sua vita è stata un fallimento | *je ne le manquerai pas!*, gliela farò pagare! **2** mancare (**a**), essere assente (**da**), non andare (**a**): *manquer l'école*, mancare a scuola, non andare a scuola; *manquer un rendez-vous*, mancare a un appuntamento **3** perdere, mancare: *manquer son train*, perdere il treno; *manquer une occasion*, lasciarsi sfuggire un'occasione **4** non incontrare: *je suis allé l'attendre à la gare, mais je l'ai manqué*, sono andato ad aspettarlo alla stazione ma non l'ho visto ♦ **se manquer** ***v.pron.*** non riuscire a uccidersi ♦ ***v.pron. rec.*** non incontrarsi.
● ***manquer à***, (*seguito da n.*) mancare; essere assente; fare torto; non tenere fede: *manquer au rendez-vous*, mancare all'appuntamento; *manquer à son devoir*, venir meno, mancare al proprio dovere | ***manquer de***, (*seguito da n.*) mancare di, essere privo di; (*seguito da inf.*) mancare di, evitare di: *manquer d'argent*, essere senza denaro; *manquer d'expérience*, non avere esperienza; *je ne manquerai pas de vous prévenir*, non mancherò di avvisarvi; *on ne peut manquer d'être frappé*, non si può fare a meno di essere colpiti | (*Canada*) ***manquer le bateau***, (*fig.*) perdere l'occasione | ***manquer son effet***, non raggiungere lo scopo; (*teatr.*) sciupare l'effetto | ***il ne manquait plus que cela!***, ci mancava anche questo! | ***il ne manquerait plus que cela***, sarebbe proprio il colmo | ***il s'en manqua de peu que***, poco mancò che: *il s'en manqua de peu qu'il ne devînt fou*, per poco non impazzì.

mansarde [mɑ̃saʀd] ***n.f.*** mansarda.

mansardé [mɑ̃saʀde] ***agg.*** (fatto) a mansarda, mansardato.

mansuétude [mɑ̃sɥetyd] ***n.f.*** indulgenza.
■ SIN. clémence CONTR. sévérité.

mantais [mɑ̃tɛ] ***agg.*** di Mantes-la-Jolie.

mante[1] [mɑ̃t] ***n.f.*** manto (*m.*), mantello (*m.*).

mante[2] ***n.f.*** (*zool.*) mantide.

manteau [mɑ̃to] ***n.m.*** [pl. *-eaux*] **1** cappotto; mantello; (*mil.*) mantella (*f.*) **2** (*fig.*) manto: *un manteau de neige*, un manto, una coltre di neve **3** (*zool.*) mantello **4** cappa (*f.*) (del camino) **5** (*Borsa*) certificato.
● ***manteau croisé***, cappotto a doppio petto | (*teatr.*) ***manteau d'Arlequin***, mantello di Arlecchino | ***manteau de demi-saison***, soprabito da mezza stagione | ***manteau de fourrure***, pelliccia | ***manteau d'hiver***, cappotto pesante |

M

sous le manteau, clandestinamente: *vendre sous le manteau*, vendere sottobanco.
mantille [mɑ̃tij] *n.f.* (*abbigl.*) mantiglia.
mantique [mɑ̃tik] *n.f.* mantica, arte della divinazione.
manucure [manykyʀ] *n.f.* manicure.
manuel[1] [manɥɛl] *agg.* [f. *-elle*] manuale ♦ *n.m.* chi fa lavori manuali.
manuel[2] *n.m.* manuale.
manuellement [manɥɛlmɑ̃] *avv.* manualmente.
manufacture [manyfaktyʀ] *n.f.* manifattura; fabbrica.
manufacturé [manyfaktyʀe] *agg.* manufatto.
● ***exportation manufacturée***, esportazione di manufatti | ***les produits manufacturés***, i manufatti.
manufacturer [manyfaktyʀe] *v.tr.* lavorare (un prodotto).
manufacturier [manyfaktyʀje] *agg.* [f. *-ère*] manifatturiero.
manuscrit [manyskʀi] *agg.* e *n.m.* manoscritto.
manutention [manytɑ̃sjɔ̃] *n.f.* 1 (*comm.*) movimentazione (di merci), trasporti (*m.pl.*) interni 2 deposito (*m.*), magazzino (*m.*).
● (*comm.*) ***frais de manutention***, spese di carico.

FAUX AMI
Da non confondere con *manutenzione*, che si traduce *entretien, maintenance*.

manutentionnaire [manytɑ̃sjɔnɛʀ] *n.m.* e *f.* magazziniere/a.
M
maoïsme [maɔism] *n.m.* (*pol.*) maoismo.
maoïste [maɔist] *agg.* e *n.m.* e *f.* maoista.
maori [maɔʀi] *agg.* maori ♦ *n.m.* (*lingua*) maori.
Maori *n.m.* e *f.* (*nativo*) maori.
mappe [map] *n.f.* (*inform.*) mappa.
mappemonde [mapmɔ̃d] *n.f.* mappamondo (*m.*).
mapper [mape] *v.tr.* (*inform.*) mappare.
maquereau[1] [makʀo] *n.m.* [pl. *-eaux*] (*zool.*) sgombro.
maquereau[2] *n.m.* [pl. *-eaux*] (*fam.*) protettore, magnaccia.
maquerelle [makʀɛl] *n.f.* (*fam.*) tenutaria di un bordello.
maquette [makɛt] *n.f.* 1 modello (*m.*); (*scultura*) bozzetto (*m.*); (*pitt.*) abbozzo (*m.*); (*arch.*) plastico (*m.*) 2 (*tip.*) menabò (*m.*).
maquetter [makɛte] *v.tr.* (*tip., inform.*) impaginare.
maquettiste [maketist] *n.m.* e *f.* 1 bozzettista 2 (*tip.*) grafico/a impaginatore/trice.
maquignon [makiɲɔ̃] *n.m.* 1 mercante di cavalli, di bestiame 2 (*fam.*) faccendiere, mediatore.
maquignonnage [makiɲɔnaʒ] *n.m.* (*spreg.*) maneggio, intrallazzo.
maquillage [makijaʒ] *n.m.* 1 trucco: *refaire son maquillage*, rifarsi il trucco 2 contraffazione (*f.*), falsificazione (*f.*).
maquiller [makije] *v.tr.* truccare: *maquiller les cartes*, (*fam.*) truccare le carte; *maquiller une voiture volée*, camuffare una macchina rubata ♦ **se maquiller** *v.pron.* truccarsi.
● ***maquiller la vérité***, (*fig.*) alterare la verità.
maquilleur [makijœʀ] *n.m.* [f. *-euse*] truccatore.
maquis [maki] *n.m.* 1 macchia (*f.*) | *le maquis de la procédure*, (*fig.*) le lungaggini burocratiche 2 maquis (luogo poco accessibile dove si radunavano i partigiani durante la Resistenza); (*estens.*) organizzazioni partigiane durante la II guerra mondiale 3 (*Africa*) locale malfamato.
● (*bot.*) ***maquis méditarranéen***, macchia mediterranea | ***prendre le maquis***, darsi alla macchia.
maquisard [makizaʀ] *n.m.* partigiano (nella II guerra mondiale).
marabout [maʀabu] *n.m.* (*zool.*) marabù.
maraîcher [maʀeʃe] *agg.* [f. *-ère*] orticolo ♦ *n.m.* orticoltore.
● ***culture maraîchère***, orticoltura | ***jardin maraîcher***, orto.
maraîchin [maʀeʃɛ̃] *agg.* del Marais (bretone, vandeano, del Poitou).
marais [maʀɛ] *n.m.* 1 palude (*f.*), acquitrino | *le marais de la vie politique*, (*fig.*) il pantano della vita politica 2 orto.
● ***marais salant***, salina | ***marais tourbeux***, torbiera.
marasme [maʀasm] *n.m.* 1 prostrazione (*f.*) 2 (*comm.*) ristagno 3 (*med.*) marasma.
marasque [maʀask] *n.f.* (*bot.*) marasca.
marasquin [maʀaskɛ̃] *n.m.* (liquore) maraschino.
marathon [maʀatɔ̃] *n.m.* maratona (*f.*) (*anche fig.*).
marathonien [maʀatɔnjɛ̃] *n.m.* [f. *-enne*] (*sport*) maratoneta.
marâtre [maʀɑtʀ] *n.f.* matrigna (*anche fig.*).
maraudage [maʀodaʒ] *n.m.* furto (nei campi).
maraude [maʀod] *n.f.* 1 razzia (di ortaggi ecc. nei campi) 2 missione di assistenza ai senzatetto.
● ***taxi en maraude***, tassì in cerca di clienti.
marauder [maʀode] *v.intr.* predare, razziare (nei campi).
maraudeur [maʀodœʀ] *n.m.* 1 ladruncolo di campagna 2 animale che fa razzie (in un campo coltivato).
maraver [maʀave] *v.tr.* (*fam.*) picchiare.
marbre [maʀbʀ] *n.m.* 1 marmo: *façonner un marbre*, lavorare un blocco di marmo; *le marbre de la commode*, il (piano di) marmo del cassettone 2 (oggetto di) marmo 3 (*tip.*) piano portaforma, bancone.
● (*giorn.*) ***article sur le marbre***, articolo pronto (sul bancone) | ***rester de marbre***, (*fig.*) rimanere impassibile, di marmo.
marbré [maʀbʀe] *agg.* marmorizzato: *étoffe marbrée*, stoffa marezzata; *peau marbrée par le froid*, pelle chiazzata dal freddo.
marbrer [maʀbʀe] *v.tr.* marmorizzare; marezzare; venare.
marbrerie [maʀbʀəʀi] *n.f.* 1 industria del marmo 2 laboratorio (*m.*) in cui si lavora il marmo.
marbrier [maʀbʀije] *agg.* [f. *-ère*] del marmo ♦ *n.m.* marmista.
marbrière [maʀbʀijɛʀ] *n.f.* cava di marmo.
marbrure [maʀbʀyʀ] *n.f.* 1 marmorizzatura, venatura 2 (*zootecn.*) marezzatura.
marc[1] [maʀ] *n.m.* (*moneta sostituita dall'euro*) marco.
marc[2] *n.m.* 1 residuo, fondo 2 acquavite (*f.*), grappa (*f.*).
● ***marc de café***, fondi di caffè | ***marc de raisin***, vinaccia | ***marc d'olives***, sansa.
marcassin [maʀkasɛ̃] *n.m.* cinghialetto, cinghialino.
marcel [maʀsɛl] *n.m.* (*fam.*) canottiera (*f.*).
marcescent [maʀsesɑ̃] *agg.* marcescente.

marchand [maʀʃɑ̃] ***agg.*** commerciale: *valeur marchande*, valore commerciale ♦ ***n.m.*** negoziante, mercante.
● ***marchand ambulant***, venditore ambulante | ***marchand de biens***, agente immobiliare | ***marchand de journaux***, giornalaio | ***marchand de légumes***, ortolano | ***marchand de soupe***, (*spreg.*) direttore di collegio privato; bettoliere | (*Africa*) ***marchand de table***, venditore ambulante | ***marchand en gros***, commerciante all'ingrosso, grossista | ***le marchand de sable est passé***, (*linguaggio infantile*) è ora di fare la nanna | ***marine marchande***, marina mercantile.
■ N.M. SIN. commerçant, négociant.

marchandage [maʀʃɑ̃daʒ] ***n.m.*** **1** contrattazione (*f.*); mercanteggiamento (*spec. spreg.*) **2** (*dir.*) appalto di manodopera.

marchander [maʀʃɑ̃de] ***v.tr.*** contrattare, mercanteggiare: *payer sans marchander*, pagare senza tirare sul prezzo.
● ***marchander avec sa conscience***, venire a patti con la propria coscienza | ***ne pas marchander les éloges à qqn***, (*fig.*) non lesinare le lodi a qlcu.

marchandise [maʀʃɑ̃diz] ***n.f.*** merce: *marchandise de choix*, merce scelta.
● (*comm.*) ***marchandises générales***, conto merci, conto magazzino | ***faire valoir sa marchandise***, (*fig.*) saper vendere la propria merce, farsi valere.

marchandiseur [maʀʃɑ̃dizœʀ] ***n.m.*** merchandiser.

marche [maʀʃ] ***n.f.*** **1** marcia, camminata: *à deux heures de marche*, a due ore di cammino **2** marcia, moto (*m.*) | *ne montez pas dans le train en marche*, vietato salire sul treno in corsa **3** corso (*m.*), andamento (*m.*); (*di malattia*) decorso (*m.*): *la bonne marche d'une entreprise*, il buon andamento di un'impresa **4** (*fig.*) metodo (*m.*), sistema (*m.*): *indiquez-moi la marche à suivre*, mi indichi la procedura da seguire **5** andatura, passo (*m.*): *ralentir la marche*, rallentare il passo, l'andatura **6** (*sport*) podismo (*m.*) **7** (*mus.*) marcia **8** (*di scala*) gradino (*m.*), scalino (*m.*).
● (*sport*) ***marche active***, walking | (*aut.*) ***marche arrière***, retromarcia | ***marche de protestation***, corteo di protesta | (*sport*) ***marche en ville***, city walking | (*mil.*) ***marche forcée***, marcia forzata | (*mus.*) ***marche funèbre, nuptiale, militaire***, marcia funebre, nuziale, militare | (*sport*) ***marche nordique***, nordic walking | (*mil.*) ***en avant, marche!***, avanti, marsc'! | ***en état de marche***, funzionante | ***en marche***, (*anche fig.*) in corso | ***mettre le moteur en marche***, avviare il motore | ***se mettre en marche***, mettersi in moto.

marché [maʀʃe] ***n.m.*** **1** mercato: *marché couvert*, mercato coperto; *marché à ciel ouvert*, mercato all'aperto **2** (*econ.*) mercato: *marché du travail*, mercato del lavoro **3** contratto; accordo: *conclure un marché*, stipulare un contratto **4** (*fig.*) affare; patto.
● ***marché aux fleurs***, mercato dei fiori | ***marché aux puces***, mercat(in)o delle pulci, dell'antiquariato | (*fin.*) ***marché des changes***, mercato valutario; ***marché libre***, libero mercato | ***marché public***, pubblico appalto | ***à bon marché***, (*anche fig.*) a buon prezzo, a buon mercato | (*econ.*) ***économie de marché***, economia di mercato | ***en être quitte, s'en tirer à bon marché***, (*fig.*) cavarsela a buon mercato | ***être en marché pour qqch***, trattare l'acquisto di qlco | ***étude, analyse de marché***, ricerca, analisi di mercato | ***faire bon marché de qqch***, tenere qlco in poco conto | ***faire son, le marché***, fare la spesa | (*fin.*) ***Grand Marché***, Mercato Unico | ***mettre à qqn le marché en main***, (*fig.*) dare l'aut aut a qlcu | ***par-dessus le marché***, come se non bastasse, per giunta | ***vivre à bon marché***, vivere con poco.

marché-gare [maʀʃegaʀe] ***n.m.*** [pl. *marchés-gares*] interporto (*spec. ferr.*).

marchepied [maʀʃəpje] ***n.m.*** **1** pedana (*f.*), predella (*f.*); (*di treno ecc.*) predellino **2** scaleo.

FAUX AMI
Da non confondere con *marciapiede*, che si traduce *trottoir*.

marcher [maʀʃe] ***v.intr.*** **1** camminare; andare: *marcher pieds nus*, cammminare a piedi nudi; *le train marche à 80 km à l'heure*, il treno va a 80 km all'ora **2** marciare **3** funzionare, andare (*anche fig.*): *cette montre marche bien*, questo orologio funziona bene | *ton travail marche bien?*, (*fam.*) va bene il tuo lavoro?
● ***marcher à sa ruine***, andare incontro alla rovina: *ce pays marche à sa ruine*, questo paese si avvia alla rovina | ***marcher avec qqn***, (*fig.*) stare dalla parte di qlcu | ***marcher sur***, calpestare (*anche fig.*): *marcher sur des œufs*, (*fig.*) camminare sulle uova; *marcher sur des charbons ardents*, (*fig.*) camminare sui carboni ardenti; *marcher sur les pas de qqn*, (*fig.*) imitare qlcu; *marcher sur les talons de qqn*, (*fig.*) stare alle calcagna di qlcu | ***à ce prix, je marche***, (*fam.*) a questo prezzo, ci sto | ***ça marche!***, va bene!, d'accordo! | ***ça marche?***, (*fam.*) come vanno le cose?, come va? | ***faire marcher à la baguette***, far filare a bacchetta | ***je ne marche pas***, (*fam.*) non ci casco: *cette histoire est invraisemblable, je ne marche pas*, questa storia è inverosimile, non la bevo | ***se laisser marcher sur les pieds***, (*fig.*) lasciarsi pestare i piedi.

marcheur [maʀʃœʀ] ***n.m.*** [f. *-euse*] **1** camminatore **2** (*sport*) podista, marciatore.

marcotte [maʀkɔt] ***n.f.*** (*bot.*) margotta, propaggine.

marcotter [maʀkɔte] ***v.tr.*** (*agr.*) margottare.

mardi [maʀdi] ***n.m.*** martedì.
● ***mardi gras***, martedì grasso.

mare [maʀ] ***n.f.*** **1** pozza (d'acqua); piccolo stagno (*m.*) **2** (*fig.*) pozza, lago (*m.*).
■ SIN. étang.

FAUX AMI
Da non confondere con l'italiano *mare*, che si traduce *mer*.

marécage [maʀekaʒ] ***n.m.*** palude (*f.*), acquitrino.

marécageux [maʀekaʒø] ***agg.*** [f. *-euse*] paludoso, acquitrinoso.

maréchal [maʀeʃal] ***n.m.*** [pl. *-aux*] (*mil.*) maresciallo.
● ***maréchal des logis, des logis-chef***, (*di cavalleria, artiglieria*) sergente, sergente maggiore.

maréchale [maʀeʃal] ***n.f.*** marescialla.

maréchal-ferrant [maʀeʃalfɛʀɑ̃] ***n.m.*** [pl. *maréchaux-ferrants*] maniscalco.

maréchaussée [maʀeʃose] ***n.f.*** (*scherz.*) gendarmeria.

marée [maʀe] ***n.f.*** **1** marea (*anche fig.*): *une marée de haine*, un'ondata di odio **2** pesce (*m.*) di mare fresco.
● ***marée basse***, bassa marea | ***marée montante, descendante***, flusso, riflusso | ***marée noire***, onda, marea nera | ***contre vents et marées***, (*fig.*) superando ogni ostacolo.

marelle [maʀɛl] ***n.f.*** (*gioco infantile*) campana, mondo (*m.*).

marémoteur [maʀemɔtœʀ] ***agg.*** [f. *-trice*] mareomotore.
● ***énergie marémotrice***, energia mareomotrice.

marengo [maʀɛ̃go] ***n.m.*** panno scuro punteggiato di bianco ♦ ***agg.invar.*** color bruno rossastro.
● (*cuc.*) ***poulet, veau (à la) marengo***, pollo, vitello alla marengo.

M

margaille [maʀgɑj] *n.f.* (*Belgio*) bagarre, trambusto (*m.*); rissa.

margarine [maʀgaʀin] *n.f.* (*cuc.*) margarina.

marge [maʀʒ] *n.f.* margine (*m.*).
● (*comm.*) ***marge bénéficiaire***, margine di utile | ***marge de manœuvre***, margine di manovra | ***marge de réflexion***, margine di riflessione: *s'accorder une marge de réflexion*, concedersi una pausa di riflessione | ***marge de sécurité***, margine di sicurezza | ***avoir de la marge***, avere un margine (di tempo, di denaro) | ***écrire dans la marge***, scrivere in, a margine | ***en marge (de)***, in margine (a); (*fig.*) ai margini (di): *en marge de la légalité*, ai limiti della legalità | ***mise en marge***, emarginazione.

margelle [maʀʒɛl] *n.f.* (*di pozzo*) vera.

marger [maʀʒe] *v.tr.* [coniug. come *manger*] (*tip.*) marginare.

marginal [maʀʒinal] *agg.* [pl. *-aux*] marginale (*anche fig.*) ♦ *agg.* e *n.m.* emarginato.

marginalement [maʀʒinalmɑ̃] *avv.* marginalmente.

marginalisation [maʀʒinalizasjɔ̃] *n.f.* emarginazione.

marginaliser [maʀʒinalize] *v.tr.* 1 emarginare 2 mettere al margine.

marginalité [maʀʒinalite] *n.f.* emarginazione; marginalità.

margot [maʀgo] *n.f.* (*zool. pop.*) gazza.

margoulette [maʀgulɛt] *n.f.* (*fam.*) muso (*m.*), grugno (*m.*).
● ***se casser la margoulette***, fare un capitombolo.

M

margoulin [maʀgulɛ̃] *n.m.* (*fam.*) trafficone, imbroglione.

margrave [maʀgʀav] *n.m.* (*st.*) margravio.

marguerite [maʀgəʀit] *n.f.* margherita.
● ***effeuiller la marguerite***, sfogliare la margherita, fare m'ama non m'ama.

mari [maʀi] *n.m.* marito.

mariage [maʀjaʒ] *n.m.* 1 matrimonio: *un grand mariage*, un matrimonio in grande (stile); *faire un mariage*, celebrare un matrimonio; combinare un matrimonio; *demander, donner en mariage*, chiedere, dare in sposa; *unir par le mariage*, congiungere in matrimonio 2 (*fig.*) fusione (*f.*), unione (*f.*), connubio: *mariage de couleurs*, accostamento di colori.
● ***mariage blanc***, matrimonio bianco, non consumato | ***mariage de raison***, matrimonio d'interesse | ***mariage religieux, civil***, matrimonio religioso, civile | ***mariage de la main gauche***, (*antiq.*) concubinato, unione libera | ***liste de mariage***, lista di nozze | (*prov.*) ***mariage pluvieux, mariage heureux***, sposa bagnata, sposa fortunata.

marial [maʀjal] *agg.* [pl. *-als* o *-aux*] (*eccl.*) mariano.

Marianne [maʀjan] *n.pr.f.* Marianna.

NOTA ***Marianne*** è il nome dato alla fanciulla con berretto frigio che rappresenta la Repubblica Francese. La sua effigie apparve per la prima volta nel 1792 e cominciò a essere presente nei municipi francesi dal 1877. Le fattezze del volto di Marianne sono mutate nel tempo, via via ispirate a quelle di donne belle e famose quali Brigitte Bardot, Mireille Mathieu, Catherine Deneuve e Lætitia Casta.

mari-capable [maʀikapabl] *n.m.invar.* (*Africa*) tessuto costoso (che denota ricchezza).

marié [maʀje] *agg.* sposato; coniugato ♦ *n.m.* sposo: *jeunes mariés*, sposi novelli.

mariée [maʀje] *n.f.* sposa: *jeune mariée*, sposa, sposina.

marie-louise [maʀilwiz] *n.f.* [pl. *maries-louises*] passe-partout (*m.*), sopraffondo (*m.*).

marier [maʀje] *v.tr.* 1 sposare 2 (*fig.*) (*colori ecc.*) assortire, combinare ♦ **se marier** *v.pron.* sposarsi; (*di donna*) maritarsi; (*di uomo*) ammogliarsi ♦ *v.pron.rec.* sposarsi.
● ***jeune fille à marier***, ragazza da marito.
■ V.PRON. SIN. épouser.

marie-salope [maʀisalɔp] *n.f.* [pl. *maries-salopes*] 1 chiatta 2 draga a vapore 3 (*molto fam.*) sciattona.

marigot [maʀigo] *n.m.* 1 (*ai tropici*) braccio di fiume 2 palude (*f.*).

marijuana [maʀiʒɥana] *n.f.* marijuana.

marin [maʀɛ̃] *agg.* 1 marino 2 marinaresco, marinaro: *esprit marin*, spirito marinaresco, marinaro ♦ *n.m.* marinaio, marittimo.
● ***marin d'eau douce***, marinaio d'acqua dolce | ***avoir le pied marin***, (*fig.*) non soffrire il mal di mare | ***carte marine***, carta nautica | (*abbigl.*) ***col, costume marin***, collo, abito alla marinara | ***sel marin***, sale marino.

marina [maʀina] *n.f.* porticciolo turistico con complesso residenziale, marina (*f.* o *m.inv.*).

marinade [maʀinad] *n.f.* (*cuc.*) marinata.

marine[1] [maʀin] *n.f.* 1 marina: *être dans la marine*, essere in marina 2 (*pitt.*) marina, paesaggio (*m.*) marino.
● ***marine de plaisance***, marina da diporto | ***marine marchande***, marina mercantile | ***marine militaire***, marina militare | ***(bleu) marine***, blu scuro, blu marino.

marine[2] *n.m.* (*mil.*) marine.

mariné [maʀine] *agg.* (*cuc.*) marinato.

mariner [maʀine] *v.tr.* (*cuc.*) marinare ♦ *v.intr.* 1 (*cuc.*) stare in marinata 2 (*fam.*) fare la muffa (aspettando).

marinier [maʀinje] *agg.* [f. *-ère*] marinaro ♦ *n.m.* barcaiolo, battelliere.

marinière [maʀinjɛʀ] *n.f.* (*abbigl.*) blusa alla marinara.
● (*cuc.*) ***à la marinière***, alla marinara.

mariol(le) [maʀjɔl] *agg.* e *n.m.* (*fam.*) furbacchione.
● ***faire le mariol(le)***, darsi delle arie.

marionnette [maʀjɔnɛt] *n.f.* 1 marionetta 2 (*pl.*) spettacolo (*m.sing.*), teatro (*m.sing.*) di marionette.
● ***marionnette à gaine***, burattino.

marionnettiste [maʀjɔnetist] *n.m.* e *f.* marionettista.

marital [maʀital] *agg.* [pl. *-aux*] (*dir.*) maritale.

maritalement [maʀitalmɑ̃] *avv.* maritalmente, come marito e moglie.

maritime [maʀitim] *agg.* e *n.m.* marittimo.

maritorne [maʀitɔʀn] *n.f.* (*antiq.*) sciattona.

marivaudage [maʀivodaʒ] *n.m.* 1 preziosismo, ricercatezza (*f.*) 2 (*estens.*) conversazione (*f.*) galante e raffinata.

NOTA La parola ***marivaudage*** deriva da P. Marivaux (1688-1763), autore di commedie caratterizzate da dialoghi sentimentali scherzosi e raffinati.

marivauder [maʀivode] *v.intr.* 1 (*antiq.*) fare del preziosismo 2 intrattenersi in conversazioni galanti e sofisticate.

marjolaine [maʀʒɔlɛn] *n.f.* (*bot.*) maggiorana.

mark [maʀk] *n.m.* (*moneta tedesca e finlandese sostituita dall'euro*) marco.

marketing [maʀkətiŋ] *n.m.* marketing.

marmaille [marmɑj] ***n.f.*** (*fam. spreg.*) marmaglia, (banda di) marmocchi.

marmandais [marmɑ̃dɛ] ***agg.*** di Marmande.

marmelade [marməlad] ***n.f.*** marmellata.
● ***en marmelade***, in poltiglia.

marmite [marmit] ***n.f.*** marmitta; pentola.
● ***faire bouillir la marmite***, (*fig.*) mandare avanti la baracca | ***nez en pied de marmite***, naso schiacciato.

marmiton [marmitɔ̃] ***n.m.*** sguattero, lavapiatti.

marmonnement [marmɔnmɑ̃] ***n.m.*** mormorio, borbottamento.

marmonner [marmɔne] ***v.tr.*** mormorare, borbottare.

marmoréen [marmɔreɛ̃] ***agg.*** [f. *-enne*] marmoreo.

marmot [marmo] ***n.m.*** (*fam.*) marmocchio, moccioso.
● ***croquer le marmot***, aspettare a lungo, dando segni di impazienza.

marmotte [marmɔt] ***n.f.*** **1** (*zool.*) marmotta **2** (*di commesso viaggiatore*) campionario (*m.*).
● ***dormir comme une marmotte***, (*fig.*) dormire come un ghiro.

marmottement [marmɔtmɑ̃] ***n.m.*** biascicamento, borbottio.

marmotter [marmɔte] ***v.tr.*** (*fam.*) biascicare, borbottare.

marne [marn] ***n.f.*** (*geol.*) marna.

marner [marne] ***v.tr.*** (*agr.*) marnare ♦ ***v.intr.*** (*argot*) sgobbare.

marnière [marnjɛr] ***n.f.*** marniera, cava di marna.

marocain [marɔkɛ̃] ***agg.*** marocchino.

Marocain ***n.m.*** (*abitante*) marocchino.

maroilles [marwal] ***n.m.*** formaggio vaccino a pasta molle.

maronite [marɔnit] ***agg.*** e ***n.m.*** e ***f.*** (*relig.*) maronita.

maronner [marɔne] ***v.intr.*** (*fam.*) mugugnare, brontolare.
● ***faire maronner qqn***, far mangiar rabbia a qlcu.

maroquin [marɔkɛ̃] ***n.m.*** **1** (*cuoio*) marocchino **2** pelletteria (*f.*) (in marocchino).

maroquinerie [marɔkinri] ***n.f.*** pelletteria.

maroquinier [marɔkinje] ***n.m.*** pellettiere (di cuoio).

marotte [marɔt] ***n.f.*** (*fam.*) pallino (*m.*), mania; idea fissa.

marouflle [marufl] ***n.f.*** colla forte.

maroufler [marufle] ***v.tr.*** (*pitt.*) incollare, applicare una tela dipinta (su una parete).

marquage [markaʒ] ***n.m.*** **1** marcatura (*f.*) **2** (*sport*) marcamento.

marquant [markɑ̃] ***agg.*** notevole; vistoso; saliente: *une figure marquante*, un personaggio influente.

marque [mark] ***n.f.*** **1** segno (*m.*), contrassegno (*m.*); marchio (*m.*), impronta (*anche fig.*): *marque indélébile*, segno, marchio indelebile **2** marca, qualità **3** (*fig.*) segno (*m.*), prova: *marques d'estime*, dimostrazioni di stima; *marques d'amitié*, prove d'amicizia **4** punteggio (*m.*) **5** (*sulla biancheria*) cifra, marca **6** (*pl.*) (*sport*) blocchi (*m.*) di partenza **7** (*pl.*) (*fig.*) punti (*m.*) di riferimento **8** (*ling.*) marca **9** (*inform.*) marcatore (*m.*).
● (*sport*) ***marque centrale***, segno di centrocampo | ***marque communautaire***, marchio comunitario | (*atletica*) ***marque de départ***, linea di partenza | ***marque de distributeur*** (MDD), ***propre***, marchio del distibutore | ***marque de fabrique***, marchio di fabbrica | ***marque déposée***, marchio depositato | ***marque de qualité***, marchio di qualità | ***à vos marques, prêts?, partez!***, ai vostri posti, pronti?, via! | ***de marque***, di marca; (*di persona*) di valore | ***prendre ses marques***, sistemarsi ai blocchi di partenza.

marque-page [markpaʒ] ***n.m.*** [pl. *marque-page(s)*] segnalibro.

marquer [marke] ***v.tr.*** **1** segnare, marcare; marchiare: *il a marqué cette époque de son génie*, ha dato a quest'epoca l'impronta del suo genio **2** mostrare; rivelare: *marquer de la sympathie à qqn, pour qqn*, dimostrare simpatia per qlcu ♦ ***v.intr.*** **1** timbrare **2** lasciare una traccia, un'impronta: *voilà des événements qui marquent*, sono questi gli avvenimenti che fanno epoca ♦ **se marquer** ***v.pron.intr.*** **1** marchiarsi **2** accentuarsi.
● ***marquer bien, mal***, (*fam.*) presentarsi bene, male: *ce jeune homme marque mal*, quel ragazzo si presenta male | ***marquer le pas***, segnare il passo (*anche fig.*) | (*calcio*) ***marquer un but***, segnare una rete | ***marquer un condamné au fer rouge***, (*ant.*) marchiare a fuoco un condannato | ***marquer un point***, (*anche fig.*) segnare un punto a proprio favore | ***marquer un temps d'arrêt***, segnare una battuta d'arresto.

marqueté [markəte] ***agg.*** **1** intarsiato **2** (*estens.*) chiazzato, maculato.

marqueter [markəte] ***v.tr.*** [coniug. come *jeter*] intarsiare.

marqueterie [markə(ɛ)tri] ***n.f.*** intarsio (*m.*).

marqueteur [markətœr] ***n.m.*** (*operaio*) intarsiatore.

marqueur [markœr] ***n.m.*** **1** (pennarello) evidenziatore **2** [f. *-euse*] (*sport*) marcatore **3** (*inform.*) marcatore.

marquis [marki] ***n.m.*** marchese.

marquisat [markiza] ***n.m.*** marchesato.

marquise [markiz] ***n.f.*** **1** marchesa **2** tettoia; pensilina.

M

marraine [marɛn] ***n.f.*** madrina.

marrane [maran] ***n.m.*** (*st.*) marrano.

marrant [marɑ̃] ***agg.*** (*fam.*) spassoso, divertente.

marre [mar] ***avv.***
● ***en avoir marre***, (*fam.*) averne fin sopra i capelli, averne abbastanza.

marrer, se [səmare] ***v.pron.intr.*** (*fam.*) sbellicarsi dalle risa; divertirsi un mondo.

marri [mari] ***agg.*** (*letter.*) amareggiato.

marron[1] [marɔ̃] ***n.m.*** **1** castagna (*f.*), marrone **2** (color) marrone **3** (*fam.*) cazzotto ♦ ***agg.invar.*** (color) marrone.
● ***marron bouilli***, caldallessa, ballotta | ***marron glacé***, marron glacé, marrone candito | ***marron grillé***, caldarroste | ***tirer les marrons du feu***, (*fig.*) cavar le castagne dal fuoco.

marron[2] ***agg.*** [f. *-enne*] (*di professionista, commerciante*) non autorizzato ♦ ***n.m.*** chi esercita abusivamente una professione.
● ***être marron***, (*fam.*) essere ingannato; essere colto in flagrante | ***faire qqn marron***, (*fam.*) ingannare qlcu.

marronnier [marɔnje] ***n.m.*** **1** (*bot.*) (*albero*) marrone **2** (*tip.*) articolo su un soggetto ricorrente ogni anno.
● ***marronnier d'Inde***, ippocastano.

mars [mars] ***n.m.*** **1** marzo **2** (*zool. pop.*) apatura (*f.*).

marseillais [marsɛjɛ] ***agg.*** marsigliese.

> NOTA ***La Marseillaise*** è l'inno nazionale francese. Fu cantata per la prima volta nella notte del 25 aprile 1792 a Strasburgo dal suo autore, il capitano del genio J. Rouget de Lisle, con il nome di *Chant de guerre pour l'armée du Rhin*.

Marseillais ***n.m.*** (*abitante*) marsigliese.

marsouin [marswɛ̃] *n.m.* (*zool.*) marsovino, focena (*f.*).
marsupial [marsypjal] *agg.* e *n.m.* [pl. *-aux*] (*zool.*) marsupiale.
marsupium [marsypjɔm] *n.m.* (*zool.*) marsupio.
marte [mart] *n.f.* → **martre**.
marteau [marto] *n.m.* [pl. *-eaux*] **1** martello **2** (*mus.*) martelletto **3** (*zool.*) pesce martello **4** (*di porta*) batacchio ♦ *agg.invar.* (*fam.*) suonato, picchiato.
● ***marteau piqueur, perforateur***, martello picconatore, perforatore | ***marteau pneumatique***, martello pneumatico | (*sport*) ***lancer du marteau***, lancio del martello.
marteau-pilon [martopilɔ̃] *n.m.* [pl. *marteaux-pilons*] (*mecc.*) maglio.
martel [martɛl] *n.m.* (*antiq.*) martello.
● ***se mettre martel en tête***, darsi pensiero, preoccuparsi.
martelage [martəlaʒ] *n.m.* (*tecn.*) martellatura (*f.*).
martèlement [martɛlmɑ̃] *n.m.* martellamento (*anche fig.*).
marteler [martəle] *v.tr.* [coniug. come *semer*] **1** martellare **2** scandire.
martial [marsjal] *agg.* [pl. *-aux*] marziale.
● ***arts martiaux***, arti marziali | (*dir. mil.*) ***cour martiale***, corte marziale.
martien [marsjɛ̃] *agg.* e *n.m.* [f. *-enne*] marziano.
martin-chasseur [martɛ̃ʃasœr] *n.m.* [pl. *martins -chasseurs*] (*zool.*) martin cacciatore.
martinet[1] [martinɛ] *n.m.* (*zool.*) rondone.
martinet[2] *n.m.* **1** staffile **2** (*tecn.*) martinetto.
● ***donner du martinet***, frustare.
martingale [martɛ̃gal] *n.f.* martingala.
martiniquais [martinikɛ] *agg.* martinicano, della Martinica.
Martiniquais *n.m.* abitante della Martinica.
martin-pêcheur [martɛ̃pɛʃœr] *n.m.* [pl. *martins-pêcheurs*] (*zool.*) martin pescatore.
martre [martr] *n.f.* (*zool.*) martora.
martyr [martir] *n.m.* martire (*anche fig.*).
martyre [martir] *n.m.* martirio.
martyriser [martirize] *v.tr.* martirizzare.
martyrologe [martirɔlɔʒ] *n.m.* martirologio.
marxisme [marksism] *n.m.* marxismo.
marxiste [marksist] *agg.* e *n.m.* e *f.* marxista.
mas [mɑs] *n.m.* (*in Provenza*) casa (*f.*) di campagna; cascina (*f.*).
mascara [maskara] *n.m.* (*cosmesi*) mascara.
mascarade [maskarad] *n.f.* **1** mascherata **2** (*fig.*) pagliacciata, buffonata.
mascaret [maskarɛ] *n.m.* (*geogr.*) mascheretto, barra (*f.*) di flusso.
mascaron [maskarɔ̃] *n.m.* (*arch.*) mascherone.
mascogne [maskɔɲ] *n.f.* (*Svizzera*) bigliettino (*m.*) (dove gli studenti appuntano date, formule e simili per consultarli di nascosto durante una prova scolastica).
mascotte [maskɔt] *n.f.* mascotte, portafortuna (*m.*).
masculin [maskylɛ̃] *agg.* **1** maschile **2** mascolino, maschio ♦ *n.m.* (*gramm.*) (genere) maschile: *ce mot est du masculin*, questa parola è maschile.
masculiniser [maskylinize] *v.tr.* mascolinizzare.
masculinité [maskylinite] *n.f.* mascolinità.
masochisme [mazɔʃism] *n.m.* masochismo.
masochiste [mazɔʃist] *agg.* masochista, masochistico ♦ *n.m.* e *f.* masochista.
masonite® [mazɔnit] *n.f.* masonite®.
masque [mask] *n.m.* maschera (*f.*).
● ***masque à gaz***, maschera antigas | (*med.*): ***masque à oxygène***, maschera a ossigeno; ***masque d'anesthésie***, maschera per anestesia | (*cosmesi*) ***masque de beauté***, maschera di bellezza | ***masque de chasse sous-marine***, maschera subacquea | ***arracher son masque à qqn***, (*fig.*) smascherare qlcu | ***poser, jeter le masque***, (*fig.*) togliersi, gettare la maschera.
masqué [maske] *agg.* mascherato.
● ***bal masqué***, ballo in maschera.
masquer [maske] *v.tr.* mascherare ♦ **se masquer** *v.pron.* mascherarsi.
● ***masquer la vue***, nascondere la vista | ***masquer ses fins***, (*fig.*) dissimulare i propri fini.
massacrant [masakrɑ̃] *agg.* (*antiq.*) massacrante.
● ***être d'une humeur massacrante***, essere di pessimo umore.
massacre [masakr] *n.m.* massacro, strage (*f.*), scempio.
● ***faire un massacre***, (*fam.*) avere grandissimo successo | ***jeu de massacre***, (*nelle fiere*) tiro al fantoccio; (*fig.*) gioco al massacro | ***le massacre des (Saints) Innocents***, la strage degli Innocenti.
■ SIN. carnage, tuerie.
massacrer [masakre] *v.tr.* massacrare; sterminare.
massacreur [masakrœr] *n.m.* [f. *-euse*] massacratore.
massage [masaʒ] *n.m.* massaggio.
masse[1] [mas] *n.f.* **1** massa; blocco (*m.*): *une statue sculptée dans la masse*, una statua scolpita in un solo blocco **2** (*fam.*) massa, mucchio (*m.*); mole, gran quantità (di cose): *j'ai une masse de choses à faire*, ho un mucchio di cose da fare **3** massa (di persone): *c'est bon pour la masse*, va bene per il grosso pubblico, la massa **4** (*fis., chim.*) massa.
● (*meteor.*) ***masse d'air***, massa d'aria | (*econ.*) ***masse salariale***, monte salari | ***culture de masse***, cultura di massa | ***être à la masse***, (*fam.*) essere fuori di testa | ***il n'y en a pas des masses***, (*fam.*) non ce n'è poi tanto, molto | (*elettr.*) ***mise à la masse***, messa a terra | ***moyens de communications de masse***, mezzi di comunicazione di massa, media | (*econ.*) ***production en masse***, produzione di massa, in serie | ***tomber, s'écrouler comme une masse***, cadere pesantemente, come un masso.
masse[2] *n.f.* mazza.
● ***coup de masse***, mazzata (*anche fig.*).
massepain [maspɛ̃] *n.m.* biscottino di marzapane.
masser[1] [mase] *v.tr.* massaggiare.
masser[2] *v.tr.* ammassare ♦ **se masser** *v.pron.intr.* ammassarsi, stiparsi.
masseur [masœr] *n.m.* **1** [f. *-euse*] massaggiatore **2** apparecchio massaggiatore.
massicot [masiko] *n.m.* (*ind. cartaria*) taglierina (*f.*), trancia (*f.*).
massicoter [masikɔte] *v.tr.* rifilare con una taglierina.
massif [masif] *agg.* [f. *-ive*] **1** massiccio **2** massivo ♦ *n.m.* **1** (*geogr.*) massiccio **2** (*edil.*) basamento, blocco **3** macchia (*f.*), cespuglio; (*di fiori*) aiuola (*f.*).
massifier [masifje] *v.tr.* massificare.
massivement [masivmɑ̃] *avv.* massicciamente, in massa.

M

mass media [masmedja] *n.m.pl.* → **média**.
massue [masy] *n.f.* mazza, clava.
● ***coup de massue***, (*anche fig.*) mazzata | ***des arguments massue***, (*fig.*) argomenti schiaccianti.
mastectomie [mastɛktɔmi] *n.f.* (*med.*) mastectomia.
master, **mastère** [mastɛʀ] *n.m.* master.
mastérisation [masteʀizasjɔ̃] *n.f.* (*inform.*) masterizzazione.
mastériser [masteʀize] *v.tr.* (*inform.*) masterizzare.
mastic [mastik] *n.m.* 1 mastice; stucco (del vetraio) 2 (*tip.*) refuso ♦ *agg.invar.* (color) grigio-beige.
masticage [mastikaʒ] *n.m.* stuccatura (*f.*).
mastication [mastikasjɔ̃] *n.f.* masticazione.
masticatoire [mastikatwaʀ] *n.m.* e *agg.* 1 masticatorio 2 (*per neonati*) massaggiagengive.
mastiff [mastif] *n.m.* (*cane*) mastino inglese.
mastiquer[1] [mastike] *v.tr.* masticare.
mastiquer[2] *v.tr.* stuccare; applicare il mastice (a).
mastite [mastit] *n.f.* (*med.*) mastite.
mastoc [mastɔk] *agg.invar.* (*spreg.*) mastodontico; massiccio.
mastodonte [mastɔdɔ̃t] *n.m.* mastodonte.
mastoïde [mastɔid] *agg.* e *n.f.* (*anat.*) mastoide.
mastoïdien [mastɔidjɛ̃] *agg.* [f. *-enne*] (*anat.*) mastoideo.
mastoïdite [mastɔidit] *n.f.* (*med.*) mastoidite.
mastopathie [mastɔpati] *n.f.* (*med.*) mastopatia.
masturbation [mastyʀbasjɔ̃] *n.f.* masturbazione.
masturber, se [səmastyʀbe] *v.pron.* masturbarsi.
m'as-tu-vu [matyvy] *n.m.* e *f.invar.* vanitoso/a; presenzialista ♦ *agg.invar.* (*fam.*) vanitoso: *ce qu'il est m'as-tu-vu!*, come se la tira!
masure [mazyʀ] *n.f.* catapecchia, stamberga.
mat[1] [mat] *agg.* opaco; (*di rumore*) sordo.
● ***peau mate***, pelle olivastra.
mat[2] *n.m.* (*scacchi*) scacco matto ♦ *agg.* (*scacchi*) 1 matto 2 (*di giocatore*) sotto scacco.
● ***faire*** (***échec et***) ***mat***, dare scacco matto | ***le roi est mat***, scacco al re.
mât [mɑ] *n.m.* 1 (*mar.*) albero 2 palo; (*ginnastica*) pertica (*f.*).
● ***mât de cocagne***, albero della cuccagna | (*mar.*): ***mât de misaine***, albero di trinchetto; ***grand mât***, albero maestro.
matador [matadɔʀ] *n.m.* matador, torero.
matamore [matamɔʀ] *n.m.* smargiasso, gradasso, fanfarone.
match [matʃ] *n.m.* [pl. *matchs*, *matches*] 1 partita (*f.*), incontro 2 (*estens.*) competizione (*f.*).
● ***match de retour***, incontro di ritorno | ***match nul***, pareggio: *faire match nul*, pareggiare.
matelas [matla] *n.m.* materasso.
● ***matelas à ressorts***, materasso a molle | ***matelas*** (***en***) ***mousse***, materasso di gommapiuma | ***matelas pneumatique***, materassino gonfiabile.
matelassé [matlase] *agg.* e *n.m.* matelassé, (tessuto) imbottito e trapuntato.
matelasser [matlase] *v.tr.* imbottire.
matelassier [matlasje] *n.m.* [f. *-ère*] materassaio.
matelot [matlo] *n.m.* marinaio.
matelote [matlɔt] *n.f.* (*cuc.*) pesce (*m.*) marinato (in salsa di vino rosso e cipolle).
mater[1] [mate] *v.tr.* domare, reprimere, dominare.
mater[2] *v.tr.* (*fam.*) sbirciare, guardare.
matérialisation [mateʀjalizasjɔ̃] *n.f.* materializzazione.
matérialiser [mateʀjalize] *v.tr.* materializzare; concretizzare ♦ **se matérialiser** *v.pron.intr.* materializzarsi; concretizzarsi.
matérialisme [mateʀjalism] *n.m.* (*fil.*) materialismo.
● ***matérialisme historique***, ***dialectique***, materialismo storico, dialettico.
matérialiste [mateʀjalist] *agg.* materialistico ♦ *n.m.* e *f.* materialista.
matérialité [mateʀjalite] *n.f.* materialità.
matériau [mateʀjo] *n.m.* 1 materiale, materia (*f.*) di base 2 (*pl.*) materiale, documentazione (*f.*): *réunir des matériaux pour un livre*, raccogliere materiale per un libro.
matériel[1] [mateʀjɛl] *agg.* [f. *-elle*] 1 materiale 2 materialistico.
matériel[2] *n.m.* 1 materiale 2 attrezzatura (*f.*): *le matériel d'une usine*, il macchinario di uno stabilimento industriale 3 (*inform.*) hardware.
● ***matériel de bureau***, attrezzature per ufficio | ***matériel de pêche***, attrezzi per la pesca | (*ferr.*) ***matériel roulant***, materiale rotabile.
matérielle [mateʀjɛl] *n.f.* (*antiq.*) il necessario (*m.*) per vivere.
● ***gagner sa matérielle***, (*fam.*) guadagnarsi la pagnotta, di che vivere.
matériellement [mateʀjɛlmɑ̃] *avv.* materialmente.
maternage [matɛʀnaʒ] *n.m.* 1 cure (*f.pl.*) materne 2 (*psic.*) transfert, traslazione (*f.*) materna.
maternel [matɛʀnɛl] *agg.* [f. *-elle*] materno.
● ***hôtel maternel***, istituto per ragazze madri | ***langue maternelle***, lingua madre.
maternelle [matɛʀnɛl] *n.f.* scuola materna.
maternellement [matɛʀnɛlmɑ̃] *avv.* maternamente.
maternels [matɛʀnɛl] *n.m.pl.* (*Africa*) parenti per parte di madre.
materner [matɛʀne] *v.tr.* 1 (*psic.*) curare con transfert materno 2 (*estens.*) proteggere con cura eccessiva.
maternité [matɛʀnite] *n.f.* 1 maternità 2 gravidanza 3 (reparto) maternità.
● ***congé maternité***, congedo di maternità.
mateur [matœʀ] *n.m.* [f. *-euse*] guardone.
mathématicien [matematisjɛ̃] *n.m.* [f. *-enne*] matematico.
mathématique [matematik] *agg.* matematico.
mathématiquement [matematikmɑ̃] *avv.* matematicamente.
mathématiques [matematik] *n.f.pl.* matematica (*sing.*).
matheux [matø] *n.m.* [f. *-euse*] (*fam.*) 1 studente di matematica 2 chi ha il bernoccolo per la matematica.
math(s) [mat] *n.f.pl.* (*fam.*) abbr. di **mathématiques**.
matière [matjɛʀ] *n.f.* 1 materia 2 materia; argomento (*m.*): *matière d'examen*, materia d'esame; *en matière culturelle*, in campo culturale | *il n'y a pas là matière à plaisanter*, non c'è proprio di che scherzare 3 materiale (*m.*): *matière inflammable*, materiale infiammabile; *il y a là de la matière pour un roman policier*, (*fig.*) c'è materiale a sufficienza per un romanzo poliziesco.
● ***matière à option***, materia opzionale, facoltativa |

M

matière combustible, materiale combustibile | (*anat.*) ***matière grise***, materia grigia, cerebrale: *faire travailler sa matière grise*, (*fam.*) far lavorare il cervello | ***matierè première, brute***, materia prima | ***matières grasses***, grassi | ***donner matière à***, dare adito a | ***entrer en matière***, entrare in argomento | ***table des matières***, indice.

matifiant [matifjɑ̃] ***agg.*** opacizzante: *fond de teint matifiant*, fondotinta opacizzante.

matin [matɛ̃] ***n.m.*** mattino, mattina (*f.*): *le 30 avril au matin*, la mattina del 30 aprile.
● ***ce matin***, stamattina | ***de bon, de grand matin***, di buon mattino, di primo mattino | ***demain matin***, domani mattina | ***du matin au soir***, (*anche fig.*) dalla mattina alla sera | ***être du matin***, (*fam.*) essere mattiniero | ***jusqu'au petit matin***, fino all'alba | ***le matin***, la mattina, di mattino | ***un beau matin***, un bel giorno | ***un de ces (quatre) matins***, uno di questi giorni.

mâtin [mɑtɛ̃] ***n.m.*** **1** (cane) mastino **2** (*fam.*) briccone.

matinal [matinal] ***agg.*** [pl. *-als* o *-aux*] **1** mattutino **2** mattiniero.

mâtiné [mɑtine] ***agg.*** incrociato (**con**): *il parle un français mâtiné d'italien*, (*fig.*) parla un francese italianizzato.

matinée [matine] ***n.f.*** **1** mattinata, mattina **2** (*teatr., cine.*) matinée, rappresentazionediurna.
● ***faire la grasse matinée***, stare a letto fino a tardi.

mâtiner [mɑtine] ***v.tr.*** (*cani*) incrociare.

matines [matin] ***n.f.pl.*** (*eccl.*) mattutino (*m.sing.*).

matinier [matinje] ***agg.*** [f. *-ère*] (*letter.*) del mattino.
● ***l'étoile matinière***, la stella del mattino, Venere.

M

matité [matite] ***n.f.*** opacità.

matois [matwa] ***agg.*** furbo, scaltro ♦ ***n.m.*** volpone: *un fin matois*, un vecchio volpone.

maton [matɔ̃] ***n.m.*** [f. *-onne*] (*argot*) secondino.

FAUX AMI
Da non confondere con *mattone*, che si traduce *brique*.

matorral [matɔʀal] ***n.m.*** [pl. *-als*] (*bot.*) macchia (*f.*) mediterranea.

matou [matu] ***n.m.*** gatto (maschio).

matraquage [matʀakaʒ] ***n.m.*** **1** bastonatura (*f.*); randellata (*f.*) **2** (*fig.*) martellamento: *matraquage publicitaire*, martellamento pubblicitario.

matraque [matʀak] ***n.f.*** **1** randello (*m.*) **2** sfollagente (*m.*), manganello (*m.*).
● ***coup de matraque***, manganellata; (*fig. fam.*) batosta; mazzata.

matraquer [matʀake] ***v.tr.*** **1** randellare **2** picchiare con lo sfollagente, manganellare **3** (*fig.*) attaccare, criticare duramente **4** (*fig.*) dare una stangata (**a**) **5** (*fig.*) (*pubblicità ecc.*) ripetere in modo martellante: *matraqué par la publicité*, martellato, bombardato dalla pubblicità.

matras [matʀɑ] ***n.m.*** (*chim.*) matraccio, beuta (*f.*).

matriarcal [matʀijaʀkal] ***agg.*** [pl. *-aux*] matriarcale.

matriarcat [matʀijaʀka] ***n.m.*** matriarcato.

matrice [matʀis] ***n.f.*** **1** matrice **2** (*tecn.*) matrice; stampo (*m.*).
● (*amm.*) ***matrice cadastrale***, mappa catastale; ***matrice du rôle des contributions***, ruolo delle imposte dirette.

matricide [matʀisid] ***n.m.*** matricidio.

matricule [matʀikyl] ***n.f.*** **1** matricola **2** immatricolazione: *droits de matricule*, tassa di immatricolazione ♦ ***n.m.*** **1** numero di matricola **2** numero di immatricolazione.
● (***extrait de la***) ***matricule***, certificato di immatricolazione | ***livret matricule***, (*di soldato*) libretto di matricola | ***registre matricule***, registro di iscrizione.

matriculer [matʀikyle] ***v.tr.*** (*non com.*) immatricolare.

matrilignage [matʀiliɲaʒ] ***n.m.*** matrilinearità (*f.*).

matrilinéaire [matʀilineɛʀ] ***agg.*** matrilineare.

matrimonial [matʀimɔnjal] ***agg.*** [pl. *-aux*] matrimoniale.

matronal [matʀɔnal] ***agg.*** [pl. *-aux*] matronale, da matrona.

matrone [matʀɔn] ***n.f.*** **1** matrona **2** levatrice non autorizzata, mammona.

matroneum [matʀɔneɔm] ***n.m.*** (*arch.*) matroneo.

maturation [matyʀasjɔ̃] ***n.f.*** maturazione.

mâture [mɑtyʀ] ***n.f.*** (*mar.*) alberatura.

maturité [matyʀite] ***n.f.*** **1** maturità **2** (*Svizzera*) (diploma di) maturità.

maudire [modiʀ] ***v.tr.*** [coniug. regolarmente, come *finir*, tranne il p.p. *maudit*] maledire.

maudit [modi] *p.p.* di **maudire** ♦ ***agg.*** e ***n.m.*** maledetto.
● ***le Maudit***, il Maligno, il Demonio.

maugréer [mogʀee] ***v.intr.*** brontolare.

maure [mɔʀ] ***agg.*** e ***n.m.*** [f. *-esque*] moro, mauro.

mauresque [mɔʀɛsk] ***agg.*** moresco ♦ ***n.f.*** bibita a base di pastis e orzata.

mauricien [mɔ(o)ʀisjɛ̃] ***agg.*** [f. *-enne*] delle isole Mauritius.

mauritanien [mɔ(o)ʀitanjɛ̃] ***agg.*** [f. *-enne*] mauritano.

mausolée [mozɔle] ***n.m.*** mausoleo.

maussade [mosad] ***agg.*** **1** immusonito **2** (*di tempo*) uggioso.

maussadement [mosadmɑ̃] ***avv.*** in modo tetro, noioso.

mauvais [mɔ(o)vɛ] ***agg.*** **1** cattivo; brutto; scadente: *très mauvais*, pessimo; *un mauvais rêve*, un brutto sogno; *mauvaise humeur*, cattivo umore; *un mauvais lit*, un letto scomodo; *un mauvais prétexte*, una scusa che non regge **2** (*che denota cattiveria*) cattivo: *un mauvais sourire*, un sorriso cattivo ♦ ***avv.*** male: *il fait mauvais*, è brutto tempo; *il ne serait pas mauvais qu'il apprenne à tenir sa langue*, non sarebbe male che imparasse a tenere a freno la lingua ♦ ***n.m.*** **1** (*persona cattiva*) cattivo **2** (*cosa cattiva*) cattivo, parte cattiva: *je trouve mauvais que*, disapprovo che.
● ***mauvais estomac***, stomaco delicato | ***mauvaise chute***, brutta caduta: *faire une mauvaise chute*, cadere in malo modo | ***mauvaise foi***, malafede | ***mauvaise plaisanterie***, scherzo di cattivo gusto | ***être mauvais en***, (*a scuola*) andare male in: *il est mauvais en latin*, va male in latino | ***être mauvais pour***, fare male a: *le café est mauvais pour les nerfs*, il caffè fa male ai nervi | ***faire un mauvais parti à qqn***, ridurre qlcu a mal partito | ***il l'a eue mauvaise***, l'ha presa male | ***le Mauvais***, il Maligno | ***regarder d'un mauvais œil***, vedere di mal occhio | ***sentir mauvais***, avere cattivo odore.
■ *AGG.* SIN. **2** méchant.

NOTA ***Mauvais*** o ***méchant***?
Si usa ***mauvais*** per oggetti e cose inanimate:
les mauvaises odeurs, i cattivi odori.
Si usa ***méchant*** per le persone o gli animali:
un enfant méchant, un bambino cattivo.

Letterariamente, ***méchant*** può essere attribuito a oggetti, con il senso di 'misero, malandato':
*Il était vêtu d'un **méchant** pardessus.*
Indossava un misero soprabito.

mauve [mov] *n.f.* (*bot.*) malva ♦ *agg.* e *n.m.* color malva, violetto.

mauviette [movjɛt] *n.f.* 1 persona gracile, malaticcia 2 persona timida, paurosa.
■ SIN. **2** poltron.

maxi- *pref.* maxi-, mega-.

maxidiscompte [maksidiskɔ̃t] *n.m.* hard discount.

maxillaire [maksilɛʀ] *agg.* e *n.m.* (*anat.*) mascellare.

maximal [maksimal] *agg.* [pl. *-aux*] massimo.

maximalisme [maksimalism] *n.m.* (*pol.*) massimalismo.

maximaliste [maksimalist] *agg.* e *n.m.* e *f.* massimalista.

maxime [maksim] *n.f.* massima.
■ SIN. proverbe, adage.

maximum [maksimɔm] *n.m.* [pl. *maximums*, scient. *maxima*] massimo: *le maximum de rendement*, il massimo rendimento; *jouer le maximum*, puntare il massimo; *c'est le maximum de ce que je peux faire*, è il massimo che possa fare; *elle a mis le maximum de chances de son côté*, ha fatto di tutto per assicurarsi il successo, per spuntarla.
● ***au maximum***, al massimo.
■ CONTR. minimum.

mayennais [majɛnɛ] *agg.* della Mayenne.

mayeur [majœʀ] *n.m.* (*Belgio*) sindaco.

mayonnaise [majɔnɛz] *n.f.* (*cuc.*) maionese.

mazagran [mazagʀɑ̃] *n.m.* 1 caffè servito in bicchiere 2 mazagran (bicchiere alto di ceramica con piede largo).

mazette [mazɛt] *n.f.* (*fam.*) schiappa, mezzacalzetta ♦ *inter.* caspita.

mazot [mazo] *n.m.* (*Svizzera*) maso.

mazout [mazut] *n.m.* nafta (*f.*), gasolio.

mazurka [mazyʀka] *n.f.* mazurca (musica e danza).

MDP [ɛmdepe] *n.m.* (*inform.*) (*sigla di* Mot De Passe) password (*f.*).

me [mə] *pron.pers.m.* e *f.* *1ª pers.sing.* [si apostrofa davanti a vocale e *h* muta] 1 (*compl. ogg. e compl. di termine*) mi; (*seguito da pron.* le, la, les, en) me: *il m'a vu*, mi ha visto; *tu me parleras*, mi parlerai; *tu voulais me parler*, volevi parlarmi, mi volevi parlare; *vous me le direz*, me lo direte; *il m'en offrira quelques-uns*, me ne regalerà qualcuno; *parle-m'en, ne m'en parle plus*, parlamene, non parlarmene più 2 (*nella coniug. dei verbi pron.*) mi; (*seguito da pron.* en) me: *je m'habille*, mi vesto; *je m'en vais*, me ne vado.

mé- *pref.* mis-, dis-, s-.

méandre [meɑ̃dʀ] *n.m.* meandro.

méat [mea] *n.m.* meato.

mec [mɛk] *n.m.* (*fam.*) 1 tizio, tipo 2 moroso, uomo, tipo: *elle est venue avec son mec*, è venuta col suo uomo.

mécanicien [mekanisjɛ̃] *n.m.* [f. *-enne*] 1 meccanico 2 (*ferr.*) macchinista 3 (*mar.*) motorista.

mécanicien-dentiste [mekanisjɛ̃dɑ̃tist] *n.m.* [pl. *mécaniciens-dentistes*] odontotecnico.

mécanique [mekanik] *n.f.* 1 meccanica 2 meccanismo (*m.*) ♦ *agg.* meccanico.

mécaniquement [mekanikmɑ̃] *avv.* meccanicamente.

mécanisation [mekanizasjɔ̃] *n.f.* meccanizzazione.

mécanisé [mekanize] *agg.* meccanizzato.

mécaniser [mekanize] *v.tr.* meccanizzare.

mécanisme [mekanism] *n.m.* meccanismo; congegno.

mécano [mekano] *n.m.* (*fam.*) abbr. di **mécanicien**.

mécanographe [mekanɔgʀaf] *n.m.* e *f.* operatore/trice meccanografico/a.

mécanographie [mekanɔgʀafi] *n.f.* meccanografia.

mécanographique [mekanɔgʀafik] *agg.* meccanografico.

mécénat [mesena] *n.m.* mecenatismo.

mécène [mesɛn] *n.m.* mecenate.

méchamment [meʃamɑ̃] *avv.* 1 con cattiveria 2 (*fam.*) molto, estremamente.

méchanceté [meʃɑ̃ste] *n.f.* cattiveria, malvagità.

méchant [meʃɑ̃] *agg.* 1 cattivo, malvagio: *personne méchante*, persona cattiva, malvagia; *un regard méchant*, un'occhiataccia; *critique méchante*, critica velenosa 2 cattivo, mediocre; misero ♦ *n.m.* cattivo.
● ***ce n'est pas (bien) méchant***, non fa male; non c'è niente di male: *un petit verre de vin, ce n'est pas méchant*, un bicchierino di vino non fa male; *tu peux lui laisser lire ce livre, ce n'est pas bien méchant*, puoi lasciargli leggere quel libro, non c'è niente di male, è innocuo | ***rien de méchant***, niente di grave.
■ AGG. SIN. **1** mauvais, malveillant CONTR. **1** bon.

mèche[1] [mɛʃ] *n.f.* 1 stoppino (*m.*), lucignolo (*m.*) 2 (*di esplosivo*) miccia 3 (*di capelli*) ciocca 4 (*med.*) zaffo (*m.*) 5 (*tecn.*) fioretto (*m.*); punta (da trapano) 6 (*mar.*) asse (*m.*) del timone.
● ***éventer la mèche***, (*fig.*) sventare il complotto | ***vendre la mèche***, (*fig.*) svelare il segreto.

mèche[2] *n.f.invar.*
● ***être de mèche avec qqn***, (*fam.*) essere complice di qlcu, intendersela con qlcu.

méchoui [meʃwi] *n.m.* (*cuc.*) méchoui (piatto nordafricano a base di agnello arrostito allo spiedo).

mécompte [mekɔ̃t] *n.m.* disinganno, disillusione (*f.*).

méconnaissable [mekɔnɛsabl] *agg.* irriconoscibile.

méconnaissance [mekɔnɛsɑ̃s] *n.f.* disconoscimento (*m.*).

méconnaître [mekɔnɛtʀ] *v.tr.* [coniug. come *connaître*] disconoscere, misconoscere.

méconnu [mekɔny] *p.p.* di **méconnaître** ♦ *agg.* misconosciuto.

mécontent [mekɔ̃tɑ̃] *agg.* e *n.m.* malcontento, scontento; insoddisfatto.
■ SIN. insatisfait.

mécontentement [mekɔ̃tɑ̃tmɑ̃] *n.m.* malcontento, scontento; insoddisfazione (*f.*).

mécontenter [mekɔ̃tɑ̃te] *v.tr.* scontentare.

mécréant [mekʀeɑ̃] *n.m.* miscredente.

médaille [medaj] *n.f.* 1 medaglia 2 medaglietta; targhetta, placca 3 (*arch.*) medaglione (*m.*).
● ***médaille d'honneur***, medaglia al valor civile | ***médaille militaire***, medaglia al valor militare.

médaillé [medaje] *agg.* e *n.m.* decorato (di medaglia).

médaillier [medaje] *n.m.* medagliere.

médaillon [medajɔ̃] *n.m.* medaglione (*anche cuc.*).

médecin [medsɛ̃] *n.m.* medico.
● ***médecin-chef***, primario: *médecin-chef d'une clinique*, primario di una clinica | ***médecin de famille***, medico di famiglia | ***médecin de garde***, ***de service***, medico di turno | ***médecin d'entreprise***, medico aziendale | ***médecin des armées***, ufficiale medico | ***médecin du bord***, medico di bordo | ***médecin généraliste***, medico di base, generico | ***médecin légiste***, medico legale, perito settore | ***médecin traitant***, medico curante | ***femme médecin***, dottoressa.

médecin-conseil [medsɛ̃kɔ̃sɛj] *n.m.* [pl. *médecins -conseils*] **1** medico fiduciario (nelle compagnie assicurative) **2** medico fiscale (di casse mutue malattie).

médecine [medsin] *n.f.* medicina: *faire sa médecine*, studiare medicina.

FAUX AMI
Da non confondere con *medicina* nel significato di *farmaco*, che si traduce *médicament, remède*.

média [medja] *n.m.* (mass) media (*pl.*).

médian [medjɑ̃] *agg.* mediano.

médiane [medjan] *n.f.* (*tecn., scient.*) mediana.

médiat [medja] *agg.* mediato.

médiateur [medjatœʀ] *agg.* e *n.m.* [f. *-trice*] mediatore.

médiathèque [medjatɛk] *n.f.* mediateca.

médiation [medjasjɔ̃] *n.f.* mediazione.

médiatique [medjatik] *agg.* mediatico, mediale: *image médiatique*, immagine mediale.

médiatisation [medjatizasjɔ̃] *n.f.* divulgazione attraverso i media.

médiatrice [medjatʀis] *n.f.* (*mat.*) (*di segmento*) asse (*m.*).

médical [medikal] *agg.* [pl. *-aux*] **1** medico | *certificat médical*, certificato medico | *visite médicale*, visita medica **2** medicinale, curativo: *propriétés médicales d'une substance*, proprietà medicinali di una sostanza.
● ***le corps médical***, il personale medico | ***les auxiliaires médicaux***, il personale paramedico | ***visiteur***, ***délégué médical***, informatore scientifico, propagandista farmaceutico.

médicalement [medikalmɑ̃] *avv.* dal punto di vista medico, sotto l'aspetto medico.

médicalisation [medikalizasjɔ̃] *n.f.* medicalizzazione.

médicaliser [medikalize] *v.tr.* **1** medicalizzare **2** (*di regione ecc.*) dotare di, sviluppare le infrastrutture mediche.

médicament [medikamɑ̃] *n.m.* medicina (*f.*), farmaco, medicinale.
■ SIN. remède.

médicamenteux [medikamɑ̃tø] *agg.* [f. *-euse*] medicamentoso.

médication [medikasjɔ̃] *n.f.* cura.

médicinal [medisinal] *agg.* [pl. *-aux*] medicinale.

médico-légal [medikɔlegal] *agg.* [pl. *médico-légaux*] medico-legale.
● ***institut médico-légal***, istituto di medicina legale.

médiéval [medjeval] *agg.* [pl. *-aux*] medievale.

médiéviste [medjevist] *n.m.* e *f.* medievalista, medievista.

médina [medina] *n.f.* medina (parte vecchia delle città nordafricane).

médiocre [medjɔkʀ] *agg.* e *n.m.* mediocre: *élève médiocre en anglais*, allievo mediocre, carente in inglese.
■ AGG. SIN. quelconque, minable.

médiocrement [medjɔkʀəmɑ̃] *avv.* mediocremente.

médiocrité [medjɔkʀite] *n.f.* mediocrità.

médire [mediʀ] *v.intr.* [coniug. come *dire*, tranne alla 2ª pers.pl. del pres.indic. e dell'imp.: *médisez*] sparlare, parlare male.

médisance [medizɑ̃s] *n.f.* maldicenza.

médisant [medizɑ̃] *agg.* e *n.m.* maldicente.

médit [medi] *p.p.* di **médire**.

méditatif [meditatif] *agg.* [f. *-ive*] **1** meditativo **2** pensoso: *air méditatif*, aria pensosa.

méditation [meditasjɔ̃] *n.f.* meditazione, riflessione.

méditer [medite] *v.tr.* **1** meditare un delitto (**su**) **2** meditare, progettare: *méditer un crime*, meditare un delitto ♦ *v.intr.* meditare, riflettere.

méditerranéen [meditɛʀaneɛ̃] *agg.* [f. *-enne*] mediterraneo.

médium [medjɔm] *n.m.* **1** (*occultismo*) medium **2** → média.

médiumnique [medjɔmnik] *agg.* medianico.

medius [medjys] *n.m.* (dito) medio.

médoc[1] [medɔk] *n.m.* médoc (vino bordeaux della regione di Médoc).

médoc[2] *n.m.* (*fam.*) abbr. di **médicament**.

médullaire [medylɛʀ] *agg.* (*anat., bot.*) midollare.

médulleux [medylø] *agg.* [f. *-euse*] (*bot.*) midolloso.

méduse [medyz] *n.f.* (*zool.*) medusa.

méduser [medyze] *v.tr.* (*fam.*) sbalordire, stupire.

meeting [mitiŋ] *n.m.* **1** comizio (politico o sindacale) **2** (*sport*) raduno.

méfait [mefɛ] *n.m.* **1** malefatta (*f.*) **2** danno.

méfiance [mefjɑ̃s] *n.f.* diffidenza, sfiducia, sospetto (*m.*): *éveiller la méfiance de qqn*, destare i sospetti di qlcu.

méfiant [mefjɑ̃] *agg.* diffidente, sospettoso ♦ *n.m.* persona (*f.*) diffidente, sospettosa.
■ AGG. SIN. défiant CONTR. confiant.

méfier, se [səmefje] *v.pron.* non fidarsi, diffidare: *elle s'est méfiée de lui*, ha diffidato, non si è fidata di lui.

méfu [məfy] *v.tr.* e *intr.* [coniug. invar.] (*verlan di* fumer) fumare.

méga- *pref.* mega-.

mégabit [megabit] *n.m.* (*inform.*) megabit.

mégabyte [megabait] *n.m.* (*inform.*) megabyte.

mégalithe [megalit] *n.m.* (*archeol.*) megalite.

mégalithique [megalitik] *agg.* (*archeol.*) megalitico.

mégalo [megalo] *agg.* e *n.m.* e *f.* (*fam.*) abbr. di **mégalomane**.

mégalo- *pref.* megalo-.

mégalomane [megalɔman] *agg.* e *n.m.* e *f.* megalomane.

mégalomanie [megalɔmani] *n.f.* megalomania.

mégalopole [megalɔpɔl] *n.f.* megalopoli.

mégaoctet [megaɔktɛ] *n.m.* (*inform.*) megabyte.

mégaphone [megafɔn] *n.m.* megafono.

mégarde, par [paʀmegaʀd] *avv.* inavvertitamente, per sbaglio.

mégatonne [megatɔn] *n.f.* (*fis.*) megaton (*m.*).

M

mégawatt [megawat] *n.m.* (*fis.*) megawatt.

mégère [meʒɛʀ] *n.f.* megera.

mégir [meʒiʀ] *v.tr.* (*ind. conciaria*) allumare.

mégisser [meʒise] *v.tr.* → **mégir**.

mégisserie [meʒisʀi] *n.f.* industria del cuoio.

mégot [mego] *n.m.* (*fam.*) cicca (*f.*), mozzicone.

mégoter [megɔte] *v.intr.* (*fam.*) essere tirchio.

méhari [meaʀi] *n.m.* (*zool.*) mehari, meari, dromedario africano.

meilleur [mɛjœʀ] *agg.compar.* migliore: *sa santé était meilleure qu'il ne croyait*, la sua salute era migliore di quanto credesse; *sa santé est meilleure qu'elle n'était*, la sua salute è migliore di prima; *ce qu'il y a de meilleur en lui c'est sa bonté*, la sua qualità migliore è la bontà.
● ***de meilleure heure***, prima, più presto | ***il fait meilleur***, il tempo è migliorato; si sta meglio | ***j'en passe et des meilleures!***, c'è ben altro!, ce ne sono ben altri! | ***pour le meilleur et pour le pire***, nella buona e nella cattiva sorte | ***prendre le meilleur sur qqn***, avere la meglio su qlcu | ***rien de meilleur***, niente di meglio: *rien de meilleur que de s'en aller*, non resta che andarsene.
■ CONTR. pire.
□ **le meilleur** *superl.rel.* [f. *la meilleure*; pl.m. *les meilleurs*, f. *les meilleures*] il migliore: *le meilleur des hommes*, il migliore uomo che ci sia; *avec la meilleure bonne volonté*, con tutta la buona volontà del mondo ♦ *n.m.* 1 il meglio: *elle a donné le meilleur d'elle-même*, ha dato il meglio di sé 2 il migliore: *que le meilleur gagne*, (che) vinca il migliore.

méjuger [meʒyʒe] *v.intr.* [coniug. come *manger*] sbagliarsi (su) ♦ *v.tr.* giudicare male ♦ **se méjuger** *v.pron. intr.* sottovalutarsi.

mélancolie [melɑ̃kɔli] *n.f.* malinconia.

mélancolique [melɑ̃kɔlik] *agg.* malinconico, melanconico.

mélancoliquement [melɑ̃kɔlikmɑ̃] *agg.* malinconicamente, mestamente.

mélanésien [melanezjɛ̃] *agg.* [f. *-enne*] melanesiano.

Mélanésien *n.m.* [f. *-enne*] (*abitante*) melanesiano.

mélange [melɑ̃ʒ] *n.m.* 1 mescolanza (*f.*); miscela (*f.*); miscuglio; misto: *un mélange de couleurs*, un miscuglio di colori; *mélange de races*, incrocio di razze; *mélange de styles*, accozzaglia di stili; *l'homme est un mélange de courage et de faiblesse*, l'uomo è un misto di coraggio e di debolezza 2 (*pl.*) (*lett.*) miscellanea (*f.sing.*), zibaldone (*sing.*).
● ***mélange carburant***, miscela carburante | ***sans mélange***, (*fig.*) puro, senza ombre.

mélangé [melɑ̃ʒe] *agg.* misto: *public mélangé*, pubblico eterogeneo.

mélanger [melɑ̃ʒe] *v.tr.* [coniug. come *manger*] 1 mescolare; miscelare: *j'ai mélangé tous mes papiers, je ne retrouve rien*, ho mischiato tutti i fogli, non trovo più niente 2 (*estens.*) confondere: *fais donc attention!, tu mélanges tout*, sta' attento!, fai una grande confusione ♦ **se mélanger** *v.pron.intr.* mescolarsi.

mélangeur [melɑ̃ʒœʀ] *n.m.* (*tecn.*) mescolatore.
● (***robinet***) ***mélangeur***, (rubinetto) miscelatore.

mélanine [melanin] *n.f.* (*biochim.*) melanina.

mélanome [melanɔm] *n.m.* (*med.*) melanoma.

mélasse [melas] *n.f.* 1 melassa 2 (*fam.*) pasticcio (*m.*): *quelle mélasse!*, che pasticcio! 3 (*fam.*) nebbione (*m.*).

mélatonine [melatɔnin] *n.f.* melatonina.

Melba [mɛlba] *agg.invar.*
● ***pêche, fraises Melba***, pesca, fragole melba (servite con gelato, panna e gelatina di frutta).

mêlé [mele] *agg.* mescolato, mischiato; misto.

mêlécasse [melekas] *n.m.* bevanda (*f.*) di acquavite e cassis.

mêlée [mele] *n.f.* 1 mischia, ressa: *se tenir en dehors, à l'écart de la mêlée*, tenersi fuori dalla mischia 2 (*rugby*) mischia.

mêler [mele] *v.tr.* 1 mischiare, mescolare: *mêler les cartes*, mescolare le carte; *mêler le rire aux larmes*, mescolare il riso al pianto; *ce vin est mêlé d'eau*, questo vino è annacquato 2 immischiare: *mêler qqn à une affaire*, immischiare qlcu in una faccenda ♦ **se mêler** *v.pron.intr.* 1 mescolarsi, mischiarsi: *se mêler au combat*, unirsi alla lotta 2 impicciarsi, immischiarsi: *de quoi se mêle-t-il?*, di che si immischia?; *il se mêle de tout*, è un ficcanaso; *quand il se mêle de travailler, il le fait très bien*, (*fam.*) quando ci si mette di buzzo buono, lavora molto bene.
● ***si le cœur s'en mêle***, se ci si mette di mezzo il cuore.

mêle-tout [mɛltu] *n.m.* e *f.invar.* (*Belgio*) ficcanaso.

mélèze [melɛz] *n.m.* (*bot.*) larice.

méli-mélo [melimelo] *n.m.* [pl. *mélis-mélos*] (*fam.*) accozzaglia (*f.*), guazzabuglio.

mélisse [melis] *n.f.* (*bot.*) melissa.

mellifère [melifɛʀ] *agg.* (*zool., bot.*) mellifero.

mélo [melo] *n.m.* abbr. di **mélodrame** ♦ *agg.* abbr. di **mélodramatique**.
● (*fam.*) ***faire du mélo***, cadere nel patetico: *ne fais pas de mélo!*, non fare scene!

FAUX AMI
Da non confondere con l'albero *melo*, che si traduce *pommier*.

M

mélodie [melɔdi] *n.f.* melodia.

mélodieusement [melɔdjøzmɑ̃] *avv.* melodiosamente.

mélodieux [melɔdjø] *agg.* [f. *-euse*] melodioso.

mélodique [melɔdik] *agg.* melodico.

mélodramatique [melɔdʀamatik] *agg.* melodrammatico.

mélodrame [melɔdʀam] *n.m.* melodramma.

mélomane [melɔman] *agg.* e *n.m.* e *f.* melomane.

mélomanie [melɔmani] *n.f.* melomania.

melon [məlɔ̃] *n.m.* 1 melone, popone 2 (*spreg.*) arabo.
● (*bot.*) ***melon d'eau***, cocomero, anguria | ***attraper, avoir le melon***, (*fam.*) gasarsi | (*abbigl.*) (***chapeau***) ***melon***, bombetta.

mélopée [melɔpe] *n.f.* melopea.

melunais [məlynɛ] **melunois** [məlynwa] *agg.* di Melun.

membrane [mɑ̃bʀan] *n.f.* membrana.

membraneux [mɑ̃bʀanø] *agg.* [f. *-euse*] membranoso, membranaceo.

membre [mɑ̃bʀ] *n.m.* 1 (*anat.*) membro, arto 2 membro; socio: *membres de la famille*, membri della famiglia; *carte de membre*, tessera di socio 3 (*arch.*) membratura (*f.*).
● ***membre d'honneur, à vie***, socio onorario, vitalizio.

membrure [mɑ̃bʀyʀ] *n.f.* 1 (*anat., arch.*) membratura 2 (*mar.*) ossatura.

même [mɛm] *agg.indef.* 1 stesso, medesimo: *il a le même nez que son père*, ha il naso identico a quello di suo padre 2 (*posposto a un pron. o a un n. o a un avv.*)

stesso, proprio: *ce sont ses paroles mêmes*, sono le sue precise parole; *elle est la bonté même*, è la bontà personificata; *c'est celui-là même que je voulais*, è proprio quello che volevo; *c'est ici même qu'elle l'a rencontré*, è proprio qui che lo ha incontrato ♦ ***pron.indef.*** **1** lo stesso: *le niveau de vie est encore le même*, il livello di vita è ancora lo stesso; *ce sont toujours les mêmes*, sono sempre gli stessi, le stesse **2** la stessa cosa, lo stesso ♦ ***avv.*** **1** anche, perfino: *il garde son sang froid même devant le danger*, conserva il suo sangue freddo anche di fronte al pericolo; *même lui, il a peur*, perfino lui ha paura **2** anzi: *je pense et j'en suis même sûr*, lo credo e, anzi, ne sono certo.

● ***même que***, (*fam.*) ma se: *même que je l'ai vu il y a une demi-heure!*, ma se l'ho visto mezz'ora fa! | ***même si***, anche se | ***à même***, proprio: *boire à même la bouteille*, bere (direttamente) dalla bottiglia; *coucher à même le sol*, dormire per terra | ***à même de***, in grado di: *être, mettre à même de*, essere, mettere in grado di | (*comm.*) ***ce jour même***, ***aujourd'hui même***, oggi stesso | ***cela revient au même***, fa, è lo stesso | ***c'est du pareil au même***, (*fam.*) se non è zuppa è pan bagnato | ***c'est la même chose***, è lo stesso, è la stessa cosa | ***de même***, lo stesso: *il en est de même pour moi*, è lo stesso per me | (*comm.*) ***de même date***, di pari data | ***de même que***, come: *il est parti, de même que son frère*, è partito, come suo fratello | ***eux-mêmes***, ***elles-mêmes***, se stessi, stesse; loro stessi, stesse, proprio loro | ***moi-même***, ***toi-même***, ***lui-même***, io stesso, proprio io; tu stesso, proprio tu; lui stesso, proprio lui | ***nous-mêmes***, ***vous-mêmes***, noi stessi, proprio noi; voi stessi, proprio voi | ***pas même si***, ***même pas si***, neanche se | ***tout de même***, ***quand même***, ugualmente, comunque.

M

mémé [meme] ***n.f.*** **1** (*fam.*) nonna, nonnina **2** (*estens.*) vecchia signora ♦ ***n.m.*** (*Africa*) didietro, sedere.

mémento [memɛ̃to] ***n.m.*** **1** compendio **2** agenda (*f.*), taccuino.

mémère [memɛʀ] ***n.f.*** **1** (*fam.*) nonna, nonnina **2** (*estens.*) donnone (*m.*).

mémérer [memeʀe] ***v.intr.*** (*Canada*) spettegolare.

mémoire[1] [memwaʀ] ***n.f.*** **1** memoria: *avoir de la mémoire*, avere memoria; *n'avoir aucune mémoire*, non avere memoria; *sortir de la mémoire*, uscire di mente; *remettez-moi en mémoire*, ditemi qualcosa per farmi ricordare **2** ricordo (*m.*), memoria: *garder la mémoire de*, conservare la memoria, il ricordo di **3** (*inform.*) memoria.

● (*inform.*): ***mémoire à accès direct***, ***vive*** (*MEV*), memoria ad accesso casuale, diretto; ***mémoire à accès rapide***, memoria rapida; ***mémoire cache***, memoria cache; ***mémoire de masse***, memoria di massa; ***mémoire fichier***, memoria d'archivio; ***mémoire morte***, ***mémoire de fonction*** (*MEM*), memoria a sola lettura; ***mémoire tampon***, memoria tampone, memoria di transito | ***à la mémoire de***, in memoria di | ***de mémoire***, a memoria: *jouer de mémoire*, suonare a memoria; *de mémoire d'homme*, a memoria d'uomo | ***en mémoire de***, in ricordo di | (*inform.*) ***mise en mémoire***, memorizzazione | ***pour mémoire***, a titolo informativo.

mémoire[2] ***n.m.*** **1** memoria (*f.*), (breve) monografia (*f.*); dissertazione (*f.*) **2** (*dir.*) memoria (*f.*), comparsa (*f.*): *mémoire en défense*, memoria difensiva; *échange de mémoires*, scambio delle comparse **3** (*pl.*) (*lett.*) memorie (*f.*).

mémorable [memɔʀabl] ***agg.*** memorabile.

mémorablement [memɔʀabləmɑ̃] ***avv.*** in modo memorabile.

mémorandum [memɔʀɑ̃dɔm] ***n.m.*** **1** memorandum, promemoria **2** agenda (*f.*), taccuino.

mémorial [memɔʀjal] ***n.m.*** [pl. *-aux*] **1** memoriale **2** monumento commemorativo.

mémorialiste [memɔʀjalist] ***n.m.*** e ***f.*** memorialista.

mémorisation [memɔʀizasjɔ̃] ***n.f.*** **1** memorizzazione **2** (*inform.*) memorizzazione, salvataggio (*m.*).

mémoriser [memɔʀize] ***v.tr.*** **1** memorizzare **2** (*inform.*) memorizzare, salvare.

menaçant [mənasɑ̃] ***agg.*** minaccioso.

menace [mənas] ***n.f.*** minaccia: *lettre de menaces*, lettera minatoria.

● ***par la menace***, con le minacce.

menacer [mənase] ***v.tr.*** e ***intr.*** [coniug. come *placer*] minacciare: *menacer d'une arme*, minacciare con un'arma; *menacer qqn d'une punition*, minacciare una punizione a qlcu; *il est menacé de faillite*, rischia di fallire; *la pluie menace*, minaccia di piovere.

ménage [menaʒ] ***n.m.*** **1** coppia (*f.*); nucleo familiare: *un jeune ménage*, una coppia di sposini **2** pulizie (*f.pl.*) di casa: *les soins du ménage*, le faccende di casa; *faire le ménage*, fare le pulizie di casa.

● ***faire bon ménage avec qqn***, andare d'accordo con qlcu | ***faire des ménages***, andare a servizio | ***femme***, ***homme de ménage***, donna di servizio, domestico a ore | ***monter son ménage***, metter su casa | ***pain de ménage***, pane casereccio | ***scène de ménage***, (*fra marito e moglie*) scenata | ***se mettre en ménage avec qqn***, andare a vivere con qlcu.

ménagement [menaʒmɑ̃] ***n.m.*** (*spec. pl.*) riguardo, precauzione (*f.*).

● ***sans ménagements***, senza mezzi termini.

ménager[1] [menaʒe] ***v.tr.*** [coniug. come *manger*] **1** risparmiare; tener da conto; aver cura (**di**); far buon uso (**di**): *ménager ses forces*, risparmiare le forze; *ménager les apparences*, salvare le apparenze; *il ne ménage pas ses éloges*, non è avaro di lodi; *ménagez son amour-propre*, cercate di non urtare il suo amor proprio; *ménagez-le, il est très influent*, trattatelo coi guanti, è molto influente; *ménager son temps*, far buon uso del proprio tempo **2** preparare, predisporre; sistemare; combinare ♦ **se ménager** ***v.pron.intr.*** risparmiarsi.

● ***ménager la chèvre et le chou***, salvare capra e cavoli | ***ménager ses paroles***, essere di poche parole | ***se ménager une porte de sortie***, assicurarsi una via d'uscita.

ménager[2] ***agg.*** [f. *-ère*] domestico.

● ***appareils ménagers***, elettrodomestici | ***articles ménagers***, casalinghi | ***eaux ménagères***, acque di scarico | ***équipement ménager***, articoli per la casa | ***ordures ménagères***, rifiuti domestici.

ménagère [menaʒɛʀ] ***n.f.*** **1** casalinga, massaia, donna di casa **2** servizio (*m.*) di posate (in un astuccio).

ménagerie [menaʒʀi] ***n.f.*** **1** serraglio (*m.*) **2** (*Africa*) pulizie (*pl.*) di casa.

mendiant [mɑ̃djɑ̃] ***agg.*** e ***n.m.*** mendicante.

mendicité [mɑ̃disite] ***n.f.*** mendicità, accattonaggio (*m.*): *réduit à la mendicité*, ridotto in miseria.

mendier [mɑ̃dje] ***v.tr.*** mendicare, elemosinare (*anche fig.*): *mendier des compliments*, andare a caccia di complimenti ♦ ***v.intr.*** mendicare, fare la questua.

mendigot [mɑ̃digo] ***n.m.*** (*fam. spreg.*) accattone.

mendois [mɑ̃dwa] ***agg.*** di Mende.

meneau [məno] *n.m.* [pl. *-eaux*] (*edil.*) (*di finestra*) crociera (*f.*).

menée [məne] *n.f.* 1 (*Svizzera*) cumulo (*m.*) di neve 2 (*pl.*) maneggi (*m.*), intrighi (*m.*).

mener [məne] *v.tr.* [coniug. come *semer*] 1 portare, condurre, menare: *il m'a mené là en voiture*, mi ci ha portato in automobile 2 condurre, fare, eseguire: *bien mener son ménage*, essere una buona padrona di casa; *mener grand bruit*, fare un gran rumore 3 (*sport*) condurre, guidare: *ils mènent deux à zéro*, conducono due a zero.
● ***mener à bien, à bonne fin, à (bon) terme***, portare felicemente a termine, condurre felicemente in porto | ***mener grand train***, condurre, menare una vita lussuosa | ***mener la vie dure à qqn***, rendere la vita difficile a qlcu | ***mener le jeu***, (*fig.*) condurre il gioco | ***mener qqn à la baguette***, comandare qlcu a bacchetta | ***mener qqn par le bout du nez, en laisse***, far filare qlcu | ***bien mener sa barque***, (*fig.*) gestire bene i propri affari | ***ne mener à rien***, essere senza sbocco: *cette situation ne mène à rien*, questa situazione è senza sbocco.

ménestrel [menɛstʀɛl] *n.m.* menestrello.

ménétrier [menetʀije] *n.m.* (*in feste campestri*) suonatore di violino.

meneur [mənœʀ] *n.m.* 1 capo, guida (*f.*) 2 (*spreg.*) sobillatore 3 (*sport*) regista, playmaker.
● ***être un meneur d'hommes***, essere un capo nato | ***meneur de jeu***, (*di spettacoli, giochi*) animatore.

menhir [meniʀ] *n.m.* (*archeol.*) menhir.

NOTA ***Menhir*** è termine composto da due parole bretoni, *men* che significa 'pietra' e *hir*, che significa 'lunga', e corrisponde all'italiano *pietra fitta*. Vi sono circa 5000 *menhir* in Bretagna, e circa la metà formano i famosi allineamenti di Carnac. Il più celebre menhir francese è però quello presente in tutte le avventure di Obélix, il personaggio dei fumetti di Astérix.

méninge [menɛ̃ʒ] *n.f.* (*anat.*) meninge.
● ***se creuser les méninges***, (*fig.*) spremersi le meningi.

méningé [menɛ̃ʒe] *agg.* (*anat.*) meningeo.

méningite [menɛ̃ʒit] *n.f.* (*med.*) meningite.

ménisque [menisk] *n.m.* (*anat.*) menisco.

ménopause [menɔpoz] *n.f.* menopausa, climaterio (*m.*).

menotte [mənɔt] *n.f.* 1 (*fam.*) manina 2 (*pl.*) manette.

mensonge [mɑ̃sɔ̃ʒ] *n.m.* menzogna (*f.*): *dire un mensonge*, dire una bugia.

mensonger [mɑ̃sɔ̃ʒe] *agg.* [f. *-ère*] menzognero, bugiardo.

menstruation [mɑ̃stʀyasjɔ̃] *n.f.* mestruazione.
■ SIN. règles.

menstruel [mɑ̃stʀyɛl] *agg.* [f. *-elle*] mestruale.

menstrues [mɑ̃stʀy] *n.f.pl.* (*antiq.*) mestruo (*m.sing.*).

mensualisation [mɑ̃sɥalizasjɔ̃] *n.f.* (*amm.*) suddivisione in rate mensili.

mensualiser [mɑ̃sɥalize] *v.tr.* pagare mensilmente.

mensualité [mɑ̃sɥalite] *n.f.* 1 mensilità, versamento (*m.*) mensile 2 (*salario*) mensile (*m.*).
● ***par mensualités***, a rate mensili: *payer par mensualités*, pagare a rate mensili.

mensuel [mɑ̃sɥɛl] *agg.* e *n.m.* [f. *-elle*] mensile.

mensuellement [mɑ̃sɥɛlmɑ̃] *avv.* mensilmente.

mensuration [mɑ̃syʀasjɔ̃] *n.f.* misurazione (spec. di dati antropometrici).

mental [mɑ̃tal] *agg.* [pl. *-aux*] mentale: *d'âge mental, il n'a pas plus de dix ans*, ha la maturità di un bambino di dieci anni ♦ *n.m.* stato d'animo, condizione (*f.*) mentale.

mentalement [mɑ̃talmɑ̃] *avv.* mentalmente.

mentalité [mɑ̃talite] *n.f.* mentalità.

menteur [mɑ̃tœʀ] *agg.* e *n.m.* [f. *-euse*] bugiardo.

menthe [mɑ̃t] *n.f.* menta.
● (*bot.*) ***menthe à feuilles rondes***, mentastro | ***menthe à l'eau***, (bibita di) menta: *une menthe à l'eau s'il vous plaît!*, una menta, per favore! | (*bot.*) ***menthe poivrée***, menta piperita | ***pastilles de menthe***, mentine.

menthol [mɛ̃tɔl] *n.m.* mentolo.

mentholé [mɛ̃tɔle] *agg.* al mentolo, mentolato.

menti [mɑ̃ti] *p.p.* di **mentir**.

mention [mɑ̃sjɔ̃] *n.f.* 1 menzione 2 annotazione, dicitura 3 (*a scuola*) voto (*m.*), votazione.

mentionné [mɑ̃sjɔne] *agg.* menzionato: *mentionné ci-dessus*, summenzionato, succitato.

mentionner [mɑ̃sjɔne] *v.tr.* menzionare, citare.

mentir [mɑ̃tiʀ] *v.intr.* [coniug. come *dormir*] 1 mentire 2 ingannare: *cette photo ne ment pas*, questa foto non inganna.
● ***mentir comme on respire***, mentire sempre, di continuo | ***sans mentir***, a dire il vero; senza esagerare.

menton [mɑ̃tɔ̃] *n.m.* mento.
● ***menton en galoche***, bazza.

mentonnais [mɑ̃tɔnɛ] *agg.* mentonese.

mentonnet [mɑ̃tɔnɛ] *n.m.* 1 (*di serratura*) nasello 2 (*mecc.*) nottolino.

mentonnière [mɑ̃tɔnjɛʀ] *n.f.* 1 sottogola (*m.*), soggolo (*m.*) 2 (*di violino*) mentoniera 3 (*med.*) minerva gessata.

mentor [mɛ̃tɔʀ] *n.m.* 1 (*letter.*) mentore, consigliere 2 (*econ.*) coach aziendale.

menu[1] [məny] *agg.* minuto, piccolo: *pas menus*, passettini ♦ *avv.* minutamente: *écrire menu*, scrivere in caratteri minuti ♦ *n.m.* minuzia (*f.*).
● ***menu peuple***, popolino | ***menue monnaie***, moneta spicciola | ***en menus morceaux***, in, a pezzettini | ***par le menu***, nei dettagli: *raconter par le menu*, raccontare nei dettagli.

menu[2] *n.m.* 1 lista (*f.*) delle vivande, menù 2 pranzo, menù a prezzo fisso 3 (*inform.*) menù.
● (*inform.*) ***menu déroulant***, menù a tendina | ***au menu***, sulla lista, in menù: *qu'est-ce qu'il y a au menu?*, (*fig. fam.*) qual è il programma di oggi?

menuet [mənɥɛ] *n.m.* (*mus.*) minuetto.

menuiserie [mənɥizʀi] *n.f.* 1 falegnameria 2 (*edil.*) serramenti (*m.pl.*).

menuisier [mənɥizje] *n.m.* falegname.

méphistophélique [mefistɔfelik] *agg.* mefistofelico.

méphitique [mefitik] *agg.* mefitico.

méplat [mepla] *agg.* 1 più largo che spesso, appiattito 2 (*arte*) stiacciato ♦ *n.m.* 1 (*in opposizione a una parte sporgente*) parte (*f.*) piana 2 (*arch.*) stiacciato 3 (*arte*) rilievo (piano), stiacciato.

méprendre, se [səmepʀɑ̃dʀ] *v.pron.* [coniug. come *prendre*] ingannarsi, prendere un abbaglio: *ne vous méprenez pas sur ses intentions*, non dovete fraintendere le sue intenzioni.
● ***à s'y méprendre***, in modo da trarre in inganno.

mépris[1] [mepʀi] *p.p.* di **méprendre, se**.

M

mépris[2] *n.m.* disprezzo, sprezzo: *avoir mépris de*, disprezzare; *mépris du danger*, sprezzo del pericolo.
● ***au mépris de***, senza curarsi di, sfidando.

méprisable [meprizabl] *agg.* disprezzabile, spregevole.

méprisant [meprizɑ̃] *agg.* sprezzante, altezzoso.

méprise [mepriz] *n.f.* svista, errore (*m.*); equivoco (*m.*).
● ***par méprise***, per sbaglio.
■ SIN. erreur.

méprisé [meprize] *agg.* disprezzato.

mépriser [meprize] *v.tr.* disprezzare ♦ **se mépriser** *v.pron.* e *pron.rec.* disprezzarsi.

mer [mɛr] *n.f.* mare (*m.*): *aller à la mer*, andare al mare.
● ***mer démontée, orageuse***, mare in tempesta | ***mer d'huile***, mare piatto | ***à la mer***, in mare: *mettre à la mer*, mettere, calare in mare; *se jeter à la mer*, gettarsi in mare; *homme à la mer*, uomo in mare; (*fig.*) relitto umano | ***ce n'est pas la mer à boire***, non è poi la fine del mondo | ***en pleine, en haute mer***, in alto mare: *navigation en haute mer*, navigazione d'altura; *être en pleine mer*, (*fig.*) essere in alto mare | ***il boirait la mer et les poissons***, (*fam.*) ha una sete da morire | ***la mer est pleine, basse***, c'è alta, bassa marea | ***par mer***, per (via) mare.

mercanti [mɛrkɑ̃ti] *n.m.* (*spreg.*) trafficante.

mercantile [mɛrkɑ̃til] *agg.* (*spreg.*) da mercante, da bottegaio.

mercantilisme [mɛrkɑ̃tilism] *n.m.* mercantilismo.

mercaticien [mɛrkatisjɛ̃] *n.m.* [f. *-enne*] esperto di marketing.

M

mercatique [mɛrkatik] *n.f.* marketing (*m.*).

mercenaire [mɛrsənɛr] *agg.* e *n.m.* mercenario.

mercerie [mɛrsəri] *n.f.* merceria.

mercerisé [mɛrsərize] *agg.* mercerizzato.

merci [mɛrsi] *n.m.* e *inter.* grazie: *dire un grand merci*, ringraziare calorosamente ♦ *n.f.* (*letter.*) misericordia, pietà.
● ***merci beaucoup!***, grazie tante! | ***merci de***, grazie per | ***Dieu merci***, grazie a Dio | ***être à la merci de***, essere alla mercé, in balia di | ***mille merci(s), mille fois merci***, mille grazie, grazie mille | ***sans merci***, senza pietà: *une lutte sans merci*, una lotta senza quartiere, spietata | ***tenir, avoir à sa merci***, tenere, avere in pugno.

NOTA ***Merci*** come risposta può significare 'sì grazie' o 'no grazie', a seconda del contesto, dell'intonazione o dell'espressione del viso:

Vous voulez encore du thé? ***Merci.***
Vuole ancora te? Sì/no, grazie.

Quando mimica o intonazione non sono chiari, bisogna chiedere: *merci oui ou merci non?*

mercier [mɛrsje] *n.m.* [f. *-ère*] merciaio.

mercredi [mɛrkrədi] *n.m.* mercoledì.

mercure [mɛrkyr] *n.m.* (*chim.*) mercurio.

mercurochrome [mɛrkyrɔkrom] *n.m.* (*med.*) mercurocromo.

merde [mɛrd] *n.f.* (*volg.*) merda ♦ *inter.* (*molto fam.*) **1** cavolo, cacchio, accidenti **2** (*prima di un esame*) in bocca al lupo, in culo alla balena.
● ***avoir des merdes***, avere dei casini | ***dire merde à qqn***, fregarsene di qlcu: *je vous dit merde*, andate al diavolo | ***foutre la merde***, fare casino | ***ne pas se prendre pour une merde***, credersi chissà chi | ***oui ou merde!***, sì o no!

NOTA Il termine ***merde***, comunissima imprecazione francese, sarebbe stato pronunciato dal generale P. Cambronne (1770 - 1842), nella battaglia di Waterloo, come risposta all'invito di resa rivoltogli dagli inglesi. Il generale negò di averlo detto e secondo un'altra versione, egli avrebbe invece risposto: *La Garde meurt et ne se rend pas* (la guardia muore e non si arrende).
I francesi sostituiscono talora questa parola con le espressioni eufemistiche *le mot de Cambronne*, oppure *les cinq lettres*, quante appunto sono le lettere che la compongono.

merder [mɛrde] *v.intr.* (*volg.*) andare male, non funzionare: *j'ai merdé à l'examen*, ho cannato l'esame.

merdeux [mɛrdø] *agg.* [f. *-euse*] (*volg.*) merdoso, schifoso ♦ *n.m.* (*volg.*) stronzo: *un petit merdeux*, uno stronzetto.

merdier [mɛrdje] *n.m.* (*volg.*) merdaio; casino: *c'est un sacré merdier!*, è un bel casino!

merdique [mɛrdik] *agg.* (*volg.*) schifoso, di merda.

merdoyer [mɛrdwaje] *v.intr.* [coniug. come *employer*] (*volg.*) incasinarsi.

mère [mɛr] *n.f.* **1** madre **2** (*titolo reverenziale dato alle suore*) madre: *merci, ma mère*, grazie, madre **3** (*fam.*) (*davanti a nome proprio*) comare, sora, sciura: *la mère Dubois*, comare Dubois **4** (*tecn.*) matrice ♦ *agg.* madre: *maison mère*, casa madre.
● ***mère célibataire, fille mère***, ragazza madre | ***mère porteuse, d'accueil***, madre portatrice, in affitto | (*prov.*) ***l'oisiveté est la mère de tous les vices***, l'ozio è il padre dei vizi | ***une mère poule***, (*fig.*) una chioccia.

mère-grand [mɛrgrɑ̃] *n.f.* [pl. *mères-grand*] (*ant.*) nonna.

merguez [mɛrgɛz] *n.f.* merguez (salsiccia piccante, specialità dell'Africa del nord).

méridien [meridjɛ̃] *agg.* [f. *-enne*] meridiano ♦ *n.m.* (*astr., mat.*) meridiano.

méridienne [meridjɛn] *n.f.* meridiana.

méridional [meridjɔnal] *agg.* e *n.m.* [pl. *-aux*] meridionale.

meringue [mərɛ̃g] *n.f.* (*cuc.*) meringa.

meringué [mərɛ̃ge] *agg.* (*cuc.*) meringato.

mérinos [merinɔs] *n.m.* **1** (*zool.*) merino, merinos **2** (*lana, tessuto*) merino.
● ***laisser pisser le mérinos***, (*molto fam.*) lasciar correre.

merise [məriz] *n.f.* (*bot.*) ciliegia selvatica.

merisier [mərizje] *n.m.* (*bot.*) ciliegio selvatico.

méritant [meritɑ̃] *agg.* meritevole.

mérite [merit] *n.m.* merito; pregio: *tout le mérite lui en revient*, il merito è tutto suo; *il a du mérite à*, va a suo merito il fatto di; *le mérite de tout cela est de*, il vantaggio, il pregio di tutto questo è di.
● ***mérite civil, militaire***, merito civile, militare: *être décoré du mérite civil*, essere decorato al merito civile | ***de mérite***, meritorio: *une action de mérite*, un'azione meritoria.

mériter [merite] *v.tr.* meritare: *il l'a bien mérité*, se l'è proprio meritato; *voilà ce qui lui a mérité cette distinction*, ecco ciò che gli ha valso questa onorificenza ♦ *v.intr.* meritare, essere benemerito: *il a bien mérité de la patrie*, ha ben meritato, è benemerito della patria.

méritocratie [meritɔkrasi] *n.f.* meritocrazia.

méritoire [meritwar] *agg.* meritorio.

merlan [mɛrlɑ̃] *n.m.* (*zool.*) nasello.
● ***faire des yeux de merlan frit***, (*fam.*) fare l'occhio di triglia.

merle [mɛʀl] *n.m.* (*zool.*) merlo.
● *c'est le merle blanc*, (*fig.*) è una mosca bianca.

merlin [mɛʀlɛ̃] *n.m.* 1 (*di macellaio*) mazzapicchio 2 scure (*f.*), ascia (*f.*).

merlu [mɛʀly] *n.m.* (*zool.*) merluzzo.

merluche [mɛʀlyʃ] *n.f.* 1 (*zool.*) merluzzo (*m.*) 2 (*cuc.*) stoccafisso (*m.*).

mérou [meʀu] *n.m.* (*zool.*) cernia (*f.*).

mérovingien [meʀɔvɛ̃ʒjɛ̃] *agg.* [f. *-enne*] merovingio.
● (*st.*) *les Mérovingiens*, i Merovingi.

NOTA La dinastia dei ***Mérovingiens***, fondata da Clodoveo, regnò in Francia tra il 481 e il 751, quando Pipino il Breve portò al potere i Carolingi.

merroutage [mɛʀʀutaʒ] *n.m.* (*tecn.*) trasporto combinato strada-mare, trasporto sulle autostrade del mare.

merveille [mɛʀvɛj] *n.f.* meraviglia: *ce n'est pas merveille que*, non c'è da stupirsi che; *c'était merveille de*, c'era da rimanere a bocca aperta a; *faire merveille, des merveilles*, far miracoli.
● *à merveille!*, a meraviglia!, perfetto!

merveilleusement [mɛʀvɛjøzmɑ̃] *avv.* meravigliosamente.

merveilleuses [mɛʀvɛjøz] *n.f.pl.* (*st.*) merveilleuses (le donne eleganti e alla moda durante il Direttorio).

merveilleux [mɛʀvɛjø] *n.m.* e *agg.* [f. *-euse*] meraviglioso.
■ *AGG.* SIN. prodigieux, extraordinaire.

mes [me] *agg.poss.m.* e *f.pl. 1ª pers.sing.* → **mon**.

més- *pref.* → **mé-**.

mésalliance [mezaljɑ̃s] *n.f.* matrimonio (*m.*) con una persona di ceto inferiore.

mésallier, se [səmezalje] *v.pron.intr.* sposarsi con una persona di ceto inferiore.

mésange [mezɑ̃ʒ] *n.f.* (*zool.*) cincia.

mésaventure [mezavɑ̃tyʀ] *n.f.* disavventura.

mesclun [mɛsklɛ̃] *n.m.* mesticanza (*f.*) (misto di varie insalate).

mesdames [medam] *n.f.pl.* → **madame**.

mesdemoiselles [medmwazɛl] *n.f.pl.* → **mademoiselle**.

mésencéphale [mezɑ̃sefal] *n.m.* (*anat.*) mesencefalo.

mésentente [mezɑ̃tɑ̃t] *n.f.* dissapore (*m.*), screzio (*m.*).

mésestimer [mezɛstime] *v.tr.* (*letter.*) disistimare.

mésintelligence [mezɛ̃teliʒɑ̃s] *n.f.* disaccordo (*m.*).

més(o)- *pref.* mes(o)-.

mésocéphale [mezɔsefal] *agg.* e *n.m.* e *f.* (individuo) mesocefalo.

mésolithique [mezɔlitik] *agg.* e *n.m.* mesolitico.

mésopotamien [mezɔpɔtamjɛ̃] *agg.* [f. *-enne*] mesopotamico.

mésothérapie [mezɔteʀapi] *n.f.* (*med.*) mesoterapia.

mésozoaire [mezɔzɔɛʀ] *n.m.* (*zool.*) mesozoo.

mésozoïque [mezɔzɔik] *agg.* e *n.m.* (*geol.*) mesozoico.

mesquin [mɛskɛ̃] *agg.* meschino, gretto.

mesquinerie [mɛskinʀi] *n.f.* meschineria, grettezza.

mess [mɛs] *n.m.* (*mil.*) mensa (*f.*).

message [mɛsaʒ] *n.m.* messaggio: *être chargé d'un message*, essere incaricato di un'ambasciata.
● (*tel.*) ***message de patience***, messaggio di attesa | (*inform.*): ***message électronique***, e-mail; ***message incendiaire***, flame, flame mail | ***message radiodiffusé***, radiomessaggio | (*tel.*) ***message sms***, messaggino, SMS | ***message télégraphique***, telegramma | ***message téléphoné***, fonogramma.

messager [mɛsaʒe] *n.m.* [f. *-ère*] messaggero.

messagerie [mɛsaʒʀi] *n.f.* messaggeria: *entreprise, compagnie de messageries*, impresa, compagnia di trasporti.
● (***bureau de***) ***messageries***, ufficio trasporto merci | (***colis de***) ***messagerie***, merce (trasportata per ferrovia o per mare) | (*inform.*) ***messagerie électronique***, posta elettronica.

messe [mɛs] *n.f.* messa: *aller à la messe*, andare a messa; *servir la messe*, servir messa; *messe en plein air*, messa al campo; *messe des morts, mortuaire*, messa funebre; *la messe du jour*, ufficio giornaliero.
● ***dire des messes basses***, (*fam.*) bisbigliare | ***livre de messe***, libro da messa, messale.

messianique [mesjanik] *agg.* messianico.

messidor [mesidɔʀ] *n.m.* (*st.*) messidoro (decimo mese del calendario rivoluzionario, dal 19-20 giugno al 19-20 luglio).

messie [mɛsi] *n.m.* messia.

messieurs [mesjø] *n.m.pl.* → **monsieur**.

messin [mɛsɛ̃] *agg.* di Metz.

messire [mesiʀ] *n.m.* (*ant.*) messere; ser(e).

mesurable [məzyʀabl] *agg.* misurabile.

mesurage [məzyʀaʒ] *n.m.* misurazione (*f.*).

mesure [məzyʀ] *n.f.* 1 misura: *unité de mesure*, unità di misura 2 (*fig.*) misura, moderazione; limite (*m.*): *dépenser avec mesure*, spendere con moderazione; *agir avec mesure*, agire con cautela; *au-delà de toute mesure*, oltre ogni limite 3 provvedimento (*m.*), misura, disposizione: *prendre les mesures qui s'imposent*, prendere i necessari provvedimenti 4 (*mus.*) battuta, tempo (*m.*): *battre la mesure*, battere il tempo 5 (*lett.*) metro (*m.*), piede (*m.*).
● ***à la mesure de***, (*anche fig.*) proporzionato a, all'altezza di: *il a trouvé un adversaire à sa mesure*, ha trovato un avversario della sua forza | ***à mesure***, via via; uno dopo l'altro | ***à mesure que***, a mano a mano che | ***dans la mesure du possible***, per quanto possibile | ***dans une certaine mesure***, fino a un certo punto | ***dépasser la mesure***, passare il segno | ***donner sa mesure***, mostrare quanto si vale | ***être en mesure de***, essere in grado di | ***faire bonne mesure***, (*fig.*) fare buon peso | (*mus.*) ***jouer en mesure***, suonare a tempo | ***il n'y a pas de commune mesure entre***, (*fig.*) non c'è paragone tra | ***sans mesure***, smisuratamente.

mesuré [məzyʀe] *agg.* misurato, moderato: *mesuré dans ses gestes*, controllato nei gesti; *élégance mesurée*, sobria eleganza.

mesurer [məzyʀe] *v.tr.* 1 misurare, prendere le misure (di) 2 (*fig.*) valutare 3 limitare; moderare: *il ne lui a pas mesuré ses reproches*, non gli ha risparmiato i rimproveri; *mesurez vos expressions, s'il vous plaît!*, per favore, moderate i termini! ♦ *v.intr.* misurare: *il mesure un mètre quatre-vingts*, è alto un metro e ottanta ♦ **se mesurer** *v.pron.* e *pron.intr.* e *pron.rec.* misurarsi.
● ***se mesurer du regard***, (*fig.*) squadrarsi da capo a piedi.

mesurette [məzyʀɛt] *n.f.* (*pol. fam.*) provvedimentino (*m.*), misura politica inutile o ridicola per il problema che dovrebbe risolvere.

mesureur [məzyʀœʀ] *n.m.* (*tecn.*) misuratore.

M

mésusage [mesyzaʒ] ***n.m.*** uso inappropriato (spec. di medicinali).
méta- ***pref.*** meta-.
métabolique [metabɔlik] ***agg.*** (*biol.*) metabolico.
métabolisme [metabɔlism] ***n.m.*** (*biol.*) metabolismo.
métacarnet [metakaʀnɛ] ***n.m.*** (*Internet*) metablog.
métacarpe [metakaʀp] ***n.m.*** (*anat.*) metacarpo.
métairie [meteʀi] ***n.f.*** **1** terreno (*m.*) agricolo a mezzadria **2** fattoria, cascina (di un fondo a mezzadria).
métal [metal] ***n.m.*** [pl. *-aux*] metallo.
métallifère [metalifɛʀ] ***agg.*** metallifero.
métallique [metalik] ***agg.*** metallico.
métallisé [metalize] ***agg.*** metallizzato.
métalliser [metalize] ***v.tr.*** metallizzare.
métallo [metalo] ***n.m.*** (*fam.*) (operaio) metallurgico, metalmeccanico.
métalloïde [metalɔid] ***n.m.*** (*chim.*) metalloide.
métallurgie [metalyʀʒi] ***n.f.*** metallurgia.
métallurgique [metalyʀʒik] ***agg.*** metallurgico, metalmeccanico.
métallurgiste [metalyʀʒist] ***n.m.*** (operaio) metallurgico, metalmeccanico.
métamorphique [metamɔʀfik] ***agg.*** metamorfico.
métamorphisme [metamɔʀfism] ***n.m.*** metamorfismo.
métamorphose [metamɔʀfoz] ***n.f.*** metamorfosi.
métamorphoser [metamɔʀfoze] ***v.tr.*** trasformare ♦ **se métamorphoser** ***v.pron.intr.*** trasformarsi.
métaphore [metafɔʀ] ***n.f.*** metafora.
métaphorique [metafɔʀik] ***agg.*** metaforico.
métaphoriquement [metafɔʀikmɑ̃] ***avv.*** metaforicamente.
métaphysicien [metafizisjɛ̃] ***n.m.*** [f. *-enne*] metafisico.
métaphysique [metafizik] ***agg.*** metafisico ♦ ***n.f.*** metafisica.
métapsychique [metapsiʃik] ***agg.*** metapsichico ♦ ***n.f.*** metapsichica.
métastase [metastɑz] ***n.f.*** (*med.*) metastasi.
métatarse [metataʀs] ***n.m.*** (*anat.*) metatarso.
métayage [metɛjaʒ] ***n.m.*** mezzadria (*f.*).
métayer [meteje] ***n.m.*** [f. *-ère*] mezzadro.
métazoaire [metazɔɛʀ] ***n.m.*** (*zool.*) metazoo.
métempsycose [metɑ̃psikoz] ***n.f.*** metempsicosi.
météo [meteo] ***n.f.*** (*fam.*) **1** abbr. di météorologie **2** bollettino (*m.*) meteorologico.
météore [meteɔʀ] ***n.m.*** meteora (*f.*).
météorique [meteɔʀik] ***agg.*** meteorico.
météorisme [meteɔʀism] ***n.m.*** meteorismo.
météorite [meteɔʀit] ***n.f.*** meteorite (*m.* e *f.*).
météorologie [meteɔʀɔlɔʒi] ***n.f.*** meteorologia.
météorologique [meteɔʀɔlɔʒik] ***agg.*** meteorologico.
météorologiste [meteɔʀɔlɔʒist] **météorologue** [meteɔʀɔlɔg] ***n.m.*** e ***f.*** meteorologo/a.
météoropathie [meteɔʀɔpati] ***n.f.*** (*med.*) meteoropatia.
métèque [metɛk] ***n.m.*** **1** (*st.*) meteco **2** (*spreg.*) straniero di origine mediterranea.
méthadone [metadɔn] ***n.f.*** (*chim.*) metadone (*m.*).
méthane [metan] ***n.m.*** (*chim.*) metano: *puits de méthane*, pozzo metanifero; *installation du méthane*, metanizzazione; *convertir au méthane*, metanizzare.
méthaniser [metanise] ***v.tr.*** (*rifiuti ecc.*) trasformare in metano.
méthanoduc [metanɔdyk] ***n.m.*** metanodotto.
méthanol [metanɔl] ***n.m.*** (*chim.*) metanolo.
méthode [metɔd] ***n.f.*** **1** metodo (*m.*), sistema (*m.*): *méthode d'éducation*, sistema, metodo educativo **2** (*scritto*) metodo (*m.*), manuale (*m.*) **3** metodicità.
méthodique [metɔdik] ***agg.*** metodico.
méthodiquement [metɔdikmɑ̃] ***avv.*** metodicamente.
méthodisme [metɔdism] ***n.m.*** (*relig.*) metodismo.
méthodiste [metɔdist] ***agg.*** e ***n.m.*** e ***f.*** (*relig.*) metodista.
méthodologie [metɔdɔlɔʒi] ***n.f.*** metodologia.
méthodologique [metɔdɔlɔʒik] ***agg.*** metodologico.
méthyle [metil] ***n.m.*** (*chim.*) metile.
méthylène [metilɛn] ***n.m.*** (*chim.*) metilene.
méthylique [metilik] ***agg.*** (*chim.*) metilico.
méticuleusement [metikyløzmɑ̃] ***avv.*** meticolosamente.
méticuleux [metikylø] ***agg.*** [f. *-euse*] meticoloso.
méticulosité [metikylozite] ***n.f.*** meticolosità.
métier [metje] ***n.m.*** **1** mestiere, professione (*f.*), lavoro: *métier d'homme, de femme*, lavoro maschile, femminile; *un métier sédentaire*, un lavoro sedentario; *il est avocat, menuisier de son métier*, di professione fa l'avvocato, di mestiere fa il falegname; *il connaît son métier*, conosce il suo mestiere, sa il fatto suo; *il est encore jeune dans ce métier*, è alle prime armi in questo lavoro **2** mestiere, abilità (*f.*), pratica (*f.*): *il a peu de métier*, ha poca pratica.
● ***métier*** (***à broder***), telaio da ricamo | ***métier*** (***à filer***), filatoio | (*tecn.*) ***métier à retordre***, torcitoio | ***métier*** (***à tisser***), telaio | ***corps de métier***, categoria professionale | ***être du métier***, essere del mestiere | ***fais ton métier!***, occupati degli affari tuoi! | ***gâter le métier***, rovinare la piazza: *il vend trop bon marché, il gâte le métier*, vende troppo a buon mercato e rovina la piazza | ***les gens du métier***, la gente del mestiere: *on voit les gens du métier*, si vede la mano del professionista | ***petits métiers***, lavori artigianali.
■ **SIN. 1** profession.
métis [metis] ***agg.*** e ***n.m.*** [f. *-isse*] **1** meticcio **2** (*scient.*) ibrido, incrocio.
● (*ind. tess.*) (***tissu***) ***métis***, (tessuto) misto lino.
métissage [metisaʒ] ***n.m.*** **1** meticciato **2** (*scient.*) ibridazione (*f.*), incrocio.
métisser [metise] ***v.tr.*** (*razze*) incrociare.
métonymie [metɔnimi] ***n.f.*** (*ret.*) metonimia.
métonymique [metɔnimik] ***agg.*** (*ret.*) metonimico.
métope [metɔp] ***n.f.*** (*arch.*) metopa.
métrage [metʀaʒ] ***n.m.*** metraggio, metratura (*f.*).
● (*cine.*) ***court***, ***long métrage***, cortometraggio, lungometraggio.
mètre [mɛtʀ] ***n.m.*** **1** metro **2** (*strumento*) metro **3** (*metrica*) metro.
● ***mètre à ruban***, metro a nastro | ***mètre carré***, metro quadrato (*o* quadro) | ***mètre cube***, metro cubo | (*sport*) ***courir un cent mètres***, correre i cento metri.
métré [metʀe] ***n.m.*** **1** (*di terreno ecc.*) metratura **2** (*edil.*) preventivo.

M

métrer [metʀe] *v.tr.* [coniug. come *céder*] calcolare la metratura (**di**).

métreur [metʀœʀ] *n.m.* (*edil.*) tecnico che valuta a metratura un lavoro edile.

métrique [metʀik] *agg.* metrico ♦ *n.f.* metrica.

métro [metʀo] *n.m.* metropolitana (*f.*).
● ***métro, boulot, dodo***, (*fam.*) metropolitana, lavoro, letto (la vita del pendolare nelle grandi città).

métrologie [metʀɔlɔʒi] *n.f.* metrologia.

métronome [metʀɔnɔm] *n.m.* metronomo.

métropole [metʀɔpɔl] *n.f.* **1** metropoli **2** madrepatria (la Francia rispetto alle ex-colonie).
● ***métropole d'équilibre***, grande centro urbano di provincia (programmato per controbilanciare l'influenza di Parigi).

métropolitain [metʀɔpɔlitɛ̃] *agg.* **1** metropolitano **2** della madrepatria (in opposizione a coloniale) ♦ *n.m.* **1** abitante della madrepatria (in opposizione a coloniale) **2** (*eccl.*) metropolita.

métropolite [metʀɔpɔlit] *n.m.* (*nella chiesa ortodossa*) metropolita.

mets[1] [mɛ] *n.m.* piatto, cibo, vivanda (*f.*).

mets[2] → **mettre**.

mettable [mɛtabl] *agg.* (*di abito*) portabile.

metteur [mɛtœʀ] *n.m.* (*non com.*) mettitore.
● (*tecn.*) ***metteur en œuvre***, chi mette in opera, montatore | (*rad.*) ***metteur en ondes***, regista radiofonico | (*tip.*) ***metteur en pages***, impaginatore | (*cine., teatr.*) ***metteur en scène***, regista.

mettre [mɛtʀ] *v.tr.* [pres.indic.: *je mets, tu mets, il met, nous mettons* etc.; imperf.indic.: *je mettais* etc.; p.rem.: *je mis* etc.; fut.indic.: *je mettrai* etc.; cond.: *je mettrais* etc.; pres.cong.: *que je mette* etc.; imperf.cong.: *que je misse* etc.; p.pres.: *mettant*; p.p.: *mis*; imp.: *mets, mettons, mettez*] mettere: *mettre son chapeau sur sa tête*, mettersi il cappello in testa; *mettre en bouteille*, mettere in bottiglia, imbottigliare; *mettre entre les mains*, dare in mano; *mettre la conversation sur un sujet*, portare la conversazione su un argomento; *mettre un enfant à l'école*, iscrivere un bambino a scuola; *mettre qqn dans une affaire*, trascinare qlcu in un affare; *n'avoir rien à (se) mettre*, non aver niente da mettersi (addosso); *mettez que je suis d'accord*, scriva che sono d'accordo; *mettez que je sois d'accord*, mettiamo ch'io sia d'accordo; (*sport*) *ils leur ont mis 5 buts à 0*, gli hanno inflitto un 5 a 0 ♦ **se mettre** *v.pron.* mettersi: *se mettre dans une sale affaire*, cacciarsi in un brutto affare; *ils se sont mis à deux pour faire cela*, si sono messi in due per farlo; *quand il s'y met!*, quando ci si mette lui!
● ***mettre de l'eau dans son vin***, mettere l'acqua nel vino; (*fig.*) calmarsi | ***mettre en cause***, tirare in ballo | ***mettre en terre***, sotterrare, seppellire | ***mettre la radio***, accendere la radio | ***mettre le contact***, accendere il motore | ***mettre le feu***, dare fuoco | ***mettre les bouts***, (*fam.*) levare le tende | ***mettre qqn sur qqch***, indurre qlcu a parlare di qlco | ***mettre son amour propre à***, mettercela tutta per | ***on les met?***, (*fam.*) andiamo?, leviamo le tende? | ***qu'est-ce qu'ils se mettent!***, (*fam.*) quanto mangiano!; come si picchiano! | ***se mettre dans la peau, à la place de qqn***, mettersi nei panni di qlcu | ***se mettre entre***, intromettersi fra: *se mettre entre deux personnes*, intromettersi fra due persone | ***se mettre sur son trente et un***, mettersi in ghingheri | ***s'en mettre jusque là***, ingozzarsi, mangiare a più non posso | ***tout le monde s'y met***, ci stanno tutti, vi partecipano tutti.

meuble [mœbl] *agg.* **1** mobile **2** friabile: *terre meuble*, terreno friabile ♦ *n.m.* mobile: *marchand de meubles*, mobiliere; *les meubles*, la mobilia, l'arredamento.
● (*dir.*) (***bien***) ***meuble***, bene mobile.

meublé [mœble] *agg.* ammobiliato ♦ *n.m.* appartamento ammobiliato; camera (*f.*) ammobiliata.

meubler [mœble] *v.tr.* ammobiliare, arredare ♦ *v.intr.* **1** arredare: *cette étoffe meuble bien*, questa stoffa arreda molto **2** (*fig.*) riempire; arricchire: *meubler sa solitude avec quelques bons livres*, riempire la solitudine con qualche buon libro; *meubler son esprit*, arricchire la mente ♦ **se meubler** *v.pron.intr.* arredare la propria casa: *elle s'est meublée en empire*, ha arredato la sua casa in stile impero.

meuf [mœf] *n.f.* (*verlan di* femme) donna.

meuglement [møgləmɑ̃] *n.m.* muggito.

meugler [møgle] *v.intr.* muggire.

meulage [mølaʒ] *n.m.* (*tecn.*) molatura (*f.*).

meule[1] [møl] *n.f.* **1** (*tecn.*) macina; mola **2** (*fam.*) moto, motocicletta.

meule[2] *n.f.* **1** covone (*m.*) **2** catasta di legna.

meuler [møle] *v.tr.* (*tecn.*) molare.

meulier [mølje] *agg.* [f. *-ère*] molare.
● (***pierre***) ***meulière***, pietra molare.

meunerie [mønʀi] *n.f.* **1** industria molitoria **2** commercio (*m.*) di cereali.

meunier [mønje] *agg.* [f. *-ère*] molitorio ♦ *n.m.* **1** mugnaio **2** (*zool. pop.*) scarafaggio.

meunière [mønjɛʀ] *n.f.* mugnaia.
● (*cuc.*) ***truite*** (***à la***) ***meunière***, trota alla mugnaia (passata nella farina e cotta nel burro).

M

meurette [mœʀɛt] *n.f.* (*cuc.*) meurette (salsa a base di vino rosso).

meurs [mœʀ] → **mourir**.

meurtre [mœʀtʀ] *n.m.* omicidio, assassinio.
■ SIN. homicide, assassinat.

meurtri [mœʀtʀi] *agg.* **1** ammaccato, contuso **2** (*fig.*) straziato, afflitto.

meurtrier [mœʀtʀie] *agg.* [f. *-ère*] **1** omicida, assassino **2** che miete molte vittime, sanguinoso, pericoloso, micidiale ♦ *n.m.* omicida, assassino.

meurtrière [mœʀtʀijɛʀ] *n.f.* feritoia.

meurtrir [mœʀtʀiʀ] *v.tr.* **1** ammaccare; fare un livido (**a**) **2** (*fig.*) ferire, straziare.

meurtrissure [mœʀtʀisyʀ] *n.f.* **1** livido (*m.*); (*di frutto ecc.*) ammaccatura **2** (*fig.*) ferita.

meus [mø] → **mouvoir**.

meute [møt] *n.f.* muta (*anche fig.*).

meuve [mœv] → **mouvoir**.

mévente [mevɑ̃t] *n.f.* caduta (delle vendite), ristagno (*m.*), stasi.

mexicain [mɛksikɛ̃] *agg.* messicano.

Mexicain *n.m.* (*abitante*) messicano.

mezzanine [mɛdzanin] *n.f.* **1** mezzanino (*m.*), (piano) ammezzato (*m.*) **2** soppalco (*m.*) **3** (*teatr.*) prima galleria.

mezza voce [mɛdzavotʃe] *avv.* (*mus.*) a mezza voce.

mezzo-soprano [mɛdzosɔpʀano] *n.m.* [pl. *mezzo-sopranos*] (*mus.*) mezzosoprano.

mi [mi] *n.m.invar.* (*mus.*) mi.

mi- *pref.* mezzo-, metà-, medio-, semi-.

miaou [mjau] *onom.* miao.

mi-août [miut] ***n.f.invar.*** ferragosto (*m.*).
miasme [mjasm] ***n.m.*** miasma.
miaulement [mjolmɑ̃] ***n.m.*** miagolio.
miauler [mjole] ***v.intr.*** miagolare.
mi-bas [mibɑ] ***n.m.invar.*** (*calza*) gambaletto.
mica [mika] ***n.m.*** (*min.*) mica (*f.*).
mi-carême [mikaʀɛm] ***n.f.*** [pl. *mi-carêmes*] mezza quaresima.
miche [miʃ] ***n.f.*** **1** pagnotta **2** (*Svizzera, Belgio*) panino (*m.*).
micheline [miʃlin] ***n.f.*** (*ferr.*) automotrice.
mi-chemin, à [amiʃmɛ̃] ***avv.*** a mezza strada, a metà strada (*anche fig.*): *à mi-chemin du rire et des larmes*, tra il riso e il pianto.
mi-clos [miklo] ***agg.*** [pl. *invar.*, f. *mi-close*] socchiuso, semichiuso.
micmac [mikmak] ***n.m.*** (*fam.*) **1** caos, confusione (*f.*) **2** imbroglio, raggiro.
micocoulier [mikɔkulje] ***n.m.*** (*bot.*) bagolaro.
mi-corps, à [amikɔʀ] ***avv.*** a mezzo busto, fino alla vita.
mi-côte, à [amikot] ***avv.*** a mezza costa.
mi-coton [mikɔtɔ̃] ***agg.*** e ***n.m.invar.*** misto cotone.
micro[1] [mikʀo] ***n.m.*** (*fam.*) abbr. di **microphone**.
micro[2] ***n.m.*** (*fam.*) abbr. di **micro-ordinateur**.
micro[3] ***n.f.*** (*fam.*) abbr. di **micro-informatique**.
micro- ***pref.*** micro-.
microaliment [mikʀɔalimɑ̃] ***n.m.*** integratore alimentare.
microanalyse [mikʀɔanaliz] ***n.f.*** microanalisi.
microbe [mikʀɔb] ***n.m.*** **1** microbo **2** (*spreg.*) (*di persona*) sgorbietto.
microbien [mikʀɔbjɛ̃] ***agg.*** [f. *-enne*] microbico.
microbiologie [mikʀɔbjɔlɔʒi] ***n.f.*** microbiologia.
microbiologiste [mikʀɔbjɔlɔʒist] ***n.m.*** e ***f.*** microbiologo/a.
microcéphale [mikʀɔsefal] ***agg.*** e ***n.m.*** e ***f.*** microcefalo/a.
microchirurgie [mikʀɔʃiʀyʀʒi] ***n.f.*** microchirurgia.
microclimat [mikʀɔklima] ***n.m.*** (*meteor.*) microclima.
microcosme [mikʀɔkɔsm] ***n.m.*** microcosmo.
micro-cravate [mikʀokʀavat] ***n.m.*** [pl. *micros-cravates*] microfono miniaturizzato.
microcyte [mikʀɔsit] ***n.m.*** (*biol.*) microcito.
microcytémie [mikʀɔsitemi] ***n.f.*** (*med.*) microcitemia.
microéconomie [mikʀɔekɔnɔmi] ***n.f.*** microeconomia.
microfiche [mikʀɔfiʃ] ***n.f.*** microscheda.
microfilm [mikʀɔfilm] ***n.m.*** microfilm.
micro-informatique [mikʀɔɛ̃fɔʀmatik] ***n.f.*** informatica dei microprocessori.
micrométrique [mikʀɔmetʀik] ***agg.*** micrometrico.
micron [mikʀɔ̃] ***n.m.*** micron.
microniser [mikʀonize] ***v.tr.*** micronizzare.
micro-onde [mikʀɔɔ̃d] ***n.f.*** [pl. *micro-ondes*] microonda.
micro-ordinateur [mikʀoɔʀdinatœʀ] ***n.m.*** [pl. *micro-ordinateurs*] minicomputer.
micro-organisme [mikʀɔɔʀganism] ***n.m.*** [pl. *micro-organismes*] microrganismo.
microphone [mikʀɔfɔn] ***n.m.*** microfono.
microphotographie [mikʀɔfɔtɔgʀafi] ***n.f.*** microfotografia.
microplaquette [mikʀɔplakɛt] ***n.f.*** (*inform.*) chip (*m.*), circuito (*m.*) integrato.
microprocesseur [mikʀɔpʀɔsesœʀ] ***n.m.*** microprocessore.
microscope [mikʀɔskɔp] ***n.m.*** microscopio.
microscopique [mikʀɔskɔpik] ***agg.*** microscopico.
microsillon [mikʀɔsijɔ̃] ***n.m.*** microsolco.
microstructure [mikʀɔstʀyktyʀ] ***n.f.*** microstruttura.
microtechnique [mikʀɔtɛknik] ***n.f.*** microtecnica.
microtraumatisme [mikʀɔtʀomatism] ***n.m.*** (*med.*) microtrauma.
micro-trottoir [mikʀɔtʀɔtwaʀ] ***n.m.*** [pl. *micros-trottoirs*] intervista (*f.*) volante (ai passanti).
miction [miksjɔ̃] ***n.f.*** minzione.
midi [midi] ***n.m.*** **1** mezzogiorno **2** sud, mezzogiorno: *exposé au midi*, esposto a mezzogiorno **3** (*geogr.*) *le Midi*, il Sud (spec. della Francia).
● ***midi sonné, tapant***, mezzogiorno in punto, preciso | ***chercher midi à quatorze heures***, (*fig.*) complicarsi l'esistenza; cercare il pelo nell'uovo | ***sur le coup de midi***, a mezzogiorno in punto.
midinette [midinɛt] ***n.f.*** **1** ragazza semplice e sentimentale **2** sartina, lavorante di sartoria.
mie [mi] ***n.f.*** mollica ♦ ***avv.*** (*antiq.*) affatto.
● ***à la mie de pain***, (*fam.*) di nessun valore | ***pain de mie***, pane in cassetta, pancarré.
miel [mjɛl] ***n.m.*** miele.
● ***être tout sucre, tout miel***, essere tutto zucchero e miele.
mielleusement [mjɛløzmɑ̃] ***avv.*** in tono melato.
mielleux [mjɛlø] ***agg.*** [f. *-euse*] melato, mellifluo.
mien [mjɛ̃] ***pron.poss.m. 1ª pers.sing.*** [f. *mienne*; pl.m. *miens*, f. *miennes*] mio: *tes amis et les miens*, i tuoi amici e i miei, i miei e i tuoi amici; *sa mère et la mienne*, sua madre e la mia; *ses idées ne sont pas les miennes*, le sue idee non sono le mie; *ses trois enfants et les deux miens sont amis*, i suoi tre figli e i miei due sono amici ♦ ***n.m.*** **1** il mio, ciò che è mio **2** (*pl.*) i miei (genitori, sostenitori ecc.) ♦ ***agg.poss. 1ª pers.sing.*** (*ant. o letter.*) mio: *je ferai mienne cette réponse*, farò mia questa risposta.
● ***j'ai fait une des miennes***, (*fam.*) ne ho fatta una delle mie | ***j'y mets du mien***, mi do da fare, mi impegno; ci metto la miglior volontà.
mienne [mjɛn] ***pron.poss.f. 1ª pers.sing.*** → **mien**.
miette [mjɛt] ***n.f.*** briciola (*anche fig.*).
● ***mettre en miettes***, ridurre in briciole, sbriciolare | ***pas une miette***, neppure un briciolo: *je n'ai pas perdu une miette du dialogue*, non ho perso neppure una battuta del dialogo.
mieux [mjø] ***avv.*** **1** (*con valore di compar.*) meglio: *tu peux l'aider mieux que personne*, puoi aiutarlo meglio di chiunque altro; *il conduit la voiture mieux que je ne pensais*, guida (l'automobile) meglio di quanto pensassi; *pour mieux comprendre*, per capire meglio **2** (*con valore di superl., preceduto da art.*) meglio; di più, maggiormente: *c'est ici qu'on est le mieux*, è qui che si sta meglio; *du, le mieux que vous pourrez*, meglio che potrete; *les hommes les, le mieux doués*, gli uomini meglio, maggiormente dotati; *voici ce qui convient le mieux*, ecco quel che conviene di più ♦ ***agg.*** meglio: *quelque chose de*

mieux, rien de mieux, qualcosa di meglio, niente di meglio; *il est mieux que son frère*, è meglio di suo fratello ♦ *n.m.* 1 (qlco. di) meglio: *je ne demande pas mieux*, non chiedo di meglio; *j'attendais mieux de lui*, mi aspettavo di più da lui; *avoir mieux à faire*, avere ben altro da fare 2 miglioramento.

● ***à mieux***, di meglio, di più: *je m'attendais à mieux*, mi aspettavo di meglio, di più | ***à qui mieux mieux***, a gara: *ils riaient à qui mieux mieux*, facevano a chi rideva di più | ***au mieux***, al meglio, per il meglio; nella migliore delle ipotesi; in ottimi rapporti: *être au mieux (de sa forme)*, essere in piena forma; *les choses vont au mieux*, le cose vanno per il meglio; *il faut agir au mieux des circonstances*, bisogna agire come meglio si può, date le circostanze; *en mettant les choses au mieux*, (per) bene che vada, nel migliore dei casi; *au mieux, il en tirera 200 euros*, nella migliore delle ipotesi ne ricaverà 200 euro; *être au mieux avec qqn*, essere in ottimi rapporti con qlcu | ***beaucoup mieux***, ***bien mieux***, molto meglio | ***de mieux en mieux***, di bene in meglio | ***être mieux***, stare meglio, stare più comodi | ***faire de son mieux***, fare del proprio meglio | ***faute de mieux***, in mancanza di meglio | ***il y a mieux***, c'è di meglio | ***le mieux du monde***, in modo perfetto, perfettamente | ***pour le mieux***, il meglio possibile, per il meglio: *je ferai pour le mieux*, farò il meglio possibile; *tout est pour le mieux*, tutto è per il meglio | ***qui mieux est***, quel che è meglio; per di più | ***tant mieux***, ***d'autant mieux***, tanto meglio.

NOTA ***Faire mieux*** è seguito dalla preposizione ***de***, e non, come in italiano, da 'a':
SI *Tu* ***ferais mieux de*** *travailler.*
NO *Tu* ***ferais mieux à*** *travailler.*
Faresti meglio a lavorare.

mieux-être [mjøzɛtʀ] *n.m.invar.* (maggior) benessere.

mièvre [mjɛvʀ] *agg.* lezioso, sdolcinato, smanceroso.

mièvrerie [mjɛvʀəʀi] *n.f.* leziosaggine, smanceria.

mignardise [miɲaʀdiz] *n.f.* 1 leziosaggine 2 (*pl.*) moine 3 (*bot. pop.*) garofano (*m.*) dei poeti.

mignon [miɲɔ̃] *agg.* [f. *-onne*] carino, grazioso: *elle est mignonne comme tout*, è un amore ♦ *n.m.* (*fam.*) cocco, tesoro.

● (*cuc.*) ***filet mignon***, punta di filetto | (*st.*) ***les mignons***, i favoriti (di Enrico III di Francia) | ***péché mignon***, peccatuccio, punto debole | ***sois mignon***, sii gentile.

■ AGG. SIN. gentil, gracieux CONTR. laid.

migraine [migʀɛn] *n.f.* (*med.*) emicrania.

migraineux [migʀɛnø] *n.m.* [f. *-euse*] persona (*f.*) soggetta a emicrania.

migrant [migʀɑ̃] *agg.* migrante, migratore ♦ *n.m.* emigrante.

mi-gras [migʀɑ] *n.m.invar.* (*tip.*) neretto, grassetto.

migrateur [migʀatœʀ] *agg.* e *n.m.* [f. *-trice*] migratore (*anche zool.*).

● (*zool.*) ***non-migrateur***, stanziale: *oiseau non-migrateur*, uccello stanziale.

migration [migʀasjɔ̃] *n.f.* migrazione | *la migration des âmes*, la trasmigrazione delle anime.

migratoire [migʀatwaʀ] *agg.* migratorio.

migrer [migʀe] *v.intr.* migrare.

mi-jambe, à [amiʒɑ̃b] *avv.* a mezza gamba.

mijaurée [miʒɔʀe] *n.f.* smorfiosa.

mijoter [miʒɔte] *v.tr.* 1 (*cuc.*) far cuocere a fuoco lento 2 (*fig. fam.*) tramare, covare: *mijoter un complot*, tramare un complotto ♦ *v.intr.* (*cuc.*) cuocere a fuoco lento, bollire adagio.

mijoteuse [miʒɔtøz] *n.f.* (*pentola*) stufaiola.

mikado [mikado] *n.m.* 1 mikado 2 (*gioco*) sciangai.

mil[1] [mil] *agg.num.card.* e *n.m.invar.* (*nelle date*) mille: *en mil neuf cent trente*, nel millenovecentotrenta.

mil[2] [mil, mij] *n.m.* → **millet**.

mil[3] [mil] *n.m.* (*ginnastica*) clava (*f.*).

mi-laine [milɛn] *agg.* e *n.m.invar.*

● ***mi-laine, mi-coton***, metà lana, metà cotone | (***tissu***) ***mi-laine***, (tessuto) misto lana.

milan [milɑ̃] *n.m.* (*zool.*) nibbio.

milanais [milanɛ] *agg.* milanese.

● (*cuc.*) ***escalope milanaise***, cotoletta alla milanese.

Milanais *n.m.* (*abitante*) milanese.

mildiou [mildju] *n.m.* (*agr.*) peronospora (*f.*).

mile [majl] *n.m.* (*misura di lunghezza*) miglio.

milice [milis] *n.f.* 1 milizia 2 (*Belgio*) esercito (*m.*); servizio (*m.*) militare.

● (*Svizzera*) ***Armée de milice***, esercito della Confederazione Elvetica.

milicien [milisjɛ̃] *n.m.* [f. *-enne*] 1 miliziano 2 (*Belgio*) soldato di leva.

milieu [miljø] *n.m.* [pl. *-eux*] 1 mezzo; centro; metà (*f.*) (*anche fig.*): *le milieu d'une place*, il centro di una piazza; *depuis le milieu du* XVIII*e* *siècle*, a partire dalla metà del XVIII secolo 2 ambiente: *adaptation au milieu*, adattamento all'ambiente; *dans les milieux bien informés*, negli ambienti (bene) informati.

● (*scient.*) ***milieu ambiant***, ambiente | (*biol.*) ***milieu de culture***, terreno di cultura | ***milieu de table***, centrotavola | ***milieu social***, ambiente sociale, ceto | ***au beau milieu***, ***en plein milieu de***, nel bel mezzo di | ***au milieu de***, in mezzo a, nel mezzo di; a metà di: *au milieu de la foule*, in mezzo alla folla, tra la folla; *au milieu de la melée*, nel folto della mischia; *au milieu de la journée*, a metà giornata | ***il n'y a pas de milieu***, (*fig.*) non c'è via di mezzo | ***le doigt du milieu***, il dito medio | ***le juste milieu***, (*fig.*) il giusto mezzo: *il faut garder le juste milieu*, bisogna stare nel giusto mezzo | ***le Milieu***, la mala(vita): *l'argot du Milieu*, il gergo della malavita.

militaire [militɛʀ] *agg.* 1 militare 2 (*fig.*) marziale, preciso ♦ *n.m.* militare.

● ***militaire de carrière*** (o ***de métier***), militare di carriera | ***ancien militaire***, ex-soldato, veterano | ***médecin militaire***, ufficiale medico.

militairement [militɛʀmɑ̃] *avv.* militarmente.

militant [militɑ̃] *agg.* e *n.m.* militante.

● (*teol.*) ***Église militante***, Chiesa militante.

militantisme [militɑ̃tism] *n.m.* militanza (*f.*).

militarisation [militaʀizasjɔ̃] *n.f.* militarizzazione.

militariser [militaʀize] *v.tr.* militarizzare.

militarisme [militaʀism] *n.m.* militarismo.

militariste [militaʀist] *agg.* militaristico, militarista ♦ *n.m.* e *f.* militarista.

militer [milite] *v.intr.* militare (*anche fig.*).

milk-shake [milkʃɛk] *n.m.* [pl. *milk-shakes*] frappé.

mille[1] [mil] *agg.num.card.invar.* mille: *mille euros*, mille euro; *mille un euros*, mille e un euro; *ouvrage tiré à deux mille exemplaires*, opera stampata in duemila esemplari; *en mille neuf cent trente*, nel millenovecentotrenta; *en deux mille un*, nel duemila e uno; *dire mille folies*, dire un'infinità di sciocchezze ♦ *agg.num.ord.invar.* mille,

M

millesimo: *page mille*, pagina mille; *le numéro trois mille*, il tremillesimo numero ♦ ***n.m.invar.*** **1** mille: *ils étaient plus de mille*, erano più di mille **2** migliaio: *le premier mille des exemplaires de ce livre a été épuisé*, il primo migliaio di copie di questo libro è esaurito.
● ***mille amitiés***, cari saluti | ***des mille et des cents***, (*fam.*) molti soldi | ***je vous le donne en mille***, ve lo do a mille, vi sfido a indovinare | ***mettre, taper dans le mille***, (*anche fig.*) colpire nel segno.

NOTA ***Mille*** non prende mai il plurale: *deux mille personnes*, duemila persone.

mille[2] ***n.m.*** (*misura di lunghezza*) miglio.
● ***mille anglais*** (o ***terrestre***), miglio inglese | ***mille marin***, miglio marino.

millefeuille [milfœj] ***n.m.*** (*cuc.*) millefoglie.

mille-feuille [milfœj] ***n.f.*** [pl. *mille-feuilles*] (*bot.*) millefoglie (*m.*).

millénaire [milenɛʀ] ***agg.*** millenario ♦ ***n.m.*** **1** millennio **2** (*anniversario*) millenario.

mille-pattes [milpat] ***n.m.invar.*** (*zool.*) millepiedi.

millepertuis [milpɛʀtɥi] ***n.m.*** (*bot.*) iperico, erba (*f.*) di San Giovanni.

millésime [milezim] ***n.m.*** **1** millesimo **2** millesimo, annata (*f.*): *une bouteille au millésime de 1947*, una bottiglia dell'annata 1947.

millésimé [milezime] ***agg.*** millesimato: *vin millésimé*, vino millesimato.

millet [mijɛ] ***n.m.*** **1** (*bot.*) miglio **2** (*med.*) mughetto.
● ***millet des oiseaux*** (o ***d'Italie***), miglio degli uccelli, panico d'Italia.

M

milliaire [miljɛʀ] ***agg.*** miliare ♦ ***n.m.*** (*archeol.*) miliario, colonna (*f.*) miliare.

milliard [miljaʀ] ***n.m.*** miliardo.

milliardaire [miljaʀdɛʀ] ***agg.*** e ***n.m.*** e ***f.*** miliardario/a.

millibar [milibaʀ] ***n.m.*** (*fis.*) millibar.

millième [miljɛm] ***agg.num.ord.*** e ***n.m.*** e ***f.*** millesimo/a.

millier [milje] ***n.m.*** migliaio: *des milliers de touristes*, migliaia di turisti.
● ***par milliers***, a migliaia.

milligramme [miligram] ***n.m.*** milligrammo.

millilitre [mililitʀ] ***n.m.*** millilitro.

millimètre [milimɛtʀ] ***n.m.*** millimetro.

millimétré [milimetʀe] ***agg.*** millimetrato.
● ***papier millimétré***, carta millimetrata.

millimétrique [milimetʀik] ***agg.*** **1** millimetrico **2** millimetrato.

million [miljɔ̃] ***n.m.*** milione.

millionième [miljɔnjɛm] ***agg.num.ord.*** e ***n.m.*** e ***f.*** milionesimo/a.

millionnaire [miljɔnɛʀ] ***agg.*** e ***n.m.*** e ***f.*** milionario/a.

mi-lourd [miluʀ] ***agg.m.*** e ***n.m.*** [pl. *mi-lourds*] (*sport*) mediomassimo.

mime [mim] ***n.m.*** (*arte, genere*) mimo ♦ ***n.m.*** e ***f.*** (*persona*) mimo/a.

mimer [mime] ***v.tr.*** mimare: *mimer qqn*, imitare, scimmiottare qlcu.

mîmes [mim] → **mettre**.

mimétique [mimetik] ***agg.*** mimetico.

mimétisme [mimetism] ***n.m.*** mimetismo.

mimi [mimi] ***n.m.*** (*linguaggio infantile*) **1** bacio, carezza (*f.*) **2** micino, gattino ♦ ***agg.invar.*** (*fam.*) grazioso, carino.

mimine [mimin] ***n.f.*** (*linguaggio infantile*) manina.

mimique [mimik] ***agg.*** mimico ♦ ***n.f.*** **1** mimica **2** (*Internet*) faccina, smiley.

mimodrame [mimɔdʀam] ***n.m.*** (*teatr.*) pantomima (*f.*).

mimolette [mimɔlɛt] ***n.f.*** mimolette (formaggio a pasta dura).

mimosa [mimoza] ***n.m.*** (*bot.*) mimosa (*f.*).
● (*cuc.*) ***œuf mimosa***, uovo sodo tagliato a metà e ricoperto di una salsa fatta con il tuorlo.

mi-mots, à [amimo] ***avv.*** a mezzi termini; con parole velate.

minable [minabl] ***agg.*** (*fam.*) miserabile; pietoso: *salaire minable*, salario da fame ♦ ***n.m.*** e ***f.*** (*fam.*) morto/a di fame, balordo/a.

minaret [minaʀɛ] ***n.m.*** minareto.

minauder [minode] ***v.intr.*** far vezzi, moine.

minauderie [minodʀi] ***n.f.*** **1** leziosaggine **2** (*pl.*) vezzi (*m.*), moine.

minaudier [minodje] ***agg.*** [f. *-ère*] smanceroso, smorfioso.

minaudière® [minodjɛʀ] ***n.f.*** borsettina da sera (spesso in oro o argento).

mince [mɛ̃s] ***agg.*** **1** sottile: *un mince filet d'eau*, un filino d'acqua **2** esile, snello, smilzo; minuto: *taille mince*, vita sottile; *jambes minces*, gambe esili; *nez mince*, naso affilato **3** (*fig.*) insignificante, mediocre: *un mince revenu*, una piccolissima rendita; *un mince prétexte*, un futile pretesto ♦ ***inter.*** *mince (alors)!*, (*fam.*) caspita!, accipicchia!
● ***mince comme un fil***, sottile come un filo d'erba | ***c'est mince***, è ben poca cosa.
■ AGG. SIN. **1** fin.

minceur [mɛ̃sœʀ] ***n.f.*** **1** sottigliezza **2** snellezza.

mincir [mɛ̃siʀ] ***v.intr.*** assottigliarsi, dimagrire ♦ ***v.tr.*** snellire: *cette robe te mincit*, questo vestito ti smagrisce.

mine[1] [min] ***n.f.*** **1** aspetto (*m.*), aria **2** (*pl.*) moine, smancerie.
● ***mine de rien***, come se niente fosse: *mine de rien, il est professeur de droit*, anche se non sembra, è professore di diritto; *faire mine de rien*, fare lo gnorri | ***avoir bonne, mauvaise mine***, avere un bell'aspetto, una brutta cera: *ce gâteau a bonne mine*, questo dolce ha un aspetto invitante; *j'aurais bonne mine à lui dire ça!*, bella figura ci farei a dirglielo!; *tu as mauvaise mine aujourd'hui*, hai una brutta cera oggi | ***faire bonne, mauvaise mine à qqn***, far buona, cattiva accoglienza a qlcu | ***faire la mine***, fare il broncio: *ils vont faire une de ces mines!*, vedrai che musi lunghi! | ***faire mine de***, far finta di | ***ne pas payer de mine***, non ispirare fiducia; avere un'aria dimessa.

mine[2] ***n.f.*** **1** miniera | *c'est une mine d'érudition*, (*fig.*) è un pozzo di scienza **2** (*mil.*) mina **3** (*di matita*) mina.
● (*mil.*) ***mine antipersonnel, antichar***, mina antiuomo, anticarro | ***mine de plomb***, (*antiq.*) piombaggine, grafite | ***mine d'or***, (*anche fig.*) miniera d'oro | ***champ de mines***, campo minato | ***ingénieur des mines***, ingegnere minerario.

miné [mine] ***agg.*** minato (*anche fig.*).

minéolas [mineɔlas] ***n.m.*** (*frutto*) mapo.

miner [mine] ***v.tr.*** **1** minare (*anche fig.*): *miner l'entrée d'un port*, minare l'ingresso di un porto; *miner la réputa-*

tion de qqn, insidiare, minare la reputazione di qlcu **2** corrodere ♦ **se miner** *v.pron.intr.* struggersi, logorarsi.

minerai [minʀɛ] *n.m.* minerale.
● ***minerai brut***, minerale greggio.

minéral [mineʀal] *agg.* e *n.m.* [pl. *-aux*] minerale.
● ***chimie minérale***, chimica inorganica | ***sels minéraux***, sali minerali.

minéralisation [mineʀalizasjɔ̃] *n.f.* (*chim.*) mineralizzazione.

minéralisé [mineʀalize] *agg.* mineralizzato.
● ***eau faiblement minéralisée***, acqua oligominerale.

minéraliser [mineʀalize] *v.tr.* (*chim.*) mineralizzare.

minéralogie [mineʀalɔʒi] *n.f.* mineralogia.

minéralogique [mineʀalɔʒik] *agg.* **1** mineralogico **2** minerario; *arrondissement minéralogique*, distretto minerario.
● (*aut.*) ***numéro, plaque minéralogique***, numero, targa di immatricolazione.

NOTA Dal *Service des Mines* (Amministrazione delle Miniere), il primo ente incaricato dell'immatricolazione dei veicoli a motore, deriva la denominazione ***plaque minéralogique*** (targa automobilistica), ufficiale fino al 1929, ma ancora di uso corrente, benché sia sostituita da *plaque d'immatriculation.*

minéralogiste [mineʀalɔʒist] *n.m.* e *f.* mineralogista.

minerve [minɛʀv] *n.f.* **1** (*med.*) minerva **2** (*tip.*) pedalina.

minet [minɛ] *n.m.* [f. *-ette*] (*fam.*) **1** micio **2** ragazzo alla moda, fichetto.
● ***mon minet***, tesoro mio.

mineur[1] [minœʀ] *agg.* **1** minore **2** (*mus., fil.*) minore **3** (*dir.*) minorenne ♦ *n.m.* **1** (*dir.*) minorenne, minore **2** (*mus.*) modo minore.
● ***arts mineurs***, arti minori | (*eccl.*) ***ordres mineurs***, ordini minori.

mineur[2] *n.m.* minatore.

mini [mini] *agg.invar.* mini: *une robe mini*, un vestito mini ♦ *n.m.* **1** (*abbigl.*) (*la mode du*) *mini*, la moda mini **2** (*fam.*) abbr. di mini-ordinateur ♦ *n.f.* (*abbigl.*) mini, minigonna.

miniature [minjatyʀ] *n.f.* **1** miniatura **2** lettera miniata.
● ***en miniature***, (*anche fig.*) in miniatura.

miniaturé [minjatyʀe] *agg.* miniato: *portrait miniaturé*, miniatura; *recueils miniaturés*, codici miniati.

miniaturer [minjatyʀe] *v.tr.* miniare.

miniaturisation [minjatyʀizasjɔ̃] *n.f.* (*tecn.*) miniaturizzazione.

miniaturiser [minjatyʀize] *v.tr.* miniaturizzare.

miniaturiste [minjatyʀist] *n.m.* e *f.* miniaturista.

minibus [minibys] **minicar** [minikaʀ] *n.m.* pulmino.

minicassette [minikasɛt] *n.f.* minicassetta; (*estens.*) registratore (*m.*) per minicassette.

minichaîne [miniʃɛn] *n.f.* piccolo impianto (*m.*) hi-fi.

minidisque [mindisk] *n.m.* (*inform.*) minidisco.

minier [minje] *agg.* [f. *-ère*] minerario.

minigolf [minigɔlf] *n.m.* minigolf.

minijupe [miniʒyp] *n.f.* minigonna.

minima, à [aminima] *avv.*
● (*dir.*) ***appel à minima***, appello del Pubblico Ministero (contro una pena troppo mite).

minimal [minimal] *agg.* [pl. *-aux*] minimo.
● (*arte*) ***art minimal***, minimal art.

minimalisme [minimalism] *n.m.* minimalismo.

minimaliste [minimalist] *agg.* e *n.m.* e *f.* minimalista.

minime [minim] *agg.* minimo ♦ *n.m.* (*eccl.*) minimo ♦ *n.m.* e *f.* (*sport*) cadetto/a.

minimiser [minimize] *v.tr.* minimizzare.

minimum [minimɔm] *n.m.* [pl. *minimums*, scient. *minima*] minimo: *avec un minimum d'effort*, con uno sforzo minimo.
● ***minimum social***, assegno sociale | ***minimum vieillesse***, assegno sociale destinato alle persone anziane | (*econ.*) ***minimum vital***, minimo di sussistenza | ***au minimum***, come minimo.
■ CONTR. maximum.

mini-ordinateur [miniɔʀdinatœʀ] *n.m.* [pl. *mini-ordinateurs*] minicomputer.

minispace [minispas] *n.m.* (*aut.*) monovolume (*f.*) di piccole dimensioni.

ministère [ministɛʀ] *n.m.* **1** (*pol.*) ministero, dicastero **2** (*pol.*) ministero, gabinetto, governo **3** (*relig.*) ministero.
● ***ministère de coalition***, governo di coalizione | (*dir.*) ***ministère public***, Pubblico Ministero.

NOTA Alcuni dei principali ministeri francesi hanno un nome metaforico, che corrisponde all'edificio in cui hanno sede a Parigi:
Matignon o *l'hôtel Matignon* sono detti gli uffici del primo Ministro;
Le Quai d'Orsay, spesso solo *Le Quai*, è il Ministero degli affari esteri;
La Place Beauvau è il Ministero degli Interni;
Bercy è il Ministero dell'economia;
La rue de Valois è il Ministero della cultura.
Infine, *l'Élysée* indica eufemisticamente il presidente della repubblica francese, in quanto il palazzo è la sua residenza parigina ufficiale.

ministériel [ministeʀjɛl] *agg.* [f. *-elle*] ministeriale.
● (*dir.*) ***officiers ministériels***, pubblici ufficiali.

ministre [ministʀ] *n.m.* **1** ministro **2** (*relig.*) ministro; pastore protestante.
● (*arredamento*) ***bureau ministre***, grande scrittoio con cassetti laterali | ***papier ministre***, carta protocollo | ***Premier ministre***, Primo Ministro.

minitel [minitɛl] *n.m.* videotel.

minitéliste [minitelist] *n.m.* e *f.* utente del videotel.

minium [minjɔm] *n.m.* (*chim.*) minio.

minoen [minɔɛ̃] *agg.* e *n.m.* [f. *-enne*] (*st.*) minoico.

minois [minwa] *n.m.* (*fam.*) visino, musetto.

minoritaire [minɔʀitɛʀ] *agg.* minoritario.

minorité [minɔʀite] *n.f.* **1** minorità, minore età **2** minoranza.

minoterie [minɔtʀi] *n.f.* **1** mulino (*m.*) industriale **2** industria molitoria.

minotier [minɔtje] *n.m.* proprietario di un mulino industriale.

minou [minu] *n.m.* (*linguaggio infantile*) micio.

minque [mɛ̃k] *n.f.* (*Belgio*) mercato (*m.*) del pesce (in località costiere).

minuit [minɥi] *n.m.* mezzanotte (*f.*): *minuit et demi*, mezzanotte e mezzo.

minus [minys] *n.m.* e *f.* (*fam.*) deficiente, idiota.

minuscule [minyskyl] *agg.* minuscolo ♦ *n.f.* minuscola.
■ *N.F.* CONTR. majuscule.

M

minutage [minytaʒ] ***n.m.*** minutaggio, calcolo dei minuti.

minute[1] [minyt] ***n.f.*** minuto (*m.*); (*estens.*) istante (*m.*), momento (*m.*): *il est deux heures dix (minutes)*, sono le due e dieci (minuti).

● ***minute!***, (*fam.*) un momento!, piano! | ***à la minute***, sull'istante | ***à la minute où***, nell'istante in cui | ***dans quelques minutes***, ***d'ici quelques minutes***, fra qualche istante | ***dans une minute***, subito | (*cuc.*) ***entrecôte minute***, costata preparata al momento | ***ressemelage minute***, risuolatura lampo.

NOTA L'interiezione familiare ***Minute, Papillon!***, 'Un momento!, un momentino!; andiamoci piano!' viene usata per significare che non c'è fretta.

minute[2] ***n.f.*** (*dir.*) atto (*m.*) originale.

minuter [minyte] ***v.tr.*** **1** (*dir.*) redigere in minuta **2** calcolare i tempi (**di**).

minuterie [minytri] ***n.f.*** **1** (*di orologio*) minuteria **2** (*tecn.*) interruttore (*m.*) a tempo.

minuteur [minytœʀ] ***n.m.*** contaminuti.

minutie [minysi] ***n.f.*** **1** minuziosità, meticolosità **2** (*antiq.*) minuzia.

minutieusement [minysjøzmɑ̃] ***avv.*** minuziosamente.

minutieux [minysjø] ***agg.*** [f. *-euse*] minuzioso, meticoloso.

miocène [mjɔsɛn] ***n.m.*** (*geol.*) miocene ♦ ***agg.*** miocenico.

mioche [mjɔʃ] ***n.m.*** (*fam.*) marmocchio, moccioso.

mirabelle [miʀabɛl] ***n.f.*** **1** (*bot.*) mirabella **2** acquavite di mirabella.

mirabellier [miʀabelje] ***n.m.*** (*pianta*) mirabella.

miracle [miʀɑkl] ***n.m.*** **1** miracolo **2** (*st. teatr.*) miracolo ♦ ***agg.*** (*sempre posposto*) miracoloso: *solution miracle*, soluzione miracolosa; *remède miracle*, rimedio miracoloso.

● ***crier au miracle***, gridare al miracolo | ***par miracle***, per miracolo, miracolosamente | ***tenir du miracle***, avere del miracoloso.

■ *N.M.* SIN. **1** prodige.

NOTA In epoca medievale, i ***miracles*** erano drammi religiosi, recitati da confraternite di chierici sul sagrato delle chiese: mettevano in scena storie prodigiose legate alla vita dei santi o della Vergine. Il più celebre è *Le miracle de Théophile* composto dal poeta Rutebeuf verso il 1262.

miraculé [miʀakyle] ***agg.*** e ***n.m.*** miracolato.

miraculeusement [miʀakyløzmɑ̃] ***avv.*** miracolosamente.

miraculeux [miʀakylø] ***agg.*** [f. *-euse*] miracoloso.

mirador [miʀadɔʀ] ***n.m.*** **1** altana (*f.*), loggia (*f.*) **2** (*mil.*) torretta (*f.*) di guardia.

mirage [miʀaʒ] ***n.m.*** **1** miraggio **2** (*zootecn.*) (*delle uova*) speratura (*f.*).

mirandais [miʀɑ̃dɛ] ***agg.*** di Mirande.

mire [miʀ] ***n.f.*** **1** mira **2** (*topografia*) mira, stadia **3** (*tv*) monoscopio (*m.*).

● ***point de mire***, (*anche fig.*) bersaglio: *être le point de mire*, essere il centro dell'attenzione.

mirer [mire] ***v.tr.*** **1** (*letter.*) specchiare, riflettere **2** (*zootecn.*) sperare, guardare controluce (un uovo) ♦ **se mirer** ***v.pron.*** (*letter.*) specchiarsi; riflettersi.

mirettes [miʀɛt] ***n.f.pl.*** (*fam.*) occhi (*m.*).

mirifique [miʀifik] ***agg.*** (*fam. scherz.*) mirabolante, stupefacente.

mirliton [miʀlitɔ̃] ***n.m.*** zufolo.

● ***air de mirliton***, motivo popolare | ***vers de mirliton***, versi dozzinali.

mirobolant [miʀɔbɔlɑ̃] ***agg.*** (*fam.*) mirabolante.

miroir [miʀwaʀ] ***n.m.*** specchio: *se regarder dans le miroir*, guardarsi allo specchio.

● (*fis.*) ***miroir ardent***, specchio ustorio | ***miroir aux alouettes***, (*anche fig.*) specchietto per le allodole | ***miroir d'eau***, specchio d'acqua | (*aut.*) ***miroir de courtoisie***, specchietto di cortesia (applicato sui parasoli interni) | ***écriture en miroir***, scrittura a specchio | ***image au miroir***, immagine speculare | (*cuc.*) ***œufs au miroir***, uova al tegamino | (*Internet*) ***site miroir***, sito mirror.

■ SIN. glace.

miroitage [miʀwataʒ] ***n.f.*** (*inform.*) mirroring (*m.*) (procedura di duplicazione).

miroitant [miʀwatɑ̃] ***agg.*** luccicante.

miroitement [miʀwatmɑ̃] ***n.m.*** luccichio, scintillio.

miroiter [miʀwate] ***v.intr.*** luccicare, scintillare.

● ***faire miroiter un espoir***, (*fig.*) far balenare una speranza.

miroiterie [miʀwatʀi] ***n.f.*** industria, commercio (*m.*) degli specchi.

miroitier [miʀwatje] ***n.m.*** specchiaio.

mironton [miʀɔ̃tɔ̃] **miroton** [miʀɔtɔ̃] ***n.m.*** (*cuc.*) stracotto di manzo.

mis [mi] *p.p.* di **mettre**.

misaine [mizɛn] ***n.f.*** (*mar.*) trinchetto (*m.*).

misanthrope [mizɑ̃tʀɔp] ***agg.*** e ***n.m.*** e ***f.*** misantropo/a.

misanthropie [mizɑ̃tʀɔpi] ***n.f.*** misantropia.

miscellanées [miselane] ***n.f.pl.*** miscellanea (*sing.*).

mise [miz] ***n.f.*** **1** messa; posa; collocamento (*m.*) **2** (*abbigl.*) tenuta; abbigliamento (*m.*): *soigner sa mise*, curarsi nel vestire **3** (*al gioco*) posta, puntata: *sauver la mise*, ritirare la posta.

● ***mise à feux***, accensione | ***mise à jour***, aggiornamento | (*inform.*) ***mise à niveau***, upgrade | ***mise à prix***, (*di un'asta*) fissazione del prezzo; prezzo base | ***mise au point***, messa a punto; (*fot.*) messa a fuoco | (*inform.*) ***mise à zéro***, (*di programma*) ripristino | (*zool.*) ***mise bas***, parto | (*econ.*) ***mise de côté***, accantonamento | (*fin.*) ***mise de fonds***, investimento (di capitali) | (*arte, lett.*) ***mise en abyme*** → abyme | (*dir.*) ***mise en accusation***, messa in (stato di) accusa | (*tel.*) ***mise en attente***, messa in attesa | ***mise en boîte***, inscatolamento; (*fig.*) presa in giro | ***mise en bouteilles***, imbottigliamento | ***mise en chantier***, (*anche fig.*) avvio | ***mise en conserve***, conservazione; inscatolamento | (*dir.*) ***mise en demeure***, intimazione, diffida | ***mise en disponibilité***, collocamento in aspettativa | (*dir.*): ***mise en état***, sentenza di rinvio in giudizio; ***mise en liberté***, scarcerazione | ***mise en marche***, messa in marcia, in moto; (*di motore*) avviamento | ***mise en œuvre***, messa in opera | (*tip.*) ***mise en pages***, impaginazione | ***mise en pension***, il mettere in collegio; (*di cani, gatti ecc.*) il mettere a pensione | ***mise en place***, collocazione, istituzione; (*inform.*) caricamento | ***mise en plis***, messa in piega, messinpiega | ***mise en sac***, insaccatura | (*teatr., cine.*) ***mise en scène***, messa in scena, regia; (*fig.*) messinscena | ***mise en service***, entrata in funzione | (*inform.*) ***mise en veille***, standby | ***mise en veilleuse***, il mettere al minimo; (*fig.*) il mettere in sordina | (*astronautica*) ***mise sur*** (o ***en***) ***orbite***, messa in orbita | ***mise sur pied***, istituzione, creazione | ***être de***

mise, (*letter.*) essere conveniente: *ce n'est pas de mise*, è sconveniente, non sta bene.

miser [mize] *v.tr.* 1 puntare; scommettere 2 (*Svizzera*) comprare all'asta, vendere all'asta.
● ***miser sur les deux tableaux***, (*fig.*) tenere il piede in due staffe.

misérable [mizeʀabl] *agg.* e *n.m.* e *f.* miserabile: *dans un état misérable*, in uno stato pietoso; *faire une fin misérable*, fare una misera fine.

misérablement [mizeʀabləmɑ̃] *avv.* 1 miserabilmente, miseramente 2 in modo gretto, meschino.

misère [mizɛʀ] *n.f.* 1 miseria: *tomber dans la misère*, cadere in miseria 2 (*letter.*) miseria, dolorosa infelicità 3 (*bot.*) miseria 4 (*pl.*) miserie, dolori (*m.*).
● ***misère!***, (*fam.*) accidenti!, maledizione! | (*Canada*) ***avoir misère à faire qqch***, fare fatica a fare qlco | (*Belgio*) ***chercher misère à qqn***, mostrarsi aggressivo nei confronti di qlcu | ***de misère***, (*fig.*) da fame: *c'est un salaire de misère*, è un salario da fame | ***faire des misères à qqn***, (*fam.*) fare dei piccoli dispetti a qlcu | ***se fâcher pour une misère***, prendersela per un nonnulla.

misérer [mizeʀe] *v.intr.* [coniug. come *céder*] 1 (*Africa*) vivere nella miseria 2 (*region.*) faticare, sgobbare.

miséreux [mizeʀø] *agg.* e *n.m.* [f. *-euse*] miserabile.

miséricorde [mizeʀikɔʀd] *n.f.* (*letter.*) misericordia.
● (*mar.*) ***ancre de miséricorde***, ancora di rispetto.

miséricordieux [mizeʀikɔʀdjø] *agg.* [f. *-euse*] misericordioso.

mis(o)- *pref.* mis(o)-.

misogyne [mizɔʒin] *agg.* e *n.m.* e *f.* misogino/a.

misogynie [mizɔʒini] *n.f.* misoginia.

miss [mis] *n.f.* 1 miss: *miss Monde*, miss Mondo 2 (*fam.*) signorina | *salut, miss!*, (*scherz.*) ciao, bella!

missel [misɛl] *n.m.* messale.

missile [misil] *n.m.* missile.

mission [misjɔ̃] *n.f.* missione.

missionnaire [misjɔnɛʀ] *n.m.* e *f.* e *agg.* missionario/a.

missive [misiv] *n.f.* (*letter.*) missiva ♦ *agg.* (*dir.*) *lettre missive*, lettera missiva.

mistelle [mistɛl] *n.f.* (*enol.*) mistella.

mistral [mistʀal] *n.m.* mistral (vento del nord che soffia sulle regioni mediterranee francesi).

mitaine [mitɛn] *n.f.* 1 mezzoguanto (*m.*) 2 (*Svizzera, Canada*) muffola.

mitard [mitaʀ] *n.m.* (*argot*) cella (*f.*) di isolamento.

mite [mit] *n.f.* tignola; tarma.
● ***mite du fromage***, acaro del formaggio.

FAUX AMI
Da non confondere con l'aggettivo *mite*, che si traduce *doux, modéré*.

mité [mite] *agg.* tarmato.

mi-temps [mitɑ̃] *n.f.invar.* 1 (*sport*) (*di un incontro*) tempo (*m.*) 2 (*sport*) (*durante un incontro*) intervallo (*m.*) ♦ *n.m.invar.* lavoro a mezza giornata, part-time.
● ***à mi-temps***, a mezza giornata, part-time.

miter, se [səmite] *v.pron.intr.* tarmarsi.

miteux [mitø] *agg.* [f. *-euse*] misero ♦ *n.m.* (*fam.*) poveraccio.

mithridatiser [mitʀidatize] *v.tr.* (*med.*) mitridatizzare ♦ **se mithridatiser** *v.pron.intr.* mitridatizzarsi.

mithridatisme [mitʀidatism] *n.m.* (*med.*) mitridatismo.

mitigation [mitigasjɔ̃] *n.f.* mitigazione, attenuazione.
● (*dir.*) ***mitigation des peines***, riduzione della pena.

mitigé [mitiʒe] *agg.* (*fig.*) tiepido; incerto, debole.
● ***mitigé de***, (*non com.*) misto a.

mitiger [mitiʒe] *v.tr.* [coniug. come *manger*] (*antiq.*) mitigare, lenire.

mitigeur [mitiʒœʀ] *n.m.* (*tecn.*) (rubinetto) miscelatore.

mitonner [mitɔne] *v.tr.* 1 (*cuc.*) cuocere a fuoco lento 2 (*fig.*) preparare con cura ♦ *v.intr.* (*cuc.*) cuocere a fuoco lento.

mitose [mitoz] *n.f.* (*biol.*) mitosi.

mitoyen [mitwajɛ̃] *agg.* [f. *-enne*] (*dir.*) di proprietà comune: *un mur mitoyen*, un muro in comproprietà, divisorio.

mitoyenneté [mitwajɛnte] *n.f.* 1 (*dir.*) comproprietà (di un bene) 2 comunione, comunanza.

mitraillade [mitʀɑjad] *n.f.* mitragliata, raffica di mitragliatrice.

mitraillage [mitʀɑjaʒ] *n.m.* mitragliamento.
● (*Internet*) ***mitraillage de courrier***, bombardamento via posta elettronica.

mitraille [mitʀɑj] *n.f.* 1 mitraglia 2 ferraglia, rottame (*m.*) 3 (*fam.*) spiccioli (*m.pl.*).

mitrailler [mitʀɑje] *v.tr.* mitragliare.
● ***mitrailler de questions***, (*fig.*) bombardare di domande.

mitraillette [mitʀɑjɛt] *n.f.* mitra (*m.*).

mitrailleur [mitʀɑjœʀ] *agg.* mitragliatore ♦ *n.m.* (*mil.*) mitragliere.

mitrailleuse [mitʀɑjøz] *n.f.* mitragliatrice.

mitral [mitʀal] *agg.* [pl. *-aux*] (*anat.*) mitrale; mitralico.
● ***valvule mitrale***, valvola mitrale.

mitre [mitʀ] *n.f.* 1 (*eccl.*) mitra 2 (*edil.*) (*di camino*) mitra.

mitron [mitʀɔ̃] *n.m.* 1 garzone fornaio, pasticciere 2 (*edil.*) (*di camino*) mitra.

mi-voix, à [amivwa] *avv.* a mezza voce.

mixage [miksaʒ] *n.m.* (*cine., rad., tv*) missaggio.

mixer[1] [mikse] *v.tr.* 1 (*cine., rad., tv*) fare il missaggio 2 (*cuc.*) frullare (con un frullatore elettrico).

mixer[2], **mixeur** [miksœʀ] *n.m.* 1 (*cuc.*) frullatore elettrico, mixer 2 (*cine., rad., tv*) (*tecnico*) mixer.

mixité [miksite] *n.f.* (*di scuole, comunità ecc.*) l'essere (*m.*) misto; mescolanza: *mixité raciale*, mescolanza razziale.

mixte [mikst] *agg.* misto.

mixtion [mikstjɔ̃] *n.f.* (*farm.*) mistura, miscela.

mixture [mikstyʀ] *n.f.* mistura; (*spreg.*) intruglio (*m.*).

MMS [ɛmɛmɛs] *n.m.invar.* (*tel., inform.*) (*sigla di* Multimedia Message Service) MMS, messaggino multimediale.

mnémonique [mnemɔnik] *agg.* mnemonico.

mnémotechnie [mnemɔtɛkni] *n.f.* (*antiq.*) mnemotecnica.

mnémotechnique [mnemɔtɛknik] *agg.* mnemotecnico ♦ *n.f.* mnemotecnica.

NOTA Esempi di ***moyens mnémotechniques***, gli espedienti mnemonici usati per aiutare la memoria a ricordare regole, nozioni o date, sono:

M

– per le congiunzioni di coordinazione: ***Mais où est donc Ornicar?*** (mais, ou, et, donc, or, ni, car)

– per le parole in *ou* con il plurale in *oux*: *Viens mon **chou**, mon **bijou**, mon **joujou**, sur mes **genoux**, et jette des **cailloux** à ce **hibou** plein de **poux**.*

– per le parole maschili al singolare e femminili al plurale: *Nos belles **amours** aux nombreuses **délices** se sont achevées au son des grandes **orgues**.*

– per i grandi autori francesi del XVII sec.: *Une **corneille** perchée sur la **racine** de la **bruyère boit l'eau** de **la fontaine Molière*** (Corneille, Racine, La Bruyère, Boileau, La Fontaine, Molière)

– per i pianeti del sistema solare: ***Me voici toute mignonne! Je suis une nouvelle planète*** (Mercure, Vénus, Terre, Mars, Jupiter, Saturne, Uranus, Neptune, Pluton).

mob [mɔb] ***n.f.*** (*fam.*) abbr. di **mobylette**.

mobile [mɔbil] ***agg.*** **1** mobile **2** (*fig.*) mutevole ♦ ***n.m.*** **1** (*fis.*) mobile **2** (*fig.*) impulso **3** movente, causa (*f.*) **4** (*arte*) scultura (*f.*) spaziale.
■ **CONTR.** **1** immobile.

FAUX AMI
Da non confondere con *mobile* nel senso di *oggetto d'arredamento*, che si traduce *meuble*.

mobilier [mɔbilje] ***agg.*** [f. *-ère*] (*dir.*) mobiliare: *saisie mobilière*, pignoramento di beni mobili ♦ ***n.m.*** **1** mobilia (*f.*) **2** (*dir.*) bene mobile.
● ***mobilier urbain***, arredo urbano.

mobilisable [mɔbilizabl] ***agg.*** **1** (*dir.*) convertibile in bene mobile **2** (*mil.*) che può essere mobilitato **3** (*econ.*) mobilizzabile.

mobilisateur [mɔbilizatœʀ] ***agg.*** [f. *-trice*] **1** (*mil.*) di mobilitazione **2** (*fig.*) che mobilita, motivante, incentivante.

mobilisation [mɔbilizasjɔ̃] ***n.f.*** **1** mobilitazione **2** (*econ., med.*) mobilizzazione.

mobiliser [mɔbilize] ***v.tr.*** **1** mobilitare **2** (*econ.*) mobilizzare **3** (*med.*) mobilizzare ♦ **se mobiliser** ***v.pron.intr.*** mobilitarsi.

mobilité [mɔbilite] ***n.f.*** mobilità (*anche fig.*).

mobylette® [mɔbilɛt] ***n.f.*** motorino (*m.*).

mocassin [mɔkasɛ̃] ***n.m.*** mocassino.

moche [mɔʃ] ***agg.*** (*fam.*) **1** brutto **2** (*fig.*) vergognoso, disgustoso.

mocheté [mɔʃte] ***n.f.*** (*fam.*) **1** racchiona **2** schifezza.

modal [mɔdal] ***agg.*** [f. *-aux*] modale.

modalité [mɔdalite] ***n.f.*** **1** modalità **2** (*mus.*) modo (*m.*).
● (*gramm.*) ***adverbe de modalité***, avverbio di modo, di maniera.

mode[1] [mɔd] ***n.f.*** **1** moda: *teintes, tissus mode*, colori, tessuti di moda **2** (*antiq.*) modo (*m.*), maniera **3** (*stat.*) moda.
● ***à la mode de***, secondo il modo di: *à la mode de chez nous*, secondo le nostre usanze | ***à la mode de Bretagne***, (*detto di parente*) alla lontana: *cousin à la mode de Bretagne*, cugino alla lontana | ***de mode, à la mode***, di moda, alla moda: *un acteur à la mode*, un attore in voga, di grido | (*cuc.*) ***bœuf (à la) mode***, brasato di manzo | ***gravure de mode***, figurino | ***magasin de modes***, negozio di abbigliamento femminile.

mode[2] ***n.m.*** **1** modo: *mode d'action*, modo d'agire; *mode de vie*, modo di vivere **2** (*gramm.*) modo **3** (*mus.*) modo.
● ***mode de locomotion***, mezzo di locomozione | ***mode d'emploi***, istruzioni per l'uso | ***mode de payement***, modalità di pagamento | ***mode opératoire***, modo di fare, maniera consueta di agire.

modelage [mɔdlaʒ] ***n.m.*** il modellare, modellatura (*f.*).

modèle [mɔdɛl] ***n.m.*** **1** modello **2** (*di pittore ecc.*) modello ♦ ***agg.*** modello: *un écolier modèle*, uno scolaro modello.
● ***modèle déposé***, modello depositato | ***dessiner d'après modèle***, disegnare dal vivo.

modelé [mɔdle] ***n.m.*** **1** (*scult., pitt.*) modellato **2** (*geogr.*) rilievo.

modeler [mɔdle] ***v.tr.*** [coniug. come *semer*] modellare, plasmare ♦ **se modeler** ***v.pron.intr.*** modellarsi.
● ***pâte à modeler***, plastilina, pongo | ***se modeler sur qqn***, prendere qlcu a modello.

modeleur [mɔdlœʀ] ***agg.*** e ***n.m.*** [f. *-euse*] **1** modellatore **2** (*tecn.*) modellista.

modélisme [mɔdelism] ***n.m.*** modellismo, modellistica (*f.*).

modéliste [mɔdelist] ***n.m.*** e ***f.*** modellista.

modem [mɔdɛm] ***n.m.*** (*inform.*) modem.

modénature [mɔdenatyʀ] ***n.f.*** (*arch.*) modanatura.

modérateur [mɔdeʀatœʀ] ***agg.*** e ***n.m.*** [f. *-trice*] moderatore.
● ***ticket modérateur***, ticket sanitario.

modération [mɔdeʀasjɔ̃] ***n.f.*** moderazione.
● (*dir.*) ***modération d'une peine***, riduzione di una pena.

modéré [mɔdeʀe] ***agg.*** moderato: *prix modéré*, prezzo modico; *sympathie modérée*, tiepida simpatia; *il est modéré dans ses paroles*, è misurato nelle parole ♦ ***n.m.*** (*pol.*) moderato.

modérément [mɔdeʀemɑ̃] ***avv.*** moderatamente.

modérer [mɔdeʀe] ***v.tr.*** [coniug. come *céder*] moderare ♦ **se modérer** ***v.pron.intr.*** moderarsi.

moderne [mɔdɛʀn] ***agg.*** moderno ♦ ***n.m.*** **1** moderno **2** (*pl.*) (*contrapposti agli antichi*) moderni.
● ***histoire moderne***, storia moderna.
■ ***AGG.*** **SIN.** **1** actuel, contemporain.

modernisation [mɔdɛʀnizasjɔ̃] ***n.f.*** modernizzazione; ammodernamento (*m.*).

moderniser [mɔdɛʀnize] ***v.tr.*** **1** modernizzare **2** rimodernare, ammodernare ♦ **se moderniser** ***v.pron.intr.*** modernizzarsi.

modernisme [mɔdɛʀnism] ***n.m.*** modernismo.

modernité [mɔdɛʀnite] ***n.f.*** modernità.

modeste [mɔdɛst] ***agg.*** modesto.
■ **SIN.** discret, réservé.

modestement [mɔdɛstəmɑ̃] ***avv.*** modestamente.

modestie [mɔdɛsti] ***n.f.*** modestia: *manquer de modestie*, mancare di riserbo.

modicité [mɔdisite] ***n.f.*** modicità.

modifiable [mɔdifjabl] ***agg.*** modificabile.

modificateur [mɔdifikatœʀ] ***agg.*** e ***n.m.*** [f. *-trice*] modificatore.

modification [mɔdifikasjɔ̃] ***n.f.*** modifica, modificazione.

modifier [mɔdifje] ***v.tr.*** modificare ♦ **se modifier** ***v.pron.intr.*** modificarsi.
■ ***V.TR.*** **SIN.** changer, transformer **CONTR.** maintenir.

modique [mɔdik] ***agg.*** modico.
■ **SIN.** abordable.

M

modiste [mɔdist] *n.f.* modista.

modulable [mɔdylabl] *agg.* 1 modulabile 2 (*arredamento*) componibile.

modulaire [mɔdylɛʀ] *agg.* 1 modulare 2 (*arch.*) scatolare.

modulateur [mɔdylatœʀ] *agg.* [f. *-trice*] modulatore ♦ *n.m.* (*rad.*) modulatore.

modulation [mɔdylasjɔ̃] *n.f.* 1 modulazione 2 (*pitt.*) gradazione 3 variazione, adeguamento (*m.*): *modulation des tarifs en fonction des revenus*, variazione delle tariffe in funzione dei redditi.
● (*rad., fis.*) ***modulation de fréquence***, modulazione di frequenza.

module [mɔdyl] *n.m.* modulo.
● (*inform.*): ***module d'extension***, programma ausiliario, plug-in; ***module gestionnaire***, programma di gestione | (*astr.*) ***module lunaire***, modulo lunare.

FAUX AMI
Da non confondere con *modulo* nel senso di *formulario*, che si traduce *formulaire*.

moduler [mɔdyle] *v.tr.* 1 modulare 2 variare, diversificare: *moduler les limitations de vitesse suivant l'état des routes*, regolare i limiti di velocità in funzione delle condizioni stradali ♦ *v.intr.* (*mus.*) modulare.

moelle [mwal] *n.f.* 1 midollo (*m.*) 2 (*fig. letter.*) succo (*m.*), essenza.
● (*anat.*): ***moelle allongée***, midollo allungato; ***moelle épinière***, midollo spinale | ***jusqu'à la moelle***, (*fig.*) fino al midollo, fino alle ossa: *sucer qqn jusqu'à la moelle*, succhiare il sangue a qlcu | (*cuc.*) ***os à moelle***, ossobuco.

moelleusement [mwaløzmɑ̃] *avv.* mollemente.

moelleux [mwalø] *agg.* [f. *-euse*] 1 morbido | *vin moelleux*, vino abboccato 2 (*di suono*) dolce, carezzevole 3 (*di cibo*) cremoso, morbido: *sauce moelleuse*, salsa vellutata.

moellon [mwalɔ̃] *n.m.* (*edil.*) pietra (*f.*) da costruzione (di piccole dimensioni).

mœurs [mœʀs] *n.f.pl.* 1 costumi (*m.*): *les mœurs des peuples primitifs*, le usanze dei popoli primitivi | *quelles (drôles de) mœurs!*, che razza di abitudini! 2 (*di animali*) abitudini: *les mœurs des chats*, le abitudini dei gatti 3 costumi (*m.*), condotta (*sing.*).
● (*dir.*): ***certificat de bonne vie et mœurs***, certificato di buona condotta; ***les bonnes mœurs***, il buon costume; ***outrage***, ***attentat aux mœurs***, offesa al buon costume; ***police des mœurs***, ***les Mœurs***, la (squadra del) buon costume.

mofette [mɔfɛt] *n.f.* 1 (*geol.*) mofeta 2 (*zool.*) moffetta.

moi [mwa] *pron.pers.m.* e *f. 1ª pers.sing.* 1 (*sogg.*) io: *toi et moi*, tu e io; *mon père et moi, nous ferons un voyage*, mio padre e io faremo un viaggio; *moi, faire une chose pareille!*, io, fare una cosa simile!; *moi parti, que feras-tu?*, partito io, cosa farai?; *c'est moi*, sono io; *c'est moi qui te le dis*, te lo dico io; *"Qui est-ce?" "Moi"*, "Chi è?" "Io"; *ne faites pas comme moi*, non fate come me; *il est plus habile que moi*, è più abile di me 2 (*compl.ogg. e compl. retto da prep.*) me: *maman a grondé mon frère et moi* (o *nous a grondés, mon frère et moi*), la mamma ha sgridato me e mio fratello; *tu peux compter sur moi*, puoi contare su di me; *rends-le-moi*, restituiscimelo; *l'initiative n'est pas de moi, mais de lui*, l'iniziativa non è mia, ma sua; *regarde-moi*, guardami; *parle-moi*, parlami; *dites-le-moi!*, ditemelo; *regardez-moi cette horreur!*, (*fam.*) guardate un po' che orrore! ♦ *n.m.* (*fil.*) io.
● ***moi aussi***, anch'io | ***moi-même***, io stesso, proprio io: *j'y suis allé de moi-même*, ci sono andato di mia spontanea volontà | ***moi non plus***, nemmeno io | ***à moi***, a me; mio: *un ami à moi*, un mio amico; *cette pipe est à moi*, questa pipa è mia; *c'est à moi de parler*, tocca a me parlare; *à moi!*, (*antiq.*) aiuto! | ***à part moi***, tra me e me | ***des gens comme vous*** (o ***toi***) ***et moi***, gente come noi, gente comune | ***de vous à moi***, detto tra noi | (*mil.*) ***sur moi!***, per fila dest' (*o* sinist') march'!

moignon [mwaɲɔ̃] *n.m.* moncone; troncone: *moignon de bras*, moncherino; *moignon de branche*, troncone di un ramo.

moindre [mwɛ̃dʀ] *agg.* 1 (*compar.*) inferiore; minore: *de moindre qualité*, di qualità inferiore; *bien, beaucoup moindre*, molto inferiore 2 (*superl.*) minimo: *je n'en ai pas la moindre idée*, non ne ho la minima idea; *il n'y a pas le moindre doute*, non c'è il minimo dubbio 3 (*superl. rel.*) il meno importante, il minore: *ce n'est pas le moindre de ses défauts*, non è il minore dei suoi difetti; *c'est un physicien et non des moindres*, è un fisico e non dei meno importanti | *c'était la moindre des choses*, era il minimo che potessi fare 4 (*Svizzera*) deboluccio.

moindrement, le [ləmwɛ̃dʀəmɑ̃] *avv.* (*letter.*) minimamente.

moine [mwan] *n.m.* 1 monaco 2 (*antiq.*) (*scaldino*) prete, scaldaletto 3 (*zool.*) monaco 4 (*tip.*) pesce.
● ***être gros*** (o ***gras***) ***comme un moine***, essere ben pasciuto | (*prov.*) ***l'habit ne fait pas le moine***, l'abito non fa il monaco.

moineau [mwano] *n.m.* [pl. *-eaux*] (*zool.*) passero.
● (*zool.*) ***moineau de mer***, passera di mare | ***cervelle***, ***tête de moineau***, (*fig.*) cervello di gallina | ***manger comme un moineau***, mangiare come un uccellino | ***un vilain***, ***un drôle de moineau***, (*fam.*) un brutto tipo.

M

moins[1] [mwɛ̃] *avv.* 1 (*compar. di minoranza*) meno: *sa situation est moins importante que la tienne*, la sua posizione è meno importante della tua; *je l'ai payé moins cher que je ne pensais, que lui*, l'ho pagato meno caro di quanto pensassi, meno caro di lui; *ma décision n'en est pas moins ferme*, non per questo la mia decisione è meno ferma; *il ne dit rien, mais il n'en pense pas moins*, non dice niente, ma ci sta pensando comunque; *cette fois il a moins souffert*, questa volta ha sofferto meno; *il a moins mangé que bu*, ha mangiato meno di quanto abbia bevuto; *tu ne pouvais pas dépenser moins*, non potevi spendere meno di così | *il ne le fera pas moins*, lo farà lo stesso 2 (*correlativo*) meno: *plus j'y pense moins j'y comprends quoi que ce soit*, più ci penso e meno ci capisco qualcosa; *moins tu fais moins tu as envie de faire*, meno fai, meno hai voglia di fare 3 (*superl. rel.*) (il) meno: *il est le moins gai des trois frères*, è il meno allegro dei tre fratelli; *je le vois le moins souvent possible*, lo vedo il meno possibile; *c'est le sujet qui m'intéresse le moins*, è l'argomento che m'interessa (di) meno; *ce dont j'ai le moins envie*, ciò di cui ho meno voglia; *c'est un récit des moins intéressants*, è uno dei racconti meno interessanti 4 (*mat.*) (*sottrazione*) meno: *ils sont tous prévenus moins Jean*, sono tutti avvisati tranne Jean; *huit moins trois font cinq*, otto meno tre fa cinque; *dix heures moins le quart*, le dieci meno un quarto; *dépêche-toi, il est presque moins dix*, sbrigati, sono quasi le meno dieci; *il fait moins cinq* (*degrés*), ci sono cinque gradi sotto zero.
● ***moins de***, (*seguito da n. o numer.*) meno di: *il a moins d'argent que nous*, ha meno denaro di noi; *il y avait moins d'hommes que de femmes*, c'erano meno uomini che donne; *il y avait moins de trente personnes*, c'erano meno di trenta persone; *en moins d'une heure*, in meno

di un'ora | ***moins encore*** (o ***encore moins***), ancora meno | ***moins que jamais***, meno che mai | ***à moins***, per, a meno di; a, per un prezzo inferiore: *tu peux l'avoir à moins*, puoi averlo per meno, per un prezzo inferiore; *elle est très inquiète pour son fils, on le serait à moins*, è molto preoccupata per il figlio, lo si sarebbe per meno di così | ***à moins de***, (*seguito da n.*) per, a meno di; (*seguito da inf.*) a meno di: *je l'ai eu à moins de dix euros*, l'ho avuto per meno di dieci euro; *à moins d'être très riche*, a meno di essere molto ricchi | ***à moins que***, a meno che: *à moins qu'il (ne) soit parti*, a meno che non sia partito | ***beaucoup, bien moins***, molto meno | ***d'autant moins que***, tanto meno che | ***de moins en moins***, sempre meno | ***en moins bien***, in peggio: *c'est sa sœur mais en moins bien*, assomiglia a sua sorella ma in peggio | ***en moins de***, in meno di: *en moins d'une heure*, in meno di un'ora | ***en moins de deux***, in quattro e quattr'otto | ***en moins de rien***, in un batter d'occhio | ***en moins temps qu'il ne faut pour le dire***, in men che non si dica | ***il était moins une*** (o ***cinq***), c'è mancato poco | ***il n'est pas moins vrai que***, (*letter.*) resta pur sempre vero che: *il n'est pas moins vrai que je l'aime*, resta pur sempre vero che lo amo | ***ni plus ni moins***, né più né meno | ***on ne peut moins***, molto poco: *j'étais on ne peut moins décidé*, ero molto poco deciso | ***rien de moins que***, né più né meno che; nientemeno che: *ce monsieur n'est rien de moins que le maire de la ville*, quel signore è nientemeno che il sindaco della città | ***rien moins que***, tutt'altro che: *elle est rien moins que paresseuse*, è tutt'altro che pigra | ***rien n'est moins vrai***, (*letter.*) niente di più falso | ***(tout) au moins***, ***du moins***, ***pour le moins***, almeno.

moins[2] ***n.m.*** **1** meno: *c'est bien le moins que je puisse faire*, è il meno, il minimo che potessi fare; *l'année où il y a eu le moins d'accidents*, l'anno in cui vi è stato il minor numero di incidenti | *film interdit aux moins de dix-huit ans*, film vietato ai minori di diciotto anni **2** (*mat.*) (segno) meno.

● ***c'est bien le moins***, questo è il meno | ***c'est un moins que rien***, (*fam.*) è una nullità | ***le moins du monde***, per niente: *il n'est pas le moins du monde intéressé*, non è per niente interessato | ***le moins possible***, il meno possibile: *faire le moins d'efforts possible*, fare meno sforzi possibile.

moins-perçu [mwɛ̃pɛʀsy] ***n.m.*** [pl. *moins-perçus*] (*dir.*) somma (*f.*) inferiore (al dovuto).

moins-value [mwɛ̃valy] ***n.f.*** [pl. *moins-values*] (*econ.*) **1** minusvalenza **2** gettito (*m.*) inferiore (al previsto).

moire [mwaʀ] ***n.f.*** **1** moire, stoffa marezzata **2** marezzo (*m.*); riflesso (*m.*) cangiante.

moiré [mwaʀe] ***agg.*** marezzato; (*estens.*) cangiante ♦ ***n.m.*** marezzatura (*f.*).

● ***papier moiré***, carta marmorizzata.

moirer [mwaʀe] ***v.tr.*** marezzare; (*fig.*) screziare.

mois [mwa] ***n.m.*** **1** mese: *au mois d'août*, nel mese d'agosto; *le mois dernier*, il mese scorso; *dans un mois*, fra un mese; *cela fait des mois que*, sono mesi che; *voilà (o il y a) un mois que*, è un mese che; *une fois par mois*, una volta al mese | *payer au mois*, pagare a mese **2** (*amm.*) mensile, mensilità (*f.*): *toucher son mois*, riscuotere lo stipendio (mensile); *je dois deux mois à mon propriétaire*, devo due mesi d'affitto al padrone di casa.

● ***mois civil***, ***légal***, mese civile, legale | ***mois double***, doppio mensile | ***mois solaire***, ***lunaire***, mese solare, lunare | ***treizième mois***, tredicesima (mensilità).

moïse [mɔiz] ***n.m.*** culla (*f.*) di vimini imbottita.

moisi [mwazi] ***n.m.*** muffa (*f.*): *ça sent le moisi*, c'è odore di muffa ♦ ***agg.*** ammuffito.

moisir [mwaziʀ] ***v.tr.*** far ammuffire ♦ ***v.intr.*** ammuffire (*anche fig.*): *le pain a moisi*, il pane è ammuffito.

moisissure [mwazisyʀ] ***n.f.*** muffa.

moisson [mwasɔ̃] ***n.f.*** **1** mietitura **2** messe, raccolto (*m.*); raccolta (*anche fig.*): *une moisson de souvenirs*, (*fig.*) una folla di ricordi.

moissonner [mwasɔne] ***v.tr.*** mietere (*anche fig.*).

moissonneur [mwasɔnœʀ] ***n.m.*** [f. *-euse*] mietitore.

moissonneuse [mwasɔnøz] ***n.f.*** (*agr.*) (*macchina*) mietitrice.

moissonneuse-batteuse [mwasɔnøzbatøz] ***n.f.*** [pl. *moissonneuses-batteuses*] (*agr.*) mietitrebbiatrice, mietitrebbia.

moissonneuse-lieuse [mwasɔnøzljøz] ***n.f.*** [pl. *moissonneuses-lieuses*] (*agr.*) mietilegatrice.

moite [mwat] ***agg.*** madido, umidiccio: *un front moite de sueur*, una fronte madida di sudore; *des mains moites*, mani umidicce; *chaleur moite*, caldo umido.

■ SIN. humide.

moiteur [mwatœʀ] ***n.f.*** **1** umidità **2** (*med.*) madore (*m.*).

moitié [mwatje] ***n.f.*** **1** metà: *la moitié des touristes était (o étaient) des Allemands*, metà dei turisti erano tedeschi; *vous êtes pour une bonne moitié dans le succès de l'œuvre*, il successo dell'opera è per metà merito vostro | *partager qqch par moitié*, dividere qlco in due parti uguali **2** (*mat.*) mezzo (*m.*), metà: *réduire de (o d'une o de la) moitié*, ridurre del 50%.

● ***moitié... moitié***, per metà... per metà: *moitié pour rire et moitié sérieusement*, tra il serio e il faceto | ***moitié-moitié***, metà per uno; così così: *nous avons payé l'addition moitié-moitié*, abbiamo pagato il conto metà per uno; *"Êtes-vous content de votre travail?" "Moitié-moitié"*, "È contento del suo lavoro?" "Così così" | ***à moitié***, a metà: *à moitié chemin*, a metà (del) percorso | ***de***, ***pour moitié***, a metà: *il était de moitié avec lui dans cette affaire*, partecipava a quell'affare per metà | ***ma (chère) moitié***, (*fam. scherz.*) la mia (dolce) metà, mia moglie.

moka [mɔka] ***n.m.*** **1** (*caffè*) moca **2** moka (dolce farcito con crema al caffè o al cioccolato).

mol [mɔl] ***agg.*** [f. *molle*] → **mou**.

molaire[1] [mɔlɛʀ] ***n.f.*** (*anat.*) molare (*m.*).

molaire[2] ***agg.*** (*chim., fis.*) molare, molale.

moldave [mɔldav] ***agg.*** moldavo.

mole [mɔl] ***n.f.*** (*chim., fis.*) mole.

môle[1] [mol] ***n.m.*** **1** molo **2** (*archeol.*) mole (*f.*).

● ***le Môle d'Adrien***, la Mole Adriana.

môle[2] ***n.f.*** (*zool.*) pesce (*m.*) luna, mola.

môle[3] ***n.f.*** (*med.*) mola.

moléculaire [mɔlekylɛʀ] ***agg.*** (*chim., fis.*) molecolare.

molécule [mɔlekyl] ***n.f.*** (*chim., fis.*) molecola.

moleskine [mɔlɛskin] ***n.f.*** pegamoide® (*m.* e *f.*).

molester [mɔlɛste] ***v.tr.*** **1** maltrattare, malmenare **2** (*antiq.*) molestare.

FAUX AMI
Da non confondere con *molestare*, che si traduce *agacer, harceler, importuner.*

molette [mɔlɛt] ***n.f.*** **1** rotella **2** (*di sperone*) rotella, stella.

● ***clé à molette***, chiave inglese regolabile.

Molière [mɔljɛʀ] ***n.m.*** Molière (il massimo premio francese per il teatro).

moliéresque [mɔljeʀɛsk] *agg.* relativo a Molière; alla maniera di Molière.

mollarder [mɔlaʀde] *v.intr.* (*fam.*) sputare.

mollasse [mɔlas] *agg.* 1 molliccio; flaccido 2 (*fig.*) fiacco ♦ *n.m* e *f.* (*fam.*) lumacone/a; pappamolla.

mollasson [mɔlasɔ̃] *n.m.* [f. *-onne*] (*fam.*) smidollato.

mollé [mɔle] *n.m.* (*bot.*) terebinto.

mollement [mɔlmɑ̃] *avv.* 1 mollemente 2 (*fig.*) fiaccamente.

mollesse [mɔlɛs] *n.f.* 1 mollezza 2 (*fig.*) debolezza, indolenza.

mollet[1] [mɔlɛ] *n.m.* (*anat.*) polpaccio.

mollet[2] *agg.* [f. *-ette*] morbido, soffice.
● (*cuc.*) ***œuf mollet***, uovo bazzotto | ***pain mollet***, panino al latte.

molletière [mɔltjɛʀ] *n.f.* mollettiera ♦ *agg.f. bandes mollettières*, fasce gambiere.

molleton [mɔltɔ̃] *n.m.* mollettone; tessuto felpato.

molletonné [mɔltɔne] *agg.* felpato.

mollir [mɔliʀ] *v.intr.* 1 diventare molle 2 calare, placarsi: *le vent mollit*, il vento si placa 3 cedere, indietreggiare ♦ *v.tr.* 1 (*mar.*) mollare, allentare 2 (*antiq.*) ammorbidire.

mollo [mɔlo] *avv.* (*fam.*) piano: *vas-y mollo!*, vacci piano!, calma!

mollusque [mɔlysk] *n.m.* (*zool.*) mollusco (*anche fig.*).

molosse [mɔlɔs] *n.m.* (*zool.*) (*cane*) molosso.

molybdène [mɔlibdɛn] *n.m.* (*chim.*) molibdeno.

môme [mom] *n.m.* (*fam.*) marmocchio ♦ *n.f.* (*fam.*) 1 bambina 2 ragazza.

moment [mɔmɑ̃] *n.m.* 1 momento, istante: *je serai libre dans un moment*, sarò libero tra un momento, un attimo, un minuto; *restez encore un petit moment*, fermatevi ancora un attimo; *je l'attends depuis un bon moment*, lo aspetto da un pezzo; *passer de bons moments*, passare momenti piacevoli; *c'est un mauvais moment à passer*, è un brutto periodo, ma passerà 2 (*scient.*) momento 3 (*inform.*) (*riferito a codici*) livello.
● ***à aucun moment***, nemmeno una volta | ***à mes*** (***tes***, ***ses*** etc.) ***moments perdus***, a tempo perso: *il l'a fait à ses moments perdus*, l'ha fatto nei ritagli di tempo | ***à partir de ce moment***, da quel momento in poi | ***à partir du moment où***, dal momento in cui | ***à tout moment***, (in) ogni momento | ***au bon moment***, al momento giusto | ***au dernier moment***, all'ultimo momento, minuto | ***au meilleur moment***, sul più bello | ***au moment de***, nel momento di | ***au moment où***, nel momento in cui | ***au moment voulu***, al momento opportuno | ***à un moment donné***, a un certo punto | ***c'est le moment ou jamais***, ora o mai più | ***du moment***, del momento, di oggi: *c'est le succès du moment*, è il successo del giorno, del momento | ***du moment que***, dato che, dal momento che | ***d'un moment à l'autre***, da un momento all'altro | ***en ce moment***, in questo momento, adesso | ***en un moment***, in un attimo | ***par moments***, a intervalli, di tanto in tanto | ***pendant un moment***, per qualche istante | ***pour le moment***, per il momento, per ora | ***sur le moment***, lì per lì, sul momento.
■ SIN. **1** instant.

momentané [mɔmɑ̃tane] *agg.* momentaneo.

momentanément [mɔmɑ̃tanemɑ̃] *avv.* momentaneamente.

mômeries [momʀi] *n.f.pl.* (*fam.*) bambinate: *ce sont des mômeries*, sono delle ragazzate.

momie [mɔmi] *n.f.* 1 mummia 2 (*fig. fam.*) mummia, persona magra e rinsecchita.

mômier [momje] *agg.* [f. *-ère*] (*Svizzera*) (*protestante*) bigotto.

momification [mɔmifikasjɔ̃] *n.f.* mummificazione.

momifier [mɔmifje] *v.tr.* mummificare ♦ **se momifier** *v.pron.intr.* 1 mummificarsi 2 (*fig.*) fossilizzarsi.

mon [mɔ̃] *agg.poss. 1ª pers.sing.* [f. *ma*, *mon* davanti a vocale o *h* muta; pl.m. e f. *mes*] mio: *mon père et ma mère*, *mes père et mère*, mio padre e mia madre; *mon école*, *mon habitude*, la mia scuola, la mia abitudine; *mes parents et mes amies*, i miei genitori e le mie amiche; *mes amis à moi*, i miei amici; *mes enfants!*, ragazzi miei! | *mon capitaine*, *mon général*, signor capitano, signor generale.

monacal [mɔnakal] *agg.* [pl. *-aux*] monacale.

monachisme [mɔnaʃ(k)ism] *n.m.* 1 monacato 2 monachesimo.

monarchie [mɔnaʀʃi] *n.f.* monarchia.
● ***monarchie absolue***, monarchia assoluta | ***monarchie constitutionnelle***, monarchia costituzionale.

monarchique [mɔnaʀʃik] *agg.* monarchico.

monarchiste [mɔnaʀʃist] *agg.* e *n.m.* e *f.* monarchico/a.

monarque [mɔnaʀk] *n.m.* monarca.

monastère [mɔnastɛʀ] *n.m.* monastero.

monastique [mɔnastik] *agg.* monastico.

monceau [mɔ̃so] *n.m.* [pl. *-eaux*] mucchio, cumulo (*anche fig.*).

mondain [mɔ̃dɛ̃] *agg.* mondano ♦ *n.m.* mondano, uomo di mondo.
● ***la*** (***police***) ***mondaine***, la (squadra del) buoncostume.

mondanité [mɔ̃danite] *n.f.* 1 mondanità 2 (*pl.*) vita (*sing.*) mondana: *il aime les mondanités*, gli piace la vita mondana.

monde [mɔ̃d] *n.m.* 1 mondo: *faire le tour du monde*, fare il giro del mondo 2 mondo, ambiente; società (*f.*): *le monde du théâtre*, il mondo teatrale; *le monde des abeilles*, la società delle api; *ils sont du même monde*, appartengono allo stesso ambiente; *une personne du meilleur monde*, una persona della migliore società 3 gente (*f.*): *il vient du monde*, arriva gente, arriva qualcuno; *il n'y a pas grand monde aujourd'hui*, non c'è molta gente oggi; *ce soir j'ai du monde*, stasera ho gente | *un monde fou*, (*fam.*) un sacco di gente 4 (*isola Riunione*) persona (*f.*), individuo.
● ***aller dans le monde***, andare in società | ***au bout du monde***, in capo al mondo | ***c'est un monde!***, (*fam.*) quante storie! | ***connaître le monde***, avere esperienza della vita | ***connaître son monde***, sapere con chi si ha a che fare, conoscere i propri polli | ***courir le monde***, viaggiare per il mondo | ***depuis que le monde est monde***, dacché mondo è mondo | ***devant le monde***, ***à la face du monde***, in pubblico | ***l'Ancien Monde***, il vecchio mondo | ***l'autre monde***, l'altro mondo; l'aldilà: *envoyer*, *expédier qqn dans l'autre monde*, mandare qlcu all'altro mondo | ***le grand monde***, ***le beau monde***, il gran mondo, il bel mondo | ***le Nouveau Monde***, il nuovo mondo | ***le pauvre monde***, i poveri | ***le petit monde***, (*fam.*) i bambini | ***mettre au monde***, (*partorire*) mettere al mondo | ***pas le moins du monde***, per niente; neanche per idea | ***pour rien au monde***, per nulla, niente al mondo | ***se faire tout un monde de qqch***, (*fig.*) fare una tragedia di qlco: *il se fait tout un monde de son travail*, se la prende moltissimo per il suo lavoro | ***tout le monde***, tutti: *tout le monde le sait*, lo

M

sanno tutti; *tout le monde est là*, ci sono tutti; *Monsieur, Madame tout le monde*, il signor Rossi; chiunque, il primo venuto | ***venir au monde***, venire al mondo, nascere.

monder [mɔ̃de] ***v.tr.*** mondare.

mondial [mɔ̃djal] ***agg.*** [pl. *-aux*] mondiale ♦ ***n.m.*** (*sport*) mondiale.

mondialement [mɔ̃djalmɑ̃] ***avv.*** mondialmente, in tutto il mondo; universalmente.

mondialisation [mɔ̃djalizasjɔ̃] ***n.f.*** mondializzazione, diffusione su scala mondiale; globalizzazione.

mondovision [mɔ̃dɔvizjɔ̃] ***n.f.*** (*tv*) mondovisione.

monégasque [mɔnegask] ***agg.*** monegasco.

Monégasque ***n.m.*** e ***f.*** (*abitante*) monegasco/a.

monétaire [mɔnetɛʀ] ***agg.*** monetario; valutario.

monétisation [mɔnetizasjɔ̃] ***n.f.*** **1** monetazione **2** (*econ.*) monetizzazione.

monétiser [mɔnetize] ***v.tr.*** **1** monetare **2** (*econ.*) monetizzare.

mongol [mɔ̃gɔl] ***agg.*** mongolo ♦ ***n.m.*** (*lingua*) mongolo.

Mongol ***n.m.*** (*abitante*) mongolo.

mongolien [mɔ̃gɔljɛ̃] ***agg.*** e ***n.m.*** [f. *-enne*] (*med.*) mongoloide.

mongolique [mɔ̃gɔlik] ***agg.*** mongolico.

mongolisme [mɔ̃gɔlism] ***n.m.*** (*med.*) mongolismo.

mongoloïde [mɔ̃gɔlɔid] ***agg.*** mongoloide (*anche med.*).

moniale [mɔnjal] ***n.f.*** (*eccl.*) monaca di clausura.

monisme [mɔnism] ***n.m.*** (*fil.*) monismo.

moniteur[1] [mɔnitœʀ] ***n.m.*** [f. *-trice*] **1** istruttore: *moniteur d'éducation physique*, istruttore di educazione fisica; *moniteur d'auto-école*, istruttore di guida; *moniteur de ski*, maestro di sci; *moniteur d'avion*, pilota istruttore **2** monitore; (*in licei e colonie di vacanze*) sorvegliante **3** (*Africa*) funzionario subalterno (operante nel settore agricolo); insegnante di grado inferiore a quello di maestro elementare.

moniteur[2] ***n.m.*** (*inform.*) monitor.

monitorage [mɔnitɔʀaʒ] ***n.m.*** (*tecn.*) monitoraggio.

monitorat [mɔnitɔʀa] ***n.m.*** formazione (*f.*) degli istruttori; funzione (*f.*) di istruttore.

monitoring [mɔnitɔʀiŋ] ***n.m.*** → **monitorage**.

monnaie [mɔnɛ] ***n.f.*** **1** moneta; valuta **2** spiccioli (*m. pl.*), moneta (spicciola).

● ***monnaie courante***, ***en cours***, moneta, valuta corrente: *c'est monnaie courante*, (*fig.*) è cosa di ordinaria amministrazione | ***monnaie (de) papier***, carta moneta | ***monnaie de réserve***, moneta di riserva | ***battre monnaie***, battere moneta | ***faire de la monnaie***, cambiare (una banconota o una moneta in pezzi più piccoli) | ***fausse monnaie***, moneta falsa | ***(Hôtel de) la Monnaie***, Zecca | ***payer qqn en monnaie de singe***, (*fig.*) ricompensare, pagare qlcu con belle parole, con false promesse | ***petite***, ***menue monnaie***, spiccioli | ***rendre la monnaie***, dare il resto: *rendre à qqn la monnaie de sa pièce*, (*fig.*) rendere a qlcu pan per focaccia.

monnaie-du-pape [mɔnɛdypap] ***n.f.*** [pl. *monnaies-du-pape*] (*bot.*) moneta del papa, lunaria.

monnayable [mɔnɛjabl] ***agg.*** **1** monetabile, monetizzabile **2** (*fig.*) in vendita.

monnayer [mɔneje] ***v.tr.*** [coniug. come *payer*] **1** monetare **2** (*fig.*) far fruttare.

mon(o)- ***pref.*** mon(o)-.

monobloc [mɔnoblɔk] ***agg.*** e ***n.m.*** (*tecn.*) monoblocco.

monocaméral [monokameʀal] ***agg.*** [pl. *-aux*] (*pol.*) monocamerale.

monocellulaire [mɔnoselylɛʀ] ***agg.*** (*biol.*) monocellulare.

monochromatique [mɔnɔkʀɔmatik] ***agg.*** monocromatico.

monochrome [mɔnokʀom] ***agg.*** monocromo, monocromatico.

monochromie [mɔnokʀɔmi] ***n.f.*** monocromia.

monocle [mɔnɔkl] ***n.m.*** monocolo, caramella (*f.*).

monocolore [monokɔlɔʀ] ***agg.*** monocolore (*anche fig.*).

monocorde [mɔnɔkɔʀd] ***n.m.*** (*mus.*) monocordo ♦ ***agg.*** monocorde; monotono.

monocotylédone [mɔnɔkɔtiledɔn] ***agg.*** e ***n.f.*** (*bot.*) monocotiledone.

monoculaire [mɔnɔkylɛʀ] ***agg.*** **1** (*scient.*) monoculare **2** (*med.*) monocolo.

monoculture [mɔnokyltyʀ] ***n.f.*** (*agr.*) monocoltura.

monocycle [monosikl] ***n.m.*** (*attrezzo per acrobati*) monociclo.

monocyte [monosit] ***n.m.*** (*biol.*) monocita.

monodie [mɔnɔdi] ***n.f.*** (*mus.*) monodia.

monodique [mɔnɔdik] ***agg.*** (*mus.*) monodico.

monogame [mɔnɔgam] ***agg.*** e ***n.m.*** e ***f.*** monogamo/a.

monogamie [mɔnɔgami] ***n.f.*** monogamia.

monogamique [mɔnɔgamik] ***agg.*** monogamico.

monogramme [mɔnɔgʀam] ***n.m.*** monogramma.

monographie [mɔnɔgʀafi] ***n.f.*** monografia.

monographique [mɔnɔgʀafik] ***agg.*** monografico.

monolingue [mɔnɔlɛ̃g] ***agg.*** e ***n.m.*** e ***f.*** monolingue.

monolithe [mɔnɔlit] ***agg.*** monolitico ♦ ***n.m.*** (*arch.*) monolito.

monolithique [mɔnɔlitik] ***agg.*** monolitico (*anche fig.*).

monologue [mɔnɔlɔg] ***n.m.*** monologo.

● (*lett.*) ***monologue intérieur***, monologo interiore.

monologuer [mɔnɔlɔge] ***v.intr.*** monologare.

monomanie [mɔnɔmani] ***n.f.*** **1** (*psic.*) monomania **2** fissazione, idea fissa.

monôme [mɔnom] ***n.m.*** **1** (*mat.*) monomio **2** (*argot studentesco*) sfilata (*f.*) goliardica.

monomère [mɔnɔmɛʀ] ***n.m.*** (*chim.*) monomero ♦ ***agg.*** costituito da molecole semplici: *un composé monomère*, un monomero.

mononucléose [mɔnonykleoz] ***n.f.*** (*med.*) mononucleosi.

monoparental [mɔnopaʀɑ̃tal] ***agg.*** [pl. *-aux*] monoparentale; con, di un genitore solo.

monophasé [mɔnɔfɑze] ***agg.*** (*elettr.*) monofase.

monoplace [mɔnoplas] ***agg.*** e ***n.f.*** monoposto.

monopole [mɔnɔpɔl] ***n.m.*** monopolio (*anche fig.*).

monopoleur [mɔnɔpɔlœʀ] ***n.m.*** [f. *-euse*] (*econ.*) monopolista ♦ ***agg.*** monopolistico.

monopolisateur [mɔnɔpɔlizatœʀ] ***agg.*** e ***n.m.*** [f. *-trice*] monopolizzatore.

monopolisation [mɔnɔpɔlizasjɔ̃] ***n.f.*** monopolizzazione.

monopoliser [mɔnɔpɔlize] ***v.tr.*** monopolizzare.

monopoliste [mɔnɔpɔlist] *agg.* monopolistico ♦ *n.m.* e *f.* monopolista.

monopolistique [mɔnɔpɔlistik] *agg.* monopolistico.

monoprocesseur [mɔnɔpʀɔsesœʀ] *agg.* e *n.m.* (*inform.*) monoprocessore.

monorail [mɔnɔʀɑj] *agg.invar.* e *n.m.* (*ferr.*) monorotaia (*f.*).

monosaccharide [mɔnɔsakarid] *n.m.* (*chim.*) monosaccaride.

monoski [mɔnoski] *n.m.* monoscì.

monospace [mɔnɔspas] *n.m.* (*aut.*) monovolume (*f.*).

monosyllabe [mɔnosil/ab] *agg.* (*ling.*) monosillabico ♦ *n.m.* (*ling.*) monosillabo.

monosyllabique [mɔnosil/abik] *agg.* (*ling.*) monosillabico.

monothéique [mɔnɔteik] *agg.* (*relig.*) monoteistico.

monothéisme [mɔnɔteism] *n.m.* (*relig.*) monoteismo.

monothéiste [mɔnɔteist] *agg.* e *n.m.* e *f.* (*relig.*) monoteista.

monotone [mɔnɔtɔn] *agg.* monotono (*anche mat.*).

monotonie [mɔnɔtɔni] *n.f.* monotonia.

monotrème [mɔnɔtʀɛm] *agg.* e *n.m.* (*zool.*) monotremo.

monotype® [mɔnɔtip] *n.f.* (*tip.*) monotype®.

monovalent [mɔnɔvalɑ̃] *agg.* (*chim.*) monovalente.

monozygote [mɔnɔzigɔt] *n.m.* (*biol.*) monozigote, monovulare.

monseigneur[1] [mɔ̃sɛɲœʀ] *n.m.* [pl. *messeigneurs*, non com. *nosseigneurs*] **1** monsignore **2** *Monseigneur*, appellativo attribuito al Delfino di Francia, a partire dal primogenito di Luigi XIV.

monseigneur[2] *agg.* e *n.m.*
● (*pince*) ***monseigneur***, grimaldello.

monsieur [məsjø] *n.m.* [pl. *messieurs*] **1** signore: *monsieur Dupont*, il signor Dupont; *monsieur le directeur*, il signor direttore; *monsieur Grand, le professeur de mon fils*, il professor Grand, l'insegnante di mio figlio; *un monsieur avec une barbe grise*, un signore dalla barba grigia; *Monsieur est sorti*, il signore è uscito **2** (*come appellativo*) signore; (*seguito dal nome*) signor: *bonjour monsieur!*, buongiorno signore!; *cher Monsieur*, caro signore; *dites-moi, Monsieur Dupont, Monsieur le Directeur, Monsieur le Ministre*, mi dica signor Dupont, signor direttore, signor ministro **3** *Monsieur*, Monsieur (titolo dato al maggiore dei fratelli del re di Francia e ai principi della famiglia reale).
● (*comm.*) ***Monsieur***, ***Messieurs***, Spettabile ditta | ***et pour ces messieurs dames?***, (*fam.*) i signori desiderano? | ***un joli***, ***un vilain monsieur***, (*spreg.*) un mascalzone.

NOTA Per l'uso della maiuscola con ***monsieur***, si veda alla voce *madame*.

monstre [mɔ̃stʀ] *n.m.* mostro ♦ *agg.* (*fam.*) colossale; straordinario: *une foule monstre*, una folla spaventosa.
● (*teatr.*) ***les monstres sacrés***, i mostri sacri.

monstrueusement [mɔ̃stʀyøzmɑ̃] *avv.* **1** mostruosamente **2** (*fam.*) straordinariamente.

monstrueux [mɔ̃stʀyø] *agg.* [f. *-euse*] mostruoso.

monstruosité [mɔ̃stʀyozite] *n.f.* mostruosità.

mont [mɔ̃] *n.m.* **1** monte **2** (*pl.*) (*antiq.*) (*per antonomasia*) Alpi (*f.*).
● (*anat.*) ***mont de Vénus***, monte di Venere | ***par monts et par vaux***, (*fig.*) per mari e per monti | ***promettre monts et merveilles***, promettere mari e monti.

montage [mɔ̃taʒ] *n.m.* **1** (*tecn.*) montaggio **2** sollevamento **3** (*elettr.*) collegamento **4** (*tip.*) montaggio.
● ***montage du son***, montaggio sonoro | ***montage photographique***, fotomontaggio | ***montage radiophonique***, radiomontaggio | ***chaîne de montage***, catena di montaggio.

montagnard [mɔ̃taɲaʀ] *agg.* montanaro ♦ *n.m.* **1** montanaro **2** (*st.*) montagnardo (membro del gruppo rivoluzionario più radicale, detto "della montagna", i cui principali esponenti furono Marat, D'Anton e Robespierre).

montagne [mɔ̃taɲ] *n.f.* **1** montagna: *habiter la montagne*, abitare in montagna; *aller à la montagne*, andare in montagna **2** (*st.*) *la Montagne*, la Montagna.
● ***montagne à vaches***, montagna di prati e pascoli; (*scherz.*) montagna per alpinisti della domenica | ***montagnes russes***, montagne russe | ***il ferait battre des montagnes***, semina zizzania dappertutto | ***se faire une montagne de qqch***, (*fig.*) fare di una mosca un elefante.

NOTA ***En*** o ***à la montagne***?
En montagne ha un significato geografico specifico:
En montagne*, le temps change vite.*
In montagna il tempo cambia in fretta.
Nous faisons des expéditions ***en haute montagne****.*
Facciamo spedizioni in alta quota.
À la montagne ha un senso più generico:
Nous allons ***à la montagne*** *chaque année.*
Andiamo in montagna ogni anno.

montagneux [mɔ̃taɲø] *agg.* [f. *-euse*] montuoso, montagnoso.

montalbanais [mɔ̃talbanɛ] *agg.* di Montauban.

montant[1] [mɔ̃tɑ̃] *n.m.* **1** montante **2** ammontare, importo: *montant du loyer*, canone d'affitto **3** (*letter.*) gusto forte: *donner du montant à une sauce*, rendere saporita una salsa **4** (*fig. antiq.*) (*di donna*) fascino.
● ***montant de porte***, ***de fenêtre***, stipite della porta, della finestra | ***montant des heures***, monte ore | (*econ.*) ***montants compensatoires monétaires***, montanti compensativi | ***montants d'un lit***, spalliere di un letto | ***montants phoniques***, pannelli insonorizzati.

montant[2] *agg.* **1** ascendente, che sale **2** (*abbigl.*) accollato: *col montant*, collo alto.

montbéliardais [mɔ̃beljaʀdɛ] *agg.* di Montbéliard.

mont-blanc [mɔ̃blɑ̃] *n.m.* [pl. *monts-blancs*] (*cuc.*) montebianco.

montbrisonnais [mɔ̃bʀizɔnɛ] *agg.* di Montbrison.

mont-de-piété [mɔ̃dpjete] *n.m.* [pl. *monts-de-piété*] monte di pietà.

monte [mɔ̃t] *n.f.* **1** monta, il montare (*m.*) il cavallo **2** (*di animali*) monta.

monté [mɔ̃te] *agg.* **1** montato: *monté sur platine*, montato in platino **2** provvisto, fornito: *elle est mal montée en linge*, è sprovvista di biancheria; *il a une cave bien montée*, ha una cantina ben fornita **3** munito di cavalcatura **4** (*teatr.*) allestito **5** (*fam.*) arrabbiato: *être monté contre qqn*, essere arrabbiato con qlcu.
● ***coup monté***, (*fig.*) congiura | (*cuc.*) ***pièce montée***, torta a più piani | (*mil.*) ***police montée***, polizia a cavallo.

monte-charge [mɔ̃tʃaʀʒ] *n.m.* [pl. *monte-charges* o *invar.*] montacarichi.

montée [mɔ̃te] *n.f.* **1** salita: *la montée des bagages*, il portar su i bagagli **2** aumento (*m.*), crescita: *la montée*

M

des eaux, la crescita delle acque **3** (*aer.*) salita **4** (*arch.*) (*di arco, di volta*) freccia, monta **5** (*Africa*) inizio (*m.*) della giornata lavorativa.
● ***montée de lait***, montata lattea | ***montée en puissance***, (*fig.*) ascesa.
■ SIN. **2** hausse, progression CONTR. **1** descente **2** baisse.

monte-en-l'air [mɔ̃tɑ̃lɛʀ] ***n.m.invar.*** (*fam. antiq.*) ladro.

monte-plats [mɔ̃tpla] ***n.m.invar.*** montavivande.

monter [mɔ̃te] ***v.intr.*** **1** [aus. *être*] salire (**su**, **in**), andare (**su**): *monter aux arbres*, arrampicarsi sugli alberi; *monter dans le train*, *en voiture*, salire sul treno, in automobile; *je suis monté dans sa voiture*, sono salito sulla sua macchina; *monter à bicyclette*, salire in bicicletta | *monter à Paris*, andare a Parigi | *le lait monte*, il latte sta per traboccare | *les générations qui montent*, le nuove leve, generazioni **2** [aus. *avoir* e *être*] salire, aumentare; crescere: *la Seine a monté de 50 cm*, la Senna è salita di 50 cm; *les prix ont monté*, i prezzi sono saliti; *la route monte*, la strada sale **3** [aus. *avoir*] ammontare (**a**): *à combien monte la dépense?*, a quanto ammonta la spesa? **4** [aus. *avoir*] montare, cavalcare ♦ ***v.tr.*** **1** salire: *monter l'escalier*, salire, fare le scale **2** portar su: *monte tes valises*, porta su le valigie **3** montare, mettere insieme; (*un'impresa ecc.*) avviare: *monter une armoire*, montare un armadio; *monter une entreprise*, metter su un'azienda | *monter son trousseau*, preparare il corredo | *monter son ménage*, *sa maison*, metter su casa **4** equipaggiare **5** (*teatr.*) allestire; (*cine.*) montare: *monter une pièce* (*de théâtre*), allestire un lavoro teatrale; *monter un film*, montare un film **6** (*fig.*) ordire; (*uno scherzo ecc.*) organizzare: *monter un complot*, ordire un complotto | *monter qqn contre qqn*, montare, sobillare qlcu contro qlcu **7** montare, cavalcare: *monter un pur-sang*, montare un purosangue **8** (*cuc.*) montare: *monter des blancs en neige*, montare a neve degli albumi **9** (*nei lavori a maglia*) avviare: *monter les mailles*, avviare i punti ♦ **se monter** ***v.pron.*** **1** rifornirsi (**di**): *se monter en marchandises*, rifornirsi di merce **2** ammontare (**a**): *les frais se montent à deux cents euros*, le spese hanno raggiunto i duecento euro **3** (*fam.*) andare su di giri, arrabbiarsi.
● ***monter à l'assaut***, andare all'assalto | ***monter à la tête***, dare alla testa | ***monter au filet***, (*fam.*) entrare in azione | ***monter*** (***la tête à***) ***qqn***, (*fam.*) montare (la testa a) qlcu | ***monter un coup à qqn***, farla a qlcu | ***faire monter qqn à l'échelle***, (*fig.*) provocare qlcu | ***se monter la tête***, montarsi la testa.

monteur [mɔ̃tœʀ] ***n.m.*** [f. *-euse*] **1** montatore **2** (*cine.*) tecnico del montaggio **3** (*tip.*) montaggista.

montgolfière [mɔ̃gɔlfjɛʀ] ***n.f.*** mongolfiera.

NOTA La parola ***montgolfière*** prende il nome dai fratelli J.-M. (1740-1810) e É. (1745-99) de Montgolfier che inventarono l'aerostato nel 1783.

monticule [mɔ̃tikyl] ***n.m.*** monticello, montagnetta (*f.*).

montjoie [mɔ̃ʒwa] ***n.m.*** (*antiq.*) tumulo di pietre (per indicare un sentiero o con funzione commemorativa).

montmartrois [mɔ̃maʀtʀwa] ***agg.*** di Montmartre.

montmorencéen [mɔ̃mɔʀɑ̃seɛ̃] ***agg.*** [f. *-enne*] di Montmorency.

montmorency [mɔ̃mɔʀɑ̃si] ***n.f.*** [pl. *invar.* o *-s*] (*bot.*) visciola di Montmorency.

montois [mɔ̃twa] ***agg.*** di Mont-de-Marsan.

montpelliérain [mɔ̃pə(e)ljeʀɛ̃] ***agg.*** di Montpellier.

montrable [mɔ̃tʀabl] ***agg.*** presentabile, mostrabile.

montrachet [mɔ̃tʀaʃɛ] ***n.m.*** montrachet (vino bianco secco originario della regione di Beaune).

montre[1] [mɔ̃tʀ] ***n.f.*** orologio (*m.*): *mettre sa montre à l'heure*, mettere, regolare l'orologio sull'ora esatta; *il est huit heures à ma montre*, il mio orologio fa la otto.
● ***montre à quartz***, orologio al quarzo | ***montre de gousset*** (o ***de poche***), orologio da tasca | ***montre en main***, (*fig.*) orologio alla mano: *j'ai mis une heure, montre en main*, ci ho impiegato un'ora esatta | ***montre marine***, cronometro marino | ***montre numérique***, ***analogique***, orologio digitale, analogico | (*sport*) ***course contre la montre***, corsa a cronometro, (*fig.*) lotta contro il tempo.

montre[2] ***n.f.*** **1** (*letter.*) mostra; sfoggio (*m.*) **2** (*di negozio*) mostra, esposizione; vetrina: *mettre en montre*, mettere in vetrina.
● ***faire montre de***, mostrare, dimostrare; (*spreg.*) fare mostra, sfoggio di.

montréalais [mɔ̃ʀealɛ] ***agg.*** di Montréal.

Montréalais ***n.m.*** abitante di Montréal.

montre-bracelet [mɔ̃tʀəbʀaslɛ] ***n.f.*** [pl. *montres-bracelets*] orologio (*m.*) da polso.

montrer [mɔ̃tʀe] ***v.tr.*** **1** mostrare, far vedere: *robe qui montre les bras*, vestito che lascia scoperte le braccia; *cela montre la présence de*, ciò denota la presenza di | *montrer du courage*, dar prova di coraggio **2** dimostrare; rivelare: *l'expérience nous montre que*, l'esperienza ci dimostra che **3** rappresentare; mostrare: *ce tableau montre des danseuses*, quel quadro rappresenta delle ballerine ♦ **se montrer** ***v.pron.*** **1** mostrarsi, farsi vedere; apparire: *elle se montra dans toute sa beauté*, apparve in tutta la sua bellezza; *la lune se montra à l'horizon*, la luna apparve all'orizzonte **2** rivelarsi, dimostrarsi: *se montrer incapable de faire qqch*, rivelarsi incapace di fare qlco.
● ***montrer du doigt***, mostrare a dito, additare.
■ *V.TR.* CONTR. **1** cacher.

montreur [mɔ̃tʀœʀ] ***n.m.*** (*spec. di animali*) presentatore: *montreur d'ours*, ammaestratore d'orsi.
● ***montreur de marionnettes***, marionettista, burattinaio.

montueux [mɔ̃tɥø] ***agg.*** [f. *-euse*] (*letter.*) montuoso.

monture [mɔ̃tyʀ] ***n.f.*** **1** cavalcatura **2** montatura; intelaiatura.

monument [mɔnymɑ̃] ***n.m.*** monumento.
● ***monument aux morts***, monumento ai caduti | ***monument funéraire***, monumento sepolcrale.

monumental [mɔnymɑ̃tal] ***agg.*** [pl. *-aux*] monumentale.

moquer, se [səmɔke] ***v.pron.intr.*** **1** burlarsi, prendere in giro (**qlcu**), deridere (**qlcu**): *elle s'est moquée de moi*, mi ha preso in giro; *c'est se moquer du monde!*, questo è prendere in giro la gente! **2** non curarsi, infischiarsene: *elle se moque de tout*, se ne infischia di tutto.
● ***s'en moquer comme de l'an quarante***, ***s'en moquer pas mal***, infischiarsene altamente.

moquerie [mɔkʀi] ***n.f.*** presa in giro; scherno (*m.*); derisione: *être en butte aux moqueries des gens*, essere oggetto di scherno per tutti.

moquette [mɔkɛt] ***n.f.*** (*arredamento*) moquette.

moqueur [mɔkœʀ] ***agg.*** [f. *-euse*] canzonatorio; beffardo, ironico ♦ ***n.m.*** beffeggiatore.

moraine [mɔʀɛn] ***n.f.*** (*geol.*) morena.

morainique [mɔʀenik] ***agg.*** (*geol.*) morenico.

moral [mɔʀal] ***agg.*** e ***n.m.*** [pl. *-aux*] morale: *briser le moral à qqn*, demoralizzare qlcu; *au moral comme au physique*, sul piano morale come su quello fisico.
● ***avoir bon moral***, ***avoir le moral***, (*fam.*) essere su di mo-

rale | ***avoir le moral à zéro***, (*fam.*) avere il morale a terra | (*dir.*) ***personne morale***, persona giuridica.

morale [mɔʀal] ***n.f.*** morale | *faire la morale à qqn*, fare una paternale a qlcu.

moralement [mɔʀalmɑ̃] ***avv.*** moralmente, secondo la morale: *il en était moralement sûr*, ne aveva la certezza morale.

moralisant [mɔʀalizɑ̃] ***agg.*** moraleggiante.

moralisateur [mɔʀalizatœʀ] ***agg.*** e ***n.m.*** [f. *-trice*] moralizzatore; moralista.

moralisation [mɔʀalizasjɔ̃] ***n.f.*** moralizzazione.

moraliser [mɔʀalize] ***v.tr.*** **1** moralizzare **2** fare la morale (**a**) ♦ ***v.intr.*** moraleggiare.

moralisme [mɔʀalism] ***n.m.*** moralismo.

moraliste [mɔʀalist] ***agg.*** moralista; moralistico ♦ ***n.m.*** e ***f.*** moralista.

moralité [mɔʀalite] ***n.f.*** **1** moralità; senso (*m.*) morale **2** (*insegnamento di una storia ecc.*) morale **3** (*st. teatr.*) breve opera allegorica e di edificazione morale in versi, sec. XV.

moratoire [mɔʀatwaʀ] **moratorium** [mɔʀatɔʀjɔm] ***n.m.*** (*dir.*) moratoria (*f.*).

morbide [mɔʀbid] ***agg.*** (*med.*) morboso (*anche fig.*).

FAUX AMI
Da non confondere con *morbido*, che si traduce *moelleux*, *doux*, *souple*.

morbidesse [mɔʀbidɛs] ***n.f.*** **1** (*letter.*) languore (*m.*) **2** (*pitt., scult.*) morbidezza.

morbidité [mɔʀbidite] ***n.f.*** **1** (*med.*) morbosità **2** (*stat.*) morbilità.

morbihannais [mɔʀbianɛ] ***agg.*** del Morbihan.

morbleu [mɔʀblø] ***inter.*** (*antiq.*) perdinci.

morceau [mɔʀso] ***n.m.*** [pl. *-eaux*] **1** pezzo: *réduire en morceaux*, fare a pezzi; *se casser en morceaux*, andare in pezzi **2** pezzo, boccone: *ne faire qu'un morceau*, mangiare in un boccone **3** (*mus., lett.*) pezzo, brano.
● ***morceau de bravoure***, pezzo di bravura | ***morceau de roi***, bocconcino, boccone da re | ***morceaux choisis***, brani scelti | (*macelleria*) ***bas morceaux***, pezzi meno pregiati | ***cracher***, ***lâcher***, ***manger le morceau***, (*fam.*) sputare il rospo | ***emporter***, ***enlever le morceau***, (*fig.*) avere la meglio.

morceler [mɔʀsəle] ***v.tr.*** [coniug. come *appeler*] frazionare.

morcellement [mɔʀsɛlmɑ̃] ***n.m.*** frazionamento (*anche fig.*): *morcellement des forces*, (*fig.*) dispersione delle forze.

mordant [mɔʀdɑ̃] ***agg.*** corrosivo; (*fig.*) mordace, pungente ♦ ***n.m.*** mordente (*anche fig.*).

mordicus [mɔʀdikys] ***avv.*** (*fam.*) caparbiamente, tenacemente.

mordiller [mɔʀdije] ***v.tr.*** mordicchiare.

mordoré [mɔʀdɔʀe] ***agg.*** e ***n.m.*** (color) mordoré.

mordre [mɔʀdʀ] ***v.tr.*** [coniug. come *rendre*] **1** mordere, morsicare: *il s'est mordu la langue*, si è morsicato la lingua; *mordre à belles dents*, mordere con avidità **2** (*fig. letter.*) serrare, pungere: *le froid lui mordait les mains*, il freddo gli pungeva le mani; *la peur lui mordait le cœur*, la paura gli attanagliava l'animo **3** intaccare; far presa (**su**) ♦ ***v.intr.*** **1** mordere (**qlco**), addentare (**qlco**): *mordre dans une poire*, addentare una pera **2** abboccare **3** intaccare (**qlco**) **4** (*fam.*) appassionarsi, prendere gusto: *mordre aux maths*, appassionarsi alla matematica **5** sconfinare (**in**), oltrepassare (**qlco**) ♦ **se mordre** ***v.pron. indiretto*** mordersi: *il s'est mordu la langue en mangeant*, si è morso la lingua mangiando.
● ***mordre à l'appât***, ***à l'hameçon***, abboccare all'amo | ***mordre la vie à belles dents***, (*fig.*) godersi la vita pienamente | (*sport*) ***mordre sur la ligne***, oltrepassare il traguardo | ***s'en mordre les doigts***, (*fig.*) mordersi le mani.

mordu [mɔʀdy] *p.p.* di **mordre** ♦ ***agg.*** (*fam.*) **1** innamorato: *il est bien mordu pour ma sœur*, è innamorato cotto di mia sorella **2** fanatico ♦ ***n.m.*** (*fam.*) fanatico, patito.

more [mɔʀ] ***agg.*** e ***n.m.*** e ***f.*** → **maure**.

moresque [mɔʀɛsk] ***agg.*** → **mauresque**.

morfil [mɔʀfil] ***n.m.*** (*tecn.*) (*di lama*) filo morto.

morfondre, se [səmɔʀfɔ̃dʀ] ***v.pron.intr.*** [coniug. come *rendre*] annoiarsi, immalinconirsi (nell'attesa).

morganatique [mɔʀganatik] ***agg.*** (*dir.*) morganatico.

morganatiquement [mɔʀganatikmɑ̃] ***avv.*** (*dir.*) morganaticamente.

morgue[1] [mɔʀg] ***n.f.*** (*letter.*) boria, tracotanza.

morgue[2] ***n.f.*** **1** obitorio (*m.*) **2** camera mortuaria.

moribond [mɔʀibɔ̃] ***agg.*** e ***n.m.*** moribondo.

moricaud [mɔʀiko] ***agg.*** (*fam.*) scuro di pelle ♦ ***n.m.*** (*fam.*) uomo di colorito bruno.

morigéner [mɔʀiʒene] ***v.tr.*** [coniug. come *céder*] (*letter.*) redarguire.

morille [mɔʀij] ***n.f.*** (*bot.*) spugnola.

morlaisien [mɔʀlɛzjɛ̃] ***agg.*** [f. *-enne*] di Morlaix.

mormon [mɔʀmɔ̃] ***agg.*** e ***n.m.*** mormone.

morne[1] [mɔʀn] ***agg.*** **1** cupo; triste, tetro **2** spento, smorto.

morne[2] ***n.m.*** (*Antille*) collina (*f.*).

morose [mɔʀoz] ***agg.*** **1** tetro **2** (*fig.*) stagnante: *situation morose*, situazione stagnante.

morosité [mɔʀozite] ***n.f.*** tetraggine, cupezza.

morphème [mɔʀfɛm] ***n.m.*** (*ling.*) morfema.

morphine [mɔʀfin] ***n.f.*** morfina.

morphinomane [mɔʀfinɔman] ***agg.*** e ***n.m.*** e ***f.*** morfinomane.

morph(o)- ***pref.*** morfo-.

morphologie [mɔʀfɔlɔʒi] ***n.f.*** morfologia.

morphologique [mɔʀfɔlɔʒik] ***agg.*** morfologico.

morphologiquement [mɔʀfɔlɔʒikmɑ̃] ***avv.*** morfologicamente.

morpion [mɔʀpjɔ̃] ***n.m.*** **1** (*zool. pop.*) piattola (*f.*) **2** (*fam. spreg.*) marmocchio, poppante **3** morpion (gioco simile al tris, ma con una griglia di cinque caselle).

mors [mɔʀ] ***n.m.*** **1** (*per cavalli*) morso **2** (*tecn.*) morsa (*f.*), morsetto; (*di tenaglia*) morso.
● ***prendre le mors aux dents***, imbizzarrirsi; (*fig. fam.*) perdere le staffe; mettersi a lavorare di gran lena.

morse[1] [mɔʀs] ***n.m.*** (*zool.*) tricheco.

morse[2] ***n.m.*** (*alfabeto*) morse.

morsure [mɔʀsyʀ] ***n.f.*** **1** morsicatura, morso (*m.*): *les morsures de la faim*, (*fig.*) i morsi della fame **2** (*tecn.*) morsura.

mort[1] [mɔʀ] ***n.f.*** **1** morte **2** (*fig.*) morte, fine, rovina.
● ***mort apparente***, morte apparente | ***mort subite***, morte improvvisa | ***à l'article de la mort***, in articolo di morte | ***à la vie et à la mort***, per la vita e per la morte | ***à mort***, a morte: *en vouloir à mort à qqn*, avercela a morte con qlcu | ***avoir la mort dans l'âme***, avere la morte nel cuore | ***endurer mille morts***, sopportare mille tormenti | ***être à la mort***, ***à deux doigts de la mort***, essere in punto di mor-

te | ***être entre la vie et la mort***, essere tra la vita e la morte | ***peine de mort***, pena di morte | ***silence de mort***, silenzio di tomba | ***souffrir mille morts***, (*letter.*) soffrire le pene dell'inferno.

mort[2] *p.p.* di **mourir** ♦ ***agg.*** **1** morto **2** (*fig.*) morto, senza vita; (*estens.*) fuori uso **3** (*inform.*) inattivo ♦ ***n.m.*** **1** morto: *les morts de la guerre*, i caduti (in guerra) **2** (*alle carte*) giocatore che passa il turno; giocatore che mette (giù) le carte sul tavolo.

● ***mort à la guerre***, morto in guerra | ***eau morte***, acqua stagnante | ***être ivre mort***, essere ubriaco fradicio | ***faire le mort***, (*fig.*) non dare segni di vita | ***la place du mort***, (*fam.*) il posto del morto | ***le jour des morts***, il giorno dei morti | ***raide mort***, morto stecchito | ***tête de mort***, teschio, testa di morto.

mortadelle [mɔʀtadɛl] ***n.f.*** mortadella.

mortaise [mɔʀtɛz] ***n.f.*** (*tecn.*) mortasa.

mortalité [mɔʀtalite] ***n.f.*** **1** mortalità **2** moria.

mort-aux-rats [mɔʀ*t*ɔra] ***n.f.invar.*** topicida (*m.*).

morte-eau [mɔʀto] ***n.f.*** [pl. *mortes-eaux*] marea di quadratura.

mortel [mɔʀtɛl] ***agg.*** e ***n.m.*** [f. *-elle*] **1** mortale **2** (*fam.*) noioso: *je l'ai attendu deux mortelles heures*, l'ho atteso due interminabili ore; *c'est mortel*, è noioso da morire **3** (*fam.*) bello: *cette fille est trop mortelle!*, questa ragazza è bellissima!

● ***le commun des mortels***, i comuni mortali.

■ CONTR. **1** immortel.

mortellement [mɔʀtɛlmɑ̃] ***avv.*** mortalmente (*anche fig.*).

M

morte-saison [mɔʀtəsɛzɔ̃] ***n.f.*** [pl. *mortes-saisons*] stagione morta.

mortier [mɔʀtje] ***n.m.*** **1** mortaio **2** (*mil.*) mortaio **3** (*edil.*) malta (*f.*) **4** (*di alti magistrati*) tocco, berretta (*f.*).

mortifère [mɔʀtifɛʀ] ***agg.*** mortifero (*anche fig.*).

mortifiant [mɔʀtifjɑ̃] ***agg.*** mortificante.

mortification [mɔʀtifikasjɔ̃] ***n.f.*** **1** mortificazione **2** (*med.*) mortificazione, necrosi **3** (*cuc.*) frollatura.

mortifier [mɔʀtifje] ***v.tr.*** **1** mortificare **2** (*cuc.*) frollare.

■ SIN. **1** blesser, humilier.

mort-né [mɔʀne] ***agg.*** e ***n.m.*** [pl.m. *mort-nés*, f. *mort-nées*] nato morto: *projet mort-né*, (*fig.*) progetto abortito.

mortuaire [mɔʀtɥɛʀ] ***agg.*** mortuario, funebre: *masque mortuaire*, maschera funeraria.

● (*amm.*) ***extrait mortuaire***, estratto dell'atto di morte.

morue [mɔʀy] ***n.f.*** **1** (*zool.*) merluzzo (*m.*) **2** (*fam. spreg.*) baldracca, donnaccia.

● (*cuc.*): ***morue salée*** (o ***verte***), baccalà; ***morue séchée***, stoccafisso | ***habit à queue de morue***, (*fam.*) frac, abito a coda di rondine.

morutier [mɔʀytje] ***n.m.*** **1** peschereccio (per la pesca del merluzzo) **2** pescatore di merluzzi ♦ ***agg.*** relativo al merluzzo.

morvandeau [mɔʀvɑ̃do] ***agg.*** [f. *-elle*; pl.m. *-eaux*] del Morvan.

morve [mɔʀv] ***n.f.*** **1** (*vet.*) morva **2** (*estens.*) moccio (*m.*).

morveux [mɔʀvø] ***agg.*** [f. *-euse*] **1** (*vet.*) morvoso, affetto da morva **2** (*estens.*) moccioso ♦ ***n.m.*** (*fam.*) moccioso.

● ***se sentir morveux***, (*fig. fam.*) sentirsi a disagio, in colpa.

mosaïque [mɔzaik] ***n.f.*** **1** mosaico (*m.*) (*anche fig.*) **2** (*bot.*) (*malattia*) mosaico (*m.*).

● ***pavage mosaïque***, pavimentazione a cubetti di porfido.

mosaïqué [mɔzaike] ***agg.*** mosaicato.

mosaïste [mɔzaist] ***agg.*** e ***n.m.*** e ***f.*** mosaicista.

moscovite [mɔskɔvit] ***agg.*** moscovita.

Moscovite ***n.m.*** e ***f.*** (*abitante*) moscovita.

mosquée [mɔske] ***n.f.*** moschea.

mot [mo] ***n.m.*** **1** parola (*f.*); termine; vocabolo: *épeler un mot*, compitare, fare lo spelling di una parola | *il n'avait qu'un mot à dire*, non aveva che da aprir bocca **2** messaggio: *laisser un mot chez la concierge*, lasciare un messaggio in portineria; *écrire un mot*, scrivere due righe; *je lui ai fait parvenir un petit mot*, gli ho fatto avere un bigliettino **3** (*inform.*) parola (*f.*), elemento.

● ***mot à double sens***, parola a doppio senso | ***mot à*** (o ***pour***) ***mot***, parola per parola, testualmente, letteralmente | (*inform.*) ***mot clé***, parola chiave | ***mot courant***, parola di uso corrente | ***mot d'emprunt***, (parola in) prestito | ***mot d'esprit***, ***bon mot***, ***mot pour rire***, battuta (di spirito) | ***mot désuet***, parola desueta | ***mot de passe*** (o ***d'ordre***), parola d'ordine; (*inform.*) password | ***mot nouveau***, neologismo | ***mot savant***, termine colto | ***mot simple***, ***composé***, parola semplice, composta | ***mot variable***, ***invariable***, parola variabile, invariabile | ***mot vieilli***, ***vieux***, ***ancien***, parola antiquata | ***mots à effet***, parole altisonanti | ***mots célèbres***, detti celebri | ***mots croisés***, parole incrociate, cruciverba | ***au bas mot***, a dir poco, come minimo | ***au vrai sens du mot***, nel vero senso della parola | ***avoir des mots avec qqn***, (*fam.*) avere da ridire con qlcu | ***avoir son mot à dire***, dire le proprie ragioni | ***dire un mot à qqn***, (*fig.*) dire il fatto suo a qlcu | ***disons le mot***, (*fam.*) diciamolo pure | ***en d'autres mots***, in altre parole | ***en quelques mots***, in poche parole | ***en un mot***, in una parola, per farla breve | ***en un mot comme en cent***, in parole povere | ***grands mots***, paroloni | ***gros mots***, parolacce | ***jeu de mots***, gioco di parole | ***le dernier mot***, (*estens.*) l'ultima parola | ***le mot de Cambronne***, ***le mot de cinq lettres***, 'merde', la parola di Cambronne | ***le mot de la fin***, la battuta finale | ***le mot de l'énigme***, la chiave dell'enigma | ***ne dire***, ***ne souffler mot***, non fiatare | ***ne pas avoir peur des mots***, non aver peli sulla lingua | ***parler à mots couverts***, parlare per sottintesi | ***pas un mot!***, acqua in bocca! | ***prendre au mot***, prendere in parola | ***sans mot dire***, senza proferire parola, senza dire verbo | ***se donner le mot***, mettersi d'accordo | ***sur*** (o ***à***) ***ces mots***, detto ciò | ***toucher un mot à qqn de qqch***, accennare qlco a qlcu: *il faudrait lui toucher un mot de l'affaire*, bisogna accennargli la cosa.

NOTA ***Le mot*** più lungo della lingua francese è *anticonstitutionnellement*, anticostituzionalmente.

motard [mɔtaʀ] ***n.m.*** (*fam.*) **1** motociclista **2** poliziotto in moto.

mot-clé [mokle] ***n.m.*** [pl. *mots-clés*] parola (*f.*) chiave.

mot de passe [modpas] ***n.m.*** (*inform.*) password (*f.*), parola (*f.*) d'accesso, parola (*f.*) chiave.

motel [mɔtɛl] ***n.m.*** motel.

motet [mɔtɛ] ***n.m.*** (*mus.*) mottetto.

moteur[1] [mɔtœʀ] ***n.m.*** motore (*anche fig.*): *le moteur d'un complot*, l'istigatore di un complotto.

● (*inform.*) ***moteur de recherche***, motore di ricerca.

moteur[2] ***agg.*** [f. *-trice*] **1** motore **2** motorio.

motif [mɔtif] ***n.m.*** **1** motivo, ragione (*f.*) **2** (*spec. pl.*) motivazione (*f.*) **3** motivo, disegno **4** (*mus.*) motivo.

● ***à motifs***, fantasia: *une cravate à motifs*, una cravatta fantasia | ***sur le motif***, dal vero: *aller sur le motif*, dipingere dal vero un paesaggio.

motion [mosjɔ̃] ***n.f.*** mozione.
● ***motion de censure***, mozione di sfiducia | ***motion de confiance***, mozione di fiducia.

motivation [mɔtivasjɔ̃] ***n.f.*** motivazione.

motiver [mɔtive] ***v.tr.*** motivare.

moto [mɔto] ***n.f.*** abbr. di **motocyclette**.

moto- ***pref.*** moto-.

motocross [mɔtɔkʀɔs] ***n.m.*** (*sport*) motocross.

motocrotte [mɔtɔkʀɔs] ***n.f.*** vetturetta (*f.*) adibita alla raccolta degli escrementi dei cani in città.

motoculteur [mɔtɔkyltœʀ] ***n.m.*** (*agr.*) motocoltivatore.

motocycle [mɔtɔsikl] ***n.m.*** motociclo.

motocyclette [mɔtɔsiklɛt] ***n.f.*** motocicletta: *aller à motocyclette*, andare in motocicletta.

motocyclisme [mɔtɔsiklism] ***n.m.*** motociclismo.

motocycliste [mɔtɔsiklist] ***n.m.*** e ***f.*** motociclista.

motogodille [mɔtɔgɔdij] ***n.f.*** piccolo motore (*m.*) fuoribordo.

motonautique [mɔtɔnotik] ***agg.*** motonautico.

motonautisme [mɔtɔnotism] ***n.m.*** motonautica (*f.*).

motoneige [mɔtɔnɛʒ] ***n.f.*** (*Canada*) motoslitta.

motopompe [mɔtɔpɔ̃p] ***n.f.*** motopompa.

motorisation [mɔtɔʀizasjɔ̃] ***n.f.*** **1** motorizzazione **2** (tipo di) motore (*m.*) (installato su un autoveicolo).

motorisé [mɔtɔrize] ***agg.*** motorizzato.

motoriser [mɔtɔʀize] ***v.tr.*** motorizzare.

motrice [mɔtʀis] ***n.f.*** motrice.

motricité [mɔtʀisite] ***n.f.*** (*med.*) motilità, motricità.

mots croisés [mokʀwaze] ***n.m.pl.*** parole (*f.*) crociate, cruciverba (*sing.*).

motte [mɔt] ***n.f.*** zolla: *motte de gazon*, zolla erbosa.
● ***motte de beurre***, pane di burro.

motus [mɔtys] ***inter.*** (*fam.*) silenzio.
● ***motus et bouche cousue!***, zitto e mosca!

mot-valise [movalis] ***n.m.*** [pl. *mots-valises*] (*ling.*) parola macedonia.

NOTA Esempi di ***mots-valises*** sono:
alicament: *aliment-médicament* 'alimento medicinale'
entreprenaute: *entrepreneur-internaute* 'imprenditore internauta'
franglais: *français-anglais* 'francese inglese'
informatique: *information-automatique* 'informazione automatica'
progiciel: *produit-logiciel* 'prodotto software'.

mou [mu] ***agg.*** [pl.m. *mous*, f. *molle*; davanti a vocale o *h* muta *mol*] **1** molle, tenero: *une substance molle*, una sostanza molle; *matelas mou*, materasso morbido **2** (*fig.*) debole, apatico, indolente **3** languido, delicato: *des gestes mous*, dei gesti languidi ♦ ***avv.*** piano ♦ ***n.m.*** **1** (il) molle **2** (*macelleria*) polmone **3** (*fam.*) persona (*f.*) molle, pappamolle.
● ***chapeau mou***, cappello floscio | ***donner du mou à***, (*corda*) allentare | (*fam.*) ***vas-y mou***, vacci piano.
■ CONTR. dur.

mouchard [muʃaʀ] ***n.m.*** **1** (*fam.*) spione **2** delatore, informatore (della polizia) **3** (*tecn.*) apparecchio di controllo, spia (*f.*) **4** (*aer.*) ricognitore **5** (*Internet*) (*fam.*) cookie.

mouchardage [muʃaʀdaʒ] ***n.m.*** (*fam.*) spiata (*f.*).

moucharder [muʃaʀde] ***v.tr.*** (*fam.*) **1** spiare **2** (*alla polizia*) denunciare.

mouche [muʃ] ***n.f.*** **1** mosca **2** mosca, neo (*m.*) finto **3** mosca, pizzetto (*m.*) **4** (*di spada ecc.*) bottone (*m.*) **5** informatore (*m.*) (della polizia).
● (*Canada*) ***mouche à feu***, lucciola | ***mouche bleue***, moscone | ***faire la mouche du coche***, (*fig.*) agitarsi senza combinar nulla | ***faire mouche***, (*anche fig.*) fare centro | ***fine mouche***, (*fig.*) volpone; furbetto | ***pattes de mouche***, zampe di gallina, brutta scrittura | ***pêcher à la mouche***, pescare con la mosca | (*sport*) ***poids mouche***, peso mosca | ***prendre la mouche***, (*fig.*) prendere cappello, farsi saltare la mosca al naso | ***quelle mouche vous pique?***, che diavolo vi prende?

NOTA ***Mouche assassine***, mosca assassina, neo assassino o assassina: così si chiamava il neo artificiale che le donne del XVIII sec. mettevano agli angoli della bocca o degli occhi.

moucher [muʃe] ***v.tr.*** **1** soffiare il naso (**a**) **2** (*fig. fam.*) dare una lavata di capo (**a**) **3** (*candela*) smoccolare ♦ **se moucher** ***v.pron.*** soffiarsi il naso.
● ***ne pas se moucher du pied, du coude***, (*fig. fam.*) credersi chissà chi.

moucheron [muʃʀɔ̃] ***n.m.*** **1** moscerino **2** (*fam.*) marmocchio.

moucheté [muʃte] ***agg.*** **1** a macchie, maculato **2** macchiettato.
● ***cheval moucheté***, cavallo moscato.

moucheter [muʃte] ***v.tr.*** [coniug. come *jeter*] macchiettare.

moucheture [muʃtyʀ] ***n.f.*** macchiettatura.

mouchoir [muʃwaʀ] ***n.m.*** fazzoletto.
● ***arriver, se tenir dans un mouchoir***, (*sport*) arrivare in gruppo compatto; (*estens.*) (*in un concorso*) ottenere risultati simili.

moudre [mudʀ] ***v.tr.*** [pres.indic.: *je mouds* etc., *nous moulons* etc.; imperf.indic.: *je moulais* etc.; p.rem.: *je moulus* etc.; fut.indic.: *je moudrai* etc.; cond.: *je moudrais* etc.; pres.cong.: *que je moule* etc.; imperf.cong.: *que je moulusse* etc.; p.pres.: *moulant*; p.p.: *moulu*; imp.: *mouds*, *moulons*, *moulez*] macinare.

moue [mu] ***n.f.*** smorfia.
● ***faire la moue***, (*fig.*) fare il muso; arricciare il naso.

mouette [mwɛt] ***n.f.*** gabbiano (*m.*).

moufeter [mufte] ***v.intr.*** → **moufter**.

moufle[1] [mufl] ***n.f.*** muffola, manopola.

moufle[2] ***n.f.*** (*mecc.*) sistema (*m.*) di pulegge.

mouflet [muflɛ] ***n.m.*** [f. *-ette*] (*fam.*) marmocchio.

mouflon [muflɔ̃] ***n.m.*** (*zool.*) muflone.

moufter [mufte] ***v.intr.*** (*fam.*) protestare.

mouillage [mujaʒ] ***n.m.*** **1** bagnatura (*f.*), inumidimento **2** (*di vino ecc.*) annacquamento **3** (*mar.*) ancoraggio **4** (*mar.*) (*di boe ecc.*) posa (*f.*).
● (*mar.*) ***être au mouillage***, essere alla fonda.

mouillé [muje] ***agg.*** **1** bagnato, umido **2** (*fon.*) palatalizzato: *consonne mouillée*, consonante palatalizzata **3** (*fam.*) invischiato, impegolato **4** (*mar.*) ancorato.
● ***voix mouillée***, voce commossa.
■ SIN. **1** humide.

mouiller [muje] ***v.tr.*** **1** bagnare, inumidire **2** annacquare: *mouiller une sauce*, diluire una salsa **3** (*fon.*) palatalizzare **4** (*mar.*) (*boa ecc.*) posare: *mouiller l'ancre*, affondare l'ancora ♦ ***v.intr.*** essere ormeggiato: *le navire*

M

a mouillé au large, la nave è ormeggiata al largo ♦ **se mouiller** *v.pron.* **1** bagnarsi, inumidirsi **2** (*fam.*) esporsi, compromettersi **3** (*fon.*) palatalizzarsi.

mouillère [mujɛʀ] *n.f.* marcita.

mouillette [mujɛt] *n.f.* fettina di pane (da intingere nell'uovo alla coque).

mouilleur [mujœʀ] *n.m.* **1** umidificatore **2** spugnetta (*f.*) (per inumidire francobolli ecc.).
● (*mar.*) ***mouilleur de mines***, (nave) posamine.

mouillure [mujyʀ] *n.f.* **1** bagnatura **2** macchia di umidità **3** (*fon.*) palatalizzazione.

mouise [mwiz] *n.f.* (*fam.*) miseria.

moujik [muʒik] *n.m.* mugic (contadino russo).

moukère [mukɛʀ] *n.f.* (*argot*) donna.

moulage[1] [mulaʒ] *n.m.* **1** (*in uno stampo*) modellatura (*f.*) **2** fusione (*f.*), colata (*f.*) **3** (*scultura*) calco.

moulage[2] *n.m.* macinatura (*f.*).

moulant[1] [mulɑ̃] *agg.* che modella il corpo, aderente.

moulant[2] *p.pres.* di **moudre**.

moule[1] [mul] *n.m.* stampo, forma (*f.*).
● (*cuc.*) ***moule à tarte***, tortiera | ***être coulé dans le même moule***, (*fig.*) essere dello stesso stampo.

moule[2] *n.f.* **1** (*zool.*) cozza **2** (*pop.*) babbeo (*m.*).

moulé [mule] *agg.* modellato: *bras bien moulés*, braccia ben tornite.
● ***lettre moulée***, lettera stampata, a stampatello.

mouler [mule] *v.tr.* **1** plasmare, modellare (*anche fig.*) **2** prendere il calco (**di**).

M

moulin [mulɛ̃] *n.m.* **1** mulino **2** (*cuc.*) macinino.
● ***moulin à café***, macinacaffè | ***moulin à huile***, frantoio | ***moulin à légumes***, passaverdura | (*fam.*) ***moulin à paroles***, chiacchierone | ***moulin à poivre***, macinapepe | ***apporter de l'eau au moulin de qqn***, (*fig.*) fare il gioco di qlcu | ***on entre dans cette maison comme dans un moulin***, questa casa è un porto di mare.

moulinage [mulinaʒ] *n.m.* **1** (*tess.*) (*di seta*) filatura (*f.*), torcitura (*f.*) **2** (*cuc.*) (*alimento*) il passare.

mouliner [muline] *v.tr.* **1** (*tess.*) (*seta*) torcere **2** (*cuc.*) (*alimenti*) passare.

moulinet [mulinɛ] *n.m.* **1** mulinello **2** tornello, cancello girevole.

moulinette® [mulinɛt] *n.f.* passaverdura (*m.*).
● ***passer qqn à la moulinette***, (*fig.*) fare le pulci a qlcu.

moult [mult] *avv.* (*antiq.*) molto.

moulu [muly] *p.p.* di **moudre** ♦ *agg.* **1** macinato: *café moulu*, caffè macinato, in polvere **2** (*fig.*) pesto **3** (*fig.*) sfinito, a pezzi.

moulure [mulyʀ] *n.f.* (*arch., arredamento*) modanatura.

moumoute [mumut] *n.f.* (*fam.*) **1** parrucca, tupè (*m.*) **2** giacca di montone rovesciato.

mouquère [mukɛʀ] *n.f.* → **moukère**.

mourant [muʀɑ̃] *p.pres.* di **mourir** ♦ *agg.* **1** moribondo, morente **2** (*fig.*) fievole, spento ♦ *n.m.* moribondo.

mourir [muʀiʀ] *v.intr.* [pres.indic.: *je meurs* etc., *nous mourons, vous mourez, ils meurent*; imperf.indic.: *je mourais* etc.; p.rem.: *je mourus* etc.; fut.indic.: *je mourrai* etc.; cond.: *je mourrais* etc.; pres.cong.: *que je meure* etc., *que nous mourions, que vous mouriez, qu'ils meurent*; imperf.cong.: *que je mourusse, que tu mourusses, qu'il mourût* etc.; p.pres.: *mourant*; p.p.: *mort*; imp.: *meurs, mourons, mourez*; aus. *être*] morire (*anche fig.*): *s'ennuyer à mourir*, annoiarsi a morte ♦ **se mourir** *v.pron.* (*antiq.*) stare per morire, spegnersi.
● ***mourir à la peine, à la tâche***, morire sul lavoro, sulla breccia | ***mourir à petit feu***, (*anche fig.*) morire di morte lenta | (*Africa*) ***mourir dans les cheveux noirs***, morire giovane | ***mourir de sa belle mort***, morire di morte naturale.
■ SIN. décéder, périr, expirer.

mouroir [muʀwaʀ] *n.m.* (*spreg.*) anticamera (*f.*) della morte (detto di ospizi o ospedali per malati terminali).

mouron [muʀɔ̃] *n.m.* **1** (*bot.*) anagallide (*f.*) **2** (*argot*) capelli (*pl.*).
● (*bot.*) ***mouron des oiseaux***, mordigallina | ***se faire du mouron***, (*fam.*) farsi cattivo sangue.

mourrai [muʀʀe] → **mourir**.

mourre [muʀ] *n.f.* (*gioco*) morra.

mourus [muʀy] → **mourir**.

mousquet [muskɛ] *n.m.* moschetto.

mousquetaire [muskətɛʀ] *n.m.* moschettiere.
● ***bottes (à la) mousquetaire***, stivali alla moschettiera.

NOTA Nel 1622 Luigi XIII creò il corpo dei ***mousquetaires***, soldati che combattevano a cavallo o a piedi, armati di ***mousquets*** (da cui il nome). Erano la guardia del re; il corpo fu sciolto (1661) da Mazzarino.

mousqueton [muskətɔ̃] *n.m.* **1** moschetto **2** (*tecn.*) moschettone.

moussaillon [musajɔ̃] *n.m.* (*fam.*) mozzo.

moussant [musɑ̃] *agg.* **1** schiumoso **2** (*tecn.*) schiumogeno.

mousse[1] [mus] *n.m.* mozzo.

mousse[2] *n.f.* **1** (*bot.*) muschio (*m.*) **2** schiuma, spuma **3** (*cuc.*) mousse, spuma **4** (*fam.*) birra.
● ***collant mousse***, collant crespato molto elastico | ***point mousse***, (*ricamo*) punto legaccio.

mousse[3] *agg.* smussato, arrotondato.

moussé [muse] *agg.* imbottito.

mousseline [muslin] *n.f.* mussola, mussolina.
● ***mousseline de soie***, chiffon | (*cuc.*) ***pommes mousseline***, purea di patate.

mousser [muse] *v.intr.* far schiuma.
● ***faire mousser qqn, qqch***, (*fam.*) portare qlcu, qlco alle stelle | ***se faire mousser***, (*fam.*) mettersi in mostra.

mousseron [musʀɔ̃] *n.m.* (*bot.*) prugnolo.

mousseux [musø] *agg.* [f. *-euse*] spumante, spumeggiante, spumoso ♦ *n.m.* (vino) spumante.
● ***cheveux mousseux***, capelli soffici, leggeri | (*bot.*) ***rose mousseuse***, rosa borraccina.

mousson [musɔ̃] *n.f.* monsone (*m.*).

moussu [musy] *agg.* muscoso, coperto di musco.

moustache *n.f.* **moustaches** [mustaʃ] *n.f.pl.* baffi (*m.pl.*): *tirer sur sa moustache*, tirarsi i baffi.
● ***moustache(s) en brosse, en crocs, à la gauloise***, baffi a spazzola, all'insù, spioventi.

moustachu [mustaʃy] *agg.* baffuto.

moustiquaire [mustikɛʀ] *n.f.* zanzariera.

moustique [mustik] *n.m.* **1** zanzara (*f.*) **2** (*persona minuta*) moscerino.

moût [mu] *n.m.* mosto.

moutard [mutaʀ] *n.m.* (*fam.*) moccioso.

moutarde [mutaʀd] *n.f.* senape ♦ *agg.invar.* (color) senape.
● ***faire monter la moutarde au nez***, (*fig.*) far saltare la mosca al naso.

moutardier [mutaʀdje] ***n.m.*** salsiera (*f.*) per senape.

mouton [mutɔ̃] ***n.m.*** **1** pecora (*f.*); (*fig. spreg.*) pecorone **2** (*macelleria*) montone; castrato: *viandes de mouton*, carni ovine **3** (*pelliccia*) agnello; agnellone **4** (*spec. pl.*) (*di polvere*) lanugine (*f.*), gatto **5** (*piccola nuvola*) pecorella (*f.*) **6** (*piccola onda*) ochetta (*f.*) **7** (*argot*) (*all'interno di una prigione*) delatore, informatore.
● ***chercher un mouton à cinq pattes***, cercare l'araba fenice | ***doux comme un mouton***, mite come un agnello | ***revenons à nos moutons***, torniamo a bomba.

moutonné [mutɔne] ***agg.*** arricciato.
● ***ciel moutonné***, cielo a pecorelle.

moutonnement [mutɔnmɑ̃] ***n.m.*** (*del mare*) l'incresparsi.

moutonner [mutɔne] ***v.intr.*** **1** accavallarsi **2** (*del mare*) incresparsi ♦ **se moutonner** ***v.pron.intr.*** (*del cielo*) coprirsi di nuvolette.

moutonneux [mutɔnø] ***agg.*** [f. *-euse*] **1** (*del cielo*) a pecorelle **2** (*del mare*) increspato, con le ochette.

moutonnier [mutɔnje] ***agg.*** [f. *-ère*] **1** ovino **2** (*spreg.*) pecoresco, gregario.

mouture [mutyʀ] ***n.f.*** **1** macinatura **2** macinato (*m.*) **3** (*fig.*) versione, stesura; (*spreg.*) rifrittura.

mouvance [muvɑ̃s] ***n.f.*** **1** area, sfera di influenza **2** mutevolezza.

mouvant [muvɑ̃] ***agg.*** mobile; instabile; mutevole.

mouvement [muvmɑ̃] ***n.m.*** **1** moto, movimento (*anche fig.*): *mettre, se mettre en mouvement*, mettere, mettersi in moto; *imprimer un mouvement*, imprimere un movimento; *il y a beaucoup de mouvement*, c'è molto traffico **2** movimento, mossa (*f.*): *un mouvement brusque*, una mossa brusca; *des mouvements gracieux*, movenze aggraziate **3** (*fig.*) (*di idee ecc.*) movimento, corrente **4** (*fig.*) moto, impulso: *suivre son premier mouvement*, seguire il primo impulso **5** (*di orologio*) movimento, meccanismo.
● ***mouvement*** (***de grève***), agitazione, mobilitazione (sindacale, di protesta) | ***bon mouvement***, bel gesto: *il a eu un bon mouvement*, ha fatto un bel gesto | ***de son propre mouvement***, di propria spontanea volontà: *agir de son propre mouvement*, agire di propria spontanea volontà | ***en deux temps trois mouvements***, (*fig.*) in quattro e quattr'otto, in un baleno | ***être dans le mouvement***, (*fam.*) marciare con i tempi.
■ SIN. **1** déplacement **3** courant.

mouvementé [muvmɑ̃te] ***agg.*** **1** accidentato **2** (*fig.*) movimentato, vivace, agitato.

mouvoir [muvwaʀ] ***v.tr.*** [pres.indic.: *je meus* etc., *nous mouvons, vous mouvez, ils meuvent*; imperf.indic.: *je mouvais* etc.; p.rem. (*non com.*): *je mus* etc.; fut.indic.: *je mouvrai* etc.; cond.: *je mouvrais* etc.; pres.cong.: *que je meuve* etc., *que nous mouvions, que vous mouviez, qu'ils meuvent*; imperf.cong. (*non com.*): *que je musse* etc.; p.pres.: *mouvant*; p.p.: *mû*, f. *mue*; imp.: *meus, mouvons, mouvez*] **1** muovere **2** (*fig.*) muovere, animare, spingere ♦ **se mouvoir** ***v.pron.*** muoversi.

mouvrai [muvʀe] → **mouvoir**.

moviola [mɔvjɔla] ***n.f.*** (*cine.*) moviola.

moyen[1] [mwajɛ̃] ***agg.*** [f. *-enne*] **1** medio: *homme d'âge moyen*, uomo di mezza età **2** mediocre.

moyen[2] ***n.m.*** **1** modo, mezzo: *avoir, trouver le moyen de*, avere, trovare modo di; *il n'y a pas moyen de*, non c'è verso di; *c'est le seul moyen de s'en sortir*, è l'unica via di scampo; *il viendrait, s'il en avait le moyen*, verrebbe se potesse **2** (*pl.*) mezzi: *moyens d'expression*, mezzi espressivi **3** (*pl.*) mezzi, possibilità (*f.*); risorse (*f.*): (*fam.*) *avoir des moyens*, avere mezzi, denari.
● ***au moyen de***, ***par le moyen de***, per mezzo di | ***drôle de moyen de***, strano modo di | ***les grands moyens***, le maniere forti: *employer les grands moyens*, usare le maniere forti | ***les moyens du bord***, (*fam.*) ciò che offre la situazione, quel che c'è: *se débrouiller avec les moyens du bord*, arrangiarsi con quel che c'è | ***par quel moyen?***, (*fam.*) ***le moyen?***, in che modo? | ***pas moyen de***, impossibile: *pas moyen d'arriver à temps*, impossibile arrivare in tempo | ***perdre tous ses moyens***, perdere la bussola, andare in confusione.

Moyen(-)Âge [mwajɛnɑʒ] ***n.m.*** (*st.*) medioevo.

moyenâgeux [mwajɛnɑʒø] ***agg.*** [f. *-euse*] medievale.

moyen-courrier [mwajɛ̃kuʀje] ***n.m.*** [pl. *moyen-courriers*] (*aer.*) aereo a percorrenza media (tra 1000 e 2000 km).

moyennant [mwajɛnɑ̃] ***prep.*** mediante.
● ***moyennant finance***, dietro ricompensa.

moyenne [mwajɛn] ***n.f.*** **1** media: *il a 9 de moyenne*, ha la media del 9 **2** (*a scuola*) sufficienza: *il a eu sa moyenne*, ha avuto la sufficienza.
● ***en moyenne***, in media | ***être au-dessus***, ***au-dessous de la moyenne***, essere sopra, sotto la media.

moyennement [mwajɛnmɑ̃] ***avv.*** mediamente.

moyeu [mwajø] ***n.m.*** [pl. *-eux*] (*tecn.*) mozzo.

MST [emɛste] ***n.f.*** (*sigla di* Maladie Sexuellement Transmissible) malattia trasmissibile sessualmente.

mû [my] [f. *mue*] *p.p.* di **mouvoir**.

mucilage [mysilaʒ] ***n.m.*** mucillagine (*f.*).

mucosité [mykozite] ***n.f.*** mucosità.

mucus [mykys] ***n.m.*** muco.

mue [my] ***n.f.*** **1** (*zool.*) muta, muda **2** (*di voce*) muta **3** (*gabbia per polli*) stia.

muer [mɥe] ***v.intr.*** **1** (*di animali*) fare la muta **2** (*di voce umana, durante la pubertà*) cambiare; (*di persona*) cambiare voce ♦ **se muer** ***v.pron.*** e ***pron.intr.*** mutarsi, trasformarsi.

muet [mɥɛ] ***agg.*** e ***n.m.*** [f. *-ette*] muto (*anche fig.*): *muet de naissance*, muto dalla nascita; *muet de peur*, ammutolito dalla paura.
● ***muet comme une carpe***, muto come un pesce | ***cinéma, film muet***, cinema, film muto | ***jeu muet***, mimica: *jeu muet d'un acteur*, mimica di un attore.

muezzin [mɥɛdzin] ***n.m.*** (*relig. islamica*) muezzin.

mufle [myfl] ***n.m.*** **1** (*di animali*) muso, grugno **2** (*fam.*) zoticone, tanghero.

muflerie [myflәʀi] ***n.f.*** (*fam.*) villania.

muflier [myflije] ***n.m.*** (*bot.*) bocca (*f.*) di leone.

muge [myʒ] ***n.m.*** (*zool.*) muggine.

mugir [myʒiʀ] ***v.intr.*** muggire, mugghiare.

mugissement [myʒismɑ̃] ***n.m.*** muggito, mugghio.

muguet [mygɛ] ***n.m.*** mughetto.

mulâtre [mylɑtʀ] ***agg.*** e ***n.m.*** mulatto.

mulâtresse [mylɑtʀɛs] ***n.f.*** (*antiq.*) mulatta.

mule[1] [myl] ***n.f.*** pantofola (da donna) aperta dietro, ciabatta, pianella.

mule[2] ***n.f.*** (*zool.*) mula.
● ***quelle*** (***tête de***) ***mule!***, (*fig.*) che testona!

mulet[1] [mylɛ] ***n.m.*** mulo.
● ***chemin***, ***sentier de mulet***, mulattiera.

mulet[2] ***n.m.*** (*zool.*) muggine, cefalo.

M

muletier [myltje] ***n.m.*** [f. *-ère*] mulattiere ♦ ***agg.*** mulattiero.
mulhousien [myluzjɛ̃] ***agg.*** [f. *-enne*] di Mulhouse.
mulot [mylo] ***n.m.*** topo campagnolo.

FAUX AMI
Da non confondere con *mulo*, che si traduce con *mulet*.

mulsion [mylsjɔ̃] ***n.f.*** mungitura.
multi- ***pref.*** multi-.
multi-adressage [myltiadʀɛsaʒ] ***n.m.*** [pl. *multi -adressages*] invio multiplo.
multicolore [myltikɔlɔʀ] ***agg.*** multicolore.
■ SIN. bariolé.
multiculturalisme [myltikyltyʀalism] ***n.m.*** multiculturalismo.
multiculturel [myltikyltyʀɛl] ***agg.*** [f. *-elle*] multiculturale.
multifonction [myltifɔ̃ksjɔ̃] ***agg.invar.*** multifunzione.
● (*inform.*) ***imprimante multifonction***, una stampante multifunzione.
multiforme [myltifɔʀm] ***agg.*** multiforme.
multijoueur [myltiʒwœʀ] ***agg.invar.*** (*di videogioco*) multiplayer.
multilatéral [myltilateʀal] ***agg.*** [pl. *-aux*] multilaterale, plurilaterale.
multimédia [myltimedja] ***agg.*** multimediale ♦ ***n.m.*** multimedialità (*f.*).
multimillionnaire [myltimiljɔnɛʀ] ***agg.*** e ***n.m.*** e ***f.*** multimilionario/a.
M
multinational [myltinasjɔnal] ***agg.*** [pl. *-aux*] multinazionale.
multinationale [myltinasjɔnal] ***n.f.*** multinazionale.
multiple [myltipl] ***agg.*** 1 multiplo 2 molteplice ♦ ***n.m.*** (*mat.*) multiplo.
● ***à de multiples reprises***, a più riprese.
multiplet [myltiplɛ] ***n.m.*** (*inform.*) byte.
multiplexe [myltiplɛks] ***n.m.*** (*cine.*) multiplex.
multipliable [myltiplijabl] ***agg.*** moltiplicabile.
multiplicande [myltiplikɑ̃d] ***n.m.*** (*mat.*) moltiplicando.
multiplicateur [myltiplikatœʀ] ***n.m.*** e ***agg.*** [f. *-trice*] moltiplicatore.
multiplicatif [myltiplikatif] ***agg.*** [f. *-ive*] moltiplicativo.
multiplication [myltiplikasjɔ̃] ***n.f.*** 1 moltiplicazione 2 (*mecc.*) moltiplica.
● ***table de multiplication***, tavola pitagorica.
multiplicité [myltiplisite] ***n.f.*** molteplicità.
multiplier [myltiplije] ***v.tr.*** moltiplicare ♦ ***v.intr.*** moltiplicarsi, riprodursi ♦ **se multiplier** ***v.pron.*** e ***pron.intr.*** moltiplicarsi.
multipostage [myltipɔstaʒ] ***n.m.*** (*Internet*) invio multiplo.
multiprise [myltipʀiz] ***n.f.*** (*elettr.*) presa multipla.
multipropriété [myltipʀɔpʀijete] ***n.f.*** multiproprietà.
multiracial [myltyʀasjal] ***agg.*** [pl. *-aux*] multirazziale.
multirisque [myltiʀisk] ***agg.*** (*assic.*) multirischio.
multisalle(s) [myltisal] ***agg.*** (*di cinema*) multisala.
multisport [myltispɔʀ] ***agg.invar.*** multisport, polisportivo: *salle multisport*, sala multisport.
multitude [myltityd] ***n.f.*** moltitudine.
multiusage [myltiyzaʒ] ***agg.*** multiuso.
multivitaminé [myltivitamine] ***agg.*** polivitaminico.
municipal [mynisipal] ***agg.*** [pl. *-aux*] municipale, comunale; civico.
● ***musée municipal***, museo civico.
municipalisation [mynisipalizasjɔ̃] ***n.f.*** municipalizzazione.
municipaliser [mynisipalize] ***v.tr.*** municipalizzare.
municipalisme [mynisipalism] ***n.m.*** municipalismo.
municipalité [mynisipalite] ***n.f.*** 1 amministrazione comunale 2 municipio (*m.*).
munificence [mynifisɑ̃s] ***n.f.*** munificenza.
munificent [mynifisɑ̃] ***agg.*** munifico.
munir [myniʀ] ***v.tr.*** munire, fornire ♦ **se munir** ***v.pron.*** (pre)munirsi: (*fig.*) *se munir de patience*, munirsi, armarsi di pazienza.
munitions [mynisjɔ̃] ***n.f.pl.*** munizioni.
muqueuse [mykøz] ***n.f.*** (*biol.*) mucosa.
muqueux [mykø] ***agg.*** [f. *-euse*] mucoso.
mur [myʀ] ***n.m.*** 1 muro, parete (*f.*) 2 (*pl.*) (*fortificazioni*) mura (*f.*).
● ***mur de clôture***, muro di cinta | ***mur des lamentations***, muro del pianto | ***mur portant***, muro maestro | ***coller au mur***, mettere al muro, fucilare | ***être (logé) entre quatre murs***, essere fra quatto mura | ***sauter, faire le mur***, (*di militari, collegiali ecc.*) fare scappatelle notturne | ***se heurter à un mur***, (*fig.*) urtare contro un muro.
mûr [myʀ] ***agg.*** 1 maturo (*anche fig.*) 2 (*fam.*) sbronzo, cotto.
● ***tomber comme un fruit mûr***, cadere come una pera cotta.
murage [myʀaʒ] ***n.m.*** muratura (*f.*).
muraille [myʀɑj] ***n.f.*** 1 muraglia 2 (*pl.*) (*fortificazioni*) mura 3 (*mar.*) (*di nave*) murata.
mural[1] [myʀal] ***agg.*** [pl. *-aux*] da muro, a muro: *peinture murale*, pittura murale.
mural[2] ***n.m.*** [pl. *-als*] (*arte*) murales.
mûre [myʀ] ***n.f.*** (*bot.*) mora.
mûrement [myʀmɑ̃] ***avv.*** con grande attenzione.
murène [myʀɛn] ***n.f.*** (*zool.*) murena.
murer [myʀe] ***v.tr.*** 1 murare, rinchiudere: *l'éboulement a muré les mineurs*, la frana ha isolato i minatori 2 circondare di mura ♦ **se murer** ***v.pron.*** murarsi, rinchiudersi.
muret [myʀɛ] **muretin** [myʀtɛ̃] ***n.m.*** **murette** [myʀɛt] ***n.f*** muretto (*m.*), muricciolo (*m.*).
murex [myʀɛks] ***n.m.*** (*zool.*) murice.
mûrier [myʀje] ***n.m.*** (*bot.*) gelso.
mûrir [myʀiʀ] ***v.tr.*** (fare) maturare, portare a maturazione ♦ ***v.intr.*** maturare, diventar maturo: *les fraises ont mûri en serre*, le fragole sono maturate in serra.
mûrissage [myʀisaʒ] ***n.m.*** maturazione (*f.*).
mûrissant [myʀisɑ̃] ***agg.*** in via di maturazione.
mûrissement [myʀismɑ̃] ***n.m.*** maturazione (*f.*).
mûrisserie [myʀisʀi] ***n.f.*** cella di maturazione.
murmure [myʀmyʀ] ***n.m.*** mormorio.
murmurer [myʀmyʀe] ***v.intr.*** e ***tr.*** mormorare.
■ SIN. chuchoter, susurrer CONTR. crier.
mûron [myʀɔ̃] ***n.m.*** mora (*f.*) selvatica.
musaraigne [myzaʀɛɲ] ***n.f.*** (*zool.*) toporagno (*m.*).
musarder [myzaʀde] ***v.intr.*** (*fam.*) oziare, bighellonare.

musardise [myzaʀdiz] *n.f.* l'oziare, il bighellonare.
musc [mysk] *n.m.* (*zool.*) muschio.
muscade [myskad] *n.f.* 1 (*noix*) *muscade*, noce moscata 2 pallina (usata dai prestigiatori).
● ***passez muscade!***, il gioco è fatto!
muscadet [myskadɛ] *n.m.* vino bianco e secco di Nantes.
muscardin [myskaʀdɛ̃] *n.m.* (*zool.*) moscardino.
muscat [myska] *agg.* e *n.m.* moscato.
● ***raisin muscat***, uva moscata.
muscle [myskl] *n.m.* muscolo.
musclé [myskle] *agg.* 1 muscoloso 2 (*fig.*) energico: *politique musclée*, politica energica.
muscler [myskle] *v.tr.* 1 rendere muscoloso 2 (*fig.*) irrobustire ♦ **se muscler** *v.pron.intr.* irrobustirsi (*anche fig.*).
musculaire [myskylɛʀ] *agg.* muscolare.
musculation [myskylasjɔ̃] *n.f.* muscolazione.
musculature [myskylatyʀ] *n.f.* muscolatura.
musculeux [myskylø] *agg.* [f. *-euse*] muscoloso.
muse [myz] *n.f.* (*mit.*) musa.
● ***taquiner la muse***, (*scherz.*) scrivere versi da dilettante.
muséal [myzeal] *agg.* [pl. *-aux*] museale.
museau [myzo] *n.m.* [pl. *-eaux*] muso.
● (*cuc.*) ***museau de bœuf***, nervetti.
musée [myze] *n.m.* museo.

NOTA Il più importante museo di Francia, e uno dei più famosi al mondo, è ***le*** (***Musée du***) ***Louvre***, 'il museo del Louvre', con sede a Parigi nel palazzo che fu un tempo residenza reale; museo dal 1791, ospita alcune delle più ricche collezioni artistiche del mondo (antichità orientali, egizie, greche e romane, sculture, dipinti e oggetti d'arte).

museler [myzle] *v.tr.* [coniug. come *appeler*] 1 mettere la museruola (a) 2 (*fig.*) imbavagliare.
muselière [myzljɛʀ] *n.f.* museruola.
muséographie [myzeɔgʀafi] *n.f.* museografia.
muséologie [myzeɔlɔʒi] *n.f.* museologia.
muser [myze] *v.intr.* 1 baloccarsi, gingillarsi 2 (*Belgio*) canticchiare.
muserolle [myzʀɔl] *n.f.* museruola (della briglia).
musette [myzɛt] *n.f.* 1 (*mus.*) musette, zampogna francese 2 tascapane (*m.*).
● (***bal***) ***musette***, ballo popolare.
muséum [myzeɔm] *n.m.* museo di storia naturale.
musical[1] [myzikal] *agg.* [pl. *-aux*] musicale.
musical[2] *n.m.* [pl. *-als*] musical.
musicalement [myzikalmɑ̃] *avv.* musicalmente, in modo armonioso.
musicalité [myzikalite] *n.f.* musicalità.
musicassette [myzikasɛt] *n.f.* musicassetta.
music-hall [myzikol] *n.m.* [pl. *music-halls*] 1 teatro di varietà 2 spettacolo di varietà.
musicien [myzisjɛ̃] *n.m.* [f. *-enne*] musicista ♦ *agg.* musicale; che s'intende di musica.
musicologie [myzikɔlɔʒi] *n.f.* musicologia.
musicologue [myzikɔlɔg] *n.m.* e *f.* musicologo.
musique [myzik] *n.f.* 1 musica: *mettre en musique*, musicare 2 spartito (*m.*) 3 musica, musicalità: *la musique d'une langue*, la musicalità di una lingua.
● (*Svizzera, Belgio, Canada*) ***musique à bouche***, armonica a bocca | ***chef de musique***, capobanda.
musiquette [myzikɛt] *n.f.* musichetta.
musqué [myske] *agg.* muschiato.
● ***poires musqués***, pere moscatelle.
musquer [myske] *v.tr.* profumare con essenza di muschio.
must [mœst] *n.m.* must; imperativo (della moda).
musulman [myzylmɑ̃] *agg.* e *n.m.* musulmano.
mutabilité [mytabilite] *n.f.* 1 mutabilità 2 (*dir.*) alienabilità, trasferibilità.
mutable [mytable] *agg.* 1 (*scient.*) mutabile 2 (*dir.*) alienabile, trasferibile.
mutant [mytɑ̃] *agg.* e *n.m.* mutante.
mutation [mytasjɔ̃] *n.f.* 1 mutamento (*m.*), cambiamento (*m.*) 2 (*dir.*) trasferimento (*m.*) 3 (*biol.*) mutazione.
● (*dir.*) ***droits de mutation***, tassa di voltura.
muter [myte] *v.tr.* trasferire ♦ *v.intr.* (*biol.*) subire una mutazione.
mutilant [mytilɑ̃] *agg.* mutilante.
mutilation [mytilasjɔ̃] *n.f.* mutilazione.
mutilé [mytile] *agg.* e *n.m.* mutilato.
mutiler [mytile] *v.tr.* 1 mutilare 2 (*fig.*) danneggiare.
mutin [mytɛ̃] *agg.* 1 (*letter.*) sbarazzino 2 (*ant.*) ribelle ♦ *n.m.* ribelle; rivoltoso.
mutiné [mytine] *agg.* e *n.m.* ammutinato.
mutiner, se [səmytine] *v.pron.intr.* 1 ammutinarsi 2 (*estens.*) ribellarsi.
mutinerie [mytinʀi] *n.f.* 1 ammutinamento (*m.*) 2 (*estens.*) ribellione.
mutisme [mytism] *n.m.* mutismo (*anche fig.*).
mutité [mytite] *n.f.* (*med.*) mutismo (*m.*).
mutualisme [mytɥalism] *n.m.* 1 (*biol.*) mutualismo 2 (*econ.*) mutualità (*f.*).
mutualiste [mytɥalist] *agg.* (*econ.*) mutualistico ♦ *n.m.* e *f.* mutualista.
mutualité [mytɥalite] *n.f.* (*econ.*) mutualità.
mutuel [mytɥɛl] *agg.* [f. *-elle*] mutuo, reciproco.
● ***societé d'assurance mutuelle***, società di mutua assicurazione.
■ SIN. réciproque.
mutuelle [mytɥɛl] *n.f.* (società) mutua; (assicurazione) mutua.
mutuellement [mytɥɛlmɑ̃] *avv.* mutualmente, scambievolmente.
myalgique [mjalʒik] *agg.* (*med.*) mialgico.
mycénien [misenjɛ̃] *agg.* [f. *-enne*] miceneo.
Mycénien *n.m.* [f. *-enne*] (*abitante*) miceneo.
myco- *pref.* mico-.
mycologie [mikɔlɔʒi] *n.f.* (*bot.*) micologia.
mycose [mikoz] *n.f.* (*med.*) micosi.
myélite [mjelit] *n.f.* (*med.*) mielite.
myél(o)- *pref.* miel(o)-.
my(o)- *pref.* mi(o)-.
myocarde [mjɔkaʀd] *n.m.* (*anat.*) miocardio.
myocardite [mjɔkaʀdit] *n.f.* (*med.*) miocardite.
myologie [mjɔlɔʒi] *n.f.* (*med.*) miologia.
myopathie [mjɔpati] *n.f.* (*med.*) miopatia.
myope [mjɔp] *agg.* e *n.m.* e *f.* miope.
myopie [mjɔpi] *n.f.* (*med.*) miopia.

myosotis [mjozɔtis] *n.m.* (*bot.*) miosotide (*f.*), nontiscordardimé.

myria- *pref.* miria-.

myriade [miʀjad] *n.f.* miriade.

myriagramme [miʀjagʀam] *n.m.* miriagrammo.

myriapodes [miʀjapɔd] *n.m.pl.* (*zool.*) miriapodi.

myrrhe [miʀ] *n.f.* mirra.

myrte [miʀt] *n.m.* (*bot.*) mirto, mortella (*f.*).

myrtille [miʀtij] *n.f.* (*bot.*) mirtillo (*m.*).
■ (*Canada*) SIN. bleuet.

mystère [mistɛʀ] *n.m.* **1** mistero: *faire des mystères*, fare il misterioso **2** (*st. teatr.*) dramma sacro di più giorni, recitato sulle piazze, che metteva in scena le vite dei santi o la Passione di Cristo.
● ***il y a un mystère là-dessous***, (*fam.*) c'è qualcosa sotto.
■ SIN. **1** énigme.

mystérieusement [misteʀjøzmɑ̃] *avv.* misteriosamente.

mystérieux [misteʀjø] *agg.* [f. *-euse*] misterioso.

mysticisme [mistisism] *n.m.* misticismo.

mysticité [mistisite] *n.f.* misticità.

mystifiant [mistifjɑ̃] *agg.* mistificante.

mystificateur [mistifikatœʀ] *agg.* [f. *-trice*] che mistifica ♦ *n.m.* mistificatore.

mystification [mistifikasjɔ̃] *n.f.* mistificazione.

mystifier [mistifje] *v.tr.* mistificare.

mystique [mistik] *agg.* e *n.m.* **1** mistico **2** (*Africa*) strano ♦ *n.f.* mistica.

mystiquement [mistikmɑ̃] *avv.* misticamente.

mythe [mit] *n.m.* mito.

mythification [mitifikasjɔ̃] *n.f.* mitizzazione.

mythifier [mitifje] *v.tr.* mitizzare.

mythique [mitik] *agg.* mitico.

mythologie [mitɔlɔʒi] *n.f.* mitologia.

mythologique [mitɔlɔʒik] *agg.* mitologico.

mythomane [mitɔman] *n.m.* e *f.* mitomane.

mythomanie [mitɔmani] *n.f.* mitomania.

mythoner [mitɔne] *v.tr.* (*fam.*) dire bugie (**a**).

mytiliculture [mitilikyltyʀ] *n.f.* (*zootecn.*) mitilicoltura.

M

Nn

n [ɛn] ***n.m.invar.*** n (*f.* e *m.*).
● (*tel.*) ***n comme Nicolas***, n come Napoli.

na [na] ***inter.*** (*gergo infantile*) (*con valore rafforzativo di espressioni negative o affermative*) no; ecco: *je veux pas, na!*, non voglio, no e no!; *et je le ferai, na!*, e io lo farò, ecco!

nabab [nabab] ***n.m.*** nababbo.

nabi [nabi] ***n.m.*** **1** (*presso gli arabi e gli ebrei*) profeta **2** (*pitt.*) nabi.

nabot [nabo] ***n.m.*** nano.

nacelle [nasel] ***n.f.*** navicella.

nacre [nakʀ] ***n.f.*** madreperla.

nacré [nakʀe] ***agg.*** madreperlaceo.

nacrer [nakʀe] ***v.tr.*** rendere madreperlaceo.

nævus [nevys] ***n.m.*** (*med.*) nevo, neo.

nage [naʒ] ***n.f.*** **1** nuoto (*m.*) **2** (*mar.*) voga.
● ***nage libre***, stile libero | ***nage sous l'eau, en plongée***, nuoto in immersione | ***à la nage***, a nuoto; (*cuc.*) in guazzetto | ***être (tout) en nage***, (*fig.*) essere in un bagno di sudore.

nagée [naʒe] ***n.m.*** (*Svizzera*) caduta (*f.*).

nageoire [naʒwaʀ] ***n.f.*** pinna.

nager [naʒe] ***v.intr.*** [coniug. come *manger*] **1** nuotare: *nager à grandes brasses*, nuotare a grandi bracciate; *il nage dans cette veste*, (*fam.*) questa giacca gli balla addosso **2** galleggiare **3** (*mar.*) vogare ♦ ***v.tr.*** nuotare: *nager le crawl*, nuotare, battere il crawl; *nager la brasse*, nuotare a rana.
● ***nager complètement***, (*fig.*) brancolare nel buio: *je n'y comprends plus rien, je nage complètement*, non ci capisco più niente, brancolo nel buio | ***nager contre le courant***, nuotare contro corrente; (*fig.*) andare contro corrente | ***nager dans la joie***, (*fig.*) essere in un mare di felicità | ***nager entre deux eaux***, (*fig.*) barcamenarsi.

nageur [naʒœʀ] ***n.m.*** [f. *-euse*] **1** nuotatore **2** (*sport*) vogatore.
● ***maître nageur***, bagnino; istruttore di nuoto.

naguère [nagɛʀ] ***avv.*** (*letter.*) pocanzi, poco fa.

naïade [najad] ***n.f.*** naiade.

naïf [naif] ***agg.*** [f. *naïve*] **1** ingenuo **2** semplice, naturale; sincero **3** (*arte*) naïf: *peinture naïve*, pittura naïf ♦ ***n.m.*** **1** ingenuo **2** (*arte*) naïf.
■ AGG. SIN. **1** ingénu CONTR. **1** astucieux, rusé.

nain [nɛ̃] ***agg.*** e ***n.m.*** nano.

nais [nɛ] → **naître**.

naissance [nɛsɑ̃s] ***n.f.*** **1** nascita **2** (*estens.*) origine, inizio (*m.*): *la naissance du cou*, la base del collo; *la naissance des cheveux*, l'attaccatura dei capelli; *la naissance du jour*, lo spuntar del giorno.
● ***de naissance***, di nascita; dalla nascita: *il est français de* (o *par sa*) *naissance*, è francese di nascita; *aveugle de naissance*, cieco dalla nascita | ***dès sa naissance***, fin dalla nascita | ***donner naissance à***, dare alla luce: *donner naissance à un enfant*, dare alla luce un bambino; *les phénomènes de la nature ont donné naissance à beaucoup de légendes*, i fenomeni della natura hanno fatto nascere molte leggende | ***prendre, avoir naissance***, avere origine, cominciare.

naissant [nɛsɑ̃] *p.pres.* di **naître** ♦ ***agg.*** nascente (*anche fig.*).

naître [nɛtʀ] ***v.intr.*** [pres.indic.: *je nais*, *tu nais*, *il naît*, *nous naissons* etc.; imperf.indic.: *je naissais* etc.; p.rem.: *je naquis* etc.; fut.indic.: *je naîtrai* etc.; cond.: *je naîtrais* etc.; pres.cong.: *que je naisse* etc.; imperf.cong.: *que je naquisse* etc.; p.pres.: *naissant*; p.p.: *né*; imp.: *nais*, *naissons*, *naissez*; aus. *être*] nascere (*anche fig.*): *il lui est né une fille*, le è nata una bambina; *le jour naissait à peine*, il giorno stava appena nascendo.
● ***enfant à naître***, nascituro | ***je ne suis pas né d'hier***, non sono nato ieri.

naïvement [naivmɑ̃] ***avv.*** ingenuamente, candidamente.

naïveté [naivte] ***n.f.*** **1** ingenuità, candore (*m.*) **2** stupidaggine.

naja [naʒa] ***n.m.*** (*zool.*) naia (*f.*).

nana [nana] ***n.f.*** (*fam.*) **1** ragazza, tipa **2** donna.

nananère [nananɛʀ] ***inter.*** (*gergo infantile*) cicca cicca: *tu ne m'as pas attrapé, nananère!*, non mi hai preso, cicca cicca!

nananes [nanan] ***n.m.pl.*** (*Canada*) caramelle (*f.*).

nanar [nanaʀ] ***n.m.*** (*fam.*) **1** patacca (*f.*), oggetto di nessun valore **2** (*fig.*) (*di film, spettacolo ecc.*) mattone, pizza (*f.*).

nancéien [nɑ̃sejɛ̃] ***agg.*** [f. *-enne*] di Nancy.

nandou [nɑ̃du] ***n.m.*** (*zool.*) nandù.

nanisme [nanism] ***n.m.*** nanismo.

nanotechnologie [nanotɛknɔlɔʒi] ***n.f.*** nanotecnologia.

nanou [nanu] ***n.f.*** (*Antille*) balia, tata.

nantais [nɑ̃tɛ] ***agg.*** di Nantes.

nanterrien [nɑ̃tɛʀjɛ̃] ***agg.*** [f. *-enne*] di Nanterre.

nanti [nɑ̃ti] ***agg.*** **1** provvisto, munito **2** ricco; benestante: *héritière bien nantie*, ricca ereditiera **3** (*comm.*) garantito ♦ ***n.m.*** (*spec. pl.*) ricco, benestante.

nantir [nɑ̃tiʀ] ***v.tr.*** **1** provvedere, fornire **2** (*dir.*) fornire garanzia a; garantire con pegno: *nantir un créancier*, dare una garanzia a un creditore; *nantir des valeurs*, depositare titoli in garanzia ♦ **se nantir** ***v.pron.intr.*** **1** rifornirsi (**di**), munirsi (**di**) **2** (*dir.*) garantirsi con pegno.

nantissement [nɑ̃tismɑ̃] ***n.m.*** **1** pegno, garanzia (*f.*) **2** (*dir.*) cessione (*f.*) in garanzia.

NAP [nap] ***agg.invar.*** (*sigla di* Neuilly, Auteuil, Passy) (*fam. spreg.*) perbenista, borghese.

napel [napɛl] ***n.m.*** (*bot. pop.*) napello.

naphtaline [naftalin] *n.f.* naftalina: *mettre dans la naphtaline*, mettere in naftalina.

naphte [naft] *n.m.* nafta (*f.*).

napoléon [napɔleɔ̃] *n.m.* (*numismatica*) napoleone.

napoléonien [napɔleɔnjɛ̃] *agg.* e *n.m.* [f. *-enne*] napoleonico.

napolitain [napɔlitɛ̃] *agg.* napoletano.
● (*cuc.*) ***tranche napolitaine***, cassata.

Napolitain *n.m.* (*abitante*) napoletano.

nappe [nap] *n.f.* **1** tovaglia **2** (*fig.*) strato (*m.*): *une nappe de brouillard*, una coltre di nebbia **3** (*geol.*) falda.
● ***nappe d'eau***, (*in superficie*) specchio d'acqua; (*geol.*) falda acquifera.

FAUX AMI
Da non confondere con *nappa*, che si traduce *gland, peau fine*.

napper [nape] *v.tr.* (*cuc.*) ricoprire (con salsa, gelatina).

napperon [napʀɔ̃] *n.m.* **1** centrino **2** tovaglietta (*f.*).

naquis [naki] → **naître**.

narbonnais [naʀbɔnɛ] *agg.* narbonese.

narcisse [naʀsis] *n.m.* narciso.

narcissique [naʀsisik] *agg.* narcisistico ♦ *n.m.* e *f.* narcisista.

narcissisme [naʀsisism] *n.m.* narcisismo.

narco [naʀko] *n.m.* (*fam.*) abbr. di **narcotrafiquant**.

narcodollar [naʀkodɔlaʀ] *n.m.* narcodollaro.

narcose [naʀkoz] *n.f.* narcosi.

narco-terrorisme [naʀkotɛʀɔʀism] *n.m.* narcoterrorismo.

narcotique [naʀkɔtik] *agg.* e *n.m.* narcotico.

narcotiser [naʀkɔtize] *v.tr.* **1** narcotizzare **2** drogare.

narcotrafic [naʀkɔtʀafik] *n.m.* narcotraffico.

narcotrafiquant [naʀkɔtʀafikɑ̃] *n.m.* narcotrafficante.

nard [naʀ] *n.m.* (*bot.*) nardo.

narguer [naʀge] *v.tr.* ridersela (**di**), sfidare.

narguilé [naʀgile] *n.m.* narghilè.

narine [naʀin] *n.f.* narice.

narpi [naʀpi] *n.m.* (*verlan di* pinard) vino.

narquois [naʀkwa] *agg.* canzonatorio, ironico.

narrateur [naʀatœʀ] *n.m.* [f. *-trice*] narratore.

narratif [naʀatif] *agg.* [f. *-ive*] narrativo.

narration [naʀasjɔ̃] *n.f.* **1** narrazione, racconto (*m.*) **2** (*a scuola*) componimento (*m.*), tema (*m.*).
● (*gramm.*) ***présent de narration***, presente storico.

narrer [naʀe] *v.tr.* narrare.

narthex [naʀtɛks] *n.m.* (*arch.*) nartece.

narval [naʀval] *n.m.* [pl. *-als*] (*zool.*) narvalo.

narvalo [naʀvalo] *agg.* e *n.m.* (*fam.*) pazzo, cretino.

nasal [nazal] *agg.* [pl. *-aux*] nasale (*anche fon.*): (*voyelle*) *nasale*, (vocale) nasale.

nasalisation [nazalizasjɔ̃] *n.f.* (*fon.*) nasalizzazione.

nasaliser [nazalize] *v.tr.* (*fon.*) nasalizzare.

naseau [nazo] *n.m.* [pl. *-eaux*] (*di animale*) narice (*f.*); (*di cavallo*) frogia (*f.*).

nasillard [nazijaʀ] *agg.* nasale.

nasillement [nazijmɑ̃] *n.m.* **1** il parlare col naso; il produrre suoni nasali **2** pronuncia (*f.*) nasale.

nasiller [nazije] *v.intr.* parlare col naso; produrre suoni nasali.

nasitort [nazitɔʀ] *n.m.* (*bot. pop.*) crescione inglese.

nasse [nas] *n.f.* (*pesca*) nassa; (*caccia*) bertuello (*m.*).
● ***tomber, finir dans la nasse***, (*fig.*) cadere nella rete.

natal [natal] *agg.* [pl. *-als*] natale: *pays natal*, paese natale, natio; *langue natale*, lingua materna.

nataliste [natalist] *agg.* demografico: *politique nataliste*, politica demografica.

natalité [natalite] *n.f.* natalità.

natation [natasjɔ̃] *n.f.* (*sport*) nuoto (*m.*): *faire de la natation*, praticare il nuoto.

natatoire [natatwaʀ] *agg.* natatorio.

natchaver, se [sənatʃave] *v.pron.intr.* (*fam.*) partire.

natif [natif] *agg.* [f. *-ive*] **1** nativo: *natif de Marseille*, nativo, originario di Marsiglia **2** innato, connaturato ♦ *n.m.* nativo.
■ AGG. SIN. **1** originaire.

nation [nasjɔ̃] *n.f.* nazione.

national [nasjɔnal] *agg.* [pl. *-aux*] **1** nazionale: *équipe nationale*, squadra nazionale **2** (*pol.*) nazionalista ♦ *n.m.pl.* (*di nazione*) (con)cittadini.
● (*route*) ***nationale***, (strada) statale.

nationalisation [nasjɔnalizɑsjɔ̃] *n.f.* nazionalizzazione; statalizzazione.

nationaliser [nasjɔnalize] *v.tr.* nazionalizzare; statalizzare.

nationalisme [nasjɔnalism] *n.m.* nazionalismo.

nationaliste [nasjɔnalist] *agg.* e *n.m.* e *f.* nazionalista.

nationalité [nasjɔnalite] *n.f.* nazionalità; cittadinanza.

NOTA I nomi di ***nationalité*** prendono la maiuscola, mentre gli aggettivi si scrivono con una minuscola:
Les Français apprécient beaucoup le cinéma italien.
I francesi apprezzano molto il cinema italiano.

national-socialisme [nasjɔnalsɔsjalism] *n.m.* (*solo sing.*) (*st.*) nazionalsocialismo.

national-socialiste [nasjɔnalsɔsjalist] *agg.* e *n.m.* e *f.* [f. *nationale-socialiste*, pl.m. *nationaux-socialistes*] (*st.*) nazionalsocialista.

nativement [nativmɑ̃] *avv.* di, per natura.

nativité [nativite] *n.f.* natività.

natte [nat] *n.f.* **1** treccia: *cheveux tressés en natte*, capelli raccolti in una treccia **2** stuoia; stoino (*m.*).
● (*Camerun*) ***compter les nattes***, contare le pecore, soffrire di insonnia.

natter [nate] *v.tr.* intrecciare: *natter ses cheveux, se natter les cheveux*, farsi le trecce.

naturalisation [natyʀalizasjɔ̃] *n.f.* **1** (*dir.*) naturalizzazione **2** (*biol.*) (*di pianta, animale*) acclimatazione **3** tassidermia, impagliatura di animali.

naturaliser [natyʀalize] *v.tr.* **1** (*dir.*) naturalizzare **2** (*biol.*) (*pianta, animale*) acclimatare **3** conservare con processo tassidermico.

naturalisme [natyʀalism] *n.m.* naturalismo.

naturaliste [natyʀalist] *n.m.* e *f.* **1** naturalista **2** tassidermista ♦ *agg.* naturalistico.

nature [natyʀ] *n.f.* **1** natura **2** (*di persona*) indole, natura, temperamento (*m.*): *céder à la nature*, seguire il proprio istinto **3** (*di cosa*) genere (*m.*), tipo (*m.*), natura: *objets de toute nature*, oggetti di ogni genere, di ogni sor-

N

ta ♦ *agg.invar.* (al) naturale: *grandeur nature*, grandezza naturale; *elle est très nature*, è molto naturale, semplice.
● ***nature morte***, natura morta | ***café nature***, caffè nero | ***c'est une nature***, ha temperamento | ***c'est une petite nature***, è cagionevole (di salute) | ***d'après nature***, dal vero | ***de nature à***, tale da | ***de sa, par nature***, di natura: *indolent de sa, par nature*, indolente di natura | ***disparaître dans la nature***, (*fam.*) sparire nel nulla | ***en pleine nature***, a contatto della natura: *vivre en pleine nature*, vivere a contatto della natura | ***que nature***, del naturale: *plus petit que nature*, più piccolo del naturale.

naturel [natyʀɛl] *agg.* [f. *-elle*] naturale: *il est naturel à l'homme d'être bon*, è proprio dell'uomo essere buono ♦ *n.m.* **1** naturalezza (*f.*) **2** natura (*f.*), indole (*f.*), temperamento: *il est d'un naturel jaloux*, è di temperamento geloso.
● ***au naturel***, al naturale.

naturellement [natyʀɛlmɑ̃] *avv.* **1** naturalmente, di natura **2** naturalmente, certo.

naturisme [natyʀism] *n.m.* naturismo.

naturiste [natyʀist] *agg.* e *n.m.* e *f.* naturista.

naufrage [nofʀaʒ] *n.m.* naufragio.

naufragé [nofʀaʒe] *agg.* naufragato ♦ *n.m.* naufrago.

naufrager [nofʀaʒe] *v.intr.* [coniug. come *manger*] (*letter.*) naufragare, fare naufragio.
■ SIN. faire naufrage.

naumachie [nomaʃi] *n.f.* naumachia.

nauplius [noplijys] *n.m.* (*zool.*) nauplio.

nauséabond [nozeabɔ̃] *agg.* nauseabondo, nauseante.

nausée [noze] *n.f.* nausea.

nauséeux [nozeø] *agg.* [f. *-euse*] nauseante.

nautique [notik] *agg.* nautico: *ski nautique*, sci nautico, sci d'acqua.

nautisme [notism] *n.m.* nautica (*f.*).

naval [naval] *agg.* [pl. *-als*] navale.
● ***École Navale***, (*in Francia*) Accademia Navale.

navarin [navaʀɛ̃] *n.m.* (*cuc.*) navarin (stufato di montone con rape e patate).

navarrais [navaʀɛ] *agg.* navarrese.

Navarrais *n.m.* (*abitante*) navarrese.

navet [navɛ] *n.m.* **1** rapa (*f.*) **2** (*spreg.*) pessimo film; opera (*f.*) d'arte scadente, crosta (*f.*).
● ***avoir du sang de navet***, (*fig.*) non aver sangue nelle vene.

navette[1] [navɛt] *n.f.* **1** navetta; spola **2** (*mezzo di trasporto*) navetta.
● ***navette spatiale***, navetta, navicella spaziale | ***faire la navette***, (*fig.*) fare la spola.

navette[2] *n.f.* (*bot.*) ravizzone (*m.*).

navetteur [navetœʀ] *n.m.* [f. *-euse*] pendolare.

navigabilité [navigabilite] *n.f.* navigabilità.

navigable [navigabl] *agg.* navigabile.

navigant [navigɑ̃] *agg.* navigante.

navigateur [navigatœʀ] *agg.* [f. *-trice*] marinaro ♦ *n.m.* **1** navigatore **2** (*mar., aer.*) ufficiale di rotta **3** (*aut.*) copilota **4** (*Internet*) navigatore in rete, internauta **5** (*Internet*) browser.

navigation [navigasjɔ̃] *n.f.* **1** navigazione **2** (*Internet*) navigazione in rete.
● (*aer.*) ***navigation aux instruments***, volo strumentale.

naviguer [navige] *v.intr.* **1** navigare **2** (*aer.*) volare **3** (*Internet*) navigare in rete.
● ***avoir navigué dans sa vie***, (*fig.*) essere navigato: *il a beaucoup navigué dans sa vie*, è un uomo molto navigato | ***savoir naviguer***, (*fig.*) essere in grado di barcamenarsi.

navire [naviʀ] *n.m.* nave (*f.*).
● ***navire à moteur, à turbines***, motonave, turbonave | ***navire-atelier, navire-usine***, nave officina | ***navire-citerne***, nave cisterna | ***navire-école***, nave scuola | ***navire-hôpital***, nave ospedale | ***navire marchand, de commerce***, nave mercantile.

navrant [navʀɑ̃] *agg.* **1** desolante, penoso, straziante **2** increscioso, spiacevole.

navré [navʀe] *agg.* desolato, addolorato: *je suis navré*, sono spiacente, mi dispiace.

navrer [navʀe] *v.tr.* rattristare, affliggere.

nawaque [nawak] *pron.indef.* (*verlan di* n'importe quoi) qualunque cosa.

nazairien [nazɛʀjɛ̃] *agg.* [f. *-enne*] di Saint-Nazaire.

nazaréen [nazaʀeɛ̃] *agg.* [f. *-enne*] nazareno.

nazi [nazi] *agg.* e *n.m.* e *f.* nazista.

nazi-fasciste [nazifasist] *agg.* e *n.m.* e *f.* [pl. *nazi-fascistes*] nazifascista.

nazisme [nazism] *n.m.* nazismo.

ne [nə] *avv.* [si apostrofa davanti a vocale o *h* muta] **1** (*negativo*) non: *il ne dîne pas à la maison*, non pranza a casa; *je n'ai pas parlé*, non ho parlato; *il a promis de ne pas parler*, ha promesso di non parlare **2** (*espletivo; generalmente non si traduce*): *je crains qu'il ne soit malade*, temo che sia ammalato; *c'est beaucoup mieux que je ne le pensais*, è molto meglio di quanto pensassi; *partez avant qu'il ne soit trop tard*, partite prima che sia troppo tardi.
● ***ne... que***, solo, soltanto, non... (altro) che: *je ne mange que des légumes*, mangio soltanto verdura, non mangio (altro) che verdura | ***ne... pas que***, non... solo, soltanto: *je ne mange pas que des légumes*, non mangio soltanto verdura.

N

> NOTA Con ***ne... pas*** si costruisce la forma negativa del verbo. Si usa ***ne*** da solo quando nella frase ci sono altre parole che hanno valore negativo come *plus, jamais, rien, personne* oppure quando è presente il *que* restrittivo, che ha valore di 'soltanto, solamente'.
> Nella lingua parlata, si tende ormai a eliminare la prima parte della negazione *ne* e a mantenere solo *pas* o altra forma negativa: *Je sais pas.* Non so. *Pleure pas!* Non piangere! *J'ai rien fait.* Non ho fatto niente.

né [ne] *p.p.* di **naître** ♦ *agg.* nato: *elle est une artiste née*, è un'artista nata.
● ***bien né***, di nobile nascita.

néanmoins [neɑ̃mwɛ̃] *avv.* e *cong.* nondimeno, tuttavia.

néant [neɑ̃] *n.m.* **1** nulla, niente: *signes particuliers: néant*, segni particolari: nessuno **2** (*fig.*) vuoto: *une sensation de néant*, un senso di vuoto.
● ***mettre, réduire à néant***, ridurre a niente; annientare.

nébuleuse [nebyløz] *n.f.* (*astr.*) nebulosa.

nébuleux [nebylø] *agg.* [f. *-euse*] **1** nebuloso (*anche fig.*) **2** nuvoloso.

nébulisation [nebylizasjɔ̃] *n.f.* nebulizzazione.

nébuliser [nebylize] *v.tr.* nebulizzare.

nébuliseur [nebylizœʀ] *n.m.* nebulizzatore.

nébulosité [nebylozite] *n.f.* nebulosità (*anche fig.*).

nécessaire [nesesɛʀ] *agg.* **1** necessario: *il est nécessaire de manger pour vivre*, è necessario mangiare per vi-

vere; *il est nécessaire que je vous voie*, è necessario che vi veda, ho bisogno di vedervi **2** inevitabile ♦ ***n.m.*** necessario: *le nécessaire pour écrire*, il necessario, l'occorrente per scrivere.
● ***nécessaire à ouvrage***, astuccio da lavoro | ***nécessaire de toilette***, servizio da toilette | ***nécessaire de voyage***, nécessaire da viaggio.

nécessairement [nesesɛʀmɑ̃] ***avv.*** necessariamente.

nécessité [nesesite] ***n.f.*** necessità, bisogno (*m.*).
● ***de toute nécessité***, molto necessario.
■ SIN. besoin.

nécessiter [nesesite] ***v.tr.*** **1** necessitare, rendere necessario **2** (*Africa*) sollecitare.

nécessiteux [nesesitø] ***agg.*** e ***n.m.*** [f. *-euse*] bisognoso.

nécr(o)- ***pref.*** necr(o)-.

nécrologe [nekʀɔlɔʒ] ***n.m.*** necrologio.

nécrologie [nekʀɔlɔʒi] ***n.f.*** necrologio (*m.*), necrologia.

nécrologique [nekʀɔlɔʒik] ***agg.*** necrologico.

nécromancie [nekʀɔmɑ̃si] ***n.f.*** negromanzia.

nécromancien [nekʀɔmɑ̃sjɛ̃] ***n.m.*** [f. *-enne*] negromante.

nécrophage [nekʀɔfaʒ] ***agg.*** (*zool.*) necrofago.

nécrophile [nekʀɔfil] ***n.m.*** e ***f.*** (*med.*) necrofilo/a.

nécrophilie [nekʀɔfili] ***n.f.*** (*med.*) necrofilia.

nécrophore [nekʀɔfɔʀ] ***n.m.*** (*zool.*) necroforo.

nécropole [nekʀɔpɔl] ***n.f.*** necropoli.

nécrose [nekʀoz] ***n.f.*** (*med.*) necrosi.

nécroser [nekʀoze] ***v.tr.*** (*med.*) necrotizzare ♦ **se nécroser** ***v.pron.*** necrotizzarsi.

N

nectaire [nɛktɛʀ] ***n.m.*** (*bot.*) nettario.

nectar [nɛktaʀ] ***n.m.*** nettare.

nectarine [nɛktaʀin] ***n.f.*** (*bot.*) pescanoce.

néerlandais [neɛʀlɑ̃dɛ] ***agg.*** olandese.

Néerlandais ***n.m.*** (*abitante*) olandese.

nef [nɛf] ***n.f.*** **1** (*arch.*) navata **2** (*letter.*) veliero (*m.*).

NOTA Nel Medioevo, una ***nef*** (veliero) recante il motto latino *fluctuat nec mergitur* (è in preda ai flutti ma non affonda) era l'insegna dei battellieri della Senna, riuniti nella potente corporazione dei *marchands de l'eau*. Il loro *prévôt* fu posto dal re Luigi IX a capo della municipalità e, da allora, è questo l'emblema della città di Parigi.

néfaste [nefast] ***agg.*** nefasto, funesto.

nèfle [nɛfl] ***n.f.*** (*bot.*) nespola.
● ***des nèfles!***, (*molto fam.*) col cavolo!, un corno!

néflier [neflije] ***n.m.*** (*bot.*) nespolo.

négateur [negatœʀ] ***agg.*** e ***n.m.*** [f. *-trice*] negatore.

négatif [negatif] ***agg.*** [f. *-ive*] negativo ♦ ***n.m.*** (*fot.*) negativa (*f.*), negativo.

négation [negasjɔ̃] ***n.f.*** negazione.

négative [negativ] ***n.f.*** negativa.
● ***dans la négative***, in caso negativo | ***par la négative***, negativamente: *il a répondu par la négative*, ha risposto negativamente | ***sur la négative***, sulla negativa.

négativement [negativmɑ̃] ***avv.*** negativamente.

négativité [negativite] ***n.f.*** negatività.

négligé [negliʒe] ***agg.*** trascurato: *style négligé*, stile sciatto ♦ ***n.m.*** **1** trascuratezza (*f.*), sciatteria (*f.*) **2** (*abbigl.*) négligé (leggera vestaglia femminile).
■ AGG. CONTR. soigné.

négligeable [negliʒabl] ***agg.*** trascurabile.

négligemment [negliʒamɑ̃] ***avv.*** negligentemente.

négligence [negliʒɑ̃s] ***n.f.*** **1** negligenza **2** svogliatezza **3** sciatteria, incuria.
● (*dir.*) ***homicide par négligence***, omicidio colposo.

négligent [negliʒɑ̃] ***agg.*** negligente: *un coup d'œil négligent*, un'occhiata distratta.

négliger [negliʒe] ***v.tr.*** [coniug. come *manger*] trascurare: *il a négligé mes avertissements*, non ha tenuto conto dei miei avvertimenti ♦ **se négliger** ***v.pron.*** trascurarsi.

négoce [negɔs] ***n.m.*** (*letter.*) **1** commercio **2** negozio, affare.

FAUX AMI
Da non confondere con *negozio*, che si traduce *magasin*.

négociable [negɔsjabl] ***agg.*** negoziabile: *prix négociable*, prezzo contrattabile.

négociant [negɔsjɑ̃] ***n.m.*** negoziante, commerciante (all'ingrosso).
■ SIN. commerçant, marchand.

négociateur [negɔsjatœʀ] ***n.m.*** [f. *-trice*] negoziatore.
● ***négociateur d'affaires***, intermediario d'affari.

négociation [negɔsjasjɔ̃] ***n.f.*** negoziato (*m.*), negoziazione, contrattazione: *négociation d'un emprunt*, negoziazione di un prestito; *négociation d'un accord*, contrattazione di un accordo.

négocier [negɔsje] ***v.tr.*** e ***intr.*** negoziare, contrattare: *négocier une lettre de change*, negoziare una cambiale.

nègre [nɛgʀ] ***agg.*** negro, nero: *art, musique nègre*, arte, musica nera ♦ ***n.m.*** (*spreg.*) negro.
● (*inform.*) ***nègre carnetier***, ghost-blogger, negro | ***petit nègre***, francese semplificato e storpiato: *parler petit nègre*, storpiare il francese | ***tête de nègre***, (color) testa di moro | ***un combat de nègres dans un tunnel***, (*fam.*) buio pesto; (*estens.*) situazione molto complessa, intricata.

négresse [negʀɛs] ***n.f.*** (*spreg.*) nera, negra.

négrier [negʀije] ***agg.*** [f. *-ère*] negriero ♦ ***n.m.*** **1** negriero **2** (*mar.*) nave (*f.*) negriera.

négrillon [negʀijɔ̃] ***n.m.*** [f. *-onne*] negretto.

négritude [negʀityd] ***n.f.*** negritudine.

NOTA La ***négritude*** sintetizza il complesso dei valori della tradizione culturale nera nelle sue diverse affermazioni, espressioni e rivendicazioni, in contrapposizione alla civiltà dei bianchi. Il termine fu introdotto dal senegalese (poi presidente del suo Paese) L. Sédar Senghor (1906-2001) e dal martinicano A. Césaire (1913) e venne reso popolare dallo scrittore J.-P. Sartre, che cercò di analizzare l'essenza della spiritualità nera.

négro [negʀo] ***agg.*** e ***n.m.*** (*spreg.*) negro.

négroïde [negʀɔid] ***agg.*** e ***n.m.*** e ***f.*** negroide.

negro-spiritual [negʀospiʀitɥol] ***n.m.*** [pl. *negro-spirituals*] (*mus.*) spiritual.

neige [nɛʒ] ***n.f.*** **1** neve: *fonte des neiges*, disgelo **2** (*argot*) neve, cocaina.
● ***neige artificielle***, neve artificiale | ***neige fraîche, poudreuse***, neve fresca, farinosa | ***classe de neige***, settimana bianca per le scuole | ***le temps est à la neige***, c'è aria di neve | (*cuc.*) ***œufs à la, en neige***, albume montato a neve | ***pneu neige***, pneumatico da neve.

neiger [neʒe] ***v.intr.impers.*** [coniug. come *manger*] nevicare: *il a neigé toute la nuit*, è nevicato tutta la notte.

neigeux [nɛʒø] ***agg.*** [f. *-euse*] nevoso.

néné [nene] ***n.m.*** (*molto fam.*) tetta (*f.*), poppa (*f.*).
nénette [nenɛt] ***n.f.*** (*fam.*) **1** testa, zucca **2** ragazza.
● ***se casser la nénette***, spremersi le meningi.
nenni [neni] ***avv.*** (*antiq.*) no.
nénuphar [nenyfaʀ] ***n.m.*** (*bot.*) nenufaro.
● ***nénuphar blanc***, ninfea.
néo- ***pref.*** neo-.
néocalédonien [neɔkaledɔnjɛ̃] ***agg.*** [f. *-enne*] neocaledone.
Néocalédonien ***n.m.*** [f. *-enne*] (*abitante*) neocaledone.
néoclassicisme [neɔklasisism] ***n.m.*** neoclassicismo.
néoclassique [neɔklasik] ***agg.*** neoclassico.
néocolonialisme [neɔkɔlɔnjalism] ***n.m.*** neocolonialismo.
néofasciste [neɔfasist] ***agg.*** e ***n.m.*** e ***f.*** neofascista.
néogothique [neɔgɔtik] ***agg.*** e ***n.m.*** (*arch.*) neogotico.
néogrec [neɔgʀɛk] ***agg.*** [f. *néogrecque*] neogreco, neoellenico.
néolatin [neɔlatɛ̃] ***agg.*** neolatino.
néolibéralisme [neɔlibeʀalism] ***n.m.*** (*econ.*) neoliberalismo.
néolithique [neɔlitik] ***agg.*** e ***n.m.*** neolitico.
néologisme [neɔlɔʒism] ***n.m.*** (*ling.*) neologismo.
néon [neɔ̃] ***n.m.*** **1** (*chim.*) neon **2** (lampada al) neon.
néonatal [neɔnatal] ***agg.*** [pl. *-als*] neonatale.
néonazi [neɔnazi] ***agg.*** e ***n.m.*** e ***f.*** neonazista.
néophyte [neɔfit] ***agg.*** da neofita ♦ ***n.m.*** e ***f.*** neofita.
néoplasie [neɔplazi] ***n.f.*** (*med.*) neoplasia.
néoréalisme [neɔʀealism] ***n.m.*** (*arte, cine.*) neorealismo.
néoréaliste [neɔʀealist] ***agg.*** e ***n.m.*** e ***f.*** (*arte, cine.*) neorealista.
néo-zélandais [neɔzelɑ̃dɛ] ***agg.*** [pl.m. *invar.*] neozelandese.
Néo-Zélandais ***n.m.*** (*abitante*) neozelandese.
népalais [nepalɛ] ***agg.*** nepalese ♦ ***n.m.*** (*lingua*) nepalese.
Népalais ***n.m.*** (*abitante*) nepalese.
néphéline [nefelin] ***n.f.*** nefelina.
néphrétique [nefʀetik] ***agg.*** nefritico, renale.
néphrite [nefʀit] ***n.f.*** (*med.*) nefrite.
néphr(o)- ***pref.*** nefr(o)-.
néphrologie [nefʀɔlɔʒi] ***n.f.*** (*med.*) nefrologia.
néphrologue [nefʀɔlɔg] ***n.m.*** e ***f.*** (*med.*) nefrologo/a.
néphropathie [nefʀɔpati] ***n.f.*** (*med.*) nefropatia.
népotisme [nepɔtism] ***n.m.*** nepotismo.
néréide [neʀeid] ***n.f.*** (*zool.*) nereis, nereide.
nerf [nɛʀ] ***n.m.*** **1** (*anat.*) nervo **2** (*fig.*) nerbo, energia (*f.*): *ce coureur a du nerf*, questo corridore è scattante **3** (*anat. pop.*) nervo, tendine: *se froisser un nerf*, stirarsi un nervo.
● ***nerf de bœuf***, staffile | ***avoir des nerfs à toute épreuve***, avere nervi d'acciaio | ***avoir ses nerfs, avoir les nerfs en boule*** (o ***en pelote***), avere i nervi | ***être à bout de nerfs***, avere i nervi a pezzi | ***manquer de nerf***, non aver polso | ***passer ses nerfs sur qqch, qqn***, sfogarsi, scaricare i nervi su qlco, qlcu | ***porter, donner, taper sur les nerfs***, dare ai nervi, far venire i nervi | ***vivre sur ses nerfs***, andare avanti a forza di nervi.
nerfé [nɛʀfe] ***agg.*** (*Canada*) grintoso.
nerprun [nɛʀpʀœ̃] ***n.m.*** (*bot.*) ramno, spincervino.
nervation [nɛʀvasjɔ̃] ***n.f.*** (*bot.*) nervatura.
nerveusement [nɛʀvøzmɑ̃] ***avv.*** nervosamente.
nerveux [nɛʀvø] ***agg.*** [f. *-euse*] **1** nervoso: *rendre nerveux*, innervosire **2** nervoso, scattante: *voiture nerveuse*, automobile scattante.
● (*anat.*) ***système nerveux***, sistema nervoso.
nervi [nɛʀvi] ***n.m.*** (*fam.*) scagnozzo; sicario.
nervin [nɛʀvɛ̃] ***agg.*** (*chim.*) nervino.
nervosisme [nɛʀvozism] ***n.m.*** nervosismo.
nervosité [nɛʀvozite] ***n.f.*** nervosismo (*m.*).
nervure [nɛʀvyʀ] ***n.f.*** nervatura.
● (*arch.*) ***nervure de voûte***, costolone di volta.
nesbi [nɛsbi] ***n.m.*** (*verlan di* business) affare.
n'est-ce pas [nɛspɑ] ***avv.*** vero, non è vero: *il est arrivé à l'heure, n'est-ce pas?*, è arrivato in orario, vero?; *il partira, n'est-ce pas?*, partirà, non è vero?; *n'est-ce pas que j'ai raison?*, non ho forse ragione? | *la question, n'est-ce pas, reste ouverte*, la questione, naturalmente, rimane aperta.
net [nɛt] ***agg.*** [f. *nette*] **1** pulito, netto (*anche fig.*): *réputation bien nette*, reputazione senza macchia **2** distinto, netto, chiaro: *écriture, voix nette*, scrittura, voce nitida **3** (*comm.*) netto: *poids net*, peso netto ♦ ***avv.*** **1** netto, di netto **2** di botto, di colpo: *la balle l'a tué net*, il proiettile l'ha ucciso sul colpo **3** chiaramente, francamente: *refuser (tout) net*, rifiutare recisamente.
● (*comm.*) ***net d'impôt***, al netto, esente da imposta | ***au net***, in bella copia: *copie au net*, bella copia | ***en avoir le cœur net***, (*fig.*) andare fino in fondo: *je veux en avoir le cœur net*, voglio vederci chiaro | ***pour trancher net***, per tagliar corto.
Net ***n.m.*** (*inform.*) rete (*f.*).
netcam [nɛtkam] ***n.f.*** (*inform.*) webcam.
net-éthique [nɛtetik] ***n.f.*** [pl. *net-éthiques*] (*inform.*) etica della Rete.
nétiquette [netikɛt] ***n.f.*** (*Internet*) netiquette, etichetta di rete.
nettement [nɛtmɑ̃] ***avv.*** **1** nettamente, chiaramente **2** nettamente, decisamente.
netteté [nɛtte] ***n.f.*** **1** pulizia, nettezza, nitidezza **2** (*fig.*) chiarezza.
● ***netteté d'esprit***, lucidità di mente.
nettoyage [netwajaʒ] ***n.m.*** **1** pulizia (*f.*), pulitura (*f.*) **2** (*mil.*) rastrellamento.
● ***nettoyage à la vapeur***, lavaggio a vapore | ***nettoyage à sec***, lavaggio a secco | (*inform.*) ***nettoyage de données***, pulitura dati | ***nettoyage ethnique***, pulizia etnica | ***service de nettoyage***, impresa di pulizia.
nettoyant [netwajɑ̃] ***n.m.*** prodotto per la pulizia.
nettoyer [netwaje] ***v.tr.*** [coniug. come *employer*] **1** pulire: *nettoyer les meubles*, pulire i mobili; *nettoyer le blé*, mondare il grano; *le vent a nettoyé le ciel*, il vento ha spazzato il cielo **2** (*fig.*) ripulire **3** (*mil.*) rastrellare **4** (*molto fam.*) uccidere, liquidare.
nettoyeur [netwajœʀ] ***n.m.*** **1** [f. *-euse*] pulitore, ripulitore **2** (*Canada*) lavanderia (*f.*).
neuf[1] [nœf] ***agg.num.card.*** e ***n.m.invar.*** nove ♦ ***agg.num. ord.invar.*** (*di re, papi, capitoli ecc.*) nono | *chapitre neuf*, capitolo nono | (*st.*) *Louis neuf*, Luigi IX.
● (*mat.*) ***preuve par neuf***, prova del nove.
neuf[2] ***agg.*** [f. *neuve*] **1** nuovo **2** nuovo, inesperto: *neuf dans le métier*, nuovo del mestiere **3** puro, integro, genuino: *un esprit neuf*, una mente integra ♦ ***n.m.*** nuovo:

N

vendre du neuf et de l'occasion, vendere oggetti nuovi e d'occasione.
● ***flambant neuf***, nuovo fiammante | ***quoi de neuf?***, (*fam.*) novità? | ***refaire, remettre à neuf***, (*appartamento ecc.*) ristrutturare.
■ *AGG.* SIN. **1** nouveau, moderne CONTR. **1** vieux.

NOTA ***Neuf*** o ***nouveau***?
Le due parole traducono l'italiano 'nuovo', ma con significato diverso.
Nouveau fa riferimento alla cosa più recente di una serie, mentre ***neuf*** è una qualità dell'oggetto stesso:
J'ai une nouvelle voiture significa che mi sono comprato una nuova, un'altra macchina, anche se si tratta di un modello di seconda mano. Se la macchina è invece veramente nuova, si dirà: *J'ai acheté une voiture neuve.*
Tu veux voir mon nouvel appartement?
Vuoi vedere la mia nuova casa?
Je préfère acheter un appartement neuf.
Preferisco comprare un appartamento nuovo.

neujeu [nəʒø] *n.m.* (*verlan di* jeune) giovane.
neuneu [nønø] *n.m.* stupido.
neurasthénie [nøʀasteni] *n.f.* (*med.*) nevrastenia.
● ***faire de la neurasthénie***, (*fam.*) essere depresso.
neurasthénique [nøʀastenik] *agg.* e *n.m.* e *f.* (*med.*) nevrastenico/a.
neur(o)- *pref.* neur(o)-, nevr(o)-.
neurobiologie [nøʀɔbjɔlɔʒi] *n.f.* neurobiologia.
neurochirurgie [nøʀɔʃiʀyʀʒi] *n.f.* neurochirurgia.
neurochirurgien [nøʀɔʃiʀyʀʒjɛ̃] *n.m.* [f. *-enne*] neurochirurgo.
neurodépresseur [nøʀodepʀesœʀ] *n.m.* (*med.*) neurodepressore.
neuroleptique [nøʀɔlɛptik] *n.m.* psicofarmaco.
neurologie [nøʀɔlɔʒi] *n.f.* neurologia.
neurologique [nøʀɔlɔʒik] *agg.* neurologico.
neurologue [nøʀɔlɔg] *n.m.* e *f.* neurologo/a.
neurone [nøʀɔn] *n.m.* (*biol.*) neurone.
neuropathie [nøʀɔpati] *n.f.* (*med.*) neuropatia.
neuropsychiatre [nøʀɔpsikjatʀ] *n.m.* e *f.* neuropsichiatra.
neuropsychiatrie [nøʀɔpsikjatʀi] *n.f.* neuropsichiatria.
neurotransmetteur [nøʀɔtʀɑ̃smɛtœʀ] *n.m.* (*biol.*) neurotrasmettitore.
neurovégétatif [nøʀɔveʒetatif] *agg.* [f. *-ive*] neurovegetativo.
neuthu [nøty] *n.f.* (*verlan di* thune) grana, lira, soldo (*m.*).
neutralisation [nøtʀalizasjɔ̃] *n.f.* neutralizzazione.
● (*ind.*) ***neutralisation de fumées***, abbattimento fumi.
neutraliser [nøtʀalize] *v.tr.* **1** neutralizzare **2** (*pitt.*) attenuare: *neutraliser un vert trop vif*, attenuare un verde troppo intenso **3** (*su rete stradale, ferroviaria*) interrompere temporaneamente il traffico.
neutralisme [nøtʀalism] *n.m.* neutralismo.
neutraliste [nøtʀalist] *agg.* e *n.m.* e *f.* neutralista.
neutralité [nøtʀalite] *n.f.* neutralità.
neutre [nøtʀ] *agg.* **1** neutro **2** neutrale, imparziale **3** (*fig.*) scialbo, opaco, incolore ♦ *n.m.* **1** (*gramm.*) neutro **2** (*pl.*) stati neutrali.
neutrino [nøtʀino] *n.m.* (*fis.*) neutrino.
neutron [nøtʀɔ̃] *n.m.* (*fis.*) neutrone.
neuvaine [nœvɛn] *n.f.* novena.
neuvième [nœvjɛm] *agg.num.ord.* e *n.m.* e *f.* nono/a ♦ *n.f.* (*nell'ordinamento scolastico francese*) classe corrispondente alla terza elementare | (*classe de*) *neuvième*, terza elementare.
neuvièmement [nœvjɛmmɑ̃] *avv.* in nono luogo.
névé [neve] *n.m.* nevato, nevaio.

FAUX AMI
Da non confondere con *neve*, che si traduce *neige*.

neversois [nəvɛʀswa] *agg.* di Nevers.
neveu [nəvø] *n.m.* [pl. *-eux*] nipote (di zio).
névralgie [nevʀalʒi] *n.f.* (*med.*) nevralgia.
névralgique [nevʀalʒik] *agg.* nevralgico.
névrite [nevʀit] *n.f.* (*med.*) nevrite, neurite.
névr(o)- *pref.* → **neur(o)-**.
névropathe [nevʀɔpat] *agg.* e *n.m.* e *f.* (*med.*) nevropatico/a, neuropatico/a.
névropathie [nevʀɔpati] *n.f.* (*med.*) neuropatia.
névrose [nevʀoz] *n.f.* (*med.*) nevrosi, neurosi.
névrosé [nevʀoze] *agg.* e *n.m.* (*med.*) nevrotico.
névrotique [nevʀɔtik] *agg.* (*med.*) nevrotico.
newbie [njubi] *n.m.* (*inform.*) newbie, niubbo.
newsletter [njuzlɛtœʀ] *n.f.* (*Internet*) newsletter.
news (magazine) [njuz(magazin)] *n.m.* (*fam.*) telegiornale.
new-yorkais [nujɔʀkɛ] *agg.* [f. *new-yorkaise*, pl.m. *invar.*] newyorkese, nuovaiorchese.
New-Yorkais *n.m.* [f. *new-yorkaise*, pl.m. *invar.*] (*abitante*) newyorkese, nuovaiorchese.
nez [ne] *n.m.* **1** naso **2** fiuto, intuito: *avoir du nez*, aver naso, fiuto **3** muso, testata (*f.*): *le nez d'un avion*, il muso di un aereo.
● ***nez en trompette***, naso all'insù | ***à plein nez***, molto forte, da togliere il fiato: *il sentait le vin à plein nez*, puzzava di vino da togliere il fiato | ***avoir qqn dans le nez***, (*fam.*) avercela con qlcu | ***avoir un verre dans le nez***, (*fam.*) essere brillo | ***ça te pend au nez***, (*fam.*) vedrai cosa ti succederà | ***faire un pied de nez à qqn***, fare marameo a qlcu | ***fermer la porte au nez***, chiudere la porta in faccia | ***il n'a jamais mis le nez dans un livre***, non ha mai aperto un libro | ***ne pas lever le nez de (dessus) ses livres***, non alzare gli occhi dai libri | ***ne pas voir plus loin que le bout de son nez***, non vedere più in là del proprio naso | ***parler du nez***, parlare nel, col naso | ***passer le bout du nez***, far capolino | (*aer.*) ***piquer du nez***, eseguire una picchiata | ***rire au nez de qqn***, ridere in faccia a qlcu | ***se trouver nez à nez avec qqn***, trovarsi faccia a faccia con qlcu | ***se voir comme le nez au milieu de la figure***, vedersi lontano un miglio.
nez-en-l'air [neɑ̃lɛʀ] *n.m.invar.* (*Svizzera*) distratto.
ni [ni] *cong.* né: *je ne bois ni bière ni vin*, non bevo né birra né vino; *je ne l'aime ni ne l'estime*, non lo amo né lo stimo; (*ni*) *le pouvoir ni la richesse ne sont éternels*, né il potere né la ricchezza sono eterni.
● ***ni même***, neanche, neppure, nemmeno.
niable [njabl] *agg.* negabile, che si può negare.
niac [njak] *n.m.* (*fam. spreg.*) persona (*f.*) di origine asiatica.
niais [njɛ] *agg.* e *n.m.* sciocco, sempliciotto.
● ***faire le niais***, fare il finto tonto.
■ *AGG.* SIN. simple, naïf CONTR. habile, rusé.
niaisement [njɛzmɑ̃] *avv.* scioccamente.

N

niaiser [njeze] *v.intr.* (*Canada*) **1** perdere tempo **2** dire stupidaggini.

niaiserie [njɛzʀi] *n.f.* sciocchezza, stupidaggine.

niaque [ɲak] *n.f.* volontà, forza di spirito: *il a la niaque*, è grintoso.

nibard [nibaʀ] *n.m.* (*molto fam.*) tetta (*f.*), seno: *elle a de gros nibards*, ha delle grosse tette.

nicaraguayen [nikaʀagwajɛ̃] *agg.* [f. *-enne*] nicaraguense, nicaraguegno.

Nicaraguayen *n.m.* [f. *-enne*] (*abitante*) nicaraguense, nicaraguegno.

niche[1] [niʃ] *n.f.* **1** nicchia **2** canile (*m.*) **3** (*tecn.*) alloggiamento (*m.*).
● ***niche écologique***, nicchia ecologica | ***à la niche!***, a cuccia!

niche[2] *n.f.* (*fam.*) scherzo (*m.*).

nichée [niʃe] *n.f.* covata; nidiata.

nicher [niʃe] *v.intr.* **1** nidificare **2** (*fig. fam.*) abitare ♦ *v.tr.* (ri)porre (in una nicchia) ♦ **se nicher** *v.pron.intr.* annidarsi; cacciarsi; nascondersi: *où est-il-allé se nicher?*, dove s'è cacciato?

nichon [niʃɔ̃] *n.m.* (*fam.*) tetta (*f.*), poppa (*f.*).

nickel [nikɛl] *n.m.* nichel, nichelio ♦ *agg.invar.* **1** (*fam.*) lucidissimo, in perfetto ordine: *c'est nickel chez toi*, la tua casa è uno specchio **2** perfetto: *c'est du travail nickel*, è un lavoro perfetto **3** pulito, onesto: *il est nickel, mon pote*, è pulito il mio compagno.

nickelé [nikle] *agg.* nichelato.
● ***avoir les pieds nickelés***, (*fam.*) essere uno scansafatiche.

nickeler [nikle] *v.tr.* [coniug. come *appeler*] nichelare.

niçois [niswa] *agg.* nizzardo.

Niçois *n.m.* (*abitante*) nizzardo.

nicotine [nikɔtin] *n.f.* nicotina.

nid [ni] *n.m.* **1** nido (*anche fig.*): *faire son nid*, fare il nido **2** (*fig.*) covo: *nid de voyous*, covo di teppisti **3** nidiata (*f.*).
● ***nid à poussière***, ricettacolo di polvere | ***nid à rats***, topaia, stamberga | ***en nid d'abeilles***, a nido d'ape.

nidation [nidasjɔ̃] *n.f.* (*biol.*) annidamento (*m.*).

nid-de-poule [nidpul] *n.m.* [pl. *nids-de-poule*] piccolo avvallamento stradale, buca (*f.*).

nidification [nidifikasjɔ̃] *n.f.* nidificazione.

nidifier [nidifje] *v.intr.* nidificare.

nièce [njɛs] *n.f.* nipote (di zio).

niellage [njɛlaʒ] *n.m.* niellatura (*f.*).

nielle[1] [njɛl] *n.f.* (*agr.*) golpe, volpe, carie del grano.

nielle[2] *n.m.* (*oreficeria*) niello.

nieller[1] [njele] *v.tr.* (*agr.*) (*grano*) volpare, cariare.

nieller[2] *v.tr.* (*oreficeria*) niellare.

nième [njɛm] *agg.* ennesimo.

nier [nje] *v.tr.* negare: *l'enfant nie qu'il a menti*, il bambino nega di aver mentito; *il nie être sorti avant l'heure*, nega di essere uscito in anticipo.

niflet [niflɛ] *n.m.* (*Svizzera*) naso.

nigaud [nigo] *agg.* tonto ♦ *n.m.* sciocco, babbeo.

nigérian [niʒeʀjɑ̃] *agg.* nigeriano (della Nigeria).

Nigérian *n.m.* (*abitante*) nigeriano (della Nigeria).

nigérien [niʒeʀjɛ̃] *agg.* [f. *-enne*] nigerino (del Niger).

Nigérien *n.m.* [f. *-enne*] (*abitante*) nigerino (del Niger).

nihilisme [niilism] *n.m.* nichilismo.

nihiliste [niilist] *agg.* e *n.m.* e *f.* nichilista.

nimbe [nɛ̃b] *n.m.* nimbo.

nimber [nɛ̃be] *v.tr.* aureolare.

nimbo-stratus [nɛ̃bɔstʀatys] *n.m.invar.* (*meteor.*) nembo-strati (*pl.*).

nimbus [nɛ̃bys] *n.m.* (*meteor.*) nembo.

nîmois [nimwa] *agg.* di Nîmes.

n'importe comment, **n'importe où**, **n'importe quand** *avv.* → **importer**[2].

n'importe lequel, **n'importe quel**, **n'importe qui**, **n'importe quoi** *pron.indef.* → **importer**[2].

nion [ɲɔ̃] *n.m.* (*Svizzera*) pane alle noci.

nipper [nipe] *v.tr.* (*fam.*) vestire ♦ **se nipper** *v.pron.* (*fam.*) vestirsi.

nippes [nip] *n.f.pl.* panni (*m.*); (*fam.*) vestiti (*m.*) (spec. usati): *prends tes nippes et va-t'en!*, prendi i tuoi stracci e vattene!

nippon [nipɔ̃] *agg.* [f. *-onne* o *-one*] nipponico, giapponese.

Nippon *n.m.* [f. *-onne* o *-one*] (*abitante*) nipponico, giapponese.

nique [nik] *n.f.*
● ***faire la nique***, fare uno sberleffo.

niquer [nike] *v.tr.* (*volg.*) **1** avere rapporti sessuali (**con**), scopare **2** avere la meglio (**su**), far fuori: *en finale, on va les niquer*, nella finale, li faremo fuori **3** ingannare, fregare **4** fracassare, rovinare.

nirvana [niʀvana] *n.m.* nirvana.

nitouche [nituʃ] *n.f.*
● ***sainte nitouche***, santarellina, madonnina infilzata.

nitrate [nitʀat] *n.m.* (*chim.*) nitrato.

nitre [nitʀ] *n.m.* (*chim.*) nitro, salnitro.

nitreux [nitʀø] *agg.* [f. *-euse*] (*chim.*) nitroso.

nitrique [nitʀik] *agg.* (*chim.*) nitrico.

nitro- *pref.* nitro-.

nitrobenzène [nitʀɔbɛ̃zɛn] *n.m.* (*chim.*) nitrobenzene.

nitrocellulose [nitʀɔsɛlyloz] *n.f.* (*chim.*) nitrocellulosa.

nitroglycérine [nitʀɔgliseʀin] *n.f.* (*chim.*) nitroglicerina.

nival [nival] *agg.* [pl. *-aux*] nivale.

niveau [nivo] *n.m.* [pl. *-eaux*] **1** livello (*anche fig.*); altezza (*f.*) **2** (*di palazzo*) piano **3** (*strumento*) livella (*f.*).
● ***niveau à bulle***, livella a bolla | (*aut.*) ***niveau d'essence***, indicatore, spia di livello della benzina | ***niveau de vie***, livello, tenore di vita | ***niveau du sol***, livello del terreno | ***au-dessus du niveau de la mer***, sul (livello del) mare | ***au niveau de***, a livello di | ***de***, ***à même niveau***, dello, allo stesso livello | ***il n'est pas au niveau***, non è all'altezza | (*ferr.*) ***passage à niveau***, passaggio a livello.

nivelage [nivlaʒ] *n.m.* livellamento.

niveler [nivle] *v.tr.* [coniug. come *appeler*] livellare, pareggiare (*anche fig.*).
■ SIN. égaliser, aplanir.

niveleur [nivlœʀ] *agg.* e *n.m.* [f. *-euse*] livellatore.

niveleuse [nivløz] *n.f.* (*mecc.*) livellatrice.

nivellement [nivɛlmɑ̃] *n.m.* **1** livellamento **2** (*topografia*) livellazione (*f.*).

nivernais [nivɛʀnɛ] *agg.* di Nevers.

nivôse [nivoz] *n.m.* (*st.*) nevoso (quarto mese del calendario rivoluzionario, dal 21-22 dicembre al 20-21 gennaio).

N

nobiliaire [nɔbiljɛʀ] ***agg.*** nobiliare.

noble [nɔbl] ***agg.*** e ***n.m.*** e ***f.*** nobile.

noblement [nɔbləmɑ̃] ***avv.*** nobilmente, con nobiltà.

noblesse [nɔblɛs] ***n.f.*** nobiltà.

● ***noblesse d'Empire***, nobiltà napoleonica | (*st.*) ***noblesse d'épée, de robe***, nobiltà di spada, di toga | ***noblesse d'extraction***, nobiltà di antica origine | ***lettre de noblesse***, (*st. fr.*) patente di nobiltà (conferita dal sovrano); (*fig.*) consacrazione ufficiale | ***petite noblesse***, piccola nobiltà.

nobliau [nɔblijo] ***n.m.*** [pl. *-aux*] (*spreg.*) nobiluccio.

noce [nɔs] ***n.f.*** **1** festa di nozze **2** (*pl.*) nozze.

● ***noces d'argent, d'or***, nozze d'argento, d'oro | ***faire la noce***, (*fig. fam.*) gozzovigliare | ***ne pas être à la noce***, (*fig. fam.*) trovarsi in un brutto frangente | ***robe de noce(s)***, abito da sposa.

■ SIN. **1** mariage.

FAUX AMI
Da non confondere con l'italiano *noce*, che si traduce *noyer* (albero e legno) o *noix* (frutto).

noceur [nɔsœʀ] ***n.m.*** [f. *-euse*] (*fam.*) festaiolo.

nocher [nɔʃe] ***n.m.*** (*letter.*) nocchiere.

nocif [nɔsif] ***agg.*** [f. *-ive*] nocivo; dannoso.

nocivité [nɔsivite] ***n.f.*** nocività.

noctambule [nɔktɑ̃byl] ***agg.*** e ***n.m.*** e ***f.*** nottambulo/a.

noctuelle [nɔktɥɛl] ***n.f.*** (*zool.*) nottua.

noctule [nɔktyl] ***n.f.*** (*zool.*) nottola.

nocturne [nɔktyʀn] ***agg.*** notturno ♦ ***n.m.*** **1** (*mus.*) notturno **2** (*zool.*) uccello notturno ♦ ***n.m.*** e ***f.*** **1** (*sport*) notturna (*f.*) **2** (*comm.*) apertura (*f.*) serale, notturna dei negozi.

● ***bruits et tapages nocturnes***, schiamazzi notturni | ***en nocturne***, in orario notturno.

nodal [nɔdal] ***agg.*** [pl. *-aux*] nodale.

nodosité [nɔdozite] ***n.f.*** nodosità.

nodulaire [nɔdylɛʀ] ***agg.*** (*scient.*) nodoso.

nodule [nɔdyl] ***n.m.*** (*geol., anat.*) nodulo.

noduleux [nɔdylø] ***agg.*** [f. *-euse*] **1** noduloso **2** a forma di nodulo.

noël [nɔɛl] ***n.m.*** **1** canto, musica (*f.*) di Natale **2** regalo di Natale.

Noël ***n.m.*** Natale ♦ ***n.f.*** (il giorno di) Natale (*m.*): *fêter la Noël*, festeggiare il Natale.

● ***à la Noël***, a Natale | ***croire au père Noël***, (*fig.*) credere che gli asini volano | ***joyeux Noël!***, buon Natale! | ***le père Noël***, Babbo Natale.

nœud [nø] ***n.m.*** **1** nodo **2** (*mar.*) nodo **3** nodo (miglio marino all'ora) **4** (*fig.*) nodo; nocciolo.

● ***nœud de cravate***, nodo della cravatta | ***nœud de vipères***, groviglio di vipere | ***avoir un nœud dans la gorge***, avere un groppo, un nodo in gola | ***le nœud de la question***, il nocciolo, il nodo del problema | ***le nœud du mariage***, il vincolo matrimoniale | ***sac de nœuds***, imbroglio: *cette affaire, c'est un vrai sac de nœuds*, questo affare è un vero imbroglio | ***trouver le nœud de la question***, trovare il bandolo della matassa.

noir [nwaʀ] ***agg.*** **1** nero **2** nero, buio; oscuro **3** (*fig.*) nero, malinconico **4** (*fig.*) nero, malvagio: *une noire calomnie*, un'orrenda calunnia ♦ ***n.m.*** **1** nero: *être en noir, porter du noir*, vestire di nero **2** buio, oscurità (*f.*) **3** (*fig.*) tristezza (*f.*); malinconia (*f.*) **4** nero; (*spreg.*) schiavo negro; domestico nero **5** (*agr.*) nerume, carbonchio **6** (*fam.*) caffè nero.

● ***noir de fumée***, nerofumo | (*fot.*) ***noir et blanc***, bianco e nero | (*fot.*) ***chambre noire***, camera oscura | ***être dans le noir le plus complet***, essere completamente all'oscuro | ***être noir***, (*fam.*) essere ubriaco fradicio | ***il faisait nuit noire***, era buio pesto | ***jeter un regard noir***, dare un'occhiata torva | ***jusqu'à la nuit noire***, fino a notte fonda | ***la marée noire***, la marea nera | ***papier bordé de noir***, carta listata a lutto | ***prendre, quitter le noir***, prendere, lasciare il lutto | ***regarder qqn d'un œil noir***, guardare qlcu con occhio truce | ***se mettre du noir aux yeux***, truccarsi gli occhi | ***un crime noir***, un delitto atroce | ***un petit noir***, (*fam.*) un cafferino | ***un travail (au) noir***, un lavoro (in) nero | ***voir tout en noir, broyer du noir***, (*fig.*) veder tutto nero.

noirâtre [nwaʀɑtʀ] ***agg.*** nerastro.

noiraud [nwaʀo] ***agg.*** e ***n.m.*** (individuo) di carnagione scura; bruno, moro.

noirceur [nwaʀsœʀ] ***n.f.*** **1** (color) nero (*m.*) **2** (*fig.*) bassezza, nefandezza **3** (*Canada*) buio (*m.*), oscurità.

noircif [nwaʀsif] ***agg.*** [f. *-ive*] (*fam.*) nero.

noircir [nwaʀsiʀ] ***v.tr.*** **1** annerire **2** (*fig.*) diffamare; denigrare ♦ ***v.intr.*** annerirsi ♦ **se noircir** ***v.pron.intr.*** **1** annerirsi; oscurarsi **2** denigrarsi, screditarsi **3** (*fam.*) sbronzarsi.

● ***noircir du papier***, (*fam.*) scribacchiare (cose di poco valore); scrivere molto.

noircissement [nwaʀsismɑ̃] ***n.m.*** annerimento.

noircissure [nwaʀsisyʀ] ***n.f.*** macchia nera.

noire [nwaʀ] ***n.f.*** **1** (*mus.*) semiminima **2** (donna) nera.

noise [nwaz] ***n.f.*** briga.

● ***chercher noise, des noises à***, attaccar briga con.

noisetier [nwaztje] ***n.m.*** nocciolo.

noisette [nwazɛt] ***n.f.*** nocciola ♦ ***agg.invar.*** (colore) nocciola.

● ***café noisette***, caffè macchiato.

noix [nwa] ***n.f.*** **1** noce **2** (*fam.*) imbecille (*m.*): *une vieille noix*, un vecchio rimbecillito.

● (*cuc.*) ***noix de veau***, noce di vitello | ***noix de beurre***, noce di burro | ***à la noix***, (*fam.*) scadente, di poco conto: *des excuses à la noix (de coco)*, scuse campate per aria | ***des noix!***, (*fam.*) neanche per sogno!, col cavolo!

noliser [nɔlize] ***v.tr.*** (*nave, aereo*) noleggiare.

nom [nɔ̃] ***n.m.*** **1** nome: *répondre au nom de*, rispondere al nome di **2** cognome, nome | *les grands noms de France*, i più bei nomi di Francia **3** (*gramm.*) nome.

● ***nom de baptême***, nome di battesimo | (*inform.*) ***nom de domaine***, nome di dominio | ***nom de famille***, cognome | ***nom de guerre***, nome di battaglia | ***nom de jeune fille***, nome da ragazza | (*comm.*) ***nom déposé***, marchio registrato, nome depositato | (*inform.*) ***nom d'hôte***, host name | ***nom d'un chien, nom d'une pipe***, (*fam.*) porco cane | (*Internet*) ***nom d'utilisateur***, nome utente, user name | ***nom, prénom et domicile***, cognome, nome e indirizzo | (*gramm.*) ***nom propre, commun***, nome proprio, comune | (*dir.*) ***nom social***, ragione sociale | ***au nom de***, in nome di: *au nom de ce que vous avez de plus cher*, in nome di ciò che vi sta più a cuore | ***au nom de la loi***, in nome della legge | ***au nom de qqn***, a nome di qlcu: *un compte au nom de*, un conto intestato a | ***au nom du Ciel***, in nome del Cielo | ***en mon nom***, a mio nome | ***il l'a traité de tous les noms***, gliene ha dette di tutti i colori | ***mettre qqch au nom de qqn***, intestare qlco a qlcu | ***petit nom***, (*fam.*) nome di battesimo; nomignolo | ***un nom à coucher dehors***, (*fam.*) un nome difficile da pronunciare, da capire.

NOTA ***Nom*** e ***prénom***
Fino al x secolo, i francesi possedevano solo il nome di battesimo (***prénom***). Per differenziarsi dal popolo, i nobili avevano

N

cominciato ad aggiungere al proprio nome quello della loro terra o del loro feudo (*Aliénor d'Aquitaine*). In seguito, si diffuse l'uso di assumere il nome della professione (*Boulanger, Cordier*), quello della parentela (*Neveu*), quello dell'origine (*Breton, Pagnol*, da *espagnol*) oppure il soprannome legato a una caratteristica fisica (*Legrand, Petit, Lejeune*). Nel 1539, il re Francesco I rese obbligatori i registri di stato civile, codificando tutti i cognomi (***noms***) che si erano in vario modo creati.

NOTA Tra i più comuni ***petits noms***, gli appellativi affettuosi con cui ci si rivolge a una persona cara, sono:
ma beauté, ma biquette, ma chérie, ma cocotte, ma douce, ma minette, ma poulette, ma puce, mon amour, mon ange, mon bébé, mon canard, mon chéri, mon cœur, mon lapin, mon chou, mon poussin, mon trésor, che corrispondono tutti all'italiano 'tesoro', 'tesoruccio', 'amore' ecc.

nomade [nɔmad] ***agg.*** **1** nomade **2** (*inform.*) mobile ♦ ***n.m.*** e ***f.*** nomade.
● ***travailleur nomade***, lavoratore mobile.
■ *AGG.* SIN. **1** vagabond, itinérant CONTR. **1** sédentaire ♦ *N.M.* e *F.* SIN. vagabond CONTR. sédentaire.

nomadisme [nɔmadism] ***n.m.*** nomadismo.

nombre [nɔ̃bʀ] ***n.m.*** **1** numero **2** numero, quantità (*f.*) | *ils ont vaincu par le nombre*, hanno vinto per superiorità numerica **3** quantità (*f.*); maggioranza (*f.*): *le nombre a gagné*, la maggioranza ha vinto.
● (*mat.*) ***nombre décimal***, numero decimale | ***nombre de gens***, molti | ***nombre de, bon nombre de***, un buon numero di, un gran numero di | (*mat.*) ***nombres cardinaux, ordinaux***, numeri cardinali, ordinali | ***au nombre de***, in, nel numero di; tra: *ils étaient au nombre de sept*, erano (in) sette; *êtes-vous aussi au nombre des invités?*, siete anche voi tra gli invitati?; *compter au nombre de ses amis*, annoverare tra i propri amici | ***en nombre***, in gran numero, a frotte: *ils sont arrivés en (grand) nombre*, sono arrivati in gran numero; *ennemi supérieur en nombre*, nemico numericamente superiore | ***faire nombre***, far numero | ***le grand nombre***, la maggioranza: *le grand nombre des présents*, la maggioranza dei presenti | ***sans nombre***, innumerevoli.

NOTA ***Nombre*** o ***numéro***?
Nombre indica una quantità astratta o matematica.
SÌ *Avez-vous une idée du **nombre** de personnes à inviter ?*
NO *Avez-vous une idée du numéro de personnes à inviter ?*
Ha un'idea del numero di persone da invitare?
SÌ *Le **nombre** 22 est pair.*
NO *Le numéro 22 est pair*
Il numero 22 è pari.
Numéro è un marchio destinato a mettere in ordine gli oggetti di una serie.
SÌ *Le **numéro** 8 de la revue est sorti.*
NO *Le nombre 8 de la revue est sorti*
Il numero 8 della rivista è uscito.

nombreux [nɔ̃bʀø] ***agg.*** [f. *-euse*] numeroso: *ils étaient très nombreux*, erano (in) moltissimi; *ils sont venus nombreux*, sono venuti in tanti.

nombril [nɔ̃bʀil] ***n.m.*** (*anat.*) ombelico.
● ***se prendre pour le nombril du monde***, (*fig. fam.*) credersi il centro dell'universo.
■ SIN. ombilic.

nombrilisme [nɔ̃bʀilism] ***n.m.*** (*fam.*) egocentrismo.

nomenclature [nɔmɑ̃klatyʀ] ***n.f.*** **1** nomenclatura **2** (*di dizionario*) lemmario (*m.*).

nominal [nɔminal] ***agg.*** [pl. *-aux*] **1** nominale **2** nominativo.

nominalement [nɔminalmɑ̃] ***avv.*** nominalmente; nominativamente.

nominalisme [nɔminalism] ***n.m.*** (*fil.*) nominalismo.

nominaliste [nɔminalist] ***n.m.*** e ***f.*** (*fil.*) nominalista ♦ ***agg.*** (*fil.*) nominalistico.

nominatif[1] [nɔminatif] ***agg.*** [f. *-ive*] nominativo.

nominatif[2] ***n.m.*** (*gramm.*) nominativo.

nomination [nɔminasjɔ̃] ***n.f.*** nomina.

nommé [nɔme] ***agg.*** **1** chiamato; soprannominato; detto: *une fille nommée Christine*, una ragazza di nome Christine **2** nominato; designato ♦ ***n.m.*** (*dir.*) sunnominato, summenzionato: *un nommé X*, un individuo di nome X; *un nommé Robert*, un certo Roberto.
● ***à point nommé***, a proposito, al momento giusto.

nommément [nɔmemɑ̃] ***avv.*** nominativamente.

nommer [nɔme] ***v.tr.*** **1** chiamare; dare il nome (**di**) **2** nominare, designare **3** nominare, fare il nome (**di**): *je ne nomme personne*, non faccio nomi ♦ **se nommer** ***v.pron.*** e ***pron.intr.*** **1** chiamarsi **2** presentarsi (con il proprio nome).
■ *V.PRON.* SIN. s'appeler.

non [nɔ̃] ***avv.*** **1** no: *il partira demain, moi non*, lui partirà domani, io no **2** (seguito da *agg.* o *p.p.*) non: *des copies non corrigées*, compiti non corretti ♦ ***n.m.invar.*** no.
● ***non alors!***, no davvero! | ***non et non!, mille fois non!***, no e poi no! | ***non (pas)***, non: *c'est à lui que je parle, non pas à toi*, sto parlando con lui, non con te | ***non (pas) que***, non che | ***non plus***, nemmeno, neppure: *moi non plus, ton frère non plus*, nemmeno io, nemmeno tuo fratello | ***non seulement, mais***, non solo, ma | ***ah!, ça non!***, (*fam.*) questa poi no! | ***croire que non***, credere di no | ***dire non***, dire di no | ***que non!***, no di certo!

non- ***pref.*** non (seguito da *n.* o *agg.*), s-, in-, dis-, anti-, oppure risolto con l'agg. 'mancato' e l'avv. 'senza' (seguito da *n.* o *agg.*).

non-activité [nɔnaktivite] ***n.f.*** (*di funzionario, militare*) disponibilità.

nonagénaire [nɔnageneʀ] ***agg.*** e ***n.m.*** e ***f.*** nonagenario/a.

non-agression [nɔnagʀesjɔ̃] ***n.f.*** non aggressione.

non-alcoolisé [nɔnalkɔlize] ***agg.*** analcolico.

non-aligné [nɔnaliɲe] ***agg.*** e ***n.m.*** e ***f.*** (*pol.*) non allineato/a.

non(-)allergisant [nɔnalɛʀʒizɑ̃] ***agg.*** anallergico.

nonante [nɔnɑ̃t] ***agg.num.card.*** (*Belgio, Svizzera*) novanta.

nonantième [nɔnɑ̃tjɛm] ***agg.num.ord.*** e ***n.m.*** e ***f.*** (*Belgio, Svizzera*) novantesimo/a.

non-assistance [nɔnasistɑ̃s] ***n.f.*** mancata assistenza.
● (*dir.*) ***non-assistance à personne en danger***, omissione di soccorso a una persona in pericolo.

non-belligérance [nɔ̃be(ɛl)liʒeʀɑ̃s] ***n.f.*** non belligeranza.

nonce [nɔ̃s] ***n.m.*** (*eccl.*) nunzio.
● ***nonce apostolique***, nunzio apostolico.

nonchalamment [nɔ̃ʃalamɑ̃] ***avv.*** **1** con noncuranza, con trascuratezza **2** svogliatamente, indolentemente.

nonchalance [nɔ̃ʃalɑ̃s] ***n.f.*** **1** noncuranza, indifferenza **2** indolenza, svogliatezza.

nonchalant [nɔ̃ʃalɑ̃] ***agg.*** **1** indifferente, noncurante

2 svogliato, indolente; trascurato 3 molle: *allure nonchalante*, andatura lenta e rilassata.
■ SIN. 3 alangui.
nonciature [nɔ̃sjatyʀ] *n.f.* (*eccl.*) nunziatura.
non-conciliation [nɔ̃kɔ̃siljasjɔ̃] *n.f.* (*dir.*) mancato accordo (*m.*).
non-conformisme [nɔ̃kɔ̃fɔʀmism] *n.m.* non conformismo, anticonformismo.
non-conformiste [nɔ̃kɔ̃fɔʀmist] *agg.* e *n.m.* e *f.* non conformista, anticonformista.
non-croyant [nɔ̃kʀwajɑ̃] *agg.* e *n.m.* (*relig.*) non credente.
non-engagement [nɔnɑ̃gaʒmɑ̃] *n.m.* (*pol.*) disimpegno.
non-enregistrement [nɔnɑ̃ʀəʒistʀəmɑ̃] *n.m.* (*dir.*) non menzione (*f.*) (sulla fedina penale).
non-exécution [nɔnɛgzekysjɔ̃] *n.f.* inadempimento (*m.*).
non-exploitation [nɔnɛksplwatasjɔ̃] *n.f.* mancato sfruttamento (*m.*).
non-fumeur [nɔ̃fymœʀ] *n.m.* [f. *non-fumeuse*] non fumatore.
non-gréviste [nɔ̃gʀevist] *n.m.* e *f.* lavoratore/trice non aderente a uno sciopero.
non-information [nɔnɛ̃fɔʀmasjɔ̃] *n.f.* disinformazione.
non-inscrit [nɔnɛ̃skʀi] *n.m.* e *agg.* (senatore, deputato) indipendente.
non-intervention [nɔnɛ̃tɛʀvɑ̃sjɔ̃] *n.f.* (*pol.*) non intervento (*m.*).
nonisme [nɔnism] *n.m.* l'essere a favore del 'no' (alla Costituzione europea).
non-jouissance [nɔ̃ʒwisɑ̃s] *n.f.* (*dir.*) mancato godimento (*m.*).
non-lieu [nɔ̃ljø] *n.m.* (*dir.*) non luogo (a procedere).
non-lucratif [nɔ̃lykʀatif] *agg.* [f. *non-lucrative*] non lucrativo, senza fini di lucro.
non-nanti [nɔ̃nɑ̃ti] *n.m.* nullatenente.
nonne [nɔn] *n.f.* (*antiq., scherz.*) monaca.

FAUX AMI
Da non confondere con *nonna*, che si traduce *grand-mère*.

nonobstant [nɔnɔpstɑ̃] *prep.* (*antiq.*) nonostante ♦ *avv.* (*antiq.*) tuttavia.
non-paiement [nɔ̃pɛmɑ̃] *n.m.* mancato pagamento.
non(-)polluant [nɔ̃pɔlɥɑ̃] *agg.* non inquinante.
non-préméditation [nɔ̃pʀemeditasjɔ̃] *n.f.* (*dir.*) preterintenzionalità.
non-recevoir [nɔ̃ʀəsəvwaʀ] *n.m.invar.* (*dir.*) irricevibilità (*f.*).
● ***fin de non-recevoir***, diniego; (*dir.*) diniego di giustizia.
non-réponse [nɔ̃ʀepɔ̃s] *n.f.* risposta fittizia.
non-résident [nɔ̃ʀezidɑ̃] *n.m.* non residente (nel paese d'origine).
non-respect [nɔ̃ʀɛspɛ] *n.m.* (*di legge, regolamento ecc.*) mancata osservanza (*f.*).
non-retour [nɔ̃ʀətuʀ] *n.m.* non ritorno.
● ***point de non-retour***, punto di non ritorno.
non-sens [nɔ̃sɑ̃s] *n.m.* nonsenso.
non-stop [nɔ̃stɔp] *agg.invar.* non stop, senza interruzione.
● ***vol non-stop***, volo senza scalo.
non-viable [nɔ̃vjabl] *agg.* 1 (*di feto*) non vitale 2 (*estens.*) non duraturo.
non-violence [nɔ̃vjɔlɑ̃s] *n.f.* (*pol.*) non violenza.
non-violent [nɔ̃vjɔlɑ̃] *agg.* e *n.m.* non violento.
non-voyant [nɔ̃vwajɑ̃] *n.m.* non vedente.
nord [nɔʀ] *n.m.invar.* 1 nord 2 (*geogr.*) *Nord*, nord, settentrione ♦ *agg.invar.* settentrionale, del nord.
● ***au Nord*** (***de***), a nord (di) | (*geogr.*) ***le Nord***, (*per i francesi*) la Francia settentrionale (opposta al *Midi*) | ***perdre le nord***, (*fam.*) perdere la bussola.
nord-africain [nɔʀafʀikɛ̃] *agg.* [f. *nord-africaine*, pl.m. *nord-africains*] nordafricano.
Nord-Africain *n.m.* [f. *Nord-Africaine*, pl.m. *Nord-Africains*] (*abitante*) nordafricano.
nord-américain [nɔʀameʀikɛ̃] *agg.* [f. *nord-américaine*, pl.m. *nord-américains*] nordamericano.
Nord-Américain *n.m.* [f. *Nord-Américaine*, pl.m. *Nord-Américains*] (*abitante*) nordamericano.
nord-est [nɔʀɛst] *n.m.invar.* nord-est ♦ *agg.invar.* di nord-est, nordorientale.
nord-européen [nɔʀøʀɔpeɛ̃] *agg.* [f. *-nord-européenne*, pl.m. *nord-européens*] nordeuropeo.
Nord-Européen *n.m.* [f. *Nord-Européenne*, pl.m. *Nord-Européens*] (*abitante*) nordeuropeo.
nordique [nɔʀdik] *agg.* nordico.
nordiste [nɔʀdist] *agg.* e *n.m.* e *f.* 1 (*st. americana*) nordista 2 (abitante) della regione Nord-Pas-de-Calais.
nord-ouest [nɔʀwɛst] *n.m.invar.* nord-ovest ♦ *agg.invar.* di nord-ovest, nordoccidentale.
noria [nɔʀja] *n.f.* (*tecn.*) noria.
normal [nɔʀmal] *agg.* [pl. *-aux*] normale: *ne pas être dans son état normal*, non essere in condizioni normali.

NOTA L'***École Normale*** è in Francia la scuola di livello parauniversitario per la formazione di maestri d'asilo ed elementari. L'***École Normale Supérieure*** è la scuola di livello universitario per la formazione di professori a cui si accede per concorso.

normale [nɔʀmal] *n.f.* 1 norma, normalità 2 (*mat.*) normale, perpendicolare.
● ***au-dessus de la normale***, al di sopra della media.
normalement [nɔʀmalmɑ̃] *avv.* normalmente, di solito.
normalien [nɔʀmaljɛ̃] *n.m.* [f. *-enne*] studente dell'École Normale, dell'École Normale Supérieure.
normalisation [nɔʀmalizasjɔ̃] *n.f.* 1 normalizzazione 2 (*ind.*) standardizzazione.
normaliser [nɔʀmalize] *v.tr.* 1 normalizzare 2 (*ind.*) standardizzare.
normalité [nɔʀmalite] *n.f.* normalità.
normand [nɔʀmɑ̃] *agg.* normanno ♦ *n.m.* (*dialetto*) normanno.
Normand *n.m.* (*abitante*) normanno.
● ***réponse de Normand***, (*fig.*) risposta ambigua.
normatif [nɔʀmatif] *agg.* [f. *-ive*] normativo.
norme [nɔʀm] *n.f.* 1 norma 2 norma, regola, normalità 3 (*econ.*) standard (*m.sing.*).
● ***les normes***, la normativa.
normographe [nɔʀmɔgʀaf] *n.m.* (*tecn.*) normografo.
norois, noroît [nɔʀwa] *n.m.* (vento di) maestrale.
norvégien [nɔʀveʒjɛ̃] *agg.* [f. *-enne*] norvegese.
Norvégien *n.m.* [f. *-enne*] (*abitante*) norvegese.

nos [no; noz *davanti a vocale o* h *muta*] *agg.poss.m.* e *f.* *1ª pers.pl.* → **notre**.
nosocomial [nɔzokɔmjal] *agg.* [pl. *-aux*] nosocomiale.
nosologie [nɔzɔlɔʒi] *n.f.* (*med.*) nosologia.
nostalgie [nɔstalʒi] *n.f.* nostalgia.
nostalgique [nɔstalʒik] *agg.* e *n.m.* e *f.* nostalgico/a.
nota [nɔta] **nota bene** [nɔtabene] *n.m.invar.* notabene, nota (*f.*).
notabilité [nɔtabilite] *n.f.* notabile (*m.*), personalità; maggiorente (*m.*).
notable [nɔtabl] *agg.* notevole ♦ *n.m.* notabile; personalità (*f.*).
notaire [nɔtɛʀ] *n.m.* notaio.
● ***clerc de notaire***, praticante notaio | (*dir.*) ***par-devant notaire***, dinanzi a notaio.
notamment [nɔtamɑ̃] *avv.* particolarmente, in particolare.
notarial [nɔtaʀjal] *agg.* [pl. *-aux*] notarile.
notariat [nɔtaʀja] *n.m.* notariato.
notarié [nɔtaʀje] *agg.* notarile.
● (*dir.*) ***acte notarié***, atto notarile.
notation [nɔtasjɔ̃] *n.f.* **1** notazione **2** annotazione **3** classificazione; giudizio (*m.*).
● ***notation des devoirs*** (***scolaires***), classificazione dei compiti scolastici.
note [nɔt] *n.f.* **1** nota, appunto (*m.*); annotazione: *texte avec* (*des*) *notes, sans notes*, testo annotato, senza annotazioni; *prendre des notes*, prendere appunti; *prendre note de*, prendere nota di **2** (*mus.*) nota **3** (*fig.*) nota, tocco (*m.*) **4** lista, nota, elenco (*m.*): *la note du linge*, la lista della biancheria **5** conto (*m.*); (*del gas ecc.*) bolletta: *demander sa note*, chiedere il conto **6** (*a scuola*) voto (*m.*) **7** comunicazione, comunicato (*m.*).
● (*comm.*) ***note de frais***, nota spese | (*giorn.*) ***note de rectification***, rettifica: *passer une note de rectification*, pubblicare una rettifica | (*comm.*) ***note détaillée***, specifica | ***note diplomatique***, nota diplomatica | ***note du traducteur***, nota del traduttore | (*mus.*) ***donner la note***, dare il la | ***être dans la note***, (*fig.*) non stonare (in un ambiente) | (*mus.*) ***fausse note***, stonatura | ***forcer la note***, (*fig.*) calcar la mano | ***mauvaise note***, (*fig.*) punto a sfavore.

NOTA *Les* **notes** (i voti scolastici) vengono calcolati in decimi o in ventesimi nelle scuole elementari; sempre in ventesimi al *collège*, al *lycée* e all'università. Il minimo della sufficienza è rappresentato rispettivamente dal cinque e dal dieci.

notebook [nɔtbuk] *n.m.* (*inform.*) notebook, portatile, computer portatile.
noter [nɔte] *v.tr.* **1** (an)notare **2** fare attenzione (a) **3** (*a scuola*) classificare, dare il voto.
● ***noter très durement***, essere molto tirato nei voti | ***bien, mal noté***, apprezzato, non apprezzato.
notice [nɔtis] *n.f.* **1** avvertenza **2** notizia, cenno (*m.*).
● ***notices biographiques, historiques***, cenni biografici, storici | ***notice de l'éditeur***, avvertenza dell'editore | ***notice d'entretien***, istruzioni per l'uso | ***notice explicative***, (*di medicina ecc.*) foglio illustrativo.

FAUX AMI
Da non confondere con *notizia*, che si traduce *nouvelle*.

notification [nɔtifikasjɔ̃] *n.f.* notifica.
notifier [nɔtifje] *v.tr.* notificare.
notion [nɔsjɔ̃] *n.f.* **1** nozione **2** (*spec. pl.*) elementi (*m.*): *notions de géométrie*, elementi di geometria.
notoire [nɔtwaʀ] *agg.* notorio: *un criminel notoire*, un (ben) noto criminale.
notoirement [nɔtwaʀmɑ̃] *avv.* notoriamente.
notoriété [nɔtɔʀjete] *n.f.* **1** notorietà **2** fama, notorietà.
● ***il est de notoriété publique que***, è notorio che.
■ SIN. 2 célébrité.
notre [nɔtʀ] *agg.poss. 1ª pers.pl.* [pl. *nos*] nostro: *notre ambassadeur*, il nostro ambasciatore; *notre lettre*, la nostra lettera; *notre père et notre mère, nos père et mère*, nostro padre e nostra madre; *nos journaux*, i nostri giornali; *nos idées à nous*, le nostre idee; *c'est une de nos plus grandes joies*, è una delle nostre gioie più grandi.
nôtre [notʀ] *pron.poss. 1ª pers.pl.* [pl. *nôtres*] nostro: *sa mère et la nôtre*, sua madre e la nostra; *vos idées et les nôtres*, le vostre idee e le nostre; *ses amis et les nôtres*, i suoi amici e i nostri, i suoi e i nostri amici ♦ *n.m.* **1** il nostro, ciò che è nostro **2** (*pl.*) i nostri (genitori, sostenitori ecc.) ♦ *agg.poss. 1ª pers.pl.* (*ant.* o *letter.*) nostro: *faire nôtre(s) qqch*, fare nostro qlco.
● ***nous avons fait des nôtres***, (*fam.*) ne abbiamo fatta una delle nostre | ***nous y mettons du nôtre***, ci impegnamo, ci diamo da fare.
Notre-Dame [nɔtʀədam] *n.pr.f.* Nostra Signora, (la) Madonna.
notule [nɔtyl] *n.f.* postilla.
nouba [nuba] *n.f.* (*fam.*) festa.
● ***faire la nouba***, far baldoria.
noué [nwe] *agg.* **1** annodato; legato **2** (*fig.*) contratto, chiuso.
● ***avoir la gorge nouée***, avere un nodo alla gola, un groppo in gola | ***intrigue bien nouée***, intreccio ben congegnato.
nouer [nwe] *v.tr.* **1** annodare, allacciare: *nouer ses chaussures*, allacciarsi le scarpe **2** legare ♦ **se nouer** *v.pron.intr.* annodarsi; allacciarsi.
● ***nouer conversation***, attaccar discorso | ***nouer des relations d'affaires***, intrecciare relazioni d'affari.
noueux [nwø] *agg.* [f. *-euse*] nodoso.
nougat [nuga] *n.m.* (*cuc.*) torrone.
● ***c'est du nougat!***, (*fig.*) è una cosa da niente!, è semplicissimo!
nougatine [nugatin] *n.f.* (*cuc.*) croccante (*m.*).
nouille [nuj] *n.f.* **1** (*pl.*) tagliatelle; (*estens.*) pasta (*sing.*) **2** (*fam.*) pappamolle (*m.* e *f.*); imbranato (*m.*).
nounou [nunu] *n.f.* (*gergo infantile*) tata, bambinaia.
nounours [nunuʀs] *n.m.* (*gergo infantile*) orsacchiotto.
nourri [nuʀi] *agg.* nutrito.
● ***mal nourri***, malnutrito; denutrito | ***pensionnaire logé et nourri***, ospite a pensione completa.
nourrice [nuʀis] *n.f.* **1** balia, nutrice **2** bidone (*m.*); serbatoio (*m.*).
● ***mettre en nourrice***, mettere a balia.
nourricier [nuʀisje] *agg.* [f. *-ère*] fecondo.
● ***père nourricier***, padre adottivo.
nourrir [nuʀiʀ] *v.tr.* **1** nutrire; alimentare (*anche fig.*) **2** dar da mangiare (a) **3** allattare ♦ **se nourrir** *v.pron.* nutrirsi (*anche fig.*).
● ***avoir une famille à nourrir***, avere una famiglia da mantenere.
nourrissant [nuʀisɑ̃] *agg.* nutriente.
nourrisson [nuʀisɔ̃] *n.m.* lattante, poppante.
nourriture [nuʀityʀ] *n.f.* **1** nutrimento (*m.*) (*anche fig.*); cibo (*m.*), alimento (*m.*) (*anche fig*) **2** vitto (*m.*):

N

dépenser beaucoup pour la nourriture, spendere molto per il vitto **3** nutrizione; alimentazione.
● ***nourriture solide, liquide***, alimentazione solida, liquida | ***avoir sa nourriture assurée***, avere il pane assicurato | ***être porté sur la nourriture***, essere un mangione | ***manque de nourriture***, denutrizione.
■ SIN. **1** aliment.

nous [nu; nuz *davanti a vocale o* h *muta*] ***pron.pers.m.*** e ***f. 1ª pers.pl.*** **1** (*sogg. e compl. retto da prep.*) noi: *nous sommes partis ensemble*, (noi) siamo partiti insieme; *avons-nous raison, oui ou non?*, abbiamo ragione, sì o no?; *nous n'accepterons jamais, avons-nous répondu*, non accetteremo mai, abbiamo risposto; *toi et moi, nous avons raison*, tu e io, abbiamo ragione **2** (*compl.ogg. e compl. di termine*) ci; (*seguito da pron.* le, la, les, en) ce: *il nous regarde*, (egli) ci guarda; *tu nous parles*, tu ci parli; *donne-le-nous!*, *ne nous le donne pas!*, daccelo!, non darcelo!; *il nous en parle*, ce ne parla **3** (*nella coniug. dei v.pron.*) ci; (*seguito da pron.* en) ce: *asseyons -nous ici*, sediamoci qui; *allons-nous-en*, andiamocene **4** (*con uso impersonale*) noi, si (*sing.*): *quand nous considérons que*, quando consideriamo che, se si considera che **5** (*pl. di maestà*) noi.
● ***nous aussi***, anche noi | ***nous autres***, noialtri | ***nous-mêmes***, noi stessi, proprio noi | ***nous non plus***, nemmeno noi | ***à nous***, a noi; nostro: *il s'est adressé à nous*, si è rivolto a noi; *un ami à nous*, un nostro amico; *à nous trois y arriverons*, in tre ci riusciremo; *c'est à nous de parler*, tocca a noi parlare.

nouveau [nuvo; *davanti a vocale o* h *muta* nouvel] ***agg.*** [f. *-elle*, pl.m. *-eaux*] **1** nuovo: *des théories nouvelles*, delle nuove teorie **2** altro, nuovo: *elle a mis une nouvelle robe*, ha messo un altro vestito **3** novello: *des pommes de terre nouvelles*, patate novelle ♦ ***n.m.*** nuovo: *il a le goût du nouveau*, gli piacciono le novità.
● ***à nouveau***, daccapo, dal principio: *examiner à nouveau une question*, riesaminare un problema | ***Art nouveau***, liberty, stile floreale | ***de nouveau***, di nuovo, nuovamente | ***le Nouveau Monde***, il Nuovo Mondo | ***le Nouvel An***, l'anno nuovo | ***les nouveaux élus***, i neoeletti | ***les nouveaux mariés***, i novelli sposi | ***voilà du nouveau!***, questa poi è nuova!

nouveau-né [nuvone] ***agg.*** e ***n.m.*** [f. *nouveau-née*, pl.m- *nouveau-nés*] neonato: *un faon nouveau-né*, un cerbiatto appena nato; *le nouveau-né des ordinateurs japonais*, (*fig.*) l'ultimo dei computer giapponesi.

nouveauté [nuvote] ***n.f.*** novità.

nouvel [nuvɛl] ***agg.*** → **nouveau**.

nouvelle [nuvɛl] ***n.f.*** **1** notizia: *il n'a plus donné de ses nouvelles*, non si è fatto più vivo; *je suis sans nouvelles de lui*, sono senza sue notizie; *il est venu prendre des nouvelles*, è venuto per chiedere notizie | *goûtez-en, vous m'en direz des nouvelles!*, (*fam.*) assaggi, poi mi dirà! **2** (*pl.*) notizie, informazioni (dei mass media) **3** (*lett.*) novella, racconto (*m.*).
● ***nouvelle éclair***, notizia lampo | ***aller aux nouvelles***, andare in cerca di notizie | ***aux dernières nouvelles***, secondo le ultime notizie | ***dernières nouvelles***, ultime notizie | (*relig.*) ***la Bonne nouvelle***, la Buona novella | ***pas de nouvelles, bonnes nouvelles***, nessuna nuova, buona nuova | ***première nouvelle!***, questa è l'ultima! | ***tenir une nouvelle de qqn***, venire a sapere qlco da qlcu | ***vous aurez, vous entendrez de mes nouvelles!***, sentirete ancora parlare di me!
■ SIN. **2** information.

nouvellement [nuvɛlmɑ̃] ***avv.*** da poco tempo, di recente: *tout nouvellement arrivé*, appena arrivato.

nouvelliste [nuvɛlist] ***n.m.*** e ***f.*** novelliere/a, novellista, autore/trice di novelle.

novateur [nɔvatœʀ] ***agg.*** e ***n.m.*** [f. *-trice*] innovatore.

novation [nɔvasjɔ̃] ***n.f.*** **1** (*dir.*) novazione **2** innovazione.

novéliser [novelize] ***v.tr.*** novellizzare, trasformare (una sceneggiatura) in romanzo.

novembre [nɔvɑ̃bʀ] ***n.m.*** novembre.

novice [nɔvis] ***agg.*** inesperto, novizio: *comédien novice*, attore alle prime armi ♦ ***n.m.*** **1** novellino, novizio **2** (*eccl.*) novizio ♦ ***n.f.*** (*eccl.*) novizia.
■ AGG. SIN. débutant CONTR. expérimenté.

noviciat [nɔvisja] ***n.m.*** (*eccl.*) noviziato.

novotique [nɔvɔtik] ***n.f.*** insieme (*m.*) di fenomeni economici connessi all'informatica.

noyade [nwajad] ***n.f.*** annegamento (*m.*).

noyau [nwajo] ***n.m.*** [pl. *-aux*] **1** nocciolo **2** (*scient.*) nucleo **3** (*edil., tecn.*) anima (*f.*) **4** (*fig.*) (primo) nucleo, gruppo: *noyaux de résistance*, focolai di resistenza; *noyau d'agitateurs*, gruppuscolo di agitatori.
● (*fis.*) ***noyau atomique***, nucleo atomico | (*chim.*) ***noyau benzénique***, anello benzenico | ***noyau dur***, (*fig.*) zoccolo duro: *le noyau dur d'un parti, d'une société*, lo zoccolo duro di un partito, il nocciolo duro di una società.

noyautage [nwajotaʒ] ***n.m.*** infiltrazione (*f.*) di sobillatori.

noyauter [nwajote] ***v.tr.*** introdurre provocatori (in un'organizzazione).

noyé [nwaje] ***agg.*** **1** annegato, affogato **2** (*fig.*) immerso (**in**); sommerso (**da**): *des yeux noyés de larmes*, occhi pieni di lacrime **3** (*fig.*) smarrito, sperduto ♦ ***n.m.*** annegato.

noyer[1] [nwaje] ***v.tr.*** [coniug. come *employer*] **1** annegare, affogare (*anche fig.*) **2** (*fig.*) sommergere: *noyer sous un déluge de paroles*, sommergere di parole **3** (*fig.*) soffocare: *noyer une révolte dans le sang*, soffocare una rivolta nel sangue **4** allagare, inondare **5** diluire ♦ **se noyer** ***v.pron.*** o ***pron.intr.*** **1** annegare, affogare, affogarsi **2** (*fig.*) perdersi.
● ***noyer le poisson***, (*fig.*) imbrogliare le carte | ***noyer son vin***, allungare il vino con l'acqua | (*mecc.*) ***noyer un moteur***, ingolfare un motore | ***se noyer dans un verre d'eau***, (*fig.*) perdersi in un bicchier d'acqua.

noyer[2] ***n.m.*** noce (albero e legno).

nu [ny] ***agg.*** **1** nudo **2** (*fig.*) nudo, spoglio; disadorno: *arbre nu*, albero spoglio; *style nu*, stile disadorno **3** (*fig.*) nudo, semplice ♦ ***n.m.*** (*arte*) nudo.
● ***à demi, à moitié nu***, mezzo nudo | ***la vérité toute nue***, la verità nuda e cruda | ***pieds, bras nus***, a piedi nudi, a braccia nude | ***se mettre nu***, denudarsi.
■ AGG. CONTR. couvert, vêtu.

nuage [nɥaʒ] ***n.m.*** **1** nube (*f.*), nuvola (*f.*) (*anche fig.*): *mettre un nuage de lait dans le thé*, (*fig.*) mettere un'ombra, un velo di latte nel tè **2** nugolo: *nuage de mouches*, nugolo di mosche **3** (*Canada*) sciarpa (*f.*) che copre viso e collo.
● ***se perdre, être dans les nuages***, (*fig.*) avere la testa tra le nuvole.

nuageux [nɥaʒø] ***agg.*** [f. *-euse*] **1** nuvoloso **2** (*fig.*) nebuloso.

nuance [nɥɑ̃s] ***n.f.*** sfumatura (*anche fig.*).
● ***être sans nuances***, essere tutto d'un pezzo, intransigente.

nuancé [nɥɑ̃se] ***agg.*** **1** sfumato **2** (*fig.*) sfumato, sotti-

N

le: *une interprétation nuancée*, una sottile interpretazione.

nuancer [nɥɑ̃se] ***v.tr.*** [coniug. come *placer*] **1** sfumare **2** (*fig.*) sfumare, attenuare: *nuancer ses expressions*, moderare le parole.

nubile [nybil] ***agg.*** in età per sposarsi.
● (*dir.*) ***âge nubile***, età matrimoniale.

FAUX AMI
Da non confondere con l'italiano *nubile*, che si traduce *célibataire*.

nubilité [nybilite] ***n.f.*** età matrimoniale.

nucléaire [nykleɛʀ] ***agg.*** e ***n.m.*** nucleare.

nucléariser [nykleaʀize] ***v.tr.*** nuclearizzare.

nucléique [nykleik] ***agg.*** (*biochim.*) nucleico.

nuclé(o)- *pref.* nucle(o)-.

nudisme [nydism] ***n.m.*** nudismo.

nudiste [nydist] ***agg.*** e ***n.m.*** e ***f.*** nudista.

nudité [nydite] ***n.f.*** **1** nudità (*anche fig.*) **2** (*arte*) nudo (*m.*).

nue [ny] ***n.f.*** (*letter.*) nube, nuvola.
● ***être aux nues***, essere al settimo cielo | ***porter qqn aux nues***, portare qlcu alle stelle | ***tomber des nues***, cascare dalle nuvole.

nuée [nɥe] ***n.f.*** **1** (*letter.*) nembo (*m.*) **2** (*fig.*) nugolo (*m.*).

nue-propriété [nypʀɔpʀijete] ***n.f.*** [pl. *nues-propriétés*] (*dir.*) nuda proprietà.

nui [nɥi] *p.p.* di **nuire**.

nuire [nɥiʀ] ***v.intr.*** [coniug. come *conduire*, tranne al p.p.: *nui*] nuocere, danneggiare.

nuisance [nɥizɑ̃s] ***n.f.*** fattore (*m.*) di degrado ambientale o sociale.
● ***nuisances acoustiques***, inquinamento acustico | ***les nuisances de l'inflation***, (*fig.*) i danni dell'inflazione.

nuisette [nɥizɛt] ***n.f.*** camicia da notte corta; baby-doll (*m.invar.*).

nuisible [nɥizibl] ***agg.*** nocivo.

nuit [nɥi] ***n.f.*** notte: *une mauvaise nuit*, una nottataccia.
● ***nuit blanche***, notte in bianco; notte bianca | ***à la nuit, à la nuit tombante, à la tombée de la nuit***, sul far della notte | ***bonne nuit!***, buonanotte! | ***être de nuit***, (*fam.*) fare il turno di notte | ***il fait nuit, c'est la nuit***, è notte | ***il fait nuit noire***, è notte fonda | ***service de nuit***, turno di notte | ***tard la nuit***, a notte inoltrata.

nuitamment [nɥitamɑ̃] ***avv.*** nottetempo, di notte.

nuitée [nɥite] ***n.f.*** (*turismo*) pernottamento (*m.*).

nuitgrave [nɥigʀav] ***n.f.*** (*fam.*) (*dalla scritta sui pacchetti di sigarette* nuit gravement à la santé) sigaretta.

nul [nyl] ***agg.*** e ***pron.indef.*** [f. *nulle*] nessuno: *nul homme n'est content de son sort*, nessuno è contento della propria sorte; *nul mieux que lui ne pourrait vous renseigner*, nessuno meglio di lui potrebbe darvi informazioni; *nul doute que*, nessun dubbio che ♦ ***agg.*** **1** nullo: *les probabilités sont à peu près nulles*, le probabilità sono pressoché nulle **2** inetto, incapace: *un homme nul*, un incapace, una nullità; *c'est nul*, non vale niente.
● ***nul autre***, nessun altro: *nul autre n'aurait agi comme toi*, nessun altro avrebbe agito come te | (*dir.*): ***nul et non avenu***, nullo, non efficace; ***nul et sans effet***, nullo e inefficace | ***nulle part***, da nessuna parte | ***être nul en qqch***, (*fam.*) essere una frana in qlco: *cet élève est nul en latin*, quell'allievo è una nullità in latino | (*sport*) ***match nul***, incontro pari: *faire match nul*, pareggiare | ***sans nul doute***, senza (alcun) dubbio.

nullard [nylaʀ] ***agg.*** e ***n.m.*** (*fam.*) buono a nulla.

nullement [nylmɑ̃] ***avv.*** niente affatto, per niente: *je n'en ai nullement envie*, non ne ho affatto voglia.

nullité [nyl*l*itɛ] ***n.f.*** **1** nullità, persona di nessun valore **2** incapacità; incompetenza **3** (*dir.*) nullità.

numéraire [nymeʀɛʀ] ***n.m.*** contante ♦ ***agg.*** **1** (*econ.*) numerario **2** legale.
● ***payer en numéraire***, pagare in contanti | ***valeur numéraire***, valore nominale, legale.

numéral [nymeʀal] ***agg.*** e ***n.m.*** [pl. *-aux*] numerale.

numérateur [nymeʀatœʀ] ***n.m.*** (*mat.*) numeratore.

numération [nymeʀasjɔ̃] ***n.f.*** numerazione.

numérique [nymeʀik] ***agg.*** **1** numerico **2** (*inform.*) digitale, numerico.
■ CONTR. 2 analogique.

numériquement [nymeʀikmɑ̃] ***avv.*** numericamente.

numéro [nymeʀo] ***n.m.*** **1** numero: *paragraphe numéro 10*, paragrafo 10 **2** (*di periodico*) numero, fascicolo **3** (*di spetacolo teatrale, di circo*) numero.
● (*tel.*) ***numéro conservable***, portable number, portabilità del numero di telefono | ***numéro d'acrobatie***, numero acrobatico | ***numero de téléphone***, numero di telefono | (*inform.*) ***numéro d'urgence***, hot line, linea diretta | (*Svizzera*) ***numéro postal***, codice postale | ***numéro spécimen***, (*di rivista ecc.*) numero campione | (*tel.*) ***numéro vert***, numero verde | ***ancien numéro***, (*di rivista ecc.*) numero arretrato | ***c'est un drôle de numéro!***, (*fig. fam.*) è un bel numero, una sagoma! | ***les numéros précédents***, i numeri arretrati (di una pubblicazione) | ***tirer le bon numéro***, estrarre il numero vincente; (*fig.*) avere fortuna.

numérotage [nymeʀɔtaʒ] ***n.m.*** numerazione (*f.*); classificazione (*f.*).

N

numérotation [nymeʀɔtasjɔ̃] ***n.f.*** **1** numerazione **2** ordine (*m.*) numerico.
● (*inform.*) ***numérotation alphanumérique***, numerazione alfanumerica.

numéroter [nymeʀɔte] ***v.tr.*** numerare, contrassegnare con un numero ♦ ***v.intr.*** comporre un numero di telefono.

numismate [nymismat] ***n.m.*** e ***f.*** numismatico/a.

numismatique [nymismatik] ***agg.*** numismatico ♦ ***n.f.*** numismatica.

nunuche [nynyʃ] ***n.f.*** e ***agg.*** (*fam.*) scemo (*m.*).

nu-pieds [nypje] ***agg.invar.*** a piedi nudi ♦ ***n.m.invar.*** (sandali) infradito.

nu-propriétaire [nypʀɔpʀijetɛʀ] ***agg.*** e ***n.m.*** e ***f.*** [f. *nue-propriétaire*, pl.m. *nus-propriétaires*] (*dir.*) titolare di nuda proprietà.

nuptial [nypsjal] ***agg.*** [pl. *-aux*] nuziale.

nuptialité [nypsjalite] ***n.f.*** nuzialità.
● (*stat.*) ***taux de nuptialité***, tasso di nuzialità.

nuque [nyk] ***n.f.*** nuca.

nurse [nœʀs] ***n.f.*** bambinaia; balia.

nu-tête [nytɛt] ***agg.invar.*** a testa nuda.

nutriment [nytʀimɑ̃] ***n.m.*** nutrimento.

nutritif [nytʀitif] ***agg.*** [f. *-ive*] nutritivo.
■ SIN. nourricier, nourrissant.

nutrition [nytʀisjɔ̃] ***n.f.*** **1** nutrizione, alimentazione **2** (*med.*) ricambio (*m.*).
● (*med.*) ***maladies, troubles de la nutrition***, malattie del ricambio.

nutritionnel [nytʀisjɔnɛl] *agg.* [f. *-elle*] nutrizionale. ● ***informations nutritionnelles***, informazioni nutrizionali.

nyaka [njaka] *n.m.invar.* (*abbr. di* il n'y a qu'à, *non c'è che, c'è solo da*) (*fam.*) soluzione (*f.*) pronta: *nous avons tous nos nyaka, nos recettes infallibles*, ognuno di noi ha le proprie soluzioni pronte, le proprie ricette infallibili.

nylon® [nilɔ̃] *n.m.* nailon, nylon®.

nymphe [nɛ̃f] *n.f.* ninfa.

nymphéa [nɛ̃fea] *n.m.* (*bot.*) ninfea (*f.*).

nymphette [nɛ̃fɛt] *n.f.* ninfetta, lolita.

nymphomane [nɛ̃fɔman] *agg.* e *n.f.* (*psic.*) ninfomane.

nymphomanie [nɛ̃fɔmani] *n.f.* (*med.*) ninfomania.

nyonsais [njɔnsɛ] *agg.* di Nyons.

N

rare, timbrare, annullare (un francobollo, un biglietto ecc.) 2 (*med.*) obliterare, ostruire, occludere.

oblong [ɔblɔ̃] *agg.* [f. *-gue*] oblungo, bislungo.

obnubilation [ɔbnybilasjɔ̃] *n.f.* obnubilamento (*m.*), obnubilazione.

obnubiler [ɔbnybile] *v.tr.* obnubilare, ottenebrare.

obole [ɔbɔl] *n.f.* obolo (*m.*).

obscène [ɔpsɛn] *agg.* osceno.

obscénité [ɔpsenite] *n.f.* oscenità.

obscur [ɔpskyʀ] *agg.* oscuro (*anche fig.*); scuro.

obscurantisme [ɔpskyʀɑ̃tism] *n.m.* oscurantismo.

obscurantiste [ɔpskyʀɑ̃tist] *agg.* e *n.m.* e *f.* oscurantista.

obscurcir [ɔpskyʀsiʀ] *v.tr.* 1 oscurare, offuscare (*anche fig.*) 2 (*fig.*) rendere oscuro ♦ **s'obscurcir** *v.pron. intr.* oscurarsi, offuscarsi (*anche fig.*).

■ V.TR. CONTR. 1 éclairer.

obscurcissement [ɔpskyʀsismɑ̃] *n.m.* oscuramento, offuscamento (*anche fig.*).

obscurément [ɔpskyʀemɑ̃] *avv.* oscuramente; vagamente.

obscurité [ɔpskyʀite] *n.f.* oscurità (*anche fig.*); buio (*m.*): *il reste quelques obscurités dans ce passage*, (*fig.*) resta qualche punto oscuro in questo brano; *malgré l'obscurité de ses origines*, nonostante i suoi oscuri natali.

obsédant [ɔpsedɑ̃] *agg.* ossessionante, ossessivo.

obsédé [ɔpsede] *agg.* invasato; (*fig.*) ossessionato ♦ *n.m.* 1 ossesso 2 maniaco.

obséder [ɔpsede] *v.tr.* [coniug. come *céder*] ossessionare: *obséder de demandes*, assillare di richieste.

obsèques [ɔpsɛk] *n.f.pl.* esequie, funerali (*m.*).

● ***obsèques civiles, religieuses***, funerali civili, religiosi.

FAUX AMI Da non confondere con *ossequi*, che si traduce *respects, hommages*.

O

obséquieusement [ɔpsekjøzmɑ̃] *avv.* ossequiosamente, con modi ossequiosi.

obséquieux [ɔpsekjø] *agg.* [f. *-euse*] ossequente, ossequioso.

■ SIN. flatteur, servile CONTR. hautain.

obséquiosité [ɔpsekjozite] *n.f.* ossequiosità.

observable [ɔpsɛʀvabl] *agg.* osservabile.

observance [ɔpsɛʀvɑ̃s] *n.f.* osservanza.

observateur [ɔpsɛʀvatœʀ] *agg.* e *n.m.* [f. *-trice*] osservatore | *c'est un esprit observateur*, ha spirito d'osservazione.

● ***en simple observateur***, come semplice spettatore.

observation [ɔpsɛʀvasjɔ̃] *n.f.* 1 osservazione; esame (*m.*) 2 osservazione, riflessione; commento (*m.*) 3 osservanza, osservazione: *la stricte observation d'un règlement*, la stretta osservanza di un regolamento.

observatoire [ɔpsɛʀvatwaʀ] *n.m.* (*astr., mil.*) osservatorio (*anche estens.*).

observer [ɔpsɛʀve] *v.tr.* 1 osservare; esaminare 2 osservare, notare, far notare 3 osservare, rispettare: *observer les distances*, mantenere le distanze ♦ **s'observer** *v.pron.* osservarsi, studiarsi ♦ *v.pron.rec.* osservarsi, studiarsi.

obsessif [ɔpsesif] *agg.* [f. *-ive*] ossessivo.

● (*psic.*) ***trouble obsessif compulsif***, disturbo ossessivo compulsivo.

obsession [ɔpsesjɔ̃] *n.f.* ossessione.

obsessionnel [ɔpsesjɔnɛl] *agg.* [f. *-elle*] (*psic.*) ossessivo ♦ *n.m.* (*med.*) nevrotico ossessivo.

obsidienne [ɔpsidjɛn] *n.f.* (*min.*) ossidiana.

obsolescence [ɔpsɔlesɑ̃s] *n.f.* obsolescenza.

● (*econ.*): ***obsolescence des machines***, obsolescenza dei macchinari; ***obsolescence programmée, planifiée***, obsolescenza programmata, pianificata.

obsolète [ɔpsɔlɛt] *agg.* obsoleto.

obstacle [ɔpstakl] *n.m.* ostacolo.

● ***faire, mettre obstacle à qqch***, impedire, ostacolare qlco.

obstétrical [ɔpstetʀikal] *agg.* [pl. *-aux*] ostetrico.

obstétricien [ɔpstetʀisjɛ̃] *agg.* e *n.m.* [f. *-enne*] ostetrico.

obstétrique [ɔpstetʀik] *agg.* ostetrico ♦ *n.f.* ostetricia.

obstination [ɔpstinasjɔ̃] *n.f.* ostinazione.

obstiné [ɔpstine] *agg.* e *n.m.* ostinato, testardo.

obstinément [ɔpstinemɑ̃] *avv.* ostinatamente, con ostinazione.

obstiner, s' [sɔpstine] *v.pron.intr.* ostinarsi; impuntarsi.

obstructif [ɔpstʀyktif] *agg.* [f. *-ive*] ostruttivo.

obstruction [ɔpstʀyksjɔ̃] *n.f.* 1 ostruzione 2 (*fig.*) ostruzionismo (*m.*).

obstructionnisme [ɔpstʀyksjɔnism] *n.m.* ostruzionismo.

obstructionniste [ɔpstʀyksjɔnist] *n.m.* e *f.* ostruzionista ♦ *agg.* ostruzionistico.

obstruer [ɔpstʀye] *v.tr.* ostruire ♦ **s'obstruer** *v.pron. intr.* ostruirsi.

obtempérer [ɔptɑ̃peʀe] *v.intr.* [coniug. come *céder*] ottemperare.

obtenir [ɔptəniʀ] *v.tr.* [coniug. come *tenir*] ottenere: *obtenir qqch à qqn*, ottenere qlco per qlcu.

obtention [ɔptɑ̃sjɔ̃] *n.f.* conseguimento (*m.*): *demande pour l'obtention du passeport*, domanda per avere il passaporto.

obturateur [ɔptyʀatœʀ] *agg.* e *n.m.* [f. *-trice*] otturatore.

obturation [ɔptyʀasjɔ̃] *n.f.* otturazione.

● (*med.*) ***obturation dentaire***, otturazione dentaria.

obturer [ɔptyʀe] *v.tr.* otturare.

obtus [ɔpty] *agg.* ottuso.

obtusangle [ɔptyzɑ̃gl] *agg.* (*mat.*) ottusangolo.

obus [ɔby] *n.m.* (*mil.*) granata (*f.*).

● ***obus perforant, traceur***, proiettile perforante, tracciante.

obusier [ɔbyzje] *n.m.* (*mil.*) obice.

obvier [ɔbvje] *v.intr.* ovviare.

oc [ɔk] *avv.* (*in provenzale antico*) sì.

● ***langue d'oc***, lingua d'oc | ***littérature d'oc***, letteratura medievale francese in lingua d'oc.

NOTA Nel Medioevo la ***langue d'oc*** era la lingua romanza parlata e scritta nella Francia meridionale, specialmente in Provenza. Il nome deriva da *oc* 'sì' (dal latino *hoc* 'questo').

ocarina [ɔkaʀina] *n.m.* (*mus.*) ocarina (*f.*).

occasion [ɔkazjɔ̃] *n.f.* 1 occasione: *donner à qqn l'occasion de*, dare a qlcu l'opportunità di 2 motivo (*m.*); pretesto (*m.*).

● ***acheter d'occasion***, comperare d'occasione, di seconda mano | ***à l'occasion de***, in occasione di | ***livre d'occa-***

Oo

o [o] *n.m.invar.* o (*f.* o *m.*).
● (*tel.*) ***o comme Oscar***, o come Otranto.

ô [o] *inter.* oh.

oasis [ɔazis] *n.f.* oasi.

obédience [ɔbedjɑ̃s] *n.f.* (*eccl.*) obbedienza.
● ***d'obédience***, di osservanza.

obéir [ɔbeiʀ] *v.intr.* ubbidire, obbedire: *obéir à ses parents*, ubbidire ai genitori; *obéir aux conventions*, rispettare le convenzioni; *obéir à sa conscience*, ascoltare la propria coscienza.
● ***obéir au doigt et à l'œil***, filare a bacchetta.
■ CONTR. désobéir.

obéissance [ɔbeisɑ̃s] *n.f.* ubbidienza, obbedienza.

obéissant [ɔbeisɑ̃] *agg.* ubbidiente: *caractère obéissant*, carattere docile.
■ SIN. docile, discipliné CONTR. désobéissant, têtu.

obélisque [ɔbelisk] *n.m.* obelisco.

obérer [ɔbeʀe] *v.tr.* [coniug. come *céder*] oberare (di debiti), indebitare ♦ **s'obérer** *v.pron.intr.* indebitarsi.

obèse [ɔbɛz] *agg.* e *n.m.* e *f.* obeso/a.
■ *AGG.* SIN. gras CONTR. maigre.

obésité [ɔbezite] *n.f.* obesità.

obier [ɔbje] *n.m.* (*bot.*) pallone di maggio.

objecter [ɔbʒɛkte] *v.tr.* obiettare.

objecteur [ɔbʒɛktœʀ] *n.m.* obiettore.
● ***objecteur de conscience***, obiettore di coscienza.

objectif[1] [ɔbʒɛktif] *agg.* [f. *-ive*] obiettivo; oggettivo.

objectif[2] *n.m.* obiettivo.

objection [ɔbʒɛksjɔ̃] *n.f.* obiezione.

objectivation [ɔbʒɛktivasjɔ̃] *n.f.* oggettivazione.

objectivement [ɔbʒɛktivmɑ̃] *avv.* obiettivamente, oggettivamente.

objectiver [ɔbʒɛktive] *v.tr.* oggettivare, obiettivare.

objectivité [ɔbʒɛktivite] *n.f.* obiettività, oggettività.

objet [ɔbʒɛ] *n.m.* **1** oggetto; cosa (*f.*) **2** fine, scopo, oggetto: *avoir pour objet de*, mirare a; *l'objet de ma lettre est de*, lo scopo della mia lettera è di **3** oggetto, materia (*f.*); argomento: *l'objet du débat*, l'argomento della discussione.
● ***bureau des objets trouvés***, ufficio oggetti smarriti | (*gramm.*) ***complément d'objet***, complemento oggetto | ***être sans objet***, non aver più motivo, ragione di essere.

objurgation [ɔbʒyʀgasjɔ̃] *n.f.* (*letter.*) obiurgazione, rimprovero (*m.*).

oblat [ɔbla] *n.m.* (*eccl.*) oblato.

oblation [ɔblasjɔ̃] *n.f.* oblazione.

obligataire [ɔbligatɛʀ] *n.m.* e *f.* (*fin.*) obbligazionista.

obligation [ɔbligasjɔ̃] *n.f.* **1** obbligo (*m.*) **2** (*Borsa*) obbligazione.
● ***dans l'obligation de***, nella necessità di | (*Borsa*) ***d'obligations***, obbligazionario | ***fête d'obligation***, festa di precetto.

NOTA In Francia l'***obligation scolaire***, 'obbligo scolastico', prevede l'istruzione per tutti i cittadini di età compresa tra i sei e i sedici anni.

obligatoire [ɔbligatwaʀ] *agg.* obbligatorio: *école obligatoire*, scuola dell'obbligo.
● ***(la) tenue de soirée (est) obligatoire***, (è) di rigore l'abito da sera.
■ SIN. obligé CONTR. facultatif.

obligatoirement [ɔbligatwaʀmɑ̃] *avv.* obbligatoriamente.

obligé [ɔbliʒe] *agg.* **1** obbligato: *être obligé de*, essere obbligato, costretto a **2** vincolato: *obligé par contrat*, vincolato per contratto **3** grato, riconoscente, obbligato: *je vous suis fort obligé*, le sono veramente grato ♦ *n.m.* beneficato; debitore.
● ***c'est la formule obligée***, è la formula d'obbligo, d'uso | ***c'était obligé!***, (*fam.*) era inevitabile! | (*dir.*) ***le principal obligé***, il debitore principale.

obligeamment [ɔbliʒamɑ̃] *avv.* cortesemente, gentilmente.

obligeance [ɔbliʒɑ̃s] *n.f.* cortesia, gentilezza.

obligeant [ɔbliʒɑ̃] *agg.* cortese, gentile; compiacente.

obliger [ɔbliʒe] *v.tr.* [coniug. come *manger*] **1** obbligare (**a**): *sa conscience l'oblige à tout dire*, la sua coscienza gli impone di dire tutto **2** rendere servizio (**a**), far piacere (**a**): (*comm.*) *nous vous serions obligés de bien vouloir*, vi saremmo grati se voleste ♦ **s'obliger** *v.pron.intr.* obbligarsi; contrarre obbligazione.
● ***s'obliger par devant notaire***, contrarre obbligo legale.

NOTA ***Obliger à*** o ***de***?
Il verbo ***obliger*** è seguito dalla preposizione ***à*** quando è alla forma attiva:
*Ils nous ont **obligés à** payer.*
Ci hanno costretti a pagare.
È seguito dalla preposizione ***de*** quando è alla forma passiva:
*Je suis **obligé de** partir.*
Sono obbligato a partire.

oblique [ɔblik] *agg.* obliquo (*anche fig.*) ♦ *n.f.* (retta) obliqua.

obliquement [ɔblikmɑ̃] *avv.* obliquamente (*anche fig.*).

obliquer [ɔblike] *v.intr.* **1** obliquare **2** deviare.

obliquité [ɔblikɥite] *n.f.* obliquità.

oblitérateur [ɔbliteʀatœʀ] *agg.* e *n.m.* [f. *-trice*] (timbro) annullatore; (macchinetta) obliteratrice (*f.*).

oblitération [ɔbliteʀasjɔ̃] *n.f.* (*di biglietti ecc.*) obliterazione, annullamento (*m.*).

oblitérer [ɔbliteʀe] *v.tr.* [coniug. come *céder*] **1** oblite-

sion, libro usato | (*prov.*) ***l'occasion fait le larron***, l'occasione fa l'uomo ladro | ***pour l'occasion***, per l'occasione | ***sauter sur l'occasion***, (*fam.*) prendere la palla al balzo | (*Africa*) ***voyager par occasion***, fare l'autostop.

occasionnel [ɔkazjɔnɛl] ***agg.*** [f. *-elle*] occasionale.
■ SIN. fortuit CONTR. habituel.

occasionnellement [ɔkazjɔnɛlmɑ̃] ***avv.*** occasionalmente.

occasionner [ɔkazjɔne] ***v.tr.*** occasionare, causare, provocare.

occident [ɔksidɑ̃] ***n.m.*** occidente, ponente.
● (*geogr.*) ***l'Occident***, l'Occidente.

occidental [ɔksidɑ̃tal] ***agg.*** [pl. *-aux*] occidentale.

Occidental ***n.m.*** [pl. *-aux*] (*abitante*) occidentale.

occidentalisation [ɔksidɑ̃talizasjɔ̃] ***n.f.*** occidentalizzazione.

occidentaliser [ɔksidɑ̃talize] ***v.tr.*** occidentalizzare.

occipital [ɔksipital] ***agg.*** e ***n.m.*** [pl. *-aux*] (*anat.*) (osso) occipitale.

occiput [ɔksipyt] ***n.m.*** (*anat.*) occipite.

occire [ɔksiʀ] ***v.tr.dif.*** [usato all'inf., al p.p.: *occis*, e nei tempi composti] (*letter.*) occidere.

occitan [ɔksitɑ̃] ***agg.*** (*ling.*) occitanico ♦ ***n.m.*** lingua (*f.*) d'oc.

occlure [ɔklyʀ] ***v.tr.*** [coniug. come *conclure*, tranne al p.p.: *occlus*] (*med.*) occludere.

occlusif [ɔklyzif] ***agg.*** [f. *-ive*] occlusivo.

occlusion [ɔklyzjɔ̃] ***n.f.*** occlusione.

occultation [ɔkyltasjɔ̃] ***n.f.*** **1** occultamento (*m.*) **2** (*astr.*) occultazione.

occulte [ɔkylt] ***agg.*** **1** occulto **2** (*econ.*) nero; sottobanco.

occulter [ɔkylte] ***v.tr.*** occultare.

occultisme [ɔkyltism] ***n.m.*** occultismo.

occultiste [ɔkyltist] ***agg.*** e ***n.m.*** e ***f.*** occultista.

occupant [ɔkypɑ̃] ***agg.*** e ***n.m.*** occupante: *les forces occupantes*, le forze d'occupazione.

occupation [ɔkypasjɔ̃] ***n.f.*** **1** occupazione **2** occupazione; attività; impegno (*m.*): *il a été retenu par ses occupations*, è stato trattenuto dai suoi impegni; *procurer une occupation à qqn*, procurare un impiego a qlcu.
● ***occupation double***, ***simple***, camera d'albergo per due persone, per una persona.

occupationnel [ɔkypɑsjɔnɛl] ***agg.*** [f. *-elle*] occupazionale.

occupé [ɔkype] ***agg.*** occupato.
● ***être occupé à***, essere intento a.

occuper [ɔkype] ***v.tr.*** occupare: *occuper son temps*, impiegare il proprio tempo; *occuper des troupes à*, impegnare delle truppe in; *cette usine occupe plus de mille ouvriers*, questa fabbrica dà lavoro a più di mille operai; *le travail m'occupe entièrement*, il lavoro mi assorbe completamente ♦ **s'occuper** ***v.pron.intr.*** occuparsi (**di**); provvedere (**a**); curare: *il a toujours besoin de s'occuper*, ha sempre bisogno di fare qlco.

occurrence [ɔkyʀɑ̃s] ***n.f.*** **1** circostanza, occasione **2** (*liturgia*) coincidenza (di festività).
● ***en l'occurrence***, nel caso specifico.

océan [ɔseɑ̃] ***n.m.*** **1** oceano **2** (*fig.*) mare **3** *Océan*, (*fam.*) l'Atlantico.

océanique [ɔseanik] ***agg.*** oceanico.

océanographe [ɔseanɔgʀaf] ***n.m.*** e ***f.*** oceanografo/a.

océanographie [ɔseanɔgʀafi] ***n.f.*** oceanografia.

océanographique [ɔseanɔgʀafik] ***agg.*** oceanografico.

ocelle [ɔsɛl] ***n.m.*** (*zool.*) ocello.

ocellé [ɔse(ɛl)le] ***agg.*** (*zool.*) ocellato.

ocelot [ɔslo] ***n.m.*** (*zool.*) ocelot.

ocre [ɔkʀ] ***n.f.*** ocra ♦ ***agg.invar.*** ocra.

ocré [ɔkʀe] ***agg.*** tinto d'ocra.

octaèdre [ɔktaɛdʀ] ***n.m.*** ottaedro.

octane [ɔktan] ***n.m.*** (*chim.*) ottano.

octante [ɔktɑ̃t] ***agg.num.card.*** e ***n.m.invar.*** (*antiq.*) (*Canada, Svizzera*) ottanta.

octave [ɔktav] ***n.f.*** ottava.

octet [ɔktɛ] ***n.m.*** **1** (*chim.*) ottetto **2** (*inform.*) byte.

octobre [ɔktɔbʀ] ***n.m.*** ottobre.

octogénaire [ɔktɔʒenɛʀ] ***agg.*** e ***n.m.*** e ***f.*** ottuagenario/a.

octogonal [ɔktɔgɔnal] ***agg.*** [pl. *-aux*] (*mat.*) ottagonale.

octogone [ɔktɔgɔn] ***n.m.*** (*mat.*) ottagono.

octosyllabe [ɔktɔsil/ab] ***agg.*** e ***n.m.*** ottosillabo, ottonario.

octosyllabique [ɔktɔsil/abik] ***agg.*** ottosillabo, ottonario.

octroi [ɔktʀwa] ***n.m.*** **1** concessione (*f.*) **2** imposta (*f.*) di consumo; dazio.
● ***employé de l'octroi***, guardia daziaria.

octroyer [ɔktʀwaje] ***v.tr.*** [coniug. come *employer*] concedere ♦ **s'octroyer** ***v.pron. indiretto*** concedersi: *s'octroyer un bon repas*, concedersi un buon pasto.

oculaire [ɔkylɛʀ] ***agg.*** oculare.

oculiste [ɔkylist] ***n.m.*** e ***f.*** oculista.

oculistique [ɔkylistik] ***agg.*** oculistico ♦ ***n.f.*** oculistica.

odalisque [ɔdalisk] ***n.f.*** odalisca.

ode [ɔd] ***n.f.*** (*lett.*) ode.

odeur [ɔdœʀ] ***n.f.*** odore (*m.*).
● ***en odeur de sainteté***, in odore di santità: *ne pas être en odeur de sainteté auprès de qqn*, non essere ben visto da qlcu.

odieusement [ɔdjøzmɑ̃] ***avv.*** odiosamente.

odieux [ɔdjø] ***agg.*** [f. *-euse*] odioso.
● ***crime odieux***, crimine abominevole.
■ SIN. détestable CONTR. aimable.

odontalgie [ɔdɔ̃talʒi] ***n.f.*** odontalgia.

odontalgique [ɔdɔ̃talʒik] ***agg.*** e ***n.m.*** odontalgico.

odontologie [ɔdɔ̃tɔlɔʒi] ***n.f.*** odontologia; odontoiatria.

odontologique [ɔdɔ̃tɔlɔʒik] ***agg.*** odontologico; odontoiatrico.

odontologiste [ɔdɔ̃tɔlɔʒist] ***n.m.*** e ***f.*** odontoiatra.

odorant [ɔdɔʀɑ̃] ***agg.*** odoroso; olezzante.

odorat [ɔdɔʀa] ***n.m.*** odorato.

odoriférant [ɔdɔʀifeʀɑ̃] ***agg.*** (*letter.*) odorifero, olente.

odyssée [ɔdise] ***n.f.*** odissea.

œcuménique [ekymenik] ***agg.*** ecumenico.

œcuménisme [ekymenism] ***n.m.*** ecumenismo.

œdémateux [edematø] ***agg.*** [f. *-euse*] (*med.*) edematoso.

œdème [edɛm] ***n.m.*** (*med.*) edema.

œdicnème [ediknɛm] ***n.m.*** (*zool.*) occhione.

O

œdipien [edipjɛ̃] ***agg.*** [f. *-enne*] edipico.

œil [œj] ***n.m.*** [pl. *yeux* (jø)] **1** occhio: *avoir de bons yeux, de mauvais yeux*, avere la vista buona, cattiva; *avoir l'œil mauvais*, avere lo sguardo cattivo; *perdre les deux yeux*, perdere la vista | *les yeux ouverts, fermés*, a occhi aperti, chiusi | *se faire les yeux*, truccarsi gli occhi **2** (*estens.*) occhio: *l'œil d'un marteau*, l'occhio di un martello; *œil d'une porte*, spioncino.
● (*prov.*) ***œil pour œil, dent pour dent***, occhio per occhio, dente per dente | ***à l'œil***, (*fam.*) a sbafo | ***à l'œil nu***, a occhio nudo | ***aux yeux de***, a detta di | (*Africa*) ***avoir les yeux rouges***, (*fam.*) essere in collera | ***avoir, tenir à l'œil***, tenere d'occhio | ***avoir un œil qui dit zut, merde à l'autre***, (*fam.*) essere strabico | ***coup d'œil***, occhiata, sguardo: *la ville offrait un coup d'œil magnifique*, la città offriva un panorama magnifico; *avoir le coup d'œil*, avere occhio; *d'un coup d'œil*, con un'occhiata; *au, du premier coup d'œil*, a prima vista, alla prima occhiata, a colpo d'occhio; *ça vaut le coup d'œil*, merita di esser visto | ***des yeux***, con gli occhi: *se mesurer des yeux*, squadrarsi; *ne pas quitter qqn des yeux*, non perdere d'occhio qlcu | ***entre quatre(-z-)yeux***, a quattr'occhi | ***faire de l'œil***, fare l'occhiolino | ***faire des yeux en coulisse***, lanciare sguardi languidi | ***faire des yeux ronds***, sgranare gli occhi | ***faire les gros yeux***, fare gli occhiacci | ***mauvais œil***, malocchio | ***mon œil!***, (*fam.*) un corno! | ***n'avoir d'yeux que pour qqn***, avere occhi solo per qlcu | ***ne pas avoir les yeux dans sa poche***, (*fam.*) essere un tipo sveglio | ***ne pas avoir les yeux en face des trous***, (*fam.*) non vederci dalla stanchezza | ***ouvre l'œil et le bon!***, (*fam.*) apri l'occhio! | ***ouvrir de grands yeux***, aprire tanto d'occhi | ***s'en battre l'œil***, (*fam.*) infischiarsene | ***tourner de l'œil***, svenire | ***voir d'un bon œil***, vedere di buon occhio.

œil-de-bœuf [œjdəbœf] ***n.m.*** [pl. *œils-de-bœuf*] (*arch.*) occhio di bue.

œil-de-perdrix [œjdəpɛʀdʀi] ***n.m.*** [pl. *œils-de-perdrix*] occhio di pernice.

O

œil-de-tigre [œjdətigʀ] ***n.m.*** [pl. *œils-de-tigre*] (*min.*) occhio di tigre.

œillade [œjad] ***n.f.*** occhiata d'intesa.

œillère [œjɛʀ] ***n.f.*** paraocchi (*m.*).

œillet[1] [œjɛ] ***n.m.*** (*bot.*) garofano.
● ***œillet de poète***, garofano a mazzetti | ***œillet d'Inde***, garofano indiano | ***œillet mignardise***, garofanino.

œillet[2] ***n.m.*** occhiello.

œilleton [œjtɔ̃] ***n.m.*** **1** (*bot.*) pollone **2** mirino (di arma) **3** (*di porta*) spioncino, occhio magico.

œillette [œjɛt] ***n.f.*** papavero (*m.*) mediterraneo.
● ***(huile d')œillette***, olio di papavero.

œno- ***pref.*** eno-.

œnologie [enɔlɔʒi] ***n.f.*** enologia.

œnologique [enɔlɔʒik] ***agg.*** enologico.

œnologiste [enɔlɔʒist] **œnologue** [enɔlɔg] ***n.m.*** e ***f.*** enologo/a.

œnothèque [enɔtɛk] ***n.f.*** enoteca.

œsophage [ezɔfaʒ] ***n.m.*** (*anat.*) esofago.

œstrogène [ɛstʀɔʒɛn] ***agg.*** e ***n.m.*** (*biol.*) estrogeno.

œuf [œf] ***n.m.*** [pl. *œufs* (ø)] **1** uovo **2** (*biol.*) embrione.
● ***œuf à repriser***, uovo da rammendo | (*cuc.*): ***œufs durs, à la coque***, uova sode, alla coque; ***œufs mollets, pochés, brouillés***, uova bazzotte, affogate, strapazzate; ***œufs sur le, au plat***, uova al tegame, all'occhio di bue | ***dans l'œuf***, (*fig.*) sul nascere | ***espèce d'œuf!***, (*fam.*) razza di idiota! | ***être plein comme un œuf***, (*fam.*) essere pieno come un otre, essere sazio | ***mettre tous ses œufs dans le même panier***, (*fig.*) puntare tutto sulla stessa carta | ***va te faire cuire un œuf!***, (*fam.*) vai a quel paese!

œuvre [œvʀ] ***n.f.*** opera: *œuvre de la nature, de Dieu*, l'opera della natura, di Dio | *les œuvres choisies, l'œuvre complète de Musset*, le opere scelte, l'opera omnia di Musset ♦ ***n.m.*** **1** (*edil.*) opera (*f.*), fabbrica (*f.*) **2** (*di artista, scrittore ecc.*) opera (*f.*) completa: *l'œuvre gravé de Dürer*, le incisioni di Dürer.
● ***œuvre d'art***, opera d'arte | ***bonnes œuvres***, opere pie, di carità | (*edil.*) ***le gros œuvre***, le fondamenta e i muri maestri | ***mettre en œuvre***, (*anche fig.*) mettere in opera, eseguire; (*inform.*) implementare, realizzare.

œuvrer [œvʀe] ***v.intr.*** operare, agire.

off [ɔf] ***agg.*** **1** (*cine., tv*) fuori campo **2** (*teatr., cine.*) d'avanguardia, alternativo.
● (*cine., tv*) ***voix off***, voce fuori campo.

offensant [ɔfɑ̃sɑ̃] ***agg.*** offensivo.

offense [ɔfɑ̃s] ***n.f.*** **1** offesa **2** (*dir.*) vilipendio (*m.*) **3** (*relig.*) peccato (*m.*), colpa.

offensé [ɔfɑ̃se] ***agg.*** e ***n.m.*** offeso.

offenser [ɔfɑ̃se] ***v.tr.*** offendere: *un rien l'offense*, si offende per un nonnulla ♦ **s'offenser** ***v.pron.intr.*** offendersi ♦ ***v.pron.rec.*** offendersi.

offenseur [ɔfɑ̃sœʀ] ***n.m.*** offensore.

offensif [ɔfɑ̃sif] ***agg.*** [f. *-ive*] (*mil.*) offensivo.

offensive [ɔfɑ̃siv] ***n.f.*** offensiva (*anche fig.*).

offensivement [ɔfɑ̃sivmɑ̃] ***avv.*** in modo offensivo.

offert [ɔfɛʀ] *p.p.* di **offrir**.

offertoire [ɔfɛʀtwaʀ] ***n.m.*** (*eccl.*) offertorio.

office[1] [ɔfis] ***n.m.*** **1** carica (*f.*); funzione (*f.*) **2** (*eccl.*) uffizio, funzione (*f.*) **3** ente (pubblico); azienda (*f.*) (di stato).
● ***Office de Tourisme***, Ente per il turismo | ***bons offices***, buoni uffici | ***d'office***, d'ufficio | ***faire office de***, fungere da | ***remplir son office***, svolgere il proprio ruolo.

office[2] ***n.m.*** e ***f.*** locale (*m.*) di servizio (attinente alla cucina, in un aereo).

officiant [ɔfisjɑ̃] ***agg.*** e ***n.m.*** officiante.

officiel [ɔfisjɛl] ***agg.*** [f. *-elle*] ufficiale ♦ ***n.m.*** **1** autorità (*f.*): *la tribune des officiels*, la tribuna delle autorità **2** (*sport*) organizzatore (di una manifestazione sportiva); giudice (di gara).
● ***à titre officiel***, ufficialmente, in forma ufficiale | ***le Journal Officiel, l'Officiel***, la Gazzetta Ufficiale.
■ AGG. SIN. autorisé CONTR. officieux.

officiellement [ɔfisjɛlmɑ̃] ***avv.*** ufficialmente, in forma ufficiale.

officier[1] [ɔfisje] ***n.m.*** **1** (*mil.*) ufficiale **2** ufficiale; funzionario.
● ***officier de réserve***, ufficiale di complemento | ***officier public, ministériel***, pubblico ufficiale.

officier[2] ***v.intr.*** (*eccl.*) officiare.

officieusement [ɔfisjøzmɑ̃] ***avv.*** ufficiosamente.

officieux [ɔfisjø] ***agg.*** [f. *-euse*] ufficioso.
● ***à titre officieux***, in forma ufficiosa, non ufficialmente.

officinal [ɔfisinal] ***agg.*** [pl. *-aux*] officinale.

officine [ɔfisin] ***n.f.*** laboratorio (*m.*) farmaceutico.

FAUX AMI
Da non confondere con *officina*, che si traduce *usine, atelier*.

offrande [ɔfʀɑ̃d] ***n.f.*** (*eccl.*) offerta; obolo (*m.*).

offrant [ɔfʀɑ̃] ***n.m.*** offerente (a un'asta).
● ***vendre au plus offrant***, vendere al migliore offerente.

offre [ɔfʀ] *n.f.* offerta.
● (*econ.*): ***offre de services, d'emploi***, offerta di servizi, d'impiego; ***offre globale***, offerta aggregata | ***offre meublée, vide***, (*negli annunci economici*) offresi alloggio ammobiliato, vuoto | (*fin.*): ***offre publique d'achat*** (*OPA*), offerta pubblica di acquisto (di azioni); ***offre publique d'échange*** (*OPE*), offerta pubblica di scambio (di azioni).

offrir [ɔfʀiʀ] *v.tr.* [pres.indic.: *j'offre* etc., *nous offrons* etc.; imperf.indic.: *j'offrais* etc.; p.rem.: *j'offris* etc.; fut.indic.: *j'offrirai* etc.; cond.: *j'offrirais* etc.; pres. cong.: *que j'offre* etc.; imperf.cong.: *que j'offrisse* etc.; p.pres.: *offrant*; p.p.: *offert*; imp.: *offre, offrons, offrez*] offrire: *offrir à boire*, offrire da bere; *je lui ai offert de l'accompagner*, mi sono offerto di accompagnarlo; *offrir un livre*, regalare un libro ♦ **s'offrir** *v.pron.intr.* offrirsi: *il s'offrit à les aider*, si offrì di aiutarli ♦ *v.pron. indiretto* offrirsi, concedersi: *s'offrir un voyage*, concedersi un viaggio.
■ *V.TR.* SIN. donner CONTR. refuser.

offset [ɔfsɛt] *n.m.invar.* (*tip.*) offset.

offshore [ɔfʃɔʀ] *agg.invar.* e *n.m.* offshore.

offusquer [ɔfyske] *v.tr.* (*fig.*) urtare, contrariare ♦ **s'offusquer** *v.pron.intr.* adombrarsi (**per**), risentirsi (**per**).

ogival [ɔʒival] *agg.* [pl. *-aux*] ogivale.

ogive [ɔʒiv] *n.f.* ogiva.
● (*arch.*) ***en ogive***, a ogiva, a sesto acuto.

OGM [oʒeɛm] *n.m.* (*sigla di* Organisme Génétiquement Modifié) OGM, organismo geneticamente modificato.

ogre [ɔgʀ] *n.m.* orco (*anche fig.*).
● ***appétit d'ogre***, appetito formidabile | ***manger comme un ogre***, mangiare come un lupo.

oh [o] *inter.* e *n.m.invar.* **1** (*per indicare sorpresa*) oh, ah **2** (*per richiamare l'attenzione*) ehi.
● ***pousser des oh et des ah!***, gridare di gioia, di meraviglia.

ohé [ɔe] *inter.* ohe, ehi.

oïdium [ɔidjɔm] *n.m.* (*bot.*) oidio, mal bianco.

oie [wa] *n.f.* oca.
● ***oie cendrée***, oca selvatica | ***bête comme une oie***, stupido come una gallina | ***c'est une oie blanche***, (*iron.*) è un'(o-chetta) ingenua | (*prov.*) ***les oies sont perchées*** (o ***les oies se perchent***), ***il fera beau demain***, rosso di sera, bel tempo si spera.

oignon [ɔɲɔ̃] *n.m.* **1** cipolla (*f.*) **2** (*orologio*) cipolla (*f.*) **3** durone, cipolla (*f.*) (dell'alluce).
● (*bot.*) ***oignon de tulipe***, bulbo, cipolla di tulipano | ***en rang d'oignons***, in fila indiana | ***occupe-toi de tes oignons***, (*fam.*) impicciati dei fatti tuoi | (*cuc.*) ***soupe à l'oignon***, zuppa di cipolle | ***vin pelure d'oignon***, vino rosato.

oïl [ɔjl] *avv.* (*in francese antico*) sì.
● ***langue d'oïl***, lingua d'oïl | ***littérature d'oïl***, letteratura medievale francese in lingua d'oïl.

NOTA Nel medioevo la ***langue d'oïl*** era la lingua romanza parlata e scritta nella Francia settentrionale (a nord della Loira); comprendeva diversi dialetti, fra cui quello dell'Île-de-France, che diede origine al francese moderno. Il termine *oïl* era il modo di dire 'sì', derivato da *oc* rafforzato da *il* (dal latino *hoc ille*).

oim [wam] *pron.pers. 1ª pers.sing.* (*verlan di* moi) me.

oindre [wɛ̃dʀ] *v.tr.* [coniug. come *craindre*; non com. tranne all'inf. e al p.p. *oint*] **1** ungere **2** (*eccl.*) ungere (con olio sacro); consacrare.

oint [wɛ̃] *p.p.* di **oindre** ♦ *agg.* e *n.m.* unto.

oiseau [wazo] *n.m.* [pl. *-eaux*] uccello.
● ***oiseau de malheur***, uccello del malaugurio | ***oiseau migrateur*** (o ***de passage***), uccello migratore, di passo | ***oiseau nocturne*** (o ***de nuit***), uccello notturno | ***oiseau rapace*** (o ***de proie***), uccello rapace, predatore | ***oiseau rare***, bestia rara | ***avoir un appétit d'oiseau***, mangiare come un uccellino | ***avoir une cervelle d'oiseau***, avere un cervello di gallina | ***c'est un drôle d'oiseau***, (*fam.*) è un tipo strano | ***être comme l'oiseau sur la branche***, vivere alla giornata | (*prov.*) ***petit à petit l'oiseau fait son nid***, Roma non fu fatta in un giorno | ***que vient faire ici cet oiseau -là?***, che cosa viene a fare qui quel tipo?

oiseau-lyre [wazoliʀ] *n.m.* [pl. *oiseaux-lyres*] (*zool.*) uccello lira.

oiseau-mouche [wazomuʃ] *n.m.* [pl. *oiseaux-mouches*] uccello mosca.

oiselet [wazlɛ] *n.m.* (*letter.*) augelletto.

oiseleur [wazlœʀ] *n.m.* uccellatore.

oiselier [wazəlje] *n.m.* uccellaio.

oisellerie [wazɛlʀi] *n.f.* negozio (*m.*) di uccelli.

oiseusement [wazøzmɑ̃] *avv.* oziosamente, inutilmente.

oiseux [wazø] *agg.* [f. *-euse*] ozioso, inutile.

oisif [wazif] *agg.* [f. *-ive*] ozioso; inattivo: *rester oisif*, stare in ozio ♦ *n.m.* sfaccendato.
● (*econ.*): ***argent oisif***, denaro inattivo; ***capital oisif***, inattivo.

oisillon [wazijɔ̃] *n.m.* uccellino.

oisivement [wazivmɑ̃] *avv.* oziosamente.

oisiveté [wazivte] *n.f.* ozio (*m.*).

oison [wazɔ̃] *n.m.* papero, papera (*f.*).

oite [wat] *pron.pers. 2ª pers.sing.* (*verlan di* toi) te.

ok [oke] *inter.* e *agg.invar.* OK, bene.

okapi [ɔkapi] *n.m.* (*zool.*) okapi.

oléagineux [ɔleaʒinø] *agg.* [f. *-euse*] oleoso ♦ *n.m.* pianta (*f.*) oleaginosa.

oléicole [oleikɔl] *agg.* olivicolo.

oléiculteur [ɔleikyltœʀ] *n.m.* [f. *-trice*] olivicoltore.

oléiforme [ɔleifɔʀm] *agg.* oleoso.

oléine [ɔlein] *n.f.* (*chim.*) oleina.

oléo- *pref.* oleo-.

oléoduc [ɔleɔdyk] *n.m.* oleodotto.

oléographie [ɔleɔgʀafi] *n.f.* (*tip.*) oleografia.

oléographique [ɔleɔgʀafik] *agg.* oleografico.

olé olé [ɔleɔle] *agg.invar.* (*fam.*) libero, disinvolto.

olfactif [ɔlfaktif] *agg.* [f. *-ive*] olfattivo.

olfaction [ɔlfaksjɔ̃] *n.f.* (*scient.*) olfatto (*m.*).

olibrius [ɔlibʀijys] *n.m.* (*fam.*) tipo stravagante.

olifant [ɔlifɑ̃] *n.m.* (*st. mus.*) olifante.

oligarchie [ɔligaʀʃi] *n.f.* oligarchia.

oligarchique [ɔligaʀʃik] *agg.* oligarchico.

olig(o)- *pref.* olig(o)-.

oligocène [ɔligɔsɛn] *n.m.* (*geol.*) oligocene.

oligo-élément [ɔligɔelemɑ̃] *n.m.* [pl. *oligo-éléments*] (*chim.*) oligoelemento.

oligophrène [ɔligɔfʀɛn] *agg.* e *n.m.* e *f.* (*med.*) oligofrenico/a.

oligophrénie [ɔligɔfʀeni] *n.f.* (*med.*) oligofrenia.

oligopole [ɔligɔpɔl] *n.m.* (*econ.*) oligopolio.

oliphant [ɔlifɑ̃] *n.m.* → **olifant**.

olivaie [ɔlivɛ] *n.f.* oliveto (*m.*).

olivaison [ɔlivɛzɔ̃] *n.f.* raccolta delle olive.

olivâtre [ɔlivɑtʀ] ***agg.*** olivastro.

olive [ɔliv] ***n.f.*** **1** oliva **2** (oggetto a forma di) oliva ♦ ***agg.invar.*** (color) oliva.

oliveraie [ɔlivʀɛ] ***n.f.*** oliveto (*m.*).

olivet [ɔlivɛ] ***n.m.*** olivet (formaggio vaccino di Orléans).

olivette [ɔlivɛt] ***n.f.*** (pomodoro) perino (*m.*).

olivier [ɔlivje] ***n.m.*** ulivo.

olographe [ɔlɔgʀaf] ***agg.*** (*dir.*) olografo.

olympe [ɔlɛ̃p] ***n.m.*** olimpo.

olympiade [ɔlɛ̃pjad] ***n.f.*** olimpiade.

olympien [ɔlɛ̃pjɛ̃] ***agg.*** [f. *-enne*] olimpico.
● (*mit.*) ***Zeus olympien***, Giove olimpio.

olympique [ɔlɛ̃pik] ***agg.*** olimpico: *athlète, record olympique*, atleta, record olimpionico.
● ***Jeux olympiques***, giochi olimpici, olimpiadi.

ombelle [ɔ̃bɛl] ***n.f.*** (*bot.*) ombrella.

Ombellifères [ɔ̃be(ɛl)lifɛʀ] ***n.f.pl.*** (*bot.*) Ombrellifere.

ombilic [ɔ̃bilik] ***n.m.*** (*anat.*) ombelico.
■ SIN. nombril.

ombilical [ɔ̃bilikal] ***agg.*** [pl. *-aux*] ombelicale.
● (*anat.*) ***cordon ombilical***, cordone ombelicale.

omble [ɔ̃bl] ***n.m.*** (*zool.*) salmerino.

ombrage [ɔ̃bʀaʒ] ***n.m.*** ombra (*f.*) (del fogliame): *donner de l'ombrage, faire ombrage*, ombreggiare, fare ombra.
● ***faire, porter ombrage à qqn***, (*fig.*) dare ombra a qlcu; insospettire qlcu; indispettire qlcu | ***prendre ombrage de qqch***, (*fig.*) adombrarsi, offendersi per qlco.

ombragé [ɔ̃bʀaʒe] ***agg.*** ombroso, ombreggiato.

ombrager [ɔ̃bʀaʒe] ***v.tr.*** [coniug. come *manger*] ombreggiare, fare ombra.

ombrageux [ɔ̃bʀaʒø] ***agg.*** [f. *-euse*] ombroso.

ombre[1] [ɔ̃bʀ] ***n.f.*** ombra (*anche fig.*): *faire de l'ombre*, fare ombra; *une ombre de vérité*, (*fig.*) una parvenza di verità.
● ***ombres chinoises***, ombre cinesi | ***à l'ombre***, all'ombra: *il fait 35° à l'ombre*, ci sono 35° all'ombra; *il vivait à l'ombre de son père*, (*fig.*) viveva all'ombra di suo padre | ***courir après une ombre***, (*fig.*) correre dietro alle ombre | ***dans l'ombre***, nell'ombra: *tramer, agir dans l'ombre* (*de qqn*), (*fig.*) tramare, agire nell'ombra (di qlcu) | ***il n'y a pas l'ombre d'un doute***, senza ombra di dubbio | ***il y a une ombre au tableau***, c'è un neo che guasta tutto | ***mettre à l'ombre***, (*fam.*) mettere al fresco, in galera | ***théâtre des ombres***, teatro delle ombre.

ombre[2] ***n.m.*** (*zool.*) temolo.

ombre[3] ***n.f.*** terra d'ombra, terra di Siena.

ombrelle [ɔ̃bʀɛl] ***n.f.*** ombrellino (*m.*), parasole (*m.*).

ombrer [ɔ̃bʀe] ***v.tr.*** (*pitt.*) ombrare, ombreggiare.

ombreux [ɔ̃bʀø] ***agg.*** [f. *-euse*] (*letter.*) ombroso.

ombrien [ɔ̃bʀiɛ̃] ***agg.*** [f. *-enne*] umbro.

Ombrien [ɔ̃bʀiɛ̃] ***n.m.*** [f. *-enne*] (*abitante*) umbro.

ombrine [ɔ̃bʀin] ***n.f.*** (*zool.*) ombrina.

oméga [ɔmega] ***n.m.invar.*** omega (*m.* o *f.*).

omelette [ɔmlɛt] ***n.f.*** (*cuc.*) frittata.
● ***omelette aux champignons***, frittata con i funghi | ***omelette norvégienne***, dolce di gelato, meringa e pandispagna | (*prov.*) ***on ne fait pas l'omelette sans casser des œufs***, non c'è pane senza pena.

omettre [ɔmɛtʀ] ***v.tr.*** [coniug. come *mettre*] omettere, tralasciare.

omis [ɔmi] *p.p.* di **omettre**.

omission [ɔmisjɔ̃] ***n.f.*** omissione.

omni- ***pref.*** onni-, pluri-, poli-.

omnibus [ɔmnibys] ***n.m.*** e ***agg.invar.***
● (***train***) ***omnibus***, (treno) omnibus, locale, accelerato.

omnicolore [ɔmnikɔlɔʀ] ***agg.*** multicolore.

omnipotence [ɔmnipɔtɑ̃s] ***n.f.*** onnipotenza.

omnipotent [ɔmnipɔtɑ̃] ***agg.*** onnipotente.

omniprésence [ɔmnipʀezɑ̃s] ***n.f.*** onnipresenza.

omniprésent [ɔmnipʀezɑ̃] ***agg.*** onnipresente.

omniscience [ɔmnisjɑ̃s] ***n.f.*** onniscienza.

omniscient [ɔmnisjɑ̃] ***agg.*** onnisciente.

omnisports [ɔmnispɔʀ] ***agg.invar.*** (*sport*) polisportivo.

omnivore [ɔmnivɔʀ] ***agg.*** onnivoro.

omoplate [ɔmɔplat] ***n.f.*** (*anat.*) scapola.

on [ɔ̃] ***pron.indef.*** si: *on n'est jamais content de ce que l'on fait*, non si è mai contenti di ciò che si fa; *on les avait vus*, erano stati visti; *si l'on considère que*, se si considera che ♦ ***pron.pers.*** (*fam. in sostituzione di* je, nous, tu *o* vous) *on était seules quand l'orage a éclaté*, eravamo sole quando è scoppiato il temporale; *on sera mieux chez nous*, staremo meglio a casa nostra.
● ***on aurait dit*** (***que***), sembrava (che) | ***on dit, on dirait que***, si dice, si direbbe che | ***on ne sait comment***, non si sa come | ***on ne sait où***, non si sa dove | ***on ne sait qui, quoi***, non si sa chi, cosa | ***on y va?***, andiamo?, si va?

NOTA L'accordo dell'attributo riferito a ***on*** dipende da che cosa rappresenta il pronome. Se ***on*** sostituisce *nous*, l'accordo si fa al plurale:

> ***On s'est mariés*** *l'année dernière.*
> Ci siamo sposati l'anno scorso.

Se ***on*** rappresenta un soggetto impersonale, l'attributo è al singolare:

> *Quand* ***on est jeune****, on est fou.*
> Quando si è giovani si è pazzi.

onagre [ɔnagʀ] ***n.m.*** (*zool.*) onagro.

onanisme [ɔnanism] ***n.m.*** onanismo.

once [ɔ̃s] ***n.f.*** (*misura*) oncia.

oncle [ɔ̃kl] ***n.m.*** zio.

onco- ***pref.*** onco-.

oncologie [ɔ̃kɔlɔʒi] ***n.f.*** oncologia.

oncologique [ɔ̃kɔlɔʒik] ***agg.*** (*med.*) oncologico.

oncologue [ɔ̃kɔlɔg] ***n.m.*** e ***f.*** (*med.*) oncologo/a.

onction [ɔ̃ksjɔ̃] ***n.f.*** **1** unzione **2** (*fig. spreg.*) mellifluità.

onctueux [ɔ̃ktɥø] ***agg.*** [f. *-euse*] cremoso.

onctuosité [ɔ̃ktɥozite] ***n.f.*** morbidezza, cremosità.

onde [ɔ̃d] ***n.f.*** **1** onda (*anche fig.*) **2** (*letter.*) ondata **3** (*fis.*) onda.
● (*fis.*): ***onde de choc***, fronte d'urto; (*fig.*) ripercussione, conseguenza; ***longueur d'onde***, (*anche fig.*) lunghezza d'onda | (*rad., tv*): ***mettre en ondes***, mettere in onda; ***passer sur les ondes***, andare in onda.

ondée [ɔ̃de] ***n.f.*** acquazzone (*m.*).

FAUX AMI
Da non confondere con *ondata*, che si traduce *vague*.

ondine [ɔ̃din] ***n.f.*** (*mit.*) ondina.

on-dit [ɔ̃di] ***n.m.invar.*** diceria (*f.*), pettegolezzo.

ondoiement [ɔ̃dwamɑ̃] ***n.m.*** ondeggiamento.

ondoyant [ɔ̃dwajɑ̃] ***agg.*** **1** fluttuante; ondeggiante **2** (*fig.*) instabile, mutevole.

ondoyer [ɔ̃dwaje] ***v.intr.*** [coniug. come *employer*] fluttuare; ondeggiare ♦ ***v.tr.*** (*eccl.*) battezzare sotto condizione.

ondulant [ɔ̃dylɑ̃] ***agg.*** ondeggiante.

ondulation [ɔ̃dylasjɔ̃] ***n.f.*** **1** ondulazione **2** ondeggiamento (*m.*).

ondulatoire [ɔ̃dylatwaʀ] ***agg.*** ondulatorio.

ondulé [ɔ̃dyle] ***agg.*** ondulato.

onduler [ɔ̃dyle] ***v.intr.*** ondeggiare ♦ ***v.tr.*** ondulare; (*i capelli*) arricciare.

onduleux [ɔ̃dylø] ***agg.*** [f. *-euse*] (*letter.*) **1** ondulato **2** ondeggiante.

onéreux [ɔneʀø] ***agg.*** [f. *-euse*] oneroso, gravoso.
■ **SIN.** cher, coûteux **CONTR.** économique, avantageux.

ongle [ɔ̃gl] ***n.m.*** unghia (*f.*): *se brosser les ongles*, pulirsi le unghie (con uno spazzolino).
● ***ongle incarné***, unghia incarnita | ***jusqu'au bout des ongles***, fino alla punta dei capelli | ***manger ses ongles*** (o ***se ronger les ongles***), (*anche fig.*) mangiarsi le unghie | ***rogner les ongles à qqn***, tarpare le ali a qlcu | ***savoir sur le bout des ongles***, sapere a menadito.

onglée [ɔ̃gle] ***n.f.*** inizio (*m.*) di congelamento (alle dita).
● ***avoir l'onglée***, avere la punta delle dita congelate.

onglet [ɔ̃glɛ] ***n.m.*** **1** unghia (*f.*) **2** (*tecn.*) ugnatura (*f.*) **3** (*tip.*) inserto **4** (*Internet*) widget.
● (*tecn.*): ***assemblage à onglet***, giunto ad angolo; ***tailler à onglet***, tagliare a 45°.

onguent [ɔ̃gɑ̃] ***n.m.*** unguento.

ongulé [ɔ̃gyle] ***agg.*** e ***n.m.*** (*zool.*) ungulato.

onirique [ɔniʀik] ***agg.*** onirico.

onirisme [ɔniʀism] ***n.m.*** onirismo.

onomastique [ɔnɔmastik] ***agg.*** onomastico ♦ ***n.f.*** (*ling.*) onomastica.

onomatopée [ɔnɔmatɔpe] ***n.f.*** onomatopea.

onomatopéique [ɔnɔmatɔpeik] ***agg.*** onomatopeico.

ont [ɔ̃] → **avoir**[1].

ontologie [ɔ̃tɔlɔʒi] ***n.f.*** (*fil.*) ontologia.

ontologique [ɔ̃tɔlɔʒik] ***agg.*** ontologico.

onusien [ɔnyzjɛ̃] ***agg.*** [f. *-enne*] relativo all'ONU, dell'ONU: *solution de type onusien*, soluzione in linea con l'ONU.

onyx [ɔniks] ***n.m.*** (*min.*) onice (*f.*).

onze [ɔ̃z] ***agg.num.card.invar.*** undici ♦ ***agg.num.ord. invar.*** (*di re, papi, capitoli ecc.*) undicesimo: *chapitre onze*, capitolo undicesimo | (*st.*) *Pie onze*, Pio XI ♦ ***n.m. invar.*** **1** undici **2** (*sport*) squadra (*f.*) di calcio | *le onze de France* (o *le onze tricolore*), la nazionale di calcio francese.
● ***onze cents***, millecento.

onzième [ɔ̃zjɛm] ***agg.num.ord.*** e ***n.m.*** e ***f.*** undicesimo/a.

oogamie [ɔɔgami] ***n.f.*** (*biol.*) oogamia.

oogénèse [ɔɔgenɛz] ***n.f.*** (*biol.*) oogenesi.

oosphère [ɔɔsfɛʀ] ***n.f.*** (*bot.*) oosfera.

opacifier [ɔpasifje] ***v.tr.*** opacizzare.

opacité [ɔpasite] ***n.f.*** opacità.

opale [ɔpal] ***n.f.*** (*min.*) opale (*m.* o *f.*).

opalescence [ɔpalesɑ̃s] ***n.f.*** opalescenza.

opalescent [ɔpalesɑ̃] ***agg.*** opalescente.

opalin [ɔpalɛ̃] ***agg.*** opalino.

opaline [ɔ̃palin] ***n.f.*** opalina.

opaque [ɔpak] ***agg.*** **1** opaco **2** (*fig.*) impenetrabile.

opé [ope] ***agg.*** (*abbr. di* opérationnel) operativo.

opéra [ɔpeʀa] ***n.m.*** **1** (*mus.*) opera (*f.*) **2** teatro dell'opera.
● ***opéra bouffe***, opera buffa | ***grand opéra***, grand opéra, opera seria.

NOTA È da notare che in francese la parola ***opéra*** è maschile.

opérable [ɔpeʀabl] ***agg.*** (*med.*) operabile.

opéra-comique [ɔpeʀakɔmik] ***n.m.*** [pl. *opéras-comiques*] (*mus.*) dramma lirico di argomento leggero che alterna arie cantate e dialoghi parlati.

opérateur [ɔpeʀatœʀ] ***n.m.*** [f. *-trice*] operatore.
● (*Borsa*) ***opérateur à la baisse***, ***à la hausse***, ribassista, rialzista | (*tv*) ***opérateur de prise de vues***, cineoperatore | (*cine.*) ***opérateur du son***, tecnico del suono.

opération [ɔpeʀasjɔ̃] ***n.f.*** **1** operazione **2** (*mat.*) operazione: *les quatres opérations*, le quattro operazioni **3** (*med.*) operazione, intervento (*m.*): *subir une opération*, subire un'operazione.
● ***par l'opération du Saint-Esprit***, (*iron.*) per opera dello Spirito Santo | (*med.*): ***salle d'opération***, sala operatoria; ***table d'opération***, tavolo operatorio.

opérationnel [ɔpeʀasjɔnɛl] ***agg.*** [f. *-elle*] operativo.

opératoire [ɔpeʀatwaʀ] ***agg.*** **1** (*med.*) operatorio **2** operativo.
● ***choc opératoire***, trauma postoperatorio.

opercule [ɔpɛʀkyl] ***n.m.*** opercolo.

opéré [ɔpeʀe] ***agg.*** e ***n.m.*** (*med.*) operato.
● ***un grand opéré***, chi ha subito un intervento chirurgico di grande entità.

opérer [ɔpeʀe] ***v.tr.*** [coniug. come *céder*] **1** operare, compiere; produrre **2** (*med.*) operare ♦ ***v.intr.*** **1** operare, agire **2** (*med.*) operare ♦ **s'opérer** ***v.pron.intr.*** operarsi, prodursi.

opérette [ɔpeʀɛt] ***n.f.*** (*mus.*) operetta.

ophtalmie [ɔftalmi] ***n.f.*** (*med.*) oftalmia.

ophtalmique [ɔftalmik] ***agg.*** oftalmico.

ophtalm(o)- ***pref.*** oftalm(o)-.

ophtalmologie [ɔftalmɔlɔʒi] ***n.f.*** oftalmologia, oculistica.

ophtalmologique [ɔftalmɔlɔʒik] ***agg.*** oftalmologico, oculistico.

ophtalmologiste [ɔftalmɔlɔʒist] **ophtalmologue** [ɔftalmɔlɔg] ***n.m.*** e ***f.*** oftalmologo/a.

ophtalmoscope [ɔftalmɔskɔp] ***n.m.*** (*med.*) oftalmoscopio.

opiacé [ɔpjase] ***agg.*** oppiaceo.

opiner [ɔpine] ***v.intr.*** esprimere la propria opinione; esprimersi.
● ***opiner à qqch***, approvare qlco | ***opiner du bonnet***, ***de la tête***, ***du chef***, annuire.

opiniâtre [ɔpinjɑtʀ] ***agg.*** **1** tenace; ostinato **2** persistente: *toux opiniâtre*, tosse persistente.
■ **SIN.** **1** obstiné, déterminé **CONTR.** **1** versatile.

opiniâtrement [ɔpinjɑtʀəmɑ̃] ***avv.*** tenacemente; ostinatamente.

opiniâtreté [ɔpinjɑtʀəte] ***n.f.*** tenacia; accanimento (*m.*).

opinion [ɔpinjɔ̃] ***n.f.*** **1** opinione: *c'est une affaire d'opinion*, è una questione di opinioni **2** opinione pubblica:

O

braver l'opinion, sfidare l'opinione pubblica **3** concetto (*m.*), opinione: *donner bonne opinion de soi*, fare buona impressione.
● ***liberté d'opinion***, libertà di pensiero | ***sondage d'opinion***, sondaggio d'opinione.

opium [ɔpjɔm] ***n.m.*** oppio.

opossum [ɔpɔsɔm] ***n.m.*** (*zool.*) opossum.

opportun [ɔpɔʀtœ̃] ***agg.*** opportuno.

opportunément [ɔpɔʀtynemɑ̃] ***avv.*** opportunamente, al momento opportuno.

opportunisme [ɔpɔʀtynism] ***n.m.*** opportunismo.

opportuniste [ɔpɔʀtynist] ***agg.*** e ***n.m.*** e ***f.*** opportunista.

opportunité [ɔpɔʀtynite] ***n.f.*** **1** opportunità **2** occasione, opportunità: *saisir l'opportunité*, cogliere l'occasione.

opposable [ɔpozabl] ***agg.*** opponibile (*anche dir.*).

opposant [ɔpozɑ̃] ***agg.*** **1** avverso **2** (*dir., anat.*) opponente ♦ ***n.m.*** oppositore.

opposé [ɔpoze] ***agg.*** **1** opposto **2** ostile, contrario: *nous sommes opposés à la violence*, siamo contrari alla violenza ♦ ***n.m.*** opposto: *vous dites une chose et vous faites l'opposé*, lei dice una cosa e fa (esattamente) l'opposto.
● ***à l'opposé***, al contrario.

opposer [ɔpoze] ***v.tr.*** **1** opporre **2** contrapporre, paragonare **3** dividere, mettere in contrasto: *des questions d'intérêt nous opposent*, ci dividono questioni d'interesse ♦ **s'opposer** ***v.pron.intr.*** e ***pron.rec.*** opporsi; contrapporsi.

opposite, à l' [alɔpozit] ***avv.*** di fronte, dirimpetto.
● ***à l'opposite de***, di fronte a, dirimpetto a.

opposition [ɔpozisjɔ̃] ***n.f.*** **1** opposizione; resistenza **2** contrasto (*m.*); opposizione **3** (*pol.*) opposizione: *être dans l'opposition*, essere all'opposizione.
● ***opposition de couleurs***, contrasto di colori | ***en opposition avec***, in constrasto con | ***par opposition à***, al contrario di.

oppositionnel [ɔpozisjɔnɛl] ***agg.*** [f. *-elle*] (*pol.*) dell'opposizione ♦ ***n.m.*** (*pol.*) membro dell'opposizione.

oppressant [ɔpʀesɑ̃] ***agg.*** opprimente.

oppresser [ɔpʀese] ***v.tr.*** opprimere.

oppresseur [ɔpʀesœʀ] ***agg.*** e ***n.m.*** oppressore.

oppressif [ɔpʀɛsif] ***agg.*** [f. *-ive*] oppressivo.

oppression [ɔpʀesjɔ̃] ***n.f.*** oppressione.

opprimé [ɔpʀime] ***agg.*** e ***n.m.*** oppresso.

opprimer [ɔpʀime] ***v.tr.*** opprimere.

opprobre [ɔpʀɔbʀ] ***n.m.*** obbrobrio.

optatif [ɔptatif] ***agg.*** e ***n.m.*** [f. *-ive*] (*ling.*) ottativo.

opter [ɔpte] ***v.intr.*** optare.

opticien [ɔptisjɛ̃] ***n.m.*** [f. *-enne*] ottico.

optimal [ɔptimal] ***agg.*** [pl. *-aux*] ottimale.

optimaliser [ɔptimalize] **optimiser** [ɔptimize] ***v.tr.*** ottimizzare.

optimisation [ɔptimizasjɔ̃] ***n.f.*** (*econ.*) ottimizzazione.

optimisme [ɔptimism] ***n.m.*** ottimismo.

optimiste [ɔptimist] ***agg.*** **1** (*di persona*) ottimista **2** (*di cosa*) ottimistico ♦ ***n.m.*** e ***f.*** ottimista.
■ CONTR. pessimiste.

optimum [ɔptimɔm] ***agg.*** [f. *invar.* o *optima*; pl.m. e f. *optimums* o *optima*] ottimale ♦ ***n.m.*** optimum.

option [ɔpsjɔ̃] ***n.f.*** opzione.
● (*econ.*) ***option d'achat, de vente***, opzione per l'acquisto, per la vendita | ***accessoire en option***, optional | ***matière à option***, materia facoltativa.

optionnel [ɔpsjɔnɛl] ***agg.*** [f. *-elle*] **1** opzionale, facoltativo **2** (*comm.*) facoltativo, optional: *le compte-tours est optionnel*, il contagiri è un optional.

optique [ɔptik] ***agg.*** (*fis., anat.*) ottico ♦ ***n.f.*** **1** (*fis.*) ottica **2** (*tecnica*) ottica **3** (*complesso di lenti di uno strumento*) ottica **4** (*fig.*) visione, punto (*m.*) di vista: *l'optique de la scène*, la visione scenica.
● (*inform.*): ***crayon d'optique***, penna ottica; ***disque optique***, disco ottico | (*fis.*) ***illusion d'optique***, illusione ottica; (*fig.*) errore di valutazione.

opulence [ɔpylɑ̃s] ***n.f.*** opulenza.

opulent [ɔpylɑ̃] ***agg.*** opulento.

opuscule [ɔpyskyl] ***n.m.*** opuscolo.

or[1] [ɔʀ] ***n.m.*** oro: *en or*, d'oro.
● ***or bas***, oro basso, di bassa lega | ***or blanc, jaune***, oro bianco, giallo | ***or massif***, oro massiccio; (*fig.*) di alta qualità | ***or noir***, (*fig.*) oro nero, petrolio | ***or patiné, vieil or***, oro antico | ***or pur***, oro zecchino | ***or vert***, l'agricoltura | ***à prix d'or***, a peso d'oro | ***faire de l'or***, (*fig.*) fare i soldi | ***faire un pont d'or à qqn***, fare ponti d'oro a qlcu | ***franc comme l'or***, schietto come l'acqua | ***jaune d'or***, (color) giallo oro | ***parler d'or***, parlare con buonsenso | (***tout***) ***cousu d'or*** (o ***marcher sur l'or*** o ***rouler sur l'or***), nuotare, sguazzare nell'oro: *ne pas rouler sur l'or*, (*fig.*) non nuotare nell'oro.

or[2] ***cong.*** ora.
● ***or donc***, (*antiq.*) or dunque.

oracle [ɔʀakl] ***n.m.*** oracolo.
● ***parler d'un ton d'oracle***, (*iron.*) sputare sentenze.

orage [ɔʀaʒ] ***n.m.*** temporale: *le temps est à l'orage*, il tempo minaccia un temporale.
● (*fis.*) ***orage magnétique*** (o ***magnétosphérique***), tempesta magnetica | ***il y a de l'orage dans l'air***, (*fig.*) c'è aria di burrasca.

orageux [ɔʀaʒø] ***agg.*** [f. *-euse*] tempestoso, burrascoso.

oraison [ɔʀɛzɔ̃] ***n.f.*** **1** orazione, preghiera **2** discorso (*m.*) solenne, orazione.

oral [ɔʀal] ***agg.*** e ***n.m.*** [pl. *-aux*] orale | *rater l'oral*, (*fam.*) essere bocciati all'orale.
● ***par voie orale***, per via orale.

oralement [ɔʀalmɑ̃] ***avv.*** oralmente.

orange [ɔʀɑ̃ʒ] ***n.f.*** (*frutto*) arancia ♦ ***n.m.*** arancio, arancione ♦ ***agg.invar.*** arancione.
● ***orange pressée***, spremuta d'arancia | ***passer à l'orange***, (*a un semaforo*) passare col giallo.

orangé [ɔʀɑ̃ʒe] ***agg.*** che tende all'arancione.

orangeade [ɔʀɑ̃ʒad] ***n.f.*** aranciata.

orangeois [ɔʀɑ̃ʒwa] ***agg.*** di Orange.

oranger [ɔʀɑ̃ʒe] ***n.m.*** (*pianta*) arancio.

orangeraie [ɔʀɑ̃ʒʀɛ] ***n.f.*** aranceto (*m.*).

orangerie [ɔʀɑ̃ʒʀi] ***n.f.*** **1** aranciera **2** aranceto (*m.*).

orang-outan(g) [ɔʀɑ̃utɑ̃] ***n.m.*** [pl. *orangs-outan(g)s*] orango, orangutan.

orateur [ɔʀatœʀ] ***n.m.*** [f. *-trice*] oratore.

oratoire[1] [ɔʀatwaʀ] ***agg.*** oratorio.

oratoire[2] ***n.m.*** oratorio (piccola cappella privata).

oratorien [ɔʀatɔʀjɛ̃] ***n.m.*** (*eccl.*) oratoriano.

orbe[1] [ɔʀb] ***n.m.*** **1** (*astr.*) orbe **2** (*poet.*) globo, sfera (*f.*).

orbe[2] *agg.*
● (*arch.*) ***mur orbe***, muro cieco.
orbital [ɔʀbital] *agg.* [pl. *-aux*] orbitale.
orbite [ɔʀbit] *n.f.* orbita (*anche fig.*).
● ***placer sur orbite***, mettere in orbita.
orchestral [ɔʀkɛstʀal] *agg.* [pl. *-aux*] orchestrale.
orchestration [ɔʀkɛstʀasjɔ̃] *n.f.* (*mus.*) orchestrazione.
orchestre [ɔʀkɛstʀ] *n.m.* **1** orchestra (*f.*) **2** platea (*f.*).
● (*teatr.*) ***fosse d'orchestre***, golfo mistico.
orchestrer [ɔʀkɛstʀe] *v.tr.* **1** (*mus.*) orchestrare **2** (*fig.*) organizzare, orchestrare.
orchidée [ɔʀkide] *n.f.* (*bot.*) orchidea.
ordalie [ɔʀdali] *n.f.* (*st.*) ordalia.
ordinaire [ɔʀdinɛʀ] *agg.* ordinario; normale; comune ♦ *n.m.* **1** ordinario: *une intelligence qui sort de l'ordinaire*, un'intelligenza fuori del comune **2** cibo abituale; pasto consueto.
● ***ce n'est pas ordinaire!***, (*fam.*) non è cosa di tutti i giorni! | ***comme à l'ordinaire***, come al solito | ***d'ordinaire***, di solito | ***manières ordinaires***, modi grossolani | ***vin ordinaire***, vino comune, da pasto.
ordinairement [ɔʀdinɛʀmɑ̃] *avv.* di solito, abitualmente.
ordinal [ɔʀdinal] *agg.* e *n.m.* [pl. *-aux*] ordinale.
ordinateur [ɔʀdinatœʀ] *n.m.* computer, elaboratore.
■ SIN. PC.
ordination [ɔʀdinasjɔ̃] *n.f.* (*eccl.*) ordinazione.
ordonnance [ɔʀdɔnɑ̃s] *n.f.* **1** disposizione, ordine (*m.*) **2** ricetta medica: *suivre une ordonnance*, seguire una prescrizione medica **3** (*dir.*) ordinanza **4** (*arch.*) ordine (*m.*).
ordonnancement [ɔʀdɔnɑ̃smɑ̃] *n.m.* **1** mandato di pagamento **2** (*comm.*) commessa (*f.*) **3** (*ind.*) programmazione (*f.*).
ordonnancer [ɔʀdɔnɑ̃se] *v.tr.* [coniug. come *placer*] **1** predisporre, ordinare **2** (*comm.*) emettere un mandato di pagamento.
ordonnancier [ɔʀdɔnɑ̃sje] *n.m.* (*med.*) ricettario.
ordonnateur [ɔʀdɔnatœʀ] *agg.* [f. *-trice*] ordinatore ♦ *n.m.* **1** organizzatore, ordinatore **2** autorità (*f.*) competente (a emettere pagamenti di spese pubbliche).
ordonné [ɔʀdɔne] *agg.* ordinato.
ordonnée [ɔʀdɔne] *n.f.* (*mat.*) ordinata.
ordonner [ɔʀdɔne] *v.tr.* **1** ordinare, mettere in ordine **2** ordinare, comandare: *ordonner une grève*, indire uno sciopero **3** (*med.*) prescrivere **4** (*eccl.*) ordinare, dare gli ordini sacri (**a**).
ordre [ɔʀdʀ] *n.m.* **1** ordine: *mettre* (o *remettre*) *en* (*bon*) *ordre*, mettere in ordine, riordinare **2** ordine, comando **3** (*comm.*) ordine, ordinazione (*f.*) **4** ordine; categoria (*f.*).
● ***ordre chronologique***, ***alphabétique***, ordine cronologico, alfabetico | (*inform.*) ***ordre de contrôle***, specifica di controllo | ***ordres d'architecture***, ordini architettonici | ***avoir de l'ordre***, essere ordinato | ***de premier ordre***, di prim'ordine | ***entrer dans les ordres***, entrare in convento | ***jusqu'à nouvel ordre***, fino a nuovo ordine | ***mettre bon ordre***, ristabilire l'ordine.
■ CONTR. **1** désordre.
ordré [ɔʀdʀe] *agg.* (*Svizzera*) ordinato.
ordure [ɔʀdyʀ] *n.f.* **1** sporcizia, sudiciume (*m.*) (*anche fig.*) **2** (*spec. pl.*) immondizia **3** (*fig.*) porcheria, oscenità **4** (*molto fam.*) (*individuo*) fetente (*m.*) **5** (*pl.*) escrementi (*m.*), bisogni (*m.*).
● ***ordures ménagères***, rifiuti domestici | ***boîte à ordures***, pattumiera | ***mettre***, ***jeter aux ordures***, buttare nella spazzatura.
ordurier [ɔʀdyʀje] *agg.* [f. *-ère*] sboccato, osceno.
ordurière [ɔʀdyʀijɛʀ] *n.f.* (*Svizzera*) paletta (per i rifiuti).
orée [ɔʀe] *n.f.* margine (*m.*), limitare (*m.*) (di un bosco).
oreille [ɔʀɛj] *n.f.* **1** orecchio (*m.*), orecchia: *murmurer à l'oreille*, sussurrare in un orecchio; *prêter l'oreille*, porgere, prestare orecchio **2** (*di recipiente*) manico (*m.*) **3** (*tecn.*) aletta.
● (*anat.*) ***oreille externe***, ***moyenne***, ***interne***, orecchio esterno, medio, interno | ***oreilles décollées***, ***en feuille de chou***, orecchie a sventola | ***avoir de l'oreille***, avere orecchio | (*Africa*) ***avoir l'oreille dure***, essere ostinato | ***avoir l'oreille fine***, esser di orecchio fine | ***casser les oreilles à qqn***, (*fig.*) rompere i timpani a qlcu: *il m'a cassé les oreilles avec ses bavardages*, mi ha frastornato con tutte le sue chiacchiere | ***en avoir par-dessus les oreilles***, averne fin sopra i capelli | ***faire la sourde oreille***, (*fig.*) fare orecchi da mercante | ***frotter les oreilles de qqn***, dare una strigliata a qlcu | ***montrer le bout de l'oreille***, (*fig.*) tradirsi, scoprirsi | ***n'écouter que d'une oreille***, ascoltare distrattamente | ***ne pas tomber dans l'oreille d'un sourd***, non passare inosservato: *tes paroles ne sont pas tombées dans l'oreille d'un sourd*, non hai parlato al vento | ***porter son chapeau sur l'oreille***, portare il cappello sulle ventitré | ***se faire tirer l'oreille***, (*fig.*) farsi pregare | ***s'en aller l'oreille basse***, (*fig.*) andarsene con la coda tra le gambe.

NOTA Le ***oreilles*** hanno vari sinonimi familiari e argotici come *écoutilles, esgourdes, étagères à mégot, feuilles, portugaises.*

oreiller [ɔʀeje] *n.m.* guanciale, cuscino (da letto).
oreillette [ɔʀɛjɛt] *n.f.* **1** (*anat.*) orecchietta **2** paraorecchie (*m.*) **3** (*cuc.*) chiacchiera.
oreillons [ɔʀɛjɔ̃] *n.m.pl.* (*med.*) orecchioni.
ores [ɔʀ] *avv.* (*antiq.*) ora.
● ***d'ores et déjà***, fin da ora.
orfèvre [ɔʀfɛvʀ] *n.m.* e *f.* orefice, orafo/a.
● ***être orfèvre en la matière***, essere esperto in materia.
orfèvrerie [ɔʀfɛvʀəʀi] *n.f.* oreficeria.
orfraie [ɔʀfʀɛ] *n.f.* (*zool.*) ossifraga.
● ***pousser des cris d'orfraie***, strillare come un'aquila.
organdi [ɔʀgɑ̃di] *n.m.* organdis, organza (*f.*).
organe [ɔʀgan] *n.m.* **1** (*biol.*) organo **2** voce (*f.*) **3** (*fig.*) organo; strumento **4** (*tecn.*) organo, meccanismo.
● (*aut.*) ***organ de direction***, meccanismo di sterzo | ***par l'organe de la presse***, tramite la stampa.
organigramme [ɔʀganigʀam] *n.m.* organigramma.
organique [ɔʀganik] *agg.* organico (*anche fig.*).
organiquement [ɔʀganikmɑ̃] *avv.* organicamente.
organisateur [ɔʀganizatœʀ] *agg.* e *n.m.* [f. *-trice*] organizzatore.
● ***organisateur-conseil***, specialista di organizzazione aziendale | ***organisateur de voyages***, tour operator.
organisation [ɔʀganizasjɔ̃] *n.f.* **1** organizzazione **2** organizzazione, ordinamento (*m.*) **3** organizzazione; organismo (*m.*); associazione: *organisation de l'armée*, ordinamento dell'esercito **4** (*Africa*) manifestazione culturale, cerimonia.
● ***organisation à but non lucratif***, organizzazione senza fini di lucro | ***organisation des loisirs***, impiego del tempo

libero | ***Organisation des Nations Unies*** (*ONU*), Organizzazione delle Nazioni Unite (ONU) | ***organisation du personnel***, organizzazione del personale | ***organisation du travail***, organizzazione del lavoro | ***Organisation mondiale de la santé***, Organizzazione mondiale della sanità | ***organisation non gouvernementale*** (*ONG*), organismo non governativo (di cooperazione) (ONG) | ***organisation syndacale***, organizzazione sindacale | ***avoir l'esprit d'organisation***, avere spirito organizzativo.

organisé [ɔʀganize] *agg.* organizzato.

organiser [ɔʀganize] *v.tr.* organizzare ♦ **s'organiser** *v.pron.* e *pron.intr.* organizzarsi.

organisme [ɔʀganism] *n.m.* organismo | *un organisme privé*, un ente privato.

organiste [ɔʀganist] *n.m.* e *f.* organista.

organoleptique [ɔʀganɔlɛptik] *agg.* organolettico.

organsin [ɔʀgɑ̃sɛ̃] *n.m.* organzino.

organza [ɔʀgɑ̃za] *n.m.* (*tessuto*) organza (*f.*).

orgasme [ɔʀgasm] *n.m.* orgasmo.

orge [ɔʀʒ] *n.f.* orzo (*m.*) ♦ *n.m.* grano d'orzo.
● ***orge mondé, perlé***, orzo mondato, perlato.

orgeat [ɔʀʒa] *n.m.* orzata (*f.*) (bibita e sciroppo).

orgelet [ɔʀʒəlɛ] *n.m.* (*med.*) orzaiolo.

orgiaque [ɔʀʒjak] *agg.* orgiastico.

orgie [ɔʀʒi] *n.f.* orgia (*anche fig.*).

orgue [ɔʀg] *n.m.* [al pl., usato in tono enfatico per indicare un solo strumento, è *f.*] organo: *buffet d'orgue*, cassa dell'organo; *les grandes orgues de la cathédrale*, l'organo della cattedrale.
● ***orgue de Barbarie***, organetto (di Barberia) | (*mus.*) ***point d'orgue***, corona.

orgueil [ɔʀgœj] *n.m.* orgoglio: *pécher par orgueil*, peccare d'orgoglio.
● ***mettre son orgueil à faire qqch***, mettersi di puntiglio nel fare qlco | ***tirer orgueil de qqch***, farsi vanto di qlco.

O

orgueilleusement [ɔʀgœjøzmɑ̃] *avv.* orgogliosamente.

orgueilleux [ɔʀgœjø] *agg.* e *n.m.* [f. *-euse*] orgoglioso, superbo.

orient [ɔʀjɑ̃] *n.m.* oriente.
● (*geogr.*) ***l'Orient***, l'Oriente.

orientable [ɔʀjɑ̃tabl] *agg.* orientabile.

oriental [ɔʀjɑ̃tal] *agg.* e *n.m.* [pl. *-aux*] orientale.

orientaliste [ɔʀjɑ̃talist] *n.m.* e *f.* orientalista.

orientation [ɔʀjɑ̃tasjɔ̃] *n.f.* **1** orientamento (*m.*) (*anche fig.*) **2** (*mat.*) orientazione.
● ***orientation professionnelle***, orientamento professionale.

orienté [ɔʀjɑ̃te] *agg.* **1** orientato **2** (*fig.*) ispirato a una dottrina; di tendenza.

orienter [ɔʀjɑ̃te] *v.tr.* orientare (*anche fig.*) ♦ **s'orienter** *v.pron.* e *pron.intr.* orientarsi.

orifice [ɔʀifis] *n.m.* orifizio.

oriflamme [ɔʀiflam] *n.f.* **1** orifiamma **2** locandina pubblicitaria sospesa negli autobus o nel métro.

NOTA L'***Oriflamme de Saint-Denis***, bandiera feudale rossa, era l'insegna dell'abbazia di Saint-Denis, adottata come insegna militare dai re di Francia fino al XV sec. e riesumata durante la Rivoluzione per formare il tricolore francese (blu, colore della città di Parigi; bianco, colore del re; rosso, colore del vessillo di St.-Denis).

origan [ɔʀigɑ̃] *n.m.* (*bot.*) origano.

originaire [ɔʀiʒinɛʀ] *agg.* originario.

originairement [ɔʀiʒinɛʀmɑ̃] *avv.* originariamente.

original [ɔʀiʒinal] *agg.* e *n.m.* [pl. *-aux*] originale.
■ AGG. SIN. singulier CONTR. banal, commun.

originalement [ɔʀiʒinalmɑ̃] *avv.* originalmente.

originalité [ɔʀiʒinalite] *n.f.* **1** originalità **2** stravaganza, originalità.

origine [ɔʀiʒin] *n.f.* **1** origine: *l'origine des mots*, l'origine delle parole **2** provenienza, origine: *lieu, pays d'origine*, luogo, paese d'origine **3** (*fig.*) origine, causa.
● ***à l'origine***, in origine | ***avoir origine dans qqlch***, avere, trovare origine in qlco | ***dès l'origine***, fin dall'origine | (*ferr.*) ***gare d'origine***, stazione di partenza.
■ SIN. **2** provenance.

originel [ɔʀiʒinɛl] *agg.* [f. *-elle*] originario; primitivo.
● (*teol.*) ***péché originel***, peccato originale.

FAUX AMI
Da non confondere con *originale*, che si traduce *original*.

originellement [ɔʀiʒinɛlmɑ̃] *avv.* in origine, originariamente.

oripeau [ɔʀipo] *n.m.* [pl. *-eaux*] **1** orpello (*anche fig.*) **2** (*pl.*) (*vecchi indumenti*) cenci, stracci.

orléanais [ɔʀleanɛ] *agg.* di Orléans.

orléaniste [ɔʀleanist] *agg.* e *n.m.* e *f.* (*st.*) orleanista.

orme [ɔʀm] *n.m.* (*bot.*) olmo.

FAUX AMI
Da non confondere con *orma*, che si traduce *trace*.

ormeau[1] [ɔʀmo] *n.m.* [pl. *-eaux*] (*bot.*) giovane olmo.

ormeau[2] *n.m.* (*zool.*) orecchia (*f.*) di mare.

orne[1] [ɔʀn] *n.m.* (*bot.*) ornello, orniello.

orne[2] *n.m.* solco (tra i filari di un vigneto).

orné [ɔʀne] *agg.* adorno.

ornement [ɔʀnəmɑ̃] *n.m.* ornamento; decorazione (*f.*).
● ***ornements sacerdotaux***, paramenti sacerdotali | ***d'ornement***, ornamentale.
■ SIN. décoration.

ornemental [ɔʀnəmɑ̃tal] *agg.* [pl. *-aux*] ornamentale.

ornementation [ɔʀnəmɑ̃tasjɔ̃] *n.f.* **1** ornamentazione **2** (*arte*) ornato (*m.*).

ornementer [ɔʀnəmɑ̃te] *v.tr.* adornare, addobbare.

orner [ɔʀne] *v.tr.* ornare; decorare.
■ SIN. décorer, parer.

ornière [ɔʀnjɛʀ] *n.f.* carreggiata, solco (*m.*) (prodotto dalle ruote di un veicolo).
● ***sortir de l'ornière***, (*fig.*) uscire da un momento difficile.

ornitho- *pref.* ornito-.

ornithologie [ɔʀnitɔlɔʒi] *n.f.* ornitologia.

ornithologique [ɔʀnitɔlɔʒik] *agg.* ornitologico.

ornithologiste [ɔʀnitɔlɔʒist] **ornithologue** [ɔʀnitɔlɔg] *n.m.* e *f.* ornitologo/a.

ornithor(h)ynque [ɔʀnitɔʀɛ̃k] *n.m.* (*zool.*) ornitorinco.

oro- *pref.* oro-.

orogène [ɔʀɔʒɛn] *n.m.* (*geol.*) orogene.

orogénèse [ɔʀɔʒenɛz] *n.f.* (*geol.*) orogenesi.

orographie [ɔʀɔgʀafi] *n.f.* orografia.

orographique [ɔʀɔgʀafik] *agg.* orografico.

oronge [ɔʀɔ̃ʒ] *n.f.* (*bot.*) ovolo (*m.*).
● ***fausse oronge***, ovolo malefico | (***vrai***) ***oronge***, ovolo buono.

orphelin [ɔʀfəlɛ̃] *agg.* e *n.m.* orfano.
orphelinat [ɔʀfəlina] *n.m.* orfanotrofio.
orphéon [ɔʀfeɔ̃] *n.m.* 1 società (*f.*) corale 2 fanfara (*f.*).
orphéoniste [ɔʀfeɔnist] *n.m.* e *f.* 1 membro (*m.*) di una corale 2 membro (*m.*) di una banda.
orphique [ɔʀfik] *agg.* e *n.m.* orfico.
orphisme [ɔʀfism] *n.m.* orfismo.
orque [ɔʀk] *n.f.* (*zool.*) orca.
ORSEC [ɔʀsɛk] *n.m.* (*sigla di* ORganisation des SECours).
● ***Plan ORSEC***, programma di pronto intervento attivato da un prefetto, in caso di catastrofe.
orteil [ɔʀtɛj] *n.m.* dito del piede.
● ***le gros orteil***, ***l'orteil***, l'alluce.
orth(o)- *pref.* ort(o)-.
orthocentre [ɔʀtɔsɑ̃tʀ] *n.m.* (*mat.*) ortocentro.
orthoclase [ɔʀtɔklaz] *n.f.* (*min.*) ortoclasio (*m.*).
orthodontie [ɔʀtɔdɔ̃ti] *n.f.* (*med.*) ortodonzia.
orthodoxe [ɔʀtɔdɔks] *agg.* e *n.m.* e *f.* ortodosso/a.
orthodoxie [ɔʀtɔdɔksi] *n.f.* ortodossia.
orthognathe [ɔʀtɔgnat] *agg.* (*anat.*) ortognato.
orthogonal [ɔʀtɔgɔnal] *agg.* [pl. *-aux*] ortogonale.
orthographe [ɔʀtɔgʀaf] *n.f.* ortografia; grafia.
orthographier [ɔʀtɔgʀafje] *v.tr.* scrivere (correttamente).
orthographique [ɔʀtɔgʀafik] *agg.* ortografico.
orthopédie [ɔʀtɔpedi] *n.f.* ortopedia.
orthopédique [ɔʀtɔpedik] *agg.* ortopedico.
orthopédiste [ɔʀtɔpedist] *agg.* e *n.m.* e *f.* ortopedico/a.
orthophoniste [ɔʀtɔfɔnist] *n.m.* e *f.* ortofonista.
orthoptique [ɔʀtɔptik] *agg.* (*med.*) ortottico ♦ *n.f.* ortottica.
orthoptiste [ɔʀtɔptist] *n.m.* e *f.* ortottico/a.
ortie [ɔʀti] *n.f.* (*bot.*) ortica.
ortolan [ɔʀtɔlɑ̃] *n.m.* (*zool.*) ortolano.
orvet [ɔʀvɛ] *n.m.* (*zool.*) orbettino.
os [ɔs; *pl.* o] *n.m.* osso.
● (*cuc.*) ***os à moelle***, osso col midollo | (*zool.*) ***os de seiche***, osso di seppia | ***c'est un sac***, ***un paquet d'os***, è tutt'ossa | ***donner un os à ronger***, dare un contentino | ***il l'a eu dans l'os***, ha preso una bella fregatura | ***il n'a que la peau et les os***, è tutto pelle e ossa | ***il ne fera pas de vieux os***, non camperà a lungo: *il ne fera pas de vieux os ici*, non resterà qui a lungo | ***tomber sur un os***, (*fam.*) incappare in una difficoltà | (*cuc.*) ***viande avec os***, ***sans os***, carne con l'osso, senz'osso.
oscillant [ɔsilɑ̃] *agg.* 1 oscillante 2 (*fig.*) titubante.
oscillateur [ɔsilatœʀ] *n.m.* (*fis.*) oscillatore.
oscillation [ɔsilasjɔ̃] *n.f.* 1 oscillazione 2 (*fig.*) tentennamento (*m.*).
oscillatoire [ɔsilatwaʀ] *agg.* oscillatorio.
osciller [ɔsile] *v.intr.* 1 oscillare 2 (*fig.*) esitare.
oscilloscope [ɔsilɔskɔp] *n.m.* oscilloscopio.
osé [oze] *agg.* 1 audace; arrischiato, temerario 2 sfrontato; spinto.
oseille [ozɛj] *n.f.* 1 (*bot.*) acetosa 2 (*fam.*) denaro (*m.*).
oser [oze] *v.tr.* 1 osare: *il n'ose (pas) parler*, non osa parlare 2 (*Svizzera*) potere, avere il permesso (**di**).
● ***j'ose espérer que***, voglio sperare che | ***si j'ose m'exprimer ainsi***, se così posso dire.
osier [ozje] *n.m.* vimine.
osmose [ɔsmoz] *n.f.* osmosi.
ossature [ɔsatyʀ] *n.f.* ossatura (*anche fig.*).
osselet [ɔslɛ] *n.m.* ossicino.
ossements [ɔsmɑ̃] *n.m.pl.* ossa (*f.*).
osseux [ɔsø] *agg.* [f. *-euse*] 1 osseo 2 ossuto.
ossifier, s' [sɔsifje] *v.pron.* ossificarsi.
ossuaire [ɔsɥɛʀ] *n.m.* ossario.
ostensible [ɔstɑ̃sibl] *agg.* ostentato; manifesto, apparente.
ostensiblement [ɔstɑ̃sibləmɑ̃] *avv.* in modo ostentato.
ostensoir [ɔstɑ̃swaʀ] *n.m.* (*eccl.*) ostensorio.
ostentation [ɔstɑ̃tasjɔ̃] *n.f.* ostentazione, sfoggio (*m.*).
ostentatoire [ɔstɑ̃tatwaʀ] *agg.* ostentato.
ostéo- *pref.* osteo-.
ostéologie [ɔsteɔlɔʒi] *n.f.* osteologia.
ostéopathe [ɔsteɔpat] *n.m.* e *f.* (*med.*) osteopata.
ostéopathie [ɔsteɔpati] *n.f.* (*med.*) osteopatia.
ostéoporose [ɔsteɔpɔʀoz] *n.f.* (*med.*) osteoporosi.
ostéose [ɔsteoz] *n.f.* (*med.*) osteosi.
ostéotomie [ɔsteɔtɔmi] *n.f.* (*med.*) osteotomia.
ostraciser [ɔstʀasize] *v.tr.* ostracizzare.
ostracisme [ɔstʀasism] *n.m.* ostracismo: *prononcer l'ostracisme contre qqn*, dare l'ostracismo a qlcu.
ostréiculteur [ɔstʀeikyltœʀ] *n.m.* [f. *-trice*] ostricoltore.
ostréiculture [ɔstʀeikyltyʀ] *n.f.* ostricoltura.
ostrogot(h) [ɔstʀɔgo] *agg.* e *n.m.* 1 ostrogoto 2 (*fam.*) villano.
● (*st.*) ***les Ostrogot(h)s***, gli ostrogoti | ***un drôle d'ostrogot***, un tipo strano.
otage [ɔtaʒ] *n.m.* ostaggio.
otalgie [ɔtalʒi] *n.f.* (*med.*) otalgia.
otarie [ɔtaʀi] *n.f.* (*zool.*) otaria.
ôter [ote] *v.tr.* togliere, levare: *ôter un nom d'une liste*, togliere un nome da una lista; *ôter son chapeau*, togliersi il cappello; *ôte-moi ça!*, togli di qui questa roba! | *ôter le couvert*, sparecchiare (la tavola) | (*mat.*) *trois ôté de sept égale quatre*, sette meno tre fa quattro ♦ **s'ôter** *v.pron.* togliersi.
■ *V.TR.* SIN. enlever, retirer CONTR. ajouter, mettre.
otite [ɔtit] *n.f.* (*med.*) otite.
oto- *pref.* oto-.
otologie [ɔtɔlɔʒi] *n.f.* otoiatria.
otologiste [ɔtɔlɔʒist] *n.m.* e *f.* otoiatra.
oto-rhino [ɔtɔʀino] *n.m.* [pl. *oto-rhinos*] (*fam.*) otorino.
oto-rhino-laryngologie [ɔtɔʀinɔlaʀɛ̃gɔlɔʒi] *n.f.* otorinolaringoiatria.
oto-rhino-laryngologiste [ɔtɔʀinɔlaʀɛ̃gɔlɔʒist] *n.m.* e *f.* [pl. *oto-rhino-laryngologistes*] otorinolaringoiatra.
otoscopie [ɔtɔskɔpi] *n.f.* (*med.*) otoscopia.
ottoman [ɔtɔmɑ̃] *agg.* ottomano.
● (*st.*): ***l'Empire ottoman***, l'Impero ottomano; ***les Ottomans***, gli ottomani.
ottomane [ɔtɔman] *n.f.* ottomana.
ou [u] *cong.* 1 o, oppure 2 (*esplicativo*) o, ossia, ovvero: *le patronyme ou nom de famille*, il patronimico ossia il nome di famiglia 3 (*consecutivo*) o, altrimenti, se no.
● ***ou bien***, oppure.
où [u] *avv.interr.* dove: *où allez-vous?*, dove andate?; *il ne sait où ils sont allés*, non sa dove siano andati; *par*

O

où es-tu passé?, da dove sei passato?; *"Je l'ai déjà rencontré" "Où ça?"*, "L'ho già incontrato" "E dove?"; *où est-ce que tu vas?*, dove vai? ♦ ***pron.rel.*** **1** (*luogo*) in cui; dove: *la ville où j'habite*, la città in cui abito; *je cherche un endroit où passer mes vacances*, cerco un posto dove trascorrere le vacanze; *au prix où est arrivée la viande*, con i prezzi che la carne ha raggiunto **2** (*tempo*) in cui: *il fut un temps où*, vi fu un tempo in cui; *juste au moment où je parlais*, proprio nel momento in cui parlavo.
● ***où que***, ovunque, dovunque: *où que vous alliez*, dovunque andiate; *où qu'il soit*, ovunque sia | ***au cas où***, nel caso che, in cui: *au cas où vous seriez absents*, nel caso che foste assenti | ***d'où***, da dove; (*fig.*) donde; per questo: *d'où venez-vous?*, da dove venite?; *d'où il (s'en) suit que*, ne consegue che, donde segue che; *d'où vient que...?*, come mai...?; *il arriva avec deux heures de retard, d'où ma colère!*, arrivò con due ore di ritardo, per questo mi arrabbiai! | ***là où***, laddove, nel punto in cui | ***n'importe où***, in qualunque luogo, ovunque | ***par où***, da cui: *la route par où je suis passé*, la strada da cui sono passato.

ouah [wa] ***onom.*** bau, bau bau.

ouailles [waj] ***n.f.pl.*** (*fig.*) pecorelle, gregge (*m.sing.*) (di un sacerdote).

ouais [wɛ] ***inter.*** (*fam.*) ah sì.

oua-oua [wawa] ***n.m.invar.*** (*fam.*) (*abbr. di* water) gabinetto: *aller aux oua-oua*, andare al gabinetto.

ouate [wat] ***n.f.*** ovatta, bambagia.

NOTA È corretto dire sia ***de l'ouate*** sia ***de la ouate***.

ouaté [wate] ***agg.*** ovattato (*anche fig.*).

ouater [wate] ***v.tr.*** ovattare, imbottire.

ouatine [watin] ***n.f.*** (*tess.*) bambagina.

ouatiner [watine] ***v.tr.*** imbottire.

oubli [ubli] ***n.m.*** **1** oblio **2** dimenticanza (*f.*).
● ***oubli de soi-même***, abnegazione | ***l'oubli des convenances***, il mancato rispetto delle convenienze | ***un moment d'oubli***, un momento di smarrimento.

oublier [ublije] ***v.tr.*** **1** dimenticare, dimenticarsi (**di**): *il a oublié de m'écrire*, non si è ricordato di scrivermi; *il a oublié ses amis*, si è scordato dei suoi amici **2** tralasciare, trascurare **3** perdonare ♦ **s'oublier** ***v.pron.*** **1** dimenticare se stesso, sacrificarsi **2** perdere il controllo di sé **3** (*fam.*) farsela addosso.
● ***il a oublié d'être bête!***, (*fam.*) non è uno sciocco! | ***il ne s'est pas oublié!***, (*iron.*) si è trattato bene! | ***se faire oublier***, non farsi notare.

oubliette [ublijɛt] ***n.f.*** **1** segreta **2** botola, trabocchetto (*m.*) **3** (*fig.*) dimenticatoio (*m.*): *tombé aux, dans les oubliettes*, caduto nel dimenticatoio.

oublieux [ublijø] ***agg.*** [f. *-euse*] (*letter.*) **1** dimentico, immemore **2** smemorato, svagato.

ouèche-ouèche [wɛʃwɛʃ] ***agg.invar.*** tipico delle banlieues ♦ ***n.m.*** e ***f.invar.*** giovane delle banlieues.

oued [wɛd] ***n.m.*** (*geogr.*) uadi.

ouest [wɛst] ***n.m.invar.*** **1** ovest, ponente **2** (*geogr.*) *Ouest*, ovest, occidente ♦ ***agg.invar.*** occidentale, dell'Ovest.
● ***à l'ouest***, a ovest, a ponente | ***à l'ouest de***, a occidente, a ovest di.

ouest-allemand [westalmɑ̃] ***agg.*** [f. *ouest-allemande*, pl.m. *ouest-allemands*] della ex Germania Occidentale.
● (*st.*) ***Ouest-Allemand***, (abitante) tedesco della ex Germania Occidentale.

ouest-européen [westøʀɔpeɛ̃] ***agg.*** [f. *ouest-européenne*, pl.m. *ouest-européens*] dell'Europa Occidentale, dell'Europa dell'Ovest.

ouf[1] [uf] ***inter.*** **1** uff **2** (*sollievo*) oh.

ouf[2] ***agg.*** e ***n.m.*** (*verlan di* fou) pazzo.

ougandais [ugɑ̃dɛ] ***agg.*** ugandese.

Ougandais ***n.m.*** (*abitante*) ugandese.

oui [wi] ***avv.*** sì: *dire oui*, dire sì; *croire que oui*, credere di sì | *tu viens, oui?*, (*fam.*) vieni, sì o no? ♦ ***n.m.invar.*** sì.
● ***oui mais voilà***, (*fam.*) se non che | ***ah ça oui alors!***, certo che sì! | ***ma foi oui!***, ebbene sì! | ***peut-être bien que oui, peut-être bien que non***, forse che sì, forse che no | ***pour un oui ou pour un non***, per un nonnulla.

NOTA ***Oui*** o ***sì***?

Oui è la risposta a una domanda espressa in forma interrogativa o a una frase affermativa:

'Tu as trouvé la clé?' – ***'Oui'***.
'Hai trovato la chiave?' – 'Sì'.
'Philippe est vraiment intelligent.' – ***'Oui'***.
'Philippe è proprio intelligente.' – 'Sì'.

Si è la risposta a una domanda espressa in forma interrogativa negativa o a una frase negativa:

'Tu n'as pas envie de venir?' – ***'Si'***.
'Non hai voglia di venire?' – 'Sì (che ho voglia)'.
'Tu n'as pas dit la vérité.' – ***'Si'***.
'Non hai detto la verità.' – 'Sì (che l'ho detta)'.

ouï [wi] *p.p.* di **ouïr**.

ouï-dire [widiʀ] ***n.m.invar.*** diceria (*f.*), voce (*f.*).
● ***par ouï-dire***, per sentito dire.

ouïe[1] [wi] ***n.f.*** **1** udito (*m.*) **2** (*pl.*) (*zool.*) branchie.
● ***je suis tout ouïe!***, sono tutt'orecchi!

ouïe[2], **ouille** [uj] ***inter.*** **1** (*dolore*) ah, ahi **2** (*sorpresa*) oh, ehi.

ouïr [wiʀ] ***v.tr.dif.*** [usato all'inf. e al p.pres.; le altre forme sono antiche: pres.indic.: *j'ois, tu ois, il oit, nous oyons, vous oyez, ils oient*; imperf.indic.: *j'oyais* etc.; p.rem.: *j'ouïs* etc.; fut.indic.: *j'oirai* (o *j'orrai*) etc.; cond.: *j'oirais* (o *j'orrais*) etc.; pres.cong.: *que j'oie* (o *que j'oye*) etc.; imperf.cong.: *que j'ouïsse* etc.; p.pres.: *oyant*; p.p.: *ouï*; imp.: *ois, oyons, oyez*] (*antiq.*) udire.

ouisme [wism] ***n.m.*** l'essere a favore del 'sì' (alla Costituzione europea).

ouistiti [wistiti] ***n.m.*** (*zool.*) uistitì.
● ***un drôle de ouistiti***, (*fam.*) uno strano tipo.

ouragan [uʀagɑ̃] ***n.m.*** uragano (*anche fig.*).

ouralien [uʀaljɛ̃] ***agg.*** [f. *-enne*] uralico.

ourdir [uʀdiʀ] ***v.tr.*** ordire (*anche fig.*): *ourdir une natte*, intrecciare una stuoia; *ourdir un complot*, (*fig.*) tramare un complotto.

ourdissoir [uʀdiswaʀ] ***n.m.*** orditoio.

ourler [uʀle] ***v.tr.*** orlare.

ourlet [uʀlɛ] ***n.m.*** orlo.
● ***ourlet à jour***, orlo a giorno | ***faux ourlet***, orlo finto.

ours [uʀs] ***n.m.*** **1** (*zool.*) orso **2** (*giorn.*) gerenza (*f.*) **3** (*tip.*) colophon.
● (*zool.*): ***ours blanc, polaire***, orso bianco, polare; ***ours brun***, orso bruno | ***ours en peluche***, orsacchiotto di pelo | (*zool.*) ***ours marin***, leone marino, otaria.

ourse [uʀs] ***n.f.*** (*zool.*) orsa.
● (*astr.*): ***Grande Ourse***, Orsa Maggiore, Gran Carro; ***Petite Ourse***, Orsa Minore, Piccolo Carro.

oursin [uʀsɛ̃] ***n.m.*** (*zool.*) riccio di mare.

ourson [uʀsɔ̃] ***n.m.*** orsacchiotto, orsetto.

oust, ouste [ust] ***inter.*** sciò sciò, fuori: *oust filez!*, forza, filate via!

outarde [utaʀd] ***n.f.*** (*zool.*) otarda.

outil [uti] ***n.m.*** **1** arnese, attrezzo; utensile **2** (*fig.*) strumento.
● (*inform.*): ***outil de programmation***, strumento di programmazione; ***outil de recherche***, motore di ricerca.

outillage [utijaʒ] ***n.m.*** attrezzatura (*f.*); equipaggiamento.
● (*mar.*) ***outillage de bord***, utensileria di bordo.

outillé [utije] ***agg.*** attrezzato.

outiller [utije] ***v.tr.*** attrezzare ♦ **s'outiller** ***v.pron.intr.*** attrezzarsi.

outing [autiŋ] ***n.m.*** outing (dichiarazione forzata dell'omosessualità altrui senza il suo consenso).

outrage [utʀaʒ] ***n.m.*** oltraggio: *faire outrage à*, recare oltraggio a; *un outrage au bon sens*, un'offesa al buonsenso.
● (*dir.*) ***outrage public à la pudeur***, oltraggio al pudore | ***les derniers outrages***, (*letter.*) violenza (sessuale) | ***les outrages du temps***, (*letter.*) le offese del tempo.
■ SIN. offense.

outrageant [utʀaʒɑ̃] ***agg.*** oltraggioso.

outrager [utʀaʒe] ***v.tr.*** [coniug. come *manger*] oltraggiare; offendere.

outrageusement [utʀaʒøzmɑ̃] ***avv.*** eccessivamente.

outrageux [utʀaʒø] ***agg.*** [f. *-euse*] oltraggioso, offensivo.

outrance [utʀɑ̃s] ***n.f.*** eccesso (*m.*); esagerazione.
● ***à outrance***, a oltranza.

outrancier [utʀɑ̃sje] ***agg.*** [f. *-ère*] estremista, oltranzista.

outre[1] [utʀ] ***n.f.*** otre (*m.*).

outre[2] ***prep.*** oltre (a) ♦ ***avv.*** oltre.
● ***outre mesure***, smisuratamente; troppo | ***outre que***, oltre a: *outre qu'il a hérité, il a gagné à la loterie*, oltre ad avere ereditato ha vinto alla lotteria | ***en outre***, in più, inoltre | ***passer outre***, passare oltre; (*fig.*) passar sopra.

outré [utʀe] ***agg.*** **1** eccessivo **2** indignato (**per**); esasperato.
■ SIN. **2** indigné.

outre- ***pref.*** oltre-, tra-.

outre-Atlantique [utʀatlɑ̃tik] ***avv.*** oltre Atlantico, al di là dell'Atlantico.

outrecuidance [utʀəkɥidɑ̃s] ***n.f.*** (*letter.*) tracotanza.

outrecuidant [utʀəkɥidɑ̃] ***agg.*** e ***n.m.*** tracotante.

outre-Manche [utʀəmɑ̃ʃ] ***avv.*** oltremanica: *nos amis d'outre-Manche*, i nostri amici inglesi; *outre-Manche on roule a gauche*, in Gran Bretagna si guida a sinistra.

outremer [utʀəmɛʀ] ***n.m.*** (*min.*) lapislazzuli ♦ ***agg.*** e ***n.m.*** (color) oltremare.

outre-mer [utʀəmɛʀ] ***avv.*** oltremare.

NOTA La ***France d'outre-mer***, in contrapposizione alla *France métropolitaine*, il territorio francese europeo, comprende quattro ***territoires d'outre-mer*** (TOM): *Nouvelle Calédonie, Polynésie française, les Terres australes et antarctiques françaises, Wallis-et-Futuna*, oltre a *Saint-Pierre-et-Miquelon, Mayotte* e ad alcuni isolotti negli oceani Pacifico e Indiano; quattro ***départements d'outre-mer*** (DOM): *Guade-loupe, Guyane, Martinique* e *Réunion*.

outrepasser [utʀəpɑse] ***v.tr.*** oltrepassare (*anche fig.*).

outrer [utʀe] ***v.tr.*** **1** esagerare **2** indignare.

outre-tombe [utʀətɔ̃b] ***n.m.invar.***
● ***d'outre-tombe***, d'oltretomba.

ouvert [uvɛʀ] *p.p.* di **ouvrir** ♦ ***agg.*** aperto (*anche fig.*).
● ***à bras ouverts***, (*estens.*) a braccia aperte | (*med.*) ***à cœur ouvert***, a cuore aperto | ***grand ouvert***, spalancato.

ouvertement [uvɛʀtəmɑ̃] ***avv.*** apertamente.

ouverture [uvɛʀtyʀ] ***n.f.*** **1** apertura (*anche fig.*) **2** inizio (*m.*); inaugurazione **3** (*mus.*) ouverture.
● (*inform.*) ***ouverture de session***, apertura della sessione di lavoro | ***ouverture d'esprit***, (*fig.*) apertura mentale | ***faire des ouvertures de paix***, intavolare trattative di pace | ***les heures d'ouvertures des magasins***, gli orari di apertura dei negozi.
■ CONTR. **1** fermeture.

ouvrable [uvʀabl] ***agg.*** lavorativo.
● ***jours ouvrables***, giorni lavorativi, feriali.
■ CONTR. férié.

ouvrage [uvʀaʒ] ***n.m.*** **1** opera (*f.*), lavoro: *les gros ouvrages*, i lavori pesanti **2** opera (*f.*), libro: *publier un ouvrage*, pubblicare un libro, un'opera.
● (*edil.*) ***ouvrage d'art***, opera di alta ingegneria (ponti, gallerie ecc.) | ***avoir du cœur à l'ouvrage***, fare con passione il proprio lavoro | (*edil.*): ***gros ouvrages***, muri maestri; ***menus ouvrages***, rifiniture.
■ SIN. **2** livre.

ouvragé [uvʀaʒe] ***agg.*** **1** lavorato minuziosamente **2** (*fig.*) elaborato.

ouvrant [uvʀɑ̃] ***agg.*** apribile ♦ ***n.m.*** battente, anta (*f.*) (di porta).

ouvré [uvʀe] ***agg.*** lavorato.
● ***jour ouvré***, giorno lavorativo.

ouvre-boîte [uvʀəbwat] ***n.m.*** [pl. *ouvre-boîtes*] apriscatole.

ouvre-bouteille [uvʀəbutɛj] ***n.m.*** [pl. *ouvre-bouteilles*] apribottiglie.

ouvre-piste [uvʀəpist] ***n.m.*** e ***f.invar.*** (*sport*) apripista.

ouvrer [uvʀe] ***v.tr.*** lavorare.
● ***ouvrer du linge***, ricamare, ornare di pizzo la biancheria.

ouvreur [uvʀœʀ] ***n.m.*** [f. *-euse*] maschera (*f.*) (nei locali di spettacolo).

ouvrier [uvʀije] ***agg.*** e ***n.m.*** [f. *-ère*] operaio.
● ***ouvrier non qualifié***, operaio non qualificato | ***ouvrier qualifié***, operaio specializzato | ***ouvrier spécialisé***, operaio generico | (*zool.*) ***abeille ouvrière***, ape operaia | ***cité ouvrière***, quartiere operaio (di solito periferico) | ***être l'ouvrier de sa fortune***, essere l'artefice della propria fortuna | ***fait de main d'ouvrier***, fatto con maestria.

ouvrir [uvʀiʀ] ***v.tr.*** [coniug. come *offrir*] **1** aprire, dischiudere: *ouvrir un livre*, aprire un libro; *ouvrir une porte toute grande*, spalancare una porta; *ouvrir la radio*, (*fam.*) accendere la radio **2** aprire, cominciare: *ouvrir les hostilités*, aprire le ostilità ♦ ***v.intr.*** aprire, aprirsi: *cette fenêtre ouvre sur la rue*, quella finestra dà sulla strada ♦ **s'ouvrir** ***v.pron.*** e ***pron.intr.*** **1** aprirsi, dischiudersi **2** aprirsi, cominciare.
● ***ouvrir la danse***, aprire le danze | ***ouvrir l'appétit***, stuzzicare l'appetito | ***ouvrir le feu***, aprire il fuoco | ***ouvrir le jeu***, aprire il gioco.

ovaire [ɔvɛʀ] ***n.m.*** **1** (*anat.*) ovaia (*f.*) **2** (*bot.*) ovario.

ovale [ɔval] ***agg.*** e ***n.m.*** ovale.
● (*sport*) ***ballon ovale***, palla ovale, rugby.

ovariectomie [ɔvaʀjɛktɔmi] ***n.f.*** (*med.*) ovariectomia.

O

ovarien [ɔvaʀjɛ̃] *agg.* [f. *-enne*] ovarico.
ovation [ɔvasjɔ̃] *n.f.* ovazione.
ovationner [ɔvɑsjɔne] *v.tr.* tributare un'ovazione (**a**).
overdose [ɔvəʀdoz] *n.f.* overdose.
● ***c'est l'overdose!***, (*estens.*) non se ne può più!
oviducte [ɔvidykt] *n.m.* (*anat.*) ovidotto.
ovin [ɔvɛ̃] *agg.* e *n.m.* ovino.
ovipare [ɔvipaʀ] *agg.* e *n.m.* e *f.* oviparo/a.
ovni[1] [ɔvni] *n.m.* (*sigla di* Objet Volant Non Identifié) ufo, UFO.
ovni[2] *n.m.* (*fam.*) artista, opera (*f.*) inclassificabile.
ovniologie [ɔvnjɔlɔʒi] *n.f.* ufologia.
ov(o)- *pref.* ov(o)-.
ovoïde [ɔvɔid] *agg.* ovoidale.
ovovivipare [ɔvɔvivipaʀ] *agg.* e *n.m.* e *f.* (*zool.*) ovoviviparo/a.
ovulaire [ɔvylɛʀ] *agg.* (*biol.*) ovulare.
ovulation [ɔvylasjɔ̃] *n.f.* ovulazione.
ovule [ɔvyl] *n.m.* ovulo.
ovuler [ɔvyle] *v.intr.* (*biol.*) ovulare.
oxacide [ɔksasid] *n.m.* ossiacido.
oxhydrique [ɔksidʀik] *agg.* ossidrico.
● ***chalumeau oxhydrique***, fiamma ossidrica.
oxonien [ɔksɔnjɛ̃] *agg.* [f. *-enne*] di Oxford.
ox(y)- *pref.* oss(i)-.
oxydabilité [ɔksidabilite] *n.f.* ossidabilità.
oxydable [ɔksidabl] *agg.* ossidabile.
oxydant [ɔksidɑ̃] *agg.* e *n.m.* ossidante.
oxydation [ɔksidasjɔ̃] *n.f.* ossidazione.
oxyde [ɔksid] *n.m.* (*chim.*) ossido.
oxyder [ɔkside] *v.tr.* ossidare ♦ **s'oxyder** *v.pron.intr.* ossidarsi.
oxygénation [ɔksiʒenasjɔ̃] *n.f.* ossigenazione.
oxygène [ɔksiʒɛn] *n.m.* ossigeno.
oxygéné [ɔksiʒene] *agg.* ossigenato.
oxygéner [ɔksiʒene] *v.tr.* [coniug. come *céder*] ossigenare ♦ **s'oxygéner** *v.pron.* ossigenarsi.
oxyton [ɔksitɔ̃] *agg.* (*fon.*) ossitono.
oxyure [ɔksjyʀ] *n.m.* (*zool.*) ossiuro.
oyez [ɔje] → **ouïr**.
ozalid [ozalid] *n.m.* cianografica (*f.*).
ozonation [ozɔnasjɔ̃] *n.f.* ozonizzazione.
ozone [ozɔn] *n.m.* (*chim.*) ozono.
● ***trou d'ozone***, buco dell'ozono.
ozonisation [ozɔnizasjɔ̃] *n.f.* ozonizzazione.
ozoniser [ozɔnize] *v.tr.* ozonizzare.
ozoniseur [ozɔnizœʀ] *n.m.* ozonizzatore.
ozonosphère [ozɔnɔsfɛʀ] *n.f.* ozonosfera.
ozonothérapie [ozɔnɔteʀapi] *n.f.* (*med.*) ozonoterapia.

O

Pp

p [pe] ***n.m.invar.*** p (*f.* o *m.*).
● (*tel.*) ***p comme Pierre***, p come Palermo.

pacage [pakaʒ] ***n.m.*** pascolo.

pacemaker [pɛsmɛkœʀ] ***n.m.*** (*med.*) pace-maker, stimolatore cardiaco.

pacha [paʃa] ***n.m.*** pascià.
● ***une vie de pacha***, (*fam.*) una vita da nababbo.

pachyderme [paʃ(k)idɛʀm] ***n.m.*** (*zool.*) pachiderma.

pacificateur [pasifikatœʀ] ***agg.*** e ***n.m.*** [f. *-trice*] pacificatore.

pacification [pasifikasjɔ̃] ***n.f.*** pacificazione.

pacifier [pasifje] ***v.tr.*** pacificare.

pacifique [pasifik] ***agg.*** pacifico.

pacifiquement [pasifikmɑ̃] ***avv.*** pacificamente.

pacifisme [pasifism] ***n.m.*** pacifismo.

pacifiste [pasifist] ***agg.*** e ***n.m.*** e ***f.*** pacifista.

pack [pak] ***n.m.*** **1** (*geogr.*) pack **2** (*rugby*) pacchetto **3** confezione (*f.*) (multipla): *en pack de deux*, in confezione da due.

pacotille [pakɔtij] ***n.f.*** paccottiglia, cianfrusaglie (*pl.*).
● ***de pacotille***, dozzinale, da quattro soldi.

pacs [paks] ***n.m.invar.*** (*sigla di* pacte civil de solidarité) patto di convivenza (istituito in Francia dal 1999).

NOTA Il ***pacs*** (*pacte civil de solidarité*) è un contratto sottoscritto davanti al tribunale da due persone maggiorenni, etero od omosessuali, che intendono convivere accettando obblighi giuridici, fiscali ed ereditari reciproci.

pacte [pakt] ***n.m.*** patto.

pactiser [paktize] ***v.intr.*** venire a patti, patteggiare.

pactole [paktɔl] ***n.m.*** (*fig.*) miniera (*f.*) d'oro.

paddy [padi] ***n.m.*** riso vestito.

paf[1] [paf] ***inter.*** paf, paffete ♦ ***agg.invar.*** (*fam.*) sbronzo.

paf[2] ***n.m.invar.*** (*sigla di* Paysage Audiovisuel Français) gruppo di emittenti radiotelevisive autorizzate a trasmettere sul territorio francese.

pagaie [pagɛ] ***n.f.*** pagaia.

pagaïe, pagaille [pagaj] ***n.f.*** (*fam.*) caos (*m.*), confusione.
● ***en pagaïe***, in gran quantità; in disordine.

paganisme [paganism] ***n.m.*** paganesimo.

pagayer [pageje] ***v.intr.*** [coniug. come *payer*] pagaiare.

pagayeur [pagɛjœʀ] ***n.m.*** [f. *-euse*] pagaiatore.

page[1] [paʒ] ***n.f.*** pagina: (*à la*) *page dix*, a pagina dieci.
● (*Internet*) ***page d'accueil***, home page | ***page (dactylographiée)***, cartella (dattiloscritta) | (*tip.*): ***belle page***, bianca, pagina pari; ***fausse page***, volta, pagina dispari; ***mettre en page***, impaginare | ***perdre la page***, perdere il segno | ***tourner la page***, voltare (la) pagina (*anche fig.*).
□ **à la page** ***agg.*** **1** al corrente, informato, aggiornato: *mettre à la page*, mettere al corrente, aggiornare; *un homme à la page*, un uomo al passo con i tempi **2** all'ultima moda.

page[2] ***n.m.*** paggio.

page-écran [paʒekʀɑ̃] ***n.f.*** [pl. *pages-écrans*] (*inform.*) videata.

pagel [paʒɛl] ***n.m.*** (*zool.*) pagello.

pageot [paʒo] ***n.m.*** (*fam.*) letto.

pageur [paʒœʀ] ***n.m.*** (*tel.*) cercapersone, bipper.

pagination [paʒinasjɔ̃] ***n.f.*** **1** paginatura **2** (*inform.*) paginazione.

paginer [paʒine] ***v.tr.*** **1** numerare le pagine (**di**) **2** (*inform.*) accedere (**a**).

paging [pedʒiŋ] ***n.m.*** **1** comunicazione (*f.*) via cercapersone **2** (*inform.*) paginazione (*f.*).

pagne [paɲ] ***n.m.*** (*abbigl.*) pagne (telo che copre i fianchi).

pagode [pagɔd] ***n.f.*** pagoda.
● (*abbigl.*) ***manches pagodes***, maniche a imbuto (svasate dal gomito al polso).

pagre [pagʀ] ***n.m.*** (*zool.*) pagro.

pagure [pagyʀ] ***n.m.*** (*zool.*) paguro.

paie [pɛ] ***n.f.*** paga.
● ***ça fait une paie que***, (*fam.*) è un sacco di tempo che | (*amm.*) ***fiche de paie***, foglio paga; ***livre de paie***, libro paga.

paiement [pɛmɑ̃] ***n.m.*** pagamento.
● ***en cessation de paiement***, (*eufemismo*) in fallimento.

païen [pajɛ̃] ***agg.*** e ***n.m.*** [f. *-enne*] **1** pagano **2** miscredente.

paierie [peʀi] ***n.f.*** tesoreria.

paillard [pajaʀ] ***agg.*** **1** gaudente **2** licenzioso.

paillardise [pajaʀdiz] ***n.f.*** **1** licenziosità **2** volgarità (nel parlare).

paillasse[1] [pajas] ***n.f.*** **1** pagliericcio (*m.*), saccone (*m.*) **2** piano (*m.*) d'appoggio dell'acquaio.

paillasse[2] ***n.m.*** (*antiq.*) pagliaccio.

NOTA Il ***paillasse***, buffone del teatro popolare e del circo francese, deriva dal personaggio del Pagliaccio, tipo comico del teatro tradizionale italiano.

paillasson [pajasɔ̃] ***n.m.*** **1** zerbino, stoino **2** (*per coprire serre ecc.*) stuoia (*f.*) **3** (*fig.*) fantoccio.
● ***mettre la clé sous le paillasson***, (*fig.*) chiuder bottega.

paille [pɑj] ***n.f.*** **1** paglia: *brin de paille*, pagliuzza **2** cannuccia: *boire avec une paille*, bere con la cannuccia ♦ ***agg.invar.*** (color) paglierino.
● ***paille de fer***, paglia di ferro | ***paille d'Italie***, paglia di Firenze | ***mettre sur la paille***, (*fig.*) gettare sul lastrico | ***tirer à la courte paille***, tirare a sorte | ***une paille!***, (*iron.*) una bazzecola!

paillé [pɑje] ***agg.*** impagliato.

pailler [paje] ***v.tr.*** **1** impagliare **2** coprire con paglia, con stuoie.

pailleté [pajte] ***agg.*** **1** ornato di lustrini, di paillette **2** (*min.*) cosparso di pagliuzze (d'oro).

pailleter [pajte] ***v.tr.*** [coniug. come *jeter*] **1** ornare di lustrini, di paillette **2** (*fig.*) far brillare.

paillette [pajɛt] ***n.f.*** **1** lustrino (*m.*), paillette **2** (*min.*) pagliuzza (d'oro) **3** (*tecn.*) scaglia.

paillon [pɑjɔ̃] ***n.m.*** **1** grossa pagliuzza (*f.*) **2** (*oreficeria*) foglia (*f.*) di metallo (posta sotto una pietra per valorizzarne il colore) **3** rivestimento di paglia per bottiglie.

paillote [pɑjɔt] ***n.f.*** capanna (di paglia), tucul (*m.*).

pain [pɛ̃] ***n.m.*** **1** pane **2** (*cuc.*) sformato.
● (*Africa*) ***pain chargé***, panino imbottito | ***pain complet, bis***, pane integrale | ***pain de campagne***, pane casereccio | (*cuc.*): ***pain de Gênes***, pan di Spagna; ***pain d'épice(s)***, panpepato; ***pain perdu***, pain perdu (fetta di pane inzuppata nel latte e nell'uovo e fritta) | ***aller au pain***, (*fam.*) andare a prendere il pane | ***comme des petits pains***, come il pane: *cela se vend comme des petits pains*, si vende come il pane | ***couleur pain brûlé***, (color) marrone bruciato | ***en pain de sucre***, a pan di zucchero | ***être au pain et à l'eau***, essere a pane e acqua | ***je ne mange pas de ce pain-là***, (*fig.*) non faccio ricorso a mezzi del genere.

pair [pɛʀ] ***agg.*** pari ♦ ***n.m.*** **1** pari, uguale **2** (*econ.*) pari (*f.*), parità (*f.*).
● (*econ.*): ***pair du change***, parità di cambio; ***au-dessus, au-dessous du pair***, sopra, sotto la pari: *obligation émise au-dessus, au-dessous du pair*, obbligazione emessa sopra, sotto la pari | ***au pair***, alla pari (*anche econ.*): *être au pair*, lavorare alla pari; *rente au pair*, rendita alla pari; *les changes sont au pair*, i cambi sono pari | ***de pair***, di pari passo: *marcher de pair avec son époque*, essere al passo con il proprio tempo | ***hors (de) pair***, senza pari, ineguagliabile.

paire [pɛʀ] ***n.f.*** **1** paio (*m.*) **2** coppia.
● ***les deux font la paire!***, (*fam.*) fanno proprio un bel paio! | ***se faire la paire***, (*molto fam.*) tagliare la corda.

P

pairie [peʀi] ***n.f.*** titolo, dignità di pari.

paisible [pezibl] ***agg.*** tranquillo, pacifico, calmo.

paisiblement [pezibləmɑ̃] ***avv.*** tranquillamente, placidamente.

paissant [pɛsɑ̃] *p.pres.* di **paître**.

paître [pɛtʀ] ***v.tr.dif.*** [usato al pres. indic.: *je pais, tu pais, il paît, nous paissons* etc.; imperf.indic.: *je paissais* etc.; fut.indic.: *je paîtrai* etc.; cond.: *je paîtrais* etc.; pres.cong.: *que je paisse* etc.; p.pres.: *paissant*; imp.: *pais, paissons, paissez*] brucare ♦ ***v.intr.dif.*** pascolare: *mener paître*, portare al pascolo.
● ***envoyer paître qqn***, (*fam.*) mandare qlcu a quel paese.

paix [pɛ] ***n.f.*** **1** pace **2** pace, concordia: *paix sociale*, pace sociale; *paix boîteuse*, pace instabile, non duratura **3** pace, tranquillità, serenità: *avoir, trouver la paix*, stare in pace, trovare pace.
● ***en paix***, in pace: *laisser en paix*, lasciare in pace | ***fiche-moi la paix!***, (*fam.*) lasciami in pace! | ***fous-moi la paix!***, (*fam.*) non rompere! | ***gardien de la paix***, agente di polizia | (*dir.*) ***juge de paix***, giudice conciliatore | ***la paix!***, silenzio!, calma!

pal [pal] ***n.m.*** [pl. *-als*] palo (appuntito).

palabre [palabʀ] ***n.f.*** (*spec.pl.*) discussione oziosa.

palabrer [palabʀe] ***v.intr.*** **1** discutere a lungo **2** (*Africa*) protestare; litigare.

palace [palas] ***n.m.*** albergo di lusso.

paladin [paladɛ̃] ***n.m.*** paladino (*anche fig.*).

palafitte [palafit] ***n.m.*** palafitta (*f.*).

palais[1] [palɛ] ***n.m.*** **1** palazzo **2** (*con iniziale maiuscola*) tribunale, foro: *les gens de* (o *du*) *Palais*, i togati; *style de* (o *du*) *Palais*, stile forense; *en termes de Palais*, in linguaggio giuridico; *jours de Palais*, giorni di udienza.
● ***palais (royal)***, reggia: *c'est un vrai palais!*, (*fig.*) è una reggia!

palais[2] ***n.m.*** (*anat.*) palato.

palan [palɑ̃] ***n.m.*** paranco.

palanche [palɑ̃ʃ] ***n.f.*** bilanciere (*m.*).

palangre [palɑ̃gʀ] ***n.f.*** (*pesca*) palamito (*m.*), palangaro (*m.*).

palanquin [palɑ̃kɛ̃] ***n.m.*** palanchino.

palatal [palatal] ***agg.*** [pl. *-aux*] palatale.

palatale [palatal] ***n.f.*** (*fon.*) palatale.

palatalisation [palatalizasjɔ̃] ***n.f.*** (*fon.*) palatizzazione.

palatin [palatɛ̃] ***agg.*** e ***n.m.*** (*st.*) palatino.

pale [pal] ***n.f.*** (*di remo, elica ecc.*) pala.

pâle [pɑl] ***agg.*** **1** pallido (*anche fig.*): *pâle comme un linge*, bianco come un cencio lavato; *pâle de peur*, bianco dalla paura; *pâle de colère*, livido di rabbia **2** (*di colore*) sbiadito, pallido.
● ***bleu pâle***, azzurro | ***se faire porter pâle***, (*argot mil.*) marcare visita.

palefrenier [palfʀənje] ***n.m.*** palafreniere.

palé(o)- ***pref.*** pale(o)-.

paléochrétien [paleɔkʀetjɛ̃] ***agg.*** [f. *-enne*] paleocristiano.

paléogène [paleɔʒɛn] ***n.m.*** (*geol.*) paleogene.

paléographe [paleɔgʀaf] ***n.m.*** e ***f.*** paleografo/a.

paléographie [paleɔgʀafi] ***n.f.*** paleografia.

paléolithique [paleɔlitik] ***agg.*** e ***n.m.*** paleolitico.

paléontologie [paleɔ̃tɔlɔʒi] ***n.f.*** paleontologia.

paléontologiste [paleɔ̃tɔlɔʒist] **paléontologue** [paleɔ̃tɔlɔg] ***n.m.*** e ***f.*** paleontologo/a.

paléozoïque [paleozɔik] ***agg.*** e ***n.m.*** paleozoico.

paleron [palʀɔ̃] ***n.m.*** (*cuc.*) spalla (*f.*) (di bue).

palestinien [palɛstinjɛ̃] ***agg.*** [f. *-enne*] palestinese.

Palestinien ***n.m.*** [f. *-enne*] (*abitante*) palestinese.

palet [palɛ] ***n.m.*** **1** (*in giochi*) piastrella (*f.*) **2** (*hockey*) disco, dischetto.

paletot [palto] ***n.m.*** paltò, cappotto.
● ***tomber sur le paletot de qqn***, (*fam.*) piombare addosso a qlcu.

palette [palɛt] ***n.f.*** **1** spatola, paletta **2** (*pitt.*) tavolozza **3** (*macelleria*) spalla di montone, di maiale **4** bancale (*m.*), pallet (*m.*).
● (*inform.*) ***palette graphique***, tavoletta grafica.

palétuvier [paletyvje] ***n.m.*** (*bot.*) paletuviere.

pâleur [pɑlœʀ] ***n.f.*** pallore (*m.*).

pâlichon [pɑliʃɔ̃] ***agg.*** [f. *-onne*] pallidino, palliduccio.

palier [palje] ***n.m.*** **1** pianerottolo: *mon voisin de palier*, il mio vicino di casa **2** (*di strada, ferrovia*) tratto piano **3** (*mecc.*) cuscinetto **4** (*fig.*) grado, stadio.
● ***par paliers***, a tappe, per gradi | (*aer.*) ***vol en palier***, volo orizzontale.

palière [paljɛʀ] ***agg.***
● ***porte palière***, porta sul pianerottolo.

palimpseste [palɛ̃psɛst] ***n.m.*** palinsesto.

palindrome [palɛ̃dʀom] *n.m.* palindromo.

palingénésie [palɛ̃ʒenezi] *n.f.* palingenesi.

palinodie [palinɔdi] *n.f.* palinodia.

pâlir [pɑliʀ] *v.intr.* **1** impallidire (*anche fig.*): *elle avait pâli de colère*, era impallidita di rabbia; *pâlir d'envie*, morire d'invidia **2** (*di colore*) sbiadire, impallidire: *les couleurs ont pâli*, i colori sono sbiaditi ♦ *v.tr.* rendere pallido.
● ***pâlir sur ses livres***, consumarsi sui libri | ***son étoile pâlit***, (*fig.*) la sua stella è al tramonto.
■ V.INTR. SIN. **1** blêmir **2** passer.

palis [pali] *n.m.* palo (di steccato).

palissade [palisad] *n.f.* **1** palizzata, staccionata **2** siepe (di cinta); spalliera (d'alberi).

palissader [palisade] *v.tr.* stecconare, cintare (con una palizzata o una spalliera d'alberi).

palissage [palisaʒ] *n.m.* (*di alberi*) il disporre a spalliera.

palissandre [palisɑ̃dʀ] *n.m.* palissandro.

pâlissant [pɑlisɑ̃] *agg.* che impallidisce.
● ***le jour pâlissant***, (*letter.*) il giorno che muore.

palisser [palise] *v.tr.* (*alberi*) disporre a spalliera.

palladium[1] [paladjɔm] *n.m.* (*st.*) palladio.

palladium[2] *n.m.* (*chim.*) palladio.

palliatif [paljatif] *agg.* e *n.m.* [f. *-ive*] palliativo.

pallier [palje] *v.tr.* **1** nascondere, mascherare **2** risolvere provvisoriamente, essere un palliativo (**per**) ♦ *v.intr.* provvedere, sopperire.

palmage [palmaʒ] *n.m.* (*nuoto subacqueo*) pinneggiamento.

palmaire [palmɛʀ] *agg.* palmare.

palmarès [palmaʀɛs] *n.m.* (*di vincitori, competizioni ecc.*) albo d'oro.
● ***palmarès de la chanson***, hit-parade.

palme[1] [palm] *n.f.* **1** (ramo di) palma **2** (*fig.*) palma **3** (*nuoto*) pinna.

palme[2] *n.m.* palmo (antica misura di lunghezza).

palmé [palme] *agg.* (*bot., zool.*) palmato.

palmeraie [palməʀɛ] *n.f.* palmeto (*m.*).

palmier [palmje] *n.m.* (*pianta*) palma (*f.*).

palmipède [palmipɛd] *agg.* e *n.m.* (*zool.*) palmipede.

palmure [palmyʀ] *n.f.* (*zool.*) palma, membrana (delle zampe dei palmipedi).

palois [palwa] *agg.* di Pau.

palombe [palɔ̃b] *n.f.* (*zool. pop.*) colombaccio (*m.*).

palonnier [palɔnje] *n.m.* **1** (*tecn.*) barra (*f.*) di distribuzione **2** (*mar., aer.*) pedaliera (*f.*).

pâlot [pɑlo] *agg.* [f. *-otte*] (*fam.*) pallidino.

palourde [paluʀd] *n.f.* (*zool. pop.*) vongola.

palpable [palpabl] *agg.* **1** palpabile **2** (*fig.*) tangibile: *preuves palpables*, prove tangibili.

palpation [palpasjɔ̃] *n.f.* (*med.*) palpazione.

palpébral [palpebʀal] *agg.* [pl. *-aux*] palpebrale.

palper [palpe] *v.tr.* **1** palpare **2** (*fam.*) intascare (denaro).

palpeur [palpœʀ] *n.m.* **1** (*tecn.*) sensore, sonda (*f.*) **2** (*inform.*) braccio di rilevazione.

palpitant [palpitɑ̃] *agg.* **1** palpitante **2** (*fig.*) emozionante, eccitante; molto interessante: *aventures palpitantes*, avventure emozionanti.

palpitation [palpitasjɔ̃] *n.f.* **1** battito (*m.*), fremito (*m.*), palpitazione: *palpitation des paupières*, battito delle palpebre; *palpitation des narines*, fremito delle narici **2** (*med.*) palpitazione; (*pl.*) cardiopalmo (*m.sing.*): *avoir des palpitations*, avere le palpitazioni.

palpiter [palpite] *v.intr.* palpitare, fremere (*anche fig.*).

paltoquet [paltɔkɛ] *n.m.* villano, tanghero.

paluche [palyʃ] *n.f.* **1** (*argot*) mano, zampa **2** (*cine.*) minitelecamera (cinepresa piccolissima generalmente usata per riprese acrobatiche di sci, deltaplano ecc.).

paludarium [palydaʀjɔm] *n.m.* acquario (per animali anfibi).

paludéen [palydeɛ̃] *agg.* [f. *-enne*] **1** malarico **2** palustre.

paludier [palydje] *n.m.* [f. *-ère*] salinaio, salinatore.

paludisme [palydism] *n.m.* (*med.*) malaria (*f.*).

palus [palys] *n.m.* terreno alluvionale coltivato a vigneto (nella regione di Bordeaux).

palustre [palystʀ] *agg.* palustre.

pâmer, se [səpɑme] *v.pron.intr.* **1** (*fam.*) andare in estasi: *se pâmer d'admiration*, andare in visibilio **2** (*antiq.*) svenire, cadere in deliquio.

pâmoison [pɑmwazɔ̃] *n.f.* (*antiq.*) svenimento (*m.*), deliquio (*m.*).

pamphlet [pɑ̃flɛ] *n.m.* libello.

pamphlétaire [pɑ̃fletɛʀ] *n.m.* libellista.

pamplemousse [pɑ̃pləmus] *n.m.* o *f.* (*frutto*) pompelmo (*m.*).

pamplemoussier [pɑ̃pləmusje] *n.m.* (*pianta*) pompelmo.

pampre [pɑ̃pʀ] *n.m.* **1** (*bot.*) pampino **2** (*arch.*) festone (a forma di tralcio di vite).

pan[1] [pɑ̃] *n.m.* **1** (*di vestito ecc.*) falda (*f.*), lembo: *un pan de chemise*, un lembo di camicia **2** (*di tetto*) spiovente, falda (*f.*) **3** (*di muro*) mozzicone, pezzo **4** (*di costruzione, prisma ecc.*) faccia (*f.*), lato.

pan[2] *onom.* bum, bang.

pan- *pref.* pan-.

panacée [panase] *n.f.* panacea, toccasana (*m.*).

panachable [panaʃabl] *agg.*
● ***billet panachable***, biglietto 'open (jaw)'.

panachage [panaʃaʒ] *n.m.* combinazione (*f.*), mescolanza (*f.*).

panache [panaʃ] *n.m.* pennacchio (*anche fig.*).
● ***avoir du panache***, (*fig.*) essere prestante.

panaché [panaʃe] *agg.* **1** variopinto: *œillet panaché*, garofano screziato **2** (*estens.*) misto: *glace panachée*, gelato misto ♦ *n.m.* birra mescolata a gazzosa.
● ***liste panachée***, (*alle elezioni*) lista mista.

panacher [panaʃe] *v.tr.* **1** combinare, mescolare **2** (*colori*) screziare ♦ **se panacher** *v.pron.intr.* (*di fiori*) screziarsi.

panade [panad] *n.f.* (*cuc.*) panata, pancotto (*m.*).
● ***être dans la panade***, (*fam.*) essere in miseria, nei guai.

panafricanisme [panafʀikanism] *n.m.* panafricanismo.

panama [panama] *n.m.* (*abbigl.*) panama.

Paname [panam] *n.m.* (*fam.*) Parigi: *les gars de Paname*, i ragazzi di Parigi.

panaméen [panameɛ̃] *agg.* [f. *-enne*] panamense, panamegno.

Panaméen *n.m.* [f. *-enne*] (*abitante*) panamense, panamegno.

P

panaméricain [panameʀikɛ̃] *agg.* panamericano.
panamien [panamjɛ̃] *agg.* [f. *-enne*] → **panaméen**.
Panamien *n.m.* → **Panaméen**.
panarabisme [panaʀabism] *n.m.* panarabismo.
panard [panaʀ] *agg.* (*di cavallo*) mancino ♦ *n.m.* **1** cavallo mancino **2** (*fam.*) piede, fetta (*f.*).
panaris [panaʀi] *n.m.* (*med.*) patereccio, giradito.
panax [panaks] *n.m.* (*bot.*) panace.
pan-bagnat [pɑ̃baɲa] *n.m.* (*cuc.*) pan-bagnat (panino imbottito con pomodori, insalata, uova sode, tonno e acciughe).
pancarte [pɑ̃kaʀt] *n.f.* **1** pannello (*m.*) (per cartelli pubblicitari, avvisi ecc.) **2** cartello (*m.*), scritta.
■ SIN. **2** écriteau.
panchromatique [pɑ̃kʀɔmatik] *agg.* (*fot.*) pancromatico.
pancréas [pɑ̃kʀeɑs] *n.m.* (*anat.*) pancreas.
pancréatique [pɑ̃kʀeatik] *agg.* (*anat., med.*) pancreatico.
panda [pɑ̃da] *n.m.* (*zool.*) panda.
pandémie [pɑ̃demi] *n.f.* (*med.*) pandemia.
pandémonium [pɑ̃demɔnjɔm] *n.m.* pandemonio.
pandore [pɑ̃dɔʀ] *n.m.* (*fam.*) gendarme.
pané [pane] *agg.* (*cuc.*) impanato.
panégyrique [paneʒiʀik] *n.m.* panegirico.
paner [pane] *v.tr.* (*cuc.*) impanare.
paneterie [pantʀi, panɛtʀi] *n.f.* dispensa del pane (in collegi ecc.).
panetière [pantjɛʀ] *n.f.* **1** tascapane (*m.*) **2** credenza, dispensa (dove si conserva il pane).
paneton [pantɔ̃] *n.m.* paniere (in cui si fa lievitare il pane).
paneuropéen [panøʀɔpeɛ̃] *n.m.* [f. *-enne*] paneuropeo.
pangermanisme [pɑ̃ʒɛʀmanism] *n.m.* pangermanesimo.
pangolin [pɑ̃gɔlɛ̃] *n.m.* (*zool.*) pangolino.
panhellénique [panelenik] *agg.* panellenico.
panhellénisme [panelenism] *n.m.* panellenismo.
panier [panje] *n.m.* **1** paniere; cesto; canestro **2** (*econ.*) paniere **3** (*basket*) canestro **4** cestello della lavastoviglie.
● ***panier à ouvrage***, cestino da lavoro | ***panier à pain***, cesta del fornaio | ***panier à provisions***, sporta (della spesa) | ***panier à salade***, sgocciolatoio (per insalata); (*fig. fam.*) furgone cellulare | ***c'est un panier de crabes***, è un covo di vipere | ***c'est un panier percé***, ha le mani bucate | ***indemnité de panier***, indennità di mensa | ***jeter au panier***, buttare nel cestino, cestinare | ***le dessus du panier***, il fior fiore | ***le fond du panier***, lo scarto, la feccia | ***mettre dans le même panier***, fare di ogni erba un fascio.
panière [panjɛʀ] *n.f.* grande cesta di vimini a due manici.
panier-repas [panjeʀəpɑ] *n.m.* [pl. *paniers-repas*] cestino da viaggio.
panification [panifikasjɔ̃] *n.f.* panificazione.
panifier [panifje] *v.tr.* panificare.
panini [panini] *n.m.* [pl. *panini(s)*] panino imbottito alla piastra.
panique [panik] *agg.* panico: *terreur panique*, timor panico ♦ *n.f.* panico (*m.*): *être pris de panique*, essere preso dal panico.
paniquer [panike] *v.intr.* essere preso dal panico: *elle est paniquée*, è proprio sconvolta.
■ SIN. s'affoler.
panislamique [panislamik] *agg.* panislamico.
panne[1] [pan] *n.f.* **1** guasto (*m.*), avaria (meccanica): *panne d'électricité*, guasto all'impianto elettrico; *il y a une panne de courant*, è andata via la corrente **2** (*mar.*) panna.
● (*aut.*) ***avoir une panne d'essence***, ***tomber en panne sèche***, rimanere senza benzina, a secco | ***en panne***, (*aut.*) in panne; (*fig.*) (*di persona*) bloccato: *le moteur est en panne*, il motore è guasto; *laisser qqn en panne*, lasciare qlcu nei pasticci | ***être en panne de qqch***, (*fam.*) rimanere sprovvisti di qlco.

FAUX AMI
Da non confondere con *panna* nel significato gastronomico di 'fior di latte', che si traduce *crème*.

panne[2] *n.f.* **1** panno (*m.*) di lana tipo velours **2** grasso (*m.*) di maiale.
panneau [pano] *n.m.* [pl. *-eaux*] **1** pannello, riquadro **2** cartellone, cartello **3** (*mar.*) quartiere (di boccaporto) **4** (*caccia*) rete (*f.*) **5** (*basket*) tabellone.
● (*tecn.*) ***panneau de contrôle***, quadro di controllo | ***panneau de marqueterie***, pannello intarsiato | ***panneau de signalisation***, cartello stradale | (*mar.*) ***panneau de vaigrage***, pagliolo | ***panneau électoral***, tabellone elettorale | (*tecn.*) ***panneau solaire***, pannello solare | (*abbigl.*) ***à panneaux***, a teli: *jupe à panneaux*, gonna a teli | ***donner***, ***tomber dans le panneau***, (*fig.*) cascare nella pania, cadere nella trappola | (*pitt.*) ***peinture sur panneau***, pittura su tavola.

FAUX AMI
Da non confondere con *panno*, che si traduce *drap, linge* o *chiffon*.

panneton [pantɔ̃] *n.m.* ingegno (della chiave).
panonceau [panɔ̃so] *n.m.* [pl. *-eaux*] **1** stemma, scudo **2** insegna (*f.*), placca (*f.*) metallica.
panoplie [panɔpli] *n.f.* **1** panoplia **2** costume (*m.*): *panoplie d'indien*, costume da indiano **3** (*fig.*) vasto assortimento (*m.*): *une panoplie d'arguments*, un'ampia scelta di argomenti.
panorama [panɔʀama] *n.m.* panorama.
panoramique [panɔʀamik] *agg.* panoramico ♦ *n.m.* (*cine.*) panoramica (*f.*).
pansage [pɑ̃saʒ] *n.m.* strigliatura (*f.*).
panse [pɑ̃s] *n.f.* **1** (*anat., vet.*) rumine (*m.*) **2** (*fam.*) pancia.
pansement [pɑ̃smɑ̃] *n.m.* **1** medicazione (*f.*) **2** (*fam.*) cerotto.
panser [pɑ̃se] *v.tr.* **1** medicare **2** (*fig.*) alleviare **3** (*cavallo ecc.*) strigliare.
pansu [pɑ̃sy] *agg.* panciuto.
pantagruélique [pɑ̃tagʀyelik] *agg.* pantagruelico.

NOTA L'aggettivo ***pantagruélique*** deriva dal nome del protagonista del famoso romanzo di F.Rabelais *Gargantua et Pantagruel* (1532), un gigante gran mangiatore e bevitore.

pantalon [pɑ̃talɔ̃] *n.m.* **1** calzoni (*pl.*), pantaloni (*pl.*) **2** (*teatr.*) fondino.
● ***pantalon corsaire***, calzoni alla pescatora | ***pantalon de golf***, calzoni alla zuava | ***pantalon droit***, ***à revers***, calzoni senza risvolto, con risvolto.
pantalonnade [pɑ̃talɔnad] *n.f.* (*teatr.*) farsa, buffonata.

P

pantelant [pɑ̃tlɑ̃] *agg.* **1** ansante, trafelato **2** palpitante, fremente (*anche fig.*).

panthéisme [pɑ̃teism] *n.m.* panteismo.

panthéiste [pɑ̃teist] *agg.* panteistico ♦ *n.m.* e *f.* panteista.

panthéon [pɑ̃teɔ̃] *n.m.* pantheon.

NOTA Il ***Panthéon*** è uno degli edifici più importanti di Parigi. Costruito in stile neoclassico (1764-90) come chiesa dedicata a sainte Geneviève, patrona di Parigi, è poi diventato con la Rivoluzione il tempio destinato a ospitare le tombe di uomini illustri (quali Voltaire, J.J. Rousseau, V. Hugo, E. Zola, J. Jaurès e G. Soufflot, l'architetto del Panthéon).

panthère [pɑ̃tɛʀ] *n.f.* pantera.

pantin [pɑ̃tɛ̃] *n.m.* burattino, marionetta (*f.*).

pantographe [pɑ̃tɔgʀaf] *n.m.* pantografo.

pantois [pɑ̃twa] *agg.* sconcertato: *rester pantois*, restare senza fiato.

pantomime [pɑ̃tɔmim] *n.f.* pantomima.

pantouflard [pɑ̃tuflaʀ] *agg.* e *n.m.* (*fam.*) pantofolaio.

pantoufle [pɑ̃tufl] *n.f.* pantofola.
■ SIN. chausson.

pantoufler [pɑ̃tufle] *v.intr.* (*di alti funzionari*) lasciare un impiego statale per una ditta privata.

panure [panyʀ] *n.f.* pangrattato (*m.*).

paon [pɑ̃] *n.m.* pavone (*anche fig.*).

paon-de-jour [pɑ̃dəʒuʀ] *n.m.* [pl. *paons-de-jour*] (*zool.*) vanessa (*f.*).

paon-de-nuit [pɑ̃dənɥi] *n.m.* [pl. *paons-de-nuit*] (*zool.*) saturnia (*f.*), pavonia (*f.*).

papa [papa] *n.m.* papà, babbo.
● ***à la papa***, (*fam.*) tranquillamente, con tutta calma | ***de papa***, (*fam.*) superato, vecchiotto, di una volta | ***fils à papa***, figlio di papà.

papable [papabl] *agg.* (*fam.*) papabile.

papal [papal] *agg.* [pl. *-aux*] papale.

papauté [papote] *n.f.* papato (*m.*), pontificato (*m.*).

papavérine [papaveʀin] *n.f.* (*med.*) papaverina.

papaye [papaj] *n.f.* (*frutto*) papaia.

papayer [papaje] *n.m.* (*pianta*) papaia (*f.*).

pape[1] [pap] *n.m.* **1** papa **2** (*fig.*) (*di movimento ecc.*) papa, massimo esponente.
● ***être traités comme des papes***, essere trattati da nababbi | ***Notre Saint-Père le pape***, il Santo Padre | ***sérieux comme un pape***, molto serio, solenne.

pape[2] *n.f.* (*Belgio*) **1** colla di farina **2** pappa **3** (*estens.*) fango (*m.*).

papelard[1] [paplaʀ] *agg.* (*letter.*) ipocrita, mellifluo.

papelard[2] *n.m.* (*fam.*) scartoffia (*f.*).

paperasse [papʀas] *n.f.* scartoffia: *de la paperasse*, delle scartoffie.

paperasserie [papʀasʀi] *n.f.* scartoffie (*pl.*).

paperassier [papʀasje] *agg.* [f. *-ère*] (*spreg.*) caotico, farraginoso: *administration paperassière*, amministrazione ipertrofica ♦ *n.m.* burocrate pignolo, pedante.

papesse [papɛs] *n.f.* papessa.

papeterie [papɛtʀi, pap(ə)tʀi] *n.f.* **1** cartoleria **2** industria cartaria **3** cartiera.

papetier [pap(ə)tje] *agg.* [f. *-ère*] cartario ♦ *n.m.* **1** cartolaio **2** cartaio.

papier [papje] *n.m.* **1** carta (*f.*) **2** (foglio, pezzo di) carta: *noter sur un papier*, scrivere su un pezzo di carta **3** documento, carta (*f.*) **4** (*giorn.*) pezzo, articolo **5** (*comm., econ.*) effetto.
● ***papier à dessin***, carta da disegno | ***papier à grain***, carta ruvida | ***papier à la cuve, à la forme***, carta a mano | ***papier à la machine***, carta a macchina | ***papier à lettres***, carta da lettere | ***papier à musique***, carta da musica: *il est réglé comme du papier à musique*, (*fig.*) è preciso come un orologio | ***papier brillant***, carta da lucido | ***papier brouillon***, carta da minuta | ***papier-cadeau***, carta da regalo | (*arte*) ***papiers collés, découpés***, collage | ***papier cristal***, carta pergamina | ***papier de Chine***, carta Cina | ***papier de soie***, velina, carta seta | ***papier doublé***, carta per rivestimento | ***papier écolier***, carta a righe formato protocollo | (*inform.*) ***papier en continu, à pliage paravent***, carta per tabulati, a modulo continuo | ***papier glacé***, carta lucida, satinata | ***papier imitation cuve***, carta uso mano | ***papier journal***, carta da giornali | ***papier mâché***, cartapesta: *il a une mine de papier mâché*, (*fig.*) ha una brutta cera | ***papier peint***, carta da parati | ***papier quadrillé***, carta a quadretti | ***papier réglé***, carta a righe | ***papier torchon***, carta ruvida (per dipingere a guazzo o ad acquerello) | ***papiers gras***, cartacce | (*comm.*) ***papiers valeurs***, carte valori | ***être dans les petits papiers de qqn***, (*fam.*) essere nella manica di qlcu | ***sur le papier***, sulla carta, in teoria | (*amm.*) ***sur papier simple***, in carta libera, semplice.

papier-calque [papjekalk] *n.m.* [pl. *papiers-calque*] carta (*f.*) da lucido; carta (*f.*) da ricalco.

papier-émeri [papjeɛmʀi] *n.m.* [pl. *papiers-émeri*] carta (*f.*) smeriglio.

papier-filtre [papjefiltʀ] *n.m.* [pl. *papiers-filtres*] carta (*f.*) filtro.

papier-monnaie [papjemɔnɛ] *n.m.* [pl. *papiers-monnaies*] cartamoneta (*f.*).

papille [papij] *n.f.* papilla.
● (*anat.*) ***papilles gustatives***, papille gustative.

papillon [papijɔ̃] *n.m.* **1** farfalla (*f.*) **2** (*mecc.*) valvola (*f.*) a farfalla; dado ad alette **3** foglietto (di carta), volantino **4** (*fam.*) foglietto della contravvenzione, multa (*f.*).
● ***papillons noirs***, (*fig.*) pensieri lugubri | (*abbigl.*) (***cravate***) ***papillon***, cravattino, (cravatta a) farfalla | (*sport*) (***nage***) ***papillon***, nuoto a farfalla | (*abbigl.*) ***nœud papillon***, nodo a farfalla.

papillonnant [papijɔnɑ̃] *agg.* che farfalleggia.

papillonnement [papijɔnmɑ̃] *n.m.* il farfalleggiare.

papillonner [papijɔne] *v.intr.* farfalleggiare, svolazzare (*anche fig.*).

papillotage [papijɔtaʒ] *n.m.* (*delle palpebre*) ammiccamento, lo sbattere (per troppa luce).

papillote [papijɔt] *n.f.* **1** papillote (sorta di bigodino di carta) **2** carta in cui si avvolgono zuccherini, caramelle **3** (*cuc.*) cartoccio (*m.*).
● ***en faire des papillotes***, (*fig.*) non farsene nulla | (*cuc.*) ***en papillote(s)***, al cartoccio.

papillotement [papijɔtmɑ̃] *n.m.* **1** scintillio, sfavillio **2** abbagliamento **3** (*tv, cine.*) sfarfallamento.

papilloter [papijɔte] *v.intr.* **1** battere le palpebre **2** scintillare, sfavillare **3** abbagliare **4** (*tv, cine.*) sfarfallare.

papisme [papism] *n.m.* papismo.

papiste [papist] *n.m.* e *f.* papista.

papivore [papivɔʀ] *n.m.* e *f.* (*fam.*) divoratore/trice di libri o giornali.

papotage [papɔtaʒ] *n.m.* chiacchiere (*f.pl.*).

papoter [papɔte] *v.intr.* chiacchierare, ciarlare.

papou [papu] *agg.* papuano ♦ *n.m.* (*lingua*) papuano.

Papou *n.m.* (abitante) papuano.

papouille [papuj] *n.f.* (fam.) solletico (*m.*): *faire des papouilles à qqn*, fare il solletico a qlcu; (*estens.*) palpeggiare, palpare qlcu.

pappe [pap] *n.m.* (bot.) pappo.

paprika [papʀika] *n.m.* paprica (*f.*).

paps [pap] *n.m.pl.* (fam.) (abbr. di papiers) carte (*f.*), documenti.

papule [papyl] *n.f.* (med.) papula.

papy [papi] *n.m.* (fam.) nonno.

papy-boomer [papibumœʀ] *n.m.* [pl. *papy-boomers*] membro della generazione nata nel dopoguerra (durante il baby-boom): *cette campagne de publicité s'adresse aux papy-boomers*, questa campagna pubblicitaria ha come target i sessantenni.

papyrologie [papiʀɔlɔʒi] *n.f.* papirologia.

papyrus [papiʀys] *n.m.* papiro.

Pâque [pɑk] *n.f.* Pasqua (ebraica).

paquebot [pakbo] *n.m.* (mar.) **1** piroscafo **2** transatlantico.

paquégique [pakeʒik] *n.m.* (marketing) packaging.

pâquerette [pɑkʀɛt] *n.f.* (bot.) margheritina, pratolina.

● ***au ras des pâquerettes***, (fam.) terra terra.

Pâques [pɑk] *n.f.pl.* Pasqua (*sing.*) (cristiana) ♦ *n.m.* Pasqua (*f.*), giorno di Pasqua.

● (relig.) ***Pâques fleuries***, domenica delle Palme | ***faire ses pâques***, fare la Pasqua, comunicarsi | ***joyeuses Pâques!***, buona Pasqua! | ***œufs de Pâques***, uova pasquali | ***remettre qqch à Pâques ou à la Trinité***, (fig.) rimandare qlco alle calende greche.

paquet [pakɛ] *n.m.* **1** pacco; pacchetto **2** (fam.) mucchio, sacco **3** (econ., pol.) pacchetto **4** (inform.) pacchetto, package.

● ***paquet(-)cadeau***, pacchetto, confezione regalo | (econ.) ***paquet d'actions***, pacchetto azionario | ***paquet de mer***, ondata, colpo di mare | (inform.) ***paquet d'informations***, pacchetto di dati | ***c'est un paquet de nerfs***, è un fascio di nervi | ***elle n'est plus qu'un paquet d'os***, si è ridotta pelle e ossa | ***faire ses paquets***, far fagotto | ***faire tout un paquet de qqch***, esagerare l'importanza di qlco | ***il y en a (tout) un paquet***, (fam.) ce n'è un sacco | ***risquer le paquet***, rischiare il tutto per tutto | ***toucher un joli paquet***, ricevere una valanga di soldi: *il a dû toucher un joli paquet*, deve aver guadagnato un bel sacco di soldi | ***un sacré paquet***, (fam.) un bel po', una tonnellata | ***vider, lâcher le paquet***, vuotare il sacco | (*y*) ***mettre le paquet***, mettercela tutta.

■ SIN. **1** colis **2** tas.

paqueter [pakte] *v.tr.* [coniug. come *jeter*] impacchettare; impaccare.

par [paʀ] *prep.* **1** (moto per luogo, anche fig.) per, attraverso; da: *passer par Rome*, passare per, da Roma; *regarder par la fênetre*, guardare dalla finestra; *passer par de rudes épreuves*, passare attraverso dure prove **2** (modo, mezzo, strumento) per; con: *prendre qqn par la main, le bras*, prendere qlcu per mano, per il braccio; *obtenir qqch par la force*, ottenere qlco con la forza; *par le train*, in treno; *ça va finir par arriver!*, finirà col succedere! **3** (agente, causa efficiente) da: *la récolte a été abîmée par la grêle*, il raccolto è stato danneggiato dalla grandine **4** (tempo) in: *par une nuit sans lune*, in una notte senza luna **5** (per condizioni atmosferiche) con: *sortir par beau temps*, uscire col bel tempo **6** (causa) per; da: *agir par peur*, agire per paura; *intoxication par des émanations de gaz*, avvelenamento da emanazioni di gas **7** (distributivo) a: *avancer par quatre*, avanzare per quattro; *marcher deux par deux*, camminare per due **8** (mar.) a: *embarcation par tribord*, imbarcazione a tribordo; *se trouver par 25° de latitude Sud*, trovarsi a 25° di latitudine sud.

● ***par avion***, per posta aerea | ***par bonheur***, per fortuna | ***par cela seul que***, per la sola ragione che | ***par heure***, all'ora: *une vitesse de cent kilomètres par heure*, una velocità di cento kilometri all'ora; *heure par heure*, ora per ora; *suivre l'actualité heure par heure*, seguire l'attualità ora per ora | ***par ici***, da questa parte, di qui: *venez par ici*, venite da questa parte, di qui | ***par jour***, al giorno: *plusieurs fois par jour*, più volte al giorno | ***par le passé***, in passato | ***par les temps qui courent***, con i tempi che corrono | ***par monts et par vaux***, (estens.) per monti e per valli | ***par ordre alphabétique***, in ordine alfabetico | ***par semaine***, a settimana: *deux fois par semaine*, due volte la, alla settimana | ***par terre***, per terra, a terra: *jeter qqn par terre*, gettare a, in terra qlcu; *être assis par terre*, essere seduto per, in terra.

□ **de par** *prep.* **1** per la volontà di; da parte di: *de par la volonté du peuple*, per volere del popolo; *de par le roi*, da parte del re, su ordine del re **2** *de par le monde*, in qualche parte (del mondo) **3** per, a causa di: *de par la dispositon des lieux*, per la disposizione dei luoghi.

para [paʀa] *n.m.* (fam.) abbr. di **parachutiste**.

para- *pref.* para-.

parabole[1] [paʀabɔl] *n.f.* parabola.

parabole[2] *n.f.* (antenna) parabolica, parabola.

parabolique [paʀabɔlik] *agg.* parabolico.

paracétamol [paʀasetamɔl] *n.m.* paracetamolo.

parachèvement [paʀaʃɛvmɑ̃] *n.m.* completamento; rifinitura (*f.*).

parachever [paʀaʃve] *v.tr.* [coniug. come *semer*] completare; ultimare; rifinire.

parachutage [paʀaʃytaʒ] *n.m.* **1** lancio (col paracadute) **2** (fig.) nomina (*f.*) inaspettata.

parachute [paʀaʃyt] *n.m.* paracadute.

● ***parachute doré, en or***, buonuscita | ***en parachute***, con il paracadute.

parachuter [paʀaʃyte] *v.tr.* **1** paracadutare **2** (fig. fam.) nominare inaspettatamente (a una carica) ♦ **se parachuter** *v.pron.* paracadutarsi, lanciarsi col paracadute.

parachutisme [paʀaʃytism] *n.m.* paracadutismo.

parachutiste [paʀaʃytist] *n.m.* e *f.* paracadutista.

parade [paʀad] *n.f.* **1** parata, sfoggio (*m.*) | *il n'agit que pour la parade*, pensa solo a mettersi in mostra **2** sfilata, parata **3** schermo (*m.*), difesa **4** (st. teatr.) esibizione degli attori davanti a un teatro di fiera (per attirare il pubblico allo spettacolo) **5** (equitazione, scherma) parata.

● ***chercher la parade à***, cercare di difendersi da | ***de parade***, da parata: *habit de parade*, abito di gala | ***faire parade de***, far sfoggio di, ostentare.

parader [paʀade] *v.intr.* **1** sfilare in parata **2** (fig.) pavoneggiarsi.

paradigme [paʀadigm] *n.m.* paradigma.

paradis [paʀadi] *n.m.* **1** paradiso **2** (teatr.) loggione.

● ***au paradis***, in paradiso: *se croire au paradis*, sentirsi come in paradiso | ***le Paradis terrestre***, il Paradiso terrestre | ***les paradis artificiels***, (fig.) i paradisi artificiali | (zool.) ***oiseau de paradis***, uccello del paradiso | ***tu ne l'emporteras pas au paradis!***, non credere di cavartela così!

■ SIN. **1** éden **2** poulailler.

paradisiaque [paʀadizjak] ***agg.*** paradisiaco.
■ SIN. idyllique.

paradisier [paʀadizje] ***n.m.*** (*zool.*) paradisea (*f.*), uccello del paradiso.

paradoxal [paʀadɔksal] ***agg.*** [pl. *-aux*] paradossale.

paradoxalement [paʀadɔksalmɑ̃] ***avv.*** paradossalmente.

paradoxe [paʀadɔks] ***n.m.*** paradosso.

NOTA Celebri esempi di ***paradoxes*** sono:
Il faut pleurer les hommes à leur naissance, et pas à leur mort. Bisogna piangere gli uomini alla loro nascita, non alla loro morte. (Montesquieu).
Un homme seul est toujours en mauvaise compagnie. Un uomo solo è sempre in cattiva compagnia. (P.Valéry).

parafe [paʀaf] ***n.m.*** → **paraphe**.

parafer [paʀafe] ***v.tr.*** → **parapher**.

paraffine [paʀafin] ***n.f.*** paraffina.

paraffiné [paʀafine] ***agg.*** paraffinato.

parafoudre [paʀafudʀ] ***n.m.*** parafulmine.

parages [paʀaʒ] ***n.m.pl.*** paraggi, vicinanze (*f.*).
● ***dans les parages***, nei paraggi, nei dintorni.

paragraphe [paʀagʀaf] ***n.m.*** paragrafo.

paragrêle [paʀagʀɛl] ***agg.invar.*** antigrandine.

paraguayen [paʀagɥɛjɛ̃] ***agg.*** [f. *-enne*] paraguaiano.

Paraguayen ***n.m.*** [f. *-enne*] (*abitante*) paraguaiano.

parais [paʀɛ] → **paraître**.

paraissant [paʀɛsɑ̃] *p.pres.* di **paraître**.

paraître [paʀɛtʀ] ***v.intr.*** [coniug. come *connaître*; aus. *avoir* e *être*] **1** parere, sembrare: *elle m'a paru changée*, mi è parsa cambiata; *tout le monde paraît être de son avis*, tutti sembrano del suo parere; *il paraît se souvenir de vous*, sembra che si ricordi di voi | *il paraît plus que son âge*, sembra più vecchio della sua età | *elle a soixante ans, mais elle ne les paraît pas*, ha sessant'anni, ma non li dimostra **2** comparire, apparire: *le soleil paraît à l'horizon*, il sole appare all'orizzonte **3** essere visibile; (*fig.*) apparire, manifestarsi **4** mettersi in mostra **5** (*di libro, rivista ecc.*) essere pubblicato, uscire: *un livre qui vient de paraître*, un libro appena uscito; *il a, est paru une nouvelle édition*, è stata pubblicata una nuova edizione ♦ ***v. intr.impers.*** sembrare, parere: *il ne paraît pas que le départ soit proche*, non sembra che la partenza sia prossima; *il paraît qu'elle s'est mariée très jeune*, sembra che si sia sposata giovanissima; *il paraît qu'on va augmenter les impôts*, pare che vogliano aumentare le tasse; *il lui parut juste de lui dire cela*, gli parve giusto dirglielo; *dans ce restaurant on mange, paraît-il, très bien*, in questo ristorante pare che si mangi molto bene.
● (*dir.*) ***paraître en justice***, comparire davanti alla giustizia | ***paraître en scène***, ***en public***, apparire sulla scena, in pubblico | ***à ce qu'il paraît***, a quel che sembra | ***à paraître (prochainement)***, in corso di stampa, di prossima pubblicazione | ***chercher à paraître***, cercare di farsi notare | ***faire paraître un ouvrage***, pubblicare un'opera | ***il paraît que oui***, ***que non***, pare di sì, di no | ***laisser paraître***, manifestare | ***sans qu'il y paraisse***, anche se non sembra.
■ V.INTR. SIN. **1** sembler CONTR. **2** disparaître.

parallaxe [paʀalaks] ***n.f.*** (*astr., fis.*) parallasse.

parallèle [paʀalɛl] ***agg.*** parallelo: *la route est parallèle à la rivière*, la strada corre parallela al fiume ♦ ***n.m.*** **1** (*geogr. astr.*) parallelo **2** confronto, parallelo ♦ ***n.f.*** (*mat.*) parallela.
● ***mettre deux choses en parallèle***, mettere a confronto due cose.

parallèlement [paʀalɛlmɑ̃] ***avv.*** parallelamente.

parallélépipède [paʀalelepipɛd] ***n.m.*** (*geom.*) parallelepipedo.

parallélisme [paʀalelism] ***n.m.*** parallelismo (*anche fig.*).

parallélogramme [paʀalelɔgʀam] ***n.m.*** (*mat.*) parallelogrammo.

paralogisme [paʀalɔʒism] ***n.m.*** (*fil.*) paralogismo.

paralysant [paʀalizɑ̃] ***agg.*** paralizzante.

paralysé [paʀalize] ***agg.*** paralizzato ♦ ***n.m.*** paralitico.

paralyser [paʀalize] ***v.tr.*** paralizzare (*anche fig.*) ♦ **se paralyser** ***v.pron.intr.*** **1** paralizzarsi **2** (*fig.*) intorpidirsi.

paralysie [paʀalizi] ***n.f.*** paralisi (*anche fig.*).

paralytique [paʀalitik] ***agg.*** e ***n.m.*** e ***f.*** paralitico/a.

paramédical [paʀamedikal] ***agg.*** [pl. *-aux*] paramedico.

paramètre [paʀamɛtʀ] ***n.m.*** (*mat., fis.*) parametro.

paramilitaire [paʀamilitɛʀ] ***agg.*** paramilitare.

parano [paʀano] ***agg.*** e ***n.m.*** e ***f.*** (*fam.*) → **paranoïaque**.

paranoïa [paʀanɔja] ***n.f.*** (*psic.*) paranoia.

paranoïaque [paʀanɔjak] ***agg.*** e ***n.m.*** e ***f.*** (*psic.*) paranoico/a.

paranormal [paʀanɔʀmal] ***agg.*** e ***n.m.*** [pl. *-aux*] paranormale.

paranymphe [paʀanɛ̃f] ***n.m.*** **1** (*st.*) paraninfo **2** elogio solenne (nell'antica università di Parigi).

parapente [paʀapɑ̃t] ***n.m.*** (*sport*) parapendio.

parapentiste [paʀapɑ̃tist] ***n.m.*** e ***f.*** (*sport*) parapendista.

parapet [paʀapɛ] ***n.m.*** parapetto.

parapharmacie [paʀafaʀmasi] ***n.f.*** parafarmacia.

paraphe [paʀaf] ***n.m.*** **1** sigla (*f.*): *apposer son paraphe au bas de*, apporre la propria sigla in calce a **2** svolazzo, ghirigoro (della firma).

parapher [paʀafe] ***v.tr.*** siglare (un documento).

paraphrase [paʀafʀɑz] ***n.f.*** parafrasi.

paraphraser [paʀafʀɑze] ***v.tr.*** parafrasare.

paraplégie [paʀapleʒi] ***n.f.*** (*med.*) paraplegia.

paraplégique [paʀapleʒik] ***agg.*** e ***n.m.*** e ***f.*** (*med.*) paraplegico/a.

parapluie [paʀaplɥi] ***n.m.*** ombrello.
● ***parapluie nucléaire***, ombrello nucleare, atomico.

parapsychologie [paʀapsikɔlɔʒi] ***n.f.*** parapsicologia.

parapublic [paʀapyblik] ***agg.*** [f. *-que*] parastatale ♦ ***n.m.*** parastato.
■ AGG. (*Belgio*) SIN. parastatal.

parascolaire [paʀaskɔlɛʀ] ***agg.*** parascolastico.

parasitaire [paʀazitɛʀ] ***agg.*** parassitario.

parasite [paʀazit] ***agg.*** parassita (*anche fig.*) ♦ ***n.m.*** **1** parassita (*anche fig.*) **2** (*pl.*) (*rad., tel.*) disturbi parassiti; scariche (*f.*).

parasiter [paʀazite] ***v.tr.*** **1** (*biol.*) parassitare **2** (*rad., tel.*) disturbare (un segnale radioelettrico) con delle scariche.

parasitisme [paʀazitism] ***n.m.*** parassitismo.

parasol [paʀasɔl] ***n.m.*** ombrellone; parasole.
● (*bot.*) ***pin parasol***, pino marittimo.

P

paratonnerre [paʀatɔnɛʀ] ***n.m.*** parafulmine.

paratyphoïde [paʀatifɔid] ***agg.*** (*med.*) paratifoide ♦ ***n.f.*** (*med.*) paratifo (*m.*).

paravent [paʀavɑ̃] ***n.m.*** paravento (*anche fig.*).

parbleu [paʀblø] ***inter.*** diamine.

parc [paʀk] ***n.m.*** **1** parco **2** recinto; parco **3** box (per bambini) **4** *parc* (*de stationnement*), parcheggio: *parc à autos*, autoparco; *parc payant*, parcheggio a pagamento **5** parco (di materiale rotabile).

● ***parc automobile***, parco macchine (veicoli) | ***parc à bétail***, recinto, stabbio | ***parc à huîtres***, parco ostreario | ***parc d'attractions***, ***de loisirs***, parco dei divertimenti | ***parc des locomotives***, parco locomotive | ***parc immobilier***, edilizia (di una città) | ***parc national***, parco nazionale | ***parc naturel***, riserva naturale.

NOTA In Francia sono stati creati numerosi ***parcs de loisirs*** (parchi divertimento): i più famosi sono quelli di *Astérix* (Plailly, Oise), *Eurodisneyland* (Marne-la-Vallée, Seine-et-Marne), *France Miniature* (Élancourt, Yvelines), *Futuroscope* (Jaunay-Clan, Vienne) e *Mer de Sable* (Ermenonville, Oise).

parcellaire [paʀselɛʀ] ***agg.*** particellare, parcellare.

parcelle [paʀsɛl] ***n.f.*** particella, frammento (*m.*); (*fig.*) briciolo (*m.*).

FAUX AMI
Da non confondere con *parcella* nel significato di *onorario*, che si traduce *honoraires*.

parcellisation [paʀselizasjɔ̃] ***n.f.*** parcellizzazione, frammentazione.

parcelliser [paʀselize] ***v.tr.*** parcellizzare, frammentare.

parce que [paʀskə] ***cong.*** [si apostrofa davanti a *il*, *elle*, *on*, *en*, *un*, *une*] (*in risposta a domande introdotte da* pourquoi) perché: *"Pourquoi n'es-tu pas venu?" "Parce que j'étais pris"*, "Perché non sei venuto?" "Perché ero occupato"; *justement parce que c'est toi*, proprio perché sei tu.

P

parchemin [paʀʃəmɛ̃] ***n.m.*** **1** pergamena (*f.*); cartapecora (*f.*) **2** (*pl.*) titoli nobiliari **3** (*fam.*) diploma universitario.

parcheminé [paʀʃəmine] ***agg.*** **1** pergamenato **2** (*fig.*) incartapecorito.

par-ci [paʀsi] ***avv.***

● ***par-ci, par-là***, (*luogo*) di qua e di là; (*tempo*) di quando in quando.

parcimonie [paʀsimɔni] ***n.f.*** parsimonia.

parcimonieusement [paʀsimɔnjøzmɑ̃] ***avv.*** con parsimonia.

parcimonieux [paʀsimɔnjø] ***agg.*** [f. *-euse*] parsimonioso.

parcmètre [paʀkmɛtʀ] **parcomètre** [paʀkɔmɛtʀ] ***n.m.*** parchimetro.

parcotrain [paʀkɔtʀɛ̃] ***n.m.*** parcheggio (riservato agli utenti delle ferrovie).

parcourir [paʀkuʀiʀ] ***v.tr.*** [coniug. come *courir*] **1** percorrere: *il y a un bon bout de chemin à parcourir avant d'arriver*, c'è (ancora) un bel pezzo di strada da percorrere prima di arrivare **2** (*fig.*) scorrere: *parcourir le journal*, dare una scorsa al giornale **3** (*inform.*) (*ricerca per la selezione di file*) sfoglia.

● ***parcourir dans tous les sens***, percorrere in lungo e in largo | ***parcourir les mers***, solcare i mari.

parcours [paʀkuʀ] ***n.m.*** percorso, tragitto.

● (*mil.*) ***parcours du combattant***, percorso di guerra.

parcouru [paʀkuʀy] *p.p.* di **parcourir**.

par-delà [paʀdəla] ***prep.*** oltre, di là da: *par-delà la montagne*, di là dal monte ♦ ***avv.*** dall'altra parte.

par-derrière [paʀdɛʀjɛʀ] ***avv.*** da dietro; alle spalle.

par-dessous [paʀdəsu] ***avv.*** e ***prep.*** (da) sotto: *il est passé par-dessous la table*, è passato sotto il tavolo; *il est passé par-dessous*, è passato al disotto.

● ***traiter qqn par-dessous la jambe***, trattare qlcu con disprezzo.

pardessus [paʀdəsy] ***n.m.*** cappotto, soprabito (da uomo).

par-dessus [paʀdəsy] ***avv.*** e ***prep.*** (da) sopra: *elle a mis un tailleur et son manteau par-dessus*, ha messo un tailleur con sopra il cappotto; *il lisait le journal par-dessus l'épaule de son voisin*, leggeva il giornale sopra le spalle del vicino.

● ***par-dessus tout***, soprattutto | ***en avoir par-dessus la tête***, (*fig.*) averne fin sopra i capelli.

par-devant [paʀdəvɑ̃] ***avv.*** (dal) davanti.

● (*dir.*) ***par-devant notaire***, davanti a notaio.

par-devers [paʀdəvɛʀ] ***prep.*** (*dir.*) in presenza di: *par-devers le juge*, davanti al giudice.

● ***par-devers soi***, (*letter.*) in proprio possesso.

pardi [paʀdi] **pardieu** [paʀdjø] ***inter.*** perdinci, perbacco.

pardon [paʀdɔ̃] ***n.m.*** **1** perdono **2** (*nelle formule di cortesia*) scusa (*f.*), perdono | *pardon?, je n'ai pas compris*, prego?, non ho capito | *ah! mais pardon !, je n'ai jamais dit cela!*, un momento!, non ho mai detto questo! **3** (*dir.*) perdono, indulto.

● ***pardon!***, scusi!, scusa!, permesso!

■ SIN. **1** miséricorde.

NOTA In Bretagna si chiama ***Pardon*** una processione annuale con relativa festa popolare.

pardonnable [paʀdɔnabl] ***agg.*** perdonabile; scusabile.

pardonner [paʀdɔne] ***v.tr.*** e ***intr.*** **1** perdonare: *il faut lui pardonner*, bisogna perdonarlo; *une telle insulte ne peut pas se pardonner*, un simile insulto non può essere perdonato; *je ne lui pardonne pas d'être si avare*, non gli perdono la sua avarizia **2** (*nelle formule di cortesia*) scusare, perdonare: *pardonnez-moi de vous contredire*, mi scusi se la contraddico; *je vous prie de pardonner mon retard*, la prego di scusarmi per il ritardo.

● ***ça ne se pardonne pas!***, è (una cosa) imperdonabile!

paré[1] [paʀe] ***agg.*** **1** ornato, adorno; addobbato: *femme parée de bijoux*, donna adorna di gioielli; *autel somptueusement paré*, altare addobbato sontuosamente **2** (*cuc.*) preparato per la cottura.

paré[2] ***agg.*** pronto, preparato: *paré à toute éventualité*, pronto a tutto; *paré contre le froid*, equipaggiato per il freddo.

pare- ***pref.*** → **para-**.

pare-balles [paʀbal] ***agg.invar.*** antiproiettile ♦ ***n.m.invar.*** (*mil.*) parapalle.

● ***gilet pare-balles***, giubbotto antiproiettile.

pare-boue [paʀbu] ***n.m.invar.*** (*aut.*) parafango.

pare-brise [paʀbʀiz] ***n.m.invar.*** (*aut.*) parabrezza.

pare-chocs [paʀʃɔk] ***n.m.invar.*** (*aut.*) paraurti.

pare-feu [paʀfø] ***agg.*** e ***n.m.invar.*** tagliafuoco; parafuoco.

pareil [paʀɛj] ***agg.*** [f. *-eille*] **1** simile, uguale: *ton chapeau est pareil au mien*, il tuo cappello è uguale al mio; *hier à pareille heure*, ieri a quest'ora **2** tale, simile:

on ne peut pas y aller à pareille heure!, non possiamo andarci a un'ora simile!, a quest'ora! ♦ ***n.m.*** uguale, pari: *il n'a pas son pareil*, non ha uguali ♦ ***avv.*** (*fam.*) nello stesso modo.
● ***c'est du pareil au même***, se non è zuppa è pan bagnato | ***en pareil cas***, in tal caso | ***rien de pareil***, niente di simile | ***sans pareil***, senza pari.
■ *AGG.* SIN. identique, semblable CONTR. différent, contraire.

pareille [paʀɛj] ***n.f.*** uguale, pari: *elle n'a pas sa pareille*, non ha uguali.
● ***rendre la pareille à qqn***, rendere la pariglia a qlcu.

pareillement [paʀɛjmɑ̃] ***avv.*** **1** similmente, allo stesso modo **2** anche, ugualmente: *je le désire pareillement*, lo desidero anch'io.

parement [paʀmɑ̃] ***n.m.*** **1** (*di collo o manica*) risvolto **2** (*di altare*) paramento **3** (*edil.*) facciavista (*f.*), rivestimento (in pietra).

parenchyme [paʀɑ̃ʃim] ***n.m.*** (*bot., med.*) parenchima.

parent [paʀɑ̃] ***n.m.*** **1** parente **2** genitore **3** (*pl.*) progenitori, antenati ♦ ***agg.*** simile, affine.
● ***parent isolé***, genitore solo | ***parent par alliance***, affine | ***proches parents***, parenti stretti.

parental [paʀɑ̃tal] ***agg.*** [pl. *-aux*] parentale, genitoriale.

parenté [paʀɑ̃te] ***n.f.*** **1** parentela (*anche fig.*); consanguineità: *parenté des idées*, (*fig.*) affinità di idee **2** parenti (*m.pl.*), parentado (*m.*).
● ***parenté par alliance***, affinità.

parentéral [paʀɑ̃teʀal] ***agg.*** [pl. *-aux*] (*med.*) parenterale.

parenthèse [paʀɑ̃tɛz] ***n.f.*** parentesi.
● ***mettre entre parenthèses***, mettere tra parentesi | ***soit dit entre*** (o ***par***) ***parenthèses***, sia detto tra parentesi.

parentisme [paʀɑ̃tism] ***n.m.*** (*Togo*) nepotismo.

paréo [paʀeo] ***n.m.*** (*abbigl.*) pareo.

pare-pierres [paʀpjɛʀ] ***agg.invar.*** paramassi: *filet, écran pare-pierres*, barriera paramassi.

parer[1] [paʀe] ***v.tr.*** **1** ornare, guarnire; abbellire; addobbare **2** (*fig.*) attribuire: *parer qqn de toutes les vertus*, attribuire a qlcu tutte le virtù **3** (*letter.*) agghindare **4** preparare ♦ **se parer** ***v.pron.*** **1** ornarsi, adornarsi **2** (*fig.*) fregiarsi.
● (*cuc.*) ***parer la viande***, pulire la carne | (*mar.*) ***parer une ancre***, apprestare un'ancora.

parer[2] ***v.tr.*** parare, evitare ♦ ***v.intr.*** **1** rimediare, porre riparo: *parer à un inconvénient*, ovviare a un inconveniente **2** fronteggiare (**qlco**), prepararsi (a far fronte): *parer à un danger*, fronteggiare un pericolo.
● ***parer le coup***, (*fig.*) parare il colpo.

parésie [paʀezi] ***n.f.*** (*med.*) paresi.

pare-soleil [paʀsɔlɛj] ***n.m.invar.*** **1** (*aut.*) aletta parasole **2** (*fot.*) paraluce, parasole.

paresse [paʀɛs] ***n.f.*** pigrizia.
● ***solution de paresse***, soluzione di comodo.

paresser [paʀese] ***v.intr.*** poltrire, oziare.

paresseusement [paʀɛsøzmɑ̃] ***avv.*** pigramente: *le fleuve coulait paresseusement*, il fiume scorreva pigro.

paresseux [paʀɛsø] ***agg.*** [f. *-euse*] pigro ♦ ***n.m.*** **1** pigro, poltrone **2** (*zool.*) bradipo.
■ *AGG.* SIN. fainéant, inactif CONTR. laborieux, actif.

parfaire [paʀfɛʀ] ***v.tr.*** [coniug. come *faire*] completare, rifinire, perfezionare.

parfait [paʀfɛ] *p.p.* di **parfaire** ♦ ***agg.*** **1** perfetto, eccellente **2** completo, perfetto ♦ ***n.m.*** **1** dolce gelato (al caffè, al cioccolato ecc.); semifreddo **2** (*gramm.*) perfetto.

parfaitement [paʀfɛtmɑ̃] ***avv.*** **1** perfettamente; molto bene **2** completamente: *je me sens parfaitement à mon aise*, mi sento completamente a mio agio **3** proprio così, certamente.

parfois [paʀfwa] ***avv.*** talvolta, a volte, talora.

parfum [paʀfœ̃] ***n.m.*** **1** profumo; fragranza (*f.*) **2** profumo: *un flacon de parfum*, una boccetta di profumo **3** gusto, sapore (spec. di gelato).
● ***être au parfum***, (*argot*) essere al corrente.

parfumé [paʀfyme] ***agg.*** profumato: *glace parfumée à la pistache*, gelato al (gusto di) pistacchio.

parfumer [paʀfyme] ***v.tr.*** **1** profumare **2** aromatizzare ♦ **se parfumer** ***v.pron.*** profumarsi.

parfumerie [paʀfymʀi] ***n.f.*** **1** profumeria **2** fabbrica di profumi.

parfumeur [paʀfymœʀ] ***agg.*** e ***n.m.*** [f. *-euse*] profumiere.

pari [paʀi] ***n.m.*** scommessa (*f.*).
● (*ippica*) ***pari mutuel*** (***urbain***) (*PMU*), totalizzatore | ***faire la pari de***, scommettere di | ***les paris sont ouverts***, si accettano scommesse | ***tenir un pari***, tener fede a una scommessa.

> FAUX AMI
> Da non confondere con l'italiano *pari*, che si traduce *pair*.

paria [paʀja] ***n.m.*** paria (*anche fig.*).

parier [paʀje] ***v.tr.*** scommettere: *parier à cent contre un*, scommettere uno contro cento; *je vous parie tout ce que vous voudrez que*, scommetto quello che volete che.
● ***il y a beaucoup, tout à parier que***, c'è da scommettere che.

pariétaire [paʀjetɛʀ] ***n.f.*** (*bot.*) parietaria.

pariétal [paʀjetal] ***agg.*** [pl. *-aux*] parietale.

parieur [paʀjœʀ] ***n.m.*** [f. *-euse*] scommettitore.

parigot [paʀigo] ***agg.*** e ***n.m.*** (*fam.*) parigino.

paris-brest [paʀibʀɛst] ***n.m.invar.*** (*pasticceria*) paris -brest (grosso bignè a forma di ciambella ripieno di crema e cosparso di mandorle tritate).

parisianisme [paʀizjanism] ***n.m.*** **1** spirito, lingua, costumi tipicamente parigini **2** tendenza a identificare la Francia con Parigi.

parisien [paʀizjɛ̃] ***agg.*** [f. *-enne*] parigino.

Parisien ***n.m.*** [f. *-enne*] (*abitante*) parigino.

parisyllabique [paʀisil/abik] ***agg.*** e ***n.m.*** (*gramm.*) parisillabo.

paritaire [paʀitɛʀ] ***agg.*** paritario, paritetico.

parité [paʀite] ***n.f.*** parità.

parjure [paʀʒyʀ] ***agg.*** e ***n.m.*** spergiuro.

parjurer, se [səpaʀʒyʀe] ***v.pron.intr.*** spergiurare.

parka [paʀka] ***n.m.*** o ***f.*** giacca (*f.*) impermeabile, parka (*m.invar.*).

parking [paʀkiŋ] ***n.m.*** parcheggio (di automobili).
● ***parking en étages***, autosilo.

parlant [paʀlɑ̃] ***agg.*** parlante: *des preuves parlantes*, delle prove evidenti.
● ***cinéma parlant***, cinema sonoro.

parlé [paʀle] ***agg.*** e ***n.m.*** parlato.
● (*rad.*) ***journal parlé***, giornale radio.

parlement [paʀləmɑ̃] ***n.m.*** parlamento.

> NOTA Il ***Parlement*** (Parlamento) in Francia è costituito dall'*Assemblée Nationale*, corrispondente all'italiana Camera dei Deputati, e dal *Sénat*, il Senato.
> Fino alla Rivoluzione, il ***parlement*** era la suprema corte di giustizia.

P

parlementaire [paʀləmɑ̃tɛʀ] ***agg.*** e ***n.m.*** e ***f.*** parlamentare.

parlementer [paʀləmɑ̃te] ***v.intr.*** **1** parlamentare **2** (*fam.*) discutere: *il l'entendit parlementer avec qqn*, lo udì discutere con qlcu.

parler[1] [paʀle] ***v.intr.*** parlare: *qu'on ne me parle plus de cette histoire*, non voglio più sentir parlare di questa faccenda; *il nous a parlé*, ci ha parlato; *j'ai parlé de cela à Laure*, ho parlato di ciò con, a Laure | *s'il m'est permis de parler ainsi*, se così posso dire ♦ ***v.tr.*** parlare (di): *parler affaires, politique*, parlare di affari, di politica ♦ **se parler** ***v.pron.rec.*** parlarsi: *ils ne se sont plus parlé*, non si sono più parlati.

● (*Canada*) ***parler à travers son chapeau***, dire stupidaggini | ***parler bas, à voix basse***, parlare a voce bassa, sottovoce | ***parler de la pluie et du beau temps***, parlare del più e del meno | ***parler en bien, en mal de qqn***, parlar bene, male di qlcu | ***parler entre ses dents***, parlare tra i denti | ***parler pour parler***, parlare tanto per parlare | ***parler sur un certain ton***, parlare con arroganza | ***à parler franc***, a dirla schietta | ***à proprement parler***, a dire il vero | ***à vous de parler***, (*alle carte*) sta a lei parlare | ***c'est une façon de parler***, si fa per dire: *je vous dis ça, mais c'est une façon de parler*, lo dico tanto per dire | ***généralement parlant***, parlando in generale | ***sans parler de***, per non parlare di, per non citare | ***tu parles!***, (*fam.*) altro che!, lo credo bene! | ***tu parles, Charles!***, (*fam.*) col cavolo! | ***voilà qui s'appelle parler!***, questo si chiama parlare! | ***vous trouverez à qui parler!***, troverete pane per i vostri denti.

parler[2] ***n.m.*** **1** (modo di) parlare: *son parler était lent et traînant*, parlava (in modo) lento e strascicato **2** parlata (*f.*).

parleur [paʀlœʀ] ***n.m.*** [f. *-euse*] parlatore.

● ***un beau parleur***, un buon parlatore; (*spreg. iron.*) un parolaio.

parloir [paʀlwaʀ] ***n.m.*** parlatorio.

parlot(t)e [paʀlɔt] ***n.f.*** (*fam.*) chiacchierata.

parlure [paʀlyʀ] ***n.f.*** parlata.

P

parme [paʀm] ***agg.*** e ***n.m.invar.*** (colore) viola intenso.

parmentier [paʀmɑ̃tje] ***agg.*** (*cuc.*) parmentier (preparazione di piatti a base di patate).

● ***potage parmentier***, zuppa parmentier.

parmesan [paʀməzɑ̃] ***agg.*** parmigiano, parmense ♦ ***n.m.*** (*cuc.*) parmigiano, grana.

parmi [paʀmi] ***prep.*** fra, tra; in mezzo a: *parmi la foule*, tra la folla; *parmi les hommes*, tra gli uomini.

parodie [paʀɔdi] ***n.f.*** parodia.

parodier [paʀɔdje] ***v.tr.*** parodiare.

parodique [paʀɔdik] ***agg.*** parodistico.

paroi [paʀwa] ***n.f.*** parete.

paroisse [paʀwas] ***n.f.*** parrocchia.

● ***prêcher pour sa paroisse***, tirare l'acqua al proprio mulino.

paroissial [paʀwasjal] ***agg.*** [pl. *-aux*] parrocchiale.

paroissien [paʀwasjɛ̃] ***n.m.*** **1** [f. *-enne*] parrocchiano **2** (*fam.*) individuo **3** libro da messa.

parole [paʀɔl] ***n.f.*** **1** parola: *adresser la parole à qqn*, rivolgere la parola a qlcu **2** parola; promessa: *donner sa parole*, dare la propria parola; *je vous donne ma parole de ne pas vous trahir*, vi do la mia parola che non vi tradirò; *revenir sur, retirer sa parole*, rimangiarsi la parola **3** parola, favella | *troubles de la parole*, disturbi della parola, del linguaggio.

● ***parole d'Evangile***, (*fig.*) oro colato; (*estens.*) vangelo | ***paroles en l'air***, parole dette alla leggera | ***manquer à sa parole***, non essere di parola | ***ma parole (d'honneur)!***, parola mia!, parola d'onore! | ***n'avoir qu'une parole***, avere una parola sola | ***payer de belles paroles***, (*iron.*) pagare a chiacchiere | ***prendre la parole***, prendere la parola, intervenire | ***sur parole***, sulla parola | ***tenir parole***, essere di parola | ***vous avez la parole***, a lei la parola.

parolier [paʀɔlje] ***n.m.*** [f. *-ère*] **1** paroliere **2** (*ant.*) librettista.

paronyme [paʀɔnim] ***n.m.*** (*ling.*) paronimo.

parotide [paʀɔtid] ***n.f.*** (*anat.*) parotide.

parotidite [paʀɔtidit] ***n.f.*** (*med.*) parotite.

paroxysme [paʀɔksism] ***n.m.*** parossismo.

paroxystique [paʀɔksistik] ***agg.*** parossistico.

paroxyton [paʀɔksitɔ̃] ***agg.*** e ***n.m.*** (*ling.*) parossitono.

parpaillot [paʀpajo] ***n.m.*** **1** (*antiq., spreg.*) miscredente **2** (*fam.*) calvinista, protestante.

parpaing [paʀpɛ̃] ***n.m.*** (*edil.*) **1** blocco di calcestruzzo **2** pietra (*f.*) di legatura.

parquer [paʀke] ***v.tr.*** **1** (*zootecn.*) rinchiudere, sistemare (animali) in un recinto **2** (*fig. spreg.*) ammassare, ammucchiare: *nous étions parqués comme du bétail*, stavamo ammassati come bestie **3** (*aut.*) parcheggiare.

parquet [paʀkɛ] ***n.m.*** **1** parquet, pavimento (di legno); tavolato **2** recinto (per animali) **3** (*Borsa*) recinto delle grida **4** (*dir.*) procura (*f.*) della Repubblica.

parqueter [paʀkəte] ***v.tr.*** [coniug. come *jeter*] posare un parquet.

parqueteur [paʀkətœʀ] ***n.m.*** (*edil.*) pavimentista, parchettista.

parrain [paʀɛ̃] ***n.m.*** **1** padrino **2** (*di un socio in un club ecc.*) presentatore **3** padrino, boss mafioso.

parrainage [paʀɛnaʒ] ***n.m.*** **1** qualità (*f.*), funzione (*f.*) di padrino **2** patrocinio; sponsorizzazione (*f.*).

● ***comité de parrainage***, comitato patrocinatore.

parrainer [paʀene] ***v.tr.*** patrocinare; sponsorizzare.

● ***parrainer un enfant***, adottare un bambino a distanza.

parricide [paʀisid] ***agg.*** e ***n.m.*** e ***f.*** parricida ♦ ***n.m.*** parricidio.

parsemer [paʀsəme] ***v.tr.*** [coniug. come *semer*] cospargere; disseminare.

part [paʀ] ***n.f.*** **1** parte: *il a voulu sa part du gâteau*, (*anche fig.*) ha voluto la sua fetta di torta **2** (*dir., econ.*) quota, porzione; partecipazione: *il n'a aucune part aux bénéfices de cette entreprise*, non ha nessuna partecipazione agli utili di quella società **3** parte; luogo (*m.*); lato (*m.*).

● (*econ.*) ***part de bénéfice***, quota di utile | (*dir.*) ***part d'héritage***, quota ereditaria | (*econ.*): ***part sociale***, quota sociale; ***parts de marché***, quote di mercato | ***à part entière***, pienamente, completamente: *être citoyen à part entière*, godere di tutti i diritti civili | ***autre part***, altrove | ***autre part que***, in un luogo diverso da: *il faudrait nous rencontrer autre part que chez moi*, dovremo incontrarci in un luogo diverso da casa mia | ***d'autre part***, d'altronde, del resto | ***de la part de***, da parte di | ***de ma, ta, sa part***, da parte mia, tua, sua | ***de part en part***, da parte a parte | ***de part et d'autre***, da una parte e dall'altra: *les voitures étaient parquées de part et d'autre de la rue*, le automobili erano parcheggiate sui due lati della strada | ***de toute(s) part(s)***, da tutte le parti, da ogni parte | ***d'une part... d'autre part*** (o ***de l'autre part***), da una parte... dall'altra; da un canto... d'altro canto | ***faire la part belle à qqn***, dare a qlcu più di quanto gli spetti | ***faire la part de***

qqch, tener conto di qlco | ***faire la part du feu***, salvare il salvabile | ***faire part***, comunicare: *faire part d'une naissance, d'un mariage*, partecipare, annunziare una nascita, un matrimonio | ***nulle part***, da nessuna parte | ***nulle part ailleurs***, in nessun altro luogo, da nessun'altra parte | ***pour ma, ta, sa... part***, per conto mio, tuo, suo...; per quanto mi, ti, lo... riguarda | ***pour une large, bonne part***, in buona parte | ***prendre en bonne, en mauvaise part***, prendere in buona, in mala parte | ***prendre part à***, prendere parte a, partecipare a | ***quelque part***, da qualche parte: *il est parti quelque part à la mer*, è andato non so dove al mare.

□ **à part** *avv.* 1 a parte; salvo, tranne: *à part ce petit inconvénient*, a parte questo piccolo inconveniente 2 a parte, particolare; separato: *un cas à part*, un caso particolare 3 da parte | *mettre à part*, mettere da parte: *plaisanterie (mise) à part*, scherzi a parte.

● ***à part moi, lui***, tra me e me, tra sé e sé | ***à part que***, (*fam.*) a parte che | ***faire bande à part***, fare gruppo a sé, starsene per proprio conto | ***faire lit, chambre à part***, dormire in letti separati, in camere separate | ***prendre qqn à part***, prendere in disparte qlcu.

partage [paʀtaʒ] *n.m.* 1 spartizione (*f.*), divisione (*f.*) 2 (*di voti, in uno scrutinio*) parità (*f.*) 3 (*dir.*) quota (*f.*) spettante (in una divisione) 4 condivisione (*f.*).

● (*inform.*) ***partage de temps***, distribuzione del tempo, time-sharing | ***partage de voiture***, auto in condivisione, car sharing | (*geogr.*) ***ligne de partage des eaux***, spartiacque | ***recevoir en partage***, (*fig.*) toccare in sorte | ***sans partage***, senza riserve | (*dir.*) ***tomber en partage***, spettare come quota; (*fig.*) toccare in sorte.

partagé [paʀtaʒe] *agg.* 1 suddiviso, diviso | *les avis sont partagés*, i pareri sono discordi 2 condiviso 3 combattuto: *il était partagé entre l'espoir et la crainte*, era combattuto fra la speranza e la paura.

● ***amour partagé***, amore corrisposto | ***bien partagé, mal partagé***, dotato, non dotato (di natura): *il est fort mal partagé*, è nato proprio disgraziato.

partageable [paʀtaʒabl] *agg.* divisibile, ripartibile.

partager [paʀtaʒe] *v.tr.* [coniug. come *manger*] 1 dividere; ripartire 2 condividere 3 separare, dividere 4 (*antiq.*) dotare: *la nature l'a bien partagé*, la natura lo ha ben dotato ♦ **se partager** *v.pron.intr.* dividersi.

● (*econ.*) ***partager un dividende***, distribuire un dividendo.

partagiciel [paʀtaʒisjɛl] *n.m.* (*Internet*) shareware.

partance [paʀtɑ̃s] *n.f.* partenza (*spec. mar.*).

● ***en partance***, in partenza.

partant[1] [paʀtɑ̃] *n.m.* (*sport*) partente.

● ***être partant (pour)***, (*fam.*) essere disponibile (a).

partant[2] *cong.* (*letter.*) pertanto.

partenaire [paʀtənɛʀ] *n.m.* e *f.* partner.

● ***les partenaires sociaux***, le parti (sociali); gli interlocutori sociali.

partenariat [paʀtənaʀja] *n.m.* partenariato, partnership (*f.*).

parterre [paʀtɛʀ] *n.m.* 1 aiuola (*f.*) 2 (*teatr.*) platea (*f.*).

parthenaisien [paʀtənɛzjɛ̃] *agg.* [f. *-enne*] di Parthenay.

parthénogenèse [paʀtenɔʒənɛz] *n.f.* (*biol.*) partenogenesi.

parthénopéen [paʀtenɔpeɛ̃] *agg.* [f. *-enne*] partenopeo.

parti[1] [paʀti] *n.m.* 1 partito; fazione (*f.*) (*spec. pol.*) 2 decisione (*f.*), risoluzione (*f.*) 3 partito, profitto.

● ***de parti***, di parte | ***de parti pris***, per partito preso | ***faire un mauvais parti à qqn***, conciare qlcu per le feste | ***prendre le parti de***, schierarsi dalla parte di | ***prendre son parti de qqch, en prendre son parti***, rassegnarsi a qlco, mettersi il cuore in pace | ***sans parti pris***, senza preconcetti | ***tirer parti de***, trarre profitto da | ***tirer tout le parti possible de***, sfruttare qlco al massimo | ***un beau parti***, un buon partito.

■ SIN. 1 mouvement 2 résolution 3 bénéfice.

parti[2] *p.p.* di **partir** ♦ *agg.* (*fam.*) brillo.

partial [paʀsjal] *agg.* [pl. *-aux*] parziale.

■ CONTR. impartial, neutre.

partialement [paʀsjalmɑ̃] *avv.* parzialmente.

partialité [paʀsjalite] *n.f.* parzialità.

participant [paʀtisipɑ̃] *agg.* e *n.m.* partecipante.

participation [paʀtisipasjɔ̃] *n.f.* partecipazione.

● (*dir.*): ***participation à un crime***, concorso in un delitto; ***participation aux acquêts***, divisione dei beni acquisiti (in regime matrimoniale) | (*econ.*) ***participation aux bénéfices***, compartecipazione agli utili | (*banca*) ***compte en participation***, conto congiunto.

participe [paʀtisip] *n.m.* (*gramm.*) participio.

● ***participe présent, passé***, participio presente, passato.

participer [paʀtisipe] *v.intr.* 1 partecipare; prendere parte: *participer à un jeu*, prendere parte a un gioco 2 (*letter.*) partecipare, essere partecipe.

particulariser [paʀtikylaʀize] *v.tr.* particolareggiare.

particularisme [paʀtikylaʀism] *n.m.* particolarismo.

particulariste [paʀtikylaʀist] *n.m.* e *f.* particolarista ♦ *agg.* particolaristico.

particularité [paʀtikylaʀite] *n.f.* particolarità.

particule [paʀtikyl] *n.f.* particella.

particulier [paʀtikylje] *agg.* [f. *-ère*] 1 particolare; speciale: *c'est une coutume particulière à ce pays*, è un'abitudine caratteristica, propria di quel paese | *sur ce point particulier*, proprio su quel punto 2 particolare; privato; personale ♦ *n.m.* 1 particolare: *aller du général au particulier*, passare dall'universale al particolare 2 (*persona*) privato; (*fam.*) individuo: *tu le connais ce particulier?*, (*fam.*) lo sai tu chi è quel tizio? 3 (*antiq. letter.*) intimità (*f.*).

● ***à titre particulier***, a titolo confidenziale, in confidenza | ***cas particulier***, singolo caso | ***en particulier***, in particolare, specialmente; in privato, da solo a solo | ***hôtel particulier***, palazzo privato | ***leçon particulière***, lezione privata | ***secrétaire particulier***, segretario particolare: *le secrétaire particulier du ministre*, il segretario particolare del ministro | ***un simple particulier***, un privato cittadino.

particulièrement [paʀtikyljɛʀmɑ̃] *avv.* 1 particolarmente; in (modo) particolare 2 personalmente.

partie [paʀti] *n.f.* 1 parte: *diviser en parties égales*, dividere in parti uguali; *une partie des enfants étaient déjà rentrés chez eux*, una parte dei bambini era già tornata a casa 2 partita; gara; competizione: *partie de cartes*, partita a carte; *tu as partie gagnée*, hai già vinto; *la partie est inégale*, la lotta è impari 3 divertimento (*m.*); gita 4 (*comm.*) (*di merce*) partita: *livraison par parties*, consegna a lotti, scaglionata 5 (*contabilità*) partita 6 (*mus.*) parte 7 (*di disciplina, materia ecc.*) specialità, campo (*m.*): *il est très fort dans sa partie, il connaît bien sa partie*, è molto in gamba nel suo ramo 8 (*dir.*) parte: *se rendre partie dans un procès*, costituirsi parte in un processo

| *avoir affaire à forte partie*, avere a che fare con un avversario temibile **9** (*pl.*) (*fam.*) (*organi genitali maschili*) palle.
● (*dir.*) ***partie adverse*** (o ***plaignante***), parte avversa, controparte | ***partie carrée***, scambio di coppie | (*dir.*) ***partie civile***, parte civile | ***partie de campagne***, scampagnata | ***partie de plaisir***, gita (di piacere): *cela a été une vraie partie de plaisir*, è stato molto piacevole | (*contabilità*) ***partie simple***, ***double***, partita semplice, doppia | ***abandonner***, ***quitter la partie***, (*anche fig.*) abbandonare il campo | ***avoir la partie belle***, (*fig.*) aver buon gioco, essere fortunati | ***avoir partie liée avec qqn***, (*fig.*) far lega con qlcu | ***ce n'est que partie remise***, sarà per un'altra volta | ***en*** (***grande***) ***partie***, in (gran) parte | ***en tout ou en partie***, in tutto o in parte | ***être de la partie***, essere della partita; essere del mestiere: *voulez-vous être de la partie?*, vuol essere dei nostri?; *il est de la partie*, è del mestiere | ***être juge et partie***, (*fig.*) essere giudice e parte in causa | ***faire partie de***, far parte di | ***la majeure partie***, la maggior parte | ***prendre qqn à partie***, prendersela con qlcu | ***se mettre de la partie***, unirsi (a un gruppo ecc.).

partiel [parsjɛl] ***agg.*** [f. *-elle*] parziale ♦ ***n.m.*** (*all'università*) esame preliminare, colloquio, preesame.

partiellement [parsjɛlmɑ̃] ***avv.*** parzialmente; in parte.

partir [partir] ***v.intr.*** [coniug. come *dormir*; aus. *être*] **1** partire: *il est parti pour Rome*, è partito per Roma; *partir à pied, en voiture, par le train*, partire a piedi, in automobile, con il treno; *partir en voyage*, partire per un viaggio; *il partit d'un grand éclat de rire*, scoppiò in una gran risata; *il est parti de rien*, (*fig.*) è partito dal nulla **2** andare, andarsene: *partez devant, je vous rejoindrai*, andate avanti, vi raggiungo; *il est parti comme un éclair*, è schizzato via come un razzo, un fulmine; *partir en France*, andare in Francia; *partir en promenade*, andare a fare una passeggiata; *partir en vacances*, andare in vacanza; *tout son argent part en livres*, (*fig.*) tutti i suoi soldi se ne vanno in libri **3** nascere, avere origine: *on ne sait pas d'où est parti le bruit*, non si sa da che cosa sia nata la voce; *un cri partit de la foule*, un grido si levò dalla folla **4** partire, iniziare, cominciare: *cette affaire est mal partie*, la faccenda è partita male; *le contrat part du premier décembre*, il contratto inizia dal primo dicembre.
● (*prov.*) ***partir, c'est mourir un peu***, partire è un po' morire | ***partir du pied droit***, (*fig.*) patire col piede destro | (*mus.*) ***partir en mesure***, attaccare a tempo | ***à partir de***, a partire da; cominciando da: *à partir de huit heures*, a partire dalle otto, dalle otto in poi; *à partir d'ici*, da qui in avanti; *à partir du premier août*, (a decorrere) dal primo agosto | ***c'est parti*** (***mon kiki***)***!***, (*fam.*) ci siamo!, è fatta! | ***partez!***, via!
■ CONTR. **1** arriver **2** rester.

partisan [partizɑ̃] ***n.m.*** **1** partigiano **2** (*estens.*) partigiano; sostenitore, fautore ♦ ***agg.*** **1** favorevole (**a**) **2** fazioso, settario.

partitif [partitif] ***agg.*** e ***n.m.*** [f. *-ive*] (*gramm.*) partitivo.

partition [partisjɔ̃] ***n.f.*** **1** (*mus.*) partitura, spartito (*m.*) **2** (*arald.*) partizione.

partitocratie [partitɔkrasi] ***n.f.*** (*pol.*) partitocrazia.

partout [partu] ***avv.*** **1** dappertutto, ovunque: *je l'ai cherché partout*, l'ho cercato dappertutto **2** (*nel punteggio di giochi e sport*) pari: (*tennis*) *30 partout*, 30 pari.
● ***partout ailleurs***, in qualsiasi altro posto | ***partout où***, ovunque: *partout où je vais je le rencontre*, ovunque io vada lo incontro | ***de partout***, da ogni parte.

partouze [partuz] ***n.f.*** (*fam.*) ammucchiata, orgia.

parturiente [partyrjɑ̃t] ***n.f.*** partoriente.

parturition [partyrisjɔ̃] ***n.f.*** (*spec. di animali*) parto (*m.*).

paru [pary] *p.p.* di **paraître**.

parure [paryr] ***n.f.*** **1** addobbo (*m.*), ornamento (*m.*); abbigliamento (*m.*) ricco ed elegante: *beauté sans parure*, bellezza semplice, senza ornamenti **2** parure, completo (*m.*) **3** (*di carne*) scarto (*m.*), ritaglio (*m.*) **4** (*zool.*) livrea (nuziale).
● ***parure de lit***, parure per il letto (lenzuola e federe) | ***parure de table***, parure, completo per la tavola (tovaglia e tovaglioli) | ***de parure***, ornamentale.

parution [parysjɔ̃] ***n.f.*** (*di un libro ecc.*) pubblicazione, uscita.

parvenir [parvənir] ***v.intr.*** [coniug. come *venir*; aus. *être*] giungere, arrivare (*anche fig.*): *je lui ai fait parvenir ce colis*, gli ho fatto recapitare il pacco; *faire parvenir un ordre*, trasmettere un ordine; *son seul souci c'est de parvenir*, (*fig.*) si preoccupa solo di arrivare, di far carriera | *parvenir à ses fins*, raggiungere il proprio scopo.
● ***parvenir à***, riuscire a: *parvenir à s'échapper*, riuscire a scappare.

parvenu [parvəny] *p.p.* di **parvenir** ♦ ***n.m.*** (*spreg.*) parvenu, nuovo ricco.

parvis [parvi] ***n.m.*** sagrato.

pas[1] [pɑ] ***n.m.*** **1** passo **2** passo, impronta (*f.*) **3** (*di porta*) soglia (*f.*): *être sur le pas de la porte*, essere sulla soglia **4** (*geogr.*) (*di montagna*) passo; (*di mare*) stretto **5** (*tecn.*) passo: *pas de vis*, passo della vite.
● ***pas à pas***, passo passo, un passo dopo l'altro | (*danza*) ***pas de deux***, pas de deux, passo a due | (*comm.*) ***pas de porte***, avviamento di un negozio, di una ditta | ***à chaque pas***, a ogni passo, in ogni momento | ***à grands pas***, a grandi passi | ***à pas de géant***, a passi da, di gigante | ***à pas de loup***, in punta di piedi, senza far rumore | ***arriver sur les pas de qqn***, arrivare subito dopo qlcu | ***au pas***, al passo: *au pas de course*, a passo di corsa; *se mettre au pas*, (*anche fig.*) mettersi al passo; *remettre au pas*, (*fig.*) richiamare all'ordine | ***avoir***, ***prendre le pas sur qqn***, (*fig.*) avere, prendere il sopravvento su qlcu | ***de ce pas***, (*fig.*) di questo passo | ***faire le premier pas***, (*fig.*) fare il primo passo | ***faire les cent pas***, camminare su e giù, avanti e indietro | ***faire ses premiers pas***, (*anche fig.*) fare i primi passi | ***faire un faux pas***, mettere un piede in fallo, (*fig.*) fare un passo falso | ***faire un pas en avant***, (*fig.*) fare un passo avanti | ***franchir***, ***sauter le pas***, (*fig.*) superare un ostacolo | ***il n'y a qu'un pas***, ci manca poco: *de là à ne plus la croire il n'y a qu'un pas*, da lì a non crederle più ci manca poco | ***j'y vais de ce pas***, ci vado subito | ***marcher sur les pas de qqn***, (*fig.*) seguire le orme di qlcu | ***ne pas quitter qqn d'un pas***, (*fig.*) stare alle costole di qlcu | ***revenir sur ses pas***, (*anche fig.*) tornare sui propri passi | ***salle des pas perdus***, (*di stazione ecc.*) sala di attesa | ***tirer qqn d'un mauvais pas***, (*fig.*) trarre qlcu d'impaccio | ***tous les trois pas***, ogni due passi; a ogni piè sospinto.

pas[2] ***avv.*** **1** (*correlativo di* ne *in frase negativa*): *je n'en ai pas besoin*, non ne ho bisogno; *il n'est pas parti*, non è partito; *pour ne pas se fatiguer*, per non stancarsi **2** (*assoluto*) non: *des questions pas faciles*, domande non facili.
● ***pas assez***, non abbastanza | ***pas beaucoup***, non molto | ***pas de chance!***, che sfortuna! | ***pas d'histoires!***, (*fam.*) poche storie! | ***pas mal!***, non (c'è) male! | ***pas moi***, io no, non io | ***pas trop***, non troppo | ***pas un*** → un | ***absolument pas!***, proprio, assolutamente no! | ***n'est-ce pas?***, vero?, non è vero? | ***pourquoi pas?***, perché no? | ***sûrement pas!***, no di certo!

P

pascal[1] [paskal] ***agg.*** [pl. *-als*, *-aux*] pasquale.

pascal[2] ***n.m.*** [pl. *-als*] (*fis., inform.*) pascal.

pascalien [paskaljɛ̃] ***agg.*** [f. *-enne*] pascaliano, di Pascal.

NOTA Deriva dal nome del filosofo, matematico e scrittore Blaise Pascal (1623-62).

pas-de-porte [padəpɔʀt] ***n.m.invar.*** somma (*f.*) pagata per avere in affitto (o subaffitto) un negozio o un appartamento.

passable [pɑsabl] ***agg.*** passabile, accettabile.
● (*scuola*) (***mention***) ***passable***, sufficiente.

passablement [pɑsabləmɑ̃] ***avv.*** passabilmente; abbastanza.

passade [pɑsad] ***n.f.*** **1** infatuazione, capriccio (*m.*) **2** avventura galante, flirt (*m.*).

passage [pɑsaʒ] ***n.m.*** **1** passaggio (*anche fig.*): *les heures de passage du train*, gli orari di transito del treno; *se retourner sur le passage de qqn*, voltarsi al passaggio di qlcu **2** (*di uccelli*) passo **3** passaggio; varco; via (*f.*): *se frayer un passage dans la foule*, aprirsi un varco tra la folla; *céder le passage*, cedere il passo **4** (*geogr.*) (*di montagna*) passo, valico; (*di mare*) stretto **5** (*lett., mus.*) passaggio, brano **6** pedaggio **7** (*sport*) intermedio **8** (*cine., tv*) (*di film*) proiezione (*f.*).
● (*tv*) ***passage à l'antenne***, messa in onda | (*ferr.*) ***passage à niveau***, passaggio a livello | ***passage à tabac***, (*fam.*) pestaggio | ***passage clouté***, strisce pedonali | ***passage*** (***couvert***), galleria | ***passage interdit***, divieto di transito | ***passage pour piétons***, passaggio pedonale | ***passage protégé***, incrocio con diritto di precedenza | ***passage souterrain***, ***inférieur***, sottopassaggio | ***passage supérieur***, cavalcavia | ***au passage***, al volo; per caso; al varco: *saisir au passage*, cogliere al volo; *apprendre au passage*, venire a sapere per caso; *attendre qqn au passage*, aspettare qlcu al varco | ***de passage***, di passaggio: *je suis ici de passage*, sono qui di passaggio | (***droit de***) ***passage***, pedaggio | ***examen de passage***, esame di ammissione | ***pour activités de passage***, (alloggio) per uso temporaneo | (*sport*) ***temps de passage***, intertempo.

passager [pɑsaʒe] ***agg.*** e ***n.m.*** [f. *-ère*] passeggero: *hôte passager*, ospite di passaggio.

passant [pɑsɑ̃] ***agg.*** **1** frequentato **2** (*arald.*) passante ♦ ***n.m.*** **1** (*persona*) passante **2** (*di cintura*) passante.

passation [pɑsasjɔ̃] ***n.f.*** **1** (*dir.*) (*di un atto*) stesura **2** (*comm.*) contabilizzazione, registrazione: *lors de la passation de commande*, al momento della trasmissione dell'ordine.
● ***passation des pouvoirs***, passaggio di poteri.

passe[1] [pɑs] ***n.m.*** (*fam.*) abbr. di **passe-partout**.

passe[2] ***n.f.*** **1** (*sport*) passaggio (*m.*) **2** (*tecn.*) passata **3** (*fam.*) marchetta **4** (*di uccelli*) passo (*m.*), passaggio (*m.*) **5** (*mar.*) canale (*m.*) navigabile **6** (*al gioco*) posta **7** (*alla roulette*) passe (*m.*).
● ***passe*** (***magnétique***), gesto dell'ipnotizzatore | ***être dans une bonne***, ***une mauvaise passe***, attraversare un periodo fortunato, un brutto momento | ***être en passe de***, essere sul punto di | (*tip.*) (***main de***) ***passe***, risma supplementare | ***maison de passe***, (*fam.*) casa d'appuntamenti | ***mot de passe***, parola d'ordine | ***passe d'armes***, (*fig.*) alterco.

passé[1] [pɑse] ***prep.*** dopo: *aussitôt passé la pharmacie*, subito dopo la farmacia; *passé dix heures*, dopo le dieci.

passé[2] ***agg.*** **1** passato; scorso: *l'année passée*, l'anno scorso; *il est cinq heures passées*, sono le cinque passate **2** (*gramm.*) passato **3** sfiorito, appassito: *des couleurs passées*, colori sbiaditi **4** (*amm.*) stipulato ♦ ***n.m.*** **1** passato **2** (*gramm.*) passato **3** (*danza*) passato.
● (*gramm.*): ***passé antérieur***, trapassato remoto; ***passé composé***, passato prossimo; ***passé simple***, passato remoto | ***par le passé***, in passato | ***tout ça, c'est du passé***, (*fam.*) è acqua passata.

passe-droit [pɑsdʀwa] ***n.m.*** [pl. *passe-droits*] privilegio (illegittimo), favoritismo.

passéiste [pɑseist] ***agg.*** e ***n.m.*** e ***f.*** passatista.

passe-lacet [pɑslasɛ] ***n.m.*** [pl. *passe-lacets*] (*sartoria*) infilanastri.

passement [pɑsmɑ̃] ***n.m.*** passamano.

passementer [pɑsmɑ̃te] ***v.tr.*** guarnire con passamaneria.

passementerie [pɑsmɑ̃tʀi] ***n.f.*** passamaneria.

passe-montagne [pɑsmɔ̃taɲ] ***n.m.*** [pl. *passe-montagnes*] passamontagna.

passe-partout [pɑspaʀtu] ***n.m.invar.*** **1** passe-partout (*anche fig.*); chiave (*f.*) universale: *l'argent est un bon passe-partout*, il denaro apre tutte le porte **2** (*di fotografia*) sopraffondo; montatura (*f.*) ♦ ***agg.invar.*** adatto a ogni circostanza; banale.

passe-passe [pɑspɑs] ***n.m.invar.***
● ***tour de passe-passe***, gioco di prestigio; (*fig.*) raggiro.

passe-plat [pɑspla] ***n.m.*** [pl. *passe-plats*] passavivande.

passepoil [pɑspwal] ***n.m.*** bordino, filetto.

passeport [pɑspɔʀ] ***n.m.*** passaporto.

passer [pɑse] ***v.intr.*** **1** [aus. *être*] passare: *je passe te chercher à midi*, passo a prenderti a mezzogiorno; *es-tu passé chez le médecin?*, sei stato dal medico?; *je ne fais que passer*, sono solo di passaggio; *passer place de la République*, passare da piazza della Repubblica; *la Seine passe à Paris*, la Senna passa per, bagna Parigi; *passer par-dessus le mur*, scavalcare il muro **2** [aus. *être*] passare (*anche fig.*); trasferirsi; andare: *passer à table*, andare a tavola; *voulez-vous passer à côté?*, vuole andare di là?; *il est passé par bien des épreuves!*, ne ha passate tante!; *ce mot est passé dans l'usage courant*, questa parola è entrata nell'uso corrente; *le message commence à passer*, il messaggio comincia a essere recepito **3** [aus. *être*] passare, cessare: *le plus dur est passé*, il peggio è passato **4** [aus. *avoir*] passare, trascorrere: *les vacances ont passé comme un éclair*, le vacanze sono passate in un baleno **5** [aus. *avoir*] (*di liquidi*) passare **6** [aus. *être*] essere promosso, passare: *il est passé capitaine*, è stato promosso capitano **7** [aus. *avoir*] sbiadire, scolorire **8** [aus. *avoir*] (*fig.*) passare, essere tollerabile: *à la rigueur cela peut passer*, a rigor di termini può andare; *passe encore pour son retard, mais...*, vada ancora per il ritardo, ma...; *cela peut passer pour vrai*, può sembrare vero **9** [aus. *avoir*] (*fam.*) (*di cibi*) andar giù, essere digerito: *mon déjeuner n'a pas passé*, non ho digerito il pranzo **10** [aus. *être*] (*cine.*) essere in programmazione; (*rad., tv*) andare in onda, essere trasmesso; (*teatr.*) essere rappresentato **11** [aus. *être*] (*estens.*) morire: *il vient de passer*, è appena spirato ♦ ***v.tr.*** **1** passare; superare, varcare: *passer un mur*, scavalcare un muro | *passer un examen*, dare, sostenere un esame **2** passare, trascorrere: *passer son temps à ne rien faire*, passare le giornate senza fare nulla **3** (far) passare: *passer son bras sous le bras de qqn*, prendere qlcu sotto braccio | *passer un faux billet* (*de banque*), spacciare un biglietto (di banca) falso | (*comm.*) *passer* (*une*) *commande*, passare, fare un ordine **4** infilare: *passer les menottes à qqn*, mettere le manette a qlcu; *passer*

P

une robe, infilare un vestito **5** passare, dare: *passe-moi le sel*, passami il sale; *je vous passe Monsieur Dupont*, (*al telefono*) le passo il signor Dupont **6** comunicare, trasmettere: *passer une maladie*, trasmettere una malattia **7** omettere, tralasciare: *je veux passer là-dessus*, voglio passarci sopra | *passer son tour*, saltare il turno **8** concedere, permettere: *on lui passe tout*, gliele passano tutte; *il lui passe tous ses caprices*, soddisfa tutti i suoi capricci; *il ne lui passe rien*, non gliene perdona una **9** soddisfare, sfogare: *laissez-lui passer sa colère*, lasciategli sfogare la collera **10** (*comm.*) contabilizzare, registrare **11** (*un liquido ecc.*) filtrare, colare; (*la farina ecc.*) setacciare, passare (al setaccio) **12** (*cine.*) proiettare, dare; (*rad., tv*) mandare in onda; (*teatr.*) rappresentare ♦ **se passer** *v.pron.intr.* **1** fare a meno: *elle s'est passée de ses conseils*, ha fatto a meno dei suoi consigli; *cela se passe de commentaires*, non ha bisogno di commenti **2** svolgersi: *l'action de ce drame se passe au XIXe siècle*, l'azione di questo dramma si svolge nel XIX secolo ♦ *v.intr. impers.* **1** avvenire, accadere: *cela s'est passé il y a dix ans*, questo accadeva dieci anni fa; *que se passe-t-il?*, *qu'est-ce qui se passe?*, che cosa succede?, che cosa c'è? **2** passare, trascorrere: *il ne se passe pas d'année qu'il ne vienne en Italie*, non passa anno che non venga in Italia.
● ***passer au travers***, (*fig.*) cavarsela: *il a réussi à passer au travers*, è riuscito a cavarsela | ***passer avant, après qqch***, (*fig.*) venire prima, dopo qlco; essere più, meno importante di qlco | (*teatr.*) ***passer la rampe***, conquistare il pubblico | ***passer les limites*** (o ***les bornes***), (*fig.*) oltrepassare i limiti | ***passer par***, passare da, di: *passer par Paris*, passare da Parigi | ***passer pour***, passare per, essere considerato: *il se fait passer pour un d'ici*, si spaccia per uno del posto | ***passer son chemin***, passar oltre, non fermarsi | ***passer sous une voiture***, (*fam.*) finire sotto un'automobile | ***passer sur***, passare sopra; (*fig.*) sorvolare: *passer sur un détail*, sorvolare su un particolare | (*Canada*) ***passer tout droit***, svegliarsi tardi | (*comm.*) ***passer un contrat***, stipulare un contratto | ***cela ne se passera pas comme ça***, (*fam.*) non finirà così | ***en passant***, di sfuggita, (*fig.*) incidentalmente | ***faire passer un enfant***, (*fam.*) abortire volontariamente | ***il l'a senti(e) passer!***, (*fig. fam.*) che conto salato! | ***j'en passe et des meilleures***, (*fam.*) c'è ben altro, tralascio il meglio | ***passez-moi le mot***, mi si passi la parola | ***passons!***, lasciamo correre!, non insistiamo! | ***qu'est-ce qu'il lui a passé!***, (*fam.*) quante gliene ha dette! | ***y passer***, passarci; subire; (*fam.*) morire: *tout mon argent y est passé*, ci ho messo tutti i miei soldi.

passereau [pasʀo] *n.m.* [pl. *-eaux*] (*zool.*) passeraceo.

passerelle [pasʀɛl] *n.f.* **1** passerella **2** (*di aereo*) scaletta **3** (*mar.*) plancia **4** (*inform.*) gateway (*m.*) **5** (*fig.*) punto (*m.*) d'unione.
● (*teatr.*) ***passerelle d'éclairage***, galleria per proiettori mobili | (*cine.*) ***passerelle de projecteurs***, ponte delle luci | (*edil.*) ***passerelle de service***, ponte di servizio.

passe-temps [pastɑ̃] *n.m.invar.* passatempo.

passe-thé [paste] *n.m.invar.* colino, passino per il tè.

passeur [pasœʀ] *n.m.* **1** passatore; traghettatore **2** (*sport*) chi esegue un passaggio.

passible [pasibl] *agg.* **1** passibile: *être passible d'une contravention*, essere passibile di contravvenzione **2** soggetto.

passif[1] [pasif] *agg.* [f. *-ive*] passivo.

passif[2] *n.m.* **1** (*econ.*) passivo, passività (*f.*) **2** (*gramm.*) passivo, forma (*f.*) passiva.

passiflore [pasiflɔʀ] *n.f.* (*bot.*) passiflora.

passion [pasjɔ̃] *n.f.* **1** passione | *juger sans passion*, giudicare spassionatamente **2** (*relig.*) *Passion*, Passione **3** (*st. teatr.*) *Passion*, passione, sacra rappresentazione.
● (*bot.*): ***fleur de la Passion***, passiflora; ***fruit de la Passion***, frutto della passione.

passionnant [pasjɔnɑ̃] *agg.* avvincente, appassionante.

passionné [pasjɔne] *agg.* e *n.m.* **1** appassionato **2** passionale.
■ *AGG.* SIN. fanatique, fervent CONTR. indifférent, détaché.

passionnel [pasjɔnɛl] *agg.* [f. *-elle*] passionale.

passionnellement [pasjɔnɛlmɑ̃] *avv.* con passione.

passionnément [pasjɔnemɑ̃] *avv.* appassionatamente.

passionner [pasjɔne] *v.tr.* **1** appassionare **2** animare, vivacizzare ♦ **se passionner** *v.pron.intr.* appassionarsi.

passivement [pasivmɑ̃] *avv.* passivamente.

passivité [pasivite] *n.f.* passività.

passoire [paswaʀ] *n.f.* colino (*m.*); scolapasta (*m.*) | *sa mémoire est une passoire*, (*fam.*) non ha memoria.
● ***passoire (pour le bouillon)***, colabrodo.

pastel [pastɛl] *n.m.* pastello: *des tons de pastel*, toni pastello ♦ *agg.invar.* pastello: *couleurs pastel*, colori pastello.
● ***bleu pastel***, celeste.

pastelliste [pastelist] *n.m.* e *f.* pastellista.

pastèque [pastɛk] *n.f.* cocomero (*m.*); (*region.*) anguria.
■ SIN. melon d'eau.

pasteur [pastœʀ] *n.m.* **1** (*letter.*) pastore **2** (*relig.*) pastore (protestante).

pasteurisation [pastœʀizasjɔ̃] *n.f.* pastorizzazione.

pasteurisé [pastœʀize] *agg.* pastorizzato.

pasteuriser [pastœʀize] *v.tr.* pastorizzare.

pastiche [pastiʃ] *n.m.* (*lett., pitt., mus.*) pastiche, imitazione (*f.*).

pasticher [pastiʃe] *v.tr.* (*lett., pitt., mus.*) comporre un pastiche (**di**), imitare.

pasticheur [pastiʃœʀ] *n.m.* [f. *-euse*] imitatore.

pastille [pastij] *n.f.* **1** pastiglia, pasticca **2** (*elettr.*) chip (*m.*) **3** (*motivo decorativo*) pallino (*m.*), pois (*m.*): *une robe blanche à pastilles noires*, un abito bianco a pallini neri.

pastis [pastis] *n.m.* **1** pastis (liquore all'anice) **2** (*region.*) pasticcio, imbroglio.

pastoral [pastɔʀal] *agg.* [pl. *-aux*] **1** pastorale **2** (*zootecn.*) pastorizio.

pastorale [pastɔʀal] *n.f.* (*lett., teatr., mus.*) (opera) pastorale.

pastoureau [pastuʀo] *n.m.* [pl. *-eaux*] (*letter.*) pastorello.

pastourelle [pastuʀɛl] *n.f.* (*letter.*) pastorella.

pat [pat] *agg.invar.* (*gioco degli scacchi*) in posizione di stallo ♦ *n.m.* (*gioco degli scacchi*) stallo.

patache [pataʃ] *n.f.* (*antiq.*) carrozza pubblica (a poco prezzo).

patachon [pataʃɔ̃] *n.m.* (*antiq.*) vetturino.
● ***mener une vie de patachon***, (*fam.*) spassarsela, godersela.

pataouète [patawɛt] *n.m.* (*fam.*) parlata (*f.*) popolare dei francesi d'Algeria.

NOTA Il termine ***pataouète***, la lingua dei *pied-noirs*, prende nome da una deformazione di Bab-el-Oued, il quartiere popolare europeo di Algeri all'epoca coloniale; è un francese misto di spagnolo, italiano, yiddish, arabo, con molte libertà grammaticali e immagini espressive. Alcune parole sono passate nel francese familiare: *baraka* (*avoir la baraka*), fortuna (avere fortuna); *caoua*, caffè; *casbah*, casba (quartiere arabo); *un chouïa*, un poco; *kif-kif*, come come, 'è lo stesso'; *mouba*, festa rumorosa; *souk*, mercato arabo; *tchatcher* (*avoir la tchatche*), cianciare.

patapouf [patapuf] *onom.* patapunfete, patapum ♦ *n.m.* (*fam.*) grassone, ciccione.

pataquès [patakɛs] *n.m.* **1** (*ling.*) liason (*f.*) scorretta, legamento scorretto **2** (*fam.*) papera (*f.*) **3** (*fam.*) discorso senza capo né coda.

NOTA La parola ***pataquès*** deriverebbe da un errore di *liaison*: un uomo, trovato un ventaglio per terra, lo raccolse e lo porse a una prima donna che rispose "*Il n'est point-z-à moi*" (Non è mio), poi a una seconda che disse "*Il n'est pas-t-à moi*" e l'uomo, prendendole in giro, rispose: "*Ma foi, je ne sais* ***pas-t-à qui est-ce***".

patata [patata] *onom.* → **patati**.

patate [patat] *n.f.* **1** patata dolce, batata **2** (*fam.*) patata **3** (*fam.*) cazzotto (*m.*): *mettre une patate à qqn*, dare un cazzotto a qlcu **4** grinta; forma: *avoir la patate*, avere grinta, essere in forma.
● ***patate chaude***, (*fam.*) patata bollente | (*Canada*) ***être dans les patates***, (*fig.*) essere fuori strada | ***en avoir gros sur la patate***, (*fam.*) non riuscire a mandar giù qlco, non sopportare qlco: *j'en ai gros sur la patate*, non mi va giù.

patati [patati] *onom.*
● ***et patati et patata***, (*fam.*) eccetera, eccetera; bla bla bla.

patatras [patatʀa] *onom.* patatrac.

pataud [pato] *agg.* goffo, impacciato ♦ *n.m.* **1** (*zool.*) cucciolo dalle zampe tozze **2** tombolotto; (*fam.*) tontolone: *c'est un gros pataud*, è un sacco di patate.

pataugeoire [patoʒwaʀ] *n.f.* piscina per bambini.

patauger [patoʒe] *v.intr.* [coniug. come *manger*] **1** sguazzare **2** (*fig.*) ingarbugliarsi, confondersi.

patch [patʃ] *n.m.* **1** (*med.*) piccolo cerotto, patch **2** (*inform.*) (*di software o hardware*) patch (*f.*), correzione (*f.*).

patchouli [patʃuli] *n.m.* (*bot., cosmesi*) paciulì, patchouli.

pâte [pɑt] *n.f.* **1** pasta: *pétrir la pâte*, impastare **2** impasto (*m.*), amalgama **3** (*pl.*) pasta (*sing.*): *manger des pâtes à l'italienne*, mangiare pasta con salsa di pomodoro.
● ***pâte à frire***, pastella | ***pâte à pain***, ***à gâteaux***, pasta di pane, per dolci | ***pâte brisée***, pasta brisé | ***pâte feuilletée***, pasta sfoglia | (*tip.*) ***en pâte***, in fascio | ***mettre la main à la pâte***, (*fig.*) dare una mano | ***une bonne pâte***, (*fam.*) un bonaccione | ***une pâte molle***, (*fam.*) un, una pappamolle.

FAUX AMI
Da non confondere con *pasta* nel senso di *pasticcino*, che si traduce *petit gâteau*.

pâté [pɑte] *n.m.* **1** (*cuc.*) pâté, pasticcio **2** (*fam.*) macchia (*f.*) d'inchiostro; scarabocchio.
● ***pâté de maisons***, isolato (di case) | ***pâté*** (***de sable***), formina di sabbia | (*cuc.*) ***pâté en croûte***, timballo | (*cuc.*) ***pâté impérial***, involtini primavera.

pâtée [pɑte] *n.f.* **1** (*per maiali e animali da cortile*) pastone (*m.*); (*per cani e gatti*) zuppa **2** (*fam.*) legnate (*pl.*), manica di botte.

patelin[1] [patlɛ̃] *n.m.* (*fam.*) paese: *il habite un patelin* (*perdu*), vive in un paesino sperduto.

patelin[2] *agg.* (*letter.*) mellifluo ♦ *n.m.* imbroglione.

NOTA deriva da *Pathelin*, nome di un personaggio della celebre farsa del XV secolo, *La farce de Maître Pathelin*, che tratta di un beffatore beffato.

patelle [patɛl] *n.f.* **1** (*zool.*) patella **2** (*archeol.*) patera.

patène [patɛn] *n.f.* (*eccl.*) patena.

patenôtre [patnotʀ] *n.f.* (*letter.*) paternostro (*m.*); preghiera (*spec. spreg.*).

patent [patɑ̃] *agg.* evidente, lampante.

patente [patɑ̃t] *n.f.* (*comm.*) tassa di licenza (su commerci ecc.).
● (*mar.*) ***patente de santé***, patente sanitaria.

FAUX AMI
Da non confondere con l'italiano *patente*, che si traduce *permis de conduire*.

patenté [patɑ̃te] *agg.* **1** (*comm.*) munito di licenza d'esercizio; brevettato **2** (*scherz.*) patentato.

patenteux [patɑ̃tø] *agg.* e *n.m.* [f. *-euse*] (*Canada*) appassionato del fai da te.

Pater [patɛʀ] *n.m.invar.* pater; (*di rosario*) paternostro: *dire des Pater*, recitare dei pater.

patère [patɛʀ] *n.f.* (*archeol., arch.*) patera.

paternalisme [patɛʀnalism] *n.m.* paternalismo.

paternaliste [patɛʀnalist] *agg.* paternalistico ♦ *n.m.* e *f.* paternalista.

paterne [patɛʀn] *agg.* (*letter.*) mellifluo, dolciastro.

paternel [patɛʀnɛl] *agg.* [f. *-elle*] paterno ♦ *n.m.* **1** (*fam.*) padre **2** (*pl.*) (*Africa*) parenti per parte di padre.
● (*dir.*) ***puissance***, ***autorité paternelle***, patria potestà.

paternellement [patɛʀnɛlmɑ̃] *avv.* paternamente.

paternité [patɛʀnite] *n.f.* paternità.

pâteux [pɑtø] *agg.* [f. *-euse*] **1** pastoso **2** (*fig.*) impacciato; faticoso: *style pâteux*, stile faticoso.
● ***avoir la bouche***, ***la langue pâteuse***, avere la bocca impastata | ***parler d'une voix pâteuse***, biascicare le parole.

pathétique [patetik] *agg.* e *n.m.* patetico.

pathétiquement [patetikmɑ̃] *avv.* pateticamente.

patho- *pref.* pato-.

pathogène [patɔʒɛn] *agg.* (*med.*) patogeno.

pathologie [patɔlɔʒi] *n.f.* patologia.

pathologique [patɔlɔʒik] *agg.* patologico.

pathologiste [patɔlɔʒist] *n.m.* e *f.* patologo/a.

pathos [patos] *n.m.* (*letter.*) pathos; (*estens.*) affettazione (*f.*).

patibulaire [patibylɛʀ] *agg.* (*fam.*) patibolare.

patiemment [pasjamɑ̃] *avv.* pazientemente.

patience[1] [pasjɑ̃s] *n.f.* **1** pazienza: *perdre patience*, perdere la pazienza; *prenez donc patience!*, abbiate pazienza! **2** (*gioco di carte*) solitario (*m.*) ♦ *inter.* pazienza.
● ***prendre son mal en patience***, sopportare pazientemente il proprio dolore.
■ N.F. SIN. **2** réussite CONTR. **1** impatience.

patience[2] *n.f.* (*bot.*) pazienza.

patient [pasjɑ̃] *agg.* paziente ♦ *n.m.* (*med., fil.*) paziente.

patienter [pasjɑ̃te] *v.intr.* pazientare.

patin [patɛ̃] *n.m.* **1** pattino **2** pattina (*f.*) **3** (*ferr.*) suoletta (*f.*) **4** (*edil.*) soletta (*f.*).
● (*ferr.*) ***patin du frein***, ganascia del freno | ***patins à glace***,

P

pattini da ghiaccio | ***patins à roulettes***, pattini a rotelle, schettini: *faire du patin à roulettes*, schettinare | ***rouler un patin***, (*fam.*) dare un bacio in bocca.

patinage [patinaʒ] ***n.m.*** **1** pattinaggio **2** (*mecc.*) slittamento.
● (*sport*) ***patinage artistique***, ***de vitesse***, pattinaggio artistico, di velocità.

patine [patin] ***n.f.*** patina (*anche fig.*).

patiner[1] [patine] ***v.intr.*** **1** pattinare **2** (*mecc.*) slittare **3** (*Canada*) tergiversare.

patiner[2] ***v.tr.*** patinare, dare la patina (a) ♦ **se patiner** ***v.pron.intr.*** coprirsi di patina, patinarsi.

patinette [patinɛt] ***n.f.*** monopattino (*m.*).

patineur [patinœʀ] ***n.m.*** [f. *-euse*] pattinatore.

patinoire [patinwaʀ] ***n.f.*** pista di pattinaggio.

pâtir [pɑtiʀ] ***v.intr.*** (*letter.*) patire, soffrire.

pâtisserie [pɑtisʀi] ***n.f.*** **1** paste (*pl.*), dolci (*m.pl.*) **2** (*negozio, industria ecc.*) pasticceria **3** (*spreg.*) stucchi (*m.pl.*) (di cattivo gusto).

pâtissier [pɑtisje] ***n.m.*** e ***agg.*** [f. *-ère*] pasticciere.
● ***crème pâtissière***, crema pasticciera.

pâtissoire [pɑ(a)tiswaʀ] ***n.m.*** spianatoia (*f.*).

patois [patwa] ***agg.*** del, relativo al patois ♦ ***n.m.*** **1** patois (dialetto solo orale) **2** (*estens.*) gergo.

patoisant [patwazɑ̃] ***agg.*** che parla in patois ♦ ***n.m.*** chi parla in patois.

patouiller [patuje] ***v.intr.*** (*fam.*) sguazzare ♦ ***v.tr.*** (*fam.*) tastare, palpeggiare.

patraque [patʀak] ***agg.*** (*fam.*) malandato, malaticcio.

pâtre [pɑtʀ] ***n.m.*** (*letter.*) pastore.
■ **SIN.** berger.

patriarcal [patʀijaʀkal] ***agg.*** [pl. *-aux*] patriarcale.

patriarcat [patʀijaʀka] ***n.m.*** patriarcato.

patriarche [patʀijaʀʃ] ***n.m.*** patriarca.

> **NOTA** ***Le patriarche de Ferney*** era il soprannome di Voltaire che a Ferney, divenuto Ferney-Voltaire (vicino alla Svizzera), visse tra il 1759 e il 1778.

P

patricien [patʀisjɛ̃] ***agg.*** e ***n.m.*** [f. *-enne*] patrizio.

patrie [patʀi] ***n.f.*** patria: *rentrer dans sa patrie*, tornare in patria, rimpatriare.
● ***la mère patrie***, la madrepatria.
■ **SIN.** nation, pays.

patrigot [patʀigo] ***n.m.*** (*Svizzera*) fango.

patrilinéarie [patʀilineeʀ] ***agg.*** patrilineare.

patrimoine [patʀimwan] ***n.m.*** patrimonio.
● (*biol.*) ***patrimoine chromosomique***, ***génétique***, patrimonio cromosomico, genetico.

patrimonial [patʀimɔnjal] ***agg.*** [pl. *-aux*] patrimoniale.

patriotard [patʀijɔtaʀ] ***agg.*** e ***n.m.*** (*spreg.*) patriottardo.
■ **SIN.** chauvin.

patriote [patʀijɔt] ***agg.*** patriottico ♦ ***n.m.*** e ***f.*** patriota.

patriotique [patʀijɔtik] ***agg.*** patriottico.

patriotiquement [patʀijɔtikmɑ̃] ***avv.*** patriotticamente.

patriotisme [patʀijɔtism] ***n.m.*** patriottismo.

patron[1] [patʀɔ̃] ***n.m.*** **1** [f. *-onne*] padrone; capo: *les patrons et les employés*, il padronato e gli impiegati **2** [f. *-onne*] padrone, proprietario **3** [f. *-onne*] professore (docente di medicina); primario (di ospedale) **4** (*mar.*) capitano (di piccola nave) **5** [f. *-onne*] (santo) patrono.
● ***patron de thèse***, relatore di una tesi di dottorato | ***grand patron***, (*in facoltà universitaria o in ospedale*) barone.

> **NOTA** ***Patronne*** e protettrice della Francia è Giovanna d'Arco, ma oltre a lei sono considerati patroni anche san Michele, san Martino di Tours, santa Teresa del Bambin Gesù e santa Petronilla.
> Patroni del Belgio sono san Carlo il Buono e san Giuseppe; della Corsica è santa Giulia; del Canada francese san Giovanni Battista; della Svizzera, san Gallo e san Nicola di Flue.

patron[2] ***n.m.*** **1** modello | *ils sont taillés sur le même patron*, (*fig.*) sono fatti dello stesso stampo **2** (*sartoria*) cartamodello.
● ***taille demi-patron***, ***patron***, ***grand patron***, taglia media, large, extra-large.

patronage [patʀɔnaʒ] ***n.m.*** **1** patronato, patrocinio **2** centro giovanile.
● ***patronage (paroissial)***, oratorio | ***comité de patronage***, comitato promotore.

patronal [patʀɔnal] ***agg.*** [pl. *-aux*] **1** padronale **2** (*eccl.*) patronale, del patrono.
● ***fête patronale***, festa patronale.

patronat [patʀɔna] ***n.m.*** padronato.

patronner [patʀɔne] ***v.tr.*** patrocinare, appoggiare.

patronnesse [patʀɔnɛs] ***agg.*** e ***n.f.***
● ***(dame) patronnesse***, patronessa.

patronyme [patʀɔnim] ***n.m.*** (nome) patronimico.

> **NOTA** Dal 1 gennaio 2005, i genitori francesi possono dare ai propri figli il cognome del padre, della madre o di tutti e due, nell'ordine da loro scelto. Il cognome scelto per il primo figlio sarà anche quello dei successivi.

patronymique [patʀɔnimik] ***agg.***
● ***nom patronymique***, (nome) patronimico.

patrouille [patʀuj] ***n.f.*** (*mil.*) pattuglia.

patrouiller [patʀuje] ***v.intr.*** (*mil.*) pattugliare; andare in pattuglia: *patrouiller en mer*, pattugliare il mare.

patrouilleur [patʀujœʀ] ***n.m.*** **1** soldato di pattuglia, pattugliatore **2** (aereo) ricognitore **3** nave (*f.*) da ricognizione.

patte [pat] ***n.f.*** **1** zampa **2** (*fam.*) gamba, piede (*m.*) **3** (*di artista*) tocco (*m.*) **4** (*abbigl.*) patta, pattina **5** (*di portafogli, cartelle ecc.*) linguetta di chiusura; (*di busta*) aletta **6** (*pl.*) basette **7** (*mar.*) patta **8** rampino (*m.*), uncino (*m.*) **9** (*tecn.*) caviglia.
● ***patte d'épaule***, spallina (di divisa) | ***pattes (de lapin)***, basette molto corte | ***à quatre pattes***, a quattro zampe | ***bas les pattes!***, giù le zampe! | ***coup de patte***, zampata; (*fig.*) frecciata, stoccata | ***faire patte de velours***, (*di gatto*) ritirare gli artigli; (*fig.*) trattare con i guanti | ***graisser la patte à qqn***, ungere, dare una bustarella a qlcu | ***montrer patte blanche***, dimostrare di avere le carte in regola (per una funzione ecc.) | ***retomber sur ses pattes***, cadere in piedi | ***tirer dans les pattes à qqn***, mettere i bastoni tra le ruote a qlcu | ***tomber sous les pattes de qqn***, cadere nelle grinfie di qlcu | ***traîner la patte***, camminare a fatica; (*fig.*) perdere colpi.

patte-d'oie [patdwa] ***n.f.*** [pl. *pattes-d'oie*] **1** crocicchio (*m.*), crocevia (*m.*) **2** (*pl.*) (*rughe*) zampe di gallina **3** (*anat.*) zampa d'oca.

pattemouille [patmuj] ***n.f.*** panno (*m.*) umido (per stirare).

pâturage [pɑtyʀaʒ] ***n.m.*** (terreno da) pascolo.

pâture [pɑtyʀ] ***n.f.*** **1** (*per animali*) pastura **2** (terreno da) pascolo (*m.*).
● (*dir.*) (***droit de***) ***vaine pâture***, diritto civico di pascolo | ***livrer en pâture***, (*anche fig.*) gettare in pasto.

pâturer [pɑtyʀe] ***v.tr.*** e ***intr.*** pascolare, pasturare.

paturon [pɑtyʀɔ̃] ***n.m.*** (*zool.*) (*di cavallo*) pasturale.

paume [pom] ***n.f.*** **1** palma, palmo (*m.*) (della mano) **2** (*tecn.*) unione a mezzo legno.
● (***jeu de***) ***paume***, (*ant.*) pallacorda.

paumé [pome] ***agg.*** (*fam.*) **1** smarrito, confuso: *il est complètement paumé*, è fuori **2** miserabile, povero ♦ ***n.m.*** (*fam.*) miserabile, straccione.

paumelle [pomɛl] ***n.f.*** (*tecn.*) (*di porte, finestre ecc.*) maschietto (*m.*).

paumer [pome] ***v.tr.*** (*fam.*) **1** perdere **2** acciuffare ♦ **se paumer** ***v.pron.intr.*** (*fam.*) perdersi, smarrirsi.

paupérisation [popeʀizasjɔ̃] ***n.f.*** depauperamento (*m.*), impoverimento (*m.*).

paupériser [popeʀize] ***v.tr.*** depauperare, impoverire.

paupérisme [popeʀism] ***n.m.*** pauperismo.

paupière [popjɛʀ] ***n.f.*** palpebra: *battre des paupières*, sbattere le palpebre.
● ***fermer les paupières***, chiudere le palpebre, addormentarsi; (*fig.*) morire.

paupiette [popjɛt] ***n.f.*** (*cuc.*) involtino (*m.*).

pause [poz] ***n.f.*** pausa, sosta, intervallo (*m.*).

pause-café [pozkafe] ***n.f.*** (*fam.*) pausa per il caffè.

pauvre [povʀ] ***agg.*** **1** povero **2** misero; povero; magro: *un pauvre dîner*, un misero pasto **3** sfortunato, disgraziato, povero **4** mediocre, scadente: *un pauvre orateur*, un mediocre oratore **5** defunto, povero ♦ ***n.m.*** povero.
● ***pauvre comme Job***, povero in canna | ***pauvre de moi!***, povero me! | ***pauvre en***, ***de***, povero di: *une eau pauvre en minéraux*, un'acqua povera di minerali | ***de pauvre extraction***, di umili origini | ***un pauvre bougre***, un povero cristo.
■ *AGG.* e *N.M.* SIN. **1** nécessiteux ♦ *AGG.* CONTR. **1** aisé.

pauvrement [povʀəmɑ̃] ***avv.*** poveramente; miseramente.

pauvresse [povʀɛs] ***n.f.*** (*antiq.*) straccìona; miserabile.

pauvret [povʀɛ] ***agg.*** [f. *-ette*] (*fam.*) poverino, poveretto.

pauvreté [povʀəte] ***n.f.*** povertà (*anche fig.*): *pauvreté du sol*, aridità del suolo; *pauvreté intellectuelle*, mediocrità d'ingegno.

pavage [pavaʒ] ***n.m.*** pavimentazione (*f.*); lastricatura (*f.*); selciatura (*f.*): *pavage en briques*, pavimentazione a mattonelle.

pavane [pavan] ***n.f.*** (*mus.*) pavana.

pavaner, se [səpavane] ***v.pron.intr.*** pavoneggiarsi.

pavasse [pavas] ***n.f.*** (*fam.*) pietra, sasso (*m.*).

pavé [pave] ***n.m.*** **1** lastricato, selciato **2** (*estens.*) strada (*f.*) **3** pavimento **4** (*di pavimentazione stradale*) selce (*f.*), lastra (*f.*): *poser des pavés*, lastricare **5** (*cuc.*) bistecca (*f.*) alta; trancio rettangolare (di dolce o torta salata) **6** (*fam.*) (*di un testo*) mattone, pizza (*f.*): *ce livre est un pavé*, quel libro è un mattone **7** (*giorn.*) (*fam.*) riquadro, inserzione pubblicitaria.
● (*inform.*): ***pavé numérique***, tastierino numerico; ***pavé tactile***, (*nei computer portatili*) touchpad | ***battre le pavé***, (*fig.*) bighellonare | ***c'est un pavé dans la mare***, (*fig.*) è un sasso in uno stagno | ***être***, ***jeter sur le pavé***, (*fig.*) essere, gettare sul lastrico | ***tenir le haut du pavé***, (*fig.*) occupare il primo posto.

pavement [pavmɑ̃] ***n.m.*** pavimento: *pavement de mosaïque*, pavimento a mosaico.

paver [pave] ***v.tr.*** lastricare, selciare, pavimentare.

paveur [pavœʀ] ***n.m.*** lastricatore, selciatore.

pavillon [pavijɔ̃] ***n.m.*** **1** padiglione **2** villetta (*f.*), villino **3** (*in fiere ecc.*) padiglione **4** (*di ospedali*) padiglione, reparto **5** (*mar.*) bandiera (*f.*).
● ***pavillon des contagieux***, reparto malattie infettive | ***baisser pavillon devant qqn***, (*fig.*) cedere a qlcu | (*anat.*) ***le pavillon de l'oreille***, il padiglione auricolare.

pavillonnaire [pavijɔnɛʀ] ***agg.*** di villette: *banlieue pavillonnaire*, periferia di villette.

pavois [pavwa] ***n.m.*** **1** (*st. mil.*) pavese **2** (*mar.*) pavese, gala (*f.*).
● ***élever qqn sur le pavois***, (*fig.*) portare qlcu sugli scudi | (*mar.*) ***grand pavois***, gran pavese, gran gala.

pavoiser [pavwaze] ***v.tr.*** **1** (*mar.*) pavesare **2** imbandierare ♦ ***v.intr.*** esporre le bandiere.
● ***il n'y a pas de quoi pavoiser***, (*fig. fam.*) c'è poco da stare allegri.

pavot [pavo] ***n.m.*** (*bot.*) papavero.

payable [pɛjabl] ***agg.*** pagabile, solvibile.

payant [pɛjɑ̃] ***agg.*** **1** pagante **2** a pagamento: *entrée payante*, entrata a pagamento **3** (*fam.*) redditizio, vantaggioso ♦ ***n.m.*** pagante.
■ *AGG.* CONTR. **2** gratuit.

paye [pɛj] ***n.f.*** → **paie**.

payé-emporté [pejeɑ̃pɔʀte] ***n.m.invar.*** cash and carry, vendita (*f.*) all'ingrosso con pagamento in contanti e trasporto a carico del compratore.

payement [pɛjmɑ̃] ***n.m.*** → **paiement**.

payer [peje] ***v.tr.*** [può cambiare la *y* in *i* davanti a *e* muta: per es. *je paye* o *paie*, *tu payes* o *paies* etc.; *je payerai* o *paierai*, *tu payeras* o *paieras* etc.] **1** pagare: *payer ses dettes*, pagare i propri debiti **2** retribuire, pagare | *je ne suis pas payé pour le mettre au courant!*, (*fam.*) non spetta a me metterlo al corrente! **3** (*fam.*) offrire, pagare: *payer un verre à qqn*, pagare un bicchiere, offrire da bere a qlcu **4** ripagare, ricompensare: *payer qqn d'ingratitude*, ripagare qlcu con l'ingratitudine **5** (*letter.*) espiare: *payer son crime*, espiare il proprio crimine **6** (*Africa*) comprare ♦ ***v.intr.*** rendere ♦ **se payer** ***v.pron. indiretto*** pagarsi; (*fig.*) concedersi: *se payer un voyage*, pagarsi un viaggio; *se payer du bon temps*, (*fig.*) concedersi degli svaghi.
● ***payer comptant***, ***par chèque***, pagare in contanti, mediante assegno | ***payer de retour***, ripagare, risarcire | ***payer de sa personne***, pagare di persona | ***payer de sa poche***, pagare di tasca propria | ***payer les dommages-intérêts***, risarcire i danni | ***payer les pots cassés***, (*fig.*) far le spese (di qlco), andarci di mezzo | ***je suis payé pour le savoir***, (*fam.*) l'ho imparato a mie spese | ***se payer de la tête de qqn***, (*fam.*) prendere in giro qlcu | ***se payer de mots***, (*fig.*) contentarsi di chiacchiere | ***se payer une tranche***, (*fam.*) sbellicarsi dalla risa.

payeur [pɛjœʀ] ***n.m.*** [f. *-euse*] pagatore.

pays[1] [pei] ***n.m.*** **1** paese; regione (*f.*): *un pays de forêts*, una regione boscosa **2** paese; nazione (*f.*): *les grands pays*, le grandi nazioni **3** luogo, paese: *les gens du pays*, la gente del luogo, del posto; *les produits du pays*, i prodotti locali.
● ***être en pays de connaissance***, sentirsi come a casa propria | ***le mal du pays***, la nostalgia della propria terra | ***le***

P

pays de cocagne, il paese della Cuccagna | ***le pays d'origine, natal***, il paese di origine, natale | ***les hauts pays***, le regioni montuose | ***vin du pays***, vino nostrano | ***voir du pays***, girare il mondo.

pays[2] ***n.m.*** (*fam.*) compaesano.

paysage [peizaʒ] ***n.m.*** **1** paesaggio; panorama **2** (*fig.*) panorama, scena (*f.*).

paysager [peizaʒe] ***agg.*** [f. *-ère*] paesaggistico.
● ***jardin paysager***, giardino all'inglese.

paysagiste [peizaʒist] ***agg.*** del paesaggio ♦ ***n.m.*** e ***f.*** (architetto, pittore/trice) paesaggista.

paysan [peizɑ̃] ***agg.*** e ***n.m.*** [f. *-anne*] **1** contadino: *des manières paysannes*, maniere contadinesche | (*cuc.*) *soupe paysanne*, zuppa alla contadina **2** (*spreg.*) zotico, bifolco.
■ SIN. **1** agriculteur.

FAUX AMI
Da non confondere con *paesano* nel significato di *abitante di un villaggio*, che si traduce *villageois*.

paysannat [peizana] ***n.m.*** classe (*f.*) contadina, ceto rurale.

paysannerie [peizanʀi] ***n.f.*** (la) gente contadina.

PC [pese] ***n.m.*** PC, personal computer.

PDG [pedeʒe] ***n.m.*** (*sigla di* Président-Directeur Général) presidente e direttore generale; amministratore delegato.

péage [peaʒ] ***n.m.*** **1** pedaggio **2** casello (di autostrada).
● ***à péage***, a pedaggio | (*tv*) ***chaîne à péage***, pay-tv, televisione a pagamento.

péagiste [peaʒist] ***n.m.*** e ***f.*** casellante.

peau [po] ***n.f.*** [pl. *-eaux*] **1** pelle; (*med.*) cute: *de (la) peau*, cutaneo, della pelle | *je ne voudrais pas être dans ta peau*, (*fig.*) non vorrei essere nei tuoi panni **2** (*fam.*) pelle, vita **3** (*materiale*) pelle: *des gants de peau*, guanti di pelle finissima **4** (*bot.*) buccia, pelle: *peau d'orange*, buccia d'arancia.
● ***peau d'âne***, (*fig. fam.*) diploma, pezzo di carta | ***peau de balle!***, (*molto fam.*) un corno! | ***à même la peau***, sulla pelle | ***attraper qqn par la peau du cou***, (*fam.*) prender qlcu per la collottola | ***avoir qqn dans la peau***, (*fam.*) aver qlcu nel sangue | ***c'est une peau de vache***, (*fam.*) è una carogna | ***entrer dans la peau du personnage***, (*di attore*) entrare nel personaggio | ***être bien, mal dans sa peau***, accettarsi, non accettarsi (per come si è) | ***faire peau neuve***, cambiar vita; (*fam.*) rinnovare il guardaroba | ***il mourra dans sa peau!***, non cambierà mai! | ***il ne tient pas dans sa peau***, (*fig.*) non sta più nella pelle | ***j'aurai ta peau!***, (*fam.*) ti farò la pelle! | ***sauver sa peau***, (*fam.*) salvare la pelle | ***une vieille peau***, una vecchiaccia | ***y laisser sa peau***, (*fam.*) lasciarci la pelle.

peaufiner [pofine] ***v.tr.*** **1** lucidare (con pelle di daino) **2** rifinire, perfezionare.

peau-rouge [poʀuʒ] ***agg.*** [pl. *peaux-rouges*] pellerossa ♦ ***n.m.*** **1** pellerossa **2** (*fam.*) bullo di periferia.

peausserie [posʀi] ***n.f.*** **1** lavoro (*m.*) conciario; commercio (*m.*) delle pelli **2** pellame (*m.*).

peaussier [posje] ***n.m.*** **1** conciatore **2** commerciante di pelli.

pébroc, pébroque [pebʀɔk] ***n.m.*** (*argot*) ombrello.

pec [pɛk] ***agg.***
● ***hareng pec***, aringa sotto sale.

pécari [pekaʀi] ***n.m.*** (*zool.*) pecari.

peccadille [pekadij] ***n.f.*** peccatuccio (*m.*).

pechblende [pɛʃblɛ̃d] ***n.f.*** (*min.*) pechblenda.

pêche[1] [pɛʃ] ***n.f.*** **1** (*frutto*) pesca **2** (*argot*) cazzotto (*m.*); sberla.
● ***avoir la pêche***, (*fam.*) sentirsi in forma | ***se fendre la pêche***, (*fam.*) sbellicarsi dalle risa.

pêche[2] ***n.f.*** pesca: *pêche au thon*, pesca del tonno.
● ***pêche à la ligne***, pesca con la lenza | ***pêche gardée***, riserva di pesca | ***aller à la pêche***, andare a pesca | ***bateau de pêche***, peschereccio.

péché [peʃe] ***n.m.*** peccato.
● ***péché mignon***, peccatuccio, punto debole | ***les sept péchés capitaux***, i sette peccati capitali.

pécher [peʃe] ***v.intr.*** [coniug. come *céder*] peccare (**di**): *texte qui pèche par obscurité*, testo che ha il difetto di essere oscuro.
● ***pécher par gourmandise, orgueil***, peccare di gola, d'orgoglio.

pêcher[1] [peʃe] ***n.m.*** (*bot.*) pesco.

pêcher[2] ***v.tr.*** pescare.
● ***pêcher à la ligne***, pescare con la lenza | ***pêcher en eau trouble***, (*fig.*) pescare nel torbido.

pécheresse [peʃʀɛs] ***n.f.*** peccatrice.

pêcherie [pɛʃʀi] ***n.f.*** peschiera.

pécheur [peʃœʀ] ***agg.*** e ***n.m.*** peccatore.

pêcheur [pɛʃœʀ] ***n.m.*** [f. *-euse*] pescatore.
● ***pêcheur de lune***, (*fig.*) sognatore.

pécho [peʃo] ***v.tr.*** [invar. nella coniug.] (*verlan di* choper) beccarsi: *j'ai pécho un rhume à la piscine*, mi sono beccato un raffreddore in piscina.

péclot [peklo] ***n.m.*** (*Svizzera*) bicicletta (*f.*).

pécloter [peklɔte] ***v.intr.*** (*Svizzera*) stare poco bene.

pécore [pekɔʀ] ***n.f.*** (*fam.*) donna petulante, oca.

FAUX AMI
Da non confondere con *pecora*, che si traduce *mouton* o *brebis*.

pectine [pɛktin] ***n.f.*** (*biochim.*) pectina.

pectoral [pɛktɔʀal] ***agg.*** [pl. *-aux*] **1** (*anat.*) pettorale **2** (*med.*) espettorante ♦ ***n.m.*** pettorale.

péculat [pekyla] ***n.m.*** (*dir.*) peculato.

pécule [pekyl] ***n.m.*** peculio, gruzzolo.

pécuniaire [pekynjɛʀ] ***agg.*** pecuniario.

pédagogie [pedagɔʒi] ***n.f.*** pedagogia.

pédagogique [pedagɔʒik] ***agg.*** pedagogico.

pédagogiquement [pedagɔʒikmɑ̃] ***avv.*** pedagogicamente, dal punto di vista pedagogico.

pédagogue [pedagɔg] ***n.m.*** e ***f.*** **1** pedagogo/a **2** pedagogista ♦ ***agg.*** che sa insegnare: *professeur peu pédagogue*, professore che non sa insegnare.

pédale [pedal] ***n.f.*** **1** pedale (*m.*): *les mordus de la pédale*, i tifosi del ciclismo **2** (*molto fam., spreg.*) pederasta (*m.*), finocchio (*m.*).
● (*aut.*) ***pédale d'accélérateur, de débrayage, de frein***, pedale dell'acceleratore, della frizione, del freno | ***coup de pédale***, pedalata | ***perdre les pédales***, (*fig.*) perdere il filo.

pédaler [pedale] ***v.intr.*** **1** pedalare; (*fam.*) andare in bicicletta **2** (*fig. fam.*) correre, pedalare.
● ***pédaler dans la choucroute***, (*fam.*) girare a vuoto.

pédalier [pedalje] ***n.m.*** pedaliera (*f.*).

pédalo® [pedalo] ***n.m.*** pedalò, pattino a pedali.

pédant [pedɑ̃] ***agg.*** e ***n.m.*** pedante.
■ SIN. cuistre.

pédanterie [pedɑ̃tʀi] ***n.f.*** pedanteria.

pédantesque [pedɑ̃tɛsk] *agg.* (*letter.*) pedantesco.
pédantisme [pedɑ̃tism] *n.m.* pedanteria (*f.*).
pédé [pede] *n.m.* (*spreg.*) finocchio, checca (*f.*).
pédégère [pedeʒɛʀ] *n.f.* (*femminile di* PDG) Presidente e Direttrice Generale.
pédéraste [pedeʀast] *n.m.* pederasta.
pédérastie [pedeʀasti] *n.f.* pederastia.
pédestre [pedɛstʀ] *agg.* pedestre.
● ***randonnée pédestre***, passeggiata a piedi.
pédiatre [pedjatʀ] *n.m.* e *f.* pediatra.
pédiatrie [pedjatʀi] *n.f.* pediatria.
pédiatrique [pedjatʀik] *agg.* pediatrico.
pedibus [pedibys] *avv.* (*fam.*) a piedi.
pédicelle [pedisɛl] *n.m.* (*biol.*) pedicello.
pédicule [pedikyl] *n.m.* (*bot., anat.*) peduncolo.
pédicure [pedikyʀ] *n.m.* e *f.* podologo/a, pedicure, callista.
pédologie [pedɔlɔʒi] *n.f.* pedologia.
pédoncule [pedɔ̃kyl] *n.m.* 1 (*anat., bot., zool.*) peduncolo 2 (*di frutto*) picciolo.
pédophile [pedɔfil] *agg.* e *n.m.* e *f.* pedofilo/a.
pédophilie [pedɔfili] *n.f.* pedofilia.
peeling [piliŋ] *n.m.* (*med.*) peeling.
pégase [pegaz] *n.m.* (*zool.*) pegaso.
pègre [pɛgʀ] *n.f.* (*fam.*) malavita, teppa.
péguer [pege] *v.intr.* (*region.*) appiccicare, essere appiccicoso.
pégueux [pegø] *agg.* [f. *-euse*] (*region. fam.*) appiccicoso: *des mains pégueuses*, mani appiccicose.
peignage [pɛɲaʒ] *n.m.* (*ind. tess.*) pettinatura (*f.*).
peignant [peɑ̃] *p.pres.* di **peindre**, **peigner**.
peigne [pɛɲ] *n.m.* pettine (*anche zool.*).
● ***passer au peigne fin***, (*fig.*) passare al setaccio | ***sale comme un peigne***, (*fam.*) sporco come un maiale.
peigne-cul [pɛɲky] *n.m.* [pl. *peigne-cul(s)*] (*molto fam.*) leccaculo.
peignée [peɲe] *n.f.* (*fam.*) sacco (*m.*) di botte, di legnate.
peigner [peɲe] *v.tr.* pettinare ♦ **se peigner** *v.pron.* pettinarsi ♦ *v.pron.rec.* (*antiq.*) darsele di santa ragione.
■ SIN. coiffer.
peignoir [pɛɲwaʀ] *n.m.* vestaglia (*f.*).
● ***peignoir (de bain)***, accappatoio.
peinard [pɛnaʀ] *agg.* (*fam.*) tranquillo.
peinardement [pɛnaʀdəmɑ̃] *avv.* tranquillamente.
peindre [pɛ̃dʀ] *v.tr.* [pres.indic.: *je peins* etc., *nous peignons* etc.; imperf.indic.: *je peignais* etc.; p.rem.: *je peignis* etc.; fut.indic.: *je peindrai* etc.; cond.: *je peindrais* etc.; pres.cong.: *que je peigne* etc.; imperf.cong.: *que je peignisse* etc.; p.pres.: *peignant*; p.p.: *peint*; imp.: *peins*, *peignons*, *peignez*] 1 dipingere: *peindre à larges touches*, dipingere a grandi pennellate 2 pitturare, verniciare: *peindre une porte*, verniciare una porta 3 tinteggiare, imbiancare: *faire peindre son appartement*, far tinteggiare, imbiancare l'appartamento 4 (*fig.*) descrivere, dipingere: *il a peint la société de son temps*, ha descritto la società del suo tempo ♦ **se peindre** *v.pron.intr.* dipingersi, mostrarsi ♦ *v.pron.* ritrarsi, dipingersi.
peine [pɛn] *n.f.* 1 pena; punizione 2 dolore (*m.*), sofferenza: *j'ai beaucoup de peine pour vous*, sono molto addolorato per voi 3 fatica, pena | *ça, c'est pour votre peine*, questo è per il suo disturbo.
● ***peine de mort, capitale***, pena di morte, capitale | ***peines de cœur***, pene d'amore | ***à peine***, appena, a malapena: *à peine était-elle entrée qu'elle se mit à pleurer*, appena entrata, si mise a piangere | ***avec peine, à grand peine***, a fatica, a stento | ***avoir de la peine à, être en peine de***, far fatica a | ***ce n'est pas la peine de***, non è il caso di | ***c'est peine perdue***, è fatica sprecata | ***faire de la peine à qqn***, dare un dispiacere a qlcu | ***homme de peine***, uomo di fatica | ***se donner beaucoup de peine***, impegnarsi molto | ***se donner, prendre la peine de***, prendersi la briga di | ***se mettre en peine de qqn***, stare in ansia per qlcu | ***sous peine de qqch***, pena qlco | ***on a eu toutes les peines du monde à***, c'è voluto del bello e del buono a.
■ SIN. 1 châtiment 2 chagrin.

NOTA ***À peine*** all'inizio di frase esige l'inversione del soggetto:
*À peine **était-il** entré qu'il se mit à pleurer.*
Appena entrato si mise a piangere.
Nel linguaggio corrente si preferisce *dès que*.

peiner [pene] *v.tr.* addolorare; rattristare: *être peiné de*, essere afflitto per ♦ *v.intr.* penare, faticare.
peint [pɛ̃] *p.p.* di **peindre**.
peintre [pɛ̃tʀ] *n.m.* pittore (*anche fig.*).
● ***peintre décorateur***, decoratore | ***peintre de décors***, scenografo | ***peintre (en bâtiments)***, imbianchino | ***(femme) peintre***, pittrice.
peinture [pɛ̃tyʀ] *n.f.* 1 pittura 2 dipinto (*m.*), pittura 3 (*fig.*) descrizione 4 tinteggiatura, imbiancatura 5 verniciatura, pittura 6 vernice 7 (*arte*) colore (*m.*): *un tube de peinture*, un tubetto di colore.
● ***peinture à l'eau***, idropittura | ***peinture au pistolet***, verniciatura a spruzzo | ***peinture de paysages***, paesaggistica | ***peinture religieuse***, pittura sacra | ***peinture sur bois***, pittura, dipinto su tavola, su legno | ***faire de la pinture***, dipingere | ***ne pouvoir voir qqn en peinture***, (*fig.*) non poter vedere qlcu neanche dipinto.
peinturer [pɛ̃tyʀe] *v.tr.* 1 (*antiq.*) pitturare, tinteggiare 2 (*spreg.*) imbrattare di colori.
peinturlurer [pɛ̃tyʀlyʀe] *v.tr.* (*fam.*) pitturare con colori sgargianti.
● ***se peinturlurer (le visage)***, truccarsi eccessivamente e male.
péjoratif [peʒɔʀatif] *agg.* e *n.m.* [f. *-ive*] peggiorativo, spregiativo.

NOTA In francese l'alterato ***péjoratif*** di un nome si forma con gli aggettivi *mauvais* e *méchant*: *un mauvais garçon*, un ragazzaccio; *un regard méchant*, un'occhiataccia.

pékinois [pekinwa] *agg.* pechinese ♦ *n.m.* (*cane*) pechinese.
Pékinois *n.m.* (*abitante*) pechinese.
pelade [pəlad] *n.f.* (*med.*) alopecia.
pelage [pəlaʒ] *n.m.* (*di animali*) pelame, pelo, mantello.
pelé [pəle] *agg.* 1 spelato; spelacchiato 2 calvo, pelato 3 nudo, brullo, senza vegetazione ♦ *n.m.* calvo.
pêle-mêle [pɛlmɛl] *avv.* alla rinfusa ♦ *n.m.invar.* 1 confusione (*f.*); accozzaglia (*f.*) 2 cornice (*f.*) (per più fotografie).
peler [pəle] *v.tr.* [coniug. come *semer*] sbucciare, pelare ♦ *v.intr.* spellarsi.
● ***peler de froid***, (*fam.*) morire di freddo, gelare | ***peler qqn au jeu***, (*fig.*) spennare, pelare qlcu al gioco.
pèlerin [pɛlʀɛ̃] *n.m.* 1 pellegrino 2 (*fam.*) tizio, tipo 3 (*zool.*) (squalo) cetorino.

P

pèlerinage [pɛlʀinaʒ] ***n.m.*** pellegrinaggio.
pèlerine [pɛlʀin] ***n.f.*** mantellina, pellegrina.
pélican [pelikɑ̃] ***n.m.*** (*zool.*) pellicano.
pelisse [pəlis] ***n.f.*** cappotto (*m.*) foderato di pelliccia.

FAUX AMI
Da non confondere con *pelliccia*, che si traduce *fourrure*.

pellagre [pelagʀ] ***n.f.*** (*med.*) pellagra.
pelle [pɛl] ***n.f.*** **1** pala, badile (*m.*) **2** paletta.
● ***pelle à gâteau, à tarte***, paletta per il dolce | ***pelle mécanique***, escavatrice, escavatore | ***ramasser une pelle***, (*fam.*) cadere; (*fig.*) far fiasco | ***remuer l'argent à la pelle***, (*fam.*) aver soldi a palate.

FAUX AMI
Da non confondere con l'italiano *pelle*, che si traduce *peau*.

peller [pele] ***v.tr.*** (*Svizzera*) spalare.
pellet [pelɛ] ***n.m.*** (*med.*) compressa (*f.*) da innesto.
pelletée [pɛlte] ***n.f.*** palata.
pelleter [pɛlte] ***v.tr.*** [coniug. come *jeter*] spalare.
pelleterie [pɛltʀi, pelɛtʀi] ***n.f.*** **1** (*lavoro del pellicciaio*) pellicceria **2** pelle, pelliccia.
pelleteur [pɛltœʀ] ***n.m.*** [f. *-euse*] spalatore.
pelleteuse [pɛltøz] ***n.f.*** (*tecn.*) escavatore (*m.*), escavatrice.
● ***pelleteuse-chenille***, escavatore.
pelletier [pɛltje] ***n.m.*** [f. *-ère*] pellicciaio.
pelliculaire [pelikylɛʀ] ***agg.*** pellicolare.
pellicule [pelikyl] ***n.f.*** **1** pellicola; membrana, pellicina **2** (*estens.*) strato (*m.*) sottile **3** (*fot., cine.*) pellicola **4** (*di forfora*) squama; (*pl.*) forfora (*sing.*).
pelote [pəlɔt] ***n.f.*** **1** gomitolo (*m.*) **2** cuscinetto (*m.*).
● ***pelote à épingles***, puntaspilli; (*fig.*) istrice, persona sgradevole | (*sport*) ***pelote (basque)***, pelota (basca) | ***avoir les nerfs en pelote***, (*fig.*) avere i nervi tesi | ***faire sa pelote***, (*fig. fam.*) farsi il gruzzolo.
peloter [pəlɔte] ***v.tr.*** (*fam.*) **1** palpeggiare; pomiciare (con) **2** (*fig.*) adulare.
peloteur [pəlɔtœʀ] ***n.m.*** [f. *-euse*] (*molto fam.*) pomicione, palpeggiatore.
peloton [pəlɔtɔ̃] ***n.m.*** **1** gomitolino **2** (*mil.*) plotone **3** (*sport*) gruppo.
● (*mil.*) ***peloton d'exécution***, plotone di esecuzione | (*sport*) ***le peloton de tête***, il gruppo di testa.
pelotonner [pəlɔtɔne] ***v.tr.*** aggomitolare ♦ **se pelotonner** ***v.pron.*** raggomitolarsi, rannicchiarsi.
pelouse [pəluz] ***n.f.*** prato (*m.*) (con erba corta e fitta); tappeto (*m.*) erboso.
peluche [pəlyʃ] ***n.f.*** **1** (*tessuto*) peluche **2** pupazzo (*m.*) di peluche.
pelucher [pəlyʃe] ***v.intr.*** (*di stoffa mediocre*) fare il pelo.
pelucheux [pəlyʃø] ***agg.*** [f. *-euse*] (*di stoffa*) che fa il pelo.
pelure [pəlyʀ] ***n.f.*** **1** buccia **2** (*fam.*) cappotto (*m.*); impermeabile (*m.*).
● ***pelure d'oignon***, velo della cipolla; vino rosato | ***papier pelure***, carta velina.
pelvien [pɛlvjɛ̃] ***agg.*** [f. *-enne*] (*anat.*) pelvico.
pelvis [pɛlvis] ***n.m.*** (*anat.*) pelvi (*f.*).
pénal [penal] ***agg.*** [pl. *-aux*] (*dir.*) penale ♦ ***n.m.*** (*dir.*) diritto penale.
● ***code pénal***, codice penale.

pénalement [penalmɑ̃] ***avv.*** penalmente.
pénalisation [penalizasjɔ̃] ***n.f.*** **1** (*sport*) penalizzazione **2** (*fig.*) svantaggio.
pénaliser [penalize] ***v.tr.*** penalizzare.
pénaliste [penalist] ***n.m.*** e ***f.*** (*dir.*) penalista.
pénalité [penalite] ***n.f.*** **1** penale; penalità: *frapper d'une pénalité*, infliggere una penale **2** (*sport*) penalizzazione.
penalty [penalti] ***n.m.*** [pl. *penalties* o *penaltys*] (*sport*) (calcio di) rigore.
● ***point de penalty***, dischetto del rigore.
pénates [penat] ***n.m.pl.*** **1** (*relig.*) penati **2** (*fam.*) dimora (*f.sing.*).
● ***regagner ses pénates***, ritornare a casa, rincasare.
penaud [pəno] ***agg.*** confuso; mortificato; mogio (mogio).
penchant [pɑ̃ʃɑ̃] ***n.m.*** inclinazione (*f.*), propensione (*f.*); (*estens.*) simpatia (*f.*), debole.
● ***avoir un penchant pour, à qqch***, essere portato per qlco | ***avoir un penchant pour qqn***, avere un'inclinazione, un debole per qlcu.
penché [pɑ̃ʃe] ***agg.*** inclinato; chino.
● ***la tour penchée de Pise***, la torre pendente di Pisa | ***prendre un air penché, des airs penchés***, (*fig. iron.*) assumere un'aria sofferta.
pencher [pɑ̃ʃe] ***v.tr.*** inclinare, piegare ♦ ***v.intr.*** **1** pendere **2** (*fig.*) propendere ♦ **se pencher** ***v.pron.*** **1** chinarsi: *se pencher à la fenêtre*, sporgersi dalla finestra **2** (*fig.*) rivolgere la propria attenzione (a), dedicarsi (a): *se pencher sur son passé*, volgersi a considerare il proprio passato.
● ***défense de se pencher au dehors***, vietato sporgersi.
pendable [pɑ̃dabl] ***agg.*** (*fam.*) da forca.
● ***cas pendable***, caso gravissimo | ***un tour pendable***, un brutto tiro.
pendaison [pɑ̃dɛzɔ̃] ***n.f.*** impiccagione.
pendant[1] [pɑ̃dɑ̃] ***agg.*** **1** pendente, penzolante: *les jambes pendantes*, le gambe penzoloni; *des joues pendantes*, guance cascanti **2** (*dir.*) pendente, in sospeso ♦ ***n.m.*** pendant (oggetto che fa riscontro a un altro).
● ***pendant d'oreilles***, (orecchino a) pendente | ***faire pendant***, far (da) pendant; accompagnarsi, accordarsi.
pendant[2] ***prep.*** durante; per: *pendant la journée*, durante la giornata; *il nous fixa pendant quelques secondes*, ci guardò per qualche secondo.
● ***pendant que***, mentre; dal momento che: *pendant que nous y sommes*, già che ci siamo.
pendard [pɑ̃daʀ] ***n.m.*** (*antiq. fam.*) pendaglio da forca, canaglia (*f.*).
pendeloque [pɑ̃dlɔk] ***n.f.*** **1** orecchino (*m.*) a goccia; pendente (*m.*) **2** (*estens.*) pendaglio (*m.*), ciondolo (*m.*) **3** (*di lampadario*) goccia.
pendentif [pɑ̃dɑ̃tif] ***n.m.*** **1** (*arch.*) pennacchio **2** ciondolo, pendaglio.
penderie [pɑ̃dʀi] ***n.f.*** guardaroba (*m.*).
pendiller [pɑ̃dije] ***v.intr.*** penzolare.
pendouiller [pɑ̃duje] ***v.intr.*** (*fam.*) pendere, spenzolare.
pendre [pɑ̃dʀ] ***v.tr.*** [coniug. come *rendre*] **1** appendere, sospendere **2** impiccare | *je veux être pendu si ce n'est pas vrai*, (*antiq. letter.*) che mi venga un accidente se non è vero ♦ ***v.intr.*** pendere: *laisser pendre ses jambes*, lasciare penzolare le gambe; *ses cheveux lui pendaient sur les*

P

épaules, i capelli le cadevano sulle spalle ♦ **se pendre** ***v.pron.*** **1** appendersi, attaccarsi **2** impiccarsi.
● ***cela te pend au nez***, (*fam.*) non ci piove, è inevitabile | ***dire pis que pendre de qqn***, (*fam.*) dire peste e corna di qlcu | ***faire pis que pendre***, (*fam.*) farne di cotte e di crude.

pendu [pɑ̃dy] *p.p.* di **pendre** ♦ ***agg.*** appeso, attaccato: *il est toujours pendu au téléphone*, (*fig.*) sta sempre attaccato al telefono ♦ ***n.m.*** impiccato.
● ***avoir la langue bien pendue***, (*fam.*) avere la lingua sciolta, una bella parlantina | ***avoir une veine de pendu***, (*fam.*) avere una fortuna sfacciata | ***être pendu aux lèvres de qqn***, (*fig.*) pendere dalle labbra di qlcu.

pendulaire [pɑ̃dylɛʀ] ***agg.*** pendolare.

pendule [pɑ̃dyl] ***n.m.*** pendolo ♦ ***n.f.*** orologio (*m.*) (da muro o da tavolo); pendola, orologio (*m.*) a pendolo.
● ***remettre les pendules à l'heure***, (*fig. fam.*) aggiustare il tiro.

pendulette [pɑ̃dylɛt] ***n.f.*** orologio (*m.*) da viaggio.

pêne [pɛn] ***n.m.*** (*di chiavistello*) stanghetta (*f.*), catenaccio.

pénéplaine [peneplɛn] ***n.f.*** (*geogr.*) penepiano (*m.*).

pénétrabilité [penetʀabilite] ***n.f.*** penetrabilità.

pénétrable [penetʀabl] ***agg.*** penetrabile.

pénétrant [penetʀɑ̃] ***agg.*** penetrante (*anche fig.*).

pénétration [penetʀasjɔ̃] ***n.f.*** **1** penetrazione **2** (*fig.*) acume (*m.*).

pénétré [penetʀe] ***agg.*** **1** pieno, colmo: *pénétré de joie*, pieno di gioia **2** convinto | *il m'écouta d'un air pénétré*, mi ascoltò con aria compresa.

pénétrer [penetʀe] ***v.intr.*** [coniug. come *céder*] penetrare (*anche fig.*); entrare: *les voleurs ont pénétré dans l'appartement*, i ladri sono penetrati nell'appartamento ♦ ***v.tr.*** **1** penetrare **2** (*fig.*) pervadere ♦ **se pénétrer** ***v.pron.intr.*** **1** convincersi **2** (*fig.*) immedesimarsi.
■ *V.INTR.* **SIN.** entrer.

pénible [penibl] ***agg.*** **1** faticoso; difficoltoso, ingrato: *respiration pénible*, respirazione difficoltosa; *un métier pénible*, un mestiere faticoso, ingrato **2** penoso, doloroso: *un sujet pénible*, un argomento doloroso **3** (*fam.*) insopportabile, pesante: *il est pénible, cet enfant!*, che bambino insopportabile!
■ **SIN. 1** difficile **CONTR. 1** aisé.

péniblement [penibləmɑ̃] ***avv.*** **1** penosamente, a stento, a fatica: *avancer péniblement*, avanzare faticosamente **2** dolorosamente.

péniche [peniʃ] ***n.f.*** **1** (*mar.*) chiatta **2** (*fam.*) (*calzatura*) zatterone (*m.*).

péniche-hôtel [peniʃotɛl] ***n.m.*** [pl. *péniches-hôtels*] albergo sistemato su una chiatta, mobile o ancorata.

pénicilline [penisilin] ***n.f.*** penicillina.

pénil [penil] ***n.m.*** (*anat.*) monte del pube, monte di Venere.
■ **SIN.** mont de Vénus.

péninsulaire [penɛ̃sylɛʀ] ***agg.*** peninsulare.

péninsule [penɛ̃syl] ***n.f.*** (*geogr.*) penisola.
● ***la Péninsule***, la penisola italiana, l'Italia.

pénis [penis] ***n.m.*** (*anat.*) pene.
■ **SIN.** verge.

pénitence [penitɑ̃s] ***n.f.*** penitenza.
● ***faire pénitence***, (*anche fig.*) fare penitenza | ***mettre un enfant en pénitence***, mettere un bambino in castigo.

pénitencier [penitɑ̃sje] ***n.m.*** (*antiq.*) penitenziario.

pénitent [penitɑ̃] ***agg.*** e ***n.m.*** penitente.

pénitentiaire [penitɑ̃sjɛʀ] ***agg.*** penitenziario.
● ***colonie pénitentiaire***, colonia penale.

pénitentiel [penitɑ̃sjɛl] ***agg.*** [f. *-elle*] penitenziale.

penne[1] [pɛn] ***n.f.*** (*di uccello*) penna.

penne[2] ***n.f.*** (*mar.*) (*di antenna*) penna, corno (*m.*).

penné [pene] ***agg.*** (*bot.*) pennato.

pennon [penɔ̃] ***n.m.*** (*mar.*) segnavento.

pénombre [penɔ̃bʀ] ***n.f.*** penombra.
● ***rester dans la pénombre***, (*fig.*) rimanere nell'ombra.

pensable [pɑ̃sabl] ***agg.*** pensabile.

pensant [pɑ̃sɑ̃] ***agg.*** pensante.
● ***les gens bien, mal pensants***, i benpensanti, i malpensanti.

pense-bête [pɑ̃sbɛt] ***n.m.*** [pl. *pense-bêtes*] promemoria; nota (*f.*).

pensée[1] [pɑ̃se] ***n.f.*** **1** pensiero (*m.*) **2** idea, pensiero (*m.*) **3** opinione, pensiero (*m.*): *je partage votre pensée*, condivido la sua opinione.
● ***à la (seule) pensée***, al (solo) pensiero, alla (sola) idea | ***aller jusqu'au bout de sa pensée***, esprimere fino in fondo il proprio pensiero | ***dans ma pensée***, a mio parere | ***retourner en pensée***, tornare col pensiero: *il retourna en pensée vers son enfance*, tornò col pensiero alla sua infanzia.

pensée[2] ***n.f.*** (*bot.*) viola del pensiero.

penser[1] [pɑ̃se] ***v.intr.*** **1** pensare: *il ne pense qu'à manger*, pensa soltanto a mangiare **2** riflettere; pensare: *j'y ai beaucoup pensé*, ci ho riflettuto molto **3** credere, pensare, ritenere: *il est moins bête qu'on ne (le) pense*, è meno stupido di quanto si creda ♦ ***v.tr.*** **1** credere, pensare: *je ne sais que penser*, non so che cosa credere; *tu penses bien que je n'aurais jamais accepté*, puoi ben immaginare che non avrei mai accettato **2** avere intenzione (**di**), pensare: *que penses-tu faire?*, che cosa pensi di fare? **3** concepire: *penser un projet dans tous ses détails*, concepire un progetto nei minimi particolari.
● ***penser du bien, du mal de qqn***, pensar bene, male di qlcu | ***penser juste***, pensare bene | ***penser tout haut***, pensare ad alta voce | ***laisse-moi y penser***, fammici pensare | ***penses-tu!***, (*fam.*) figuriamoci! | ***sans penser à mal***, in buona fede, innocentemente | ***sans y penser***, senza pensarci.

NOTA Il verbo **penser** è seguito dall'indicativo se usato alla forma affermativa, dal congiuntivo se usato alla forma negativa o interrogativa:

Je pense que vous me ***comprenez****.*
Penso che mi capiate.

Je ne pense pas que tu ***sois*** *sincère.*
Non credo che tu sia sincero.

Penses-tu que cela en ***vaille*** *la peine?*
Pensi che ne valga la pena?

penser[2] ***n.m.*** (*letter.*) pensiero, il pensare.

penseur [pɑ̃sœʀ] ***n.m.*** [f. *-euse*] pensatore.
● ***libre penseur***, libero pensatore.

pensif [pɑ̃sif] ***agg.*** [f. *-ive*] pensoso, pensieroso.

pension [pɑ̃sjɔ̃] ***n.f.*** **1** (*albergo*) pensione: *pension de famille*, pensione familiare **2** retta, pensione **3** collegio (*m.*), convitto (*m.*) **4** (*dir.*) pensione: *toucher sa pension*, incassare la pensione.
● (*dir.*) ***pension alimentaire***, alimenti | ***pension complète, demi-pension***, pensione completa, mezza pensione | ***pension d'ancienneté de service***, pensione di anzianità | ***pen-***

P

sion de retraite, pensione | ***pension d'invalidité***, pensione d'invalidità | ***en pension***, a pensione.

pensionnaire [pɑ̃sjɔnɛʀ] ***n.m.*** e ***f.*** **1** pensionante; (*fam. scherz.*) ospite **2** collegiale **3** (*studente*) borsista **4** (*teatr.*) attore stabile della Comédie Française.

pensionnat [pɑ̃sjɔna] ***n.m.*** **1** collegio, convitto **2** collegiali (*pl.*), interni (*pl.*).

pensionné [pɑ̃sjɔne] ***agg.*** e ***n.m.*** pensionato.

pensionner [pɑ̃sjɔne] ***v.tr.*** pensionare, assegnare una pensione (**a**).

pensivement [pɑ̃sivmɑ̃] ***avv.*** pensosamente.

pensum [pɛ̃sɔm] ***n.m.*** **1** (*antiq.*) (*compito supplementare*) penso **2** (*estens.*) lavoro ingrato.

■ SIN. **2** corvée.

pent(a)- ***pref.*** pent(a)-.

pentagonal [pɛ̃tagɔnal] ***agg.*** [pl. *-aux*] pentagonale.

pentagone [pɛ̃tagɔn] ***agg.*** pentagonale ♦ ***n.m.*** (*mat.*) pentagono.

● ***le Pentagone***, il Pentagono (Dipartimento della Difesa negli Stati Uniti).

pentamètre [pɛ̃tamɛtʀ] ***agg.*** e ***n.m.*** (*metrica*) pentametro.

pentathlon [pɛ̃tatlɔ̃] ***n.m.*** (*sport*) pentathlon, pentatlon.

pente [pɑ̃t] ***n.f.*** pendenza, pendio (*m.*); china (*anche fig.*).

● ***en pente***, in pendenza | ***être sur une pente glissante***, (*fig.*) andare incontro a grosse difficoltà | ***remonter la pente***, (*fig.*) risalire la china | ***suivre sa pente***, (*fig.*) seguire la propria inclinazione.

Pentecôte [pɑ̃tkot] ***n.f.*** (*relig.*) Pentecoste.

pentu [pɑ̃ty] ***agg.*** inclinato.

penture [pɑ̃tyʀ] ***n.f.*** (*di porta, finestra*) bandella.

pénultième [penyltjɛm] ***agg.*** e ***n.f.*** penultima (sillaba).

pénurie [penyʀi] ***n.f.*** penuria, scarsità.

P

people [pipɔl] ***agg.invar.*** dedicato ai vip: *la presse people*, la stampa dedicata ai vip; *la rubrique people d'un journal*, la rubrica gossip ♦ ***n.m.*** (*solo pl.*) vip.

pépé [pepe] ***n.m.*** (*linguaggio infantile*) nonnino.

pépée [pepe] ***n.f.*** (*fam.*) bambola, pupa.

pépère [pepɛʀ] ***agg.*** (*fam.*) comodo, piacevole: *depuis qu'il est à la retraite il est pépère*, da quando è in pensione è tranquillo ♦ ***n.m.*** (*fam.*) **1** nonnetto **2** omone; bambinone ♦ ***avv.*** (*fam.*) con calma.

pépie [pepi] ***n.f.*** (*vet.*) pipita.

● ***avoir la pépie***, (*fam.*) avere una gran sete.

pépiement [pepimɑ̃] ***n.m.*** pigolio.

pépier [pepje] ***v.intr.*** pigolare.

pépin[1] [pepɛ̃] ***n.m.*** **1** (*di mela, pera ecc.*) seme; (*di uva*) vinacciolo **2** (*fam.*) grana (*f.*), seccatura (*f.*).

pépin[2] ***n.m.*** (*fam.*) ombrello.

pépinière [pepinjɛʀ] ***n.f.*** vivaio (*m.*) (*anche fig.*); semenzaio (*m.*).

pépiniériste [pepinjeʀist] ***agg.*** vivaistico ♦ ***n.m.*** e ***f.*** vivaista.

pépite [pepit] ***n.f.*** pepita.

péplum [peplɔm] ***n.m.*** **1** (*st. abbigl.*) peplo **2** (*fam.*) film mitologico.

pepsine [pɛpsin] ***n.f.*** (*biochim.*) pepsina.

péquenaud, **péquenot** [pɛkno] ***agg.*** e ***n.m.*** (*fam.*) zotico, bifolco.

per- ***pref.*** per-.

perborate [pɛʀbɔʀat] ***n.m.*** (*chim.*) perborato.

percale [pɛʀkal] ***n.f.*** (*tessuto*) percalle (*m.*).

percaline [pɛʀkalin] ***n.f.*** (*tessuto*) percallina.

perçant [pɛʀsɑ̃] ***agg.*** penetrante, acuto; pungente: *froid perçant*, freddo pungente.

perce [pɛʀs] ***n.f.*** **1** (*strumento*) foratoio (*m.*) **2** (*di strumento a fiato*) foro (*m.*).

● ***mettre un tonneau en perce***, spillare il vino da una botte.

percé [pɛʀse] ***agg.*** bucato.

percée [pɛʀse] ***n.f.*** **1** apertura; passaggio (*m.*) **2** (*mil., sport*) sfondamento (*m.*) **3** (*fig.*) successo (*m.*).

● ***faire une percée***, (*fig.*) raggiungere il successo.

percement [pɛʀsəmɑ̃] ***n.m.*** (*di strada ecc.*) apertura (*f.*); (*di montagna*) traforo; (*di pozzo*) scavo.

perce-neige [pɛʀsənɛʒ] ***n.f.invar.*** (*bot.*) bucaneve (*m.*).

perce-oreille [pɛʀsɔʀɛj] ***n.m.*** [pl. *perce-oreilles*] (*zool.*) forbicina (*f.*).

percepteur [pɛʀsɛptœʀ] ***agg.*** [f. *-trice*] percettivo ♦ ***n.m.*** esattore.

perceptibilité [pɛʀsɛptibilite] ***n.f.*** percettibilità.

perceptible [pɛʀsɛptibl] ***agg.*** percettibile, percepibile.

perceptiblement [pɛʀsɛptibləmɑ̃] ***avv.*** in modo percettibile.

perceptif [pɛʀsɛptif] ***agg.*** [f. *-ive*] percettivo.

perception [pɛʀsɛpsjɔ̃] ***n.f.*** **1** percezione **2** (*dir.*) esazione.

● ***(bureau de) perception***, esattoria.

percer [pɛʀse] ***v.tr.*** [coniug. come *placer*] **1** forare, bucare: *percer une montagne*, traforare una montagna; *un cri perça le silence*, (*fig.*) un grido squarciò il silenzio **2** fare un'apertura, aprire; (*mil.*) sfondare: *percer un tunnel*, aprire, scavare una galleria **3** (*inform.*) interrompere (un codice) ♦ ***v.intr.*** **1** aprirsi un varco; (*mil.*) sfondare: *la lumière perçait à travers le brouillard*, la luce filtrava attraverso la nebbia; *un écrivain qui a fini par percer*, (*fig.*) uno scrittore che è riuscito a sfondare **2** (*fig.*) trapelare, trasparire **3** (*di denti*) spuntare **4** (*di ascesso*) scoppiare.

● ***percer à jour***, (*fig.*) scoprire, svelare | ***percer le cœur***, (*fig.*) trafiggere il cuore | ***percer un coffre-fort***, scassinare una cassaforte | ***se faire percer les oreilles***, farsi fare i buchi nelle orecchie.

■ V.TR. SIN. **1** trouer.

perceur [pɛʀsœʀ] ***n.m.*** (operaio) trapanatore, foratore.

perceuse [pɛʀsøz] ***n.f.*** (*tecn.*) trapano (*m.*).

percevable [pɛʀsəvabl] ***agg.*** **1** percettibile **2** percepibile, riscuotibile.

percevoir [pɛʀsəvwaʀ] ***v.tr.*** [coniug. come *recevoir*] **1** percepire, cogliere **2** riscuotere, percepire.

percevrai [pɛʀsəvʀe] → **percevoir**.

perche[1] [pɛʀʃ] ***n.f.*** (*zool.*) pesce (*m.*) persico.

perche[2] ***n.f.*** **1** pertica **2** (*sport*) asta; pertica (per arrampicarsi) **3** (*cine., tv*) giraffa **4** (*dello skilift*) asta **5** (*agr.*) (*misura*) pertica.

● (*sport*) ***saut à la perche***, salto con l'asta | ***tendre la perche à qqn***, (*fig.*) venire incontro a qlcu.

percher [pɛʀʃe] ***v.intr.*** appollaiarsi ♦ ***v.tr.*** (*fam.*) collocare in alto: *pourquoi as-tu perché ce vase là-haut?*, per-

ché hai messo quel vaso là in cima? ♦ **se percher** *v.pron.* appollaiarsi.
● ***où perches-tu?***, (*fam.*) dove stai di casa?

percheron [pɛʀʃəʀɔ̃] *agg.* [f. *-onne*] della regione del Perche.

percheur [pɛʀʃœʀ] *agg.* [f. *-euse*] (*di uccello*) che è solito appollaiarsi.

perchiste [pɛʀʃist] *n.m.* e *f.* (*cine., tv*) microfonista.

perchoir [pɛʀʃwaʀ] *n.m.* **1** (*zootecn.*) posatoio **2** (*fig.*) trespolo: *descends de ton perchoir!*, vieni giù di lì!
● ***le Perchoir***, (*fam.*) il seggio del presidente dell'Assemblea Nazionale.

perclus [pɛʀkly] *agg.* paralizzato (*anche fig.*); impedito.

perçoir [pɛʀswaʀ] *n.m.* punteruolo.

perçois [pɛʀswa] → **percevoir**.

perçoive [pɛʀswav] → **percevoir**.

percolateur [pɛʀkɔlatœʀ] *n.m.* macchina (*f.*) da caffè.

perçu [pɛʀsy] *p.p.* di **percevoir**.

percus [pɛʀky] *n.f.pl.* (*abbr. di* percussions) strumenti (*m.*) a percussione.

percussion [pɛʀkysjɔ̃] *n.f.* percussione.
● (*mus.*) ***instruments à*** (o ***de***) ***percussion***, strumenti a percussione.

percussionniste [pɛʀkysjɔnist] *n.m.* e *f.* percussionista.

percutant [pɛʀkytɑ̃] *agg.* **1** a percussione **2** (*fig. fam.*) che fa colpo, esplosivo: *argument percutant*, argomento convincente.

percuter [pɛʀkyte] *v.tr.* percuotere, cozzare (**contro**) ♦ *v.intr.* **1** percuotere esplodendo: *l'obus percuta au sol*, la granata esplose al suolo **2** cozzare.

percuteur [pɛʀkytœʀ] *n.m.* (*di arma da fuoco*) percussore.

perdant [pɛʀdɑ̃] *agg.* e *n.m.* perdente.
■ CONTR. gagnant.

perdition [pɛʀdisjɔ̃] *n.f.* perdizione.
● ***lieu de perdition***, (*scherz.*) luogo di perdizione | (*mar.*) ***navire en perdition***, nave in pericolo.

perdre [pɛʀdʀ] *v.tr.* [coniug. come *rendre*] **1** perdere; smarrire: *j'ai perdu leur adresse*, ho perso il loro indirizzo; *perdre du terrain*, perdere terreno; *perdre le chemin*, smarrire la strada **2** rimetterci, perdere: *au change, il y perd*, al cambio ci rimette; *perdre du poids*, perdere peso; *perdre haleine*, perdere il fiato; *perdre patience*, perdere la pazienza | *perdre ses parents*, perdere i genitori **3** essere vinto (**in**), perdere: *perdre la partie*, (*anche fig.*) perdere la partita **4** lasciarsi sfuggire, perdere: *perdre une occasion*, lasciarsi sfuggire un'occasione **5** (*di recipiente*) perdere **6** perdere; sprecare: *il a du temps à perdre*, ha tempo da perdere, da buttar via ♦ **se perdre** *v.pron.intr.* **1** perdersi **2** rovinarsi **3** perdersi, scomparire: *se perdre dans le lointain*, scomparire in lontananza.
● ***perdre contenance***, confondersi, smarrirsi | ***perdre de vue***, (*anche fig.*) perdere di vista | ***perdre la tête***, perdere la testa | ***perdre le fil*** (***du discours***), perdere il filo (del discorso) | ***perdre son sang froid***, perdere la calma | ***perdre son temps***, perdere tempo | ***je m'y perds***, mi ci perdo, non capisco più niente | ***tu ne perds rien pour attendre!***, me la pagherai!, faremo i conti dopo! | ***vous voulez me perdre!***, vuole rovinarmi!
■ *V.TR.* SIN. **1** égarer CONTR. **1** trouver.

perdreau [pɛʀdʀo] *n.m.* [pl. *-eaux*] (*zool.*) perniciotto.

perdrix [pɛʀdʀi] *n.f.* (*zool.*) pernice.
● ***perdrix grise***, starna.

perdu [pɛʀdy] *p.p.* di **perdre** ♦ *agg.* **1** perso, smarrito **2** sperduto: *un village perdu dans la montagne*, un villaggio sperduto sulla montagna **3** perduto, rovinato: *il est perdu*, è spacciato **4** perso, sprecato **5** (*fig.*) immerso, assorto: *perdu dans ses réflexions*, immerso nelle sue riflessioni ♦ *n.m.* *courir, crier comme un perdu*, correre, gridare come un pazzo.
● ***perdu pour perdu***, perso per perso | ***à corps perdu***, a corpo morto | ***à fonds perdu***, a fondo perso, perduto | ***à temps perdu***, a tempo perso | ***chien perdu***, cane randagio | ***considérer comme perdu***, dare per perso | (*comm.*) ***emballage perdu***, imballo a perdere | ***une balle perdue***, una pallottola vagante.

perdurer [pɛʀdyʀe] *v.intr.* (*antiq.*) durare fino alla fine.

père [pɛʀ] *n.m.* **1** padre **2** (*davanti a nomi propri di anziani*) vecchio: *le père Dupont*, il vecchio Dupont **3** (*Africa*) vecchio saggio; zio paterno; prete di razza bianca.
● ***père adoptif***, padre adottivo | ***de père en fils***, di padre in figlio | ***en bon père de famille***, da buon padre di famiglia | ***le Père Noël***, Babbo Natale | (*eccl.*) ***le Saint-Père***, il Santo Padre | (*st. eccl.*) ***les Pères de l'Église***, i Padri della Chiesa | (*eccl.*) ***mon*** (***révérend***) ***père***, padre | ***petit père***, (*fam.*) vecchio mio | ***tel père, tel fils!***, tale padre, tale figlio!

NOTA ***Père Lachaise*** è il nome del più vasto cimitero di Parigi, famoso perché vi sono custodite le tombe di uomini illustri: scrittori (Molière, La Fontaine, Balzac, Musset), musicisti (Chopin, Bizet), pittori (Delacroix, Corot, Modigliani), la celebre attrice Sarah Bernhardt e molti altri artisti, politici e generali. Il cimitero fu creato nel 1804 dove era una proprietà del *père La Chaise*, confessore di Luigi XIV.

pérégrination [peʀegʀinasjɔ̃] *n.f.* peregrinazione.

péremption [peʀɑ̃psjɔ̃] *n.f.* (*dir.*) perenzione.
● ***date de péremption***, data di scadenza.

péremptoire [peʀɑ̃ptwaʀ] *agg.* perentorio.
■ SIN. décisif, catégorique.

péremptoirement [peʀɑ̃ptwaʀmɑ̃] *avv.* (*letter.*) perentoriamente, in modo perentorio.

pérenniser [peʀenize] *v.tr.* **1** perpetuare **2** nominare a vita.

pérennité [peʀenite] *n.f.* perennità; perpetuazione.

péréquation [peʀekwasjɔ̃] *n.f.* perequazione.

perf[1] [pɛʀf] *n.f.* (*fam.*) (*abbr. di* perfusion) flebo.

perf[2] *n.f.* (*sport*) (*abbr. di* performance) prestazione: *réaliser une perf*, fare una prestazione eccezionale.

perfectible [pɛʀfɛktibl] *agg.* perfettibile.

perfection [pɛʀfɛksjɔ̃] *n.f.* **1** perfezione **2** (*pl.*) (*fam.*) qualità, doti.
● ***à la perfection***, alla perfezione.
■ SIN. **1** excellence.

perfectionnement [pɛʀfɛksjɔnmɑ̃] *n.m.* perfezionamento.

perfectionner [pɛʀfɛksjɔne] *v.tr.* perfezionare ♦ **se perfectionner** *v.pron.* e *pron.intr.* perfezionarsi.

perfectionnisme [pɛʀfɛksjɔnism] *n.m.* perfezionismo.

perfectionniste [pɛʀfɛksjɔnist] *n.m.* e *f.* perfezionista ♦ *agg.* perfezionistico.

perfecto [pɛʀfɛkto] *n.m.* (*gergo giovanile*) chiodo, giubbotto di cuoio nero borchiato.

perfide [pɛʀfid] *agg.* e *n.m.* e *f.* perfido/a.
■ *AGG.* SIN. déloyal, sournois CONTR. loyal.

P

perfidement [pɛʀfidmɑ̃] ***avv.*** (*letter.*) perfidamente.

perfidie [pɛʀfidi] ***n.f.*** perfidia.

perforateur [pɛʀfɔʀatœʀ] ***agg.*** [f. *-trice*] perforatore ♦ ***n.m.*** **1** (*operaio*) perforatore **2** (*strumento*) perforatore, perforatrice (*f.*).

perforation [pɛʀfɔʀasjɔ̃] ***n.f.*** perforazione; perforatura.

perforatrice [pɛʀfɔʀatʀis] ***n.f.*** (macchina) perforatrice.

perforer [pɛʀfɔʀe] ***v.tr.*** (per)forare.

performance [pɛʀfɔʀmɑ̃s] ***n.f.*** **1** prestazione, performance (*anche sport*) **2** (*teatr.*) esibizione, spettacolo (*m.*) **3** (*fig.*) impresa, exploit (*m.*).
● (*psic.*) ***test de performance***, test attitudinale.

performant [pɛʀfɔʀmɑ̃] ***agg.*** **1** (*tecn.*) di elevato rendimento **2** (*econ.*) competitivo.

performer [pɛʀfɔʀme] ***v.intr.*** ottenere risultati eccellenti.

perfusion [pɛʀfyzjɔ̃] ***n.f.*** (*med.*) perfusione.
● ***perfusion intraveineuse***, fleboclisi.

pergélisol [pɛʀʒelisɔl] ***n.m.*** (*geol.*) permagelo, permafrost.

pergola [pɛʀgɔla] ***n.f.*** pergolato (*m.*).

péri- ***pref.*** peri-.

péricarde [peʀikaʀd] ***n.m.*** (*anat.*) pericardio.

péricarpe [peʀikaʀp] ***n.m.*** (*bot.*) pericarpo.

péricliter [peʀiklite] ***v.intr.*** andare a rotoli, in malora.

péridural [peʀidyʀal] ***agg.*** (*med.*) peridurale.
● ***(anesthésie) péridurale***, (anestesia) peridurale.

périf [peʀif] ***n.m.*** (*fam.*) abbr. di **périphérique**.

périgée [peʀiʒe] ***agg.*** e ***n.m.*** (*astr.*) perigeo.

périgourdin [peʀiguʀdɛ̃] ***agg.*** di Périgueux, del Périgord.

périhélie [peʀieli] ***n.m.*** (*astr.*) perielio.

péril [peʀil] ***n.m.*** (*letter.*) pericolo; rischio.
● ***à mes risques et périls***, a mio rischio e pericolo | ***au péril de***, a rischio di | ***il n'y a pas péril en la demeure***, non c'è pericolo immediato.
■ **SIN.** danger.

périlleux [peʀijø] ***agg.*** [f. *-euse*] pericoloso; rischioso.
● ***saut périlleux***, salto mortale.
■ **SIN.** dangereux.

périmé [peʀime] ***agg.*** **1** scaduto **2** (*fig.*) superato.

périmer [peʀime] ***v.intr.*** scadere ♦ **se périmer** ***v.pron. intr.*** (*dir.*) estinguersi per prescrizione.

périmétral [peʀimetʀal] ***agg.*** [pl. *-aux*] perimetrale.

périmètre [peʀimɛtʀ] ***n.m.*** perimetro.

périnatal [peʀinatal] ***agg.*** [pl. *-als*, *-aux*] (*med.*) perinatale.

périnée [peʀine] ***n.m.*** (*anat.*) perineo.

période [peʀjɔd] ***n.f.*** periodo (*m.*).
■ **SIN.** durée.

périodicité [peʀjɔdisite] ***n.f.*** periodicità.

périodique [peʀjɔdik] ***agg.*** e ***n.m.*** periodico.

périodiquement [peʀjɔdikmɑ̃] ***avv.*** periodicamente.

périodontite [peʀjɔdɔ̃tit] ***n.f.*** (*med.*) periodontite.

péripatéticien [peʀipatetisjɛ̃] ***agg.*** e ***n.m.*** [f. *-enne*] (*st. fil.*) peripatetico.

péripatéticienne [peʀipatetisjɛn] ***n.f.*** (*letter. iron.*) peripatetica.

péripétie [peʀipesi] ***n.f.*** peripezia.
■ **SIN.** rebondissement.

périphérie [peʀifeʀi] ***n.f.*** periferia.

périphérique [peʀifeʀik] ***agg.*** periferico ♦ ***n.f.*** (*inform.*) periferica.
● ***(boulevard) périphérique***, tangenziale, raccordo anulare (di strade, autostrade).

périphrase [peʀifʀɑz] ***n.f.*** perifrasi.

périphrastique [peʀifʀastik] ***agg.*** perifrastico.

périple [peʀipl] ***n.m.*** **1** periplo **2** (*estens.*) giro turistico.

périr [peʀiʀ] ***v.intr.*** **1** perire, morire **2** (*di cose*) andare distrutto.
■ **SIN.** **1** mourir.

périscolaire [peʀiskɔlɛʀ] ***agg.*** parascolastico.

périscope [peʀiskɔp] ***n.m.*** periscopio.

périssable [peʀisabl] ***agg.*** **1** (*letter.*) perituro **2** (*di alimenti*) deperibile, deteriorabile.

péristyle [peʀistil] ***n.m.*** (*arch.*) peristilio.

péritel® [peʀitɛl] ***n.f.***
● ***(prise) péritel***, presa SCART.

péritoine [peʀitwan] ***n.m.*** (*anat.*) peritoneo.

péritonite [peʀitɔnit] ***n.f.*** (*med.*) peritonite.

périurbain [peʀiyʀbɛ̃] ***agg.*** che è nelle immediate vicinanze di una città; (*estens.*) periferico.

perle [pɛʀl] ***n.f.*** **1** perla (*anche fig.*): *perles fines, de culture*, perle naturali, coltivate **2** perla, goccia: *perle de la rosée*, goccia di rugiada **3** (*iron.*) perla, strafalcione (*m.*) **4** perlina: *perle de verre*, perlina di vetro **5** (*di rosario*) grano (*m.*).

perlé [pɛʀle] ***agg.*** **1** ornato di perle **2** (*di orzo, riso*) perlato **3** (*fig.*) rifinito, eseguito alla perfezione.

perler [pɛʀle] ***v.tr.*** **1** ornare di perle **2** (*riso, orzo*) perlare ♦ ***v.intr.*** **1** imperlare (**qlco**): *des gouttes de sueur perlaient à, sur son front*, gocce di sudore gli imperlavano la fronte **2** (*di bevanda*) fare le bollicine.

perlier [pɛʀlje] ***agg.*** [f. *-ère*] perlifero.

perlimpinpin [pɛʀlɛ̃pɛ̃pɛ̃] ***n.m.***
● ***poudre de perlimpinpin***, polvere di (o del) pimperimpera: *c'est de la poudre de perlimpinpin*, (*di medicina*) è come l'acqua del rubinetto.

perm [pɛʀm] ***n.f.*** (*fam.*) abbr. di **permission**.

permanence [pɛʀmanɑ̃s] ***n.f.*** **1** permanenza, continuità **2** servizio (*m.*), ufficio (*m.*) permanente: *le samedi il y a une permanence*, di sabato è assicurato un servizio di emergenza **3** aula di studio (per gli allievi che non hanno lezione); (*estens.*) ora buca.
● ***en permanence***, in permanenza, stabilmente | ***être de permanence***, essere di turno.

permanent [pɛʀmanɑ̃] ***agg.*** permanente ♦ ***n.m.*** (*di sindacato ecc.*) funzionario.
● ***cinéma permanent***, (cinema a) spettacolo continuato.

permanente [pɛʀmanɑ̃t] ***n.f.*** permanente.

perméabilité [pɛʀmeabilite] ***n.f.*** permeabilità.

perméable [pɛʀmeabl] ***agg.*** **1** permeabile **2** (*fig.*) influenzabile.

permettre [pɛʀmɛtʀ] ***v.tr.*** [coniug. come *mettre*] permettere: *mes moyens ne me le permettent pas*, i miei mezzi non me lo permettono ♦ **se permettre** ***v.pron.*** permettersi ♦ ***v.pron.indiretto*** permettersi: *se permettre une cigarette de temps en temps*, concedersi una sigaretta di tanto in tanto.
● ***s'il est permis de...***, (*fam.*) ma guarda un po' se è possibile...: *s'il est permis d'agir ainsi!*, ma guarda un po' se

è possibile comportarsi così! | ***si le temps le permet***, tempo permettendo | ***vous permettez?***, permette?, posso?

permis[1] [pɛʀmi] *p.p.* di **permettre** ♦ ***agg.*** permesso, lecito.

permis[2] ***n.m.*** licenza (*f.*), permesso.

● ***permis*** (***de conduire***), patente di guida: *passer son permis (de conduire)*, prendere la patente | ***permis de pêche, de chasse***, licenza di pesca, di caccia | ***permis de séjour, de travail***, permesso di soggiorno, di lavoro.

permissif [pɛʀmisif] ***agg.*** [f. *-ive*] permissivo.

permission [pɛʀmisjɔ̃] ***n.f.*** **1** permesso (*m.*) **2** autorizzazione **3** (*mil.*) licenza.

permissionnaire [pɛʀmisjɔnɛʀ] ***n.m.*** (*mil.*) soldato in licenza.

permissivité [pɛʀmisivite] ***n.f.*** permissività.

permutable [pɛʀmytabl] ***agg.*** permutabile, scambiabile.

permutation [pɛʀmytasjɔ̃] ***n.f.*** scambio (*m.*), permuta.

permuter [pɛʀmyte] ***v.tr.*** permutare, scambiare ♦ ***v.intr.*** scambiarsi il posto, l'orario di lavoro.

pernicieux [pɛʀnisjø] ***agg.*** [f. *-euse*] pernicioso, dannoso.

péroné [peʀɔne] ***n.m.*** (*anat.*) perone.

péronnelle [peʀɔnɛl] ***n.f.*** (*fam.*) sciocca, pettegola.

péroraison [peʀɔʀɛzɔ̃] ***n.f.*** **1** perorazione **2** (*spreg.*) discorso (*m.*) pomposo.

pérorer [peʀɔʀe] ***v.intr.*** (*spreg.*) pontificare.

peroxyde [peʀɔksid] ***n.m.*** (*chim.*) perossido.

perpendiculaire [pɛʀpɑ̃dikylɛʀ] ***agg.*** e ***n.f.*** perpendicolare.

perpendiculairement [pɛʀpɑ̃dikylɛʀmɑ̃] ***avv.*** perpendicolarmente.

perpète, à [apɛʀpɛt] ***avv.*** → **perpette, à**.

perpétrer [pɛʀpetʀe] ***v.tr.*** [coniug. come *céder*] perpetrare.

perpette, à [apɛʀpɛt] ***avv.*** (*fam.*) per sempre: *condamné à perpette*, condannato a vita; *tu peux l'attendre jusqu'à perpette!*, hai voglia di aspettarlo!

perpétuation [pɛʀpetɥasjɔ̃] ***n.f.*** perpetuazione.

perpétuel [pɛʀpetɥɛl] ***agg.*** [f. *-elle*] **1** perpetuo **2** incessante, continuo.

● ***exil perpétuel***, esilio a vita.

perpétuellement [pɛʀpetɥɛlmɑ̃] ***avv.*** **1** perpetuamente **2** incessantemente, continuamente.

perpétuer [pɛʀpetɥe] ***v.tr.*** perpetuare ♦ **se perpétuer** ***v.pron.intr.*** perpetuarsi.

perpétuité [pɛʀpetɥite] ***n.f.*** perpetuità.

● ***à perpétuité***, (in) perpetuo.

perpignanais [pɛʀpiɲanɛ] ***agg.*** di Perpignano.

perplexe [pɛʀplɛks] ***agg.*** perplesso.

perplexité [pɛʀplɛksite] ***n.f.*** perplessità.

perquisition [pɛʀkizisjɔ̃] ***n.f.*** (*dir.*) perquisizione.

perquisitionner [pɛʀkizisjɔne] ***v.intr.*** fare una perquisizione ♦ ***v.tr.*** perquisire.

perron [pɛʀɔ̃] ***n.m.*** scalinata (*f.*).

perroquet [pɛʀɔkɛ] ***n.m.*** **1** (*zool.*) pappagallo **2** bevanda (*f.*) di pastis e sciroppo di menta.

perruche [peʀyʃ] ***n.f.*** (*zool.*) cocorita.

perruque [peʀyk] ***n.f.*** **1** parrucca **2** (*fam.*) lavoro (*m.*) personale svolto sul posto di lavoro (usandone le attrezzature).

perruquier [peʀykje] ***n.m.*** parruccaio.

pers [pɛʀ] ***agg.*** glauco, verdazzurro.

persan [pɛʀsɑ̃] ***agg.*** persiano ♦ ***n.m.*** **1** (*lingua*) persiano **2** (gatto) persiano.

perse [pɛʀs] ***agg.*** persiano, dell'antica Persia.

Perse ***n.m.*** persiano, abitante dell'antica Persia.

● (*st.*) ***les Perses***, i Persiani.

persécuté [pɛʀsekyte] ***agg.*** e ***n.m.*** perseguitato.

persécuter [pɛʀsekyte] ***v.tr.*** perseguitare.

persécuteur [pɛʀsekytœʀ] ***agg.*** e ***n.m.*** [f. *-trice*] persecutore.

persécution [pɛʀsekysjɔ̃] ***n.f.*** persecuzione.

persévérance [pɛʀseveʀɑ̃s] ***n.f.*** perseveranza.

persévérant [pɛʀseveʀɑ̃] ***agg.*** perseverante.

persévérer [pɛʀseveʀe] ***v.intr.*** [coniug. come *céder*] perseverare, persistere.

persicaire [pɛʀsikɛʀ] ***n.f.*** (*bot.*) persicaria.

persienne [pɛʀsjɛn] ***n.f.*** persiana.

persiflage [pɛʀsiflaʒ] ***n.m.*** presa (*f.*) in giro.

persifler [pɛʀsifle] ***v.tr.*** canzonare, prendere in giro.

persifleur [pɛʀsiflœʀ] ***agg.*** [f. *-euse*] canzonatorio ♦ ***n.m.*** canzonatore.

persil [pɛʀsi] ***n.m.*** prezzemolo.

persillade [pɛʀsijad] ***n.f.*** (*cuc.*) salsa verde (con prezzemolo).

persiller [pɛʀsije] ***v.tr.*** (*cuc.*) cospargere di prezzemolo tritato.

● ***fromage persillé***, formaggio erborinato | ***viande persillée***, carne venata di grasso.

persistance [pɛʀsistɑ̃s] ***n.f.*** **1** persistenza, il persistere **2** perseveranza **3** ostinazione.

persistant [pɛʀsistɑ̃] ***agg.*** persistente, continuo.

● (*bot.*) ***feuilles persistantes***, foglie sempreverdi | (*geogr.*) ***neige persistante***, neve perenne.

persister [pɛʀsiste] ***v.intr.*** persistere, perseverare, insistere (**in**): *persister à croire*, insistere nel credere.

perso [pɛʀso] ***agg.invar.*** (*fam.*) (*abbr. di* personnel) **1** personale: *page perso*, pagina personale **2** intimo: *ça c'est perso, je veux pas en parler*, è un argomento intimo, non ne voglio parlare **3** egoista, individualista: *tu es vraiment trop perso*, sei veramente troppo egoista.

personnage [pɛʀsɔnaʒ] ***n.m.*** **1** personaggio, personalità (*f.*): *un personnage officiel*, una personalità ufficiale **2** tipo, individuo: *un drôle de personnage*, uno strano tipo **3** (*teatr., lett.*) personaggio **4** (*arte*) figura (*f.*): *tapisserie à personnages*, arazzo con figure.

personnalisation [pɛʀsɔnalizasjɔ̃] ***n.f.*** personalizzazione.

personnaliser [pɛʀsɔnalize] ***v.tr.*** personalizzare.

personnalisme [pɛʀsɔnalism] ***n.m.*** personalismo.

personnalité [pɛʀsɔnalite] ***n.f.*** personalità.

personne[1] [pɛʀsɔn] ***n.f.*** persona.

● (*Canada*) ***personne exceptionnelle***, handicappato | (*dir.*) ***personne morale***, ente morale | ***elle est bien faite de sa personne***, ha un bel personale | ***en personne***, in persona, di persona: *le Président en personne*, il presidente in persona; *il vint en personne*, venne di persona; *c'est l'avarice en personne*, è l'avarizia fatta persona | ***être très content de sa (petite) personne***, essere molto soddisfatti di sé | ***exposer sa personne***, esporsi al perico-

P

lo | ***les grandes personnes***, i grandi, gli adulti | ***par personne***, per persona, a testa | ***payer de sa personne***, pagare di tasca propria | ***toute personne qui***, chiunque | ***une jolie petite personne***, una bella personcina, una ragazza molto graziosa.

personne[2] ***pron.indef.m.sing.*** **1** (*in frasi negative*) nessuno: *je ne connais personne ici*, non conosco nessuno qui; *personne ne m'a vu*, nessuno mi ha visto; *il n'y a personne de blessé*, non c'è nessun ferito; *il n'y a personne qui ne sache cela*, non c'è nessuno che non lo sappia; *quelqu'un de vous, sans nommer personne*, qualcuno di voi, senza fare nomi **2** (*secondo termine di paragone*) chiunque altro; nessun altro: *il peut le faire mieux que personne*, può farlo meglio di chiunque altro; *il connaît son métier comme personne*, conosce il suo mestiere come nessun altro **3** (*in frasi positive*) qualcuno: *y a-t-il personne qui puisse m'aider?*, c'è qualcuno che possa aiutarmi?

● ***personne d'autre***, nessun altro: *personne d'autre n'est arrivé*, nessun altro è arrivato; *je n'ai vu personne d'autre*, non ho visto nessun altro; *ni lui ni personne (d'autre)*, né lui né nessun altro.

NOTA Nella frase negativa, con il pronome ***personne*** si usa solo la particella *ne* senza *pas*:
SÌ *Il **n'**a invité **personne**.*
NO *Il **n'**a **pas** invité **personne**.*
Non ha invitato nessuno.
SÌ ***Personne ne*** *m'a prévenu.*
NO ***Personne*** *m'a prévenu.*
Nessuno mi ha avvisato.

personnel [pɛʀsɔnɛl] ***n.m.*** e ***agg.*** [f. *-elle*] personale.

personnellement [pɛʀsɔnɛlmɑ̃] ***avv.*** personalmente, di persona.

personnification [pɛʀsɔnifikasjɔ̃] ***n.f.*** personificazione.

personnifié [pɛʀsɔnifje] ***agg.*** personificato.

personnifier [pɛʀsɔnifje] ***v.tr.*** personificare.
■ **SIN.** symboliser, incarner.

P

perspective [pɛʀspɛktiv] ***n.f.*** prospettiva (*anche fig.*).
● ***en perspective***, in vista, in progetto.

perspicace [pɛʀspikas] ***agg.*** perspicace.

perspicacité [pɛʀspikasite] ***n.f.*** perspicacia.

persuader [pɛʀsɥade] ***v.tr.*** persuadere: *je l'ai persuadé de partir*, l'ho persuaso a partire ♦ **se persuader** ***v.pron.*** persuadersi: *ils se sont persuadé(s) qu'on les trompait*, si sono persuasi di essere ingannati.
■ ***V.TR.*** **SIN.** convaincre **CONTR.** dissuader.

persuasif [pɛʀsɥazif] ***agg.*** [f. *-ive*] persuasivo, convincente.

persuasion [pɛʀsɥazjɔ̃] ***n.f.*** persuasione.

perte [pɛʀt] ***n.f.*** **1** perdita: *subir de lourdes pertes*, subire gravi perdite **2** (*fig.*) rovina: *il a décidé sa perte*, ha giurato di rovinarlo.
● (*aer.*) ***perte de vitesse***, perdita di velocità: *être en perte de vitesse*, (*fig.*) perdere colpi, essere in calo, declino | ***à perte de vue***, a perdita d'occhio | ***avec perte et fracas***, in malo modo: *être mis à la porte avec perte et fracas*, essere buttato fuori in malo modo | ***courir à sa perte***, (*fig.*) correre incontro alla propria rovina | ***en pure perte***, inutilmente, senza alcun profitto: *travailler en pure perte*, lavorare per la gloria | ***passer une chose aux profits et pertes***, accantonare una cosa, non pensarci più.

pertinemment [pɛʀtinamɑ̃] ***avv.*** **1** per certo, con sicurezza: *savoir pertinemment*, sapere per certo **2** con competenza.

pertinence [pɛʀtinɑ̃s] ***n.f.*** pertinenza.

pertinent [pɛʀtinɑ̃] ***agg.*** pertinente.

pertuis [pɛʀtɥi] ***n.m.*** **1** (*di mare*) stretto **2** (*di fiume*) strozzatura (*f.*).

perturbateur [pɛʀtyʀbatœʀ] ***agg.*** e ***n.m.*** [f. *-trice*] perturbatore.

perturbation [pɛʀtyʀbasjɔ̃] ***n.f.*** **1** perturbazione **2** scompiglio (*m.*), confusione **3** (*rad., tv*) disturbo (*m.*), interferenza.

perturber [pɛʀtyʀbe] ***v.tr.*** turbare, sovvertire, sconvolgere.

pérugin [peʀyʒɛ̃] ***agg.*** perugino.
● (*arte*) ***le Pérugin***, il Perugino.

péruvien [peʀyvjɛ̃] ***agg.*** [f. *-enne*] peruviano.

Péruvien ***n.m.*** [f. *-enne*] (*abitante*) peruviano.

pervenche [pɛʀvɑ̃ʃ] ***n.f.*** pervinca ♦ ***agg.invar.*** (color) pervinca.

pervers [pɛʀvɛʀ] ***agg.*** e ***n.m.*** perverso, pervertito.

perversion [pɛʀvɛʀsjɔ̃] ***n.f.*** perversione, pervertimento (*m*).

perversité [pɛʀvɛʀsite] ***n.f.*** perversità; azione perversa.

perverti [pɛʀvɛʀti] ***agg.*** e ***n.m.*** pervertito.

pervertir [pɛʀvɛʀtiʀ] ***v.tr.*** **1** pervertire **2** (*estens.*) corrompere **3** snaturare, alterare ♦ **se pervertir** ***v.pron.intr.*** pervertirsi.

pervertissement [pɛʀvɛʀtismɑ̃] ***n.m.*** (*letter.*) perversione (*f.*), pervertimento.

pesage [pəzaʒ] ***n.m.*** **1** pesatura (*f.*) **2** (*ippica*) pesage, recinto del peso.

pesamment [pəzamɑ̃] ***avv.*** pesantemente.

pesant [pəzɑ̃] ***agg.*** pesante (*anche fig.*).
● ***il vaut son pesant d'or***, vale tanto oro quanto pesa.
■ **SIN.** lourd **CONTR.** léger.

pesanteur [pəzɑ̃tœʀ] ***n.f.*** **1** pesantezza (*anche fig.*): *pesanteurs administratives*, lungaggini amministrative; *pesanteurs politiques*, inerzia del sistema politico **2** (*fis.*) gravità; forza peso.
● ***pesanteur d'esprit***, (*fig.*) ottusità mentale.

pèse-bébé [pɛzbebe] ***n.m.*** [pl. *pèse-bébés*] (bilancia) pesabambini (*f.*).

pesée [pəze] ***n.f.*** **1** pesatura; pesata **2** pressione: *exercer une pesée sur un levier*, fare pressione su una leva.
● ***de toute la pesée de son corps***, con tutto il peso del corpo.

pèse-lait [pɛzlɛ] ***n.m.invar.*** pesalatte.

pèse-lettre [pɛzlɛtʀ] ***n.m.*** [pl. *pèse-lettres*] pesalettere.

pèse-personne [pɛzpɛʀsɔn] ***n.m.*** [pl. *pèse-personnes*] (bilancia) pesapersone (*f.*).
■ **SIN.** balance.

peser [pəze] ***v.tr.*** [coniug. come *semer*] pesare (*anche fig.*) ♦ ***v.intr.*** **1** pesare; (*fig.*) avere peso, influenza: *ne pas peser grandchose*, non pesare molto; (*fig.*) non avere un grande peso; *cela pèse environ 50%*, ciò incide per circa il 50%; *peser sur la décision de qqn*, influire, aver peso sulla decisione di qlcu **2** appoggiarsi; fare forza: *il pesa de toutes ses forces sur, contre la porte*, si appoggiò alla porta con tutto il suo peso; *peser sur un levier*, far forza su una leva.
● ***peser lourd***, (*fig.*) avere molto peso | ***tout bien pesé***, tutto considerato.

pesette [pəzɛt] ***n.f.*** bilancina di precisione (per pesare monete, gioielli ecc.).

peson [pəzɔ̃] ***n.m.*** bilancia (*f.*).
● ***peson (à contrepoids)***, stadera | ***peson à ressort***, bilancia a molla.

pessaire [pesɛʀ] ***n.m.*** (*med.*) pessario.

pessimisme [pesimism] ***n.m.*** pessimismo.

pessimiste [pesimist] ***agg.*** pessimistico ♦ ***n.m.*** e ***f.*** pessimista.
■ CONTR. optimiste.

peste [pɛst] ***n.f.*** peste (*anche fig.*) ♦ ***inter.*** diamine, accidenti.
● ***dire peste et rage de qqn***, dire peste e corna di qlcu.

pester [pɛste] ***v.intr.*** imprecare.

FAUX AMI
Da non confondere con *pestare*, che si traduce *piler, écraser, taper*.

pesticide [pɛstisid] ***agg.*** e ***n.m.*** pesticida, antiparassitario.

pestiféré [pɛstifeʀe] ***agg.*** e ***n.m.*** appestato.

pestilence [pɛstilɑ̃s] ***n.f.*** fetore (*m.*).

pestilentiel [pɛstilɑ̃sjɛl] ***agg.*** [f. *-elle*] pestilenziale.

pet [pɛ] ***n.m.*** (*fam.*) peto.

péta [peta] ***v.tr.*** [invar. nella coniug.] (*verlan di* taper) rubare: *on m'a péta mon phone*, mi hanno fregato il telefonino.

pétale [petal] ***n.m.*** (*bot.*) petalo.

pétanque [petɑ̃k] ***n.f.*** gioco (*m.*) delle bocce (in Provenza): *jouer à la pétanque*, giocare a bocce; *partie de pétanque*, partita a bocce.

NOTA Il nome della ***pétanque***, inventato nel 1908 a La Ciotat, vicino a Marsiglia, viene dall'espressione *pés tanqués* che significa *pieds joints* (piedi uniti).

pétant [petɑ̃] ***agg.*** (*fam.*) in punto, spaccato.

pétaouchnoque [petauʃnɔk] ***n.m.*** (*fam.*) casa (*f.*) del diavolo: *le boulanger était fermé, j'ai dû aller à pétaouchnoque pour trouver du pain*, il panettiere era chiuso, ho dovuto andare a casa del diavolo per trovare del pane.

pétaradant [petaʀadɑ̃] ***agg.*** scoppiettante.

pétarade [petaʀad] ***n.f.*** scoppiettio (*m.*), scoppiettamento (*m.*).

pétarader [petaʀade] ***v.intr.*** scoppiettare.

pétard [petaʀ] ***n.m.*** **1** petardo **2** (*fam.*) chiasso, cagnara (*f.*): *il va y avoir du pétard*, accadrà un putiferio **3** (*fam.*) pistola (*f.*) **4** (*fam.*) sedere, culo **5** (*fam.*) spinello.
● ***être en pétard avec qqn***, essere in collera con qlcu.

pétaudière [petodjɛʀ] ***n.f.*** (*fam.*) babilonia, gabbia di matti.

pet-de-nonne [pɛdnɔn] ***n.m.*** [pl. *pets-de-nonne*] (*cuc.*) frittella (*f.*).

pété [pete] ***agg.*** [pl. *-aux*] (*fam.*) ubriaco, ciucco: *être complètement pété*, essere ciucco perso.

pétéchial [peteʃjal] ***agg.*** (*med.*) petecchiale.

pétéchie [peteʃi] ***n.f.*** (*med.*) petecchia.

péter [pete] ***v.intr.*** [coniug. come *céder*] (*fam.*) **1** scoreggiare **2** scoppiare, esplodere **3** spaccarsi: *tous les boutons de sa veste ont pété*, gli sono saltati tutti i bottoni della giacca ♦ ***v.tr.*** (*fam.*) **1** rompere, spaccare **2** (*Belgio*) cannare (agli esami).
● ***péter du, le feu, des flammes***, sprizzare energia da tutti i pori | ***péter la forme***, scoppiare di salute | ***péter les plombs***, perdere la testa, andare in tilt | ***péter plus haut que son cul***, avere grandi pretese, puntare troppo in alto | ***envoyer péter***, mandare a farsi benedire | (*Belgio*) ***se la péter***, darsi delle arie.

pète-sec [pɛtsɛk] ***agg.invar.*** (*fam.*) autoritario, dispotico ♦ ***n.m.*** (*fam.*) aguzzino, tiranno.

péteux [petø] ***n.m.*** [f. *-euse*] (*fam.*) fifone, vigliacco ♦ ***agg.*** (*fam.*) abbacchiato, mortificato.

pétillant [petijɑ̃] ***agg.*** **1** (*di bevanda*) spumeggiante, frizzante **2** (*fig.*) spumeggiante, brillante: *un homme pétillant d'esprit*, un uomo brillante; *pétillant de malice*, scintillante di malizia **3** (*di fuoco, legna*) scoppiettante, crepitante.
● ***vin pétillant***, frizzantino.

pétillement [petijmɑ̃] ***n.m.*** **1** (*di bevanda*) lo spumeggiare, il frizzare **2** (*fig.*) brillio, scintillio **3** (*di fuoco, legna*) scoppiettio, crepitio.

pétiller [petije] ***v.intr.*** **1** (*di bevanda*) essere frizzante, spumeggiare **2** (*fig.*) brillare, scintillare: *pétiller d'esprit*, brillare per brio; *pétiller de malice*, scintillare di malizia **3** (*di fuoco, legna*) scoppiettare, crepitare.

pétiole [pesjɔl] ***n.m.*** (*bot.*) picciolo.

petiot [pətjo] ***agg.*** e ***n.m.*** (*fam.*) piccolino, piccino.

petit [pəti] ***agg.*** **1** (*per dimensione, intensità, statura*) piccolo: *une petite maison*, una casetta; *petite taille*, bassa statura **2** (*fig.*) modesto, da poco: *un petit poète*, un poetucolo; *ce sont de très petites gens*, è gente assai modesta; *ce n'est pas une petite affaire*, non è cosa da poco **3** (*fig.*) gretto, meschino: *un homme petit*, un uomo meschino; *un petit esprit*, una natura gretta **4** (*di lettera dell'alfabeto*) minuscolo ♦ ***n.m.*** piccolo.
● ***petit à petit***, a poco a poco | ***petite santé***, salute cagionevole | ***en petit***, in piccolo | ***faire des petits***, (*fig. fam.*) avere un seguito; fruttare | ***tout petit***, piccolo piccolo.
■ AGG. SIN. **3** mesquin.

NOTA ***Petit*** serve a formare il diminutivo o il vezzeggiativo di un nome: *un petit livre*, un libretto, un libriccino; *une petite sieste*, un pisolino.

petit-beurre [pətibœʀ] ***n.m.*** [pl. *petits-beurre*] petit-beurre (biscotto secco al burro).

petit-bourgeois [pətibuʀʒwa] ***agg.*** e ***n.m.*** [f. *petite-bourgeoise*, pl.m. *petits-bourgeois*] piccolo borghese.

petit-cousin [pətikuzɛ̃] ***n.m.*** [f. *petite-cousine*, pl.m. *petits-cousins*] cugino di secondo grado.

petit-déjeuner[1] [pətideʒœne] ***n.m.*** [pl. *petits-déjeuners*] prima colazione, colazione del mattino.

petit-déjeuner[2] ***v.intr.*** (*fam.*) fare, prendere la prima colazione.

petite-fille [pətitfij] ***n.f.*** [pl. *petites-filles*] nipote (di nonno).

petitement [pətitmɑ̃] ***avv.*** **1** poveramente, miseramente: *être logé petitement*, abitare in un luogo angusto **2** meschinamente, grettamente.

petite-nièce [pətitnjɛs] ***n.f.*** [pl. *petites-nièces*] pronipote (di prozio).

petitesse [pətitɛs] ***n.f.*** **1** piccolezza **2** (*fig.*) meschinità, grettezza, piccineria: *petitesse d'esprit*, grettezza mentale.

petit-fils [pətifis] ***n.m.*** [pl. *petits-fils*] nipote (di nonno).

petit-four [pətifuʀ] ***n.m.*** [pl. *petits-fours*] pasticcino da tè.

petit-gris [pətigʀi] ***n.m.*** [pl. *petits-gris*] **1** scoiattolo siberiano **2** piccola lumaca (*f.*) commestibile.

pétition [petisjɔ̃] *n.f.* petizione.
pétitionnaire [petisjɔnɛʀ] *n.m.* e *f.* **1** postulante **2** firmatario/a di una petizione.
pétitionner [petisjɔne] *v.intr.* presentare una petizione.
petit-lait [pətilɛ] *n.m.* [pl. *petits-laits*] latticello.
● ***boire du petit-lait***, (*fig.*) andare in brodo di giuggiole.
petit-nègre [pətinɛgʀ] *n.m.* (*fam.*) francese sgrammaticato.
● ***c'est du petit-nègre!***, è turco!
petit-neveu [pətinvø] *n.m.* [pl. *petits-neveux*] pronipote (di prozio).
petits-enfants [pətizɑ̃fɑ̃] *n.m.pl.* nipoti (di nonno).
petit-suisse [pətisɥis] *n.m.* [pl. *petits-suisses*] petit-suisse (formaggio fresco cremoso).
pétochard [petɔʃaʀ] *agg.* (*fam.*) fifone.
pétoche [petɔʃ] *n.f.* (*fam.*) fifa: *avoir la pétoche*, avere fifa.
pétoire [petwaʀ] *n.f.* (*fam.*) vecchio fucile (*m.*).
peton [pətɔ̃] *n.m.* (*fam.*) piedino.
pétoncle [petɔ̃kl] *n.f.* (*zool. pop.*) pettine (*m.*).
pétouiller [petuijle] *v.intr.* (*Svizzera*) (*fam.*) **1** (*di veicolo ecc.*) perdere colpi **2** (*di persona*) perdere tempo.
pétrel [petʀɛl] *n.m.* (*zool.*) procellaria (*f.*).
pétri [petʀi] *agg.* **1** impastato, lavorato **2** (*fig.*) impastato, pieno: *pétri de préjugés*, impastato di pregiudizi.
pétrifiant [petʀifjɑ̃] *agg.* **1** che pietrifica **2** (*chim.*) incrostante.
pétrification [petʀifikasjɔ̃] *n.f.* **1** pietrificazione **2** (*chim.*) incrostazione.
pétrifié [petʀifje] *agg.* **1** pietrificato **2** (*fig.*) impietrito, pietrificato.
pétrifier [petʀifje] *v.tr.* **1** pietrificare **2** (*chim.*) incrostare **3** (*fig.*) impietrire, lasciare di sasso.
■ SIN. **3** glacer, paralyser.
pétrin [petʀɛ̃] *n.m.* **1** madia (*f.*) **2** (*fam.*) pasticcio, impiccio.
● ***être dans le pétrin***, (*fam.*) essere nei pasticci | ***tirer, sortir du pétrin***, (*fam.*) trarre d'impiccio.
pétrir [petʀiʀ] *v.tr.* **1** impastare: *pétrir la pâte*, lavorare la pasta **2** plasmare (*anche fig.*).
pétrissage [petʀisaʒ] *n.m.* impastatura (*f.*).
pétrisseuse [petʀisøz] *n.f.* (*macchina*) impastatrice.
pétrochimie [petʀɔʃimi] *n.f.* petrolchimica.
pétrochimique [petʀɔʃimik] *agg.* petrolchimico.
pétrodollar [petʀodɔlaʀ] *n.m.* petrodollaro.
pétrole [petʀɔl] *n.m.* petrolio.
pétrolette [petʀɔlɛt] *n.f.* (*fam.*) motoretta.
pétroleuse [petʀɔløz] *n.f.* **1** (*st.*) rivoluzionaria incendiaria (ai tempi della comune parigina del 1871) **2** (*fig.*) donna determinata, volitiva.
pétrolier [petʀɔlje] *agg.* [f. *-ère*] petroliero, petrolifero ♦ *n.m.* petroliere, industriale del petrolio.
● (***navire***) ***pétrolier***, petroliera.
pétrolifère [petʀɔlifɛʀ] *agg.* petrolifero.
pétulance [petylɑ̃s] *n.f.* vivacità, impetuosità.
pétulant [petylɑ̃] *agg.* vivace, impetuoso.
pétunia [petynja] *n.m.* (*bot.*) petunia (*f.*).
peu [pø] *avv.* poco: *ils étaient peu nombreux*, erano poco numerosi; *il a peu mangé*, ha mangiato poco; *j'y vais peu souvent*, non ci vado spesso ♦ *pron.indef.* **1** poco: *j'avais très peu à faire*, avevo pochissimo da fare **2** pochi, poche: *beaucoup de gens avaient été invités mais peu sont venus*, molti erano stati invitati, ma solo pochi sono venuti ♦ *n.m.* poco: *le peu que je sais*, quel poco che so.
● ***peu à peu***, a poco a poco | ***peu avant***, ***peu après***, poco prima, poco dopo | ***peu de***, (*seguito da n.*) poco, poca, pochi, poche: *peu de chance, peu d'argent*, poca fortuna, poco denaro; *en peu de jours*, in pochi giorni; *peu de chose*, poca cosa, un niente | ***peu importe***, poco importa | ***peu ou pas***, ***peu ou point***, poco o nulla | ***à peu de choses prés***, più o meno | ***à peu prés***, press'a poco | ***c'est peu***, è poco, poca cosa: *c'est peu de dire qu'il a raison*, dire che ha ragione, è poco | ***de peu***, di poco, per poco; da poco, di poco conto: *il est de peu mon aîné*, è di poco maggiore di me; *je l'ai évité de peu*, l'ho evitato per poco; *une femme de peu*, una donna dappoco, di poco conto | ***depuis peu***, da poco | ***il y a peu***, poco fa | ***le peu de***, quel po' di: *le peu de pages que j'ai lues ont suffi à réveiller mon attention*, le poche pagine che ho letto sono bastate per risvegliare la mia attenzione; *le peu d'estime qu'il m'a témoigné, m'a mortifié*, la poca stima che ha mostrato nei miei riguardi mi ha avvilito; *son peu de constance lui a nui*, la sua scarsa costanza gli ha nuociuto | ***ni peu ni beaucoup***, né punto né poco | ***ou si peu***, poco poco, quasi niente: *il n'y avait pas de pain ou si peu*, non c'era quasi pane, c'era solo un pochino di pane | ***pour peu que***, per poco che, per quanto poco; se, qualora: *pour peu que je le connaisse*, per quanto poco io lo conosca; *pour peu qu'on le veuille*, purché lo si voglia; *pour peu qu'il vienne*, nel caso che venga | ***pour un peu***, quasi quasi: *pour un peu il se serait mis en colère*, quasi quasi si arrabbiava, è mancato poco che si arrabbiasse | ***quelque peu***, un po', un poco; alquanto: *donne m'en quelque peu*, dammene un po'; *la moisson a quelque peu souffert des orages*, il raccolto è stato alquanto danneggiato dai temporali | ***si peu que***, per poco che, per quanto poco: *si peu que ce soit*, per poco che sia | ***sous peu***, ***d'ici peu***, ***avant peu***, ***dans peu***, presto, fra poco | ***tant soit peu***, un pochino | ***très peu pour moi!***, (*fam.*) non m'interessa!
■ AVV. SIN. guère ♦ PRON. INDEF. CONTR. **1** beaucoup.
□ **un peu** un po', un poco: *il boîte un peu en marchant*, zoppica un poco camminando; *je le trouve un peu enfantin*, lo trovo un pochino infantile; *un peu mieux*, un po' meglio; *voyons un peu!*, vediamo un po'!; *il en reste seulement un peu*, ne è rimasto solo un po'; *viens un peu ici!*, vieni un po' qui!
● ***un peu beaucoup***, (*iron.*) un po' troppo | ***un peu bien***, abbastanza bene | ***un peu de***, (*seguito da n.*) un po' di, un poco di: *un peu de sel*, un po' di sale | ***un peu moins***, un po' meno | ***un peu, oui!***, (*fam.*) puoi starne certo!: *"Tu feras cela?" "Un peu, oui!"*, "Lo farai?" "Puoi starne certo!" | ***un peu plus***, un po' più | ***un peu plus et...***, ancora un po' e...: *un peu plus et tu te faisais mettre à la porte*, ancora un po' e ti facevi mettere alla porta | (*Africa*) ***un peu un peu***, così così | ***un petit peu***, un pochino | ***un tout petit peu***, un pochettino.
peuchère [pøʃɛʀ] *inter.* (*region.*) poveretto.
peuclo [pœclo] *n.f.* (*verlan di* clope) cicca; sigaretta.
peuh [pø] *inter.* puah.
peuhl, **peul** [pøl] *agg.* (dei) fulbe ♦ *n.m.* (*lingua*) pula(a)r.
Peuhl, **Peul** *n.m.* (*abitante*) fulbe.
peu ou prou [pøupʀu] *avv.* → **prou**.
peuplade [pœplad] *n.f.* popolazione; tribù.
peuple [pœpl] *n.m.* **1** popolo: *le peuple français*, il popolo francese **2** (*le classi sociali più modeste*) popolo: *un*

homme, *les gens du peuple*, un popolano, i popolani **3** (*fam.*) gente (*f.*), folla (*f.*): *il y a du peuple*, c'è gente ♦ ***agg.invar.*** (*spreg.*) plebeo, ordinario: *des manières peuple*, modi plebei.
● ***le petit***, ***le menu peuple***, il popolo minuto, il popolino.
peuplé [pœple] ***agg.*** popolato.
peuplement [pœpləmɑ̃] ***n.m.*** popolamento.
peupler [pœple] ***v.tr.*** popolare (*anche estens.*): *peupler un bois*, rimboscare ♦ **se peupler** ***v.pron.intr.*** popolarsi (*anche estens.*).
peupleraie [pœpləʀɛ] ***n.f.*** pioppeto (*m.*).
peuplier [pœplije] ***n.m.*** pioppo.
peur [pœʀ] ***n.f.*** paura: *avoir très peur*, avere molta paura; *j'ai peur qu'il ne vienne*, temo che venga; *j'ai peur qu'il ne vienne pas*, temo che non venga.
● ***peur bleue***, paura folle, fifa blu | ***peur panique***, timor panico | ***ça ne lui fait pas peur***, non gli fa paura; (*fig.*) è sicuramente capace di farlo | ***de***, ***par peur de***, per paura di | ***de peur que***, per paura che: *de peur qu'il ne fasse des bêtises*, per paura che faccia delle sciocchezze | ***en être quitte pour la peur***, cavarsela con uno spavento: *nous en sommes quitte pour la peur*, ce la siamo cavata con un po' di paura.
■ SIN. crainte.
peureusement [pœʀøzmɑ̃] ***avv.*** con molta paura.
peureux [pœʀø] ***agg.*** [f. *-euse*] **1** pauroso **2** impaurito ♦ ***n.m.*** pauroso.
peut [pø] → **pouvoir**[1].
peut-être [pøtɛtʀ] ***avv.*** forse: *peut-être fallait-il tourner à gauche*, forse bisognava voltare a sinistra; *peut-être qu'il dort déjà*, (*fam.*) forse dorme già.

NOTA ***Peut-être*** all'inizio di frase esige l'inversione del soggetto:
*Peut-être **fallait-il** tourner à gauche.*
Forse bisognava voltare a sinistra.

peuvent [pœv] → **pouvoir**[1].
peux [pø] → **pouvoir**[1].
pèze [pɛz] ***n.m.*** (*fam.*) grana (*f.*): *il a fait du pèze*, ha fatto la grana.
pff [pf] **pfut** [pfyt] ***inter.*** pfui.
phacochère [fakɔʃɛʀ] ***n.m.*** (*zool.*) facocero.
phagocyte [fagɔsit] ***n.m.*** (*biol.*) fagocita.
phagocyter [fagɔsite] ***v.tr.*** fagocitare.
phalange [falɑ̃ʒ] ***n.f.*** (*anat.*, *st.*) falange.
phalangette [falɑ̃ʒɛt] ***n.f.*** (*anat.*) falangetta.
phalangine [falɑ̃ʒin] ***n.f.*** (*anat.*) falangina.
phalangiste [falɑ̃ʒist] ***agg.*** e ***n.m.*** e ***f.*** (*st.*) falangista.
phalanstère [falɑ̃stɛʀ] ***n.m.*** (*st.*) falansterio.
phalène [falɛn] ***n.m.*** e ***f.*** (*zool.*) falena (*f.*).
phallique [falik] ***agg.*** fallico.
phalloïde [falɔid] ***agg.*** a forma di fallo.
● (*bot.*) ***amanite phalloïde***, amanita falloide.
phallus [falys] ***n.m.*** fallo.
phanérogame [faneʀɔgam] ***agg.*** (*bot.*) fanerogamo: (*plante*) *phanérogame*, (pianta) fanerogama.
phantasme [fɑ̃tasm] ***n.m.*** → **fantasme**.
pharamineux [faʀaminø] ***agg.*** [f. *-euse*] → **faramineux**.
pharaon [faʀaɔ̃] ***n.m.*** faraone.
pharaonique [faʀaɔnik] ***agg.*** faraonico.
phare [faʀ] ***n.m.*** faro (*anche fig.*).
● (*aut.*): ***phares code***, (fari) anabbaglianti; ***phares de recul***, luci di retromarcia; ***faire un appel de phares***, lampeggiare; ***pleins phares***, (fari) abbaglianti.
pharisien [faʀizjɛ̃] ***agg.*** [f. *-enne*] farisaico (*anche fig.*) ♦ ***n.m.*** fariseo (*anche fig.*).
pharmaceutique [faʀmasøtik] ***agg.*** farmaceutico ♦ ***n.f.*** farmaceutica.
pharmacie [faʀmasi] ***n.f.*** **1** farmacia **2** (*Canada*) drugstore (*m.*).
● (***armoire à***) ***pharmacie***, armadietto dei medicinali | ***laboratoire de pharmacie***, laboratorio farmaceutico.
pharmacien [faʀmasjɛ̃] ***n.m.*** [f. *-enne*] farmacista.
pharmacologie [faʀmakɔlɔʒi] ***n.f.*** farmacologia.
pharmacologique [faʀmakɔlɔʒik] ***agg.*** farmacologico.
pharmacopée [faʀmakɔpe] ***n.f.*** farmacopea.
pharyngé [faʀɛ̃ʒe] **pharyngien** [faʀɛ̃ʒjɛ̃] [f. *-enne*] ***agg.*** (*med.*, *anat.*) faringeo.
pharyngite [faʀɛ̃ʒit] ***n.f.*** (*med.*) faringite.
pharyngo-laryngite [faʀɛ̃gɔlaʀɛ̃ʒit] ***n.f.*** [pl. *pharyngo-laryngites*] (*med.*) faringo-laringite.
pharyngoscope [faʀɛ̃gɔskɔp] ***n.m.*** faringoscopio.
pharynx [faʀɛ̃ks] ***n.m.*** (*anat.*) faringe (*f.*).
phase [fɑz] ***n.f.*** fase.
● ***être en phase avec qqn***, ***qqch***, essere in sintonia con qlcu, qlco.
phasme [fasm] ***n.m.*** (*zool.*) insetto stecco.
phénicien [fenisjɛ̃] ***agg.*** [f. *-enne*] fenicio.
● (*st.*) ***les Phéniciens***, i fenici.
phénicoptère [fenikɔptɛʀ] ***n.m.*** fenicottero.
phénique [fenik] ***agg.*** (*chim.*) fenico.
phénix [feniks] ***n.m.*** fenice (*f.*).
phénol [fenɔl] ***n.m.*** (*chim.*) fenolo.
phénoménal [fenɔmenal] ***agg.*** [pl. *-aux*] fenomenale, straordinario.
phénomène [fenɔmɛn] ***n.m.*** fenomeno.
phénoménologie [fenɔmenɔlɔʒi] ***n.f.*** (*fil.*) fenomenologia.
philanthrope [filɑ̃tʀɔp] ***n.m.*** e ***f.*** filantropo/a.
philantropie [filɑ̃tʀɔpi] ***n.f.*** filantropia.
philantropique [filɑ̃tʀɔpik] ***agg.*** filantropico.
philatélie [filateli] ***n.f.*** filatelia.
philatélique [filatelik] ***agg.*** filatelico.
philatéliste [filatelist] ***n.m.*** e ***f.*** filatelista, filatelico/a.
philharmonie [filaʀmɔni] ***n.f.*** (società) filarmonica.
philharmonique [filaʀmɔnik] ***agg.*** filarmonico.
philippin [filipɛ̃] ***agg.*** filippino.
Philippin ***n.m.*** (*abitante*) filippino.
philippique [filipik] ***n.f.*** filippica.
philistin [filistɛ̃] ***n.m.*** filisteo.
philo [filo] ***n.f.*** (*fam.*) abbr. di **philosophie**.
phil(o)- ***pref.*** filo-.
philodendron [filɔdɛ̃dʀɔ̃] ***n.m.*** (*bot.*) filodendro.
philologie [filɔlɔʒi] ***n.f.*** filologia.
philologique [filɔlɔʒik] ***agg.*** filologico.
philologiquement [filɔlɔʒikmɑ̃] ***avv.*** filologicamente.
philologue [filɔlɔg] ***n.m.*** e ***f.*** filologo/a.
philosophale [filɔzɔfal] ***agg.***
● ***pierre philosophale***, pietra filosofale.

P

philosophe [filɔzɔf] ***n.m.*** e ***f.*** filosofo/a ♦ ***agg.*** (*fig.*) da filosofo, filosofico.
philosopher [filɔzɔfe] ***v.intr.*** **1** filosofare **2** (*iron.*) filosofeggiare.
philosophie [filɔzɔfi] ***n.f.*** filosofia.
philosophique [filɔzɔfik] ***agg.*** filosofico.
philosophiquement [filɔzɔfikmɑ̃] ***avv.*** filosoficamente.
philtre [filtʀ] ***n.m.*** filtro, pozione (*f.*).
phimosis [fimozis] ***n.m.*** (*med.*) fimosi (*f.*).
phlébite [flebit] ***n.f.*** (*med.*) flebite.
phlébotomie [flebɔtɔmi] ***n.f.*** (*med.*) flebotomia.
phlegmon [flɛgmɔ̃] ***n.m.*** (*med.*) flemmone.
phobie [fɔbi] ***n.f.*** fobia.
phobique [fɔbik] ***agg.*** e ***n.m.*** e ***f.*** fobico/a.
phocéen [fɔseɛ̃] ***agg.*** [f. *-enne*] **1** focese **2** (*estens.*) marsigliese.
● (*st.*) ***les Phocéens***, i Focesi.
phocomèle [fɔkɔmɛl] ***agg.*** e ***n.m.*** e ***f.*** (*med.*) focomelico/a.
phocomélie [fɔkɔmeli] ***n.f.*** (*med.*) focomelia.
phœnix [feniks] ***n.m.*** (*bot.*) fenice (*f.*).
pholade [fɔlad] ***n.f.*** (*zool.*) folade.
phonateur [fɔnatœʀ] ***agg.*** [f. *-trice*] della fonazione, fonatorio.
phonation [fɔnasjɔ̃] ***n.f.*** fonazione.
phonatoire [fɔnatwaʀ] ***agg.*** → **phonateur**.
phone [fɔn] ***n.m.*** (*fam.*) (telefono) cellulare.
phonème [fɔnɛm] ***n.m.*** fonema.
phonétique [fɔnetik] ***agg.*** fonetico ♦ ***n.f.*** fonetica.
phonétiquement [fɔnetikmɑ̃] ***avv.*** foneticamente.
phonétiseur [fɔnetizœʀ] ***n.m.*** (*inform.*) sintetizzatore vocale.
phonique [fɔnik] ***agg.*** fonico.
phon(o)- ***pref.*** fon(o)-.

P

phonographe [fɔnɔgʀaf] ***n.m.*** fonografo, grammofono.
phonographique [fɔnɔgʀafik] ***agg.*** fonografico.
phonologie [fɔnɔlɔʒi] ***n.f.*** fonologia.
phonologique [fɔnɔlɔʒik] ***agg.*** fonologico.
phonothèque [fɔnɔtɛk] ***n.f.*** fonoteca.
phoque [fɔk] ***n.m.*** foca (*f.*).
phosphate [fɔsfat] ***n.m.*** (*chim.*) fosfato.
phosph(o)- ***pref.*** fosf(o)-.
phosphore [fɔsfɔʀ] ***n.m.*** (*chim.*) fosforo.
phosphoré [fɔsfɔʀe] ***agg.*** fosforato.
● ***allumettes phosphorées***, fiammiferi al fosforo.
phosphorer [fɔsfɔʀe] ***v.intr.*** (*fam.*) far lavorare la testa; spremersi le meningi.
phosphorescence [fɔsfɔʀesɑ̃s] ***n.f.*** fosforescenza.
phosphorescent [fɔsfɔʀesɑ̃] ***agg.*** fosforescente.
phosphoreux [fɔsfɔʀø] ***agg.*** [f. *-euse*] (*chim.*) fosforoso.
phosphorique [fɔsfɔʀik] ***agg.*** (*chim.*) fosforico.
photo [fɔto] ***n.f.*** foto: *prendre une photo*, fare una foto ♦ ***agg.invar.*** fotografico: *un appareil photo*, una macchina fotografica.
● ***y a pas photo***, (*fam.*) non c'è il minimo dubbio (in una scelta).
photo- ***pref.*** foto-.
photocarnet [fotokaʀnɛ] ***n.m.*** (*Internet*) fotoblog.
photochromique [fɔtɔkʀɔmik] ***agg.*** fotocromatico.
photocomposeur [fɔtɔkɔ̃pozœʀ] ***n.m.*** [f. *-euse*] (*tip.*) fotocompositore.
photocomposeuse [fɔtɔkɔ̃pozøz] ***n.f.*** (macchina) fotocompositrice.
photocompositeur [fɔtɔkɔ̃pozitœʀ] ***n.m.*** → **photocomposeur**.
photocomposition [fɔtɔkɔ̃pozisjɔ̃] ***n.f.*** (*tip.*) fotocomposizione.
photocopie [fɔtɔkɔpi] ***n.f.*** fotocopia.
photocopier [fɔtɔkɔpje] ***v.tr.*** fotocopiare.
photocopieur [fɔtɔkɔpjœʀ] ***n.m.*** **photocopieuse** [fɔtɔkɔpjøz] ***n.f*** fotocopiatrice (*f.*).
photocopillage [fɔtɔkɔpijaʒ] ***n.m.*** (*di testo*) riproduzione (*f.*) non autorizzata a mezzo fotocopia.
photoélectrique [fɔtɔelɛktʀik] ***agg.*** fotoelettrico.
photogenèse [fɔtɔʒənɛz] ***n.f.*** (*biol.*) fotogenesi.
photogénique [fɔtɔʒenik] ***agg.*** fotogenico.
photogramme [fɔtɔgʀam] ***n.m.*** fotogramma.
photographe [fɔtɔgʀaf] ***n.m.*** e ***f.*** fotografo/a.
photographie [fɔtɔgʀafi] ***n.f.*** fotografia: *photographie 6 sur 9*, fotografia formato 6 per 9.
photographier [fɔtɔgʀafje] ***v.tr.*** fotografare (*anche fig.*).
photographique [fɔtɔgʀafik] ***agg.*** fotografico.
photograveur [fɔtɔgʀavœʀ] ***n.m.*** (*tip.*) fotoincisore.
photogravure [fɔtɔgʀavyʀ] ***n.f.*** fotoincisione.
photojournalisme [fɔtɔʒuʀnalism] ***n.m.*** giornalismo fotografico.
photolyte [fɔtɔlit] ***n.m.*** (*tip.*) fotolito.
photomaton [fɔtɔmatɔ̃] ***n.m.*** apparecchio automatico per fotografie formato tessera.
photomécanique [fɔtɔmekanik] ***agg.*** (*tip.*) fotomeccanico.
photomontage [fɔtɔmɔ̃taʒ] ***n.m.*** fotomontaggio.
photon [fɔtɔ̃] ***n.m.*** (*fis.*) fotone.
photopile [fɔtɔpil] ***n.f.*** pila fotoelettrica.
photoreportage [fɔtɔʀəpɔʀtaʒ] ***n.m.*** fotoreportage, reportage fotografico.
photo-robot [fɔtɔʀɔbo] ***n.f.*** [pl. *photos-robots*] fotokit (*m.*).
photo-roman [fɔtɔʀɔmɑ̃] ***n.m.*** [pl. *photo-romans*] fotoromanzo.
photosensible [fɔtɔsɑ̃sibl] ***agg.*** fotosensibile.
photosphère [fɔtɔsfɛʀ] ***n.f.*** (*astr.*) fotosfera.
photostat [fɔtɔsta] ***n.m.*** (*non com.*) fotocopia (*f.*), copia (*f.*) fotostatica.
photostoppeur [fɔtɔstɔpœʀ] ***n.m.*** [f. *-euse*] fotografo ambulante (di foto scattate di sorpresa).
photosynthèse [fɔtɔsɛ̃tɛz] ***n.f.*** fotosintesi.
phototype [fɔtɔtip] ***n.m.*** (*fot.*) negativa (*f.*).
phototypeur [fɔtɔtipœʀ] ***n.m.*** fototipista.
phototypie [fɔtɔtipi] ***n.f.*** fototipia.
phrase [fʀɑz] ***n.f.*** frase.
● (*inform.*) ***phrase de commentaire***, scheda di commento | ***phrase toute faite***, frase fatta | ***faire des phrases***, parlare pomposamente | ***faiseur de phrases***, parolaio | ***sans phrases***, senza tanti complimenti.

NOTA Esempi di ***phrases*** famose sono:
Après nous le déluge (Dopo di noi il diluvio) (Madame de Pompadour);
Encore un moment, monsieur le bourreau, un petit moment (Ancora un momento, signor boia, ancora un momentino) (la contessa du Barry al patibolo);
L'État c'est moi (Lo Stato sono io) (Luigi XIV);
Paris vaut bien une messe (Parigi val bene una messa) (Enrico IV).

phrasé [fʀaze] *n.m.* (*mus.*) fraseggio.
phraséologie [fʀazeɔlɔʒi] *n.f.* **1** fraseologia **2** (*spreg.*) retorica.
phraséologique [fʀazeɔlɔʒik] *agg.* fraseologico.
phraser [fʀaze] *v.intr.* (*mus.*) fraseggiare.
phraseur [fʀazœʀ] *n.m.* [f. *-euse*] (*spreg.*) parolaio.
phréatique [fʀeatik] *agg.* (*geol.*) freatico.
● ***nappe phréatique***, falda freatica.
phrénasthénie [fʀenasteni] *n.f.* (*med.*) frenastenia.
phrénologie [fʀenɔlɔʒi] *n.f.* frenologia.
phrygien [fʀiʒjɛ̃] *agg.* [f. *-enne*] frigio.
● ***bonnet phrygien***, berretto frigio.

NOTA ***Le bonnet phrygien***, il berretto rosso, usato anticamente dai frigi, divenne l'emblema della libertà repubblicana durante la Rivoluzione francese.

phtisie [ftizi] *n.f.* (*med. antiq.*) tisi, etisia.
phtisiologue [ftizjɔlɔg] *n.m.* e *f.* (*med. antiq.*) tisiologo/a.
phtisique [ftizik] *agg.* e *n.m.* e *f.* tisico/a.
phyll(o)- *pref.* fill(o)-.
phylloxéra [filɔkseʀa] *n.m.* (*zool.*) fillossera (*f.*).
physicien [fizisjɛ̃] *n.m.* [f. *-enne*] fisico.
physio- *pref.* fisio-.
physiocrate [fizjɔkʀat] *n.m.* (*st. econ.*) fisiocrate ♦ *agg.* (*st. econ.*) fisiocratico.
physiognomonie [fizjɔgnɔmɔni] *n.f.* fisiognomica.
physiologie [fizjɔlɔʒi] *n.f.* fisiologia.
physiologique [fizjɔlɔʒik] *agg.* fisiologico.
physiologiquement [fizjɔlɔʒikmɑ̃] *avv.* fisiologicamente.
physionomie [fizjɔnɔmi] *n.f.* fisionomia (*anche fig.*).
physionomiste [fizjɔnɔmist] *agg.* e *n.m.* e *f.* fisionomista.
physiothérapeute [fizjɔteʀapøt] *n.m.* e *f.* fisioterapista.
physiothérapie [fizjɔteʀapi] *n.f.* (*med.*) fisioterapia.
physique[1] [fizik] *agg.* fisico ♦ *n.m.* (*aspetto*) fisico.
● ***avoir le physique du rôle*** (o ***de l'emploi***), (*fig.*) avere il fisico adatto.
physique[2] *n.f.* (*scienza*) fisica.
● ***physique amusante***, piccoli esperimneti di fisica per divertire i bambini.
physiquement [fizikmɑ̃] *avv.* fisicamente.
phyt(o)- *pref.* fito-.
phytocosmétique [fitokɔsmetik] *n.m.* fitocosmetico.
phytoparasite [fitɔpaʀazit] *n.m.* fitoparassita.
phytophage [fitɔfaʒ] *agg.* e *n.m.* (*zool.*) fitofago.
phytopharmacie [fitofaʀmasi] *n.f.* fitofarmacia.
phytosanitaire [fitɔsanitɛʀ] *agg.* fitosanitario.
● ***produit phytosanitaire***, fitofarmaco.
phytothérapie [fitɔteʀapi] *n.f.* (*med.*) fitoterapia.
phytozoaire [fitɔzɔɛʀ] *n.m.* (*zool.*) fitozoo.
pi [pi] *n.m.invar.* (*mat.*) pi greco.
piaf [pjaf] *n.m.* (*fam.*) passero.
piaffant [pjafɑ̃] *agg.* scalpitante.
piaffement [pjafmɑ̃] *n.m.* scalpitio.
piaffer [pjafe] *v.intr.* scalpitare.
piaillard [pjɑjaʀ] *agg.* (*fam.*) schiamazzante ♦ *n.m.* (*fam.*) schiamazzatore, strillone.
piaillement [pjɑjmɑ̃] *n.m.* **1** (*di uccelli*) pigolio **2** (*di bambini*) schiamazzo.
piailler [pjɑje] *v.intr.* (*fam.*) **1** (*di uccelli*) pigolare **2** (*dei bambini*) strillare.
piailleur [pjɑjœʀ] *n.m.* [f. *-euse*] (*fam.*) schiamazzatore, urlone.
pianiste [pjanist] *n.m.* e *f.* (*mus.*) pianista.
piano[1] [pjano] *n.m.* piano, pianoforte: *se mettre, être au piano*, sedere al piano; *accompagner au piano*, accompagnare al, col piano.
● ***piano à bretelles*** (o ***du pauvre***), (*fam.*) fisarmonica | ***piano à queue***, pianoforte a coda | ***piano droit***, pianoforte verticale | ***piano électronique***, tastiera elettronica.
piano[2] *avv.* **1** (*mus.*) piano **2** (*fam.*) piano, lentamente: *vas-y piano*, vacci piano.
pianotage [pjanɔtaʒ] *n.m.* (*fam.*) strimpellamento (al pianoforte).
pianoter [pjanɔte] *v.intr.* (*fam.*) **1** strimpellare il piano **2** tamburellare (con le dita) **3** digitare sulla tastiera del computer.
piastre [pjastʀ] *n.f.* **1** (*moneta*) piastra **2** (*Canada*) (*fam.*) dollaro (*m.*) (canadese).
piat [pja] *n.m.* (*zool.*) piccolo della gazza.
piaule [pjol] *n.f.* (*fam.*) camera, stanza.
piaulement [pjolmɑ̃] *n.m.* **1** (*di uccelli*) pigolio **2** (*di bambini*) piagnucolio.
piauler [pjole] *v.intr.* **1** (*di animali*) schiamazzare **2** (*di bambini*) piagnucolare.
pic[1] [pik] *n.m.* (*zool.*) picchio.
pic[2] *n.m.* piccone; piccozza (*f.*).
pic[3] *n.m.* **1** (*geogr.*) picco, pizzo **2** (*scient.*) (*di tracciato ecc.*) picco **3** (*mar.*) picco, penna (*f.*).
pic, à [apik] *avv.* **1** a picco: *couler à pic*, colare a picco **2** (*fam.*) a proposito: *cela tombe à pic*, capita proprio a fagiolo.
picaillons [pikajɔ̃] *n.m.pl.* (*fam. antiq.*) soldi, quattrini.
picard [pikaʀ] *agg.* piccardo ♦ *n.m.* (*dialetto*) piccardo.
Picard *n.m.* (*abitante*) piccardo.
picaresque [pikaʀɛsk] *agg.* (*letter.*) picaresco.
piccolo [pikɔlo] *n.m.* (*mus.*) flauto piccolo, ottavino.
pichenette [piʃnɛt] *n.f.* (*fam.*) buffetto (*m.*).
pichet [piʃɛ] *n.m.* boccale.
pickles [pikœls] *n.m.pl.* (*cuc.*) sottaceti.
pickpocket [pikpɔkɛt] *n.m.* borsaiolo, borseggiatore.
pick-up [pikœp] *n.m.invar.* **1** giradischi, grammofono **2** testina (*f.*), pick-up **3** (*aut.*) pick-up.
picoler [pikɔle] *v.intr.* (*fam.*) trincare (vino ecc.).
picoleur [pikɔlœʀ] *agg.* [f. *-euse*] (*fam.*) sbevazzone.
picorer [pikɔʀe] *v.intr.* razzolare ♦ *v.tr.* **1** becchettare, beccare **2** piluccare **3** (*fig.*) spigolare.
picot [piko] *n.m.* **1** scheggia (*f.*) (di legno) **2** (*tecn.*) zeppa (*f.*), bietta (*f.*) **3** (*ricamo*) pippiolino; (*cucito*) festoncino.

P

picotement [pikɔtmɑ̃] ***n.m.*** pizzicore.

picoter [pikɔte] ***v.tr.*** **1** beccare; piluccare **2** punzecchiare, pungere **3** (*miner.*) imbiettare.

picotin [pikɔtɛ̃] ***n.m.*** (*per cavalli ecc.*) razione (*f.*) di biada.

pictogramme [piktɔgʀam] ***n.m.*** **1** pittogramma **2** (*inform.*) icona (*f.*).

pictographie [piktɔgʀafi] ***n.f.*** pittografia.

pictural [piktyʀal] ***agg.*** [pl. *-aux*] pittorico.

pie[1] [pi] ***n.f.*** (*zool.*) gazza ♦ ***agg.invar.*** pezzato; maculato.

● ***pie de mer***, gazza marina | ***être bavard comme une pie (borgne)***, (*fam.*) essere un chiacchierone | ***fromage à la pie***, formaggio fresco alle erbe | ***voiture pie***, macchina della polizia (bianca e nera).

pie[2] ***agg.f.***

● ***œuvre pie***, opera pia.

pièce [pjɛs] ***n.f.*** **1** pezzo (*m.*): *ces gâteaux coûtent cinq euros (la) pièce*, questi dolci costano cinque euro al pezzo **2** pezzo (*m.*); (*di abbigliamento ecc.*) capo (*m.*) **3** (*tecn.*) pezzo (*m.*); parte: *pièce du moteur*, parti del motore | *pièces de rechange*, pezzi di ricambio **4** stanza; locale (*m.*): *un (appartement de) quatre pièces*, un appartamento di quattro locali **5** (*lett., mus.*) componimento (*m.*) **6** moneta: *cet appareil ne marche qu'avec des pièces*, questo apparecchio funziona solo con monete **7** (*teatr.*) opera, lavoro (*m.*) teatrale **8** (*spec. pl.*) documento (*m.*); atto (*m.*): *les pièces d'un procès*, gli atti di un processo **9** pezza, toppa: *pièce (de tissu)*, (pezza di) tessuto **10** (*arald.*) pezza, pezzo (*m.*).

● (*dir.*) ***pièce à conviction***, reperto (giudiziario) | ***pièce à pièce***, (*anche fig.*) pezzo per pezzo | (*mil.*) ***pièce (d'artillerie)***, cannone | ***pièce d'eau***, laghetto, specchio d'acqua | ***pièce d'éloquence***, saggio di eloquenza | (*cuc.*) ***pièce de résistance***, (*di un pranzo*) piatto forte | ***pièce de terre***, appezzamento di terreno | ***pièce de vin***, fusto di vino | (*cuc.*) ***pièce montée***, torta a più piani | (*dir.*): ***pièces jointes***, allegati; ***pièces justificatives***, pezze giustificative | ***à la pièce, aux pièces***, al pezzo: *marchandises vendues à la pièce*, merci vendute per (singoli) pezzi; *travailler à la pièce, aux pièces*, lavorare a cottimo, a un tanto al pezzo | ***de toute pièces***, interamente; (*fig.*) di sana pianta: *inventer qqch de toutes pièces*, inventare qlco di sana pianta | ***donner la pièce à qqn***, dare la mancia a qlcu | ***faire pièce à qqn***, (*letter.*) opporsi a qlcu | ***maillot une pièce, deux pièces***, costume da bagno intero, due pezzi | ***mettre en pièces***, fare a pezzi | ***on n'est pas aux pièces!***, (*fam.*) non c'è fretta!, che fretta c'è? | ***rendre à qqn la monnaie de sa pièce***, (*fig.*) rendere a qlcu pan per focaccia | ***tout d'une pièce***, (*fig.*) tutto d'un pezzo.

piécette [pjesɛt] ***n.f.*** monetina.

pied [pje] ***n.m.*** **1** piede: *pieds plats*, piedi piatti; *avoir mal aux pieds*, avere mal di piedi, male ai piedi; *je n'y remettrai plus les pieds*, (*fig.*) non ci metterò più piede **2** base (*f.*); piede: *le pied d'une colonne*, la base di una colonna | *microphone sur pied*, microfono a stelo **3** (*antica misura francese di lunghezza*) piede **4** (*metrica*) piede **5** (*bot.*) cespo, pianta (*f.*): *un pied de salade*, un cespo di insalata; *un pied de vigne*, una pianta di vite; *le pied d'un champignon*, il gambo, il fusto di un fungo | *fruits vendus sur pied*, frutti venduti sulla pianta **6** (*cuc.*) piedino, zampetto: *pied de porc*, piedino di maiale.

● (*mecc.*) ***pied à coulisse***, calibro a corsoio | ***pied à pied***, a palmo a palmo | (*tip.*) ***pied de page***, piè di pagina | ***pied de projecteur, de caméra***, treppiede | ***pieds nus, nu-pieds***, a piedi nudi: *marcher pieds nus, nu-pieds*, camminare a piedi nudi, scalzi | ***à pied***, a piedi; (*fam.*) senza lavoro: *à pied, à cheval et en voiture*, (*fig. fam.*) a ogni costo; *il s'est fait mettre à pied*, si è fatto licenziare; *être à pied*, essere a spasso, senza lavoro | ***à pieds joints***, a piè pari | ***au petit pied***, in miniatura | ***au pied de***, al piede di, ai piedi di: *au pied de la colline*, ai piedi del colle; *mettre au pied du mur*, (*fig.*) mettere con le spalle al muro; *au pied de la lettre*, alla lettera, letteralmente | ***au pied levé***, su due piedi | ***avoir bon pied bon œil***, essere fisicamente in gamba | (*Canada*) ***avoir les pieds ronds***, essere ubriaco | ***avoir pied***, (*in acqua*) toccare: *dans cette piscine on n'a pas pied*, in questa piscina non si tocca | ***avoir pieds et poings liés***, (*fig.*) essere legato mani e piedi | ***ça lui fera les pieds!***, (*fam.*) gli servirà di lezione! | ***casser les pieds à qqn***, (*fig.*) rompere le scatole a qlcu | ***c'est le pied!***, (*fam.*) è il massimo!, (*molto fam.*) che sballo! | ***coup de pied***, calcio, pedata: *coup de pied de l'âne*, (*fig.*) colpo di grazia; *coup de pied en vache*, (*fig.*) colpo a tradimento | ***de pied en cap***, di tutto punto, dalla testa ai piedi | ***de pied ferme***, a piè fermo | ***écrire comme un pied***, scrivere coi piedi | ***en avoir son pied***, (*argot*) averne piene le tasche | ***être bête comme ses pieds***, essere stupido come la luna | ***faire des pieds et des mains***, (*fig.*) tentare tutto il possibile | ***faire du pied à qqn***, fare piedino a qlcu | ***faire une mine, un nez de six pieds de long***, (*fig.*) fare un muso lungo un palmo | (*Belgio*) ***jouer avec les pieds de qqn***, prendere in giro qlcu | ***mettre les pieds dans le plat***, (*fig.*) fare una gaffe | ***mettre les pieds quelque part***, andare, passare da qualche parte | ***perdre pied***, non toccare più (il fondo); (*fig.*) perdere la bussola | ***prendre pied***, (*fig.*) prendere piede, avere successo | ***prendre son pied***, (*fig.*) trovare soddisfazione, godere | ***se lever du pied gauche***, (*fig.*) alzarsi col piede sinistro, con la luna storta | ***sur pied***, (*anche fig.*) in piedi: *à six heures du matin il est déjà sur pied*, alle sei del mattino è già in piedi; *mettre qqch sur pied*, mettere in piedi qlco; *ce remède l'a remis sur pied*, questa medicina l'ha rimesso in sesto | ***trouver chaussure à son pied***, (*fig.*) trovare una buona sistemazione: *cet homme a trouvé chaussure à son pied*, quell'uomo ha trovato la donna che fa per lui.

pied-à-terre [pjetatɛʀ] ***n.m.invar.*** pied-à-terre, appartamentino.

pied-bot [pjebo] ***n.m.*** e ***f.*** [pl. *pieds-bots*] (*med.*) chi ha il piede torto, deforme.

pied-de-biche [pjedbiʃ] ***n.m.*** [pl. *pieds-de-biche*] **1** piede di porco **2** (*della macchina per cucire*) (piedino) premistoffa.

pied-de-lion [pjedəljɔ̃] ***n.m.*** [pl. *pieds-de-lion*] (*bot.*) stella (*f.*) alpina.

pied-de-poule [pjedpul] ***agg.invar.*** e ***n.m.*** [pl. *pieds-de-poule*] (*tessuto*) pied-de-poule.

pied-droit [pjedʀwa] ***n.m.*** [pl. *pieds-droits*] → **piédroit**.

piédestal [pjedɛstal] ***n.m.*** [pl. *-aux*] piedistallo, piedestallo.

● ***descendre, tomber de son piédestal***, (*fig.*) scendere, cadere dal piedistallo | ***mettre qqn sur un piédestal***, (*fig.*) mettere qlcu su un piedistallo.

pied-noir [pjenwaʀ] ***n.m.*** e ***f.*** [pl. *pieds-noirs*] (*fam.*) francese d'Algeria (fino al 1962) ♦ ***agg.*** (*fam.*) relativo ai francesi d'Algeria (fino al 1962).

NOTA Tra le numerose origini del termine ***pied-noir*** si citano: gli stivali neri della divisa coloniale, i piedi neri dei primi coloni nell'Africa del Nord che lavoravano nel fango, e anche l'americano storpiato *pioneer*.

pied-plat [pjepla] ***n.m.*** [pl. *pieds-plats*] (*antiq.*) zoticone, bifolco.

piédroit [pjedʀwa] ***n.m.*** (*arch.*) **1** piedritto; spalla (*f.*); pila (*f.*) **2** (*di porta o finestra*) stipite, piedritto.

piège [pjɛʒ] ***n.m.*** trappola (*f.*) (*anche fig.*); tagliola (*f.*); (*fig.*) tranello: *dresser un piège*, tendere un tranello; *prendre au piège*, prendere in trappola; *dictée pleine de pièges*, un dettato pieno di trabocchetti.
● ***piège a cons***, (*fig. fam.*) acchiappagonzi, trappola per fessi | ***piège a rats***, trappola per topi | ***être pris à son propre piège***, (*fig.*) tirarsi la zappa sui piedi.

piégé [pjeʒe] ***agg.*** **1** contenente un ordigno esplosivo **2** (*fis.*) intrappolato.
● ***voiture piégée***, autobomba.

piéger [pjeʒe] ***v.tr.*** [coniug. come *abréger*] **1** intrappolare, prendere con la trappola **2** imbottire di esplosivo.

pie-grièche [pigʀijɛʃ] ***n.f.*** [pl. *pies-grièches*] **1** (*zool.*) averla, velia **2** (*fam.*) bisbetica, arpia.

piémontais [pjemɔ̃tɛ] ***agg.*** piemontese.

Piémontais ***n.m.*** (*abitante*) piemontese.

piercing [pirsiŋ] ***n.m.*** piercing.

piéride [pjeʀid] ***n.f.*** (*zool.*) pieride.

pierraille [pjɛʀɑj] ***n.f.*** pietrame (*m.*); pietraia.

pierre [pjɛʀ] ***n.f.*** **1** pietra: *coup de pierre*, sassata | *investir dans la pierre*, investire nel mattone **2** (*med. antiq.*) calcolo (*m.*) **3** (*bot.*) granulo (*m.*), nocchio (*m.*).
● ***pierre à affûter***, cote | ***pierre à aiguiser***, cote | ***pierre à briquet***, pietrina dell'accendisigaro | ***pierre à feu*** (o ***à fusil***), pietra focaia | ***pierre à pierre***, pietra su pietra; (*fig.*) a poco a poco | ***pierre de lard***, pietra saponaria | (*archeol.*) ***pierre levée***, pietra fitta, menhir | ***pierre précieuse***, pietra preziosa | ***pierre sur pierre***, pietra su pietra | ***apporter sa pierre à l'édifice***, (*fig.*) apportare il proprio contributo a un'opera | ***chute de pierres***, caduta (di) pietre, (di) massi | ***de pierre***, (*anche fig.*) di pietra: *visage de pierre*, volto impassibile | (*prov.*) ***faire d'une pierre deux coups***, prendere due piccioni con una fava | ***il gèle à pierre fendre***, fa un freddo da spaccare le pietre | ***jeter la (première) pierre à qqn***, (*fig.*) accusare qlcu | ***la pierre de scandale***, (*fig.*) la pietra dello scandalo | ***la première pierre***, (*anche fig.*) la prima pietra | ***mur en pierres de taille***, muro in (blocchi di) pietra.

pierreries [pjɛʀʀi] ***n.f.pl.*** pietre preziose, gemme.

pierrette [pjɛʀɛt] ***n.f.*** pietruzza.

pierreux [pjɛʀø] ***agg.*** [f. *-euse*] pietroso, sassoso.

pierrot [pjɛʀo] ***n.m.*** **1** pierrot **2** (*zool. pop.*) passero.

NOTA La maschera di ***Pierrot***, è derivata forse da Pedrolino, personaggio della commedia dell'arte italiana, e passata poi alla pantomima francese; tutta vestita di bianco e con il volto infarinato, è l'archetipo dell'innamorato malinconico e sfortunato.

piétaille [pjetɑj] ***n.f.*** **1** (*spreg.*) fanteria **2** (*fam. scherz.*) pedoni (*m.pl.*) **3** (*fam.*) tirapiedi (*m.pl.*), subalterni (*m.pl.*).

piété [pjete] ***n.f.*** **1** devozione, religiosità **2** affetto (*m.*), amore (*m.*): *la piété filiale*, la pietà filiale **3** (*arald.*) pietà.

piétinement [pjetinmɑ̃] ***n.m.*** **1** scalpiccio, calpestio **2** (*fig.*) sballo.

piétiner [pjetine] ***v.intr.*** **1** pestare i piedi; (*fig.*) scalpitare: *piétiner de colère*, battere i piedi per la collera **2** avanzare faticosamente; (*fig.*) ristagnare ♦ ***v.tr.*** calpestare (*anche fig.*).
● ***piétiner sur place***, (*anche fig.*) segnare il passo.

piétisme [pjetizm] ***n.m.*** (*st. relig.*) pietismo.

piéton [pjetɔ̃] ***n.m.*** [f. *-onne*] pedone ♦ ***agg.*** pedonale: *rue piétonne*, strada pedonale.

piétonnier [pjetɔnje] ***agg.*** [f. *-ère*] pedonale.

piètre [pjɛtʀ] ***agg.*** (*letter.*) scadente, pessimo, misero: *une piètre consolation*, una magra consolazione.
● ***faire piètre figure***, fare una figura barbina.

pieu[1] [pjø] ***n.m.*** [pl. *-eux*] palo.

pieu[2] ***n.m.*** [pl. *-eux*] (*fam.*) letto.

pieusement [pjøzmɑ̃] ***avv.*** piamente, devotamente, con religiosità.

pieuter, se [səpjøte] ***v.pron.intr.*** (*fam.*) andare a letto.

pieuvre [pjœvʀ] ***n.f.*** (*zool.*) piovra.

pieux [pjø] ***agg.*** [f. *-euse*] **1** pio, devoto: *un pieux silence*, un religioso silenzio **2** pietoso; rispettoso: *un pieux mensonge*, una bugia pietosa; *un fils pieux*, un figlio rispettoso.

piézo-électrique [pjezoelɛktʀik] ***agg.*** [pl. *piézo-électriques*] (*fis.*) piezoelettrico.

pif[1] [pif] ***n.m.*** (*fam.*) naso, peperone.
● ***au pif***, a (lume di) naso.

pif[2] ***onom.*** pif, paf.

pifer, piffer [pife] ***v.tr.***
● ***ne pas pouvoir pif(f)er qqn***, (*fam.*) non poter soffrire, vedere qlcu.

pifomètre [pifɔmɛtʀ] ***n.m.*** (*fam.*) intuizione (*f.*), fiuto.
● ***au pifomètre***, (*fam.*) a naso.

pige [piʒ] ***n.f.*** **1** lunghezza convenzionale (presa come misura) **2** asta graduata **3** (*argot*) anno (*m.*) **4** (*di giornalista ecc.*) cartella (di testo); articolo (*m.*): *être payé à la pige*, essere pagato a cartella.
● ***faire la pige à qqn***, (*fam.*) superare qlcu.

pigeon [piʒɔ̃] ***n.m.*** **1** piccione, colombo **2** (*fig.*) pollo.
● (*sport*) ***pigeon d'argile***, piccione di gesso | (*gioco*) ***pigeon vole***, l'asino vola | ***pigeon voyageur***, piccione viaggiatore | ***plumer le pigeon***, pelare qlcu (al gioco).

FAUX AMI Da non confondere con *pigione*, che si traduce *loyer, location.*

pigeonnant [piʒɔnɑ̃] ***agg.***
● ***gorge pigeonnante***, seno alto e rotondo: *soutien-gorge pigeonnant*, reggiseno che mette in risalto il seno.

pigeonne [piʒɔn] ***n.f.*** (*zool.*) colomba.

pigeonneau [piʒɔno] ***n.m.*** [pl. *-eaux*] piccioncino.

pigeonner [piʒɔne] ***v.tr.*** (*fam.*) infinocchiare.

pigeonnier [piʒɔnje] ***n.m.*** piccionaia (*f.*), colombaia (*f.*).

piger [piʒe] ***v.tr.*** [coniug. come *manger*] **1** (*fam.*) capire: *je ne pige rien aux maths*, non capisco niente di matematica **2** (*Canada*) tirare, pescare (un numero).

pigiste [piʒist] ***n.m.*** e ***f.*** (*argot*) giornalista pagato/a a riga (*o* a cartella).

pigment [pigmɑ̃] ***n.m.*** pigmento.

pigmentation [pigmɑ̃tasjɔ̃] ***n.f.*** pigmentazione.

pigmenter [pigmɑ̃te] ***v.tr.*** pigmentare.

pignada [piɲada] **pignade** [piɲad] ***n.f.*** (*region.*) (*Francia meridionale*) pineta.

pigne [piɲ] ***n.f.*** (*bot.*) **1** pigna **2** pinolo (*m.*).

pignocher [piɲɔʃe] ***v.intr.*** (*fam.*) spilluzzicare.

pignon[1] [piɲɔ̃] ***n.m.*** (*arch.*) pignone.
● ***avoir pignon sur rue***, (*fam.*) avere dei beni al sole.

pignon[2] ***n.m.*** (*mecc.*) pignone, ingranaggio.

P

pignon[3] ***n.m.*** **1** (*bot.*) pinolo **2** (*zool.*) calcinello.

pignoration [piɲɔʀasjɔ̃] ***n.f.*** (*dir.*) pignoramento (*m.*).

pignouf [piɲuf] ***n.m.*** (*fam.*) cafone, villano.

pilage [pilaʒ] ***n.m.*** pestatura (*f.*), tritatura (*f.*).

pilaire [pilɛʀ] ***agg.*** → **pileux**.

pilastre [pilastʀ] ***n.m.*** (*arch.*) pilastro; (*di balaustrata ecc.*) colonnina (*f.*); lesena (*f.*).

pile[1] [pil] ***n.f.*** **1** pila: *une pile de bois*, una catasta di legna **2** (*di ponti*) pilone (*m.*).
● ***pile*** (***électrique***), pila (elettrica).

pile[2] ***n.f.*** **1** (*di una moneta*) rovescio (*m.*) **2** (*arald.*) pila ♦ ***avv.*** (*fam.*) esattamente, precisamente: *il arriva à trois heures pile*, arrivò alle tre spaccate.
● ***jouer à pile ou face***, giocare a testa e croce | ***s'arrêter pile***, fermarsi di botto | ***tomber pile***, capitare a proposito: *tomber pile sur qqch*, trovare proprio quello che si sta cercando.

pile[3] ***n.f.*** (*tecn.*) pila.

pile[4] ***n.f.*** (*fam.*) fracco (*m.*) di legnate: *flanquer une pile à qqn*, darle a qlcu di santa ragione.

piler[1] [pile] ***v.tr.*** **1** frantumare (in un mortaio) **2** (*fam.*) battere, picchiare.

piler[2] ***v.intr.*** (*fam.*) frenare di botto, inchiodarsi.

pileux [pilø] ***agg.*** [f. *-euse*] (*scient.*) peloso, pilifero: *système pileux*, apparato pilifero.

pilier [pilje] ***n.m.*** **1** (*edil.*) pilastro **2** (*fig.*) colonna (*f.*), sostegno **3** (*rugby*) pilone.
● (*Svizzera*) ***pilier public***, spazio riservato agli avvisi pubblici | ***être un pilier de***, (*fig.*) essere un assiduo frequentatore di: *c'est un pilier de cabaret*, passa la vita nelle bettole.

pilifère [pilifɛʀ] ***agg.*** (*bot.*) pilifero.

pillage [pijaʒ] ***n.m.*** saccheggio, sacco.

pillard [pijaʀ] ***agg.*** e ***n.m.*** predatore, saccheggiatore.

piller [pije] ***v.tr.*** saccheggiare (*anche fig.*); depredare.

> **FAUX AMI**
> Da non confondere con *pigliare*, che si traduce *prendre, attraper*.

pilleur [pijœʀ] ***agg.*** e ***n.m.*** [f. *-euse*] predatore.

pilon [pilɔ̃] ***n.m.*** **1** pestello **2** (*tecn.*) maglio **3** (*cuc.*) coscia (*f.*) (di pollo) **4** (*fam.*) gamba (*f.*) di legno.
● ***mettre un livre au pilon***, mandare al macero un libro.

pilonnage [pilɔnaʒ] ***n.m.*** **1** pestatura (*f.*) (con pestello) **2** bombardamento a tappeto (*anche fig.*).

pilonner [pilɔne] ***v.tr.*** **1** pestare (con il pestello) **2** bombardare a tappeto (*anche fig.*).

pilori [pilɔʀi] ***n.m.*** palo (della gogna).
● ***mettre***, ***clouer au pilori***, mettere al palo; (*fig.*) mettere alla gogna.

pilosité [pilozite] ***n.f.*** pelosità.

pilot [pilo] ***n.m.*** (*edil.*) palo di fondazione.

pilotage [pilɔtaʒ] ***n.m.*** pilotaggio.
● ***pilotage automatique***, ***sans visibilité*** (***PSV***), pilotaggio automatico, strumentale.

pilote [pilɔt] ***n.m.*** e ***f.*** **1** pilota: *pilote de course*, corridore automobilistico **2** (*letter.*) cicerone (*m.*), guida (*f.*) ♦ ***n.m.*** (*zool.*) pesce pilota ♦ ***agg.*** pilota (*anche fig.*).
● ***pilote automatique***, pilota automatico | ***pilote d'essai***, ***de course***, pilota collaudatore | ***classe-pilote***, classe sperimentale | (*inform.*) (***programme***) ***pilote***, driver.

piloter [pilɔte] ***v.tr.*** pilotare (*anche fig.*).

pilotis [pilɔti] ***n.m.*** **1** palafitta (*f.*) **2** (*pl.*) (*edil.*) pali di fondazione.

pilou [pilu] ***n.m.*** flanellina (*f.*).

pilule [pilyl] ***n.f.*** **1** pillola **2** (*fam.*) pillola (anticoncezionale).
● ***pilule du lendemain***, pillola del giorno dopo | ***avaler la pilule***, (*fig.*) ingoiare la pillola, il rospo | ***dorer la pillule à qqn***, (*fig.*) indorare la pillola a qlcu.

pimbêche [pɛ̃bɛʃ] ***n.f.*** (*fam.*) smorfiosa.

piment [pimɑ̃] ***n.m.*** **1** (*cuc.*) pimento **2** (*fig.*) pepe.
● (*bot.*): ***piment doux***, peperone; ***piment rouge***, ***brûlant***, peperoncino.

pimenter [pimɑ̃te] ***v.tr.*** **1** condire con peperoncino **2** (*fig.*) rendere piccante, condire.

pimpant [pɛ̃pɑ̃] ***agg.*** agghindato.

pimprenelle [pɛ̃pʀənɛl] ***n.f.*** (*bot. pop.*) salvastrella.

pin [pɛ̃] ***n.m.*** (*bot.*) pino.
● ***pin maritime***, pino marittimo | ***pin parasol*** (o ***pignon***), pino a ombrello | ***pomme de pin***, pigna.

PIN [pin] ***n.m.invar.*** (*sigla di* Personal Identification Number) pin, PIN.

pinacle [pinakl] ***n.m.*** pinnacolo.
● ***porter qqn au pinacle***, (*fig.*) portare qlcu alle stelle.

pinacothèque [pinakɔtɛk] ***n.f.*** pinacoteca.

pinailler [pinɑje] ***v.intr.*** (*fam.*) cavillare.

pinailleur [pinɑjœʀ] ***n.m.*** [f. *-euse*] (*fam.*) pignolo.

pinard [pinaʀ] ***n.m.*** (*molto fam.*) vino.

pinasse [pinas] ***n.f.*** (*mar.*) battana, lancia.

pince [pɛ̃s] ***n.f.*** **1** (*tecn.*) pinza **2** molletta, pinzetta **3** leva, barra **4** (*fig.*) presa **5** (*abbigl.*) pince, piega **6** (*zool.*) chela **7** (*fig. fam.*) mano; zampa: *serrer la pince à qqn*, stringere la mano a qlcu.
● ***pince*** (***à cheveux***), molletta (per capelli) | ***pince à couper***, tronchesina | ***pince à épiler***, pinzetta per sopracciglia | ***pince à linge***, molletta per biancheria | ***pince à ongles***, tronchesino per unghie | ***pince à sucre***, ***à glace***, mollette per lo zucchero, per il ghiaccio | ***aller à pinces***, (*fam.*) andare a piedi.

pincé [pɛ̃se] ***agg.*** **1** pizzicato **2** stretto **3** (*fig.*) sostenuto: *sourire pincé*, sorriso forzato **4** (*fam.*) innamorato, cotto.

pinceau [pɛ̃so] ***n.m.*** [pl. *-eaux*] **1** pennello: *coup de pinceau*, pennellata **2** (*fis.*) fascio (luminoso) **3** (*fam.*) piede.
● ***pinceau plat***, pennellessa | ***s'emmêler les pinceaux***, (*fam.*) inciampare.

pincée [pɛ̃se] ***n.f.*** pizzico (*m.*), presa.

pincement [pɛ̃smɑ̃] ***n.m.*** **1** pizzicamento **2** (*fig.*) morso: *un pincement au cœur*, una stretta al cuore **3** (*agr.*) cimatura (*f.*) **4** (*aut.*) convergenza (*f.*).

pince-monseigneur [pɛ̃smɔ̃sɛɲœʀ] ***n.f.*** [pl. *pinces -monseigneur*] grimaldello (*m.*).

pince-nez [pɛ̃sne] ***n.m.invar.*** pince-nez, occhiali (*pl.*) a stringinaso.

pincer [pɛ̃se] ***v.tr.*** [coniug. come *placer*] **1** pizzicare (*anche fig.*): *il lui a pincé le bras*, gli ha dato un pizzicotto al braccio; *être pincé par un crabe*, essere morso da un granchio; *un vent froid nous pinçait au visage*, un vento freddo ci pungeva il viso **2** stringere: *pincer les lèvres*, stringere le labbra; *se pincer un doigt dans la porte*, chiudersi un dito nella porta **3** pinzare; graffare **4** (*sartoria*) fare le pince (**a**) **5** (*fam.*) pizzicare, sorprendere **6** (*agr.*) cimare.
● (*Belgio*) ***pincer son français***, parlare francese con l'ac-

P

cento parigino | *ça pince!*, (*fam.*) che freddo cane! | ***en pincer pour qqn***, (*fam.*) avere una cotta per qlcu.
■ SIN. **2** serrer.

NOTA ***Pince-mi et Pince-moi*** è un gioco di parole che consiste nel porre una domanda pilotando la risposta dell'interlocutore sul modello di: *Pince-mi et Pince-moi sont dans un bateau. Pince-mi tombe à l'eau, qui est-ce qui reste? – Pince -moi – Aïe!*. Corrisponde all'italiano: 'Dimmelo e Dammelo vanno in guerra. Muore Dimmelo. Chi resta? – Dammelo!'; allora si dà uno schiaffetto.

pince-sans-rire [pɛ̃ssɑ̃ʀiʀ] ***n.m.*** e ***f.invar.*** chi scherza o prende in giro restando serio.

pincette [pɛ̃sɛt] ***n.f.*** **1** pinzetta **2** (*pl.*) molle (del camino) **3** (*Svizzera*) molletta per la biancheria.
● ***avec des pincettes***, (*fig.*) con prudenza: *il n'est pas à prendre avec des pincettes*, è intrattabile, va preso con le molle.

pinçon [pɛ̃sɔ̃] ***n.m.*** livido (da pizzicotto).

pinéal [pineal] ***agg.*** [pl. *-éaux*] (*anat.*) pineale | *glande pinéale*, ghiandola pineale.

pineau [pino] ***n.m.*** [pl. *-eaux*] pineau (aperitivo della Charente a base di cognac e vino bianco).

pineco [pinco] ***n.f.*** (*verlan da* copine) amica, compagna.

pinède [pinɛd] ***n.f.*** pineta.

pingouin [pɛ̃gwɛ̃] ***n.m.*** **1** pinguino **2** (*fam.*) tipo, individuo **3** (*argot*) cameriere.

ping-pong [piŋpɔ̃g] ***n.m.*** [pl. *ping-pongs* o *invar.*] ping -pong, tennis da tavolo.

pingre [pɛ̃gʀ] ***agg.*** e ***n.m.*** e ***f.*** (*fam.*) tirchio/a, taccagno/a.

pingrerie [pɛ̃gʀəʀi] ***n.f.*** (*fam.*) tirchieria, taccagneria.

pinot [pino] ***n.m.*** pinot (vitigno della Borgogna).

pin's [pins] ***n.m.*** spilletta (*f.*) metallica (con disegni e scritte, spesso a scopo pubblicitario).

pinson [pɛ̃sɔ̃] ***n.m.*** (*zool.*) fringuello.
● ***être gai comme un pinson***, essere allegro come un fringuello.

pintade [pɛ̃tad] ***n.f.*** (*zool.*) (gallina) faraona.

pintadeau [pɛ̃tado] ***n.m.*** [pl. *-eaux*] (*zool.*) giovane faraona (*f.*).

pinte [pɛ̃t] ***n.f.*** **1** pinta **2** (*Svizzera*) bar (*m.*).
● ***se payer une pinte de bon sang***, (*fam.*) farsi un sacco di risate.

pioche [pjɔʃ] ***n.f.*** **1** (*edil.*) piccone (*m.*) **2** (*fam.*) sgobbata **3** (*nei giochi di carte ecc.*) mazzo (*m.*).
● ***tête de pioche***, (*fam.*) testone.

piocher [pjɔʃe] ***v.tr.*** **1** zappare **2** (*fam.*) sgobbare (**su**) ♦ ***v.intr.*** **1** (*fam.*) sgobbare **2** (*nei giochi di carte ecc.*) pescare, prendere.

piocheur [pjɔʃœʀ] ***n.m.*** [f. *-euse*] **1** zappatore **2** (*fam.*) sgobbone.

piolet [pjɔlɛ] ***n.m.*** piccozza (*f.*).

pion[1] [pjɔ̃] ***n.m.*** **1** (*negli scacchi*) pedone **2** (*nella dama*) pedina (*f.*).
● ***n'être qu'un pion sur l'échiquier***, (*fig.*) essere soltanto una pedina.

pion[2] ***n.m.*** [f. *-onne*] (*argot*) insegnante incaricato della sorveglianza nelle ore di studio.

pioncer [pjɔ̃se] ***v.intr.*** [coniug. come *placer*] (*fam.*) dormire.

pionnier [pjɔnje] ***n.m.*** **1** [f. *-ère*] pioniere **2** (*mil.*) geniere, soldato del genio.

pipe [pip] ***n.f.*** **1** pipa: *pipe de bruyère*, pipa di radica **2** (*argot*) sigaretta **3** (*tecn.*) condotto (*m.*), tubo (*m.*).
● ***casser sa pipe***, (*fam.*) crepare, morire | ***nom d'une pipe!***, (*fam.*) accidenti! | ***par tête de pipe***, (*fam.*) a testa | ***se fendre la pipe***, (*fam.*) sganasciarsi dalle risate.

pipeau [pipo] ***n.m.*** [pl. *-eaux*] zufolo.

pipelet [piplɛ] ***n.m.*** [f. *-ette*] (*fam. scherz.*) **1** portinaio **2** pettegolo.

pipeline, **pipe-line** [piplin, pajplajn] [pl. *pipe-lines*] ***n.m.*** oleodotto; gasdotto.

piper [pipe] ***v.tr.*** **1** cacciare con richiami **2** (*fam.*) truccare.
● ***ne pas piper*** (***mot***), (*fam.*) non fiatare.

piperade [pipeʀad] ***n.f.*** (*cuc.*) piperade (frittata basca con pomodori e peperoni).

pipette [pipɛt] ***n.f.*** (*chim.*) pipetta.
● ***ne pas valoir pipette***, (*fam.*) non valere una cicca.

pipi [pipi] ***n.m.*** (*fam.*) pipì (*f.*): *faire pipi*, fare (la) pipì.
● ***du pipi de chat***, (*fig.*) un vinaccio; una bibita scadente; (*estens.*) una porcheria.

pipistrelle [pipistʀɛl] ***n.f.*** (*zool.*) pipistrello (*m.*) nano.

pipole [pipɔl] ***agg.*** dedicato ai vip ♦ ***n.m.*** e ***f.*** vip: *ce soir il y aura plusieurs pipoles*, stasera vengono diversi vip.

piquage [pikaʒ] ***n.m.*** **1** cucitura (*f.*) a macchina **2** (*tess.*) impuntura (*f.*).

piquant [pikɑ̃] ***agg.*** **1** pungente (*anche fig.*): *beauté piquante*, bellezza provocante **2** (*di cibo*) di sapore forte; piccante: *aliment piquant*, cibo piccante | *boisson piquante*, bevanda frizzante ♦ ***n.m.*** **1** aculeo; spina (*f.*) **2** (*fig.*) nota (*f.*) curiosa, lato divertente: *le piquant de l'histoire*, il bello della faccenda.
● (*cuc.*) ***sauce piquante***, salsa a base di senape, aceto, cetrioli.

pique[1] [pik] ***n.f.*** **1** (*st. mil.*) picca **2** (*fig.*) frecciata.

pique[2] ***n.m.*** (*nelle carte da gioco*) picche (*f.pl.*).

piqué[1] [pike] ***agg.*** **1** picchiettato: *visage piqué de taches de rousseur*, viso picchiettato di efelidi **2** intaccato; (*di mobili*) tarlato: *meuble piqué*, mobile tarlato; *une glace piquée*, uno specchio macchiato **3** impunturato: *piqué à la machine*, cucito a macchina **4** (*di vino*) che ha preso lo spunto **5** (*mus.*) staccato **6** (*cuc.*) lardellato **7** (*fam.*) picchiatello, tocco.
● ***ce n'est pas piqué de vers***, (*iron. fam.*) questa è bella!

piqué[2] ***n.m.*** **1** (tessuto) picchè **2** (*aer.*) picchiata (*f.*) **3** (*danza*) piqué.

pique-assiette [pikasjɛt] ***n.m.*** e ***f.invar.*** (*fam.*) scroccone/a.

pique-feu [pikfø] ***n.m.*** [pl. *pique-feux*] attizzatoio.

pique-fleur, **pique-fleurs** [pikflœʀ] ***n.m.*** [pl. *pique -fleurs*] portafiori.

pique-nique [piknik] ***n.m.*** [pl. *pique-niques*] picnic.

pique-niquer [piknike] ***v.intr.*** fare un picnic.

piquer [pike] ***v.tr.*** **1** pungere (*anche fig.*): *una abeille l'a piqué*, l'ha punto un'ape; *la fumée pique les yeux*, il fumo fa bruciare gli occhi; *cette laine pique* (*la peau*), questa lana pizzica (la pelle); *piquer une olive avec une fourchette*, infilzare un'oliva con la forchetta **2** (*med. fam.*) fare un'iniezione (**a**): *piquer contre la variole*, vaccinare contro il vaiolo | *piquer un chien malade*, sopprimere un cane malato (con un'iniezione) **3** pungolare, spronare; (*fig.*) stuzzicare **4** appuntare, fissare con uno spillo **5** (*cucito*) impunturare **6** rodere, corrodere: *les vers piquent le bois*, i tarli intaccano il legno **7** (*cuc.*) lardellare **8** (*mus.*) staccare **9** (*fam.*) (*usato talvolta invece* *di* faire *o* avoir) fare, avere: *piquer un cent mètres*, fare i cento metri; *piquer une crise* (*de nerfs*), avere una crisi di nervi; (*estens.*) montare su tutte le furie **10** (*fam.*) fregare, rubare **11** (*fam.*) beccare, cogliere sul fatto ♦ ***v.intr.*** **1** pungere, pizzicare: *un vin qui pique*, un vino acidulo | *eau qui pique*, (*fam.*) acqua frizzante **2** scendere in picchiata: *le navire piqua de l'avant*, la nave affondò con la prua ♦ **se piquer** ***v.pron.*** **1** pungersi: *il se piqua avec une aiguille*, si punse con un ago **2** iniettarsi (una droga): *se piquer à la morphine*, bucarsi, drogarsi di morfina ♦ ***v.pron.intr.*** **1** corrodersi, intaccarsi **2** (*letter.*) offendersi **3** impuntarsi, intestardirsi | *se piquer au jeu*, impuntarsi **4** piccarsi: *se piquer d'élégance*, piccarsi di eleganza ♦ ***v.pron. indiretto*** pungersi: *se piquer le doigt*, pungersi il dito.

● ***piquer au vif***, (*fig.*) pungere sul vivo | ***piquer des deux***, dar di sprone, spronare; (*fig. fam.*) fare in fretta | ***piquer du nez***, (*aer.*) fare una picchiata; (*fig.*) precipitare | ***piquer une tête***, tuffarsi, buttarsi in acqua | ***piquer un fard, un soleil***, arrossire violentemente | ***quelle mouche le pique?***, (*fig. fam.*) che diavolo gli piglia?

FAUX AMI
Da non confondere con *picchiare*, che si traduce *battre*, *frapper*.

piquet[1] [pikɛ] ***n.m.*** **1** picchetto, paletto **2** (*mil.*) picchetto, plotone.

● ***piquet de grève***, picchetto (di sciopero) | ***droit, raide comme un piquet***, diritto, rigido come un palo | ***mettre un enfant au piquet***, (*a scuola*) mettere un bambino in castigo.

piquet[2] ***n.m.*** (*gioco di carte*) picchetto.

piquetage [piktaʒ] ***n.m.*** **1** picchiettatura (*f.*) **2** (*Canada*) picchettaggio (di scioperanti).

piqueter [pikte] ***v.tr.*** [coniug. come *jeter*] picchiettare, punteggiare ♦ ***v.intr.*** (*Canada*) fare un picchetto (di sciopero).

piquette[1] [pikɛt] ***n.f.*** (*fam.*) vino (*m.*) cattivo.

piquette[2] ***n.f.*** (*fam.*) sconfitta, smacco (*m.*): *ramasser une piquette*, beccarsi una batosta.

P

piqueur [pikœʀ] ***agg.*** [f. *-euse*] pungitore ♦ ***n.m.*** **1** stalliere **2** (*caccia*) bracchiere **3** (*operaio*) perforatore; picconatore **4** (*ind. abbigl.*) cucitore.

● ***marteau piqueur***, martello pneumatico.

piqûre [pikyʀ] ***n.f.*** **1** puntura (*anche fig.*): *une piqûre de serpent*, un morso di serpente; *piqûre d'amour-propre*, (*fig.*) ferita all'amor proprio | *piqûre de ver*, tarlatura **2** (*med.*) iniezione, puntura **3** (*cucito*) impuntura, cucitura.

piranha [piʀana] ***n.m.*** (*zool.*) piranha.

piratage [piʀataʒ] ***n.m.*** **1** pirateria (*f.*) **2** (*inform.*) hackeraggio.

pirate [piʀat] ***n.m.*** **1** pirata (*anche fig.*) **2** (*inform.*) hacker ♦ ***agg.*** pirata: *radio pirate*, radio pirata.

● ***pirate de l'air***, dirottatore, pirata dell'aria.

pirater [piʀate] ***v.tr.*** **1** riprodurre illegalmente **2** (*fam.*) truffare **3** (*inform.*) piratare ♦ ***v.intr.*** pirateggiare.

piraterie [piʀatʀi] ***n.f.*** pirateria (*anche fig.*).

pire [piʀ] ***agg.*** (*compar.*) peggiore; peggio: *il est pire que son frère*, è peggio, peggiore di suo fratello; *j'en ai vu de pires*, ne ho viste di peggio; *quelque chose de pire, rien de pire*, qualcosa di peggio, niente di peggio; *son caractère est pire que je ne pensais*, il suo carattere è peggiore di quanto pensassi; *sa santé est pire qu'elle n'était*, la sua salute è peggio di prima.

■ AGG. CONTR. meilleur.

□ **le pire** ***agg.*** [f. *la pire*; pl.m. e f. *les pires*] (*superl.rel.*) il peggiore: *c'est un des pires défauts*, è uno dei difetti peggiori ♦ ***n.m.*** il peggio, la cosa (*f.*) peggiore: *le pire* (*de l'affaire*) (*c'*)*est que*, la cosa peggiore è che; *il y a pire*, c'è di peggio.

● ***dans le pire des cas***, nel peggiore dei casi, alla peggio | ***en mettant les choses au pire***, nella peggiore delle ipotesi | ***la politique du pire***, la politica del tanto peggio tanto meglio.

pirogue [piʀɔg] ***n.f.*** piroga.

pirouette [piʀwɛt] ***n.f.*** **1** piroetta, giravolta **2** (*fig.*) voltafaccia (*m.*).

● ***s'en tirer avec une pirouette***, (*fig.*) cavarsela eludendo la questione, la difficoltà.

pirouetter [piʀwete] ***v.intr.*** **1** piroettare **2** (*letter.*) turbinare.

pis[1] [pi] ***n.m.*** (*di mucca, capra ecc.*) mammella (*f.*).

pis[2] ***avv.*** peggio ♦ ***agg.*** peggio, peggiore: *rien de pis que*, niente di peggio che; *voilà qui est cent fois pis*, questa è di gran lunga la cosa peggiore ♦ ***n.m.*** peggio: *il y a pis*, c'è di peggio.

● ***au pis aller***, nella peggiore delle ipotesi, per mal che vada | ***de mal en pis, de pis en pis***, di male in peggio, sempre peggio | ***dire pis que pendre de qqn***, dirne di tutti i colori sul conto di qlcu | ***qui pis est***, quel che è peggio | ***tant pis!***, non importa!, pazienza!: *tant pis pour lui*, peggio per lui.

pis-aller [pizale] ***n.m.invar.*** ripiego.

piscicole [pisikɔl] ***agg.*** ittico.

pisciculture [pisikyltyʀ] ***n.f.*** piscicoltura.

piscine [pisin] ***n.f.*** piscina: *piscine couverte, en plein air*, piscina coperta, scoperta.

pisé [pize] ***n.m.*** (*edil.*) impasto di argilla, sassi e paglia.

pissaladière [pisaladjɛʀ] ***n.f.*** pissaladière (focaccia con cipolle, olive nere e acciughe, specialità di Nizza).

pissat [pisa] ***n.m.*** (*di animali*) piscio.

pisse [pis] ***n.f.*** (*volg.*) piscia.

pisse-copie [piskɔpi] ***n.m.invar.*** (*fam., spreg.*) giornalista pagato a cartelle.

pisse-froid [pisfʀwa] ***n.m.invar.*** (*fam.*) guastafeste, noioso.

pissenlit [pisɑ̃li] ***n.m.*** (*bot. pop.*) soffione, dente di leone; cicoria (*f.*) matta.

● ***manger les pissenlits par la racine***, (*fam.*) vedere l'erba dalla parte delle radici.

pisser [pise] ***v.intr.*** (*fam.*) pisciare ♦ ***v.tr.*** (*fam.*) **1** pisciare **2** (*di recipiente ecc.*) perdere.

● ***pisser de la copie***, (*fam.*) imbrattare carta | ***c'est comme si on pissait dans un violon***, (*fig.*) è tempo sprecato, è come fare un buco nell'acqua | ***laisser pisser*** (***les mérinos***), (*fam.*) lasciar fare, lasciar perdere.

pisseux [pisø] ***agg.*** [f. *-euse*] (*fam.*) **1** impregnato di orina **2** (*di colore*) giallastro.

pissotière [pisɔtjɛʀ] ***n.f.*** (*fam.*) vespasiano (*m.*).

pistache [pistaʃ] ***n.f.*** **1** pistacchio (*m.*) **2** (*Seychelles*) arachide ♦ ***agg.invar.*** (color) pistacchio: *vert pistache*, verde pistacchio.

piste [pist] ***n.f.*** **1** pista **2** orma, traccia: *la police est sur la piste des voleurs*, la polizia è sulle tracce dei ladri **3** (*inform.*) pista, traccia, canale (*m.*) **4** (*sport*) pista **5** (*aer.*) pista.

● ***piste de danse, de ski***, pista da ballo, da sci | (*aer.*) ***piste d'envol, de décollage***, pista di decollo | (*inform.*) ***piste magnétique***, pista magnetica | (*cine.*) ***piste sonore***, colonna sonora | ***grande piste d'un hippodrome***, galoppatoio | ***mettre qqn sur la piste***, (*fig.*) mettere qlcu sulla buona strada.

pister [piste] ***v.tr.*** **1** seguire le tracce (**di**) **2** spiare.

pisteur [pistœʀ] ***n.m.*** [f. *-euse*] **1** addetto alla manutenzione e alla sorveglianza delle piste di sci **2** (*Internet*) trackback (su un blog, collegamento verso un altro blog).

pistil [pistil] ***n.m.*** (*bot.*) pistillo.

pistolet [pistɔlɛ] ***n.m.*** **1** pistola (*f.*) **2** (*oggetto sanitario*) pappagallo **3** (*Belgio*) panino al latte.
● ***pistolet (pulvérisateur)***, pistola a spruzzo | ***peinture au pistolet***, verniciatura a spruzzo | ***un drôle de pistolet!***, (*fig. fam.*) un bell'originale!

pistolet-mitrailleur [pistɔlɛmitʀajœʀ] ***n.m.*** [pl. *pistolets-mitrailleurs*] pistola (*f.*) mitragliatrice, mitraglietta (*f.*).

piston [pistɔ̃] ***n.m.*** **1** (*mecc.*) pistone, stantuffo **2** (*mus.*) pistone; (*fam.*) cornetta (*f.*) **3** (*fig. fam.*) raccomandazione (*f.*): *avoir du piston*, essere raccomandato.
● (*cuc.*) ***piston à décorer***, siringa per dolci | (*mus.*) ***cornet à pistons***, cornetta.

pistonner [pistɔne] ***v.tr.*** (*fam.*) raccomandare: *il est très pistonné*, è un raccomandato di ferro.

pistou [pistu] ***n.m.*** (*cuc.*) pistou (minestra provenzale di verdure con basilico e aglio).

pitance [pitɑ̃s] ***n.f.*** (*spreg.*) sbobba, pasto (*m.*).

FAUX AMI
Da non confondere con *pietanza*, che si traduce *plat de résistance.*

pitchoun [pitʃun] ***agg.*** e ***n.m.*** (*region.*) (*appellativo affettuoso*) cocco, tesoruccio.

pitchpin [pitʃpɛ̃] ***n.m.*** (*bot.*) pitch pine.

piteusement [pitøzmɑ̃] ***avv.*** (*iron.*) in modo pietoso, miseramente.

piteux [pitø] ***agg.*** [f. *-euse*] pietoso: *être en piteux état*, essere in uno stato pietoso.
● ***faire (une) piteuse mine***, avere l'aria abbacchiata.

pithécanthrope [pitekɑ̃tʀɔp] ***n.m.*** (*antropologia*) pitecantropo.

pithiviers [pitivje] ***n.m.*** (*cuc.*) torta (*f.*) ripiena di pasta di mandorle.

pitié [pitje] ***n.f.*** pietà: *inspirer la pitié*, destare pietà, fare pena; *avoir, éprouver de la pitié envers, pour qqn*, sentire, provare pietà, compassione per qlcu; *il fait pitié à voir*, fa pena, fa compassione vederlo; *quelle pitié*, che pena, che strazio.
● ***prendre qqn en pitié***, aver pietà di qlcu | (*arte*) ***Vierge de pitié***, Pietà.
■ SIN. compassion.

piton [pitɔ̃] ***n.m.*** **1** chiodo (a occhiello) **2** (*geogr.*) picco (di montagna) **3** (*Canada*) tasto, monopola (*f.*).
● ***piton (à vis)***, vite a occhiello | (*Canada*) ***(être) sur le piton***, (essere) in forma.

pitonner [pitɔne] ***v.tr.*** **1** (*alpinismo*) piantare chiodi **2** (*Canada*) (*fam.*) premere (tasti, tastiere); comporre (un numero al telefono) ♦ ***v.intr.*** (*tv*) fare lo zapping.

pitoyable [pitwajabl] ***agg.*** pietoso; penoso.

pitoyablement [pitwajabləmɑ̃] ***avv.*** in modo pietoso.

pitre [pitʀ] ***n.m.*** pagliaccio, buffone.

pitrerie [pitʀəʀi] ***n.f.*** pagliacciata, buffonata.

pittoresque [pitɔʀɛsk] ***agg.*** e ***n.m.*** pittoresco.
■ CONTR. banal.

pittoresquement [pitɔʀɛskəmɑ̃] ***avv.*** pittorescamente, in modo pittoresco.

pittosporum [pitɔspɔʀɔm] ***n.m.*** (*bot.*) pittosporo.

pituite [pitɥit] ***n.f.*** (*med.*) pituita.

pive [piv] ***n.f.*** (*Svizzera*) pigna (di conifere).

pivert [pivɛʀ] ***n.m.*** (*zool.*) picchio verde.

pivoine [pivwan] ***n.f.*** (*bot.*) peonia.
● ***rouge comme une pivoine***, (*fig.*) rosso come un peperone.

pivot [pivo] ***n.m.*** **1** perno; (*fig.*) cardine, perno | *le pivot d'un complot*, l'anima di un complotto **2** (*basket*) pivot (giocatore d'attacco).

pivotant [pivɔtɑ̃] ***agg.*** girevole.
● (*bot.*) ***racine pivotante***, radice a fittone.

pivotement [pivɔtmɑ̃] ***n.m.*** rotazione (su un perno).

pivoter [pivɔte] ***v.intr.*** rotare (su un perno).
● ***pivoter sur ses talons***, girare sui tacchi.

pixel [piksɛl] ***n.m*** (*inform.*) pixel.
● ***pixel en 3D***, voxel.

pizzicato [pidzikato] ***n.m.*** e ***avv.*** (*mus.*) pizzicato.

PL [peɛl] ***n.m.invar.*** (*sigla di* Poids Lourd) camion.

placage [plakaʒ] ***n.m.*** **1** impiallacciatura (*f.*) **2** (*sport*) → plaquage.

placard [plakaʀ] ***n.m.*** **1** armadio a muro **2** (mobile) pensile **3** manifesto **4** (*tecn.*) rivestimento (di porte).
● ***placard à balais***, armadietto delle scope | (*giorn.*) ***placard publicitaire***, inserzione pubblicitaria | (*tip.*) ***épreuve en placard***, bozza in colonna | ***mettre, ranger qqn, qqch au placard***, (*fig.*) mettere da parte qlcu, accantonare qlco.

placarder [plakaʀde] ***v.tr.*** affiggere; tappezzare di manifesti.

place [plas] ***n.f.*** **1** posto (*m.*), spazio (*m.*): *changer qqn, qqch de place*, cambiar posto a qlcu, qlco | *place!*, largo, fate posto! **2** posto (*m.*), impiego (*m.*) **3** (*in treno, a teatro ecc.*) posto: *place du conducteur*, posto di guida; *places debout, assises*, posti in piedi, a sedere **4** piazza: *j'habite place de la Victoire*, abito in piazza Vittoria; *sur la place*, in piazza; *descendre sur la place*, scendere in piazza **5** (*mil.*) presidio (*m.*): *commandant de la place*, comandante di presidio **6** (*sport*) piazzamento (*m.*) | *avoir une bonne place (à un concours)*, essere fra i migliori (in un concorso).
● ***place forte***, piazzaforte | ***à la place de***, al posto di, invece di: *se mettre à la place de qqn*, mettersi nei panni, al posto di qlcu; *mets-en un autre à la place*, mettine un altro al suo posto | ***chèque hors, sur place***, assegno fuori, su piazza | ***de place en place***, qua e là | ***en place***, a posto, in ordine; in carica | ***être à sa place***, essere al posto giusto: *il est vraiment à sa place dans ce travail*, questo lavoro fa veramente per lui | ***être maître de la place***, (*fig.*) essere padrone del campo | ***faire place à***, fare posto a | ***faire place nette***, fare piazza pulita | ***rester (o tenir) en place***, restare fermo: *il ne reste pas en place un seul instant*, non sta fermo un minuto; *il ne tient pas en place d'impatience*, freme d'impazienza | ***par places***, a zone, qua e là | ***payer demi-place, place entière***, pagare biglietto ridotto, intero | ***prendre place***, prendere posto, sedersi | ***sans place***, senza posto, disoccupato | ***se faire place***, farsi largo | ***sur place***, sul posto, nell'ambiente, in loco: *rester sur place*, non muoversi; *faire une enquête sur place*, far un'inchiesta in loco; *avoir des complicités sur la place*, avere delle complicità in loco | ***tenir trop de place***, occupare troppo posto; (*fig.*) essere invadente.

placé [plase] ***agg.*** posto, collocato.
● (*ippica*) ***cheval placé***, cavallo piazzato | ***être bien placé***

P

pour, avere tutte le carte in regola per: *je suis bien placé pour le dire*, posso dirlo con cognizione di causa | ***haut placé***, altolocato | ***mal placé***, mal riposto.

placebo [plasebo] ***n.m.*** (*med.*) placebo.

placement [plasmɑ̃] ***n.m.*** **1** collocazione (*f.*) **2** sistemazione (*f.*) (in un posto di lavoro) **3** (*econ.*) investimento **4** ricovero (in ospedale).

● ***placement d'office***, ricovero d'ufficio | ***bureau de placement***, ufficio di collocamento | (*fin.*) ***un placement de père de famille***, un investimento sicuro.

placenta [plasɛ̃ta] ***n.m.*** placenta (*f.*).

placer [plase] ***v.tr.*** [cambia la *c* in *ç* davanti ad *a* e *o*; per es.: *nous plaçons*; *je plaçais, tu plaçais* ecc.] **1** collocare, mettere: *placer les invités à table*, far sedere gli invitati al proprio posto; *j'étais bien, mal placé au théâtre*, ho avuto un buon, un brutto posto a teatro **2** sistemare, trovare un lavoro (**a**) **3** (*econ.*) investire: *placer son argent*, investire il proprio denaro **4** (*di merci*) piazzare, collocare ♦ **se placer** ***v.pron.*** **1** mettersi; prender posto **2** impiegarsi, sistemarsi (in un lavoro) **3** (*ippica*) piazzarsi.

● ***placer un coup***, piazzare, assestare un colpo | ***placer un mot*** (o *fam.* ***en placer une***), dire una parola: *je n'ai pas pu placer un mot*, non ho potuto dire una parola; *il veut toujours placer son mot*, vuol sempre dire la sua | (*mus.*) ***bien placer la voix***, impostare bene la voce | ***mal placer sa confiance***, riporre male la propria fiducia.

placet [plasɛ] ***n.m.*** **1** (*dir.*) nota di "a ruolo" **2** (*ant.*) istanza (*f.*), petizione (*f.*).

placeur [plasœʀ] ***n.m.*** [f. *-euse*] **1** (operaio) installatore **2** (*teatr. ecc.*) maschera (*f.*).

placide [plasid] ***agg.*** placido.

placidement [plasidmɑ̃] ***avv.*** placidamente.

placidité [plasidite] ***n.f.*** placidità.

placier [plasje] ***n.m.*** [f. *-ère*] piazzista.

placoter [plakɔte] ***v.intr.*** (*Canada*) chiacchierare.

plafond [plafɔ̃] ***n.m.*** **1** soffitto: *bas de plafond*, dal soffitto basso **2** (*fig.*) tetto, plafond, limite (massimo) **3** (*aer.*) (quota di) tangenza (*f.*).

● ***plafond à caissons, à la française***, soffitto a cassettoni, a travi (in vista) | (*econ.*) ***plafond de crédit***, massimale di prestito | ***au plafond***, sul soffitto: *sauter au plafond*, (*fig.*) fare salti di gioia; *il a une araignée au plafond*, (*fig. fam.*) gli manca un venerdì | ***crever le plafond***, (*fig.*) superare il limite, sfondare il tetto | ***faux plafond***, controsoffitto | (*econ.*) ***prix plafond***, massimale del prezzo.

plafonnage [plafɔnaʒ] ***n.m.*** (*edil.*) soffittatura (*f.*).

plafonnement [plafɔnmɑ̃] ***n.m.*** (*econ.*) superamento del massimale.

plafonner [plafɔne] ***v.tr.*** (*edil.*) soffittare ♦ ***v.intr.*** raggiungere il limite massimo; (*aut.*) raggiungere la velocità massima.

● ***salaire plafonné***, salario bloccato.

plafonnier [plafɔnje] ***n.m.*** plafoniera (*f.*).

plage [plaʒ] ***n.f.*** **1** spiaggia **2** zona, spazio (*m.*) **3** (*di tempo*) momento (*m.*), fascia oraria **4** (*di disco*) faccia, lato (*m.*).

● ***plage arrière*** (***d'une voiture***), ripiano posteriore (di auto) | ***plage de sécurité***, margine di sicurezza | (*tecn.*) ***plage d'utilisation***, campo di utilizzazione | (*rad., tv*) ***plages musicales***, intervalli, stacchi musicali.

plagiaire [plaʒjɛʀ] ***agg.*** e ***n.m.*** e ***f.*** plagiario/a.

plagiat [plaʒja] ***n.m.*** plagio.

plagier [plaʒje] ***v.tr.*** plagiare.

plagiste [plaʒist] ***n.m.*** e ***f.*** bagnino/a.

plaid [plɛd] ***n.m.*** plaid.

plaider [plede] ***v.intr.*** (*dir.*) **1** presentare una istanza (**contro**), intentare causa (**a**) **2** patrocinare (**qlcu**), difendere la causa (**di**): *son passé plaide pour lui*, il suo passato parla in suo favore ♦ ***v.tr.*** (*dir.*) **1** difendere (in tribunale): *plaider la cause de qqn*, (*fig.*) perorare la causa di qlcu **2** sostenere: *plaider la légitime défense*, sostenere la legittima difesa; *plaider les circonstances atténuantes*, invocare le attenuanti.

● ***plaider*** (***non***) ***coupable***, dichiarare (non) colpevole: *son avocat a plaidé non coupable*, il suo avvocato ha impostato la difesa sulla non colpevolezza; *accusé, plaidez -vous coupable ou non coupable?*, imputato, si dichiara colpevole o innocente?

plaider-coupable [plɛdekupabl] ***n.m.invar.*** (*dir.*) patteggiamento.

plaideur [plɛdœʀ] ***n.m.*** [f. *-euse*] (*dir.*) parte (*f.*) in causa (in un processo), litigante.

plaidoirie [plɛdwaʀi] ***n.f.*** (*dir.*) arringa.

plaidoyer [plɛdwaje] ***n.m.*** arringa (*f.*) (*anche fig.*).

plaie [plɛ] ***n.f.*** **1** piaga; ferita (*anche fig.*): *plaie mortelle*, ferita mortale; *les plaies de la société*, (*fig.*) le piaghe della società; *les plaies de l'âme*, (*fig.*) le ferite dell'anima **2** (*fam.*) seccatura, rogna: *cet enfant est une véritable plaie*, quel bambino è proprio una piaga.

● ***mettre le doigt sur la plaie***, (*fig.*) mettere il dito sulla piaga | ***ne rêver que plaies et bosses***, essere uno scavezzacollo | ***retourner le couteau dans la plaie***, (*fig.*) rigirare il coltello nella piaga.

plaignant [plɛɲɑ̃] *p.pres.* di **plaindre** ♦ ***agg.*** e ***n.m.*** (*dir.*) querelante, attore.

plain-chant [plɛ̃ʃɑ̃] ***n.m.*** [pl. *plains-chants*] canto piano.

plaindre [plɛ̃dʀ] ***v.tr.*** [coniug. come *craindre*] **1** compiangere, compatire **2** (*fam.*) risparmiare: *elle ne plaint pas l'argent quand elle va en vacances*, non bada a spese quando va in vacanza ♦ **se plaindre** ***v.pron.*** **1** lamentarsi: *elle s'était plainte d'avoir été calomniée, qu'on l'ait calomniée*, si era lamentata di esser stata calunniata **2** (*dir.*) sporgere denuncia.

● ***il ne plaint pas sa peine***, non si risparmia | ***je ne le plains pas***, ben gli sta, se lo merita.

plaine [plɛn] ***n.f.*** pianura: *un pays de plaine*, una regione pianeggiante.

plain-pied, de [dəplɛ̃pje] ***avv.*** allo stesso livello (**di**): *des pièces de plain-pied avec le jardin*, stanze a livello del giardino; *être de plain-pied avec qqn*, (*fig.*) essere sullo stesso piano, alla pari con qlcu.

plaint [plɛ̃] *p.p.* di **plaindre**.

plainte [plɛ̃t] ***n.f.*** **1** lamento (*m.*), gemito (*m.*) **2** lamentela, lagnanza **3** (*dir.*) querela; denuncia.

● (*dir.*): ***plainte en diffamation***, querela per diffamazione; ***porter plainte contre qqn***, querelare, denunciare qlcu.

plaintif [plɛ̃tif] ***agg.*** [f. *-ive*] lamentoso.

plaintivement [plɛ̃tivmɑ̃] ***avv.*** lamentosamente.

plaire [plɛʀ] ***v.intr.*** [pres.indic.: *je plais, tu plais, il plaît, nous plaisons* etc.; imperf.indic.: *je plaisais* etc.; p.rem.: *je plus* etc.; fut.indic.: *je plairai* etc.; cond.: *je plairais* etc.; pres.cong.: *que je plaise* etc.; imperf.cong.: *que je plusse* etc.; p.pres.: *plaisant*; p.p.: *plu*; imp.: *plais, plaisons, plaisez*] piacere, essere gradito: *cette émission m'a plu*, questa trasmissione mi è piaciuta; *les choses qui plaisent à l'œil*, le cose gradite alla vista ♦ ***v.intr.impers.*** piacere, andare a genio: *faites ce qu'il lui plaît!*, fate co-

P

me piace a lui! ♦ **se plaire** *v.pron.* e *pron.intr.* **1** piacersi: *je me plais bien avec les cheveux coupés*, mi piaccio molto con i capelli tagliati **2** stare bene, trovarsi bene: *se plaire chez soi*, star bene a casa propria; *se plaire avec qqn*, trovarsi bene con qlcu ♦ *v.pron.rec.* piacersi: *ils se sont plu*, si sono piaciuti.
● ***plaise, plût à Dieu que***, piaccia, piacesse a Dio che | ***plaît-il?***, prego?; come ha detto? | ***se plaire à***, trovare piacere (in): *ils s'étaient plu à la taquiner*, si erano divertiti a prenderla in giro; *je me plais à croire que*, mi piace pensare che | ***s'il vous plaît***, per favore, per piacere; (*estens. iron.*) scusate se è poco, pensate un po'; (*Belgio*) prego.
■ *V.INTR.* SIN. séduire CONTR. déplaire.

NOTA Nei tempi composti ***plaire*** vuole in italiano sempre l'ausiliare *essere*:
Ce spectacle m'a beaucoup plu.
Questo spettacolo mi **è piaciuto** molto.
La pièce a plu.
Il lavoro (teatrale) **è piaciuto**.

plaisamment [plɛzamɑ̃] *avv.* **1** piacevolmente **2** in modo divertente.

plaisance [plɛzɑ̃s] *n.f.* (*antiq.*) piacere (*m.*), diletto (*m.*).
● ***de plaisance***, da diporto: (*navigation de*) *plaisance*, navigazione da diporto.

plaisancier [plɛzɑ̃sje] *n.m.* [f. *-ère*] diportista, navigatore da diporto.

plaisant [plɛzɑ̃] *p.pres.* di **plaire** ♦ *agg.* **1** piacevole, gradevole **2** divertente | *voilà qui est plaisant!*, questa è bella! ♦ *n.m.* il (lato) divertente.
● ***mot plaisant***, motto di spirito.
■ *AGG.* SIN. **1** agréable, aimable **2** amusant, drôle.

plaisanter [plɛzɑ̃te] *v.intr.* scherzare: *n'être pas d'humeur à plaisanter*, non essere in vena di scherzare ♦ *v.tr.* canzonare, burlarsi (**di**): *plaisanter qqn sur qqch*, canzonare qlcu per qlco.

plaisanterie [plɛzɑ̃tʀi] *n.f.* **1** scherzo (*m.*): *une mauvaise plaisanterie*, un brutto scherzo; *comprendre la plaisanterie*, stare allo scherzo; *il n'entend pas la plaisanterie*, non sa stare allo scherzo; *trêve de plaisanteries*, basta con gli scherzi **2** battuta (di spirito).
● ***plaisanterie de corps de garde***, battuta da caserma, volgare.

plaisantin[1] [plɛzɑ̃tɛ̃] *n.m.* buffone, pagliaccio.

plaisantin[2] *agg.* e *n.m.* piacentino.

plaisir [pleziʀ] *n.m.* **1** piacere, gioia (*f.*): *cela lui fera grand plaisir*, gli farà molto piacere **2** divertimento, diletto, piacere | *je te souhaite bien du plaisir!*, (*iron.*) buon divertimento! **3** favore, piacere: *il ne cherche qu'à faire plaisir*, fa di tutto per essere gentile.
● ***à plaisir***, a volontà; per gusto: *il y en avait à plaisir*, ce n'era a volontà; *il ment à plaisir*, mente a tutto spiano | (*comm.*) ***au plaisir de vous lire***, in attesa di un vostro cenno di riscontro | ***j'ai le plaisir de***, (*formula di cortesia*) ho il piacere di, sono lieto di | ***menus plaisirs***, capricci: *voilà de l'argent pour tes menus plaisirs*, eccoti dei soldi per i tuoi capricci | (*prov.*) ***nul plaisir sans peine***, non c'è rosa senza spine | ***pour le plaisir, par plaisir***, per diletto: *il travaille par, pour son plaisir*, lavora per diletto; *il voyage pour son plaisir*, viaggia per diporto | ***prendre plaisir*** (***à***), divertirsi (a) | ***se faire un plaisir de***, essere lieti di | ***tout le plaisir est pour moi***, (*formula di cortesia*) il piacere è tutto mio | ***un malin plaisir***, un piacere sadico: *il se fait un malin plaisir de contredire tout le monde*, si diverte a contraddire tutti.
■ SIN. **1** contentement, joie.

plaît [plɛ] → **plaire**.

plan[1] [plɑ̃] *agg.* piano ♦ *n.m.* **1** piano (*anche fig.*): *plan de travail*, piano, ripiano di lavoro **2** (*fot., cine., tv*) inquadratura (*f.*); piano; (*cine., tv*) campo: *les plans d'une séquence*, le inquadrature di una sequenza.
● ***plan d'eau***, laghetto (artificiale) | (*fot., cine., tv*): ***plan général***, campo lungo; ***plan moyen***, piano medio, figura intera | ***au premier plan***, (*fig.*) in primo piano: *au premier plan de l'actualité*, alla ribalta della cronaca; *être au premier plan*, occupare il primo posto | ***de premier plan***, di primo piano | ***de second plan***, di secondo piano, di secondaria importanza | (*fot., cine., tv*) ***gros, premier plan***, primo piano | ***sur le plan de***, sotto l'aspetto di, per quanto riguarda.

plan[2] *n.m.* **1** pianta (*f.*), piano: *le plan de la ville*, la pianta della città; *le plan d'une maison*, la pianta di una casa **2** piano; programma; progetto: *je suis sûr qu'il a son plan*, sono certo che ha un suo piano **3** piano, schema; abbozzo, canovaccio.
● (*edil.*) ***plan cadastral***, piano catastale | ***plan d'action***, piano d'azione | (*edil.*) ***plan d'aménagement du territoire***, pianificazione del territorio | (*econ., edil.*) ***plan de développement***, piano di sviluppo | ***plan d'études***, piano di studi | (*edil.*) ***plan d'occupation des sols*** (*POS*), ***plan d'urbanisme***, piano regolatore | ***plan du travail***, pianificazione del lavoro | ***en plan***: *laisser en plan*, piantare (in asso); *rester en plan*, rimanere in sospeso | ***lever les plans de***, fare il rilevamento topografico di | ***tirer des plans sur la comète***, (*fig.*) fantasticare | (*Belgio*) ***tirer son plan***, cavarsela; arrangiarsi.

planant [planɑ̃] *agg.* (*fam.*) che fa evadere dalla realtà; estasiante.

planche [plɑ̃ʃ] *n.f.* **1** tavola, asse **2** (*tip.*) cliché (*m.*); tavola, illustrazione **3** aiuola, riquadro (*m.*) (piantato a ortaggi) **4** (*argot scolastico*) lavagna; interrogazione alla lavagna **5** (*mar.*) plancia.
● (*cuc.*) ***planche à découper***, tagliere | ***planche à dessin***, tavola, tavolo da disegno | ***planche à laver***, asse per lavare | (*cuc.*): ***planche à pain***, tagliere per il pane; ***planche à pâtisserie***, asse per impastare | ***planche à repasser***, asse da stiro | (*sport*) ***planche à roulettes***, skateboard | (*sport*): ***planche à voile***, windsurf; ***planche d'appel***, pedana di salto | ***planche d'appui***, davanzale | ***planche de salut***, (*fig.*) ancora di salvezza | ***avoir du pain sur la planche***, avere molto (lavoro) da fare | ***faire la planche***, fare il morto (nuotando) | ***faire travailler la planche à billets***, fabbricare carta moneta | ***monter sur les planches***, calcare il palcoscenico, le scene.

planche-contact [plɑ̃ʃkɔ̃takt] *n.f.* [pl. *planches-contacts*] (*fot.*) provino.

plancher[1] [plɑ̃ʃe] *n.m.* **1** pavimento di legno **2** suolo **3** (*edil.*) soletta (*f.*) **4** (*aut.*) pianale, fondo (di una vettura) **5** (*econ.*) minimo.
● ***débarrasse(-moi) le plancher!***, (*fam.*) togliti dai piedi! | (*econ.*) ***le plancher des cotisations***, contributi minimi | ***le plancher des vaches***, (*scherz.*) la terraferma | (*econ.*) ***prix plancher***, prezzo minimo | (*aut.*) ***rouler pied au plancher***, (*fam.*) andare a tavoletta.

plancher[2] *v.intr.* (*argot scolastico*) essere interrogato (alla lavagna) | *plancher sur un problème*, lavorare a, riflettere su un problema.

planchette [plɑ̃ʃɛt] *n.f.* tavoletta, assicella.

planchiste [plɑ̃ʃist] *n.m.* e *f.* windsurfista.

plancton [plɑ̃ktɔ̃] *n.m.* (*biol.*) plancton.

plané [plane] *agg.* planato.
● ***vol plané***, (*fam.*) capitombolo.

P

planer [plane] *v.intr.* **1** librarsi (in aria) **2** (*estens.*) fluttuare; (*fig.*) aleggiare: *une brume légère planait sur la campagne*, una nebbia leggera fluttuava sulla campagna; *un mystère plane sur l'affaire*, un mistero aleggia sulla faccenda; *un danger plane*, incombe un pericolo **3** (*aer.*) planare **4** vivere tra le nuvole.

planétaire [planetɛʀ] *agg.* e *n.m.* (*astr., mecc.*) planetario.

planétarium [planetaʀjɔm] *n.m.* planetario.

planète [planɛt] *n.f.* pianeta (*m.*).

planeur [planœʀ] *n.m.* (*aer.*) aliante.

planeuse [planøz] *n.f.* (*mecc.*) spianatrice.

plani- *pref.* plani-.

planificateur [planifikatœʀ] *agg.* e *n.m.* [f. *-trice*] pianificatore.

planification [planifikasjɔ̃] *n.f.* pianificazione, programmazione.

planifié [planifje] *agg.* pianificato.

planifier [planifje] *v.tr.* pianificare.

planimétrie [planimetʀi] *n.f.* planimetria.

planimétrique [planimetʀik] *agg.* planimetrico.

planisphère [planisfɛʀ] *n.m.* planisfero.

planning [planiŋ] *n.m.* pianificazione (*f.*); programmazione (*f.*).

planque [plɑ̃k] *n.f.* **1** nascondiglio (*m.*); rifugio (*m.*) **2** impiego (*m.*) di tutto riposo, sinecura.

planqué [plɑ̃ke] *n.m.* e *agg.* (*fam.*) chi, che ha trovato una sinecura.

planquer [plɑ̃ke] *v.tr.* **1** (*fam.*) nascondere: *où as-tu planqué mon chapeau?*, dove hai ficcato il mio cappello? **2** mettere da parte: *il a planqué un beau petit magot*, ha messo da parte un bel gruzzolo ♦ **se planquer** *v.pron.* (*fam.*) nascondersi; imboscarsi.

plan-relief [plɑ̃ʀəljɛf] *n.m.* [pl. *plans-reliefs*] plastico, bozzetto.

plant [plɑ̃] *n.m.* piantina (*f.*) (di vivaio).

plantage [plɑ̃taʒ] *n.m.* **1** (*inform.*) piantamento **2** sbaglio, errore **3** (*Svizzera*) orticello.

plantain [plɑ̃tɛ̃] *n.m.* (*bot.*) **1** piantaggine (*f.*) **2** (*pianta*) banano (i cui frutti si mangiano cotti).

plantaire [plɑ̃tɛʀ] *agg.* plantare.

plantation [plɑ̃tasjɔ̃] *n.f.* **1** il piantare (*m.*) **2** piantagione.

● ***plantation de cheveux***, attaccatura (dei capelli) | (*teatr.*) ***plantation de décor***, allestimento scenico.

plante [plɑ̃t] *n.f.* pianta.

● (*bot.*) ***plante à fleurs, à fruits***, pianta da fiore, da frutto | (*anat.*) ***plante (du pied)***, pianta (del piede) | ***le Jardin des Plantes***, (*a Parigi*) l'Orto botanico.

planté [plɑ̃te] *agg.* **1** piantato: *une allée plantée d'arbres*, un viale alberato; *des dents bien plantées*, una solida dentatura | *les cheveux plantés bas*, l'attaccatura dei capelli bassa **2** (*fig. fam.*) impalato: *il restait planté là à me regarder*, restava lì impalato a guardarmi **3** (*inform.*) impiantato, impastato.

planter[1] [plɑ̃te] *v.tr.* **1** piantare: *planter des clous*, piantare chiodi; *planter un terrain de vigne(s)*, piantare un terreno a viti **2** piantare, mettere, porre: *il planta son chapeau sur sa tête*, (*fam.*) si ficcò il cappello in testa **3** (*fam.*) piantare (in asso): *il nous a planté tous (là)*, ci ha piantati tutti in asso ♦ **se planter** *v.pron.* e *pron.intr.* **1** piantarsi: *il se planta devant moi*, mi si piantò, mi si parò davanti **2** (*fam.*) cannare, sbagliare: *elle s'est plantée (à l'interrogation)*, ha cannato (l'interrogazione) **3** (*fam.*) schiantarsi: *se planter contre un arbre*, schiantarsi contro un albero.

● ***planter un baiser sur la joue***, (*fam.*) stampare un bacio sulla guancia | (*teatr.*) ***planter un décor***, allestire una scena.

planter[2] [plɑ̃te] *v.intr.* (*inform.*) bloccarsi, fermarsi di colpo: *mon ordi a planté*, il mio computer si è bloccato.

planteur [plɑ̃tœʀ] *n.m.* [f. *-euse*] piantatore; proprietario di piantagione.

plantigrade [plɑ̃tigʀad] *agg.* e *n.m.* (*zool.*) plantigrado.

plantoir [plɑ̃twaʀ] *n.m.* (*agr.*) piantatoio.

planton [plɑ̃tɔ̃] *n.m.* **1** (*mil.*) piantone **2** (*Africa*) fattorino **3** (*Svizzera*) piantina (*f.*) da trapiantare.

plantureusement [plɑ̃tyʀøzmɑ̃] *avv.* copiosamente, in abbondanza.

plantureux [plɑ̃tyʀø] *agg.* [f. *-euse*] **1** abbondante, copioso **2** prosperoso: *femme plantureuse*, donna prosperosa **3** fertile: *terre plantureuse*, terra fertile.

plaquage [plakaʒ] *n.m.* (*sport*) placcaggio.

plaque [plak] *n.f.* **1** lastra; piastra; placca **2** (*fot.*) lastra **3** (*med.*) placca.

● (*Svizzera*) ***plaque à gâteau***, tortiera | ***plaque chauffante***, piastra, pannello radiante | ***plaque commémorative***, targa commemorativa; lapide | ***plaque de chocolat***, tavoletta di cioccolata | ***plaque de four***, teglia da forno, leccarda | ***plaque de gazon***, zolla erbosa | ***plaque d'égout***, chiusino d'ispezione (del pozzetto di scarico) | ***plaque de marbre, de verre***, lastra di marmo, di vetro | (*med.*) ***plaque dentaire***, placca batterica (dei denti) | ***plaque de verglas***, lastra di ghiaccio | ***plaque d'identité***, piastrina di riconoscimento | (*aut.*) ***plaque d'immatriculation, plaque minéralogique***, targa (d'immatricolazione) | ***plaque électrique***, piastra elettrica | (*ferr.*) ***plaque tournante***, piattaforma girevole; (*fig.*) centro; punto di convergenza, di incontro | ***par plaques***, (*fig.*) a macchie, a chiazze.

plaqué [plake] *agg.* e *n.m.* **1** (metallo) placcato **2** (legno) impiallicciato.

● ***en plaqué or*** (o ***plaqué or***), placcato oro: *une montre en plaqué or* (o *palquée or*), un orologio placcato oro.

plaquemine [plakmin] *n.f.* (*bot.*) cachi (*m.*).
■ SIN. kaki.

plaquer [plake] *v.tr.* **1** applicare | *l'explosion l'a plaqué au mur*, l'esplosione l'ha scaraventato contro il muro **2** (*tecn.*) (*metallo*) placcare; (*legno*) impiallacciare **3** (*sport*) placcare **4** (*fam.*) piantare (in asso), mollare ♦ **se plaquer** *v.pron.intr.* appiattirsi.

FAUX AMI
Da non confondere con *placare*, che si traduce *apaiser, calmer*.

plaquette [plakɛt] *n.f.* **1** piastrina, targhetta, placchetta **2** tavoletta; panetto (*m.*) **3** (*tip.*) opuscolo (*m.*); libretto (*m.*).

● ***plaquette de beurre***, panetto di burro | ***plaquette de chocolat***, tavoletta di cioccolato | (*aut.*) ***plaquette de frein***, pastiglia dei freni | ***plaquette de pilules***, blister | (*med.*) ***plaquette sanguine***, piastrina.

plasma [plasma] *n.m.* (*scient.*) plasma.

plasmodium [plasmɔdjɔm] *n.m.* (*biol.*) plasmodio.

plastic [plastik] *n.m.* (esplosivo) plastico.

FAUX AMI
Da non confondere con *plastica*, che si traduce *plastique*.

P

plasticage [plastikaʒ] ***n.m.*** (il compiere un) attentato al plastico.

plasticien [plastisjɛ̃] ***n.m.*** [f. *-enne*] chirurgo plastico.

plasticine [plastisin] ***n.f.*** plastilina.

plasticité [plastisite] ***n.f.*** plasticità.

plastie [plasti] ***n.f.*** (*med.*) plastica.

plastifier [plastifje] ***v.tr.*** plastificare.

plastiquage [plastikaʒ] ***n.m.*** → **plasticage**.

plastique [plastik] ***agg.*** plastico ♦ ***n.m.*** (materia) plastica (*f.*) ♦ ***n.f.*** (arte) plastica; scultura.

● ***un*** (***sachet en***) ***plastique***, (*fam.*) un sacchetto di plastica.

plastiquer [plastike] ***v.tr.*** danneggiare, distruggere (con esplosivo plastico).

plastiqueur [plastikœʀ] ***n.m.*** attentatore (con plastico).

plastron [plastʀɔ̃] ***n.m.*** sparato, davantino (di camicia).

● ***plastron d'escrimeur***, piastrone (di schermidore).

plastronner [plastʀɔne] ***v.intr.*** (*fam.*) **1** gonfiare il petto **2** (*fig.*) pavoneggiarsi, darsi delle arie.

plat[1] [pla] ***agg.*** **1** piatto, piano: *surface plate*, superficie piana; *toit plat*, tetto piatto; *à fond plat*, a fondo piatto; *pieds plats*, piedi piatti | *des souliers* (*à talons*) *plats*, scarpe con il tacco basso, senza tacco **2** (*fig.*) piatto, banale, insulso: *une vie plate*, una vita monotona **3** (*fig.*) basso, servile: *être plat devant qqn*, essere servile; *il fit des plates excuses*, fece le sue umili scuse ♦ ***n.m.*** piatto, parte piatta: *le plat et le dos d'un livre*, il piatto e il dorso di un libro.

● (*mat.*) ***angle plat***, angolo piatto | ***à plat***, in piano: *poser qqch à plat*, posare qlco in piano; *être à plat*, (*di pneumatico*) essere sgonfio, a terra; (*di accumulatore*) essere scarico; (*di persona*) essere a terra, sfinito; *il faut remettre l'affaire à plat*, bisogna riconsiderare tutta la faccenda; *tomber à plat*, fare fiasco; *l'allusion est tombée à plat*, l'allusione è caduta nel vuoto | ***à plat ventre***, bocconi, a pancia in giù: *se mettre à plat ventre devant qqn*, (*fig.*) essere ossequioso | (*sport*) ***course de plat***, corsa piana, in piano | ***eau plate***, acqua naturale, non gasata | ***faire du plat à qqn***, lisciare, adulare qlcu; corteggiare (una donna) | (*nuoto*) ***faire un plat***, prendere una spanciata | (*cuc.*) ***le plat de côtes***, il biancostato | (*lett.*) ***rimes plates***, rime baciate | ***sur le plat***, in piano, nella parte pianeggiante | ***une coiffure plate***, capelli lisci.

plat[2] ***n.m.*** **1** piatto (di portata): *manger à même le plat*, mangiare direttamente dal piatto di portata **2** (*cuc.*) piatto, portata (*f.*): *goûter à tous les plats*, assaggiare un po' di tutto.

● ***plat à barbe***, catino da barba | (*cuc.*): ***plat de résistence***, piatto forte, secondo; ***plat de viande***, ***de légumes***, piatto di carne, di verdura; ***plat du jour***, piatto del giorno | ***faire tout un plat de qqch***, (*fam.*) fare una testa così per qlco | ***mettre les petits plats dans les grands***, (*fig.*) fare le cose in grande (per ricevere qlcu).

platane [platan] ***n.m.*** (*bot.*) platano.

● ***faux platane***, sicomoro.

plateau [plato] ***n.m.*** [pl. *-eaux*] **1** vassoio: *plateau à, de fromages*, piatto per i, di formaggi **2** piano, piatto; piattaforma (*f.*); pianale: *le plateau d'une table*, il piano di un tavolo; *le plateau de la balance, d'un tourne-disque*, il piatto della bilancia, di un giradischi **3** (*geol.*) piattaforma (*f.*) **4** (*geogr.*) altopiano, pianoro, tavolato **5** (*teatr.*) palcoscenico; (*cine., tv*) set **6** (*inform.*) piatto **7** (*sport*) impianto.

● ***plateau*** (***d'argent***), (*fig.*) piatto d'argento | ***plateau de chargement***, piattaforma di carico | ***plateau de pédalier***, moltiplica (della bicicletta).

plateau-repas [platoʀəpɑ] ***n.m.*** [pl. *plateaux-repas*] **1** vassoio a scomparti (nei self-service, sugli aerei ecc.) **2** il pasto così servito.

plateau-télé [platotele] ***n.m.*** [pl. *plateaux-télé*] (*fam.*) **1** vassoio a scomparti per pasto davanti alla televisione **2** pasto da mangiare davanti alla televisione.

plate-bande [platbɑ̃d] ***n.f.*** [pl. *plates-bandes*] bordura (di aiuola), aiuola.

● ***marcher sur les plates-bandes de qqn***, (*fam.*) invadere il campo di qlcu.

platée [plate] ***n.f.*** (contenuto di un) piatto (*m.*); piattone (*m.*).

plate-forme [platfɔʀm] ***n.f.*** [pl. *plates-formes*] **1** piattaforma **2** (*inform.*) piattaforma.

● (*astr.*) ***plate-forme de lancement***, piattaforma di lancio | ***plate-forme élévatrice***, carrello elevatore.

platement [platmɑ̃] ***avv.*** **1** in modo piatto, banale **2** bassamente, servilmente.

platine[1] [platin] ***n.f.*** **1** (*di giradischi*) piatto (*m.*); (*di macchina per cucire*) piastrina; (*di microscopio*) piatto (*m.*) portaoggetto **2** (*di orologio*) platina; (*di serratura*) piastra; (*di arma da fuoco*) acciarino (*m.*) **3** (*tip.*) platina **4** parlantina.

platine[2] ***n.m.*** (*chim.*) platino.

platiné [platine] ***agg.*** platinato.

platitude [platityd] ***n.f.*** **1** piattezza; banalità **2** viltà, bassezza.

platonicien [platɔnisjɛ̃] ***agg.*** e ***n.m.*** [f. *-enne*] platonico.

platonique [platɔnik] ***agg.*** platonico.

platoniquement [platɔnikmɑ̃] ***avv.*** platonicamente.

platonisme [platɔnism] ***n.m.*** platonismo.

plâtrage [plɑtʀaʒ] ***n.m.*** gesso, lavoro in gesso.

plâtras [plɑtʀɑ] ***n.m.*** calcinacci (*pl.*).

plâtre [plɑtʀ] ***n.m.*** **1** gesso: *faire un plâtre*, fare un'ingessatura **2** (*pl.*) intonaci, stuccature (*f.*) in gesso (di una costruzione).

● ***essuyer les plâtres***, (*fig. fam.*) fare le spese di qlco; andare ad abitare in una casa appena costruita | ***mettre une jambe dans le plâtre***, ingessare una gamba.

plâtrer [plɑtʀe] ***v.tr.*** **1** rivestire di gesso **2** (*med.*) ingessare.

plâtrerie [plɑtʀəʀi] ***n.f.*** **1** lavoro (*m.*) dell'intonacatore **2** fabbrica di gesso.

plâtreux [plɑtʀø] ***agg.*** [f. *-euse*] gessoso.

plâtrier [plɑtʀije] ***n.m.*** intonacatore.

plâtrière [plɑtʀijɛʀ] ***n.f.*** **1** cava di gesso **2** fornace da gesso.

plausible [plozibl] ***agg.*** plausibile.

■ **SIN.** vraisemblable, probable.

plausiblement [ploziblәmɑ̃] ***avv.*** plausibilmente.

play-back [plɛbak] ***n.m.invar.*** play-back.

plèbe [plɛb] ***n.f.*** plebe.

plébéien [plebejɛ̃] ***agg.*** e ***n.m.*** [f. *-enne*] plebeo.

plébiscitaire [plebisitɛʀ] ***agg.*** plebiscitario.

plébiscite [plebisit] ***n.m.*** plebiscito.

plébisciter [plebisite] ***v.tr.*** **1** votare mediante plebiscito **2** eleggere a stragrande maggioranza.

plectre [plɛktʀ] ***n.m.*** (*mus.*) plettro.

P

pléiade [plejad] *n.f.* pleiade.

NOTA ***La Pléiade*** è il nome della scuola poetica francese del XVI secolo che influenzò profondamente la lingua e la poesia dell'epoca, rinnovandone le fonti di ispirazione e la tecnica poetica. Alla *Pléiade* appartennero sette poeti (quante le stelle dell'omonima costellazione), di cui i maggiori esponenti furono P. de Ronsard e J. du Bellay.

plein[1] [plɛ̃] *agg.* **1** pieno: *à moitié plein*, mezzo vuoto | *une reliure pleine peau*, una rilegatura tutta pelle **2** massiccio: *un meuble en plein bois*, un mobile di legno massiccio **3** intero **4** (*di animali*) gravido, pregno ♦ *prep.* (*fam.*) in gran quantità; dovunque: *il a de l'argent plein les poches*, è ricco sfondato; *j'avais des livres plein ma chambre*, nella mia stanza c'erano libri dappertutto ♦ *avv.* molto, in gran quantità.
● ***plein d'assurance***, molto sicuro di sé | ***plein de***, (*fam.*) (*seguito da n.*) molto: *il y avait plein de monde*, c'era un sacco di gente | ***à pleines mains***, a piene mani | ***à pleines voiles***, a gonfie vele | ***à plein gosier***, a squarciagola | ***à pleins poumons***, a pieni polmoni | ***en mettre plein la vue à qqn***, cercare di far colpo su qlcu | ***en plein***, in pieno: *la lumière de la lampe tombait en plein sur la table*, la luce della lampada cadeva nel centro del tavolo; *en pleine liberté*, in tutta libertà; *en pleine saison*, in alta stagione; *en pleine obscurité*, nel buio più profondo | ***être plein***, (*fam.*) essere ubriaco | ***sonner plein***, emettere un suono sordo | ***tout plein aimable***, estremamente gentile | ***un gros plein de soupe***, (*fam.*) un grassone.
■ AGG. CONTR. **1** vide.

plein[2] *n.m.* **1** pieno | *les pleins et les déliés d'une lettre*, i pieni e i filetti di una lettera **2** culmine.
● ***battre son plein***, essere al culmine (*anche fig.*) | ***faire le plein*** (***d'essence***), fare il pieno (di benzina) | ***le plein de l'eau***, l'alta marea.

pleinement [plɛnmɑ̃] *avv.* pienamente, completamente.

plein-emploi [plɛnɑ̃plwa] *n.m.invar.* (*econ.*) pieno impiego, piena occupazione (*f.*).

plein-temps [plɛ̃tɑ̃] *n.m.invar.* tempo pieno.
● ***travailler à plein-temps***, lavorare a tempo pieno.

pléistocène [pleistɔsɛn] *n.m.* (*geol.*) pleistocene ♦ *agg.* (*geol.*) pleistocenico.

plénier [plenje] *agg.* [f. *-ère*] plenario.

plénipotentiaire [plenipɔtɑ̃sjɛʀ] *agg.* e *n.m.* plenipotenziario.

plénitude [plenityd] *n.f.* pienezza, compiutezza.

pléonasme [pleɔnasm] *n.m.* pleonasmo.

NOTA Esempi di ***pléonasmes*** sono: *descendre en bas*, scendere giù; *sortir dehors*, uscir fuori; *un petit détail*, un piccolo dettaglio.

pléonastique [pleɔnastik] *agg.* pleonastico.

pléthore [pletɔʀ] *n.f.* pletora.

pléthorique [pletɔʀik] *agg.* pletorico.

pleur [plœʀ] *n.m.* (*letter.*) (*spec. pl.*) pianto, lacrime (*f.pl.*).

pleural [plœʀal] *agg.* [pl. *-aux*] (*anat.*) pleurico.

pleurard [plœʀaʀ] *agg.* piagnucoloso ♦ *n.m.* piagnucolone.

pleurer [plœʀe] *v.intr.* piangere ♦ *v.tr.* **1** piangere **2** (*fam.*) risparmiare: *il ne pleure pas sa peine*, non si risparmia.
● ***pleurer après qqch***, (*fam.*) piagnucolare per avere qlco | ***c'est Jean qui pleure et Jean qui rit***, passa con facilità dal pianto al riso.

pleurésie [plœʀezi] *n.f.* (*med.*) pleurite essudativa.

pleureur [plœʀœʀ] *agg.* [f. *-euse*] piagnucoloso, lamentoso.
● (*bot.*) ***saule pleureur***, salice piangente.

pleureuse [plœʀøz] *n.f.* (*st.*) prefica.

pleurite [plœʀit] *n.f.* (*med.*) pleurite secca.

pleurnicher [plœʀniʃe] *v.intr.* piagnucolare.

pleurnicherie [plœʀniʃʀi] *n.f.* piagnucolio (*m.*).

pleurnicheur [plœʀniʃœʀ] *agg.* [f. *-euse*] piagnucoloso ♦ *n.m.* piagnucolone, frignone.

pleurote [plœʀɔt] *n.m.* (*bot.*) gelone.

pleut [plø] → **pleuvoir**.

pleutre [pløtʀ] *n.m.* codardo.

pleutrerie [pløtʀəʀi] *n.f.* vigliaccheria.

pleuvasser [plœvase] **pleuviner** [plœvine] *v.intr.impers.* piovigginare.

pleuvoir [pløvwaʀ] *v.intr.impers.* [pres.indic.: *il pleut*; imperf.: *il pleuvait*; p.rem.: *il plut*; fut.indic.: *il pleuvra*; cond.: *il pleuvrait*; pres.cong.: *qu'il pleuve*; imperf.cong.: *qu'il plût*; p.pres.: *pleuvant*; p.p.: *plu*] piovere: *il a plu toute la journée*, è piovuto tutto il giorno; *s'il vient, s'il venait à pleuvoir*, se piovesse, se dovesse piovere ♦ *v.intr.* (*fig.*) piovere: *les critiques pleuvent*, fioccano le critiche.
● ***il pleut à seaux***, ***à torrents***, piove a dirotto, a catinelle.

pleuvra [pløvʀa] → **pleuvoir**.

plèvre [plɛvʀ] *n.f.* (*anat.*) pleura.

plexus [plɛksys] *n.m.* (*anat.*) plesso.

pli [pli] *n.m.* **1** piega (*f.*) **2** (*di abito, tessuto ecc.*) piega (*f.*), grinza (*f.*) **3** (*di capelli*) onda (*f.*) **4** plico (postale) **5** (*alle carte*) presa (*f.*).
● (*abbigl.*): ***pli couché***, piega piatta; ***pli creux***, sfondo piega; ***pli plat***, cannone; ***pli rond***, cannoncino; ***faux pli***, grinza | ***mise en plis***, messa in piega | ***ne pas faire un pli***, (*fig.*) non fare una piega, una grinza: *ton raisonnement ne fait pas un pli*, (*fig.*) il tuo ragionamento non fa una grinza | ***prendre de mauvais plis, un mauvais pli***, (*fig.*) prendere brutte abitudini, una brutta piega | ***prendre un bon pli***, (*fig.*) prendere una buona piega | ***sous plis séparé***, in plico a parte.

pliable [plijabl] *agg.* pieghevole.

pliage [plijaʒ] *n.m.* piegatura (*f.*).

pliant [plijɑ̃] *agg.* pieghevole ♦ *n.m.* seggiolino pieghevole.

plie [pli] *n.f.* (*zool.*) passera di mare.

plier [plije] *v.tr.* piegare (*anche fig.*) | *plier la tête*, chinare la testa (*anche fig.*) ♦ *v.intr.* piegarsi (*anche fig.*): *plier sous le poids de ses responsabilités*, essere oppresso dal peso delle proprie responsabilità ♦ **se plier** *v.pron.* e *pron.intr.* piegarsi.

plieuse [plijøz] *n.f.* (*tip.*) piegatrice.

plint [plɛ̃t] *n.m.* (*sport*) plinto.

plinthe [plɛ̃t] *n.f.* **1** (*arch.*) plinto (*m.*) **2** (*edil.*) (*di parete*) zoccolo (*m.*).

pliocène [plijɔsɛn] *n.m.* (*geol.*) pliocene ♦ *agg.* (*geol.*) pliocenico.

plissage [plisaʒ] *n.m.* pieghettatura (*f.*).

plissé [plise] *agg.* **1** pieghettato **2** (*geol.*) corrugato ♦ *n.m.* (*abbigl.*) plissé, serie (*f.*) di pieghe.

plissement [plismɑ̃] *n.m.* **1** pieghettatura (*f.*) **2** (*geol.*) corrugamento.

plisser [plise] ***v.tr.*** **1** pieghettare **2** corrugare: *plisser les yeux*, strizzare gli occhi ♦ ***v.intr.*** pieghettarsi ♦ **se plisser** ***v.pron.intr.*** corrugarsi.

pliure [plijyʀ] ***n.f.*** piegatura.

ploc [plɔk] ***onom.*** ciaf, splash.

ploiement [plwamɑ̃] ***n.m.*** piegamento.

plomb [plɔ̃] ***n.m.*** **1** piombo **2** (*pezzetto di piombo*) piombo, piombino **3** (*elettr.*) fusibile: *les plombs ont sauté*, sono saltate le valvole **4** (*tip.*) composizione (*f.*), piombo.

● (*mar.*) ***plomb de sonde***, scandaglio a piombo | ***fil à plomb***, filo a piombo | ***gros plomb***, (*da caccia*) pallettone | ***ne pas avoir de plomb dans la tête***, (*fig.*) essere sventato | ***petit plomb***, (*da caccia*) pallino | ***tomber à plomb***, cadere a picco.

plombage [plɔ̃baʒ] ***n.m.*** **1** piombatura (*f.*) **2** (*di dente*) otturazione (*f.*).

plombagine [plɔ̃baʒin] ***n.f.*** (*min.*) piombaggine.

plombé [plɔ̃be] ***agg.*** **1** piombato **2** (*di dente*) otturato **3** (*colore*) plumbeo.

plomber [plɔ̃be] ***v.tr.*** **1** piombare, impiombare **2** (*dente*) otturare ♦ **se plomber** ***v.pron.intr.*** diventare plumbeo.

plomberie [plɔ̃bʀi] ***n.f.*** **1** lavori (*m.pl.*) idraulici **2** tubazioni (*pl.*) (di acqua o gas).

plombier [plɔ̃bje] ***n.m.*** idraulico.

plombières [plɔ̃bjɛʀ] ***n.f.pl.*** (*gelato*) cassata (*sing.*).

plombifère [plɔ̃bifɛʀ] ***agg.*** piombifero.

plonge [plɔ̃ʒ] ***n.f.*** (*al ristorante*) lavaggio (*m.*) dei piatti: *faire la plonge*, lavare i piatti.

plongé [plɔ̃ʒe] ***agg.*** immerso: *plongé dans la lecture*, assorto nella lettura.

plongeant [plɔ̃ʒɑ̃] ***agg.*** rivolto verso il basso.

● ***décolleté plongeant***, scollatura vertiginosa | (*mil.*) ***tir plongeant***, tiro dall'alto | ***vue plongeante***, vista dall'alto; (*cine.*) ripresa dall'alto.

plongée [plɔ̃ʒe] ***n.f.*** **1** immersione; tuffo (*m.*) **2** visione dall'alto; (*cine.*) ripresa dall'alto.

plongeoir [plɔ̃ʒwaʀ] ***n.m.*** (*per tuffi*) trampolino.

plongeon[1] [plɔ̃ʒɔ̃] ***n.m.*** tuffo.

● ***faire le plongeon***, (*fig. fam.*) fallire (finanziariamente).

plongeon[2] ***n.m.*** (*zool.*) tuffolo, strogala (*f.*).

plonger [plɔ̃ʒe] ***v.tr.*** [coniug. come *manger*] **1** tuffare, immergere (*anche fig.*): *plonger qqn dans le désespoir*, gettare qlcu nella disperazione; *plonger dans le ravissement*, mandare in estasi **2** affondare: *il plongea ses mains dans ses poches*, affondò le mani nelle tasche ♦ ***v.intr.*** **1** tuffarsi, immergersi (*anche fig.*): *elle a plongé*, si è tuffata, immersa **2** (*di sguardo*) spingersi **3** (*di uccello, aereo*) calare, scendere in picchiata: *l'avion plonge*, l'aereo scende in picchiata **4** (*estens.*) (*finanziariamente*) fallire ♦ **se plonger** ***v.pron.*** immergersi (*anche fig.*).

plongeur [plɔ̃ʒœʀ] ***n.m.*** [f. *-euse*] **1** tuffatore **2** sommozzatore **3** (*di ristorante*) lavapiatti, sguattero.

● ***plongeur bouteille***, sommozzatore con autorespiratore.

plot [plo] ***n.m.*** (*elettr.*) morsetto.

● ***plot (de contact)***, piastrina di contatto.

plouc [pluk] ***agg.*** (*fam.*) rozzo ♦ ***n.m.*** (*fam.*) buzzurro, cafone.

plouf [pluf] ***onom.*** pluf.

ploutocrate [plutɔkʀat] ***n.m.*** e ***f.*** plutocrate.

ploutocratie [plutɔkʀasi] ***n.f.*** plutocrazia.

ploutocratique [plutɔkʀatik] ***agg.*** plutocratico.

ployer [plwaje] ***v.tr.*** [coniug. come *employer*] (*letter.*) piegare; curvare: *ployer la tête*, (*anche fig.*) chinare la testa ♦ ***v.intr.*** (*letter.*) piegarsi; curvarsi.

plu [ply] *p.p.* di **plaire** e di **pleuvoir**.

PLU [ply] ***n.m.*** (*Sigla di* Plan Local d'Urbanisme) piano regolatore.

pluches [plyʃ] ***n.f.pl.*** (*fam.*) (*spec. di patate*) bucce.

pluie [plɥi] ***n.f.*** pioggia.

● ***faire la pluie et le beau temps***, (*fig.*) fare il bello e il cattivo tempo | ***parler de la pluie et du beau temps***, parlare del più e del meno.

plumage [plymaʒ] ***n.m.*** piumaggio.

plumard [plymaʀ] ***n.m.*** (*fam.*) letto.

plumarder, se [plymaʀde] ***v.pron.*** andare a dormire, andare a letto.

plume [plym] ***n.f.*** **1** (*di uccello*) penna **2** piuma: *oreiller de plume, de plumes*, cuscino di piume **3** pennino (*m.*) **4** (*per scrivere*) penna.

● (*zool.*) ***plume marine***, pennatula | ***plumes rectrices***, penne timoniere | ***gibier à plume***, selvaggina da penna | ***léger comme une plume***, leggero come una piuma | ***mettre la main à la plume***, prendere carta e penna | ***nom de plume***, nome d'arte, pseudonimo | (*boxe*) ***poids plume***, peso piuma | ***voler dans les plumes à qqn***, (*fam.*) scagliarsi contro qlcu | ***y laisser des plumes***, (*fig.*) lasciarci le penne.

plumeau [plymo] ***n.m.*** [pl. *-eaux*] (*per spolverare*) piumino.

plumer [plyme] ***v.tr.*** spennare (*anche fig.*).

plumet [plymɛ] ***n.m.*** pennacchio.

plumier [plymje] ***n.m.*** (*per penne, matite ecc.*) astuccio.

plumitif [plymitif] ***n.m.*** **1** (*di sentenze ecc.*) minuta (*f.*) **2** (*fam. spreg.*) scribacchino.

plumon [plymɔ̃] ***n.m.*** (*Svizzera, region.*) piumino, piumone (da letto).

plupart, la [laplypaʀ] ***n.f.*** la maggior parte; i più (*m. pl.*): *la plupart du temps il voyage*, viaggia per la maggior parte del tempo; *la plupart manquent du nécessaire*, i più mancano del necessario.

NOTA Seguito da un nome plurale, ***la plupart de*** si accorda al plurale:

La plupart de mes amis sont mariés.
La maggior parte dei miei amici è sposata.

Usato con una parola al singolare, di significato non numerabile, si accorda al singolare:

La plupart de sa fortune a été consacrée au jeu.
La maggior parte della sua fortuna è stata dedicata al gioco.

plural [plyʀal] ***agg.*** [pl. *-aux*] plurimo.

pluralisme [plyʀalism] ***n.m.*** pluralismo.

pluraliste [plyʀalist] ***agg.*** pluralistico ♦ ***n.m.*** e ***f.*** pluralista.

pluralité [plyʀalite] ***n.f.*** pluralità.

pluri- ***pref.*** pluri-.

pluriannuel [plyʀianɥɛl] ***agg.*** [f. *-elle*] pluriennale.

pluridimensionnel [plyʀidimɑ̃sjɔnɛl] ***agg.*** [f. *-elle*] pluridimensionale.

pluriel [plyʀjɛl] ***n.m.*** e ***agg.*** [f. *-elle*] plurale.

■ CONTR. singulier.

NOTA Il ***pluriel*** delle parole francesi di origine italiana è in genere regolarmente formato con la ***s***: *des concertos, des paninis, des divas, des pizzas, des mozzarellas.* Alcune parole formano anche il singolare sul plurale italiano: *j'ai mangé un panini à midi*, 'ho mangiato un panino caldo a pranzo'. Per spaghetti si trovano sia *des spaghetti* sia *des spaghettis*. L'unica parola per la quale il plurale rispetta la variazione italiana tra ***o*** e ***i*** è *scénario* (sceneggiatura), di cui il plurale colto è *des scenari*, ma si usa anche *des scénarios*.

pluriethnique [plyʀiɛtnik] *agg.* multietnico, plurietnico.

plurilinguisme [plyʀilɛ̃gɥism] *n.m.* plurilinguismo.

plurinominal [plyʀinɔminal] *agg.* [pl. *-aux*] plurinominale.

plurivalent [plyʀivalɑ̃] *agg.* plurivalente.

plus[1] [ply; plyz *davanti a vocale o* h *muta*; plys *nel significato* 5, *davanti a* que *non restrittivo e generalmente alla fine di un gruppo di parole*] *avv.* **1** (*compar. di maggioranza*) più: *plus habile qu'intelligent*, più abile che intelligente; *ce médicament est plus efficace que l'autre*, questa medicina è più efficace dell'altra; *pas plus riche que toi*, non più ricco di te; *il n'y a pas plus exigeant que lui*, non c'è nessuno più esigente di lui; *deux fois plus grand*, grande il doppio; *plus loin qu'on ne croyait*, più lontano di quanto si credesse; *plus qu'il ne faudrait*, più di quanto fosse necessario, opportuno; *rien n'est plus facile que de s'en rendre compte personnellement*, niente di più facile che rendersene conto di persona; *il se sentait plus tranquille d'avoir avoué sa faute*, si sentiva più tranquillo per (il fatto di) aver confessato la sua colpa **2** (*compar. di maggioranza, quando il 2° termine è sottinteso*) di più: *il a mangé trois gâteaux et moi encore plus*, ha mangiato tre dolci e io ancora di più; *"Tu as moins de livres que moi!" "Non, plus!"*, "Hai meno libri di me!" "No, di più!"; *il ne pouvait faire plus*, non poteva fare di più **3** (*superl. rel.*) più: *le plus grand théâtre, le théâtre le plus grand du monde*, il più grande teatro del mondo; *le livre que j'aime le plus*, il libro che più mi piace, che mi piace di più **4** (*in proposizioni negative e in correlazione con un* que *restrittivo*) più: *il n'osait plus parler*, non osava più parlare; *il n'y a plus personne*, non c'è più nessuno; *il est resté seul: plus de parents, plus d'amis*, è rimasto solo: non più parenti, non più amici; *il ne me reste plus qu'une page à lire*, mi resta solo una pagina da leggere **5** (*addizione*) più: *trois plus deux font cinq*, tre più due fa cinque; *cinquante euros plus les frais de transport*, cinquanta euro più le spese di trasporto; *il fait plus trois (degrés)*, ci sono tre gradi (sopra zero) **6** (*correlativo*) più: *plus je regarde ce tableau, moins je l'aime*, più guardo quel quadro, meno mi piace; *plus j'y pense, plus j'en suis certain*, più ci penso più ne sono certo.

● ***plus de***, (*compar., seguito da n.*) più; (*seguito da num.*) più di: *il a plus d'ennemis que d'amis*, ha più nemici che amici; *il y en avait plus de trente*, ce n'erano più di trenta | ***plus du tout***, non più, niente affatto | ***plus on en a, plus on en veut***, più si ha più si vorrebbe | ***plus ou moins***, più o meno | ***bien plus***, ancor meglio, ancor più: *on dit qu'il est intelligent, bien plus je dirais qu'il est génial*, dicono che è intelligente, io direi addirittura che è un genio | ***de plus en plus***, sempre più: *il gagne de plus en plus*, guadagna sempre di più | ***en plus***, in più: *il y a quatre personnes en plus*, ci sono quattro persone in più; *vous ne travaillez pas et en plus vous m'empêchez de travailler*, non lavorate e in più non mi lasciate lavorare | ***en plus de***, oltre a: *en plus de son travail il donne des leçons*, oltre al suo lavoro dà lezioni | ***il y a plus***, c'è di più, c'è dell'altro, c'è di peggio | ***le plus que***, tutto quello che, il massimo che: *le plus que je puisse vous dire*, tutto quello che posso dirvi | ***non plus*** → non | ***ni plus ni moins***, né più né meno | ***pour ne pas dire plus***, per non dire altro | ***qui plus est***, inoltre, per di più | ***sans plus***, (senza) niente di più | ***tant et plus***, abbondantemente | ***(tout) au plus***, tutt'al più.

□ **de plus** **1** (in) più, (di) più: *il avait trois ans de plus que moi*, aveva tre anni più di me; *pas une seconde de plus*, non un secondo di più; *une heure de plus une heure de moins*, ora più, ora meno; *raison de plus pour*, ragione di più per **2** inoltre, per di più: *et de plus, il eut le courage de me mentir*, e per di più ha avuto il coraggio di mentirmi.

NOTA Quando ***plus*** ha significato negativo, il verbo è preceduto da *ne*, ma non seguito da *pas*.

plus[2] *n.m.* **1** (*mat.*) (segno) più **2** (*estens.*) punto in più (a favore), quid in più.

plusieurs [plyzjœʀ] *agg.indef.pl.* parecchi, diversi, più: *pendant plusieurs semaines*, durante, per parecchie settimane; *à plusieurs reprises*, a più riprese ♦ *pron.indef.pl.* parecchi, diversi, vari: *plusieurs de mes amies*, parecchie, diverse mie amiche; *plusieurs d'entre eux, d'entre elles*, parecchi, parecchie di loro; *plusieurs l'ont dit avant toi*, altri l'hanno detto prima di te.

plus-que-parfait [plyskəpaʀfɛ] *n.m.* (*gramm.*) trapassato prossimo, piuccheperfetto.

plus-value [plyvaly] *n.f.* [pl. *plus-values*] (*econ.*) plusvalore (*m.*).

plut [ply] → **plaire, pleuvoir**.

plutonium [plytɔnjɔm] *n.m.* (*chim.*) plutonio.

plutôt [plyto] *avv.* **1** piuttosto, di preferenza: *je voudrais plutôt écouter de la musique*, vorrei piuttosto ascoltare un po' di musica **2** piuttosto, alquanto: *il est plutôt riche*, è piuttosto ricco.

● ***plutôt que***, piuttosto che; più che: *je préfère avaler ce médicament plutôt que d'avoir le mal de mer*, preferisco prendere questa medicina piuttosto che soffrire il mal di mare; *on le craint plutôt qu'on ne l'estime*, lo temono più che stimarlo.

pluvial [plyvjal] *agg.* [pl. *-aux*] **1** pluviale **2** piovano: *eau pluviale*, acqua piovana.

pluvier [plyvje] *n.m.* (*zool.*) piviere.

pluvieux [plyvjø] *agg.* [f. *-euse*] piovoso.

pluviomètre [plyvjɔmɛtʀ] *n.m.* pluviometro.

pluviométrique [plyvjɔmetʀik] *agg.* pluviometrico.

pluviôse [plyvjoz] *n.m.* (*st.*) piovoso (quinto mese del calendario rivoluzionario, dal 20-21 gennaio al 18-19 febbraio).

pluviosité [plyvjozite] *n.f.* piovosità.

PMR [peɛmɛʀ] *n.f.* (*sigla di* Personne à Mobilité Réduite) persona a mobilità ridotta.

pneu [pnø] *n.m.* [pl. *pneus*] **1** pneumatico, gomma (*f.*) **2** lettera (*f.*) inoltrata per posta pneumatica.

pneumatique [pnømatik] *agg.* pneumatico ♦ *n.m.* lettera (*f.*) trasmessa per posta pneumatica.

pneumologie [pnømɔlɔʒi] *n.f.* (*med.*) pneumologia.

pneumonie [pnømɔni] *n.f.* (*med.*) polmonite.

pneumothorax [pnømɔtɔʀaks] *n.m.* (*med.*) pneumotorace.

PNJ [peɛnʒi] *n.m.* (*Internet*) (*sigla di* Personnage Non -Joueur) attore non recitante.

poc [pɔk] *n.m.* (*fam.*) colpo, ammaccatura (*f.*): *il y a un petit poc sur la voiture*, c'è una lieve ammaccatura sulla macchina.

pochade [pɔʃad] *n.f.* **1** (*pitt.*) schizzo (*m.*) **2** (*lett.*) pochade, commedia brillante.

pochard [pɔʃaʀ] *agg.* (*fam.*) sbronzo ♦ *n.m.* (*fam.*) ubriacone.

poche [pɔʃ] *n.f.* 1 tasca 2 sacco (*m.*); sacca; borsa (*anche estens.*): *poche en papier*, sacchetto di carta; *mon pantalon fait des poches aux genoux*, i calzoni mi fanno delle borse al ginocchio 3 (*anat., zool.*) borsa.
● (*cuc.*) ***poche à douille***, tasca per pasticceria | (*mil.*) ***poche de résistance***, sacca di resistenza | (*anat.*) ***poche des eaux***, ***amniotique***, borsa delle acque, sacco amniotico | (*zool.*) ***poche ventrale***, marsupio | ***avoir des poches sous les yeux***, avere le borse sotto gli occhi | ***c'est dans la poche!***, (*fam.*) è fatta! | ***connaître comme sa poche***, conoscere come le proprie tasche | ***de poche***, da tasca, tascabile | ***de sa poche***, di tasca propria: *j'en suis de ma poche*, ci rimetto di tasca mia | ***ne pas avoir sa langue dans sa poche***, aver la lingua sciolta.

pocher [pɔʃe] *v.tr.* 1 ammaccare: *pocher un œil à qqn*, fare un occhio nero a qlcu 2 (*pitt.*) schizzare 3 (*cuc.*) cuocere in acqua o brodo bollente | *œuf poché*, uovo affogato, in camicia.

pochette [pɔʃɛt] *n.f.* 1 (*di carta o stoffa*) busta, bustina: *pochette d'allumettes*, bustina di fiammiferi 2 cartelletta 3 (*di dischi*) custodia 4 (*per scolari*) astuccio 5 fazzoletto (*m.*) da taschino 6 borsettina, bustina da sera.

pochette-surprise [pɔʃɛtsyʀpʀiz] *n.f.* [pl. *pochettes -surprises*] busta sorpresa.

pochoir [pɔʃwaʀ] *n.m.* sagoma (*f.*) forata (per disegnare o dipingere).

pochon [pɔʃɔ̃] *n.m.* borsettina (*f.*) a sacchetto.

pochothèque [pɔʃɔtɛk] *n.f.* libreria o reparto (*m.*) di libreria di libri solo tascabili.

podagre [pɔdagʀ] *n.f.* (*med.*) podagra.

podalique [pɔdalik] *agg.* (*med.*) podalico.

podiatre [pɔdjatʀ] *n.m.* e *f.* (*Canada*) podologo/a.

podium [pɔdjɔm] *n.m.* podio.

podologue [pɔdɔlɔg] *n.m.* e *f.* podologo/a.

poêle[1] [pwal] *n.m.* drappo funebre.

poêle[2] *n.m.* 1 stufa (*f.*) 2 (*Canada*) cucina (*f.*) economica.

poêle[3] *n.f.* 1 padella: *poêle à frire*, padella per friggere 2 (*fam.*) antenna parabolica, padella.

poêler [pwale] *v.tr.* cuocere in padella.

poêlon [pwalɔ̃] *n.m.* tegame in terracotta o metallo a bordo basso (spec. per fonduta).

poème [pɔɛm] *n.m.* 1 poesia (*f.*), carme 2 poema.
● (*mus.*) ***poème symphonique***, poema sinfonico.

poésie [pɔezi] *n.f.* poesia.

poète [pɔɛt] *n.m.* poeta.
● (***femme***) ***poète***, poetessa.

poétesse [pɔetɛs] *n.f.* poetessa (*anche spreg.*).

poétique[1] [pɔetik] *agg.* poetico.

poétique[2] *n.f.* poetica.

poétiquement [pɔetikmɑ̃] *avv.* poeticamente.

poétiser [pɔetize] *v.tr.* 1 rendere poetico 2 idealizzare.

pognon [pɔɲɔ̃] *n.m.* (*fam.*) grana (*f.*), soldi (*pl.*).

poids [pwɑ] *n.m.* peso (*anche fig.*): *vendre au poids*, vendere a peso; *prendre, perdre du poids*, crescere, diminuire di peso; *être un poids pour qqn*, essere di peso a qlcu.
● (*sport*) ***poids et haltères***, sollevamento pesi | (*boxe*) ***poids léger***, ***moyen***, ***lourd***, peso leggero, medio, massimo | ***poids lourd***, camion | ***poids public***, pesa pubblica | ***poids utile***, carico utile | ***de poids***, (*fig.*) di (un certo) peso, importante: *argument de poids*, argomentazione di un certo peso; *personne de poids*, persona autorevole | ***de peu de poids***, (*fig.*) di poca importanza | ***faire le poids***, (*fig.*) essere all'altezza, reggere il confronto | (*sport*) ***lancement du poids***, lancio del peso | ***tomber de tout son poids***, cadere di peso.

poignant [pwaɲɑ̃] *agg.* cocente, straziante.

poignard [pwaɲaʀ] *n.m.* pugnale: *coup de poignard*, pugnalata.

poignarder [pwaɲaʀde] *v.tr.* 1 pugnalare 2 (*fig.*) straziare, tormentare.

poigne [pwaɲ] *n.f.* 1 stretta (della mano) 2 (*fig.*) polso (*m.*), energia 3 (*estens.*) mano (*m.*): *pour ce travail il faut la poigne d'un homme*, per questo lavoro ci vuole la mano di un uomo.
● ***homme à poigne***, uomo di polso.

poignée [pwaɲe] *n.f.* 1 manciata, pugno (*m.*): *une poignée de cerises*, una manciata di ciliegie; *une poignée de sel*, un pugno di sale; *une poignée d'herbe*, un ciuffo d'erba; *une poignée de cheveux*, un ciuffo, una ciocca di capelli 2 (*di persone*) piccolo numero (*m.*), pugno (*m.*): *une poignée d'hommes*, un pugno d'uomini 3 manico (*m.*) 4 (*di porta ecc.*) maniglia 5 (*di spada ecc.*) impugnatura 6 (*per pentole*) presa, presina 7 (*di bicicletta ecc.*) manopola: *poignée de frein*, leva del freno.
● ***poignée de main***, stretta di mano | ***à***, ***par poignées***, a piene mani.

poigner [pwaɲe] *v.tr.* (*Canada*) (*fam.*) 1 prendere, beccare, beccarsi: *poigner l'autobus*, prendere l'autobus; *poigner une contravention*, beccarsi una multa; *poigner la trentaine*, avere compiuto trent'anni 2 finire (**contro**): *poigner un arbre*, sbattere contro un albero ♦ *v.intr.* incollare, attaccare (*anche fig.*): *arrête de pleurer, ça ne poigne pas avec moi!*, smettila di piangere, con me non attacca!; *une chanson qui poigne beaucoup*, una canzone orecchiabile; *la tempête poigne*, la tempesta infuria ♦ **se poigner** *v.pron.intr.* 1 aggrapparsi (**a**): *se poigner après qqch*, aggrapparsi a qlco 2 incontrarsi; scontrarsi (*anche sport*): *se poigner avec son voisin*, accapigliarsi con il vicino ♦ *v.pron. indiretto* schiacciarsi: *se poigner le doigt dans la porte*, schiacciarsi il dito nella porta.
● ***poigner les nerfs***, andare su tutte le furie | ***se faire poigner***, farsi fregare.

poignet [pwaɲɛ] *n.m.* 1 polso 2 (*abbigl.*) polsino.
● (*sport*) ***poignet de force***, fermapolso (per lottatori, tennisti ecc.) | ***à la force des poignets***, a forza di braccia; (*fig.*) con le proprie forze.

poil [pwal] *n.m.* 1 pelo: *dans le sens du poil*, nel verso del pelo | *les poils d'une brosse*, le setole di una spazzola 2 (*zool.*) pelo, pelame, manto.
● ***au poil***, (*fam.*) alla perfezione: *c'est au poil!*, è magnifico, splendido! | ***à poil***, (*scherz.*) nudo: *être à poil*, essere nudo; *se mettre à poil*, denudarsi | ***à un poil près***, (*fam.*) per un pelo | ***de tout poil***, ***de tous poils***, di ogni genere, di ogni risma: *gens de tout poil, de tous poils*, gente di ogni risma | ***être de bon***, ***de mauvais poil***, (*fam.*) essere di buon umore, di cattivo umore | ***il s'en est fallu d'un poil***, (*fam.*) c'è mancato un pelo | ***monter un cheval à poil***, cavalcare a pelo | ***reprendre du poil de la bête***, (*fam.*) riprendere le forze | ***tomber sur le poil***, (*fam.*) avventarsi contro qlcu.

poilant [pwalɑ̃] *agg.* (*molto fam.*) spassoso.

poil-de-carotte [pwaldəkaʀɔt] *agg.invar.* (*fam.*) pel di carota (di capelli di un rosso vivo).

poiler, se [səpwale] *v.pron.intr.* (*molto fam.*) spanciarsi (dalle risate).

poilu [pwaly] *agg.* peloso ♦ *n.m.* (*fam.*) poilu (soldato francese della prima guerra mondiale).
■ *AGG.* CONTR. glabre.

P

poinçon [pwɛ̃sɔ̃] ***n.m.*** **1** (*mecc.*) punzone **2** bulino **3** marchio.

poinçonnage [pwɛ̃sɔnaʒ] **poinçonnement** [pwɛ̃sɔnmɑ̃] ***n.m.*** **1** (*mecc.*) punzonatura (*f.*) **2** (*di biglietti*) foratura (*f.*).

poinçonner [pwɛ̃sɔne] ***v.tr.*** **1** (*mecc.*) punzonare; stampigliare **2** (*biglietti*) forare.

poinçonneur [pwɛ̃sɔnœʀ] ***n.m.*** [f. *-euse*] **1** (*mecc.*) punzonatore **2** (*di biglietti*) addetto alla foratura.

poinçonneuse [pwɛ̃sɔnøz] ***n.f.*** (*mecc.*) (macchina) punzonatrice.

poindre [pwɛ̃dʀ] ***v.intr.*** [coniug. come *joindre*; usato spec. alla 3ª pers.] (*letter.*) spuntare.

poing [pwɛ̃] ***n.m.*** pugno.
● ***au poing***, in pugno | ***caméscope de poing***, videocamera portatile | ***coup de poing***, (colpo dato con il) pugno: *donner des coups de poing à qqn*, prendere qlcu a pugni; *se battre à coups de poing*, fare a pugni | ***coup de poing (américain)***, (arma) tirapugni, pugno di ferro | ***dormir à poings fermés***, dormire profondamente.

point[1] [pwɛ̃] ***n.m.*** **1** punto (*anche fig.*) **2** grado, limite, punto **3** (*cucito*) punto: *mettre un point*, dare un punto **4** (*med.*) dolore, fitta (*f.*) **5** (*inform.*) punto.
● ***point accueil***, centro d'accoglienza | (*gramm.*) ***point à la ligne***, punto e a capo | ***point cadeau***, punto regalo (da accumulare) | (*inform.*) ***point d'accès***, punto d'accesso; ***point de branchement***, punto di salto | (*med.*) ***point de côté***, pleuralgia, dolore pleurico | (*sport*) ***point de penalty***, dischetto del rigore | (*aer.*) ***point de rencontre***, terminal passeggeri | (*inform.*): ***point de reprise***, punto di riversamento, di ripresa; ***point d'implantation***, punto d'implementazione | ***point mort***, punto morto: (*aut.*) *être au point mort*, essere in folle | ***point par point***, punto per punto | ***à point (nommé)***, al momento opportuno | ***au dernier point***, al limite: *je suis exaspéré au dernier point*, sono al limite della sopportazione | ***au point du jour***, allo spuntar del giorno | ***bon, mauvais point***, punto a favore, a sfavore; (*a scuola*) punto di merito, nota di demerito: *un bon, un mauvais point pour qqn*, un punto a favore, a sfavore di qlcu | ***cuit à point***, cotto a puntino | ***de tout, en tout point***, di tutto punto | ***en tous points***, in tutto e per tutto | ***être mal en point***, essere mal ridotto | ***être sur le point de***, essere sul punto di, stare per | ***mettre au point***, mettere a punto; (*fot.*) mettere a fuoco | ***mise au point***, messa a punto (*anche fig.*) | ***un point c'est tout***, (*fig.*) punto e basta.

□ **point de vue** ***n.m.*** **1** punto di vista (*anche fig.*): *de ce point de vue*, da questo punto di vista, sotto questa angolazione; *au point de vue santé*, dal punto di vista della salute; *à tout point de vue*, da ogni punto di vista **2** punto panoramico.

> **NOTA** Sul sagrato di *Notre-Dame*, considerato il cuore della Francia, si trova un medaglione con una stella di bronzo che rappresenta ***le point zéro***, 'il punto zero' da cui partono tutte le strade di Francia.

point[2] → **poindre**.

point[3] ***avv.*** (*letter.*) affatto, punto: *il n'a point d'argent, d'amis*, non ha (affatto) denaro, amici.
● ***point du tout***, niente affatto.

pointage [pwɛ̃taʒ] ***n.m.*** **1** (*mil.*) puntamento **2** controllo, verifica (*f.*); spunta (*f.*): *pointage d'une liste*, spunta di una lista **3** (*inform.*) puntamento: *dispositif de pointage*, cursore di puntamento.
● ***carte de pointage***, cartellino marcatempo (dei lavoratori).

pointe [pwɛ̃t] ***n.f.*** **1** punta (*anche fig.*): *sur la pointe des pieds*, in punta di piedi **2** punta, pizzico (*m.*) (*anche fig.*): *une pointe de moutarde*, una puntina di senape; *une pointe d'ironie*, un pizzico d'ironia **3** (*mil.*) attacco (*m.*); puntata (*anche fig.*) **4** (*fam.*) frecciata, allusione maligna **5** triangolo (*m.*) (per fasciare i neonati) **6** (*arch.*) cuspide.
● (*med.*) ***pointe de feu***, termocauterio | (*sport*) ***pointe de vitesse***, scatto di velocità | ***pointe sèche***, (punta per incisione a) puntasecca | ***à la pointe du jour***, sul far del giorno | ***chaussures à pointes***, scarpette da atletica | ***en pointe***, a punta | ***faire des pointes***, danzare sulle punte | ***heures de pointe***, ore di punta | ***pousser une pointe***, attaccare; fare una puntata, spingersi: *pousser une pointe vers les lignes ennemies*, fare una puntata offensiva contro le linee nemiche; *pousser une pointe jusqu'à*, spingersi fino a | ***recherches de pointe***, (*fig.*) ricerche avanzate | (*aut.*) ***vitesse de pointe***, velocità massima.

pointeau [pwɛ̃to] ***n.m.*** [pl. *-eaux*] **1** (*tecn.*) punteruolo **2** (*mecc.*) valvola (*f.*) a spillo (del carburatore).

pointer[1] [pwɛ̃te] ***v.tr.*** **1** spuntare; (*estens.*) verificare **2** puntare; mirare (**a**): *pointer le canon*, puntare il cannone; *pointer le cochonnet*, mirare al pallino (alle bocce) **3** (*cucito*) imbastire ♦ ***v.intr.*** timbrare il cartellino: *il pointe à huit heures*, timbra (il cartellino) alle otto ♦ **se pointer** ***v.pron.*** **1** dirigersi **2** (*fam.*) arrivare.
● (*mar.*) ***pointer la carte***, fare il punto | ***pointer le personnel***, controllare automaticamente l'orario di entrata e uscita del personale.

pointer[2] ***v.tr.*** **1** rizzare **2** aguzzare, far la punta (**a**) ♦ ***v.intr.*** **1** (*di uccelli*) spiccare il volo, librarsi in aria **2** (*di cavalli*) impennarsi **3** (*fig.*) innalzarsi, elevarsi verso l'alto **4** spuntare, cominciare a nascere: *l'aube pointe*, spunta l'alba; *le blé pointe déjà*, il grano spunta già; *les arbres pointent au dessus des toits*, gli alberi spuntano sopra i tetti.

pointeur [pwɛ̃tœʀ] ***n.m.*** [f. *-euse*] **1** (*mil.*) puntatore **2** controllore marcatempo **3** (*sport*) chi segna i punti, il punteggio **4** (*fam.*) stupratore **5** (*inform.*) puntatore.

pointeuse [pwɛ̃tøz] ***n.f.*** orologio (*m.*) marcatempo.

pointillé [pwɛ̃tije] ***n.m.*** linea (*f.*) punteggiata.

pointiller [pwɛ̃tije] ***v.tr.*** e ***intr.*** punteggiare.

pointilleux [pwɛ̃tijø] ***agg.*** [f. *-euse*] meticoloso, esigente.

pointillisme [pwɛ̃tijism] ***n.m.*** (*pitt.*) pointillisme, puntinismo.

pointu [pwɛ̃ty] ***agg.*** **1** appuntito, aguzzo; (*fig.*) spigoloso: *nez pointu*, naso a punta; *caractère pointu*, carattere spigoloso **2** (*di suono*) stridulo, acuto: *voix pointue*, voce stridula **3** (*di accento, pronunzia ecc.*) stretto **4** (*fig.*) di punta, superspecializzato.

pointure [pwɛ̃tyʀ] ***n.f.*** (*di scarpe, guanti, cappelli ecc.*) numero (*m.*), misura: *quelle est votre pointure?*, che numero porta?

point-virgule [pwɛ̃viʀgyl] ***n.m.*** [pl. *points-virgules*] punto e virgola.

poire [pwaʀ] ***n.f.*** **1** pera **2** (*oggetto*) pera, peretta **3** (*fam.*) faccia, muso **4** (*fig. fam.*) tonto (*m.*), pollo (*m.*).
● ***poire (électrique)***, interruttore a pera | (*med.*) ***poire à injections***, peretta | ***couper la poire en deux***, (*fig.*) venire a un compromesso | ***garder une poire pour la soif***, (*fig.*) mettere da parte qlco per i momenti di bisogno | ***(perle en) poire***, perla a goccia.

poiré [pwaʀe] ***n.m.*** sidro di pere.

poireau [pwaʀo] ***n.m.*** [pl. *-eaux*] (*bot.*) porro.
● ***faire le poireau***, (*fam.*) aspettare a lungo.

P

poireauter [pwaʀote] ***v.intr.*** (*fam.*) aspettare un bel po'.

poirier [pwaʀje] ***n.m.*** pero.
● (*ginnastica*) ***faire le poirier***, fare la verticale.

pois [pwa] ***n.m.*** **1** (*bot.*) pisello **2** (*estens.*) pois, pallino.
● (*bot.*) ***pois de senteur***, pisello odoroso | (*cuc.*) ***pois cassés***, mezzi piselli (secchi); ***petits pois***, piselli (freschi).

poiscaille [pwaskaj] ***n.f.*** (*fam.*) pesce (*m.*).

poison [pwazɔ̃] ***n.m.*** **1** veleno (*anche fig.*) **2** (*fam.*) peste (*f.*): *quel poison cette femme!*, (*fam.*) che peste quella donna! **3** (*fam.*) scocciatura (*f.*).
■ **SIN. 1** venin.

poisse [pwas] ***n.f.*** (*fam.*) scalogna, iella.

poisser [pwase] ***v.tr.*** impiastrare: *se poisser les mains avec du chocolat*, impiastricciarsi le mani di cioccolato.

poisseux [pwasø] ***agg.*** [f. *-euse*] appiccicoso.

poisson [pwasɔ̃] ***n.m.*** **1** pesce **2** (*astr.*) *Poissons*, Pesci.
● (*zool.*): ***poisson-chat***, pesce gatto; ***poisson-lune***, pesce luna; ***poisson-perroquet***, pesce pappagallo; ***posson-scie***, pesce sega | ***être comme un poisson dans l'eau***, (*fig.*) essere nel proprio elemento | ***marchand de poisson***, pescivendolo.

NOTA La tradizione di fare scherzi o attaccare falsi ***poissons*** sulla schiena delle persone il 1º di aprile nasce dal fatto che, in Francia, è questa la data ufficiale di chiusura della pesca, per proteggere il periodo di riproduzione della fauna ittica.

poissonnerie [pwasɔnʀi] ***n.f.*** pescheria.

poissonneux [pwasɔnø] ***agg.*** [f. *-euse*] pescoso.

poissonnier [pwasɔnje] ***n.m.*** [f. *-ère*] pescivendolo.

poissonnière [pwasɔnjɛʀ] ***n.f.*** (*cuc.*) pesciera.

poitevin [pwatvɛ̃] ***agg.*** del Poitou; di Poitiers.

poitrail [pwatʀaj] ***n.m.*** **1** (*di cavallo ecc.*) petto **2** (*di cavallo*) pettorale **3** (*edil.*) architrave **4** (*fam.*) torace.

poitrinaire [pwatʀinɛʀ] ***agg.*** e ***n.m.*** (*antiq.*) tisico.

poitrine [pwatʀin] ***n.f.*** **1** petto (*m.*): *serrer contre sa poitrine*, stringere al petto **2** seno (*m.*), petto (*m.*) **3** (*cuc.*) (punta di) petto.
● (*cuc.*) ***poitrine fumée***, pancetta affumicata | (*med.*) ***angine de poitrine***, angina pectoris | ***tour de poitrine***, circonferenza toracica.

poivrade [pwavʀad] ***n.f.*** (*cuc.*) salsa, pinzimonio (*m.*) al pepe.

poivre [pwavʀ] ***n.m.*** pepe.
● ***cheveux poivre et sel***, capelli sale e pepe, brizzolati.

poivrer [pwavʀe] ***v.tr.*** pepare.

poivrier [pwavʀije] ***n.m.*** **1** (pianta del) pepe **2** (*cuc.*) macinapepe.

poivrière [pwavʀijɛʀ] ***n.f.*** **1** piantagione di pepe **2** (*cuc.*) pepaiola **3** (*arch.*) garitta, torretta d'angolo.

poivron [pwavʀɔ̃] ***n.m.*** peperone.

poivrot [pwavʀo] ***n.m.*** (*fam.*) ubriacone, beone.

poix [pwa] ***n.f.*** pece.

poker [pɔkɛʀ] ***n.m.*** poker: *jouer au poker*, giocare a poker.
● ***poker d'as***, poker coi dadi.

polaire [pɔlɛʀ] ***agg.*** polare ♦ ***n.f.*** (*mat.*) polare.
● (*astr.*) (***étoile***) ***polaire***, stella polare | ***laine polaire***, pile.

polar [pɔlaʀ] ***n.m.*** (*fam.*) (libro, film) giallo.

polarisation [pɔlaʀizasjɔ̃] ***n.f.*** polarizzazione.

polariser [pɔlaʀize] ***v.tr.*** polarizzare ♦ **se polariser** ***v.pron.intr.*** polarizzarsi, focalizzarsi.

polariseur [pɔlaʀizœʀ] ***agg.*** e ***n.m.*** polarizzatore.

polarité [pɔlaʀite] ***n.f.*** polarità.

pôle [pol] ***n.m.*** polo.
● (*econ.*) ***pôle de croissance***, polo di sviluppo.

polémique [pɔlemik] ***agg.*** polemico ♦ ***n.f.*** polemica.

polémiquer [pɔlemike] ***v.intr.*** polemizzare.

polémiste [pɔlemist] ***n.m.*** e ***f.*** polemista.

polenta [pɔlɛnta] ***n.f.*** **1** polenta (di mais) **2** (*Corsica*) polenta di farina di castagne.

poli[1] [pɔli] ***agg.*** **1** levigato, liscio **2** lucido ♦ ***n.m.*** **1** levigatezza (*f.*) **2** lucentezza (*f.*).

poli[2] ***agg.*** educato, cortese, gentile.

police[1] [pɔlis] ***n.f.*** polizia.
● ***police de la route***, (polizia) stradale | ***police secours***, pronto intervento | ***faire la police***, mantenere l'ordine | ***poste de police***, commissariato | ***tribunal de police***, pretura.

FAUX AMI Da non confondere con *pollice*, che si traduce *pouce*.

police[2] ***n.f.*** (*comm.*) polizza.

policer [pɔlise] ***v.tr.*** [coniug. come *placer*] (*letter.*) civilizzare, incivilire.

polichinelle [pɔliʃinɛl] ***n.m.*** **1** pulcinella (*anche fig.*) **2** burattinaio (*anche fig.*).
● ***avoir un polichinelle dans le tiroir***, (*fam.*) essere incinta.

policier [pɔlisje] ***agg.*** [f. *-ère*] poliziesco ♦ ***n.m.*** poliziotto.
● ***chien policier***, cane poliziotto | ***roman, film policier***, romanzo, film poliziesco, giallo.

policlinique [pɔliklinik] ***n.m.*** poliambulatorio.

poliment [pɔlimɑ̃] ***avv.*** educatamente, cortesemente.

polio[1] [pɔljo] ***n.f.*** abbr. di **poliomyélite**.

polio[2] ***n.m.*** e ***f.*** abbr. di **poliomyélitique**.

poliomyélite [pɔljɔmjelit] ***n.f.*** (*med.*) poliomielite.

poliomyélitique [pɔljɔmjelitik] ***agg.*** e ***n.m.*** e ***f.*** poliomielitico/a.

polir [pɔliʀ] ***v.tr.*** levigare; lucidare; (*metalli*) brunire: *polir son style*, (*fig. letter.*) forbire il proprio stile.
● ***polir à l'émeri***, smerigliare.

polissage [pɔlisaʒ] ***n.m.*** (*tecn.*) levigazione (*f.*); (*metall.*) brunitura (*f.*).

polisseuse [pɔlisøz] ***n.f.*** (*macchina*) lucidatrice; levigatrice.

polisson [pɔlisɔ̃] ***agg.*** [f. *-onne*] audace, spinto ♦ ***n.m.*** birichino.

polissonnerie [pɔlisɔnʀi] ***n.f.*** **1** birichinata **2** atto (*m.*), discorso (*m.*) spinto.

politesse [pɔlitɛs] ***n.f.*** **1** buona educazione; cortesia, gentilezza **2** gentilezza; atto (*m.*), parola gentile.
● ***brûler la politesse à qqn***, piantare in asso qlcu | ***échange de politesses***, scambio di convenevoli | ***formules de politesse***, formule di cortesia.

politicard [pɔlitikaʀ] ***agg.*** e ***n.m.*** (*spreg.*) (da) politicante.

politicien [pɔlitisjɛ̃] ***n.m.*** [f. *-enne*] politico ♦ ***agg.*** (*spreg.*) da politicante.
● ***politique politicienne***, (*spreg.*) politica da politicanti.

politique[1] [pɔlitik] ***agg.*** e ***n.m.*** politico.

politique[2] ***n.f.*** politica.
● ***politique de l'entreprise***, politica aziendale | ***politique étrangère***, politica estera | ***se conduire avec politique***, comportarsi con astuzia.

P

politiquement [pɔlitikmɑ̃] ***avv.*** politicamente; dal punto di vista politico.
politisation [pɔlitizasjɔ̃] ***n.f.*** politicizzazione.
politiser [pɔlitize] ***v.tr.*** politicizzare.
politologue [pɔlitɔlɔg] ***n.m.*** e ***f.*** politologo/a.
polka [pɔlka] ***n.f.*** polca, polka (musica e danza).
● ***pain polka***, pane piatto con la crosta incisa a losanga.
pollen [pɔlɛn] ***n.m.*** (*bot.*) polline.
pollinisation [pɔlinizasjɔ̃] ***n.f.*** (*bot.*) impollinazione.
polluant [pɔlɥɑ̃] ***agg.*** e ***n.m.*** inquinante.
polluer [pɔlɥe] ***v.tr.*** inquinare (*anche fig.*).
pollueur [pɔlɥœʀ] ***agg.*** e ***n.m.*** [f. *-euse*] inquinante.
pollueur-payeur [pɔlɥœʀpɛjœʀ] ***n.m.*** [pl. *pollueurs -payeurs*] inquinatore-pagatore: *principe du pollueur -payeur*, principio del "paghi chi inquina".
pollution [pɔl/ysjɔ̃] ***n.f.*** inquinamento (*m.*).
● ***pollution atmosphérique***, inquinamento atmosferico | (*med.*) ***pollution nocturne***, polluzione notturna.
polo [pɔlo] ***n.m.*** **1** (*sport*) polo **2** (*abbigl.*) polo (*f.*).
polochon [pɔlɔʃɔ̃] ***n.m.*** (*fam.*) traversino; cuscino.
polonais [pɔlɔnɛ] ***agg.*** polacco ♦ ***n.m.*** (*lingua*) polacco.
Polonais ***n.m.*** (*abitante*) polacco.
● ***soûl, ivre comme un Polonais***, ubriaco fradicio.
polonaise [pɔlɔnɛz] ***n.f.*** **1** (*mus.*) polacca **2** (*cuc.*) polonaise (dolce meringato).
poltron [pɔltʀɔ̃] ***agg.*** e ***n.m.*** [f. *-onne*] vigliacco, codardo; pauroso.
■ **SIN.** lâche.

FAUX AMI
Da non confondere con *poltrone*, che si traduce *paresseux, fainéant*.

poltronnerie [pɔltʀɔnʀi] ***n.f.*** vigliaccheria, codardia.
poly [pɔli] ***n.m.*** (*abbr. di* polycopié) **1** ciclostilato **2** (*fam. estens.*) dispensa (*f.*) (universitaria) **3** (*gergo scolastico*) appunti (*pl.*) fotocopiati.
P
poly- ***pref.*** poli-.
polyamide [pɔliamid] ***n.f.*** (*chim.*) poliammide.
● ***résines de polyamide***, resine poliammidiche.
polyandre [pɔliɑ̃dʀ] ***agg.*** (*bot.*) poliandro.
polyandrie [pɔliɑ̃dʀi] ***n.f.*** (*bot., sociol.*) poliandria.
polyarthrite [pɔliaʀtʀit] ***n.f.*** (*med.*) poliartrite.
polycentrique [pɔlisɑ̃tʀik] ***agg.*** policentrico.
polycentrisme [pɔlisɑ̃tʀism] ***n.m.*** policentrismo.
polychrome [pɔlikʀom] ***agg.*** policromo, policromatico.
polychromie [pɔlikʀomi] ***n.f.*** policromia.
polyclinique [pɔliklinik] ***agg.*** e ***n.f.*** policlinico (*m.*).
polycopie [pɔlikɔpi] ***n.f.*** (stampa a) ciclostile.
polycopié [pɔlikɔpje] ***agg.*** e ***n.m.*** ciclostilato.
● (*cours*) ***polycopié***, dispensa.
polycopier [pɔlikɔpje] ***v.tr.*** ciclostilare.
polyculture [pɔlikyltyʀ] ***n.f.*** (*agr.*) policoltura, coltura mista.
polyèdre [pɔljɛdʀ] ***n.m.*** (*mat.*) poliedro.
polyédrique [pɔliedʀik] ***agg.*** poliedrico.
polyester [pɔliɛstɛʀ] ***n.m.*** (*chim.*) poliestere.
polyéthylène [pɔlietilɛn] ***n.m.*** (*chim.*) polietilene.
polygame [pɔligam] ***agg.*** e ***n.m.*** e ***f.*** poligamo/a.
polygamie [pɔligami] ***n.f.*** poligamia.
polygamique [pɔligamik] ***agg.*** poligamico.
polyglotte [pɔliglɔt] ***agg.*** e ***n.m.*** e ***f.*** poliglotta.
polygonal [pɔligɔnal] ***agg.*** [pl. *-aux*] poligonale.
polygone [pɔligɔn] ***n.m.*** poligono.
● (*mil.*) ***polygone*** (***de tir***), poligono (di tiro).
polygraphe [pɔligʀaf] ***n.m.*** e ***f.*** poligrafo/a.
polyhandicapé [pɔliɑ̃dikape] ***agg.*** e ***n.m.*** polihandicappato.
polymère [pɔlimɛʀ] ***agg.*** e ***n.m.*** (*chim.*) polimero.
polymérisation [pɔlimeʀizasjɔ̃] ***n.f.*** (*chim.*) polimerizzazione.
polymorphe [pɔlimɔʀf] ***agg.*** (*scient.*) polimorfo.
polymorphisme [pɔlimɔʀfism] ***n.m.*** polimorfismo.
polynésien [pɔlinezjɛ̃] ***agg.*** [f. *-enne*] polinesiano.
polynôme [pɔlinom] ***n.m.*** (*mat.*) polinomio.
polype [pɔlip] ***n.m.*** (*zool., med.*) polipo.
polyphasé [pɔlifɑze] ***agg.*** (*elettr.*) polifase.
polyphonie [pɔlifɔni] ***n.f.*** (*mus.*) polifonia.
polyphonique [pɔlifɔnik] ***agg.*** (*mus.*) polifonico.
polyptyque [pɔliptik] ***n.m.*** (*pitt.*) polittico.
polysémie [pɔlisemi] ***n.f.*** (*ling.*) polisemia.
polystyrène [pɔlistiʀɛn] ***n.m.*** polistirolo.
polysyllabe [pɔlisil/ab] ***agg.*** e ***n.m.*** (*gramm.*) polisillabo.
polytechnicien [pɔlitɛknisjɛ̃] ***n.m.*** [f. *-enne*] allievo dell'École Polytechnique di Parigi.
polytechnique [pɔlitɛknik] ***agg.*** politecnico.

NOTA L'***École polytechnique***, fondata nel 1794 a Parigi, è un istituto di insegnamento superiore che forma dirigenti di ambito scientifico, tecnico ed economico destinati a svolgere funzioni negli apparati statali civili e militari francesi. È una delle *Grandes Écoles*, dipende dal Ministero della Difesa ed è soprannominata l'*x*. L'allievo o ex allievo è familiarmente chiamato *pipo*; *la botte* è il gruppo di allievi uscito dalla scuola con il miglior punteggio.

polythéisme [pɔliteism] ***n.m.*** politeismo.
polythéiste [pɔliteist] ***agg.*** politeistico, politeista ♦ ***n.m.*** e ***f.*** politeista.
polytoxicomanie [pɔlitɔksikɔmani] ***n.f.*** uso di più droghe diverse.
polytransfusé [pɔlitʀɑ̃sfyze] ***agg.*** e ***n.m.*** (*med.*) politrasfuso.
polyuréthan(n)e [pɔliyʀetan, pɔljyʀetan] ***n.m.*** (*chim.*) poliuretano.
polyvalence [pɔlivalɑ̃s] ***n.f.*** polivalenza.
polyvalent [pɔlivalɑ̃] ***agg.*** polivalente, multifunzionale.
● ***centre polyvalent***, centro polivalente | (*Canada*) (***école***) ***polyvalente***, istituto superiore pubblico per l'insegnamento generale e professionale | ***Inspecteur polyvalent***, controllore fiscale.
polyvinyle [pɔlivinil] ***n.m.*** (*chim.*) polivinile.
pomélo [pɔmelo] ***n.m.*** pompelmo (rosa).
pommade [pɔmad] ***n.f.*** pomata.
● ***passer de la pommade à qqn***, (*fam.*) adulare, lisciare qlcu.
pommadé [pɔmade] ***agg.*** impomatato.
pommader [pɔmade] ***v.tr.*** impomatare.
pomme [pɔm] ***n.f.*** **1** mela **2** (*estens.*) pomo (*m.*), pomello (*m.*): *la pomme d'une canne*, il pomo di un bastone **3** (*di annaffiatoio, doccia*) cipolla **4** (*di cavolo, insalata ecc.*) cuore (*m.*).

● ***pomme d'api***, mela appiola | ***pomme de pin***, pigna | ***aux pommes***, (*fam.*) coi fiocchi | ***haut comme trois pommes***, alto come un soldo di cacio | (*anat.*) ***la pomme d'Adam***, il pomo d'Adamo | ***la pomme de discorde***, (*fig.*) il pomo della discordia | ***ma, ta... pomme***, (*fam.*) io, tu... | ***tomber dans les pommes***, (*fam.*) svenire.

pommé [pɔme] ***agg.*** di forma rotonda e compatta.
● ***un chou bien pommé***, un cavolo bello sodo | ***laitue bien pommée***, lattuga ben chiusa.

pommeau [pɔmo] ***n.m.*** [pl. *-eaux*] pomo, pomolo.

pomme (de terre) [pɔmdətɛʀ] ***n.f.*** patata.
● (*Belgio, cuc.*) ***pomme pétée***, patata cotta nella brace | (*cuc.*): ***pommes à l'huile***, insalata di patate; ***pommes de terre au four***, patate al forno; ***pommes de terre en robe des champs***, patate bollite (con la buccia); ***pommes frites, vapeur***, patate fritte, al vapore; ***bifteck aux pommes***, bistecca con patate.

pommelé [pɔmle] ***agg.*** pomellato.
● ***ciel pommelé***, cielo a pecorelle.

pommeler, se [səpɔmle] ***v.pron.intr.*** [coniug. come *appeler*] (*del cielo*) farsi a pecorelle.

pommer [pɔme] ***v.intr.*** (*di cavolo, insalata ecc.*) accestire.

pommeraie [pɔmʀɛ] ***n.f.*** meleto (*m.*).

pommette [pɔmɛt] ***n.f.*** zigomo (*m.*), pomello (*m.*).

pommier [pɔmje] ***n.m.*** (*bot.*) melo.

pompage [pɔ̃paʒ] ***n.m.*** pompaggio.

pompe[1] [pɔ̃p] ***n.f.*** pompa, fasto (*m.*), sfarzo (*m.*).
● ***avec pompe***, con fasto, sfarzo | ***en grande pompe***, (*iron.*) in pompa magna | ***service de pompes funèbres***, impresa di pompe funebri.

pompe[2] ***n.f.*** **1** (*tecn.*) pompa **2** (*pl.*) (*fam.*) scarpe **3** (*fam.*) (*ginnastica*) flessione sulle braccia.
● ***pompe à eau, à essence***, pompa dell'acqua, della benzina | ***pompe à incendie***, pompa antincendio | ***pompe d'arrosage***, pompa per irrigazione | ***à toute pompe***, (*fam.*) a tutta birra | ***coup de pompes***, (*fam.*) calcio | ***marcher à côté de ses pompes***, essere fuori fase, spiazzato | ***un coup de pompe***, (*fam.*) una botta di stanchezza.

pompé [pɔ̃pe] ***agg.*** (*fam.*) cotto, spompato.

pompéien [pɔ̃pejɛ̃] ***agg.*** [f. *-enne*] pompeiano.

pomper [pɔ̃pe] ***v.tr.*** **1** pompare, aspirare **2** assorbire **3** (*fam.*) scolarsi **4** (*fam.*) sfinire, spompare **5** (*fam.*) scopiazzare.
● ***pomper l'air à qqn***, (*fam.*) scocciare qlcu.

pompette [pɔ̃pɛt] ***agg.*** (*fam.*) brillo.

pompeusement [pɔ̃pøzmɑ̃] ***avv.*** pomposamente.

pompeux [pɔ̃pø] ***agg.*** [f. *-euse*] pomposo.

pompier[1] [pɔ̃pje] ***n.m.*** pompiere, vigile del fuoco.

pompier[2] ***agg.*** [f. *-ère*] enfatico.

pompiste [pɔ̃pist] ***n.m.*** e ***f.*** benzinaio/a.

pompon [pɔ̃pɔ̃] ***n.m.*** pompon; nappa (*f.*).
● ***c'est le pompon!***, (*fam.*) è il colmo! | (*bot.*) ***rose pompon***, rosa pompon | ***tenir, avoir le pompon***, (*fam.*) avere la meglio.

pomponner [pɔ̃pɔne] ***v.tr.*** agghindare, infiocchettare ♦ **se pomponner** ***v.pron.*** agghindarsi, mettersi in ghingheri.

ponçage [pɔ̃saʒ] ***n.m.*** pomiciatura (*f.*).

ponce [pɔ̃s] ***n.f.*** (*min.*) pomice.
● ***pierre ponce***, pietra pomice.

ponceau [pɔ̃so] ***n.m.*** [pl. *-eaux*] (*bot.*) papavero, rosolaccio ♦ ***agg.invar.*** rosso vivo.

poncer [pɔ̃se] ***v.tr.*** [coniug. come *placer*] levigare con la pomice.

ponceuse [pɔ̃søz] ***n.f.*** smerigliatrice.

poncif [pɔ̃sif] ***n.m.*** luogo comune, idea (*f.*) stereotipata.

ponction [pɔ̃ksjɔ̃] ***n.f.*** **1** (*med.*) puntura (esplorativa); siringatura **2** (*fig.*) (*di denaro*) salasso (*m.*), prelevamento (*m.*).
● (*med.*) ***ponction lombaire***, puntura lombare.

ponctionner [pɔ̃ksjɔne] ***v.tr.*** **1** (*med.*) praticare una puntura (esplorativa) (**a**); siringare **2** (*fig.*) prelevare (denaro) dal conto (**di**), salassare.

ponctualité [pɔ̃ktɥalite] ***n.f.*** puntualità.

ponctuation [pɔ̃ktɥasjɔ̃] ***n.f.*** (*gramm.*) punteggiatura, interpunzione.

> **NOTA** I nomi dei segni di ***ponctuation*** sono:
> *accolades* **{ }** (parentesi graffe)
> *barre oblique* o *slash* **/** (barra)
> *crochets* **[ ]** (parentesi quadre)
> *deux points* **:** (due punti)
> *guillemets* **« »** (virgolette)
> *parenthèses* **()** (parentesi tonde)
> *point* **.** (punto)
> *point d'exclamation* **!** (punto esclamativo)
> *point d'interrogation* **?** (punto interrogativo)
> *points de suspension* **...** (puntini di sospensione)
> *point-virgule* **;** (punto e virgola)
> *souligné* ___ (sottolineato)
> *tiret* **-** (lineetta, trattino)
> *virgule* **,** (virgola).

ponctué [pɔ̃ktɥe] ***agg.***
● ***mal ponctué***, con una cattiva punteggiatura.

ponctuel [pɔ̃ktɥɛl] ***agg.*** [f. *-elle*] **1** puntuale **2** meticoloso **3** (*fig.*) circostanziato, puntuale **4** (*scient.*) puntiforme.

ponctuellement [pɔ̃ktɥɛlmɑ̃] ***avv.*** puntualmente.

ponctuer [pɔ̃ktɥe] ***v.tr.*** **1** punteggiare, sottolineare **2** (*gramm.*) mettere la punteggiatura (**a**).

pondaison [pɔ̃dɛzɔ̃] ***n.f.*** epoca in cui gli uccelli depongono le uova.

pondérable [pɔ̃deʀabl] ***agg.*** ponderabile.

pondération [pɔ̃deʀasjɔ̃] ***n.f.*** ponderazione, ponderatezza; equilibrio (*m.*).

pondéré [pɔ̃deʀe] ***agg.*** ponderato; equilibrato.

pondérer [pɔ̃deʀe] ***v.tr.*** [coniug. come *céder*] ponderare; equilibrare.

pondéreux [pɔ̃deʀø] ***agg.*** ponderoso ♦ ***n.m.pl.*** merci (*f.*) pesanti.

pondeur [pɔ̃dœʀ] ***agg.*** [f. *-euse*] ovaiolo.
● (***poule***) ***pondeuse***, gallina ovaiola.

pondoir [pɔ̃dwaʀ] ***n.m.*** nido (per deporre le uova).

pondre [pɔ̃dʀ] ***v.tr.*** [coniug. come *rendre*] **1** deporre le uova **2** (*fam.*) produrre, sfornare (un'opera letteraria ecc.).

pondu [pɔ̃dy] *p.p.* di **pondre**.

ponette [pɔnɛt] ***n.f.*** femmina del pony.

poney [pɔnɛ] ***n.m.*** (*zool.*) pony.

pongé [pɔ̃ʒe] ***n.m.*** taffetà di seta.

pongiste [pɔ̃ʒist] ***n.m.*** e ***f.*** giocatore/trice di ping-pong.

pont [pɔ̃] ***n.m.*** **1** ponte **2** (*mar.*) ponte, coperta (*f.*).
● ***pont aérien***, ponte aereo | ***pont aux ânes***, (*fig.*) banalità, luogo comune | ***pont basculant***, ponte levatoio | ***pont de***

chargement, piattaforma, ponte di caricamento | ***pont roulant***, gru a ponte, carroponte | ***pont suspendu***, ponte sospeso | ***couper les ponts***, (*fig.*) tagliare i ponti | ***faire le pont***, (*fig.*) fare il ponte (tra due giorni festivi); (*ginnastica*) fare il ponte | ***faire un pont d'or à qqn***, far ponti d'oro a qlcu | ***il coulera de l'eau sous les ponts***, passerà molta acqua sotto i ponti, passerà molto tempo | ***se porter comme le Pont Neuf***, (*fam.*) stare d'incanto, godere di ottima salute | ***(service des) Ponts et Chaussées***, Genio Civile: *École des Ponts et Chaussées*, la 'Grande École' che forma gli ingegneri civili | (*mar.*): ***sous le pont***, sottocoperta; ***sur le pont***, sopraccoperta.

pontage [pɔ̃taʒ] ***n.m.*** (*med.*) by-pass.

pont-bascule [pɔ̃baskyl] ***n.m.*** [pl. *ponts-bascules*] (*tecn.*) bilancia (*f.*) a bilico, stadera (*f.*).

ponte[1] [pɔ̃t] ***n.f.*** **1** deposizione delle uova **2** (produzione di) uova (*pl.*), covata **3** epoca della deposizione delle uova.
● (*med.*) ***ponte ovulaire***, ovulazione.

FAUX AMI
Da non confondere con l'italiano *ponte*, che si traduce *pont*.

ponte[2] ***n.m.*** (*fam.*) pezzo grosso, alto papavero.

ponté [pɔ̃te] ***agg.*** (*mar.*) pontato.

ponter[1] [pɔ̃te] ***v.intr.*** (*nei giochi d'azzardo*) puntare.

ponter[2] ***v.tr.*** **1** (*mar.*) pontare; munire di ponte **2** (*med.*) fare un by-pass.

pontet [pɔ̃tɛ] ***n.m.*** paragrilletto (di arma da fuoco).

pontife [pɔ̃tif] ***n.m.*** **1** pontefice **2** (*fam.*) padreterno.
● (*eccl.*) ***le souverain pontife***, il Sommo Pontefice.

pontifiant [pɔ̃tifjɑ̃] ***agg.*** (*fam.*) pontificante.

pontifical [pɔ̃tifikal] ***agg.*** [pl. *-aux*] (*eccl.*) pontificale; pontificio ♦ ***n.m.*** (*eccl.*) pontificale.

pontificat [pɔ̃tifika] ***n.m.*** pontificato.

pontifier [pɔ̃tifje] ***v.intr.*** pontificare (*spec. fig.*).

pont-l'évêque [pɔ̃levɛk] ***n.m.invar.*** formaggio vaccino (dell'omonima località in Normandia).

pont-levis [pɔ̃lvi] ***n.m.*** [pl. *ponts-levis*] ponte levatoio.

pontoisien [pɔ̃twazjɛ̃] ***agg.*** [f. *-enne*] di Pontoise.

ponton [pɔ̃tɔ̃] ***n.m.*** **1** pontile **2** piattaforma (*f.*) galleggiante **3** pontone, barcone.

pont-promenade [pɔ̃pʀɔmnad] ***n.m.*** [pl. *ponts-promenade(s)*] (*mar.*) ponte di passeggiata.

pope [pɔp] ***n.m.*** (*eccl.*) pope.

popeline [pɔplin] ***n.f.*** (*tess.*) popelin (*m.*).

popof [pɔpɔf] ***n.m.*** (*fam.*) russo.

popote [pɔpɔt] ***n.f.*** **1** (*fam.*) il mangiare, la pappa **2** (*argot mil.*) mensa ♦ ***agg.invar.*** (*fam.*) casalingo.
● ***être popote***, (*fam.*) essere tutto casa e famiglia | ***faire la popote***, (*fam.*) far da mangiare.

popotin [pɔpɔtɛ̃] ***n.m.*** (*fam.*) il didietro.
● ***se manier le popotin***, (*fig.*) darsi una mossa.

popu [pɔpy] ***agg.*** (*fam.*) → **populaire**.

populace [pɔpylas] ***n.f.*** (*spreg.*) plebaglia, volgo (*m.*).

populacier [pɔpylasje] ***agg.*** [f. *-ère*] volgare, plebeo.

populaire [pɔpylɛʀ] ***agg.*** **1** popolare **2** popolano, popolaresco.
■ CONTR. **1** impopulaire.

populairement [pɔpylɛʀmɑ̃] ***avv.*** popolarmente; in modo popolare.

popularisation [pɔpylaʀizasjɔ̃] ***n.f.*** divulgazione.

populariser [pɔpylaʀize] ***v.tr.*** divulgare, rendere popolare.

popularité [pɔpylaʀite] ***n.f.*** popolarità.

population [pɔpylasjɔ̃] ***n.f.*** popolazione.

populeux [pɔpylø] ***agg.*** [f. *-euse*] popoloso.

populisme [pɔpylism] ***n.m.*** (*st., pol.*) populismo.

populiste [pɔpylist] ***agg.*** e ***n.m.*** e ***f.*** (*st., pol.*) populista.

populo [pɔpylo] ***n.m.*** (*fam.*) **1** popolo **2** folla (*f.*).

porc [pɔʀ] ***n.m.*** maiale, porco.
● ***comme un porc***, (*fig.*) come un maiale | ***une serviette en (peau de) porc***, una cartella di cinghiale | ***(viande de) porc***, (carne di) maiale.

porcelaine [pɔʀsəlɛn] ***n.f.*** porcellana; oggetto (*m.*) di porcellana.

porcelainier [pɔʀsəlenje] ***agg.*** [f. *-ère*] della porcellana ♦ ***n.m.*** fabbricante, commerciante di porcellane.

porcelet [pɔʀsəlɛ] ***n.m.*** (*zootecn.*) porcellino, maialetto.

porc-épic [pɔʀkepik] ***n.m.*** [pl. *porcs-épics*] porcospino, istrice (*anche fig.*).

porche [pɔʀʃ] ***n.m.*** atrio.

porcher [pɔʀʃe] ***n.m.*** [f. *-ère*] porcaro, porcaio.

porcherie [pɔʀʃəʀi] ***n.f.*** porcile (*m.*).

FAUX AMI
Da non confondere con *porcheria*, che si traduce *saleté, cochonnerie.*

porcin [pɔʀsɛ̃] ***agg.*** porcino, suino ♦ ***n.m.*** suino.

pore [pɔʀ] ***n.m.*** poro.

poreux [pɔʀø] ***agg.*** [f. *-euse*] poroso.

porion [pɔʀjɔ̃] ***n.m.*** caposquadra (nelle miniere).

porno [pɔʀno] ***agg.invar.*** e ***n.m.*** (*fam.*) porno.

pornographie [pɔʀnɔgʀafi] ***n.f.*** pornografia.

pornographique [pɔʀnɔgʀafik] ***agg.*** pornografico.

porosité [pɔʀozite] ***n.f.*** porosità.

porphyre [pɔʀfiʀ] ***n.m.*** (*min.*) porfido.

port[1] [pɔʀ] ***n.m.*** (*mar.*) porto.
● ***port de pêche***, porto peschereccio | ***port franc***, porto franco | ***port marchand, de commerce***, porto mercantile, commerciale | ***arriver à bon port***, (*fig.*) arrivare in porto | ***entrer au port***, (*anche fig.*) entrare in porto.

port[2] ***n.m.*** **1** porto | *port d'armes*, porto d'armi **2** (*comm.*) (spesa del) trasporto, porto | *port dû*, porto assegnato; *port payé, perçu*, porto franco **3** (*mar.*) portata (*f.*) **4** portamento | (*mil.*) *se mettre au port d'armes*, fare il presentat'arm; (*fig.*) mettersi sull'attenti.

port[3] ***n.m.*** (*inform.*) porta (*f.*) | *port* USB, porta USB.

portable [pɔʀtabl] ***agg.*** portabile ♦ ***n.m.*** **1** telefono mobile, telefonino, cellulare **2** televisore portatile.
● ***ordinateur portable***, computer portatile.

portage [pɔʀtaʒ] ***n.m.*** **1** facchinaggio **2** consegna a domicilio (di giornali) **3** portabilità (*f.*).

portail [pɔʀtaj] ***n.m.*** **1** (*arch.*) portale **2** (*di palazzo*) portone **3** (*inform.*) portale.

portant[1] [pɔʀtɑ̃] ***agg.*** **1** portante **2** (*fig.*) attinente.
● ***à bout portant***, a bruciapelo | ***bien, mal portant***, che sta bene, male (di salute) | ***mur portant***, muro maestro.

portant[2] ***n.m.*** **1** (*teatr.*) sostegno (delle quinte e dei riflettori) **2** appendiabiti **3** (*mar.*) outrigger.

portatif [pɔʀtatif] ***agg.*** [f. *-ive*] portatile.
■ SIN. portable.

porte [pɔʀt] ***n.f.*** **1** porta **2** porta; portiera; sportello (*m.*): *porte d'une armoire*, anta di un armadio **3** (*inform.*) porta.

● ***porte à porte***, porta a porta | ***porte basculante***, porta basculante | ***porte cochère***, portone | ***porte coulissante***, porta scorrevole | ***porte d'écluse***, saracinesca di chiusa | ***porte de service***, porta di servizio | ***porte vitrée***, porta a vetri | ***à la porte***, molto vicino: *j'ai un pâtissier à ma porte*, c'è una pasticceria a due passi da casa mia | ***aux portes de la ville***, alle porte della città | (*Belgio*) ***clé sur porte***, chiavi in mano | ***consigner, défendre, refuser sa porte à qqn***, rifiutarsi di ricevere qlcu | ***entre deux portes***, (*fam.*) molto rapidamente | ***entrer par la petite porte***, (*fig.*) cominciare dal basso | ***entrer, passer par la grande porte***, (*fig.*) entrare dalla porta principale | ***flanquer, mettre qqn à la porte***, scacciare qlcu, mettere qlcu alla porta | ***frapper à la bonne porte***, (*fig.*) rivolgersi alla persona giusta | ***ouvrir la porte***, (*fig.*) dare adito: *cela ouvre la porte à toutes les hypothèses*, ciò dà adito a tutte le ipotesi | ***se ménager, se réserver une porte de sortie***, (*fig.*) avere sempre la possibilità di una scappatoia | ***sortir par la grande, la petite porte***, (*fig.*) uscire con, senza onore (da una situazione) | ***trouver porte close***, (*fig.*) trovare la porta chiusa | (*anat.*) ***veine porte***, vena porta.

NOTA ***Par* o *de la porte*?**
Porte è preceduto dalla preposizione ***par***.
SÌ *Il est sorti **par** la porte.*
NO *Il est sorti **de** la porte.*
È uscito dalla porta.

porté[1] [pɔʀte] *agg.* portato, incline.
● ***il est porté sur la gueule***, (*fam.*) gli piace molto mangiare.

porté[2] *n.m.* portabilità (*f.*).

porte- *pref.* porta-.

porte-à-faux [pɔʀtafo] *n.m.invar.* **1** (*arch.*) oggetto, sporgenza (*f.*) **2** (*fig.*) equilibrio instabile.
● ***être en porte-à-faux***, (*fig.*) essere in una situazione ambigua | (*edil.*) ***mur en porte-à-faux***, muro che non cade a piombo.

porte-aiguilles [pɔʀtegɥij] *n.m.invar.* agoraio, portaaghi.

porte-à-porte [pɔʀtapɔʀt] *n.m.invar.* vendita (*f.*), propaganda (*f.*) porta a porta.

porte-autos [pɔʀtoto] *n.m.invar.* bisarca (*f.*).

porte-avions [pɔʀtavjɔ̃] *n.m.invar.* (*mar.*) portaerei (*f.*).

porte-bagages [pɔʀtbagaʒ] *n.m.invar.* **1** (*aut.*) portabagagli **2** (*di bicicletta*) portapacchi.

porte-bébé [pɔʀtbebe] *n.m.* [pl. *porte-bébés* o *invar.*] **1** baby-pullman **2** marsupio, zaino porta-bambino.

porte-bidon [pɔʀtbidɔ̃] *n.m.invar.* portaborraccia.

porte-billets [pɔʀtbijɛ] *n.m.invar.* portafogli (di piccole dimensioni).

porte-bonheur [pɔʀtbɔnœʀ] *n.m.invar.* portafortuna.

porte-bouquet [pɔʀtbukɛ] *n.m.invar.* portafiori.

porte-bouteilles [pɔʀtbutɛj] *n.m.invar.* portabottiglie (a rastrelliera, a cestello ecc.).
■ (*Belgio*) SIN. bac.

porte-cartes [pɔʀtəkaʀt] *n.m.invar.* portadocumenti.

porte-cigarettes [pɔʀtsigaʀɛt] *n.m.invar.* portasigarette.

porte-clefs, porte-clés [pɔʀtəkle] *n.m.invar.* portachiavi.

porte-couteau [pɔʀtkuto] *n.m.* [pl. *porte-couteaux* o *invar.*] reggiposata.

porte-crayon [pɔʀtkʀɛjɔ̃] *n.m.* [pl. *porte-crayons* o *invar.*] portamatite.

porte-documents [pɔʀtdɔkymɑ̃] *n.m.invar.* (cartella) portadocumenti.

porte-drapeau [pɔʀtdʀapo] *n.m.* [pl. *porte-drapeaux* o *invar.*] (*mil.*) alfiere; portabandiera (*anche fig.*).

portée [pɔʀte] *n.f.* **1** portata (*anche fig.*) **2** (*di animali*) figliata **3** (*edil.*) luce **4** (*mecc.*) superficie di supporto; aggetto (*m.*), sede **5** (*mus.*) pentagramma (*m.*), rigo (*m.*) musicale.
● ***à portée de***, a portata di, a tiro di: *à portée de la main*, a portata di mano | ***à une portée de fusil***, a un tiro di schioppo | ***avoir qqch à sa portée***, aver qlco sotto mano | ***hors de portée de***, fuori dalla portata di | (*mil.*) ***un canon à longue portée***, un cannone a lunga gittata.

portefaix [pɔʀtəfɛ] *n.m.* (*antiq.*) facchino.

porte-fanion [pɔʀtfanjɔ̃] *n.m.* [pl. *porte-fanions* o *invar.*] (*mil.*) portagagliardetto.

porte-fenêtre [pɔʀtfənɛtʀ] *n.f.* [pl. *porte-fenêtres*] portafinestra.

portefeuille [pɔʀtəfœj] *n.m.* **1** portafoglio, portafogli **2** (*fam.*) letto.
● ***portefeuille d'effets de commerce***, portafoglio commerciale | ***faire un lit en portefeuille***, (*fam.*) fare il sacco | (*pol.*) ***ministre sans portefeuille***, ministro senza portafoglio.

porte-jarretelles [pɔʀtʒaʀtɛl] *n.m.invar.* reggicalze.

porte-malheur [pɔʀtmalœʀ] *n.m.invar.* **1** oggetto che porta sfortuna **2** iettatore.

portemanteau [pɔʀtmɑ̃to] *n.m.* [pl. *-eaux*] attaccapanni.

portement [pɔʀtəmɑ̃] *n.m.*
● (*arte*) ***portement de croix***, Via Crucis.

portemine [pɔʀtəmin] *n.m.* (matita) portamina.

porte-monnaie [pɔʀtmɔnɛ] *n.m.invar.* portamonete.
● (*banca*) ***porte-monnaie électronique***, portamonete elettronico, carta di credito ricaricabile (che consente di fare piccoli acquisti).

porte-paquet [pɔʀtpakɛ] *n.m.* [pl. *porte-paquets*] (*Belgio*) portapacchi (di bicicletta).

porte-parapluies [pɔʀtpaʀaplɥi] *n.m.invar.* portaombrelli.

porte-parole [pɔʀtpaʀɔl] *n.m.invar.* portavoce; giornale portavoce.

porte-plume [pɔʀtəplym] *n.m.invar.* portapenne.

porter [pɔʀte] *v.tr.* **1** portare, reggere; sostenere (*anche fig.*); sopportare (*anche fig.*): *porter un enfant dans ses bras*, portare un bambino in braccio **2** portare; trasportare; condurre: *porter un paquet à la poste*, portare un pacco alla posta | *porter assistance, secours*, portare assistenza, soccorso; assistere, soccorrere **3** avere, tenere, portare; indossare: *porter les cheveux longs*, portare, avere i capelli lunghi | *elle porte bien la toilette*, valorizza gli abiti che indossa **4** volgere, dirigere: *porter ses regards sur qqn*, volgere, dirigere lo sguardo su qlcu **5** portare (in seno); (*fig.*) produrre: *cet arbre n'a jamais porté de fruits*, quest'albero non ha mai dato frutti; *c'est le plus grand menteur que la terre ait jamais porté*, è il più grande bugiardo che la terra abbia mai generato **6** portare, indurre: *tout me portait à croire que c'était vrai*, tutto mi faceva credere che fosse vero **7** segnare, mettere per iscritto: *portez cela sur, à mon compte*, lo segni sul mio conto **8** portare scritto, riportare: *le dictionnaire ne porte pas ce mot*, il dizionario non registra questa parola; *la constitution porte que*, la costituzione stabilisce

P

che; *elle portait la joie sur son visage*, (*estens.*) aveva la gioia dipinta sul viso **9** (*sentimenti*) provare, nutrire ♦ *v.intr.* **1** portare, poggiare; (*fig.*) fondarsi: *l'accent porte sur la dernière syllabe*, l'accento cade sull'ultima sillaba **2** (*distanza, obiettivo ecc.*) raggiungere (*anche fig.*) | *sa voix porte bien*, ha una voce che si sente a distanza **3** (*mar.*) dirigere: *porter au sud*, dirigere a sud ♦ **se porter** *v.pron.* e *pron.intr.* **1** (*parlando della salute*) stare: *comment vous portez-vous?*, come sta? **2** portarsi, andare: *se porter au secours de qqn*, andare in soccorso di qlcu **3** (*fig.*) volgersi, spostarsi; posarsi: *les soupçons se portèrent sur lui*, i sospetti caddero su di lui **4** presentarsi: *se porter candidat*, presentarsi candidato **5** lasciarsi andare (a): *se porter aux excès*, lasciarsi andare agli eccessi.

● ***porter à l'écran***, (*fig.*) portare sullo schermo, adattare per lo schermo | ***porter encore beau***, mantenersi bene | ***porter intérêt à qqch***, provare interesse per qlco | ***porter juste***, fare centro: *son observation a porté juste*, (*fig.*) la sua osservazione ha colto nel segno | ***porter la robe***, essere avvocato | ***porter sur***, (*fig.*) vertere, riguardare | ***porter témoignage contre, pour qqn***, testimoniare contro, a favore di qlcu | (*comm.*) ***porter une somme au crédit de qqn***, accreditare una somma a qlcu | ***ce vin porte à la tête***, questo vino dà alla testa | ***se porter bien, mal***, star bene, male | (*dir.*) ***se porter partie civile***, costituirsi parte civile.

porte-revues [pɔʀtʀəvy] *n.m.invar.* portariviste.

porte-savon [pɔʀtsavɔ̃] *n.m.* [pl. *porte-savons* o *invar.*] portasapone.

porte-serviettes [pɔʀtsɛʀvjɛt] *n.m.invar.* portasciugamani.

porte-skis [pɔʀtski] *n.m.invar.* portasci.

porteur [pɔʀtœʀ] *agg.* [f. *-euse*] **1** portante **2** in via di sviluppo, in espansione: *marché très porteur*, mercato in espansione ♦ *n.m.* **1** portatore, latore **2** facchino; fattorino **3** (*comm.*) portatore, possessore.

● ***porteur d'eau***, (*antiq.*) acquaiolo | (*fin.*) ***porteur d'obligations***, obbligazionista | (*banca*) ***au porteur***, al portatore: *payable au porteur*, pagabile al portatore | (*edil.*) ***mur porteur***, muro portante.

P

porte-voix [pɔʀtəvwa] *n.m.invar.* megafono.

portier [pɔʀtje] *n.m.* portiere.

● ***portier automatique*** (***d'immeuble***), citofono | ***portier d'hôtel***, portiere d'albergo | ***portier électronique***, portineria elettronica (dispositivo con codice di apertura) | (*eccl.*) (***frère***) ***portier***, frate portinaio.

portière [pɔʀtjɛʀ] *n.f.* portiera; sportello (*m.*).

● (***sœur***) ***portière***, suora portinaia.

portillon [pɔʀtijɔ̃] *n.m.* **1** porticina (*f.*) **2** cancelletto (pedonale ai passaggi a livello).

● ***portillon automatique***, portello automatico (della metropolitana) | ***se bousculer au portillon***, (*fig.*) arrivare in massa.

portion [pɔʀsjɔ̃] *n.f.* **1** porzione **2** parte, quota.

■ SIN. **1** part.

portique [pɔʀtik] *n.m.* **1** portico **2** gru (*f.*) a cavalletto.

● (*mar.*) ***portique de chargement***, gru a ponte | ***portique de lavage***, lavaggio automatico (di auto) | ***portique détecteur, électronique, de sécurité***, metal detector, controllo di sicurezza.

portrait [pɔʀtʀɛ] *n.m.* **1** ritratto; (*estens.*) ritrattistica (*f.*) **2** (*fig.*) quadro, descrizione (*f.*) **3** (*fam.*) viso, muso.

portraitiste [pɔʀtʀetist] *n.m.* e *f.* ritrattista.

portrait-robot [pɔʀtʀɛʀɔbot] *n.m.* [pl. *portraits-robots*] identikit.

portraiturer [pɔʀtʀetyʀe] *v.tr.* **1** (*pitt.*) ritrarre **2** (*fig.*) descrivere.

port-salut [pɔʀsaly] *n.m.invar.* formaggio duro prodotto in Mayenne.

portuaire [pɔʀtɥɛʀ] *agg.* portuale, portuario.

portugais [pɔʀtygɛ] *agg.* portoghese ♦ *n.m.* (*lingua*) portoghese.

Portugais *n.m.* (*abitante*) portoghese.

portugaise [pɔʀtygɛz] *n.f.* (*argot*) orecchio (*m.*).

● ***avoir les portugaises ensablées***, essere duro d'orecchi.

portulan [pɔʀtylɑ̃] *n.m.* (*mar.*) portolano.

pose [poz] *n.f.* **1** posa **2** (*arte*) posa **3** atteggiamento (*m.*): *une pose pleine de grâce*, un atteggiamento pieno di grazia **4** (*fot.*) posa, esposizione **5** (*Africa*) fotografia.

● ***pose de la voix***, impostazione della voce | ***garder la pose***, restare in posa | ***il le fait à la pose***, (*fam.*) lo fa per posa | ***prendre des poses***, posare, assumere atteggiamenti artificiosi.

posé [poze] *agg.* posato; pacato.

● (*mus.*) ***voix bien, mal posée***, voce bene, male impostata.

posément [pozemɑ̃] *avv.* posatamente; pacatamente.

posemètre [pozmɛtʀ] *n.m.* (*fot.*) esposimetro.

poser [poze] *v.tr.* **1** posare, porre (*anche fig.*); mettere; (*a terra*) deporre: *poser le regard sur*, posare lo sguardo su; *poser les fondements d'un édifice*, gettare le fondamenta di un edificio | (*mat.*) *je pose quatre et je retiens cinq*, scrivo quattro e riporto cinque **2** posare; montare; installare: *poser de la moquette*, posare della moquette; *poser des rideaux*, montare delle tende; (*teatr.*) *poser un décor*, montare una scena **3** stabilire; enunciare: *poser un problème*, porre un problema | (*mat.*) *posons x = 10*, supponiamo, poniamo x = 10 **4** mettere in luce ♦ *v.intr.* **1** posare, poggiare **2** (*arte*) posare: *elle pose continuellement*, (*estens.*) posa sempre, è sempre in posa ♦ **se poser** *v.pron.* e *pron.intr.* **1** posarsi **2** (*aer.*) atterrare **3** porsi: *c'est le seul problème qui se pose*, è l'unico problema che si pone.

● ***poser à***, (*fig.*) atteggiarsi a, posare a | ***poser le masque***, (*anche fig.*) posare, deporre la maschera | ***poser les armes***, deporre le armi | ***poser une question***, fare, rivolgere una domanda | ***ceci posé***, stabilito ciò | ***comme gaffeur, il se pose là!***, quanto a gaffes non scherza! | ***se poser en, en tant que***, (*fig.*) atteggiarsi, posare (a): *se poser en victime*, atteggiarsi, posare a vittima.

poseur [pozœʀ] *agg.* e *n.m.* [f. *-euse*] **1** (operaio) posatore **2** (*fig.*) persona (*f.*) affettata: *elle est un peu trop poseuse*, posa un po' troppo.

● ***ce qu'il peut être poseur!***, quante arie si dà!

positif [pozitif] *agg.* [f. *-ive*] **1** positivo; reale **2** concreto **3** positivo; affermativo; (*estens.*) favorevole, vantaggioso ♦ *n.m.* **1** (ciò che è) concreto; (ciò che è) certo **2** (*fot.*) positiva (*f.*), positivo **3** (*gramm.*) (grado) positivo **4** (*mus.*) (organo) positivo.

position [pozisjɔ̃] *n.f.* **1** posizione; (*fig.*) situazione **2** posizione, positura **3** (*fig.*) posizione, convinzione.

● (*mil.*) ***position de combat***, posizione di combattimento | (*sport*) ***position de tête***, pole position | ***être en position de***, essere nella condizione di | ***prendre position***, prendere posizione | ***prise de position***, presa di posizione.

positionnement [pozisjɔnmɑ̃] *n.m.* posizionamento.

positionner [pozisjɔne] *v.tr.* **1** posizionare **2** (*econ.*) collocare sul mercato ♦ **se positionner** *v.pron.* posizionarsi.

positivement [pozitivmɑ̃] *avv.* **1** positivamente, in modo positivo **2** assolutamente; realmente; veramente.

positiver [positive] *v.intr.* avere un atteggiamento positivo: *il faut positiver*, bisogna vedere il lato positivo.

positivisme [pozitivism] *n.m.* (*fil.*) positivismo.

positiviste [pozitivist] *agg.* (*fil.*) positivistico ♦ *n.m.* e *f.* (*fil.*) positivista.

posologie [pozɔlɔʒi] *n.f.* (*med.*) posologia.

posse [pɔs] *n.m.* (*fam.*) gruppo di amici, compagnia (*f.*); gang (*f.*).

possédant [pɔsedɑ̃] *agg.* e *n.m.* possidente.

possédé [pɔsede] *agg.* e *n.m.* indemoniato, ossesso, posseduto.

posséder [pɔsede] *v.tr.* [coniug. come *céder*] **1** possedere: *posséder un secret*, avere un segreto; *posséder le pouvoir*, detenere il potere **2** dominare, avere: *il est possédé par la jalousie*, è posseduto, dominato dalla gelosia **3** conoscere (a fondo), possedere: *bien posséder son latin*, avere una buona padronanza del latino; *posséder la vérité*, conoscere appieno la verità **4** (*fam.*) fregare ♦ **se posséder** *v.pron.* (*antiq.*) dominarsi, controllarsi: *il ne se possède plus de joie*, non sta più in sé dalla gioia.

possesseur [pɔsesœʀ] *n.m.* possessore.

possessif [pɔsesif] *agg.* [f. *-ive*] possessivo (*anche gramm.*) ♦ *n.m.* (*gramm.*) possessivo.

NOTA L'***adjectif possessif*** è molto usato in francese anche quando in italiano si usa solo l'articolo determinativo, specialmente con i termini designanti membri della famiglia:
SÌ *Elle doit téléphoner à **sa** maman.*
NO *Elle doit téléphoner à **la** maman.*
Deve telefonare alla mamma.
SÌ *Prends **ton** cartable.*
NO *Prends **le** cartable.*
Prendi la cartella.

possession [pɔsesjɔ̃] *n.f.* **1** possesso (*m.*): *avoir qqch en sa possession*, possedere qlco, essere in possesso di qlco **2** colonia, possedimento (*m.*) coloniale **3** (*psic.*) possessione.
● (*dir.*) ***possession d'autrui***, possesso per conto terzi | ***possession de soi***, dominio di sé | ***mettre qqn en possession de sa charge***, insediare qlcu nella sua carica.

possessivité [pɔsesivite] *n.f.* possessività.

possibilité [pɔsibilite] *n.f.* **1** possibilità: *se réserver la possibilité de*, riservarsi la facoltà di **2** (*pl.*) mezzi (*m.*), possibilità.

possible [pɔsibl] *agg.* possibile: *courir le moins de risques possible*, correre meno rischi possibile; *il est possible qu'il vienne*, può darsi che venga; *il serait possible qu'il vienne*, potrebbe darsi che venga; *venez, si (c'est) possible, un peu à l'avance*, possibilmente, venite un po' prima; *il est plus bête que son frère, si c'est possible*, è più stupido di suo fratello, ammesso che sia possibile ♦ *n.m.* possibile (*anche fil.*): *faire tout son possible*, fare tutto il possibile.
● ***au possible***, quanto mai | ***c'est possible***, può darsi: *c'est fort possible!*, possibilissimo! | ***dans la mesure du possible***, per quanto possibile | ***pas possible!***, impossibile! | ***tirer tout le parti possible de***, sfruttare al massimo: *il a tiré tout le parti possible de cette situation*, ha sfruttato al massimo la situazione.
■ CONTR. impossible.

post- *pref.* post-.

postage [pɔstaʒ] *n.m.* **1** l'imbucare **2** (*Internet*) invio.
● (*Internet*) ***postage tous azimuts***, ***abusif***, invio non autorizzato.

postal [pɔstal] *agg.* [pl. *-aux*] postale.
● (*amm.*) ***virement postal***, postagiro.

postdaté [pɔstdate] *agg.* postdatato.

postdater [pɔstdate] *v.tr.* postdatare.

poste[1] [pɔst] *n.f.* **1** posta: *bureau de poste*, ufficio postale; *la grande poste*, la posta centrale; *par la poste*, per posta; *le cachet de la poste*, il timbro postale **2** (*stazione di cambio di cavalli*) posta | *chevaux de poste*, cavalli di posta.
● ***poste restante***, fermo posta | ***la grande poste***, la posta centrale | ***mettre à la poste***, impostare, imbucare | ***par poste aérienne***, per posta aerea.

poste[2] *n.m.* **1** posto; stazione (*f.*) **2** posto (di lavoro); impiego: *il a rejoint son poste*, si è presentato al posto di lavoro **3** turno (di servizio) **4** (*mil.*) posto **5** (*rad.*, *tv*) apparecchio **6** (*comm.*) posta (*f.*), articolo.
● (*mar.*) ***poste à quai***, posto d'ormeggio | (*ferr.*) ***poste d'aiguillage***, cabina di blocco | ***poste de garde***, posto di guardia | ***poste de manœuvre***, stazione di manovra | ***poste de nuit***, turno di notte | (*aer.*) ***poste de pilotage***, cabina di pilotaggio | ***poste (de police)***, posto di polizia, commissariato | ***poste (de radio)***, radio | ***poste de secours***, posto di pronto soccorso | (*ferr.*) ***poste de signalisation***, cabina comando segnali | (*aut.*) ***poste d'essence***, stazione di servizio | ***poste de téléphone***, cabina telefonica | ***poste (de télévision)***, televisore, televisione | ***poste d'incendie***, dispositivo antincendio | (*rad.*) ***poste émetteur***, ***récepteur***, (stazione) ricevente, trasmittente | ***être fidèle au poste***, essere ligio al proprio lavoro; (*estens.*) tenere fede ai propri impegni | ***être solide au poste***, (*fig.*) tener duro.

posté [pɔste] *agg.* *ouvrier posté*, (operaio) turnista | *travail posté*, lavoro a turni ♦ *n.m.* turnista.

poster[1] [pɔste] *v.tr.* **1** impostare, imbucare **2** (*Internet*) pubblicare (in un gruppo di discussione).

poster[2] *v.tr.* (*mil.*) appostare ♦ **se poster** *v.pron.* appostarsi.

poster[3] [pɔstɛʀ] *n.m.* poster, manifesto.

postérieur [pɔsteʀjœʀ] *agg.* **1** posteriore **2** (*fon.*) posteriore ♦ *n.m.* (*fig. fam.*) posteriore, didietro.

postérieurement [pɔsteʀjœʀmɑ̃] *avv.* posteriormente.

posteriori, a [apɔsteʀjɔʀi] *avv.* a posteriori.

postériorité [pɔsteʀjɔʀite] *n.f.* posteriorità.

postérité [pɔsteʀite] *n.f.* posterità: *c'est pour la postérité!*, (*iron.*) è per la gloria!; *passer à la postérité*, passare alla storia, ai posteri.

postface [pɔstfas] *n.f.* postfazione.

postfacer [pɔstfase] *v.tr.* scrivere la postfazione di un libro.

posthume [pɔstym] *agg.* postumo | *décoration (à titre) posthume*, decorazione alla memoria.

postiche [pɔstiʃ] *agg.* posticcio, finto (*anche fig.*) ♦ *n.m.* **1** (*di capelli*) posticcio **2** barba (*f.*) posticcia, baffi (*pl.*) posticci.

postier [pɔstje] *n.m.* [f. *-ère*] impiegato postale, postelegrafonico.

postillon [pɔstijɔ̃] *n.m.* **1** postiglione **2** schizzo di saliva (emesso parlando).

postillonner [pɔstijɔne] *v.intr.* spruzzare saliva (parlando).

postimpressionnisme [pɔstɛ̃pʀesjɔnism] *n.m.* (*pitt.*) postimpressionismo.

P

postimpressionniste [pɔstɛ̃pʀesjɔnist] ***agg.*** e ***n.m.*** e ***f.*** (*pitt.*) postimpressionista.

postindustriel [pɔstɛ̃dystʀijɛl] ***agg.*** [f. *-elle*] postindustriale.

postmoderne [pɔstmɔdɛʀn] ***agg.*** e ***n.m.*** postmoderno.

postopératoire [pɔstɔpeʀatwaʀ] ***agg.*** postoperatorio.

postposer [pɔstpoze] ***v.tr.*** **1** (*gramm.*) posporre **2** (*Belgio*) (*nel tempo*) posporre.

postposition [pɔstpozisjɔ̃] ***n.f.*** (*gramm.*) **1** inversione **2** particella pospositiva.

postprandial [pɔstpʀɑ̃djal] ***agg.*** [pl. *-aux*] (*med.*) postprandiale.

post-scriptum [pɔstskʀiptɔm] ***n.m.invar.*** post scriptum.

postulant [pɔstylɑ̃] ***n.m.*** postulante.

postulat [pɔstyla] ***n.m.*** postulato.

postuler [pɔstyle] ***v.tr.*** **1** postulare, sollecitare **2** (*mat., fil.*) postulare ♦ ***v.intr.*** (*dir.*) patrocinare, difendere.

postuniversitaire [pɔstynivɛʀsitɛʀ] ***agg.*** postuniversitario, postlaurea.

posture [pɔstyʀ] ***n.f.*** **1** posizione **2** (*med.*) postura **3** (*Belgio*) statuina.
● ***être, se trouver en bonne, en mauvaise posture***, (*fig.*) essere, trovarsi in buone, in cattive acque.

pot [po] ***n.m.*** **1** vaso (di terracotta); brocca (*f.*); barattolo, vasetto: *un pot de fleurs*, un vaso di fiori; *plantes en pot*, piante in vaso; *un pot de colle*, un barattolo di colla; *pot à moutarde*, vasetto della senape; *pot de confitures*, vasetto di marmellata **2** (*antiq.*) pentola (*f.*) **3** (*fam.*) bicchiere | *payer un pot*, offrire da bere **4** (*fam.*) fortuna (*f.*): *avoir du pot*, essere fortunato | *manque de pot!*, che scalogna! **5** (*giochi di carte*) posta (*f.*); (*poker*) piatto; (*canasta*) pozzo **6** (*volg.*) culo **7** (*aut.*) marmitta (*f.*).
● ***pot à eau***, brocca dell'acqua | ***pot à bière***, boccale da birra | (*arch.*) ***pot à feu***, urna | ***pot à lait***, lattiera | ***pot à tabac***, barattolo per il tabacco; (*fam.*) (*persona*) tappo | ***pot au lait***, bidone del latte | ***pot (de chambre)***, vaso da notte | (*aut.*) ***pot d'échappement, catalytique***, tubo di scappamento, marmitta catalitica | ***à la fortune du pot***, alla buona | ***coup de pot***, colpo di fortuna | ***découvrir le pot aux roses***, (*fig.*) scoprire gli altarini | ***en deux coups de cuiller à pot***, in quattro e quattr'otto | ***faire un pot d'adieu***, fare una festicciola d'addio | ***payer les pots cassés***, (*fig.*) pagare (i danni); (*estens.*) fare le spese (di qlco), andarci di mezzo | ***petits pots***, omogeneizzati: *nourrir un enfant de petits pots*, crescere un bambino a omogeneizzati | (*cuc.*) ***poule au pot***, gallina lessa | ***sourd comme un pot***, (*fam.*) sordo come una campana | ***tourner autour du pot***, (*fig.*) girare intorno all'argomento.

potable [pɔtabl] ***agg.*** **1** potabile **2** (*fam.*) passabile, discreto.
■ SIN. **1** buvable.

potache [pɔtaʃ] ***n.m.*** (*fam.*) studentello.

potage [pɔtaʒ] ***n.m.*** minestra (*f.*): *potage aux légumes*, minestra di verdure.

potager [pɔtaʒe] ***agg.*** [f. *-ère*] dell'orto ♦ ***n.m.*** orto.
● ***jardin potager***, orto | ***plantes potagères***, ortaggi.

potard [pɔtaʀ] ***n.m.*** (*fam. antiq.*) farmacista.

potasse [pɔtas] ***n.f.*** (*chim.*) potassa.

potasser [pɔtase] ***v.tr.*** (*fam.*) secchiare, sgobbare (**su, per**): *potasser ses bouquins*, sgobbare sui libri; *potasser un examen*, sgobbare per un esame.

potassique [pɔtasik] ***agg.*** (*chim.*) potassico.

potassium [pɔtasjɔm] ***n.m.*** (*chim.*) potassio.

pot-au-feu [pɔtofø] ***n.m.invar.*** **1** lesso, bollito (di manzo con verdure) **2** carne (*f.*) di manzo (da lesso) **3** pot-au-feu (pentola per la cottura del lesso) ♦ ***agg.invar.*** *une personne pot-au-feu*, (*fam. antiq.*) una persona tutta casa e famiglia.

pot-de-vin [podvɛ̃] ***n.m.*** [pl. *pots-de-vin*] bustarella (*f.*), mazzetta (*f.*).

pote [pɔt] ***n.m.*** (*fam.*) amico, compagno.

NOTA Nel 1984 è stata fondata l'associazione *sos Racisme – Touche pas à mon pote* per lottare contro il razzismo. Ha come emblema una mano su cui è scritto ***Touche pas à mon pote***, 'Non toccare il mio amico', per significare che l'amicizia conta più delle origini di una persona.

poteau [pɔto] ***n.m.*** [pl. *-eaux*] **1** palo **2** (*mar.*) bitta (*f.*) **3** (*fam.*) amico, compagno.
● (*sport*) ***poteau de départ, d'arrivée***, linea di partenza, del traguardo: *se présenter au poteau*, presentarsi alla partenza; *rester au poteau*, rimanere al palo | ***poteau (d'execution)***, palo della fucilazione: *au poteau!*, a morte!; *mettre au poteau*, mettere al muro | ***poteau indicateur***, segnale, indicatore stradale.

potée [pɔte] ***n.f.*** **1** (*cuc.*) potée (piatto a base di verdure e carne stufate) **2** (*tecn.*) polvere: *potée d'émeri*, polvere di smeriglio.

potelé [pɔtle] ***agg.*** paffuto, grassottello.

potence [pɔtɑ̃s] ***n.f.*** **1** forca **2** (*tecn.*) mensola (d'angolo); braccio (*m.*) di sostegno a T **3** (*mar.*) caviglièra **4** (*arald.*) potenza.
● ***en potence***, a squadra | ***gibier de potence***, (*fig.*) pendaglio da forca.

FAUX AMI
Da non confondere con *potenza*, che si traduce *puissance*.

potentat [pɔtɑ̃ta] ***n.m.*** despota, tiranno.

potentialiser [pɔtɑ̃sjalize] ***v.tr.*** potenziare: *l'alcool potentialise l'action des somnifères*, l'alcol aumenta gli effetti dei sonniferi.

potentialité [pɔtɑ̃sjalite] ***n.f.*** potenzialità.

potentiel [pɔtɑ̃sjɛl] ***n.m.*** e ***agg.*** [f. *-elle*] potenziale.

potentiellement [pɔtɑ̃sjɛlmɑ̃] ***avv.*** potenzialmente.

potentille [pɔtɑ̃tij] ***n.f.*** (*bot.*) potentilla.

potentiomètre [pɔtɑ̃sjɔmɛtʀ] ***n.m.*** (*elettr.*) potenziometro.

poterie [pɔtʀi] ***n.f.*** **1** terracotta: *marchand de poterie*, negoziante di terraglie **2** vasellame (*m.*) | *poteries d'étain*, peltri **3** arte del vasaio **4** laboratorio (*m.*) del vasaio.

poterne [pɔtɛʀn] ***n.f.*** (*st.*) postierla.

pothos [pɔtɔs] ***n.m.*** (*bot.*) potos.

potiche [pɔtiʃ] ***n.f.*** **1** vaso (*m.*) di porcellana **2** (*fam.*) persona puramente decorativa: *président potiche*, presidente con funzione solo rappresentativa.
● ***jouer les potiches***, (*fam.*) avere un ruolo di rappresentanza.

potier [pɔtje] ***n.m.*** [f. *-ère*] vasaio.

potin [pɔtɛ̃] ***n.m.*** **1** (*spec. pl.*) pettegolezzo **2** baccano.
■ SIN. **1** commérage **2** vacarme.

potiner [pɔtine] ***v.intr.*** (*fam.*) spettegolare.

potinier [pɔtinje] ***agg.*** e ***n.m.*** [f. *-ère*] (*antiq.*) pettegolo.

potion [posjɔ̃] ***n.f.*** pozione.
■ SIN. breuvage.

P

potiron [pɔtiʀɔ̃] ***n.m.*** (*bot. pop.*) zucca (*f.*).
■ SIN. courge.

poto-poto [potopoto] ***n.m.invar.*** (*Africa*) fango secco (usato per la costruzione di capanne).

pot-pourri [popuʀi] ***n.m.*** [pl. *pots-pourris*] **1** (*fig.*) miscuglio; fantasia (*f.*) **2** (*mus.*) pot-pourri, fantasia (*f.*) **3** (*lett.*) zibaldone, miscellanea (*f.*) **4** (*di fiori ed erbe odorose*) pot-pourri.

potron-minet [pɔtʀɔ̃mine] ***n.m.invar.*** (*antiq.*) alba (*f.*): *dès potron-minet*, (sin) dall'alba.

pou [pu] ***n.m.*** [pl. *poux*] pidocchio.
● ***être fier comme un pou***, essere molto orgoglioso | ***être laid comme un pou***, essere brutto come il peccato.

pouah [pwa] ***inter.*** puah.

poubelle [pubɛl] ***n.f.*** **1** pattumiera; bidone (*m.*) delle immondizie **2** (*fam.*) (*automobile*) catorcio (*m.*).

NOTA La parola ***poubelle*** deriva da E.-R. Poubelle (1831-1907), prefetto della Senna, che con un'ordinanza del 1884 impose l'uso di questo contenitore per l'immondizia.

poubellier [pubɛlje] ***n.m.*** (*fam.*) netturbino.

pouce [pus] ***n.m.*** **1** pollice **2** (*misura di lunghezza*) pollice (*anche fig.*): *chaque pouce de cette pièce a été utilisé*, ogni centimetro della stanza è stato utilizzato; *ne pas céder un pouce de terrain*, non cedere un palmo di terreno; *ne pas reculer d'un pouce*, non indietreggiare di un millimetro.
● ***pouce!***, (*nei giochi*) alii mortis!, arimo! | ***pouce cassé!***, (*nei giochi*) via!, si riprende! | ***pouce du pied***, alluce | ***donner le coup de pouce***, dare l'ultimo tocco | ***donner un coup de pouce à qqn***, (*fig.*) dare una spintarella a qlcu (per favorirlo) | (*Canada*) ***faire du pouce***, fare l'autostop | ***manger un morceau sur le pouce***, mangiare un boccone in piedi, in fretta e furia | ***mettre les pouces***, (*fam.*) arrendersi, mollare | ***restauration sur le pouce***, fast-food | ***se mordre les pouces de qqch***, (*fig.*) mangiarsi le dita per qlco | ***se tourner les pouces***, (*fig.*) girarsi i pollici.

pouding [pudiŋ] ***n.m.*** (*cuc.*) pudding.

poudrage [pudʀaʒ] ***n.m.*** (*agr.*) impolverazione (*f.*).
● ***poudrage humide***, nebulizzazione.

poudre [pudʀ] ***n.f.*** **1** polvere **2** polvere da sparo **3** (*cosmesi*) cipria: *se mettre de la poudre*, incipriarsi.
● ***poudre à canon*** (o ***à feu***), polvere da sparo | ***poudre de riz***, cipria | ***en poudre***, in polvere: *lait en poudre*, latte in polvere | ***il n'a pas inventé la poudre***, (*fig.*) non ha scoperto l'America | ***jeter de la poudre aux yeux de qqn***, (*fig.*) gettar la polvere negli occhi a qlcu | ***se répandre comme une traînée de poudre***, diffondersi con la rapidità di un fulmine.

poudrer [pudʀe] ***v.tr.*** **1** incipriare **2** (*agr.*) impolverare ♦ ***v.intr.*** (*Canada*) (*della neve*) turbinare ♦ **se poudrer** ***v.pron.*** incipriarsi.

poudrerie [pudʀəʀi] ***n.f.*** **1** polverificio (*m.*) **2** (*Canada*) turbine (*m.*) di neve.

poudreuse [pudʀøz] ***n.f.*** **1** (*agr.*) (*macchina*) polveratrice **2** neve farinosa.

poudrier [pudʀije] ***n.m.*** portacipria.

poudrière [pudʀijɛʀ] ***n.f.*** polveriera (*anche fig.*); deposito (*m.*) di esplosivi.

poudroiement [pudʀwamɑ̃] ***n.m.*** (*letter.*) polverio.

poudroyer [pudʀwaje] ***v.intr.*** [coniug. come *envoyer*] **1** formare nubi di polvere **2** coprirsi di polvere, di pulviscolo **3** (*letter.*) far brillare il pulviscolo.

pouf[1] [puf] ***n.m.*** pouf, puf.

pouf[2] ***inter.*** (*suono di caduta sorda*) pof.
● ***faire pouf***, (*fam.*) cadere.

pouf[3] ***n.m.*** (*Belgio*) debito: *payer ses poufs*, pagare i debiti.
● ***à pouf***, a credito | ***taper à pouf***, tirare a indovinare.

pouffer [pufe] ***v.intr.***
● ***pouffer de rire***, scoppiare a ridere.

pouf(f)iasse [pufjas] ***n.f.*** (*volg.*) baldracca.

pouillerie [pujʀi] ***n.f.*** (*fam.*) **1** miseria sordida **2** (*luogo*) porcile (*m.*); porcaio (*m.*).

pouilleux [pujø] ***agg.*** [f. *-euse*] **1** (*di persona*) pidocchioso **2** (*di cosa*) miserabile, sordido **3** (*geogr.*) sterile ♦ ***n.m.*** pezzente, straccione.

poujadisme [puʒadism] ***n.m.*** (*st. pol.*) poujadismo.

NOTA Il ***poujadisme*** è stato un movimento di protesta e di rivolta fiscale, di carattere corporativo, sviluppatosi in Francia, tra il 1953 e il 1956, a opera di commercianti e artigiani, per iniziativa di Pierre Poujade.

poulailler [pulɑje] ***n.m.*** **1** pollaio **2** (*fam.*) (*teatr.*) piccionaia (*f.*), loggione **3** (*fam.*) topaia (*f.*), tugurio.
■ SIN. **2** paradis.

poulain [pulɛ̃] ***n.m.*** **1** (*zool.*) puledro **2** (*fam.*) pupillo, protetto **3** (*tecn.*) piano inclinato, scivolo **4** (*mar.*) puntelli (*pl.*).

poularde [pulaʀd] ***n.f.*** pollastra.

poulbot [pulbo] ***n.m.*** (*fam.*) monello.

poule[1] [pul] ***n.f.*** **1** gallina **2** (*fam.*) cocca, tesoro (*m.*) | *une jolie petite poule*, una bella pollastrella **3** (*fam.*) prostituta; sgualdrina: *poule de luxe*, mantenuta di lusso.
● ***poule aux œufs d'or***, (*fig.*) gallina dalle uova d'oro | (*zool.*) ***poule d'eau, des marais***, gallinella d'acqua | ***poule mouillée***, (*fam.*) fifone, coniglio | ***avoir la chair de poule***, avere la pelle d'oca | ***mère poule***, (*fig.*) madre protettiva, chioccia | ***quand les poules auront des dents***, (*fig.*) quando gli asini voleranno | ***se coucher comme des poules***, andare a letto con le galline | ***tu as l'air d'une poule qui a couvé des œufs de cane!***, (*fam.*) hai l'aria di esserci rimasto male!

poule[2] ***n.f.*** **1** puglia, (*in alcuni giochi*) puntata; posta; (*estens.*) partita: *gagner la poule*, vincere la posta; *faire une poule au billard*, vincere una partita a biliardo **2** (*sport*) girone (*m.*) di eliminazione, batteria.

poulet [pulɛ] ***n.m.*** **1** pollo, pollastro **2** (*fam.*) cocco, tesoro **3** (*fam.*) lettera (*f.*) **4** (*fam.*) poliziotto, sbirro.
● ***poulet de ferme***, pollo ruspante | ***poulet de grain***, pollo di primo canto.

poulette [pulɛt] ***n.f.*** **1** pollastra **2** (*fam.*) ragazzina | *ma petite poulette*, cocca mia.
● (*cuc.*) ***sauce*** (***à la***) ***poulette***, salsa a base di uova, aceto e prezzemolo.

pouliche [puliʃ] ***n.f.*** cavallina, puledra.

poulie [puli] ***n.f.*** **1** (*mecc.*) puleggia **2** (*mar.*) bozzello (*m.*).

pouliner [puline] ***v.intr.*** (*detto di giumenta*) partorire.

poulinière [pulinjɛʀ] ***agg.f.*** e ***n.f.*** (giumenta) fattrice.

poulpe [pulp] ***n.m.*** (*zool.*) polpo.

pouls [pu] ***n.m.*** polso.
● ***prendre le pouls***, (*anche fig.*) sentire il polso.

poumon [pumɔ̃] ***n.m.*** polmone.
● (*med.*) ***poumon d'acier***, polmone d'acciaio | ***à pleins poumons***, a pieni polmoni | ***avoir des poumons***, aver fiato | ***s'user les poumons***, (*fig.*) spolmonarsi; ripetere inutilmente.

poupard [pupaʀ] ***n.m.*** **1** bambino in fasce **2** bambolotto.

poupe [pup] ***n.f.*** (*mar.*) poppa.

poupée [pupe] ***n.f.*** **1** bambola: *poupée de chiffon*, bambola di pezza; *jouer à la poupée*, giocare alle bambole, con la bambola **2** (*di sarta*) manichino (*m.*) **3** (*di parrucchiere*) testina **4** (*mecc.*) (*del tornio*) toppo (*m.*) **5** (*agr.*) (*di un innesto*) fasciatura **6** (*fam.*) fasciatura (a un dito) **7** (*mar.*) verricello (*m.*).
● ***de poupée***, da bambola, delle bambole: *maison de poupée*, casa delle bambole.

poupin [pupɛ̃] ***agg.*** paffuto.

poupon [pupɔ̃] ***n.m.*** **1** (*fam.*) bebè, pupo **2** bambolotto.

pouponner [pupɔne] ***v.tr.*** (*fam.*) coccolare ♦ ***v.intr.*** curare (un neonato) con amore: *elle pouponne toute la journée*, non fa che occuparsi del suo bambino.

pouponnière [pupɔnjɛʀ] ***n.f.*** nido (*m.*) (d'infanzia).

pour[1] [puʀ] ***prep.*** **1** (*destinazione, fine, vantaggio*) per: *le train pour Paris*, il treno per Parigi; *je le fais pour toi*, lo faccio per te | *c'est fait, c'est étudié pour*, è fatto apposta, è stato studiato appositamente per **2** (*tempo*) per: *ce sera pour la semaine prochaine*, sarà per la settimana prossima **3** (*causa*) per, a causa di: *il a été loué pour ses mérites*, è stato lodato per i suoi meriti **4** (*predicativo*) per, come: *avoir pour maître*, avere per, come maestro; *avoir pour conséquence*, avere come conseguenza **5** (*limitazione*) per, secondo: *pour moi, il n'a pas tort*, secondo me, per quanto mi riguarda non ha torto; *il fait encore beau pour la saison*, il tempo è ancora bello considerata la stagione **6** (*prezzo*) per: *je l'ai eu pour mille euros*, l'ho avuto per mille euro **7** (*distributivo*) per: *intérêt de trois pour cent*, interesse del tre per cento **8** per, in luogo di: *parler pour qqn*, parlare al posto di qlcu **9** per, in quanto a: *pour être intelligent, il l'est*, in quanto a essere intelligente lo è senza dubbio **10** (*con una parola ripetuta*): *partir pour partir*, visto che bisogna andarsene; *crever pour crever*, dato che si deve morire; *servitude pour servitude*, poiché di schiavitù si tratta.
● ***pour ce qui est de***, per quanto riguarda | ***pour que***, (*consecutiva*) perché, per; (*finale*) affinché, perché: *je suis arrivé trop tard pour qu'on puisse me recevoir*, sono arrivato troppo tardi per poter essere ricevuto; *je t'invite pour que tu ne restes pas seul*, ti invito perché tu non rimanga solo | ***pour... que***, per quanto: *pour intelligent qu'il soit*, per quanto intelligente sia | ***cela n'est pas pour me déplaire***, non mi dispiace | ***être pour***, essere favorevole; (*letter.*) (*seguito da inf.*) stare per: *je suis pour la paix*, sono favorevole alla pace; *que ceux qui sont pour, lèvent la main*, chi è favorevole, alzi la mano; *être pour ou contre*, essere a favore o contro; *il était pour partir*, stava per partire | ***être pour beaucoup dans une affaire***, essere implicato, avere un ruolo importante in una faccenda.

pour[2] ***n.m.invar.*** pro.
● ***le pour et le contre***, il pro e il contro: *il y a du pour et du contre*, c'è il pro e il contro; *peser le pour et le contre*, pesare i pro e i contro.

pourboire [puʀbwaʀ] ***n.m.*** mancia (*f.*).

pourceau [puʀso] ***n.m.*** [pl. *-eaux*] porco, porcello (*anche fig.*).
● (*zool. pop.*) ***pourceau de mer***, focena | ***être sale comme un porceau***, essere sporco come un maiale.

pourcentage [puʀsɑ̃taʒ] ***n.m.*** percentuale (*f.*).

pourchasser [puʀʃase] ***v.tr.*** **1** inseguire (*anche fig.*) **2** dare la caccia (**a**).

pourfendeur [puʀfɑ̃dœʀ] ***n.m.*** [f. *-euse*] (*letter. iron.*) smargiasso.

pourfendre [puʀfɑ̃dʀ] ***v.tr.*** [coniug. come *rendre*] **1** attaccare violentemente **2** (*antiq.*) spaccare, tagliare in due (con una sciabolata).

pourlécher [puʀleʃe] ***v.tr.*** [coniug. come *céder*] **1** (*antiq.*) leccare **2** (*fig.*) lisciare, levigare (scritti o pitture) ♦ **se pourlécher** ***v.pron.*** (*fig.*) leccarsi i baffi.
● ***se pourlécher les babines***, (*fam.*) leccarsi i baffi.

pourparlers [puʀpaʀle] ***n.m.pl.*** negoziato (*sing.*), trattativa (*f.sing.*): *engager, entamer des pourparlers*, intavolare un negoziato; *entrer, être en pourparlers*, entrare, essere in trattativa.

pourpier [puʀpje] ***n.m.*** (*bot., pop.*) portulaca (*f.*).

pourpoint [puʀpwɛ̃] ***n.m.*** (*st. abbigl.*) farsetto, giubba (*f.*).

pourpre [puʀpʀ] ***n.f.*** **1** porpora **2** (*dignità regia o cardinalizia*) porpora ♦ ***n.m.*** **1** (*color*) porpora **2** (*arald.*) porpora **3** (*med.*) porpora (*f.*) ♦ ***agg.*** purpureo, di porpora (*anche fig.*).

pourpré [puʀpʀe] ***agg.*** (*letter.*) purpureo.

pourquoi [puʀkwa] ***avv.*** e ***cong.*** perché: *pourquoi as-tu menti?*, perché hai mentito?; *je ne comprends pas pourquoi il est si taciturne*, non capisco perché sia così taciturno; *sans savoir pourquoi*, senza sapere perché; *pourquoi est-ce qu'il ne vient pas?*, (*fam.*) perché non viene? ♦ ***n.m.invar.*** perché: *demander le pourquoi d'une chose*, chiedere la ragione di una cosa; *les pourquoi des enfants*, i perché dei bambini.
● ***pourquoi pas?***, perché no? | ***c'est pourquoi***, per questo (motivo): *c'est pourquoi je me plains*, per questo mi lamento.

pourrai [puʀe] → **pouvoir**[1].

pourri [puʀi] ***agg.*** **1** marcio: *bois pourri*, legno marcio, legna fradicia; *viande pourrie*, carne andata a male | *temps pourri*, tempo umido **2** (*fig.*) marcio, corrotto: *un milieu pourri*, un ambiente corrotto **3** (*fig.*) molto viziato ♦ ***n.m.*** marcio.
● ***pourri de***, (*fig. fam.*) pieno di: *il est pourri de fric*, è pieno di soldi.

pourridié [puʀidje] ***n.m.*** (*agr.*) (*della vite ecc.*) marciume radicale.

pourriel [puʀjɛl] ***n.m.*** (*Internet*) spam, posta (*f.*) spazzatura.

pourrir [puʀiʀ] ***v.intr.*** marcire (*anche fig.*) ♦ ***v.tr.*** (fare) marcire (*anche fig.*): *pourrir un enfant*, viziare un bambino ♦ **se pourrir** ***v.pron.intr.*** **1** marcire **2** (*fig.*) guastarsi, deteriorarsi.

pourrissement [puʀismɑ̃] ***n.m.*** **1** putrefazione (*f.*) **2** (*fig.*) deterioramento, peggioramento.

pourriture [puʀityʀ] ***n.f.*** **1** putrefazione **2** (*fig.*) marciume (*m.*), corruzione **3** (*agr.*) marciume (*m.*) **4** (*fig.*) persona ignobile, carogna.

poursuite [puʀsɥit] ***n.f.*** **1** inseguimento (*m.*): *la poursuite de la vérité*, (*fig.*) la ricerca della verità **2** proseguimento (*m.*) **3** (*dir.*) procedimento (*m.*); incriminazione: *entamer des poursuites contre qqn*, promuovere un'azione giudiziaria contro qlcu | *sous peine de poursuite(s)*, i trasgressori saranno perseguiti penalmente.
● (*ciclismo*) (***course***) ***poursuite***, inseguimento.

poursuiteur [puʀsɥitœʀ] ***n.m.*** [f. *-euse*] (*ciclismo*) inseguitore.

poursuivant [puʀsɥivɑ̃] ***n.m.*** **1** inseguitore **2** (*dir.*) agente, attore ♦ ***agg.*** (*dir.*) agente.

P

poursuivi [puʀsɥivi] *p.p.* di **poursuivre**.

poursuivre [puʀsɥivʀ] ***v.tr.*** [coniug. come *suivre*] **1** inseguire (*anche fig.*): *être poursuivi par ses créanciers*, essere braccato dai creditori; *poursuivre le bonheur*, ricercare la felicità; *poursuivre un but*, perseguire uno scopo **2** proseguire, continuare: *poursuivre sa marche*, proseguire la marcia **3** perseguitare, tormentare: *poursuivre qqn de ses menaces*, perseguitare qlcu con minacce **4** (*dir.*) perseguire: *poursuivre qqn en justice*, intentare causa a qlcu; *poursuivre au civil, au pénal*, agire in sede civile, penale; *poursuivre en diffamation*, querelare per diffamazione ♦ **se poursuivre** ***v.pron.*** proseguire, durare ♦ ***v.pron.rec.*** rincorrersi.

pourtant [puʀtɑ̃] ***avv.*** eppure, tuttavia: *il le mérite pourtant!*, eppure se lo merita!

pourtour [puʀtuʀ] ***n.m.*** circuito, circonferenza (*f.*).
● (*arch.*) ***pourtour du chœur***, deambulatorio.

pourvoi [puʀvwa] ***n.m.*** (*dir.*) ricorso.
● ***pourvoi en grâce***, domanda di grazia.

pourvoir [puʀvwaʀ] ***v.intr.*** [coniug. come *voir*, tranne al fut.indic.: *je pourvoirai* etc.; al cond.: *je pourvoirais* etc.; al p.rem.: *je pourvus* etc.; all'imperf.cong.: *que je pourvusse* etc.] provvedere | *emplois à pourvoir*, posti da attribuire ♦ ***v.tr.*** **1** fornire **2** dotare ♦ **se pourvoir** ***v.pron.*** provvedersi, munirsi ♦ ***v.pron.intr.*** (*dir.*) ricorrere.

pourvoyeur [puʀvwajœʀ] ***n.m.*** [f. *-euse*] **1** fornitore **2** (*comm.*) procacciatore.

pourvu [puʀvy] *p.p.* di **pourvoir** ♦ ***agg.*** provvisto; dotato: *il est bien pourvu d'argent*, ha molti soldi; *elle est pourvue d'une grande imagination*, è dotata di una grande immaginazione.

pourvu que [puʀvykə] ***cong.*** (*seguito da cong.*) purché, a condizione che: *pourvu que ça dure!*, purché duri!

poussa(h) [pusa] ***n.m.*** **1** (*giocattolo*) misirizzi **2** (*fig.*) ciccione.

pousse [pus] ***n.f.*** **1** (*bot.*) germogliazione, germinazione; germoglio (*m.*) **2** crescita **3** (*vet.*) bolsaggine.

poussé [puse] ***agg.*** **1** spinto (*spec. fig.*) **2** approfondito; curato.

pousse-café [puskafe] ***n.m.invar.*** (*fam.*) ammazzacaffè.

poussée [puse] ***n.f.*** **1** spinta **2** accesso (*m.*): *une poussée de xénophobie*, (*estens.*) un'ondata di xenofobia **3** (*econ.*) spinta.

pousse-pousse [puspus] ***n.m.invar.*** **1** risciò **2** (*Svizzera*) passeggino.
■ **SIN. 2** poussette.

pousser [puse] ***v.tr.*** **1** spingere (*anche fig.*): *ne poussez pas!*, non spingete!; *pousser la porte*, accostare la porta; *pousser le verrou*, tirare il chiavistello | *pousser le feu*, attizzare il fuoco | *pousser qqn du genou*, dare una ginocchiata a qlcu | *pousser un élève*, spronare un alunno a studiare **2** emettere: *pousser des vivats*, lanciare degli evviva **3** (*di piante*) crescere ♦ ***v.intr.*** **1** crescere; spuntare: *les premiers bourgeons poussent*, spuntano i primi germogli **2** spingersi, avanzare **3** (*agr.*) fermentare ♦ **se pousser** ***v.pron.*** spingersi avanti: *pousse-toi, laisse-moi passer*, fatti in là, scostati, lasciami passare; *il fait tout pour se pousser dans le monde*, (*fig.*) fa di tutto per farsi strada ♦ ***v.pron.rec.*** spingersi.
● ***pousser en avant***, mettere in vista | ***pousser (les choses) au noir***, dipingere la situazione a fosche tinte | ***pousser ses études***, continuare gli studi | ***pousser une chanson***, (*fam.*) cantare | ***pousser un objet aux enchères***, far salire il prezzo di un oggetto all'asta | ***à la va comme je te pousse***, (*fam.*) in qualche modo, alla carlona | ***en pousser une***, (*fam.*) farsi una cantatina | ***il ne faut pas pousser!***, (*fam.*) non bisogna esagerare!

poussette [pusɛt] ***n.f.*** **1** passeggino (*m.*) **2** carrello (*m.*) per la spesa **3** (*ciclismo*) spinta.

poussette-canne [pusɛtkan] ***n.f.*** [pl. *poussettes -cannes*] passeggino (*m.*) a ombrello.

poussier [pusje] ***n.m.*** (*ind.*) polvere (*f.*) (di carbone).

poussière [pusjɛʀ] ***n.f.*** polvere | *j'ai une poussière dans l'œil*, ho un bruscolo nell'occhio.
● (*meteor.*) ***poussières atmosphériques***, pulviscolo atmosferico | ***coup de poussière***, esplosione mineraria | ***et des poussières***, e rotti: *mille euros et des poussières*, mille euro e rotti | ***tomber en poussière***, (*fig.*) cadere in rovina | ***une poussière de***, una miriade di: *une poussière d'étoiles*, una miriade di stelle.

poussiéreux [pusjeʀø] ***agg.*** [f. *-euse*] polveroso (*anche fig.*).

poussif [pusif] ***agg.*** [f. *-ive*] **1** (*vet.*) bolso **2** (*fam.*) (*di persona*) asmatico; (*di cosa*) malandato: *une voiture poussive*, una macchina malandata, che funziona male.

poussin [pusɛ̃] ***n.m.*** pulcino | *mon poussin!*, (*fam.*) tesoro!
● (*cuc.*) ***poussin d'Hambourg***, galletto amburghese.

poussivement [pusivmɑ̃] ***avv.*** col fiatone.

poussoir [puswaʀ] ***n.m.*** pulsante | *poussoir d'une montre*, bottone di carica di un orologio.

poutre [putʀ] ***n.f.*** trave.
● ***poutres apparentes***, travi a vista.

poutrelle [putʀɛl] ***n.f.*** **1** piccola trave **2** putrella.

poutser [putse] ***v.tr.*** (*Svizzera*) (*fam.*) pulire; fare le pulizie.

pouvoir[1] [puvwaʀ] ***v.intr.*** [pres.indic.: *je peux* (o *je puis*), *tu peux*, *il peut*, *nous pouvons*, *vous pouvez*, *ils peuvent*; imperf.indic.: *je pouvais* etc.; p.rem.: *je pus* etc.; fut.indic.: *je pourrai* etc.; cond.: *je pourrais* etc.; pres.cong.: *que je puisse* etc.; imperf.cong.: *que je pusse*, *que tu pusses*, *qu'il pût* etc.; p.pres.: *pouvant*; p.p.: *pu*] **1** potere: *puis-je entrer?*, posso entrare?; *je ne peux pas*, *je ne puis vous aider*, non posso aiutarvi; *ils n'ont (pas) pu partir*, non hanno potuto partire, non sono potuti partire; *je n'ai (pas) pu me laver*, non ho potuto lavarmi, non mi sono potuto lavare; *partez quand vous pourrez*, partite quando potete; *il a fait toutes les tentatives qu'il a pu (faire)*, ha fatto tutti i tentativi che ha potuto, ha tentato tutto il possibile **2** (*usato impersonalmente per indicare probabilità*) potere: *il peut y avoir un problème, des problèmes*, può esserci un problema, possono esserci dei problemi; *il pouvait être sept heures*, potevano essere le sette, saranno state le sette.
● ***pouvoir beaucoup***, essere molto potente: *pouvoir beaucoup sur qqn*, avere un forte ascendente su qlcu | ***autant que faire se peut***, (*letter.*) nella misura del possibile | ***ça se pourrait bien!***, (*fam.*) potrebbe darsi!, tutto è possibile! | ***cela se peut***, può darsi: *cela ne se peut pas*, questo è impossibile | ***il peut se faire que***, ***il se peut que***, può darsi che | ***n'en plus pouvoir*** (o ***ne plus en pouvoir***), non poterne più: *je n'en peux vraiment plus!*, non ne posso proprio più! | ***ne rien pouvoir à qqch***, non potere (far) nulla per qlco: *je n'y peux rien*, non posso farci niente | ***on ne peut mieux***, il meglio possibile: *il a répondu on ne peut mieux*, non poteva rispondere meglio di così; *c'est on ne peut mieux*, meglio di così non si può | ***on ne peut plus, moins***, quanto mai: *il est on ne peut plus aimable*, è quanto mai

P

gentile; *il était on ne peut plus heureux*, era al colmo della gioia; *elle est on ne peut moins sympathique*, è quanto mai antipatica; *j'étais on ne peut moins décidé*, ero molto poco deciso | ***qu'est-ce que cela peut faire?***, che importanza può avere (questo)? | (*prov.*) ***qui peut le plus, peut le moins***, chi sa fare le grandi cose, sa fare anche le piccole.

NOTA Da notare che in italiano il verbo 'potere', seguito da un infinito, ha quasi sempre l'ausiliare che si userebbe con l'infinito stesso, mentre in francese **pouvoir** usa sempre *avoir.*

*Je n'**ai** (pas) pu partir.*
Non **sono** potuto partire.

*Je n'**ai** (pas) pu dormir.*
Non **ho** potuto dormire.

*Je n'**ai** (pas) pu me laver.*
Non mi **sono** potuto lavare.

pouvoir[2] ***n.m.*** **1** potere **2** potere, autorità (*f.*) **3** influenza (*f.*), ascendente: *il a un grand pouvoir sur moi*, esercita un grande ascendente su di me **4** (*dir.*) autorizzazione (*f.*), procura (*f.*): *donner un pouvoir par-devant notaire*, dare una procura dinanzi a notaio | *présenter ses pouvoirs*, presentare le proprie credenziali **5** (*pl.*) poteri: *pouvoirs publics*, pubblici poteri | (*dir.*) *séparation des pouvoirs*, separazione dei poteri.
● (*econ.*) ***pouvoir d'achat***, potere d'acquisto | ***pouvoir exécutif***, potere esecutivo | ***pouvoir judiciaire***, potere giudiziario | ***pouvoir législatif***, potere legislativo | (*dir.*) ***pouvoir paternel***, patria potestà | ***pouvoir temporel, spirituel***, potere temporale, spirituale | (*dir.*) ***fondé de pouvoir***, procuratore.

pouzzolane [puzɔlan] ***n.f.*** (*geol.*) pozzolana.

PQ [peky] ***n.m.*** (*fam.*) (*sigla di* papier cul) carta (*f.*) igienica.

practice [pʀaktis] ***n.m.*** (*golf*) campo pratica.

pragmatique [pʀagmatik] ***agg.*** pragmatico, prammatico.

pragmatisme [pʀagmatism] ***n.m.*** pragmatismo.

P

pragmatiste [pʀagmatist] ***agg.*** pragmatistico ♦ ***n.m.*** e ***f.*** pragmatista.

pragois, praguois [pʀagwa] ***agg.*** praghese.

Pragois, Praguois ***n.m.*** (*abitante*) praghese.

praire [pʀɛʀ] ***n.f.*** (*zool.*) tartufo (*m.*) (di mare).

prairial [pʀɛʀjal] ***n.m.*** (*st.*) pratile (nono mese del calendario rivoluzionario, dal 20 maggio al 18 giugno).

prairie [pʀeʀi] ***n.f.*** **1** prato (*m.*) **2** (*geogr.*) prateria.

praline [pʀalin] ***n.f.*** **1** pralina **2** (*Belgio*) praline (cioccolatino ripieno).

praliné [pʀaline] ***agg.*** pralinato.

praliner [pʀaline] ***v.tr.*** (*cuc.*) pralinare.

praticable [pʀatikabl] ***agg.*** **1** praticabile, percorribile **2** realizzabile ♦ ***n.m.*** **1** (*teatr.*) praticabile **2** (*tv, cine.*) carrello mobile **3** (*ginnastica*) quadrato.

praticien [pʀatisjɛ̃] ***n.m.*** [f. *-enne*] **1** esperto **2** medico (che esercita) **3** (*scultura*) sbozzatore.

pratiquant [pʀatikɑ̃] ***agg.*** e ***n.m.*** praticante.

pratique[1] [pʀatik] ***agg.*** **1** pratico **2** comodo.
● ***travaux pratiques***, esercitazioni pratiche, laboratorio.

pratique[2] ***n.f.*** **1** pratica: *la pratique du monde*, l'esperienza del mondo; *la pratique des hommes*, la conoscenza degli uomini **2** uso (*m.*), pratica: *des pratiques malhonnêtes*, metodi disonesti **3** procedura, prassi: *la pratique des affaires*, la prassi degli affari; *termes de pratique*, termini di procedura **4** (*antiq.*) cliente (*m.* e *f.*); clientela | *donner sa pratique à un boulanger*, servirsi da un panettiere.

pratiquement [pʀatikmɑ̃] ***avv.*** **1** praticamente **2** (*fam.*) più o meno, pressoché: *des résultats pratiquement nuls*, dei risultati pressoché nulli.

pratiquer [pʀatike] ***v.tr.*** **1** praticare: *il prêche le bien sans le pratiquer*, predica il bene ma non lo mette in pratica; *ce médecin pratique (la médecine) depuis longtemps*, quel medico esercita da molto tempo **2** fare, eseguire: *pratiquer un trou*, fare un buco **3** (*letter.*) frequentare: *pratiquer le grand monde*, frequentare il gran mondo ♦ ***v.intr.*** essere praticante (di una religione) ♦ **se pratiquer** ***v.pron.*** essere praticato: *c'est un sport qui se pratique beaucoup*, è uno sport molto praticato.

pré [pʀe] ***n.m.*** prato; pascolo.
● ***pré carré***, (*fig.*) orticello, nicchia.

NOTA Nel Medioevo, davanti a ***Saint-Germain-des-Prés***, a Parigi, c'era un grande prato verde dove erano soliti passeggiare gli studenti dell'*Université de Paris*. Il luogo era però anche teatro di molti duelli e risse; di qui l'espressione *aller sur les prés*, battersi a duello.

pré- ***pref.*** pre-.

préalable [pʀealabl] ***agg.*** preliminare: *les accords préalables*, gli accordi presi in precedenza ♦ ***n.m.*** **1** preliminare **2** condizione (*f.*), requisito: *il pose un préalable inacceptable*, pone una condizione inaccettabile **3** (*Canada*) corso propedeutico.
● ***au préalable***, innanzitutto, prima di tutto, preliminarmente | ***sans aucun préalable***, senza preamboli | ***sans avis préalable***, senza preavviso.

préalablement [pʀealabləmɑ̃] ***avv.*** innanzitutto, prima di tutto, preliminarmente.

préalpin [pʀealpɛ̃] ***agg.*** prealpino.

préambule [pʀeɑ̃byl] ***n.m.*** **1** preambolo; premessa (*f.*) **2** (*letter.*) proemio.

préau [pʀeo] ***n.m.*** [pl. *-eaux*] **1** cortile; portico (di una scuola) **2** atrio; sala (*f.*) di riunioni **3** (*di chiostro, ospedale ecc.*) cortile interno.

préavis [pʀeavi] ***n.m.*** preavviso.

prébende [pʀebɑ̃d] ***n.f.*** prebenda.

précaire [pʀekɛʀ] ***agg.*** precario.

précairement [pʀekɛʀmɑ̃] ***avv.*** precariamente.

précambrien [pʀekɑ̃bʀijɛ̃] ***n.m.*** e ***agg.*** [f. *-enne*] (*geol.*) precambriano.

précariser [pʀekaʀize] ***v.tr.*** rendere precario; rendere instabile.

précarité [pʀekaʀite] ***n.f.*** precarietà.

précaution [pʀekosjɔ̃] ***n.f.*** precauzione: *prendre ses précautions*, prendere le dovute precauzioni; *user de précautions*, fare attenzione; *marcher avec précaution*, camminare con cautela.
● ***avec les précautions voulues***, con i dovuti riguardi.

précautionneusement [pʀekosjɔnøzmɑ̃] ***avv.*** (*letter.*) con cautela, con prudenza.

précautionneux [pʀekosjɔnø] ***agg.*** [f. *-euse*] (*letter.*) cauto, prudente.

précédemment [pʀesedamɑ̃] ***avv.*** precedentemente, prima.

précédent [pʀesedɑ̃] ***n.m.*** e ***agg.*** precedente.
● ***sans précédent***, senza precedenti.

précéder [pʀesede] ***v.tr.*** [coniug. come *céder*] precedere.

précepte [pʀesɛpt] ***n.m.*** precetto.

précepteur [pʀesɛptœʀ] *n.m.* [f. *-trice*] precettore, istitutore.
précession [pʀesesjɔ̃] *n.f.* (*astr.*) precessione.
prêche [pʀɛʃ] *n.m.* **1** (*eccl.*) predica (*f.*), sermone **2** (*fam.*) predica (*f.*).
prêcher [pʀeʃe] *v.tr.* **1** predicare (*anche fig.*) | *prêcher d'exemple, par l'exemple*, predicare con l'esempio **2** evangelizzare: *prêcher les infidèles*, evangelizzare gli infedeli ♦ *v.intr.* predicare (*anche fig.*).
prêcheur [pʀɛʃœʀ] *n.m.* [f. *-euse*] predicatore (*spec. scherz.*).
prêchi-prêcha [pʀeʃipʀeʃa] *n.m.invar.* (*fam.*) sproloquio.
préchrétien [pʀekʀetjɛ̃] *agg.* [f. *-enne*] precristiano.
précieuse [pʀesjøz] *n.f.* (*st. lett.*) preziosa (esponente della *préciosité*).
précieusement [pʀesjøzmɑ̃] *avv.* **1** gelosamente **2** riccamente.
précieux [pʀesjø] *agg.* [f. *-euse*] **1** prezioso (*anche fig.*) **2** affettato, ricercato **3** (*st. lett.*) prezioso: *la littérature précieuse*, la letteratura del preziosismo ♦ *n.m.* preziosità (*f.*).
préciosité [pʀesjozite] *n.f.* **1** preziosità, ricercatezza **2** (*lett.*) preziosismo (*m.*).

NOTA Fu detto ***préciosité*** il fenomeno sociale, letterario e linguistico sviluppatosi a Parigi in alcuni salotti (come quelli di Mme de Rambouillet o di Mlle de Scudéry) nel periodo 1630-70. I frequentatori si compiacevano di estrema raffinatezza nei modi e nell'espressione letteraria.

précipice [pʀesipis] *n.m.* precipizio.
■ SIN. gouffre.
précipitamment [pʀesipitamɑ̃] *avv.* precipitosamente.
précipitation [pʀesipitasjɔ̃] *n.f.* **1** precipitazione (*anche fig.*) **2** (*chim., meteor.*) precipitazione.
précipité [pʀesipite] *agg.* precipitoso; (*fig.*) avventato: *jugement précipité*, giudizio avventato ♦ *n.m.* (*chim.*) precipitato.
● ***respiration précipitée***, respiro affannoso.
précipiter [pʀesipite] *v.tr.* **1** precipitare, gettare (*anche fig.*) **2** affrettare, precipitare ♦ *v.intr.* (*chim.*) precipitare ♦ **se précipiter** *v.pron.* e *pron.intr.* **1** precipitarsi, gettarsi **2** precipitare: *les événements se précipitent*, gli avvenimenti precipitano **3** (*chim.*) precipitare.
précis [pʀesi] *agg.* **1** preciso, esatto **2** (*di persona*) preciso, puntuale **3** (*di ore*) preciso, esatto, in punto: *à six heures précises*, alle sei in punto ♦ *n.m.* compendio, prontuario.
précisément [pʀesizemɑ̃] *avv.* **1** precisamente: *il n'est pas précisément doué*, non si può dire che sia molto dotato **2** (per l')appunto.
préciser [pʀesize] *v.tr.* precisare; puntualizzare ♦ **se préciser** *v.pron.intr.* precisarsi, delinearsi.
précision [pʀesizjɔ̃] *n.f.* **1** precisione **2** (*pl.*) precisazioni.
précoce [pʀekɔs] *agg.* precoce.
■ SIN. prématuré, hâtif CONTR. tardif.
précocement [pʀekɔsmɑ̃] *avv.* precocemente.
précocité [pʀekɔsite] *n.f.* precocità.
précolombien [pʀekɔlɔ̃bjɛ̃] *agg.* [f. *-enne*] precolombiano.
précompte [pʀekɔ̃t] *n.m.* (*comm.*) trattenuta (*f.*), ritenuta (*f.*) alla fonte.
préconçu [pʀekɔ̃sy] *agg.* preconcetto, precostituito.
préconiser [pʀekɔnize] *v.tr.* raccomandare, consigliare vivamente.
précontraint [pʀekɔ̃tʀɛ̃] *agg.* (*tecn.*) precompresso.
précuit [pʀekɥi] *n.m.* e *agg.* precotto.
● (***aliments***) ***précuits***, precotti.
précurseur [pʀekyʀsœʀ] *agg.* e *n.m.* precursore; precorritore, anticipatore.
prédateur [pʀedatœʀ] *agg.* e *n.m.* [f. *-trice*] predatore.
prédécès [pʀedesɛ] *n.m.* (*dir.*) premorienza (*f.*).
prédécesseur [pʀedesesœʀ] *n.m.* **1** predecessore **2** (*pl.*) antenati.
prédécoupé [pʀedekupe] *agg.* pretagliato; (*di foglio*) fustellato.
prédestination [pʀedɛstinasjɔ̃] *n.f.* predestinazione.
prédestiné [pʀedɛstine] *agg.* e *n.m.* predestinato.
prédestiner [pʀedɛstine] *v.tr.* predestinare.
prédétermination [pʀedetɛʀminasjɔ̃] *n.f.* predeterminazione.
prédéterminer [pʀedetɛʀmine] *v.tr.* predeterminare.
prédicat [pʀedika] *n.m.* (*fil., ling., mat.*) predicato.
prédicateur [pʀedikatœʀ] *n.m.* [f. *-trice*] predicatore.
prédicatif [pʀedikatif] *agg.* [f. *-ive*] (*fil., ling.*) predicativo.
prédication [pʀedikasjɔ̃] *n.f.* **1** (*eccl., fil.*) predicazione **2** (*eccl., letter.*) predica.
prédictif [pʀediktif] *agg.* [f. *-ive*] predittivo.
● ***médecine prédictive***, medicina predittiva.
prédiction [pʀediksjɔ̃] *n.f.* predizione.
prédigéré [pʀediʒeʀe] *agg.* predigerito.
prédilection [pʀedilɛksjɔ̃] *n.f.* predilezione.
● ***de prédilection***, prediletto, preferito.
prédire [pʀediʀ] *v.tr.* [coniug. come *dire*, tranne alla 2ª pers.pl. del pres.indic. e dell'imp.: *prédisez*] predire.
prédisposé [pʀedispoze] *agg.* predisposto, incline.
prédisposer [pʀedispoze] *v.tr.* predisporre.
prédisposition [pʀedispozisjɔ̃] *n.f.* predisposizione.
prédit [pʀedi] *p.p.* di **prédire**.
prédominance [pʀedɔminɑ̃s] *n.f.* predominanza, prevalenza.
prédominant [pʀedɔminɑ̃] *agg.* predominante.
prédominer [pʀedɔmine] *v.intr.* predominare (**su**), prevalere ♦ *v.intr.* predominare, dominare.
préemballé [pʀeɑ̃bale] *agg.* preconfezionato.
prééminence [pʀeeminɑ̃s] *n.f.* preminenza; superiorità.
prééminent [pʀeeminɑ̃] *agg.* preminente.
préemptif [pʀeɑ̃ptif] *agg.* [f. *-ive*] **1** (*dir.*) di prelazione **2** preventivo.
● (*mil.*) ***frappe préemptive***, attacco preventivo.
préemption [pʀeɑ̃psjɔ̃] *n.f.* (*dir.*) prelazione.
● ***droit de préemption***, diritto di prelazione.
préenregistrer [pʀeɑ̃ʀəʒistʀe] *v.tr.* preregistrare.
préétabli [pʀeetabli] *agg.* prestabilito.
préexistant [pʀeɛgzistɑ̃] *agg.* preesistente.
préexistence [pʀeɛgzistɑ̃s] *n.f.* preesistenza.
préexister [pʀeɛgziste] *v.intr.* preesistere.
préfabrication [pʀefabʀikasjɔ̃] *n.f.* prefabbricazione.
préfabriqué [pʀefabʀike] *agg.* **1** prefabbricato **2** (*fig.*)

P

artificiale, stereotipato: *sourire préfabriqué*, sorriso stereotipato ♦ *n.m.* prefabbricato.

préfabriquer [pʀefabʀike] *v.tr.* prefabbricare.

préface [pʀefas] *n.f.* **1** prefazione, premessa **2** (*eccl.*) prefazio (*m.*).

préfacer [pʀefase] *v.tr.* [coniug. come *placer*] scrivere la prefazione (**di**), prefazionare.

préfectoral [pʀefɛktɔʀal] *agg.* [pl. *-aux*] prefettizio.

préfecture [pʀefɛktyʀ] *n.f.* prefettura.
● ***préfecture (de police)***, questura | ***préfecture maritime***, dipartimento militare marittimo.

préférable [pʀefeʀabl] *agg.* preferibile.

préféré [pʀefeʀe] *agg.* e *n.m.* preferito; prediletto.
■ SIN. favori.

préférence [pʀefeʀɑ̃s] *n.f.* preferenza, predilezione: *une préférence marquée pour les mathématiques*, una spiccata predilezione per la matematica.
● ***avoir, obtenir la préférence sur qqn***, avere la precedenza su qlcu | ***de préférence***, preferibilmente, più volentieri | ***faire des préférences***, fare delle differenze | ***par ordre de préférence***, in ordine di preferenza.

préférentiel [pʀefeʀɑ̃sjɛl] *agg.* [f. *-elle*] preferenziale.
● ***vote préférentiel***, (voto di) preferenza.

préférer [pʀefeʀe] *v.tr.* [coniug. come *céder*] preferire.

préfet [pʀefɛ] *n.m.* prefetto.
● ***préfet de police***, questore | ***préfet des études***, istitutore (nei collegi religiosi) | ***préfet maritime***, comandante di un dipartimento marittimo.

NOTA In Francia, il ***préfet*** è un alto funzionario nominato dal presidente della Repubblica, che rappresenta lo Stato nel dipartimento e nella regione.

préfète [pʀefɛt] *n.f.* **1** moglie del prefetto **2** (donna) prefetto.

préfiguration [pʀefigyʀasjɔ̃] *n.f.* prefigurazione.

préfigurer [pʀefigyʀe] *v.tr.* prefigurare.

préfinancement [pʀefinɑ̃smɑ̃] *n.m.* (*econ.*) prefinanziamento.

préfixation [pʀefiksasjɔ̃] *n.f.* (*ling.*) prefissazione.

préfixe [pʀefiks] *n.m.* prefisso.

préfixer [pʀefikse] *v.tr.* prefiggere, prestabilire.

préglaciaire [pʀeglasjɛʀ] *agg.* (*geol.*) preglaciale.

préhenseur [pʀeɑ̃sœʀ] *agg.* prensile.
● ***organe préhenseur***, organo prensile.

préhensile [pʀeɑ̃sil] *agg.* prensile.

préhistoire [pʀeistwaʀ] *n.f.* preistoria.

préhistorien [pʀeistɔʀjɛ̃] *n.m.* [f. *-enne*] specialista, studioso della preistoria.

préhistorique [pʀeistɔʀik] *agg.* preistorico (*anche fig.*).

préindustriel [pʀeɛ̃dystʀijɛl] *agg.* [f. *-elle*] preindustriale.

préjudice [pʀeʒydis] *n.m.* pregiudizio (*spec. dir.*); danno (*spec. comm.*).
● ***au préjudice de qqch***, con pregiudizio di qlco | ***au préjudice de qqn***, a scapito di qlcu | ***porter préjudice à qqn***, recare danno a qlcu.

préjudiciable [pʀeʒydisjabl] *agg.* pregiudizievole.

préjudiciel [pʀeʒydisjɛl] *agg.* [f. *-elle*] (*dir.*) pregiudiziale.

préjugé [pʀeʒyʒe] *n.m.* **1** pregiudizio, preconcetto: *un homme à préjugés*, un uomo pieno di pregiudizi **2** (*dir.*) precedente.
● ***avoir un préjugé favorable à l'égard de qqn***, essere ben disposto nei confronti di qlcu.

préjuger [pʀeʒyʒe] *v.tr.* [coniug. come *manger*] (*antiq.*) giudicare a priori ♦ *v.intr.* dare un giudizio prematuro: *je ne veux pas préjuger de la question*, non voglio anticipare nessun giudizio sull'argomento.

prélasser, se [səpʀelɑse] *v.pron.intr.* abbandonarsi, sprofondarsi: *se prélasser dans un fauteuil*, sprofondarsi in una poltrona.

prélat [pʀela] *n.m.* (*eccl.*) prelato.

prélature [pʀelatyʀ] *n.f.* (*eccl.*) prelatura.

prélavage [pʀelavaʒ] *n.m.* prelavaggio.

prêle, prèle [pʀɛl] *n.f.* (*bot. pop.*) coda di cavallo, brusca.

prélèvement [pʀelɛvmɑ̃] *n.m.* prelievo (*anche med.*); prelevamento.

prélever [pʀelve] *v.tr.* [coniug. come *semer*] prelevare; riscuotere.

préliminaire [pʀeliminɛʀ] *agg.* preliminare ♦ *n.m.* (*solo pl.*) preliminari, premesse (*f.*).

prélude [pʀelyd] *n.m.* preludio.

préluder [pʀelyde] *v.intr.* **1** (*mus.*) preludiare **2** (*fig.*) preludere **3** (*fig.*) annunciarsi.

prématuré [pʀematyʀe] *agg.* e *n.m.* prematuro.

prématurément [pʀematyʀemɑ̃] *avv.* prematuramente.

préméditation [pʀemeditasjɔ̃] *n.f.* premeditazione.
● ***assassinat avec préméditation***, omicidio premeditato.

préméditer [pʀemedite] *v.tr.* premeditare.

prémices [pʀemis] *n.f.pl.* **1** (*letter.*) inizi (*m.*), esordi (*m.*): *les prémices de l'hiver*, gli inizi, i primi annunci dell'inverno; *les prémices de la guerre*, le prime avvisaglie della guerra; *les prémices d'une crise économique*, i primi sintomi di una crisi economica **2** (*antiq.*) primizie; (*di gregge ecc.*) primi (*m.*) nati.

premier [pʀəmje] *agg.* [f. *-ère*] **1** primo: *la première porte à droite*, la prima porta a destra **2** primo, principale **3** primo, originario: *le sens premier d'un mot*, il significato originario di una parola ♦ *n.m.* primo: *arriver le premier*, arrivare (per) primo; *passez le premier*, passi prima lei.
● (*alpinismo*) ***premier de cordée***, capo cordata | (*tip.*) ***première épreuve***, prima bozza | ***arriver en premier***, arrivare in testa | ***au premier plan***, in primo piano | ***de premier ordre***, di prim'ordine | ***en premier***, in primo luogo | (*teatr.*) ***jeune premier***, attor giovane | ***le premier (étage)***, il primo piano: *j'habite au premier*, sto al primo piano | ***le premier venu***, il primo venuto | ***matières premières***, materie prime.

première [pʀəmjɛʀ] *n.f.* **1** prima **2** (*di una rappresentazione*) prima **3** (*nell'ordinamento scolastico francese*) classe corrispondente alla terza superiore | (*classe de*) *première*, terza superiore **4** (*aut.*) (*marcia*) prima: *passer en première*, mettere la prima.
● (*ferr.*) ***première (classe)***, prima classe | ***première (couturière)***, prima lavorante (di una sartoria) | ***de première***, (*fam.*) di prima qualità, di prima scelta | ***tomber la tête la première***, cadere con la testa in avanti.

premièrement [pʀəmjɛʀmɑ̃] *avv.* in primo luogo.

premier-né [pʀəmjene] *agg.* e *n.m.* [f. *premiere-née*, pl.m. *premiers-nés*] primogenito.

prémisse [pʀemis] *n.f.* (*spec. pl.*) premessa, presupposto (*m.*).

prémolaire [pʀemɔlɛʀ] *n.f.* (*anat.*) premolare (*m.*).

P

prémonition [pʀemɔnisjɔ̃] *n.f.* premonizione.

prémonitoire [pʀemɔnitwaʀ] *agg.* premonitorio.

prémunir [pʀemyniʀ] *v.tr.* premunire ♦ **se prémunir** *v.pron.* premunirsi.

prenable [pʀənabl] *agg.* prendibile, espugnabile.

prenant [pʀənɑ̃] *p.pres.* di **prendre** ♦ *agg.* **1** impegnativo **2** (*fig.*) avvincente **3** prensile **4** che fa presa.
● (*dir.*) ***la partie prenante***, il beneficiario.

prénatal [pʀenatal] *agg.* [pl. *-als, -aux*] prenatale.
● ***allocations prénatales***, indennità di maternità.

prendre [pʀɑ̃dʀ] *v.tr.* [pres.indic.: *je prends, tu prends, il prend, nous prenons, vous prenez, ils prennent*; imperf. indic.: *je prenais* etc.; p.rem.: *je pris* etc.; fut.indic.: *je prendrai* etc.; cond.: *je prendrais* etc.; pres.cong.: *que je prenne* etc., *que nous prenions, que vous preniez, qu'ils prennent*; imperf.cong.: *que je prisse, que tu prisses, qu'il prît* etc.; p.pres.: *prenant*; p.p.: *pris*; imp.: *prends, prenons, prenez*] **1** prendere, pigliare (*anche fig.*); afferrare: *il l'a pris par le sentiment*, ha fatto leva sul sentimento **2** prendere, catturare; conquistare: *se laisser prendre par les apparences*, farsi ingannare dalle apparenze **3** rubare, prendere: *il n'est pas bon de prendre trop sur son sommeil*, non fa bene a sottrarre molto tempo al sonno **4** sorprendere, cogliere: *l'orage nous a pris en pleine randonnée*, il temporale ci ha sorpreso in piena gita **5** ricevere, prendere: *combien prend-il de l'heure?*, quanto prende all'ora? **6** richiedere, esigere, prendere: *prendre beaucoup de place*, tenere, occupare molto posto **7** prendere, acquistare: *j'ai pris un studio à la mer*, ho preso un monolocale al mare **8** prendere; mangiare; bere: *voulez-vous prendre qqch?*, volete prendere qlco?; *prendre son petit déjeuner*, far colazione **9** (*mezzo di locomozione*) prendere: *prends ma voiture*, prendi la mia macchina **10** scambiare, prendere | *pour qui me prends-tu?*, per chi mi prendi? **11** considerare, prendere: *il faut prendre les gens comme ils sont*, bisogna prendere le persone per quello che sono ♦ *v.intr.* **1** prendere, attaccare; attecchire (*anche fig.*): *cette colle ne prend pas*, questa colla non attacca, non fa presa; *la sauce a pris au fond de la casserole*, il sugo s'è attaccato sul fondo della pentola **2** rapprendersi ♦ **se prendre** *v.pron.* rimaner preso; impigliarsi: *il s'est pris le pied dans une racine*, ha inciampato in una radice ♦ *v.pron.rec.* prendersi.
● ***prendre à son service***, prendere a servizio | ***prendre au piège***, prendere in trappola | ***prendre l'eau***, (*di scarpe*) lasciar passare l'acqua | ***prendre qqn sur le fait***, cogliere qlcu sul fatto | ***prendre sur soi***, (*fig.*) prendere un impegno: *il a pris sur lui de parler à son père*, si è impegnato a parlare con suo padre; *il faut prendre sur soi*, bisogna sapersi dominare | ***à tout prendre***, tutto sommato, tutto considerato | ***ça ne prend pas avec moi***, (*fam.*) con me non attacca | ***c'est à prendre ou à laisser***, prendere o lasciare | ***il en a pris pour son grade!***, ha avuto quello che si meritava! | ***il l'a bien pris***, l'ha presa bene | ***il me prend envie, l'envie me prend de***, mi vien voglia di | ***je t'y prends!***, ti (ci) ho pescato! | ***ne le prends pas de si haut!***, non fare il superbo! | ***on ne m'y prendra plus!***, non me la fanno più, non ci casco più! | ***qu'est-ce qui te prend?***, (*fam.*) che ti prende? | ***s'en prendre à qqn***, prendersela con qlcu | ***se prendre à***, (*letter.*) mettersi a | ***se prendre à qqch***, (*fig.*) interessarsi di | ***se prendre d'amitié pour qqn***, concepire amicizia per qlcu | ***se prendre (pour)***, prendersi (per), credersi: *pour qui se prend-il?*, chi crede di essere? | (*Canada*) ***se prendre pour un autre***, darsi delle arie | ***s'y prendre***, mettercisi, darsi da fare: *il ne sait pas s'y prendre*, non ci sa fare; *ils s'y sont pris trop tard*, si sono dati da fare troppo tardi.

preneur [pʀənœʀ] *agg.* [f. *-euse*] (*comm.*) acquirente ♦ *n.m.* **1** chi prende **2** acquirente, compratore.
● (*cine., tv*) ***preneur de son***, microfonista | ***preneur d'otages***, sequestratore.

prenne [pʀɛn] → **prendre**.

prénom [pʀenɔ̃] *n.m.* nome (di battesimo).

prénommé [pʀenɔme] *agg.* **1** chiamato **2** (*dir.*) succitato.

prénommer [pʀenɔme] *v.tr.* chiamare, dare un nome (**a**).

prénuptial [pʀenypsjal] *agg.* [pl. *-aux*] prematrimoniale.

préoccupant [pʀeɔkypɑ̃] *agg.* preoccupante.

préoccupation [pʀeɔkypasjɔ̃] *n.f.* preoccupazione.

préoccupé [pʀeɔkype] *agg.* preoccupato.

préoccuper [pʀeɔkype] *v.tr.* preoccupare, dare pensiero ♦ **se préoccuper** *v.pron.intr.* preoccuparsi.
■ V.PRON. SIN. s'inquiéter, se soucier CONTR. se désintéresser.

prépa [pʀepa] *n.f.* (*abbr. di* classe préparatoire) (*gergo studentesco*) anno (*m.*) propedeutico (dei due) per l'ammissione a una Grande École.

préparateur [pʀepaʀatœʀ] *n.m.* [f. *-trice*] assistente di laboratorio.
● ***préparateur en pharmacie***, dipendente diplomato di farmacia.

préparatif [pʀepaʀatif] *n.m.* (*spec. pl.*) preparativo.

préparation [pʀepaʀasjɔ̃] *n.f.* **1** preparazione **2** preparato (*m.*).
● ***préparation militaire***, addestramento militare.

préparatoire [pʀepaʀatwaʀ] *agg.* preparatorio.
● ***classe préparatoire aux grandes écoles***, ciascuno dei due anni propedeutici per l'ammissione alle Grandes Écoles | ***cours préparatoire*** (CP), (classe corrispondente alla) prima elementare.

préparé [pʀepaʀe] *agg.* preparato.

préparer [pʀepaʀe] *v.tr.* **1** preparare; allestire **2** predisporre, preparare ♦ **se préparer** *v.pron.* e *pron.intr.* **1** prepararsi, disporsi **2** prepararsi, essere imminente.
● ***préparer le terrain à qqn***, preparare il terreno a qlcu.

prépondérance [pʀepɔ̃deʀɑ̃s] *n.f.* preponderanza.

prépondérant [pʀepɔ̃deʀɑ̃] *agg.* preponderante.

préposé [pʀepoze] *n.m.* **1** preposto, incaricato: *préposé aux achats*, addetto agli acquisti **2** portalettere, postino.
● ***préposé des douanes***, doganiere.

préposer [pʀepoze] *v.tr.* preporre.

préposition [pʀepozisjɔ̃] *n.f.* (*gramm.*) preposizione.

prépuce [pʀepys] *n.m.* (*anat.*) prepuzio.

prérasage [pʀeʀɑzaʒ] *n.m.* prebarba: *lotion prérasage*, lozione prebarba.

préretraite [pʀeʀətʀɛt] *n.f.* prepensionamento (*m.*).

prérogative [pʀeʀɔgativ] *n.f.* prerogativa.

préromain [pʀeʀɔmɛ̃] *agg.* preromano.

préroman [pʀeʀɔmɑ̃] *agg.* **1** (*ling.*) preromanzo **2** (*st. arte*) preromanico.

préromantique [pʀeʀɔmɑ̃tik] *agg.* e *n.m.* e *f.* preromantico/a.

préromantisme [pʀeʀɔmɑ̃tism] *n.m.* (*lett.*) preromanticismo.

près [pʀɛ] *avv.* vicino ♦ *prep.* (*ant.*) presso.
● ***à beaucoup près***, neppur lontanamente | ***à cela près***, a parte ciò | ***à peu de choses près, à quelque chose près***, sup-

P

pergiù, pressappoco | ***à peu près***, circa; quasi: *à peu près dix kilos*, circa dieci chili; *il y avait à peu près trente personnes*, c'erano pressappoco trenta persone; *il est minuit, ou à peu près*, è mezzanotte o quasi; *il se contente de l'à peu près*, si accontenta di un lavoro approssimativo | ***à quelques exceptions près***, tranne qualche eccezione | ***de près***, da vicino: *il le connaît de près*, lo conosce molto bene; *il était rasé de près*, era rasato di fresco | ***ne pas y regarder de si près, de trop près***, non andare tanto per il sottile | ***ni de près ni de loin***, né punto né poco, per niente | ***tout près***, molto vicino: *tout près d'ici*, qui vicino; *c'est tout près*, è vicinissimo.

□ **près de** 1 vicino (a), presso: *près de la fenêtre*, vicino alla finestra; *il étaient assis l'un près de l'autre, près l'un de l'autre*, erano seduti l'uno vicino all'altro 2 quasi, circa: *j'ai dépensé près de cinquante euros*, ho speso quasi cinquanta euro; *il était près de midi*, era quasi mezzogiorno 3 (seguido da *inf.*) sul punto di: *il était près de partir quand*, era sul punto di, stava per partire quando.

● ***être près de ses sous***, (*fam.*) essere attaccato ai soldi | (*mar.*) ***naviguer (au plus) près du vent, au plus près***, navigare di bolina.

□ **à... près** 1 pressappoco, circa: *je l'ai payé le même prix à dix euros près*, l'ho pagato lo stesso prezzo, dieci euro più dieci euro meno | *je ne suis pas à dix euros près*, non faccio una questione per dieci euro 2 tranne, eccetto.

> NOTA ***Près de* o *près à*?**
> SÌ *Asseyez-vous **près de** nous.*
> NO *Asseyez-vous **près à** nous.*
> Sedetevi vicino a noi.

présage [prezaʒ] ***n.m.*** presagio: *tirer des présages*, trarre presagi.

présager [prezaʒe] ***v.tr.*** [coniug. come *manger*] presagire; prevedere.

présalaire [presalɛr] ***n.m.*** presalario.

pré-salé [presale] ***n.m.*** [pl. *prés-salés*] agnello allevato nei pascoli vicini al mare.

presbyte [prɛsbit] ***agg.*** e ***n.m.*** e ***f.*** presbite.

presbytère [prɛsbitɛr] ***n.m.*** presbiterio, canonica (*f.*).

presbytérien [prɛsbiterjɛ̃] ***agg.*** e ***n.m.*** [f. *-enne*] (*st. relig.*) presbiteriano.

presbytérium [prɛsbiterjɔm] ***n.m.*** (*arch.*) presbiterio.

presbytie [prɛsbisi] ***n.f.*** presbiopia.

prescience [presjɑ̃s] ***n.f.*** prescienza.

préscolaire [preskɔlɛr] ***agg.*** prescolare.

prescriptible [prɛskriptibl] ***agg.*** (*dir.*) prescrittibile.

prescription [prɛskripsjɔ̃] ***n.f.*** 1 prescrizione 2 (*dir.*) prescrizione.

● (*dir.*) ***tomber en prescription***, cadere in prescrizione.

prescrire [prɛskrir] ***v.tr.*** [coniug. come *écrire*] prescrivere ♦ **se prescrire** ***v.pron.intr.*** (*dir.*) cadere in prescrizione.

prescrit [prɛskri] *p.p.* di **prescrire** ♦ ***agg.*** prescritto; stabilito: *au jour prescrit*, nel giorno stabilito.

préséance [preseɑ̃s] ***n.f.*** precedenza; preminenza.

présélection [preselɛksjɔ̃] ***n.f.*** preselezione.

présélectionner [preselɛksjɔne] ***v.tr.*** preselezionare.

présence [prezɑ̃s] ***n.f.*** 1 presenza 2 (*teatr.*) (*di attore*) presenza scenica 3 attualità: *la présence de Rimbaud*, l'attualità di Rimbaud 4 (*pl.*) spiriti (*m.*).

● ***présence d'esprit***, presenza di spirito | ***en présence***, faccia a faccia | ***en présence de***, in, alla presenza di | ***faire acte de présence***, fare atto di presenza | ***hors de la présence de***, in assenza di.

présent[1] [prezɑ̃] ***agg.*** 1 presente: *mon ami ici présent*, il mio amico qui presente 2 attuale, presente: *la situation présente*, la situazione attuale; *les signataires de la présente pétition déclarent que*, i firmatari di questa petizione dichiarano che ♦ ***n.m.*** 1 presente: *jouir du présent*, godere il presente 2 (*gramm.*) presente: *le présent du subjonctif*, il presente congiuntivo 3 (*pl.*) presenti, astanti.

● ***à présent***, ora, adesso | ***à présent que***, ora che, adesso che | ***dès à présent***, fin d'ora | ***jusqu'à présent***, finora | ***par la présente (lettre)***, con la presente | ***pour le présent***, per il momento.

présent[2] ***n.m.*** (*letter.*) presente, dono, regalo.

présentable [prezɑ̃tabl] ***agg.*** presentabile.

présentateur [prezɑ̃tatœr] ***n.m.*** [f. *-trice*] presentatore.

présentation [prezɑ̃tasjɔ̃] ***n.f.*** 1 presentazione 2 esposizione.

● ***présentation typographique***, veste tipografica | (*comm.*) ***billet payable à présentation***, biglietto pagabile a vista.

présentement [prezɑ̃tmɑ̃] ***avv.*** (*antiq.*) presentemente, ora.

présenter [prezɑ̃te] ***v.tr.*** 1 presentare: *permettez-moi de vous présenter mon mari*, permetta che le presenti mio marito 2 porgere, mostrare: *présenter son ticket au contrôleur*, mostrare il biglietto al controllore 3 esporre, presentare ♦ ***v.intr.*** presentarsi ♦ **se présenter** ***v.pron.*** 1 presentarsi, farsi conoscere 2 presentarsi, proporsi, offrirsi: *se présenter aux élections*, presentarsi alle elezioni ♦ ***v.pron.intr.*** apparire, presentarsi.

● ***présenter bien***, avere una bella presenza: *on demande secrétaire présentant bien*, cercasi segretaria bella presenza.

présentoir [prezɑ̃twar] ***n.m.*** espositore (di merce in un negozio).

préservateur [prezɛrvatœr] ***agg.*** [f. *-trice*] preservatore.

préservatif [prezɛrvatif] ***n.m.*** preservativo.

préservation [prezɛrvasjɔ̃] ***n.f.*** preservazione.

préserver [prezɛrve] ***v.tr.*** preservare, proteggere ♦ **se préserver** ***v.pron.intr.*** preservarsi.

présidence [prezidɑ̃s] ***n.f.*** presidenza.

président [prezidɑ̃] ***n.m.*** presidente.

● (*Svizzera*) ***président de commune***, sindaco | (*amm.*) ***président-directeur général (PDG)***, presidente e direttore generale, amministratore delegato.

présidente [prezidɑ̃t] ***n.f.*** 1 presidente, presidentessa 2 (*antiq.*) moglie del presidente, presidentessa.

● (*amm.*) ***présidente-directrice générale (PDG)***, presidente direttrice generale.

présidentiable [prezidɑ̃sjabl] ***agg.*** e ***n.m.*** e ***f.*** che, chi è eleggibile alla carica di presidente della repubblica.

présidentialisme [prezidɑ̃sjalism] ***n.m.*** presidenzialismo.

présidentiel [prezidɑ̃sjɛl] ***agg.*** [f. *-elle*] presidenziale.

● ***(élections) présidentielles***, (elezioni) presidenziali.

présider [prezide] ***v.tr.*** presiedere (a) ♦ ***v.intr.*** sovrintendere.

présomptif [prezɔ̃ptif] ***agg.*** [f. *-ive*] (*dir.*) presuntivo.

présomption [prezɔ̃psjɔ̃] ***n.f.*** 1 presunzione; supposizione 2 vanità, presunzione 3 (*dir.*) presunzione.

présomptueusement [pRezɔ̃ptɥøzmɑ̃] ***avv.*** presuntuosamente.

présomptueux [pRezɔ̃ptɥø] ***agg.*** e ***n.m.*** [f. *-euse*] presuntuoso.

■ AGG. SIN. arrogant.

presque [pRɛsk] ***avv.*** quasi.

● ***presque jamais***, quasi mai | ***presque partout***, quasi ovunque.

presqu'île [pRɛskil] ***n.f.*** [pl. *presqu'îles*] penisola.

pressage [pRɛsaʒ] ***n.m.*** (*ind.*) pressatura (*f.*).

pressant [pRɛsɑ̃] ***agg.*** **1** pressante **2** insistente: *questions pressantes*, domande insistenti.

● ***travail pressant***, lavoro urgente.

presse [pRɛs] ***n.f.*** **1** pressa; torchio (*m.*) **2** macchina da stampa, (macchina) stampatrice **3** (*i giornali*) stampa **4** urgenza, premura **5** (*antiq.*) calca, pressa.

● ***presse d'information***, stampa d'informazione | ***avoir bonne***, ***mauvaise presse***, avere una buona, una cattiva stampa; (*fig.*) avere una buona, una cattiva reputazione | ***la presse du cœur***, i giornali femminili | (*tip.*) ***mettre sous presse***, andare in stampa, andare in macchina | ***moments de presse***, periodo di lavoro molto intenso | ***ouvrage sous presse***, opera in corso di stampa | ***service***, ***conférence de presse***, servizio, conferenza stampa.

pressé [pRese] ***agg.*** **1** stretto, serrato **2** frettoloso, precipitoso **3** urgente, pressante **4** compresso, pressato ♦ ***n.m.*** importante, urgente.

● ***aller***, ***courir au plus pressé***, badare a ciò che è più urgente | ***citron pressé***, limone spremuto; spremuta di limone | ***être pressé***, avere fretta: *il est pressé de partir*, ha fretta di partire | ***être pressé d'argent***, aver bisogno di denaro.

presse-citron [pRɛssitRɔ̃] ***n.m.*** [pl. *presse-citrons* o *invar.*] spremilimoni.

pressentiment [pRɛsɑ̃timɑ̃] ***n.m.*** presentimento.

pressentir [pRɛsɑ̃tiR] ***v.tr.*** [coniug. come *dormir*] **1** presentire **2** (*fig.*) sondare.

presse-papiers [pRɛspapje] ***n.m.invar.*** fermacarte.

presse-purée [pRɛspyRe] ***n.m.invar.*** passaverdura, schiacciapatate.

presser [pRese] ***v.tr.*** **1** stringere, serrare **2** spremere, strizzare: *presser le raisin*, pigiare l'uva; *presser les olives*, torchiare le olive **3** premere; (*tecn.*) pressare **4** accelerare, affrettare | *presser le pas*, accelerare il passo **5** incitare: *presser qqn de parler*, incitare qlcu a parlare **6** opprimere; incalzare: *presser l'ennemi*, incalzare il nemico; *presser qqn de questions*, tempestare qlcu di domande ♦ ***v.intr.*** essere urgente: *une affaire qui presse*, un affare urgente | *rien ne presse*, non c'è fretta ♦ **se presser** ***v.pron.*** e ***pron.intr.*** **1** accalcarsi **2** affrettarsi (**a**) **3** stringersi.

● (*mus.*) ***presser la mesure***, accelerare | ***le temps presse***, il tempo stringe | ***pressez-vous!***, sbrigatevi! | ***pressons, pressons!***, svelti, svelti!

pressing [pResiŋ] ***n.m.*** **1** tintoria (*f.*), stireria (*f.*) **2** stiratura (*f.*) a vapore **3** (*sport*) pressing.

pression [pRɛsjɔ̃] ***n.f.*** **1** pressione **2** (*fig.*) sollecitazione; pressione.

● (*meteor.*) ***pression atmosphérique***, pressione atmosferica | ***bière (à la) pression***, birra alla spina | ***(bouton) pression***, (bottone) automatico | ***être sous pression***, (*fig.*) essere sotto pressione | ***faire pression sur qqn***, far pressione su qlcu.

pressoir [pRɛswaR] ***n.m.*** frantoio.

● ***pressoir à olives***, ***à vin***, torchio per le olive, per vino.

pressothérapie [pRɛsoteRapi] ***n.f.*** pressoterapia.

pressurage [pResyRaʒ] ***n.m.*** **1** (*agr.*) torchiatura (*f.*); (*dell'uva*) ammostatura (*f.*) **2** (*tecn.*) pressatura (*f.*).

pressurer [pResyRe] ***v.tr.*** **1** spremere (*anche fig.*); (*fig.*) sfruttare: *pressurer les contribuables*, (*fig.*) spremere i contribuenti **2** (*agr.*) torchiare, pressare; (*l'uva*) ammostare.

● ***se pressurer le cerveau***, (*fam.*) spremersi il cervello, le meningi.

pressurisation [pResyRizasjɔ̃] ***n.f.*** (*tecn.*) pressurizzazione.

pressuriser [pResyRize] ***v.tr.*** pressurizzare.

prestance [pRɛstɑ̃s] ***n.f.*** prestanza.

● ***avoir de la prestance***, essere prestante.

prestataire [pRɛstatɛR] ***n.m.*** e ***f.*** **1** beneficiario/a di una prestazione **2** prestatore/trice.

● (*Internet*) ***prestataire d'accès***, fornitore di servizi Internet.

prestation [pRɛstasjɔ̃] ***n.f.*** **1** (*di lavoro ecc.*) prestazione **2** (*dir.*) indennità, contributo (*m.*).

● ***prestation de serment***, giuramento | (*dir.*): ***prestations familiales***, assegni familiari; ***prestations sociales***, prestazioni sociali.

preste [pRɛst] ***agg.*** lesto, agile.

FAUX AMI
Da non confondere con l'avverbio *presto*, che si traduce *bientôt, vite.*

prestement [pRɛstəmɑ̃] ***avv.*** rapidamente, prontamente.

prestesse [pRɛstɛs] ***n.f.*** (*letter.*) lestezza, sveltezza.

prestidigitateur [pRɛstidiʒitatœR] ***n.m.*** [f. *-trice*] prestigiatore, prestidigitatore.

■ SIN. illusionniste, magicien.

prestidigitation [pRɛstidiʒitasjɔ̃] ***n.f.*** prestidigitazione.

● ***tours de prestidigitation***, giochi di prestigio.

prestige [pRɛstiʒ] ***n.m.*** prestigio.

prestigieux [pRɛstiʒjø] ***agg.*** [f. *-euse*] prestigioso.

présumé [pRezyme] ***agg.*** presunto.

présumer [pRezyme] ***v.tr.*** presumere: *il est à présumer*, *on présume que*, si presume, si suppone che ♦ ***v.intr.*** presumere, sopravvalutare (**qlcu**, **qlco**): *ils avaient trop présumé de leur forces*, avevano sopravvalutato le loro forze.

présupposer [pResypoze] ***v.tr.*** presupporre.

présupposition [pResypozisjɔ̃] ***n.f.*** presupposizione.

présure [pRezyR] ***n.f.*** caglio (*m.*), presame (*m.*).

prêt[1] [pRɛ] ***agg.*** pronto.

● ***prêt à l'usage***, pronto per l'uso | (*sport*) ***à vos marques, prêts? Partez!***, pronti, partenza, via! | ***être prêt à***, ***de***, (*seguito da inf.*) stare per, essere sul punto di | ***fin prêt***, bello e pronto.

prêt[2] ***n.m.*** **1** prestito **2** (*fin., comm.*) prestito; mutuo **3** (*mil.*) soldo, paga (*f.*).

● (*fin., comm.*): ***prêt à usage***, comodato; ***prêt d'honneur***, prestito sulla parola; ***prêt hypothécaire***, mutuo ipotecario.

prêt-à-monter [pRɛtamɔ̃te] ***n.m.*** [pl. *prêts-à-monter*] kit (di montaggio) ♦ ***agg.invar.*** (*di mobili, oggetti*) in kit, da assemblare, da montare.

prétantaine [pRetɑ̃tɛn] ***n.f.***

● ***courir la prétantaine***, (*antiq.*) correre la cavallina.

prêt-à-porter [pRɛtapɔRte] ***n.m.*** [pl. *prêts-à-porter*]

P

(*abbigl.*) **1** prêt-à-porter (abito di serie su modello di sartoria) **2** (*estens.*) prêt-à-porter, moda (*f.*) pronta.

prêté [pʀete] ***n.m.***
● ***c'est un prêté pour un rendu***, quel che è fatto è reso, è una giusta rivincita.

prétendant [pʀetɑ̃dɑ̃] ***agg.*** e ***n.m.*** pretendente.

prétendre [pʀetɑ̃dʀ] ***v.tr.*** [coniug. come *rendre*] **1** pretendere, esigere: *je prétends qu'il m'obéisse*, esigo che mi obbedisca; *je prétends partir demain*, sono fermamente deciso a partire domani **2** sostenere, affermare: *on prétend qu'il est fou*, sostengono che sia pazzo; *il prétend ne pas connaître son adresse*, sostiene di non conoscere il suo indirizzo **3** pretendere, avere la pretesa (**di**): *je ne prétends pas tout savoir*, non ho la pretesa di sapere tutto ♦ ***v.intr.*** pretendere, aspirare: *il prétendait à la succession*, aspirava alla successione ♦ **se prétendre** ***v.pron.*** dirsi, farsi passare (**per**): *il se prétend mon ami*, dice di essere mio amico.

prétendu [pʀetɑ̃dy] *p.p.* di **prétendre** ♦ ***agg.*** supposto, sedicente: *un prétendu gentilhomme*, un sedicente gentiluomo.

prétendument [pʀetɑ̃dymɑ̃] ***avv.*** falsamente.

prête-nom [pʀɛtnɔ̃] ***n.m.*** [pl. *prête-noms*] prestanome, uomo di paglia.

prétensionneur [pʀetɑ̃sjɔnœʀ] ***n.m.*** (*aut.*) pretensionatore.

prétentaine [pʀetɑ̃tɛn] ***n.f.*** → **prétantaine**.

prétentieusement [pʀetɑ̃sjøzmɑ̃] ***avv.*** in maniera pretenziosa.

prétentieux [pʀetɑ̃sjø] ***agg.*** e ***n.m.*** [f. *-euse*] pretenzioso.
■ *AGG.* CONTR. modeste.

prétention [pʀetɑ̃sjɔ̃] ***n.f.*** pretesa, presunzione: *s'exprimer avec prétention*, esprimersi con ricercatezza.
● ***sans prétention(s)***, senza pretese.

prêter [pʀete] ***v.tr.*** **1** prestare: *prêter son aide, son concours*, prestare, dare aiuto | *prêter main-forte*, dare appoggio, manforte **2** (*fig.*) attribuire ♦ ***v.intr.*** prestarsi, offrire materia: *prêter à rire*, far ridere ♦ **se prêter** ***v.pron.intr.*** prestarsi.
● ***prêter attention***, prestare attenzione | ***prêter la main***, (*fig.*) dare una mano | ***prêter le flanc à***, (*fig.*) offrire il fianco a | ***prêter serment***, prestare giuramento.

préteur[1] [pʀetœʀ] ***n.m.*** (*st.*) pretore.

prêteur[2] ***agg.*** [f. *-euse*] che dà in prestito, che presta volentieri ♦ ***n.m.*** prestatore.

prétexte [pʀetɛkst] ***n.m.*** pretesto.
● ***sous aucun prétexte***, per nessuna ragione | ***sous prétexte que, de***, col pretesto che, di.

prétexter [pʀetɛkste] ***v.tr.*** addurre come pretesto.

prétoire [pʀetwaʀ] ***n.m.*** **1** pretorio, aula (*f.*) di tribunale **2** (*st.*) pretorio.

prétorien [pʀetɔʀjɛ̃] ***n.m.*** e ***agg.*** [f. *-enne*] pretoriano.
● (*st.*) ***garde prétorienne***, guardia pretoria.

prétraité [pʀetʀete] ***agg.*** pretrattato.
● (*cuc.*) ***riz prétraité***, riso parboiled.

prétranché [pʀetʀɑ̃ʃe] ***agg.*** (*di prodotto alimentare confezionato*) a fette.

prêtre [pʀɛtʀ] ***n.m.*** sacerdote; prete.
● (*relig. ebraica*) ***grand prêtre***, sommo sacerdote.

prêtre-ouvrier [pʀɛtʀuvʀije] ***n.m.*** [pl. *prêtres-ouvriers*] prete operaio.

prêtresse [pʀɛtʀɛs] ***n.f.*** sacerdotessa.

prêtrise [pʀetʀiz] ***n.f.*** sacerdozio (*m.*).

preuve [pʀœv] ***n.f.*** **1** prova: *on a rassemblé des preuves accablantes contre l'accusé*, sono state raccolte prove schiaccianti contro l'accusato **2** prova, dimostrazione: *si vous partez, c'est la preuve que vous êtes coupable*, se partite, ciò dimostra che siete colpevole; *j'ai recours à toi, preuve que j'ai confiance en toi*, (*fam.*) ricorro a te, il che dimostra che mi fido di te.
● (*dir.*) ***preuve par indices***, prova indiziaria | (*mat.*) ***preuve par neuf***, prova del nove | ***faire preuve de***, dar prova di, mostrare | ***faire ses preuves***, dar prova delle proprie capacità | (*dir.*) ***faute de preuves***, per insufficienza di prove | ***jusqu'à preuve (du) contraire***, fino a prova contraria | ***la preuve en est que***, prova ne sia che.

preux [pʀø] ***agg.*** e ***n.m.*** (*letter.*) prode.

prévaloir [pʀevalwaʀ] ***v.intr.*** [coniug. come *valoir*, tranne al pres.cong.: *que je prévale* etc., *que nous prévalions* etc.] (*letter.*) prevalere: *leur opinion a prévalu*, è prevalsa la loro opinione ♦ **se prévaloir** ***v.pron.intr.*** valersi, approfittare; vantarsi.

prévalu [pʀevaly] *p.p.* di **prévaloir**.

prévaricateur [pʀevaʀikatœʀ] ***agg.*** e ***n.m.*** [f. *-trice*] prevaricatore.

prévarication [pʀevaʀikasjɔ̃] ***n.f.*** prevaricazione.

prévenance [pʀɛvnɑ̃s] ***n.f.*** **1** gentilezza, cortesia **2** (*pl.*) premure.

prévenant [pʀɛvnɑ̃] ***agg.*** **1** premuroso, sollecito **2** (*teol.*) preveniente.

prévenir [pʀɛvniʀ] ***v.tr.*** [coniug. come *tenir*] **1** avvisare, avvertire: *il a prévenu la police*, ha avvertito la polizia **2** prevenire, evitare: *prévenir un accident*, prevenire un incidente **3** prevenire, precorrere: *il prévient tous mes désirs*, previene ogni mio desiderio **4** predisporre: *je tâcherai de le prévenir en ta faveur*, cercherò di predisporlo in tuo favore.

prévente [pʀevɑ̃t] ***n.f.*** prevendita.

préventif [pʀevɑ̃tif] ***agg.*** [f. *-ive*] preventivo.
● (*dir.*) ***(detention) préventive***, detenzione preventiva, arresto cautelare.

prévention [pʀevɑ̃sjɔ̃] ***n.f.*** **1** prevenzione **2** (*dir.*) detenzione preventiva.
● ***prévention routière***, (ente per la) prevenzione degli incidenti stradali.

préventivement [pʀevɑ̃tivmɑ̃] ***avv.*** preventivamente.

prévenu [pʀɛvny] *p.p.* di **prévenir** ♦ ***agg.*** **1** prevenuto **2** (*dir.*) imputato, accusato ♦ ***n.m.*** (*dir.*) imputato, accusato.

prévisibilité [pʀevizibilite] ***n.f.*** prevedibilità.

prévisible [pʀevizibl] ***agg.*** prevedibile.

prévision [pʀevizjɔ̃] ***n.f.*** previsione.
● ***en prévision de***, in previsione di.

prévisionnel [pʀevizjɔnɛl] ***agg.*** [f. *-elle*] previsionale, preventivo.
● (*fin.*) ***budget prévisionnel***, bilancio previsionale.

prévoir [pʀevwaʀ] ***v.tr.*** [coniug. come *voir*, tranne al fut.indic.: *je prévoirai* etc. e al cond.: *je prévoirais* etc.] **1** prevedere: *je ne prévoyais pas qu'il viendrait, qu'il serait venu*, non prevedevo che venisse, che sarebbe venuto **2** (*econ.*) preventivare.

prévôt [pʀevo] ***n.m.*** **1** capo della polizia militare **2** (*st. fr.*) prevosto (magistrato responsabile dell'amministrazione di Parigi).

P

prévoyance [prevwajɑ̃s] ***n.f.*** **1** previdenza **2** (*estens.*) lungimiranza.
● ***prévoyance sociale***, previdenza sociale | ***société de prévoyance***, compagnia di assistenza mutualistica.

prévoyant [prevwajɑ̃] ***agg.*** **1** previdente **2** (*estens.*) lungimirante **3** presago (**di**).

prévu [prevy] *p.p.* di **prévoir** ♦ ***agg.*** **1** previsto **2** (*econ.*) presunto, previsto: *profit prévu*, profitto presunto; *coût prévu*, costo preventivato.

prie-Dieu [pridjø] ***n.m.invar.*** inginocchiatoio.

prier [prije] ***v.tr.*** **1** pregare (*anche estens.*) **2** (*antiq. letter.*) invitare | *un dîner prié*, una cena con invito formale.
● ***je vous en prie***, (*di cortesia*) la prego, prego: *"Puis-je m'asseoir?" "Je vous en prie"*, "Posso sedermi?" "Prego"; *"Puis-je entrer?" "Je vous en prie"*, "Posso entrare?" "Entri pure".

NOTA La formula ***je vous en prie*** è molto meno impiegata in francese del *prego* italiano. Per rispondere a *merci* si può scegliere tra: *Je vous en prie; Merci à vous; De rien; Il n'y a pas de quoi; C'est moi qui vous remercie.*
Si può anche non rispondere nulla senza temere di essere scortesi.

prière [prijɛr] ***n.f.*** preghiera (*anche estens.*): *céder à la prière de qqn*, cedere alle richieste di qlcu.
● ***prière de***, si prega di: *prière de ne pas fumer*, si prega di non fumare | ***à la prière de***, su richiesta di.

prieur [prijœr] ***n.m.*** priore.

prieuré [prijœre] ***n.m.*** **1** priorato **2** (*chiesa*) prioria (*f.*).

primaire [primɛr] ***agg.*** e ***n.m.*** **1** primario **2** (*spreg.*) limitato ♦ ***n.f.*** (*élection*) *primaire*, (elezioni) primarie.
● ***école primaire***, scuola elementare | (*geol.*) ***ère primaire*** (o ***Primaire***), era primaria, Primario.

primat[1] [prima] ***n.m.*** (*eccl.*) primate.

primat[2] ***n.m.*** **1** (*fil.*) primato **2** (*estens.*) primato, supremazia (*f.*).

primate [primat] ***n.m.*** **1** (*zool.*) primate **2** (*fam.*) bestione.

primature [primatyr] ***n.f.*** (*Africa*) carica di primo ministro.

primauté [primote] ***n.f.*** supremazia, preminenza, primato (*m.*): *avoir la primauté sur*, prevalere su.

prime[1] [prim] ***agg.*** (*letter.*) primo: *de prime abord*, di primo acchito ♦ ***n.f.*** (*eccl.*) (*ora canonica*) prima.

prime[2] ***n.f.*** **1** (*comm., dir., Borsa*) premio (*m.*) **2** omaggio (*m.*): *une montre en prime*, un orologio in omaggio.
● ***prime d'assurance***, premio di assicurazione | ***prime de*** (o ***à la***) ***production***, premio di produzione | (*amm.*): ***prime de transport***, indennità di trasporto; ***prime de vacances***, indennità di ferie | ***bons prime***, buoni premio | ***faire prime***, (*antiq.*) trionfare, furoreggiare.

primer[1] [prime] ***v.tr.*** primeggiare (**tra**); superare ♦ ***v.intr.*** prevalere; dominare.

primer[2] ***v.tr.*** premiare.
■ SIN. récompenser.

primerose [primroz] ***n.f.*** (*bot.*) malvarosa.

primesautier [primsotje] ***agg.*** [f. *-ère*] (*letter.*) impulsivo, spontaneo.

prime time [prajmtajm] ***n.m.*** (*tv*) prime time, fascia (*f.*) oraria di massimo ascolto.

primeur [primœr] ***n.f.*** **1** novità **2** (*pl.*) primizie, frutti (*m.*), ortaggi (*m.*) primaticci.
● ***avoir la primeur de qqch***, essere il primo a sapere qlco, a godere di qlco | ***marchand de primeurs***, fruttivendolo, ortolano.

primevère [primvɛr] ***n.f.*** (*bot.*) primula.

FAUX AMI
Da non confondere con *primavera*, nel senso di *stagione*, che si traduce *printemps*.

primipare [primipar] ***agg.*** e ***n.f.*** primipara.

primitif [primitif] ***agg.*** [f. *-ive*] **1** primitivo **2** (*fam.*) rozzo, incolto ♦ ***n.m.*** **1** (*st.*) primitivo **2** (*arte*) primitivo **3** (*fam.*) persona (*f.*) rozza.
● ***couleurs primitives***, colori fondamentali, dell'iride.

primitivement [primitivmɑ̃] ***avv.*** originariamente, in origine.

primitivisme [primitivism] ***n.m.*** (*arte*) primitivismo.

primo [primo] ***avv.*** in primo luogo.

primogéniture [primɔʒenityr] ***n.f.*** primogenitura.

primo-infection [primoɛ̃fɛksjɔ̃] ***n.f.*** [pl. *primo-infections*] (*med.*) infezione primaria.

primordial [primɔrdjal] ***agg.*** [pl. *-aux*] **1** primordiale **2** (*fig.*) fondamentale.

prince [prɛ̃s] ***n.m.*** principe.
● ***prince charmant***, principe azzurro | ***être bon prince***, essere magnanimo | ***être heureux comme un prince***, essere felice come un re | (*eccl.*) ***les princes de l'Église***, i principi della Chiesa.

prince-de-Galles [prɛ̃sdəgal] ***agg.*** e ***n.m.invar.*** (*tessuto*) principe di Galles: *costume prince-de-Galles*, vestito principe di Galles.

princesse [prɛ̃sɛs] ***n.f.*** **1** principessa **2** (*abbigl.*) princesse.
● ***aux frais de la princesse***, (*fam.*) a spese d'altri | ***faire la princesse***, ***prendre des airs de princesse***, (*fam.*) darsi arie da gran dama.

princier [prɛ̃sje] ***agg.*** [f. *-ère*] principesco (*anche fig.*).

princièrement [prɛ̃sjɛrmɑ̃] ***avv.*** in modo principesco, sontuosamente.

P

principal [prɛ̃sipal] ***agg.*** [pl. *-aux*] principale | (*teatr.*) *rôle principal*, parte di protagonista ♦ ***n.m.*** **1** principale: *le principal est fait*, il più è fatto **2** (*di scuola media*) preside; (*di collegio*) rettore **3** impiegato in uno studio (spec. notarile) **4** (*comm.*) (*contrapposto a interessi*) capitale.
● (*gramm.*) ***proposition principale***, proposizione principale.

principalement [prɛ̃sipalmɑ̃] ***avv.*** principalmente.

principauté [prɛ̃sipote] ***n.f.*** principato (*m.*).

principe [prɛ̃sip] ***n.m.*** **1** principio, origine (*f.*): *remonter jusqu'au principe des choses*, risalire all'origine delle cose **2** principio, fondamento: *le respect de l'homme est le principe de toute liberté*, il rispetto dell'uomo è il fondamento di ogni libertà; *il n'est pas dans mes principes de mentir*, mentire non è conforme ai miei principi; *il proteste pour le principe*, protesta per la forma.
● ***de principe***, di principio, di massima: *accord de principe*, accordo di massima; *avoir une hostilité de principe contre qqch*, avere un'ostilità preconcetta contro qlco | ***en principe***, in linea di massima: *en principe ce projet est bon*, il progetto è buono in teoria.

FAUX AMI
Da non confondere con l'italiano *principe*, che si traduce *prince*.

printanier [prɛ̃tanje] ***agg.*** [f. *-ère*] primaverile.

printemps [pʀɛ̃tɑ̃] *n.m.* primavera (*f.*) (*anche fig.*): *au printemps*, in primavera.

priori, a [apʀijɔʀi] *avv.* a priori.

prioritaire [pʀijɔʀitɛʀ] *agg.* **1** prioritario: *c'est moi qui suis prioritaire*, sono io che ho la precedenza **2** di primaria importanza ♦ *n.m.* e *f.* chi ha la priorità, la precedenza.

priorité [pʀijɔʀite] *n.f.* priorità, precedenza: (*aut.*) *laisser la priorité*, dare la precedenza.

● (*aut.*) ***droit, signal de priorité***, diritto, segnale di precedenza (nel codice della strada) | ***en*** (o ***par***) ***priorité***, in primo luogo, per prima cosa.

pris [pʀi] *p.p.* di **prendre** ♦ *agg.* **1** occupato **2** colpito, affetto: *j'ai la gorge prise*, ho la gola infiammata | *pris de boisson*, ubriaco fradicio **3** (*fig.*) preso: *pris de panique*, colto dal panico **4** (*di crema ecc.*) rappreso; (*di un liquido*) congelato.

● ***bien pris***, ben fatto: *taille bien prise*, figura snella e ben fatta.

prise [pʀiz] *n.f.* **1** presa (*anche fig.*) **2** presa, espugnazione **3** (*fig.*) appiglio (*m.*); pretesto (*m.*): *donner prise aux critiques*, dare adito a critiche; *lâcher prise*, (*anche fig.*) abbandonare la presa **4** (*di medicina*) dose; (*di tabacco*) presa **5** (*di sangue*) prelievo (*m.*) **6** (*elettr.*) presa (elettrica) **7** (*cine., tv*) ripresa.

● ***prise d'armes***, parata militare | ***prise de bec***, (*fam.*) battibecco | ***prise de conscience***, presa di coscienza | ***prise*** (***de courant***), presa (elettrica) | (*fin.*) ***prise de participation***, assunzione di partecipazione | ***prise de position***, presa di posizione | (*cine., tv*): ***prise de son***, registrazione sonora; ***prise de vue***, ripresa | (*eccl.*) ***prise d'habit***, ***de voile***, vestizione | ***prise d'otage***, sequestro di persona | ***prise en charge***, il farsi carico; (*di taxi*) tariffa fissa: *demande de prise en charge*, (*in un ospedale*) impegnativa | ***avoir prise sur***, fare, aver presa su | ***en prise*** (***directe***) ***avec***, (*fig.*) in stretto contatto con | ***être aux prises avec qqch***, (*fig.*) essere alle prese con qlco | ***être aux prises avec qqn***, azzuffarsi con qlcu | (*mecc.*) ***mettre en prise***, innestare.

priser[1] [pʀize] *v.tr.* (*letter.*) stimare, apprezzare.

priser[2] *v.tr.* fiutare, annusare: *tabac à priser*, tabacco da fiuto.

prismatique [pʀismatik] *agg.* prismatico.

prisme [pʀism] *n.m.* prisma: *il voit le monde à travers le prisme de sa naïveté*, (*fig.*) vede il mondo nell'ottica della sua ingenuità.

prison [pʀizɔ̃] *n.f.* prigione, carcere (*m.*) (*anche fig.*): *faire de la prison*, scontare una pena detentiva | *peine de prison*, pena detentiva.

● ***prison à vie***, ergastolo | ***prison de haute sécurité***, carcere di massima sicurezza | ***prison pour femmes***, carcere femminile | ***être aimable comme une porte de prison***, (*iron.*) essere sgradevole | ***gardien de prison***, guardia carceraria.

prisonnier [pʀizɔnje] *agg.* e *n.m.* [f. *-ère*] prigioniero (*anche fig.*); detenuto, carcerato: *se constituer prisonnier*, costituirsi.

● ***prisonnier sur l'honneur***, ***sur parole***, detenuto in libertà sulla parola | ***ballon prisonnier***, (*gioco*) palla prigioniera | ***camp de prisonniers***, campo di prigionia.

privatif [pʀivatif] *agg.* [f. *-ive*] **1** privativo | (*ling.*) *préfixe privatif*, prefisso privativo **2** privato: *entrée privative*, ingresso indipendente.

privation [pʀivasjɔ̃] *n.f.* **1** privazione **2** (*pl.*) privazioni; sacrifici (*m.*): *vivre dans les privations*, vivere di stenti.

privatisation [pʀivatizasjɔ̃] *n.f.* (*econ., pol.*) privatizzazione.

privatiser [pʀivatize] *v.tr.* (*econ., pol.*) privatizzare.

privauté [pʀivote] *n.f.* (*spec. pl.*) familiarità, libertà.

privé [pʀive] *agg.* **1** (*non pubblico*) privato: *cérémonie strictement privée*, cerimonia in forma strettamente privata; *correspondance de caractère privé*, corrispondenza di carattere riservato **2** (*non ufficiale*) privato: *de source privée on apprend que*, da fonte ufficiosa apprendiamo che **3** privo: *un homme privé d'imagination*, un uomo privo di, senza immaginazione; *corps privé de vie*, corpo senza vita ♦ *n.m.* **1** intimità (*f.*), vita (*f.*) privata **2** (*estens.*) il privato, il settore privato **3** (*antiq.*) privato, gabinetto.

● ***à titre privé***, in forma privata: *voyage à titre privé*, viaggio in forma privata | ***dans le privé***, ***en privé***, in privato.

priver [pʀive] *v.tr.* privare ♦ **se priver** *v.pron.* **1** privarsi; rinunciare (a): *il ne peut se priver de fumer*, non può fare a meno di fumare **2** fare sacrifici: *sa mère se prive pour lui*, sua madre fa molti sacrifici per lui; *il ne se prive pas*, (*iron.*) non si fa mancare niente.

privilège [pʀivilɛʒ] *n.m.* privilegio.

privilégié [pʀivileʒje] *agg.* e *n.m.* privilegiato.

privilégier [pʀivileʒje] *v.tr.* privilegiare.

prix [pʀi] *n.m.* **1** prezzo, costo: *un prix élevé*, un prezzo alto; *prix défiant toute concurrence*, prezzo che non teme concorrenza **2** (*fig.*) valore: *attacher du prix à qqch*, attribuire valore a qlco; *à son juste prix*, nel suo giusto valore **3** premio: *remporter le premier prix*, ottenere il primo premio **4** (*scuola*) libro dato in premio (al migliore allievo).

● ***prix d'ami***, prezzo di favore | ***prix de détail***, ***de gros***, prezzo al dettaglio, all'ingrosso | ***prix littéraire***, premio letterario | ***prix marqué***, prezzo indicato | ***prix Nobel***, premio Nobel: *ce savant est le dernier prix Nobel de physique*, quello scienziato è l'ultimo premio Nobel per la fisica | (*aut.*) ***prix tarif***, prezzo di listino | ***prix taxé***, prezzo calmierato | ***à aucun prix***, a nessun costo | ***à tout prix***, a qualunque costo, a tutti i costi | ***au prix de***, a prezzo di; in confronto a: *l'argent n'est rien au prix du bonheur*, il denaro non è nulla in confronto alla felicità | ***c'est dans mes prix***, me lo posso permettere | ***de prix***, di gran valore: *bijou de prix*, gioiello di gran valore, di pregio | ***faire un prix***, fare un prezzo buono: *ce commerçant fait des prix*, quel negoziante fa prezzi speciali | (*sport*) ***Grand Prix***, Gran Premio | ***hors de prix***, molto caro | ***mettre à prix***, mettere una taglia su: *on a mis à prix la tête de ce bandit*, è stata messa una taglia sulla testa di quel bandito | ***payer le prix fort***, (*fig.*) pagare caro | ***y mettre le prix***, metterci il necessario.

NOTA Sono più di 1000 i ***prix littéraires*** francofoni. Il primo premio è stato il ***Goncourt***, creato nel 1903 da E. de Goncourt, in memoria del fratello Jules, per premiare un romanzo francese pubblicato durante l'anno.
Il ***Fémina*** è stato creato nel 1904 per le sole donne. In seguito sono nati il ***Renaudot*** (1926), il ***prix Interallié*** (1930), il ***Médicis*** (1958), che intende correggere gli eccessi e le ingiustizie degli altri *prix*.
Il più importante premio teatrale è il ***Molière***; quelli per il cinema sono conferiti dai vari festival (Cannes, Cognac, Clermont-Ferrand, Annecy).

pro [pʀo] *agg.* e *n.m.* e *f.* (*fam.*) (*abbr. di professionnel*) professionista: *c'est une vraie pro*, è una vera professionista; *il est passé pro*, è diventato (un) professionista.

pro-[1] *pref.* pro-.

pro-[2] *pref.* filo-.

probabiliste [pʀɔbabilist] *agg.* probabilistico.

probabilité [pʀɔbabilite] *n.f.* probabilità.
● (*mat.*) ***calcul des probabilités***, calcolo delle probabilità | ***selon toute probabilité***, con ogni probabilità.

probable [pʀɔbabl] *agg.* probabile: *il est probable qu'il viendra*, è probabile che venga.
■ SIN. possible CONTR. improbable.

probablement [pʀɔbabləmɑ̃] *avv.* probabilmente.

probant [pʀɔbɑ̃] *agg.* probante.

probatoire [pʀɔbatwaʀ] *agg.* probatorio.
● ***examen probatoire***, esame di verifica | ***stage probatoire***, tirocinio di prova.

probe [pʀɔb] *agg.* (*letter.*) probo.

probité [pʀɔbite] *n.f.* probità, onestà.

problématique [pʀɔblematik] *agg.* problematico ♦ *n.f.* problematica.

problème [pʀɔblɛm] *n.m.* problema: *faire problème*, presentare difficoltà | *c'est ton problème*, (*fam.*) sono affari tuoi.
● ***(il n'y a) pas de problème***, (*fam.*) nessun problema | ***quel est le problème?***, di che si tratta?

procédé [pʀɔsede] *n.m.* 1 comportamento: *je ne sais pas quel procédé employer*, non so come comportarmi 2 processo, metodo: *procédé de fabrication*, metodo di fabbricazione.
● ***bons procédés***, piaceri, cortesie: *échange de bons procédés*, scambio di piaceri.

procéder [pʀɔsede] *v.intr.* [coniug. come *céder*] procedere: *procéder à une enquête*, procedere a una inchiesta; *procéder de la même idée*, derivare dalla stessa idea.

procédural [pʀɔsedyʀal] *agg.* [pl. *-aux*] procedurale.

procédure [pʀɔsedyʀ] *n.f.* (*dir.*) procedura; procedimento (*m.*): *c'est la procédure à suivre*, è l'iter (da seguire); *procédure de divorce*, procedimento di divorzio.
● (*dir.*) ***procédure civile***, ***pénale***, procedimento civile, penale.

procédurier [pʀɔsedyʀje] *agg.* [f. *-ère*] (*spreg.*) litigioso, cavilloso ♦ *n.m.* (*spreg.*) leguleio.

procès [pʀɔsɛ] *n.m.* 1 (*dir.*) processo; causa (*f.*): *intenter*, *faire un procès à qqn*, intentare causa contro qlcu, fare causa a qlcu; *être en procès avec qqn*, essere in causa con qlcu 2 (*gramm.*, *anat.*) processo.
● ***procès civil***, ***criminel***, processo civile, penale; causa civile, penale | ***procès d'intentions***, processo alle intenzioni | ***faire le procès de qqch***, mettere qlco sotto processo | ***sans autre forme de procès***, senza tante formalità.

processeur [pʀɔsesœʀ] *n.m.* (*inform.*) processore.

procession [pʀɔsesjɔ̃] *n.f.* processione.

processionnaire [pʀɔsesjɔnɛʀ] *n.f.* (*zool.*) processionaria.

processus [pʀɔsesys] *n.m.* processo.

procès-verbal [pʀɔsɛvɛʀbal] *n.m.* [pl. *procès-verbaux*] 1 (processo) verbale | *procès-verbal de séance*, verbale di seduta 2 (*fam.*) multa (*f.*), contravvenzione (*f.*).

prochain [pʀɔʃɛ̃] *agg.* 1 prossimo: *le mois prochain*, il mese prossimo, venturo 2 vicino: *ou est le prochain garage?*, dov'è l'officina più vicina? ♦ *n.m.* prossimo.

prochaine [pʀɔʃɛn] *n.f.* 1 prossima volta 2 (*fam.*) prossima (fermata).
● ***à la prochaine!***, (*fam.*) arrivederci!, a presto!

prochainement [pʀɔʃɛnmɑ̃] *avv.* prossimamente, presto.

proche [pʀɔʃ] *agg.* e *avv.* vicino (a), prossimo (a): *être proche de sa fin*, essere prossimo alla fine; *les plus proches parents*, i parenti stretti ♦ *n.m.* (*solo pl.*) parenti.
● ***de proche en proche***, progressivamente, per gradi.

proche-oriental [pʀɔʃɔʀjɑ̃tal] *agg.* [pl. *proche-orientaux*] mediorientale, del Vicino Oriente.

proclamation [pʀɔklamasjɔ̃] *n.f.* 1 proclamazione 2 proclama (*m.*).

proclamer [pʀɔklame] *v.tr.* proclamare ♦ **se proclamer** *v.pron.* proclamarsi.

proconsul [pʀɔkɔ̃syl] *n.m.* (*st.*) proconsole.

procréation [pʀɔkʀeasjɔ̃] *n.f.* procreazione.
● ***Procréation Médicalement Assistée*** (*PMA*), procreazione assistita.

procréer [pʀɔkʀee] *v.tr.* procreare, generare.

procuration [pʀɔkyʀasjɔ̃] *n.f.* (*dir.*) procura.

procurer [pʀɔkyʀe] *v.tr.* procurare.
■ SIN. fournir.

procureur [pʀɔkyʀœʀ] *n.m.* procuratore.

prodigalité [pʀɔdigalite] *n.f.* 1 prodigalità 2 (*pl.*) sperperi (*m.*) 3 (*letter.*) profusione.

prodige [pʀɔdiʒ] *n.m.* prodigio.
● ***tenir du prodige***, avere del prodigioso: *son habileté tient du prodige*, la sua abilità ha del prodigioso.
■ SIN. miracle.

prodigieusement [pʀɔdiʒjøzmɑ̃] *avv.* prodigiosamente.

prodigieux [pʀɔdiʒjø] *agg.* [f. *-euse*] prodigioso, portentoso.
■ SIN. extraordinaire CONTR. normal, banal.

prodigue [pʀɔdig] *agg.* e *n.m.* e *f.* prodigo/a.
● ***l'enfant prodigue***, il figliol prodigo.

prodiguer [pʀɔdige] *v.tr.* prodigare: *prodiguer tous ses efforts à*, dedicare i propri sforzi a; *prodiguer des éloges à qqn*, elogiare qlcu ♦ **se prodiguer** *v.pron.intr.* prodigarsi.

prodrome [pʀɔdʀom] *n.m.* prodromo.

producteur [pʀɔdyktœʀ] *agg.* e *n.m.* [f. *-trice*] produttore.

productif [pʀɔdyktif] *agg.* [f. *-ive*] produttivo; (*fig.*) redditizio.
● (*econ.*) ***capital productif***, capitale fruttifero.

production [pʀɔdyksjɔ̃] *n.f.* 1 produzione: *production continue*, produzione a ciclo continuo 2 (*pl.*) prodotti (*m.*): *les productions du sol*, i prodotti del suolo; *les productions de l'esprit*, le opere dell'ingegno 3 (*dir.*) produzione, presentazione 4 (*cine.*) produzione.

productique [pʀɔdyktik] *n.f.* (*econ.*) informatica applicata alla produzione.

productivité [pʀɔdyktivite] *n.f.* produttività.

produire [pʀɔdɥiʀ] *v.tr.* [coniug. come *conduire*] 1 produrre (*anche fig.*): *ce vignoble produit peu de raisin*, questa vigna produce poca uva; *l'événement produsit une vive impression*, l'avvenimento suscitò una viva impressione 2 (*dir.*, *amm.*) presentare, produrre: *produire des documents*, produrre documenti ♦ **se produire** *v.pron.* 1 prodursi, esibirsi 2 mostrarsi (in pubblico) 3 avvenire, accadere.

produisant [pʀɔdɥizɑ̃] *p.pres.* di **produire**.

produit [pʀɔdɥi] *p.p.* di **produire** ♦ *n.m.* 1 prodotto: *les produit de la terre*, i prodotti della terra 2 provento, ri-

cavato; (*fig.*) frutto **3** (*econ.*) prodotto **4** (*mat.*) prodotto **5** (*chim.*) preparato.
● ***produit biologique***, prodotto dell'agricoltura biologica | ***produit équitable***, prodotto equo | (*econ.*): ***Produit Intérieur Brut*** (*PIB*), Prodotto Interno Lordo (PIL); ***Produit National Brut*** (*PNB*), Prodotto Nazionale Lordo (PNL) | ***produits d'entretien***, prodotti per la casa | ***produits fermiers***, prodotti "dal produttore al consumatore" (prodotti finiti commercializzati dagli stessi agricoltori individualmente o collettivamente).

proème [pʀɔɛm] ***n.m.*** (*lett.*) proemio.

proéminence [pʀɔeminɑ̃s] ***n.f.*** prominenza.

proéminent [pʀɔeminɑ̃] ***agg.*** prominente.

prof [pʀɔf] ***n.m.*** e ***f.*** (*fam.*) (*abbr. di* professeur) prof, professore/essa.
● ***Prof***, Dotto (uno dei sette nani di Biancaneve).

profanateur [pʀɔfanatœʀ] ***agg.*** e ***n.m.*** [f. *-trice*] profanatore.

profanation [pʀɔfanasjɔ̃] ***n.f.*** profanazione.

profane [pʀɔfan] ***agg.*** e ***n.m.*** **1** profano **2** (*estens.*) profano, inesperto: *être profane en*, essere profano (in fatto) di.

profaner [pʀɔfane] ***v.tr.*** profanare (*anche fig.*).

proférer [pʀɔfeʀe] ***v.tr.*** [coniug. come *céder*] proferire: *sans proférer un seul mot*, senza proferir parola.

professer [pʀɔfese] ***v.tr.*** **1** professare **2** proclamare, dichiarare: *professer la plus profonde admiration pour qqn*, nutrire la più profonda ammirazione per qlcu.

professeur [pʀɔfɛsœʀ] ***n.m.*** [f. *-e*] professore; insegnante: *professeur de piano, de gymnastique*, maestro, insegnante di piano, di ginnastica; *professeur de tennis*, maestro di tennis.
● ***professeur des écoles***, (*denominazione ufficiale*) maestro d'asilo o di scuola elementare | ***professeur particulier***, professore, insegnante privato | (***femme***) ***professeur***, (*antiq.*) professoressa; insegnante.

profession [pʀɔfɛsjɔ̃] ***n.f.*** **1** professione **2** professione, dichiarazione.
● (*eccl.*) ***profession*** (***de foi***), professione di fede: *faire sa profession*, prendere i voti | ***profession libérale***, libera professione: *il exerce une profession libérale*, è un libero professionista | ***de profession***, di professione | ***faire profession de***, professare: *il fait profession de philantropie*, (*estens.*) si vanta di essere un filantropo | ***sans profession***, (*di donna*) casalinga.
■ SIN. **1** métier.

professionnalisme [pʀɔfɛsjɔnalism] ***n.m.*** professionismo.

professionnel [pʀɔfɛsjɔnɛl] ***agg.*** [f. *-elle*] professionale; professionistico: *orientation professionnelle*, orientamento professionale; *tennis professionnel*, tennis professionistico; *joueur professionnel*, giocatore professionista ♦ ***n.m.*** **1** professionista **2** operaio qualificato.
● ***secret professionnel***, segreto professionale.

professionnellement [pʀɔfɛsjɔnɛlmɑ̃] ***avv.*** professionalmente.

professoral [pʀɔfɛsɔʀal] ***agg.*** [pl. *-aux*] professorale.
● ***le corps professoral***, il corpo docente.

professorat [pʀɔfɛsɔʀa] ***n.m.*** professorato.

profil [pʀɔfil] ***n.m.*** **1** profilo **2** (*fig.*) profilo; atteggiamento; caratteristica **3** (*tecn.*) profilo; sagoma (*f.*).
● ***profil psychologique***, profilo psicologico | ***de profil***, di profilo | ***en profil perdu***, di scorcio: *dessiner un visage en profil perdu*, disegnare un volto di scorcio.

profilé [pʀɔfile] ***agg.*** e ***n.m.*** profilato.

profiler [pʀɔfile] ***v.tr.*** **1** profilare, disegnare il profilo (**di**); delineare **2** (*tecn.*) profilare, sagomare ♦ **se profiler** ***v.pron.intr.*** profilarsi, delinearsi: *se profiler à l'horizon*, stagliarsi all'orizzonte.

profit [pʀɔfi] ***n.m.*** **1** profitto; beneficio; vantaggio: *mettre à profit*, mettere a profitto; *faire son profit de*, avvantaggiarsi di; *tirer profit de*, trarre profitto da, vantaggio da **2** (*econ.*) profitto, utile.
● (*econ.*) ***profit brut***, ***net***, profitto lordo, netto | ***au profit de***, a favore di; a vantaggio di | ***faire du profit***, (*fam.*) avere una grossa resa; (*estens.*) convenire | ***faire son profit de qqch***, utilizzare qlco a proprio vantaggio.
■ SIN. **1** bénéfice.

profitable [pʀɔfitabl] ***agg.*** vantaggioso, proficuo.

profiter [pʀɔfite] ***v.intr.*** **1** approfittare, trarre profitto: *il a profité de cette occasion pour partir*, ha approfittato di quella occasione per andarsene; *il n'a pas su profiter des conseils de son père*, non ha saputo trarre profitto dai consigli di suo padre **2** giovare, essere utile, fruttare **3** (*fam.*) rinforzarsi, crescere **4** (*fam.*) rendere, avere una buona durata.

profiterole [pʀɔfitʀɔl] ***n.f.*** (*cuc.*) profiterole (*m.*) (piccolo bignè ripieno di crema dolce o salata).

profiteur [pʀɔfitœʀ] ***n.m.*** [f. *-euse*] profittatore.

profond [pʀɔfɔ̃] ***agg.*** **1** profondo (*anche fig.*): *profond de six mètres*, profondo sei metri; *un profond sommeil*, un sonno profondo; *une mélancolie profonde*, una profonda melanconia; *prendre une inspiration profonde*, fare un profondo respiro; *une profonde erreur*, un grave errore **2** grave; intenso: *bleu profond*, azzurro intenso ♦ ***n.m.*** profondità (*f.*), profondo ♦ ***avv.*** profondo, in profondità.
● (*psic.*) ***arriéré profond***, portatore di grave handicap mentale | ***le plus profond de***, la parte più profonda di: *au plus profond de la forêt*, nel folto della foresta; *au plus profond de soi*, nel proprio intimo.

profonde [pʀɔfɔ̃d] ***n.f.*** (*argot*) tasca, saccoccia.

profondément [pʀɔfɔ̃demɑ̃] ***avv.*** profondamente (*anche fig.*).

profondeur [pʀɔfɔ̃dœʀ] ***n.f.*** profondità (*anche fig.*): *ici le lac a dix mètres de profondeur*, in questo punto il lago è profondo dieci metri; *dans les profondeurs de la mer*, negli abissi marini; *dans les profondeurs de la nuit*, nella notte profonda.
● (*psic.*) ***psychologie des profondeurs***, psicologia del profondo.

profondimètre [pʀɔfɔ̃dimɛtʀ] ***n.m.*** (*tecn.*) profondimetro.

profusément [pʀɔfyzemɑ̃] ***avv.*** (*letter.*) profusamente.

profusion [pʀɔfyzjɔ̃] ***n.f.*** profusione.
● ***à profusion***, a profusione.

progéniture [pʀɔʒenityʀ] ***n.f.*** (*letter., scherz.*) progenie, prole.

progestérone [pʀɔʒɛsteʀɔn] ***n.f.*** (*biochim.*) progesterone (*m.*).

progiciel [pʀɔʒisjɛl] ***n.m.*** (*inform.*) pacchetto software; software applicativo.

prognathe [pʀɔgnat] ***agg.*** (*anat.*) prognato.

prognathisme [pʀɔgnatism] ***n.m.*** (*anat.*) prognatismo.

progouvernemental [pʀɔguvɛʀnəmɑ̃tal] ***agg.*** [pl. *-aux*] filogovernativo.

programmable [pRɔgRamabl] *agg.* programmabile.

programmateur [pRɔgRamatœR] *n.m.* **1** [f. *-trice*] (*rad., tv*) programmista **2** (*tecn., inform.*) programmatore.

programmation [pRɔgRamasjɔ̃] *n.f.* programmazione.

programme [pRɔgRam] *n.m.* **1** programma (*anche inform.*) **2** (*opuscolo*) programma.
● ***programme électoral***, programma elettorale | ***au programme***, in programma | ***hors programme***, fuori programma | ***industrie des programmes***, industria degli audiovisivi.

programmer [pRɔgRame] *v.tr.* programmare ♦ *v.intr.* (*inform.*) programmare.

programmeur [pRɔgRamœR] *n.m.* [f. *-euse*] (*inform.*) programmatore.

progrès [pRɔgRɛ] *n.m.* progresso (*anche fig.*): *faire des progrès*, fare progressi, migliorare; *être en progrès*, far progressi, progredire; *les progrès de la criminalité*, l'aumento della criminalità.
● ***il y a du progrès***, (*fam.*) c'è un miglioramento.

progresser [pRɔgRese] *v.intr.* **1** progredire, avanzare (*anche fig.*) **2** progredire, fare progressi: *il a progressé*, è progredito, ha fatto progressi.

progressif [pRɔgResif] *agg.* [f. *-ive*] progressivo.

progression [pRɔgRɛsjɔ̃] *n.f.* **1** progressione **2** avanzamento (*m.*): *la progression du mal*, il progredire del male **3** (*mat., mus.*) progressione.
● (*mat.*) ***progression arithmétique, géométrique***, progressione aritmetica, geometrica.

progressisme [pRɔgResism] *n.m.* (*pol., fil.*) progressismo.

progressiste [pRɔgResist] *agg.* e *n.m.* e *f.* (*pol., fil.*) progressista.

progressivement [pRɔgResivmɑ̃] *avv.* progressivamente.

progressivité [pRɔgResivite] *n.f.* progressività.

prohibé [pRɔibe] *agg.* (*dir.*) vietato.
● ***temps prohibé***, periodo di divieto.

prohiber [pRɔibe] *v.tr.* (*dir.*) vietare, proibire.

prohibitif [pRɔibitif] *agg.* [f. *-ive*] proibitivo; inibitorio.

prohibition [pRɔibisjɔ̃] *n.f.* **1** (*dir.*) divieto (*m.*) **2** (*st.*) (*negli Stati Uniti*) proibizionismo (*m.*).

prohibitionnisme [pRɔibisjɔnism] *n.m.* proibizionismo.

prohibitionniste [pRɔibisjɔnist] *agg.* e *n.m.* e *f.* (*st.*) proibizionista.

proie [pRwa] *n.f.* preda (*anche fig.*).
● ***être en proie à***, essere in preda a: *être en proie à l'inquiétude, aux remords*, essere in preda all'inquietudine, ai rimorsi | ***être la proie de***, essere distrutto da; essere vittima di: *cette maison a été la proie des flammes*, la casa è stata divorata dalle fiamme; *il est la proie des escrocs*, è vittima dei truffatori | ***lâcher la proie pour l'ombre***, (*fig.*) lasciare il certo per l'incerto | ***oiseau de proie***, uccello da preda.

pro-israélien [pRoisRaeljɛ̃] *agg.* [f. *pro-israélienne*, pl.m. *pro-israéliens*] filoisraeliano.

projecteur [pRɔʒɛktœR] *n.m.* **1** proiettore; riflettore **2** proiettore, apparecchio da proiezione.
● ***projecteur de cinéma***, proiettore cinematografico, macchina da proiezione | ***projecteur de diapositives***, diaproiettore, proiettore di diapositive | ***sous les projecteurs***, (*anche fig.*) sotto i riflettori, alla luce dei proiettori.

projectif [pRɔʒɛktif] *agg.* [f. *-ive*] (*geom., psic.*) proiettivo.

projectile [pRɔʒɛktil] *n.m.* proiettile: *une grêle, une pluie de projectiles s'abattit sur eux*, furono investiti da una gragnuola, una pioggia di proiettili.

projection [pRɔʒɛksjɔ̃] *n.f.* **1** (*mat.*) proiezione **2** (*geol.*) proietto (*m.*) **3** (*psic.*) proiezione.
● ***projection orthogonale, perspective***, proiezione ortogonale, prospettica.

projectionniste [pRɔʒɛksjɔnist] *n.m.* e *f.* proiezionista, operatore/trice cinematografico/a.

projet [pRɔʒɛ] *n.m.* **1** progetto, proposito: *des projets d'avenir*, piani, progetti per il futuro; *des projets criminels*, intenzioni criminose; *concevoir le projet de qqch*, progettare qlco; *avoir des projets sur qqn*, fare progetti su qlcu; *laisser à l'état de projet*, lasciare allo stadio di progetto **2** progetto; disegno: *le projet d'un roman*, la bozza, il progetto di un romanzo.
● (*comm.*) ***projet de contrat***, bozza di contratto | (*dir.*) ***projet de loi***, disegno di legge | ***auteur du projet***, progettista.

projeter [pRɔʒte] *v.tr.* [coniug. come *jeter*] **1** progettare (*anche fig.*): *elle a projeté un nouveau voyage*, ha progettato un nuovo viaggio **2** proiettare (*anche fig.*): *l'ombre de l'arbre était projetée sur la maison*, l'ombra dell'albero si proiettava sulla casa ♦ **se projeter** *v.pron.intr.* proiettarsi (*anche fig.*).

projeteur [pRɔʒtœR] *n.m.* [f. *-euse*] progettista.

prolapsus [pRɔlapsys] *n.m.* (*med.*) prolasso.

prolétaire [pRɔletɛR] *agg.* e *n.m.* e *f.* proletario/a.

prolétariat [pRɔletaRja] *n.m.* proletariato.

prolétarien [pRɔletaRjɛ̃] *agg.* [f. *-enne*] proletario.

prolétarisation [pRɔletaRizasjɔ̃] *n.f.* proletarizzazione.

prolétariser [pRɔletaRize] *v.tr.* proletarizzare.

prolifération [pRɔlifeRasjɔ̃] *n.f.* proliferazione, prolificazione.

prolifère [pRɔlifɛR] *agg.* prolifero.

proliférer [pRɔlifeRe] *v.intr.* [coniug. come *céder*] prolificare, proliferare.

prolifique [pRɔlifik] *agg.* prolifico, prolifero.

prolixe [pRɔliks] *agg.* prolisso.

prolixité [pRɔliksite] *n.f.* prolissità.

prolo [pRɔlo] *n.m.* e *f.* (*fam.*) abbr. di **prolétaire**.

prologue [pRɔlɔg] *n.m.* prologo.

prolongateur [pRɔlɔ̃gatœR] *n.m.* (*elettr.*) prolunga (*f.*).

prolongation [pRɔlɔ̃gasjɔ̃] *n.f.* **1** prolungamento (*m.*) **2** proroga **3** (*sport*) tempo (*m.*) supplementare.

prolongement [pRɔlɔ̃ʒmɑ̃] *n.m.* **1** prolungamento: *vous trouverez la poste dans le prolongement de cette avenue*, troverà la posta proseguendo lungo il viale **2** (*spec. pl.*) (*fig.*) strascico, conseguenza (*f.*): *dans le prolongement de ces réflexions*, facendo seguito a queste riflessioni.

prolonger [pRɔlɔ̃ʒe] *v.tr.* [coniug. come *manger*] prolungare; prorogare | *jeune fille prolongée*, ragazza non più giovane, zitella ♦ **se prolonger** *v.pron.intr.* prolungarsi, protrarsi.
■ SIN. continuer, poursuivre.

promenade [pRɔmnad] *n.f.* **1** passeggiata: *aller en*

P

promenade, andare a passeggio **2** passeggiata, strada pedonale: *promenade du bord de mer*, lungomare.
■ SIN. **1** balade.

promener [pʀɔmne] ***v.tr.*** [coniug. come *semer*] **1** portare a passeggio, portare a spasso: *promener qqn à travers la ville*, accompagnare qlcu in giro per la città; *c'est un peu loin, mais cela vous promènera un peu*, (*fam.*) è un po' lontano, ma così farete due passi; *il le promène partout*, (*fam.*) se lo porta appresso dappertutto **2** (*fig.*) muovere, spostare: *il promenait distraitement ses doigts sur le clavier*, muoveva distrattamente le dita sulla tastiera; *promener son regard sur*, lasciar vagare lo sguardo su ♦ ***v.intr.*** (*antiq.* o *region.*) passeggiare ♦ **se promener** ***v.pron.intr.*** passeggiare, andare a passeggio, andare a spasso: *ils se sont promenés pendant une heure*, hanno passeggiato per un'ora; *se promener à pied, à cheval, en voiture*, fare una passeggiata a piedi, a cavallo, in macchina.
● ***envoyer promener qqn, qqch***, (*fam.*) mandare qlcu a quel paese, mandare qlco all'aria.

promeneur [pʀɔmnœʀ] ***n.m.*** [f. *-euse*] passeggiatore; passante.

promenoir [pʀɔmnwaʀ] ***n.m.*** **1** ambulacro; deambulatorio **2** (*antiq.*) (*teatr.*) galleria (*f.*) (per gli spettatori in piedi).

promesse [pʀɔmɛs] ***n.f.*** promessa: *être fidèle à sa promesse*, essere fedele alla promessa fatta | *être plein de promesses*, promettere molto, bene: *un jeune homme plein de promesses*, un giovane di belle speranze.
● ***promesse de Gascon***, promessa da marinaio | (*dir.*) ***promesse de vente***, compromesso | ***sous promesse que***, a patto che: *je te laisse sortir sous promesse que tu rentreras tôt*, ti lascio uscire a patto che tu rientri presto.
■ SIN. serment, parole.

prometteur [pʀɔmɛtœʀ] ***agg.*** [f. *-euse*] promettente, pieno di promesse: *des débuts prometteurs*, degli inizi promettenti; *un regard, un sourire prometteur*, uno sguardo, un sorriso pieno di promesse.

promettre [pʀɔmɛtʀ] ***v.tr.*** [coniug. come *mettre*] **1** promettere: *je ne vous promets rien*, non le prometto niente; *je te promets que je rentrerai avant minuit*, ti prometto di rincasare prima di mezzanotte **2** promettere, far sperare: *l'aube nous promettait une belle journée*, l'alba preannunciava una bella giornata; *c'est un enfant qui promet*, è un ragazzo che promette (bene) **3** (*fam.*) giurare, assicurare: *je te promets qu'il s'en repentira*, ti giuro che se ne pentirà ♦ **se promettre** ***v.pron.intr.*** riprometersi: *se promettre de travailler*, ripromettersi di lavorare ♦ ***v.pron.rec.*** promettersi: *il se sont promis de s'aider*, si sono fatti la promessa di aiutarsi a vicenda.
● (*prov.*) ***promettre et tenir font deux***, tra il dire e il fare c'è di mezzo il mare | ***promettre monts et merveilles***, promettere mari e monti | ***ça promet!***, (*iron.*) andiamo bene!, non promette nulla di buono!

promis [pʀɔmi] *p.p.* di **promettre** ♦ ***agg.*** promesso; destinato: *un jeune homme promis à une brillante carrière*, un giovane destinato a una brillante carriera ♦ ***n.m.*** (*antiq.* o *region.*) promesso, fidanzato.
● (*prov.*) ***chose promise, chose due***, ogni promessa è debito.

promiscuité [pʀɔmiskɥite] ***n.f.*** promiscuità.

promontoire [pʀɔmɔ̃twaʀ] ***n.f.*** (*geogr., anat.*) promontorio.

promoteur [pʀɔmɔtœʀ] ***agg.*** e ***n.m.*** [f. *-trice*] promotore | *promoteur immobilier*, imprenditore immobiliare.

promotion [pʀɔmɔsjɔ̃] ***n.f.*** **1** promozione, avanzamento (*m.*) **2** insieme (*m.*) di persone promosse allo stesso grado; allievi (*m.pl.*) di uno stesso corso: *camarades de promotion*, compagni di corso **3** (*comm.*) promozione.
● ***promotion au choix***, promozione per meriti, per chiamata | (*comm.*): ***promotion des ventes***, promozione delle vendite; ***produit en promotion***, prodotto in offerta speciale.

promotionnel [pʀɔmɔsjɔnɛl] ***agg.*** [f. *-elle*] promozionale.

promouvoir [pʀɔmuvwaʀ] ***v.tr.*** [coniug. come *mouvoir*; usato spec. al p.pres.: *promouvant*; al p.p.: *promu* e ai tempi composti] **1** promuovere **2** (*fig.*) promuovere, dare impulso (**a**).

prompt [pʀɔ̃] ***agg.*** pronto: *il a l'esprit prompt*, ha una mente pronta; *il est prompt à la colère*, è facile all'ira; *je vous souhaite une prompte guérison*, le auguro una pronta, rapida guarigione; (*comm.*) *dans l'attente d'une prompte réponse de votre part*, in attesa di una pronta, sollecita risposta da parte vostra.
■ SIN. immédiat.

promptement [pʀɔ̃tmɑ̃] ***avv.*** prontamente; rapidamente.

prompteur [pʀɔ̃ptœʀ] ***n.m.*** (*tv*) gobbo.

promptitude [pʀɔ̃tityd] ***n.f.*** prontezza, rapidità.

promu [pʀɔmy] *p.p.* di **promouvoir**.

promulgation [pʀɔmylgasjɔ̃] ***n.f.*** promulgazione.

promulguer [pʀɔmylge] ***v.tr.*** promulgare.

pronaos [pʀɔnaos] ***n.m.*** (*arch.*) pronao.

prône [pʀon] ***n.m.*** (*eccl.*) comunicazioni (*f.pl.*) del parroco (alla fine della messa).

prôner [pʀone] ***v.tr.*** **1** (*letter.*) raccomandare **2** (*antiq.*) predicare.

pronom [pʀɔnɔ̃] ***n.m.*** (*gramm.*) pronome.

pronominal [pʀɔnɔminal] ***agg.*** [pl. *-aux*] (*gramm.*) pronominale ♦ ***n.m.*** (*gramm.*) verbo pronominale.

pronominalement [pʀɔnɔminalmɑ̃] ***avv.*** pronominalmente, in modo pronominale.

prononçable [pʀɔnɔ̃sabl] ***agg.*** pronunciabile.

prononcé [pʀɔnɔ̃se] ***agg.*** pronunciato; (*fig.*) spiccato, forte: *avoir un goût prononcé pour*, avere un gusto spiccato per; *accent très prononcé*, accento molto pronunciato, molto forte ♦ ***n.m.*** (*dir.*) (*di tribunale*) decisione (*f.*): *le prononcé de l'arrêt*, la pronuncia della sentenza.

prononcer [pʀɔnɔ̃se] ***v.tr.*** [coniug. come *placer*] **1** (*una parola ecc.*) pronunciare **2** dire, pronunciare | (*dir.*) *prononcer un jugement*, pronunciare una sentenza ♦ ***v.intr.*** (*dir.*) emettere una sentenza ♦ **se prononcer** ***v.pron.intr.*** pronunciarsi.
■ V.TR. SIN. **1** énoncer, formuler.

prononciation [pʀɔnɔ̃sjasjɔ̃] ***n.f.*** **1** pronuncia **2** (*antiq.*) (*dir.*) pronunciamento (*m.*).

pronostic [pʀɔnɔstik] ***n.m.*** **1** pronostico: *émettre des pronostics*, formulare dei pronostici **2** (*med.*) prognosi (*f.*).
● (*med.*) ***pronostic réservé***, prognosi riservata.

pronostiquer [pʀɔnɔstike] ***v.tr.*** **1** pronosticare; (*estens.*) preannunciare: *pronostiquer le temps*, prevedere il tempo che farà **2** (*med.*) fare una prognosi (**su**, **di**).

pronostiqueur [pʀɔnɔstikœʀ] ***n.m.*** [f. *-euse*] chi formula pronostici.

pro-occidental [pʀɔɔksidɑ̃tal] ***agg.*** e ***n.m.*** [pl. *pro-occidentaux*] filoccidentale.

propagande [pʀɔpagɑ̃d] ***n.f.*** propaganda: *faire de la propagande*, fare propaganda.

propagandiste [pʀɔpagɑ̃dist] *agg.* propagandistico ♦ *n.m.* e *f.* propagandista.

propagateur [pʀɔpagatœʀ] *agg.* e *n.m.* [f. *-trice*] propagatore.

propagation [pʀɔpagasjɔ̃] *n.f.* propagazione; diffusione.

propager [pʀɔpaʒe] *v.tr.* [coniug. come *manger*] propagare; diffondere ♦ **se propager** *v.pron.intr.* propagarsi; diffondersi.

propane [pʀɔpan] *n.m.* (*chim.*) propano.

propédeutique [pʀɔpedøtik] *agg.* propedeutico.

propène [pʀɔpɛn] *n.m.* (*chim.*) propilene.

propension [pʀɔpɑ̃sjɔ̃] *n.f.* propensione; inclinazione.

propergol [pʀɔpɛʀgɔl] *n.m.* (*chim.*) propellente (di motori a razzo).

prophète [pʀɔfɛt] *n.m.* [f. *-esse*] profeta.
● ***prophète de malheur***, uccello del malaugurio.

prophétie [pʀɔfesi] *n.f.* profezia.

prophétique [pʀɔfetik] *agg.* profetico.

prophétiser [pʀɔfetize] *v.tr.* profetizzare; predire.

prophylactique [pʀɔfilaktik] *agg.* (*med.*) profilattico.

prophylaxie [pʀɔfilaksi] *n.f.* (*med.*) profilassi.

propice [pʀɔpis] *agg.* propizio: *le moment propice*, il momento opportuno; *circonstances propices*, circostanze favorevoli.
■ CONTR. néfaste, adverse.

propitiation [pʀɔpisjasjɔ̃] *n.f.* propiziazione.

propitiatoire [pʀɔpisjatwaʀ] *agg.* propiziatorio.

propolis [pʀɔpɔlis] *n.f.* propoli (*f.* o *m.*).

proportion [pʀɔpɔʀsjɔ̃] *n.f.* proporzione | *ramener les choses à leurs justes proportions*, ridimensionare le cose.
● ***en proportion de***, in proporzione a, proporzionatamente a | ***hors de (toute) proportion***, (del tutto) sproporzionato | ***toute(s) proportion(s) gardée(s)***, fatte le debite proporzioni.

proportionnalité [pʀɔpɔʀsjɔnalite] *n.f.* proporzionalità.

proportionné [pʀɔpɔʀsjɔne] *agg.* proporzionato.

proportionnel [pʀɔpɔʀsjɔnɛl] *agg.* [f. *-elle*] proporzionale.

proportionnelle [pʀɔpɔʀsjɔnɛl] *n.f.* (rappresentanza) proporzionale.

proportionnellement [pʀɔpɔʀsjɔnɛlmɑ̃] *avv.* proporzionalmente, in proporzione.

proportionner [pʀɔpɔʀsjɔne] *v.tr.* proporzionare.

propos [pʀɔpo] *n.m.* **1** proponimento, proposito: *il n'est pas dans mon propos de*, non è mia intenzione **2** argomento **3** (*spec. pl.*) discorso, parole (*f.pl.*).
● (*Internet*) ***propos incendiaires***, messaggio provocatorio | ***à ce propos***, a questo proposito | ***à propos***, a proposito, opportunamente: *vous ferez ce que vous jugerez à propos*, farete ciò che vi sembrerà opportuno | ***à propos de***, a proposito di, in merito a | ***à propos de tout et de rien***, senza un motivo, per un nonnulla | ***à tout propos***, a ogni istante, a ogni pié sospinto | ***de propos délibéré***, di proposito, deliberatamente | ***des propos en l'air***, parole vane, campate in aria | ***hors de propos***, a sproposito | ***mal à propos***, a sproposito.

proposer [pʀɔpoze] *v.tr.* **1** proporre, suggerire: *proposer une loi*, presentare una legge **2** offrire, proporre: *proposer de l'argent*, offrire del danaro ♦ **se proposer** *v.pron.intr.* **1** proporsi, ripromettersi **2** offrirsi, presentarsi.

proposition [pʀɔpozisjɔ̃] *n.f.* **1** proposta, offerta **2** (*gramm.*) proposizione.
● (*dir.*) ***proposition de loi***, proposta di legge | ***sur la proposition de***, su proposta di.

propre [pʀɔpʀ] *agg.* **1** proprio: *cet écrivain a un style qui lui est propre*, quello scrittore ha uno stile tutto suo, personale **2** esatto, appropriato **3** (*rafforzativo di agg. poss.*): *de sa propre main*, di suo pugno; *par ses propres moyens*, con i propri mezzi; *ce sont ses propres mots*, sono le sue testuali parole **4** pulito, netto ♦ *n.m.* **1** (ciò che è) proprio: *le propre de l'homme*, ciò che è proprio dell'uomo **2** (ciò che è) pulito; netto.
● ***propre à***, adatto a, proprio a | (*Svizzera*) ***propre en ordre***, a puntino, bell'e fatto | ***au (sens) propre***, in senso proprio | ***avoir qqch en propre***, avere qlco in proprio | ***c'est du propre!***, (*iron.*) bella roba! | ***mettre au propre***, mettere in bella (copia) | ***nous voilà propres!***, (*iron.*) siamo bell'e sistemati! | ***remettre une lettre en mains propres***, consegnare una lettera al destinatario in persona.

propre-à-rien [pʀɔpʀaʀjɛ̃] *n.m.* e *f.* [pl. *propres-à-rien*] (*fam.*) buono/a a nulla.

proprement[1] [pʀɔpʀəmɑ̃] *avv.* in modo pulito; senza sporcarsi; bene, decentemente: *mange proprement*, mangia come si deve.
● ***se conduire proprement***, (*fam.*) comportarsi correttamente.

proprement[2] *avv.* propriamente.
● ***à proprement parler***, per essere esatti, precisi.

propret [pʀɔpʀɛ] *agg.* [f. *-ette*] lindo, pulitino.

propreté [pʀɔpʀəte] *n.f.* pulizia.

propriétaire [pʀɔpʀijetɛʀ] *n.m.* e *f.* proprietario/a: *je dois encore payer le loyer à mon propriétaire*, devo ancora pagare l'affitto al padrone di casa.
● ***grand propriétaire***, latifondista.

propriété [pʀɔpʀijete] *n.f.* **1** proprietà **2** fondo (*m.*), tenuta **3** villa; castello (*m.*) (con parco).
● ***grande propriété***, latifondo.

proprio [pʀɔpʀijo] *n.m.* e *f.* (*fam.*) abbr. di **propriétaire**.

propulser [pʀɔpylse] *v.tr.* **1** propellere **2** (*fam.*) scaraventare.

propulseur [pʀɔpylsœʀ] *agg.* propulsorio ♦ *n.m.* (*aer., astr.*) propulsore.

propulsif [pʀɔpylsif] *agg.* [f. *-ive*] propulsivo.

propulsion [pʀɔpylsjɔ̃] *n.f.* (*mecc.*) propulsione.
● (*aer.*) ***propulsion par fusée***, propulsione a razzo.

prorata [pʀɔʀata] *n.m.* (*antiq.*) quota (*f.*) proporzionale.
● ***au prorata de***, proporzionalmente a.

prorogatif [pʀɔʀɔgatif] *agg.* [f. *-ive*] che proroga.

prorogation [pʀɔʀɔgasjɔ̃] *n.f.* **1** proroga **2** aggiornamento (*m.*).

proroger [pʀɔʀɔʒe] *v.tr.* [coniug. come *manger*] **1** prorogare: *proroger un passeport*, rinnovare un passaporto **2** aggiornare ♦ **se proroger** *v.pron.intr.* protrarsi.

prosaïque [pʀozaik] *agg.* prosaico.

prosaïquement [pʀozaikmɑ̃] *avv.* prosaicamente.

prosaïsme [pʀozaism] *n.m.* prosaicismo; prosaicità (*f.*).

prosateur [pʀozatœʀ] *n.m.* prosatore.

proscenium [pʀɔsenjɔm] *n.m.* (*teatr.*) proscenio.

proscription [pʀɔskʀipsjɔ̃] *n.f.* proscrizione.

proscrire [pʀɔskʀiʀ] ***v.tr.*** [coniug. come *écrire*] proscrivere.

proscrit [pʀɔskʀi] *p.p.* di **proscrire** ♦ ***n.m.*** proscritto.

prose [pʀoz] ***n.f.*** **1** prosa **2** (*scherz.*) lettera, scritto (*m.*).

prosélyte [pʀozelit] ***n.m.*** e ***f.*** proselito/a.

prosélytisme [pʀozelitism] ***n.m.*** proselitismo.

prosimien [pʀɔsimjɛ̃] ***n.m.*** (*zool.*) proscimmia (*f.*).

prosodie [pʀɔzɔdi] ***n.f.*** prosodia.

prosodique [pʀɔzɔdik] ***agg.*** prosodico.

prospect [pʀɔspɛ] ***n.m.*** (*urbanistica*) spazio di rispetto.

prospecter [pʀɔspɛkte] ***v.tr.*** (*geol., comm.*) esplorare.

prospecteur [pʀɔspɛktœʀ] ***agg.*** [f. *-trice*] che esplora, sonda ♦ ***n.m.*** **1** (*geol.*) prospettore **2** (*comm.*) ricercatore di mercato.

prospectif [pʀɔspɛktif] ***agg.*** [f. *-ive*] concernente il futuro: *étude prospective de marché*, studio del mercato in prospettiva.

prospection [pʀɔspɛksjɔ̃] ***n.f.*** **1** (*geol.*) prospezione **2** (*comm.*) ricerca di clienti.

prospective [pʀɔspɛktiv] ***n.f.*** scienza che studia l'evoluzione rapida del mondo moderno; (*estens.*) futurologia.

FAUX AMI
Da non confondere con *prospettiva*, che si traduce *perspective*.

prospectus [pʀɔspɛktys] ***n.m.*** prospetto, volantino (pubblicitario).

prospère [pʀɔspɛʀ] ***agg.*** prospero; florido: *période prospère*, periodo di prosperità; *une santé prospère*, una salute florida.

prospérer [pʀɔspeʀe] ***v.intr.*** [coniug. come *céder*] prosperare.

prospérité [pʀɔspeʀite] ***n.f.*** prosperità.

prostate [pʀɔstat] ***n.f.*** (*anat.*) prostata.

prostatique [pʀɔstatik] ***agg.*** e ***n.m.*** (*anat.*) prostatico.

P

prosternation [pʀɔstɛʀnasjɔ̃] ***n.f.*** **prosternement** [pʀɔstɛʀnəmɑ̃] ***n.m.*** prosternazione (*f.*).

prosterner, se [səpʀɔstɛʀne] ***v.pron.*** **1** prostrarsi **2** (*fig.*) umiliarsi.

prostitué [pʀɔstitɥe] ***n.m.*** uomo che si prostituisce (spec. con altri uomini).

prostituée [pʀɔstitɥe] ***n.f.*** prostituta.

prostituer [pʀɔstitɥe] ***v.tr.*** prostituire ♦ **se prostituer** ***v.pron.*** prostituirsi.

prostitution [pʀɔstitysjɔ̃] ***n.f.*** prostituzione.

prostration [pʀɔstʀasjɔ̃] ***n.f.*** prostrazione.

prostré [pʀɔstʀe] ***agg.*** prostrato.

protagoniste [pʀɔtagɔnist] ***n.m.*** e ***f.*** protagonista.

prote [pʀɔt] ***n.m.*** (*tip.*) proto.

protéagineux [pʀɔteaʒinø] ***agg.*** [f. *-euse*] (*di vegetali*) ricco di proteine.

protecteur [pʀɔtɛktœʀ] ***agg.*** [f. *-trice*] protettore, protettivo: *prendre un air, un ton protecteur*, prendere un'aria, un tono di protezione; *emballage protecteur*, imballaggio protettivo; *couche protectrice*, strato protettivo ♦ ***n.m.*** protettore.

protection [pʀɔtɛksjɔ̃] ***n.f.*** **1** protezione | *avoir des protections*, avere degli appoggi **2** (*dir.*) protezione, tutela.
● (*ecol.*) ***protection de l'environnement***, tutela dell'ambiente | (*dir.*): ***Protection maternelle et infantile*** (*PMI*), ente pubblico per la tutela e l'assistenza sanitaria e sociale delle donne incinte e dei bambini fino ai sei anni; ***protection sociale, civile***, protezione sociale, civile.

protectionnisme [pʀɔtɛksjɔnism] ***n.m.*** protezionismo.

protectionniste [pʀɔtɛksjɔnist] ***agg.*** protezionistico ♦ ***n.m.*** e ***f.*** protezionista.

protectorat [pʀɔtɛktɔʀa] ***n.m.*** protettorato.

protégé [pʀɔteʒe] ***agg.*** e ***n.m.*** protetto.

protège-bas [pʀɔtɛʒbɑ] ***n.m.invar.*** salvacalze.

protège-cahier [pʀɔtɛʒkaje] ***n.m.*** [pl. *protège-cahiers*] copriquaderno, copertina (*f.*).

protège-dents [pʀɔtɛʒdɑ̃] ***n.m.invar.*** paradenti.

protéger [pʀɔteʒe] ***v.tr.*** [coniug. come *abréger*] **1** proteggere; riparare **2** favorire; appoggiare ♦ **se protéger** ***v.pron.*** proteggersi.

protège-slip [pʀɔtɛʒslip] ***n.m.*** [pl. *protège-slips*] salvaslip.

protéiforme [pʀɔteifɔʀm] ***agg.*** proteiforme.

protéine [pʀɔtein] ***n.f.*** proteina.

protéique [pʀɔteik] ***agg.*** proteico.

protestable [pʀɔtɛstabl] ***agg.*** (*comm.*) protestabile.

protestant [pʀɔtɛstɑ̃] ***agg.*** e ***n.m.*** (*relig.*) protestante.

protestantisme [pʀɔtɛstɑ̃tism] ***n.m.*** (*relig.*) protestantesimo.

protestataire [pʀɔtɛstatɛʀ] ***agg.*** protestatario ♦ ***n.m.*** protestatore.

protestation [pʀɔtɛstasjɔ̃] ***n.f.*** **1** protesta **2** (*dir.*) protesto (*m.*).

protester [pʀɔtɛste] ***v.intr.*** protestare: *protester de son innocence*, protestarsi innocente ♦ ***v.tr.*** (*comm.*) protestare, mettere in protesto.

protêt [pʀɔtɛ] ***n.m.*** (*comm.*) protesto.
● (*dir. comm.*): ***protêt faute de paiement***, protesto per mancato pagamento; ***sans frais et sans protêt***, senza spese.

prothèse [pʀɔtɛz] ***n.f.*** (*med.*) protesi.

prothrombine [pʀɔtʀɔ̃bin] ***n.f.*** (*biochim.*) protrombina.

prot(o)- ***pref.*** prot(o)-.

protocolaire [pʀɔtɔkɔlɛʀ] ***agg.*** protocollare.

protocole [pʀɔtɔkɔl] ***n.m.*** **1** protocollo **2** (*Benin*) capo; padrone.
● (*med.*) ***protocole (médical)***, protocollo, programma delle cure prescritte da un medico al paziente.

proton [pʀɔtɔ̃] ***n.m.*** (*fis.*) protone.

protoplasma [pʀɔtɔplasma] **protoplasme** [pʀɔtɔplasm] ***n.m.*** (*biol.*) protoplasma.

prototype [pʀɔtɔtip] ***n.m.*** prototipo.

protozoaires [pʀɔtɔzɔɛʀ] ***n.m.pl.*** (*biol.*) protozoi.

protubérance [pʀɔtybeʀɑ̃s] ***n.f.*** protuberanza.

protubérant [pʀɔtybeʀɑ̃] ***agg.*** protuberante.

prou [pʀu] ***avv.***
● ***peu ou prou***, (*letter.*) più o meno.

proue [pʀu] ***n.f.*** (*mar.*) prua, prora.
● ***figure de proue***, polena.

prouesse [pʀuɛs] ***n.f.*** prodezza.
■ SIN. exploit.

proustien [pʀustijɛ̃] ***agg.*** [f. *-enne*] proustiano.

NOTA Deriva dallo scrittore Marcel Proust (1871-1922), autore del famoso ciclo di sette romanzi *À la recherche du temps perdu* (Alla ricerca del tempo perduto, 1913-27), ricostruzione di una vita intesa come graduale scoperta del significato della realtà attraverso la memoria.

prouvable [pRuvabl] ***agg.*** provabile.

prouver [pRuve] ***v.tr.*** **1** provare **2** dimostrare.

FAUX AMI
Da non confondere con *provare* nel significato di 'collaudare' o di 'tentare' che si traduce *essayer*, né nel significato di 'mettere alla prova' o di 'sentire' che si traduce *éprouver*.

provenance [pRɔvnɑ̃s] ***n.f.*** **1** provenienza **2** origine: *mot de provenance germanique*, parola di origine germanica.
● ***en provenance de***, proveniente da, in arrivo da: *train en provenance de Rome*, treno proveniente da, in arrivo da Roma.

provençal [pRɔvɑ̃sal] ***agg.*** [pl. *-aux*] provenzale ♦ ***n.m.*** (*lingua*) provenzale.
● (*cuc.*) ***à la provençale***, alla provenzale, con aglio e pomodoro.

Provençal ***n.m.*** [pl. *-aux*] (*abitante*) provenzale.

provenir [pRɔvniR] ***v.intr.*** [coniug. come *venir*; aus. *être*] provenire; (*fig.*) trarre origine: *ce mot provient du grec*, questa parola deriva dal greco.

provenu [pRɔvny] *p.p.* di **provenir**.

proverbe [pRɔvɛRb] ***n.m.*** proverbio.
● ***passer en proverbe***, divenire proverbiale.
■ SIN. maxime, adage.

proverbial [pRɔvɛRbjal] ***agg.*** [pl. *-aux*] proverbiale.

proverbialement [pRɔvɛRbjalmɑ̃] ***avv.*** proverbialmente.

providence [pRɔvidɑ̃s] ***n.f.*** provvidenza.
● ***état providence***, stato assistenziale, welfare state.

providentiel [pRɔvidɑ̃sjɛl] ***agg.*** [f. *-elle*] provvidenziale | *homme providentiel*, uomo mandato dalla provvidenza.

providentiellement [pRɔvidɑ̃sjɛlmɑ̃] ***avv.*** provvidenzialmente.

province [pRɔvɛ̃s] ***n.f.*** provincia: *habiter la province*, abitare in provincia ♦ ***agg.invar.*** (*fam. spreg.*) provinciale.

provincial [pRɔvɛ̃sjal] ***agg.*** e ***n.m.*** [pl. *-aux*] provinciale.

provincialisme [pRɔvɛ̃sjalism] ***n.m.*** provincialismo.

proviseur [pRɔvizœR] ***n.m.*** e ***f.*** preside (di scuola superiore): *Madame le proviseur te demande*, ti cerca la preside.

provision [pRɔvizjɔ̃] ***n.f.*** **1** provvista, scorta: *une bonne provision de courage*, una buona dose di coraggio **2** (*pl.*) compere, spese **3** (*dir.*) provvisionale, anticipo (*m.*): *il a donné une provision à son avocat*, ha dato un anticipo all'avvocato **4** (*fin.*) fondo (*m.*) (di riserva) **5** (*comm.*) copertura, cauzione.
● ***provisions de guerre et de bouche***, munizioni e vettovaglie | ***aller faire ses provisions***, ***aller aux provisions***, andare a fare la spesa.

provisionnel [pRɔvizjɔnɛl] ***agg.*** [f. *-elle*] (*dir.*) provvisionale: *acompte provisionnel*, provvisionale.

provisoire [pRɔvizwaR] ***agg.*** provvisorio ♦ ***n.m.*** ciò che è provvisorio.

provisoirement [pRɔvizwaRmɑ̃] ***avv.*** provvisoriamente.

provoc ***n.f.*** (*fam.*) (*abbr. di* provocation) provocazione; contestazione.

provocant [pRɔvɔkɑ̃] ***agg.*** **1** provocatorio: *une attitude provocante*, un atteggiamento di sfida **2** provocante: *regard provocant*, sguardo provocante.

provocateur [pRɔvɔkatœR] ***n.m.*** [f. *-trice*] provocatore ♦ ***agg.*** provocatore, provocatorio.

provocation [pRɔvɔkasjɔ̃] ***n.f.*** **1** incitamento (*m.*); sfida: *provocation au meurtre*, incitamento all'omicidio; *attitude de provocation*, atteggiamento di sfida | *provocation en duel*, (*antiq.*) sfida a duello **2** provocazione.

provoquer [pRɔvɔke] ***v.tr.*** **1** provocare, sfidare; istigare; incitare: *provoquer le destin*, sfidare il destino | *provoquer en duel*, sfidare a duello **2** suscitare; causare, provocare: *provoquer l'indignation*, suscitare lo sdegno.

proxénète [pRɔksenɛt] ***n.m.*** prosseneta, mezzano.

proxénétisme [pRɔksenetism] ***n.m.*** prossenetismo.

proximité [pRɔksimite] ***n.f.*** prossimità.
● ***à proximité***, nelle vicinanze, qui vicino | ***à proximité de***, nei pressi di | ***emplois de proximité***, impieghi di assistenza domiciliare.

prude [pRyd] ***agg.*** puritano, prude: *air prude*, aria falsamente pudica ♦ ***n.f.*** donna affettatamente modesta, puritana.

prudemment [pRydamɑ̃] ***avv.*** prudentemente.

prudence [pRydɑ̃s] ***n.f.*** prudenza; cautela; precauzione.
● (*prov.*) ***prudence est mère de sûreté***, la prudenza non è mai troppa; fidarsi è bene, non fidarsi è meglio | ***par prudence***, ***par mesure de prudence***, per prudenza.

prudent [pRydɑ̃] ***agg.*** prudente, accorto ♦ ***n.m.*** persona (*f.*) prudente.
■ CONTR. imprudent.

pruderie [pRydRi] ***n.f.*** pudore (*m.*) eccessivo.

prud'homme [pRydɔm] ***n.m.*** (*dir.*) proboviro.
● ***aller aux prud'hommes***, (*fam.*) andare davanti al tribunale del lavoro.

prune [pRyn] ***n.f.*** **1** (*bot.*) prugna **2** acquavite di prugne ♦ ***agg.invar.*** (color) prugna.
● ***pour des prunes***, (*fam.*) per niente.

FAUX AMI
Da non confondere con *pruno*, che si traduce *ronce*.

pruneau [pRyno] ***n.m.*** [pl. *-eaux*] prugna secca.

prunelle[1] [pRynɛl] ***n.f.*** (*bot.*) prugnola.

prunelle[2] ***n.f.*** (*anat.*) pupilla.
● ***jouer de la prunelle***, (*fam.*) far gli occhi dolci.

prunier [pRynje] ***n.m.*** (*pianta*) prugno, susino.
● ***secouer qqn comme un prunier***, (*fam.*) strapazzare qlcu.

prunus [pRynys] ***n.m.*** (*bot.*) prunus.

prurigineux [pRyRiʒinø] ***agg.*** [f. *-euse*] pruriginoso.

prurit [pRyRit] ***n.m.*** prurito.
■ SIN. démangeaison.

prussien [pRysjɛ̃] ***agg.*** [f. *-enne*] prussiano.

Prussien ***n.m.*** [f. *-enne*] (*abitante*) prussiano.

prussique [pRysik] ***agg.*** (*chim.*) prussico.
● ***acide prussique***, acido prussico.

psalmodie [psalmɔdi] ***n.f.*** **1** salmodia **2** (*fig.*) cantilena.

psalmodier [psalmɔdje] ***v.intr.*** **1** salmodiare **2** (*fig.*) recitare, cantare con voce monotona ♦ ***v.tr.*** **1** cantare (salmodie, inni religiosi ecc.) **2** (*fig.*) cantare, recitare con voce monotona.

psaume [psom] ***n.m.*** salmo.

psautier [psotje] ***n.m.*** (*relig.*) salterio.

P

pseudo- *pref.* pseudo-.
pseudonyme [psødɔnim] *n.m.* pseudonimo.

NOTA Molti scrittori francesi hanno usato ***pseudonymes*** o *noms de plume* al posto dei loro veri nomi. Fra questi si ricordano Guillaume Apollinaire (Wilhelm Apollinaris de Kostrowitsky), Aragon (Louis Andrieux), Marguerite Duras (Marguerite Donnadieu), Céline (Louis-Ferdinand Destouches), Courteline (Georges Moinaux), Lamartine (Alphonse de Prat), Pierre Loti (Julien Viaud), Marivaux (Pierre Carlet de Chamblain), Molière (Jean-Baptiste Poquelin), Montesquieu (Charles-Louis de Secondat), Nerval (Gérard Labrunie), Françoise Sagan (Françoise Quoirez), George Sand (Aurore Dupin), Stendhal (Henri Beyle), Villon (François de Montcorbier), Voltaire (François -Marie Arouet), Marguerite Yourcenar (Marguerite de Crayencour).

psitt [psit] *onom.* pst.
psittacose [psitakoz] *n.f.* psittacosi.
psoriasis [psɔʀjazis] *n.m.* (*med.*) psoriasi (*f.*).
psy [psi] *n.m.* e *f.* (*fam.*) abbr. di **psychanalyste**.
psychanalyse [psikanaliz] *n.f.* psic(o)analisi.
psychanalyser [psikanalize] *v.tr.* psic(o)analizzare.
psychanalyste [psikanalist] *n.m.* e *f.* psic(o)analista.
psychanalytique [psikanalitik] *agg.* psic(o)analitico.
psyché[1] [psiʃe] *n.f.* psiche.
psyché[2] *n.f.* psiche (grande specchio inclinabile).
psychédélique [psikedelik] *agg.* psichedelico.
psychiatre [psikjatʀ] *n.m.* e *f.* psichiatra.
psychiatrie [psikjatʀi] *n.f.* psichiatria.
psychiatrique [psikjatʀik] *agg.* psichiatrico.
psychique [psiʃik] *agg.* psichico.
psycho [psiko] *n.f.* (*fam.*) (*abbr. di* psychologie) psicologia.
psych(o)- *pref.* psic(o)-.
psychodrame [psikɔdʀam] *n.m.* psicodramma.
psychogène [psıkɔʒɛn] *agg.* (*med.*) psicogeno.
psycholinguistique [psikɔlɛ̃gɥistik] *agg.* psicolinguistico ♦ *n.f.* psicolinguistica.
psychologie [psikɔlɔʒi] *n.f.* psicologia.
psychologique [psikɔlɔʒik] *agg.* psicologico.
● ***moment psychologique***, momento opportuno.
psychologiquement [psikɔlɔʒikmɑ̃] *avv.* psicologicamente.
psychologue [psikɔlɔg] *n.m.* e *f.* psicologo/a.
psychomoteur [psikɔmɔtœʀ] *agg.* [f. *-trice*] psicomotorio.
psychopathe [psikɔpat] *agg.* e *n.m.* e *f.* psicopatico/a.
psychopathique [psikɔpatik] *agg.* psicopatico.
psychopatie [psikɔpati] *n.f.* (*med.*) psicopatia.
psychopédagogie [psikɔpedagɔʒi] *n.f.* psicopedagogia.
psychopédagogique [psikɔpedagɔʒik] *agg.* psicopedagogico.
psychophysique [psikɔfizik] *agg.* psicofisico.
psychose [psikoz] *n.f.* psicosi.
psychosomatique [psikɔsɔmatik] *agg.* psicosomatico.
psychotechnicien [psikɔtɛknisjɛ̃] *n.m.* [f. *-enne*] psicotecnico.
psychotechnique [psikɔtɛknik] *agg.* psicotecnico ♦ *n.f.* psicotecnica.

P

psychothérapeute [psikɔteʀapøt] *n.m.* e *f.* psicoterapeuta.
psychothérapie [psikɔteʀapi] *n.f.* psicoterapia.
psychotique [psikɔtik] *agg.* e *n.m.* e *f.* psicotico/a.
ptolémaïque [ptɔlemaik] *agg.* tolemaico.
pu [py] *p.p.* di **pouvoir**[1].
puant [pɥɑ̃] *agg.* puzzolente, fetido.
● ***qu'il est puant!***, quante arie si dà!
puanteur [pɥɑ̃tœʀ] *n.f.* puzza, fetore (*m.*).
pub [pyb] *n.f.* (*fam.*) abbr. di **publicité**.
pubère [pybɛʀ] *agg.* e *n.m.* e *f.* pubere.
puberté [pybɛʀte] *n.f.* pubertà.
pubien [pybjɛ̃] *agg.* [f. *-enne*] (*anat.*) pubico.
pubis [pybis] *n.m.* (*anat.*) pube.
publiable [pyblijabl] *agg.* pubblicabile.
public [pyblik] *agg.* [f. *-que*] pubblico ♦ *n.m.* pubblico.
● ***avis au public***, avviso al pubblico | ***école publique***, scuola pubblica | ***en public***, in pubblico | ***être bon public***, (*fam.*) essere un pubblico di bocca buona.
publication [pyblikasjɔ̃] *n.f.* **1** pubblicazione, il pubblicare **2** opera pubblicata.
● (*inform.*) ***publication assistée par ordinateur***, desktop publishing | ***publications des bans de mariage***, pubblicazioni di matrimonio | ***publications périodiques, illustrées***, riviste periodiche, illustrate.
publiciste [pyblisist] *n.m.* e *f.* **1** (*dir.*) pubblicista **2** pubblicitario/a.
publicitaire [pyblisitɛʀ] *agg.* e *n.m.* e *f.* pubblicitario/a.
publicité [pyblisite] *n.f.* **1** pubblicità **2** pubblicità; l'essere pubblico: *la publicité des débats parlementaires*, l'apertura al pubblico dei dibattiti parlamentari.
● ***publicité de marque institutionnelle***, pubblicità istituzionale, immagine di marca | ***publicité de presse***, pubblicità a mezzo stampa | ***publicité par affiches***, pubblicità a mezzo affissione | ***publicité testimoniale***, testimonial | ***agence de publicité***, agenzia pubblicitaria | ***campagne de publicité***, campagna pubblicitaria.
publier [pyblije] *v.tr.* pubblicare.
● ***publier les bans à l'église***, fare le pubblicazioni di matrimonio.
publipostage [pyblipɔstaʒ] *n.m.* **1** vendita (*f.*) per corrispondenza **2** pubblicità (*f.*) per corrispondenza, mailing.
publiquement [pyblikmɑ̃] *avv.* pubblicamente.
publisexisme [pybliseksism] *n.m.* pubblicità (*f.*) sessista.
puce [pys] *n.f.* **1** (*zool.*) pulce **2** (*inform.*) chip (*m.*) **3** (*Internet*) punto elenco (*m.*) **4** (*fam.*) tesoro (*m.*), tesorino (*m.*) ♦ *agg.* (color) pulce.
● (*zool.*): ***puce d'eau***, pulce d'acqua; ***puce de mer***, pulce di mare; ***puce de terre***, pulce di terra | ***jeu de puce***, gioco della pulce | ***marché aux puces***, mercatino delle pulci | ***mettre la puce à l'oreille***, (*fig.*) mettere la pulce nell'orecchio | ***secouer les puces à qqn***, (*fam.*) dare una lavata di capo a qlcu.
puceau [pyso] *agg.* e *n.m.* [pl. *-eaux*] (*fam.*) (ragazzo) vergine.
pucelage [pyslaʒ] *n.m.* (*fam.*) verginità (*f.*).
pucelle [pysɛl] *agg.* vergine ♦ *n.f.* (*antiq.*) pulzella; (*fam.*) vergine.

NOTA ***La Pucelle*** (***d'Orléans***) è il soprannome di Giovanna d'Arco (1412-31), l'eroina francese che combatté per liberare la Francia dall'invasione inglese. È la patrona della nazione francese.

puceron [pysʀɔ̃] *n.m.* (*zool.*) afide, pidocchio (delle piante).

pucier [pysje] *n.m.* (*fam.*) letto.

pudeur [pydœʀ] *n.f.* pudore (*m.*): *être sans pudeur*, non aver pudore.
● ***par pudeur***, per (un senso di) pudore, (per) ritegno.

pudibond [pydibɔ̃] *agg.* pudibondo.

pudibonderie [pydibɔ̃dʀi] *n.f.* verecondia, ostentazione di pudore.

pudicité [pydisite] *n.f.* pudicizia.

pudique [pydik] *agg.* pudico.

pudiquement [pydikmɑ̃] *avv.* pudicamente.

puer [pɥe] *v.intr.* [non com. al p.rem., all'imperf.cong. e al p.p.] puzzare: *il pue des pieds*, gli puzzano i piedi ♦ *v.tr.* puzzare (**di**) (*anche fig.*): *il puait le vin*, puzzava di vino.

puéricultrice [pɥeʀikyltʀis] *n.f.* puericultrice.

puériculture [pɥeʀikyltyʀ] *n.f.* puericultura.

puéril [pɥeʀil] *agg.* puerile.

puérilement [pɥeʀilmɑ̃] *avv.* puerilmente.

puérilité [pɥeʀilite] *n.f.* puerilità.

puerpéral [pɥɛʀpeʀal] *agg.* [pl. *-aux*] puerperale.

pugilat [pyʒila] *n.m.* **1** pugilato **2** (*fam.*) rissa (*f.*).

pugiliste [pyʒilist] *n.m.* pugile.

pugnace [pygnas] *agg.* (*letter.*) pugnace.

pugnacité [pygnasite] *n.f.* (*letter.*) combattività.

puîné [pɥine] *agg.* e *n.m.* (*antiq.*) minore (di due fratelli).

puis[1] [pɥi] *avv.* poi.
● ***et puis***, e poi, e del resto | ***et puis?***, ***et puis quoi?***, ***et puis après?***, e allora?, e con questo?

puis[2] → **pouvoir**[1].

puisage [pɥizaʒ] *n.m.* presa (*f.*) (d'acqua).

puisard [pɥizaʀ] *n.m.* (*edil.*) pozzo perdente, smaltitoio.

puisatier [pɥizatje] *n.m.* scavatore (di pozzi).

puiser [pɥize] *v.tr.* e *intr.* attingere.
● ***puiser aux sources***, risalire alle fonti.

puisque [pɥisk] *cong.* [si apostrofa davanti a *il*, *elle*, *on*, *en*, *un* e *une*] poiché, dal momento che, giacché: *achète-le puisque tu l'aimes tellement*, compralo dal momento che ti piace tanto; *puisque je te le dis!*, dal momento che te lo dico!

NOTA ***Puisque*** introduce una nozione di causa più indiscutibile di *parce que*, sia perché si tratta di un fatto conosciuto da tutti (*puisque les hommes sont mortels*, 'poiché gli uomini sono mortali'), sia perché è già stato discusso (*puisque nous sommes d'accord*, 'dato che siamo d'accordo').
Questo valore indiscutibile viene tradotto nel linguaggio parlato con altre sfumature.
Puisque può assumere una connotazione di giustificazione o di provocazione:

> *'Tu n'es pas allé au supermarché?' 'Mais **puisque** je promenais le chien!'*
> 'Non sei andato al supermercato?' 'Ma se stavo portando a spasso il cane!'
>
> ***Puisque*** *tu es si intelligent, explique-nous tout ça.*
> Poiché sei (o ti ritieni) così intelligente, spiegaci tutto.

puissamment [pɥisamɑ̃] *avv.* **1** potentemente **2** estremamente.

puissance [pɥisɑ̃s] *n.f.* **1** potenza, forza (*anche fig.*): *une impression de puissance*, un'impressione di forza **2** capacità; facoltà: *il a une grande puissance de travail*, ha una grande capacità di lavoro **3** (*dir.*) potestà, autorità **4** (*mat.*) potenza: *à la puissance quatre*, alla quarta potenza.
● (*tecn.*) ***puissance motrice***, potenza motrice | (*dir.*) ***puissance paternelle***, patria potestà | (*mat.*) ***à la nième puissance***, (*fig.*) all'ennesima potenza | ***en puissance***, in potenza, potenzialmente.
■ SIN. **1** force CONTR. **1** faiblesse, impuissance.

puissant [pɥisɑ̃] *agg.* potente: *une puissante personnalité*, una forte personalità | *un cou puissant*, un collo taurino.

puits [pɥi] *n.m.* pozzo.
● ***puits de pétrole***, pozzo di petrolio, petrolifero | ***puits épuiser*** (o ***d'écoulement***), pozzo, pozzetto di scolo.

pull [pul] *n.m.* abbr. di **pull-over**.

pullman [pulman] *n.m.* **1** pullman (di lusso) **2** (*ferr.*) carrozza (*f.*) ferroviaria di lusso.

pull-over [pulɔvœʀ, pylɔvɛʀ] *n.m.* [pl. *pull-overs*] pullover, golf.

pullulement [pylylmɑ̃] *n.m.* **1** grande affluenza (*f.*) **2** proliferazione (*f.*).

pulluler [pylyle] *v.intr.* pullulare; proliferare.

pulmonaire [pylmɔnɛʀ] *agg.* (*med.*) polmonare.

pulpe [pylp] *n.f.* polpa.

pulpeux [pylpø] *agg.* [f. *-euse*] polposo: *une femme pulpeuse*, una donna tutta curve; *des lèvres pulpeuses*, labbra carnose.

pulsation [pylsasjɔ̃] *n.f.* pulsazione.

pulser [pylse] *v.tr.* (*tecn.*) **1** pulsare **2** (*fluidi*) far circolare in pressione.
● ***air pulsé***, aria pulsata.

pulsion [pylsjɔ̃] *n.f.* **1** impulso (*m.*) **2** (*psic.*) pulsione.

pulvérisateur [pylveʀizatœʀ] *n.m.* **1** (*mecc.*) polverizzatore, vaporizzatore **2** (*agr.*) irroratrice (*f.*).

pulvérisation [pylveʀizasjɔ̃] *n.f.* **1** polverizzazione **2** (*agr.*) irrorazione **3** (*med.*) nebulizzazione, vaporizzazione.

pulvériser [pylveʀize] *v.tr.* **1** polverizzare (*anche fig.*) | *pulvériser du parfum*, spruzzare del profumo **2** (*agr.*) irrorare.
● (*sport*) ***pulvériser un record***, (*fig.*) battere un record.

puma [pyma] *n.m.* (*zool.*) puma.

punaise [pynɛz] *n.f.* **1** (*zool.*) cimice **2** puntina (da disegno) **3** (*spreg.*) donnaccia.
● ***punaise!***, (*fam.*) accidenti! | ***punaise de sacristie***, (*fig.*) bigotta.

punaiser [pyneze] *v.tr.* (*fam.*) fissare con puntine.

punch[1] [pɔ̃ʃ] *n.m.* (*bevanda*) punch.

punch[2] *n.m.* **1** (*boxe*) punch **2** (*fig.*) grinta (*f.*).

puni [pyni] *agg.* e *n.m.* punito.

punique [pynik] *agg.* e *n.m.* punico.

punir [pyniʀ] *v.tr.* punire: *on l'a puni pour*, *d'avoir mal répondu*, è stato castigato per aver risposto male.
● ***être puni de***, ***pour qqch***, essere punito per qlco: *je suis puni de ma générosité*, (*fig.*) sono mal ricompensato della mia generosità.

punissable [pynisabl] *agg.* punibile (**con**).

punitif [pynitif] *agg.* [f. *-ive*] punitivo.

punition [pynisjɔ̃] *n.f.* punizione; castigo (*m.*) | *comme punition*, per castigo.
● ***faire sa punition***, fare penitenza.

P

punkette [pœnkɛt] *n.f.* (*fam.*) ragazza punk.
pupe [pyp] *n.f.* (*zool.*) pupa.
pupillaire [pypil/ɛʀ] *agg.* (*dir.*) pupillare, del pupillo.
pupille[1] [pypil, pypij] *n.m.* e *f.* pupillo/a.
● ***pupille de l'État, de l'Assistance publique***, minore affidato all'assistenza pubblica | ***pupille de la Nation***, orfano di guerra.
pupille[2] *n.f.* (*anat.*) pupilla.
■ SIN. prunelle.
pupitre [pypitʀ] *n.m.* **1** leggio **2** banco (di scuola) **3** (*tecn.*) console (*f.*).
● (*tecn.*) ***pupitre de commande***, quadro di comando | ***être au pupitre***, dirigere l'orchestra.
pupitreur [pypitʀœʀ] *n.m.* [f. *-euse*] (*tecn.*) consolista.
pur [pyʀ] *agg.* **1** puro (*anche fig.*): *cravate pure soie*, cravatta di pura seta; *un visage d'un ovale pur*, un viso dall'ovale perfetto; *parler un italien très pur*, parlare un italiano perfetto; *ses intentions sont pures*, le sue intenzioni sono sincere **2** semplice; mero, puro: *par pur hasard*, per puro, mero caso.
● ***pur de***, puro di, immune da | ***c'est un esprit pur***, è uno tutto cervello.
purée [pyʀe] *n.f.* (*cuc.*) purè (*m.*), purea.
● ***purée!***, (*fig. fam.*) accidenti! | ***purée de pois***, (*fig. fam.*) nebbione | (*cuc.*) ***purée de pommes de terre***, purè (di patate) | ***être dans la purée***, (*fig. fam.*) essere al verde | (*cuc.*) ***pommes purée***, crocchette di patate.
purement [pyʀmɑ̃] *avv.* puramente, del tutto.
● ***purement et simplement***, semplicemente, unicamente.
pureté [pyʀte] *n.f.* purezza.
purgatif [pyʀgatif] *agg.* [f. *-ive*] purgativo ♦ *n.m.* purgante, purga (*f.*).
purgatoire [pyʀgatwaʀ] *n.m.* purgatorio.
purge [pyʀʒ] *n.f.* **1** (*med.*) purga; purgante (*m.*) **2** (*fig.*) purga, epurazione **3** (*dir.*) cancellazione **4** scarico (*m.*), spurgo (*m.*).
purger [pyʀʒe] *v.tr.* [coniug. come *manger*] **1** purgare **2** (*fig.*) epurare, purgare **3** (*dir.*) cancellare **4** scaricare, spurgare: *purger un radiateur*, spurgare un termosifone ♦ **se purger** *v.pron.* purgarsi (*anche fig.*).
● (*dir.*) ***purger une peine***, scontare una pena detentiva.
purgeur [pyʀʒœʀ] *n.m.* (*tecn.*) rubinetto, valvola (*f.*) di scarico.
purificateur [pyʀifikatœʀ] *agg.* e *n.m.* [f. *-trice*] purificatore.
purification [pyʀifikasjɔ̃] *n.f.* **1** purificazione **2** (*metall.*) affinazione.
purificatoire [pyʀifikatwaʀ] *agg.* purificatore.
purifier [pyʀifje] *v.tr.* **1** purificare (*anche fig.*) **2** (*tecn.*) purificare, depurare; affinare.
purin [pyʀɛ̃] *n.m.* colaticcio (di concime).
purisme [pyʀism] *n.m.* **1** purismo (*anche arte*) **2** (*estens.*) perfezionismo.
puriste [pyʀist] *agg.* e *n.m.* e *f.* purista.
puritain [pyʀitɛ̃] *agg.* e *n.m.* puritano.
puritanisme [pyʀitanism] *n.m.* puritanesimo.
purpura [pyʀpyʀa] *n.m.* (*med., vet.*) porpora (*f.*).
purpurin [pyʀpyʀɛ̃] *agg.* (*letter.*) porporino.
purpurine [pyʀpyʀin] *n.f.* (*chim.*) porporina.
pur-sang [pyʀsɑ̃] *n.m.* [pl. *invar.* o *purs-sangs*] (cavallo) purosangue.
purulent [pyʀylɑ̃] *agg.* purulento.
pus [py] *n.m.* (*med.*) pus.
pusillanime [pyzil/anim] *agg.* pusillanime.
pusillanimité [pyzil/animite] *n.f.* pusillanimità.
pustule [pystyl] *n.f.* pustola.
pustuleux [pystylø] *agg.* [f. *-euse*] pustoloso.
putain [pytɛ̃] *n.f.* (*molto fam.*) puttana.
● ***putain!***, (*per esprimere stupore*) cacchio!
putatif [pytatif] *agg.* [f. *-ive*] putativo.
pute [pyt] *n.f.* abbr. di **putain**.
putois [pytwa] *n.m.* (*zool.*) puzzola (*f.*).
● ***crier comme un putois***, (*fam.*) urlare come un ossesso.
putréfaction [pytʀefaksjɔ̃] *n.f.* putrefazione.
putréfier [pytʀefje] *v.tr.* putrefare, guastare ♦ **se putréfier** *v.pron.intr.* imputridire.
putrescent [pytʀesɑ̃] *agg.* putrescente.
putride [pytʀid] *agg.* putrido, putrefatto: *eau putride*, acqua putrida.
putsch [putʃ] *n.m.* putsch, golpe.
putschiste [putʃist] *agg.* e *n.m.* e *f.* golpista.
puy [pyi] *n.m.* (*geogr.*) poggio, altura (*f.*) (di origine vulcanica, spec. nel Massiccio Centrale).
puzzle [pœzl] *n.m.* puzzle; (*fig.*) rompicapo.
P-V [peve] *n.m.* (*abbr. di* procès-verbal) multa (*f.*), contravvenzione (*f.*).
■ SIN. contravention.
pyélite [pjelit] *n.f.* (*med.*) pielite.
pygmée [pigme] *n.m.* e *f.* pigmeo/a.
pyjama [piʒama] *n.m.* pigiama.
pylône [pilon] *n.m.* pilone.
pylore [pilɔʀ] *n.m.* (*anat.*) piloro.
pyorrhée [pjɔʀe] *n.f.* (*med.*) piorrea.
pyracanthe [piʀakɑ̃t] *n.f.* (*bot.*) piracanta.
pyramidal [piʀamidal] *agg.* [pl. *-aux*] piramidale.
pyramide [piʀamid] *n.f.* piramide.
● ***en pyramide***, a piramide.

NOTA A Parigi, davanti al palazzo del Louvre, nella Cour Napoléon III, nel 1989 è stata costruita dall'architetto americano di origine cinese Pei (Pei Ieoh Ming) una grande ***pyramide*** di vetro che dà luce ai nuovi locali sotterranei del museo e ne costituisce l'ingresso principale. I vetri della piramide (alta ca 100 m) sono 666.

pyrénéen [piʀeneɛ̃] *agg.* [f. *-enne*] pirenaico.
pyrèthre [piʀɛtʀ] *n.m.* (*bot.*) piretro.
pyrite [piʀit] *n.f.* (*min.*) pirite.
pyro- *pref.* piro-.
pyrogravure [piʀɔgʀavyʀ] *n.f.* piroincisione, pirografia.
pyrolyse [piʀɔliz] *n.f.* (*chim.*) pirolisi.
pyromane [piʀɔman] *n.m.* e *f.* piromane.
pyromanie [piʀɔmani] *n.f.* piromania.
pyrotechnie [piʀɔtɛkni] *n.f.* pirotecnica.
pyrotechnique [piʀɔtɛknik] *agg.* pirotecnico.
pythagoricien [pitagɔʀisjɛ̃] *agg.* e *n.m.* [f. *-enne*] pitagorico.
pythagorique [pitagɔʀik] *agg.* (*mat.*) piragorico.
pythie [piti] *n.f.* pizia, profetessa.
python [pitɔ̃] *n.m.* (*zool.*) pitone.
pythonisse [pitɔnis] *n.f.* pitonessa, veggente.
pyxide [piksid] *n.f.* pisside.

Qq

q [ky] ***n.m.invar.*** q (*f.* o *m.*).
● (*tel.*) ***q comme Quentin***, q come Quarto.

NOTA In francese ***q*** è sempre seguito da una *u*, tranne che in posizione finale: *coq, cinq*. All'inizio del XX secolo, nelle scuole religiose, si recitava l'alfabeto omettendo questa lettera dalla pronuncia scandalosa (*q* è infatti omofono di *cul*).

qéblo [keblo] ***agg.*** (*verlan di* bloqué) complessato.
QI [kyi] ***n.m.invar.*** (*sigla di* Quotient Intellectuel) QI, quoziente di intelligenza.
quadra [kwadʀa] ***n.m.*** e ***f.*** (*fam.*) abbr. di **quadragénaire**.
quadragénaire [kwadʀaʒenɛʀ] ***agg.*** e ***n.m.*** e ***f.*** quarantenne; (*letter.*) quadragenario/a.
quadrangulaire [kwadʀɑ̃gylɛʀ] ***agg.*** (*mat.*) quadrangolare.
quadrant [kadʀɑ̃] ***n.m.*** quadrante.
quadrature [kwadʀatyʀ] ***n.f.*** quadratura.
● (*mat.*) ***la quadrature du cercle***, (*anche fig.*) la quadratura del cerchio.
quadr(i)- ***pref.*** quadr(i)-.
quadriceps [kwadʀisɛps] ***n.m.*** (*anat.*) quadricipite.
quadrichromie [kwadʀikʀɔmi] ***n.f.*** (*fot., tip.*) quadricromia.
quadridimensionnel [kwadʀidimɑ̃sjɔnɛl] ***agg.*** [f. *-elle*] (*mat.*) quadridimensionale.
quadriennal [kwadʀijenal] ***agg.*** [pl. *-aux*] quadriennale.
quadrige [kwadʀiʒ] ***n.m.*** (*st.*) quadriga (*f.*).
quadrijumeau [kwadʀiʒymo] ***agg.*** [pl. *-eaux*] (*anat.*) quadrigemino.
quadrilatéral [kwadʀilateʀal] ***agg.*** [pl. *-aux*] quadrilatero.
quadrilatère [kwadʀilatɛʀ] ***n.m.*** (*mat., mil.*) quadrilatero.
quadrillage [kadʀijaʒ] ***n.m.*** **1** quadrettatura (*f.*) **2** (*mil.*) suddivisione (*f.*) a scacchiera.
quadrille [kadʀij] ***n.m.*** quadriglia (*f.*).
quadrillé [kadʀije] ***agg.*** quadrettato, a quadretti.
quadriller [kadʀije] ***v.tr.*** **1** quadrettare, suddividere in quadri **2** (*mil.*) suddividere a scacchiera un territorio.
quadrilobé [kwadʀilɔbe] ***agg.*** (*bot., arch.*) quadrilobato, quadrilobo.
quadrimestre [kwadʀimɛstʀ] ***n.m.*** quadrimestre.
quadrimoteur [kadʀimɔtœʀ] ***agg.*** e ***n.m.*** (*aer.*) quadrimotore.
quadrinôme [kwadʀinom] ***n.m.*** (*mat.*) quadrinomio.
quadriparésie [kwadʀipaʀezi] ***n.f.*** (*med.*) tetraparesi.
quadriparti [kwadʀipaʀti] **quadripartite** [kwadʀipaʀtit] ***agg.*** quadripartito, quadripartitico.
quadriphonie [kwadʀifɔni] ***n.f.*** quadrifonia.
quadriréacteur [kwadʀiʀeaktœʀ] ***agg.*** e ***n.m.*** (*aer.*) quadrireattore.
quadrisyllabique [kwadʀisil/abik] ***agg.*** (*ling.*) quadrisillabo.
quadrivalent [kwadʀivalɑ̃] ***agg.*** (*chim.*) tetravalente.
quadrivium [kwadʀivjɔm] ***n.m.*** (*st.*) quadrivio.
quadrumane [kwadʀyman] ***agg.*** e ***n.m.*** (*zool.*) quadrumane.
quadrupède [kwadʀypɛd] ***agg.*** e ***n.m.*** (*zool.*) quadrupede.
quadruple [kwadʀypl] ***agg.*** **1** quadruplo **2** (*costituito da quattro elementi*) quadruplice ♦ ***n.m.*** quadruplo.
quadrupler [kwadʀyple] ***v.tr.*** quadruplicare ♦ ***v.intr.*** quadruplicarsi: *sa fortune a quadruplé*, il suo patrimonio si è quadruplicato.
quadruplés [kwadʀyple] ***n.m.pl.*** quattro gemelli.
quai [ke] ***n.m.*** **1** lungofiume; (*di canale*) alzaia (*f.*) **2** (*mar.*) banchina (*f.*), molo **3** (*ferr.*) marciapiede; banchina (*f.*); binario: *le train se trouve quai 5*, il treno è al binario 5.
● (*mar.*) ***quai d'embarquement des passagers***, banchina passeggeri | ***Quai des Orfèvres***, (*a Parigi*) sede della polizia giudiziaria | ***Quai (d'Orsay)***, Ministero degli Affari Esteri francese | (*ferr.*) ***accès aux quais***, ai treni | (*ferr.*) ***billet de quai***, biglietto di entrata | ***les quais de la Seine***, (*a Parigi*) i lungosenna: *il habite (au) 3, quai Voltaire*, abita sul lungosenna Voltaire al 3 | (*comm.*) ***livré à quai***, consegnato a sbarco e sdoganamento effettuato.
quaker [kwɛkœʀ] ***n.m.*** [f. *-eresse*] (*relig.*) quacchero.
qualifiable [kalifjabl] ***agg.*** qualificabile.
qualifiant [kalifjɑ̃] ***agg.*** qualificante.
qualificatif [kalifikatif] ***agg.*** [f. *-ive*] **1** (*gramm.*) qualificativo **2** (*sport*) qualificante ♦ ***n.m.*** **1** epiteto **2** (*gramm.*) (aggettivo) qualificativo.
qualification [kalifikasjɔ̃] ***n.f.*** **1** qualificazione; qualifica: *qualification professionnelle*, qualificazione professionale **2** (*sport*) qualificazione.
qualifié [kalifje] ***agg.*** **1** qualificato **2** (*dir.*) aggravato: *vol qualifié*, furto aggravato.
● ***être qualifié pour***, avere le competenze necessarie per | (*mat.*) ***nombres qualifiés***, numeri relativi | ***ouvrier qualifié***, operaio specializzato, qualificato.
qualifier [kalifje] ***v.tr.*** **1** qualificare: *qualifier qqn d'imposteur*, dare dell'impostore a qlcu; *qualifier qqch de crime*, definire qlco un delitto **2** (*sport*) qualificare ♦ **se qualifier** ***v.pron.intr.*** (*sport*) qualificarsi.
qualitatif [kalitatif] ***agg.*** [f. *-ive*] qualitativo.
qualitativement [kalitativmɑ̃] ***avv.*** qualitativamente.
qualité [kalite] ***n.f.*** **1** qualità: *avoir des qualités*, avere delle qualità, delle doti **2** (*dir.*) qualità, qualifica | *dites*

vos nom, prénom, âge et qualité, declinate le vostre generalità.

● ***qualité de la vie***, qualità della vita | (*comm.*) ***qualité marchande***, qualità media (delle merci) | ***qualités requises***, requisiti | ***avoir qualité pour***, essere qualificato per, essere abilitato a | ***de qualité***, di qualità | ***en qualité de***, in qualità di, in veste di | ***homme de qualité***, (*antiq.*) uomo di nobili natali.

■ CONTR. **1** défaut.

quand [kɑ̃; kɑ̃t *davanti a vocale o* h *muta*] ***avv.*** quando: *quand êtes-vous arrivé?*, quando è arrivato?; *dis-moi quand tu me rendras mes livres*, dimmi quando mi restituirai i miei libri ♦ ***cong.*** quando: *quand il fait très froid, je sors rarement*, quando fa molto freddo, esco raramente; *il est debout tout le temps quand il lui faudrait du repos*, è sempre in piedi mentre avrebbe bisogno di riposo; *quand je pense que tu ignorais toute l'histoire!*, quando, se penso che non sapevi nulla della faccenda!; *quand on est maladroit et qu'on le sait, on fait attention*, quando si sa di essere maldestri si fa attenzione.

● ***quand (bien) même***, quand'anche: *quand (bien) même je le dirais, cela ne servirait à rien*, quand'anche lo dicessi, non servirebbe a nulla | ***quand c'est toi, lui... qui***, dal momento che sei tu, è lui... che: *quand c'est lui qui l'affirme*, dal momento che lo dice lui | ***quand est-ce que?***, (*fam.*) quando?: *quand est-ce que tu viendras me voir?*, quando verrai a trovarmi? | ***à quand?***, (a) quando?: *à quand les noces?*, quando sarà il matrimonio? | ***depuis quand***, da quando | ***de quand?***, di quando?: *il est de quand ce journal?*, di quand'è questo giornale? | ***jusqu'à quand***, fino a quando | ***n'importe quand***, in qualsiasi momento | ***pour quand?***, per quando?: *c'est pour quand?*, per quando è (previsto)?

□ **quand même** ***avv.*** ugualmente, lo stesso: *j'irai quand même*, ci andrò ugualmente; *elle aurait pu nous téléphoner, quand même!*, (*fam.*) avrebbe potuto telefonarci, però!; *quand même, tu arrives!*, sei qui, finalmente!

quanta [kwɑ̃ta] ***n.m.pl.*** → **quantum**.

quant à [kɑ̃ta] ***prep.*** (in) quanto a.

quant-à-soi [kɑ̃taswa] ***n.m.invar.***

● ***se tenir sur son quant-à-soi***, tenere, mantenere le distanze.

■ SIN. réserve.

quantième [kɑ̃tjɛm] ***n.m.*** data (*f.*), giorno del mese.

● ***le quantième (du mois)***, il giorno del mese.

quantifiable [kɑ̃tifjabl] ***agg.*** quantificabile.

quantification [kɑ̃tifikasjɔ̃] ***n.f.*** **1** quantificazione **2** (*fis.*) quantizzazione.

quantifier [kɑ̃tifje] ***v.tr.*** **1** quantificare **2** (*fis.*) quantizzare.

quantile [kɑ̃til] ***n.m.*** (*stat.*) quantile.

quantique [kwɑ̃tik] ***agg.*** (*fis.*) quantistico.

quantitatif [kɑ̃titatif] ***agg.*** [f. *-ive*] quantitativo.

quantitativement [kɑ̃titativmɑ̃] ***avv.*** quantitativamente.

quantité [kɑ̃tite] ***n.f.*** quantità: *une quantité de gens disent*, (*fam.*) molte persone dicono.

● ***quantité négligeable***, quantità trascurabile: *considérer qqn comme quantité négligeable*, (*fig.*) considerare qlcu meno che niente | ***en (grande) quantité***, in abbondanza, in gran quantità | ***en quantité industrielle***, (*fig. fam.*) in quantità industriale, in gran quantità.

quantum [kwɑ̃tɔm] ***n.m.*** [pl. *quanta*] **1** quota (*f.*), parte (*f.*) **2** (*fis.*) quanto.

● (*fis.*) ***théorie des quanta***, teoria dei quanti.

quarantaine [kaʀɑ̃tɛn] ***n.f.*** **1** quarantina **2** (*mar.*) quarantena.

● ***mettre qqn en quarantaine***, mettere qlcu in quarantena; (*fig.*) mettere qlcu al bando.

quarante [kaʀɑ̃t] ***agg.num.card.*** e ***n.m.invar.*** quaranta ♦ ***agg.num.ord.invar.*** quarantesimo: *page quarante*, pagina quaranta.

● ***quarante et un***, quarantuno | ***je m'en moque comme de l'an quarante***, (*fam.*) me ne infischio altamente | ***les Quarante***, i quaranta membri permanenti dell'Académie Française.

quarantième [kaʀɑ̃tjɛm] ***agg.num.ord.*** e ***n.m.*** e ***f.*** quarantesimo/a.

quart [kaʀ] ***n.m.*** **1** quarto: *cinq est le quart de vingt*, cinque è un quarto di venti **2** quarto (d'ora): *minuit et quart, moins (le) quart, trois quarts*, mezzanotte e un quarto, meno un quarto, e tre quarti | *pour le quart d'heure*, (*fam.*) per il momento **3** (*di litro o di altra misura*) quarto; bottiglia (*f.*) da un quarto; boccale da un quarto: *un quart de (vin) rouge*, un quartino di (vino) rosso; *un quart de beurre*, 125 grammi di burro **4** (*mar.*) guardia (*f.*); (*antiq.*) quarto: *être de quart*, essere di guardia ♦ ***agg.m.*** (*antiq. letter.*) quarto: *le quart livre de Rabelais*, il quarto libro di Rabelais.

● (*mus.*) ***quart de soupir***, sedicesimo | (*sport*) ***quarts de finale***, quarti di finale | ***au quart de tour***, subito | ***aux trois quarts***, per tre quarti; (*estens.*) quasi interamente | ***le quart d'heure de Rabelais***, il quarto d'ora di Rabelais (momento d'impaccio, specie quando si deve pagare il conto) | ***les trois quarts du temps***, la maggior parte del tempo.

quarte [kaʀt] ***n.f.*** **1** (*mus.*) quarta **2** (*nei giochi di carte*) gruppo (*m.*) di quattro carte del medesimo seme.

quarté [kaʀte] ***n.m.*** (*ippica*) scommessa (*f.*) sui primi quattro classificati.

quarteron[1] [kaʀtəʀɔ̃] ***agg.*** e ***n.m.*** [f. *-onne*] meticcio.

quarteron[2] ***n.m.*** **1** (*antiq.*) venticinque **2** (*spreg.*) numero ristretto, pugno.

quartette [kwaʀtɛt] ***n.m.*** (*mus.*) quartetto (di jazz).

quartier [kaʀtje] ***n.m.*** **1** quarto: *le premier quartier de lune*, il primo quarto di luna **2** pezzo; spicchio: *un quartier d'orange*, uno spicchio di arancia **3** (*arald.*) quarto **4** quartiere, rione: *les beaux quartiers*, i quartieri alti; *les bas quartiers*, i quartieri poveri **5** (*mil.*) quartiere; caserma (*f.*), alloggiamento **6** (*di prigione*) settore, braccio **7** (*letter.*) quartiere; grazia (*f.*) **8** (*di sella, di calzature*) quartiere **9** (*Belgio*) piccolo appartamento.

● ***quartier de haute sécurité***, (*di prigione*) braccio di massima sicurezza | ***quartier de noblesse***, quarto di nobiltà | (*mil.*) ***quartier général***, quartier generale | ***quartier sensible***, quartiere difficile (per problemi sociali e di ordine pubblico) | (*mil.*): ***quartiers d'hiver***, quartieri d'inverno, alloggiamenti invernali | (*mil.*) ***avoir quartier libre***, (*anche estens.*) essere in libera uscita | ***en quartiers***, a spicchi | ***lutte sans quartier***, lotta senza quartiere | ***ne pas faire (de) quartier***, non risparmiare nessuno.

> NOTA A Parigi il ***Quartier latin***, 'Quartiere latino' è quello sulla riva sinistra della Senna, dove si trovano numerosi edifici scolastici. Lì sorse nel 1257 la prima università di Francia, la Sorbona, in cui l'insegnamento era e rimase in latino fino al 1789.

quartier-maître [kaʀtjemɛtʀ] ***n.m.*** [pl. *quartiers-maîtres*] (*mar.*) sottocapo.

quart-monde [kaʀmɔ̃d] ***n.m.*** [pl. *quarts-mondes*] (*pol., sociol.*) **1** quarto mondo **2** sottoproletariato.

quarto [kwaʀto] *avv.* in quarto luogo.

quartz [kwaʀts] *n.m.* quarzo.

quartzite [kwaʀtsit] *n.m.* (*min.*) quarzite (*f.*).

quasi[1] [kazi] *avv.* **1** quasi: *quasi neuf*, quasi nuovo **2** (*primo elemento di n. o agg. composti*) quasi-, quasi, quasi totale: *sortir de la quasi-obscurité*, uscire da una quasi oscurità, da un'oscurità quasi totale; *quasi-inconnus*, quasi totalmente sconosciuti | *la quasi-totalité*, la quasi totalità.

■ SIN. **1** presque.

quasi[2] *n.m.* (*cuc.*) girello (di vitello, di manzo).

quasiment [kazimɑ̃] *avv.* (*fam.*) quasi.

Quasimodo [kazimɔdɔ] *n.f.*

● (*eccl.*) (***Dimanche de***) ***Quasimodo***, Domenica in Albis.

quaternaire [kwatɛʀnɛʀ] *agg.* quaternario ♦ *n.m.* **1** (*geol.*) quaternario **2** (*econ.*) (settore) quaternario.

quaterne [kwatɛʀn] *n.m.* (*lotto, tombola*) quaterna (*f.*).

quatorze [katɔʀz] *agg.num.card.* e *n.m.invar.* quattordici | *la guerre de quatorze*, la guerra del 14-18 ♦ *agg. num.ord.invar.* quattordicesimo: *page quatorze*, pagina quattordici | (*st.*) *Louis quatorze*, Luigi quattordicesimo.

● ***quatorze cents***, millequattrocento | ***le quatorze juillet***, il 14 luglio (festa nazionale francese).

quatorzième [katɔʀzjɛm] *agg.num.ord.* e *n.m.* e *f.* quattordicesimo/a.

● ***le quatorzième siècle***, il quattordicesimo secolo, il Trecento.

quatorzièmement [katɔʀzjɛmmɑ̃] *avv.* in quattordicesimo luogo, per quattordicesimo.

quatrain [katʀɛ̃] *n.m.* (*metrica*) quartina (*f.*).

quatre [katʀ] *agg.num.card.* e *n.m.invar.* quattro | *se mettre par quatre*, mettersi in fila per quattro ♦ *agg. num.ord.invar.* quarto: *page quatre*, pagina quattro | (*st.*) *Henri quatre*, Enrico quarto.

● (*canottaggio*) ***quatre barré***, ***quatre sans barreur***, quattro con, quattro senza | ***à quatre mains***, a quattro mani | ***clair comme deux et deux font quatre***, chiaro come il sole | ***entre quatre yeux*** (o ***quat'z'yeux***), a quattr'occhi | ***manger comme quatre***, mangiare per quattro | ***monter l'escalier quatre à quatre***, salire le scale a quattro a quattro | ***ne pas y aller par quatre chemins***, (*fig.*) andare diritto allo scopo | ***se mettre en quatre***, (*fam.*) farsi in quattro | ***se tenir à quatre***, (*fig.*) contenersi a stento | ***un de ces quatre*** (***matins***), uno di questi giorni.

quatre-heures [katʀœʀ] *n.m.invar.* (*fam.*) merenda (*f.*): *qu'est-ce que tu as comme quatre-heures?*, che cos'hai per merenda?

quatre-mâts [katʀəmɑ] *n.m.invar.* (*mar.*) (veliero a) quattro alberi.

quatre-quarts [katʀəkaʀ] *n.m.invar.* (*cuc.*) dolce i cui ingredienti (farina, burro, zucchero, uova) sono di eguale peso.

quatre-quatre [katʀəkatʀ] *n.m.invar.* (*mus.*) quattro quarti ♦ *n.f.* e *m.invar.* (*automobile*) quattro per quattro (*f.*), automobile (*f.*) a trazione integrale.

quatre-saisons [katʀəsɛzɔ̃] *n.f.invar.* varietà di fragola rifiorente a piccoli frutti.

● ***marchand des quatre-saisons***, venditore ambulante di frutta e verdura.

quatre-vingt-dix [katʀəvɛ̃dis] *agg.num.card.* e *n.m. invar.* novanta ♦ *agg.num.ord.invar.* novantesimo: *page quatre-vingt-dix*, pagina novanta.

quatre-vingt-dixième [katʀəvɛ̃dizjɛm] *agg.num. ord.* e *n.m.* e *f.* [pl. *quatre-vingt-dixièmes*] novantesimo/a.

quatre-vingtième [katʀəvɛ̃tjɛm] *agg.num.ord.* e *n.m.* e *f.* [pl. *quatre-vingtièmes*] ottantesimo/a.

quatre-vingt-onze [katʀəvɛ̃ɔ̃z] *agg.num.card.* e *n.m. invar.* novantuno ♦ *agg.num.ord.invar.* novantunesimo: *page quatre-vingt-onze*, pagina novantuno.

quatre-vingts [katʀəvɛ̃; katʀəvɛ̃z *davanti a vocale o* h *muta*] *agg.num.card.* e *n.m.invar.* [perde la *s* finale quando è seguito da un altro num., quando è n.m. e agg.num.ord.] ottanta: *donne-moi encore quatre-vingts euros*, dammi ancora ottanta euro | *les années quatre-vingt*, gli anni 80 ♦ *agg.num.ord.invar.* ottantesimo: *page quatre-vingt*, pagina ottanta.

● ***quatre-vingt-un***, ottantuno.

quatrième [katʀijɛm] *agg.num.ord.* e *n.m.* e *f.* quarto/a ♦ *n.f.* **1** (*nell'ordinamento scolastico francese*) classe corrispondente alla terza media | (*classe de*) *quatrième*, terza media **2** (*aut.*) (*marcia*) quarta: *passer en quatrième*, mettere la quarta **3** (*danza*) quarta posizione.

● ***quatrième de couverture***, (testo della) quarta di copertina | ***quatrième*** (***étage***), quarto (piano) | (*med.*) ***quatrième maladie***, quarta malattia | ***le quatrième pouvoir***, i media (in quanto influenzano le opinioni dell'elettorato).

quatrièmement [katʀijɛmmɑ̃] *avv.* in quarto luogo.

quatuor [kwatɥɔʀ] *n.m.* (*mus.*) quartetto.

● ***quatuor à cordes***, quartetto d'archi | ***quatuor vocal***, quartetto vocale.

que[1] [kə] *pron.rel.* [si apostrofa davanti a vocale o *h* muta] **1** (*compl.ogg.*) che: *le livre que je suis en train de lire est très intéressant*, il libro che sto leggendo è molto interessante; *la faute que tu as faite*, l'errore che hai fatto; *la robe que je me suis fait faire*, l'abito che mi sono fatto fare **2** (*con valore di nome del predicato*) che: *la personne prudente qu'est mon père*, quella persona prudente che è mio padre **3** (*dopo n. o avv. di tempo*) che; in cui: *chaque fois que je le rencontre*, ogni volta che lo incontro; *l'hiver qu'il fit si froid*, (*fam.*) l'inverno in cui fece così freddo ♦ *pron.interr.* **1** (*sogg. e ogg.*) che cosa, che: *que veux-tu?*, che (cosa) vuoi?; *je ne sais plus que répondre*, non so più cosa rispondere **2** (*letter.*) quanto: *que gagnez-vous par mois?*, quanto guadagna al mese?

● ***que se passe-t-il?***, cosa succede? | ***que voici***, (*letter.*) questo; qui presente: *le livre, le stylo que voici*, questo libro, questa stilografica; *la dame que voici*, la signora qui presente | ***qu'importe?***, che importa? | ***qu'y faire?***, che farci? | ***ce que***, quello che; cosa che; (*fam.*) come, quanto: *écoute ce que je te dis*, ascolta quello che ti dico; *il est très sincère: ce que j'apprécie beaucoup*, è molto sincero, cosa che apprezzo molto; *ce qu'ill a souffert!*, quanto ha sofferto! | ***est-ce que***: (*non si traduce*) *est-ce que tu viens?*, vieni?

□ **qu'est-ce que** *pron.interr.* (*compl.ogg.*) (*riferito a cosa*) che cosa: *qu'est-ce que vous voulez?*, che cosa volete?; *qu'est-ce que tu veux?*, che cosa vuoi?

● ***qu'est-ce que c'est?***, che cos'è?: *qu'est-ce que c'est que ça?*, (*fam.*) che cos'è?, che cos'è questa roba?; *qu'est-ce que c'est qu'une planète?*, che cosa è un pianeta?

□ **qu'est-ce qui** *pron.interr.* (*sogg.*) (*riferito a cosa*) che cosa: *qu'est-ce qui vous intéresse?*, che cosa le interessa?; *qu'est-ce qui te fait pleurer?*, che cosa ti fa piangere?

que[2] *cong.* [si apostrofa davanti a vocale o *h* muta] **1** che: *je veux qu'il parte*, voglio che parta; *viens un peu ici que je te tire les oreilles!*, vieni un po' qua che ti tiro le orecchie!; *j'ai tellement parlé que je n'ai plus de voix*,

Q

ho parlato tanto che sono rimasto senza voce **2** (*comparativa*) che; di; di quanto: *tu es moins tolérant que patient*, sei meno tollerante che paziente; *elle est plus jolie que sa sœur*, è più carina della sorella; *il est plus riche que je ne croyais*, è più ricco di quanto credessi **3** (*restrittiva, limitativa*) solo, soltanto: *il n'a écrit que des romans policiers*, ha scritto solo romanzi gialli; *il n'a pas écrit que des romans policiers*, non ha scritto solo romanzi gialli; *elle ne fait que pleurer*, non fa che piangere; *il n'est arrivé que trop vite*, è arrivato anche troppo presto | *que je sache*, che io sappia **4** (*non si traduce*): *c'est mon désir que de le rencontrer*, è mio desiderio incontrarlo; *quel bonheur qu'un jour de repos!*, che gioia, un giorno di riposo!; *s'il était riche et qu'il le voulait, il pourrait partir*, se fosse ricco e volesse, potrebbe partire; *quand je rentre de bonne heure et que j'en ai envie*, quando torno a casa presto e se ne ho voglia ♦ ***avv.*** **1** (*escl.*) come: *qu'il fait froid aujourd'hui!*, come fa freddo oggi!; *que je suis sotte!*, che stupida (che) sono! **2** (*interr.*) quanto: *que vaut ce meuble ancien?*, quanto vale quel mobile antico? **3** (*interr.*) (*letter.*) perché: *que ne le disiez-vous ici?*, perché non l'avete detto?

● ***que de***, (*seguito da n.*) quanto: *que de fois je te l'ai répété!*, quante volte te l'ho ripetuto!; *que de temps perdu!*, quanto tempo perso! | ***que si!***, ***que non!***, (*letter.*) invece sì!, certo che sì!; invece no!, certo che no!: *"Je n'ai pas besoin de toi!" "Oh que si!"*, (*letter.*) "Non ho bisogno di te!" "Invece sì!".

NOTA ***Et que*** è usato per coordinare due proposizioni subordinate, qualunque sia la prima congiunzione usata:
sì *Comme tu étais en retard* ***et que*** *j'avais faim...*
NO *Comme tu étais en retard et j'avais faim...*
Sicomme eri in ritardo e avevo fame...
sì *Si tu as faim* ***et que*** *je suis en retard...*
NO *Si tu as faim et je suis en retard...*
Se avrai fame e se sarò in ritardo...

québécisme [kebesism] ***n.m.*** (*ling.*) forma (*f.*) linguistica propria del francese parlato nel Québec.

québécitude [kebesityd] ***n.f.*** insieme (*m.*) dei valori propri della tradizione del Québec.

québécois [kebekwa] ***agg.*** del, di Québec.

Québécois ***n.m.*** abitante del, di Québec.

québlo [keblo] ***agg.*** → **québlo**.

quel [kɛl] ***agg.interr.*** [f. *quelle*] quale, che: *quel pays as-tu visité?*, che paese hai visitato?; *quelles revues as-tu lues?*, che, quali riviste hai letto? ♦ ***agg.escl.*** che, quale: *quelle chance (que) de t'avoir rencontré!*, che fortuna averti incontrato!; *il a prononcé un discours et quel discours!*, ha tenuto un discorso e che discorso! ♦ ***pron. interr.*** quale: *je me demande quelle est la meilleure de ces solutions*, mi chiedo quale sia la soluzione migliore; *quel est plus important des deux?*, chi è il più importante dei due?

● ***quel autre***, quale, chi altro | ***quel est ce...?***, qual è questo...?, cos'è questo...?: *quelle est cette clé?*, che chiave è questa?; *quelle est donc cette habitude de ne pas fermer les portes?*, cos'è questa abitudine di non chiudere le porte?

□ **quel que** ***agg.rel.*** (*seguito dal v.* être *al cong.*) qualunque: *quel, quelle que soit*, *que puisse être*, qualunque sia, possa essere; *quelles que fussent ces habitudes*, quali che fossero le sue abitudini; *quelles qu'en soient les conséquences*, quali che siano le conseguenze.

FAUX AMI
Da non confondere con l'italiano *quel*, che si traduce *ce*.

quelconque [kɛlkɔ̃k] ***agg.indef.*** qualunque, qualsiasi: *pour une raison quelconque*, per una ragione qualunque; *j'ai acheté deux journaux quelconques*, ho comprato due giornali qualsiasi ♦ ***agg.*** (*fam. spreg.*) qualunque; banale, comune: *un homme quelconque, très quelconque*, un uomo qualunque, molto comune; *un roman très quelconque*, un romanzo molto banale.

quelque [kɛlk] ***agg.indef.*** **1** (*sing.*) qualche: *a-t-il quelque chance de succès?*, ha qualche possibilità di successo? **2** (*pl.*) qualche (*sing.*); alcuni: *je partirai en vacances avec quelques amies*, andrò in vacanza con qualche amica, con alcune amiche ♦ ***avv.*** circa: *il y avait quelque quatre-vingts personnes*, c'erano circa ottanta persone.

● ***quelque autre***, qualche altro: *avez-vous quelque autre solution à me proposer?*, avete qualche altra soluzione da propormi?; *certains amis sont venus mais quelques autres sont restés chez eux*, certi amici sono venuti ma altri sono rimasti a casa | ***quelque part***, da qualche parte | ***quelque peu***, un po', un pochino | ***quelque... que***, (*seguito da agg. o avv.*) per quanto: *quelque poli qu'il soit*, per quanto sia educato; *quelque méchantes qu'elles soient*, per quanto (siano) cattive; *quelque rapidement qu'il marchât*, per quanto velocemente camminasse | ***quelque(s)... que***, ***quelque(s)... qui***, (*seguiti da n.*) qualunque: *quelque promesse qu'on t'ait faite*, qualunque promessa ti sia stata fatta; *quelques peines qui vous affligent*, quali che siano le pene che vi affliggono; *dans quelque circonstance que ce soit, que ce fût*, in qualunque circostanza | ***en quelque sorte***, in qualche modo | ***et quelque(s)***, e rotti: *il l'a payé deux cents euros et quelques*, l'ha pagato duecento euro e rotti | ***les quelques***, i pochi, le poche: *les quelques amis qui me sont restés*, i pochi amici che mi sono rimasti | ***pendant quelque temps***, per un po' di tempo.

quelque chose [kɛlkəʃoz] ***pron.indef.m.*** qualcosa: *quelque chose d'autre*, qualcos'altro; *raconte-moi quelque chose d'amusant*, raccontami qualcosa di divertente ♦ ***n.m.*** (*solo sing.*) (*fam.*) (un) qualcosa.

● ***être***, ***se croire quelque chose***, essere, credersi qualcuno | ***un petit quelque chose***, (*fam.*) una cosina | ***y être pour quelque chose***, entrarci in qualche modo, in parte: *il (y) est pour quelque chose dans cette histoire*, c'entra per qualche verso in quella storia.

quelquefois [kɛlkəfwa] ***avv.*** talvolta, qualche volta, talora.

● ***quelquefois..., d'autres fois...***, talvolta... talaltra... | ***quelquefois que***, (*fam.*) caso mai: *quelquefois qu'il voudrait venir*, caso mai volesse venire.

quelques-unes [kɛlkəzyn] ***pron.indef.f.pl.*** → **quelqu'un**.

quelques-uns [kɛlkəzœ̃] ***pron.indef.m.pl.*** → **quelqu'un**.

quelqu'un [kɛlkœ̃] ***pron.indef.*** [f. *quelqu'une*; pl.m. *quelques-uns*, f. *quelques-unes*] **1** (*sing.*) qualcuno: *est-ce que quelqu'un a téléphoné?*, ha telefonato qualcuno? **2** (*pl.*) alcuni: *quelques-uns des présents étaient d'accord*, alcuni fra i presenti erano d'accordo; *quelques-unes de ces dames*, alcune di queste signore.

● ***quelqu'un d'autre***, qualcun altro: *demandez-le à quelqu'un d'autre*, chiedetelo a qualcun altro | ***quelqu'un de très bien***, un tipo molto per bene, molto in gamba; un'ottima persona | ***se croire quelqu'un***, credersi chissà chi | (*Africa*) ***un grand quelqu'un***, una persona importante.

quémander [kemɑ̃de] ***v.tr.*** elemosinare, mendicare.

quémandeur [kemɑ̃dœʀ] ***agg.*** e ***n.m.*** [f. *-euse*] (*letter.*) postulante.

qu'en-dira-t-on [kɑ̃diʀatɔ̃] ***n.m.invar.*** chiacchiere (*f.pl.*): *je me moque du, des qu'en-dira-t-on*, me ne infischio di quel che dice la gente, delle chiacchiere.

quenelle [kənɛl] ***n.f.*** (*cuc.*) chenella (polpettina di pesce o di carne).

quenotte [kənɔt] ***n.f.*** (*fam.*) dentino (*m.*), dente (*m.*) di latte.

quenouille [kənuj] ***n.f.*** **1** rocca, conocchia **2** (*bot.*) stocco (*m.*).
● ***tomber en quenouille***, (*ant.*) (*di regno ecc.*) toccare in eredità a una donna; (*fig.*) fallire.

querelle [kəʀɛl] ***n.f.*** lite, litigio (*m.*); disputa, contesa.
● ***querelle d'Allemand***, lite senza motivo | ***chercher querelle à qqn***, aver voglia di litigare con qlcu | ***épouser, embrasser la querelle de qqn***, (*letter.*) prendere le parti di qlcu (in una lite).
■ SIN. dispute.

FAUX AMI
Da non confondere con *querela*, che si traduce *plainte*.

NOTA ***Querelle des Anciens et des Modernes*** fu soprannominata la disputa che, tra la fine del XVII sec. e gli inizi del seguente, sorse fra chi sosteneva la superiorità degli scrittori classici, antichi, sui moderni e chi invece sosteneva la tesi opposta.

quereller [kəʀele] ***v.tr.*** (*letter.*) rimproverare ♦ **se quereller** ***v.pron.intr.*** litigare, bisticciare.

FAUX AMI
Da non confondere con l'italiano *querelare*, che si traduce *porter plainte*.

querelleur [kəʀɛlœʀ] ***agg.*** [f. *-euse*] litigioso ♦ ***n.m.*** attaccabrighe.

quérir [keʀiʀ] ***v.tr.dif.*** [usato solo all'inf. dopo *aller*, *envoyer*, *venir*, *faire*] (*letter.*) cercare: *aller quérir qqn*, andare a prendere qlcu.

questeur [kɛstœʀ] ***n.m.*** questore.

question [kɛstjɔ̃] ***n.f.*** **1** domanda: *poser une question*, fare una domanda; *se poser des questions*, porsi degli interrogativi; *il ne faut pas se poser de questions*, non è il caso di crearsi dei problemi **2** questione; problema (*m.*); argomento (*m.*): *c'est une question de temps*, è questione di tempo; *c'est là la question*, questo è il problema; *ce n'est pas la question*, non è questo il punto **3** (*dir.*) questione **4** (*antiq.*) questione, tortura.
● ***question de***, (*fam.*) tanto per, giusto per: *je sors, question de prendre un peu d'air*, esco, tanto per prendere un po' d'aria | (*dir.*): ***question de confiance***, mozione di fiducia; ***question de droit***, ***de fait***, questione di diritto, di fatto | ***question de vie ou de mort***, (*fig.*) questione di vita o di morte | ***en question***, in questione: *mettre en question*, mettere in dubbio; *remettre en question*, rimettere in discussione | ***il est question de***, si tratta di, si parla di: *de quoi est-il question?*, di che si tratta? | ***il n'en est pas question***, non se ne parla neanche | ***il n'est pas question que***, è escluso che | ***pas question***, (*fam.*) nenche per sogno, non se ne parla proprio: *"Je peux partir?" "Pas question"*, "Posso andare?" "Neanche per sogno".

questionnaire [kɛstjɔnɛʀ] ***n.m.*** questionario.
● ***questionnaire à choix multiple***, questionario a scelta multipla, domande a quiz.

questionner [kɛstjɔne] ***v.tr.*** interrogare.
■ SIN. interroger.

FAUX AMI
Da non confondere con *questionare*, che si traduce *disputer*.

questionneur [kɛstjɔnœʀ] ***agg.*** [f. *-euse*] (*letter.*) indagatore, inquisitore ♦ ***n.m.*** (*letter.*) chi fa molte domande.

questure [kɛstyʀ] ***n.f.*** questura.

quête [kɛt] ***n.f.*** **1** (*letter.*) ricerca **2** questua.
● ***en quête de***, in cerca di, alla ricerca di.

quêter [kete] ***v.tr.*** questuare; cercare, elemosinare (*anche fig.*) ♦ ***v.intr.*** questuare.

quêteur [kɛtœʀ] ***agg.*** e ***n.m.*** [f. *-euse*] questuante.

quetsche [kwɛtʃ] ***n.f.*** **1** (susina) damaschina **2** acquavite di susine.

quette [kɛt] ***n.f.*** (*Svizzera*) piccola treccia di capelli.

queue [kø] ***n.f.*** **1** coda (*anche estens.*): *monter en queue du train*, salire nelle carrozze di coda; *la queue de la crise*, gli strascichi della crisi **2** fila, coda: *se mettre en queue*, mettersi in coda **3** (*bot.*) (*di frutto o foglia*) picciolo (*m.*); (*di fiore*) gambo (*m.*) **4** (*acconciatura*) coda, (*di parrucca*) codino (*m.*) **5** (*di padella ecc.*) manico (*m.*) **6** (*di lettera dell'alfabeto e nota musicale*) coda, gambo (*m.*) **7** (*biliardo*) stecca **8** (*di strumento musicale*) cordiera.
● ***à la queue leu leu***, in fila indiana | ***couleur queue de vache***, colore can che scappa | (*biliardo*) ***faire fausse queue***, fare una stecca | (*aut.*) ***faire une queue de poisson***, sorpassare tagliando la strada | ***finir en queue de poisson***, (*fig.*) finire in niente | ***la queue entre les jambes***, (*fig.*) con la coda tra le gambe | ***ne pas en avoir la queue d'un***, (*fam.*) non avere il becco di un quattrino | ***sans queue ni tête***, (*fig.*) che non ha più capo né coda: *n'avoir ni queue ni tête*, non avere né capo né coda | ***se mordre la queue***, (*fig.*) mordersi la coda.

queue-d'aronde [kødaʀɔ̃d] ***n.f.*** [pl. *queues-d'aronde*] (*tecn.*) coda di rondine.

queue-de-cheval [kødʃəval] ***n.f.*** [pl. *queues-de-cheval*] **1** (*bot. pop.*) coda cavallina, di cavallo **2** (*anat.*) cauda equina **3** (*acconciatura*) coda di cavallo.

queue-de-morue [kødmɔʀy] ***n.f.*** [pl. *queues-de-morue*] **1** pennellessa (dei verniciatori) **2** (*fam.*) frac (*m.*), abito (*m.*) a coda di rondine.

queue-de-pie [kødpi] ***n.f.*** [pl. *queues-de-pie*] (*fam.*) frac (*m.*), abito (*m.*) a coda di rondine.

queue-de-rat [kødʀa] ***n.f.*** [pl. *queues-de-rat*] (*tecn.*) (*lima*) coda di topo (*m.*).

queuqueiller [køkeje] ***v.intr.*** (*Svizzera*) tartagliare, balbettare.

queuter [køte] ***v.intr.*** **1** (*al biliardo*) battere con un colpo di stecca due palle **2** (*fam.*) fare cilecca: *queuter aux examens*, essere cannato agli esami.

queux[1] [kø] ***n.m.*** (*letter.*) cuoco.
● ***maître queux***, (capo) cuoco.

queux[2] ***n.f.*** cote, pietra da affilare.

qui [ki] ***pron.rel.*** **1** (*riferito a persona*) (*sogg.*) che; il quale, la quale; i quali, le quali; (*compl. indiretto, retto da prep.*) cui; il quale, la quale; i quali, le quali: *la dame qui se promène*, la signora che passeggia; *le frère de Michel, qui était à l'école avec moi*, il fratello di Michele, il quale era a scuola con me; *celui qui était parti le dernier*, quello che era partito per ultimo; *le voilà qui vient*, eccolo che viene; *c'est moi qui l'ai fait*, l'ho fatto io, sono stato io a farlo; *c'est vous qui l'avez fait*, l'avete fatto voi, siete stati voi a farlo; *il cherche quelqu'un avec qui jouer*, cerca qualcuno con cui giocare; *les gens sur qui tu comptais*, le persone sulle quali, su cui contavi; *le médecin sur l'aide de qui je comptais*, il medico sul cui aiuto contavo **2** (*riferito a cosa*) (*sogg.*) che: *c'est le téléphone qui sonne*, è il telefono che suona; *je ferai ce qui me plaira*, farò quel che mi pare; *je rêve d'une maison qui*

Q

aurait un beau jardin, sogno una casa con un bel giardino **3** (*senza antecedente, sogg.*) (*riferito a persona*) chi; (*riferito a cosa*) ciò che: *le fasse qui voudra*, lo faccia chi vuole; *voilà qui est bien*, ecco ciò che è bene, quel che ci vuole; *c'était à qui serait le plus brillant*, facevano (a gara) a chi era il più brillante ♦ ***pron.interr.*** (*riferito a persona*) (*sogg.* e *compl.*) chi: *qui a sonné?*, chi ha suonato?; *qui as-tu rencontré?*, chi hai incontrato?; *qui est-ce?*, chi è?; *dis-moi qui te l'a raconté*, dimmi chi te l'ha raccontato; *de qui parliez-vous?*, di chi parlavate?; *à qui est ce livre?*, di chi è questo libro?; *mais qui donc êtes -vous?*, ma insomma lei chi è?; *j'aimerais savoir qui il est et d'où il vient*, mi piacerebbe sapere chi è e da dove viene; *qui des deux*, *qui de vous?*, chi dei due, chi di voi?; *qui d'entre eux?*, chi di loro?; *qui ne cherche le bonheur?*, chi non cerca la felicità? ♦ ***pron.escl.*** chi: *regarde un peu qui arrive!*, (guarda) chi si vede!; *qui l'aurait dit!*, chi l'avrebbe detto!; *à qui le dis-tu!*, a chi lo dici!

● ***qui d'autre***, chi altro | ***qui mieux est***, ***qui pis est***, e quel che è meglio; e quel che è peggio | ***qui... qui...***, (*letter.*) (*distributivo*) chi... chi: *ils buvaient qui du thé qui du lait*, bevevano chi tè chi latte | ***qui t'amène ici?***, (*letter.*) qual buon vento ti porta?

□ **qu'est-ce qui** ***pron.interr.*** → **que.**

□ **qui est-ce que** ***pron.interr.*** (*compl.ogg.*) (*riferito a persona*) chi: *qui est-ce que tu as rencontré?*, chi hai incontrato?; *dis-moi à qui est-ce qu'il faut s'adresser*, (*fam.*) dimmi a chi bisogna rivolgersi.

□ **qui est-ce qui** ***pron.interr.*** (*sogg.*) (*riferito a persona*) chi: *qui est-ce qui t'a téléphoné?*, chi ti ha telefonato?; *je me demande qui est-ce qui a dit cela*, (*fam.*) mi chiedo chi abbia detto questo.

□ **qui que** ***pron.indef.*** (*seguito dal v.* être *al cong.*) chiunque: *qui que tu sois*, chiunque tu sia; *qui que vous soyez*, chiunque voi siate.

● ***qui que ce fût***, (*retto da v. al pass. o al cond.*) chiunque, chicchessia: *voilà une confidence que je n'aurais pas faite à qui que ce fût*, è una confidenza che non avrei fatto a chiunque | ***qui que ce soit***, (*retto da v. al pres. o al fut.*) chiunque, chicchessia: *tu peux le demander à qui que ce soit*, puoi chiederlo a chiunque.

> **FAUX AMI**
> Da non confondere con l'avverbio italiano *qui*, che si traduce *ici*.

Q

quicageon [kikaʒɔ̃] ***n.m.*** (*Svizzera*) capanno aperto in un giardino.

quiche [kiʃ] ***n.f.*** (*cuc.*) quiche (crostata salata con pancetta, uova sbattute e panna, tipica della Lorena),.

quiconque [kikɔ̃k] ***pron.rel.indef.*** e ***indef.*** chiunque: *quiconque viendra sera le bienvenu*, chiunque verrà sarà il benvenuto; *j'écouterai quiconque voudra me parler*, ascolterò chiunque voglia parlarmi; *il a promis de me protéger contre quiconque m'attaquerait*, ha promesso di proteggermi contro chiunque mi attaccasse.

quidam [kɥidam] ***n.m.*** (*fam.*) tale, tizio.

quiet [kje] ***agg.*** [f. *-ète*] (*letter.*) quieto, calmo.

quiétisme [kijetism] ***n.m.*** (*relig.*) quietismo.

quiétude [kijetyd] ***n.f.*** (*letter.*) quiete.

● ***en toute quiétude***, in tutta tranquillità.

quignon [kiɲɔ̃] ***n.m.*** (*fam.*) tozzo, pezzo di pane.

quille[1] [kij] ***n.f.*** **1** birillo (*m.*) **2** (*fam.*) gamba **3** bottiglia alta e sottile.

quille[2] ***n.f.*** (*mar.*) chiglia.

quille[3] ***n.f.*** (*argot*) fine del servizio militare.

quiller [kije] ***v.tr.*** (*fam.*) lanciare, buttare.

quimpérois [kɛ̃peʀwa] ***agg.*** di Quimper.

quincaillerie [kɛ̃kɑjʀi] ***n.f.*** **1** ferramenta (*pl.*); utensileria **2** negozio (*m.*) di ferramenta **3** (*fam.*) chincaglieria; bigiotteria (di cattivo gusto).

quincaillier [kɛ̃kɑje] ***n.m.*** [f. *-ère*] negoziante di ferramenta.

quinconce [kɛ̃kɔ̃s] ***n.m.*** (*agr.*) quinconce (*f.*): *en quinconce*, a quinconce.

quinine [kinin] ***n.f.*** (*chim.*) chinino (*m.*).

quinquagénaire [kɥɛ̃kwaʒenɛʀ] ***agg.*** e ***n.m.*** e ***f.*** cinquantenne; (*letter.*) quinquagenario/a.

quinquennal [kɛ̃kenal] ***agg.*** [pl. *-aux*] quinquennale.

quinquennat [kɛ̃kena] ***n.m.*** quinquennio.

quinquet [kɛ̃kɛ] ***n.m.*** **1** lampada (*f.*) di Quinquet **2** (*fam.*) occhio.

quinquina [kɛ̃kina] ***n.m.*** **1** (*bot.*) china (*f.*) **2** (*aperitivo*) vino chinato.

quint [kɛ̃] ***agg.*** quinto | (*st.*) *Charles Quint*, Carlo v.

quintaine [kɛ̃tɛn] ***n.f.*** quintana; giostra del Saracino.

quintal [kɛ̃tal] ***n.m.*** [pl. *-aux*] quintale.

quinte[1] [kɛ̃t] ***n.f.*** **1** (*mus.*) quinta **2** (*scherma*) quinta **3** (*poker*) scala.

quinte[2] ***n.f.*** (*med.*) accesso (*m.*) di tosse.

quintessence [kɛ̃tesɑ̃s] ***n.f.*** quintessenza.

quintette [kɥɛ̃tɛt] ***n.m.*** (*mus.*) quintetto.

● ***quintette à cordes***, ***à vent***, quintetto d'archi, di fiati | ***quintette vocal***, quintetto vocale.

quinteux [kɛ̃tø] ***agg.*** [f. *-euse*] **1** (*med.*) convulso, spasmodico | *toux quinteuse*, tosse convulsa, spasmodica **2** (*fig.*) bizzoso, balzano, stravagante: *un caractère quinteux*, un carattere bisbetico **3** (*di cavallo*) ombroso, restio.

quintuple [kɛ̃typl] ***agg.*** **1** quintuplo **2** quintuplice ♦ ***n.m.*** quintuplo.

quintupler [kɛ̃typle] ***v.tr.*** quintuplicare ♦ ***v.intr.*** quintuplicarsi: *son bien a quintuplé*, il suo patrimonio si è quintuplicato.

quintuplés [kɛtyple] ***n.m.pl.*** cinque gemelli.

quinzaine [kɛ̃zɛn] ***n.f.*** **1** quindicina | *quinzaine (de jours)*, quindicina di giorni **2** (*paga di 15 giorni*) quindicina.

● ***quinzaine du blanc***, fiera del bianco.

quinze [kɛ̃z] ***agg.num.card.*** e ***n.m.invar.*** quindici ♦ ***agg.num.ord.invar.*** quindicesimo; decimoquinto: *page quinze*, pagina quindici.

● ***quinze cents***, millecinquecento | (*sport*) ***le quinze de France***, la squadra di rugby francese (composta da 15 giocatori).

quinzième [kɛ̃zjɛm] ***agg.num.ord.*** e ***n.m.*** e ***f.*** quindicesimo/a.

● ***le quinzième siècle***, il quindicesimo secolo, il Quattrocento.

quinzièmement [kɛ̃zjɛmmɑ̃] ***avv.*** in quindicesimo luogo.

quiproquo [kipʀɔko] ***n.m.*** qui pro quo, equivoco.

quiqui [kiki] ***n.m.*** (*fam.*) pomo d'Adamo; (*estens.*) collo | *serrer le quiqui à qqn*, strozzare qlcu.

quittance [kitɑ̃s] ***n.f.*** (*comm.*) quietanza; bolletta; ricevuta: *donner quittance*, rilasciare (una) ricevuta; *quittance d'électricité*, bolletta della luce.

● ***quittance de loyer***, ricevuta d'affitto | ***quittance en double***, ricevuta in duplice copia | ***quittance finale***, ***pour solde***, quietanza a saldo | ***timbre de quittance***, bollo per quietanza.

quitte [kit] *agg.* libero (da debiti, tasse ecc.).
● ***quitte à***, a costo di, a rischio di | ***quitte de***, esente, libero da: *il est quitte de toutes dettes*, non ha più debiti; *propriété quitte de tous droits et taxes*, proprietà esente da diritti e tasse | ***quitte envers***, libero nei confronti di: *je suis quitte envers toi*, non sono più in debito con te; *quitte envers sa conscience*, a posto con la propria coscienza | ***quitte ou double***, lascia o raddoppia | ***en être quitte pour qqch***, cavarsela con qlco: *ils en ont été quittes pour la peur*, se la sono cavata solo con una gran paura | ***nous sommes quittes***, (*anche fig.*) siamo pari.

quitter [kite] *v.tr.* 1 lasciare; abbandonare: *quitter la table*, alzarsi da tavola; *quitter son emploi*, licenziarsi 2 (*di indumenti*) togliere, levare: *il ne quitte jamais son pardessus*, non si toglie mai il soprabito (di dosso) 3 (*antiq.*) esentare, dispensare ♦ *v.intr.* (*Africa*) andarsene ♦ **se quitter** *v.pron.rec.* lasciarsi: *il se sont quittés bons amis*, si sono lasciati da buoni amici.
● ***ne pas quitter des yeux***, (*fig.*) non togliere gli occhi di dosso: *il ne la quittait pas des yeux*, non le toglieva gli occhi di dosso | ***ne pas quitter d'une semelle***, (*fig.*) stare alle costole | ***ne quittez pas, s'il vous plaît***, (*al telefono*) resti in linea, per favore.
■ *V.TR* SIN. 1 abandonner 2 ôter ♦ *V.PRON.* SIN. se séparer.

quitus [kitys] *n.m.* (*comm.*) scarico.

qui-vive [kiviv] *inter.* (*mil.*) chi va là? ♦ *n.m.invar.* (*fig.*) allarme, apprensione (*f.*).
● ***être, se tenir sur le qui-vive***, stare sul chi vive, stare all'erta.

quoi [kwa] *pron.interr.* che cosa; (*fam.*) che: *en quoi puis-je vous aider?*, in che cosa posso aiutarvi?; *ils ne savent pas quoi faire*, non sanno che (cosa) fare; *je ne sais par quoi commencer*, non so da che cosa incominciare; *à quoi sert-il de demander un conseil?*, a che serve chiedere un consiglio?; *quoi de plus beau qu'un jour de congé?*, che cosa c'è di più bello di un giorno di vacanza?; *mais il a fini par te dire quoi?*, (*fam.*) ma alla fin fine che cosa ti ha detto? | *j'ai acheté un pull, un polo quoi*, (*fam.*) ho comperato un golf, insomma una polo ♦ *pron.rel.* che cosa; (*con un antecedente*) cui: *voici en quoi tu te trompes*, ecco in che cosa ti sbagli; *ce à quoi je travaille*, ciò a cui sto lavorando; *ce sont des choses à quoi il faut penser*, sono cose a cui bisogna pensare; *il n'y a rien sur quoi on ait tant discuté*, non c'è niente su cui si sia tanto discusso; *il l'a giflée, ce à quoi personne ne s'attendait*, l'ha presa a schiaffi, cosa che nessuno si aspettava ♦ *inter.* cosa: *"Il est parti" "Quoi! Mais ce n'est pas possible!"*, "È partito" "Cosa! Ma non è possibile!".
● ***quoi d'autre?***, cos'altro? | ***à quoi bon?***, a che pro?: *à quoi bon y penser?*, a che serve pensarci? | ***après quoi***, dopo di che | ***comme quoi***, (*fam.*) il che prova, dimostra che | ***de quoi***, di che: *il faut bien qu'il gagne de quoi vivre*, bisogna pure che si guadagni di che vivere; *il y a de quoi se fâcher*, c'è di che arrabbiarsi; *il n'y a rien de quoi on soit moins sûr*, non c'è niente di cui si sia meno sicuri; *il n'y a pas de quoi pleurer*, non c'è motivo di piangere; *donnez-moi de quoi écrire*, datemi l'occorrente per scrivere; *avoir de quoi*, (*fam.*) avere soldi; *"Tu vas me suivre!" "De quoi?"*, (*fam.*) "Devi seguirmi" "Sì, figurati!" | ***enfin quoi!***, insomma!: *enfin quoi, c'est la vie!*, insomma! così è la vita! | ***et puis quoi, encore?***, (*fam.*) e poi, cos'altro vuoi? | ***faute de quoi***, ***sans quoi***, senza di che, altrimenti | ***il n'y a pas de quoi***, non c'è di che, prego: *"Merci" "Il n'y a pas de quoi"*, "Grazie" "Non c'è di che" | ***ou quoi?***, (*fam.*) o no?: *alors, tu réponds ou quoi?*, allora rispondi o cosa, o no? | ***sur quoi***, a quel punto | ***un je ne sais quoi***, un certo non so che.
□ **quoi que** *pron.indef.* qualunque cosa: *quoi qu'il advienne*, qualunque cosa avvenga; *quoi que tu fasses*, qualunque cosa tu faccia.
● ***quoi que ce fût***, (*retto da v. al pass. o al cond.*) qualunque cosa: *il était à notre disposition pour quoi que ce fût*, era a nostra disposizione per qualunque cosa | ***quoi que ce soit***, (*retto da v. al pres. o al fut.*) qualunque cosa: *je suis à votre disposition pour quoi que ce soit*, sono a vostra disposizione per qualsiasi cosa | ***quoi qu'il en soit***, in ogni caso, in ogni modo, comunque sia.

Quoi de neuf [kwadnœf] *n.m.* (*Internet*) novità (*f.*).

quoique [kwakə] *cong.* [si apostrofa davanti a *il*, *elle*, *on*, *un*, *une*] 1 (*avversativo o concessivo*) sebbene, quantunque: *quoique* (o *quoiqu'il soit*) *enrhumé, il a voulu sortir*, sebbene (fosse) raffreddato, ha voluto uscire; *je me trouvais, quoique involontairement, dans une situation difficile*, mi trovavo, quantunque involontariamente, in una situazione difficile 2 (*per introdurre un'obiezione fatta a posteriori*) sebbene, anche se: *je vais le mettre près de sa femme, quoiqu'il n'aimera pas cela!*, lo metterò vicino alla moglie, anche se forse non gli piacerà.
● ***quoique ça***, (*fam.*) eppure.

quolibet [kɔlibɛ] *n.m.* lazzo; sarcasmo.

quorum [kwɔʀɔm] *n.m.* (*dir.*) quorum.

quota [kwɔta] *n.m.* (*comm.*) percentuale (*f.*), quota (*f.*).
● ***quota de production***, contingente di produzione | ***système des quotas***, sistema del contingentamento.

quote-part [kɔtpaʀ] *n.f.* [pl. *quotes-parts*] 1 (*comm.*) quota, aliquota 2 (*fig.*) parte.

quotidien [kɔtidjɛ̃] *agg.* [f. *-enne*] quotidiano ♦ *n.m.* 1 (*giornale*) quotidiano 2 quotidianità (*f.*).

quotidienneté [kɔtidjɛnte] *n.f.* quotidianità.

quotient [kɔsjɑ̃] *n.m.* 1 (*mat.*) quoziente, quoto 2 quoziente.
● ***quotient électoral***, quoziente elettorale | ***quotient familial***, conteggio degli oneri familiari (per accertamenti fiscali) | (*psic.*) ***quotient intellectuel*** (*QI*), quoziente d'intelligenza, intellettivo (QI).

Q

Rr

r [ɛʀ] ***n.m.invar.*** r (*f.* o *m.*).
● (*tel.*) ***r comme Raoul***, r come Roma | ***rouler les r***, arrotare le r.

rab [ʀab] ***n.m.*** abbr. di **rabiot**.

rabâchage [ʀabɑʃaʒ] ***n.m.*** (*fam.*) continua ripetizione (*f.*).

rabâcher [ʀabɑʃe] ***v.tr.*** (*fam.*) ripetere continuamente ♦ ***v.intr.*** (*fam.*) ripetersi continuamente.
■ V.INTR. SIN. radoter.

rabâcheur [ʀabɑʃœʀ] ***agg.*** e ***n.m.*** [f. *-euse*] (*fam.*) che, chi si ripete continuamente.

rabais [ʀabɛ] ***n.m.*** (*comm.*) ribasso, sconto: *importants rabais sur tous les prix marqués*, forti ribassi su tutti i prezzi esposti.
● ***au rabais***, a prezzo ridotto.
■ SIN. réduction.

rabaisser [ʀabese] ***v.tr.*** **1** abbassare (*anche fig.*): *rabaisser l'orgueil de qqn*, (*fig.*) rintuzzare l'orgoglio di qlcu **2** (*fig.*) sminuire, svalutare ♦ **se rabaisser** ***v.pron.intr.*** sminuirsi.

rabane [ʀaban] ***n.f.*** tessuto (*m.*) di rafia.

rabat [ʀaba] ***n.m.*** **1** battente, patta (*f.*): *poche à rabat*, tasca con patta **2** (*abbigl.*) (*di magistrati e preti*) facciola (*f.*) **3** (*caccia*) battuta (*f.*) **4** (*tip.*) pagina (*f.*) di copertina.

rabat-joie [ʀabaʒwa] ***agg.*** e ***n.m.*** e ***f.invar.*** (*fam.*) guastafeste.

rabattage [ʀabataʒ] ***n.m.*** (*caccia*) battuta (*f.*).

rabatteur [ʀabatœʀ] ***n.m.*** [f. *-euse*] **1** (*caccia*) battitore **2** (*fig.*) procacciatore di clienti.

rabattre [ʀabatʀ] ***v.tr.*** [coniug. come *battre*] **1** abbassare (*anche fig.*): *rabattre l'orgueil de qqn*, rintuzzare l'orgoglio di qlcu **2** diminuire, ridurre (*anche fig.*): *il ne m'a pas rabattu un sou*, non mi ha fatto il minimo sconto; *j'ai rabattu ses prétentions*, l'ho indotto a più miti pretese **3** ribattere, spianare: *rabattre une couture*, ribattere una cucitura **4** (*agr.*) potare **5** (*caccia*) ribattere; (*fig.*) andare a caccia (**di**): *ribattere le gibier*, incalzare la selvaggina ♦ ***v.intr.*** voltare, cambiare direzione ♦ **se rabattre** ***v.pron.intr.*** **1** abbassarsi: *un grand col de dentelle se rabattait sur ses épaules*, un gran collo di pizzo gli ricadeva sulle spalle; *les sièges avant se rabattent*, i sedili anteriori sono ribaltabili **2** ripiegare (*anche fig.*).
● (*maglieria*) ***rabattre les mailles***, intrecciare le maglie | (*tennis ecc.*) ***rabattre une balle***, schiacciare la palla | ***en rabattre***, (*fig.*) ridimensionarsi: *il croyait être le meilleur mais il a dû en rabattre*, pensava di essere il più forte ma ha dovuto ridimensionarsi.

rabattu [ʀabaty] *p.p.* di **rabattre**.

rabbin [ʀabɛ̃] ***n.m.*** rabbino.

rabelaisien [ʀablɛzjɛ̃] ***agg.*** [f. *-enne*] rabelesiano.

> NOTA Deriva dal nome dello scrittore francese François Rabelais (1494-1553), autore della vasta opera narrativa nota con il titolo di *Gargantua et Pantagruel*.

rabibocher [ʀabibɔʃe] ***v.tr.*** (*fam.*) rappacificare ♦ **se rabibocher** ***v.pron.rec.*** (*fig.*) fare la pace, riconciliarsi.
■ V.PRON.REC SIN. se racommoder.

rabiot [ʀabjo] ***n.m.*** (*fam.*) **1** avanzo, rimasuglio **2** lavoro extra: *faire du rabiot*, fare delle ore in più.

rabioter [ʀabjɔte] ***v.tr.*** (*fam.*) rimediare, grattare.

râble [ʀɑbl] ***n.m.*** **1** (*di lepre e coniglio*) lombo **2** (*fam.*) fondoschiena.

râblé [ʀɑble] ***agg.*** (*fam.*) tarchiato, tracagnotto.
■ SIN. trapu.

rabot [ʀabo] ***n.m.*** pialla (*f.*): *un coup de rabot*, una piallata.

rabotage [ʀabɔtaʒ] ***n.m.*** piallatura (*f.*).

raboter [ʀabɔte] ***v.tr.*** **1** piallare **2** (*fig.*) smussare, limare.

raboteur [ʀabɔtœʀ] ***n.m.*** piallatore.

raboteuse [ʀabɔtøz] ***n.f.*** (*macchina*) piallatrice.

raboteux [ʀabɔtø] ***agg.*** [f. *-euse*] accidentato, ineguale.

rabougri [ʀabugʀi] ***agg.*** rinsecchito, rattrappito (*anche fig.*): *un arbre rabougri*, un albero rinsecchito; *un vieillard rabougri*, un vecchio rattrappito.
■ SIN. ratatiné CONTR. florissant.

rabougrir, se [səʀabugʀiʀ] ***v.pron.intr.*** rinsecchirsi, rattrappirsi (*anche fig.*).

rabouler, se [səʀabule] ***v.pron.*** (*fam.*) arrivare, venire.

rabrouer [ʀabʀue] ***v.tr.*** strapazzare, redarguire.

racaille [ʀakɑj] ***n.f.*** plebaglia, gentaglia.

raccommodable [ʀakɔmɔdabl] ***agg.*** rammendabile.

raccommodage [ʀakɔmɔdaʒ] ***n.m.*** rammendo.

raccommodement [ʀakɔmɔdmɑ̃] ***n.m.*** (*fam.*) riconciliazione (*f.*).

raccommoder [ʀakɔmɔde] ***v.tr.*** **1** rammendare **2** (*fam.*) riconciliare ♦ **se raccommoder** ***v.pron.intr.*** (*fam.*) riconciliarsi, rappacificarsi.
■ V.TR. SIN. **1** ravauder, recoudre.

raccommodeur [ʀakɔmɔdœʀ] ***n.m.*** [f. *-euse*] rammendatore.
● ***raccommodeur de porcelaines***, vasaio che aggiusta porcellane.

raccompagner [ʀakɔ̃paɲe] ***v.tr.*** riaccompagnare.

raccord [ʀakɔʀ] ***n.m.*** **1** raccordo **2** (*pitt.*) ritocco.

raccordabilité [ʀakɔʀdabilite] ***n.f.*** (*tel.*) copertura, allacciamento (*m.*): *testez la raccordabilité de la ligne ADSL*, verificate la copertura della linea ADSL.

raccordement [ʀakɔʀdəmɑ̃] ***n.m.*** collegamento, raccordo.
● (*ferr.*) ***voie de raccordement***, binario di raccordo.

raccorder [ʀakɔʀde] ***v.tr.*** raccordare, collegare (*anche fig*) ♦ **se raccorder** ***v.pron.intr.*** raccordarsi, collegarsi (*anche fig.*).

raccourci [RakuRsi] *agg.* accorciato ♦ *n.m.* 1 scorciatoia (*f.*) 2 (*pitt.*) scorcio.
● ***à bras raccourcis***, con tutta la forza | ***en raccourci***, di scorcio: *vu en raccourci*, visto di scorcio.

raccourcir [RakuRsiR] *v.tr.* accorciare ♦ *v.intr.* accorciarsi: *cette robe a raccourci au lavage*, questo vestito si è accorciato con il lavaggio.
■ V.TR. SIN. abréger CONTR. rallonger.

raccourcissement [RakuRsismɑ̃] *n.m.* accorciamento.

raccroc [RakRo] *n.m.* (*antiq.*) (*al gioco*) colpo fortunato.
● ***par raccroc***, per una fortunata combinazione.

raccrochage [RakRɔʃaʒ] *n.m.* aggancio (*anche fig.*).

raccrocher [RakRɔʃe] *v.tr.* 1 riattaccare, riappendere: *raccrocher un tableau*, riappendere un quadro; *raccrocher le téléphone*, riattaccare il telefono 2 agganciare, accostare 3 (*fig.*) riprendere, riacchiappare ♦ *v.intr.* 1 (*telefono*) riagganciare 2 (*fam.*) (*attività*) abbandonare, lasciare ♦ **se raccrocher** *v.pron.intr.* aggrapparsi (*anche fig.*).

raccrocheur [RakRɔʃœR] *agg.* [f. *-euse*] accattivante, che fa colpo.

raccusette [Rakyzɛt] *n.f.* (*Belgio*) pettegolo (*m.*).

race [Ras] *n.f.* 1 razza 2 razza, stirpe: *race de héros*, stirpe di eroi.
● ***avoir de la race***, (*estens.*) aver classe | ***vilaine race***, mala genia.

racé [Rase] *agg.* 1 di razza 2 (*estens.*) di classe.

rachat [Raʃa] *n.m.* 1 riscatto (*anche fig.*) 2 riacquisto: *rachat d'une voiture*, rilevamento di un'automobile.
● (*comm.*) ***rachat d'entreprise***, rilevamento di una società.

rachetable [Raʃtabl] *agg.* riscattabile, redimibile.

racheter [Raʃte] *v.tr.* [coniug. come *semer*] 1 riacquistare, ricomprare 2 riscattare: *racheter des prisonniers*, riscattare dei prigionieri 3 (*fig.*) espiare, redimere, riscattare: *racheter ses péchés*, espiare i propri peccati 4 compensare: *ses qualités rachètent ses défauts*, le qualità compensano i suoi difetti 5 (*arch.*) collegare, raccordare ♦ **se racheter** *v.pron.* riscattarsi, redimersi.
● ***racheter à un examen***, (*studente*) promuovere agli esami (elevandone il punteggio per raggiungere la media).

rachis [Raʃis] *n.m.* (*scient.*) rachide (*f.*).

rachitique [Raʃitik] *agg.* e *n.m.* e *f.* rachitico/a.

rachitisme [Raʃitism] *n.m.* (*med.*) rachitismo.

racho [raʃo] *agg.* (*fam.*) avaro.

racial [Rasjal] *agg.* [pl. *-aux*] razziale.

racine [Rasin] *n.f.* radice (*anche fig.*).
● ***prendre racine***, metter (le) radici (*anche fig.*).

racinien [Rasinjɛ̃] *agg.* [f. *-enne*] (*lett.*) raciniano, di Racine.

NOTA Deriva dal nome del poeta tragico francese Jean Racine (1639-99).

racisme [Rasism] *n.m.* razzismo.

raciste [Rasist] *agg.* e *n.m.* e *f.* razzista.

racket [Rakɛt] *n.m.* racket.

racketter [Rakete] *v.tr.* sottopporre a un racket.

racketteur [Rakɛtœr] *n.m.* [f. *-euse*] ricattatore (di un racket).

raclage [Rɑklaʒ] *n.m.* 1 raschiatura (*f.*) 2 (*med.*) raschiamento.

raclée [Rɑkle] *n.f.* (*fam.*) 1 sacco (*m.*) di botte 2 batosta, sconfitta.

raclement [Rɑkləmɑ̃] *n.m.* 1 raschiatura (*f.*) 2 (*rumore*) raschio.

racler [Rɑkle] *v.tr.* 1 raschiare, grattare 2 raspare: *ce vin racle la gorge*, questo vino raspa la gola 3 (*strumento musicale*) strimpellare: *racler du violon*, strimpellare il violino ♦ **se racler** *v.pron. indiretto* raschiarsi: *se racler la gorge*, raschiarsi, rischiararsi la gola.
● ***racler les fonds de tiroirs***, (*fam.*) dare fondo ai risparmi.

raclette[1] [Rɑklɛt] *n.f.* → **racloir**.

raclette[2] *n.f.* (*cuc.*) piatto (*m.*) svizzero a base di formaggio locale fuso e patate.

racloir [RɑklwaR] *n.m.* raschietto.
■ SIN. raclette.

raclure [RɑklyR] *n.f.* (residui di) raschiatura.

racolage [Rakɔlaʒ] *n.m.* 1 reclutamento 2 (*di prostituta*) adescamento.

racoler [Rakɔle] *v.tr.* 1 attirare, procurarsi: *racoler des clients*, agganciare clienti; *racoler des électeurs*, procacciarsi degli elettori 2 (*di prostituta*) adescare.

racoleur [Rakɔlœr] *n.m.* [f. *-euse*] 1 propagandista 2 donnaiolo ♦ *agg.* adescatore, allettante: *publicité racoleuse*, pubblicità adescatrice; *sourire racoleur*, sorriso provocante.

racoleuse [Rakɔløz] *n.f.* adescatrice, seduttrice.

racontable [Rakɔ̃tabl] *agg.* raccontabile, riferibile.

racontar [Rakɔ̃taR] *n.m.* (*fam.*) pettegolezzo, chiacchiera (*f.*).

raconter [Rakɔ̃te] *v.tr.* raccontare; dire: *qu'est-ce que tu me racontes là?*, ma che mi dici?; *d'après ce qu'on raconte*, a quanto si dice ♦ **se raconter** *v.pron.* parlare di sé.
● ***se la raconter***, pavoneggiarsi, darsi delle arie.
■ V.TR. SIN. narrer.

raconteur [Rakɔ̃tœR] *n.m.* [f. *-euse*] narratore.

racoquillée [Rakɔkije] *n.f.* (*Svizzera*) grande quantità.

racorni [RakɔRni] *agg.* 1 indurito 2 (*di foglie*) accartocciato 3 (*fig.*) inaridito.
■ SIN. 3 desséché.

racornir [RakɔRniR] *v.tr.* indurire ♦ **se racornir** *v.pron. intr.* indurirsi.

racornissement [RakɔRnismɑ̃] *n.m.* indurimento.

radar [RadaR] *n.m.* radar.
● ***marcher, fonctionner au radar***, (*fam.*) agire come un automa.

radariste [RadaRist] *n.m.* e *f.* radarista.

rade[1] [Rad] *n.f.* rada.
● ***laisser en rade***, (*fam.*) piantare in asso | ***rester en rade***, (*fam.*) rimanere bloccato.

rade[2] *n.m.* (*fam.*) bistrot: *un rade louche*, una squallida osteria.

radeau [Rado] *n.m.* [pl. *-aux*] zattera (*f.*).

radial [Radjal] *agg.* [pl. *-aux*] radiale.

radiale [Radjal] *n.f.* (strada) radiale.

radian [Radjɑ̃] *n.m.* (*mat.*) radiante.

radiant [Radjɑ̃] *agg.* radiante, raggiante.

radiateur [RadjatœR] *n.m.* 1 radiatore, termosifone 2 (*di motore*) radiatore.
● ***radiateur à gaz***, stufa a gas | ***radiateur électrique***, stufa elettrica.

R

radiation[1] [ʀadjasjɔ̃] ***n.f.*** radiazione, cancellazione.
radiation[2] ***n.f.*** (*scient.*) radiazione.
radical [ʀadikal] ***agg.*** e ***n.m.*** [pl. *-aux*] radicale.
radicalement [ʀadikalmɑ̃] ***avv.*** radicalmente.
radicalisation [ʀadikalizasjɔ̃] ***n.f.*** radicalizzazione.
radicaliser [ʀadikalize] ***v.tr.*** radicalizzare ♦ **se radicaliser** ***v.pron.intr.*** radicalizzarsi.
radicalisme [ʀadikalism] ***n.m.*** radicalismo.
radical-socialiste [ʀadikalsɔsjalist] ***agg.*** e ***n.m.*** e ***f.*** [pl. *radicaux-socialistes*] radicalsocialista.
radicelle [ʀadisɛl] ***n.f.*** (*bot.*) radice secondaria.
radiculaire [ʀadikylɛʀ] ***agg.*** (*med., anat.*) radicolare | *syndrome radiculaire*, sindrome radicolare.
radicule [ʀadikyl] ***n.f.*** (*bot.*) radichetta, radice primaria.
radiculite [ʀadikylit] ***n.f.*** (*med.*) radicolite.
radier[1] [ʀadje] ***n.m.*** (*edil.*) platea (*f.*).
radier[2] ***v.tr.*** radiare, cancellare.
radiesthésie [ʀadjɛstezi] ***n.f.*** radioestesia.
radieusement [ʀadjøzmɑ̃] ***avv.*** radiosamente.
radieux [ʀadjø] ***agg.*** [f. *-euse*] radioso.
■ SIN. éclatant.
radin [ʀadɛ̃] ***agg.*** e ***n.m.*** (*fam.*) taccagno, spilorcio.
radiner, se [səʀadine] ***v.pron.intr.*** (*fam.*) arrivare, venire, darsi una mossa.
radinerie [ʀadinəʀi] ***n.f.*** (*fam.*) taccagneria.
radio [ʀadjo] ***n.f.*** **1** radio **2** abbr. di radiographie, radioscopie ♦ ***n.m.*** **1** radiotelegrafista; radiomarconista **2** abbr. di radiogramme.
● (*Africa*) ***radio trottoir***, voci di corridoio | ***émetteur radio***, radiotrasmettitore, radiotrasmittente | ***passer à la radio***, (*di attore ecc.*) passare alla radio; (*di programma*) andare in onda | (*med.*) ***passer une radio***, fare una radiografia, una lastra | ***réseau radio***, rete radiofonica.
radi(o)- ***pref.*** radi(o)-.
radioactif [ʀadjɔaktif] ***agg.*** [f. *-ive*] radioattivo.
radioactivité [ʀadjɔaktivite] ***n.f.*** radioattività.
radioamateur [ʀadjoamatœʀ] ***n.m.*** [f. *-trice* o *invar.*] radioamatore.
radiocassette [ʀadjokasɛt] ***n.f.*** radioregistratore (*m.*).
radiocommande [ʀadjɔkɔmɑ̃d] ***n.f.*** radiocomando (*m.*).
radiocommander [ʀadjɔkɔmɑ̃de] ***v.tr.*** radiocomandare.
radiocommunication [ʀadjɔkɔmynikasjɔ̃] ***n.f.*** radiocomunicazione.
radiocompas [ʀadjɔkɔ̃pa] ***n.m.*** radiobussola (*f.*).
radiodiagnostic [ʀadjɔdjagnɔstik] ***n.m.*** (*med.*) radiodiagnostica (*f.*).
radiodiffuser [ʀadjɔdifyze] ***v.tr.*** radiotrasmettere.
radiodiffusion [ʀadjɔdifyzjɔ̃] ***n.f.*** radiodiffusione.
radioélectricien [ʀadjɔelɛktʀisjɛ̃] ***n.m.*** radiotecnico.
radiogoniomètre [ʀadjɔgɔnjɔmɛtʀ] ***n.m.*** radiogoniometro.
radiogramme [ʀadjɔgʀam] ***n.m.*** radiogramma.
radiographie [ʀadjɔgʀafi] ***n.f.*** radiografia.
radiographier [ʀadjɔgʀafje] ***v.tr.*** radiografare.
radioguidage [ʀadjɔgidaʒ] ***n.m.*** **1** radiocomando, radioguida (*f.*) **2** bollettino radiofonico sul traffico stradale.
radioguidé [ʀadjɔgide] ***agg.*** radiocomandato, radioguidato.
radioguider [ʀadjɔgide] ***v.tr.*** radiocomandare, radioguidare.
radioisotope [ʀadjɔizɔtɔp] ***n.m.*** radioisotopo, isotopo radioattivo.
radiologie [ʀadjɔlɔʒi] ***n.f.*** radiologia.
radiologique [ʀadjɔlɔʒik] ***agg.*** radiologico.
radiologiste [ʀadjɔlɔʒist] **radiologue** [ʀadjɔlɔg] ***n.m.*** e ***f.*** radiologo/a.
radiomessage [ʀadjɔmesaʒ] ***n.m.*** radiomessaggio.
radiomessagerie [ʀadjomesaʒʀi] ***n.f.*** radiomessaggeria, radio paging, paging.
radiomètre [ʀadjɔmɛtʀ] ***n.m.*** radiometro.
radioopaque [ʀadjɔɔpak] ***agg.*** (*med.*) radiopaco.
radiophare [ʀadjɔfaʀ] ***n.m.*** radiofaro.
radiophonie [ʀadjɔfɔni] ***n.f.*** radiofonia.
radiophonique [ʀadjɔfɔnik] ***agg.*** radiofonico.
radiophotographie [ʀadjɔfɔtɔgʀafi] ***n.f.*** (*med.*) schermografia.
radiorécepteur [ʀadjɔʀesɛptœʀ] ***n.m.*** radioricevitore.
radioreportage [ʀadjɔʀəpɔʀtaʒ] ***n.m.*** radiocronaca (*f.*).
radioreporter [ʀadjɔʀəpɔʀtɛʀ] ***n.m.*** radiocronista.
radioréveil [ʀadjoʀevɛj] ***n.m.*** radiosveglia (*f.*).
radioscopie [ʀadjɔskɔpi] ***n.f.*** (*med.*) radioscopia.
radioscopique [ʀadjɔskɔpik] ***agg.*** (*med.*) radioscopico.
radiotaxi [ʀadjɔtaksi] ***n.m.*** radiotaxi.
radiotechnique [ʀadjɔtɛknik] ***agg.*** radiotecnico ♦ ***n.f.*** radiotecnica.
radiotélégraphie [ʀadjɔtelegʀafi] ***n.f.*** radiotelegrafia.
radiotélégraphiste [ʀadjɔtelegʀafist] ***n.m.*** e ***f.*** radiotelegrafista.
radiotéléphone [ʀadjɔtelefɔn] ***n.m.*** radiotelefono.
radiotélescope [ʀadjɔtelɛskɔp] ***n.m.*** radiotelescopio.
radiotélévisé [ʀadjɔtelevize] ***agg.*** trasmesso per radio e televisione.
radiotélévision [ʀadjɔtelevizjɔ̃] ***n.f.*** radiotelevisione.
radiothérapie [ʀadjɔteʀapi] ***n.f.*** (*med.*) radioterapia.
radis [ʀadi] ***n.m.*** (*bot.*) rapanello.
● ***ne pas avoir un radis***, (*fam.*) non avere il becco d'un quattrino.

FAUX AMI
Da non confondere con *radice*, che si traduce *racine*.

radium [ʀadjɔm] ***n.m.*** (*chim.*) radio, radium.
radius [ʀadjys] ***n.m.*** (*anat.*) radio.
radja(h) [ʀadʒa] ***n.m.*** → **raja(h)**.
radotage [ʀadɔtaʒ] ***n.m.*** vaneggiamento, vaniloquio, discorso strampalato.
radoter [ʀadɔte] ***v.intr.*** **1** farneticare **2** ripetersi continuamente.
radoteur [ʀadɔtœʀ] ***agg.*** e ***n.m.*** [f. *-euse*] rimbambito.
radouage [ʀadwaʒ] ***n.m.*** (*Canada*) riparazione (*f.*).
radoub [ʀadu] ***n.m.*** (*mar.*) raddobbo.
● ***bassin, cale de radoub***, bacino di carenaggio.
radouber [ʀadube] ***v.tr.*** (*mar.*) raddobbare.
radoucir [ʀadusiʀ] ***v.tr.*** raddolcire, rasserenare ♦ **se**

radoucir *v.pron.intr.* raddolcirsi, rasserenarsi; (*del tempo*) mitigarsi: *le temps s'est radouci*, la temperatura si è fatta più mite.

radoucissement [ʀadusismɑ̃] *n.m.* raddolcimento: *le radoucissement de la température*, il rialzo termico.

radoux [ʀadu] *n.m.* (*Svizzera*) rialzo termico.

rafale [ʀafal] *n.f.* **1** raffica **2** (*fig.*) raffica, pioggia, valanga: *rafale d'applaudissements*, pioggia d'applausi.
■ SIN. **1** bourrasque.

raffe [ʀaf] *n.f.* (*Svizzera*) diarrea.

raffermir [ʀafɛʀmiʀ] *v.tr.* **1** rassodare **2** (*fig.*) rinforzare, rafforzare ♦ **se raffermir** *v.pron.intr.* **1** rassodarsi **2** (*fig.*) rinforzarsi.

raffermissement [ʀafɛʀmismɑ̃] *n.m.* **1** rassodamento **2** (*fig.*) rafforzamento, rinsaldamento.

raffinage [ʀafinaʒ] *n.m.* **1** (*ind. chim.*) raffinazione (*f.*) **2** (*metall.*) affinazione (*f.*).

raffiné [ʀafine] *agg.* e *n.m.* raffinato.

raffinement [ʀafinmɑ̃] *n.m.* raffinatezza (*f.*), ricercatezza (*f.*).
● ***par un raffinement de cruauté***, con sottile crudeltà.

raffiner [ʀafine] *v.tr.* **1** (*ind. chim.*) raffinare **2** (*metall.*) affinare **3** (*fig.*) raffinare, perfezionare, migliorare ♦ *v.intr.* **1** sottilizzare, cavillare **2** curare nel dettaglio (**qlco**).

raffinerie [ʀafinʀi] *n.f.* raffineria.

raffoler [ʀafɔle] *v.intr.* (*fam.*) andare matto (**per**), amare pazzamente: *elle raffole de danse*, va pazza per la danza.

raffut [ʀafy] *n.m.* (*fam.*) baccano, cagnara (*f.*).

rafiau [pl. *-aux*] **rafiot** [ʀafjo] *n.m.* (*spreg.*) barcaccia (*f.*).

rafistolage [ʀafistɔlaʒ] *n.m.* (*fam.*) rabberciamento, rattoppatura (*f.*).

rafistoler [ʀafistɔle] *v.tr.* (*fam.*) rabberciare, rattoppare.

rafle [ʀafl] *n.f.* **1** razzia **2** (*di polizia*) retata.

rafler [ʀafle] *v.tr.* (*fam.*) razziare, portare via.

rafraîchir [ʀafʀeʃiʀ] *v.tr.* **1** rinfrescare, raffreddare **2** rinfrescare, ravvivare; (*capelli*) spuntare ♦ *v.intr.* rinfrescarsi ♦ **se rafraîchir** *v.pron.intr.* rinfrescarsi, farsi più fresco ♦ *v.pron.* rinfrescarsi, ristorarsi.

rafraîchissant [ʀafʀeʃisɑ̃] *agg.* rinfrescante, refrigerante.

rafraîchissement [ʀafʀeʃismɑ̃] *n.m.* **1** raffreddamento: *le rafraîchissement de la température*, l'abbassamento della temperatura **2** ripristino **3** bevanda (*f.*) rinfrescante **4** (*pl.*) rinfreschi.

ragaillardir [ʀagajaʀdiʀ] *v.tr.* rinvigorire, rinfrancare; rincorare; ringalluzzire.

rage [ʀaʒ] *n.f.* **1** rabbia: *fou, ivre de rage*, fuori di sé per la rabbia **2** passione, smania.
● ***rage de dents***, violento mal di denti | ***faire rage***, imperversare.
■ SIN. **1** colère **2** fureur.

FAUX AMI
Da non confondere con *raggio*, che si traduce *rayon*.

rageant [ʀaʒɑ̃] *agg.* (*fam.*) irritante, esasperante.

rager [ʀaʒe] *v.intr.* [coniug. come *manger*] (*fam.*) essere furente.
● ***ça me fait rager*** (**de**), mi fa rabbia.

rageur [ʀaʒœʀ] *agg.* [f. *-euse*] (*fam.*) rabbioso, stizzoso, collerico.

rageusement [ʀaʒøzmɑ̃] *avv.* rabbiosamente.

raglan [ʀaglɑ̃] *n.m.* soprabito raglan.
● ***manches raglan***, maniche (a) raglan.

ragondin [ʀagɔ̃dɛ̃] *n.m.* **1** (*zool.*) nutria (*f.*) **2** (*pelliccia*) rat musqué.

ragot [ʀago] *n.m.* (*fam.*) pettegolezzo.

ragoût [ʀagu] *n.m.* (*cuc.*) spezzatino.

ragoûtant [ʀagutɑ̃] *agg.* **1** appetitoso **2** (*fig.*) invitante, attraente: *peu ragoûtant*, poco invitante.

rai [ʀɛ] *n.m.* **1** (*letter.*) raggio **2** (*di ruota*) raggio, razza (*f.*).

raide [ʀɛd] *agg.* **1** rigido, inflessibile (*anche fig.*): *cheveux raides*, capelli dritti; *corde raide*, corda tesa; *se tenir raide*, stare rigido **2** erto, ripido **3** (*fig. fam.*) (*di bevanda*) forte **4** (*fig. fam.*) volgare **5** (*fig. fam.*) incredibile **6** (*fig. fam.*) ubriaco ♦ *avv.* **1** bruscamente, duramente: *sentier qui grimpe raide*, sentiero molto ripido **2** a un tratto, di colpo.
● ***ça c'est un peu raide!***, questa poi è grossa! | ***en faire, en dire de raides***, farne, dirne delle belle | ***tomber raide mort***, cadere morto stecchito.
■ AGG. SIN. **1** rigide **2** escarpé CONTR. **1** souple, flexible.

rai-de-cœur [ʀɛdkœʀ] *n.m.* [pl. *rais-de-cœur*] (*arch.*) foglia (*f.*) cuoriforme.

raideur [ʀɛdœʀ] *n.f.* **1** rigidità, inflessibilità (*anche fig.*): *la raideur de ses principes*, l'inflessibilità dei suoi principi **2** ripidezza.

raidillon [ʀɛdijɔ̃] *n.m.* ripida scorciatoia (*f.*).

raidir [ʀediʀ] *v.tr.* irrigidire (*anche fig.*) ♦ **se raidir** *v.pron.intr.* irrigidirsi (*anche fig.*).

raidissement [ʀedismɑ̃] *n.m.* **1** irrigidimento (*anche fig.*) **2** rigidità (*f.*).

raie[1] [ʀɛ] *n.f.* **1** riga **2** striscia **3** (*agr.*) solco (*m.*); fila.

raie[2] *n.f.* (*zool.*) razza.

raifort [ʀɛfɔʀ] *n.m.* (*bot.*) rafano.

rail [ʀɑj] *n.m.* **1** rotaia (*f.*): *sortir des rails*, deragliare **2** ferrovia (*f.*), strada (*f.*) ferrata.
● ***remettre sur les rails***, (*fig.*) rimettere in carreggiata.

FAUX AMI
Da non confondere con *raglio*, che si traduce *braiment*.

railler [ʀɑje] *v.tr.* schernire, prendere in giro.

raillerie [ʀɑjʀi] *n.f.* canzonatura.

railleur [ʀɑjœʀ] *agg.* [f. *-euse*] beffardo, canzonatorio ♦ *n.m.* schernitore.

rainer [ʀene] *v.tr.* (*legno ecc.*) scanalare.

rainette [ʀɛnɛt] *n.f.* (*zool.*) raganella.

rainurage [ʀenyʀaʒ] *n.m.* scanalature (*f.pl.*) antisdrucciolo (sul fondo stradale).

rainure [ʀenyʀ] *n.f.* scanalatura.

raisin [ʀɛzɛ̃] *n.m.* uva (*f.*).
● ***raisin sec***, uva passa, secca.

raisiné [ʀɛzine] *n.m.* marmellata (*f.*) d'uva.

raison [ʀɛzɔ̃] *n.f.* **1** ragione: *recouvrer la raison*, riacquistare l'uso della ragione; *perdre la raison*, perdere il lume della ragione; *n'avoir plus toute sa raison*, essere un po' svanito **2** (*in contrapposizione a torto*) ragione: *je me demande si j'ai eu raison*, mi chiedo se ho fatto bene **3** ragione, motivo (*m.*), causa.
● ***à plus forte raison***, a maggior ragione | ***à raison de***, in ragione di | ***avoir raison de***, riuscire a superare: *avoir raison d'une difficulté*, riuscire a superare una difficoltà | ***comme de raison***, a ragione | ***en raison des circonstances***,

R

date le circostanze | ***mariage de raison***, matrimonio di convenienza | ***mettre à la raison***, ridurre alla ragione | ***parler raison***, parlare con saggezza | ***plus que de raison***, più del ragionevole | ***pour raisons de famille***, per motivi di famiglia.
■ SIN. **3** cause CONTR. **1** folie.

raisonnable [RεzɔnabI] ***agg.*** **1** ragionevole **2** (*di persona*) assennato, giudizioso: *un garçon très raisonnable*, un ragazzo molto giudizioso.

raisonnablement [Rεzɔnabləmɑ̃] ***avv.*** ragionevolmente.

raisonné [Rεzɔne] ***agg.*** ragionato.
● ***catalogue raisonné***, catalogo sistematico.

raisonnement [Rεzɔnmɑ̃] ***n.m.*** ragionamento.
● ***ce n'est pas un raisonnement!***, (*fam.*) non è il modo di ragionare!

raisonner [Rεzɔne] ***v.intr.*** ragionare ♦ ***v.tr.*** far ragionare: *raisonner un enfant*, convincere un bambino con il ragionamento ♦ **se raisonner** ***v.pron.intr.*** **1** convincersi col ragionamento **2** seguire la ragione: *l'amour ne se raisonne pas*, l'amore non conosce ragione.

raisonneur [Rεzɔnœr] ***agg.*** e ***n.m.*** [f. *-euse*] **1** ragionatore **2** (*spreg.*) che, chi discute tutto, sofistico.

raja(h) [Ra(d)ʒa] ***n.m.*** ragià.

rajeuni [Raʒœni] *p.p.* di **rajeunir**.

rajeunir [Raʒœnir] ***v.tr.*** ringiovanire: *il m'a rajeuni de trois ans*, mi ha ringiovanito di tre anni, mi ha dato tre anni meno di quanti ne ho; *rajeunir les cadres d'une entreprise*, svecchiare i quadri di un'azienda ♦ ***v.intr.*** ringiovanire: *elle a rajeuni*, è ringiovanita ♦ **se rajeunir** ***v.pron.*** dichiarare meno anni di quelli reali.

rajeunissement [Raʒœnismɑ̃] ***n.m.*** **1** ringiovanimento **2** (*fig.*) rinnovamento, rinvigorimento.

rajout [Raʒu] ***n.m.*** aggiunta (*f.*).

rajouter [Raʒute] ***v.tr.*** aggiungere.
● ***en rajouter***, (*fam.*) esagerare, calcare la mano.

rajouture [Raʒutyr] ***n.f.*** (*Svizzera*) aggiunta.

rajustement [Raʒystəmɑ̃] ***n.m.*** riassesto.
● ***rajustement des salaires***, ***des pensions***, adeguamento dei salari, delle pensioni.

rajuster [Raʒyste] ***v.tr.*** rimettere a posto, riassestare: *rajuster sa cravate*, sistemarsi la cravatta; *rajuster ses lunettes*, raddrizzare gli occhiali; *rajuster ses vêtements*, rimettersi in ordine ♦ **se rajuster** ***v.pron.*** e ***pron.intr.*** rimettersi in ordine.
● ***rajuster les salaires***, adeguare i salari.

râle[1] [Rɑl] ***n.m.*** (*zool.*) rallo.

râle[2], **râlement** [Rɑlmɑ̃] ***n.m.*** rantolo.

ralenti [Ralɑ̃ti] ***n.m.*** **1** (*mecc.*) minimo **2** (*cine.*) rallentatore.
● ***au ralenti***, al rallentatore.

ralentir [Ralɑ̃tir] ***v.tr.*** rallentare (*anche mus.*) ♦ ***v.intr.*** rallentare.
■ V.INTR. CONTR. accélérer.

ralentissement [Ralɑ̃tismɑ̃] ***n.m.*** rallentamento.

ralentisseur [Ralɑ̃tisœr] ***n.m.*** **1** (*fis.*) rallentatore, moderatore **2** dissuasore di velocità.
● (*aut.*) ***ralentisseur de freinage***, dispositivo di rallentamento, rallentatore.

râler [Rɑle] ***v.intr.*** **1** rantolare **2** (*fam.*) brontolare, protestare.

râleur [Rɑlœr] ***agg.*** [f. *-euse*] (*fam.*) che brontola ♦ ***n.m.*** (*fam.*) brontolone.

rallié [Ralje] ***agg.*** che ha aderito (a un partito ecc.) ♦ ***n.m.*** aderente.

ralliement [Ralimɑ̃] ***n.m.*** **1** (*mil.*) adunata (*f.*) **2** (*fig.*) adesione (*f.*).
● (*mil.*) ***mot de ralliement***, controparola.

rallier [Ralje] ***v.tr.*** **1** radunare, riunire | *rallier tous les suffrages*, ottenere tutti i suffragi **2** (*mil.*) raggiungere, ricongiungersi (a) ♦ **se rallier** ***v.pron.intr.*** **1** riunirsi, radunarsi **2** (*fig.*) aderire.

rallonge [Ralɔ̃ʒ] ***n.f.*** **1** allungatura, (pezzo di) prolungamento (*m.*) **2** (*elettr.*) prolunga **3** (*di tavolo*) prolunga, asse **4** (*fam.*) aumento (*m.*) (di salario ecc.); supplemento (*m.*): *une rallonge budgétaire*, un ulteriore finanziamento.
● ***table à rallonges***, tavolo allungabile.

rallongement [Ralɔ̃ʒmɑ̃] ***n.m.*** allungamento.

rallonger [Ralɔ̃ʒe] ***v.tr.*** [coniug. come *manger*] allungare ♦ ***v.intr.*** allungarsi.

rallumer [Ralyme] ***v.tr.*** riaccendere.

rallye [Rali] ***n.m.*** **1** rally **2** caccia (*f.*) al tesoro.

RAM [Ram] ***n.f.invar.*** (*inform.*) (*sigla di* Random Access Memory) RAM, memoria ram.

ramadan [Ramadɑ̃] ***n.m.*** (*relig. islamica*) ramadan.

ramage [Ramaʒ] ***n.m.*** **1** (*di uccelli*) cinguettio, canto **2** (*pl.*) disegno (*sing.*) a fogliame, ad arabeschi.

ramassage [Ramɑsaʒ] ***n.m.*** **1** raccolta (*f.*) **2** (*di alunni ecc.*) trasporto.

ramassé [Ramɑse] ***agg.*** **1** rannicchiato, raggomitolato **2** tarchiato **3** conciso.

ramasse-miettes [Ramɑsmjεt] ***n.m.invar.*** raccoglibriciole.

ramasser [Ramɑse] ***v.tr.*** **1** raccogliere **2** (*fig.*) condensare **3** buscare: *ramasser une gifle*, beccarsi una sberla ♦ **se ramasser** ***v.pron.intr.*** raggomitolarsi.
● ***se faire ramasser***, (*fam.*) farsi pizzicare; (*a scuola*) essere bocciato.

ramasseur [Ramɑsœr] ***n.m.*** [f. *-euse*] chi raccoglie, raccoglitore.
● (*tennis*) ***ramasseur de balles***, raccattapalle.

ramassis [Ramɑsi] ***n.m.*** accozzaglia (*f.*).

ramassoire [Ramɑswar] ***n.m.*** (*Svizzera*) paletta (*f.*) (attrezzo domestico).

rambarde [Rɑ̃bard] ***n.f.*** **1** (*mar.*) battagliola **2** parapetto (*m.*).

ramdam [Ramdam] ***n.m.*** (*fam.*) baccano.

rame[1] [Ram] ***n.f.*** remo (*m.*): *aller à la rame*, andare a remi; *faire force de rames*, far forza sui remi.
● ***coup de rame***, vogata.

FAUX AMI
Da non confondere con l'italiano *rame*, che si traduce *cuivre*, né con *ramo* che si traduce *branche, rameau*.

rame[2] ***n.f.*** (*per piante*) palo (*m.*) di sostegno, tutore (*m.*).
● ***haricots à rames***, fagioli rampicanti.

rame[3] ***n.f.*** **1** risma (di carta) **2** (*ferr.*) convoglio (*m.*); (*della metropolitana*) treno (*m.*).

rameau [Ramo] ***n.m.*** [pl. *-eaux*] **1** ramo (minore), rametto, ramoscello **2** (*fig.*) branca (*f.*), ramo **3** (*anat.*) ramificazione (*f.*), ramo.
● (***Dimanche des***) ***Rameaux***, (Domenica delle) Palme.

ramée [Rame] ***n.f.*** frasche (*pl.*).

ramener [Ramne] ***v.tr.*** [coniug. come *semer*] **1** ricondurre, riportare (*anche fig.*): *il m'a ramené un petit sou-*

R

venir d'Allemagne, mi ha portato un ricordino dalla Germania; *ces mesures vont ramener l'ordre et la paix*, questi provvedimenti ristabiliranno l'ordine e la pace; *ramener son châle sur ses épaules*, tirarsi lo scialle sulle spalle **2** ridurre: *il ramène tout à lui*, si pone sempre al centro dell'universo ♦ **se ramener** *v.pron.intr.* **1** ridursi **2** (*fam.*) venire, ritornare.
● ***ramener qqn à soi***, far tornare qlcu in sé: *on l'a ramené à lui*, l'hanno fatto tornare in sé, l'hanno rianimato | ***la ramener***, (*molto fam.*) tirarsela, darsi arie.

ramequin [ʀamkɛ̃] *n.m.* (*cuc.*) piccolo stampo da forno (per budini, creme ecc.).

ramer[1] [ʀame] *v.intr.* **1** remare, vogare **2** (*fam.*) darsi da fare, sgobbare.

ramer[2] *v.tr.* (*agr.*) impalare, rameggiare.

rameur [ʀamœʀ] *n.m.* [f. *-euse*] rematore, vogatore.

rameuter [ʀamøte] *v.tr.* **1** aizzare, istigare (nuovamente) **2** (*caccia*) radunare (in muta).

rami [ʀami] *n.m.* ramino.

ramier [ʀamje] *agg.* e *n.m.*
● (*zool.*) (***pigeon***) ***ramier***, colombaccio.
■ SIN. palombe.

ramification [ʀamifikasjɔ̃] *n.f.* ramificazione (*anche fig.*).

ramifier, se [səʀamifje] *v.pron.intr.* ramificarsi (*anche fig.*).

ramolli [ʀamɔli] *agg.* (*fam.*) rammollito, rimbambito.

ramollir [ʀamɔliʀ] *v.tr.* rammollire (*anche fig.*) ♦ **se ramollir** *v.pron.intr.* rammollirsi (*anche fig.*).
■ *V.TR.* CONTR. raffermir.

ramollissement [ʀamɔlismɑ̃] *n.m.* rammollimento (*anche fig.*).

ramollo [ʀamɔlo] *n.m.* e *agg.* (*fam.*) rammollito.

ramonage [ʀamɔnaʒ] *n.m.* (*di camini o tubature*) pulitura (*f.*).

ramoner [ʀamɔne] *v.tr.* (*camini o tubature*) pulire.

ramoneur [ʀamɔnœʀ] *n.m.* spazzacamino.

rampant [ʀɑ̃pɑ̃] *agg.* **1** strisciante (*anche fig.*) **2** (*arch.*) rampante ♦ *n.m.* **1** (*arch.*) spiovente **2** (*fam.*) membro del personale a terra dell'aviazione, rampista.

rampe [ʀɑ̃p] *n.f.* **1** (tratto in) pendenza, rampa **2** ringhiera, corrimano (*m.*) **3** (*teatr.*) ribalta **4** (*aer.*) fila di proiettori per illuminare la pista **5** (*inform.*) serbatoio (*m.*) di carico.
● ***rampe de lancement***, rampa di lancio | (*teatr.*) ***feux de la rampe***, luci della ribalta: *être sous les feux de la rampe*, essere alla ribalta; ***passer la rampe***, avere successo: *cette pièce ne passera pas la rampe*, questo lavoro teatrale non avrà successo.

ramper [ʀɑ̃pe] *v.intr.* strisciare.

ramure [ʀamyʀ] *n.f.* **1** (*di albero*) ramatura, chioma **2** (*di corna di cervi*) rami (*m.pl.*), palchi (*m.pl.*).

rancard [ʀɑ̃kaʀ] *n.m.* (*fam.*) **1** soffiata (*f.*) **2** appuntamento.

rancarder [ʀɑ̃kaʀde] *v.tr.* (*fam.*) **1** fare una soffiata (**a**) **2** dare (un) appuntamento (**a**).

rancart [ʀɑ̃kaʀ] *n.m.*
● (*fam.*) ***mettre, jeter au rancart***, mettere da parte, sbattere via.

rance [ʀɑ̃s] *agg.* rancido ♦ *n.m.* odore, sapore di rancido.

ranci [ʀɑ̃si] *agg.* rancido (*anche fig.*) ♦ *n.m.* odore, sapore di rancido.

rancir [ʀɑ̃siʀ] *v.tr.* e *intr.* irrancidire.

rancissement [ʀɑ̃sismɑ̃] *n.m.* irrancidimento.

rancœur [ʀɑ̃kœʀ] *n.f.* rancore (*m.*).

rançon [ʀɑ̃sɔ̃] *n.f.* riscatto (*m.*).
● ***la rançon de la gloire***, (*fig.*) il prezzo della gloria | ***mettre à rançon***, taglieggiare.

rançonnement [ʀɑ̃sɔnmɑ̃] *n.m.* il taglieggiare, l'imporre un riscatto.

rançonner [ʀɑ̃sɔne] *v.tr.* **1** taglieggiare, esigere un riscatto (**da**) **2** (*fam.*) (*clienti*) pelare.

rancune [ʀɑ̃kyn] *n.f.* rancore (*m.*), risentimento (*m.*): *garder de la rancune à qqn, avoir de la rancune contre qqn*, serbare rancore a, verso qlcu.
■ SIN. ressentiment.

rancunier [ʀɑ̃kynje] *agg.* [f. *-ère*] astioso, pieno di rancore.

rando [ʀɑ̃do] *n.f.* (*abbr. di* randonnée) lunga gita.
● ***rando roller***, passeggiata sui roller (tutti i venerdì sera a Parigi).

randonnée [ʀɑ̃dɔne] *n.f.* **1** (lunga) gita, giro (*m.*): *une randonnée à bicyclette*, un giro, una gita in biciclette **2** escursione.
● ***sentiers de grande randonnée***, sentieri da trekking | ***ski de randonnée***, sci-alpinismo.
■ SIN. **1** excursion **2** expédition.

randonneur [ʀɑ̃dɔnœʀ] *n.m.* [f. *-euse*] **1** escursionista **2** chi pratica il trekking.

rang [ʀɑ̃] *n.m.* **1** fila (*f.*), riga (*f.*): *sur deux rangs, par rangs de cinq*, in fila per due, in fila per cinque **2** grado: *son père avait rang de colonel*, suo padre aveva il grado di colonnello **3** ordine: *par rang de*, per ordine di **4** posizione (*f.*) sociale, rango: *être du même rang*, appartenere allo stesso rango (sociale), avere lo stesso valore.
● ***rang à l'endroit, à l'envers***, (*nei lavori a maglia*) ferro a diritto, a rovescio | ***rang de perles***, filo, giro di perle | ***au premier rang***, in prima fila | ***de haut rang***, di alto rango | ***de premier rang***, di prim'ordine | ***être sur les rangs***, (*estens.*) essere fra i concorrenti | ***mettre au, sur le même rang***, mettere sullo stesso piano | ***mettre qqn au rang de ses amis***, mettere qlcu nel novero dei propri amici | ***rentrer dans les rangs***, (*anche fig.*) rientrare nei ranghi | ***savoir tenir son rang***, essere all'altezza del proprio rango | ***se mettre en rang***, mettersi in fila | ***serrer les rangs***, serrare le file, i ranghi | ***sortir du rang***, (*fig.*) venire dalla gavetta.

rangé [ʀɑ̃ʒe] *agg.* **1** disposto (secondo un certo ordine); (*mil.*) schierato **2** in ordine, ordinato **3** (*di persona*) posato; perbene: *une vie rangée*, una vita (molto) regolata.
● ***bataille rangée***, battaglia campale | ***être rangé des voitures***, (*fam.*) aver messo la testa a posto.

rangée [ʀɑ̃ʒe] *n.f.* fila: *une rangée d'arbres*, una fila, un filare di alberi.

rangement [ʀɑ̃ʒmɑ̃] *n.m.* il mettere in ordine.
● ***élément-rangement***, ripostiglio, guardaroba | (***espace de***) ***rangement***, ripostiglio, armadio a muro | ***faire du rangement***, mettere ordine (in casa).

ranger [ʀɑ̃ʒe] *v.tr.* [coniug. come *manger*] **1** (*mil.*) schierare: *ranger les troupes*, schierare le truppe **2** disporre (in fila), allineare **3** riporre, mettere via, a posto: *elle a rangé le linge dans l'armoire*, ha riposto la biancheria nell'armadio **4** mettere in ordine, mettere a posto, riordinare **5** (*fig.*) annoverare ♦ **se ranger** *v.pron.intr.* **1** mettersi (secondo un certo ordine), disporsi (in fila):

R

il alla se ranger à ses côtés, andò a mettersi accanto a lui **2** (*fig.*) schierarsi, allinearsi: *ils se sont rangés à nos côtés*, si sono schierati dalla nostra parte; *je me range à votre avis*, sono d'accordo con lei **3** (*fig.*) mettere giudizio **4** scansarsi, tirarsi da parte: *la foule se rangea pour laisser passer la voiture*, la folla fece largo per lasciar passare l'automobile.

● ***ranger une voiture***, accostare l'automobile (a lato della strada).

ranimation [ranimasjɔ̃] ***n.f.*** → **réanimation**.

ranimer [ranime] ***v.tr.*** **1** rianimare, far riavere; rinvigorire, ridare forza (**a**) **2** ravvivare, riattizzare (*anche fig.*): *ranimer l'intérêt de*, ravvivare l'interesse di; *ranimer une vieille haine, un souvenir douloureux*, riattizzare un vecchio odio, far rivivere un ricordo doloroso.

● ***ranimer les esprits***, risollevare gli animi.

raout [raut] ***n.m.*** (*antiq.*) ricevimento, festa mondana.

rapace [rapas] ***agg.*** e ***n.m.*** rapace.

rapacité [rapasite] ***n.f.*** rapacità.

râpage [rɑpaʒ] ***n.m.*** **1** il grattugiare **2** (*tecn.*) raspatura (*f.*).

rapatrié [rapatrije] ***agg.*** e ***n.m.*** rimpatriato.

rapatriement [rapatrimɑ̃] ***n.m.*** rimpatrio.

● (*econ.*) ***le rapatriement de capitaux***, il rientro di capitali esportati.

rapatrier [rapatrije] ***v.tr.*** rimpatriare.

● (*econ.*) ***rapatrier des capitaux***, far rientrare capitali (dall'estero).

râpe [rɑp] ***n.f.*** **1** grattugia **2** (*tecn.*) raspa **3** raspo (*m.*) (d'uva) **4** (*Svizzera*) (*fam.*) avaro (*m.*).

● ***râpe à fromage***, grattugia per il formaggio.

FAUX AMI
Da non confondere con *rapa*, che si traduce *rave, navet*.

râpé [rɑpe] ***agg.*** **1** (*di formaggio*) grattugiato **2** (*di abito, tessuto*) liso **3** (*fam.*) fallito ♦ ***n.m.*** (*fam.*) formaggio grattugiato.

● ***c'est râpé!***, (*fam.*) è andato a monte!

râper [rɑpe] ***v.tr.*** **1** grattugiare **2** (*tecn.*) raspare **3** (*fam.*) raspare, irritare: *ce vin râpe la gorge*, questo vino raspa la gola.

rapetassage [raptasaʒ] ***n.m.*** (*fam.*) rabberciatura (*f.*), rattoppo.

R

rapetasser [raptase] ***v.tr.*** (*fam.*) rabberciare, rattoppare.

rapetissement [raptismɑ̃] ***n.m.*** **1** rimpicciolimento **2** (*fig.*) sminuimento.

rapetisser [raptise] ***v.tr.*** **1** rimpicciolire **2** (*fig.*) sminuire ♦ ***v.intr.*** rimpicciolirsi: *son pantalon a rapetissé au lavage*, lavandoli i suoi pantaloni si sono ristretti ♦ **se rapetisser** ***v.pron.intr.*** rimpicciolirsi.

■ V.TR. SIN. 2 diminuer.

râpeux [rɑpø] ***agg.*** [f. *-euse*] ruvido (al tatto); aspro (al gusto).

raphaëlois [rafaelwa] ***agg.*** di Saint-Raphaël.

raphia [rafja] ***n.m.*** (*bot.*) rafia (*f.*).

rapiat [rapja] ***agg.*** e ***n.m.*** (*fam.*) spilorcio, tirchio.

rapicoler [rapikɔle] ***v.tr.*** (*Svizzera*) rinvigorire.

rapide [rapid] ***agg.*** **1** rapido, svelto; veloce: *il marche d'un pas rapide*, cammina con passo spedito **2** ripido ♦ ***n.m.*** **1** (*di fiume*) rapida (*f.*) **2** (*ferr.*) (treno) rapido.

■ AGG. CONTR. 1 lent.

rapidement [rapidmɑ̃] ***avv.*** rapidamente.

rapidité [rapidite] ***n.f.*** rapidità, velocità.

rapido(s) [rapido(s)] ***avv.*** (*fam.*) subito, in fretta.

rapiéçage [rapjesaʒ] **rapiècement** [rapjɛsmɑ̃] ***n.m.*** rattoppo, rappezzatura (*f.*).

rapiécer [rapjese] ***v.tr.*** [coniug. come *céder*] rattoppare, rappezzare.

rapière [rapjɛr] ***n.f.*** (*st. mil.*) spada, spadone (*m.*).

rapin [rapɛ̃] ***n.m.*** **1** (*antiq.*) apprendista (nella bottega di un pittore) **2** (*spreg.*) pittorucolo, imbrattatele.

rapine [rapin] ***n.f.*** (*letter.*) **1** rapina **2** bottino (*m.*).

● ***vivre de rapines***, vivere di guadagni illeciti.

raplapla [raplapla] ***agg.invar.*** (*fam.*) a terra, sfinito.

rappareiller [rapareje] ***v.tr.*** riassortire, sostituire (i pezzi mancanti).

rappel [rapɛl] ***n.m.*** **1** richiamo; chiamata (*f.*); appello **2** (*letter.*) rievocazione (*f.*), ricordo **3** (*teatr.*) chiamata (*f.*) alla ribalta: *quel succès!, cinq rappels*, che successo!, ci sono state cinque chiamate (alla ribalta).

● ***rappel à la raison, à l'ordre***, appello alla ragione, richiamo all'ordine | (*comm.*): ***rappel d'échéance***, promemoria di scadenza; ***rappel de paiement***, sollecito di pagamento | (*mil.*) ***rappel sous les drapeaux***, richiamo alle armi, precettazione | ***battre le rappel***, suonare l'adunata; (*estens.*) chiamare a raccolta | (*alpinismo*) ***descente en rappel***, discesa a corda doppia | (*comm.*): ***lettre de rappel***, lettera di sollecito; ***toucher un rappel***, riscuotere gli arretrati.

rappelé [raple] ***agg.*** e ***n.m.*** (*mil.*) richiamato (alle armi).

rappeler [raple] ***v.tr.*** [coniug. come *appeler*] **1** richiamare, chiamare di nuovo **2** (*fig.*) rammentare, rievocare, (far) ricordare: *rappeler le passé*, rammentare, rievocare il passato; *cela lui rappelle son enfance*, ciò gli fa ricordare, gli ricorda l'infanzia **3** (*teatr.*) chiamare (alla ribalta) ♦ **se rappeler** ***v.pron. indiretto*** ricordarsi (**di**), rammentarsi (**di**): *il ne se rappelle rien*, non si ricorda di niente; *je me rappelle avoir lu cette histoire*, mi ricordo di avere letto questa storia; *rappelle-toi de venir demain soir*, (*fam.*) ricordati di venire domani sera ♦ ***v.pron.rec.*** telefonarsi di nuovo: *on se rappelle demain*, ci telefoniamo domani.

● (*comm.*) ***rappeler le paiement d'une facture***, sollecitare il pagamento di una fattura | ***rappeler qqn à la vie***, richiamare in vita qlcu | ***rappeler sous les drapeaux***, richiamare alle armi | ***à rappeler s.v.p***, (*in una lettera*) da citare nella risposta | ***rappelez-moi au bon souvenir de votre mère***, presenti i miei saluti a sua madre | ***se rappeler à qqn, au bon souvenir de qqn***, ricordarsi a qlcu.

rappeur [rapœr] ***n.m.*** [f. *-euse*] cantante, ballerino rap.

rappliquer [raplike] ***v.intr.*** (*fam.*) andare, arrivare: *ils ont rappliqué à quatre*, sono arrivati in quattro.

rapport [rapɔr] ***n.m.*** **1** rapporto, relazione (*f.*); resoconto: *rapport verbal*, rapporto, relazione verbale **2** rapporto, relazione (*f.*), attinenza (*f.*): *il n'y a aucun rapport entre ces deux choses*, non c'è alcun rapporto, nesso fra queste due cose **3** relazione (*f.*), vincolo, rapporto: *entretenir de mauvais rapports*, avere dei, essere in cattivi rapporti | *rapport de parenté*, rapporto, vincolo di parentela | *avoir des rapports (sexuels) avec qqn*, avere rapporti sessuali con qlcu **4** rapporto, proporzione (*f.*) (*anche mat.*): *rapport de 1 à 10, de 100 contre 1*, rapporto, proporzione di 1 a 10, di 100 a 1 **5** provento, profitto, reddito: *vivre du rapport d'une terre*, vivere dei proventi di un podere **6** riporto | *terres de rapport*, terra di riporto | *chien de rapport*, cane da riporto.

● ***rapport à***, (*fam.*) a proposito di | ***rapport confidentiel***, informazione confidenziale | (*tecn.*) ***rapport de vitesse***, rapporto di velocità | (*dir.*) ***rapport du médecin légiste***, referto del medico legale | (*econ.*) ***rapport financier***, relazione finanziaria | ***rapport net***, reddito netto | ***rapport qualité-prix***, rapporto qualità-prezzo | ***ça n'a aucun rapport!***, non c'entra niente! | ***de rapport***, redditizio: *être d'un bon rapport*, essere redditizio, fruttare bene; *immeuble de rapport*, immobile da affittare (per lucro) | ***entrer en rapports avec qqn***, stringere relazioni, dei rapporti con qlcu | ***par rapport à***, rispetto a | ***sans rapport***, senza attinenza, senza alcun riferimento | ***se mettre en rapport avec qqn***, mettersi in rapporto, in contatto con qlcu | ***sous le rapport de***, (*antiq.*) dal punto di vista di | ***sous tous (les) rapports***, da tutti i punti di vista.

> NOTA ***Par*** o ***en rapport à***?
> SÌ *Ce n'est rien **par rapport à** ce qui s'est passé hier.*
> NO *Ce n'est rien **en rapport à** ce qui s'est passé hier.*
> Non è niente in confronto a quello che è successo ieri.

rapportable [RapɔRtabl] ***agg.*** **1** riferibile **2** attribuibile.

rapporté [RapɔRte] ***agg.*** riportato; aggiunto ♦ ***n.m.*** (*Canada*) straniero.
● ***pièces rapportées***, elementi aggiunti; (*fig.*) parenti acquisiti | (*abbigl.*) ***poches rapportées***, tasche applicate | ***terres rapportées***, terra di riporto.

rapporter [RapɔRte] ***v.tr.*** **1** riportare; portare indietro: *elle a rapporté des oranges de Sicile*, ha portato delle arance dalla Sicilia **2** riportare, riferire: *rapporter des on-dit*, riferire dicerie, pettegolezzi **3** rendere, fruttare: *un investissement qui m'a rapporté beaucoup*, un investimento che mi fruttato molto, molto redditizio; *un travail qui rapporte*, un lavoro che rende **4** riportare, riferire; attribuire: *rapporter un événement à une époque*, situare un avvenimento nella sua epoca **5** riportare, trasportare; aggiungere: *rapporter de la terre*, riportare della terra | (*tecn.*) *rapporter une pièce*, inserire un pezzo **6** (*dir.*) revocare, abrogare ♦ **se rapporter** ***v.pron.intr.*** **1** riferirsi, essere in relazione (**con**): *la réponse ne se rapporte pas à la question*, la risposta non è compatibile con la domanda **2** rimettersi, affidarsi.
● ***s'en rapporter à qn***, rimettersi a qlcu: *je m'en rapporte à votre jugement*, mi rimetto al vostro giudizio | ***se rapportant à***, inerente a.

rapporteur [RapɔRtœR] ***agg.*** [f. *-euse*] **1** che riferisce, relatore **2** (*spreg.*) che fa la spia ♦ ***n.m.*** **1** relatore **2** (*fam.*) spia (*f.*), delatore **3** (*strumento*) goniometro.

rapprendre [RapRɑ̃dR] ***v.tr.*** → **réapprendre**.

rappris [RapRi] *p.p.* di **rapprendre**.

rapproché [RapRɔʃe] ***agg.*** ravvicinato.

rapprochement [RapRɔʃmɑ̃] ***n.m.*** **1** ravvicinamento **2** accostamento, raffronto, confronto.

rapprocher [RapRɔʃe] ***v.tr.*** **1** avvicinare (*anche fig.*): *rapproche ton fauteuil de la table*, avvicina, accosta la poltrona al tavolo **2** confrontare, raffrontare ♦ **se rapprocher** ***v.pron.intr.*** riavvicinarsi (**a**); avvicinarsi (**a**) ♦ ***v.pron.rec.*** (*fig.*) ravvicinarsi, riconciliarsi: *après s'être battu froid elles se sont rapprochées*, dopo un periodo di freddezza si sono riavvicinate.
■ V.TR. CONTR. **1** éloigner, écarter.

rapprovisionner [RapRɔvizjɔne] ***v.tr.*** → **réapprovisionner**.

rapsodie [Rapsɔdi] ***n.f.*** → **rhapsodie**.

rapt [Rapt] ***n.m.*** (*dir.*) ratto, rapimento.

raptus [Raptys] ***n.m.*** (*psic.*) raptus.

râpure [RɑpyR] ***n.f.*** raspatura, raschiatura.

raquette [Rakɛt] ***n.f.*** racchetta.
● ***raquette à neige***, racchetta da neve | ***raquette de tennis, de ping-pong***, racchetta da tennis, da ping-pong.

rare [RaR] ***agg.*** **1** raro, infrequente: *la main-d'œuvre est rare*, la manodopera scarseggia **2** raro; insolito; singolare: *une femme d'une rare beauté*, una donna di rara bellezza; *il n'est pas rare de le rencontrer au café*, lo si vede spesso al caffè **3** rado: *barbe rare*, barba rada; *cheveux rares*, capelli radi.
● ***à de rares exceptions près***, salvo qualche rara eccezione | ***se faire rare***, (*di persona*) farsi vedere di rado; (*di cosa*) accadere sempre più raramente: *ses visites se font rares*, le sue visite si diradano.

raréfaction [RaRefaksjɔ̃] ***n.f.*** rarefazione.

raréfié [RaRefje] ***agg.*** rarefatto.

raréfier, se [səRaRefje] ***v.pron.intr.*** rarefarsi; scarseggiare.

rarement [RaRmɑ̃] ***avv.*** raramente, di rado.

rareté [RaRte] ***n.f.*** rarità.

rarissime [RaRisim] ***agg.*** rarissimo, estremamente raro.

ras [Rɑ] ***agg.*** **1** rasato; raso **2** raso, pieno fino all'orlo ♦ ***avv.*** alla base.
● ***ras du cou***, girocollo | ***à ras bords***, fino all'orlo | ***à ras de, au ras de***, raso (a): *à ras de terre, au ras du sol*, (*anche fig.*) raso terra; *au ras des eaux*, a fior d'acqua; *au ras des murs*, rasente ai muri | ***au ras des pâquerettes***, (*fam.*) terra terra, di basso livello | ***cheveux coupés ras***, capelli rasati a zero | ***en avoir ras le bol***, (*fam.*) averne le scatole piene | ***en rase campagne***, in aperta campagna.

rasade [Rɑzad] ***n.f.*** bicchiere (*m.*) colmo.

rasage [Rɑzaʒ] ***n.m.*** rasatura (*f.*).

rasant [Rɑzɑ̃] ***agg.*** **1** radente **2** (*fam.*) barboso.

rascasse [Raskas] ***n.f.*** (*zool.*) scorfano (*m.*).

rasé [Rɑze] ***agg.*** rasato.

rase-mottes [Rɑzmɔt] ***n.m.invar.***
● (*aer.*) (***vol en***) ***en rase-mottes***, volo radente.

raser [Rɑze] ***v.tr.*** **1** radere, rasare **2** (*estens.*) rasentare **3** radere al suolo **4** colmare **5** (*fam.*) scocciare, rompere ♦ **se raser** ***v.pron.*** e ***pron.intr.*** **1** radersi **2** (*fam.*) scocciarsi.
● ***raser les murs***, rasentare i muri | ***crème à raser***, crema da barba.

raseur [RɑzœR] ***n.m.*** [f. *-euse*] (*fam.*) scocciatore.

rasibus [Rɑzibys] ***avv.*** (*fam.*) rasente, vicino.

ras-le-bol [Rɑl(ə)bɔl] ***n.m.invar.*** (*fam.*) malcontento, scontento: *le ras-le-bol des ouvriers*, il malcontento degli operai.

rasoir [RɑzwaR] ***n.m.*** rasoio ♦ ***agg.invar.*** (*fam.*) barboso, noioso, palloso.
● ***rasoir électrique***, rasoio elettrico.

rassasié [Rasazje] ***agg.*** sazio (*anche fig.*).

rassasiement [Rasazimɑ̃] ***n.m.*** (*letter.*) sazietà (*f.*) (*anche fig.*).

rassasier [Rasazje] ***v.tr.*** saziare (*anche fig.*) ♦ **se rassasier** ***v.pron.intr.*** saziarsi (*anche fig.*).

rassemblement [Rasɑ̃bləmɑ̃] ***n.m.*** **1** (*di cose*) raccolta (*f.*) **2** (*di persone*) adunanza (*f.*); assembramento **3** (*mil.*) adunata (*f.*); (*estens.*) segnale di adunata **4** raggruppamento (politico).

rassembler [Rasɑ̃ble] ***v.tr.*** **1** radunare, assembrare **2** raccogliere (*anche fig.*): *rassembler ses idées, ses forces*,

R

raccogliere le idee, le forze ♦ **se rassembler** *v.pron.intr.* radunarsi, raccogliersi.
■ *V.TR.* SIN. concentrer, grouper CONTR. disperser.

rasseoir [ʀaswaʀ] *v.tr.* [coniug. come *asseoir*] rimettere a sedere ♦ **se rasseoir** *v.pron.intr.* risedersi, rimettersi a sedere.

rasséréner [ʀaseʀene] *v.tr.* [coniug. come *céder*] rasserenare.

rassir [ʀasiʀ] *v.intr.* diventare raffermo.

rassis[1] [ʀasi] *p.p.* di **rasseoir**.

rassis[2] *p.p.* di **rassir** ♦ *agg.* [f. *rassise*, fam. *rassie*] 1 raffermo 2 (*fig.*) calmo, pacato.

rassortir [ʀasɔʀtiʀ] *v.tr.* → **réassortir**.

rassurant [ʀasyʀɑ̃] *agg.* rassicurante.

rassurer [ʀasyʀe] *v.tr.* rassicurare ♦ **se rassurer** *v.pron.intr.* rassicurarsi, rinfrancarsi.
■ *V.TR.* SIN. tranquilliser.

rastaquouère [ʀastakwɛʀ] *n.m.* (*fam.*) 1 straniero che ostenta lusso e ricchezza di dubbia provenienza 2 (*estens.*) losco individuo, poco di buono.

rat [ʀa] *n.m.* 1 topo, ratto 2 (*fig.*) avaraccio, spilorcio.
● ***rat de bibliothèque***, (*fig.*) topo di biblioteca | ***rat d'église***, (*fig.*) bigotto, baciapile | ***rat d'hôtel***, (*fig.*) topo d'albergo | ***être fait comme un rat***, (*fig.*) essere in trappola | ***petit rat (de l'Opéra)***, giovane allievo/a della scuola di ballo dell'Opéra di Parigi | ***s'ennuyer comme un rat mort***, (*fam.*) annoiarsi a morte.

rata [ʀata] *n.m.* (*molto fam.*) cibo poco invitante, sbobba (*f.*): *il faisait lui-même son rata*, si arrangiava a cucinarsi qlco da solo.

ratafia [ʀatafja] *n.m.* (*liquore*) ratafià.

ratage [ʀataʒ] *n.m.* (*fam.*) fallimento, fiasco.

rataplan [ʀataplɑ̃] *n.m.* rullo di tamburo, tam-tam.

ratatiné [ʀatatine] *agg.* raggrinzito, rattrappito.

ratatiner [ʀatatine] *v.tr.* 1 raggrinzire, rattrappire 2 (*fam.*) distruggere, sfasciare 3 (*fam.*) stracciare, battere 4 (*fam.*) far fuori, uccidere ♦ **ratatiner, se** *v.pron.intr.* 1 raggrinzirsi; rattrappirsi; accartocciarsi 2 raggomitolarsi, rannicchiarsi.

ratatouille [ʀatatuj] *n.f.* 1 (*fam. spreg.*) → rata 2 (*cuc.*) misto (*m.*) di verdure stufate (melanzane, zucchine, peperoni, cipolle, pomodori ecc., specialità di Nizza).

rate[1] [ʀat] *n.f.* (*anat.*) milza.
● ***ne pas se fouler la rate***, (*fam.*) prendersela calma | ***se dilater la rate***, (*fam.*) sganasciarsi dal ridere.

FAUX AMI
Da non confondere con *rata* nel senso di *acconto*, che si traduce *acompte*.

rate[2] *n.f.* (*zool.*) topo (*m.*) femmina.

raté [ʀate] *agg.* fallito, mancato: *affaire ratée*, affare andato a monte; *photo ratée*, fotografia malriuscita ♦ *n.m.* 1 colpo non esploso 2 accensione (*f.*) difettosa: *moteur qui a des ratés*, motore che perde i colpi 3 (*fig.*) tentativo fallito, fallimentare 4 (*fig.*) (*di persona*) fallito.
● (*tecn.*) ***pièce ratée***, pezzo difettoso.

râteau [ʀɑto] *n.m.* [pl. *-eaux*] rastrello.
● ***antenne râteau***, antenna a rastrello | ***se prendre un râteau***, (*fam.*) farsi mandare a quel paese.

râteler [ʀɑtle] *v.tr.* [coniug. come *appeler*] rastrellare.

râtelier [ʀɑtəlje] *n.m.* 1 rastrelliera (*f.*) 2 (*fam.*) dentiera (*f.*).
● ***manger à tous les râteliers***, (*fig.*) mangiare a tutte le greppie.

rater [ʀate] *v.intr.* 1 (*di arma da fuoco*) fare cilecca 2 (*fig.*) fallire ♦ *v.tr.* 1 mancare, fallire; sbagliare: *rater le but*, mancare, fallire il bersaglio; *il a raté son problème*, ha sbagliato il problema; *j'ai raté mon gâteau*, la torta non mi è riuscita; *il a raté sa vie*, ha sbagliato tutto nella vita 2 (*fam.*) perdere: *rater son train*, perdere il treno; *rater une occasion*, perdere un'occasione 3 (*fam.*) essere bocciato: *j'ai raté mon examen*, ho cannato l'esame.
● ***rater qqn***, non incontrare, non trovare qlcu: *ils se sont ratés*, non si sono incontrati | ***rater son coup, son effet***, fare un buco nell'acqua, fare cilecca | ***ça n'a pas raté***, (*fam.*) era scontato | ***il n'en rate pas une!***, non ne fa una giusta!

ratiboiser [ʀatibwaze] *v.tr.* (*molto fam.*) 1 sgraffignare 2 pelare (al gioco); rovinare.
● ***être ratiboisé***, essere rovinato, non avere più un soldo.

ratiche [ʀatiʃ] *n.f.* (*argot*) dente (*m.*).

ratière [ʀatjɛʀ] *n.f.* trappola (per topi).

ratification [ʀatifikasjɔ̃] *n.f.* ratifica.
● ***sous réserve de ratification***, previa ratifica.

ratifier [ʀatifje] *v.tr.* ratificare.

ratine [ʀatin] *n.f.* (*tessuto*) ratina.

ratiociner [ʀasjɔsine] *v.intr.* 1 (*antiq.*) rimuginare 2 cavillare.

ration [ʀasjɔ̃] *n.f.* razione | *j'ai eu ma ration d'ennuis*, ho avuto la mia dose di guai.
● ***ration alimentaire***, giornata calorica.
■ SIN. portion, part.

rationalisation [ʀasjɔnalizasjɔ̃] *n.f.* razionalizzazione.

rationaliser [ʀasjɔnalize] *v.tr.* razionalizzare.

rationalisme [ʀasjɔnalism] *n.m.* razionalismo.

rationaliste [ʀasjɔnalist] *agg.* e *n.m.* e *f.* razionalista.

rationalité [ʀasjɔnalite] *n.f.* razionalità.

rationnel [ʀa(ɑ)sjɔnɛl] *agg.* [f. *-elle*] razionale; logico: *ce que tu dis n'est pas rationnel*, quello che dici è privo di logica.
■ SIN. logique, sensé CONTR. irrationnel.

rationnellement [ʀasjɔnɛlmɑ̃] *avv.* razionalmente.

rationnement [ʀasjɔnmɑ̃] *n.m.* razionamento.

rationner [ʀasjɔne] *v.tr.* razionare: *rationner l'essence*, razionare la benzina.
● ***rationner la population***, razionare il cibo alla popolazione.

ratissage [ʀatisaʒ] *n.m.* 1 rastrellatura (*f.*) 2 (*fig.*) rastrellamento.

ratisser [ʀatise] *v.tr.* rastrellare (*anche fig.*).
● ***ratisser large***, (*fig.*) mettere tutto nello stesso calderone | ***se faire ratisser au jeu***, (*fig.*) farsi pelare, rovinarsi al gioco.

raton [ʀatɔ̃] *n.m.* 1 topolino 2 (*zool.*) procione 3 (*fam. spreg.*) nordafricano.
● (*zool.*) ***raton laveur***, procione lavatore.

ratonnade [ʀatɔnad] *n.f.* (*fam. spreg.*) spedizione punitiva razzista contro i nordafricani.

rattachement [ʀataʃmɑ̃] *n.m.* 1 ricongiungimento 2 annessione (*f.*).

rattacher [ʀataʃe] *v.tr.* 1 riattaccare, riallacciare, ricollegare (*anche fig.*): *rattacher des fils électriques*, ricollegare dei fili elettrici; *rattacher une question à une autre*, ricollegare una questione a un'altra 2 attaccare, unire:

R

rattacher une province à un État, unire, annettere una provincia a uno stato ♦ **se rattacher** *v.pron.intr.* ricollegarsi, riallacciarsi, riunirsi (*anche fig.*).

ratte [ʀat] *n.f.* varietà di patata a pasta gialla.

rattrapage [ʀatʀapaʒ] *n.m.* recupero.
● ***cours de rattrapage***, corso di recupero | ***examen de rattrapage***, esame di riparazione.

rattraper [ʀatʀape] *v.tr.* **1** riprendere, riacciuffare **2** raggiungere **3** recuperare, riguadagnare **4** riparare (**a**), rimediare ♦ **se rattraper** *v.pron.* e *pron.intr.* **1** aggrapparsi **2** rifarsi; riprendersi; (*tempo, denaro ecc.*) recuperare: *il doit se rattraper en latin*, deve rimettersi in pari con il latino; *il allait faire une gaffe, mais il s'est rattrapé à temps*, stava per fare une gaffe, ma si è fermato in tempo.

raturage [ʀatyʀaʒ] *n.m.* cancellamento, cancellatura (*f.*) (a penna).

rature [ʀatyʀ] *n.f.* cancellatura.

raturer [ʀatyʀe] *v.tr.* cancellare (a penna); (*fig.*) cancellare.

raufe [ʀof] *n.f.* (*Svizzera*) zuffa, rissa.

rauque [ʀok] *agg.* rauco.

ravage [ʀavaʒ] *n.m.* devastazione (*f.*); danno, rovina (*f.*) (*anche fig.*).
● ***faire des ravages (dans les cœurs)***, (*fam.*) far strage di cuori.

ravagé [ʀavaʒe] *agg.* **1** devastato; (*fig.*) sconvolto: *un visage ravagé de cicatrices*, un viso deturpato dalle cicatrici **2** (*molto fam.*) matto.

ravager [ʀavaʒe] *v.tr.* [coniug. come *manger*] **1** devastare **2** (*fig.*) sconvolgere; affliggere.

ravageur [ʀavaʒœʀ] *agg.* [f. *-euse*] **1** devastatore **2** (*fig.*) devastante, sconvolgente.

ravalement [ʀavalmɑ̃] *n.m.* (*edil.*) ripulitura (*f.*) di muri esterni; intonacatura (*f.*).

ravaler [ʀavale] *v.tr.* **1** (*edil.*) rintonacare **2** ringhiottire; (*fig.*) inghiottire, reprimere | *je lui ferai ravaler ses paroles*, gli farò rimangiare le sue parole **3** abbassare, sminuire: *ravaler le mérite de qqn*, sminuire il merito di qlcu ♦ **se ravaler** *v.pron.* abbassarsi.
● ***se ravaler la façade***, (*fam.*) rifarsi il trucco.

ravaleur [ʀavalœʀ] *n.m.* (*edil.*) intonacatore.

ravaudage [ʀavodaʒ] *n.m.* rammendo; (*fig.*) rabberciatura (*f.*).

ravauder [ʀavode] *v.tr.* rammendare; (*fig.*) rabberciare.

ravaudeuse [ʀavodøz] *n.f.* rammendatrice.

rave[1] [ʀav] *n.f.* rapa.

rave[2] [ʀɛv] *n.f.* (*festa*) rave (*m.*).

ravi [ʀavi] *agg.* felicissimo ♦ *n.m.* fanatico.
● (*je suis*) ***ravi de vous connaître***, lieto di fare la sua conoscenza.
■ *AGG.* SIN. heureux.

ravier [ʀavje] *n.m.* piattino (di forma oblunga).

ravigotant [ʀavigɔtɑ̃] *agg.* (*fam.*) rinvigorente.

ravigote [ʀavigɔt] *n.f.* (*cuc.*) ravigote (salsa verde con erba cipollina, capperi e cipolla tritati).

ravigoter [ʀavigɔte] *v.tr.* (*fam.*) rinvigorire.

ravin [ʀavɛ̃] *n.m.* burrone.

ravine [ʀavin] *n.f.* piccola forra, canaletto (*m.*).

raviné [ʀavine] *agg.* **1** corroso, eroso **2** solcato da rughe.

ravinement [ʀavinmɑ̃] *n.m.* dilavamento.

raviner [ʀavine] *v.tr.* (*di acque*) dilavare, scavare.

ravioli [ʀavjɔli] *n.m.* [pl. *-s*] (*cuc.*) raviolo.

ravir [ʀaviʀ] *v.tr.* **1** rapire, avvincere, affascinare **2** (*letter.*) rapire (*anche fig.*).
● ***à ravir***, a meraviglia.

raviser, se [səʀavize] *v.pron.intr.* ricredersi, cambiare parere.

ravissant [ʀavisɑ̃] *agg.* incantevole; affascinante; delizioso.

ravissement [ʀavismɑ̃] *n.m.* rapimento, estasi (*f.*).

ravisseur [ʀavisœʀ] *agg.* e *n.m.* [f. *-euse*] rapitore.

ravitaillement [ʀavitɑjmɑ̃] *n.m.* **1** rifornimento; approvvigionamento **2** (*fam.*) provviste (*f.pl.*).
● ***ravitaillement en munitions***, rifornimento di munizioni, munizionamento | ***ravitaillement en vivres***, rifornimento di viveri, vettovagliamento | ***aller au ravitaillement***, andare a far provviste.

ravitailler [ʀavitɑje] *v.tr.* rifornire, approvvigionare ♦ **se ravitailler** *v.pron.intr.* rifornirsi; approvvigionarsi.
● ***ravitailler en vivres***, rifornire di viveri, vettovagliare.

ravitailleur [ʀavitɑjœʀ] *n.m.* **1** (*sport*) addetto al rifornimento **2** (*aer.*) aereo cisterna.
● ***navire ravitailleur***, nave rifornimento, nave appoggio.

raviver [ʀavive] *v.tr.* ravvivare.

ravoir [ʀavwaʀ] *v.tr.dif.* [usato solo all'inf.] **1** riavere **2** (*fam.*) recuperare; rimettere a nuovo.

rayé [ʀeje] *agg.* **1** rigato, a righe: *tissu rouge rayé de noir*, tessuto rosso a righe nere **2** rigato, scalfito.

rayer [ʀeje] *v.tr.* [coniug. come *payer*] **1** rigare; scalfire **2** cancellare (con tratti di penna); depennare (*anche fig.*) **3** radiare.
● ***rayez cela de vos papiers!***, (*fig.*) toglietevelo dalla testa.

rayon[1] [ʀɛjɔ̃] *n.m.* **1** raggio: *les rayons du soleil*, i raggi del sole, solari **2** (*fig.*) sprazzo, barlume: *un rayon d'espoir*, un barlume di speranza.
● ***rayon d'action***, raggio d'azione (*anche fig.*) | (*bot.*) ***rayon médullaire***, raggio midollare | (*fis.*): ***rayons ultraviolets, infrarouges***, raggi ultravioletti, infrarossi; ***rayons X***, raggi X | ***dans un rayon de***, entro un raggio di.

rayon[2] *n.m.* **1** ripiano **2** (*di negozio*) reparto.
● ***rayon (de miel)***, favo | ***ce n'est pas votre rayon!***, (*fam.*) non vi riguarda! | ***chef de rayon***, capo reparto | ***en connaître un rayon***, (*fig.*) saperla lunga.

rayon[3] *n.m.* (*agr.*) (piccolo) solco.

rayonnage [ʀɛjɔnaʒ] *n.m.* scaffalatura (*f.*).

rayonnant [ʀɛjɔnɑ̃] *agg.* **1** raggiante, radioso (*anche fig.*) **2** (*fis.*) radiante **3** a raggiera.
● (*arch.*) ***gothique rayonnant***, gotico fiorito.

rayonne [ʀɛjɔn] *n.f.* (*ind. tess.*) raion (*m.*), rayon (*m.*).

rayonnement [ʀɛjɔnmɑ̃] *n.m.* **1** irraggiamento, irradiamento, irradiazione (*f.*): *rayonnement thermique*, irraggiamento termico **2** (*fis.*) radiazione (*f.*) **3** (*fig.*) influsso, influenza (*f.*).

rayonner [ʀɛjɔne] *v.intr.* **1** irradiare **2** (*fig.*) irradiarsi, diffondersi: *de cette place rayonnent plusieurs avenues*, da questa piazza si diramano numerosi viali **3** (*fig.*) essere raggiante, risplendere.
● ***rayonner autour de***, spostarsi entro un certo raggio.

rayure [ʀɛjyʀ] *n.f.* **1** riga, striscia **2** scalfittura, graffio (*m.*): *une rayure à la voiture*, un graffio alla macchina **3** (*di arma da fuoco*) rigatura.
● ***à rayures***, a righe.

R

raz-de-marée, **raz de marée** [Radmare] *n.m.invar.* 1 onda (*f.*) molto alta e isolata 2 (*fig.*) ondata (*f.*).
razzia [Ra(d)zja] *n.f.* razzia.
● *faire une razzia sur qqch*, (*fig.*) far razzia di qlco.
razzier [Ra(d)zje] *v.tr.* razziare, far razzia (**di**).
ré [Re] *n.m.invar.* (*mus.*) re.
re- *pref.* re-.
réabonnement [Reabɔnmɑ̃] *n.m.* rinnovo dell'abbonamento.
réabonner [Reabɔne] *v.tr.* riabbonare ♦ **se réabonner** *v.pron.* riabbonarsi.
réabsorber [Reapsɔrbe] *v.tr.* riassorbire.
réabsorption [Reapsɔrpsjɔ̃] *n.f.* riassorbimento (*m.*).
réac [Reak] *agg.* e *n.m.* e *f.* (*fam.*) abbr. di **réactionnaire**.
réaccoutumer [Reakutyme] *v.tr.* riabituare.
réactance [Reaktɑ̃s] *n.f.* (*elettr.*) reattanza.
réactant [Reaktɑ̃] *n.m.* (*chim.*) reagente.
réacteur [Reaktœr] *n.m.* reattore.
● *réacteur nucléaire*, reattore nucleare.
réactif [Reaktif] *agg.* [f. *-ive*] reattivo ♦ *n.m.* (*chim.*) reagente.
réaction [Reaksjɔ̃] *n.f.* 1 reazione 2 (*cibernetica*) feedback (*m.*), retroazione.
● (*chim., fis.*) *réaction en chaîne*, reazione a catena (*anche fig.*).
réactionnaire [Reaksjɔnɛr] *agg.* e *n.m.* e *f.* reazionario/a.
réactiver [Reaktive] *v.tr.* riattivare.
réactivité [Reaktivite] *n.f.* (*scient.*) reattività.
réactualiser [Reaktɥalize] *v.tr.* recuperare, rimettere in auge; aggiornare.
réadaptation [Readaptasjɔ̃] *n.f.* 1 riadattamento (*m.*) 2 (*med.*) rieducazione, riabilitazione.
réadapter [Readapte] *v.tr.* 1 riadattare 2 (*med.*) rieducare, riabilitare ♦ **se réadapter** *v.pron.* riadattarsi.
réadjuger [Readʒyʒe] *v.tr.* [coniug. come *manger*] riappaltare.
réadmettre [Readmɛtr] *v.tr.* [coniug. come *mettre*] riammettere.
réadmis [Readmi] *p.p.* di **réadmettre**.
réaffirmer [Reafirme] *v.tr.* riaffermare, confermare.
réagir [Reaʒir] *v.intr.* 1 reagire: *réagir contre le désespoir*, reagire alla disperazione 2 agire, ripercuotersi: *le moral réagit toujours sur le physique*, il morale agisce sempre sul fisico.
réajustement [Reaʒystəmɑ̃] *n.m.* → **rajustement**.
réajuster [Reaʒyste] *v.tr.* → **rajuster**.
réalgar [Realgar] *n.m.* (*min.*) realgar.
réalisable [Realizabl] *agg.* realizzabile.
réalisateur [Realizatœr] *agg.* [f. *-trice*] che realizza, che attua ♦ *n.m.* 1 realizzatore, esecutore 2 (*cine., tv*) regista.
réalisation [Realizasjɔ̃] *n.f.* 1 realizzazione, attuazione 2 (*cine., tv.*) regia 3 (*comm.*) realizzo (*m.*).
réaliser [Realize] *v.tr.* 1 realizzare, attuare: *il réalisa ses promesses*, tradusse in realtà le sue promesse 2 rendersi conto (**di**) 3 (*cine., rad.*) realizzare 4 (*comm.*) realizzare: *réaliser un bénéfice*, ricavare un utile ♦ **se réaliser** *v.pron.* e *pron.intr.* realizzarsi, avverarsi.
réalisme [Realism] *n.m.* realismo.

R

réaliste [Realist] *agg.* realistico ♦ *n.m.* e *f.* realista.
réalité [Realite] *n.f.* 1 realtà 2 natura reale.
● *en réalité*, in realtà, per la verità.
réanimation [Reanimasjɔ̃] *n.f.* (*med.*) rianimazione.
réanimer [Reanime] *v.tr.* (*med.*) rianimare.
réapparaître [Reaparɛtr] *v.intr.* [coniug. come *connaître*; aus. *être* e *avoir*] riapparire, ricomparire.
réapparition [Reaparisjɔ̃] *n.f.* riapparizione.
réapparu [Reapary] *p.p.* di **réapparaître**.
réapprendre [Reaprɑ̃dr] *v.tr.* imparare di nuovo.
réapprovisionner [Reaprɔvizjɔne] *v.tr.* riapprovvigionare; rifornire.
réarmement [Rearməmɑ̃] *n.m.* 1 riarmo 2 ricarica (*f.*).
réarmer [Rearme] *v.tr.* 1 riarmare 2 ricaricare ♦ *v.intr.* riarmare, riarmarsi.
réassortiment [Reasɔrtimɑ̃] *n.m.* riassortimento.
réassortir [Reasɔrtir] *v.tr.* riassortire, rifornire.
réassurance [Reasyrɑ̃s] *n.f.* riassicurazione.
réassurer [Reasyre] *v.tr.* (*dir.*) riassicurare.
rebaptiser [Rəbatize] *v.tr.* ribattezzare.
rébarbatif [Rebarbatif] *agg.* [f. *-ive*] 1 arcigno 2 noioso; ostico.
rebâtir [Rəbɑtir] *v.tr.* ricostruire.
rebattre [Rəbatr] *v.tr.* [coniug. come *battre*] ribattere, battere di nuovo.
● *rebattre les oreilles à qqn de qqch*, (*fam.*) ripetere senza tregua qlco a qlcu.
rebattu [Rəbaty] *p.p.* di **rebattre** ♦ *agg.* (*fig.*) trito (e ritrito).
rebelle [Rəbɛl] *agg.* e *n.m.* e *f.* ribelle.
rebeller, se [səRəbele] *v.pron.intr.* ribellarsi (**a**).
rébellion [Rebeljɔ̃] *n.f.* 1 ribellione, rivolta (*anche fig.*) 2 ribelli (*m.pl.*).
rebelote [Rəbəlɔt] *inter.* → **belote**.
rebeu [Rəbø] **rebeuse** [Rəbøz] *n.f.* (*verlan di* arabe) donna di origine araba o maghrebina.
rebiffer, se [səRəbife] *v.pron.intr.* (*fam.*) 1 opporsi (**a**), ribellarsi (**a**) 2 (*estens.*) inalberarsi.
rebiquer [Rəbike] *v.intr.* (*fam.*) rivoltarsi all'indietro, arricciolarsi: *col qui rebique*, colletto che fa i becchi.
reblochon [Rəblɔʃɔ̃] *n.m.* formaggio molle vaccino della Savoia.
reboisement [Rəbwazmɑ̃] *n.m.* rimboschimento.
reboiser [Rəbwaze] *v.tr.* rimboscare.
rebond [Rəbɔ̃] *n.m.* rimbalzo.
rebondi [Rəbɔ̃di] *agg.* 1 arrotondato, panciuto 2 paffuto, grassoccio.
rebondir [Rəbɔ̃dir] *v.intr.* 1 rimbalzare 2 (*fig.*) tornare alla ribalta; avere una ripresa, riprendersi.
rebondissement [Rəbɔ̃dismɑ̃] *n.m.* 1 rimbalzo 2 (*fig.*) ripresa (*f.*); ripercussione (*f.*): *les rebondissements d'une affaire*, i nuovi sviluppi di un fatto di cronaca.
rebord [Rəbɔr] *n.m.* 1 orlo, bordo; (*di finestra*) davanzale: *le rebord d'une table*, il bordo di un tavolo 2 sponda (*f.*).
reboucher [Rəbuʃe] *v.tr.* tappare di nuovo; richiudere.
rebours [Rəbur] *n.m.* contropelo.
● *à rebours*, in senso opposto, al contrario; all'indietro: *prendre l'ennemi à rebours*, prendere il nemico alle spalle

| *à rebours de*, *au rebours de*, contrariamente a, contro | *compte à rebours*, conto alla rovescia.

rebouteur [ʀəbutœʀ] **rebouteux** [ʀəbutø] *n.m.* [f. *-euse*] (*fam.*) manipolatore, aggiustaossa.

rebrousse-poil, à [aʀəbʀuspwal] *avv.* (a) contropelo: *prendre qqn à rebrousse-poil*, (*fig.*) prendere qlcu per il verso sbagliato.

rebrousser [ʀəbʀuse] *v.tr.* spazzolare a contropelo.
● *rebrousser chemin*, ritornare sui propri passi, fare dietro front.

rebuffade [ʀəbyfad] *n.f.* 1 rifiuto (*m.*) sgarbato 2 cattiva accoglienza.

rébus [ʀebys] *n.m.* rebus (*anche fig.*).

rebuse [ʀəbyz] *n.f.* (*Svizzera*) ritorno (*m.*) del freddo.

rebut [ʀəby] *n.m.* scarto; rifiuto (*anche fig.*).
● *de rebut*, di scarto | *mettre au rebut*, scartare.

rebutant [ʀəbytɑ̃] *agg.* 1 ributtante, ripugnante 2 sgradevole, scoraggiante.

rebuter [ʀəbyte] *v.tr.* 1 scoraggiare 2 disgustare.

récalcitrant [ʀekalsitʀɑ̃] *agg.* ricalcitrante.

recalculer [ʀəkalkyle] *v.tr.* ricalcolare.

recalé [ʀəkale] *agg.* e *n.m.* (*fam.*) bocciato (agli esami).

recaler [ʀəkale] *v.tr.* (*fam.*) bocciare (agli esami).

récapitulatif [ʀekapitylatif] *agg.* [f. *-ive*] riassuntivo, riepilogativo.

récapitulation [ʀekapitylasjɔ̃] *n.f.* ricapitolazione, riepilogo (*m.*).

récapituler [ʀekapityle] *v.tr.* ricapitolare, riepilogare.

recaser [ʀəkɑze] *v.tr.* (*fam.*) reinserire (spec. nel mondo del lavoro).

recel [ʀəsɛl] *n.m.* (*dir.*) ricettazione (*f.*), occultamento.
● *recel de cadavre*, occultamento di cadavere | *recel d'objets volés*, ricettazione di refurtiva.

receler [ʀəsəle] *v.tr.* [coniug. come *semer*] 1 celare, nascondere 2 (*dir.*) ricettare (un oggetto rubato); dare asilo (a un ricercato).

receleur [ʀəsəlœʀ] *n.m.* [f. *-euse*] 1 (*di oggetti rubati*) ricettatore 2 (*di ricercati*) favoreggiatore.

récemment [ʀesamɑ̃] *avv.* recentemente.
● *tout récemment*, molto di recente.

recensement [ʀəsɑ̃smɑ̃] *n.m.* 1 censimento 2 inventario.
● *faire le recensement de*, fare l'inventario di.

recenser [ʀəsɑ̃se] *v.tr.* 1 censire 2 inventariare.

récent [ʀesɑ̃] *agg.* recente.
■ SIN. nouveau.

recentrage [ʀəsɑ̃tʀaʒ] *n.m.* 1 spostamento verso il centro 2 (*pol.*) ridefinizione (*f.*) (di una linea politica).

recentrer [ʀəsɑ̃tʀe] *v.tr.* 1 rimettere al centro 2 (*pol.*) ridefinire (una linea politica) 3 (*calcio*) crossare di nuovo.

récépissé [ʀesepise] *n.m.* ricevuta (*f.*).

réceptacle [ʀesɛptakl] *n.m.* ricettacolo.

récepteur [ʀesɛptœʀ] *agg.* [f. *-trice*] ricevitore, ricevente ♦ *n.m.* 1 (*tecn.*) ricevitore 2 (*biochim., med.*) recettore 3 (*ling.*) ricevente.
● (*inform.*) *récepteur de papier*, serbatoio di ricezione carta | *récepteur de poche*, ricevitore portatile di teleavviso, teledrin® | *récepteur de radio*, radioricevitore | *récepteur émetteur*, ricetrasmettitore | *récepteur téléphonique*, ricevitore (telefonico), cornetta.

réceptif [ʀesɛptif] *agg.* [f. *-ive*] ricettivo.

réception [ʀesɛpsjɔ̃] *n.f.* 1 (*comm.*) ricevimento (*m.*): *accuser réception*, accusare ricevuta 2 (*dir.*) accettazione (di diritti di proprietà) 3 (*sport*) ricezione 4 (*trattenimento*) ricevimento (*m.*): *salle de réception*, sala per ricevimenti 5 accoglienza, ricevimento (*m.*); ammissione 6 (*di albergo ecc.*) reception: *bureau de réception*, reception 7 (*fis., elettr.*) ricezione 8 (*tecn.*) collaudo (*m.*) (di accettazione).
● (*dir.*) *réception des travaux*, (atto di) accettazione dell'opera (da parte del committente) | (*comm.*) *accusé, avis de réception*, ricevuta di ritorno | (*geogr.*) *bassin de réception*, bacino di raccolta.

réceptionnaire [ʀesɛpsjɔnɛʀ] *n.m.* e *f.* 1 (*comm.*) addetto/a al ricevimento e controllo delle merci in arrivo 2 (*in un albergo*) direttore/trice della reception.

réceptionner [ʀesɛpsjɔne] *v.tr.* 1 (*comm.*) controllare (merci in arrivo) 2 (*sport*) ricevere (il pallone).

réceptionniste [ʀesɛpsjɔnist] *n.m.* e *f.* receptionist, (*in un albergo*) addetto/a alla ricezione.

réceptivité [ʀesɛptivite] *n.f.* ricettività.

récessif [ʀesesif] *agg.* [f. *-ive*] (*biol.*) recessivo.

récession [ʀesesjɔ̃] *n.f.* recessione.

recette [ʀəsɛt] *n.f.* 1 incasso (*m.*), introito (*m.*), entrata 2 riscossione 3 esattoria, ricevitoria 4 (*cuc.*) ricetta (*anche fig.*): *c'est une recette infaillible pour réussir*, è un mezzo infallibile per riuscire.
● (*econ.*) *recettes et dépenses*, entrate e uscite | *faire recette*, far cassetta; (*fig.*) aver successo | *garçon de recette*, (*in banca, azienda*) impiegato addetto alla riscossione in effetti | (*cuc.*) *livre de recettes*, ricettario.

recevable [ʀəsəvabl, ʀəsəvabl] *agg.* accettabile, ammissibile.

receveur [ʀəsəvœʀ, ʀəsəvœʀ] *n.m.* [f. *-euse*] 1 (*di imposte*) esattore, ricevitore 2 (*ant.*) (*sui trasporti pubblici*) bigliettaio 3 (*di ufficio postale*) direttore 4 (*med.*) ricevitore.
● (*amm.*) *receveur du bureau d'enregistrement*, direttore dell'Ufficio del Registro | (*med.*) *receveur universel*, ricevitore universale.

recevoir [ʀəsəvwaʀ, ʀəsəvwaʀ] *v.tr.* [pres.indic.: *je reçois* etc., *nous recevons*, *vous recevez*, *il reçoivent*; imperf. indic.: *je recevais* etc.; p.rem.: *je reçus* etc.; fut.indic.: *je recevrai* etc.; cond.: *je recevrais* etc.; pres.cong.: *que je reçoive* etc., *que nous recevions*, *que vous receviez*, *qu'ils reçoivent*; imperf.cong.: *que je reçusse* etc.; p.pres.: *recevant*; p.p.: *reçu*; imp.: *reçois*, *recevons*, *recevez*] 1 ricevere: *recevoir une lettre*, ricevere una lettera; *recevoir sa pension*, prendere, percepire la pensione; *recevoir des coups*, prendere, ricevere dei colpi; *qu'est-ce qu'il a reçu!*, quante ne ha prese!; *recevoir la pluie*, prendere la pioggia | *il a reçu son compte*, (*fam.*) ha avuto quel che si merita 2 ricevere, accogliere; contenere: *ce port reçoit de grands navires*, questo porto accoglie grandi navi; *cette salle peut recevoir plus de mille personnes*, questa sala può accogliere, contenere più di mille persone; *son ideé a été mal reçue*, la sua idea è stata accolta male | (*comm.*) *recevez, Monsieur, nos salutations distinguées*, gradisca i nostri distinti saluti 3 ammettere; accettare: *il a été reçu au conservatoire*, è stato ammesso al conservatorio; *être reçu à l'examen*, essere promosso all'esame; *être reçu au concours*, superare il concorso 4 (*letter.*) ammettere, riconoscere ♦ **se recevoir** *v.pron.* (*sport*) ricadere (dopo un salto).
● *idée reçue*, preconcetto | (*econ.*) *intérêts à recevoir*, interessi attivi.

R

recevrai [ʀəsəvʀe] → **recevoir**.

rechange [ʀəʃɑ̃ʒ] ***n.m.*** (*ant.*) scambio, ricambio.
● ***de rechange***, di ricambio; alternativo: *pièces de rechange*, pezzi di ricambio.

rechapage [ʀəʃapaʒ] ***n.m.*** (*aut.*) (*del battistrada*) rigenerazione (*f.*).

rechaper [ʀəʃape] ***v.tr.*** (*aut.*) rigenerare (il battistrada).

réchapper [ʀeʃape] ***v.intr.*** [aus. *avoir* e *être*] scampare (**a**).
● ***en réchapper***, (*fam.*) scamparla: *il en a, est réchappé*, l'ha scampata bella.

recharge [ʀəʃaʀʒ] ***n.f.*** **1** ricarica **2** (*di penna, accendino ecc.*) ricambio (*m.*).

rechargeable [ʀəʃaʀʒabl] ***agg.*** ricaricabile.

recharger [ʀəʃaʀʒe] ***v.tr.*** [coniug. come *manger*] ricaricare.

réchaud [ʀeʃo] ***n.m.*** **1** fornello **2** scaldavivande; scaldapiatti.

réchauffage [ʀeʃofaʒ] ***n.m.*** riscaldamento.

réchauffé [ʀeʃofe] ***agg.*** riscaldato ♦ ***n.m.*** **1** cibo riscaldato **2** (*fig. fam.*) cosa (*f.*) fritta e rifritta: *c'est du réchauffé*, sono cose fritte e rifritte.

réchauffement [ʀeʃofmɑ̃] ***n.m.*** il riscaldarsi: *le réchauffement de la température*, il rialzo della temperatura.
● (*ecol.*) ***rechauffement global***, riscaldamento globale.

réchauffer [ʀeʃofe] ***v.tr.*** **1** riscaldare **2** (*fig.*) rianimare, riaccendere ♦ **se réchauffer** ***v.pron.*** e ***pron.intr.*** **1** riscaldarsi **2** (*fig.*) riaccendersi.

rechausser [ʀəʃose] ***v.tr.*** **1** rimettere le scarpe (**a**) **2** (*agr.*) rincalzare **3** (*edil.*) rinforzare.

rêche [ʀɛʃ] ***agg.*** **1** ruvido **2** (*al gusto*) aspro **3** (*letter.*) brusco, ruvido.
■ SIN. rugueux.

recherche [ʀəʃɛʀʃ] ***n.f.*** **1** ricerca **2** ricercatezza: *un style sans recherche*, uno stile semplice.
● (*inform.*) ***recherche assistée par ordinateur***, ricerca di informazioni | (*dir.*) ***recherche de paternité***, ricerca di paternità | (*scient.*) ***recherche fondamentale***, ricerca scientifica di base | ***à la recherche de***, in cerca di, alla ricerca di.

NOTA ***À la recherche du temps perdu*** (1913 - 27) è il titolo collettivo dei sette romanzi di Marcel Proust. Il ciclo è la ricostruzione di una vita (quella del narratore) intesa come scoperta graduale del significato della realtà attraverso la memoria a partire da eventi minimi e casuali.

recherché [ʀəʃɛʀʃe] ***agg.*** **1** ricercato, richiesto **2** ricercato, affettato.

rechercher [ʀəʃɛʀʃe] ***v.tr.*** ricercare.

rechigné [ʀəʃiɲe] ***agg.*** imbronciato.

rechigner [ʀəʃiɲe] ***v.intr.*** storcere il naso, ricalcitrare: *rechigner à la besogne*, ricalcitrare davanti al lavoro.

rechute [ʀəʃyt] ***n.f.*** ricaduta.

rechuter [ʀəʃyte] ***v.intr.*** fare, avere una ricaduta.

récidive [ʀesidiv] ***n.f.*** recidiva.

récidiver [ʀesidive] ***v.intr.*** recidivare, essere recidivo.

récidiviste [ʀesidivist] ***agg.*** e ***n.m.*** e ***f.*** recidivo/a.

récif [ʀesif] ***n.m.*** scoglio, scogliera (*f.*).
● ***récif de corail***, barriera corallina | ***récif sous-marin***, frangenti sommersi.

récipiendaire [ʀesipjɑ̃dɛʀ] ***n.m.*** e ***f.*** (*di accademia, di società ecc.*) neoeletto/a, nuovo/a socio/a.

récipient [ʀesipjɑ̃] ***n.m.*** contenitore, recipiente.

réciprocité [ʀesipʀɔsite] ***n.f.*** reciprocità.

réciproque [ʀesipʀɔk] ***agg.*** reciproco ♦ ***n.f.*** (*mat.*) contrario (*m.*).
● ***rendre la réciproque***, rendere la pariglia | (*gramm.*) ***verbes réciproques***, verbi reciproci.

réciproquement [ʀesipʀɔkmɑ̃] ***avv.*** reciprocamente.
● ***et réciproquement***, e viceversa: *je l'estime et réciproquement*, io lo stimo e anche lui mi stima.

récit [ʀesi] ***n.m.*** **1** racconto, narrazione (*f.*): *faire le récit de*, raccontare **2** (*antiq.*) (*mus.*) recitativo.
■ SIN. histoire.

FAUX AMI
Da non confondere con *recita*, che si traduce *représentation*.

récital [ʀesital] ***n.m.*** [pl. *-als*] recital.

récitant [ʀesitɑ̃] ***agg.*** recitante ♦ ***n.m.*** **1** (*mus.*) (*attore, voce*) recitante **2** (*teatr., cine., rad.*) narratore.

récitatif [ʀesitatif] ***n.m.*** (*mus.*) recitativo.

récitation [ʀesitasjɔ̃] ***n.f.*** **1** recitazione, il recitare (*m.*) **2** brano (*m.*) da impararsi a memoria.

réciter [ʀesite] ***v.tr.*** **1** recitare **2** (*antiq.*) raccontare.

réclamation [ʀeklɑmasjɔ̃] ***n.f.*** reclamo (*m.*); rimostranza, lagnanza: *faire, déposer une réclamation*, fare, presentare un reclamo.
● ***bureau des réclamations***, ufficio reclami.

réclame [ʀeklɑm] ***n.f.*** **1** pubblicità; propaganda, réclame: *faire de la réclame*, fare pubblicità **2** (*cartellone, insegna ecc.*) réclame, pubblicità | *réclame lumineuse*, insegna luminosa **3** (*mus.*) responsorio (*m.*).
● ***en réclame***, in offerta speciale | (***vente***) ***réclame***, (***article***) ***réclame***, vendita, articolo promozionale.

réclamer [ʀeklɑme] ***v.tr.*** **1** rivendicare, reclamare | *réclamer un paiement*, sollecitare un pagamento **2** (*fig.*) richiedere, esigere ♦ ***v.intr.*** reclamare, protestare | *réclamer en faveur de qqn*, intercedere a favore di qlcu ♦ **se réclamer** ***v.pron.intr.*** appellarsi (**a**), fare appello (**a**).

reclassement [ʀəklɑsmɑ̃] ***n.m.*** **1** riclassificazione (*f.*); riordino **2** reinserimento (di persone).
● (*econ.*) ***reclassement des salaires***, perequazione dei salari | ***reclassement social***, riabilitazione.

reclasser [ʀəklɑse] ***v.tr.*** **1** riclassificare, ricatalogare **2** reinserire (persone).

reclouer [ʀəklue] ***v.tr.*** inchiodare di nuovo.

reclus [ʀəkly] ***agg.*** recluso; appartato ♦ ***n.m.*** **1** recluso **2** (*fig.*) solitario: *vivre en reclus*, fare una vita da recluso.

réclusion [ʀeklyzjɔ̃] ***n.f.*** reclusione.
● (*dir.*) ***réclusion à perpétuité***, ergastolo; ***réclusion criminelle***, reclusione; ***maison de réclusion***, casa di pena.

récognitif [ʀekɔgnitif, ʀekɔɲitif] ***agg.*** (*dir.*) ricognitivo.

recoiffer [ʀəkwafe] ***v.tr.*** ripettinare ♦ **se recoiffer** ***v.pron.*** **1** ripettinarsi **2** rimettersi il cappello.

recoin [ʀəkwɛ̃] ***n.m.*** **1** angolino (nascosto), cantuccio **2** (*fig.*) recesso: *les recoins de l'âme*, i recessi dell'anima.

reçois [ʀəswa] → **recevoir**.

reçoive [ʀəswav] → **recevoir**.

recollage [ʀəkɔlaʒ] **recollement** [ʀəkɔlmɑ̃] ***n.m.*** il rincollare, il riattaccare.

recoller [ʀəkɔle] ***v.tr.*** rincollare, riattaccare.

récoltant [ʀekɔltɑ̃] ***agg.*** che fa il raccolto.
● ***propriétaire récoltant***, coltivatore diretto.

récolte [rekɔlt] *n.f.* raccolta; (*il prodotto*) raccolto (*m.*).

récolter [rekɔlte] *v.tr.* raccogliere (*anche fig.*): *je n'y ai récolté que des inconvénients*, ne ho ricavato solo seccature.

recommandable [rəkɔmɑ̃dabl] *agg.* raccomandabile.

recommandation [rəkɔmɑ̃dasjɔ̃] *n.f.* **1** raccomandazione **2** (*alla posta*) spedizione raccomandata **3** (*pol.*) risoluzione: *recommandation du Conseil de sécurité de l'ONU*, delibera del Consiglio di sicurezza dell'ONU.

NOTA Le ***recommandations officielles***, 'raccomandazioni ufficiali', sono delibere emesse dagli organi ministeriali e pubblicate dal *Commissariat général de la langue française*, che condannano l'uso di termini stranieri e ne raccomandano l'equivalente conio francese. Alcune parole così suggerite entrano rapidamente nella lingua (*software = logiciel*), altre con più difficoltà (*fast-food = restauration rapide*).

recommandé [rəkɔmɑ̃de] *agg.* (*di lettera ecc.*) raccomandato: *envoyer en recommandé*, spedire come raccomandata ♦ *n.m.* raccomandata (*f.*).

recommander [rəkɔmɑ̃de] *v.tr.* **1** raccomandare, consigliare: *je vous recommande la lecture de ce texte*, vi consiglio la lettura di questo testo **2** raccomandare: *il a été recommandé par son professeur*, è stato raccomandato dal suo professore **3** (*alla Posta*) raccomandare ♦ **se recommander** *v.pron.* **1** raccomandarsi: *se recommander à qqn*, raccomandarsi a qlcu; *se recommander de qqn*, appellarsi, appoggiarsi a qlcu **2** imporsi: *ce texte se recommande par sa clarté*, questo testo si impone per la chiarezza.

recommencement [rəkɔmɑ̃smɑ̃] *n.m.* ricominciamento; ripresa (*f.*).

recommencer [rəkɔmɑ̃se] *v.tr.* e *intr.* [coniug. come *placer*] ricominciare: *c'est tout à recommencer*, è tutto da rifare.

● ***recommencer de plus belle***, (*fam.*) ricominciare con maggiore vigore | ***c'est toujours à recommencer***, (*fam.*) siamo sempre daccapo.

recomparaître [rəkɔ̃parɛtr] *v.intr.* [coniug. come *paraître*] ricomparire.

récompense [rekɔ̃pɑ̃s] *n.f.* **1** ricompensa **2** (*dir. matrimoniale*) indennità.

récompenser [rekɔ̃pɑ̃se] *v.tr.* ricompensare.
■ SIN. primer.

recomposer [rəkɔ̃poze] *v.tr.* ricomporre.

recomposition [rəkɔ̃pozisjɔ̃] *n.f.* ricomposizione.

recompter [rəkɔ̃te] *v.tr.* ricontare.

réconciliation [rekɔ̃siljasjɔ̃] *n.f.* riconciliazione.

réconcilier [rekɔ̃silje] *v.tr.* riconciliare ♦ **se réconcilier** *v.pron.rec.* riconciliarsi.
■ *V.TR.* CONTR. brouiller, désunir.

recondamner [rəkɔ̃da(a)ne] *v.tr.* ricondannare.

reconductible [rəkɔ̃dyktibl] *agg.* (*dir.*) rinnovabile.

reconduction [rəkɔ̃dyksjɔ̃] *n.f.* **1** (*dir.*) riconduzione **2** continuazione.

reconduire [rəkɔ̃dɥir] *v.tr.* [coniug. come *conduire*] **1** accompagnare **2** (*dir.*) (*un affitto ecc.*) rinnovare **3** proseguire, continuare.

reconduit [rəkɔ̃dɥi] *p.p.* di **reconduire**.

réconfort [rekɔ̃fɔr] *n.m.* conforto.

réconfortant [rekɔ̃fɔrtɑ̃] *agg.* **1** confortante **2** corroborante ♦ *n.m.* corroborante, ricostituente.

réconforter [rekɔ̃fɔrte] *v.tr.* **1** (ri)confortare, rincuorare **2** rinvigorire, corroborare ♦ **se réconforter** *v.pron.* ristorarsi.

reconnaissable [rəkɔnɛsabl] *agg.* riconoscibile.

reconnaissance [rəkɔnɛsɑ̃s] *n.f.* **1** riconoscimento (*m.*) (*anche dir.*) **2** riconoscenza, gratitudine **3** (*mil.*) ricognizione, perlustrazione, esplorazione **4** (*geol.*) accertamento (*m.*).

● (*inform.*) ***reconnaissance optique de caractères*** (*ROC*), riconoscimento ottico di caratteri (OCR) | (*mil.*) ***avion de reconnaissance***, aereo da ricognizione, ricognitore | ***avoir la reconnaissance du ventre***, (*fam.*) essere riconoscenti verso chi dà da mangiare.

reconnaissant [rəkɔnɛsɑ̃] *agg.* riconoscente, grato.

reconnaître [rəkɔnɛtr] *v.tr.* [coniug. come *connaître*] **1** riconoscere: *reconnaître qqn pour maître*, riconoscere qlcu come proprio maestro; *je te reconnais bien là!*, questa è proprio da te **2** riconoscere, ammettere: *reconnaître ses défauts*, riconoscere i propri errori **3** (*dir.*) riconoscere: *reconnaître un enfant*, riconoscere un figlio **4** riconoscere, dichiarare proprio: *reconnaître une œuvre, un tableau*, riconoscere un'opera, un quadro come proprio **5** (*mil.*) compiere una ricognizione (in), perlustrare ♦ **se reconnaître** *v.pron.* **1** riconoscersi: *se reconnaître coupable*, riconoscersi colpevole **2** ravvisarsi: *se reconnaître dans son fils*, riconoscersi, rivedersi nel proprio figlio **3** ritrovarsi: *je ne me reconnais plus dans cette ville*, in questa città non mi ci ritrovo più.

● ***reconnaître qqn, qqch à***, riconoscere qlcu, qlco da: *reconnaître qqn à sa démarche*, riconoscere qlcu dall'andatura | ***ne plus s'y reconnaître***, non raccapezzarcisi più.

reconnu [rəkɔny] *p.p.* di **reconnaître** ♦ *agg.* riconosciuto.

reconquérir [rəkɔ̃kerir] *v.tr.* [coniug. come *acquérir*] riconquistare.

reconquête [rəkɔ̃kɛt] *n.f.* riconquista.

reconsidérer [rəkɔ̃sidere] *v.tr.* [coniug. come *céder*] riconsiderare.

reconstituant [rəkɔ̃stitɥɑ̃] *agg.* e *n.m.* ricostituente.

reconstituer [rəkɔ̃stitɥe] *v.tr.* **1** ricostituire, formare di nuovo **2** ricostruire: *reconstituer un crime*, ricostruire un delitto **3** (*med.*) rinvigorire: *reconstituer ses forces*, rimettersi in forze.

reconstitution [rəkɔ̃stitysjɔ̃] *n.f.* **1** ricostituzione **2** ricostruzione.

reconstruction [rəkɔ̃stryksjɔ̃] *n.f.* ricostruzione.

reconstruire [rəkɔ̃strɥir] *v.tr.* [coniug. come *conduire*] ricostruire: *reconstruire sa fortune*, (*fig.*) rifarsi una fortuna.

reconstruit [rəkɔ̃strɥi] *p.p.* di **reconstruire**.

reconversion [rəkɔ̃vɛrsjɔ̃] *n.f.* riconversione.

reconvertir [rəkɔ̃vɛrtir] *v.tr.* riconvertire ♦ **se reconvertir** *v.pron.intr.* (*econ.*) riconvertirsi.

recopiage [rəkɔpjaʒ] *n.m.* ricopiatura (*f.*).

recopier [rəkɔpje] *v.tr.* ricopiare.

record [rəkɔr] *n.m.* **1** (*sport*) record **2** record, punta (*f.*) massima ♦ *agg.invar.* record: *en un temps record*, in tempo record.

● (*sport*) ***record du monde***, record del mondo.

recordman [rəkɔrdman] *n.m.* [pl. *recordmen, recordmans*] (*sport*) primatista.

R

recordwoman [ʀəkɔʀdwuman] ***n.f.*** [pl. *recordwomen*] (*sport*) primatista.

recoucher [ʀəkuʃe] ***v.tr.*** **1** rimettere a letto **2** riporre: *il recoucha le violon dans son étui*, ripose il violino nell'astuccio ♦ **se recoucher** ***v.pron.*** rimettersi a letto.

recoudre [ʀəkudʀ] ***v.tr.*** [coniug. come *coudre*] ricucire.

recoupe [ʀəkup] ***n.f.*** **1** (*di stoffa*) ritaglio (*m.*); (*di pietra*) scaglia; (*di metallo, legno ecc.*) truciolo (*m.*) **2** cruschello (*m.*) **3** bevanda alcolica (fatta da acquavite con acqua).

recoupement [ʀəkupmɑ̃] ***n.m.*** **1** riscontro (fra documenti, testimonianze), controllo incrociato **2** (*edil.*) risega (*f.*) **3** intersezione (*f.*).

recouper [ʀəkupe] ***v.tr.*** **1** ritagliare, tagliare di nuovo **2** (*abbigl.*) ritoccare, dare un taglio diverso **3** combaciare (**con**), coincidere (**con**) ♦ **se recouper** ***v.pron.intr.*** coincidere, concordare.

recourbé [ʀəkuʀbe] ***agg.*** curvo, ricurvo: *bec recourbé*, becco adunco; *cils recourbés*, ciglia arcuate; *nez recourbé*, naso aquilino; *sabre recourbé*, sciabola a lama curva.

recourber [ʀəkuʀbe] ***v.tr.*** flettere, incurvare ♦ **se recourber** ***v.pron.intr.*** flettersi, incurvarsi.

recourir [ʀəkuʀiʀ] ***v.intr.*** [coniug. come *courir*] **1** ricorrere; rivolgersi **2** correre di nuovo.

● (*dir.*) ***recourir en grâce***, presentare domanda di grazia.

recours [ʀəkuʀ] ***n.m.*** **1** ricorso **2** risorsa (*f.*), rimedio: *il est mon unique recours*, è la mia unica ancora di salvezza.

● (*dir.*) ***recours en grâce***, domanda di grazia | ***avoir recours à***, fare ricorso, ricorrere a: *avoir recours aux moyens légaux*, procedere per vie legali | ***en dernier recours***, come ultima, estrema risorsa | ***sans recours***, senza rimedio, disperato.

recouru [ʀəkuʀy] *p.p.* di **recourir**.

recousu [ʀəkuzy] *p.p.* di **recoudre**.

recouvert [ʀəkuvɛʀ] *p.p.* di **recouvrir**.

recouvrable [ʀəkuvʀabl] ***agg.*** ricuperabile; (*di denaro, credito*) esigibile.

recouvrement[1] [ʀəkuvʀəmɑ̃] ***n.m.*** **1** recupero **2** (*econ., comm.*) recupero, esazione (*f.*): *recouvrement d'impôts*, esazione delle imposte; *recouvrement d'une créance*, ricupero, riscossione di un credito; *frais de recouvrement*, spese di incasso; *effet au recouvrement*, effetto all'incasso.

recouvrement[2] ***n.m.*** **1** ricoprimento **2** (*edil.*) rivestimento **3** (*fin.*) ricopertura (*f.*).

recouvrer [ʀəkuvʀe] ***v.tr.*** **1** recuperare, ritrovare **2** (*econ., comm.*) recuperare, esigere.

■ SIN. **1** récupérer **2** toucher.

recouvrir [ʀəkuvʀiʀ] ***v.tr.*** [coniug. come *offrir*] **1** ricoprire; coprire **2** (*fig.*) coprire, nascondere ♦ **se recouvrir** ***v.pron.*** ricoprirsi ♦ ***v.pron.rec.*** sovrapporsi.

recracher [ʀəkʀaʃe] ***v.tr.*** e ***intr.*** sputare, risputare.

récré [ʀekʀe] ***n.f.*** (*fam.*) abbr. di **récréation** 2.

récréatif [ʀekʀeatif] ***agg.*** [f. *-ive*] ricreativo.

récréation [ʀekʀeasjɔ̃] ***n.f.*** **1** svago (*m.*), divertimento (*m.*) **2** (*a scuola*) intervallo (*m.*), ricreazione: *être en récréation*, fare ricreazione; *c'est l'heure de la récréation*, è l'intervallo.

recréer [ʀəkʀee] ***v.tr.*** ricreare, creare di nuovo.

récréer [ʀekʀee] ***v.tr.*** **1** (*letter.*) ricreare, distrarre **2** (*antiq.*) rianimare ♦ **se récréer** ***v.pron.*** ricrearsi, distrarsi.

recrépir [ʀəkʀepiʀ] ***v.tr.*** (*edil.*) rintonacare.

récrier, se [səʀekʀije] ***v.pron.*** (*letter.*) prorompere in esclamazioni.

● ***se récrier contre, sur qqch***, protestare contro, per qlco.

récrimination [ʀekʀiminasjɔ̃] ***n.f.*** recriminazione.

récriminer [ʀekʀimine] ***v.intr.*** recriminare; protestare.

récrire [ʀekʀiʀ] ***v.tr.*** [coniug. come *écrire*] riscrivere ♦ ***v.intr.*** rispondere per iscritto.

récrit [ʀekʀi] *p.p.* di **récrire**.

recroître [ʀəkʀwatʀ] ***v.intr.*** [coniug. come *accroître*, tranne al p.p.: *recrû*, f. *recrue*, pl.m. *recrus*] ricrescere; aumentare.

recroquevillé [ʀəkʀɔkəvije] ***agg.*** accartocciato; raggomitolato: *avoir les pieds recroquevillés dans des chaussures trop étroites*, avere i piedi rattrappiti in scarpe troppo strette.

recroqueviller, se [səʀəkʀɔkəvije] ***v.pron.*** **1** (*di cosa*) accartocciarsi, raggrinzirsi **2** (*di persona*) raggomitolarsi, rannicchiarsi.

■ SIN. **2** se blottir.

recru [ʀəkʀy] ***agg.***

● ***recru (de fatigue)***, (*letter.*) sfinito dalla stanchezza.

recrudescence [ʀəkʀydɛsɑ̃s] ***n.f.*** recrudescenza.

recrudescent [ʀəkʀydɛsɑ̃] ***agg.*** (*letter.*) che aumenta di intensità.

recrue [ʀəkʀy] ***n.f.*** (*mil.*) recluta (*anche fig.*): *ce n'est vraiment pas une bonne recrue*, non è un gran bell'acquisto.

recrutement [ʀəkʀytmɑ̃] ***n.m.*** reclutamento, arruolamento: *recrutement d'ouvriers spécialisés*, reperimento di operai specializzati.

● (*mil.*) ***bureau de recrutement***, ufficio leva.

recruter [ʀəkʀyte] ***v.tr.*** reclutare, arruolare.

recruteur [ʀəkʀytœʀ] ***n.m.*** reclutatore; arruolatore.

● ***agent recruteur d'un parti***, attivista, propagandista di un partito.

recta [ʀɛkta] ***avv.*** (*fam.*) puntualmente.

rectal [ʀɛktal] ***agg.*** [pl. *-aux*] (*anat.*) rettale.

rectangle [ʀɛktɑ̃gl] ***agg.*** e ***n.m.*** (*mat.*) rettangolo.

rectangulaire [ʀɛktɑ̃gylɛʀ] ***agg.*** rettangolare.

recteur [ʀɛktœʀ] ***n.m.*** **1** (*di università*) rettore **2** (*Bretagna*) curato (di una piccola parrocchia) **3** (*di collegio di gesuiti*) rettore.

● ***recteur d'Académie***, provveditore agli studi.

rectificatif [ʀɛktifikatif] ***agg.*** [f. *-ive*] che rettifica ♦ ***n.m.*** rettifica (*f.*).

rectification [ʀɛktifikasjɔ̃] ***n.f.*** **1** rettifica **2** (*scient.*) rettificazione **3** (*fin., econ.*) correzione: *rectification de bilan*, correzione di bilancio.

rectifier [ʀɛktifje] ***v.tr.*** **1** rettificare **2** (*argot*) far la pelle, ammazzare.

■ SIN. **1** corriger.

rectiligne [ʀɛktiliɲ] ***agg.*** rettilineo.

rectitude [ʀɛktityd] ***n.f.*** **1** l'essere (*m.*) retto, diritto **2** (*fig.*) rettitudine.

recto [ʀɛkto] ***n.m.*** (*tip.*) recto.

■ CONTR. verso.

rectorat [ʀɛktɔʀa] ***n.m.*** **1** rettorato **2** provveditorato agli studi.

R

rectoscopie [ʀɛktɔskɔpi] *n.f.* (*med.*) rettoscopia.

rectum [ʀɛktɔm] *n.m.* (*anat.*) retto.

reçu[1] [ʀəsy] *p.p.* di **recevoir** ♦ *agg.* accettato; acquisito ♦ *n.m.* (*studente*) promosso.

reçu[2] *n.m.* (*comm.*) ricevuta (*f.*): *reçu pour solde, de versement*, ricevuta a saldo, di versamento.

recueil [ʀəkœj] *n.m.* raccolta (*f.*).

recueillement [ʀəkœjmɑ̃] *n.m.* raccoglimento.

recueilli [ʀəkœji] *agg.* (*fig.*) pensoso, raccolto.

recueillir [ʀəkœjiʀ] *v.tr.* [coniug. come *cueillir*] **1** raccogliere (*anche fig.*) **2** raccogliere, radunare **3** dare rifugio (**a**) ♦ **se recueillir** *v.pron.intr.* **1** raccogliersi **2** meditare.

recuire [ʀəkɥiʀ] *v.intr.* e *tr.* [coniug. come *conduire*] ricuocere.

recul [ʀəkyl] *n.m.* **1** arretramento; (*fig.*) regresso: *mouvement de recul*, movimento all'indietro **2** (*di arma da fuoco*) rinculo **3** spazio per indietreggiare **4** (*fig.*) distacco: *il faudrait un certain recul pour juger ces événements*, per giudicare questi avvenimenti dovrebbe passare un po' di tempo.

● ***prendre, avoir du recul***, (*fig.*) cercare di valutare con obiettività, con distacco.

reculade [ʀəkylad] *n.f.* arretramento (*m.*); ritirata (*anche fig.*).

reculé [ʀəkyle] *agg.* remoto; isolato.

reculer [ʀəkyle] *v.tr.* **1** spostare indietro, spingere indietro: *recule ta chaise*, sposta indietro la (tua) sedia **2** ritardare: *reculer un paiement*, differire un pagamento ♦ *v.intr.* **1** arretrare, indietreggiare; ritrarsi (*anche fig.*): *elle a reculé d'un pas*, è arretrata, indietreggiata di un passo; *il s'était trop avancé pour reculer*, (*fig.*) si era spinto troppo avanti per tornare indietro; *l'épidémie recule*, l'epidemia è in regresso **2** esitare **3** (*di arma da fuoco*) rinculare.

● ***reculer pour mieux sauter***, (*fig.*) raccogliere le proprie forze per affrontare un ostacolo.

reculons, à [aʀəkylɔ̃] *avv.* a ritroso, all'indietro: *marcher à reculons*, indietreggiare.

reculotter [ʀəkylɔte] *v.tr.* rimettere le mutande, i pantaloni (**a**): *reculotter un enfant*, tirar su le mutande e i pantaloni a un bambino ♦ **se reculotter** *v.pron.intr.* rimettersi le mutande, i pantaloni.

récupérable [ʀekypeʀabl] *agg.* ricuperabile.

récupérateur [ʀekypeʀatœʀ] *n.m.* **1** (*tecn.*) recuperatore **2** chi recupera materiali usati ♦ *agg.* (*fig.*) che permette un recupero.

● ***récupérateur de carcasses***, sfasciacarrozze | (*ind.*) ***récuperateur de chaleur***, recuperatore di calore | ***récupérateur de ferrailles***, ferrovecchio.

récupération [ʀekypeʀasjɔ̃] *n.f.* recupero (*m.*).

récupérer [ʀekypeʀe] *v.tr.* [coniug. come *céder*] **1** recuperare **2** (*fig.*) far proprie ideologie altrui; integrare, istituzionalizzare ♦ *v.intr.* riprendersi (fisicamente).

récurer [ʀekyʀe] *v.tr.* (*una pentola, un pavimento ecc.*) sfregare; lucidare.

récurrence [ʀekyʀɑ̃s] *n.f.* **1** ricorrenza, ritorno (*m.*) periodico **2** (*mat.*) induzione.

récurrent [ʀekyʀɑ̃] *agg.* ricorrente.

récusable [ʀekyzabl] *agg.* ricusabile.

récusation [ʀekyzasjɔ̃] *n.f.* **1** (*dir.*) ricusazione **2** (*letter.*) ricusa.

récuser [ʀekyze] *v.tr.* ricusare ♦ **se récuser** *v.pron. intr.* **1** rifiutarsi; rifiutare un incarico **2** dichiararsi incompetente.

recyclable [ʀəsiklabl] *agg.* riciclabile.

recyclage [ʀəsiklaʒ] *n.m.* **1** riciclaggio **2** aggiornamento, riqualificazione (*f.*) (professionale): *cours de recyclage*, corso di aggiornamento **3** (*scuola*) cambiamento d'indirizzo di studi **4** (*chim.*) riciclo.

recycler [ʀəsikle] *v.tr.* **1** riciclare **2** aggiornare, riqualificare (professionalmente) ♦ **se recycler** *v.pron.* aggiornarsi, riqualificarsi (professionalmente).

rédacteur [ʀedaktœʀ] *n.m.* [f. *-trice*] redattore.

● ***rédacteur en chef***, redattore capo.

rédaction [ʀedaksjɔ̃] *n.f.* **1** redazione **2** (*a scuola*) tema (*m.*), componimento (*m.*).

■ SIN. **2** composition.

rédactionnel [ʀedaksjɔnɛl] *agg.* [f. *-elle*] redazionale ♦ *n.m.* testo di una pubblicità.

reddition [ʀedisjɔ̃] *n.f.* (*mil., comm.*) resa.

● (*comm.*) ***reddition de comptes***, rendiconto.

redécouvert [ʀədekuvɛʀ] *p.p.* di **redécouvrir**.

redécouverte [ʀədekuvɛʀt] *n.f.* riscoperta.

redécouvrir [ʀədekuvʀiʀ] *v.tr.* [coniug. come *ouvrir*] riscoprire.

redéfinir [ʀədefiniʀ] *v.tr.* ridefinire, rivedere.

redemander [ʀədəmɑ̃de, ʀədmɑ̃de] *v.tr.* **1** richiedere: *j'ai dû lui redemander son adresse*, ho dovuto chiedergli di nuovo l'indirizzo **2** richiedere, domandare in restituzione: *redemander un livre*, chiedere indietro, in restituzione un libro.

redémarrer [ʀədemaʀe] *v.intr.* ripartire; (*fig.*) ricominciare.

rédempteur [ʀedɑ̃ptœʀ] *agg.* e *n.m.* [f. *-trice*] (*letter.*) **1** redentore **2** (*relig.*) *le Rédempteur*, il Redentore.

rédemption [ʀedɑ̃psjɔ̃] *n.f.* **1** redenzione **2** (*relig.*) *Rédemption*, Redenzione.

redéploiement [ʀədeplwamɑ̃] *n.m.* riorganizzazione (*f.*).

redescendre [ʀədɛsɑ̃dʀ] *v.intr.* [coniug. come *rendre*; aus. *être*] ridiscendere: *le chemin redescend*, la strada scende di nuovo ♦ *v.tr.* **1** ridiscendere **2** riportare giù.

redescendu [ʀədɛsɑ̃dy] *p.p.* di **redescendre**.

redevable [ʀədəvabl, ʀədvabl] *agg.* debitore: *être redevable de qqch à qqn*, dovere qlco a qlcu.

redevance [ʀədəvɑ̃s, ʀədvɑ̃s] *n.f.* (*dir.*) canone (*m.*).

● ***redevance téléphonique***, canone (fisso) del telefono.

redevenir [ʀədəvəniʀ, ʀədvəniʀ] *v.intr.* [coniug. come *venir*] ridiventare, ridivenire.

redevenu [ʀədəvəny, ʀədvəny] *p.p.* di **redevenir**.

rédhibitoire [ʀedibitwaʀ] *agg.* (*dir.*) redibitorio.

rediffuser [ʀədifyze] *v.tr.* (*rad., tv*) ritrasmettere.

rédiger [ʀediʒe] *v.tr.* [coniug. come *manger*] redigere: *rédiger un contrat*, redigere un contratto; *il rédige bien*, (*estens.*) scrive bene.

■ SIN. écrire.

redingote [ʀədɛ̃gɔt] *n.f.* **1** (*abbigl.*) redingote **2** (*st. abbigl.*) finanziera, redingote.

redire [ʀədiʀ] *v.tr.* [coniug. come *dire*] **1** ridire, ripetere **2** riferire ♦ *v.intr.* criticare, ridire: *il trouve à redire à tout*, trova da ridire su tutto.

redistribuer [ʀədistʀibɥe] *v.tr.* ridistribuire.

redistribution [ʀədistʀibysjɔ̃] *n.f.* ridistribuzione.

redit [ʀədi] *p.p.* di **redire**.

R

redite [Rədit] *n.f.* ripetizione (inutile).
redondance [Rədɔ̃dɑ̃s] *n.f.* ridondanza.
redondant [Rədɔ̃dɑ̃] *agg.* ridondante.
redonnais [Rədɔnɛ] *agg.* di Redon.
redonner [Rədɔne] *v.tr.* ridare, restituire ♦ *v.intr.* (*fig.*) ricadere.
redorer [RədɔRe] *v.tr.* ridorare, rindorare.
● ***redorer son blason***, (*di nobile spiantato*) sposare una ricca borghese; (*estens.*) ritrovare l'antico splendore.
redormir [RədɔRmiR] *v.intr.* ridormire.
redoublant [Rədublɑ̃] *n.m.* (scolaro) ripetente.
redoublé [Rəduble] *agg.* raddoppiato.
● ***à coups redoublés***, con violenza.
redoublement [Rədubləmɑ̃] *n.m.* **1** raddoppiamento, raddoppio **2** aumento **3** (*scuola*) il ripetere (un anno, una classe).
redoubler [Rəduble] *v.tr.* **1** raddoppiare (*anche fig.*) **2** (*une classe*) ripetere (una classe) ♦ *v.intr.* raddoppiare, aumentare: *ma peur avait redoublé*, la mia paura era raddoppiata.
● ***redoubler d'adresse***, far ricorso a tutta la propria abilità | ***redoubler d'attention***, concentrare la propria attenzione.
redoutable [Rədutabl] *agg.* temibile.
redoutablement [Rədutabləmɑ̃] *avv.* temibilmente, terribilmente.
redoutance [Rədutɑ̃s] *n.f.* (*Canada*) dubbio (*m.*), sospetto (*m.*).
redoute [Rədut] *n.f.* (*mil.*) fortino (*m.*).
redouter [Rədute] *v.tr.* temere: *je redoute que vous ne vous fâchiez*, ho paura che vi arrabbiate.
redoux [Rədu] *n.m.* aumento della temperatura (in inverno).
redresse, à la [alaRədRɛs] *agg.* (*fam.*) duro: *un type à la redresse*, un duro.
redressement [RədRɛsmɑ̃] *n.m.* raddrizzamento (*anche fig.*).
● (*econ.*): ***redressement économique***, riassetto economico; ***redressement financier***, risanamento finanziario; ***redressement fiscal***, rettifica fiscale | ***maison de redressement***, (*ant.*) riformatorio | (*econ.*) ***plan de redressement***, piano di ripristino.
redresser [RədRese] *v.tr.* **1** raddrizzare **2** rialzare: *redresser la tête*, (*anche fig.*) rialzare la testa **3** (*fig.*) correggere, riparare: *redresser la situation*, sanare la situazione ♦ *v.intr.* **1** (*aut.*) raddrizzare (le ruote) **2** (*aer.*) riprendere quota ♦ **se redresser** *v.pron.* **1** raddrizzarsi **2** (*fig.*) risollevarsi, risorgere **3** (*fam.*) credersi chi sa che.
redresseur [RədRɛsœR] *n.m.* (*fis.*) raddrizzatore.
● ***redresseur de torts***, (*fig.*) riparatore di torti; (*estens.*) paladino degli oppressi.
réducteur [Redyktœr] *agg.* [f. *-trice*] **1** riduttivo: *analyse réductrice*, analisi riduttiva **2** (*mecc.*) riduttore **3** (*chim.*) riducente ♦ *n.m.* (*mecc., chim.*) riduttore.
réductible [Redyktibl] *agg.* riducibile.
réduction [Redyksjɔ̃] *n.f.* **1** riduzione (*anche med.*) **2** sconto (*m.*), abbuono (*m.*), ribasso (*m.*).
● ***en réduction***, in formato minore.
réduire [RedɥiR] *v.tr.* [coniug. come *conduire*] ridurre (*anche fig.*) ♦ **se réduire** *v.pron.* ridursi: *se réduire à rien*, ridursi a, in niente.
● ***réduire à la misère***, ridurre in miseria | ***réduire qqn à la raison***, ricondurre qlcu alla ragione | ***réduire qqn au silence***, far tacere qlcu | ***en être réduit à***, ridursi a.
réduit [Redɥi] *p.p.* di **réduire** ♦ *agg.* ridotto: *modèle réduit*, modello in scala ridotta ♦ *n.m.* bugigattolo, sgabuzzino.
réécrire [ReekRiR] *v.tr.* → **récrire**.
réédifier [Reedifje] *v.tr.* riedificare.
rééditer [Reedite] *v.tr.* ristampare, ripubblicare.
réédition [Reedisjɔ̃] *n.f.* ristampa, riedizione.
rééducation [Reedykɑsjɔ̃] *n.f.* rieducazione.
rééduquer [Reedyke] *v.tr.* rieducare.
réel [Reɛl] *n.m.* e *agg.* [f. *-elle*] reale.
réélection [Reelɛksjɔ̃] *n.f.* rielezione.
rééligibilité [Reeliʒibilite] *n.f.* rieleggibilità.
rééligible [Reeliʒibl] *agg.* rieleggibile.
réélire [ReeliR] *v.tr.* [coniug. come *lire*] rieleggere.
réellement [Reɛlmɑ̃] *avv.* realmente, veramente.
réélu [Reely] *p.p.* di **réélire**.
réembaucher [Reɑ̃boʃe] *v.tr.* riassumere.
réémetteur [Reemetœr] *n.m.* (*tel.*) ripetitore.
réemploi [Reɑ̃plwa] *n.m.* → **remploi**.
réentendre [Reɑ̃tɑ̃dR] *v.tr.* [coniug. come *rendre*] risentire.
rééquilibre [ReekilibR] *n.m.* riequilibrio.
rééquilibrer [ReekilibRe] *v.tr.* riequilibrare.
réescompte [Reɛskɔ̃t] *n.m.* (*comm.*) risconto.
réévaluation [Reevalɥasjɔ̃] *n.f.* rivalutazione.
réévaluer [Reevalɥe] *v.tr.* rivalutare.
réexamen [Reegzamɛ̃] *n.m.* riesame: *réexamen d'un dossier*, riesame di una pratica.
réexaminer [Reɛgzamine] *v.tr.* riesaminare.
réexpédier [Reɛkspedje] *v.tr.* rispedire.
refaire [RəfɛR] *v.tr.* [coniug. come *faire*] **1** rifare **2** (*fam.*) imbrogliare: *nous avons été refaits*, siamo stati raggirati ♦ **se refaire** *v.pron.* **1** rifarsi **2** cambiare: *je ne peux pas me refaire à mon âge*, non posso cambiare alla mia età **3** riabituarsi ♦ *v.pron. indiretto* rifarsi: *se refaire des amis*, rifarsi degli amici.
● ***refaire ses forces, sa santé***, rimettersi in forze | ***se refaire une beauté***, ritoccarsi il trucco | ***si c'était à refaire***, (se) tornassi indietro: *si c'était à refaire, je recommencerais*, tornassi indietro, lo farei di nuovo.
refait [Rəfɛ] *p.p.* di **refaire**.
réfection [Refɛksjɔ̃] *n.f.* rifacimento (*m.*), ricostruzione.
● ***en réfection***, in riparazione.
réfectoire [RefɛktwaR] *n.m.* refettorio.
refend [Rəfɑ̃] *n.m.*
● ***bois de refend***, legna segata per il lungo | (*edil.*): (***ligne de***) ***refend***, scanalatura del muro; (***mur de***) ***refend***, muro divisorio, tramezzo.
référé [RefeRe] *n.m.* (*dir.*) procedura (*f.*), procedimento per direttissima.
référence [RefeRɑ̃s] *n.f.* **1** riferimento (*m.*) **2** (*pl.*) referenze.
● ***citer ses références***, citare i propri riferimenti bibliografici | ***ouvrage de référence***, opera di consultazione | ***par référence à***, in relazione a.
référendaire [RefeRɑ̃dɛR] *agg.* referendario, del referendum.
● ***conseiller référendaire***, (consigliere) referendario.

référendum [ʀefeʀɑ̃dɔm] *n.m.* referendum.

référer [ʀefeʀe] *v.intr.* [coniug. come *céder*] (*ling.*) avere come referente (qlco) ♦ **se référer** *v.pron.* 1 riferirsi 2 rimettersi.

● ***en référer à***, rimettere a; (*dir.*) deferire a: *il faut en référer à la cour*, occorre deferire il fatto al tribunale.

refermer [ʀəfɛʀme] *v.tr.* richiudere ♦ **se refermer** *v.pron.intr.* richiudersi.

refiler [ʀəfile] *v.tr.* (*fam.*) rifilare, affibbiare.

réfléchi [ʀefleʃi] *agg.* 1 riflettuto, ragionato, ponderato: *action réfléchie*, azione ponderata 2 riflessivo, pensoso: *air réfléchi*, aria pensosa 3 (*gramm.*) riflessivo: *verbe réfléchi*, verbo riflessivo 4 (*fis.*) riflesso.

réfléchir [ʀefleʃiʀ] *v.tr.* e *intr.* riflettere ♦ **se réfléchir** *v.pron.* riflettersi.

● ***tout bien réfléchi***, tutto considerato.

réfléchissant [ʀefleʃisɑ̃] *agg.* (*fis.*) riflettente.

réflecteur [ʀeflɛktœʀ] *agg.* riflettore, riflettente ♦ *n.m.* riflettore.

reflet [ʀəflɛ] *n.m.* 1 riflesso: *être le reflet de la personnalité*, rispecchiare la personalità 2 immagine (*f.*) riflessa.

refléter [ʀəflete] *v.tr.* [coniug. come *céder*] riflettere, rispecchiare: *refléter la lumière*, riflettere la luce ♦ **se refléter** *v.pron.* riflettersi, rispecchiarsi.

refleurir [ʀəflœʀiʀ] *v.intr.* [coniug. come *fleurir*] rifiorire (*anche fig.*).

réflexe [ʀeflɛks] *agg.* e *n.m.* riflesso.

● ***avoir du réflexe***, avere i riflessi pronti.

réflexif [ʀeflɛksif] *agg.* [f. *-ive*] (*fil., mat.*) riflessivo.

réflexion [ʀeflɛksjɔ̃] *n.f.* riflessione.

● ***réflexion faite***, ripensandoci | ***à la réflexion***, a pensarci bene.

refluer [ʀəflye] *v.intr.* rifluire.

reflux [ʀəfly] *n.m.* riflusso (*anche fig.*): *le reflux de la marée*, il riflusso della marea; *le reflux de la foule*, il rifluire della folla.

refondre [ʀəfɔ̃dʀ] *v.tr.* [coniug. come *rendre*] 1 rifondere 2 (*fig.*) rifare, rimaneggiare.

refondu [ʀəfɔ̃dy] *p.p.* di **refondre**.

refonte [ʀəfɔ̃t] *n.f.* 1 rifusione 2 (*fig.*) rimaneggiamento (*m.*), rifacimento (*m.*).

réformable [ʀefɔʀmabl] *agg.* riformabile.

réformateur [ʀefɔʀmatœʀ] *agg.* e *n.m.* [f. *-trice*] riformatore.

réforme [ʀefɔʀm] *n.f.* riforma.

réformé [ʀefɔʀme] *agg.* 1 riformato 2 (*fam.*) fuori uso ♦ *n.m.* riformato.

reformer [ʀəfɔʀme] *v.tr.* formare di nuovo, riformare ♦ **se reformer** *v.pron.intr.* formarsi di nuovo.

réformer [ʀefɔʀme] *v.tr.* 1 riformare, correggere, emendare: *réformer les abus*, sopprimere gli abusi 2 (*mil.*) riformare.

réformisme [ʀefɔʀmism] *n.m.* riformismo.

réformiste [ʀefɔʀmist] *agg.* e *n.m.* e *f.* riformista.

refoulé [ʀəfule] *agg.* 1 represso, soffocato 2 (*psic.*) rimosso ♦ *n.m.* (*fam.*) represso, inibito.

refoulement [ʀəfulmɑ̃] *n.m.* 1 il ricacciare indietro 2 (*psic.*) rimozione (*f.*) 3 (*dir.*) espulsione (*f.*).

refouler [ʀəfule] *v.tr.* 1 ricacciare, respingere 2 reprimere, soffocare 3 (*psic.*) rimuovere ♦ *v.intr.* rifluire.

● (*fis.*) ***refouler un gaz***, comprimere un gas.

refournir [ʀəfuʀniʀ] *v.tr.* rifornire.

réfractaire [ʀefʀaktɛʀ] *agg.* 1 refrattario 2 (*alla leva ecc.*) renitente ♦ *n.m.* 1 materiale refrattario 2 (*st.*) chi si sottraeva al lavoro obbligatorio in Germania (1942-44).

réfracter [ʀefʀakte] *v.tr.* rifrangere ♦ **se réfracter** *v.pron.intr.* rifrangersi.

réfracteur [ʀefʀaktœʀ] *n.m.* (*astr., ottica*) rifrattore.

réfraction [ʀefʀaksjɔ̃] *n.f.* rifrazione.

refrain [ʀəfʀɛ̃] *n.m.* 1 ritornello 2 canzone (*f.*).

● ***c'est toujours le même refrain***, (*fig.*) è sempre la solita solfa.

refréner [ʀəfʀene] **réfréner** [ʀefʀene] *v.tr.* [coniug. come *céder*] raffrenare, trattenere.

réfrigérant [ʀefʀiʒeʀɑ̃] *agg.* 1 refrigerante 2 (*fig.*) glaciale, gelido: *un accueil réfrigérant*, un'accoglienza glaciale.

réfrigérateur [ʀefʀiʒeʀatœʀ] *n.m.* frigorifero.

■ SIN. frigidaire.

réfrigération [ʀefʀiʒeʀɑsjɔ̃] *n.f.* refrigerazione.

réfrigérer [ʀefʀiʒeʀe] *v.tr.* [coniug. come *céder*] 1 refrigerare 2 (*fig.*) raggelare.

● ***wagon réfrigéré***, vagone frigorifero.

réfringence [ʀefʀɛ̃ʒɑ̃s] *n.f.* (*fis.*) rifrangenza.

réfringent [ʀefʀɛ̃ʒɑ̃] *agg.* (*fis.*) rifrangente.

refroidir [ʀəfʀwadiʀ] *v.tr.* raffreddare, freddare (*anche fig.*) ♦ *v.intr.* 1 raffreddarsi, diventare freddo 2 (*fig.*) intiepidirsi ♦ **se refroidir** *v.pron.intr.* 1 raffreddarsi (*anche fig.*) 2 (*med.*) raffreddarsi, prendere un'infreddatura.

refroidissement [ʀəfʀwadismɑ̃] *n.m.* 1 raffreddamento (*anche fig.*) 2 (*med.*) infreddatura (*f.*), raffreddore.

refuge [ʀəfyʒ] *n.m.* 1 rifugio, asilo 2 rifugio (alpino) 3 isola (*f.*) spartitraffico, salvagente (stradale).

■ SIN. 1 abri, asile.

réfugié [ʀefyʒje] *n.m.* rifugiato.

● ***camp de réfugiés***, campo profughi.

réfugier, se [səʀefyʒje] *v.pron.intr.* rifugiarsi, riparare.

refus [ʀəfy] *n.m.* rifiuto.

● ***ce n'est pas de refus***, (*fam.*) volentieri, non dico di no.

refuser [ʀəfyze] *v.tr.* 1 rifiutare: *refuser une invitation*, declinare un invito 2 respingere: *être refusé à un examen*, essere respinto a un esame ♦ **se refuser** *v.pron.intr.* rifiutarsi (di).

● ***il ne se refuse rien***, non si fa mancare niente | ***on refuse du monde***, non si riesce a entrare: *le film est un succès, on refuse du monde*, il film è un successo, non si riesce a entrare | ***se refuser à l'évidence***, negare l'evidenza.

■ *V.TR.* CONTR. accepter.

réfutable [ʀefytabl] *agg.* confutabile.

réfutation [ʀefytasjɔ̃] *n.f.* confutazione.

réfuter [ʀefyte] *v.tr.* confutare, ribattere.

regagner [ʀəgaɲe] *v.tr.* 1 riguadagnare 2 (*fig.*) riguadagnarsi, riconquistarsi 3 tornare, fare ritorno (a).

regain [ʀəgɛ̃] *n.m.* 1 (*agr.*) fieno di secondo taglio 2 (*fig.*) ritorno: *regain de criminalité*, recrudescenza della criminalità.

régal [ʀegal] *n.m.* [pl. *-als*] 1 leccornia (*f.*) 2 (*fig.*) piacere, delizia (*f.*).

FAUX AMI

Da non confondere con *regalo*, che si traduce *cadeau*.

R

régalade [ʀegalad] *n.f.*
● ***boire à la régalade***, bere a garganella.

régaler [ʀegale] *v.tr.* (*fam.*) offrire un pranzo (a) ♦ *v.intr.* (*fam.*) pagare da bere ♦ **se régaler** *v.pron.intr.* 1 fare un buon pranzo 2 (*fam.*) gustare, godersi (qlco).
● ***je me régale!***, (*fam.*) che delizia!

FAUX AMI
Da non confondere con *regalare*, che si traduce *offrir*, *faire cadeau* (*de*).

régalien [ʀegaljɛ̃] *agg.* [f. *-enne*] regio.
● (*dir.*) ***droits régaliens***, regalie, prerogative regie.

regard [ʀəgaʀ] *n.m.* 1 sguardo; occhiata (*f.*): *suivre du regard*, seguire con gli occhi 2 (*edil.*) pozzetto (di fognatura) 3 (*mecc.*) sportello, foro di spia.
● ***regard d'intelligence***, occhiata d'intesa: *échanger des regards d'intelligence*, scambiare occhiate d'intesa | ***regard en coin***, ***en coulisse***, sguardo di sottecchi | ***au regard de***, rispetto a, secondo | (*dir.*) ***droit de regard***, diritto d'ispezione | ***en regard***, a fronte; (*fig.*) a confronto.

FAUX AMI
Da non confondere con *riguardo*, che si traduce *précaution*, *soin*, *égard* o *respect*.

regardant [ʀəgaʀdɑ̃] *agg.* 1 tirchio, avaro 2 (*spec. in frasi negative*) attento, scrupoloso, meticoloso.

regarder [ʀəgaʀde] *v.tr.* 1 guardare 2 considerare 3 riguardare, concernere: *mêlez-vous de ce qui vous regarde*, badate ai fatti vostri ♦ *v.intr.* badare: *ne pas regarder à la dépense*, non badare a spese ♦ **se regarder** *v.pron.* e *pron.intr.* guardarsi ♦ *v.pron.rec.* guardarsi (l'un l'altro).
● ***regarder de haut en bas***, guardare dall'alto in basso | ***regarder d'un bon œil***, guardare di buon occhio | ***regarder d'un œil mauvais*** (o ***de travers***), guardare di traverso, non vedere di buon occhio | ***non, mais tu ne m'as pas regardé!***, (*fam.*) ma per chi mi prendi? | ***regardez-moi!***, (*fam.*) ma guarda (un po')!: *non, mais regardez-moi ce gâchis!*, ma guarda un po' che pasticcio! | ***y regarder à deux fois***, pensarci due volte: *regardes-y à deux fois avant de recommencer*, pensaci due volte prima di ricominciare | ***y regarder de trop près***, andare troppo per il sottile: *il n'y regarde pas de trop près*, non va troppo per il sottile.

régate [ʀegat] *n.f.* regata.

régater [ʀegate] *v.intr.* regatare, fare regate.

R

régatier [ʀegatje] *n.m.* [f. *-ère*] regatante, concorrente di una regata.

regel [ʀəʒɛl] *n.m.* 1 nuovo gelo 2 (*fis.*) rigelo.

regeler [ʀəʒəle, ʀəʒəle] *v.tr.* e *intr.* [coniug. come *semer*] rigelare.

régence [ʀeʒɑ̃s] *n.f.* reggenza.

régénérateur [ʀeʒeneʀatœʀ] *n.m.* e *agg.* [f. *-trice*] rigeneratore.

régénération [ʀeʒeneʀasjɔ̃] *n.f.* rigenerazione.

régénérer [ʀeʒeneʀe] *v.tr.* [coniug. come *céder*] rigenerare.

régent [ʀeʒɑ̃] *agg.* reggente ♦ *n.m.* 1 reggente 2 (*Belgio*) professore di scuola media.

régenter [ʀeʒɑ̃te] *v.tr.* comandare, spadroneggiare (su) ♦ *v.intr.* dettare legge, dominare.

régicide[1] [ʀeʒisid] *agg.* e *n.m.* e *f.* regicida.

régicide[2] *n.m.* regicidio.

régie [ʀeʒi] *n.f.* 1 (*dir.*) azienda autonoma statale 2 (*dir.*) esattoria delle imposte indirette 3 (*teatr.*) direzione di scena 4 (*rad.*, *tv*) sala di regia.
● (*dir.*) ***régie des tabacs***, monopolio dei tabacchi.

regimber [ʀəʒɛ̃be] *v.intr.* ricalcitrare.

régime [ʀeʒim] *n.m.* 1 regime 2 dieta (*f.*): *être au régime*, essere a dieta 3 (*mecc.*) funzionamento, regime 4 (*bot.*) casco 5 (*gramm.*) reggenza (*f.*).
● ***regime*** (***de vie***), sistema, abitudine di vita | ***à ce régime là***, con questo andazzo: *à ce régime là, il sera vite ruiné*, con questo andazzo, finirà presto sul lastrico | ***être au régime sec***, non toccare più alcolici.

régiment [ʀeʒimɑ̃] *n.m.* 1 reggimento 2 (*fam.*) naia (*f.*), servizio militare: *faire son régiment*, *être au régiment*, fare la naia.

régimentaire [ʀeʒimɑ̃tɛʀ] *agg.* (*mil.*) reggimentale.

région [ʀeʒjɔ̃] *n.f.* 1 regione 2 zona 3 (*mil.*) circoscrizione territoriale comandata da un generale.

régional [ʀeʒjɔnal] *agg.* [pl. *-aux*] regionale.

régionalisme [ʀeʒjɔnalism] *n.m.* regionalismo.

régionaliste [ʀeʒjɔnalist] *agg.* regionalistico ♦ *n.m.* e *f.* regionalista.

régir [ʀeʒiʀ] *v.tr.* 1 reggere, regolare: *lois qui régissent le mouvement des astres*, leggi che regolano il movimento degli astri 2 (*gramm.*) reggere 3 reggere, governare.

régisseur [ʀeʒisœʀ] *n.m.* 1 amministratore, intendente 2 (*cine.*) segretario di produzione.
● (*teatr.*) ***régisseur*** (***de plateau***), direttore di scena.

registre [ʀəʒistʀ] *n.m.* 1 registro 2 (*mus.*) registro: *registre haut*, registro alto (di organo) 3 (*ling.*) registro: *registres de langue*, registri di lingua 4 (*tecn.*) regolatore.
● (*dir.*) ***registre d'audience***, ruolo d'udienza | (*amm.*) ***registre de comptabilité***, libro contabile; ***registre de l'état civil***, registro di stato civile, anagrafe; ***registre des salaires***, libro paga; ***registre du commerce***, albo dei commercianti.

réglable [ʀeglabl] *agg.* regolabile.

réglage [ʀeglaʒ] *n.m.* 1 regolazione (*f.*) 2 (*di carta*) rigatura (*f.*).
● (*mil.*) ***réglage du tir***, aggiustamento del tiro.

règle [ʀɛgl] *n.f.* 1 riga, righello (*m.*) 2 regola, norma, precetto: *donner des règles précises*, dare precise istruzioni 3 (*mat.*) operazione 4 (*pl.*) ciclo (*m.sing.*), mestruazioni.
● ***avoir pour règle***, ***se faire une règle de***, aver per norma di, imporsi come regola di | ***c'est la règle***, è di prammatica | ***dans toutes les règles de l'art***, a regola d'arte | ***en bonne règle***, per buona norma | ***en règle générale***, in linea di massima.

réglé [ʀegle] *agg.* 1 rigato 2 regolato: *travail bien réglé*, lavoro ben organizzato; *pouls réglé*, polso regolare; *esprit réglé*, mente quadrata 3 (*di conto*) saldato, regolato 4 mestruato: *être bien réglée*, avere un ciclo mestruale regolare.
● ***c'est une affaire réglée***, è un argomento chiuso | ***être réglé comme du papier à musique***, essere preciso come un orologio.

règlement [ʀɛgləmɑ̃] *n.m.* 1 regolamento, ordinamento: *règlement d'une société*, ordinamento di una società; *règlement d'une université*, statuto di un'università 2 (*di conto*) saldo, pagamento, regolamento: *règlement par chèque*, pagamento con assegno.
● ***règlement d'une affaire***, conclusione di un affare | ***règlement d'un litige***, definizione di una controversia.

réglementaire [ʀɛgləmɑ̃tɛʀ] *agg.* regolamentare.
● ***jour réglementaire***, giorno designato | (*mil.*) ***tenue réglementaire***, divisa regolamentare.

réglementation [ʀɛgləmɑ̃tasjɔ̃] *n.f.* regolamentazione.

réglementer [ʀeglǝmɑ̃te] *v.tr.* regolamentare.

régler [ʀegle] *v.tr.* [coniug. come *céder*] **1** rigare, tracciare righe (**su**) **2** regolare, adattare: *régler sa conduite sur qqn*, modellare la propria condotta su quella di qlcu **3** stabilire, fissare **4** regolare, sistemare, liquidare: *régler une question*, sistemare, risolvere una questione; *tout est réglé*, è tutto a posto; *régler son boucher*, regolare il conto del macellaio **5** (*tecn.*) regolare, mettere a punto ♦ **se régler** *v.pron.intr.* regolarsi.

● (*mil.*) ***régler le tir***, aggiustare il tiro | ***régler son compte à qqn***, (*fam.*) sistemare qlcu per le feste | ***régler un compte***, saldare un conto | ***régler un différend***, regolare una pendenza | ***régler un dossier***, evadere una pratica | ***régler un litige***, comporre una lite | ***avoir un compte à régler avec qqn***, (*fig.*) avere un conto in sospeso con qlcu.

réglette [ʀeglɛt] *n.f.* quadrello (*m.*), regolo (*m.*).

régleur [ʀeglœʀ] *n.m.* [f. *-euse*] (*operaio*) regolatore.

réglisse [ʀeglis] *n.f.* liquirizia.

réglo [ʀeglo] *agg.* (*fam.*) per bene: *il est réglo en affaires*, è uno corretto negli affari.

réglure [ʀeglyʀ] *n.f.* (*di carta*) rigatura.

régnant [ʀeɲɑ̃] *agg.* **1** regnante **2** (*fig.*) imperante, dominante.

règne [ʀɛɲ] *n.m.* **1** regno **2** (*fig.*) mondo, dominio.

régner [ʀeɲe] *v.intr.* [coniug. come *céder*] regnare.
■ SIN. gouverner.

regonfler [ʀǝgɔ̃fle] *v.tr.* e *intr.* rigonfiare.

regorgement [ʀǝgɔʀʒǝmɑ̃] *n.m.* rigurgito.

regorger [ʀǝgɔʀʒe] *v.intr.* [coniug. come *manger*] rigurgitare, traboccare (*anche fig.*).

regravable [ʀǝgʀavabl] *agg.* (*inform.*) riscrivibile | *CD regravable*, CD riscrivibile.

régresser [ʀegʀese] *v.intr.* regredire.

régressif [ʀegʀesif] *agg.* [f. *-ive*] regressivo.

régression [ʀegʀesjɔ̃] *n.f.* regressione, regresso (*m.*).
● ***en régression***, in regresso: *l'économie est en régression*, l'economia è in regresso.

regret [ʀǝgʀɛ] *n.m.* **1** rimpianto **2** dispiacere, rammarico: *j'ai le regret de vous informer que*, sono dolente di informarla che **3** rimorso; pentimento.
● ***à regret***, a malincuore | ***à mon grand regret***, con mio grande rincrescimento | ***être au regret de***, essere spiacente di: *je suis au regret de ne pouvoir vous donner satisfaction*, sono davvero spiacente di non poter soddisfare la vostra richiesta.

regrettable [ʀǝgʀɛtabl] *agg.* **1** spiacevole, incresciso: *il serait regrettable qu'ils s'en aillent*, sarebbe un peccato che se se andassero **2** deplorevole.

regretter [ʀǝgʀete] *v.tr.* **1** rimpiangere, avere nostalgia (**di**): *il regrettait les jours heureux de son enfance*, rimpiangeva i giorni felici della sua infanzia; *elle regrettait son cher papa*, aveva nostalgia del suo adorato papà **2** dispiacere (**a**), rincrescere (**a**): *nous avons regretté de ne pouvoir venir*, ci è dispiaciuto (di), ci è rincresciuto (di) non poter venire; *elle regrette que tu ne puisse venir*, le dispiace, le rincresce che tu non possa venire **3** rammaricarsi (**di**), pentirsi (**di**): *j'ai regretté mon geste*, mi sono pentito del mio gesto; *il avait regretté de ne pas l'avoir rencontré*, si era rammaricato di non averlo incontrato; *vous le regretterez!*, ve ne pentirete!

regroupement [ʀǝgʀupmɑ̃] *n.m.* raggruppamento.

regrouper [ʀǝgʀupe] *v.tr.* raggruppare ♦ **se regrouper** *v.pron.intr.* raggrupparsi.

régularisation [ʀegylaʀizɑsjɔ̃] *n.f.* **1** regolarizzazione **2** regolazione: *régularisation d'un cours d'eau*, regolazione di un corso d'acqua.

régulariser [ʀegylaʀize] *v.tr.* **1** regolarizzare **2** regolare **3** (*comm.*) pareggiare.

régularité [ʀegylaʀite] *n.f.* regolarità.

régulateur [ʀegylatœʀ] *agg.* [f. *-trice*] regolatore ♦ *n.m.* **1** orologio regolatore **2** (*tecn.*) regolatore.

régulation [ʀegylɑsjɔ̃] *n.f.* regolazione.
● ***régulation des naissances***, controllo delle nascite.

régulier [ʀegylje] *agg.* [f. *-ère*] **1** regolare **2** (*fam.*) giusto, leale, corretto: *être régulier en affaires*, essere corretto negli affari.
■ CONTR. **1** irrégulier.

régulièrement [ʀegyljɛʀmɑ̃] *avv.* **1** regolarmente, stando alle regole **2** in modo uniforme.

régurgitation [ʀegyʀʒitɑsjɔ̃] *n.f.* rigurgito (*m.*).

régurgiter [ʀegyʀʒite] *v.tr.* rigurgitare.

réhabilitation [ʀeabilitɑsjɔ̃] *n.f.* riabilitazione.

réhabiliter [ʀeabilite] *v.tr.* riabilitare.

réhabituer [ʀeabitɥe] *v.tr.* riabituare ♦ **se réhabituer** *v.pron.intr.* riabituarsi.

rehaussement [ʀǝosmɑ̃] *n.m.* (*econ.*) (*di moneta*) rivalutazione (*f.*).
● (*trib.*) ***rehaussement fiscal***, aggravio fiscale.

rehausser [ʀǝose] *v.tr.* **1** rialzare, soprelevare **2** mettere in risalto, accentuare **3** (*econ.*) (*moneta*) rivalutare **4** (*pitt.*) lumeggiare.

rehaut [ʀǝo] *n.m.* (*pitt.*) lumeggiatura (*f.*).

réimpression [ʀeɛ̃pʀesjɔ̃] *n.f.* (*tip.*) ristampa.

réimprimer [ʀeɛ̃pʀime] *v.tr.* (*tip.*) ristampare.

rein [ʀɛ̃] *n.m.* rene.
● ***rein flottant***, rene mobile | ***avoir les reins solides***, (*fig.*) essere ricco, potente | ***casser les reins à qqn***, (*fig.*) schiacciare, distruggere qlcu: *se casser les reins*, rimetterci le penne | ***coup de reins***, colpo di reni | ***tour de reins***, colpo della strega.

réincarnation [ʀeɛ̃kaʀnɑsjɔ̃] *n.f.* reincarnazione.

réincarner, se [sǝʀeɛ̃kaʀne] *v.pron.* reincarnarsi.

reine [ʀɛn] *n.f.* **1** regina **2** (*alle carte*) donna, regina.
● ***la reine des abeilles***, l'ape regina.
■ SIN. **1** souveraine.

reine-claude [ʀɛnklod] *n.f.* [pl. *reines-claudes*] regina claudia (varietà di prugna).

reine-marguerite [ʀɛnmaʀgǝʀit] *n.f.* [pl. *reines-marguerites*] (*bot. pop.*) astro (*m.*) della Cina.

reinette [ʀɛnɛt] *n.f.* (mela) renetta.

réinitialiser [ʀeinisjalize] *v.tr.* (*inform.*) reinizialiazzare, ripristinare; (*di computer*) resettare; (*di stampante*) riaccendere.

réinscrire [ʀeɛ̃skʀiʀ] *v.tr.* iscrivere di nuovo.

réinsérer [ʀeɛ̃seʀe] *v.tr.* reinserire.

réinsertion [ʀeɛ̃sɛʀsjɔ̃] *n.f.* reinserimento (*m.*).

réinstallation [ʀeɛ̃stalɑsjɔ̃] *n.f.* nuova installazione.

réinstaller [ʀeɛ̃stale] *v.tr.* installare di nuovo.

réinstaurer [ʀeɛ̃stɔʀe] *v.tr.* restaurare: *réinstaurer le pouvoir légitime*, restaurare il potere legittimo.

réintégration [ʀeɛ̃tegʀɑsjɔ̃] *n.f.* reintegrazione.

réintégrer [ʀeɛ̃tegʀe] *v.tr.* [coniug. come *céder*] **1** (*dir.*) (*in un diritto, una funzione*) reintegrare **2** fare ritorno (**a**).

réintroduire [ʀeɛ̃tʀɔdɥiʀ] *v.tr.* reintrodurre.

réinventer [ʀeɛ̃vɑ̃te] *v.tr.* reinventare.

réinvestir [Reɛ̃vɛstiR] ***v.tr.*** reinvestire.

réitération [ReiteRasjɔ̃] ***n.f.*** reiterazione.
■ SIN. redoublement, répétition.

réitérer [ReiteRe] ***v.tr.*** [coniug. come *céder*] reiterare.

rejaillir [Rəʒajir] ***v.intr.*** **1** schizzare **2** (*fig.*) ricadere.

rejaillissement [Rəʒajismɑ̃] ***n.m.*** **1** schizzo **2** (*fig.*) il ricadere.

rejet [Rəʒɛ] ***n.m.*** **1** rigetto (*anche med.*): *le rejet des conventions*, il rigetto, il rifiuto delle convenzioni **2** (*dir.*) reiezione (*f.*), rigetto **3** (*bot.*) (nuovo) getto.

rejeter [Rəʒəte, Rəʒəte] ***v.tr.*** [coniug. come *jeter*] **1** (ri)gettare, (ri)buttare: *rejeter le poisson dans l'eau*, rigettare il pesce in acqua; *rejeter la tête en arrière*, gettare la testa all'indietro **2** espellere: *il rejette tout ce qu'il mange*, rimette tutto quello che mangia **3** (*fig.*) rigettare, respingere: *rejeter une tradition*, rinnegare una tradizione **4** (*fig.*) far ricadere: *rejeter une responsabilité sur qqn*, far ricadere una responsabilità su qlcu ♦ ***v.intr.*** (*bot.*) ributtare ♦ **se rejeter** ***v.pron.intr.*** (ri)gettarsi, (ri)buttarsi: *se rejeter en arrière*, fare un balzo all'indietro.

rejeton [Rəʒətɔ̃, Rəʒətɔ̃] ***n.m.*** **1** (*bot.*) pollone, getto **2** (*fig.*) rampollo, discendente.
■ SIN. 2 descendant.

rejoindre [Rəʒwɛ̃dR] ***v.tr.*** [coniug. come *joindre*] **1** raggiungere; congiungersi (**con**): *rejoindre ses amis*, raggiungere gli amici; *cette route rejoint l'autoroute*, questa strada si congiunge con l'autostrada **2** congiungere ♦ **se rejoindre** ***v.pron.*** ritrovarsi, incontrarsi.

rejoint [Rəʒwɛ̃] *p.p.* di **rejoindre**.

rejouer [Rəʒwe] ***v.intr.*** rigiocare ♦ ***v.tr.*** **1** (*mus.*) suonare di nuovo **2** (*teatr.*) recitare di nuovo; rappresentare di nuovo.

réjoui [Reʒwi] ***agg.*** allegro.

réjouir [ReʒwiR] ***v.tr.*** rallegrare ♦ **se réjouir** ***v.pron.intr.*** rallegrarsi: *je me réjouis qu'il vienne, de ce qu'il viendra ce soir*, sono contento che venga stasera; *je me réjouis à la pensée qu'on va partir*, mi rallegra il pensiero che stiamo per partire.

réjouissance [Reʒwisɑ̃s] ***n.f.*** **1** allegria, giubilo (*m.*) **2** (*pl.*) festeggiamenti (*m.*).

réjouissant [Reʒwisɑ̃] ***agg.*** allegro, divertente.

relâche [Rəlɑʃ] ***n.m.*** e ***f.*** (momento, pausa di) riposo (*m.*).
● (*teatr.*) ***jour de relâche***, giorno di riposo | ***sans relâche***, senza posa, senza tregua.

relâché [Rəlɑʃe] ***agg.*** **1** allentato **2** (*fig.*) rilassato; (*estens.*) trasandato, sciatto.

relâchement [Rəlɑʃmɑ̃] ***n.m.*** **1** allentamento **2** (*fig.*) rilassatezza (*f.*) **3** disimpegno, rallentamento **4** (*med.*) rilasciamento.

relâcher [Rəlɑʃe] ***v.tr.*** **1** allentare (*anche fig.*): *elle a relâché son attention*, la sua attenzione si è allentata **2** (*prigionieri ecc.*) rilasciare, liberare **3** (*med.*) rilasciare, rilassare, distendere: *relâcher les muscles*, rilassare, sciogliere i muscoli ♦ ***v.intr.*** (*mar.*) fare scalo ♦ **se relâcher** ***v.pron.intr.*** **1** allentarsi (*anche fig.*): *son attention se relâche*, la sua attenzione tende a calare **2** (*fig.*) lasciarsi andare, non impegnarsi.

relais [Rəlɛ] ***n.m.*** **1** stazione (*f.*) di posta (per il cambio dei cavalli) **2** (*fig.*) tappa (*f.*) intermedia; intermediario **3** (*sport*) staffetta (*f.*) **4** (*elettr.*) relè, relais **5** (*rad., tel.*) ripetitore.
● ***relais équestre***, relais equestre | ***relais fluvial***, relais fluviale | ***relais restaurant***, ***relais auberge***, ristorante, albergo in un'area di sosta | ***relais routier***, trattoria per camionisti | ***chevaux de relais***, cavalli di posta, cavalli di ricambio | (*sport*) ***course de relais***, corsa a staffetta | ***équipe de relais***, squadra che si dà il cambio con un'altra | (*sport*) ***le quatre cents mètres relais***, la 4 x 100 | ***prendre le relais de qqn***, dare il cambio a qlcu, subentrare a qlcu | ***satellite relais***, satellite per le telecomunicazioni | ***servir de relais***, fare da intermediario | ***ville relais***, città che funge da tappa intermedia.

relance [Rəlɑ̃s] ***n.f.*** rilancio (*m.*): *la relance du terrorisme*, la recrudescenza del terrorismo.
● (*comm.*) ***lettre de relance***, lettera di sollecito.

relancer [Rəlɑ̃se] ***v.tr.*** [coniug. come *placer*] **1** rilanciare (*anche fig.*) **2** sollecitare **3** importunare, perseguitare.

relater [Rəlate] ***v.tr.*** riportare, riferire.

relatif [Rəlatif] ***agg.*** [f. *-ive*] relativo.

relation [Rəlɑsjɔ̃] ***n.f.*** **1** relazione, rapporto (*m.*) **2** (*pl.*) conoscenze, relazioni **3** relazione, resoconto (*m.*).
● ***relation de causalité***, nesso di casualità.

relationnel [Rəlɑsjɔnɛl] ***agg.*** [f. *-elle*] (*psic.*) relazionale.

relationniste [Rəlasjɔnist] ***n.m.*** e ***f.*** (*Canada*) addetto/a alle relazioni pubbliche.

relativement [Rəlativmɑ̃] ***avv.*** relativamente.

relativiser [Rəlativɪʒe] ***v.tr.*** relativizzare; ridimensionare.

relativisme [Rəlativism] ***n.m.*** relativismo.

relativité [Rəlativite] ***n.f.*** relatività.

relax [Rəlaks] ***agg.*** (*fam.*) **1** distensivo, rilassante **2** rilassato, disteso: *il est très relax au travail*, è molto rilassato sul lavoro ♦ ***n.m.*** relax, distensione (*f.*).
● (***fauteuil***) ***relax***, poltrona a sdraio.

NOTA L'interiezione familiare ***relax, Max!*** 'calmo! tranquillo!' viene utilizzata per calmare una persona o sottolineare ironicamente la sua scarsa dinamicità.

relaxant [Rəlaksɑ̃] ***agg.*** rilassante, distensivo.

relaxation [Rəlaksɑsjɔ̃] ***n.f.*** rilassamento (*m.*), distensione.

relaxe [Rəlaks] ***n.f.*** (*dir.*) rilascio (*m.*).

relaxer[1] [Rəlakse] ***v.tr.*** (*dir.*) rilasciare.

relaxer[2] ***v.tr.*** rilassare, distendere ♦ **se relaxer** ***v.pron.intr.*** rilassarsi, distendersi.

relayer [Rəleje] ***v.tr.*** [coniug. come *payer*] **1** sostituire, dare il cambio (**a**) **2** (*sport*) (*nella staffetta*) alternare, dare il cambio (**a**) **3** (*rad., tv*) ritrasmettere (via satellite) ♦ **se relayer** ***v.pron.rec.*** darsi il cambio, alternarsi.

relayeur [Rəlɛjœr] ***n.m.*** [f. *-euse*] (*sport*) staffettista.

relecture [Rəlɛktyr] ***n.f.*** rilettura.

relégation [Rəlegɑsjɔ̃] ***n.f.*** **1** confino (*m.*) **2** (*sport*) retrocessione.

reléguer [Rəlege] ***v.tr.*** [coniug. come *céder*] **1** confinare **2** (*fig.*) relegare.

relent [Rəlɑ̃] ***n.m.*** **1** tanfo, puzzo **2** (*fig.*) sentore, traccia (*f.*).

relève [Rəlɛv] ***n.f.*** cambio (*m.*).
● ***prendre la relève***, dare il cambio (*anche fig.*).

relevé [Rələve, Rələve] ***agg.*** **1** rialzato, tirato su | *manches relevées*, maniche rimboccate **2** (*al gusto*) piccante **3** (*letter.*) elevato, nobile ♦ ***n.m.*** **1** estratto, nota (*f.*): *relevé des dépenses*, nota delle spese **2** (*arch.*) rilievo (rappresentazione grafica di un edificio).
● (*banca*): ***relevé de caisse***, estratto di cassa; ***relevé de compte***, estratto conto | ***relevé de compteur***, lettura del

R

contatore | (*dir.*) ***relevé des condamnations***, estratto del casellario giudiziario.

relèvement [Rəlɛvmɑ̃] ***n.m.*** **1** rialzo **2** aumento **3** (*fig.*) ripresa (*f.*): *le relèvement d'un pays, d'une économie*, la ripresa di un paese, di un'economia **4** (*mar., mat., topografia*) rilevamento.

relever [Rəlve, Rləve] ***v.tr.*** [coniug. come *semer*] **1** (ri)alzare, tirare su; rimettere in piedi: *j'ai eu du mal à le relever*, ho fatto fatica a rimetterlo in piedi **2** alzare; sollevare; risollevare: *relever les salaires*, alzare i salari; *relever l'économie, les finances*, risollevare l'economia, le finanze **3** rilevare, notare, riscontrare: *relever des fautes*, rilevare, riscontrare errori **4** raccogliere (*anche fig.*): *relever les copies d'examen*, raccogliere, ritirare le prove d'esame; *relever une allusion*, raccogliere un'allusione **5** (*comm.*) rilevare, acquistare: *relever une entreprise*, rilevare una ditta **6** (*cuc.*) insaporire; condire (*anche fig.*) **7** rilevare, compiere un rilevamento | *relever un compteur*, fare la lettura di un contatore **8** dare il cambio (**a**), rilevare: *relever une sentinelle*, dare il cambio a una sentinella **9** liberare, esonerare; sciogliere: *relever qqn de ses fonctions*, esonerare qlcu dalle sue funzioni; *relever qqn de ses vœux*, sciogliere qlcu dai voti ♦ ***v.intr.*** **1** rimettersi (in salute), ristabilirsi: *relever d'une maladie*, riprendersi da una malattia **2** dipendere (**da**); essere di competenza (**di**): *ces phénomènes relèvent de la psychanalyse*, queste manifestazioni rientrano nel campo della psicanalisi ♦ **se relever** ***v.pron.*** e ***pron.intr.*** **1** rialzarsi, rimettersi in piedi **2** (*fig.*) riaversi, riprendersi ♦ ***v.pron.rec.*** darsi il cambio.

● ***relever la tête***, risollevare il capo; (*fig.*) rialzare la testa, riprendere animo | ***relever le gant, le défi***, (*fig.*) raccogliere il guanto, la sfida | ***relever ses manches***, (*anche fig.*) rimboccarsi le maniche | ***relever une empreinte digitale***, prendere un'impronta digitale | (*lavori a maglia*) ***relever une maille***, riprendere una maglia.

releveur [Rəlvœr, Rləvœr] ***agg.*** [f. *-euse*] **1** (*anat.*) elevatore **2** (*tecn.*) sollevatore, elevatore ♦ ***n.m.*** (*tecn.*) sollevatore, elevatore.

● ***releveur de compteurs***, letturista, lettore di contatori.

relief [Rəljɛf] ***n.m.*** **1** rilievo (*anche fig.*) **2** (*pl.*) (*di un pasto*) avanzi.

● ***en relief***, in rilievo: *mettre en relief*, mettere in rilievo.

relier [Rəlje] ***v.tr.*** **1** legare di nuovo **2** (*libro*) rilegare **3** collegare, unire (*anche fig.*): *relier le présent au passé*, mettere in relazione il presente con il passato.

relieur [Rəljœr] ***agg.*** e ***n.m.*** [f. *-euse*] rilegatore.

● ***boutique de relieur***, legatoria.

religieuse [Rəliʒjøz] ***n.f.*** **1** religiosa, suora **2** (*cuc.*) dolce (*m.*) di bignè farciti di crema.

religieusement [Rəliʒjøzmɑ̃] ***avv.*** **1** religiosamente **2** (*fig.*) scrupolosamente.

religieux [Rəliʒjø] ***agg.*** e ***n.m.*** [f. *-euse*] religioso.

● ***mariage religieux***, matrimonio religioso.

religion [Rəliʒjɔ̃] ***n.f.*** religione.

● ***entrer en religion***, prendere i voti.

religiosité [Rəliʒjozite] ***n.f.*** religiosità.

reliquaire [Rəlikɛr] ***n.m.*** reliquiario.

reliquat [Rəlika] ***n.m.*** residuo.

● ***reliquat à payer***, residuo da pagare.

relique [Rəlik] ***n.f.*** reliquia (*anche fig.*).

relire [Rəlir] ***v.tr.*** [coniug. come *lire*] rileggere ♦ **se relire** ***v.pron.intr.*** rileggere ciò che si è scritto, rileggersi.

reliure [Rəljyr] ***n.f.*** rilegatura.

relogement [Rəlɔʒmɑ̃] ***n.m.*** assegnazione (*f.*) di un nuovo alloggio.

reloger [Rəlɔʒe] ***v.tr.*** [coniug. come *manger*] rialloggiare.

relookeur [Rəlukœr] ***n.m.*** [f. *-euse*] persona che conferisce un nuovo look a qlcu o qlco.

relou [Rəlu] ***agg.invar.*** (*verlan di* lourd) pesante: *ton frère est franchement relou*, tuo fratello è proprio un peso.

relouer [Rəlwe] ***v.tr.*** riaffittare.

relu [Rəly] *p.p.* di **relire**.

relui [Rəlɥi] *p.p.* di **reluire**.

reluire [Rəlɥir] ***v.intr.*** [coniug. come *conduire*, tranne al p.p.: *relui*] brillare, luccicare, risplendere: *tout reluit chez elle*, la sua casa è uno specchio.

reluisant [Rəlɥizɑ̃] ***agg.*** **1** luccicante, lucido, splendente **2** (*fig.*) brillante: *un milieu pas très reluisant*, un ambiente un po' squallido.

reluquer [Rəlyke] ***v.tr.*** (*fam.*) adocchiare; lumare, sbirciare.

rèm [Rɛm] ***n.f.*** (*verlan di* mère) madre.

remâcher [Rəmɑʃe] ***v.tr.*** **1** ruminare **2** (*fig.*) rimuginare.

remaillage [Rəmɑjaʒ] ***n.m.*** rammagliatura (*f.*).

remailler [Rəmɑje] ***v.tr.*** rammagliare.

rémanent [Remanɑ̃] ***agg.*** che rimane.

● (*psic.*) ***image rémanente***, immagine persistente.

remaniement [Rəmanimɑ̃] ***n.m.*** rimaneggiamento.

remanier [Rəmanje] ***v.tr.*** rimaneggiare.

remaquiller [Rəmakije] ***v.tr.*** truccare di nuovo □ **se remaquiller** ***v.pron.*** rifarsi il trucco.

remariage [Rəmarjaʒ] ***n.m.*** il risposarsi, nuovo matrimonio.

remarier [Rəmarje] ***v.tr.*** risposare ♦ **se remarier** ***v.pron.*** e ***pron.intr.*** risposarsi.

remarquable [Rəmarkabl] ***agg.*** **1** notevole; di valore **2** che si nota.

remarquablement [Rəmarkabləmɑ̃] ***avv.*** notevolmente; magnificamente.

remarque [Rəmark] ***n.f.*** **1** nota | *j'en avais déjà fait la remarque*, lo avevo già notato **2** osservazione.

● ***faire une remarque à qqn***, fare un'osservazione a qlcu.

R

remarquer [Rəmarke] ***v.tr.*** notare.

■ **SIN.** constater, noter.

remballage [Rɑ̃balaʒ] ***n.m.*** l'imballare di nuovo; il mettere via.

remballer [Rɑ̃bale] ***v.tr.*** **1** rimballare, mettere via **2** (*fig. fam.*) mandare al diavolo.

rembarquement [Rɑ̃barkəmɑ̃] ***n.m.*** reimbarco.

rembarquer [Rɑ̃barke] ***v.tr.*** reimbarcare ♦ ***v.intr.*** reimbarcarsi ♦ **se rembarquer** ***v.pron.intr.*** reimbarcarsi.

rembarrer [Rɑ̃bɑre] ***v.tr.*** (*fig. fam.*) **1** redarguire **2** sistemare (a dovere).

remblai [Rɑ̃blɛ] ***n.m.*** **1** (terreno, materiale di) riporto **2** terrapieno **3** rinterro.

remblaiement [Rɑ̃blɛmɑ̃] ***n.m.*** (*geol.*) colmata (*f.*); deposizione (*f.*), deposito (di materiali trasportati dall'acqua).

remblaver [Rɑ̃blave] ***v.tr.*** (*agr.*) riseminare (quando la prima semina non è riuscita).

remblayage [rɑ̃blɛjaʒ] ***n.m.*** riporto (di terra), rinterro.

remblayer [rɑ̃bleje] ***v.tr.*** [coniug. come *payer*] colmare, rinterrare.

rembobiner [rɑ̃bɔbine] ***v.tr.*** riavvolgere in bobina.

remboîter [rɑ̃bwate] ***v.tr.*** **1** rimettere a posto **2** (*med.*) ridurre.

rembour [rɑ̃buʀ] ***n.m.*** (*fam.*) appuntamento.

rembourrage [rɑ̃buʀaʒ] ***n.m.*** imbottitura (*f.*).

rembourrer [rɑ̃buʀe] ***v.tr.*** imbottire.

remboursable [rɑ̃buʀsabl] ***agg.*** (*comm.*) rimborsabile.

remboursement [rɑ̃buʀsəmɑ̃] ***n.m.*** rimborso; pagamento.
● (*comm.*) ***envoi contre remboursement***, spedizione contro assegno.

rembourser [rɑ̃buʀse] ***v.tr.*** (*comm.*) **1** rimborsare; (*danno*) risarcire **2** pagare, saldare.

rembrunir, se [sərɑ̃bʀyniʀ] ***v.pron.intr.*** rabbuiarsi, rannuvolarsi.

remède [ʀəmɛd] ***n.m.*** rimedio.
● ***remède de bonne femme***, rimedio empirico, della nonna | (*prov.*) ***aux grands mots les grands remèdes***, a mali estremi, estremi rimedi.
■ **SIN.** médicament.

remédiable [ʀəmedjabl] ***agg.*** rimediabile.

remédier [ʀəmedje] ***v.intr.*** rimediare, porre rimedio (**a**).

remembrement [ʀəmɑ̃bʀəmɑ̃] ***n.m.*** accorpamento fondiario.

remembrer [ʀəmɑ̃bʀe] ***v.tr.*** accorpare (terreni).

remémorer, se [səʀəmemɔʀe] ***v.pron.intr.*** rammentarsi.

remerciement [ʀəmɛʀsimɑ̃] ***n.m.*** ringraziamento: *une lettre de remerciements*, una lettera di ringraziamento.
● (*comm.*) ***avec mes remerciements anticipés***, ringraziando anticipatamente.

remercier [ʀəmɛʀsje] ***v.tr.*** **1** ringraziare | *"Voulez-vous que je vous aide?" "Je vous remercie"*, "Vuole che l'aiuti?" "Grazie, no" **2** (*estens.*) congedare, licenziare.
● ***remercier verbalement, par lettre***, ringraziare a voce, per iscritto.

réméré [ʀemeʀe] ***n.m.*** (*dir.*) riscatto.
● ***vente à réméré***, vendita con patto di riscatto.

remettre [ʀəmɛtʀ] ***v.tr.*** [coniug. come *mettre*] **1** rimettere, mettere di nuovo: *remettre du sel*, aggiungere sale **2** rimettere (in salute), ristabilire **3** consegnare, recapitare; rimettere; (*fig.*) affidare: *remettre à la justice*, consegnare alla giustizia **4** rimettere, condonare: *remettre une dette*, condonare un debito **5** rimandare, rinviare: *remettre à plus tard*, rimandare a più tardi **6** (*fam.*) riconoscere **7** (*argot*) ricominciare | *tu ne vas pas remettre ça!*, non ricomincerai! ♦ **se remettre** ***v.pron.*** e ***pron.intr.*** **1** rimettersi, mettersi di nuovo: *il s'est remis à l'anglais*, ha ricominciato con l'inglese **2** rimettersi (in salute), ristabilirsi **3** rimettersi (con qlcu).
● ***remettre à zéro***, azzerare | ***remettre en cause***, rimettere in causa, tirare in ballo di nuovo | ***remettre en esprit***, (far) ricordare | ***remettre en état***, ripristinare, restaurare | ***remettre en question***, rimettere in discussione | ***remettre les choses au hasard***, affidarsi al caso | ***remettre sa démission***, dare le dimissioni | (*med.*) ***remettre un bras***, ridurre un braccio (slogato) | ***remettre une montre à l'heure***, rimettere all'ora giusta, regolare un orologio | ***en remettre***, (*fam.*) esagerare | ***remettez-vous***, (*fam.*) si calmi | ***s'en remettre à***, rimettersi, affidarsi a: *s'en remettre à la décision de qqn*, rimettersi, affidarsi alla decisione di qlcu; *remettez-vous-en à moi*, lasci fare a me | ***se remettre ensemble***, rimettersi insieme.

remeubler [ʀəmœble] ***v.tr.*** riammobiliare.

rémige [ʀemiʒ] ***n.f.*** (*zool.*) remigante.

remilitariser [ʀəmilitaʀize] ***v.tr.*** rimilitarizzare.

réminiscence [ʀeminisɑ̃s] ***n.f.*** reminiscenza.

remis [ʀəmi] *p.p.* di **remettre**.

remise [ʀəmiz] ***n.f.*** **1** rimessa, il rimettere **2** rimessa, consegna: *la remise du prix Nobel*, la consegna del premio Nobel **3** remissione, perdono (*m.*); condono (*m.*) **4** (*comm.*) riduzione, sconto (*m.*): *remise de 5%*, sconto del 5% **5** rinvio (*m.*), rimando (*m.*) **6** rimessa, ripostiglio (*m.*).
● ***remise à zéro***, azzeramento | (*dir.*): ***remise de dette***, remissione di un debito; ***remise de peine***, condono di pena | (*relig.*) ***remise des péchés***, remissione dei peccati | ***remise en état***, restauro, ripristino | (*sport*) ***remise en jeu***, rimessa in gioco | ***remise en marche***, rimessa in moto; (*fig.*) ripresa | ***remise en ordre***, riordinamento | ***remise en service, en activité***, riattivazione.

remiser [ʀəmize] ***v.tr.*** mettere al riparo, al coperto; (*vettura ecc.*) mettere in rimessa.

rémissible [ʀemisibl] ***agg.*** remissibile, perdonabile; (*dir.*) condonabile.

rémission [ʀemisjɔ̃] ***n.f.*** **1** remissione, perdono (*m.*) **2** (*med.*) remissione.
● (*dir.*): ***rémission de peine***, condono di pena; ***clause de rémission***, clausola remissiva | ***sans rémission***, senza remissione; implacabilmente.

remmailler [ʀɑ̃mɑje] ***v.tr.*** → **remailler**.

remmener [ʀɑ̃mne] ***v.tr.*** [coniug. come *semer*] ricondurre.

remodelage [ʀəmɔdlaʒ] ***n.m.*** **1** rifacimento, ristrutturazione (*f.*), riorganizzazione (*f.*) **2** il rimodellare **3** plastica (*f.*) (facciale), lifting.

remodeler [ʀəmɔdle] ***v.tr.*** [coniug. come *semer*] **1** rimodellare; ristrutturare (*anche fig.*) **2** fare una plastica (facciale) (**a**).

rémois [ʀemwa] ***agg.*** di Reims.

remontage [ʀəmɔ̃taʒ] ***n.m.*** **1** (*tecn.*) rimontaggio, rimontatura (*f.*) **2** (*di orologio*) ricarica (*f.*).

remontant [ʀəmɔ̃tɑ̃] ***agg.*** **1** (*bot.*) rimontante, rifiorente **2** corroborante ♦***n.m.*** (*med.*) ricostituente, tonico.

remontée [ʀəmɔ̃te] ***n.f.*** **1** risalita **2** (*sport*) rimonta.
● ***remontée mécanique***, impianto di risalita (seggiovia, skilift ecc.).

remonte-pente [ʀəmɔ̃tpɑ̃t] ***n.m.*** [pl. *remonte-pentes*] skilift, sciovia (*f.*).

remonter [ʀəmɔ̃te] ***v.intr.*** [aus. *être* e *avoir*] **1** risalire: *remonter dans sa chambre*, risalire in camera **2** (*fig.*) risalire: *le cours de l'euro remonte*, il corso dell'euro è in rialzo **3** risalire (indietro nel tempo): *sa noblesse remonte au Moyen Âge*, la sua nobiltà risale al, data dal Medioevo **4** (*di piante*) rifiorire (nella stessa stagione) ♦ ***v.tr.*** **1** risalire, rimontare: *le cycliste a remonté le peloton*, il ciclista ha rimontato il gruppo **2** riportare (**su**): *remonter une malle au grenier*, riportare un baule in soffitta **3** tirare su (*anche fig.*): *remonte tes chaussettes*, tirati su le calze; *essaye de le remonter, de lui remonter le*

moral, (*fig.*) cerca di tirarlo su (di morale) **4** rimontare (*spec. tecn.*): *remonter un moteur*, rimontare un motore **5** ricaricare: *remonter une montre*, ricaricare un orologio ♦ **se remonter** *v.pron.intr.* **1** rimettersi, riprendersi **2** tirarsi su (di morale) **3** (*tecn.*) ricaricarsi.
● ***remonter à la surface***, risalire in superficie | ***remonter la pente***, (*anche fig.*) risalire la china | ***remonter sa garde-robe***, rinnovare il guardaroba | ***remonter une pièce de théâtre***, allestire di nuovo un lavoro teatrale | ***ses actions remontent***, (*fig.*) le sue azioni sono in rialzo.

remontoir [ʀəmɔ̃twaʀ] *n.m.* (*tecn.*) meccanismo di carica.

remontrance [ʀəmɔ̃tʀɑ̃s] *n.f.* rimostranza.

remontrer [ʀəmɔ̃tʀe] *v.tr.* mostrare di nuovo.
● ***en remontrer à***, dare dei punti a, saperla più lunga di.

rémora [ʀemɔʀa] *n.m.* (*zool.*) remora (*f.*).

remordre [ʀəmɔʀdʀ] *v.tr.* [coniug. come *rendre*] mordere di nuovo, rimordere ♦ *v.intr.* (*di pesce*) abboccare di nuovo.

remords [ʀəmɔʀ] *n.m.* rimorso.
● ***avoir le remords de***, provare rimorso per | ***sans remords***, senza rimorsi.
■ SIN. repentir.

remorquage [ʀəmɔʀkaʒ] *n.m.* il rimorchiare, rimorchio.

remorque [ʀəmɔʀk] *n.f.* **1** rimorchio (*m.*) **2** rimorchio (*m.*), veicolo (*m.*) rimorchiato.
● (*aer.*) ***remorque à bagages***, carrello portabagagli | ***remorque de camping***, carrello (portabagagli) | (***câble de***) ***remorque***, cavo di rimorchio | ***être à la remorque***, (*fam.*) restare indietro, indugiare | ***prendre en remorque***, rimorchiare | ***se mettre à la remorque de qqn***, (*fig.*) imitare, seguire passivamente qlcu.

remorquer [ʀəmɔʀke] *v.tr.* rimorchiare (*anche fig.*).
■ SIN. traîner.

remorqueur [ʀəmɔʀkœʀ] *agg.* [f. *-euse*] rimorchiatore ♦ *n.m.* (*mar.*) rimorchiatore.

rémoulade [ʀemulad] *n.f.* (*cuc.*) remoulade (salsa a base di maionese, senape, erba cipollina).

rémouleur [ʀemulœʀ] *n.m.* arrotino.

remous [ʀəmu] *n.m.* **1** risucchio, mulinello; (*estens.*) turbine **2** (*fig.*) agitazione (*f.*): *les remous de la foule*, l'ondeggiare della folla; *les grands remous sociaux*, i grandi sommovimenti sociali.
● ***bain à remous***, idromassaggio.

rempailler [ʀɑ̃paje] *v.tr.* rimpagliare.

rempart [ʀɑ̃paʀ] *n.m.* **1** (*pl.*) mura (*f.*), bastioni **2** (*fig.*) baluardo, difesa (*f.*).
● ***se faire un rempart du corps de qqn***, farsi scudo con il corpo di qlcu.
■ SIN. **1** fortification.

rempiler [ʀɑ̃pile] *v.intr.* (*argot mil.*) rinnovare la ferma.

remplaçable [ʀɑ̃plasabl] *agg.* sostituibile.

remplaçant [ʀɑ̃plasɑ̃] *n.m.* **1** sostituto, supplente **2** (*sport*) riserva (*f.*).

remplacement [ʀɑ̃plasmɑ̃] *n.m.* **1** sostituzione (*f.*); rimpiazzo **2** supplenza (*f.*) **3** (*amm.*) subentro.
● ***de remplacement***, sostitutivo | ***en remplacement***, in sostituzione, in cambio | ***faire un remplacement***, fare una supplenza | ***produit de remplacement***, succedaneo.

remplacer [ʀɑ̃plase] *v.tr.* [coniug. come *placer*] **1** sostituire (**con**), mettere al posto (**di**): *remplacer de vieux meubles par des neufs*, sostituire vecchi mobili con mobili nuovi **2** sostituire, prendere il posto (**di**); (*fam.*) rimpiazzare (**con**).
● (*mil.*) ***remplacer une sentinelle***, dare il cambio a una sentinella.
■ SIN. changer.

remplage [ʀɑ̃plaʒ] *n.m.* **1** (*edil.*) ripieno **2** (*arch.*) armatura (*f.*) delle vetrate (spec. gotiche); traforo.

rempli [ʀɑ̃pli] *agg.* pieno, colmo: *seau bien rempli*, secchio ricolmo.
● ***rempli de son importance***, (*fig.*) pieno di sé.

remplir [ʀɑ̃pliʀ] *v.tr.* **1** colmare, riempire (*anche fig.*) **2** adempiere, assolvere: *remplir une fonction*, adempiere, svolgere una funzione; assolvere un incarico; *remplir une mission*, assolvere, compiere una missione | *remplir une condition*, soddisfare una condizione: *sa candidature remplit toutes les conditions nécessaires*, la sua candidatura soddisfa tutte le condizioni richieste **3** riempire, compilare: *remplir un formulaire*, riempire, compilare un modulo ♦ **se remplir** *v.pron.* e *pron.intr.* **1** riempirsi **2** (*fam.*) abbuffarsi, rimpinzarsi.
● ***remplir de joie***, riempire, colmare di gioia | ***remplir le rôle de***, ricoprire il ruolo di, fare da | ***remplir ses poches***, ***se remplir les poches***, riempirsi le tasche; (*fig.*) fare (i) soldi | ***remplir une promesse***, adempiere, mantenere una promessa.
■ *V.TR.* SIN. **1** combler **2** exercer.

remplissage [ʀɑ̃plisaʒ] *n.m.* **1** riempimento **2** (*fig.*) riempitivo.

remploi [ʀɑ̃plwa] *n.m.* **1** reimpiego **2** (*edil.*) recupero **3** (*econ.*) reinvestimento.

remployer [ʀɑ̃plwaje] *v.tr.* [coniug. come *employer*] **1** reimpiegare **2** (*econ.*) reinvestire.

remplumer, se [səʀɑ̃plyme] *v.pron.intr.* **1** rimpiumarsi, ricoprirsi di piume **2** (*fig. fam.*) rimpolparsi.

remporter [ʀɑ̃pɔʀte] *v.tr.* **1** portare via: *j'ai remporté le livre que je t'avais donné*, mi sono ripreso il libro che ti avevo dato **2** (*fig.*) ottenere: *remporter une victoire*, riportare una vittoria.
● ***remporter un prix***, vincere un premio.

rempoter [ʀɑ̃pɔte] *v.tr.* rinvasare.

remuant [ʀəmɥɑ̃] *agg.* irrequieto; turbolento.

remue-ménage [ʀəmymenaʒ] *n.m.invar.* scompiglio, trambusto.

remue-méninges [ʀəmymenɛ̃ʒ] *n.m.invar.* brainstorming.

remuement [ʀəmymɑ̃] *n.m.* movimento, moto.

remuer [ʀəmɥe] *v.tr.* **1** muovere, smuovere; agitare: *remuer son café*, mescolare il caffè **2** rimuovere, spostare **3** commuovere ♦ *v.intr.* muoversi; agitarsi: *il ne peut pas rester une minute sans remuer*, non sta fermo un momento; *une dent qui remue*, un dente che balla ♦ **se remuer** *v.pron.intr.* muoversi | *allons, remue-toi!*, (*fam.*) su, muoviti, datti da fare!
● ***remuer ciel et terre***, (*fig.*) smuovere cielo e terra | ***remuer des souvenirs***, (*fig.*) rivangare i ricordi | ***remuer la queue***, dimenare la coda, scodinzolare | ***ne pas remuer le petit doigt***, (*fig.*) non muovere un dito.
■ *V.TR.* SIN. **2** bouger, déplacer **3** troubler.

rémunérateur [ʀemyneʀatœʀ] *agg.* [f. *-trice*] rimunerativo.

rémunération [ʀemyneʀasjɔ̃] *n.f.* rimunerazione, compenso (*m.*).

rémunérer [ʀemyneʀe] *v.tr.* [coniug. come *céder*] rimunerare; retribuire (**qlcu**).

renâcler [ʀənɑkle] ***v.intr.*** **1** sbuffare (spec. di animali) **2** (*fig.*) mostrare ripugnanza; essere riluttante (**a**).
● ***renâcler à la besogne***, essere recalcitrante al lavoro.

renaissance [ʀənɛsɑ̃s] ***n.f.*** rinascita; il rifiorire.

Renaissance ***n.f.*** (*st.*) Rinascimento (*m.*) ♦ ***agg.invar.*** rinascimentale: *architecture Renaissance*, architettura rinascimentale.

renaître [ʀənɛtʀ] ***v.intr.dif.*** [coniug. come *naître*, manca del p.p. e dei tempi composti; aus. *être*] rinascere, risorgere (*anche fig.*).
● ***renaître à la vie***, rinascere alla vita | ***renaître de ses cendres***, risorgere dalle ceneri.

rénal [ʀenal] ***agg.*** [pl. *-aux*] (*anat.*) renale.

renard [ʀənaʀ] ***n.m.*** volpe (*f.*).
● ***rusé comme un renard***, furbo come una volpe | ***un fin renard***, (*fig.*) una vecchia volpe, un volpone.

NOTA In francese antico la volpe era detta *le goupil*. Ma il successo del ***Roman de Renart*** (secc. XII e XIII), una serie di racconti in prosa e in versi in cui il personaggio centrale è *le goupil Renart*, soppiantò il nome comune e assunse il nome proprio della volpe, che poi l'ortografia fissò con una *d* finale.

renarde [ʀənaʀd] ***n.f.*** volpe femmina.

renardeau [ʀənaʀdo] ***n.m.*** [pl. *-aux*] volpacchiotto.

rencard [ʀɑ̃kaʀ] ***n.m.*** → **rancard**.

renchérir [ʀɑ̃ʃeʀiʀ] ***v.tr.*** e ***intr.*** **1** rincarare **2** rilanciare (a un'asta).
● ***renchérir sur qqch***, (*fig.*) rincarare la dose.

renchérissement [ʀɑ̃ʃeʀismɑ̃] ***n.m.*** **1** rincaro **2** rilancio (a un'asta).

rencontre [ʀɑ̃kɔ̃tʀ] ***n.f.*** **1** incontro (*m.*): *rencontre de deux cours d'eau*, confluenza di due corsi d'acqua **2** scontro (*m.*) **3** (*sport*) incontro (*m.*): *une rencontre de boxe*, un incontro di pugilato.
● ***aller à la rencontre de qqn***, andare incontro a qlcu | ***faire la rencontre de qqn***, incontrare qlcu | ***de rencontre***, occasionale, casuale | ***par rencontre***, per caso | ***une rencontre au pistolet***, un duello con la pistola.

rencontrer [ʀɑ̃kɔ̃tʀe] ***v.tr.*** incontrare, imbattersi (**in**) ♦ **se rencontrer** ***v.pron.intr.*** e ***pron.rec.*** incontrarsi (*anche fig.*) | *nos idées se rencontrent*, le nostre idee convergono | *nous nous sommes déjà rencontrés?*, ci conosciamo già?
● ***rencontrer la faveur, l'opposition du public***, incontrare il favore, il dissenso del pubblico.

rendement [ʀɑ̃dmɑ̃] ***n.m.*** **1** rendimento, resa (*f.*): *le rendement d'une machine*, la resa di una macchina **2** (*di motore*) potenza (*f.*) **3** (*fin.*) rendimento, gettito.

rendève [ʀɑ̃dɛv] ***n.m.*** (*fam.*) (*abbr. di* rendez-vous) appuntamento.

rendez-vous [ʀɑ̃devu] ***n.m.invar.*** **1** appuntamento **2** ritrovo; luogo d'incontro.
● ***donner rendez-vous à qqn***, dare appuntamento a qlcu | ***sur rendez-vous***, per appuntamento.

rendormir, se [səʀɑ̃dɔʀmiʀ] ***v.pron.intr.*** [coniug. come *dormir*] riaddormentarsi.

rendre [ʀɑ̃dʀ] ***v.tr.*** [pres.indic.: *je rends, tu rends, il rend* etc.; imperf.indic.: *je rendais* etc.; p.rem.: *je rendis*, etc.; fut.indic.: *je rendrai* etc.; cond.: *je rendrais* etc.; pres.cong.: *que je rende* etc.; imperf.cong.: *que je rendisse, que tu rendisses, qu'il rendît* etc.; p.pres.: *rendant*; p.p.: *rendu*; imp.: *rends, rendons, rendez*] **1** rendere, restituire (*anche fig.*): *il m'a rendu mon argent*, mi ha restituito i miei soldi; *rendre une gentillesse*, ricambiare una gentilezza | *je lui fais confiance, il me le rend bien*, ho fiducia in lui, e sono pienamente contraccambiato **2** rendere, fruttare: *sa ferme lui rend peu*, la fattoria gli rende poco **3** rendere, far diventare: *rendre qqn heureux*, far felice qlcu **4** rendere, tradurre, esprimere: *ce mot rend mal en français*, questa parola è difficile da rendere in francese **5** emettere; buttare fuori: *rendre un son*, emettere un suono **6** (*dir.*) emettere: *rendre un décret*, emanare un decreto **7** (*fam.*) vomitare ♦ ***v.intr.*** rendere, fruttare: *mon commerce ne rend pas*, i miei affari non rendono ♦ **se rendre** ***v.pron.*** e ***pron.intr.*** **1** recarsi: *se rendre à l'étranger*, recarsi all'estero **2** arrendersi (*anche fig.*): *se rendre aux prières de qqn*, cedere alle preghiere di qlcu **3** rendersi, diventare | *se rendre utile, nécessaire*, rendersi utile, necessario.
● ***rendre à la liberté***, rimettere in libertà | ***rendre à qqn son salut***, ricambiare il saluto di qlcu | ***rendre hommage, témoignage***, rendere omaggio, testimonianza | ***rendre honneur à qqn***, onorare qlcu | ***rendre les armes***, arrendersi | (*dir.*) ***rendre un verdict***, pronunciare una sentenza | ***rendre visite à qqn***, fare visita a qlcu | ***ça n'a pas rendu***, (*fam.*) non è andata bene.
■ ***V.TR.*** SIN. **1** redonner, rembourser **2** rapporter ♦ ***V. PRON.*** SIN. aller.

rendu [ʀɑ̃dy] *p.p.* di **rendre** ♦ ***agg.*** **1** reso **2** arrivato, giunto a destinazione: *nous voilà rendus*, eccoci arrivati **3** (*antiq.*) stanco: *je suis rendu de fatigue*, sono sfinito dalla stanchezza ♦ ***n.m.*** **1** potenza (*f.*) espressiva, resa (*f.*) pittorica **2** (*comm.*) oggetto reso.

rêne [ʀɛn] ***n.f.*** redine, briglia.
● ***tenir, prendre les rênes d'une affaire***, (*fig.*) tenere, prendere le redini di un'azienda.

renégat [ʀənega] ***n.m.*** rinnegato.

renfermé [ʀɑ̃fɛʀme] ***agg.*** (*fig.*) chiuso ♦ ***n.m.*** odore di chiuso.

renfermer [ʀɑ̃fɛʀme] ***v.tr.*** **1** rinchiudere (*anche fig.*) **2** racchiudere, contenere ♦ **se renfermer** ***v.pron.intr.*** (rin)chiudersi (*spec. fig.*).
● ***se renfermer en*** (o ***sur***) ***soi-même***, chiudersi in se stesso.

renflé [ʀɑ̃fle] ***agg.*** rigonfio, ingrossato.
● (*arch.*) ***colonne renflée***, colonna con entasi.

renflement [ʀɑ̃fləmɑ̃] ***n.m.*** **1** rigonfiamento **2** (*arch.*) entasi (*f.*) **3** protuberanza (*f.*).

renfler [ʀɑ̃fle] ***v.tr.*** rigonfiare ♦ **se renfler** ***v.pron.intr.*** gonfiarsi.

renflouage [ʀɑ̃fluaʒ] **renflouement** [ʀɑ̃flumɑ̃] ***n.m.*** **1** (*mar.*) recupero **2** (*fig.*) salvataggio.

renflouer [ʀɑ̃flue] ***v.tr.*** (*mar.*) ricuperare; riportare a galla (*anche fig.*).

renfoncement [ʀɑ̃fɔ̃smɑ̃] ***n.m.*** (*edil.*) rientranza (*f.*).

renfoncer [ʀɑ̃fɔ̃se] ***v.tr.*** [coniug. come *placer*] **1** ricacciare, mandare giù (*anche fig.*): *renfoncer son chapeau*, calcarsi il cappello in testa; *renfoncer un clou*, ripiantare un chiodo **2** (*tip.*) rientrare.

renforçateur [ʀɑ̃fɔʀsatœʀ] ***n.m.*** (*scienze alimentari*) agente di sapidità.
● (*cosmesi*) ***renforçateur de cheveux, d'ongles***, rinforzatore per capelli, per unghie.

renforcement [ʀɑ̃fɔʀsəmɑ̃] ***n.m.*** rafforzamento.

renforcer [ʀɑ̃fɔʀse] ***v.tr.*** [coniug. come *placer*] rinforzare, rafforzare (*anche fig.*).

renfort [ʀɑ̃fɔʀ] ***n.m.*** rinforzo.
● ***à grand renfort de***, a furia di, a forza di | ***troupes en renfort***, truppe di rincalzo.

renfrogné [ʀɑ̃fʀɔɲe] ***agg.*** accigliato, imbronciato.

renfrogner, se [səʀɑ̃fʀɔɲe] ***v.pron.intr.*** accigliarsi, imbronciarsi.

R

rengager [rɑ̃gaʒe] ***v.tr.*** [coniug. come *manger*] **1** impegnare di nuovo **2** (*dipendenti ecc.*) riassumere **3** riprendere, ricominciare ♦ ***v.intr.*** (*mil.*) rinnovare la ferma ♦ **se rengager** ***v.pron.intr.*** arruolarsi di nuovo.

rengaine [rɑ̃gɛn] ***n.f.*** (*fam.*) **1** ritornello (*m.*); (*estens.*) solfa **2** canzonetta.

rengainer [rɑ̃gene] ***v.tr.*** rinfoderare (*anche fig.*).

rengorger, se [səʀɑ̃gɔʀʒe] ***v.pron.intr.*** [coniug. come *manger*] **1** (*di volatili*) gonfiare il petto **2** (*fig.*) pavoneggiarsi.

reniement [ʀənimɑ̃] ***n.m.*** il rinnegare.

renier [ʀənje] ***v.tr.*** rinnegare (*anche fig.*): *renier ses idées*, sconfessare le proprie idee; *renier ses promesses*, non mantenere le promesse fatte ♦ **se renier** ***v.pron.intr.*** rinnegare le proprie opinioni.

reniflement [ʀənifləmɑ̃] ***n.m.*** **1** il tirare su col naso **2** rumore che si fa tirando su col naso.

renifler [ʀənifle] ***v.intr.*** tirar su col naso ♦ ***v.tr.*** **1** annusare **2** (*fig.*) fiutare.

renifleur [ʀəniflœʀ] ***agg.*** [f. *-euse*] che tira su col naso ♦ ***n.m.*** **1** chi tira su col naso **2** (*inform.*) ventosa (*f.*).

rennais [ʀɛnɛ] ***agg.*** di Rennes.

renne [ʀɛn] ***n.m.*** (*zool.*) renna (*f.*).

renoi [ʀənwa] ***n.m.*** (*verlan di* noir) persona (*f.*) di colore.

renom [ʀənɔ̃] ***n.m.*** rinomanza (*f.*), fama (*f.*).
● ***de renom***, rinomato, famoso.

renommé [ʀənɔme] ***agg.*** rinomato, famoso.

renommée [ʀənɔme] ***n.f.*** fama; (*letter.*) reputazione.
■ SIN. célébrité, notoriété, popularité.

renommer [ʀənɔme] ***v.tr.*** rinominare; rieleggere.

renon [ʀənɔ̃] ***n.m.*** (*Belgio*) disdetta (*f.*) di un contratto di affitto.

renoncement [ʀənɔ̃smɑ̃] ***n.m.*** **1** rinuncia (*f.*) **2** abnegazione (*f.*).

renoncer [ʀənɔ̃se] ***v.intr.*** [coniug. come *placer*] rinunciare.

renonciation [ʀənɔ̃sjasjɔ̃] ***n.f.*** **1** rinuncia **2** (*dir.*) recesso (*m.*).

renoncule [ʀənɔ̃kyl] ***n.f.*** (*bot.*) ranuncolo (*m.*).

renouer [ʀənwe] ***v.tr.*** riannodare, riallacciare: *renouer sa cravate*, rifarsi il nodo della cravatta; *renouer la conversation*, riprendere la conversazione ♦ ***v.intr.*** riallacciare (i rapporti con).

renouveau [ʀənuvo] ***n.m.*** **1** rinnovamento, rinascita (*f.*) **2** (*letter.*) stagione (*f.*) novella, primavera (*f.*).
● ***avoir un renouveau de succès***, conoscere un nuovo successo.

renouvelable [ʀənuvlabl] ***agg.*** rinnovabile.
● ***énergies renouvelables***, energie rinnovabili.

renouveler [ʀənuvle] ***v.tr.*** [coniug. come *appeler*] **1** rinnovare, fare di nuovo: *renouveler une expérience*, ripetere un'esperienza **2** rinnovare, rendere nuovo; (*fig.*) ravvivare: *renouveler la douleur*, ravvivare il dolore ♦ **se renouveler** ***v.pron.intr.*** **1** rinnovarsi **2** ripetersi.
● ***renouveler l'air d'une pièce***, cambiare l'aria in una stanza | (*med.*) ***traitement à renouveler***, cura da ripetere.

renouvellement [ʀənuvɛlmɑ̃] ***n.m.*** rinnovamento, rinnovo: *le renouvellement des sciences et des arts*, (*fig.*) la rinascita delle scienze e delle arti.

rénovateur [ʀenɔvatœʀ] ***agg.*** e ***n.m.*** [f. *-trice*] rinnovatore.

rénovation [ʀenɔvasjɔ̃] ***n.f.*** **1** rinnovamento (*m.*), rinnovazione **2** (*edil.*) ristrutturazione.

rénover [ʀenɔve] ***v.tr.*** **1** rinnovare **2** (*edil.*) ristrutturare.

renseignement [ʀɑ̃sɛɲmɑ̃] ***n.m.*** informazione (*f.*) | *pour tous renseignements complémentaires s'adresser à*, per ulteriori informazioni, rivolgersi a.
● ***Renseignements généraux*** (*RG*), organismo della polizia di stato per la ricerca di informazioni a carattere politico e sociale | ***aller aux renseignements***, andare a informarsi | (***bureau de***) ***renseignements***, ufficio informazioni: *où sont les renseignements?*, dov'è l'ufficio informazioni? | ***Service de renseignements*** (*SR*), servizi segreti.
■ SIN. indication.

renseigner [ʀɑ̃seɲe] ***v.tr.*** informare, dare informazioni (**a**) ♦ **se renseigner** ***v.pron.intr.*** informarsi, prendere informazioni.

rentabiliser [ʀɑ̃tabilize] ***v.tr.*** (*econ.*) rendere redditizio.

rentabilité [ʀɑ̃tabilite] ***n.f.*** (*econ.*) redditività; rendimento (*m.*).

rentable [ʀɑ̃tabl] ***agg.*** **1** redditizio **2** (*fig. fam.*) conveniente, fruttuoso.

rente [ʀɑ̃t] ***n.f.*** rendita: *rente à cinq pour cent*, rendita del cinque per cento.
● ***rente viagère***, vitalizio | ***servir une rente à qqn***, passare a qlcu una rendita | ***vivre de ses rentes***, vivere di rendita.

rentier [ʀɑ̃tje] ***n.m.*** [f. *-ère*] beneficiario di una rendita.
● ***mener une vie de rentier***, (*fig.*) vivere di rendita.

rentrant [ʀɑ̃tʀɑ̃] ***agg.*** rientrante.
● (*aer.*) ***train d'atterrissage rentrant***, carrello di atterraggio retrattile.

rentré [ʀɑ̃tʀe] ***agg.*** **1** incavato, infossato **2** (*fig.*) represso ♦ ***n.m.*** (*sartoria*) ripresa (*f.*).

rentrée [ʀɑ̃tʀe] ***n.f.*** **1** rientro (*m.*), ritorno (*m.*) **2** riapertura, ritorno (*m.*): *on se reverra à la rentrée*, ci rivedremo al ritorno dalle vacanze **3** (*econ.*) introito (*m.*), entrata: *avoir une grosse rentrée d'argent*, incassare una forte somma.
● (*econ.*) ***rentrée de fonds***, reintroito di fondi | ***rentrée politique***, ritorno alla vita politica | ***la rentrée*** (***des classes***), la riapertura delle scuole | ***la rentrée parlementaire***, la ripresa dei lavori parlamentari.
■ SIN. 2 reprise.

R

rentrer [ʀɑ̃tʀe] ***v.intr.*** [aus. *être*] **1** rientrare, ritornare: *rentrer chez soi*, (ri)tornare a casa, rincasare **2** entrare, penetrare: *l'eau rentre par les fissures*, l'acqua passa attraverso le fessure **3** incastrarsi: *ces boîtes rentrent les unes dans les autres*, queste scatole si incastrano l'una nell'altra **4** rientrare, fare parte (**di**): *cela rentre dans mes attributions*, ciò fa parte delle mie mansioni **5** andare a sbattere (**contro**): *la voiture est rentrée dans un mur*, la macchina è andata a sbattere contro un muro ♦ ***v.tr.*** **1** riporre; ritirare: *rentrer les foins*, riporre il fieno; *rentrons les chaises du jardin*, riportiamo dentro le sedie del giardino **2** tirare (in)dietro, ritrarre: *rentrer le ventre*, tirare (in) dentro la pancia **3** introdurre, far entrare: *il avait du mal à rentrer la clef dans la serrure*, faceva fatica a infilare la chiave nella toppa **4** (*fig.*) trattenere.
● ***rentrer à la base***, (*anche fig.*) rientrare alla base | ***rentrer dans l'ordre***, ritornare alla normalità | ***rentrer dans qqn***, ***lui rentrer dedans***, (*molto fam.*) aggredire, picchiare qlcu | ***rentrer dans ses droits***, riacquistare i propri diritti | ***rentrer dans ses frais***, rientrare nelle spese | ***rentrer dans son bien***, rientrare in possesso dei propri beni | ***rentrer la tête dans ses épaules***, incassare la testa nelle spalle | ***ren-***

trer ses griffes, rinfoderare gli artigli (*anche fig.*) | ***faire rentrer qqch dans la tête à qqn***, (*fam.*) far entrare qlco in testa a qlcu.
■ SIN. **1** retourner, revenir.

renversant [Rɑ̃vɛRsɑ̃] ***agg.*** (*fam.*) stupefacente, sbalorditivo.

renverse [Rɑ̃vɛRs] ***n.f.*** salto (*m.*), cambiamento (*m.*) (di vento, di corrente marina).
● ***à la renverse***, riverso, all'indietro | (*Canada*) ***passer la renverse***, fare marcia indietro.

renversé [Rɑ̃vɛRse] ***agg.*** **1** rovesciato, capovolto: *la tête renversée sur le dossier du fauteuil*, la testa riversa sullo schienale della poltrona **2** (*fam.*) sconvolto.
● ***c'est le monde renversé***, (*fig.*) è il mondo alla rovescia | (*cuc.*) ***crème renversée***, crème caramel.

renversement [Rɑ̃vɛRsəmɑ̃] ***n.m.*** **1** rovesciamento: *le renversement de la monarchie*, il rovesciamento della monarchia; *le renversement des valeurs*, il sovvertimento dei valori **2** rovesciamento, capovolgimento: *le renversement d'une situation*, il capovolgimento d'una situazione **3** inversione (*f.*).

renverser [Rɑ̃vɛRse] ***v.tr.*** **1** rovesciare, capovolgere; buttare a terra: *renverser la tête en arrière*, rovesciare la testa all'indietro; *il a été renversé par une motocyclette*, è stato travolto, investito da una motocicletta **2** invertire **3** (*fig.*) sconvolgere, mettere sottosopra ♦ **se renverser** ***v.pron.intr.*** rovesciarsi, capovolgersi: *la voiture s'est renversée*, l'auto ha capottato.
● (*ferr.*) ***renverser la vapeur***, invertire il movimento di una locomotiva; (*fig.*) cambiare modo di agire | ***renverser l'ordre établi***, sovvertire l'ordine costituito | ***renverser une situation***, capovolgere una situazione.

renvi [Rɑ̃vi] ***n.m.*** (*poker*) rilancio.

renvoi [Rɑ̃vwa] ***n.m.*** **1** rinvio **2** licenziamento; congedo **3** rinvio, differimento **4** (*in un testo*) rimando, richiamo **5** (*di suono*) ripercussione (*f.*); (*della luce*) riflessione (*f.*) **6** rutto; rigurgito **7** (*mus.*) ripresa (*f.*).
● ***renvoi d'un élève***, espulsione di un allievo | (*dir.*) ***renvoi en jugement***, rinvio a giudizio.

renvoyer [Rɑ̃vwaje] ***v.tr.*** [coniug. come *envoyer*] **1** rimandare; rinviare, mandare indietro: *elle m'a renvoyé chez moi*, mi ha rimandato a casa **2** mandare via; licenziare: *on l'a renvoyé de l'école*, l'hanno espulso dalla scuola; *renvoyer un malade de l'hôpital*, dimettere un malato dall'ospedale **3** rilanciare, rinviare; (*immagine*) riflettere; (*suoni*) ripercuotere: *la brise renvoyait le parfum de la mer*, la brezza portava il profumo del mare **4** rimandare, rinviare; differire: *renvoyer un débat*, rinviare un dibattito; *renvoyer un procès*, aggiornare un processo **5** rimandare: *cette note renvoie à la fin du livre*, questa nota rimanda alla fine del libro ♦ **se renvoyer** ***v.pron.rec.*** rinviarsi; scambiarsi.
● (*dir.*) ***renvoyer d'accusation***, prosciogliere | ***renvoyer l'ascenseur***, (*fig.*) ricambiare un favore | (*pol.*) ***renvoyer un ministre***, destituire un ministro | ***se renvoyer la balle***, rilanciarsi la palla; (*fig.*) rispondere a tono, per le rime; fare a scaricabarile.
■ SIN. **1** retourner **2** congédier.

réoccuper [Reɔkype] ***v.tr.*** rioccupare.

réopérer [Reɔpere] ***v.tr.*** [coniug. come *céder*] riopeare.

réorganisation [Reɔrganizasjɔ̃] ***n.f.*** riorganizzazione.

réorganiser [Reɔrganize] ***v.tr.*** riorganizzare.

réouverture [ReuvɛRtyR] ***n.f.*** riapertura.
● (*dir.*) ***réouverture d'un débat***, riapertura di un dibattimento.

rep [Rəp] **rèp** [Rɛp] ***n.m.*** (*verlan di* père) padre.

repaire [RəpɛR] ***n.m.*** covo; tana (*f.*): *un repaire de brigands*, un covo di briganti.

repaître [Rəpɛtr] ***v.tr.*** [coniug. come *connaître*] (*letter.*) pascere; nutrire (*spec. fig.*) ♦ **se repaître** ***v.pron.intr.*** pascersi, nutrirsi (*anche fig.*).

répandre [Repɑ̃dR] ***v.tr.*** [coniug. come *rendre*] **1** spandere, spargere; versare: *répandre une couche de goudron sur la route*, stendere uno strato di catrame sulla strada **2** sparpagliare, disseminare: *il répandit toute la monnaie sur la table*, sparpagliò tutte le monetine sulla tavola **3** diffondere (*anche fig.*), spargere, spandere; divulgare: *répandre une nouvelle*, divulgare una notizia; *qui a bien pu répandre ce bruit?*, chi può avere diffuso questa voce?; *répandre une doctrine*, diffondere una dottrina **4** elargire; distribuire ♦ **se répandre** ***v.pron.intr.*** **1** diffondersi, spargersi: *le bruit s'est répandu que*, si è sparsa la voce che **2** riversarsi: *se répandre dans les rues*, riversarsi nelle strade **3** profondersi; prorompere: *se répandre en compliments*, profondersi in complimenti; *se répandre en injures*, prorompere in invettive.
● ***répandre la terreur***, spargere il terrore | ***répandre le sang***, spargere sangue | ***répandre son venin***, sfogare il proprio astio: *il en a profité pour répandre tout son venin*, ha colto l'occasione per sfogare tutto il suo astio.

répandu [Repɑ̃dy] *p.p.* di **répandre** ♦ ***agg.*** diffuso: *opinions répandues*, opinioni correnti.

réparable [RepaRabl] ***agg.*** riparabile.

reparaître [RəpaRɛtR] ***v.intr.*** [coniug. come *connaître*; aus. *avoir* e *être*] riapparire; ricomparire.

réparateur [RepaRatœR] ***agg.*** [f. *-trice*] **1** riparatore **2** ristoratore: *un sommeil réparateur*, un sonno ristoratore ♦ ***n.m.*** riparatore.

réparation [RepaRasjɔ̃] ***n.f.*** **1** riparazione **2** (*fig.*) soddisfazione; risarcimento (*m.*): *demander à qqn réparation d'un affront*, chiedere a qlcu riparazione, soddisfazione di un affronto; *la réparation d'un dommage*, il risarcimento di un danno **3** (*calcio*) rigore (*m.*).
● (*calcio*) ***coup de pied de réparation***, calcio di rigore | ***en réparation d'un tort***, a riparazione di un torto | (*calcio*) ***surface de réparation***, area di rigore.
■ SIN. **2** compensation, indemnisation.

reparcourir [RəpaRkuRiR] ***v.tr.*** [coniug. come *courir*] ripercorrere.

réparer [RepaRe] ***v.tr.*** **1** riparare, aggiustare **2** (*fig.*) riparare, porre riparo, rimedio (**a**).
● ***réparer ses forces***, riprendere le forze.
■ SIN. **2** remédier.

reparler [RəpaRle] ***v.intr.*** riparlare, parlare di nuovo.

repartie [RəpaRti] ***n.f.*** replica.
● ***avoir de la repartie***, avere la risposta pronta, la battuta facile.

repartir[1] [RəpaRtiR] ***v.tr.*** e ***intr.*** [coniug. come *dormir*] replicare, ribattere.

repartir[2] ***v.intr.*** [coniug. come *dormir*; aus. *être*] ripartire, partire di nuovo.
● ***repartir à zéro***, (*fig.*) ricominciare da capo, da zero | ***c'est reparti!***, (*fam.*) ci risiamo!

répartir [RepaRtiR] ***v.tr.*** ripartire, suddividere; distribuire ♦ **se répartir** ***v.pron.intr.*** ripartirsi, suddividersi.

répartition [RepaRtisjɔ̃] ***n.f.*** **1** ripartizione: *répartition des tâches*, divisione dei compiti **2** (*Borsa*) riparto (*m.*).

reparu [RəpaRy] *p.p.* di **reparaître**.

R

reparution [ʀəpaʀysjɔ̃] *n.f.* ricomparsa, il riapparire (*m.*).

repas [ʀəpɑ] *n.m.* pasto; pranzo: *au repas*, *avant les repas*, durante i pasti, prima dei pasti; *aux heures des repas*, nelle ore dei pasti; *en dehors des repas*, *entre les repas*, fuori pasto, tra un pasto e l'altro.
● ***repas d'affaires***, pranzo, colazione d'affari | ***repas de noces***, pranzo di nozze | ***chèque-repas***, ticket restaurant | ***coin-repas***, zona pranzo | ***plateau-repas***, (*in aereo*) (vassoio del) pranzo | ***ticket-repas***, ***bon-repas***, buono pasto.

repassage [ʀəpɑsaʒ] *n.m.* 1 stiratura (*f.*) 2 (*di coltelli*) affilatura (*f.*), arrotatura (*f.*).

repasser [ʀəpɑse] *v.intr.* [aus. *être*] ripassare; passare di nuovo ♦ *v.tr.* 1 stirare: *repasser à l'envers*, stirare al rovescio; *repasser à la vapeur*, *avec la pattemouille*, stirare a vapore, con il panno bagnato 2 arrotare, affilare 3 ripassare: *repasser ses leçons*, *un rôle*, ripassare le lezioni, una parte; *repasser dans son esprit*, riandare col pensiero 4 ripassare, riattraversare 5 ripassare, ridare: *repasse-moi le vin*, passami ancora il vino; *repasser de la cire sur les parquets*, passare di nuovo la cera sui pavimenti 6 (*fam.*) rifilare, appioppare 7 proiettare di nuovo; far passare di nuovo: *repasser un film*, proiettare di nuovo un film.
● ***planche***, ***table***, ***fer à repasser***, asse, tavolo, ferro da stiro.

repasseur [ʀəpɑsœʀ] *n.m.* arrotino.

repasseuse [ʀəpɑsøz] *n.f.* stiratrice.
● ***repasseuse électrique***, pressa da stiro.

repavage [ʀəpavaʒ] **repavement** [ʀəpavmɑ̃] *n.m.* nuova pavimentazione (*f.*).

repayer [ʀəpeje] *v.tr.* [coniug. come *payer*] ripagare, pagare di nuovo.

repêchage [ʀəpɛʃaʒ] *n.m.* 1 il ripescare 2 (*fam.*) salvataggio, recupero (per esami, concorsi ecc.) 3 (*sport*) recupero, ripescaggio.
● ***épreuve de repêchage***, prova d'appello (per un candidato rifiutato).

repêcher [ʀəpeʃe] *v.tr.* ripescare, recuperare.
● ***repêcher un candidat***, (*fam.*) salvare un candidato (in pericolo di essere bocciato).

repeindre [ʀəpɛ̃dʀ] *v.tr.* [coniug. come *peindre*] ridipingere.

repeint [ʀəpɛ̃] *p.p.* di **repeindre**.

repenser [ʀəpɑ̃se] *v.intr.* ripensare; riflettere ♦ *v.tr.* riesaminare, riconsiderare.

repentant [ʀəpɑ̃tɑ̃] *agg.* che si pente, pentito.

repenti [ʀəpɑ̃ti] *agg.* e *n.m.* pentito.

repentir [ʀəpɑ̃tiʀ] *n.m.* 1 pentimento: *donner des marques de repentir*, dar segni di pentimento 2 (*arte*) pentimento, correzione (*f.*).

repentir, se [səʀəpɑ̃tiʀ] *v.pron.intr.* [coniug. come *dormir*] pentirsi.

repérable [ʀəpeʀabl] *agg.* avvistabile, individuabile.

repérage [ʀəpeʀaʒ] *n.m.* 1 avvistamento, localizzazione (*f.*) 2 (*tip.*) registro 3 (*cine.*) sopralluogo.
● (*mil.*) ***point de repérage***, punto di riscontro, di orientamento.

répercussion [ʀepɛʀkysjɔ̃] *n.f.* ripercussione.
● (*fin.*) ***répercussion de l'impôt***, traslazione dell'imposta.

répercuter [ʀepɛʀkyte] *v.tr.* 1 ripercuotere: *répercuter des sons*, ripercuotere suoni 2 (*econ.*) trasferire 3 (*fam.*) trasmettere, passare ♦ **se répercuter** *v.pron.intr.* ripercuotersi.

repère [ʀəpɛʀ] *n.m.* 1 (segno di) riferimento 2 (*mat.*) sistema di riferimento 3 (*topografia*) caposaldo.
● ***point de repère***, punto di riferimento, di orientamento.

repérer [ʀəpeʀe] *v.tr.* [coniug. come *céder*] 1 fare un segno (di riferimento): *repérer le niveau*, segnare il livello 2 individuare: *repérer l'ennemi*, avvistare il nemico 3 (*fam.*) scovare, scoprire: *repérer qqn dans la foule*, scoprire qlcu tra la folla; *se faire repérer*, farsi scoprire ♦ **se repérer** *v.pron.intr.* (*anche fig.*) (*fam.*) orientarsi.

répertoire [ʀepɛʀtwaʀ] *n.m.* 1 repertorio; raccolta (*f.*) 2 (*teatr.*) repertorio 3 (*inform.*) directory (*f.*).
● ***répertoire d'adresses***, indirizzario.

répertorier [ʀepɛʀtɔʀje] *v.tr.* repertoriare.

répéter [ʀepete] *v.tr.* [coniug. come *céder*] 1 ripetere, ridire 2 ripetere, rifare: *répéter le même motif décoratif*, riprodurre lo stesso motivo decorativo 3 (*teatr.*) fare le prove (di), provare 4 (*dir.*) ripetere, reclamare ♦ **se répéter** *v.pron.intr.* ripetersi, accadere di nuovo ♦ *v.pron.* ripetersi, dire le stesse cose.
■ V.TR.SIN. **1** redire **2** refaire, réitérer.

répétiteur [ʀepetitœʀ] *n.m.* 1 [f. *-trice*] insegnante privato; (*antiq.*) precettore 2 (*tecn.*) ripetitore.

répétitif [ʀepetitif] *agg.* [f. *-ive*] ripetitivo.

répétition [ʀepetisjɔ̃] *n.f.* 1 ripetizione 2 (*teatr., cine.*) prova 3 (*antiq.*) lezione privata.
● (*Svizzera*) ***cours de répétition***, periodo di servizio militare (che si svolge ogni anno).

répétitivité [ʀepetitivite] *n.f.* ripetitività.

repeuplement [ʀəpœpləmɑ̃] *n.m.* 1 ripopolamento 2 rimboschimento.

repeupler [ʀəpœple] *v.tr.* 1 ripopolare 2 rimboschire.

repiquage [ʀəpikaʒ] **repiquement** [ʀəpikmɑ̃] *n.m.* 1 (*agr.*) trapianto; (*di riso*) monda (*f.*) 2 (*di un disco ecc.*) nuova registrazione (*f.*) 3 (*fot.*) ritocco 4 (*tip.*) sovrimpressione (*f.*).

repiquer [ʀəpike] *v.tr.* 1 pungere di nuovo 2 (*agr.*) trapiantare; (*il riso*) mondare 3 (*di un disco ecc.*) fare una nuova registrazione 4 (*fot.*) ritoccare 5 (*giorn.*) (*un articolo ecc.*) riscrivere 6 (*fam.*) beccare 7 (*fam.*) ripetere (un anno a scuola) ♦ *v.intr.* (*fam.*) riprendere.
● ***repiquer au plat***, (*fam.*) prendere un'altra porzione | ***repiquer au truc***, (*fam.*) ricadere, ricascare (in vecchi errori, vecchie abitudini).

répit [ʀepi] *n.m.* tregua (*f.*).
● ***sans répit***, senza tregua.

replacement [ʀəplasmɑ̃] *n.m.* 1 ricollocamento 2 (*fin.*) reinvestimento.

replacer [ʀəplase] *v.tr.* [coniug. come *placer*] 1 ricollocare, riporre 2 (*fin.*) reinvestire ♦ **se replacer** *v.pron.intr.* impiegarsi di nuovo.

replanter [ʀəplɑ̃te] *v.tr.* 1 ripiantare 2 rimboschire.

replat [ʀəpla] *n.m.* (*geogr.*) ripiano.

replâtrage [ʀəplɑtʀaʒ] *n.m.* 1 rintonacatura (*f.*) 2 (*fig. fam.*) rabberciatura (*f.*), rattoppo.

replâtrer [ʀəplɑtʀe] *v.tr.* 1 rintonacare 2 (*fig. fam.*) rabberciare; rappacificare.

replet [ʀəplɛ] *agg.* [f. *-ète*] grassoccio, rotondetto.
■ SIN. dodu.

repleuvoir [ʀəplœvwaʀ] *v.intr.* [coniug. come *pleuvoir*] piovere di nuovo, ripiovere.

repli [ʀəpli] *n.m.* 1 piega (*f.*), ripiegatura (*f.*) | *les replis de l'âme*, (*fig.*) i più intimi recessi dell'animo 2 (*mil.*) ripiegamento, arretramento: *manœuvre de repli*, manovra di ripiegamento **3** (*spec. pl.*) sinuosità (*f.*): *les replis du terrain*, le sinuosità del terreno **4** (*med.*) piega (*f.*).

repliable [Rəpliabl] ***agg.*** ripiegabile.

repliement [Rəplimɑ̃] ***n.m.*** ripiegamento.

replier [Rəplije] ***v.tr.*** **1** ripiegare **2** (*mil.*) ritirare ♦ **se replier** ***v.pron.intr.*** **1** ripiegarsi: *se replier sur soi-même*, (*fig.*) rinchiudersi in se stesso **2** (*mil.*) ripiegare.

réplique [Replik] ***n.f.*** **1** replica, risposta: *il faut obéir sans réplique*, bisogna ubbidire senza discutere; *un argument sans réplique*, un argomento irrefutabile **2** (*teatr.*) battuta **3** riproduzione, copia; (*di opera d'arte*) replica: *il est la réplique de son père*, è la copia del padre.

● (*teatr.*) ***donner la réplique***, fare da spalla: *il a bien su lui donner la réplique*, (*estens.*) ha saputo rispondergli a tono | ***se donner la réplique***, discutere, rispondersi a vicenda.

■ **SIN. 1** réponse **3** reproduction.

répliquer [Replike] ***v.tr.*** replicare, ribattere ♦ ***v.intr.*** rispondere, replicare.

reploiement [Rəplwamɑ̃] ***n.m.*** → **repliement**.

replonger [Rəplɔ̃ʒe] ***v.tr.*** [coniug. come *manger*] rituffare ♦ ***v.intr.*** rituffarsi ♦ **se replonger** ***v.pron.*** rituffarsi (*anche fig.*).

replu [Rəply] *p.p.* di **repleuvoir**.

repolissage [Rəpɔlisaʒ] ***n.m.*** (*tecn.*) ripulitura (*f.*).

répondant [Repɔ̃dɑ̃] ***n.m.*** **1** (*dir.*) mallevadore, garante **2** (somma che serve di) garanzia (*f.*) **3** (*eccl.*) chierico.

● ***avoir du répondant***, (*fam.*) avere le spalle coperte.

répondeur [Repɔ̃dœR] ***agg.*** [f. *-euse*] che risponde ♦ ***n.m.*** (*tel., rad.*) risponditore.

● (*Internet*) ***répondeur de courrier***, sistema di risposta automatica | ***répondeur(-enregistreur)***, ***répondeur (téléphonique)***, segreteria telefonica.

répondre [Repɔ̃dR] ***v.tr.*** [coniug. come *rendre*] **1** rispondere: *répondez oui ou non*, risponda sì o no | *répondre cœur*, (*alle carte*) rispondere a cuori **2** (*fig.*) rispondere, corrispondere ♦ ***v.intr.*** **1** rispondere: *répondre par signes*, rispondere a gesti; *répondre de la tête*, rispondere con un cenno del capo; *répondre par oui ou par non*, rispondere (con un) sì o (con un) no; *répondre que oui, que non*, rispondere di sì, di no **2** (*fig.*) rispondere, corrispondere: *répondre à l'attente*, corrispondere all'attesa; *son organisme ne répond plus*, il suo organismo non reagisce **3** (*fig.*) rispondere, rendersi garante: *je réponds de mon fils*, rispondo io di mio figlio; *je ne réponds de rien*, non garantisco nulla ♦ **se répondre** ***v.pron.rec.*** **1** rispondersi **2** corrispondere.

● ***bien répondu***, (*fam.*) ben detto.

■ *V.INTR.* **SIN.** répliquer.

répondu [Repɔ̃dy] *p.p.* di **répondre**.

répons [Repɔ̃] ***n.m.*** (*eccl.*) responsorio.

réponse [Repɔ̃s] ***n.f.*** **1** risposta: (*comm.*) *en réponse à votre lettre du*, in risposta alla vostra del | *réponse du médecin*, responso del medico **2** (*psic.*) reazione **3** (*mus.*) risposta **4** (*nei giochi di carte*) controdichiarazione.

● (*dir.*) ***réponse du jury***, verdetto della giuria | ***avoir réponse à tout***, aver sempre la risposta pronta | ***coupon-réponse***, tagliando di risposta | ***droit de réponse***, diritto di replica.

repopulation [Rəpɔpylasjɔ̃] ***n.f.*** ripopolamento (*m.*).

report [Rəpɔr] ***n.m.*** **1** (*Borsa*) riporto **2** rimando, rinvio **3** (*litografia*) trasporto.

● (*fin.*) ***report à nouveau***, riporto a nuovo | (*mil.*) ***report d'incorporation***, rinvio del servizio militare.

reportage [Rəpɔrtaʒ] ***n.m.*** (*giorn.*) **1** (*di inviato speciale ecc.*) servizio **2** mestiere del cronista **3** (*genere*) reportage.

● ***reportage radiodiffusé***, ***télévisé***, radiocronaca, telecronaca | ***film-reportage***, film documentario.

reporter[1] [Rəpɔrte] ***v.tr.*** **1** riportare **2** (*Borsa*) riportare **3** rimandare, rinviare: *reporter à une date ultérieure*, rinviare a data da stabilirsi **4** riversare: *elle a reporté sur son fils toutes ses ambitions*, ha riversato sul figlio tutte le sue ambizioni ♦ **se reporter** ***v.pron.intr.*** **1** riferirsi **2** ritornare (con la mente): *il se reportait par la pensée aux jours heureux*, riandava con la mente ai giorni felici.

reporter[2] [Rəpɔrtɛr] ***n.m.*** e ***f.*** (*giorn.*) reporter; cronista.

● ***grand reporter***, inviato speciale.

repos [Rəpo] ***n.m.*** **1** riposo **2** (*edil.*) pianerottolo, riposo **3** (*mus.*) pausa (*f.*) **4** (*metrica*) cesura (*f.*) **5** (*arch.*) riposo.

● (*mil.*) ***repos!***, riposo | ***repos hebdomadaire***, ***dominical***, riposo settimanale, festivo | ***au repos***, a riposo | ***de tout repos***, sicuro, fidato: (*banca*) *valeurs de tout repos*, titoli di sicuro affidamento; *affaire de tout repos*, affare sicuro | ***en repos***, in pace | ***ne pas avoir de repos***, (*antiq.*) non aver pace | ***sans repos ni cesse*** (o ***trêve***), senza un attimo di tregua, di respiro: *n'avoir ni trêve ni repos*, non avere un attimo di tregua, di respiro.

■ **SIN. 1** délassement.

reposant [Rəpozɑ̃] ***agg.*** riposante.

reposé [Rəpoze] ***agg.*** riposato.

● ***à tête reposée***, a mente fresca.

repose-pied(s) [Rəpozpje] ***n.m.*** [pl. *repose-pieds*] poggiapiedi.

reposer[1] [Rəpoze] ***v.tr.*** posare di nuovo, riposare: *repose ton verre sur la table*, rimetti il bicchiere sulla tavola ♦ **se reposer** ***v.pron.intr.*** posarsi di nuovo: *la question se repose dans les mêmes termes*, il problema si pone ancora negli stessi termini.

reposer[2] ***v.intr.*** **1** riposare **2** riposare, giacere: *il repose au cimetière Montmartre*, riposa nel cimitero di Montmartre **3** poggiare (*anche fig.*): *sa tête reposait sur un coussin*, la sua testa era adagiata su un cuscino **4** gravare: *la responsabilité de l'entreprise reposait sur lui*, la responsabilità dell'azienda gravava su di lui ♦ ***v.tr.*** **1** posare, lasciare andare **2** riposare, dar sollievo (**a**): *cette lumière repose la vue*, questa luce riposa la vista ♦ **se reposer** ***v.pron.intr.*** **1** riposarsi **2** affidarsi (**a**), contare: *il se repose entièrement sur les autres*, si appoggia completamente sugli altri.

● ***ici repose***, qui giace | ***se reposer sur ses lauriers***, (*fig.*) riposarsi sugli allori.

repose-tête [Rəpoztɛt] ***n.m.invar.*** poggiatesta.

reposoir [Rəpozwar] ***n.m.*** **1** (*eccl.*) repositorio **2** camera (*f.*) mortuaria.

repoussant [Rəpusɑ̃] ***agg.*** ripugnante, repellente.

repousse [Rəpus] ***n.f.*** (*di capelli, piante*) ricrescita.

repoussé [Rəpuse] ***agg.*** sbalzato, lavorato a sbalzo; (*di cuoio*) goffrato ♦ ***n.m.*** **1** lavoro a sbalzo **2** oggetto lavorato a sbalzo.

repoussegnon [Rəpusɲɔ̃] ***n.m.*** (*Svizzera*) pranzo leggero.

repousser [Rəpuse] ***v.tr.*** **1** respingere, spingere lontano da sé: *repousser qqn*, cacciare indietro qlcu, (*fig.*) respingere qlcu **2** respingere, rifiutare: *repousser une* *demande*, rifiutare, respingere una domanda **3** (*tecn.*) lavorare a sbalzo ♦ ***v.intr.*** rispuntare, ricrescere.

repoussoir [ʀəpuswaʀ] ***n.m.*** **1** (*tecn.*) cacciachiodo, ribuzzo **2** (*pitt.*) contrasto **3** (*fam.*) persona (*f.*) bruttissima.
● ***servir de repoussoir à qqn***, (*fig.*) servire a mettere in risalto qlcu.

répréhensible [ʀepʀeɑ̃sibl] ***agg.*** riprovevole, biasimevole.

reprendre [ʀəpʀɑ̃dʀ] ***v.tr.*** [coniug. come *prendre*] **1** riprendere, prendere di nuovo | *reprendre un employé*, riassumere un impiegato **2** (*fig.*) riprendere, riacquistare: *reprendre confiance*, riprendere, riacquistare fiducia **3** riprendere, ricominciare | (*teatr.*) *reprendre une pièce*, rimettere in scena un lavoro **4** riprendere, apportare una modifica (**a**): *reprendre un article*, rimaneggiare un articolo **5** rimproverare: *il m'a repris*, mi ha ripreso, rimproverato ♦ ***v.intr.*** **1** riprendersi, prendere vigore **2** riprendere, ricominciare: *au cas où la fièvre reprendrait, appelez le médecin*, caso mai la febbre dovesse ritornare, chiami il medico ♦ **se reprendre** ***v.pron.intr.*** **1** riprendersi, tornare in sé **2** riprendersi, correggersi.
● ***ça le reprend!***, (*fam.*) ricomincia! | ***on ne m'y reprendra plus***, non ci ricascherò più | ***se reprendre à***, ricominciare, rimettersi: *je m'y suis repris à deux fois, mais j'y suis arrivé*, ho dovuto mettermici due volte, ma alla fine ci sono riuscito.

repreneur [ʀəpʀənœʀ] ***n.m.*** (*econ.*) finanziere che rileva e risana un'azienda in difficoltà.

représailles [ʀəpʀezɑj] ***n.f.pl.*** rappresaglia (*sing.*): *user de représailles*, compiere una rappresaglia.

représentable [ʀəpʀezɑ̃tabl] ***agg.*** rappresentabile.

représentant [ʀəpʀezɑ̃tɑ̃] ***n.m.*** **1** rappresentante; delegato **2** (*comm.*) agente, rappresentante.
● (*comm.*) ***représentant de commerce***, rappresentante di commercio | (*pol.*) ***représentant syndical***, rappresentante sindacale.

représentatif [ʀəpʀezɑ̃tatif] ***agg.*** [f. *-ive*] rappresentativo.

représentation [ʀəpʀezɑ̃tasjɔ̃] ***n.f.*** **1** rappresentazione **2** (*teatr.*) rappresentazione, spettacolo (*m.*) **3** rappresentanza: *frais de représentation*, spese di rappresentanza **4** (*antiq.*) rimostranza.
● ***représentation diplomatique***, rappresentanza diplomatica | ***faire de la représentation***, fare il rappresentante, il commesso viaggiatore.

représentativité [ʀəpʀezɑ̃tativite] ***n.f.*** rappresentatività.

représenter [ʀəpʀezɑ̃te] ***v.tr.*** **1** rappresentare, raffigurare: *on le représente souvent comme un aventurier*, lo descrivono spesso come un avventuriero **2** (*teatr.*) rappresentare **3** rappresentare, sostituire: *il a représenté sa mère auprès du notaire*, ha fatto le veci di sua madre davanti al notaio **4** rappresentare, costituire **5** presentare di nuovo, ripresentare ♦ **se représenter** ***v.pron.*** e ***pron.intr.*** **1** ripresentarsi **2** raffigurarsi, immaginare.

répressif [ʀepʀesif] ***agg.*** [f. *-ive*] repressivo.

répression [ʀepʀesjɔ̃] ***n.f.*** repressione.

réprimande [ʀepʀimɑ̃d] ***n.f.*** **1** rimprovero (*m.*) **2** (*dir.*) lieve pena disciplinare.

réprimander [ʀepʀimɑ̃de] ***v.tr.*** rimproverare, ammonire.

réprimer [ʀepʀime] ***v.tr.*** reprimere.

repris [ʀəpʀi] *p.p.* di **reprendre** ♦ ***n.m.*** (*dir.*) *repris de justice*, (delinquente) recidivo, pregiudicato.

reprisage [ʀəpʀizaʒ] ***n.m.*** rammendo, il rammendare.

reprise [ʀəpʀiz] ***n.f.*** **1** ripresa, riconquista: *la reprise d'une ville*, la riconquista di una città **2** ripresa: *la reprise des travaux*, la ripresa dei lavori **3** (*dir.*) ripresa **4** (*sport*) ripresa **5** (*aut.*) ripresa, accelerazione **6** rammendo (*m.*): *faire une reprise à*, rammendare **7** (*mus.*) ripresa.
● (*comm.*) ***reprise des invendus***, accettazione di resa dell'invenduto | ***reprise perdue***, rammendo invisibile | ***à plusieurs reprises***, a più riprese | (*inform.*) ***point de reprise***, area di ripristino.

repriser [ʀəpʀize] ***v.tr.*** rammendare.

réprobateur [ʀepʀɔbatœʀ] ***agg.*** [f. *-trice*] (pieno) di rimprovero: *silence réprobateur*, silenzio di rimprovero.

réprobation [ʀepʀɔbasjɔ̃] ***n.f.*** riprovazione, biasimo (*m.*).

reprochable [ʀəpʀɔʃabl] ***agg.*** **1** riprovevole **2** (*dir.*) ricusabile.

reproche [ʀəpʀɔʃ] ***n.m.*** **1** rimprovero, biasimo **2** (*dir.*) rifiuto (di testimoni).
● ***sans reproche***, irreprensibile: *homme sans reproche*, uomo irreprensibile; *chevalier sans peur et sans reproche*, (*letter.*) cavaliere senza macchia e senza paura.

reprocher [ʀəpʀɔʃe] ***v.tr.*** **1** rimproverare; biasimare; rinfacciare **2** (*dir.*) rifiutare ♦ **se reprocher** ***v.pron.intr.*** rimproverarsi.

reproducteur [ʀəpʀɔdyktœʀ] ***agg.*** e ***n.m.*** [f. *-trice*] riproduttore.

reproductible [ʀəpʀɔdyktibl] ***agg.*** riproducibile.

reproductif [ʀəpʀɔdyktif] ***agg.*** [f. *-ive*] riproduttivo.

reproduction [ʀəpʀɔdyksjɔ̃] ***n.f.*** **1** (*biol.*) riproduzione **2** riproduzione; copia.

reproduire [ʀəpʀɔdɥiʀ] ***v.tr.*** [coniug. come *conduire*] **1** riprodurre, produrre di nuovo **2** riprodurre, copiare: *on a reproduit cet article dans tous les journaux*, questo articolo è stato riportato su tutti i giornali ♦ **se reproduire** ***v.pron.intr.*** **1** riprodursi **2** riprodursi, ripetersi.

reproduit [ʀəpʀɔdɥi] *p.p.* di **reproduire**.

réprouvé [ʀepʀuve] ***agg.*** e ***n.m.*** **1** (*teol.*) reprobo: *les justes et les réprouvés*, i giusti e i dannati **2** reietto (della società).

réprouver [ʀepʀuve] ***v.tr.*** **1** disapprovare, riprovare **2** (*teol.*) condannare.

reps [ʀɛps] ***n.m.*** (*tessuto*) reps, cordonato.

reptation [ʀɛptasjɔ̃] ***n.f.*** (*zool.*) reptazione.

reptile [ʀɛptil] ***n.m.*** (*zool.*) rettile.

reptilien [ʀɛptiljɛ̃] ***agg.*** [f. *-enne*] (*zool.*) di rettile, relativo ai rettili.

repu [ʀəpy] *p.p.* di **repaître** ♦ ***agg.*** sazio.

républicain [ʀepyblikɛ̃] ***agg.*** e ***n.m.*** repubblicano.

république [ʀepyblik] ***n.f.*** repubblica.

NOTA In Francia si sono succedute cinque ***Républiques***.
La **prima** (1792-1804) fu creata durante la Rivoluzione, poco prima che Luigi XVI venisse ghigliottinato, e durò fino a quando Napoleone proclamò l'Impero e divenne imperatore.
La **seconda** (1848-52) fu proclamata quando il re Luigi Filippo d'Orléans fu spodestato e durò fino a quando Luigi Napoleone Bonaparte si proclamò imperatore con il titolo di Napoleone III.
La **terza** seguì al crollo dell'impero di Napoleone III (settembre 1870) e continuò fino alla seconda guerra mondiale.
Nell'ottobre 1946 un'assemblea costituente elaborò una nuova costituzione che proclamò la **quarta** Repubblica, che durò fino all'ottobre 1958.

La **quinta** è quella attuale: fu creata nel 1958 quando il generale De Gaulle fu richiamato al potere per risolvere la crisi d'Algeria.

répudiation [ʀepydjasjɔ̃] ***n.f.*** ripudio (*m.*).
répudier [ʀepydje] ***v.tr.*** ripudiare; rinunciare (**a**).
répugnance [ʀepyɲɑ̃s] ***n.f.*** ripugnanza, repulsione.
répugnant [ʀepyɲɑ̃] ***agg.*** ripugnante, ributtante.
■ SIN. dégoûtant.
répugner [ʀepyɲe] ***v.intr.*** **1** ripugnare, provare ripugnanza: *répugner à faire qqch*, provare ripugnanza a fare qlco; *il répugnait à s'engager dans cette voie*, gli ripugnava prendere quella strada **2** ripugnare, suscitare ripugnanza.
répulsif [ʀepylsif] ***agg.*** [f. *-ive*] repellente.
répulsion [ʀepylsjɔ̃] ***n.f.*** repulsione.
réputation [ʀepytasjɔ̃] ***n.f.*** reputazione: *je ne le connais que de réputation*, lo conosco solo di fama.
● ***avoir bonne, mauvaise réputation***, avere una buona, cattiva reputazione: *il n'a pas bonne réputation auprès de ses professeurs*, non è ben visto dai suoi professori | ***perdre qqn de réputation***, (*antiq.*) screditare qlcu.
réputé [ʀepyte] ***agg.*** **1** rinomato **2** ritenuto, considerato: *doctrine réputée hérétique*, dottrina considerata eretica.
réputer [ʀepyte] ***v.tr.*** (*letter.*) reputare, stimare.
requalification [ʀəkalifikasjɔ̃] ***n.f.*** riqualificazione.
requérant [ʀəkeʀɑ̃] ***agg.*** e ***n.m.*** (*dir.*) richiedente.
requérir [ʀəkeʀiʀ] ***v.tr.*** [coniug. come *acquérir*] **1** richiedere, esigere **2** (*dir.*) chiedere, ingiungere; fare istanza (**di**).
requerrai [ʀəkɛʀʀe] → **requérir**.
requête [ʀəkɛt] ***n.f.*** **1** (*dir.*) richiesta; istanza: *à, sur la requête de*, su richiesta di **2** (*inform.*) richiesta.
● (*dir.*) ***requête en divorce***, istanza di divorzio | ***maître des requêtes*** (***au Conseil d'État***), relatore sui ricorsi al Consiglio di Stato.
requiem [ʀekɥijɛm] ***n.m.*** (*eccl.*) requiem.
requiers [ʀəkjɛʀ] → **requérir**.
requin [ʀəkɛ̃] ***n.m.*** (*zool.*) pescecane, squalo (*anche fig.*).
● ***requin bleu***, verdesca.
R
requin-marteau [ʀəkɛ̃maʀto] ***n.m.*** [pl. *requins-marteaux*] (*zool.*) pesce martello.
requinquer [ʀəkɛ̃ke] ***v.tr.*** **1** (*fam.*) ristabilire (in salute), rimettere in forma **2** (*antiq.*) agghindare ♦ **se requinquer** ***v.pron.*** **1** (*fam.*) ristabilirsi (in salute), rimettersi in forma **2** (*antiq.*) agghindarsi.
requis [ʀəki] *p.p.* di **requérir** ♦ ***agg.*** richiesto: *les qualités requises*, i requisiti richiesti, necessari ♦ ***n.m.*** **1** civile mobilitato (in periodo di guerra) **2** incaricato di pubblico servizio.
réquisition [ʀekizisjɔ̃] ***n.f.*** **1** requisizione **2** (*di scioperanti*) precettazione **3** (*pl.*) (*dir.*) requisitoria (*sing.*).
● ***réquisition de la Force Armée***, mobilitazione delle Forze Armate.
réquisitionner [ʀekizisjɔne] ***v.tr.*** **1** requisire **2** (*gli scioperanti*) precettare **3** (*fam.*) monopolizzare.
réquisitoire [ʀekizitwaʀ] ***n.m.*** (*dir.*) requisitoria (*f.*).
rescapé [ʀɛskape] ***agg.*** e ***n.m.*** scampato, superstite.
rescindable [ʀesɛ̃dabl] ***agg.*** (*dir.*) rescindibile.
rescinder [ʀesɛ̃de] ***v.tr.*** (*dir.*) rescindere: *rescinder un jugement*, annullare una sentenza.
rescision [ʀesizjɔ̃] ***n.f.*** (*dir.*) rescissione; annullamento (*m.*): *rescision d'un jugement*, annullamento di una sentenza.
rescousse [ʀɛskus] ***n.f.*** (*antiq.*) riscossa, aiuto (*m.*).
● ***à la rescousse***, alla riscossa.
réseau [ʀezo] ***n.m.*** [pl. *-eaux*] **1** rete (*f.*): *un inextricable réseau de petites ruelles*, un dedalo di viuzze **2** reticolo **3** (*arti grafiche*) retino **4** (*ant.*) retina (*f.*).
● (*tv*) ***réseau câblé***, rete via cavo | (*fis., min.*) ***réseau cristallin***, reticolo cristallino | ***réseau de chemin de fer***, rete ferroviaria | ***réseau de distribution***, rete di distribuzione | ***réseau d'espionnage***, rete di spionaggio | (*Internet*) ***réseau principal***, dorsale | (*tv*) ***réseau sauvage***, emittente (televisiva) pirata | ***réseau téléphonique***, rete telefonica.
réseautique [ʀezotik] ***n.f.*** (*inform.*) networking (*m.*) (complesso di tecniche destinate a configurare e realizzare reti informatiche).
résection [ʀesɛksjɔ̃] ***n.f.*** (*med.*) resezione.
réséda [ʀezeda] ***n.m.*** (*bot.*) reseda (*f.*).
réséquer [ʀeseke] ***v.tr.*** [coniug. come *céder*] (*med.*) resecare.
réservation [ʀezɛʀvasjɔ̃] ***n.f.*** prenotazione.
réserve [ʀezɛʀv] ***n.f.*** **1** riserva, restrizione: *faire des réserves sur l'intelligence de qqn*, avere delle riserve sull'intelligenza di qlcu **2** riserva, scorta: *faire des réserves de*, fare scorta, provvista di **3** (*dir.*) legittima **4** riservatezza, riserbo (*m.*): *se tenir sur la réserve*, tenere un atteggiamento riservato **5** (*mil.*) riserva: *troupes en réserve*, truppe di riserva **6** (*di caccia, pesca*) riserva **7** (*econ.*) riserva; fondo (*m.*).
● (*econ.*): ***réserve en or***, riserva aurea; ***réserve en espèces***, riserva liquida | ***avoir en réserve***, avere in serbo, da parte | ***officier de réserve***, ufficiale della riserva, di complemento | (*aut.*) ***rouler sur la réserve***, essere in riserva | ***sans réserve***, senza riserve: *une admiration sans réserve*, un'ammirazione senza riserve, cieca; *y croire sans réserve*, crederci ciecamente; *sans réserve aucune*, senza alcuna riserva | ***sous réserve***, con riserva, con delle riserve: *accepter sous réserve*, accettare con riserva; *sous réserve de vérification*, riservandosi di verificare; *sous réserve que*, con la riserva che; *sous toutes réserves*, con le, avanzando le debite riserve | ***toute réserve faite***, fatte le debite riserve.
■ SIN. **1** restriction **4** retenue.
réservé [ʀezɛʀve] ***agg.*** **1** prenotato, riservato **2** riservato, discreto.
● ***quartier réservé***, quartiere a luci rosse.
réserver [ʀezɛʀve] ***v.tr.*** **1** riservare; serbare, tenere in serbo (**per**): *réserver son jugement*, riservarsi il giudizio; *il vous en a réservé un morceau*, ne ha tenuto in serbo un pezzo per voi **2** prenotare, riservare: *il faut réserver ses places d'avance*, bisogna prenotare i posti in anticipo ♦ **se réserver** ***v.pron.intr.*** **1** riservarsi, non impegnarsi: *je me réserve pour la fin, pour une meilleure occasion*, aspetto la fine, una migliore occasione **2** riservarsi: *je me réserve d'intervenir au bon moment*, mi riservo d'intervenire al momento buono.
réserviste [ʀezɛʀvist] ***n.m.*** (*mil.*) riservista.
réservoir [ʀezɛʀvwaʀ] ***n.m.*** **1** serbatoio **2** vivaio di pesci.
● ***réservoir d'air***, camera d'aria.
résidant [ʀezidɑ̃] ***agg.*** e ***n.m.*** residente.
résidence [ʀezidɑ̃s] ***n.f.*** **1** residenza, dimora **2** complesso (*m.*) residenziale **3** residence (*m.*).
● (*dir.*): ***résidence de la famille***, residenza legale; ***rési-***

dence habituelle, dimora abituale | ***résidence pour personnes âgées***, residence, casa albergo per persone anziane | (*dir.*): ***résidence secondaire***, seconda casa; ***résidence surveillé***, domicilio coatto | ***résidence universitaire***, collegio universitario.

NOTA I presidenti della Repubblica francese hanno a disposizione varie ***residences***: il *Palais de l'Élysée*, che è quella abituale a Parigi; l'*Hôtel Marigny* per accogliere ospiti stranieri e per le conferenze stampa; il castello di *Rambouillet*, dove si tengono gli incontri internazionali; il forte di *Brégançon* nel Var per le vacanze; il *Pavillon de Marly-le-Roi* per la caccia.

résident [ʀezidɑ̃] *n.m.* 1 (*diplomazia*) residente 2 residente all'estero: *les résidents espagnols en France*, gli spagnoli residenti in Francia.
● (*st.*) ***résident général***, residente coloniale.

résidentiel [ʀezidɑ̃sjɛl] *agg.* [f. *-elle*] residenziale.

résider [ʀezide] *v.intr.* risiedere (*anche fig.*).
■ SIN. demeurer.

résidu [ʀezidy] *n.m.* 1 residuo 2 (*fig.*) scarto.
■ SIN. 1 reste.

résiduel [ʀezidɥɛl] *agg.* [f. *-elle*] residuo.

résignation [ʀeziɲasjɔ̃] *n.f.* rassegnazione.

résigné [ʀeziɲe] *agg.* e *n.m.* rassegnato.

résigner [ʀeziɲe] *v.tr.* rassegnare: *résigner sa charge*, rassegnare la carica, dimettersi ♦ **se résigner** *v.pron. intr.* rassegnarsi.

résiliable [ʀeziljabl] *agg.* (*dir.*) rescindibile.

résiliation [ʀeziljasjɔ̃] *n.f.* (*dir.*) rescissione, risoluzione.

résilier [ʀezilje] *v.tr.* (*dir.*) rescindere, risolvere.

résille [ʀezij] *n.f.* retina, reticella (per capelli).
● ***bas résille***, calze a rete.

résine [ʀezin] *n.f.* resina.
● (*chim.*): ***résine de verre***, vetroresina; ***résine liquide***, tallolio.

résiné [ʀezine] *agg.* resinato.

résineux [ʀezinø] *agg.* [pl. *-eux*] resinoso.

résinier [ʀezinje] *agg.* [f. *-ère*] della resina ♦ *n.m.* operaio addetto alla raccolta della resina.

résipiscence [ʀesipisɑ̃s] *n.f.* (*letter.*) resipiscenza.

résistance [ʀezistɑ̃s] *n.f.* 1 resistenza: *faire (de la) résistance*, fare resistenza 2 (*scient.*) resistenza 3 (*elettr.*) resistenza, resistore (*m.*).
● (*st.*) ***la Résistance***, la Resistenza | (*cuc.*) ***pièce***, ***plat de résistance***, piatto forte.

résistant [ʀezistɑ̃] *agg.* resistente ♦ *n.m.* (*st.*) partigiano (durante la Resistenza).

résister [ʀeziste] *v.intr.* resistere: *il a bien résisté au traitement*, ha retto bene al trattamento; *elle n'aime pas qu'on lui résiste*, non le piace che le si opponga resistenza; *la porte résistait*, la porta faceva resistenza, non cedeva.
■ CONTR. céder.

résoi [ʀeswa] *n.f.* (*verlan di* soirée) serata, festa.

résolu [ʀezɔly] *p.p.* di **résoudre** ♦ *agg.* risoluto, deciso: *il est résolu à tout*, è pronto a tutto.
■ AGG. SIN. décidé, assuré CONTR. irrésolu.

résoluble [ʀezɔlybl] *agg.* risolvibile.

résolument [ʀezɔlymɑ̃] *avv.* risolutamente, decisamente.

résolutif [ʀezɔlytif] *agg.* [f. *-ive*] (*med.*) risolutivo.

résolution [ʀezɔlysjɔ̃] *n.f.* 1 risoluzione, decisione; proposito (*m.*): *prendre la résolution de*, prendere la decisione, fare il proponimento di 2 risolutezza, fermezza: *un regard plein de résolution*, uno sguardo risoluto 3 risoluzione: *la résolution d'un problème, d'un cas de conscience*, la risoluzione di un problema, di un caso di coscienza 4 (*dir., med.*) risoluzione 5 (*chim.*) trasformazione: *résolution de l'eau en vapeur*, trasformazione dell'acqua in vapore.
● (*inform.*) ***résolution de l'écran en pixels***, risoluzione pixel.

résolutoire [ʀezɔlytwaʀ] *agg.* (*dir.*) risolutivo.

résolvant [ʀɛzɔlvɑ̃] *p.pres.* di **résoudre**.

résonance [ʀezɔnɑ̃s] *n.f.* risonanza.

résonant, **résonnant** [ʀezɔnɑ̃] *agg.* risonante.

résonner [ʀezɔne] *v.intr.* risuonare.
■ SIN. retentir.

résorber [ʀezɔʀbe] *v.tr.* 1 (*med.*) fare riassorbire 2 riassorbire, far scomparire: *résorber un déficit*, colmare un deficit ♦ **se résorber** *v.pron.* riassorbirsi.

résorption [ʀezɔʀpsjɔ̃] *n.f.* riassorbimento (*m.*).

résoudre [ʀezudʀ] *v.tr.* [coniug. come *absoudre*, tranne al p.p.: *résolu*; il p.p. *résous*, f. *résoute*, si trova solo nel significato 2 del v.pron.] 1 risolvere 2 decidere | *résoudre qqn à faire qqch*, convincere qlcu a fare qlco 3 (*dir.*) risolvere, sciogliere 4 (*letter.*) risolvere, scindere 5 (*med.*) fare riassorbire ♦ **se résoudre** *v.pron.intr.* 1 risolversi, decidersi 2 (*letter.*) risolversi, tramutarsi.

résous [ʀezu] *p.p.* di **résoudre**.

respect [ʀɛspɛ] *n.m.* 1 rispetto: *montrer du respect envers qqn*, portare rispetto a qlcu; *les enfants doivent le respect à leurs parents*, i figli devono rispetto ai genitori 2 (*pl.*) rispetti, ossequi, omaggi.
● ***respect humain***, rispetto umano | ***sauf votre respect***, con rispetto parlando | ***tenir en respect***, tenere a bada.
■ SIN. 1 considération 2 hommages.

respectabilité [ʀɛspɛktabilite] *n.f.* rispettabilità.

respectable [ʀɛspɛktabl] *agg.* 1 rispettabile 2 considerevole.

respecter [ʀɛspɛkte] *v.tr.* rispettare: *respecter ses parents*, rispettare i propri genitori; *respecter la loi*, rispettare la legge ♦ **se respecter** *v.pron.* e *pron.rec.* rispettarsi.
● ***qui se respecte***, (*fam.*) che si rispetti: *un avocat qui se respecte ne doit pas agir ainsi*, un avvocato che si rispetti non deve agire in questo modo.
■ V.TR. SIN. honorer CONTR. mépriser.

respectif [ʀɛspɛktif] *agg.* [f. *-ive*] rispettivo.

respectivement [ʀɛspɛktivmɑ̃] *avv.* rispettivamente.

respectueusement [ʀɛspɛktɥøzmɑ̃] *avv.* rispettosamente.

respectueux [ʀɛspɛktɥø] *agg.* [f. *-euse*] rispettoso: *être respectueux de*, rispettare, tenere a; *se tenir à une distance respectueuse*, (*iron.*) tenersi a rispettosa distanza.

respirable [ʀɛspiʀabl] *agg.* respirabile.

respirateur [ʀɛspiʀatœʀ] *n.m.* 1 mascherina (*f.*) (per filtrare l'aria) 2 (*med.*) respiratore.

respiration [ʀɛspiʀasjɔ̃] *n.f.* respirazione: *retenir sa respiration*, trattenere il respiro, il fiato.

respiratoire [ʀɛspiʀatwaʀ] *agg.* respiratorio.
● (*anat.*) ***appareil respiratoire***, apparato respiratorio.

respirer [ʀɛspiʀe] *v.intr.* 1 respirare 2 (*fig.*) respirare, riprendere fiato ♦ *v.tr.* 1 respirare: *respirer du bon air*,

R

respirare aria buona **2** odorare, annusare **3** spirare, emanare: *cet enfant respire la santé*, questo bambino è l'immagine della salute.
● ***il ment comme il respire***, mente spudoratamente.
resplendir [ʀɛsplɑ̃diʀ] ***v.intr.*** risplendere.
■ SIN. briller.
resplendissant [ʀɛsplɑ̃disɑ̃] ***agg.*** risplendente, splendente.
■ SIN. radieux.
resplendissement [ʀɛsplɑ̃dismɑ̃] ***n.m.*** splendore.
responsabilisation [ʀɛspɔ̃sabilizasjɔ̃] ***n.f.*** responsabilizzazione.
responsabiliser [ʀɛspɔ̃sabilize] ***v.tr.*** responsabilizzare.
responsabilité [ʀɛspɔ̃sabilite] ***n.f.*** responsabilità: *poste de haute responsabilité*, posto di grande responsabilità.
● (*dir.*) ***responsabilité civile, pénale***, responsabilità civile, penale | (*pol.*) ***responsabilité gouvernementale***, condizione in cui si trova il governo quando il Parlamento vota la sfiducia.
responsable [ʀɛspɔ̃sabl] ***agg.*** e ***n.m.*** e ***f.*** responsabile.
resquillage [ʀɛskijaʒ] ***n.m.*** **resquille** [ʀɛskij] ***n.f.*** (*fam.*) scrocco (*m.*).
resquiller [ʀɛskije] ***v.intr.*** (*fam.*) fare il portoghese, entrare (in un luogo) senza pagare ♦ ***v.tr.*** scroccare.
resquilleur [ʀɛskijœʀ] ***n.m.*** [f. *-euse*] (*fam.*) scroccone.
ressac [ʀəsak] ***n.m.*** risacca (*f.*).
ressaisir [ʀəseziʀ] ***v.tr.*** riafferrare, afferrare di nuovo ♦ **se ressaisir** ***v.pron.intr.*** **1** (*dir.* o *antiq.*) riprendere (possesso) **2** riprendersi, riprendere il controllo (di sé).
ressasser [ʀəsase] ***v.tr.*** **1** ripetere (con insistenza) **2** (*fig.*) rimuginare.
ressaut [ʀəso] ***n.m.*** **1** (*arch.*) sporgenza (*f.*), aggetto **2** dislivello.
ressemblance [ʀəsɑ̃blɑ̃s] ***n.f.*** somiglianza.
ressemblant [ʀəsɑ̃blɑ̃] ***agg.*** somigliante.
ressembler [ʀəsɑ̃ble] ***v.intr.*** somigliare, assomigliare: *il ressemble beaucoup à sa mère*, assomiglia molto a sua madre; *cette réponse ne vous ressemble pas*, questa risposta non è da lei | *à quoi ça ressemble de faire ces régimes amaigrissants?*, (*fam.*) che senso ha fare queste diete dimagranti? ♦ **se ressembler** ***v.pron.*** somigliarsi, assomigliarsi.
● ***ça lui ressemble!***, (*fam.*) è proprio da lui | ***cela ne ressemble à rien***, (*fam.*) è una cosa senza senso | (*prov.*) ***qui se ressemble s'assemble***, chi si assomiglia si piglia.
ressemelage [ʀəsəmәlaʒ] ***n.m.*** (ri)suolatura (*f.*).
ressemeler [ʀəsəmәle] ***v.tr.*** [coniug. come *appeler*] risuolare.
ressemer [ʀəsəme, ʀəsәme] ***v.tr.*** [coniug. come *semer*] riseminare.
ressentiment [ʀəsɑ̃timɑ̃] ***n.m.*** risentimento.
ressentir [ʀəsɑ̃tiʀ] ***v.tr.*** [coniug. come *dormir*] **1** sentire, provare: *qu'est-ce que tu ressens?*, che cosa provi? **2** risentire (**di**) ♦ **se ressentir** ***v.pron.intr.*** risentire, sentire gli effetti: *il se ressent d'une mauvaise grippe*, soffre per i postumi di una grave influenza; *la nation se ressentit longtemps de la crise économique*, la nazione risentì a lungo della crisi economica.
resserre [ʀəsɛʀ] ***n.f.*** ripostiglio (*m.*); rimessa, deposito (*m.*).
resserré [ʀəseʀe] ***agg.*** stretto, angusto; chiuso.

R

resserrement [ʀəsɛʀmɑ̃] ***n.m.*** **1** restringimento; (*fig.*) rafforzamento **2** (*med.*) contrazione (*f.*).
● (*econ.*) ***resserrement du crédit***, stretta creditizia.
resserrer [ʀəseʀe] ***v.tr.*** restringere, stringere di più, stringere di nuovo (*anche fig.*): *resserrer les liens d'une amitié*, rafforzare i legami di un'amicizia ♦ **se resserrer** ***v.pron.intr.*** restringersi; divenire più stretto (*anche fig.*).
resservir [ʀəsɛʀviʀ] ***v.tr.*** e ***intr.*** [coniug. come *dormir*] servire di nuovo.
ressort[1] [ʀəsɔʀ] ***n.m.*** **1** molla (*f.*) **2** (*fig.*) movente, molla (*f.*) **3** (*fig.*) forza (*f.*); energia (*f.*): *le ressort de la volonté*, la forza della volontà; *donner du ressort*, infondere energia; *faible et sans ressort*, debole e senza mordente.
● ***à ressort***, a molla | ***faire ressort***, rimbalzare.
ressort[2] ***n.m.*** (*dir.*) giurisdizione (*f.*), competenza (*f.*), spettanza (*f.*).
● ***en premier, dernier ressort***, in prima, ultima istanza | ***être du ressort de***, spettare a, essere di competenza di.
ressortir[1] [ʀəsɔʀtiʀ] ***v.intr.*** [coniug. come *dormir*; aus. *être*] **1** uscire di nuovo **2** risaltare, spiccare; stagliarsi (**contro**) ♦ ***v.intr.impers.*** risultare: *il en ressort que*, ne risulta che ♦ ***v.tr.*** ritirare fuori.
● ***faire ressortir qqch***, mettere in rilievo qlco.
ressortir[2] ***v.intr.*** [coniug. come *finir*] **1** (*dir.*) essere di competenza (**di**) **2** (*letter.*) appartenere.
ressortissant [ʀəsɔʀtisɑ̃] ***agg.*** di competenza (**di**) ♦ ***n.m.*** cittadino residente all'estero (tutelato da organismi diplomatici del paese d'origine).
ressouder [ʀəsude] ***v.tr.*** risaldare, saldare di nuovo.
ressource [ʀəsuʀs] ***n.f.*** **1** risorsa **2** (*pl.*) risorse; beni (*m.*); mezzi (*m.*) (di sostentamento) **3** (*inform.*) risorsa.
● (*econ.*) ***ressources humaines***, risorse umane | ***avoir de la ressource***, essere pieno di risorse | ***en dernière ressource***, come ultima risorsa | ***être à bout de ressources***, rimanere senza risorse; (*estens.*) essere sfinito | ***être sans ressources***, essere senza mezzi | ***homme de ressource***, uomo pieno di risorse | ***sans ressource***, (*antiq.*) irrimediabilmente.
ressouvenir, se [səʀəsuvәniʀ] ***v.pron.intr.*** [coniug. come *tenir*] (*letter.*) sovvenirsi, ricordarsi.
ressouvenu [ʀəsuvәny] *p.p.* di **ressouvenir, se**.
ressusciter [ʀesysite] ***v.tr.*** e ***intr.*** [aus. dell'intr. *être* e *avoir*] risuscitare.
restant [ʀɛstɑ̃] ***agg.*** restante, rimanente, residuo | (*dir.*) *la seule personne restante*, l'unico superstite ♦ ***n.m.*** resto, rimanente: *le restant de la journée*, il resto della giornata; *un restant de lumière*, un residuo di luce.
● ***poste restante***, fermo posta.
restau [ʀɛsto] ***n.m.*** (*fam.*) ristorante.
restaurant [ʀɛstɔʀɑ̃] ***n.m.*** ristorante.
● ***restaurant universitaire***, mensa universitaria.
restaurateur[1] [ʀɛstɔʀatœʀ] ***n.m.*** [f. *-trice*] restauratore ♦ ***agg.*** (*med.*) ricostruttivo.
● ***chirurgie restauratrice***, chirurgia ricostruttiva.
restaurateur[2] ***n.m.*** [f. *-trice*] ristoratore, trattore.
restauration[1] [ʀɛstɔʀɑsjɔ̃] ***n.f.*** **1** restauro (*m.*) **2** (*pol.*) restaurazione **3** (*estens.*) ripristino (*m.*).
● (*st. fr.*) ***la Restauration***, la Restaurazione (1814-1830).
restauration[2] ***n.f.*** ristorazione.
restaurer[1] [ʀɛstɔʀe] ***v.tr.*** **1** restaurare **2** (*fig.*) ripristinare.
restaurer[2] ***v.tr.*** ristorare ♦ **se restaurer** ***v.pron.intr.*** ristorarsi.
reste [ʀɛst] ***n.m.*** **1** resto, rimanente: *un reste d'espoir*,

(*fig.*) un residuo di speranza; *un reste de dignité*, (*fig.*) un rimasuglio di dignità **2** (*pl.*) resti, avanzi: *les restes* (*d'un repas*), i resti, gli avanzi (di un pasto); *les restes de la vieille cité*, i resti, i ruderi della città vecchia.

● ***restes*** (***mortels***), resti, spoglie mortali | ***de reste***, d'avanzo: *il a de l'esprit de reste*, ha spirito da vendere | ***du reste***, del resto | ***elle a encore de beaux restes***, (*fam. scherz.*) è ancora piacente | ***être en reste avec qqn***, essere in debito con qlcu | ***partir sans demander son reste***, andarsene senza fiatare.

rester [RɛSte] ***v.intr.*** [aus. *être*] **1** restare, rimanere; stare; fermarsi, trattenersi (in un luogo): *rester chez soi*, stare a casa; *il restera jusqu'à demain*, si fermerà fino a domani; *il restait des heures sur la même page*, stava ore e ore sulla stessa pagina; *sa méchanceté m'est restée sur le cœur*, non riesco a dimenticare la sua cattiveria; *reste tranquille!*, sta' fermo! | *rester en route*, restare per strada | *rester sur le champ de bataille*, morire sul campo di battaglia **2** (*condizione*) restare, rimanere; stare: *rester debout*, stare in piedi; *rester fidèle*, rimanere, restare fedele ♦ ***v.intr.impers.*** rimanere, restare; avanzare: *voilà ce qui reste de*, ecco quel che resta di; *il lui restait cent euros*, gli rimanevano cento euro | *il reste beaucoup à faire*, c'è ancora molto da fare.

● ***rester en plan***, rimanere a metà, in sospeso | ***rester sur***, conservare, mantenere: *il n'est pas homme à rester sur une injure*, non è uomo da passare sopra un'offesa | ***en rester à***, rimanere a | ***en rester là***, lasciar perdere: *restons-en là*, lasciamo perdere; *la chose en resta là*, tutto finì lì | ***il n'en reste pas moins que***, ciò non toglie che | ***il reste que***, rimane il fatto che: *reste qu'un appui est bien nécessaire dans ces cas-là!*, resta il fatto che un appoggio è molto utile in questi casi! | ***reste à savoir si***, resta, rimane da sapere se | ***y rester***, (*fam.*) lasciarci la pelle, rimanerci.

■ *V.INTR.* CONTR. partir.

restituer [RɛStitɥe] ***v.tr.*** **1** restituire, rendere **2** ripristinare, ricostruire.

restitution [RɛStitysjɔ̃] ***n.f.*** **1** restituzione **2** (*comm.*) resa: *restitution des invendus*, resa di merce invenduta.

resto [RɛSto] ***n.m.*** (*fam.*) ristorante.

● ***restos du cœur***, mense per i poveri.

NOTA I ***restos du cœur***, le mense per i poveri, furono creati nel 1985 dall'artista di varietà e attore francese Coluche (1944-86).

restoroute [RɛStɔRut] ***n.m.*** autogrill.

resto-u [RɛStoy] ***n.m.*** [pl. *resto(s)-u*] (*abbr. di* restaurant-universitaire) mensa (*f.*) universitaria.

restreindre [RɛStRɛ̃dR] ***v.tr.*** [coniug. come *atteindre*] limitare, ridurre; restringere ♦ **se restreindre** ***v.pron.intr.*** **1** ridursi, restringersi **2** limitarsi (nelle spese): *se restreindre au strict nécessaire*, limitarsi allo stretto indispensabile.

restreint [RɛStRɛ̃] *p.p.* di **restreindre** ♦ ***agg.*** ristretto, limitato.

● ***au sens restreint du mot***, nel senso stretto della parola.

restrictif [RɛStRiktif] ***agg.*** [f. *-ive*] restrittivo, limitativo.

restriction [RɛStRiksjɔ̃] ***n.f.*** **1** limitazione **2** (*spec. pl.*) limitazione, riduzione delle spese; economie **3** (*pl.*) razionamento (*m.sing.*) (di generi di consumo).

● (*econ.*) ***restriction des crédits***, stretta creditizia | ***restriction mentale***, riserva mentale | ***faire des restrictions sur***, muovere delle riserve su.

restructuration [RəstRyktyRasjɔ̃] ***n.f.*** ristrutturazione.

restructurer [RəstRyktyRe] ***v.tr.*** ristrutturare.

resucée [Rəsyse] ***n.f.*** **1** (*fam.*) nuova bevuta **2** (*fig.*) rimasticatura; ripetizione.

résultant [Rezyltɑ̃] ***agg.*** risultante.

résultante [Rezyltɑ̃t] ***n.f.*** risultante.

résultat [Rezylta] ***n.m.*** **1** risultato **2** (*inform.*) dato di emissione.

■ SIN. **1** conséquence.

résulter [Rezylte] ***v.intr.*** e ***intr.impers.*** [usato spec. all'inf., p.pres. e 3ª pers.; aus. *être* e *avoir*] risultare; derivare, conseguire: *ce qui en résultera*, quel che ne verrà fuori; *il en résulte que*, ne consegue che; *il résulte de l'enquête que*, dall'inchiesta emerge che.

résumé [Rezyme] ***n.m.*** riassunto, sunto, sommario: *voilà en deux mots le résumé de ma situation*, eccovi in breve la mia situazione.

● ***en résumé***, riassumendo, ricapitolando.

résumer [Rezyme] ***v.tr.*** riassumere ♦ **se résumer** ***v.pron.*** riassumere (quanto si è detto): *pour me résumer*, riassumendo (quanto ho detto).

● ***se résumer à***, ridursi a.

résurgence [RezyRʒɑ̃s] ***n.f.*** il risorgere, il riaffiorare.

resurgir [RəsyRʒiR] ***v.intr.*** risorgere.

résurrection [RezyRɛksjɔ̃] ***n.f.*** risurrezione.

retable [Rətabl] ***n.m.*** pala (*f.*) d'altare.

rétabli [Retabli] ***agg.*** ristabilito.

rétablir [RetabliR] ***v.tr.*** **1** ristabilire, riportare | *rétablir qqn dans ses fonctions*, reintegrare qlcu nelle sue funzioni | *rétablir sa fortune*, riassestare il proprio patrimonio **2** rimettere (in salute), ristabilire: *rétablir ses forces*, rimettersi in forze **3** ridare vigore, ridare la forma originaria: *rétablir une loi*, rimettere in vigore una legge ♦ **se rétablir** ***v.pron.intr.*** rimettersi (in salute), ristabilirsi.

● ***rétablir les faits***, ricostruire i fatti.

rétablissement [Retablismɑ̃] ***n.m.*** **1** ristabilimento; restaurazione (*f.*): *le rétablissement de la monarchie*, la restaurazione della monarchia **2** riassestamento, ripristino: *rétablissement des finances*, riassesto delle finanze; *rétablissement d'une loi, d'un texte*, ripristino della legge, di un testo **3** guarigione (*f.*) **4** sollevamento del corpo (nella ginnastica agli anelli, alle sbarre).

retailler [Rətɑje] ***v.tr.*** **1** tagliare di nuovo **2** temperare di nuovo: *retailler un crayon*, temperare di nuovo una matita.

rétamage [Retamaʒ] ***n.m.*** (ri)stagnatura (*f.*).

rétamé [Retame] ***agg.*** (*fam.*) **1** completamente sbronzo **2** distrutto, a pezzi.

rétamer [Retame] ***v.tr.*** **1** (ri)stagnare, stagnare di nuovo **2** (*fam.*) mettere fuori combattimento, distruggere.

● ***se faire rétamer***, farsi stangare (a un esame); farsi spennare (al gioco).

rétameur [RetamœR] ***n.m.*** stagnaio.

retape [Rətap] ***n.f.*** (*fam.*) adescamento (*m.*) | *la retape de la publicité*, lo spudorato martellamento della pubblicità.

● ***faire de la retape***, adescare (i passanti).

retaper [Rətape] ***v.tr.*** **1** (*fam.*) rimettere a posto, aggiustare alla bell'e meglio: *maison à retaper*, casa da risistemare; *retaper un lit*, rassettare alla meglio un letto **2** (*fam.*) rimettere in forze **3** ribattere (spec. alla macchina per scrivere) ♦ **se retaper** ***v.pron.intr.*** (*fam.*) rimettersi (in sesto), ristabilirsi.

R

retard [ʀətaʀ] *n.m.* ritardo: *avoir du retard*, essere in ritardo; *se trouver en retard sur son loyer*, essere in ritardo col pagamento dell'affitto; *il est en retard sur ses camarades*, è indietro rispetto ai compagni ♦ *agg.invar.* (*med.*) ad azione ritardata, retard: *insuline retard*, insulina ad azione ritardata.
● ***retard de paiements***, morosità nei pagamenti | ***retard économique***, arretratezza economica | (*med.*) ***retard mental***, ritardo mentale | ***avoir du courrier en retard***, avere della corrispondenza arretrata (da sbrigare) | (*dir.*) ***intérêts de retard***, interessi di mora | ***mettre en retard***, far ritardare | ***prendre du retard dans qqch***, accumulare ritardo, rimanere indietro in qlco | ***sans retard***, (*letter.*) senza indugio: *écrivez-lui sans retard*, scrivetegli subito, senza indugio.
■ *N.M.* CONTR. avance.

retardataire [ʀətaʀdatɛʀ] *agg.* **1** che è in ritardo, che arriva in ritardo **2** (*dir.*) moroso ♦ *n.m.* e *f.* **1** ritardatario/a **2** (*dir.*) (chi è) moroso/a.
● ***enfants retardataires***, ragazzi in ritardo negli studi.

retardé [ʀətaʀde] *agg.* e *n.m.* ritardato.

retardement, à [aʀətaʀdəmɑ̃] *avv.* a scoppio ritardato: *comprendre à retardement*, (*fig.*) capire in ritardo.

retarder [ʀətaʀde] *v.tr.* **1** ritardare **2** far perdere tempo (**a**) **3** mettere indietro (un orologio) ♦ *v.intr.* **1** (*di orologio*) ritardare, andare indietro **2** essere indietro (rispetto a), non essere aggiornato: *tu retardes!*, (*fam.*) sei rimasto indietro ♦ **se retarder** *v.pron.* attardarsi.
● ***retarder sur son temps***, essere indietro rispetto al proprio tempo.

retendre [ʀətɑ̃dʀ] *v.tr.* [coniug. come *rendre*] tendere di nuovo.

retenir [ʀətniʀ, ʀtəniʀ] *v.tr.* [coniug. come *tenir*] **1** trattenere: *retenir qqn à déjeuner*, trattenere qlcu a colazione; *le mauvais temps nous a retenus à la maison*, il brutto tempo ci ha costretto a restare a casa **2** tenere per sé, trattenere; dedurre: *il a retenu de l'argent sur ce qu'il me devait*, mi ha trattenuto dei soldi su quanto mi doveva **3** ricordare | *tu devais venir à cinq heures, je te retiens pour ta ponctualité!*, (*fam.*) dovevi venire alle cinque, te la raccomando la tua puntualità! **4** fermare, trattenere | *retenez-moi ou je fais un malheur!*, (*fam. scherz.*) tenetemi o faccio una strage! **5** fissare, prenotare: *retenir une table au restaurant*, prenotare un tavolo al ristorante **6** (*mat.*) riportare **7** prendere in considerazione; accettare: *on a retenu votre candidature*, la vostra candidatura è stata accettata ♦ **se retenir** *v.pron.* **1** tenersi, aggrapparsi **2** trattenersi (**da**) | *se retenir au bord du précipice*, fermarsi sull'orlo del precipizio **3** (*fam.*) trattenere (un bisogno fisiologico).
● ***retenir l'œil***, attirare l'occhio | ***retenir sa langue***, tenere a freno la lingua: *elle est incapable de retenir sa langue*, non sa tenere a freno la lingua.

rétenteur [ʀetɑ̃tœʀ] *agg.* [f. *-trice*] **1** ritentivo **2** (*edil.*) di sostegno.

rétention [ʀetɑ̃sjɔ̃] *n.f.* ritenzione.

retentir [ʀətɑ̃tiʀ] *v.intr.* **1** risonare, echeggiare; rimbombare: *ses pas faisaient retentir le plancher*, i suoi passi facevano rimbombare il pavimento **2** squillare **3** (*fig.*) avere ripercussioni.
■ SIN. **1** résonner.

retentissant [ʀətɑ̃tisɑ̃] *agg.* **1** risonante, (ri)echeggiante; rimbombante | *des mots retentissants*, parole altisonanti **2** (*di voce*) squillante **3** (*fig.*) strepitoso: *un succès retentissant*, un successo strepitoso | *un scandale retentissant*, uno scandalo che fa scalpore.
■ SIN. **3** éclatant.

retentissement [ʀətɑ̃tismɑ̃] *n.m.* eco (*f.* o *m.*), risonanza (*f.*); ripercussione (*f.*).

retenu [ʀətny, ʀtəny] *p.p.* di **retenir**.

retenue [ʀətny, ʀtəny] *n.f.* **1** ritenuta, trattenuta **2** (*mat.*) riporto (*m.*) **3** (*fig.*) ritegno (*m.*).
● (*fin.*) ***retenue à la source***, ritenuta d'acconto | ***retenue sur le salaire***, trattenuta sul salario, ritenuta salariale | ***mettre en retenue***, trattenere (a scuola) per castigo.

rethélois [ʀətelwa] *agg.* di Rethel.

réticence [ʀetisɑ̃s] *n.f.* reticenza: *sans réticence*, senza reticenze.

réticent [ʀetisɑ̃] *agg.* reticente.
■ SIN. hésitant.

réticulaire [ʀetikylɛʀ] *agg.* reticolare.

réticule [ʀetikyl] *n.m.* **1** reticolo **2** borsetta (*f.*) di rete.

réticulé [ʀetikyle] *agg.* reticolato; reticolare.

rétif [ʀetif] *agg.* [f. *-ive*] **1** restio, riluttante **2** (*fig.*) indocile, ribelle.

rétine [ʀetin] *n.f.* (*anat.*) retina.

rétinopathie [ʀetinɔpati] *n.f.* (*med.*) retinopatia.

retirage [ʀətiʀaʒ] *n.m.* ristampa (*f.*).

retiré [ʀətiʀe] *agg.* appartato.
■ SIN. isolé.

retirer [ʀətiʀe] *v.tr.* **1** ritirare; ritrarre; (*fig.*) ritirare, rinunciare (**a**): *il retira vivement sa main*, ritrasse bruscamente la mano; *retirer sa candidature*, ritirare la propria candidatura **2** togliere (**da**), ritirare (**da**): *retirer de l'argent à la banque*, prelevare denaro in banca; *retirer une marchandise de la douane*, sdoganare una merce; *les pêcheurs retirent leurs filets*, i pescatori tirano su le reti **3** ricavare (*anche fig.*): *il n'en a retiré que des déboires*, ne ha ricavato soltanto delle noie **4** (*mil.*) sparare, tirare di nuovo **5** (*tip.*) stampare di nuovo ♦ *v.intr.* ritirare ♦ **se retirer** *v.pron.* e *pron.intr.* **1** ritirarsi **2** ritirarsi, abbandonare (**qlco**), rinunciare (**a**).
■ *V.TR.* SIN. **1** enlever.

retombée [ʀətɔ̃be] *n.f.* **1** il ricadere **2** (*spec. pl.*) (*fig.*) effetti (*m.*), conseguenze; ripercussioni **3** (*pl.*) (*econ.*) benefici (*m.*) aggiunti, fringe benefits (*m.*) **4** (*arch.*) imposta.
● (*fis.*) ***retombées radioactives***, ricaduta radioattiva.

retomber [ʀətɔ̃be] *v.intr.* [aus. *être*] **1** ricadere, cadere di nuovo (*anche fig.*): *retomber sur ses pieds*, cadere in piedi; *un silence de mort retomba sur la foule*, un silenzio di morte scese di nuovo sulla folla | *retomber malade*, riammalarsi **2** (*fig.*) placarsi: *sa colère était retombée*, la sua ira era sbollita.

retoquer [ʀətɔke] *v.tr.* (*fam.*) respingere, bocciare.

retordage [ʀətɔʀdaʒ] *n.m.* (*ind. tess.*) ritorcitura (*f.*).

retordre [ʀətɔʀdʀ] *v.tr.* [coniug. come *rendre*] (*ind. tess.*) ritorcere.
● ***donner du fil à retordre***, (*fig.*) dare del filo da torcere.

retordu [ʀətɔʀdy] *p.p.* di **retordre** ♦ *agg.* ritorto.

rétorquer [ʀetɔʀke] *v.tr.* ribattere, replicare.

retors [ʀətɔʀ] *agg.* **1** (*ind. tess.*) ritorto **2** (*fig.*) scaltro, astuto.

rétorsion [ʀetɔʀsjɔ̃] *n.f.* ritorsione: *par mesure de rétorsion*, come misura di ritorsione.

retouche [ʀətuʃ] *n.f.* ritocco (*m.*); correzione; modifica: *faire des retouches à un texte*, fare delle correzioni a un testo; *faire des retouches à une photo*, fare dei ritocchi a una fotografia.

R

retoucher [ʀətuʃe] *v.tr.* ritoccare; modificare, fare delle modifiche; correggere.

retoucheur [ʀətuʃœʀ] *n.m.* [f. *-euse*] (*abbigl.*) lavorante che apporta modifiche agli abiti.

retour [ʀətuʀ] *n.m.* **1** ritorno: *depuis son retour*, da quando è tornato **2** resa (*f.*), restituzione (*f.*): *marchandises de retour*, merci di resa; *retour des invendus*, resa di merce invenduta **3** ricomparsa (*f.*) **4** (*edil.*) gomito, angolo **5** reversina (*f.*), risvolto (di lenzuolo).
● ***retour d'âge***, (*fam.*) menopausa | ***retour en arrière***, flashback, scena retrospettiva: *faire un retour en arrière*, (*fig.*) tornare indietro con la mente | ***retour sur soi-même***, esame di coscienza | ***au retour de***, di ritorno da | (***billet d'***)***aller et retour***, biglietto di andata e ritorno | ***c'est un*** (***vieux***) ***cheval de retour***, (*fig. fam.*) è recidivo | ***de retour chez moi***, al mio ritorno a casa | ***en retour***, in cambio, di rimando: *choc en retour*, contraccolpo; *effet en retour*, ripercussione | ***être de retour***, essere di ritorno | ***être sur le retour***, stare per ritornare: *une femme sur le retour*, una donna non più giovane | (*comm.*) ***par retour du courrier***, a giro di posta | ***par un juste retour des choses***, per la legge del contrappasso | ***payer de retour***, contraccambiare, (*estens.*) rendere la pariglia | ***sans retour***, per sempre, definitivo: *partir sans* (*esprit de*) *retour*, partire per non tornare più.

retournement [ʀətuʀnəmɑ̃] *n.m.* (*fig.*) rovesciamento, ribaltamento.

retourner [ʀətuʀne] *v.intr.* [aus. *être*] ritornare, tornare ♦ *v.tr.* **1** girare, rigirare, mescolare: *retourner la salade*, mescolare l'insalata; *tourner et retourner un projet dans sa tête*, (*fig.*) rimuginare un progetto **2** rivoltare, voltare (dall'altra parte), rovesciare; rivolgere: *un coup de vent a retourné mon parapluie*, una ventata mi ha rovesciato l'ombrello; *retourner une situation en sa faveur*, volgere una situazione a proprio favore; *retourner sa colère contre qqn*, rivolgere la propria ira contro qlcu; *retourner un argument contre qqn*, ritorcere un argomento contro qlcu; *la nouvelle de sa mort m'a tout retourné*, (*fig. fam.*) la notizia della sua morte mi ha sconvolto; *retourner la maison*, mettere sottosopra la casa; *retourner son arme contre soi*, puntare l'arma contro se stesso **3** rimandare (indietro), restituire, rendere (*anche fig.*): *retourner une lettre*, rispedire (al mittente) una lettera; *emballage à retourner*, imballaggio a rendere **4** far cambiare opinione (a) ♦ **se retourner** *v.pron.* e *pron.intr.* rivoltarsi, rigirarsi: *se tourner et se retourner dans son lit*, girarsi e rigirarsi nel letto; *se retourner sur le dos*, girarsi sul dorso, sulla schiena; *à mon passage, il se retourna*, si voltò, si girò al mio passaggio; *la voiture s'est retournée*, l'automobile si è capovolta | *se retourner contre qqn*, rivoltarsi, ritorcersi contro qlcu.
● ***retourner à qqn son compliment***, (*iron.*) ripagare qlcu della sua stessa moneta | ***de quoi retourne-t-il?***, (*alle carte*) di che seme è la carta?; (*fam.*) di che si tratta? | ***ne pas laisser à qqn le temps de se retourner***, non lasciare a qlcu il tempo di riflettere | ***savoir se retourner***, sapersi districare, sapersela cavare | ***s'en retourner***, ritornarsene: *s'en retourner chez soi*, ritornarsene a casa.
■ *V.TR.* SIN. **1** remuer **3** renvoyer.

retracer [ʀətʀase] *v.tr.* [coniug. come *placer*] **1** tracciare di nuovo **2** esporre, descrivere, illustrare.

rétractation [ʀetʀaktasjɔ̃] *n.f.* ritrattazione.

rétracter [ʀetʀakte] *v.tr.* **1** ritrarre, tirare indietro **2** (*letter.*) ritrattare ♦ **se rétracter** *v.pron.intr.* **1** ritrarsi **2** ritrattarsi.

rétractile [ʀetʀaktil] *agg.* retrattile.

rétraction [ʀetʀaksjɔ̃] *n.f.* contrazione; (*med.*) ritrazione.

retraduire [ʀətʀadɥiʀ] *v.tr.* [coniug. come *conduire*] ritradurre.

retraduit [ʀətʀadɥi] *p.p.* di **retraduire**.

retrait [ʀətʀɛ] *n.m.* **1** ritiro: *retrait d'une somme d'argent*, ritiro, prelievo di una somma di denaro **2** (*dir.*) retratto; riscatto.
● ***retrait des bagages***, ritiro bagagli | (*geol.*) ***retrait des glaciers***, arretramento dei ghiacciai | ***retrait du permis de conduire***, ritiro della patente | ***en retrait*** (***de***), rientrante, arretrato (rispetto a): *terrasse en retrait de la façade*, terrazza arretrata rispetto alla facciata; *se tenir en retrait*, stare in disparte.

FAUX AMI
Da non confondere con *ritratto*, che si traduce *portrait*.

retraite [ʀətʀɛt] *n.f.* **1** pensione: *prendre sa retraite*, andare in pensione; *toucher sa retraite*, percepire la pensione **2** (*mil.*) ritirata **3** (*eccl.*) ritiro (*m.*) (spirituale) **4** (*letter.*) solitudine; luogo (*m.*) appartato, eremo (*m.*).
● ***retraite anticipée***, pensionamento anticipato, prepensionamento | ***retraite aux flambeaux***, fiaccolata | ***retraite complémentaire***, pensione integrativa | ***caisse de retraite***, fondo pensioni | ***en retraite***, in pensione: *fonctionnaire en retraite*, funzionario in pensione; *officier en retraite*, ufficiale a riposo | ***être à la retraite***, essere in pensione | ***maison de retraite***, casa di riposo | ***mise à la retraite***, collocamento a riposo, pensionamento.
■ SIN. **2** repli.

retraité [ʀətʀete] *agg.* e *n.m.* pensionato.

retraitement [ʀətʀɛtmɑ̃] *n.m.* (*tecn.*) ritrattamento.

retraiter [ʀətʀɛte] *v.tr.* (*tecn.*) trattare di nuovo.

retranchement [ʀətʀɑ̃ʃmɑ̃] *n.m.* (*mil.*) trinceramento: *forcer les derniers retranchements*, (*fig.*) abbattere le ultime difese.

retrancher [ʀətʀɑ̃ʃe] *v.tr.* **1** togliere, levare, sopprimere **2** (*una somma*) detrarre ♦ **se retrancher** *v.pron.intr.* trincerarsi (*anche fig.*).
■ *V.TR.* SIN. **1** ôter **2** soustraire.

retransmettre [ʀətʀɑ̃smɛtʀ] *v.tr.* [coniug. come *mettre*] (*rad., tel.*) ritrasmettere; trasmettere.
■ SIN. diffuser.

retransmission [ʀətʀɑ̃smisjɔ̃] *n.f.* ritrasmissione.

R

retravailler [ʀətʀavaje] *v.tr.* e *intr.* riprendere (a lavorare); rimaneggiare, rielaborare.

retraverser [ʀətʀavɛʀse] *v.tr.* riattraversare.

rétréci [ʀetʀesi] *agg.* ristretto.

rétrécir [ʀetʀesiʀ] *v.tr.* restringere ♦ *v.intr.* restringersi, ritirarsi.

rétrécissement [ʀetʀesismɑ̃] *n.m.* restringimento.

retremper [ʀətʀɑ̃pe] *v.tr.* **1** rimettere a bagno **2** (*anche fig.*) (*metall.*) ritemprare ♦ **se retremper** *v.pron.intr.* immergersi di nuovo, rituffarsi: *se retremper dans le milieu familial*, (*fig.*) riprendere i contatti con la famiglia.

rétribué [ʀetʀibɥe] *agg.* retribuito.

rétribuer [ʀetʀibɥe] *v.tr.* retribuire, ricompensare (in denaro).
■ SIN. rémunérer, payer.

rétribution [ʀetʀibysjɔ̃] *n.f.* retribuzione; ricompensa.

rétro[1] [ʀetʀo] *agg.invar.* rétro, che imita il gusto degli anni 1920-60; (*estens.*) vecchiotto: *un petit côté rétro*, un aspetto un po' vecchiotto ♦ *n.m.invar.* gusto rétro ♦ *avv.* rétro: *s'habiller rétro*, vestirsi rétro.

rétro[2] *n.m.* (*fam.*) abbr. di **rétroviseur**.

rétro- *pref.* retro-.

rétroactes [ʀetʀɔakt] *n.m.pl.* (*Belgio*) antecedenti: *les rétroactes d'une affaire*, l'antefatto di una vicenda.

rétroactif [ʀetʀɔaktif] *agg.* [f. *-ive*] retroattivo.

rétroaction [ʀetʀɔaksjɔ̃] *n.f.* effetto (*m.*) retroattivo; (*biol.*) controreazione.

rétroactivement [ʀetʀɔaktivmɑ̃] *avv.* retroattivamente.

rétroactivité [ʀetʀɔaktivite] *n.f.* (*dir.*) retroattività.

rétrocéder [ʀetʀɔsede] *v.tr.* [coniug. come *céder*] (*dir.*) retrocedere.

rétrocession [ʀetʀɔsesjɔ̃] *n.f.* (*dir.*) retrocessione.

rétrofléchi [ʀetʀɔfleʃi] *agg.* retroflesso.

rétrofusée [ʀetʀɔfyze] *n.f.* (*aer.*) retrorazzo (*m.*).

rétrogradation [ʀetʀɔgʀadasjɔ̃] *n.f.* retrocessione.

rétrograde [ʀetʀɔgʀad] *agg.* retrogrado (*anche fig.*).

rétrograder [ʀetʀɔgʀade] *v.intr.* **1** retrocedere **2** (*fig.*) retrocedere, regredire ♦ *v.tr.* retrocedere (di grado).

rétropédaler [ʀetʀɔpedale] *v.intr.* pedalare all'indietro.

rétroprojecteur [ʀetʀɔpʀɔʒɛktœʀ] *n.m.* lavagna (*f.*) luminosa.

rétrospectif [ʀetʀɔspɛktif] *agg.* [f. *-ive*] retrospettivo.

rétrospective [ʀetʀɔspɛktiv] *n.f.* retrospettiva.

rétrospectivement [ʀetʀɔspɛktivmɑ̃] *avv.* retrospettivamente, in retrospettiva.

retroussé [ʀətʀuse] *agg.* rialzato, voltato all'insù.
● ***nez retroussé***, naso all'insù.

retroussement [ʀətʀusmɑ̃] *n.m.* il rialzare; il voltare in su; rimboccatura (*f.*).

retrousser [ʀətʀuse] *v.tr.* alzare, sollevare; voltare in su.
● ***retrousser sa moustache***, arricciarsi i baffi | ***retrousser ses manches***, rimboccarsi le maniche.

retrouvailles [ʀətʀuvɑj] *n.f.pl.* il ritrovarsi (dopo una separazione).

retrouver [ʀətʀuve] *v.tr.* **1** ritrovare (*anche fig.*); rintracciare: *il n'arrivait pas à retrouver son nom*, non riusciva a ricordarsi il suo nome | *retrouver la santé*, riacquistare la salute **2** raggiungere: *je te retrouverai où tu voudras*, ti raggiungerò dove vorrai ♦ **se retrouver** *v.pron.intr.* **1** ritrovarsi **2** orientarsi ♦ *v.pron.rec.* ritrovarsi.
● ***retrouver ses esprits***, ritornare in sé | ***s'y retrouver***, (*fig.*) raccapezzarsi; (*fam.*) cavarsela.
■ *V.TR.* CONTR. **1** perdre.

rétroversion [ʀetʀɔvɛʀsjɔ̃] *n.f.* (*med.*) retroversione.

rétrovirus [ʀetʀɔviʀys] *n.m.* (*biol.*) retrovirus.

rétroviseur [ʀetʀɔvizœʀ] *n.m.* (*aut.*) (specchietto) retrovisore.

rets [ʀɛ] *n.m.* rete (*f.*).
● ***prendre dans ses rets***, (*fig.*) irretire.

reubeu [ʀœbø] *n.m.* [f. *-euse*] giovane di origine maghrebina nato in Francia da genitori immigrati.

NOTA ***Rebeu*** è termine verlan di *beur*, a sua volta verlan di *arabe*.

reuch [ʀœʃ] *agg.* (*verlan di* cher) caro.

reuf [ʀœf] **reufré** [ʀœfʀe] *n.m.* (*verlan di* frère) fratello.

reum [ʀəm] *n.f.* → **rèm**.

reumé [ʀəme] *n.f.* → **rèm**.

réunification [ʀeynifikasjɔ̃] *n.f.* riunificazione.

réunifier [ʀeynifje] *v.tr.* riunificare.

réunion [ʀeynjɔ̃] *n.f.* **1** il riunire, riunione; ricongiungimento (*m.*) **2** raccolta: *la réunion des pièces d'un dossier*, la raccolta delle varie parti di una pratica **3** (*incontro*) riunione: *être en réunion*, essere in riunione.
● ***salle de réunion***, sala riunioni.

réunionnais [ʀeynjɔnɛ] *agg.* dell'isola Réunion.

Réunionnais *n.m.* abitante dell'isola Réunion.

réunir [ʀeyniʀ] *v.tr.* **1** riunire: *réunir des preuves*, mettere insieme delle prove; *réunir des fonds*, raccogliere fondi **2** ricongiungere; unire, collegare ♦ **se réunir** *v.pron.intr.* **1** riunirsi **2** unirsi, congiungersi.
■ *V.TR.* SIN. **1** rassembler **2** joindre CONTR. **2** séparer.

reup[1] [ʀœp] *n.f.* (*verlan di* peur) paura.

reup[2] *n.m.* → **rep**.

reusse [ʀœs] *n.f.* (*verlan di* sœur) sorella.

réussi [ʀeysi] *agg.* riuscito: (*bien*) *réussi*, (ben) riuscito; *mal réussi*, mal riuscito.
● ***c'est réussi!***, (*fam. iron.*) complimenti!

réussir [ʀeysiʀ] *v.intr.* **1** riuscire: *j'ai enfin réussi à le rencontrer*, sono finalmente riuscito a incontrarlo **2** riuscire, avere successo: *la plaisanterie réussissait toujours*, lo scherzo funzionava sempre; *il commence à réussir*, comincia ad avere successo; *il a bien réussi*, è riuscito ad affermarsi, è arrivato **3** giovare, far bene: *la montagne lui réussit*, la montagna gli giova **4** riuscire, avere buon esito: *tout lui réussit*, le va tutto per il verso giusto **5** acclimatarsi: *la vigne réussit dans cette région*, la vigna viene bene in questa regione ♦ *v.tr.* **1** fare bene, riuscire (**in qlco**): *réussir un travail*, condurre a termine con successo un lavoro; *réussir un portrait*, fare un ritratto somigliante; *j'ai réussi ce plat*, questo piatto mi è riuscito bene; *il a bien réussi son affaire*, ce l'ha fatta a ottenere ciò che voleva **2** superare: *réussir son examen*, passare un esame | (*sport*) *réussir un but*, fare goal, rete.

réussite [ʀeysit] *n.f.* **1** riuscita, buon esito (*m.*): *être, ne pas être une réussite*, essere bene, mal riuscito **2** successo (*m.*), riuscita: *une réussite sociale, professionnelle*, un successo sociale, professionale **3** (*gioco di carte*) solitario (*m.*).
■ SIN. **3** patience CONTR. **1** échec.

réutilisable [ʀeytilizabl] *agg.* **1** riutilizzabile **2** (*aer.*) (*di veicoli spaziali*) recuperabile.

réutilisation [ʀeytilizasjɔ̃] *n.f.* riutilizzo (*m.*), riutilizzazione.

réutiliser [ʀeytilize] *v.tr.* riutilizzare.

revaccination [ʀəvaksinasjɔ̃] *n.f.* rivaccinazione, vaccinazione di richiamo.

revaloir [ʀəvalwaʀ] *v.tr.* [coniug. come *valoir*] rendere la pariglia: *je lui revaudrai cela!*, gli renderò la pariglia!

revalorisation [ʀəvalɔʀizasjɔ̃] *n.f.* rivalutazione.

revaloriser [ʀəvalɔʀize] *v.tr.* rivalutare.

revanchard [ʀəvɑ̃ʃaʀ] *agg.* revanscistico ♦ *n.m.* revanscista.

revanche [ʀəvɑ̃ʃ] *n.f.* rivincita: *après sa défaite il ne pense qu'à la revanche*, dopo l'insuccesso pensa solo a rivalersi.
● ***à charge de revanche***, a buon rendere | ***en revanche***, invece, in compenso.

revanchisme [ʀəvɑ̃ʃism] *n.m.* (*pol.*) revanscismo.

NOTA Il termine ***revanchisme*** indica il sentimento nazionalista contro la Germania trasformatosi in vero e proprio movimento ideologico dopo la grave sconfitta che i francesi subirono a Sedan (1871) da parte dell'esercito prussiano, e che costò alla Francia la perdita dell'Alsazia e della Lorena.

rêvasser [RɛvaSe] *v.intr.* fantasticare.

rêvasserie [RɛvasRi] *n.f.* fantasticheria.

rêve [Rɛv] *n.m.* (*anche fig.*) sogno.
● ***de rêve***, splendido, da sogno.

rêvé [Reve] *agg.* ideale, da sogno.

revêche [Rəvɛʃ] *agg.* arcigno.

revécu [Rəveky] *p.p.* di **revivre**.

réveil [Revɛj] *n.m.* **1** risveglio **2** (*orologio*) sveglia (*f.*).
● ***réveil téléphoné***, sveglia telefonica.

réveille-matin [Revɛjmatɛ̃] *n.m.invar.* (*antiq.*) sveglia (*f.*).

réveiller [Reveje] *v.tr.* **1** svegliare (*anche fig.*) **2** risvegliare ♦ **se réveiller** *v.pron.intr.* svegliarsi; risvegliarsi (*anche fig.*).
■ V.TR. CONTR. endormir.

réveillon [Revɛjɔ̃] *n.m.* cenone, veglione.
● ***réveillon de Noël***, cenone di Natale | ***réveillon du jour de l'An***, cenone di San Silvestro.

réveillonner [Revɛjɔne] *v.intr.* **1** fare il cenone (a San Silvestro, a Natale) **2** (*estens.*) festeggiare la notte di capodanno.

révélateur [RevelatœR] *agg.* [f. *-trice*] rivelatore ♦ *n.m.* (*fot.*) rivelatore, sviluppatore.

révélation [Revelasjɔ̃] *n.f.* rivelazione.

révélé [Revele] *agg.* rivelato.

révéler [Revele] *v.tr.* [coniug. come *céder*] rivelare, svelare: *révéler un complot*, denunciare un complotto; *révéler une aptitude*, manifestare un'attitudine; *révéler l'avenir*, predire l'avvenire ♦ **se révéler** *v.pron.intr.* rivelarsi.

revenant [Rəvnɑ̃] *n.m.* spirito, fantasma.
● ***tiens, voilà un revenant!***, (*fam. iron.*) guarda chi si rivede.

revendeur [Rəvɑ̃dœR] *n.m.* [f. *-euse*] rivenditore.

revendicateur [Rəvɑ̃dikatœR] *agg.* e *n.m.* [f. *-trice*] rivendicatore.

revendicatif [Rəvɑ̃dikatif] *agg.* [f. *-ive*] rivendicativo.

revendication [Rəvɑ̃dikasjɔ̃] *n.f.* rivendicazione.

revendiquer [Rəvɑ̃dike] *v.tr.* rivendicare.

revendre [Rəvɑ̃dR] *v.tr.* [coniug. come *rendre*] rivendere.
● ***avoir à revendre de qqch***, (*fig.*) aver qlco in abbondanza, da vendere: *avoir de la patience à (en) revendre*, aver pazienza da vendere.

revendu [Rəvɑ̃dy] *p.p.* di **revendre**.

revenez-y [Rəvnezi, Rəvənezi] *n.m.invar.* (*fig.*) ritorno: *un revenez-y d'amour*, un ritorno di fiamma.
● ***un goût de revenez-y***, (*fam.*) un sapore invitante; (*estens.*) un'esperienza così piacevole da indurre a ripeterla: *le plat avait un petit goût de revenez-y*, il piatto invitava a fare il bis.

revenir [RəvniR] *v.intr.* [coniug. come *tenir*; aus. *être*] **1** ritornare, tornare: *cette fête revient tous les ans à la même époque*, questa festa ricorre tutti gli anni alla stessa epoca; *je reviens dans une minute*, torno tra un momento; *l'appétit lui reviendra*, gli tornerà l'appetito; *le goût de l'oignon me revenait*, mi tornava in bocca il sapore della cipolla | *à quoi bon revenir là-dessus?*, a che pro tornarci sopra? **2** (ri)tornare alla, in mente: *son nom ne me revient pas*, non mi ricordo il suo nome; *il m'est revenu qu'il était déjà parti*, mi sono ricordato che era già partito **3** rimettersi; riaversi: *revenir de son étonnement*, riaversi dalla sorpresa **4** ricredersi **5** spettare, toccare: *la propriété devait lui revenir à sa majorité*, la proprietà doveva andare a lui una volta maggiorenne; *c'est à lui qu'il revient de payer*, tocca a lui pagare **6** venire (a costare): *le prix auquel revient cette marchandise est trop élevé*, il prezzo di quella merce è troppo alto; *cette voiture me revient cher*, quella macchina mi costa cara **7** (*cuc.*) rosolare, imbiondire **8** (*sport*) ricuperare, fare una rimonta ♦ **s'en revenir** *v.pron.intr.* (ri)tornarsene.
● ***revenir à***, tornare a: *revenir à soi*, tornare in sé; *revenir à la surface*, ritornare a galla; *revenir à de meilleurs sentiments*, (*fig.*) venire a più miti consigli; *cela revient à dire*, sarebbe come dire; *cela revient au même*, è, fa lo stesso | ***revenir (de droit)***, spettare di diritto | ***revenir de ses erreurs***, ravvedersi | ***revenir sur***, tornare su: *revenir sur ce qu'on avait promis*, rimangiarsi una promessa; *revenir sur le compte de qqn*, ricredersi sul conto di qlcu; *il me revient tant sur cette opération boursière*, questa operazione in borsa mi frutta tot; *ce mot revient souvent sur ses lèvres*, ha spesso in bocca questa parola; *la question revint sur le tapis*, (*fig.*) il problema tornò sul tappeto | ***être revenu de tout***, essere nauseato, annoiato di tutto | ***il revient de loin!***, l'ha scampata bella! | ***il s'appelle reviens!***, (*fam.*) (*riferito a cosa prestata*) si chiama Pietro (torna indietro)! | ***je n'en reviens pas, je n'en suis pas encore revenu***, non riesco a capacitarmene, a crederci | ***pour en revenir à notre problème***, (*fig.*) per tornare al nostro problema | ***sa tête ne me revient pas!***, (*fam.*) la sua faccia non mi garba!

NOTA ***Revenir*** o ***retourner***?
Si usa *revenir*:
– quando si intende tornare nel posto in cui ci si trova, nel momento in cui si parla (il che equivale a 'tornare qui'):
Je ***reviens*** *tout de suite.*
Torno subito.
– quando si aspetta il ritorno di un'altra persona:
Quand ***reviendras****-tu?*
Quando tornerai?
Si usa ***retourner***:
– quando si riparte verso il proprio punto di partenza (il che equivale a 'tornare laggiù'):
Je ***retourne*** *chez mes parents.*
Torno dai miei genitori.
Pensez-vous ***retourner*** *un jour dans votre pays?*
Pensa di tornare nel suo paese un giorno?
J'ai oublié mon livre de maths. ***Retourne*** *le chercher et* ***reviens*** *ici!*
Ho dimenticato il libro di matematica. Torna (là) a prenderlo, poi torna qui!

revente [Rəvɑ̃t] *n.f.* vendita, rivendita.

revenu [Rəvny, Rəvəny] *p.p.* di **revenir** ♦ *n.m.* **1** reddito **2** (*metall.*) rinvenimento.
● ***revenu minimum d'insertion*** (*RMI*), reddito minimo garantito dalla legge ai meno abbienti per facilitarne l'integrazione sociale | ***revenus de l'État***, reddito pubblico | ***impôt sur le revenu***, imposta sui redditi.

rêver [Reve] *v.intr.* **1** sognare (**di**), sognare (**qlcu**, **qlco**): *j'ai rêvé de toi*, ti ho sognato, ho sognato di te; *elle rêve souvent de Paris*, sogna spesso Parigi; *il en rêve la nuit*, se lo sogna di notte; *on croit rêver*, sembra di sognare **2** sognare (**qlco**), fantasticare (**su**): *il rêve à une vie tranquille*, sogna una vita tranquilla; *à quoi rêves-tu?*, cosa vai fantasticando?; *il rêve d'avoir une nouvelle voiture*, sogna un'automobile nuova; *les vacances dont je rêve*, le va-

R

canze che sogno ♦ ***v.tr.*** sognare: *c'est vous qui l'avez rêvé*, ve lo siete sognato.
● (*Canada*): ***rêver aux ours***, avere gli incubi; ***rêver en couleurs***, fantasticare | ***rêver tout éveillé, les yeux ouverts***, sognare a occhi aperti | ***faut pas rêver!***, (*fam.*) bisogna avere i piedi per terra | ***il ne rêve que plaies et bosses***, va in cerca di guai.

réverbération [ʀevɛʀbeʀasjɔ̃] ***n.f.*** riverbero (*m.*), riverberazione.

réverbère [ʀevɛʀbɛʀ] ***n.m.*** lampione.

réverbérer [ʀevɛʀbeʀe] ***v.tr.*** [coniug. come *céder*] riverberare, riflettere (luce, calore).

reverdir [ʀəvɛʀdiʀ] ***v.tr.*** rinverdire, far tornare verde ♦ ***v.intr.*** rinverdire, ritornare verde.

révérence [ʀeveʀɑ̃s] ***n.f.*** riverenza.
● ***tirer sa révérence***, (*fam.*) salutare e andarsene; (*fig.*) rifiutare.

révérenciel [ʀeveʀɑ̃sjɛl] ***agg.*** [f. *-elle*] reverenziale.

révérencieux [ʀeveʀɑ̃sjø] ***agg.*** [f. *-euse*] deferente, ossequioso.

révérend [ʀeveʀɑ̃] ***agg.*** e ***n.m.*** reverendo.

révérer [ʀeveʀe] ***v.tr.*** [coniug. come *céder*] onorare, riverire.

rêverie [ʀɛvʀi] ***n.f.*** fantasticheria, sogno (*m.*).

revernir [ʀəvɛʀniʀ] ***v.tr.*** riverniciare.

revers [ʀəvɛʀ] ***n.m.*** **1** rovescio: *le revers de la main*, il dorso della mano **2** (*fig.*) rovescio; danno finanziario; disgrazia (*f.*): *notre armée a subi des revers*, il nostro esercito ha subito delle sconfitte **3** (*abbigl.*) risvolto: *revers de pantalon*, risvolti dei calzoni **4** (*tennis*) rovescio.
● ***le revers de la medaille***, il rovescio della medaglia (*anche fig.*) | ***prendre à, de revers***, attaccare alle spalle | ***un revers de main***, un manrovescio.

reversement [ʀəvɛʀsəmɑ̃] ***n.m.*** (*econ.*) trasferimento (di fondi).

reverser [ʀəvɛʀse] ***v.tr.*** **1** versare di nuovo | *reverser le blâme sur d'autres*, far ricadere il biasimo sugli altri **2** (*comm., dir.*) trasferire.

réversibilité [ʀevɛʀsibilite] ***n.f.*** reversibilità.

réversible [ʀevɛʀsibl] ***agg.*** **1** reversibile **2** (*abbigl.*) double face, rivoltabile.

réversion [ʀevɛʀsjɔ̃] ***n.f.*** (*dir., biol.*) reversione.
● ***pension de réversion***, pensione di reversibilità.

revêtement [ʀəvɛtmɑ̃] ***n.m.*** rivestimento, incamiciatura (*f.*).
● ***revêtement de la chaussée***, manto stradale.

revêtir [ʀəvetiʀ] ***v.tr.*** [coniug. come *vêtir*] **1** indossare; rivestire (*anche fig.*): *revêtir une forme humaine*, assumere sembianze umane **2** ricoprire **3** investire, conferire (**a**) ♦ **se revêtir** ***v.pron.*** rivestirsi.
● ***revêtir d'une signature***, munire di firma | ***revêtir l'habit vert***, essere nominato accademico di Francia.

revêtu [ʀəvɛty] *p.p.* di **revêtir**.

rêveur [ʀɛvœʀ] ***agg.*** [f. *-euse*] sognante ♦ ***n.m.*** sognatore.
● ***cela me laisse rêveur***, (*fam.*) ciò mi lascia perplesso, mi dà da pensare.

rêveusement [ʀɛvøzmɑ̃] ***avv.*** con aria sognante.

revient [ʀəvjɛ̃] ***n.m.***
● (*comm.*) ***prix, coût de revient***, costo di produzione.

revigorer [ʀəvigɔʀe] ***v.tr.*** rinvigorire.

revirement [ʀəviʀmɑ̃] ***n.m.*** **1** cambiamento repentino **2** (*mar.*) nuova virata (*f.*) di bordo.

revirer [ʀəviʀe] ***v.intr.*** (*Canada*) tornare.

révisable [ʀevizabl] ***agg.*** rivedibile, suscettibile di revisione.

réviser [ʀevize] ***v.tr.*** **1** rivedere, riprendere in esame **2** ripassare, dare una ripassata (**a**): *réviser sa leçon*, ripassare la lezione **3** revisionare, controllare.

réviseur [ʀevizœʀ] ***n.m.*** revisore.
● (*amm.*) ***réviseur aux comptes***, revisore dei conti.

révision [ʀevizjɔ̃] ***n.f.*** **1** revisione **2** ripasso (*m.*): *faire ses révisions de géographie*, fare il ripasso di geografia.
● (*mil.*) ***conseil de révision***, commissione di leva: *passer le conseil de révision*, sottoporsi alla visita di leva.

révisionnisme [ʀevizjɔnism] ***n.m.*** revisionismo.

révisionniste [ʀevizjɔnist] ***agg.*** e ***n.m.*** e ***f.*** revisionista.

revisser [ʀəvise] ***v.tr.*** riavvitare.

revitalisation [ʀəvitalizasjɔ̃] ***n.f.*** rivitalizzazione.

revitaliser [ʀəvitalize] ***v.tr.*** rivitalizzare.

reviviscence [ʀəvivisɑ̃s] ***n.f.*** reviviscenza (*anche fig.*).

revivre [ʀəvivʀ] ***v.tr.*** e ***intr.*** [coniug. come *vivre*] rivivere.

révocabilité [ʀevɔkabilite] ***n.f.*** revocabilità.

révocable [ʀevɔkabl] ***agg.*** revocabile.

révocation [ʀevɔkasjɔ̃] ***n.f.*** **1** revoca **2** (*di funzionario*) destituzione.

révocatoire [ʀevɔkatwaʀ] ***agg.*** revocatorio.

revoici [ʀəvwasi] ***prep.*** riecco, ecco qui di nuovo: *me revoici!*, eccomi qui di nuovo!

revoilà [ʀəvwala] ***prep.*** riecco: *le revoilà!*, rieccolo!; *nous y revoilà!*, ci risiamo!

revoir [ʀəvwaʀ] ***v.tr.*** [coniug. come *voir*] **1** rivedere **2** ripassare: *revoir ses maths*, ripassare matematica ♦ **se revoir** ***v.pron.*** e ***pron.rec.*** rivedersi.
● ***au revoir***, arrivederci: *dire au revoir*, salutare.

révoltant [ʀevɔltɑ̃] ***agg.*** rivoltante.

révolte [ʀevɔlt] ***n.f.*** rivolta, ribellione: *être en révolte contre tout*, ribellarsi contro tutto.

révolté [ʀevɔlte] ***agg.*** e ***n.m.*** ribelle.

révolter [ʀevɔlte] ***v.tr.*** **1** (*non com.*) far ribellare, sollevare **2** rivoltare, disgustare ♦ **se révolter** ***v.pron.intr.*** rivoltarsi, ribellarsi.

révolu [ʀevɔly] ***agg.*** **1** compiuto **2** passato, trascorso: *époque révolue*, epoca passata.

révolution [ʀevɔlysjɔ̃] ***n.f.*** **1** rivoluzione **2** (*astr., geom.*) rivoluzione.
● ***révolution culturelle***, rivoluzione culturale | ***révolution de palais***, congiura di palazzo | (*st.*) ***la Révolution (Française)***, la Rivoluzione Francese.

révolutionnaire [ʀevɔlysjɔnɛʀ] ***agg.*** e ***n.m.*** e ***f.*** rivoluzionario/a.

révolutionner [ʀevɔlysjɔne] ***v.tr.*** **1** rivoluzionare **2** (*fig.*) sconvolgere.

revolver [ʀevɔlvɛʀ] ***n.m.*** rivoltella (*f.*), revolver: *coup de revolver*, rivoltellata, revolverata.

révoquer [ʀevɔke] ***v.tr.*** **1** destituire: *le ministre a été révoqué*, il ministro è stato rimosso dalla sua carica **2** revocare, annullare.
■ SIN. **1** destituer **2** abroger.

revoyure [ʀəvwajyʀ] ***n.f.***
● ***à la revoyure!***, (*fam.*) ci vediamo!, ci si vede!

R

revu [Rəvy] *p.p.* di **revoir**.

revue [Rəvy] *n.f.* 1 rivista; rassegna; parata (di truppe) 2 rivista, pubblicazione periodica 3 (*teatr.*) rivista.
● ***revue de presse***, rassegna (della) stampa | ***revue hebdomadaire***, settimanale | ***être de la revue***, (*fam.*) restare con un palmo di naso | ***passer en revue***, passare in rassegna.

révulsé [Revylse] *agg.* stralunato: *des yeux révulsés*, occhi stravolti all'indietro (per un malore).

révulser [Revylse] *v.tr.* 1 (*med.*) provocare una revulsione 2 (*letter.*) stravolgere; ripugnare (a) ♦ **se révulser** *v.pron.intr.* stralunare, strabuzzare (gli occhi): *ses yeux se révulsèrent et il s'évanouit*, stralunò gli occhi e svenne.

révulsif [Revylsif] *n.m.* e *agg.* [f. *-ive*] (*med.*) revulsivo.

révulsion [Revylsjɔ̃] *n.f.* (*med.*) revulsione.

rewriting [Ri(ə)Rajtiŋ] *n.m.* (*giorn., editoria*) revisione (*f.*).

rez-de-chaussée [Redʃose] *n.m.invar.* 1 pianterreno 2 appartamento al pianterreno.

rez-de-jardin [Redʒardɛ̃] *n.m.invar.* piano terreno (di un edificio) che dà su un giardino: *un appartement en rez-de-jardin*, un appartamento che dà su un giardino.

rhabillage [Rabijaʒ] *n.m.* 1 il rivestire; il rivestirsi 2 (*tecn.*) riparazione (*f.*).

rhabiller [Rabije] *v.tr.* 1 rivestire 2 (*tecn.*) riparare ♦ **se rhabiller** *v.pron.* rivestirsi.
● ***va te rhabiller!***, (*fam.*) fuori dai piedi!

rhapsodie [Rapsɔdi] *n.f.* rapsodia.

rhénan [Renɑ̃] *agg.* (*geogr.*) renano.

rhéologie [Reɔlɔʒi] *n.f.* (*fis.*) reologia.

rhéostat [Reɔsta] *n.m.* (*elettr.*) reostato.

rhésus [Rezys] *n.m.* (*zool.*) reso.
● (*med.*) ***facteur Rhésus***, fattore Rh.

rhéteur [RetœR] *n.m.* retore.

rhéto [Reto] *n.f.* (*Belgio*) ultimo anno di scuola superiore.

rhétorique [RetɔRik] *agg.* retorico ♦ *n.f.* 1 retorica | *figure de rhétorique*, figura retorica 2 (*Belgio*) ultimo anno (*m.*) di liceo.

rhinite [Rinit] *n.f.* (*med.*) rinite.

rhin(o)- *pref.* rino-.

rhinocéros [RinɔseRɔs] *n.m.* (*zool.*) rinoceronte.

rhinopharyngite [RinofaRɛ̃ʒit] *n.f.* (*med.*) rinofaringite.

rhinopharynx [RinofaRɛ̃ks] *n.m.* (*anat.*) rinofaringe (*f.*).

rhinoplastie [Rinoplasti] *n.f.* (*med.*) rinoplastica.

rhizome [Rizom] *n.m.* (*bot.*) rizoma.

rhodanien [Rɔdanjɛ̃] *agg.* [f. *-enne*] del Rodano.

rhodium [Rɔdjɔm] *n.m.* (*chim.*) rodio.

rhododendron [Rɔdɔdɛ̃dRɔ̃] *n.m.* (*bot.*) rododendro.

rhombique [Rɔ̃bik] *agg.* rombico.

rhomb(o)- *pref.* rombo-.

rhomboédrique [Rɔ̃bɔedRik] *agg.* romboedrico.

rhomboïde [Rɔ̃bɔid] *n.m.* 1 (*mat.*) romboide 2 (*anat.*) (muscolo) romboide.

rhônalpin [Ronalpɛ̃] *agg.* della regione Rhône-Alpes.

Rhônalpin *n.m.* abitante della regione Rhône-Alpes.

rhotacisme [Rɔtasism] *n.m.* (*fon., med.*) rotacismo.

rhubarbe [RybaRb] *n.f.* (*bot.*) rabarbaro (*m.*).

rhum [Rɔm] *n.m.* rum.

rhumatisant [Rymatizɑ̃] *agg.* e *n.m.* (*med.*) reumatico.

rhumatismal [Rymatismal] *agg.* [pl. *-aux*] (*med.*) reumatico.

rhumatisme [Rymatism] *n.m.* (*med.*) 1 reumatismo 2 reuma.

rhumatologue [Rymatɔlɔg] *n.m.* e *f.* (*med.*) reumatologo/a.

rhume [Rym] *n.m.* raffreddore: *attraper un rhume*, prendersi un raffreddore.
● ***rhume de cerveau***, raffreddore di testa | ***rhume des foins***, raffreddore da fieno.

rhumerie [RɔmRi] *n.f.* distilleria di rum.

ri [Ri] *p.p.* di **rire**[1].

riant [Rjɑ̃] *agg.* ridente.

RIB [Rib] *n.m.* (*sigla di* Relevé d'Identité Bancaire) tagliando bancario prestampato indicante il numero di conto e il codice della banca (compare nel libretto degli assegni, nell'estratto conto ecc.).

ribambelle [Ribɑ̃bɛl] *n.f.* (*fam.*) sfilza, caterva: *une ribambelle d'enfants*, una nidiata di bambini.

ribaude [Ribod] *n.f.* (*antiq.*) prostituta.

riblon [Riblɔ̃] *n.m.* truciolo di metallo.

ribonucléique [Ribonykleik] *agg.*
● (*biochim.*) ***acide ribonucléique***, acido ribonucleico.

ribote [Ribɔt] *n.f.* (*antiq.*) baldoria, bisboccia.

ribouldingue [Ribuldɛ̃g] *n.f.* (*fam. antiq.*) bisboccia, baldoria: *faire la ribouldingue*, fare baldoria.

ricain [Rikɛ̃] *agg.* e *n.m.* (*fam.*) americano (degli Stati Uniti).

ricanement [Rikanmɑ̃] *n.m.* ghigno, sogghigno.

ricaner [Rikane] *v.intr.* sogghignare; sghignazzare.

ricaneur [RikanœR] *agg.* [f. *-euse*] beffardo ♦ *n.m.* schernitore.

richard [RiʃaR] *n.m.* (*fam.*) riccone.

riche [Riʃ] *agg.* 1 ricco: *un riche bourgeois*, un ricco borghese; *une riche moisson*, una raccolto ricco, abbondante; *activité riche de possibilités*, attività che offre molte possibilità 2 prezioso ♦ *n.m.* e *f.* ricco/a.
● ***riche en, de***, ricco di: *il est riche d'espoirs*, è pieno di speranze; *riche en vitamines*, ricco di vitamine | ***c'est une riche idée!***, (*fam.*) è un'ottima idea! | ***c'est une riche nature***, è pieno di risorse | ***être riche à millions***, (*fig.*) essere straricco | ***gosse de riche(s)***, (*fam.*) figlio di papà | ***les nouveaux riches***, i nuovi ricchi, gli arricchiti | (*prov.*) ***on ne prête qu'aux riches***, piove sempre sul bagnato | (*metrica*) ***rime riche***, rima ricca | ***un riche parti***, (*fam.*) un buon partito.
■ AGG. SIN. 1 fortuné CONTR. 1 pauvre.

richement [Riʃmɑ̃] *avv.* 1 riccamente; abbondantemente: *doter richement sa fille*, dare una ricca dote alla propria figlia 2 lussuosamente, sontuosamente.

richesse [Riʃɛs] *n.f.* ricchezza: *richesse en matières premières*, abbondanza di materie prime.
● (*prov.*) ***contentement passe richesse***, chi si contenta gode.
■ SIN. opulence.

richissime [Riʃisim] *agg.* (*fam.*) straricco.

ricin [Risɛ̃] *n.m.* (*bot.*) ricino.
● ***huile de ricin***, olio di ricino.

ricocher [Rikɔʃe] *v.intr.* rimbalzare.

ricochet [Rikɔʃɛ] *n.m.* rimbalzo: *faire des ricochets*, giocare a rimbalzello.

R

● (*biliardo*) ***ricochet sur deux bandes***, ***sur trois bandes***, rinterzo, rinquarto | ***par ricochet***, (*fig.*) di rimbalzo, di riflesso.

ric-rac [rikrak] ***avv.*** **1** (*fam.*) con precisione: *payer qqn ric-rac*, pagare qlcu fino all'ultimo centesimo **2** appena appena, a stento.

rictus [riktys] ***n.m.*** rictus; ghigno.

ride [rid] ***n.f.*** **1** ruga; grinza: *un front creusé de rides*, una fronte solcata di rughe; *les rides du terrain*, le ondulazioni del terreno **2** increspatura: *le vent forme des rides sur l'eau*, il vento forma delle increspature sull'acqua.
● (*geol.*) ***ride océanique***, dorsale oceanica.

ridé [ride] ***agg.*** rugoso.

rideau [rido] ***n.m.*** [pl. *-eaux*] **1** tenda (*f.*); cortina (*f.*) (*anche fig.*): *fermer*, *tirer les rideaux*, chiudere, tirare le tende; *un rideau de nuages*, *de brouillard*, una cortina di nubi, di nebbia; *un rideau d'arbres*, un filare d'alberi **2** (*teatr.*) sipario, tela (*f.*).
● ***rideau!***, (*teatr.*) sipario!; (*fam.*) basta!, chiuso! | ***rideau à douche***, tenda della doccia | (*teatr.*) ***rideau d'avant -scène***, telone | ***rideau de fer***, saracinesca; serranda; (*st.*) cortina di ferro | (*teatr.*) ***rideau de fond***, fondale | ***doubles rideaux***, tende pesanti sovrapposte alle tendine | ***être***, ***tomber en rideau***, essere senza | ***tirer le rideau sur qqch***, (*fig. fam.*) stendere un velo su qlco: *tirons le rideau sur cette affaire*, stendiamo un velo su questa faccenda, non parliamo più di questa faccenda.

ridelle [ridɛl] ***n.f.*** (*di carro, di autocarro*) sponda.

rider [ride] ***v.tr.*** **1** riempire di rughe **2** increspare: *pas un souffle ne ridait la surface du lac*, neppure un soffio increspava la superficie del lago ♦ **se rider** ***v.pron.intr.*** diventare rugoso: *elle s'est beaucoup ridée dernièrement*, si è riempita di rughe negli ultimi tempi.

ridicule [ridikyl] ***agg.*** e ***n.m.*** ridicolo.
● ***tourner qqn en ridicule***, mettere in ridicolo qlcu.
■ SIN. risible.

ridiculement [ridikylmɑ̃] ***avv.*** in maniera ridicola.

ridiculiser [ridikylize] ***v.tr.*** ridicolizzare; prendere in giro ♦ **se ridiculiser** ***v.pron.*** rendersi ridicolo.

ridule [ridyl] ***n.f.*** piccola ruga, rughetta.

rien [rjɛ̃] ***pron.indef.*** **1** (*in frasi negative*) niente, nulla: *je n'y peux rien*, non posso farci niente; *cela n'a rien à voir* (*avec*), non ha niente a che vedere (con); *ils sont partis sans rien dire*, sono partiti senza dire nulla; *il n'a rien compris*, non ha capito niente; *rien ne m'étonne*, niente mi stupisce; *rien ne sert de pleurer*, non serve a niente piangere; *cela n'a rien d'impossible*, non è per niente impossibile **2** (*in frasi affermative*) niente, poca cosa: *avant qu'il ait rien pu dire*, prima che potesse dire qualcosa; *il était incapable de rien dire*, non era capace di pronunciare parola ♦ ***n.m.*** **1** niente, piccola cosa (*f.*): *se fâcher pour un rien*, arrabbiarsi per un nonnulla; *ce sont de petits riens qui rendent la vie agréable*, sono le piccole cose che rendono piacevole la vita; *c'est un rien trop salé*, è un tantino troppo salato **2** (*fil.*) niente, nulla ♦ ***avv.*** (*fam. antiq.*) molto: *il a été rien chouette!*, com'è stato gentile!; *elle est rien drôle*, è molto buffa.
● ***rien d'autre***, nient'altro, niente altro | ***rien de moins que***, né più né meno che; nientemeno che | ***rien de plus***, niente (di) più | ***rien de rien***, niente di niente | ***rien du tout***, assolutamente niente: *un accident de rien du tout*, un incidente da nulla; *un*, *une rien du tout*, un uomo, una donna da poco | ***rien moins que***, tutt'altro che | ***rien n'y fait***, niente da fare | ***rien que***, (anche) solo, (anche) soltanto: *rien que d'y songer j'en frissonne*, solo a pensarci mi vengono i brividi; *je n'ai rien que dix euros sur moi*, ho soltanto dieci euro (con me); *rien qu'une fois*, sia pure una sola volta; *rien que ça!*, (*iron.*) nientemeno! | ***cela ne fait rien***, non fa niente | ***ce n'est pas rien!***, (*fam.*) non è roba da poco | ***ce n'est rien***, non è nulla | ***c'est cela ou rien***, è così o (è) niente | ***c'est***, ***il est un moins que rien***, è un uomo da niente | ***c'est moins que rien***, non vale niente | ***c'est tout ou rien***, o tutto o niente | ***c'est une histoire de rien***, è una storia da poco | ***c'est un propre***, ***un bon à rien***, è un buono a nulla | ***comme rien***, come niente: *il parle de millions comme rien*, parla di milioni come (se) fossero niente | ***comme si de rien n'était***, come se niente fosse | ***compter pour rien***, non contare niente, contare veramente poco | ***de rien***, (*fam.*) (*in risposta a* merci) di nulla: *"Merci, madame" "De rien"*, "Grazie signora" "Di nulla" | ***en moins de rien***, in un lampo, in men che non si dica | ***en rien***, in nulla, per nulla | ***en un rien de temps***, in un batter d'occhio | ***il n'en est rien***, non è affatto vero | ***je n'en ai rien à foutre***, (*molto fam.*) non me ne frega niente | ***n'en faites rien!***, non si disturbi! | ***n'y être pour rien***, non entrarci affatto | ***on ne fait rien de rien***, con niente si fa niente | ***pour rien***, inutilmente: *ce n'est pas pour rien que j'ai pris des mesures*, non per nulla ho preso delle precauzioni | ***pour rien au monde***, per niente al mondo | ***trois***, ***deux fois rien***, una sciocchezza: *c'est trois fois rien*, è roba da poco, non è grave; *je l'ai acheté* (*pour*) *trois*, *deux fois rien*, l'ho pagato pochissimo, una sciocchezza | ***un rien de***, un poco, un pochino di: *un rien de sel*, un tantino di sale.

> NOTA ***Rien*** richiede obbligatoriamente la particella ***ne*** prima del verbo che non è mai seguito da *pas*:
> SÌ ***Rien n'****est assez beau pour mes enfants.*
> NO ***Rien*** *est assez beau pour mes enfants.*
> Niente è abbastanza bello per i miei figli.
> SÌ *Tu* ***ne*** *manges* ***rien****.*
> NO *Tu manges* ***rien****.*
> Non mangi niente.

rieur [rjœr] ***agg.*** [f. *-euse*] ridanciano: *yeux rieurs*, occhi ridenti ♦ ***n.m.*** burlone.
● ***mettre les rieurs de son côté***, gettare il ridicolo sull'avversario.

rififi [rififi] ***n.m.*** (*argot*) zuffa (*f.*), rissa (*f.*).

riflard[1] [riflar] ***n.m.*** **1** (*edil.*) spatola (*f.*) **2** (*di falegname*) piallone, barlotta (*f.*) **3** (*per metalli*) raspa (*f.*), lima (*f.*).

riflard[2] ***n.m.*** (*fam. antiq.*) ombrello.

rifle [rifl] ***n.m.*** carabina (*f.*) a canna lunga; pistola (*f.*) a canna lunga.

rigaudon [rigodɔ̃] ***n.m.*** rigaudon (musica e danza provenzale dei secoli XVII e XVIII).

rigide [riʒid] ***agg.*** rigido.
■ CONTR. flexible.

rigidement [riʒidmɑ̃] ***avv.*** rigidamente.

rigidité [riʒidite] ***n.f.*** rigidità; (*fig.*) rigidezza.
■ SIN. raideur.

rigodon [rigɔdɔ̃] ***n.m.*** → **rigaudon**.

rigolade [rigɔlad] ***n.f.*** (*fam.*) burla, scherzo (*m.*).
● ***prendre tout à la rigolade***, non prendere nulla sul serio.

rigolard [rigɔlar] ***agg.*** (*fam.*) allegro ♦ ***n.m.*** (*fam.*) buontempone.

rigole [rigɔl] ***n.f.*** **1** canaletto (*m.*), fossatello (*m.*) **2** (*agr.*) solco (*m.*).

rigoler [rigɔle] ***v.intr.*** (*fam.*) ridere, scherzare: *il n'y a pas de quoi rigoler*, c'è poco da ridere.

rigolo [Rigɔlo] *agg.* [f. *-ote*] (*fam.*) divertente; comico, ridicolo ♦ *n.m.* (*fam.*) mattacchione, burlone.
rigorisme [Rigɔrism] *n.m.* rigorismo.
rigoriste [Rigɔrist] *agg.* rigoristico ♦ *n.m.* e *f.* rigorista.
rigoureusement [Rigurøzmɑ̃] *avv.* **1** rigorosamente: *il est rigoureusement interdit de fumer*, è severamente vietato fumare **2** esattamente: *rigoureusement parlant*, a rigor di termini.
rigoureux [Rigurø] *agg.* [f. *-euse*] **1** rigoroso; rigido: *hiver rigoureux*, inverno rigido **2** preciso, esatto.
rigueur [Rigœr] *n.f.* **1** rigidezza; (*di clima*) rigore (*m.*) **2** rigore (*m.*); rigorosità: *la rigueur d'un raisonnement*, la rigorosità di un ragionamento; *la rigueur d'une peine*, la severità di una pena.
● ***à la rigueur***, al limite, a rigore | ***délai de rigueur***, termine tassativo | ***de rigueur***, di rigore, d'obbligo: *la tenue de soirée est de rigueur*, è di rigore l'abito da sera | ***tenir rigueur à qqn de qqch***, portare rancore a qlcu per qlco.
rillettes [Rijɛt] *n.f.pl.* rilletes (carne, spec. di maiale, cotta nello strutto, tritata e conservata in vasetti di terracotta).
rillons [Rijɔ̃] *n.m.pl.* (*cuc.*) ciccioli.
rimailler [Rimɑje] *v.intr.* (*fam.*) comporre cattivi versi.
rimailleur [Rimɑjœr] *n.m.* [f. *-euse*] (*fam.*) versaiolo, poetastro.
rime [Rim] *n.f.* rima.
● ***rime croisée***, ***alternée***, rima incrociata | ***rime embrassée***, ***enlacée***, rima incrociata | ***rime plate***, ***suivie***, ***accouplée***, rima accoppiata, baciata | ***sans rime ni raison***, (*fig.*) senza capo né coda.
rimer [Rime] *v.intr.* **1** rimare **2** (*letter.*) verseggiare ♦ *v.tr.* mettere in versi.
● ***ne rimer à rien***, (*fig.*) non avere nessun senso.
rimmel® [Rimɛl] *n.m.* (*cosmesi*) rimmel®.
rinçage [Rɛ̃saʒ] *n.m.* risciacquo, sciacquatura (*f.*).
rinceau [Rɛ̃so] *n.m.* [pl. *-eaux*] (*arch., arte*) fogliame, viticcio.
rince-bouteille(s) [Rɛ̃sbutɛj] *n.m.* [pl. *rince-bouteilles*] lavabottiglie.
rince-doigts [Rɛ̃sdwa] *n.m.invar.* sciacquadita, lavadita.
rincée [Rɛ̃se] *n.f.* (*fam.*) **1** acquazzone (*m.*), diluvio (*m.*) **2** (*antiq.*) sacco (*m.*) di legnate, scarica di botte.
rincer [Rɛ̃se] *v.tr.* [coniug. come *placer*] sciacquare: *rincer le linge*, sciacquare i panni ♦ **se rincer** *v.pron. indiretto* sciacquarsi: *se rincer les mains*, risciacquarsi le mani.
● ***se rincer l'œil***, (*fig. fam.*) lustrarsi gli occhi.
rincette [Rɛ̃sɛt] *n.f.* (*fam.*) goccio (*m.*) di acquavite (bevuto nella tazzina dopo il caffè).
ring[1] [Riŋ] *n.m.* (*pugilato*) quadrato, ring.
ring[2] *n.m.* (*Belgio*) circonvallazione (*f.*).
ringard [Rɛ̃gar] *agg.* (*fam.*) superato, fuori moda ♦ *n.m.* **1** attorucolo **2** buono a nulla.
ringardise [Rɛ̃gardiz] *n.f.* (*fam.*) carattere (*m.*) di ciò che è superato, fuori moda.
ringuette [Rɛ̃gɛt] *n.f.* (*Canada*) (*sport*) hockey (*m.*) su ghiaccio femminile.
ripa [Ripa] *n.m.* (*verlan di* Paris) Parigi.
ripaille [Ripɑj] *n.f.* (*fam.*) bisboccia; abbuffata.
● ***faire ripaille***, gozzovigliare.
ripailler [Ripɑje] *v.intr.* (*fam.*) gozzovigliare, abbuffarsi.
ripailleur [Ripɑjœr] *n.m.* [f. *-euse*] (*fam.*) bisboccione, crapulone.
riper [Ripe] *v.tr.* **1** raschiettare, raschiare **2** (*mar.*) far scorrere ♦ *v.intr.* (*di veicolo*) slittare.
ripolin® [Ripɔlɛ̃] *n.m.* vernice (*f.*) a smalto.
ripoliner [Ripɔline] *v.tr.* verniciare a smalto.
riposte [Ripɔst] *n.f.* **1** risposta immediata, replica **2** contrattacco (*m.*).
riposter [Ripɔste] *v.tr.* e *intr.* ribattere; replicare.
ripou [Ripu] *n.m.* [pl. *-oux* o *-ous*] (*verlan di* pourri) poliziotto corrotto ♦ *agg.* corrotto.
riquiqui [Rikiki] *agg.invar.* (*fam.*) misero, striminzito.
rire[1] [Rir] *v.intr.* [pres.indic.: *je ris* etc., *nous rions* etc.; imperf.indic.: *je riais* etc., *nous riions* etc.; p.rem: *je ris* etc.; fut.indic.: *je rirai* etc.; cond.: *je rirais* etc.; pres. cong.: *que je rie* etc., *que nous riions* etc.; imperf.cong., non usato: *que je risse* etc.; p.pres.: *riant*; p.p.: *ri*; imp.: *ris, rions, riez*] ridere: *ils rient de toi*, ridono di te; *rire des menaces de qqn*, ridersene delle minacce di qlcu; *il n'y a pas de quoi rire*, non c'è niente da ridere ♦ **se rire** *v.pron.intr.* ridersi, ridersela, burlarsi: *il se rit des difficultés*, se la ride delle difficoltà.
● ***rire à se tordre***, torcersi dalle risa | ***rire au nez de qqn***, ridere in faccia a qlcu | ***rire aux larmes***, ***à en pleurer***, ridere sino alle lacrime | ***rire de bon cœur***, ridere di cuore | ***rire de toutes ses dents***, fare una bella risata aperta | ***avoir toujours le mot pour rire***, avere sempre una battuta scherzosa | ***crever***, ***mourir de rire***, scoppiare, morire dal ridere | ***histoire de rire***, tanto per ridere | ***prendre les choses en riant***, prendere le cose sul ridere | (*prov.*) ***rira bien qui rira le dernier***, ride bene chi ride ultimo | ***vous voulez rire!***, volete scherzare!
rire[2] *n.m.* risata (*f.*); riso: *des éclats de rire*, scoppi di risa.
● ***avoir le fou rire***, avere la ridarella.
ris[1] [Ri] → **rire**[1].
ris[2] *n.m.* (*cuc.*) animella (*f.*): *ris de veau*, animella di vitello.
risée[1] [Rize] *n.f.* scherno (*m.*).
● ***être la risée de tout le monde***, essere lo zimbello di tutti.
risée[2] *n.f.* (*mar.*) lieve raffica di vento, refolo (*m.*).
risette [Rizɛt] *n.f.* (*fam.*) sorrisino (*m.*) (di bambino).
risible [Rizibl] *agg.* buffo, ridicolo.
risque [Risk] *n.m.* rischio: *appréciation des risques*, valutazione del rischio; *courir le risque*, correre il rischio.
● ***risque social***, condizione che è oggetto di un intervento della previdenza sociale (malattia, maternità ecc.) | ***à risque(s)***, a rischio | ***à ses risques et périls***, a proprio rischio e pericolo | (*assic.*) ***assurance tous risques***, assicurazione multirischio; (*aut.*) assicurazione casco | ***à tout risque***, per ogni evenienza | ***au risque de***, a, col rischio di.
■ SIN. danger.
risqué [Riske] *agg.* **1** rischioso, pieno di rischi **2** (*antiq.*) licenzioso.
risquer [Riske] *v.tr.* **1** rischiare, mettere a rischio: *risquer son honneur*, porre, mettere a repentaglio il proprio onore **2** rischiare, correre il rischio: *tu risque qu'il s'en aperçoive*, rischi che se ne accorga; *risquer des ennuis*, rischiare di aver delle noie **3** tentare: *risquer une affaire*, tentare un affare **4** arrischiare, azzardare: *risquer une question*, azzardare una domanda ♦ **se risquer** *v.pron. intr.* arrischiarsi; azzardarsi: *se risquer dans une affaire*, arrischiarsi in un affare; *se risquer dans un lieu*, avventurarsi in un luogo.

R

● ***risquer gros***, (*al gioco*) rischiare una grossa somma; (*fig.*) correre grossi rischi | ***risquer le coup***, rischiare il colpo | ***risquer le paquet***, (*fam.*) tentare il colpo | ***risquer le tout pour le tout***, rischiare il tutto per tutto.

risque-tout [Riskətu] ***n.m.invar.*** (*fam.*) scavezzacollo, spericolato.
■ SIN. casse-cou.

rissoler [Risɔle] ***v.tr.*** e ***intr.*** (*cuc.*) (fare) rosolare, (fare) dorare.

ristourne [RistuRn] ***n.f.*** **1** sconto (*m.*), abbuono (*m.*) **2** guadagno (*m.*) **3** rescissione, annullamento (*m.*).

ristourner [RistuRne] ***v.tr.*** (*comm.*) rimborsare; concedere una riduzione.

rital [Rital] ***n.m.*** [pl. *-als*] (*fam. spreg.*) italiano.

rite [Rit] ***n.m.*** rito.

ritournelle [RituRnɛl] ***n.f.*** ritornello (*m.*).

ritualiste [Ritɥalist] ***agg.*** ritualistico ♦ ***n.m.*** e ***f.*** ritualista.

rituel [Ritɥɛl] ***n.m.*** e ***agg.*** [f. *-elle*] rituale.

rituellement [Ritɥɛlmɑ̃] ***avv.*** **1** ritualmente **2** invariabilmente.

rivage [Rivaʒ] ***n.m.*** riva (*f.*).
■ SIN. bord.

rival [Rival] ***agg.*** e ***n.m.*** [pl. *-aux*] rivale.
● ***sans rival***, senza rivali.
■ SIN. adversaire.

rivaliser [Rivalize] ***v.intr.*** rivaleggiare (**in**), competere (**in**): *toute la famille rivalise d'efforts pour l'aider*, tutta la famiglia fa a gara per aiutarlo.

rivalité [Rivalite] ***n.f.*** rivalità.

rive [Riv] ***n.f.*** **1** riva, sponda **2** (*di tetto*) orlo (*m.*).
● ***Rive droite***, ***gauche***, (*a Parigi*) Rive droite, gauche | ***poutre de rive***, trave maestra (di ponte).

NOTA La Senna sembra quasi dividere la Parigi storica in due città dalle caratteristiche diverse: sulla ***Rive gauche*** i quartieri della riva sinistra si caratterizzano per un'alta concentrazione di scuole superiori prestigiose, di facoltà universitarie e quindi per una vivace atmosfera intellettuale e artistica; sulla ***Rive droite***, nei quartieri ricchi ed eleganti, della riva destra, hanno sede la Borsa, numerose grandi banche e le più importanti case di moda.

R

river [Rive] ***v.tr.*** **1** (*tecn.*) chiodare, ribadire **2** attaccare, inchiodare (*anche fig.*): *rester rivé à sa place*, rimanere inchiodato al proprio posto.
● ***river ses yeux***, ***son regard sur***, guardare fissamente: *elle avait les yeux rivés sur moi*, mi guardava fissamente | ***river son clou à qqn***, (*fig.*) rispondere per le rime a qlcu.

riverain [RivRɛ̃] ***agg.*** rivierasco ♦ ***n.m.*** chi abita sulla sponda di un fiume; (*dir.*) frontista | *stationnement interdit sauf que les riverains*, sosta vietata esclusi i residenti.

rivet [Rivɛ] ***n.m.*** ribattino, rivetto.

rivetage [Rivtaʒ] ***n.m.*** ribaditura (*f.*), chiodatura (*f.*).

riveter [Rivte] ***v.tr.*** [coniug. come *jeter*] (*tecn.*) rivettare.

rivière [RivjɛR] ***n.f.*** **1** fiume (*m.*), corso (*m.*) d'acqua **2** (*sport*) fosso (*m.*).
● ***rivière de diamants***, collana di diamanti | ***poissons de rivière***, pesci d'acqua dolce.

FAUX AMI
Da non confondere con *riviera*, che si traduce *côte*.

rivure [RivyR] ***n.f.*** (*tecn.*) ribaditura, chiodatura.

rixe [Riks] ***n.f.*** rissa, mischia.

riz [Ri] ***n.m.*** riso | *riz cuit à l'eau*, riso in bianco.

rizerie [RizRi] ***n.f.*** riseria.

rizicole [Rizikɔl] ***agg.*** risicolo.

riziculture [RizikyltyR] ***n.f.*** risicoltura.

rizière [RizjɛR] ***n.f.*** risaia.

RMI [ɛRemi] ***n.m.*** (*sigla di* Revenu Minimum d'Insertion) reddito minimo garantito dallo stato ai meno abbienti.

roannais [Rɔanɛ] ***agg.*** di Roanne.

robe [Rɔb] ***n.f.*** **1** vestito (*m.*), abito (*m.*) (da donna): *une petite robe*, un abito semplice, un vestitino **2** (*di magistrato*) toga **3** (*di verdure*) pelle **4** (*di animali*) pelo (*m.*), pelame (*m.*) **5** (*di vino*) colore (*m.*).
● ***robe de bure***, saio | ***robe de chambre***, veste da camera, vestaglia: (*cuc.*) *pommes de terre en robe de chambre*, patate in camicia | ***robe de confection***, ***de grand couturier***, abito in serie, di sartoria | ***robe de mariée***, abito da sposa | ***robe de moine***, veste monacale | ***robe de plage***, copricostume | ***gens de robe***, magistrati, uomini di legge | (*st.*) ***noblesse de robe***, nobiltà di toga.

FAUX AMI
Da non confondere con *roba*, che si traduce *choses*, *objets*, *affaires*.

robeu [Rɔbø] ***n.m.*** [f. *-euse*] (*verlan di* beur) giovane di origine maghrebina nato in Francia da genitori immigrati.

robinet [Rɔbinɛ] ***n.m.*** rubinetto.

robinetterie [RɔbinɛtRi] ***n.f.*** rubinetteria.

robinier [Rɔbinje] ***n.m.*** (*bot.*) robinia (*f.*).

robot [Rɔbo] ***n.m.*** **1** robot, automa **2** (*cuc.*) frullatore elettrico multiuso, robot da cucina.
● ***portrait-robot***, ***photo-robot***, identikit.

robotique [Rɔbɔtik] ***n.f.*** robotica ♦ ***agg.*** robotico.

robuste [Rɔbyst] ***agg.*** robusto, solido (*anche fig.*).

robustesse [Rɔbystɛs] ***n.f.*** robustezza; forza.

roc [Rɔk] ***n.m.*** roccia (*f.*); masso, macigno.
● ***ferme comme un roc***, (*fig.*) irremovibile.

rocade [Rɔkad] ***n.f.*** **1** (*strada*) tangenziale **2** (*ferr.*) passante (*f.*) ferroviario.

rocaille [Rɔkaj] ***n.f.*** **1** pietraia **2** (*arte*) rocaille ♦ ***agg. invar.*** *style rocaille*, stile rocaille.

rocailleux [Rɔkajø] ***agg.*** [f. *-euse*] **1** sassoso **2** (*fig.*) aspro: *style rocailleux*, stile spigoloso; *voix rocailleuse*, voce rauca.

rocambolesque [Rɔkɑ̃bɔlɛsk] ***agg.*** rocambolesco.

rocander [Rɔkɑ̃de] ***v.tr.*** (*Svizzera*) domandare.

rochassier [Rɔʃasje] ***n.m.*** [f. *-ère*] (*alpinismo*) rocciatore.

roche [Rɔʃ] ***n.f.*** roccia.
● (*min.*) ***cristal de roche***, cristallo di rocca | ***eau de roche***, acqua sorgiva: *clair comme de l'eau de roche*, (*fig.*) chiaro come acqua di fonte.

rochefortais [RɔʃfɔRtɛ] ***agg.*** di Rochefort.

rochelais [Rɔʃlɛ] **rochelois** [Rɔʃlwa] ***agg.*** di La Rochelle.

rocher [Rɔʃe] ***n.m.*** **1** roccia (*f.*) **2** scoglio **3** (*anat.*) rocca (*f.*) petrosa **4** pralina (*f.*) al cioccolato.
● (*sport*) ***faire du rocher***, praticare l'alpinismo su roccia.

rocheux [Rɔʃø] ***agg.*** [f. *-euse*] roccioso.

rocker ***n.m.*** e ***f.*** **rockeur** [RɔkœR] ***n.m.*** [f. *-euse*] **1** cantante rock **2** (*fam.*) rocchettaro/a.

rococo [Rɔkɔko, Rokoko] ***agg.invar.*** e ***n.m.*** (*arte*) rococò.

rodage [ʀɔdaʒ] *n.m.* rodaggio (*anche fig.*).

rodéo [ʀɔdeo] *n.m.* **1** rodeo **2** (*fam.*) sarabanda (*f.*) di macchine o moto.

roder [ʀɔde] *v.tr.* **1** rodare **2** (*fig.*) mettere a punto | *être rodé*, essere esperto, collaudato | *j'y suis rodé*, (*fam.*) ci sono abituato.

rôder [ʀode] *v.intr.* aggirarsi, vagare.

rôdeur [ʀodœʀ] *n.m.* [f. *-euse*] vagabondo.

rodomontade [ʀɔdɔmɔ̃tad] *n.f.* (*letter.*) rodomontata, spacconata.

rogations [ʀɔgasjɔ̃] *n.f.pl.* (*relig.*) rogazioni.

rogatoire [ʀɔgatwaʀ] *agg.* (*dir.*) rogatorio.

rogaton [ʀɔgatɔ̃] *n.m.* **1** (*fam. antiq.*) rimasuglio **2** (*spec. pl.*) (*fam.*) avanzo (di cibo).

rogne [ʀɔɲ] *n.f.* (*fam.*) rabbia; malumore (*m.*): *être en rogne*, essere incavolato; *mettre en rogne*, mandare in bestia; *se mettre en rogne*, incavolarsi.

rogner[1] [ʀɔɲe] *v.tr.* **1** rifilare | *rogner une monnaie*, tosare una moneta | *rogner son capital*, intaccare il capitale **2** (*agr.*) diradare ♦ *v.intr.* (*fig. fam.*) lesinare: *rogner sur tout*, lesinare il centesimo.

● ***rogner les ailes à qqn***, (*fig.*) tarpare le ali a qlcu.

rogner[2] *v.intr.* (*fam.*) essere incavolato.

rognon [ʀɔɲɔ̃] *n.m.* **1** (*cuc.*) rognone **2** (*geol.*) nodulo.

rognure [ʀɔɲyʀ] *n.f.* (*spec. pl.*) **1** ritaglio (*m.*), avanzo (*m.*): *rognures d'ongles*, pezzetti di unghia tagliata **2** (*metall.*) truciolo (*m.*), limatura.

rogue [ʀɔg] *agg.* arrogante, tracotante.

roi [ʀwa] *n.m.* re.

● ***bleu roi***, blu savoia | ***heureux comme un roi***, felice come una Pasqua | ***le jour des Rois***, ***les Rois***, l'Epifania: *tirer les Rois*, spartire il dolce contenente una fava (il giorno dell'Epifania) | (*st.*): ***le Roi Soleil***, il Re Sole (Luigi XIV); ***le Roi Très Chrétien***, il Re cristianissimo (appellativo del Re di Francia) | ***les Rois mages***, i Re magi | ***travailler pour le roi de Prusse***, (*fig.*) lavorare per la gloria.

■ SIN. souverain.

> NOTA Da Clodoveo fino a Luigi Filippo, la Francia ha avuto 86 ***rois***. Il regno più lungo è stato quello di Luigi XIV (72 anni). Nei secoli XVII e XVIII il re di Francia aveva il titolo ufficiale di ***Roi Très Chrétien*** (Re cristianissimo).

roiller [ʀwale] *v.intr.impers.* (*Svizzera*) piovere, diluviare.

roitelet [ʀwatlɛ] *n.m.* **1** reuccio; (*spreg.*) re da strapazzo **2** (*zool.*) reattino.

rôle [ʀol] *n.m.* **1** (*teatr.*) parte (*f.*), ruolo: *créer un rôle*, interpretare per primo una parte **2** funzione (*f.*), compito: *ce n'est pas mon rôle de le dire*, non spetta a me dirlo **3** (*amm.*) ruolo, elenco.

● (*amm.*): ***rôle des contribuables***, ruolo dei contribuenti; ***rôle des employés effectifs***, ruolo organico | (*mil.*) ***rôles militaires***, liste di leva | (*dir.*) ***à tour de rôle***, nell'ordine di iscrizione a ruolo; (*fig.*) a turno | ***avoir le beau rôle***, fare bella figura | ***jeu de rôle***, gioco di ruolo | ***jouer un grand rôle***, (*fig.*) avere una influenza determinante | ***jouer un rôle***, (*anche fig.*) interpretare una parte: *il a joué un vilain rôle dans cette histoire*, in questa faccenda ha giocato un ruolo ambiguo.

rôle-titre [ʀoltitʀ] *n.m.* [pl. *rôles-titres*] ruolo, parte (*f.*) del personaggio che dà il titolo a un'opera teatrale.

roller [ʀɔlœʀ] *n.m.* (*pattini*) rollerblade.

rollot [ʀɔlo] *n.m.* rollot (formaggio vaccino a pasta molle).

romagnol [ʀɔmaɲɔl] *agg.* romagnolo.

romain [ʀɔmɛ̃] *agg.* romano ♦ *n.m.* (*tip.*) tondo, romano.

● (*tip.*) ***caractères romains***, caratteri romani, tondi | ***chiffres romains***, numeri romani | ***travail de romain***, (*fig.*) lavoro massacrante.

romaine[1] [ʀɔmɛn] *n.f.* stadera.

romaine[2] *n.f.* (*bot.*) lattuga romana.

roman[1] [ʀɔmɑ̃] *agg.* e *n.m.* **1** (*ling.*) romanzo **2** (*arte*) romanico.

> FAUX AMI Da non confondere con *romano*, che si traduce *romain*.

roman[2] *n.m.* (*lett.*) romanzo (*anche fig.*): *cela tient du roman*, (*fam.*) è roba da romanzo; *ton histoire, c'est du roman!*, la tua storia è romanzesca!

● ***roman à l'eau de rose***, romanzo rosa; romanzo sdolcinato e mal scritto.

romance [ʀɔmɑ̃s] *n.f.* (*mus.*, *lett.*) romanza.

romancer [ʀɔmɑ̃se] *v.tr.* [coniug. come *placer*] romanzare: *biographie romancée*, biografia romanzata.

romanche [ʀɔmɑ̃ʃ] *agg.* e *n.m.* romancio.

romancier [ʀɔmɑ̃sje] *n.m.* [f. *-ère*] romanziere.

romand [ʀɔmɑ̃] *agg.* romando.

● (*geogr.*) ***Suisse romande***, Svizzera romanda.

romanesque [ʀɔmanɛsk] *agg.* **1** romanzesco **2** romantico: *un esprit romanesque*, una natura sognatrice ♦ *n.m.* romanzesco.

> FAUX AMI Da non confondere con *romanesco*, che si traduce *romain*.

roman-feuilleton [ʀɔmɑ̃fœjtɔ̃] *n.m.* [pl. *romans-feuilletons*] (*lett.*) romanzo d'appendice; romanzo a puntate.

roman-fleuve [ʀɔmɑ̃flœv] *n.m.* [pl. *romans-fleuves*] (*lett.*) romanzo fiume.

romani [ʀɔmani] *n.m.* lingua (*f.*) tzigana, lingua (*f.*) dei rom.

romanichel [ʀɔmaniʃɛl] *n.m.* [f. *-elle*] **1** rom, zingaro **2** (*spreg.*) vagabondo, zingaro.

roman-photo [ʀɔmɑ̃fɔto] *n.m.* [pl. *romans-photos*] fotoromanzo.

romantique [ʀɔmɑ̃tik] *agg.* e *n.m.* e *f.* romantico/a.

romantisme [ʀɔmɑ̃tism] *n.m.* (*lett.*) romanticismo.

romarin [ʀɔmaʀɛ̃] *n.m.* (*bot.*) rosmarino.

rombière [ʀɔ̃bjɛʀ] *n.f.* (*fam.*) carampana, befana.

rompre [ʀɔ̃pʀ] *v.tr.* [coniug. come *rendre* tranne la 3ª pers.sing. del pres.indic.: *il rompt*] **1** rompere (*anche fig.*), spezzare: *rompre un morceau de pain*, spezzare un pezzo di pane; *rompre ses fiançailles*, rompere il fidanzamento; *cette course m'a rompu*, (*fam.*) questa corsa mi ha stroncato **2** interrompere, troncare: *rompre une amitié*, troncare un'amicizia; *rompre un pacte, une promesse*, violare un patto, una promessa **3** (*fig. letter.*) addestrare, abituare: *il est rompu à la fatigue*, è rotto alla fatica ♦ *v.intr.* **1** rompersi **2** (*fig.*) rompere i ponti, troncare i rapporti: *ils ont rompu*, si sono lasciati ♦ **se rompre** *v.pron.intr.* rompersi ♦ *v.pron. indiretto* rompersi: *se rompre le cou*, rompersi l'osso del collo.

● (*mil.*) ***rompre les lignes ennemies***, sfondare le linee nemiche | (*eccl.*) ***rompre ses vœux***, infrangere i voti | ***applaudir à tout rompre***, applaudire fragorosamente | ***être rompu de fatigue***, essere stanco morto | (*mil.*) ***rompez!***, rompete le righe!

■ V.TR. SIN. **1** briser.

rompu [ʀɔ̃py] *p.p.* di **rompre** ♦ *agg.* **1** rotto (*anche fig.*):

R

rompu de fatigue, rotto, sfinito dalla stanchezza **2** rotto, avvezzo: *il est rompu aux affaires*, ha grande esperienza negli affari; *rompu au métier*, rotto a tutte le astuzie del mestiere.

romsteck [ʀɔmstɛk] ***n.m.*** (*cuc.*) codone (di bue).

ronce [ʀɔ̃s] ***n.f.*** **1** rovo (*m.*), pruno (*m.*) **2** (*di certi legni*) nodo (*m.*), venatura.
● ***ronce artificielle***, filo spinato | ***ronce de noyer***, radica di noce.

ronceraie [ʀɔ̃sʀɛ] ***n.f.*** roveto (*m.*).

ronchon [ʀɔ̃ʃɔ̃] ***agg.*** e ***n.m.*** [f. *-onne*] (*fam.*) brontolone.

ronchonnement [ʀɔ̃ʃɔnmɑ̃] ***n.m.*** (*fam.*) brontolio, borbottio.

ronchonner [ʀɔ̃ʃɔne] ***v.intr.*** (*fam.*) brontolare, borbottare.

ronchonneur [ʀɔ̃ʃɔnœʀ] ***agg.*** e ***n.m.*** [f. *-euse*] (*fam.*) brontolone.

roncier [ʀɔ̃sje] ***n.m.*** **roncière** [ʀɔ̃sjɛʀ] ***n.f.*** cespuglio (*m.*) di rovi.

rond[1] [ʀɔ̃] ***agg.*** **1** rotondo, tondo | *une petite bonne femme ronde*, (*fam.*) una donnina rotondetta **2** curvo **3** (*di cifra*) tondo, intero: *cent euros tout ronds*, cento euro tondi tondi; *compte rond*, conto arrotondato; *en chiffres ronds cela fait cent euros*, in cifra tonda fa cento euro **4** (*fig.*) schietto, semplice: *il a toujours été rond en affaires*, è sempre stato onesto negli affari **5** (*fam.*) sbronzo ♦ ***avv.*** *tourner rond*, (*di motore ecc.*) funzionare bene; (*fig. fam.*) andare bene: *ça ne tourne pas rond*, non funziona | *avaler tout rond*, inghiottire senza masticare.
● ***être rond comme une barrique***, essere completamente sbronzo | (*tip.*) ***lettre ronde***, (carattere) tondo.

rond[2] ***n.m.*** **1** cerchio; anello: *des ronds de fumée*, anelli di fumo; *des ronds de carotte, de saucisson*, fettine di carota, di salame **2** (*fam.*) soldo, quattrino: *il n'a pas le rond*, non ha il becco di un quattrino.
● (*calcio*) ***rond central***, cerchio di centrocampo | ***rond de serviette***, portatovagliolo ad anello, a cerchietto | ***en rond***, in cerchio, in tondo: *tourner en rond*, (*fig.*) girare a vuoto | (*danza*) ***faire un rond de jambe***, descrivere (con il piede) un semicerchio: *faire des ronds de jambe*, (*fig.*) profondersi in eccessive cerimonie.

rond-de-cuir [ʀɔ̃dkɥiʀ] ***n.m.*** [pl. *ronds-de-cuir*] (*fam.*) travet.

R

ronde [ʀɔ̃d] ***n.f.*** **1** ronda (*spec. mil.*): *le gardien faisait sa ronde*, la guardia faceva il giro d'ispezione **2** girotondo (*m.*) **3** (*danza*) carola **4** filastrocca (cantata in girotondo) **5** (*calligrafia*) scrittura rotonda **6** (*mus.*) semibreve.
● ***à la ronde***, tutt'intorno, in giro: *boire à la ronde*, bere a turno; *passer qqch à la ronde*, passare qlco dall'uno all'altro; *à dix lieues à la ronde*, per tutto il vicinato | ***la ronde des jours***, (*fig.*) il susseguirsi dei giorni.

rondeau [ʀɔ̃do] ***n.m.*** [pl. *-eaux*] (*lett., mus.*) rondeau, rondò.

ronde-bosse [ʀɔ̃dbɔs] ***n.f.*** [pl. *rondes-bosses*] (*scultura*) tutto tondo (*m.*).

rondelet [ʀɔ̃dlɛ] ***agg.*** [f. *-ette*] **1** (*fam.*) grassottello, rotondetto **2** (*di quantità di denaro*) considerevole: *une somme rondelette*, una bella sommetta.

rondelle [ʀɔ̃dɛl] ***n.f.*** **1** rondella, rosetta: *rondelle de joint*, anello di guarnizione **2** (*cuc.*) fettina rotonda.

rondement [ʀɔ̃dmɑ̃] ***avv.*** **1** speditamente, con decisione **2** francamente, lealmente.

rondeur [ʀɔ̃dœʀ] ***n.f.*** **1** rotondità **2** (*fig.*) franchezza, lealtà.

rondo [ʀɔ̃do] ***n.m.*** (*mus.*) rondò.

rondouillard [ʀɔ̃dujaʀ] ***agg.*** (*fam.*) grassoccio.

rond-point [ʀɔ̃pwɛ̃] ***n.m.*** [pl. *ronds-points*] rondò, rotonda (*f.*).

ronéo [ʀɔneo] ***n.m.*** o ***f.*** ciclostile (*m.*).

ronéoter [ʀɔneɔte] **ronéotyper** [ʀɔneɔtipe] ***v.tr.*** ciclostilare: *texte ronéotypé*, ciclostilato.

ronflant [ʀɔ̃flɑ̃] ***agg.*** **1** rimbombante, reboante **2** (*fig.*) enfatico: *titre ronflant*, titolo altisonante.

ronflement [ʀɔ̃fləmɑ̃] ***n.m.*** **1** il russare **2** (*estens.*) ronzio; brontolio: *le ronflement du moteur*, il ronzio del motore.

ronfler [ʀɔ̃fle] ***v.intr.*** **1** russare, ronfare **2** (*estens.*) ronzare; brontolare.

ronfleur [ʀɔ̃flœʀ] ***n.m.*** **1** [f. *-euse*] chi russa per abitudine **2** (*elettr.*) cicalino.

ronger [ʀɔ̃ʒe] ***v.tr.*** [coniug. come *manger*] **1** rodere, rosicchiare **2** corrodere, erodere **3** (*fig.*) rodere, tormentare: *il est rongé par l'envie*, l'invidia lo rode, è roso dall'invidia ♦ **se ronger** ***v.pron.*** (*fig.*) rodersi, fremere: *il se rongeait d'impatience*, fremeva d'impazienza.
● ***se ronger les ongles***, mangiarsi le unghie.

rongeur [ʀɔ̃ʒœʀ] ***agg.*** [f. *-euse*] roditore ♦ ***n.m.*** **1** (*zool.*) roditore **2** (*fam.*) tassametro; tassista; taxi.
● (*Canada*) ***rongeur*** (***de balustre***), ipocrita.

ronron [ʀɔ̃ʀɔ̃] ***onom.*** e ***n.m.*** **1** ron ron: *le ronron du moteur*, il ron ron, il ronzio del motore; *faire ronron*, (*di gatto*) fare le fusa, ron ron **2** (*fig.*) routine (*f.*): *le ronron quotidien*, la monotonia quotidiana.

ronronnement [ʀɔ̃ʀɔnmɑ̃] ***n.m.*** **1** (*di gatto*) fusa (*f.pl.*) **2** (*di motore ecc.*) ronzio.

ronronner [ʀɔ̃ʀɔne] ***v.intr.*** **1** (*di gatto*) fare le fusa **2** (*di motore ecc.*) ronzare: *la bouilloire ronronnait sur le feu*, il bricco borbottava sul fuoco.

roquefort [ʀɔkfɔʀ] ***n.m.*** formaggio di pecora erborinato, a pasta molle.

roquer [ʀɔke] ***v.intr.*** (*scacchi*) arroccare.

roquet [ʀɔkɛ] ***n.m.*** **1** botolo, cagnetto ringhioso **2** (*fig.*) ometto iroso.

roquette[1] [ʀɔkɛt] ***n.f.*** (*mil.*) razzo (*m.*).

roquette[2] ***n.f.*** (*bot.*) ruchetta, rucola.

rorqual [ʀɔʀkwal] ***n.m.*** [pl. *-als*] balenottera (*f.*).

rosace [ʀozas] ***n.f.*** (*arch.*) rosone (*m.*).
■ SIN. rose.

rosacé [ʀozase] ***agg.*** rosaceo.

rosaire [ʀozɛʀ] ***n.m.*** rosario.

rosat [ʀoza] ***agg.invar.*** rosato.

rosâtre [ʀozɑtʀ] ***agg.*** (color) rosa spento, rosa sporco.

rosbif [ʀɔsbif] ***n.m.*** **1** (*cuc.*) rosbif, roast-beef **2** (*fam.*) inglese.

rose[1] [ʀoz] ***n.f.*** **1** rosa **2** (*arch.*) rosone (*m.*), rosa; fiorone (*m.*) **3** (*di diamante; di strumento musicale a corda*) rosa, rosetta.
● (*bot.*): ***rose de bruyère***, rosa di macchia; ***rose de Chine***, rosa odorata; ***rose de Notre Dame***, peonia | (*min.*) ***rose des sables***, rosa del deserto | ***rose des vents***, rosa dei venti | (*bot.*): ***rose du Japon***, ortensia; ***rose pompon***, rosa di maggio; ***rose thé***, rosa tea | ***couleur bois de rose***, color rosa antico | ***envoyer sur les roses***, (*fig.*) mandare a quel paese.
■ SIN. **2** rosace.

rose[2] ***agg.*** rosa, roseo ♦ ***n.m.*** (color) rosa.

● ***rose chair***, (rosa) carnicino | ***vieux rose***, rosa antico, spento.

rosé [ROZe] *agg.* roseo, rosa; rosato.
● ***(vin) rosé***, (vino) rosato, rosé, rosatello.

roseau [ROZo] *n.m.* [pl. *-eaux*] 1 canna (*f.*), calamo 2 (*arch.*) cannello.

rose-croix [ROZkRwa] *n.m.invar.* (*st.*) rosacroce.

rosée [ROZe] *n.f.* rugiada.

roséole [ROZeɔl] *n.f.* (*med.*) roseola.

roseraie [ROZRɛ] *n.f.* roseto (*m.*).

rosette [ROZɛt] *n.f.* 1 nodo (*m.*), fiocco (*m.*) 2 coccarda 3 (*bot.*) rosetta 4 (*di orologio*) registro (*m.*).

rosier [ROZje] *n.m.* rosaio; (pianta di) rosa (*f.*).

rosière [ROZjɛR] *n.f.* (*fam.*) ragazza virtuosa.

rosir [ROZiR] *v.intr.* diventare roseo, colorirsi (di rosa) ♦ *v.tr.* rendere roseo, colorire (di rosa).

rosse [Rɔs] *n.f.* 1 ronzino (*m.*) 2 (*fig. fam.*) carogna ♦ *agg.* (*fam.*) 1 severo, inesorabile, carogna 2 mordace, feroce.

rossée [Rɔse] *n.f.* (*fam.*) sacco (*m.*) di botte, battuta.

rosser [Rɔse] *v.tr.* (*fam.*) picchiare, pestare.

rosserie [RɔsRi] *n.f.* (*fam.*) carognata, vigliaccheria.

rossignol [Rɔsiɲɔl] *n.m.* 1 usignolo 2 (*tecn.*) grimaldello.
● ***vieux rossignol***, (*fam.*) roba vecchia, fondo di magazzino.

rossignolet [Rɔsiɲɔlɛ] *n.m.* (*poet.*) giovane usignolo.

rossinante [Rɔsinɑ̃t] *n.f.* ronzinante (*m.*).

rossolis [Rɔsɔli] *n.m.* rosolio.

rostre [RɔstR] *n.m.* rostro.

rot [RO] *n.m.* rutto.

rôt [RO] *n.m.* (*ant.*) arrosto.

rotacteur [RɔtaktœR] *n.m.* (*tecn.*) rotatore.

rotateur [RɔtatœR] *agg.* [f. *-trice*] rotatorio.

rotatif [Rɔtatif] *agg.* [f. *-ive*] (*tecn.*) rotativo.

rotation [Rɔtɑsjɔ̃] *n.f.* rotazione.
● ***rotation du personnel***, turn over.

rotative [Rɔtativ] *n.f.* (*tip.*) rotativa.

rotatoire [RɔtatwaR] *agg.* rotatorio.

roter [Rɔte] *v.intr.* ruttare.

roteuse [Rɔtøz] *n.f.* (*fam.*) bottiglia di champagne.

rôti [Rɔti] *n.m.* arrosto.

rôtie [RO(ɔ)ti] *n.f.* fetta di pane tostato.
● (*cuc.*) ***rôtie frottée d'ail***, bruschetta.

rotin [Rɔtɛ̃] *n.m.* giunco d'India.

rôtir [RO(ɔ)tiR] *v.tr.* 1 arrostire 2 (*estens.*) bruciare, scottare ♦ *v.intr.* arrostire ♦ **se rôtir** *v.pron.intr.* (*estens.*) arrostirsi: *se rôtir au soleil*, arrostirsi al sole.

rôtissage [RO(ɔ)tisaʒ] *n.m.* arrostimento.

rôtisserie [RO(ɔ)tisRi] *n.f.* rosticceria.

rôtisseur [RO(ɔ)tisœR] *n.m.* [f. *-euse*] rosticciere.

rôtissoire [RO(ɔ)tiswaR] *n.m.* girarrosto.

rotogravure [RɔtɔgRavyR] *n.f.* rotocalcografia.

rotonde [Rɔtɔ̃d] *n.f.* (*arch.*) rotonda.

rotondité [Rɔtɔ̃dite] *n.f.* rotondità.

rotor [RɔtɔR] *n.m.* (*tecn.*) rotore.

rotule [Rɔtyl] *n.f.* 1 (*anat.*) rotula 2 (*tecn.*) giunto (*m.*) a sfera; raccordo (*m.*) sferico.

roture [RɔtyR] *n.f.* (*letter.*) 1 condizione di chi non è nobile di nascita: *naître dans la roture*, nascere da famiglia non nobile 2 ceto (*m.*) plebeo; ceti (*m.pl.*) non nobili.

roturier [RɔtyRje] *agg.* [f. *-ère*] non nobile di nascita, plebeo: *des façons roturières*, modi plebei ♦ *n.m.* persona (*f.*) di origine plebea.

rouage [Rwaʒ] *n.m.* 1 rotismo; ingranaggio 2 (*fig.*) rotella (*f.*) di ingranaggio.

rouan [Rwɑ̃] *agg.* e *n.m.* [f. *-anne*] (*cavallo*) roano.

roubaisien [Rubɛzjɛ̃] *agg.* [f. *-enne*] di Roubaix.

roublard [RublaR] *agg.* furbo, scaltro ♦ *n.m.* volpone.

roublardise [RublaRdiz] *n.f.* furberia, astuzia, scaltrezza.

rouble [Rubl] *n.m.* (*moneta*) rublo.

roucoulade [Rukulad] *n.f.* 1 il tubare 2 (*pl.*) (*fig. fam.*) (*di innamorati*) il tubare.

roucoulement [Rukulmɑ̃] *n.m.* il tubare (*anche fig.*).

roucouler [Rukule] *v.intr.* 1 tubare (*anche fig.*) 2 gorgheggiare ♦ *v.tr.* cantare languidamente, modulare.

roue [Ru] *n.f.* ruota.
● (*inform.*) ***roue de caractères***, ruota di stampa | ***roue de secours***, ruota di scorta | ***être la cinquième roue du carrosse, de la charrette***, (*fam.*) essere l'ultima ruota del carro | ***faire la roue***, (*di pavone*) fare la ruota; (*fig.*) pavoneggiarsi.

roué [Rwe] *agg.* scaltro ♦ *n.m.* volpe (*f.*); birbone.
● ***roué de coups***, pestato a sangue | ***roué de fatigue***, sfinito.

rouelle [Rwɛl] *n.f.* 1 (*fetta rotonda*) rotella, rondella 2 (*cuc.*) ossobuco (*m.*).

rouennais [Rwanɛ] *agg.* di Rouen.

rouer [Rwe] *v.tr.* 1 picchiare 2 (*ant.*) arrotare, sottoporre al supplizio della ruota.
● ***rouer qqn de coups***, pestare qlcu di santa ragione.

rouerie [RuRi] *n.f.* scaltrezza.

rouet [Rwɛ] *n.m.* arcolaio.

rouf [Ruf] *n.m.* (*mar.*) tuga (*f.*).

rouflaquette [Ruflakɛt] *n.f.* (*fam.*) basetta.

rouge [Ruʒ] *agg.* 1 rosso 2 rovente 3 (*fam.*) rosso, comunista ♦ *n.m.* 1 rosso (*anche banca*) 2 rossore: *le rouge lui monta au visage*, il rossore gli salì al viso 3 (*cosmesi*) belletto 4 (*fam.*) (vino) rosso 5 (*fam.*) rosso, comunista 6 (*Canada*) membro, sostenitore del partito liberale ♦ *avv.* rosso.
● ***rouge à lèvres***, rossetto | ***rouge feu***, rosso fuoco, rosso fiamma | ***(feu) rouge***, (semaforo) rosso: *s'arrêter au (feu) rouge*, fermarsi al (semaforo) rosso | ***fruits rouges***, frutti di bosco | ***gros rouge***, (*fam.*) vino rosso | ***se fâcher tout rouge***, andare su tutte le furie | ***voir rouge***, vedere rosso, perdere il lume degli occhi | ***voter rouge***, (*fam.*) votare comunista.

rougeâtre [RuʒɑtR] *agg.* rossastro, rossiccio.

rougeaud [Ruʒo] *agg.* (*fam.*) rubicondo, rubizzo.

rouge-gorge [RuʒgɔRʒ] *n.m.* [pl. *rouges-gorges*] (*zool.*) pettirosso.

rougeoiement [Ruʒwamɑ̃] *n.m.* riflesso rossastro; il rosseggiare.

rougeole [Ruʒɔl] *n.f.* (*med.*) morbillo (*m.*).

rougeoleux [Ruʒɔlø] *agg.* e *n.m.* [f. *-euse*] morbilloso.

rougeoyant [Ruʒwajɑ̃] *agg.* rosseggiante.

rougeoyer [Ruʒwaje] *v.intr.* [coniug. come *employer*] rosseggiare.

R

rouge-queue [ʀuʒkø] *n.m.* [pl. *rouges-queues*] (*zool.*) codirosso.

rouget [ʀuʒɛ] *n.m.* (*zool.*) triglia (*f.*).

rougeur [ʀuʒœʀ] *n.f.* **1** rossore (*m.*) **2** (*pl.*) macchie rosse.

rougi [ʀuʒi] *agg.* arrossato.
● ***eau rougie***, acqua con un po' di vino.

rougir [ʀuʒiʀ] *v.tr.* **1** arrossare, tingere in rosso **2** arroventare ♦ *v.intr.* **1** arrossarsi, diventare rosso **2** arrossire; vergognarsi: *elle avait rougi de honte*, era arrossita dalla vergogna; *il rougit de sa conduite*, si vergogna della sua condotta.

FAUX AMI
Da non confondere con *ruggire*, che si traduce *rugir*.

rougissant [ʀuʒisɑ̃] *agg.* **1** rosseggiante **2** che arrossisce.

rouille [ʀuj] *n.f.* ruggine.

rouillé [ʀuje] *agg.* arrugginito.

rouiller [ʀuje] *v.tr.* (fare) arrugginire ♦ *v.intr.* arrugginirsi ♦ **se rouiller** *v.pron.intr.* arrugginirsi (*anche fig.*).

rouir [ʀwiʀ] *v.tr.* (*ind. tess.*) (*lino e canapa*) macerare.

rouissage [ʀwisaʒ] *n.m.* (*ind. tess.*) (*di lino e canapa*) macerazione.

rouissoir [ʀwiswaʀ] *n.m.* (*ind. tess.*) maceratoio.

roulade [ʀulad] *n.f.* **1** (*mus.*) gorgheggio (*m.*) **2** (*cuc.*) involtino (*m.*).

roulage [ʀulaʒ] *n.m.* **1** trasporto di merci **2** (*antiq.*) (*di autoveicoli*) circolazione (*f.*).
● ***entreprise de roulage***, impresa di trasporto merci.

roulant [ʀulɑ̃] *agg.* **1** a rotelle **2** rotante **3** (*fam.*) spassoso, divertente.
● (*mil.*) ***cuisine roulante***, cucina da campo | ***escalier roulant***, scala mobile | ***feu roulant***, (*mil.*) fuoco continuo; (*fig.*) sfilza: *un feu roulant de mensonges*, una sfilza di bugie; *il lui a fait subir un feu roulant de questions*, lo ha tempestato di domande | (*ferr.*) ***matériel roulant***, materiale rotabile | ***(personnel) roulant***, personale viaggiante | ***table roulante***, carrello | ***tapis roulant***, nastro trasportatore | ***trottoir roulant***, tapis roulant.

roulé [ʀule] *agg.* arrotolato.
● ***bien roulée***, (*fam.*) (*spec. di donna*) dalle belle forme: *une fille bien roulée*, una ragazza ben fatta | ***pull-over à col roulé***, maglione con il collo alto, dolcevita.

R

rouleau [ʀulo] *n.m.* [pl. *-eaux*] **1** rotolo: *rouleau de papier hygiénique*, rotolo di carta igienica **2** (*mecc.*) rullo **3** (*arch.*) ghiera (*f.*).
● ***rouleau (à mise en plis)***, bigodino | ***rouleau (à pâtisserie)***, matterello | ***rouleau compresseur***, rullo compressore | (*fot.*) ***rouleau de pellicule***, rullino | (*tip.*) ***rouleau d'imprimerie, encreur***, rullo inchiostratore | ***être au bout du rouleau***, (*fam.*) avere esaurito i propri argomenti, le proprie risorse.

rouleauté [ʀulote] *agg.* e *n.m.* → **roulotté**.

roulé-boulé [ʀulebule] *n.m.* [pl. *roulés-boulés*] capriola (*f.*).

roulement [ʀulmɑ̃] *n.m.* **1** il rotolare, rotolamento | *roulement d'yeux*, il roteare gli occhi **2** (*di autoveicoli*) passaggio, circolazione (*f.*) **3** rimbombo, frastuono: *les roulements du tonnerre*, il brontolio del tuono; *le roulement de tambour*, il rullo di tamburo **4** (*di denaro*) giro, circolazione (*f.*) **5** (*di personale*) avvicendamento, rotazione (*f.*) **6** (*mecc.*) cuscinetto.
● (*mecc.*) ***roulement à billes, à rouleaux***, cuscinetto a sfere, a rulli | ***roulement de hanches***, l'ancheggiare | (*econ.*) ***fonds de roulement***, capitale d'esercizio | ***par roulement***, a turno: *travailler par roulement*, lavorare a turno.

rouler [ʀule] *v.tr.* **1** arrotolare **2** (far) rotolare: *le torrent roule de gros galets*, il torrente trascina grossi ciottoli; *l'infirmière roula le fauteuil de l'infirme sur la terrasse*, l'infermiera spinse sulla terrazza la poltrona a rotelle del malato **3** (far) roteare: *rouler les yeux*, roteare gli occhi **4** spianare: *rouler la pâte*, spianare la pasta **5** (*fam.*) infinocchiare, raggirare ♦ *v.intr.* **1** rotolare: *il a roulé du haut de l'escalier*, è ruzzolato giù dalle scale **2** (*di liquidi*) scorrere, colare: *de grosses larmes roulaient sur ses joues*, dei lacrimoni le scorrevano sulle gote **3** andare, correre: *la voiture roulait à grande allure*, l'automobile andava molto forte **4** (*fam.*) viaggiare, girare: *il a roulé un peu partout*, ha girato mezzo mondo **5** vertere, imperniarsi: *la conversation roulait sur la politique*, la conversazione verteva sulla politica **6** rimbombare, risuonare; (*di tamburo*) rullare: *le tonnerre roulait dans le lointain*, il tuono brontolava in lontananza **7** (*di denaro*) circolare **8** (*mar.*) rullare, rollare ♦ **se rouler** *v.pron.* **1** rotolarsi **2** avvolgersi: *se rouler dans une couverture*, avvolgersi in una coperta.
● ***rouler des hanches***, ancheggiare | ***rouler les r***, arrotare le r | ***rouler sa bosse***, (*fam.*) girare mezzo mondo | ***rouler sous la table***, finire sotto il tavolo (ubriaco) | ***rouler un projet dans sa tête***, rimuginare un progetto | ***c'est à se rouler (par terre)***, (*fam.*) c'è da sbellicarsi dalle risa | ***se les rouler***, (*fig.*) girarsi i pollici.

roulette [ʀulɛt] *n.f.* **1** rotella **2** (*gioco*) roulette.
● ***roulette de dentiste***, (*fam.*) trapano | ***roulette de pâtissier***, tagliapasta | ***aller, marcher comme sur des roulettes***, (*fam.*) andare a gonfie vele.

rouleur [ʀulœʀ] *n.m.* [f. *-euse*] **1** (*operaio*) carrellista **2** (*sport*) passista.

rouleuse [ʀuløz] *n.f.* (*Canada*) sigaretta (fatta a mano).

rouli-roulant [ʀuliʀulɑ̃] *n.m.* [pl. *rouli-roulants*] (*Canada*) skateboard.

roulis [ʀuli] *n.m.* **1** (*mar., aer.*) rollio **2** ondeggiamento, oscillazione (*f.*).

roulotte [ʀulɔt] *n.f.* (*di zingari, del circo*) carrozzone (*m.*).
● ***vol à la roulotte***, (*fam.*) furto di oggetti da un'auto in sosta.

roulotté [ʀulɔte] *agg.* e *n.m.*
● (***ourlet***) ***roulotté***, orlo arrotolato.

roulure [ʀulyʀ] *n.f.* **1** (*difetto del legno*) cipollatura **2** (*molto fam.*) donna di strada, battona.

roumain [ʀumɛ̃] *agg.* rumeno, romeno ♦ *n.m.* (*lingua*) rumeno, romeno.

Roumain *n.m.* (*abitante*) rumeno, romeno.

roumi [ʀumi] *n.m.* (*nel mondo arabo*) cristiano.

roupie [ʀupi] *n.f.* (*moneta indiana*) rupia.

roupiller [ʀupije] *v.intr.* (*fam.*) ronfare, dormire.

roupillon [ʀupijɔ̃] *n.m.* (*fam.*) pisolino, sonnellino.

rouquette [ʀukɛt] *n.f.* (*bot.*) rucola.

rouquin [ʀukɛ̃] *agg.* (*di capelli*) rosso ♦ *n.m.* **1** uomo dai capelli rossi **2** (*fam.*) vino rosso.

rouquine [ʀukin] *n.f.* rossa, donna dai capelli rossi.

rouscailler [ʀuskaje] *v.intr.* (*fam.*) brontolare.

rouspétance [ʀuspetɑ̃s] *n.f.* (*fam.*) protesta, lamentela.

rouspéter [ʀuspete] *v.intr.* [coniug. come *céder*] (*fam.*) brontolare.

rouspéteur [ʀuspetœʀ] *n.m.* [f. *-euse*] (*fam.*) brontolone.

roussâtre [ʀusɑtʀ] *agg.* rossiccio, rossastro.

rousse [ʀus] *n.f.* rossa, donna dai capelli rossi.

roussette [ʀusɛt] *n.f.* 1 (*zool.*) rossetta 2 (*piccolo squalo*) gattuccio (*m.*) 3 (*cuc.*) cencio (*m.*), chiacchiera.

rousseur [ʀusœʀ] *n.f.* colore (*m.*) rossiccio, rossore (*m.*).
● ***taches de rousseur***, lentiggini, efelidi.

roussi [ʀusi] *n.m.* (odore di) bruciaticcio: *ça sent le roussi*, c'è odore di bruciaticcio.
● ***sentir le roussi***, (*fig.*) puzzare di bruciato: *l'affaire sent le roussi*, (*fig.*) l'affare puzza.

roussillonnais [ʀusijɔnɛ] *agg.* del Rossiglione.

Roussillonnais *n.m.* abitante del Rossiglione.

roussir [ʀusiʀ] *v.tr.* 1 bruciacchiare, strinare 2 (*cuc.*) dorare, imbiondire, rosolare ♦ *v.intr.* 1 diventare rossiccio 2 (*cuc.*) dorarsi, rosolarsi.

roussissement [ʀusismɑ̃] *n.m.* 1 bruciacchiatura (*f.*), strinatura (*f.*) 2 (*cuc.*) rosolatura (*f.*).

routage [ʀutaʒ] *n.m.* 1 (*di giornali, di lettere ecc.*) selezione (*f.*), smistamento 2 (*Internet*) indirizzamento.

routard [ʀutaʀ] *n.m.* 1 giramondo 2 (*estens.*) saccopelista.

route [ʀut] *n.f.* 1 strada (*anche fig.*): *changer de route*, cambiare strada 2 (*mar., aer.*) rotta 3 (*di sole, pianeti*) corso (*m.*).
● ***route départementale***, ***nationale***, strada provinciale, statale | ***route pavée***, strada selciata | ***routes aériennes***, rotte aeree | ***accident de la route***, incidente stradale | ***carnet de route***, taccuino di viaggio | ***compagnon de route***, compagno di viaggio; (*fig.*) compagno di strada | ***en cours de route***, strada facendo, cammin facendo | ***faire fausse route***, (*fig.*) prendere la strada sbagliata | ***faire route avec qqn***, fare il cammino con qlcu | ***faire route vers***, dirigersi verso: *faire route vers Paris*, dirigersi verso Parigi | ***fermer toutes les routes à l'ennemi***, (*fig.*) precludere ogni via di scampo al nemico | ***feuille de route***, foglio di via; (*comm.*) foglio di spedizione | ***grande route***, ***grand'route***, strada maestra | ***indemnité de route***, indennità di viaggio | ***mise en route***, varo, avvio: *la mise en route d'un programme*, il varo di un programma | ***par la route***, in automobile: *nous sommes arrivés à Rome par la route*, siamo arrivati a Roma in automobile | ***se mettre en route***, mettersi in cammino | ***transports par route***, trasporti su strada.
■ SIN. **1** chaussée.

router [ʀute] *v.tr.* (*giornali, lettere ecc.*) selezionare, smistare.

routeur [ʀutœʀ] *n.m.* (*Internet*) indirizzatore, router.

routier[1] [ʀutje] *agg.* [f. *-ère*] stradale: *transports routiers*, trasporti su strada.
● ***gare routière***, autostazione.

routier[2] *n.m.* 1 autotrenista, camionista 2 (*fig.*) uomo navigato 3 (*estens.*) trattoria (*f.*) (per camionisti) 4 (*sport*) ciclista su strada, stradista 5 carta (*f.*) nautica.

routière [ʀutjɛʀ] *n.f.* automobile (da) gran turismo.

routine [ʀutin] *n.f.* routine, trantran (*m.*).
● ***routine administrative***, prassi amministrativa | ***de routine***, abituale, di tutti i giorni: *les discours de routine*, i soliti discorsi | ***par routine***, per abitudine: *faire qqch par routine*, fare qlco per abitudine.

routinier [ʀutinje] *agg.* [f. *-ère*] 1 (*di persona*) abitudinario 2 (*di cosa*) abituale, di routine.

rouvert [ʀuvɛʀ] *p.p.* di **rouvrir**.

rouvraie [ʀuvʀɛ] *n.f.* rovereto (*m.*).

rouvre [ʀuvʀ] *n.m.* (*bot.*) rovere (*f.* e *m.*).

rouvrir [ʀuvʀiʀ] *v.tr.* [coniug. come *ouvrir*] riaprire ♦ *v.intr.* riaprirsi ♦ **se rouvrir** *v.pron.intr.* riaprirsi.

roux [ʀu] *agg.* [f. *rousse*] 1 rossiccio 2 dai capelli rossi, fulvo ♦ *n.m.* 1 (color) rosso: *une blonde tirant sur le roux*, una bionda che tende al rosso 2 uomo dai capelli rossi 3 (*cuc.*) roux (preparazione a base di burro e farina bianca).
● (*cuc.*) ***beurre roux***, burro rosolato, dorato.

royal [ʀwajal] *agg.* [pl. *-aux*] 1 reale 2 (*fig.*) regale, principesco.
● ***prince royal***, principe ereditario.

royale [ʀwajal] *n.f.* pizzetto (*m.*), barbetta.

royalement [ʀwajalmɑ̃] *avv.* 1 magnificamente, sontuosamente 2 (*fam.*) moltissimo: *je m'en fiche royalement*, me ne infischio altamente.

royalisme [ʀwajalism] *n.m.* realismo.

royaliste [ʀwajalist] *agg.* e *n.m.* e *f.* monarchico/a, realista.

royalties [ʀwajaltiz] *n.f.pl.* (*econ., dir.*) royalties.

royaume [ʀwajom] *n.m.* regno, reame (*anche fig.*).

royaumer [ʀwajome] *v.intr.* (*Svizzera*) abbandonarsi, sprofondarsi.

royauté [ʀwajote] *n.f.* 1 regalità, sovranità 2 monarchia.
● ***aspirer à la royauté***, aspirare al regno, al trono.

ru [ʀy] *n.m.* (*region., letter.*) rio, ruscello.

RU [ɛʀy] *n.m.* (*fam.*) (*sigla di* Restaurant Universitaire) mensa (*f.*) universitaria.

ruade [ʀɥad] *n.f.* (*di cavallo ecc.*) calcio (*m.*), scalciata: *lancer des ruades*, tirare, sferrare calci, scalciare.

ruandais [ʀwɑ̃dɛ] *agg.* ruandese.

ruban [ʀybɑ̃] *n.m.* 1 nastro 2 (*onorificenza*) nastro, nastrino.
● ***ruban encreur***, (*di macchina da scrivere*) nastro inchiostrato, dattilografico | ***ruban gradué***, ***métrique***, (*di sarto*) metro a nastro | ***ruban rouge***, nastrino rosso (della Legion d'Onore) | (*mecc.*) ***ruban transporteur***, trasportatore a nastro, nastro trasportatore | ***ruban violet***, onorificenza conferita agli insegnanti per meriti di lavoro | ***centimètre à ruban***, (*di sarto*) nastro centimetrato, centimetro.

rubéfaction [ʀybefaksjɔ̃] *n.f.* (*med.*) arrossamento (*m.*) (cutaneo).

rubéfier [ʀybefje] *v.tr.* (*med.*) (*di pelle*) arrossare.

rubéole [ʀybeɔl] *n.f.* (*med.*) rosolia.

rubicond [ʀybikɔ̃] *agg.* rubicondo.

rubidium [ʀybidjɔm] *n.m.* (*chim.*) rubidio.

rubigineux [ʀybiʒinø] *agg.* [f. *-euse*] rugginoso, arrugginito.

rubis [ʀybi] *n.m.* rubino: *rubis balais*, rubino rosa ♦ *agg.invar.* (colore) rosso rubino.
● ***payer rubis sur l'ongle***, pagare subito e tutto.

rubrique [ʀybʀik] *n.f.* 1 voce, classe, categoria: *classer sous une rubrique*, classificare sotto una voce 2 (*giornalismo*) rubrica; cronaca 3 (*di enciclopedia*) voce.
● (*giornalismo*) ***rubrique des mondanités***, cronaca mondana | (*amm.*) ***rubrique du bilan***, voce di bilancio | (*giornalismo*) ***rubrique littéraire***, rubrica letteraria, terza pagina: *tenir la rubrique littéraire*, curare la rubrica letteraria, la terza pagina; ***rubrique locale***, cronaca locale.

ruche [ʀyʃ] *n.f.* **1** alveare (*m.*), arnia **2** insieme (*m.*) delle api di uno stesso alveare, sciame (*m.*) **3** (*fig.*) formicaio (*m.*), alveare (*m.*) **4** (*abbigl.*) ruche (striscia di tessuto increspato usata come ornamento).

NOTA A Parigi, nel quartiere di Montparnasse, ***la Ruche*** era un insieme di ateliers in cui negli anni 1920-30 vissero e operarono artisti d'avanguardia quali F. Léger, A. Modigliani, M. Chagall, C. Soutine e A. Archipenko.

ruché [ʀyʃe] *n.m.* (*abbigl.*) gala (*f.*), ruche (*f.*): *un ruché de soie*, una gala di seta.

rucher [ʀyʃe] *n.m.* apiario.

rude [ʀyd] *agg.* **1** ruvido **2** (*di voce ecc.*) aspro **3** (*di clima*) rigido **4** duro, faticoso: *une rude tâche*, un'ardua impresa, un lavoro duro **5** rude, rozzo: *des manières rudes*, modi rudi **6** duro, severo: *des mots rudes*, parole dure **7** (*fam.*) grande, notevole: *un rude concurrent, adversaire*, un temibile concorrente, avversario.

rudement [ʀydmɑ̃] *avv.* **1** rudemente; duramente: *il a été rudement éprouvé*, è stato duramente provato; *traiter qqn rudement*, trattare qlcu bruscamente **2** (*fam.*) molto, assai: *elle est rudement bien*, è una gran bella ragazza; *il fait rudement froid*, fa un freddo cane.
● ***y aller rudement***, agire senza tanti complimenti.

rudération [ʀydeʀɑsjɔ̃] *n.f.* **1** acciottolato (*m.*) **2** acciottolatura.

rudesse [ʀydɛs] *n.f.* **1** (*al tatto*) ruvidezza **2** (*di voce ecc.*) asprezza, suono (*m.*) aspro **3** (*di clima*) rigore (*m.*) **4** durezza, difficoltà **5** rozzezza, grossolanità **6** durezza, severità: *traiter qqn avec rudesse*, trattare qlcu con durezza.

rudiment [ʀydimɑ̃] *n.m.* rudimento.

rudimentaire [ʀydimɑ̃tɛʀ] *agg.* rudimentale.

rudoiement [ʀydwamɑ̃] *n.m.* maltrattamento, brutalità (*f.*).

rudoyer [ʀydwaje] *v.tr.* [coniug. come *employer*] maltrattare, strapazzare.

rue[1] [ʀy] *n.f.* strada (di centro abitato); (*spec. seguito da denominazione*) via: *marcher dans la rue*, camminare per (la) strada; *les enfants jouaient dans la rue*, i bambini giocavano in strada; *il habite rue Victor Hugo*, abita in via Victor Hugo.
● ***rue à sens unique***, strada a senso unico | ***rue-marché***, strada con mercato | ***rue-piétons***, strada, via pedonale | ***rue sans issue***, strada senza uscita | ***bataille de rues***, sommossa di piazza | ***ça court les rues***, è sulla bocca di tutti, è cosa risaputa; è cosa frequente, si trova a ogni angolo di strada: *les gens honnêtes ça ne court pas les rues*, le persone oneste non si trovano a ogni angolo di strada | ***descendre dans la rue***, scendere in piazza | ***être à la rue***, (*fig.*) essere ridotto sul lastrico | ***fille des rues***, donna di strada | ***grande rue***, ***grand'rue***, corso, arteria principale (della città) | ***jeter qqn à la rue***, sbattere qlcu in mezzo a una strada | ***l'homme de la rue***, l'uomo della strada.

NOTA ***Rue*** o ***route***?
Si usa ***rue*** per la strada in città e in espressioni figurate che evocano la povertà:
Les enfants jouent dans la rue, i bambini giocano per strada
enfants des rues, monelli; *fille des rues*, donna di strada; (*fam.*) ragazza che sta sempre in giro.
Route è la strada tra due città, paesi o villaggi:
La route de Toulouse, la strada di Tolosa.

rue[2] *n.f.* (*bot.*) ruta.

ruée [ʀɥe] *n.f.* **1** corsa **2** assalto (*m.*).
● ***ruée des barbares***, la calata dei barbari | ***ruée vers l'or***, la febbre dell'oro.

ruelle [ʀɥɛl] *n.f.* **1** vicolo (*m.*), viuzza, stradina **2** spazio (*m.*) fra due letti, spazio (*m.*) tra il letto e il muro.

ruer [ʀɥe] *v.intr.* scalciare, tirar calci ♦ **se ruer** *v.pron.* **1** scagliarsi (**contro**), avventarsi: *se ruer à l'attaque*, lanciarsi, buttarsi all'attacco **2** precipitarsi (in massa): *la foule se rua vers la sortie*, la folla si precipitò verso l'uscita **3** (*fig.*) gettarsi: *se ruer sur les gâteaux*, precipitarsi sui dolci.
● ***ruer dans les brancards***, (*fig.*) ricalcitrare.
■ V.PRON. SIN. **1** se jeter **2** se précipiter.

rufian, **ruffian** [ʀyfjɑ̃] *n.m.* **1** uomo senza scrupoli **2** ruffiano.

rugby [ʀygbi] *n.m.* (*sport*) rugby.

rugbyman [ʀygbiman] *n.m.* [pl. *-s*, *rugbymen*] rugbista.

rugir [ʀyʒiʀ] *v.intr.* **1** ruggire **2** (*estens.*) urlare.

rugissant [ʀyʒisɑ̃] *agg.* ruggente.

rugissement [ʀyʒismɑ̃] *n.m.* **1** ruggito **2** (*estens.*) urlo.

rugosité [ʀygozite] *n.f.* rugosità.

rugueux [ʀygø] *agg.* [f. *-euse*] rugoso, ruvido.
■ SIN. râpeux CONTR. doux.

ruine [ʀɥin] *n.f.* **1** rovina, crollo (*m.*) (*anche fig.*): *c'est la ruine de ses espérances*, è il crollo delle sue speranze **2** rudere (*m.*) **3** (*pl.*) rovine: *les ruines d'une cité antique*, le rovine, i ruderi di una città antica; *enseveli sous les ruines*, sepolto sotto le rovine, sotto le macerie.
● ***aller droit à la ruine***, andare incontro a rovina sicura | ***ce n'est plus qu'une ruine***, (*di persona*) sembra un rudere | ***menacer ruine***, stare per crollare; (*estens.*) essere sull'orlo del fallimento | ***tomber en ruine***, cadere in rovina.

ruiné [ʀɥine] *agg.* rovinato (finanziariamente).

ruiner [ʀɥine] *v.tr.* rovinare; danneggiare; distruggere: *ruiner sa santé*, rovinarsi la salute; *ruiner le bonheur de qqn*, distruggere la felicità di qlcu ♦ **se ruiner** *v.pron.* rovinarsi.

ruineusement [ʀɥinøzmɑ̃] *avv.* **1** rovinosamente **2** dispendiosamente.

ruineux [ʀɥinø] *agg.* [f. *-euse*] **1** rovinoso **2** dispendioso.

ruisseau [ʀɥiso] *n.m.* [pl. *-eaux*] **1** ruscello: *un ruisseau de larmes*, (*letter.*) un fiume di lacrime **2** rigagnolo (di scolo).
● ***tomber***, ***rouler dans le ruisseau***, (*fig.*) cadere molto in basso | ***tirer qqn du ruisseau***, ***ramasser qqn dans le ruisseau***, (*fig.*) togliere, raccogliere qlcu dalla strada.

ruisselant [ʀɥislɑ̃] *agg.* grondante: *ruisselant d'eau, de sueur*, grondante acqua, sudore.

ruisseler [ʀɥisle] *v.intr.* [coniug. come *appeler*] **1** scorrere, colare, sgorgare: *le sang ruisselait de la blessure*, il sangue sgorgava dalla ferita **2** grondare, essere grondante: *ruisseler d'eau, de sueur*, grondare acqua, sudore.

ruisselet [ʀɥislɛ] *n.m.* ruscelletto; rivolo.

ruissellement [ʀɥisɛlmɑ̃] *n.m.* **1** lo scorrere, il colare **2** (*geol.*) ruscellamento, lo scorrere (di acque pluviali) **3** (*fig.*) sfavillio, scintillio: *des ruissellements de lumières*, cascate di luce.
● (*geol.*) ***eaux de ruissellement***, acque pluviali di scolo.

rumen [ʀymɛn] *n.m.* (*zool.*) rumine.

rumeur [ʀymœʀ] *n.f.* **1** rumore (*m.*), brusio (*m.*) **2** frastuono (*m.*), strepito (*m.*) **3** diceria, voce: *la rumeur publique*, la voce pubblica.

R

ruminant [Rymină] *agg.* e *n.m.* (*zool.*) ruminante.

rumination [Ryminasjõ] *n.f.* (*zool.*) ruminazione.

ruminer [Rymine] *v.tr.* ruminare (*anche fig.*) ♦ *v.intr.* (*fig.*) rimuginare.

rune [Ryn] *n.f.* runa.

runique [Rynik] *agg.* runico.

rupestre [RypɛstR] *agg.* rupestre.

rupicole [Rypikɔl] *n.m.* (*zool.*) rupicola (*f.*).

rupin [Rypɛ̃] *agg.* (*fam.*) elegante, ricco, lussuoso ♦ *n.m.* (*fam.*) riccone.

rupture [RyptyR] *n.f.* rottura (*anche fig.*).
● (*elettr.*) ***rupture de circuit***, interruzione del circuito | (*inform.*) ***rupture de contrôle***, caduta di controllo | (*elettr.*) ***dispositif de rupture***, ruttore | ***être en rupture avec***, essere in rotta con | ***être en rupture (de)***, rinunciare (a), liberarsi (di).

rural [RyRal] *agg.* [pl. *-aux*] rurale ♦ *n.m.* **1** rurale, contadino **2** campagna (*f.*) **3** (*Svizzera*) azienda (*f.*) agricola.

ruse [Ryz] *n.f.* scaltrezza, furberia, astuzia: *déjouer les ruses de qqn*, smascherare il gioco di qlcu.
● (*mil.*) ***ruse de guerre***, stratagemma | ***ruse du métier***, trucco del mestiere | ***user de ruse***, giocare d'astuzia.
■ SIN. astuce.

rusé [Ryze] *agg.* e *n.m.* furbo, astuto, scaltro.
■ SIN. astucieux.

ruser [Ryze] *v.intr.* giocare d'astuzia, agire con scaltrezza.

rush [Rœʃ] *n.m.* **1** (*sport*) rush; (*calcio*) attacco; (*ciclismo*) volata (*f.*) **2** (*fig.*) assalto, corsa (*f.*): *le rush des étudiants vers cette faculté*, l'assalto degli studenti a quella facoltà.
● ***le grand rush des vacances***, il grande esodo (delle vacanze) | ***les heures de rush***, le ore di punta.

rushes [Rœʃ] *n.m.pl.* (*cine.*) prima stampa (*f.sing.*).

russe [Rys] *agg.* russo ♦ *n.m.* (*lingua*) russo.

Russe *n.m.* e *f.* (*abitante*) russo/a.

russule [Rysyl] *n.f.* (*bot.*) rossola.

rustaud [Rysto] *agg.* rozzo, zotico ♦ *n.m.* zoticone.

rusticité [Rystisite] *n.f.* **1** rusticità, rustichezza: *rusticité des mœurs*, rusticità, semplicità dei costumi **2** (*di piante e animali*) rusticità (resistenza alle avversità meteorologiche).

rustine® [Rystin] *n.f.* (*tecn.*) rustine® (toppa di gomma per riparare camere d'aria).

rustique [Rystik] *agg.* **1** rustico, campagnolo: *les travaux rustiques*, i lavori della campagna; *une maison rustique*, una casa rurale; *divinité rustique*, divinità dei campi **2** rustico, non lavorato: *une villa rustique*, una villetta rustica; *mobilier rustique*, mobilio rustico **3** (*fig.*) rustico, rozzo.
● ***bois rustique***, legno grezzo | ***plante rustique***, pianta rustica, che resiste alle intemperie.

rustiquer [Rystike] *v.tr.* (*edil.*) bugnare.

rustre [RystR] *agg.* e *n.m.* zotico, villano: *quel rustre!*, che cafone!
■ SIN. brute, goujat.

rut [Ryt] *n.m.* fregola (*f.*) (di mammiferi).

rutabaga [Rytabaga] *n.m.* (*bot.*) rutabaga (*f.*).

ruthénium [Rytenjɔm] *n.m.* (*chim.*) rutenio.

rutilant [Rytilă] *agg.* **1** rutilante, risplendente **2** (*letter.*) rutilante, rosso fiammante.

rutile [Rytil] *n.m.* (*min.*) rutilo.

rutiler [Rytile] *v.intr.* (*letter.*) risplendere, rifulgere.

rythme [Ritm] *n.m.* ritmo.
● ***au rythme de***, a ritmo di.

rythmé [Ritme] *agg.* ritmato.

rythmer [Ritme] *v.tr.* ritmare.

rythmeur [RitmœR] *n.m.* (*inform.*) temporizzatore.

rythmique [Ritmik] *agg.* ritmico ♦ *n.f.* ritmica.

Ss

s [ɛs] ***n.m.invar.*** s (*m.* o *f.*).
● (*tel.*) ***s comme Suzanne***, s come Savona | ***en S***, a (forma di) S: *un virage en S*, una curva a S.

sa [sa] ***agg.poss.f. 3ª pers.sing.*** → **son**[1].

sabayon [sabajɔ̃] ***n.m.*** (*cuc.*) zabaione.

sabbat [saba] ***n.m.*** **1** sabato (ebraico) **2** (*mit.*) sabba **3** (*fam.*) pandemonio.

sabbatique [sabatik] ***agg.*** sabbatico.
● ***année sabbatique***, (*anche estens.*) anno sabbatico.

sabir [sabiʀ] ***n.m.*** **1** (*ling.*) sabir **2** (*fig.*) linguaggio incomprensibile.

NOTA Il termine ***sabir*** deriva dallo spagnolo *saber* (sapere) e indica un sistema linguistico utilizzato tra persone di lingua materna diversa per capirsi nelle situazioni più immediate, quindi con sintassi e lessico approssimativi. Ne è un esempio il francese storpiato dagli arabi nell'Algeria francese.

sablage [sɑblaʒ] ***n.m.*** sabbiatura (*f.*).

sablais [sɑblɛ] ***agg.*** di Les Sables-d'Olonne.

sable [sɑbl] ***n.m.*** **1** sabbia (*f.*) **2** (*med.*) renella (*f.*) ♦ ***agg.invar.*** (color) sabbia.
● ***sables mouvants***, sabbie mobili | (*med.*) ***bain de sable***, sabbiatura | ***bâtir sur le sable***, (*fig.*) costruire sulla sabbia | ***être sur le sable***, (*argot*) essere al verde; essere senza lavoro | ***le marchand de sable est passé***, (*fig. fam.*) è ora di andare a fare la nanna.

sablé [sɑble] ***agg.*** coperto di sabbia, sabbioso ♦ ***n.m.*** (*cuc.*) frollino, biscotto di pasta frolla.
● (*cuc.*) ***pâte sablée***, pâte sablée (tipo di pasta frolla più ricca di burro e friabile per crostate).

sabler [sɑble] ***v.tr.*** **1** coprire di sabbia **2** (*tecn.*) sabbiare.
● ***sabler le champagne***, bere abbondante champagne (per festeggiare).

sableur [sɑblœʀ] ***n.m.*** (*operaio*) sabbiatore.

sableuse [sɑbløz] ***n.f.*** (*macchina*) sabbiatrice.

sableux [sɑblø] ***agg.*** [f. *-euse*] sabbioso.

sablier [sɑblije] ***n.m.*** clessidra (*f.*).

sablière [sɑblijɛʀ] ***n.f.*** **1** cava di sabbia **2** (*ferr.*) sabbiera **3** (*edil.*) trave di collegamento longitudinale.

sablonner [sɑblɔne] ***v.tr.*** (*tecn.*) sabbiare.

sablonneux [sɑblɔnø] ***agg.*** [f. *-euse*] sabbioso.

sabord [sabɔʀ] ***n.m.*** (*mar.*) portello di murata.
● ***mille sabords!***, (*fam.*) corpo di mille balene!

sabordage [sabɔʀdaʒ] ***n.m.*** (*mar.*) affondamento; autoaffondamento.

saborder [sabɔʀde] ***v.tr.*** **1** affondare (una nave, aprendo una falla) **2** (*fig.*) sabotare ♦ **se saborder** ***v.pron.*** **1** (*mar.*) autoaffondarsi **2** (*fig.*) mettere fine alla propria attività.

sabot [sabo] ***n.m.*** **1** zoccolo **2** (*zool.*) zoccolo, unghia (*f.*) **3** (*fam.*) schiappa (*f.*), scarpa (*f.*); (*di oggetto*) trabiccolo **4** (*argot*) bagnarola (*f.*), vecchia (*f.*) barca.
● ***sabot (de Denver)***, ceppo, ganascia (per bloccare la ruota delle auto in sosta vietata) | (*mecc.*) ***sabot (de frein)***, ceppo, ganascia (del freno) | ***baignoire sabot***, semicupio | ***dormir comme un sabot***, dormire come un sasso | ***je le vois venir avec ses gros sabots***, (*fam.*) capisco dove vuole andare a parare | ***jouer comme un sabot***, suonare come un cane.

sabotage [sabɔtaʒ] ***n.m.*** sabotaggio.

sabot-de-Vénus [sabodvenys] ***n.m.*** [pl. *sabots-de-Vénus*] (*bot.*) pianella (*f.*) della Madonna, scarpetta (*f.*) di Venere.

saboter [sabɔte] ***v.tr.*** **1** sabotare **2** (*fig.*) rovinare, eseguire male.

saboteur [sabɔtœʀ] ***n.m.*** [f. *-euse*] **1** sabotatore **2** chi lavora male.

sabotier [sabɔtje] ***n.m.*** [f. *-ère*] zoccolaio.

sabre [sɑbʀ] ***n.m.*** sciabola (*f.*): *coup de sabre*, sciabolata.

sabrer [sɑbʀe] ***v.tr.*** **1** sciabolare **2** (*fig.*) tagliare: *sabrer un article*, tagliare un articolo **3** (*fig.*) bocciare.
● ***se faire sabrer***, (*fam.*) farsi licenziare.

sac[1] [sak] ***n.m.*** **1** sacco: *sac de blé*, sacco di grano **2** borsa (*f.*): *gros sac*, borsone **3** (*fam.*) denaro: *il a le sac*, è ricco | *il a épousé le gros sac*, ha sposato una piena di soldi.
● ***sac à blé***, sacco per grano | ***sac à dos***, zaino | ***sac (à main)***, borsetta | ***sac à malices***, cappello del prestigiatore | ***sac à ouvrage***, borsa da lavoro | ***sac à provisions***, sporta, borsa della spesa | ***sac à vin***, (*fam.*) ubriacone | ***sac de couchage***, sacco a pelo | ***sac d'embrouilles, de nœuds***, (*fam.*) vespaio, ginepraio | ***sac de plage***, borsa, borsone da spiaggia | ***sac de voyage***, borsa da viaggio | ***avoir plus d'un tour dans son sac***, (*fam.*) saperne una più del diavolo | ***course en sac***, corsa nei sacchi | ***homme de sac et de corde***, (*antiq.*) pendaglio da forca | ***l'affaire est dans le sac***, (*fam.*) l'affare è fatto | ***mettre dans le même sac***, fare d'ogni erba un fascio | ***prendre qqn la main dans le sac***, prendere qlcu con le mani nel sacco | ***vider son sac***, (*fam.*) vuotare il sacco.

sac[2] ***n.m.*** sacco, saccheggio.
● ***mettre à sac***, saccheggiare.

saccade [sakad] ***n.f.*** **1** strattone (*m.*) **2** scossone (*m.*).
● ***par saccades***, a scatti.

saccadé [sakade] ***agg.*** a scatti; irregolare.

saccage [sakaʒ] ***n.m.*** **1** saccheggio, sacco **2** (*fig.*) scompiglio.

saccager [sakaʒe] ***v.tr.*** [coniug. come *manger*] **1** saccheggiare **2** (*fam.*) mettere sottosopra, a soqquadro.

saccageur [sakaʒœʀ] ***n.m.*** [f. *-euse*] saccheggiatore; (*estens.*) vandalo.

saccharide [sakaʀid] ***n.m.*** (*chim.*) saccaride.

saccharifère [sakaʀifɛʀ] ***agg.*** saccarifero.

saccharification [sakaʀifikasjɔ̃] ***n.f.*** (*chim.*) saccarificazione.
saccharine [sakaʀin] ***n.f.*** (*chim.*) saccarina.
saccharomyces [sakaʀɔmisɛs] ***n.m.*** (*bot.*) saccaromicete.
saccharose [sakaʀoz] ***n.m.*** (*chim.*) saccarosio.
saccule [sakyl] ***n.m.*** (*anat.*) sacculo.
sacerdoce [sasɛʀdɔs] ***n.m.*** **1** sacerdozio **2** (*estens.*) missione (*f.*).
sacerdotal [sasɛʀdɔtal] ***agg.*** [pl. *-aux*] sacerdotale.
sachant [saʃɑ̃] *p.pres.* di **savoir**[1].
sachet [saʃɛ] ***n.m.*** **1** sacchetto **2** bustina (*f.*).
● ***thé en sachet***, tè in bustina.
sacoche [sakɔʃ] ***n.f.*** **1** borsa a tracolla, sacca **2** borsello (*m.*) (per uomo) **3** (*Canada*) borsetta.
● ***sacoche à outils***, borsa degli attrezzi | ***sacoche de bicyclette***, sacca per la bicicletta.
sacogner [sakɔɲe] ***v.tr.*** (*Svizzera*) scuotere con violenza.
sac-poubelle [sakpubɛl] ***n.m.*** [pl. *sacs-poubelles*] sacco per la spazzatura.
sacquer [sake] ***v.tr.*** (*fam.*) cacciare via.
● ***je ne peux pas le sacquer***, non lo posso soffrire.
sacral [sakʀal] ***agg.*** [pl. *-aux*] sacrale.
sacraliser [sakʀalize] ***v.tr.*** sacralizzare.
sacralité [sakʀalite] ***n.f.*** sacralità.
sacramentel [sakʀamɑ̃tɛl] ***agg.*** [f. *-elle*] sacramentale.
sacre [sakʀ] ***n.m.*** **1** incoronazione (*f.*) **2** (*di vescovo*) consacrazione (*f.*).
● (*mus.*) ***le Sacre du printemps***, la Sagra della Primavera.

FAUX AMI
Da non confondere con l'aggettivo *sacro*, che si traduce *sacré*.

NOTA Il ***sacre*** dei re di Francia, fin dal XIII secolo si svolgeva nella cattedrale gotica di Saint-Denis (nei pressi di Parigi), alla presenza dei grandi feudatari e degli alti prelati. Solo Enrico IV di Navarra venne incoronato a Chartres e Napoleone I a Parigi. Durante la cerimonia il nuovo re veniva unto con il sacro unguento contenuto nella *sainte ampoule*.

sacré[1] [sakʀe] ***agg.*** **1** sacro (*anche fig.*) **2** (*fam.*) grande: *un sacré menteur*, un bugiardo spudorato ♦ ***n.m.*** sacro: *le sacré et le profane*, il sacro e il profano.
● ***il a un sacré culot!***, ha una bella faccia tosta! | ***le feu sacré***, (*fig.*) il sacro fuoco | ***une sacrée chance***, una fortuna sfacciata | ***un sacré bonhomme***, (*fam.*) un tipo in gamba.
sacré[2] ***agg.*** (*anat.*) sacrale.
Sacré-Cœur [sakʀekœʀ] ***n.m.*** (*teol.*) Sacro Cuore.
sacrement [sakʀəmɑ̃] ***n.m.*** sacramento.
● (*relig.*) ***Saint Sacrement***, Santissimo Sacramento.
sacrément [sakʀemɑ̃] ***avv.*** (*fam.*) maledettamente, dannatamente.
sacrer [sakʀe] ***v.tr.*** **1** (*vescovo*) consacrare **2** (*re ecc.*) incoronare ♦ ***v.intr.*** (*fam.*) bestemmiare, imprecare.
sacrifice [sakʀifis] ***n.m.*** **1** sacrificio **2** offerta (*f.*) (sacrificale), sacrificio: *offrir en sacrifice*, sacrificare.
● ***faire le sacrifice de sa vie***, sacrificare la propria vita.
sacrifié [sakʀifje] ***agg.*** e ***n.m.*** sacrificato.
● ***marchandises sacrifiées***, merci svendute | ***prix sacrifiés***, prezzi stracciati.
sacrifier [sakʀifje] ***v.tr.*** **1** sacrificare (*anche fig.*) **2** sbarazzarsi, disfarsi ♦ ***v.intr.*** **1** sacrificare (*anche fig.*): *sacrifier aux dieux*, sacrificare agli dei **2** obbedire, seguire; conformarsi (**a**): *sacrifier à la mode*, seguire i dettami della moda ♦ **se sacrifier** ***v.pron.*** sacrificarsi.
sacrilège[1] [sakʀilɛʒ] ***n.m.*** sacrilegio.
sacrilège[2] ***agg.*** e ***n.m.*** e ***f.*** sacrilego/a.
sacristain [sakʀistɛ̃] ***n.m.*** sagrestano.
sacristie [sakʀisti] ***n.f.*** sagrestia.
sacro-lombaire [sakʀolɔ̃bɛʀ] ***agg.*** [pl. *sacro-lombaires*] (*anat.*) sacro-lombare.
sacro-saint [sakʀɔsɛ̃] ***agg.*** [pl. *sacro-saints*] (*scherz.*) sacrosanto.
sacrum [sakʀɔm] ***n.m.*** (*anat.*) (osso) sacro.
sadique [sadik] ***agg.*** e ***n.m.*** e ***f.*** sadico/a.
sadiquement [sadikmɑ̃] ***avv.*** sadicamente; in modo sadico.
sadisme [sadism] ***n.m.*** sadismo.
sadomasochisme [sadɔmazɔʃism] ***n.m.*** sadomasochismo.
safari [safaʀi] ***n.m.*** safari.
● ***safari-automobile***, safari automobilistico | ***safari-photo***, safari fotografico.
safran[1] [safʀɑ̃] ***n.m.*** (*bot.*) croco; zafferano (*anche cuc.*) ♦ ***agg.invar.*** e ***n.m.*** (color) zafferano.
● (*bot.*) ***safran des prés***, colchico.
safran[2] ***n.m.*** (*mar.*) pala (*f.*) (del timone).
saga [saga] ***n.f.*** (*st. lett.*) saga.
sagace [sagas] ***agg.*** sagace.
sagacité [sagasite] ***n.f.*** sagacia.
sagaie [sagɛ] ***n.f.*** (*arma primitiva*) zagaglia.
sage [saʒ] ***agg.*** **1** saggio, assennato: *c'est sage de sa part de renoncer*, ha dato prova di saggezza rinunciando **2** (*di bambino*) giudizioso, buono, bravo **3** modesto, casto, virtuoso: *une fille aussi sage que belle*, una ragazza bella e virtuosa ♦ ***n.m.*** saggio, savio.
● ***comité de sages***, comitato di esperti | ***il est sage comme une image***, è buono come un angioletto | ***les sept sages***, i sette savi | ***sois sage***, fai il bravo: *sois sage maintenant, arrête de pleurer*, da bravo ora, smettila di piangere | ***un film sage***, un film di tutto riposo che esalta i buoni sentimenti.
sage-femme [saʒfam] ***n.f.*** [pl. *sages-femmes*] ostetrica, levatrice.
sagement [saʒmɑ̃] ***avv.*** **1** saggiamente; prudentemente **2** (*di bambini*) giudiziosamente: *il s'est couché sagement à sept heures*, è andato a letto buono buono alle sette.
sagesse [saʒɛs] ***n.f.*** **1** sapienza, saggezza **2** (*estens.*) senno (*m.*), assennatezza: *des réponses pleines de sagesse*, risposte molto assennate; *il a eu la sagesse d'attendre*, ha avuto l'accortezza di aspettare **3** (*di bambini*) obbedienza, bontà **4** sobrietà.
● ***sagesse des nations***, saggezza popolare.
sagittaire [saʒitɛʀ] ***n.m.*** **1** (*st.*) sagittario, arciere **2** (*astr.*) *Sagittaire*, Sagittario ♦ ***n.f.*** (*bot.*) sagittaria.
sagittal [saʒital] ***agg.*** [pl. *-aux*] (*anat., mat.*) sagittale.
sagouin [sagwɛ̃] ***n.m.*** **1** (*zool.*) uistiti **2** (*fig. fam.*) sudicione.
saharien [saaʀjɛ̃] ***agg.*** [f. *-enne*] sahariano.
saharienne [saaʀjɛn] ***n.f.*** (*abbigl.*) sahariana.
sahel [saɛl] ***n.m.*** (*geogr.*) sahel.

S

sahraoui [saʀawi] ***agg.*** del Sahara (spec. Occidentale).

saie [sɛ] ***n.f.*** (*st. abbigl.*) saio (*m.*).

saignant [sɛɲɑ̃] ***agg.*** sanguinante.
● ***bifteck saignant***, bistecca al sangue.

saignée [seɲe] ***n.f.*** **1** salasso (*m.*) (*anche fig.*) **2** piega tra braccio e avambraccio **3** (*edil.*) traccia, scanalatura **4** (*tecn.*) intaglio (*m.*), incisione (su un albero).

saignement [sɛɲmɑ̃] ***n.m.*** emorragia (*f.*) (spec. nasale).

saigner [seɲe] ***v.intr.*** sanguinare (*anche fig.*): *son doigt saigne*, gli sanguina il dito; *il saigne du nez*, gli esce il sangue dal naso ♦ ***v.tr.*** **1** cavare sangue (**a**) **2** sgozzare, scannare **3** (*fig.*) dissanguare, salassare ♦ **se saigner** ***v.pron.*** (*fig. fam.*) dissanguarsi.
● ***saigner à blanc***, dissanguare | ***saigner comme un bœuf***, perdere molto sangue | ***se saigner aux quatre veines***, (*fam.*) svenarsi.

saillant [sajɑ̃] ***agg.*** **1** sporgente, prominente **2** (*fig.*) saliente, rilevante.
■ SIN. **1** proéminent.

saillera [sajəʀa] → **saillir**.

saillie [saji] ***n.f.*** **1** (*arch.*) sporgenza, aggetto (*m.*) **2** (*letter.*) battuta di spirito, arguzia **3** (*zool.*) monta.
● ***en saillie***, sporgente | ***faire saillie***, sporgere.

saillir [sajiʀ] ***v.intr.dif.*** [nel significato 1 si usa solo alla 3ª pers.sing. e pl.; pres.indic.: *il saille*, *ils saillent*; imperf. indic.: *il saillait*, *ils saillaient*; fut.indic.: *il saillera*, *ils sailleront*; cond.: *il saillerait*, *ils sailleraient*; pres.cong.: *qu'il saille*, *qu'ils saillent*; p.pres.: *saillant*; p.p.: *sailli*; nel significato 2 e alla forma transitiva è coniugato come *finir* e si usa all'inf., alla 3ª pers.sing. e pl., al p.pres. e al p.p.] **1** sporgere, aggettare; risaltare (*anche fig.*) **2** (*antiq.*) zampillare ♦ ***v.tr.*** (*di animali*) accoppiarsi (**con**), montare.

sain [sɛ̃] ***agg.*** **1** sano **2** salubre, sano **3** (*fig.*) retto, giusto: *des idées saines*, sani principi; *une affaire saine*, un affare pulito; *de saines lectures*, delle buone letture.
● ***sain de corps et d'esprit***, sano di corpo e di mente | ***sain et sauf***, sano e salvo.

saindoux [sɛ̃du] ***n.m.*** (*cuc.*) strutto.

sainfoin [sɛ̃fwɛ̃] ***n.m.*** (*bot.*) lupinella (*f.*).

saint [sɛ̃] ***agg.*** **1** santo; sacro: *l'histoire sainte*, la storia sacra; *images saintes*, immagini sacre | *j'ai une sainte horreur de la pluie*, detesto la pioggia **2** pio, santo **3** (*seguito da un nome proprio*) san: *la cathédrale Saint-Paul de Londres*, la cattedrale di San Paolo a Londra ♦ ***n.m.*** santo.
● ***année sainte***, anno santo | ***ce n'est quand même pas un petit saint***, (*fam.*) non è poi uno stinco di santo | (*prov.*) ***comme on connaît ses saints on les honore***, se conosci il tuo pollo sai come cucinarlo | ***il y a de quoi lasser un saint***, (*fig.*) c'è di che far perdere la pazienza a un santo | ***il vaut mieux s'adresser à Dieu qu'à ses saints***, (*fig.*) meglio rivolgersi direttamente al capo | (*relig.*) ***la Sainte Famille***, la Sacra Famiglia | ***la Saint-Sylvestre***, (il giorno di) San Silvestro | ***le saint des saints***, (*anche fig.*) il sancta sanctorum | ***les saintes femmes***, le pie donne | ***ne plus savoir à quel saint se vouer***, (*fam.*) non sapere più a che santo votarsi.

> NOTA Per designare un santo, si usa ***saint*** senza maiuscola seguito dal nome: *saint Paul, sainte Agnès*. Quando entra nella terminologia di un luogo o di una festa, *saint* prende la maiuscola ed è legato al nome con un trattino: *la nuit de la Saint -Jean, le boulevard Saint-Michel, l'église Saint-Pierre*.

saintais [sɛ̃tɛ] ***agg.*** di Saintes.

saint-bernard [sɛ̃bɛʀnaʀ] ***n.m.invar.*** (*zool.*) (cane) sanbernardo.

saint-claudien [sɛ̃klodjɛ̃] ***agg.*** [f. *saint-claudienne*; pl.m. *saint-Claudiens*] di Saint-Claude.

saint-cyrien [sɛ̃siʀjɛ̃] ***n.m.*** [pl. *saint-cyriens*] allievo dell'Accademia militare di Saint-Cyr.

> NOTA A Saint-Cyr-l'École esisteva, fin dal 1686, un collegio femminile fondato da Madame de Maintenon, diventato poi scuola per figli di ufficiali (1790), e quindi Accademia militare che preparava ufficiali dell'esercito di terra (1808-1940).
> ***Saint-Cyr-Coëtquidan*** è un grande e importante centro di scuole militari sorto dopo la Liberazione.

sainte-barbe [sɛ̃tbarb] ***n.f.*** [pl. *saintes-barbes*] (*mar.*) santabarbara.

saintement [sɛ̃tmɑ̃] ***avv.*** santamente.

saint-émilion [sɛ̃temiljɔ̃] ***n.m.invar.*** saint-émilion (vino Bordeaux rosso molto pregiato).

sainte-nitouche [sɛ̃tnituʃ] ***n.f.*** [pl. *saintes-nitouches*] santarellina.

Saint-Esprit [sɛ̃tɛspʀi] ***n.m.*** (*solo sing.*) (*teol.*) Spirito Santo.
● ***par l'opération du Saint-Esprit***, (*fam.*) per opera dello Spirito Santo.

sainteté [sɛ̃tte] ***n.f.*** santità.

sainte-touche [sɛ̃ttuʃ] ***n.f.*** (*fam.*) giorno (*m.*) di paga, ventisette (*m.*).

saint-frusquin [sɛ̃fʀyskɛ̃] ***n.m.invar.*** (*fam.*) carabattole (*f.pl.*), cianfrusaglie (*f.pl.*).

saint-gaudinois [sɛ̃godinwa] ***agg.*** [f. *saint-gaudinoise*; pl.m. *invar.*] di Saint-Gaudens.

saint-germinois [sɛ̃ʒɛʀminwa] ***agg.*** [f. *saint-germinoise*; pl.m. *invar.*] di Saint-Germain-en-Laye.

saint-glinglin, à la [alasɛ̃glɛ̃glɛ̃] ***avv.*** (*fam.*) alle calende greche, nel giorno di San Mai.

saint-honoré [sɛ̃tɔnɔʀe] ***n.m.invar.*** (*cuc.*) saint-honoré (*f.*).

saint-nectaire [sɛ̃nɛktɛʀ] ***n.m.invar.*** formaggio vaccino, con crosta violaceo-grigiastra, prodotto in Alvernia.

saintongeais [sɛ̃tɔ̃ʒɛ] ***agg.*** della contea di Saintonge.

saint-paulin [sɛ̃polɛ̃] ***n.m.invar.*** formaggio vaccino molle con la crosta lavata.

saint-pierre [sɛ̃pjɛʀ] ***n.m.invar.*** (pesce) sampietro.

saint-quentinois [sɛ̃kɑ̃tinwa] ***agg.*** [f. *saint-quentinoise*; pl.m. *invar.*] di Saint-Quentin.

Saint-Siège [sɛ̃sjɛʒ] ***n.m.*** (*solo sing.*) (*eccl.*) Santa Sede (*f.*).

Saint-Sylvestre [sɛ̃silvɛstʀ] ***n.f.*** (*solo sing.*) il giorno (*m.*), la notte di San Silvestro.
● ***à la Saint-Sylvestre***, nella, la notte di San Silvestro.

sais [sɛ] → **savoir**[1].

saisi [sezi] ***n.m.*** (*dir.*) pignoratario ♦ ***agg.*** (*dir.*) pignorato.

saisie [sezi] ***n.f.*** **1** (*dir.*) pignoramento (*m.*) **2** sequestro (*m.*).
● (*inform.*) ***saisie de données***, input, immissione di dati.

saisie-arrêt [seziaʀɛ] ***n.f.*** [pl. *saisies-arrêts*] (*dir.*) sequestro (*m.*) presso terzi; pignoramento (*m.*) presso terzi.

saisie-mobilière [sezimɔbiljɛʀ] ***n.f.*** [pl. *saisies-mobilières*] (*dir.*) pignoramento (*m.*) mobiliare.

saisine [sezin] *n.f.* (*dir.*) deferimento (*m.*), ricorso (*m.*) (a un tribunale, a un giudice).

saisir [seziʀ] *v.tr.* **1** afferrare, prendere: *saisir par la taille*, afferrare alla vita **2** cogliere, prendere: *saisir une occasion*, cogliere un'occasione **3** (*fig.*) capire, afferrare: *il saisit d'un coup d'œil la situation*, gli bastò un'occhiata per capire come stavano le cose | *as-tu saisi?*, hai capito? **4** cogliere; colpire; assalire: *être saisi de peur, d'étonnement*, essere colto dalla paura, dallo stupore **5** (*non com.*) gelare: *cette nuit la gelée a saisi le lac*, questa notte l'acqua del lago è gelata **6** (*cuc.*) passare a fuoco vivo; (*carne*) scottare **7** (*dir.*) sequestrare, pignorare **8** (*dir.*) adire, investire: *saisir un tribunal d'une affaire*, investire di una causa un tribunale **9** (*inform.*) inserire (dati) ♦ **se saisir** *v.pron.intr.* appropriarsi, impossessarsi.
● ***saisir à bras le corps***, agguantare per la vita | ***saisir au vol***, afferrare al volo | ***saisir la balle au bond***, cogliere la palla al balzo.
■ V.TR. SIN. **1** prendre, attraper CONTR. **1** lâcher.

saisissable [sezisabl] *agg.* **1** percepibile **2** comprensibile **3** (*dir.*) pignorabile, sequestrabile.

saisissant [sezisɑ̃] *agg.* che colpisce, sorprendente; (*estens.*) commovente ♦ *n.m.* (*dir.*) pignorante.

saisissement [sezismɑ̃] *n.m.* **1** brivido di freddo **2** sbigottimento; trasalimento.

saison [sɛzɔ̃] *n.f.* **1** stagione **2** stagione, periodo (*m.*): *la saison des vacances*, il periodo delle vacanze | *la saison théâtrale*, la stagione teatrale **3** cura termale: *faire une saison à Vichy*, andare a Vichy per un periodo di cura.
● (*Africa*) ***saison-pluie***, stagione delle piogge; (*estens.*) anno | ***à la belle saison***, nella bella stagione | ***en fin de saison***, a fine stagione | ***être de saison, être hors de saison***, (*fig.*) essere opportuno, essere inopportuno | ***hors saison***, fuori stagione | ***hôtel ouvert en toute saison***, albergo aperto tutto l'anno | ***la basse, la haute saison***, l'alta, la bassa stagione.

saisonnier [sɛzɔnje] *agg.* [f. *-ère*] stagionale; della stagione ♦ *n.m.* **1** (lavoratore) stagionale **2** villeggiante, vacanziere.

sajou [saʒu] *n.m.* (*zool.*) cebo.

salace [salas] *agg.* (*letter.*) salace, lascivo.

salade [salad] *n.f.* **1** insalata: *trier, tourner la salade*, mondare, mescolare l'insalata **2** (*fig. fam.*) pasticcio (*m.*) **3** (*pl.*) storie, fandonie.
● ***salade composée***, insalata mista | ***salade de fruits***, macedonia di frutta | ***en salade***, in insalata | ***il vend bien sa salade!***, sa vendersi bene!

saladier [saladje] *n.m.* insalatiera (*f.*).

salage [salaʒ] *n.m.* salatura (*f.*).

salaire [salɛʀ] *n.m.* **1** salario, stipendio, retribuzione (*f.*): *toucher son salaire*, riscuotere lo stipendio **2** (*fig.*) ricompensa (*f.*).
● ***salaire aux pièces***, retribuzione a cottimo | ***salaire brut***, salario lordo | ***salaire de base***, stipendio base | ***salaire journalier***, retribuzione a giornata | ***salaire majoré***, superminimo | ***salaire minimum interprofessionnel de croissance*** (SMIC), minimo salariale | ***salaire-plafond***, tetto, plafond salariale | ***fourchette des salaires***, fascia retributiva | (*prov.*) ***toute peine mérite salaire***, ogni fatica merita la sua ricompensa.

salaison [salɛzɔ̃] *n.f.* **1** salatura **2** (*pl.*) cibi (*m.*) conservati sotto sale.

salamalecs [salamalɛk] *n.m.pl.* salamelecchi.

salamandre [salamɑ̃dʀ] *n.f.* (*zool.*) salamandra.

salami [salami] *n.m.* salame.

salant [salɑ̃] *n.m.* (*geogr.*) terreno salino.
● ***marais salant***, salina | ***puits salant***, pozza d'acqua salata.

salarial [salaʀjal] *agg.* [pl. *-aux*] salariale.
● ***la masse salariale***, il monte salari.

salariat [salaʀja] *n.m.* **1** condizione (*f.*) del lavoratore dipendente **2** lavoratori (*pl.*) dipendenti.

salarié [salaʀje] *agg.* e *n.m.* salariato, stipendiato.

salarier [salaʀje] *v.tr.* salariare, stipendiare.

salaud [salo] *n.m.* (*volg.*) carogna (*f.*), stronzo ♦ *agg.m.* (*volg.*) stronzo.

sale [sal] *agg.* **1** sporco, sudicio **2** (*fig.*) sporco, spregevole.
● ***c'est une sale affaire***, (*fam.*) è un brutto affare | ***c'est un sale type***, (*fam.*) è un losco individuo, un tipaccio | ***être sale comme un peigne***, essere sporco come un maiale | ***quel sale temps!***, (*fam.*) che tempaccio! | ***une sale maladie***, (*fam.*) una brutta malattia.

FAUX AMI
Da non confondere con l'italiano *sale*, che si traduce *sel*.

salé [sale] *agg.* **1** salato **2** (*fig.*) piccante **3** (*fam.*) salato, molto caro ♦ *n.m.* **1** carne (*f.*) di maiale salata **2** (ciò che è) salato: *je n'aime pas le salé*, non mi piacciono i cibi salati.
● ***petit salé***, carne di maiale cotta con spezie in acqua salata.

salement [salmɑ̃] *avv.* (*fam.*) in modo riprovevole.
● ***agir salement***, comportarsi da mascalzone | ***manger salement***, mangiare come un maiale.

saler [sale] *v.tr.* **1** salare **2** (*fam.*) far pagare caro, pelare **3** (*fam.*) punire severamente.

salésien [salezjɛ̃] *agg.* e *n.m.* [f. *-enne*] salesiano.

saleté [salte] *n.f.* **1** sporcizia, sudiciume (*m.*) **2** cosa sporca; schifezza | *je dois avoir une saleté dans l'œil*, devo avere un bruscolo in un occhio **3** (*fig.*) porcheria, vigliaccata.

salicylique [salisilik] *agg.* (*chim.*) salicilico.

salière [saljɛʀ] *n.f.* saliera.

saligaud [saligo] *n.m.* (*fam.*) **1** sporcaccione, sudicione **2** carogna (*f.*).

salin [salɛ̃] *agg.* salino ♦ *n.m.* salina (*f.*).

salinage [salinaʒ] *n.m.* **1** salina (*f.*) **2** salinatura (*f.*).

saline [salin] *n.f.* salina (stabilimento per la produzione del sale). S

salinier [salinje] *agg.* e *n.m.* [f. *-ère*] produttore di sale.

salinité [salinite] *n.f.* (*chim.*) salinità.

salique [salik] *agg.* (*st.*) salico.

NOTA La ***loi salique***, la legge salica, fa riferimento a una raccolta di leggi dei franchi Salii, una delle quali impediva l'eredità delle terre alle donne. Dal XIV secolo, l'interpretazione di questa disposizione fece sì che venisse giustificata e sanzionata l'esclusione delle donne dalla successione al trono di Francia.

salir [saliʀ] *v.tr.* sporcare; insozzare (*anche fig.*): *salir la réputation de qqn*, macchiare la reputazione di qlcu ♦ **se salir** *v.pron.* e *pron.intr.* sporcarsi.
● ***salir du papier***, imbrattar carte | ***se salir les mains***, (*anche fig.*) sporcarsi le mani.

FAUX AMI
Da non confondere con *salire*, che si traduce *monter*.

salissant [salisɑ̃] *agg.* **1** che sporca **2** che si sporca facilmente, sporchevole: *couleur salissante*, colore sporchevole.

salissure [salisyʀ] *n.f.* sporcizia, sudiciume (*m.*); (*estens.*) macchia.

salivaire [salivɛʀ] *agg.* (*anat.*) salivale, salivare.

salivation [salivasjɔ̃] *n.f.* salivazione.

salive [saliv] *n.f.* saliva.

● ***avaler sa salive***, (*fam.*) trattenersi dal parlare | ***dépenser beaucoup de salive***, (*fam.*) parlare molto | ***perdre sa salive***, (*fam.*) sprecare (il) fiato.

■ SIN. bave.

saliver [salive] *v.intr.* salivare.

salle [sal] *n.f.* **1** sala, salone (*m.*); stanza **2** sala; spettatori (*m.pl.*); pubblico (*m.*): *la salle était debout et applaudissait*, tutto il teatro era in piedi per applaudire.

● ***salle à manger***, sala da pranzo | ***salle blanche***, (*in un'industria*) reparto sterile | ***salle commune***, (*di ospedale*) corsia | ***salle d'attente***, sala d'attesa, d'aspetto | ***salle d'eau***, stanza da bagno (solo con doccia e lavabo) | ***salle de bains***, (stanza da) bagno | ***salle de bal***, salone da ballo | ***salle de cinéma***, sala cinematografica | ***salle de classe***, aula | ***salle de jeux***, sala giochi; (*di casinò*) sala da gioco | (*banca*) ***salle de marché***, sala contrattazioni | (*aer.*) ***salle d'embarquement***, area d'imbarco | (*Africa*) ***salle de passage***, sala d'aspetto | (*mar.*) ***salle des machines***, sala macchine | ***salle des pas perdus***, (*di stazione, palazzo di giustizia*) atrio | ***salle des ventes***, sala delle aste | (*med.*) ***salle d'opération***, sala operatoria | ***faire salle comble***, (*a teatro*) fare un pienone, fare il tutto esaurito.

salmigondis [salmigɔ̃di] *n.m.* **1** (*cuc. antiq.*) spezzatino fatto con carne avanzata **2** (*fig.*) guazzabuglio.

salmis [salmi] *n.m.* (*cuc.*) spezzatino di selvaggina o pollame già cotti allo spiedo.

salmonellose [salmɔneloz] *n.f.* (*vet., med.*) salmonellosi.

saloir [salwaʀ] *n.m.* salatoio.

salon [salɔ̃] *n.m.* **1** salotto; sala (*f.*) **2** *Salon*, Salone (mostra, esposizione): *Salon de l'Automobile*, Salone dell'automobile.

● ***salon de coiffure***, parrucchiere | ***salon de thé***, sala da tè | ***les salons littéraires***, i salotti letterari.

NOTA ***Les salons littéraires*** furono molto in voga in Francia dagli inizi del XVII secolo. Erano riunioni tenute in genere nel palazzo di una dama che ne diventava l'anima, orientandone la conversazione e il gusto. Nei celebri *salons* della marchesa di Rambouillet, di Mme de la Fayette e di Mlle de Scudéry, esercitarono un'influenza letteraria determinante personaggi quali La Rochefoucault, La Fontaine, Mme de Sévigné e Voltaire. Nel sec. XVIII il *salon* di Mme de Lambert ebbe come principali frequentatori Montesquieu, Marivaux e Fontenelle. Nei *salons* di Mme de Deffand, di Mme de Tencin, di Mme Geoffrin e di Mlle de Lespinasse le discussioni vertevano soprattutto su argomenti filosofici, politici, economici e sociali.

salonard, **salonnard** [salɔnaʀ] *n.m.* (*spreg.*) tipo da salotto.

salon-lavoir [salɔ̃lavwaʀ] *n.m.* [pl. *salons-lavoirs*] (*Svizzera*) lavanderia automatica.

salopard [salɔpaʀ] *n.m.* (*volg.*) bastardo, stronzo.

salope [salɔp] *n.f.* (*volg.*) carogna; stronza.

saloper [salɔpe] *v.tr.* (*molto fam.*) raffazzonare, abborracciare.

saloperie [salɔpʀi] *n.f.* (*fam.*) **1** sozzume (*m.*) **2** porcheria, schifezza **3** carognata, mascalzonata.

salopette [salɔpɛt] *n.f.* (*abbigl.*) salopette.

salpêtre [salpɛtʀ] *n.m.* (*chim.*) salnitro, nitrato di potassio.

salpêtrer [salpetʀe] *v.tr.* coprire di salnitro.

salpêtrière [salpɛtʀijɛʀ] *n.f.* (*ant.*) fabbrica, deposito (*m.*) di salnitro.

salpingite [salpɛ̃ʒit] *n.f.* (*med.*) salpingite.

salse [sals] *n.f.* (*geol.*) salsa.

salsifis [salsifi] *n.m.* (*bot.*) salsefrica (*f.*), scorzobianca (*f.*).

● ***salsifis noir***, scorzonera.

saltimbanque [saltɛ̃bɑ̃k] *n.m.* saltimbanco.

salubre [salybʀ] *agg.* salubre.

salubrité [salybʀite] *n.f.* salubrità.

saluer [salɥe] *v.tr.* **1** salutare: *saluer qqn d'un geste de la main*, salutare qlcu con un gesto della mano **2** (*estens.*) salutare, accogliere; acclamare: *saluer par des sifflets*, accogliere con dei fischi | (*relig.*) *je vous salue, Marie*, ave, Maria ♦ **se saluer** *v.pron.rec.* salutarsi.

salure [salyʀ] *n.f.* salsedine.

salut [saly] *n.m.* **1** salvezza (*f.*); scampo **2** (*teol.*) salvezza (*f.*), salute (*f.*) eterna **3** saluto **4** (*eccl.*) benedizione (*f.*) ♦ *inter.* ciao, salve.

● (*mil.*) ***salut au drapeau***, saluto alla bandiera | ***Armée du Salut***, Esercito della Salvezza | ***faire son salut***, salvarsi.

FAUX AMI
Da non confondere con *salute*, che si traduce *santé*.

salutaire [salytɛʀ] *agg.* salutare.

salutation [salytasjɔ̃] *n.f.* saluto (*m.*) | *recevez* (o *veuillez agréer*), *Monsieur, mes salutations les plus distinguées*, (*in chiusura di lettera*) la prego di gradire (i miei) distinti saluti.

salutiste [salytist] *n.m.* e *f.* salutista (membro dell'Esercito della Salvezza) ♦ *agg.* dell'Esercito della Salvezza, dei salutisti.

salvateur [salvatœʀ] *agg.* [f. *-trice*] (*letter.*) salvatore.

salve [salv] *n.f.* salva, scarica (*anche fig.*): *une salve d'applaudissements salua son entrée*, una salva di applausi salutò il suo ingresso.

samaritain[1] [samaʀitɛ̃] *agg.* samaritano.

samaritain[2] *n.m.* (*Svizzera*) soccorritore; chi appartiene a una squadra di soccorso.

samedi [samdi] *n.m.* sabato.

● (*relig.*) ***samedi saint***, sabato santo.

samouraï [samuʀaj] *n.m.* samurai.

samoussa [samusa] *n.m.* (*cuc.*) triangolo di pasta farcito con verdure, carne, pesce o formaggio.

sampant [sɑ̃pɑ̃] *agg.* (*Africa*) irrefrenabile (di sentimenti).

SAMU [samy] *n.m.invar.* (*sigla di* Service d'Aide Médicale d'Urgence) unità mobile di pronto intervento medico.

● ***SAMU social***, ambulanza che raccoglie sulla strada i senzatetto in difficoltà.

sana [sana] *n.m.* (*fam.*) abbr. di **sanatorium**.

sanatorium [sanatɔʀjɔm] *n.m.* sanatorio.

sanctifiant [sɑ̃ktifjɑ̃] *agg.* santificante.

sanctificateur [sɑ̃ktifikatœʀ] *agg.* e *n.m.* [f. *-trice*] santificatore.

● (*teol.*) ***le Sanctificateur***, lo Spirito Santo.

sanctification [sɑ̃ktifikasjɔ̃] *n.f.* santificazione.

sanctifier [sɑ̃ktifje] *v.tr.* **1** santificare **2** consacrare, rendere sacro.

sanction [sɑ̃ksjɔ̃] *n.f.* 1 sanzione, ratificazione; approvazione 2 sanzione, misura disciplinare 3 conseguenza; risultato (*m.*): *l'insuccès fut la sanction de sa paresse*, l'insuccesso fu la conseguenza della sua pigrizia.
● (*dir.*) ***sanction pénale***, sanzione penale | ***recevoir la sanction de l'usage***, essere sancito dall'uso | ***prendre des sanctions***, prendere provvedimenti, adottare misure disciplinari.

sanctionner [sɑ̃ksjɔne] *v.tr.* 1 sancire 2 approvare 3 confermare 4 punire.

sanctuaire [sɑ̃ktɥɛʀ] *n.m.* santuario (*anche fig.*).

NOTA Tra i più famosi santuari di Francia, si ricordano quelli di santa Teresa del Bambin Gesù a *Lisieux* (Calvados), della Vergine a *Lourdes* (Hautes-Pyrénées), di *Sainte-Foix* a *Conques*, di *Mont-Saint-Michel* (Normandia), di *Rocamadour* (Lot) e di *Saintes-Maries-de-la-Mer* (Camargue).

sandale [sɑ̃dal] *n.f.* sandalo (*m.*).

sandalette [sɑ̃dalɛt] *n.f.* sandaletto (*m.*).

sandball [sɑ̃dbol] *n.m.* sandball (handball giocato a piedi nudi nella sabbia).

sandow® [sɑ̃do] *n.m.* cavo elastico (usato per estensori da ginnastica, per il lancio degli alianti, per fissare oggetti su un portabagagli ecc.).

sandre [sɑ̃dʀ] *n.f.* (*zool.*) lucioperca (*m.*).

sandwich [sɑ̃dwitʃ] *n.m.* tramezzino, panino imbottito.
● ***être pris en sandwich***, (*fig.*) trovarsi tra due fuochi.

sanforiser [sɑ̃fɔʀize] *v.tr.* (*ind. tess.*) sanforizzare.

sang [sɑ̃] *n.m.* 1 sangue 2 sangue, stirpe (*f.*), razza (*f.*) | *pur sang*, purosangue.
● ***à feu et à sang***, a ferro e fuoco | ***avoir du sang bleu***, essere di sangue blu, avere sangue blu nelle vene | ***avoir du sang dans les veines***, avere sangue nelle vene | ***avoir du sang de navet***, non avere sangue nelle vene | ***avoir du sang de poulet***, avere un coraggio da coniglio! | ***avoir le sang chaud***, avere il sangue caldo | ***bon sang!***, (*fam.*) diamine! | ***bon sang de bonsoir!***, (*fam.*) porca miseria! | (*prov.*) ***bon sang ne saurait mentir***, buon sangue non mente | (*med.*) ***coup de sang***, colpo apoplettico | ***de chair et de sang***, in carne e ossa | ***jusqu'au sang***, a sangue: *fouetter jusqu'au sang*, frustare a sangue | ***le sang a coulé***, è stato versato sangue, c'è stato spargimento di sangue | ***mon sang n'a fait qu'un tour***, (*fam.*) non ci ho più visto | ***sans effusion de sang***, senza spargimento di sangue | ***se faire du mauvais sang***, farsi cattivo sangue | ***se faire un sang d'encre***, farsi sangue amaro | ***se ronger les sangs***, (*fam.*) mangiarsi, rodersi il fegato | ***suer sang et eau***, sudare sangue, sudare sette camicie | ***tout en sang***, tutto insanguinato | ***un apport de sang frais***, un apporto di nuove energie; (*estens.*) un apporto di nuovi capitali.

sang-froid [sɑ̃fʀwa] *n.m.invar.* sangue freddo.
● ***de sang-froid***, a sangue freddo, con freddezza.

sanglant [sɑ̃glɑ̃] *agg.* 1 insanguinato 2 sanguinoso, cruento 3 (*fig.*) feroce, sferzante.

sangle [sɑ̃gl] *n.f.* cinghia.
● ***lit de sangle***, branda.

sangler [sɑ̃gle] *v.tr.* 1 cinghiare, mettere le cinghie (a) 2 stringere forte ♦ **se sangler** *v.pron.* serrarsi, stringersi forte (in un'uniforme, in un busto ecc.).

sanglier [sɑ̃glije] *n.m.* (*zool.*) cinghiale.

sanglot [sɑ̃glo] *n.m.* singhiozzo: *la voix entrecoupée de sanglots*, la voce rotta dal pianto; *les sanglots lui nouaient la gorge*, il pianto le serrava la gola.
● ***avoir des sanglots dans la voix***, parlare con voce rotta dal pianto.

sangloter [sɑ̃glɔte] *v.intr.* singhiozzare.

sang-mêlé [sɑ̃mele] *n.m.* e *f.invar.* (*antiq.*) sanguemisto, meticcio/a.

sangsue [sɑ̃sy] *n.f.* sanguisuga, mignatta (*anche fig.*).

sanguin [sɑ̃gɛ̃] *agg.* e *n.m.* sanguigno (*anche fig.*).

sanguinaire[1] [sɑ̃ginɛʀ] *agg.* 1 sanguinario, crudele 2 (*estens.*) sanguinoso, cruento.

sanguinaire[2] *n.f.* (*bot.*) sanguinaria.

sanguine [sɑ̃gin] *n.f.* 1 (*bot.*) arancia sanguigna 2 (*pitt.*) sanguigna.

sanguinolent [sɑ̃ginɔlɑ̃] *agg.* sanguinolento.

sanguisorbe [sɑ̃gɥisɔʀb] *n.f.* (*bot.*) sanguisorba, pimpinella.

sanhédrin [sanedʀɛ̃] *n.m.* (*st.*) sinedrio.

sanie [sani] *n.f.* (*med.*) sanie, materia purulenta.

sanieux [sanjø] *agg.* [f. *-euse*] (*med.*) sanioso, purulento.

sanisette® [sanizɛt] *n.f.* gabinetto (*m.*) pubblico (con accesso e pulizia automatizzati).

sanitaire [sanitɛʀ] *agg.* sanitario ♦ *n.m.* (*solo pl.*) servizi (igienici), bagni.
● ***(appareil) sanitaire***, apparecchio igienico, sanitario.

sans [sɑ̃] *prep.* senza; (*davanti a pron.pers.*) senza (di): *il est sorti sans imperméable ni parapluie*, è uscito senza impermeabile né ombrello; *vous partirez sans moi*, partirete senza di me; *non sans plaisir*, non senza piacere ♦ *avv.* (*usato in modo assoluto*) (*fam.*) senza: *les jours sans et les jours avec*, i giorni senza e i giorni con; *que ferions -nous sans?*, come faremmo senza?
● ***sans aucun doute***, indubbiamente, senza dubbio: *c'est sans aucun doute un bon livre*, è senza (alcun) dubbio un buon libro | ***sans cesse***, senza sosta, incessantemente | ***sans compter que***, senza contare che | ***sans doute***, forse, probabilmente: *sans doute viendra-t-il ce soir*, verrà probabilmente stasera | ***sans exception***, senza eccezione | ***sans faute***, senz'altro, sicuramente | ***sans même***, senza neppure, senza nemmeno | ***sans pitié***, senza pietà, spietato | ***sans plus***, (senza) niente di più, e basta: *c'est un employé consciencieux sans plus*, è un impiegato diligente, niente (di) più | ***sans que***, senza che: *le professeur m'a puni sans que j'aie pu m'expliquer*, il professore mi ha punito senza che potessi spiegarmi | ***sans quoi***, ***sans cela***, altrimenti, se no | ***cela va sans dire***, è naturale, è ovvio | ***c'est sans espoir***, non c'è speranza | ***être sans un***, (*fam.*) non avere il becco di un quattrino | ***tu n'es pas sans savoir que***, certamente saprai già che.

sans-abri [sɑ̃zabʀi] *n.m.invar.* senzatetto.

sans-cœur [sɑ̃kœʀ] *n.m.* e *f.invar.* (*fam.*) persona (*f.*) senza cuore.

sanscrit [sɑ̃skʀi] *agg.* e *n.m.* → **sanskrit**.

sans-culotte [sɑ̃kylɔt] *n.m.* [pl. *sans-culottes*] (*st.*) sanculotto (nome dato ai rivoluzionari popolani che indossavano i pantaloni, mentre gli aristocratici portavano la *culotte*).

sans-défense [sɑ̃defɑ̃s] *n.m.* e *f.invar.* indifeso/a.

sans-dessein [sɑ̃desɛ̃] *n.m.* e *f.invar.* (*Canada*) incapace, inetto/a.

sans-emploi [sɑ̃zɑ̃plwa] *n.m.* e *f.invar.* disoccupato/a.

sans-façon [sɑ̃fasɔ̃] *n.m.invar.* (*letter.*) disinvoltura (*f.*), semplicità (*f.*) di modi.

sans-faute [sɑ̃fot] *n.m.invar.* esecuzione (*f.*) perfetta; prestazione (*f.*) perfetta.

S

sans-fil [sɑ̃fil] ***n.m.invar.*** telegrafia (*f.*) senza fili, radiotelegrafia (*f.*).
● (***dépêche par***) ***sans-fil***, radiogramma.
sans-gêne [sɑ̃ʒɛn] ***n.m.invar.*** **1** sfrontatezza (*f.*), sfacciataggine (*f.*) **2** persona (*f.*) sfrontata, sfacciata.
sanskrit [sɑ̃skʀit] ***agg.*** e ***n.m.*** sanscrito.
sans-le-sou [sɑ̃lsu] ***n.m.*** e ***f.invar.*** (*fam.*) spiantato/a, squattrinato/a.
sans-logis [sɑ̃lɔʒi] ***n.m.*** e ***f.invar.*** senzatetto.
sansonnet [sɑ̃sɔnɛ] ***n.m.*** (*zool.*) storno, stornello.
sans-papier [sɑ̃papje] ***n.m.*** e ***f.invar.*** straniero/a privo di documenti.
sans-souci [sɑ̃susi] ***n.m.*** e ***f.invar.*** (*antiq.*) persona (*f.*) spensierata, senza preoccupazioni ♦ ***agg.*** spensierato.
sans-travail [sɑ̃tʀavaj] ***n.m.*** e ***f.invar.*** disoccupato/a.
santal [sɑ̃tal] ***n.m.*** [pl. *-als*, *-aux*] (*bot.*) sandalo.
santé [sɑ̃te] ***n.f.*** **1** salute: *c'est mauvais pour ta santé*, ti fa male alla salute **2** sanità.
● ***à ta santé!***, alla tua salute! | ***avoir une petite santé***, (*fam.*) avere poca salute, essere cagionevole di salute | ***boire à la santé de qqn***, bere alla salute di qlcu | ***elle respire la santé***, sprizza salute da tutti i pori; è il ritratto della salute | ***la Santé***, la sanità marittima | ***maison de santé***, casa di cura, clinica | ***Ministère de la Santé publique***, Ministero della Sanità | ***se refaire une santé***, ristabilirsi (in salute).
santiag [sɑ̃tjag] ***n.f.*** [pl. *santiagues*] durango (*m.*), stivale (*m.*) a punta con tacco obliquo.
santon [sɑ̃tɔ̃] ***n.m.*** statuina (*f.*) del presepe (molto diffusa in Provenza).
sanve [sɑ̃v] ***n.f.*** (*bot.*) senape selvatica.
saoudien [saudjɛ̃] ***agg.*** [f. *-enne*] saudita.
saoul [su] ***agg.*** → **soûl**.
saouler [sule] ***v.tr.*** → **soûler**.
sapajou [sapaʒu] ***n.m.*** **1** (*zool.*) cebo **2** (*fig.*) scimmiotto.
sape[1] [sap] ***n.f.*** **1** (*mil.*) trincea **2** scavo (*m.*) (per scalzare le fondamenta).
● ***mener un travail de sape***, (*fig.*) agire in modo sotterraneo | ***travaux de sape***, lavori di scavo.
sape[2] ***n.f.*** (*spec. pl.*) (*molto fam.*) vestito (*m.*), abito (*m.*).
sapement [sapmɑ̃] ***n.m.*** **1** lo scalzare (le fondamenta) **2** (*geol.*) erosione (*f.*) (provocata dall'acqua).
saper[1] [sape] ***v.tr.*** **1** scalzare (le fondamenta) **2** (*delle acque*) erodere, intaccare lentamente.
● ***saper le moral***, (*fig.*) minare il morale.
saper[2] ***v.tr.*** (*fam.*) vestire, agghindare: *comme elle est bien, mal sapée!*, come è tutta in tiro, conciata! ♦ **se saper** ***v.pron.intr.*** vestirsi, agghindarsi.
saperlipopette [sapɛʀlipɔpɛt] **saperlotte** [sapɛʀlɔt] ***inter.*** (*antiq.*) perdindirindina!
sapeur[1] [sapœʀ] ***n.m.*** (*mil.*) geniere.
sapeur[2] ***n.m.*** (*Africa*) giovane elegante, dandy.
sapeur-pompier [sapœʀpɔ̃pje] ***n.m.*** [pl. *sapeurs-pompiers*] pompiere, vigile del fuoco.
saphène [safɛn] ***n.f.*** (*anat.*) safena.
saphique [safik] ***agg.*** saffico.
saphir [safiʀ] ***n.m.*** **1** zaffiro **2** (*di grammofono*) puntina (*f.*).
sapide [sapid] ***agg.*** sapido.
sapidité [sapidite] ***n.f.*** sapidità.

S

sapience [sapjɑ̃s] ***n.f.*** (*antiq.*) sapienza.
sapientiaux [sapjɑ̃sjo] ***agg.*** e ***n.m.pl.***
● (***livres***) ***sapientiaux***, libri sapienziali.
sapin [sapɛ̃] ***n.m.*** abete.
● ***sapin blanc***, ***rouge***, abete bianco, rosso | ***sapin de Noël***, albero di Natale | (*Canada*) ***passer un sapin à qqn***, imbrogliare qlcu | ***sentir le sapin***, (*fam.*) avere un piede nella fossa.
sapine [sapin] ***n.f.*** **1** abetella, trave d'abete **2** mastello (*m.*) in legno d'abete.
sapinette [sapinɛt] ***n.f.*** **1** (*bot.*) abete (*m.*) del Canada **2** (*region.*) cedro (*m.*) del Libano.
sapinière [sapinjɛʀ] ***n.f.*** abetaia, abetina.
saponacé [sapɔnase] ***agg.*** saponaceo.
saponaire [sapɔnɛʀ] ***n.f.*** (*bot.*) saponaria.
saponification [sapɔnifikasjɔ̃] ***n.f.*** (*chim.*) saponificazione.
saponifier [sapɔnifje] ***v.tr.*** (*chim.*) saponificare.
saponine [sapɔnin] ***n.f.*** (*chim.*) saponina.
sapote [sapɔt] ***n.f.*** (*bot.*) (*frutto*) sapodilla.
sapotier [sapɔtje] ***n.m.*** (*bot.*) (*pianta*) sapota (*f.*), sapodilla (*f.*).
sapotille [sapɔtij] ***n.f.*** → **sapote**.
sapotillier [sapɔtije] ***n.m.*** → **sapotier**.
sapristi [sapʀisti] ***inter.*** diamine, caspita.
saprobien [sapʀɔbjɛ̃] ***agg.*** [f. *-enne*] (*biol.*) saprobio.
saprophage [sapʀɔfaʒ] ***agg.*** e ***n.m.*** (*biol.*) saprofago.
saprophyte [sapʀɔfit] ***agg.*** e ***n.m.*** (*biol.*) saprofito.
saquer [sake] ***v.tr.*** → **sacquer**.
sarabande [saʀabɑ̃d] ***n.f.*** (*mus., danza*) sarabanda.
● ***faire la sarabande***, (*fam.*) fare chiasso, baccano.
sarbacane [saʀbakan] ***n.f.*** cerbottana.
sarcasme [saʀkasm] ***n.m.*** sarcasmo.
sarcastique [saʀkastik] ***agg.*** sarcastico.
■ CONTR. bienveillant.
sarcastiquement [saʀkastikmɑ̃] ***avv.*** sarcasticamente.
sarcelle [saʀsɛl] ***n.f.***
● (*zool.*): ***sarcelle d'été***, marzaiola; ***sarcelle d'hiver***, alzavola; ***sarcelle marbrée***, garganella.
sarclage [saʀklaʒ] ***n.m.*** (*agr.*) sarchiatura (*f.*).
sarcler [saʀkle] ***v.tr.*** (*agr.*) sarchiare.
sarclette [saʀklɛt] ***n.f.*** sarchiello (*m.*).
sarcloir [saʀklwaʀ] ***n.m.*** (*agr.*) sarchio.
sarcoïdose [saʀkɔidoz] ***n.f.*** (*med.*) sarcoidosi.
sarcome [saʀkom] ***n.m.*** (*med.*) sarcoma.
sarcophage [saʀkɔfaʒ] ***n.m.*** sarcofago.
● ***sac sarcophage***, saccoletto.
sarcopte [saʀkɔpt] ***n.m.*** (*zool.*) acaro della scabbia.
sarde [saʀd] ***agg.*** sardo ♦ ***n.m.*** (*lingua*) sardo.
Sarde ***n.m.*** e ***f.*** (*abitante*) sardo/a.
sardine [saʀdin] ***n.f.*** **1** sardina, sarda **2** (*argot mil.*) gallone (*m.*) di caporale.
● (*cuc.*): ***sardines à l'huile***, sardine sott'olio; ***sardines salées***, sarde sotto sale.
sardinier [saʀdinje] ***agg.*** [f. *-ère*] delle sardine: *pêche sardinière*, pesca delle sardine | *bateau sardinier*, peschereccio per la pesca delle sardine ♦ ***n.m.*** **1** pescatore di sardine **2** operaio addetto alla preparazione delle sardine **3** peschereccio (per la pesca delle sardine).
sardonique [saʀdɔnik] ***agg.*** sardonico.

sardoniquement [saʀdɔnikmɑ̃] ***avv.*** sardonicamente.

sargasse [saʀgas] ***n.f.*** (*bot.*) sargasso (*m.*).

sargue [saʀg] ***n.m.*** (*zool.*) sarago.

sarigue [saʀig] ***n.m.*** (*zool.*) sariga (*f.*).

sarmatique [saʀmatik] ***agg.*** sarmatico.

sarment [saʀmɑ̃] ***n.m.*** sarmento, tralcio: *des sarments de vigne*, tralci di vite.

sarrasin¹ [saʀazɛ̃] ***agg.*** e ***n.m.*** (*st.*) saraceno.

sarrasin² ***n.m.*** (*bot.*) grano saraceno.

sarrau [saʀo] ***n.m.*** [pl. *sarraus*; raro il pl. *-aux*] **1** camiciotto; (*di pittore*) casacca (*f.*); (*antiq.*) (*di scolari*) grembiule **2** tela (*f.*) (per tute, grembiuli ecc.).

sarregueminois [saʀgeminwa] ***agg.*** di Sarreguemines.

sarriette [saʀjɛt] ***n.f.*** (*bot.*) santoreggia.

sarrois [saʀwa] ***agg.*** della Saar.

sartenais [saʀtənɛ] ***agg.*** di Sartène.

sarthois [saʀtwa] ***agg.*** del dipartimento della Sarthe.

sas [sɑs] ***n.m.*** **1** (*idraulica*) vasca (*f.*) di chiusa **2** camera (*f.*) stagna **3** setaccio.

sasser [sase] ***v.tr.*** stacciare, setacciare.

sasseur [sasœʀ] ***n.m.*** [f. *-euse*] crivellatore.

satané [satane] ***agg.*** (*fig. fam.*) dannato, diabolico.

satanique [satanik] ***agg.*** satanico.

satanisme [satanism] ***n.m.*** satanismo.

satellisation [satelizasjɔ̃] ***n.f.*** **1** (*astr.*) lancio (*m.*) di satelliti artificiali **2** (*fig.*) satellizzazione, assoggettamento (*m.*).

satelliser [satelize] ***v.tr.*** **1** mettere in orbita **2** (*fig.*) satellizzare.

satellite [satelit] ***n.m.*** **1** (*astr.*) satellite **2** (*in un aeroporto*) stazione (*f.*) satellite di imbarco ♦ ***agg.*** satellite.
● (*astr.*) ***satellite artificiel***, satellite artificiale | ***TV satellite***, TV satellitare, TV su satellite.

satiété [sasjete] ***n.f.*** sazietà.
● ***à satiété***, a sazietà; fino alla nausea: *répéter qqch (jusqu')à satiété*, ripetere qlco fino alla nausea.

satin [satɛ̃] ***n.m.*** (*tess.*) satin, raso | *peau de satin*, (*fig.*) pelle vellutata.

satiné [satine] ***agg.*** satinato ♦ ***n.m.*** lucentezza (*f.*) | *peau satinée*, (*fig.*) pelle vellutata.

satiner [satine] ***v.tr.*** satinare.

satinette [satinɛt] ***n.f.*** (*tess.*) rasatello (*m.*).

satire [satiʀ] ***n.f.*** satira.

satirique [satiʀik] ***agg.*** satirico.

satiriquement [satiʀikmɑ̃] ***avv.*** satiricamente.

satiriste [satiʀist] ***n.m.*** e ***f.*** scrittore/trice di satira, satirico/a.

satisfaction [satisfaksjɔ̃] ***n.f.*** **1** soddisfazione; appagamento (*m.*): *donner satisfaction aux grévistes*, accogliere le richieste degli scioperanti; *nous ferons tout notre possible pour vous donner satisfaction*, faremo il possibile per venirvi incontro; *cet employé ne donne pas satisfaction*, quell'impiegato non lavora in modo soddisfacente **2** (*letter.*) riparazione, soddisfazione.
● ***à la satisfaction générale***, con soddisfazione di tutti.

satisfaire [satisfɛʀ] ***v.tr.*** [coniug. come *faire*] soddisfare: *satisfaire les besoins de qqn*, soddisfare i bisogni di qlcu ♦ ***v.intr.*** soddisfare, adempiere: *satisfaire à ses obligations*, adempiere ai propri obblighi ♦ **se satisfaire** ***v.pron.intr.*** soddisfarsi: *se satisfaire de peu*, accontentarsi di poco.

satisfaisant [satisfəzɑ̃] ***agg.*** soddisfacente.

satisfait [satisfɛ] *p.p.* di **satisfaire** ♦ ***agg.*** soddisfatto, contento: *un air satisfait*, un'aria soddisfatta.

satisfecit [satisfesit] ***n.m.invar.*** **1** (*letter.*) approvazione (*f.*) **2** (*antiq.*) attestato di benemerenza (dato a un allievo o a un dipendente).

satrape [satʀap] ***n.m.*** satrapo (*anche fig.*).

satrapie [satʀapi] ***n.f.*** (*st.*) satrapia.

saturant [satyʀɑ̃] ***agg.*** che satura.
● (*fis.*) ***vapeur saturante***, vapore saturo.

saturateur [satyʀatœʀ] ***n.m.*** **1** (*chim.*) saturatore **2** evaporatore (per termosifoni).

saturation [satyʀasjɔ̃] ***n.f.*** **1** saturazione (*anche fig.*) **2** (*Internet*) flooding (*m.*).

saturé [satyʀe] ***agg.*** **1** saturo **2** (*fig.*) sazio | *être saturé de qqch*, averne fin sopra i capelli di qlco.

saturer [satyʀe] ***v.tr.*** **1** saturare **2** (*fig.*) saziare.

saturnien [satyʀnjɛ̃] ***agg.*** [f. *-enne*] **1** (*di Saturnio*) saturniano **2** (*med.*) saturnino.

saturnin [satyʀnɛ̃] ***agg.*** (*med.*) saturnino.

saturnisme [satyʀnism] ***n.m.*** (*med.*) saturnismo.

satyre [satiʀ] ***n.m.*** satiro.

satyrique [satiʀik] ***agg.*** satiresco, di satiro.

sauce [sos] ***n.f.*** **1** salsa: *sauce épicée*, salsa con spezie; *la sauce du rôti*, il sugo dell'arrosto **2** pastello (*m.*) (per disegno) **3** (*Africa*) spezzatino (*m.*), umido (*m.*).
● ***sauce blanche***, salsa bianca (simile alla besciamella) | ***sauce financière***, salsa finanziera (a base di brodo di carne e di verdura con aggiunta di tartufo) | ***sauce suprême***, salsa suprême | ***sauce tartare***, salsa tartara | ***sauce tomate***, salsa di pomodoro | ***sauce verte***, salsa a base di erba cipollina | ***à toutes les sauces***, (*fig.*) in tutte le salse: *on le met à toutes les sauces*, gli fanno fare di tutto | ***en sauce***, in umido | ***ne pas savoir à quelle sauce on sera mangé***, (*fig. fam.*) non sapere di che morte si deve morire.

saucée [sose] ***n.f.*** (*fam.*) acquazzone (*m.*), rovescio (*m.*): *recevoir une saucée*, prendersi un (bell')acquazzone.

saucer [sose] ***v.tr.*** [coniug. come *placer*] **1** intingere nella salsa **2** (*fam.*) fare la scarpetta, pulire (un piatto).
● ***se faire saucer***, (*fam.*) prendersi un acquazzone.

saucier [sosje] ***n.m.*** **1** cuoco addetto alla preparazione delle salse **2** (*elettrodomestico*) sbattitore per salse.

saucière [sosjɛʀ] ***n.f.*** (*recipiente*) salsiera.

saucisse [sosis] ***n.f.*** salsiccia.
● ***saucisse de Francfort***, würstel | ***chair à saucisses***, pasta di salsiccia | ***ne pas attacher son chien avec des saucisses***, (*fig. fam.*) essere avaro, spilorcio.

saucisson [sosisɔ̃] ***n.m.*** **1** (*cuc.*) salame; salsicciotto **2** (*mil.*) salsiccia (*f.*) **3** (*cuc.*) tipo di baguette.
● ***saucisson de Lyon***, salame da cuocere | ***saucisson sec***, salame.

saucissonner [sosisɔne] ***v.intr.*** (*fam.*) fare uno spuntino ♦ ***v.tr.*** (*fam.*) **1** dividere in piccole parti, spezzettare **2** legare come un salame.

sauf¹ [sof] ***agg.*** [f. *sauve*] salvo: *avoir la vie sauve*, avere salva la vita.

sauf² ***prep.*** salvo, tranne, fuorché: *sauf avis contraire*, salvo parere contrario; *sauf si mentionné*, salvo menzione.

● (*comm.*) ***sauf bonne fin***, salvo buon fine | ***sauf que***, a parte il fatto che, tranne che | (*comm.*) ***sauf vendu***, salvo venduto | ***sauf votre respect***, (*letter.*) senza offenderla, con rispetto parlando.
■ SIN. excepté.

sauf-conduit [sofkɔ̃dɥi] ***n.m.*** [pl. *sauf-conduits*] (*dir.*) salvacondotto.

sauge [soʒ] ***n.f.*** (*bot.*) salvia.

saugrenu [sogʀəny] ***agg.*** strambo, strampalato.

saulaie [solɛ] ***n.f.*** saliceto (*m.*).

saule [sol] ***n.m.*** (*bot.*) salice.
● ***saule pleureur***, salice piangente.

saumâtre [somɑtʀ] ***agg.*** **1** salmastro **2** (*fig. fam.*) di cattivo gusto, duro da mandare giù.

saumon [somɔ̃] ***n.m.*** **1** salmone **2** (*metall.*) lingotto, pane ♦ ***agg.invar.*** (color) salmone.
● (*zool.*) ***saumon blanc***, merluzzo | (*cuc.*) ***saumon fumé***, salmone affumicato | ***rose saumon***, rosa salmone.

saumoné [somɔne] ***agg.*** salmonato.
● (*zool.*) ***truite saumonée***, trota salmonata.

saumoneau [somɔno] ***n.m.*** [pl. *-eaux*] giovane salmone.

saumurage [somyʀaʒ] ***n.m.*** il mettere in salamoia.

saumure [somyʀ] ***n.f.*** **1** salamoia **2** (*nelle saline*) acqua di mare (che ha già subito una forte evaporazione).

saumurer [somyʀe] ***v.tr.*** mettere in salamoia.

saumurois [somyʀwa] ***agg.*** di Saumur.

sauna [sona] ***n.m.*** sauna (*f.*).

saunage [sonaʒ] **saunaison** [sonɛzɔ̃] ***n.m.*** salinatura (*f.*).

sauner [sone] ***v.intr.*** **1** salinare, estrarre sale **2** (*detto delle saline*) produrre sale.

saunier [sonje] ***n.m.*** **1** salinaio, salinatore **2** chi vende sale.

saupiquet [sopikɛ] ***n.m.*** (*cuc.*) saupiquet (salsa piccante a base di vino e cipolla).

saupoudrage [sopudʀaʒ] ***n.m.*** **1** il cospargere (di sale ecc.) **2** (*econ.*) frazionamento (eccessivo) di stanziamenti.

saupoudrer [sopudʀe] ***v.tr.*** **1** cospargere (di sale ecc.) **2** (*econ.*) polverizzare, frazionare eccessivamente (stanziamenti).

saupoudreuse [sopudʀøz] ***n.f.*** dosatore (*m.*) con tappo bucherellato.
● ***saupoudreuse de sel***, ***de poivre***, spargisale, spargipepe.

saur [sɔʀ] ***agg.***
● ***hareng saur***, aringa affumicata.

saurai [sɔʀe] → **savoir**[1].

saurer [sɔʀe] ***v.tr.*** affumicare.

sauriens [sɔʀjɛ̃] ***n.m.pl.*** (*zool.*) sauri.

saurissage [sɔʀisaʒ] ***n.m.*** (*di aringhe*) affumicamento, affumicatura (*f.*).

saussaie [sosɛ] ***n.f.*** → **saulaie**.

saut [so] ***n.m.*** **1** salto **2** (*paracadutismo*) lancio **3** (*geogr.*) salto **4** (*inform.*) salto.
● (*sport*): ***saut à la perche***, salto con l'asta; (*nuoto*) ***saut d'ange***, tuffo d'angelo; (*ippica*) ***saut d'obstacles***, salto ostacoli; ***saut en hauteur***, ***en longueur***, salto in alto, in lungo; ***saut périlleux***, salto mortale | ***au saut du lit***, (*fig.*) al risveglio: *il me reçut au saut du lit*, mi ricevette appena alzato | ***faire un saut chez qqn***, fare un salto, una scappata da qlcu | (*sport*) ***triple saut***, salto triplo.

saut-de-lit [sodli] ***n.m.*** [pl. *sauts-de-lit*] vestaglia (*f.*) di stoffa leggera, scendiletto.

saut-de-mouton [sodmutɔ̃] ***n.m.*** [pl. *sauts-de-mouton*] cavalcavia.

saute [sot] ***n.f.*** salto (*m.*); sbalzo (*m.*).
● ***saute d'humeur***, sbalzo improvviso d'umore.

sauté [sote] ***agg.*** (*cuc.*) saltato, rosolato a fuoco vivo: *pommes de terre sautées*, patate saltate (in padella) ♦ ***n.m.*** (*cuc.*) (tipo di) spezzatino.

saute-mouton [sotmutɔ̃] ***n.m.invar.*** (*gioco*) cavallina (*f.*).

sauter [sote] ***v.intr.*** **1** saltare (*anche fig.*): *deux boutons de mon gilet ont sauté*, mi sono saltati via due bottoni del gilè; *sauter par la fenêtre*, saltare dalla finestra; *il a sauté de la page 20 à la page 25*, è saltato da pagina 20 a pagina 25 **2** esplodere: *la voiture piégée a sauté*, l'autobomba è saltata in aria; *faire sauter les plombs*, far saltare le valvole ♦ ***v.tr.*** **1** saltare: *il a sauté le mur*, ha saltato il muro; *sauter des pages en lisant*, saltare delle pagine leggendo **2** (*cuc.*) saltare, rosolare.
● ***sauter à la gorge de qqn***, afferrare qualcuno alla gola; (*fig.*) assalire qqn | ***sauter au cou de qqn***, buttare le braccia al collo di qlcu: *il m'a sauté au cou quand il m'a vu*, mi ha buttato le braccia al collo appena mi ha visto | ***sauter au plafond*** (o ***en l'air***), (*fig.*) andare su tutte le furie; rimanere sbalordito | ***sauter aux yeux***, (*fig.*) saltare agli occhi, essere lampante | ***sauter dessus***, saltare addosso: *il m'a sauté dessus*, mi è saltato addosso | ***sauter sur ses pieds***, balzare in piedi | ***et que ça saute!***, (*fam.*) e di corsa!, e in fretta!: *finissez-moi ce travail, et que ça saute!*, finite questo lavoro, e di corsa! | ***la sauter***, (*fam.*) avere una fame bestiale | ***se faire sauter la cervelle***, farsi saltare le cervella, spararsi in testa.

sauterelle [sotʀɛl] ***n.f.*** **1** (*zool.*) cavalletta **2** (*edil.*) falsa squadra **3** (*fig. fam.*) spilungona **4** nastro (*m.*) trasportatore mobile.

sauterie [sotʀi] ***n.f.*** festicciola (da ballo).

sauternes [sotɛʀn] ***n.m.*** sauternes (vino bianco dolce prodotto nella regione di Sauternes).

sauteur [sotœʀ] ***agg.*** [f. *-euse*] saltatore ♦ ***n.m.*** **1** (*sport*) saltatore **2** (*ippica*) (*cavallo*) saltatore **3** (*pl.*) (*zool.*) (insetti) saltatori **4** (*fam.*) (*persona poco affidabile*) banderuola (*f.*).

sauteuse [sotøz] ***n.f.*** **1** casseruola **2** (*tecn.*) sega a svolgere.

sautillant [sotijɑ̃] ***agg.*** saltellante.

sautiller [sotije] ***v.intr.*** saltellare, salterellare.

sautoir [sotwaʀ] ***n.m.*** **1** (*arald.*) decusse (*f.*), croce (*f.*) di Sant'Andrea **2** collana (*f.*) lunga sino alla vita **3** (*sport*) luogo attrezzato per il salto, saltatoio **4** (*cuc.*) tegame.
● ***en sautoir***, intorno al collo, come una collana.

sauvage [sovaʒ] ***agg.*** **1** selvaggio (*anche fig.*) **2** selvatico: *canard sauvage*, anitra selvatica ♦ ***n.m.*** e ***f.*** selvaggio/a.
■ AGG. SIN. **1** primitif CONTR. **1** civilisé, évolué.

sauvagement [sovaʒmɑ̃] ***avv.*** selvaggiamente.

sauvageon [sovaʒɔ̃] ***n.m.*** **1** (*agr.*) franco, arbusto non innestato **2** [f. *-onne*] (*fig.*) ragazzo selvaggio, poco socievole.

sauvagerie [sovaʒʀi] ***n.f.*** **1** (*antiq.*) stato (*m.*) selvaggio **2** (*fig.*) selvatichezza, mancanza di socievolezza **3** (*fig.*) efferatezza, crudeltà.

sauvagin [sovaʒɛ̃] ***agg.*** selvatico ♦ ***n.m.*** odore, gusto di selvatico.

S

sauvagine [sovaʒin] ***n.f.*** selvaggina di penna.

sauvegarde [sovgaʀd] ***n.f.*** **1** salvaguardia, custodia, tutela (*anche fig.*) **2** (*mar.*) cima di salvataggio **3** (*inform.*) backup (*m.*).

sauvegarder [sovgaʀde] ***v.tr.*** **1** salvaguardare, tutelare; difendere (*anche fig.*) **2** (*inform.*) fare il backup (**di**), salvare.

sauve-qui-peut [sovkipø] ***n.m.invar.*** fuggi fuggi; sbandamento.

sauver [sove] ***v.tr.*** **1** salvare **2** giustificare **3** (*inform.*) salvare ♦ **se sauver** ***v.pron.intr.*** **1** salvarsi (*anche fig.*): *se sauver de l'ennui*, fuggire la noia **2** (*fam.*) scappare: *il faut que je me sauve, je suis déjà en retard*, devo scappare, sono in ritardo.

● ***sauver les meubles***, (*fam.*) salvare lo stretto indispensabile | ***sauver sa peau***, (*fam.*) salvare la pelle | ***sauve qui peut!***, si salvi chi può | ***se sauver à toutes jambes***, (*fam.*) darsela a gambe.

sauvetage [sovtaʒ] ***n.m.*** salvataggio.

sauveteur [sovtœʀ] ***agg.*** e ***n.m.*** che, chi compie un salvataggio.

sauvette, à la [alasovɛt] ***avv.*** in fretta e furia e di nascosto.

● ***marchand à la sauvette***, venditore ambulante non autorizzato.

sauveur [sovœʀ] ***agg.*** e ***n.m.*** salvatore.

SAV [sav] ***n.m.*** (*sigla di* Service Après Vente) servizio post vendita.

savamment [savamɑ̃] ***avv.*** dottamente; con competenza, sapientemente.

savane [savan] ***n.f.*** **1** savana **2** (*Canada*) terreno (*m.*) paludoso **3** (*Antille*) (*di una città*) piazza principale.

savant [savɑ̃] ***agg.*** **1** competente, profondo conoscitore (**di**): *il est très savant en histoire*, è molto ferrato in storia **2** sapiente, dotto, colto: *mots savants*, parole dotte | *revue savante*, rivista scientifica **3** abile, capace: *une savante manœuvre*, un'abile manovra ♦ ***n.m.*** scienziato, studioso.

● ***chien savant***, cane ammaestrato.

savarin [savaʀɛ̃] ***n.m.*** savarin (dolce morbido a forma di ciambella, imbevuto di sciroppo al liquore).

savate [savat] ***n.f.*** **1** ciabatta **2** persona maldestra **3** (*sport*) lotta libera francese **4** (*mar.*) suola.

● ***traîner la savate***, (*fam.*) vivere nella miseria; oziare, fare flanella.

savaté [savate] ***agg.*** (*Canada*) spossato.

savernois [savɛʀnwa] ***agg.*** di Saverne.

savetier [savtje] ***n.m.*** (*ant.*) ciabattino, calzolaio.

saveur [savœʀ] ***n.f.*** sapore (*m.*), gusto (*m.*): *donner de la saveur*, dare sapore, rendere gustoso.

savoir[1] [savwaʀ] ***v.tr.*** [pres.indic.: *je sais* etc., *nous savons* etc.; imperf.indic.: *je savais* etc.; p.rem.: *je sus* etc.; fut.indic.: *je saurai* etc.; cond.: *je saurais* etc.; pres.cong.: *que je sache* etc.; imperf.cong.: *que je susse* etc.; p.pres.: *sachant*; p.p.: *su*; imp.: *sache*, *sachons*, *sachez*] **1** sapere: *il ne sait que nous répondre*, non sa che cosa risponderci; *je ne sais où aller*, non so dove andare; *je le sais dans les difficultés*, so che si trova in cattive acque **2** conoscere: *je sais un endroit où tu pourrais te réfugier*, conosco un posto dove potresti rifugiarti **3** (*al cond. e con* ne) potere: *je ne saurais rien imaginer de plus beau*, non potrei immaginare nulla di più bello; *on ne saurait penser à tout*, non si può pensare a tutto ♦ **se savoir** ***v.pron.*** sapere di essere.

● ***savoir gré à qqn***, essere grato a qlcu: (*comm.*) *je vous saurais gré de me répondre par retour du courrier*, le sarò grato se mi risponderà a giro di posta | ***savoir vivre***, saper vivere | ***savoir y faire***, saperci fare | (***à***) ***savoir*** (***que***), e cioè: *il nous a tout dit à savoir qu'il n'était jamais parti*, ci ha detto tutto, e cioè che non era mai partito; *il faut se rappeler trois choses* (*à*) *savoir...*, bisogna ricordarsi tre cose e cioè... | ***c'est bon à savoir***, buono a sapersi | ***en savoir long sur***, saperla lunga su: *en savoir long sur le compte de qqn*, saperla lunga sul conto di qlcu | ***n'être pas sans savoir que***, non ignorare che | ***que je sache***, che io sappia: *"Est-il malade?" "Pas que je sache"*, "È ammalato?" "Non mi risulta" | ***qui sait?***, chissà!: *qui sait s'il viendra!*, chissà se verrà! | ***va savoir!***, chi lo sa!

savoir[2] ***n.m.*** sapere, cultura (*f.*).

savoir-faire [savwaʀfɛʀ] ***n.m.invar.*** **1** savoir-faire, tatto, diplomazia (*f.*) **2** (*dir. comm.*) know-how, capacità (*f.*) professionale.

savoir-vivre [savwaʀvivʀ] ***n.m.invar.*** **1** educazione (*f.*), garbo **2** galateo.

savoisien [savwazjɛ̃] ***agg.*** [f. *-enne*] savoiardo.

savon [savɔ̃] ***n.m.*** sapone.

● ***savon de toilette***, saponetta | ***savon en paillettes, de Marseille***, sapone a scaglie, di Marsiglia | ***passer un savon à qqn***, (*fig.*) dare una lavata di capo a qlcu.

savonnage [savɔnaʒ] ***n.m.*** lavaggio con sapone, insaponatura (*f.*).

savonner [savɔne] ***v.tr.*** insaponare ♦ **se savonner** ***v.pron.*** insaponarsi.

savonnerie [savɔnʀi] ***n.f.*** saponificio (*m.*).

savonnette [savɔnɛt] ***n.f.*** **1** saponetta **2** (*argot*) (*aut.*) gomma liscia.

savonneux [savɔnø] ***agg.*** [f. *-euse*] saponoso, saponaceo.

savonnier [savɔnje] ***agg.*** [f. *-ère*] saponiero ♦ ***n.m.*** **1** saponiere **2** (*bot.*) sapindo.

savons [savɔ̃] → **savoir**[1].

savourer [savuʀe] ***v.tr.*** assaporare.

■ SIN. déguster.

savoureusement [savuʀøzmɑ̃] ***avv.*** (*letter.*) con gusto, in modo gustoso: *plat savoureusement préparé*, piatto cucinato ad arte.

savoureux [savuʀø] ***agg.*** [f. *-euse*] saporito, gustoso (*anche fig.*).

■ SIN. exquis.

savoyard [savwajaʀ] ***agg.*** savoiardo.

saxe [saks] ***n.m.*** porcellana (*f.*) di Sassonia.

saxo [sakso] ***n.m.*** (*abbr. di* saxophone) sax.

saxon [saksɔ̃] ***agg.*** [f. *-onne*] sassone ♦ ***n.m.*** (*st.*) (*lingua*) sassone.

● (*st.*) ***les Saxons***, i Sassoni.

saxophone [saksɔfɔn] ***n.m.*** (*mus.*) sassofono.

saxophoniste [saksɔfɔnist] ***n.m.*** e ***f.*** (*mus.*) sassofonista, saxofonista.

saynète [sɛnɛt] ***n.f.*** **1** (*teatr.*) sainete (*m.*) **2** atto (*m.*) unico; sketch (*m.*).

sbire [sbiʀ] ***n.m.*** (*spreg.*) scagnozzo.

scabieuse [skabjøz] ***n.f.*** (*bot.*) scab(b)iosa.

scabinal [skabinal] ***agg.*** [pl. *-aux*] (*Belgio*) che riguarda l'assessore comunale.

scabreux [skabʀø] ***agg.*** [f. *-euse*] **1** (*letter.*) scabroso, delicato **2** scabroso, indecente.

scalaire [skalɛʀ] ***agg.*** (*mat.*) scalare.

scalène [skalɛn] ***agg.*** **1** (*mat.*) scaleno **2** (*anat.*) (*muscolo*) scaleno ♦ ***n.m.*** (*anat.*) (muscolo) scaleno.

scalp [skalp] ***n.m.*** scalpo.

scalpel [skalpɛl] ***n.m.*** (*med.*) scalpello.

scalper [skalpe] ***v.tr.*** scotennare, scalpare.

scandale [skɑ̃dal] ***n.m.*** scandalo.
● ***au grand scandale de***, con grande scandalo di | ***journaux à scandale***, giornali scandalistici.

scandaleusement [skɑ̃daløzmɑ̃] ***avv.*** scandalosamente.

scandaleux [skɑ̃dalø] ***agg.*** [f. *-euse*] **1** scandaloso **2** scandalistico.

scandaliser [skɑ̃dalize] ***v.tr.*** scandalizzare ♦ **se scandaliser** ***v.pron.intr.*** scandalizzarsi.

scander [skɑ̃de] ***v.tr.*** scandire.

scandinave [skɑ̃dinav] ***agg.*** scandinavo.

Scandinave ***n.m.*** e ***f.*** (*abitante*) scandinavo/a.

scanner [skanɛʀ] ***n.m.*** **1** scanner **2** (*med.*) TAC (*f.*), tomografia (*f.*) assiale computerizzata.

scansion [skɑ̃sjɔ̃] ***n.f.*** scansione.

scaphandre [skafɑ̃dʀ] ***n.m.*** scafandro.
● ***scaphandre autonome***, autorespiratore | (*astr.*) ***scaphandre spatial***, tuta spaziale.

scaphandrier [skafɑ̃dʀije] ***n.m.*** palombaro.

scaphoïde [skafɔid] ***agg.*** e ***n.m.*** (*anat.*) scafoide.

scapulaire [skapylɛʀ] ***agg.*** (*anat.*) scapolare ♦ ***n.m.*** (*eccl.*) scapolare.
● (*anat.*) ***ceinture scapulaire***, cintura scapolare.

scarabée [skaʀabe] ***n.m.*** (*zool.*) scarabeo.

scarificateur [skaʀifikatœʀ] ***n.m.*** (*med., tecn., agr.*) scarificatore.

scarification [skaʀifikasjɔ̃] ***n.f.*** **1** (*med.*) scarificazione **2** (*agr.*) scarificatura.

scarifier [skaʀifje] ***v.tr.*** (*med., tecn., agr.*) scarificare.

scarla [skaʀla] ***n.m.*** (*verlan di* lascar) tizio.

scarlatine [skaʀlatin] ***n.f.*** (*med.*) scarlattina.

scarole [skaʀɔl] ***n.f.*** (*bot.*) scarola.

scatologie [skatɔlɔʒi] ***n.f.*** scatologia.

scatologique [skatɔlɔʒik] ***agg.*** scatologico.

sceau [so] ***n.m.*** [pl. *sceaux*] **1** sigillo **2** (*fig.*) impronta (*f.*), sigillo.
● (*pol.*) ***Garde des Sceaux***, Ministro guardasigilli, Ministro della Giustizia | ***sous le sceau du secret***, con il vincolo del silenzio; in gran segreto.

S

scélérat [seleʀa] ***agg.*** e ***n.m.*** scellerato.

scélératesse [seleʀatɛs] ***n.f.*** (*letter.*) scelleratezza.

scellement [sɛlmɑ̃] ***n.m.*** (*tecn.*) sigillatura (*f.*); ingessatura (*f.*).

sceller [sele] ***v.tr.*** **1** sigillare **2** (*fig.*) suggellare **3** (*tecn.*) sigillare; ingessare.

scellés [sele] ***n.m.pl.*** (*dir.*) sigilli.

scénario [senaʀjo] ***n.m.*** **1** (*cine.*) sceneggiatura (*f.*), copione **2** (*teatr.*) canovaccio **3** (*di romanzo*) trama (*f.*) **4** (*di fumetti*) testo **5** (*fig.*) copione.
■ SIN. **1** script.

FAUX AMI
Da non confondere con *scenario*, che si traduce *décor*.

scénariste [senaʀist] ***n.m.*** e ***f.*** (*cine.*) sceneggiatore/trice.

scène [sɛn] ***n.f.*** **1** scena **2** scenata, scena; litigio (*m.*) | *une scène de ménage*, una lite tra marito e moglie **3** (*teatr.*) palcoscenico (*m.*); scena (*anche fig.*): *la scène politique*, la scena politica **4** (*teatr.*) scena (dipinta), scenografia **5** teatro (*m.*); scena: *les chefs-d'œuvre de la scène*, i capolavori teatrali.
● ***scène du crime***, scena, luogo del delitto | (*psic.*) ***scène primitive***, scena primaria | ***à la scène comme dans la vie***, sulla scena come nella vita | (*teatr.*): ***arrière scène***, retroscena; ***avant scène***, proscenio | ***la grande scène*** (***du deux***), (*fig.*) la scena madre | (*teatr., cine.*): ***metteur en scène***, regista; ***mettre en scène***, mettere in scena; ***par ordre d'entrée en scène***, in ordine di apparizione; ***quitter la scène***, (*anche fig.*) uscire di scena.

scénique [senik] ***agg.*** scenico.

scéniquement [senikmɑ̃] ***avv.*** scenicamente.

scénographe [senɔgʀaf] ***n.m.*** e ***f.*** scenografo/a.

scénographie [senɔgʀafi] ***n.f.*** scenografia.

scénographique [senɔgʀafik] ***agg.*** scenografico.

scepticisme [sɛptisism] ***n.m.*** scetticismo.

sceptique [sɛptik] ***agg.*** e ***n.m.*** e ***f.*** scettico/a.

sceptre [sɛptʀ] ***n.m.*** scettro.

schader [ʃade] ***v.intr.*** (*Svizzera*) affrettarsi.

schako [ʃako] ***n.m.*** → **shako**.

scheik [ʃɛk] ***n.m.*** → **cheik**.

schelem [ʃlɛm] ***n.m.*** → **chelem**.

schéma [ʃema] ***n.m.*** schema.

schématique [ʃematik] ***agg.*** schematico.

schématiquement [ʃematikmɑ̃] ***avv.*** schematicamente.

schématisation [ʃematizasjɔ̃] ***n.f.*** schematizzazione.

schématiser [ʃematize] ***v.tr.*** schematizzare.

schématisme [ʃematism] ***n.m.*** schematismo.

scherzo [skɛʀdzo] ***n.m.*** (*mus.*) scherzo.

schismatique [ʃismatik] ***agg.*** e ***n.m.*** e ***f.*** (*relig.*) scismatico/a.

schisme [ʃism] ***n.m.*** scisma.

schiste [ʃist] ***n.m.*** (*geol.*) scisto, schisto.

schisteux [ʃistø] ***agg.*** [f. *-euse*] (*geol.*) scistoso.

schizoïde [skizɔid] ***agg.*** e ***n.m.*** e ***f.*** (*psic.*) schizoide.

schizophrène [skizɔfʀɛn] ***agg.*** e ***n.m.*** e ***f.*** (*psic.*) schizofrenico/a.

schizophrénie [skizɔfʀeni] ***n.f.*** (*psic.*) schizofrenia.

schizophrénique [skizɔfʀenik] ***agg.*** (*psic.*) schizofrenico.

schlass [ʃlɑs] ***agg.*** (*argot*) sbronzo.

schlittage [ʃlitaʒ] ***n.m.*** trasporto (di legname) con una slitta.

schlitte [ʃlit] ***n.f.*** (*antiq.*) slitta (per trasportare legname).

schnaps [ʃnaps] ***n.m.*** (*fam.*) acquavite (*f.*).

schnock, **schnoque** [ʃnɔk] ***n.m.*** *un vieux schnock*, (*fam.*) un vecchiaccio; *eh, du schnock!*, (*fam.*) ehi, tu!, coso! ♦ ***agg.*** (*fam.*) svitato, suonato.

schnouff, **schnouf** [ʃnuf] ***n.f.*** (*argot*) droga, roba.

schtossée [ʃtɔse] ***n.f.*** scarica elettrica.

schtroumpf® [ʃtʀumf] ***n.m.*** puffo®.

NOTA ***Les Schtroumpfs*** sono i protagonisti della nota serie di fumetti del belga Peyo (1928 - 99); hanno un linguaggio proprio che consiste nel sostituire il maggior numero di nomi, verbi o avverbi con la parola *schtroumpf* purché sia chiaro il contesto così che la frase rimanga intelligibile:

Schtroumpfera bien qui schtroumpfera le dernier.
Ride bene chi ride ultimo.
Schtroumpfe qui peut!
Si salvi chi può!
J'ai une de ces faims! À quelle heure on schtroumpfe?
Ho una fame! A che ora si mangia?
Je suis schtroumpfement content de vous voir!
Sono molto contento di vederla!

schuss [ʃus] ***n.m.*** (*sci*) discesa (*f.*) diretta lungo la pendenza maggiore.
● ***tout schuss***, (*fam.*) a tutta velocità.

sciage [sjaʒ] ***n.m.*** segatura (*f.*), il segare.
● (***bois de***) ***sciage***, legno da costruzione o da falegnameria.

scialytique® [sjalitik] ***n.m.*** lampada (*f.*) scialitica.

sciant [sjɑ̃] ***agg.*** **1** (*fam.*) sbalorditivo, sorprendente **2** (*fam. antiq.*) scocciante.

sciatalgie [sjatalʒi] ***n.f.*** (*med.*) sciatalgia.

sciatique [sjatik] ***agg.*** (*anat.*) sciatico ♦ ***n.f.*** (*med.*) sciatica ♦ ***n.m.*** (*anat.*) (nervo) sciatico.

scie [si] ***n.f.*** **1** sega **2** (*fig.*) ritornello (*m.*) alla moda; tiritera **3** (*fam.*) lagna; persona noiosa: *quelle scie cette fille, elle n'arrête pas de se plaindre*, che lagna quella ragazza, non finisce mai di lamentarsi.
● ***scie égoïne***, saracco | (*mus.*) ***scie musicale***, sega musicale | ***en dents de scie***, dentato, frastagliato | (*zool.*) (***poisson***) ***scie***, pesce sega.

FAUX AMI
Da non confondere con *scia*, che si traduce *sillage*.

sciemment [sjamɑ̃] ***avv.*** scientemente; consapevolmente.

science [sjɑ̃s] ***n.f.*** **1** scienza **2** (*letter.*) competenza tecnica, esperienza.
● ***science pure, appliqué***, scienza pura, applicata | ***sciences humaines***, scienze umane | ***sciences naturelles***, scienze naturali | ***avoir la science infuse***, (*fig.*) avere la scienza infusa.

science-fiction [sjɑ̃sfiksjɔ̃] ***n.f.*** [pl. *sciences-fictions*] (*lett., cine.*) fantascienza; science-fiction.

scientifique [sjɑ̃tifik] ***agg.*** scientifico ♦ ***n.m.*** e ***f.*** scienziato/a.

scientifiquement [sjɑ̃tifikmɑ̃] ***avv.*** scientificamente, dal punto di vista scientifico.

scientisme [sjɑ̃tism] ***n.m.*** (*fil.*) scientismo.

scientiste [sjɑ̃tist] ***agg.*** (*fil.*) scientistico, scientista ♦ ***n.m.*** e ***f.*** (*fil.*) scientista.

scier [sje] ***v.tr.*** **1** segare **2** (*fam.*) sorprendere: *cette nouvelle m'a scié*, questa notizia mi ha lasciato di stucco, di sasso **3** (*fam. antiq.*) scocciare.

FAUX AMI
Da non confondere con *sciare*, che si traduce *skier, faire du ski.*

scierie [siʀi] ***n.f.*** segheria.

scieur [sjœʀ] ***n.m.*** segatore; segantino | *scieur de long*, segatore di assi.

scieuse [sjøz] ***n.f.*** (*macchina*) segatrice.

scinder [sɛ̃de] ***v.tr.*** scindere; scomporre ♦ **se scinder** ***v.pron.*** scindersi; dividersi.

scintigraphie [sɛ̃tigʀafi] ***n.f.*** (*med.*) scintigrafia.

scintillant [sɛ̃tijɑ̃] ***agg.*** scintillante.

scintillation [sɛ̃tijasjɔ̃] ***n.f.*** (*astr., fis.*) scintillazione.

scintillement [sɛ̃tijmɑ̃] ***n.m.*** **1** luccichio, scintillio **2** (*astr.*) scintillazione (*f.*) **3** (*cine., tv*) sfarfallio.

scintiller [sɛ̃tije] ***v.intr.*** scintillare, sfavillare.

scion [sjɔ̃] ***n.m.*** **1** (*bot.*) pollone; marza (*f.*) **2** (*pesca*) cimino.

scission [sisjɔ̃] ***n.f.*** scissione.

scissionnaire [sisjɔnɛʀ] **scissionniste** [sisjɔnist] ***agg.*** e ***n.m.*** e ***f.*** scissionista.

scissionnisme [sisjɔnism] ***n.m.*** scissionismo.

scissure [sisyʀ] ***n.f.*** (*anat.*) scissura.

sciure [sjyʀ] ***n.f.*** segatura.

sclérogène [skleʀɔʒɛn] ***agg.*** (*med.*) sclerosante | *méthode sclérogène*, trattamento sclerosante.

sclérose [skleʀoz] ***n.f.*** (*med.*) sclerosi (*anche fig.*): *sclérose bureaucratique*, sclerosi dell'apparato burocratico.
● (*med.*) ***sclérose en plaques***, sclerosi a placche.

scléroser [skleʀoze] ***v.tr.*** (*med.*) sclerosare, sclerotizzare (*anche fig.*) ♦ **se scléroser** ***v.pron.*** (*med.*) sclerosarsi, sclerotizzarsi (*anche fig.*).

sclérotique [skleʀɔtik] ***n.f.*** (*anat.*) sclera, sclerotica.

scleum [sklœm] ***agg.*** (*verlan di* musclé) energico.

scolaire [skɔlɛʀ] ***agg.*** scolastico: *année scolaire*, anno scolastico | *une critique scolaire*, (*fig.*) una critica priva di originalità, libresca ♦ ***n.m.*** ragazzo in età scolare.
● ***âge scolaire***, età scolare | ***obligation scolaire***, obbligo scolastico.

scolarisable [skɔlaʀizabl] ***agg.*** scolarizzabile.

scolarisation [skɔlaʀizasjɔ̃] ***n.f.*** scolarizzazione.

scolariser [skɔlaʀize] ***v.tr.*** scolarizzare.

scolarité [skɔlaʀite] ***n.f.*** **1** scolarità **2** frequenza scolastica.
● ***scolarité obligatoire***, obbligo scolastico.

scolastique [skɔlastik] ***agg.*** e ***n.m.*** (*fil.*) scolastico ♦ ***n.f.*** (*fil.*) scolastica.

scolie [skɔli] ***n.f.*** (*filol.*) scolio (*m.*) ♦ ***n.m.*** (*mat.*) scolio.

scoliose [skɔljoz] ***n.f.*** (*med.*) scoliosi.

scoliotique [skɔljɔtik] ***agg.*** e ***n.m.*** e ***f.*** scoliotico/a.

scolopendre [skɔlɔpɑ̃dʀ] ***n.f.*** **1** (*bot.*) scolopendrio (*m.*) **2** (*zool.*) scolopendra.

scombre [skɔ̃bʀ] ***n.m.*** (*zool.*) sgombro, scombro.

sconse [skɔ̃s] ***n.m.*** (*zool.*) moffetta (*f.*).

scoop [skup] ***n.m.*** scoop.

scooter [skutœʀ, skutɛʀ] ***n.m.*** scooter, motoretta (*f.*).
● ***scooter des mers***, acquascooter | ***scooter des neiges***, motoslitta.

scootériste [skuteʀist] ***n.m.*** e ***f.*** scooterista.

scorbut [skɔʀbyt] ***n.m.*** (*med.*) scorbuto.

scorbutique [skɔʀbytik] ***agg.*** e ***n.m.*** e ***f.*** (*med.*) scorbutico/a.

score [skɔʀ] ***n.m.*** **1** (*sport*) punteggio **2** (*di test, elezioni ecc.*) punti (*pl.*); risultato.

scorie [skɔʀi] ***n.f.*** scoria (*anche fig.*).

scorpion [skɔʀpjɔ̃] ***n.m.*** **1** scorpione **2** (*astr.*) *Scorpion*, Scorpione.

scorsonère [skɔʀsɔnɛʀ] ***n.f.*** (*bot.*) scorzonera.
■ SIN. salsifis noir.

scotch[1] [skɔtʃ] ***n.m.*** scotch (whisky).

scotch®[2] ***n.m.*** scotch®, nastro adesivo.

scotcher [skɔtʃe] ***v.tr.*** **1** incollare con lo scotch, con nastro adesivo **2** (*fig. fam.*) sbalordire, stupire.

S

scottish-terrier [skɔtiʃteʀje] ***n.m.*** [pl. *scottish-terriers*] (*cane*) terrier scozzese.

scout [skut] ***n.m.*** esploratore, scout ♦ ***agg.*** scoutistico.

NOTA In Francia esistono sei organizzazioni scoutistiche, tra laiche e confessionali, maschili e femminili. La gerarchia degli ***scouts*** prevede una divisione in *lutin* (folletto, dai 6 ai 9 anni), *louveteau* (lupetto, da 8 a 11), *éclaireur/éclaireuse* (giovane esploratore, dagli 11 ai 15), *aîné(e)* (anziano o guida, dai 15 ai 18).

scoutisme [skutism] ***n.m.*** scoutismo.

scrabble® [skʀabl] ***n.m.*** (*gioco di società*) scarabeo®.

scratcher [skʀatʃe] ***v.intr.*** (*sport*) eliminare da una gara (un concorrente che non si presenta all'ora fissata) ♦ **se scratcher** ***v.pron.*** (*fam.*) farsi male.

scriban [skʀibɑ̃] ***n.m.*** **scribanne** [skʀiban] ***n.f.*** (*mobile*) trumeau (*m.*).

scribe [skʀib] ***n.m.*** **1** (*st.*) scriba **2** (*spreg.*) scribacchino.

scribouillard [skʀibujaʀ] ***n.m.*** **1** (*fam. spreg.*) imbrattacarte **2** (*estens.*) burocrate.

script [skʀipt] ***n.m.*** **1** scrittura (*f.*) a mano **2** (*cine.*) copione.
● (*tip.*) ***écriture script***, stampatello.
■ SIN. **2** scénario.

scripte [skʀipt] ***n.m.*** e ***f.*** (*cine., tv*) segretario/a di produzione.

script-girl [skʀiptgœʀl] ***n.f.*** [pl. *script-girls*] (*cine.*) segretaria di produzione.

scriptural [skʀiptyʀal] ***agg.*** [pl. *-aux*] (*econ.*) scritturale.

scrofuleux [skʀɔfylø] ***agg.*** e ***n.m.*** [f. *-euse*] (*med.*) scrofoloso.

scrolling [skʀɔliŋ] ***n.m.*** (*inform.*) (*fam.*) scrolling, autoscrolling, scroll, scorrimento.

scrotum [skʀɔtɔm] ***n.m.*** (*anat.*) scroto.

scrupule [skʀypyl] ***n.m.*** scrupolo: *agir sans scrupules*, agire senza scrupoli.
● ***se faire (un) scrupule de qqch***, farsi scrupolo di qlco.

scrupuleusement [skʀypyløzmɑ̃] ***avv.*** scrupolosamente.

scrupuleux [skʀypylø] ***agg.*** [f. *-euse*] scrupoloso.
■ SIN. consciencieux, méticuleux CONTR. approximatif.

scrutateur [skʀytatœʀ] ***agg.*** [f. *-trice*] scrutatore ♦ ***n.m.*** (*di votazioni*) scrutatore.

scruter [skʀyte] ***v.tr.*** scrutare; sondare.

scrutin [skʀytɛ̃] ***n.m.*** scrutinio: *dépouiller le scrutin*, scrutinare.
● ***par voie de scrutin***, con scrutinio.

sculpter [skylte] ***v.tr.*** scolpire: *sculpter du bois*, intagliare il legno ♦ ***v.intr.*** fare lo scultore.

sculpteur [skyltœʀ] ***n.m.*** [f. *-trice*] scultore.
● ***(femme) sculpteur***, scultrice.

sculptural [skyltyʀal] ***agg.*** [pl. *-aux*] **1** scultorio **2** (*fig.*) scultoreo.

sculpture [skyltyʀ] ***n.f.*** **1** scultura: *sculpture en ronde-bosse*, scultura a tuttotondo **2** (*pl.*) (*di pneumatico*) scolpiture.

scythe [sit] ***agg.*** scitico.
● (*st.*) ***les Scythes***, gli Sciti.

SDF [ɛsdeɛf] ***n.m.*** e ***f.*** (*sigla di* Sans Domicile Fixe) persona (*f.*) senza fissa dimora; senzatetto.
■ SIN. sans-abri.

se [sə] ***pron.pers.m.*** e ***f. 3ª pers.sing.*** e ***pl.*** [si apostrofa davanti a vocale o *h* muta] **1** (*nella coniug. dei verbi pron.*) si; (*seguito da pron.* le, la, les, en) se: *se laver*, *se coiffer*, lavarsi, pettinarsi; *elle s'est cassé la jambe*, si è rotta una gamba; *ils se sont rencontrés plusieurs fois*, si sono incontrati più volte; *il se l'est fait répéter*, se lo è fatto ripetere; *il s'en moque*, se ne infischia **2** (*passivante*) si: *ce produit ne se fait plus*, quel prodotto non si fabbrica più **3** (*in frasi impersonali*) si: *il s'agit de ton avenir*, si tratta del tuo avvenire.

séance [seɑ̃s] ***n.f.*** **1** seduta **2** (*cine.*) spettacolo (*m.*).
● ***séance tenante***, seduta stante | (*cine.*) ***en séance privée***, in visione privata.

séant[1] [seɑ̃] ***agg.*** (*letter.*) conveniente: *il n'est pas séant de*, è disdicevole.

séant[2] ***n.m.*** (*letter.*) sedere: *tomber sur son séant*, cadere col sedere per terra.
● ***se mettre sur son séant***, mettersi a sedere.

seau [so] ***n.m.*** [pl. *-eaux*] **1** secchio, secchiello **2** (*mar.*) bugliolo.
● ***seau à champagne***, ***à glace***, secchiello per il ghiaccio | ***seau à ordures***, pattumiera.

sébacé [sebase] ***agg.*** sebaceo.

sébile [sebil] ***n.f.*** piattino (*m.*) (per l'elemosina).

séborrhée [sebɔʀe] ***n.f.*** (*med.*) seborrea.

sebu [səby] ***n.m.*** (*verlan di* bus) autobus.

sébum [sebɔm] ***n.m.*** sebo.

sec [sɛk] ***agg.*** [f. *sèche*] **1** secco; asciutto: *le linge est sec*, la biancheria è asciutta; *terrain sec*, terreno arido **2** magro, secco **3** (*fig.*) brusco, asciutto, secco: *il répondit par un non sec*, rispose con un no secco; *un cœur sec*, un cuore arido ♦ ***avv.*** seccamente, bruscamente ♦ ***n.m.*** (luogo) asciutto.
● ***à pied sec***, a piedi asciutti, senza bagnarsi i piedi: *traverser un ruisseau à pied sec*, traversare un ruscello senza bagnarsi i piedi | ***à sec***, a secco, in secco: *ce cours d'eau est à sec*, questo corso d'acqua è in secca; *mettre à sec*, prosciugare; (*mar.*) tirare in secco; *être, rester à sec*, (*fam.*) essere, restare al verde | ***aussi sec***, (*fam.*) senza indugio, di botto: *répondre aussi sec*, rispondere di getto | ***boire sec***, bere forte | ***couper sec***, tagliare di netto | ***frapper sec***, picchiare sodo | ***fruits secs***, frutta secca | (*mus.*) ***guitare sèche***, chitarra classica | ***mur en pierres sèches***, muro a secco | ***regarder d'un œil sec***, guardare con freddezza | ***saucisson sec***, salame stagionato | ***whisky sec***, whisky liscio.

SECAM [sekam] ***n.m.*** (*tv*) (*sigla di* Séquentiel Couleur À Mémoire) SECAM (sistema di televisione a colori adottato in Francia e in altri paesi europei).

sécant [sekɑ̃] ***agg.*** (*mat.*) secante.

sécante [sekɑ̃t] ***n.f.*** (*mat.*) secante.

sécateur [sekatœʀ] ***n.m.*** cesoie (*f.pl.*) (da giardino); forbici (*f.pl.*) da potatura.

FAUX AMI
Da non confondere con *seccatore*, che si traduce *casse-pied*, *raseur*.

sec-beurre [sɛkbœʀ] ***n.m.invar.*** (*fam.*) panino al salame e burro.

sécession [sesesjɔ̃] ***n.f.*** secessione.

sécessionnisme [sesesjɔnism] ***n.m.*** secessionismo.

sécessionniste [sesesjɔnist] ***agg.*** e ***n.m.*** e ***f.*** secessionista.

séchage [seʃaʒ] ***n.m.*** **1** asciugatura (*f.*): *séchage des cheveux*, asciugatura dei capelli **2** (*tecn.*) essiccamento;

essiccazione (*f.*); stagionatura (*f.*): *le séchage du bois*, la stagionatura del legno.

sèche [sɛʃ] *n.f.* **1** (*mar.*) secca **2** (*fam.*) paglia, sigaretta.

sèche-cheveux [sɛʃʃəvø] *n.m.invar.* asciugacapelli, fon.

sèche-linge [sɛʃlɛ̃ʒ] *n.m.invar.* asciugabiancheria (*f.*).

sèche-mains [sɛʃmɛ̃] *n.m.invar.* asciugatore a getto d'aria calda (per le mani).

sèchement [sɛʃmɑ̃] *avv.* seccamente; bruscamente.

sécher [seʃe] *v.tr.* [coniug. come *céder*] seccare; asciugare: *le froid sèche la peau*, il freddo inaridisce la pelle ♦ *v.intr.* **1** diventare secco; asciugare: *ces roses ont séché*, le rose (si) sono appassite **2** (*argot*) fare scena muta: *sécher à un examen*, cannare un esame ♦ **se sécher** *v.pron.intr.* seccarsi; asciugarsi ♦ *v.pron. indiretto* asciugarsi: *se sécher les cheveux*, asciugarsi i capelli.
● ***sécher d'ennui***, (*fig.*) morire di noia | ***sécher les larmes de qqn***, (*fig.*) consolare qlcu | ***sécher un cours***, (*argot*) marinare una lezione | ***poisson séché***, pesce essiccato.

sécheresse [sɛʃʀɛs] *n.f.* **1** siccità **2** secchezza, aridità (*anche fig.*).
● ***avec sécheresse***, freddamente, seccamente: *répondre avec sécheresse*, rispondere freddamente, seccamente.

séchoir [seʃwaʀ] *n.m.* **1** stenditoio **2** essiccatoio, essiccatore.
● ***séchoir (à cheveux)***, asciugacapelli | ***séchoir à linge***, stendibiancheria.

second [səgɔ̃] *agg.num.ord.* **1** secondo **2** altro, secondo: *c'est un second Cicéron*, è un novello Cicerone ♦ *n.m.* **1** secondo **2** secondo piano: *il habite au second*, abita al secondo piano **3** braccio destro, collaboratore **4** (*mar.*) primo ufficiale, comandante in seconda.
● ***de seconde main***, di seconda mano; (*estens.*) indirettamente | ***en second***, in seconda: *signer en second*, controfirmare | (*mat.*) ***équation de second degré***, equazione di secondo grado.

> NOTA ***Second* o *deuxième*?**
>
> Si usa ***second*** nel linguaggio letterario oppure quando ci sono solo due elementi (anche se non sempre vale questa sfumatura):
>
> *une beauté à nulle autre seconde*
> una bellezza senza paragoni
> *le Second Empire*
> il secondo Impero
> *la Seconde Guerre mondiale* (ma anche la *Deuxième Guerre mondiale*)
> la seconda guerra mondiale
> *leur seconde fille*
> la loro seconda figlia (e ne hanno solo due).
>
> Si usa ***deuxième*** quando ci sono più elementi:
>
> *Il habite au deuxième étage.*
> Abita al secondo piano.
> *J'ai fait deuxième au marathon.*
> Sono arrivato secondo nella maratona.

secondaire [səgɔ̃dɛʀ] *agg.* secondario.
● (*geol.*) ***l'ère secondaire***, ***le Secondaire***, l'era secondaria, mesozoica.

secondairement [səgɔ̃dɛʀmɑ̃] *avv.* secondariamente.

seconde [səgɔ̃d] *n.f.* **1** secondo (*m.*): *attends-moi une seconde*, aspettami un attimo, un secondo **2** (*nell'ordinamento scolastico francese*) classe corrispondente alla seconda superiore | (*classe de*) *seconde*, seconda superiore **3** (*aut.*) (*marcia*) seconda: *passer en seconde*, mettere la seconda.
● (*ferr.*) ***seconde (classe)***, seconda (classe).

secondement [səgɔ̃dmɑ̃] *avv.* in secondo luogo.

seconder [səgɔ̃de] *v.tr.* **1** aiutare, assistere **2** assecondare.

secouer [səkwe] *v.tr.* scuotere (*anche fig.*); scrollare: *secouer la tête*, scrollare il capo; *cette maladie l'a fort secoué*, la malattia l'ha molto provato ♦ **se secouer** *v.pron.intr.* scuotersi (*anche fig.*).
● ***secouer qqn***, dare una scrollata a qlcu; dare una strigliata a qlcu | ***être secoué comme un prunier***, essere sballottato come un sacco di patate: *quel voyage!, j'ai été secoué comme un prunier*, che viaggio! sono stato sballottato come un sacco di patate | ***secouez vous!***, muovetevi!

secourable [səkuʀabl] *agg.* caritatevole, pietoso.

secourir [səkuʀiʀ] *v.tr.* [coniug. come *courir*] soccorrere.

secourisme [səkuʀism] *n.m.* servizio di soccorso e salvataggio.

secouriste [səkuʀist] *n.m.* e *f.* membro (*m.*) di un'organizzazione di pronto soccorso; soccorritore/trice.

secours [səkuʀ] *n.m.* **1** soccorso, aiuto: *appeler à son secours*, chiamare in aiuto; *au secours de qqn*, in soccorso, in aiuto di qlcu **2** (*spec. pl.*) conforto: *les secours de la religion*, i conforti religiosi **3** (*pl.*) soccorsi, aiuto (*sing.*): *des secours en espèces*, un aiuto in denaro.
● ***secours d'urgence***, primi soccorsi | (*inform.*) ***secours informatique***, backup | ***association de secours mutuel***, società di mutuo soccorso | ***au secours!***, aiuto!: *crier au secours*, gridare aiuto | ***caisse de secours***, fondo assistenza | (*inform.*) ***de secours***, (di) riserva | (*med.*) ***poste de secours***, pronto soccorso | ***sortie, issue de secours***, uscita di sicurezza.

secousse [səkus] *n.f.* scossa (*anche fig.*): *il se dégagea d'une violente secousse*, si liberò con uno strattone.
● ***par secousses***, a sbalzi, a scossoni.

secret[1] [səkʀɛ] *agg.* [f. *-ète*] **1** segreto: *pensées secrètes*, pensieri segreti, reconditi; *code secret*, codice segreto **2** (*lett.*) riposto, celato **3** (*lett.*) riservato, chiuso: *un homme très secret*, un uomo molto riservato.

secret[2] *n.m.* segreto: *confier un secret*, confidare un segreto; *demander le secret le plus absolu*, raccomandare la massima segretezza.
● ***secret de fabrication***, segreto di fabbricazione | ***secret d'État***, segreto di stato | (*dir.*) ***secret d'instruction***, segreto istruttorio | ***secret professionnel***, segreto professionale | ***en, dans le secret***, in segreto, di nascosto | ***être dans le secret***, essere al corrente, informato | ***être dans le secret des dieux***, (*fam.*) conoscere i retroscena di qlco | ***mettre qqn dans le secret***, mettere qlcu a parte di un segreto | ***sous le sceau du secret***, con il vincolo del silenzio; in gran segreto.

secrétaire[1] [səkʀetɛʀ] *n.m.* e *f.* segretario/a.
● (*giorn., editoria*) ***secrétaire de rédaction***, segretaria di redazione | ***secrétaire de séance***, (*in una riunione*) persona incaricata di stendere il verbale | (*pol., amm.*): ***secrétaire d'État***, segretario di Stato; ***secrétaire de mairie***, segretario comunale.

secrétaire[2] *n.m.* (*mobile*) secrétaire; stipo.

secrétariat [səkʀetaʀja] *n.m.* segreteria (*f.*); segretariato: *passez au secrétariat pour vous inscrire*, per l'iscrizione, passi in segreteria.
● (*giorn., editoria*) ***secrétariat de rédaction***, comitato di redazione | ***école de secrétariat***, scuola per segretarie d'azienda | ***le secrétariat général de l'ONU***, il segretariato dell'ONU.

S

secrètement [səkʀɛtmɑ̃] *avv.* segretamente, in segreto.
sécréter [sekʀete] *v.tr.* [coniug. come *céder*] secernere; (*fig.*) emanare.
sécrétion [sekʀesjɔ̃] *n.f.* secrezione; (prodotto) secreto (*m.*).
sécrétoire [sekʀetwaʀ] *agg.* (*biol.*) secretivo.
sectaire [sɛktɛʀ] *agg.* e *n.m.* e *f.* settario/a.
sectarisme [sɛktaʀism] *n.m.* settarismo.
sectateur [sɛktatœʀ] *n.m.* [f. *-trice*] (*letter.*) seguace.
secte [sɛkt] *n.f.* setta.
secteur [sɛktœʀ] *n.m.* **1** (*econ.*) settore **2** zona (*f.*), area (*f.*): *secteur de forêt*, area forestale; (*amm.*) *le dixième secteur*, la decima ripartizione | *qu'est-ce que tu fais dans le secteur?*, (*fig.*) cosa fai da queste parti?
● (*mil.*) ***secteur postal***, numero convenzionale di una zona di operazione | (*econ.*) ***secteur primaire***, ***secondaire***, ***tertiaire***, settore primario, secondario, terziario | ***secteur privé***, ***public***, settore privato, pubblico | ***changer de secteur***, (*fig.*) cambiare aria: *il va falloir changer de secteur*, sarà meglio cambiare aria | (*elettr.*) ***panne de secteur***, guasto in zona.
section [sɛksjɔ̃] *n.f.* **1** (*suddivisione, parte*) sezione **2** (*scient.*) sezione **3** (*trasporti*) sezione, tratta: *section d'une ligne d'autobus*, tratta di una linea di autobus | *combien de sections pour l'Opéra?*, (*in autobus*) quanto costa il biglietto per l'Opéra?
● ***section d'autoroute***, tratto autostradale | (*pol.*) ***section de vote***, sezione elettorale | (*mat.*) ***point de section***, punto di intersezione.
sectionnement [sɛksjɔnmɑ̃] *n.m.* sezionamento; (*fig.*) suddivisione (*f.*), frazionamento.
sectionner [sɛksjɔne] *v.tr.* **1** sezionare (*anche med.*); suddividere **2** recidere: *doigt sectionné par une machine*, dito tranciato da una macchina ♦ **se sectionner** *v.pron.intr.* sezionarsi; suddividersi.
sectoriel [sɛktɔʀjɛl] *agg.* [f. *-elle*] settoriale.
sécu [seky] *n.f.* (*abbr. di* Sécurité sociale) previdenza sociale.
séculaire [sekylɛʀ] *agg.* secolare.
● ***année séculaire***, ultimo anno di un secolo | ***cérémonie séculaire***, cerimonia per il centenario.
sécularisation [sekylaʀizasjɔ̃] *n.f.* secolarizzazione.
séculariser [sekylaʀize] *v.tr.* secolarizzare; laicizzare.
séculier [sekylje] *agg.* e *n.m.* [f. *-ère*] secolare; (*estens.*) laico.
secundo [səgɔ̃do] *avv.* in secondo luogo, secondo.
sécurisant [sekyʀizɑ̃] *agg.* rassicurante.
sécuriser [sekyʀize] *v.tr.* **1** rassicurare **2** (*tecn.*) rendere sicuro.
sécuritaire [sekyʀitɛʀ] *agg.* relativo all'ordine pubblico.
sécurité [sekyʀite] *n.f.* sicurezza.
● ***sécurité de l'emploi***, sicurezza del posto di lavoro | ***sécurité du travail***, sicurezza sul lavoro | ***sécurité routière***, sicurezza stradale | ***sécurité sociale***, previdenza sociale; (*fam.*) mutua | ***sécurité vidéo***, impianto video di allarme | ***en sécurité***, al sicuro, in salvo | ***la sécurité publique***, ***la Sécurité***, la pubblica sicurezza | ***mesures***, ***consignes de sécurité***, misure, norme di sicurezza.
sedanais [sədanɛ] *agg.* di Sedan.
sédatif [sedatif] *n.m.* e *agg.* [f. *-ive*] sedativo.
■ SIN. calmant.
sédentaire [sedɑ̃tɛʀ] *agg.* e *n.m.* e *f.* sedentario/a.
sédentariser [sedɑ̃taʀize] *v.tr.* (*antropologia*) rendere sedentario ♦ **se sédentariser** *v.pron.intr.* diventare sedentario.
sédentarité [sedɑ̃taʀite] *n.f.* sedentarietà.
sédiment [sedimɑ̃] *n.m.* sedimento.
sédimentaire [sedimɑ̃tɛʀ] *agg.* sedimentario.
sédimentation [sedimɑ̃tasjɔ̃] *n.f.* sedimentazione.
sédimenter [sedimɑ̃te] *v.intr.* sedimentare ♦ **se sédimenter** *v.pron.intr.* sedimentare.
séditieux [sedisjø] *agg.* e *n.m.* [f. *-euse*] sedizioso.
sédition [sedisjɔ̃] *n.f.* sedizione.
séducteur [sedyktœʀ] *agg.* e *n.m.* [f. *-trice*] seduttore.
séduction [sedyksjɔ̃] *n.f.* seduzione.
séduire [sedɥiʀ] *v.tr.* [coniug. come *conduire*] **1** sedurre **2** affascinare: *cette idée me séduit*, è un'idea che mi alletta.
séduisant [sedɥizɑ̃] *agg.* seducente; affascinante; allettante.
séduit [sedɥi] *p.p.* di **séduire**.
séfarade [sefaʀad] *agg.* e *n.m.* e *f.* sefardita.
segment [sɛgmɑ̃] *n.m.* (*mat., mecc.*) segmento.
● (*aut.*) ***segment de frein***, ferodo | (*inform.*) ***segment (de programme)***, segmento, frazione (di programma) | (*mecc.*) ***segment d'étanchéité***, anello di tenuta ermetica.
segmentation [sɛgmɑ̃tasjɔ̃] *n.f.* segmentazione.
segmenter [sɛgmɑ̃te] *v.tr.* segmentare ♦ **se segmenter** *v.pron.intr.* segmentarsi.
segréen [səgʀeɛ̃] *agg.* [f. *-enne*] di Segré.
ségrégation [segʀegasjɔ̃] *n.f.* **1** segregazione **2** (*metall.*) segregazione, liquazione.
● ***ségrégation culturelle***, isolamento culturale | ***ségrégation raciale***, segregazione razziale | ***ségrégation sociale***, emarginazione sociale.
ségrégationnisme [segʀegasjɔnism] *n.m.* segregazionismo.
ségrégationniste [segʀegasjɔnist] *agg.* e *n.m.* e *f.* segregazionista.
ségréguer [segʀege] *v.tr.* mettere in disparte.
seiche[1] [sɛʃ] *n.f.* (*zool.*) seppia.
seiche[2] *n.f.* sessa.
séide [seid] *n.m.* (*letter.*) fanatico; devoto.
seigle [sɛgl] *n.m.* segale (*f.*).
● (*bot.*) ***seigle ergoté***, segale cornuta.
seigneur [sɛɲœʀ] *n.m.* signore.
● (*prov.*) ***à tout seigneur tout honneur***, onore al merito | ***grand seigneur***, persona magnanima; gran signore, persona ricca: *se montrer grand seigneur*, mostrarsi magnanimo; *vivre en grand seigneur*, fare vita da gran signore | ***le Seigneur***, il Signore, Dio: *Notre-Seigneur*, Gesù Cristo.
seigneurial [sɛɲœʀjal] *agg.* [pl. *-aux*] feudale; signorile.
seigneurie [sɛɲœʀi] *n.f.* **1** (*st.*) signoria **2** (*Belgio*) residenza per persone anziane.
● ***Seigneurie***, (*titolo*) Signoria: *Votre Seigneurie*, Sua Signoria.
sein [sɛ̃] *n.m.* **1** seno, petto: *presser, serrer sur, contre son sein*, stringere al seno, al petto | *donner le sein à un enfant*, allattare un bambino | *porter un enfant dans son sein*, (*antiq.*) portare un bambino in grembo **2** (*geogr.*) piccola insenatura (*f.*).
● ***au sein de***, ***dans le sein de***, in seno a.

S

seing [sɛ̃] ***n.m.*** (*antiq.*) (*dir.*) firma (*f.*).
● ***acte sous seing privé***, scrittura privata.

séisme [seism] ***n.m.*** **1** sisma **2** (*fig.*) terremoto, cataclisma.
● ***séisme sous-marin***, maremoto.

séismique [seismik] ***agg.*** → **sismique**.

séismographe [seismɔgʀaf] ***n.m.*** → **sismographe**.

séismologie [seismɔlɔʒi] ***n.f.*** → **sismologie**.

seize [sɛz] ***agg.num.card.*** e ***n.m.invar.*** sedici ♦ ***agg.num. ord.invar.*** (*di re, papi, capitoli ecc.*) sedicesimo: *page seize*, pagina sedici | (*st.*) *Louis seize*, Luigi XVI.
● ***seize cents***, milleseicento.

seizième [sɛzjɛm] ***agg.num.ord.*** e ***n.m.*** sedicesimo.
● ***le seizième siècle***, il sedicesimo secolo, il Cinquecento.

séjour [seʒuʀ] ***n.m.*** **1** soggiorno **2** luogo, località (*f.*) di soggiorno.
● (*dir.*) ***interdiction de séjour***, divieto di soggiorno | (*med.*) ***long séjour***, lungodegenza (per anziani) | (*dir.*) ***permis de séjour***, permesso di soggiorno | (***salle de***) ***séjour***, (stanza di) soggiorno.

séjourner [seʒuʀne] ***v.intr.*** **1** soggiornare, dimorare **2** permanere, restare **3** (*di acque*) ristagnare.

sel [sɛl] ***n.m.*** **1** sale **2** (*fig.*) spirito, arguzia (*f.*) **3** (*pl.*) sali (per rianimare).
● (*chim.*) ***sel amer***, sale amaro, inglese | ***sel fin***, ***gros sel***, sale fino, sale grosso | ***sels de bains***, sali da bagno | ***régime sans sel***, dieta iposodica.

select [selɛkt] ***agg.*** [f. *-e* o *invar.*] (*fam.*) di prim'ordine, selezionato; esclusivo.

sélecteur [selɛktœʀ] ***agg.*** [f. *-trice*] selettivo ♦ ***n.m.*** selettore.
● (*tv*) ***sélecteur de canal***, selettore di canale | (*tel.*) ***sélecteur manuel***, disco combinatore.

sélectif [selɛktif] ***agg.*** [f. *-ive*] selettivo.

sélection [selɛksjɔ̃] ***n.f.*** selezione.
● ***sélection génétique***, selezione genetica | ***sélection naturelle***, selezione naturale | ***comité de sélection***, commissione selezionatrice.

sélectionné [selɛksjɔne] ***agg.*** e ***n.m.*** selezionato.

sélectionner [selɛksjɔne] ***v.tr.*** selezionare.

sélectionneur [selɛksjɔnœʀ] ***n.m.*** [f. *-euse*] selezionatore.

sélectivement [selɛktivmɑ̃] ***avv.*** selettivamente.

sélectivité [selɛktivite] ***n.f.*** selettività.

sélénium [selenjɔm] ***n.m.*** (*chim.*) selenio.

self-control [sɛlfkɔ̃tʀol] ***n.m.*** [pl. *self-controls*] self -control.

self-service [sɛlfsɛʀvis] ***n.m.*** [pl. *self-services*] self-service.

selle [sɛl] ***n.f.*** **1** sella **2** (*di bicicletta ecc.*) sellino (*m.*) **3** (*geogr.*) anticlinale (*m.*) **4** trespolo (*m.*) (di pittore) **5** (*pl.*) feci.
● (*macelleria*) ***selle de mouton***, sella di montone | (*anat.*) ***selle turcique***, sella turcica | ***aller à la selle***, andare di corpo | ***être bien en selle***, reggersi bene in sella; (*fig.*) essere ben sistemato, essere a cavallo.

seller [sele] ***v.tr.*** sellare.

sellerie [sɛlʀi] ***n.f.*** **1** selleria **2** finimenti (*m.pl.*) (del cavallo).

sellette [sɛlɛt] ***n.f.*** **1** (*antiq.*) banco (*m.*), scanno (*m.*) (degli accusati) **2** sgabello (*m.*) **3** trespolo (*m.*) (portavasi).
● ***mettre sur la sellette***, (*fam.*) tartassare (di domande).

sellier [selje] ***n.m.*** sellaio.

selon [səlɔ̃] ***prep.*** secondo: *selon mes prévisions*, secondo le mie previsioni; *selon Kant*, secondo Kant.
● ***selon que***, (*antiq.*) secondo che, a seconda che | ***c'est selon***, (*fam.*) dipende.

semailles [səmɑj] ***n.f.pl.*** semina (*sing.*); seminagione (*sing.*).

semaine [səmɛn] ***n.f.*** **1** settimana: *trois fois par semaine*, tre volte la settimana **2** paga settimanale: *toucher sa semaine*, riscuotere la paga settimanale.
● ***à la petite semaine***, senza piani prestabiliti: *travailler à la petite semaine*, lavorare saltuariamente | ***à la semaine***, settimana per settimana: *payer à la semaine*, pagare settimanalmente | ***dans le courant de la semaine***, in settimana | ***en semaine***, durante la settimana: *en semaine il est toujours là*, durante la settimana è sempre qui | ***être de semaine***, svolgere un turno di servizio settimanale | ***la semaine anglaise***, la settimana corta | ***la semaine du blanc***, la fiera del bianco.

semainier [səmenje] ***n.m.*** **1** agenda (*f.*) da tavolo (divisa secondo le settimane) **2** settimanile (sorta di cassettone).

sémantique [semɑ̃tik] ***agg.*** (*ling.*) semantico ♦ ***n.f.*** (*ling.*) semantica.

sémaphore [semafɔʀ] ***n.m.*** (*mar.*, *ferr.*) semaforo.

semblable [sɑ̃blabl] ***agg.*** e ***n.m.*** simile: *aimer ses semblables*, amare il prossimo.
■ AGG. SIN. analogue, similaire CONTR. différent, dissemblable.

semblant [sɑ̃blɑ̃] ***n.m.*** sembianza (*f.*); parvenza (*f.*); accenno | *un semblant de jardin*, (*spreg.*) una specie di giardino.
● ***faire semblant de***, fare finta di: *ne faire semblant de rien*, fare finta di niente.

sembler [sɑ̃ble] ***v.intr.*** sembrare, parere: *cela m'a semblé intéressant*, mi è sembrato, mi è parso interessante; *elle semble dormir*, sembra dormire, che dorma ♦ ***v. intr.impers.*** sembrare, parere: *il me semble que je rêve, il me semblait que je rêvais*, mi sembra, mi sembrava di sognare; *il semble que oui, que non*, sembra di sì, di no.
● ***à ce qu'il semble***, a quanto sembra, pare | ***quand***, ***ce que bon me*** (***lui etc.***) ***semble***, quando, quello che mi (gli ecc.) pare: *je fais ce que bon me semble*, faccio quel che mi pare e piace; *faites ce que bon vous semblera*, fate quel che volete; *il peut venir me voir, quand bon lui semble*, può venire a trovarmi quando gli pare | ***semble-t-il***, a quel che, a quanto sembra: *il va de mieux en mieux, semble -t-il*, a quel che sembra va migliorando sempre più.

séméiologie [semejɔlɔʒi] ***n.f.*** (*med.*) semeiotica, semiologia.

semelle [səmɛl] ***n.f.*** **1** suola: *semelle de liège*, soletta di sughero **2** (*tecn.*) piastra di sostegno; piastra d'appoggio: *la semelle d'un fer à repasser*, la piastra di un ferro da stiro.
● ***battre la semelle***, battere i piedi per terra (per riscaldarsi); (*fig.*) aspettare a lungo | ***ne pas avancer d'une semelle***, (*fig.*) non fare alcun passo avanti | ***ne pas quitter qqn d'une semelle***, seguire qlcu ovunque, stare sempre alle calcagna di qlcu | ***ne pas reculer d'une semelle***, (*fig.*) non cedere di un pollice.

semence [səmɑ̃s] ***n.f.*** **1** seme (*m.*), semente; (*fig.*) germe (*m.*) **2** (*piccolo chiodo*) semenza **3** sperma (*m.*) di animale.
● ***blé de semence***, grano da seme.

semer [səme] ***v.tr.*** [cambia la *e* in *è* davanti a sillaba muta, per es.: *je sème*, *tu sèmes* etc.; *je sèmerai*, *tu sème-*

ras etc.] 1 seminare (*anche fig.*) 2 (co)spargere: *pré semé de marguerites*, prato cosparso di margherite; *un chemin semé d'embûches*, (*fig.*) un cammino irto di ostacoli 3 (*fig.*) propagare: *semer la discorde*, seminare discordia; *semer des bruits*, *des calomnies*, diffondere voci, calunnie 4 (*fam.*) seminare, fare perdere le proprie tracce (a): *le voleur a semé les flics*, il ladro ha seminato i poliziotti.
● (*prov.*): ***on ne récolte que ce que l'on sème***, chi non semina non raccoglie; ***qui sème le vent récolte la tempête***, chi semina vento raccoglie tempesta.
semestre [səmɛstʀ] ***n.m.*** semestre.
semestriel [səmɛstʀijɛl] ***agg.*** [f. *-elle*] semestrale.
semestriellement [səmɛstʀijɛlmɑ̃] ***avv.*** semestralmente.
semeur [səmœʀ] ***n.m.*** [f. *-euse*] seminatore; (*fig.*) propagatore.
semeuse [səmøz] ***n.f.*** (*agr.*) (macchina) seminatrice.
semi- ***pref.*** semi-.
semi-automatique [səmiɔtɔmatik] ***agg.*** [pl. *semi -automatiques*] semiautomatico.
semi-auxiliaire [səmioksiljɛʀ] ***agg.*** e ***n.m.*** [pl. *semi -auxiliaires*] (*gramm.*) (verbo) servile.
semi-conducteur [səmikɔ̃dyktœʀ] ***n.m.*** [pl. *semi -conducteurs*] (*fis.*) semiconduttore.
semi-consonne [səmikɔ̃sɔn] ***n.f.*** [pl. *semi-consonnes*] (*ling.*) semiconsonante.
semi-fini [səmifini] ***agg.*** [f. *semi-finie*, pl.m. *semi-finis*] semilavorato: *produits semi-finis*, semilavorati.
semi-liberté [səmilibɛʀte] ***n.f.*** [pl. *semi-libertés*] (*dir.*) semilibertà.
sémillant [semijɑ̃] ***agg.*** vivace, brioso.
séminaire [seminɛʀ] ***n.m.*** seminario.
séminal [seminal] ***agg.*** [pl. *-aux*] seminale.
séminariste [seminaʀist] ***n.m.*** seminarista.
séminifère [seminifɛʀ] ***agg.*** (*anat.*) seminifero.
sémiologie [semjɔlɔʒi] ***n.f.*** 1 (*ling.*) semiologia, semiotica 2 (*med.*) semeiotica.
sémiologue [semjɔlɔg] ***n.m.*** e ***f.*** (*ling.*) semiologo/a.
sémiotique [semjɔtik] ***agg.*** (*ling.*) semiotico ♦ ***n.f.*** (*ling.*) semiotica.
semi-ouvré [səmiuvʀe] ***agg.*** [f. *semi-ouvrée*, pl.m. *semi-ouvrés*] semilavorato.
semi-public [səmipyblik] ***agg.*** [f. *semi-publique*, pl.m. *semi-publics*] parastatale.
semi-remorque [səmiʀəmɔʀk] ***n.m.*** [pl. *semi-remorques*] autoarticolato.
semi-rigide [səmiʀiʒid] ***agg.*** [pl. *semi-rigides*] semirigido.
semis [səmi] ***n.m.*** 1 semina (*f.*), messa (*f.*) a dimora 2 (campo) seminato, semenzaio 3 piantina (*f.*), pianticella (*f.*) (di vivaio).
sémite [semit] ***agg.*** e ***n.m.*** e ***f.*** semita.
sémitique [semitik] ***agg.*** semitico.
semi-ton [səmitɔ̃] ***n.m.*** [pl. *semi-tons*] (*mus.*) semitono.
semi-voyelle [səmivwajɛl] ***n.f.*** [pl. *semi-voyelles*] (*ling.*) semivocale.
semoir [səmwaʀ] ***n.m.*** (*agr.*) (macchina) seminatrice (*f.*).
● ***semoir à engrais***, spandiconcime.
semonce [səmɔ̃s] ***n.f.*** 1 ramanzina, rimprovero (*m.*) 2 (*mar.*) intimazione (a un natante) 3 (*fig.*) avvertimento (*m.*).
semoncer [səmɔ̃se] ***v.tr.*** [coniug. come *placer*] 1 (*letter.*) rimproverare 2 (*mar.*) intimare (a una nave) di fermarsi.
semoule [səmul] ***n.f.*** semola; semolino (*m.*).
sempiternel [sɑ̃pitɛʀnɛl] ***agg.*** [f. *-elle*] (*scherz.*) perpetuo, sempiterno.
sénat [sena] ***n.m.*** senato.
sénateur [senatœʀ] ***n.m.*** senatore.
sénatorial [senatɔʀjal] ***agg.*** [pl. *-aux*] senatoriale; (*st.*) senatorio.
● ***commission sénatoriale***, commissione del senato | ***élections sénatoriales***, elezioni per il senato | (*st. romana*) ***provinces sénatoriales***, province senatorie.
senbon [sɑ̃bɔ̃] ***n.m.*** (*linguaggio infantile*) profumo.
sénéchal [seneʃal] ***n.m.*** [pl. *-aux*] (*st.*) 1 siniscalco 2 (*nell'Ancien Régime*) capitano di giustizia.
sénescence [senesɑ̃s] ***n.f.*** senescenza.
senestre [sənɛstʀ] **sénestre** [senɛstʀ] ***agg.*** (*scient.*) sinistrorso.
sénevé [sɛnve] ***n.m.*** senape (*f.*) nera.
s'en-fout-la-mort [sɑ̃fulamɔʀ] ***n.m.*** (*Africa*) (individuo) temerario; scavezzacollo.
sénile [senil] ***agg.*** senile.
sénilité [senilite] ***n.f.*** senilità.
senior [senjɔʀ] ***agg.*** e ***n.m.*** (*sport*) senior.
senlisien [sɑ̃lizjɛ̃] ***agg.*** [f. *-enne*] di Senlis.
sénologie [senɔlɔʒi] ***n.f.*** (*med.*) senologia.
sénonais [senɔnɛ] ***agg.*** di Sens.
sens[1] [sɑ̃s] ***n.m.*** 1 senso (*anche fig.*): *le sens de l'orientation*, il senso dell'orientamento; *reprendre ses sens*, riprendere i sensi 2 senno, discernimento 3 significato, senso: *des mots vides de sens*, parole prive di senso 4 direzione (*f.*), senso; parte (*f.*): *aller dans le sens du progrès*, (*fig.*) marciare col progresso | *dans le sens de la longueur*, per il lungo | *dans le sens des aiguilles d'une montre*, in senso orario.
● ***sens commun***, buon senso, senso comune: *ça n'a pas de sens commun!*, è pazzesco! | ***sens dessus dessous***, sottosopra | ***sens devant derrière***, all'incontrario | ***sens unique***, ***interdit***, senso unico, vietato | ***à mon sens***, a mio avviso | ***au sens de la loi***, ai sensi, a termine di legge | ***bon sens***, buonsenso | ***cela tombe sous le sens***, (*fig.*) è evidente | ***double sens***, doppio senso | ***faux sens***, interpretazione errata (di una parola in una traduzione).
■ SIN. 2 jugement 3 signification.
sens[2] → **sentir**.
sensa [sɑ̃sa] **sensas**, **sensass** [sɑ̃sɑs] ***agg.*** (*fam.*) abbr. di **sensationnel**.
sensation [sɑ̃sasjɔ̃] ***n.f.*** sensazione; impressione.
● ***à sensation***, a effetto: *film*, *roman à sensation*, film, romanzo a effetto | ***faire sensation***, fare colpo.
sensationnalisme [sɑ̃sasjɔnalism] ***n.m.*** sensazionalismo, gusto del sensazionale.
sensationnaliste [sɑ̃sasjɔnalist] ***agg.*** sensazionalistico.
sensationnel [sɑ̃sɑsjɔnɛl] ***agg.*** [f. *-elle*] sensazionale, clamoroso; (*fam.*) notevole ♦ ***n.m.*** sensazionale.
sensé [sɑ̃se] ***agg.*** sensato, assennato.
sensibilisation [sɑ̃sibilizasjɔ̃] ***n.f.*** sensibilizzazione.
sensibiliser [sɑ̃sibilize] ***v.tr.*** sensibilizzare.

S

sensibilité [sɑ̃sibilite] ***n.f.*** **1** sensibilità **2** opinione, tendenza politica: *il a une certaine sensibilité à gauche*, (*fig.*) propende per la sinistra.

sensible [sɑ̃sibl] ***agg.*** **1** sensibile (*anche fig.*): *avoir la gorge sensible*, avere la gola delicata; *avoir l'oreille sensible*, essere fine d'orecchi **2** sensibile, percepibile: *une baisse sensible des prix*, un sensibile ribasso dei prezzi **3** delicato, scottante: *un dossier sensible*, un dossier che scotta.
● ***c'est son endroit, sa partie sensible***, (*fig.*) è il suo punto debole, vulnerabile.
■ SIN. **1** émotif; humain CONTR. **1** dur, insensible.

sensiblement [sɑ̃sibləmɑ̃] ***avv.*** sensibilmente.

sensiblerie [sɑ̃sibləʀi] ***n.f.*** sensibilità morbosa, ipersensibilità; sensibilità affettata.

sensitif [sɑ̃sitif] ***agg.*** e ***n.m.*** [f. *-ive*] **1** sensitivo **2** ipersensibile, emotivo.

sensitive [sɑ̃sitiv] ***n.f.*** (*bot.*) sensitiva.

sensoriel [sɑ̃sɔʀjɛl] ***agg.*** [f. *-elle*] sensoriale, sensorio.

sensualisme [sɑ̃sɥalism] ***n.m.*** (*fil.*) sensismo.

sensualité [sɑ̃sɥalite] ***n.f.*** sensualità.

sensuel [sɑ̃sɥɛl] ***agg.*** e ***n.m.*** [f. *-elle*] sensuale.

sente [sɑ̃t] ***n.f.*** (*letter.*) viottolo (*m.*).

sentence [sɑ̃tɑ̃s] ***n.f.*** sentenza (*anche dir.*); detto (*m.*).
● (*dir.*) ***sentence arbitrale***, lodo arbitrale.

sentencieusement [sɑ̃tɑ̃sjøzmɑ̃] ***avv.*** sentenziosamente.

sentencieux [sɑ̃tɑ̃sjø] ***agg.*** [f. *-euse*] sentenzioso.

senteur [sɑ̃tœʀ] ***n.f.*** profumo (*m.*), fragranza.

senti [sɑ̃ti] ***agg.*** sentito | *des reproches bien sentis*, rimproveri ben meritati.

sentier [sɑ̃tje] ***n.m.*** sentiero.
● ***sentier de randonnée***, sentiero da trekking | ***sentier pédestre***, sentiero pedonale | ***sortir des sentiers battus***, (*fig.*) percorrere strade nuove, essere originale.

sentiment [sɑ̃timɑ̃] ***n.m.*** **1** sentimento: *les grands sentiments*, i nobili sentimenti | (*comm.*) *veuillez croire, Monsieur, à l'expression de mes meilleurs sentiments*, la prego di gradire i miei migliori saluti | *tu ne m'auras pas au sentiment!*, (*fam.*) con me non attacca! **2** coscienza (*f.*): *avoir le sentiment de sa force*, avere coscienza della propria forza **3** (*letter. antiq.*) opinione (*f.*).
● ***sentiments dévoués, distingués, respectueux***, (*nella corrispondenza*) distinti saluti | ***sentiment d'infériorité***, senso di inferiorità | ***à mon sentiment***, (*letter.*) a mio parere | ***faire du sentiment***, fare del sentimentalismo | ***pas de sentiment!***, (*fam.*) niente sentimentalismi!

sentimental [sɑ̃timɑ̃tal] ***agg.*** e ***n.m.*** [pl. *-aux*] sentimentale; romantico.

sentimentalement [sɑ̃timɑ̃talmɑ̃] ***avv.*** sentimentalmente.

sentimentalisme [sɑ̃timɑ̃talism] ***n.m.*** sentimentalismo.

sentimentalité [sɑ̃timɑ̃talite] ***n.f.*** sentimentalità.

sentine [sɑ̃tin] ***n.f.*** (*mar.*) sentina.

sentinelle [sɑ̃tinɛl] ***n.f.*** sentinella.

sentir [sɑ̃tiʀ] ***v.tr.*** [coniug. come *dormir*] **1** (*di sensazione fisica*) sentire: *sentir une douleur aiguë*, provare un dolore intenso; *je me sens fiévreux*, mi sento la febbre **2** capire, sapere, aver coscienza (**di**): *je sentais à l'avance que tout irait mal*, già sapevo che sarebbe andata male; *on sent en lui une profonde sensibilité*, si avverte in lui una profonda sensibilità **3** sapere (**di**), aver sapore (**di**), avere odore (**di**): *cette chambre sent le renfermé*, in questa camera c'è odore di chiuso; *ça sent le brûlé*, c'è odore di bruciato **4** odorare, annusare ♦ ***v.intr.*** **1** sentire **2** mandare odore; mandare profumo: *cette viande commence à sentir*, questa carne incomincia a puzzare ♦ **se sentir** ***v.pron.*** sentirsi: *se sentir bien, mal*, sentirsi bene, male; *il se sentait dans son tort*, si sentiva in torto ♦ ***v.pron.rec.*** (*fam.*) sopportarsi: *ils ne peuvent pas se sentir*, non si possono soffrire.
● ***ça sent bon***, ha un buon odore | ***ça sent mauvais***, puzza; (*fig.*) tira una brutta aria | ***je ne peux pas le sentir***, (*fam.*) non lo posso soffrire | ***il sent son paysan***, tradisce le origini contadine | ***la viande sent le sentir***, la carne sa di bruciato; (*fig.*) gatta ci cova | ***ne pas se sentir de joie***, essere fuori di sé, non stare più nella pelle dalla gioia | ***se sentir le courage, la force de***, avere il coraggio, la forza di: *il ne se sentit pas la force de parler*, non se la sentiva di parlare; *vraiment je ne m'en sens pas le courage!*, proprio non me la sento!

FAUX AMI
Da non confondere con *sentire* nel significato di *udire*, che si traduce *entendre*.

seoir [swaʀ] ***v.intr.dif.*** [usato al p.pres.: *séant*; p.p.: *sis* nel significato 1; nel significato 2 usato al pres.indic.: *il sied, ils siéent*; imperf.indic.: *il seyait, ils seyaient*; fut. indic.: *il siéra, ils siéront*; cond.: *il siérait, ils siéraient*; non com. al pres.cong.: *qu'il siée, qu'ils siéent*] **1** (*antiq.*) sedere, essere seduto **2** stare bene; addirsi: *cette coiffure ne te sied pas*, questa pettinatura non ti sta bene ♦ ***v.intr. impers.*** addirsi.

sépale [sepal] ***n.m.*** (*bot.*) sepalo.

séparable [sepaʀabl] ***agg.*** separabile.

séparateur [sepaʀatœʀ] ***agg.*** [f. *-trice*] separatore ♦ ***n.m.*** **1** separatore **2** (*inform.*) delimitatore.

séparation [sepaʀasjɔ̃] ***n.f.*** **1** separazione **2** distacco (*m.*), separazione: (*aer.*) *la séparation d'un missile*, il distacco di un missile.
● (*dir.*): ***séparation de biens***, separazione dei beni (fra coniugi); ***séparation de corps***, separazione legale; ***séparation des pouvoirs***, divisione dei poteri.

séparatisme [sepaʀatism] ***n.m.*** separatismo.

séparatiste [sepaʀatist] ***agg.*** e ***n.m.*** e ***f.*** separatista.

séparé [sepaʀe] ***agg.*** separato, diviso.

séparément [sepaʀemɑ̃] ***avv.*** separatamente.

séparer [sepaʀe] ***v.tr.*** **1** separare, dividere: *séparer une chose d'une autre*, separare, dividere una cosa da un'altra; *séparer une pièce en deux*, dividere in due una stanza **2** distinguere, separare: *la raison sépare l'homme des animaux*, la ragione distingue l'uomo dagli animali ♦ **se séparer** ***v.pron.intr.*** separarsi, dividersi | *l'assemblée s'est séparée au milieu d'un tumulte général*, l'assemblea si è sciolta in un tumulto generale.
● (*dir.*) ***se séparer de corps***, separarsi legalmente.

sépi [sepi] ***v.intr.*** [invariato nella coniugazione] (*verlan di* pisser) pisciare.

sépia [sepja] ***n.f.*** nero (*m.*) di seppia ♦ ***agg.invar.*** (color) seppia.
● ***une sépia, un dessin à la sépia***, un disegno al nero di seppia.

sépiole [sepjɔl] ***n.f.*** (*zool.*) seppiolina.

seps [sɛps] ***n.m.*** (*zool.*) luscengola (*f.*), cicigna (*f.*).

sept [sɛt] ***agg.num.card.*** e ***n.m.invar.*** sette ♦ ***agg.num. ord.invar.*** (*di re, papi, capitoli ecc.*) settimo: *chapitre sept*, capitolo settimo, sette.
● ***les sept péchés capitaux***, i sette peccati capitali.

S

septain [sɛtɛ̃] ***n.m.*** (*metrica*) strofa (*f.*) di sette versi.
septante [sɛptɑ̃t] ***agg.num.card.*** e ***n.m.invar.*** (*Belgio e Svizzera*) settanta.
septembre [sɛptɑ̃bʀ] ***n.m.*** settembre.
septennal [sɛptenal] ***agg.*** [pl. *-aux*] settennale.
septennat [sɛptena] ***n.m.*** settennato, settennio.
septentrion [sɛptɑ̃tʀijɔ̃] ***n.m.*** settentrione.
septentrional [sɛptɑ̃tʀijɔnal] ***agg.*** [pl. *-aux*] settentrionale.
septicémie [sɛptisemi] ***n.f.*** (*med.*) setticemia.
septicémique [sɛptisemik] ***agg.*** (*med.*) setticemico.
septicité [sɛptisite] ***n.f.*** (*med.*) setticità.
septième [sɛtjɛm] ***agg.num.ord.*** e ***n.m.*** e ***f.*** settimo/a ♦ ***n.f.*** **1** (*mus.*) settima **2** (*nel vecchio ordinamento scolastico francese*) classe corrispondente alla quinta elementare, odierna CM2 (*cours moyen deuxième année*) | (*classe de*) *septième*, quinta elementare.
● ***le septième art***, il cinema.
septièmement [sɛtjɛmmɑ̃] ***avv.*** in settimo luogo.
septimo [sɛptimo] ***avv.*** (*non com.*) in settimo luogo.
septique [sɛptik] ***agg.*** (*med.*) settico.
septuagénaire [sɛptɥaʒenɛʀ] ***agg.*** e ***n.m.*** e ***f.*** settantenne; (*letter.*) settuagenario/a.
septuagésime [sɛptɥaʒezim] ***n.f.*** (*eccl.*) settuagesima.
septuor [sɛptɥɔʀ] ***n.m.*** (*mus.*) settimino.
sépulcral [sepylkʀal] ***agg.*** [pl. *-aux*] sepolcrale (*anche fig.*).
sépulcre [sepylkʀ] ***n.m.*** (*letter.*) sepolcro.
● (*relig.*) ***le Saint-Sépulcre***, il Santo Sepolcro.
sépulture [sepyltyʀ] ***n.f.*** sepoltura.
séquelle [sekɛl] ***n.f.*** (*spec. pl.*) **1** (*di un fatto, un avvenimento*) conseguenze (*pl.*) **2** (*di malattia*) postumi (*m.pl.*).
séquence [sekɑ̃s] ***n.f.*** sequenza.
● (*cine.*) ***séquence filmée***, sequenza filmata.
séquentiel [sekɑ̃sjɛl] ***agg.*** [f. *-elle*] sequenziale.
séquestration [sekɛstʀasjɔ̃] ***n.f.*** (*dir.*) sequestro (*m.*).
séquestre [sekɛstʀ] ***n.m.*** (*dir.*) **1** sequestro **2** (*pl.*) beni sequestrati **3** sequestratario.
● ***mettre sous séquestre***, mettere sotto sequestro, sequestrare.
séquestrer [sekɛstʀe] ***v.tr.*** sequestrare.
sequin [səkɛ̃] ***n.m.*** zecchino (antica moneta d'oro).
séquoia [sekɔja] ***n.m.*** (*bot.*) sequoia (*f.*).
sérac [seʀak] ***n.m.*** (*geogr.*) seracco.
serai [səʀe] → **être**[1].
sérail [seʀaj] ***n.m.*** **1** (*st.*) serraglio **2** harem.
● ***être élevé, nourri dans le sérail***, conoscere a fondo il palazzo, le stanze del potere.
séraphin [seʀafɛ̃] ***n.m.*** **1** (*teol.*) serafino **2** (*Canada*) (*fam.*) taccagno.
séraphique [seʀafik] ***agg.*** (*letter.*) angelico, celestiale.
serbe [sɛʀb] ***agg.*** serbo.
Serbe ***n.m.*** e ***f.*** (*abitante*) serbo/a.
serbo-croate [sɛʀbɔkʀɔat] ***agg.*** [pl. *serbo-croates*] serbo-croato ♦ ***n.m.*** (*lingua*) serbo-croato.
serein [səʀɛ̃] ***agg.*** sereno.
sereinement [səʀɛnmɑ̃] ***avv.*** serenamente.
sérénade [seʀenad] ***n.f.*** **1** serenata **2** (*fam.*) strigliata **3** (*fam.*) baccano (*m.*).

S

sérénissime [seʀenisim] ***agg.*** serenissimo | (*st.*) *la Sérénissime*, la Serenissima.
sérénité [seʀenite] ***n.f.*** serenità (*anche fig.*).
séreux [seʀø] ***agg.*** [f. *-euse*] sieroso.
serf [sɛʀf] ***n.m.*** [f. *serve*] (*st.*) servo della gleba.
serfouette [sɛʀfwɛt] ***n.f.*** (*agr.*) zappa.
serfouir [sɛʀfwiʀ] ***v.tr.*** (*agr.*) zappettare.
serge [sɛʀʒ] ***n.f.*** (*tess.*) sargia, saia.
● ***serge de laine***, rascia.
sergé [sɛʀʒe] ***n.m.*** (*tess.*) saia (*f.*).
sergent [sɛʀʒɑ̃] ***n.m.*** (*mil.*) sergente.
● ***sergent de ville***, (*antiq.*) guardia municipale.
sergent-chef [sɛʀʒɑ̃ʃɛf] ***n.m.*** [pl. *sergents-chefs*] (*mil.*) sergente maggiore.
sérial [seʀjal] ***n.m.*** [pl. *-als*] (*tv*) serial, serie (*f.*) televisiva.
sériciculteur [seʀisikyltœʀ] ***n.m.*** [f. *-trice*] sericoltore.
sériciculture [seʀisikyltyʀ] ***n.f.*** sericoltura.
série [seʀi] ***n.f.*** **1** serie, successione **2** (*comm.*) serie **3** (*sport*) batteria.
● ***série noire***, celebre collana di romanzi polizieschi; (*fig.*) serie di guai | ***de série***, di serie | ***en série***, in serie: *fabriquer en série*, produrre in serie | (*cine.*) ***film de serie B, Z***, film mediocre, film commerciale | ***fin de série***, fine serie: *prix de fin de série*, prezzi di saldo | ***hors série***, fuori serie; fuoriclasse.
sériel [seʀjɛl] ***agg.*** [f. *-elle*] seriale.
sérier [seʀje] ***v.tr.*** classificare per serie.
sérieusement [seʀjøzmɑ̃] ***avv.*** **1** seriamente, sul serio **2** gravemente: *il est sérieusement blessé*, è ferito gravemente.
sérieux [seʀjø] ***agg.*** [f. *-euse*] **1** serio | *ce n'est pas sérieux, voyons!*, ma non è una cosa seria! **2** grave: *une maladie sérieuse*, una malattia grave ♦ ***n.m.*** ciò che è serio; serietà (*f.*).
● ***être sérieux comme un pape***, (*fam.*) essere serissimo | ***garder*** (o ***tenir***) ***son sérieux***, restare serio | ***prendre qqch au sérieux***, prendere qlco sul serio.
sérigraphie [seʀigʀafi] ***n.f.*** serigrafia.
sérigraphique [seʀigʀafik] ***agg.*** serigrafico.
serin [səʀɛ̃] ***n.m.*** **1** (*zool. pop.*) verzellino; canarino **2** (*fam.*) merlo, allocco.
seriner [səʀine] ***v.tr.*** (*fam.*) ripetere più volte (per fare imparare).
serinette [səʀinɛt] ***n.f.*** organetto (*m.*) (per ammaestrare al canto gli uccelli canterini).
seringa [səʀɛ̃ga] ***n.m.*** (*bot.*) siringa (*f.*).
seringue [səʀɛ̃g] ***n.f.*** **1** siringa **2** spruzzatore (*m.*).
serment [sɛʀmɑ̃] ***n.m.*** giuramento.
● (*med.*) ***serment d'Hippocrate***, giuramento d'Ippocrate | ***serment d'ivrogne***, (*fam.*) promessa da marinaio | ***sous*** (***la foi du***) ***serment***, sotto giuramento.
sermon [sɛʀmɔ̃] ***n.m.*** **1** predica (*f.*), sermone **2** (*fam.*) paternale (*f.*), predica (*f.*), predicozzo.
● (*Bibbia*) ***le Sermon sur la montagne***, il Discorso della montagna.
sermonner [sɛʀmɔne] ***v.tr.*** fare una predica, una paternale (**a**).
sermonneur [sɛʀmɔnœʀ] ***n.m.*** e ***agg.*** [f. *-euse*] (*spreg.*) predicatore.
sér(o)- ***pref.*** siero-.
sérodiagnostic [seʀodjagnɔstik] ***n.m.*** (*med.*) sierodiagnosi (*f.*).

sérologie [seʀɔlɔʒi] ***n.f.*** (*med.*) sierologia.
séronégatif [seʀɔnegatif] ***agg.*** e ***n.m.*** [f. *-ive*] sieronegativo.
séropo [seʀɔpo] ***agg.*** e ***n.m.*** e ***f.*** (*fam.*) (*abbr. di* séropositif) sieropositivo/a.
séropositif [seʀɔpozitif] ***agg.*** e ***n.m.*** [f. *-ive*] (*med.*) sieropositivo.
séropositivité [seʀɔpozitivite] ***n.f.*** (*med.*) sieropositività.
séroprophylaxie [seʀopʀɔfilaksi] ***n.f.*** (*med.*) sieroprofilassi.
sérosité [seʀozite] ***n.f.*** (*med.*) sierosità.
sérothérapie [seʀɔteʀapi] ***n.f.*** (*med.*) sieroterapia.
serpe [sɛʀp] ***n.f.*** roncola, falcetto (*m.*).
● ***taillé à coups de serpe, à la serpe***, (*fig.*) tagliato con l'accetta.
serpent [sɛʀpɑ̃] ***n.m.*** **1** serpente, serpe (*anche fig.*) **2** (*mus.*) serpentone.
● ***serpent à lunettes***, serpente dagli occhiali | ***serpent à sonnettes***, serpente a sonagli | (*econ.*) ***serpent monétaire***, serpente monetario | ***nourrir, réchauffer un serpent dans son sein***, (*fig.*) nutrire, scaldare una serpe in seno.
serpentaire [sɛʀpɑ̃tɛʀ] ***n.m.*** (*zool.*) serpentario.
serpenteau [sɛʀpɑ̃to] ***n.m.*** [pl. *-eaux*] serpentello.
serpenter [sɛʀpɑ̃te] ***v.intr.*** serpeggiare.
serpentin [sɛʀpɑ̃tɛ̃] ***n.m.*** **1** stella (*f.*) filante **2** (*tecn.*) serpentino, serpentina (*f.*).
serpillière [sɛʀpijɛʀ] ***n.f.*** straccio (*m.*) (per lavare pavimenti).
serpolet [sɛʀpɔlɛ] ***n.m.*** (*bot.*) serpillo.
serrage [sɛʀaʒ] ***n.m.*** (*tecn.*) serraggio.
serraillon [sɛʀajɔ̃] ***n.m.*** (*Svizzera*) fabbro febbraio.
serran [sɛʀɑ̃] ***n.m.*** (*zool.*) sciarrano.
serre[1] [sɛʀ] ***n.f.*** **1** serra **2** artiglio (*m.*) **3** spremitura.
● ***effet de serre***, effetto serra.
serre[2] ***n.f.*** (*geogr.*) serra.
serré [seʀe] ***agg.*** **1** stretto; serrato (*anche fig.*): *veste serrée à la taille*, giacca stretta in vita; *une discussion serrée*, una discussione serrata **2** conciso **3** fitto, compatto: *tissu serré*, tessuto fitto.
● ***café serré***, caffè ristretto | ***être serré***, avere pochi soldi | ***j'ai le cœur serré***, mi si stringe il cuore | (*econ.*) ***marché serré***, mercato scarso.
serre-file [sɛʀfil] ***n.m.invar.*** (*mil., mar.*) serrafila.
serre-fils [sɛʀfil] ***n.m.invar.*** (*elettr.*) serrafilo.
serre-joint [sɛʀʒwɛ̃] ***n.m.*** [pl. *serre-joints*] (*falegnameria*) sergente.
serre-livres [sɛʀlivʀ] ***n.m.invar.*** reggilibro.
serrement [sɛʀmɑ̃] ***n.m.*** **1** stretta (*f.*) (*anche fig.*) **2** (*miner.*) sbarramento.
● ***serrement de main***, stretta di mano.
serrer [seʀe] ***v.tr.*** stringere; serrare: *cette traduction ne serre pas le texte d'assez près*, (*estens.*) questa traduzione non è abbastanza aderente al testo ♦ ***v.intr.*** tenere ♦ **se serrer** ***v.pron.*** e ***pron.rec.*** stringersi.
● (*aut.*) ***serrer à droite, sur sa droite***, tenere la destra | ***serrer la vis***, (*fig.*) dare un giro di vite | ***serrer les dents***, (*anche fig.*) stringere i denti | (*aut.*): ***serrer les freins à bloc, à fond***, bloccare i freni; ***serrer le trottoir***, rasentare il marciapiede | ***serrer qqn dans ses bras***, stringere qlcu tra le braccia | (*sport*) ***serrer un concurrent de près***, stringere, incalzare un concorrente | ***se serrer la ceinture***, (*fig.*) tirare la cinghia.
serre-tête [sɛʀtɛt] ***n.m.invar.*** cerchietto, fascia (*f.*) (per trattenere i capelli).
serrure [seʀyʀ] ***n.f.*** serratura.
serrurerie [seʀyʀʀi] ***n.f.*** **1** arte, lavoro (*m.*) del fabbro ferraio **2** fabbricazione di ferramenta.
● ***serrurerie d'art***, lavori artistici in ferro battuto.
serrurier [seʀyʀje] ***n.m.*** fabbro (ferraio).
serruté [seʀyte] ***agg.*** (*Senegal*) chiuso a chiave.
sers [sɛʀ] → **servir**.
sertir [sɛʀtiʀ] ***v.tr.*** **1** incastonare: *une couronne sertie de diamants*, una corona tempestata di diamanti **2** (*tecn.*) aggraffare.
sertissage [sɛʀtisaʒ] ***n.m.*** **1** incastonatura (*f.*) **2** (*tecn.*) aggraffatura (*f.*).
sertisseur [sɛʀtisœʀ] ***n.m.*** **1** [f. *-euse*] incastonatore **2** (*tecn.*) (*macchina*) aggraffatrice.
sertissure [sɛʀtisyʀ] ***n.f.*** incastonatura.
sérum [seʀɔm] ***n.m.*** (*biol.*) siero.
servage [sɛʀvaʒ] ***n.m.*** **1** servitù (*f.*) della gleba **2** servaggio, servitù (*f.*).
serval [sɛʀval] ***n.m.*** [pl. *-als*] (*zool.*) servalo, gattopardo africano.
servant [sɛʀvɑ̃] ***agg.*** servente ♦ ***n.m.*** (*mil.*) servente.
● ***chevalier servant***, cavalier servente | (*eccl.*) ***frère servant***, frate converso.
servante [sɛʀvɑ̃t] ***n.f.*** **1** serva; domestica **2** (*tecn.*) supporto (*m.*), sostegno (*m.*) **3** lampadina (da teatro).
serveur [sɛʀvœʀ] ***n.m.*** **1** (*in bar e ristoranti*) cameriere **2** (*sport*) battitore **3** (*inform.*) server.
serveuse [sɛʀvøz] ***n.f.*** (*in bar e ristoranti*) cameriera.
serviabilité [sɛʀvjabilite] ***n.f.*** l'essere servizievole; compiacenza.
serviable [sɛʀvjabl] ***agg.*** servizievole.
service [sɛʀvis] ***n.m.*** **1** servizio | *il est interdit de fumer pendant le service*, è proibito fumare sul lavoro | *je suis à votre service*, sono a sua completa disposizione | *qu'y a-t-il pour votre service?*, (*fam.*) cosa posso fare per lei? **2** piacere, favore, cortesia (*f.*): *rendre service à qqn*, fare un favore, un piacere a qlcu **3** uso, servizio: *être, mettre en service*, essere, mettere in funzione **4** servizio (di utilità pubblica) **5** reparto, ufficio **6** turno; servizio: *prendre son service*, entrare in servizio, iniziare il proprio turno **7** consegna (*f.*), distribuzione (*f.*) **8** (*relig.*) funzione (*f.*), uffizio, servizio **9** (*tennis, ping-pong*) servizio, battuta (*f.*) **10** (*pl.*) (*Svizzera*) coperto (*sing.*); posate (*f.*) **11** (*pl.*) (*econ.*) servizi | *société de services*, società di servizi **12** (*Africa*) luogo di lavoro, ufficio.
● ***service à domicile***, consegna, servizio a domicilio | ***service après-vente*** (*SAV*), assistenza ai clienti | ***service à fondue***, servizio per fonduta | ***service à thé***, servizio da tè | ***service de jour, de nuit***, turno diurno, notturno | ***service de nettoyage***, impresa di pulizia | ***service de pédiatrie***, reparto pediatria | ***service de presse***, ufficio stampa | ***service des réclamations***, ufficio reclami | (*ferr.*) ***service d'été, d'hiver***, orario estivo, invernale | ***service d'ordre***, servizio d'ordine | ***service national***, servizio militare | ***service public***, servizio pubblico | ***services sociaux***, servizi sociali | ***à votre service!***, (*fam.*) ai suoi ordini! | ***bon pour le service (militaire)***, abile (al servizio militare) | ***chef de service***, capo servizio | ***faire le service***, (*in ristoranti, bar ecc.*) servire ai tavoli | ***hors service***, fuori servizio, uso | ***mise en service***, entrata in funzione.
serviette [sɛʀvjɛt] ***n.f.*** **1** (*da tavola*) tovagliolo (*m.*) **2** (*da bagno*) asciugamano (*m.*) **3** cartella, borsa: *serviette de l'avocat*, cartella dell'avvocato.

● ***serviette de médecin***, borsa del medico | ***serviette*** (***de table***), tovagliolo | ***serviette*** (***de toilette***), asciugamano | ***serviette en papier***, tovagliolo di carta | ***serviette hygiénique***, assorbente igienico.

serviette-éponge [sɛʀvjɛtepɔ̃ʒ] *n.f.* [pl. *serviettes -éponges*] asciugamano (*m.*) di spugna.

servile [sɛʀvil] *agg.* servile.
■ SIN. obséquieux.

servilement [sɛʀvilmɑ̃] *avv.* servilmente.

servilisme [sɛʀvilism] *n.m.* servilismo.

servilité [sɛʀvilite] *n.f.* servilità.

servir [sɛʀviʀ] *v.tr.* [coniug. come *dormir*] **1** servire: *reprends du gâteau, tu as été mal servi*, prendi un'altra fetta di dolce, ne hai avuto poco; *il nous sert toujours les mêmes histoires*, (*estens.*) ci propina sempre le stesse storie **2** aiutare, favorire, servire: *en quoi puis-je vous servir?*, in che cosa posso esserle utile? **3** (*sport*) servire **4** versare, pagare: *servir une rente*, pagare una rendita ♦ *v.intr.* servire; essere utile: *cela n'a servi à rien*, non è servito a niente; *à quoi sert de se plaindre?*, a che serve lamentarsi?♦ **se servir** *v.pron.intr.* **1** servirsi **2** adoperare, usare; valersi: *elle s'est servie de lui*, si è servita di lui.

● ***servir de***, servire da, di; fare da: *elle lui sert de secrétaire*, gli fa da segretaria; *ce coin lui sert de bureau*, quest'angolo gli serve da ufficio | ***servir la messe***, servire messa | ***servir les cartes***, servire, distribuire le carte | ***à quoi ça sert?***, a (che) cosa serve? | ***on a été servis!***, (*fig. fam.*) abbiamo avuto la nostra parte! | (*prov.*) ***on n'est jamais si bien servi que par soi-même***, chi fa da sé fa per tre | (*cuc.*) ***servez chaud***, servire caldo.

serviteur [sɛʀvitœʀ] *n.m.* servitore; servo; (*antiq.*) domestico.

● ***votre serviteur***, (*iron.*) servo vostro.

servitude [sɛʀvityd] *n.f.* **1** servitù, schiavitù **2** (*dir.*) servitù.

● (*inform.*) ***opération de servitude***, operazione ausiliaria.

servo- *pref.* servo-.

servofrein [sɛʀvɔfʀɛ̃] *n.m.* (*aut.*) servofreno.

servomoteur [sɛʀvɔmɔtœʀ] *n.m.* (*aut.*) servomotore.

ses [se] *agg.poss.m.* e *f.pl.* 3ª *pers.sing.* → **son**[1].

sésame [sezam] *n.m.* (*bot.*) sesamo.

session [sesjɔ̃] *n.f.* sessione.

● ***session ordinaire***, ***extraordinaire***, sessione ordinaria, straordinaria | (*inform.*) ***téléouverture de session***, apertura della sessione di lavoro.

S

sesterce [sɛstɛʀs] *n.m.* sesterzio (antica moneta romana).

set [sɛt] *n.m.* **1** (*tennis*) set, partita (*f.*) **2** (*cine.*) set.

● ***set*** (***de table***), servizio (da tavola) all'americana.

setier [sətje] *n.m.* antica misura per granaglie (pari a 150/300 litri).

setter [setɛʀ] *n.m.* (*cane*) setter.

seuf [sœf] *n.f.* (*verlan di* fesse) natica.

seuil [sœj] *n.m.* **1** soglia (*f.*); limitare **2** (*fig.*) soglia (*f.*), inizio, principio **3** (*psic., fisiol., fis.*) soglia (*f.*).

● (*fisiol.*) ***seuil auditif***, soglia di udibilità | (*econ.*) ***seuil de rentabilité***, punto di pareggio | ***au seuil de***, (*fig.*) alle soglie di, all'inizio di.

seul [sœl] *agg.* **1** solo, non accompagnato **2** solo, unico; semplice: *je ne lui ai parlé qu'une seule fois*, gli ho parlato una sola, un'unica volta; *la seule pensée de la solitude m'effraie*, il solo, il semplice pensiero della solitudine mi spaventa; *il n'est pas resté un seul petit morceau de gâteau*, non è rimasto neanche un pezzettino di torta **3** (*all'inizio di proposizione con valore avverbiale*) solo, soltanto: *seuls les résultats comptent*, soltanto i risultati contano; *seules les filles seront admises*, solo le ragazze saranno ammesse ♦ *n.m.* solo: *je suis le seul qui travaille*, sono io solo a lavorare.

● ***seul à seul***, a quattr'occhi, a tu per tu: *parler seul à seul avec qqn*, parlare a tu per tu con qlcu | ***à moi***, ***toi***, ***etc.*** (***tout***) ***seul***, ***à nous***, ***vous***, ***etc.*** (***tout***) ***seuls***, da solo, da soli: *il a mangé un pastèque à lui* (*tout*) *seul*, si è mangiato da solo un intero cocomero | ***moi seul***, ***nous seuls***, ***etc.***, solo, soltanto io, noi ecc.: *vous seuls pouvez me comprendre*, solo, soltanto voi potete capirmi; *elle ne doit sa réussite qu'à elle seule*, deve il successo solo a se stessa | ***tout seul***, (completamente) solo; da solo; da sé: *il était tout seul, elle était toute seule dans un coin*, era solo soletto, sola soletta in un angolo; *parler, rire tout seul*, parlare, ridere da solo; *débrouillez-vous tout seul*, se la sbrighi da solo; *il s'est invité tout seul*, (*fam.*) si è invitato da sé, si è autoinvitato; *cela va tout seul*, va da sé | ***un caractère d'une seule pièce***, un carattere tutto d'un pezzo.

seulement [sœlmɑ̃] *avv.* solo, solamente, soltanto: *deux jours seulement*, solo due giorni, due soli giorni | *il vient seulement d'arriver*, è appena arrivato.

● ***non seulement, mais encore***, non solo, ma (anche) | ***pas seulement***, nemmeno, neanche: *elle ne savait pas seulement comment faire*, non sapeva nemmeno cosa fare | ***sans seulement***, senza neppure, senza nemmeno: *on arrive et on repart sans avoir seulement eu le temps de se voir*, si arriva e si riparte senza neppure avere avuto il tempo di vedersi | ***si seulement***, se solo, magari: *si seulement je pouvais dormir!*, se solo, magari potessi dormire!

seulet [sœlɛ] *agg.* [f. *-ette*] (*letter., scherz.*) (solo) soletto.

sève [sɛv] *n.f.* **1** linfa **2** (*fig.*) forza; linfa (vitale).

sévère [sevɛʀ] *agg.* **1** severo **2** (*fig.*) severo, austero **3** grave; duro: *un sévère handicap*, un grave handicap; *une défaite sévère*, una dura sconfitta.

sévèrement [sevɛʀmɑ̃] *avv.* **1** severamente **2** (*estens.*) gravemente; duramente.

sévérité [seveʀite] *n.f.* **1** severità **2** (*estens.*) gravità; durezza.

sévices [sevis] *n.m.pl.* sevizie (*f.*).

sévillan [sevijɑ̃] *agg.* sivigliano.

sévir [seviʀ] *v.intr.* **1** infierire **2** imperversare: *le froid sévit depuis bientôt deux mois*, il freddo imperversa da ormai quasi due mesi.

sevrage [səvʀaʒ] *n.m.* **1** svezzamento **2** (*da stupefacenti o alcol*) disassuefazione (*f.*).

sevrer [səvʀe] *v.tr.* [coniug. come *semer*] **1** svezzare, divezzare **2** (*fig.*) privare **3** (*da stupefacenti o alcol*) disassuefare.

sèvres [sɛvʀ] *n.m.* porcellana (*f.*) di Sèvres.

sexagénaire [sɛksaʒenɛʀ] *agg.* e *n.m.* e *f.* sessantenne; (*letter.*) sessagenario/a.

sexagésimal [sɛgzaʒezimal] *agg.* [pl. *-aux*] sessagesimale.

sexe [sɛks] *n.m.* sesso.

● ***le beau sexe***, il gentil sesso | ***le deuxième sexe***, le donne | ***le sexe fort***, ***faible***, il sesso forte, debole | ***le troisième sexe***, gli omosessuali.

sexé [sɛkse] *agg.* (*Canada*) sexy.

sexisme [sɛksism] *n.m.* sessismo.

sexiste [sɛksist] *agg.* e *n.m.* e *f.* sessista.

sexologie [sɛksɔlɔʒi] *n.f.* sessuologia.

sexologue [sɛksɔlɔg] ***n.m.*** e ***f.*** sessuologo/a.
sextant [sɛkstɑ̃] ***n.m.*** sestante.
sextine [sɛkstin] ***n.f.*** (*lett.*) sestina.
sexto [sɛksto] ***avv.*** in sesto luogo.
sextuor [sɛkstɥɔʀ] ***n.m.*** (*mus.*) sestetto.
sextupler [sɛkstyple] ***v.tr.*** sestuplicare.
sextuplés [sɛkstyple] ***n.m.pl.*** sei gemelli (nati da un solo parto).
sexualité [sɛksɥalite] ***n.f.*** sessualità.
sexué [sɛksɥe] ***agg.*** (*biol.*) sessuato.
sexuel [sɛksɥɛl] ***agg.*** [f. *-elle*] sessuale.
sexuellement [sɛksɥɛlmɑ̃] ***avv.*** sessualmente.
sexy [sɛksi] ***agg.invar.*** sexy.
seyait [sɛjɛ] → **seoir**.
seyant [sɛjɑ̃] ***agg.*** che sta bene, che dona.
seychellois [sɛʃɛlwa] ***agg.*** delle Seychelles.
sézig, **sézigue** [sezig] ***pron.pers.m.*** e ***f. 3ª pers.sing.*** (*argot*) se stesso.
shah [ʃa] ***n.m.*** scià.
shaker [ʃɛkœʀ] ***n.m.*** shaker.
shakespearien [ʃɛkspiʀjɛ̃] ***agg.*** [f. *-enne*] shakespeariano, scespiriano.
shako [ʃako] ***n.m.*** (*st. abbigl.*) sciaccò.
shampo(o)ing [ʃɑ̃pwɛ̃] ***n.m.*** shampoo, sciampo.
shampouiner [ʃɑ̃pwine] ***v.tr.*** **1** lavare i capelli, fare uno sciampo **2** (*estens.*) lavare: *shampouiner la moquette*, lavare la moquette.
shampouineur [ʃɑ̃pwinœʀ] ***n.m.*** **1** [f. *-euse*] sciampista **2** (*macchina*) lavamoquette (*f.*).
shantoung, **shantung** [ʃɑ̃tuŋ] ***n.m.*** (*tessuto*) shantung.
shérif [ʃeʀif] ***n.m.*** sceriffo.
sherpa [ʃɛʀpa] ***n.m.*** sherpa.
shetland [ʃɛtlɑ̃d] ***n.m.*** shetland.
shinto [ʃinto] **shintoïsme** [ʃintɔism] ***n.m.*** (*relig.*) scintoismo.
shirting [ʃœʀtiŋ] ***n.m.*** shirting (tela per camicie).
shit [ʃit] ***n.m.*** (*fam.*) hashish.
shogoun, **shogun** [ʃɔgun] ***n.m.*** (*st.*) shogun.
shoot [ʃut] ***n.m.*** **1** (*calcio*) tiro **2** (*argot della droga*) pera (*f.*), buco.
shooté [ʃute] ***agg.*** (*argot della droga*) fatto, drogato.
shooter [ʃute] ***v.intr.*** (*calcio*) tirare ♦ **se shooter** ***v.pron.*** (*argot della droga*) drogarsi, bucarsi.
shooteuse [ʃutøz] ***n.f.*** (*argot della droga*) siringa.
shopping [ʃɔpiŋ] ***n.m.*** shopping: *faire du shopping*, fare shopping.
short [ʃɔʀt] ***n.m.*** shorts (*pl.*), calzoncini (*pl.*) corti.
● ***short de plage***, costume da bagno (maschile).
show [ʃo] ***n.m.*** show; spettacolo di varietà.
● ***show télévisé***, show televisivo.
showbiz, **show-biz** [ʃobiz] ***n.m.invar.*** (*fam.*) → **show-business**.
show-business [ʃobiznɛs] ***n.m.*** show business, industria (*f.*) dello spettacolo.
shunt [ʃœt] ***n.m.*** (*elettr.*) shunt, derivazione (*f.*).
si[1] [si] ***cong.*** [si apostrofa davanti a *il* e *ils*] **1** (*condizionale*) se: *si tu agis ainsi, tu as tort*, se agisci così, hai torto; *s'il l'avait su, il aurait parlé*, (*letter.*) *s'il l'eût su, il eût parlé*, se l'avesse saputo avrebbe parlato; *si tu agissais ainsi, tu aurais tort*, se tu agissi così avresti torto; *si j'ai le temps, je viendrai*, se avrò tempo, verrò; *s'il est libre et qu'il en ait* (o *a*) *envie, il t'accompagnera*, se sarà libero e (se) ne avrà voglia, ti accompagnerà; *s'ils le désirent*, se essi lo desiderano; *jamais il ne finira, si je ne l'aide*, non finirà mai se io non lo aiuto; *si tu savais!, si vous saviez!*, se sapessi!, se sapeste!; *si j'avais su!*, se avessi saputo!; *si j'étais toi, vous, etc.*, se fossi in te, in voi ecc. **2** (*ipotetico e comparativo*) se: *j'ai plus faim que si je n'avais pas mangé*, ho più fame che se non avessi mangiato **3** (*causale*) se: *si tu le savais, pourquoi ne m'as-tu pas averti?*, se lo sapevi, perché non mi hai avvisato? **4** (*per un augurio*) se: *si je pouvais revoir mon pays natal!*, se potessi rivedere il mio paese natale! **5** (*prima di proposizioni interrogative indirette*) se: *je ne sais pas si vous aimerez la cuisine française*, non so se vi piacerà la cucina francese ♦ ***n.m.invar.*** se: *il n'y a pas de si qui tiennent*, non ci sono se che tengano.
● ***si jamais***, se mai, caso mai: *si jamais il te téléphonait*, caso mai ti telefonasse | ***si tant est que***, ammesso che, posto che: *si tant est qu'il ait compris*, ammesso che abbia capito | ***avec des si on mettrait Paris en bouteille***, a parole si può far tutto | ***comme si***, come se: *elle continuait à me regarder comme si elle ne me reconnaissait pas*, continuava a guardarmi come se non mi riconoscesse | ***même pas si***, ***pas même si***, nemmeno se: *je n'accepterais même pas* (o *pas même*) *s'il me suppliait*, non accetterei neanche se mi supplicasse | ***même si***, anche se: *même s'il changeait d'avis le résultat serait le même*, anche se cambiasse idea il risultato sarebbe lo stesso.
□ **si ce n'est** ***prep.*** **1** se non: *un des meilleurs, si ce n'est le meilleur*, uno dei migliori, se non il migliore **2** se non, all'infuori di: *il ne fréquente personne si ce n'est des gens de son milieu*, non frequenta nessuno all'infuori delle persone del suo ambiente; *si ce n'était un dimanche, je serais venu*, non fosse stata una domenica, sarei venuto.
● ***si ce n'est que***, se non che; se non fosse che: *je ne prétends rien si ce n'est qu'on me respecte*, pretendo solo che mi si rispetti; *si ce n'était qu'il fait froid, je sortirais*, se non facesse freddo uscirei.

NOTA Da notare che l'indicativo presente francese retto da ***si*** in relazione con una principale al futuro viene preferibilmente reso in italiano con il futuro:

*Si j'**ai** le temps, je viendrai.*
Se **avrò** tempo verrò.

L'imperfetto francese retto da ***si*** viene reso in italiano con il congiuntivo imperfetto:

*Si tu **agissais** ainsi, tu aurais tort.*
Se tu **agissi** così avresti torto.
*Elle continuait à me regarder comme si elle ne me **reconnaissait** pas.*
Continuava a guardarmi come se non mi **riconoscesse**.
*Même s'il **changeait** d'avis le résultat serait le même.*
Anche se **cambiasse** idea il risultato sarebbe lo stesso.
*Je n'accepterais même pas (o pas même) s'il me **suppliait**.*
Non accetterei neanche se mi **supplicasse**.

In francese, la congiunzione ***si*** non è mai seguita da un infinito:

Je me demandais si j'allais / je devais te prévenir.
Mi chiedevo se avvertirti o meno.

si[2] ***avv.*** **1** (*affermativo, dopo interrogative negative*) sì, certo: *"Tu ne viens donc pas?" "Mais si, je viens!"*, "Non vieni?" "Ma sì, vengo!" **2** (*di quantità*) così, tanto: *après tout, ce n'est pas si compliqué*, dopo tutto, non è

così complicato; *dire que j'ai si faim!*, e dire che ho tanta fame!
● ***si bien que***, sicché, cosicché: *il n'avait pas téléphoné si bien que nous sommes partis sans lui*, non aveva telefonato, sicché siamo partiti senza di lui | ***que si***, (*rafforzativo*) certo che sì, ma certo: *"Vous ne sortez pas?" "Que si!"*, "Non uscite?" "Ma certo!".
□ **si... que** *cong.* **1** (*in proposizioni comparative e negative*) così... come: *l'épreuve n'est pas si difficile qu'on le prétend*, la prova non è così difficile come si vuol fare credere **2** (*in proposizioni concessive*) per quanto: *si habiles que vous soyez, vous n'aurez pas plus de chance que les autres*, per quanto abili siate, non avrete più fortuna degli altri; *si bien qu'il écrive, il fait quelquefois des fautes d'orthographe*, per quanto scriva bene, talvolta fa errori di ortografia; *cette maison, si grande soit-elle, si grande qu'elle soit*, quella casa, per quanto grande sia **3** (*in proposizioni consecutive*) così... che: *il était si ému qu'il ne pouvait pas parler*, era così commosso che non poteva parlare.

si[3] *n.m.invar.* (*mus.*) si.

siamois [sjamwa] *agg.* e *n.m.* siamese.
● ***chat siamois***, gatto siamese | ***frères siamois***, fratelli siamesi.

sibérien [sibeʀjɛ̃] *agg.* e *n.m.* [f. *-enne*] siberiano.
● ***un froid sibérien***, un freddo polare.

sibylle [sibil] *n.f.* sibilla.

sibyllin [sibilɛ̃] *agg.* sibillino (*anche fig.*).

sic [sik] *avv.* sic.

sicaire [sikɛʀ] *n.m.* sicario.

siccatif [sikatif] *agg.* [f. *-ive*] siccativo, seccativo ♦ *n.m.* essiccante.

siccité [siksite] *n.f.* siccità.

sicilien [sisiljɛ̃] *agg.* [f. *-enne*] siciliano.

Sicilien *n.m.* [f. *-enne*] (*abitante*) siciliano.

SIDA [sida] *n.f.* (*sigla di* Syndrome ImmunoDéficitaire Acquis) (*med.*) AIDS (*f.* e *m.*).

sidatique [sidatik] *agg.* e *n.m.* e *f.* malato/a di AIDS.

side-car [sidkaʀ, sajdkaʀ] *n.m.* [pl. *side-cars*] sidecar, motocarrozzetta (*f.*).

sidéen [sideɛ̃] *agg.* e *n.m.* [f. *-enne*] → **sidatique**.

sidéral [sideʀal] *agg.* [pl. *-aux*] (*astr.*) siderale, sidereo.

sidérant [sideʀɑ̃] *agg.* (*fig. fam.*) strabiliante.

sidéré [sideʀe] *agg.* (*fam.*) stupefatto, sbalordito.

S

sidérer [sideʀe] *v.tr.* [coniug. come *céder*] (*fam.*) sbalordire.

sidérurgie [sideʀyʀʒi] *n.f.* siderurgia.

sidérurgique [sideʀyʀʒik] *agg.* siderurgico.

sidérurgiste [sideʀyʀʒist] *n.m.* e *f.* (*operaio*) siderurgico/a.

sidi [sidi] *n.m.* **1** (*Africa del Nord*) signor, signore **2** (*fam.*) nordafricano (trasferitosi in Francia).

sidologie [sidɔlɔʒi] *n.f.* (*med.*) branca della medicina che studia l'AIDS e le sue terapie.

sidologue [sidɔlɔg] *n.m.* e *f.* (*med.*) medico (*m.*) specialista dell'AIDS.

siècle [sjɛkl] *n.m.* **1** secolo: *au quatorzième siècle*, nel quattordicesimo secolo, nel (mille)trecento **2** epoca (*f.*), periodo, secolo.
● ***fin de siècle***, fine secolo, fine Ottocento | ***le Grand siècle***, il secolo di Luigi XIV | ***les plaisirs du siècle***, i piaceri del mondo | ***le siècle des lumières***, il secolo dei lumi, l'età dell'Illuminismo | ***renoncer au siècle***, abbandonare il secolo, entrare nella vita monastica.

sied [sje] → **seoir**.

siée [sje] → **seoir**.

siège [sjɛʒ] *n.m.* **1** sede (*f.*) **2** (*mil.*) assedio **3** seggio **4** sedile, sedia (*f.*): *prenez un siège*, prenda una sedia, si accomodi; *le cocher monta sur son siège*, il cocchiere salì a cassetta **5** (*anat.*) podice.
● (*aut.*) ***siège avant***, ***arrière***, sedile anteriore, posteriore | (*aer.*) ***siège éjectable***, seggiolino eiettabile | ***siège pliant***, seggiolino pieghevole | ***siège social***, sede sociale | ***siège vacant***, ***siège à pourvoir***, seggio vacante | ***état de siège***, stato d'assedio | ***faire le siège de qqn***, (*fig.*) assillare qlcu | (*dir.*) ***magistrat***, ***magistrature du siège***, magistrato, magistratura giudicante | ***mettre le siège devant une ville***, assediare, mettere l'assedio a una città.

siéger [sjeʒe] *v.intr.* [coniug. come *abréger*] **1** sedere: *siéger au Sénat*, sedere in Senato **2** avere sede, risiedere **3** (*fig.*) trovarsi, stare: *c'est là que siège la difficulté*, la difficoltà sta tutta qui.

sien [sjɛ̃] *pron.poss. 3ª pers.sing.* [f. *sienne*; pl.m. *siens*, f. *siennes*] suo: *mon cahier et le sien*, il mio quaderno e il suo; *ta chambre et la sienne*, la tua camera e la sua; *mes parents et les siens*, i miei genitori e i suoi, i miei e i suoi genitori ♦ *n.m.* **1** suo, ciò che è suo **2** (*pl.*) i suoi (genitori, sostenitori ecc.) ♦ *agg.poss. 3ª pers.sing.* (*ant.* o *letter.*) suo: *mon patrimoine sera sien un jour*, un giorno il mio patrimonio sarà suo.
● ***à chacun le sien***, a ciascuno il suo | ***il a fait des siennes***, (*fam.*) ne ha fatta una delle sue | ***il y met du sien***, si impegna, si dà da fare.

sienne [sjɛn] *pron.poss.f. 3ª pers.sing.* → **sien**.

siennois [sjɛnwa] *agg.* senese.

siéra [sjeʀa] → **seoir**.

sieste [sjɛst] *n.f.* siesta.

siester [sjɛste] *v.intr.* (*Africa*) fare la siesta.

sieur [sjœʀ] *n.m.* **1** (*antiq.*) signore **2** (*spreg.*) messere.
● ***le sieur Un tel***, (*spreg.*) il (signor) Tal dei tali.

sifflant [siflɑ̃] *agg.* sibilante.
● (*fon.*) (***consonne***) ***sifflante***, (consonante) sibilante.

sifflement [sifləmɑ̃] *n.m.* fischio; sibilo: *le sifflement du serpent*, il sibilo del serpente; *le sifflement des balles*, il sibilo delle pallottole.

siffler [sifle] *v.intr.* fischiare; sibilare; (*zool.*) zirlare: *les mots sifflaient dans sa bouche*, le parole gli uscivano di bocca sibilando; *les balles lui sifflaient aux oreilles*, le pallottole gli fischiavano vicino agli orecchi ♦ *v.tr.* **1** fischiare: *l'arbitre siffle la mi-temps*, l'arbitro fischia la fine del primo tempo **2** (*fam.*) bere d'un fiato, scolare.
● ***siffler son chien***, chiamare il cane con un fischio.

sifflet [siflɛ] *n.m.* **1** fischietto **2** (*pl.*) (*di protesta, disapprovazione*) fischi.
● ***coup de sifflet***, fischio | (*tecn.*) ***en sifflet***, a ugnatura | (*agr.*) ***greffe en sifflet***, innesto a linguetta | ***il m'a coupé le sifflet***, (*fam.*) mi ha fatto rimanere senza parole.

siffleur [siflœʀ] *agg.* e *n.m.* [f. *-euse*] fischiatore.

siffleux [siflø] *n.m.* (*Canada*) (*zool.*) marmotta (*f.*).

sifflotement [siflɔtmɑ̃] *n.m.* fischiettio, il fischiettare.

siffloter [siflɔte] *v.intr.* e *tr.* fischiettare.

sigillé [siʒile] *agg.* sigillato.

sigisbée [siʒisbe] *n.m.* (*antiq., iron.*) cicisbeo.

sigle [sigl] *n.m.* sigla (*f.*).

> **NOTA** Le ***sigles*** presentano alcune particolarità.
> Sono invariabili: *les* MJC (Maisons des Jeunes et de la Culture).

Hanno il genere e il numero della prima parola: *l'AG* est ouverte à 10h (L'assemblée générale est ouverte à 10h).
Una sigla può essere pronunciata come una parola: UNICEF, ZUP, CAPES.
Se non può essere pronunciata, si fa lo spelling: OMS [oɛmɛs] RATP [ɛʀatepe].
Alcune sigle sono diventate nomi comuni: *un ovni, des ovnis* (da *Objet Volant Non Identifié*); *un cédérom, des cédéroms* (da *CD-Rom*).
Alcune sigle hanno dato origine a sostantivi: *un vététiste* (da *VTT, Vélo Tout Terrain*); *un RMiste* (da *RMI, Revenu Minimum d'Insertion*).

signal [siɲal] ***n.m.*** [pl. *-aux*] segnale.
● (*mar.*) ***signal de détresse***, segnale di pericolo | ***signal d'interdiction***, (*segnaletica stradale*) segnale di divieto | ***signal lumineux***, segnale luminoso | ***donner le signal***, (*fig.*) dare il via, l'avvio.

signalé [siɲale] ***agg.*** (*letter.*) notevole, insigne.
● ***rendre un signalé service***, rendere un grande servizio.

signalement [siɲalmɑ̃] ***n.m.*** connotati (*pl.*).

signaler [siɲale] ***v.tr.*** **1** segnalare: *sa beauté la signalait à l'attention de tous*, la sua bellezza suscitava l'attenzione di tutti **2** far notare: *je te signale qu'il est déjà arrivé*, ti faccio notare che è già arrivato ♦ **se signaler** ***v.pron. intr.*** e ***pron.*** segnalarsi, distinguersi.

signalétique [siɲaletik] ***agg.*** segnaletico ♦ ***n.f.*** segnaletica.

signalisation [siɲalizasjɔ̃] ***n.f.*** **1** segnalazione **2** segnaletica (stradale).

signaliser [siɲalize] ***v.tr.*** apporre la segnaletica (stradale): *une route mal signalisée*, una strada con segnaletica insufficiente.

signataire [siɲatɛʀ] ***agg.*** e ***n.m.*** e ***f.*** firmatario/a.

signature [siɲatyʀ] ***n.f.*** **1** firma **2** (*tip.*) segnatura.

signe [siɲ] ***n.m.*** **1** segno **2** segno, indizio; sintomo **3** segno, gesto, cenno **4** (*tip.*) battuta (*f.*).
● ***signes de poncutation***, segni di interpunzione, punteggiatura | ***signe distinctif***, contrassegno, segno particolare | ***c'est bon, mauvais signe***, è (un) buon, (un) cattivo, brutto segno | ***donner signe de vie***, farsi vivo | ***d'un signe de tête***, con un cenno del capo | ***en signe de***, in segno di: *en signe de reconnaissance, protestation*, in segno di gratitudine, protesta | ***faire le*** (o ***un***) ***signe de la croix***, farsi il segno della croce | ***faire signe à qqn***, fare un cenno a qlcu; (*fig.*) farsi vivo con qlcu | ***faire signe que oui, que non***, fare segno di sì, di no | ***par signes***, a gesti | ***sous le signe de***, (*fig.*) all'insegna di.

signé [siɲe] ***agg.*** firmato.

signer [siɲe] ***v.tr.*** firmare: *signer d'une croix*, firmare con una croce ♦ ***v.intr.*** esprimersi con il linguaggio dei segni (dei sordomuti) ♦ **se signer** ***v.pron.intr.*** segnarsi, farsi il segno della croce.
● ***signer au bas de la page***, mettere la firma in calce | ***signer (de) son nom***, apporre la propria firma.

FAUX AMI
Da non confondere con *segnare*, che si traduce *marquer, noter*.

signet [siɲɛ] ***n.m.*** **1** segnalibro **2** (*inform.*) bookmark.

signifiant [siɲifjɑ̃] ***n.m.*** (*ling.*) significante.

significatif [siɲifikatif] ***agg.*** [f. *-ive*] significativo; (*estens.*) sintomatico, rivelatore.

signification [siɲifikasjɔ̃] ***n.f.*** **1** significato (*m.*) **2** (*dir.*) notificazione, notifica **3** (*ling.*) significazione.

significativement [siɲifikativmɑ̃] ***avv.*** significativamente, in modo significativo.

signifié [siɲifje] ***n.m.*** (*ling.*) significato.

signifier [siɲifje] ***v.tr.*** **1** significare, voler dire **2** esprimere, manifestare: *je lui ai signifié mes intentions*, gli ho espresso chiaramente le mie intenzioni **3** (*dir.*) notificare.
● (*dir.*) ***signifier à qqn son congé***, licenziare qlcu.

signofil, **signofile** [siɲɔfil] ***n.m.*** (*Svizzera*) lampeggiatore di un veicolo.

silence [silɑ̃s] ***n.m.*** **1** silenzio: *imposer silence à qqn*, imporre il silenzio a, tacitare qlcu **2** (*mus.*) pausa (*f.*).
● ***silence de mort***, (*fig.*) silenzio di tomba | ***le silence de la loi***, (*fig.*) le carenze legislative: *le silence de la loi en cette matière*, le carenze legislative in materia.

silencieusement [silɑ̃sjøzmɑ̃] ***avv.*** silenziosamente.

silencieux [silɑ̃sjø] ***agg.*** [f. *-euse*] silenzioso ♦ ***n.m.*** silenziatore.
■ AGG. SIN. tranquille, réservé CONTR. bruyant; bavard.

silène [silɛn] ***n.m.*** (*bot.*) silene (*f.*).

silex [silɛks] ***n.m.*** selce (*f.*).

silhouette [silwɛt] ***n.f.*** **1** figura, silhouette, linea **2** silhouette, ritratto (*m.*) di profilo **3** profilo (*m.*), contorno (*m.*) indistinto.

silhouetter [silwete] ***v.tr.*** schizzare, delineare i contorni (**di**), disegnare di profilo.

silicate [silikat] ***n.m.*** (*chim.*) silicato.

silice [silis] ***n.f.*** (*min.*) silice.

siliceux [silisø] ***agg.*** [f. *-euse*] siliceo.

silicium [silisjɔm] ***n.m.*** (*chim.*) silicio.

silicone [silikon] ***n.f.*** (*chim.*) silicone (*m.*).

siliconer [silikone] ***v.tr.*** siliconare: *siliconer une verrière*, siliconare una vetrata | *se faire siliconer les seins*, (*fam.*) farsi siliconare i seni; *une grosse blonde siliconée*, (*fam.*) una biondona siliconata.
● ***isolation siliconée***, isolamento siliconato.

silicose [silikoz] ***n.f.*** (*med.*) silicosi.

sillage [sijaʒ] ***n.m.*** scia (*f.*).
● ***marcher dans le sillage de qqn***, (*fig.*) seguire le orme di qlcu.

sillet [sijɛ] ***n.m.*** (*mus.*) capotasto.

sillon [sijɔ̃] ***n.m.*** solco.

sillonner [sijɔne] ***v.tr.*** **1** (*un campo*) solcare, tracciare solchi (**in**) **2** (*fig.*) solcare **3** percorrere in lungo e in largo.

silo [silo] ***n.m.*** silo, silos: *silo à grains*, silo da granaglie.

silphe [silf] ***n.m.*** (*zool.*) silf (*f.*).

silure [silyʀ] ***n.m.*** (*zool.*) pesce siluro.

SIM [sim] ***n.m.*** (*sigla di* Subscriber Identification Module) SIM, modulo di identificazione utente | *SIM card*, carta SIM.

simagrée [simagʀe] ***n.f.*** (*spec. pl.*) (*fam.*) moina, smorfia.
● ***que de simagrées!***, quante storie!: *que de simagrées pour rien!*, quante storie per nulla!

simarre [simaʀ] ***n.f.*** (*st. abbigl.*) zimarra.

simbleau [sɛ̃blo] ***n.m.*** [pl. *-eaux*] (*di carpentiere*) randa (*f.*).

simien [simjɛ̃] ***agg.*** [f. *-enne*] scimmiesco, di scimmia.

simiesque [simjɛsk] ***agg.*** scimmiesco, da scimmia.

similaire [similɛʀ] ***agg.*** simile, similare.

simili [simili] ***n.m.*** (*fam.*) imitazione (*f.*).
● ***bijoux en simili***, gioielli falsi, d'imitazione.

S

simil(i)- *pref.* simil-.
similicuir [similikɥiʀ] *n.m.* finta pelle (*f.*), similpelle (*f.*).
similigravure [similigʀavyʀ] *n.f.* (*tip.*) mezzatinta, autotipia, fotoincisione.
similimarbre [similimaʀbʀ] *n.m.* finto marmo, imitazione (*f.*) marmo.
similitude [similityd] *n.f.* **1** similitudine (*anche ret., mat.*) **2** (*estens.*) somiglianza, analogia.
similor [similɔʀ] *n.m.* similoro.
simoniaque [simɔnjak] *agg.* simoniaco.
simonie [simɔni] *n.f.* simonia.
simoun [simun] *n.m.* (*vento*) simun.
simple [sɛ̃pl] *agg.* **1** semplice, non composto **2** semplice, facile: *c'est bien simple*, è semplicissimo; *ce n'est pas si simple que ça*, non è poi tanto facile **3** semplice, schietto **4** puro e semplice, mero: *je l'ai fait par simple courtoisie*, l'ho fatto per pura cortesia; *je le crois sur sa simple parole*, gli credo sulla parola ♦ *n.m.* **1** persona (*f.*) semplice, sempliciotto **2** (ciò che è) semplice: *le simple et le double*, il semplice e il doppio **3** (*tennis*) singolare, singolo.
● ***simple d'esprit***, sempliciotto | ***dans le plus simple appareil***, in costume adamitico | ***passer du simple au double***, raddoppiare | (*gramm.*) ***passé simple***, passato remoto | ***toute simple***, molto semplice: *une robe toute simple*, un vestito semplice semplice | ***un aller simple***, un biglietto di sola andata.
simplement [sɛ̃pləmɑ̃] *avv.* semplicemente.
simples [sɛ̃pl] *n.m.pl.* semplici (*f.*), piante (*f.*) medicinali.
simplet [sɛ̃plɛ] *agg.* [f. *-ette*] sempliciotto.
● ***Simplet***, Cucciolo (uno dei sette nani di Biancaneve).
simplex [sɛ̃plɛks] *n.m.*
● (*inform.*) ***méthode de simplex***, metodo del simplesso.
simplicité [sɛ̃plisite] *n.f.* **1** semplicità: *problème d'une grande simplicité*, problema molto semplice, di estrema semplicità **2** ingenuità, dabbenaggine.
● ***en toute simplicité***, senza complimenti.
simplification [sɛ̃plifikasjɔ̃] *n.f.* semplificazione (*anche mat.*).
simplifier [sɛ̃plifje] *v.tr.* semplificare (*anche mat.*).
simplisme [sɛ̃plism] *n.m.* semplicismo.
S **simpliste** [sɛ̃plist] *agg.* semplicistico ♦ *n.m.* e *f.* semplicista.
simulacre [simylakʀ] *n.m.* **1** simulacro **2** (*fig.*) parvenza (*f.*), ombra (*f.*): *un simulacre de paix*, una finta pace.
simulateur [simylatœʀ] *n.m.* [f. *-trice*] simulatore.
● (*aer.*) ***simulateur de vol***, simulatore di volo.
simulation [simylasjɔ̃] *n.f.* simulazione.
simulé [simyle] *agg.* simulato.
● (*comm.*) ***facture simulée***, fattura proforma.
simuler [simyle] *v.tr.* simulare: *il simulait la folie*, fingeva di essere pazzo.
simultané [simyltane] *agg.* simultaneo.
simultanéité [simyltaneite] *n.f.* simultaneità, contemporaneità.
simultanément [simyltanemɑ̃] *avv.* simultaneamente.
sinanthrope [sinɑ̃tʀɔp] *n.m.* (*antropologia*) sinantropo.
sinapisé [sinapize] *agg.* senapato.
sincère [sɛ̃sɛʀ] *agg.* **1** sincero: *sincère jusqu'au bout*, sincero fino in fondo; (*comm.*) *veuillez agréer, Monsieur, mes sincères salutations*, gradisca i miei più cordiali saluti **2** (*di documento*) autentico.
● ***mes vœux les plus sincères***, vivissimi auguri.
■ SIN. **1** franc, loyal CONTR. **1** menteur, hypocrite.
sincèrement [sɛ̃sɛʀmɑ̃] *avv.* sinceramente: *sincèrement, je n'y crois pas*, a essere sincero, non ci credo.
● ***sincèrement vôtre***, (*nelle lettere*) cordialmente suo.
sincérité [sɛ̃seʀite] *n.f.* **1** sincerità **2** (*di documento*) autenticità.
● ***en toute sincérité***, con tutta sincerità, sinceramente.
sinécure [sinekyʀ] *n.f.* sinecura.
● ***ce n'est pas une sinécure!***, (*fam.*) non è un affare da poco!
sine die [sinedje] *avv.* sine die: *réunion ajournée sine die*, riunione aggiornata in data da stabilirsi.
sine qua non [sinekwanɔn] *avv.*
● ***condition sine qua non***, condizione sine qua non, indispensabile.
singe [sɛ̃ʒ] *n.m.* **1** scimmia (*f.*) **2** imitatore **3** (*pop.*) capo, boss **4** (*argot mil.*) carne (*f.*) in scatola, scatolame.
● ***faire le singe***, fare smorfie: *arrête de faire le singe*, smettila di fare smorfie | ***payer qqn en monnaie de singe***, (*fig.*) ricompensare, pagare qlcu con belle parole, con false promesse.
singer [sɛ̃ʒe] *v.tr.* [coniug. come *manger*] scimmiottare, fare il verso (**a**).
singerie [sɛ̃ʒʀi] *n.f.* **1** smorfia, moina: *arrête tes singeries!*, smettila di fare tutte queste scene! **2** scimmiottatura, imitazione **3** gabbia per scimmie.
single [siŋgəl] *n.m.* **1** (*di albergo*) (camera) singola (*f.*) **2** (*ferr.*) (vagone letto) singolo **3** (*tennis*) singolo, singolare **4** (*disco*) singolo.
singlet [sɛ̃glɛ] *n.m.* (*Belgio*) canottiera (*f.*).
singulariser [sɛ̃gylaʀize] *v.tr.* distinguere dagli altri, rendere singolare ♦ **se singulariser** *v.pron.* farsi notare, distinguersi.
singularité [sɛ̃gylaʀite] *n.f.* **1** singolarità, particolarità **2** (*spec. pl.*) stranezza, stravaganza, eccentricità.
singulier [sɛ̃gylje] *agg.* [f. *-ère*] **1** singolare (*anche gramm.*) **2** eccezionale, singolare **3** inusitato, singolare, strano **4** (*ant.*) particolare ♦ *n.m.* (*gramm.*) singolare.
● ***combat singulier***, singolar tenzone | ***il est singulier que***, è curioso che.
singulièrement [sɛ̃gyljɛʀmɑ̃] *avv.* **1** molto, straordinariamente **2** in modo stravagante **3** particolarmente, specialmente.
siniser [sinize] *v.tr.* cinesizzare.
sinistre [sinistʀ] *agg.* **1** sinistro, funesto **2** bieco, ostile, sinistro: *un regard sinistre*, uno sguardo bieco **3** lugubre, tetro ♦ *n.m.* sinistro, disgrazia (*f.*).
sinistré [sinistʀe] *agg.* **1** sinistrato **2** (*estens.*) malandato, malridotto, cadente ♦ *n.m.* sinistrato.
sinistrose [sinistʀoz] *n.f.* **1** (*psic.*) sinistrosi **2** (*estens.*) catastrofismo (*m.*).
sinité [sinite] *n.f.* carattere (*m.*) cinese, natura cinese, cinesità.
sinologie [sinɔlɔʒi] *n.f.* sinologia.
sinologue [sinɔlɔg] *n.m.* e *f.* sinologo/a.
sinon [sinɔ̃] *cong.* **1** se non, tranne, eccetto: *je ne puis faire autre chose sinon vous donner un conseil*, non posso fare altro se non darle un consiglio **2** se non: *je voudrais avoir sinon votre approbation du moins votre indulgence*,

vorrei avere se non la sua approvazione almeno la sua indulgenza **3** se no, altrimenti: *agissez tout de suite, sinon il sera trop tard*, agite subito, se no sarà troppo tardi.
● ***sinon que***, se non che.

sinueux [sinɥø] ***agg.*** [f. *-euse*] **1** sinuoso, tortuoso **2** (*fig.*) contorto.

sinuosité [sinɥozite] ***n.f.*** sinuosità, tortuosità.

sinus [sinys] ***n.m.*** (*anat., mat.*) seno.

sinusite [sinyzit] ***n.f.*** (*med.*) sinusite.

sinusoïdal [sinyzɔidal] ***agg.*** [pl. *-aux*] sinusoidale.

sinusoïde [sinyzɔid] ***n.f.*** sinusoide.

sionisme [sjɔnism] ***n.m.*** sionismo.

sioniste [sjɔnist] ***agg.*** e ***n.m.*** e ***f.*** sionista.

sioux [sju] ***agg.*** sioux.

Sioux ***n.m.*** e ***f.*** Sioux.

siphon [sifɔ̃] ***n.m.*** sifone.

siphonné [sifɔne] ***agg.*** (*fam.*) suonato, tocco.

siphonner [sifɔne] ***v.tr.*** travasare con un sifone.

siphonneux [sifɔnø] ***n.m.*** [f. *-euse*] (*Canada*) sfruttatore.

siquidilatif [sikidilatif] ***agg.*** (*Africa*) degno di fiducia; promettente.

sire [siʀ] ***n.m.*** **1** sire, maestà (*f.*) **2** (*ant.*) messere, signore.
● ***un pauvre sire***, (*fam.*) un poveraccio | ***un triste sire***, (*fam.*) un tristo figuro.

sirène [siʀɛn] ***n.f.*** sirena.

sirocco [siʀɔko] ***n.m.*** (*vento*) scirocco.

sirop [siʀo] ***n.m.*** sciroppo: *sirop contre la toux*, sciroppo per la tosse.
● ***au sirop***, (*di frutta*) sciroppato.

siroter [siʀɔte] ***v.tr.*** e ***intr.*** (*fam.*) centellinare, sorseggiare.

sirupeux [siʀypø] ***agg.*** [f. *-euse*] sciropposo.

sis [si] ***agg.*** (*dir.*) situato.

sisal [sizal] ***n.m.*** [pl. *-als*] (*bot.*) sisal (*f.*).

sismique [sismik] ***agg.*** sismico.

sism(o)- ***pref.*** sism(o)-.

sismographe [sismɔgʀaf] ***n.m.*** sismografo.

sismologie [sismɔlɔʒi] ***n.f.*** sismologia.

sismologue [sismɔlɔg] ***n.m.*** e ***f.*** sismologo/a.

sitar [sitaʀ] ***n.m.*** (*mus.*) sitar.

sitcom [sitkɔm] ***n.f.*** (*tv*) sitcom, serial (*m.*).

site [sit] ***n.m.*** **1** sito, località **2** (*geogr.*) (*di terreno*) configurazione (*f.*); (*di luogo*) posizione (*f.*) **3** (*mil.*) sito **4** (*Internet*) sito **5** (*comm.*) sede (*f.*).
● ***site archéologique***, zona archeologica | (*Internet*): ***site en chantier***, sito in costruzione; ***site miroir***, mirror site | ***protection des sites***, difesa del paesaggio.

sit-in [sitin] ***n.m.invar.*** sit-in.

sitographie [sitɔgʀafi] ***n.f.*** sitografia (lista ragionata di siti Internet pertinenti a un argomento).

sitologue [sitɔlɔg] ***n.m.*** e ***f.*** ambientalista.

sitôt [sito] ***avv.*** **1** così presto: *je ne finirai pas sitôt que vous*, non finirò (così) presto come voi **2** subito: *presque sitôt après son départ*, quasi subito dopo la sua partenza **3** (non) appena: *sitôt franchi le seuil*, (non) appena varcata la soglia.
● ***pas de sitôt***, non così presto: *son projet ne devait pas se réaliser de sitôt*, il suo progetto non doveva realizzarsi così presto | ***sitôt dit, sitôt fait***, detto fatto | ***sitôt que***, (non) appena.

situation [sitɥasjɔ̃] ***n.f.*** **1** situazione **2** posizione, ubicazione **3** sistemazione, impiego (*m.*): *avoir une belle situation*, avere una buona posizione (professionale); *perdre sa situation*, perdere il posto.
● ***situation de famille***, stato di famiglia | ***dans une situation intéressante***, (*di donna*) in stato interessante | ***être en situation de***, essere in grado di: *être en situation de faire qqch*, essere in grado di fare qlco | ***se faire une situation***, farsi una posizione.

situé [sitɥe] ***agg.*** ubicato, esposto: *maison bien située*, casa in una bella posizione.
● (*Africa*) ***il est bien situé***, ha una buona posizione (professionale).

situer [sitɥe] ***v.tr.*** **1** situare **2** individuare, localizzare **3** ambientare; inquadrare, collocare: *l'auteur a situé son roman en province*, l'autore ha ambientato il suo romanzo in provincia.
● ***je ne le situe pas bien***, (*fam.*) non riesco bene a inquadrarlo.

six [sis] ***agg.num.card.*** e ***n.m.*** sei ♦ ***agg.num.ord.*** sesto.

sixain [sizɛ̃] ***n.m.*** → **sizain**.

six-huit [sisɥit] ***n.m.invar.*** (*mus.*) sei ottavi.

sixième [sizjɛm] ***agg.num.ord.*** e ***n.m.*** e ***f.*** sesto/a ♦ ***n.f.*** (*nell'ordinamento scolastico francese*) classe corrispondente alla prima media | (*classe de*) *sixième*, prima media.
● (***classe de***) ***sixième***, la prima classe delle scuole francesi di secondo grado, corrispondente alla prima media italiana, frequentata da allievi di 11 anni.

sixièmement [sizjɛmmɑ̃] ***avv.*** in sesto luogo, sesto.

six-jours [siʒuʀ] ***n.m.pl.*** (*sport*) seigiorni (*f.sing.*).

six-quatre-deux, à la [alasiskatdø] ***avv.*** (*fam.*) alla bell'e meglio.

sixte [sikst] ***n.f.*** (*mus.*) sesta.

sizain [sizɛ̃] ***n.m.*** (*metrica*) sestina (*f.*).

skate(board) [skɛt(bɔʀd)] ***n.m.*** skateboard.
■ SIN. planche à roulettes.

skeud [skœd] ***n.m.*** (*verlan di* disque) disco.

ski [ski] ***n.m.*** (*sport*) sci: *faire du ski*, sciare, fare dello sci.
● ***ski de fond***, sci di fondo: *faire du ski de fond*, fare (sci di) fondo | ***ski de randonnée***, sci alpinismo | ***ski nautique***, sci d'acqua, nautico | ***bâtons de ski***, racchette da sci.

skiable [skjabl] ***agg.*** sciabile: *piste skiable*, pista sciabile.

skier [skje] ***v.intr.*** sciare.

skieur [skjœʀ] ***n.m.*** [f. *-euse*] sciatore.

skipper [skipœʀ] ***n.m.*** (*mar.*) skipper.

skunks [skɔ̃s] ***n.m.*** → **sconse**.

slalom [slalɔm] ***n.m.*** (*sci*) slalom (*anche estens.*).

slalomer [slalɔme] ***v.intr.*** (*sci*) effettuare un percorso a slalom (*anche estens.*).

slalomeur [slalɔmœʀ] ***n.m.*** [f. *-euse*] (*sci*) slalomista.

slam [slam] ***n.m.*** slam | *slam poésie*, poetry slam (gara di poesia in cui diversi poeti leggono sul palco i propri versi e competono tra loro, valutati da una giuria scelta tra il pubblico).

slash [slaʃ] ***n.m.*** (*inform.*) slash, barra (*f.*) obliqua.
● ***back slash***, backslash, barra inversa.

slave [slav] ***agg.*** slavo ♦ ***n.m.*** (*lingua*) slavo.

Slave ***n.m.*** e ***f.*** (*persona*) slavo/a.

S

slip [slip] *n.m.* slip.
slogan [slɔgɑ̃] *n.m.* slogan.
slovaque [slɔvak] *agg.* slovacco/a ♦ *n.m.* (*lingua*) slovacco.
Slovaque *n.m.* e *f.* (*abitante*) slovacco/a.
slovène [slɔvɛn] *agg.* sloveno ♦ *n.m.* (*lingua*) sloveno.
Slovène *n.m.* e *f.* (*abitante*) sloveno/a.
smala(h) [smala] *n.f.* **1** famiglia e seguito di potente capo arabo **2** (*fig. fam.*) famiglia numerosa, tribù.
smash [smaʃ] *n.m.* (*tennis*) schiacciata (*f.*).
SMIC [smik] *n.m.* (*sigla di* Salaire Minimum Interprofessionnel de Croissance) salario minimo intercategoriale garantito; minimo salariale.
smicard [smikaʀ] *n.m.* (*fam.*) chi percepisce lo SMIC.
smocks [smɔk] *n.m.pl.* (ricamo a) punto (*sing.*) smock.
smog [smɔg] *n.m.* smog.
smoking [smɔkiŋ] *n.m.* (*abbigl.*) smoking.
SMS [ɛsɛmɛs] *n.m.* (*tel.*) (*sigla di* Short Message System) SMS, messaggio; (*fam.*) messaggino.
smser [ɛsɛmse] *v.tr.* (*tel.*) (*fam.*) messaggiare, mandare un messaggino (**a**).
smurf [smœʀf] *n.f.* (*danza*) break-dance.
snack [snak] **snack-bar** [snakbaʀ] [pl. *snack-bars*] *n.m.* snack-bar.
sniffer [snife] *v.tr.* (*fam.*) (*droga*) sniffare.
snob [snɔb] *agg.* e *n.m.* e *f.* snob.
snober [snɔbe] *v.tr.* snobbare.
snobinard [snɔbinaʀ] *agg.* e *n.m.* (*fam.*) un po' snob.
snobinette [snɔbinɛt] *n.f.* (*fam.*) tipina snob, tipetto (*m.*) snob.
snobisme [snɔbism] *n.m.* snobismo.
snowboard [snobɔʀd] *n.m.* snowboard.
snowpark [snopaʀk] *n.m.* snowpark (area innevata attrezzata per praticare lo snowboard e altre attività sportive sulla neve).
sobre [sɔbʀ] *agg.* sobrio (*anche fig.*): *sobre de compliments*, di pochi complimenti.
sobrement [sɔbʀəmɑ̃] *avv.* sobriamente, in modo sobrio.
sobriété [sɔbʀijete] *n.f.* sobrietà (*anche fig.*).
sobriquet [sɔbʀikɛ] *n.m.* soprannome, nomignolo.
soc [sɔk] *n.m.* (*di aratro*) vomere.
soce [sɔs] *n.m.* (*abbr. di* associé) socio, amico.
sociabilité [sɔsjabilite] *n.f.* socievolezza.
sociable [sɔsjabl] *agg.* socievole.
social [sɔsjal] *agg.* [pl. *-aux*] sociale ♦ *n.m.* sociale: *il travaille dans le social*, lavora nel campo delle attività sociali.
social-démocrate [sɔsjaldemɔkʀat] *agg.* e *n.m.* [pl. *sociaux-démocrates*] socialdemocratico.
social-démocratie [sɔsjaldemɔkʀasi] *n.f.* [pl. *social-démocraties*] socialdemocrazia.
socialement [sɔsjalmɑ̃] *avv.* socialmente.
socialisant [sɔsjalizɑ̃] *agg.* che mostra tendenze socialiste; progressista ♦ *n.m.* chi mostra tendenze socialiste; progressista.
● ***historien socialisant***, storico sociale.
socialisation [sɔsjalizasjɔ̃] *n.f.* socializzazione.
socialiser [sɔsjalize] *v.tr.* socializzare.
socialisme [sɔsjalism] *n.m.* socialismo.
socialiste [sɔsjalist] *agg.* e *n.m.* e *f.* socialista.
socialo [sɔsjalo] *n.m.* e *f.* (*fam.*) abbr. di **socialiste**.
sociétaire [sɔsjetɛʀ] *n.m.* e *f.* **1** socio/a, membro (*m.*) **2** societario/a della Comédie Française ♦ *agg.* societario.
sociétariat [sɔsjetaʀja] *n.m.* condizione (*f.*) di societario.
société [sɔsjete] *n.f.* **1** società: *société capitaliste*, società capitalista, capitalistica **2** associazione, società: *société savante*, associazione di scienziati **3** (*dir.*) ente (*m.*), società **4** bel mondo (*m.*), società **5** compagnia, società.
● (*dir.*): ***société anonyme***, società anonima; ***société à participation de l'État***, società a partecipazione statale; ***société à responsabilité limitée***, società a responsabilità limitata; ***société civile***, società semplice; ***société de capitaux***, società a capitali | (*cine.*) ***société de production***, casa produttrice | (*dir.*) ***société en commandite simple***, società in accomandita semplice; ***société par actions***, società per azioni | ***en société***, in collaborazione: *faire un travail en société*, fare un lavoro in collaborazione.
socio [sɔsjo] *n.f.* abbr. di **sociologie**.
socio- *pref.* socio-.
socioculturel [sɔsjɔkyltyʀɛl] *agg.* [f. *-elle*] socioculturale.
sociologie [sɔsjɔlɔʒi] *n.f.* sociologia.
sociologique [sɔsjɔlɔʒik] *agg.* sociologico.
sociologiquement [sɔsjɔlɔʒikmɑ̃] *avv.* sociologicamente.
sociologue [sɔsjɔlɔg] *n.m.* e *f.* sociologo/a.
socioprofessionnel [sɔsjɔpʀɔfɛsjɔnɛl] *agg.* [f. *-elle*] socioprofessionale.
socle [sɔkl] *n.m.* **1** (*arch.*) zoccolo; basamento **2** (*geogr.*) zoccolo.
socque [sɔk] *n.m.* **1** zoccolo **2** (*st. teatr.*) socco.
socquette [sɔkɛt] *n.f.* calzino (*m.*).
socratique [sɔkʀatik] *agg.* socratico.
soda [sɔda] *n.m.* (acqua di) soda (*f.*).
sodique [sɔdik] *agg.* sodico.
sodium [sɔdjɔm] *n.m.* sodio.
sodomie [sɔdɔmi] *n.f.* sodomia.
sodomiser [sɔdɔmize] *v.tr.* sodomizzare.
sodomite [sɔdɔmit] *n.m.* sodomita.
sœur [sœʀ] *n.f.* **1** sorella **2** (*eccl.*) suora, sorella; (*davanti a nomi propri*) suor: *oui, ma sœur*, sì, sorella.
● ***sœur aînée***, ***grande sœur***, sorella maggiore | ***sœur d'infortune***, (*letter.*) compagna di sventura | ***sœur puînée***, ***petite sœur***, sorellina | ***âme sœur***, anima gemella | ***bonne sœur***, monaca | ***et ta sœur?***, (*fam.*) che te ne importa? | ***les Neuf Sœurs***, le Muse.
sœurette [sœʀɛt] *n.f.* (*fam.*) sorellina.
sofa [sɔfa] *n.m.* sofà, divano.
softball [sɔftbɔl] *n.m.* (*sport*) softball.
software [sɔftwaʀ, sɔftwɛʀ] *n.m.* (*inform.*) software.
soi [swa] *pron.pers.m.* e *f.* *3ª pers.sing.* sé: *la maîtrise de soi*, la padronanza di sé; *être sûr de soi*, essere sicuro di sé; *ne pas avoir d'argent sur soi*, non avere denaro con sé ♦ *n.m.invar.* (*fil.*) sé.
● ***soi-même***, se stesso: *aimer son prochain comme soi-même*, amare il prossimo come se stesso; *il faudrait être plus sévère envers soi-même*, bisognerebbe essere più severi con se stessi; *faire qqch soi-même*, fare qlco da solo; *un autre soi-même*, un altro se stesso, un amico intimo |

cela va de soi, (questo) va da sé, è evidente, è chiaro | ***chez soi***, a casa (propria) | ***en soi***, in sé: *la chose en soi n'a pas d'importance*, la cosa in sé non ha importanza | ***prendre qqch sur soi***, assumersi la responsabilità di qlco | ***revenir à soi***, tornare in sé, riaversi.

NOTA ***Soi*** o ***lui***?
Soi è il pronome riflessivo impersonale, mentre ***lui*** è il pronome personale della terza persona singolare:
*Il ne faut pas penser qu'à **soi**.*
Non bisogna pensare solo a sé.
*Le père a emmené sa fille avec **lui**.*
Il padre ha portato con sé la figlia.

soi-disant [swadizɑ̃] ***agg.invar.*** sedicente, cosiddetto: *le soi-disant directeur*, il sedicente direttore, il supposto direttore ♦ ***avv.*** dice lui (lei), (stando a) quel che dice: *elle est partie, soi-disant pour toujours*, è andata via per sempre, dice lei.

NOTA ***Soi-disant*** si usa solo per le persone e non per oggetti o esseri incapaci di 'dire' qualcosa, per i quali si usa ***prétendu***:
*Un **soi-disant** médecin.*
Un sedicente medico.
SÌ *Une **prétendue** bonne affaire.*
NO *Une **soi-disant** bonne affaire.*
Un cosiddetto buon affare.

soie [swa] ***n.f.*** **1** seta **2** setola: *brosse en soie*, spazzola di setola.

soierie [swaʀi] ***n.f.*** **1** (tessuto di) seta **2** (*fabbrica*) seteria, setificio (*m.*).
● ***être dans la soierie***, commerciare in seterie.

soif [swaf] ***n.f.*** sete: *avoir très soif, grand'soif*, avere molta sete; *donner soif*, far venire sete.
● ***boire à sa soif***, bere a sazietà | ***boire jusqu'à plus soif***, bere smodatamente | ***rester sur sa soif***, tenersi la sete; (*fig.*) rimanere a bocca asciutta.

soiffard [swafaʀ] ***agg.*** e ***n.m.*** (*fam.*) beone.

soignant [swaɲɑ̃] ***agg.*** curante ♦ ***n.m.*** (*di ospedale*) paramedico; medico curante.
● ***les soignants, personnel soignant***, (*di ospedale*) personale medico e paramedico.

soigné [swaɲe] ***agg.*** **1** curato, accurato (*anche fig.*) **2** (*fam.*) unico nel suo genere; solenne: *un rhume soigné*, un solenne raffreddore.

soigner [swaɲe] ***v.tr.*** **1** curare: *soigner son rhume*, curarsi il raffreddore **2** occuparsi (**di**), prendersi cura (**di**), curare: *tu devrais soigner davantage tes devoirs*, dovresti fare i compiti con maggiore cura | *elle avait soigné son dîner*, aveva preparato un buon pranzetto ♦ **se soigner** ***v.pron.*** e ***pron.intr.*** curarsi.

soigneur [swaɲœʀ] ***n.m.*** (*sport*) massaggiatore.

soigneusement [swaɲøzmɑ̃] ***avv.*** accuratamente.

soigneux [swaɲø] ***agg.*** [f. *-euse*] **1** ordinato: *c'est une petite fille très soigneuse*, è una bambina molto ordinata **2** accurato: *soigneuses recherches*, ricerche accurate **3** coscienzioso: *un ouvrier soigneux*, un operaio coscienzioso.
● ***soigneux de***, attento a, che ha cura di: *elle est très soigneuse de sa personne*, è sempre molto curata.

soin [swɛ̃] ***n.m.*** **1** cura (*f.*) **2** incarico, responsabilità (*f.*): *j'ai laissé à d'autres le soin de vous avertir*, ho lasciato ad altri l'incarico di avvertirla **3** (*pl.*) attenzioni (*f.*), cure (*f.*) **4** (*med.*) cura (*f.*): *soins ambulatoires*, cure ambulatoriali.
● ***aux bons soins de***, (*negli indirizzi*) presso: *M. X aux bons soins de la Maison Dupont*, Signor X presso la ditta Dupont | ***avoir, prendre soin de***, aver cura di | ***être aux petits soins pour qqn***, essere pieno di attenzioni, premure per qlcu: *il est aux petits soins pour sa femme*, è pieno di premure per sua moglie | (*med.*) ***premiers soins***, primi soccorsi: *recevoir les premiers soins*, ricevere i primi soccorsi.

soincer [swɛ̃se] ***v.tr.*** [coniug. come *placer*] (*Canada*) rimproverare.

soir [swaʀ] ***n.m.*** **1** sera (*f.*): *le soir descend, tombe*, scende la sera, si fa sera; *la presse du soir*, i giornali della sera; *ce soir*, questa sera **2** (*Antille*) pomeriggio.
● ***veille au soir***, sera del giorno prima.

soirée [swaʀe] ***n.f.*** serata.
● ***en soirée***, (durante) la sera: *ce film sera projeté en soirée*, questo film sarà proiettato la sera | ***tenue de soirée***, abito da sera.

sois [swa] → **être**[1].

soissonnais [swasɔnɛ] ***agg.*** di Soissons.

soit [swa] ***cong.*** **1** cioè, ossia: *j'ai gagné une forte somme d'argent, soit cinq mille francs*, ho guadagnato una forte somma di denaro e cioè cinquemila franchi **2** sia, dato: *soit le triangle ABC*, dato il triangolo ABC ♦ ***avv.*** (e) sia, sia pure: *soit, j'accepte*, e sia, accetto.
● ***soit que... soit*** (o ***ou***) ***que***, sia che... sia che | ***soit... soit***, (*correlativo*) o... o: *soit mon père, soit mon cousin le conduira à la gare*, o mio padre o mio cugino lo accompagneranno alla stazione.

NOTA In francese ***soit... soit...*** ha valore esclusivo:
Je mangerai soit du poulet, soit du veau.
Mangerò o pollo o vitello.
Non va confuso con la congiunzione disgiuntiva correlativa italiana 'sia... sia...' che si traduce con ***et... et...***: *Je prendrai (et) une entrée et un plat.* Mangerò sia il primo sia il secondo.

soixantaine [swasɑ̃tɛn] ***n.f.*** sessantina.

soixante [swasɑ̃t] ***agg.num.card.*** e ***n.m.invar.*** sessanta ♦ ***agg.num.ord.invar.*** sessantesimo.

soixante-dix [swasɑ̃tdis] ***agg.num.card.*** e ***n.m.invar.*** settanta ♦ ***agg.num.ord.invar.*** settantesimo.

soixante-huitard [swasɑ̃tɥitaʀ] ***n.m.*** [pl. *soixante-huitards*] sessantottino ♦ ***agg.*** sessantottino, sessantottesco.

soixantième [swasɑ̃tjɛm] ***agg.num.ord.*** e ***n.m.*** e ***f.*** sessantesimo/a.

soja [sɔʒa] ***n.m.*** (*bot.*) soia (*f.*): *germes de soja*, germogli di soia.

sol[1] [sɔl] ***n.m.*** **1** terreno, suolo **2** pavimento: *un sol carrelé*, un pavimento a piastrelle.
● ***à même le sol***, sulla nuda terra, per terra | ***au ras du sol***, raso terra | ***au sol***, al suolo, a terra; a piano terra: *poser au sol*, posare per terra; *s'écraser au sol*, schiantarsi al suolo; *appartement au sol*, appartamento a piano terra.

FAUX AMI
Da non confondere con *sole*, che si traduce *soleil*.

sol[2] ***n.m.invar.*** (*mus.*) sol.

solaire [sɔlɛʀ] ***agg.*** solare.

solarium [sɔlaʀjɔm] ***n.m.*** solario, solarium.

soldat [sɔlda] ***n.m.*** soldato.
● ***soldat de fortune***, soldato di ventura | ***soldat de plomb***, soldatino di piombo | ***soldat inconnu***, milite ignoto | ***jouer au petit soldat***, (*fam.*) fare il furbo | ***simple soldat***, soldato semplice | ***tombe du soldat inconnu***, tomba del milite ignoto.

S

soldate [sɔldat] ***n.f.*** soldatessa.
soldatesque [sɔldatɛsk] ***agg.*** soldatesco ♦ ***n.f.*** soldataglia.
solde[1] [sɔld] ***n.f.*** (*mil.*) soldo (*m.*).
● ***être à la solde de qqn***, essere al soldo di qlcu | ***toucher sa solde***, (*di soldato*) prendere la paga.
solde[2] ***n.m.*** **1** (*di denaro*) saldo, residuo **2** (*di merce*) liquidazione (*f.*), saldo: *vendre en solde*, vendere a saldo.
● ***solde créditeur, débiteur***, saldo a credito, a debito | ***marchandise en solde***, merce di saldo, in liquidazione | ***pour solde de tout compte***, a saldo (di quanto dovuto).
soldé [sɔlde] ***agg.*** (venduto) in saldo, di saldo.
solder[1] [sɔlde] ***v.tr.*** (*antiq.*) assoldare.
solder[2] ***v.tr.*** (*comm.*) **1** saldare: *solder un compte*, saldare un conto **2** liquidare, vendere in liquidazione ♦ **se solder** ***v.pron.intr.*** (*di conto*) saldarsi, chiudersi (con un residuo): *le budget se solde par un déficit net de*, il bilancio si chiude con un deficit netto di; *cette aventure s'est soldée par un échec*, (*fig.*) l'avventura si è conclusa con un fallimento.
soldeur [sɔldœʀ] ***n.m.*** [f. *-euse*] commerciante in saldi, in merci di saldo; stocchista.
sole[1] [sɔl] ***n.f.*** (*zool.*) sogliola.

FAUX AMI
Da non confondere con l'italiano *sole*, che si traduce *soleil*.

sole[2] ***n.f.*** (*agr.*) terreno (*m.*) sottoposto alla rotazione delle colture.
sole[3] ***n.f.*** **1** (*edil.*) suola, piano (*m.*) di posa **2** (*metall.*) (*di forno*) suola.
sole[4] ***n.f.*** (*vet.*) suola.
solécisme [sɔlesism] ***n.m.*** solecismo.
soleil [sɔlɛj] ***n.m.*** **1** sole: *il fait* (*du*) *soleil*, c'è (il) sole; *lézarder au soleil*, crogiolarsi al sole **2** (*bot. pop.*) girasole **3** (*pirotecnica*) girandola (*f.*) **4** (*eccl.*) ostensorio.
● ***soleil de plomb***, sole a picco | ***avoir du bien au soleil***, aver beni al sole | ***avoir sa place au soleil***, avere un posto al sole | ***coup de soleil***, colpo di sole, insolazione | ***en plein soleil, au grand soleil***, in pieno sole | (*abbigl.*) ***plissé soleil***, pieghettatura soleil.
solennel [sɔlanɛl] ***agg.*** [f. *-elle*] solenne.
■ SIN. officiel, cérémonieux.
solennellement [sɔlanɛlmɑ̃] ***avv.*** solennemente.
solenniser [sɔlanize] ***v.tr.*** solennizzare.
solennité [sɔlanite] ***n.f.*** solennità.
solfatare [sɔlfataʀ] ***n.f.*** solfatara.
solfège [sɔlfɛʒ] ***n.m.*** solfeggio.
solfier [sɔlfje] ***v.tr.*** solfeggiare.
solidaire [sɔlidɛʀ] ***agg.*** **1** solidale (**con**): *être solidaires les uns des autres*, essere solidali gli uni con gli altri **2** (*dir.*) solidale, in solido **3** interdipendente, correlato: *deux problèmes solidaires*, due problemi che vanno di pari passo.
solidairement [sɔlidɛʀmɑ̃] ***avv.*** **1** solidalmente, in modo solidale **2** (*dir.*) solidalmente, in solido.
solidariser, se [səsɔlidaʀize] ***v.pron.intr.*** solidarizzare, mostrarsi solidale.
solidarité [sɔlidaʀite] ***n.f.*** solidarietà.
solide [sɔlid] ***agg.*** **1** solido **2** stabile, saldo, robusto: *avoir le cœur solide*, avere il cuore forte **3** (*fig.*) valido, serio, solido: *avoir de solides raisons pour qqch*, avere validi motivi per qlco ♦ ***n.m.*** **1** (*fis., mat.*) (corpo) solido **2** (*fig.*) ciò che è reale, positivo.
● ***avoir les nerfs solides***, avere i nervi saldi | ***avoir un solide coup de fourchette***, (*fam.*) essere una buona forchetta | ***c'est du solide!***, (*fig. fam.*) è una cosa seria, su cui si può contare: *leur amitié, c'est du solide!*, la loro, è un'amicizia a tutta prova! | *leur fortune, c'est du solide!*, la loro fortuna è molto solida | ***c'est quelqu'un de solide***, (*fig. fam.*) è una persona su cui si può contare | ***être solide au poste***, (*mil.*) restare saldo al proprio posto di combattimento; (*fig.*) essere sempre presente sul lavoro; essere inamovibile | ***être solide sur ses jambes***, essere saldo sulle gambe | ***un solide gaillard***, un pezzo d'uomo.
solidement [sɔlidmɑ̃] ***avv.*** saldamente.
solidification [sɔlidifikasjɔ̃] ***n.f.*** solidificazione.
solidifier [sɔlidifje] ***v.tr.*** solidificare ♦ **se solidifier** ***v.pron.intr.*** solidificarsi.
solidité [sɔlidite] ***n.f.*** solidità (*anche fig.*).
soliflore [sɔliflɔʀ] ***n.m.*** vaso a stelo (per un solo fiore).
soliloque [sɔlilɔk] ***n.m.*** soliloquio, monologo.
soliloquer [sɔlilɔke] ***v.intr.*** fare un soliloquio, monologare.
solin [sɔlɛ̃] ***n.m.*** (*edil.*) scossalina (*f.*).
solipsisme [sɔlipsism] ***n.m.*** (*fil.*) solipsismo.
soliste [sɔlist] ***agg.*** e ***n.m.*** e ***f.*** (*mus.*) solista.
solitaire [sɔlitɛʀ] ***agg.*** solitario ♦ ***n.m.*** e ***f.*** eremita, solitario/a ♦ ***n.m.*** **1** (*gioco di carte*) solitario **2** (*brillante*) solitario.
● ***avoir l'humeur solitaire***, (*fam.*) essere in vena di solitudine | ***vivre en solitaire***, vivere in solitudine.
■ AGG. SIN. abandonné, seul.
solitairement [sɔlitɛʀmɑ̃] ***avv.*** da solo, in solitudine.
solitude [sɔlityd] ***n.f.*** solitudine: *vivre dans la solitude*, vivere in solitudine.
solive [sɔliv] ***n.f.*** (*edil.*) travetto (*m.*), corrente (*m.*).
soliveau [sɔlivo] ***n.m.*** [pl. *-eaux*] (*edil.*) travicello, correntino.
sollicitation [sɔlisitasjɔ̃] ***n.f.*** sollecitazione (*anche fig.*): *céder aux sollicitations de qqn*, cedere alle pressioni di qlcu.
● ***lettre de sollicitation***, lettera di sollecito.
solliciter [sɔlisitɛ] ***v.tr.*** sollecitare.
solliciteur [sɔlisitœʀ] ***n.m.*** [f. *-euse*] postulante.
sollicitude [sɔlisityd] ***n.f.*** sollecitudine.
solo [sɔlo] ***n.m.*** [pl. *solos* o *soli*] (*mus.*) assolo, (a) solo ♦ ***agg.invar.*** solo.
● ***escalade en solo***, (scalata in) solitaria | (*mus.*) ***jouer en solo***, eseguire un assolo | ***vie en solo***, vita da single.
solognot [sɔlɔɲo] ***agg.*** della Sologne.
solstice [sɔlstis] ***n.m.*** (*astr.*) solstizio.
solubilité [sɔlybilite] ***n.f.*** solubilità.
soluble [sɔlybl] ***agg.*** **1** solubile **2** (*fig.*) risolvibile, solubile.
■ CONTR. **2** insoluble.
soluté [sɔlyte] ***n.m.*** (*chim.*) soluto.
● (*chim.*) ***soluté physiologique***, soluzione fisiologica.
solution [sɔlysjɔ̃] ***n.f.*** soluzione.
● ***solution de continuité***, (*anche fig.*) soluzione di continuità.
solutionner [sɔlysjɔne] ***v.tr.*** risolvere.
solvabilité [sɔlvabilite] ***n.f.*** solvibilità, solvenza.
solvable [sɔlvabl] ***agg.*** solvibile.
● ***débiteur solvable***, debitore solvente.
solvant [sɔlvɑ̃] ***n.m.*** (*chim.*) solvente.

S

somali [sɔmali] *agg.* → **somalien** ♦ *n.m.* (*lingua*) somalo.

Somali *n.m.* → **Somalien**.

somalien [sɔmaljɛ̃] *agg.* [f. *-enne*] somalo.

Somalien *n.m.* [f. *-enne*] (*abitante*) somalo.

somatique [sɔmatik] *agg.* somatico.

somatisation [sɔmatizasjɔ̃] *n.f.* (*med.*) somatizzazione.

somatiser [sɔmatize] *v.tr.* e *intr.* somatizzare.

sombre [sɔ̃bʀ] *agg.* 1 buio, scuro: *il fait sombre*, è buio 2 (*fig.*) tetro, cupo, fosco: *il avait le visage sombre*, era cupo, scuro in volto; *c'est une sombre histoire*, è una brutta faccenda.
● ***un sombre idiot***, (*fam.*) un emerito imbecille.
■ SIN. 1 obscur 2 ténébreux.

sombrer [sɔ̃bʀe] *v.intr.* 1 affondare 2 (*estens.*) sprofondare: *sombrer dans l'alcool, la boisson*, darsi all'alcol, al bere; *sombrer dans la folie*, sprofondare nelle tenebre della follia | *sa raison a sombré*, ha perso la ragione.

sommaire [sɔmɛʀ] *agg.* sommario ♦ *n.m.* sommario.

sommairement [sɔmɛʀmɑ̃] *avv.* sommariamente.

sommation [sɔmasjɔ̃] *n.f.* intimazione; ingiunzione: *sommation de déménager*, intimazione di sfratto; *sommation de payer*, ingiunzione di pagamento.

somme[1] [sɔm] *n.f.* 1 somma 2 somma, insieme (*m.*): *la somme des informations*, l'insieme delle informazioni; *une somme d'efforts considérable*, una considerevole mole di sforzi 3 summa, compendio (*m.*).
● ***somme toute***, tutto sommato, tutto considerato | ***en somme***, insomma | (*Africa*) ***infliger une somme***, multare.

somme[2] *n.f.* soma.
● ***bête de somme***, bestia da soma.

somme[3] *n.m.* sonnellino.
● ***faire un petit somme***, fare un pisolino.

sommeil [sɔmɛj] *n.m.* sonno: *avoir très sommeil*, avere molto sonno.
● ***sommeil éternel***, sonno eterno | ***crouler, tomber de sommeil***, crollare, cascare dal sonno | ***dormir du sommeil du juste***, dormire il sonno del giusto | (*med.*) ***faire une cure de sommeil***, fare la cura del sonno | ***mettre en sommeil***, (*fig.*) lasciare in sospeso; accantonare; ridurre, sospendere l'attività | ***prendre sur ses heures de sommeil***, rubare le ore al sonno | ***trouver le sommeil***, prendere sonno.

sommeiller [sɔmeje] *v.intr.* sonnecchiare; dormicchiare.

sommelier [sɔməlje] *n.m.* 1 (*in un ristorante*) sommelier 2 credenziere, dispensiere; cantiniere.

sommelière [sɔməljɛʀ] *n.f.* 1 (donna) sommelier 2 (*Svizzera*) (*di bar, ristorante*) cameriera.

sommer[1] [sɔme] *v.tr.* ingiungere, intimare: *la police l'a sommé de s'arrêter*, la polizia gli ha intimato di fermarsi.
● (*dir.*) ***sommer qqn de, à comparaître***, citare qlcu in giudizio.

sommer[2] *v.tr.* sommare.

sommes [sɔm] → **être**[1].

sommet [sɔmɛ] *n.m.* 1 sommità (*f.*), cima (*f.*); (*di montagna*) vetta (*f.*) 2 (*fig.*) apice, vertice 3 (*mat.*) vertice: *angles opposés par le sommet*, angoli opposti al vertice 4 (*anat.*) apice; vertice.
● ***au sommet de***, sulla sommità di, in cima a; (*di una montagna*) in vetta a; (*fig.*) all'apice di | (***conférence, réunion au***) ***sommet***, (incontro al) vertice, summit.
■ SIN. 1 cime.

sommier[1] [sɔmje] *n.m.* 1 (*di letto*) elastico, pagliericcio 2 (*edil.*) elemento portante; (*di porta, finestra*) architrave; (*di arco, volta*) imposta (*f.*), peduccio 3 (*di botte*) cerchio.
● ***sommier à ressorts***, elastico a molle | ***sommier*** (***métallique***), rete (del letto).

sommier[2] *n.m.* 1 registro 2 (*comm.*) libro cassa.
● (*dir.*) ***le sommier judiciaire*** (*fam.* ***les sommiers***), casellario giudiziale (centrale).

sommité [sɔmmitɛ] *n.f.* (*fig.*) luminare (*m.*), personalità; top (*m.*).

somnambule [sɔmnɑ̃byl] *agg.* e *n.m.* e *f.* sonnambulo/a.

somnambulisme [sɔmnɑ̃bylism] *n.m.* sonnambulismo.

somnifère [sɔmnifɛʀ] *agg.* sonnifero; (*fig.*) soporifero ♦ *n.m.* sonnifero.

somnolence [sɔmnɔlɑ̃s] *n.f.* sonnolenza; torpore (*m.*) (*anche fig.*).
■ SIN. assoupissement.

somnolent [sɔmnɔlɑ̃] *agg.* sonnolento.

somnoler [sɔmnɔle] *v.intr.* sonnecchiare.

somptuaire [sɔ̃ptɥɛʀ] *agg.* (*dir.*) suntuario; (*estens.*) di lusso.
● ***dépenses somptuaires***, spese voluttuarie.

somptueusement [sɔ̃ptɥøzmɑ̃] *avv.* sontuosamente.

somptueux [sɔ̃ptɥø] *agg.* [f. *-euse*] sontuoso; lussuoso; sfarzoso.
■ SIN. luxueux; superbe CONTR. simple.

somptuosité [sɔ̃ptɥozite] *n.f.* sontuosità; sfarzo (*m.*); fasto (*m.*).

son[1] [sɔ̃] *agg.poss. 3ª pers.sing.* [f. *sa*, *son* davanti a vocale o *h* muta; pl.m. e f. *ses*] suo: *son père et sa mère* (o *ses père et mère*), suo padre e sua madre; *ses frères et* (*ses*) *sœurs*, i suoi fratelli e le sue sorelle; *son amie, son histoire*, la sua amica, la sua storia; *ses amis*, i suoi amici; (*l'*)*un de ses enfants*, uno dei suoi figli.

son[2] *n.m.* 1 suono 2 volume: *baisser le son d'un poste*, abbassare il volume della radio 3 (*cine., rad., tv*) suono, sonoro: *le son d'un film*, il sonoro di un film.
● ***au***(***x***) ***son***(***s***) ***de***, al suono di | ***bande*** (***du***) ***son***, colonna sonora | ***ingénieur du son***, tecnico del suono, fonico | ***prise de son***, registrazione del suono.

son[3] *n.m.* crusca (*f.*).
● ***tache de son***, (*fig.*) lentiggine.

sonar [sɔnaʀ] *n.m.* (*tecn.*) sonar.

sonate [sɔnat] *n.f.* (*mus.*) sonata.

sonatine [sɔnatin] *n.f.* (*mus.*) sonatina.

sondage [sɔ̃daʒ] *n.m.* 1 (*tecn.*) perforazione (*f.*), sondaggio 2 (*med.*) sondaggio 3 (*fig.*) sondaggio.
● ***sondage d'écoute***, (verifica dell')indice di ascolto, (dell')audience | ***sondage*** (***d'opinion***), sondaggio (d'opinione), indagine demoscopica.

sonde [sɔ̃d] *n.f.* 1 sonda 2 (*miner.*) sonda, perforatrice 3 (*med.*) sonda 4 (*mar.*) scandaglio (*m.*).
● ***sonde spatiale***, sonda spaziale.

sondé [sɔ̃de] *n.m.* intervistato (in un sondaggio statistico, d'opinione).

sonder [sɔ̃de] *v.tr.* 1 sondare, scandagliare (*anche fig.*) 2 (*med.*) sondare.

sondeur [sɔ̃dœʀ] *n.m.* 1 (*operaio*) sondatore 2 (*mar.*) scandaglio.
● ***sondeur d'opinion***, intervistatore (in sondaggi statistici, di opinione).

S

sondeuse [sɔ̃døz] ***n.f.*** (*miner.*) trivella.
songe [sɔ̃ʒ] ***n.m.*** (*letter.*) sogno.
songe-creux [sɔ̃ʒkʀø] ***n.m.invar.*** (*letter.*) sognatore; persona (*f.*) che insegue vane chimere.
songer [sɔ̃ʒe] ***v.intr.*** [coniug. come *manger*] (*letter.*) pensare ♦ ***v.tr.*** pensare, considerare.
● ***mais vous n'y songez pas!***, ma sta scherzando! | ***sans songer à mal***, senza pensare male, senza malizia.
songerie [sɔ̃ʒʀi] ***n.f.*** fantasticheria.
songeur [sɔ̃ʒœʀ] ***agg.*** [f. *-euse*] pensieroso ♦ ***n.m.*** (*letter.*) sognatore.
sonnaille [sɔnɑj] ***n.f.*** **1** sonaglio (*m.*); campanaccio (*m.*) **2** scampanellio (*m.*).
sonnailler [sɔnɑje] ***v.intr.*** scampanellare.
sonnant [sɔnɑ̃] ***agg.*** **1** (*di ora*) in punto: *à cinq heures sonnantes*, allo scoccare delle cinque, alle cinque in punto **2** sonante.
● ***espèces sonnantes et trébuchantes***, moneta sonante.
sonné [sɔne] ***agg.*** suonato (*anche fig.*): *quarante ans bien sonnés*, quarant'anni suonati.
● ***il est complètement sonné***, (*fam.*) è completamente suonato, tocco.
sonner [sɔne] ***v.intr.*** **1** suonare: *il a sonné*, ha suonato (il campanello); *sonner du cor*, suonare il corno | *le mur sonne creux*, il muro suona vuoto, manda un suono falso **2** suonare, scoccare ♦ ***v.tr.*** suonare: *la pendule sonnait minuit*, l'orologio scandiva la mezzanotte.
● ***sonner qqn***, (*fam.*) pestare qlcu, suonarle a qlcu; (*fig.*) stordire, sbalordire qlcu | ***sonner un domestique***, chiamare (con il campanello) un domestico | ***je lui ai sonné les cloches!***, (*fig.*) gli ho dato una bella strigliata! | ***on ne t'a pas sonné!***, (*fam.*) ma chi ti ha chiesto niente! | ***se faire sonner***, farsele suonare, farsi menare di santa ragione; (*fig.*) prendersi una lavata di capo.
sonnerie [sɔnʀi] ***n.f.*** **1** suoneria **2** squillo (*m.*): *la sonnerie du téléphone*, lo squillo, il trillo del telefono; *la sonnerie d'une sonnette*, lo squillo di un campanello **3** scampanio (*m.*).
● (*mil.*) ***sonnerie militaire***, segnale di tromba | (*tel.*) ***sonneries polyphoniques***, suonerie polifoniche.
sonnet [sɔnɛ] ***n.m.*** (*lett.*) sonetto.
sonnette [sɔnɛt] ***n.f.*** **1** campanello (*m.*): *appuyer sur la sonnette*, premere, suonare il campanello **2** (*edil.*) battipalo (*m.*).
● ***sonnette d'alarme***, campanello d'allarme | ***sonnette de nuit***, (*nelle farmacie*) campanello per chiamate notturne | ***coup de sonnette***, scampanellata | (*zool.*) ***serpent à sonnettes***, serpente a sonagli.
sonneur [sɔnœʀ] ***n.m.*** **1** campanaro **2** (*di tromba, corno*) suonatore.
● ***dormir comme un sonneur***, dormire come un sasso.
sono [sɔno] ***n.f.*** (*fam.*) abbr. di → **sonorisation** 2.
sonore [sɔnɔʀ] ***agg.*** sonoro.
● (*fon.*) (***consonne***) ***sonore***, consonante sonora | ***une salle sonore***, una sala con una buona acustica.
sonorisation [sɔnɔʀizasjɔ̃] ***n.f.*** **1** (*cine., fon.*) sonorizzazione **2** impianto (*m.*) stereo.
● ***voiture de sonorisation***, automobile con altoparlante (per propaganda).
sonoriser [sɔnɔʀize] ***v.tr.*** **1** (*cine., fon.*) sonorizzare **2** munire di impianto per la diffusione del suono.
sonorité [sɔnɔʀite] ***n.f.*** sonorità.
sonothèque [sɔnɔtɛk] ***n.f.*** archivio (*m.*) di registrazioni sonore.
sont [sɔ̃] → **être**[1].
sophisme [sɔfism] ***n.m.*** sofisma.
sophiste [sɔfist] ***agg.*** (*fil.*) sofistico ♦ ***n.m.*** e ***f.*** sofista.
sophistication [sɔfistikasjɔ̃] ***n.f.*** **1** (*di prodotti*) sofisticazione, adulterazione **2** sofisticatezza **3** (*spreg.*) sofisticheria.
sophistiqué [sɔfistike] ***agg.*** **1** sofisticato **2** adulterato, sofisticato.
sophistiquer [sɔfistike] ***v.tr.*** **1** rendere più sofisticato, perfezionare **2** sofisticare, adulterare.
sophrologie [sɔfʀɔlɔʒi] ***n.f.*** sofrologia.
soporifique [sɔpɔʀifik] ***agg.*** soporifero ♦ ***n.m.*** (*antiq.*) sonnifero.
soprano [sɔpʀano] ***n.m.*** [pl. *sopranos*, *soprani*] (*mus.*) soprano.
sorbe [sɔʀb] ***n.f.*** (*bot.*) sorba.
sorbet [sɔʀbɛ] ***n.m.*** sorbetto.
sorbetière [sɔʀbətjɛʀ] ***n.f.*** sorbettiera, gelatiera.
sorbier [sɔʀbje] ***n.m.*** (*bot.*) sorbo.
sorbonnard [sɔʀbɔnaʀ] ***agg.*** e ***n.m.*** (*fam.*) studente, professore della Sorbona.

NOTA ***La Sorbonne*** è la celebre università di Parigi, fondata nel 1263 da Robert de Sorbon, cappellano di Luigi IX, come collegio di teologia per studenti poveri; essa ben presto divenne il centro degli studi teologici e sede dell'università. Nel XVII secolo il cardinale Richelieu fece ricostruire e ingrandire l'edificio originario, di nuovo profondamente ristrutturato nel XIX secolo. Oggi la Sorbona ospita parecchie facoltà universitarie (dislocate anche in altre sedi), una ricca biblioteca e *le grand Amphithéâtre* (Aula Magna).

sorcellerie [sɔʀsɛlʀi] ***n.f.*** stregoneria.
sorcier [sɔʀsje] ***n.m.*** stregone ♦ ***agg.invar.*** (*fam.*) straordinario.
● ***ce n'est pas bien sorcier!***, (*fam.*) non è poi così difficile! | ***il ne faut pas être sorcier pour s'en apercevoir***, (*fam.*) non bisogna essere un indovino per accorgersene.
sorcière [sɔʀsjɛʀ] ***n.f.*** strega.
sordide [sɔʀdid] ***agg.*** **1** sordido, squallido **2** (*estens.*) sordido, ripugnante.
sordidement [sɔʀdidmɑ̃] ***avv.*** sordidamente; in modo sordido.
sorgho [sɔʀgo] **sorgum** [sɔʀgɔm] ***n.m.*** (*bot.*) sorgo; saggina (*f.*).
sornette [sɔʀnɛt] ***n.f.*** (*antiq.*) (*spec. pl.*) sciocchezza, stupidaggine: *débiter des sornettes*, dire baggianate.
sororal [sɔʀɔʀal] ***agg.*** [pl. *-aux*] sororale.
sors [sɔʀ] → **sortir**[1].
sort [sɔʀ] ***n.m.*** **1** sorte (*f.*), destino **2** condizione (*f.*), sorte (*f.*): *améliorer son propre sort*, migliorare la propria condizione **3** caso, sorte (*f.*) **4** sortilegio; malocchio.
● ***faire un sort à une bouteille***, (*fam.*) far fuori, scolarsi una bottiglia | ***jeter un sort sur qqn***, gettare il malocchio su qlcu | ***le mauvais sort***, la malasorte | ***le sort en est jeté***, il dado è tratto | ***pleurer sur son sort***, piangersi addosso | ***tirer au sort***, tirare a sorte, sorteggiare.
sortable [sɔʀtabl] ***agg.*** presentabile; decente.
sortant [sɔʀtɑ̃] ***agg.*** **1** estratto (a sorte) **2** uscente: *le député sortant*, il deputato uscente ♦ ***n.m.*** chi esce.
sorte [sɔʀt] ***n.f.*** **1** sorta, genere (*m.*), specie: *un homme de cette sorte est capable de tout*, un uomo di quel genere è capace di tutto **2** modo (*m.*), maniera.

● ***de la sorte***, in questo modo: *ne parle pas de la sorte*, non parlare in questo modo | ***de sorte que***, così che | ***de telle sorte que***, in modo tale da | ***en aucune sorte***, in nessun modo | ***en quelque sorte***, in un certo senso | ***faire de sorte à***, ***en sorte de***, fare in modo di: *fais en sorte d'être prêt*, fa' in modo di essere pronto | ***toute(s) sorte(s) de***, ogni sorta di: *dans cette pâtisserie il y a toute sorte, toutes sortes de bonnes choses*, in questa pasticceria c'è ogni ben di Dio; *toute(s) sorte(s) de pensées s'agitaient dans sa tête*, pensieri d'ogni sorta si agitavano nella sua mente.

FAUX AMI
Da non confondere con l'italiano *sorte*, che si traduce *sort*.

sortie [sɔʀti] ***n.f.*** **1** uscita: *il a fait hier sa première sortie*, è uscito ieri per la prima volta **2** (*di libro, film ecc.*) uscita, pubblicazione **3** (*fig.*) uscita, sortita; (*estens.*) scenata: *une sortie malencontreuse*, un'uscita poco gentile **4** (*comm.*) uscita **5** (*mil.*) sortita; (*aer.*) incursione **6** (*idraulica*) scarico (*m.*) **7** (*inform.*) output (*m.*).
● ***sortie de secours***, uscita d'emergenza, di sicurezza | ***sortie de voitures***, passo carrabile | (*inform.*) ***sortie (du réseau, du système)***, disconnessione (dalla rete, dal sistema) | (*comm.*): ***bon de sortie***, bolla di consegna; ***droit de sortie***, dazio d'esportazione | ***être de sortie***, (*fam.*) essere in libera uscita, essere libero; (*estens.*) uscire | ***il s'est ménagé une sortie***, (*fig.*) si è garantito una scappatoia | ***jour de sortie***, (*di domestica, soldato*) giorno di libertà, di libera uscita.
■ CONTR. **1** entrée.

sortie-de-bain [sɔʀtidəbɛ̃] ***n.f.*** [pl. *sorties-de-bain*] accappatoio (*m.*).

sortilège [sɔʀtilɛʒ] ***n.m.*** sortilegio.

sortir[1] [sɔʀtiʀ] ***v.intr.*** [coniug. come *dormir*; aus. *être*] **1** uscire (*anche fig.*): *il est sorti acheter du pain*, è uscito, è andato fuori a comprare il pane; *le sang lui sortait du nez*, gli usciva il sangue dal naso; *nous sortions à peine de table quand il est arrivé*, arrivò che ci eravamo appena alzati da tavola; *sortir de prison*, uscire di prigione **2** provenire: *il sort d'une très bonne famille*, proviene da un'ottima famiglia; *une bonne odeur sortait de la cuisine*, dalla cucina proveniva un buon odore; *il sort de l'Université*, ha appena finito l'università; *ses robes sortent de chez Dior*, i suoi vestiti sono di Dior **3** risultare; uscire: *il en est sorti avec tous les honneurs*, ne è uscito, venuto fuori con onore; *rien de bon n'est encore sorti de nos recherches*, non è ancora emerso nulla di buono dalle nostre ricerche; *qu'en sortira-t-il? mystère!*, che cosa ne verrà fuori? mistero! | *la vérité sort enfin*, finalmente viene fuori la verità **4** sporgere, uscire: *son mouchoir sortait de sa poche*, gli sporgeva il fazzoletto dalla tasca; *un clou sortait de la planche de bois*, un chiodo spuntava, sporgeva dall'asse di legno **5** (*di pubblicazioni, prodotti*) uscire: *cette revue sort le samedi*, questa rivista esce il sabato; *mon livre vient de sortir*, il mio libro è appena uscito, è stato appena pubblicato **6** uscire, essere estratto **7** (*di denti, piante ecc.*) spuntare ♦ ***v.tr.*** **1** tirare fuori; cavare: *elle sortit ses clefs de son sac*, tirò fuori le chiavi dalla borsetta; *sortir les mains de ses poches*, tirar fuori, togliere le mani di tasca | *ne sors pas la tête!*, non sporgere la testa!, non sporgerti con la testa! **2** portare fuori (a passeggio): *sortir un enfant, un chien*, portar fuori, a passeggio un bambino, un cane; *il sort sa femme et ses enfants tous les samedis*, porta fuori moglie e figli ogni sabato **3** (*fam.*) dire: *elle sort de ces histoires!*, tira fuori certe storie! **4** (*fam.*) produrre, fabbricare: *cette usine sortait 2000 voitures par jour*, quella fabbrica produceva 2000 automobili al giorno; *la maison a sorti un nouveau modèle de machine à laver*, la ditta ha lanciato, prodotto un nuovo modello di lavatrice ♦ **s'en sortir** ***v.pron.*** cavarsela: *votre malade s'en sortira*, il malato se la caverà.
● ***sortir de l'esprit***, passare di mente | ***sortir de son lit***, (*anche di fiume*) uscire dal letto | (*ferr.*) ***sortir des rails***, deragliare | ***sortir qqn d'affaire*** (o ***d'embarras***), (*fig.*) trarre qlcu d'impaccio | ***cela nous sort de l'ordinaire***, questo esula dalle nostre abitudini | ***je me suis fait sortir***, (*fam.*) mi sono fatto buttare fuori | ***je n'en sors pas***, (*fig.*) non ne vengo fuori: *j'ai trop à faire, je n'en sors pas*, ho troppo da fare, non ne vengo fuori | ***les yeux lui sortaient de la tête***, (*fig. fam.*) aveva gli occhi fuori delle orbite | ***mais d'où sortez-vous?***, ma in che mondo vivete?: *vous ne connaissez pas cet artiste, mais d'où sortez-vous?*, non conoscete quell'artista? ma in che mondo vivete? | ***ne pas sortir de là***, (*opinione, argomento ecc.*) non cambiare: *son argent, ses titres, toujours la même rengaine, il ne sort pas de là!*, i suoi soldi, i suoi titoli sempre la stessa solfa, non sa parlare d'altro! | ***sortez-le!***, (*fam.*) buttatelo fuori! | ***tiens, d'où sors-tu?***, (*fam.*) tò, da dove sbuchi?

sortir[2] ***n.m.*** uscita (*f.*).
● ***au sortir de***, all'uscita da: *au sortir de l'hiver*, alla fine dell'inverno.

SOS [ɛsoɛs] ***n.m.*** (*tel.*) sos: *envoyer, lancer un SOS*, mandare, lanciare un SOS.

sosie [sozi] ***n.m.*** e ***f.*** sosia.

sot [so] ***agg.*** [f. *sotte*] **1** sciocco; stupido | *il n'y a pas de sot métier*, tutti i lavori hanno una loro dignità **2** balordo; increscioso ♦ ***n.m.*** stupido, sciocco.

sotie [soti] ***n.f.*** → **sottie**.

sot-l'y-laisse [solilɛs] ***n.m.invar.*** (*fam.*) boccone del prete; bocconcino prelibato (di pollame).

sottement [sɔtmɑ̃] ***avv.*** scioccamente; stupidamente.

sottie [sɔti] ***n.f.*** (*lett.*) sottie (forma drammatica satirica fiorita in Francia nei secc. XV-XVI).

sottise [sɔtiz] ***n.f.*** **1** sciocchezza, stupidaggine **2** insolenza, ingiuria.

sottisier [sɔtizje] ***n.m.*** stupidario.

sou [su] ***n.m.*** **1** soldo; quattrino **2** (*Canada*) moneta da un centesimo (di dollaro canadese).
● ***sou à sou, sou par sou***, a poco a poco | ***avoir des sous***, (*fam.*) avere soldi, essere ricco | ***de quatre sous***, da quattro soldi | ***être près de ses sous***, (*fam.*) essere attaccato ai soldi | ***être propre, net comme un sou neuf***, essere tutto lindo e pulito | ***il ne te fera pas grâce d'un sou***, ti farà pagare fino all'ultimo centesimo | ***journaliste à deux sous la ligne***, (*spreg.*) giornalista da strapazzo | ***jusqu'au dernier sou***, fino all'ultimo centesimo | ***machine à sous***, slot machine | ***n'avoir pas le sou, ne pas avoir un sou vaillant, être sans le sou***, (*fam.*) non avere una lira, il becco di un quattrino | ***ne pas avoir pour deux sous de courage***, (*fam.*) non avere un briciolo di coraggio | ***n'avoir pas un sou de bon sens***, (*fam.*) non avere un briciolo di buonsenso | ***pour un sou***, (*fam.*) per niente: *je ne suis pas jaloux pour un sou*, non sono per niente geloso | ***une question de gros sous***, (*fam.*) un affare, una faccenda da molti soldi.

NOTA In Francia, sotto l'Ancien Régime (secc. XVI, XVII e XVIII) il ***sou*** era una moneta di rame o di bronzo che valeva la ventesima parte di una *livre*; a partire dal 1793, fu invece una moneta da 5 centesimi.

soubassement [subasmɑ̃] ***n.m.*** **1** (*edil.*) zoccolo **2** (*arch.*) basamento, base (*f.*).

soubise [subiz] ***n.f.***
● (*cuc.*) (***sauce***) ***soubise***, salsa soubise (a base di cipolle, burro, farina, brodo, latte o panna).

soubresaut [subʀəso] ***n.m.*** **1** (*di cavallo*) scarto **2** (*fig.*) trasalimento, sussulto.

soubrette [subʀɛt] ***n.f.*** **1** servetta, fantesca (di commedia) **2** (*antiq.*) cameriera.

souche [suʃ] ***n.f.*** **1** (*di albero*) ceppo (*m.*) **2** (*di razza*) capostipite (*m.* e *f.*) **3** stirpe **4** (*biol.*) ceppo (*m.*) **5** origine: *mot de souche indo-européenne*, parola di origine indoeuropea **6** (*comm.*) matrice, madre.
● ***dormir comme une souche***, dormire come un sasso | ***être de bonne souche***, essere di nobile famiglia; (*di animale*) essere di razza | ***être, rester comme une souche***, essere, restare immobile | ***faire souche***, dare principio a una discendenza | (*comm.*) ***registre à souches***, registro a madre e figlia.

souci[1] [susi] ***n.m.*** preoccupazione (*f.*); cruccio.
● ***c'est le dernier, le cadet de mes soucis***, è l'ultimo dei miei pensieri | ***par souci de vérité***, per amore della verità | ***se faire du souci pour qqn***, stare in pensiero per qlcu.
■ SIN. ennui, préoccupation.

NOTA Nel francese parlato il termine ***souci*** va sempre più sostituendo la parola *problème*, fino a qualche anno fa molto usata: *Y a pas de souci*, Non c'è problema.

souci[2] ***n.m.*** (*bot.*) calendola (*f.*), fiorrancio.
● ***souci des marais***, calta palustre.

soucier, se [səsusje] ***v.pron.intr.*** preoccuparsi; curarsi.
● ***je m'en soucie comme de l'an quarante*** (o ***comme de ma première chemise***), (*fam.*) me ne infischio altamente.

soucieux [susjø] ***agg.*** [f. *-euse*] preoccupato, inquieto.
■ SIN. inquiet, songeur.

soucoupe [sukup] ***n.f.*** (*di tazza*) piattino (*m.*).
● ***soucoupe volante***, disco volante | ***ouvrir des yeux comme des soucoupes***, sgranare gli occhi.

soudage [sudaʒ] ***n.m.*** (*metall.*) (*operazione*) saldatura (*f.*).

soudain[1] [sudɛ̃] ***agg.*** improvviso, repentino.

soudain[2] ***avv.*** improvvisamente, a un tratto, di botto.

soudainement [sudɛnmɑ̃] ***avv.*** subitamente; improvvisamente.

soudaineté [sudɛnte] ***n.f.*** subitaneità.

soudanais [sudanɛ] **soudanien** [sudanjɛ̃] [f. *-enne*] ***agg.*** sudanese.

soudard [sudaʀ] ***n.m.*** **1** (*ant.*) soldato mercenario **2** (*letter.*) villano, rozzo.

S

soude [sud] ***n.f.*** (*chim.*) soda.
● ***soude caustique***, soda caustica.

souder [sude] ***v.tr.*** **1** saldare **2** (*fig.*) unire, congiungere ♦ **se souder** ***v.pron.intr.*** saldarsi.
● ***fer à souder***, saldatrice.

FAUX AMI
Da non confondere con *sudare*, che si traduce *suer, transpirer.*

soudeur [sudœʀ] ***n.m.*** [f. *-euse*] (*operaio*) saldatore.

soudier [sudje] ***agg.*** [f. *-ère*] di, della soda ♦ ***n.m.*** operaio dell'industria della soda.

soudière [sudjɛʀ] ***n.f.*** fabbrica di soda.

soudoyer [sudwaje] ***v.tr.*** [coniug. come *employer*] assoldare, prezzolare.

soudure [sudyʀ] ***n.f.*** **1** saldatura **2** (*fig.*) saldatura, congiunzione, continuità.
● ***faire la soudure***, (*fig.*) assicurare la continuità.

soue [su] ***n.f.*** porcile (*m.*).

souffert [sufɛʀ] *p.p.* di **souffrir**.

soufflage [suflaʒ] ***n.m.*** **1** soffiatura (*f.*) **2** (*mar.*) controfasciame, bottazzo.

souffle [sufl] ***n.m.*** **1** soffio; respiro; fiato **2** (*di vento*) soffio; alito: *il n'y avait pas un souffle de vent*, non c'era un alito di vento **3** spostamento d'aria (provocato da un'esplosione) **4** (*med.*) soffio.
● (*med.*) ***souffle au cœur***, soffio al cuore | ***avoir du souffle***, avere fiato, resistenza; (*fig.*) avere un grande estro; (*fig. fam.*) avere una gran faccia tosta | ***avoir le souffle court***, avere il fiato grosso, il fiatone | ***couper le souffle***, mozzare il fiato: *c'est un spectacle qui coupe le souffle*, è uno spettacolo che mozza il fiato | ***en avoir le souffle coupé***, restare senza fiato | ***être à bout de souffle***, essere senza fiato; (*fig.*) essere esausto | ***il n'a plus qu'un souffle de vie***, gli resta solo un alito di vita | ***manquer de souffle***, avere il fiato corto; (*fig.*) mancare di ispirazione | (*sport*) ***second souffle***, ripresa (di energia); (*fig.*) ripresa, rinascita.

soufflé [sufle] ***agg.*** **1** gonfiato, soffiato **2** rovesciato, distrutto (da un'esplosione); *vitres soufflées par l'explosion*, vetri infranti dall'esplosione **3** (*fig. fam.*) sbalordito ♦ ***n.m.*** (*cuc.*) soufflé.

souffler [sufle] ***v.intr.*** **1** (*di vento*) soffiare, tirare; spirare: *il souffle un vent glacial*, tira un vento gelido **2** soffiare; emettere aria soffiando: *souffler dans ses doigts pour les réchauffer*, scaldarsi le mani col fiato **3** (*di persone, animali*) soffiare, sbuffare; ansimare: *il gravissait la pente en soufflant*, saliva il pendio ansimando **4** (ri)prendere fiato; tirare il fiato: *donnez-moi le temps de souffler*, (*fig.*) lasciatemi tirare il fiato **5** parlare, fiatare ♦ ***v.tr.*** **1** soffiare (via): *beaucoup de maisons ont été soufflées par l'explosion*, molte case sono state spazzate via dall'esplosione | *il souffla la chandelle*, spense la candela con un soffio **2** soffiare; gonfiare: *souffler le verre*, soffiare il vetro **3** (*teatr.*) suggerire: *souffler son rôle a un acteur*, suggerire la parte a un attore **4** pronunciare, dire: *il n'a pas soufflé mot*, non ha detto una parola, non ha fiatato **5** (*fam.*) soffiare, portare via: *souffler la place de qqn*, soffiare il posto a qlcu **6** (*fam.*) sbalordire.
● ***souffler comme un bœuf, un phoque***, soffiare come un mantice | ***souffler sur le feu***, (*anche fig.*) soffiare sul fuoco | ***regarder de quel côté souffle le vent***, (*fig.*) vedere che aria tira | ***sans souffler mot***, senza fiatare.

soufflerie [sufləʀi] ***n.f.*** **1** (*strumento chim.*) soffieria **2** (*aer.*) galleria del vento.

soufflet [suflɛ] ***n.m.*** **1** mantice, soffietto **2** (*fot.*) soffietto (di macchina fotografica) **3** (*letter.*) schiaffo **4** (*fig.*) affronto.
● ***soufflet (de train)***, corridoio a soffietto (che collega due carrozze ferroviarie) | ***poche à soufflet***, tasca a soffietto.

souffleter [sufləte] ***v.tr.*** [coniug. come *jeter*] **1** (*letter.*) schiaffeggiare **2** (*fig.*) oltraggiare, umiliare.

souffleur [suflœʀ] ***n.m.*** [f. *-euse*] **1** (*teatr.*) suggeritore **2** (*ind. del vetro*) soffiatore.

souffleuse [sufløz] ***n.f.*** **1** (*agr.*) motosoffiatrice **2** (*Canada*) spazzaneve (*m.*).

soufflure [suflyʀ] ***n.f.*** (*metall., ind. del vetro*) soffiatura, bolla.

souffrance [sufʀɑ̃s] ***n.f.*** **1** sofferenza **2** (*comm.*) giacenza, sofferenza.
● (*comm.*) ***marchandises en souffrance***, merci giacenti.

souffrant [sufʀɑ̃] ***agg.*** **1** (*letter.*) sofferente, afflitto **2** indisposto.

souffre-douleur [sufʀədulœʀ] *n.m.* e *f.invar.* vittima (*f.*); zimbello (*m.*).

souffreteux [sufʀətø] *agg.* [f. *-euse*] malaticcio.
■ SIN. maladif.

souffrir [sufʀiʀ] *v.tr.* 1 patire, soffrire 2 subire: *souffrir une perte*, subire una perdita 3 sopportare, soffrire: *je ne peux pas souffrir le mensonge*, detesto le bugie 4 (*letter.*) ammettere; consentire: *votre décision ne souffre aucun retard*, la sua decisione non consente alcun indugio ♦ *v.intr.* [coniug. come *offrir*] soffrire: *souffrir du froid, de la faim*, soffrire il freddo, la fame ♦ **se souffrir** *v.pron.rec.* sopportarsi: *ils ne peuvent pas se souffrir*, non si possono vedere.
● ***souffrir mort et passion***, (*antiq.*) patire le pene dell'inferno.
■ V.TR. SIN. 2 endurer 4 tolérer.

soufisme [sufism] *n.m.* (*relig.*) sufismo.

soufrage [sufʀaʒ] *n.m.* 1 (*chim.*) solforazione (*f.*) 2 (*agr.*) inzolfatura (*f.*).

soufre [sufʀ] *n.m.* zolfo.
● ***sentir le soufre***, (*fig.*) puzzare di zolfo.

soufrer [sufʀe] *v.tr.* 1 solforare 2 (*agr.*) inzolfare.

soufreur [sufʀœʀ] *n.m.* [f. *-euse*] zolfatore.

soufreuse [sufʀøz] *n.f.* (*macchina*) solforatrice.

soufrière [sufʀijɛʀ] *n.f.* solfara, solfatara.

souhait [swɛ] *n.m.* 1 augurio 2 desiderio.
● ***à souhait***, secondo i propri desideri; a piacimento; a meraviglia: *cette affaire marche à souhait*, questo affare va a gonfie vele | ***à vos souhaits!***, (*a chi starnutisce*) salute! | ***former le souhait de***, augurarsi di: *chacun forme le souhait d'être heureux*, ognuno si augura di essere felice.

souhaitable [swɛtabl] *agg.* augurabile, auspicabile: *il serait souhaitable qu'il guérisse au plus vite*, sarebbe auspicabile che guarisse al più presto.
■ SIN. désirable.

souhaiter [swete] *v.tr.* 1 augurare, fare gli auguri (**di**) 2 augurarsi, sperare: *il souhaitait continuer ses études à Paris*, sperava di (poter) continuare gli studi a Parigi.
● ***il est à souhaiter que***, c'è da augurarsi che.

souille [suj] *n.f.* 1 (*caccia*) brago (*m.*) 2 (*mar.*) solco (*m.*) lasciato da una imbarcazione sulla sabbia.

souiller [suje] *v.tr.* (*letter.*) insudiciare, insozzare, sporcare (*anche fig.*): *souiller sa réputation*, macchiare la propria reputazione.

souillon [sujɔ̃] *n.m.* (*antiq.*) sudicione, sporcaccione ♦ *n.f.* 1 (*antiq.*) sudiciona, sporcacciona 2 sguattera.

souillure [sujyʀ] *n.f.* (*letter.*) macchia, lordura (*anche fig.*).

souk [suk] *n.m.* 1 (*mercato arabo*) suk, suq 2 (*fig. fam.*) casino, disordine.

soûl [su] *agg.* 1 (*fam.*) ubriaco 2 (*fig.*) sazio; inebriato.
● ***être soûl comme un cochon*** (o ***un Polonais***), (*fam.*) essere ubriaco fradicio | ***tout son soûl***, a sazietà; a volontà: *manger tout son soûl*, mangiare a sazietà, da scoppiare; *pleurer tout son soûl*, piangere tutte le proprie lacrime.
■ SIN. 1 ivre CONTR. 1 sobre.

soulagement [sulaʒmɑ̃] *n.m.* sollievo; alleviamento.

soulager [sulaʒe] *v.tr.* [coniug. come *manger*] 1 alleggerire, sgravare 2 (*fig.*) alleviare; calmare: *pleure, cela te soulagera*, piangi, ti farà bene 3 (*fig.*) soccorrere ♦ **se soulager** *v.pron.intr.* 1 trovare conforto, sollievo 2 (*fam.*) fare un bisogno, soddisfare un bisogno naturale.
■ V.TR. SIN. 2 calmer, alléger CONTR. 2 accabler.

soûlant [sulɑ̃] *agg.* (*fig. fam.*) pesante, barboso.

soûlaud [sulo] *n.m.* (*fam.*) ubriacone.

soûler [sule] *v.tr.* 1 (*fam.*) ubriacare, inebriare (*anche fig.*) 2 (*fig.*) stordire ♦ **se soûler** *v.pron.intr.* (*fam.*) ubriacarsi (*anche fig.*); sbronzarsi.

soûlerie [sulʀi] *n.f.* (*fam.*) sbronza, sbornia.

soulèvement [sulɛvmɑ̃] *n.m.* 1 sollevamento 2 (*fig.*) sollevazione (*f.*), sommossa (*f.*).
● ***soulèvement de cœur, d'estomac***, conato di vomito.
■ SIN. 2 insurrection.

soulever [sulve] *v.tr.* [coniug. come *lever*] 1 sollevare 2 (*fig.*) sollevare, fare insorgere: *soulever le peuple*, fare insorgere il popolo 3 (*fig.*) sollevare, provocare ♦ **se soulever** *v.pron.intr.* 1 sollevarsi, alzarsi 2 (*fig.*) ribellarsi.
● ***soulever le cœur***, dare la nausea, rivoltare lo stomaco | ***soulever le dégoût***, provocare disgusto.

soulier [sulje] *n.m.* scarpa (*f.*).
● ***être dans ses petits souliers***, (*fig.*) sentirsi a disagio.
■ SIN. chaussure.

soulignage [suliɲaʒ] **soulignement** [suliɲmɑ̃] *n.m.* sottolineatura (*f.*).

souligner [suliɲe] *v.tr.* sottolineare (*anche fig.*).

soûlographie [sulɔgʀafi] *n.f.* (*fam.*) ubriachezza.

soulte [sult] *n.f.* (*dir.*) conguaglio (*m.*), perequazione.

soumettre [sumɛtʀ] *v.tr.* [coniug. come *mettre*] 1 sottomettere (*anche fig.*) 2 sottoporre 3 (*econ.*) assoggettare ♦ **se soumettre** *v.pron.intr.* sottomettersi; sottoporsi.

soumis [sumi] *p.p.* di **soumettre** ♦ *agg.* sottomesso; remissivo.
● (*comm.*) ***soumis au droit de timbre***, soggetto al bollo.

soumission [sumisjɔ̃] *n.f.* 1 sottomissione 2 (*dir.*) offerta di appalto.
● ***faire sa soumission***, fare atto di sottomissione, sottomettersi.

soumissionnaire [sumisjɔnɛʀ] *n.m.* e *f.* (*dir.*) offerente, concorrente a una gara di appalto.

soumissionner [sumisjɔne] *v.tr.* (*dir.*) fare un'offerta di appalto.

soupape [supap] *n.f.* valvola.
● ***soupape de sûreté***, (*anche fig.*) valvola di sicurezza.

soupçon [supsɔ̃] *n.m.* 1 sospetto; dubbio: *éveiller des soupçons*, insospettire; *j'ai quelque soupçon qu'il me fera faux bond*, mi sorge il dubbio che non manterrà il suo impegno 2 ombra (*f.*), traccia (*f.*): *une tasse de thé avec un soupçon de lait*, una tazza di tè con una lacrima, una goccia di latte.
● ***être au-dessus, à l'abri de tout soupçon***, essere al di sopra di ogni sospetto.

soupçonnable [supsɔnabl] *agg.* sospettabile.

soupçonner [supsɔne] *v.tr.* sospettare (**di**).

soupçonneux [supsɔnø] *agg.* [f. *-euse*] sospettoso.

soupe [sup] *n.f.* 1 zuppa 2 minestra: *faire la soupe*, fare, cuocere la minestra; *servir la soupe*, scodellare la minestra 3 (*argot mil.*) rancio (*m.*) 4 (*Mali*) innamorata.
● ***soupe au lait***, zuppa di latte | ***soupe populaire***, mensa dei poveri | ***à la soupe!***, (*fam.*) a tavola! | ***c'est l'heure de la soupe***, (*fam.*) è ora di mangiare | ***cracher dans la soupe***, (*fig. fam.*) sputare nel piatto in cui si mangia | ***monter comme une soupe au lait*** (o ***être soupe au lait***), (*fig.*) accendersi come uno zolfanello | ***trempé comme une soupe***, bagnato come un pulcino, bagnato fradicio | ***tremper la soupe***, fare la zuppa, versare il brodo sulle fette di pane | ***un gros plein de soupe***, (*fam.*) un ciccione.

S

soupente [supɑ̃t] ***n.f.*** soppalco (*m.*); soffitta.
● ***soupente (d'escalier)***, sottoscala.

souper[1] [supe] ***n.m.*** cena (*f.*); cenetta (*f.*) (a sera tarda, dopo il teatro ecc.).

souper[2] ***v.intr.*** cenare; fare una cenetta, uno spuntino (a sera tarda, dopo il teatro ecc.).
● ***j'en ai soupé de ses histoires!***, (*fam.*) ne ho fin sopra i capelli delle sue storie!

soupeser [supəze] ***v.tr.*** [coniug. come *semer*] soppesare (*anche fig.*).

soupière [supjɛʀ] ***n.f.*** zuppiera.

soupir [supiʀ] ***n.m.*** sospiro: *il poussait des soupirs à fendre l'âme*, i suoi sospiri spezzavano il cuore.
● ***rendre le dernier soupir***, esalare l'ultimo respiro.

soupirail [supiʀaj] ***n.m.*** [pl. *-aux*] **1** (*edil.*) spiraglio; finestrella (*f.*) **2** (*mecc.*) sfiatatoio.

soupirant [supiʀɑ̃] ***n.m.*** spasimante.

soupirer [supiʀe] ***v.intr.*** **1** sospirare, trarre sospiri **2** (*antiq.*) sospirare, desiderare: *soupirer après qqn, qqch*, desiderare ardentemente qlcu, qlco ♦ ***v.tr.*** (*poet.*) dire sospirando, sussurrare.
● ***soupirer d'aise***, tirare un sospiro di sollievo | ***soupirer d'amour pour qqn***, (*antiq.*) struggersi d'amore per qlcu.

souple [supl] ***agg.*** **1** flessibile; agile; (*fig.*) docile, arrendevole: *un corps souple*, un corpo flessuoso; *une démarche souple et légère*, un'andatura sciolta e leggera; *une intelligence souple*, un'intelligenza pronta, vivace **2** morbido; soffice.
● ***avoir l'échine souple***, (*fig. spreg.*) essere servile | ***col souple***, colletto floscio.
■ SIN. **1** flexible.

souplement [supləmɑ̃] ***avv.*** agilmente; (*fig.*) docilmente.

souplesse [suplɛs] ***n.f.*** **1** flessibilità, agilità; (*fig.*) docilità, duttilità: *ces exercices doivent être exécutés en souplesse*, questi esercizi devono essere eseguiti con scioltezza **2** morbidezza.
● ***manquer de souplesse***, (*anche fig.*) essere poco elastico.

souquer [suke] ***v.tr.*** (*mar.*) stringere.
● ***souquer aux avirons***, arrancare, vogare a tutta forza.

source [suʀs] ***n.f.*** **1** sorgente; fonte **2** (*fig.*) sorgente; origine: *remonter aux sources*, risalire alla fonte, all'origine **3** (*econ.*) cespite (*m.*), fonte.
● ***source lumineuse***, ***de lumière***, sorgente luminosa | ***source thermale***, fonte termale | ***cela coule de source***, (*fig.*) è ovvio, è chiaro | ***clair comme l'eau de source***, (*fig.*) chiaro come il sole | ***de bonne source***, ***de source sûre***, da fonte attendibile, sicura | (*ling.*) ***langue source***, lingua di partenza | ***prendre sa source***, (*di fiume*) nascere | (*econ.*) ***retenue à la source***, ritenuta alla fonte.

S

sourcer [suʀse] ***v.tr.*** [coniug. come *placer*].
● (*giorn.*) ***sourcer une information***, (*fam.*) precisare la fonte di un'informazione.

sourcier [suʀsje] ***n.m.*** [f. *-ère*] rabdomante.

sourcil [suʀsi] ***n.m.*** sopracciglio: *froncer les sourcils*, aggrottare le sopracciglia.

sourcilier [suʀsilje] ***agg.*** [f. *-ère*] (*anat.*) sopracciliare.

sourciller [suʀsije] ***v.intr.*** aggrottare, corrugare le sopracciglia.
● ***il n'a pas sourcillé***, non ha battuto ciglio.

sourcilleux [suʀsijø] ***agg.*** [f. *-euse*] accigliato.

sourd [suʀ] ***agg.*** **1** sordo (*anche fig.*): *être sourd à la pitié*, essere insensibile alla pietà **2** (*di rumore*) sordo; smorzato; (*di colore*) spento ♦ ***n.m.*** sordo | *ce qu'il m'a dit n'est pas tombé dans l'oreille d'un sourd*, ho capito benissimo, non ha parlato al vento.
● ***sourd comme un pot***, sordo come una campana | ***sourd de naissance***, sordo dalla nascita | ***c'est comme si l'on parlait à un sourd***, è come parlare al muro | ***crier comme un sourd***, gridare come un pazzo, come un dannato | ***dialogue de sourds***, dialogo tra sordi | ***faire la sourde oreille***, fare orecchio da mercante | ***frapper comme un sourd***, dare botte da orbi.

sourdement [suʀdəmɑ̃] ***avv.*** sordamente; di nascosto.

sourdine [suʀdin] ***n.f.*** sordina.
● ***en sourdine***, (*anche fig.*) in sordina.

sourd-muet [suʀmɥɛ] ***agg.*** e ***n.m.*** [f. *sourde-muette*, pl.m. *sourds-muets*] sordomuto.

sourdre [suʀdʀ] ***v.intr.dif.*** [usato al pres.indic.: *il sourd, ils sourdent*; imperf.indic.: *il sourdait*; p.rem.: *il sourdit*; fut.indic.: *il sourdra*; cond.: *il sourdrait*; pres. cong.: *qu'il sourde*; imperf.cong.: *qu'il sourdît*; p.pres.: *sourdant*] (*letter.*) sgorgare; scaturire (*anche fig.*).

souri [suʀi] *p.p.* di **sourire**[1].

souriant [suʀjɑ̃] ***agg.*** sorridente.

souriard [suʀjaʀ] ***n.m.*** (*inform.*) smiley, faccina (*f.*).

souriceau [suʀiso] ***n.m.*** [pl. *-eaux*] topolino.

souricier [suʀisje] ***n.m.*** (*zool.*) mangiatore di topi.

souricière [suʀisjɛʀ] ***n.f.*** **1** trappola per topi **2** (*fig.*) trappola, tranello (*m.*).

sourire[1] [suʀiʀ] ***v.intr.*** [coniug. come *rire*] **1** sorridere **2** (*fig.*) arridere, sorridere **3** (*fig.*) piacere, sorridere.

sourire[2] ***n.m.*** sorriso.
● ***avoir le sourire***, (*fam.*) mostrare la propria soddisfazione | ***garder le sourire***, (*fam.*) non perdere il buonumore | ***un demi-sourire***, un sorriso a denti stretti.

souris [suʀi] ***n.f.*** **1** topo (*m.*) **2** (*argot*) pupa, ragazza **3** (*inform.*) mouse (*m.*).

sournois [suʀnwa] ***agg.*** e ***n.m.*** sornione, ipocrita.

sournoisement [suʀnwazmɑ̃] ***avv.*** subdolamente, in modo sornione.

sournoiserie [suʀnwazʀi] ***n.f.*** ipocrisia, dissimulazione.

sous [su] ***prep.*** **1** (*luogo*) sotto: *sous la table, l'armoire*, sotto il tavolo, l'armadio; *il marchait sous la pluie*, camminava sotto la pioggia **2** (*tempo*) sotto: *sous le règne de Louis XIV*, sotto il regno di Luigi XIV **3** (*modo*) sotto, con: *sous ma responsabilité*, sotto la mia responsabilità **4** (*causa*) sotto: *sous l'effet de l'alcool il disait des bêtises*, diceva sciocchezze sotto l'effetto dell'alcol.
● ***sous cet angle***, ***cet aspect***, ***ce rapport***, sotto quest'angolo, sotto questo aspetto, da questo punto di vista | ***sous l'influence de***, sotto l'influenza di | (*mar.*): ***sous le pont***, sottocoperta; ***sous le vent***, sottovento | ***sous peu*** (***de temps***), tra poco | ***sous prétexte de***, con la scusa di | ***mettre sous enveloppe***, mettere in busta | ***se mettre qqch sous la dent***, mettere qlco sotto i denti.

sous- ***pref.*** sotto-, sub-, vice-.

sous-alimentation [suzalimɑ̃tasjɔ̃] ***n.f.*** [pl. *sous-alimentations*] (*med.*) sottoalimentazione; ipoalimentazione; denutrizione.

sous-alimenté [suzalimɑ̃te] ***agg.*** [f. *sous-alimentée*, pl.m. *sous-alimentés*] denutrito, sottoalimentato.

sous-alimenter [suzalimɑ̃te] ***v.tr.*** (*med., elettr.*) sottoalimentare.

sous-bail [subaj] ***n.m.*** [pl. *sous-baux*] (*dir.*) subaffitto.

sous-bas [suba] ***n.f.invar.*** salvacalze (*m.*).

sous-bois [subwa] ***n.m.invar.*** sottobosco.

sous-chef [suʃɛf] ***n.m.*** [pl. *sous-chefs*] sottocapo, vicecapo.
● ***sous-chef de bureau***, vicecapufficio.

sous-commission [sukɔmisjɔ̃] ***n.f.*** [pl. *sous-commissions*] sottocommissione.

sous-continent [sukɔ̃tinɑ̃] ***n.m.*** [pl. *sous-continents*] subcontinente.

souscripteur [suskʀiptœʀ] ***n.m.*** **1** sottoscrittore **2** (*comm.*) traente.

souscription [suskʀipsjɔ̃] ***n.f.*** sottoscrizione: *lancer une souscription*, promuovere una sottoscrizione.

souscrire [suskʀiʀ] ***v.tr.*** [coniug. come *écrire*] **1** sottoscrivere; firmare **2** sottoscrivere, aderire (**a**) ♦ ***v.intr.*** sottoscrivere (**qlco**); (*fig.*) aderire: *souscrire pour 100 euros à une cotisation*, aderire a una sottoscrizione con 100 euro; *je souscris à ta proposition*, approvo, sottoscrivo la tua proposta.

souscrit [suskʀi] *p.p.* di **souscrire**.

sous-cutané [sukytane] ***agg.*** [f. *sous-cutanée*, pl.m. *sous-cutanés*] sottocutaneo.

sous-développé [sudevlɔpe] ***agg.*** [f. *sous-développée*, pl.m. *sous-développés*] sottosviluppato.
● ***région sous-développée***, area depressa.

sous-développement [sudevlɔpmɑ̃] ***n.m.*** [pl. *sous-développements*] (*econ.*) sottosviluppo.

sous-directeur [sudiʀɛktœʀ] ***n.m.*** [f. *sous-directrice*, pl.m. *sous-directeurs*] vicedirettore.

sous-domaine [sudɔmɛn] ***n.m.*** [pl. *sous-domaines*] (*Internet*) sottodominio.

sous-emploi [suzɑ̃plwa] ***n.m.*** [pl. *sous-emplois*] sottoccupazione (*f.*).

sous-employé [suzɑ̃plwaje] ***agg.*** [f. *sous-employée*, pl.m. *sous-employés*] sottoccupato.

sous-employer [suzɑ̃plwaje] ***v.tr.*** impiegare in maniera insufficiente; sottoutilizzare.

sous-ensemble [suzɑ̃sɑ̃bl] ***n.m.*** [pl. *sous-ensembles*] (*mat.*) sottoinsieme.

sous-entendre [suzɑ̃tɑ̃dʀ] ***v.tr.*** [coniug. come *rendre*] sottointendere.

sous-entendu [suzɑ̃tɑ̃dy] *p.p.* di **sous-entendre** ♦ ***agg.*** e ***n.m.*** [f. *sous-entendue*, pl.m. *sous-entendus*] sottinteso.

sous-entrepreneur [suzɑ̃tʀəpʀənœʀ] ***n.m.*** [pl. *sous-entrepreneurs*] subappaltatore.

sous-épidermique [suzepidɛʀmik] ***agg.*** [pl. *sous-épidermiques*] (*anat.*) sottocutaneo, ipodermico.

sous-équipé [suzekipe] ***agg.*** [pl. *sous-équipés*] (*econ.*) insufficientemente attrezzato; sottodimensionato.
● ***région sous-équipée***, regione scarsamente industrializzata.

sous-équipement [suzekipmɑ̃] ***n.m.*** [pl. *sous-équipements*] (*econ.*) insufficienza (*f.*) di attrezzature; sottodimensionamento; industrializzazione (*f.*) insufficiente.

sous-espèce [suzɛspɛs] ***n.f.*** [pl. *sous-espèces*] (*biol.*) sottospecie.

sous-estimation [suzɛstimasjɔ̃] ***n.f.*** [pl. *sous-estimations*] sottovalutazione.

sous-estimer [suzɛstime] ***v.tr.*** sottovalutare ♦ **se sous-estimer** ***v.pron.*** sottovalutarsi.

sous-évaluer [suzevalɥe] ***v.tr.*** sottovalutare.

sous-exploitation [suzɛksplwatasjɔ̃] ***n.f.*** [pl. *sous-exploitations*] (*di cose*) scarso utilizzo (*m.*), scarso sfruttamento (*m.*).

sous-exploité [suzɛksplwate] ***agg.*** [f. *sous-exploitée*, pl.m. *sous-exploités*] sottoutilizzato.

sous-exploiter [suzɛksplwate] ***v.tr.*** sfruttare, utilizzare solo parzialmente.

sous-exposition [suzɛkspozisjɔ̃] ***n.f.*** [pl. *sous-expositions*] (*fot.*) sottoesposizione.

sous-ferme [sufɛʀm] ***n.f.*** [pl. *sous-fermes*] (*dir.*) subaffitto (*m.*).

sous-fifre [sufifʀ] ***n.m.*** [pl. *sous-fifres*] (*fam.*) tirapiedi.

sous-gorge [sugɔʀʒ] ***n.f.invar.*** (*del cavallo*) sottogola (*m.* e *f.*).

sous-gouverneur [suguvɛʀnœʀ] ***n.m.*** [pl. *sous-gouverneurs*] vicegovernatore.

sous-groupe [sugʀup] ***n.m.*** [pl. *sous-groupes*] sottogruppo.

sous-humain [suzymɛ̃] ***agg.*** [f. *sous-humaine*, pl.m. *sous-humains*] subumano.

sous-inspecteur [suzɛ̃spɛktœʀ] ***n.m.*** [f. *sous-inspectrice*, pl.m. *sous-inspecteurs*] viceispettore.

sous-jacent [suʒasɑ̃] ***agg.*** [f. *sous-jacente*, pl.m. *sous-jacents*] **1** inferiore; sottostante **2** (*fig.*) sotterraneo; insito; implicito; sotteso.

sous-lieutenant [suljøtnɑ̃] ***n.m.*** [pl. *sous-lieutenants*] (*mil.*) sottotenente.

sous-locataire [sulɔkatɛʀ] ***n.m.*** e ***f.*** [pl. *sous-locataires*] sublocatario/a.

sous-location [sulɔkasjɔ̃] ***n.f.*** [pl. *sous-locations*] sublocazione, subaffitto (*m.*).

sous-louer [sulwe] ***v.tr.*** subaffittare.

sous-main [sumɛ̃] ***n.m.invar.*** cartella (*f.*) da scrittoio.
● ***en sous-main***, (*fig.*) sottomano, di nascosto.

sous-marin [sumaʀɛ̃] ***agg.*** [f. *sous-marine*, pl.m. *sous-marins*] sottomarino; subacqueo: *flore sous-marine*, flora sottomarina ♦ ***n.m.*** **1** sottomarino, sommergibile **2** (*fig. fam.*) spia (*f.*); infiltrato **3** (*Canada*) panino imbottito **4** (*Benin*) amante (di una donna).
● ***pêche sous-marine***, pesca subacquea.

sous-marinier [sumaʀinje] ***n.m.*** [pl. *sous-mariniers*] sommergibilista.

sous-marque [sumaʀk] ***n.f.*** [pl. *sous-marques*] sottomarca.

sous-médicalisé [sumedikalize] ***agg.*** [f. *sous-médicalisée*, pl.m. *sous-médicalisés*] (*di paese o regione*) privo (del tutto o in parte) di un'adeguata assistenza medico-sanitaria.

sous-multiple [sumyltipl] ***agg.*** e ***n.m.*** [pl. *sous-multiples*] (*mat.*) sottomultiplo.

sous-nappe [sunap] ***n.f.*** [pl. *sous-nappes*] mollettone (*m.*) (posto sotto la tovaglia).

sous-nutrition [sunytʀisjɔ̃] ***n.f.*** [pl. *sous-nutritions*] nutrizione insufficiente, nutrizione carente.

sous-occupé [suzɔkype] ***agg.*** [f. *sous-occupée*, pl.m. *sous-occupés*] sottoccupato.

sous-œuvre [suzœvʀ] ***n.m.invar.*** (*edil.*) sottomurazione (*f.*).
● ***en sous-œuvre***, per sottomurazione.

sous-off [suzɔf] ***n.m.*** [pl. *sous-offs*] (*argot mil.*) sottufficiale.

sous-officier [suzɔfisje] ***n.m.*** [pl. *sous-officiers*] (*mil.*) sottufficiale.

S

sous-ordre [suzɔʀdʀ] ***n.m.*** [pl. *sous-ordres*] **1** (impiegato) subalterno **2** (*biol.*) sottordine.
sous-payer [supeje] ***v.tr.*** [coniug. come *payer*] sottopagare.
sous-peuplé [supœple] ***agg.*** [f. *sous-peuplée*, pl.m. *sous-peuplés*] sottopopolato.
sous-pied [supje] ***n.m.*** [pl. *sous-pieds*] (*di calzoni ecc.*) staffa (*f.*); passante.
sous-préfectoral [supʀefɛktɔʀal] ***agg.*** [f. *sous-préfectorale*, pl.m. *sous-préfectoraux*] del sottoprefetto; della sottoprefettura.
sous-préfecture [supʀefɛktyʀ] ***n.f.*** [pl. *sous-préfectures*] sottoprefettura.
sous-préfet [supʀefɛ] ***n.m.*** [pl. *sous-préfets*] sottoprefetto, viceprefetto.
sous-préfète [supʀefɛt] ***n.f.*** [pl. *sous-préfètes*] **1** moglie del sottoprefetto **2** (donna) sottoprefetto.
sous-pression [supʀɛsjɔ̃] ***n.f.*** [pl. *sous-pressions*] (*mecc., fis.*) spinta (verso l'alto).
sous-production [supʀɔdyksjɔ̃] ***n.f.*** [pl. *sous-productions*] (*econ.*) sottoproduzione.
sous-produit [supʀɔdɥi] ***n.m.*** [pl. *sous-produits*] sottoprodotto.
sous-programme [supʀɔgʀam] ***n.m.*** [pl. *sous-programmes*] (*inform.*) sottoprogramma; (sub)routine (*f.*), sottoinsieme di programma.
sous-prolétaire [supʀɔletɛʀ] ***agg.*** e ***n.m.*** e ***f.*** [pl. *sous-prolétaires*] sottoproletario/a.
sous-prolétariat [supʀɔletaʀja] ***n.m.*** [pl. *sous-prolétariats*] sottoproletariato.
sous-pull [supul] ***n.m.*** [pl. *sous-pulls*] maglietta (*f.*) dolcevita (da portare sotto un altro indumento).
sous-qualification [sukalifikasjɔ̃] ***n.f.*** [pl. *sous-qualifications*] scarsa qualificazione professionale.
sous-refroidi [suʀəfʀwadi] ***agg.*** [f. *sous-refroidie*, pl.m. *sous-refroidis*] (*chim.*) sottoraffreddato.
sous-saturé [susatyʀe] ***agg.*** [f. *sous-saturée*, pl.m. *sous-saturés*] (*geol.*) sottosaturo.
sous-secrétaire [susəkʀetɛʀ] ***n.m.*** e ***f.*** [pl. *sous-secrétaires*] sottosegretario/a.
● ***sous-secrétaire d'État***, sottosegretario di stato.
sous-secrétariat [susəkʀetaʀja] ***n.m.*** [pl. *sous-secrétariats*] sottosegretariato.
sous-secteur [susɛktœʀ] ***n.m.*** [pl. *sous-secteurs*] sottosettore (*anche mil.*).
sous-section [susɛksjɔ̃] ***n.f.*** [pl. *sous-sections*] sottosezione.
sous-seing [susɛ̃] ***n.m.*** [pl. *sous-seings*] (*dir.*) scrittura (*f.*) privata.
soussigné [susiɲe] ***agg.*** e ***n.m.*** **1** sottoscritto: *je soussigné déclare que*, il sottoscritto dichiara che **2** (*amm.*) scrivente: *la société soussignée*, la ditta scrivente.
soussigner [susiɲe] ***v.tr.*** sottoscrivere.
sous-sol [susɔl] ***n.m.*** [pl. *sous-sols*] **1** (*geol.*) sottosuolo **2** (*di edificio*) scantinato, seminterrato: *garage en sous-sol*, garage nel seminterrato.
sous-solage [susɔlaʒ] ***n.m.*** [pl. *sous-solages*] (*agr.*) ripuntatura (*f.*).
sous-tasse [sutas] ***n.f.*** [pl. *sous-tasses*] (*Belgio*) sottotazza; sottocoppa; piattino (*m.*).
sous-tendre [sutɑ̃dʀ] ***v.tr.*** [coniug. come *rendre*] **1** (*mat.*) sottendere **2** (*fig.*) stare alla base.

S

sous-titrage [sutitʀaʒ] ***n.m.*** [pl. *sous-titrages*] sottotitolazione (*f.*).
sous-titre [sutitʀ] ***n.m.*** [pl. *sous-titres*] sottotitolo.
sous-titré [sutitʀe] ***agg.*** [f. *sous-titrée*, pl.m. *sous-titrés*] con sottotitoli, sottotitolato.
sous-titrer [sutitʀe] ***v.tr.*** sottotitolare.
sous-titreur [sutitʀœʀ] ***n.m.*** [pl. *sous-titreurs*] (*tv*) decodificatore che fa apparire i sottotitoli (in un programma televisivo).
soustraction [sustʀaksjɔ̃] ***n.f.*** (*mat., dir.*) sottrazione.
soustraire [sustʀɛʀ] ***v.tr.*** [coniug. come *traire*] **1** sottrarre, portare via **2** (*mat.*) sottrarre ♦ ***v.intr.*** (*mat.*) sottrarre, fare una sottrazione ♦ **se soustraire** ***v.pron.intr.*** sottrarsi, sfuggire.
soustrait [sustʀɛ] *p.p.* di **soustraire**.
sous-traitance [sutʀɛtɑ̃s] ***n.f.*** [pl. *sous-traitances*] (*dir.*) subappalto (*m.*).
sous-traitant [sutʀɛtɑ̃] ***n.m.*** [f. *sous-traitante*, pl.m. *sous-traitants*] (*dir.*) subappaltatore.
sous-traiter [sutʀete] ***v.tr.*** (*dir.*) subappaltare.
sous-utiliser [suzytilize] ***v.tr.*** sottoutilizzare.
sous-ventrière [suvɑ̃tʀijɛʀ] ***n.f.*** [pl. *sous-ventrières*] sottopancia (*m.*).
sous-verre [suvɛʀ] ***n.m.invar.*** stampa (*f.*) (*o* quadro) incorniciata a vista.
sous-vêtement [suvɛtmɑ̃] ***n.m.*** [pl. *sous-vêtements*] **1** indumento intimo **2** (*pl.*) biancheria (*f.sing.*) intima.
sous-virer [suviʀe] ***v.intr.*** (*aut.*) sottosterzare.
soutache [sutaʃ] ***n.f.*** **1** (*cucito*) spighetta **2** (*mil.*) gallone (*m.*).
soutane [sutan] ***n.f.*** (*abbigl. eccl.*) abito (*m.*) talare, sottana.
soute [sut] ***n.f.*** **1** (*mar.*) deposito (*m.*); stiva **2** (*aer.*) (*di velivolo*) stiva **3** (*pl.*) combustibile (*m.*) liquido (per navi).
● (*mar.*): ***soute à charbon***, carbonile; ***soute à combustible***, (*di nave*) bunker.
soutenable [sutnabl] ***agg.*** **1** sostenibile **2** sopportabile.
soutenance [sutnɑ̃s] ***n.f.***
● ***soutenance*** (***de thèse***), discussione della tesi.
soutenant [sutnɑ̃] ***n.m.*** chi discute una tesi.
soutènement [sutɛnmɑ̃] ***n.m.*** (*edil.*) sostegno, appoggio.
● ***mur de soutènement***, muro di sostegno.
souteneur [sutnœʀ] ***n.m.*** **1** (*di prostituta*) protettore **2** (*antiq.*) sostenitore, difensore.
soutenir [sutniʀ] ***v.tr.*** [coniug. come *tenir*] **1** sostenere (*anche fig.*); sorreggere: *il m'a soutenu par le bras*, mi ha sorretto per il braccio; *ils m'ont beaucoup soutenu*, mi hanno molto appoggiato; *ils m'ont soutenu de leurs précieux conseils*, mi hanno incoraggiato con i loro preziosi consigli; *son amitié m'a soutenu dans l'adversité*, la sua amicizia mi è stata di aiuto nell'avversità **2** mantenere vivo, alto: *soutenir l'intérêt des lecteurs*, mantenere vivo l'interesse dei lettori **3** difendere, sostenere, appoggiare **4** affermare, sostenere: *il soutient qu'il l'a rencontré hier*, sostiene, afferma di averlo incontrato ieri **5** sostenere; resistere (a) ♦ **se soutenir** ***v.pron.*** e ***pron.rec.*** sostenersi; reggersi (*anche fig.*).
● ***soutenir le moral de qqn***, essere di sostegno a qlcu | ***soutenir sa thèse de doctorat***, discutere la tesi di dottorato | ***soutenir son effort***, perseverare nello sforzo.

soutenu [sutny] *p.p.* di **soutenir** ♦ *agg.* **1** sostenuto: *style soutenu*, stile sostenuto **2** costante, continuo; incessante.

souterrain [sutɛʀɛ̃] *agg.* sotterraneo (*anche fig.*), nascosto; clandestino ♦ *n.m.* sotterraneo; galleria (*f.*) sotterranea.

soutien [sutjɛ̃] *n.m.* **1** sostegno **2** (*fig.*) sostegno, appoggio **3** (*mil.*) rinforzo, rincalzo **4** (*Belgio*) reggiseno.
● ***soutien de famille***, sostegno di famiglia (unico produttore di reddito) | (*scuola*) ***heures***, ***classes de soutien***, ore, lezioni di sostegno | (*mil.*): ***position de soutien***, posizione di rincalzo; ***unité de soutien***, unità di rinforzo.

soutien-gorge [sutjɛ̃gɔʀʒ] *n.m.* [pl. *soutiens-gorge*] reggiseno, reggipetto.

soutier [sutje] *n.m.* (*mar.*) carbonaio.

soutif [sutif] *n.m.* (*fam.*) reggiseno.

soutirage [sutiʀaʒ] *n.m.* **1** (*di vino ecc.*) travaso **2** (*fig.*) (*di denaro*) lo spillare; (*di informazioni*) il carpire.

soutirer [sutiʀe] *v.tr.* **1** (*vino ecc.*) travasare, spillare **2** (*fig.*) (*denaro*) spillare; (*informazioni ecc.*) carpire.

souvenance [suvnɑ̃s] *n.f.* (*letter.*) memoria, ricordo (*m.*).
● ***à ma souvenance***, per quanto io mi ricordi | ***avoir souvenance de qqch***, sovvenirsi di qlco.

souvenir[1] [suvniʀ] *n.m.* **1** ricordo: *des souvenirs littéraires*, reminiscenze letterarie **2** (*oggetto*) souvenir, ricordo: *ce n'est qu'un petit souvenir*, è solo un ricordino **3** (*pl.*) memorie (*f.*), ricordi.
● ***affectueux*** (o ***meilleurs***) ***souvenirs***, (*nella corrispondenza*) un affettuoso ricordo | ***en souvenir de***, in ricordo di | ***mon bon souvenir à votre mère***, mi saluti sua madre | ***rappelez-moi au bon souvenir de votre femme***, mi ricordi alla signora.

souvenir[2] *v.intr.* e *intr.impers.* [coniug. come *tenir*] (*letter.*) ricordare: *pour autant qu'il m'en souvienne*, per quanto io mi ricordi ♦ **se souvenir** *v.pron.intr.* ricordarsi: *se souvenir de qqn, de qqch*, ricordarsi di qlcu, di qlco; *je m'en souviens comme si c'était hier*, me ne ricordo come se fosse ieri.
■ *V.PRON.* SIN. se rappeler CONTR. oublier.

souvent [suvɑ̃] *avv.* **1** spesso, sovente **2** di solito: *c'est bien le plus souvent ce qui arrive*, è quello che capita di solito.
● ***plus souvent qu'à mon*** (***ton***, ***son***) ***tour***, più spesso di quanto me (te, se) lo meriti.

souvenu [suvny] *p.p.* di **souvenir**[2].

souverain [suvʀɛ̃] *agg.* **1** sovrano **2** (*estens.*) supremo ♦ *n.m.* sovrano, monarca.
● ***État souverain***, Stato sovrano | (*eccl.*) ***le souverain pontife***, il Sommo Pontefice | (*dir.*) ***tribunal souverain***, tribunale supremo.
■ *N.M.* SIN. roi.

souveraine [suvʀɛn] *n.f.* sovrana.
■ SIN. reine.

souverainement [suvʀɛnmɑ̃] *avv.* sommamente: *conférence souverainement ennuyeuse*, conferenza estremamente noiosa.

souveraineté [suvʀɛnte] *n.f.* **1** sovranità **2** (*fig.*) superiorità, sovranità.
● ***souveraineté nationale***, sovranità nazionale.

soviet [sɔvjɛt] *n.m.* (*st.*) soviet.
● ***Soviet Suprême***, Soviet Supremo.

soviétique [sɔvjetik] *agg.* e *n.m.* e *f.* sovietico/a.

soya [sɔja] *n.m.* → **soja**.

soyeux [swajø] *agg.* [f. *-euse*] di seta (*anche fig.*) ♦ *n.m.* (*a Lione*) industriale della seta.

soyons [swajɔ̃] → **être**[1].

spacieusement [spasjøzmɑ̃] *avv.* spaziosamente.

spacieux [spasjø] *agg.* [f. *-euse*] spazioso.
■ SIN. ample, vaste CONTR. petit.

spadassin [spadasɛ̃] *n.m.* **1** (*antiq.*) spadaccino **2** (*letter.*) sicario.

spaghetti [spageti] *n.m.* [pl. *-s*] (*cuc.*) spaghetto.

spamme [spam] *n.m.* (*Internet*) messaggio indesiderato o inutile, spam.

spammeur [spamœʀ] *n.m.* [f. *-euse*] (*Internet*) spammer, chi invia messaggi spam.

sparadrap [spaʀadʀa] *n.m.* cerotto.

sparklet [spaʀklɛt] *n.m.* cartuccia (*f.*) (per preparare l'acqua di selz).

sparnonien [spaʀnɔnjɛ̃] *agg.* [f. *-enne*] di Epernay.

spart, **sparte** [spaʀt] *n.m.* (*bot.*) sparto.

sparterie [spaʀtəʀi] *n.f.* oggetti (*m.pl.*) artigianali in fibre vegetali.

spartiate [spaʀsjat] *agg.* spartano ♦ *n.f.* (*solo pl.*) sandali (*m.*) alla schiava.
● ***à la spartiate***, spartanamente | (*st.*) ***les Spartiates***, gli spartani.

spasme [spasm] *n.m.* (*med.*) spasmo.

spasmodique [spasmɔdik] *agg.* spasmodico.

spath [spat] *n.m.* (*min.*) spato.
● ***spath fluor***, fluorite.

spatial [spasjal] *agg.* [pl. *-aux*] spaziale ♦ *n.m.* ciò che riguarda lo spazio (ricerca, industria, armamenti).
● ***guerres spatiales***, guerre stellari.

spatialité [spasjalite] *n.f.* spazialità.

spationaute [spasjɔnot] *n.m.* e *f.* astronauta.

spatio-temporel [spasjɔtɑ̃pɔʀɛl] *agg.* [f. *spatio-temporelle*, pl.m. *spatio-temporels*] spaziotemporale.

spatule [spatyl] *n.f.* **1** spatola **2** (*dello sci*) punta **3** (*zool.*) spatola.
● ***en spatule***, a spatola.

speaker [spikœʀ] *n.m.* (*rad., tv*) annunciatore, presentatore, speaker.

speakerine [spikʀin] *n.f.* (*rad., tv*) annunciatrice, presentatrice.

spécial [spesjal] *agg.* [pl. *-aux*] speciale; particolare; eccezionale: *c'est un cas spécial*, è un caso particolare; *il n'y a rien de spécial à faire voir*, non c'è niente di particolare da far vedere | *il est un peu spécial*, è un tipo un po' strano.
● ***autorisation spéciale***, autorizzazione, permesso speciale | ***édition spéciale***, edizione straordinaria | ***envoyé spécial***, inviato speciale | ***mesures spéciales***, misure eccezionali | ***par une faveur spéciale***, in via del tutto eccezionale.

spécialement [spesjalmɑ̃] *avv.* specialmente.
● ***pas spécialement***, non particolarmente; non proprio.

spécialisation [spesjalizasjɔ̃] *n.f.* specializzazione.

spécialisé [spesjalize] *agg.* specializzato.

spécialiser [spesjalize] *v.tr.* specializzare ♦ **se spécialiser** *v.pron.intr.* specializzarsi.

spécialiste [spesjalist] *n.m.* e *f.* **1** esperto/a; studioso/a; specialista **2** (*med.*) specialista: *spécialiste de médecine interne*, internista ♦ *agg.* specialista; specialistico.

S

spécialité [spesjalite] ***n.f.*** specialità (*anche cuc.*).
spécieusement [spesjøzmɑ̃] ***avv.*** (*letter.*) in modo specioso.
spécieux [spesjø] ***agg.*** [f. *-euse*] (*letter.*) specioso.
spécification [spesifikasjɔ̃] ***n.f.*** **1** specificazione **2** (*econ., tecn., inform.*) specifica.
spécificité [spesifisite] ***n.f.*** specificità.
spécifier [spesifje] ***v.tr.*** specificare.
spécifique [spesifik] ***agg.*** e ***n.m.*** specifico.
spécifiquement [spesifikmɑ̃] ***avv.*** specificamente.
spécimen [spesimɛn] ***n.m.*** **1** esemplare; esempio, modello **2** specimen, campione; saggio: (*numéro*) *spécimen d'une revue*, specimen di una rivista.
spectacle [spɛktakl] ***n.m.*** **1** spettacolo, rappresentazione (*f.*) **2** vista (*f.*), spettacolo.
● (*cine.*) ***spectacle permanent***, spettacolo continuato | ***à grand spectacle***, spettacolare | ***au spectacle de***, alla vista di | ***se donner***, ***s'offrir en spectacle***, dare spettacolo di sé.
spectaculaire [spɛktakylɛʀ] ***agg.*** spettacolare; spettacoloso.
spectateur [spɛktatœʀ] ***n.m.*** [f. *-trice*] spettatore: *être le spectateur de*, essere spettatore di.
spectral [spɛktʀal] ***agg.*** [pl. *-aux*] spettrale (*anche fis.*).
spectre [spɛktʀ] ***n.m.*** **1** spettro (*anche fig.*) **2** (*scient.*) spettro.
spectrographie [spɛktʀɔgʀafi] ***n.f.*** (*fis.*) spettrografia.
spectrométrie [spɛktʀɔmetʀi] ***n.f.*** (*fis.*) spettrometria.
spectroscopie [spɛktʀɔskɔpi] ***n.f.*** (*fis.*) spettroscopia.
spectroscopique [spɛktʀɔskɔpik] ***agg.*** (*fis.*) spettroscopico.
spéculaire [spekylɛʀ] ***agg.*** speculare.
spéculateur [spekylatœʀ] ***agg.*** e ***n.m.*** [f. *-trice*] **1** (*Borsa*) speculatore **2** (*fil.*) speculatore.
spéculatif [spekylatif] ***agg.*** [f. *-ive*] speculativo.
spéculation [spekylasjɔ̃] ***n.f.*** speculazione.
spéculer [spekyle] ***v.intr.*** speculare.
spéculum [spekylɔm] ***n.m.*** (*med.*) specolo.
speech [spitʃ] ***n.m.*** (*fam.*) breve discorso di circostanza.
speeder [spide] ***v.intr.*** (*fam.*) filare, andare a tutta birra: *j'ai speedé jusqu'à la maison*, sono andato a casa di corsa.
spéléo- ***pref.*** speleo-.
spéléologie [speleɔlɔʒi] ***n.f.*** speleologia.
spéléologue [speleɔlɔg] ***n.m.*** e ***f.*** speleologo/a.
spermatozoïde [spɛʀmatozɔid] ***n.m.*** spermatozoo.
sperme [spɛʀm] ***n.m.*** sperma.
spermicide [spɛʀmisid] ***agg.*** e ***n.m.*** spermicida.
sphère [sfɛʀ] ***n.f.*** **1** sfera **2** (*fig.*) sfera, ambito: *hors de la sphère familiale*, fuori dell'ambiente familiare.
● ***sphère d'attributions***, sfera di competenza.
sphéricité [sfeʀisite] ***n.f.*** sfericità.
sphérique [sfeʀik] ***agg.*** sferico.
sphéroïde [sfeʀɔid] ***n.m.*** sferoide.
sphincter [sfɛ̃ktɛʀ] ***n.m.*** (*anat.*) sfintere.
sphinx [sfɛ̃ks] ***n.m.*** sfinge (*f.*).
spi [spi] ***n.m.*** → **spinnaker**.
spinal [spinal] ***agg.*** [pl. *-aux*] spinale.
spinalien [spinaljɛ̃] ***agg.*** [f. *-enne*] di Épinal.
spinnaker [spinakɛʀ, spinɛkœʀ] ***n.m.*** (*mar.*) spinnaker.
spiral [spiʀal] ***agg.*** [pl. *-aux*] spirale.
● (***ressort***) ***spiral***, (*dell'orologio*) (molla a) spirale.
spirale [spiʀal] ***n.f.*** spirale: *les spirales de la fumée*, le volute del fumo.
● ***escalier en spirale***, scala a chiocciola.
spire [spiʀ] ***n.f.*** spira.
spirite [spiʀit] ***agg.*** spiritico ♦ ***n.m.*** e ***f.*** spiritista.
spiritisme [spiʀitism] ***n.m.*** spiritismo.
spiritual [spiʀitɥol] ***n.m.*** [pl. *-als*] spiritual.
spiritualisation [spiʀitɥalizasjɔ̃] ***n.f.*** spiritualizzazione.
spiritualiser [spiʀitɥalize] ***v.tr.*** spiritualizzare.
spiritualisme [spiʀitɥalism] ***n.m.*** spiritualismo.
spiritualiste [spiʀitɥalist] ***agg.*** spiritualistico ♦ ***n.m.*** e ***f.*** spiritualista.
spiritualité [spiʀitɥalite] ***n.f.*** spiritualità.
spirituel [spiʀitɥɛl] ***agg.*** [f. *-elle*] **1** spirituale **2** spiritoso, arguto ♦ ***n.m.*** spirituale.
● ***le*** (***pouvoir***) ***spirituel***, il potere spirituale.
spirituellement [spiʀitɥɛlmɑ̃] ***avv.*** **1** spiritualmente **2** spiritosamente, con spirito, con brio.
spiritueux [spiʀitɥø] ***n.m.*** e ***agg.*** [f. *-euse*] alcolico.
spleen [splin] ***n.m.*** (*letter.*) spleen.
splendeur [splɑ̃dœʀ] ***n.f.*** splendore (*m.*).
splendide [splɑ̃did] ***agg.*** splendido.
splendidement [splɑ̃didmɑ̃] ***avv.*** splendidamente.
splénique [splenik] ***agg.*** (*anat.*) splenico.
spoiler [spɔjlœʀ] ***n.m.*** (*aut., aer.*) spoiler.
spoliateur [spɔljatœʀ] ***agg.*** [f. *-trice*] che spoglia, che depreda ♦ ***n.m.*** depredatore, spogliatore.
spoliation [spɔljasjɔ̃] ***n.f.*** spoliazione; defraudamento (*m.*).
spolier [spɔlje] ***v.tr.*** spogliare; defraudare.
spongieux [spɔ̃ʒjø] ***agg.*** [f. *-euse*] spugnoso.
spongiosité [spɔ̃ʒjozite] ***n.f.*** spugnosità.
sponsor [spɔ̃nsɔʀ] ***n.m.*** sponsor.
sponsoring [spɔ̃sɔʀiŋ] ***n.m.*** sponsorizzazione (*f.*).
sponsoriser [spɔ̃sɔʀize] ***v.tr.*** sponsorizzare.
spontané [spɔ̃tane] ***agg.*** spontaneo.
● ***combustion spontanée***, autocombustione.
spontanéité [spɔ̃taneite] ***n.f.*** spontaneità.
spontanément [spɔ̃tanemɑ̃] ***avv.*** spontaneamente.
sporadicité [spɔʀadisite] ***n.f.*** sporadicità.
sporadique [spɔʀadik] ***agg.*** sporadico.
sporadiquement [spɔʀadikmɑ̃] ***avv.*** sporadicamente.
sporange [spɔʀɑ̃ʒ] ***n.m.*** (*bot.*) sporangio.
spore [spɔʀ] ***n.f.*** (*biol.*) spora.
sport [spɔʀ] ***n.m.*** sport ♦ ***agg.invar.*** (*fam.*) sportivo.
● ***sports d'hiver***, sport invernali; vacanze invernali | ***chaussures*** (***de***) ***sport***, scarpe da ginnastica | ***être sport***, saper perdere | ***il va y avoir du sport***, (*fam.*) ci sarà baruffa | ***terrain de sport***, campo sportivo | ***voiture*** (***de***) ***sport***, vettura sportiva.
sportif [spɔʀtif] ***agg.*** e ***n.m.*** [f. *-ive*] sportivo.
sportivement [spɔʀtivmɑ̃] ***avv.*** **1** sportivamente, lealmente **2** (*fig.*) sportivamente, con filosofia.
sportivité [spɔʀtivite] ***n.f.*** sportività.

S

spot [spɔt] *n.m.* 1 (*elettr.*) punto, spot 2 (*cine., fot.*) spot (proiettore a fascio luminoso stretto) 3 (*arredamento*) faretto 4 (*pubblicità*) spot.
● ***spot applique***, faretto da muro.

sprat [spʀat] *n.m.* (*zool.*) spratto.

spray [spʀɛ] *n.m.* 1 spray 2 (bomboletta) spray.

sprint [spʀint] *n.m.* 1 sprint, scatto finale 2 (*atletica, ciclismo*) corsa (*f.*) piana; corsa (*f.*) su breve distanza.

sprinter[1] [spʀintœʀ] *n.m.* e *f.* (*sport*) scattista, velocista.

sprinter[2] [spʀinte] *v.intr.* (*sport*) scattare.

spumeux [spymø] *agg.* [f. *-euse*] spumoso, schiumoso.

squale [skwal] *n.m.* (*zool.*) squalo.

squame [skwam] *n.f.* (*med.*) squama.

squameux [skwamø] *agg.* [f. *-euse*] squamoso.

square [skwaʀ] *n.m.* giardinetto pubblico (in mezzo a una piazza) ♦ *agg.* (*fam.*) fuori moda.

squash [skwaʃ] *n.m.* (*sport*) squash.

squat [skwat] *n.m.* 1 occupazione (*f.*) abusiva di una casa 2 (*estens.*) casa (*f.*) occupata.

squatine [skwatin] *n.m.* (*zool.*) squatina (*f.*), squadro.

squattage [skwataʒ] *n.m.* squatting, occupazione (*f.*) abusiva (di un locale, di un appartamento ecc.).

squatter[1] [skwatœʀ, skwatɛʀ] *n.m.* e *f.* (*di locale, appartamento*) occupante abusivo.

squatter[2] [skwate] **squattériser** [skwateʀize] *v.tr.* (*un locale, un appartamento*) occupare abusivamente.

squatteur [skwatœʀ] *n.m.* [f. *-euse*] squatter.

squelette [skəlɛt] *n.m.* scheletro.

squelettique [skəletik] *agg.* scheletrico.

squille [skij] *n.f.* (*zool.*) canocchia, cicala di mare.

stabilisateur [stabilizatœʀ] *n.m.* e *agg.* [f. *-trice*] stabilizzatore.

stabilisation [stabilizɑsjɔ̃] *n.f.* stabilizzazione.

stabiliser [stabilize] *v.tr.* stabilizzare ♦ **se stabiliser** *v.pron.intr.* stabilizzarsi.

stabilité [stabilite] *n.f.* stabilità.

stable [stabl] *agg.* stabile.

stade [stad] *n.m.* 1 (*sport*) stadio 2 stadio, punto: *à ce stade*, a questo punto.

stadier [stadje] *n.m.* (*in uno stadio*) steward.

stadière [stadjɛʀ] *n.f.* (*in uno stadio*) hostess.

staff[1] [staf] *n.m.* (*edil.*) tipo di stucco (per decorazioni).

staff[2] *n.m.* staff, personale.

stage [staʒ] *n.m.* 1 tirocinio, pratica (*f.*): *faire son stage chez un notaire*, fare pratica in uno studio notarile; *faire un stage dans un hôpital*, fare tirocinio in un ospedale 2 corso di formazione o di specializzazione professionale.

stagiaire [staʒjɛʀ] *agg.* e *n.m.* e *f.* tirocinante, stagista.

stagnant [stagnɑ̃] *agg.* stagnante.

stagnation [stagnasjɔ̃] *n.f.* ristagno (*m.*).

stagner [stagne] *v.intr.* (ri)stagnare (*anche fig.*).

stakhanovisme [stakanɔvism] *n.m.* stacanovismo.

stakhanoviste [stakanɔvist] *agg.* e *n.m.* e *f.* stacanovista.

stalactite [stalaktit] *n.f.* stalattite.

stalagmite [stalagmit] *n.f.* stalagmite.

stalinien [stalinjɛ̃] *agg.* e *n.m.* [f. *-enne*] staliniano, stalinista.

stalinisme [stalinism] *n.m.* stalinismo.

stalle [stal] *n.f.* 1 (*nel coro di una chiesa*) stallo (*m.*), scanno (*m.*) 2 (*nelle scuderie*) box (*m.*).

FAUX AMI
Da non confondere con *stalla*, che si traduce *étable*, *écurie*.

staminal [staminal] *agg.* [pl. *-aux*] (*bot.*) staminale.

staminé [stamine] *agg.* (*bot.*) staminifero.
● ***fleur staminée***, fiore maschile.

stance [stɑ̃s] *n.f.* (*lett.*) stanza.

FAUX AMI
Da non confondere con *stanza* nel senso di locale, che si traduce *pièce*, *chambre*.

stand [stɑ̃d] *n.m.* 1 (*nelle fiere ecc.*) stand 2 (*negli autodromi ecc.*) box, stand.
● ***stand de tir***, stand, campo di tiro al bersaglio.

standard[1] [stɑ̃daʀ] *agg.* e *n.m.* standard, modello, tipo: *le français standard*, il francese corrente.
● ***standard de vie***, tenore di vita.

standard[2] *n.m.* (*tel.*) centralino.

standardisation [stɑ̃daʀdizasjɔ̃] *n.f.* standardizzazione.

standardisé [stɑ̃daʀdize] *agg.* standardizzato.

standardiser [stɑ̃daʀdize] *v.tr.* standardizzare.

standardiste [stɑ̃daʀdist] *n.m.* e *f.* (*tel.*) centralinista.

stand-by [stɑ̃dbaj] *agg.* e *n.m.* e *f.invar.* (chi è) in lista d'attesa
● ***être, mettre en stand-by***, essere, mettere in attesa.

standing [stɑ̃diŋ] *n.m.* 1 tenore di vita 2 (*di case, di appartamenti*) livello, tipo: *appartement de grand standing*, *de bon standing*, appartamento di lusso, signorile 3 posizione (*f.*) sociale, prestigio.

staphylocoque [stafilɔkɔk] *n.m.* stafilococco.

star [staʀ] *n.f.* 1 star, stella del cinema 2 (*estens.*) star, personaggio (*m.*) di successo.

stariser [staʀize] *v.tr.* trasformare in star.

starlette [staʀlɛt] *n.f.* stellina (del cinema).

starter [staʀtɛʀ] *n.m.* 1 (*sport*) starter, giudice di partenza 2 (*aut.*) starter, dispositivo di avviamento a freddo.

stase [staz] *n.f.* (*med.*) stasi.

station [stasjɔ̃] *n.f.* 1 stazione, posizione 2 stazione, luogo (*m.*) di fermata: *station de métro*, stazione della metropolitana; *station de taxis*, posteggio di taxi 3 stazione, luogo (*m.*) di soggiorno: *station de sports d'hiver*, stazione invernale 4 osservatorio (*m.*); laboratorio (*m.*); stazione: *station météorologique*, osservatorio meteorologico, stazione meteorologica.
● (*rad.*) ***station d'émission***, stazione emittente | ***station spatiale***, stazione spaziale | (***station***) ***terminus***, capolinea.

stationnaire [stasjɔnɛʀ] *agg.* stazionario.

stationnement [stasjɔnmɑ̃] *n.m.* sosta (*f.*), stazionamento.
● ***stationnement interdit***, divieto di sosta | ***stationnement unilatéral***, sosta permessa su un lato solo (della strada) | ***aire de stationnement***, area di parcheggio | ***parc de stationnement gardé***, parcheggio custodito.

stationner [stasjɔne] *v.intr.* 1 sostare, stazionare 2 (*mil.*) essere di stanza.
● ***être stationné***, essere in sosta; (*mil.*) di stanza.

station-service [stasjɔ̃sɛʀvis] *n.f.* [pl. *stations-service*] area, stazione di servizio.

statique [statik] *agg.* statico ♦ *n.f.* (*fis.*) statica.

statisticien [statistisjɛ̃] *n.m.* [f. *-enne*] statistico, studioso di statistica.

S

statistique [statistik] ***agg.*** statistico ♦ ***n.f.*** statistica.
statuaire [statɥɛʀ] ***agg.*** statuario ♦ ***n.m.*** e ***f.*** scultore/trice (di statue) ♦ ***n.f.*** statuaria.
statue [staty] ***n.f.*** statua.
statuer [statɥe] ***v.tr.*** statuire, decretare: *statuer une enquête*, decretare, ordinare un'inchiesta ♦ ***v.intr.*** deliberare.
statuette [statɥɛt] ***n.f.*** statuetta, statuina.
statufier [statyfje] ***v.tr.*** **1** (*fam.*) innalzare una statua (a) **2** (*fig.*) pietrificare.
statural [statyʀal] ***agg.*** [pl. *-aux*] staturale.
stature [statyʀ] ***n.f.*** statura (*anche fig.*).
statut [staty] ***n.m.*** **1** statuto, regolamento **2** (*pl.*) (*di società*) statuto (*sing.*) **3** condizione (*f.*), posizione (*f.*): *le statut de la femme dans la société*, la posizione della donna nella società.
statutaire [statytɛʀ] ***agg.*** (*dir.*) statutario.
statutairement [statytɛʀmɑ̃] ***avv.*** in conformità con lo statuto.
steak [stɛk] ***n.m.*** bistecca (*f.*).
● ***steak frites***, bistecca con patatine fritte | ***steak haché***, hamburger, svizzera.
steamer [stimœʀ] ***n.m.*** nave (*f.*) a vapore.
stéatite [steatit] ***n.f.*** (*min.*) steatite.
steeple [stipl] **steeple-chase** [stipəlʃɛz] [pl. *steeple -chases*] ***n.m.*** **1** (*ippica*) steeple-chase **2** (*atletica*) corsa (*f.*) a ostacoli.
stégosaure [stegɔsɔʀ] ***n.m.*** (*paleont.*) stegosauro.
stèle [stɛl] ***n.f.*** stele.

FAUX AMI
Da non confondere con *stelo*, che si traduce *tige*, né con *stella*, che si traduce *étoile*.

stellaire [stelɛʀ] ***agg.*** stellare ♦ ***n.f.*** (*bot.*) stellaria.
stencil [stɛnsil] ***n.m.*** matrice (*f.*) per ciclostile.
stendhalien [stɛ̃daljɛ̃] ***agg.*** [f. *-enne*] stendhaliano.

NOTA Da *Stendhal*, pseudonimo dello scrittore francese Henry Beyle (1783-1842), autore dei celebri romanzi *Le rouge et le noir* (Il rosso e il nero, 1830) e *La chartreuse de Parme* (La certosa di Parma, 1839).

sténo[1] [steno] ***n.m.*** e ***f.*** abbr. di **sténographe**.
sténo[2] ***n.f.*** abbr. di **sténographie**.
sténodactylo [stenɔdaktilo] ***n.m.*** e ***f.*** stenodattilografo/a.
sténodactylographie [stenɔdaktilɔgʀafi] ***n.f.*** stenodattilografia.
sténographe [stenɔgʀaf] ***n.m.*** e ***f.*** stenografo/a.
sténographie [stenɔgʀafi] ***n.f.*** stenografia.
sténographier [stenɔgʀafje] ***v.tr.*** stenografare.
sténographique [stenɔgʀafik] ***agg.*** stenografico.
sténose [stenoz] ***n.f.*** (*med.*) stenosi.
sténotypie [stenɔtipi] ***n.f.*** stenotipia.
stentor [stɑ̃tɔʀ] ***n.m.*** (*zool.*) stentor.
● ***voix de stentor***, voce stentorea.
stéphanois [stefanwa] ***agg.*** di Saint-Étienne.
steppe [stɛp] ***n.f.*** steppa.
steppique [stepik] ***agg.*** **1** stepposo **2** steppico.
stère [stɛʀ] ***n.m.*** stero.
stéréo [steʀeo] ***agg.*** (*abbr. di* stéréophonique) stereo, stereofonico ♦ ***n.f.*** (*abbr. di* stéréophonie) stereofonia.
stéréo- ***pref.*** stereo-.
stéréométrie [steʀeɔmetʀi] ***n.f.*** stereometria.
stéréophonie [steʀeɔfɔni] ***n.f.*** stereofonia.
stéréophonique [steʀeɔfɔnik] ***agg.*** stereofonico.
stéréoscope [steʀeɔskɔp] ***n.m.*** (*fis.*) stereoscopio.
stéréoscopie [steʀeɔskɔpi] ***n.f.*** stereoscopia.
stéréoscopique [steʀeɔskɔpik] ***agg.*** stereoscopico.
stéréotomie [steʀeɔtɔmi] ***n.f.*** (*mat.*) stereotomia.
stéréotype [steʀeɔtip] ***agg.*** e ***n.m.*** stereotipo.
stéréotypé [steʀeɔtipe] ***agg.*** stereotipato.
stéréotyper [steʀeɔtipe] ***v.tr.*** **1** (*tip.*) stereotipare **2** (*fig.*) rendere stereotipato.
stéréotypie [steʀeɔtipi] ***n.f.*** stereotipia.
stérile [steʀil] ***agg.*** sterile.
■ SIN. aride; infécond CONTR. fertile; fécond.
stérilement [steʀilmɑ̃] ***avv.*** sterilmente.
stérilet [steʀilɛ] ***n.m.*** (*med.*) spirale (*f.*) (intrauterina).
stérilisant [steʀilizɑ̃] ***n.m.*** (*med.*) sterilizzante.
stérilisateur [steʀilizatœʀ] ***n.m.*** (*apparecchio*) sterilizzatore.
stérilisation [steʀilizasjɔ̃] ***n.f.*** sterilizzazione.
stérilisé [steʀilize] ***agg.*** sterilizzato.
stériliser [steʀilize] ***v.tr.*** **1** rendere sterile **2** (*med.*) sterilizzare.
stérilité [steʀilite] ***n.f.*** sterilità.
sterling [stɛʀliŋ] ***agg.*** e ***n.m.invar.***
● ***livre sterling***, (lira) sterlina.
sterne [stɛʀn] ***n.f.*** (*zool.*) sterna.
sternum [stɛʀnɔm] ***n.m.*** (*anat.*) sterno.
sternutatoire [stɛʀnytatwaʀ] ***agg.*** starnutatorio.
stéroïde [steʀɔid] ***agg.*** (*chim.*) steroideo ♦ ***n.m.*** (*chim.*) steroide.
● ***hormone stéroïde***, ormone steroideo.
stéthoscope [stetɔskɔp] ***n.m.*** (*med.*) stetoscopio.
steupo [støpo] ***n.m.*** (*verlan di* poste) **1** commissariato **2** autoradio (*f.*).
steward [stiwaʀt] ***n.m.*** **1** (*sugli aerei*) steward, assistente di volo **2** (*sulle navi*) steward, assistente di bordo.
stick [stik] ***n.m.*** **1** canna (*f.*); frustino **2** (*sport*) bastone, mazza (*f.*) (per hockey) **3** (*mil.*) pattuglia (*f.*) di paracadutisti **4** (*cosmetica*) stick.
sticker [stikœʀ] ***n.m.*** autoadesivo, sticker.
stigmate [stigmat] ***n.m.*** **1** stigma, marchio **2** (*bot., zool.*) stigma **3** (*pl.*) (*relig.*) stimmate (*f.*).
stigmatiser [stigmatize] ***v.tr.*** stigmatizzare.
stilligoutte [stiligut] ***n.m.*** (*med.*) contagocce.
stimulant [stimylɑ̃] ***agg.*** e ***n.m.*** stimolante.
stimulateur [stimylatœʀ] ***n.m.*** (*med.*) stimolatore: *stimulateur cardiaque*, stimolatore cardiaco, pacemaker.
stimulation [stimylasjɔ̃] ***n.f.*** stimolo (*m.*), stimolazione.
● (*econ.*) ***stimulation des ventes***, incentivazione delle vendite.
stimuler [stimyle] ***v.tr.*** **1** stimolare **2** incentivare.
stimulus [stimylys] ***n.m.*** stimolo.
stipe [stip] ***n.m.*** (*bot.*) stipite.
stipendier [stipɑ̃dje] ***v.tr.*** assoldare, prezzolare.
stipulation [stipylasjɔ̃] ***n.f.*** (*dir.*) clausola contrattuale; patto (*m.*).
stipuler [stipyle] ***v.tr.*** **1** stipulare, pattuire **2** specificare, precisare.

S

stock [stɔk] *n.m.* 1 stock, scorte (*f.pl.*), giacenze (*f.pl.*): *garder en stock*, tenere in magazzino 2 (*estens.*) stock, scorta (*f.*).
stockage [stɔkaʒ] *n.m.* 1 (*comm.*) stoccaggio, immagazzinamento 2 (*inform.*) immagazzinamento.
stocker [stɔke] *v.tr.* 1 (*comm.*) (*scorte*) immagazzinare, mettere in magazzino 2 (*estens.*) ammassare 3 (*inform.*) salvare.
stockfish [stɔkfiʃ] *n.m.* stoccafisso.
stockiste [stɔkist] *n.m.* 1 stockista, depositario delle merci di un fabbricante 2 concessionario (di pezzi di ricambio di un costruttore).
stoïcien [stɔisjɛ̃] *agg.* e *n.m.* [f. *-enne*] (*fil.*) stoico (*anche estens.*).
stoïcisme [stɔisism] *n.m.* (*fil.*) stoicismo (*anche estens.*).
stoïque [stɔik] *agg.* e *n.m.* e *f.* (*fil.*) stoico/a (*anche estens.*).
stoïquement [stɔikmɑ̃] *avv.* (*fil.*) stoicamente (*anche estens.*).
stomacal [stɔmakal] *agg.* [pl. *-aux*] stomacale.
stomachique [stɔmaʃik] *agg.* e *n.m.* (*med.*) stomachico.
stomatite [stɔmatit] *n.f.* (*med.*) stomatite.
stomato [stɔmato] *n.m.* (*fam.*) abbr. di **stomatologiste**.
stomatologie [stɔmatɔlɔʒi] *n.f.* (*med.*) stomatologia.
stomatologiste [stɔmatɔlɔʒist] **stomatologue** [stɔmatɔlɔg] *n.m.* e *f.* (*med.*) stomatologo/a.
stop [stɔp] *inter.* stop, alt ♦ *n.m.* 1 stop 2 (*fam.*) autostop: *faire du stop*, fare l'autostop.
stoppage [stɔpaʒ] *n.m.* 1 (*cucito*) rammendo invisibile 2 (*sport*) stoppata (*f.*).
stopper[1] [stɔpe] *v.tr.* rammendare, fare un rammendo invisibile (**a**, **su**).
stopper[2] *v.tr.* fermare, bloccare ♦ *v.intr.* arrestarsi.
stoppeur[1] [stɔpœʀ] *n.m.* [f. *-euse*] rammendatore (che esegue rammendi invisibili).
stoppeur[2] *n.m.* [f. *-euse*] (*fam.*) autostoppista.
stoppeur[3] *n.m.* (*calcio*) stopper.
store [stɔʀ] *n.m.* 1 tenda (*f.*) (di tessuto o di stuoia); tendone 2 tapparella (*f.*), avvolgibile.
● ***stores vénitiens***, (tende) veneziane.
storiste [stɔʀist] *n.m.* e *f.* tapparellista.
strabique [stʀabik] *agg.* e *n.m.* e *f.* strabico/a.
strabisme [stʀabism] *n.m.* strabismo.
stradivarius [stʀadivaʀjys] *n.m.invar.* (*mus.*) stradivario.
stramoine [stʀamwan] *n.f.* (*bot.*) stramonio (*m.*).
strangulation [stʀɑ̃gylasjɔ̃] *n.f.* strangolamento (*m.*).
strapontin [stʀapɔ̃tɛ̃] *n.m.* 1 strapuntino 2 (*fig.*) posizione (*f.*) di secondo piano, funzione (*f.*) secondaria: *on lui a offert un strapontin au conseil*, gli hanno offerto un ruolo secondario in consiglio.
strasbourgeois [stʀasbuʀʒwa] *agg.* di Strasburgo.
Strasbourgeois *n.m.* abitante di Strasburgo.
strass [stʀas] *n.m.* 1 strass 2 (*fig.*) falso luccichio; orpello.
stratagème [stʀataʒɛm] *n.m.* stratagemma, astuzia (*f.*), espediente.
strate [stʀat] *n.f.* (*geol.*) strato (*m.*).
stratège [stʀatɛʒ] *n.m.* stratega.
stratégie [stʀateʒi] *n.f.* strategia.
stratégique [stʀateʒik] *agg.* strategico.
stratégiquement [stʀateʒikmɑ̃] *avv.* strategicamente.
stratif [stʀatif] *n.m.* (*Africa*) funzionario pubblico; burocrate.
stratification [stʀatifikasjɔ̃] *n.f.* stratificazione.
stratifié [stʀatifje] *agg.* 1 stratificato, disposto a strati 2 (*tecn.*) laminato ♦ *n.m.* laminato plastico.
stratifier [stʀatifje] *v.tr.* stratificare.
stratigraphie [stʀatigʀafi] *n.f.* stratigrafia.
strato-cumulus [stʀatɔkymylys] *n.m.invar.* (*meteor.*) stratocumulo.
stratosphère [stʀatɔsfɛʀ] *n.f.* stratosfera.
stratosphérique [stʀatɔsfeʀik] *agg.* stratosferico.
stratus [stʀatys] *n.m.* (*meteor.*) strato.
streptocoque [stʀɛptɔkɔk] *n.m.* (*biol.*) streptococco.
streptomycine [stʀɛptɔmisin] *n.f.* (*biochim.*) streptomicina.
stress [stʀɛs] *n.m.* stress.
stressant [stʀɛsɑ̃] *agg.* stressante.
stressé [stʀɛse] *agg.* stressato.
stresser [stʀɛse] *v.tr.* stressare.
stretch [stʀɛtʃ] *agg.invar.* stretch, elasticizzato ♦ *n.m.invar.* tessuto stretch, tessuto elasticizzato.
stretching [stʀɛtʃiŋ] *n.m.* stretching.
strict [stʀikt] *agg.* 1 stretto, rigoroso: *stricte observation du règlement*, stretta, rigorosa osservanza del regolamento 2 severo: *un professeur très strict*, un professore molto severo 3 scrupoloso: *il est strict en affaires*, è scrupoloso negli affari 4 sobrio.
● ***la stricte vérité***, la pura verità.
strictement [stʀiktəmɑ̃] *avv.* rigorosamente, strettamente.
striction [stʀiksjɔ̃] *n.f.* (*med.*) stenosi.
stridence [stʀidɑ̃s] *n.f.* (*letter.*) stridore (*m.*).
strident [stʀidɑ̃] *agg.* stridente, stridulo.
stridulation [stʀidylasjɔ̃] *n.f.* stridulazione.
strie [stʀi] *n.f.* 1 (*anat.*) stria 2 (*arch.*) (*di colonna*) stria, scanalatura 3 (*geol.*) striatura.
strié [stʀije] *agg.* 1 striato, rigato 2 (*scient.*) striato 3 (*arch.*) scanalato.
strier [stʀije] *v.tr.* striare.
string [stʀiŋ] *n.m.* (*abbigl.*) tanga.
strip-tease [stʀiptiz] *n.m.* [pl. *strip-teases*] spogliarello, strip-tease.
strip-teaseur [stʀiptizœʀ] *n.m.* [f. *strip-teaseuse*; pl.m. *strip-teaseurs*] spogliarellista.
striure [stʀijyʀ] *n.f.* stria; striatura.
stroboscope [stʀɔbɔskɔp] *n.m.* (*fis.*) stroboscopio.
strontium [stʀɔ̃sjɔm] *n.m.* (*chim.*) stronzio.
strophe [stʀɔf] *n.f.* strofa, strofe.
structural [stʀyktyʀal] *agg.* [pl. *-aux*] strutturale.
structuralisme [stʀyktyʀalism] *n.m.* (*ling.*) strutturalismo.
structuraliste [stʀyktyʀalist] *agg.* strutturalistico ♦ *n.m.* e *f.* strutturalista.
structurant [stʀyktyʀɑ̃] *agg.* strutturante; che determina una struttura.
structuration [stʀyktyʀasjɔ̃] *n.f.* strutturazione.

S

structure [stRyktyR] *n.f.* struttura.
● (*edil.*) ***structure à câbles***, tensostruttura | ***structures d'accueil***, centri d'accoglienza | (*biol.*) ***gène de structure***, gene strutturale.
structuré [stRyktyRe] *agg.* strutturato.
structurel [stRyktyRɛl] *agg.* [f. *-elle*] strutturale.
● (*econ., pol.*) ***chômage structurel***, disoccupazione endemica.
structurellement [stRyktyRɛlmɑ̃] *avv.* strutturalmente.
structurer [stRyktyRe] *v.tr.* strutturare.
strychnine [stRiknin] *n.f.* (*biochim.*) stricnina.
stuc [styk] *n.m.* stucco.
stucage [stykaʒ] *n.m.* stuccatura (*f.*).
stucateur [stykatœR] *n.m.* stuccatore.
studette [stydɛt] *n.f.* (piccolo) monolocale (*m.*).
studieusement [stydjøzmɑ̃] *avv.* con diligenza, con cura.
studieux [stydjø] *agg.* [f. *-euse*] **1** studioso, amante dello studio **2** consacrato allo studio: *une journée studieuse*, una giornata di studio; *des vacances studieuses*, vacanze di studio, dedicate allo studio.
studio [stydio] *n.m.* **1** monolocale; miniappartamento **2** (*cine., tv.*) studio, teatro di posa.
● ***studio (d'art et d'essai)***, cinema d'essai | ***studio d'enregistrement***, sala di registrazione.
stup [styp] *n.m.* (*fam.*) (*abbr. di* stupéfiant) stupefacente.
● ***brigade des stups***, nucleo antidroga.
stupéfaction [stypefaksjɔ̃] *n.f.* stupefazione, stupore (*m.*).
stupéfait [stypefɛ] *agg.* stupefatto, sbalordito: *je suis stupéfait d'apprendre que*, sono sbalordito nell'apprendere che.
stupéfiant [stypefjɑ̃] *agg.* **1** stupefacente, sbalorditivo **2** (*di sostanza*) stupefacente ♦ *n.m.* (*sostanza*) stupefacente.
stupéfier [stypefje] *v.tr.* stupefare, sbalordire.
stupeur [stypœR] *n.f.* **1** stupore (*m.*), sbalordimento (*m.*) **2** (*med.*) stupore (*m.*).
stupide [stypid] *agg.* e *n.m.* e *f.* stupido/a.
■ AGG. SIN. abruti, sot CONTR. intelligent.
stupidement [stypidmɑ̃] *avv.* stupidamente.
stupidité [stypidite] *n.f.* stupidità, stupidaggine.
■ SIN. bêtise.
stupre [stypR] *n.m.* (*letter.*) lussuria (*f.*).
stuquer [styke] *v.tr.* stuccare.
● (*arte*) ***plafond stuqué***, soffitto a stucco.
style [stil] *n.m.* **1** stile: *manquer de style*, non avere stile **2** (*archeol.*) stilo **3** (*ago della meridiana*) stilo **4** (*bot.*) stilo.
● ***dans le style de***, (in) stile | ***de grand style***, in grande stile | ***meubles de style***, mobili in stile.
stylé [stile] *agg.* che ha stile: *un maître d'hôtel stylé*, un maggiordomo impeccabile.
stylet [stilɛ] *n.m.* **1** stiletto **2** (*del chirurgo*) specillo **3** (*zool.*) rostro.
stylisation [stilizasjɔ̃] *n.f.* stilizzazione.
stylisé [stilize] *agg.* stilizzato.
styliser [stilize] *v.tr.* stilizzare.
styliste [stilist] *n.m.* e *f.* stilista; designer.
stylistique [stilistik] *agg.* stilistico ♦ *n.f.* stilistica.
stylo [stilo] *n.m.* stilografica (*f.*).
● ***stylo à bille***, penna a sfera, biro.
stylobate [stilɔbat] *n.m.* (*arch.*) stilobate.
stylobille [stilobji] *n.m.* penna (*f.*) a sfera, biro (*f.*).
stylo-feutre [stilofødR] *n.m.* [pl. *stylos-feutres*] pennarello (a punta fine).
stylomine® [stilɔmin] *n.f.* (*matita*) portamina (*m.*).
styrax [stiRaks] *n.m.* (*bot.*) storace.
su [sy] *p.p.* di **savoir**[1] ♦ *agg.* saputo.
● ***(au vu et) au su de tout le monde***, come tutti sanno.
suaire [sɥɛR] *n.m.* sudario.
● (*relig.*) ***Saint Suaire***, Sacra Sindone.
suant [sɥɑ̃] *agg.* (*fam.*) scocciante.
suave [sɥav] *agg.* soave.
suavement [sɥavmɑ̃] *avv.* soavemente.
suavité [sɥavite] *n.f.* soavità.
sub- *pref.* sub-, sotto-.
subaigu [sybegy] *agg.* [f. *-guë*] (*med.*) subacuto.
subalpin [sybalpɛ̃] *agg.* subalpino.
subalterne [sybaltɛRn] *agg.* **1** subalterno **2** (*estens.*) di secondo piano, secondario ♦ *n.m.* e *f.* subalterno/a.
subconscient [sybkɔ̃sjɑ̃] *agg.* e *n.m.* subcosciente, subconscio.
subdiviser [sybdivize] *v.tr.* suddividere.
subdivision [sybdivizjɔ̃] *n.f.* **1** suddivisione **2** (*mil., pol.*) circoscrizione, distretto (*m.*).
subéreux [syberø] *agg.* [f. *-euse*] sugheroso.
subir [sybiR] *v.tr.* **1** subire **2** sopportare: *subir avec patience*, sopportare con pazienza; *je l'ai subi toute la soirée*, (*fam.*) me lo sono sorbito tutta la sera **3** (*esami*) sostenere.
■ SIN. **2** endurer.
subit [sybi] *agg.* improvviso, subitaneo, istantaneo: *changement subit*, cambiamento repentino.
subitement [sybitmɑ̃] *avv.* improvvisamente, all'improvviso, tutto a un tratto.
subito [sybito] *avv.* (*fam.*) improvvisamente.
● ***subito presto***, seduta stante.
subjectif [sybʒɛktif] *agg.* [f. *-ive*] soggettivo.
subjectivement [sybʒɛktivmɑ̃] *avv.* soggettivamente.
subjectivisme [sybʒɛktivism] *n.m.* soggettivismo.
subjectivité [sybʒɛktivite] *n.f.* soggettività.
subjonctif [sybʒɔ̃ktif] *n.m.* e *agg.* [f. *-ive*] (*gramm.*) congiuntivo.
subjuguer [sybʒyge] *v.tr.* soggiogare.
sublimation [syblimasjɔ̃] *n.f.* sublimazione.
sublime [syblim] *agg.* e *n.m.* sublime.
sublimé [syblime] *n.m.* sublimato.
sublimer [syblime] *v.tr.* sublimare.
subliminaire [sybliminɛR] **subliminal** [sybliminal] [pl. *-aux*] *agg.* (*psic.*) subliminale.
sublimité [syblimite] *n.f.* sublimità.
sublingual [syblɛ̃gwal] *agg.* [pl. *-aux*] (*med.*) sublinguale.
submerger [sybmɛRʒe] *v.tr.* [coniug. come *manger*] **1** sommergere (*anche fig.*) **2** (*fig.*) sopraffare.
submersible [sybmɛRsibl] *agg.* subacqueo ♦ *n.m.* sommergibile.
submersion [sybmɛRsjɔ̃] *n.f.* (*letter.*) sommersione.
subnormal [sybnɔRmal] *agg.* [pl. *-aux*] subnormale.

S

subodorer [sybɔdɔʀe] ***v.tr.*** **1** (*fig.*) subodorare **2** (*antiq.*) fiutare.
subordination [sybɔʀdinasjɔ̃] ***n.f.*** subordinazione.
subordonné [sybɔʀdɔne] ***agg.*** e ***n.m.*** subordinato, dipendente.
subordonnée [sybɔʀdɔne] ***n.f.*** (*gramm.*) subordinata, dipendente.
subordonner [sybɔʀdɔne] ***v.tr.*** subordinare.
subornation [sybɔʀnasjɔ̃] ***n.f.*** subornazione.
suborner [sybɔʀne] ***v.tr.*** subornare.
suborneur [sybɔʀnœʀ] ***agg.*** e ***n.m.*** [f. *-euse*] corruttore, subornatore.
subreptice [sybʀɛptis] ***agg.*** **1** (*dir.*) surrettizio **2** furtivo.
subrepticement [sybʀɛptismɑ̃] ***avv.*** furtivamente; impercettibilmente.
subrogation [sybʀɔgasjɔ̃] ***n.f.*** (*dir.*) surrogazione, surroga.
subrogatoire [sybʀɔgatwaʀ] ***agg.*** (*dir.*) surrogatorio.
subrogé [sybʀɔʒe] ***agg.*** (*dir.*) sostituto.
subroger [sybʀɔʒe] ***v.tr.*** [coniug. come *manger*] (*dir.*) surrogare.
subséquemment [sypsekamɑ̃] ***avv.*** susseguentemente.
subséquent [sypsekɑ̃] ***agg.*** susseguente.
subside [sypsid] ***n.m.*** sussidio; (*Belgio*) finanziamento.
subsidiaire [syps(bz)idjɛʀ] ***agg.*** sussidiario.
● ***question subsidiaire***, (*fra concorrenti*) domanda di spareggio.
subsistance [subzistɑ̃s] ***n.f.*** sostentamento (*m.*).
● (*mil.*) ***service des subsistances***, sussistenza militare.
subsister [sybziste] ***v.intr.*** **1** permanere, rimanere, sussistere **2** vivere, sostentarsi: *travailler pour subsister*, lavorare per guadagnarsi da vivere.
substance [sypstɑ̃s] ***n.f.*** sostanza (*anche fig.*): *voici la substance de son discours*, ecco il succo del suo discorso.
substantiel [sypstɑ̃sjɛl] ***agg.*** [f. *-elle*] **1** sostanziale, essenziale: *cela vous donnera des avantages substantiels*, ciò vi darà notevoli vantaggi **2** sostanzioso.
substantif [sypstɑ̃tif] ***n.m.*** e ***agg.*** [f. *-ive*] (*gramm.*) sostantivo.
substantifique [sypstɑ̃tifik] ***agg.***
● ***substantifique moelle***, essenzialità, significato profondo di un testo.
substantiver [sypstɑ̃tive] ***v.tr.*** (*ling.*) sostantivare.
substituer [sypstitɥe] ***v.tr.*** sostituire ♦ **se substituer** ***v.pron.*** sostituirsi.
substitut [sypstity] ***n.m.*** sostituto.
● ***substitut de repas***, sostitutivo di un pasto | (*dir.*) ***substitut du procureur de la République***, sostituto procuratore della Repubblica.
substitutif [sypstitytif] ***agg.*** [f. *-ive*] sostitutivo (*anche med.*).
substitution [sypstitysjɔ̃] ***n.f.*** sostituzione.
substrat [sypstʀa] **substratum** [sypstʀatɔm] ***n.m.*** (*scient.*) sostrato, substrato (*anche estens.*).
subterfuge [syptɛʀfyʒ] ***n.m.*** sotterfugio: *user de subterfuges*, ricorrere a sotterfugi.
subtil [syptil] ***agg.*** acuto, sottile; ingegnoso.
subtilement [syptilmɑ̃] ***avv.*** sottilmente; ingegnosamente.
subtilisation [syptilizasjɔ̃] ***n.f.*** **1** trafugamento (*m.*) **2** (*letter.*) il sottilizzare (*m.*); cavillosità.
subtiliser [syptilize] ***v.tr.*** portare via, fare sparire; rubare ♦ ***v.intr.*** (*letter.*) sottilizzare; cavillare.
subtilité [syptilite] ***n.f.*** **1** sottigliezza, finezza **2** (*fig.*) sottigliezza.
subtropical [sybtʀɔpikal] ***agg.*** [pl. *-aux*] subtropicale.
suburbain [sybyʀbɛ̃] ***agg.*** suburbano.
subvenir [sybvəniʀ] ***v.intr.*** [coniug. come *venir*] sovvenire; provvedere.
subvention [sybvɑ̃sjɔ̃] ***n.f.*** sovvenzione, sussidio (*m.*).
subventionner [sybvɑ̃sjɔne] ***v.tr.*** sovvenzionare.
subvenu [sybvəny] *p.p.* di **subvenir**.
subversif [sybvɛʀsif] ***agg.*** [f. *-ive*] sovversivo, eversivo.
subversion [sybvɛʀsjɔ̃] ***n.f.*** sovversione, sovvertimento (*m.*).
subvertir [sybvɛʀtiʀ] ***v.tr.*** (*letter.*) sovvertire.
suc [syk] ***n.m.*** **1** succo (*anche fig.*) **2** (*med., biol.*) succo.
succédané [syksedane] ***n.m.*** succedaneo, surrogato.
■ SIN. substitut.
succéder [syksede] ***v.intr.*** [coniug. come *céder*] succedere, subentrare (*anche fig.*): *il a succédé à son père*, è succeduto al padre ♦ **se succéder** ***v.pron.rec.*** succedersi; avvicendarsi; susseguirsi: *les événements se sont succédé rapidement*, gli avvenimenti si sono susseguiti rapidamente.

NOTA L'accordo del verbo ***se succéder*** nei tempi composti è spesso fonte di esitazioni. È corretto scrivere: *les rois, les années, les règnes se sont* ***succédé***, senza **s**, perché qui il pronome *se* è complemento indiretto del verbo (il re succede a un altro re, l'anno a un altro anno ecc.).

succès [syksɛ] ***n.m.*** successo, riuscita (*f.*): *un demi-succès*, un modesto successo.
● ***à succès***, di successo: *écrivain à succès*, scrittore di successo | ***avoir du succès***, avere successo.
successeur [syksesœʀ] ***n.m.*** successore.
■ CONTR. prédécesseur.
successif [syksesif] ***agg.*** [f. *-ive*] **1** successivo **2** (*dir.*) successorio, di successione.
succession [syksesjɔ̃] ***n.f.*** **1** successione; il susseguirsi (*m.*), il succedersi (*m.*) **2** (*dir.*) successione.
● (*dir.*) ***droits de succession***, tassa di successione.
successivement [syksesivmɑ̃] ***avv.*** successivamente.
successoral [syksesɔʀal] ***agg.*** [pl. *-aux*] (*dir.*) successorio.
succinct [syksɛ̃] ***agg.*** succinto.
■ SIN. court; sommaire CONTR. prolixe.
succinctement [syksɛ̃tmɑ̃] ***avv.*** succintamente; brevemente, in modo succinto.
succion [syksjɔ̃] ***n.f.*** **1** suzione **2** aspirazione.
succomber [sykɔ̃be] ***v.intr.*** **1** soccombere | *le malade a succombé*, il malato è deceduto **2** cedere: *succomber à la tentation*, cedere alla tentazione.
succube [sykyb] ***n.m.*** (*demone*) succube, succubo.
succulence [sykylɑ̃s] ***n.f.*** succulenza.
succulent [sykylɑ̃] ***agg.*** succulento, gustoso.
succursale [sykyʀsal] ***agg.*** e ***n.f.*** succursale.
● ***succursales de banques***, filiali bancarie.
succursalisme [sykyʀsalism] ***n.m.*** (*comm.*) commercializzazione (*f.*) attraverso una fitta rete di succursali.
sucement [sysmɑ̃] ***n.m.*** succhiamento; suzione (*f.*).

sucer [syse] ***v.tr.*** [coniug. come *placer*] succhiare: *pastilles à sucer lentement*, pastiglie da sciogliere lentamente in bocca.

sucette [sysɛt] ***n.f.*** **1** lecca lecca (*m.*) **2** succhiotto (*m.*).

suceur [sysœʀ] ***agg.*** [f. *-euse*] succhiatore ♦ ***n.m.*** aspiratore.

suçoir [syswaʀ] ***n.m.*** **1** (*zool.*) succhiatoio **2** (*bot.*) pollone, succhione.

suçon [sysɔ̃] ***n.m.*** (*fam.*) succhiotto (sulla pelle).

suçoter [sysɔte] ***v.tr.*** succhiare lentamente.

sucrage [sykʀaʒ] ***n.m.*** (*di mosti, vini*) zuccheraggio.

sucre [sykʀ] ***n.m.*** **1** zucchero: *morceau de sucre*, zolletta di zucchero **2** (*pl.*) (*Canada*) raccolta (*f.sing.*) della linfa dell'acero **3** (*chim.*) glucide.
● ***sucre en morceaux***, zucchero in zollette | ***sucre semoule, en poudre***, zucchero semolato, in polvere | ***casser du sucre sur le dos de qqn***, tagliare i panni addosso a qlcu.

sucré [sykʀe] ***agg.*** **1** zuccherato; dolce **2** (*fig. spreg.*) zuccheroso, sdolcinato ♦ ***n.m.*** dolce: *le sucré et le salé*, il dolce e il salato.
● ***faire la sucrée***, (*fam.*) fare la smorfiosa.

sucrer [sykʀe] ***v.tr.*** **1** zuccherare **2** (*fig.*) sopprimere ♦ **se sucrer** ***v.pron.intr.*** **1** servirsi di zucchero **2** (*fam.*) fare la parte del leone, trattarsi bene.
● ***sucrer les fraises***, (*argot*) avere la mano che trema | ***se faire sucrer le permis de conduire***, (*fam.*) farsi ritirare la patente.

sucrerie [sykʀəʀi] ***n.f.*** **1** zuccherificio (*m.*) **2** (*pl.*) dolciumi (*m.*).

sucrette® [sykʀɛt] ***n.f.*** dolcificante (*m.*) (in compresse).

sucrier [sykʀije] ***agg.*** [f. *-ère*] zuccheriero, saccarifero: *industrie sucrière*, industria zuccheriera, saccarifera ♦ ***n.m.*** **1** produttore di zucchero **2** zuccheriera (*f.*).

sud [syd] ***n.m.invar.*** **1** sud: *exposé au sud*, esposto a sud **2** (*geogr.*) *Sud*, sud, meridione ♦ ***agg.invar.*** meridionale, (del) sud.
● ***au sud de***, a sud di.

sud-africain [sydafʀikɛ̃] ***agg.*** [f. *sud-africaine*, pl.m. *sud-africains*] sudafricano.

Sud-Africain ***n.m.*** [f. *Sud-Africaine*, pl.m. *Sud-Africains*] (*abitante*) sudafricano.

S

sud-américain [sydameʀikɛ̃] ***agg.*** [f. *sud-américaine*, pl.m. *sud-américains*] sudamericano.

Sud-Américain ***n.m.*** [f. *Sud-Américaine*, pl.m. *Sud-Américains*] (*abitante*) sudamericano.

sudation [sydasjɔ̃] ***n.f.*** **1** (*med.*) sudorazione, traspirazione **2** (*bot.*) traspirazione.

sud-est [sydɛst] ***n.m.invar.*** **1** sud-est **2** vento di sud-est, scirocco ♦ ***agg.invar.*** di sud-est, sudorientale.

sudiste [sydist] ***n.m.*** e ***f.*** (*st.*) sudista.

sudokiste [sydokist] ***n.m.*** e ***f.*** sudokista, appassionato/a di sudoku.

sudorifique [sydɔʀifik] ***agg.*** (*anat.*) sudorifero, sudorifico ♦ ***n.m.*** (*med.*) sudorifero.

sudoripare [sydɔʀipaʀ] ***agg.*** sudoriparo.

sud-ouest [sydwest] ***n.m.invar.*** **1** sud-ovest **2** vento di sud-ovest, libeccio ♦ ***agg.invar.*** di sud-ovest, sudoccidentale.

suède [sɥɛd] ***n.m.*** pelle (*f.*) scamosciata (per guanti).

suédé [sɥede] ***agg.*** scamosciato.

suédois [sɥedwa] ***agg.*** svedese ♦ ***n.m.*** (*lingua*) svedese.

Suédois ***n.m.*** (*abitante*) svedese.

suée [sɥe] ***n.f.*** **1** sudata **2** (*fam.*) noia, barba.

suer [sɥe] ***v.intr.*** sudare ♦ ***v.tr.*** sudare; trasudare (*anche fig.*).
● ***suer à grosses gouttes***, grondare sudore | ***suer sang et eau***, (*fig.*) sudare sette camicie | (*cuc.*) ***faire suer des légumes***, cuocere qualche minuto le verdure (perché perdano acqua) | ***faire suer qqn***, (*fam.*) rompere le scatole a qlcu | ***se faire suer***, (*fam.*) rompersi, scocciarsi.
■ *V.INTR.* SIN. transpirer.

sueur [sɥœʀ] ***n.f.*** sudore (*m.*).
● ***à la sueur de son front***, con il sudore della fronte | ***donner des sueurs froides***, (*fam.*) far venire i sudori freddi | ***tout en sueur***, in un bagno di sudore.
■ SIN. transpiration.

suffi [syfi] *p.p.* di **suffire**.

suffire [syfiʀ] ***v.intr.*** [pres.indic.: *je suffis* etc., *nous suffisons* etc.; imperf.indic.: *je suffisais* etc.; p.rem.: *je suffis* etc.; fut.indic.: *je suffirai* etc.; cond.: *je suffirais* etc.; pres.cong.: *que je suffise* etc.; imperf.cong.: *que je suffisse* etc.; p.pres.: *suffisant*; p.p.: *suffi*; imp.: *suffis, suffisons, suffisez*] bastare, essere sufficiente: *un jour a suffi*, è bastato un giorno; *deux heures ont suffi*, sono bastate, sono state sufficienti due ore ♦ ***v.intr.impers.*** bastare: *il vous suffira de dire votre nom*, basterà dire, che diciate il vostro nome; *il suffit que tu me le demandes*, basta che tu me lo chieda; *il suffisait que tu le dises*, bastava che tu lo dicessi; *il a suffi d'un mot de sa part*, è bastata una sua parola; *il suffit d'une fois!*, basta una volta! ♦ **se suffire** ***v.pron.*** bastare.
● ***ça suffit***, basta: *ça suffit comme ça*, basta così | ***il ne suffit pas à sa tâche***, non è in grado di svolgere il suo compito | ***se suffire à soi-même***, bastare a se stesso.

suffisamment [syfizamɑ̃] ***avv.*** sufficientemente; abbastanza.

suffisance [syfizɑ̃s] ***n.f.*** **1** (*letter.*) sufficienza **2** sufficienza, sussiego (*m.*) | *il est plein de suffisance*, ha un atteggiamento di sufficienza.
● ***boire, manger à (sa) suffisance***, bere, mangiare a sazietà | ***en suffisance***, (*letter.*) a sufficienza.

suffisant [syfizɑ̃] ***agg.*** e ***n.m.*** sufficiente.

suffixe [syfiks] ***n.m.*** (*ling.*) suffisso.

NOTA I ***suffixes*** spregiativi sono abbastanza frequenti in francese; suffissi quali *-ard, -asse, -aud, -aude, -eux, -euse* si usano per le persone: *connard*, coglione; *rustaud*, zoticone; *merdeux*, stronzo.

I suffissi *-âtre* o *-asse* si usano per i colori: *jaunasse*, giallastro; *blanchâtre*, biancastro; *verdâtre*, verdastro.

Il suffisso peggiorativo femminile *-asse* dà origine a nuovi termini, come i recenti *blondasse*, donna bionda volgare, *pétasse*, battona, creati sul modello di *grognasse*, megera.

suffocant [syfɔkɑ̃] ***agg.*** soffocante.

suffocation [syfɔkasjɔ̃] ***n.f.*** soffocazione, soffocamento (*m.*).
● ***avoir une suffocation***, avere un accesso di tosse.

suffoquer [syfɔke] ***v.tr.*** e ***intr.*** soffocare.

suffrage [syfʀaʒ] ***n.m.*** suffragio, voto.
● ***suffrage direct, indirect***, suffragio diretto, indiretto | ***suffrage universel***, suffragio universale.

suffragette [syfʀaʒɛt] ***n.f.*** **1** (*st.*) suffragista **2** (*scherz.*) suffragetta.

suggérer [sygʒeʀe] ***v.tr.*** [coniug. come *céder*] suggerire.

suggestibilité [sygʒɛstibilite] ***n.f.*** suggestionabilità.

suggestible [sygʒɛstibl] ***agg.*** suggestionabile.

suggestif [sygʒɛstif] ***agg.*** [f. *-ive*] suggestivo, evocatore | *un décolleté très suggestif*, una scollatura provocante.

suggestion [sygʒɛstjɔ̃] ***n.f.*** **1** suggerimento (*m.*) **2** (*psic.*) suggestione.

suggestionner [sygʒɛstjɔne] ***v.tr.*** suggestionare.

suggestivité [sygʒɛstivite] ***n.f.*** suggestività.

suicidaire [sɥisidɛʀ] ***agg.*** suicida: *tendances suicidaires*, tendenze suicide ♦ ***n.m.*** e ***f.*** suicida; chi propende al suicidio.

suicidant [sɥisidɑ̃] ***n.m.*** chi ha fatto un tentativo di suicidio.

suicide [sɥisid] ***n.m.*** suicidio ♦ ***agg.*** suicida: *mission suicide*, missione suicida.

suicidé [sɥiside] ***agg.*** e ***n.m.*** suicida.

suicider, se [səsɥiside] ***v.pron.*** suicidarsi, uccidersi.

suicideur [sɥisidœʀ] ***n.m.*** [f. *-euse*] → **suicidant**.

suie [sɥi] ***n.f.*** fuliggine.

suif [sɥif] ***n.m.*** sego, sevo.
● (*bot.*) ***arbre à suif***, albero del sego.

suiffer [sɥife] ***v.tr.*** spalmare, ricoprire di sego.

suint [sɥɛ̃] ***n.m.*** grasso di pecora (che si mescola alla lana); sucidume; untume di lana.

suintement [sɥɛ̃tmɑ̃] ***n.m.*** **1** (*di muro, roccia ecc.*) stillicidio, trasudazione (*f.*) **2** (*di piaghe ecc.*) trasudamento.

suinter [sɥɛ̃te] ***v.intr.*** **1** (*di umidità ecc.*) stillare, gocciolare **2** trasudare (*anche fig.*) ♦ ***v.tr.*** (*fig.*) trasudare.

suis [sɥi] → **être**[1], **suivre**.

suisse [sɥis] ***agg.*** svizzero ♦ ***n.m.*** **1** (*antiq.*) guardaportone **2** (*eccl.*) cerimoniere ecclesiastico.
● ***boire, manger en suisse***, (*fam.*) bere, mangiare da solo (senza offrire agli altri) | ***petit suisse***, formaggino bianco fresco.

Suisse ***n.m.*** e ***f.*** (*abitante*) svizzero/a.

Suissesse [sɥisɛs] ***n.f.*** (*abitante*) svizzera.

suite [sɥit] ***n.f.*** **1** seguito (*m.*), continuazione **2** seguito (*m.*), successione, serie: *une longue suite de colonnes*, una lunga fila di colonne; (*mat.*) *la suite des nombres premiers*, la serie dei numeri primi **3** (*in un albergo*) suite, appartamento (*m.*) **4** (*pl.*) conseguenze; postumi (*m.*) **5** coerenza; nesso (*m.*) **6** seguito (*m.*), corteo (*m.*) **7** (*mus.*) suite **8** (*inform.*) sequenza.
● (*comm.*) ***suite à votre lettre du***, facendo seguito alla vostra lettera del | ***suite page***, (*in giornali e riviste*) continua a pagina | ***à la suite (de)***, a causa di; dietro; di seguito | (*comm.*) ***articles sans suite***, articoli unici | ***avoir de la suite dans les idées***, essere coerente | ***dans la suite***, in seguito, col passare del tempo | ***de suite***, di seguito, senza interruzione | (*comm.*) ***donner suite à une commande***, evadere un ordine | (*dir.*) ***droit de suite***, diritto di sequela | ***esprit de suite***, coerenza di idee | ***et ainsi de suite***, e così via, e via discorrendo, e così di seguito | ***faire suite***, seguire: *le vote fit suite à cette proposition*, a quella proposta seguì la votazione | ***par la suite***, in seguito, più avanti | ***par suite de***, in conseguenza di, a causa di | ***prendre la suite de***, subentrare, prendere il posto di: *il prit la suite de son père dans les affaires*, ha preso il posto del padre nella gestione degli affari; *Dupont, prenez la suite*, (*a scuola, durante la lettura*) Dupont, continui lei | ***sans suite***, sconnesso, sconclusionato: *des propos sans suite*, discorsi sconclusionati | ***tout de suite***, subito, immediatamente.

NOTA La locuzione ***à la suite de*** traduce l'italiano 'in seguito a':
sì *Ils ont tout perdu **à la suite de** ce drame.*
NO *Ils ont tout perdu **en suite à** ce drame.*
Hanno perso tutto in seguito a questo dramma.

suivant[1] [sɥivɑ̃] ***prep.*** secondo; a seconda di.
● ***suivant que***, secondo che, a seconda che: *suivant qu'il fait chaud ou froid*, secondo che faccia caldo o freddo.

suivant[2] *p.pres.* di **suivre** ♦ ***agg.*** seguente ♦ ***n.m.*** (*solo pl.*) seguito (*sing.*).
● ***au suivant!***, (*per chiamare qlcu in attesa*) avanti un altro!

suivante [sɥivɑ̃t] ***n.f.*** (*ant.*) dama di compagnia.

suiveur [sɥivœʀ] ***agg.*** [f. *-euse*] che segue ♦ ***n.m.*** **1** (*ciclismo*) suiveur, chi segue le corse ciclistiche in veste ufficiale **2** chi segue passivamente (una causa, una persona).
● ***voiture suiveuse***, automobile al seguito di una corsa ciclistica.

suivi [sɥivi] *p.p.* di **suivre** ♦ ***agg.*** **1** coerente, logico **2** continuo, ininterrotto, regolare **3** (*metrica*) baciato, accoppiato ♦ ***n.m.*** controllo periodico permanente.
● ***suivi médical***, follow-up (medico) | (*comm.*) ***article suivi***, articolo sempre in catalogo.

suivisme [sɥivism] ***n.m.*** sudditanza (*f.*), dipendenza (*f.*) (intellettuale).

suivre [sɥivʀ] ***v.tr.*** [pres.indic.: *je suis* etc., *nous suivons* etc.; imperf.indic.: *je suivais* etc.; p.rem.: *je suivis* etc.; fut.indic.: *je suivrai* etc.; cond.: *je suivrais* etc.; pres. cong.: *que je suive* etc.; imperf.cong.: *que je suivisse* etc.; p.pres.: *suivant*; p.p.: *suivi*; imp.: *suis, suivons, suivez*] **1** seguire (*anche fig.*): *le numéro qui suit*, il numero seguente; *son mari la fait suivre*, suo marito la fa pedinare **2** seguire, rispettare: *vous n'avez pas suivi mes ordres*, lei non ha rispettato i miei ordini; *suivre la mode*, seguire la moda ♦ ***v.intr.impers.*** (*letter.*) risultare, conseguire: *il s'en suit que*, ne consegue che ♦ **se suivre** ***v.pron.rec.*** susseguirsi.
● ***suivre des yeux, du regard***, seguire con gli occhi, con lo sguardo | ***suivre son cours***, fare il proprio corso | ***à suivre***, (*in giornali, riviste*) continua | ***lettre suit***, (*nei telegrammi*) segue lettera | ***prière de faire suivre***, si prega di inoltrare.

sujet[1] [syʒɛ] ***n.m.*** **1** argomento, tema; soggetto: *traitez le sujet suivant*, svolgete il seguente tema **2** motivo, ragione (*f.*) **3** individuo, soggetto: *un bon sujet*, un bravo ragazzo; *un mauvais sujet*, un cattivo soggetto; *un excellent sujet*, (*a scuola*) un ottimo elemento **4** (*gramm.*) soggetto.
● (*dir.*) ***sujet de droit***, titolare di diritto | ***à*** (o ***sur***) ***ce sujet***, a questo proposito | ***au sujet de qqn, de qqch***, riguardo a, a proposito di qlcu, di qlco | ***c'est à quel sujet?***, (*spec. al telefono*) a che proposito? | ***être plein de son sujet***, essere preso dall'argomento.

sujet[2] ***agg.*** [f. *-ette*] soggetto: *je suis sujette à la migraine*, vado soggetta all'emicrania | *être sujet à boire*, essere incline al bere ♦ ***n.m.*** suddito.

sujétion [syʒesjɔ̃] ***n.f.*** soggezione, sottomissione; schiavitù.

sulfamide [sylfamid] ***n.m.*** (*farm.*) sulfamidico.

sulfatage [sylfataʒ] ***n.m.*** (*agr.*) ramatura (*f.*).

sulfate [sylfat] ***n.m.*** (*chim.*) solfato.

S

sulfaté [sylfate] *agg.* (*chim.*) solfatato.
sulfater [sylfate] *v.tr.* (*agr.*) ramare.
sulfateuse [sylfatøz] *n.f.* 1 (*agr.*) irroratrice (per solfato di rame) 2 (*argot*) mitra (*m.*).
sulfhydrique [sylfidʀik] *agg.* (*chim.*) solfidrico.
sulfite [sylfit] *n.m.* (*chim.*) solfito.
sulfurage [sylfyʀaʒ] *n.m.* (*agr.*) solforatura (*f.*), inzolfatura (*f.*).
sulfuration [sylfyʀasjɔ̃] *n.f.* (*chim.*) solforazione.
sulfure [sylfyʀ] *n.m.* (*chim.*) solfuro.
sulfuré [sylfyʀe] *agg.* (*chim.*) solforato.
sulfurer [sylfyʀe] *v.tr.* (*chim.*) solforare.
sulfureux [sylfyʀø] *agg.* [f. *-euse*] (*chim.*) solforoso, sulfurico.
● ***exhalaison sulfureuse***, putizza | ***propos sulfureux***, (*fig.*) discorsi che puzzano di zolfo, poco ortodossi.
sulfurique [sylfyʀik] *agg.* (*chim.*) solforico.
sulfurisé [sylfyʀize] *agg.* (*chim.*) trattato con acido solforico.
● ***papier sulfurisé***, carta impermeabilizzata; (*cuc.*) carta da forno.
sultan [syltɑ̃] *n.m.* sultano.
sultanat [syltana] *n.m.* sultanato.
sultane [syltan] *n.f.* sultana.
sumérien [symeʀjɛ̃] *agg.* [f. *-enne*] sumerico ♦ *n.m.* (*lingua*) sumero.
● (*st.*) ***les Sumériens***, i sumeri.
summum [sɔmmɔm] *n.m.* culmine, sommità (*f.*), apogeo.
sunlight [sœnlajt] *n.m.* (*cine.*) proiettore.
sunnite [synit] *agg.* e *n.m.* e *f.* (*relig.*) sunnita.
super[1] [sypɛʀ] *n.m.* (*abbr. di* supercarburant) (benzina) super (*f.*).
super[2] *agg.* (*fam.*) fantastico, super, favoloso: *elle a une chaîne hi-fi super*, ha un mega hi-fi.
super- *pref.* super-; sovra-; iper-.
superbe [sypɛʀb] *agg.* superbo, magnifico, splendido ♦ *n.m.* (*antiq.*) superbo ♦ *n.f.* (*antiq.*) superbia, presunzione.
■ *AGG.* SIN. somptueux.
superbement [sypɛʀbəmɑ̃] *avv.* superbamente, magnificamente.
S
superbénéfice [sypɛʀbenefis] *n.m.* (*econ.*) extraprofitto.
supercarburant [sypɛʀkaʀbyʀɑ̃] *n.m.* supercarburante.
supercherie [sypɛʀʃəʀi] *n.f.* frode, inganno (*m.*).
supérette [sypeʀɛt] *n.f.* minimercato (*m.*), minimarket (*m.*).
superfétatoire [sypɛʀfetatwaʀ] *agg.* (*letter.*) superfluo.
superficialité [sypɛʀfisjalite] *n.f.* superficialità.
superficie [sypɛʀfisi] *n.f.* superficie (*anche fig.*).
● ***en superficie***, in superficie, apparentemente.
superficiel [sypɛʀfisjɛl] *agg.* [f. *-elle*] superficiale.
■ SIN. frivole CONTR. profond.
superficiellement [sypɛʀfisjɛlmɑ̃] *avv.* superficialmente (*anche fig.*).
superflu [sypɛʀfly] *agg.* e *n.m.* superfluo.
superfluité [sypɛʀflyite] *n.f.* 1 superfluità 2 (*pl.*) cose superflue; superfluo (*m.sing.*).
superforme [sypɛʀfɔʀm] *n.f.* (*fam.*) forma eccellente, smagliante.
supergendarme [sypɛʀʒɑ̃daʀm] *n.m.* testa (*f.*) di cuoio (corpo speciale della polizia).
supergrand [sypɛʀgʀɑ̃] *n.m.* (*fam.*) superpotenza (*f.*).
super-huit [sypɛʀɥit] *agg.* e *n.m.invar.* (*cine.*) superotto.
supérieur [sypeʀjœʀ] *agg.* 1 superiore, più elevato; maggiore 2 superiore, supremo: *ce produit est d'une qualité supérieure*, questo prodotto è di una qualità superiore ♦ *n.m.* 1 superiore 2 (*eccl.*) superiore.
● ***air supérieur***, aria di superiorità: *il l'observait d'un air supérieur*, l'osservava con aria di superiorità | ***les cadres supérieurs d'une entreprise***, gli alti dirigenti di un'azienda.
supérieure [sypeʀjœʀ] *n.f.* (*eccl.*) (*di comunità religiose*) superiora.
supérieurement [sypeʀjœʀmɑ̃] *avv.* superlativamente; sommamente.
supériorité [sypeʀjɔʀite] *n.f.* superiorità.
● (*gramm.*) ***comparatif de supériorité***, comparativo di maggioranza | ***prendre un air de supériorité***, darsi arie di superiorità.
superlatif [sypɛʀlatif] *n.m.* e *agg.* [f. *-ive*] superlativo.
● (*gramm.*): ***superlatif absolu***, ***relatif***, superlativo assoluto, relativo; ***adjectif au superlatif***, aggettivo di grado superlativo.

> NOTA Il ***superlatif absolu*** si forma in genere con l'avverbio *très*, qualche volta con *extrêmement* o *remarquablement*.
> *Un livre très ennuyeux*, un libro noiosissimo.
> *Un élève extrêmenent doué*, un allievo dotatissimo.
> Poco usato è il suffisso *-issime*, ma sono di uso comune: *rarissime*, *richissime* e *célébrissime*.

supermarché [sypɛʀmaʀʃe] *n.m.* supermercato.
superphosphate [sypɛʀfɔsfat] *n.m.* (*chim.*) superfosfato, perfosfato.
superposable [sypɛʀpozabl] *agg.* sovrapponibile.
superposer [sypɛʀpoze] *v.tr.* sovrapporre (*anche fig.*) ♦ **se superposer** *v.pron.intr.* sovrapporsi (*anche fig.*).
superposition [sypɛʀpozisjɔ̃] *n.f.* sovrapposizione.
superproduction [sypɛʀpʀɔdyksjɔ̃] *n.f.* (*cine.*) kolossal (*m.*).
superpuissance [sypɛʀpɥisɑ̃s] *n.f.* superpotenza.
supersonique [sypɛʀsɔnik] *agg.* supersonico ♦ *n.m.* aereo supersonico.
superstitieusement [sypɛʀstisjøzmɑ̃] *avv.* superstiziosamente.
superstitieux [sypɛʀstisjø] *agg.* e *n.m.* [f. *-euse*] superstizioso.
superstition [sypɛʀstisjɔ̃] *n.f.* 1 superstizione 2 (*estens.*) mania.
superstructure [sypɛʀstʀyktyʀ] *n.f.* sovrastruttura.
superviser [sypɛʀvize] *v.tr.* 1 soprintendere (a) 2 controllare, esercitare una supervisione (su).
superviseur [sypɛʀvizœʀ] *n.m.* 1 supervisore; sovrintendente 2 (*inform.*) programma supervisore.
supervision [sypɛʀvizjɔ̃] *n.f.* supervisione.
supin [sypɛ̃] *n.m.* (*gramm.*) supino.
supplanter [syplɑ̃te] *v.tr.* soppiantare.
suppléance [sypleɑ̃s] *n.f.* supplenza.
suppléant [sypleɑ̃] *agg.* e *n.m.* supplente.
suppléer [syplee] *v.tr.* 1 supplire (a), sopperire (a):

suppléer un manque, supplire a una mancanza **2** supplire, sostituire: *suppléer un professeur malade*, sostituire, supplire un professore malato ♦ *v.intr.* supplire: *suppléer au manque d'argent par l'imagination*, supplire alla mancanza di denaro con l'inventiva.

supplément [syplemɑ̃] *n.m.* supplemento: *cela demande un supplément de travail*, questo richiede del lavoro in più.
● ***supplément illustré à une revue***, supplemento illustrato di una rivista | ***en supplément***, di supplemento; in più; a parte: *payer 5 euros en supplément*, pagare 5 euro di supplemento; *vin et café en supplément*, vino e caffè (da pagare) a parte.

supplémentaire [syplemɑ̃tɛʀ] *agg.* **1** supplementare **2** (*dir.*) supplente.
● ***heures supplémentaires***, ore straordinarie, straordinari | ***trains supplémentaires***, treni straordinari.

supplémentairement [syplemɑ̃tɛʀmɑ̃] *avv.* in più.

supplétif [sypletif] *agg.* [f. *-ive*] ausiliario; (*gramm.*) suppletivo.
● (*mil.*) ***troupes supplétives***, truppe coloniali ausiliarie.

suppliant [syplijɑ̃] *agg.* supplichevole, supplicante ♦ *n.m.* supplicante, supplice.

supplication [syplikasjɔ̃] *n.f.* supplica.

supplice [syplis] *n.m.* supplizio; tortura (*f.*).
● ***supplice chinois***, tortura cinese | ***être au supplice***, (*fig.*) soffrire le pene dell'inferno | ***mettre au supplice***, (*anche fig.*) torturare, tormentare.

FAUX AMI
Da non confondere con l'italiano *supplice*, che si traduce *suppliant*.

supplicié [syplisje] *agg.* e *n.m.* (*vittima*) suppliziato.

supplicier [syplisje] *v.tr.* suppliziare, torturare (*anche fig.*).

supplier [syplije] *v.tr.* supplicare.
● ***je vous en supplie!***, vi supplico!

supplique [syplik] *n.f.* supplica.

suppo [sypo] *n.m.* (*fam.*) abbr. di **suppositoire**.

support [sypɔʀ] *n.m.* **1** supporto, sostegno: *les supports d'une voûte*, i sostegni di una volta **2** (*tecn.*) supporto.
● (*mecc.*) ***support anti-vibratoire***, ammortizzatore | (*inform.*) ***support de mémoire***, supporto di memoria | ***supports publicitaires***, supporti, veicoli pubblicitari.

supportable [sypɔʀtabl] *agg.* sopportabile, tollerabile.
■ SIN. tolérable CONTR. insupportable.

supporter[1] [sypɔʀtœʀ] *n.m.* tifoso; sostenitore.

supporter[2] [sypɔʀte] *v.tr.* **1** sostenere, reggere: *supporter des frais*, sostenere delle spese **2** sopportare, tollerare: *elle supporte tout de son fils*, si lascia fare di tutto dal figlio; *j'ai dû le supporter pendant deux heures*, me lo sono sorbito per due ore; *je ne supporte pas le vin*, non reggo il vino; *ces arbres ne supportent pas la gelée*, questi alberi non resistono al gelo **3** (*fam.*) fare il tifo (**per**), tifare (**per**) **4** (*Africa*) mantenere; sostentare ♦ **se supporter** *v.pron.rec.* sopportarsi: *ils se supportent*, si tollerano (a malapena).
● ***c'est dur à supporter!***, è difficile da mandare giù!

supposé [sypoze] *agg.* supposto, presunto.
● ***(étant) supposé que***, ammesso, supposto che | ***nom supposé***, falso nome.
■ SIN. présumé.

supposer [sypoze] *v.tr.* **1** supporre, immaginare; presumere: *je suppose qu'ils sont amis*, suppongo, presumo che siano amici; *pourquoi le supposer coupable de ce crime?*, perché sospettarlo (colpevole) di questo delitto?; *vous me supposez un mérite que je n'ai pas*, mi attribuite un merito che non ho **2** implicare; presupporre: *les droits supposent des devoirs*, i diritti presuppongono dei doveri **3** (*dir.*) sostituire fraudolentemente.
● ***à supposer que***, anche ammesso che | ***supposons (que)***, facciamo l'ipotesi (che): *supposons qu'il ait raison*, supponiamo, poniamo che abbia ragione.
■ SIN. **1** imaginer.

supposition [sypozisjɔ̃] *n.f.* **1** supposizione, ipotesi **2** (*dir.*) supposizione, sostituzione.
● (*dir.*): ***supposition d'enfant***, supposizione di parto; ***supposition de testament***, sostituzione di testamento | ***dans cette supposition***, facendo questa ipotesi | ***une supposition que***, (*fam.*) supponiamo che.
■ SIN. **1** conjecture, hypothèse.

suppositoire [sypozitwaʀ] *n.m.* (*med.*) supposta (*f.*).

suppôt [sypo] *n.m.* (*letter.*) seguace, accolito.
● ***suppôt de Satan***, anima dannata.

suppression [sypʀesjɔ̃] *n.f.* soppressione; abolizione; (*di legge ecc.*) revoca.

supprimer [sypʀime] *v.tr.* **1** sopprimere, eliminare **2** sopprimere, uccidere **3** (*amm.*) stralciare; (*legge ecc.*) abrogare **4** ritirare, togliere: *supprimer à qqn son permis de conduire*, ritirare la patente a qlcu ♦ **se supprimer** *v.pron.* uccidersi.

suppurant [sypyʀɑ̃] *agg.* (*med.*) in suppurazione.

suppuratif [sypyʀatif] *agg.* [f. *-ive*] (*med.*) suppurativo.

suppuration [sypyʀasjɔ̃] *n.f.* (*med.*) suppurazione.

suppurer [sypyʀe] *v.intr.* (*med.*) suppurare.

supputation [sypytasjɔ̃] *n.f.* **1** calcolo (*m.*), computo (*m.*) **2** (*estens.*) supposizione.

supputer [sypyte] *v.tr.* **1** calcolare, computare **2** (*estens.*) supporre.

supra [sypʀa] *avv.* (*buroc.*) sopra, in precedenza.
● ***voir supra***, vedi sopra.

supra- *pref.* sopra-, sovra-, super-, ultra-.

supranational [sypʀanasjɔnal] *agg.* [pl. *-aux*] sovranazionale.

supraterrestre [sypʀateʀɛstʀ] *agg.* ultraterreno.

suprématie [sypʀemasi] *n.f.* supremazia.

suprême [sypʀɛm] *agg.* supremo; massimo; sommo ♦ *n.m.* (*cuc.*) suprême (*f.*).
● ***suprême de volaille, de poisson***, filetti di pollame, di pesce serviti con salsa alla panna | ***au suprême degré***, in sommo grado | (*pol.*) ***le pouvoir suprême***, la sovranità | ***l'heure suprême***, l'ora estrema, il momento del trapasso | ***rendre les honneurs suprêmes***, rendere gli estremi onori | ***ses suprêmes volontés***, le ultime volontà.

suprêmement [sypʀɛmmɑ̃] *avv.* sommamente, in sommo grado.

sur[1] [syʀ] *prep.* **1** (*stato in luogo, moto a luogo, direzione*) su: *sur la table*, sul tavolo; *une maison sur une colline*, una casa in collina; *il portait un béret sur la tête*, portava un berretto in testa; *sur la place Manzoni*, in piazza Manzoni; *la clé est sur la porte*, la chiave è nella porta; *la fenêtre donne sur un jardin*, la finestra guarda su un giardino; *tirer sur qqn*, sparare su, contro qlcu; *sur Paris il y a une forte tension*, a Parigi c'è una forte tensione; *revenir sur Paris*, ritornare a Parigi; *sur le journal*, (*fam.*) nel giornale **2** (*tempo*) verso: *sur le soir*, verso se-

ra, sul far della sera; *sur les dix heures*, verso le dieci | *elle va sur ses vingts ans*, va per i vent'anni **3** (*argomento*) su, intorno (**a**): *j'ai appris des détails sur les élections*, ho appreso alcuni particolari sulle elezioni **4** (*distributivo*) su: *neuf fois sur dix*, nove volte su dieci **5** da, in base a; su, in seguito (**a**): *juger qqn sur les apparences*, giudicare qlcu dalle apparenze **6** (*misura*) per: *une table de deux mètres sur deux*, un tavolo di due metri per due.
● ***sur ce***, detto ciò, e con questo: *sur ce, je vous quitte*, detto ciò, e con questo vi lascio | ***sur mesure***, su misura | ***sur papier timbré***, in carta da bollo | ***sur parole***, sulla parola: *je vous crois sur parole*, vi credo sulla parola | (*comm.*) ***sur votre demande***, su, dietro vostra richiesta | ***avoir qqch sur soi***, avere qlco con sé: *j'ai toujours mes papiers d'identité sur moi*, ho sempre i documenti d'identità con me | ***être sur le point de***, ***être sur***, essere sul punto di, stare per: *il est sur le point de partir, sur son départ*, sta per partire, è sul piede di partenza | ***être sur qqch***, stare dietro a qlco, occuparsi di qlco: *je suis sur une affaire intéressante*, sto dietro a, mi sto occupando di un affare interessante; *je suis sur ce travail depuis un mois*, sto dietro a quel lavoro da un mese | ***un jour sur deux***, un giorno sì e uno no.

> NOTA Nella lingua parlata, si è diffuso un uso improprio di ***sur*** per indicare la residenza:
> *J'habite sur Paris, sur Milan, sur Lyon.*
> La forma corretta resta comunque: *J'habite Paris* o *j'habite à Paris.*

sur[2] ***agg.*** aspro, asprigno.
sûr [syʀ] ***agg.*** **1** sicuro; saldo; fidato: *maintenant sa position est plus sûre*, ora ha una posizione più sicura, più solida **2** certo, sicuro: *la chose est sûre*, la cosa è certa ♦ ***avv.*** certo, certamente.
● ***sûr et certain***, più che certo: *je suis sûr et certain qu'il vous en parlera*, sono più che certo che ve ne parlerà | ***avoir la main sûre***, avere la mano sicura, ferma | ***bien sûr (que oui)!***, ma certo! | ***c'est sûr et certain***, è poco ma sicuro | ***être sûr de soi***, essere sicuro di sé | ***être sûr de son coup*** (o ***de son fait***), essere sicuro del fatto proprio | ***le temps n'est pas sûr***, il tempo è instabile, incerto | ***marcher d'un pied sûr***, camminare con passo sicuro | ***mettre qqch en lieu sûr***, mettere qlco al sicuro | ***pour sûr***, (*fam. antiq.*) certo: *pour sûr que je l'aime bien*, certo che le voglio bene | ***tenir pour sûr***, non avere il minimo dubbio.
sur- ***pref.*** sopra-, sovra-, super-, sur-, iper-.
surabondamment [syʀabɔ̃damɑ̃] ***avv.*** in modo sovrabbondante: *expliquer, décrire surabondamment*, spiegare, descrivere con dovizia di particolari.
surabondance [syʀabɔ̃dɑ̃s] ***n.f.*** sovrabbondanza; esuberanza.
surabondant [syʀabɔ̃dɑ̃] ***agg.*** sovrabbondante; esuberante.
surabonder [syʀabɔ̃de] ***v.intr.*** sovrabbondare.
suractivité [syʀaktivite] ***n.f.*** iperattività.
suraigu [syʀegy] ***agg.*** [f. *-uë*] acutissimo.
● (*med.*) ***inflammation suraiguë***, infiammazione iperacuta | (*mus.*) ***une note suraiguë***, una nota sopracuta.
surajouter [syʀaʒute] ***v.tr.*** aggiungere (in più); introdurre in aggiunta.
suralimentation [syʀalimɑ̃tasjɔ̃] ***n.f.*** **1** sovralimentazione, sovranutrizione **2** (*di motore*) sovralimentazione.
suralimenté [syʀalimɑ̃te] ***agg.*** sovralimentato; (*di persona*) ipernutrito.
suralimenter [syʀalimɑ̃te] ***v.tr.*** sovralimentare.
suranné [syʀane] ***agg.*** **1** antiquato; sorpassato, superato **2** (*dir.*) prescritto.
surarmement [syʀaʀməmɑ̃] ***n.m.*** (*mil.*) eccesso di armamenti (rispetto alle necessità della difesa).
surate [syʀat] ***n.f.*** (*capitolo del Corano*) sura.
surbaissé [syʀbese] ***agg.*** abbassato, schiacciato.
● (*arch.*) ***arc surbaissé***, arco ribassato | (*aut.*) ***carrosserie surbaissée***, carrozzeria aerodinamica.
surbaisser [syʀbese] ***v.tr.*** (*arch.*) abbassare, diminuire in altezza.
surbooké [syʀbuke] ***agg.*** (*fam.*) impegnatissimo: *je suis surbooké en ce moment*, sono impegnatissimo in questo periodo.
surbooker [syʀbuke] ***v.tr.*** vendere, prenotare più posti di quanti ne siano disponibili.
surboum [syʀbum] ***n.f.*** (*fam. antiq.*) festicciola.
surcharge [syʀʃaʀʒ] ***n.f.*** **1** sovraccarico (*m.*); eccedenza; (*di imposte ecc.*) aggravio (*m.*) **2** (*di bagagli, sugli aerei*) sovraccarico (*m.*), sovrappeso (*m.*) **3** parola scritta su un'altra **4** (*filatelia*) sovrastampa.
● ***poids en surcharge***, peso in eccesso, sovrappeso.
surcharger [syʀʃaʀʒe] ***v.tr.*** [coniug. come *manger*] **1** sovraccaricare; (*di lavoro, di imposte*) oberare **2** scrivere una parola su un'altra **3** (*filatelia*) sovrastampare.
surchauffage [syʀʃofaʒ] ***n.m.*** surriscaldamento.
surchauffe [syʀʃof] ***n.f.*** **1** surriscaldamento (*m.*) **2** (*econ.*) tensione congiunturale.
surchauffé [syʀʃofe] ***agg.*** surriscaldato; (*fig.*) sovreccitato.
surchauffer [syʀʃofe] ***v.tr.*** surriscaldare.
surchoix [syʀʃwa] ***n.m.*** (*comm.*) prima scelta (*f.*), prima qualità (*f.*).
surclasser [syʀklɑse] ***v.tr.*** surclassare.
surcompensation [syʀkɔ̃pɑ̃sasjɔ̃] ***n.f.*** **1** (*fin.*) trasferimento (*m.*) di fondi eccedenti in casse deficitarie **2** (*psic.*) ipercompensazione.
surcomposé [syʀkɔ̃poze] ***agg.***
● (*gramm.*) ***temps surcomposé***, tempo composto in cui anche l'ausiliare è usato al tempo composto.
surconsommation [syʀkɔ̃sɔmasjɔ̃] ***n.f.*** consumo (*m.*) eccessivo; spreco (*m.*); consumismo (*m.*).
● ***société de la surconsommation***, società dei consumi.
surcontrer [syʀkɔ̃tʀe] ***v.tr.*** (*bridge*) surcontrare, dichiarare surcontre.
surcot [syʀko] ***n.m.*** (*st. abbigl.*) sopravveste (*f.*).
surcoupe [syʀkup] ***n.f.*** (*alle carte*) il giocare una carta più alta (dell'avversario).
surcouper [syʀkupe] ***v.intr.*** (*alle carte*) giocare una carta più alta (dell'avversario).
surcoût [syʀku] ***n.m.*** (*econ.*) sovraccosto.
surcroît [syʀkʀwa] ***n.m.*** sovrappiù: *un surcroît de besogne*, un lavoro in più.
● ***par surcroît***, ***de surcroît***, per di più.
surdi-mutité [syʀdimytite] ***n.f.*** [pl. *surdi-mutités*] (*med.*) sordomutismo (*m.*).
surdité [syʀdite] ***n.f.*** sordità.
surdosage [syʀdozaʒ] ***n.m.*** (*med.*) iperdosaggio, dose eccessiva di medicinali.
surdose [syʀdoz] ***n.f.*** **1** (*med.*) iperdosaggio (*m.*) **2** (*di droga*) overdose.
surdouance [syʀdwɑ̃s] ***n.f.*** l'essere (*m.*) superdotato.
surdoué [syʀdwe] ***agg.*** e ***n.m.*** superdotato.

sureau [syʀo] ***n.m.*** [pl. *-eaux*] (*bot.*) sambuco.
sureffectif [syʀefɛktif] ***n.m.*** esuberanza (*f.*) di manodopera, esuberi (*pl.*).
● ***en sureffectif***, (con organico) in soprannumero.
surélévation [syʀelevasjɔ̃] ***n.f.*** **1** soprelevazione; sopralzo (*m.*) **2** rialzo (*m.*) eccessivo, ulteriore aumento (*m.*).
surélever [syʀelǝve] ***v.tr.*** [coniug. come *semer*] **1** soprelevare **2** aumentare in modo eccessivo.
● ***rez-de-chaussée surélevé***, piano rialzato.
sûrement [syʀmɑ̃] ***avv.*** **1** in modo sicuro, saldo **2** sicuramente, certamente.
suremploi [syʀɑ̃plwa] ***n.m.*** (*econ.*) sovraoccupazione (*f.*).
surenchère [syʀɑ̃ʃɛʀ] ***n.f.*** **1** (*all'asta*) rilancio (*m.*) **2** (*di prezzi*) rincaro (*m.*) **3** (*fig.*) crescita, aumento (*m.*): *faire de la surenchère*, rincarare la dose.
● ***surenchère électorale***, (*di partiti, candidati ecc.*) gara di promesse all'elettorato | ***la surenchère de la violence***, la spirale, il crescendo della violenza.
surenchérir [syʀɑ̃ʃeʀiʀ] ***v.intr.*** **1** (*all'asta*) fare un'offerta maggiore, rilanciare **2** (*di prezzi*) rincarare **3** (*fig.*) rincarare la dose; fare di più; promettere di più.
surenchérisseur [syʀɑ̃ʃeʀisœʀ] ***n.m.*** [f. *-euse*] (*all'asta*) maggiore offerente.
surendettement [syʀɑ̃dɛtmɑ̃] ***n.m.*** indebitamento eccessivo.
surentraînement [syʀɑ̃tʀɛnmɑ̃] ***n.m.*** (*sport*) superallenamento.
suréquipé [syʀekipe] ***agg.*** superequipaggiato, superattrezzato.
surestimation [syʀɛstimasjɔ̃] ***n.f.*** sopravvalutazione.
surestimer [syʀɛstime] ***v.tr.*** sopravvalutare.
suret [syʀɛ] ***agg.*** [f. *-ette*] acidulo, asprigno.
sûreté [syʀte] ***n.f.*** **1** sicurezza (*anche fig.*) **2** sistema (*m.*) di sicurezza **3** (*dir.*) garanzia.
● ***Sûreté (nationale)***, Pubblica Sicurezza: *agent de la Sûreté*, agente di Pubblica Sicurezza | ***à sûreté intégrée***, (*di dispositivo*) intrinsecamente sicuro | ***mettre en sûreté***, mettere al sicuro, al riparo | (*dir.*) ***pour sûreté d'une dette***, a garanzia di un debito.

NOTA La ***Sûreté (nationale)*** era la direzione generale del Ministero degli Interni preposta alla sicurezza pubblica; dal 1966 è diventata la *Police nationale*. La *Sûreté* resta comunque per antonomasia la Polizia.

surévaluer [syʀevalɥe] ***v.tr.*** sopravvalutare.
surexcitable [syʀɛksitabl] ***agg.*** sovreccitabile.
surexcitation [syʀɛksitasjɔ̃] ***n.f.*** sovreccitazione.
surexcité [syʀɛksite] ***agg.*** sovreccitato.
surexciter [syʀɛksite] ***v.tr.*** sovreccitare.
surexploiter [syʀɛksplwate] ***v.tr.*** sovrautilizzare, sfruttare eccessivamente.
surexposer [syʀɛkspoze] ***v.tr.*** (*fot.*) sovresporre.
surexposition [syʀɛkspozisjɔ̃] ***n.f.*** (*fot.*) sovresposizione.
surf [sœʀf] ***n.m.*** (*sport*) surf, surfing.
● ***surf des neiges***, snowboard.
surface [syʀfas] ***n.f.*** superficie: *revenir à la surface*, ritornare a galla.
● (*calcio*) ***surface de réparation***, area di rigore | (*comm.*) ***avoir de la surface***, essere solvibile; (*fig.*) avere credito | ***faire surface***, (*di sottomarino*) riemergere | ***grande surface***, ipermercato | ***refaire surface***, (*fig.*) ritornare a galla; riprendersi.
surfaire [syʀfɛʀ] ***v.tr.*** [coniug. come *faire*] **1** (*letter.*) stimare eccessivamente **2** sopravvalutare (*anche fig.*).
surfait [syʀfɛ] ***agg.*** sopravvalutato.
surfer [sœʀfe] ***v.intr.*** **1** praticare il surf **2** (*fam.*) barcamenarsi, adattarsi **3** (*Internet*) navigare.
surfeur [sœʀfœʀ] ***n.m.*** [f. *-euse*] **1** surfista **2** (*Internet*) navigatore esperto.
surfil [syʀfil] ***n.m.*** (*cucito*) sopraffilo.
surfiler [syʀfile] ***v.tr.*** (*cucito*) sopraffilare.
surfin [syʀfɛ̃] ***agg.*** sopraffino, finissimo.
surgélateur [syʀʒelatœʀ] ***n.m.*** surgelatore.
● ***bateau surgélateur***, peschereccio surgelatore.
surgelé [syʀʒǝle] ***agg.*** e ***n.m.*** surgelato.
surgeler [syʀʒǝle] ***v.tr.*** [coniug. come *semer*] surgelare.
surgénérateur [syʀʒeneʀatœʀ] ***agg.*** [f. *-trice*] (*tecn.*) surgeneratore, surrigeneratore.
● (*fis.*) ***(réacteur) surgénérateur***, reattore autofertilizzante.
surgeon [syʀʒɔ̃] ***n.m.*** (*bot.*) pollone.
surgir [syʀʒiʀ] ***v.intr.*** **1** spuntare, venire fuori **2** (*fig.*) sorgere.
■ **SIN.** **1** apparaître.
surgissement [syʀʒismɑ̃] ***n.m.*** il sorgere.
surgreffage [syʀgʀɛfaʒ] ***n.m.*** (*agr.*) sovrainnesto.
surhandicap [syʀɑ̃dikap] ***n.m.*** (*med.*) handicap fisico aggravato da disturbi della personalità.
surhaussé [syʀose] ***agg.*** (*arch.*) rialzato: *arc surhaussé*, arco rialzato.
surhaussement [syʀosmɑ̃] ***n.m.*** **1** soprelevamento **2** (*arch.*) rialzamento.
surhausser [syʀose] ***v.tr.*** **1** soprelevare **2** (*arch.*) rialzare.
surhomme [syʀɔm] ***n.m.*** superuomo.
surhumain [syʀymɛ̃] ***agg.*** sovrumano.
suricate, **surikate** [syʀikat] ***n.m.*** (*zool.*) suricato.
surimposer [syʀɛ̃poze] ***v.tr.*** mettere una soprattassa (**su**); oberare di tasse.
surimposition [syʀɛ̃pozisjɔ̃] ***n.f.*** sovrimposta, soprattassa; sovraccarico (*m.*) d'imposta.
surimpression [syʀɛ̃pʀesjɔ̃] ***n.f.*** sovrimpressione.
surin [syʀɛ̃] ***n.m.*** **1** (*agr.*) melo non ancora innestato **2** (*argot*) coltello.
suriner [syʀine] ***v.tr.*** (*argot*) accoltellare.
surinfection [syʀɛ̃fɛksjɔ̃] ***n.f.*** (*med.*) superinfezione.
surinformer [syʀɛ̃fɔʀme] ***v.tr.*** sovr(a)informare.
surintendance [syʀɛ̃tɑ̃dɑ̃s] ***n.f.*** soprintendenza, sovrintendenza.
surintendant [syʀɛ̃tɑ̃dɑ̃] ***n.m.*** soprintendente, sovrintendente.
surintensité [syʀɛ̃tɑ̃site] ***n.f.*** (*elettr.*) sovracorrente.
surir [syʀiʀ] ***v.intr.*** inacidire.
surjet [syʀʒɛ] ***n.m.*** (*cucito*) sopraggitto.
surjeter [syʀʒǝte] ***v.tr.*** [coniug. come *jeter*] sopraggittare.
sur-le-champ [syʀlǝʃɑ̃] ***avv.*** immediatamente, subito.
surlendemain [syʀlɑ̃dmɛ̃] ***n.m.*** dopodomani; due giorni dopo | *la nuit du surlendemain*, due notti dopo.
surligneur [syʀliɲœʀ] ***n.m.*** evidenziatore.

surmenage [syrmənaʒ] ***n.m.*** affaticamento, strapazzo.

surmener [syrməne] ***v.tr.*** [coniug. come *mener*] affaticare, sovraccaricare di lavoro ♦ **se surmener** ***v.pron. intr.*** affaticarsi, sovraccaricarsi di lavoro.

surmoi [syrmwa] ***n.m.invar.*** Super-Io, Super-Ego.

surmontable [syrmɔ̃tabl] ***agg.*** superabile.

surmonter [syrmɔ̃te] ***v.tr.*** sormontare, superare.

surmortalité [syrmɔrtalite] ***n.f.*** tasso (*m.*) di mortalità più alto (rispetto a un altro).

surmulet [syrmylɛ] ***n.m.*** (*zool.*) triglia (*f.*).

surmulot [syrmylo] ***n.m.*** (*zool.*) surmolotto.

surnager [syrnaʒe] ***v.intr.*** [coniug. come *manger*] **1** galleggiare, restare a galla **2** (*fig.*) rimanere, sussistere.

surnatalité [syrnatalite] ***n.f.*** tasso (*m.*) di natalità eccessivo.

surnaturel [syrnatyrɛl] ***n.m.*** e ***agg.*** [f. *-elle*] soprannaturale.

surnom [syrnɔ̃] ***n.m.*** soprannome.

NOTA Numerosi personaggi storici, letterati e artisti hanno avuto un ***surnom*** derivato dal luogo di origine o residenza o dalle caratteristiche fisiche o dalla personalità. Ne sono esempi: *l'Autrichienne* (Marie-Antoinette), *Bébel* (Jean-Paul Belmondo), *le Diable boiteux* (Talleyrand), *l'Ermite de Croisset* (Flaubert), *la Môme* (Edith Piaf), *le Patriarche de Ferney* (Voltaire), *Tonton* (François Mitterrand).

surnombre [syrnɔ̃br] ***n.m.*** soprannumero.

surnommer [syrnɔme] ***v.tr.*** soprannominare.

surnoter [syrnɔte] ***v.tr.*** dare un voto a un compito, esercizio, esame ecc. superiore al suo valore.

surnuméraire [syrnymerɛr] ***agg.*** in soprannumero ♦ ***n.m.*** e ***f.*** impiegato/a soprannumerario/a.

suroffre [syrɔfr] ***n.f.*** **1** offerta superiore **2** (*all'asta*) rilancio (*m.*).

suroît [syrwa] ***n.m.*** (*mar.*) **1** (*vento*) libeccio **2** cappello impermeabile da marinaio.

surpantalon [syrpɑ̃talɔ̃] ***n.m.*** sovrapantaloni (*pl.*).

surpassement [syrpɑsmɑ̃] ***n.m.*** superamento, sorpasso (*anche fig.*).

surpasser [syrpɑse] ***v.tr.*** superare (*anche fig.*) ♦ **se surpasser** ***v.pron.intr.*** superarsi, fare meglio di quanto si è già fatto.

surpayer [syrpeje] ***v.tr.*** [coniug. come *payer*] strapagare, pagare più del dovuto.

surpeuplé [syrpœple] ***agg.*** sovrappopolato, sovraffollato.

surpeuplement [syrpœpləmɑ̃] ***n.m.*** sovrappopolazione (*f.*), sovraffollamento.

surpiqûre [syrpikyr] ***n.f.*** (*cucito*) impuntura (fatta per guarnizione).

surplace [syrplas] ***n.m.*** (*ciclismo*) surplace.
● ***faire du surplace***, rimanere in surplace; (*fig.*) rimanere bloccato, non procedere.

surplis [syrpli] ***n.m.*** (*abbigl. eccl.*) cotta (*f.*).

surplomb [syrplɔ̃] ***n.m.*** strapiombo.
● ***en surplomb***, a strapiombo.

surplombant [syrplɔ̃bɑ̃] ***agg.*** a strapiombo.

surplomber [syrplɔ̃be] ***v.intr.*** strapiombare ♦ ***v.tr.*** essere a strapiombo (**su**).

surplus [syrply] ***n.m.*** **1** sovrappiù, eccedenza (*f.*) **2** negozio di capi d'abbigliamento americani (spec. militari).
● ***au surplus***, per di più, d'altronde: *au surplus je l'avais averti*, per di più l'avevo avvertito | ***les surplus américains***, i residuati di guerra americani.

surpoids [syrpwa] ***n.m.*** sovrappeso.

surpopulation [syrpɔpylasjɔ̃] ***n.f.*** sovrappopolazione.

surprenant [syrprənɑ̃] ***agg.*** sorprendente.

surprendre [syrprɑ̃dr] ***v.tr.*** [coniug. come *prendre*] **1** sorprendere, cogliere di sorpresa: *la mort l'a surpris dans son sommeil*, la morte l'ha colto nel sonno; *il est venu me surprendre hier*, ieri mi ha fatto la sorpresa di venirmi a trovare **2** sorprendere, stupire: *je serais bien surpris s'il n'arrivait pas à temps*, mi meraviglierebbe che non arrivasse in tempo ♦ **se surprendre** ***v.pron.intr.*** sorprendersi.
■ V.TR. SIN. **2** étonner.

surpris [syrpri] *p.p.* di **surprendre**.

surprise [syrpriz] ***n.f.*** sorpresa.
● ***à ma grande surprise***, con mia gran meraviglia | ***cadeau-surprise***, regalo a sorpresa, sorpresina | ***jouer la surprise***, fingersi sorpreso | ***par surprise***, di sorpresa | ***pochette-surprise***, busta sorpresa.

surprise-partie [syrprizparti] ***n.f.*** [pl. *surprises-parties*] festicciola (da ballo).

surproduction [syrprɔdyksjɔ̃] ***n.f.*** sovrapproduzione.

surprotéger [syrprɔteʒe] ***v.tr.*** [coniug. come *abréger*] avere un atteggiamento iperprotettivo (**verso**).

surréalisme [syrrealism] ***n.m.*** surrealismo.

surréaliste [syrrealist] ***agg.*** surrealista, surrealistico ♦ ***n.m.*** e ***f.*** surrealista.

surréel [syrreɛl] ***n.m.*** e ***agg.*** [f. *-elle*] surreale.

surrégénérateur [syrreʒeneratœr] ***agg.*** [f. *-trice*] → **surgénérateur**.

surrénal [syrrenal] ***agg.*** [pl. *-aux*] (*anat.*) surrenale.

surrénale [syrrenal] ***n.f.*** (*anat.*) surrene (*m.*).

sursalaire [syrsalɛr] ***n.m.*** integrazione (*f.*) di salario; superminimo.

sursaturer [syrsatyre] ***v.tr.*** **1** (*chim., fis.*) soprassaturare **2** (*estens.*) saturare.

sursaut [syrso] ***n.m.*** **1** sussulto, sobbalzo **2** guizzo, rigurgito: *un sursaut nationaliste*, un rigurgito nazionalista.
● ***en sursaut***, di soprassalto.

sursauter [syrsote] ***v.intr.*** sobbalzare, trasalire, sussultare.

surseoir [syrswar] ***v.tr.*** [pres.indic.: *je sursois* etc., *nous sursoyons*, *vous sursoyez*, *ils sursoient*; imperf. indic.: *je sursoyais* etc.; p.rem.: *je sursis* etc.; fut.indic.: *je surseoirai* etc.; cond.: *je surseoirais* etc.; pres.cong.: *que je sursoie* etc., *que nous sursoyions*, *que vous sursoyiez*, *qu'ils sursoient*; imperf.cong.: *que je sursisse* etc.; p.pres.: *sursoyant*; p.p.: *sursis*; imp.: *sursois*, *sursoyons*, *sursoyez*] (*antiq.*) differire, sospendere ♦ ***v.intr.*** soprassedere: *surseoir à une exécution*, soprassedere a una esecuzione.

sursis [syrsi] *p.p.* di **surseoir** ♦ ***n.m.*** (*dir.*) rinvio, sospensiva (*f.*); aggiornamento.
● (*dir.*) ***avec sursis***, col beneficio della condizionale.

sursitaire [syrsitɛr] ***n.m.*** e ***f.*** beneficiario/a di un rinvio (spec. degli obblighi di leva).

surtaxe [syrtaks] ***n.f.*** soprattassa.
● ***surtaxe progressive***, imposta complementare.

surtaxer [syʀtakse] *v.tr.* soprattassare, imporre una soprattassa (**a**).

surtemps [syʀtɑ̃] *n.m.* (*Canada*) **1** (lavoro) straordinario **2** (*sport*) tempo supplementare.

surtension [syʀtɑ̃sjɔ̃] *n.f.* (*elettr.*) sovratensione.

surtitre [syʀtitʀ] *n.m.* (*in un articolo di giornale*) soprattitolo.

surtout[1] [syʀtu] *avv.* soprattutto.
● ***surtout que***, (*fam.*) tanto più che.

surtout[2] *n.m.* trionfo, centro tavola.

survécu [syʀveky] *p.p.* di **survivre**.

surveillance [syʀvɛjɑ̃s] *n.f.* sorveglianza, vigilanza.

surveillant [syʀvɛjɑ̃] *n.m.* **1** sorvegliante, assistente **2** (*nelle prigioni*) sorvegliante, guardiano **3** (*a scuola*) incaricato della disciplina in assenza dell'insegnante.

surveiller [syʀveje] *v.tr.* **1** sorvegliare, vigilare **2** (*fig.*) controllare, moderare ♦ **se surveiller** *v.pron.* e *pron.rec.* controllarsi.

survenance [syʀvənɑ̃s] *n.f.* sopravvenienza.

survenir [syʀvəniʀ] *v.intr.* [coniug. come *venir*; aus. *être*] sopravvenire; accadere inaspettatamente.
■ SIN. apparaître, se produire, se présenter.

survente [syʀvɑ̃t] *n.f.* vendita a prezzo eccessivo.

survenu [syʀvəny] *p.p.* di **survenir**.

survêt [syʀvɛt] *n.m.* (*fam.*) abbr. di **survêtement**.

survêtement [syʀvɛtmɑ̃] *n.m.* (*abbigl.*) tuta (*f.*) (sportiva).

survie [syʀvi] *n.f.* sopravvivenza.

survivance [syʀvivɑ̃s] *n.f.* **1** sopravvivenza; retaggio (*m.*): *c'est une survivance du Moyen Âge*, è un retaggio medievale **2** (*dir.*) diritto (*m.*) di scegliersi il successore (un tempo accordato dal re al titolare di una carica).

survivant [syʀvivɑ̃] *agg.* e *n.m.* superstite, sopravvissuto.

survivre [syʀvivʀ] *v.intr.* [coniug. come *vivre*] **1** sopravvivere **2** (*fig.*) reggere, resistere ♦ **se survivre** *v.pron.intr.* sopravvivere.

survol [syʀvɔl] *n.m.* sorvolo.

survoler [syʀvɔle] *v.tr.* **1** sorvolare **2** (*fig.*) esaminare rapidamente.

survolté [syʀvɔlte] *agg.* **1** (*elettr.*) survoltato **2** (*fig.*) sovreccitato.

survolter [syʀvɔlte] *v.tr.* **1** (*elettr.*) survoltare **2** (*fig.*) sovreccitare.

survolteur [syʀvɔltœʀ] *n.m.* (*elettr.*) survoltore.

sus [sys] *avv.*
● ***sus donc***, su dunque |***courir sus à l'ennemi***, attaccare il nemico | ***en sus***, in più | ***en sus de***, (*antiq.*) in più di, oltre a.

sus- *pref.* su-, sopra-.

susceptibilité [sysɛptibilite] *n.f.* suscettibilità.

susceptible [sysɛptibl] *agg.* **1** suscettibile: *il est susceptible d'obtenir un avancement*, ha buone probabilità di ottenere una promozione **2** (*di carattere*) suscettibile, permaloso.

susciter [sysite] *v.tr.* suscitare, far nascere.

suscription [syskʀipsjɔ̃] *n.f.* soprascritta (su una busta).

susdit [sysdi] *agg.* e *n.m.* suddetto.

sus-jacent [syʒasɑ̃] *agg.* [pl.m. *sus-jacents*, f. *sus-jacente*] (*geol.*) sovrastante, superiore.

susmentionné [sysmɑ̃sjɔne] *agg.* soprammenzionato.

susnommé [sysnɔme] *agg.* e *n.m.* sopraccitato.

suspect [syspɛ*kt*] *agg.* sospetto: *considérer comme suspect*, tenere in sospetto ♦ *n.m.* indiziato, persona (*f.*) sospetta.

suspecter [syspɛkte] *v.tr.* sospettare (**di**).

suspendre [syspɑ̃dʀ] *v.tr.* [coniug. come *prendre*] **1** sospendere, appendere **2** sospendere, interrompere: *ce journal a été suspendu*, è stata sospesa la pubblicazione di questo giornale ♦ **se suspendre** *v.pron.* appendersi, aggrapparsi.

suspendu [syspɑ̃dy] *p.p.* di **suspendre** ♦ *agg.* **1** sospeso, appeso **2** (*da carica ecc.*) sospeso.
● ***être suspendu aux lèvres de qqn***, pendere dalle labbra di qlcu | ***jardin suspendu***, giardino pensile | ***voiture bien suspendue***, macchina ben molleggiata.

suspens [syspɑ̃] *agg.* (*dir. eccl.*) colpito da sospensione: *prêtre suspens*, sacerdote sospeso a divinis.
● ***en suspens***, in sospeso.

suspense [syspɛns] *n.m.* suspense (*f.*).

suspensif [syspɑ̃sif] *agg.* [f. *-ive*] sospensivo.

suspension [syspɑ̃sjɔ̃] *n.f.* **1** sospensione **2** sospensione, interruzione **3** (*da carica ecc.*) sospensione: *suspension d'un prêtre*, sospensione a divinis.
● ***suspension d'armes***, tregua d'armi | (*dir.*) ***suspension des poursuites***, moratoria.

suspicieux [syspisjø] *agg.* [f. *-euse*] (*letter.*) sospettoso.

suspicion [syspisjɔ̃] *n.f.* sospetto (*m.*).

sussultoire [sysyltwaʀ] *agg.* sussultorio.

sustentation [systɑ̃tasjɔ̃] *n.f.* **1** sostentamento (*m.*) (*spec. med.*) **2** (*aer.*) sostenimento (*m.*) **3** (*aer.*) sostentazione.
● (*fis.*) ***polygone de sustentation***, base d'appoggio | ***sustentation magnétique***, levitazione magnetica.

sustenter [systɑ̃te] *v.tr.* (*antiq.*) sostentare ♦ **se sustenter** *v.pron.intr.* (*antiq.*) sostentarsi; (*scherz.*) nutrirsi, tenersi su.

susurrement [sysyʀmɑ̃] *n.m.* sussurro, mormorio.

susurrer [sysyʀe] *v.tr.* e *intr.* sussurrare, mormorare.

suture [sytyʀ] *n.f.* sutura.

suturer [sytyʀe] *v.tr.* suturare.

suzerain [syzʀɛ̃] *agg.* (*st. feudale*) sovrano; del signore feudale ♦ *n.m.* (*st. feudale*) signore; feudatario.

suzeraineté [syzʀɛnte] *n.f.* (*st. feudale*) sovranità; dignità di feudatario.

svastika [svastika] *n.m.* svastica (*f.*).

svelte [svɛlt] *agg.* **1** agile **2** slanciato, snello: *avoir la taille svelte*, essere slanciato.

FAUX AMI
Da non confondere con *svelto* nel significato di *veloce*, che si traduce *rapide*.

sveltesse [svɛltɛs] *n.f.* **1** agilità **2** snellezza.

swahili [swaili] *agg.* swahili ♦ *n.m.* (*lingua*) swahili.

Swahili *n.m.* (*individuo*) swahili.

sweater [switœʀ] *n.m.* (*abbigl.*) sweater; cardigan.

sweat-shirt [switʃœʀt] *n.m.* [pl. *sweat-shirts*] (*abbigl.*) felpa (*f.*).

sybarite [sibaʀit] *n.m.* e *f.* sibarita.
● ***vivre en sybarite***, (*fig.*) fare una vita da sibarita.

sybaritisme [sibaʀitism] *n.m.* vita (*f.*) sibaritica.

sycomore [sikɔmɔʀ] *n.m.* (*bot.*) sicomoro.

S

syllabaire [sil/abɛʀ] *n.m.* sillabario.
syllabe [sil/ab] *n.f.* sillaba.
syllabique [sil/abik] *agg.* sillabico.
syllogisme [silɔʒism] *n.m.* sillogismo.
sylphe [silf] *n.m.* silfo.
sylphide [silfid] *n.f.* silfide.
sylvestre [silvɛstʀ] *agg.* silvestre.
sylvicole [silvikɔl] *agg.* **1** (*tecn.*) silvicolo **2** (*antiq.*) che vive nelle foreste.
sylviculteur [silvikyltœʀ] *n.m.* [f. *-trice*] silvicoltore.
sylviculture [silvikyltyʀ] *n.f.* silvicoltura.
symbiose [sɛ̃bjoz] *n.f.* simbiosi.
symbiotique [sɛ̃bjɔtik] *agg.* simbiotico.
symbole [sɛ̃bɔl] *n.m.* simbolo.
symbolique [sɛ̃bɔlik] *agg.* simbolico ♦ *n.f.* **1** simbolica, simbologia **2** simbolismo (*m.*).
symboliquement [sɛ̃bɔlikmɑ̃] *avv.* simbolicamente.
symboliser [sɛ̃bɔlize] *v.tr.* **1** simboleggiare **2** attribuire un valore simbolico (a).
symbolisme [sɛ̃bɔlism] *n.m.* (*st. lett.*) simbolismo.
symboliste [sɛ̃bɔlist] *agg.* simbolistico ♦ *n.m.* e *f.* simbolista.
symétrie [simetʀi] *n.f.* simmetria.
symétrique [simetʀik] *agg.* simmetrico.
symétriquement [simetʀikmɑ̃] *avv.* simmetricamente.
sympa [sɛ̃pa] *agg.* (*fam.*) (*abbr. di* sympathique) simpatico.
sympathie [sɛ̃pati] *n.f.* simpatia.
● ***se prendre de sympathie pour qqn***, provare un'improvvisa simpatia per qlcu | ***toute ma sympathie***, (*nelle condoglianze*) partecipo al suo dolore.
sympathique [sɛ̃patik] *agg.* simpatico ♦ *n.m.* (*anat.*) simpatico.
■ AGG. SIN. plaisant, charmant CONTR. antipathique.
sympathiquement [sɛ̃patikmɑ̃] *avv.* simpaticamente.
sympathisant [sɛ̃patizɑ̃] *agg.* e *n.m.* simpatizzante.
sympathiser [sɛ̃patize] *v.intr.* simpatizzare.
symphonie [sɛ̃fɔni] *n.f.* sinfonia.
symphonique [sɛ̃fɔnik] *agg.* sinfonico.
symphoniste [sɛ̃fɔnist] *n.m.* e *f.* sinfonista.
symposium [sɛ̃pozjɔm] *n.m.* simposio.
symptomatique [sɛ̃ptɔmatik] *agg.* sintomatico.
symptomatologie [sɛ̃ptɔmatɔlɔʒi] *n.f.* sintomatologia.
symptôme [sɛ̃ptom] *n.m.* sintomo.
synagogue [sinagɔg] *n.f.* sinagoga.
synchrone [sɛ̃kʀɔn] *agg.* sincrono.
synchronie [sɛ̃kʀɔni] *n.f.* sincronia.
synchronique [sɛ̃kʀɔnik] *agg.* sincronico.
synchroniquement [sɛ̃kʀɔnikmɑ̃] *avv.* sincronicamente.
synchronisation [sɛ̃kʀɔnizasjɔ̃] *n.f.* sincronizzazione.
synchroniser [sɛ̃kʀɔnize] *v.tr.* sincronizzare.
synchronisme [sɛ̃kʀɔnism] *n.m.* sincronismo.
synchrotron [sɛ̃kʀɔtʀɔ̃] *n.m.* (*fis.*) sincrotrone.
syncopal [sɛ̃kɔpal] *agg.* [pl. *-aux*] sincopale.
syncope [sɛ̃kɔp] *n.f.* **1** (*med.*) sincope: *il est tombé en syncope*, ha avuto una sincope **2** (*estens.*) sincope, collasso (*m.*) **3** (*mus., fon.*) sincope.
syncopé [sɛ̃kɔpe] *agg.* (*mus., fon.*) sincopato.
syncrétisme [sɛ̃kʀetism] *n.m.* sincretismo.
syndic [sɛ̃dik] *n.m.* **1** (*di condominio*) amministratore **2** (*di corporazione, società ecc.*) rappresentante, curatore **3** (*Svizzera*) (*in alcuni cantoni*) sindaco.

FAUX AMI
Da non confondere con *sindaco* di una città, che si traduce *maire*.

syndical [sɛ̃dikal] *agg.* [pl. *-aux*] sindacale.
syndicalisation [sɛ̃dikalizasjɔ̃] *n.f.* sindacalizzazione.
syndicaliser [sɛ̃dikalize] *v.tr.* sindacalizzare.
syndicalisme [sɛ̃dikalism] *n.m.* sindacalismo.
syndicaliste [sɛ̃dikalist] *agg.* sindacalistico ♦ *n.m.* e *f.* sindacalista.
syndicat [sɛ̃dika] *n.m.* **1** sindacato: *syndicats ouvriers*, sindacati operai **2** consorzio, sindacato.
● ***syndicat d'initiative***, azienda autonoma di soggiorno.
syndicataire [sɛ̃dikatɛʀ] *agg.* di sindacato ♦ *n.m.* e *f.* (*dir.*) membro (*m.*) di sindacato finanziario.
syndiqué [sɛ̃dike] *agg.* sindacalizzato: *ouvrier syndiqué*, operaio iscritto a un sindacato ♦ *n.m.* iscritto a un sindacato.
syndiquer [sɛ̃dike] *v.tr.* organizzare in sindacato, sindacalizzare ♦ **se syndiquer** *v.pron.intr.* sindacalizzarsi.
syndrome [sɛ̃dʀom] *n.m.* sindrome (*f.*).
synecdoque [sinɛkdɔk] *n.f.* (*ret.*) sineddoche.
synergie [sinɛʀʒi] *n.f.* sinergia.
synodal [sinɔdal] *agg.* [pl. *-aux*] sinodale.
synode [sinɔd] *n.m.* (*eccl.*) sinodo.
synodique [sinɔdik] *agg.* **1** (*astr.*) sinodico **2** (*eccl.*) sinodico, sinodale: *lettre synodique*, lettera sinodica ♦ *n.m.* raccolta (*f.*) delle decisioni dei sinodi.
synonyme [sinɔnim] *agg.* e *n.m.* sinonimo.
synonymie [sinɔnimi] *n.f.* sinonimia.
synonymique [sinɔnimik] *agg.* sinonimico.
synopsis [sinɔpsis] *n.m.* **1** sinossi (*f.*) **2** soggetto cinematografico.
synoptique [sinɔptik] *agg.* sinottico.
synovial [sinɔvjal] *agg.* [pl. *-aux*] (*anat.*) sinoviale.
synovie [sinɔvi] *n.f.* (*anat.*) sinovia.
synovite [sinɔvit] *n.f.* (*med.*) sinovite.
syntagme [sɛ̃tagm] *n.m.* sintagma.
syntaxe [sɛ̃taks] *n.f.* sintassi.
syntaxique [sɛ̃taksik] *agg.* sintattico.
synthèse [sɛ̃tɛz] *n.f.* sintesi.
synthétique [sɛ̃tetik] *agg.* **1** sintetico **2** artificiale, sintetico.
synthétiquement [sɛ̃tetikmɑ̃] *avv.* sinteticamente.
synthétiser [sɛ̃tetize] *v.tr.* sintetizzare.
synthétiseur [sɛ̃tetizœʀ] *n.m.* sintetizzatore.
syntonie [sɛ̃tɔni] *n.f.* sintonia.
syntonisation [sɛ̃tɔnizasjɔ̃] *n.f.* sintonizzazione.
syntoniser [sɛ̃tɔnize] *v.tr.* sintonizzare.
syntoniseur [sɛ̃tɔnizœʀ] *n.m.* sintonizzatore.
syphilis [sifilis] *n.f.* (*med.*) sifilide.
syphilitique [sifilitik] *agg.* e *n.m.* e *f.* sifilitico/a.
syriaque [siʀjak] *n.m.* (*lingua*) siriaco.

S

syrien [siʀjɛ̃] *agg.* [f. *-enne*] siriano ♦ *n.m.* (*dialetto*) siriano.

Syrien *n.m.* [f. *-enne*] (*abitante*) siriano.

syrinx [siʀɛ̃ks] *n.f.* (*zool.*) siringe.

syrphe [siʀf] *n.m.* (*zool.*) sirfo.

systématique [sistematik] *agg.* **1** sistematico **2** (*inform.*) incondizionato ♦ *n.f.* sistematica.

systématiquement [sistematikmɑ̃] *avv.* sistematicamente.

systématisation [sistematizasjɔ̃] *n.f.* sistematizzazione, riduzione a sistema.

systématiser [sistematize] *v.tr.* ridurre a sistema.

système [sistɛm] *n.m.* sistema.

● (*inform.*) ***système de programmation***, programmi applicativi | (*st. econ.*) ***Système monétaire européen***, Sistema monetario europeo | ***avoir un esprit de système trop poussé***, voler rendere tutto sistematico | ***taper***, ***porter sur le système***, (*fam.*) dare ai nervi.

systémicien [sistemisjɛ̃] *n.m.* [f. *-enne*] (*inform.*) sistemista.

systole [sistɔl] *n.f.* (*med.*) sistole.

syzygie [siziʒi] *n.f.* (*astr.*) sizigia.

S

Tt

t [te] *n.m.* t (*m.* o *f.*).
● (*tel.*) ***t comme Thérèse***, t come Torino.
ta [ta] *agg.poss.f. 2ª pers.sing.* → **ton**[1].
tabac[1] [taba] *n.m.* **1** tabacco **2** tabaccheria (*f.*) ♦ *agg. invar.* (color) tabacco.
● ***tabac à priser***, tabacco da fiuto | ***débit, bureau de tabac***, tabaccheria | ***les Tabacs***, la Manifattura dei Tabacchi.
tabac[2] *n.m.* (*antiq.*) pestaggio | *passage à tabac*, (*fam.*) pestaggio.
● ***faire un tabac***, (*fig. fam.*) avere un successone | ***passer qqn à tabac***, (*fam.*) picchiare qlcu di santa ragione.
tabagie [tabaʒi] *n.f.* **1** luogo (*m.*) dove si fuma molto e che resta impregnato di odore di fumo **2** (*Canada*) tabaccheria.
tabagisme [tabaʒism] *n.m.* (*med.*) tabagismo.
tabassage [tabasaʒ] *n.m.* **tabassée** [tabase] *n.f.* (*fam.*) pestaggio (*m.*).
tabasser [tabase] *v.tr.* (*fam.*) pestare.
tabatière [tabatjɛʀ] *n.f.* tabacchiera.
● (***fenêtre à***) ***tabatière***, lucernario.
tabelle [tabɛl] *n.f.* (*Svizzera*) tabella, lista.
tabellion [tabeljɔ̃] *n.m.* (*scherz.*) notaio.
tabernacle [tabɛʀnakl] *n.m.* tabernacolo.
tabès [tabɛs] *n.m.* (*med.*) tabe (*f.*).
tablar(d) [tablaʀ] *n.m.* (*Svizzera*) mensola (*f.*); ripiano.
tablature [tablatyʀ] *n.f.* (*mus.*) intavolatura.
table [tabl] *n.f.* **1** tavolo (*m.*) **2** tavola (imbandita): *mettre, dresser la table*, apparecchiare (la tavola); *inviter, recevoir qqn à sa table*, invitare, avere qlcu a pranzo **3** tavola; piano (*m.*); asse **4** tavola; tabella; indice (*m.*) **5** (*geogr.*) tavolato (*m.*) | *table continentale*, tavolato continentale.
● ***table à langer***, fasciatoio | ***table à rallonges***, tavolo allungabile | ***table à repasser***, asse da stiro | ***table d'écoute***, (*per intercettazioni*) posto d'ascolto | ***table de cuisson***, piano di cottura | ***table de jeu***, tavolo da gioco | ***table de massage***, lettino per massaggi | (*mat.*) ***table de multiplication***, tavola pitagorica | ***table de nuit, de chevet***, comodino | ***table des abréviations***, elenco delle abbreviazioni | ***table des matières***, indice | ***table des valeurs***, scala dei valori | ***table ronde***, (*fig.*) tavola rotonda | ***table roulante***, carrello, tavolino a rotelle | ***tables gigognes***, tavolini allungabili | (*Belgio*) ***faire longue table***, banchettare | ***faire table rase***, (*fig.*) fare tabula rasa | (*eccl.*) ***la Sainte Table***, la Sacra Mensa: *s'approcher de la Sainte Table*, accostarsi ai sacramenti | ***le haut bout de la table***, capotavola: *occuper le haut bout de la table*, essere seduti a capotavola | ***manger à la table d'hôte***, mangiare alla tavola comune | ***se mettre à table***, mettersi a tavola; (*fig.*) vuotare il sacco; cantare.
tableau [tablo] *n.m.* [pl. *-eaux*] **1** quadro; dipinto | *tableau de chasse*, quadro di caccia; (*fig.*) selvaggina uccisa **2** (*teatr.*) quadro: *drame en 3 actes et 10 tableaux*, dramma in 3 atti e 10 quadri **3** (*fig.*) quadro, descrizione (*f.*): *brosser un tableau de la situation économique*, tracciare un quadro della situazione economica | *tu vois d'ici le tableau!*, (*fam.*) ti puoi immaginare la situazione **4** (*tecn.*) quadro, pannello: (*elettr.*) *tableau de commande*, pannello di comando; *tableau de contrôle*, quadro di controllo **5** quadro, tavola (*f.*), tabella (*f.*) **6** quadro, albo (professionale) **7** lavagna: *passer, aller au tableau* (*noir*), andare alla lavagna **8** (*nei tavoli di baccarà ecc.*) tableau **9** (*mar.*) quadro di poppa.
● ***tableau d'affichage***, bacheca; (*aer.*) tabellone arrivi e partenze: (*ferr.*) *tableau d'affichage des trains au départ*, tabellone, quadro dei treni in partenza | (*Senegal*) ***tableau d'arrêt***, (segnale di) fermata d'autobus | ***tableau d'autel***, pala, quadro d'altare | (*amm.*) ***tableau d'avancement***, graduatoria del personale (nella pubblica amministrazione) | (*aut., aer., mar.*) ***tableau de bord***, cruscotto, quadro degli strumenti | (*teatr.*) ***tableau de service***, ordine del giorno | ***tableau d'honneur***, lista dei migliori allievi di una classe | (*ferr.*) ***tableau horaire***, quadro orario | ***tableau indicateur***, tabella delle istruzioni | ***tableau vivant***, quadro vivente | ***gagner sur tous les tableaux***, (*fig.*) vincere su tutti i fronti | ***jouer sur les deux tableaux***, (*fig.*) tenere il piede in due staffe | ***pour achever le tableau***, (*fig.*) per completare il quadro, l'opera | ***un vieux tableau***, (*fig.*) una vecchia befana.
tableautin [tablotɛ̃] *n.m.* quadretto.
tablée [table] *n.f.* tavolata.
tabler [table] *v.intr.* contare, fare assegnamento.
tablette [tablɛt] *n.f.* **1** mensola; piano (*m.*), ripiano (*m.*) **2** tavoletta **3** (*Svizzera*) caramella.
● ***tablette de chocolat***, tavoletta di cioccolato; (*Africa*) terreno accidentato | ***mets ça sur tes tablettes***, (*fig.*) prendine nota | ***rayer de ses tablettes***, (*fig.*) farci una croce sopra.
tabletter [tablete] *v.tr.* (*Canada*) mettere in disparte.
tabletterie [tablɛtʀi] *n.f.* **1** oggetti (*m.pl.*) di legno intarsiato, di ebano, di avorio ecc. **2** ebanisteria (fabbricazione e bottega).
tablier [tablije] *n.m.* **1** grembiule **2** (*di ponte*) piano stradale.
● ***rendre son tablier***, (*fig.*) licenziarsi.
tabloïd, **tabloïde** [tablɔid] *agg.* e *n.m.* (*tip.*) tabloid.
tabou [tabu] *agg.* e *n.m.* tabù.
■ AGG. SIN. interdit.
taboulé [tabule] *n.m.* (*cuc.*) piatto libanese a base di semola di grano, pomodori, cipolle, menta.
tabouret [tabuʀɛ] *n.m.* sgabello; poggiapiedi.
● ***tabouret à vis***, sgabello girevole.
tabulaire [tabylɛʀ] *agg.* **1** a forma di tavola **2** (*mat., amm.*) tabulare.
tabulateur [tabylatœʀ] *n.m.* tabulatore.

tabulatrice [tabylatʀis] ***n.f.*** **1** tabulatrice **2** (*tecn., inform.*) incolonnatore (*m.*).

tac [tak] ***onom.*** e ***n.m.*** tac.
● ***répondre du tac au tac***, rispondere per le rime.

tacca [taka] ***n.m.*** (*bot.*) tacca (*f.*).

tache [taʃ] ***n.f.*** **1** macchia (*anche fig.*) **2** (*scient.*) macchia; macula **3** (*fam.*) persona inetta, incapace.
● ***tache de vin***, voglia di vino | (*anat.*) ***tache jaune***, macula lutea | ***faire tache***, stonare, non armonizzarsi | ***faire tache d'huile***, (*fig.*) allargarsi a macchia d'olio | ***sans tache***, (*fig.*) senza macchia.

tâche [tɑʃ] ***n.f.*** compito (*m.*); incarico (*m.*); dovere (*m.*): *s'acquitter de sa tâche*, svolgere il proprio compito, il proprio lavoro; *remplir sa tâche*, assolvere il proprio dovere.
● ***travailler à la tâche***, lavorare a cottimo.
■ SIN. travail, besogne, devoir.

tachéomètre [takeɔmɛtʀ] ***n.m.*** (*tecn.*) tacheometro.

tacher [taʃe] ***v.tr.*** macchiare (*anche fig.*) ♦ **se tacher** ***v.pron.intr.*** macchiarsi, sporcarsi.

tâcher [tɑʃe] ***v.intr.*** cercare; sforzarsi; fare in modo.
■ SIN. s'efforcer de CONTR. éviter de.

tâcheron [tɑʃʀɔ̃] ***n.m.*** **1** cottimista **2** (*spreg.*) mestierante: *ce n'est pas un artiste, ce n'est qu'un tâcheron*, non è un artista, è solo un mestierante.

tacheté [taʃte] ***agg.*** macchiato, chiazzato.

tacheter [taʃte] ***v.tr.*** [coniug. come *jeter*] macchiare, chiazzare.

tachisme [taʃism] ***n.m.*** (*pitt.*) tachisme (pittura a macchie).

tachiste [taʃist] ***agg.*** e ***n.m.*** e ***f.*** (*pitt.*) tachista.

tachy- ***pref.*** tachi-.

tachycardie [takikaʀdi] ***n.f.*** (*med.*) tachicardia.

tachycardique [takikaʀdik] ***agg.*** e ***n.m.*** e ***f.*** (*med.*) tachicardico/a.

tachymètre [takimɛtʀ] ***n.m.*** **1** tachimetro **2** contagiri.

tacite [tasit] ***agg.*** tacito.

tacitement [tasitmɑ̃] ***avv.*** tacitamente.

taciturne [tasityʀn] ***agg.*** taciturno.
■ SIN. silencieux.

tacot [tako] ***n.m.*** (*fam.*) macinino, bagnarola (*f.*).

tact [takt] ***n.m.*** tatto; delicatezza (*f.*).

tacticien [taktisjɛ̃] ***n.m.*** [f. *-enne*] (*mil.*) tattico.

tactile [taktil] ***agg.*** tattile.

tactique [taktik] ***n.f.*** tattica ♦ ***agg.*** tattico.

tactiquement [taktikmɑ̃] ***avv.*** tatticamente.

tænia [tenja] ***n.m.*** → **ténia**.

taffer [tafe] ***v.intr.*** (*fam.*) **1** lavorare **2** tirare una boccata (di sigaretta).

taffetas [tafta] ***n.m.*** taffet(t)à.
● ***taffetas glacé***, ***changeant***, taffetà cangiante.

tag [tag] ***n.m.*** tag (scritta murale fatta con bomboletta spray).

tagète, **tagetes**, **tagette** [taʒɛt] ***n.m.*** (*bot.*) tagete.

tagine [taʒin] ***n.m.*** **1** (*cuc. marocchina, tunisina*) spezzatino di montone o di pollo con verdure **2** recipiente di terracotta in cui viene cotto il tagine.

taguenasser [tagnase] ***v.intr.*** (*Svizzera*) (*fam.*) perdere tempo.

taguer [tage] ***v.intr.*** scrivere sui muri (con lo spray).

tagueur [tagœʀ] ***n.m.*** [f. *-euse*] graffitista, graffitaro.

tahitien [taitjɛ̃] ***agg.*** [f. *-enne*] tahitiano ♦ ***n.m.*** (*lingua*) tahitiano.

Tahitien ***n.m.*** [f. *-enne*] (*abitante*) tahitiano.

taie [tɛ] ***n.f.*** **1** federa **2** (*med.*) albugine.

taïga [tajga] ***n.f.*** (*geogr.*) taiga.

taïkonaute [tajkɔnot] ***n.m.*** e ***f.*** taikonauta (cosmonauta cinese).

taillable [tɑjabl] ***agg.*** (*st. medievale*) soggetto a una taglia.

taillade [tɑjad] ***n.f.*** **1** taglio (*m.*) (nella pelle, nella carne) **2** (*abbigl.*) spacco (*m.*) verticale.

taillader [tɑjade] ***v.tr.*** tagliare; tagliuzzare.

taillanderie [tɑjɑ̃dʀi] ***n.f.*** fabbricazione, commercio (*m.*) di strumenti da taglio.

taillandier [tɑjɑ̃dje] ***n.m.*** fabbro ferraio (specializzato nella fabbricazione di strumenti da taglio).

taillant [tɑjɑ̃] ***n.m.*** (*di lama*) taglio.

taille [tɑj] ***n.f.*** **1** statura, altezza: *une femme d'une taille moyenne*, una donna di media statura **2** (*abbigl.*) taglia, misura: *quelle taille avez-vous?*, che taglia porta? **3** (*di oggetti*) dimensione **4** vita: *cette robe lui prend bien la taille*, quel vestito le aderisce bene in vita **5** taglio (*m.*) **6** (*agr.*) potatura, taglio (*m.*) **7** (*di armi*) taglio (*m.*), filo (*m.*) **8** (*arte*) incisione, intaglio (*m.*) **9** (*st. medievale*) taglia, imposta.
● ***taille brute***, sbozzatura | ***à la taille*** (***de***), ***de la taille*** (***de***), (*fig.*) all'altezza (di), adatto (a) | ***de taille***, (*fam.*) enorme: *une erreur de taille*, un errore madornale | ***de taille*** (***à***), all'altezza (di), in grado (di): *je me sens de taille à le faire*, mi sento in grado di farlo | (*Africa*) ***faire la taille***, essere a dieta | (*abbigl.*) ***grandes tailles***, taglie forti | ***tour de taille***, giro vita | ***une taille de guêpe***, un vitino di vespa.
■ SIN. **1** stature **3** grandeur.

taillé [tɑje] ***agg.*** **1** tagliato **2** potato **3** ricavato, tagliato: *refuge taillé dans le rocher*, rifugio scavato nella roccia.
● ***taillé à la serpe***, (*fig.*) tagliato con l'accetta | ***taillé en***, con un fisico da; (*di capelli*) con un taglio a: *garçon taillé en athlète*, ragazzo dal fisico atletico | ***être taillé pour***, (*fig.*) essere tagliato per.

taille-crayon [tɑjkʀɛjɔ̃] ***n.m.invar.*** temperamatite.

taille-douce [tɑjdus] ***n.f.*** [pl. *tailles-douces*] (*arte*) (*tecnica e stampa*) incisione in cavo su metallo.

tailler [tɑje] ***v.tr.*** **1** tagliare: *tailler un diamant à facettes*, sfaccettare un diamante | *tailler un crayon*, temperare una matita **2** (*agr.*) potare ♦ ***v.intr.*** incidere ♦ **se tailler** ***v.pron.intr.*** (*fam.*) svignarsela, tagliare la corda ♦ ***v.pron. indiretto*** tagliarsi, ricavarsi: *cet acteur s'est taillé un franc succès*, quell'attore ha ottenuto un gran successo; *il s'est taillé un sifflet dans un bout de bambou*, ha ricavato un fischietto da un pezzo di bambù.
● ***tailler en pièces***, fare a pezzi: *notre armée fut taillée en pièces par l'ennemi*, il nostro esercito fu fatto a pezzi dal nemico | ***tailler une bavette***, (*fam.*) fare una bella chiacchierata | ***se tailler la part du lion***, (*fig.*) fare la parte del leone.

taillerie [tɑjʀi] ***n.f.*** **1** taglio (*m.*), sfaccettatura (delle pietre preziose) **2** laboratorio (*m.*) per il taglio, la sfaccettatura delle pietre preziose.

tailleur [tɑjœʀ] ***n.m.*** **1** sarto (spec. da uomo) **2** (*abbigl.*) tailleur.
● ***tailleur de pierre(s)***, tagliapietre, scalpellino | ***s'asseoir en tailleur***, sedersi a gambe incrociate, alla turca.

tailleur-pantalon [tajœʀpɑ̃talɔ̃] ***n.m.*** [pl. *tailleurs -pantalons*] (*abbigl.*) tailleur-pantalone.

taillis [taji] ***n.m.*** bosco ceduo ♦ ***agg.*** ceduo.

tailloir [tajwaʀ] ***n.m.*** **1** tagliere **2** (*arch.*) abaco.

tain [tɛ̃] ***n.m.*** (*negli specchi*) foglia (*f.*) (di stagno, di argento ecc.).
● ***glace sans tain***, vetro a specchio unidirezionale, specchio segreto.

taire [tɛʀ] ***v.tr.*** [coniug. come *plaire*, tranne alla 3ª pers. del pres. ind.: *il tait*] tacere ♦ **se taire** ***v.pron.intr.*** tacere; stare zitto: *elle s'est tue*, ha taciuto.
● ***faire taire***, far tacere; (*fig.*) mettere a tacere | ***tais-toi!***, (*fam.*) taci!; non parlarmene! | ***vas-tu te taire!***, vuoi stare zitto!
■ V.PRON. CONTR. dire, parler.

taisant [tɛzɑ̃] *p.pres.* di **taire**.

taiseux [tezø] ***agg.*** e ***n.m.*** [f. *-euse*] (*Belgio*) taciturno.

tajine [taʒin] ***n.m.*** → **tagine**.

talaire [talɛʀ] ***agg.*** talare.

talc [talk] ***n.m.*** talco.

talé [tale] ***agg.*** ammaccato (spec. di frutta).

talent [talɑ̃] ***n.m.*** **1** talento; ingegno: *il est plein de talent, c'est quelqu'un de talent*, ha talento, è una persona d'ingegno **2** persona (*f.*) di talento, talento: *encourager les jeunes talents*, incoraggiare i giovani talenti.
■ SIN. **1** aptitude, don.

talentueux [talɑ̃tɥø] ***agg.*** [f. *-euse*] pieno di talento.
■ SIN. doué.

talion [taljɔ̃] ***n.m.*** taglione.
● ***la loi du talion***, la legge del taglione.

talisman [talismɑ̃] ***n.m.*** talismano (*anche fig.*).
■ SIN. amulette.

talkie-walkie [tokiwoki, tɔlkiwɔlki] ***n.m.*** [pl. *talkies -walkies*] walkie-talkie.

talle [tal] ***n.f.*** (*bot.*) tallo (*m.*).

taller [tale] ***v.intr.*** (*bot.*) accestire, tallire.

talmatcher [talmatʃe] ***v.intr.*** (*Svizzera*) masticare una lingua straniera.

taloche[1] [talɔʃ] ***n.f.*** (*fam.*) scapaccione (*m.*), sberla.

taloche[2] ***n.f.*** (*edil.*) frettazzo (*m.*), frettazzino (*m.*).

talocher [talɔʃe] ***v.tr.*** (*fam. antiq.*) prendere a scapaccioni, a sberle.

talon [talɔ̃] ***n.m.*** **1** tallone, calcagno **2** (*della scarpa*) tacco: *chaussures à talons plats*, scarpe basse **3** talloncino, tagliando, matrice (*f.*): *le talon d'un chèque*, il talloncino di un assegno; *le talon d'un mandat poste*, la matrice di un vaglia; *le talon d'une facture*, la madre di una bolletta **4** pezzo: *un talon de fromage*, un fondo di formaggio **5** (*giochi di carte*) tallone, mazzetto **6** (*tecn.*) tallone: *talon d'un archet*, il tallone di un archetto **7** (*dello sci*) coda (*f.*).
● ***talon rouge***, nobile (nel XVII sec.) | ***talons aiguilles***, tacchi a spillo | ***talons bottier***, mezzi tacchi | ***avoir l'estomac dans les talons***, (*fig.*) avere una fame da lupi | ***le talon d'Achille***, (*fig.*) il tallone d'Achille | ***marcher*** (o ***être***) ***sur les talons de qqn***, stare alle calcagna di qlcu; essere sulle tracce di qlcu: *la police était sur ses talons*, la polizia gli era alle calcagna | ***piocher dans le talon***, pescare nel mazzo | ***tourner les talons***, (*fig.*) girare, alzare i tacchi.

talonnade [talɔnad] ***n.f.*** (*rugby*) tallonata.

talonnage [talɔnaʒ] ***n.m.*** (*rugby*) tallonamento.

talonnement [talɔnmɑ̃] ***n.m.*** **1** tallonamento **2** (*di nave*) urto sul fondo.

talonner [talɔne] ***v.tr.*** **1** tallonare, inseguire, incalzare: *talonner l'ennemi*, incalzare il nemico; *une peur terrible le talonnait*, (*fig.*) una terribile paura lo assillava **2** spronare: *talonner un cheval*, spronare un cavallo **3** (*rugby*) tallonare ♦ ***v.intr.*** (*mar.*) tallonare, urtare il fondo.

talonnette [talɔnɛt] ***n.f.*** **1** rivestimento (*m.*) interno della scarpa **2** battitacco (*m.*) (dei pantaloni) **3** (*calzoleria*) alzatacco (*m.*).

talonneur [talɔnœʀ] ***n.m.*** (*rugby*) tallonatore.

talquer [talke] ***v.tr.*** cospargere di talco.

talus [taly] ***n.m.*** scarpata (*f.*): *le talus herbeux de la route*, il bordo erboso della strada.
● ***en talus***, a scarpa.

tamanoir [tamanwaʀ] ***n.m.*** (*zool.*) formichiere gigante.

tamarin[1] [tamaʀɛ̃] ***n.m.*** (*frutto e pianta*) tamarindo.

tamarin[2] ***n.m.*** (*zool.*) tamarino.

tamarinier [tamaʀinje] ***n.m.*** (*albero*) tamarindo.

tamaris [tamaʀis] ***n.m.*** (*bot.*) tamerice (*f.*).

tambouille [tɑ̃buj] ***n.f.*** (*fam.*) cucina (spec. mediocre).
● ***faire la tambouille***, fare da mangiare.

tambour [tɑ̃buʀ] ***n.m.*** **1** tamburo **2** (*per fare merletti*) tombolo; (*per ricamare*) telaio da ricamo **3** (*tecn.*) tamburo: *tambour de frein*, tamburo del freno **4** (*di porta*) bussola (*f.*).
● (*tecn.*) ***tambour à câble***, tamburo per fune | ***tambour battant***, (*anche fig.*) a tamburo battente: *mener une affaire tambour battant*, condurre un affare alla svelta; *mener une classe tambour battant*, far rigar dritto una classe | (*mus.*) ***tambour de basque***, tamburello, tamburo basco | (*cine.*) ***tambour presseur***, rullo compressore | ***tambour vitré***, bussola, porta girevole | ***sans tambour ni trompette***, alla chetichella: *il a décampé sans tambour ni trompette*, è filato via alla chetichella.

tambourin [tɑ̃buʀɛ̃] ***n.m.*** tamburello.

tambourinage [tɑ̃buʀinaʒ] ***n.m.*** tambureggiamento; rullo di tamburo.

tambouriner [tɑ̃buʀine] ***v.intr.*** **1** tambureggiare, suonare il tamburo **2** tamburellare; battere ripetutamente ♦ ***v.tr.*** **1** (*una musica*) suonare sul tamburo **2** (*fig.*) strombazzare.

tambourineur [tɑ̃buʀinœʀ] ***n.m.*** [f. *-euse*] suonatore di tamburo; suonatore di tamburello.

tambour-major [tɑ̃buʀmaʒɔʀ] ***n.m.*** [pl. *tambours-majors*] tamburo maggiore, capotamburo.

tamier [tamje] ***n.m.*** (*bot.*) tamaro.

tamis [tami] ***n.m.*** crivello, vaglio, setaccio.
● ***passer au tamis***, setacciare; (*fig.*) passare al setaccio, vagliare.

tamisage [tamizaʒ] ***n.m.*** vagliatura (*f.*), setacciatura (*f.*).

tamiser [tamize] ***v.tr.*** **1** setacciare, vagliare **2** (*fig.*) attenuare, temperare; (*luce*) smorzare ♦ ***v.intr.*** **1** passare attraverso il setaccio **2** (*di vela*) lasciar passare il vento.

tamiseur [tamizœʀ] ***n.m.*** [f. *-euse*] setacciatore, crivellatore.

tampon [tɑ̃pɔ̃] ***n.m.*** **1** tampone, tappo **2** (*med.*) tampone, stuello **3** timbro **4** (*chim.*) tampone: *solution tampon*, soluzione tampone **5** (*tecn.*) tassello **6** (*di fogna*) tombino, chiusino.
● ***tampon*** (***buvard***), (*di carta assorbente*) tampone | (*ferr.*) ***tampon*** (***de choc***), respingente, tampone | ***tampon*** (***encreur***), tampone, cuscinetto per timbri | ***tampon hygiénique, périodique***, tampone, assorbente igienico in-

terno | (*pol.*) ***État tampon***, Stato cuscinetto | ***servir de tampon***, (*fig.*) fare da cuscinetto.

tamponnage [tãpɔnaʒ] ***n.m.*** (*Africa*) scontro; (*di veicoli*) tamponamento.

tamponnement [tãpɔnmã] ***n.m.*** **1** tamponamento **2** (*di veicoli*) scontro; tamponamento **3** (*Africa*) investimento.

tamponner [tãpɔne] ***v.tr.*** **1** tamponare; tappare, turare **2** (*di veicoli*) tamponare, investire ♦ **se tamponner** ***v.pron.rec.*** (*di veicoli*) tamponarsi, scontrarsi.
● (*tecn.*) ***tamponner un mur***, mettere tasselli in un muro | ***s'en tamponner (le coquillard)***, (*fam.*) fregarsene.

tamponneur [tãpɔnœʀ] ***agg.*** [f. *-euse*] investitore.
● ***autos tamponneuses***, autoscontro.

tam-tam [tamtam] ***n.m.*** [pl. *tam-tams*] tam-tam.
● ***faire du tam-tam***, (*fig.*) battere la grancassa; far molto rumore.

tan [tã] ***n.m.*** tanno.

tancer [tãse] ***v.tr.*** [coniug. come *placer*] (*letter.*) rimproverare con severità, rimbrottare.
■ SIN. réprimander.

tanche [tãʃ] ***n.f.*** (*zool.*) tinca.

tandem [tãdɛm] ***n.m.*** **1** (bicicletta a) tandem **2** (*fig. fam.*) tandem, duo; accoppiata (*f.*).

tandis que [tãdikə] ***cong.*** **1** (*simultaneità di due azioni*) mentre: *tandis que j'écoutais la radio j'ai mis de l'ordre dans mes livres*, mentre ascoltavo la radio ho messo in ordine i miei libri **2** (*opposizione di due azioni*) mentre, invece: *vous subissez les événements tandis qu'il faudrait les affronter*, subite gli eventi mentre occorrerebbe affrontarli.

tangage [tãgaʒ] ***n.m.*** (*mar., aer.*) beccheggio.
● ***coup de tangage***, beccheggiata.

tangence [tãʒãs] ***n.f.*** (*mat.*) tangenza.

tangent [tãʒã] ***agg.*** **1** (*mat.*) tangente **2** (*fig.*) di stretta misura, per un pelo.

tangente [tãʒãt] ***n.f.*** (*mat.*) tangente.
● ***prendre la tangente***, (*fam.*) svignarsela, filarsela per la tangente; (*fig. fam.*) cavarsela con una scappatoia.

tangentiel [tãʒãsjɛl] ***agg.*** [f. *-elle*] (*mat.*) tangenziale.

tangible [tãʒibl] ***agg.*** tangibile.
■ SIN. palpable, matériel.

tango [tãgo] ***n.m.*** tango ♦ ***agg.invar.*** (color) arancione.

tanguer [tãge] ***v.intr.*** **1** (*mar., aer.*) beccheggiare **2** (*fig. fam.*) traballare, dondolare.

tanière [tanjɛʀ] ***n.f.*** tana (*anche fig.*).
■ SIN. antre.

tanin [tanɛ̃] ***n.m.*** (*chim.*) tannino.

tanj [tãʒ] ***n.m.*** (*verlan di* gitan) zingaro, gitano.

tank [tãk] ***n.m.*** **1** carro armato, tank **2** (*mar.*) nave (*f.*) cisterna, tanca (*f.*).

tanker [tãkɛʀ] ***n.m.*** nave (*f.*) cisterna.

tankiste [tãkist] ***n.m.*** (*mil.*) carrista.

tannage [tanaʒ] ***n.m.*** (*ind. chim.*) concia (*f.*), conciatura (*f.*).

tannant [tanã] ***agg.*** **1** (*chim.*) conciante **2** (*fig.*) scocciante, seccante.

tanné [tane] ***agg.*** **1** conciato **2** molto abbronzato: *visage tanné par le soleil*, volto cotto dal sole.
■ SIN. boucané.

tannée [tane] ***n.f.*** **1** (*chim.*) concia **2** (*fam.*) scarica di botte **3** (*estens.*) batosta.

tanner [tane] ***v.tr.*** **1** conciare **2** (*fam.*) scocciare, seccare.

tannerie [tanʀi] ***n.f.*** conceria; concia.

tanneur [tanœʀ] ***n.m.*** [f. *-euse*] conciatore.

tannin [tanɛ̃] ***n.m.*** → **tanin**.

tannique [tanik] ***agg.*** (*chim.*) tannico.

tant [tã] ***avv.*** **1** tanto: *je voudrais tant avoir terminé ce travail!*, vorrei tanto aver finito questo lavoro; *on m'a tant parlé de vous*, mi hanno parlato tanto di lei **2** talmente, tanto che: *personne ne l'aime tant il est égoïste*, è talmente egoista che nessuno gli vuol bene ♦ ***pron. indef.invar.*** tanto; tanta; tanti; tante: *tu peux en trouver tant que tu en voudras*, puoi trovarne (tanti) quanti ne vorrai ♦ ***n.m.*** un tanto: *gagner tant par mois*, guadagnare un tanto al mese.
● ***tant bien que mal***, così così, alla meno peggio | ***tant et si bien que***, a tal punto che, tanto che | ***tant il est vrai que***, tant'è vero che | ***tant il y a que***, fatto sta che, in poche parole: *je ne sais pas ce qui m'a pris, tant il y a que je me suis mis en colère*, non so che cosa mi sia preso, fatto sta che mi sono arrabbiato | ***tant mieux***, tanto meglio | ***tant pis***, tanto peggio | ***tant que faire se peut***, ***se pourra***, per quanto possibile | ***tant que j'y suis! (tu y es!, etc.)***, già che ci sono! (ci sei! ecc.) | (*prov.*) ***tant qu'il y a de vie, il y a de l'espoir***, finché c'è vita c'è speranza | ***tant qu'il vous plaira***, fintantoché le piacerà | ***en tant que***, in quanto: *le théâtre en tant qu'art*, il teatro in quanto arte | ***le docteur Tant-Pis***, ***Tant-Mieux***, (*fam.*) un medico che vede tutto nero, tutto rosa | ***nous nous reverrons le tant***, ci rivedremo il giorno tale | ***si tant est que***, ammesso che: *j'irai si tant est que je puisse*, vi andrò ammesso che io possa, che mi sia possibile | ***tous tant que nous sommes***, ***que vous êtes***, tutti quanti noi, voi | ***vous m'en direz tant!***, (*fam.*) ah, ho capito!, tutto si spiega | ***un tant soit peu***, un tantino.
□ **tant de** ***avv.*** (*seguito da n.*) tanto; tanta; tanti; tante: *j'aurais tant de choses à vous dire*, avrei da dirvi tante cose; *ne fais pas comme tant d'autres*, non fare come tanti altri; *je ne l'avais jamais entendu parler avec tant d'enthousiasme*, non l'avevo mai sentito parlare con tanto entusiasmo.
□ **tant que** ***cong.*** **1** finché, fintantoché; fin dove; per quanto: *il m'a aidé tant qu'il a pu*, mi ha aiutato finché ha potuto; *tant qu'il pleuvra nous ne pourrons pas sortir*, fintanto che pioverà non potremo uscire; *tant que la vue peut s'étendre*, fin dove lo sguardo può arrivare **2** poiché, giacché: *tant qu'à le punir, punis-le sévèrement*, dal momento che lo devi punire, puniscilo severamente | *tant qu'à faire il vaut mieux y aller*, (*fam.*) a questo punto tanto vale andarci.
□ **tant... que** ***avv.*** **1** (*in proposizioni consecutive*) tanto... che, da: *il a tant mangé qu'il est tombé malade*, ha mangiato tanto che si è ammalato, da star male **2** (*in proposizioni comparative negative*) tanto... quanto: *il n'a pas tant de livres que moi*, non ha tanti libri come me, quanti ne ho io; *il n'est pas tant question d'intelligence que de volonté*, non è tanto (una) questione di intelligenza quanto di volontà; *il ne travaille pas tant que moi*, non lavora quanto me; *tiens-tu tant que cela à cet objet?*, tieni così tanto, ci tieni proprio a quell'oggetto? **3** (*correlativo*) sia... sia, sia... che: *les écrivains tant anciens que modernes*, gli scrittori sia antichi sia moderni; *tant en France qu'en Italie*, sia in Francia che in Italia.

tantale[1] [tãtal] ***n.m.*** (*zool.*) tantalo.

tantale[2] ***n.m.*** (*chim.*) tantalio.

tante [tãt] ***n.f.*** **1** zia **2** (*molto fam.*) checca, finocchio (*m.*) **3** (*Seychelles*) cesto (*m.*).
● ***chez ma tante***, (*fam.*) al monte di pietà.

tantième [tɑ̃tjɛm] ***n.m.*** **1** (*dir.*) percentuale (*f.*) **2** compenso, quota (*f.*).
● ***la tantième partie d'un tout***, (*antiq.*) una data parte del tutto.

tantine [tɑ̃tin] ***n.f.*** (*fam.*) zietta.

tantinet [tɑ̃tinɛ] ***n.m.*** (*fam.*) tantino.
● ***un tantinet***, un po'.

tantôt [tɑ̃to] ***avv.*** (*fam.*) questo pomeriggio.
● ***à tantôt***, a fra poco; a questo pomeriggio | ***tantôt... tantôt...***, talvolta... talaltra; ora... ora.

taoïsme [taɔism] ***n.m.*** (*relig.*) taoismo.

taoïste [taɔist] ***agg.*** e ***n.m.*** e ***f.*** (*relig.*) taoista.

taon [tɑ̃] ***n.m.*** (*zool.*) tafano, mosca (*f.*) cavallina.

tapage [tapaʒ] ***n.m.*** **1** baccano, chiasso **2** (*fig.*) scalpore: *la nouvelle fit beaucoup de tapage*, la notizia suscitò grande scalpore.
● (*dir.*) ***tapage nocturne***, schiamazzo notturno.
■ SIN. vacarme.

tapageur [tapaʒœʀ] ***agg.*** [f. *-euse*] **1** chiassoso (*anche fig.*) **2** (*di colore*) vistoso.

tapant [tapɑ̃] ***agg.***
● ***à deux, ... dix heures tapantes***, alle due, ... dieci precise, alle due... dieci in punto.

tape [tap] ***n.f.*** **1** pacca: *une tape amicale dans le dos*, una pacca amichevole sulla schiena **2** (*fam.*) furto (*m.*).

FAUX AMI
Da non confondere con *tappa*, che si traduce *étape*, né con *tappo di bottiglia*, che si traduce *bouchon*.

tapé [tape] ***agg.*** **1** (*di frutto*) ammaccato **2** (*fam.*) sciupato **3** (*fam.*) picchiatello, tocco.
● ***bien tapé***, (*fam.*) azzeccato, indovinato.

tape-à-l'œil [tapalœj] ***agg.invar.*** (*fam.*) sgargiante ♦ ***n.m.invar.*** ciò che è vistoso, pacchiano.

tapecul [tapky] ***n.m.*** **1** altalena (*f.*) **2** vettura (*f.*) mal molleggiata.

tapée [tape] ***n.f.*** (*fam.*) caterva, sacco (*m.*).

tapement [tapmɑ̃] ***n.m.*** martellamento: *elle lui répondit par des tapements de pieds rageurs*, rispose pestando rabbiosamente i piedi.

tapenade [tapənad] ***n.f.*** (*cuc.*) tapenade (salsa provenzale a base di capperi, olive nere, acciughe, olio e aromi).

taper [tape] ***v.tr.*** **1** picchiare; battere: *taper des coups à la porte*, battere dei colpi alla porta; *taper qqn*, picchiare qlcu **2** battere, scrivere a macchina: *taper un texte*, battere a macchina un testo **3** (*fam.*) spillare denaro (**a**), batter cassa (**da**); rubare (**a**) ♦ ***v.intr.*** **1** picchiare, battere: *elle tapait toute la journée sur son piano*, strimpellava tutto il giorno il pianoforte; *taper des mains*, battere le mani; *taper du pied*, pestare, battere i piedi (per terra) **2** (*Africa*) andare a piedi **3** (*argot*) puzzare ♦ **se taper** ***v.pron.rec.*** battersi.
● ***taper dans l'œil à qqn***, (*fig. fam.*) fare colpo su qlcu | ***taper dans qqch***, (*fam.*) attingere a qlco, far man bassa di qlco | ***taper sur qqn***, (*fam.*) sparlare di qlcu | ***ça tape*** (o ***le soleil tape***), (*fam.*) il sole picchia forte | ***il y a de quoi se taper le derrière par terre***, (*fam.*) sono cose da far ridere i polli | ***s'en taper***, (*fam.*) fregarsene, sbattersene | ***se taper la tête contre les murs***, (*fam.*) sbattere la testa contro il muro | ***se taper qqch***, (*fig.*) sobbarcarsi, accollarsi qlco; (*fam.*) far fuori qlco: *il s'est tapé tout le travail*, si è accollato tutto il lavoro; *il s'est tapé tout le gâteau*, si è fatto fuori tutta la torta | ***se taper qqn***, (*fam.*) sciropparsi, sorbirsi qlcu.

FAUX AMI
Da non confondere con *tappare* (una bottiglia), che si traduce *boucher* o *enfermer*.

tapette [tapɛt] ***n.f.*** **1** battipanni (*m.*) **2** (*tip.*) tampone (*m.*) **3** (*gioco*) rimbalzino (*m.*) **4** trappola per topi **5** (*fam.*) parlantina **6** (*volg.*) finocchio (*m.*), frocio (*m.*).

tapeur [tapœʀ] ***n.m.*** [f. *-euse*] (*fam.*) scroccone.

tapin [tapɛ̃] ***n.m.*** (*mil.*) (*ant.*) tamburino; tamburo.
● ***faire le tapin***, (*molto fam.*) battere il marciapiede.

tapinois, en [ɑ̃tapinwa] ***avv.*** di soppiatto, di nascosto, furtivamente.

tapioca [tapjɔka] ***n.m.*** tapioca (*f.*).

tapir [tapiʀ] ***n.m.*** (*zool.*) tapiro.

tapir, se [sətapiʀ] ***v.pron.intr.*** rifugiarsi; acquattarsi.
■ SIN. se terrer.

tapis [tapi] ***n.m.*** **1** tappeto (*anche fig.*) **2** (*sport*) materassino.
● ***tapis de bain***, tappetino da bagno | (*ginnastica*) ***tapis de course***, nastro da corsa, pedana | ***tapis d'escalier***, passatoia, guida | (*inform.*) ***tapis de souris***, tappetino per il mouse | ***tapis du billard***, panno del biliardo | ***tapis roulant***, tapis roulant, nastro trasportatore | ***tapis vert***, tappeto verde, tavolo da gioco; (*estens.*) tavolo di una conferenza diplomatica o politica | ***dérouler le tapis rouge***, (*fig.*) stendere il tappeto rosso | (*boxe*) ***envoyer au tapis***, mandare al tappeto | ***marchand de tapis***, (*spreg.*) persona meschina che mercanteggia per principio | ***mettre sur le tapis***, (*fig.*) mettere sul tappeto | ***se prendre les pieds dans le tapis***, inciampare; (*fig.*) impappinarsi.

tapis-brosse [tapibʀɔs] ***n.m.*** [pl. *tapis-brosses*] zerbino.

tapisser [tapise] ***v.tr.*** tappezzare, ricoprire.

tapisserie [tapisʀi] ***n.f.*** **1** tappezzeria **2** (*arte*) arazzo (*m.*).
● ***tapisserie au petit point***, ricamo a piccolo punto | ***faire tapisserie***, (*fig.*) fare tapezzeria.

tapissier [tapisje] ***n.m.*** [f. *-ère*] **1** arazziere **2** tappezziere.

taponner[1] [tapɔne] ***v.tr.*** (*ant.*) pettinare i capelli a boccoli (moda del XVII secolo).

taponner[2] ***v.tr.*** (*Canada*) (*fam.*) **1** tastare, manipolare **2** (*spreg.*) pomiciare ♦ ***v.intr.*** (*fam.*) **1** brancolare **2** esitare.

tapotement [tapɔtmɑ̃] ***n.m.*** picchiettio.

tapoter [tapɔte] ***v.tr.*** (*fam.*) **1** picchiettare **2** strimpellare: *tapoter la joue de*, dare un buffetto sulla gota a ♦ ***v.intr.*** tamburellare.

tap-tap [taptap] ***n.m.invar.*** (*Antille*) autobus.

tapuscrit [tapyskʀi] ***n.m.*** (*tip.*) dattiloscritto.

taquet [takɛ] ***n.m.*** **1** zeppa (*f.*) **2** (*tecn.*) nottolino di arresto **3** (*mar.*) galloccia (*f.*).

taquin [takɛ̃] ***agg.*** dispettoso ♦ ***n.m.*** persona (*f.*) dispettosa.
■ *AGG.* SIN. malicieux.

FAUX AMI
Da non confondere con *tacchino*, che si traduce *dindon*, né con *taccuino*, che si traduce *carnet*, *calepin*.

taquiner [takine] ***v.tr.*** stuzzicare, punzecchiare.

taquinerie [takinʀi] ***n.f.*** **1** dispetto (*m.*) **2** carattere (*m.*) dispettoso.

tarabiscoté [taʀabiskɔte] ***agg.*** (*fam.*) arzigogolato; contorto.

tarabiscoter [taʀabiskɔte] *v.tr.* sovraccaricare d'ornamenti; rendere complicato.

tarabuster [taʀabyste] *v.tr.* 1 infastidire; tormentare 2 preoccupare.
■ SIN. 1 asticoter 2 tracasser.

tarage [taʀaʒ] *n.m.* taratura (*f.*).

tarare [taʀaʀ] *n.m.* (*agr.*) tarara (*f.*), vaglio.

tarasconnais [taʀaskɔnɛ] *agg.* tarasconese.

tarasque [taʀask] *n.f.* babau (*m.*), uomo (*m.*) nero.

taratata [taʀatata] *inter.* (*fam.*) frottole.

taraud [taʀo] *n.m.* (*mecc.*) maschio.

taraudage [taʀodaʒ] *n.m.* (*mecc.*) filettatura (*f.*) di fori, maschiatura (*f.*).

tarauder [taʀode] *v.tr.* 1 (*mecc.*) filettare, maschiare 2 rodere (*anche fig.*).

taraudeuse [taʀodøz] *n.f.* (*mecc.*) filettatrice, maschiatrice.

tarbais [taʀbɛ] *agg.* di Tarbes.

tard [taʀ] *avv.* tardi: *tard dans l'après-midi*, nel tardo pomeriggio ♦ *n.m.* tardi.
● ***au plus tard***, al più tardi | (*prov.*) ***mieux vaut tard que jamais***, meglio tardi che mai | ***sur le tard***, sul tardi; in tarda età, con l'età | ***tôt ou tard***, prima o poi: *tôt ou tard il faudra se décider*, prima o poi bisognerà decidersi.
■ AVV. CONTR. tôt.

tarder [taʀde] *v.intr.* tardare; indugiare, attardarsi: *il a tardé en chemin*, si è attardato per strada; *elle a tardé à donner une réponse*, ha tardato a dare una risposta.
● ***il me tarde de, que***, non vedo l'ora di, che: *il me tarde de partir en vacances*, non vedo l'ora di andare in vacanza | ***sans tarder***, subito, senza indugio.

tardif [taʀdif] *agg.* [f. *-ive*] 1 tardivo: *regrets tardifs*, rimpianti tardivi 2 tardo: *heure tardive*, ora tarda.

tardivement [taʀdivmɑ̃] *avv.* tardivamente, tardi.

tare [taʀ] *n.f.* 1 (*peso*) tara 2 (*difetto*) tare | (*med.*) *tare héréditaire*, tara ereditaria.

taré [taʀe] *agg.* tarato ♦ *n.m.* (*fam.*) cretino, imbecille.

tarentelle [taʀɑ̃tɛl] *n.f.* (*danza*) tarantella.

tarentule [taʀɑ̃tyl] *n.f.* (*zool.*) tarantola.

tarer [taʀe] *v.tr.* tarare.

targette [taʀʒɛt] *n.f.* 1 paletto (*m.*), chiavistello (*m.*) 2 (*pl.*) (*argot*) scarpe.

targuer, se [sətaʀge] *v.pron.intr.* (*letter.*) vantarsi, gloriarsi.
■ SIN. se flatter.

targui [taʀgi] *agg.* → **touareg**.

tari [taʀi] *agg.* prosciugato; secco, asciutto.

tarière [taʀjɛʀ] *n.f.* succhiello (*m.*).

tarif [taʀif] *n.m.* tariffa (*f.*): *pour toi, ce sera le même tarif que pour ta sœur*, (*fam.*) ti farò lo stesso prezzo che ho fatto a tua sorella.
● ***c'est le tarif***, (*fig.*) è il prezzo, lo scotto da pagare | ***plein tarif***, tariffa intera.
■ SIN. prix.

tarifaire [taʀifɛʀ] *agg.* (*comm.*) tariffario.

tarifer [taʀife] *v.tr.* (*comm.*) tariffare, sottoporre a tariffa.

tarification [taʀifikasjɔ̃] *n.f.* (*comm.*) tariffazione.

tarin [taʀɛ̃] *n.m.* 1 (*zool.*) lucherino 2 (*fam.*) naso.

tarir [taʀiʀ] *v.tr.* seccare, prosciugare; inaridire (*anche fig.*): *la chaleur a tari les puits*, il caldo ha prosciugato i pozzi ♦ *v.intr.* 1 seccarsi, inaridirsi, prosciugarsi 2 (*fig.*) cessare; esaurirsi ♦ **se tarir** *v.pron.intr.* seccarsi, inaridirsi, esaurirsi (*anche fig.*).
● ***ne pas tarir sur un sujet***, essere inesauribile su un argomento: *il ne tarissait pas de détails sur son voyage*, non la finiva più di raccontare particolari del suo viaggio.

tarissable [taʀisabl] *agg.* che può inaridirsi, disseccarsi.

tarissement [taʀismɑ̃] *n.m.* 1 prosciugamento, inaridimento 2 (*fig.*) esaurimento.

tarlatane [taʀlatan] *n.f.* (*tess.*) tarlatana.

tarots [taʀo] *n.m.pl.* tarocchi.

tarpan [taʀpɑ̃] *n.m.* (*zool.*) tarpano.

tarse [taʀs] *n.m.* (*anat.*) tarso.

tarsier [taʀsje] *n.m.* (*zool.*) tarsio.

tartan [taʀtɑ̃] *n.m.* tartan (tessuto di lana a grandi quadri).

tartare [taʀtaʀ] *agg.* tartaro ♦ *n.m.* (*cuc.*) tartara (*f.*).
● (*st.*) ***les Tartares***, i Tartari.

tartarin [taʀtaʀɛ̃] *n.m.* (*fam.*) spaccone, gradasso.

> NOTA Il termine ***tartarin*** deriva dal nome del simpatico protagonista, gradasso e mitomane, del romanzo *Tartatarin de Tarascon* di A. Daudet (1872).

tarte [taʀt] *n.f.* 1 torta, crostata 2 (*fam.*) sberla, ceffone (*m.*) ♦ *agg.* (*fam.*) cretino, idiota: *film tarte*, film idiota.
● ***tarte à la crème***, (*fig.*) luogo comune, banalità | ***c'est de la tarte***, (*fam.*) è facile, è uno scherzo.

> NOTA ***Tarte à*** o ***tarte de***?
> SÌ *Vous reprendrez un peu de tarte **aux** cerises?*
> NO *Vous reprendrez un peu de tarte **de** cerises?*
> Volete ancora un po' di crostata di ciliegie?

tartelette [taʀtəlɛt] *n.f.* (*cuc.*) crostatina.

tartempion [taʀtɑ̃pjɔ̃] *n.m.* (*spreg.*) tizio.
● ***Monsieur tartempion***, (*fam.*) il signor Pinco Pallino.

tartiflette [taʀtiflɛt] *n.f.* (*Svizzera*) (*cuc.*) tartiflette (pietanza a base di patate rosolate e di reblochon).

tartine [taʀtin] *n.f.* 1 tartina: *une tartine de beurre et de confiture*, una fetta di pane con burro e marmellata 2 (*fam.*) tiritera, sbrodolata 3 (*pl.*) (*fam.*) scarpe.

tartiner [taʀtine] *v.tr.* spalmare (con burro, marmellata ecc. una fetta di pane) | *fromage à tartiner*, formaggio da spalmare ♦ *v.intr.* (*fam.*) dilungarsi (su un argomento).

tartouille [taʀtuj] *agg.* insulso: *un scénario tartouille*, una sceneggiatura sdolcinata e poco interessante.

tartre [taʀtʀ] *n.m.* 1 (*chim.*) tartaro 2 (*di denti*) tartaro 3 (*di caldaie, di tubi ecc.*) incrostazione (*f.*).

tartrique [taʀtʀik] *agg.* (*chim.*) tartarico.

tartuffe [taʀtyf] *n.m.* 1 tartufo, ipocrita 2 (*antiq.*) bigotto.

tartuf(f)erie [taʀtyfʀi] *n.f.* ipocrisia.

tas [tɑ] *n.m.* 1 mucchio: *mettre en tas*, ammucchiare; *tas d'idiots!*, (*fam.*) branco di idioti! 2 (*tecn.*) (*di orafi ecc.*) piccola incudine (*f.*).
● ***tas de boue, de ferraille***, (*fam.*) vecchia automobile, vecchia carcassa | (*edil.*) ***tas de charge***, piano di imposta | ***frapper dans le tas***, (*fam.*) colpire nel mucchio | ***sur le tas***, (*fam.*) sul posto, in loco: *grève sur le tas*, sciopero bianco; *apprendre sur le tas*, imparare lavorando | ***un tas, des tas de***, (*fam.*) una gran quantità di.
■ SIN. 1 amas.

tasmanien [tasmanjɛ̃] *agg.* [f. *-enne*] tasmaniano.

Tasmanien *n.m.* [f. *-enne*] (*abitante*) tasmaniano.

tasse [tɑs] *n.f.* tazza.
● ***tasse à café***, tazzina da caffè | ***boire une, la tasse***, (*fam.*) fare una bevuta (nuotando); (*estens.*) fallire | ***ce n'est pas ma tasse de thé***, (*fam.*) non fa per me, non mi si confà | ***la grande tasse***, (*fig. fam.*) il mare.

FAUX AMI
Da non confondere con *tassa*, che si traduce *droits, taxe, impôt*, né con *tasso*, che si traduce *taux*.

NOTA ***Tasse à*** o ***tasse de***?
Seguita dalla preposizione **à** designa l'uso a cui è destinata:
SÌ *Elle m'a offert deux belles **tasses à** thé.*
NO *Elle m'a offert deux belles **tasses de** thé.*
Mi ha regalato due belle tazze da tè.
Seguita dalla preposizione **de**, designa il contenuto:
SÌ *Vous voulez une **tasse de** thé?*
NO *Vous voulez une **tasse à** thé?*
Vuole una tazza di tè?

tassé [tɑse] *agg.* **1** pigiato; compresso **2** (*estens.*) rannicchiato, raggomitolato.
● ***bien tassé***, (*fam.*) abbondante, che riempie il bicchiere; concentrato, forte: *une bière bien tassée*, un boccale di birra pieno fino all'orlo; *un café bien tassé*, caffè ristretto.

tasseau [tɑso] *n.m.* [pl. *-eaux*] (*tecn.*) tassello.

tassement [tɑsmɑ̃] *n.m.* **1** (*di terreno ecc.*) cedimento, assestamento | *le tassement de l'âge*, (*fig.*) il rattrappimento dovuto all'età **2** (*fig.*) rallentamento.
● (*med.*) ***tassement des vertèbres***, schiacciamento vertebrale.

tasser [tɑse] *v.tr.* **1** pigiare; stipare **2** (*sport*) stringere, chiudere ♦ **se tasser** *v.pron.* **1** rannicchiarsi, raggomitolarsi **2** (*di terreno ecc.*) assestarsi | *se tasser avec l'âge*, (*fig.*) rattrappirsi con l'età **3** (*fam.*) accomodarsi, aggiustarsi: *ça va se tasser*, tutto si sistemerà per il meglio ♦ *v.pron. indiretto* (*fam.*) far fuori, papparsi: *il s'est tassé deux litres de vin*, si è scolato due litri di vino.

taste-vin [tastəvɛ̃] *n.m.invar.* saggiavino.

tata [tata] *n.f.* **1** (*fam.*) zia, zietta **2** (*molto fam.*) checca.

tâter [tɑte] *v.tr.* **1** tastare **2** (*fig.*) sondare, saggiare ♦ *v.intr.* gustare (**qlco**), assaggiare (**qlco**) ♦ **se tâter** *v.pron.* **1** tastarsi **2** (*fam.*) valutare il pro e il contro, esitare.
● ***tâter le terrain***, (*fam.*) tastare il terreno | ***y tâter***, (*fam.*) dedicarsi saltuariamente (a qlco); intendersi (di qlco).
■ *V.TR.* SIN. **1** palper, toucher.

tatillon [tatijɔ̃] *agg.* e *n.m.* [f. *-onne*] (*fam.*) pignolo.

tatillonner [tatijɔne] *v.intr.* fare il pignolo.

tâtonnant [tɑtɔnɑ̃] *agg.* (che procede) a tentoni, incerto, esitante.

tâtonnement [tɑtɔnmɑ̃] *n.m.* brancolamento (*anche fig.*): *après de nombreux tâtonnements*, dopo aver brancolato a lungo nel buio.

tâtonner [tɑtɔne] *v.intr.* brancolare, andare tentoni (*anche fig.*).

tâtons, à [atɑtɔ̃] *avv.* tastoni, (a) tentoni.

tatou [tatu] *n.m.* (*zool.*) armadillo.

tatouage [tatwaʒ] *n.m.* tatuaggio.

tatouer [tatwe] *v.tr.* tatuare.

tatoueur [tatwœʀ] *n.m.* [f. *-euse*] chi esegue tatuaggi.

tau [to] *n.m.invar.* **1** (*eccl.*) pastorale **2** (*arald.*) tau.

taudis [todi] *n.m.* catapecchia (*f.*), tugurio, stamberga (*f.*).

taulard [tolaʀ] *n.m.* (*fam.*) carcerato.

taule [tol] *n.f.* **1** (*fam.*) stanza; camera (d'albergo) **2** (*argot*) galera.

taulier [tolje] *n.m.* [f. *-ère*] (*fam.*) albergatore.

taupe [top] *n.f.* **1** (*zool.*) talpa **2** (*tecn.*) (*macchina per scavi*) talpa **3** (*fam.*) (*spia*) talpa **4** (*argot studentesco*) corso (*m.*) preparatorio all'École Polytechnique.
● ***myope comme une taupe***, cieco come una talpa | ***noir comme une taupe***, nero come il carbone | ***vieille taupe!***, (*fam.*) vecchia befana!

taupe-grillon [topgʀijɔ̃] *n.m.* [pl. *taupes-grillons*] (*zool.*) grillotalpa.

tauper [tope] *v.tr.* (*Svizzera*) spillare soldi (**a**), batter cassa (**da**).

taupinière [topinjɛʀ] *n.f.* monticello (*m.*) di terra sollevato dalle talpe.

tauquée [toke] *n.f.* (*Svizzera*) siesta, pisolino (*m.*).

taureau [tɔʀo] *n.m.* [pl. *-eaux*] **1** toro **2** (*astr.*) *Taureau*, Toro.
● ***cou de taureau***, collo taurino | ***saisir, prendre le taureau par les cornes***, (*fig.*) prendere il toro per le corna.

taurillon [tɔʀijɔ̃] *n.m.* (*zool.*) torello.

taurin [tɔʀɛ̃] *agg.* taurino.

tauromachie [tɔʀɔmaʃi] *n.f.* tauromachia.

tauromachique [tɔʀɔmaʃik] *agg.* della tauromachia, che concerne la tauromachia.

tautologie [tɔtɔlɔʒi] *n.f.* tautologia.

tautologique [tɔtɔlɔʒik] *agg.* tautologico.

taux [to] *n.m.* **1** (*econ.*) tasso **2** (*stat.*) tasso, percentuale (*f.*) **3** (*tecn.*) tasso, rapporto **4** (*inform.*) ritmo.
● (*econ.*): ***taux de base***, saggio base; ***taux de change***, tasso di cambio, corso delle valute | (*aut.*) ***taux de compression***, rapporto di compressione | (*rad., tv*) ***taux d'écoute***, indice di ascolto | (*fin.*) ***taux de l'impôt***, aliquota d'imposta | (*econ.*) ***taux d'escompte***, tasso, saggio di sconto | (*econ.*) ***taux d'intérêt***, tasso, saggio d'interesse.

tavelé [tavle] *agg.* picchiettato, punteggiato: *fruit tavelé*, frutto ticchiolato.

taveler [tavle] *v.tr.* [coniug. come *appeler*] punteggiare, macchiettare.

tavelure [tavlyʀ] *n.f.* **1** macchia, chiazza **2** (*agr.*) ticchiolatura.

taverne [tavɛʀn] *n.f.* caffè (*m.*), trattoria (volutamente rustici).

tavernier [tavɛʀnje] *n.m.* [f. *-ère*] (*antiq.*) taverniere, oste.

taxable [taksabl] *agg.* tassabile.

taxatif [taksatif] *agg.* [f. *-ive*] (*dir.*) tassabile.

taxation [taksasjɔ̃] *n.f.* tassazione; calmieramento (*m.*).

taxe [taks] *n.f.* **1** tassa; imposta **2** (*rad., tv*) canone (*m.*) (di abbonamento) **3** (*econ.*) calmiere (*m.*).
● ***taxe de luxe***, tassa sugli articoli di lusso | (*dir.*) ***taxe des dépens***, spese giudiziali | ***taxe de séjour***, imposta di soggiorno | (*comm.*) ***taxe d'exploitation***, tassa di esercizio | (*dir.*) ***taxe successorale***, imposta, tassa di successione | ***taxe sur la valeur ajoutée*** (*TVA*), imposta sul valore aggiunto (IVA) | ***prix hors taxes***, prezzo tasse escluse.

taxer[1] [takse] *v.tr.* **1** tassare **2** calmierare **3** (*fam.*) rubare: *taxer qqn de qqch*, alleggerire qlcu di qlco **4** (*fam.*) scroccare: *il m'a taxé d'une cigarette*, mi ha scroccato una sigaretta.

T

● (*dir.*) ***taxer les dépens***, determinare le spese giudiziali di | ***prix taxés***, prezzi imposti (dal governo).

taxer[2] *v.tr.* accusare, tacciare.

taxi [taksi] *n.m.* 1 taxi, tassì 2 (*fam.*) taxista, tassista: *elle fait le taxi, elle est taxi*, fa la tassista.
● ***avion-taxi***, aerotaxi | ***chauffeur de taxi***, tassista | ***radio -taxi***, radio-taxi.

NOTA ***Les Taxis de la Marne*** è espressione legata a un noto episodio della prima guerra mondiale. Il generale Gallieni, nella notte tra il 7 e l'8 settembre 1914, durante la controffensiva anglo-francese, destinata a fermare l'avanzata dei tedeschi sulle rive della Marne, nei pressi di Parigi, requisì 500 taxi parigini per trasportare 10.000 uomini al fronte. Si trattò di uno dei primi trasporti motorizzati di truppe.

taxi-brousse [taksibʀus] *n.m.* [pl. *taxis-brousse*] (*Africa*) taxi collettivo.

taxidermie [taksidɛʀmi] *n.f.* tassidermia.

taxieur [taksjœʀ] *n.m.* (*Algeria*) tassista.

taximan [taksiman] *n.m.* [pl. *taximans* o *taximen*] (*Africa, Belgio*) tassista.

taximètre [taksimɛtʀ] *n.m.* tassametro.

taxinomie [taksinɔmi] *n.f.* (*scient.*) tassonomia.

taxiphone® [taksifɔn] *n.m.* (*antiq.*) telefono pubblico a gettone.

taxonomie [taksɔnɔmi] *n.f.* (*scient.*) tassonomia.

tchadien [tʃadjɛ̃] *agg.* [f. *-enne*] del Chad.

Tchadien *n.m.* [f. *-enne*] abitante del Chad.

tchador [tʃadɔʀ] *n.m.* (*abbigl.*) chador.

tchatche [tʃatʃ] *n.f.* (*fam.*) 1 parlantina 2 (*Internet*) chat, dialogo (*m.*) in rete.

tchatcher [tʃatʃe] *v.intr.* (*fam.*) 1 cianciare 2 (*Internet*) chattare.

tchatcheur [tʃatʃœʀ] *n.m.* [f. *-euse*] (*fam.*) 1 chiacchierone, cianciatore 2 (*Internet*) chi chatta.

tchécoslovaque [tʃekɔslɔvak] *agg.* (*st.*) cecoslovacco.

Tchécoslovaque *n.m.* e *f.* (*st.*) (*abitante*) cecoslovacco/a.

tchèque [tʃɛk] *agg.* ceco ♦ *n.m.* (*lingua*) ceco.

Tchèque *n.m.* e *f.* (*abitante*) ceco/a.

tchétchène [tʃɛtʃɛn] *agg.* ceceno.

tchinque [tʃɛ̃k] *n.m.* (*Svizzera*) lavoratore stagionale italiano in Svizzera.

tchin-tchin [tʃintʃin] *inter.* cin cin.

tchomme [tʃɔm] *n.m.* (*Canada*) amico; fidanzato.

te [tə] *pron.pers.m.* e *f.* 2ª *pers.sing.* [si apostrofa davanti a vocale o *h* muta] 1 (*compl.ogg.* e *compl. di termine*) ti; (*seguito da pron.* le, la, les, en) te: *je t'accompagne volontiers*, ti accompagno volentieri; *je te donnerai une réponse*, ti darò una risposta; *ils te les montreront*, te li mostreranno; *il t'en parlera*, te ne parlerà 2 (*nella coniug. dei v.pron.*) ti; (*seguito da pron.* en) te: *tu te fâches pour un rien*, ti irriti per un nonnulla; *est-ce que tu t'en souviens?*, te ne ricordi?; *va-t'en, ne t'en va pas*, vattene, non andartene.

té[1] [te] *n.m.* riga (*f.*) a T (per disegnatori) | *en té*, a T.

té[2] *inter.* (*region.*) to'; guarda.

teboi [tœbwa] *n.f.* (*verlan di* boîte) night (*m.*), discoteca.

technicien [tɛknisjɛ̃] *n.m.* [f. *-enne*] tecnico ♦ *agg.* tecnologico.
● ***technicien de surface***, addetto alle pulizie (negli uffici e nei luoghi pubblici).

technicité [tɛknisite] *n.f.* 1 tecnicità: *travail d'une haute technicité*, lavoro altamente tecnico 2 tecnicismo (*m.*): *la technicité d'un mot*, il tecnicismo di una parola.

technico-commercial [tɛknikokɔmɛʀsjal] *agg.* [pl. *technico-commerciaux*] tecnico-commerciale ♦ *n.m.* addetto alle vendite con conoscenze tecniche del prodotto.

technique [tɛknik] *agg.* tecnico ♦ *n.f.* tecnica.
● ***collège technique***, scuola professionale.
■ N.F. SIN. méthode, procédé.

techniquement [tɛknikmɑ̃] *avv.* tecnicamente.

techno- *pref.* tecno-; tecnico-.

technocrate [tɛknɔkʀat] *n.m.* e *f.* tecnocrate.

technocratie [tɛknɔkʀasi] *n.f.* tecnocrazia.

technocratique [tɛknɔkʀatik] *agg.* tecnocratico.

technologie [tɛknɔlɔʒi] *n.f.* tecnologia.
● ***technologie commerciale***, merceologia.

technologique [tɛknɔlɔʒik] *agg.* tecnologico.

téci [tesi] *n.f.* (*verlan di* cité) cité (nella banlieue).

teck [tɛk] *n.m.* (*albero e legno*) teak.

teckel [tɛkɛl] *n.m.* (*cane*) bassotto tedesco.

tectonique [tɛktɔnik] *agg.* (*geol.*) tettonico ♦ *n.f.* (*geol.*) tettonica.
● ***tectonique des plaques***, tettonica a zolle.

tee-shirt [tiʃœʀt] *n.m.* [pl. *tee-shirts*] T-shirt (*f.*).

téflon® [teflɔ̃] *n.m.* teflon®.

tégument [tegymɑ̃] *n.m.* (*biol.*) tegumento.

teigne [tɛɲ] *n.f.* 1 (*zool.*) tignola, tarma 2 (*med.*) tigna 3 (*fig.*) vipera, serpente (*m.*); peste.
● ***mauvais comme une teigne***, cattivo come la peste.

teigneux [tɛɲø] *agg.* e *n.m.* [f. *-euse*] 1 tignoso 2 (*fig.*) astioso.

teillebou [tɛjbu] *n.f.* (*verlan di* bouteille) bottiglia.

teindre [tɛ̃dʀ] *v.tr.* [coniug. come *peindre*] tingere: *teindre en rouge*, tingere di rosso; *elle a teint ses cheveux*, si è tinta i capelli ♦ **se teindre** *v.pron.* tingersi (i capelli).
■ V.TR. SIN. teinter.

teint[1] [tɛ̃] *n.m.* 1 carnagione (*f.*), colorito: *teint olivâtre*, carnagione olivastra 2 colore, tinta (*f.*).
● ***bon, grand teint***, (*di tessuto*) (dai) colori solidi | ***bon teint***, (*fig.*) convinto: *un écologiste bon teint*, un ecologista convinto.

teint[2] *p.p.* di **teindre** ♦ *agg.* tinto: *teint en bleu*, tinto di blu.

teinte [tɛ̃t] *n.f.* 1 tinta; colore (*m.*): *teintes vives*, tinte vive, vivaci 2 (*fig.*) sfumatura: *une teinte de malice*, un'ombra di malizia.
■ SIN. 1 couleur 2 brin.

teinté [tɛ̃te] *agg.* (leggermente) colorato: *verres teintés*, lenti azzurrate.

teinter [tɛ̃te] *v.tr.* tingere (*anche fig.*); colorare (leggermente) ♦ **se teinter** *v.pron.intr.* tingersi, colorarsi (*anche fig.*).

teinture [tɛ̃tyʀ] *n.f.* 1 tintura 2 (*fig.*) infarinatura.
● (*farm.*) ***teinture d'iode***, tintura di iodio | ***teinture pour cheveux***, tintura per capelli.

teinturerie [tɛ̃tyʀʀi] *n.f.* tintoria; lavanderia.

teinturier [tɛ̃tyʀje] *n.m.* [f. *-ère*] 1 tintore 2 gestore di tintoria, di lavanderia: *chez le teinturier*, in tintoria.

tèje [tɛʒ] *v.intr.* [invariato nella coniugazione] (*fam.*) (*verlan di* jeter) respingere, mandare al diavolo, manda-

T

re via; scaricare; licenziare: *Laurent s'est fait tèje de son boulot*, Laurent è stato licenziato.

teknival [tɛknival] *n.m.* festival di musica techno.

tel [tɛl] *agg.* [f. *telle*] tale, simile, siffatto: *de tels propos m'avaient indigné*, tali discorsi mi avevano indignato; *je n'ai jamais rien vu de tel*, non ho mai visto niente di simile; *par une telle chaleur*, con un caldo simile; *tel est mon avis*, tale è il mio parere; *ce n'est pas tel ou tel détail que je considère mais tout l'ensemble*, non considero tanto questo o quel particolare ♦ *agg.indef.* tale: *il partira tel jour pour telle destination*, partirà il tal giorno per la tale destinazione ♦ *pron.indef.* (*letter.*) tale, taluno, talaltro: *tel voulait partir tel voulait rester*, taluno, uno voleva partire, talaltro, l'altro voleva restare.
● (*prov.*) ***tel est pris qui croyait prendre***, chi la fa l'aspetti | ***tel et tel***, tale e talaltro: *dis-lui que tu n'es pas d'accord pour telle et telle raison*, digli che non sei d'accordo per tale e talaltra ragione | ***tel... que***, (*consecutivo*) tale... che, tale da: *j'ai éprouvé une telle peur que j'en suis encore bouleversé*, ho provato una tale paura che ne sono ancora sconvolto | ***tel quel***, tale e quale: *j'ai retrouvé la maison telle quelle*, ho trovato la casa tale e quale | ***tel..., tel...***, tale..., tale...: *tel père, tel fils*, tale padre tale figlio | ***tel..., tel autre***, il tale..., il talaltro | ***à (un) tel point (que)***, a tal punto (che) | ***comme tel***, ***en tant que tel***, come tale, in quanto tale | ***de telle façon***, in tal modo | ***rien de tel pour***, niente di meglio per | ***Un tel*** → Untel.
□ **tel que** (*seguito da n. o pron.*) **1** (*esemplificativo*) quale, come: *un artiste tel que vous mérite le succès*, un artista come lei merita successo; *tel qu'il est, il serait capable de tout*, uno come lui sarebbe capace di tutto; *plusieurs langues, telles que le grec et le latin*, diverse lingue come il greco e il latino | *laissons les choses telles que*, lasciamo le cose (così) come stanno **2** (*comparativo*) (tale e) quale, come: *je te rends ton livre tel que tu me l'as prêté*, ti restituisco il libro tale e quale me l'hai prestato **3** (*consecutivo*) tale da: *son autorité n'est pas telle qu'elle puisse vous intimider*, la sua autorità non è tale da intimidirvi.

> **NOTA** ***Tel*** si accorda con il nome che lo segue direttamente:
> ***telle*** *mère*, ***telle*** *fille*, tale madre, tale figlia.
> ***Tel*** si accorda con il nome che lo precede, se usato con ***que***:
> *les matières* ***telles que*** *le bois et la pierre*,
> i materiali come il legno o la pietra.

télé [tele] *n.f.* (*fam.*) **1** tele, tv **2** (*apparecchio*) tele, televisore (*m.*).
● ***feuilleton-télé***, sceneggiato televisivo; (*spreg.*) serial, telenovela | ***journaliste-télé***, giornalista televisivo, telegiornalista.

télé- *pref.* tele-.

téléachat [teleaʃa] *n.m.* acquisto per televendita.

téléacteur [teleaktœʀ] *n.m.* [f. *-trice*] attore televisivo.

téléaffichage [teleafiʃaʒ] *n.m.* affissione (*f.*) telecomandata degli orari (in una stazione o in un aeroporto).

téléappel [teleapɛl] *n.m.* cercapersone.

téléassistance [teleasistɑ̃s] *n.f.* (*inform.*) teleassistenza, assistenza remota.

télébande [telebɑ̃d] *n.f.* (*inform.*) telebanda.

télébenne [telebɛn] **télécabine** [telekabin] *n.f.* cabinovia, ovovia.

télécarte® [telekaʀt] *n.f.* carta, scheda telefonica.

téléchargement [teleʃaʀʒəmɑ̃] *n.m.* (*inform.*) scaricamento, trasferimento (di dati).

télécharger [teleʃaʀʒe] *v.tr.* [coniug. come *manger*] (*inform.*) scaricare, trasferire (dati).

télécommande [telekɔmɑ̃d] *n.f.* telecomando (*m.*).

télécommander [telekɔmɑ̃de] *v.tr.* **1** telecomandare **2** (*fig.*) dirigere da lontano.

télécommunication [telekɔmynikasjɔ̃] *n.f.* telecomunicazione.

téléconférence [telekɔ̃feʀɑ̃s] *n.f.* teleconferenza.

télécopie [telekɔpi] *n.f.* (tele)fax (*m.*).
■ SIN. fax .

télécopier [telekɔpie] *v.tr.* trasmettere con un fax, via fax.

télécopieur [telekɔpjœʀ] *n.m.* (tele)fax.

télécran [telekʀɑ̃] *n.m.* teleschermo (gigante).

tel écran-tel écrit [tɛlekʀɑ̃tɛlekʀi] *n.m.* e *agg.invar.* → **tel-tel**.

télédéclaration [teledeklaʀasjɔ̃] *n.f.* dichiarazione on line: *télédéclaration des revenus*, dichiarazione dei redditi on line.

télédémarchage [teledemaʀʃaʒ] *n.m.* telemarketing.

télédétection [teledetɛksjɔ̃] *n.f.* telerilevamento (*m.*).

télédiagnostic [teledjagnɔstik] *n.m.* **1** telediagnosi (*f.*) **2** telediagnostica (*f.*).

télédiffuser [teledifyze] *v.tr.* telediffondere.

télédiffusion [teledifyzjɔ̃] *n.f.* (*rad.*, *tv*) telediffusione.

télédistribution [teledistʀibysjɔ̃] *n.f.* (*tv*) teledistribuzione, trasmissione via cavo.

téléécriture [teleekʀityʀ] *n.f.* telescrittura.

téléenseignement [teleɑ̃sɛɲmɑ̃] *n.m.* telescuola (*f.*).

téléfax® [telefaks] *n.m.* (*tecn.*) telefax.

téléfilm [telefilm] *n.m.* (*tv*) telefilm.

télégénique [teleʒenik] *agg.* telegenico.

télégramme [telegʀam] *n.m.* telegramma.

télégraphe [telegʀaf] *n.m.* telegrafo.

télégraphie [telegʀafi] *n.f.* telegrafia.

télégraphier [telegʀafje] *v.tr.* e *intr.* telegrafare.

télégraphique [telegʀafik] *agg.* telegrafico (*anche fig.*).

télégraphiquement [telegʀafikmɑ̃] *avv.* telegraficamente.

télégraphiste [telegʀafist] *n.m.* e *f.* telegrafista.
● (*facteur*) ***télégraphiste***, fattorino del telegrafo.

téléguidage [telegidaʒ] *n.m.* teleguida (*f.*).

téléguidé [telegide] *agg.* **1** teleguidato **2** (*fig.*) manovrato.

téléguider [telegide] *v.tr.* **1** teleguidare **2** (*fig.*) manovrare.

téléimprimeur [teleɛ̃pʀimœʀ] *n.m.* telescrivente (*f.*).

téléinformatique [teleɛ̃fɔʀmatik] *n.f.* (*inform.*) telematica.

télékinésie [telekinezi] *n.f.* telecinesi.

téléluge [telelyʒ] *n.f.* slittovia.

télémaniaque [telemanjak] *n.m.* → **téléphage**.

télémarché [telemaʀʃe] *n.m.* telespesa (*f.*).

télémarketing [telemaʀkətiŋ] *n.m.* (*comm.*) telemarketing.

télématique [telematik] *n.f.* telematica ♦ *agg.* telematico.

télématiser [telematize] *v.tr.* (*tecn.*) telematizzare.

télémercatique [telemɛʀkatik] *n.m.* telemarketing.

télémessagerie [telemɛsaʒʀi] *n.f.* posta elettronica.

télémètre [telemɛtʀ] *n.m.* telemetro.

télémétrie [telemetʀi] *n.f.* telemetria.
téléobjectif [teleɔbʒɛktif] *n.m.* (*fot.*) teleobiettivo.
téléologie [teleɔlɔʒi] *n.f.* (*fil.*) teleologia.
téléologique [teleɔlɔʒik] *agg.* (*fil.*) teleologico.
téléopérateur [teleɔpeʀatœʀ] *n.m.* [f. *-trice*] teleoperatore.
télépathe [telepat] *n.m.* e *f.* 1 soggetto (*m.*) telepatico 2 medium ♦ *agg.* telepatico.
télépathie [telepati] *n.f.* telepatia.
télépathique [telepatik] *agg.* telepatico.
télépayer [telepeje] *v.tr.* [coniug. come *payer*] effettuare un pagamento comunicando per telefono il numero della carta di credito.
télépéage [telepeaʒ] *n.m.* sistema elettronico di pedaggio, telepass®.
téléphage [telefaʒ] *n.m.* teledipendente.
■ (*spreg.*) SIN. homo cathodicus .
téléphérique [telefeʀik] *n.m.* teleferica (*f.*); funivia (*f.*) ♦ *agg.* teleferico.
téléphone [telefɔn] *n.m.* telefono.
● ***téléphone à carte***, telefono a scheda | ***téléphone arabe***, (*fam.*) tamtam; passaparola | ***téléphone portable***, ***mobile***, cellulare, telefonino | ***coup de téléphone***, telefonata; (*fam.*) colpo di telefono: *passer un coup de téléphone à qqn*, fare una telefonata a qlcu.
téléphoner [telefɔne] *v.tr.* e *intr.* telefonare.
téléphonie [telefɔni] *n.f.* telefonia.
téléphonique [telefɔnik] *agg.* telefonico.
téléphoniquement [telefɔnikmɑ̃] *avv.* telefonicamente.
téléphoniste [telefɔnist] *n.m.* e *f.* telefonista.
téléphoto [telefɔto] *n.f.* telefoto.
téléphotographie [telefɔtɔgʀafi] *n.f.* telefotografia.
téléréalité [telerealite] *n.f.* reality show (*m.*) (che mostra eventi drammatici in diretta).
téléreportage [teleʀəpɔʀtaʒ] *n.m.* telecronaca (*f.*); servizio televisivo.
téléreporter [teleʀəpɔʀtɛʀ] *n.m.* reporter televisivo, telecronista.
téléroman [teleʀɔmɑ̃] *n.m.* (*Canada*) teleromanzo.
télescopage [telɛskɔpaʒ] *n.m.* scontro, tamponamento (di veicoli).
télescope [telɛskɔp] *n.m.* telescopio.
télescoper [telɛskɔpe] *v.tr.* urtare, tamponare ♦ **se télescoper** *v.pron.rec.* 1 urtarsi, tamponarsi 2 (*fig.*) compenetrarsi.
télescopique [telɛskɔpik] *agg.* telescopico.
téléscripteur [teleskʀiptœʀ] *n.m.* telescrivente (*f.*).
téléshopping [teleʃɔpiŋ] *n.m.* teleacquisti (*pl.*).
télésiège [telesjɛʒ] *n.m.* seggiovia (*f.*).
téléski [teleski] *n.m.* sciovia (*f.*), skilift.
téléspectateur [telespɛktatœʀ] *n.m.* [f. *-trice*] telespettatore.
télésuite [telesyit] *n.f.* (*tv*) telefilm (*m.*) a puntate, miniserie.
télésurveillance [telesyʀvɛjɑ̃s] *n.f.* telesorveglianza.
télétel® [teletɛl] *n.m.*
● (*système*) *télétel*, videotel®.
télétex® [teletɛks] *n.m.* teletex®.
télétexte [teletɛkst] *n.m.* 1 teletext, teletex 2 (*tv*) televideo.
télétraitement [teletʀɛtmɑ̃] *n.m.* (*tel., inform.*) teletrattamento, elaborazione (*f.*) a distanza dei dati.
télétransmission [teletʀɑ̃smisjɔ̃] *n.f.* teletrasmissione.
télétravail [teletʀavaj] *n.m.* [pl. *-aux*] telelavoro.
télétype® [teletip] *n.m.* → **téléimprimeur**.
télétypiste [teletipist] *n.m.* e *f.* telescriventista.
télévangéliste [televɑ̃ʒelist] *n.m.* e *f.* telepredicatore/trice.
télévendeur [televɑ̃dœʀ] *n.m.* [f. *-euse*] televenditore.
télévente [televɑ̃t] *n.f.* televendita.
télévisé [televize] *agg.* televisivo, teletrasmesso: *reportage télévisé*, servizio televisivo.
● ***jeu télévisé***, telequiz.
téléviser [televize] *v.tr.* teletrasmettere, trasmettere per televisione.
téléviseur [televizœʀ] *n.m.* televisore: *téléviseur couleur*, televisore a colori.
télévision [televizjɔ̃] *n.f.* 1 televisione 2 (*fam.*) (*apparecchio*) televisore (*m.*).
● ***télévision à péage***, ***à droit d'accès***, ***à accès conditionnel***, televisione a pagamento | ***télévision commerciale***, televisione privata | ***télévision par câble***, televisione via cavo | ***télévision par satellite***, televisione satellitare | ***télévision payante***, televisione a pagamento | ***de télévision***, televisivo: *chaîne de télévision*, canale televisivo.
télévisuel [televizɥɛl] *agg.* [f. *-elle*] televisivo.
télex [telɛks] *n.m.* telex.
télexer [telɛkse] *v.tr.* trasmettere per telex.
télexiste [telɛksist] *n.m.* e *f.* addetto/a al telex.
tellement [tɛlmɑ̃] *avv.* 1 talmente, così, a tal punto: *il a tellement travaillé que maintenant il lui faut du repos*, ha talmente lavorato che ora si deve riposare; *il est tellement bête!*, è così stupido! 2 talmente, da tanto che: *il est sans voix tellement il a parlé*, è senza voce da tanto (che) ha parlato 3 (*rafforzativo di un compar.*) tanto: *il est tellement plus ponctuel que toi!*, è tanto più puntuale di te! 4 (*fam.*) (*in frasi negative o interrogative*) molto: *es-tu tellement persuadé d'avoir raison?*, sei proprio convinto di aver ragione?
● ***tellement de***, (*fam.*) così tanto: *j'ai tellement d'ennuis!*, ho così tante preoccupazioni! | ***pas***, ***plus tellement***, non molto: *"Tu aimes ça?" "Pas tellement"*, "Ti piace?" "Non molto"; *ce n'est plus tellement à la mode*, non è più molto di moda.
telline [tɛlin] *n.f.* (*zool.*) tellina.
tellurien [telyʀjɛ̃] [f. *-enne*] **tellurique** [telyʀik] *agg.* (*geol.*) tellurico.
téloche [telɔʃ] *n.f.* (*fam.*) tele(visione).
tel-tel [tɛltɛl] *n.m.* e *agg.invar.* (*inform.*) WYSIWYG.
téméraire [temeʀɛʀ] *agg.* temerario.
témérité [temeʀite] *n.f.* temerarietà.
témoignage [temwaɲaʒ] *n.m.* 1 testimonianza (*f.*): *appeler en témoignage*, chiamare a testimoniare 2 segno, prova (*f.*): *en témoignage de ma reconnaissance*, in segno, a prova della mia riconoscenza.
● ***rendre témoignage à qqn***, testimoniare a favore di qlcu: *je rends témoignage à son honnêteté*, (*fig.*) mi inchino davanti alla sua onestà.
témoigner [temwaɲe] *v.tr.* 1 testimoniare 2 manifestare: *témoigner par des actes*, testimoniare con gli atti ♦ *v.intr.* (*dir.*) testimoniare.
témoin [temwɛ̃] *n.m.* 1 testimone: *témoin(s) les deux*

femmes, testimoni le due donne; *témoins d'un mariage*, testimoni di un matrimonio **2** (*dir.*) teste, testimone: *faux témoin*, teste falso **3** (*di un duello*) padrino **4** testimonianza (*f.*): *les peintures de Lascaux, témoins de l'art préhistorique*, le pitture di Lascaux, testimonianza dell'arte preistorica **5** (*geol.*) campione di trivellazione, carota (*f.*) **6** (*sport*) testimone (della staffetta) **7** (*aut.*) spia (*f.*): *temoin de niveau d'huile, de carburant*, spia del livello dell'olio, della riserva di carburante.
● (*Internet*) ***témoin de connexion***, cookie | (*relig.*) ***Témoins de Jéhova***, Testimoni di Geova | ***appartement témoin***, appartamento campione, tipo | (*stat.*) ***groupe témoin***, gruppo di riferimento, standard | ***lampe témoin***, lampada spia | (*comm.*) ***opération témoin***, operazione sperimentale | ***prendre qqn à témoin***, prendo qlcu a testimone: *je vous prends tous à témoin*, (vi) prendo tutti a testimone, siete tutti testimoni | ***ville témoin***, città campione | ***zone témoin***, zona sperimentale.

tempe [tɑ̃p] ***n.f.*** (*anat.*) tempia.

tempérament [tɑ̃peʀamɑ̃] ***n.m.*** **1** temperamento, carattere **2** (*mus.*) temperamento.
● (*comm.*) ***à tempérament***, a rate: *vente à tempérament*, vendita a rate | ***avoir du tempérament***, avere carattere; (*fam.*) essere focosi (sessualmente).
■ SIN. **1** nature, caractère.

tempérance [tɑ̃peʀɑ̃s] ***n.f.*** temperanza.
● ***société de tempérance***, lega antialcolica.

tempérant [tɑ̃peʀɑ̃] ***agg.*** temperante ♦ ***n.m.*** sobrio.

température [tɑ̃peʀatyʀ] ***n.f.*** **1** temperatura **2** febbre, temperatura: *avoir de la température*, avere la febbre; *prendre sa température*, misurarsi la temperatura; *prendre la température de l'opinion publique*, (*fig.*) tastare il polso all'opinione pubblica.
● ***température ambiante***, temperatura ambiente | (*med.*) ***température axillaire, rectale***, temperatura ascellare, rettale | (*fis.*) ***température d'ébullition***, temperaura di ebollizione | (*meteor.*) ***température ressentie***, temperatura percepita.

tempéré [tɑ̃peʀe] ***agg.*** temperato.

tempérer [tɑ̃peʀe] ***v.tr.*** [coniug. come *céder*] (*letter.*) moderare, mitigare.

FAUX AMI
Da non confondere con *temperare* nel senso di *affilare, appuntire*, che si traduce *tailler*.

tempête [tɑ̃pɛt] ***n.f.*** **1** tempesta, burrasca **2** (*fig.*) tempesta: *une tempête de rires*, uno scroscio di risa; *une tempête d'injures*, una valanga d'insulti; *déchaîner la tempête*, scatenare un putiferio.
● ***tempête de mer***, mareggiata | ***lampe, briquet tempête***, lampada, accendino antivento.
■ SIN. **1** tourmente.

T

tempêter [tɑ̃pete] ***v.intr.*** (*letter.*) tempestare: *tempêter contre qqn*, infuriarsi con qlcu.
■ SIN. vitupérer.

temple [tɑ̃pl] ***n.m.*** **1** tempio (*anche fig.*) **2** chiesa (*f.*) protestante.
● (*st.*) ***ordre du Temple*** (o ***le Temple***), ordine dei Templari.

templier [tɑ̃plije] ***n.m.*** (*st.*) (cavaliere) templare.

tempo [tɛmpo, tɛ̃po] ***n.m.*** **1** (*mus.*) tempo **2** (*estens.*) ritmo (narrativo).

temporaire [tɑ̃pɔʀɛʀ] ***agg.*** temporaneo; provvisorio.
● ***travail temporaire***, lavoro saltuario: *entreprise de travail temporaire*, società di servizi che offre personale per lavoro saltuario a terzi.
■ SIN. momentané, transitoire CONTR. définitif, durable.

temporairement [tɑ̃pɔʀɛʀmɑ̃] ***avv.*** temporaneamente.

temporal [tɑ̃pɔʀal] ***agg.*** e ***n.m.*** [pl. *-aux*] (*anat.*) temporale.

temporalité [tɑ̃pɔʀalite] ***n.f.*** **1** temporalità **2** (*gramm.*) valore (*m.*) temporale.

temporel [tɑ̃pɔʀɛl] ***agg.*** [f. *-elle*] temporale.

temporisateur [tɑ̃pɔʀizatœʀ] ***agg.*** e ***n.m.*** [f. *-trice*] temporeggiatore.
● ***politique temporisatrice***, politica attendista.

temporisation [tɑ̃pɔʀizasjɔ̃] ***n.f.*** temporeggiamento (*m.*).

temporiser [tɑ̃pɔʀize] ***v.intr.*** temporeggiare.

temps [tɑ̃] ***n.m.*** **1** tempo: *ne pas avoir le temps de*, non fare in tempo a; *manquer de temps*, non avere tempo; *prendre son temps*, prendere tempo; *cette affaire lui prend beaucoup de temps*, quest'affare gli porta via molto tempo; *il était temps que nous arrivions*, era tempo che arrivassimo **2** tempo; periodo; epoca (*f.*): *le temps des moissons*, l'epoca del raccolto **3** tempo (atmosferico): *le temps se met à la pluie*, sta per piovere; *le temps est au beau*, c'è bel tempo | *un temps de chien*, un tempaccio **4** (*gramm.*) tempo: *temps simple, composé*, tempo semplice, composto **5** (*inform.*) tempo.
● (*mar.*) ***temps calme***, bonaccia | (*mus.*) ***temps d'arrêt***, battuta d'aspetto; (*fig.*) battuta d'arresto | ***temps d'attente***, periodo di attesa | (*inform.*) ***temps de mise en route***, tempo di messa in funzione | (*mil.*) ***temps de service***, periodo di leva | (*sport*) ***temps mort***, (*basket*) tempo sospeso; (*pallavolo*) tempo morto | ***à peu de temps de là***, poco tempo dopo | ***après un temps***, dopo una pausa | ***à temps***, in, a tempo | ***à temps perdu***, a tempo perso | ***au temps où***, al tempo in cui | ***avoir fait son temps***, essere superato | (*mar.*) ***coup de temps***, temporale | ***dans le(s) temps***, un tempo; tempo fa | ***dans peu de temps***, fra poco | ***de mon temps***, ai miei tempi | ***depuis ce temps-là***, da quel tempo, da allora | ***depuis le temps que***, dal tempo che | ***depuis peu de temps***, da poco tempo | ***de temps en temps, de temps à autre***, di quando in quando | ***de tout temps***, da sempre, in ogni tempo | ***en ce temps-là***, a quel tempo | ***en même temps***, nello stesso tempo, contemporaneamente | ***en moins de temps qu'il n'en faut pour le dire***, in men che non si dica | ***en peu de temps***, in poco tempo | ***en son temps***, a suo tempo, al momento giusto | ***en temps et lieu***, a tempo e luogo | ***en temps voulu***, a tempo debito | ***en tout temps***, in ogni tempo | ***entre temps***, nel frattempo | ***en un rien de temps***, in un attimo | (*mil.*) ***faire son temps***, (*estens.*) scontare la pena | (*mar.*) ***gros temps***, mare grosso | ***il est (grand) temps de, il n'est que temps de***, è ora di | ***il trouve le temps long***, il tempo non gli passa mai | ***n'avoir qu'un temps***, essere di breve durata | ***par le temps qui court***, coi tempi che corrono | ***par tous les temps***, con qualsiasi tempo | ***pendant ce temps-là***, nel frattempo | ***peu de temps avant, après***, poco tempo prima, dopo | ***prendre, se payer du bon temps***, concedersi degli svaghi | ***retarder sur son temps***, essere in ritardo sui tempi | ***se donner du bon temps***, darsi alla bella vita | ***tout le temps***, sempre, perennemente | ***travailler à plein temps, à mi-temps***, lavorare a tempo pieno, a mezzo tempo.

tenable [tənabl] ***agg.*** **1** (*spec. in frasi negative*) sopportabile, sostenibile **2** (*mil.*) difendibile.

tenace [tənas] ***agg.*** tenace: *des préjugés tenaces*, pregiudizi radicati; *une douleur tenace*, un dolore persistente.
■ SIN. durable, ferme, têtu CONTR. fugace, versatile.

tenacement [tənasmɑ̃] ***avv.*** tenacemente: *des préjugés tenaces*, pregiudizi radicati.

ténacité [tenasite] ***n.f.*** tenacia.

tenaille [tənɑj] ***n.f.*** (*spec. pl.*) tenaglia.
● ***tenailles coupantes***, tronchesi.

tenailler [tənɑje] ***v.tr.*** (*fig.*) attanagliare, tormentare.

tenancier [tənɑ̃sje] ***n.m.*** [f. *-ère*] **1** tenutario (di casa da gioco ecc.) **2** gestore (di hotel ecc.).

tenant[1] [tənɑ̃] ***agg.*** senza soluzione di continuità.
● ***séance tenante***, seduta stante.

tenant[2] ***n.m.*** **1** (*sport*) detentore **2** difensore, sostenitore **3** (*pl.*) (*dir.*) terre (*f.*) finitime (di una proprietà).
● ***d'un*** (***seul***) ***tenant, tout d'un tenant***, in un pezzo solo: *terrain d'un* (*seul*) *tenant*, terreno non frazionato | ***les tenants et les aboutissants***, (*fig.*) gli annessi e i connessi, i minimi particolari.

tendance [tɑ̃dɑ̃s] ***n.f.*** **1** tendenza **2** tendenza; corrente **3** (*econ.*) tendenza; andamento (*m.*).
● ***avoir tendance à***, tendere a | ***faire un procès de tendance***, fare il processo alle intenzioni.

tendanciel [tɑ̃dɑ̃sjɛl] ***agg.*** [f. *-elle*] tendenziale.

tendancieusement [tɑ̃dɑ̃sjøzmɑ̃] ***avv.*** tendenziosamente, in modo tendenzioso.

tendancieux [tɑ̃dɑ̃sjø] ***agg.*** [f. *-euse*] tendenzioso.

tendeur [tɑ̃dœʀ] ***n.m.*** cinghia (*f.*) elastica.

tendineux [tɑ̃dinø] ***agg.*** [f. *-euse*] (*anat.*) tendineo.

tendinite [tɑ̃dinit] ***n.f.*** (*med.*) tendinite.

tendon [tɑ̃dɔ̃] ***n.m.*** (*anat.*) tendine.
● ***tendon d'Achille***, tendine d'Achille.

> **FAUX AMI**
> Da non confondere con *tendone*, che si traduce *bâche* o *chapiteau*.

tendre[1] [tɑ̃dʀ] ***v.tr.*** [coniug. come *rendre*] **1** tendere: *tendre une corde, un arc*, tendere una corda, un arco; *tendre ses muscles*, tendere i muscoli **2** stendere; tendere | *tendre un mur de tissu*, tappezzare, rivestire un muro di tessuto | *une église tendue de noir*, una chiesa parata a lutto **3** allungare, protendere; porgere, tendere (*anche fig.*): *tendre l'oreille*, tendere l'orecchio; *il lui tendit son paquet de cigarettes*, gli porse il suo pacchetto di sigarette | *tendre la main à qqn*, (*anche fig.*) tendere la mano a qlcu | *tendre l'autre joue*, (*fig.*) porgere l'altra guancia ♦ ***v.intr.*** **1** dirigersi; tendere (*anche fig.*): *je tends à penser que vous avez tort*, sono incline a pensare che abbiate torto **2** propendere, essere incline, tendere: *il tend à la mélancolie*, è incline alla malinconia.

tendre[2] ***agg.*** **1** tenero, morbido: *bleu, rose tendre*, blu, rosa tenue **2** tenero, dolce; affettuoso ♦ ***n.m.*** tenero: *il y a du tendre entre eux*, c'è del tenero tra loro.
● ***âge tendre, tendre enfance***, tenera età | ***c'est un tendre***, (*fam.*) è un cuore tenero.

> **NOTA** ***La carte de Tendre***, 'la carta del paese dell'amore' era la carta di un paesaggio allegorico immaginato e descritto nel XVII secolo da Mlle de Scudéry e dagli amici scrittori che frequentavano il suo famoso salotto. L'amore galante vi è rappresentato nei suoi segreti e nei suoi particolari secondo i gusti e la moda del tempo.

tendrement [tɑ̃dʀəmɑ̃] ***avv.*** teneramente.

tendresse [tɑ̃dʀɛs] ***n.f.*** **1** tenerezza; affetto (*m.*) **2** (*pl.*) tenerezze, affettuosità; (*fam.*) simpatie.
■ **SIN. 1** affection, douceur.

tendreté [tɑ̃dʀəte] ***n.f.*** (*di carne ecc.*) tenerezza, morbidezza.

tendron [tɑ̃dʀɔ̃] ***n.m.*** **1** (*fam.*) ragazzina (*f.*) **2** (*pl.*) (*macelleria*) biancostato (*sing.*) (di vitello).

tendu [tɑ̃dy] *p.p.* di **tendre**[1] ♦ ***agg.*** teso (*anche fig.*).

ténèbres [tenɛbʀ] ***n.f.pl.*** tenebre (*anche fig.*).

ténébreusement [tenebʀøzmɑ̃] ***avv.*** tenebrosamente.

ténébreux [tenebʀø] ***agg.*** e ***n.m.*** [f. *-euse*] tenebroso (*anche fig.*).
■ ***AGG.*** **SIN.** mystérieux, sombre **CONTR.** clair.

teneur [tənœʀ] ***n.f.*** **1** termini (*m.pl.*) esatti, tenore (*m.*) (di un atto, di un documento) **2** tenore (*m.*), quantità (in) percentuale.
● ***teneur en acide***, acidità | ***teneur en alcool***, gradazione alcolica | ***teneur en eau***, grado di umidità.

ténia [tenja] ***n.m.*** tenia (*f.*), verme solitario.

tenir [təniʀ] ***v.tr.*** [pres.indic.: *je tiens, tu tiens, il tient, nous tenons, vous tenez, ils tiennent*; imperf.indic.: *je tenais* etc.; p.rem.: *je tins* etc., *nous tînmes* etc.; fut.indic.: *je tiendrai* etc.; cond.: *je tiendrais* etc.; pres.cong.: *que je tienne* etc., *que nous tenions, que vous teniez, qu'ils tiennent*; imperf.cong.: *que je tinsse, que tu tinsses, qu'il tînt* etc.; p.pres.: *tenant*; p.p.: *tenu*; imp.: *tiens, tenons, tenez*] **1** tenere; reggere, sostenere; mantenere: *tenir à la main*, tenere in mano; *tenir dans ses bras*, tenere in braccio, fra le braccia; *tenir par la main, par la taille*, tenere per mano, per la vita; *on tient le coupable*, il colpevole è nelle nostre mani; *la colère le tient*, è in preda alla collera; *si je le tenais!*, se lo avessi tra le mani! | *tenir le vin*, reggere il vino | *ce bateau tient bien la mer*, questa barca regge bene il mare | *il tient bien sa place à table*, fa onore alla tavola **2** (*fig.*) serbare; tenere; mantenere: *tenir rancune à qqn*, serbare rancore a qlcu; *tenir un serment*, tenere fede a un giuramento **3** fare, tenere (un discorso ecc.): *il tient des raisonnements absurdes*, fa ragionamenti assurdi **4** occupare, tenere: *tenir trop de place*, occupare troppo spazio | *Mlle Dupont tiendra le piano*, sarà al pianoforte la signorina Dupont **5** avere; tenere: *il tient un langage grossier*, ha un linguaggio volgare | *il tient une de ces cuites!*, (*fam.*) ha una tale sbornia! | *qu'est-ce qu'il tient!*, (*fam.*) che sbornia! **6** contenere, tenere: *cette salle tient 200 personnes*, questa sala può contenere 200 persone **7** gestire: *tenir un café*, gestire un bar; *tenir un magasin*, avere un negozio **8** ritenere, considerare: *je tiens l'affaire comme faite*, ritengo l'affare concluso ♦ ***v.intr.*** **1** reggere; resistere, tenere; essere saldo: *ce timbre ne tient pas*, quel francobollo non sta attaccato; *ce clou ne tient pas*, questo chiodo non regge; *la corde tint bon*, la corda resistette; *cette mode ne tiendra pas*, questa moda non durerà; *les soldats tinrent jusqu'au soir*, i soldati resistettero fino alla sera | *des couleurs qui tiennent bien*, colori solidi **2** stare, essere contenuto: *tous mes meubles ne tiennent pas dans ce petit appartement*, non ci stanno tutti i miei mobili in quest'appartamentino; *ce que je veux vous dire tient en quelques mots*, quello che devo dirvi si può riassumere in poche parole ♦ **se tenir** ***v.pron.*** e ***pron.intr.*** **1** tenersi, reggersi; trattenersi: *il se tenait d'une main à la rampe*, si teneva, si reggeva con una mano alla ringhiera; *son raisonnement se tient*, (*fig.*) il suo ragionamento regge **2** restare; stare; rimanere; tenersi: *se tenir prêt*, stare, tenersi pronto; *se tenir à jour*, tenersi, essere aggiornato; *se tenir à sa place*, (*anche fig.*) stare al proprio posto; *il sait se tenir à cheval*, sa stare in sella; *tiens-toi droit!*, stai dritto! **3** comportarsi: *tiens-toi bien à table!*, comportati bene a tavola!; *elle ne sait pas se tenir*, non sa comportarsi bene **4** considerarsi, ritenersi: *se tenir pour battu*, ritenersi

T

sconfitto **5** tenersi, aver luogo: *voilà la salle où se tiennent nos réunions*, ecco la sala dove si tengono, hanno luogo le nostre riunioni ♦ ***v.pron.rec.*** tenersi: *se tenir par la main*, tenersi per mano.

● ***tenir debout***, reggersi, stare in piedi | ***tenir le mot de l'énigme***, avere la chiave dell'enigma | ***tenir le rôle de***, sostenere, interpretare la parte di | ***tenir pour***, ritenere, considerare; sostenere: *on le tient pour un grand artiste*, è considerato un grande artista; *tenir pour vrai*, ritenere vero; *ça tient toujours pour samedi?*, (*fam.*) allora siamo sempre d'accordo per sabato? | ***il n'a qu'à bien se tenir!***, (*fig.*) deve stare attento! | ***il n'y a pas d'excuse qui tienne***, non c'è scusa che tenga | ***s'en tenir à***, limitarsi a; attenersi a: *il s'en est tenu à des menaces*, si è limitato alle minacce; *je m'en tiens à ton conseil*, mi attengo al tuo consiglio; *je m'en tiens à ce qu'on m'a dit*, mi attengo a quello che mi hanno detto; *pour aujourd'hui je m'en tiendrai là*, per oggi non vado oltre; *e sais à quoi m'en tenir sur son compte*, so che tipo è | ***tiens!***, ecco!; to'!; guarda!: *tiens, passe-moi ton verre*, su, passami il bicchiere; *tenez, je vais vous raconter ce qui m'est arrivé*, state a sentire, vi racconto quel che mi è capitato | ***tiens-toi bien!***, stai composto!; (*fam.*) tienti forte! | ***tout se tient***, (*fig.*) tutto è strettamente collegato | ***y tenir***, tenerci: *si vous y tenez!*, se volete!; *je n'y tiens pas*, non ci tengo; *ne plus y tenir*, non poter più resistere, non poterne più.

□ **tenir à** **1** tenere a, essere attaccato a (*anche fig.*): *le miroir tient au mur par des clous*, lo specchio è attaccato al muro con dei chiodi; *le paysan tient à sa terre*, il contadino è attaccato alla sua terra; *il tient beaucoup à vous voir*, ci tiene molto a vedervi | *on tient à six à cette table*, ci si sta in sei a questo tavolo **2** dipendere da: *cela tient à son éducation*, ciò dipende dalla sua educazione; *il ne tient qu'à lui d'y aller*, dipende solo da lui andarci; *s'il ne tenait qu'à moi!*, se dipendesse solo da me! | *qu'à cela ne tienne!*, non importa! **3** essere attiguo, vicino: *notre jardin tient au sien*, il nostro giardino è adiacente al suo.

□ **tenir de** **1** ricevere da: *tenir des renseignements de bonne source*, avere informazioni da fonte sicura; *de qui tenez-vous cela?*, da chi l'ha saputo? | *elle tient sa timidité de sa mère*, ha ereditato la timidezza da sua madre **2** assomigliare a: *elle tient de sa mère*, ha preso dalla madre | *sa guérison tient du miracle*, la sua guarigione ha del miracoloso | *elle a de qui tenir!*, (*iron.*) è figlia di sua madre!, si capisce da chi ha preso.

tennis [tenis] ***n.m.*** **1** tennis: *jouer au tennis*, giocare a tennis **2** (*abbigl.*) scarpe (*f.pl.*) da tennis.

tenon [tənɔ̃] ***n.m.*** (*tecn.*) tenone.

ténor [tenɔʀ] ***n.m.*** **1** tenore **2** (*fam.*) papavero, big.

tenseur [tɑ̃sœʀ] ***agg.*** e ***n.m.*** tensore.

tensioactif [tɑ̃sjɔaktif] ***agg.*** e ***n.m.*** [f. *-ive*] tensioattivo.

tension [tɑ̃sjɔ̃] ***n.f.*** tensione (*anche fig.*).

● (*med.*) ***tension artérielle***, tensione arteriosa | ***tension d'esprit***, tensione mentale | (*med.*): ***avoir de la tension***, (*fam.*) avere la pressione alta; ***prendre la tension***, misurare la pressione.

tentaculaire [tɑ̃takylɛʀ] ***agg.*** tentacolare.

tentacule [tɑ̃takyl] ***n.m.*** tentacolo.

tentant [tɑ̃tɑ̃] ***agg.*** allettante, invitante: *c'est tentant!*, che tentazione!

tentateur [tɑ̃tatœʀ] ***agg.*** e ***n.m.*** [f. *-trice*] tentatore.

tentation [tɑ̃tasjɔ̃] ***n.f.*** tentazione.

tentative [tɑ̃tativ] ***n.f.*** tentativo (*m.*).

● (*dir.*) ***tentative d'homicide***, tentato omicidio.

■ SIN. essai.

tente [tɑ̃t] ***n.f.*** tenda: *sous la tente*, in tenda.

● (*med.*) ***tente à oxygène***, tenda a ossigeno | ***tente de camping***, tenda (per campeggio) | ***tente de cirque***, tendone da circo | (*anat.*) ***tente du cervelet***, tentorio del cervelletto | ***se retirer sous sa tente***, (*fig. letter.*) ritirarsi sdegnosamente.

tente-abri [tɑ̃tabʀi] ***n.f.*** [pl. *tentes-abris*] tenda da campo.

tenter [tɑ̃te] ***v.tr.*** e ***intr.*** tentare: *tenter la chance*, tentare la fortuna.

■ SIN. essayer.

tenture [tɑ̃tyʀ] ***n.f.*** **1** tappezzeria; parato (*m.*) **2** paramento (*m.*) funebre.

● ***les tentures du salon***, i tendaggi del salotto.

FAUX AMI
Da non confondere con *tintura*, che si traduce *teinture*.

tenu [təny] *p.p.* di **tenir** ♦ ***agg.*** **1** obbligato, tenuto **2** (*Borsa*) fermo, sostenuto ♦ ***n.m.*** (*sport*) fallo per (palla) trattenuta.

● ***bien tenu***, ben curato, in ordine | ***mal tenu***, trasandato.

ténu [teny] ***agg.*** tenue, sottile; fragile (*anche fig.*).

tenue [təny] ***n.f.*** **1** il tenere, tenuta **2** (*estens.*) gestione, amministrazione: *il veille à la bonne tenue de son établissement*, cura il buon andamento della sua azienda **3** (*di stoffa*) consistenza **4** contegno (*m.*), comportamento (*m.*) **5** modo (*m.*) di vestire; tenuta; divisa, uniforme **6** (*mus.*) nota tenuta, tenuto (*m.*) **7** (*Borsa*) fermezza, sostenutezza.

● ***tenue de route***, tenuta di strada | ***tenue de soirée***, abito da sera | (*mil.*) ***tenue léopard***, tuta mimetica | ***avoir de la tenue***, avere modi corretti | (*mil.*) ***en grande tenue***, in grande uniforme | ***en petite tenue***, ***en tenue légère***, (*fam.*) in abbigliamento succinto | ***il n'a pas de tenue***, si comporta in modo poco decoroso | ***manquer de tenue***, mancare di correttezza: *ce journal manque de tenue*, questo giornale manca di serietà.

ténuité [tenɥite] ***n.f.*** (*letter.*) tenuità.

TEP [tɛp] ***n.f.*** (*sigla di* Tomographie par émission de positrons) PET, tomografia a emissione di positroni.

tepo [tœpo] ***n.m.*** (*verlan di* pote) amico, compagno.

ter [tɛʀ] ***avv.*** (*mus.*) tre volte ♦ ***agg.num.*** ter.

tératogène [teʀatɔʒɛn] ***agg.*** (*med.*) teratogeno.

tératologie [teʀatɔlɔʒi] ***n.f.*** teratologia.

tercet [tɛʀsɛ] ***n.m.*** (*metrica*) terzina (*f.*).

térébenthine [teʀebɑ̃tin] ***n.f.*** trementina.

tergal [tɛʀgal] ***n.m.*** (*tessuto*) terital.

tergiversation [tɛʀʒivɛʀsasjɔ̃] ***n.f.*** tergiversazione.

■ SIN. atermoiement.

tergiverser [tɛʀʒivɛʀse] ***v.intr.*** tergiversare.

terme[1] [tɛʀm] ***n.m.*** **1** termine, limite, fine (*f.*) **2** scadenza (*f.*), termine **3** affitto, pigione (*f.*) **4** termine, parola (*f.*): *en termes flatteurs*, con parole lusinghiere **5** (*mat.*) termine (*anche estens.*) | *terme d'une addition*, addendo.

● (*med.*) ***accouchement avant terme***, parto prematuro | ***à court***, ***à long terme***, a breve, a lungo termine | ***à terme échu***, dopo il termine, dopo la scadenza | (*dir.*) ***aux termes de la loi***, a termini di legge, a norma di legge | ***en d'autres termes***, in altri termini | ***être en bons termes avec qqn***, essere in buoni rapporti con qcu | ***moyen terme***, mezzo termine; (*fig.*) via di mezzo, soluzione intermedia | ***parler sans ménager ses termes***, parlare senza mezzi termini | ***passé le terme***, scaduto il termine | ***toucher à son terme***, volgere al termine: *notre travail touche*

à son terme, il nostro lavoro sta volgendo al termine | (*comm.*) ***vendre à terme***, vendere a rate.
■ SIN. **1** fin **2** échéance **4** mot.

terme[2] ***n.m.*** (*st. arte*) erma (*f.*).

terminaison [tɛʀminɛzɔ̃] ***n.f.*** **1** terminazione **2** (*gramm.*) desinenza.

terminal[1] [tɛʀminal] ***agg.*** [pl. *-aux*] terminale; ultimo | *formule terminale d'une lettre*, formula di chiusura di una lettera.
● (***classe***) ***terminale***, (*nella scuola francese*) ultimo anno della scuola superiore.
■ SIN. final CONTR. initial.

terminal[2] ***n.m.*** [pl. *-aux*] **1** (*trasporti*) terminal **2** (*inform.*) terminale.

terminer [tɛʀmine] ***v.tr.*** e ***intr.*** finire, terminare; concludere | *et pour terminer, je vous parlerai de*, e infine vi parlerò di ♦ **se terminer** ***v.pron.intr.*** finire, terminare; concludersi.
● ***terminer par***, ***en***, finire con, in: (*dir.*) *terminer par transaction*, transare | ***en terminer avec qqch***, farla finita con qlco.
■ SIN. achever, conclure.

terminologie [tɛʀminɔlɔʒi] ***n.f.*** terminologia.

terminus [tɛʀminys] ***n.m.*** capolinea; (*ferr.*) stazione (*f.*) di testa.

termite [tɛʀmit] ***n.m.*** (*zool.*) termite (*f.*).

termitière [tɛʀmitjɛʀ] ***n.f.*** termitaio (*m.*).

ternaire [tɛʀnɛʀ] ***agg.*** ternario.

terne[1] [tɛʀn] ***n.m.*** (*ai dadi, al lotto ecc.*) terno.

terne[2] ***agg.*** spento; scialbo.

ternir [tɛʀniʀ] ***v.tr.*** **1** appannare; offuscare (*anche fig.*) **2** (*un colore*) sbiadire.

ternissure [tɛʀnisyʀ] ***n.f.*** appannatura, offuscamento (*m.*).

terrain [tɛʀɛ̃] ***n.m.*** **1** terreno; suolo **2** (appezzamento di) terreno **3** campo **4** (*fig.*) campo, terreno; ambito.
● ***terrain à bâtir***, area, terreno fabbricabile | ***terrain brûlant***, (*fig.*) terreno che scotta | ***terrain d'aviation***, campo d'aviazione | ***terrain de camping***, campeggio | ***terrain de foot(ball)***, campo di calcio | ***terrain de jeu***, campo da gioco | ***terrain glissant***, (*fig.*) terreno minato | ***terrains irrigués***, comprensorio irriguo | ***céder du terrain***, (*fig.*) fare concessioni | ***être sur son terrain***, (*fig.*) muoversi su un terreno conosciuto | ***expérience terrain***, esperienza sul campo | ***homme de terrain***, uomo d'azione | ***rester maître du terrain***, (*fig.*) restare padrone del campo | ***se conduire comme en terrain conquis***, (*fig.*) farla da padrone | ***sur le terrain***, sul posto; (*fig.*) sul campo: (*sport*) *aller sur le terrain*, scendere in campo; (*sport*) *jouer sur son propre terrain*, giocare in casa | ***tout terrain***, (*aut.*) fuoristrada; (*fig.*) polivalente.

terrasse [tɛʀas] ***n.f.*** **1** terrazza, terrapieno (*m.*) **2** (*geogr.*) terrazzo (*m.*), terrazza **3** terrazza, parte all'aperto di un caffè o di un ristorante.
● (*agr.*) ***cultures en terrasses***, coltivazioni a terrazza | (*edil.*) ***toit en terrasse***, tetto a terrazza.

terrassement [tɛʀasmɑ̃] ***n.m.*** sterro.

terrasser [tɛʀase] ***v.tr.*** atterrare, buttare a terra (*anche fig.*); sgominare: *il a terrassé tous ses adversaires*, ha sgominato tutti i suoi avversari; *il a été terrassé par un infarctus*, è stato stroncato da un infarto.

terrassier [tɛʀasje] ***n.m.*** sterratore, badilante.

terre [tɛʀ] ***n.f.*** **1** terra; terreno (*m.*); suolo (*m.*): *tomber par, à terre*, cadere per, a terra; *s'asseoir par terre*, sedersi per terra **2** (appezzamento di) terreno (*m.*), terra: *acheter, vendre une terre*, acquistare, vendere un terreno **3** paese (*m.*), terra **4** (*astr., geogr.*) *Terre*, Terra.
● ***terre à blé***, terra coltivata | ***terre à terre***, terra terra | ***terre cuite***, terracotta | ***terre de Sienne***, terra di Siena | ***terre d'ombre***, terra d'ombra | ***terre ferme***, terraferma | ***terre glaise***, argille | (*relig.*) ***Terre Sainte***, Terra Santa | ***avoir les pieds sur terre***, avere i piedi per, sulla terra | ***connu de la terre entière***, conosciuto da tutti | ***être sur terre***, vivere, esistere: *être seul sur la terre*, essere solo al mondo | ***face contre terre***, faccia a terra | (*elettr.*) ***mettre à la terre***, mettere a terra | ***mettre qqn en terre***, seppellire qlcu | ***quitter cette terre***, lasciare questa terra, morire | ***rentrer sous terre***, (*anche fig.*) sprofondare sotto terra | ***souhaiter être à cent pieds sous terre***, desiderare di sprofondare sotto terra | ***revenir sur terre***, (*fig.*) tornare alla realtà | (*relig.*) ***sur la terre comme au ciel***, come in cielo così in terra | ***sur terre et sur mer***, per terra e per mare.

terreau [tɛʀo] ***n.m.*** [pl. *-eaux*] **1** terriccio: *terreau de feuilles*, terriccio di copertura **2** (*fig.*) humus.

terre-neuvas [tɛʀnœvɑ] ***n.m.invar.*** **1** peschereccio adibito alla pesca dei merluzzi sui banchi di Terranova **2** marinaio specializzato nella pesca dei merluzzi.

terre-neuve [tɛʀnœv] ***n.m.invar.*** (*cane*) terranova.

terre-neuvier [tɛʀnœvje] ***n.m.*** [pl. *terre-neuviers*] → **terre-neuvas**.

terre-plein [tɛʀplɛ̃] ***n.m.*** [pl. *terre-pleins*] terrapieno.

terrer [tɛʀe] ***v.tr.*** coprire di terra ♦ **se terrer** ***v.pron.intr.*** rintanarsi: *se terrer chez soi*, (*fig.*) rintanarsi in casa.

terrestre [tɛʀɛstʀ] ***agg.*** **1** terrestre: *les animaux, les plantes terrestres*, gli animali, le piante terrestri **2** terrestre, terreno: *les joies terrestres*, le gioie terrene.

terreur [tɛʀœʀ] ***n.f.*** terrore (*m.*).
● ***jouer les terreurs***, (*fam.*) fare il duro, il cattivo.
■ SIN. épouvante, frayeur.

> NOTA ***La Terreur*** è il nome dato a una fase della Rivoluzione francese, successiva alla caduta dei Girondini (giugno 1793) e caratterizzata da misure di eccezionale violenza prese dal governo rivoluzionario, che ebbe termine con l'esecuzione di Robespierre nel luglio 1794.
>
> ***Terreur blanche*** (con riferimento al bianco, il colore della bandiera dei Borboni di Francia) fu detta la furiosa reazione monarchica contro i bonapartisti, i repubblicani e i protestanti, che si ebbe con la seconda Restaurazione dopo i Cento giorni (1815).

terreux [tɛʀø] ***agg.*** [f. *-euse*] **1** terreo **2** (*chim.*) terroso.

terrible [tɛʀibl] ***agg.*** **1** terribile, tremendo **2** (*fam.*) fantastico: *pas terrible ce film, on a vu mieux*, non è un granché quel film, si è visto di meglio ♦ ***n.m.*** (*fam.*) cosa terribile, guaio ♦ ***avv.*** (*fam.*) moltissimo.

terriblement [tɛʀibləmɑ̃] ***avv.*** **1** terribilmente **2** (*estens.*) fantasticamente.

terrien [tɛʀjɛ̃] ***agg.*** [f. *-enne*] terriero; campagnolo ♦ ***n.m.*** terrestre.
■ *N.M.* CONTR. extraterrestre.

terrier[1] [tɛʀje] ***n.m.*** tana (*f.*); covo (*anche fig.*).

terrier[2] ***n.m.*** (*cane*) terrier.

terrifiant [tɛʀifjɑ̃] ***agg.*** terrificante, spaventoso.
■ SIN. effrayant.

terrifier [tɛʀifje] ***v.tr.*** terrificare, terrorizzare.
■ SIN. effrayer.

terril [tɛʀil] ***n.m.*** (*miner.*) discarica (*f.*).

terrine [tɛʀin] ***n.f.*** **1** terrina **2** (*cuc.*) terrine, pasticcio.

T

territoire [tɛʀitwaʀ] *n.m.* territorio.

NOTA | ***Territoires d'outre-mer*** (*TOM*) rappresentano una collettività territoriale della Repubblica francese, creata nel 1946: comprendono Mayotte, Saint-Pierre-et-Miquelon, Wallis e Futuna, la Polinesia francese, la Nuova Caledonia e le Terre australi e antartiche francesi. Dopo la riforma attuata nel 2003 i TOM, a esclusione delle Terre artiche e australi, hanno preso il nome di *Collectivités d'Outre-Mer*

territorial [tɛʀitɔʀjal] *agg.* [pl. *-aux*] territoriale.

territorialité [tɛʀitɔʀjalite] *n.f.* territorialità.

terroir [tɛʀwaʀ] *n.m.* **1** terra (*f.*), terreno (agricolo) **2** terra (*f.*), paese d'origine.
● ***produits du terroir***, prodotti locali | ***vin qui sent le terroir***, vino dal gusto genuino.

terroriser [tɛʀɔʀize] *v.tr.* terrorizzare, atterrire.

terrorisme [tɛʀɔʀism] *n.m.* terrorismo.

terroriste [tɛʀɔʀist] *agg.* terroristico ♦ *n.m.* e *f.* terrorista.

tertiaire [tɛʀsjɛʀ] *agg.* e *n.m.* terziario.
● (***secteur***) ***tertiaire***, (settore) terziario.

tertio [tɛʀsjo] *avv.* in terzo luogo.

tertre [tɛʀtʀ] *n.m.* poggio, collinetta (*f.*).
● ***tertre funéraire***, tumulo.

tes [te] *agg.poss.m.* e *f.* *2ª pers.sing.* → **ton**[1].

tessinois [tɛsinwa] *agg.* ticinese.

tessiture [tesityʀ] *n.f.* (*mus.*) tessitura.

tesson [tesɔ̃] *n.m.* coccio.

test [tɛst] *n.m.* test; prova (*f.*).
● ***test d'aptitude***, test attitudinale | (*med.*) ***test de grossesse***, test di gravidanza | (*psic.*) ***test psychologique***, test psicologico | (*med.*) ***sérum-test***, sierotest | ***ville-test***, città campione.

testament [tɛstamɑ̃] *n.m.* (*dir.*) testamento: *faire son testament*, fare testamento.
● (*Bibbia*) ***l'Ancien, le Nouveau Testament***, l'Antico, il Nuovo Testamento.

testamentaire [tɛstamɑ̃tɛʀ] *agg.* (*dir.*) testamentario.

testateur [tɛstatœʀ] *n.m.* [f. *-trice*] (*dir.*) testatore.

tester[1] [tɛste] *v.intr.* (*dir.*) testare, fare testamento.

tester[2] *v.tr.* **1** sottoporre a un test (psicologico) **2** sperimentare, provare.

testeur [tɛstœʀ] *n.m.* **1** esperto in test **2** (*tecn.*) tester.

testicule [tɛstikyl] *n.m.* (*anat.*) testicolo.

testimonial [tɛstimɔnjal] *agg.* [pl. *-aux*] (*dir.*) testimoniale.

testostérone [tɛstɔsteʀɔn] *n.f.* testosterone (*m.*).

tétanique [tetanik] *agg.* tetanico.

tétanos [tetanos] *n.m.* (*med.*) tetano.

têtard [tɛtaʀ] *n.m.* **1** (*zool.*) girino **2** (*fam.*) bambino.

FAUX AMI
Da non confondere con l'aggettivo *testardo*, che si traduce *têtu*.

tête [tɛt] *n.f.* **1** testa; capo (*m.*): *détourner la tête*, voltare la testa, distogliere lo sguardo; *avoir mal à la tête*, avere mal di testa; *il la dépassait d'une tête*, era più alto di lei di tutta la testa | *j'étais pressé, j'ai juste passé la tête*, avevo fretta, ho solo messo dentro la testa | *la tête haute, basse*, a testa alta, a capo chino | *par tête*, a testa, pro capite | *qu'est-ce qui te passe par la tête?*, cosa ti passa per la testa?; cosa ti salta in mente? | *tomber la tête la première*, cadere a testa in giù **2** (*fig.*) testa; cervello (*m.*); mente: *une grosse tête*, un cervellone; *une petite tête*, un cervellino | *une tête bien faite*, una bella mente **3** faccia; aspetto (*m.*): *il a une bonne tête*, ha un'aria da buono, una faccia onesta | *il a fait une drôle de tête*, ha fatto una faccia strana | *il a fait une de ces têtes!*, ha fatto una faccia! **4** (*parte iniziale, superiore ecc.*) testa: *la tête d'un arbre, d'une montagne*, la cima di un albero, di una montagna **5** capo (*m.*): *tête* (*de bétail*), capo (di bestiame).
● ***tête brûlée***, (*fig.*) testa calda | (*bot.*) ***tête d'ail***, testa d'aglio | ***tête de cochon, de lard***, zuccone, testone | ***tête de lecture***, (*di magnetofono*) testina di riproduzione | ***tête de ligne***, capolinea | ***tête de linotte***, testolina leggera, sventata | ***tête de liste***, capolista | ***tête de lit***, testata del letto | ***tête de mort***, teschio | ***tête de mule***, (*fig.*) testa di legno, testa dura | ***tête d'épingle***, capocchia di spillo | (*anat.*) ***tête du fémur***, testa del femore | ***tête nue***, a capo scoperto, con niente in testa | ***à la tête de***, alla testa di; (*fig.*) a capo di | ***à la tête du client***, come gli gira | ***amour de tête***, amore cerebrale | ***à tête reposée***, a mente fresca | ***avoir la grosse tête***, (*fig.*) darsi delle arie | ***avoir la tête à l'envers***, (*fig.*) essere sfasato | ***avoir ses têtes***, avere le proprie simpatie | ***avoir toute sa tête***, essere lucido: *il n'a plus* (*toute*) *sa tête*, non c'è più con la testa | ***avoir une idée derrière la tête***, avere uno scopo recondito | ***avoir une tête à coucher dehors***, avere una faccia da far paura | ***calculer de tête***, calcolare a mente | ***casser la tête à qqn***, (*fig.*) fare la testa come un pallone a qlcu: *tu me casses la tête avec tes commérages*, mi fai la testa come un pallone con le tue chiacchiere; *ce bruit nous casse la tête*, questo rumore ci rompe i timpani | ***chercher qqch dans sa tête***, cercare di ricordare qlco | ***coup de tête***, (*anche fig.*) colpo di testa | ***donner tête baissée dans le panneau***, cascarci in pieno | ***être tombé sur la tête***, (*fam.*) dare i numeri | ***faire la tête***, fare, tenere il broncio | ***faire une grosse tête à qqn***, cambiare i connotati a qlcu | (*calcio*) ***faire une tête***, tirare di testa | ***femme de tête***, donna di polso | ***garder la tête froide***, avere sangue freddo | ***il ne sait pas où donner de la tête***, non sa dove sbattere la testa | ***en avoir par-dessus la tête***, averne fin sopra i capelli: *j'en ai par-dessus la tête de ce travail*, ne ho fin sopra i capelli di questo lavoro | ***en tête***, in testa; all'inizio; (*tip.*) in alto a sinistra | ***jeter qqch à la tête de qqn***, tirare qlco in testa a qlcu; (*fig.*) rinfacciare qlco a qlcu | ***juger qqn à sa tête***, giudicare qlcu dalle apparenze | ***la tête de la classe***, (*fig.*) i migliori della classe | ***laver la tête à qqn***, (*fig.*) dare una lavata di capo a qlcu | ***marcher sur la tête***, (*fig.*) fare i salti mortali: *je ne peux tout de même pas marcher sur la tête*, non posso certo fare i salti mortali | ***mettre à prix la tête de qqn***, mettere una taglia sulla testa di qlcu | ***n'en faire qu'à sa tête, faire à sa tête***, fare di testa propria | (*sport*) ***prendre la tête***, passare in testa | ***répondre de qqn sur sa tête***, rispondere personalmente di qlcu | ***risquer sa tête***, rischiare la vita, rischiare grosso | ***se creuser, se casser la tête***, spremersi le meningi | ***se jeter à la tête de qqn***, buttarsi tra le braccia di qlcu | ***se jeter tête baissée dans qqch***, scagliarsi a testa bassa contro qlco; (*fig.*) buttarsi a capofitto in qlco | ***se payer la tête de qqn***, prendere in giro qlcu | ***se taper, se cogner la tête contre les murs***, (*anche fig.*) battere la testa contro il muro | ***tourner et retourner qqch dans sa tête***, rimuginare qlco | ***une forte tête***, un uomo irriducibile, un caratteraccio | ***une mauvaise tête***, un indisciplinato, un ribelle | ***une sale tête***, un'aria poco raccomandabile | ***une tête d'assassin***, una faccia da galera.

tête-à-queue [tɛtakø] *n.m.invar.* **1** testa-coda **2** (*di cavallo*) voltafaccia.

tête-à-tête [tɛtatɛt] *n.m.invar.* **1** colloquio a quat-

trocchi, a tu per tu **2** servizio da tè o da caffè, per due **3** divano a due posti a forma di S, amorino.
● (*en*) ***tête-à-tête***, a quattrocchi, faccia a faccia.

tête-bêche [tɛtbɛʃ] ***avv.*** testa piedi.

tête-de-loup [tɛtdəlu] ***n.f.*** [pl. *têtes-de-loup*] scopettone (*m.*) per soffitti.

tête-de-nègre [tɛtdənɛgʀ] ***agg.*** e ***n.m.invar.*** (colore) testa di moro.

tétée [tete] ***n.f.*** poppata.

téter [tete] ***v.tr.*** [coniug. come *céder*] **1** poppare: *téter son biberon, sa mère*, prendere il biberon, succhiare il latte materno **2** (*fam.*) succhiare.

téterelle [tetʀɛl] ***n.f.*** tiralatte (*m.*).

tétés [tete] ***n.m.pl.*** (*linguaggio infantile*) tette (*f.*).

tétine [tetin] ***n.f.*** **1** tettarella; (*estens.*) ciuccio (*m.*), succhiotto (*m.*) **2** (*di animali*) mammella.

téton [tetɔ̃] ***n.m.*** **1** (*fam.*) tetta (*f.*), poppa (*f.*) **2** (*tecn.*) nasello.

tétra- ***pref.*** tetra-.

tétraèdre [tetʀaɛdʀ] ***n.m.*** tetraedro.

tétragone [tetʀagɔn] ***agg.*** tetragonale.

tétralogie [tetʀalɔʒi] ***n.f.*** tetralogia.

tétraplégie [tetʀapleʒi] ***n.f.*** tetraplegia.

tétraplégique [tetʀapleʒik] ***agg.*** tetraplegico.

tétrarchie [tetʀaʀʃi] ***n.f.*** tetrarchia.

tétras [tetʀɑ] ***n.m.*** (*zool.*) tetraone.

têtu [tety] ***agg.*** e ***n.m.*** testardo, cocciuto, ostinato.
■ SIN. entêté, obstiné.

teuf [tœf] ***n.f.*** (*verlan di* fête) festa.

teufer [tøfɛʀ] ***v.intr.*** (*da* teuf, *verlan di* fête) darsi ai bagordi.

teufeur [tœfœʀ] ***n.m.*** [f. *-euse*] chi prende parte a una festa.

teuf-teuf [tœftœf] ***n.m.*** [pl. *teufs-teufs* o *invar.*] vecchia automobile, macinino.

teuton [tøtɔ̃] ***agg.*** [f. *-onne*] **1** (*st.*) teutone **2** (*spreg.*) tedesco.
● (*st.*) ***les Teutons***, i Teutoni.

teutonique [tøtɔnik] ***agg.*** teutonico.

texan [tɛksɑ̃] ***agg.*** texano.

texte [tɛkst] ***n.m.*** testo | *lire un auteur dans le texte*, leggere un autore nella versione originale.

texter [tɛkste] ***v.tr.*** (*fam.*) mandare un messaggino, un sms; messaggiare.

textile [tɛkstil] ***agg.*** e ***n.m.*** tessile.

texto[1] [tɛksto] ***avv.*** (*fam.*) testualmente, alla lettera.

texto[2] ***n.m.*** (*fam.*) sms, messaggino.

textoter [tɛkstote] ***v.tr.*** (*fam.*) mandare un messaggino, un sms; messaggiare.

textuel [tɛkstɥɛl] ***agg.*** [f. *-elle*] testuale.
● ***traduction textuelle***, traduzione letterale.

textuellement [tɛkstɥɛlmɑ̃] ***avv.*** testualmente.

texture [tɛkstyʀ] ***n.f.*** **1** grana **2** (*geol.*) tessitura **3** consistenza (degli alimenti) **4** (*fig.*) struttura.

TGV [teʒeve] ***n.m.*** (*sigla di* Train à Grande Vitesse) TGV, treno ad alta velocità.

thaï [taj] ***agg.*** tailandese.

Thaï [taj] ***n.m.*** (*abitante*) tailandese.

thaïlandais [tajlɑ̃dɛ] ***agg.*** tailandese.

Thaïlandais ***n.m.*** (*abitante*) tailandese.

thalamus [talamys] ***n.m.*** (*anat.*) talamo.

thalassémie [talasemi] ***n.f.*** (*med.*) talassemia.

thalasso- ***pref.*** talasso-.

thalassothérapie [talasɔteʀapi] ***n.f.*** talassoterapia.

thalle [tal] ***n.m.*** (*bot.*) tallo.

thaumaturge [tomatyʀʒ] ***n.m.*** taumaturgo.

thaumaturgie [tomatyʀʒi] ***n.f.*** taumaturgia.

thé [te] ***n.m.*** **1** tè: *service à thé*, servizio da tè **2** (*Belgio, Svizzera*) tisana (*f.*), infusione (*f.*).

théâtral [teɑtʀal] ***agg.*** [pl. *-aux*] teatrale.

théâtralement [teɑtʀalmɑ̃] ***avv.*** teatralmente.

théâtraliser [teɑtʀalize] ***v.tr.*** teatralizzare.

théâtralité [teɑtʀalite] ***n.f.*** (*letter.*) teatralità.

théâtre [teɑtʀ] ***n.m.*** **1** teatro: *au théâtre*, a teatro; *faire du théâtre*, fare teatro; *une pièce de théâtre*, un'opera teatrale **2** (*fig.*) teatro, scena (*f.*): *être le théâtre de*, essere teatro di.
● ***théâtre en, de plein air***, teatro all'aperto | ***coup de théâtre***, (*anche fig.*) colpo di scena.

théier [teje] ***n.m.*** (*pianta*) tè.

théière [tejɛʀ] ***n.f.*** teiera.

théine [tein] ***n.f.*** teina.

théisme [teism] ***n.m.*** (*fil.*) teismo.

théiste [teist] ***agg.*** (*fil.*) teistico ♦ ***n.m.*** e ***f.*** (*fil.*) teista.

thématique [tematik] ***agg.*** tematico ♦ ***n.f.*** tematica.

thème [tɛm] ***n.m.*** **1** tema, argomento **2** (*scuola*) traduzione (*f.*), versione (*f.*) (in lingua straniera): *thème latin*, versione in latino **3** (*mus.*) tema **4** (*ling.*) tema.
● ***un fort en thème***, (*argot scolastico*) un secchione.

théo- ***pref.*** teo-.

théocratie [teɔkʀasi] ***n.f.*** teocrazia.

théocratique [teɔkʀatik] ***agg.*** teocratico.

théodolite [teɔdɔlit] ***n.m.*** (*tecn.*) teodolite.

théogonie [teɔgɔni] ***n.f.*** teogonia.

théologal [teɔlɔgal] ***agg.*** [pl. *-aux*] teologale.

théologie [teɔlɔʒi] ***n.f.*** teologia | *faire sa théologie*, studiare teologia.

théologien [teɔlɔʒjɛ̃] ***n.m.*** [f. *-enne*] teologo.

théologique [teɔlɔʒik] ***agg.*** teologico.

théologiquement [teɔlɔʒikmɑ̃] ***avv.*** teologicamente.

théorème [teɔʀɛm] ***n.m.*** teorema.

théorétique [teɔʀetik] ***agg.*** (*fil.*) teoretico ♦ ***n.f.*** (*fil.*) teoretica.

théoricien [teɔʀisjɛ̃] ***n.m.*** [f. *-enne*] teorico.

théorie [teɔʀi] ***n.f.*** teoria.
● ***en théorie***, in teoria, teoricamente.

théorique [teɔʀik] ***agg.*** teorico.

théoriquement [teɔʀikmɑ̃] ***avv.*** teoricamente.

théoriser [teɔʀize] ***v.tr.*** e ***intr.*** teorizzare.

théosophie [teɔzɔfi] ***n.f.*** teosofia.

thérapeute [teʀapøt] ***n.m.*** e ***f.*** **1** terapeuta **2** (*psic.*) terapista.

thérapeutique [teʀapøtik] ***agg.*** terapeutico ♦ ***n.f.*** terapeutica; terapia; trattamento (*m.*).

thérapie [teʀapi] ***n.f.*** terapia.

thermal [tɛʀmal] ***agg.*** [pl. *-aux*] termale.

thermes [tɛʀm] ***n.m.pl.*** terme (*f.*).

thermidor [tɛʀmidɔʀ] ***n.m.*** (*st.*) termidoro (undicesimo mese del calendario rivoluzionario, dal 19 o 20 luglio al 17 o 18 agosto).

thermidorien [tɛʀmidɔʀjɛ̃] ***agg.*** e ***n.m.*** [f. *-enne*] (*st.*) termidoriano.
thermie [tɛʀmi] ***n.f.*** (*fis.*) termia.
thermique [tɛʀmik] ***agg.*** termico ♦ ***n.f.*** (*fis.*) termologia.
thermite [tɛʀmit] ***n.f.*** (*chim.*) termite.
thermo- ***pref.*** termo-.
thermochimie [tɛʀmɔʃimi] ***n.f.*** termochimica.
thermodynamique [tɛʀmɔdinamik] ***n.f.*** (*fis.*) termodinamica ♦ ***agg.*** (*fis.*) termodinamico.
thermoélectrique [tɛʀmɔelɛktʀik] ***agg.*** termoelettrico.
thermogène [tɛʀmɔʒɛn] ***agg.*** termogeno.
thermographie [tɛʀmɔgʀafi] ***n.f.*** (*med.*) termografia.
thermologie [tɛʀmɔlɔʒi] ***n.f.*** (*antiq.*) (*fis.*) termologia.
thermomètre [tɛʀmɔmɛtʀ] ***n.m.*** termometro (*anche fig.*).
thermométrique [tɛʀmɔmetʀik] ***agg.*** (*fis.*) termometrico.
thermonucléaire [tɛʀmɔnykleɛʀ] ***agg.*** (*fis.*) termonucleare.
thermoplastique [tɛʀmɔplastik] ***agg.*** (*fis., chim.*) termoplastico.
thermoréacteur [tɛʀmɔʀeaktœʀ] ***n.m.*** (*fis.*) termoreattore.
thermorégulateur [tɛʀmɔʀegylatœʀ] ***agg.*** e ***n.m.*** [f. *-trice*] termoregolatore.
thermos® [tɛʀmos] ***n.m.*** o ***f.*** thermos (*m.*).
thermosiphon [tɛʀmɔsifɔ̃] ***n.m.*** (*tecn.*) termosifone.
thermostat [tɛʀmɔsta] ***n.m.*** termostato.
thermostatique [tɛʀmɔstatik] ***agg.*** (*tecn.*) termostatico.
thermothérapie [tɛʀmɔteʀapi] ***n.f.*** (*med.*) termoterapia.
thésard [tezaʀ] ***n.m.*** (*fam.*) chi prepara una tesi di dottorato.
thésaurisation [tezɔʀizasjɔ̃] ***n.f.*** tesaurizzazione.
thésauriser [tezɔʀize] ***v.tr.*** tesaurizzare.
thésauriseur [tezɔʀizœʀ] ***agg.*** e ***n.m.*** [f. *-euse*] tesaurizzatore.
thèse [tɛz] ***n.f.*** tesi.
● ***thèse de troisième cycle***, ***thèse de recherche***, tesi di dottorato post-laurea | ***roman à thèse***, romanzo a tesi | ***soutenance de thèse***, discussione della tesi di dottorato (in università).

T

thiamine [tjamin] ***n.f.*** (*chim.*) tiamina.
thiernois [tjɛʀnwa] ***agg.*** di Thiers.
thomisme [tɔmism] ***n.m.*** (*fil.*) tomismo.
thomiste [tɔmist] ***agg.*** (*fil.*) tomistico ♦ ***n.m.*** e ***f.*** (*fil.*) tomista.
thon [tɔ̃] ***n.m.*** **1** (*zool.*) tonno **2** (*fam.*) (*persona brutta*) cesso.
thonier [tɔnje] ***n.m.*** imbarcazione (*f.*) (per la pesca del tonno).
thoracique [tɔʀasik] ***agg.*** (*anat.*) toracico.
thorax [tɔʀaks] ***n.m.*** (*anat.*) torace.
thorium [tɔʀjɔm] ***n.m.*** (*chim.*) torio.
thrombine [tʀɔ̃bin] ***n.f.*** (*biochim.*) trombina.
thrombose [tʀɔ̃boz] ***n.f.*** (*med.*) trombosi.
thrombus [tʀɔ̃bys] ***n.m.*** (*med.*) trombo.
thune [tyn] ***n.f.*** (*argot*) denaro (*m.*): *je n'ai pas une thune*, non ho il becco di un quattrino.
thuya [tyja] ***n.m.*** (*bot.*) tuia (*f.*).
thym [tɛ̃] ***n.m.*** (*bot.*) timo.
thymus [timys] ***n.m.*** (*anat.*) timo.
thyroïde [tiʀɔid] ***n.f.*** (*anat.*) tiroide.
● ***corps*** (o ***glande***) ***thyroïde***, ghiandola tiroidea.
thyroïdien [tiʀɔidjɛ̃] ***agg.*** [f. *-enne*] tiroideo.
thyroïdisme [tiʀɔidism] ***n.m.*** (*med.*) tiroidismo.
thyrse [tiʀs] ***n.m.*** (*mit., bot.*) tirso.
tiags, **tiagues** [tjag] ***n.f.pl.*** (*abbr. di* santiagues, santiagos) camperos (*m.*) (stivali messicani).
tiare [tjaʀ] ***n.f.*** tiara.
● ***recevoir la tiare***, diventare papa.
tibétain [tibetɛ̃] ***agg.*** tibetano ♦ ***n.m.*** (*lingua*) tibetano.
Tibétain ***n.m.*** (*abitante*) Tibetano.
tibia [tibja] ***n.m.*** (*anat.*) tibia (*f.*).
tic [tik] ***n.m.*** tic, ticchio, mania (*f.*).
ticket [tikɛ] ***n.m.*** **1** biglietto; scontrino; tagliando **2** (*antiq.*) banconota (*f.*) da cento franchi **3** (*fam.*) invito galante.
● ***ticket de caisse***, scontrino (fiscale) | (*ferr.*) ***ticket de quai***, biglietto di accesso ai binari | ***ticket de rationnement***, tagliando della tessera annonaria | ***ticket modérateur***, ticket sanitario | ***ticket-repas***, buono pasto | ***ticket-restaurant***®, ticket-restaurant®.
tic-tac, **tic tac** [tiktak] ***onom.*** tic tac ♦ ***n.m.invar.*** tic tac: *le tic tac d'une montre*, il tic tac di un orologio.
tictaquer [tiktake] ***v.intr.*** fare tic tac.
tiédasse [tjedas] ***agg.*** (sgradevolmente) tiepido.
tiède [tjɛd] ***agg.*** tiepido (*anche fig.*) ♦ ***avv.*** *boire tiède*, bere tiepido ♦ ***n.f.*** (*Svizzera*) caldo (*m.*), afa.
tièdement [tjɛdmɑ̃] ***avv.*** tiepidamente.
tiédeur [tjedœʀ] ***n.f.*** **1** tepore (*m.*) **2** (*fig.*) tiepidezza.
tiédir [tjediʀ] ***v.intr.*** intiepidirsi ♦ ***v.tr.*** intiepidire.
tiédissement [tjedismɑ̃] ***n.m.*** intiepidimento, l'intiepidirsi.
tien [tjɛ̃] ***pron.poss. 2ª pers.sing.*** [f. *tienne*; ; pl.m. *tiens*, f. *tiennes*] tuo: *mes amis et les tiens*, i miei amici e i tuoi, i miei e i tuoi amici; *ma mère et la tienne*, mia madre e la tua ♦ ***n.m.*** **1** il tuo, ciò che è tuo **2** (*pl.*) i tuoi (genitori, sostenitori ecc.) ♦ ***agg.poss. 2ª pers.sing.*** (*ant.* o *letter.*) tuo: *cette œuvre est tienne*, quest'opera è tua.
● ***à la tienne!***, (*nei brindisi*) alla tua (salute)! | ***tu as fait une des tiennes***, (*fam.*) ne hai fatta una delle tue | ***tu y mets du tien!***, ti dai da fare, ti impegni; ci metti la miglior volontà.
tiendrai [tjɛ̃dʀe] → **tenir**.
tienne[1] [tjɛn] ***pron.poss.f. 2ª pers.sing.*** → **tien**.
tienne[2] → **tenir**.
tiens [tjɛ̃] → **tenir**.
tierce [tjɛʀs] ***n.f.*** **1** terza **2** (*in alcuni giochi di carte*) **3** (*tip.*) terza bozza, bozza definitiva.
● ***tierce à la dame***, (*alle carte*) terza alla donna | (*mus.*) ***tierce majeure***, ***mineure***, terza maggiore, minore.
tiercé [tjɛʀse] ***agg.*** (*arald.*) interzato ♦ ***n.m.*** **1** (*ippica*) (corsa) tris **2** (*estens.*) trio: *le tiercé des favoris*, il trio dei superfavoriti.
● (*ippica*) (*pari*) ***tiercé***, scommessa tris: *jouer au tiercé*, scommettere su una corsa tris.
tiercelet [tjɛʀsəlɛ] ***n.m.*** (*zool.*) terzuolo.
tierceron [tjɛʀsəʀɔ̃] ***n.m.*** (*arch.*) costolone gotico.
tiers [tjɛʀ] ***agg.num.ord.*** [f. *tierce*] terzo: *une tierce per-*

sonne, una terza persona ♦ *n.m.* 1 (un) terzo, terza parte (*f.*): *aux deux tiers*, per due terzi 2 terza persona (*f.*): *il est entré en tiers dans notre société*, è entrato nella nostra società come terzo socio.
● (*st.*) ***Tiers État***, Terzo Stato | (*dir.*) ***tiers opposant***, terzo opponente | (*eccl.*) ***Tiers Ordre***, Terz'Ordine | ***tiers payant***, assistenza (medica) diretta | (*dir.*) ***en main tierce***, in mano di terzi | (*med.*) ***fièvre tierce***, terzana | ***le tiers monde***, il terzo mondo | (*fin.*) ***le tiers provisionnel***, acconto d'imposta | ***pour le compte d'un tiers***, per conto terzi | (*dir.*) ***tierce opposition***, opposizione di terzi.

tiers-monde [tjɛʀmɔ̃d] *n.m.* [pl. *tiers-mondes*] terzo mondo.

NOTA Attualmente, invece di ***tiers-monde***, si preferisce usare l'espressione *pays en voie de développement* (PVD) 'paesi in via di sviluppo'.

tiers-mondisme [tjɛʀmɔ̃dism] *n.m.* [pl. *tiers-mondismes*] terzomondismo.

tiers-mondiste [tjɛʀmɔ̃dist] *agg.* e *n.m.* e *f.* [pl. *tiers-mondistes*] terzomondista.

tif, **tiffe** [tif] *n.m.* (*fam.*) capello.

tige [tiʒ] *n.f.* 1 (*bot.*) gambo (*m.*), stelo (*m.*) 2 (*tecn.*) asta 3 (*di stivale*) gambale (*m.*), gambaletto (*m.*) 4 (*arch.*) fusto (*m.*) 5 (*antiq.*) capostipite (*m.*).
● ***arbre de haute tige***, albero ad alto fusto | (*ricamo*) ***point de tige***, punto erba.

tignasse [tiɲas] *n.f.* (*fam.*) zazzera.

tigre [tigʀ] *n.m.* tigre (*f.*) maschio.
● ***tigre de papier***, (*fig.*) tigre di carta | ***jaloux comme un tigre***, geloso come un Otello.

tigré [tigʀe] *agg.* tigrato.

tigresse [tigʀɛs] *n.f.* 1 tigre femmina 2 (*fig.*) donna gelosissima.

tigron [tigʀɔ̃] *n.m.* (*zool.*) 1 ligre (ibrido di tigre femmina e leone) 2 tigone (ibrido di tigre maschio e leonessa).

tilde [tild] *n.m.* (*fon.*) tilde (*m.* o *f.*).

tilleul [tijœl] *n.m.* 1 (*bot.*) tiglio 2 tisana (*f.*) di tiglio.

tilt [tilt] *n.m.* tilt.
● ***faire tilt***, (*fam.*) avere un lampo di genio.

timbale [tɛ̃bal] *n.f.* 1 (*mus.*) timballo (*m.*), timpano (*m.*) 2 bicchiere (*m.*) (di metallo) 3 (*cuc.*) timballo (*m.*).
● ***décrocher la timbale***, (*fam.*) vincere un terno al lotto; spuntarla.

timbalier [tɛ̃balje] *n.m.* (*mus.*) suonatore di timballo, timpanista.

timbrage [tɛ̃bʀaʒ] *n.m.* timbratura (*f.*); stampigliatura (*f.*).

timbre [tɛ̃bʀ] *n.m.* 1 bollo, timbro: *apposer un timbre*, apporre un timbro 2 (*amm.*) bollo, marca (*f.*) 3 stampiglia (*f.*), timbro 4 (*di strumento, voce ecc.*) timbro 5 campanello (senza battaglio): *le tymbre d'une bicyclette*, il campanello di una bicicletta 6 (*arald.*) timbro.
● ***timbre dateur***, datario | ***timbre (fiscal)***, marca da bollo | ***timbre-poste***, francobollo | ***avoir le timbre fêlé***, (*fam. antiq.*) essere un po' tocco | ***droit de timbre***, tassa di bollo | ***voix sans timbre***, voce bianca.

timbré [tɛ̃bʀe] *agg.* 1 bollato; timbrato: *enveloppe timbrée*, lettera affrancata 2 (*fig.*) tocco, picchiatello.
● ***papier timbré***, carta bollata, da bollo | ***voix bien timbrée***, voce che ha un bel timbro.

timbre-poste [tɛ̃bʀəpɔst] *n.m.* [pl. *timbres-poste*] francobollo.

timbre-prime [tɛ̃bʀəpʀim] *n.m.* [pl. *timbres-prime*] bollino premio, buono premio.

timbre-quittance [tɛ̃bʀəkitɑ̃s] *n.m.* [pl. *timbres-quittances*] bollo di quietanza, marca da bollo.

timbrer [tɛ̃bʀe] *v.tr.* timbrare; bollare.

timbre-taxe [tɛ̃bʀətaks] *n.m.* [pl. *timbres-taxes*] segnatasse, marca (*f.*) di soprattassa.

timide [timid] *agg.* e *n.m.* timido.
● ***Timide***, Mammolo (uno dei sette nani di Biancaneve).
■ AGG. SIN. hésitant, indécis CONTR. effronté.

timidement [timidmɑ̃] *avv.* timidamente.

timidité [timidite] *n.f.* timidezza.

timon [timɔ̃] *n.m.* (*dell'aratro ecc.*) timone.

timonerie [timɔnʀi] *n.f.* (*mar.*) timoneria.

timonier [timɔnje] *n.m.* (*mar.*) timoniere.

timoré [timɔʀe] *agg.* timorato, timoroso.

tinctorial [tɛ̃ktɔʀjal] *agg.* [pl. *-aux*] tintorio.

tinette [tinɛt] *n.f.* 1 bugliolo (*m.*) 2 (*fam.*) cesso (*m.*).

tins [tɛ̃] **tinsse** [tɛ̃s] → **tenir**.

tintamarre [tɛ̃tamaʀ] *n.m.* frastuono; baccano.

tintement [tɛ̃tmɑ̃] *n.m.* 1 tintinnio 2 tocco, rintocco (di campana).
● ***tintement d'oreilles***, ronzio dell'orecchio.

tinter [tɛ̃te] *v.intr.* 1 rintoccare 2 tintinnare: *faire tinter des pièces*, far tintinnare delle monete | *les oreilles me tintent*, (*anche fig.*) mi fischiano le orecchie ♦ *v.tr.* fare rintoccare.
■ V.INTR. SIN. sonner.

tintouin [tɛ̃twɛ̃] *n.m.* (*fam.*) 1 baccano 2 pensiero, preoccupazione (*f.*): *donner du tintouin*, dare grattacapi.
■ SIN. tintamarre.

tiper, **tipper** [tipe] *v.tr.* (*Svizzera*) battere sulla tastiera di un registratore di cassa.

tipeu [tipø] *n.m.* (*verlan di* petit) bambino.

tique [tik] *n.f.* (*zool.*) zecca.

tiquer [tike] *v.intr.* 1 avere un tic (*non com.*) 2 (*fig.*) storcere il naso: *il n'a pas tiqué*, (*fam.*) non ha fatto una piega.

tiqueté [tikte] *agg.* maculato, screziato.

tir [tiʀ] *n.m.* 1 tiro 2 (*balistica*) fuoco.
● ***tir à l'arc***, tiro con l'arco | ***tir à la cible***, tiro al bersaglio, tiro a segno | ***tir ami***, fuoco amico | (*calcio*) ***tir au but***, tiro in porta | ***tir d'artillerie***, fuoco d'artiglieria.

tirade [tiʀad] *n.f.* tirata: *une tirade d'injures*, una sequela d'ingiurie.

tirage [tiʀaʒ] *n.m.* 1 trazione (*f.*), rimorchio 2 (*di metalli*) trafilatura (*f.*), tiratura (*f.*) 3 (*ind. tess.*) trattura (*f.*) 4 (*di camino, stufa ecc.*) tiraggio 5 (*tip.*) stampa (*f.*); tiratura (*f.*); ristampa (*f.*): *tirage offset*, stampa offset; *ce roman est déjà à son vingtième tirage*, questo romanzo ha già raggiunto la ventesima ristampa; *journal à grand tirage*, giornale a forte tiratura 6 (*alla lotteria*) estrazione (*f.*) 7 (*banca*) traenza (*f.*), emissione (*f.*) di tratta 8 (*fig. fam.*) screzio, dissenso 9 (*med.*) tiraggio 10 (*inform.*) hardcopy, copia (*f.*) su supporto rigido.
● (*tip.*) ***tirage à part***, estratto | ***tirage au sort***, sorteggio | (*banca*) ***tirage en l'air***, emissione di tratta a vuoto.
■ SIN. 5 édition.

tiraillement [tiʀɑjmɑ̃] *n.m.* 1 il tirare a strappi, strattoni 2 crampo, spasmo | *les tiraillements de la faim*, i morsi della fame 3 (*fig.*) dissenso, conflitto.

tirailler [tiʀɑje] *v.tr.* 1 tirare a strappi; dare strattoni (a) 2 (*fig.*) tormentare: *être tiraillé entre deux sentiments opposés*, essere combattuto tra due sentimenti opposti ♦ *v.intr.* sparare a casaccio, sparacchiare.

T

tirailleur [tiʀɑjœʀ] *n.m.* (*mil.*) fuciliere.
● ***en tirailleurs***, in ordine sparso.

tirant [tiʀɑ̃] *n.m.* **1** (*di borsa*) cordone **2** (*edil.*) (*di tetto*) trave (*f.*) **3** (*tecn.*) tirante **4** (*macelleria*) tendine.
● (*mar.*): ***tirant d'air***, altezza di sollevamento; ***tirant d'eau***, immersione, pescaggio.

tire[1] [tiʀ] *n.f.* **1** tirata **2** (*argot*) macinino (*m.*), macchina.
● ***vol à la tire***, borseggio | ***voleur à la tire***, borseggiatore.

tire[2] *n.f.* (*Canada*) (*cuc.*) zucchero (*m.*) filato.

tiré [tiʀe] *agg.* **1** tirato, teso: *elle portait les cheveux tirés en arrière*, portava i capelli tirati indietro **2** tratto: *mots tirés du latin*, parole derivate dal latino **3** (*comm.*) (*di assegno, di tratta*) emesso, spiccato; (*di persona*) trassato **4** (*tip.*) tirato ♦ *n.m.* **1** (*comm.*) trattario, trassato **2** bosco ceduo per la caccia alla selvaggina.
● ***tiré à part***, (*di rivista, giornale*) estratto.

tire-au-cul [tiʀoky] **tire-au-flanc** [tiʀoflɑ̃] *n.m.invar.* (*fam.*) scansafatiche, fannullone.

tire-botte [tiʀbɔt] *n.m.* [pl. *tire-bottes*] cavastivali, tirastivali.

tire-bouchon [tiʀbuʃɔ̃] *n.m.* [pl. *tire-bouchons*] cavatappi.
● ***en tire-bouchon***, a spirale, a tortiglione: *cheveux frisés en tire-bouchons*, capelli a boccoli.

tire-bouchonner [tiʀbuʃɔne] *v.tr.* avvolgere a spirale ♦ *v.intr.* **1** formare spirali, avvolgersi a spirale **2** (*di capelli*) formare riccioli.

tire-clou [tiʀklu] *n.m.* [pl. *tire-clous*] cacciachiodo, cacciachiodi.

tire-d'aile, à [atiʀdɛl] *avv.* in un frullio d'ali; ad ali spiegate.

tire-éclair [tiʀeklɛʀ] *n.m.invar.* (*Africa*) cerniera lampo.

tire-fesses [tiʀfɛs] *n.m.invar.* (*fam.*) skilift, sciovia (*f.*).

tire-fond [tiʀfɔ̃] *n.m.invar.* **1** (*vite*) tirafondo **2** (*ferr.*) caviglia (*f.*).

tire-jus [tiʀʒy] *n.m.invar.* (*argot*) moccichino.

tire-lait [tiʀlɛ] *n.m.invar.* tiralatte.

tire-larigot, à [atiʀlaʀigo] *avv.* (*fam.*) a più non posso, moltissimo.

tire-ligne [tiʀliɲ] *n.m.* [pl. *tire-lignes*] tiralinee.

tirelire [tiʀliʀ] *n.f.* **1** salvadanaio (*m.*) **2** (*fam. antiq.*) pancia.

tirer [tiʀe] *v.tr.* **1** tirare, trascinare: *tirer une corde*, tirare una corda; *tirer les rideaux*, tirare le tende | (*mar.*) *un navire qui tire 6 mètres d'eau*, una nave che pesca 6 metri d'acqua | *tirer six mois de prison*, (*fam.*) fare sei mesi di carcere **2** tirare fuori, estrarre, trarre, cavare: *tirer l'épée du fourreau*, sguainare la spada; *je n'ai pas pu lui tirer un seul mot*, non sono riuscito a cavargli una parola di bocca; *tirer qqn de prison*, fare uscire qlcu di prigione; *tirer qqn de sa torpeur*, scuotere qlcu dal suo torpore | *tirer le vin*, spillare il vino | *tirer qqn du doute*, liberare qlcu dal dubbio | *tirer une bonne carte*, pescare una buona carta **3** (*fig.*) ricavare, trarre: *tirer les conclusions*, trarre le conclusioni **4** (*una freccia ecc.*) tirare; sparare: *il s'est tiré une balle dans la tête*, si è sparato un colpo in testa **5** (*banca*) emettere, spiccare: *tirer une traite sur qqn*, spiccare tratta su qlcu **6** (*tip.*) tirare: *les épreuves ont été tirées*, le bozze sono state tirate **7** tirare, tracciare: *tirer une ligne*, tracciare una riga ♦ *v.intr.* **1** tirare: *les chiens tiraient sur leur chaîne*, i cani davano strattoni alla catena **2** (*di camino ecc.*) tirare, aspirare **3** sparare, tirare: *tirer à la carabine*, *au fusil*, tirare con la carabina, col fucile; *tirer à l'arc*, tirare con l'arco; *tirer sur un oiseau*, sparare a un uccello ♦ **se tirer** *v.pron.* (*fam.*) (*argot*) tagliare la corda: *allez! on se tire!*, su, smammiamo!, su, leviamo le tende!
● ***tirer à sa fin***, volgere alla fine | ***tirer au sort***, tirare a sorte | ***tirer des larmes à qqn***, strappare lacrime a qlcu | ***tirer en longueur***, tirare in lungo, per le lunghe | ***tirer l'aiguille***, cucire | ***tirer la langue***, (*fig. fam.*) far fatica a tirare avanti | ***tirer la langue à qqn***, fare la linguaccia a qlcu | ***tirer l'échelle***, tirare i remi in barca, rinunciare: *après lui il faut tirer l'échelle!*, nessuno potrà fare meglio di lui! | (*cartomanzia*) ***tirer les cartes***, fare le carte | ***tirer l'œil***, dare nell'occhio: *cette affiche tire l'œil*, quel cartellone pubblicitario dà nell'occhio | ***tirer sur*** (o ***vers***), (*di colore*) tendere a | ***tirer une loterie***, fare l'estrazione di una lotteria: *la loterie sera tirée dans quinze jours*, l'estrazione della lotteria avrà luogo tra quindici giorni | ***tirer vanité de qqch***, vantarsi di qlco | (*tip.*) ***bon à tirer***, visto, si stampi | (*Belgio, Svizzera*) ***ça tire***, c'è aria, corrente | ***encore une semaine de tirée!***, (*fam.*) un'altra settimana è passata! | ***je vous tire ma révérence***, vi saluto e me ne vado; tanto di cappello! | ***s'en tirer***, ***se tirer de***, (*fam.*) cavarsela | (***trop***) ***tirer sur la ficelle***, ***sur la corde***, (*fig. fam.*) tirare troppo la corda.

tiret [tiʀɛ] *n.m.* (*gramm., tip.*) lineetta (*f.*), trattino.

tirette [tiʀɛt] *n.f.* **1** (*antiq.*) cordoncino (*m.*) **2** ripiano (*m.*) estensibile **3** (*Belgio*) cerniera lampo.
● ***table à tirette***, tavolo con ripiano estensibile.

tireur [tiʀœʀ] *n.m.* [f. *-euse*] **1** tiratore **2** (*comm.*) traente **3** (*sport*) tiratore; (*bocce*) bocciatore.
● ***tireur de cartes***, cartomante.

tireuse [tiʀøz] *n.f.* **1** (*fot.*) bromografo (*m.*) **2** (*tip.*) stampatrice.

tiroir [tiʀwaʀ] *n.m.* cassetto.
● (*lett.*) ***à tiroirs***, a incastro: *roman à tiroirs*, romanzo a incastro (con più intrecci) | ***fond de tiroir***, (*anche fig.*) fondo di cassetto.

tiroir-caisse [tiʀwaʀkɛs] *n.m.* [pl. *tiroirs-caisses*] (cassetto del) registratore di cassa.

tisane [tizan] *n.f.* tisana.

tisanière [tizanjɛʀ] *n.f.* tisaniera.

tison [tizɔ̃] *n.m.* tizzone.

tisonner [tizɔne] *v.tr.* e *intr.* attizzare (il fuoco).

tisonnier [tizɔnje] *n.m.* attizzatoio.

tissage [tisaʒ] *n.m.* tessitura (*f.*).

tisser [tise] *v.tr.* **1** [p.p. *tissé*] tessere **2** [p.p. *tissé* e *tissu*] (*fig.*) tessere, intessere: *un récit tissé* (o *tissu*) *de mensonges*, un racconto intessuto di menzogne.

tisserand [tisʀɑ̃] *n.m.* tessitore (a mano).

tisserin [tisʀɛ̃] *n.m.* (*zool.*) tessitore.

tisseur [tisœʀ] *n.m.* [f. *-euse*] tessitore.

tissu [tisy] *n.m.* **1** tessuto (*anche fig.*): *tissu qui a du corps, de la tenue*, tessuto sostenuto; *tissu uni*, *fantaisie*, tessuto in tinta unita, fantasia **2** (*sociologia*) tessuto **3** (*biol.*) tessuto.
● (*pol.*) ***tissu électoral français*** (*TEF*), corpo elettorale francese | ***tissu urbain***, tessuto urbano.

tissu-éponge [tisyepɔ̃ʒ] *n.m.* [pl. *tissus-éponges*] (*tess.*) spugna (*f.*).

tissure [tisyʀ] *n.f.* (*tecn.*) tessitura: *tissure serrée*, trama fitta.

titan [titɑ̃] *n.m.* titano.
● ***de titan***, titanico: *effort de titan*, sforzo titanico.

titane [titan] *n.m.* (*chim.*) titanio.

titanesque [titanɛsk] **titanique** [titanik] *agg.* titanico; gigantesco.

titi [titi] *n.m.* (*fam.*) monello (parigino).

titillation [titijasiɔ̃, titilasjɔ̃] *n.f.* titillamento (*m.*).

titiller [titijɛ] *v.tr.* **1** titillare **2** solleticare, stuzzicare leggermente ♦ *v.intr.* provare una sensazione di titillamento.

titisme [titism] *n.m.* (*pol.*) titoismo.

titrage [titʀaʒ] *n.m.* **1** (*chim.*) titolazione (*f.*) **2** (*cine.*) titolatura (*f.*).

titraille [titʀɑj] *n.f.* (*tip.*) titolazione (insieme degli elementi che compongono un titolo di giornale).

titre [titʀ] *n.m.* **1** titolo; intestazione (*f.*): *titre sur cinq colonnes à la une*, titolo in prima pagina su cinque colonne **2** titolo; dignità (*f.*) **3** (*sport*) titolo: (*calcio*) *lutter pour le titre*, essere in lizza per il titolo, lo scudetto **4** (*fig.*) titolo, motivo, diritto: *à quel titre?*, con che diritto? **5** (*dir., econ., Borsa*) titolo **6** (*chim.*) titolo.

● ***titre alcoolique***, gradazione alcolica | (*tip.*) ***titre courant***, titolo corrente | (*econ.*) ***titre de crédit***, titolo di credito | (*comm.*) ***titre de transport***, documento di viaggio | ***titres de noblesse***, titoli nobiliari | ***titres universitaires***, titoli accademici | ***à double titre***, doppiamente | ***à juste, à bon titre***, a buon diritto | ***à titre de***, in qualità di: *à titre d'ami, à titre amical*, a titolo d'amicizia; *à titre d'indemnité*, per indennizzo | ***à titre gracieux***, per graziosa concessione, gratuitamente | ***à titre officiel***, in veste ufficiale | ***à titre privé***, in forma privata | ***au même titre***, allo stesso modo | ***en titre***, titolare: *professeur en titre*, professore titolare, di ruolo; *fournisseur en titre*, fornitore ufficiale | (*tip.*) ***faux titre***, occhiello | ***(page de) titre***, titolo, frontespizio.

titré [titʀe] *agg.* **1** (*con titolo nobiliare o onorifico*) titolato **2** (*chim.*) titolato.

titrer [titʀe] *v.tr.* **1** dare un titolo (nobiliare) (a) **2** (*chim.*) titolare.

titubant [titybɑ̃] *agg.* vacillante, barcollante.

titubation [titybasjɔ̃] *n.f.* il vacillare, il barcollare.

tituber [titybe] *v.intr.* vacillare, barcollare.

titulaire [titylɛʀ] *agg.* e *n.m.* titolare: *être titulaire*, essere di ruolo; (*comm.*) *titulaire d'une licence de commerce*, intestatario, titolare di una licenza d'esercizio.

■ N.M.CONTR. auxiliaire, suppléant.

titularisation [titylaʀizasjɔ̃] *n.f.* passaggio (*m.*) di ruolo, nomina in ruolo.

titulariser [titylaʀize] *v.tr.* passare di ruolo, rendere titolare.

TNT [teɛnte] *n.f.* (*sigla di* Télévision Numérique Terrestre) televisione digitale terrestre.

toast [tost] *n.m.* **1** brindisi: *porter un toast*, fare un brindisi, brindare **2** toast, fetta (*f.*) di pane abbrustolito.

toboggan [tɔbɔgɑ̃] *n.m.* **1** (*gioco*) scivolo **2** (*aut.*) cavalcavia metallico.

toc [tɔk] *onom.* toc ♦ *n.m.* **1** paccottiglia (*f.*): *des bijoux en toc*, gioielli falsi **2** (*mecc.*) morsetto.

tocade [tɔkad] *n.f.* → **toquade**.

tocante [tɔkɑ̃t] *n.f.* → **toquante**.

tocard [tokaʀ] *agg.* (*fam.*) (*di persona*) incapace; (*di cosa*) scadente ♦ *n.m.* (*fam.*) **1** (*cavallo*) brocco **2** (*persona*) incapace, brocco.

toccata [tɔkata] *n.f.* [pl. *toccate*] (*mus.*) toccata.

tocsin [tɔksɛ̃] *n.m.* campana (*f.*) a martello.

toge [tɔʒ] *n.f.* toga.

togolais [tɔgɔlɛ] *agg.* togolese.

tohu-bohu [tɔybɔy] *n.m.invar.* (*fam.*) baraonda (*f.*).

toi [twa] *pron.pers.m.* e *f.* 2ª *pers.sing.* **1** (*sogg.*) tu: *toi et moi*, tu e io, io e te; *François et toi, vous viendrez chez moi*, tu e Francesco verrete a casa mia; *toi, me répondre sur ce ton!*, tu, rispondermi con quel tono!; *toi parti, elle s'est mise à pleurer*, subito dopo che sei partito, lei si è messa a piangere; *ce n'est pas toi*, non sei tu; *c'est toi qui le dis*, lo dici tu; *je n'agirais pas comme toi*, io non agirei come te; *je suis plus frileux que toi*, sono più freddoloso di te; *si j'étais toi*, se fossi in te **2** (*compl.ogg. e compl. retto da prep.*) te; (*dopo imp.affermativo di v.pron.*) ti: *maman a grondé ton frère et toi*, la mamma ha sgridato te e tuo fratello; *je compte sur toi*, conto su di te; *l'idée était de toi*, l'idea era tua; *lave-toi bien*, lavati bene; *dépêche-toi!*, sbrigati!; *dis-toi bien que*, sta' pur certo che.

● ***toi aussi***, anche tu | ***toi-même***, tu stesso, proprio tu | ***à toi***, a te; tuo: *c'est à toi que je pose cette question*, questa domanda, la rivolgo a te; *ce livre est à toi*, questo libro è tuo; *c'est à toi de parler*, tocca a te parlare.

toilage [twalaʒ] *n.m.* fondo (di ricamo).

toile [twal] *n.f.* **1** tela: *toile écrue*, tela cruda **2** (*pitt.*) tela, dipinto (*m.*): *une toile de maître*, un quadro d'autore **3** (*teatr.*) telone (*m.*) **4** (*mar.*) vela; velatura **5** (*fam.*) film (*m.*): *se faire, se payer une toile*, andare al cinema **6** *Toile*, (*fam.*) Internet: *sur la Toile*, in rete.

● ***toile cirée***, tela (in)cerata | ***toile d'araignée***, ragnatela | (*teatr.*) ***toile de fond***, (*anche fig.*) fondale, sfondo | (*lett.*) ***chanson de toile***, chanson de toile (canzone cantata dalle donne che tessevano).

toilettage [twalɛtaʒ] *n.m.* **1** pulizia (*f.*) **2** (*di animali*) toelettatura (*f.*) **3** (*fig.*) leggera modifica (*f.*).

toilette [twalɛt] *n.f.* **1** toilette, toeletta: *faire sa toilette*, lavarsi **2** (*mobile*) toilette, toeletta **3** servizio (*m.*) da toeletta **4** (*pl.*) bagno (*m.sing.*), toilette (*sing.*): *aller aux toilettes*, andare in bagno.

● ***être en grande toilette***, essere in ghingheri | ***trousse de toilette***, bustina (da viaggio) per riporre oggetti da toilette.

toiletter [twalete] *v.tr.* ripulire: *toiletter un chien*, lavare e tosare un cane ♦ **se toiletter** *v.pron.* (*Africa*) (*scherz.*) mettersi in ghingheri.

toise [twaz] *n.f.* **1** (*antica misura*) tesa **2** (*strumento*) antropometro (*m.*).

toiser [twaze] *v.tr.* squadrare, guardare da capo a piedi.

toison [twazɔ̃] *n.f.* **1** vello (*m.*) **2** (*fam.*) capigliatura abbondante. T

● (*mit.*) ***la Toison d'or***, il Vello d'oro.

toit [twa] *n.m.* **1** tetto: *habiter sous les toits*, abitare in una mansarda **2** (*fig.*) casa (*f.*), tetto **3** (*min.*) tetto.

● (*aut.*) ***toit ouvrant***, tettuccio apribile | ***crier sur les toits***, (*fig.*) strombazzare ai quattro venti | ***le toit du monde***, il tetto del mondo, l'Himalaya.

toiture [twatyʀ] *n.f.* (*edil.*) tetto (*m.*).

tôle[1] [tol] *n.f.* latta, lamiera.

● (*Africa*) ***tôle ondulée***, terreno accidentato.

tôle[2] *n.f.* → **taule**.

tolérable [tɔleʀabl] *agg.* tollerabile.

tolérance [tɔleʀɑ̃s] *n.f.* tolleranza.

● ***maison de tolérance***, (*antiq.*) casa di tolleranza.

tolérant [tɔleʀɑ̃] *agg.* tollerante.

tolérer [tɔleʀe] ***v.tr.*** [coniug. come *céder*] tollerare; sopportare.
■ SIN. autoriser, supporter.

tôlerie [tolʀi] ***n.f.*** **1** industria, fabbrica, commercio (*m.*) della latta, della lamiera **2** oggetti (*m.pl.*) di latta, di lamiera.

tolet [tɔlɛ] ***n.m.*** (*mar.*) scalmo.

tôlier[1] [tolje] ***n.m.*** lattoniere.

tôlier[2] ***n.m.*** [f. *-ère*] → **taulier**.

tolite [tɔlit] ***n.f.*** tritolo (*m.*).

tollé [tɔl/ε] ***n.m.*** protesta (*f.*): *soulever un tollé général*, provocare una protesta generale.

TOM [tɔm] ***n.m.*** territori (*pl.*) d'oltremare (ex colonie francesi).

NOTA È la sigla di *Territoires d'Outre-Mer*, si veda la nota a *territoire*.

tomaison [tɔmɛzɔ̃] ***n.f.*** (*sulla copertina, sul frontespizio di un'opera*) indicazione del numero di tomo.

tomate [tɔmat] ***n.f.*** pomodoro (*m.*).
● ***être rouge comme une tomate***, (*fam.*) essere rosso come un pomodoro | ***sauce tomate***, salsa di pomodoro.

tombal [tɔ̃bal] ***agg.*** [pl. *-aux*] tombale.

tombant [tɔ̃bɑ̃] ***agg.*** **1** cadente **2** spiovente: *épaules tombantes*, spalle spioventi.
● ***à la nuit tombante***, sul far della notte.

tombe [tɔ̃b] ***n.f.*** tomba.
● ***avoir un pied dans la tombe***, (*fig.*) avere un piede nella tomba, nella fossa | ***être muet comme une tombe***, essere muto come una tomba | ***se retourner dans sa tombe***, (*fig.*) rivoltarsi nella tomba.

tombeau [tɔ̃bo] ***n.m.*** [pl. *-eaux*] tomba (*f.*); sepolcro.
● ***conduire à tombeau ouvert***, guidare a rotta di collo | ***mettre qqn au tombeau***, seppelllire qlcu; (*estens.*) causare la morte di qlcu | (*arte*) ***Mise au tombeau***, Deposizione (di Cristo nel sepolcro).

tombée [tɔ̃be] ***n.f.*** caduta; il cadere.
● ***à la tombée de la nuit***, ***du jour***, sul fare della notte, sul calare della sera.

tomber [tɔ̃be] ***v.intr.*** [aus. *être*] **1** cadere (*anche fig.*); cascare, precipitare: *tomber de cheval*, *de bicyclette*, cadere da cavallo, dalla bicicletta; *tomber à* (o *par*) *terre*, cadere a, per terra | *tu es tombé sur la tête, par hasard?*, (*fam.*) sei caduto da piccolo, per caso? **2** cadere, morire (in battaglia) **3** scendere, calare: *le rideau tombe*, cala il sipario **4** ricadere, cadere: *ses cheveux lui tombaient sur les épaules*, i capelli le ricadevano sulle spalle **5** declinare; languire; placarsi: *le jour tombe*, il giorno declina; *la conversation tombait*, la conversazione languiva; *sa colère tomba tout de suite*, la sua collera sbollì di colpo; *ses forces tombent peu à peu*, le forze gli vengono meno a poco a poco **6** gettarsi; piombare; abbattersi: *tomber sur l'ennemi à l'improviste*, piombare all'improvviso sul nemico; *la foudre est tombée sur cet arbre*, il fulmine si è abbattuto su quell'albero **7** sboccare; andare a finire: *prenez cette rue, vous tomberez place de la République*, prenda questa strada e si troverà in piazza della Repubblica **8** capitare; cadere; imbattersi (**in**): *elle est mal tombée*, è capitata male; *je suis tombé sur la question la plus difficile*, mi è capitata la domanda più difficile; *sa lettre m'est tombée sous la main*, *entre les mains*, mi è capitata fra le mani la sua lettera; *tomber dans une erreur*, incorrere in un errore **9** (*di ricorrenza, di data ecc.*) ricorrere, cadere: *cette année, Noël tombe un mardi*, quest'anno Natale cade di martedì **10** (*di notizie*) arrivare; (*di giornale*) uscire: *cette nouvelle vient de tomber*, questa notizia è fresca fresca **11** (*con uso impersonale*) cadere: *il est tombé beaucoup de neige hier*, ieri è caduta molta neve; *il tombait une pluie fine*, cadeva una pioggerellina ♦ ***v.tr.*** (*lotta*) atterrare.
● ***tomber à l'eau***, cadere in acqua; (*fig.*) finire in niente, sfumare | ***tomber amoureux***, innamorarsi | ***tomber aux pieds de qqn***, cadere ai piedi di qlcu | ***tomber bas***, (*fig.*) cadere in basso: *il est tombé bien bas*, è caduto molto in basso | ***tomber bien***, ***mal***, (*di abito*) cadere bene, male; (*fig.*) capitare a proposito, a sproposito: *cette robe tombe bien*, questo vestito cade bene; *pas d'école jeudi, ça tombe bien*, giovedì è vacanza, va proprio bene | ***tomber comme une masse***, stramazzare al suolo | ***tomber d'accord***, essere, trovarsi d'accordo | ***tomber de Charybde en Scylla***, (*fig.*) cadere dalla padella nella brace | ***tomber du haut***, ***de son haut***, (*fig.*) rimanere esterrefatto | ***tomber en enfance***, rimbambire | ***tomber évanoui***, svenire | (*mat.*) ***tomber juste***, (*di divisione*) non avere resto: *ma division tombe juste*, la mia divisione non ha resto | ***tomber la veste***, (*fam.*) togliersi la giacca | ***tomber malade***, ammalarsi | ***tomber sous la patte***, ***le coup de qqn***, ***qqch***, (*fam.*) cadere sotto le grinfie di qlcu, qlco: *la fraude alimentaire tombe sous le coup de la loi*, la frode alimentare è punibile a norma di legge | ***tomber sur le dos*** (o ***dessus***), (*fig.*) saltare addosso: *ils me sont tous tombés sur le dos*, (*fam.*) mi sono saltati tutti addosso | ***tomber sur qqn***, ***qqch***, imbattersi in qlcu, in qlco | ***tomber sur ses pieds***, (*fig.*) cadere in piedi | ***tomber une femme***, (*fam.*) sedurre una donna | ***ça tombe sous le sens!***, (*fam.*) è chiaro come il sole! | ***être tombé dedans quand on était petit***, (*fig.*) essersi familiarizzati con qualcosa, averci preso gusto | ***laisser tomber***, (*fam.*) lasciar perdere; trascurare: *mes amis m'ont laissé tomber*, i miei amici mi hanno piantato; *il a laissé tomber sa copine*, ha mollato la ragazza | ***les bras m'en tombent***, (*fam.*) mi cadono le braccia.
■ *V.INTR.* SIN. **1** chuter **3** baisser, décliner.

NOTA L'espressione ***être tombé dedans quand on était petit***, 'esserci caduto dentro da piccolo' viene da una citazione tratta dai celebri fumetti di *Asterix*: "*Non, Obélix! Tu n'auras pas de potion magique! Je t'ai dit mille fois que tu étais tombé dedans étant petit!*", "No, Obelix! Per te niente pozione magica! Te l'ho già detto mille volte che ci sei caduto dentro da piccolo!" dice il druido Panoramix a Obelix che chiede un po' di filtro magico. L'espressione è passata nel linguaggio comune, così il figlio di un ministro può dire "*La politique, je suis tombé dedans quand j'étais petit*".

tombereau [tɔ̃bʀo] ***n.m.*** [pl. *-eaux*] **1** tombarello **2** carrettata (*f.*), contenuto di un tombarello.

tombeur [tɔ̃bœʀ] ***n.m.*** **1** (*fam.*) lottatore (che atterra l'avversario) **2** seduttore; dongiovanni, donnaiolo | *tombeur* (*de femmes*), seduttore.
■ SIN. **2** séducteur.

tome [tɔm] ***n.m.*** tomo; volume.

tomette [tɔmɛt] ***n.f.*** mattonella esagonale di cotto (per pavimenti).

tomme [tɔm] ***n.f.*** tomme (formaggio prodotto nella Savoia e nel Delfinato).

tomographie [tɔmɔgʀafi] ***n.f.*** (*med.*) tomografia.
● ***tomographie axiale informatisée***, ***computérisée***, tomografia assiale computerizzata (TAC).

tom-pouce [tɔmpus] ***n.m.invar.*** **1** (*fam.*) persona (*f.*) di bassa statura, piccoletto **2** (*antiq.*) ombrello pieghevole.

ton[1] [tɔ̃] ***agg.poss. 2ª pers.sing.*** [f. *ta*, *ton* davanti a vocale o *h* muta; pl.m. e f. *tes*] tuo: *ton père et ta mère*,

T

tes père et mère, tuo padre e tua madre; *ton accusation, ton habileté*, la tua accusa, la tua abilità; *tes camarades et tes amies*, i tuoi compagni e le tue amiche; *un de tes amis*, un tuo amico.

ton[2] ***n.m.*** **1** tono, intonazione (*f.*) **2** (*mus., pitt.*) tono; tonalità (*f.*) **3** educazione (*f.*), modi (*pl.*).
● ***ton sur ton***, colore su colore, tono su tono | ***dans le même ton***, della stessa tonalità | (*mus.*) ***donner le ton***, (*anche fig.*) dare il la | (*ling.*) ***langues à ton***, lingue toniche | ***le bon ton***, le buone maniere: *une conversation de bon ton*, una conversazione garbata.

FAUX AMI
Da non confondere con *tonno*, che si traduce *thon*.

NOTA ***Sur*** **o** ***avec ce ton?***
SÌ ***Ne me parle pas sur*** *ce ton!*
NO *Ne me parle pas* ***avec*** *ce ton!*
Non parlarmi con questo tono!

tonal [tɔnal] ***agg.*** [pl. *-aux*] tonale.

tonalité [tɔnalite] ***n.f.*** **1** tonalità **2** (*tel.*) segnale (*m.*) di linea libera.

tondage [tɔ̃daʒ] ***n.m.*** **1** tosatura (*f.*) **2** (*ind. tess.*) cimatura (*f.*).

tondaison [tɔ̃dɛzɔ̃] ***n.f.*** → **tonte**.

tondeur [tɔ̃dœʀ] ***n.m.*** [f. *-euse*] **1** (*operaio*) tosatore **2** (*ind. tess.*) cimatore.

tondeuse [tɔ̃døz] ***n.f.*** (*macchina*) **1** tosatrice **2** (*ind. tess.*) cimatrice; rasatrice **3** (*per capelli*) macchinetta.
● ***tondeuse à gazon***, tosaerba.

tondre [tɔ̃dʀ] ***v.tr.*** [coniug. come *rendre*] **1** tosare **2** (*bot., ind. tess.*) cimare: *tondre le gazon*, tosare, tagliare l'erba.
● ***tondre qqn***, (*fig.*) derubare, pelare (qlcu) | ***se faire tondre***, (*fam.*) farsi rapare (a zero) | ***se laisser tondre la laine sur le dos***, (*fig.*) lasciarci la camicia, lasciarsi levare la camicia di dosso.
■ SIN. **1** raser.

tondu [tɔ̃dy] *p.p.* di **tondre** ♦ ***agg.*** **1** tosato **2** (*bot., ind. tess.*) cimato ♦ ***n.m.*** pelato.
● ***quatre pelés et un tondu***, (*fig. fam.*) quattro gatti.

NOTA ***Le Petit Tondu***, 'il pelatino', era il soprannome dato a Napoleone I dai suoi soldati.

toner [tɔnɛʀ] ***n.m.*** (*inchiostro*) toner.

tong [tɔ̃] ***n.f.*** sandalo (*m.*) infradito.

tonicardiaque [tɔnikaʀdjak] ***agg.*** e ***n.m.*** cardiotonico.

tonicité [tɔnisite] ***n.f.*** (*med.*) tonicità.

tonifiant [tɔnifjɑ̃] ***agg.*** tonificante, stimolante.

tonifier [tɔnifje] ***v.tr.*** tonificare, rinvigorire.

tonique [tɔnik] ***agg.*** tonico ♦ ***n.m.*** tonico; cordiale (liquore) ♦ ***n.f.*** (*mus.*) tonica.

tonitruant [tɔnitʀyɑ̃] ***agg.*** tonante.

tonnage [tɔnaʒ] ***n.m.*** tonnellaggio.

tonnant [tɔnɑ̃] ***agg.*** tonante.

tonne [tɔn] ***n.f.*** **1** tonnellata **2** grossa botte.

tonneau [tɔno] ***n.m.*** [pl. *-eaux*] **1** botte (*f.*); barile: *un tonneau d'huile*, un barile d'olio; *mettre en tonneau*, imbottare **2** (*aut., aer.*) ribaltamento, capovolgimento: *faire un tonneau, deux tonneaux*, capovolgersi, ribaltarsi **3** (*mar.*) tonnellata (*f.*) (di stazza) **4** (*fig. spreg.*) valore, genere.
● ***du même tonneau***, (*fam.*) dello stesso stampo.

tonnelage [tɔnlaʒ] ***n.m.***
● ***marchandises de tonnelage***, merci in botte.

tonnelet [tɔnlɛ] ***n.m.*** barilotto, botticello.

tonnelier [tɔnəlje] ***n.m.*** bottaio.

tonnelle [tɔnɛl] ***n.f.*** pergolato (*m.*), chiosco (*m.*) di verzura; gazebo (*m.*).
■ SIN. pergola.

tonnellerie [tɔnɛlʀi] ***n.f.*** **1** mestiere (*m.*) del bottaio **2** bottega del bottaio.

tonner [tɔne] ***v.intr.impers.*** tuonare (*anche fig.*): *il a tonné toute la nuit*, è tuonato tutta la notte | *tonner contre qqn*, (*fig.*) tuonare, inveire contro qlcu.
■ SIN. gronder.

tonnerre [tɔnɛʀ] ***n.m.*** **1** tuono **2** (*fig.*) scroscio, uragano **3** (*letter. antiq.*) fulmine.
● ***tonnerre!***, ***mille tonnerres!***, tuoni e fulmini! | ***coup de tonnerre***, (*fig.*) fulmine a ciel sereno | ***du tonnerre***, (*fam.*) formidabile, fantastico.

tonsillaire [tɔ̃sil/ɛʀ] ***agg.*** tonsillare.

tonsure [tɔ̃syʀ] ***n.f.*** (*eccl.*) tonsura.

tonsurer [tɔ̃syʀe] ***v.tr.*** (*eccl.*) tonsurare.

tonte [tɔ̃t] ***n.f.*** **1** tosatura **2** stagione della tosatura.
■ SIN. tondaison.

FAUX AMI
Da non confondere con l'aggettivo *tonto*, che si traduce *sot, stupide*.

tontine [tɔ̃tin] ***n.f.*** (*econ.*) tontina.

tonton [tɔ̃tɔ̃] ***n.m.*** (*fam.*) zio, zietto.

tonus [tɔnys] ***n.m.*** (*med.*) tono.

top [tɔp] ***n.m.*** (*nei segnali orari*) tocco.
● (*tel.*) ***top sonore*** (***d'un répondeur***), segnale acustico (di una segreteria telefonica).

topaze [tɔpɑz] ***n.f.*** topazio (*m.*).

toper [tɔpe] ***v.intr.*** accettare (**qlco**); essere d'accordo.
● ***tope*** (***là***)***!***, (*fam.*) d'accordo!; qua la mano!

topinambour [tɔpinɑ̃buʀ] ***n.m.*** (*bot.*) topinambur.

topique [tɔpik] ***agg.*** e ***n.m.*** (luogo) topico.

topo [tɔpo] ***n.m.*** (*fam.*) **1** pianta (*f.*) **2** discorso, relazione (*f.*).

topo- *pref.* topo-.

topographe [tɔpɔgʀaf] ***n.m.*** e ***f.*** topografo/a.

topographie [tɔpɔgʀafi] ***n.f.*** topografia.

topographique [tɔpɔgʀafik] ***agg.*** topografico.

topologie [tɔpɔlɔʒi] ***n.f.*** (*geogr., mat.*) topologia.

toponomastique [tɔpɔnɔmastik] ***n.f.*** toponomastica.

toponymie [tɔpɔnimi] ***n.f.*** toponimia.

toquade [tɔkad] ***n.f.*** (*fam.*) infatuazione, cotta.

toquante [tɔkɑ̃t] ***n.f.*** (*molto fam.*) orologio (*m.*).

toque [tɔk] ***n.f.*** (*abbigl.*) tocco (*m.*).

toqué [tɔke] ***agg.*** (*fam.*) **1** tocco, sonato **2** (*fig.*) infatuato, cotto.

toquer, se [sətɔke] ***v.pron.intr.*** (*fam.*) infatuarsi.

torche [tɔʀʃ] ***n.f.*** torcia.

torché [tɔʀʃe] ***agg.***
● ***c'est bien torché***, (*fam.*) è ben fatto | ***c'est torché***, (*fam.*) è fatto con i piedi.

torcher [tɔʀʃe] ***v.tr.*** (*fam.*) **1** pulire, ripulire **2** raffazzonare **3** (*Africa*) illuminare (con una torcia).
● (*Belgio*) ***se torcher le pied***, prendere una storta.

torchère [tɔʀʃɛʀ] ***n.f.*** torciera.

torchis [tɔʀʃi] ***n.m.*** malta (*f.*) di fango e di paglia.

T

torchon [tɔʀʃɔ̃] *n.m.* 1 strofinaccio, canovaccio da cucina 2 (*fam.*) (*di scritto*) carta (*f.*) straccia; robaccia (*f.*); (*di giornale*) fogliaccio 3 (*Belgio*) straccio per i pavimenti.
● ***coup de torchon***, (*fig.*) colpo di spugna | ***le torchon brûle***, (*fam.*) c'è aria di tempesta.

torchonner [tɔʀʃɔne] *v.tr.* 1 asciugare (con uno strofinaccio) 2 (*fam.*) raffazzonare.

tordant [tɔʀdɑ̃] *agg.* (*fam.*) spassosissimo.
● ***c'est tordant!***, c'è da crepar dal ridere!

tord-boyaux [tɔʀbwajo] *n.m.invar.* (*fam.*) (*acquavite*) torcibudella.

tordre [tɔʀdʀ] *v.tr.* [coniug. come *rendre*] torcere; storcere: *tordre du linge*, strizzare i panni | *se tordre le pied*, prendere una storta a un piede ♦ **se tordre** *v.pron.* 1 torcersi, contorcersi 2 (*fam.*) sbellicarsi, torcersi (dalle risa).
● ***tordre le cou***, tirare il collo; strangolare.

tordu [tɔʀdy] *p.p.* di **tordre** ♦ *agg.* 1 storto 2 contorto: *un esprit tordu*, una mente contorta 3 (*fam.*) svitato, suonato ♦ *n.m.* svitato, suonato.
● ***faire un coup tordu à qqn***, giocare un brutto tiro a qlcu.

tore [tɔʀ] *n.m.* 1 (*arch., mat.*) toro 2 (*inform.*) nucleo.

toréador [tɔʀeadɔʀ] *n.m.* torero, toreador.

toréer [tɔʀee] *v.intr.* toreare.

torero [tɔʀeʀo] *n.m.* torero.

torgnole [tɔʀɲɔl] *n.f.* (*fam.*) sventola, cazzotto (*m.*).

toril [tɔʀil] *n.m.* locale attiguo all'arena, per i tori prima della corrida.

tornade [tɔʀnad] *n.f.* tornado (*m.*).
■ SIN. bourrasque.

toron [tɔʀɔ̃] *n.m.* (*di fune*) legnolo; trefolo.

torpeur [tɔʀpœʀ] *n.f.* torpore (*m.*).
■ SIN. engourdissement.

torpillage [tɔʀpijaʒ] *n.m.* siluramento (*anche fig.*).

torpille [tɔʀpij] *n.f.* 1 (*zool.*) torpedine 2 (*mil.*) siluro (*m.*), torpedine.

torpiller [tɔʀpije] *v.tr.* silurare (*anche fig.*).

torpilleur [tɔʀpijœʀ] *n.m.* 1 silurante (*f.*); torpediniera (*f.*) 2 silurista.

torque [tɔʀk] *n.m.* (*archeol.*) collare di metallo degli antichi Galli.

torrée [tɔʀe] *n.f.* (*Svizzera*) grigliata all'aperto.

torréfacteur [tɔʀʀefaktœʀ] *n.m.* 1 macchina (*f.*) per torrefazione, tostatrice (*f.*) 2 commerciante che vende caffè di sua torrefazione.

T

torréfaction [tɔʀʀefaksjɔ̃] *n.f.* torrefazione, tostatura.

torréfier [tɔʀʀefje] *v.tr.* torrefare, tostare.

torrent [tɔʀɑ̃] *n.m.* torrente (*anche fig.*): *des torrents de larmes*, fiumi di lacrime.
● ***il pleut à torrents***, piove a dirotto.

torrentiel [tɔʀɑ̃sjɛl] *agg.* [f. *-elle*] torrenziale.
● ***régime torrentiel des eaux***, regime torrentizio delle acque.

torride [tɔʀid] *agg.* torrido.
■ SIN. brûlant, caniculaire.

tors [tɔʀ] *agg.* 1 torto 2 arcuato, storto.
● (*arch.*) ***colonne torse***, colonna tortile | ***jambes torses***, gambe arcuate.

torsade [tɔʀsad] *n.f.* 1 frangia torta 2 (*arch.*) tortiglione (*m.*).
● ***cheveux en torsade***, capelli raccolti a crocchia, a treccia.

torsader [tɔʀsade] *v.tr.* avvolgere a tortiglione, a treccia.

torse [tɔʀs] *n.m.* 1 (*anat.*) tronco 2 (*scultura*) torso; busto.
● ***torse nu***, (a) torso nudo.

torsion [tɔʀsjɔ̃] *n.f.* torsione; (*tess.*) torcitura.

tort [tɔʀ] *n.m.* torto: *le divorce a été prononcé aux torts du mari*, è stata emessa la sentenza di divorzio per colpa del marito; *faire du, porter tort à qqn*, fare torto a qlcu.
● ***à tort et à travers***, a vanvera, a sproposito | ***être, se mettre dans son tort***, essere, passare dalla parte del torto.
■ SIN. préjudice.

torticolis [tɔʀtikɔli] *n.m.* torcicollo.

tortillard [tɔʀtijaʀ] *n.m.* (*fam.*) (treno) accelerato.

tortillement [tɔʀtijmɑ̃] *n.m.* attorcigliamento; contorcimento.

tortiller [tɔʀtije] *v.tr.* attorcigliare ♦ *v.intr.* (*fam.*) tergiversare, fare storie ♦ **se tortiller** *v.pron.intr.* contorcersi.
● ***tortiller des hanches***, ancheggiare | ***il n'y a pas à tortiller!***, poche storie!

tortillon [tɔʀtijɔ̃] *n.m.* 1 tortiglione 2 (*abbigl.*) cercine 3 (*disegno*) sfumino.

tortionnaire [tɔʀsjɔnɛʀ] *n.m.* seviziatore, torturatore.

tortu [tɔʀty] *agg.* storto; tortuoso (*anche fig.*).

tortue [tɔʀty] *n.f.* (*zool.*) tartaruga, testuggine.
● ***quelle tortue!***, (*fig.*) che lumaca!

tortueusement [tɔʀtɥøzmɑ̃] *avv.* tortuosamente.

tortueux [tɔʀtɥø] *agg.* [f. *-euse*] tortuoso.

torturant [tɔʀtyʀɑ̃] *agg.* straziante, lancinante.

torture [tɔʀtyʀ] *n.f.* tortura, supplizio (*m.*) (*anche fig.*).
● ***être à la torture***, essere sulle spine | ***mettre qqn à la torture***, mettere in croce qlcu.
■ SIN. supplice.

torturer [tɔʀtyʀe] *v.tr.* torturare, tormentare (*anche fig.*): *la douleur torturait ses traits*, il dolore le deformava i lineamenti ♦ **se torturer** *v.pron.* e *pron.rec.* torturarsi.
● ***torturer un texte***, falsare, forzare un testo.
■ SIN. supplicier, tourmenter.

torve [tɔʀv] *agg.* torvo, bieco.

toscan [tɔskɑ̃] *agg.* toscano ♦ *n.m.* (*dialetto*) toscano.

Toscan *n.m.* (*abitante*) toscano.

tôt [to] *avv.* presto.
● ***tôt ou tard***, presto o tardi, prima o poi | ***au plus tôt***, al più presto: *au plus tôt dans une semaine*, non prima di una settimana | ***ce n'est pas trop tôt!***, era ora!

total [tɔtal] *agg.* e *n.m.* [pl. *-aux*] totale.
● (*econ.*) ***total des heures***, monte ore | (***au***) ***total***, (*fam.*) ***total***, a conti fatti, tutto sommato, in conclusione: *total, il est arrivé en retard*, risultato, è arrivato in ritardo | (*amm.*) ***montant total***, ammontare complessivo.
■ CONTR. partiel.

totalisateur [tɔtalizatœʀ] *n.m.* totalizzatore.

totalisation [tɔtalizasjɔ̃] *n.f.* totalizzazione.

totaliser [tɔtalize] *v.tr.* totalizzare; sommare.

totalitaire [tɔtalitɛʀ] *agg.* totalitario.

totalitarisme [tɔtalitaʀism] *n.m.* totalitarismo.

totalité [tɔtalite] *n.f.* totalità: *la totalité de ses amis*, tutti i suoi amici.
● ***en totalité***, totalmente, in blocco.

totem [tɔtɛm] *n.m.* totem.

toto[1] [tɔto] *n.m.* (*fam.*) pidocchio.

toto[2] *n.f.* (*linguaggio infantile*) macchinina.

toto[3] [toto] ***n.m.*** e ***f.*** (*Svizzera*) svizzero/a tedesco/a.

touage [twaʒ] ***n.m.*** **1** (*mar.*) tonneggio **2** (*Canada*) rimozione (*f.*) (forzata di un veicolo) **3** rimorchio di battelli sui canali.

touareg [twaʀɛg] ***agg.*** [f. *-ègue*] tuareg.

Touareg ***n.m.*** [f. *-ègue*] (*persona*) tuareg.

toubab [tubab] ***n.m.*** (*Africa*) **1** europeo, bianco **2** africano che ha adottato uno stile di vita europeo.

toubib [tubib] ***n.m.*** (*fam.*) dottore, medico.

toucan [tukɑ̃] ***n.m.*** (*zool.*) tucano.

touchant[1] [tuʃɑ̃] ***agg.*** toccante, commovente.

touchant[2] ***prep.*** (*antiq. o letter.*) riguardo a, in merito a.

touche [tuʃ] ***n.f.*** **1** tasto (*m.*) **2** tocco (*spec. fig.*) (*m.*): *peindre à larges touches*, dipingere a grandi pennellate **3** (*biliardo, scherma*) toccata, colpo (*m.*) **4** (*pesca*) abbocco (*m.*) **5** (*fam.*) aspetto (*m.*): *une drôle de touche*, uno strano aspetto | *elle avait une de ces touches!*, era conciata in un modo! **6** (*sport*) fallo (*m.*) laterale.

● (*inform.*): ***touche de fonction***, tasto funzione; ***touche de rappel***, tasto di arretramento | (*sport*) ***touche longue***, ***courte***, rimessa in gioco lunga, corta | ***être sur la touche***, (*fig. fam.*) essere messo in disparte | ***faire une touche***, (*fam.*) fare una conquista, fare colpo | (*sport*): ***juge de touche***, guardalinee; ***ligne de touche***, linea laterale del campo | ***pierre de touche***, pietra di paragone; (*fig.*) banco di prova.

touche-à-tout [tuʃatu] ***n.m.invar.*** (*fam.*) **1** toccatutto; (*fig.*) ficcanaso **2** persona (*f.*) dispersiva; tuttologo.

toucher[1] [tuʃe] ***v.tr.*** **1** toccare: *toucher de la main*, toccare con la mano | *l'église touchant la maison*, la chiesa attigua alla casa **2** toccare; colpire (*anche fig.*); commuovere: *toucher un adversaire*, *la cible*, colpire un avversario, il bersaglio | *cela ne me touche en rien*, questo non mi tocca affatto **3** ricevere; riscuotere: *toucher ses appointements*, riscuotere lo stipendio **4** riguardare: *en ce qui touche ma mère*, per quanto riguarda mia madre ♦ ***v.intr.*** **1** toccare (**qlco**): *sa maison touche à la mienne*, la sua casa confina con la mia **2** intaccare (**qlco**) (*anche fig.*): *toucher à son capital*, intaccare il capitale **3** volgere, arrivare | *toucher au port*, (*letter.*) arrivare al porto ♦ **se toucher** ***v.pron.*** e ***pron.rec.*** toccarsi: *nos deux maisons se touchent*, le nostre case sono adiacenti.

● ***toucher au terme***, ***à la fin***, volgere al termine, alla fine | ***toucher au vif***, toccare nel vivo | ***toucher de près qqn***, (*fig.*) essere molto vicino a qlcu | ***toucher du doigt***, (*fig.*) toccare con mano | ***toucher qqn par téléphone***, mettersi in contatto telefonico con qlcu | ***toucher un mot*** (o ***deux mots***) ***de qqch à qqn***, accennare qlco (a qlcu), far parola (di qlco) con qlcu: *je lui en toucherai un mot*, gliene parlerò | ***il touche à tout***, mette le mani dappertutto | ***où peut-on vous toucher?***, (*fig.*) dove è possibile trovarla, contattarla? | ***pas touche!***, (*fam.*) giù le mani! | ***sans avoir l'air d'y toucher***, facendo finta di niente | ***touchez-là***, (*fam.*) qua la mano | ***touché!***, colpito!; (*fig.*) hai colto nel segno!

toucher[2] ***n.m.*** **1** tatto **2** (*di pianista*) tocco **3** (*med.*) esplorazione (*f.*) (manuale) **4** sensazione (*f.*) (prodotta dal tatto): *ce tissu a le toucher de la soie*, questo tessuto, al tatto, dà la sensazione della seta.

toueur [twœʀ] ***n.m.*** (*mar.*) battello attrezzato per il tonneggio.

touffe [tuf] ***n.f.*** ciuffo (*m.*).

> FAUX AMI
> Da non confondere con *tuffo*, che si traduce *plongeon*.

touffu [tufy] ***agg.*** **1** folto, fitto: *arbre touffu*, albero frondoso **2** (*fig.*) sovraccarico; ridondante: *un style touffu*, uno stile ridondante.

touiller [tuje] ***v.tr.*** (*fam.*) rimestare.

toujours [tuʒuʀ] ***avv.*** **1** sempre: *il est toujours occupé*, è sempre occupato; *ce n'est pas toujours vrai*, non è sempre vero **2** ancora, tuttora, sempre: *est-ce qu'il pleut toujours?*, piove ancora? **3** (*fam.*) intanto; pure: *viens toujours, on verra bien*, intanto vieni, poi si vedrà **4** comunque: *ce n'est toujours pas le courage qui me manque*, non è comunque il coraggio che mi manca ♦ ***n.m.*** sempre.

● ***toujours est-il que***, fatto sta che: *toujours est-il qu'elle avait raison*, fatto sta che aveva ragione | ***toujours pas***, non ancora | ***cause toujours!***, (*fam. iron.*) parla pure, tanto è lo stesso! | ***depuis***, ***pour toujours***, da, per sempre.

■ *AVV.* CONTR. **1** jamais.

> NOTA Da notare la differenza di traduzione tra ***pas toujours*** e ***toujours pas***:
> *Ce n'est* ***pas toujours*** *évident.*
> Non è sempre evidente.
> *Il n'est* ***toujours pas*** *arrivé.*
> Non è ancora arrivato.

toulois [tulwa] ***agg.*** di Toul.

toulonnais [tulɔnɛ] ***agg.*** di Tolone.

Toulonnais ***n.m.*** abitante di Tolone.

toulousain [tuluzɛ̃] ***agg.*** tolosano, di Tolosa.

Toulousain ***n.m.*** abitante di Tolosa.

toundra [tundʀa] ***n.f.*** (*geogr.*) tundra.

toupet [tupɛ] ***n.m.*** **1** toupet, ciuffo: *un faux toupet*, un posticcio di capelli **2** (*fig. fam.*) sfrontatezza (*f.*): *avoir du toupet*, avere faccia tosta; *avoir le toupet de*, avere la sfacciataggine di.

■ SIN. **2** aplomb.

toupie [tupi] ***n.f.*** **1** trottola **2** (*falegnameria*) fresatrice, sagomatrice.

toupine [tupin] ***n.f.*** (*Svizzera*) giara.

touque [tuk] ***n.f.*** fusto (*m.*) (metallico), bidone (*m.*).

tour[1] [tuʀ] ***n.m.*** **1** giro, movimento rotatorio; rotazione (*f.*): *tour de clé*, giro di chiave **2** circonferenza (*f.*), giro: *le tour de taille*, il giro vita; *le mur fait le tour du jardin*, il muro gira intorno al, circonda il giardino | *les tours et les détours d'un chemin*, le curve della strada **3** giro, passeggiata (*f.*): *faire un tour en ville*, fare un giro in città **4** volta (*f.*), turno: *à qui le tour?*, a chi tocca?; *tu dois parler à ton tour*, devi parlare quando è il tuo turno; *c'est* (*à*) *mon tour d'entrer en scène*, è il mio turno di entrare in scena; *à ton tour de parler*, spetta a te parlare **5** (*fig. fam.*) tiro, scherzo: *faire*, *jouer un tour à qqn*, fare uno scherzo a qlcu; *il m'a joué un tour de sa façon*, mi ha fatto uno dei suoi scherzi **6** numero (di abilità) | *faire des tours d'acrobate*, fare acrobazie (*anche fig.*).

● ***tour à tour***, a turno | ***tour de chant***, esibizione di un cantante | ***tour de cou***, collarino | ***tour de force***, tour de force, sforzo | (*sport*) ***Tour de France***, giro di Francia | ***tour de main***, abilità (manuale): *en un tour de main*, in un batter d'occhio, in un attimo | ***tour de passe-passe***, ***d'adresse***, gioco di prestigio | ***tour d'esprit***, (*ant.*) mentalità, forma mentis | ***tour de table***, (*fam.*) giro di interventi (in un dibattito) | ***tour d'horizon***, giro d'orizzonte | ***à tour de bras***, con tutta la forza possibile | ***il a compris au quart de tour***, (*fig.*) ha capito al volo | ***faire le tour de la situation***, esaminare la situazione | (*pol.*) ***premier tour de scrutin***, prima tornata elettorale | ***prendre un mauvais tour***, (*fig.*) prendere una brutta piega | (*dischi*) ***qua-***

T

rante-cinq, trente-trois tours, quarantacinque, trentatré giri.

NOTA Il ***Tour de France*** è la più importante corsa ciclistica a tappe del mondo. Il corridore primo in classifica indossa la maglia gialla (*maillot jaune*); tale era infatti il colore della carta in cui era stampato l'"Auto", il giornale sportivo che organizzò il primo *Tour* nel 1903. Dal 1984, si disputa anche un *Tour de France féminin*, il cui percorso è però più breve.

tour[2] *n.m.* tornio | *des jambes faites au tour*, (*fig.*) gambe ben tornite.

tour[3] *n.f.* **1** torre **2** (*arch.*) torre, grattacielo (*m.*) **3** (*fig. fam.*) armadio (*m.*), persona grande e grossa.
● (*aer.*) ***tour de contrôle***, torre di controllo | (*ind., miner.*) ***tour de forage***, torre di trivellazione | ***Tour Eiffel***, Tour Eiffel | ***s'enfermer dans sa tour d'ivoire***, (*fig.*) chiudersi in una torre d'avorio.

NOTA La celebre ***Tour Eiffel*** di Parigi è stata costruita dall'ingegnere G. Eiffel (1832-1923) sul Champ-de-Mars, in occasione dell'esposizione universale del 1889. Alta 300 metri, ospita sull'ultima piattaforma un importante laboratorio di meteorologia e di navigazione aerea; dal 1910 assicura il servizio dell'ora internazionale, e dal 1957 la televisione francese vi ha installato un'antenna.

tourangeau [tuʀɑ̃ʒo] *agg.* [f. *-elle*, pl.m. *-eaux*] della Turenna; di Tours.

Tourangeau *n.m.* [f. *-elle*, pl.m. *-eaux*] abitante della Turenna; abitante di Tours.

tourbe[1] [tuʀb] *n.f.* torba.

tourbe[2] *n.f.* (*letter., spreg.*) turba, volgo (*m.*).

tourbière [tuʀbjɛʀ] *n.f.* torbiera.

tourbillon [tuʀbijɔ̃] *n.m.* turbine, vortice (*anche fig.*): *les tourbillons d'un fleuve*, i gorghi di un fiume.
■ SIN. remous.

tourbillonnant [tuʀbijɔnɑ̃] *agg.* vorticoso, turbinoso.

tourbillonnement [tuʀbijɔnmɑ̃] *n.m.* turbinio (*anche fig.*).

tourbillonner [tuʀbijɔne] *v.intr.* turbinare (*anche fig.*).
■ SIN. tournoyer.

tourelle [tuʀɛl] *n.f.* torretta.

tourillon [tuʀijɔ̃] *n.m.* (*tecn.*) perno; cardine.

tourisme [tuʀism] *n.m.* turismo.
● ***tourisme cannabique***, turismo verso i paesi dove la legislazione è meno severa in materia di droghe leggere | ***tourisme culturel***, turismo a scopo culturale | ***tourisme équitable***, turismo solidale | ***tourisme industriel***, turismo industriale | ***tourisme rural, vert***, agriturismo | ***tourisme sexuel***, turismo sessuale | ***agence de tourisme***, agenzia turistica, di viaggi | ***avion de tourisme***, aereo da turismo | ***Office de Tourisme***, Ente per il turismo | ***voiture de tourisme***, autovettura (privata).

touriste [tuʀist] *n.m.* e *f.* turista.
● ***classe touriste***, classe turistica.

touristique [tuʀistik] *agg.* turistico.

tour-lanterne [tuʀlɑ̃tɛʀn] *n.f.* [pl. *tours-lanternes*] (*arch.*) tiburio (*m.*).

tourlou [turlu] *inter.* (*Canada*) ciao.

tourmaline [tuʀmalin] *n.f.* (*min.*) tormalina.

tourment [tuʀmɑ̃] *n.m.* tormento (*anche fig.*).

tourmente [tuʀmɑ̃t] *n.f.* **1** tormenta, bufera **2** (*fig.*) tempesta.

tourmenté [tuʀmɑ̃te] *agg.* **1** tormentato, travagliato **2** accidentato, aspro.
● ***mer tourmentée***, mare molto agitato.

tourmenter [tuʀmɑ̃te] *v.tr.* **1** tormentare (*anche fig.*): *tourmenter de questions*, assillare di domande **2** preoccupare, sconvolgere ♦ **se tourmenter** *v.pron.intr.* (*letter.*) preoccuparsi.

tournage [tuʀnaʒ] *n.m.* **1** (*mecc.*) tornitura (*f.*) **2** (*cine.*) riprese (*f.pl.*).

tournailler [tuʀnɑje] *v.intr.* (*fam.*) gironzolare, aggirarsi.

tournant[1] [tuʀnɑ̃] *agg.* **1** girevole **2** tortuoso (*anche fig.*).

tournant[2] *n.m.* curva (*f.*); tornante; svolta (*anche fig.*) (*f.*): *tournant relevé*, curva sopraelevata.
● ***attendre qqn au tournant***, (*fig.*) aspettare qlcu al varco | ***un bon, un mauvais tournant***, una buona, una brutta piega: *l'affaire a pris un bon, un mauvais tournant*, l'affare ha preso una buona, una brutta piega.
■ SIN. virage.

tourné [tuʀne] *agg.* **1** tornito (*spec. fig.*) **2** andato a male: *vin tourné*, vino inacidito.
● ***mal tourné***, brutto: *avoir l'esprit mal tourné*, interpretare in modo malizioso.

tournebouler [tuʀnəbule] *v.tr.* (*fam.*) scombussolare.

tournebroche [tuʀnəbʀɔʃ] *n.m.* girarrosto.

tourne-disque [tuʀnədisk] *n.m.* [pl. *tourne-disques*] giradischi.

tournedos [tuʀnədo] *n.m.* (*cuc.*) medaglione di filetto.

tournée [tuʀne] *n.f.* **1** giro (*m.*) **2** (*teatr., sport*) tournée **3** (*fam.*) bevuta, bicchierata: *payer, offrir une tournée*, pagare (un giro) da bere a tutti | *c'est ma tournée!*, questa volta offro io! **4** (*fam.*) botte (*pl.*), legnate (*pl.*).

tournemain, en un [ɑ̃nœ̃tuʀnəmɛ̃] *avv.* in un batter d'occhio.

tourner [tuʀne] *v.tr.* **1** girare **2** (*fam.*) rivoltare: *cela m'a tourné l'estomac*, mi ha rivoltato lo stomaco **3** girare, mescolare **4** (*cine.*) girare, filmare **5** volgere, rivolgere: *les arbres tournent leurs branches vers le ciel*, gli alberi volgono i rami verso il cielo **6** (*mecc.*) tornire (*anche fig.*) ♦ *v.intr.* **1** girare (*anche fig.*): *la tête me tourne*, mi gira la testa; *la chance a tourné*, la fortuna ha girato | *faire tourner une usine*, far funzionare una fabbrica **2** girare, voltare: *au prochain feu tournez à gauche*, al prossimo semaforo volti a sinistra | *cette affaire a mal tourné*, questo affare è andato male **3** volgersi; trasformarsi (**in**); tendere (**a**): *la grippe a tourné à la pneumonie*, l'influenza è degenerata in polmonite; *ce rouge tourne à l'orange*, questo rosso tende all'arancione; *le temps tourne à la pluie*, il tempo volge alla pioggia, al brutto **4** (*cine.*) girare: *elle a tourné dans plusieurs films*, ha girato molti film ♦ **se tourner** *v.pron.* voltarsi, girarsi ♦ *v.pron.intr.* (*antiq. o letter.*) trasformarsi.
● ***tourner au tragique***, buttarla sul tragico | ***tourner à vide***, girare a vuoto | ***tourner la loi***, aggirare la legge | ***tourner le dos***, voltare le spalle (*anche fig.*) | ***tourner les choses à son avantage***, volgere le cose a proprio favore | ***tourner les talons***, far dietrofront | ***tourner un compliment***, fare un complimento garbato | ***tourner une difficulté***, aggirare una difficoltà | ***la tête lui a tourné***, gli ha dato di volta il cervello | ***le lait a tourné***, il latte è andato a male.
■ *V.TR.* SIN. **2** remuer ♦ *V.INTR* SIN. **2** virer.

FAUX AMI
Da non confondere con *tornare*, che si traduce *revenir, retourner, rentrer* o *redevenir*.

tournesol [tuʀnəsɔl] *n.m.* **1** (*bot.*) girasole **2** (*chim.*) tornasole.
● (*chim.*) ***papier de tournesol***, cartina di tornasole.

T

tourneur [tuʀnœʀ] *n.m.* [f. *-euse*] tornitore.

tournevis [tuʀnəvis] *n.m.* cacciavite.

tournicoter [tuʀnikɔte] **tourniquer** [tuʀnike] *v.intr.* (*fam.*) gironzolare.

tourniole [tuʀnjɔl] *n.f.* (*med. pop.*) giradito (*m.*).

tourniquet [tuʀnikɛ] *n.m.* **1** tornello **2** espositore girevole **3** arganello **4** (*med.*) laccio emostatico.
● ***tourniquet de jardinier***, mulinello idraulico.

tournis [tuʀni] *n.m.* (*fam.*) capogiro.

tournoi [tuʀnwa] *n.m.* torneo.
■ SIN. compétition.

tournoiement [tuʀnwamɑ̃] *n.m.* turbinio, vortice (*anche fig.*).

tournoyer [tuʀnwaje] *v.intr.* [coniug. come *employer*] girare (su se stesso); volteggiare.
● ***la fumée s'élève en tournoyant***, il fumo si alza in volute.

tournure [tuʀnyʀ] *n.f.* **1** aspetto (*m.*): *une jolie tournure*, una bella figura **2** forma, costruzione (di frase) **3** piega (*f.*), direzione (*f.*): *vu la tournure des événements*, visto la piega che hanno preso gli eventi.
● ***tournure d'esprit***, forma mentis | ***prendre tournure***, prender forma, delinearsi.

tour-opérateur [tuʀɔpeʀatœʀ] *n.m.* [pl. *tour-opérateurs*] tour operator, operatore turistico.

tourte [tuʀt] *n.f.* **1** (*cuc.*) tortino (*m.*), pasticcio (*m.*) **2** (*fig. fam.*) tonto (*m.*).

tourteau[1] [tuʀto] *n.m.* [pl. *-eaux*] **1** pagnotta (*f.*) **2** (*agr.*) panello.

tourteau[2] *n.m.* [pl. *-eaux*] (*zool.*) granciporro.

tourtereau [tuʀtəʀo] *n.m.* [pl. *-eaux*] **1** (*zool.*) tortorella (*f.*) **2** (*pl.*) (*fig.*) piccioncini (giovani innamorati).
■ SIN. **2** amoureux.

tourterelle [tuʀtəʀɛl] *n.f.* (*zool.*) tortora.

tourtière [tuʀtjɛʀ] *n.f.* tortiera.

Toussaint, la [latusɛ̃] *n.f.* (la festa di) Ognissanti.

tousser [tuse] *v.intr.* tossire: *un moteur qui tousse*, (*fig.*) un motore che scoppietta.

toussotement [tusɔtmɑ̃] *n.m.* il tossicchiare.

toussoter [tusɔte] *v.intr.* tossicchiare.

tout [tu; tut *davanti a vocale o* h *muta*] *agg.indef.* [f. *toute*; pl.m. *tous*, f. *toutes*] **1** tutti, ogni: *tous les hommes ont droit à la liberté*, tutti gli uomini hanno diritto alla libertà; *tout homme a droit à la liberté*, ogni uomo ha diritto alla libertà; *tous les matins*, tutte le mattine, ogni mattina; *toutes les fois que*, tutte le volte che, ogni volta che **2** (*seguito da agg.num.*) ogni: *tous les dix mètres, toutes les cinq minutes*, ogni dieci metri, ogni cinque minuti; *tous les deux jours*, ogni due giorni, un giorno sì e uno no ♦ *agg.* (*solo sing.*) tutto (quanto); intero: *tout ce que j'aime*, tutto quello che mi piace; *c'est tout ce qu'il y a de mieux*, è quanto vi è di meglio; *c'est tout ce qu'il y a de plus vrai*, (*fam.*) non c'è niente di più vero; *tout cet été, tout un hiver*, tutta l'estate, un inverno intero; *il rêvait d'une vie toute de recherches et de travail*, sognava una vita tutta di ricerche e lavoro; *elle était toute à sa cuisine*, era tutta indaffarata a cucinare; *il avait pour tout ami son cousin*, il suo solo amico era il cugino | *il a lu tout Colette*, ha letto tutta Colette | *tout Rome*, tutta Roma, tutti gli abitanti di Roma ♦ *pron.indef.* **1** (*sing.*) tutto: *tout va bien*, va tutto bene; *un peu de tout*, un po' di tutto, di tutto un po'; *il voulait tout acheter*, voleva comperare tutto; *j'ai tout compris*, ho capito tutto **2** (*pl.*) tutti: *vous êtes tous des lâches*, siete tutti dei vigliacchi; *nous irons toutes ensemble*, andremo tutte insieme ♦ *n.m.* **1** tutto: *former un tout homogène*, formare un tutto omogeneo **2** il tutto, l'essenziale: *le tout est de savoir*, l'essenziale è sapere ♦ *avv.* tutto, completamente: *un homme tout jeune*, un uomo giovane giovane; *la ville tout entière*, l'intera città; *elle était tout heureuse*, era tutta felice; *elle était toute honteuse*, era tutta vergognosa; *une toute petite fille*, una bambina piccola; *le tout premier jour, les tout premiers jours*, il primissimo giorno, i primissimi giorni; *je suis tout à vous*, sono completamente a vostra disposizione, sono tutto per voi; *elle était tout en larmes*, era tutta in lacrime; *ils sont tout sourire*, sono tutto un sorriso; *une table tout d'une pièce*, un tavolo in un pezzo solo | *tout laine, tout soie*, tutta pura lana, tutta pura seta.
● ***tout autre***, ogni altro; tutt'altro | ***tout de même***, ugualmente, lo stesso: *je t'inviterai tout de même*, ti inviterò ugualmente; *tu exagères, tout de même!*, però tu esageri! | ***tout (en)***, (*seguito da p.pres.*): *elle lisait tout en fumant*, leggeva fumando; *il arriva tout courant*, (*fam., region.*) arrivò correndo; *tout en travaillant beaucoup*, pur lavorando molto; *tout en sachant que*, pur sapendo che | ***tout le monde***, tutti | ***tout le temps***, sempre | ***tout... que***, per quanto, sebbene: *tout riche qu'il est*, per quanto (sia) ricco, per ricco che sia, sebbene (sia) ricco | ***tout simplement***, molto semplicemente | ***tous à la fois***, tutti insieme | ***tous les combien?***, ogni quanto? | ***tous (les) deux, tous (les) trois***, tutti e due, tutti e tre | ***tous tant que vous êtes***, tutti quanti voi | ***toutes directions***, (*nella segnaletica stradale*) tutte le direzioni | ***après tout***, dopo tutto | ***avant tout***, prima di tutto | ***c'est tout***, è tutto, basta così: *ce sera tout pour aujourd'hui*, basta così per oggi; *ce n'est pas tout (que) de lire, il faut aussi comprendre ce qu'on lit*, non basta leggere, bisogna anche capire quel che si legge | ***comme tout***, (*fam.*) veramente, proprio: *beau comme tout*, veramente bello, bello come non so cosa | ***du tout au tout***, completamente: *il a changé du tout au tout*, è completamente cambiato | ***en tout***, in tutto | ***en toute simplicité***, in tutta semplicità | ***et tout et tout***, eccetera eccetera, e così via | ***on aura tout vu, tout entendu***, se ne vedono di tutti i colori, si sente proprio di tutto | ***par-dessus tout***, soprattutto | ***plus que tout***, più di tutto | ***pour toute réponse***, per tutta risposta | ***risquer, tenter le tout pour le tout***, rischiare, tentare il tutto per tutto | ***un point, c'est tout***, punto e basta.

□ **du tout** (*in frasi negative*) completamente; assolutamente, per niente: *il ne fait pas froid du tout*, non fa per niente, assolutamente freddo; *je n'ai plus du tout sommeil*, non ho proprio più sonno; *rien du tout, pas du tout*, (niente) affatto, proprio niente.

□ **tout à fait** completamente, interamente; veramente, proprio: *il est tout à fait différent*, è completamente, del tutto diverso; *tu as tout à fait raison*, hai proprio ragione; *"Vous êtes d'accord?" "Pas tout à fait"*, "È d'accordo?" "Non del tutto".

NOTA Da notare che l'avverbio ***tout*** si accorda solo davanti ad aggettivi femminili inizianti per consonante o *h* aspirata; invece quando è seguito da un sostantivo si accorda solo se il sostantivo è singolare.

È recente e diffuso l'uso di sostituire *oui*, 'sì', con ***tout à fait*** nelle risposte:

Vous êtes la maman de Christophe? – ***Tout à fait.***
Lei è la mamma di Christophe? Sì, assolutamente.

tout', à [atut] *avv.* (*abbr. di* à tout à l'heure) a presto.

tout-à-l'égout [tutalegu] *n.m.invar.* sistema di fognatura a scarico diretto.

T

tout-compris [tukɔ̃pʀi] *agg.* e *n.m.invar.* (*turismo*) tutto compreso: *la formule du tout-compris recontre un vif succès*, la formula del tutto compreso riscuote un gran successo.
● *voyage tout-compris*, viaggio tutto compreso.

toute, à [atut] *avv.* (*Africa*) a fra poco.

toutefois [tutfwa] *avv.* tuttavia, nondimeno.
■ SIN. cependant, néanmoins.

toute-puissance [tutpɥisɑ̃s] *n.f.* [pl. *toutes-puissances*] onnipotenza.

toutes-boîtes [tutbwat] *n.m.invar.* (*Belgio*) giornale settimanale gratuito (soprattutto pubblicitario).

toutou [tutu] *n.m.* (*fam.*) cagnolino; bau bau (nel linguaggio infantile).

Tout-Paris [tupaʀi] *n.m.* (*solo sing.*) Tout-Paris, gran mondo parigino; (la) Parigi che conta.

tout-petit [tupəti] *n.m.* [pl. *tout-petits*] piccolino, bebè.

tout-puissant [tutpɥisɑ̃] *agg.* [f. *toute-puissante*, pl.m. *tout-puissants*] **1** onnipotente **2** (*fig., fam.*) potentissimo.
● *le Tout-Puissant*, l'Onnipotente.

tout-terrain [tutɛʀɛ̃] *agg.* e *n.m.invar.* **1** fuoristrada **2** mountain bike (*f.*).

tout-venant [tuvnɑ̃] *n.m.invar.* cosa (*f.*), persona (*f.*) qualsiasi.

toux [tu] *n.f.* tosse.

toxicité [tɔksisite] *n.f.* tossicità, velenosità.

toxico [tɔksiko] *n.m.* (*fam.*) abbr. di **toxicomane**.

toxico-dépendance [tɔksikɔdepɑ̃dɑ̃s] *n.f.* [pl. *toxico-dépendances*] tossicodipendenza.

toxicologie [tɔksikɔlɔʒi] *n.f.* tossicologia.

toxicologique [tɔksikɔlɔʒik] *agg.* tossicologico.

toxicologue [tɔksikɔlɔg] *n.m.* e *f.* tossicologo/a.

toxicomane [tɔksikɔman] *n.m.* e *f.* tossicomane.

toxicomanie [tɔksikɔmani] *n.f.* tossicomania.

toxicose [tɔksikoz] *n.f.* (*med.*) tossicosi.

toxine [tɔksin] *n.f.* (*biol.*) tossina.

toxique [tɔksik] *agg.* e *n.m.* tossico.
■ SIN. nocif.

trac [tʀak] *n.m.* (*fam.*) tremarella (*f.*); fifa (*f.*).
■ SIN. peur, appréhension.

traçabilité [tʀasabilite] *n.f.* tracciabilità.

traçant [tʀasɑ̃] *agg.* **1** (*bot.*) strisciante **2** (*mil.*) tracciante.

tracas [tʀaka] *n.m.* (*fam.*) grattacapo; seccatura (*f.*): *susciter des tracas à qqn*, fare avere noie a qlcu.
■ SIN. souci.

tracasser [tʀakase] *v.tr.* preoccupare, inquietare ♦ **se tracasser** *v.pron.intr.* preoccuparsi, prendersela.

tracasserie [tʀakasʀi] *n.f.* fastidio (*m.*), seccatura.

tracassier [tʀakasje] *agg.* [f. *-ère*] molesto, fastidioso ♦ *n.m.* seccatore, scocciatore.

trace [tʀas] *n.f.* **1** traccia; orma **2** (*Antille*) sentiero (*m.*) di montagna.
● *suivre qqn à la trace*, seguire le tracce di qlcu.
■ SIN. **1** empreinte.

tracé [tʀase] *n.m.* tracciato.

tracement [tʀasmɑ̃] *n.m.* tracciamento.

tracer [tʀase] *v.tr.* [coniug. come *placer*] tracciare ♦ *v.intr.* **1** (*di rami, di radici*) strisciare **2** (*di animali*) scavare gallerie (a fior di terra) **3** (*fam.*) correre, filare.

traceur [tʀasœʀ] *n.m.* **1** (*inform., tecn.*) plotter **2** [f. *-euse*] (*sport*) (sciatore) apripista, tracciatore.

trachéal [tʀakeal] *agg.* [pl. *-aux*] tracheale.

trachée [tʀaʃe] **trachée-artère** [tʀaʃeaʀtɛʀ] [pl. *trachées-artères*] *n.f.* trachea.

trachéen [tʀakeɛ̃] *agg.* [f. *-enne*] tracheale.

trachéite [tʀakeit] *n.f.* (*med.*) tracheite.

trachéotomie [tʀakeɔtɔmi] *n.f.* (*med.*) tracheotomia.

trachéotomisé [trakeɔtɔmize] *agg.* (*med.*) tracheotomizzato.

trachome [tʀakom] *n.m.* (*med.*) tracoma.

tract [tʀakt] *n.m.* volantino propagandistico.

tractation [tʀaktasjɔ̃] *n.f.* **1** trattativa (segreta) **2** (*pl.*) maneggi (*m.*).

tracter [tʀakte] *v.tr.* trainare.

tracteur [tʀaktœʀ] *n.m.* trattore: (*aer.*) *tracteur de piste*, trattore di traino.

traction [tʀaksjɔ̃] *n.f.* trazione: *traction par câble*, trazione a fune.
● (*aut.*) *traction avant*, trazione anteriore.

tradition [tʀadisjɔ̃] *n.f.* tradizione.
■ SIN. coutume.

traditionalisme [tʀadisjɔnalism] *n.m.* tradizionalismo.

traditionaliste [tʀadisjɔnalist] *n.m.* e *f.* tradizionalista ♦ *agg.* tradizionalistico.

traditionnel [tʀadisjɔnɛl] *agg.* [f. *-elle*] tradizionale.

traditionnellement [tʀadisjɔnɛlmɑ̃] *avv.* tradizionalmente, in modo tradizionale.

traduc [tʀadyk] *n.f.* (*gergo scolastico*) traduzione.

traducteur [tʀadyktœʀ] *n.m.* **1** [f. *-trice*] traduttore **2** (*inform.*) traduttore.

traduction [tʀadyksjɔ̃] *n.f.* **1** traduzione **2** (*fig.*) espressione, manifestazione.

traduire [tʀadɥiʀ] *v.tr.* [coniug. come *conduire*] **1** tradurre **2** rendere; esprimere **3** (*dir.*) trasferire, tradurre ♦ **se traduire** *v.pron.intr.* esprimersi.
● (*dir.*) *traduire en justice*, tradurre davanti alla giustizia.

traduisible [tʀadɥizibl] *agg.* traducibile.

traduit [tʀadɥi] *p.p.* di **traduire**.

trafic [tʀafik] *n.m.* **1** traffico, commercio **2** (*fam.*) (*attività losca*) traffico **3** traffico, movimento.
● (*inform.*) *trafic de données*, flusso di dati | (*dir.*) *trafic d'influence*, millantato credito | *trafic frontalier*, traffico di frontiera | *trafic routier*, traffico stradale.

trafiquant [tʀafikɑ̃] *n.m.* trafficante.

trafiquer [tʀafike] *v.intr.* **1** trafficare, commerciare **2** (*fig.*) sfruttare, fare commercio (di) ♦ *v.tr.* (*fam.*) **1** sofisticare, adulterare **2** combinare, trafficare.

tragédie [tʀaʒedi] *n.f.* tragedia (*anche fig.*).

tragédien [tʀaʒedjɛ̃] *n.m.* [f. *-enne*] attore tragico.

tragi-comédie [tʀaʒikɔmedi] *n.f.* [pl. *tragi-comédies*] tragicommedia (*anche fig.*).

tragi-comique [tʀaʒikɔmik] *agg.* [pl. *tragi-comiques*] tragicomico.

tragique [tʀaʒik] *agg.* tragico ♦ *n.m.* **1** tragico, tragicità (*f.*) **2** (*lett.*) (autore) tragico.
● *ce n'est pas tragique*, (*fam.*) non è una tragedia | *prendre au tragique*, prendere sul tragico.
■ AGG. SIN. funeste.

tragiquement [tʀaʒikmɑ̃] *avv.* tragicamente.

trahir [tʀaiʀ] ***v.tr.*** tradire (*anche fig.*) ♦ **se trahir** ***v.pron.*** e ***pron.intr.*** tradirsi.
● ***trahir la pensée de qqn***, travisare il pensiero di qlcu.

trahison [tʀaizɔ̃] ***n.f.*** tradimento (*m.*).
● (*dir.*) ***haute trahison***, alto tradimento.

train [tʀɛ̃] ***n.m.*** **1** (*ferr.*) treno: *voyager par le train*, viaggiare in treno | *train de voyageurs, de marchandises*, treno passeggeri, (treno) merci | *il a eu son train*, (*fam.*) è riuscito a prendere il treno **2** fila (*f.*); treno: *train de péniches*, colonna di chiatte **3** (*fig.*) serie (*f.*); fase (*f.*): *le dernier train des négociations*, l'ultima fase dei negoziati **4** velocità (*f.*), andatura (*f.*); andamento: *ralentir son train*, rallentare il passo (*anche fig.*) **5** (*di animali*) treno: *train de devant, train de derrière du cheval*, treno anteriore, treno posteriore del cavallo **6** (*aut.*) treno: *train arrière*, treno posteriore; *train avant*, treno anteriore, avantreno **7** (*molto fam.*) sedere, culo.
● (*aer.*) ***train d'atterrissage***, (*di aereo*) carrello | ***train de banlieue***, treno suburbano | ***train (de vie)***, (*fig.*) tenore di vita | ***train sanitaire***, treno ospedale, sanitario | ***à fond de train***, a tutta velocità; (*fig.*) a gonfie vele | ***aller un train d'enfer***, andare a velocità folle | ***du train dont vont les choses***, da come vanno le cose | ***être en train de*** (seguito da inf.), stare (seguito da gerundio): *il est en train de travailler*, sta lavorando | ***la vie reprend son train***, la vita riprende il suo corso | ***marcher, aller bon train***, procedere di buon passo | ***mener grand train***, far vita da gran signore | (*sport*) ***mener le train***, condurre la corsa | ***mettre un travail en train***, avviare un lavoro | ***ne pas être en train***, non sentirsi in forma, in vena | ***prendre le train onze***, (*fam.*) andare a piedi | ***suivre son train***, procedere normalmente, seguire il proprio corso.

traînage [tʀɛnaʒ] ***n.m.*** **1** traino **2** trasporto su slitta.

traînailler [tʀɛnɑje] ***v.tr.*** e ***intr.*** → **traînasser**.

traînant [tʀɛnɑ̃] ***agg.*** **1** che strascica: *une robe traînante*, un vestito che strascica per terra **2** strascicato; monotono: *voix traînante*, voce strascicata.

traînard [tʀɛnaʀ] ***n.m.*** (*fam.*) **1** chi rimane indietro (in una marcia ecc.); attardato **2** (*fig.*) tartaruga (*f.*), lumaca (*f.*).

traînasser [tʀɛnase] ***v.tr.*** (*fam.*) tirare per le lunghe, dilungare ♦ ***v.intr.*** (*fam.*) bighellonare.

traîne [tʀɛn] ***n.f.*** (*abbigl.*) strascico (*m.*).
□ **à la traîne** ***avv.*** **1** (*mar.*) alla traina; (*fig. fam.*) indietro: *à l'école il est toujours à la traîne*, a scuola è sempre l'ultimo **2** (*di cose*) in disordine, in abbandono.

traîneau [tʀɛno] ***n.m.*** [pl. *-eaux*] slitta (*f.*).

traînée [tʀɛne] ***n.f.*** **1** traccia, scia, striscia **2** (*aer.*) resistenza (di scia) **3** (*fam.*) zoccola, battona.
● ***comme une traînée de poudre***, in un lampo.

traîner [tʀɛne] ***v.tr.*** **1** trascinare, tirare **2** strascicare: *traîner les pieds*, strascicare i piedi; *traîner la voix*, strascicare la voce **3** (*scherz.*) rimorchiare; portare con sé: *il le traîne partout*, se lo porta sempre dietro; *traîner ses valises*, trascinarsi dietro le valigie ♦ ***v.intr.*** **1** trascinarsi, strascinarsi: *cette jupe traîne par terre*, questa gonna tocca per terra **2** rimanere indietro **3** perdere tempo; attardarsi **4** essere in disordine, essere fuori posto: *il laisse toujours traîner ses affaires*, lascia sempre in giro le sue cose **5** trascinarsi, andare per le lunghe: *affaire qui traîne*, faccenda che va per le lunghe **6** persistere, perdurare **7** vagabondare ♦ **se traîner** ***v.pron.*** **1** trascinarsi **2** (*fig. fam.*) andare di malavoglia **3** (*fig. fam.*) andare avanti a fatica, trascinarsi.
● ***traîner loin derrière***, restare indietro per strada | ***ça n'a pas traîné!***, detto fatto! | ***faire traîner une affaire en longueur***, tirare una faccenda per le lunghe.

traîne-sauvage [tʀɛnsovaʒ] ***n.f.*** [pl. *traîne-sauvages*] (*Canada*) slittino (*m.*) canadese; (*sport*) toboga (*m.*).

traîne-savates [tʀɛnsavat] ***n.m.invar.*** (*fam.*) straccione.

traîneux [tʀɛnø] ***n.m.*** [f. *-euse*] (*Canada*) disordinato.

train-train [tʀɛ̃tʀɛ̃] ***n.m.invar.*** (*fam.*) tran-tran.
■ SIN. routine.

traire [tʀɛʀ] ***v.tr.dif.*** [usato al pres. indic.: *je trais, tu trais, il trait, nous trayons, vous trayez, ils traient*; imperf.indic.: *je trayais* etc.; fut.indic.: *je trairai* etc.; cond.: *je trairais* etc.; p.pres.: *trayant*; p.p.: *trait*; imp.: *trais, trayons, trayez*] mungere (*anche fig.*).
● ***machine à traire***, mungitrice.

trait[1] [tʀɛ] ***n.m.*** **1** traino, tiro | *bête de trait*, bestia da tiro **2** tratto, linea (*f.*); riga (*f.*): *faire un trait sur un mot*, tirare una riga su una parola **3** (*spec. pl.*) tratto, lineamento, fattezza (*f.*); (*fig.*) aspetto: *les traits du visage*, i lineamenti, le fattezze, i tratti del volto; *la joie illuminait ses traits*, (*letter.*) la gioia illuminava il suo volto **4** (*antiq.*) dardo, freccia (*f.*), strale (*anche fig.*) **5** sorso, sorsata (*f.*) | *tout d'un, d'un seul trait*, in un sorso solo, tutto d'un fiato **6** (*letter.*) atto, impresa (*f.*): *un trait de courage*, un atto di coraggio.
● ***trait de génie***, colpo, lampo di genio | ***trait d'esprit***, motto di spirito, arguzia | ***à grands traits***, a grandi linee; (*fig.*) per grandi linee | ***avoir trait à qqn, qqch***, riguardare qlcu, qlco | (*comm.*) ***ayant trait à***, inerente a | ***copier trait pour trait***, copiare punto per punto | ***partir comme un trait***, partire come una freccia, un razzo | ***pêche au trait***, pesca a strascico | ***tirer un trait sur qqch***, (*fig.*) fare una croce su qlco.

trait[2] *p.p.* di **traire**.

traitable [tʀɛtabl] ***agg.*** trattabile.

traitant [tʀɛtɑ̃] ***agg.*** **1** curante **2** curativo.

trait d'union [tʀɛdynjɔ̃] ***n.m.*** [pl. *traits d'union*] **1** trattino, lineetta (*f.*) **2** (*fig.*) tramite, intermediario.

traite [tʀɛt] ***n.f.*** **1** mungitura **2** (*letter.*) tratto (*m.*), percorso (*m.*) **3** tratta, traffico (*m.*) **4** (*comm.*) tratta, cambiale.
● ***la traite des nègres***, la tratta dei negri | ***tout d'une (seule) traite***, tutto d'un fiato.

traité [tʀete] ***n.m.*** **1** trattato **2** (*dir. internazionale*) trattato.
● ***traité de paix***, trattato di pace.

traitement [tʀɛtmɑ̃] ***n.m.*** **1** trattamento **2** trattamento, retribuzione (*f.*) **3** (*med.*) terapia (*f.*) **4** (*inform.*) elaborazione (*f.*); trattamento.
● ***traitement de base***, stipendio base | (*inform.*): ***traitement des données***, elaborazione (dei) dati; ***traitement de texte(s)***, videoscrittura; ***traitement séquentiel*** (o ***par lots***), elaborazione sequenziale, a blocchi | (*med.*) ***en traitement***, in cura | ***mauvais traitements***, maltrattamenti.
■ SIN. **2** salaire **3** médication.

traiter [tʀete] ***v.tr.*** **1** trattare: *traite-le en ami*, trattalo da amico **2** trattare, tacciare; (*fam.*) insultare: *traiter qqn de voleur*, dare del ladro a qlcu **3** trattare, negoziare: *traiter une affaire*, trattare un affare **4** trattare, discutere: *traiter de choses sérieuses*, discutere di cose serie **5** trattare, curare: *traiter un malade par antibiotiques*, curare un malato con gli antibiotici **6** (*inform.*) elaborare **7** trattare, manipolare ♦ ***v.intr.*** **1** trattare **2** trattare, parlare (di) ♦ **se traiter** *v.pron.rec.* insultarsi: *ils se sont traités de tous les noms*, si sono insultati a vicenda.

traiteur [tʀɛtœʀ] *n.m.* 1 rosticciere 2 (*Rep. Dem. del Congo*) avventuriero.
● ***rayon traiteur d'un supermarché***, reparto gastronomico di un supermercato.

traître [tʀɛtʀ] *agg.* e *n.m.* traditore.
● ***en traître***, a tradimento | ***ne pas dire un traître mot***, non dir parola | ***ne pas y comprendre un traître mot***, non capirci un'acca.

NOTA ***Traître*** può avere due femminili:
– ***traîtresse***, usato in contesti letterari:
Ah, traîtresse! Tu t'es bien jouée de moi!
Ah, traditrice! Ti sei presa gioco di me!
– ***traître*** in contesti più neutri:
Cette femme a été traître à ses idéaux.
Questa donna ha tradito i suoi ideali.

traîtreusement [tʀɛtʀøzmɑ̃] *avv.* a tradimento; proditoriamente.

traîtrise [tʀetʀiz] *n.f.* 1 tradimento (*m.*) 2 perfidia.

trajectoire [tʀaʒɛktwaʀ] *n.f.* traiettoria.

trajet [tʀaʒɛ] *n.m.* tragitto; percorso.
■ SIN. parcours.

tralala [tʀalala] *n.m.* (*fam.*) sfarzo, orpello.
● ***en grand tralala***, in pompa magna.

trâlée [tʀɑle] *n.f.* (*Canada, Svizzera, Antille*) grande quantità.

tram [tʀam] *n.m.* tram.

trame [tʀam] *n.f.* 1 (*di tessuto*) trama 2 (*fig. antiq.*) intrigo (*m.*), complotto (*m.*) 3 (*fig.*) intreccio (*m.*), trama: *la trame d'un film*, la trama di un film.

tramelot [tʀamlo] *n.m.* (*Svizzera*) tranviere.

tramer [tʀame] *v.tr.* 1 (*ind. tess.*) tramare 2 (*fig.*) tramare, ordire ♦ **se tramer** *v.pron.intr.* tramarsi.

tramontane [tʀamɔ̃tan] *n.f.* tramontana.

trampoline [tʀɑ̃pɔlin] *n.m.* tappeto elastico (per acrobati e ginnasti).

tramway [tʀamwɛ] *n.m.* 1 tranvia (*f.*): *ligne de tramway*, linea tranviaria 2 tram, tranvai.

tranchage [tʀɑ̃ʃaʒ] *n.m.* (*tecn.*) sfogliatura (*f.*), tranciatura (*f.*).

tranchant [tʀɑ̃ʃɑ̃] *agg.* 1 tagliente 2 categorico; deciso ♦ *n.m.* 1 taglio, filo (di lama) 2 (*fig.*) perentorietà (*f.*), tono tagliente e categorico.
● ***à double tranchant***, a doppio taglio (*anche fig.*).

tranche [tʀɑ̃ʃ] *n.f.* 1 fetta 2 (*fig.*) parte, serie, lotto (*m.*) 3 (*tip.*) taglio (*m.*): *livre doré sur tranche*, libro con taglio in oro 4 (*fisco*) scaglione (*m.*), fascia 5 (*inform.*) frazione, intervallo (*m.*).
● (*econ.*) ***tranche de revenu***, scaglione di reddito | ***tranche de vie***, (*fig.*) quadro di vita vissuta | ***tranche grasse***, taglio di bue | (*econ.*): ***tranche nucléaire***, unità produttiva nucleare; ***émission d'un emprunt par tranches***, emissione di un prestito a lotti | ***s'en payer une tranche***, (*fam.*) spassarsela, farsi quattro risate | (*econ.*) ***versement d'une somme en deux tranches***, versamento di una somma in due tempi.

tranché [tʀɑ̃ʃe] *agg.* 1 tagliato, mozzato 2 (*fig.*) netto, marcato 3 (*fig.*) deciso, risoluto.

tranchée [tʀɑ̃ʃe] *n.f.* 1 trincea 2 scavo (*m.*), sterro (*m.*) 3 (*pl.*) (*med.*) colica (*sing.*).

trancher [tʀɑ̃ʃe] *v.tr.* 1 troncare, mozzare: *trancher avec un couteau*, tagliare con un coltello 2 (*fig.*) decidere; risolvere; mettere fine (a): *trancher la discussion*, troncare la discussione ♦ *v.intr.* 1 tagliare 2 sentenziare 3 risaltare, spiccare, stagliarsi.
● ***trancher dans le vif***, (*fig.*) agire senza troppi riguardi | ***trancher net***, troncare bruscamente il discorso | ***trancher sur tout***, trinciare giudizi su tutto.
■ V.TR. SIN. 1 couper 2 résoudre.

tranchet [tʀɑ̃ʃɛ] *n.m.* trincetto (del calzolaio).

tranchoir [tʀɑ̃ʃwaʀ] *n.m.* tagliere.

tranquille [tʀɑ̃kil] *agg.* tranquillo, calmo.
● ***avoir la conscience tranquille***, avere la coscienza a posto | ***laisser qqn tranquille***, lasciare qlcu in pace: *laisse-le tranquille!, lascialo in pace!*, lascialo stare!
■ SIN. paisible, serein CONTR. agité, anxieux.

tranquillement [tʀɑ̃kilmɑ̃] *avv.* tranquillamente.

tranquillisant [tʀɑ̃kilizɑ̃] *agg.* tranquillizzante, rassicurante ♦ *n.m.* (*med.*) tranquillante.

tranquilliser [tʀɑ̃kilize] *v.tr.* tranquillizzare ♦ **se tranquilliser** *v.pron.intr.* tranquillizzarsi.
■ V.TR. SIN. rassurer.

tranquillité [tʀɑ̃kilite] *n.f.* tranquillità; quiete.
■ SIN. calme, quiétude.

trans- *pref.* trans-.

transaction [tʀɑ̃zaksjɔ̃] *n.f.* 1 (*dir., comm.*) transazione 2 (*fig.*) transazione, patteggiamento (*m.*), accomodamento (*m.*).
● (*dir., comm.*) ***par transaction***, a titolo di transazione.

transactionnel [tʀɑ̃zaksjɔnɛl] *agg.* [f. *-elle*] 1 (*dir., comm.*) transattivo 2 (*psic.*) transazionale.

transalpin [tʀɑ̃zalpɛ̃] *agg.* transalpino.

transat [tʀɑ̃zat] *n.m.* (*fam.*) sedia (*f.*) a sdraio ♦ *n.f.* (*abbr. di* transatlantique) regata velica transatlantica.

transatlantique [tʀɑ̃zatlɑ̃tik] *agg.* transatlantico ♦ *n.m.* 1 transatlantico 2 (sedia a) sdraio (*f.*).

transbahuter [tʀɑ̃sbayte] *v.tr.* (*fam.*) trasportare, spostare.

transbordement [tʀɑ̃sbɔʀdəmɑ̃] *n.m.* trasbordo.

transborder [tʀɑ̃sbɔʀde] *v.tr.* trasbordare.

transbordeur [tʀɑ̃sbɔʀdœʀ] *agg.* e *n.m.* 1 (*tecn.*) trasbordatore 2 (*aer.*) ponte passeggeri.
● (*mar.*) ***navire transbordeur***, ferry-boat.

transcendance [tʀɑ̃sɑ̃dɑ̃s] *n.f.* (*fil.*) trascendenza.

transcendant [tʀɑ̃sɑ̃dɑ̃] *agg.* 1 trascendente 2 (*scherz.*) eccelso, sublime.

transcendantal [tʀɑ̃sɑ̃dɑ̃tal] *agg.* [pl. *-aux*] (*fil.*) trascendentale.

transcender [tʀɑ̃sɑ̃de] *v.tr.* trascendere ♦ **se transcender** *v.pron.* superare se stessi.

transcodage [tʀɑ̃skɔdaʒ] *n.m.* (*inform., tv*) transcodifica (*f.*).

transcoder [tʀɑ̃skɔde] *v.tr.* (*inform., tv*) transcodificare.

transcontinental [tʀɑ̃skɔ̃tinɑ̃tal] *agg.* [pl. *-aux*] transcontinentale.

transcripteur [tʀɑ̃skʀiptœʀ] *n.m.* trascrittore.

transcription [tʀɑ̃skʀipsjɔ̃] *n.f.* trascrizione.
● (*ling.*) ***transcription phonétique***, trascrizione fonetica.

transcrire [tʀɑ̃skʀiʀ] *v.tr.* [coniug. come *écrire*] trascrivere.

transcrit [tʀɑ̃skʀi] *p.p.* di **transcrire**.

transe [tʀɑ̃s] ***n.f.*** **1** angoscia, ansia **2** trance, stato (*m.*) ipnotico.
transept [tʀɑ̃sɛpt] ***n.m.*** (*arch.*) transetto.
transférable [tʀɑ̃sfeʀabl] ***agg.*** trasferibile.
transférer [tʀɑ̃sfeʀe] ***v.tr.*** [coniug. come *céder*] **1** trasferire: *transférer qqn à la prison*, tradurre qlcu in carcere **2** (*dir., econ.*) trasferire, cedere.
transfert [tʀɑ̃sfɛʀ] ***n.m.*** **1** trasferimento, traslazione (*f.*) **2** (*amm.*) voltura (*f.*) **3** (*psic.*) transfert, trasferimento **4** trasferello.
● (*tel.*) ***transfert d'appel***, trasferimento di chiamata | (*inform.*): ***transfert de fichiers***, trasferimento di file; ***transfert (des données)***, trasferimento dei dati.
transfiguration [tʀɑ̃sfigyʀasjɔ̃] ***n.f.*** trasfigurazione.
transfigurer [tʀɑ̃sfigyʀe] ***v.tr.*** trasfigurare.
transfo [tʀɑ̃sfo] ***n.m.*** (*fam.*) abbr. di **transformateur**.
transformable [tʀɑ̃sfɔʀmabl] ***agg.*** trasformabile.
● ***fauteuil transformable***, poltrona-letto.
transformateur [tʀɑ̃sfɔʀmatœʀ] ***agg.*** [f *-trice*] trasformatore ♦ ***n.m.*** (*elettr.*) trasformatore.
transformation [tʀɑ̃sfɔʀmasjɔ̃] ***n.f.*** trasformazione.
■ SIN. conversion, modification.
transformer [tʀɑ̃sfɔʀme] ***v.tr.*** trasformare ♦ **se transformer** ***v.pron.*** e ***pron.intr.*** trasformarsi.
■ *V.TR.* SIN. changer ♦ *V.PRON.INTR.* SIN. évoluer.
transformisme [tʀɑ̃sfɔʀmism] ***n.m.*** (*biol.*) trasformismo.
transformiste [tʀɑ̃sfɔʀmist] ***agg.*** trasformistico ♦ ***n.m.*** e ***f.*** trasformista.
transfuge [tʀɑ̃sfyʒ] ***n.m.*** e ***f.*** transfuga (*anche fig.*).
■ SIN. renégat.
transfuser [tʀɑ̃sfyze] ***v.tr.*** fare una trasfusione di sangue (**a**).
transfusion [tʀɑ̃sfyzjɔ̃] ***n.f.*** (*med.*) trasfusione.
transfusionnel [tʀɑ̃sfyzjɔnɛl] ***agg.*** [f. *-elle*] (*med.*) trasfusionale.
transgénique [tʀɑ̃sʒenik] ***agg.*** (*biol.*) transgenico.
transgresser [tʀɑ̃sgʀese] ***v.tr.*** trasgredire.
transgresseur [tʀɑ̃sgʀɛsœʀ] ***n.m.*** (*dir.*) trasgressore.
transgressif [tʀɑ̃sgʀɛsif] ***agg.*** [f. *-ive*] trasgressivo.
transgression [tʀɑ̃sgʀɛsjɔ̃] ***n.f.*** trasgressione.
transhumance [tʀɑ̃zymɑ̃s] ***n.f.*** transumanza.
transhumer [tʀɑ̃zyme] ***v.intr.*** transumare ♦ ***v.tr.*** far transumare.
transi [tʀɑ̃zi] ***agg.*** intirizzito; (*fig.*) paralizzato: *transi de peur*, paralizzato dalla paura.
■ SIN. pétrifié.
transiger [tʀɑ̃ziʒe] ***v.intr.*** [coniug. come *manger*] (*dir. comm.*) venire a una transazione; (*fig.*) venire a patti, patteggiare.
transir [tʀɑ̃ziʀ] ***v.tr.*** (*letter.*) intirizzire; (*fig.*) paralizzare.
transistor [tʀɑ̃zistɔʀ] ***n.m.*** **1** (*fis.*) transistore **2** (radio a) transistor.
transistoriser [tʀɑ̃zistɔʀize] ***v.tr.*** transistorizzare.
transit [tʀɑ̃zit] ***n.m.*** transito.
● ***cité de transit***, alloggi provvisori | ***permis de transit***, licenza di transito.
transitaire [tʀɑ̃zitɛʀ] ***agg.*** di transito ♦ ***n.m.*** spedizioniere.
transiter [tʀɑ̃zite] ***v.tr.*** far transitare ♦ ***v.intr.*** transitare.
transitif [tʀɑ̃zitif] ***agg.*** [f. *-ive*] transitivo.
transition [tʀɑ̃zisjɔ̃] ***n.f.*** transizione; passaggio (*m.*) (*anche fig.*).
● ***de transition***, transitorio.
transitivement [tʀɑ̃zitivmɑ̃] ***avv.*** (*gramm.*) transitivamente.
transitoire [tʀɑ̃zitwaʀ] ***agg.*** transitorio.
translatable [tʀɑ̃slatabl] ***agg.*** (*inform.*) ricollocabile.
translatif [tʀɑ̃slatif] ***agg.*** [f. *-ive*] (*dir.*) traslativo.
● ***acte translatif de propriété***, voltura.
translation [tʀɑ̃slasjɔ̃] ***n.f.*** traslazione.
translittérer [tʀɑ̃sliteʀe] ***v.tr.*** [coniug. come *céder*] (*ling.*) traslitterare.
translucide [tʀɑ̃slysid] ***agg.*** traslucido.
transmetteur [tʀɑ̃smɛtœʀ] ***n.m.*** (*tv., rad.*) trasmettitore.
transmettre [tʀɑ̃smɛtʀ] ***v.tr.*** [coniug. come *mettre*] trasmettere ♦ **se transmettre** ***v.pron.intr.*** trasmettersi.
● (*amm.*) ***transmettre une circulaire***, diramare una circolare | (*comm.*) ***transmettre une commande***, passare un'ordinazione.
■ *V.TR.* SIN. donner, léguer.
transmigration [tʀɑ̃smigʀasjɔ̃] ***n.f.*** trasmigrazione.
transmigrer [tʀɑ̃smigʀe] ***v.intr.*** trasmigrare.
transmis [tʀɑ̃smi] *p.p.* di **transmettre**.
transmissible [tʀɑ̃smisibl] ***agg.*** **1** trasmissibile **2** (*fin.*) cedibile, trasferibile.
transmission [tʀɑ̃smisjɔ̃] ***n.f.*** **1** trasmissione **2** (*pl.*) (*mil.*) trasmissioni **3** (*comm.*) inoltro (*m.*).
● (*tel.*) ***transmission de message***, smistamento dei messaggi.
transmuer [tʀɑ̃smɥe] ***v.tr.*** trasmutare, tramutare.
transmutable [tʀɑ̃smytabl] ***agg.*** tra(s)mutabile.
transmutation [tʀɑ̃smytasjɔ̃] ***n.f.*** trasmutazione.
transmuter [tʀɑ̃smyte] ***v.tr.*** → **transmuer**.
transocéanien [tʀɑ̃zɔseanjɛ̃] [f. *-enne*] **transocéanique** [tʀɑ̃zɔseanik] ***agg.*** transoceanico.
transparaître [tʀɑ̃spaʀɛtʀ] ***v.intr.*** [coniug. come *connaître*] trasparire.
transparence [tʀɑ̃spaʀɑ̃s] ***n.f.*** trasparenza.
● ***par transparence***, in trasparenza.
transparent [tʀɑ̃spaʀɑ̃] ***agg.*** trasparente (*anche fig.*) ♦ ***n.m.*** **1** falsariga (*f.*) **2** lucido (per lavagna luminosa).
transparu [tʀɑ̃spaʀy] *p.p.* di **transparaître**.
transpercer [tʀɑ̃spɛʀse] ***v.tr.*** [coniug. come *placer*] **1** trapassare; trafiggere (*anche fig.*) **2** passare (**attraverso**), penetrare (**in**).
transpiration [tʀɑ̃spiʀasjɔ̃] ***n.f.*** traspirazione, sudore (*m.*).
■ SIN. sudation, sueur.
transpirer [tʀɑ̃spiʀe] ***v.intr.*** **1** traspirare; sudare **2** (*fig.*) trapelare.
■ SIN. **1** suer **2** filtrer.
transplant [tʀɑ̃splɑ̃] ***n.m.*** (*med.*) organo, tessuto trapiantato.
transplantation [tʀɑ̃splɑ̃tasjɔ̃] ***n.f.*** trapianto (*m.*).
● (*med.*) ***transplantation cardiaque***, trapianto cardiaco.
■ SIN. greffe.
transplanter [tʀɑ̃splɑ̃te] ***v.tr.*** trapiantare (*anche fig.*) ♦ **se transplanter** ***v.pron.*** trapiantarsi, trasferirsi.
transport [tʀɑ̃spɔʀ] ***n.m.*** **1** trasporto **2** (*fig. letter.*) trasporto, impeto: *transports de joie*, impeti di gioia **3**

T

(*mar.*) cargo **4** (*pl.*) mezzi di trasporto **5** (*dir.*) cessione (*f.*).
● (*med. pop.*) ***transport au cerveau***, congestione cerebrale | ***transport combiné***, trasporto combinato | (*dir.*) ***transport de créance***, cessione di credito | ***transport intermodal***, trasporto intermodale | ***transports en commun***, mezzi pubblici | ***transport par mer***, ***par terre***, trasporto marittimo, terrestre | ***transport routier***, trasporto su strada | (*dir.*) ***transport sur les lieux***, accesso in luogo | (*geol.*) ***terrains de transport***, terreni alluvionali.
■ SIN. 2 émotion.

transportable [trɑ̃spɔʀtabl] ***agg.*** trasportabile.

transporter [trɑ̃spɔʀte] ***v.tr.*** **1** trasportare; trasferire **2** (*fig.*) trascinare: *être transporté de joie*, essere sopraffatto dalla gioia **3** (*dir.*) deportare ♦ **se transporter** ***v.pron.*** e ***pron.intr.*** trasportarsi; trasferirsi.
● (*comm.*) ***transporter une créance***, cedere un credito.

transporteur [trɑ̃spɔʀtœʀ] ***agg.*** e ***n.m.*** [f. *-euse*] trasportatore.
● ***transporteur à bande***, convogliatore, trasportatore a nastro | ***compagnie transporteuse***, compagnia di trasporti.

transposable [trɑ̃spozabl] ***agg.*** **1** che si può trasporre **2** trasferibile **3** (*mus.*) trasportabile.

transposer [trɑ̃spoze] ***v.tr.*** **1** trasporre **2** (*mus.*) trasportare.

transposition [trɑ̃spozisjɔ̃] ***n.f.*** **1** trasposizione **2** (*mus.*) trasporto (*m.*), trasposizione.

transsaharien [trɑ̃(s)saaʀjɛ̃] ***agg.*** [f. *-enne*] transahariano.

transsexuel [trɑ̃(s)sɛksɥɛl] ***agg.*** e ***n.m.*** [f. *-elle*] transessuale.

transsibérien [trɑ̃s(s)ibeʀjɛ̃] ***agg.*** [f. *-enne*] transiberiano.

transsubstantiation [trɑ̃ssypstɑ̃sjasjɔ̃] ***n.f.*** (*teol.*) transustanziazione.

transsudat [trɑ̃ssyda] ***n.m.*** (*med.*) trasudato.

transsuder [trɑ̃ssyde] ***v.intr.*** trasudare.

transvasement [trɑ̃svɑzmɑ̃] ***n.m.*** travaso, travasamento.

transvaser [trɑ̃svɑze] ***v.tr.*** travasare.

transversal [trɑ̃svɛʀsal] ***agg.*** [pl. *-aux*] trasversale.

transversalement [trɑ̃svɛʀsalmɑ̃] ***avv.*** trasversalmente.

transverse [trɑ̃svɛʀs] ***agg.*** (*anat.*) trasverso.

transvider [trɑ̃svide] ***v.tr.*** travasare.

T

trapèze [tʀapɛz] ***n.m.*** trapezio (*anche anat.*).

trapéziste [tʀapezist] ***n.m.*** e ***f.*** trapezista.

trapézoïdal [tʀapezɔidal] ***agg.*** [pl. *-aux*] trapezoidale.

trappe[1] [tʀap] ***n.f.*** **1** trappola **2** botola; trabocchetto (*m.*) **3** (*aut.*) (*del serbatoio della benzina*) sportello (*m.*).
● ***passer à la trappe***, (*fig.*) finire nel dimenticatoio.

trappe[2] ***n.f.*** **1** ordine (*m.*) dei trappisti **2** trappa, convento (*m.*) di trappisti.

trappeur [tʀapœʀ] ***n.m.*** cacciatore di pellicce (nel Nord America).

trappiste [tʀapist] ***n.m.*** (*eccl.*) trappista.

trapu [tʀapy] ***agg.*** **1** tarchiato, tozzo **2** (*gergo scolastico*) bravo: *trapu en maths*, forte in matematica **3** (*fam.*) difficile.

traque [tʀak] ***n.f.*** **1** (*caccia*) battuta **2** (*fig. fam.*) caccia (all'uomo).

traquenard [tʀaknaʀ] ***n.m.*** trappola (*f.*), trabocchetto (*anche fig.*).

traquer [tʀake] ***v.tr.*** **1** (*caccia*) battere **2** braccare (*anche fig.*).

traumatique [tʀomatik] ***agg.*** traumatico.

traumatiser [tʀomatize] ***v.tr.*** traumatizzare (*anche fig.*).

traumatisme [tʀomatism] ***n.m.*** (*med.*) trauma.

traumatologie [tʀomatɔlɔʒi] ***n.f.*** traumatologia.

traumatologiste [tʀomatɔlɔʒist] ***n.m.*** e ***f.*** (*med.*) traumatologo/a.

travail [tʀavaj] ***n.m.*** [pl. *-aux*] **1** lavoro: *aller au travail*, recarsi al lavoro **2** lavoro, impiego **3** (*spec. pl.*) lavoro, opera (*f.*): *publier un travail sur Molière*, pubblicare un lavoro, uno studio su Molière **4** lavorazione (*f.*): *le fin travail d'un bijou*, la raffinata esecuzione di un gioiello **5** (*di materiali*) azione (*f.*); deformazione (*f.*): *le travail du temps*, l'azione del tempo **6** (*psic.*) elaborazione (*f.*) **7** (*med.*) (*di parto*) travaglio **8** (*pl.*) (*letter.*) gesta (*f.*); fatiche (*f.*).
● ***travail à domicile***, lavoro a domicilio | ***travail à la main***, lavorazione a mano | ***travail à mi-temps***, lavoro a mezza giornata | ***travail à plein-temps***, lavoro a tempo pieno, full-time | ***travail à temps partiel***, lavoro part-time, a tempo parziale | ***travail au noir***, lavoro nero | ***travail différencié***, lavoro a tempo determinato, con contratto a termine | ***cessation du travail***, interruzione del lavoro | ***les gros travaux***, i lavori pesanti | ***être en arrêt de travail***, essere in malattia | ***travaux d'aiguille***, ***de dames***, lavori femminili | ***travaux forcés***, lavori forzati | (*scuola*) ***travaux pratiques***, attività di laboratorio | ***un bourreau de travail***, (*fig.*) un lavoratore indefesso | ***un travail de Romain***, (*fig.*) una fatica d'Ercole.

travaillé [tʀavaje] ***agg.*** **1** lavorato **2** (*fig.*) elaborato **3** (*fig.*) tormentato.

travailler [tʀavaje] ***v.intr.*** **1** lavorare: *travailler sur un projet*, lavorare a un progetto **2** (*comm.*) operare: *travailler sur une grande échelle*, operare su grande scala **3** (*del vino*) fermentare **4** (*del legno*) imbarcarsi ♦ ***v.tr.*** **1** lavorare; (*fig.*) elaborare **2** studiare, esercitarsi (**a**): *travailler son piano*, esercitarsi al pianoforte **3** addestrare, esercitare **4** (*fig.*) tormentare; agitare **5** (*fig.*) influenzare, manipolare: *travailler l'opinion publique*, influenzare l'opinione pubblica.
● ***travailler à la perte de qqn***, macchinare la rovina di qlcu | ***travailler à son succès***, lavorare per consolidare il proprio successo | ***travailler aux champs***, lavorare nei campi | ***travailler pour le roi de Prusse***, lavorare per niente, per la gloria | ***faire travailler son argent***, fare fruttare il proprio denaro.

travailleur [tʀavajœʀ] ***agg.*** e ***n.m.*** [f. *-euse*] lavoratore.
● ***travailleur social***, operatore sociale.

travaillisme [tʀavajism] ***n.m.*** (*pol.*) laburismo.

travailliste [tʀavajist] ***agg.*** e ***n.m.*** e ***f.*** (*pol.*) laburista.

travailloter [tʀavajɔte] ***v.intr.*** (*fam.*) lavoricchiare.

travée [tʀave] ***n.f.*** **1** (*arch.*) campata; arcata **2** (*in aule ecc.*) fila di banchi.

FAUX AMI
Da non confondere con *trave*, che si traduce *poutre*.

travelling [tʀavliŋ] ***n.m.*** (*cine.*) carrellata (*f.*).
● ***travelling optique***, zumata | ***tourner en travelling***, carrellare.

travelo [tʀavlo] ***n.m.*** (*fam.*) travestito.

travers [tʀavɛʀ] ***n.m.*** **1** bizzarria (*f.*); piccolo difetto **2** (*mar.*) traverso.

● ***à travers***, attraverso: *la lumière filtrait à travers les persiennes*, la luce filtrava attraverso le persiane | ***au travers de***, attraverso: *au travers de cette comparaison*, (*fig.*) con, grazie a questo paragone | ***de travers***, di traverso, di sbieco; (*fig.*) male, malamente: *porter son chapeau de travers*, portare il cappello sulle ventitré; *regarder qqn de travers*, guardare qlcu di traverso; *il m'a répondu de travers*, mi ha risposto male; *comprendre tout de travers*, capire una cosa per l'altra, capire fischi per fiaschi; *interpréter de travers*, fraintendere; *j'ai avalé de travers*, mi è andato di traverso | ***en travers, en travers de***, di traverso a, trasversalmente a: *un arbre en travers de la route*, un albero di traverso sulla strada; *si rien ne se met en travers*, se tutto va bene; *se mettre en travers de qqch*, (*fig.*) opporsi a, ostacolare qlco | ***passer au travers (de qqch)***, (*fig.*) scampare, sfuggire (a qlco).

traversable [tʀavɛʀsabl] ***agg.*** attraversabile.

traverse [tʀavɛʀs] ***n.f.*** **1** traversa; sbarra trasversale **2** (*ferr.*) traversina; traversa **3** (*Canada*) approdo (*m.*) (fluviale o lacustre) servito da un traghetto **4** (*region.*) vento (*m.*) d'ovest.

● ***(chemin de) traverse***, scorciatoia | ***(rue de) traverse***, strada traversa.

traversée [tʀavɛʀse] ***n.f.*** attraversamento (*m.*), traversata: *la traversée de la ville*, l'attraversamento della città.

● ***traversée du désert***, (*fig.*) periodo di transizione, di crisi.

traverselle [tʀavɛʀsɛl] ***n.f.*** braccio (*m.*) di fiume tra due isole.

traverser [tʀavɛʀse] ***v.tr.*** (at)traversare (*anche fig.*).

■ SIN. franchir.

traversier [tʀavɛʀsje] ***agg.*** [f. *-ère*] trasversale ♦ ***n.m.*** (*Canada*) traghetto.

● ***barque traversière***, traghetto | (*mus.*) ***flûte traversière***, flauto traverso.

traversin [tʀavɛʀsɛ̃] ***n.m.*** (*cuscino*) traversino, capezzale.

■ SIN. polochon.

travertin [tʀavɛʀtɛ̃] ***n.m.*** (*min.*) travertino.

travesti [tʀavɛsti] ***agg.*** in maschera, mascherato ♦ ***n.m.*** **1** (*teatr.*) attore che interpreta travestito un ruolo del sesso opposto **2** travestito.

travestir [tʀavɛstiʀ] ***v.tr.*** **1** travestire, mascherare **2** (*fig.*) travisare ♦ **se travestir** ***v.pron.*** travestirsi, mascherarsi.

travestissement [tʀavɛstismɑ̃] ***n.m.*** **1** travestimento **2** (*fig.*) travisamento.

traviole, de [dətʀavjɔl] ***avv.*** (*molto fam.*) di traverso.

trayant [tʀɛjɑ̃] *p.pres.* di **traire**.

trayeuse [tʀɛjøz] ***n.f.*** (*tecn.*) mungitrice.

trayon [tʀɛjɔ̃] ***n.m.*** (*di animali*) capezzolo.

trébuchant [tʀebyʃɑ̃] ***agg.*** malsicuro, incerto.

trébucher [tʀebyʃe] ***v.intr.*** incespicare, inciampare; vacillare (*anche fig.*).

● ***trébucher sur qqch***, inciampare in qlco.

trébuchet [tʀebyʃɛ] ***n.m.*** **1** trappola (*f.*) (per uccelli) **2** (*fig.*) tranello, trabocchetto **3** (*tecn.*) bilancina (*f.*).

tréfilage [tʀefilaʒ] ***n.m.*** (*metall.*) trafilatura (*f.*).

tréfiler [tʀefile] ***v.tr.*** (*metall.*) trafilare.

trèfle [tʀɛfl] ***n.m.*** **1** (*bot.*) trifoglio **2** (*alle carte*) fiori (*pl.*) **3** (*arch.*) trilobo, trifoglio.

● ***trèfle à quatre feuilles***, quadrifoglio.

tréfonds [tʀefɔ̃] ***n.m.*** **1** (*dir. antiq.*) sottosuolo **2** (*fig. letter.*) intimo.

● ***le fond et le tréfonds d'une histoire***, i retroscena di una faccenda.

trégorois [tʀegɔʀwa] ***agg.*** di Tréguier.

treillage [tʀɛjaʒ] ***n.m.*** graticolato.

treille [tʀɛj] ***n.f.*** **1** (*di viti*) pergolato (*m.*) **2** vite a pergolato, a spalliera.

● ***le jus de la treille***, il vino.

treillis[1] [tʀeji] ***n.m.*** **1** traliccio; graticcio **2** (*edil.*) travatura (*f.*) reticolare.

treillis[2] ***n.m.*** (*abbigl.*) **1** traliccio **2** (*estens.*) tenuta (*f.*) da combattimento, tuta (*f.*) mimetica.

● ***mettre son pantalon de treillis***, mettersi in tenuta da lavoro.

treize [tʀɛz] ***agg.num.card.invar.*** e ***n.m.invar.*** tredici | *treize cents*, milletrecento ♦ ***agg.num.ord.invar.*** tredicesimo.

treize-heures [tʀɛzœʀ] ***n.m.*** telegiornale delle ore 13.00: *Sarkozy va parler au treize-heures*, Sarkozy parlerà al telegiornale delle 13.00.

treizième [tʀɛzjɛm] ***agg.num.ord.*** e ***n.m.*** e ***f.*** tredicesimo/a.

● ***le treizième siècle***, il Duecento.

treizièmement [tʀɛzjɛmmɑ̃] ***avv.*** in tredicesimo luogo.

trekkeur [tʀekœʀ] ***n.m.*** [f. *-euse*] trekkista.

trekking [tʀɛkiŋ] ***n.m.*** trekking.

tréma [tʀema] ***n.m.*** (*ling.*) dieresi (*f.*).

tremblant [tʀɑ̃blɑ̃] ***agg.*** tremante; tremolante.

tremble [tʀɑ̃bl] ***n.m.*** (*bot.*) (pioppo) tremolo.

tremblé [tʀɑ̃ble] ***agg.*** tremolante, incerto.

tremblement [tʀɑ̃bləmɑ̃] ***n.m.*** **1** tremore; tremito **2** tremolio.

● ***tremblement de terre***, (*anche fig.*) terremoto | ***et tout le tremblement***, (*fam.*) e compagnia bella, e tutto il resto.

trembler [tʀɑ̃ble] ***v.intr.*** **1** tremare; (*estens.*) vibrare **2** (*fig.*) trepidare, tremare, temere: *je tremble qu'il ne soit malade*, ho paura che sia malato.

● ***trembler comme une feuille***, tremare come una foglia.

trembleur [tʀɑ̃blœʀ] ***agg.*** [f. *-euse*] timido, pauroso ♦ ***n.m.*** (*elettr.*) interruttore automatico.

tremblotant [tʀɑ̃blɔtɑ̃] ***agg.*** tremolante.

tremblote [tʀɑ̃blɔt] ***n.f.***

● ***avoir la tremblote***, (*fam.*) avere la tremarella.

tremblotement [tʀɑ̃blɔtmɑ̃] ***n.m.*** (*fam.*) tremolio.

trembloter [tʀɑ̃blɔte] ***v.intr.*** (*fam.*) tremare, tremolare.

trémie [tʀemi] ***n.f.*** tramoggia.

trémière [tʀemjɛʀ] ***agg.f.***

● (*bot.*) ***rose trémière***, malvone, malvarosa.

trémolo [tʀemɔlo] ***n.m.*** **1** (*mus.*) tremolo **2** (*della voce*) tremolio.

trémoussement [tʀemusmɑ̃] ***n.m.*** il dimenarsi.

trémousser, se [sətʀemuse] ***v.pron.*** dimenarsi, dondolarsi.

■ SIN. frétiller.

trempage [tʀɑ̃paʒ] ***n.m.*** **1** macerazione (*f.*) **2** ammollo.

trempe [tʀɑ̃p] ***n.f.*** **1** (*metall.*) tempra **2** (*fig.*) tempra **3** (*fam.*) fracco (*m.*) di botte.

T

trempé [tʀɑ̃pe] *agg.* **1** bagnato, inzuppato **2** (*metall.*) temprato, temperato **3** (*fig.*) temprato.

● ***trempé comme une soupe***, bagnato come un pulcino | ***trempé jusqu'aux os***, bagnato fino alle ossa.

tremper [tʀɑ̃pe] *v.tr.* **1** (*metall.*) temprare, temperare **2** (*fig.*) temprare **3** inzuppare, inumidire; bagnare, immergere (nell'acqua): *tremper une plume* (*dans l'encrier*), intingere una penna (nel calamaio) ♦ *v.intr.* stare in ammollo, a bagno; macerarsi: *faire tremper du linge*, mettere a bagno, in ammollo la biancheria ♦ **se tremper** *v.pron.intr.* inzupparsi.

● ***tremper dans qqch***, (*fig.*) essere invischiato in qlco: *tremper dans une affaire louche*, essere invischiato in una faccenda losca | ***tremper la soupe***, versare brodo sul pane | ***tremper son vin***, annacquare il vino | ***la soupe est trempée***, (*fam.*) la minestra è in tavola.

■ *V.TR.* SIN. **3** mouiller.

trempette [tʀɑ̃pɛt] *n.f.*

● ***faire trempette***, (*fam.*) farsi un rapido bagnetto.

tremplin [tʀɑ̃plɛ̃] *n.m.* (*sport*) **1** trampolino (*anche fig.*) **2** pedana (*f.*).

trench [tʀɛnʃ] **trench-coat** [tʀɛnʃkot] [pl. *trench-coats*] *n.m.* impermeabile, trench.

trentaine [tʀɑ̃tɛn] *n.f.* trentina.

trente [tʀɑ̃t] *agg.num.card.invar.* e *n.m.invar.* trenta ♦ *agg.num.ord.invar.* trentesimo.

● ***se mettre sur son trente et un***, (*fam.*) mettersi in ghingheri.

trentenaire [tʀɑ̃tnɛʀ] *agg.* trentennale ♦ *agg.* e *n.m.* e *f.* trentenne.

trente-six [tʀɑ̃tsis] *agg.num.card.invar.* trentasei.

● ***il fait trente-six choses à la fois***, (*fam.*) fa mille cose insieme | ***tous les trente-six du mois***, (*fam.*) ogni morte di papa.

trentième [tʀɑ̃tjɛm] *agg.num.ord.* e *n.m.* e *f.* trentesimo/a.

trépan [tʀepɑ̃] *n.m.* trapano.

trépanation [tʀepanasjɔ̃] *n.f.* (*med.*) trapanazione.

trépaner [tʀepane] *v.tr.* (*med.*) trapanare.

trépas [tʀepɑ] *n.m.* (*letter.*) trapasso, morte (*f.*).

● ***passer de vie à trépas***, (*fam.*) passare a miglior vita.

trépassé [tʀepase] *agg.* e *n.m.* (*letter.*) morto, defunto.

● ***la fête des Trépassés***, il giorno dei morti (il 2 novembre).

trépasser [tʀepase] *v.intr.* [aus. *avoir* e *être*] (*letter.*) trapassare, morire.

trépidant [tʀepidɑ̃] *agg.* **1** tremante, fremente **2** frenetico.

T

trépidation [tʀepidasjɔ̃] *n.f.* **1** vibrazione **2** tremito (*m.*), tremore (*m.*) **3** (*fig.*) ansia, frenesia.

trépider [tʀepide] *v.intr.* vibrare.

trépied [tʀepje] *n.m.* **1** treppiede, cavalletto **2** (*ant.*) tripode.

trépignement [tʀepiɲmɑ̃] *n.m.* il pestare i piedi (per terra).

trépigner [tʀepiɲe] *v.intr.* **1** pestare, battere i piedi (per terra): *il commençait à trépigner*, (*estens.*) incominciava a spazientirsi **2** (*di cavalli*) scalpitare.

très [tʀɛ; tʀɛz *davanti a vocale o* h *muta*] *avv.* **1** (*usato davanti ad agg. e avv. per formare il superl. assoluto*) molto, assai: *très riche*, ricchissimo; *très souvent*, spessissimo; *très bon marché*, molto a buon mercato, molto conveniente; *"Avez-vous chaud?" "Très"*, (*fam.*) "Avete caldo?" "Molto" **2** (*usato talvolta davanti a nome*) molto: *il fait très froid*, fa molto freddo; *j'ai très mal à la tête*, mi duole molto la testa; *il est resté très enfant*, è rimasto molto bambino.

● ***à très bientôt***, (*fam.*) a tra poco.

> **NOTA** ***Très*** o ***beaucoup***?
>
> Si usa **très** davanti ad aggettivi e avverbi, e in alcune locuzioni verbali:
>
> *Nous sommes **très** heureux.*
> Siamo molto felici, felicissimi.
>
> *Elle chante **très** bien.*
> Canta molto bene.
>
> *J'ai **très** faim.*
> Ho molta fame.
>
> Si usa **beaucoup** per modificare l'intensità di un verbo o per indicare una quantità o davanti a *trop*:
>
> *Je lis **beaucoup**.*
> Leggo molto.
>
> *J'ai **beaucoup** d'amis.*
> Ho molti amici.
>
> *Je mange **beaucoup** de légumes.*
> Mangio molta verdura.
>
> *Tu as **beaucoup trop** maigri.*
> Sei dimagrito veramente troppo.

Très-Haut, le [lətʀeo] *n.pr.m.* (*relig.*) l'Altissimo (Dio).

trésor [tʀezɔʀ] *n.m.* tesoro (*anche fig.*).

● (*econ.*): ***bons du Trésor***, buoni del Tesoro; ***le Trésor*** (***public***), l'erario | ***l'île au trésor***, l'isola del tesoro | ***mon trésor***, tesoro, tesorino mio.

trésorerie [tʀezɔʀʀi] *n.f.* **1** tesoreria **2** (*comm.*) liquidità.

● ***difficultés de trésorerie***, (*scherz.*) difficoltà finanziarie.

trésorier [tʀezɔʀje] *n.m.* tesoriere.

● ***trésorier-payeur général***, intendente di finanza.

tressage [tʀɛsaʒ] *n.m.* intrecciatura (*f.*).

tressaillement [tʀesajmɑ̃] *n.m.* sussulto, fremito.

tressaillir [tʀesaijʀ] *v.intr.* [coniug. come *assaillir*] trasalire, sussultare.

tressautement [tʀesotmɑ̃] *n.m.* (*letter.*) sobbalzo, sussulto.

tressauter [tʀesote] *v.intr.* (*letter.*) sussultare, sobbalzare.

tresse [tʀɛs] *n.f.* **1** treccia **2** (*passamaneria*) gallone (*m.*); spighetta **3** (*arch.*) intreccio (*m.*).

tresser [tʀese] *v.tr.* intrecciare.

tréteau [tʀeto] *n.m.* [pl. *-eaux*] **1** cavalletto, trespolo **2** (*pl.*) (*ant.*) palco di saltimbanchi, di ciarlatani ecc.

● ***monter sur les tréteaux***, (*fig.*) calcare le scene.

treuil [tʀœj] *n.m.* (*mecc.*) verricello; argano.

trêve [tʀɛv] *n.f.* tregua (*anche fig.*).

● ***trêve de cérémonies!***, bando ai complimenti! | ***trêve de plaisanteries!***, basta con gli scherzi! | ***sans trêve***, senza tregua.

tri [tʀi] *n.m.* **1** cernita (*f.*), selezione (*f.*) **2** vaglio; smistamento **3** (*inform.*) ordinamento.

tri- *pref.* tri-.

triade [tʀijad] *n.f.* triade.

triage [tʀijaʒ] *n.m.* **1** cernita (*f.*); vaglio **2** smistamento.

● (*ferr.*): ***triage des bagages***, area smistamento bagagli; ***gare de triage***, stazione di smistamento.

triangle [tʀijɑ̃gl] ***n.m.*** **1** (*mat.*) triangolo **2** (*mus.*) triangolo.
● (*aut.*) ***triangle de présignalisation***, triangolo | (*geom.*) ***triangle scalène***, ***isoscèle***, ***équilatéral***, triangolo scaleno, isoscele, equilatero.

triangulaire [tʀijɑ̃gylɛʀ] ***agg.*** triangolare.

triangulation [tʀijɑ̃gylasjɔ̃] ***n.f.*** triangolazione.

trias [tʀijɑs] ***n.m.*** (*geol.*) trias, periodo triassico.

triasique [tʀijɑzik] ***agg.*** (*geol.*) triassico.

triathlon [tʀi/atlɔ̃] ***n.m.*** (*sport*) triatlon.

tribal [tʀibal] ***agg.*** [pl. *-aux*] tribale.

tribande [tʀibɑ̃d] ***agg.invar.*** (*tel.*) tri-band.

tribord [tʀibɔʀ] ***n.m.*** (*mar.*) tribordo, dritta (*f.*).
● ***bordée de tribord***, fiancata destra; guardia di dritta.

tribu [tʀiby] ***n.f.*** tribù.
● ***chef de tribu***, capotribù.

tribulation [tʀibylasjɔ̃] ***n.f.*** tribolazione, pena.

tribule [tʀibyl] ***n.m.*** (*bot.*) tribolo.

tribun [tʀibœ̃] ***n.m.*** (*st.*) **1** tribuno **2** (*fig.*) tribuno, politicante demagogo.

tribunal [tʀibynal] ***n.m.*** [pl. *-aux*] tribunale.
● ***tribunal adminsitratif***, tribunale competente, in prima istanza, in materia amministrativa | ***tribunal civil***, ***correctionnel***, tribunale civile, penale | ***tribunal pour enfants***, tribunale dei minori | ***citer devant les tribunaux***, citare in giudizio.

tribunat [tʀibyna] ***n.m.*** (*st. romana, st. fr.*) tribunato.

tribune [tʀibyn] ***n.f.*** **1** (*arch.*) tribuna, galleria; (*nelle chiese*) matroneo (*m.*) **2** podio (*m.*); tribuna: *parler à la tribune*, parlare dal podio; *monter à la tribune*, salire sul podio; *la tribune de la presse*, la tribuna della stampa **3** (*di stadio, ippodromo ecc.*) tribuna **4** (*estens.*) dibattito (*m.*): *organiser une tribune*, organizzare un dibattito.
● (*arch.*): ***tribune aux harangues***, arengario; ***tribune des chanteurs***, ***des chantres***, cantoria | ***tribune libre***, (*di giornale o trasmissione radiotelevisiva*) tribuna.

tribut [tʀiby] ***n.m.*** tributo.

tributaire [tʀibytɛʀ] ***agg.*** tributario: *notre pays est tributaire de l'étranger pour les matières premières*, il nostro paese dipende dall'estero per le materie prime.

tricentenaire [tʀisɑ̃tnɛʀ] ***n.m.*** terzo centenario ♦ ***agg.*** tricentenario.

tricéphale [tʀisefal] ***agg.*** (*med. letter.*) tricefalo.

triceps [tʀisɛps] ***agg.*** e ***n.m.*** (*anat.*) tricipite.

tricératops [tʀiseʀatɔps] ***n.m.*** (*paleont.*) triceratopo.

triche [tʀiʃ] ***n.f.*** (*fam.*) imbroglio (*m.*); truffa.

tricher [tʀiʃe] ***v.intr.*** **1** barare **2** barare, imbrogliare: *tricher sur son âge*, barare sull'età, nascondere l'età ♦ ***v.tr.*** truffare, imbrogliare.

tricherie [tʀiʃʀi] ***n.f.*** **1** il barare (al gioco) **2** imbroglio (*m.*), truffa.

tricheur [tʀiʃœʀ] ***n.m.*** [f. *-euse*] **1** baro **2** (*estens.*) imbroglione, truffatore.
■ SIN. **2** fraudeur.

trichinose [tʀikinoz] ***n.f.*** (*med., vet.*) trichinosi.

trichloréthylène [tʀiklɔʀetilɛn] ***n.m.*** (*chim.*) tricloroetilene, trielina (*f.*).

trichromie [tʀikʀɔmi] ***n.f.*** (*tip.*) tricromia.

triclinium [tʀiklinjɔm] ***n.m.*** (*archeol.*) triclinio.

tricoises [tʀikwaz] ***n.f.pl.*** tronchese (*sing.*).

tricolore [tʀikɔlɔʀ] ***agg.*** tricolore ♦ ***n.m.*** e ***f.*** (*sport*) atleta della squadra nazionale (francese).

tricorne [tʀikɔʀn] ***n.m.*** tricorno.

tricot [tʀiko] ***n.m.*** **1** maglia (*f.*): *vêtements en tricot*, abiti di maglia **2** (lavoro a) maglia **3** (*abbigl.*) golf, maglia (*f.*), maglione.
● ***faire du tricot***, lavorare a maglia | ***un tricot de corps***, ***de peau***, una maglietta intima.

tricotage [tʀikɔtaʒ] ***n.m.*** il lavorare a maglia.

tricoter [tʀikɔte] ***v.tr.*** lavorare a maglia ♦ ***v.intr.*** (*fam.*) sgambettare; saltellare.
● ***tricoter*** (***des jambes***), (*fam.*) darsela a gambe | ***aiguille à tricoter***, ferro da calza | ***machine à tricoter***, macchina per maglieria.

tricoteuse [tʀikɔtøz] ***n.f.*** **1** magliaia **2** macchina per maglieria.

NOTA Durante la Rivoluzione francese, ***les tricoteuses*** erano le donne del popolo che assistevano alle assemblee pubbliche lavorando a maglia; manifestavano rumorosamente le proprie opinioni e giunsero a divenire promotrici di marce di protesta che influenzarono la politica rivoluzionaria.

trictrac [tʀiktʀak] ***n.m.*** (*gioco*) tric trac.

tricuspide [tʀikyspid] ***agg.*** tricuspide.

tricycle [tʀisikl] ***n.m.*** triciclo.

trident [tʀidɑ̃] ***n.m.*** tridente.

tridimensionnel [tʀidimɑ̃sjɔnɛl] ***agg.*** [f. *-elle*] tridimensionale.

triduum [tʀidɥɔm] ***n.m.*** (*eccl.*) triduo.

trièdre [tʀi/ɛdʀ] ***agg.*** e ***n.m.*** (*mat.*) triedro.

triennal [tʀijenal] ***agg.*** [pl. *-aux*] triennale.

triennat [tʀjɛnna] ***n.m.*** triennio.

trier [tʀije] ***v.tr.*** **1** scegliere, selezionare **2** smistare: *trier le courrier*, smistare la posta **3** (*estens.*) mondare: *trier les lentilles*, mondare le lenticchie.
● ***trier sur le volet***, (*fig.*) scegliere con cura.
■ SIN. **1** sélectionner.

trière [tʀijɛʀ] ***n.f.*** (*st. mar.*) trireme.

trieur [tʀijœʀ] ***n.m.*** [f. *-euse*] (*operaio*) sceglitore, cernitore.

trieuse [tʀijøz] ***n.f.*** **1** (*meccanografia*) selezionatrice **2** (*ind. tess.*) (macchina) cernitrice.

trifolié [tʀifɔlje] ***agg.*** (*bot.*) trifogliato.

triforium [tʀifɔʀjɔm] ***n.m.*** (*arch.*) triforio.

trifouiller [tʀifuje] ***v.intr.*** (*fam.*) frugare, rovistare.

trigémellaire [tʀiʒemelɛʀ] ***agg.*** trigemino.

trigle [tʀigl] ***n.m.*** (*zool.*) triglia (*f.*).

triglycéride [tʀigliseʀid] ***n.m.*** (*biochim.*) trigliceride.

triglyphe [tʀiglif] ***n.m.*** (*arch.*) triglifo.

trigone [tʀigɔn] ***agg.*** trigono, triangolare ♦ ***n.m.*** (*anat., astr.*) trigono.

trigonelle [tʀigɔnɛl] ***n.f.*** (*bot.*) trigonella.

trigonométrie [tʀigɔnɔmetʀi] ***n.f.*** trigonometria.

trigonométrique [tʀigɔnɔmetʀik] ***agg.*** trigonometrico.

trijumeau [tʀiʒymo] ***agg.*** e ***n.m.*** [pl. *-eaux*] (*anat.*) trigemino.

trilingue [tʀilɛ̃g] ***agg.*** trilingue.

trille [tʀij] ***n.m.*** trillo.

trillion [tʀiljɔ̃] ***n.m.*** trilione.

trilobé [tʀilɔbe] ***agg.*** trilobato.

trilobée [tʀilɔbe] ***n.f.*** (*arch.*) trifora.

trilogie [tʀilɔʒi] ***n.f.*** trilogia.

T

trimaran [tʀimaʀɑ̃] ***n.m.*** (*mar.*) trimarano.

trimbal(l)er [tʀɛ̃bale] ***v.tr.*** (*fam.*) tirarsi dietro, portare in giro: *trimbal(l)er ses enfants*, tirarsi dietro i figli; *se faire trimbal(l)er en voiture*, farsi scarrozzare in macchina ♦ **se trimbal(l)er** ***v.pron.*** (*fam.*) spostarsi, andare avanti e indietro.

trimer [tʀime] ***v.intr.*** (*fam.*) sfacchinare, sgobbare.

trimestre [tʀimɛstʀ] ***n.m.*** trimestre.

trimestriel [tʀimɛstʀijɛl] ***agg.*** [f. *-elle*] trimestrale.

trimestriellement [tʀimɛstʀijɛlmɑ̃] ***avv.*** trimestralmente.

trimoteur [tʀimɔtœʀ] ***agg.*** e ***n.m.*** (*aer.*) trimotore.

tringle [tʀɛ̃gl] ***n.f.*** **1** asta, bacchetta **2** (*arch.*) listello (*m.*).
● ***tringle à rideaux***, bacchetta per tenda, riloga | ***tringle à journaux***, bastone portagiornali.

trinitaire [tʀinitɛʀ] ***agg.*** trinitario.

trinité [tʀinite] ***n.f.*** trinità.

trinôme [tʀinom] ***n.m.*** (*mat.*) trinomio.

trinquer [tʀɛ̃ke] ***v.intr.*** **1** brindare **2** (*fam.*) trincare **3** (*fam.*) andarci di mezzo.

trinquet [tʀɛ̃kɛ] ***n.m.*** (*mar.*) trinchetto.

trio [tʀijo] ***n.m.*** **1** (*mus.*) trio **2** (*di voci*) terzetto.

triode [tʀijɔd] ***n.f.*** (*fis.*) triodo (*m.*).

triolet [tʀijɔlɛ] ***n.m.*** **1** (*metrica*) triolet (componimento di 8 versi su 2 rime) **2** (*mus.*) terzina (*f.*).

triomphal [tʀijɔ̃fal] ***agg.*** [pl. *-aux*] trionfale.

triomphalement [tʀijɔ̃falmɑ̃] ***avv.*** trionfalmente.

triomphalisme [tʀijɔ̃falism] ***n.m.*** trionfalismo.

triomphaliste [tʀijɔ̃falist] ***agg.*** trionfalistico; trionfalista ♦ ***n.m.*** e ***f.*** trionfalista.

triomphant [tʀijɔ̃fɑ̃] ***agg.*** trionfante.

triomphateur [tʀijɔ̃fatœʀ] ***agg.*** e ***n.m.*** [f. *-trice*] trionfatore.

triomphe [tʀijɔ̃f] ***n.m.*** trionfo.
■ **SIN.** victoire.

triompher [tʀijɔ̃fe] ***v.intr.*** **1** trionfare **2** vincere (**qlco**), superare (**qlco**): *triompher de ses adversaires*, trionfare sugli avversari; *triompher des difficultés*, superare le difficoltà.

triparti [tʀipaʀti] ***agg.*** **1** tripartito, diviso in tre **2** (*pol.*) tripartitico, tripartito: *gouvernement tripartite*, governo tripartitico.

tripartisme [tʀipaʀtism] ***n.m.*** (*pol.*) (governo, sistema) tripartito, tripartitismo.

T

tripartite [tʀipaʀtit] ***agg.*** → **triparti**.

tripartition [tʀipaʀtisjɔ̃] ***n.f.*** tripartizione.

tripatouillage [tʀipatujaʒ] ***n.m.*** (*fam.*) **1** rimaneggiamento, manomissione (*f.*) **2** maneggiamento, manipolazione (*f.*).
● (*pol.*) ***tripatouillages électoraux***, brogli elettorali.

tripatouiller [tʀipatuje] ***v.tr.*** (*fam.*) **1** rimaneggiare, manomettere **2** maneggiare, manipolare.

tripe [tʀip] ***n.f.*** **1** (*pl.*) budella, intestini (*m.*) (di animali) **2** (*spec.pl.*) (*cuc.*) trippa.
● ***rendre ses tripes***, vomitare l'anima.

triperie [tʀipʀi] ***n.f.*** tripperia.

tripette [tʀipɛt] ***n.f.***
● ***ne pas valoir tripette***, (*fam.*) non valere un fico secco.

triphasé [tʀifɑze] ***agg.*** trifase.

triphtongue [tʀiftɔ̃g] ***n.f.*** (*fon.*) trittongo (*m.*).

tripier [tʀipje] ***n.m.*** [f. *-ère*] trippaio, trippaiolo.

triple [tʀipl] ***agg.*** **1** triplice **2** triplo ♦ ***n.m.*** triplo.
● (*mus.*) ***triple croche***, biscroma | ***au triple galop***, a gran galoppo, di gran carriera | (*sport*) (*saut*) ***triple***, salto triplo | ***un triple sot***, (*fam.*) un perfetto idiota.

triplement[1] [tʀipləmɑ̃] ***avv.*** tre volte.

triplement[2] ***n.m.*** triplicazione (*f.*).

tripler [tʀiple] ***v.tr.*** triplicare ♦ ***v.intr.*** triplicarsi.

triplés [tʀiple] ***n.m.pl.*** gemelli nati da un parto trigemino.

triplette [tʀiplɛt] ***n.f.*** **1** bicicletta a tre posti **2** (*sport*) terzetto (*m.*), trio (*m.*) **3** (*nel gioco della pétanque*) tripletta.

triplex [tʀiplɛks] ***n.m.invar.*** appartamento su tre piani.

triplure [tʀiplyʀ] ***n.f.*** teletta (da sartoria).

tripode [tʀipɔd] ***agg.*** a tre piedi.

triporteur [tʀipɔʀtœʀ] ***n.m.*** triciclo munito di una cassa per il trasporto di merci; motocarro.

tripot [tʀipo] ***n.m.*** bisca (*f.*).
● ***tenancier de tripot***, biscazziere.

tripotage [tʀipɔtaʒ] ***n.m.*** (*fam.*) **1** cincischiamento, maneggiamento **2** imbroglio, truffa (*f.*).
● (*pol.*) ***tripotages électoraux***, brogli elettorali.

tripotée [tʀipɔte] ***n.f.*** **1** scarica di botte **2** mucchio (*m.*), caterva.

tripoter [tʀipɔte] ***v.tr.*** (*fam.*) **1** manipolare, maneggiare **2** palpeggiare, palpare ♦ ***v.intr.*** (*fam.*) **1** pasticciare **2** frugare, rovistare **3** speculare; trafficare.

tripoteur [tʀipɔtœʀ] ***n.m.*** [f. *-euse*] (*fam.*) **1** maneggione **2** palpeggiatore, pomicione.

tripous, tripoux [tʀipu] ***n.m.pl.*** (*cuc.*) trippa (*f.sing.*) e zampetti di castrato (piatto dell'Alvernia).

triptyque [tʀiptik] ***n.m.*** trittico.

trique [tʀik] ***n.f.*** manganello (*m.*), randello (*m.*).

triréacteur [tʀiʀeaktœʀ] ***n.m.*** (*aer.*) trireattore.

trirème [tʀiʀɛm] ***n.f.*** (*st. mar.*) trireme.

trisaïeul [tʀizajœl] ***n.m.*** [pl. *-s*] trisavolo.

trisannuel [tʀizanɥɛl] ***agg.*** [f. *-elle*] triennale.

trisection [tʀisɛksjɔ̃] ***n.f.*** (*mat.*) trisezione.

trisser[1] [tʀise] ***v.tr.*** (far) ripetere tre volte.

trisser[2] ***v.intr.*** (*di rondine*) garrire.

triste [tʀist] ***agg.*** **1** triste **2** tristo, cattivo: *un triste sire*, un tristo figuro; *être dans un triste état*, essere in cattivo stato.
● ***avoir le vin triste***, avere la sbornia triste | ***faire triste mine*** (o ***figure***), fare una faccia da funerale.
■ **SIN. 1** mélancolique, maussade **CONTR. 1** joyeux.

tristement [tʀistəmɑ̃] ***avv.*** **1** tristemente, malinconicamente **2** tristamente, sgradevolmente.

tristesse [tʀistɛs] ***n.f.*** tristezza, malinconia.
■ **CONTR.** entrain, joie.

tristounet [tʀistunɛ] ***agg.*** [f. *-ette*] (*fam.*) un po' triste; grigio.

trisyllabe [tʀisil/ab] **trisyllabique** [tʀisil/abik] ***agg.*** trisillabo.

tritium [tʀitjɔm] ***n.m.*** (*chim.*) trizio.

triton [tʀitɔ̃] ***n.m.*** tritone.

triturateur [tʀityʀatœʀ] ***n.m.*** (*tecn.*) trituratore.

trituration [tʀityʀasjɔ̃] ***n.f.*** triturazione, trituramento (*m.*).

triturer [tRityRe] *v.tr.* triturare.
● *se triturer les méninges, la cervelle*, spremersi le meningi, il cervello.

triumvir [tRijɔmviR] *n.m.* triumviro.

triumvirat [tRijɔmviRa] *n.m.* triumvirato.

trivial [tRivjal] *agg.* [pl. *-aux*] triviale, volgare.

trivialement [tRivjalmɑ̃] *avv.* trivialmente, volgarmente.

trivialité [tRivjalite] *n.f.* trivialità, volgarità.

troc [tRɔk] *n.m.* baratto; permuta (*f.*).
● (*comm.*) *économie de troc*, economia naturale | *il fait du troc*, campa di piccoli commerci.

trochée [tRɔʃe] *n.m.* (*metrica*) trocheo.

troène [tRɔɛn] *n.m.* (*bot.*) ligustro.

troglodyte [tRɔglɔdit] *n.m.* **1** troglodita **2** (*zool.*) scricciolo.

troglodytique [tRɔglɔditik] *agg.* trogloditico.

trogne [tRɔɲ] *n.f.* (*fam.*) faccia rubiconda.

trognon [tRɔɲɔ̃] *n.m.* torsolo.
● *jusqu'au trognon*, (*fam.*) fino in fondo, completamente, del tutto.

troïka [tRɔika] *n.f.* troica.

trois [tRwɑ; tRwɑz *davanti a vocale o* h *muta*] *agg.num. card.* e *n.m.* tre | *diviser en trois*, dividere in tre parti | *il dort les trois quarts du temps*, dorme la maggior parte del tempo ♦ *agg.num.ord.* terzo | *page trois*, pagina tre.

trois-étoiles [tRwɑzetwal] *n.m.* e *agg.invar.* (*di albergo, ristorante*) a tre stelle: (*hôtel*) *trois-étoiles*, albergo a tre stelle | *monsieur trois-étoiles*, il Signor NN, il signor X.

trois-huit[1] [tRwɑɥit] *n.m.invar.* (*mus.*) tre ottavi.

trois-huit[2] *n.m.pl.* lavoro (*sing.*) continuato (a tre turni di otto ore); turno (*sing.*) di otto ore: *faire les trois -huit*, fare un turno di otto ore.

troisième [tRwɑzjɛm] *agg.num.ord.* e *n.m.* e *f.* terzo/a ♦ *n.f.* **1** (*nell'ordinamento scolastico francese*) classe corrispondente alla prima superiore | (*classe de*) *troisième*, prima superiore **2** (*aut.*) (*marcia*) terza: *passer en troisième*, mettere la terza.

troisièmement [tRwɑzjɛmmɑ̃] *avv.* in terzo luogo.

trois-mâts [tRwɑmɑ] *n.m.invar.* (*mar.*) trealberi.

trois-quarts [tRwɑkaR] *n.m.invar.* **1** piccolo violino (per bambini) **2** (*abbigl.*) trequarti **3** (*rugby*) trequarti **4** (*chirurgia*) trequarti.

troll [tRɔl] *n.m.* (*mit.*) folletto, gnomo.

trolley [tRɔlɛ] *n.m.* **1** (*elettr.*) trolley, presa (*f.*) ad asta **2** carrello.

trolleybus [tRɔlɛbys] *n.m.* filobus, filovia (*f.*).

trombe [tRɔ̃b] *n.f.* (*meteor.*) tromba.
● *en trombe*, (*fig.*) in tromba, di gran carriera.

trombine [tRɔ̃bin] *n.f.* **1** (*fam.*) muso (*m.*), faccia **2** (*inform.*) smiley (*m.*).

trombinoscope [tRɔ̃binɔskɔp] *n.m.* (*fam.*) fascicolo contenente i ritratti dei membri di un gruppo o un comitato.

tromblon [tRɔ̃blɔ̃] *n.m.* **1** (*mil.*) tromboncino, lanciabombe **2** (*st. mil.*) trombone.

trombone [tRɔ̃bɔn] *n.m.* **1** (*mus.*) trombone **2** (suonatore di) trombone, trombonista **3** (*per fogli, lettere ecc.*) fermaglio.

tromboniste [tRɔ̃bɔnist] *n.m.* e *f.* (suonatore/trice di) trombone, trombonista.

tromé [tRɔme] *n.m.* (*verlan di* métro) metropolitana (*f.*).

trompe [tRɔ̃p] *n.f.* **1** corno (*m.*) **2** (*aut.*) tromba **3** (*di elefante ecc.*) proboscide; (*di insetti*) tromba, succhiatoio (*m.*) **4** (*anat.*) tuba, tromba **5** (*arch.*) (pennacchio a) tromba, volta conica **6** (*tecn.*) pompa.

trompé [tRɔ̃pe] *agg.* **1** ingannato **2** tradito.

trompe-l'œil [tRɔ̃plœj] *n.m.invar.* **1** (*pitt.*) trompe -l'œil **2** (*fig.*) falsa apparenza (*f.*).

tromper [tRɔ̃pe] *v.tr.* **1** ingannare **2** tradire: *tromper son mari*, tradire il marito **3** eludere **4** deludere: *tromper l'attente de qqn*, deludere l'attesa di qlcu ♦ **se tromper** *v.pron.intr.* e *pron.* sbagliare, sbagliarsi, ingannarsi: *elle s'est trompée*, si è sbagliata; *se tromper de chemin*, sbagliare strada.
● *tromper la faim*, ingannare la fame | *si je ne me trompe*, se non sbaglio, se non erro.

NOTA ***Trahir*** o ***tromper***?
Trahir ha un significato più morale, corrisponde a 'venir meno ai propri doveri più sacri'.
SÌ *Vous avez **trahi** la patrie.*
NO *Vous avez **trompé** la patrie.*
Avete tradito la patria.
Tromper significa 'abusare della fiducia di qualcuno':
SÌ Elle ***trompe*** son mari.
NO Elle ***trahit*** son mari.
Tradisce il marito.

tromperie [tRɔ̃pRi] *n.f.* inganno (*m.*), frode.

trompeter [tRɔ̃pəte] *v.intr.* [coniug. come *jeter*] **1** suonare la tromba **2** (*di aquila*) gridare ♦ *v.tr.* (*fig.*) strombazzare, gridare ai quattro venti.

trompette [tRɔ̃pɛt] *n.f.* **1** tromba **2** (*zool.*) (pesce) trombetta ♦ *n.m.* trombettiere (*m.*), tromba.
● *nez en trompette*, naso all'insù | *sans tambour ni trompette*, (*fig.*) alla chetichella.

trompettiste [tRɔ̃petist] *n.m.* e *f.* trombettista, sonatore/trice di tromba.

trompeur [tRɔ̃pœR] *agg.* [f. *-euse*] ingannevole, ingannatore, fallace ♦ *n.m.* ingannatore.

trompeusement [tRɔ̃pøzmɑ̃] *avv.* falsamente, subdolamente.

tronc [tRɔ̃] *n.m.* **1** tronco **2** (*nelle chiese*) cassetta (*f.*) delle elemosine.

tronche [tRɔ̃ʃ] *n.f.* **1** ceppo (*m.*), ciocco (*m.*) **2** tronco (*m.*) d'albero (privato dei rami) **3** (*molto fam.*) grugno (*m.*), muso (*m.*): *une sale tronche*, un brutto muso.

tronçon [tRɔ̃sɔ̃] *n.m.* **1** troncone, pezzo **2** tronco: *tronçon de chemin de fer*, tronco ferroviario; *un tronçon de route*, un tronco, un tratto di strada.

tronconique [tRɔ̃kɔnik] *agg.* (*mat.*) troncoconico.

tronçonnage [tRɔ̃sɔnaʒ] **tronçonnement** [tRɔ̃sɔnmɑ̃] *n.m.* **1** il tagliare a pezzi, in tronconi **2** (*zootecn.*) taglia-coda.

tronçonner [tRɔ̃sɔne] *v.tr.* tagliare a pezzi.

tronçonneuse [tRɔ̃sɔnøz] *n.f.* (*macchina*) tagliatrice, trancia, tranciatrice.
● *tronçonneuse à bois*, trancia per legno.

trône [tRon] *n.m.* trono: *l'héritier du trône*, l'erede al trono; *monter sur le trône*, salire al trono.

trôner [tRone] *v.intr.* troneggiare.

tronqué [tRɔ̃ke] *agg.* troncato, tronco.

tronquer [tRɔ̃ke] *v.tr.* troncare, mutilare.

T

trop [tʀo; tʀɔp *davanti a vocale o* h *muta*] *avv.* 1 troppo: *cette pièce est trop froide*, questa stanza è troppo fredda; *il est trop rusé pour qu'on puisse le duper*, è troppo scaltro perché lo si possa imbrogliare; *je ne voudrais pas trop déranger*, non vorrei disturbare troppo; *trop tard*, troppo tardi; *trop peu*, troppo poco 2 molto: *Madame, vous êtes trop aimable*, lei è molto gentile, signora; *je suis trop heureux de te voir*, sono felicissimo di vederti; *cela n'est pas trop sûr*, la cosa non è molto sicura; *je ne vous crois pas trop*, non vi credo molto ♦ *pron.indef.* 1 troppo, troppa: *"Veux-tu boire du café?" "Volontiers, mais pas trop"*, "Vuoi del caffè?" "Volentieri, ma non troppo" 2 troppi, troppe: *vous êtes trop!*, siete troppi! ♦ *n.m.* troppo: *le trop d'indulgence*, la troppa indulgenza; *le trop et le pas assez*, il troppo e il troppo poco.
● ***trop de***, (*seguito da n.*) troppo, troppa, troppi, troppe: *trop de choses*, troppe cose; *trop de monde*, troppa gente | ***trop c'est trop***, il troppo stroppia | ***beaucoup trop***, ***bien trop***, veramente troppo | ***cela n'a que trop duré***, è durata anche troppo | ***c'en est trop!***, questo è troppo!; (*fam.*) questo passa i limiti! | ***c'est trop!***, è troppo! | ***de trop***, di troppo: *boire un verre de trop*, bere un bicchiere di troppo; *être de trop*, essere di troppo | ***ne savoir pas trop***, non sapere proprio: *je ne sais pas trop où trouver cet argent*, non so proprio dove trovare quel denaro | ***par trop***, (*fam.*) un po' troppo | ***rien de trop***, non troppo: *"Vous le trouvez bien?" "Oh, rien de trop!"*, "Le piace?" "Oh, non troppo!".

NOTA Nel linguaggio giovanile, ***trop*** ha quasi sostituito *très*:
Elle est ***trop*** *belle, ta robe!*
Il tuo vestito è bellissimo!
Mon frère m'énerve ***trop*** *en ce moment.*
Mio fratello mi dà proprio sui nervi ultimamente.
È anche apparsa la forma negativa ***trop pas***:
Tu aimes bien ce type? ***Trop pas!***
Ti è simpatico quello lì? Per niente!

trope [tʀɔp] *n.m.* (*ret.*) tropo.
tropézien [tʀɔpezjɛ̃] *agg.* [f. *-enne*] di Saint-Tropez.
trophée [tʀɔfe] *n.m.* trofeo.
tropical [tʀɔpikal] *agg.* [pl. *-aux*] tropicale.
tropine [tʀɔpin] *n.f.* (*chim.*) tropina.
tropique [tʀɔpik] *agg.* e *n.m.* tropico.
tropisme [tʀɔpism] *n.m.* tropismo.
tropopause [tʀɔpɔpoz] *n.f.* (*geogr.*) tropopausa.
troposphère [tʀɔpɔsfɛʀ] *n.f.* (*meteor.*) troposfera.
trop-perçu [tʀɔpɛʀsy] *n.m.* [pl. *trop-perçus*] somma (*f.*) ricevuta in più del dovuto.
trop-plein [tʀɔplɛ̃] *n.m.* [pl. *trop-pleins*] 1 liquido in eccesso 2 (*dispositivo*) sfiatatore; troppo pieno 3 (*fig.*) eccesso; esuberanza (*f.*).
troquer [tʀɔke] *v.tr.* barattare, scambiare.
troquet [tʀɔkɛ] *n.m.* (*fam.*) bar, caffè, osteria (*f.*).
trot [tʀo] *n.m.* trotto: *courses de trot*, corse al trotto.
● ***au trot***, al trotto; (*fam.*) alla svelta, di corsa.
trotskisme, **trotskysme** [tʀɔtskism] *n.m.* (*st. pol.*) trotzkismo.
trotte [tʀɔt] *n.f.* (*fam.*) tratto (*m.*) di strada (da percorrere): *d'ici à la gare il y a une bonne trotte*, da qui alla stazione c'è un bel pezzo di strada da fare, c'è da fare una bella scarpinata.
trotte-menu [tʀɔtməny] *agg.invar.* (*letter.*).
● ***la gent trotte-menu***, i sorci.
trotter [tʀɔte] *v.intr.* 1 (*di cavallo*) trottare, andare al trotto 2 (*estens.*) trottare, andare su e giù, correre qua e là ♦ **se trotter** *v.pron.intr.* (*fam.*) filarsela, squagliarsela.
● ***trotter dans la tête***, ronzare nella testa, ossessionare.
trotteur [tʀɔtœʀ] *agg.* [f. *-euse*] (*di cavallo*) che trotta, che è allenato per le corse al trotto ♦ *n.m.* 1 trottatore 2 (*pl.*) scarpe da passeggio.
trotteuse [tʀɔtøz] *n.f.* (*dell'orologio*) lancetta dei secondi.
trottinement [tʀɔtinmɑ̃] *n.m.* il trotterellare.
trottiner [tʀɔtine] *v.intr.* trotterellare.
trottinette [tʀɔtinɛt] *n.f.* monopattino (*m.*).
■ SIN. patinette.
trottoir [tʀɔtwaʀ] *n.m.* marciapiede.
● ***faire le trottoir***, (*fig.*) battere il marciapiede.
trottoire [tʀɔtwaʀ] *n.f.* (*Africa*) prostituta.
trou [tʀu] *n.m.* 1 buco, foro 2 (*tecn.*) foro 3 buca (*f.*) 4 (*fig.*) posto: *habiter un trou perdu*, vivere in un posto sperduto; *il n'est jamais sorti de son trou*, non si è mai allontanato dal paesello; *un petit trou pas cher*, un alberghetto a buon mercato.
● (*aer.*) ***trou d'air***, vuoto d'aria | ***trou de mémoire***, vuoto di memoria | (*teatr.*) ***trou du souffleur***, buca del suggeritore | ***boire comme un trou***, bere come una spugna | ***être***, ***mettre au trou***, (*fam.*) essere, mettere al fresco, in galera | ***faire le trou normand***, (*estens.*) bere un bicchierino di calvados | ***faire son trou***, (*fam.*) fare carriera, sistemarsi: *elle a fait son trou dans les assurances*, ha fatto carriera, si è sistemata nelle assicurazioni | ***ne pas avoir les yeux en face des trous***, (*fam.*) essere rintronato | ***rester dans son trou***, starsene rintanato | ***vouloir disparaître dans un trou (de souris)***, voler sprofondare sotto terra.
troubadour [tʀubaduʀ] *n.m.* (*st. lett.*) trovatore ♦ *agg.* (*st. lett.*) trobadorico.

NOTA Il ***troubadour*** era il poeta lirico dei secc. XII-XIII che componeva in una delle lingue *d'oc* parlate nel sud della Francia e che recitava le proprie poesie di corte in corte accompagnandosi con la musica.

troublant [tʀublɑ̃] *agg.* 1 inquietante, sconcertante 2 conturbante: *beauté troublante*, bellezza conturbante.
trouble[1] [tʀubl] *n.m.* 1 scompiglio, disordine, discordia (*f.*): *causer un trouble*, creare scompiglio 2 (*fig.*) turbamento, smarrimento, imbarazzo 3 (*med.*) disturbo, turba (*f.*).
trouble[2] *agg.* 1 torbido: *eau trouble*, acqua torbida 2 offuscato: *sa vue est devenue trouble*, gli si è offuscata la vista 3 (*fig.*) torbido, inquieto: *vivre dans une époque trouble*, vivere in un'epoca inquieta, in tempi torbidi.
● ***pêcher en eau trouble***, (*fig.*) pescare nel torbido | ***voir trouble***, veder torbido, avere la vista offuscata.
trouble-fête [tʀubləfɛt] *n.m.* e *f.* [pl. *trouble-fêtes* o *invar.*] guastafeste.
troubler [tʀuble] *v.tr.* 1 intorbidare 2 offuscare 3 (*fig.*) turbare, disturbare, infastidire 4 (*fig.*) turbare, inquietare, preoccupare ♦ **se troubler** *v.pron.intr.* 1 intorbidarsi 2 offuscarsi 3 (*fig.*) turbarsi, confondersi.
● ***sans se troubler***, senza scomporsi.
trouée [tʀue] *n.f.* 1 apertura, passaggio (*m.*), varco (*m.*) 2 (*mil.*) breccia.
trouer [tʀue] *v.tr.* bucare, forare, squarciare, aprire un varco (in).
● ***trouer la peau à qqn***, (*fam.*) ammazzare qlcu | ***se faire trouer la peau***, (*fam.*) lasciarci la pelle.
■ SIN. percer.

T

troufion [tʀufjɔ̃] *n.m.* (*fam.*) soldato semplice.

trouillard [tʀujaʀ] *agg.* e *n.m.* (*molto fam.*) fifone.

trouille [tʀuj] *n.f.* (*molto fam.*) fifa, spaghetto (*m.*): *avoir la trouille*, aver fifa.

trou-madame [tʀumadam] *n.m.* [pl. *trous-madame*] (*antiq.*) trou-madame (sorta di biliardino).

troupe [tʀup] *n.f.* **1** (*mil.*) truppa **2** (*di persone*) turba, frotta **3** (*di animali*) branco (*m.*) **4** (*cine.*) troupe **5** (*teatr.*) compagnia.

● (*mil.*) ***homme de troupe***, soldato semplice.

troupeau [tʀupo] *n.m.* [pl. *-eaux*] branco; (*di ovini*) gregge; (*di bovini*) mandria (*f.*).

troupier [tʀupje] *n.m.* (*fam.*) soldato.

● ***comique troupier***, comicità da caserma.

trousse [tʀus] *n.f.* **1** custodia, astuccio (*m.*); borsa (per utensili) **2** (*pl.*) (*antiq.*) brache.

● ***trousse à ongles***, nécessaire per manicure | ***trousse de chirurgien***, borsa dei ferri del chirurgo | ***trousse de toilette***, nécessaire da viaggio | ***avoir qqn à ses trousses***, avere qlcu alle calcagna | ***être aux trousses de qqn***, tallonare, inseguire qlcu.

■ SIN. **1** étui.

trousseau [tʀuso] *n.m.* [pl. *-eaux*] corredo.

● ***trousseau de clés***, mazzo di chiavi.

trousser [tʀuse] *v.tr.* **1** alzare, tirare su **2** (*cuc.*) (*polli e pollame*) preparare per la cottura.

● ***trousser un compliment***, (*iron.*) fare un complimento ben tornito | ***trousser une femme***, (*fam.*) sedurre, possedere una donna.

trousseur [tʀusœʀ] *n.m.*

● ***trousseur de jupons***, (*antiq.*) donnaiolo.

trou-trou [tʀutʀu] *n.m.* [pl. *trous-trous* o *invar.*] (*abbigl.*) passanastro.

trouvable [tʀuvabl] *agg.* reperibile.

trouvaille [tʀuvɑj] *n.f.* trovata.

● ***qu'est-ce que c'est que cette trouvaille?***, (*iron.*) che idea è mai questa?

■ SIN. découverte.

trouvé [tʀuve] *agg.* **1** trovato **2** indovinato, azzeccato: *mot bien trouvé*, parola azzeccata; *expression trouvée*, espressione felice.

● ***c'est bien trouvé!***, però, mica male! | ***enfant trouvé***, trovatello | ***objets trouvés***, oggetti smarriti | ***tout trouvé***, evidente.

trouver [tʀuve] *v.tr.* **1** trovare: *trouver du travail*, trovare lavoro; *trouver une femme*, trovare moglie; *trouver le sommeil*, prendere sonno; *trouver (le) moyen de*, trovare il modo di; *il ne trouvait plus ses mots*, non trovava più le parole **2** trovare, giudicare, ritenere: *je trouve le temps long*, il tempo mi pare lungo; *comment trouvez-vous ce tableau?*, che ve ne pare di questo quadro?; *je te trouve bonne mine*, ti trovo bene ♦ **se trouver** *v.pron.* e *pron.intr.* trovarsi, stare, essere: *il se trouva fort embarrassé*, fu molto imbarazzato; *je me trouve dans l'impossibilité de*, sono nell'impossibilità di; *il se trouvait donc être libre*, era quindi libero.

● ***il a trouvé à qui parler*** (o ***il a trouvé son maître***), ha trovato chi gli tiene testa | ***il se trouve que***, si dà il caso, succede che | ***la trouver mauvaise***, (*fam.*) rimanerci male | ***où avez-vous trouvé cela?***, (*fam.*) che cosa ve lo fa credere? | ***se trouver mal***, sentirsi male, svenire | ***si ça se trouve***, (*fam.*) può anche darsi, forse: *si ça se trouve il a raison*, potrebbe anche avere ragione | ***si tu me cherches, tu vas me trouver***, (*fam.*) sei in cerca di guai? | ***trouver bon, mauvais que***, ritenere opportuno, sbagliato che | ***tu trouves?***, ti pare?, credi?

■ V.TR. SIN. **2** estimer CONTR. **1** perdre.

trouvère [tʀuvɛʀ] *n.m.* (*st. lett.*) troviero.

● (*mus.*) ***le Trouvère***, Il Trovatore (opera di G. Verdi).

NOTA Il ***trouvère*** era un poeta lirico dei secc. XII-XIII che componeva le sue opere in una delle lingue *d'oïl* che si parlavano nel nord della Francia e le recitava di corte in corte accompagnandosi con la musica.

trouvillais [tʀuvijɛ] *agg.* di Trouville.

troyen[1] [tʀwajɛ̃] *agg.* [f. *-enne*] (*st.*) troiano ♦ *n.m.* (*inform.*) trojan, cavallo di Troia.

troyen[2] *agg.* [f. *-enne*] di Troyes.

Troyen *n.m.* [f. *-enne*] (*st.*) (*abitante*) troiano.

truand [tʀyɑ̃] *n.m.* malavitoso, malvivente.

■ SIN. malfrat.

truander [tʀyɑ̃de] *v.tr.* (*fam.*) imbrogliare, truffare; derubare.

trublion [tʀyblijɔ̃] *n.m.* agitatore, sobillatore.

truc [tʀyk] *n.m.* **1** trucco **2** (*fam.*) cosa (*f.*), coso, affare, aggeggio: *j'ai un truc à te dire*, ho una cosa da dirti **3** *Truc*, Tizio: *j'ai rencontré Truc qui m'a dit*, ho incontrato Tizio che mi ha detto.

● ***truc de ouf***, (*fam.*) roba da matti | ***avoir, connaître le truc***, conoscere il trucco, sapere come si fa | ***c'est pas mon truc***, non è il mio forte.

trucage [tʀykaʒ] *n.m.* → **truquage**.

truchement [tʀyʃmɑ̃] *n.m.* tramite: *servir de truchement*, fare da tramite.

● ***par le truchement de***, per il tramite di.

trucider [tʀyside] *v.tr.* (*iron.*) massacrare, uccidere.

truck [tʀyk] *n.m.* (*ferr.*) carro piatto, carro a piattaforma; pianale.

truculence [tʀykylɑ̃s] *n.f.* **1** (*fig.*) crudezza, realismo (*m.*) **2** (*di stile*) eccesso (*m.*) di colore, di immagini.

truculent [tʀykylɑ̃] *agg.* crudo, a forti tinte.

truelle [tʀyɛl] *n.f.* (*edil.*) cazzuola.

truffe [tʀyf] *n.f.* **1** tartufo (*m.*) **2** (*punta del naso del cane*) tartufo (*m.*) **3** (*fam. scherz.*) nasone (*m.*), proboscide.

FAUX AMI
Da non confondere con *truffa*, che si traduce *escroquerie, vol*.

truffé [tʀyfe] *agg.* **1** (*cuc.*) tartufato **2** (*fam.*) infarcito, pieno.

truffer [tʀyfe] *v.tr.* **1** (*cuc.*) tartufare **2** (*fam.*) infarcire, riempire.

truffier [tʀyfje] *agg.* [f. *-ère*] di tartufo.

● ***chien truffier***, cane da tartufi | ***région truffière***, regione produttrice di tartufi.

truffière [tʀyfjɛʀ] *n.f.* tartufaia.

truie [tʀɥi] *n.f.* scrofa.

truisme [tʀyism] *n.m.* verità (*f.*) ovvia.

truite [tʀɥit] *n.f.* (*zool.*) trota.

trumeau [tʀymo] *n.m.* [pl. *-eaux*] **1** trumeau (parete tra due finestre) **2** trumeau (pannello dipinto o specchio posto tra due finestre o sopra un caminetto) **3** (*macelleria*) garretto di bue.

truquage [tʀykaʒ] *n.m.* trucco (spec. cinematografico).

truquer [tʀyke] *v.tr.* truccare.

truqueur [tʀykœʀ] *n.m.* [f. *-euse*] **1** falsificatore, imbroglione **2** (*cine., tv*) addetto agli effetti speciali.
truquiste [tʀykist] *n.m.* e *f.* (*cine., tv*) addetto/a agli effetti speciali.
trust [tʀœst] *n.m.* (*econ.*) trust, cartello.
truster [tʀœste] *v.tr.* **1** unire in un trust, in un cartello **2** (*fam.*) monopolizzare.
trypanosome [tʀipanozɔm] *n.m.* (*biol.*) tripanosoma.
tsar [dzaʀ, tsaʀ] *n.m.* (*st. russa*) zar.
tsarévitch [tsaʀevitʃ, dzaʀevitʃ] *n.m.* (*st. russa*) zarevic.
tsarine [tsaʀin, dzaʀin] *n.f.* (*st. russa*) zarina.
tsarisme [tsaʀism, dzaʀism] *n.m.* (*st. russa*) regime zarista.
tsariste [tsaʀist, dzaʀist] *agg.* e *n.m.* e *f.* (*st. russa*) zarista.
tsé-tsé [tsetse] *n.f.invar.*
● (*mouche*) ***tsé-tsé***, mosca tse-tse.
tsigane [tsigan] *agg.* e *n.m.* e *f.* zigano/a.
■ SIN. rom; (*spreg.*) romanichel.
tu[1] [ty; nel linguaggio familiare si elide davanti davanti a *être* o *avoir* e a verbi inizianti con vocale o *h* muta] *pron.pers.m.* e *f.* *2ª pers.sing.* (*sogg.*) tu: *tu as raison*, hai ragione; *as-tu compris?*, hai capito?; *je ne t'oublierai jamais, disais-tu*, non ti dimenticherò mai, dicevi; *t'es fou?*, (*fam.*) sei pazzo?; *t'as vu?*, (*fam.*) hai visto?
● ***dire tu à qqn***, dare del tu a qlcu | ***être à tu et à toi avec qqn***, avere molta familiarità con qlcu.

NOTA In italiano il pronome personale soggetto è generalmente sottinteso.
In Francia si usa il ***tu*** molto meno che in Italia ed è riservato ai rapporti di amicizia.

tu[2] *p.p.* di **taire**.
tuant [tɥɑ̃] *agg.* (*fam.*) penoso, faticoso, massacrante.
tub [tœb] *n.m.* **1** tinozza (*f.*), mastello **2** (*estens.*) bagno.
tuba[1] [tyba] *n.m.* (*mus.*) tuba (*f.*).
tuba[2] *n.m.* boccaglio (dei sub).
tubage [tybaʒ] *n.m.* **1** (*med.*) intubatura (*f.*), intubazione (*f.*) **2** tubatura (*f.*), tubazione (*f.*).
tubard [tybaʀ] *agg.* e *n.m.* (*fam.*) tubercolotico.
tube [tyb] *n.m.* **1** tubo **2** tubetto: *tube de dentifrice*, tubetto di dentifricio **3** cappello a cilindro, tuba (*f.*) **4** (*fam.*) (*di musica leggera*) successo, hit **5** (*di bicicletta*) canna (*f.*).
● (*chim.*) ***tube à essai***, provetta (per analisi) | (*inform.*) ***tube à rayons cathodiques***, ***cathodique***, tubo a raggi catodici, catodico | (*elettr.*) ***tube au néon***, tubo al neon | ***tube de rouge*** (***à lèvres***), rossetto | ***tube d'un canon***, bocca di un cannone | ***à plein***(***s***) ***tube***(***s***), (*fam.*) al massimo, a tutta birra.
■ SIN. **1** tuyau.
tubercule[1] [tybɛʀkyl] *n.m.* (*med.*) tubercolo.
tubercule[2] *n.m.* (*bot.*) tubero.
tuberculeux [tybɛʀkylø] *agg.* e *n.m.* [f. *-euse*] tubercoloso.
tuberculine [tybɛʀkylin] *n.f.* tubercolina.
tuberculose [tybɛʀkyloz] *n.f.* (*med.*) tubercolosi.
tubéreuse [tybeʀøz] *n.f.* (*bot.*) tuberosa.
tubéreux [tybeʀø] *agg.* [f. *-euse*] tuberoso.
tubulaire [tybylɛʀ] *agg.* tubolare.
tubulure [tybylyʀ] *n.f.* (*tecn.*) **1** tubatura **2** bocchettone (*m.*).

tué [tɥe] *n.m.* ucciso; morto.
● ***être tué à l'ennemi***, morire in guerra.
tue-mouches [tymuʃ] *n.m.invar.* (*bot.*) ovolo malefico, ovolaccio ♦ *agg.* moschicida.
tuer [tɥe] *v.tr.* **1** uccidere, ammazzare: *il l'a tué d'un coup de revolver, à coup d'épée*, l'ha ucciso con una rivoltellata, a colpi di spada **2** (*fig.*) uccidere; distruggere, rovinare: *l'ennui et l'inaction me tuent*, la noia e l'inazione mi uccidono; *le froid rigoureux tue les plantes*, il freddo rigido uccide le piante; *il me tue avec son insistance*, (*estens.*) la sua insistenza mi infastidisce enormemente, mi innervosisce **3** ammazzare, far passare: *il nous reste deux heures à tuer avant de partir*, ci restano due ore da passare prima di andar via ♦ **se tuer** *v.pron.* **1** uccidersi, ammazzarsi: *se tuer en voiture*, uccidersi in un incidente stradale **2** (*fig.*) uccidersi; distruggersi, rovinarsi: *se tuer à répéter qqch*, sgolarsi a ripetere qlco ♦ *v.pron.rec.* **1** uccidersi **2** stridere, stonare: *ces deux couleurs se tuent*, questi due colori fanno a pugni.
● ***tuer dans l'œuf***, stroncare sul nascere | ***tuer le temps***, ammazzare il tempo | ***ça me tue***, (*fam.*) non ci credo.
■ V.TR. SIN. **1** assassiner, supprimer.
tuerie [tyʀi] *n.f.* massacro (*m.*), strage, carneficina.
■ SIN. massacre.
tue-tête, à [atytɛt] *avv.* a squarciagola.
tueur [tɥœʀ] *n.m.* [f. *-euse*] **1** uccisore **2** (*di animali*) macellaio, macellatore ♦ *agg.* killer: *bactérie tueuse*, batterio killer.
● ***tueur*** (***à gages***), killer, sicario | ***tueur en série***, serial killer.
tuf [tyf] *n.m.* tufo.

FAUX AMI
Da non confondere con *tuffo*, che si traduce *plongeon*.

tuigra [tɥigʀa] *agg.invar.* (*verlan di* gratuit) gratuito.
tuile [tɥil] *n.f.* **1** tegola **2** (*fig.*) guaio (*m.*), grana **3** (*cuc.*) biscotto (*m.*) (a forma di tegola).
■ SIN. **2** mésaventure.
tuilerie [tɥilʀi] *n.f.* **1** industria delle tegole **2** fornace (per tegole).

NOTA Il palazzo reale delle ***Tuileries*** fu costruito a Parigi, tra il Louvre e gli Champs-Elysées, per volere della regina Caterina de' Medici, a partire dal 1564. Derivò il nome dal fatto che sull'area sorgeva una fabbrica di tegole. Completamente distrutto nel 1871, fu demolito nel 1882. Restano ancora gli omonimi giardini, disegnati dal famoso architetto e disegnatore di giardini A. Le Nôtre (1613-1700).

tuilier [tɥilje] *n.m.* [f. *-ère*] chi fabbrica, vende tegole ♦ *agg.* delle tegole.
● ***industrie tuilière***, industria delle tegole.
tulipe [tylip] *n.f.* tulipano (*m.*).
tulipier [tylipje] *n.m.* (*bot.*) liriodendro.
tulle [tyl] *n.m.* tulle.
tulliste [tylist] **tullois** [tylwa] *agg.* di Tulle.
tuméfaction [tymefaksjɔ̃] *n.f.* tumefazione.
tuméfier [tymefje] *v.tr.* tumefare, gonfiare ♦ **se tuméfier** *v.pron.intr.* tumefarsi, gonfiarsi.
tumescence [tymesɑ̃s] *n.f.* tumescenza.
tumescent [tymesɑ̃] *agg.* tumescente.
tumeur [tymœʀ] *n.f.* tumore (*m.*).
■ SIN. cancer.
tumoral [tymɔʀal] *agg.* [pl. *-aux*] tumorale.
tumulte [tymylt] *n.m.* tumulto: *faire du tumulte*, tumultuare.

tumultueusement [tymyltɥøzmɑ̃] *avv.* tumultuosamente, in modo tumultuoso.
tumultueux [tymyltɥø] *agg.* [f. *-euse*] **1** tumultuoso, tumultuante **2** (*fig.*) irrequieto, movimentato.
tumulus [tymylys] *n.m.* tumulo.
tune [tyn] *n.f.* → **thune**.
tuner [tynɛʀ, tjunœʀ] *n.m.* sintonizzatore, tuner.
tungstène [tœ̃kstɛn] *n.m.* (*chim.*) tungsteno.
tunique [tynik] *n.f.* **1** tunica (*anche anat.*) **2** giacca lunga dei militari, giubba **3** (*eccl.*) tunicella, dalmatica minore.
tunisien [tynizjɛ̃] *agg.* [f. *-enne*] (*della Tunisia*) tunisino.
Tunisien *n.m.* [f. *-enne*] (*abitante della Tunisia*) tunisino.
tunisois [tynizwa] *agg.* (*di Tunisi*) tunisino.
Tunisois *n.m.* (*abitante di Tunisi*) tunisino.
tunnel [tynɛl] *n.m.* tunnel (*anche fig.*).
■ SIN. galerie.
turban [tyʀbɑ̃] *n.m.* turbante.
turbidité [tyʀbidite] *n.f.* (*fis., med.*) torbidezza, torbidità.
turbin [tyʀbɛ̃] *n.m.* (*fam.*) lavoro.
turbine [tyʀbin] *n.f.* turbina.

FAUX AMI
Da non confondere con l'italiano *turbine*, che si traduce *tourbillon*.

turbiner [tyʀbine] *v.intr.* (*fam.*) sgobbare.
turbo- *pref.* turbo-.
turbocompressé [tyʀbɔkɔ̃pʀese] *agg.* (*mecc.*) turbo(compresso).
● (*moteur*) ***turbocompressé***, motore turbo.
turbocompresseur [tyʀbɔkɔ̃pʀesœʀ] *n.m.* (*mecc.*) turbocompressore.
turbomoteur [tyʀbɔmɔtœʀ] *n.m.* (*mecc.*) turbomotore.
turbopropulseur [tyʀbɔpʀɔpylsœʀ] *n.m.* (*aer.*) turbopropulsore, turboelica.
turboréacteur [tyʀbɔʀeaktœʀ] *n.m.* (*aer.*) turboreattore, turbogetto.
turbot [tyʀbo] *n.m.* (*zool.*) rombo.
turbotrain [tyʀbɔtʀɛ̃] *n.m.* turbotreno.
turbulence [tyʀbylɑ̃s] *n.f.* turbolenza.
turbulent [tyʀbylɑ̃] *agg.* turbolento.
■ SIN. agité, remuant.
turc [tyʀk] *agg.* [f. *turque*] turco ♦ *n.m.* (*lingua*) turco.
● ***être la tête de turc de qqn***, (*fam.*) essere lo zimbello di qlcu.
Turc *n.m.* [f. *turque*] (*abitante*) turco.
● ***fort comme un Turc***, forte come un toro.
turevoi [tyʀvwa] *n.f.* (*verlan di* voiture) automobile.
turf [tyʀf] *n.m.* (*ippica*) **1** pista (*f.*) **2** ippica (*f.*); ambiente delle corse.
turfiste [tyʀfist] *n.m.* e *f.* appassionato/a di corse di cavalli.
turgescence [tyʀʒesɑ̃s] *n.f.* turgidità, turgore (*m.*).
turgescent [tyʀʒesɑ̃] *agg.* turgido.
turinois [tyʀinwa] *agg.* torinese.
Turinois *n.m.* (*abitante*) torinese.
turlupiner [tyʀlypine] *v.tr.* (*fam.*) infastidire, tormentare.
turlututu [tyʀlytyty] *inter.* marameo.
turne [tyʀn] *n.f.* (*fam.*) camera.
turpitude [tyʀpityd] *n.f.* turpitudine, azione turpe.
turquerie [tyʀkəʀi] *n.f.* opera, oggetto (*m.*) di ispirazione orientale.
turquoise [tyʀkwaz] *n.f.* turchese ♦ *n.m.* (colore) turchese.
turvoi [tyʀvwa] *n.f.* → **turevoi**.
tutélaire [tytelɛʀ] *agg.* tutelare.
● (*dir.*) ***gestion tutélaire***, tutela.
tutelle [tytɛl] *n.f.* **1** (*dir.*) tutela; curatela: *être sous la tutelle de qqn*, essere sotto la tutela di qlcu **2** (*fig.*) autorità, protezione, tutela.
● (*dir.*): ***autorité de tutelle***, autorità tutelare; ***juge des tutelles***, giudice tutelare.
tuteur[1] [tytœʀ] *n.m.* [f. *-trice*] (*dir.*) tutore, curatore.
● ***tuteur ad hoc***, protutore.
tuteur[2] *n.m.* (*agr.*) (*per le piante*) tutore, sostegno.
tutoiement [tytwamɑ̃] *n.m.* il dare, il darsi del tu.
tutoyer [tytwaje] *v.tr.* [coniug. come *employer*] dare del tu (a) ♦ **se tutoyer** *v.pron.rec.* darsi del tu.
tutu [tyty] *n.m.* (*abbigl.*) tutu.
tuyau [tɥijo] *n.m.* [pl. *-aux*] **1** tubo; canna (*f.*) **2** (*fam.*) informazione (*f.*) confidenziale **3** (*zool.*) calamo **4** (*bot.*) (*di graminacee*) stelo cavo.
● ***tuyau d'arrosage***, idrante, canna per innaffiare | ***tuyau de cheminée***, gola del camino | (*edil.*) ***tuyau de descente pluviale***, pluviale | ***tuyau de la pipe***, cannello della pipa | ***tuyau d'orgue***, canna d'organo.
■ SIN. **1** tube.
tuyautage [tɥijotaʒ] *n.m.* **1** pieghettatura (*f.*) a cannoncini **2** tubolatura (*f.*).
tuyauté [tɥijote] *n.m.* pieghettatura (*f.*) a cannoncini.
tuyauter [tɥijote] *v.tr.* **1** (*fam.*) dare una dritta (a), passare un'informazione confidenziale (a) **2** stirare facendo pieghe a cannoncino.
tuyauterie [tɥijotʀi] *n.f.* tubazione, tubatura.
tuyère [tɥijɛʀ] *n.f.* (*tecn.*) ugello (*m.*).
TVA [tevea] *n.f.* (*fin.*) (*sigla di* Taxe sur, à la Valeur Ajoutée) IVA (Imposta sul Valore Aggiunto).
twin-set [twinsɛt] *n.m.* [pl. *twin-sets*] (*abbigl.*) gemelli (*pl.*), twin-set.
tympan [tɛ̃pɑ̃] *n.m.* **1** (*anat.*) timpano: *caisse du tympan*, cassa timpanica **2** (*arch.*) timpano **3** (*mecc.*) pignone **4** (*tecn.*) ruota (*f.*) idraulica.
● ***briser le tympan à qqn***, rompere i timpani a qlcu.
tympanon [tɛ̃panɔ̃] *n.m.* (*mus.*) tympanon, cetra (*f.*).
type [tip] *n.m.* **1** tipo **2** (*fam.*) tipo, individuo: *un brave, un bon type*, una brava persona; *un sale type*, uno sporco individuo **3** (*tip.*) carattere ♦ *agg.invar.* tipo.
● ***erreure type***, classico errore | ***exemple type***, tipico esempio | ***lettre-type***, esempio di lettera | ***réponse-type***, esempio di risposta | ***un pauvre type***, un povero diavolo | ***un type épatant***, uno in gamba.
typé [tipe] *agg.* con caratteristiche molto marcate.
● ***elle est typée!***, è un tipo!
typer [tipe] *v.tr.* caratterizzare, tipi(ci)zzare: *typer un personnage*, caratterizzare un personaggio.
typesse [tipɛs] *n.f.* (*fam.*) tipa, tizia.
typhique [tifik] *agg.* (*med.*) **1** tifico **2** malato di tifo.
typhoïde [tifɔid] *agg.* (*med.*) tifoide, tifoideo ♦ *n.f.* (*med.*) tifoidea.
typhoïdique [tifɔidik] *agg.* (*med.*) tifoideo, tifoide.

T

typhon [tifɔ̃] ***n.m.*** tifone.
typhus [tifys] ***n.m.*** (*med.*) tifo.
typique [tipik] ***agg.*** tipico, caratteristico.
typiquement [tipikmɑ̃] ***avv.*** tipicamente.
typo[1] [tipo] ***n.m.*** (*fam.*) abbr. di **typographe**.
typo[2] ***n.m.*** (*fam.*) abbr. di **typographie**.
typographe [tipɔgʀaf] ***n.m.*** e ***f.*** tipografo/a.
typographie [tipɔgʀafi] ***n.f.*** **1** tipografia **2** veste (tipo)grafica.
typographique [tipɔgʀafik] ***agg.*** tipografico.
typologie [tipɔlɔʒi] ***n.f.*** tipologia: *typologie humaine*, tipologia umana.
typologique [tipɔlɔʒik] ***agg.*** tipologico.
tyran[1] [tiʀɑ̃] ***n.m.*** tiranno (*anche fig.*).
■ SIN. despote, dictateur.
tyran[2] ***n.m.*** (*zool.*) tiranno.
tyranneau [tiʀano] ***n.m.*** [pl. *-eaux*] tirannello.
tyrannicide[1] [tiʀanisid] ***n.m.*** tirannicidio.
tyrannicide[2] ***agg.*** e ***n.m.*** e ***f.*** tirannicida.
tyrannie [tiʀani] ***n.f.*** tirannia, tirannide (*anche fig.*).
tyrannique [tiʀanik] ***agg.*** tirannico (*anche fig.*).
tyranniser [tiʀanize] ***v.tr.*** tiranneggiare (*anche fig.*).
tyrolien [tiʀɔljɛ̃] ***agg.*** [f. *-enne*] tirolese.
Tyrolien ***n.m.*** [f. *-enne*] (*abitante*) tirolese.
tyrolienne [tiʀɔljɛn] ***n.f.*** (*mus., danza*) tirolese.
tyrrhénien [tiʀenjɛ̃] ***agg.*** [f. *-enne*] tirreno, tirrenico.
● ***Mer Tyrrhénienne***, (mar) Tirreno.
t'y veux t'y achète [tivøtiaʃɛt] **t'y veux t'y choise** [tivøtiʃwaz] ***inter.*** (*espressione usata dai venditori ambulanti spec. africani*) vu' cumpra'.
tzar [tsaʀ] ***n.m.*** → **tsar**.
tzigane [tsigan] ***agg.*** e ***n.m.*** → **tsigane**.

T

Uu

u [y] ***n.m.invar.*** u (*m.* o *f.*).
● (*tel.*) ***u comme Ursule***, u come Udine.

ubac [ybak] ***n.m.*** (*geogr.*) versante in ombra o a bacio.

ubiquité [ybikɥite] ***n.f.*** ubiquità.

ubuesque [ybyɛsk] ***agg.*** ubuesco, grottescamente crudele, assurdo.

NOTA L'aggettivo ***ubuesque*** deriva dall'opera *Ubu roi* di A. Jarry (1873-1907).

ufologie [yfɔlɔʒi] ***n.f.*** ufologia.

uhlan [ylɑ̃] ***n.m.*** (*st. mil.*) ulano.

ukrainien [ykʀɛnjɛ̃] ***agg.*** [f. *-enne*] ucraino ♦ ***n.m.*** (*lingua*) ucraino.

Ukrainien ***n.m.*** [f. *-enne*] (*abitante*) ucraino.

ukulélé [ykylele] ***n.m.*** (*mus.*) ukulele.

ulcération [ylseʀasjɔ̃] ***n.f.*** (*med.*) ulcerazione; ulcera.

ulcère [ylsɛʀ] ***n.m.*** (*med., vet.*) ulcera (*f.*).

ulcérer [ylseʀe] ***v.tr.*** [coniug. come *céder*] **1** ulcerare **2** (*fig.*) esacerbare; ferire.

ulcéreux [ylseʀø] ***agg.*** [f. *-euse*] (*med.*) ulceroso.

uléma [ylema] ***n.m.*** ulema (teologo e giurista musulmano).

ultérieur [ylteʀjœʀ] ***agg.*** ulteriore.
■ SIN. postérieur CONTR. antérieur.

ultérieurement [ylteʀjœʀmɑ̃] ***avv.*** ulteriormente.

ultimatum [yltimatɔm] ***n.m.*** ultimatum.

ultime [yltim] ***agg.*** ultimo; estremo.

ultimo [yltimo] ***agg.invar.*** (*fin.*) fine mese: *opérations ultimo*, operazioni di banca eseguite a fine mese.

ultra [yltʀa] ***n.m.*** e ***f.*** e ***agg.*** ultrà, estremista.

ultra- ***pref.*** ultra-.

ultramarin [yltʀamaʀɛ̃] ***agg.*** di persona originaria dei Dipartimenti e Territori d'Oltremare ♦ ***n.m.*** persona (*f.*) originaria dei Dipartimenti e Territori d'Oltremare.

ultramoderne [yltʀamɔdɛʀn] ***agg.*** ultramoderno.

ultramontain [yltʀamɔ̃tɛ̃] ***agg.*** **1** (*pol., relig.*) ultramontano **2** (*geogr.*) oltremontano.

ultrarapide [yltʀaʀapid] ***agg.*** ultrarapido.

ultrasecret [yltʀasəkʀɛ] ***agg.*** [f. *-ète*] segretissimo, top secret.

ultrason [yltʀasɔ̃] ***n.m.*** (*scient.*) ultrasuono.

ultrasonique [yltʀasɔnik] ***agg.*** ultrasonico.

ultrasonore [yltʀasɔnɔʀ] ***agg.*** ultrasonoro.

ultra-terrestre [yltʀatɛʀɛstʀ] ***agg.*** ultraterreno.

ultraviolet [yltʀavjɔlɛ] ***n.m.*** e ***agg.*** [f. *-ette*] (*fis.*) ultravioletto.

ululation [ylylasjɔ̃] ***n.f.*** **ululement** [ylylmɑ̃] ***n.m.*** (*di rapaci notturni*) urlo (*m.*), grido (*m.*).

ululer [ylyle] ***v.intr.*** (*di rapaci notturni*) stridere, gridare.

un [œ̃] ***agg.num.card.*** [f. *une*] uno: *trente et un soldats*, trentun(o) soldati; *trente et une pages*, trentun(o) pagine; *quarante et un mille tonnes*, quarantunmila tonnellate; *pourcentage d'un pour cent*, percentuale dell'uno per cento ♦ ***agg.num.ord.invar.*** uno; primo: *page un*, pagina uno; *acte un, scène un*, atto primo, scena prima; *l'an un de l'ère chrétienne*, l'anno primo dell'era cristiana ♦ ***agg.*** uno; unico: *la vérité est une*, la verità è una ♦ ***n.m.invar.*** uno: *il habite le, au un, rue des Vosges*, abita al numero uno di rue des Vosges ♦ ***art.indet.*** un: *j'ai reçu une lettre importante*, ho ricevuto una lettera importante; *c'est un Visconti*, è un (membro della famiglia) Visconti ♦ ***pron. indef.*** uno: *ces roses coûtent deux euros l'une*, queste rose costano due euro l'una; *plus d'un des invités était, étaient en habit*, più di un invitato era in abito da cerimonia.
● ***un à un, un par un***, a uno a uno, uno per uno | ***un de ces jours***, uno di questi giorni, un giorno o l'altro | ***un pour tous, tous pour un***, uno per tutti, tutti per uno (motto de 'I tre moschettieri', romanzo di A. Dumas padre) | ***c'est tout un, ce n'est qu'un***, è tutt'uno, è la stessa cosa | ***des deux choses l'une***, delle due l'una | ***en colonne par un***, in fila per uno | ***et d'un!, et d'une!***, e uno!, e una! | (*fil.*) ***l'Un***, l'Uno | ***l'un dans l'autre***, (*fam.*) a conti fatti | (***l'***)***un de nous, d'eux, d'entre eux***, uno di noi, di loro | (***l'***)***une d'elles***, una di loro | ***l'un et l'autre***, l'uno e l'altro, entrambi: *ni l'un ni l'autre*, né l'uno né l'altro, nessuno dei due | ***l'un l'autre***, l'un l'altro, a vicenda | ***l'un..., l'autre***, l'uno..., l'altro | ***ne faire qu'un, faire tout un***, fare tutt'uno | ***ne faire, sans faire ni un***(***e***) ***ni deux***, (*fam.*) senza pensarci due volte.
□ **pas un** neppure uno, nessuno: *pas un cri*, non, neppure un grido; *il n'y en avait pas un de capable*, non ce n'era uno (che fosse) capace; *pas un n'était absent*, neanche, nemmeno uno, nessuno mancava; *pas un* (*seul*) *ne m'aida*, non uno, nessuno mi aiutò.
● ***comme pas un***, come pochi: *il se débrouille comme pas un*, si cava d'impaccio come nessun altro.

unanime [ynanim] ***agg.*** unanime, concorde.

unanimement [ynanimmɑ̃] ***avv.*** unanimemente, all'unanimità.

unanimité [ynanimite] ***n.f.*** unanimità.
● ***à l'unanimité*** (***des voix***), all'unanimità, con voto unanime | ***faire l'unanimité***, ottenere il consenso generale.

une [yn] ***agg.num.*** e ***art.indet.*** e ***pron.indef.*** → **un** ♦ ***n.f.*** (*giorn.*) prima pagina; (*estens.*) notizia principale | *à la une*, in prima pagina; (*fig.*) in primo piano, di grande attualità.

uni [yni] ***agg.*** **1** uniforme, liscio; piano: *un front uni*, una fronte liscia, senza rughe **2** (*di colore*) unito; (*di stoffa*) in tinta unita **3** unito, concorde **4** (*letter.*) monotono, piatto ♦ ***n.m.*** tessuto in tinta unita.
● ***un chemin uni***, un sentiero senza asperità.

uni- ***pref.*** uni-, mono-.

unicellulaire [ynisɛlylɛʀ] ***agg.*** (*biol.*) unicellulare.

unicité [ynisite] ***n.f.*** unicità.

unidimensionnel [ynidimɑ̃sjɔnɛl] ***agg.*** [f. *-elle*] unidimensionale.
unidirectionnel [ynidiʀɛksjɔnɛl] ***agg.*** [f. *-elle*] unidirezionale.
unidose [ynidoz] ***agg.*** monodose.
unième [ynjɛm] ***agg.num.ord.*** [usato solo dopo le decine, le centinaia e le migliaia] -unesimo (*solo suffisso*): *le vingt et unième jour du mois*, il ventunesimo giorno del mese.
unièmement [ynjɛmmɑ̃] ***avv.*** [usato solo dopo le decine, le centinaia e le migliaia] *vingt et unièmement*, in ventunesimo luogo.
unificateur [ynifikatœʀ] ***agg.*** e ***n.m.*** [f. *-trice*] unificatore.
unification [ynifikasjɔ̃] ***n.f.*** unificazione.
unifier [ynifje] ***v.tr.*** unificare ♦ **s'unifier** ***v.pron.intr.*** unificarsi.
uniforme[1] [ynifɔʀm] ***agg.*** uniforme.
■ SIN. régulier, homogène CONTR. irrégulier.
uniforme[2] ***n.m.*** uniforme (*f.*), divisa (*f.*).
● ***quitter l'uniforme***, (*estens.*) lasciare l'esercito, la vita militare.
uniformément [ynifɔʀmemɑ̃] ***avv.*** uniformamente.
uniformisation [ynifɔʀmizasjɔ̃] ***n.f.*** uniformazione.
uniformiser [ynifɔʀmize] ***v.tr.*** uniformare.
uniformité [ynifɔʀmite] ***n.f.*** uniformità.
unijambiste [ynizɑ̃bist] ***agg.*** e ***n.m.*** e ***f.*** che, chi è privo di una gamba.
unilatéral [ynilateʀal] ***agg.*** [pl. *-aux*] unilaterale.
● ***stationnement unilatéral***, sosta consentita su un solo lato della carreggiata
■ CONTR. réciproque.
unilatéralement [ynilateʀalmɑ̃] ***avv.*** unilateralmente.
unilingue [ynilɛ̃g] ***agg.*** monolingue.
uniment [ynimɑ̃] ***avv.*** (*letter.*) uniformemente.
● ***dire tout uniment***, dire in poche parole, semplicemente.
uninominal [yninɔminal] ***agg.*** [pl. *-aux*] uninominale.
union [ynjɔ̃] ***n.f.*** **1** unione **2** unione; matrimonio (*m.*) **3** associazione, unione.
● ***union monétaire***, unione monetaria.

NOTA ***Union française*** fu detto, dal 1946 al 1958, l'insieme formato dalla Repubblica francese d'Africa e Indocina e dalle ex colonie oltre che dai territori d'oltremare.

unioniste [ynjɔnist] ***agg.*** e ***n.m.*** e ***f.*** (*st.*) unionista.
unique [ynik] ***agg.*** **1** unico, solo **2** unico; straordinario.
● ***fils unique***, figlio unico | (*ferr.*) ***ligne à voie unique***, linea a binario semplice
■ SIN. **1** exclusif **2** exceptionnel CONTR. **1** commun **2** habituel.
uniquement [ynikmɑ̃] ***avv.*** unicamente; esclusivamente.
unir [yniʀ] ***v.tr.*** unire, congiungere (*anche fig.*) ♦ **s'unir** ***v.pron.intr.*** e ***pron.rec.*** unirsi, congiungersi (*anche fig.*).
■ V.TR. SIN. assembler, joindre.
unisexe [ynisɛks] ***agg.*** unisex.
unisson [ynisɔ̃] ***n.m.*** unisono (*anche fig.*).
● ***à l'unisson***, all'unisono.
unitaire [ynitɛʀ] ***agg.*** unitario.
unité [ynite] ***n.f.*** **1** unità; (*fig.*) uniformità; armonia **2** (*di un gruppo ecc.*) unità, elemento (*m.*), singolo oggetto (*m.*): *faire une commande de cent unités*, fare un ordine di cento pezzi.
● (*inform.*) ***unité centrale***, unità centrale, elaboratore centrale | (*teatr.*) ***unité d'action***, ***de temps***, ***de lieu***, unità d'azione, di tempo, di luogo | ***unité de production*** (o ***fabrication***), centro produttivo | ***unité de valeur***, disciplina d'insegnamento universitario | ***unité de vues***, identità di vedute | ***unité monétaire***, unità monetaria | ***grandeur unité***, grandezza campione | (*comm.*) ***prix à l'unité***, prezzo unitario.
univalent [ynivalɑ̃] ***agg.*** (*chim.*) monovalente.
univers [ynivɛʀ] ***n.m.*** universo (*anche fig.*).
universaliser [ynivɛʀsalize] ***v.tr.*** universalizzare.
universalisme [ynivɛʀsalism] ***n.m.*** universalismo.
universalité [ynivɛʀsalite] ***n.f.*** universalità.
universel [ynivɛʀsɛl] ***agg.*** [f. *-elle*] **1** universale **2** (*multiuso*) universale ♦ ***n.m.*** universale.
universellement [ynivɛʀsɛlmɑ̃] ***avv.*** universalmente.
universitaire [ynivɛʀsitɛʀ] ***agg.*** universitario ♦ ***n.m.*** e ***f.*** professore/essa universitario/a.
université [ynivɛʀsite] ***n.f.*** università.
● ***université d'été***, raduno estivo organizzato dai principali partiti politici per i giovani simpatizzanti | ***université du troisième âge***, università della terza età.
univocité [ynivɔsite] ***n.f.*** univocità.
univoque [ynivɔk] ***agg.*** univoco.
Untel [œ̃tɛl] ***n.m.*** [f. *Unetelle*] Tal dei Tali: *Monsieur Untel, Madame Unetelle*, il signore, la signora Tal dei Tali; *la famille Untel*, la famiglia Tal dei Tali.
uranie [yʀani] ***n.f.*** (*zool.*) urania.
uranium [yʀanjɔm] ***n.m.*** (*chim.*) uranio.
urbain [yʀbɛ̃] ***agg.*** urbano.
■ CONTR. rural.
urbanisation [yʀbanizasjɔ̃] ***n.f.*** **1** urbanizzazione **2** urbanesimo (*m.*).
urbaniser [yʀbanize] ***v.tr.*** urbanizzare ♦ **s'urbaniser** ***v.pron.intr.*** urbanizzarsi.
urbanisme [yʀbanism] ***n.m.*** urbanistica (*f.*).
urbaniste [yʀbanist] ***agg.*** urbanistico ♦ ***n.m.*** e ***f.*** urbanista.
urbanité [yʀbanite] ***n.f.*** urbanità, cortesia.
urée [yʀe] ***n.f.*** (*biochim.*) urea.
urémie [yʀemi] ***n.f.*** (*med.*) uremia.
uretère [yʀetɛʀ] ***n.m.*** (*anat.*) uretere.
urétral [yʀetʀal] ***agg.*** [pl. *-aux*] (*anat.*) uretrale.
urètre [yʀɛtʀ] ***n.m.*** (*anat.*) uretra (*f.*).
urgence [yʀʒɑ̃s] ***n.f.*** **1** urgenza **2** (*med.*) caso (*m.*) urgente.
● ***d'urgence***, d'urgenza | ***en cas d'urgence***, in caso di emergenza | ***état d'urgence***, stato di emergenza | ***il y a urgence***, (*fam.*) è urgente | ***service des urgences***, (*di ospedale*) pronto soccorso.
urgent [yʀʒɑ̃] ***agg.*** urgente.
■ SIN. pressant.
urgentiste [yʀʒɑ̃tist] ***agg.*** e ***n.m.*** e ***f.*** medico di pronto soccorso.
urger [yʀʒe] ***v.intr.impers.*** [coniug. come *manger*] (*fam.*) essere urgente, urgere.
uricémie [yʀisemi] ***n.f.*** (*med.*) uricemia.
urinaire [yʀinɛʀ] ***agg.*** (*med.*) urinario.
urinal [yʀinal] ***n.m.*** [pl. *-aux*] orinale, pappagallo.
urine [yʀin] ***n.f.*** urina, orina.

uriner [yʀine] ***v.intr.*** urinare, orinare.
urinoir [yʀinwaʀ] ***n.m.*** orinatoio.
urique [yʀik] ***agg.*** (*biochim.*) urico.
urne [yʀn] ***n.f.*** urna.
● ***urne cinéraire***, urna cineraria | ***aller aux urnes***, andare alle urne, andare a votare.
uroculture [yʀɔkyltyʀ] ***n.f.*** (*med.*) urinocoltura.
uro-génital [yʀɔʒenital] ***agg.*** [pl. *uro-génitaux*] (*anat.*) urogenitale.
urographie [yʀɔgʀafi] ***n.f.*** (*med.*) urografia.
urologie [yʀɔlɔʒi] ***n.f.*** urologia.
urologique [yʀɔlɔʒik] ***agg.*** urologico.
urologue [yʀɔlɔg] ***n.m.*** e ***f.*** urologo/a.
uroscopie [yʀɔskɔpi] ***n.f.*** (*med.*) uroscopia.
ursuline [yʀsylin] ***n.f.*** (*eccl.*) (suora) orsolina.
urticaire [yʀtikɛʀ] ***n.f.*** (*med.*) orticaria.
■ SIN. éruption.
urticant [yʀtikɑ̃] ***agg.*** urticante.
uruguayen [yʀygwɛjɛ̃] ***agg.*** [f. *-enne*] uruguaiano.
Uruguayen ***n.m.*** [f. *-enne*] (*abitante*) uruguaiano.
us [ys] ***n.m.pl.***
● ***us et coutumes***, usi e costumi.
usage [yzaʒ] ***n.m.*** **1** uso; pratica (*f.*) **2** scopo; uso, impiego **3** costume; uso; abitudine (*f.*): *conforme, contraire aux usages*, conforme, contrario alle abitudini; *les usages locaux*, gli usi, i costumi locali.
● ***à l'usage***, all'uso; con l'uso | ***à (l')usage de***, destinato a, a uso (di), per: *à l'usage de la jeunesse*, per ragazzi; *édition à l'usage des écoles*, edizione scolastica; *locaux à usage d'habitation, de bureaux*, locali a uso abitazione, uso ufficio | (*farm.*) ***à usage interne, externe***, per uso interno, esterno: *médicaments à usage interne, externe*, medicine per uso interno, esterno | ***c'est l'usage***, si usa (così) | ***comme il est d'usage***, come si usa fare, come vuole la consuetudine | ***d'usage***, d'uso (corrente), corrente | ***en usage***, in uso, usato; vigente | ***faire bon usage de***, fare buon uso di | ***faire de l'usage***, (*fam.*) durare tanto, molto | ***faire usage de***, fare uso di | ***hors d'usage***, fuori uso | ***il est d'usage de***, si usa | ***l'usage général***, la prassi generale | ***manquer d'usage***, (*estens.*) essere maleducato | ***par l'usage***, con l'uso, con la pratica | ***perdre l'usage de***, perdere l'uso di.
■ SIN. **3** coutume.
usagé [yzaʒe] ***agg.*** **1** usato **2** (*fig.*) trito e ritrito.
usager [yzaʒe] ***n.m.*** [f. *-ère*] utilizzatore; utente.
■ SIN. utilisateur.
usance [yzɑ̃s] ***n.f.*** (*comm.*) mese (*m.*) convenzionale di trenta giorni.
● ***effet à double usance***, effetto pagabile a sessanta giorni.
usant [yzɑ̃] ***agg.*** **1** (*fam.*) logorante, sfibrante **2** (*di persona*) snervante.
usb [yɛsbe] ***agg.invar.*** (*inform.*) (*sigla di* Universal Serial Bus) usb: *clé usb*, chiave usb ♦ ***n.m.*** (*inform.*) porta (*f.*) usb.
usé [yze] ***agg.*** **1** logoro; consumato; (*spec. di tessuto*) liso: *chaussures usées*, scarpe consumate; *des draps usés*, lenzuola lise **2** (*fig.*) consunto, sfinito, stremato | *santé usée*, salute malandata | *homme usé avant l'âge, usé par l'alcool*, uomo invecchiato anzitempo, distrutto dall'alcol.
● ***usé jusqu'à la corde***, frusto | ***eaux usées***, acque reflue, di scolo | ***plaisanterie usée***, battuta trita e ritrita.
■ SIN. **1** détérioré, **2** épuisé.

FAUX AMI
Da non confondere con *uso* nel significato di *abituato*, che si traduce *habitué*.

user [yze] ***v.tr.*** **1** logorare; consumare (*anche fig.*): *user ses forces*, logorare le proprie forze **2** consumare; rovinare, sciupare (*anche fig.*): *user sa santé*, rovinarsi la salute ♦ ***v.intr.*** usare (qlco), servirsi; usufruire: *user d'un droit*, valersi di un diritto ♦ **s'user** ***v.pron.intr.*** **1** consumarsi; logorarsi; sciuparsi (*anche fig.*) **2** (*fig.*) logorarsi, sfibrarsi, snervarsi.

FAUX AMI
Da non confondere con *usare*, che nella forma transitiva si traduce *employer, utiliser, se servir (de)*.

usinage [yzinaʒ] ***n.m.*** (*tecn.*) lavorazione (*f.*) (di metalli).
usine [yzin] ***n.f.*** fabbrica, stabilimento (*m.*).
● ***usine textile***, manifattura tessile | (*comm.*) ***départ usine***, franco fabbrica.
usiner [yzine] ***v.tr.*** (*tecn.*) lavorare (un pezzo) a macchina.
usinier [yzinje] ***agg.*** [f. *-ère*] (*antiq.*) industriale; manifatturiero.
usité [yzite] ***agg.*** usato, in uso.
ussellois [ysɛlwa] ***agg.*** di Ussel.
ustensile [ystɑ̃sil] ***n.m.*** utensile; attrezzo.
usucapion [yzykapjɔ̃] ***n.f.*** (*dir.*) usucapione.
usuel [yzɥɛl] ***agg.*** [f. *-elle*] usuale.
● (*scient.*) ***nom usuel***, nome volgare (di animali e vegetali).
■ SIN. commun, courant.
usuellement [yzɥɛlmɑ̃] ***avv.*** usualmente.
usufruit [yzyfʀɥi] ***n.m.*** (*dir.*) usufrutto.
usufruitier [yzyfʀɥitje] ***agg.*** e ***n.m.*** [f. *-ère*] (*dir.*) usufruttuario.
usuraire [yzyʀɛʀ] ***agg.*** usurario.
usure[1] [yzyʀ] ***n.f.*** usura.
● ***avec usure***, a usura.
usure[2] ***n.f.*** logorio (*m.*), usura.
● ***avoir qqn à l'usure***, (*fam.*) averla vinta su qlcu. a furia di insistere | ***guerre d'usure***, guerra di logoramento.
usurier [yzyʀje] ***n.m.*** [f. *-ère*] usuraio; strozzino.
usurpateur [yzyʀpatœʀ] ***agg.*** e ***n.m.*** [f. *-trice*] usurpatore.
usurpation [yzyʀpasjɔ̃] ***n.f.*** usurpazione.
usurper [yzyʀpe] ***v.tr.*** usurpare.
ut [yt] ***n.m.*** (*mus.*) ut, do.
utérin [yteʀɛ̃] ***agg.*** uterino.
utérus [yteʀys] ***n.m.*** (*anat.*) utero.
utile [ytil] ***agg.*** **1** utile, vantaggioso **2** opportuno.
● ***en temps utile***, in tempo utile | ***il est utile de savoir que***, è bene sapere che | ***joindre l'utile à l'agréable***, unire l'utile al dilettevole | ***se rendre utile***, rendersi utile.
■ SIN. **1** bon, nécessaire CONTR. **1** inutile.
utilement [ytilmɑ̃] ***avv.*** utilmente, in modo utile.
utilisable [ytilizabl] ***agg.*** utilizzabile.
utilisateur [ytilizatœʀ] ***n.m.*** [f. *-trice*] utente; utilizzatore.
utilisation [ytilizasjɔ̃] ***n.f.*** utilizzazione, utilizzo (*m.*).
utiliser [ytilize] ***v.tr.*** utilizzare, adoperare, impiegare; sfruttare.
● (*inform.*) ***non utilisé***, inattivo.

utilitaire [ytilitɛʀ] ***agg.*** utilitario; utilitaristico.
● (*inform.*) ***programme utilitaire***, programma di utilità, utility | (***véhicule***) ***utilitaire***, veicolo milleusi, pulmino.

utilitarisme [ytilitaʀism] ***n.m.*** utilitarismo.

utilitariste [ytilitaʀist] ***agg.*** utilitaristico ♦ ***n.m.*** e ***f.*** utilitarista.

utilité [ytilite] ***n.f.*** **1** utilità **2** vantaggio (*m.*); tornaconto (*m.*) **3** (*teatr.*) parte di generico; generico (*f.*).
● (*dir.*) ***utilité publique***, pubblica utilità.

utopie [ytɔpi] ***n.f.*** utopia (*anche fig.*).

utopique [ytɔpik] ***agg.*** utopistico, utopico.
■ SIN. irréalisable.

utopiste [ytɔpist] ***agg.*** utopistico ♦ ***n.m.*** e ***f.*** utopista.

uxoricide [yksɔʀisid] ***n.m.*** (*dir.*) **1** uxoricidio **2** uxoricida.

Vv

v [ve] ***n.m.invar.*** v (*m.* o *f.*).
● (*tel.*) ***v comme Victor***, v come Venezia | ***en V***, a forma di V.

va [va] ***inter.*** va'.
● ***va donc, eh patate!***, (*fam.*) dai, muoviti, salame! | ***va pour cette fois***, per questa volta passi | ***va pour dix euros***, (*fam.*) facciamo dieci euro.

vacance [vakɑ̃s] ***n.f.*** **1** (*di ufficio, carica ecc.*) vacanza: *il y a une vacance dans le personnel*, c'è un posto da riempire nel personale **2** (*pl.*) vacanza (*sing.*), ferie: *un lieu de vacances*, un luogo di villeggiatura; *partir en vacances*, partire per le vacanze.
● (*dir.*) ***vacance de pouvoir***, vuoto di potere | ***les grandes vacances***, le vacanze, le ferie estive | ***services-vacances***, servizi turistici | ***village-vacances***, villaggio turistico.

vacancier [vakɑ̃sje] ***n.m.*** [f. *-ère*] villeggiante ♦ ***agg.*** vacanziero: *climat vacancier*, clima vacanziero.
● ***migration vacancière***, esodo di massa (per le ferie).

vacant [vakɑ̃] ***agg.*** vacante.
■ **SIN.** vide **CONTR.** occupé.

vacarme [vakaʀm] ***n.m.*** baccano, fracasso.
■ **SIN.** tumulte, boucan **CONTR.** silence.

vacataire [vakatɛʀ] ***agg.*** e ***n.m.*** e ***f.*** precario/a, avventizio/a.

vacation [vakasjɔ̃] ***n.f.*** **1** (*dir.*) vacazione **2** emolumento (*m.*) (per una vacazione).

vaccin [vaksɛ̃] ***n.m.*** vaccino.

vaccination [vaksinasjɔ̃] ***n.f.*** vaccinazione.
● ***vaccination préventive***, vaccinazione preventiva, profilattica.

vaccine [vaksin] ***n.f.*** (*med., vet.*) vaiolo (*m.*) vaccino; vaiolo (*m.*) equino.

vacciner [vaksine] ***v.tr.*** **1** vaccinare (*anche fig.*) **2** (*Africa*) praticare incisioni (contro il malocchio ecc.).

vache [vaʃ] ***n.f.*** **1** vacca, mucca **2** pelle di vacca conciata, vacchetta **3** (*molto fam.*) carogna, canaglia **4** (*spreg.*) sbirro (*m.*) ♦ ***agg.*** (*fam.*) **1** severo; cattivo; crudele: *c'est vache ce qui lui arrive!*, che scalogna gli è capitata! **2** eccezionale: *c'est une vache de moto*, è uno schianto di moto.
● ***vache à lait***, vacca da latte; (*fig.*) persona da sfruttare, da mungere | (*vet.*) ***vache folle***, (*fam.*) mucca pazza | ***vaches grasses, maigres***, (*fig.*) vacche grasse, magre | ***c'est une grosse vache***, (*fam.*) è un donnone | ***il pleut comme vache qui pisse***, (*fam.*) piove che Dio la manda | ***la vache!***, (*fam.*) accidenti! | ***manger de la vache enragée***, (*fam.*) tirare la cinghia | ***parler français comme une vache espagnole***, (*fam.*) parlare un francese da cani | ***quelle peau de vache!***, (*molto fam.*) che carogna! | ***un coup en vache***, (*fam.*) un colpo basso.

vachement [vaʃmɑ̃] ***avv.*** (*fam.*) terribilmente, maledettamente.

vacher [vaʃe] ***v.intr.*** (*Canada*) poltrire.

vacherie [vaʃʀi] ***n.f.*** (*molto fam.*) carognata, cattiveria | *quelle vacherie de temps!*, che schifo di tempo!

vacherin [vaʃʀɛ̃] ***n.m.*** **1** dolce di meringhe **2** formaggio vaccino, a pasta molle, prodotto nella Franca Contea e in Svizzera.

vachette [vaʃɛt] ***n.f.*** (*pelle*) vacchetta.

vacillant [vasijɑ̃] ***agg.*** **1** vacillante **2** incerto, malfermo: *démarche vacillante*, passo incerto, esitante.

vacillement [vasijmɑ̃] ***n.m.*** vacillamento (*anche fig.*); esitazione (*f.*).

vaciller [vasije] ***v.intr.*** vacillare (*anche fig.*).

vacuité [vakɥite] ***n.f.*** vacuità.

vacuole [vakɥɔl] ***n.f.*** (*biol.*) vacuolo (*m.*).

vacuothérapie [vakɥɔteʀapi] ***n.f.*** (*med.*) presso-depressoterapia.

vade-mecum [vademekɔm] ***n.m.invar.*** (*letter.*) vademecum.

vadrouille[1] [vadʀuj] ***n.f.*** (*fam.*) passeggiata.
● ***en vadrouille***, a zonzo, a spasso.

vadrouille[2] ***n.f.*** (*Canada*) scopa (di frange, di cotone).

vadrouiller [vadʀuje] ***v.intr.*** (*fam.*) andare a zonzo, a spasso.

va-et-vient [vaevjɛ̃] ***n.m.invar.*** **1** viavai, andirivieni **2** (movimento di) va e vieni **3** (*elettr.*) interruttore bipolare **4** (*tecn.*) dispositivo a va e vieni.
● ***faire le va-et-vient***, fare la spola: *faire le va-et-vient entre l'école et la maison*, fare la spola tra la scuola e la casa | ***porte va-et-vient***, porta a vento.

vagabond [vagabɔ̃] ***agg.*** e ***n.m.*** vagabondo.
● ***humeur vagabonde***, umore fantastico, sognante.

vagabondage [vagabɔ̃daʒ] ***n.m.*** vagabondaggio.

vagabonder [vagabɔ̃de] ***v.intr.*** vagabondare.
■ **SIN.** errer.

vagin [vaʒɛ̃] ***n.m.*** (*anat.*) vagina (*f.*).

vaginal [vaʒinal] ***agg.*** [pl. *-aux*] (*anat.*) vaginale.

vaginite [vaʒinit] ***n.f.*** (*med.*) vaginite.

vagir [vaʒiʀ] ***v.intr.*** **1** vagire **2** (*di coniglio ecc.*) zigare **3** (*di coccodrillo*) piangere.

vagissement [vaʒismɑ̃] ***n.m.*** **1** vagito **2** (*di coniglio ecc.*) lo zigare **3** (*di coccodrillo*) il piangere.

vague[1] [vag] ***agg.*** vago, indefinito ♦ ***n.m.*** vago.
● ***avoir du vague à l'âme***, provare un senso di inspiegabile malinconia | ***rester dans le vague***, restare nel vago
■ ***AGG.*** **SIN.** imprécis.

vague[2] ***n.f.*** **1** onda; ondata; flutto (*m.*) **2** (*fig.*) ondata, afflusso (*m.*): *une vague de vacanciers*, una massa di vacanzieri.
● ***être au creux de la vague***, (*form.*) attraversare un brutto periodo | ***faire des vagues***, (*fam.*) fare scalpore | ***par vagues***, a ondate.

vague[3] ***agg.*** e ***n.m.*** vuoto.

● ***regarder dans le vague***, guardare nel vuoto | ***terrain vague***, terreno in abbandono.
vaguelette [vaglɛt] ***n.f.*** piccola onda.
vaguement [vagmɑ̃] ***avv.*** vagamente.
vaguer [vage] ***v.intr.*** vagare.
vaillamment [vajamɑ̃] ***avv.*** valorosamente, coraggiosamente; strenuamente.
vaillance [vajɑ̃s] ***n.f.*** coraggio (*m.*), forza.
vaillant [vajɑ̃] ***agg.*** **1** (*letter.*) audace, prode **2** vigoroso, in forma, in perfetta salute.
● ***il n'a plus un sou vaillant***, non ha più il becco di un quattrino.
vaille [vaj] → **valoir**.
vain [vɛ̃] ***agg.*** vano.
● ***en vain***, invano, inutilmente.
vaincre [vɛ̃kʀ] ***v.tr.*** [pres.indic.: *je vaincs, tu vaincs, il vainc, nous vainquons* etc.; imperf.indic.: *je vainquais* etc.; p.rem.: *je vainquis* etc.; fut.indic.: *je vaincrai* etc.; cond.: *je vaincrais* etc.; pres.cong.: *que je vainque* etc.; imperf.cong.: *que je vainquisse* etc.; p.pres.: *vainquant*; p.p.: *vaincu*; imp.: *vaincs, vainquons, vainquez*] vincere; superare (*anche fig.*) ♦ **se vaincre** ***v.pron.*** vincersi, dominarsi.
■ *V.TR.* SIN. battre.
vaincu [vɛ̃ky] *p.p.* di **vaincre** ♦ ***agg.*** e ***n.m.*** vinto.
vainement [vɛnmɑ̃] ***avv.*** invano, inutilmente.
vainquant [vɛ̃kɑ̃] *p.pres.* di **vaincre**.
vainqueur [vɛ̃kœʀ] ***agg.m.*** (da) vincitore ♦ ***n.m.*** vincitore.
■ CONTR. perdant.
vair [vɛʀ] ***n.m.*** (*abbigl., arald.*) vaio.
vairon[1] [vɛʀɔ̃] ***n.m.*** (*zool.*) vairone.
vairon[2] ***agg.*** (*med.*) (*di occhio*) discromico.
vais [vɛ] → **aller**[1].
vaisseau [vɛso] ***n.m.*** [pl. *-eaux*] **1** (*antiq.*) vascello **2** (*anat.*) vaso **3** (*arch.*) navata (*f.*).
● ***vaisseau amiral***, nave ammiraglia | ***vaisseau de guerre***, nave da guerra | ***vaisseau spatial***, navicella spaziale | (*anat.*) ***vaisseaux sanguins***, vasi sanguigni | ***brûler ses vaisseaux***, tagliarsi i ponti alle spalle.
■ SIN. **1** navire.
vaisselier [vɛsəlje] ***n.m.*** credenza (*f.*) (con piattaia).
vaisselle [vɛsɛl] ***n.f.*** stoviglie (*pl.*); vasellame (*m.*).
● ***eau de vaisselle***, (*anche fig.*) sciacquatura di piatti | ***faire la vaisselle***, lavare i piatti.
val [val] ***n.m.*** [pl. *vals, vaux*] valle (*f.*), vallata (*f.*).
valable [valabl] ***agg.*** **1** valido **2** valevole.
valablement [valabləmɑ̃] ***avv.*** validamente.
valaisan [valɛzɑ̃] ***agg.*** del Vallese.
valdinguer [valdɛ̃ge] ***v.intr.*** (*fam.*) fare un volo, un capitombolo.
● ***envoyer valdinguer***, mandare a gambe all'aria; (*fam.*) mandare al diavolo.
valdôtain [valdotɛ̃] ***agg.*** valdostano.
Valdôtain ***n.m.*** (*abitante*) valdostano.
valence [valɑ̃s] ***n.f.*** (*chim., psic.*) valenza.
valenciennes [valɑ̃sjɛn] ***n.f.*** pizzo (*m.*) di Valenciennes.
valenciennois [valɑ̃sjɛnwa] ***agg.*** di Valenciennes.
valériane [valeʀjan] ***n.f.*** (*bot.*) valeriana.
valet [valɛ] ***n.m.*** **1** (*antiq.*) domestico; garzone **2** (*alle carte*) fante.
● ***valet de chambre***, cameriere | ***valet d'écurie***, mozzo di stalla | ***valet de ferme***, garzone di fattoria | ***valet de nuit***, servo muto, porta(a)biti | ***valet de pied***, domestico; (*ant.*) palafreniere.
valetaille [valtɑj] ***n.f.*** (*antiq. spreg.*) servitorame (*m.*).
valétudinaire [valetydinɛʀ] ***agg.*** e ***n.m.*** (*letter.*) valetudinario.
valeur [valœʀ] ***n.f.*** **1** valore (*m.*): *des actes de valeur*, atti di valore **2** pregio (*m.*), valore (*m.*) **3** valore (*m.*), qualità (morale, artistica ecc.) **4** (*econ., Borsa*) valore (*m.*), titolo (*m.*) **5** (*comm.*) valuta.
● (*econ.*): ***valeur ajoutée***, valore aggiunto; ***valeur de facture***, valore fatturato; ***valeurs en portefeuille***, effetti in portafoglio; ***valeurs mobilières***, titoli mobiliari | (*mil.*) ***croix de la valeur militaire***, croce al valore militare | ***donner de la valeur à***, dar valore a | ***être (mis) en valeur***, essere valorizzato, risaltare | (*econ.*) ***jour de valeur***, giorno di valuta | ***jugement de valeur***, giudizio di merito | ***la valeur de***, l'equivalente di | ***mettre en valeur***, (*anche fig.*) valorizzare | ***mise en valeur***, valorizzazione.
■ SIN. **3** mérite.
valeureusement [valœʀøzmɑ̃] ***avv.*** valorosamente.
valeureux [valœʀø] ***agg.*** [f. *-euse*] valoroso.
■ SIN. brave.
valeur-refuge [valœʀʀəfyʒ] ***n.f.*** [pl. *valeurs-refuge*] (*econ.*) bene (*m.*) rifugio.
valgus [valgys] ***agg.*** [f. *valga*] (*med.*) valgo.
validation [validasjɔ̃] ***n.f.*** (*dir.*) convalida.
valide [valid] ***agg.*** valido.
validement [validmɑ̃] ***avv.*** validamente.
valider [valide] ***v.tr.*** convalidare.
validité [validite] ***n.f.*** validità.
valise [valiz] ***n.f.*** **1** valigia **2** (*Africa*) ventiquattrore.
● ***valise diplomatique***, valigia diplomatica | ***faire ses valises***, (*anche fig.*) fare le valigie.
valkyrie [valkiʀi] ***n.f.*** → **walkyrie**.
vallée [vale] ***n.f.*** valle, vallata.
● ***vallée de larmes***, (*fig.*) valle di lacrime.
vallon [valɔ̃] ***n.m.*** valletta (*f.*); avvallamento.
vallonné [valɔne] ***agg.*** ondulato, valloso.
vallonnement [valɔnmɑ̃] ***n.m.*** ondulazione (*f.*).
valoche [valɔʃ] ***n.f.*** (*fam.*) valigia.
valoir [valwaʀ] ***v.intr.*** [pres.indic.: *je vaux, tu vaux, il vaut, nous valons* etc.; imperf.indic.: *je valais* etc.; p.rem.: *je valus* etc.; fut.indic.: *je vaudrai* etc.; cond.: *je vaudrais* etc.; pres.cong.: *que je vaille* etc., *que nous valions, que vous valiez, qu'ils vaillent*; imperf.cong.: *que je valusse* etc.; p.pres.: *valant*; p.p.: *valu*] valere: *ce devoir vaut une bonne note*, questo compito merita un bel voto; *cette église vaut la visite*, questa chiesa merita una visita; *il ne vaut pas son frère*, vale meno di suo fratello ♦ ***v.tr.*** valere, procurare: *les honneurs que lui a valus cette action*, gli onori che gli ha procurato quest'azione ♦ **se valoir** ***v.pron.rec.*** equivalersi: *ça se vaut*, una cosa vale l'altra.
● ***valoir cher***, valere molto, costare caro: *cela ne vaut pas cher*, non vale molto, non vale un gran che | ***valoir la peine, le coup***, (*fam.*) valere la pena | ***valoir mieux***, essere meglio: *il valait mieux que tu partes*, sarebbe meglio che tu partissi | ***autant vaut, vaudrait***, tanto vale, varrebbe | (*comm.*) ***à valoir***, in acconto, come acconto (su) | ***ça vaut mieux (comme ça)!***, (*fam.*) meglio così! | ***cela ne vous vaut rien***, questo non vi giova | ***faire valoir***, far valere; fare notare: *on lui fit valoir que*, gli si fece pesare il fatto

V

che | ***faire valoir son argent***, fare fruttare il proprio denaro | ***il vaut son pesant d'or***, (*fig. iron.*) vale tanto oro quanto pesa | ***mieux vaudrait***, sarebbe meglio: *mieux vaudrait ne pas y aller*, sarebbe meglio non andarci | ***rien qui vaille***, nulla di buono: *il ne fait rien qui vaille*, non fa niente di buono; *ce garçon ne me dit rien qui vaille*, quel ragazzo non mi dà affidamento | ***se faire valoir***, farsi valere, mettersi in mostra | ***vaille que vaille***, alla meno peggio.
■ *V.INTR.* SIN. coûter.

valorisant [valɔrizɑ̃] ***agg.*** qualificante.

valorisation [valɔrizasjɔ̃] ***n.f.*** valorizzazione.

valoriser [valɔrize] ***v.tr.*** valorizzare ♦ **se valoriser** ***v.pron.*** e ***pron.intr.*** valorizzarsi, qualificarsi.

valse [vals] ***n.f.*** **1** valzer (*m.*) **2** (*fig.*) altalena; girandola: *la valse des prix*, l'altalena dei prezzi.

valser [valse] ***v.intr.*** ballare il valzer.
● ***envoyer qqch valser***, (*fam.*) scaraventare via qlco | ***envoyer qqn valser***, (*fam.*) cacciare via qlcu | ***faire valser l'argent***, spendere e spandere.

valseur [valsœr] ***n.m.*** [f. *-euse*] ballerino di valzer.

valu [valy] *p.p.* di **valoir**.

valve [valv] ***n.f.*** **1** (*bot., zool.*) valva **2** (*elettr., tecn.*) valvola **3** (*pl.*) (*Belgio*) bacheca (*sing.*).

valvulaire [valvylɛr] ***agg.*** (*med.*) valvolare.

valvule [valvyl] ***n.f.*** **1** (*anat.*) valvola **2** (*bot.*) piccola valva.

vamp [vɑ̃p] ***n.f.*** vamp; donna fatale.

vamper [vɑ̃pe] ***v.tr.*** (*fam.*) sedurre, ammaliare.

vampire [vɑ̃pir] ***n.m.*** vampiro.

vampiriser [vɑ̃pirize] ***v.tr.*** (*fam.*) soggiogare, schiavizzare.

vampirisme [vɑ̃pirism] ***n.m.*** **1** vampirismo **2** (*fig.*) avidità (*f.*), ingordigia (*f.*).

van[1] [vɑ̃] ***n.m.*** (*agr.*) vaglio.
● ***passer au van***, spulare.

van[2] ***n.m.*** **1** furgone per il trasporto di cavalli da corsa **2** minibus.

vanadium [vanadjɔm] ***n.m.*** (*chim.*) vanadio.

vandale [vɑ̃dal] ***n.m.*** e ***f.*** vandalo/a.

vandalisme [vɑ̃dalism] ***n.m.*** vandalismo.

vanesse [vanɛs] ***n.f.*** (*zool.*) vanessa.

vanille [vanij] ***n.f.*** vaniglia.

vanillé [vanije] ***agg.*** vanigliato.

vanillier [vanilje] ***n.m.*** (*pianta*) vaniglia (*f.*).

vanité [vanite] ***n.f.*** **1** vanità, futilità **2** vanità, vanto (*m.*).
● ***soit dit sans vanité***, non per vantarmi | ***tirer vanité de***, vantarsi di.

vaniteusement [vanitøzmɑ̃] ***avv.*** vanitosamente.

vaniteux [vanitø] ***agg.*** [f. *-euse*] vanitoso.
■ SIN. orgueilleux, prétentieux.

vanity-case [vanitikɛz] ***n.m.*** [pl. *vanity-cases*] beauty-case.

vannage[1] [vanaʒ] ***n.m.*** **1** (*idraulica*) sistema di cateratte **2** (*tecn.*) valvolame.

vannage[2] ***n.m.*** (*agr.*) spulatura (*f.*).

vanne[1] [van] ***n.f.*** **1** (*idraulica*) paratoia; saracinesca; cateratta **2** (*mecc.*) valvola.
● (*idraulica*) ***vanne de décharge, de passe***, paratoia di piena | (*mecc.*) ***vanne papillon***, valvola a farfalla.

vanne[2] ***n.f.*** (*fam.*) frecciata, battuta maliziosa.

vanné [vane] ***agg.*** (*fam.*) spompato, sfinito, stanco morto.

vanneau [vano] ***n.m.*** [pl. *-eaux*] (*zool.*) pavoncella (*f.*).
● ***vanneau huppé***, pavoncella.

vanner[1] [vane] ***v.tr.*** **1** (*agr.*) spulare, ventilare **2** (*fam.*) sfinire, spossare.

vanner[2] ***v.tr.*** **1** (*idraulica*) munire di paratoie **2** (*tecn.*) munire di valvole.

vannerie [vanri] ***n.f.*** **1** arte del cestaio **2** industria del vimine **3** articoli (*m.pl.*) di vimini **4** (*arch.*) canestro (*m.*).

vannetais [vantɛ] ***agg.*** di Vannes.

vanneur [vanœr] ***n.m.*** [f. *-euse*] (*agr.*) spulatore, ventilatore.

vannier [vanje] ***n.m.*** cestaio.

vannure [vanyr] ***n.f.*** pula.

FAUX AMI
Da non confondere con *ventaglio*, che si traduce *éventail*.

vantail [vɑ̃taj] ***n.m.*** [pl. *-aux*] battente, anta (*f.*).

vantard [vɑ̃tar] ***agg.*** e ***n.m.*** spaccone.

vantardise [vɑ̃tardiz] ***n.f.*** vanteria, spacconata.

vanter [vɑ̃te] ***v.tr.*** vantare ♦ **se vanter** ***v.pron.intr.*** vantarsi.

va-nu-pieds [vanypje] ***n.m.invar.*** (*fam.*) pezzente, straccione.

vapes [vap] ***n.f.pl.***
● ***être dans les vapes***, (*fam.*) essere nel pallone | ***tomber dans les vapes***, (*fam.*) svenire.

vapeur[1] [vapœr] ***n.f.*** vapore (*m.*).
● ***vapeur d'eau***, vapore acqueo | (*cuc.*) ***(à la) vapeur***, (cotto) a vapore | ***à toute vapeur***, (*fam.*) a tutto vapore | ***avoir des vapeurs***, (*fam.*) avere le caldane | ***les vapeurs de l'ivresse***, i fumi dell'alcol | ***renverser la vapeur***, invertire il senso di marcia; (*fig.*) fare marcia indietro.

vapeur[2] ***n.m.*** (*mar.*) vaporetto, battello a vapore.

vaporeux [vapɔrø] ***agg.*** [f. *-euse*] vaporoso.

vaporisateur [vapɔrizatœr] ***n.m.*** **1** vaporizzatore **2** spruzzatore.

vaporisation [vapɔrizasjɔ̃] ***n.f.*** vaporizzazione.

vaporiser [vapɔrize] ***v.tr.*** vaporizzare ♦ **se vaporiser** ***v.pron.intr.*** vaporizzarsi.

vaquer [vake] ***v.intr.*** **1** sospendere; interrompere la propria attività **2** attendere, accudire; occuparsi (**di**).

varan [varɑ̃] ***n.m.*** (*zool.*) varano.

varangue [varɑ̃g] ***n.f.*** (*mar.*) madiere (*m.*).

varappe [varap] ***n.f.*** (*alpinismo*) ascensione su parete rocciosa.

varappeur [varapœr] ***n.m.*** [f. *-euse*] (*alpinismo*) rocciatore.

varech [varɛk] ***n.m.*** alga (*f.*) bruna.

vareuse [varøz] ***n.f.*** **1** casacca; camiciotto (*m.*) **2** cerata **3** (*mar.*) (*di uniforme*) giubba.

variabilité [varjabilite] ***n.f.*** variabilità.

variable [varjabl] ***agg.*** variabile, mutevole ♦ ***n.f.*** (*scient.*) variabile.
■ *AGG.* SIN. changeant CONTR. stable.

variante [varjɑ̃t] ***n.f.*** variante.

variation [varjasjɔ̃] ***n.f.*** **1** variazione **2** (*pl.*) varianti.

varice [varis] ***n.f.*** (*med.*) varice.

varicelle [varisɛl] ***n.f.*** (*med.*) varicella.

varié [varje] ***agg.*** **1** vario; variegato: *nourriture, cuisine*

variée, alimentazione, cucina varia, variata **2** (*mus.*) con variazioni.
● (*cuc.*) ***hors-d'œuvre variés***, antipasto misto.
varier [vaʀje] ***v.tr.*** e ***intr.*** variare; cambiare, mutare.
● ***et pour varier les plaisirs***, (*iron.*) e tanto per cambiare.
variété [vaʀjete] ***n.f.*** **1** varietà, diversità **2** (*pl.*) (*teatr.*) varietà (*m.sing.*).
variole [vaʀjɔl] ***n.f.*** (*med.*) vaiolo (*m.*).
variolé [vaʀjɔle] ***agg.*** (*med.*) butterato.
varioleux [vaʀjɔlø] ***agg.*** e ***n.m.*** [f. *-euse*] (*med.*) vaioloso.
variqueux [vaʀikø] ***agg.*** [f. *-euse*] (*med.*) varicoso.
varlope [vaʀlɔp] ***n.f.*** (*tecn.*) pialla.
varloper [vaʀlɔpe] ***v.tr.*** (*tecn.*) piallare.
varois [vaʀwa] ***agg.*** del Var.
varus [vaʀys] ***agg.*** [f. *vara*] (*med.*) varo.
vas [va] → **aller**[1].
vasculaire [vaskylɛʀ] ***agg.*** (*anat., med., bot.*) vascolare.
vase[1] [vɑz] ***n.f.*** fango (*m.*), melma.
vase[2] ***n.m.*** **1** vaso **2** (*pl.*) vasi.
● ***vase à fleurs***, vaso da fiori | ***vase de nuit***, vaso da notte | (*fis.*) ***vases communicants***, vasi comunicanti | ***vivre en vase clos***, vivere sotto una campana di vetro.
vasectomie [vazɛktɔmi] ***n.f.*** (*med.*) vasectomia.
vaseline [vazlin] ***n.f.*** vaselina.
vaseliner [vazline] ***v.tr.*** spalmare di vaselina.
vaseux [vɑzø] ***agg.*** [f. *-euse*] **1** fangoso, melmoso **2** (*fam.*) fiacco, sfasato **3** (*fam.*) fumoso, contorto **4** (*fig. fam.*) banale, pietoso.
vasistas [vazistɑs] ***n.m.*** (porta, finestra a) vasistas.
vasoconstricteur [vazɔkɔ̃stʀiktœʀ] ***n.m.*** e ***agg.*** [f. *-trice*] (*med.*) vasocostrittore.
vasoconstriction [vazɔkɔ̃stʀiksjɔ̃] ***n.f.*** (*med.*) vasocostrizione.
vasodilatateur [vazɔdilatatœʀ] ***n.m.*** e ***agg.*** [f. *-trice*] (*med.*) vasodilatatore.
vasodilatation [vazɔdilatɑsjɔ̃] ***n.f.*** (*med.*) vasodilatazione.
vasomoteur [vazɔmɔtœʀ] ***agg.*** [f. *-trice*] **1** (*anat.*) vasomotore **2** (*med.*) vasomotorio.
vasouillard [vazujaʀ] ***agg.*** (*fam.*) confuso, fumoso.
vasouiller [vazuje] ***v.intr.*** (*fam.*) **1** ingarbugliarsi, impappinarsi **2** (*fig.*) impantanarsi, non andare per il verso giusto.
vasque [vask] ***n.f.*** **1** vasca, tazza (di fontana), bacino (*m.*) **2** coppa centrotavola.
vassal [vasal] ***agg.*** e ***n.m.*** [pl. *-aux*] vassallo (*anche fig.*).
V
vassalisation [vasalizɑsjɔ̃] ***n.f.*** asservimento (*m.*).
vassaliser [vasalize] ***v.tr.*** asservire.
vassalité [vasalite] ***n.f.*** **vasselage** [vasəlaʒ] ***n.m.*** vassallaggio (*m.*) (*anche fig.*).
vaste [vast] ***agg.*** **1** vasto, ampio: *une vaste intelligence*, una grande intelligenza **2** (*fig.*) di ampio respiro.
■ SIN. **1** étendu CONTR. **1** exigu.
vatican [vatikɑ̃] ***agg.*** vaticano.
vaticaniste [vatikanist] ***n.m.*** e ***f.*** vaticanista.
vaticination [vatisinɑsjɔ̃] ***n.f.*** vaticinio (*m.*).
vaticiner [vatisine] ***v.intr.*** vaticinare.
va-tout [vatu] ***n.m.invar.*** (*alle carte*) puntata (*f.*) globale (in un solo colpo).
● ***jouer son va-tout***, (*fig.*) giocare l'ultima carta, rischiare il tutto per tutto.
vauclusien [voklyzjɛ̃] ***agg.*** [f. *-enne*] valchiusano.
vaudeville [vodvil] ***n.m.*** (*teatr.*) vaudeville.
vaudevillesque [vodvilɛsk] ***agg.*** farsesco, comico.
vaudevilliste [vodvilist] ***n.m.*** e ***f.*** autore/trice di vaudevilles.
vaudois [vodwa] ***agg.*** e ***n.m.*** (*relig.*) valdese.
vaudou [vodu] ***n.m.*** [pl. *-ous*] vudu ♦ ***agg.invar.*** vudu.
vaudrai [vodʀe] → **valoir**.
vau-l'eau, à [avolo] ***avv.*** seguendo la corrente, sul filo dell'acqua.
● ***aller à vau-l'eau***, seguire la corrente; (*fig.*) andare a rotoli, a catafascio.
vaurien [voʀjɛ̃] ***agg.*** e ***n.m.*** [f. *-enne*] **1** mascalzone **2** briccone, birbante: *un petit vaurien*, un ragazzaccio.
vaut [vo] → **valoir**.
vautour [votuʀ] ***n.m.*** avvoltoio (*anche fig.*).
vautrer, se [səvotʀe] ***v.pron.intr.*** **1** voltolarsi, rotolarsi **2** (*in poltrona ecc.*) sprofondarsi, stravaccarsi **3** (*fig.*) crogiolarsi, compiacersi: *se vautrer dans le vice*, crogiolarsi nel vizio.
vaux [vo] → **valoir**.
va-va [vava] ***n.m.invar.*** (*Svizzera*) viavai, agitazione (*f.*).
● ***avoir le va-va***, non essere capace di star fermo, essere irrequieto.
va-vite, à la [alavavit] ***avv.*** alla spiccia, alla bell'e meglio.
veau [vo] ***n.m.*** [pl. *-eaux*] **1** vitello **2** (pelle di) vitello **3** (*fig. spreg.*) (*persona ottusa*) bue; (*persona pigra*) mollaccione; (*veicolo, cavallo*) carretta (*f.*), lumaca (*f.*).
● ***veau de lait***, ***veau sous la mère***, vitello da latte | (*Belgio*) ***veau de mars***, acquazzone primaverile | (*zool.*) ***veau marin***, vitello marino | ***veau velours***, vitello scamosciato.
vécés [vese] ***n.m.pl.*** (*fam.*) wc (*sing.*), water(-closet) (*sing.*), gabinetto (*sing.*).
vecteur [vɛktœʀ] ***n.m.*** **1** (*scient.*) vettore **2** (*fig.*) veicolo ♦ ***agg.*** (*scient.*) vettore.
vectoriel [vɛktɔʀjɛl] ***agg.*** [f. *-elle*] (*scient.*) vettoriale.
vécu [veky] *p.p.* di **vivre**[1] ♦ ***agg.*** vissuto ♦ ***n.m.*** (*psic.*) vissuto, esperienza (*f.*) vissuta.
vedettariat [vədɛtaʀja] ***n.m.*** **1** l'essere una star, condizione (*f.*) di star **2** star system **3** (*estens.*) divismo, atteggiamento divistico.
● ***accéder au vedettariat***, (*fig.*) salire alla ribalta.
vedette [vədɛt] ***n.f.*** **1** vedette, star, divo (*m.*), diva; (*sport*) asso (*m.*): *les vedettes du cinéma*, i divi del cinema; *les vedettes de la politique*, i personaggi alla ribalta della politica **2** (*mar.*) (moto)vedetta.
● (*teatr.*) ***avoir la vedette***, avere il primo posto in cartellone; (*estens.*) essere al centro dell'attenzione | (*tip.*) ***en vedette***, in testa; in risalto, in vista: *mettre en vedette*, mettere in rilievo | ***jouer les vedettes***, fare di tutto per mettersi in mostra | (*teatr.*) ***tenir la vedette***, essere alla ribalta.
■ SIN. **1** étoile, star.
végétal [veʒetal] ***agg.*** e ***n.m.*** [pl. *-aux*] vegetale.
végétalien [veʒetaljɛ̃] ***agg.*** e ***n.m.*** [f. *-enne*] vegetalista, vegetariano puro.

végétaliser [veʒetalize] *v.tr.* rivestire di verde, coprire a verde.
végétalisme [veʒetalism] *n.m.* vegetalismo.
végétarien [veʒetaʀjɛ̃] *agg.* e *n.m.* [f. *-enne*] vegetariano.
végétarisme [veʒetaʀism] *n.m.* alimentazione (*f.*) vegetariana.
végétatif [veʒetatif] *agg.* [f. *-ive*] (*scient.*) vegetativo (*anche estens.*).
végétation [veʒetɑsjɔ̃] *n.f.* vegetazione.
● (*anat.*) ***végétations* (*adénoïdes*)**, (vegetazioni) adenoidi.
végéter [veʒete] *v.intr.* [coniug. come *céder*] vegetare (*anche fig.*).
véhémence [veemɑ̃s] *n.f.* veemenza.
véhément [veemɑ̃] *agg.* veemente.
■ SIN. impétueux, fougueux.
véhémentement [veemɑ̃tmɑ̃] *avv.* veementemente.
véhiculaire [veikylɛʀ] *agg.* e *n.m.*
● ***(langue) véhiculaire***, lingua veicolare.
véhicule [veikyl] *n.m.* veicolo (*anche fig.*).
● ***véhicule partagé***, car sharing | ***véhicule propre***, veicolo pulito, ecologico | ***véhicule spatial***, veicolo spaziale.
véhiculé [veikyle] *agg.* (*Africa*) motorizzato: *être véhiculé*, essere motorizzato.
véhiculer [veikyle] *v.tr.* 1 trasportare (per mezzo di un veicolo) 2 (*scient.*) veicolare 3 (*fig.*) diffondere, veicolare.
veille [vɛj] *n.f.* 1 veglia 2 vigilia: *pain de la veille*, pane del giorno prima; *la veille au soir*, la sera della vigilia 3 turno (*m.*) di notte.
● ***à la veille de***, alla vigilia di | ***entre la veille et le sommeil***, nel dormiveglia | ***l'avant veille***, l'antivigilia.
veillée [veje] *n.f.* 1 veglia; (tarda) serata 2 riunione serale.
● (*st.*) ***veillée d'armes***, vigilia, veglia d'armi; (*estens.*) vigilia (di un avvenimento importante) | ***veillée funèbre***, veglia funebre.
veiller [veje] *v.intr.* 1 vegliare, stare sveglio 2 vegliare, vigilare: *veiller sur qqn*, vigilare qlcu 3 fare attenzione, badare: *veillez à ce que rien ne manque*, fate attenzione che non manchi niente; *veillons à ne pas perdre notre calme*, cerchiamo di non perdere la calma ♦ *v.tr.* vegliare.
● (*Antille*) ***veiller la télé***, guardare la televisione.
veilleur [vɛjœʀ] *n.m.* (*mil.*) sentinella (*f.*), guardia (*f.*).
● ***veilleur de nuit***, guardiano notturno.
veilleuse [vɛjøz] *n.f.* 1 veilleuse, lume (*m.*) da notte 2 (*pl.*) (*aut.*) luci di posizione.
● ***veilleuse du chauffe-eau***, fiammella dello scaldabagno | ***mettre en veilleuse***, (*lampada*) abbassare la luce di; (*fig.*) ridurre l'attività di.
veilleux [vɛjø] *n.m.* [f. *-euse*] (*Canada*) ospite (*m.* e *f.*).
veinard [vɛnaʀ] *agg.* e *n.m.* (*fam.*) fortunato.
veine [vɛn] *n.f.* 1 vena: *s'ouvrir les veines*, tagliarsi, recidersi le vene 2 (*pl.*) (*di legno, di pietra*) vene, venature; (*di foglia*) nervature 3 (*miner.*) vena 4 (*fig.*) vena, estro (*m.*) 5 (*fam.*) fortuna: *avoir de la veine*, essere fortunato.
● ***pas de veine!***, peccato!
veiné [vene] *agg.* venato, con venature.
● ***main veinée***, mano con le vene in evidenza.
veiner [vene] *v.tr.* venare.
veineux [venø] *agg.* [f. *-euse*] 1 venoso 2 venato: *bois veineux*, legno venato.
veinule [venyl] *n.f.* 1 (*anat.*) venula 2 (*bot.*) piccola nervatura.
vêlage [vɛlaʒ] *n.m.* (*di vacca*) parto.
vélaire [velɛʀ] *agg.* e *n.m.* (*ling.*) velare.
vélani [velani] *n.m.* (*bot.*) vallonea (*f.*).
vélar [velaʀ] *n.m.* (*bot.*) erisimo.
velcro® [vɛlkʀo] *n.m.* velcro®.
vêler [vele] *v.intr.* (*di vacca*) figliare.
vélideltiste [velidɛltist] *n.m.* e *f.* (*Svizzera*) deltaplanista.
vélin [velɛ̃] *n.m.* pergamena (*f.*) finissima.
● ***(papier) vélin***, carta velina.
véliplanchiste [veliplɑ̃ʃist] *n.m.* e *f.* (wind)surfista.
vélique [velik] *agg.* (*mar.*) velico.
● ***point vélique***, centro velico.
vélivole [velivɔl] **vélivoliste** [velivɔlist] *agg.* (*aer.*) volovelistico ♦ *n.m.* e *f.* (*aer.*) volovelista.
vellave [vɛl/av] *agg.* del Velay.
velléitaire [ve(ɛl)leitɛʀ] *agg.* e *n.m.* velleitario.
velléité [ve(ɛl)leite] *n.f.* velleità.
vélo [velo] *n.m.* (*fam.*) bici(cletta) (*f.*): *faire du vélo*, andare in bicicletta.
● ***vélo d'appartement***, cyclette | ***à*, *en*, *sur son vélo***, in bicicletta
■ SIN. bicyclette.

FAUX AMI
Da non confondere con *velo*, che si traduce *voile*.

véloce [velɔs] *agg.* (*letter.*) veloce, rapido.
vélocipède [velɔsipɛd] *n.m.* (*antiq.*) velocipede.
vélocité [velɔsite] *n.f.* (*letter.*) velocità, rapidità.
vélodrome [velɔdʀɔm] *n.m.* velodromo.
vélomoteur [velɔmɔtœʀ] *n.m.* ciclomotore, motorino.
velours [vəluʀ] *n.m.* velluto: *le velours d'une pêche*, (*estens.*) la buccia vellutata di una pesca.
● ***velours frappé*, *froissé***, velluto stampato, marezzato | ***à pas de velours***, con passo felpato | ***faire des yeux de velours***, fare gli occhi dolci | ***sur le velours***, (*fig.*) senza sforzo, rischio.
velouté [vəlute] *agg.* vellutato ♦ *n.m.* 1 aspetto vellutato: *le velouté d'une étoffe*, la morbidezza di una stoffa 2 (*cuc.*) vellutata (*f.*).
● (*cuc.*) ***potage velouté***, vellutata | ***vin velouté***, vino amabile.
velu [vəly] *agg.* villoso, peloso.
vélum [velɔm] *n.m.* velario, tendale.
venaison [vənɛzɔ̃] *n.f.* (*cuc.*) cacciagione.
vénal [venal] *agg.* [pl. *-aux*] venale.
vénalité [venalite] *n.f.* venalità.
venant [vənɑ̃] *n.m.* chi viene.
● ***à tout venant***, al primo venuto, a chiunque.
vençois [vɑ̃swa] *agg.* di Vence.
vendable [vɑ̃dabl] *agg.* vendibile.
vendange [vɑ̃dɑ̃ʒ] *n.f.* 1 vendemmia 2 uva vendemmiata: *presser la vendange*, pigiare l'uva.
vendanger [vɑ̃dɑ̃ʒe] *v.tr.* e *intr.* [coniug. come *manger*] vendemmiare.
vendangeur [vɑ̃dɑ̃ʒœʀ] *n.m.* [f. *-euse*] vendemmiatore.
vendéen [vɑ̃deɛ̃] *agg.* [f. *-enne*] vandeano.
Vendéen *n.m.* [f. *-enne*] (*abitante*) vandeano.
vendémiaire [vɑ̃demjɛʀ] *n.m.* (*st.*) vendemmiaio (pri-

mo mese del calendario rivoluzionario, dal 22 settembre al 21 ottobre).

vendetta [vɛ̃de(ɛt)ta] ***n.f.*** (*Corsica*) vendetta tra due famiglie.

vendeur [vɑ̃dœʀ] ***n.m.*** [f. *-euse*] **1** venditore **2** commesso.

■ SIN. commerçant.

vendômois [vɑ̃domwa] ***agg.*** di Vendôme.

vendre [vɑ̃dʀ] ***v.tr.*** [coniug. come *rendre*] vendere (*anche fig.*) ♦ **se vendre** ***v.pron.*** vendersi.

● ***vendre à perte***, vendere in perdita | ***vendre cher***, ***à bas prix***, vendere a caro prezzo, a basso prezzo | ***vendre du rêve***, vendere fumo | ***vendre du scandale***, fare dello scandalismo | ***vendre du sensationnel***, fare del sensazionalismo | ***vendre en gros***, ***au détail***, vendere all'ingrosso, al minuto | ***vendre pour rien***, ***pour une bouchée de pain***, vendere per niente, per un tozzo di pane | ***à vendre***, da vendere: *appartement à vendre*, vendesi appartamento.

vendredi [vɑ̃dʀədi] ***n.m.*** venerdì.

vendu [vɑ̃dy] *p.p.* di **vendre** ♦ ***agg.*** e ***n.m.*** venduto (*anche fig.*).

venelle [vənɛl] ***n.f.*** stradina, viuzza.

vénéneux [venenø] ***agg.*** [f. *-euse*] velenoso.

■ SIN. empoisonné.

vénérable [veneʀabl] ***agg.*** venerabile, venerando.

vénération [veneʀɑsjɔ̃] ***n.f.*** venerazione.

vénère [venɛʀ] ***agg.*** (*verlan di* énervé) irritato.

vénérer [veneʀe] ***v.tr.*** venerare.

vénerie [vɛnʀi] ***n.f.*** caccia coi cani.

vénérien [veneʀjɛ̃] ***agg.*** [f. *-enne*] (*med.*) venereo.

vénète [venɛt] ***agg.*** veneto ♦ ***n.m.*** (*lingua*) veneto.

Vénète [venɛt] ***n.m.*** e ***f.*** (*abitante*) veneto/a.

veneur [vənœʀ] ***n.m.*** capocaccia.

● (*st.*) ***grand veneur***, capo delle cacce reali.

vengeance [vɑ̃ʒɑ̃s] ***n.f.*** vendetta.

● ***tirer vengeance de***, vendicarsi di.

■ SIN. représailles.

venger [vɑ̃ʒe] ***v.tr.*** [coniug. come *manger*] vendicare ♦ **se venger** ***v.pron.*** vendicarsi.

vengeur [vɑ̃ʒœʀ] ***agg.*** e ***n.m.*** [f. *-eresse*] vendicatore; vendicativo: *esprit vengeur*, spirito vendicativo.

véniel [venjɛl] ***agg.*** [f. *-elle*] veniale.

■ SIN. pardonnable CONTR. grave.

venimeux [vənimø] ***agg.*** [f. *-euse*] **1** velenoso **2** velenifero.

venin [vənɛ̃] ***n.m.*** veleno (*anche fig.*).

■ SIN. poison.

venir [vəniʀ] ***v.intr.*** [coniug. come *tenir*; aus. *être*] venire; arrivare; giungere: *tu entreras quand ton tour viendra*, entrerai quando sarà il tuo turno; *faire venir qqn*, fare venire qlcu; *faire venir qqch*, far arrivare qlco | *je le vois venir*, lo vedo arrivare; (*fig.*) vedo già dove vuole arrivare.

● ***venir à bout de qqch***, venire a capo di qlco | ***venir à ses fins***, raggiungere lo scopo | ***aller et venir***, andare e venire: *il ne fait qu'aller et venir*, continua ad andare avanti e indietro | ***à venir***, venturo, futuro | ***d'où vient que...?***, come mai...? per quale motivo...? | (***en***) ***venir à***, venire a; arrivare a; giungere a: *j'en viens à votre question*, vengo alla vostra domanda; *il en vint à pleurer de rage*, giunse al punto di piangere di rabbia | ***en venir aux mains*** (o ***aux coups***), venire alle mani | ***le moment est venu de***, è giunto il momento di | ***où veut-il en venir?***, dove vuole arrivare? | ***y venir***, arrivarci, rassegnarsi; provarci: *à la fin elle y est venue*, alla fine ci è arrivata, si è convinta; *viens -y!*, (*minaccioso*) provaci! | ***à venir***, le generazioni future, da venire, venturo, futuro.

□ **venir de** **1** provenire da, venire da; (*fig.*) derivare da: *il vient d'une très bonne famille*, proviene da un'ottima famiglia; *beaucoup de mots français viennent du latin*, molte parole francesi derivano dal latino; *cela vient de ce que je suis trop fatigué*, questo succede perché sono troppo stanco **2** (*seguito da infinito*) avere appena (fatto qlco): *il vient de sortir*, è appena uscito; *le train vient d'arriver*, il treno è appena arrivato, è arrivato poco fa; *il venait de faire une découverte*, aveva appena fatto una scoperta.

> NOTA Con il verbo ***venir*** all'indicativo presente non si deve fare la *liaison* con le parole che seguono: *tu viens avec nous, il vient avec moi.*

vénitien [venisjɛ̃] ***agg.*** [f. *-enne*] veneziano.

Vénitien ***n.m.*** [f. *-enne*] (*abitante*) veneziano.

vent [vɑ̃] ***n.m.*** **1** vento: *une journée de vent*, una giornata ventosa; *il fait du vent*, tira vento **2** (*fam.*) peto, vento **3** (*pl.*) (*mus.*) strumenti a fiato, fiati.

● (*mar.*) ***vent devant***, ***arrière***, vento di prora, di poppa | ***autant en emporte le vent***, (*fig.*) sono parole buttate al vento; (*titolo di film*) 'Via col vento' | ***aux quatre vents***, ***à tous les vents***, ai quattro venti | ***avoir vent de qqch***, (*fig.*) avere sentore di qlco | ***c'est du vent***, (*fig.*) sono tutte chiacchiere | ***coup de vent***, colpo di vento, ventata; (*mar.*) burrasca | ***en coup de vent***, (*fig.*) come un fulmine: *il est venu me voir en coup de vent*, è venuto a farmi una visita lampo | ***en plein vent***, esposto al vento | ***être dans le vent***, essere alla moda | (*mar.*) ***être sous le vent***, essere sottovento | (*mus.*) ***instruments à vent***, strumenti a fiato | ***le vent tourne***, (*fig.*) le cose cambiano | ***marcher le nez au vent***, camminare col naso per aria.

vente [vɑ̃t] ***n.f.*** vendita: *produit de bonne vente*, prodotto che si vende bene.

● ***vente de charité***, vendita di beneficenza | ***vente publique***, asta pubblica | (*comm.*) ***volume des ventes***, fatturato.

venté [vɑ̃te] ***agg.*** ventoso, battuto dal vento.

venter [vɑ̃te] ***v.intr.impers.*** tirare vento.

> FAUX AMI
> Da non confondere con *vantare*, che si traduce *vanter*.

venteux [vɑ̃tø] ***agg.*** ventoso.

ventilateur [vɑ̃tilatœʀ] ***n.m.*** **1** ventilatore **2** (*aut.*) ventola (*f.*).

ventilation[1] [vɑ̃tilasjɔ̃] ***n.f.*** ventilazione.

● ***chaussures***, ***vêtements à parfaite ventilation***, scarpe, capi perfettamente ventilati.

ventilation[2] ***n.f.*** (*econ.*) ripartizione, suddivisione.

ventiler[1] [vɑ̃tile] ***v.tr.*** ventilare.

ventiler[2] ***v.tr.*** (*econ.*) ripartire, suddividere.

ventôse [vɑ̃toz] ***n.m.*** (*st.*) ventoso (sesto mese del calendario rivoluzionario, dal 19-21 febbraio al 21-22 marzo).

ventouse [vɑ̃tuz] ***n.f.*** ventosa.

● ***faire ventouse***, aderire.

ventral [vɑ̃tʀal] ***agg.*** [pl. *-aux*] ventrale.

ventre [vɑ̃tʀ] ***n.m.*** **1** ventre, pancia (*f.*) **2** (*estens.*) (*di oggetto*) pancia (*f.*), rigonfiamento.

● ***ventre à terre***, (*fig.*) ventre a terra, di gran carriera | ***avoir quelque chose dans le ventre***, (*fam.*) avere del fegato, carattere | ***ça me fait mal au ventre***, (*fam.*) mi fa venire

V

la nausea | ***mettre, remettre du cœur au ventre***, (*fam.*) ridare coraggio | ***prendre du ventre***, mettere su pancia | ***sur le ventre, à plat ventre***, bocconi: *se mettre à plat ventre devant qqn*, (*fig.*) strisciare davanti a qlcu.

ventrée [vɑ̃tʀe] ***n.f.*** (*fam.*) scorpacciata, spanciata.

ventriculaire [vɑ̃tʀikylɛʀ] ***agg.*** ventricolare.

ventricule [vɑ̃tʀikyl] ***n.m.*** ventricolo.

ventriloque [vɑ̃tʀilɔk] ***agg.*** e ***n.m.*** e ***f.*** ventriloquo/a.

ventripotent [vɑ̃tʀipɔtɑ̃] **ventru** [vɑ̃tʀy] ***agg.*** (*fam.*) panciuto.

venu [vəny] *p.p.* di **venir** ♦ ***agg.*** e ***n.m.*** venuto; arrivato: *entrer dans le premier café venu*, entrare nel primo bar che capita.

● ***le dernier, le tard venu***, l'ultimo arrivato | ***le premier venu***, il primo venuto, chiunque | ***mal venu***, malriuscito, infelice: *estampe mal venue*, stampa mal riuscita; *réflexion mal venue*, osservazione infelice; *il serait mal venu d'insister*, sarebbe inopportuno insistere.

venue [vəny] ***n.f.*** **1** venuta, arrivo (*m.*) **2** crescita, sviluppo (*m.*).

● ***à sa venue au monde***, alla nascita | ***être d'une belle venue***, venire su, crescere bene | ***tout d'une venue, d'une seule venue***, uniforme, senza soluzione di continuità; (*fig.*) tutto d'un fiato, di getto.

vénus [venys] ***n.f.*** (*zool.*) venere.

vêpres [vɛpʀ] ***n.f.pl.*** (*eccl.*) vespri (*m.*).

ver [vɛʀ] ***n.m.*** **1** verme **2** (*di alcuni insetti*) larva (*f.*).

● ***ver à soie***, baco da seta | ***ver blanc***, larva del maggiolino, tormentone | ***ver de terre***, lombrico | ***ver solitaire***, verme solitario | ***tirer les vers du nez de qqn***, (*fam.*) carpire a qlcu i suoi segreti, far parlare qlcu | ***tuer le ver***, (*fam.*) bersi un bicchierino (a stomaco vuoto).

véracité [veʀasite] ***n.f.*** veracità, veridicità.

véranda [veʀɑ̃da] ***n.f.*** veranda.

verbal [vɛʀbal] ***agg.*** [pl. *-aux*] verbale.

verbalement [vɛʀbalmɑ̃] ***avv.*** verbalmente.

verbalisation [vɛʀbalizɑsjɔ̃] ***n.f.*** redazione di un verbale; verbalizzazione (*anche psic.*).

verbaliser [vɛʀbalize] ***v.intr.*** stendere un verbale ♦ ***v.tr.*** verbalizzare (*anche psic.*).

verbe [vɛʀb] ***n.m.*** **1** (*gramm.*) verbo **2** (*fig.*) parola (*f.*), linguaggio **3** (*teol.*) *le Verbe*, il Verbo.

● ***avoir le verbe haut***, parlare con arroganza.

verbeux [vɛʀbø] ***agg.*** [f. *-euse*] verboso.

verbiage [vɛʀbjaʒ] ***n.m.*** vaniloquio, sproloquio.

verbicruciste [vɛʀbikʀysist] ***n.m.*** e ***f.*** autore/trice di cruciverba.

verbosité [vɛʀbozite] ***n.f.*** verbosità.

verdâtre [vɛʀdɑtʀ] ***agg.*** verdastro.

verdelet [vɛʀdəlɛ] ***agg.*** asprigno, agretto.

verdeur [vɛʀdœʀ] ***n.f.*** **1** (*di frutta, vino*) asprezza, acerbità **2** (*di persona*) vigore (*m.*); giovinezza **3** (*fig.*) (*di stile*) asprezza: *verdeur de langage*, crudezza di linguaggio.

verdict [vɛʀdikt] ***n.m.*** verdetto, responso.

verdier [vɛʀdje] ***n.m.*** (*zool.*) verdello.

verdir [vɛʀdiʀ] ***v.tr.*** e ***intr.*** (r)inverdire.

verdoyant [vɛʀdwajɑ̃] ***agg.*** verdeggiante.

verdoyer [vɛʀdwaje] ***v.intr.*** [coniug. come *employer*] verdeggiare.

verdunisation [vɛʀdynizɑsjɔ̃] ***n.f.*** (*chim.*) verdunizzazione.

verdunois [vɛʀdynwa] ***agg.*** di Verdun.

verdure [vɛʀdyʀ] ***n.f.*** **1** verzura, vegetazione **2** (*fam.*) verdura cruda (per insalata).

● ***tapis de verdure***, tappeto d'erba.

FAUX AMI
Da non confondere con *verdura* nel senso di *ortaggi commestibili*, che si traduce *légumes*.

verdurier [vɛʀdyʀje] ***n.m.*** [f. *-ère*] (*Belgio*) venditore ambulante di frutta e verdura.

véreux [veʀø] ***agg.*** [f. *-euse*] **1** bacato **2** (*fig.*) equivoco, losco.

verge [vɛʀʒ] ***n.f.*** **1** verga, bacchetta **2** (*tecn.*) verga, asta **3** (*anat.*) verga, pene (*m.*).

vergé [vɛʀʒe] ***agg.*** vergato.

● (***papier***) ***vergé***, carta vergatina.

verger [vɛʀʒe] ***n.m.*** frutteto.

vergeté [vɛʀʒəte] ***agg.*** (*di pelle*) smagliato.

vergeture [vɛʀʒətyʀ] ***n.f.*** (*di pelle*) smagliatura.

verglacé [vɛʀglase] ***agg.*** (*di strada*) coperto di ghiaccio, ghiacciato.

verglacer [vɛʀglase] ***v.intr.impers.*** [coniug. come *placer*] (*di strada*) ghiacciare, gelare.

verglas [vɛʀglɑ] ***n.m.*** strato sottile di ghiaccio (sul terreno).

vergogne [vɛʀgɔɲ] ***n.f.*** (*antiq.*) vergogna.

● ***sans vergogne***, senza pudore, sfacciatamente.

vergue [vɛʀg] ***n.f.*** (*mar.*) pennone (*m.*).

● ***grande vergue***, pennone di maestra.

véridicité [veʀidisite] ***n.f.*** veridicità.

véridique [veʀidik] ***agg.*** veridico, verace.

■ SIN. authentique CONTR. faux.

véridiquement [veʀidikmɑ̃] ***avv.*** veridicamente, veracemente.

vérifiable [veʀifjabl] ***agg.*** verificabile.

vérificateur [veʀifikatœʀ] ***n.m.*** [f. *-trice*] verificatore, controllore ♦ ***agg.*** di verifica, di controllo.

vérificatif [veʀifikatif] ***agg.*** [f. *-ive*] che serve di verifica.

vérification [veʀifikasjɔ̃] ***n.f.*** **1** verifica; accertamento (*m.*) **2** conferma, riprova **3** (*inform.*) verifica.

● (*comm.*) ***vérification de caisse***, riscontro di cassa | ***vérification faite***, dopo aver verificato.

■ SIN. **1** contrôle.

vérifier [veʀifje] ***v.tr.*** **1** verificare, controllare **2** accertare, appurare: *je voulais vérifier qu'elle y était*, volevo accertarmi che ci fosse **3** confermare **4** (*inform.*) verificare ♦ **se vérifier** ***v.pron.intr.*** **1** verificarsi, avverarsi **2** verificarsi, accadere.

■ *V.TR.* SIN. **1** contrôler ♦ *V.PRON.INTR.* SIN. **2** se produire.

vérin [veʀɛ̃] ***n.m.*** (*mecc.*) binda (*f.*), martinetto.

vérisme [veʀism] ***n.m.*** (*lett.*) verismo.

vériste [veʀist] ***agg.*** e ***n.m.*** e ***f.*** (*lett.*) verista.

véritable [veʀitabl] ***agg.*** vero.

■ SIN. authentique CONTR. prétendu.

véritablement [veʀitabləmɑ̃] ***avv.*** realmente, veramente.

vérité [veʀite] ***n.f.*** **1** verità **2** esattezza; validità; fedeltà: *portrait d'une grande vérité*, ritratto molto fedele.

● ***vérité de La Palice***, verità lapalissiana | ***à chacun sa vérité***, ognuno la pensa a modo suo | ***à la vérité, en*** (***toute***) ***vérité***, in verità, a dire il vero | ***au-dessous de la vérité***, inferiore alla realtà | ***cinéma-vérité***, cinema-verità | ***dire ses quatre vérités***, dire il fatto suo | ***être dans la***

vérité, essere nel vero | ***photo-vérité***, foto documento | ***sérum de vérité***, siero della verità | ***toute vérité n'est pas bonne à dire***, non si può sempre dire la verità.
■ SIN. **2** justesse **1** mensonge.

verjus [vɛʀʒy] ***n.m.*** **1** (*qualità di uva acidula*) agresta (*f.*); uva (*f.*) acerba **2** succo di agresta, agresto.

verlan [vɛʀlɑ̃] ***n.m.*** verlan.

NOTA Il ***verlan*** è il gergo ottenuto invertendo foneticamente le sillabe di una parola (abitualmente mono o bisillabica). Si ha così *verlan*, da *l'envers*; *ripou*, da *pourri*; *keuf*, da *flic*; *beur*, da *arabe*; *relou* da *lourd*, e così via. Esiste anche una tendenza al *verlan du verlan*, cioè a re-invertire tra loro sillabe di parole già in *verlan*, come in *rebeu* (da *beur*, a sua volta da *arabe*), *feum* (da *meuf*, a sua volta da *femme*).

vermeil [vɛʀmɛj] ***agg.*** [f. *-eille*] vermiglio ♦ ***n.m.*** vermeil, argento dorato.

vermicelle [vɛʀmisɛl] ***n.m.*** (*cuc.*) **1** (*pl.*) vermicelli **2** (*estens.*) minestra (*f.*) di vermicelli.

vermiculaire [vɛʀmikylɛʀ] ***agg.*** vermiforme.

vermiculite [vɛʀmikylit] ***n.f.*** (*min.*) vermiculite.

vermiforme [vɛʀmifɔʀm] ***agg.*** vermiforme.

vermifuge [vɛʀmifyʒ] ***agg.*** e ***n.m.*** vermifugo.

vermillon [vɛʀmijɔ̃] ***n.m.*** (*chim.*) vermiglione, cinabro ♦ ***agg.invar.*** (color) vermiglio, (color) rosso acceso.

vermine [vɛʀmin] ***n.f.*** **1** insetti (*m.pl.*) parassiti dell'uomo **2** (*fam.*) canagliume (*m.*).

vermisseau [vɛʀmiso] ***n.m.*** [pl. *-aux*] vermiciattolo.

vermoulu [vɛʀmuly] ***agg.*** **1** tarlato **2** (*fig.*) decrepito.

vermoulure [vɛʀmulyʀ] ***n.f.*** tarlatura.

vermouth [vɛʀmut] ***n.m.*** vermut.

vernaculaire [vɛʀnakylɛʀ] ***agg.*** vernacolo.

vernal [vɛʀnal] ***agg.*** [pl. *-aux*] primaverile.

verni [vɛʀni] ***agg.*** verniciato.
● ***être verni***, (*fam.*) essere nato con la camicia | ***souliers vernis***, scarpe di vernice.

vernir [vɛʀniʀ] ***v.tr.*** verniciare: *vernir au pistolet*, verniciare a spruzzo.

vernis [vɛʀni] ***n.m.*** **1** vernice (*f.*) **2** (*fig.*) vernice (*f.*), patina (*f.*).
● ***vernis à ongles***, smalto per unghie | (*bot. pop.*) ***vernis du Japon***, ailanto.

vernissage [vɛʀnisaʒ] ***n.m.*** **1** verniciatura (*f.*) **2** (*di mostra d'arte*) vernissage, vernice (*f.*).

NOTA Il termine ***vernissage*** deriva dall'uso che avevano gli artisti di passare una mano di vernice protettiva sui loro dipinti il giorno dell'inaugurazione.

vernissé [vɛʀnise] ***agg.*** **1** (*di ceramica ecc.*) verniciato; vetrinato **2** brillante, lucente, lucido.
● ***carreau vernissé***, piastrella smaltata.

V

vernisser [vɛʀnise] ***v.tr.*** (*ceramica ecc.*) verniciare; vetrinare.

vérole [veʀɔl] ***n.f.*** (*med. fam.*) sifilide.
● ***petite vérole***, vaiolo.

véronique [veʀɔnik] ***n.f.*** (*bot.*) veronica, ederella.

verrai [vɛʀɛ] → **voir**.

verrat [vɛʀa] ***n.m.*** (*zool.*) verro.

verre [vɛʀ] ***n.m.*** **1** vetro **2** bicchiere: *vous voulez un verre de vin?*, vuole un bicchiere di vino?; *il a cassé un verre à vin*, ha rotto un bicchiere da vino **3** lente (*f.*).
● ***verre à pied***, (bicchiere a) calice | ***verre de contact***, lente a contatto | ***verre de lampe***, (*di lampada a petrolio*) globo | ***verre grossissant***, lente d'ingrandimento | ***avoir un verre dans le nez***, essere brillo | ***boire un petit verre***, bere un bicchierino | ***papier de verre***, carta vetrata | ***payer un verre***, (*fam.*) pagare da bere | ***se jeter un petit verre derrière la cravate***, (*fam.*) scolarsi un bicchierino.

verrée [vɛʀe] ***n.f.*** (*Svizzera*) bicchierata.

verrerie [vɛʀʀəʀi] ***n.f.*** **1** arte vetraria **2** (*fabbrica*) vetreria **3** oggetti (*m.pl.*) in vetro, vetrerie (*pl.*): *magasin de verrerie*, negozio di vetrerie.
● ***verrerie d'art***, vetri d'arte | ***verrerie de laboratoire***, cristalleria chimica | ***verrerie de table***, vasellame da tavola in vetro.

verrier [vɛʀje] ***n.m.*** [f. *-ère*] **1** vetraio **2** industriale del vetro **3** pittore su vetro ♦ ***agg.*** vetrario, del vetro.

verrière [vɛʀjɛʀ] ***n.f.*** **1** vetrata; invetriata **2** lucernario (*m.*).

verroterie [vɛʀɔtʀi] ***n.f.*** **1** conterie (*pl.*), perline di vetro (*pl.*) **2** paccottiglia.

verrou [vɛʀu] ***n.m.*** chiavistello, catenaccio.
● ***verrou de sûreté***, serratura di sicurezza | ***sous les verrous***, in prigione.

verrouillage [vɛʀujaʒ] ***n.m.*** **1** il chiudere col catenaccio; bloccaggio (di congegni meccanici) **2** (*mil.*) sbarramento **3** (*inform.*) blocco alla tastiera.

verrouiller [vɛʀuje] ***v.tr.*** **1** chiudere con il catenaccio **2** (*estens.*) sbarrare, bloccare ♦ **se verrouiller** ***v.pron.*** chiudersi a chiave.

verrue [vɛʀy] ***n.f.*** verruca.

vers[1] [vɛʀ] ***n.m.*** verso.

vers[2] ***prep.*** **1** (*direzione*) verso: *tourne-toi vers moi*, voltati verso di me **2** (*tempo*) verso, circa, all'incirca: *vers midi*, *vers (les) deux heures*, verso mezzogiorno, verso le due; *vers trente ans j'ai commencé à travailler*, ho cominciato a lavorare intorno ai trent'anni.

versaillais [vɛʀsajɛ] ***agg.*** di Versailles.

versant [vɛʀsɑ̃] ***n.m.*** **1** versante **2** (*edil.*) spiovente, pendenza (*f.*) (di tetto).

versatile [vɛʀsatil] ***agg.*** volubile, incostante.

FAUX AMI Da non confondere con l'italiano *versatile*, che si traduce *éclectique*, *universel*.

versatilité [vɛʀsatilite] ***n.f.*** volubilità, incostanza.

verse, à [avɛʀs] ***avv.*** a dirotto: *pleuvoir à verse*, piovere a dirotto.

versé [vɛʀse] ***agg.*** versato, esperto.

verseau [vɛʀso] ***n.m.*** [pl. *-aux*] **1** (*edil.*) pendenza (*f.*) (di cornicione) **2** (*astr.*) *Verseau*, Acquario.

versement [vɛʀsəmɑ̃] ***n.m.*** versamento.
● ***versement d'une indemnité***, corresponsione di una indennità | ***contre versement de...***, dietro versamento di.

verser [vɛʀse] ***v.tr.*** **1** versare, mescere: *verser à boire*, versare da bere **2** versare, rovesciare, spargere: *verser des larmes*, versare lacrime **3** (*somma*) versare, depositare **4** (*documenti ecc.*) allegare: *verser un document à un dossier*, allegare un documento a una pratica **5** (*mil.*) assegnare: *il a été versé dans une autre compagnie*, è stato assegnato a un'altra compagnia ♦ ***v.intr.*** **1** (*di veicoli*) capovolgersi, rovesciarsi **2** inclinare (**a**), essere portato (**a**): *dans son dernier roman cet écrivain verse dans la facilité*, nell'ultimo romanzo questo scrittore cade nella banalità **3** dedicarsi (**a**), darsi (**a**): *maintenant il verse dans la philosophie*, adesso si è dato alla filosofia.

verset [vɛʀsɛ] *n.m.* (*di Bibbia ecc.*) versetto.
verseur [vɛʀsœʀ] *agg.* che serve per versare ♦ *n.m.* mescitore.
● ***bouchon, bec verseur***, tappo salvagocce.
verseuse [vɛʀsøz] *n.f.* cuccuma, bricco (*m.*).
versificateur [vɛʀsifikatœʀ] *n.m.* [f. *-trice*] verseggiatore.
versification [vɛʀsifikɑsjɔ̃] *n.f.* versificazione.
versifier [vɛʀsifje] *v.tr.* mettere in versi ♦ *v.intr.* comporre versi.
version [vɛʀsjɔ̃] *n.f.* versione.
● ***version latine***, (*a scuola*) versione dal latino.
verso [vɛʀso] *n.m.* (*tip.*) tergo.
● ***au verso***, a tergo, sul retro.
■ CONTR. recto.

FAUX AMI
Da non confondere con la preposizione *verso*, che si traduce *vers*.

verste [vɛʀst] *n.f.* versta (antica misura di lunghezza russa).
vert [vɛʀ] *agg.* **1** verde **2** verde, della natura **3** verde, ecologico **4** vigoroso, forte: *un vieillard encore vert*, un vecchio ancora in gamba **5** rude, aspro: *une verte réprimande*, un aspro rimprovero ♦ *n.m.* **1** verde **2** (parte) verde **3** (zona) verde.
● ***vert bleu***, verde azzurro | (*pol.*) ***Verts***, Verdi (ecologisti) | ***avoir la main verte***, avere il pollice verde | ***en dire de(s) vertes et de(s) pas mûres***, dirne di cotte e di crude | ***langue verte***, argot | ***le billet vert***, il dollaro | ***légumes verts***, ortaggi freschi | (*bot.*) ***plantes vertes***, sempreverdi | ***revêtir l'habit vert***, entrare a far parte dell'Accademia di Francia | (*cuc.*) ***sauce verte***, maionese con prezzemolo, estragone, cerfoglio ecc | ***se mettre au vert***, (*fam.*) andare a riposarsi in campagna | ***station verte***, località di villeggiatura in campagna | ***vin vert***, vino giovane, aspro.
vert-de-gris [vɛʀdəgʀi] *n.m.* verderame.
vert-de-grisé [vɛʀdəgʀize] *agg.* coperto di verderame.
verte [vɛʀt] *n.f.* (*fam.*) assenzio (*m.*).
vertébral [vɛʀtebʀal] *agg.* [pl. *-aux*] (*anat.*) vertebrale.
● ***colonne vertébrale***, colonna vertebrale.
vertèbre [vɛʀtɛbʀ] *n.f.* (*anat.*) vertebra.
vertébré [vɛʀtebʀe] *agg.* e *n.m.* vertebrato.
vertement [vɛʀtəmɑ̃] *avv.* **1** vivacemente **2** aspramente: *répondre vertement*, rispondere per le rime.
vertical [vɛʀtikal] *agg.* [pl. *-aux*] **1** verticale **2** (*fig.*) verticale, gerarchico.
● ***station verticale***, posizione eretta.
■ CONTR. horizontal.
verticale [vɛʀtikal] *n.f.* verticale.
● ***à la verticale***, in verticale, a perpendicolo.
verticalement [vɛʀtikalmɑ̃] *avv.* verticalmente.
verticalité [vɛʀtikalite] *n.f.* verticalità.
verticille [vɛʀtisil] *n.m.* (*bot.*) verticillo.
verticillé [vɛʀtisile] *agg.* (*bot.*) verticillato.
vertige [vɛʀtiʒ] *n.m.* **1** capogiro, vertigini (*f.pl.*): *avoir le vertige*, soffrire di vertigini **2** (*fig.*) ebbrezza (*f.*).
● ***à donner le vertige***, (*fig.*) da capogiro.
vertigineusement [vɛʀtiʒinøzmɑ̃] *avv.* vertiginosamente.
vertigineux [vɛʀtiʒinø] *agg.* [f. *-euse*] vertiginoso.
vertigo [vɛʀtigo] *n.m.* (*vet.*) capogatto, capostorno.
vertu [vɛʀty] *n.f.* virtù.
● ***femme de petite vertu***, donna di facili costumi.
vertueusement [vɛʀtɥøzmɑ̃] *avv.* virtuosamente.
vertueux [vɛʀtɥø] *agg.* [f. *-euse*] virtuoso.
vertugadin [vɛʀtygadɛ̃] *n.m.* (*st. abbigl.*) verdugale, guardinfante.
verve [vɛʀv] *n.f.* estro (*m.*); brio (*m.*); verve.
● ***être en verve***, essere in vena.
verveine [vɛʀvɛn] *n.f.* (*bot.*) verbena.
● ***verveine odorante***, cedrina.
vesce [vɛs] *n.f.* (*bot.*) veccia.
vésical [vezikal] *agg.* [pl. *-aux*] (*anat.*) vescicale.
vésicant [vezikɑ̃] *agg.* vescicante.
vésication [vezikɑsjɔ̃] *n.f.* (*med.*) vescicazione.
vésicatoire [vezikatwaʀ] *agg.* e *n.m.* (*med.*) vescicatorio.
vésiculaire [vezikylɛʀ] *agg.* (*med.*) vescicolare.
vésicule [vezikyl] *n.f.* (*anat., med.*) vescicola, vescichetta.
vésiculeux [vezikylø] *agg.* [f. *-euse*] (*biol.*) vescicoloso; vescicolare.
vespasienne [vɛspazjɛn] *n.f.* vespasiano (*m.*).
vespéral [vɛspeʀal] *agg.* [pl. *-aux*] (*letter.*) vespertino.
vesse-de-loup [vɛsdəlu] *n.f.* (*bot.*) vescia.
vessie [vesi] *n.f.* vescica.
● ***prendre des vessies pour des lanternes***, prendere lucciole per lanterne.
vestale [vɛstal] *n.f.* vestale.
veste [vɛst] *n.f.* **1** giacca **2** (*fig. fam.*) insuccesso (*m.*), scacco (*m.*).
● ***veste d'intérieur***, giacca da camera | ***veste droite, croisée***, giacca a un petto, a doppiopetto | ***prendre une veste***, (*fig. fam.*) fare fiasco | ***retourner sa veste***, (*fig. fam.*) voltare gabbana | ***tomber la veste***, (*fam.*) mettersi in maniche di camicia; (*fig.*) essere pronto a menare le mani, essere un attaccabrighe.

FAUX AMI
Da non confondere con l'italiano *veste*, che si traduce *vêtement, robe*.

vestiaire [vɛstjɛʀ] *n.m.* **1** spogliatoio **2** guardaroba **3** (*estens.*) vestiario, guardaroba.

FAUX AMI
Da non confondere con *vestiario*, che si traduce *habillement, vêtements*.

vestibule [vɛstibyl] *n.m.* **1** vestibolo, atrio; (*di appartamento*) anticamera (*f.*) **2** (*anat.*) vestibolo.
vestige [vɛstiʒ] *n.m.* vestigio.
vestimentaire [vɛstimɑ̃tɛʀ] *agg.* che riguarda il vestiario, l'abbigliamento.
veston [vɛstɔ̃] *n.m.* giacca (*f.*) (da uomo).
● ***veston droit, croisé***, giacca a un petto, a doppiopetto.
vêtement [vɛtmɑ̃] *n.m.* abito, vestito, indumento.
● ***industrie du vêtement***, industria dell'abbigliamento.
■ SIN. habit.
vétéran [veteʀɑ̃] *n.m.* veterano (*anche fig.*).
■ SIN. ancien.
vétérinaire [veteʀinɛʀ] *agg.* e *n.m.* e *f.* veterinario/a.
vététiste [vetetist] *n.m.* e *f.* ciclista su mountain bike.
vétille [vetij] *n.f.* bagattella, inezia.
vétilleux [vetijø] *agg.* [f. *-euse*] cavilloso, pignolo.
vêtir [vetiʀ] *v.tr.* [pres.indic.: *je vêts, tu vêts, il vêt, nous*

vêtons, vous vêtez, ils vêtent; imperf.indic.: *je vêtais* etc.; pass.rem.: *je vêtis* etc.; fut.indic.: *je vêtirai* etc.; cond.: *je vêtirais* etc.; pres.cong.: *que je vête* etc.; imperf.cong.: *que je vêtisse* etc.; p.pres.: *vêtant*; p.p.: *vêtu*; imp.: *vêts, vêtons, vêtez*] (*letter.*) vestire ♦ **se vêtir** *v.pron.* vestirsi.
■ V.PRON. SIN. s'habiller CONTR. se déshabiller.

veto [veto] *n.m.invar.* veto: *mettre, opposer son veto*, porre il veto.
■ CONTR. assentiment.

véto [veto] *n.m.* (*fam.*) abbr. di **vétérinaire**.

vêtu [vety] *p.p.* di **vêtir** ♦ *agg.* vestito ♦ *n.m.* (*arald.*) scudo vestito.

vêture [vetyʀ] *n.f.* (*eccl.*) vestizione.

vétuste [vetyst] *agg.* vetusto, molto vecchio.
■ SIN. délabré.

vétusté [vetyste] *n.f.* vetustà.

veuche [vœʃ] *n.m.* (*verlan di* cheveu) capello.

veuf [vœf] *agg.* e *n.m.* vedovo | *je suis veuf ce soir*, (*scherz.*) sono scapolo stasera.

veugra [vøgʀa] *agg.* e *n.m.* (*verlan di* grave) grave.

veuille [vœj] → **vouloir**[1].

veule [vøl] *agg.* molle, debole; accidioso.

veulent [vœl] → **vouloir**[1].

veulerie [vølʀi] *n.f.* mollezza; accidia.

veut [vø] → **vouloir**[1].

veuvage [vœvaʒ] *n.m.* vedovanza (*f.*).
● ***assurance veuvage***, sussidio per vedove versato dalla Previdenza sociale.

veuve [vœv] *n.f.* **1** vedova **2** (*zool.*) (*uccello*) vedova del paradiso **3** (*tip.*) vedova.
● (*zool.*) ***veuve noire***, vedova nera | ***défendre la veuve et l'orphelin***, difendere i deboli e gli oppressi | ***la Veuve***, (*fam.*) la forca, la ghigliottina: *épouser la veuve*, essere impiccato, ghigliottinato.

veux [vø] → **vouloir**[1].

vexant [vɛksɑ̃] *agg.* **1** offensivo **2** irritante, seccante.
■ SIN. **1** blessant.

vexation [vɛksasjɔ̃] *n.f.* umiliazione.

vexatoire [vɛksatwaʀ] *agg.* vessatorio.

vexé [vɛkse] *agg.* offeso; dispiaciuto, contrariato: *il était vexé que tu ne viennes pas*, era rimasto male che tu non venissi.

vexer [vɛkse] *v.tr.* offendere, umiliare; contrariare ♦ **se vexer** *v.pron.intr.* offendersi; indispettirsi: *elle se vexe facilement*, è molto permalosa; *ne te vexe pas!*, non te la prendere! non farci caso!

vézelien [vezljɛ̃] *agg.* [f. *-enne*] di Vézelay.

via [vja] *prep.* via: *Paris-Alger via Marseille*, Parigi-Algeri via Marsiglia.

viabiliser [vjabilize] *v.tr.* urbanizzare.

viabilité[1] [vjabilite] *n.f.* **1** (*med.*) vitalità (neonatale) **2** (*fig.*) vitalità.

viabilité[2] *n.f.* **1** viabilità **2** urbanizzazione.

viable[1] [vjabl] *agg.* vitale (*anche fig.*): *projet viable*, progetto suscettibile di sviluppo.

viable[2] *agg.* carrozzabile.

viaduc [vjadyk] *n.m.* viadotto; cavalcavia.

via ferrata [vjafeʀata] *n.f.* [pl. *vias ferratas*] (*alpinismo*) via ferrata.

viager [vjaʒe] *n.m.* e *agg.* [f. *-ère*] (*dir.*) vitalizio: *mettre des biens en viager*, fare un vitalizio.

viande [vjɑ̃d] *n.f.* **1** carne (commestibile) **2** (*argot*) corpo (*m.*) (umano); carcassa.
● ***viande blanche***, ***rouge***, carne bianca, rossa | ***viande hachée***, carne trita, macinata | ***viande noire***, cacciagione.

viatique [vjatik] *n.m.* viatico.

vibrant [vibʀɑ̃] *agg.* vibrante (*anche fig.*).
● (*fon.*) ***consonne vibrante***, consonante vibrante.

vibraphone [vibʀafɔn] *n.m.* (*mus.*) vibrafono.

vibraphoniste [vibʀafɔnist] *n.m.* e *f.* (*mus.*) vibrafonista.

vibrateur [vibʀatœʀ] *n.m.* (*tecn.*) vibratore.

vibratile [vibʀatil] *agg.* vibratile | (*biol.*) *cils vibratiles*, ciglia vibratili.

vibration [vibʀasjɔ̃] *n.f.* vibrazione.

vibratoire [vibʀatwaʀ] *agg.* vibratorio.

vibrer [vibʀe] *v.intr.* vibrare (*anche fig.*) ♦ *v.tr.* (*edil.*) vibrare.
■ V.INTR. SIN. palpiter.

vibreur [vibʀœʀ] *n.m.* **1** (*elettr.*) vibratore **2** (*Africa*) festaiolo **3** (*tel.*) vibrazione (*f.*).

vibrion [vibʀijɔ̃] *n.m.* **1** (*biol.*) vibrione **2** (*fig.*) persona (*f.*) agitata, frenetica.

vibrionner [vibʀijɔne] *v.intr.* (*fam.*) agitarsi.

vibrisse [vibʀis] *n.f.* (*zool., anat.*) vibrissa.

vibromasseur [vibʀɔmasœʀ] *n.m.* vibromassaggiatore.

vicaire [vikɛʀ] *n.m.* (*eccl.*) vicario.
● ***vicaire épiscopal***, vicario episcopale | ***vicaire général***, vicario generale.

vicariat [vikaʀja] *n.m.* (*eccl.*) vicariato.

vice [vis] *n.m.* **1** (*letter.*) vizio: *il a le vice du jeu*, ha il vizio del gioco **2** difetto **3** (*dir.*) vizio.
● (*dir.*) ***vice de forme***, ***de fond***, vizio di forma, di merito | ***avoir du vice***, (*fam.*) essere furbo.
■ CONTR. **1** vertu.

FAUX AMI
Da non confondere con l'italiano *vice*, che si traduce *adjoint*.

vice- *pref.* vice-.

vicennal [visenal] *agg.* [pl. *-aux*] ventennale.

vice-présidence [vispʀezidɑ̃s] *n.f.* [pl. *vice-présidences*] vicepresidenza.

vice-président [vispʀezidɑ̃] *n.m.* [pl. *vice-président*] vicepresidente.

vice-roi [visʀwa] *n.m.* [pl. *vice-rois*] viceré.

vice versa [viseveʀsa, visvɛʀsa] *avv.* viceversa.

vichy [viʃi] *n.m.* **1** (*stoffa*) vichy, zefir a quadretti **2** acqua (*f.*) minerale di Vichy.

vichyssois [viʃiswa] *agg.* **1** di Vichy **2** (*st.*) relativo al governo di Vichy.

vicié [visje] *agg.* viziato (*anche dir.*).

vicier [visje] *v.tr.* viziare (*anche dir.*).

vicieusement [visjøzmɑ̃] *avv.* viziosamente.

vicieux [visjø] *agg.* [f. *-euse*] **1** vizioso **2** viziato: *position vicieuse du corps*, posizione viziata del corpo **3** difettoso **4** (*di cavalli ecc.*) ombroso ♦ *n.m.* vizioso, depravato.
● (*sport*) ***balle vicieuse***, palla tagliata | ***cercle vicieux***, (*anche fig.*) circolo vizioso | (*dir.*) ***contrat vicieux***, contratto viziato.

vicinal [visinal] *agg.* [pl. *-aux*] vicinale ♦ *n.m.* (*Belgio*) tram che serve la periferia.
● ***chemin vicinal***, strada vicinale, comunale.

vicissitude [visisityd] ***n.f.*** (*spec. pl.*) (*letter.*) vicissitudine, traversia.

vicomtal [vikɔ̃tal] ***agg.*** [pl. *-aux*] di visconte, visconteo.

vicomte [vikɔ̃t] ***n.m.*** visconte.

vicomtesse [vikɔ̃tɛs] ***n.f.*** viscontessa.

victime [viktim] ***n.f.*** vittima (*anche fig.*): *être victime de ses vices*, essere dominato dai propri vizi, soggiacere ai propri vizi.

victimisation [viktimizasjɔ̃] ***n.f.*** vittimizzazione.

victoire [viktwaʀ] ***n.f.*** vittoria.

● ***victoire à la Pyrrhus***, (*fig.*) vittoria di Pirro | ***chanter, crier victoire***, cantare vittoria.

victoria [viktɔʀja] ***n.m.*** (*bot.*) victoria.

victorien [viktɔʀjɛ̃] ***agg.*** [f. *-enne*] (*st.*) vittoriano.

victorieusement [viktɔʀjøzmɑ̃] ***avv.*** vittoriosamente.

victorieux [viktɔʀjø] ***agg.*** [f. *-euse*] vittorioso, vincitore: *un air victorieux*, un'aria trionfante.

■ SIN. triomphant, vainqueur.

victuailles [viktɥaj] ***n.f.pl.*** viveri (*m.*), vettovaglie.

vidage [vidaʒ] ***n.m.*** **1** svuotamento **2** (*fam.*) espulsione (*f.*), repulisti.

● (*inform.*) ***vidage de mémoire***, azzeramento della memoria.

vidange [vidɑ̃ʒ] ***n.f.*** **1** scarico (*m.*), svuotamento (*m.*); (*di fossi, latrine*) spurgo (*m.*) **2** scarico (*m.*): *la vidange d'une machine à laver*, lo scarico di una lavatrice **3** (*aut.*) cambio (*m.*) dell'olio **4** (*Belgio*) vuoto (*m.*) (di bottiglia).

● ***en vidange***, in fase di svuotamento.

vidanger [vidɑ̃ʒe] ***v.tr.*** [coniug. come *manger*] svuotare; (*fossi, latrine ecc.*) spurgare.

vidangeur [vidɑ̃ʒœʀ] ***n.m.*** **1** bottinaio **2** (*Canada*) netturbino.

vide [vid] ***agg.*** vuoto (*anche fig.*) ♦ ***n.m.*** **1** vuoto, spazio vuoto (*anche fig.*) **2** (*fig.*) vuoto, sensazione (*f.*) di vuoto **3** (*comm.*) vuoto.

● ***vide de***, sprovvisto di, privo di; senza: *des mots vides de sens*, parole prive di senso | (*fis.*) ***vide élevé, poussé***, vuoto spinto | (*dir.*) ***vide juridique***, vuoto giuridico | (*edil.*) ***vide sanitaire***, vespaio | ***à moitié vide, à demi vide***, mezzo vuoto, semivuoto | ***à vide***, (a) vuoto: *tourner à vide*, girare a vuoto; (*tecn.*) *passage à vide*, giro a vuoto; (*fig.*) calo di prestigio; momento di stanca | ***faire le vide autour de soi, de qqn***, fare il vuoto attorno a sé, a qlcu | ***parler dans le vide***, parlare al muro, al vento | ***sous vide***, sotto vuoto.

■ AGG. CONTR. plein, rempli.

vidé [vide] ***agg.*** **1** vuoto **2** (*fam.*) esausto, svuotato **3** (*di pollame ecc.*) eviscerato, svuotato: *poisson déjà vidé*, pesce già pulito **4** (*arald.*) vuoto.

vidéaste [videast] ***n.m.*** e ***f.*** regista di video.

vidéo [video] ***n.f.*** **1** video (*m.*) **2** videotape (*m.*), videonastro (*m.*) **3** attrezzatura per la videoregistrazione ♦ ***agg.invar.*** video.

● ***jeu vidéo***, videogioco, videogame | ***signal vidéo***, segnale video | ***système vidéo***, sistema televisivo.

vidéo- ***pref.*** video-.

vidéocassette [videɔkasɛt] ***n.f.*** videocassetta.

vidéo-clip [videoklip] ***n.m.*** [pl. *vidéo-clips*] videoclip, clip.

vidéoconférence [videɔkɔ̃feʀɑ̃s] ***n.f.*** → **visioconférence**.

vidéogame [videɔgɛm] ***n.m.*** videogame, videogioco.

vidéophone [videɔfɔn] ***n.m.*** → **visiophone**.

vide-ordures [vidɔʀdyʀ] ***n.m.invar.*** scarico a colonna (per rifiuti domestici).

vidéosurveillance [videɔsyʀvɛjɑ̃s] ***n.f.*** sorveglianza con impianto video.

vidéotéléphone [videɔtelefɔn] ***n.m.*** videotelefono.

vidéothèque [videɔtɛk] ***n.f.*** videoteca.

vide-poche(s) [vidpɔʃ] ***n.m.*** [pl. *vide-poches*] **1** vuotatasche **2** (*aut.*) vano portaoggetti.

vider [vide] ***v.tr.*** **1** vuotare, svuotare | *vider son cœur*, (*fig.*) aprire il cuore (a qlcu) **2** sgomberare, sgombrare **3** (*fam.*) sbattere fuori, cacciare via **4** (*fam.*) sfinire: *je suis vidé*, sono sfinito **5** sventrare, eviscerare: *vider un poisson*, pulire un pesce **6** (*inform.*) cancellare ♦ **se vider** ***v.pron.intr.*** svuotarsi.

● ***vider les lieux, le plancher***, (*fam.*) sloggiare, andare via: *videz le plancher!*, fuori dai piedi! | ***vider son cœur***, (*fig.*) sfogarsi | ***vider son sac***, (*fam.*) vuotare il sacco.

■ V.TR. CONTR. **1** remplir.

videur [vidœʀ] ***n.m.*** buttafuori (di un locale).

vidimer [vidime] ***v.tr.*** (*dir.*) vidimare.

vidoir [vidwaʀ] ***n.m.*** sportello dello scarico a colonna (dei rifiuti domestici).

vie [vi] ***n.f.*** **1** vita: *payer de sa vie*, pagare con la vita; *refaire sa vie*, rifarsi una vita; *cette guerre a coûté beaucoup de vies*, questa guerra è costata molte vite, molti uomini **2** vita, modo (*m.*) di vivere: *la vie des champs*, la vita dei campi **3** vita, vitalità; (*fig.*) animazione: *dans ce quartier il y a beaucoup de vie*, in questo quartiere c'è molta animazione, è un quartiere molto vivace **4** vita, biografia.

● ***vie de chien***, (*fig. fam.*) vita da cani | (*relig.*) ***vie éternelle***, vita eterna | ***à la vie, à la mort***, per la vita e per la morte, per sempre | ***à vie***, a vita | ***avoir la vie douce***, avere la vita facile | ***avoir la vie dure***, essere duro a morire | ***ce n'est pas une vie!***, questa non è vita! | ***c'est la vie!***, (così) è la vita! | ***de ma vie***, in vita mia | ***devoir la vie à qqn***, dovere la vita a qlcu | ***donner la vie***, mettere al mondo | ***faire la (belle) vie***, (*fam.*) fare la bella vita | ***faire, mener la vie dure à qqn***, rendere la vita difficile a qlcu: *il nous fait la vie dure*, ci rende la vita difficile | ***femme de mauvaise vie***, donna di vita | ***jamais de la vie!***, mai e poi mai!, non se ne parla proprio! | ***la vie durant***, vita natural durante | ***mener la grande vie***, fare la gran vita | ***refaire sa vie***, rifarsi una vita; risposarsi | ***voir la vie en rose***, (*fig.*) vedere tutto rosa.

■ SIN. **1** existence **3** mouvement.

FAUX AMI
Da non confondere con *via*, che si traduce *voie* o *rue* o *route*.

vieil [vjɛj] ***agg.*** → **vieux**.

vieillard [vjɛjaʀ] ***n.m.*** **1** vecchio; vegliardo **2** (*pl.*) anziani.

vieillerie [vjɛjʀi] ***n.f.*** vecchiume (*m.*).

vieillesse [vjɛjɛs] ***n.f.*** **1** vecchiaia **2** terza età, anziani (*m.pl.*) **3** invecchiamento (*m.*) (del vino).

● ***assurance vieillesse***, pensione (di vecchiaia).

■ SIN. **2** troisième âge.

vieilli [vjeji] ***agg.*** invecchiato; antiquato: *mot vieilli*, parola antiquata, obsoleta.

vieillir [vjejiʀ] ***v.intr.*** invecchiare: *elle a beaucoup vieilli*, è molto invecchiata ♦ ***v.tr.*** invecchiare: *cette robe te vieillit*, questo vestito ti invecchia ♦ **se vieillir** ***v.pron.*** invecchiarsi, aumentarsi l'età.

■ CONTR. rajeunir.

vieillissant [vjejisɑ̃] ***agg.*** che sta invecchiando.

vieillissement [vjejismɑ̃] ***n.m.*** **1** invecchiamento (*anche fig.*) **2** (*tecn.*) stagionatura (*f.*).

vieillot [vjɛjo] ***agg.*** [f. *-otte*] vecchiotto, antiquato.

vielle [vjɛl] ***n.f.*** (*mus.*) ghironda.

viendrai [vjɛ̃dʀe] → **venir**.

vienne [vjɛn] → **venir**.

viennois [vjɛnwa] ***agg.*** **1** (*Austria*) viennese **2** (*Francia*) di Vienne.

viennoiserie [vjɛnwazʀi] ***n.f.*** pasticceria (a pasta lievitata cotta al forno).

viens [vjɛ̃] → **venir**.

vierge [vjɛʀʒ] ***agg.*** vergine (*anche fig.*): *neige vierge*, neve incontaminata ♦ ***n.f.*** **1** vergine **2** (*astr.*) *Vierge*, Vergine.

● ***vierge de***, (*letter.*) mondo da | ***huile vierge***, olio vergine | (*relig.*) ***la*** (***Sainte***) ***Vierge***, la (Santa) Vergine, la Madonna.

vietnamien [vjɛtnamjɛ̃] ***agg.*** [f. *-enne*] vietnamita ♦ ***n.m.*** (*lingua*) vietnamita.

Vietnamien ***n.m.*** [f. *-enne*] (*abitante*) vietnamita.

vieux [vjø] ***agg.*** [*vieil* davanti a vocale o *h* muta; f. *vieille*] **1** vecchio: *être vieux avant l'âge*, invecchiare prima del tempo; *il est plus vieux que moi*, è più vecchio di me **2** vecchio, di vecchia data: *une vieille connaissance*, una vecchia conoscenza **3** vecchio; inveterato: *un vieil ivrogne*, un vecchio ubriacone **4** antico, vecchio: *le vieux Nice*, la (parte) vecchia (della città di) Nizza | *il fait très vieille France*, ricorda la Francia d'altri tempi, all'antica **5** esperto, vecchio: *être vieux dans le métier*, essere vecchio del mestiere ♦ ***n.m.*** vecchio ♦ ***avv.*** vecchio: *ça fait vieux*, fa vecchio; *s'habiller vieux*, vestirsi da vecchio.

● ***vieux beau***, bellone in disarmo | (*ling.*) ***vieux français***, francese antico | ***vieux rose***, rosa antico | ***vieille fille***, zitella | ***devenir***, ***se faire vieux***, invecchiare | ***être vieux comme Mathusalem***, (*fam.*) essere vecchio come Matusalemme | ***le bon vieux temps***, il buon tempo antico | ***les vieux***, gli anziani | ***les vieux jours***, la vecchiaia | ***mes vieux***, (*fam.*) i miei vecchi, i miei genitori | ***mon vieux***, (*fam.*) vecchio mio | ***prendre un coup de vieux***, invecchiare improvvisamente | ***vivre vieux***, vivere sino a tarda età.

■ **AGG. SIN. 1** âgé **CONTR. 1** jeune.

vif [vif] ***agg.*** [f. *vive*] **1** vivo: *l'air vif de la montagne*, l'aria frizzante della montagna **2** vivace: *des yeux vifs*, occhi vivaci **3** (*di sentimenti, emozioni ecc.*) vivo, forte: *vifs applaudissements*, applausi calorosi **4** violento, brusco: *caractère vif*, carattere collerico **5** (*di colore*) vivo, intenso: *bleu vif*, azzurro intenso **6** acuto, pungente: *un froid très vif*, un freddo pungente ♦ ***n.m.*** **1** vivo (*anche fig.*): *entrer dans le vif du sujet*, entrare nel vivo della questione **2** (*dir.*) vivo, vivente, persona (*f.*) viva **3** pesciolino per esca: *pêcher au vif*, pescare con esca viva.

● ***à vif***, vivo, aperto: *plaie à vif*, *vive*, ferita aperta; *nerfs à vif*, (*fig.*) nervi a fior di pelle | ***de vive force***, a viva forza | ***de vive voix***, a viva voce | ***eau vive***, acqua viva, sorgiva | ***être vif comme un écureuil***, essere vispo come un fringuello | ***plus mort que vif***, più morto che vivo | ***sur le vif***, dal vivo, dal vero | ***toucher***, ***piquer au vif***, toccare, pungere nel vivo: *cela touche au plus vif de mes intérêts*, ciò tocca nel vivo i miei interessi | ***trancher***, ***couper dans le vif***, prendere misure energiche.

■ **AGG. SIN. 2** éveillé **3** intense.

vif-argent [vifaʀʒɑ̃] ***n.m.*** [pl. *vifs-argents*] argento vivo (*anche fig.*).

vigie [viʒi] ***n.f.*** **1** marinaio (*m.*) di vedetta **2** vedetta: *être de*, *en vigie*, essere di vedetta.

vigilance [viʒilɑ̃s] ***n.f.*** **1** vigilanza **2** (*med.*) stato (*m.*) vigile.

vigilant [viʒilɑ̃] ***agg.*** vigilante, vigile: *soins vigilants*, cure sollecite ♦ ***n.m.*** guardia (*f.*) notturna.

vigile[1] [viʒil] ***n.f.*** (*eccl.*) vigilia.

vigile[2] ***n.m.*** guardia (*f.*) notturna, guardiano notturno, metronotte.

FAUX AMI
Da non confondere con *vigile* (*urbano*), che si traduce *agent* (*de police*).

vigne [viɲ] ***n.f.*** **1** vite **2** vigna.

● ***vigne blanche***, vitalba, clematide | ***être dans les vignes du Seigneur***, (*fig. scherz.*) essere un po' brillo | (*scult.*) ***feuille de vigne***, foglia di fico.

vigneron [viɲʀɔ̃] ***n.m.*** [f. *-onne*] vignaiolo; viticoltore ♦ ***agg.*** viticolo.

vignette [viɲɛt] ***n.f.*** **1** vignetta; fregio (*m.*) **2** (*aut.*) bollo (*m.*) di circolazione **3** talloncino (*m.*), bollino (*m.*); contrassegno (*m.*) **4** (*sui medicinali*) fustella.

vignettiste [viɲetist] ***n.m.*** e ***f.*** vignettista.

vignoble [viɲɔbl] ***n.m.*** **1** vigna (*f.*), vigneto **2** vigneti (*pl.*): *le vignoble bordelais*, i vigneti della regione di Bordeaux.

vignolan [viɲɔlɑ̃] ***n.m.*** (*Svizzera*) viticoltore.

vigogne [vigɔɲ] ***n.f.*** vigogna.

vigoureusement [viguʀøzmɑ̃] ***avv.*** vigorosamente.

vigoureux [viguʀø] ***agg.*** [f. *-euse*] vigoroso; energico (*anche fig.*): *enfant vigoureux*, bambino robusto.

■ **SIN.** solide, robuste **CONTR.** faible, chétif.

vigueur [vigœʀ] ***n.f.*** vigore (*m.*), vigoria (*anche fig.*): *agir avec vigueur*, agire con determinazione.

● ***en vigueur***, in vigore, vigente.

viking [vikiŋ] ***agg.*** (*st.*) vichingo.

Viking ***n.m.*** (*st.*) (*persona*) vichingo.

● ***les Vikings***, i Vichinghi.

vil [vil] ***agg.*** **1** spregevole **2** vile, di scarso valore: *à vil prix*, a prezzo molto basso **3** (*ant.*) di bassa condizione, umile.

vilain [vilɛ̃] ***agg.*** **1** brutto: *un vilain temps*, un tempaccio **2** basso, spregevole **3** (*fam.*) brutto, cattivo: *tu as été vilain, ce matin*, hai fatto il cattivo stamattina ♦ ***n.m.*** **1** (*ant.*) villano, contadino **2** (*nel linguaggio infantile*) cattivo **3** (*fam.*) cosa (*f.*) brutta, spiacevole.

● ***vilains mots***, parolacce | ***il fait vilain***, (*fam.*) è brutto (tempo) | ***il va y avoir du vilain***, (*fig.*) qui si mette male.

FAUX AMI
Da non confondere con *villano*, che si traduce *mal élevé*, *grossier*.

vilainement [vilɛnmɑ̃] ***avv.*** **1** male, malamente: *il est vilainement bâti*, è mal fatto **2** (*antiq.*) in modo sgarbato.

vilebrequin [vilbʀəkɛ̃] ***n.m.*** **1** (*tecn.*) trapano a manovella **2** (*aut.*) albero a gomiti.

vilement [vilmɑ̃] ***avv.*** in modo spregevole, indegno.

vilenie [vilni] ***n.f.*** (*letter.*) bassezza; contumelia.

villa [villa] ***n.f.*** **1** villa, villetta **2** via privata (fiancheggiata da case con giardini) **3** (*st.*) villa.

village [vilaʒ] ***n.m.*** villaggio; paese.

● ***village de toile***, tendopoli, campeggio | ***village de vacances***, ***village club***, villaggio turistico | ***village olympique***, villaggio olimpico.

V

villageois [vilaʒwa] *agg.* campagnolo, paesano: *fête villageoise*, festa del villaggio ♦ *n.m.* abitante di un villaggio, paesano.

villanelle [vilanɛl] *n.f.* (*mus.*) villanella.

ville [vil] *n.f.* città: *une petite ville de province*, una cittadina di provincia.
● ***ville d'eau(x)***, città termale | ***ville nouvelle***, città nuova, città satellite | ***à la ville***, in città: *aller, se rendre à la ville*, recarsi in città | ***aller en ville***, andare in centro | ***dîner en ville***, pranzare fuori (casa) | ***la vieille ville***, la città vecchia, il centro storico (di una città) | ***la Ville lumière***, Parigi.

NOTA La *ville* francese con il nome più corto è *Y*, nella Somme; quella con il nome più lungo, composto di 45 caratteri, è *Saint-Rémy-en-Bouzemont-Saint-Genest-et-Isson*.
Alcune città francesi hanno un soprannome preceduto da:
- ***ville***, come Paris (*la Ville lumière*), Rouen (*la ville aux cent clochers*), Toulouse (*la ville rose*)
- ***capitale***, come Limoges (*la capitale de la porcelaine*), Grenoble (*la capitale des Alpes*), Lyon (*la capitale des Gaules*)
- ***cité***, come Saint-Malo (*la cité corsaire*), Avignon (*la cité des papes*)
- ***perle***, come le Touquet-Paris-Plage (*la perle de la Côte d'opale*)
- ***Venise***, come Nantes (*la Venise de l'Ouest*).

ville-dortoir [vildɔRtwaR] *n.f.* [pl. *villes-dortoirs*] città dormitorio.

villégiature [vil/eʒjatyR] *n.f.* villeggiatura.

villégiaturer [vil/eʒjatyRe] *v.intr.* (*fam.*) villeggiare.

villeneuvois [vilnœvwa] *agg.* di Villeneuve-sur-Lot.

ville-satellite [vilsate(ɛl)lit] *n.f.* [pl. *villes-satellites*] città satellite.

villeurbannais [vilœRbanɛ] *agg.* di Villeurbanne.

villosité [vilozitɛ] *n.f.* **1** villosità **2** (*anat.*) villo (*m.*).

vin [vɛ̃] *n.m.* **1** vino: *bien tenir le vin*, reggere bene il vino **2** (*fig.*) ubriachezza (*f.*); sbornia (*f.*): *avoir le vin gai*, avere la sbornia allegra.
● ***vin blanc, rouge***, vino bianco, rosso | ***vin courant*** (o ***ordinaire***), vino comune | ***vin de liqueur***, vino liquoroso | ***vin de table***, vino da pasto | ***vin d'honneur***, brindisi, bicchierata | ***vin du pays, du cru***, vino tipico (di una regione) | ***vin fin*** (o ***vin de cru***), vino pregiato | ***vin nouveau***, vino novello | ***être entre deux vins***, (*fig.*) essere un po' brillo.

vinaigre [vinɛgR] *n.m.* aceto: *cornichons au vinaigre*, cetrioli sottaceto.
● ***vinaigre parfumé***, aceto aromatico | ***faire vinaigre***, (*fam.*) spicciarsi | ***tourner au vinaigre***, (*fig.*) mettersi male.

vinaigrer [vinegRe] *v.tr.* condire con l'aceto.

vinaigrette [vinɛgRɛt] *n.f.* **1** (*cuc.*) vinaigrette, pinzimonio (*m.*) **2** (*ant.*) carrozzino (*m.*) chiuso con due ruote.

vinaigrier [vinɛgRije] *n.m.* ampolla (*f.*) dell'aceto.

vinasse [vinas] *n.f.* **1** (*fam.*) vino (*m.*) mediocre **2** (*enol.*) vinaccia.

vindicatif [vɛ̃dikatif] *agg.* e *n.m.* [f. *-ive*] vendicativo.

vineux [vinø] *agg.* [f. *-euse*] **1** alcolico **2** vinoso, che ha il gusto, il colore o l'odore del vino.

vingt [vɛ̃] *agg.num.card.* e *n.m.invar.* venti: *vingt-quatre francs*, ventiquattro franchi ♦ *agg.num.ord.invar.* (*di re, papi, capitoli ecc.*) ventesimo: *page vingt*, pagina venti.
● ***vingt et un*** (o ***vingt-et-un***), ventuno.

vingtaine [vɛ̃tɛn] *n.f.* ventina.

vingt-deux [vɛ̃tdø] *agg.num.card.* e *n.m.invar.* ventidue ♦ *agg.num.ord.invar.* (*di re, papi, capitoli ecc.*) ventiduesimo: *page vingt-deux*, pagina ventidue ♦ *inter.* (*fam.*) attenzione: *vingt-deux! voilà les flics!*, attenzione! arrivano i piedipiatti!

vingt-et-un [vɛ̃teœ̃] *agg.num.card.* e *n.m.invar.* ventuno ♦ *agg.num.ord.invar.* ventunesimo: *page vingt-et-un*, pagina ventuno ♦ *n.m.invar.* (*gioco di carte*) ventuno.

vingt-heures [vɛ̃tœR] *n.m.invar.* telegiornale delle 20: *la grande messe du vingt-heures*, (*fig.*) la cerimonia del telegiornale della sera.

vingtième [vɛ̃tjɛm] *agg.num.ord.* e *n.m.* e *f.* ventesimo/a.
● ***le vingtième siècle***, il ventesimo secolo, il Novecento.

vinicole [vinikɔl] *agg.* vinicolo.

vinification [vinifikasjɔ̃] *n.f.* vinificazione.

vinifier [vinifje] *v.tr.* vinificare.

vinosité [vinozite] *n.f.* alta gradazione alcolica di un vino.

vins [vɛ̃] **vinsse** [vɛ̃s] → **venir**.

vinyle [vinil] *n.m.* **1** (*chim.*) vinile **2** (disco in) vinile.

vinylique [vinilik] *agg.* (*chim.*) vinilico.

viol [vjɔl] *n.m.* **1** violenza (*f.*) carnale, stupro **2** violazione (*f.*).

violacé [vjɔlase] *agg.* violaceo.

violacer, se [səvjɔlase] *v.pron.intr.* [coniug. come *placer*] assumere un colore violaceo.

violateur [vjɔlatœR] *n.m.* [f. *-trice*] **1** profanatore **2** chi infrange (una legge ecc.).

violation [vjɔlasjɔ̃] *n.f.* **1** violazione **2** profanazione.
● ***violation de domicile***, violazione di domicilio | ***violation des correspondances***, violazione del segreto epistolare.

violâtre [vjɔlɑtR] *agg.* violaceo.

viole [vjɔl] *n.f.* (*mus.*) viola.
● ***viole d'amour***, viola d'amore | ***viole de gambe***, viola da gamba.

violemment [vjɔlamɑ̃] *avv.* violentemente.

violence [vjɔlɑ̃s] *n.f.* violenza.
● ***faire violence à qqn, qqch***, fare violenza a qlcu, qlco | ***se faire une douce violence***, (*fam.*) fare lo sforzo di.
■ SIN. brutalité.

violent [vjɔlɑ̃] *agg.* **1** violento **2** (*fam.*) eccessivo ♦ *n.m.* violento.

violenter [vjɔlɑ̃te] *v.tr.* **1** violentare **2** (*letter.*) forzare.

violer [vjɔle] *v.tr.* **1** violare **2** violentare, stuprare.

violet [vjɔlɛ] *agg.* [f. *-ette*] viola, violetto ♦ *n.m.* (*colore*) viola.

violette [vjɔlɛt] *n.f.* (*bot.*) viola, violetta, mammola.
● ***violette de Parme***, violetta di Parma.

violeur [vjɔlœR] *n.m.* [f. *-euse*] stupratore, violentatore.

violier [vjɔlje] *n.m.* (*bot.*) violacciocca (*f.*).

violine [vjɔlin] *agg.* e *n.m.* (color) viola porpora, (color) vinaccia.

violiste [vjɔlist] *n.m.* e *f.* (*mus.*) violista.

violon [vjɔlɔ̃] *n.m.* **1** (*mus.*) violino **2** (*mus.*) violinista, violino **3** (*fam.*) guardina (*f.*); prigione: *passer la nuit au violon*, passare la notte in guardina, al fresco.
● ***violon d'Ingres***, (*fig.*) passatempo preferito, pallino | ***accorder ses violons***, (*fig.*) mettersi d'accordo | ***aller plus vite que les violons***, essere troppo precipitoso.

violoncelle [vjɔlɔ̃sɛl] *n.m.* (*mus.*) violoncello.

violoncelliste [vjɔlɔ̃sɛlist] *n.m.* e *f.* (*mus.*) violoncellista.

violoneux [vjɔlɔnø] *n.m.* **1** violinista (che suona nelle feste di campagna) **2** violinista da strapazzo.

violoniste [vjɔlɔnist] *n.m.* e *f.* (*mus.*) violinista.

viorne [vjɔʀn] *n.f.* (*bot.*) viburno (*m.*).

VIP [veipe] *n.m.* e *f.* (*sigla di* Very Important Person) VIP.

vipère [vipɛʀ] *n.f.* vipera.
● ***langue de vipère***, (*fig.*) (lingua di) vipera | ***nœud de vipères***, (*fig.*) groviglio di vipere.

vipereau [vipʀo] **vipéreau** [vipeʀo] *n.m.* [pl. *-eaux*] piccolo della vipera.

vipérin [vipeʀɛ̃] *agg.* viperino.

vipérine [vipeʀin] *n.f.* **1** biscia (d'acqua) **2** (*bot.*) erba viperina.

virage [viʀaʒ] *n.m.* **1** curva (*f.*); svolta (*f.*) (*anche fig.*): *faire un virage à gauche*, svoltare a sinistra **2** (*mar., aer.*) virata (*f.*) **3** (*scient., fot.*) viraggio.
● (*med.*) ***virage de la cuti-réaction***, cutireazione positiva.
■ SIN. **1** tournant.

virago [viʀago] *n.f.* (*spreg.*) virago.

virais [viʀɛ] *agg.* di Vire.

viral [viʀal] *agg.* [pl. *-aux*] virale.

vire [viʀ] *n.f.* cengia.

virée [viʀe] *n.f.* (*fam.*) passeggiata, giro (*m.*).

virelai [viʀlɛ] *n.m.* (*lett.*) virelai (composizione poetica di quattro strofe, secc. XIII-XIV).

virement [viʀmɑ̃] *n.m.* **1** (*comm.*) trasferimento (di denaro); (*banca*) giroconto **2** (*mar.*) virata (*f.*).
● (*banca*) ***virement bancaire***, bonifico bancario | (*comm.*) ***virement budgétaire***, storno di bilancio.

virer [viʀe] *v.intr.* **1** girare (su se stesso) **2** (*mar.*) virare, girare: *virer vent avant*, *vent arrière*, girare vento in prora, vento in poppa **3** (*mar.*) virare (**qlco**): *virer au cabestan*, virare l'argano **4** (*chim., fot.*) virare: *au lavage les couleurs ont viré*, dopo il lavaggio i colori sono cambiati ♦ *v.tr.* **1** (*comm.*) girare, trasferire (denaro) **2** (*fot.*) sottoporre al viraggio (una copia fotografica) **3** (*fam.*) cacciar via; licenziare.
● ***virer à l'aigre***, inacidire | (*mar.*) ***virer de bord***, virare di bordo | ***virer sa cuti***, avere una reazione positiva all'inoculazione di tubercolina; (*fam.*) cambiare atteggiamento.

virevoltant [viʀvɔltɑ̃] *agg.* volteggiante.

virevolte [viʀvɔlt] *n.f.* **1** giravolta **2** (*fig.*) voltafaccia (*m.*).

virevolter [viʀvɔlte] *v.intr.* fare giravolte, volteggiare.

virgilien [viʀʒiljɛ̃] *agg.* [f. *-enne*] virgiliano.

virginal [viʀʒinal] *agg.* [pl. *-aux*] virginale.

virginie [viʀʒini] *n.m.* (*tabacco*) virginia: *un cigar*, *une cigarette de virginie*, un virginia, una virginia.

virginité [viʀʒinite] *n.f.* verginità.

virgule [viʀgyl] *n.f.* virgola.
● (*biol.*) ***bacille virgule***, bacillo virgola.

viril [viʀil] *agg.* virile.
● ***âge viril***, età adulta.

virilement [viʀilmɑ̃] *avv.* virilmente.

viriliser [viʀilize] *v.tr.* virilizzare.

virilité [viʀilite] *n.f.* virilità.

virole [viʀɔl] *n.f.* **1** ghiera **2** (*di monete e medaglie*) conio (*m.*).

viroler [viʀɔle] *v.tr.* **1** munire di ghiera **2** introdurre nel conio.

virolet [viʀɔlɛ] *n.m.* (*Svizzera*) piccola curva (*f.*).

virologie [viʀɔlɔʒi] *n.f.* (*med.*) virologia.

virologiste [viʀɔlɔʒist] **virologue** [viʀɔlɔg] *n.m.* e *f.* (*med.*) virologo/a.

virose [viʀoz] *n.f.* (*med.*) virosi.

virtualité [viʀtɥalite] *n.f.* virtualità.

virtuel [viʀtɥɛl] *agg.* virtuale.
● (*inform.*) ***réalité virtuelle***, realtà virtuale.
■ SIN. possible CONTR. effectif.

virtuellement [viʀtɥɛlmɑ̃] *avv.* virtualmente.

virtuose [viʀtɥoz] *n.m.* e *f.* virtuoso/a.

virtuosité [viʀtɥozite] *n.f.* virtuosismo (*m.*), virtuosità.

virulence [viʀylɑ̃s] *n.f.* virulenza.

virulent [viʀylɑ̃] *agg.* virulento.

virus [viʀys] *n.m.* **1** (*med.*) virus (*anche fig.*): *le virus de l'anarchie*, il germe dell'anarchia; *le virus du cinéma*, la mania del cinema **2** (*inform.*) virus.

vis[1] [vis] *n.f.* vite.
● ***vis à droite***, ***à gauche***, vite destrorsa, sinistrorsa | ***vis à œil***, vite a occhiello | ***vis à oreilles***, (vite a) galletto | ***vis mère***, madrevite | ***à vis***, a vite, a spirale: *escalier à*, *en vis*, scala a chiocciola | ***donner un tour de vis***, ***serrer la vis***, (*fig.*) dare un giro di vite.

vis[2] [vi] → **vivre**, **voir**.

visa [viza] *n.m.* (*dir.*) visto: *apposer*, *mettre un visa*, vidimare.

visage [vizaʒ] *n.m.* **1** volto, viso, faccia (*f.*) **2** espressione (*f.*): *un visage volontaire*, *énergique*, una espressione volitiva, energica; *prendre un visage de circonstance*, fare una faccia di circostanza **3** (*fig.*) volto, aspetto.
● ***à visage découvert***, (*fig.*) a viso aperto, apertamente | ***changer de visage***, (*fig.*) cambiare colore | ***faire bon***, ***mauvais visage à qqn***, fare buon viso a qlcu, guardare male qlcu.
■ SIN. **1** figure, face.

visagiste [vizaʒist] *n.m.* e *f.* visagista.

vis-à-vis [vizavi] *n.m.* **1** persona (*f.*) o cosa (*f.*) che si trova dirimpetto: *il était mon vis-à-vis à table*, mi stava di fronte a tavola **2** amorino (divanetto a due posti a forma di S) ♦ *avv.* di fronte, faccia a faccia.
● (*edil.*) ***appartement sans vis-à-vis***, appartamento con vista | ***vis-à-vis de***, di fronte a, dirimpetto a; (*fig.*) nei confronti di, di fronte a.

viscéral [viseʀal] *agg.* [pl. *-aux*] viscerale.

viscéralement [viseʀalmɑ̃] *avv.* visceralmente.

viscère [visɛʀ] *n.m.* (*anat.*) viscere.

viscose [viskoz] *n.f.* viscosa.

viscosité [viscozite] *n.f.* **1** vischiosità **2** (*chim., fis.*) viscosità.

visé [vize] *agg.* preso di mira ♦ *n.m.* mira (*f.*).
● ***tirer au visé***, sparare prendendo la mira.

visée [vize] *n.f.* **1** mira **2** (*fig.*) scopo (*m.*), intento (*m.*), mira.

viser[1] [vize] *v.tr.* **1** mirare (**a**) (*anche fig.*) **2** riguardare, prendere di mira: *sa remarque visait toute la famille*, la sua osservazione toccava tutti i membri della famiglia **3** (*molto fam.*) guardare: *vise moi ça!*, *vise un peu ça!*, ma guarda un po'! ♦ *v.intr.* mirare.
● ***viser au cœur***, (*fig.*) fare centro | ***viser haut***, (*fig.*) mirare in alto.

viser[2] ***v.tr.*** vistare, vidimare.

viseur [vizœʀ] ***n.m.*** **1** mirino **2** (*mar.*) puntatore.
● (*fot.*) ***viseur optique***, ***réflexe***, mirino ottico, a specchio.

visibilité [vizibilite] ***n.f.*** visibilità.

visible [vizibl] ***agg.*** **1** visibile **2** (*fig.*) evidente **3** (*fam.*) presentabile, disposto a ricevere una visita ♦ ***n.m.*** (mondo) visibile.

visiblement [viziblәmɑ̃] ***avv.*** **1** visibilmente, in modo visibile **2** (*fig.*) evidentemente, palesemente.

visière [vizjɛʀ] ***n.f.*** (*di casco, elmo, berretto*) visiera.
● ***rompre en visière***, (*fig., letter.*) attaccare, contraddire apertamente.

visio [vizjo] ***n.f.*** (*abbr. di* visioconférence) videoconferenza.

visiocasque [vizjokask] ***n.m.*** casco virtuale.

visioconférence [vizjokɔ̃feʀɑ̃s] ***n.f.*** videoconferenza.

vision [vizjɔ̃] ***n.f.*** **1** vista; capacità visiva: *troubles de la vision*, disturbi della vista **2** visione: *tu as des visions!*, (*fam.*) ma tu vaneggi!

visionnage [vizjɔnaʒ] ***n.m.*** (*tv, cine.*) il visionare, visione (*f.*).

visionnaire [vizjɔnɛʀ] ***agg.*** e ***n.m.*** e ***f.*** visionario/a.

visionner [vizjɔne] ***v.tr.*** **1** (*cine.*) visionare **2** esaminare alla moviola **3** guardare (le diapositive) col visore.

visionneuse [vizjɔnøz] ***n.f.*** **1** visore (*m.*) (per diapositive) **2** (*cine.*) moviola **3** (*inform.*) visualizzatore (*m.*).

visiophone [vizjɔfɔn] ***n.m.*** videotelefono.

visitation [vizitasjɔ̃] ***n.f.*** (*relig., arte*) visitazione.

visite [vizit] ***n.f.*** **1** visita, il visitare (*m.*) **2** visita, persona in visita: *avoir de la visite*, avere visite **3** (*di professionista*) visita **4** esame (*m.*), ispezione: *visite d'un appartement*, visita, sopralluogo di un appartamento.
● (*dir.*) ***visite domiciliaire***, perquisizione domiciliare | ***visite médicale***, visita medica: *passer la visite médicale*, sottoporsi a una visita medica | ***rendre visite à qqn***, far visita a qlcu.

visiter [vizite] ***v.tr.*** **1** visitare (un luogo) **2** far visita (**a**), recarsi presso **3** esaminare, ispezionare; (*mecc.*) revisionare **4** (*Africa*) fare visita (**a**), andare a trovare.

visiteur [vizitœʀ] ***n.m.*** [f. *-euse*] **1** visitatore **2** ispettore; controllore.
● (*dir.*) ***visiteur de prison***, volontario che presta assistenza ai carcerati | ***visiteur des douanes***, doganiere, controllore doganale | ***visiteur médical***, rappresentante farmaceutico.

vison [vizɔ̃] ***n.m.*** (*zool.*) visone.

visqueux [viskø] ***agg.*** [f. *-euse*] **1** vischioso, viscoso **2** viscido (*anche fig.*).

vissage [visaʒ] ***n.m.*** avvitamento.

vissé [vise] ***agg.*** **1** avvitato **2** (*fig.*) inchiodato: *vissé au téléviseur*, inchiodato davanti al televisore.

visser [vise] ***v.tr.*** **1** avvitare **2** (*fig. fam.*) tenere a freno; dare un giro di vite.

visserie [visʀi] ***n.f.*** **1** viteria **2** bulloneria.

visseuse [visøz] ***n.f.*** (*mecc.*) (*macchina*) avvitatrice.

visualisation [vizɥalizasjɔ̃] ***n.f.*** visualizzazione.
● (*inform.*) ***écran de visualisation***, display, schermo di visualizzazione.

visualiser [vizɥalize] ***v.tr.*** **1** visualizzare **2** (*fig.*) immaginare, figurare **3** (*cine.*) tradurre in immagini.

visuel [vizɥɛl] ***agg.*** [f. *-elle*] visivo ♦ ***n.m.*** **1** (*grafica pubblicitaria*) visualità (*f.*) **2** (*inform.*) schermo di visualizzazione, display.
● ***mémoire visuelle***, memoria visiva.

visuellement [vizɥɛlmɑ̃] ***avv.*** visivamente; de visu.

vital [vital] ***agg.*** [pl. *-aux*] vitale: *c'est vital*, è di vitale importanza.
● ***le minimum vital***, il minimo per vivere.

vitalisme [vitalism] ***n.m.*** (*biol.*) vitalismo.

vitalité [vitalite] ***n.f.*** vitalità.

vitamine [vitamin] ***n.f.*** (*biochim.*) vitamina.

vitaminé [vitamine] ***agg.*** vitaminico; vitaminizzato.

vite [vit] ***avv.*** presto, in fretta: *et plus vite que ça!*, forza, muoversi! ♦ ***agg.*** (*sport*) svelto.
● ***vite fait***, (*fam.*) alla svelta: *tu auras vite fait de comprendre*, capirai in fretta; *on a vite fait de dire que*, si fa presto a dire che | ***au plus vite***, al più presto | ***faire vite***, fare presto, sbrigarsi | ***il y va un peu vite***, fa le cose un po' troppo in fretta; (*fig.*) corre troppo (con la fantasia) | (*Canada*) ***ne pas être vite sur ses patins***, (*fig.*) essere duro di comprendonio.
■ *AVV.* SIN. promptement CONTR. lentement.

vite-fait [vitfɛ] ***agg.*** [pl. *vite-faits*] (*fam.*) rapido, veloce.

vitellin [vitelɛ̃, vitelin] ***agg.*** (*biol.*) vitellino.

vitellus [vitelys] ***n.m.*** (*biol.*) vitello.

vitesse [vitɛs] ***n.f.*** **1** velocità **2** (*aut.*) marcia **3** (*inform.*) velocità, ritmo (*m.*).
● (*aut.*) ***vitesses au plancher***, cambio a cloche | ***à deux vitesses***, a doppia velocità; (*fig.*) a doppio funzionamento | ***à petite vitesse***, a bassa velocità | ***à toute vitesse***, a gran velocità | (*sport*): ***coureur de vitesse***, velocista; (***course de***) ***vitesse***, gara di velocità | ***en perte de vitesse***, che perde velocità; (*fig.*) in declino | ***en quatrième vitesse***, (*fam.*) in fretta e furia; in quarta, a tutta birra | ***en vitesse***, velocemente | ***faire de la vitesse***, correre (in automobile ecc.) | (*aut.*) ***levier*** (***de changement***) ***de vitesse***, leva del cambio (di velocità) | ***prendre qqn de vitesse***, (*anche fig.*) superare qlcu in velocità.
■ SIN. **1** rapidité, hâte CONTR. **1** lenteur.

viticole [vitikɔl] ***agg.*** viticolo.

viticulteur [vitikyltœʀ] ***n.m.*** [f. *-trice*] viticoltore.

viticulture [vitikyltyʀ] ***n.f.*** viticoltura.

vitiligo [vitiligo] ***n.m.*** (*med.*) vitiligine (*f.*).

vitrage [vitʀaʒ] ***n.m.*** **1** vetrata (*f.*), invetriata (*f.*) **2** vetri (*pl.*) (di tutto un edificio) **3** invetriatura (*f.*), posa (*f.*) dei vetri.
● (***rideau de***) ***vitrage***, tendina a vetro (per finestre).

vitrail [vitʀaj] ***n.m.*** [pl. *-aux*] vetrata (artistica).

NOTA La Francia è ricca di chiese con bellissimi ***vitraux***; si calcola che ve ne siano 100.000 m², cioè più che in tutti i paesi del mondo messi insieme. Particolarmente suggestive sono quelle della Sainte-Chapelle e di Notre-Dame a Parigi e quelle della cattedrale di Chartres.

vitre [vitʀ] ***n.f.*** **1** (*di finestra ecc.*) vetro (*m.*) **2** (*di treno, automobile ecc.*) finestrino (*m.*).
● (*aut.*): ***vitre arrière***, lunotto (posteriore); ***vitre avant***, parabrezza | ***casser les vitres***, (*fig.*) fare scandalo.
■ SIN. **1** carreau.

vitré [vitʀe] ***agg.*** **1** vetrato, a vetri: *une baie vitrée*, una vetrata **2** (*anat.*) vitreo.
● (*anat.*) (***corps***) ***vitré***, corpo vitreo.

vitrer [vitʀe] ***v.tr.*** invetriare, munire di vetri.

vitrerie [vitʀəʀi] *n.f.* 1 vetreria; industria del vetro 2 (*merce*) vetrame (*m.*) 3 vetrate (*pl.*).

vitreux [vitʀø] *agg.* [f. *-euse*] 1 vetroso 2 vitreo.

vitrier [vitʀije] *n.m.* vetraio.

vitrification [vitʀifikasjɔ̃] *n.f.* vetrificazione.

vitrifier [vitʀifje] *v.tr.* vetrificare.

vitrine [vitʀin] *n.f.* 1 vetrina (*anche fig.*) 2 oggetti (*m. pl.*) esposti in vetrina 3 bacheca 4 vetrina, credenza a vetri.
● (*Internet*) ***vitrine électronique***, vetrina virtuale | ***lécher les vitrines***, (*fig.*) andare per negozi, fare shopping.
■ SIN. 1 devanture.

vitriol [vitʀijɔl] *n.m.* (*chim.*) vetriolo.
● ***au vitriol***, (*fig.*) al vetriolo.

vitrioler [vitʀijɔle] *v.tr.* vetrioleggiare.

vitrocéramique [vitʀɔseʀamik] *n.f.* vetroceramica.

vitrophanie [vitʀɔfani] *n.f.* vetrofania.

vittellois [vitɛlwa] *agg.* di Vittel.

vitupération [vitypeʀasjɔ̃] *n.f.* (*spec. pl.*) (*letter.*) vituperazione.

vitupérer [vitypeʀe] *v.tr.* [coniug. come *céder*] (*letter.*) vituperare ♦ *v.intr.* imprecare, inveire.

vivable [vivabl] *agg.* 1 vivibile 2 (*estens.*) sopportabile, tollerabile.

vivace[1] [vivas] *agg.* 1 resistente, duraturo 2 (*fig.*) tenace, persistente: *une foi vivace*, una fede viva; *des préjugés vivaces*, pregiudizi radicati 3 (*bot.*) perenne.

vivace[2] *avv.* e *agg.invar.* (*mus.*) vivace.

vivacité [vivasite] *n.f.* 1 vivacità (*anche fig.*): *la vivacité de l'air*, la freschezza dell'aria, l'aria fresca, frizzante 2 vivacità, asprezza: *discuter avec vivacité*, discutere animatamente.
● ***vivacité d'esprit***, (*fig.*) vivacità d'ingegno; prontezza di spirito.

vivandière [vivɑ̃djɛʀ] *n.f.* vivandiera.

vivant [vivɑ̃] *agg.* 1 vivo, vivente: *il est bien vivant!*, è vivo e vegeto! 2 (*fig.*) pieno di vita, animato; vivace ♦ *n.m.* vivo, vivente.
● ***du vivant de***, al tempo di: *du vivant de son père*, quando era vivo suo padre | ***en, de son vivant***, da vivo | ***un bon vivant***, un buontempone.

vivarium [vivaʀjɔm] *n.m.* biorama (ambiente artificiale in cui si riproduce l'habitat naturale degli animali).

vivat [viva] *n.m.* evviva ♦ *inter.* (*antiq.*) viva, evviva.

vive[1] [viv] *inter.* viva, evviva.

vive[2] *n.f.* (*zool.*) trachino (*m.*) dragone, pesce (*m.*) ragno.

vive-eau [vivo] *n.f.* [pl. *vives-eaux*] alta marea del plenilunio.

vivement [vivmɑ̃] *avv.* 1 prontamente, speditamente: *il se retourna vivement*, si voltò di scatto 2 fortemente: *ils étaient vivement émus*, erano profondamente commossi 3 vivacemente: *ils avaient l'habitude de discuter vivement*, avevano l'abitudine di discutere animatamente 4 vivamente, intensamente: *je le regrettais vivement*, lo rimpiangevo vivamente ♦ *inter.* *vivement les vacances!*, (*fam.*) non vedo l'ora che arrivino le vacanze!

viveur [vivœʀ] *n.m.* viveur, gaudente.

vividité [vividite] *n.f.* vividezza, vivezza.

vivier [vivje] *n.m.* vivaio (*anche fig.*).

vivifiant [vivifjɑ̃] *agg.* vivificante, tonificante.

vivifier [vivifje] *v.tr.* vivificare, tonificare.

vivipare [vivipaʀ] *agg.* e *n.m.* (*zool.*) viviparo.

vivisection [viviseksjɔ̃] *n.f.* vivisezione.

vivoir [vivwaʀ] *n.m.* (*Canada*) soggiorno.

vivoter [vivɔte] *v.intr.* (*fam.*) vivacchiare.

vivre[1] [vivʀ] *v.intr.* [pres.indic.: *je vis* etc., *nous vivons* etc.; imperf.indic.: *je vivais* etc.; p.rem.: *je vécus* etc.; fut.indic.: *je vivrai* etc.; cond.: *je vivrais* etc.; pres.cong.: *que je vive* etc.; imperf.cong.: *que je vécusse* etc.; p.pres.: *vivant*; p.p.: *vécu*; imp.: *vis, vivons, vivez*] vivere: *il a vécu deux ans à Paris*, ha, è vissuto due anni a Parigi; *il a vécu une heure d'angoisse*, ha vissuto un'ora di angoscia; *il faut bien vivre!*, bisogna pur vivere! ♦ *v.tr.* vivere: *vivre sa vie*, vivere la propria vita; *on a vécu des bons moments ensemble*, abbiamo vissuto, passato dei momenti felici insieme.
● ***vivre à deux***, vivere in due | ***vivre de rien***, vivere con niente | ***apprendre à vivre à qqn***, trattare qlcu severamente: *je vais t'apprendre à vivre!*, ti faccio vedere io! | ***facile, difficile à vivre***, (*di persona*) accomodante, difficile: *il est difficile à vivre*, è difficile vivere con lui | ***faire vivre qqn***, mantenere qlcu | ***prendre le temps de vivre***, assaporare la vita | (*prov.*) ***qui vivra verra***, chi vivrà vedrà | ***savoir vivre***, saper vivere, saper stare (bene) al mondo | ***se laisser vivre***, tirare a campare.

vivre[2] *n.m.* 1 vitto 2 (*pl.*) viveri.
● ***le vivre et le couvert***, il vitto e l'alloggio.

vivrier [vivʀije] *agg.* [f. *-ère*] (per uso) alimentare.

vizir [viziʀ] *n.m.* (*st.*) visir.
● ***Grand vizir***, Gran visir.

vlan, v'lan [vlɑ̃] *inter.* paffete.

vocable [vɔkabl] *n.m.* 1 vocabolo, parola (*f.*) 2 (*eccl.*) dedicazione (*f.*), patronato.

vocabulaire [vɔkabylɛʀ] *n.m.* vocabolario | *quel vocabulaire!*, (*iron.*) che linguaggio!

vocal [vɔkal] *agg.* [pl. *-aux*] vocale.

vocalique [vɔkalik] *agg.* vocalico.

vocalisation [vɔkalizasjɔ̃] *n.f.* vocalizzazione.

vocalise [vɔkaliz] *n.f.* (*mus.*) vocalizzo (*m.*).

vocaliser [vɔkalize] *v.tr.* vocalizzare.

vocalisme [vɔkalism] *n.m.* (*fon.*) vocalismo.

vocatif [vɔkatif] *n.m.* (*gramm.*) vocativo.

vocation [vɔkasjɔ̃] *n.f.* vocazione.
● ***avoir vocation à, pour qqch***, essere fatto per qlco, essere adatto a qlco | ***manquer sa vocation***, non seguire la propria vocazione; (*fam.*) sbagliare mestiere.

vocifération [vɔsifeʀasjɔ̃] *n.f.* 1 lo sbraitare (*m.*) 2 (*pl.*) urla, grida.

vociférer [vɔsifeʀe] *v.intr.* [coniug. come *céder*] sbraitare ♦ *v.tr.* urlare.

vodka [vɔdka] *n.f.* vodka.

vœu [vø] *n.m.* [pl. *vœux*] 1 (*eccl.*) voto 2 promessa (*f.*); giuramento: *faire vœu de*, giurare di 3 desiderio, voto: *un vœu pieux*, un pio desiderio; *les vœux de la nation*, le aspirazioni del paese; *je fais des vœux pour qu'il réussisse*, mi auguro di cuore che riesca (nella vita); *fais un vœu!*, esprimi un desiderio!; *faire le vœu que*, augurarsi che 4 augurio: *présenter tous ses vœux de bonne année*, porgere i migliori auguri di buon anno 5 (*pol.*) parere (consultivo).
■ SIN. 3 désir 4 souhait.

vogue [vɔg] *n.f.* 1 voga, popolarità 2 (*Svizzera*) festa di Paese.
● ***être en vogue***, essere in voga.

V

voguer [vɔge] ***v.intr.*** (*letter.*) navigare.
● ***vogue la galère***, (*fam.*) vada come vada.
■ SIN. naviguer.

voici [vwasi] ***prep.*** **1** ecco (qui): *en voici quelques-uns*, eccone alcuni **2** (*letter.*) (*in proposizioni temporali*) or sono: *voici presque un an*, quasi un anno fa; *voici quelques jours que je ne l'ai vu*, sono alcuni giorni che non lo vedo.
● ***voici ce qu'il en est***, le cose stanno così, ecco come stanno le cose | ***me voici***, ***le voici***, ***nous voici***, ***les voici***, eccomi, eccolo, eccoci, eccoli, eccole | ***que voici***, qui presente: *Monsieur que voici*, il signore qui presente; *le livre que voici*, questo libro.

NOTA ***Voici*** o ***voilà***?
Si usa ***voici*** con riferimento a una cosa prossima nel tempo, nello spazio o nel discorso:
Voici mes amis.
Ecco i miei amici.
Voici comment le loup mangea le Petit Chaperon rouge.
Ecco come il lupo mangiò Cappuccetto Rosso.
Voilà rimanda a una cosa passata:
Voilà! C'est fini!
Ecco! è finita!
Voilà ce que je voulais te dire.
Ecco quello che volevo dirti.
La tendenza attuale è quella di usare *voilà* molto più spesso di *voici*.

voie[1] [vwa] ***n.f.*** **1** via, strada: *voie publique*, *privée*, strada pubblica, privata **2** (*fig.*) via, cammino (*m.*): *les voies de la connaissance*, le vie della conoscenza **3** (*ferr.*) binario (*m.*) | *défense de traverser la voie*, è proibito attraversare i binari **4** (*aut.*) carreggiata, corsia: *route à trois voies*, strada a tre corsie **5** (*ferr.*) scartamento (*m.*); (*aut.*) distanza tra le ruote (di un assale) **6** (*anat.*) via: *les voies respiratoires*, le vie respiratorie | (*anat.*) *voies digestives*, tubo digerente **7** (*dir.*) via **8** (*inform.*) via, percorso (*m.*) **9** (*tv, rad.*) canale (*m.*) **10** (*alpinismo*) via.
● (*mar.*) ***voie d'eau***, falla | ***voie de communication***, via di comunicazione | (*aut.*) ***voie de détresse***, corsia di emergenza | (*dir.*): ***voie de droit***, ***légale***, via legale: *par voie de droit*, per vie legali; ***voie de fait***, via di fatto: *se livrer à des voies de fait*, passare alle vie di fatto | (*ferr.*) ***voie de garage***, binario morto | ***voie express***, superstrada, strada a scorrimento veloce | (*alpinismo*) ***voie ferrée***, strada ferrata | (*astr.*) ***Voie lactée***, Via Lattea | (*st.*) ***Voie sacrée***, via sacra | ***voie sans issue***, (*anche fig.*) strada senza uscita | (*fin.*) ***voies et moyens***, entrate complessive dello stato | ***en voie de***, in via di | ***être dans la bonne voie***, ***en bonne voie***, essere sulla buona strada | ***par des voies détournées***, (*estens.*) per vie traverse | ***par (la) voie***, per via: *par voie de terre*, via terra; *par la voie hiérarchique*, (*estens.*) per via gerarchica | ***par voie de conséquence***, di conseguenza.

voie[2] → **voir**.

voilà [vwala] ***prep.*** **1** ecco: *le voilà parti*, ecco che è partito; *voilà ce que c'est que de ne pas suivre mes conseils*, ecco cosa succede a non seguire i miei consigli | *voilà ce qui s'appelle parler*, questo sì che è parlare | *voilà bien les hommes!*, *les femmes!*, gli uomini, le donne sono quel che sono! **2** (*in proposizioni temporali*) da: *voilà trois mois qu'il est parti*, è partito da tre mesi; *voilà dix ans que je ne l'ai pas vu*, non lo vedo da dieci anni ♦ ***inter.*** ecco: *voilà, j'arrive!*, ecco, arrivo!
● ***voilà où j'en suis***, ecco qual è la situazione, ecco a che punto sono | ***voilà qui est bien!***, così va bene! | ***voilà qui est nouveau!***, questa poi è nuova! | ***en veux-tu en voilà***, a bizzeffe, chi più ne ha più ne metta | ***en voilà***, ecco: *en voilà un imbécile!*, che imbecille!; *en voilà des façons!*, che modi!; *en voilà assez!*, basta (così)! | ***(et) voilà tout!***, ecco tutto!, (è) tutto qui! | ***me***, ***te***, ***le voilà***, eccomi, eccoti, eccolo | ***(ne) voilà-t-il pas que***, (*fam.* o *region.*) quand'ecco che: *j'arrive et voilà-t-il pas qu'il s'en va*, io arrivo ed ecco che lui se ne va | ***nous voilà bien!***, ***nous voilà frais!***, (*iron.*) adesso sì che siamo a posto! | ***nous y voilà***, eccoci qua; (*fig.*) eccoci (arrivati) al punto | ***que voilà***, quello: *l'homme que voilà*, quell'uomo; *ces gens que voilà*, quelle persone.

NOTA Si veda la nota alla parola *voici*.

voilage [vwalaʒ] ***n.m.*** tendaggio (in tessuto leggero).

voile[1] [vwal] ***n.m.*** **1** velo (*anche fig.*) **2** (*tessuto*) voile **3** (*fot.*) velo.
● (*med.*) ***voile au poumon***, ombra, macchia al polmone | (*anat.*) ***voile du palais***, velo pendulo (del palato) | ***jeter un voile sur qqch***, (*fig.*) stendere un velo su qlco | ***prendre le voile***, prendere il velo | ***soulever un coin du voile***, (*fig.*) lasciar trapelare qlco | ***sous le voile de***, (*fig.*) sotto il velo di: *sous le voile de l'anonymat*, celandosi dietro l'anonimato.

voile[2] ***n.f.*** (*mar.*) **1** vela: *lever*, *hisser les voiles*, alzare, issare le vele **2** vela, imbarcazione a vela.
● ***voile carrée***, vela quadrata | ***voile latine***, vela latina | ***voiles hautes***, ***basses***, vele alte, basse | ***voiles majeures***, ***longitudinales***, vele maggiori, di taglio | ***aller à voile et à vapeur***, (*fig. fam.*) essere bisessuale | ***à pleines voiles***, ***toutes voiles dehors***, a vele spiegate; (*fig.*) a gonfie vele | ***avoir du vent dans les voiles***, (*fam.*) essere un po' brillo | (*sport*) ***faire de la voile***, fare vela | ***mettre à la voile***, armare le vele | ***mettre les voiles***, (*fig.*) tagliare la corda, svignarsela.

voilé [vwale] ***agg.*** **1** velato (*anche fig.*) **2** (*di ingranaggio ecc.*) deformato, storto **3** (*di imbarcazione*) invelato.
● ***parler en termes voilés***, parlare in modo allusivo.

voilement [vwalmɑ̃] ***n.m.*** (*tecn.*) deformazione (*f.*) superficiale (del legno, di un metallo ecc. dovuta a un peso eccessivo).

voiler[1] [vwale] ***v.tr.*** velare (*anche fig.*) ♦ **se voiler** ***v.pron.*** velarsi (*anche fig.*).
● ***se voiler la face***, fingere di non vedere.

voiler[2] ***v.tr.*** **1** (*mar.*) armare di vele, invelare **2** (*tecn.*) deformare ♦ **se voiler** ***v.pron.intr.*** (*tecn.*) deformarsi.

voilette [vwalɛt] ***n.f.*** veletta.

voilier [vwalje] ***n.m.*** **1** veliero **2** barca (*f.*) a vela.
● (***oiseau***) ***voilier***, volatore.

voilure [vwalyʀ] ***n.f.*** **1** (*mar.*) velatura, velame (*m.*) **2** (*aer.*) ala (di aereo) **3** calotta (di paracadute) **4** (*tecn.*) deformazione; curvatura.
● (*aer.*) ***voilure tournante***, ala rotante | (*mar.*): ***centre de voilure***, centro velico; ***surface de voilure***, superficie velica.

voir [vwaʀ] ***v.tr.*** [pres.indic.: *je vois* etc., *nous voyons*, *vous voyez*, *ils voient*; imperf.indic.: *je voyais*, *nous voyions*, *ils voyaient*; p.rem.: *je vis* etc.; fut.indic.: *je verrai* etc.; cond.: *je verrais* etc.; pres.cong.: *que je voie* etc., *que nous voyions*, *que vous voyiez*, *qu'ils voient*; imperf. cong.: *que je visse* etc.; p.pres.: *voyant*; p.p.: *vu*; imp.: *vois*, *voyons*, *voyez*] **1** vedere: *fais-moi voir sa lettre*, fammi vedere la sua lettera; *j'ai vu cela dans le journal du matin*, l'ho visto, l'ho letto sul giornale del mattino | *cela se voit tous les jours*, è cosa di tutti i giorni **2** fare visita (**a**), visitare **3** capire, cogliere; rendersi conto (**di**): *vous voyez ce que je veux dire?*, capite quello che voglio dire? ♦ ***v.intr.*** (*letter.*) procurare, cercare: *voyez que rien ne lui*

V

manque, procurate che non gli manchi nulla ♦ **se voir** *v.pron.* vedersi: *je me vois mal accepter sa proposition*, non mi ci vedo proprio ad accettare la sua proposta; *elle s'est vu refuser son offre*, si è vista rifiutare la sua offerta | *elle ne s'est pas vue mourir*, non si è accorta di morire ♦ *v.pron.rec.* incontrarsi, vedersi.

● ***voir le jour***, nascere; (*fig.*) realizzarsi | ***c'est à voir***, è da vedere!, non è detto! | ***c'est tout vu!***, è già deciso | ***dites -voir!***, dite un po'! | ***essaie un peu pour voir!***, provaci un po', se osi! | ***il faudrait voir à ne pas...***, vedi, vedete un po' di non... | ***je l'ai assez vu***, (*estens.*) non lo sopporto più | ***j'en ai vu bien d'autres***, ho visto di peggio | ***je ne peux pas le voir***, (*fig. fam.*) non lo sopporto | ***je voudrais t'y voir!***, vorrei vedere te! | ***n'y voir que du feu***, non accorgersi di nulla | ***on aura tout vu!***, roba da matti! | ***on va voir ce qu'on va voir!***, staremo a vedere! | ***on verra bien***, si vedrà, vedremo! | ***qu'il aille se faire voir!***, (*fam.*) che vada al diavolo! | ***tu vois ça d'ici!***, puoi immaginarti come andranno le cose! | ***va voir ailleurs si j'y suis!***, (*fam.*) vai fuori dai piedi! | ***vous m'en voyez navré***, ne sono veramente costernato | ***vous voyez bien***, lo vedete (anche voi), è chiaro | ***voyez-vous ça!***, ma guarda un po'! | ***voyons!***, ma via! insomma!

NOTA Il participio passato di ***voir*** seguito da un infinito si accorda con il complemento oggetto che lo precede se questo complemento compie l'azione dell'infinito:

Elle ne s'est pas ***vue*** *mourir.*
Non si è accorta di morire
Elle s'est ***vu*** *refuser son offre.*
Si è vista rifiutare la sua offerta.

voire [vwaʀ] *avv.* perfino.

NOTA L'espressione colloquiale ***voire même*** è un pleonasmo:

SÌ *Un élève doué,* ***voire*** *génial.*
NO *Un élève doué, voire même génial.*
Un allievo dotato, perfino geniale.

voirie [vwaʀi] *n.f.* **1** rete stradale **2** amministrazione statale delle strade **3** discarica.

● ***grande voirie***, strade statali, nazionali | ***petite voirie***, strade comunali | ***service de voirie***, servizio di nettezza urbana | ***travaux de voirie***, lavori di costruzione e manutenzione della rete stradale.

voisin [vwazɛ̃] *agg.* vicino; (*fig.*) vicino, simile, affine ♦ *n.m.* vicino.

● ***être voisin de***, (*fig.*) rasentare.

■ *AGG.* SIN. proche.

voisinage [vwazinaʒ] *n.m.* **1** vicinato **2** vicinanza (*f.*), vicinanze (*f.pl.*): *les maisons du voisinage*, le case vicine.

● ***au voisinage de***, nelle vicinanze di | ***dans le voisinage***, nelle vicinanze, qui vicino: *il habite dans le voisinage*, abita qui vicino | ***vivre en bon voisinage***, vivere in rapporti di buon vicinato.

V

voisiner [vwazine] *v.intr.* **1** frequentarsi (tra vicini) **2** essere accanto (**a**), essere vicino (**a**).

voiturage [vwatyʀaʒ] *n.m.* carreggio, trasporto (con carri ecc.).

voiture [vwatyʀ] *n.f.* **1** automobile, macchina **2** (*ferr.*) carrozza, vagone (*m.*) **3** veicolo (*m.*) da trasporto, carrozza, vettura.

● ***voiture à bras***, carretto a mano | (*ciclismo*) ***voiture -balai***, automobile scopa | (*ferr.*) ***voiture-bar***, carrozza bar | ***voiture d'enfant, d'infirme***, carrozzella per bambini, per invalidi | ***voiture-épave***, automobile abbandonata | ***voiture-lit***, carrozza, vagone letto | ***voiture-piège***, autocivetta (della polizia) | ***voiture-poste***, vagone postale | (*comm.*) ***lettre de voiture***, lettera di vettura.

■ SIN. **1** automobile **2** wagon.

voiturer [vwatyʀe] *v.tr.* **1** (*antiq.*) trasportare (in un veicolo) **2** (*fam.*) scarrozzare (in automobile).

voiturette [vwatyʀɛt] *n.f.* automobile di piccola cilindrata, vetturetta.

voiturier [vwatyʀje] *n.m.* (*ant.*) vetturale.

voix [vwa] *n.f.* **1** voce: *grosse voix*, vocione **2** (*di animali*) verso (*m.*); grido (*m.*) **3** (*gramm.*) forma (del verbo) **4** voto (*m.*), suffragio (*m.*).

● (*cine.*): ***voix hors champ***, voce fuori campo; ***voix off***, voce off | (*mus.*) ***concert de voix***, concerto vocale | ***de vive voix***, a viva voce | ***donner de la voix***, (*fig.*) farsi sentire | ***mais tu entends des voix!***, (*iron.*) hai le traveggole! | ***ne pas avoir voix au chapitre***, non avere voce in capitolo.

vol[1] [vɔl] *n.m.* furto; rapina (*f.*).

● ***vol à la roulotte***, (*fam.*) furto di oggetti da auto in sosta | ***vol à la tire***, borseggio | ***vol à l'étalage***, taccheggio | ***vol à main armée***, rapina a mano armata | ***vol avec effraction***, furto con scasso.

vol[2] *n.m.* **1** (*di uccelli, aerei*) volo **2** volata (*f.*), stormo.

● ***vol charter***, volo charter | ***vol régulier***, volo di linea | ***vol sec***, volo secco (biglietto aereo venduto senza prenotazione di albergo, auto ecc.) | ***à vol d'oiseau***, in linea d'aria | ***de haut vol***, di alto livello | ***prendre son vol***, (*anche fig.*) prendere, spiccare il volo.

volage [vɔlaʒ] *agg.* volubile, incostante, instabile.

■ CONTR. fidèle.

volaille [vɔlɑj] *n.f.* **1** pollame (*m.*) (allevato per le uova o la carne) **2** (*cuc.*) volatile (*m.*) (pollo, tacchino, anatra ecc.) **3** (*argot*) polizia.

volailler [vɔlɑje] [f. *-ère*] **volailleur** [vɔlɑjœʀ] [f. *-euse*] *n.m.* pollivendolo.

volant[1] [vɔlɑ̃] *n.m.* **1** volante (di automobile) **2** (gioco del) volano **3** (*mecc.*) volano **4** (*cucito*) volant, balza (*f.*) **5** (*comm.*) figlia (*f.*) (di registro a madre e figlia) **6** (*aer.*) membro del personale navigante.

● ***volant de sécurité***, (*fig.*) margine di sicurezza | (*comm.*) ***volant de trésorerie***, riserva di cassa | ***volant festonné***, frappa.

volant[2] *agg.* volante.

● ***camp volant***, accampamento mobile | ***personnel volant***, personale navigante | ***pont volant***, ponte mobile.

volatil [vɔlatil] *agg.* volatile.

volatile [vɔlatil] *n.m.* (*zool.*) volatile.

volatilisation [vɔlatilizasjɔ̃] *n.f.* volatilizzazione.

volatiliser [vɔlatilize] *v.tr.* **1** volatilizzare **2** (*fig.*) far sparire ♦ **se volatiliser** *v.pron.intr.* volatilizzarsi (*anche fig.*).

volatilité [vɔlatilite] *n.f.* volatilità.

vol-au-vent [vɔlovɑ̃] *n.m.invar.* (*cuc.*) vol-au-vent (pasta sfoglia farcita con preparazioni di carni o verdure).

volcan [vɔlkɑ̃] *n.m.* vulcano.

volcanique [vɔlkanik] *agg.* vulcanico (*anche fig.*).

volcanisme [vɔlkanism] *n.m.* vulcanismo.

volcanologie [vɔlkanɔlɔʒi] *n.f.* vulcanologia.

volcanologue [vɔlkanɔlɔg] *n.m.* e *f.* vulcanologo/a.

volé [vɔle] *agg.* rubato; (*di persona*) derubato.

volée [vɔle] *n.f.* **1** volo (*m.*) **2** (*di uccelli*) volo (*m.*), stormo (*m.*) **3** scarica (di botte), raffica (di colpi di arma da fuoco): *une volée de bois vert*, (*fam.*) una scarica di le-

gnate **4** (*sport con la palla*) volée **5** (*Svizzera*) gruppo (*m.*) di persone nate o diplomate lo stesso anno.
● ***volée de marches***, rampa di scale | ***à la volée***, al volo: (*agr.*) *semer à la volée*, seminare alla volata | ***à toute volée***, di volata: *les cloches sonnaient à toute volée*, le campane suonavano a distesa | ***de haute volée***, d'alto bordo | ***prendre sa volée***, (*anche fig.*) spiccare il volo.

voler[1] [vɔle] ***v.intr.*** **1** volare (*anche fig.*): *l'oiseau a volé sur la branche*, l'uccello è volato sul ramo; (*aer.*) *ils ont volé à haute altitude*, hanno volato ad alta quota **2** (*Africa*) guidare pericolosamente.

voler[2] ***v.tr.*** **1** rubare (*anche fig.*) **2** derubare ♦ ***v.intr.*** rubare.
● ***voler à l'arraché***, scippare | ***voler à la tire***, borseggiare | ***voler à l'étalage***, taccheggiare | ***ne pas l'avoir volé***, (*fig.*) meritarselo.

FAUX AMI
Da non confondere con *volere*, che si traduce *vouloir*.

volet [vɔlɛ] ***n.m.*** **1** (*di porta, finestra*) imposta (*f.*), scuro, persiana (*f.*) **2** (*arte*) sportello, anta (*f.*) (di un trittico) **3** (*tip.*) faccia (*f.*), pagina (*f.*) (di un opuscolo piegato in tre o più parti); risvolto (di copertina) **4** (*fig.*) parte (*f.*) (di un insieme) **5** (*aer.*) aletta (*f.*), ipersostentatore.
● (*aut.*) ***volet (du carburateur)***, farfalla (del carburatore) | ***volet roulant***, avvolgibile, tapparella | ***trier sur le volet***, scegliere, selezionare con cura.

voleter [vɔlte] ***v.intr.*** svolazzare.

voleur [vɔlœʀ] ***agg.*** e ***n.m.*** [f. *-euse*] ladro.

volière [vɔljɛʀ] ***n.f.*** uccelliera, voliera.

volige [vɔliʒ] ***n.f.*** (*edil.*) travicello (*m.*) (per orditura di tetto).

voligeage [vɔliʒaʒ] ***n.m.*** (*edil.*) impalcatura (*f.*) (di tetto).

volitif [vɔlitif] ***agg.*** [f. *-ive*] volitivo.

volition [vɔlisjɔ̃] ***n.f.*** (*psic.*) volizione.

volley-ball [vɔlɛbol] ***n.m.*** [pl. *volley-balls*] (*sport*) pallavolo (*f.*).

volleyeur [vɔlɛjœʀ] ***n.m.*** [f. *-euse*] **1** pallavolista **2** (*tennis*) specialista della volée.

volontaire [vɔlɔ̃tɛʀ] ***agg.*** **1** volontario **2** volitivo; caparbio ♦ ***n.m.*** e ***f.*** volontario/a: *s'engager comme volontaire*, andare volontario ♦ ***n.m.*** (soldato) volontario.

volontairement [vɔlɔ̃tɛʀmɑ̃] ***avv.*** volontariamente.

volontariat [vɔlɔ̃taʀja] ***n.m.*** volontariato.

volontarisme [vɔlɔ̃taʀism] ***n.m.*** decisionismo.

volontariste [vɔlɔ̃taʀist] ***agg.*** **1** volontaristico **2** decisionista ♦ ***n.m.*** e ***f.*** (*fil.*) chi sostiene il volontarismo.

volonté [vɔlɔ̃te] ***n.f.*** volontà.
● ***à volonté***, a volontà, a piacere: (*comm.*) *payable à volonté*, pagabile a vista | ***de sa propre volonté***, di sua spontanea volontà | ***faire ses quatre (cents) volontés***, (*fam.*) fare tutto ciò che si vuole, fare il bello e il cattivo tempo: *il a toujours fait ses quatre volontés*, ha sempre fatto tutto quello che ha voluto.
■ SIN. détermination, résolution.

volontiers [vɔlɔ̃tje] ***avv.*** volentieri, di buon grado | *on croit volontiers que*, si è propensi a credere che.

volt [vɔlt] ***n.m.*** (*elettr.*) volt.

voltage [vɔltaʒ] ***n.m.*** (*elettr.*) voltaggio.

voltaïque [vɔltaik] ***agg.*** (*elettr.*) voltaico.

voltaire [vɔltɛʀ] ***n.m.*** poltrona (*f.*) alla Voltaire (a schienale alto).

voltairianisme [vɔltɛʀjanism] ***n.m.*** volter(r)ianesimo.

voltairien [vɔltɛʀjɛ̃] ***agg.*** e ***n.m.*** [f. *-enne*] volter(r)iano.

voltamètre [vɔltamɛtʀ] ***n.m.*** (*elettr.*) voltametro.

voltampère [vɔltɑ̃pɛʀ] ***n.m.*** (*elettr.*) voltampere.

volte [vɔlt] ***n.f.*** **1** (*equitazione*) volta **2** (*ginnastica*) volteggio (*m.*).

volte-face [vɔltəfas] ***n.f.invar.*** voltafaccia.

voltige [vɔltiʒ] ***n.f.*** volteggio (*m.*).
● ***de haute voltige***, di alta acrobazia: *exercices de haute voltige au trapèze volant*, esercizi di alta acrobazia al trapezio volante.

voltigement [vɔltiʒmɑ̃] ***n.m.*** svolazzo, sfarfallio; volteggiamento.

voltiger [vɔltiʒe] ***v.intr.*** volteggiare.

voltigeur [vɔltiʒœʀ] ***n.m.*** acrobata; trapezista.

voltmètre [vɔltmɛtʀ] ***n.m.*** (*elettr.*) voltmetro.

volubile [vɔlybil] ***agg.*** verboso.

FAUX AMI
Da non confondere con l'italiano *volubile* che si traduce *changeant*.

volubilis [vɔlybilis] ***n.m.*** (*bot.*) ipomea (*f.*).

volubilité [vɔlybilite] ***n.f.*** verbosità.

volume [vɔlym] ***n.m.*** **1** volume; tomo; (*ant.*) rotolo **2** (*scient.*) volume: *mesurer le volume d'un cube*, calcolare il volume di un cubo | *faire du volume*, far volume **3** (*fig.*) volume, massa (*f.*) **4** (*mus.*) volume, intensità (*f.*): *augmenter le volume de la radio*, alzare il volume della radio.
■ SIN. **1** livre **2** capacité **3** quantité.

volumétrie [vɔlymetʀi] ***n.f.*** volumetria.

volumétrique [vɔlymetʀik] ***agg.*** volumetrico.

volumineux [vɔlyminø] ***agg.*** voluminoso.

volupté [vɔlypte] ***n.f.*** voluttà.
■ SIN. plaisir.

voluptuaire [vɔlyptɥɛʀ] ***agg.*** voluttuario.

voluptueusement [vɔlyptɥøzmɑ̃] ***avv.*** voluttuosamente.

voluptueux [vɔlyptɥø] ***agg.*** voluttuoso.
■ SIN. sensuel CONTR. chaste.

volute [vɔlyt] ***n.f.*** voluta.

volvaire [vɔlvɛʀ] ***n.f.*** (*bot.*) volvaria.

volve [vɔlv] ***n.f.*** (*bot.*) volva.

vomer [vɔmɛʀ] ***n.m.*** (*anat.*) vomere, vomero.

vomi [vɔmi] ***n.m.*** (*fam.*) vomito.

vomique [vɔmik] ***agg.*** (*bot.*) vomico.
● ***noix vomique***, (*frutto*) noce vomica.

vomiquier [vɔmikje] ***n.m.*** (*albero*) noce vomico.

vomir [vɔmiʀ] ***v.tr.*** vomitare (*anche fig.*).
■ SIN. rendre.

vomissement [vɔmismɑ̃] ***n.m.*** vomito: *elle a eu des vomissements*, ha avuto una crisi di vomito.
● ***vomissement de sang***, sbocco di sangue.

vomissure [vɔmisyʀ] ***n.f.*** vomito (*m.*).

vomitif [vɔmitif] ***agg.*** **1** (*med.*) emetico **2** (*fam.*) vomitevole, stomachevole ♦ ***n.m.*** (*med.*) emetico.

vont [vɔ̃] → **aller**[1].

vorace [vɔʀas] ***agg.*** vorace.

voracement [vɔʀasmɑ̃] ***avv.*** voracemente.

voracité [vɔʀasite] ***n.f.*** voracità (*anche fig.*).

vortex [vɔʀtɛks] ***n.m.*** (*scient.*) vortice.

vorticelle [vɔʀtisɛl] ***n.f.*** (*zool.*) vorticella.

vos [vo] ***agg.poss.m.*** e ***f.*** ***2ª pers.pl.*** → **votre**.

vosgien [voʒjɛ̃] *agg.* (del dipartimento) dei Vosgi.

Vosgien *n.m.* abitante (del dipartimento) dei Vosgi.

votant [vɔtɑ̃] *agg.* e *n.m.* votante.

votation [vɔtasjɔ̃] *n.f.* (*Svizzera*) votazione.

vote [vɔt] *n.m.* voto, votazione (*f.*).

● ***vote contraire***, voto contrario | ***bureau de vote***, seggio elettorale.

voter [vɔte] *v.tr.* e *intr.* votare | *voter pour*, votare a favore di.

votif [vɔtif] *agg.* [f. *-ive*] votivo.

● ***fête votive***, festa del (santo) patrono.

votre [vɔtʀ] *agg.poss.m.* e *f. 2ª pers.pl.* [pl. *vos*] **1** vostro: *votre père et votre mère, vos père et mère*, vostro padre e vostra madre; *vos frères et vos sœurs*, i vostri fratelli e le vostre sorelle **2** (*di cortesia*) suo, sua: *comment va votre mère?, comment vont vos parents?*, come sta sua madre?, come stanno i suoi genitori? | (*comm.*) *en réponse à votre lettre du...*, in risposta alla V. del...

vôtre [votʀ] *pron.poss.m.* e *f. 2ª pers.pl.* [pl. *vôtres*] **1** vostro: *sa mère et la vôtre*, sua madre e la vostra; *notre livre et le vôtre*, il nostro libro e il vostro; *nos amis et les vôtres*, i nostri amici e i vostri **2** (*di cortesia*) suo, sua: *ma mère et la vôtre*, mia madre e la sua; *c'est le vôtre!*, è il suo! ♦ *n.m.* **1** (ciò che è) vostro **2** (*di cortesia*) (ciò che è) suo **3** (*pl.*) i vostri (genitori, sostenitori ecc.); (*di cortesia*) i suoi ♦ *agg.poss.* (*ant.* o *letter.*) vostro, vostra; (*di cortesia*) suo, sua: *vous savez bien que notre maison est vôtre*, sapete bene che la nostra casa è vostra.

● ***à la (bonne) vôtre!***, (*nei brindisi*) alla sua!, alla vostra! | ***mettez-y du vôtre!***, impegnatevi!, datevi da fare! | ***vous avez fait des vôtres***, (*fam.*) ne avete fatta una delle vostre.

vouable [vwabl] *n.f.* (*Svizzera*) (*bot.*) clematide.

voudrai [vudʀe] → **vouloir**[1].

vouer [vwe] *v.tr.* **1** votare, consacrare, dedicare | *action vouée à l'échec*, azione destinata a fallire **2** giurare: *vouer une reconnaissance éternelle*, giurare eterna riconoscenza ♦ **se vouer** *v.pron.* votarsi, consacrarsi.

vouivre [vwivʀ] *n.f.* (*arald.*) biscione (*m.*).

vouloir[1] [vulwaʀ] *v.tr.* [pres.indic.: *je veux, tu veux, il veut, nous voulons, vous voulez, ils veulent*; imperf.indic.: *je voulais* etc.; pass.rem.: *je voulus* etc.; fut.indic.: *je voudrai* etc.; cond.: *je voudrais* etc.; pres.cong.: *que je veuille* etc., *que nous voulions, que vous vouliez, qu'ils veuillent*; imperf.cong.: *que je voulusse, que tu voulusses, qu'il voulût* etc.; p.pres.: *voulant*; p.p.: *voulu*; imp.: *veuille, veuillons, veuillez*, non com. *veux, voulons, voulez*] volere: *il veut être obéi, il veut qu'on lui obéisse*, vuole essere obbedito; *ils ont voulu partir la nuit*, hanno voluto partire, sono voluti partire di notte; *je lui ai rendu tous les livres qu'il a voulu* (*que je lui rende*), gli ho restituito tutti i libri che ha voluto (che gli rendessi); *faites ce que vous voudrez*, fate quel che volete; *je voudrais bien le connaître*, vorrei proprio conoscerlo | *je voudrais vous y voir!*, vorrei veder voi! | *vous l'avez voulu*, l'avete voluto voi | *sortons, voulez-vous?*, usciamo (avete voglia)? | (*comm.*) *veuillez effectuer le paiement par chèque*, la preghiamo di effettuare il pagamento con assegno ♦ *v.intr.* volere (qlco, qlcu): *je ne veux pas de vos excuses*, non so che farmene delle sue scuse; *voulez-vous de moi?*, mi volete (con voi)? | *que voulez-vous de moi?*, (*fam.*) *qu'est-ce que vous me voulez?*, (che) cosa volete da me? ♦ **se vouloir** *v.pron.* voler essere, atteggiarsi: *il se veut poète*, si crede un poeta; *un article qui se veut objectif*, un articolo che pretende di essere obiettivo.

● ***vouloir à tout prix***, volere a ogni costo: *il veut à tout prix l'avoir connu*, pretende di averlo conosciuto | ***vouloir du bien, du mal à qqn***, volere il bene, il male di qlcu | ***en vouloir à qqch***, mirare a qlco: *il en veut à votre argent*, mira al vostro denaro; *en vouloir à la vie de qqn*, volere la morte di qlcu; *elle en veut!*, (*fam.*) è ambiziosa! | ***en vouloir à qqn***, serbare rancore a qlcu: *je lui en veux de ses mensonges*, ce l'ho con lui per le sue bugie; *je ne vous en veux pas*, non vi serbo rancore | ***je veux bien***, volentieri: *"Un bonbon?" "Je veux bien, merci"*, "Una caramella?" " Volentieri, grazie" | ***si vous voulez, si tu veux, si on veut***, per modo di dire: *"Tu t'es bien amusé?" "Si on veut"*, "Ti sei divertito?" "Per modo di dire" | ***sans le vouloir***, senza volere | ***s'en vouloir de***, pentirsi di: *je m'en veux d'avoir refusé*, mi pento amaramente di aver rifiutato | ***tu l'auras voulu!***, peggio per te!

vouloir[2] *n.m.* **1** volere **2** volontà (*f.*).

● ***bon vouloir***, beneplacito, gentile concessione: *nous ferons selon votre bon vouloir*, agiremo secondo i vostri desideri.

voulu [vuly] *p.p.* di **vouloir**[1] ♦ *agg.* **1** voluto **2** richiesto, necessario.

● ***au moment voulu***, al momento opportuno.

vous [vu] *pron.pers.m.* e *f. 2ª pers.pl.* **1** (*sogg. e compl. retto da prep.*) voi: *vous êtes nés en France*, (voi) siete nati in Francia; *avez-vous bien compris?*, avete capito bene?; *et nous partirons, avez-vous ajouté*, e noi partiremo, avete aggiunto; *toi et lui, vous avez raison*, tu e lui avete ragione; *si j'étais vous*, se fossi in voi; *à vous trois vous y arriverez*, in tre ci riuscirete **2** (*compl.ogg. e compl. di termine*) vi; (*seguito da pron.* le, la, les, en) ve: *je vous verrai demain*, vi vedrò domani; *il vous parle*, vi parla; *il vous en parle*, ve ne parla; *il vous le disait*, ve lo diceva **3** (*nella coniug. dei verbi pron.*) vi; (*seguito da pron.* en) ve: *asseyez-vous*, sedetevi; *vous vous en repentirez*, ve ne pentirete **4** (*con uso impers.*) voi, si (*sing.*): *quand vous considérez que...*, quando considerate che... **5** (*di cortesia*) lei; la; le; si; se: *vous êtes très gentil*, lei è molto gentile; *si j'étais en vous*, se fossi in lei; *je vous verrai dimanche*, la vedrò domenica; *asseyez-vous*, si sieda; *vous vous en repentirez*, se ne pentirà ♦ *n.m.* il lei, il voi | *employer le vous*, dare del lei, del voi.

● ***vous aussi***, anche voi | ***vous autres***, voialtri | ***vous-mêmes, vous-même***, voi stessi, proprio voi; (*di cortesia*) lei stesso, lei stessa; proprio lei | ***à vous***, a voi; vostro: *un ami à vous*, un vostro amico; *il s'est adressé à vous*, si è rivolto a voi, a lei; *c'est à vous de parler*, tocca a voi, a lei parlare | ***de vous à moi***, detto tra noi, in confidenza.

> **NOTA** Il pronome ***vous***, oltre che 'voi', traduce anche l'italiano 'lei' di cortesia:
> *Je ne suis pas d'accord avec **vous**, Madame.*
> Non sono d'accordo con lei, signora.
> *Vous pouverz rester autant que **vous** voulez.*
> Potete (o 'può') restare quanto volete (o 'vuole').

voussoir [vuswaʀ] *n.m.* (*arch.*) cuneo, concio.

voussure [vusyʀ] *n.f.* (*arch.*) curvatura (di volta, di arco); archivolto (*m.*).

voûte [vut] *n.f.* (*arch.*) volta.

● ***voûte en croisée d'ogives***, volta a costoloni.

voûté [vute] *agg.* **1** (*arch.*) (con soffitto) a volta **2** (*di persona*) curvo, ingobbito.

■ SIN. 2 courbé.

voûter [vute] *v.tr.* **1** (*arch.*) coprire con (soffitto a) volta **2** incurvare, ingobbire ♦ **se voûter** *v.pron.intr.* ingobbirsi, incurvarsi.

vouvoiement [vuvwamɑ̃] *n.m.* il dare del lei, del voi.

V

vouvoyer [vuvwaje] *v.tr.* dare del lei, del voi (**a**).

voyage [vwajaʒ] *n.m.* viaggio: *partir en voyage*, partire per un viaggio.
● ***voyage de noces***, viaggio di nozze | ***voyage d'études, d'affaires***, viaggio di studio, d'affari | ***voyage organisé***, viaggio organizzato | (*Canada*) ***avoir son voyage***, averne abbastanza | ***chèque de voyage***, traveller's cheque | ***les gens du voyage***, gli attori girovaghi, gli artisti del circo.
■ SIN. déplacement, périple.

voyager [vwajaʒe] *v.intr.* [coniug. come *manger*] **1** viaggiare **2** (*Africa*) partire per un viaggio.

voyageur [vwajaʒœʀ] *n.m.* [f. *-euse*] viaggiatore ♦ *agg.* che ama viaggiare: *il a l'humeur voyageuse*, gli piace viaggiare.
● ***voyageur*** (***de commerce***), commesso viaggiatore.

voyagiste [vwajaʒist] *n.m.* e *f.* operatore/trice turistico/a, tour operator.

voyance [vwajɑ̃s] *n.f.* veggenza.

voyant[1] [vwajɑ̃] *p.pres.* di **voir** ♦ *agg.* vistoso, sgargiante.

voyant[2] *n.m.* **1** vedente **2** veggente.

voyant[3] *n.m.* spia (*f.*) (luminosa), segnale (luminoso).
● (*inform.*) ***voyant d'affichage***, segnale luminoso.

voyelle [vwajɛl] *n.f.* vocale.

voyeur [vwajœʀ] *n.m.* [f. *-euse*] voyeur, guardone.

voyeurisme [vwajœʀism] *n.m.* voyeurismo, scopofilia (*f.*).

voyou [vwaju] *n.m.* **1** mascalzone, canaglia (*f.*) **2** giovinastro, ragazzaccio ♦ *agg.* da canaglia, da mascalzone.
● ***État voyou***, stato canaglia.

voyoucratie [vwajukʀasi] *n.f.* (*Africa*) comportamento (*m.*) amorale, sregolato.

vrac [vʀak] *n.m.* merce (*f.*) non imballata.
● ***en vrac***, alla rinfusa; (*di merce*) sfuso.

vrai [vʀɛ] *agg.* vero: *tu as raison, mais il n'en est pas moins vrai que...*, hai ragione, nondimeno... ♦ *n.m.* vero ♦ *avv.* (*fam.*) per davvero, veramente: *vrai, tu te maries?*, davvero ti sposi?; *tu me le dirais, pas vrai?*, me lo diresti, (non è) vero?
● ***aussi vrai que tu me vois***, com'è vero che son qui | ***à vrai dire, à dire*** (***le***) ***vrai***, a dire il vero | ***c'est du vrai***, (*fam.*) (*di pietre, metalli preziosi*) è vero, è autentico; (*estens.*) è genuino | ***c'est pas vrai?***, no, ma davvero? | ***la vérité vraie***, la pura (sacrosanta) verità | ***pour de vrai***, (*fam.*) davvero | ***voir une chose sous son vrai jour***, vedere una cosa nella giusta luce.
■ AGG. CONTR. faux, inexact.

vraiment [vʀɛmɑ̃] *avv.* veramente, proprio.

vraisemblable [vʀɛsɑ̃blabl] *agg.* verosimile; plausibile.

vraisemblablement [vʀɛsɑ̃blabləmɑ̃] *avv.* verosimilmente.

vraisemblance [vʀɛsɑ̃blɑ̃s] *n.f.* verosimiglianza.
● ***selon toute vraisemblance***, verosimilmente, con ogni probabilità.

vraquier [vʀakje] *n.m.* nave (*f.*) da carico, cargo.

vrille [vʀij] *n.f.* **1** (*bot.*) cirro (*m.*), viticcio (*m.*) **2** (*arch.*) viticcio (*m.*) **3** (*tecn.*) succhiello (*m.*) **4** (*aer.*) vite.

vriller [vʀije] *v.tr.* succhiellare ♦ *v.intr.* **1** salire, cadere a spirale **2** attorcigliarsi.

vrombir [vʀɔ̃biʀ] *v.intr.* **1** rombare **2** ronzare.
■ SIN. **2** bourdonner.

vrombissement [vʀɔ̃bismɑ̃] *n.m.* **1** rombo **2** ronzio.

vroum [vʀum] *onom.* vroom (espressione di velocità e accelerazione).

VTC [vetese] *n.m.* (*sigla di* Vélo Tout Chemin) bicicletta ibrida, bicicletta (*f.*) da trekking.

VTT [vetete] *n.m.* (*sigla di* Vélo Tout-Terrain) mountain -bike (*f.*).

vu [vy] *p.p.* di **voir** ♦ *agg.* visto ♦ *prep.* dato, visto, considerato: *vu la situation*, vista la situazione.
● ***vu que***, visto che, considerato che | ***au vu et au su de tout le monde***, alla luce del sole, sotto gli occhi di tutti | ***bien vu***, benvisto | ***c'est du déjà vu***, non è una novità | ***mal vu***, malvisto | ***ni vu ni connu***, (*fam.*) rimanga tra noi.

> NOTA Da notare che la preposizione ***vu***, in quanto tale, è invariabile in francese, mentre in italiano è accordata con il sostantivo che segue: ***vu*** *les difficultés*, viste le difficoltà.

vue [vy] *n.f.* **1** vista: *détourner la vue*, distogliere lo sguardo **2** vista; veduta; panorama (*m.*) **3** occhiata **4** veduta, mira: *avoir des vues sur qqn*, avere delle mire su qlcu **5** (*pl.*) vedute, opinioni.
● ***vue dégagée, panoramique***, (*di alloggio*) con vista, panoramico | ***à perte de vue***, a perdita d'occhio | ***à première vue***, a prima vista | ***à vue de nez***, a (lume di) naso | ***en mettre plein la vue***, (*fam.*) far colpo, abbagliare | ***en vue de***, in vista di | (*cine.*) ***prise de vues***, ripresa.

vulcanisateur [vylkanizatœʀ] *n.m.* e *agg.* [f. *-trice*] vulcanizzatore.

vulcanisation [vylkanizasjɔ̃] *n.f.* vulcanizzazione.

vulcaniser [vylkanize] *v.tr.* vulcanizzare.

vulcanologie [vylkanɔlɔʒi] *n.f.* vulcanologia.

vulcanologue [vylkanɔlɔg] *n.m.* e *f.* vulcanologo/a.

vulgaire [vylgɛʀ] *agg.* volgare ♦ *n.m.* il volgo, l'uomo della strada.
■ AGG. SIN. trivial CONTR. distingué.

vulgairement [vylgɛʀmɑ̃] *avv.* volgarmente.

vulgarisateur [vylgaʀizatœʀ] *agg.* e *n.m.* [f. *-trice*] volgarizzatore; divulgatore.

vulgarisation [vylgaʀizasjɔ̃] *n.f.* volgarizzazione; divulgazione: *ouvrage de vulgarisation scientifique*, opera di divulgazione scientifica.

vulgariser [vylgaʀize] *v.tr.* **1** volgarizzare; divulgare **2** rendere, far sembrare volgare.

vulgarisme [vylgaʀism] *n.m.* volgarismo.

vulgarité [vylgaʀite] *n.f.* volgarità; pacchianeria.

vulnérabilité [vylneʀabilite] *n.f.* vulnerabilità.

vulnérable [vylneʀabl] *agg.* **1** vulnerabile **2** (*bridge*) in zona.

vulvaire [vylvɛʀ] *agg.* (*anat.*) vulvare.

vulve [vylv] *n.f.* (*anat.*) vulva.

Ww

w [dubləve] ***n.m.invar.*** w (*m.* o *f.*).
● (*tel.*) ***w comme William***, w come Washington.

wagnérien [vagneʀjɛ̃] ***agg.*** e ***n.m.*** [f. *-enne*] wagneriano.

wagon [vagɔ̃] ***n.m.*** **1** vagone, carro **2** carrozza (*f.*).
● ***wagon à bestiaux***, carro bestiame | ***wagon-couchettes***, carrozza cuccette | ***wagon de marchandises***, vagone merci | ***wagon-lit***, vagone letto | ***wagon-réfrigérant***, vagone frigorifero.

wagon-citerne [vagɔ̃sitɛʀn] ***n.m.*** [pl. *wagons-citernes*] (*ferr.*) vagone cisterna.

wagon-foudre [vagɔ̃fudʀ] ***n.m.*** [pl. *wagons-foudres*] (*ferr.*) (*antiq.*) carro botte.

wagonnet [vagɔnɛ] ***n.m.*** vagonetto, vagoncino.

wagon-restaurant [vagɔ̃ʀɛstɔʀɑ̃] ***n.m.*** [pl. *wagons -restaurants*] (*ferr.*) carrozza (*f.*) ristorante, wagon-restaurant.

wahhabite [waabit] ***agg.*** e ***n.m.*** e ***f.*** (*relig. islamica*) wahhabita.

walkman® [wɔkman] ***n.m.*** walkman®.
■ SIN. baladeur.

walkyrie [valkiʀi] ***n.f.*** (*mit.*) valchiria.

wallace [valas] ***n.f.*** (*antiq.*) fontanella pubblica.

wallingant [walɛ̃gɑ̃] ***agg.*** e ***n.m.*** (*Belgio*) autonomista vallone.

wallon [walɔ̃] ***agg.*** [f. *-onne*] vallone ♦ ***n.m.*** (*dialetto*) vallone.

Wallon ***n.m.*** [f. *-onne*] (*abitante*) vallone.

wap [wap] ***n.m.*** (*Internet*) (*sigla di* Wireless Application Protocol) wap, tecnologia (*f.*) wap.

warrant [vaʀɑ̃] ***n.m.*** (*comm.*) nota (*f.*) di pegno, warrant.

water-ballast [watɛʀbalast] ***n.m.*** [pl. *water-ballasts* o *invar.*] **1** cassa (*f.*) di zavorra **2** cassa (*f.*) d'immersione (in un sommergibile).

water-closet [watɛʀklozɛt] ***n.m.*** [pl. *water-closets*] water-closet, gabinetto.
■ SIN. WC.

water-polo [watɛʀpɔlo] ***n.m.*** (*sport*) pallanuoto (*f.*).

watt [wat] ***n.m.*** (*elettr.*) watt.

WC [vese] ***n.m.pl.*** → **water-closet**.

Web [wɛb] ***n.m.*** (*Internet*) (*abbr. di* World Wide Web) Web.

webcam [wɛbkam] ***n.f.*** webcam, telecamera digitale.

webmestre [vɛbmɛstʀ] ***n.m.*** e ***f.*** (*Internet*) amministratore/trice di sito web, web-master.

webzine [wɛbzin] ***n.f.*** (*Internet*) rivista elettronica sul web.

week-end [wikɛnd] ***n.m.*** [pl. *week-ends*] weekend, fine settimana.

western [wɛstɛʀn] ***n.m.*** western.
● ***western-spaghetti***, western all'italiana.

wharf [waʀf] ***n.m.*** (*mar.*) banchina (*f.*).

whisky [wiski] ***n.m.*** [pl. *whiskys*, *whiskies*] whisky (scozzese e canadese).

white-spirit [wajtspiʀit] ***n.m.*** [pl. *white-spirits*] (*chim.*) acquaragia (*f.*) minerale.

wi-fi [wifi] ***n.m.*** (*sigla di* wireless fidelity) (*inform.*) wi-fi (standard per collegamenti senza fili ad alta fedeltà).

windsurf [windsœʀf] ***n.m.*** windsurf.
■ SIN. planche à voile.

wisigoth(e) [vizigo(ɔt)] ***agg.*** (*st.*) visigoto.
● (*st.*) ***les Wisigoth(e)s***, i visigoti.

wisigothique [vizigɔtik] ***agg.*** visigotico.

wissembourgeois [visɑ̃buʀʒwa] ***agg.*** di Wissembourg.

witz [vits] ***n.m.*** (*Svizzera*) barzelletta (*f.*).

woofer [wufœʀ] ***n.m.*** (*inform.*) woofer, altoparlante dei bassi.

www [dubləvedubləvedubləve] ***n.m.invar.*** (*Internet*) (*sigla di* World Wide Web) www.

NOTA La sigla ***www***, dall'anglo-americano *World Wide Web*, 'rete dell'intero mondo', si legge anche *trois double vé* e si può scrivere 3W.

wysiwyg [uiziuig] ***agg.*** e ***n.m.*** (*inform.*) (*acronimo di* What You See Is What You Get) wysiwyg.

Xx

x [iks] ***n.m.invar.*** x (*m.* o *f.*).
● (*tel.*) ***x comme Xavier***, x come Xeres | ***film*** (***classé***) ***X***, film pornografico | ***Monsieur X***, il signor X | (*dir.*) ***plainte contre X***, denuncia contro ignoti | (*fis.*) ***rayons X***, raggi X | ***sous X***, sotto anonimato: *né*(*e*) *sous X*, nato non riconosciuto dai genitori, sotto anonimato; *accouchement sous X*, parto sotto anonimato.

xénisme [ksenizm] ***n.m.*** (*ling.*) forestierismo.

xén(o)- ***pref.*** xeno-.

xénobiologie [gzenobjɔlɔʒi] ***n.f.*** xenobiologia.

xénogreffe [ksenɔgʀɛf] ***n.f.*** (*med.*) xenotrapianto (*m.*), trapianto (*m.*) tra specie diverse.

xénolite [gzenɔlit] ***n.f.*** (*geol.*) xenolite (*m.*).

xénophile [ksenɔfil] ***agg.*** e ***n.m.*** e ***f.*** esterofilo/a.

xénophilie [ksenɔfili] ***n.f.*** esterofilia.

xénophobe [ksenɔfɔb] ***agg.*** e ***n.m.*** e ***f.*** xenofobo/a.

xénophobie [ksenɔfɔbi] ***n.f.*** xenofobia.

xérès [xeʀɛs, keʀɛs, gzeʀɛs] ***n.m.*** jerez, sherry.

xérographie [kseʀɔgʀafi] ***n.f.*** xerografia.

xérostomie [gzeʀɔstɔmi] ***n.f.*** (*med.*) xerostomia.

xylographe [ksilɔgʀaf] ***n.m.*** silografo.

xylographie [ksilɔgʀafi] ***n.f.*** silografia.

xylographique [ksilɔgʀafik] ***agg.*** silografico.

xylophone [ksilɔfɔn] ***n.m.*** xilofono, silofono.

Yy

y[1] [igʀɛk] ***n.m.invar.*** y (*f.* o *m.*).
● (*tel.*) ***y comme Yvonne***, y come yacht.

y[2] [i] ***avv.*** ci, vi, là: *allez-y!*, *n'y allez pas!*, andateci!, non ci andate!; *nous y voilà*, eccoci qua; *vas-y*, *n'y va pas*, vacci, non andarci ♦ ***pron.*** **1** (*riferito a cosa*) ci, vi: *j'y renonce*, ci rinuncio; *penses-y*, *n' y pense plus*, pensaci, non pensarci più; *il n'y peut rien*, non può farci nulla; *tu peux y compter*, puoi contarci; *je n'y manquerai pas*, non mancherò; *mes principes s'y opposent*, vi si oppongono i miei principi; *il faut s'y habituer*, bisogna abituarcisi; *fais-m'y penser*, fammici pensare **2** (*riferito a persona*): *c'est une femme menteuse*, *ne t'y fie pas*, è una donna bugiarda, non fidarti **3** (*fam.*) (*in sostituzione di* il): *c'est -y pas malheureux de voir une chose pareille!*, cosa non bisogna vedere!
● ***y avoir***, esserci | ***y compris***, (*fig.*) compreso, incluso | ***y être***, esserci: *il n'y est pour rien*, non c'entra per nulla, affatto; *j'y suis!*, *tu y es?*, ci sono!, ho capito!, ci sei?, hai capito? | ***ça y est!***, ecco fatto!, finalmente!, ci siamo! | ***il y a***, c'è, ci sono | ***s'y faire***, farci l'abitudine | ***tu t'y prends mal***, non ci sai fare.

yacht [jɔt] ***n.m.*** (*mar.*) yacht, panfilo.

yachting [jɔtiŋ] ***n.m.*** navigazione (*f.*) da diporto.

yacht(s)man [jɔtman] ***n.m.*** velista.

yack, **yak** [jak] ***n.m.*** (*zool.*) yak.

yaourt [jauʀt] ***n.m.*** yoghurt, yogurt.
● ***chanter en yaourt***, cantare imitando i suoni di una lingua straniera | ***pédaler dans le yaourt***, (*fam.*) non raccapezzarsi.

yaourtière [jauʀtjɛʀ] ***n.f.*** yogurtiera.

yard [jaʀd] ***n.m.*** yard, iarda (*f.*).

yatagan [jatagɑ̃] ***n.m.*** (*arma*) iatagan.

yèpe [jɛp] ***n.m.*** (*verlan di* pied) piede.

yéti [jeti] ***n.m.*** yeti.

yeufi [jøfi] ***n.f.*** (*verlan di* fille) ragazza.

yeuse [jøz] ***n.f.*** (*bot.*) leccio (*m.*).
■ SIN. chêne vert.

yeuve [jœv] ***agg.*** (*verlan di* vieux) vecchio ♦ ***n.m.*** **1** vecchio **2** padre.

yeuves [jœv] ***n.m.pl.*** (*verlan di* vieux) genitori.

yeux [jø] ***n.m.pl.*** → **œil**.

yiddish [jidiʃ] ***agg.*** e ***n.m.invar.*** yiddish, jiddish.

yod [jɔd] ***n.m.*** (*ling.*) iod.

yoga [jɔga] ***n.m.*** yoga.

yogourt [jɔguʀt] ***n.m.*** → **yaourt**.

yougoslave [jugɔslav] ***agg.*** (*st.*) iugoslavo.

youpi [jupi] ***inter.*** urrà, evviva.

youpin [jupɛ̃] ***agg.*** e ***n.m.*** (*spreg.*) ebreo, giudeo.

youyou[1] [juju] ***n.m.*** (*mar.*) lancia (*f.*).

youyou[2] ***n.m.*** (*Nord Africa*) grido ripetuto (emesso dalle donne per esprimere un'emozione).

yo-yo® [jojo] ***n.m.invar.*** (*gioco*) yo-yo®.

ypérite [ipeʀit] ***n.f.*** (*chim.*) iprite.

ysopet [izɔpɛ] ***n.m.*** (*lett. fr.*) raccolta (*f.*).

Zz

z [zɛd] ***n.m.invar.*** z (*f.* o *m.*).
● (*tel.*) ***z comme Zoé***, z come Zara | ***de a à z***, dalla a alla zeta | ***film de série Z***, mediocre film commerciale.

zakouski [zakuski] ***n.m.pl.*** (*cuc.*) zakuski (antipasti alla russa).

zan [zɑ̃] ***n.m.*** (*fam.*) (tavoletta di) liquirizia (*f.*).

zapper [zape] ***v.intr.*** fare lo zapping.

zappeur [zapœʀ] ***n.m.*** **1** telecomando **2** [f. *-euse*] chi fa lo zapping.

zapping [zapiŋ] ***n.m.*** zapping (cambio frenetico dei canali televisivi con il telecomando).

zarbi [zaʀbi] ***agg.*** (*fam.*) (*verlan di* bizarre) strambo, bizzarro.

zéber [zebe] ***v.tr.*** (*verlan di* baiser) (*fam.*) scopare.

zèbre [zɛbʀ] ***n.m.*** **1** (*zool.*) zebra (*f.*) **2** (*fam.*) tizio, tipo: *c'est un drôle de zèbre!*, che strano tipo!
● ***courir, filer comme un zèbre***, correre come una lepre.

zébré [zebʀe] ***agg.*** zebrato; a strisce.

zébrer [zebʀe] ***v.tr.*** striare, rigare.

zébrure [zebʀyʀ] ***n.f.*** zebratura.

zébu [zeby] ***n.m.*** (*zool.*) zebù.

zélateur [zelatœʀ] ***n.m.*** [f. *-trice*] zelatore, zelante.

zèle [zɛl] ***n.m.*** zelo.
● ***faire du zèle***, fare lo zelante.

zélé [zele] ***agg.*** zelante.

zélote [zelɔt] ***n.m.*** (*relig. ebraica*) zelota.

zen[1] [zɛn] ***agg.*** e ***n.m.invar.*** zen.

zen[2] ***n.m.*** (*verlan di* nez) (*fam.*) naso.

zénith [zenit] ***n.m.*** zenit; (*fig.*) culmine, apogeo.

zéphyr [zefiʀ] ***n.m.*** **1** zefiro **2** (*tess.*) zefir.

zéref, se [sezeʀɛf] ***v.pron.intr.*** [invariato nella coniugazione] (*fam.*) seccarsi, irritarsi.

zéro [zeʀo] ***agg.num.*** e ***n.m.*** zero: *deux zéros*, due zeri | *cet homme est un zéro*, quest'uomo è una nullità.
● ***zéro pointé***, voto insufficiente (che determina la bocciatura a un esame) | ***avoir le moral à zéro***, avere il morale a terra | ***être à zéro***, segnare zero | ***mettre au zéro***, azzerare | ***recommencer à zéro***, ricominciare da zero.

> NOTA ***Zéro*** può essere usato come aggettivo con valore negativo, corrispondente a *aucun*:
> *Il a fait **zéro** faute à sa dictée.*
> Non ha fatto errori nel dettato.

zérotage [zeʀɔtaʒ] ***n.m.*** taratura (*f.*) (del termometro) al punto zero (della scala centigrada).

zest [zɛst] ***n.m.***
● ***entre le zist et le zest***, (*fam.*) così così.

zeste [zɛst] ***n.m.*** **1** scorza (*f.*), buccia (*f.*) (di arancia, di limone) **2** (*fam.*) pizzico, filo.

zeuzère [zøzɛʀ] ***n.f.*** (*zool.*) zeuzera.

zézaiement [zezɛmɑ̃] ***n.m.*** pronuncia (*f.*) blesa.

zézayer [zezeje] ***v.intr.*** parlare bleso.

zézère [zezɛʀ] ***n.m.*** (*isola Réunion*) innamorato.

zibeline [ziblin] ***n.f.*** zibellino (*m.*).

zicmu [zikmy] ***n.f.invar.*** (*verlan di* musique) (*fam.*) musica.

zieuter [zjøte] ***v.tr.*** (*fam.*) sbirciare.

zig [zig] ***n.m.*** (*fam.*) tipo, individuo: *un bon zig*, un brav'uomo.

ziggourat [ziguʀat] ***n.f.*** (*archeol.*) ziqqurat.

zigoto [zigɔto] ***n.m.*** (*fam.*) tipo.
● ***faire le zigoto***, fare il bullo | ***un drôle de zigoto***, un dritto.

zigouiller [ziguje] ***v.tr.*** (*fam.*) scannare; ammazzare.

zigue [zig] ***n.m.*** → **zig**.

zigzag [zigzag] ***n.m.*** zigzag.
● ***en zigzag***, a zigzag.

zigzaguer [zigzage] ***v.intr.*** zigzagare.

zinc [zɛ̃g] ***n.m.*** **1** zinco **2** (*fam.*) bancone, banco (di bar) **3** (*fam.*) aeroplano.

zincographie [zɛ̃kɔgʀafi] ***n.f.*** zincografia.

zincogravure [zɛ̃kɔgʀavyʀ] ***n.f.*** zincografia.

zingage [zɛ̃gaʒ] ***n.m.*** zincatura (*f.*).

zingué [zɛ̃ge] ***agg.*** zincato.

zinguer [zɛ̃ge] ***v.tr.*** zincare.

zingueur [zɛ̃gœʀ] ***agg.*** e ***n.m.*** zincatore.

zinnia [zinja] ***n.m.*** (*bot.*) zinnia (*f.*).

zinzin [zɛ̃zɛ̃] ***n.m.*** (*fam.*) aggeggio, coso ♦ ***agg.*** (*fam.*) tocco, suonato: *il est un peu zinzin*, è un po' tocco.

zip [zip] ***n.m.*** **1** (chiusura) lampo (*f.*), zip (*f.*) **2** (*inform.*) zip.

zipper [zipe] ***v.tr.*** **1** munire di zip, di chiusura lampo **2** (*inform.*) zippare.

zircon [ziʀkɔ̃] ***n.m.*** zircone.

zist [zist] ***n.m.*** → **zest**.

zizanie [zizani] ***n.f.*** zizzania.
● ***semer la zizanie***, seminare zizzania.

zizi [zizi] ***n.m.*** **1** (*zool.*) zigolo nero **2** (*fam.*) pisello, pisellino (in genere di bambino).

zodiacal [zɔdjakal] ***agg.*** [pl. *-aux*] zodiacale.
● ***les signes zodiacaux***, i segni zodiacali.

zodiaque [zɔdjak] ***n.m.*** zodiaco.

zombi(e) [zɔ̃bi] ***n.m.*** zombi.

zona [zona] ***n.m.*** (*med.*) herpes zoster, zona (*f.*).

zonage [zɔnaʒ] ***n.m.*** **1** (*urbanistica*) zoning, zonizzazione (*f.*) **2** (*inform.*) zoning.

zonard [zɔnaʀ] ***n.m.*** (*fam.*) abitante delle periferie più povere; coatto.

zone [zon] ***n.f.*** **1** zona **2** periferia povera, borgata **3** (*inform.*) area.
● (*anat.*) ***zone corticale***, area corticale | (*inform.*) ***zone de***

mémoire, area di memoria | ***zone de stationnement***, area di parcheggio | ***zone dynamique***, ***sensible***, area sensibile, attiva, di collegamento | ***zone franche***, zona franca | (*econ.*) ***zone monétaire***, area monetaria | ***zone résidentielle***, ***industrielle***, zona residenziale, industriale | (*econ.*) ***abattement de zone***, riduzione locale dello SMIC (il salario minimo garantito) | ***c'est la zone***, (*fam.*) è squallido | ***de seconde zone***, (*fig.*) di serie B.

zoo [z(o)o] *n.m.* zoo.
■ SIN. ménagerie.

zoo- *pref.* zoo-.

zoologie [zɔɔlɔʒi] *n.f.* zoologia.

zoologique [zɔɔlɔʒik] *agg.* zoologico.

zoologiste [zɔɔlɔʒist] *n.m.* e *f.* zoologo/a.

zoom [zum] *n.m.* (*fot., cine.*) zoom.

zoomer [zume] *v.tr.* (*cine.*) zumare.

zoomorphe [zɔɔmɔʀf] **zoomorphique** [zɔɔmɔʀfik] *agg.* zoomorfo.

zoophile [zɔɔfil] *agg.* e *n.m.* e *f.* zoofilo/a.

zoophilie [zɔɔfili] *n.f.* zoofilia.

zoophobie [zɔɔfɔbi] *n.f.* zoofobia.

zootechnicien [zɔɔtɛknisjɛ̃] *n.m.* [f. *-enne*] zootecnico.

zootechnie [zɔɔtɛkni] *n.f.* zootecnia.

zootechnique [zɔɔtɛknik] *agg.* zootecnico.

zoreil(le) [zɔʀɛj] *n.m.* e *f.* (*nei territori francesi d'oltremare*) chi è nato/a in Francia, metropolitano/a.

zoroastrien [zɔʀɔastʀijɛ̃] *agg.* e *n.m.* [f. *-enne*] zoroastriano.

zou [zu] *inter.* sciò (suono che accompagna un gesto brusco).

zouave [zwav] *n.m.* (*st. mil.*) zuavo.
● ***faire le zouave***, *fam.*fare il pagliaccio | ***pantalon à la zouave***, pantaloni alla zuava.

zouaver [zwave] *v.tr.* (*Africa*) imbrogliare.

zoulou [zulu] *agg.* zulù.

Zoulou *n.m.* e *f.* (*persona*) zulù.

zozotement [zɔzɔtmɑ̃] *n.m.* → **zézaiement**.

zozoter [zɔzɔte] *v.intr.* → **zézayer**.

zozoteur [zɔzɔtœʀ] *n.m.* [f. *-euse*] bleso.

zupien [zypjɛ̃] *n.m.* [f. *-enne*] abitante delle estreme periferie (di una città).

zurichois [zyʀikwa] *agg.* zurighese.

Zurichois *n.m.* (*abitante*) zurighese.

zut [zyt] *inter.* (*fam.*) uffa.
● ***zut alors!***, accidenti!

zwanze [zwɑ̃(ɛ̃)z] *n.f.* e *m.* (*Belgio*) scherzo (*m.*), battuta (*f.*).

zyeuter [zjøte] *v.tr.* → **zieuter**.

zygoma [zigɔma] *n.m.* (*anat.*) zigomo.

zygote [zigɔt] *n.m.* (*biol.*) zigote.
● ***formation de zygotes***, zigosi.

Italiano • Francese

Italien • Français

Aa

a[1] ***n.f.*** o ***m.invar.*** a (*m.*): *a maiuscola, minuscola*, a majuscule (*o* grand a), a minuscule (*o* petit a) | (*sport*) *campionato di serie A*, championnat de première division | *i cittadini di serie A*, (*estens.*) les privilégiés.

● (*tel.*) ***a come Ancona***, a comme Anatole | ***dalla a alla z***, de a à z | ***essere alla a***, (*fig.*) être au commencement | ***non dire né a né ba***, ne pas souffler mot.

a[2] ***prep.*** [davanti a parola iniziante con *a* si ha nell'uso scritto normalmente *ad*; in unione con l'art. *il* forma la prep.art. **al**; con l'art. *lo* forma **allo** (**all'** davanti a vocale); con l'art. *la* forma **alla** (**all'** davanti a vocale); in unione con l'art. *i* forma la prep.art. pl. **ai**; con l'art. *gli* forma **agli**; con l'art. *le* forma **alle**] **1** (*termine*) à: *ho scritto una lettera a mia madre*, j'ai écrit une lettre à ma mère **2** (*luogo*) à: *sono a Parigi*, je suis à Paris; *abitare a Le Havre*, habiter au Havre; *andare a Creta*, aller en Crète; *lavorare alle Poste, all'ONU*, travailler aux PTT, à l'ONU; *lavorare alla Fiat, alla Pirelli*, travailler chez Fiat, chez Pirelli **3** (*tempo*) à: *a mezzogiorno, alle tre*, à midi, à trois heures; *a Natale, a S. Giuseppe*, à Noël, à la Saint-Joseph; (*al*)*la sera*, (*al*)*la domenica*, le soir, le dimanche; *dalle tre alle quattro*, de trois (heures) à quatre heures; *dal 1980 al 1990*, de 1980 à 1990 **4** (*vantaggio, svantaggio*) à: *l'alcol fa male alla salute*, l'alcol nuit à la santé | *lotta alla droga, al terrorismo*, lutte contre la drogue, contre le terrorisme **5** (*fine, scopo*) à: *ministro delegato agli affari europei*, ministre délégué aux affaires européennes; *direttore alle risorse umane*, directeur des ressources humaines; *andare a passeggio*, aller se promener **6** (*età*) à: *a diciannove anni, all'età di diciannove anni*, à dix-neuf ans, à l'âge de dix-neuf ans **7** (*modo*) à: *fatto a mano*, fait à la main; *a occhi chiusi, aperti*, les yeux fermés, ouverts; *a testa alta*, la tête haute **8** (*mezzo*) à: *andare a piedi*, aller à pied; *una barca a vela*, une barque à voile **9** (*predicativo*) à: *prendere a testimone*, prendre à témoin **10** (*prezzo*) à: *quest'articolo è in vendita a venti euro*, cet article est en vente à vingt euros **11** (*paragone*) à: *quel vestito è simile al mio*, cette robe est semblable à la mienne **12** (*distributivo*) à, par: *guadagna duemila euro al mese*, il gagne deux mille euros par mois; *a due a due*, deux à deux; *le do quindici euro all'ora*, je lui donne quinze euros de l'heure; *cinquanta chilometri (al)l'ora*, cinquante kilomètres à l'heure **13** (*causa*) à: *a quelle parole si indignò*, à ces mots il s'indigna; *svegliarsi al minimo rumore*, se réveiller au moindre bruit **14** (*seguito da infinito*): *l'ho costretto a rimanere*, je l'ai obligé à rester; *è facile a dirsi*, c'est facile à dire; *si sporse a guardare*, il se pencha pour regarder; *come fare ad avvertirlo?*, comment faire pour l'avertir?; *e lui a piangere*, et lui de pleurer; *al sentire quelle parole*, en entendant ces mots; *a voler essere ottimisti*, si l'on veut être optimiste.

> **NOTA** Dopo i verbi di movimento, la preposizione ***a*** non si traduce:
>
> *Va a vedere.*
> **SÌ** Va **voir**.
> **NO** Va **à voir**.
>
> *Vieni a studiare da me.*
> **SÌ** Viens **étudier** chez moi.
> **NO** Viens **à étudier** chez moi.
>
> *Corse a dirglielo.*
> **SÌ** Il courut **le lui dire**.
> **NO** Il courut **à le lui dire**.

a-, an ***pref.*** a-, an-.

abaco [à-ba-co] ***n.m.*** [pl. *-chi*] abaque.

abate [a-bà-te] ***n.m.*** (*eccl.*) abbé.

abat-jour [aba'ʒur] ***n.m.invar.*** **1** lampe (*f.*) de chevet **2** (*paralume*) abat-jour*.

abbacchiarsi [ab-bac-chiàr-si] ***v.pron.intr.*** (*fam.*) se déprimer, avoir un coup de déprime.

abbacchiato [ab-bac-chià-to] ***agg.*** (*fam.*) déprimé: *oggi sono abbacchiato*, aujourd'hui je suis à plat.

abbacchio [ab-bàc-chio] ***n.m.*** [pl. *-chi*] (*cuc.*) (*region.*) agneau* de lait.

abbacinare [ab-ba-ci-nà-re] ***v.tr.*** **1** éblouir **2** (*ant.*) (*accecare, come supplizio*) aveugler.

abbagliante [ab-ba-gliàn-te] ***agg.*** éblouissant (*anche fig.*) ♦ ***n.m.*** (*aut.*) feu de route, phare.

● (*aut.*) ***fari abbaglianti***, feux de route, phares.

abbagliare [ab-ba-glià-re] ***v.tr.*** éblouir (*anche fig.*).

abbaglio [ab-bà-glio] ***n.m.*** [pl. *-gli*] (*fig.*) méprise (*f.*).

● ***prendere un abbaglio***, commettre une bévue.

abbaiare [ab-ba-ià-re] ***v.intr.*** [aus. *avere*] **1** aboyer* (**après**, **contre**); (*di cuccioli*) japper: *il cane abbaia festosamente al padrone*, le chien aboie joyeusement en voyant son maître **2** (*gridare*) aboyer*, hurler: *più che cantare abbaia*, il ne chante pas, il braille.

abbaino [ab-ba-ì-no] ***n.m.*** **1** lucarne (*f.*) **2** (*soffitta*) mansarde (*f.*).

abbandonare [ab-ban-do-nà-re] ***v.tr.*** **1** abandonner (*anche fig.*); (*lasciare*) quitter; (*lasciare in balia di*) livrer: *abbandonare nel bisogno, al proprio destino*, abandonner dans le besoin, à son destin; *abbandonare a se stesso*, livrer à soi-même; *abbandonare la speranza*, abandonner tout espoir; *abbandonare il proprio paese*, quitter son pays; *non abbandonarmi!*, ne me quitte pas! **2** (*allentare*) lâcher: *abbandonare la presa*, lâcher prise **3** (*far ricadere*) laisser tomber: *abbandonare il capo sul petto*, laisser tomber la tête sur sa poitrine ♦ **abbandonarsi** ***v.pron.*** **1** s'abandonner; (*lasciarsi andare*) se laisser aller; (*darsi*) se livrer: *abbandonarsi all'ira, ai sogni*, se laisser aller à la colère, à la rêverie **2** (*lasciarsi cadere*) se laisser tomber **3** (*rilassarsi*) se détendre*.

● ***abbandonare il campo***, (*fig.*) abandonner la partie | ***abbandonare il mondo***, se retirer du monde; (*entrare nella vita monastica*) quitter le monde.

abbandonato [ab-ban-do-nà-to] ***agg.*** **1** abandonné: *è abbandonata a se stessa*, elle est livrée à elle-même; *le braccia abbandonate lungo i fianchi*, les bras le long du

A

corps, les bras ballants **2** (*trascurato, non curato*) à l'abandon: *giardino abbandonato*, jardin à l'abandon.

abbandonico [ab-ban-dò-ni-co] *agg.* [pl.m. *-ci*, f. *-che*] (*psic.*) abandonnique: *un soggetto abbandonico*, un abandonnique.

abbandonismo [ab-ban-do-nì-ʃmo] *n.m.* (*psic.*) névrose (*f.*) d'abandon, abandonnisme.

abbandono [ab-ban-dó-no] *n.m.* **1** abandon: *lasciare in abbandono*, laisser à l'abandon **2** (*dir.*) abandon **3** (*comm.*) abandon; (*assic.*) délaissement.

● (*dir.*): ***abbandono del tetto coniugale***, abandon du domicile conjugal; ***abbandono di minore***, abandon de mineur.

abbarbicare [ab-bar-bi-cà-re] *v.intr.* [coniug. come *mancare*; aus. *avere*] prendre* racine ♦ **abbarbicarsi** *v.pron.intr.* **1** (*avvinghiarsi*) s'accrocher, s'attacher: *abbarbicarsi al braccio di qlcu*, se cramponner au bras de qqn **2** (*fig.*) s'enraciner: *si sono abbarbicati in casa nostra*, (*fam.*) ils se sont incrustés chez nous.

abbassamento [ab-bas-sa-mén-to] *n.m.* (*riduzione, diminuzione*) baisse (*f.*); (*l'abbassare*) abaissement: *abbassamento di livello, di temperatura*, baisse de niveau, de température; *abbassamento di un muro*, abaissement d'un mur; *abbassamento di voce*, extinction de voix.

● (*geol.*) ***abbassamento del suolo***, affaissement du sol | (*med.*) ***abbassamento di un organo***, descente d'un organe.

abbassare [ab-bas-sà-re] *v.tr.* **1** baisser; (*diminuire d'altezza*) abaisser: *abbassare il sipario*, baisser le rideau; *abbassare una manopola*, abaisser une manette; *abbassare un muro*, abaisser un mur **2** (*diminuire, ridurre*) baisser: *abbassare i prezzi*, baisser les prix | (*sport*) *abbassare un primato*, améliorer un record **3** (*chinare*) baisser: *abbassare il capo*, baisser la tête | *abbassare le armi*, mettre bas les armes **4** (*mat.*) abaisser **5** (*fig.*) (*umiliare*) abaisser ♦ **abbassarsi** *v.pron.intr.* (*diminuire*) baisser: *la temperatura si è abbassata*, la température a baissé; *la vista gli si abbassa*, sa vue baisse; *la febbre gli si è abbassata*, sa fièvre a diminué ♦ *v.pron.* **1** (*chinarsi*) se baisser **2** (*fig.*) se plier, s'abaisser: *abbassarsi a umili lavori*, s'abaisser (o se plier) à d'humbles travaux; *non si abbassa davanti a nessuno*, il ne plie devant personne; *non abbassarti così!*, ne t'humilie pas ainsi!

● (*sport*) ***abbassare la guardia***, ouvrir sa garde; (*fig.*) ne plus être sur ses gardes.

abbasso [ab-bàs-so] *avv.* (*region.*) en bas ♦ *inter.* **1** à bas: *abbasso il tiranno!*, à bas le tyran! **2** (*giù*) bas: *abbasso le mani!*, bas les mains!

abbastanza [ab-ba-stàn-za] *avv.* assez: *sei abbastanza sveglio da, per capire questo*, tu es assez, suffisamment intelligent pour comprendre ça; *stanotte non ho dormito abbastanza*, cette nuit je n'ai pas assez dormi ♦ *agg. invar.* assez (**de**): *hai detto abbastanza sciocchezze per oggi*, tu as dit assez de bêtises pour aujourd'hui; *ho aspettato abbastanza (tempo)*, j'ai assez attendu; *hai abbastanza (denaro) per pagare?*, tu as assez (d'argent) pour payer?

● ***averne abbastanza***, en avoir assez.

abbattere [ab-bàt-te-re] *v.tr.* [coniug. come *battere*] **1** abattre* (*anche fig.*); (*demolire*) démolir: *abbattere un aereo*, abattre, descendre un avion; *abbattere il governo, un regime*, renverser le gouvernement, un régime **2** (*colpire a morte*) abbattre*: *l'hanno abbattuto con una raffica di mitra*, ils l'ont descendu d'une rafale de mitraillette; *il cacciatore ha abbattuto due lepri*, le chasseur a tué deux lièvres ♦ **abbattersi** *v.pron.intr.* **1** (*cadere*) s'écrouler; (*precipitare*) s'abattre*: *abbattersi al suolo*, s'écraser **2** (*fig.*) (*avvilirsi*) se décourager*, se démonter: *si abbatte per un niente*, il se démonte pour un rien.

abbattimento [ab-bat-ti-mén-to] *n.m.* **1** abattement; (*demolizione*) démolition (*f.*) **2** (*di alberi, animali*) abattage **3** (*fig.*) abattement **4** (*mar.*) abattage **5** (*ind.*) neutralisation (*f.*).

abbattuto [ab-bat-tù-to] *agg.* abattu (*anche fig.*).

abbazia [ab-ba-zì-a] *n.f.* abbaye.

abbecedario [ab-be-ce-dà-rio] *n.m.* [pl. *-ri*] abécédaire.

abbellimento [ab-bel-li-mén-to] *n.m.* **1** embellissement **2** (*pl.*) (*mus.*) agréments.

abbellire [ab-bel-lì-re] *v.tr.* [coniug. come *finire*] **1** orner; embellir **2** (*rendere più bello*) (*una cosa*) embellir; (*una persona*) flatter: *questa fotografia l'abbellisce*, cette photo la flatte ♦ **abbellirsi** *v.pron.* (*adornarsi*) se parer ♦ *v.pron.intr.* (s')embellir.

abbeverare [ab-be-ve-rà-re] *v.tr.* abreuver ♦ **abbeverarsi** *v.pron.* **1** (*di animali*) s'abreuver **2** (*di persona*) se désaltérer*, s'abreuver (*anche fig.*).

abbeveratoio [ab-be-ve-ra-tó-io] *n.m.* [pl. *-oi*] abreuvoir.

abbia, **abbiamo** → **avere**[1].

abbicci [ab-bic-cì] *n.m.invar.* **1** a b c **2** (*antiq.*) (*sillabario*) abécédaire.

● ***essere all'abbicci***, (*fig.*) en être au BA-BA.

abbiente [ab-bièn-te] *agg.* aisé: *i ceti abbienti*, les gens aisés ♦ *n.m.* e *f.* personne (*f.*) aisée: *gli abbienti*, les gens aisées.

● ***i meno abbienti***, les personnes défavorisées | ***i non abbienti***, les économiquement faibles.

abbietto e *deriv.* → **abietto** e *deriv.*

abbigliamento [ab-bi-glia-mén-to] *n.m.* **1** habillement; (*quanto serve a vestirsi*) vêtements (*pl.*): *spese d'abbigliamento*, frais d'habillement; *curare il proprio abbigliamento*, soigner sa mise; *si fa notare per il suo abbigliamento bizzarro*, elle se fait remarquer par son accoutrement **2** (*settore merceologico*) vêtement: *lavora nell'abbigliamento*, il travaille dans le vêtement; *negozio d'abbigliamento*, magasin de confection | *industria dell'abbigliamento*, confection.

● ***abbigliamento femminile***, ***maschile***, vêtements pour femmes, pour hommes | ***abbigliamento sportivo***, ***per il tempo libero***, vêtements de sport, de loisir.

abbigliare [ab-bi-glià-re] *v.tr.* habiller ♦ **abbigliarsi** *v.pron.* s'habiller.

abbinamento [ab-bi-na-mén-to] *n.m.* **1** jumelage **2** (*di colori*) assortiment **3** (*tra società e sponsor*) parrainage, sponsoring.

abbinare [ab-bi-nà-re] *v.tr.* **1** combiner **2** (*colori ecc.*) assortir **3** (*nelle lotterie ecc.*) jumeler*.

abbinata [ab-bi-nà-ta] *n.f.* → **accoppiata**.

abbindolamento [ab-bin-do-la-mén-to] *n.m.* duperie (*f.*).

abbindolare [ab-bin-do-là-re] *v.tr.* (*fig.*) embobiner, rouler: *ti fai sempre abbindolare!*, tu te fais toujours avoir!

abbioccarsi [ab-bioc-càr-si] *v.pron.intr.* [coniug. come *mancare*] (*region.*) s'engourdir.

abbiocco [ab-biòc-co] *n.m.* [pl. *-chi*] (*region.*) petit coup de pompe.

abbisognare [ab-bi-ʃo-gnà-re] *v.intr.* [aus. *avere*] avoir* besoin (**de**); (*occorrere*) falloir*: *ci abbisognano* *somme ingenti*, nous avons besoin (*o* il nous faut) de grosses sommes.

abboccamento [ab-boc-ca-mén-to] *n.m.* 1 (*colloquio*) entretien 2 (*tecn., med.*) abouchement.

abboccare [ab-boc-cà-re] *v.intr.* [coniug. come *mancare*; aus. *avere*] 1 (*di pesci*) mordre* 2 (*fig.*) mordre* à l'hameçon, gober (qqch): *abbocca a tutto quello che le dicono*, elle gobe tout ce qu'on lui dit; *non ha abboccato*, il n'a pas mordu à l'hameçon; *non abbocco!*, ça ne prend pas! 3 (*combaciare*) être* abouché, se joindre* ♦ *v.tr.* (*far combaciare*) aboucher.

abboccato [ab-boc-cà-to] *agg.* (*di vino*) mœlleux*, doux*.

abbonamento [ab-bo-na-mén-to] *n.m.* abonnement: *fare un abbonamento*, prendre, souscrire un abonnement; *fare l'abbonamento a un giornale*, s'abonner à un journal; *pagare, versare l'abbonamento*, payer l'abonnement; *disdire un abbonamento*, se désabonner. ● (*inform.*) ***abbonamento Internet***, compte d'accès Internet | ***canone d'abbonamento alla radio, alla televisione***, redevance radiophonique, de télévision | ***in abbonamento***, par abonnement: (*teatr.*) *poltrona, serata in abbonamento*, fauteuil d'abonné, soirée réservée aux abonnés | ***(tessera di) abbonamento***, (carte d')abonnement.

abbonare[1] [ab-bo-nà-re] *v.tr.* abonner ♦ **abbonarsi** *v.pron.* s'abonner, prendre* un abonnement, souscrire* un abonnement.

abbonare[2] *v.tr.* → **abbuonare**.

abbonato [ab-bo-nà-to] *agg.* abonné (*anche fig.*): *è abbonato ai brutti voti*, il collectionne les mauvaises notes; *ho ancora l'influenza, ormai sono abbonato*, j'ai encore la grippe, j'y suis abonné ♦ *n.m.* [f. *-a*] 1 abonné; (*a radio, tv ecc.*) usager* 2 (*frequentatore assiduo*) habitué.

abbondante [ab-bon-dàn-te] *agg.* 1 abondant (en); riche (en): *aggiungere abbondante acqua*, ajouter beaucoup d'eau 2 (*oltre una data misura*) bon*: *un'ora abbondante*, une bonne heure; *un chilo abbondante*, un bon kilo; *tre etti abbondanti*, un peu plus de trois cents grammes; *una giacca abbondante*, une veste un peu large.

abbondantemente [ab-bon-dan-te-mén-te] *avv.* abondamment: *è stato abbondantemente pagato*, on l'a payé généreusement.

abbondanza [ab-bon-dàn-za] *n.f.* abondance: *con grande abbondanza di mezzi*, avec une grande richesse de moyens.
● (*mit.*) ***il corno dell'abbondanza***, la corne d'abondance.

abbondare [ab-bon-dà-re] *v.intr.* [aus. *essere* o *avere*] 1 abonder (en): *i soldi non abbondano in quella famiglia*, dans cette famille il n'y a pas beaucoup d'argent 2 (*fig.*) abonder, exagérer*: *abbondare in attenzioni*, avoir des attentions exagérées; *non abbondare in complimenti con loro!*, ne fais pas trop de manières avec eux!

abbordabile [ab-bor-dà-bi-le] *agg.* abordable; (*di luogo*) accessible: *persona facilmente, difficilmente abbordabile*, personne d'un abord facile, difficile.

abbordaggio [ab-bor-dàg-gio] *n.m.* [pl. *-gi*] 1 abordage 2 (*fig. fam.*) (*di ragazza*) drague (*f.*).

abbordare [ab-bor-dà-re] *v.tr.* 1 aborder (*anche fig.*) 2 (*fig. fam.*) (*una ragazza*) draguer.

abborracciare [ab-bor-rac-cià-re] *v.tr.* [coniug. come *cominciare*] bâcler.

abbottonare [ab-bot-to-nà-re] *v.tr.* boutonner: *abbottonare il cappotto a un bambino*, boutonner le manteau d'un enfant ♦ **abbottonarsi** *v.pron.* e *pron.intr.* se boutonner ♦ *v.pron. indiretto* boutonner: *abbottonati la giacca*, boutonne ton veston.

abbottonato [ab-bot-to-nà-to] *agg.* 1 boutonné 2 (*fig. fam.*) (*cauto, riservato*) réservé.

abbottonatura [ab-bot-to-na-tù-ra] *n.f.* 1 boutonnage (*m.*) 2 (*bottoniera*) rangée de boutons.

abbozzare[1] [ab-boz-zà-re] *v.tr.* ébaucher, esquisser (*anche fig.*).

abbozzare[2] *v.intr.* [aus. *avere*] (*fam.*) laisser tomber; (*incassare*) encaisser.

abbozzo [ab-bòz-zo] *n.m.* 1 ébauche (*f.*) 2 (*di disegno*) esquisse (*f.*).

abbracciare [ab-brac-cià-re] *v.tr.* [coniug. come *cominciare*] embrasser (*anche fig.*); (*stringere fra le braccia*) serrer dans ses bras ♦ **abbracciarsi** *v.pron.* embrasser (qqn, qqch) ♦ *v.pron.rec.* s'embrasser.

abbraccio [ab-bràc-cio] *n.m.* [pl. *-ci*] embrassade (*f.*): *scambiarsi un abbraccio*, s'embrasser; *un abbraccio fraterno*, une accolade fraternelle | *un abbraccio*, (*nella corrispondenza*) je t'embrasse.

abbreviare [ab-bre-vià-re] *v.tr.* abréger*.

abbreviazione [ab-bre-via-zió-ne] *n.f.* abréviation, abrègement (*m.*).

abbrivio [ab-brì-vio] *n.m.* [pl. *-vi*] (*mar.*) erre (*f.*).
● ***prendere l'abbrivio***, prendre de l'erre (*anche fig.*).

abbronzante [ab-bron-ʒàn-te] *agg.* bronzant ♦ *n.m.* crème (*f.*) bronzante.

abbronzare [ab-bron-ʒà-re] *v.tr.* bronzer ♦ **abbronzarsi** *v.pron.* (se) bronzer: *si è abbronzata senza scottarsi*, elle a bronzé sans se brûler.

abbronzato [ab-bron-ʒà-to] *agg.* (*di pelle*) bronzé, *hâlé.

abbronzatura [ab-bron-ʒa-tù-ra] *n.f.* bronzage (*m.*), *hâle.

abbrunare [ab-bru-nà-re] *v.tr.* (*parare a lutto*) mettre* un crêpe (à); (*una bandiera*) cravater de crêpe.

abbrunato [ab-bru-nà-to] *agg.* (*parato a lutto*) cravaté de crêpe.

abbrustolimento [ab-bru-sto-li-mén-to] *n.m.* (*di pane*) grillage; (*di caffè*) torréfaction (*f.*); (*di carne*) flambage.

abbrustolire [ab-bru-sto-lì-re] *v.tr.* [coniug. come *finire*] (faire*) griller; (*caffè*) torréfier; (*carne*) flamber ♦ **abbrustolirsi** *v.pron.* (*fam.*) (*abbronzarsi*) se rôtir.

abbrustolita [ab-bru-sto-lì-ta] *n.f.* grillage (*m.*): *dare un'abbrustolita al pane*, faire griller légèrement le pain.

abbrustolito [ab-bru-sto-lì-to] *agg.* 1 (*tostato*) grillé 2 (*fam.*) (*abbronzato*) rôti.

abbrutimento [ab-bru-ti-mén-to] *n.m.* abrutissement.

abbrutire [ab-bru-tì-re] *v.tr.* [coniug. come *finire*] abrutir ♦ *v.intr.* [aus. *essere*] s'abrutir ♦ **abbrutirsi** *v.pron.intr.* s'abrutir: *si è abbrutito per il troppo lavoro*, l'excès de travail l'a abruti.

abbuffarsi [ab-buf-fàr-si] *v.pron.* (*fam.*) s'empiffrer.

abbuffata [ab-buf-fà-ta] *n.f.* (*fam.*) bouffe, ventrée: *fare un'abbuffata*, s'empiffrer.

abbuiare [ab-bu-ià-re] *v.tr.* assombrir ♦ *v.intr.impers.* [aus. *essere*] (*non com.*) (*farsi notte*) se faire* nuit ♦ **abbuiarsi** *v.pron.intr.* s'assombrir (*anche fig.*).

abbuonare [ab-buo-nà-re] *v.tr.* 1 (*condonare*) remettre* | *abbuonare degli esami*, reconnaître des examens 2 (*detrarre*) défalquer (une somme): *gli hanno abbuonato un terzo del dovuto*, on lui a rabattu un tiers de ce qu'il

A

A

devait **3** (*perdonare*) pardonner: *ti abbuono anche questa, ma è l'ultima volta!*, je te pardonne cette fois encore, mais c'est la dernière!

abbuono [ab-buò-no] ***n.m.*** **1** (*comm.*) réduction (*f.*); (*su pagamento in contanti*) escompte; (*per avaria, ritardo ecc.*) rabais; (*su grosse quantità*) remise (*f.*) **2** (*sport*) bonification (*f.*).

abdicare [ab-di-cà-re] ***v.intr.*** [coniug. come *mancare*; aus. *avere*] **1** abdiquer (**qqch**): *abdicare al trono*, abdiquer la couronne **2** (*rinunciare*) abdiquer (**qqch**) **3** (*venir meno*) manquer: *abdicare al proprio dovere*, manquer à son devoir.

abdicazione [ab-di-ca-zió-ne] ***n.f.*** abdication (*anche fig.*).

abducente [ab-du-cèn-te] ***agg.*** (*anat.*) abducteur.

abduttore [ab-dut-tó-re] ***agg.*** (*anat.*) abducteur ♦ ***n.m.*** (*anat.*) muscle abducteur.

aberrante [a-ber-ràn-te] ***agg.*** aberrant.

aberrazione [a-ber-ra-zió-ne] ***n.f.*** aberration.

abete [a-bé-te] ***n.m.*** (*bot.*) sapin.
● ***abete bianco***, ***rosso***, sapin blanc, rouge.

abietto [a-bièt-to] ***agg.*** abject, ignoble.

abiezione [a-bie-zió-ne] ***n.f.*** abjection.

abile [à-bi-le] ***agg.*** **1** habile, capable; (*nelle attività fisiche*) adroit: *abile nel suo mestiere*, habile dans son métier; *abile nel fare qlco*, habile à faire qqch; *avere le mani abili*, être adroit de ses mains **2** (*idoneo*) apte: *abile al servizio militare*, apte au (*o* bon pour le) service militaire **3** (*ben congegnato*) habile, fin.

abilità [a-bi-li-tà] ***n.f.invar.*** habileté; (*destrezza*) adresse.

abilitare [a-bi-li-tà-re] ***v.tr.*** **1** conférer* un certificat d'aptitude (**à**) **2** (*dir.*) habiliter **3** (*inform.*) mettre* en service; (*riferito a circuito*) valider, activer.

abilitato [a-bi-li-tà-to] ***agg.*** e ***n.m.*** [f. *-a*] (celui*) qui a obtenu un certificat d'aptitude à exercer une profession; (*nella scuola*) certifié: (*professore*) *abilitato*, (professeur) certifié.

abilitazione [a-bi-li-ta-zió-ne] ***n.f.*** **1** certificat (*m.*) d'aptitude à exercer une profession **2** (*dir.*) habilitation.
● ***esame***, ***concorso di abilitazione***, examen, concours d'aptitude professionnelle.

NOTA L'***abilitazione*** all'insegnamento secondario in Italia è più o meno l'equivalente del CAPES in Francia.

abilmente [a-bil-mén-te] ***avv.*** habilement.

abiotico [a-bi-ò-ti-co] ***agg.*** [pl.m. *-ci*, f. *-che*] (*biol.*) abiotique.

abissale [a-bis-sà-le] ***agg.*** abyssal*: *essere di un'ignoranza abissale*, (*fig.*) être d'une ignorance monstrueuse.

abissino [a-bis-sì-no] ***agg.*** abyssinien* ♦ ***n.m.*** [f. *-a*] (*abitante*) Abyssinien.

abisso [a-bis-so] ***n.m.*** **1** abîme, gouffre (*anche fig.*) **2** (*del mare*) abysse **3** (*arald.*) abîme, abyme.
● ***essere sull'orlo dell'abisso***, (*fig.*) être au bord de l'abîme (*o* du gouffre).

abitabile [a-bi-tà-bi-le] ***agg.*** habitable.

abitabilità [a-bi-ta-bi-li-tà] ***n.f.invar.*** habitabilité.
● ***licenza di abitabilità***, certificat de conformité.

abitacolo [a-bi-tà-co-lo] ***n.m.*** habitacle.

abitante [a-bi-tàn-te] ***n.m.*** e ***f.*** habitant/e.

abitare [a-bi-tà-re] ***v.intr.*** e ***tr.*** [aus. *avere*] habiter: *abito a Milano*, j'habite (à) Milan; *abita in questa città*, il habite cette ville; *abito in via X, al n. 10 di via Manzoni*, j'habite rue X, (au) 10 (de la) rue Manzoni; *abitare in famiglia*, vivre avec ses parents; *abitare da, presso qlcu*, habiter chez qqn; *gli animali che abitano le foreste*, les animaux qui habitent les forêts équatoriales.

abitativo [a-bi-ta-tì-vo] ***agg.*** d'habitation.
● ***edilizia abitativa***, industrie du logement.

abitato [a-bi-tà-to] ***agg.*** habité; (*popolato*) peuplé ♦ ***n.m.*** agglomération (*f.*).

abitatore [a-bi-ta-tó-re] ***n.m.*** [f. *-trice*] (*letter.*) habitant.

abitazione [a-bi-ta-zió-ne] ***n.f.*** (*edificio*) habitation, maison; (*alloggio*) logement (*m.*); (*appartamento*) appartement (*m.*).
● ***a uso*** (***di***) ***abitazione***, à usage d'habitation.

abito [à-bi-to] ***n.m.*** **1** vêtement; (*da donna*) robe (*f.*); (*spec. da uomo*) costume; (*tenuta*) tenue (*f.*) **2** (*attitudine*) habitude (*f.*) **3** (*biol., med.*) habitus.
● ***abito a giacca***, tailleur | ***abito confezionato***, vêtement (de) prêt-à-porter | ***abito da cerimonia***, tenue de cérémonie | ***abito da lavoro***, ***sportivo***, tenue de travail, de sport | ***abito da sera***, tenue de soirée | ***abito da sposa***, robe de mariée | ***abito mentale***, tournure d'esprit | (*eccl.*) ***abito*** (***talare***), soutane, habit: *prendere l'abito*, prendre l'habit | ***abiti usati***, (*fam.*) fripes, nippes | (*prov.*) ***l'abito non fa il monaco***, l'habit ne fait pas le moine.

abituale [a-bi-tu-à-le] ***agg.*** habituel*.

abitualmente [a-bi-tu-al-mén-te] ***avv.*** d'habitude.

abituare [a-bi-tu-à-re] ***v.tr.*** habituer, accoutumer ♦ **abituarsi** ***v.pron.*** s'habituer, se faire*: *abituarsi al pericolo*, se familiariser avec le danger; *ci si abitua a tutto*, on s'habitue à tout; *ti ci abituerai*, tu t'y feras.

abituato [a-bi-tu-à-to] ***agg.*** habitué, accoutumé: *come sono abituato a fare*, comme c'est dans mes habitudes.

abitudinario [a-bi-tu-di-nà-rio] ***agg.*** e ***n.m.*** [f. *-a*; pl.m. *-ri*] routinier*: *è un abitudinario*, il a ses petites habitudes.

abitudine [a-bi-tù-di-ne] ***n.f.*** habitude: *è sua abitudine andare a letto tardi*, d'habitude il se couche tard; *contrariamente alle sue abitudini*, contrairement à son habitude; *come è sua abitudine, secondo le sue abitudini*, comme il a l'habitude de le faire.
● ***come d'abitudine***, comme d'habitude | ***fare l'abitudine a qlco***, s'habituer à qqch: *farci l'abitudine*, s'y faire | ***la forza dell'abitudine***, la force de l'habitude | ***per abitudine***, par habitude, par routine.

abiura [a-biù-ra] ***n.f.*** abjuration: *fare abiura*, abjurer.

abiurare [a-biu-rà-re] ***v.tr.*** abjurer.

ablativo [a-bla-tì-vo] ***agg.*** e ***n.m.*** ablatif.
● (*gramm.*) ***ablativo assoluto***, ablatif absolu.

ablazione [a-bla-zió-ne] ***n.f.*** ablation.

abluzione [a-blu-zió-ne] ***n.f.*** ablution.

abnegazione [ab-ne-ga-zió-ne] ***n.f.*** abnégation.

abnorme [ab-nòr-me] ***agg.*** anormal*.

abolire [a-bo-lì-re] ***v.tr.*** [coniug. come *finire*] abolir; supprimer.

abolizione [a-bo-li-zió-ne] ***n.f.*** abolition, suppression.

abolizionismo [a-bo-li-zio-nì-ʃmo] ***n.m.*** abolitionnisme.

abolizionista [a-bo-li-zio-nì-sta] ***agg.*** e ***n.m.*** e ***f.*** abolitionniste.

abolizionistico [a-bo-li-zio-nì-sti-co] ***agg.*** [pl.m. *-ci*, f. *-che*] abolitionniste.

A

abominevole [a-bo-mi-né-vo-le] ***agg.*** abominable.
● ***l'abominevole uomo delle nevi***, l'abominable homme des neiges.

abominio [a-bo-mì-nio] ***n.m.*** [pl. *-ni*] abomination (*f.*).

aborigeno [a-bo-rì-ge-no] ***agg.*** e ***n.m.*** [f. *-a*] aborigène.

aborrire [a-bor-rì-re] ***v.tr.*** [pres.indic. *io aborrisco* o *aborro, tu aborrisci* o *aborri* ecc.] abhorrer ♦ ***v.intr.*** [aus. *avere*] avoir* horreur (**de**).

aborrito [a-bor-rì-to] ***agg.*** exécré.

abortire [a-bor-tì-re] ***v.intr.*** [coniug. come *finire*] **1** [aus. *avere*] (*naturalmente e intenzionalmente*) avorter; (*naturalmente*) faire* une fausse couche: *far abortire una donna*, avorter une femme **2** [aus. *essere*] (*fig.*) avorter, échouer: *il tentativo è abortito*, la tentative a avorté.

abortista [a-bor-tì-sta] ***agg.*** favorable à l'avortement: *campagna abortista*, campagne pour l'avortement légal ♦ ***n.m.*** e ***f.*** partisan/e de la liberté d'avortement.

abortivo [a-bor-tì-vo] ***agg.*** e ***n.m.*** (*med.*) abortif*.
● ***parto abortivo***, fausse couche.

aborto [a-bòr-to] ***n.m.*** **1** (*volontario e spontaneo*) avortement; (*spontaneo*) fausse couche (*f.*) **2** (*feto abortito*) avorton **3** (*fig.*) (*di persona*) avorton; (*di cosa*) avortement.
● ***aborto procurato***, avortement provoqué, IVG (*Intérruption Volontaire de Grossesse*) | ***aborto terapeutico***, avortement thérapeutique.

abrasione [a-bra-ʃió-ne] ***n.f.*** abrasion.

abrasivo [a-bra-ʃì-vo] ***agg.*** e ***n.m.*** abrasif*.

abrogare [a-bro-gà-re] ***v.tr.*** [coniug. come *legare*] (*dir.*) abroger*.

abrogativo [a-bro-ga-tì-vo] ***agg.*** (*dir.*) abrogatif*.

abrogazione [a-bro-ga-zió-ne] ***n.f.*** (*dir.*) abrogation.

abrogazionista [a-bro-ga-zio-nì-sta] ***agg.*** en faveur (**de**), pour l'abrogation (**de**) ♦ ***n.m.*** e ***f.*** partisan/e de l'abrogation.

abruzzese [a-bruz-zé-se] ***agg.*** abruzzain, des Abruzzes ♦ ***n.m.*** e ***f.*** Abruzzain/e.

abside [àb-si-de] ***n.f.*** (*arch.*) abside ♦ ***n.m.*** (*astr.*) apside (*f.*).

abstract ['abstract] ***n.m.invar.*** résumé.

abulia [a-bu-lì-a] ***n.f.*** **1** (*med.*) aboulie **2** (*estens.*) apathie.

abulico [a-bù-li-co] ***agg.*** e ***n.m.*** [f. *-a*; pl.m. *-ci*, f. *-che*] aboulique.

abusare [a-bu-ʃà-re] ***v.intr.*** [aus. *avere*] **1** (*fare un uso eccessivo*) abuser: *abusare della propria autorità*, abuser de son autorité **2** (*profittare*) abuser: *abusare della buona fede di qlcu*, abuser de la bonne foi de qqn **3** (*sessualmente*) abuser: *abusare di una donna*, abuser d'une femme.

abusivamente [a-bu-ʃi-va-mén-te] ***avv.*** abusivement.

abusivismo [a-bu-ʃi-vì-ʃmo] ***n.m.*** pratique (*f.*) de l'illégalité.
● ***abusivismo edilizio***, urbanisation sauvage.

abusivo [a-bu-ʃì-vo] ***agg.*** **1** (*illegale*) abusif*, illégal*: *costruzioni abusive*, constructions abusives | (*dir.*) *esercizio abusivo di un diritto*, usurpation d'un droit **2** (*che compie un abuso*) non autorisé: *posteggiatore abusivo*, gardien de parking non autorisé; *tassista abusivo*, chauffeur de taxi sans licence ♦ ***n.m.*** [f. *-a*] personne (*f.*) légalement non autorisée; (*occupante abusivo di un alloggio*) squatter.

abuso [a-bù-ʃo] ***n.m.*** abus (*anche dir.*): *fare abuso di*, abuser de.
● (*dir.*): ***abuso di autorità, d'ufficio***, abus d'autorité; ***abuso di minore***, abus de mineur; ***abuso di potere***, abus de pouvoir; ***abuso di titolo***, usurpation de titre; ***abuso sessuale***, abus sexuel.

acacia [a-cà-cia] ***n.f.*** [pl. *-cie* o *-ce*] (*bot.*) acacia (*m.*).
● ***acacia bianca***, robinier commun, faux acacia.

acanto [a-càn-to] ***n.m.*** (*bot., arch.*) acanthe (*f.*).

acaro [à-ca-ro] ***n.m.*** (*zool.*) acarien.

acca [àc-ca] ***n.m.*** o ***f.*** [pl.m. *invar.*, f. *invar.* o *acche*] h (*m.*).
● ***non capire un'acca***, (*fig.*) ne rien comprendre: *non ci capisco un'acca*, je n'y comprends rien | ***non valere un'acca***, (*fig.*) ne pas valoir tripette.

accademia [ac-ca-dè-mia] ***n.f.*** **1** (*scuola*) académie, école **2** (*associazione di studiosi*) Académie **3** (*pitt.*) (*studio del nudo dal vero*) académie.
● ***accademia*** (***d'arte***) ***drammatica***, école d'art dramatique | ***Accademia di Belle Arti***, École des Beaux-Arts | ***accademia militare***, école militaire | ***fare dell'accademia***, (*fig.*) tenir des discussions académiques; (*sport*) jouer pour la galerie.

accademico [ac-ca-dè-mi-co] ***agg.*** [pl.m. *-ci*, f. *-che*] académique; *il mondo accademico*, le milieu universitaire ♦ ***n.m.*** [f. *-a*] (*di accademia*) académicien*; (*professore universitario*) universitaire.
● ***anno accademico***, année universitaire, académique | ***corpo accademico***, corps universitaire | ***quarto d'ora accademico***, quart d'heure académique (dans l'université italienne, intervalle entre deux cours qui se suivent) | ***titolo accademico***, titre universitaire.

accademismo [ac-ca-de-mì-ʃmo] ***n.m.*** académisme.

accadere [ac-ca-dé-re] ***v.intr.*** [coniug. come *cadere*; aus. *essere*] arriver: *che* (*cosa*) *è accaduto?*, qu'est-il arrivé?; *accadde che*, il arriva, il advint que; *a tutti accade di sbagliare*, il arrive à tout le monde de se tromper.
● ***accada quel che accada***, advienne que pourra.

accaduto [ac-ca-dù-to] ***agg.*** qui est arrivé: *raccontare i fatti accaduti*, raconter les événements qui sont arrivés ♦ ***n.m.*** (*solo sing.*) ce qui est arrivé.

accalappiacani [ac-ca-lap-pia-cà-ni] ***n.m.invar.*** employé de la fourrière.

accalappiare [ac-ca-lap-pià-re] ***v.tr.*** attraper (*anche fig.*).

accalcarsi [ac-cal-càr-si] ***v.pron.intr.*** [coniug. come *mancare*] se presser, s'entasser.

accaldarsi [ac-cal-dàr-si] ***v.pron.intr.*** **1** être* en sueur, transpirer **2** (*fig.*) s'échauffer.

accaldato [ac-cal-dà-to] ***agg.*** en sueur.

accalorarsi [ac-ca-lo-ràr-si] ***v.pron.*** s'échauffer.

accampamento [ac-cam-pa-mén-to] ***n.m.*** camp; (*mil.*) campement: *porre l'accampamento*, établir le camp.

accampare [ac-cam-pà-re] ***v.tr.*** **1** (*mil.*) camper **2** (*fig.*) alléguer*: *accampare diritti*, alléguer des droits; *accampare pretese*, afficher des prétentions ♦ **accamparsi** ***v.pron.*** camper.

accanimento [ac-ca-ni-mén-to] ***n.m.*** acharnement.
● (*med.*) ***accanimento terapeutico***, acharnement thérapeutique.

accanirsi [ac-ca-nìr-si] ***v.pron.intr.*** [coniug. come *finire*] **1** (*infierire*) s'acharner: *accanirsi su, contro qlcu*,

A

s'acharner sur, contre qqn **2** (*ostinarsi*) s'acharner (**à**): *accanirsi nella lotta*, s'acharner au combat.

accanitamente [ac-ca-ni-ta-mén-te] ***avv.*** avec acharnement.

accanito [ac-ca-nì-to] ***agg.*** acharné.

accanto [ac-càn-to] ***avv.*** à côté: *qua, qui accanto*, (tout, juste) à côté; *là, lì accanto*, (tout) à côté ♦ ***agg. invar.*** à côté: *nella casa accanto*, dans la maison à côté. ● ***accanto a***, à côté de; près de: *accanto al fuoco*, près du feu; *la stanza accanto alla mia*, la pièce à côté de la mienne.

accantonamento [ac-can-to-na-mén-to] ***n.m.*** **1** mise (*f.*) en veilleuse, en sommeil: *l'accantonamento di un progetto*, la mise en veilleuse d'un projet **2** (*fin.*) (*di denaro*) réserve (*f.*) **3** (*comm.*) (*di merci*) stockage.

accantonare [ac-can-to-nà-re] ***v.tr.*** **1** laisser de côté: *accantonare un lavoro*, laisser de côté un travail; *accantonare un progetto*, écarter (provisoirement) un projet **2** (*mettere da parte*) mettre* de côté; (*merci*) stocker.

accaparramento [ac-ca-par-ra-mén-to] ***n.m.*** **1** accaparement (*anche fig.*) **2** (*econ.*) (*di capitali ecc.*) drainage.

accaparrare [ac-ca-par-rà-re] ***v.tr.*** **1** stocker; (*per far aumentare i prezzi*) accaparer **2** (*fig.*) accaparer ♦ **accaparrarsi** ***v.pron. indiretto*** s'assurer; accaparer: *sono riuscito ad accaparrarmi un posto in prima fila*, je suis parvenu à m'assurer une place au premier rang; *accaparrarsi l'attenzione di qlcu*, accaparer, capter l'attention de qqn.

accaparratore [ac-ca-par-ra-tó-re] ***n.m.*** [f. *-trice*] accapareur*.

accapigliarsi [ac-ca-pi-gliàr-si] ***v.pron.rec.*** **1** en venir* aux mains; (*di donne*) se crêper le chignon **2** (*fig.*) se disputer.

accapo [ac-cà-po] ***avv.*** à la ligne ♦ ***n.m.invar.*** alinéa.

accappatoio [ac-cap-pa-tó-io] ***n.m.*** [pl. *-oi*] peignoir (de bain).

accapponare [ac-cap-po-nà-re] ***v.intr.*** [aus. *essere*] avoir*, donner la chair de poule: *far accapponare la pelle*, donner la chair de poule ♦ **accapponarsi** ***v.pron.intr.*** avoir* la chair de poule: *mi si accappona la pelle*, j'ai la chair de poule.

accarezzare [ac-ca-rez-zà-re] ***v.tr.*** **1** caresser (*anche fig.*) **2** (*lusingare*) flatter.

accartocciare [ac-car-toc-cià-re] ***v.tr.*** [coniug. come *cominciare*] chiffonner, froisser ♦ **accartocciarsi** ***v.pron.intr.*** se recroqueviller.

accartocciato [ac-car-toc-cià-to] ***agg.*** chiffonné, froissé; recroquevillé.

accasare [ac-ca-sà-re] ***v.tr.*** marier ♦ **accasarsi** ***v. pron.intr.*** se marier, se caser: *si è accasata bene*, elle a fait un bon mariage.

accasato [ac-ca-sà-to] ***agg.*** marié, casé.

accasciare [ac-ca-scià-re] ***v.tr.*** [coniug. come *cominciare*] abattre*, accabler ♦ **accasciarsi** ***v.pron.*** s'affaisser, s'écrouler; (*fig.*) se laisser aller.

accasciato [ac-ca-scià-to] ***agg.*** abattu.

accatastare[1] [ac-ca-ta-stà-re] ***v.tr.*** empiler; (*senz'ordine*) entasser.

accatastare[2] ***v.tr.*** (*amm.*) cadastrer.

accattivante [ac-cat-ti-vàn-te] ***agg.*** captivant, fascinant.

accattivare [ac-cat-ti-và-re] ***v.tr.*** s'attirer, gagner: *si è saputo accattivare il suo favore*, il a su gagner ses faveurs ♦ **accattivarsi** ***v.pron. indiretto*** s'attirer: *accattivarsi le simpatie di qlcu*, s'attirer la sympathie de qqn.

accatto [ac-càt-to] ***n.m.*** **1** mendicité (*f.*); aumône (*f.*): *darsi all'accatto*, se réduire à demander l'aumône; *vivere d'accatto*, vivre de mendicité (*o* d'aumône) **2** (*fig. spreg.*) emprunt: *non sono che idee d'accatto*, ce ne sont que des idées d'emprunt (*o* des emprunts).

accattonaggio [ac-cat-to-nàg-gio] ***n.m.*** [pl. *-gi*] mendicité (*f.*).

accattone [ac-cat-tó-ne] ***n.m.*** [f. *-a*] mendiant.

accavallamento [ac-ca-val-la-mén-to] ***n.m.*** chevauchement; (*groviglio*) enchevêtrement (*anche fig.*): *accavallamento di pensieri, di ricordi*, enchevêtrement de pensées, de souvenirs.

accavallare [ac-ca-val-là-re] ***v.tr.*** chevaucher; (*aggrovigliare*) enchevêtrer; (*incrociare*) croiser: *accavallare le gambe*, croiser les jambes | *accavallare una maglia*, rabattre une maille ♦ **accavallarsi** ***v.pron.intr.*** **1** se chevaucher (*anche fig.*); (*aggrovigliarsi*) s'enchevêtrer: *mi si è accavallato un tendine*, je me suis froissé un tendon **2** (*accumularsi*) s'amonceler*.

accecamento [ac-ce-ca-mén-to] ***n.m.*** **1** le fait d'aveugler, de crever les yeux; aveuglement (*m.*) (*anche fig.*) **2** (*ostruzione*) obturation (*f.*).

accecante [ac-ce-càn-te] ***agg.*** aveuglant.

accecare [ac-ce-cà-re] ***v.tr.*** [coniug. come *mancare*] **1** crever* les yeux (**à**); (*fig.*) aveugler **2** (*ostruire*) obturer; (*chiudere*) aveugler, murer: *accecare una galleria*, murer une galerie; *accecare un chiodo*, noyer (la tête d')un clou ♦ ***v.intr.*** [aus. *essere*] devenir* aveugle ♦ **accecarsi** ***v.pron.intr.*** se crever* les yeux.

accedere [ac-cè-de-re] ***v.intr.*** **1** [aus. *essere*] accéder*: *accedere al trono, alla magistratura*, accéder au trône, à la magistrature; (*inform.*) *accedere a un database*, attaquer une base de données **2** [aus. *avere*] (*fig.*) accéder; (*aderire*) adhérer.

accelerare [ac-ce-le-rà-re] ***v.tr.*** accélérer*, presser: *accelerare il passo*, hâter, presser le pas ♦ ***v.intr.*** [aus. *avere*] accélérer*, prendre* de la vitesse.

accelerato [ac-ce-le-rà-to] ***agg.*** accéléré ♦ ***n.m.*** (*ferr.*) (*antiq.*) omnibus.

acceleratore [ac-ce-le-ra-tó-re] ***agg.*** [f. *-trice*] accélérateur* ♦ ***n.m.*** accélérateur: *premere l'acceleratore*, appuyer sur l'accélérateur.
● (*fis.*) ***acceleratore di particelle***, accélérateur de particules.

accelerazione [ac-ce-le-ra-zió-ne] ***n.f.*** **1** accélération **2** (*cine.*) accéléré (*m.*).

accendere [ac-cèn-de-re] ***v.tr.*** [coniug. come *prendere*] **1** allumer (*anche fig.*): *per favore mi fai accendere?*, donne-moi du feu, s'il te plaît; *accendere gli animi*, exciter les esprits; *accendere una speranza*, faire naître un espoir **2** (*banca*) (*un conto ecc.*) ouvrir*; (*un'ipoteca*) constituer ♦ **accendersi** ***v.pron.intr.*** **1** s'allumer **2** (*fig.*) s'enflammer | *accendersi in viso*, s'empourprer.
● ***accendersi come un fiammifero***, (*fig.*) prendre feu facilement.

accendigas [ac-cen-di-gàs] ***n.m.invar.*** allume-gaz*.

accendino [ac-cen-dì-no] ***n.m.*** briquet.

accendisigaro [ac-cen-di-sì-ga-ro] ***n.m.*** [pl. *-i* o *invar.*] **accendisigari** ***n.m.invar.*** briquet; (*sulle automobili*) allume-cigares.

accennare [ac-cen-nà-re] ***v.intr.*** [aus. *avere*] **1** (*fare cenno*) faire* signe: *accennare di sì col capo*, approuver de la tête **2** (*fare accenno*) faire* allusion: *non mi ha mai* *accennato al problema*, il n'a jamais abordé ce problème devant moi; *come vi avevo già accennato*, comme je vous l'avais déjà laissé entendre; *il professore ha accennato all'argomento*, le professeur a seulement effleuré le sujet **3** (*dar segno*) avoir* l'air (**de**); (*parere*) sembler: *non accennava ad andarsene*, il n'avait pas l'air de vouloir s'en aller; *il tempo accenna a migliorare*, le temps semble vouloir s'arranger ♦ ***v.tr.*** **1** (*abbozzare*) esquisser, ébaucher: *accennare un motivo*, donner les premières notes d'un motif musical **2** (*indicare*) montrer: *mi accennò la porta*, il me montra la porte.

accenno [ac-cén-no] ***n.m.*** **1** allusion (*f.*): *fare un accenno a*, faire allusion à **2** (*segno*) signe; (*traccia*) soupçon: *un accenno di rossetto sulle labbra*, un soupçon de rouge sur les lèvres.

accensione [ac-cen-sió-ne] ***n.f.*** **1** allumage (*m.*) **2** (*banca*) (*di conto, prestito*) ouverture; (*di ipoteca*) constitution **3** (*chim.*) ignition.

● (*aut.*) ***chiavetta d'accensione***, clé de contact.

accentare [ac-cen-tà-re] ***v.tr.*** accentuer.

accentazione [ac-cen-ta-zió-ne] ***n.f.*** accentuation.

accento [ac-cèn-to] ***n.m.*** **1** accent: *parlare con accento inglese*, parler avec un accent anglais **2** (*fig.*) (*inflessione*) accent; (*tono*) ton: *con accento umile*, humblement **3** (*mus.*) accent.

● (*ling.*): ***accento acuto***, ***grave***, ***circonflesso***, accent aigu, grave, circonflexe; ***accento tonico***, accent tonique | ***porre***, ***mettere l'accento su qlco***, (*fig.*) mettre l'accent sur qqch.

accentramento [ac-cen-tra-mén-to] ***n.m.*** concentration (*f.*): *accentramento di poteri*, centralisation des pouvoirs.

accentrare [ac-cen-trà-re] ***v.tr.*** **1** centraliser: *accentra tutto su di sé*, il veut tout régenter **2** (*radunare in un luogo*) concentrer, réunir **3** (*fig.*) attirer: *accentrare l'attenzione su di sé*, attirer l'attention sur soi ♦ **accentrarsi** ***v.pron.intr.*** se concentrer.

accentratore [ac-cen-tra-tó-re] ***agg.*** [f. *-trice*] centralisateur* ♦ ***n.m.*** personne (*f.*) qui veut tout diriger: *è un accentratore*, il veut tout régenter.

accentuare [ac-cen-tu-à-re] ***v.tr.*** **1** (*pronunciare con forza*) appuyer* (**sur**) **2** (*fig.*) (*far risaltare*) accentuer, faire* ressortir **3** (*fig.*) (*accrescere*) accentuer, augmenter ♦ **accentuarsi** ***v.pron.intr.*** se concentrer.

accentuato [ac-cen-tu-à-to] ***agg.*** accentué: *lineamenti accentuati*, traits prononcés.

accentuazione [ac-cen-tua-zió-ne] ***n.f.*** accentuation (*anche fig.*).

accerchiamento [ac-cer-chia-mén-to] ***n.m.*** encerclement; bouclage.

accerchiare [ac-cer-chià-re] ***v.tr.*** encercler; boucler.

accertabile [ac-cer-tà-bi-le] ***agg.*** vérifiable; (*valutabile*) évaluable.

accertamento [ac-cer-ta-mén-to] ***n.m.*** **1** vérification (*f.*) | *fare un sopralluogo per accertamenti*, faire une descente sur les lieux **2** (*fin.*) évaluation (*f.*) **3** (*dir.*) constatation (*f.*): *accertamento della verità*, établissement de la vérité; *accertamento dell'identità*, vérification d'identité; *accertamento del valore*, estimation, établissement de la valeur.

● (*fin.*) ***accertamento fiscale***, contrôle fiscal.

accertare [ac-cer-tà-re] ***v.tr.*** **1** vérifier **2** (*valutare*) évaluer; (*stabilire*) établir ♦ **accertarsi** ***v.pron.*** s'assurer: *mi accerterò che abbia detto la verità*, je m'assurerai s'il a dit ou non la vérité.

acceso [ac-cé-so] ***agg.*** **1** allumé **2** (*di macchina ecc.*) en fonctionnement **3** (*di colore ecc.*) vif*: *acceso in volto*, les joues en feu **4** (*fig.*) enflammé: *una lotta accesa*, un combat acharné; *acceso d'ira*, enflammé de colère.

accessibile [ac-ces-sì-bi-le] ***agg.*** **1** accessible **2** (*fig.*) accessible, abordable.

accessibilità [ac-ces-si-bi-li-tà] ***n.f.invar.*** accessibilité.

accessione [ac-ces-sió-ne] ***n.f.*** **1** (*dir.*) accession **2** (*acquisto*) achat (*m.*), acquisition.

accesso [ac-cès-so] ***n.m.*** **1** accès (*anche fig*); (*entrata*) entrée: *di difficile accesso*, d'un accès difficile; *strada d'accesso*, voie d'accès **2** (*med.*) accès: *accesso di febbre*, accès, poussée de fièvre **3** (*impeto*) accès: *accesso di collera*, accès de colère **4** (*inform.*) accès: *accesso via telefono*, accès par ligne commutée.

● ***accesso abusivo***, accès non autorisé | ***accesso fraudolento***, accès frauduleux | ***divieto d'accesso***, entrée interdite | ***libero accesso***, entrée libre.

accessoriare [ac-ces-so-rià-re] ***v.tr.*** accessoiriser.

accessoriato [ac-ces-so-rià-to] ***agg.*** équipé.

accessorio [ac-ces-sò-rio] ***agg.*** [pl.m. *-ri*] accessoire ♦ ***n.m.*** (*spec. pl.*) accessoire: *accessori da bagno*, équipement de salle de bain; *accessori dell'auto*, accessoires de la voiture.

accetta [ac-cét-ta] ***n.f.*** *hache, *hachette.

● ***tagliato con l'accetta***, (*fig.*) taillé à la serpe, à la hache.

accettabile [ac-cet-tà-bi-le] ***agg.*** acceptable.

accettare [ac-cet-tà-re] ***v.tr.*** accepter: *accettare una sfida*, relever un défi; *accettò di venire*, il accepta de venir; *non posso accettare l'idea*, je ne peux pas accepter l'idée.

accettazione [ac-cet-ta-zió-ne] ***n.f.*** **1** acceptation **2** (*comm.*) acceptation **3** (*ufficio*) (*di albergo ecc.*) réception; (*di ospedale*) bureau* (*m.*) des entrées.

● (*med.*) ***accettazione di un malato***, hospitalisation, admission d'un malade | ***per accettazione***, vu et accepté.

accetto [ac-cèt-to] ***agg.*** (*cosa*) bien accueilli (**par**); (*persona*) bien vu (**de**).

accezione [ac-ce-zió-ne] ***n.f.*** acception.

acchiappafarfalle [ac-chiap-pa-far-fàl-le] ***n.m.invar.*** **1** filet à papillons **2** (*di persona inconcludente*) songe-creux*.

acchiappare [ac-chiap-pà-re] ***v.tr.*** attraper (*anche fig.*); (*afferrare*) saisir ♦ **acchiapparsi** ***v.pron.*** s'accrocher ♦ ***v.pron.rec.*** s'attraper.

acchito [ac-chì-to] ***n.m.*** (*biliardo*) acquit.

● ***d'acchito***, ***di primo acchito***, du premier coup: *d'acchito ho risposto alla sua domanda*, j'ai répondu d'emblée à sa question.

acciaccare [ac-ciac-cà-re] ***v.tr.*** [coniug. come *mancare*] **1** (*schiacciare*) écraser; (*sgualcire*) froisser **2** (*fig.*) abattre*.

acciacco [ac-ciàc-co] ***n.m.*** [pl. *-chi*] ennui de santé.

acciaieria [ac-cia-ie-rì-a] ***n.f.*** aciérie.

acciaio [ac-cià-io] ***n.m.*** [pl. *-ai*] **1** acier **2** (*letter.*) (*spada*) épée (*f.*); (*armatura*) armure (*f.*).

● ***acciaio inossidabile***, acier inoxydable | ***d'acciaio***, (*fig.*) d'acier: *una tempra d'acciaio*, un caractère bien trempé | (*st.*) ***patto d'acciaio***, pacte d'acier.

acciambellarsi [ac-ciam-bel-làr-si] ***v.pron.intr.*** se lover.

acciarino [ac-cia-rì-no] ***n.m.*** **1** briquet **2** (*mecc.*) (*di ruota*) esse (*f.*).

A

accidentale [ac-ci-den-tà-le] *agg.* accidentel*.

accidentalità [ac-ci-den-ta-li-tà] *n.f.invar.* 1 *hasard (*m.*) 2 (*irregolarità*) inégalité: *l'accidentalità del terreno*, l'inégalité du terrain.

accidentalmente [ac-ci-den-tal-mén-te] *avv.* accidentellement.

accidentato [ac-ci-den-tà-to] *agg.* 1 (*terreno ecc.*) accidenté 2 (*pieno di imprevisti*) plein d'imprévus: *viaggio accidentato*, voyage plein d'imprévus.

accidente [ac-ci-dèn-te] *n.m.* 1 accident, *hasard 2 (*fam.*) (*colpo apoplettico*) attaque (*f.*) (d'apoplexie); (*malanno*) mal: *ti prenderai un accidente!*, tu vas attraper du mal!; *per poco non mi è venuto un accidente*, ça m'a flanqué un coup; *mandare un accidente a qlcu*, maudire qqn 3 (*fam.*) (*persona*) fléau*: *quel bambino è un accidente*, cet enfant est une peste 4 (*fam.*) (*niente*) rien: *non ha combinato un accidente*, il n'a rien fichu; *non ci capisco un accidente*, je n'y comprends goutte.
● ***che ti venga un accidente!***, (*fam.*) (que) le diable t'emporte!

accidenti [ac-ci-dèn-ti] *inter.* zut, flûte.

accidia [ac-cì-dia] *n.f.* paresse.

accigliarsi [ac-ci-gliàr-si] *v.pron.intr.* froncer* les sourcils; (*fig.*) se rembrunir.

accigliato [ac-ci-glià-to] *agg.* renfrogné, rembruni.

accingersi [ac-cìn-ger-si] *v.pron.* [coniug. come *spingere*] s'apprêter (**à**), se préparer (**à**).

accinsi → **accingersi**.

acciottolato [ac-ciot-to-là-to] *n.m.* pavé de cailloux.

accipicchia [ac-ci-pìc-chia] *inter.* (*fam.*) sapristi.

acciuffare [ac-ciuf-fà-re] *v.tr.* attraper, saisir.

acciuga [ac-ciù-ga] *n.f.* [pl. *-ghe*] anchois (*m.*): *filetti di acciuga sott'olio*, filets d'anchois à l'huile.
● ***magro come un'acciuga***, maigre comme un hareng saur | ***pigiati come acciughe***, serrés comme des sardines.

acclamare [ac-cla-mà-re] *v.tr.* 1 acclamer 2 (*approvare*) applaudir (**à**) ♦ *v.intr.* [aus. *avere*] applaudir (**à**).

acclamazione [ac-cla-ma-zió-ne] *n.f.* acclamation.
● ***votare, eleggere per acclamazione***, voter, élire par acclamation.

acclimatare [ac-cli-ma-tà-re] *v.tr.* acclimater ♦ **acclimatarsi** *v.pron.* s'acclimater.

acclimatazione [ac-cli-ma-ta-zió-ne] *n.f.* acclimatation.

accludere [ac-clù-de-re] *v.tr.* [coniug. come *chiudere*] joindre*, inclure*.
● (*comm.*) ***vi accludiamo copia***, nous vous remettons ci-joint, ci-inclus copie.

accluso [ac-clù-ʃo] *agg.* ci-joint, ci-inclus: *i documenti* (*qui*) *acclusi*, les pièces ci-jointes, ci-incluses; (*qui*) *acclusa copia del contratto*, vous trouverez ci-joint, ci-inclus copie du contrat.

> **NOTA** ***Ci-joint*** e ***ci-inclus*** si accordano quando seguono il sostantivo; rimangono invariati quando lo precedono:
> *Qui acclusa, copia della fattura.*
> SÌ **Ci-joint**, **ci-inclus** une copie de la facture.
> NO **Ci-jointe**, **ci-incluse** une copie de la facture.

accoccolarsi [ac-coc-co-làr-si] *v.pron.intr.* s'accroupir.

accodare [ac-co-dà-re] *v.tr.* mettre* l'un derrière l'autre ♦ **accodarsi** *v.pron.* 1 se mettre* derrière; (*fare la coda*) faire* la queue 2 (*unirsi*) se joindre* (**à**).

accogliente [ac-co-glièn-te] *agg.* accueillant.

accoglienza [ac-co-glièn-za] *n.f.* accueil (*m.*).
● ***centro di accoglienza permanente***, centre d'accueil permanent | ***fare*** (***una***) ***buona***, (***una***) ***cattiva accoglienza***, faire bon, mauvais accueil.

accogliere [ac-cò-glie-re] *v.tr.* [coniug. come *cogliere*] 1 accueillir*; (*ricevere*) recevoir*: *siamo stati accolti in casa loro*, nous avons été reçus chez eux 2 (*esaudire*) accepter: *accogliere all'unanimità una proposta*, approuver une proposition à l'unanimité 3 (*contenere*) contenir*.
● (*comm.*) ***accogliere una richiesta***, donner suite à une demande | (*dir.*) ***accogliere un ricorso***, admettre un pourvoi.

accolito [ac-cò-li-to] *n.m.* [f. *-a*] acolyte.

accollare [ac-col-là-re] *v.tr.* faire* endosser: *gli hanno accollato tutta la colpa*, on lui a fait endosser toute la responsabilité ♦ **accollarsi** *v.pron. indiretto* endosser; se charger (**de**): *accollarsi la responsabilità di qlco*, endosser la responsabilité de qqch; *accollarsi i debiti di qlcu*, se charger des dettes de qqn.

accollato [ac-col-là-to] *agg.* montant.

accollatura [ac-col-la-tù-ra] *n.f.* (*di abito*) encolure.

accoltellamento [ac-col-tel-la-mén-to] *n.m.* agression (*f.*) au couteau; (*l'effetto*) blessure (*f.*) par coup de couteau.

accoltellare [ac-col-tel-là-re] *v.tr.* frapper à coups de couteau, poignarder ♦ **accoltellarsi** *v.pron.rec.* se battre* au couteau.

accomandante [ac-co-man-dàn-te] *n.m.* e *f.* (*comm.*) commanditaire.

accomandatario [ac-co-man-da-tà-rio] *n.m.* [f. *-a*; pl.m. *-ri*] (*comm.*) commandité.

accomandita [ac-co-màn-di-ta] *n.f.* (*comm., dir.*) commandite.

accomiatare [ac-co-mia-tà-re] *v.tr.* congédier, donner congé (**à**) ♦ **accomiatarsi** *v.pron.intr.* prendre* congé (**de**).

accomodamento [ac-co-mo-da-mén-to] *n.m.* arrangement, accommodement.
● ***in via di accomodamento***, par voie d'accommodement.

accomodante [ac-co-mo-dàn-te] *agg.* accommodant.

accomodare [ac-co-mo-dà-re] *v.tr.* 1 arranger*; (*riparare*) réparer: *non è stato accomodato bene*, il n'a pas été bien réparé 2 (*sistemare*) arranger*; (*disporre*) disposer 3 (*fig.*) (*appianare*) apaiser ♦ *v.intr.* [aus. *avere*] arranger* ♦ **accomodarsi** *v.pron.* (*sedersi*) s'asseoir*, prendre* place; (*entrare*) entrer ♦ *v.pron.rec.* (*mettersi d'accordo*) s'accorder, se mettre* d'accord.
● ***ora ti accomodo io!***, (*fam. iron.*) attends un peu et tu vas avoir affaire à moi! | ***si accomodi!***, asseyez-vous!; (*invitando a entrare*) entrez!

> **FAUX AMI**
> ***Accomodarsi***, nel senso di *mettersi a proprio agio* o di *mettersi d'accordo*, non è da confondere con *s'accommoder*, che significa *adattarsi, accontentarsi*.

accompagnamento [ac-com-pa-gna-mén-to] *n.m.* 1 accompagnement 2 (*seguito*) suite (*f.*); (*scorta*) escorte (*f.*) 3 (*mus.*) accompagnement.
● ***accompagnamento funebre***, convoi funèbre | ***indennità di accompagnamento***, (*erogata a persone non deambulanti o non autosufficienti*) allocation dépendance, allocation personnalisée d'autonomie | (*dir.*) ***mandato di accompagnamento***, mandat d'amener.

accompagnare [ac-com-pa-gnà-re] *v.tr.* 1 accompagner: *accompagnare un regalo con una lettera*, joindre une lettre à un cadeau; *accompagnare qlcu in macchina alla stazione*, conduire qqn à la gare en voiture **2** (*far armonizzare*) assortir **3** (*mus.*) accompagner ♦ **accompagnarsi** *v.pron.* e *pron.intr.* **1** se joindre* (**à**); fréquenter **2** (*armonizzarsi*) être* assorti; (*di cose*) s'harmoniser **3** (*mus.*) s'accompagner (**à**).

● ***accompagnare con lo sguardo***, suivre des yeux | ***accompagnare la porta***, fermer doucement la porte.

accompagnatore [ac-com-pa-gna-tó-re] *n.m.* [f. *-trice*] **1** accompagnateur* **2** (*pl.*) (*seguito*) suite (*f.sing.*).

● ***accompagnatore (turistico)***, accompagnateur, guide.

accomunare [ac-co-mu-nà-re] *v.tr.* **1** mettre* en commun; (*unire*) unir: *accomunare gli sforzi*, unir tous les efforts **2** (*avere in comune*) avoir* en commun: *nulla ci accomuna*, nous n'avons rien de commun.

acconciare [ac-con-cià-re] *v.tr.* [coniug. come *cominciare*] **1** (*capelli*) coiffer **2** (*mettere in ordine*) arranger* **3** (*non com.*) (*preparare*) préparer: *acconciare l'animo a qlco*, se préparer à qqch ♦ **acconciarsi** *v.pron.* **1** (*pettinarsi*) se coiffer **2** (*vestirsi*) s'habiller, se préparer.

acconciatore [ac-con-cia-tó-re] *n.m.* [f. *-trice*] coiffeur*.

acconciatura [ac-con-cia-tù-ra] *n.f.* coiffure.

accondiscendente [ac-con-di-scen-dèn-te] *agg.* → **condiscendente**.

accondiscendenza [ac-con-di-scen-dèn-za] *n.f.* → **condiscendenza**.

accondiscendere [ac-con-di-scén-de-re] *v.intr.* [coniug. come *scendere*; aus. *avere*] (*acconsentire*) consentir*; (*cedere*) céder*: *ha poi finito per accondiscendere ai desideri di sua moglie*, il a fini par céder aux caprices de sa femme.

acconsentire [ac-con-sen-tì-re] *v.intr.* [aus. *avere*] consentir*: *acconsentì a venire*, il a consenti à venir; *acconsentire a una richiesta*, accéder à une requête.

accontentare [ac-con-ten-tà-re] *v.tr.* contenter; (*soddisfare*) satisfaire*: *mi piacerebbe accontentarti, ma...*, j'aimerais te faire plaisir, mais...; *è difficile da accontentare*, il n'est jamais content ♦ **accontentarsi** *v.pron.* se contenter; faire* avec: *si accontenta di, con poco*, il se contente de peu.

● (*prov.*) ***chi si accontenta gode***, contentement passe richesse.

acconto [ac-cón-to] *n.m.* acompte.

● ***lasciare un acconto***, donner des arrhes | ***in acconto***, en acompte, à valoir sur.

accoppare [ac-cop-pà-re] *v.tr.* (*fam.*) tuer, faire* la peau (**à**), descendre* ♦ **accopparsi** *v.pron.* e *pron.rec.* (*fam.*) se tuer.

● ***accoppare di botte***, assommer de coups.

accoppiamento [ac-cop-pia-mén-to] *n.m.* **1** accouplement **2** (*tecn.*) couplage **3** (*fig.*) (*abbinamento*) jumelage.

accoppiare [ac-cop-pià-re] *v.tr.* accoupler ♦ **accoppiarsi** *v.pron.* **1** (*disporsi a coppie*) se mettre* deux à deux; (*formare una coppia*) former un couple **2** (*di colori*) être* assorti ♦ *v.pron.rec.* (*di animali*) s'accoupler.

● (*prov.*) ***Dio li fa e poi li accoppia***, qui se ressemble s'assemble.

accoppiata [ac-cop-pià-ta] *n.f.* (*ippica*) pari (*m.*) couplé.

● ***accoppiata vincente***, couplé gagnant; (*fig.*) couplé battant.

accorare [ac-co-rà-re] *v.tr.* affliger*, peiner ♦ **accorarsi** *v.pron.intr.* s'affliger* (**de**).

accoratamente [ac-co-ra-ta-mén-te] *avv.* avec affliction, d'un ton affligé.

accorato [ac-co-rà-to] *agg.* plein de tristesse; (*afflitto*) affligé.

accorciamento [ac-cor-cia-mén-to] *n.m.* raccourcissement.

accorciare [ac-cor-cià-re] *v.tr.* [coniug. come *cominciare*] raccourcir; (*abbreviare*) abréger* ♦ *v.intr.* [aus. *essere*] raccourcir ♦ **accorciarsi** *v.pron.intr.* **1** raccourcir **2** (*della vista*) baisser.

● ***accorciare le distanze***, rapprocher les distances.

accordabile [ac-cor-dà-bi-le] *agg.* accordable.

accordare [ac-cor-dà-re] *v.tr.* **1** (*concedere*) accorder: *accordare un'indennità*, allouer une indemnité **2** (*far armonizzare*) harmoniser, assortir **3** (*mus., gramm.*) accorder ♦ **accordarsi** *v.pron.intr.* **1** (*conciliarsi*) s'accorder **2** (*armonizzarsi*) s'harmoniser ♦ *v.pron.rec.* (*mettersi d'accordo*) s'accorder.

accordato [ac-cor-dà-to] *agg.* (*mus.*) accordé.

accordatore [ac-cor-da-tó-re] *n.m.* [f. *-trice*] (*mus.*) accordeur*.

accordatura [ac-cor-da-tù-ra] *n.f.* (*mus.*) accordage (*m.*).

accordo [ac-còr-do] *n.m.* **1** (*concordia*) accord **2** (*patto*) accord, entente (*f.*); (*accomodamento*) arrangement.

● ***accordo amichevole***, accord à l'amiable | (*fin.*) ***accordo sulla contingenza***, convention d'indexation | ***andare d'accordo***, bien s'entendre | ***d'accordo***, d'accord; (*fam.*) d'acc | ***come d'accordo***, comme convenu | ***di comune accordo***, d'un commun accord | (*mus.*) ***essere in accordo***, être accordé; (*di voci*) chanter juste | ***restare d'accordo con qlcu***, s'accorder avec qqn | ***tacito accordo***, accord tacite | ***trovarsi d'accordo***, tomber d'accord.

accorgersi [ac-còr-ger-si] *v.pron.intr.* [coniug. come *scorgere*] s'apercevoir*; (*rendersi conto*) se rendre* compte: *non si era accorto che pioveva*, il ne s'était pas aperçu qu'il pleuvait; *si sono accorti di avere sbagliato*, ils se sont rendu compte qu'ils s'étaient trompés.

● ***senza accogersene***, sans se rendre compte.

accorgimento [ac-cor-gi-mén-to] *n.m.* **1** (*espediente*) moyen; (*precauzione*) précaution (*f.*) **2** (*intuito*) intelligence (*f.*); (*sagacia*) perspicacité (*f.*).

accorpamento [ac-cor-pa-mén-to] *n.m.* unification (*f.*).

accorpare [ac-cor-pà-re] *v.tr.* unifier.

accorrere [ac-cór-re-re] *v.intr.* [coniug. come *correre*; aus. *essere*] accourir*: *la folla è accorsa numerosa*, une nombreuse foule est accourue.

● ***accorrere in aiuto di qlcu***, courir à l'aide de qqn.

accorsi → **accorgersi**, **accorrere**.

accortezza [ac-cor-téz-za] *n.f.* (*avvedutezza*) sagesse; (*perspicacia*) perspicacité; (*sagacia*) sagacité.

● ***avere l'accortezza di***, prendre bien soin de.

accorto [ac-còr-to] *agg.* (*avveduto*) avisé; perspicace; (*cauto*) prudent.

● ***stare accorto***, prendre garde.

accostabile [ac-co-stà-bi-le] *agg.* accessible, accostable; (*di persona*) abordable.

accostamento [ac-co-sta-mén-to] *n.m.* rapprochement; (*assortimento*) assortiment.

accostare [ac-co-stà-re] *v.tr.* **1** (*mettere vicino*) approcher (**de**); (*tirare vicino*) rapprocher: *accostò a sé la*

A

sedia, il rapprocha la chaise **2** (*persone*) accoster, aborder **3** (*porte, finestre*) pousser, entrouvrir*, entrebâiller **4** (*colori ecc.*) assortir ♦ ***v.intr.*** [aus. *avere*] **1** (*avvicinarsi*) s'approcher (**de**); (*mar.*) accoster: *la nave stava accostando alla banchina*, le navire était en train d'accoster le quai; *accosta qui al marciapiede*, range-toi près du trottoir **2** (*mar.*) (*cambiare direzione*) changer* de cap, abattre* ♦ **accostarsi** ***v.pron.*** e ***pron.intr.*** (*avvicinarsi*) **1** s'approcher (**de**): *accostarsi a una dottrina, a un partito*, (*estens.*) se rapprocher d'une doctrine, d'un parti **2** (*di colori*) (*star bene insieme*) s'harmoniser.

FAUX AMI

Nel senso di *mettere vicino*, non è da confondere con *accoster*, che significa *attraccare* o, in senso figurato, *abbordare*.

accovacciarsi [ac-co-vac-ciàr-si] ***v.pron.*** [coniug. come *cominciare*] s'accroupir; (*rannicchiarsi*) se blottir.

accozzaglia [ac-coz-zà-glia] ***n.f.*** (*di persone*) ramassis (*m.*); (*di cose*) fatras (*m.*), fouillis (*m.*): *un'accozzaglia di stili*, un méli-mélo de styles.

accozzare [ac-coz-zà-re] ***v.tr.*** mêler; mélanger* | *accozzare colori*, faire jurer des couleurs.

accozzo [ac-còz-zo] ***n.m.*** fouillis, fatras.

accreditabile [ac-cre-di-tà-bi-le] ***agg.*** (*comm.*) qu'on peut créditer.

accreditare [ac-cre-di-tà-re] ***v.tr.*** **1** (*avvalorare*) accréditer: *accreditare una notizia*, accréditer une nouvelle **2** (*comm., banca*) créditer: *accreditare una somma a qlcu*, créditer qqn d'une somme.

accreditato [ac-cre-di-tà-to] ***agg.*** **1** accrédité **2** (*di somma*) crédité.

accredito [ac-cré-di-to] ***n.m.*** (*comm., banca*) crédit.

accrescere [ac-cré-sce-re] ***v.tr.*** [coniug. come *crescere*] **1** accroître* **2** (*fig.*) étendre: *accrescere le proprie conoscenze*, étendre ses connaissances ♦ **accrescersi** ***v. pron.intr.*** s'accroître*; (*aumentare di numero*) s'agrandir, augmenter.

accrescimento [ac-cre-sci-mén-to] ***n.m.*** **1** accroissement, (*aumento*) augmentation (*f.*) **2** (*crescita*) croissance (*f.*).

accrescitivo [ac-cre-sci-tì-vo] ***agg.*** e ***n.m.*** (*ling.*) augmentatif*.

accucciarsi [ac-cuc-ciàr-si] ***v.pron.*** [coniug. come *cominciare*] **1** (*di cane*) se coucher **2** (*di persona*) s'accroupir.

accudimento [ac-cu-di-mén-to] ***n.m.*** (*ad anziani*) assistance (*f.*) aux personnes âgées; (*a malati*) soins (*pl.*) à la personne.

accudire [ac-cu-dì-re] ***v.intr.*** [aus. *avere*] vaquer: *accudire alle faccende domestiche*, vaquer aux soins du ménage ♦ ***v.tr.*** [coniug. come *finire*] soigner, assister.

acculturare [ac-cul-tu-rà-re] ***v.tr.*** acculturer, soumettre* à un processus d'acculturation ♦ **acculturarsi** ***v.pron.*** s'acculturer.

acculturazione [ac-cul-tu-ra-zió-ne] ***n.f.*** acculturation.

accumulare [ac-cu-mu-là-re] ***v.tr.*** accumuler, entasser: *accumulare denaro*, entasser de l'argent; *accumulare due incarichi*, cumuler deux fonctions ♦ **accumularsi** ***v.pron.intr.*** s'accumuler, s'amonceler*: *nuvole temporalesche si accumulano all'orizzonte*, des nuages orageux s'amoncellent à l'horizon.

● ***accumulare vantaggio***, prendre de l'avantage.

accumulatore [ac-cu-mu-la-tó-re] ***n.m.*** (*tecn.*) accumulateur; (*fam.*) accu.

accumulo [ac-cù-mu-lo] ***n.m.*** accumulation (*f.*).

accuratamente [ac-cu-ra-ta-mén-te] ***avv.*** soigneusement, avec soin.

accuratezza [ac-cu-ra-téz-za] ***n.f.*** **1** soin (*m.*) **2** (*esecuzione accurata*) précision.

accurato [ac-cu-rà-to] ***agg.*** **1** soigneux*; (*curato*) soigné **2** (*di persona*) scrupuleux*.

accusa [ac-cù-ʃa] ***n.f.*** **1** accusation: *muovere delle accuse*, porter des accusations **2** (*dir.*) (*imputazione*) accusation, inculpation: *l'accusa è di omicidio*, c'est une inculpation d'homicide.

● (*dir.*): ***atto d'accusa***, acte d'accusation; ***capo d'accusa***, chef d'accusation; ***la (pubblica) accusa***, le ministère public: *l'accusa ha pronunciato la sua requisitoria*, le procureur a prononcé son réquisitoire; ***sotto l'accusa di***, sous l'inculpation de; ***testimone d'accusa***, témoin à charge.

accusare [ac-cu-ʃà-re] ***v.tr.*** **1** accuser: *mi ha accusato di averla trascurata*, ella m'a accusé de l'avoir négligée; *è stato accusato di furto*, il a été accusé de vol **2** (*sentire*) ressentir*: *accusare un malessere*, ressentir un malaise **3** (*manifestare*) accuser: *le sue parole accusano una grande insensibilità*, ses mots accusent une grande insensibilité.

● ***accusare il colpo***, (*anche fig.*) accuser le coup; (*fam.*) marquer le coup | (*comm.*) ***accusiamo ricevuta di***, nous accusons réception de.

accusativo [ac-cu-ʃa-tì-vo] ***agg.*** e ***n.m.*** (*gramm.*) accusatif.

accusato [ac-cu-ʃà-to] ***n.m.*** [f. *-a*] (*dir.*) accusé, inculpé.

accusatore [ac-cu-ʃa-tó-re] ***n.m.*** [f. *-trice*] accusateur*.

● (*dir.*) ***il pubblico accusatore***, le procureur de la République.

accusatorio [ac-cu-ʃa-tò-rio] ***agg.*** [pl.m. *-ri*] **1** accusateur* **2** (*dir.*) accusatoire.

acefalo [a-cè-fa-lo] ***agg.*** acéphale.

acerbo [a-cèr-bo] ***agg.*** **1** (*non maturo*) vert **2** (*aspro*) âpre **3** (*fig.*) immature, jeune: *essere troppo acerbo per*, ne pas être assez mûr pour **4** (*fig.*) dur, sévère; (*doloroso*) poignant: *un dolore acerbo*, une douleur poignante.

● ***età acerba***, jeune âge | ***morte acerba***, mort prématurée.

acero [à-ce-ro] ***n.m.*** (*bot.*) érable.

acerrimo [a-cèr-ri-mo] ***agg.*** [superlativo di *acre*] implacable; acharné.

acetato [a-ce-tà-to] ***agg.*** vinaigré ♦ ***n.m.*** (*chim.*) acétate.

acetico [a-cè-ti-co] ***agg.*** [pl.m. *-ci*, f. *-che*] (*chim.*) acétique.

acetiera [a-ce-tiè-ra] ***n.f.*** vinaigrier (*m.*).

acetificare [a-ce-ti-fi-cà-re] ***v.tr.*** [coniug. come *mancare*] (*chim.*) acétifier.

acetilene [a-ce-ti-lè-ne] ***n.m.*** (*chim.*) acétylène.

acetilico [a-ce-tì-li-co] ***agg.*** [pl.m. *-ci*, f. *-che*] (*chim.*) acétylique.

aceto [a-cé-to] ***n.m.*** vinaigre: *condire con l'aceto*, vinaigrer.

● ***aceto aromatico***, vinaigre aromatique | ***sott'aceto***, au vinaigre.

acetone [a-ce-tó-ne] ***n.m.*** (*chim., med.*) acétone (*f.*).

acetosa [a-ce-tó-sa] ***n.f.*** (*bot.*) oseille.

acetosella [a-ce-to-sèl-la] ***n.f.*** (*bot.*) petite oseille.

acetoso [a-ce-tó-so] ***agg.*** acétique.

achillea [a-chil-lè-a] ***n.f.*** (*bot.*) achillée.

acidificare [a-ci-di-fi-cà-re] *v.tr.* [coniug. come *mancare*] (*chim.*) acidifier.

acidità [a-ci-di-tà] *n.f.invar.* **1** acidité **2** (*fig.*) aigreur.
● (*med.*) ***acidità di stomaco***, aigreurs d'estomac.

acido [à-ci-do] *agg.* **1** aigre, acide **2** (*fig.*) aigre ♦ *n.m.* **1** (*chim.*) acide **2** (*sapore acre*) aigre.

acidosi [a-ci-dò-ʃi] *n.f.invar.* (*med.*) acidose.

acidulo [a-cì-du-lo] *agg.* acidulé: *con tono acidulo*, (*fig.*) d'un ton plutôt âpre.

acino [à-ci-no] *n.m.* grain.

acme [àc-me] *n.f.* acmé (*m.*), apogée (*m.*).

acne [àc-ne] *n.f.* (*med.*) acné.
● ***acne giovanile***, acné juvénile | ***acne rosacea***, couperose.

acqua [àc-qua] *n.f.* **1** eau*: *stare in acqua*, rester dans l'eau; *gettare in acqua*, jeter à l'eau **2** (*pl.*) (*curative*) eaux | *fare la cura delle acque*, faire une cure thermale **3** (*pioggia*) pluie: *che acqua ieri sera!*, quelle pluie hier soir! | *prendersi l'acqua*, se tremper; *ho preso tanta di quell'acqua!*, je me suis trempé jusqu'aux os! **4** (*fisiol.*) eau* **5** (*decotto*) infusion: *acqua di tiglio*, infusion de tilleul **6** (*liquido*) jus (*m.*): *l'acqua del cocomero*, le jus de la pastèque.
● ***acqua!***, (*nei giochi infantili*) tu gèles! | ***acqua alta***, haute (*o* pleine) mer; (*alta marea*) marée haute (*o* montante); (*di lago, fiume*) crue des eaux | ***acqua corrente***, eau courante | ***acqua di rose***, eau de rose: *all'acqua di rose*, (*fig.*) à l'eau de rose | ***acqua dolce, salata***, eau douce, salée | ***acqua frizzante***, eau pétillante | ***acqua santa***, eau bénite | ***acque di fogna, di scolo***, eaux usées | ***acque territoriali***, eaux territoriales: *navigare in acque territoriali*, naviguer dans les eaux territoriales | ***assomigliarsi come due gocce d'acqua***, se ressembler comme deux gouttes d'eau | ***calmare le acque***, (*fig.*) calmer la tempête | ***diamante di prima acqua***, diamant de la première eau | ***è acqua passata***, (*fig.*) c'est une vieille histoire | ***essere come un pesce fuor d'acqua***, se sentir mal à l'aise | ***fare acqua***, faire eau; (*fig.*) ne pas tenir (debout): *la barca fa acqua*, la barque fait eau; (*fig.*) l'entreprise est en train de couler; *un ragionamento che fa acqua da tutte le parti*, un raisonnement qui ne tient pas debout; *un alibi che fa acqua*, un alibi qui ne tient pas | ***intorbidire le acque***, (*fig.*) semer le trouble | ***navigare in cattive acque***, (*fig.*) être dans de mauvais draps | ***ne è passata di acqua sotto i ponti!***, (*fig.*) il est passé beaucoup d'eau sous les ponts! | ***questo caffè è acqua sporca!***, (*fam.*) ce café, c'est de la flotte! | (*fisiol.*) ***rottura delle acque***, perte des eaux | ***scoprire l'acqua calda***, (*fig.*) dire une lapalissade | ***una ragazza acqua e sapone***, (*fig.*) une jeune fille toute simple | ***un bugiardo della più bell'acqua***, (*fig.*) un menteur de première.

acquafitness [akwa'fitnɛs] *n.m.* o *f.invar.* → **aquafitness**.

acquaforte [ac-qua-fòr-te] *n.f.* [pl. *acqueforti*] eau-forte*.

acquaio [ac-quà-io] *n.m.* [pl. *-ai*] évier.

acquamarina [ac-qua-ma-rì-na] *n.f.* [pl. *acquemarine*] (*min.*) aigue-marine*.

acquaplano [ac-qua-plà-no] *n.m.* (*sport*) aquaplane.

acquaragia [ac-qua-rà-gia] [pl. *-ge* o *-gie*] **acqua ragia** *n.f.* (*chim.*) [pl. *acque rage* o *acque ragie*] térébenthine.

acquario [ac-quà-rio] *n.m.* [pl. *-ri*] **1** aquarium **2** (*astr.*) *Acquario*, Verseau.

acquartierare [ac-quar-tie-rà-re] *v.tr.* (*mil.*) loger* (dans un quartier) ♦ **acquartierarsi** *v.pron.* (*mil.*) prendre* ses quartiers.

acquasantiera [ac-qua-san-tiè-ra] *n.f.* bénitier (*m.*).

acquatico [ac-quà-ti-co] *agg.* [pl.m. *-ci*, f. *-che*] aquatique.

acquatinta [ac-qua-tìn-ta] *n.f.* [pl. *acquetinte*] aquatinte.

acquattarsi [ac-quat-tàr-si] *v.pron.* se tapir; (*accucciarsi*) se coucher.

acquavite [ac-qua-vì-te] *n.f.* [pl. *acquaviti*, *acqueviti*] eau-de-vie*.

acquazzone [ac-quaz-zó-ne] *n.m.* averse (*f.*).

acquedotto [ac-que-dót-to] *n.m.* aqueduc.

acqueo [àc-que-o] *agg.* aqueux*.
● ***vapore acqueo***, vapeur d'eau.

acquerellista [ac-que-rel-lì-sta] *n.m.* e *f.* aquarelliste.

acquerello [ac-que-rèl-lo] *n.m.* aquarelle (*f.*).

acquerugiola [ac-que-rù-gio-la] *n.f.* bruine.

acquiescente [ac-quie-scèn-te] *agg.* consentant; (*sottomesso*) soumis.

acquiescenza [ac-quie-scèn-za] *n.f.* aquiescement (*m.*).

acquietare [ac-quie-tà-re] *v.tr.* apaiser, calmer ♦ **acquietarsi** *v.pron.* s'apaiser, se calmer.

acquifero [ac-quì-fe-ro] *agg.* aquifère.

acquirente [ac-qui-rèn-te] *agg.* e *n.m.* e *f.* acheteur/euse; (*spec. di oggetti di valore*) acquéreur (*m.*): *la casa sarà venduta al miglior acquirente*, la maison sera vendue au plus offrant.
● (*dir.*) ***la parte acquirente***, l'acquéreur.

acquisire [ac-qui-ʃì-re] *v.tr.* [coniug. come *finire*] acquérir*: *acquisire una vasta esperienza*, acquérir une grande expérience.

acquisito [ac-qui-ʃì-to] *agg.* acquis.
● ***parente acquisito***, parent par alliance.

acquisizione [ac-qui-ʃi-zió-ne] *n.f.* acquisition; (*acquisto*) achat (*m.*).

acquistare [ac-qui-stà-re] *v.tr.* **1** acheter* **2** (*acquisire*) acquérir* (*anche fig.*); (*guadagnare*) gagner: *acquistare sicurezza*, acquérir de l'assurance; *acquistarsi degli amici*, se faire des amis ♦ *v.intr.* [aus. *avere*] gagner (**en**): *ha acquistato in bellezza*, elle a gagné en beauté ♦ **acquistarsi** *v.pron. indiretto* gagner: *acquistarsi la fiducia di*, gagner la confiance de.
● ***acquistare (la) fama di***, se faire une réputation de | ***acquistare terreno***, gagner du terrain | ***acquistare valore***, prendre de la valeur | ***acquistare velocità***, prendre de la vitesse.

acquisto [ac-quì-sto] *n.m.* **1** achat; (*acquisizione*) acquisition (*f.*): *ha fatto un buon acquisto*, il a fait une bonne affaire **2** (*sport*) (*ingaggio di un atleta; l'atleta stesso*) acquisition (*f.*).
● ***parente d'acquisto***, parent par alliance | ***potere d'acquisto***, pouvoir d'achat | (*comm.*) ***ufficio acquisti***, bureau d'achats.

acquitrino [ac-qui-trì-no] *n.m.* marécage.

acquitrinoso [ac-qui-tri-nó-so] *agg.* marécageux*.

acquolina [ac-quo-lì-na] *n.f.*
● ***avere l'acquolina in bocca***, avoir l'eau à la bouche.

acquoso [ac-quó-so] *agg.* aqueux*.

acre [à-cre] *agg.* âcre; (*acido*) aigre (*anche fig.*).

acredine [a-crè-di-ne] *n.f.* aigreur (*spec. fig.*).

acrilico [a-crì-li-co] *agg.* e *n.m.* [pl. *-ci*] (*chim.*) acrylique.

acrimonia [a-cri-mò-nia] *n.f.* acrimonie.

A

acrimonioso [a-cri-mo-niò-so] *agg.* (*letter.*) acrimonieux*.
acritico [a-crì-ti-co] *agg.* [pl.m. *-ci*, f. *-che*] non critique.
acro [à-cro] *n.m.* acre (*f.*).
acrobata [a-crò-ba-ta] *n.m.* e *f.* acrobate.
acrobatico [a-cro-bà-ti-co] *agg.* [pl.m. *-ci*, f. *-che*] acrobatique.
acrobazia [a-cro-ba-zì-a] *n.f.* acrobatie.
acronimo [a-crò-ni-mo] *n.m.* acronyme.
acropoli [a-crò-po-li] *n.f.invar.* acropole.
acrostico [a-crò-sti-co] *n.m.* [pl. *-ci*] **1** (*lett.*) acrostiche **2** (*ling.*) (*sigla*) acronyme.
acuire [a-cu-ì-re] *v.tr.* [coniug. come *finire*] aiguiser; (*eccitare*) exciter: *acuire il desiderio*, exciter le désir ♦ **acuirsi** *v.pron.intr.* devenir* plus vif*, augmenter.
aculeo [a-cù-le-o] *n.m.* **1** (*zool.*) piquant; (*pungiglione*) aiguillon **2** (*bot.*) aiguillon, épine (*f.*).
acume [a-cù-me] *n.m.* acuité (*f.*) d'esprit, finesse (*f.*): *uomo di grande acume*, homme d'une grande perspicacité.
acuminato [a-cu-mi-nà-to] *agg.* pointu, acéré.
acustica [a-cù-sti-ca] *n.f.* [pl. *-che*] acoustique.
acustico [a-cù-sti-co] *agg.* [pl.m. *-ci*, f. *-che*] acoustique.
● ***chitarra acustica***, guitare sèche | ***impianto acustico***, (installation de) sonorisation, (*fam.*) sono.
acutamente [a-cu-ta-mén-te] *avv.* **1** (*intensamente*) intensément **2** (*con acume*) avec finesse.
acutangolo [a-cu-tàn-go-lo] *agg.* (*mat.*) acutangle.
acutezza [a-cu-téz-za] *n.f.* **1** acuité **2** (*fig.*) acuité; finesse.
acutizzare [a-cu-tiʒ-ʒà-re] *v.tr.* aiguiser; (*aggravare*) aggraver ♦ **acutizzarsi** *v.pron.intr.* devenir* plus aigu*; (*aggravarsi*) s'aggraver.
acuto [a-cù-to] *agg.* **1** (*aguzzo*) aigu*; (*appuntito*) pointu **2** (*fig.*) aigu*; (*penetrante*) perçant: *vista acuta*, vue perçante; *desiderio acuto*, désir intense; *freddo acuto*, froid piquant; *odore acuto*, odeur pénétrante; *febbre acuta*, fièvre très forte **3** (*fig.*) (*perspicace*) fin, subtil ♦ *n.m.* (*suono acuto*) aigu*: *gli acuti*, les notes aiguës.
● (*gramm.*) ***accento acuto***, accent aigu | (*mat.*) ***angolo acuto***, angle aigu.
ad *prep.* → **a**².
adagiare [a-da-già-re] *v.tr.* [coniug. come *mangiare*] étendre*, coucher ♦ **adagiarsi** *v.pron.* **1** s'étendre*, se coucher **2** (*fig.*) (*abbandonarsi*) s'abandonner (**à**): *è uno che si adagia facilmente*, c'est quelqu'un qui aime trop se laisser vivre.
adagio¹ [a-dà-gio] *avv.* **1** lentement **2** (*con cautela*) doucement **3** (*mus.*) adagio ♦ *n.m.* [pl. *-gi*] (*mus.*) adagio.
● ***adagio adagio***, petit à petit.
adagio² *n.m.* [pl. *-gi*] (*proverbio*) adage, dicton.
adamantino [a-da-man-tì-no] *agg.* (*letter.*) adamantin: *coscienza adamantina*, conscience droite.
adamitico [a-da-mì-ti-co] *agg.* [pl.m. *-ci*, f. *-che*] adamique.
● ***in costume adamitico***, (*scherz.*) en costume d'Adam.
adattabile [a-dat-tà-bi-le] *agg.* **1** adaptable **2** (*di persona*) qui s'adapte facilement.
adattabilità [a-dat-ta-bi-li-tà] *n.f.invar.* adaptabilité, faculté d'adaptation.
adattamento [a-dat-ta-mén-to] *n.m.* adaptation (*f.*).
● ***adattamento televisivo, cinematografico, teatrale***, (*di opera letteraria*) adaptation pour la télévision, pour le grand écran, pour la scène.
adattare [a-dat-tà-re] *v.tr.* **1** (*rendere adatto*) adapter: *due poltrone da adattare al divano*, deux fauteuils qui puissent aller avec le divan; *gli ha adattato un vecchio cappotto*, elle a mis à sa taille un vieux manteau **2** (*sistemare*) ajuster **3** (*trasformare*) transformer (**en**) ♦ **adattarsi** *v.pron.* (*adeguarsi*) s'adapter; (*abituarsi*) s'habituer, se faire*: *bisogna adattarsi!*, il faut s'y faire! ♦ *v.pron.intr.* (*andare bene*) s'ajuster, aller*; (*armonizzarsi*) s'harmoniser (**avec**); (*essere adatto*) convenir*: *questo lavoro si adatta male alla sua personalità*, ce travail ne convient pas à sa personnalité.
adattato [a-dat-tà-to] *agg.* **1** refait **2** (*trasformato*) transformé (**en**).
adattatore [a-dat-ta-tó-re] *n.m.* (*tecn.*) adapteur.
adatto [a-dàt-to] *agg.* **1** (*di cosa*) (*indicato*) indiqué; (*appropriato*) approprié: *spettacolo adatto per bambini*, spectacle indiqué pour les enfants; *non è il mezzo più adatto*, ce n'est pas le meilleur moyen; *fare una faccia adatta alle circostanze*, se composer une tête de circonstance **2** (*di persona*) indiqué; (*dotato per, fatto per*) doué (**pour**), fait (**pour**): *è la persona meno adatta per dare consigli*, c'est la dernière personne qui puisse donner des conseils; *è l'uomo adatto*, c'est l'homme qu'il faut; *ci vuole la persona adatta*, il faudrait une personne qualifiée.
● ***il momento adatto***, le bon moment | ***non essere adatto a***, (*non addirsi, non star bene con*) ne pas aller avec.
addebitare [ad-de-bi-tà-re] *v.tr.* **1** (*comm.*) débiter: *addebitare una somma a qlcu, su un conto*, débiter qqn, un compte d'une somme **2** (*fig.*) (*attribuire*) attribuer.
addebito [ad-dé-bi-to] *n.m.* **1** (*comm.*) débit: *fare un addebito*, débiter (une somme) **2** (*accusa*) imputation (*f.*): *muovere un addebito a qlcu di qlco*, imputer qqch à qqn.
addendo [ad-dèn-do] *n.m.* (*mat.*) terme (d'une addition).
addensamento [ad-den-sa-mén-to] *n.m.* épaississement: *addensamenti di nuvole*, grande concentration de nuages.
addensarsi [ad-den-sàr-si] *v.pron.* e *pron.intr.* s'épaissir; (*di persone*) se presser: *nubi si addensavano all'orizzonte*, des nuages s'amoncelaient à l'horizon.
addentare [ad-den-tà-re] *v.tr.* mordre* (**à**): *il cane mi ha addentato la gamba*, ce chien m'a mordu à la jambe.
addentellato [ad-den-tel-là-to] *n.m.* **1** (*appoggio*) appui **2** (*connessione*) rapport.
addentrarsi [ad-den-tràr-si] *v.pron.* s'enfoncer*; pénétrer* (*anche fig.*): *addentrarsi in una discussione*, s'engager dans une discussion; *addentrarsi in una questione*, approfondir une question.
addentro [ad-dén-tro] *avv.* profondément.
● ***addentro a, in***, dans: *molto addentro nella foresta*, au fin fond de la forêt; *essere molto addentro in un problema*, connaître à fond une question; *è molto addentro nella politica*, il très engagé dans la politique.
addestramento [ad-de-stra-mén-to] *n.m.* **1** entraînement **2** (*mil.*) instruction (*f.*) **3** (*di animali*) dressage.
● ***addestramento professionale***, formation professionnelle.
addestrare [ad-de-strà-re] *v.tr.* **1** (*ammaestrare*) dres-

ser; exercer* **2** (*di persone*) exercer*, instruire*; former ♦ **addestrarsi** *v.pron.* s'exercer*, s'entraîner.

addetto [ad-dét-to] *agg.* préposé (**à**), chargé (**de**) ♦ *n.m.* [f. *-a*] **1** préposé (**à**) **2** (*d'ambasciata*) attaché.
● ***addetto alle vendite***, ***alle spedizioni***, personne préposée aux ventes, aux expéditions | ***addetto stampa***, attaché de presse | ***gli addetti ai lavori***, le personnel autorisé: *informazioni solo per gli addetti ai lavori*, informations réservées au personnel | ***i non addetti ai lavori***, les personnes non autorisées; toute personne étrangère au service.

addì [ad-dì] *avv.* le: *addì 25 maggio*, le 25 mai.

addiaccio [ad-diàc-cio] *n.m.* [pl. *-ci*].
● ***all'addiaccio***, à la belle étoile.

addietro [ad-diè-tro] *avv.* auparavant.
● ***per l'addietro***, (*letter.*) autrefois | ***tempo addietro***, il y a quelque temps.

addio [ad-dì-o] *inter.* adieu: *addio vacanze!*, adieu (les) vacances! | *se non va, addio*, (*fam.*) si ça ne marche pas, c'est fini! | *addio! l'ho rotto*, ça y est! je l'ai cassé ♦ *n.m.* [pl. *-ii*] adieu*.
● ***dare l'addio a qlco***, (*fig.*) dire adieu à qqch | ***fare gli addii***, faire ses adieux.

addirittura [ad-di-rit-tù-ra] *avv.* **1** (*decisamente*) franchement; (*senza esitazione*) carrément; (*veramente*) vraiment: *è addirittura ridicolo*, c'est carrément ridicule; *dimmi addirittura sì o no*, dis-moi carrément oui ou non; *è addirittura fuori di sé*, il est vraiment hors de lui **2** (*persino*) même, jusque: *ha addirittura detto che se ne andrà*, il est allé jusqu'à dire qu'il s'en irait; *ha addirittura battuto il record del mondo*, il a même battu le record du monde **3** (*direttamente*) directement: *scrivi il compito addirittura in bella copia*, écris ton devoir directement au propre.
● ***addirittura!***, vraiment!; (*fino a questo punto*) à ce point-là!

addirsi [ad-dìr-si] *v.pron.intr.* [coniug. come *dire*; si usa alle terze persone del pres. e imperf.indic. e cong.] convenir*; (*star bene*) aller* (**à**), seoir*.

additare [ad-di-tà-re] *v.tr.* **1** montrer (du doigt) **2** (*fig.*) (*mostrare*) montrer; (*esporre*) exposer.

additivo [ad-di-tì-vo] *n.m.* (*chim.*) additif.

addivenire [ad-di-ve-nì-re] *v.intr.* [coniug. come *venire*; aus. *essere*] en venir* (**à**).

addizionale [ad-di-zio-nà-le] *agg.* additionnel* ♦ *n.f.* (*fin.*) impôt (*m.*) additionnel.

addizionare [ad-di-zio-nà-re] *v.tr.* additionner (**de**).

addizione [ad-di-zió-ne] *n.f.* addition.

addobbare [ad-dob-bà-re] *v.tr.* parer, décorer.
● ***addobbare a festa***, pavoiser | ***addobbare a lutto***, tendre de deuil.

addobbo [ad-dòb-bo] *n.m.* décoration (*f.*), ornement.
● ***addobbi funebri***, tentures (funèbres).

addolcire [ad-dol-cì-re] *v.tr.* [coniug. come *finire*] **1** sucrer **2** (*fig.*) adoucir; (*mitigare*) atténuer **3** (*calmare*) apaiser ♦ **addolcirsi** *v.pron.intr.* s'adoucir (*anche fig.*).

addolorare [ad-do-lo-rà-re] *v.tr.* peiner, affliger*: *m'addolora sapere che*, je suis navré d'apprendre que.

addolorato [ad-do-lo-rà-to] *agg.* affligé (**de**): *sono addolorato di dovervi annunciare che*, je suis navré de vous annoncer que.

addome [ad-dò-me] *n.m.* (*anat.*) abdomen.

addomesticabile [ad-do-me-sti-cà-bi-le] *agg.* apprivoisable.

addomesticare [ad-do-me-sti-cà-re] *v.tr.* [coniug. come *mancare*] **1** apprivoiser (*anche fig.*) **2** (*ammaestrare*) dresser **3** (*fig.*) (*falsare*) falsifier; (*truccare*) truquer.

addomesticato [ad-do-me-sti-cà-to] *agg.* **1** apprivoisé **2** (*fig.*) (*truccato*) truqué; (*falsato*) falsifié.

addominale [ad-do-mi-nà-le] *agg.* (*anat.*) abdominal* ♦ *n.m.* (*solo pl.*) **1** (*anat.*) (*muscoli*) abdominaux **2** (*esercizi ginnici*) abdominaux.

addormentare [ad-dor-men-tà-re] *v.tr.* **1** endormir* **2** (*fig.*) (*calmare*) calmer; (*intorpidire*) engourdir ♦ **addormentarsi** *v.pron.* **1** s'endormir* **2** (*intorpidirsi*) s'engourdir: *mi si è addormentata una gamba*, ma jambe est tout engourdie.

addormentato [ad-dor-men-tà-to] *agg.* **1** endormi (*anche fig.*): *cadere addormentato*, s'endormir **2** (*intorpidito*) engourdi.
● ***fare l'addormentato***, jouer les endormis.

addossare [ad-dos-sà-re] *v.tr.* **1** adosser (**à**, **contre**) **2** (*fig.*) (*attribuire*) faire* endosser; (*gravare di*) charger* (**de**): *gli hanno addossato un lavoro difficile*, on l'a chargé d'un travail difficile; *gli hanno addossato tutte le spese*, il a dû payer tous les frais de sa poche ♦ **addossarsi** *v.pron.* (*appoggiarsi*) s'adosser (**à**, **contre**) ♦ *v.pron.rec.* se presser ♦ *v.pron. indiretto* prendre* sur soi: *mi sono addossato tutte le spese*, j'ai pris tous les frais à mon compte.

addossato [ad-dos-sà-to] *agg.* adossé (**à**).

addosso [ad-dòs-so] *avv.* sur moi, toi, etc.: *che cosa hai addosso?*, qu'est-ce que tu as sur toi?, (*fig.*) qu'est-ce que tu as?; *non stare così, senza niente addosso*, (*sulle spalle*) ne reste pas comme ça, sans rien sur le dos.
● ***avere il diavolo addosso***, (*fig.*) avoir le diable au corps | ***avere la febbre addosso***, (*fam.*) avoir de la température | ***avere l'argento vivo addosso***, (*fig.*) avoir du vif-argent dans les veines | ***farsela addosso***, (*anche fig.*) faire dans sa culotte | ***mettersi addosso qlco***, se mettre qqch sur le dos | ***non starmi così addosso!***, écarte-toi un peu! | ***tirarsi addosso dei guai***, s'attirer des ennuis.
□ **addosso (a)** *prep.* **1** sur: *bada di non rovesciarti addosso il caffè*, attention à ne pas renverser le café sur toi | *gli è andato addosso con tutto il suo peso*, il lui est tombé dessus de tout son poids | *mi ha messo addosso una paura terribile*, il m'a fait terriblement peur | *mi venne addosso un gran sonno*, je fus pris d'une grande envie de dormir | *eravamo uno addosso all'altro*, nous étions les uns sur les autres **2** (*contro*) contre; sur: *tirare qlco addosso a qlcu*, lancer qqch contre qqn; *gettarsi addosso a qlcu*, se jeter sur qqn.
● ***andare addosso a qlcu***, heurter qqn | ***dare addosso a qlcu***, (*fig.*) s'acharner sur qqn | ***gettare la colpa addosso a qlcu***, rejeter toute la faute sur qqn | ***mettere gli occhi addosso a***, jeter les yeux sur | ***mettere le mani addosso a qlcu***, (*picchiarlo*) lever la main sur qqn; (*afferrarlo*) attraper qqn | ***piombare addosso al nemico***, fondre sur l'ennemi | ***stare sempre addosso a qlcu***, (*fig.*) être toujours sur le dos de qqn | ***tagliare i panni addosso a qlcu***, (*fig.*) casser du sucre sur le dos de qqn.

addotto *p.p.* di **addurre**.

addurre [ad-dùr-re] *v.tr.* [coniug. come *condurre*] **1** fournir: *addurre un testimone*, produire un témoin; *adduce come giustificazione l'esperienza* pour se justifier, il invoque son manque d'inexpérience **2** (*citare*) citare: *addurre a esempio*, citer comme exemple.
● ***addurre a pretesto***, prétexter.

adduttore [ad-dut-tó-re] *n.m.* e *agg.* [f. *-trice*] (*anat.*) adducteur.
● (*muscolo*) ***adduttore***, adducteur.

A

adeguamento [a-de-gua-mén-to] *n.m.* 1 (*dei salari, dei prezzi*) rajustement; (*di tariffe*) ajustement 2 (*adattamento*) adaptation (*f.*).

adeguare [a-de-guà-re] *v.tr.* 1 proportionner 2 (*salari, prezzi*) rajuster; (*tariffe*) ajuster 3 (*conformare*) conformer ♦ **adeguarsi** *v.pron.* se conformer, s'adapter.

adeguatamente [a-de-gua-ta-mén-te] *avv.* de façon adéquate, convenablement.

adeguatezza [a-de-gua-téz-za] *n.f.* justesse, juste proportion.

adeguato [a-de-guà-to] *agg.* 1 proportionné 2 (*giusto*) juste: *è un prezzo adeguato*, c'est le juste prix 3 (*adatto*) approprié, adéquat.

adempiere [a-dém-pie-re] *v.intr.* e *tr.* [imperf.indic. *io adempivo* ecc.; p.rem. *io adempii* ecc.; fut.indic. *io adempirò* ecc.; pres.cong. *che io adempia* ecc.; imperf.cong. *che io adempissi* ecc.; aus. *avere*] (*compiere*) s'acquitter (**de**); (*eseguire*) exécuter; (*completare*) accomplir: *adempiere ai propri doveri*, accomplir (*o* remplir) son devoir; *adempiere un ordine*, exécuter un ordre; *adempiere un'obbligazione*, satisfaire une obligation ♦ **adempiersi** *v.pron.intr.* s'accomplir, se réaliser.

adempimento [a-dem-pi-mén-to] *n.m.* 1 accomplissement; (*realizzazione*) réalisation (*f.*) 2 (*dir.*) accomplissement, exécution (*f.*): *adempimento di un contratto*, exécution d'un contrat.

adenoidi [a-de-nòi-di] *n.f.pl.* (*med.*) végétations (adénoïdes).

adenoma [a-de-nò-ma] *n.m.* (*med.*) adénome.

adepto [a-dèp-to] *n.m.* [f. *-a*] adepte.

aderente [a-de-rèn-te] *agg.* 1 adhérent 2 (*di indumenti*) collant; (*attillato*) moulant 3 (*fig.*) (*fedele*) fidèle: *un'interpretazione aderente ai fatti*, une interprétation correspondant aux faits ♦ *n.m.* e *f.* (*a un partito ecc.*) adhérent/e.

aderenza [a-de-rèn-za] *n.f.* 1 (*anche med.*) adhérence 2 (*pl.*) (*relazioni*) relations, accointances.

aderire [a-de-rì-re] *v.intr.* [coniug. come *finire*; aus. *avere*] 1 adhérer* (*anche fig.*); (*appiccicarsi*) coller 2 (*associarsi*) adhérer*: *aderire a un partito*, adhérer à un parti 3 (*accettare*) accepter, accéder*: *aderire a una richiesta*, accéder à une requête.
● ***aderire al testo***, suivre le texte mot à mot (*o* de très près).

adescamento [a-de-sca-mén-to] *n.m.* 1 séduction (*f.*) 2 (*dir.*) racolage 3 (*idraulica*) amorçage.

adescare [a-de-scà-re] *v.tr.* [coniug. come *mancare*] 1 attirer, allécher*; (*sedurre*) séduire* 2 (*di prostituta*) racoler 3 (*non com.*) (*con un'esca*) appâter 4 (*idraulica*) amorcer*.

adescatore [a-de-sca-tó-re] *n.m.* e *agg.* [f. *-trice*] séducteur*, racoleur*.

adesione [a-de-ʃió-ne] *n.f.* adhésion.

adesivo [a-de-ʃì-vo] *agg.* e *n.m.* 1 adhésif* 2 (*pubblicitario*) autocollant.

adesso [a-dès-so] *avv.* 1 (*ora*) maintenant; (*al momento attuale*) à présent 2 (*poco fa*) à l'instant: *l'ho incontrato adesso*, je viens de le rencontrer 3 (*fra poco, subito*) tout de suite: *adesso vengo*, je viens tout de suite.
● ***adesso come adesso***, pour l'instant | ***da adesso in poi***, dorénavant | ***fino (ad) adesso***, jusqu'à maintenant | ***(fino) da adesso***, dès maintenant, dès à présent | ***per adesso***, pour le moment, pour l'instant.

> **NOTA** Riferito a un passato recentissimo, ***adesso*** si traduce con ***venir de*** seguito dall'infinito:
> *L'ho incontrato adesso.*
> Je **viens de** le rencontrer.
> *Te l'abbiamo detto adesso.*
> Nous **venons de** te le dire.
> Riferito a un futuro imminente, si traduce con ***aller*** seguito dall'infinito:
> *Adesso te lo spiegherò.*
> Je **vais** t'expliquer la chose.
> *Calmati, adesso arriverà.*
> Calme-toi, il **va** venir.

adiacente [a-dia-cèn-te] *agg.* adjacent.
● ***adiacente a***, proche de.

adiacenza [a-dia-cèn-za] *n.f.* (*spec. pl.*) proximité.

adibire [a-di-bì-re] *v.tr.* [coniug. come *finire*] affecter, destiner: *adibire una stanza ad archivio*, affecter (*o* destiner) une pièce aux archives.

adipe [à-di-pe] *n.m.* graisse (*f.*).

adiposità [a-di-po-si-tà] *n.f.invar.* adiposité.

adiposo [a-di-pó-so] *agg.* adipeux*.

adirarsi [a-di-ràr-si] *v.pron.intr.* se mettre* en colère (**contre**).

adirato [a-di-rà-to] *agg.* (*di persona*) en colère; (*di voce, espressione*) irrité: *uno sguardo adirato*, un regard furieux.

adire [a-dì-re] *v.tr.* [coniug. come *finire*].
● (*dir.*) ***adire le vie legali***, avoir recours aux voies de droit.

adito [à-di-to] *n.m.* accès.
● ***dare adito a***, (*fig.*) donner lieu à: *dare adito a sospetti*, donner lieu à des soupçons.

adocchiare [a-doc-chià-re] *v.tr.* 1 jeter* les yeux (**sur**), lorgner 2 (*scorgere*) apercevoir*.

adolescente [a-do-le-scèn-te] *agg.* e *n.m.* e *f.* adolescent/e; (*fam.*) ado.

adolescenza [a-do-le-scèn-za] *n.f.* adolescence.

adolescenziale [a-do-le-scen-zià-le] *agg.* de l'adolescence.

adombrare [a-dom-brà-re] *v.tr.* 1 (*letter.*) (*oscurare*) ombrager 2 (*fig.*) (*velare*) voiler 3 (*fig. letter.*) (*esprimere velatamente*) ébaucher ♦ **adombrarsi** *v.pron.intr.* prendre* ombrage (**de**).

adone [a-dó-ne] *n.m.* adonis.

adontarsi [a-don-tàr-si] *v.pron.intr.* s'offenser (**de**), s'indigner (**de**).

adoperare [a-do-pe-rà-re] *v.tr.* (*servirsi di*) se servir* (**de**); (*usare*) employer*: *adoperare la forza*, employer la force ♦ **adoperarsi** *v.pron.* (*darsi da fare*) mettre* tout en œuvre (**pour**).
● ***adoperare il bastone***, (*estens.*) recourir à la manière forte | ***adopera il cervello!***, fais fonctionner ton cerveau! | ***adoperarsi per***, ***a favore di***, se prodiguer pour.

adorabile [a-do-rà-bi-le] *agg.* adorable.

adorare [a-do-rà-re] *v.tr.* adorer.

adorazione [a-do-ra-zió-ne] *n.f.* adoration.

adornare [a-dor-nà-re] *v.tr.* décorer.

adorno [a-dór-no] *agg.* orné, paré.

adottabile [a-dot-tà-bi-le] *agg.* adoptable.

adottabilità [a-dot-ta-bi-li-tà] *n.f.invar.* (*dir.*) adoptabilité.

adottare [a-dot-tà-re] *v.tr.* adopter; (*prendere*) prendre*: *adottare provvedimenti straordinari*, adopter des mesures exceptionnelles.

adottato [a-dot-tà-to] *agg.* e *n.m.* [f. *-a*] adopté.

adottivo [a-dot-tì-vo] *agg.* adoptif*.

adozione [a-do-zió-ne] *n.f.* adoption.
● ***adozione a distanza***, adoption à distance, parrainage d'enfant.

adrenalina [a-dre-na-lì-na] *n.f.* (*biochim.*) adrénaline.

adrenergico [a-dre-nèr-gi-co] *agg.* [pl.m. *-ci*, f. *-che*] adrénergique.

adriatico [a-dri-à-ti-co] *agg.* [pl.m. *-ci*, f. *-che*] (*geogr.*) de l'Adriatique.

adulare [a-du-là-re] *v.tr.* flatter.

adulatore [a-du-la-tó-re] *n.m.* [f. *-trice*] flatteur*.

adulazione [a-du-la-zió-ne] *n.f.* adulation, flatterie.

adulterare [a-dul-te-rà-re] *v.tr.* **1** frelater **2** (*fig.*) altérer*, falsifier.

adulterato [a-dul-te-rà-to] *agg.* **1** frelaté **2** (*fig.*) falsifié.

adulterazione [a-dul-te-ra-zió-ne] *n.f.* **1** frelatage (*m.*) **2** (*fig.*) altération, falsification.

adulterino [a-dul-te-rì-no] *agg.* **1** adultérin **2** (*extraconiugale*) adultère.

adulterio [a-dul-tè-rio] *n.m.* [pl. *-ri*] adultère.

adultero [a-dùl-te-ro] *agg.* e *n.m.* [f. *-a*] adultère.

adulto [a-dùl-to] *agg.* e *n.m.* [f. *-a*] adulte.

adunanza [a-du-nàn-za] *n.f.* assemblée; (*seduta*) séance.
● ***in adunanza plenaria***, en séance plénière.

adunare [a-du-nà-re] *v.tr.* rassembler; (*convocare*) convoquer ♦ **adunarsi** *v.pron.intr.* **1** se rassembler **2** (*fig.*) se réunir.

adunata [a-du-nà-ta] *n.f.* rassemblement (*m.*).
● (*mil.*) ***suonare l'adunata***, sonner (*o* battre) le rappel.

adunco [a-dùn-co] *agg.* [pl.m. *-chi*, f. *-che*] crochu.

advisor [ad'vaizor] *n.m.invar.* (*società*) société (*f.*) de conseil ♦ *n.m.* e *f.invar.* (*professionista*) consultant/e.

aedo [a-è-do] *n.m.* aède.

aerare [a-e-rà-re] *v.tr.* aérer*.

aeratore [a-e-ra-tó-re] *n.m.* aérateur.

aerazione [a-e-ra-zió-ne] *n.f.* aération.

aereo[1] [a-è-re-o] *agg.* aérien* ♦ *n.m.* (*antenna*) aérien.
● ***ponte aereo***, pont aérien.

aereo[2] *n.m.* → **aeroplano**.

aero- *pref.* aéro-.

aeroambulanza [a-e-ro-am-bu-làn-za] *n.f.* avion-ambulance* (*m.*), aéronef (*m.*) sanitaire.

aerobica [a-e-rò-bi-ca] *n.f.* [pl. *-che*] aérobic (*m.*).

aerobus [à-e-ro-bus] *n.m.invar.* airbus.

aerodinamica [a-e-ro-di-nà-mi-ca] *n.f.* [pl. *-che*] (*fis., aer.*) aérodynamique.

aerodinamico [a-e-ro-di-nà-mi-co] *agg.* [pl.m. *-ci*, f. *-che*] aérodynamique.

aerodromo [a-e-rò-dro-mo] *n.m.* aérodrome.

aerofagia [a-e-ro-fa-gì-a] *n.f.* (*med.*) aérophagie.

aerofotografia [a-e-ro-fo-to-gra-fì-a] *n.f.* photographie aérienne.

aerogel [a-e-ro-gèl] *n.m.invar.* (*chim.*) aérogel.

aerografo [a-e-rò-gra-fo] *n.m.* (*tecn.*) aérographe.

aerolito [a-e-rò-li-to] *n.m.* (*geol.*) aérolit(h)e.

aeromobile [a-e-ro-mò-bi-le] *n.m.* aéronef.

aeromodellismo [a-e-ro-mo-del-li-ʃmo] *n.m.* aéromodélisme.

aeronautica [a-e-ro-nàu-ti-ca] *n.f.* [pl. *-che*] aéronautique.
● ***aeronautica civile, militare***, aviation (*o* aéronautique) civile, militaire | ***aeronautica navale***, aéronavale | ***ufficiale dell'Aeronautica***, officier de l'Armée de l'Air.

aeronautico [a-e-ro-nàu-ti-co] *agg.* [pl.m. *-ci*, f. *-che*] aéronautique.

aeronavale [a-e-ro-na-và-le] *agg.* aéronaval*.

aeroplano [a-e-ro-plà-no] *n.m.* avion.
● ***aeroplano da trasporto***, avion-cargo | ***in aeroplano***, en avion.

aeroponica [a-e-ro-pò-ni-ca] *n.f.* [f. *-che*] (*chim.*) aéroponique.

aeroporto [a-e-ro-pòr-to] *n.m.* aéroport.

aeroportuale [a-e-ro-por-tu-à-le] *agg.* aéroportuaire ♦ *n.m.* e *f.* employé/ée d'un aéroport.

aeroscalo [a-e-ro-scà-lo] *n.m.* aéroport, aérodrome.

aerosol [a-e-ro-sòl] *n.m.* aérosol.

aerospaziale [a-e-ro-spa-zià-le] *agg.* aérospatial*.

aerosporologico [a-e-ro-spo-ro-lò-gi-co] *agg.* [pl.m. *-ci*, f. *-che*] pollinique: *monitoraggio aerosporologico*, surveillance pollinique.

aerostatica [a-e-ro-stà-ti-ca] *n.f.* [pl. *-che*] aérostatique.

aerostatico [a-e-ro-stà-ti-co] *agg.* [pl.m. *-ci*, f. *-che*] aérostatique.

aerostato [a-e-rò-sta-to] *n.m.* aérostat.

aerostazione [a-e-ro-sta-zió-ne] *n.f.* aérogare.

aerotaxi [a-e-ro-tà-xi] *n.m.invar.* avion-taxi.

aerotrasportato [a-e-ro-tra-spor-tà-to] *agg.* aéroporté, aérotransporté.

aerotrasporto [a-e-ro-tra-spòr-to] *n.m.* transport par avion.

afa [à-fa] *n.f.* chaleur étouffante: *che afa!*, qu'il fait lourd!

afasia [a-fa-ʃì-a] *n.f.* (*med.*) aphasie.

afelio [a-fè-lio] *n.m.* [pl. *-li*] (*astr.*) aphélie.

aferesi [a-fè-re-ʃi] *n.f.invar.* (*ling.*) aphérèse.

affabile [af-fà-bi-le] *agg.* affable.

affabilità [af-fa-bi-li-tà] *n.f.invar.* affabilité.

affabilmente [af-fa-bil-mén-te] *avv.* affablement, aimablement.

affabulazione [af-fa-bu-la-zió-ne] *n.f.* affabulation.

affaccendarsi [af-fac-cen-dàr-si] *v.pron.* s'empresser (**de**), s'affairer (**à**).

affaccendato [af-fac-cen-dà-to] *agg.* affairé; (*occupato*) occupé.
● ***essere in (ben) altre faccende affaccendato***, avoir d'autres chats à fouetter.

affacciare [af-fac-cià-re] *v.tr.* [coniug. come *cominciare*] (*fig.*) (*avanzare, manifestare*) avancer*: *affacciare un dubbio, un'ipotesi*, avancer un doute, une hypothèse ♦ **affacciarsi** *v.pron.* **1** se montrer: *affacciarsi alla finestra*, se montrer (*o* se mettre) à la fenêtre **2** (*essere esposto*) donner (**sur**): *la finestra si affaccia sul cortile*, la fenêtre donne sur la cour **3** (*fig.*) (*presentarsi*) se présenter: *si affacciano nuove difficoltà*, de nouvelles difficultés se présentent.

affamare [af-fa-mà-re] *v.tr.* affamer.

A

affamato [af-fa-mà-to] *agg.* e *n.m.* [f. *-a*] affamé.

affannare [af-fan-nà-re] *v.tr.* **1** essouffler **2** (*fig.*) (*affliggere*) angoisser, tourmenter ♦ **affannarsi** *v.pron.intr.* se fatiguer; (*sforzarsi*) s'évertuer | *non affannarti tanto!*, ne te presse pas!; ne te donne pas trop de mal!

affannato [af-fan-nà-to] *agg.* essoufflé.

affanno [af-fàn-no] *n.m.* **1** essoufflement: *avere l'affanno*, être essoufflé; *dare l'affanno*, essouffler **2** (*fig.*) anxiété (*f.*); angoisse (*f.*).

affannosamente [af-fan-no-sa-mén-te] *avv.* **1** à perdre haleine; avec difficulté: *respirare affannosamente*, respirer avec peine **2** (*con ritmo febbrile*) fébrilement.

affannoso [af-fan-nó-so] *agg.* **1** (*di respiro*) *haletant: *una ricerca affannosa*, une recherche fébrile **2** (*fig.*) agité.

affare [af-fà-re] *n.m.* **1** affaire (*f.*); *essere in trattative d'affari con qlcu*, être en pourparlers d'affaires avec qqn; *fare affari*, faire des affaires **2** (*questione*) affaire (*f.*); (*faccenda*) histoire (*f.*): *è un affare serio*, c'est grave; *questo è un altro affare*, ça c'est une autre histoire; *è un affare da nulla*, ce n'est rien | *non è affare vostro*, ça ne vous regarde pas, ce n'est pas votre affaire **3** (*fam.*) (*oggetto*) truc, machin: *dammi quell'affare*, passe-moi ce truc; *cos'è quell'affare?*, qu'est-ce que c'est que ce machin-là?

● ***affare di cuore***, histoire d'amour (*o* de cœur) | ***affare di stato***, affaire d'État: *ne ha fatto un affare di stato*, (*fig.*) il en a fait toute une affaire | ***affare fatto***, affaire faite (*o* conclue *o* finie) | ***affari privati***, affaires privées | ***affari pubblici***, affaires de l'État | ***affari suoi!***, c'est son affaire! | ***è un brutto affare***, c'est une vilaine histoire | ***fatti gli affari tuoi***, (*fam.*) occupe-toi de tes affaires | (*comm.*) ***giro d'affari***, chiffre d'affaires | ***un affare d'oro***, une affaire d'or, (*fam.*) en or | ***uomo d'affari***, homme d'affaires.

affarismo [af-fa-ri-ʃmo] *n.m.* affairisme.

affarissimo [af-fa-ris-si-mo] *n.m.* (*comm.*) excellente affaire (*f.*).

affarista [af-fa-rì-sta] *n.m.* e *f.* affairiste.

affascinante [af-fa-sci-nàn-te] *agg.* séduisant, fascinant.

affascinare [af-fa-sci-nà-re] *v.tr.* **1** fasciner **2** (*fig.*) fasciner; (*sedurre*) séduire*.

affastellare [af-fa-stel-là-re] *v.tr.* accumuler (confusément): *affastellare idee*, (*fig.*) mélanger des idées; *affastellare parole*, (*fig.*) entasser des mots.

affaticamento [af-fa-ti-ca-mén-to] *n.m.* fatigue (*f.*): *affaticamento della mente*, surmenage intellectuel.

affaticare [af-fa-ti-cà-re] *v.tr.* [coniug. come *mancare*] fatiguer ♦ **affaticarsi** *v.pron.* **1** se fatiguer **2** (*darsi da fare*) se donner de la peine, peiner: *si è affaticato tutta la vita per guadagnarsi da vivere*, il a peiné toute sa vie pour gagner de quoi vivre.

affaticato [af-fa-ti-cà-to] *agg.* fatigué.

affatto [af-fàt-to] *avv.* **1** (*in frasi affermative*) tout à fait: *un'opinione affatto diversa*, une opinion tout à fait différente **2** (*in frasi negative*) du tout: *non è affatto vero*, ce n'est pas du tout vrai.

● ***niente affatto***, pas du tout.

affatturare [af-fat-tu-rà-re] *v.tr.* (*stregare*) ensorceler*.

afferente [af-fe-rèn-te] *agg.* afférent.

affermare [af-fer-mà-re] *v.tr.* **1** affirmer: *afferma di averlo visto*, il affirme l'avoir vu **2** (*dire di sì*) dire* que oui: *affermare con un cenno del capo*, faire un signe de tête affirmatif ♦ **affermarsi** *v.pron.* s'imposer.

> FAUX AMI
> Da non confondere con *affermer*, che significa *affittare* (*beni rustici*) o *appaltare*.

> NOTA Nelle frasi incidentali con ***affirmer*** si usa l'inversione del soggetto:
> *La ripresa economica, affermò ancora una volta, sarà immediata.*
> La reprise économique, **affirma-t-il** encore une fois, sera immédiate.

affermativamente [af-fer-ma-ti-va-mén-te] *avv.* affirmativement, par l'affirmative.

affermativo [af-fer-ma-ti-vo] *agg.* affirmatif*.

● ***in caso affermativo***, dans l'affirmative.

affermato [af-fer-mà-to] *agg.* qui a réussi.

affermazione [af-fer-ma-zió-ne] *n.f.* **1** affirmation **2** (*successo*) succès (*m.*).

afferrare [af-fer-rà-re] *v.tr.* saisir (*anche fig.*) ♦ **afferrarsi** *v.pron.* s'agripper, s'accrocher (*anche fig.*).

affettare[1] [af-fet-tà-re] *v.tr.* couper (en tranches).

> FAUX AMI
> Nel senso di *tagliare a fette*, non è da confondere con *affecter*, che significa *destinare* o *ostentare* o *intaccare* o *ledere*.

affettare[2] *v.tr.* (*ostentare*) affecter.

affettato[1] [af-fet-tà-to] *agg.* en tranches ♦ *n.m.* charcuterie (en tranches).

● ***affettati misti***, charcuteries variées.

affettato[2] *agg.* (*ostentato*) affecté.

affettatrice [af-fet-ta-trì-ce] *n.f.* coupe-jambon* (*m.*).

affettazione [af-fet-ta-zió-ne] *n.f.* affectation: *senza affettazione*, sans apprêt.

affettivamente [af-fet-ti-va-mén-te] *avv.* du point de vue affectif.

affettività [af-fet-ti-vi-tà] *n.f.invar.* affectivité.

affettivo [af-fet-tì-vo] *agg.* affectif*.

affetto[1] [af-fèt-to] *n.m.* affection (*f.*): *nutrire affetto per*, avoir de l'affection pour | *è il suo unico affetto*, c'est sa seule attache | *gli affetti più cari*, ce qu'on a de plus cher.

● ***con affetto***, affectueusement.

affetto[2] *agg.* **1** atteint: *affetto da una grave malattia*, atteint d'une grave maladie; *è affetto da un tic*, il a un tic **2** (*dir.*) (*gravato*) chargé, grevé: *proprietà affetta da ipoteche*, domaine grevé d'hypothèques.

affettuosamente [af-fet-tu-o-sa-mén-te] *avv.* affectueusement: *vi siamo affettuosamente vicini*, nous sommes de tout cœur avec vous.

affettuosità [af-fet-tuo-si-tà] *n.f.invar.* tendresse.

affettuoso [af-fet-tu-ó-so] *agg.* affectueux*.

affezionarsi [af-fe-zio-nàr-si] *v.pron.* s'attacher (**à**): *mi ci sono affezionato*, je m'y suis attaché; *una persona cui ci si affeziona facilmente*, une personne attachante.

affezionato [af-fe-zio-nà-to] *agg.* attaché: *un amico affezionato*, un ami fidèle; *un cliente affezionato*, un client fidèle | *vostro affezionatissimo*, (*in chiusura di lettera*) votre affectionné.

affezione [af-fe-zió-ne] *n.f.* affection.

● ***animali d'affezione***, animaux de compagnie | ***prezzo d'affezione***, prix d'ami.

affiancare [af-fian-cà-re] *v.tr.* [coniug. come *mancare*]

1 mettre* côte à côte 2 (*fig.*) adjoindre* (**à**); (*sostenere*) seconder, soutenir*: *gli hanno affiancato un tecnico*, on lui a adjoint un technicien; *era affiancato da validi collaboratori*, il était secondé par des collaborateurs valables; *lo affianca nella lotta politica*, il le soutient dans sa lutte politique ♦ **affiancarsi** *v.pron.* se mettre* à côté (**de**); (*fig.*) se joindre* (**à**), s'associer: *affiancarsi a un'impresa*, s'associer à une entreprise ♦ *v.pron.rec.* se placer* côte à côte; se soutenir.

affiancato [af-fian-cà-to] *agg.* (placé) côte à côte | *affiancato da*, flanqué de.

affiatamento [af-fia-ta-mén-to] *n.m.* accord, entente (*f.*); cohésion (*f.*).

affiatare [af-fia-tà-re] *v.tr.* mettre* d'accord ♦ **affiatarsi** *v.pron.* bien s'entendre*.

affiatato [af-fia-tà-to] *agg.* très uni: *un gruppo affiatato*, un groupe très uni; *una squadra affiatata*, une équipe homogène.

affibbiare [af-fib-bià-re] *v.tr.* 1 boucler 2 (*fig.*) (*appioppare*) gratifier (**de**); (*addossare*) faire* endosser; (*rifilare*) refiler: *affibbiare un anno di prigione*, coller un an de prison; *affibbiare la colpa a qlcu*, faire porter le chapeau à qqn; *affibbiare cento euro falsi*, refiler un faux billet de cent euros; *affibbiare un soprannome a qlcu*, affubler qqn d'un surnom; *affibbiare uno schiaffo, una pedata*, flanquer une gifle, décocher un coup de pied.

affidabile [af-fi-dà-bi-le] *agg.* fiable.

affidabilità [af-fi-da-bi-li-tà] *n.f.invar.* 1 fiabilité (*anche tecn.*): *di scarsa affidabilità*, peu fiable 2 (*dir.*) adoption (simple).

affidamento [af-fi-da-mén-to] *n.m.* 1 confiance (*f.*): *dare affidamento*, inspirer confiance 2 (*consegna*) remise (*f.*) 3 (*dir.*) droit de garde: *dare in affidamento un bambino*, donner la garde d'un enfant.
● ***fare affidamento su***, compter sur.

affidare [af-fi-dà-re] *v.tr.* confier: *gli hanno affidato un incarico importante*, on lui a confié une charge importante | (*dir.*) *affidare la custodia di un bambino*, donner le droit de garde d'un enfant ♦ **affidarsi** *v.pron.* s'en remettre*: *affidarsi al caso*, se fier au hasard; *affidarsi alle proprie forze*, compter sur ses forces.
● ***affidare qlco alla memoria***, garder le souvenir de qqch.

affido [af-fì-do] *n.m.* (*dir.*) garde (*f.*).
● ***affido condiviso***, garde alterne | ***affido congiunto***, garde conjointe.

affievolire [af-fie-vo-lì-re] *v.tr.* [coniug. come *finire*] affaiblir ♦ **affievolirsi** *v.pron.intr.* faiblir, devenir* de plus en plus faible, s'affaiblir (*anche fig.*).

affiggere [af-fìg-ge-re] *v.tr.* [p.rem. *io affissi*, *tu affiggesti* ecc.; p.p. *affisso*] afficher.

affilare [af-fi-là-re] *v.tr.* 1 affiler, aiguiser 2 (*assottigliare*) amaigrir ♦ **affilarsi** *v.pron.intr.* s'effiler.
● ***affilare le armi***, (*fig.*) fourbir ses armes.

affilato [af-fi-là-to] *agg.* 1 tranchant 2 (*sottile*) effilé.
● ***avere la lingua affilata***, (*fig.*) avoir une langue de vipère.

affilatura [af-fi-la-tù-ra] *n.f.* aiguisage (*m.*).

affiliare [af-fi-lià-re] *v.tr.* 1 (*a un'organizzazione ecc.*) affilier 2 (*dir.*) adopter ♦ **affiliarsi** *v.pron.* s'affilier.

affiliato [af-fi-lià-to] *agg.* e *n.m.* [f. *-a*] affilié.

affiliazione [af-fi-lia-zió-ne] *n.f.* 1 affiliation 2 (*dir.*) adoption (simple).

affinamento [af-fi-na-mén-to] *n.m.* affinement.

affinare [af-fi-nà-re] *v.tr.* affiner ♦ **affinarsi** *v.pron.* s'affiner.

affinché [af-fin-ché] *cong.* afin que, pour que.

NOTA ***Affinché*** regge il congiuntivo presente o imperfetto, invece ***afin que*** e ***pour que*** reggono sempre il congiuntivo presente (in francese il congiuntivo imperfetto è ormai in disuso, a eccezione della 3ª persona singolare di *avoir* e *être*):
Gli ho parlato ***affinché sapesse*** *come comportarsi.*
Je lui ai parlé **afin, pour qu'il sache** comment se conduire.

affine [af-fì-ne] *agg.* semblable (**à**), proche (**de**) | (*prodotti*) *affini*, produits similaires | (*ling.*) *parole affini*, mots apparentés ♦ *n.m.* e *f.* allié/ée, parent/e par alliance.
● (*bot., zool.*) ***specie affini***, espèces voisines.

affinità [af-fi-ni-tà] *n.f.invar.* affinité.

affioramento [af-fio-ra-mén-to] *n.m.* affleurement; (*dall'acqua*) émersion (*f.*).
● ***sottomarino in affioramento***, sous-marin qui fait surface.

affiorare [af-fio-rà-re] *v.intr.* [aus. *essere*] affleurer (*anche fig.*); (*dall'acqua*) émerger*: *nel testo affiora qua e là la personalità dell'autore*, la personnalité de l'auteur affleure de temps à autre dans le texte: *sono affiorati nuovi indizi*, on a trouvé de nouveaux indices; *il sottomarino è affiorato*, le sous-marin a fait surface | *affiorare alla memoria*, revenir à l'esprit.

affissione [af-fis-sió-ne] *n.f.* affichage (*m.*).
● ***affissione dinamica***, (*sui mezzi pubblici*) affichage mobile | (*dir.*) ***affissioni pubbliche***, affiches officielles | ***divieto di affissione***, défense d'afficher.

affisso [af-fìs-so] *agg.* affiché ♦ *n.m.* (*ling.*) affixe.

affittacamere [af-fit-ta-cà-me-re] *n.m.* e *f.invar.* logeur/euse.

affittanza [af-fit-tàn-za] *n.f.* bail* à ferme.

affittare [af-fit-tà-re] *v.tr.* 1 (*dare in affitto, a nolo*) louer, donner en location 2 (*prendere in affitto, a nolo*) louer, prendre* en location.
● ***affittasi***, à louer: *affittasi appartamento*, appartement à louer.

affitto [af-fìt-to] *n.m.* 1 location (*f.*); (*di fondo rustico*) fermage 2 (*canone da pagare*) loyer.
● ***contratto d'affitto***, bail, (*di fondo rustico*) bail à ferme | ***in affitto***, en location: *dare in affitto*, donner en location, louer; *prendere in affitto*, prendre en location, louer.

affittopoli [af-fi-tò-po-li] *n.f.invar.* scandale (*m.*) politico-immobilier.

affittuario [af-fit-tu-à-rio] *n.m.* [f. *-a*; pl.m. *-ri*] locataire; (*di fondo rustico*) fermier*.

affliggere [af-flìg-ge-re] *v.tr.* [p.rem. *io afflissi*, *tu affliggesti* ecc.; p.p. *afflitto*] 1 affliger* 2 (*tormentare*) accabler (**de**): *era afflitto dal mal di denti*, il souffrait d'une rage de dents ♦ **affliggersi** *v.pron.* s'affliger*, se tourmenter.

afflitto [af-flìt-to] *agg.* affligé (**par**); (*tormentato*) accablé (**de**).

afflizione [af-fli-zió-ne] *n.f.* affliction.

afflosciare [af-flo-scià-re] *v.tr.* [coniug. come *cominciare*] rendre* mou* ♦ **afflosciarsi** *v.pron.* s'affaisser: *il pallone si è afflosciato*, le ballon s'est dégonflé; *si afflosciò sulla sedia*, il se laissa tomber sur la chaise.

affluente [af-flu-èn-te] *n.m.* affluent.

affluenza [af-flu-èn-za] *n.f.* affluence: *l'affluenza delle*

A

merci sul mercato, l'arrivée massive des marchandises sur le marché.

affluire [af-flu-ì-re] ***v.intr.*** [coniug. come *finire*; aus. *essere*] affluer: *gli spettatori sono affluiti verso l'uscita*, les spectateurs ont afflué vers la sortie.

afflusso [af-flùs-so] ***n.m.*** afflux.

affogamento [af-fo-ga-mén-to] ***n.m.*** noyade (*f.*): *una morte per affogamento*, une mort par noyade.

affogare [af-fo-gà-re] ***v.tr.*** [coniug. come *legare*] noyer* (*anche fig.*): *affogare un dispiacere nell'alcol*, noyer son chagrin dans l'alcool ♦ ***v.intr.*** [aus. *essere*] se noyer* (*anche fig.*): *affogare nei debiti*, être accablé de dettes ♦ **affogarsi** ***v.pron.*** se noyer*; se plonger*.

affogato [af-fo-gà-to] ***agg.*** e ***n.m.*** [f. *-a*] noyé: *morire affogato*, se noyer.

● (*gelato*) ***affogato al caffè, al cioccolato***, café, chocolat liégeois | (*cuc.*) ***uova affogate***, œufs pochés.

affollamento [af-fol-la-mén-to] ***n.m.*** foule (*f.*); (*calca*) cohue (*f.*).

affollare [af-fol-là-re] ***v.tr.*** se presser (**sur**, **dans**): *la gente affollava la piazza*, la foule se pressait sur la place; *i turisti affollano le spiagge*, les touristes envahissent les plages; *i tifosi affollano gli stadi*, les supporters remplissent les stades ♦ **affollarsi** ***v.pron.*** e ***pron.intr.*** se presser.

FAUX AMI
Da non confondere con *affoler*, che significa *far perdere la testa, sconvolgere.*

affollato [af-fol-là-to] ***agg.*** bondé, comble; bourré (de monde).

FAUX AMI
Da non confondere con *affolé*, che significa *fuori di sé, sconvolto.*

affondamento [af-fon-da-mén-to] ***n.m.*** **1** envoi par le fond **2** (*naufragio*) naufrage (*anche fig.*).

affondare [af-fon-dà-re] ***v.tr.*** **1** (*mandare a fondo*) envoyer* par le fond, couler **2** (*far penetrare*) enfoncer*; (*immergere*) plonger*: *affondare i denti in qlco*, planter ses dents dans qqch; *affondare le mani nelle tasche*, enfoncer ses mains dans ses poches ♦ ***v.intr.*** [aus. *essere*] **1** (*andare a fondo*) couler, sombrer **2** (*sprofondare*) s'enfoncer* (*anche fig.*).

● (*mar.*) ***affondare l'ancora***, mouiller l'ancre | ***affondare il dito nella piaga***, (*fig.*) retourner (*o* remuer) le couteau (*o* le fer) dans la plaie.

affondo [af-fón-do] ***n.m.*** (*ginnastica, scherma*) fente (*f.*).

affossamento [af-fos-sa-mén-to] ***n.m.*** **1** enfoncement, affaissement: *l'affossamento di un progetto*, (*fig.*) l'enterrement d'un projet **2** (*avvallamento*) dépression (*f.*); (*fossa*) fossé.

affossare [af-fos-sà-re] ***v.tr.*** (*fig.*) enterrer ♦ **affossarsi** ***v.pron.*** (*di occhi*) s'enfoncer*; (*di guance*) se creuser.

affossatore [af-fos-sa-tó-re] ***n.m.*** [f. *-trice*] fossoyeur (*m.*) (*anche fig.*).

affrancamento [af-fran-ca-mén-to] ***n.m.*** affranchissement.

affrancare [af-fran-cà-re] ***v.tr.*** [coniug. come *mancare*] affranchir ♦ **affrancarsi** ***v.pron.*** s'affranchir.

affrancatura [af-fran-ca-tù-ra] ***n.f.*** (*l'affrancare*) affranchissement (*m.*); (*l'insieme dei francobolli*) timbres (*m.pl.*): *quanto di affrancatura?*, quel est le tarif?; *lettera senza affrancatura*, lettre non affranchie.

● ***affrancatura a carico del destinatario***, port payé par le destinataire.

affranto [af-fràn-to] ***agg.*** (*dalla fatica*) fourbu, *harassé; (*dal dolore*) brisé.

affratellamento [af-fra-tel-la-mén-to] ***n.m.*** fraternisation (*f.*).

affratellare [af-fra-tel-là-re] ***v.tr.*** unir ♦ **affratellarsi** ***v.pron.rec.*** fraterniser.

affrescare [af-fre-scà-re] ***v.tr.*** [coniug. come *mancare*] peindre* à fresque.

affrescato [af-fre-scà-to] ***agg.*** décoré de fresques.

affresco [af-fré-sco] ***n.m.*** [pl. *-schi*] fresque (*f.*).

affrettare [af-fret-tà-re] ***v.tr.*** **1** presser, *hâter **2** (*anticipare*) avancer* ♦ **affrettarsi** ***v.pron.*** **1** se *hâter (**de**) **2** (*sbrigarsi*) se dépêcher (**de**); (*in frasi negative*) se presser (**de**) **3** (*farsi premura di*) s'empresser (**de**).

FAUX AMI
Da non confondere con *affréter*, che significa *noleggiare, prendere a nolo.*

NOTA ***Affrettarsi a***, seguito da infinito, è reso in francese con i verbi ***se hâter***, ***se dépêcher***, ***se presser***, ***s'empresser***, tutti seguiti dalla preposizione ***de***:

Affrettati a finire il lavoro.
sì **Dépêche-toi de** finir ton travail.
NO **Dépêche-toi à** finir ton travail.

Si affrettò ad avvertire i genitori.
sì **Il s'empressa d'**avertir ses parents.
NO **Il s'empressa à** avertir ses parents.

affrettatamente [af-fret-ta-ta-mén-te] ***avv.*** **1** (*rapidamente*) rapidement, vite **2** (*in modo poco accurato*) à la hâte **3** (*in tutta fretta*) en toute hâte.

affrettato [af-fret-tà-to] ***agg.*** **1** pressé: *una partenza affrettata*, un départ précipité; *fare un pasto affrettato*, manger rapidement **2** (*fig.*) (*poco accurato*) *hâtif*.

affrontare [af-fron-tà-re] ***v.tr.*** affronter: *affrontare il nemico*, affronter l'ennemi; *affrontare un problema*, aborder un problème; *affrontare delle spese*, faire face à des frais; *affrontare la realtà*, faire face à la réalité ♦ **affrontarsi** ***v.pron.rec.*** s'affronter.

affronto [af-frón-to] ***n.m.*** affront.

affumicare [af-fu-mi-cà-re] ***v.tr.*** [coniug. come *mancare*] **1** enfumer **2** (*cuc.*) fumer.

affumicato [af-fu-mi-cà-to] ***agg.*** **1** enfumé **2** (*cuc.*) fumé.

● ***vetro affumicato***, verre fumé.

affusolare [af-fu-so-là-re *o* affuʃolàre] ***v.tr.*** fuseler*.

affusolato [af-fu-so-là-to *o* affuʃolàto] ***agg.*** fuselé.

affusto [af-fù-sto] ***n.m.*** affût.

afgano [af-gà-no] **afghano** ***agg.*** afghan ♦ ***n.m.*** **1** [f. *-a*] (*abitante*) Afghan **2** (*lingua*) afghan.

afide [à-fi-de] ***n.m.*** (*zool.*) aphidien.

afono [à-fo-no] ***agg.*** aphone.

aforisma [a-fo-rì-ʃma] ***n.m.*** aphorisme.

afoso [a-fó-so] ***agg.*** étouffant, lourd: *tempo afoso*, temps lourd.

africanismo [a-fri-ca-nì-ʃmo] ***n.m.*** africanisme.

africanista [a-fri-ca-nì-sta] ***n.m.*** e ***f.*** africaniste.

africano [a-fri-cà-no] ***agg.*** africain ♦ ***n.m.*** [f. *-a*] (*abitante*) Africain.

afrikaans ['afrikans, afri'kans] ***n.m.invar.*** (*lingua*) afrikaans.

afrikander [a-fri-kàn-der] **afrikaner** ***n.m.*** e ***f.invar.*** afrikaner, afrikander.

afro [à-fro] *agg.invar.* (*di pettinatura ecc.*) afro: *la musica afro*, la musique afro.

afro- *pref.* afro-.

afroamericano [a-fro-a-me-ri-cà-no] *agg.* afro-américain*.

afrodisiaco [a-fro-di-ʃì-a-co] *n.m.* e *agg.* [pl.m. *-ci*, f. *-che*] aphrodisiaque.

afta [àf-ta] *n.f.* (*med.*) aphte (*m.*).
● (*vet.*) ***afta epizootica***, fièvre aphteuse.

agamia [a-ga-mì-a] *n.f.* (*biol.*) agamie.

agape [à-ga-pe] *n.f.* **1** (*relig.*) agape **2** (*cena*) agapes (*pl.*).

agata [à-ga-ta] *n.f.* (*min.*) agate.

agave [à-ga-ve] *n.f.* (*bot.*) agave (*m.*).

agenda [a-gèn-da] *n.f.* **1** agenda (*m.*) **2** (*ordine del giorno*) ordre (*m.*) du jour.
● ***agenda elettronica***, agenda électronique.

agendina [a-gen-dì-na] *n.f.* agenda (*m.*) de poche.

agente [a-gèn-te] *n.m.* e *f.* agent/e ♦ *n.m.* (*scient.*) agent.
● (*Borsa*) ***agente di cambio***, agent de change | (*comm.*) ***agente di commercio***, agent commercial | ***agente di custodia***, gardien de prison | ***agente*** (***di polizia***), agent de police | (*comm.*) ***agente immobiliare***, agent immobilier | ***agente investigativo***, détective | (*med.*) ***agente patogeno***, agent de contamination | ***agente teatrale***, imprésario | (*meteor.*) ***agenti atmosferici***, agents atmosphériques.

agenzia [a-gen-zì-a] *n.f.* **1** (*organizzazione di servizi*) agence, bureau (*m.*) **2** (*succursale*) agence.
● ***agenzia del lavoro***, société d'intérim | ***agenzia di assicurazioni***, bureau d'assurances | (*banca*) ***agenzia di cambio***, bureau de change | ***agenzia di collocamento***, agence de placement | ***agenzia di commercio***, agence de commerce (*o* comptoir) | ***agenzia di pubblicità***, agence de publicité (*o* concessionnaire de publicité et de média) | ***agenzia di viaggi***, agence de voyages | ***agenzia editoriale***, office de service aux éditions | ***agenzia fotografica***, agence de photos | ***agenzia giornalistica***, ***d'informazioni***, agence de presse | ***agenzia investigativa***, agence d'investigation | ***agenzia matrimoniale***, agence matrimoniale.

agevolare [a-ge-vo-là-re] *v.tr.* **1** (*cosa*) faciliter, rendre* plus facile **2** (*persona*) aider **3** (*comm.*) accorder des facilités: *agevolare qlcu nei pagamenti*, accorder des facilités de paiement à qqn.

agevolato [a-ge-vo-là-to] *agg.* favorisé.
● (*comm.*) ***credito agevolato***, crédit favorisé.

agevolazione [a-ge-vo-la-zió-ne] *n.f.* facilité.
● (*trib.*) ***agevolazioni fiscali***, allégements fiscaux.

agevole [a-gé-vo-le] *agg.* aisé; facile.

agevolmente [a-ge-vol-mén-te] *avv.* aisément; facilement.

agganciamento [ag-gan-cia-mén-to] *n.m.* accrochage.

agganciare [ag-gan-cià-re] *v.tr.* [coniug. come *cominciare*] accrocher (*anche fig.*).

aggancio [ag-gàn-cio] *n.m.* [pl. *-ci*] **1** (*l'agganciare*) accrochage; (*di vagoni ecc.*) attelage **2** (*spec. pl.*) (*fig.*) accointances (*f.pl.*).

aggeggio [ag-gég-gio] *n.m.* [pl. *-gi*] truc, machin.

aggettivale [ag-get-ti-và-le] *agg.* (*gramm.*) adjectif*: *con funzione aggettivale*, faisant fonction d'adjectif.

aggettivo [ag-get-tì-vo] *n.m.* (*gramm.*) adjectif.
● ***aggettivo dimostrativo***, ***indefinito***, ***numerale***, adjectif démonstratif, indéfini, numéral | ***aggettivo qualificativo***, ***possessivo***, ***relativo***, adjectif qualificatif, possessif, relatif | ***aggettivo sostantivato***, adjectif employé substantivement.

aggetto [ag-gèt-to] *n.m.* (*arch.*) saillie (*f.*).

agghiacciante [ag-ghiac-ciàn-te] *agg.* terrifiant.

agghiacciare [ag-ghiac-cià-re] *v.tr.* [coniug. come *cominciare*] glacer*: *quella vista gli agghiacciò il sangue nelle vene*, à ce spectacle, son sang se glaça dans ses veines ♦ **agghiacciarsi** *v.pron.intr.* se glacer*: *le si è agghiacciato il sangue per lo spavento*, son cœur s'est glacé d'effroi.

agghindare [ag-ghin-dà-re] *v.tr.* parer, pomponner ♦ **agghindarsi** *v.pron.* se parer, se pomponner.

agghindato [ag-ghin-dà-to] *agg.* pomponné.

aggio [àg-gio] *n.m.* [pl. *-gi*] (*econ.*) **1** agio **2** (*percentuale di guadagno*) prime.
● ***aggio dell'esattore***, prime de recouvrement | ***fare aggio sull'oro***, faire prime sur l'or.

aggiogare [ag-gio-gà-re] *v.tr.* [coniug. come *legare*] atteler*.

aggiornamento [ag-gior-na-mén-to] *n.m.* **1** mise (*f.*) à jour; (*di impianto ecc.*) modernisation (*f.*); (*di tariffe, prezzi*) ajustement **2** (*rinvio*) ajournement **3** (*riqualifica*) recyclage.
● ***corso d'aggiornamento***, formation continue; cours de remise à niveau.

aggiornare [ag-gior-nà-re] *v.tr.* **1** mettre* à jour **2** (*tariffe, prezzi*) ajuster **3** (*mettere al corrente*) mettre* au courant **4** (*rinviare*) ajourner, différer **5** (*riqualificare*) recycler **6** (*inform.*) mettre* à jour, actualiser ♦ **aggiornarsi** *v.pron.* **1** se mettre* à jour (**sur**), s'informer (**sur**) **2** (*di assemblea ecc.*) ajourner | *la corte si aggiorna*, la cour est ajournée.

aggiornato [ag-gior-nà-to] *agg.* **1** (*di persona*) au courant (**de**) **2** (*di pubblicazione ecc.*) mis à jour.

aggiotaggio [ag-gio-tàg-gio] *n.m.* [pl. *-gi*] agiotage: *fare dell'aggiotaggio*, agioter.

aggiramento [ag-gi-ra-mén-to] *n.m.* encerclement: *aggiramento di un ostacolo*, contournement d'un obstacle.

aggirare [ag-gi-rà-re] *v.tr.* **1** contourner (*anche fig.*); tourner: *aggirare la legge, un ostacolo*, contourner la loi, une difficulté **2** (*mil.*) (*accerchiare*) encercler ♦ **aggirarsi** *v.pron.* **1** rôder; (*vagare*) errer **2** (*di quantità, approssimarsi*) s'élever* environ (**à**) **3** (*vertere su*) rouler (**sur**).

aggiudicare [ag-giu-di-cà-re] *v.tr.* [coniug. come *mancare*] adjuger*; (*conferire*) décerner ♦ **aggiudicarsi** *v.pron. indiretto* s'adjuger*; (*ottenere*) remporter: *aggiudicarsi un premio*, remporter, gagner un prix.

aggiudicazione [ag-giu-di-ca-zió-ne] *n.f.* attribution; (*dir.*) adjudication.

aggiungere [ag-giùn-ge-re] *v.tr.* [coniug. come *giungere*] (*mettere in più*) ajouter; (*unire*) joindre*: *alla cultura aggiunge il fascino*, il joint le charme à la culture ♦ **aggiungersi** *v.pron.* e *pron.intr.* s'ajouter.

> **NOTA** ***Aggiungere***, nelle frasi incidentali, si traduce con ***ajouter***, che richiede l'inversione del soggetto:
> *Il mese prossimo, **aggiunse**, me ne andrò.*
> Le mois prochain, **ajouta-t-il**, je m'en irai.

aggiunta [ag-giùn-ta] *n.f.* addition, adjonction; (*la cosa aggiunta*) ajout (*m.*).
● ***in aggiunta*** (***a***), en plus (de) | (*editoria*) ***nuova edizione con aggiunte***, nouvelle édition augmentée.

A

aggiuntivo [ag-giun-tì-vo] *agg.* additionnel*.

aggiunto [ag-giùn-to] *agg.* e *n.m.* [f. *-a*] adjoint.

aggiustaggio [ag-giu-stàg-gio] *n.m.* [pl. *-gi*] (*mecc.*) ajustage.

aggiustamento [ag-giu-sta-mén-to] *n.m.* **1** (*accomodamento*) arrangement **2** (*econ., fin.*) rajustement, ajustement.

aggiustare [ag-giu-stà-re] *v.tr.* **1** réparer; (*rattoppare*) raccommoder: *me lo sai aggiustare?*, tu saurais me le réparer? **2** (*sistemare*) ajuster, arranger* ♦ **aggiustarsi** *v.pron.intr.*, *pron.* e *pron.rec.* s'arranger*: *le cose si sono aggiustate*, les choses se sont arrangées ♦ *v.pron. indiretto* arranger*: *aggiustarsi i capelli*, arranger ses cheveux.

● ***aggiustare i conti***, (*anche fig.*) régler les comptes | ***ora ti aggiusto io!***, je vais t'arranger!

agglomeramento [ag-glo-me-ra-mén-to] *n.m.* agglomération (*f.*).

agglomerare [ag-glo-me-rà-re] *v.tr.* agglomérer*.

agglomerato [ag-glo-me-rà-to] *n.m.* **1** (*geol.*) agglomérat **2** (*edil.*) aggloméré.

● ***agglomerato (urbano)***, agglomération (urbaine), conurbation.

agglomerazione [ag-glo-me-ra-zió-ne] *n.f.* agglomération.

agglutinare [ag-glu-ti-nà-re] *v.tr.* agglutiner ♦ **agglutinarsi** *v.pron.intr.* s'agglutiner.

aggomitolare [ag-go-mi-to-là-re] *v.tr.* → **raggomitolare**.

aggradare [ag-gra-dà-re] *v.intr.* [usato solo nella 3ª pers.sing. del pres.indic. *aggrada*] (*letter.*) plaire*: *fate come vi aggrada*, faites comme il vous plaira; *se vi aggrada*, si cela vous plaît.

aggraffare [ag-graf-fà-re] *v.tr.* (*tecn.*) agrafer.

aggraffatrice [ag-graf-fa-trì-ce] *n.f.* (*tecn.*) agrafeuse.

aggrapparsi [ag-grap-pàr-si] *v.pron.* s'accrocher, se cramponner.

aggravamento [ag-gra-va-mén-to] *n.m.* aggravation (*f.*).

aggravante [ag-gra-vàn-te] *agg.* aggravant ♦ *n.f.* aggravante.

● (*dir.*) ***circostanza aggravante***, circonstance aggravante.

aggravare [ag-gra-và-re] *v.tr.* aggraver ♦ **aggravarsi** *v.pron.* s'aggraver.

aggravio [ag-grà-vio] *n.m.* [pl. *-vi*] augmentation (*f.*).

● ***aggravio fiscale***, augmentation des impôts.

aggraziato [ag-gra-zià-to] *agg.* gracieux*: *ha un fare aggraziato*, elle a une façon de faire agréable.

aggredire [ag-gre-dì-re] *v.tr.* [coniug. come *finire*] agresser; attaquer: *aggredire con rimproveri*, accabler de reproches.

aggregare [ag-gre-gà-re] *v.tr.* [coniug. come *legare*] **1** associer, agréger* **2** réunir (**à**) ♦ **aggregarsi** *v.pron.* se joindre*.

aggregato [ag-gre-gà-to] *agg.* agrégé; associé: *forze aggregate*, forces associées ♦ *n.m.* **1** (*raggruppamento*) agrégation (*f.*): *un aggregato di capanne*, une agrégation de chaumières; *aggregato di case*, groupe de maisons **2** (*scient.*) agrégat: *aggregato cellulare*, agrégat cellulaire.

● (*amm.*) ***aggregato di segreteria***, secrétaire adjoint | ***aggregato urbano***, agglomération urbaine (*o* conurbation) | ***(impiegato) aggregato***, fonctionnaire adjoint | ***socio aggregato***, membre adjoint.

aggregazione [ag-gre-ga-zió-ne] *n.f.* agrégation.

● ***centro di aggregazione giovanile***, lieu de rencontre pour jeunes.

aggressione [ag-gres-sió-ne] *n.f.* agression.

● ***aggressione a mano armata***, attaque à main armée.

aggressività [ag-gres-si-vi-tà] *n.f.invar.* agressivité.

aggressivo [ag-gres-sì-vo] *agg.* agressif*.

aggressore [ag-gres-só-re] *agg.* e *n.m.* [f. *aggreditrice*] agresseur (*m.*).

aggrottare [ag-grot-tà-re] *v.tr.* (*le sopracciglia*) froncer; (*la fronte*) plisser.

aggrottato [ag-grot-tà-to] *agg.* **1** sourcilleux* **2** (*accigliato*) renfrogné: *aggrottato in volto*, le visage renfrogné.

aggrovigliare [ag-gro-vi-glià-re] *v.tr.* embrouiller ♦ **aggrovigliarsi** *v.pron.* e *pron.intr.* s'embrouiller (*anche fig.*).

aggrovigliato [ag-gro-vi-glià-to] *agg.* embrouillé.

aggrumare [ag-gru-mà-re] *v.tr.* coaguler ♦ **aggrumarsi** *v.pron.intr.* se grumeler*.

agguantare [ag-guan-tà-re] *v.tr.* saisir.

agguato [ag-guà-to] *n.m.* embuscade (*f.*), guet-apens*: *tendere un agguato*, tendre une embuscade.

● ***essere in agguato***, être aux aguets.

agguerrire [ag-guer-rì-re] *v.tr.* [coniug. come *finire*] aguerrir (*anche fig.*) ♦ **agguerrirsi** *v.pron.* s'aguerrir (**à**, **contre**) (*anche fig.*).

agguerrito [ag-guer-rì-to] *agg.* aguerri.

aghifoglia [a-ghi-fò-glia] *agg.* (*bot.*) angustifolié.

aghiforme [a-ghi-fór-me] *agg.* en forme d'aiguille; (*bot., min.*) aciculaire.

agiatezza [a-gia-téz-za] *n.f.* aisance; (*benessere*) bien-être (*m.*).

agiato [a-già-to] *agg.* aisé.

agibile [a-gì-bi-le] *agg.* praticable; (*di edificio*) habitable.

agibilità [a-gi-bi-li-tà] *n.f.invar.* (*di edifici*) habitabilité; (*di impianti*) autorisation d'exploitation; (*di strade*) viabilité.

agile [à-gi-le] *agg.* agile.

agilità [a-gi-li-tà] *n.f.invar.* agilité.

agilmente [a-gil-mén-te] *avv.* agilement.

agio [à-gio] *n.m.* [pl. *-gi*] **1** aise (*f.*) **2** (*pl.*) aisance (*f.sing.*): *negli agi*, dans l'aisance.

● ***essere, trovarsi a proprio agio***, être à l'aise, à son aise.

agiografia [a-gio-gra-fì-a] *n.f.* hagiographie.

agiografico [a-gio-grà-fi-co] *agg.* [pl.m. *-ci*, f. *-che*] hagiographique.

agire [a-gì-re] *v.intr.* [coniug. come *finire*; aus. *avere*] **1** agir: *ha agito bene, male*, il a bien, mal agi **2** (*di un meccanismo*) fonctionner.

agitare [a-gi-tà-re] *v.tr.* **1** agiter (*anche fig.*): *agitare le braccia*, agiter les bras; *agitare un problema*, traiter un problème **2** (*turbare*) agiter, troubler: *agitare le menti*, troubler les esprits ♦ **agitarsi** *v.pron.* s'agiter.

agitato [a-gi-tà-to] *agg.* agité (*anche fig.*) ♦ *n.m.* [f. *-a*] (*psic.*) agité ♦ *avv.* (*mus.*) agitato.

agitatore [a-gi-ta-tó-re] *n.m.* [f. *-trice*] agitateur*.

agitazione [a-gi-ta-zió-ne] *n.f.* agitation: *mettere in agitazione*, agiter.

agli [à-gli] *prep.art.m.pl.* → **a**[2].

aglio [à-glio] ***n.m.*** [pl. *-gli*] (*bot.*) ail*: *spicchio d'aglio*, gousse d'ail.

agnati [a-gnà-ti] ***n.m.pl.*** (*zool.*) agnathes.

agnello [a-gnèl-lo] ***n.m.*** agneau* (*anche fig.*).
● ***lupo in veste d'agnello***, loup déguisé en brebis.

agnostico [a-gnò-sti-co] ***agg.*** e ***n.m.*** [f. *-a*; pl.m. *-ci*, f. *-che*] agnostique.

ago [à-go] ***n.m.*** [pl. *aghi*] aiguille (*f.*); (*da calza*) aiguille (*f.*) à tricoter; (*del cuoiaio, del materassaio*) alêne (*f.*).
● ***ago da macchina***, aiguille de machine à coudre | (*med.*): ***ago da prelievo***, aiguille à ponction; ***ago da siringa***, aiguille pour piqûre (*o* aiguille hypodermique) | ***ago della bilancia***, aiguille de la balance | (*ferr.*) ***ago dello scambio***, aiguille de chemin de fer | ***ago torto***, crochet | ***cercare un ago in un pagliaio***, (*fig.*) chercher une aiguille dans une botte de foin.

agoaspirato [a-go-a-spi-rà-to] ***agg.*** (*med.*) ponctionné.

agognato [a-go-gnà-to] ***agg.*** convoité.

agonia [a-go-nì-a] ***n.f.*** agonie: *essere in agonia*, être à l'agonie.

agonismo [a-go-nì-ʃmo] ***n.m.*** esprit de compétition: *darsi all'agonismo*, s'adonner à la compétition.

agonistico [a-go-nì-sti-co] ***agg.*** [pl.m. *-ci*, f. *-che*] de compétition, sportif*: *spirito agonistico*, esprit combatif.

agonizzante [a-go-niʒ-ʒàn-te] ***agg.*** e ***n.m.*** e ***f.*** agonisant/e (*anche fig.*): *essere agonizzante*, être à l'agonie.

agonizzare [a-go-niʒ-ʒà-re] ***v.intr.*** [aus. *avere*] agoniser.

agopuntura [a-go-pun-tù-ra] ***n.f.*** acupuncture, acopuncture.

agorafobia [a-go-ra-fo-bì-a] ***n.f.*** agoraphobie.

agoraio [a-go-rà-io] ***n.m.*** [pl. *-ai*] étui à aiguilles, porte-aiguilles*.

agostiniano [a-go-sti-nià-no] ***agg.*** **1** (*appartenente all'ordine agostiniano*) augustin **2** (*relativo all'ordine agostiniano*) augustinien* ♦ ***n.m.*** [f. *-a*] (*eccl.*) augustin.

agosto [a-gó-sto] ***n.m.*** août.

agraria [a-grà-ria] ***n.f.*** agronomie.

agrario [a-grà-rio] ***agg.*** [pl.m. *-ri*] agricole ♦ ***n.m.*** [f. *-a*] **1** propriétaire foncier **2** spécialiste en agronomie, agronome.
● ***consorzio agrario***, coopérative agricole | ***perito agrario***, agronome | ***scuola agraria***, école d'agriculture.

agreste [a-grè-ste] ***agg.*** agreste: *la pace agreste*, la paix des champs; *popolazioni agresti*, populations rurales.

agri- ***pref.*** agro-.

agricolo [a-grì-co-lo] ***agg.*** agricole.

agricoltore [a-gri-col-tó-re] ***n.m.*** [f. *-trice*] agriculteur*.

agricoltura [a-gri-col-tù-ra] ***n.f.*** agriculture.
● ***agricoltura biologica***, agricolture biologique | ***agricoltura intensiva***, ***estensiva***, agriculture intensive, extensive.

agrifoglio [a-gri-fò-glio] ***n.m.*** [pl. *-gli*] (*bot.*) *houx.

agrimensore [a-gri-men-só-re] ***n.m.*** arpenteur.

agrimensura [a-gri-men-sù-ra] ***n.f.*** arpentage (*m.*).

agrippina [a-grip-pì-na] ***n.f.*** (*divano*) récamier (*m.*), méridienne.

agriturismo [a-gri-tu-rì-ʃmo] ***n.m.*** tourisme rural, agritourisme.

agro¹ [à-gro] ***agg.*** aigre (*anche fig.*) ♦ ***n.m.*** aigre.
● (*cuc.*) ***all'agro***, au citron.

agro² ***n.m.*** campagne (*f.*).

agro- ***pref.*** agro-.

agroalimentare [a-gro-a-li-men-tà-re] ***agg.*** agroalimentaire.

agrobiotecnologia [a-gro-bio-tec-no-lo-gìa] ***n.f.*** agrobiotechnologie.

agrodolce [a-gro-dól-ce] ***agg.*** aigre-doux*.

agronomia [a-gro-no-mì-a] ***n.f.*** agronomie.

agronomico [a-gro-nò-mi-co] ***agg.*** [pl.m. *-ci*, f. *-che*] agronomique.

agronomo [a-grò-no-mo] ***n.m.*** [f. *-a*] agronome.

agrume [a-grù-me] ***n.m.*** (*spec. pl.*) agrume.

agrumeto [a-gru-mé-to] ***n.m.*** plantation (*f.*) d'agrumes.

aguzzare [a-guz-zà-re] ***v.tr.*** **1** appointer, tailler en pointe **2** (*fig.*) aiguiser.

aguzzino [a-guʒ-ʒì-no] ***n.m.*** [f. *-a*] **1** geôlier **2** (*fig.*) tyran, bourreau*.

aguzzo [a-gùz-zo] ***agg.*** pointu.

ah ***inter.*** ah.

ahi [à-hi] ***inter.*** aïe.

ahimè [ahi-mè] ***inter.*** hélas.

ahó [a-hó] ***inter.*** hé, ho.

ai ***prep.art.m.pl.*** → **a**².

aia [à-ia] ***n.f.*** aire.
● ***menare il can per l'aia***, (*fig.*) tourner autour du pot.

FAUX AMI
Da non confondere con l'interiezione *aïe*, che significa *ahi*.

AIDS ***n.m.*** o ***f.invar.*** (*med.*) SIDA (*m.*).

aiola [a-iò-la] ***n.f.*** → **aiuola**.

airbag [ɛr'bɛg] ***n.m.invar.*** airbag; sac (o coussin) gonfable.

airbus® [ɛr'bas] ***n.m.invar.*** airbus®.

air mail [ɛr'meil] ***n.f.invar.*** courrier (*m.*) par avion.

airone [ai-ró-ne] ***n.m.*** (*zool.*) *héron.

aitante [ai-tàn-te] ***agg.*** vigoureux*.

aiuola [a-iuò-la] ***n.f.*** parterre (*m.*); (*spec. circolare*) corbeille; (*spec. rettangolare*) plate-bande*.

aiutante [a-iu-tàn-te] ***n.m.*** aide; (*assistente*) assistant.
● (*mil.*): ***aiutante di campo***, aide de camp; ***aiutante maggiore***, adjudant-major.

aiutare [a-iu-tà-re] ***v.tr.*** **1** aider **2** (*agevolare*) faciliter, aider (**à**) ♦ **aiutarsi** ***v.pron.*** **1** s'aider (**de**) **2** (*ingegnarsi*) faire* de son mieux ♦ ***v.pron.rec.*** s'entraider.
● ***aiutarsi con le mani e con i piedi***, (*fig.*) s'aider des pieds et des mains.

aiuto [a-iù-to] ***n.m.*** **1** aide (*f.*); (*soccorso*) secours: *dare aiuto a qlcu*, aider qqn; *portare aiuto*, donner de l'aide; *venire in aiuto a qlcu*, venir en aide à qqn, au secours de qqn; *invocare aiuto*, appeler à l'aide; crier au secours **2** (*aiutante*) aide; (*assistente*) assistant.
● ***aiuto!***, au secours! | ***con l'aiuto di***, avec l'aide de, à l'aide de: *con l'aiuto della madre*, avec l'aide de sa mère; *con l'aiuto di una lente d'ingrandimento*, à l'aide d'une loupe.

aizzare [aiz-zà-re] ***v.tr.*** **1** exciter **2** (*spingere*) pousser.

al ***prep.art.m.sing.*** → **a**².

ala [à-la] ***n.f.*** [pl. *ali*] **1** aile (*anche estens.*): *battere le ali*, battre des ailes **2** (*schieramento*) *haie: *passare tra due ali di folla*, passer entre deux haies de gens **3** (*del cappello*) bord (*m.*) **4** (*calcio*) ailier (*m.*).
● ***abbassare le ali***, (*fig.*) baisser la crête | ***avere le ali ai***

A

piedi, (*fig.*) avoir des ailes | ***fare ala a qlcu***, faire la haie au passage de qqn | ***in un batter d'ali***, (*fig.*) en moins de rien | (*calcio*) ***mezz'ala destra***, ***sinistra***, inter droit, gauche | ***tra due ali di folla***, entre deux files de personnes.

alabastro [a-la-bà-stro] ***n.m.*** albâtre.

alacre [à-la-cre] ***agg.*** **1** actif*; (*vivace*) vif* **2** (*zelante*) diligent, zélé: *una segretaria alacre*, une secrétaire diligente (*o* zélée).

alacremente [a-la-cre-mén-te] ***avv.*** avec zèle.

alacrità [a-la-cri-tà] ***n.f.invar.*** (*prontezza*) célérité; (*zelo*) zèle (*m.*).

alaggio [a-làg-gio] ***n.m.*** [pl. *-gi*] (*mar.*) *halage.

alamaro [a-la-mà-ro] ***n.m.*** (*spec. pl.*) brandebourg.

alambicco [a-lam-bìc-co] ***n.m.*** [pl. *-chi*] alambic.

alano [a-là-no] ***n.m.*** (*zool.*) grand danois.

alare[1] [a-là-re] ***n.m.*** (*del camino*) chenet.

alare[2] ***agg.*** alaire.

alato [a-là-to] ***agg.*** ailé (*anche fig.*).

alba [àl-ba] ***n.f.*** aube (*anche fig.*): *sta spuntando l'alba*, le jour pointe.

albanese [al-ba-né-se] ***agg.*** albanais ♦***n.m.*** e ***f.*** (*abitante*) Albanais/e ♦ ***n.m.*** (*lingua*) albanais.

albatro [àl-ba-tro] ***n.m.*** (*zool.*) albatros.

albeggiare [al-beg-già-re] ***v.intr.impers.*** [coniug. come *mangiare*; aus. *essere*] faire* jour.

alberato [al-be-rà-to] ***agg.*** bordé d'arbres, planté d'arbres.

alberatura [al-be-ra-tù-ra] ***n.f.*** (*mar.*) mâture.

albergare [al-ber-gà-re] ***v.tr.*** [coniug. come *legare*] **1** héberger*, loger* **2** (*fig.*) abriter ♦ ***v.intr.*** [aus. *avere*] (*aver dimora*) loger*.

albergatore [al-ber-ga-tó-re] ***n.m.*** [f. *-trice*] hôtelier*.

alberghiero [al-ber-ghiè-ro] ***agg.*** hôtelier* ♦***n.m.*** (*solo pl.*) personnel (*m.*) hôtelier.

● ***industria alberghiera***, hôtellerie | ***ricettività alberghiera***, capacités d'accueil | ***scuola alberghiera***, école hôtelière.

albergo [al-bèr-go] ***n.m.*** [pl. *-ghi*] **1** hôtel; (*di campagna*) auberge (*f.*) **2** (*letter.*) (*rifugio*) abri; (*ospitalità*) hospitalité (*f.*).

● ***albergo diurno***, bains publics | ***casa albergo***, résidence.

albero [àl-be-ro] ***n.m.*** **1** arbre: *albero da frutto*, arbre fruitier **2** (*mar.*) mât **3** (*mecc.*) arbre.

● (*mecc.*) ***albero a gomito***, vilebrequin | ***albero della cuccagna***, mât de cocagne | (*bot.*) ***albero della gomma***, arbre à caoutchouc | ***albero di Natale***, arbre, sapin de Noël | (*mar.*) ***albero maestro***, ***maggiore***, ***di maestra***, grand mât | (*mecc.*) ***albero motore***, arbre moteur.

albicocca [al-bi-còc-ca] ***n.f.*** [pl. *-che*] abricot (*m.*).

albicocco [al-bi-còc-co] ***n.m.*** [pl. *-chi*] abricotier.

albigese [al-bi-gé-se] ***agg.*** albigeois.

● (*st. relig.*) ***gli albigesi***, les Albigeois.

albinismo [al-bi-nì-ʃmo] ***n.m.*** albinisme.

albino [al-bì-no] ***agg.*** e ***n.m.*** [f. *-a*] albinos.

albo [àl-bo] ***n.m.*** **1** tableau*: *essere iscritto all'albo*, figurer au tableau **2** (*tavola per l'affissione di avvisi*) tableau* (d'affichage) **3** (*fumetto*) album.

● ***albo dei vincitori***, ***dei premiati***, palmarès | ***albo d'oro***, livre d'or.

albore [al-bó-re] ***n.m.*** (*spec. pl.*) **1** premières lueurs (*f.pl.*) du jour, premières lueurs (*f.pl.*) de l'aube **2** (*fig.*) aube (*f.*): *gli albori della civiltà*, l'aube de la civilisation.

alborella [al-bo-rèl-la] ***n.f.*** (*zool.*) ablette.

album [àl-bum] ***n.m.invar.*** album.

● ***album da disegno***, cahier à dessin.

albume [al-bù-me] ***n.m.*** **1** (*dell'uovo*) blanc (d'œuf), albumen **2** (*bot.*) albumen.

albumina [al-bu-mì-na] ***n.f.*** (*biol.*) albumine.

alcali [àl-ca-li] ***n.m.invar.*** (*chim.*) alcali.

alcalinità [al-ca-li-ni-tà] ***n.f.invar.*** (*chim.*) alcalinité.

alcalino [al-ca-lì-no] ***agg.*** alcalin.

alcaloide [al-ca-lòi-de] ***n.m.*** (*chim.*) alcaloïde.

alce [àl-ce] ***n.m.*** e ***f.*** [pl. *-ci*] (*zool.*) élan (*m.*).

alchechengi [al-che-chèn-gi] ***n.m.invar.*** (*bot.*) alkékenge.

alchermes [al-chèr-mes] ***n.m.invar.*** alkermès.

alchimia [al-chi-mì-a] ***n.f.*** alchimie.

alchimista [al-chi-mì-sta] ***n.m.*** e ***f.*** alchimiste.

alchimistico [al-chi-mì-sti-co] ***agg.*** [pl.m. *-ci*, f. *-che*] alchimique.

alcione [al-ció-ne] ***n.m.*** (*zool.*) alcyon.

alcol [àl-col] ***n.m.invar.*** alcool.

● ***alcol puro***, alcool pur, absolu | ***darsi all'alcol***, s'adonner à la boisson.

alcolemia [al-co-le-mì-a] ***n.f.*** (*med.*) alcoolémie.

alcolicità [al-co-li-ci-tà] ***n.f.invar.*** degré alcoolique.

alcolico [al-cò-li-co] ***agg.*** [pl.m. *-ci*, f. *-che*] alcoolique ♦ ***n.m.*** boissons (*f.*) alcoolisées.

alcolimetro [al-co-lì-me-tro] ***n.m.*** (*chim.*) alcoomètre.

alcolismo [al-co-lì-ʃmo] ***n.m.*** alcoolisme.

alcolista [al-co-lì-sta] ***n.m.*** e ***f.*** alcoolique.

alcolizzato [al-co-liʒ-ʒà-to] ***agg.*** e ***n.m.*** [f. *-a*] alcoolique.

alcoltest [al-col-tèst] ***n.m.invar.*** alcootest.

alcool [àl-co-ol] ***n.m.invar.*** → **alcol**.

alcova [al-cò-va] ***n.f.*** alcôve.

alcun [al-cùn] ***agg.indef.*** → **alcuno**.

alcunché [al-cun-ché] ***pron.indef.*** (*letter.*) **1** (*in frasi affermative*) (*qualche cosa*) quelque chose; (*qualsiasi cosa*) n'importe quoi: *vi era in lui alcunché di indefinibile*, il y avait en lui quelque chose d'indéfinissable **2** (*in frasi negative*) rien: *non ricorda alcunché di quanto gli ho detto*, il ne se rappelle rien de ce que je lui ai dit.

alcuno [al-cù-no] ***agg.indef.*** **1** (*pl.*) (*con valore affermativo di* qualche) quelques: *abbiamo visitato alcune città della Provenza*, nous avons visité quelques villes de (la) Provence | *alcuni tuoi*, *vostri colleghi*, quelques-uns de tes, de vos collègues, quelques collègues à toi, à vous; *alcune mie*, *nostre amiche*, quelques-unes de mes, de nos amies, quelques amies à moi, à nous **2** (*con valore negativo di* nessuno) aucun: *non ha alcun amico a cui rivolgersi*, il n'a aucun ami auquel s'adresser; *non gli serbo alcun rancore*, je ne lui garde pas du tout rancune **3** (*con valore di* un, qualche, un certo) quelque: *vi è forse alcun dubbio?*, y aurait-il quelque doute? ♦***pron.indef.*** **1** (*pl.*) (*con valore affermativo di* certi) quelques-uns, certains: *alcuni si sono lamentati dell'eccessivo rumore*, quelques-uns (*o* certains) se sont plaints du grand bruit | *alcuni di noi*, quelques-uns d'entre nous | *alcune di loro*, quelques-unes d'entre elles **2** (*con valore negativo di* nessuno) (*riferito solo a persone*) personne; (*seguito da partitivo e riferito a cose e persone*) aucun: *non vidi alcuno*, je ne vis personne; *non mi rivolgo ad alcuno dei miei colleghi*, je ne m'adresse à aucun de mes collègues; *non vi fu alcuno di loro che tradì i compagni*, parmi eux, aucun n'a trahi.

● ***alcune volte***, parfois, quelquefois | ***alcuni..., alcuni...*** (o ***altri...***), quelques-uns..., d'autres... | ***senza alcun dubbio***, sans aucun (*o* nul) doute.

> **NOTA** Quando ***alcuno*** significa 'nessuno', si traduce con ***aucun***, che vuole ***ne*** prima del verbo, ma non *pas* dopo:
>
> *Non lo dirò ad **alcun** amico.*
> **SÌ** Je **ne** le dirai à **aucun** de mes amis.
> **NO** Je **ne** le dirai **pas** à **aucun** de mes amis.
>
> *"Hai una soluzione?" "Non ne ho alcuna".*
> **SÌ** "As-tu une solution?" "Je **n**'en ai **aucune**".
> **NO** "As-tu une solution?" "Je **n**'en ai **pas aucune**".

aldeide [al-dèi-de] ***n.f.*** (*chim.*) aldéhyde (*m.*).

aldilà [al-di-là] ***n.m.invar.*** au-delà.

aldosterone [al-do-ste-ró-ne] ***n.m.*** (*biochim.*) aldostérone (*f.*).

alé [a-lé] ***inter.*** (*fam.*) allez; vas-y.

alea [à-le-a] ***n.f.*** (*dir.*) aléa (*m.*).

aleatorio [a-le-a-tò-rio] ***agg.*** [pl.m. *-ri*] aléatoire.

aleggiare [a-leg-già-re] ***v.intr.*** [coniug. come *mangiare*; aus. *avere*] **1** (*essere diffuso*) flotter **2** (*di aliante*) planer.

alesaggio [a-le-ʃàg-gio] ***n.m.*** [pl. *-gi*] (*mecc.*) alésage.

alesare [a-le-ʃà-re] ***v.tr.*** (*mecc.*) aléser*.

alesatrice [a-le-ʃa-trì-ce] ***n.f.*** (*mecc.*) aléseuse.

alesatura [a-le-ʃa-tù-ra] ***n.f.*** (*mecc.*) alésage (*m.*).

alessandrino [a-les-san-drì-no] ***agg.*** alexandrin ♦ ***n.m.*** **1** [f. *-a*] (*abitante*) Alexandrin **2** (*metrica*) alexandrin.

aletta [a-lét-ta] ***n.f.*** **1** aileron (*m.*) **2** (*mecc.*) ailette.
● (*aer.*) ***aletta di compensazione***, volet de compensation | (*mar.*) ***aletta di rollio***, aileron anti-roulis.

alettone [a-let-tó-ne] ***n.m.*** (*aer.*) aileron.

alfa[1] [àl-fa] ***n.m.*** o ***f.invar.*** (*lettera dell'alfabeto greco*) alpha (*m.*).
● ***dall'alfa all'omega***, de a jusqu'à z.

alfa[2] ***n.f.*** (*bot.*) alfa (*m.*).

alfabeta [al-fa-bè-ta] ***agg.*** e ***n.m.*** e ***f.*** alphabète.

alfabeticamente [al-fa-be-ti-ca-mén-te] ***avv.*** alphabétiquement.

alfabetico [al-fa-bè-ti-co] ***agg.*** [pl.m. *-ci*, f. *-che*] alphabétique.
● ***in, per ordine alfabetico***, par ordre alphabétique.

alfabetizzare [al-fa-be-tiʒ-ʒà-re] ***v.tr.*** alphabétiser.

alfabetizzazione [al-fa-be-tiʒ-ʒa-zió-ne] ***n.f.*** alphabétisation.

alfabeto [al-fa-bè-to] ***n.m.*** alphabet.

alfanumerico [al-fa-nu-mè-ri-co] ***agg.*** [pl.m. *-ci*, f. *-che*] (*inform.*) alphanumérique.

alfiere[1] [al-fiè-re] ***n.m.*** (*mil.*) porte-drapeau* (*anche fig.*).

alfiere[2] ***n.m.*** (*scacchi*) fou.

alfine [al-fi-ne] ***avv.*** (*letter.*) enfin.

alga [àl-ga] ***n.f.*** [pl. *-ghe*] (*bot.*) algue.

algebra [àl-ge-bra] ***n.f.*** algèbre.

algebricamente [al-ge-bri-ca-mén-te] ***avv.*** algébriquement.

algebrico [al-gè-bri-co] ***agg.*** [pl.m. *-ci*, f. *-che*] algébrique.

algerino [al-ge-rì-no] ***agg.*** algérien* ♦ ***n.m.*** [f. *-a*] (*abitante*) Algérien*.

algoritmo [al-go-rìt-mo] ***n.m.*** (*mat.*) algorithme.

aliante [a-liàn-te] ***n.m.*** (*aer.*) planeur.

alias [à-lias] ***avv.*** alias.

alibi [à-li-bi] ***n.m.invar.*** alibi.
● ***alibi di ferro***, (*fig.*) alibi en béton.

alice [a-lì-ce] ***n.f.*** (*zool.*) anchois (*m.*).
● (*cuc.*) ***alici sott'olio***, anchois à l'huile.

alienabile [a-lie-nà-bi-le] ***agg.*** (*dir.*) aliénable.

alienante [a-lie-nàn-te] ***agg.*** aliénant.

alienare [a-lie-nà-re] ***v.tr.*** (*dir.*) aliéner* (*anche fig.*): *alienare un diritto, un bene*, aliéner un droit, un bien; *quel gesto gli alienò le simpatie di tutti*, ce geste lui aliéna toutes les sympathies ♦ **alienarsi** ***v.pron.*** e ***pron.intr.*** **1** s'aliéner* **2** (*estraniarsi*) s'éloigner (**de**).

alienato [a-lie-nà-to] ***agg.*** e ***n.m.*** [f. *-a*] aliéné.

alienazione [a-lie-na-zió-ne] ***n.f.*** aliénation.

alienista [a-lie-nì-sta] ***n.m.*** e ***f.*** aliéniste.

alieno [a-liè-no] ***agg.*** étranger* (**à**): *uomo alieno da compromessi*, homme étranger à tout compromis ♦ ***n.m.*** [f. *-a*] extraterrestre.
● ***essere alieno dal***, répugner à.

alimentare[1] [a-li-men-tà-re] ***agg.*** alimentaire.
● ***generi alimentari***, denrées alimentaires | ***negozio di (generi) alimentari***, magasin d'alimentation.

alimentare[2] ***v.tr.*** alimenter (*anche fig.*) ♦ **alimentarsi** ***v.pron.*** s'alimenter (*anche fig.*).

alimentarista [a-li-men-ta-rì-sta] ***n.m.*** e ***f.*** (*dietista*) diététicien/enne.

alimentatore [a-li-men-ta-tó-re] ***n.m.*** [f. *-trice*] (*mecc., elettr.*) alimentateur, chargeur.

alimentazione [a-li-men-ta-zió-ne] ***n.f.*** alimentation.
● (*tecn.*): ***alimentazione a benzina***, alimentation en essence; ***alimentazione a vuoto***, alimentation par le vide | (*inform.*) ***alimentazione del nastro***, avancement de la bande | ***alimentazione liquida***, régime liquide.

alimento [a-li-mén-to] ***n.m.*** **1** aliment, nourriture (*f.*) (*anche fig.*): *trarre alimento*, s'alimenter; *l'alimento dello spirito*, les nourritures spirituelles **2** (*pl.*) (*dir.*) aliments, pension (*f.sing.*) alimentaire: *pagare, passare gli alimenti*, verser une pension alimentaire, payer les aliments.
● ***obbligo degli alimenti***, obligation alimentaire.

aliquota [a-lì-quo-ta] ***n.f.*** **1** (*quota*) quote-part* **2** (*trib.*) taux (*m.*).
● (*assic.*) ***aliquota del premio***, montant de la prime | (*trib.*) ***aliquota progressiva, proporzionale***, impôt progressif.

aliscafo [a-li-scà-fo] ***n.m.*** hydrofoil, hydroglisseur.

aliseo [a-li-ʃè-o] ***agg.*** e ***n.m.*** (*spec. pl.*) alizé.

alitare [a-li-tà-re] ***v.intr.*** [aus. *avere*] (*letter.*) **1** (*respirare*) respirer **2** (*di vento*) souffler.

> **FAUX AMI**
> Da non confondere con *aliter*, che significa *costringere a letto*.

alito [à-li-to] ***n.m.*** **1** haleine (*f.*) **2** (*di vento*) souffle.
● ***un alito di vita***, (*fig.*) un souffle de vie: *finché mi rimarrà un alito di vita*, tant qu'il me restera un souffle de vie.

alitosi [a-li-tò-ʃi] ***n.f.invar.*** (*med.*) mauvaise haleine.

alla [àl-la] ***prep.art.f.sing.*** → **a**[2].

allacciamento [al-lac-cia-mén-to] ***n.m.*** **1** (*l'allacciare*) laçage (*m.*) **2** (*del telefono ecc.*) branchement; (*ferroviario*) raccordement.

allacciare [al-lac-cià-re] ***v.tr.*** [coniug. come *cominciare*] **1** (*con lacci, stringhe*) lacer*; (*con fibbia*) boucler; (*con bottoni*) boutonner: *allacciati le (stringhe delle)* *scarpe*, lace tes chaussures **2** (*annodare*) nouer (*anche fig.*) **3** (*collegare*) raccorder; (*telefono ecc.*) brancher.

allacciatura [al-lac-cia-tù-ra] ***n.f.*** fermeture; (*con lacci, stringhe*) laçage (*m.*); (*con bottoni*) boutonnage (*m.*).

allagamento [al-la-ga-mén-to] ***n.m.*** inondation (*f.*).

allagare [al-la-gà-re] ***v.tr.*** [coniug. come *legare*] inonder ♦ **allagarsi** ***v.pron.intr.*** être* inondé.

allampanato [al-lam-pa-nà-to] ***agg.*** efflanqué.

allargamento [al-lar-ga-mén-to] ***n.m.*** élargissement; (*ampliamento*) extension (*f.*).

allargare [al-lar-gà-re] ***v.tr.*** [coniug. come *legare*] **1** élargir; (*ingrandire*) agrandir; (*distanziare*) espacer* **2** (*aprire, dilatare*) ouvrir*: *allargare le braccia in segno di rassegnazione*, ouvrir les bras en signe de résignation **3** (*estendere*) étendre* ♦ **allargarsi** ***v.pron.*** e ***pron.intr.*** s'élargir; (*ingrandirsi*) s'agrandir: *le scarpe si allargano con l'uso*, les chaussures s'élargissent à l'usage; *l'azienda si è allargata nell'ultimo anno*, l'entreprise s'est agrandie au cours de la dernière année; *il problema si allarga*, (*fig.*) le problème s'élargit | *ci siamo allargati un po'*, (*fam.*) maintenant on est plus au large | *potete allargarvi*, (*a tavola*) espacez-vous.

● ***allargare il cuore***, réchauffer le cœur: *mi si allargò il cuore*, mon cœur se remplit de joie.

allarmante [al-lar-màn-te] ***agg.*** alarmant.

allarmare [al-lar-mà-re] ***v.tr.*** alarmer ♦ **allarmarsi** ***v.pron.*** s'alarmer.

allarmato [al-lar-mà-to] ***agg.*** inquiet*.

allarme [al-làr-me] ***n.m.*** **1** alarme (*anche fig.*); alerte (*f.*) (*spec. mil.*): *suscitare allarme*, jeter l'alarme **2** (*apparecchio*) alarme.

● ***allarme sonoro***, avertisseur sonore | ***dispositivo d'allarme***, dispositif d'alarme | ***essere in allarme per qlco***, être inquiet pour qqch | ***mettere in allarme***, alerter | ***mettersi in allarme***, se mettre en alarme | ***segnale***, ***campanello d'allarme***, (*fig.*) signal d'alarme | ***sirena d'allarme***, sirène d'alerte.

allarmismo [al-lar-mì-ʃmo] ***n.m.*** **1** alarmisme **2** (*estens.*) inquiétude (*f.*): *c'era un diffuso allarmismo*, il y avait un climat d'inquiétude.

allarmista [al-lar-mi-sta] ***n.m.*** e ***f.*** alarmiste.

allarmistico [al-lar-mì-sti-co] ***agg.*** [pl.m. *-ci*, f. *-che*] alarmiste.

allato [al-là-to] **a lato** ***avv.*** → **accanto**.

allattamento [al-lat-ta-mén-to] ***n.m.*** allaitement.

allattare [al-lat-tà-re] ***v.tr.*** allaiter: *allattare artificialmente*, allaiter au biberon.

alle [àl-le] ***prep.art.f.pl.*** → **a**².

alleanza [al-le-àn-za] ***n.f.*** alliance.

allearsi [al-le-àr-si] ***v.pron.*** e ***pron.rec.*** s'allier (**à**, **avec**).

alleato [al-le-à-to] ***agg.*** e ***n.m.*** [f. *-a*] allié.

allegare [al-le-gà-re] ***v.tr.*** [coniug. come *legare*] **1** joindre* **2** (*allappare*) agacer*.

allegato [al-le-gà-to] ***n.m.*** **1** annexe (*f.*), pièce (*f.*) jointe **2** (*inform.*) pièce (*f.*) jointe ♦ ***agg.*** → **accluso**.

● ***in allegato***, ci-joint: *in allegato copia della fattura*, ci-joint une copie de la facture.

alleggerimento [al-leg-ge-ri-mén-to] ***n.m.*** allégement.

alleggerire [al-leg-ge-rì-re] ***v.tr.*** [coniug. come *finire*] **1** alléger* **2** (*fig.*) (*alleviare*) soulager* | *lo hanno alleggerito del portafogli*, on l'a soulagé de son portefeuille | *alleggerire le tasche di qlcu*, soulager les poches de qqn ♦ **alleggerirsi** ***v.pron.*** **1** s'habiller plus légèrement **2** (*liberarsi*) se délivrer (*anche fig.*).

allegoria [al-le-go-rì-a] ***n.f.*** allégorie.

allegoricamente [al-le-go-ri-ca-mén-te] ***avv.*** allégoriquement.

allegorico [al-le-gò-ri-co] ***agg.*** [pl.m. *-ci*, f. *-che*] allégorique.

allegramente [al-le-gra-mén-te] ***avv.*** gaiement.

● ***prendersela allegramente***, prendre les choses du bon côté | ***prendila allegramente!***, ne t'en fais pas trop!

allegria [al-le-grì-a] ***n.f.*** gaieté, allégresse.

● ***che allegria!***, (*iron.*) c'est gai! | ***mettere allegria***, mettre de bonne humeur | ***stare in allegria***, s'amuser | ***vivere in allegria***, mener joyeuse vie.

allegro [al-lé-gro] ***agg.*** **1** gai, joyeux*: *temperamento allegro*, tempérament gai; *un'allegra serata*, une joyeuse soirée; *in allegra compagnia*, en joyeuse compagnie **2** (*di colore*) riant, gai **3** (*alticcio*) éméché.

● ***amministrazione allegra***, gestion frivole | ***c'è poco da stare allegri***, il n'y a pas de quoi se réjouir | ***finanza allegra***, joyeux gaspillage | ***la Vedova Allegra***, la Veuve Joyeuse | ***stare allegri***, se donner du bon temps | ***su, allegri!***, allons, un peu de bonne humeur! | ***tenere allegro qlcu***, égayer qqn.

allegrone [al-le-gró-ne] ***n.m.*** [f. *-a*] boute-en-train*.

alleluia [al-le-lù-ia] ***n.m.invar.*** alléluia.

allenamento [al-le-na-mén-to] ***n.m.*** **1** entraînement: *essere in allenamento*, être à l'entraînement; *mantenersi in allenamento*, se maintenir en forme **2** (*estens.*) entraînement, exercice: *tenere in allenamento la memoria*, exercer sa mémoire.

allenare [al-le-nà-re] ***v.tr.*** **1** entraîner **2** (*estens.*) entraîner, exercer* ♦ **allenarsi** ***v.pron.*** **1** s'entraîner **2** (*estens.*) s'entraîner, s'exercer*.

allenato [al-le-nà-to] ***agg.*** **1** entraîné **2** (*abituato*) habitué.

allenatore [al-le-na-tó-re] ***n.m.*** [f. *-trice*] entraîneur*.

> **NOTA** ***allenatrice***, femminile di ***allenatore***, si può tradurre con il nome maschile, oppure con il femminile *entraîneuse* seguito da una specificazione:
> *la sua* ***allenatrice*** *di basket*
> son **entraîneuse** de basket.

allentamento [al-len-ta-mén-to] ***n.m.*** **1** relâchement (*anche fig.*) **2** (*di viti, bulloni ecc.*) desserrage.

allentare [al-len-tà-re] ***v.tr.*** **1** (*rendere meno stretto*) desserrer: *allentare la morsa*, (*anche fig.*) desserrer l'étau **2** (*rendere meno teso, meno rigido*) relâcher: *allentare la sorveglianza*, relâcher la surveillance **3** (*fam.*) (*appioppare*) allonger*, flanquer: *allentare uno schiaffo*, allonger une gifle ♦ **allentarsi** ***v.pron.intr.*** **1** (*diventare meno stretto*) se desserrer; (*meno teso*) se détendre* **2** (*fig.*) se relâcher; (*diminuire*) s'atténuer: *la morsa del gelo si è allentata*, le grand froid s'est adouci.

● ***allentare i freni a***, (*fig.*) lâcher la bride à.

allergene [al-ler-gè-ne] ***n.m.*** (*biol.*) allergène.

allergia [al-ler-gì-a] ***n.f.*** allergie.

allergico [al-lèr-gi-co] ***agg.*** [pl.m. *-ci*, f. *-che*] allergique.

allergizzante [al-ler-giʒ-ʒàn-te] ***agg.*** (*med.*) allergisant.

allergologia [al-ler-go-lo-gì-a] ***n.f.*** (*med.*) allergologie.

allergologo [al-ler-gò-lo-go] *n.m.* [f. *-a*; pl.m. *-gi*, f. *-ghe*] (*med.*) allergologue.

allerta [al-lér-ta *o* allèrta] *avv.* e *n.f.* e *m.invar.* alerte.
● ***stare allerta***, être sur ses gardes.

allertare [al-ler-tà-re] *v.tr.* alerter, mettre* en alerte.

allestimento [al-le-sti-mén-to] *n.m.* **1** (*l'allestire*) aménagement; (*preparazione*) préparation (*f.*) **2** (*l'attrezzare*) équipement: *l'allestimento di una nave*, l'équipement d'un navire **3** (*teatr., cine.*) mise (*f.*) en scène; (*allestimento scenico*) décor.

allestire [al-le-stì-re] *v.tr.* [coniug. come *finire*] **1** aménager*; (*preparare*) préparer **2** (*attrezzare*) équiper: *allestire una flotta*, équiper une flotte; *allestire una nave*, équiper (*o* armer) un navire **3** (*teatr.*) mettre* en scène, monter.

allettamento [al-let-ta-mén-to] *n.m.* attrait, séduction (*f.*).

allettante [al-let-tàn-te] *agg.* alléchant.

allettare [al-let-tà-re] *v.tr.* allécher* | *ciò mi alletta, non mi alletta*, cela me séduit, cela ne me sourit guère.

FAUX AMI
Da non confondere con *allaiter*, che significa *allattare*.

allevamento [al-le-va-mén-to] *n.m.* élevage.

allevare [al-le-và-re] *v.tr.* élever*.
● ***allevare una serpe in seno***, (*fig.*) réchauffer un serpent dans son sein.

allevatore [al-le-va-tó-re] *n.m.* [f. *-trice*] éleveur*.

alleviamento [al-le-via-mén-to] *n.m.* **1** soulagement **2** (*alleggerimento*) allégement.

alleviare [al-le-vià-re] *v.tr.* **1** soulager* **2** (*alleggerire*) alléger*.

allibire [al-li-bì-re] *v.intr.* [coniug. come *finire*; aus. *essere*] rester stupéfait, rester interdit.

allibito [al-li-bì-to] *agg.* stupéfait.

allibratore [al-li-bra-tó-re] *n.m.* [f. *-trice*] bookmaker.

allietare [al-lie-tà-re] *v.tr.* égayer*: *la loro casa è stata allietata dalla nascita di un bambino*, la naissance d'un enfant est venue égayer leur maison.

allievo [al-liè-vo] *n.m.* [f. *-a*] élève.

alligatore [al-li-ga-tó-re] *n.m.* (*zool.*) alligator.

allignare [al-li-gnà-re] *v.intr.* [aus. *avere*] prendre* racine, pousser.

all inclusive [ɔl'inkluziv] *agg.* e *n.m.invar.* (*di viaggio*) tout compris.

allineamento [al-li-ne-a-mén-to] *n.m.* alignement.
● (*econ.*) ***allineamento dei salari***, ***dei prezzi***, ajustement des salaires, des prix.

allineare [al-li-ne-à-re] *v.tr.* aligner ♦ **allinearsi** *v.pron.* s'aligner.

allineato [al-li-ne-à-to] *agg.* aligné.

allitterazione [al-lit-te-ra-zió-ne] *n.f.* allitération.

allo [àl-lo] *prep.art.m.sing.* → **a**[2].

allo- *pref.* allo-.

allocare [al-lo-cà-re] *v.tr.* [coniug. come *mancare*] (*econ.*) allouer, assigner, répartir.

allocazione [al-lo-ca-zió-ne] *n.f.* (*econ.*) (*assegnazione*) allocation, affectation; (*ripartizione*) répartition.

allocco [al-lòc-co] *n.m.* [pl. *-chi*] **1** (*zool.*) *hulotte (*f.*) **2** (*fig.*) nigaud, sot*.
● ***rimanere come un allocco***, (*fig.*) rester tout bête.

allocuzione [al-lo-cu-zió-ne] *n.f.* allocution: *fare un'allocuzione*, adresser une allocution.

allodola [al-lò-do-la] *n.f.* (*zool.*) alouette.

alloggiamento [al-log-gia-mén-to] *n.m.* **1** (*l'alloggiare*) logement **2** (*mil.*) cantonnement **3** (*mecc.*) logement.

alloggiare [al-log-già-re] *v.tr.* [coniug. come *mangiare*] loger*, héberger* ♦ *v.intr.* [aus. *avere*] loger*.

alloggio [al-lòg-gio] *n.m.* [pl. *-gi*] **1** logement **2** (*appartamento*) appartement **3** (*ospitalità*) hospitalité (*f.*): *chiedere alloggio a qlcu*, demander l'hospitalité à qqn **4** (*sulle navi*) cabines (*f.pl.*).
● ***crisi degli alloggi***, crise du logement | ***prendere***, ***trovare alloggio presso qlcu***, loger chez qqn | ***vitto e alloggio***, le gîte et le couvert.

allontanamento [al-lon-ta-na-mén-to] *n.m.* **1** éloignement **2** (*il mandar via*) renvoi.

allontanare [al-lon-ta-nà-re] *v.tr.* **1** éloigner: *le nuove amicizie lo hanno allontanato da me*, ses nouvelles fréquentations l'ont éloigné de moi; *allontanare un pericolo*, éloigner un danger; *allontanare i sospetti*, détourner les soupçons; *il suo carattere lo allontana da tutti*, il fait le vide autour de lui **2** (*mandare via*) renvoyer*: *allontanare dalla scuola*, renvoyer de l'école ♦ **allontanarsi** *v.pron.intr.* **1** s'éloigner | *allontanarsi da casa*, quitter sa maison | *devo allontanarmi un momento*, je dois m'absenter un instant **2** (*deviare*) s'écarter: *allontanarsi dalla retta via*, (*fig.*) s'écarter du droit chemin.

allora [al-ló-ra] *avv.* **1** alors; (*in quel preciso momento*) à ce moment-là; (*a quei tempi*) en ce temps-là: *soltanto allora mi accorsi che*, alors seulement je m'aperçus que; *proprio allora avresti dovuto intervenire*, c'est juste à ce moment-là que tu aurais dû intervenir; *allora si viaggiava in diligenza*, en ce temps-là on voyageait en diligence **2** (*interrogativo* o *esclamativo*) alors: *allora, che aspetti?*, alors, qu'attends-tu? ♦ *cong.* alors ♦ *agg.invar.* de l'époque, de ce temps-là: *l'allora presidente*, le président de l'époque.
● ***allora allora***, tout juste: *era allora allora partito*, il venait de partir | ***allora come allora***, en ce temps-là | ***da allora*** (***in poi***), depuis lors, dès lors | ***di allora***, ***d'allora***, d'alors; (*di quel tempo*) de ce temps-là | ***fino*** (***ad***) ***allora***, jusque là; (*riferito solo al passato*) jusqu'alors | ***fin d'allora***, dès ce moment | ***per allora***, pour cette époque-là.

NOTA ***Allora*** seguito da un verbo con riferimento a un passato recentissimo, si traduce con ***venir de*** seguito da infinito:
Avevo ***allora****, proprio allora annunciato che...*
Je **venais d'**annoncer que...
Se ne erano andati (proprio) allora.
Ils **venaient** (tout juste) **de** sortir.

allorché [al-lor-ché] *cong.* (*letter.*) lorsque.

alloro [al-lò-ro] *n.m.* laurier.
● ***dormire***, ***riposare sugli allori***, (*fig.*) s'endormir, se reposer sur ses lauriers.

allorquando [al-lor-quàn-do] *cong.* (*letter.*) lorsque.

allotropico [al-lo-trò-pi-co] *agg.* [pl.m. *-ci*, f. *-che*] (*chim.*) allotropique.

alluce [àl-lu-ce] *n.m.* gros orteil.

allucinante [al-lu-ci-nàn-te] *agg.* (*fam.*) incroyable.
● ***è allucinante!***, j'hallucine!

allucinato [al-lu-ci-nà-to] *agg.* e *n.m.* [f. *-a*] halluciné: *occhi allucinati*, yeux hagards.

allucinazione [al-lu-ci-na-zió-ne] *n.f.* hallucination.

allucinogeno [al-lu-ci-nò-ge-no] *agg.* e *n.m.* hallucinogène.

alludere [al-lù-de-re] *v.intr.* [coniug. come *chiudere*; aus. *avere*] faire* allusion (*à*).

A

allume [al-lù-me] *n.m.* (*chim.*) alun.

allumina [al-lu-mì-na] *n.f.* (*chim.*) alumine.

alluminio [al-lu-mì-nio] *n.m.* [pl. *-ni*] aluminium; (*fam.*) alu.
● ***carta d'alluminio***, papier alu.

allunaggio [al-lu-nàg-gio] *n.m.* [pl. *-gi*] alunissage.

allunare [al-lu-nà-re] *v.intr.* [aus. *avere*, non com. *essere*] alunir.

allungabile [al-lun-gà-bi-le] *agg.* allongeable.
● ***tavolo allungabile***, table à rallonges.

allungamento [al-lun-ga-mén-to] *n.m.* **1** allongement **2** (*nel tempo*) prolongation (*f.*) **3** (*di liquidi*) coupage, mouillage.

allungare [al-lun-gà-re] *v.tr.* [coniug. come *legare*] **1** allonger* **2** (*prolungare*) prolonger* **3** (*tendere*) tendre*; (*porgere*) passer: *allungare la mano, il piatto*, tendre la main, l'assiette; *allungami il giornale*, passe-moi le journal **4** (*vino*) couper, mouiller ♦ **allungarsi** *v.pron. intr.* (*diventare più lungo*) s'allonger*; (*fam.*) (*diventare più alto*) grandir: *come si è allungato!*, comme il a grandi! ♦ *v.pron.* (*sdraiarsi, stendersi*) s'allonger*.
● ***allungare le mani***, (*molestare sessualmente*) avoir les mains baladeuses | ***allungare le mani su qlco***, (*rubacchiare*) chiper qqch | ***allungare l'orecchio***, (*fig.*) tendre l'oreille.

allungo [al-lùn-go] *n.m.* [pl. *-ghi*] **1** (*ciclismo*) accélération (*f.*) **2** (*atletica*) allongement de la foulée **3** (*calcio*) passe (*f.*) en profondeur **4** (*scherma, boxe*) allonge (*f.*).

allusi → **alludere**.

allusione [al-lu-ʃió-ne] *n.f.* allusion.

allusivo [al-lu-ʃì-vo] *agg.* allusif*.

alluvionato [al-lu-vio-nà-to] *agg.* e *n.m.* [f. *-a*] inondé.

alluvione [al-lu-vió-ne] *n.f.* **1** (*geogr.*) inondation **2** (*geol.*) (*depositi alluvionali*) alluvion.

alma [àl-ma] *n.f.* (*letter.*) âme.

almanaccare [al-ma-nac-cà-re] *v.intr.* [coniug. come *mancare*; aus. *avere*] **1** (*congetturare*) se creuser la cervelle **2** (*fantasticare*) rêvasser.

almanacco [al-ma-nàc-co] *n.m.* [pl. *-chi*] almanach.

almeno [al-mé-no] *avv.* **1** au moins: *almeno si decidesse!*, si au moins il se décidait! **2** (*con valore restrittivo*) du moins: *è partito, almeno così si dice*, il est parti, du moins on le dit.
● ***almeno almeno***, tout au moins | ***almeno una volta***, pour une fois.

aloe [à-loe] *n.m.invar.* (*bot.*) aloès.

alogeno [a-lò-ge-no] *n.m.* e *agg.* (*chim.*) halogène.
● ***lampada alogena***, lampe halogène.

alone [a-ló-ne] *n.m.* **1** *halo (*anche fig.*) **2** (*di macchia*) auréole (*f.*).

alopecia [a-lo-pè-cia *o* a-lo-pe-cì-a] *n.f.* [pl. *-cie* o *-ce*] (*med.*) alopécie.

alosa [a-lò-ʃa] *n.f.* (*zool.*) alose.

alpaca [àl-pa-ca *o* alpàca] *n.m.invar.* (*zool.*) alpaga.

alpacca [al-pàc-ca] *n.f.* [pl. *-che*] (*metall.*) maillechort (*m.*).

alpe [àl-pe] *n.f.* alpe.

alpeggio [al-pég-gio] *n.m.* [pl. *-gi*] alpage.

alpestre [al-pè-stre] *agg.* alpestre.

alpigiano [al-pi-già-no] *agg.* e *n.m.* [f. *-a*] montagnard.

alpinismo [al-pi-nì-ʃmo] *n.m.* alpinisme.

alpinista [al-pi-nì-sta] *n.m.* e *f.* alpiniste.

alpino [al-pì-no] *agg.* alpin, des Alpes: *club alpino*, club alpin; *sistema alpino*, chaîne des Alpes ♦ *n.m.* (*mil.*) (chasseur) alpin.
● ***guida alpina***, guide de montagne | (*bot.*) ***stella alpina***, edelweiss.

alquanto [al-quàn-to] *agg.indef.* **1** un certain, quelque; (*una certa quantità di*) une certaine quantité (**de**): *rimase alquanto (tempo) senza parlare*, il resta un certain (*o* quelque) temps sans parler; *aveva alquanto denaro con sé*, il avait une certaine quantité d'argent sur lui **2** (*pl.*) (*alcuni*) quelques; (*un certo numero di*) un certain nombre (**de**): *per alquanti anni*, pendant quelques années; *c'erano alquante persone*, il y avait un certain nombre de personnes ♦ *pron.indef.* (*solo pl.*) quelques-uns; (*un certo numero*) un certain nombre ♦ *avv.* (*piuttosto*) quelque peu; (*abbastanza*) assez; (*spec. davanti a comparativi*) sensiblement: *è alquanto invecchiato*, il a quelque peu vieilli; *è una storia alquanto strana*, c'est une histoire assez bizarre; *sta alquanto meglio oggi*, il va sensiblement mieux aujourd'hui.

alsaziano [al-sa-zià-no] *agg.* alsacien* ♦ *n.m.* **1** [f. *-a*] (*abitante*) Alsacien* **2** (*cane*) berger alsacien.

alt *inter.* e *n.m.invar.* *halte (*f.*); (*segnale stradale*) stop.

alta fedeltà [àl-ta fe-del-tà] *n.f.invar.* *haute-fidélité*: *impianto ad alta fedeltà*, chaîne haute-fidélité.

altalena [al-ta-lé-na] *n.f.* (*sospesa a due funi*) **1** balançoire; (*tavola messa in bilico*) bascule **2** (*fig.*) alternance: *un'altalena di notizie contraddittorie*, une alternance d'informations contradictoires; *la vita è un'altalena (di alti e bassi)*, la vie est une alternance de hauts et de bas.

altalenante [al-ta-le-nàn-te] *agg.* en dents de scie; (*fig.*) qui a des hauts et des bas: *una carriera altalenante*, une carrière en dents de scie.

altamente [al-ta-mén-te] *avv.* (*riferito ad aggettivo*) très; (*riferito a verbo*) beaucoup | *un operaio altamente specializzato*, un ouvrier hautement spécialisé.
● ***me ne infischio altamente***, (*fam.*) je m'en fiche royalement.

altana [al-tà-na] *n.f.* belvédère (*m.*).

altare [al-tà-re] *n.m.* autel.
● ***altare maggiore***, maître-autel | ***andare all'altare***, se marier | ***condurre all'altare***, conduire à l'autel | ***porre qlcu sugli altari***, canoniser qqn; (*fig.*) dresser des autels à qqn | ***scoprire gli altarini***, (*scherz.*) découvrir le pot aux roses.

alterabile [al-te-rà-bi-le] *agg.* **1** altérable **2** (*irritabile*) irritable.

alterare [al-te-rà-re] *v.tr.* **1** altérer* (*anche fig.*) | *il caldo ha alterato il latte*, la chaleur a fait tourner le lait | *è alterato dal vino*, il est ivre **2** (*irritare*) irriter ♦ **alterarsi** *v.pron.* **1** s'altérer* (*anche fig.*) **2** (*irritarsi*) s'irriter.

alterato [al-te-rà-to] *agg.* **1** altéré (*anche fig.*) | *alterato dal vino*, ivre **2** (*irritato*) irrité.

alterazione [al-te-ra-zió-ne] *n.f.* **1** altération (*anche fig.*) **2** (*irritazione*) irritation **3** (*mus.*) altération.
● ***avere un po' d'alterazione***, (*un po' di febbre*) avoir un peu de fièvre.

altercare [al-ter-cà-re] *v.intr.* [coniug. come *mancare*; aus. *avere*] se disputer.

alterco [al-tèr-co] *n.m.* [pl. *-chi*] dispute (*f.*), altercation (*f.*).

alterigia [al-te-rì-gia] *n.f.* [pl. *-gie* o *-ge*] *hauteur.

altermondialista [al-ter-mon-dia-lì-sta] *n.m.* e *f.* altermondialiste.

alternanza [al-ter-nàn-za] *n.f.* alternance.

alternare [al-ter-nà-re] *v.tr.* **1** faire* alterner: *alternare il lavoro con il riposo*, couper le travail par des moments de repos; *alternare momenti di entusiasmo ad altri di depressione*, passer facilement de l'enthousiasme à la dépression **2** (*agr.*) alterner ♦ **alternarsi** *v.pron.intr.* alterner (**avec**); (*susseguirsi*) succéder* ♦ *v.pron.rec.* s'alterner; (*avvicendarsi*) se relayer*.

alternativa [al-ter-na-tì-va] *n.f.* **1** (*alternanza*) alternance, succession **2** (*scelta*) alternative.

alternativamente [al-ter-na-ti-va-mén-te] *avv.* alternativement.

alternativo [al-ter-na-tì-vo] *agg.* **1** alternatif* **2** (*che si pone in alternativa*) autre: *una soluzione alternativa sarebbe di*, une autre solution serait de.
● ***medicina alternativa***, médecine douce (*o* parallèle).

alternato [al-ter-nà-to] *agg.* alterné; (*con senso di avvicendamento*) alternatif*.
● (*agr.*) ***coltivazione alternata***, culture alterne | (*elettr.*) ***corrente alternata***, courant alternatif | (*metrica*) ***rime alternate***, rimes croisées.

alternatore [al-ter-na-tó-re] *n.m.* (*elettr.*) alternateur.

alterno [al-tèr-no] *agg.* **1** alternatif* **2** (*alternato*) alterné **3** (*geom.*) alterne **4** (*inform.*) alterné.
● ***a giorni alterni***, tous les deux jours | ***le alterne vicende della vita***, les hauts et les bas de la vie.

altero [al-tè-ro] *agg.* altier*.

altezza [al-téz-za] *n.f.* **1** *hauteur; (*dopo una misura*) *haut (*m.*): *da un'altezza di 10 metri, da 10 metri d'altezza*, d'une hauteur de 10 mètres, de 10 mètres de haut **2** (*profondità*) profondeur **3** (*altitudine, quota*) altitude: *a 500 metri di altezza*, à une altitude de 500 mètres **4** (*di persona*) taille **5** (*di tessuto*) largeur | *l'altezza di questa stoffa è di 70 cm*, ce tissu est en 70 cm **6** (*fig.*) noblesse | *altezza d'ingegno*, profondeur d'esprit **7** (*con iniziale maiuscola*) (*titolo principesco*) Altesse.
● ***all'altezza di***, (*anche fig.*) à la hauteur de | ***essere all'altezza dei tempi***, (*fig.*) marcher avec son temps.

altezzosamente [al-tez-zo-sa-mén-te] *avv.* avec *hauteur.

altezzosità [al-tez-zo-si-tà] *n.f.invar.* *hauteur, morgue.

altezzoso [al-tez-zó-so] *agg.* *hautain.

alticcio [al-tìc-cio] *agg.* [pl.m. *-ci*, f. *-ce*] [pl.m. *-ci*, f. *-ce*] gris, éméché.

altimetrico [al-ti-mè-tri-co] *agg.* [pl.m. *-ci*, f. *-che*] altimétrique.

altimetro [al-tì-me-tro] *n.m.* altimètre.

altipiano [al-ti-pià-no] *n.m.* → **altopiano**.

altisonante [al-ti-so-nàn-te] *agg.* retentissant.
● ***nome altisonante***, (*fig.*) nom illustre.

Altissimo [al-tìs-si-mo] *n.m.* (*Dio*) Très-Haut.

altitudine [al-ti-tù-di-ne] *n.f.* altitude.

alto [àl-to] *agg.* **1** *haut (*anche fig.*): *alto 4 metri*, haut de 4 mètres; *stanze col soffitto alto*, pièces hautes de plafond | *avere il morale alto*, avoir un bon moral | *uomo di alto ingegno*, homme d'une grande intelligence | *alti ideali*, idéals nobles **2** (*di persona*) grand | *quanto sei alto?*, combien est-ce que tu mesures? | *è alta 1,70*, elle mesure 1 m 70 **3** (*che sta sopra*) d'en *haut: *sul ripiano più alto*, sur le rayon d'en haut **4** (*di suono*) *haut **5** (*spesso*) épais* **6** (*di prezzo, cifra ecc.*) élevé **7** (*di tessuto*) large **8** (*profondo*) *haut **9** (*di luogo, di tempo*) *haut: *l'alto Medioevo*, le haut Moyen Âge | *alta Italia*, Italie du Nord ♦ *n.m.* *haut ♦ *avv.* *haut.
● ***alta borghesia***, grande bourgeoisie | ***alta stagione***, pleine saison | ***alto mare***, haute mer, pleine mer | ***ad alta voce***, tout haut: *pensare ad alta voce*, penser tout haut; *non ho paura di dirlo ad alta voce*, je ne crains pas de le dire tout haut | ***a notte alta***, en pleine nuit | ***a testa alta***, (*fig.*) la tête haute: *andare a testa alta*, marcher la tête haute | ***dall'alto***, du haut, de haut | ***dall'alto in basso***, de haut en bas | ***in alto***, en haut; haut: *in alto i cuori!*, haut les cœurs!; *mani in alto!*, haut les mains! | ***pressione alta***, tension élevée | ***siamo in alto mare***, (*fig.*) il n'y a encore rien de fait.

NOTA **Alto**: ***haut*** o ***grand***?

Haut viene usato quando si parla di cose sia concrete che astratte: *tacchi alti*, talons **hauts**; *uno strumento di alta precisione*, un instrument de **haute** précision.

Grand viene usato quando si fa riferimento alla statura: *un ragazzo alto e magro*, un garçon **grand** et maigre.

Per designare l'altezza in francese ci sono due possibili traduzioni: si usano gli aggettivi ***haut de***, ***profond de***, ***épais de***, seguiti dal numerale, oppure si mettono ***de haut***, ***de large***, ***de profondeur***, ***d'épaisseur*** dopo il numerale:

*Una casa **alta** 20 metri.*
Une maison **haute de** 20 mètres / de 20 mètres **de haut**.
Una tavola alta 3 cm.
Une planche **épaisse de** 3 cm / de 3 cm **d'épaisseur**.

altoatesino [al-to-a-te-ʃì-no] *agg.* du Haut-Adige ♦ *n.m.* [f. *-a*] habitant du Haut-Adige.

altoforno [al-to-fór-no] *n.m.* [pl. *altiforni*] (*metall.*) *haut fourneau*.

altolà [al-to-là] *inter.* *halte-là ♦ *n.m.invar.* *halte (*f.*).

altolocato [al-to-lo-cà-to] *agg.* *haut placé.

altoparlante [al-to-par-làn-te] *n.m.* *haut-parleur*.

altopiano [al-to-pià-no] *n.m.* [pl. *altipiani*, anche *altopiani*] *haut plateau*.

altorilievo [al-to-ri-liè-vo] *n.m.* (*arte*) *haut-relief*.

altresì [al-tre-sì] *avv.* aussi.

altrettanto [al-tret-tàn-to] *agg.indef.* autant (**de**): *dieci libri e altrettanti quaderni*, dix livres et autant de cahiers; *un uomo dotato di grande intelligenza e di altrettanto fascino*, un homme qui a autant d'intelligence que de charme; *ho altrettante preoccupazioni quante ne hai tu*, j'ai autant de soucis que toi; *non ha altrettanto ingegno quanto suo fratello*, il n'a pas autant de talent que son frère; *ho due fratelli e altrettante sorelle*, j'ai deux frères et deux sœurs ♦ *pron.indef.* autant: *tanto ho dato a tuo fratello, altrettanto riceverai tu*, tu recevras autant que ton frère; *cerca di fare altrettanto*, tâche d'en faire autant; *egli si alzò e io feci altrettanto*, il se leva et j'en fis tout autant ♦ *avv.* **1** (*con agg.* e *avv.*) aussi: *è intelligente e altrettanto furbo*, il est aussi intelligent que malin; *si è dimostrato altrettanto generoso quanto te, quanto suo fratello*, il s'est montré aussi généreux que toi, que son frère; *peccato che non sia altrettanto intelligente quanto suo fratello*, dommage qu'il ne soit pas (aus)si intelligent que son frère; *questa volta la torta non mi è riuscita altrettanto bene*, cette fois-ci, je n'ai pas aussi bien réussi ce gâteau; *non è forse altrettanto vero?*, n'est-il pas tout aussi vrai? **2** (*con verbi*) autant: *abbiamo mangiato molto e bevuto altrettanto*, nous avons beaucoup mangé et bu tout autant.
● ***grazie, altrettanto***, merci, à vous aussi (*o* à vous de même).

altri [àl-tri] *pron.indef.sing.invar.* (*letter.*) **1** un autre, quelqu'un d'autre; (*nei compl.indir.*) autrui; (*nessun al-*

A

tro) personne (d'autre): *altri potrà giudicare meglio di me*, un autre pourra juger mieux que moi; *non fare ad altri quel che non vorresti fosse fatto a te*, ne fais pas à autrui ce que tu ne voudrais pas qu'on te fît; *non l'ho detto ad altri che a te*, je ne l'ai dit à personne d'autre qu'à toi **2** (*uno, qualcuno*) on: *non vorrei che altri pensasse*, je ne voudrais pas qu'on pense.
● ***altri... altri...***, l'un... l'autre..., les uns... d'autres... | ***chi altri?***, qui d'autre? | ***non altri che lui***, aucun autre que lui.

altrimenti [al-tri-mén-ti] ***avv.*** autrement ♦ ***cong.*** autrement, sinon.

altro [àl-tro] ***agg.indef.*** **1** autre; (*partitivo*) d'autre: *un'altra città*, une autre ville; *altre città*, d'autres villes | *noi altri, voi altri* → noialtri, voialtri **2** (*seguito da agg.poss. o num.*) autre: *conosci l'altro suo fratello?*, connais-tu son autre frère?; *ho dovuto rinunciare agli altri miei progetti*, j'ai dû renoncer à mes autres projets; *dove sono le altre mie due cravatte?*, où sont mes deux autres cravates? **3** (*in più*) autre; (*ancora*) encore: *metterei altro zucchero*, je mettrais encore du sucre, davantage de sucre; *ci sono altre novità?*, y a-t-il encore du nouveau?; *vuoi dell'altro caffè?*, veux-tu encore du café?; *dammene un altro po'*, donne-m'en encore un peu; *ripetilo un'altra volta*, répète-le encore une fois **4** (*in espressioni di tempo passato*) autre, dernier*: *l'altra settimana*, l'autre semaine, la semaine dernière; *l'altro lunedì*, lundi dernier; *l'altr'anno*, l'année dernière **5** (*in espressioni di tempo futuro*) prochain: *ci vedremo quest'altra settimana*, nous nous verrons la semaine prochaine; *arrivederci a quest'altro lunedì*, au revoir à lundi prochain; *quest'altra volta*, la prochaine fois **6** (*in correlazione con* uno) autre: *l'uno e l'altro quadro*, l'un et l'autre tableau **7** (*rimanente*) qui reste: *cosa vuoi fare dell'altro denaro?*, qu'est-ce que tu veux faire de l'argent qui reste? ♦ ***pron.indef.*** **1** autre; (*pl.*) (*partitivo*) d'autres: *non ve ne sono altri, altre*, il n'y en a pas d'autres; *altri pensano che*, d'autres pensent que; *l'ho dato agli altri*, je l'ai donné aux autres; *ci rivolgeremo ad altri*, nous nous adresserons à d'autres; *non ti occupare degli affari degli altri*, ne t'occupe pas des affaires des autres | *raccontalo ad altri!*, (*fam.*) à d'autres! | *pare un altro, è* (*diventato*) *un altro*, on dirait, c'est un autre homme **2** (*correlativo*) autre: *da una parte e dall'altra*, de part et d'autre **3** (*reciproco*) autre: *si insultano gli uni con gli altri*, ils s'insultent les uns les autres **4** (*altra cosa, altre cose*) autre chose: *ti serve altro?*, as-tu besoin d'autre chose?; *non è tutto, c'è dell'altro*, ce n'est pas tout, il y a plus, il y a encore autre chose; *ha fatto questo e altro*, il a fait cela et autre chose encore | *vuole altro, signora?*, et avec cela, Madame? | *ne vuoi dell'altro?*, en veux-tu encore? | *altro è dire questo, altro è farlo*, dire cela est une chose, le faire en est une autre **5** (*niente altro*) rien d'autre: *non voglio sapere altro*, je ne veux pas en savoir davantage **6** *non... altro che*, (*con valore di* soltanto) ne... que: *non fuma altro che sigarette inglesi*, il ne fume que des cigarettes anglaises; *non devi fare altro che telefonargli*, tu n'as qu'à lui téléphoner; *non sei altro che un bugiardo!*, *bugiardo che non sei altro!*, tu n'es qu'un menteur!
● ***altro che!***, et comment!, bien sûr! | ***altro è promettere, altro è mantenere***, promettre et tenir, cela fait deux | ***altro che storie!***, ce ne sont pas des histoires! | ***alcuni..., altri...***, quelques-unes..., d'autres... | ***certi altri***, certains autres, d'autres | ***chi altro***, qui d'autre | ***ci mancherebbe altro!***, il ne manquerait pas plus que ça! | ***ci sarebbe ben altro da dire***, il y en aurait d'autres à dire | ***ci vuol altro!***, il en faut bien d'autres! | ***cos'altro***, ***che altro***, quoi d'autre: *che altro ti manca?*, que te faut-il de plus, encore? | (***così***) ***gli uni come gli altri***, les uns comme les autres | ***domani l'altro***, après-demain | ***ieri l'altro***, ***l'altro ieri***, avant-hier | ***in un modo o nell'altro***, d'une façon ou d'une autre | ***l'altra volta***, l'autre, la dernière fois | ***l'altro giorno***, l'autre jour | ***l'uno e l'altro***, l'un et l'autre | ***molti altri***, beaucoup d'autres, bien d'autres | ***né l'uno né l'altro***, ni l'un ni l'autre | ***ogni altra cosa***, n'importe quoi | ***ogni altro***, ***qualunque altro***, n'importe quel autre, tout autre: *qualunque, ogni altra soluzione sarebbe accettabile*, toute autre solution serait acceptable; *qualunque altro libro ti andrà bene*, n'importe quel autre livre fera ton affaire | ***per altro***, d'ailleurs | ***più che altro***, surtout | ***pochi altri***, quelques (autres): *io e pochi altri amici*, quelques amis et moi | ***qualche altro***, d'autres, quelques autres; (*alcuni*) quelques; (*un altro*) un autre: *in qualche altro luogo, in qualche altra parte*, quelque part ailleurs; *qualche altra persona*, quelqu'un d'autre; *aspetti qualche altro tuo amico?*, est-ce que tu attends encore quelques amis, quelque autre ami? | ***qualcos'altro***, encore quelque chose, quelque chose d'autre: *questo pesce non è fresco, mi porti qualcos'altro*, ce poisson n'est pas frais, apportez-moi quelque chose d'autre, autre chose | ***qualcun altro***, quelqu'un d'autre; (*con valore pl.*) quelques autres; (*altri*) d'autres: *potrebbe farlo qualcun'altra*, une autre pourrait le faire | ***quest'altro***, ***quell'altro***, (cet) autre: *prenderò quell'altro treno*, je prendrai l'autre train | ***se non altro***, au moins, du moins: *se non altro avresti potuto avvertirmi*, tu aurais pu m'avertir, au moins; *lo voglio comperare se non altro perché costa poco*, je veux l'acheter, ne serait-ce que parce qu'il n'est pas cher | ***senz'altro***, (*sicuramente*) sans faute, sûrement; (*indubbiamente*) sans aucun doute | ***tra gli altri***, entre autres: *c'erano, tra gli altri, due medici*, il y avait, entre autres, deux médecins | ***tra l'altro***, entre autres (choses) | ***tutt'altro***, tout autre; (*all'opposto*) au contraire; (*niente affatto*) pas du tout: *è tutt'altro, è tutt'altra cosa*, c'est tout autre chose; *avresti dovuto dare tutt'altra risposta*, tu aurais dû donner une tout autre réponse; *è tutt'altro che stupido*, il est loin d'être bête | ***uno dopo l'altro***, l'un après l'autre: *sono entrati uno dopo l'altro*, ils sont entrés l'un après l'autre | ***uno..., un altro ...***, un..., un autre...
□ **chiunque altro** tout autre, n'importe qui; (*come secondo termine di paragone*) personne; n'importe qui: *chiunque altro avrebbe taciuto*, n'importe qui à sa place, tout autre (que lui) se serait tu; *meglio, meno, più di chiunque altro*, mieux, moins, plus que personne.
□ **nessun altro** (*agg.*) aucun autre; (*pron.*) personne d'autre; (*solo sogg. e solo riferito a persona*) nul autre: *nessun altro ne è capace*, nul autre n'en est capable; *nessun altro di noi, dei nostri amici*, aucun autre de nous, de nos amis; *da nessun'altra parte, in nessun altro luogo*, nulle part ailleurs.
□ **nient'altro** rien d'autre: *non mi aveva detto nient'altro*, il ne m'avait rien dit d'autre; *non era nient'altro che uno scherzo*, ce n'était (rien d'autre) qu'une plaisanterie; *non fa nient'altro che dormire*, il ne fait que dormir; (*non*) *è nient'altro che un bugiardo*, ce n'est qu'un menteur; *se non vi serve* (*nient'*)*altro*, (*oggetti, cose ecc.*) si vous n'avez besoin de rien d'autre; (*servizi ecc.*) si vous n'avez plus besoin de moi.

altronde, d' [d'al-trón-de] ***avv.*** d'ailleurs.

altrove [al-tró-ve] ***avv.*** ailleurs.

altrui [al-trùi] ***agg.poss.invar.*** d'autrui: *vivere alle spalle altrui*, vivre aux dépens d'autrui.

altruismo [al-tru-ì-ʃmo] ***n.m.*** altruisme.

altruista [al-tru-ì-sta] ***n.m.*** e ***f.*** altruiste.

altruisticamente [al-tru-i-sti-ca-mén-te] ***avv.*** avec altruisme.

altruistico [al-tru-ì-sti-co] ***agg.*** [pl.m. *-ci*, f. *-che*] altruiste.

altura [al-tù-ra] ***n.f.*** **1** *hauteur **2** (*mar.*) *haute mer, pleine mer.
● (*mar.*) ***pesca d'altura***, pêche en haute mer.

alunno [a-lùn-no] ***n.m.*** [f. *-a*] élève.

alveare [al-ve-à-re] ***n.m.*** **1** ruche (*f.*) **2** (*caseggiato*) caserne (*f.*).

alveo [àl-ve-o] ***n.m.*** (*di corso d'acqua*) lit.

alveolo [al-vè-o-lo] ***n.m.*** alvéole.

alzabandiera [al-za-ban-diè-ra] ***n.m.invar.*** lever du drapeau.
● ***fare l'alzabandiera***, hisser les couleurs.

alzaia [al-zà-ia] ***n.f.*** **1** (*fune*) câble (*m.*) de *halage **2** (*strada*) chemin (*m.*) de *halage.

alzare [al-zà-re] ***v.tr.*** **1** lever*: *alzare la bandiera*, hisser le drapeau; *la signora non è ancora alzata*, Madame n'est pas encore levée **2** (*aumentare*) augmenter: *alzare il volume della radio*, augmenter le volume de la radio; *alzare i prezzi*, augmenter (*o* hausser) les prix **3** (*costruire*) construire*, bâtir; (*innalzare*) élever* **4** (*soprelevare*) surélever* **5** (*tirar su*) relever* ♦ **alzarsi** ***v.pron.intr.*** **1** (*sorgere, levarsi*) se lever*: *si è alzato un po' di vento*, il s'est levé un peu de vent **2** (*crescere di livello*) monter; (*in altezza*) grandir: *il livello del fiume si è alzato*, le niveau du fleuve a monté ♦ ***v.pron.*** **1** (*in piedi, dal letto*) se lever*: *alzarsi sulla punta dei piedi*, se hausser sur la pointe des pieds **2** (*levarsi in volo*) s'envoler; (*aer.*) décoller.
● ***alzare la voce***, hausser la voix | ***alzare le carte***, couper les cartes | (*mar.*) ***alzare le vele***, hisser les voiles; (*salpare*) mettre à la voile.

alzata [al-zà-ta] ***n.f.*** **1** (*l'alzare*) *haussement (*m.*); (*l'alzarsi*) lever (*m.*) **2** (*vassoio a più ripiani*) valet (*m.*) de table **3** (*specchiera di cassettone*) glace; (*di credenza*) vaisselier (*m.*); (*di letto*) tête **4** (*di gradino*) montée **5** (*alle carte*) levée (des cartes).
● ***alzata d'ingegno***, trait de génie | ***alzata di scudi***, (*fig.*) levée de boucliers | ***alzata di testa***, (*fig.*) coup de tête | ***votare per alzata di mano***, voter à main levée.

alzato [al-zà-to] ***agg.*** **1** (*dal letto*) levé: *rimanere alzato fino a mezzanotte*, rester debout jusqu'à minuit **2** (*tirato su*) relevé ♦ ***n.m.*** (*arch.*) **1** projection (*f.*) **2** (*di gradini*) élévation (*f.*).

alzatore [al-za-tó-re] ***n.m.*** [f. *-trice*] (*pallavolo*) passeur*.

alzo [àl-zo] ***n.m.*** (*di arma da fuoco*) *hausse (*f.*).

amabile [a-mà-bi-le] ***agg.*** aimable.
● ***vino amabile***, vin moelleux.

amabilità [a-ma-bi-li-tà] ***n.f.invar.*** amabilité.

amabilmente [a-ma-bil-mén-te] ***avv.*** aimablement.

amaca [a-mà-ca] ***n.f.*** [pl. *-che*] *hamac (*m.*).

amalgama [a-màl-ga-ma] ***n.m.*** amalgame.

amalgamare [a-mal-ga-mà-re] ***v.tr.*** amalgamer; (*mescolare*) mélanger* ♦ **amalgamarsi** ***v.pron.*** e ***pron.intr.*** s'amalgamer.

amante [a-màn-te] ***agg.*** amateur, aimant: *essere amante della buona tavola*, aimer la bonne chère; *essere amante della musica*, être (un) amateur de musique; *un uomo amante della giustizia*, un homme aimant la justice ♦ ***n.m.*** amant ♦ ***n.f.*** maîtresse.

FAUX AMI
Nel senso di *innamorato*, da non confondere con il sostantivo francese *aimant*, che significa *calamita*.

amanuense [a-ma-nu-èn-se] ***n.m.*** (*st.*) copiste.

amaramente [a-ma-ra-mén-te] ***avv.*** amèrement.

amaranto [a-ma-ràn-to] ***n.m.*** (*bot.*) amarante (*f.*) ♦ ***agg.invar.*** (*colore*) amarante.

amare [a-mà-re] ***v.tr.*** **1** aimer: *sa farsi amare da tutti*, il sait se faire aimer de tout le monde **2** (*provar piacere in*) aimer: *amare il lavoro, le buone letture*, aimer le travail, les bonnes lectures ♦ **amarsi** ***v.pron.*** s'aimer (soi-même) ♦ ***v.pron.rec.*** s'aimer: *si sono amati fin dal primo giorno*, ils se sont aimés dès le premier jour.
● ***amare con tutto il cuore***, ***alla follia***, aimer de tout son cœur, à la folie.

amareggiare [a-ma-reg-già-re] ***v.tr.*** [coniug. come *mangiare*] **1** (*non com.*) rendre* amer* **2** (*fig.*) attrister, peiner: *l'insuccesso l'ha molto amareggiato*, son échec l'a aigri ♦ **amareggiarsi** ***v.pron.*** s'attrister, avoir* de la peine.

amareggiato [a-ma-reg-già-to] ***agg.*** attristé, peiné: *amareggiato dalla vita*, aigri par la vie.

amarena [a-ma-rè-na] ***n.f.*** (*bot.*) griotte.

amaretto [a-ma-rét-to] ***n.m.*** **1** (*biscotto*) macaron **2** (*liquore*) amaretto (liqueur au goût d'amande amère).

amarezza [a-ma-réz-za] ***n.f.*** **1** amertume (*anche fig.*) **2** (*spec. pl.*) (*dispiacere*) chagrin (*m.*).

amaro [a-mà-ro] ***agg.*** amer* (*anche fig.*) ♦ ***n.m.*** **1** goût amer: *sapere di amaro*, avoir un goût amer **2** (*aperitivo*) amer.
● ***inghiottire un boccone amaro***, (*fig.*) avaler des couleuvres | ***lasciare l'amaro in bocca***, laisser un goût amer; (*fig.*) laisser un goût d'amertume | ***sale amaro***, sel d'Angleterre.

amarognolo [a-ma-ró-gno-lo *o* amarògnolo] ***agg.*** légèrement amer*.

amarrare [a-mar-rà-re] ***v.tr.*** (*mar.*) amarrer.

amata [a-mà-ta] ***n.f.*** bien-aimée.

amato [a-mà-to] ***n.m.*** [f. *-a*] bien-aimé*.

amatore [a-ma-tó-re] ***n.m.*** [f. *-trice*] **1** (*intenditore*) amateur **2** (*sport*) (*dilettante*) amateur.

amatoriale [a-ma-to-rià-le] ***agg.*** de connaisseur, d'amateur.

amazzone [a-màʒ-ʒo-ne] ***n.f.*** amazone.
● ***all'amazzone***, en amazone.

ambasceria [am-ba-sce-rì-a] ***n.f.*** ambassade.

ambasciata [am-ba-scià-ta] ***n.f.*** **1** ambassade **2** (*messaggio*) message (*m.*): *fare un'ambasciata*, transmettre un message.

ambasciatore [am-ba-scia-tó-re] ***n.m.*** ambassadeur | *ambasciatore di buone notizie*, (*estens.*) porteur de bonnes nouvelles.
● (*prov.*) ***ambasciator non porta pena***, ambassadeur ne porte douleur.

ambasciatrice [am-ba-scia-trì-ce] ***n.f.*** ambassadrice.

ambedue [am-be-dù-e] ***agg.invar.*** les deux: *ambedue le sorelle*, les deux sœurs ♦ ***pron.invar.*** tous (les) deux (*m.*), toutes (les) deux (*f.*): *sono ambedue degni di fede*, (tous) les deux (*o* tous deux) sont dignes de foi.

ambi- ***pref.*** ambi-.

ambidestro [am-bi-dè-stro] ***agg.*** e ***n.m.*** [f. *-a*] ambidextre.

ambientale [am-bien-tà-le] ***agg.*** ambiant; (*ecol.*) environnemental*, de l'environnement: *caratteristiche ambientali*, caractéristiques du milieu ambiant; *rischi ambientali*, dangers de l'environnement.

A

ambientalista [am-bien-ta-lì-sta] *agg.* e *n.m.* e *f.* environnementaliste, écologiste.

ambientamento [am-bien-ta-mén-to] *n.m.* acclimatation (*f.*); adaptation (*f.*).

ambientare [am-bien-tà-re] *v.tr.* 1 acclimater 2 (*una vicenda ecc.*) situer ♦ **ambientarsi** *v.pron.* s'acclimater; s'adapter.

ambientazione [am-bien-ta-zió-ne] *n.f.* 1 acclimatation 2 (*teatr., cine.*) reconstitution (d'un milieu).

ambiente [am-biè̀n-te] *n.m.* 1 milieu* (*anche fig.*); environnement: *ambiente naturale*, milieu naturel 2 (*estens.*) milieu*: *è cresciuta in un ambiente molto religioso*, elle a grandi dans un milieu très religieux 3 (*atmosfera, clima psicologico*) ambiance (*f.*): *un ambiente familiare*, une ambiance familiale 4 (*locale*) pièce (*f.*) 5 (*inform.*) ambiance (*f.*), environnement ♦ *agg.invar.* ambiant.

● (*inform.*) ***ambiente operativo***, (*di programma*) contexte (*o* environnement) d'exploitation (*o* d'utilisation) | ***sentirsi nel proprio ambiente***, se sentir dans son élément | ***temperatura ambiente***, température ambiante: *vino a temperatura ambiente*, vin chambré | ***tutela dell'ambiente***, protection de l'environnement.

ambiguamente [am-bi-gua-mén-te] *avv.* de façon ambiguë.

ambiguità [am-bi-gui-tà] *n.f.invar.* ambiguïté.

ambiguo [am-bì-guo] *agg.* 1 ambigu* 2 (*equivoco*) équivoque; (*sospetto*) douteux*.

ambire [am-bì-re] *v.tr.* e *intr.* [coniug. come *finire*; aus. *avere*] ambitionner (**qqch**), aspirer (**à**): *ambire (a) una carica*, aspirer à une charge.

ambito[1] [àm-bi-to] *n.m.* 1 (*spazio circoscritto*) limites (*f.pl.*), enceinte (*f.*) 2 (*fig.*) (*cerchio*) cercle; (*campo*) domaine; (*quadro*) cadre: *nell'ambito della sua famiglia*, dans sa famille; *non rientra nell'ambito delle mie funzioni*, cela ne fait pas partie de mes fonctions.

ambito[2] [am-bì-to] *agg.* convoité.

ambivalente [am-bi-va-lèn-te] *agg.* ambivalent.

ambivalenza [am-bi-va-lèn-za] *n.f.* ambivalence.

ambizione [am-bi-zió-ne] *n.f.* ambition.

ambiziosamente [am-bi-zio-sa-mén-te] *avv.* ambitieusement.

ambizioso [am-bi-zió-so] *agg.* e *n.m.* [f. *-a*] ambitieux*: *è ambizioso di gloria*, il aspire à la gloire.

ambo [àm-bo] *agg.num.* (*per lo più invar.*) deux ♦ *n.m.* (*al lotto e alla tombola*) ambe: *fare ambo*, gagner un ambe.

● ***d'ambo, da ambe le parti***, des deux côtés.

ambosessi [am-bo-sès-si] *agg.invar.* des deux sexes.

ambra [àm-bra] *n.f.* ambre (*m.*).

ambrato [am-brà-to] *agg.* ambré.

ambrosia [am-brò-ʃia] *n.f.* (*mit., bot.*) ambroisie.

ambrosiano [am-bro-ʃià-no] *agg.* 1 (*eccl.*) ambrosien* 2 (*milanese*) milanais.

ambulacro [am-bu-là-cro] *n.m.* 1 (*arch.*) promenoir 2 (*zool.*) ambulacre.

ambulante [am-bu-làn-te] *agg.* ambulant ♦ *n.m.* e *f.* (*venditore*) marchand/e ambulant/e, forain/e; (*porta a porta*) colporteur/euse.

● ***una biblioteca ambulante***, un bibliobus; (*fig.*) un puits de science.

ambulanza [am-bu-làn-za] *n.f.* ambulance.

ambulatoriale [am-bu-la-to-rià-le] *agg.* ambulatoire.

ambulatorio [am-bu-la-tò-rio] *n.m.* [pl. *-ri*] 1 cabinet de consultation 2 (*dispensario*) dispensaire.

ameba [a-mè-ba] *n.f.* 1 (*zool.*) amibe 2 (*fig.*) mollusque (*m.*), mollasson* (*m.*).

amen [à-men] *inter.* e *n.m.invar.* amen, ainsi soit-il.

● ***in un amen***, en un clin d'œil.

amenità [a-me-ni-tà] *n.f.invar.* 1 aménité, charme (*m.*) 2 (*spec. pl.*) (*facezia*) facétie; (*sciocchezza*) sottise.

ameno [a-mè-no] *agg.* 1 agréable 2 (*divertente*) amusant, plaisant.

amenorrea [a-me-nor-rè-a] *n.f.* (*med.*) aménorrhée.

amento [a-mèn-to *o* améntо] *n.m.* (*bot.*) chaton.

americanismo [a-me-ri-ca-ni-ʃmo] *n.m.* américanisme (*anche ling.*).

americanizzare [a-me-ri-ca-niʒ-ʒà-re] *v.tr.* américaniser ♦ **americanizzarsi** *v.pron.* s'américaniser.

americano [a-me-ri-cà-no] *agg.* américain ♦ *n.m.* 1 [f. *-a*] (*abitante*) Américain 2 (*lingua*) américain.

amerindio [a-me-rìn-dio] *n.m.* [f. *-a*: pl.m. *-di*] (*etnologia*) Amérindien* ♦ *agg.* amérindien*.

ametista [a-me-tì-sta] *n.f.* améthyste.

amfetamina [am-fe-ta-mì-na] *n.f.* (*chim.*) amphétamine.

amianto [a-miàn-to] *n.m.* (*min.*) amiante.

amica [a-mì-ca] *n.f.* [pl. *-che*] 1 amie; (*fam.*) copine 2 (*amante*) petite amie; (*fam.*) nana 3 (*fidanzata*) petite amie.

● ***amica del cuore***, amie intime.

amichevole [a-mi-ché-vo-le] *agg.* amical*, (à l')amiable.

● ***in via amichevole***, (*confidenziale*) de façon confidentielle; (*da amico*) en ami; (*dir.*) à l'amiable: *comporre una lite in via amichevole*, arranger un différend à l'amiable.

amichevolmente [a-mi-che-vol-mén-te] *avv.* (*cordialmente*) amicalement, de façon amicale; (*da amico*) en ami.

amicizia [a-mi-cì-zia] *n.f.* 1 amitié 2 (*pl.*) (*amici*) amis (*m.*); (*conoscenze*) connaissances.

● ***in (tutta) amicizia***, en toute amitié | ***le cattive amicizie***, les mauvaises fréquentations.

amico [a-mì-co] *n.m.* [pl. *-ci*] 1 ami: *fingersi amico di qlcu*, feindre de l'amitié pour qqn 2 (*amante*) (bon) ami 3 (*fidanzato*) petit ami ♦ *agg.* ami: *un viso amico*, un visage ami.

● ***amico del cuore***, ami de cœur | ***amico mio!***, mon cher! | ***amici per la pelle***, des amis inséparables | ***amici come, più di prima***, plus amis que jamais | ***ehi, amico!***, (*fam.*) dis donc, toi!

amidaceo [a-mi-da-cè-o] *agg.* amylacé.

amido [à-mi-do] *n.m.* amidon.

amletico [am-lè-ti-co] *agg.* [pl.m. *-ci*, f. *-che*] irrésolu.

ammaccare [am-mac-cà-re] *v.tr.* [coniug. come *mancare*] 1 cabosser 2 (*frutti*) meurtrir ♦ **ammaccarsi** *v.pron.intr.* 1 se cabosser 2 (*fam.*) (*prodursi contusioni*) se couvrir* de bleus 3 (*di frutti*) s'abîmer, se gâter.

ammaccato [am-mac-cà-to] *agg.* 1 cabossé: *frutta ammaccata*, des fruits abîmés, talés 2 (*fam.*) (*contuso*) meurtri.

ammaccatura [am-mac-ca-tù-ra] *n.f.* 1 bosse: *il paraurti è pieno di ammaccature*, le pare-choc est tout cabossé 2 (*contusione*) contusion, bleu* (*m.*); (*di frutti*) meurtrissure.

ammaestrabile [am-ma-e-strà-bi-le] *agg.* qu'on peut dresser.

ammaestramento [am-ma-e-stra-mén-to] *n.m.* 1 (*di animali*) dressage 2 (*l'istruire*) instruction (*f.*); (*l'educare*) éducation (*f.*).

ammaestrare [am-ma-e-strà-re] *v.tr.* 1 (*animali*) dresser 2 (*istruire*) instruire*; (*educare*) éduquer.

ammaestrato [am-ma-e-strà-to] *agg.* dressé: *cane ammaestrato*, chien savant.

ammainabandiera [am-mai-na-ban-diè-ra] *n.m. invar.* salut aux couleurs.

● ***fare l'ammainabandiera***, amener les couleurs.

ammainare [am-mai-nà-re] *v.tr.* amener*: *ammainare la bandiera*, amener les couleurs.

● ***ammainare le vele***, amener les voiles; (*fig.*) baisser pavillon.

ammalarsi [am-ma-làr-si] *v.pron.* tomber malade: *si è ammalato di bronchite*, il a eu une bronchite; *si è ammalato di morbillo*, il a attrapé la rougeole; *ammalarsi di fegato*, tomber malade du foie.

ammalato [am-ma-là-to] *agg.* e *n.m.* [f. *-a*] malade: *è ammalato di stomaco*, il souffre de l'estomac; *è ammalato di cancro*, il est atteint d'un cancer; *è ammalato di cuore*, il est cardiaque.

ammaliante [am-ma-liàn-te] *agg.* fascinant, ensorcelant.

ammaliare [am-ma-lià-re] *v.tr.* envoûter, ensorceler*.

ammaliatore [am-ma-lia-tó-re] *agg.* [f. *-trice*] ensorcelant ♦ *n.m.* charmeur*: *è una vera ammaliatrice*, c'est une enjôleuse.

ammanco [am-màn-co] *n.m.* [pl. *-chi*] (*comm.*) manque, manquant.

● ***ammanco di cassa***, trou dans la caisse.

ammanettare [am-ma-net-tà-re] *v.tr.* passer les menottes (**à**); (*estens.*) arrêter.

ammanicato [am-ma-ni-cà-to] *agg.* (*fam.*) en cheville (**avec**): *è ammanicato con dei politici*, il a des accointances dans la politique.

ammannire [am-man-nì-re] *v.tr.* [coniug. come *finire*] 1 préparer 2 (*fam. scherz.*) (*propinare*) flanquer.

ammansire [am-man-sì-re] *v.tr.* [coniug. come *finire*] 1 (*addomesticare*) apprivoiser 2 (*fig.*) (*calmare*) apaiser, calmer ♦ **ammansirsi** *v.pron.intr.* 1 (*di animali*) s'apprivoiser 2 (*fig.*) s'apaiser, se calmer.

ammantare [am-man-tà-re] *v.tr.* 1 recouvrir* d'une cape 2 (*fig.*) recouvrir* ♦ **ammantarsi** *v.pron.* se couvrir* d'un manteau (*spec. fig.*): *ammantarsi di dignità*, se draper dans sa dignité.

● ***ammantare la verità***, masquer la vérité.

ammaraggio [am-ma-ràg-gio] *n.m.* [pl. *-gi*] (*aer.*) amerrissage.

ammarare [am-ma-rà-re] *v.intr.* [aus. *avere*] (*aer.*) amerrir.

FAUX AMI
Da non confondere con *amarrer*, che significa *ormeggiare*.

ammarrare [am-mar-rà-re] *v.tr.* (*mar.*) amarrer.

ammassare [am-mas-sà-re] *v.tr.* (*persone*) amasser; (*cose*) entasser, amonceler*, accumuler ♦ **ammassarsi** *v.pron.* e *pron.intr.* s'amasser, se masser; (*accumularsi*) s'accumuler.

ammasso [am-màs-so] *n.m.* amas, tas (*anche fig.*).

● ***mettere il cervello all'ammasso***, (*fam.*) perdre son esprit critique.

ammattire [am-mat-tì-re] *v.intr.* [coniug. come *finire*; aus. *essere*] 1 devenir* fou*: *sei ammattito?*, tu deviens fou?; *c'era da ammattire!*, il y avait de quoi devenir fou! 2 (*scervellarsi*) se creuser la cervelle ♦ **ammattirsi** *v.pron.intr.* devenir* fou*.

● ***fare ammattire***, rendre fou.

ammattonato [am-mat-to-nà-to] *n.m.* pavement de briques.

ammazzare [am-maz-zà-re] *v.tr.* 1 tuer: *ammazzare il maiale*, (*macellare*) tuer le cochon 2 (*estens.*) (*opprimere*) tuer: *lavori che ammazzano*, des travaux épuisants ♦ **ammazzarsi** *v.pron.* e *pron.intr.* se tuer ♦ *v.pron.rec.* s'entre-tuer.

● ***ammazzare di botte***, rouer de coups | ***ammazzare il tempo, la noia***, (*fig.*) tuer le temps, l'ennui | ***ammazzarsi di lavoro***, (*fig.*) se tuer de travail.

FAUX AMI
Da non confondere con *amasser*, che significa *ammassare, accumulare*.

ammazzata [am-maz-zà-ta] *n.f.* (*fig. fam.*) tour (*m.*) de force, énorme fatigue: *è stata un'ammazzata*, ça a été vraiment esquintant, exténuant.

ammenda [am-mèn-da] *n.f.* 1 (*dir.*) amende 2 (*fig.*) (*riparazione*) amende.

● ***fare ammenda di***, faire amende de.

FAUX AMI
Da non confondere con *amande*, che significa *mandorla*.

ammennicolo [am-men-nì-co-lo] *n.m.* 1 (*aggeggio*) truc; (*cosa di poco conto*) babiole (*f.*); (*accessorio*) bricole (*f.*) 2 (*cavillo*) chicane (*f.*); (*pretesto*) prétexte.

ammesso [am-més-so] *agg.* admis: *verità universalmente ammessa*, vérité universellement reconnue ♦ *n.m.* [f. *-a*] (candidat) reçu.

● ***ammesso che***, en admettant que; (*supponendo*) en supposant que; (*purché*) à condition que | ***ammesso e non concesso che***, même en admettant que.

ammettere [am-mét-te-re] *v.tr.* [coniug. come *mettere*] 1 admettre*; (*accettare*) accepter: *ammettere alla presenza di qlcu*, admettre à la (*o* en) présence de qqn 2 (*riconoscere*) reconnaître*: *ammetto di avere torto*, je reconnais que j'ai tort 3 (*supporre*) admettre*: *ammettiamo pure che tu abbia ragione*, admettons même que tu aies raison.

ammezzato [am-meʒ-ʒà-to] *n.m.* (*edil.*) entresol, mezzanine (*f.*).

ammiccamento [am-mic-ca-mén-to] *n.m.* 1 clignement d'œil 2 (*occhiolino*) clin d'œil.

ammiccare [am-mic-cà-re] *v.intr.* [coniug. come *mancare*; aus. *avere*] faire* un clin d'œil, cligner de l'œil.

ammina [am-mì-na] *n.f.* (*chim.*) amine.

amministrare [am-mi-ni-strà-re] *v.tr.* administrer; (*gestire*) gérer*: *amministrare un condominio*, gérer un immeuble; *amministrare le proprie forze*, (*estens.*) mesurer ses forces ♦ **amministrarsi** *v.pron.* se conduire*.

amministrativamente [am-mi-ni-stra-ti-va-mén-te] *avv.* administrativement.

amministrativo [am-mi-ni-stra-tì-vo] *agg.* administratif*.

● ***anno amministrativo***, année budgétaire | ***l'apparato amministrativo***, l'administration.

amministratore [am-mi-ni-stra-tó-re] *n.m.* [f. *-trice*] administrateur*.

A

● ***amministratore delegato***, administrateur délégué, PDG | (*inform.*) ***amministratore della posta elettronica***, maître de poste | ***amministratore di immobili***, gérant d'immeubles, syndic | ***amministratore di impresa***, gérant | (*inform.*) ***amministratore di sito Web***, gestionnaire d'un site W3 | (*pol.*) ***gli amministratori locali***, les élus locaux.

amministrazione [am-mi-ni-stra-zió-ne] ***n.f.*** **1** administration; (*gestione*) gestion **2** (*gli amministratori*) cadres (*m.pl.*) administratifs **3** (*uffici amministrativi*) bureaux (*m.pl.*) de l'administration.

● ***amministrazione comunale***, administration municipale | ***amministrazione locale***, administration locale | ***amministrazione patrimoniale***, gestion de patrimoine | ***la pubblica amministrazione***, l'Administration | ***le amministrazioni locali***, les collectivités locales | ***sono cose di ordinaria amministrazione***, ça fait partie de la routine.

amminoacido [am-mi-no-à-ci-do] ***n.m.*** (*biochim.*) aminoacide, acide aminé.

ammirabile [am-mi-rà-bi-le] ***agg.*** admirable.

ammiraglia [am-mi-rà-glia] ***n.f.*** (*ciclismo*) voiture du directeur technique.

● (*mar.*) (*nave*) ***ammiraglia***, vaisseau amiral.

ammiragliato [am-mi-ra-glià-to] ***n.m.*** amirauté (*f.*).

ammiraglio [am-mi-rà-glio] ***n.m.*** [pl. *-gli*] amiral*.

ammirare [am-mi-rà-re] ***v.tr.*** admirer.

● ***essere, rimanere ammirato da***, être ébloui par.

ammiratore [am-mi-ra-tó-re] ***n.m.*** [f. *-trice*] **1** admirateur*, soupirant **2** (*di attori ecc.*) fan.

ammirazione [am-mi-ra-zió-ne] ***n.f.*** admiration.

● ***stare in ammirazione davanti a***, être en admiration devant.

ammirevole [am-mi-ré-vo-le] ***agg.*** admirable.

ammirevolmente [am-mi-re-vol-mén-te] ***avv.*** admirablement.

ammissibile [am-mis-sì-bi-le] ***agg.*** **1** admissible **2** (*dir.*) recevable.

ammissione [am-mis-sió-ne] ***n.f.*** **1** admission; (*nella scuola media*) examen (*m.*) de passage **2** (*assenso*) consentement (*m.*).

● ***esame di ammissione***, examen d'admission | ***per comune ammissione***, de l'avis de tous | ***tassa d'ammissione***, droit d'inscription.

ammobiliare [am-mo-bi-lià-re] ***v.tr.*** meubler.

ammobiliato [am-mo-bi-lià-to] ***agg.*** meublé: *appartamento ammobiliato*, (appartement) meublé.

ammodernamento [am-mo-der-na-mén-to] ***n.m.*** modernisation (*f.*).

ammodernare [am-mo-der-nà-re] ***v.tr.*** moderniser.

ammodo [am-mò-do] ***avv.*** e ***agg.invar.*** comme il faut.

ammogliare [am-mo-glià-re] ***v.tr.*** **ammogliarsi** ***v.pron.*** → **maritare**, **maritarsi**.

ammogliato [am-mo-glià-to] ***agg.*** marié ♦ ***n.m.*** homme marié.

ammollare [am-mol-là-re] ***v.tr.*** (faire*) tremper: *ammollare la biancheria*, mettre le linge à tremper ♦ **ammollarsi** ***v.pron.intr.*** se mouiller.

ammollire [am-mol-lì-re] ***v.tr.*** [coniug. come *finire*] amollir (*anche fig.*) ♦ **ammollirsi** ***v.pron.intr.*** (*fig.*) s'amollir.

ammollo [am-mòl-lo] ***n.m.*** (*del bucato*) trempage.

● ***mettere in ammollo***, mettre à tremper.

ammoniaca [am-mo-nì-a-ca] ***n.f.*** [pl. *-che*] (*chim.*) ammoniaque.

ammoniacale [am-mo-nia-cà-le] ***agg.*** (*chim.*) ammoniacal*.

ammoniaco [am-mo-nì-a-co] ***agg.*** [pl.m. *-ci*, f. *-che*] (*chim.*) ammoniac*.

ammonico [am-mò-ni-co] ***agg.*** [pl.m. *-ci*, f. *-che*] (*chim.*) d'ammonium.

ammonimento [am-mo-ni-mén-to] ***n.m.*** avertissement; (*rimprovero*) réprimande (*f.*) | *che ti serva da ammonimento*, que cela te serve de leçon.

● (*dir.*) ***ammonimento del giudice***, admonition du juge.

ammonio [am-mò-nio] ***n.m.*** [pl. *-ni*] (*chim.*) ammonium.

ammonire [am-mo-nì-re] ***v.tr.*** [coniug. come *finire*] **1** avertir, mettre* en garde; (*rimproverare*) réprimander **2** (*sport*) donner un avertissement: *quel giocatore è stato ammonito*, ce joueur a reçu un avertissement **3** (*dir.*) admonester.

ammonito [am-mo-ni-to] ***n.m.*** [f. *-a*] (*dir.*) repris de justice.

ammonizione [am-mo-ni-zió-ne] ***n.f.*** **1** avertissement (*m.*) (*anche sport*) **2** (*rimprovero*) réprimande **3** (*dir.*) admonestation.

ammontare[1] [am-mon-tà-re] ***v.intr.*** [aus. *essere*] (*comm.*) s'élever*, (se) monter: *a quanto ammonta il mio debito?*, quel est le montant de ma dette?

ammontare[2] ***n.m.*** (*comm.*) montant.

● ***per l'ammontare di***, du montant de.

ammonticchiare [am-mon-tic-chià-re] ***v.tr.*** amonceler*, entasser.

ammorbare [am-mor-bà-re] ***v.tr.*** **1** (*infettare*) infecter **2** (*di cattivi odori*) empester, empuantir.

ammorbidente [am-mor-bi-dèn-te] ***agg.*** e ***n.m.*** assouplissant; (*per la lana*) adoucissant.

ammorbidire [am-mor-bi-dì-re] ***v.tr.*** [coniug. come *finire*] **1** assouplir; (*rendere molle*) amollir **2** (*fig.*) adoucir, assouplir ♦ **ammorbidirsi** ***v.pron.intr.*** **1** s'assouplir; (*diventare molle*) s'amollir **2** (*fig.*) s'adoucir, s'assouplir.

ammortamento [am-mor-ta-mén-to] ***n.m.*** (*econ.*) amortissement.

● ***ammortamento del debito pubblico***, amortissement de la dette publique | ***quota di ammortamento***, cote (*o* taux) d'amortissement.

ammortare [am-mor-tà-re] ***v.tr.*** (*comm.*) amortir: *ammortare un debito*, amortir une dette.

ammortizzabile [am-mor-tiʒ-ʒà-bi-le] ***agg.*** (*comm., econ.*) amortissable.

ammortizzare [am-mor-tiʒ-ʒà-re] ***v.tr.*** (*econ., mecc.*) amortir.

ammortizzatore [am-mor-tiʒ-ʒa-tó-re] ***n.m.*** (*mecc.*) amortisseur.

ammosciare [am-mo-scià-re] ***v.tr.*** [coniug. come *cominciare*] flétrir; (*fig. fam.*) rendre* mollasse ♦ **ammosciarsi** ***v.pron.intr.*** **1** s'avachir **2** (*di frutta*) devenir* blet*; (*di fiori*) se faner, se flétrir.

ammosciato [am-mo-scià-to] ***agg.*** **1** flétri; (*fig. fam.*) mollasse, avachi **2** (*abbacchiato*) abattu.

ammucchiare [am-muc-chià-re] ***v.tr.*** entasser, amonceler*; (*fare una pila*) empiler; (*fig.*) accumuler: *ammucchiare dei libri*, empiler des livres ♦ **ammucchiarsi** ***v.pron.*** e ***pron.intr.*** **1** s'entasser, s'amonceler* **2** (*accalcarsi*) se presser.

ammucchiata [am-muc-chià-ta] ***n.f.*** (*fam.*) **1** ramassis (*m.*) **2** (*orgia*) orgie.

ammuffire [am-muf-fì-re] ***v.intr.*** [coniug. come *finire*;

aus. *essere*] moisir (*anche fig.*): *il formaggio è ammuffito*, le fromage a moisi.

ammuffito [am-muf-fì-to] *agg.* 1 moisi 2 (*fig.*) (*superato*) dépassé: *idee ammuffite*, idées dépassées.

ammutinamento [am-mu-ti-na-mén-to] *n.m.* mutinerie (*f.*).

ammutinarsi [am-mu-ti-nàr-si] *v.pron.intr.* se mutiner: *i prigionieri si sono ammutinati*, les prisonniers se sont mutinés.

ammutinato [am-mu-ti-nà-to] *agg.* e *n.m.* [f. *-a*] mutiné.

ammutolire [am-mu-to-lì-re] *v.intr.* [coniug. come *finire*; aus. *essere*] 1 (*diventare muto*) devenir* muet* 2 (*tacere*) se taire* subitement ♦ *v.tr.* faire* taire, rendre* muet* ♦ **ammutolirsi** *v.pron.intr.* 1 (*diventare muto*) devenir* muet* 2 (*tacere improvvisamente*) se taire* subitement.

amnesia [am-ne-ʃì-a] *n.f.* amnésie: *ho un'amnesia*, j'ai un trou de mémoire.

amnio [àm-nio] *n.m.* [pl. *-ni*] (*biol.*) amnios.

amniocentesi [am-nio-cèn-te-ʃi *o* amniocentèʃi] *n.f. invar.* (*med.*) amniocentèse.

amniotico [am-niò-ti-co] *agg.* [pl.m. *-ci*, f. *-che*] (*biol.*) amniotique.

amnistia [am-ni-stì-a] *n.f.* amnistie.

amnistiare [am-ni-stià-re *o* am-ni-sti-à-re] *v.tr.* amnistier.

amo [à-mo] *n.m.* hameçon: *pescare con l'amo*, pêcher à la ligne.

● ***abboccare all'amo***, (*anche fig.*) mordre à l'hameçon | ***prendere qlcu all'amo***, (*fig.*) prendre qqn dans ses filets | ***tendere l'amo a qlcu***, (*fig.*) tendre l'hameçon à qqn.

amorale [a-mo-rà-le] *agg.* amoral*.

amoralità [a-mo-ra-li-tà] *n.f.invar.* amoralité.

amorazzo [a-mo-ràz-zo] *n.m.* (*spreg.*) aventure (*f.*) (amoureuse).

amore [a-mó-re] *n.m.* 1 amour: *l'amore per il prossimo*, l'amour du prochain; *solo per amore del denaro*, rien que pour l'argent 2 (*spec. pl.*) (*vicende amorose*) amours (*f.*) 3 (*estens.*) (*passione*) passion (*f.*); (*interesse*) intérêt: *mette molto amore nel suo lavoro*, il met un grand intérêt dans son travail 4 (*l'amato*) bien-aimé*; (*l'amata*) bien -aimée (*f.*) 5 (*persona, cosa graziosa*) amour: *una bambina che è un amore*, un amour de petite fille 6 (*mit., teol.*) *Amore*, Amour.

● ***amor proprio***, amour-propre | ***andare d'amore e d'accordo***, s'entendre à merveille | ***fare all'amore***, ***fare l'amore***, faire l'amour | ***per amor d'esattezza***, par souci d'exactitude | ***per amor di Dio, del Cielo!***, pour l'amour de Dieu, du Ciel! | ***per amor di giustizia***, pour être juste | ***per amor di pace***, pour avoir la paix | ***per amore del sapere***, par amour de la science | ***per amore di lucro***, par goût du gain | ***per amore o per forza***, de gré ou de force, bon gré mal gré | ***per amor mio***, pour moi, pour me faire plaisir: *fallo per amor mio*, fais-le pour l'amour de moi | ***vivere d'aria e d'amore***, vivre d'amour et d'eau fraîche.

amoreggiare [a-mo-reg-già-re] *v.intr.* [coniug. come *mangiare*; aus. *avere*] flirter.

amorevole [a-mo-ré-vo-le] *agg.* tendre; (*affettuoso*) affectueux*.

amorevolmente [a-mo-re-vol-mén-te] *avv.* avec tendresse.

amorfo [a-mòr-fo] *agg.* amorphe (*anche fig.*).

amorino [a-mo-rì-no] *n.m.* (*Cupido*) (petit) Amour.

amorosamente [a-mo-ro-sa-mén-te] *avv.* 1 amoureusement 2 (*teneramente*) tendrement.

amoroso [a-mo-ró-so] *agg.* 1 (*affettuoso*) affectueux*; (*tenero*) tendre 2 (*d'amore*) amoureux*: *sguardi amorosi*, regards amoureux; *passione amorosa*, passion (d'amour).

● (*teatr.*) ***il primo amoroso***, le jeune premier.

amovibile [a-mo-vì-bi-le] *agg.* amovible.

amperaggio [am-pe-ràg-gio] *n.m.* [pl. *-gi*] (*elettr.*) ampérage.

ampere [am'pɛr] *n.m.invar.* (*elettr.*) ampère.

amperometro [am-pe-rò-me-tro] *n.m.* (*elettr.*) ampèremètre.

ampiamente [am-pia-mén-te] *avv.* 1 (*completamente*) tout à fait, entièrement 2 (*diffusamente*) amplement, abondamment.

ampiezza [am-piéz-za] *n.f.* 1 étendue; (*di ambiente*) grandes dimensions (*pl.*) 2 (*dimensioni*) dimensions (*pl.*), grandeur 3 (*larghezza*) largeur: *l'ampiezza di una gonna*, l'ampleur d'une jupe 4 (*fig.*) étendue; (*di idee*) largeur: *l'ampiezza della sua cultura*, l'étendue de sa culture 5 (*scient.*) amplitude.

● (*geom.*) ***ampiezza di un angolo***, ouverture d'un angle.

ampio [àm-pio] *agg.* [pl.m. *-pi*] 1 grand, vaste; (*largo*) large, ample: *un ampio salone*, une grande salle 2 (*fig.*) large: *ampi particolari*, beaucoup de détails; *ha ampi poteri*, il a des pouvoirs étendus | *un uomo di ampie vedute*, un homme ayant une grande largeur de vue.

● ***nel senso più ampio della parola***, au sens le plus large du mot.

amplesso [am-plès-so] *n.m.* 1 rapport sexuel 2 (*letter.*) étreinte (*f.*).

ampliamento [am-plia-mén-to] *n.m.* 1 agrandissement; (*allargamento*) élargissement: *lavori d'ampliamento*, travaux d'agrandissement 2 (*fig.*) élargissement; (*accrescimento*) accroissement; (*arricchimento*) enrichissement; (*sviluppo*) développement: *l'ampliamento del suo potere*, l'accroissement de son pouvoir; *l'ampliamento di un'attività commerciale*, le développement d'une activité commerciale.

ampliare [am-pli-à-re] *v.tr.* 1 agrandir; (*allargare*) élargir 2 (*fig.*) étendre*; (*accrescere*) augmenter; (*arricchire*) enrichir; (*sviluppare*) développer: *ampliare le proprie cognizioni*, enrichir ses connaissances ♦ **ampliarsi** *v.pron.intr.* s'agrandir; (*allargarsi*) s'élargir.

amplificare [am-pli-fi-cà-re] *v.tr.* [coniug. come *mancare*] 1 amplifier 2 (*fig.*) (*magnificare*) exalter.

amplificatore [am-pli-fi-ca-tó-re] *n.m.* amplificateur.

amplificazione [am-pli-fi-ca-zió-ne] *n.f.* amplification (*anche fig.*).

amplissimo [am-plìs-si-mo] *agg.superl.* → **ampio**.

ampolla [am-pól-la] *n.f.* 1 fiole, flacon (*m.*); burette: *ampolla dell'olio, dell'aceto*, burette (à huile, à vinaigre) 2 (*tecn.*) ampoule 3 (*anat.*) ampoule 4 (*pl.*) (*eccl.*) burettes; (*per gli oli sacri*) ampoules.

ampollosità [am-pol-lo-si-tà] *n.f.invar.* boursouflure.

ampolloso [am-pol-ló-so] *agg.* ampoulé.

amputare [am-pu-tà-re] *v.tr.* amputer (*anche fig.*): *amputare un braccio*, amputer d'un bras.

amputazione [am-pu-ta-zió-ne] *n.f.* amputation (*anche fig.*).

amuleto [a-mu-lé-to *o* amulèto] *n.m.* amulette (*f.*).

an- *pref.* → **a-**.

A

anabattista [a-na-bat-tì-sta] ***n.m.*** e ***f.*** (*st. relig.*) anabaptiste.
anabbagliante [a-nab-ba-gliàn-te] ***agg.*** e ***n.m.***
● (*aut.*) (*faro*) ***anabbagliante***, feu de croisement, phare code.
anabolizzante [a-na-bo-liʒ-ʒàn-te] ***agg.*** e ***n.m.*** (*med.*) anabolisant.
anaconda [a-na-còn-da] ***n.m.*** (*zool.*) anaconda.
anacoreta [a-na-co-rè-ta] ***n.m.*** anachorète.
anacronismo [a-na-cro-nì-ʃmo] ***n.m.*** anachronisme.
anacronistico [a-na-cro-nì-sti-co] ***agg.*** [pl.m. -*ci*, f. -*che*] anachronique.
anaerobico [a-na-e-rò-bi-co] ***agg.*** [pl.m. -*ci*, f. -*che*] (*biol.*) anaérobie.
anaerobio [a-na-e-rò-bio] ***n.m.*** [pl. -*bi*] (*biol.*) anaérobie.
anafilassi [a-na-fi-làs-si] ***n.f.invar.*** (*med.*) anaphylaxie.
anafilattico [a-na-fi-làt-ti-co] ***agg.*** [pl.m. -*ci*, f. -*che*] (*med.*) anaphylactique.
anafora [a-nà-fo-ra] ***n.f.*** (*ret.*) anaphore.
anagrafe [a-nà-gra-fe] ***n.f.*** registre (*m.*) d'état civil.
● ***anagrafe tributaria***, registre des contributions | ***Ufficio Anagrafe***, Bureau de l'état civil.
anagrafico [a-na-grà-fi-co] ***agg.*** [pl.m. -*ci*, f. -*che*] de l'état civil.
● (*comm.*) ***anagrafico clienti***, fichier clients | ***dati anagrafici***, état civil.
anagramma [a-na-gràm-ma] ***n.m.*** anagramme (*f.*).
anagrammare [a-na-gram-mà-re] ***v.tr.*** anagrammatiser.
analcolico [a-nal-cò-li-co] ***agg.*** [pl.m. -*ci*, f. -*che*] sans alcool ♦ ***n.m.*** boisson (*f.*) sans alcool.
anale [a-nà-le] ***agg.*** (*anat.*) anal*.
analettico [a-na-lèt-ti-co] ***agg.*** e ***n.m.*** [f. -*a*; pl.m. -*ci*, f. -*che*] (*med.*) analeptique.
analfabeta [a-nal-fa-bè-ta] ***agg.*** e ***n.m.*** e ***f.*** analphabète, illettré/ée.
analfabetismo [a-nal-fa-be-tì-ʃmo] ***n.m.*** analphabétisme.
analgesico [a-nal-gè-ʃi-co] ***n.m.*** e ***agg.*** [pl.m. -*ci*, f. -*che*] (*med.*) analgésique.
analisi [a-nà-li-ʃi] ***n.f.invar.*** analyse.
● (*gramm.*) ***analisi logica***, ***del periodo***, analyse logique | (*med.*) ***analisi del sangue***, analyse du sang | (*psic.*) ***essere in analisi***, être en cours d'analyse.
analista [a-na-lì-sta] ***n.m.*** e ***f.*** analyste.
● (*inform.*) ***analista programmatore***, analyste-programmeur.
analiticamente [a-na-li-ti-ca-mén-te] ***avv.*** analytiquement.
analitico [a-na-lì-ti-co] ***agg.*** [pl.m. -*ci*, f. -*che*] analytique.
analizzabile [a-na-liz-zà-bi-le] ***agg.*** analysable.
analizzare [a-na-liʒ-ʒà-re] ***v.tr.*** analyser.
anallergico [a-nal-lèr-gi-co] ***agg.*** [pl.m. -*ci*, f. -*che*] anallergique.
analogamente [a-na-lo-ga-mén-te] ***avv.*** d'une manière analogue.
analogia [a-na-lo-gì-a] ***n.f.*** analogie.
analogico [a-na-lò-gi-co] ***agg.*** [pl.m. -*ci*, f. -*che*] **1** analogique; (*per analogia*) par analogie **2** (*inform.*) analogique: *computer analogico*, calculateur analogique.
analogismo [a-na-lo-gì-ʃmo] ***n.m.*** analogisme.
analogo [a-nà-lo-go] ***agg.*** [pl.m. -*ghi*, f. -*ghe*] analogue.
anamnesi [a-nàm-ne-ʃi *o* anamnèʃi] ***n.f.invar.*** anamnèse.
anamnestico [a-nam-nè-sti-co] ***agg.*** [pl.m. -*ci*, f. -*che*] (*med.*) anamnestique.
ananas [à-na-nas] ***n.m.invar.*** ananas.
anarchia [a-nar-chì-a] ***n.f.*** anarchie (*anche fig.*).
anarchico [a-nàr-chi-co] ***agg.*** [pl.m. -*ci*, f. -*che*] **1** anarchique, anarchiste **2** (*fig.*) anarchique ♦ ***n.m.*** [f. -*a*] anarchiste; (*fam.*) anar, anarcho.
anarchismo [a-nar-chì-ʃmo] ***n.m.*** anarchisme.
anarcoide [a-nar-còi-de] ***agg.*** e ***n.m.*** e ***f.*** anarchisant/e.
anastatico [a-na-stà-ti-co] ***agg.*** [pl.m. -*ci*, f. -*che*] (*tip.*) anastatique.
anatema [a-na-tè-ma] ***n.m.*** anathème.
anatomia [a-na-to-mì-a] ***n.f.*** anatomie.
anatomicamente [a-na-to-mi-ca-mén-te] ***avv.*** anatomiquement.
anatomico [a-na-tò-mi-co] ***agg.*** [pl.m. -*ci*, f. -*che*] anatomique.
● ***teatro anatomico***, amphithéâtre d'anatomie.
anatomista [a-na-to-mì-sta] ***n.m.*** e ***f.*** anatomiste.
anatomizzare [a-na-to-miʒ-ʒà-re] ***v.tr.*** anatomiser, disséquer* (*anche fig.*).
anatomopatologia [a-na-to-mo-pa-to-lo-gì-a] ***n.f.*** (*med.*) anatomopathologie.
anatra [à-na-tra] ***n.f.*** canard (*m.*); (*femmina*) cane.
anatroccolo [a-na-tròc-co-lo] ***n.m.*** caneton.
● ***brutto anatroccolo***, (*fig.*) vilain petit canard.
anca [àn-ca] ***n.f.*** [pl. -*che*] (*anat.*) *hanche.
ancella [an-cèl-la] ***n.f.*** servante.
ancestrale [an-ce-strà-le] ***agg.*** ancestral*.
anche [àn-che] ***cong.*** **1** aussi; (*in frasi negative*) non plus: *anche tu*, *anche noi*, *anche loro*, toi aussi, nous aussi, eux aussi; *vengo anch'io*, je viens aussi, moi aussi je viens; *anche tuo padre ha ragione*, ton père aussi a raison; *anche mio fratello non fuma*, mon frère ne fume pas, lui non plus | *potrei venire anche domani*, je pourrais aussi (bien) venir demain **2** (*persino*) même: *ho pazientato anche troppo!*, j'ai même trop patienté!, je n'ai que trop patienté!; *anche voi mi avete ingannato!*, même vous, vous aussi vous m'avez trompé!; *così è anche più facile*, c'est même plus facile comme ça; *anche pregandolo non verrebbe*, même si on le priait, il ne viendrait pas; *il dolce è riuscito anche meglio dell'altra volta*, le gâteau est encore mieux réussi que la dernière fois.
● ***anche se***, ***se anche***, ***anche a***, même si: *anche a consigliarlo*, même si on lui donne des conseils; *anche se lo spedissi subito*, même si je l'expédiais tout de suite | ***quand'anche***, ***anche quando***, quand (bien) même: *quand'anche glielo dicessi*, quand (bien) même je le lui dirais.

NOTA ***Anche***, nel senso di 'pure' si traduce ***aussi*** nelle frasi affermative e ***non plus*** nelle frasi negative; entrambi seguono sempre il nome o il pronome al quale sono legati:

__Anch'io__ te ne avevo parlato.
Moi **aussi**, je t'en avais parlé.

__Anche__ Giovanni __non__ beve il vino rosso.
Jean **non plus** ne boit le vin rouge.

A

Anche se si traduce ***même si***, seguito dall'indicativo imperfetto al posto del congiuntivo italiano:

Anche se *fossi ricchissimo, lavorerei.*
SÌ **Même si j'étais** très riche, je travaillerais.
NO **Même si je fusse** très riche, je travaillerais.

Quand'anche si traduce ***quand même***, seguito dal condizionale al posto del congiuntivo italiano:

Quand'anche *me lo giurasse, non gli crederei.*
Quand même il me le jurerais, je ne le croirais pas.

ancheggiante [an-cheg-giàn-te] ***agg.*** déhanché | *andatura ancheggiante*, démarche chaloupée.

ancheggiare [an-cheg-già-re] ***v.intr.*** [coniug. come *mangiare*; aus. *avere*] se déhancher.

anchilosarsi [an-chi-lo-ʃàr-si] ***v.pron.intr.*** s'ankyloser.

anchilosato [an-chi-lo-ʃà-to] ***agg.*** ankylosé.

anchilosi [an-chi-lò-ʃi *o* anchiloʃi] ***n.f.invar.*** (*med.*) ankylose.

anchorman ['ancormɛn] ***n.m.invar.*** présentateur, animateur, vedette (*f.*).

ancia [àn-cia] ***n.f.*** [pl. *-ce*] (*mus.*) anche.

ancona [an-có-na] ***n.f.*** (*arch.*) retable (*m.*).

anconetano [an-co-ne-tà-no] **anconitano** ***agg.*** anconitain ♦ ***n.m.*** [f. *-a*] (*abitante*) Anconitain.

ancora[1] [àn-co-ra] ***n.f.*** **1** (*mar.*) ancre: *levare, salpare l'ancora*, lever l'ancre (*o* appareiller) **2** (*elettr.*) armature.
● ***ancora di salvezza***, (*fig.*) ancre de salut | ***essere, stare all'ancora***, être au mouillage.

ancora[2] [an-có-ra] ***avv.*** encore: *non sono ancora arrivati*, ils ne sont pas encore arrivés; *nevica ancora?*, il neige encore (*o* toujours)?; *venite ancora a trovarci*, revenez nous voir; *ancora niente?*, toujours rien?

ancoraggio [an-co-ràg-gio] ***n.m.*** [pl. *-gi*] ancrage.

ancorare [an-co-rà-re] ***v.tr.*** **1** (*mar.*) ancrer, mettre* au mouillage: *ancorare una nave*, ancrer un navire **2** (*fig.*) fonder (**sur**): *ancorare le proprie opinioni a valori solidi*, fonder ses opinions sur des valeurs solides **3** (*econ.*) indexer (**sur**): *ancorare l'euro al dollaro*, indexer l'euro sur le dollar ♦ **ancorarsi** ***v.pron.*** **1** (*mar.*) mouiller (l'ancre), jeter* l'ancre **2** (*fig.*) (*aggrapparsi*) s'accrocher, se raccrocher: *ancorarsi a una speranza*, se raccrocher (*o* s'accrocher) à un espoir **3** (*fig.*) (*fondarsi, poggiare su*) se fonder (**sur**), s'appuyer* (**sur**): *la sua speranza si ancora al fatto che*, son espoir se fonde sur le fait que.

andamento [an-da-mén-to] ***n.m.*** marche (*f.*); (*corso*) cours; (*sviluppo*) développement; (*tendenza*) tendance (*f.*) | *prendere un buon andamento*, prendre une bonne tournure.

andante [an-dàn-te] ***agg.*** (*di poco pregio*) ordinaire ♦ ***avv.*** e ***n.m.*** (*mus.*) andante.

andare[1] [an-dà-re] ***v.intr.*** [pres.indic. *io vado, tu vai, egli va, noi andiamo, voi andate, essi vanno*; fut.indic. *io andrò*; pres.cong. *io, tu, egli vada, noi andiamo, voi andiate, essi vadano*; imp. *va* o *va'* o *vai*; aus. *essere*] **1** aller*: *andare a dormire*, aller dormir; *andare di buon passo, di corsa, di galoppo*, marcher d'un bon pas, courir, galoper; *andare zoppo, curvo*, boiter, marcher tout courbé; *andare a tentoni*, marcher à tâtons; *andare a quattro zampe*, marcher à quatre pattes; *andare per funghi*, (*fam.*) aller aux champignons **2** (*procedere*) marcher, aller*: *come va il lavoro?*, comment va le travail? **3** (*trascorrere*) passer: *l'estate è già andata*, l'été est déjà passé **4** (*funzionare*) marcher: *l'orologio non va*, la montre ne marche pas | *in quest'ufficio c'è qlco che non va*, dans ce bureau il y a qqch qui cloche | *questa traduzione non va*, cette traduction n'est pas bonne **5** (*stare, essere*) être*: *il tuo cappello mi va largo*, ton chapeau est trop large pour moi; *la lettera andò smarrita*, la lettre fut égarée **6** (*dover essere*) devoir* être; (*essere necessario*) falloir*: *non va preso alla lettera*, cela ne doit pas être pris à la lettre **7** (*convenire*) convenir*; (*essere adatto, accordarsi*) aller*: *mi andrebbe bene il treno delle sei*, le train de six heures me conviendrait; *mi andrebbe bene se tu potessi venire domani*, (*fam.*) cela m'arrangerait si tu pouvais venir demain **8** (*piacere, essere gradito*) plaire*: *a me non va* (*bene*) *che ritorni così tardi*, ça ne me plaît pas du tout que tu rentres si tard | *non mi va affatto*, ça ne me dit rien du tout | *ti va?*, ça te va? **9** (*essere di moda, avere successo*) être* à la mode: *quest'anno va molto il velluto*, cette année le velours est très à la mode; *è un prodotto che va molto*, c'est un produit qui se vend beaucoup **10** (*valere, essere in corso*) avoir* cours **11** (*accedere*) entrer: *con quel diploma può andare all'università*, avec ce diplôme, il peut entrer à l'université **12** (*seguito da gerundio*): *la sua malattia va peggiorando di giorno in giorno*, son mal s'aggrave, empire de jour en jour.
● ***andare addosso***, *heurter: *andare addosso a qlcu*, heurter qqn; *sta' attento a non andargli addosso*, (*fam.*) fais attention de ne pas le heurter | ***andare al cuore***, (*fig.*) aller droit au cœur: *parole che vanno al cuore*, des paroles qui vont droit au cœur | ***andare alla testa***, (*fig.*) monter à la tête: *questo vino va alla testa*, ce vin monte à la tête | ***andare a male***, tourner: *il latte è andato a male*, le lait a tourné | ***andare a ruba***, s'arracher (qqch): *i giornali del mattino sono andati a ruba*, on s'est arraché les journaux du matin | ***andare attorno***, tourner autour: *va sempre attorno alle ragazze*, il ne cesse (pas) de tourner autour des filles | ***andare avanti***, andare avanti, (*avanzare, procedere*) avancer; (*fig.*) aller de l'avant; (*continuare, proseguire*) continuer, poursuivre; (*precedere*) aller; partir: *va' avanti di qualche metro*, avance de quelques mètres; *andate avanti senza perdervi d'animo*, (*fig.*) allez de l'avant sans perdre courage; *non possiamo andare avanti così*, nous ne pouvons pas continuer comme cela; *"Dove sono i ragazzi?" "Sono già andati avanti"*, "Où sont les enfants?" "Ils sont déjà partis" | ***andare a vuoto, a monte***, tomber à l'eau | ***andare bene***, aller bien, marcher: *spero che le cose vadano bene*, j'espère que les choses iront (*o* marcheront) bien; *va tutto bene?*, ça va (*o* ça marche)?; *l'esame ti è andato bene?*, tu as réussi à ton examen? | ***andare dentro***, entrer: *cominciamo ad andare dentro, lui ci seguirà*, entrons toujours, il nous suivra | ***andare dietro***, suivre: *andare dietro a qlcu, a qlco*, suivre qqn, qqch; *andare dietro alla moda, alla corrente*, suivre la mode, le courant | ***andare di traverso***, avaler de travers; (*fig.*) ne pas réussir: *mi è andato di traverso* (*un sorso*), j'ai avalé (une gorgée) de travers; *tutto mi va di traverso*, (*fig.*) rien ne me réussit | ***andare fuori***, sortir: *vai fuori anche stasera?*, tu sors encore ce soir?; *andare fuori strada*, (*di veicoli*) sortir de la route; (*fig.*) faire fausse route | ***andare giù***, descendre; (*diminuire*) baisser: *va' giù in cantina a prendere il vino*, descends à la cave chercher du vin; *il prezzo dello zucchero è andato giù*, le prix du sucre a baissé | ***andare indietro***, reculer: *va' indietro di qualche passo*, recule de quelques pas; *invece di far progressi, va indietro*, au lieu de progresser, il recule; *quest'orologio va indietro*, cette montre retarde | ***andare in pezzi***, tomber en morceaux | ***andare in porto, a buon fine***, arriver à bon port | ***andare male***, ne pas marcher, marcher

A

mal: *gli affari gli vanno male*, ses affaires marchent mal; *ti è andata male*, ça n'a pas marché; (*non hai avuto fortuna*) tu n'as pas eu de chance | ***andare oltre***, continuer; (*fig.*) aller de l'avant; (*esagerare*) passer la mesure, passer les bornes: *non fermatevi qui, andate oltre*, ne vous arrêtez pas là, continuez, (*fig.*) allez de l'avant | ***andare su***, (*salire*) monter; (*aumentare*) augmenter: *è andato sul tetto*, il est monté sur le toit; *il prezzo dell'olio è andato su di un euro*, le prix de l'huile a augmenté d'un euro | ***andarci di mezzo***, tout prendre: *e così ci sono andato di mezzo io!*, et comme ça c'est moi qui ai tout pris! | ***andiamo su, coraggio!***, allons, courage! | ***chi va là?***, qui vive?, qui va là?: *stare sul chi va là*, être sur le qui-vive | ***com'è andata?***, comment ça s'est passé? | ***come va va***, (*fam.*) ça ira comme ça pourra | ***far andare***, mettre en marche: *far andare il motore*, mettre le moteur en marche | ***ne va di***, il y va de: *ne va della mia vita*, il y va de ma vie | ***o la va o la spacca***, advienne que pourra | ***se va va, se no pazienza!***, si ça ne va pas, tant pis!: *tentiamo, se va va, se no pazienza!*, essayons toujours, si ça ne va pas, tant pis! | ***va bene!***, d'accord!: *e va bene, facciamo come vuoi tu*, d'accord, faisons comme tu veux | ***va da sé che***, il va de soi que, il va sans dire que | ***vado e torno***, je ne fais qu'aller et venir | ***vallo a raccontare a un altro!***, raconte ça à d'autres! | ***vatti a fidare di un amico!***, allez donc vous fier à un ami!

□ **andarci** **1** y aller*: *ci vado volentieri*, j'y vais volontiers; *ci siamo andati ieri*, nous y sommes allés hier; *vacci!*, vas-y!; *non andarci!*, n'y va pas! **2** (*essere necessario*) falloir*: *ci vanno tre metri almeno per quell'abito*, il faut trois mètres de tissu au moins pour cette robe.

□ **andare via**, **andarsene** s'en aller*, partir*; (*del tempo*) passer; (*morire*) mourir*: *me ne vado* (*via*), je m'en vais; *vattene* (*via*)!, va-t'en!; *l'inverno se ne è andato*, l'hiver est passé; *se ne andò serenamente come aveva vissuto*, il mourut aussi sereinement qu'il avait vécu | *questo prodotto fa andar via le macchie*, ce produit fait partir les taches.

NOTA ***Andare a*** nel significato vero e proprio di moto, seguito da un infinito, si traduce con ***aller*** senza preposizione:

Andare a fare acquisti.
SÌ **Aller** faire des courses.
NO **Aller à** faire des courses.

Andrò a giocare a tennis.
SÌ J'**irai** jouer au tennis.
NO J'**irai à** jouer au tennis.

Per **andare a** seguito da un infinito nelle forme rafforzative che non hanno significato di moto, si rimanda ai singoli verbi: *andare a finire* → finire.

Quando ***andare*** è seguito da un gerundio, generalmente non si traduce e il gerundio viene reso con un tempo finito:

Il tempo va cambiando.
Le temps **change**.

Glielo andavo dicendo da più di un mese.
Je le lui **disais** depuis plus d'un mois.

Lo va dicendo a tutti.
Il le **raconte** à tout le monde.

Andava ripetendo che...
Il **allait répétant** que...

In ***andarci***, tradotto con ***y aller***, il pronome ***y*** viene omesso davanti al futuro e al condizionale:

Ci andrò.
SÌ **J'irai**.
NO **J'y irai**.

Ci andrebbero insieme.
SÌ **Ils iraient** ensemble.
NO **Ils y iraient** ensemble.

andare[2] ***n.m.*** **1** (*l'andare*) aller **2** (*andatura*) allure (*f.*), démarche (*f.*).
● ***a lungo andare***, à la longue | ***a tutt'andare***, à toute allure: *correva a tutt'andare*, il courait à toute allure; *spende a tutt'andare*, (*estens.*) il dépense sans compter | ***con l'andare del tempo***, avec le temps | ***di questo andare***, à ce train-là | ***l'andare e venire***, le va-et-vient: *un andare e venire di gente*, un va-et-vient de gens.

andata [an-dà-ta] ***n.f.*** aller (*m.*).
● (*sport*) ***girone di andata***, premier tour.

andato [an-dà-to] ***agg.*** **1** (*trascorso*) passé **2** (*fam.*) (*spacciato, rovinato*) fichu.
● ***nei tempi andati***, par le passé.

andatura [an-da-tù-ra] ***n.f.*** **1** (*dell'uomo*) démarche, allure **2** (*di animali*) allure; (*da soma o da tiro*) train (*m.*).
● (*ciclismo*) ***fare l'andatura***, mener le train | (*ippica*) ***rompere*** (***l'andatura***), changer d'allure.

andazzo [an-dàz-zo] ***n.m.*** **1** habitudes (*f.pl.*) **2** mode (*f.*) **3** (*di cose*) tournure (*f.*).
● ***seguire l'andazzo***, suivre le mouvement.

andirivieni [an-di-ri-viè-ni] ***n.m.invar.*** **1** va-et-vient* **2** (*intrico di vie ecc.*) dédale **3** (*giro di parole*) circonlocution (*f.*).

andito [àn-di-to] ***n.m.*** **1** (*corridoio*) couloir; (*vestibolo*) vestibule; (*entrata*) entrée (*f.*) **2** (*estens.*) (*angolo riposto*) recoin.

andrò → **andare**[1].

andro- ***pref.*** andro-.

androgeno [an-drò-ge-no] ***agg.*** e ***n.m.*** (*biol.*) androgène.

androgino [an-drò-gi-no] ***agg.*** e ***n.m.*** [f. *-a*] androgyne.

andrologo [an-drò-lo-go] ***n.m.*** [f. *-a*; pl.m. *-ghi* o *-gi*, f. *-ghe*] (*med.*) andrologue.

androne [an-dró-ne] ***n.m.*** *hall.

aneddotico [a-ned-dò-ti-co] ***agg.*** [pl.m. *-ci*, f. *-che*] anecdotique.

aneddoto [a-nèd-do-to] ***n.m.*** anecdote (*f.*).

anelare [a-ne-là-re] ***v.intr.*** [aus. *avere*] **1** (*ansare*) *haleter* **2** (*fig.*) aspirer ardemment.

anelito [a-nè-li-to] ***n.m.*** **1** *halètement **2** (*fig.*) désir ardent.

anello [a-nèl-lo] ***n.m.*** **1** (*gioiello*) bague (*f.*), anneau* **2** (*oggetto a forma di cerchio*) anneau*: *l'anello di una catena*, l'anneau d'une chaîne **3** (*tecn.*) bague (*f.*), anneau* **4** (*inform.*) anneau*, bague (*f.*) **5** (*pl.*) (*sport*) anneaux.
● ***anello con monogramma, con stemma***, chevalière | ***anello di congiunzione***, (*fig.*) trait d'union | ***anello di fidanzamento***, bague de fiançailles | ***anello di fumo***, rond de fumée: *formare anelli di fumo*, faire des ronds de fumée | (*inform.*) ***anello di retroazione***, boucle de réaction | (*mar.*) ***anello d'ormeggio***, boucle de quai | ***anello matrimoniale***, alliance, anneau nuptial | (*eccl.*) ***anello pastorale***, anneau pastoral | ***anello portatovagliolo***, rond de serviette | ***anello stradale***, (boulevard) périphérique, bretelle | ***ad anello***, en anneau.

anemia [a-ne-mì-a] ***n.f.*** (*med.*) anémie.

anemico [a-nè-mi-co] ***agg.*** [pl.m. *-ci*, f. *-che*] anémique.

anemometro [a-ne-mò-me-tro] ***n.m.*** (*fis., meteor.*) anémomètre.

A

anemone [a-nè-mo-ne] ***n.m.*** (*bot.*) anémone (*f.*).

anestesia [a-ne-ste-ʃì-a] ***n.f.*** (*med.*) anesthésie.

anestesista [a-ne-ste-ʃì-sta] ***n.m.*** e ***f.*** anesthésiste.

anestetico [a-ne-stè-ti-co] ***n.m.*** e ***agg.*** [pl.m. *-ci*, f. *-che*] (*med.*) anesthésique.

anestetizzare [a-ne-ste-tiʒ-ʒà-re] ***v.tr.*** (*med.*) anesthésier.

aneurisma [a-neu-rì-ʃma] ***n.m.*** (*med.*) anévrisme.

anfetamina [an-fe-ta-mì-na] ***n.f.*** → **amfetamina**.

anfibio [an-fì-bio] ***agg.*** [pl.m. *-bi*] amphibie ♦ ***n.m.*** (*zool.*) amphibien.
● (*mil.*): (*scarponi*) ***anfibi***, rangers; ***anfibio da sbarco***, (*mezzo navale*) engin amphibie de débarquement.

anfiteatro [an-fi-te-à-tro] ***n.m.*** amphithéâtre.

anfitrione [an-fi-tri-ó-ne] ***n.m.*** amphitryon.

anfora [àn-fo-ra] ***n.f.*** amphore.

anfratto [an-fràt-to] ***n.m.*** anfractuosité (*f.*).

anfrattuoso [an-frat-tu-ó-so] ***agg.*** anfractueux*.

angariare [an-ga-rià-re] ***v.tr.*** tourmenter.

angelicamente [an-ge-li-ca-mén-te] ***avv.*** angéliquement.

angelico [an-gè-li-co] ***agg.*** [pl.m. *-ci*, f. *-che*] angélique.

angelo [àn-ge-lo] ***n.m.*** ange (*anche fig.*): *sei proprio un angelo!*, tu es un ange! | *un angelo di ragazza*, un amour de fille | *è buono come un angelo*, il est sage comme une image.
● ***angelo custode***, ange gardien | ***Lunedì dell'Angelo***, Lundi de Pâques.

angheria [an-ghe-rì-a] ***n.f.*** brimade, vexation: *fare ogni sorta di angherie*, faire toutes sortes de misères.

angina [an-gì-na] ***n.f.*** (*med.*) angine.
● ***angina pectoris***, angine de poitrine.

angi(o)- ***pref.*** angi(o)-.

angiografia [an-gio-gra-fì-a] ***n.f.*** angiographie.

angioino [an-gio-ì-no] ***agg.*** angevin ♦ ***n.m.*** [f. *-a*] (*abitante*) Angevin.
● (*st.*) ***gli Angioini***, les Ducs d'Anjou, la Maison d'Anjou.

angiologo [an-giò-lo-go] ***n.m.*** [f. *-a*; pl.m. *-ghi* o *-gi*, f. *-ghe*] (*med.*) angiologue.

angioma [an-giò-ma] ***n.m.*** (*med.*) angiome.

angiporto [an-gi-pòr-to] ***n.m.*** (*stradetta angusta*) ruelle (*f.*); (*vicolo cieco*) impasse (*f.*).

anglicanesimo [an-gli-ca-né-ʃi-mo] ***n.m.*** (*relig.*) anglicanisme.

anglicano [an-gli-cà-no] ***agg.*** e ***n.m.*** [f. *-a*] anglican.

anglicismo [an-gli-cì-ʃmo] **anglismo** ***n.m.*** (*ling.*) anglicisme.

anglista [an-glì-sta] ***n.m.*** e ***f.*** angliciste.

anglo- ***pref.*** anglo-.

angloamericano [an-glo-a-me-ri-cà-no] ***agg.*** anglo-américain* ♦ ***n.m.*** [f. *-a*] Anglo-américain*.

anglosassone [an-glo-sàs-so-ne] ***agg.*** anglo-saxon* ♦ ***n.m.*** (*lingua*) anglo-saxon* ♦ ***n.m.*** e ***f.*** (*abitante*) Anglo-Saxon*/onne.

angolare [an-go-là-re] ***agg.*** angulaire ♦ ***n.m.*** (*tecn.*) cornière (*f.*).

angolato [an-go-là-to] ***agg.***
● (*sport*) ***tiro angolato***, tir dans l'angle.

angolazione [an-go-la-zió-ne] ***n.f.*** **1** (*fot., cine., tv*) angle (*m.*) de prise de vue, prise de vue angulaire **2** (*fig.*) angle (*m.*), point (*m.*) de vue.

angoliera [an-go-liè-ra] ***n.f.*** encoignure.

angolo [àn-go-lo] ***n.m.*** **1** coin (*anche fig.*): *giri l'angolo*, tournez là au coin (de la rue); *un angolo di cielo, di mare*, un coin de ciel, de mer; *smussare gli angoli*, arrondir les angles | *starsene in un angolo*, rester dans son coin **2** (*sport*) coin: (*pugilato*) *chiudere l'avversario nell'angolo*, serrer l'adversaire dans le coin **3** (*mat., fis.*) angle.
● ***angolo (di) cottura***, coin-cuisine | ***angolo via...***, à l'angle de la rue...: *in via Mazzini, angolo via Verdi*, à l'angle de la rue Mazzini et de la rue Verdi | ***all'angolo***, au coin: *la farmacia qui all'angolo*, la pharmacie au coin; *all'angolo, sull'angolo di via Roma*, au coin de la rue Roma; *abita all'angolo*, il habite la maison qui fait l'angle | ***angolino appartato***, endroit à l'écart | ***d'angolo***, de coin: *casa d'angolo*, maison qui fait l'angle | (*calcio*) (***calcio d'***)***angolo***, corner: *mandare in calcio d'angolo*, envoyer en corner | ***fare angolo con***, croiser: *via Milano fa angolo con la via Bergamo*, la rue Milano croise la rue Bergamo | ***mettere nell'angolo***, mettre au coin: *mettere un bambino nell'angolo*, mettre un enfant au coin | ***non sappiamo cosa c'è dietro l'angolo***, (*fig.*) on ne sait pas ce qui nous attend.

angoloso [an-go-ló-so] ***agg.*** anguleux*.

angora [àn-go-ra] ***agg.*** e ***n.f.invar.*** (*zool.*) angora.
● ***gatto d'angora***, (chat) angora | (***lana d'***)***angora***, laine angora.

angoscia [an-gò-scia] ***n.f.*** [pl. *-sce*] angoisse.

angosciare [an-go-scià-re] ***v.tr.*** [coniug. come *cominciare*] angoisser ♦ **angosciarsi** ***v.pron.*** s'inquiéter*.

angosciato [an-go-scià-to] ***agg.*** angoissé.

angoscioso [an-go-sció-so] ***agg.*** **1** (*che dà angoscia*) angoissant **2** (*pieno di angoscia*) plein d'angoisse.

angostura [an-go-stù-ra] ***n.f.*** angusture.

anguicrinito [an-gui-cri-nì-to] ***agg.*** (*lett.*) à la chevelure de serpents.

anguilla [an-guìl-la] ***n.f.*** anguille.

anguria [an-gù-ria] ***n.f.*** (*region.*) pastèque, melon (*m.*) d'eau.

angustia [an-gù-stia] ***n.f.*** **1** (*strettezza*) étroitesse **2** (*penuria*) pénurie **3** (*pl.*) (*ristrettezze*) gêne (*sing.*): *vivere nelle angustie*, vivre dans la gêne **4** (*preoccupazione*) souci (*m.*), peine: *stare in angustia per qlcu*, être en peine, se faire du souci pour qqn; *non tenermi in angustia*, ne me laisse pas en peine.

angustiare [an-gu-stià-re] ***v.tr.*** **1** tourmenter **2** (*preoccupare*) inquiéter* ♦ **angustiarsi** ***v.pron.*** s'inquiéter* (**de**), se faire* du souci (**pour**).

angustiato [an-gu-stià-to] ***agg.*** **1** tourmenté **2** (*preoccupato*) inquiet* (**de**).

angusto [an-gù-sto] ***agg.*** étroit (*anche fig.*).

anice [à-ni-ce] ***n.m.*** **1** (*bot.*) anis **2** (*liquore*) anisette (*f.*).

anidride [a-ni-drì-de] ***n.f.*** (*chim.*) anhydride (*m.*).
● ***anidride carbonica***, anhydride carbonique.

anilina [a-ni-lì-na] ***n.f.*** aniline.

anima [à-ni-ma] ***n.f.*** **1** âme: *l'uomo è formato di corpo e di anima*, l'homme est formé d'un corps et d'une âme **2** (*sede dei sentimenti, sentimento*) âme; (*cuore*) cœur (*m.*): *arrivare all'anima*, fendre le cœur **3** (*elemento vivificatore*) âme: *l'anima della congiura*, l'âme du complot **4** (*persona*) âme: *un villaggio di mille anime*, un village de mille âmes; *qualche anima buona ci aiuterà*, une

A

âme charitable nous viendra en aide | *quell'anima candida di sua zia lo ha sempre difeso*, naïve comme elle était, sa tante l'a toujours défendu **5** (*parte interna*) (*di cavo, matita, violino, cannone ecc.*) âme; (*di legno, frutto*) cœur (*m.*); (*di bottone*) moule (*m.*); (*di cravatta*) doublure **6** (*metall.*) noyau* (*m.*).

● ***anima in pena***, âme en peine | ***anima lunga***, (*di persona alta*) grande asperge | ***anima mia!***, mon cœur! | ***anima nera***, mauvais ange: *è l'anima nera del partito*, il est le mauvais ange du parti | ***anime beate, purganti, dannate***, bienheureux, âmes du purgatoire, damnés | ***all'anima!***, (*fam.*) fichtre! | ***con tutta l'anima***, de toute son âme, du fond de l'âme | ***dare l'anima per***, se faire tuer pour: *darebbe l'anima per i suoi figli*, elle se ferait tuer pour ses enfants | ***darsi anima e corpo a qlco***, se donner corps et âme à qqch: *darsi anima e corpo al lavoro*, se jeter à corps perdu dans le travail | ***essere un corpo e un'anima sola***, ne former qu'une seule âme | ***gridare come un'anima dannata***, crier comme un possédé | ***in fondo all'anima***, au fond du cœur | ***la buon'anima di...***, mon pauvre...: *la buon'anima di mio padre*, mon pauvre père | ***metter l'anima in***, mettre tout son cœur dans | ***non c'era anima viva***, il n'y avait pas un chat | ***non dirlo ad anima viva***, n'en parle à personne | ***reggere l'anima coi denti***, (*fam.*) n'avoir plus qu'un souffle de vie | ***render l'anima (a Dio)***, rendre l'âme | ***rodersi l'anima***, (*fam.*) se ronger les sangs | ***rompere l'anima***, (*fam.*) casser les pieds | ***ti giuro sull'anima mia che***, en mon âme et conscience, je te jure que | ***volersi un bene dell'anima***, s'aimer de tout son cœur.

animale [a-ni-mà-le] ***agg.*** e ***n.m.*** animal*.

animalesco [a-ni-ma-lé-sco] ***agg.*** [pl.m. *-schi*, f. *-sche*] bestial*.

animalismo [a-ni-ma-lì-smo] ***n.m.*** courant de pensée et d'action défendant la dignité et les droits des animaux.

animalista [a-ni-ma-lì-sta] ***agg.*** e ***n.m.*** e ***f.*** animalier/ère.

animalità [a-ni-ma-li-tà] ***n.f.invar.*** animalité.

animare [a-ni-mà-re] ***v.tr.*** **1** animer (*anche fig.*) **2** (*promuovere*) encourager* **3** (*dare vivacità, brio*) illuminer: *la gioia le animava il volto*, la joie illuminait son visage ♦ **animarsi** ***v.pron.intr.*** s'animer (*anche fig.*): *l'atmosfera si andava animando*, il commençait à y avoir de l'ambiance.

● ***essere animato da***, être animé de: *essere animato dalle migliori intenzioni*, être animé des meilleures intentions (du monde), être plein de bonnes intentions.

animatamente [a-ni-ma-ta-mén-te] ***avv.*** avec animation.

animato [a-ni-mà-to] ***agg.*** animé (*anche fig.*).

animatore [a-ni-ma-tó-re] ***agg.*** e ***n.m.*** [f. *-trice*] animateur*.

animazione [a-ni-ma-zió-ne] ***n.f.*** animation.

animella [a-ni-mèl-la] ***n.f.*** (*spec. pl.*) (*macelleria*) ris (*m.*).

animismo [a-ni-mì-ʃmo] ***n.m.*** animisme.

animista [a-ni-mì-sta] ***n.m.*** e ***f.*** animiste.

animistico [a-ni-mì-sti-co] ***agg.*** [pl.m. *-ci*, f. *-che*] animiste.

animo [à-ni-mo] ***n.m.*** **1** (*mente*) esprit; (*cuore*) cœur; (*anima*) âme (*f.*): *avere l'animo tranquillo*, avoir l'esprit tranquille; *persona d'animo buono*, personne qui a bon cœur | *l'ho sempre vivo nell'animo*, il est toujours présent dans ma mémoire **2** (*coraggio*) cœur, courage: *non ho l'animo di farlo*, je n'ai pas le cœur, le courage de le faire **3** (*disposizione*) disposition (*f.*); (*inclinazione*) inclination (*f.*).

● ***animo!***, (*coraggio!*) haut les cœurs!; (*suvvia, forza!*) allons!, bon courage! | ***cattivarsi l'animo di qlcu***, s'attacher qqn | ***con animo leggero***, d'un cœur léger | ***con animo sereno***, sereinement: *giudicare qlco con animo sereno*, porter un jugement serein sur qqch | ***con l'animo di***, avec l'intention de | ***di buon animo***, de bon gré, de bon cœur | ***di mal animo***, à contrecœur | ***farsi animo***, prendre courage | ***forza d'animo***, force d'âme | ***mettersi l'animo in pace***, en prendre son parti | ***nel profondo dell'animo***, au plus profond du cœur | ***perdersi d'animo***, se décourager | ***stare con l'animo sospeso***, avoir le cœur en peine | ***stato d'animo***, état d'esprit: *non era nello stato d'animo giusto per farlo*, il n'était pas dans l'état d'esprit de le faire.

animosamente [a-ni-mo-sa-mén-te] ***avv.*** **1** (*con coraggio*) courageusement **2** (*con rancore*) avec animosité.

animosità [a-ni-mo-si-tà] ***n.f.*** **1** (*coraggio*) courage **2** (*ostilità*) animosité.

animoso [a-ni-mó-so] ***agg.*** **1** (*coraggioso*) courageux* **2** (*ostile*) hostile.

anisetta [a-ni-ʃét-ta] ***n.f.*** anisette.

anitra [à-ni-tra] ***n.f.*** → **anatra**.

annacquare [an-nac-quà-re] ***v.tr.*** **1** couper avec de l'eau, diluer **2** (*fig.*) (*mitigare*) adoucir | *annacquare la verità*, édulcorer la vérité.

annacquato [an-nac-quà-to] ***agg.*** **1** coupé d'eau **2** (*fig.*) (*attenuato*) atténué **3** (*sbiadito*) délavé: *colori annacquati*, couleurs délavées | *sole annacquato*, soleil pâle | *stile annacquato*, style plat.

annaffiare [an-naf-fià-re] ***v.tr.*** arroser.

annaffiatoio [an-naf-fia-tó-io] ***n.m.*** [pl. *-oi*] arrosoir.

annaffiatrice [an-naf-fia-trì-ce] ***n.f.*** (*autobotte*) arroseuse.

annaffiatura [an-naf-fia-tù-ra] ***n.f.*** arrosage (*m.*).

annali [an-nà-li] ***n.m.pl.*** annales (*f.*).

annalista [an-na-li-sta] ***n.m.*** e ***f.*** annaliste.

annaspare [an-na-spà-re] ***v.intr.*** **1** (*agitarsi affannosamente*) se débattre* **2** (*fig.*) (*imbrogliarsi*) s'embrouiller **3** (*fig.*) (*andare a tentoni*) tâtonner: *annaspare nel buio*, avancer à tâtons, à l'aveuglette.

annata [an-nà-ta] ***n.f.*** **1** année **2** (*di vino*) millésime (*m.*).

● ***vino d'annata***, vin millésimé.

annebbiamento [an-neb-bia-mén-to] ***n.m.*** **1** formation (*f.*) de brouillard **2** (*fig.*) obscurcissement.

annebbiare [an-neb-bià-re] ***v.tr.*** **1** embrumer **2** (*fig.*) brouiller: *annebbiare la vista, le idee*, brouiller la vue, les idées ♦ **annebbiarsi** ***v.pron.intr.*** **1** s'embrumer **2** (*fig.*) se brouiller.

annebbiato [an-neb-bià-to] ***agg.*** **1** brumeux* **2** (*fig.*) brumeux*, brouillé, embrumé: *mente annebbiata*, esprit brumeux; *vista annebbiata*, vue brouillée; *cervello annebbiato dall'alcol*, cerveau embrumé par l'alcool.

annegamento [an-ne-ga-mén-to] ***n.m.*** noyade (*f.*): *morto per annegamento*, mort par noyade (*o* noyé).

annegare [an-ne-gà-re] ***v.tr.*** [coniug. come *legare*] noyer* ♦ ***v.intr.*** [aus. *essere*] se noyer* ♦ **annegarsi** ***v.pron.*** se noyer*.

● ***annegare in un mare di guai***, (*fig.*) être dans les ennuis jusqu'au cou.

annegato [an-ne-gà-to] ***agg.*** e ***n.m.*** [f. *-a*] noyé.

annerire [an-ne-rì-re] ***v.tr.*** e ***intr.*** [coniug. come *finire*; aus. dell'intr. *essere*] noircir ♦ **annerirsi** ***v.pron.intr.*** **1**

(*diventare nero*) noircir: *il quadro si è annerito col tempo*, le tableau a noirci avec le temps **2** (*oscurarsi*) s'assombrir*, se noircir.

annessione [an-nes-sió-ne] *n.f.* annexion.

annessionista [an-nes-sio-nì-sta] *agg.* e *n.m.* e *f.* annexionniste.

annesso [an-nès-so *o* annésso] *agg.* **1** annexe **2** (*allegato*) annexé.

● ***gli annessi e connessi***, (*fig.*) les tenants et les aboutissants.

annettere [an-nèt-te-re *o* annéttere] *v.tr.* [pres.indic. *io annetto* ecc.; p.rem. *io annettei, tu annettesti* ecc.; p.p. *annesso*] **1** (*pol.*) annexer **2** (*aggiungere*) ajouter; (*accludere*) joindre* **3** (*attribuire*) attacher, attribuer: *annettere importanza a qlco*, attacher de l'importance à qqch.

annichilire [an-ni-chi-lì-re] *v.tr.* [coniug. come *finire*] anéantir (*anche fig.*) ♦ **annichilirsi** *v.pron.* s'anéantir (*anche fig.*).

annichilito [an-ni-chi-lì-to] *agg.* anéanti.

annidarsi [an-ni-dàr-si] *v.pron.* **1** (*nascondersi*) se nicher, se cacher **2** (*fig.*) couver: *l'odio si annidava nel suo cuore*, la haine couvait dans son cœur.

annientamento [an-nien-ta-mén-to] *n.m.* anéantissement.

annientare [an-nien-tà-re] *v.tr.* anéantir (*anche fig.*).

anniversario [an-ni-ver-sà-rio] *agg.* e *n.m.* [pl. *-ri*] anniversaire: *nel quarto anniversario di...*, à l'occasion du quatrième anniversaire de...

anno [àn-no] *n.m.* **1** année (*f.*): *l'anno corrente, l'anno in corso*, l'année courante, l'année en cours; *nell'anno in corso*, cette année; *nel corso dell'anno*, en cours d'année, dans le courant de l'année; *entro l'anno*, avant la fin de l'année; *l'anno prossimo, l'anno che viene, un altr'anno, quest'altr'anno*, l'année prochaine; *l'anno scorso, l'anno passato, l'altr'anno*, l'année passée, l'année dernière; *l'anno prima, l'anno precedente*, l'année avant; *l'anno dopo, l'anno seguente*, l'année suivante; *durante (tutto) l'anno, per tutto l'anno*, pendant, pour toute l'année; *per parecchi, molti anni*, pendant des années; *di anno in anno*, d'année en année; *da un anno all'altro*, d'une année à, sur l'autre; *sono anni che*, il y a des années que; *viva l'anno nuovo!*, vive la nouvelle année! **2** (*spec. accompagnato da un numerale cardinale nel computo del tempo*) an: *tra due anni*, dans deux ans; *due anni fa, or sono*, il y a deux ans; *due anni prima*, deux ans auparavant; *due anni dopo*, deux ans après; *ogni due anni*, tous les deux ans; *tre volte all'anno*, trois fois par an; *un anno sì e uno no*, tous les deux ans, une année sur deux; *sarà un anno a maggio*, cela fera, il y aura un an en mai; *sono due anni che*, il y a, voilà, cela fait deux ans que | *l'anno 200 a.C.*, l'an 200 avant J.-C; *l'anno 1000 d.C*, l'an 1000 après J.-C; *nell'anno 1930*, en 1930; *nell'anno 1648 della nostra era*, en l'an 1648 de notre ère **3** (*di età*) an, année (*f.*); âge: *ha vent'anni*, il a vingt ans, il est âgé de vingt ans; *ha sessant'anni compiuti*, il a soixante ans révolus; *si avvicina ai quarant'anni*, il approche de la quarantaine; *va per i trent'anni*, il va sur ses trente ans; *domani compie trent'anni*, demain il aura trente ans; *quanti anni avrà?*, quel âge peut-il avoir?; *quanti anni mi dai?*, quel âge me donnes-tu?; *essere nel ventesimo anno (di età)*, être dans sa vingtième année.

● ***anno di grazia***, an de grâce: *nell'anno di grazia 1492*, en l'an de grâce 1492 | ***anno nuovo, vita nuova!***, à année nouvelle, vie nouvelle | ***avere gli anni di Matusalemme, di Noè***, être vieux comme Mathusalem | ***buon anno!***, bonne année!: *augurare buon anno*, souhaiter la bonne année | ***col passar degli anni***, (*col tempo*) avec le temps; (*con l'età*) avec l'âge | ***è, sarà un anno che...***, ça fait des heures que...; voilà un siècle que...: *è un anno che aspetto l'autobus*, ça fait des heures que j'attends l'autobus; *sarà un anno che lo aspetto*, voilà un siècle que je l'attends | ***essere avanti con gli anni***, être d'un âge avancé | ***essere carico d'anni, avere molti anni addosso***, ne plus compter ses années | ***gli anni venti***, les années vingt | ***gli anni verdi***, les jeunes années, le jeune âge | ***l'anno, all'anno***, par an: *tre volte all'anno*, trois fois par an | ***mi par mill'anni che...***, il y a un siècle que... | ***nascondersi gli anni***, cacher son âge | ***porta bene, non dimostra i suoi anni***, elle ne paraît pas son âge | ***sentire il peso, il fardello degli anni***, sentir le poids des ans | ***togliersi gli anni***, se rajeunir.

NOTA Per l'uso di ***an*** o ***année*** si veda la nota riservata alla parola *année* nella sezione francese-italiano.

annodare [an-no-dà-re] *v.tr.* nouer (*anche fig.*) | *annodare, annodarsi i lacci delle scarpe*, lacer ses souliers.

annodatura [an-no-da-tù-ra] *n.f.* **1** nouage (*m.*) **2** (*nodo*) nœud (*m.*).

annoiare [an-no-ià-re] *v.tr.* ennuyer*: *annoiare a morte*, ennuyer à mourir ♦ **annoiarsi** *v.pron.* **1** s'ennuyer* **2** (*stancarsi*) se lasser, se fatiguer: *si è annoiato di aspettare*, il s'est lassé, fatigué d'attendre.

annoiato [an-no-ià-to] *agg.* **1** ennuyé: *essere annoiato*, s'ennuyer; *hai l'aria annoiata, mi sembri annoiato*, tu as l'air de t'ennuyer **2** (*stanco*) las: *annoiato di aspettare*, las d'attendre.

annona [an-nò-na] *n.f.* **1** approvisionnement (*m.*), ravitaillement (*m.*) **2** (*st.*) annone.

annonario [an-no-nà-rio] *agg.* [pl.m. *-ri*] **1** d'approvisionnement, de ravitaillement, d'alimentation **2** (*st.*) annonaire.

● ***carta, tessera annonaria***, carte de ravitaillement, d'alimentation.

annoso [an-nó-so] *agg.* vieux*.

annotare [an-no-tà-re] *v.tr.* **1** (*prendere nota di*) noter **2** (*corredare di note*) annoter: *annotare in margine*, annoter dans la marge.

annotazione [an-no-ta-zió-ne] *n.f.* annotation; (*appunto*) note.

annottare [an-not-tà-re] *v.intr.impers.* [aus. *essere*] se faire* nuit.

annoverare [an-no-ve-rà-re] *v.tr.* **1** compter (**parmi**), ranger* (**au nombre de**) **2** (*enumerare*) énumérer*.

annuale [an-nu-à-le] *agg.* annuel* ♦ *n.m.* anniversaire.

annualità [an-nua-li-tà] *n.f.invar.* **1** (*l'essere annuale*) annualité **2** (*durata di un anno*) annalité **3** (*rata annuale*) annuité: *pagabile in annualità*, payable en annuités **4** (*entrata annuale*) revenu (*m.*) annuel; (*pagamento annuale*) an (*m.*): *un'annualità d'affitto*, un an de loyer.

annualizzare [an-nu-a-liʒ-ʒà-re] *v.tr.* annualiser.

annualmente [an-nu-al-mén-te] *avv.* annuellement.

annuario [an-nu-à-rio] *n.m.* [pl. *-ri*] annuaire.

annuire [an-nu-ì-re] *v.intr.* [coniug. come *finire*; aus. *avere*] acquiescer* d'un signe de tête, faire* signe que oui.

annullabile [an-nul-là-bi-le] *agg.* annulable.

annullamento [an-nul-la-mén-to] *n.m.* **1** annulation (*f.*) (*anche dir.*) **2** (*di francobolli*) oblitération (*f.*).

annullare [an-nul-là-re] *v.tr.* **1** annuler (*anche dir.*): *annullare gli effetti di qlco*, supprimer les effets de qqch;

A

tutti i nostri sforzi sono stati annullati, tous nos efforts ont été rendus inutiles | *annullare un testamento*, révoquer un testament **2** (*francobolli*) oblitérer* ♦ **annullarsi** *v.pron.* e *pron.rec.* s'annuler.

annullo [an-nùl-lo] *n.m.* (*di francobolli*) oblitération (*f.*).

annunciare [an-nun-cià-re] *v.tr.* [coniug. come *cominciare*] annoncer*: *farsi annunciare a qlcu*, se faire annoncer auprès de qqn ♦ **annunciarsi** *v.pron.* **1** s'annoncer* **2** (*estens.*) (*prepararsi*) se préparer.

annunciatore [an-nun-cia-tó-re] *n.m.* **1** (*rad., tv*) speaker; (*presentatore*) présentateur*; (*intrattenitore*) meneur de jeu **2** (*chi annuncia*) annonciateur* ♦ *agg.* [f. *-trice*] annonciateur*: *segni annunciatori di tempesta*, signes annonciateurs (*o* avant-coureurs) de tempête; *messaggio annunciatore di sventura*, message porteur de malheur.

annunciatrice [an-nun-cia-trì-ce] *n.f.* (*rad., tv*) speakerine; (*presentatrice*) présentatrice.

annunciazione [an-nun-cia-zió-ne] *n.f.* annonciation.

● (*eccl.*) (***festa dell'***)***Annunciazione***, (fête de l')Annonciation.

annuncio [an-nùn-cio] *n.m.* [pl. *-ci*] annonce (*f.*): *dare l'annuncio di qlco*, annoncer qqch; *mettere un annuncio sul giornale*, passer une annonce dans le journal.

● ***annunci economici***, (*sul giornale*) petites annonces.

annuo [àn-nuo] *agg.* annuel*.

annusare [an-nu-sà-re] *v.tr.* flairer (*anche fig.*): *annusare un pericolo*, flairer un danger | *annusare tabacco*, priser du tabac.

annuvolamento [an-nu-vo-la-mén-to] *n.m.* nuages (*pl.*), ciel nuageux.

annuvolarsi [an-nu-vo-làr-si] *v.pron.intr.* **1** se couvrir* de nuages **2** (*fig.*) s'assombrir, se rembrunir.

ano [à-no] *n.m.* (*anat.*) anus.

anodino [a-nò-di-no] *agg.* anodin (*anche fig.*).

anodo [à-no-do] *n.m.* (*fis.*) anode (*f.*).

anomalia [a-no-ma-lì-a] *n.f.* anomalie.

anomalo [a-nò-ma-lo] *agg.* anomal*.

anonimamente [a-no-ni-ma-mén-te] *avv.* anonymement.

anonimato [a-no-ni-mà-to] *n.m.* anonymat.

anonimo [a-nò-ni-mo] *agg.* e *n.m.* [f. *-a*] anonyme.

anoressia [a-no-res-sì-a] *n.f.* (*med.*) anorexie.

anoressico [a-no-rès-si-co] *agg.* e *n.m.* [f. *-a*; pl.m. *-ci*, f. *-che*] (*med.*) anorexique.

anormale [a-nor-mà-le] *agg.* e *n.m.* e *f.* anormal*/e.

anormalità [a-nor-ma-li-tà] *n.f.invar.* anormalité.

anormalmente [a-nor-mal-mén-te] *avv.* anormalement.

ansa [àn-sa] *n.f.* **1** (*manico*) anse **2** (*di fiume*) sinuosité; (*meandro*) méandre (*m.*); (*insenatura*) anse **3** (*anat.*) anse.

ansante [an-sàn-te] *agg.* *haletant.

ansare [an-sà-re] *v.intr.* [aus. *avere*] *haleter*.

ansia [àn-sia] *n.f.* anxiété.

● ***essere in ansia***, être anxieux | ***mettere in ansia qlcu***, donner de l'inquiétude à qqn | ***stare in ansia***, être préoccupé.

ansietà [an-sie-tà] *n.f.invar.* anxiété.

ansimante [an-si-màn-te] *agg.* *haletant.

ansimare [an-si-mà-re] *v.intr.* [aus. *avere*] **1** *haleter* **2** (*fig.*) (*sbuffare*) souffler.

ansiogeno [an-siò-ge-no] *agg.* anxiogène.

ansiolitico [an-sio-lì-ti-co] *agg.* e *n.m.* [pl.m. *-ci*, f. *-che*] (*med.*) anxiolytique.

ansiosamente [an-sio-sa-mén-te] *avv.* anxieusement.

ansioso [an-sió-so] *agg.* **1** anxieux* **2** (*estens.*) anxieux*; (*impaziente*) impatient: *sono ansioso di*, je suis impatient de.

anta[1] [àn-ta] *n.f.* (*di armadio*) **1** porte **2** (*di finestra*) volet (*m.*) **3** (*pitt.*) (*di polittico*) volet (*m.*).

anta[2] *n.m.pl.* (*scherz.*) (*la quarantina*) la quarantaine (*f.sing.*): *passare gli anta*, passer la quarantaine.

antagonismo [an-ta-go-nì-ʃmo] *n.m.* antagonisme.

antagonista [an-ta-go-ni-sta] *agg.* e *n.m.* e *f.* antagoniste.

antalgico [an-tàl-gi-co] *agg.* e *n.m.* [pl.m. *-ci*, f. *-che*] (*med.*) antalgique.

antartico [an-tàr-ti-co] *agg.* [pl.m. *-ci*, f. *-che*] antarctique.

ante- *pref.* anti-.

antecedente [an-te-ce-dèn-te] *agg.* e *n.m.* antécédent.

antecedentemente [an-te-ce-den-te-mén-te] *avv.* précédemment.

antecedenza [an-te-ce-dèn-za] *n.f.* antériorité.

● ***in antecedenza***, précédemment.

antefatto [an-te-fàt-to] *n.m.* (faits) antécédents (*pl.*).

anteguerra [an-te-guèr-ra] *n.m.invar.* avant-guerre* ♦ *agg.invar.* d'avant-guerre.

ante litteram [àn-te lìt-te-ram] *avv.* à l'avance ♦ *agg. invar.* avant-coureur*, précurseur.

antelucano [an-te-lu-cà-no] *agg.* (*letter.*) qui précède l'aube: *alzarsi a ore antelucane*, se lever avant l'aube.

antenato [an-te-nà-to] *n.m.* [f. *-a*] ancêtre; (*letter.*) aïeul*.

antenna [an-tén-na] *n.f.* antenne.

● ***antenna parabolica***, antenne parabolique (*o* parabole).

antennista [an-ten-nì-sta] *n.m.* e *f.* antenniste, poseur/euse d'antennes.

anteporre [an-te-pór-re] *v.tr.* [coniug. come *porre*] faire* passer avant: *anteporre il soggetto al verbo*, placer le sujet avant le verbe ♦ **anteporsi** *v.pron.intr.* passer avant.

anteprima [an-te-prì-ma] *n.f.* avant-première*.

● (*inform.*) ***anteprima di stampa***, aperçu avant impression.

antera [an-tè-ra] *n.f.* (*bot.*) anthère.

anteriore [an-te-rió-re] *agg.* antérieur: *zampe anteriori*, pattes antérieures (*o* de devant).

● (*gramm.*) ***futuro anteriore***, futur antérieur.

anteriorità [an-te-rio-ri-tà] *n.f.invar.* antériorité.

anteriormente [an-te-rior-mén-te] *avv.* antérieurement.

● ***anteriormente a***, avant.

antesignano [an-te-si-gnà-no] *n.m.* [f. *-a*] précurseur.

anti- *pref.* anti-.

antiabbagliante [an-ti-ab-ba-gliàn-te] *agg.* → **anabbagliante**.

antiabortista [an-ti-a-bor-tì-sta] *agg.* e *n.m.* e *f.* (celui*/celle qui est) contre l'avortement.

antiacari [an-ti-à-ca-ri] **antiacaro** *agg.* e *n.m.invar.* antiacarien.

antiacne [an-ti-àc-ne] *agg.* e *n.m.invar.* antiacnéique.

antiaderente [an-ti-a-de-rèn-te] *agg.* antiadhésif*.

antiaerea [an-ti-a-è-re-a] *n.f.* défense antiaérienne.

antiaereo [an-ti-a-è-re-o] *agg.* antiaérien*.

antiallergico [an-ti-al-lèr-gi-co] *n.m.* e *agg.* [pl.m. *-ci*, f. *-che*] antiallergique.

antiamericano [an-ti-a-me-ri-cà-no] *agg.* e *n.m.* [f. *-a*] antiaméricain.

antiappannante [an-ti-ap-pan-nàn-te] *agg.* antibuée.

antiatomico [an-ti-a-tò-mi-co] *agg.* [pl.m. *-ci*, f. *-che*] antiatomique: *rifugio antiatomico*, abri antiatomique.

antiavviamento [an-ti-av-via-mén-to] *agg.invar.* (*aut.*) antidémarrage.

antibagno [an-ti-bà-gno] *n.m.* dégagement (précédant une salle de bains).

antibatterico [an-ti-bat-tè-ri-co] *agg.* [pl.m. *-ci*, f. *-che*] (*med.*) antibactérien*.

antibiogramma [an-ti-bio-gràm-ma] *n.m.* (*med.*) antibiogramme.

antibiotico [an-ti-bi-ò-ti-co] *n.m.* e *agg.* [pl.m. *-ci*, f. *-che*] antibiotique: *terapia antibiotica*, antibiothérapie.

antibioticoresistenza [an-ti-bio-ti-co-re-si-stèn-za] *n.f.* (*fisiol.*) résistance aux antibiotiques.

antibloccaggio [an-ti-bloc-càg-gio] *n.m.invar.* (*aut.*) antiblocage.

anticaglia [an-ti-cà-glia] *n.f.* (*spreg.*) vieillerie.

anticamente [an-ti-ca-mén-te] *avv.* autrefois.

anticamera [an-ti-cà-me-ra] *n.f.* antichambre.
• ***non mi è neanche passato per l'anticamera del cervello***, (*fam.*) ça ne m'est même pas passé par la tête.

anticancro [an-ti-càn-cro] *agg.* e *n.m.invar.* anticancéreux*.

anticarro [an-ti-càr-ro] *agg.invar.* (*mil.*) antichar.

anticato [an-ti-cà-to] *agg.* vieilli: *mobile anticato*, meuble vieilli.

antichità [an-ti-chi-tà] *n.f.invar.* **1** antiquité **2** (*pl.*) (*monumenti antichi*) antiquités; (*oggetti d'antiquariato*) antiquités, antiques: *negozio di antichità*, magasin d'antiquités; *collezione di antichità*, collection d'antiques.
• ***fin dalla più remota antichità***, de tout temps.

anticiclone [an-ti-ci-cló-ne] *n.m.* (*meteor.*) anticyclone.

anticiclonico [an-ti-ci-clò-ni-co] *agg.* [pl.m. *-ci*, f. *-che*] (*meteor.*) anticyclonique.

anticipare [an-ti-ci-pà-re] *v.tr.* **1** avancer*: *anticipare una notizia*, donner une nouvelle à l'avance; *anticipare i ringraziamenti*, remercier d'avance **2** (*dare in anticipo*) donner à l'avance; (*pagare in anticipo*) avancer*: *anticipare del denaro*, avancer de l'argent; *anticipare un pagamento*, payer à l'avance, anticiper un paiement **3** (*prevenire*) anticiper; (*prevedere*) prévoir*: *anticipare le mosse del nemico*, anticiper les mouvements de l'ennemi ♦ *v.intr.* [aus. *avere*] (*essere in anticipo*) être* en avance; (*arrivare in anticipo*) arriver en avance.
• ***anticipare i tempi***, (*precorrendoli*) devancer son temps; (*abbreviandoli*) avancer l'échéance: *non anticipiamo i tempi!*, n'anticipons pas!

anticipatamente [an-ti-ci-pa-ta-mén-te] *avv.* d'avance: *pagare, ringraziare anticipatamente*, payer, remercier d'avance (*o* à l'avance).

anticipato [an-ti-ci-pà-to] *agg.* **1** anticipé: *pagare tre mesi anticipati*, verser trois mois d'avance **2** (*dato in anticipo*) avancé ♦ *avv.* e *agg.* (*comm.*) d'avance: *pagare anticipato*, payer d'avance.

anticipazione [an-ti-ci-pa-zió-ne] *n.f.* **1** anticipation; fait (*m.*) d'avancer: *decidere l'anticipazione degli esami*, décider d'avancer la date des examens **2** (*anticipo*) avance **3** (*previsione*) prévision.

anticipo [an-tì-ci-po] *n.m.* **1** avance (*f.*), acompte, à-valoir: *chiedere un anticipo sullo stipendio*, demander une avance sur le salaire; *un anticipo di... euro*, un à-valoir de... euros **2** (*di tempo*) avance (*f.*); (*comm.*) anticipation (*f.*): *anticipo di una scadenza*, anticipation d'une échéance **3** (*sport*) anticipation (*f.*): *scattare in anticipo, battere sull'anticipo*, anticiper.
• (*aut.*) ***anticipo dell'accensione***, avance à l'allumage | ***giocare d'anticipo su qlcu***, (*fig.*) devancer qqn | ***in anticipo***, en avance (*o* d'avance): *ti dico in anticipo che*, je te dis par avance que.

anticlericale [an-ti-cle-ri-cà-le] *agg.* e *n.m.* e *f.* anticlérical*/e.

anticlericalismo [an-ti-cle-ri-ca-lì-ʃmo] *n.m.* anticléricalisme.

antico [an-tì-co] *agg.* [pl.m. *-chi*, f. *-che*] **1** ancien*; (*molto vecchio*) vieux*: *un antico castello*, un vieux château; *mobile antico*, (*di antiquariato*) meuble ancien **2** (*dell'antichità*) antique, ancien*: *storia antica*, histoire ancienne; *l'arte antica*, l'art antique; *i filosofi antichi*, les philosophes de l'Antiquité; *gli antichi romani*, les anciens Romains; *l'antica Roma*, la Rome antique; *greco antico*, grec ancien; *francese antico*, ancien français **3** (*letter.*) (*precedente, passato*) vieux*: *l'antica amicizia rinacque tra loro*, leur vieille amitié refleurit ♦ *n.m.* **1** ancien: *l'antico e il moderno*, l'ancien et le moderne **2** (*pl.*) *gli antichi*, les Anciens.
• (*relig.*) ***Antico Testamento***, Ancien Testament | ***a imitazione dell'antico***, antiquisant | ***al buon tempo antico***, au bon vieux temps | ***all'antica***, vieux jeu: *è gente all'antica*, ce sont des gens vieux jeu.

> NOTA **Antico**: ***ancien***, ***antique*** o ***vieux***?
>
> Si traduce ***ancien*** quando si riferisce a:
>
> qualcosa di età passata o che esiste da gran tempo: *un'usanza molto antica*, une coutume très **ancienne**;
>
> oggetti di antiquariato: *un mobile antico*, un meuble **ancien**;
>
> quando è contrapposto a nuovo, recente: *il greco antico*, le grec **ancien**.
>
> Si traduce ***antique*** quando si riferisce all'antichità o alla storia dell'arte: *una statuetta antica*, une statuette **antique**.
>
> Si traduce ***vieux*** quando si riferisce a un tempo anteriore, anche di poco, al presente: *un'antica abitudine*, une **vieille** habitude.
>
> L'aggettivo ***ancien*** non va mai posto davanti a un sostantivo che indichi un'attività, perché in tal caso ha valore di 'ex': *gli antichi filosofi*, les philosophes **anciens** (*o* de l'antiquité); ma *un ancien combattant*, un ex combattente.

anticoagulante [an-ti-co-a-gu-làn-te] *agg.* anticoagulant.

anticolonialista [an-ti-co-lo-nia-lì-sta] *agg.* e *n.m.* e *f.* anticolonialiste.

anticomunismo [an-ti-co-mu-nì-ʃmo] *n.m.* anticommunisme.

anticomunista [an-ti-co-mu-nì-sta] *agg.* e *n.m.* e *f.* anticommuniste.

A

anticoncezionale [an-ti-con-ce-zio-nà-le] ***agg.*** anticonceptionnel* ♦ ***n.m.*** produit anticonceptionnel.

anticonformismo [an-ti-con-for-mì-ʃmo] ***n.m.*** anticonformisme.

anticonformista [an-ti-con-for-mì-sta] ***agg.*** e ***n.m.*** e ***f.*** anticonformiste.

anticongelante [an-ti-con-ge-làn-te] ***agg.*** e ***n.m.*** antigel.

anticorpo [an-ti-còr-po] ***n.m.*** (*biol.*) anticorps.

anticostituzionale [an-ti-co-sti-tu-zio-nà-le] ***agg.*** anticonstitutionnel*.

anticrimine [an-ti-crì-mi-ne] ***agg.invar.*** antigang.
● ***squadra anticrimine***, brigade antigang.

anticristo [an-ti-crì-sto] ***n.m.*** (*relig.*) antéchrist.

anticrittogamico [an-ti-crit-to-gà-mi-co] ***n.m.*** e ***agg.*** [pl.m. *-ci*, f. *-che*] (*chim.*) (produit) anticryptogamique.

antidatare [an-ti-da-tà-re] ***v.tr.*** antidater.

antidemocratico [an-ti-de-mo-crà-ti-co] ***agg.*** [pl.m. *-ci*, f. *-che*] antidémocratique.

antidepressivo [an-ti-de-pres-sì-vo] ***n.m.*** e ***agg.*** (*med.*) antidépresseur, antidépressif*: *terapia antidepressiva*, traitement antidépressif.

antidifterico [an-ti-dif-tè-ri-co] ***agg.*** [pl.m. *-ci*, f. *-che*] (*med.*) antidiphtérique.

antidiluviano [an-ti-di-lu-vià-no] ***agg.*** antédiluvien*.

antidisturbo [an-ti-di-stùr-bo] ***agg.invar.*** (*elettr.*) antiparasite.

antidolorifico [an-ti-do-lo-rì-fi-co] ***agg.*** [pl.m. *-ci*, f. *-che*] (*med.*) antidouleur ♦ ***n.m.*** médicament antidouleur.

antidoto [an-tì-do-to] ***n.m.*** antidote (*anche fig.*): *un antidoto contro la noia*, un antidote contre (*o* à) l'ennui.

antidroga [an-ti-drò-ga] ***agg.invar.*** antidrogue.

antiemorragico [an-ti-e-mor-rà-gi-co] ***agg.*** [pl.m. *-ci*, f. *-che*] (*med.*) antihémorragique.

antieroe [an-ti-e-rò-e] ***n.m.*** [f. *antieroina*] antihéros.

antiestetico [an-ti-e-stè-ti-co] ***agg.*** [pl.m. *-ci*, f. *-che*] inesthétique.

antietà [an-ti-e-tà] ***agg.invar.*** (*cosmesi*) anti-âge.

antifascismo [an-ti-fa-scì-ʃmo] ***n.m.*** antifascisme.

antifascista [an-ti-fa-scì-sta] ***agg.*** e ***n.m.*** e ***f.*** antifasciste.

antifebbrile [an-ti-feb-brì-le] ***agg.*** → **antipiretico**.

antifecondativo [an-ti-fe-con-da-tì-vo] ***agg.*** (*med.*) anticonceptionnel* ♦ ***n.m.*** (*med.*) contraceptif.

antifona [an-tì-fo-na] ***n.f.*** antienne.
● ***capire l'antifona***, (*fig.*) saisir l'allusion | ***ripetere sempre la stessa antifona***, (*fig.*) chanter toujours la même antienne.

antiforfora [an-ti-fór-fo-ra] ***agg.invar.*** antipelliculaire.

antifumo [an-ti-fù-mo] ***agg.invar.*** antitabac.

antifurto [an-ti-fùr-to] ***agg.invar.*** e ***n.m.*** [pl. *-i* o *invar.*] antivol.

antigas [an-ti-gàs] ***agg.invar.***
● ***maschera antigas***, masque à gaz.

antigelo [an-ti-gè-lo] ***agg.*** e ***n.m.invar.*** antigel.

antigene [an-tì-ge-ne] ***n.m.*** (*biol.*) antigène.

antigienico [an-ti-giè-ni-co] ***agg.*** [pl.m. *-ci*, f. *-che*] antihygiénique.

antiglobalizzazione [an-ti-glo-ba-liz-za-zió-ne] ***n.f.*** antimondialisation.

antigraffio [an-ti-gràf-fio] ***agg.invar.*** antirayure.

antigrandine [an-ti-gràn-di-ne] ***agg.invar.*** paragrêle.

antihackeraggio [an-ti-ha-cke-ràg-gio] ***agg.*** [pl. *-gi*] (*inform.*) antipiratage: *sistema antihackeraggio*, système antipiratage.

antilope [an-tì-lo-pe] ***n.f.*** (*zool.*) antilope.

antimacchia [an-ti-màc-chia] ***agg.invar.*** antisalissure.

antimafia [an-ti-mà-fia] ***agg.invar.*** antimafia.
● ***pool antimafia***, brigade antimafia.

antimateria [an-ti-ma-tè-ria] ***n.f.*** (*fis.*) antimatière.

antimeridiano[1] [an-ti-me-ri-dià-no] ***agg.*** du matin: *le sette antimeridiane*, sept heures du matin.

antimeridiano[2] ***n.m.*** (*geogr.*) antiméridien.

antimilitarista [an-ti-mi-li-ta-rì-sta] ***agg.*** e ***n.m.*** e ***f.*** antimilitariste.

antimissile [an-ti-mìs-si-le] ***agg.invar.*** antimissile.

antimonio [an-ti-mò-nio] ***n.m.*** [pl. *-ni*] (*chim.*) antimoine.

antinazista [an-ti-na-zì-sta] ***agg.*** e ***n.m.*** e ***f.*** antinazi/e.

antincendio [an-tin-cèn-dio] ***agg.invar.*** contre les incendies.

antinebbia [an-ti-néb-bia] ***agg.*** e ***n.m.invar.*** antibrouillard.
● (***fari***) ***antinebbia***, phares antibrouillards.

antinevralgico [an-ti-ne-vràl-gi-co] ***n.m.*** e ***agg.*** [pl.m. *-ci*, f. *-che*] (*med.*) antinévralgique.

antinfettivo [an-tin-fet-tì-vo] ***agg.*** (*med.*) anti-infectieux*.

antinfiammatorio [an-tin-fiam-ma-tò-rio] ***n.m.*** e ***agg.*** [pl.m. *-ri*] anti-inflammatoire.

antinflativo [an-tin-fla-tì-vo] ***agg.*** (*econ.*) **antinflazionistico** [pl.m. *-ci*, f. *-che*] antihausse*.

antinfluenzale [an-tin-fluen-zà-le] ***agg.*** e ***n.m.*** (*med.*) antigrippe*.

antinquinamento [an-tin-qui-na-mén-to] ***agg.invar.*** antipollution.

antinucleare [an-ti-nu-cle-à-re] ***agg.*** antinucléaire.

antiorario [an-ti-o-rà-rio] ***agg.*** [pl.m. *-ri*] en sens inverse de celui des aiguilles d'une montre.

antipanico [an-ti-pà-ni-co] ***agg.*** [pl.m. *-ci*, f. *-che*] antipanique: *farmaco antipanico*, médicament antipanique.
● ***maniglione antipanico***, barre, poignée antipanique | ***porta antipanico***, porte antipanique.

antipapa [an-ti-pà-pa] ***n.m.*** antipape.

antiparassitario [an-ti-pa-ras-si-tà-rio] ***n.m.*** e ***agg.*** [pl.m. *-ri*] antiparasite.

antipastiera [an-ti-pa-stiè-ra] ***n.f.*** plat (*m.*) à hors-d'œuvre.

antipasto [an-ti-pà-sto] ***n.m.*** *hors-d'œuvre*.

antipatia [an-ti-pa-tì-a] ***n.f.*** antipathie.
● ***prendere in antipatia***, prendre en aversion.

antipatico [an-ti-pà-ti-co] ***agg.*** [pl.m. *-ci*, f. *-che*] **1** antipathique **2** (*spiacevole*) désagréable.

antipatriottico [an-ti-pa-tri-òt-ti-co] ***agg.*** [pl.m. *-ci*, f. *-che*] antipatriotique.

antipiega [an-ti-piè-ga] ***agg.invar.*** infroissable.

antipirateria [an-ti-pi-ra-te-rì-a] ***n.f.*** antipiratage (*m.*).

antipiretico [an-ti-pi-rè-ti-co] ***n.m.*** e ***agg.*** [pl.m. *-ci*, f. *-che*] (*med.*) antipyrétique.

antipode [an-tì-po-de] ***n.m.*** (*spec. pl.*) antipode.
● ***essere agli antipodi***, être aux antipodes; (*fig.*) n'avoir rien en commun.

antipolio [an-ti-pò-lio] ***agg.*** e ***n.f.invar.*** (*med.*) antipolio.
● (***vaccinazione***) ***antipolio***, vaccination antipolio.

antiproiettile [an-ti-pro-ièt-ti-le] ***agg.invar.*** pare-balles.

antiquariato [an-ti-qua-rià-to] ***n.m.*** commerce de meubles anciens et d'objets d'art.
● ***negozio di antiquariato***, magasin d'antiquaire | ***oggetti d'antiquariato***, meubles anciens et objets d'art | ***un pezzo d'antiquariato***, un meuble, un objet ancien.

antiquario [an-ti-quà-rio] ***agg.*** [pl.m. *-ri*] de meubles et d'objets anciens ♦ ***n.m.*** [f. *-a*] antiquaire.
● ***libreria antiquaria***, librairie d'ouvrages anciens.

antiquato [an-ti-quà-to] ***agg.*** **1** vieilli **2** (*retrogrado*) arriéré **3** (*fuori moda*) démodé.

antirabbico [an-ti-ràb-bi-co] ***agg.*** [pl.m. *-ci*, f. *-che*] antirabique.

antirazzista [an-ti-raz-zì-sta] ***agg.*** e ***n.m.*** e ***f.*** antiraciste.

antireumatico [an-ti-reu-mà-ti-co] ***n.m.*** e ***agg.*** [pl.m. *-ci*, f. *-che*] (*med.*) antirhumatismal*.

antiriflesso [an-ti-ri-flès-so] ***agg.invar.*** antireflet.

antiruggine [an-ti-rùg-gi-ne] ***agg.*** e ***n.m.invar.*** antirouille.

antirughe [an-ti-rù-ghe] ***agg.*** e ***n.m.invar.*** antirides.

antirumore [an-ti-ru-mó-re] ***agg.invar.*** antibruit.

antiscippo [an-ti-scìp-po] ***agg.invar.*** antivol.

antisdrucciolo [an-ti-ʃdrùc-cio-lo] ***agg.invar.*** antidérapant, antiglisse: *tuta da sci antisdrucciolo*, combinaison de ski antiglisse.

antisemita [an-ti-se-mì-ta] ***n.m.*** e ***f.*** antisémite ♦ ***agg.*** antisémitique.

antisemitismo [an-ti-se-mi-tì-ʃmo] ***n.m.*** antisémitisme.

antisequestro [an-ti-se-què-stro] ***agg.*** anti-kidnapping.

antisettico [an-ti-sèt-ti-co] ***n.m.*** e ***agg.*** [pl.m. *-ci*, f. *-che*] (*med.*) antiseptique.

antisismico [an-ti-sì-ʃmi-co] ***agg.*** [pl.m. *-ci*, f. *-che*] antisismique.

antislittamento [an-ti-slit-ta-mén-to] ***agg.invar.*** antiglisse.

antismagliature [an-ti-sma-glia-tù-re] ***agg.invar.*** antivergeture.

antismog [an-ti-ʃmòg] ***agg.invar.*** antipollution.

antisociale [an-ti-so-cià-le] ***agg.*** antisocial*.

antisofisticazione [an-ti-so-fi-sti-ca-zió-ne] **antisofisticazioni** ***agg.invar.*** antisophistication.

antispasmodico [an-ti-spa-ʃmò-di-co] **antispastico** ***n.m.*** e ***agg.*** [pl.m. *-ci*, f. *-che*] (*med.*) antispasmodique.

antisportivo [an-ti-spor-tì-vo] ***agg.*** antisportif*.

antistaminico [an-ti-sta-mì-ni-co] ***n.m.*** e ***agg.*** [pl.m. *-ci*, f. *-che*] (*med.*) antihistaminique.

antistante [an-ti-stàn-te] ***agg.*** d'en face.
● ***antistante a***, en face de.

antistatico [an-ti-stà-ti-co] ***agg.*** [pl.m. *-ci*, f. *-che*] antistatique.

antistorico [an-ti-stò-ri-co] ***agg.*** [pl.m. *-ci*, f. *-che*] contraire au sens de l'histoire, à l'évolution historique.

antisudorifero [an-ti-su-do-rì-fe-ro] ***agg.*** antitranspirant.

antitarlo [an-ti-tàr-lo] ***agg.*** e ***n.m.invar.*** (produit) contre les vers du bois.

antitarmico [an-ti-tàr-mi-co] ***n.m.*** e ***agg.*** [pl.m. *-ci*, f. *-che*] antimite.

antitartaro [an-ti-tàr-ta-ro] ***agg.invar.*** antitartre.

antiterrorismo [an-ti-ter-ro-rì-ʃmo] ***n.m.*** antiterrorisme.

antiterrorista [an-ti-ter-ro-rì-sta] ***agg.*** e ***n.m.*** e ***f.*** **antiterroristico** ***agg.*** [pl.m. *-ci*, f. *-che*] antiterroriste.

antitesi [an-tì-te-ʃi] ***n.f.invar.*** antithèse.
● ***essere in antitesi con***, être l'antithèse de, être en contradiction avec.

antitetanico [an-ti-te-tà-ni-co] ***agg.*** [pl.m. *-ci*, f. *-che*] (*med.*) antitétanique.

antitetico [an-ti-tè-ti-co] ***agg.*** [pl.m. *-ci*, f. *-che*] antithétique.
● ***essere antitetico a***, être opposé à.

antitumorale [an-ti-tu-mo-rà-le] ***agg.*** e ***n.m.*** anticancéreux*.

antiuomo [an-ti-uò-mo] ***agg.invar.*** (*mil.*) antipersonnel.
● ***mine antiuomo***, mines antipersonnel.

antiurto [an-ti-ùr-to] ***agg.invar.*** antichoc.

antiusura [an-ti-u-sù-ra] ***agg.invar.*** anti-usure.

antivaioloso [an-ti-va-io-ló-so] ***agg.*** antivariolique.

antivigilia [an-ti-vi-gì-lia] ***n.f.*** avant-veille*.

antivipera [an-ti-vì-pe-ra] ***agg.invar.*** antivenimeux.
● ***siero antivipera***, sérum antivenimeux.

antivirus [an-ti-vì-rus] ***agg.*** e ***n.m.invar.*** **1** (*biol.*) antivirus **2** (*inform.*) antivirus.

antivivisezionista [an-ti-vi-vi-se-zio-nì-sta] ***agg.*** e ***n.m.*** e ***f.*** antivivisectionniste: *campagna antivivisezionista*, campagne contre la vivisection.

antologia [an-to-lo-gì-a] ***n.f.*** anthologie.

antologico [an-to-lò-gi-co] ***agg.*** [pl.m. *-ci*, f. *-che*] anthologique.
● ***mostra antologica***, exposition (d'œuvres choisies).

antonomasia [an-to-no-mà-ʃia] ***n.f.*** (*ret.*) antonomase.
● ***per antonomasia***, par antonomase.

antracite [an-tra-cì-te] ***n.f.*** (*min.*) anthracite.

antro [àn-tro] ***n.m.*** **1** antre, caverne (*f.*) **2** (*fig.*) (*stamberga*) taudis **3** (*anat.*) antre.

antropico [an-trò-pi-co] ***agg.*** [pl.m. *-ci*, f. *-che*] humain.

antrop(o)- ***pref.*** anthrop(o)-.

antropocentrico [an-tro-po-cèn-tri-co] ***agg.*** [pl.m. *-ci*, f. *-che*] anthropocentrique.

antropocentrismo [an-tro-po-cen-trì-ʃmo] ***n.m.*** (*fil.*) anthropocentrisme.

antropofagia [an-tro-po-fa-gì-a] ***n.f.*** anthropophagie.

antropofago [an-tro-pò-fa-go] ***agg.*** e ***n.m.*** [f. *-a*; pl.m. *-gi*, f. *-ghe*] anthropophage.

antropoide [an-tro-pòi-de] ***agg.*** e ***n.m.*** anthropoïde.

antropologia [an-tro-po-lo-gì-a] ***n.f.*** anthropologie.

A

antropologico [an-tro-po-lò-gi-co] ***agg.*** [pl.m. -*ci*, f. -*che*] anthropologique.

antropologo [an-tro-pò-lo-go] ***n.m.*** [f. -*a*; pl.m. -*ghi* o -*gi*, f. -*ghe*] anthropologue, anthropologiste.

antropometrico [an-tro-po-mè-tri-co] ***agg.*** [pl.m. -*ci*, f. -*che*] anthropométrique.

antropomorfismo [an-tro-po-mor-fì-ʃmo] ***n.m.*** anthropomorphisme.

antropomorfo [an-tro-po-mòr-fo] ***agg.*** anthropomorphe.

anulare [a-nu-là-re] ***agg.*** e ***n.m.*** (doigt) annulaire.

anzi [àn-zi] ***cong.*** **1** (*al contrario*) au contraire: *non è noioso, anzi è molto divertente*, ce n'est pas ennuyeux, (bien) au contraire c'est très amusant **2** (*o meglio, o piuttosto*) ou mieux, ou plutôt: *gli scrivo, anzi gli telefono*, je vais lui écrire, ou plutôt je vais lui téléphoner **3** (*rafforzativo*) même: *era un amico, anzi un fratello*, c'était un ami pour moi, (je dirais) même un frère.
● ***anzi che no***, plutôt.

anzianità [an-zia-ni-tà] ***n.f.invar.*** **1** grand âge (*m.*), âge (*m.*) avancé **2** ancienneté.
● ***anzianità di servizio***, ancienneté de service | ***promozione per anzianità***, avancement à l'ancienneté.

anziano [an-zià-no] ***agg.*** **1** (*d'età*) âgé **2** (*nel mestiere*) ancien*: *il socio anziano*, l'associé le plus ancien ♦ ***n.m*** [f. -*a*] personne (*f.*) âgée.

anziché [an-zi-ché] ***cong.*** **1** (*piuttosto che*) plutôt que: *prenderò l'aereo anziché il treno*, je prendrai l'avion plutôt que le train **2** (*invece di*) au lieu de: *anziché piangere, faresti meglio a chiedergli scusa*, au lieu de pleurer, tu ferais mieux de lui demander pardon.

anzidetto [an-zi-dét-to] ***agg.*** (*amm.*) susdit.

anzitempo [an-zi-tèm-po] ***avv.*** **1** (*in anticipo*) en avance; (*prima della data fissata*) avant la date fixée **2** (*prematuramente*) prématurément, avant l'âge.

anzitutto [an-zi-tùt-to] ***avv.*** **1** (tout) d'abord: *raccontami anzitutto come è andato il viaggio*, raconte-moi d'abord comment le voyage s'est passé **2** (*più di ogni altra cosa*) avant tout: *è anzitutto un poeta*, c'est avant tout un poète.

aorta [a-òr-ta] ***n.f.*** (*anat.*) aorte.

aostano [a-o-stà-no] ***agg.*** d'Aoste ♦ ***n.m.*** [f. -*a*] habitant d'Aoste.

apartheid [apar'taid] ***n.f.invar.*** (*segregazione razziale*) apartheid (*m.*).

apartitico [a-par-tì-ti-co] ***agg.*** [pl.m. -*ci*, f. -*che*] n'appartenant à aucun parti politique.

apatia [a-pa-tì-a] ***n.f.*** apathie.

apatico [a-pà-ti-co] ***agg.*** [pl.m. -*ci*, f. -*che*] apathique.

ape [à-pe] ***n.f.*** (*zool.*) abeille.
● ***ape operaia***, ouvrière | ***ape regina***, reine | ***a nido d'ape***, en nid d'abeilles: *tessuto a nido d'ape*, tissu nid d'abeilles.

aperitivo [a-pe-ri-tì-vo] ***n.m.*** apéritif; (*fam.*) apéro.

apertamente [a-per-ta-mén-te] ***avv.*** ouvertement; (*sinceramente*) franchement.

aperto [a-pèr-to] ***agg.*** **1** ouvert (*anche fig.*): *non lasciare la porta aperta*, ne laisse pas la porte ouverte; *è una questione sempre aperta*, c'est une question encore pendante **2** (*ampio*) large: *una valle molto aperta*, une vallée très large **3** (*manifesto*) évident; (*dichiarato*) déclaré: *un'aperta dimostrazione di simpatia*, des marques de sympathie évidentes **4** (*disponibile*) ouvert: *aperto a tutte le esperienze*, prêt à toute sorte d'expériences.
● ***aperto al pubblico***, ouvert au public | ***accogliere qlcu a braccia aperte***, (*anche fig.*) recevoir qqn à bras ouverts | ***a cuore aperto***, (*anche fig.*) à cœur ouvert: (*med.*) *intervento a cuore aperto*, opération à cœur ouvert | ***all'aperto***, en plein air | ***all'aria aperta***, en plein air: *vivere all'aria aperta*, vivre au grand air | ***a viso aperto***, à visage découvert | ***dormire all'aperto***, coucher à la belle étoile | ***in aperta campagna***, en pleine campagne | ***in mare aperto***, en pleine mer.

apertura [a-per-tù-ra] ***n.f.*** **1** ouverture **2** (*inizio, inaugurazione*) ouverture | *l'apertura delle scuole*, la rentrée des classes **3** (*apertura alare*) envergure.
● (*comm.*) ***apertura di credito***, ouverture de crédit | ***apertura mentale***, (*fig.*) ouverture d'esprit | (*giorn.*) ***articolo di apertura***, article de tête | (*rugby*) ***mediano d'apertura***, demi d'ouverture | ***tradurre ad apertura di libro***, traduire à livre ouvert.

apicale [a-pi-cà-le] ***agg.*** apical*.

apice [à-pi-ce] ***n.m.*** **1** (*culmine*) sommet, faîte (*spec. fig.*) **2** (*scient.*) apex **3** (*segno grafico*) apex.
● ***essere all'apice della gloria***, être au sommet (*o* au faîte de la gloire) | ***l'apice del cuore***, la pointe du cœur.

apicoltore [a-pi-col-tó-re] ***n.m.*** [f. -*trice*] apiculteur*.

apicoltura [a-pi-col-tù-ra] ***n.f.*** apiculture.

apnea [a-pnè-a] ***n.f.*** (*med.*) apnée.

apo- ***pref.*** apo-.

apocalisse [a-po-ca-lìs-se] ***n.f.*** apocalypse.

apocalittico [a-po-ca-lìt-ti-co] ***agg.*** [pl.m. -*ci*, f. -*che*] apocalyptique.

apocope [a-pò-co-pe] ***n.f.*** (*gramm.*) apocope.

apocrifo [a-pò-cri-fo] ***agg.*** e ***n.m.*** (texte) apocryphe.

apofisi [a-pò-fi-ʃi] ***n.f.invar.*** (*anat.*) apophyse.

apogeo [a-po-gè-o] ***n.m.*** apogée (*anche fig.*).

apolide [a-pò-li-de] ***agg.*** e ***n.m.*** e ***f.*** apatride.

apolitico [a-po-lì-ti-co] ***agg.*** [pl.m. -*ci*, f. -*che*] apolitique.

apollo [a-pól-lo] ***n.m.*** apollon.

apologeta [a-po-lo-gè-ta] ***n.m.*** e ***f.*** apologiste.

apologetica [a-po-lo-gè-ti-ca] ***n.f.*** [pl. -*che*] apologétique.

apologia [a-po-lo-gì-a] ***n.f.*** apologie.
● (*dir.*) ***apologia di reato***, apologie du crime.

apologista [a-po-lo-gì-sta] ***n.m.*** e ***f.*** apologiste.

apologo [a-pò-lo-go] ***n.m.*** [pl. -*ghi*] apologue.

apoplessia [a-po-ples-sì-a] ***n.f.*** (*med.*) apoplexie.

apoplettico [a-po-plèt-ti-co] ***agg.*** e ***n.m.*** [f. -*a*; pl.m. -*ci*, f. -*che*] (*med.*) apoplectique.
● ***colpo apoplettico***, attaque d'apoplexie.

apostasia [a-po-sta-ʃì-a] ***n.f.*** apostasie.

apostata [a-pò-sta-ta] ***n.m.*** e ***f.*** apostat/e.

apostolato [a-po-sto-là-to] ***n.m.*** apostolat.

apostolico [a-po-stò-li-co] ***agg.*** [pl.m. -*ci*, f. -*che*] apostolique.

apostolo [a-pò-sto-lo] ***n.m.*** apôtre.

apostrofare[1] [a-po-stro-fà-re] ***v.tr.*** (*gramm.*) mettre* l'apostrophe (**à**).

apostrofare[2] ***v.tr.*** (*rivolgersi a*) apostropher.

NOTA Nelle frasi incidentali con ***apostropher*** si usa l'inversione del soggetto:
Chi sei?, l'apostrofò.
Qui es-tu?, l'**apostropha-t-il**.

apostrofe [a-pò-stro-fe] ***n.f.*** (*ret.*) apostrophe.

apostrofo [a-pò-stro-fo] ***n.m.*** (*gramm.*) apostrophe (*f.*).

apotema [a-po-tè-ma] ***n.m.*** (*mat.*) apothème.

apoteosi [a-po-te-ò-ʃi] ***n.f.invar.*** apothéose.
● ***fare l'apoteosi di qlcu***, (*fig.*) faire l'éloge (*o* l'apologie) de qqn.

appagabile [ap-pa-gà-bi-le] ***agg.*** qu'on peut satisfaire, qui peut être satisfait.

appagamento [ap-pa-ga-mén-to] ***n.m.*** assouvissement, satisfaction (*f.*).

appagante [ap-pa-gàn-te] ***agg.*** valorisant, gratifiant.

appagare [ap-pa-gà-re] ***v.tr.*** [coniug. come *legare*] satisfaire*; (*saziare*) assouvir: *appagare l'ambizione*, assouvir l'ambition; *appagare la sete, la fame*, étancher sa soif, assouvir sa faim.
● ***appagare l'occhio***, flatter l'œil.

appagato [ap-pa-gà-to] ***agg.*** comblé; valorisé.

appaiare [ap-pa-ià-re] ***v.tr.*** (*accoppiare*) apparier; (*mettere insieme*) appareiller: *appaiare i buoi*, accoupler, atteler les bœufs; *appaiare colori*, assortir des couleurs.

appaio → **apparire**.

appallottolare [ap-pal-lot-to-là-re] ***v.tr.*** faire* une boule (**de**); faire* des boulettes (**de**) ♦ **appallottolarsi** ***v.pron.*** e ***pron.intr.*** se rouler en boule.

appaltare [ap-pal-tà-re] ***v.tr.*** **1** (*dare in appalto*) adjuger* **2** (*non com.*) (*prendere in appalto*) prendre* en adjudication.

appaltatore [ap-pal-ta-tó-re] ***agg.*** e ***n.m.*** [f. *-trice*] **1** (*che, chi prende in appalto*) adjudicataire **2** (*che, chi dà in appalto*) adjudicateur*.

appalto [ap-pàl-to] ***n.m.*** (*dir., comm.*) adjudication (*f.*): *dare in appalto*, donner en adjudication (*o* adjuger).
● ***appalti pubblici***, marchés publics | ***concorrere a un appalto***, soumissionner | ***gara d'appalto***, appel d'offres | ***offerta di appalto***, soumission | ***scrittura di appalto***, contrat d'entreprise.

appannaggio [ap-pan-nàg-gio] ***n.m.*** [pl. *-gi*] apanage.
● ***essere appannaggio di***, être l'apanage de.

appannamento [ap-pan-na-mén-to] ***n.m.*** **1** (*atto*) ternissement; (*effetto*) ternissure (*f.*) **2** (*di vista, memoria ecc.*) obscurcissement.

appannare [ap-pan-nà-re] ***v.tr.*** **1** embuer; (*rendere opaco*) ternir **2** (*fig.*) (*offuscare*) brouiller ♦ **appannarsi** ***v.pron.intr.*** **1** s'embuer, se couvrir* de buée; (*diventare opaco*) se ternir **2** (*fig.*) (*offuscarsi*) se brouiller.

appannato [ap-pan-nà-to] ***agg.*** **1** embué **2** (*fig.*) voilé.

apparato [ap-pa-rà-to] ***n.m.*** **1** appareil: *l'apparato statale*, l'appareil, les organismes de l'État; *l'apparato di un partito*, l'appareil d'un parti **2** (*addobbo*) apparat: *cerimonia senza apparato*, cérémonie sans apparat.
● ***apparato di forze***, déploiement de forces | (*anat.*) ***apparato digerente***, appareil digestif | (*tecn.*) ***apparato motore***, appareil moteur | (*econ.*) ***apparato produttivo***, appareil productif | (*teatr.*) ***apparato scenico***, décors et accessoires de la scène.

apparecchiare [ap-pa-rec-chià-re] ***v.tr.*** **1** (*la tavola*) mettre* le couvert, dresser la table **2** (*ind. tess.*) apprêter.

FAUX AMI
Da non confondere con *appareiller*, che può significare *salpare* o *assortire, appaiare*.

apparecchiatura [ap-pa-rec-chia-tù-ra] ***n.f.*** **1** (*attrezzatura*) appareillage (*m.*), équipement (*m.*); (*utensili*) outillage (*m.*): *apparecchiatura elettrica*, appareillage électrique; *apparecchiature elettroniche*, appareils électroniques **2** (*di carta, tessuti, cuoio*) apprêt (*m.*), apprêtage (*m.*).
● ***apparecchiatura*** (***della tavola***), préparation (de la table).

apparecchio [ap-pa-réc-chio] ***n.m.*** [pl. *-chi*] **1** appareil **2** (*aeroplano*) avion.
● ***apparecchio*** (***fotografico***), appareil photographique | ***apparecchio*** (***ortodontico***) ***fisso***, ***mobile***, appareil (d'orthodontie) fixe, mobile | ***apparecchio radio***, (poste de) radio | ***apparecchio ricevente***, poste récepteur | ***apparecchio televisivo***, téléviseur.

apparentarsi [ap-pa-ren-tàr-si] ***v.pron.*** s'apparenter (**à**) (*anche fig.*); s'allier.

apparente [ap-pa-rèn-te] ***agg.*** apparent: *senza ragione apparente*, sans cause apparente.

apparentemente [ap-pa-ren-te-mén-te] ***avv.*** apparemment.

apparenza [ap-pa-rèn-za] ***n.f.*** apparence.
● ***a giudicare dall'apparenza***, à en juger par les apparences | ***badare alle apparenze***, accorder trop d'attention aux apparences | ***fermarsi alle apparenze***, s'arrêter aux apparences | ***giudicare dalle apparenze***, se fier aux apparences | ***in apparenza***, ***all'apparenza***, en apparence.

apparire [ap-pa-rì-re] ***v.intr.*** [pres.indic. *io appaio, tu appari, egli appare, noi appariamo, voi apparite, essi appaiono*; p.rem. *io apparvi, tu apparisti* ecc.; pres.cong. *che io appaia* ecc.; p.p. *apparso*; aus. *essere*] **1** apparaître*; (*mostrarsi*) paraître*: *un'isola apparve all'orizzonte*, une île apparut à l'horizon; *apparire in libreria*, paraître en librairie **2** (*sembrare*) paraître*, sembler: *mi appare impossibile*, cela me paraît impossible **3** (*risultare*) ressortir*: *dalle ricerche appare che*, il ressort des investigations que.
● ***appare chiaro che***, il est évident que | ***apparire in sogno***, apparaître en songe.

appariscente [ap-pa-ri-scèn-te] ***agg.*** voyant: *vestiti, colori appariscenti*, robes, couleurs voyantes.

apparizione [ap-pa-ri-zió-ne] ***n.f.*** apparition.

apparso *p.p.* di **apparire**.

appartamento [ap-par-ta-mén-to] ***n.m.*** appartement.
● ***appartamento libero***, ***ammobiliato***, appartement libre, meublé | ***appartamento modello***, appartement témoin | ***ritirarsi nei propri appartamenti***, (*iron.*) se retirer dans ses appartements.

appartarsi [ap-par-tàr-si] ***v.pron.*** s'écarter: *appartarsi dagli altri*, s'isoler.

appartato [ap-par-tà-to] ***agg.*** écarté; (*in disparte*) à l'écart.

appartenente [ap-par-te-nèn-te] ***agg.*** appartenant, qui appartient ♦ ***n.m.*** e ***f.*** membre, adhérent/e.

appartenenza [ap-par-te-nèn-za] ***n.f.*** appartenance: *qual è il suo gruppo di appartenenza?*, à quel groupe appartient-il?

appartenere [ap-par-te-né-re] ***v.intr.*** [coniug. come *tenere*; aus. *essere* o *avere*] **1** appartenir*: *quella casa è appartenuta alla mia famiglia*, cette maison a appartenu à ma famille **2** (*far parte*) appartenir*: *l'India appartiene all'Asia*, l'Inde fait partie de l'Asie.

apparvi → **apparire**.

appassionante [ap-pas-sio-nàn-te] ***agg.*** passionnant.

A

appassionare [ap-pas-sio-nà-re] *v.tr.* passionner: *la lettura mi appassiona molto*, la lecture me passionne beaucoup ♦ **appassionarsi** *v.pron.intr.* se passionner (**pour**).

appassionatamente [ap-pas-sio-na-ta-mén-te] *avv.* passionnément.

appassionato [ap-pas-sio-nà-to] *agg.* e *n.m.* [f. *-a*] passionné.

appassire [ap-pas-sì-re] *v.intr.* [coniug. come *finire*; aus. *essere*] se faner, se flétrir (*anche fig.*): *i fiori sono tutti appassiti*, les fleurs se sont toutes fanées (*o* flétries) ♦ **appassirsi** *v.pron.intr.* se faner, se flétrir (*anche fig.*).

appassito [ap-pas-sì-to] *agg.* fané, flétri.

appeal [ap'pil] *n.m.invar.* charme, attrait.

appellarsi [ap-pel-làr-si] *v.pron.intr.* **1** (*rivolgersi a*) faire* appel (**à**) **2** (*dir.*) faire* appel (**contre**), appeler* (**de**).

● ***appellarsi a***, en appeler à: *appellarsi a un superiore*, en appeler à un supérieur.

appellativo [ap-pel-la-tì-vo] *n.m.* surnom; (*nomignolo*) sobriquet.

appello [ap-pèl-lo] *n.m.* **1** appel: *rivolgere un appello a qlcu*, faire appel à qqn **2** (*dir.*) appel: *presentare appello contro una sentenza*, faire appel d'un jugement **3** (*nelle università*) convocation (*f.*) d'une session d'examens.

● (*dir.*) ***Corte d'Appello***, Cour d'Appel | ***fare appello a***, faire appel à | (*dir.*) ***ricorrere in appello***, se pourvoir en appel | ***senza possibilità di appello***, (*fig.*) sans appel.

appena [ap-pé-na] *avv.* **1** (*a stento*) à peine: *riusciva appena a parlare*, il pouvait à peine parler; *hanno finito appena in tempo*, ils ont terminé juste à temps **2** (*soltanto*): *sono appena le tre*, il est à peine trois heures; *me ne occorrono appena due*, il ne m'en faut que deux **3** (*da pochissimo tempo*) à peine: *un libro appena stampato*, un livre à peine imprimé (*o* qui vient juste de paraître).

● ***appena appena***, tout juste | (***non***) ***appena***, (*riferito sia al pass. che al fut.*) dès que; (*riferiti solo al pass.*) à peine, sitôt que, aussitôt que: (*non*) *appena verrà*, dès qu'il viendra.

NOTA Quando **appena**, seguito da un verbo, esprime un passato recentissimo, si traduce con ***venir de*** seguito dall'infinito:

Ero appena arrivato.
Je **venais** (juste) **d'**arriver.
Il sole si è appena alzato.
Le soleil **vient** (à peine) **de** se lever.
Era appena entrato quando squillò il telefono.
Il **venait** (juste) **d'**entrer quand le téléphone a sonné.

Con ***à peine*** all'inizio della frase, si pospone al verbo il pronome personale soggetto (aggiungendolo se il soggetto è un sostantivo):

Appena mi vide arrossì.
À peine m'aperçut-il (qu')il rougit.
Appena il medico fece la diagnosi...
À peine le médecin eut-il établi son diagnostic (que)...

appendere [ap-pèn-de-re] *v.tr.* [coniug. come *prendere*] accrocher, pendre*; (*sospendere*) suspendre*: *appendere un quadro alla parete*, accrocher un tableau au mur.

● ***essere appeso a un filo***, (*fig.*) ne tenir qu'à un fil.

appendiabiti [ap-pen-di-à-bi-ti] *n.m.invar.* portemanteau*; (*gruccia*) cintre; (*di negozio*) portant.

appendice [ap-pen-dì-ce] *n.f.* **1** appendice (*m.*) **2** (*anat.*) appendice (*m.*).

● ***romanzo d'appendice***, roman-feuilleton.

appendicite [ap-pen-di-cì-te] *n.f.* (*med.*) appendicite.

appenninico [ap-pen-nì-ni-co] *agg.* [pl.m. *-ci*, f. *-che*] des Apennins.

appesantire [ap-pe-san-ti-re] *v.tr.* [coniug. come *finire*] alourdir; appesantir (*spec. fig.*): *palpebre appesantite dal sonno*, paupières lourdes de sommeil ♦ **appesantirsi** *v.pron.intr.* **1** s'alourdir, s'appesantir **2** (*ingrassare*) s'empâter.

appeso *p.p.* di **appendere**.

appestare [ap-pe-stà-re] *v.tr.* empester.

appestato [ap-pe-stà-to] *n.m.* [f. *-a*] pestiféré.

appetibile [ap-pe-tì-bi-le] *agg.* désirable.

appetito [ap-pe-tì-to] *n.m.* appétit (*anche fig.*): *avere, non avere appetito*, avoir de l'appétit, ne pas avoir d'appétit; *avere molto appetito*, avoir un grand appétit; *togliere l'appetito*, couper l'appétit.

● ***buon appetito!***, bon appétit! | (*prov.*) ***l'appetito vien mangiando***, l'appétit vient en mangeant.

appetitoso [ap-pe-ti-tó-so] *agg.* **1** appétissant **2** (*fig.*) alléchant.

appezzamento [ap-pez-za-mén-to] *n.m.* (*agricolo*) parcelle (*f.*); (*edificabile*) lot.

appianare [ap-pia-nà-re] *v.tr.* aplanir (*anche fig.*).

appiattimento [ap-piat-ti-mén-to] *n.m.* aplatissement; (*fig.*) nivellement.

appiattire [ap-piat-tì-re] *v.tr.* [coniug. come *finire*] aplatir: *appiattire i salari*, (*fig.*) niveler les salaires ♦ **appiattirsi** *v.pron.* e *pron.intr.* s'aplatir.

appiccare [ap-pic-cà-re] *v.tr.* [coniug. come *mancare*] (*appendere*) accrocher ♦ **appiccarsi** *v.pron.* e *pron.intr.* (*del fuoco*) prendre* (**à**): *il fuoco si è appiccato al fienile*, le feu a pris au fenil.

● ***appiccare il fuoco***, mettre le feu.

appiccicare [ap-pic-ci-cà-re] *v.tr.* [coniug. come *mancare*] **1** (*attaccare*) coller **2** (*fam.*) → appioppare ♦ *v.intr.* [aus. *avere*] **1** (*attaccare*) coller **2** (*essere appiccicoso*) coller, être* gluant ♦ **appiccicarsi** *v.pron.* e *pron.intr.* **1** (*attaccarsi*) se coller **2** (*fig.*) (*aggrapparsi*) se coller (**à**), s'accrocher (**à**).

appiccicaticcio [ap-pic-ci-ca-tìc-cio] [pl.m. *-ci*, f. *-ce*]

appiccicoso *agg.* **1** collant; (*viscoso*) gluant; (*di mani, capelli ecc.*) poisseux* **2** (*fig.*) collant, crampon.

appiè [ap-piè] *prep.*

● ***appiè di***, au pied de, au bas de: *appiè del monte*, au pied de la montagne; *appiè di pagina*, au bas de la page.

appiedare [ap-pie-dà-re] *v.tr.* **1** (*mil.*) démonter **2** (*estens.*) (*da un veicolo*) faire* descendre (d'un véhicule).

appiedato [ap-pie-dà-to] *agg.* à pied: *sono appiedato, mi si è rotta la macchina*, je suis à pied, ma voiture est en panne.

appieno [ap-piè-no] *avv.* pleinement, entièrement.

appigliarsi [ap-pi-gliàr-si] *v.pron.* s'agripper, s'accrocher (*anche fig.*).

appiglio [ap-pì-glio] *n.m.* [pl. *-gli*] **1** point d'appui; (*spec. alpinismo*) prise (*f.*) **2** (*fig.*) (*pretesto*) prétexte: *cercare un appiglio per litigare*, chercher un prétexte pour se disputer.

appiombo [ap-pióm-bo] *n.m.* aplomb ♦ *avv.* d'aplomb, verticalement.

appioppare [ap-piop-pà-re] ***v.tr.*** (*fam.*) **1** (*affibbiare*) flanquer, appliquer: *appioppare un soprannome*, affubler d'un sobriquet **2** (*rifilare*) refiler.

appisolarsi [ap-pi-ʃo-làr-si] ***v.pron.intr.*** (*fam.*) s'assoupir.

applaudire [ap-plau-dì-re] ***v.tr.*** e ***intr.*** [aus. *avere*] applaudir (**à**): *applaudo (al)la vostra iniziativa*, j'applaudis (à) votre initiative.

applauso [ap-plàu-ʃo] ***n.m.*** applaudissement.
● (*teatr.*) ***applausi a scena aperta***, applaudissements en cours de représentation.

applet [àp-plet] ***n.m.invar.*** (*inform.*) appliquette (*f.*).

applicabile [ap-pli-cà-bi-le] ***agg.*** applicable.

applicare [ap-pli-cà-re] ***v.tr.*** [coniug. come *mancare*] **1** appliquer: *applicare un coperchio*, ajuster un couvercle; *applicare del pizzo a un vestito*, incruster de la dentelle sur une robe **2** (*dare*) donner; (*infliggere*) infliger*: *applicare una multa*, infliger une amende **3** (*mettere in atto*) appliquer: *applicare la legge*, appliquer la loi ♦ **applicarsi** ***v.pron.*** s'appliquer: *devi applicarti di più*, tu dois être plus appliqué.
● (*dir.*) ***applicare le attenuanti di legge***, accorder les circonstances atténuantes.

applicato [ap-pli-cà-to] ***agg.*** appliqué ♦ ***n.m.*** [f. *-a*] employé (de bureau).
● ***applicato di segreteria***, secrétaire adjoint.

applicazione [ap-pli-ca-zió-ne] ***n.f.*** **1** application (*anche fig.*): *studiare con applicazione*, étudier avec application **2** (*cucito*) application: *applicazioni di velluto*, applications de velours; *applicazione di pizzo*, incrustation de dentelle **3** (*inform.*) application.

appoggiapiedi [ap-pog-gia-pié-di] ***n.m.invar.*** **1** repose-pied* **2** (*sgabello*) tabouret (de pied).

appoggiare [ap-pog-già-re] ***v.tr.*** [coniug. come *mangiare*] **1** appuyer* (**sur**); (*posare*) poser, mettre*: *appoggiare la testa sul guanciale*, appuyer sa tête sur l'oreiller; *appoggiare una tazza sul tavolo, un pacco per terra*, poser une tasse sur la table, un paquet par terre; *mi appoggiò una mano sulla spalla*, il mit une main sur mon épaule **2** (*addossare*) appuyer* (**contre**): *appoggiare la scala al muro*, appuyer l'échelle contre le mur **3** (*fig.*) (*sostenere*) appuyer*, soutenir*: *appoggiare una candidatura*, appuyer une candidature ♦ ***v.intr.*** [aus. *avere*] (*poggiare*) reposer (**sur**) (*anche fig.*); (*essere collocato*) être* placé (**sur**): *il monumento appoggia su una base di marmo*, le monument est placé sur un socle en marbre ♦ **appoggiarsi** ***v.pron.*** **1** s'appuyer*: *camminava appoggiandosi al bastone*, il marchait en s'appuyant sur une canne; *appoggiarsi al braccio di qlcu*, s'appuyer au bras de qqn; *s'appoggiava al tavolo per non cadere*, il s'appuyait à la table pour ne pas tomber; *appoggiarsi al muro*, s'appuyer contre le mur; *appoggiarsi con la schiena a un albero*, s'adosser contre un arbre; *appoggiarsi col fianco alla porta*, s'accoter à la porte; *appoggiarsi al davanzale della finestra*, s'accouder à la fenêtre **2** (*fig.*) (*basarsi*) reposer (**sur**), se fonder (**sur**) **3** (*fig.*) (*cercare aiuto*) s'appuyer* (**sur**): *appoggiarsi a qlcu*, s'appuyer sur qqn.
● (*sport*) ***appoggiare la palla***, passer le ballon.

appoggiatesta [ap-pog-gia-tè-sta] ***n.m.invar.*** appui(e)-tête*.

appoggio [ap-pòg-gio] ***n.m.*** [pl. *-gi*] **1** appui: *dare appoggio*, donner son appui; *avere molti appoggi*, (*fig.*) avoir beaucoup d'appuis **2** (*mecc., edil.*) appui.
● ***d'appoggio***, d'appui | (*comm.*): ***documento d'appoggio***, voucher; ***i documenti d'appoggio***, les documents à l'appui | (*mil.*) ***nave appoggio***, navire-atelier.

appollaiarsi [ap-pol-la-iàr-si] ***v.pron.*** se percher, se jucher (*anche fig.*).

apporre [ap-pór-re] ***v.tr.*** [coniugato come *porre*] apposer: *apporre la propria firma*, apposer sa signature.

apportare [ap-por-tà-re] ***v.tr.*** **1** (*causare*) apporter, causer: *apportare danni alle colture*, causer des dommages aux cultures **2** apporter: *apportare capitali in una società*, apporter des capitaux dans une société.

apporto [ap-pòr-to] ***n.m.*** apport.
● (*econ.*) ***apporto di capitali***, apport de capitaux.

appositamente [ap-po-si-ta-mén-te] ***avv.*** **1** exprès: *è venuto appositamente per te*, il est venu exprès pour toi **2** (*specificamente*) spécialement: *una macchina appositamente concepita*, une machine spécialement conçue.

apposito [ap-pò-ʃi-to] ***agg.*** (*fatto apposta*) fait exprès; (*adatto*) approprié; (*speciale*) spécial*: *l'apposito modulo*, l'imprimé spécial; *gettare i rifiuti negli appositi cestini!*, jetez les détritus dans les poubelles destinées à cet effet!

apposizione [ap-po-ʃi-zió-ne] ***n.f.*** apposition (*anche gramm.*).

apposta [ap-pò-sta] ***avv.*** exprès: *sono venuti apposta per te*, il sont venus exprès pour toi ♦ ***agg.invar.*** exprès: *ci vorrebbe un cacciavite apposta*, il faudrait un tournevis exprès.
● ***neanche a farlo apposta***, comme par un fait exprès.

appostamento [ap-po-sta-mén-to] ***n.m.*** **1** embuscade (*f.*) **2** (*mil.*) poste d'observation; (*postazione*) position (*f.*) **3** (*caccia*) affût.

appostarsi [ap-po-stàr-si] ***v.pron.*** se poster.

apprendere [ap-prèn-de-re] ***v.tr.*** [coniugato come *prendere*] apprendre*: *è una lingua che si apprende facilmente*, c'est une langue que l'on apprend facilement; *ho appreso che*, j'ai appris que; *ho appreso la notizia dai giornali*, j'ai appris la nouvelle dans les journaux.

apprendimento [ap-pren-di-mén-to] ***n.m.*** apprentissage; (*studio*) étude (*f.*): *di facile apprendimento*, facile à apprendre.

apprendista [ap-pren-dì-sta] ***n.m.*** e ***f.*** apprenti/e.
● ***apprendista stregone***, apprenti sorcier.

apprendistato [ap-pren-di-stà-to] ***n.m.*** apprentissage.

apprensione [ap-pren-sió-ne] ***n.f.*** appréhension: *la sua salute mi mette in apprensione*, sa santé m'inquiète.
● ***essere in apprensione***, (*in tensione*) avoir de l'appréhension; (*in ansia*) éprouver de l'inquiétude.

apprensivo [ap-pren-sì-vo] ***agg.*** anxieux*.

appressarsi [ap-pres-sàr-si] ***v.pron.*** (*non com.*) approcher (**de**).

appresso [ap-près-so] ***avv.*** **1** (*nel tempo*) ensuite; (*nello spazio*) plus loin: *come si dirà appresso*, comme on le dira ensuite; *come si vede appresso*, comme on le verra plus loin **2** (*dietro*) derrière: *venite appresso*, suivez derrière ♦ ***agg.invar.*** **1** (*vicino*) à côté: *la casa appresso*, la maison à côté **2** (*seguente*) suivant: *il giorno appresso*, le jour suivant.
● ***appresso a***, (*vicino*) auprès de; (*dietro*) après, derrière: *stare appresso a qlcu*, rester auprès de qqn; *se lo portava appresso ovunque*, elle l'emmenait partout avec elle; *si teneva sempre appresso quel bambino*, elle avait toujours cet enfant avec elle; *camminavano uno appresso all'altro*, ils marchaient l'un derrière l'autre; *andare appresso a qlcu*, suivre qqn | ***come appresso***, comme ci-après.

apprestare [ap-pre-stà-re] ***v.tr.*** (*letter.*) apprêter, préparer ♦ **apprestarsi** ***v.pron.*** s'apprêter, se préparer.

A

A

apprettare [ap-pret-tà-re] *v.tr.* (*ind. tess.*) apprêter.

appretto [ap-prèt-to] *n.m.* apprêt.

apprezzabile [ap-prez-zà-bi-le] *agg.* appréciable.

apprezzamento [ap-prez-za-mén-to] *n.m.* appréciation (*f.*); (*giudizio*) jugement: *fare apprezzamenti*, porter des jugements; *gli apprezzamenti degli altri*, l'opinion des autres.

apprezzare [ap-prez-zà-re] *v.tr.* **1** apprécier: *apprezza la buona musica*, il apprécie la bonne musique **2** (*assic.*) (*valutare*) estimer, évaluer.

approccio [ap-pròc-cio] *n.m.* [pl. *-ci*] **1** (*primo contatto*) avances (*f.pl.*): *tentare un approccio*, *fare i primi approcci*, faire des avances; *dopo i primi approcci*, après la première prise de contact **2** (*estens.*) prise (*f.*) de contact, (*modo di accostarsi*) approche (*f.*): *un diverso approccio all'insegnamento*, une nouvelle approche de l'enseignement.

approdare [ap-pro-dà-re] *v.intr.* [aus. *essere* o *avere*] **1** (*mar.*) aborder **2** (*fig.*) aboutir.

approdo [ap-prò-do] *n.m.* (*mar.*) **1** (*l'approdare*) abordage **2** (*luogo*) lieu* d'abordage, point d'abordage.

approfittare [ap-pro-fit-tà-re] *v.intr.* [aus. *avere*] **1** profiter: *approfittare di una circostanza favorevole*, profiter d'une circonstance favorable **2** (*abusare*) abuser (**de**); (*sfruttare*) exploiter (**qqn**, **qqch**): *approfittare della credulità altrui*, abuser de la crédulité d'autrui ♦ **approfittarsi** *v.pron.intr.* **1** profiter **2** (*abusare*) abuser (**de**); (*sfruttare*) exploiter (**qqn**, **qqch**): *tutti si approfittano di lui*, tout le monde l'exploite.

approfondimento [ap-pro-fon-di-mén-to] *n.m.* approfondissement.

approfondire [ap-pro-fon-dì-re] *v.tr.* [coniug. come *finire*] approfondir (*anche fig.*) ♦ **approfondirsi** *v.pron. intr.* s'approfondir (*anche fig.*).

approfondito [ap-pro-fon-dì-to] *agg.* approfondi.

approntamento [ap-pron-ta-mén-to] *n.m.* préparation (*f.*).

approntare [ap-pron-tà-re] *v.tr.* préparer.

appropinquarsi [ap-pro-pin-quàr-si] *v.pron.intr.* (*ant.* o *scherz.*) s'approcher (**de**).

appropriare [ap-pro-prià-re] *v.tr.* (*rendere adatto*) approprier ♦ **appropriarsi** *v.pron.intr.* s'approprier (**qqch**): *appropriarsi di denaro pubblico*, s'approprier l'argent public ♦ *v.pron. indiretto* s'approprier: *appropriarsi un bene*, s'approprier un bien.

appropriato [ap-pro-prià-to] *agg.* convenable, approprié.

appropriazione [ap-pro-pria-zió-ne] *n.f.* appropriation.
● (*dir.*) ***appropriazione indebita***, appropriation illicite.

approssimare [ap-pros-si-mà-re] *v.tr.* (*mat.*) approcher: *approsimare per difetto*, *per eccesso*, approcher par défaut, par excès ♦ **approssimarsi** *v.pron.* e *pron. intr.* approcher (**de**) (*anche fig.*); (*avvicinarsi*) s'approcher (**de**).

approssimativamente [ap-pro-ssi-ma-ti-va-mén-te] *avv.* approximativement, de façon approximative.

approssimativo [ap-pros-si-ma-tì-vo] *agg.* approximatif*.

approssimato [ap-pros-si-mà-to] *agg.* **1** approximatif* **2** (*mat.*) approché: *approssimato per difetto*, *per eccesso*, approché par défaut, par excès.

approssimazione [ap-pros-si-ma-zió-ne] *n.f.* approximation (*anche mat.*): *c'è molta approssimazione nel suo discorso*, son discours est très approximatif.

approvare [ap-pro-và-re] *v.tr.* **1** approuver: *approvare una proposta*, approuver (*o* agréer) una proposition; *approvo!*, je suis d'accord!; *approvare un disegno di legge*, approuver un projet de loi **2** (*riconoscere idoneo*) recevoir*: *approvare un candidato*, recevoir un candidat.

approvazione [ap-pro-va-zió-ne] *n.f.* approbation: *dare la propria approvazione*, donner son approbation; *domandare l'approvazione di qlcu*, demander l'approbation (*o* l'agréement) de qqn.
● (*amm.*) ***approvazione del bilancio***, approbation du budget.

approvvigionamento [ap-prov-vi-gio-na-mén-to] *n.m.* **1** approvisionnement (**en**): *approvvigionamento di generi alimentari*, approvisionnement en denrées alimentaires **2** (*pl.*) (*vettovaglie*) approvisionnements.

approvvigionare [ap-prov-vi-gio-nà-re] *v.tr.* approvisionner; (*mil.*) ravitailler: *approvvigionare una città di viveri*, approvisionner une ville en vivres ♦ **approvvigionarsi** *v.pron.* s'approvisionner, se ravitailler.

appuntamento [ap-pun-ta-mén-to] *n.m.* rendez-vous: *avere un appuntamento con qlcu*, avoir rendez-vous avec qqn; *mancare a un appuntamento con qlcu*, manquer un rendez-vous avec qqn.
● ***appuntamento al buio***, blind date | ***casa d'appuntamenti***, maison de rendez-vous | ***per***, ***su appuntamento***, sur rendez-vous.

FAUX AMI
Da non confondere con *appointements*, che significa *emolumenti, stipendio*.

appuntare[1] [ap-pun-tà-re] *v.tr.* **1** (*con spilli*) épingler; (*con una cucitura*) coudre*, fixer: *appuntare l'ago sul puntaspilli*, piquer l'aiguille dans la pelote; *appuntare i capelli con delle forcine*, retenir ses cheveux par des épingles **2** (*appuntire*) appointer: *appuntare una matita*, tailler un crayon ♦ **appuntarsi** *v.pron.* se fixer.

appuntare[2] *v.tr.* (*annotare*) noter.

appuntato [ap-pun-tà-to] *n.m.* (*mil.*) (*carabinieri ecc.*) caporal-chef*.

appuntino [ap-pun-tì-no] **a puntino** *avv.* bien comme il faut: *cotto appuntino*, cuit à point.

appuntire [ap-pun-tì-re] *v.tr.* [coniug. come *finire*] appointer: *appuntire una matita*, tailler un crayon.

appuntito [ap-pun-tì-to] *agg.* pointu: *una matita ben appuntita*, un crayon bien taillé.

appunto[1] [ap-pùn-to] *n.m.* **1** note (*f.*): *prendere un appunto*, prendre note; *prendere appunti*, prendre des notes **2** (*osservazione*) remarque (*f.*): *muovere un appunto*, faire une remarque, une observation.

appunto[2] *avv.* **1** justement: *appunto per questo*, c'est justement pour cela; *è (per l')appunto questo che intendevo dire*, c'est justement ce que je voulais dire **2** (*nelle risposte*) absolument, tout à fait: *"Sei arrabbiato?" "Appunto"*, "Es-tu fâché?" "Absolument".

appurare [ap-pu-rà-re] *v.tr.* **1** vérifier, contrôler; (*accertare*) s'assurer: *sono riuscito ad appurare che le sue affermazioni erano false*, j'ai pu m'assurer que ses affirmations étaient fausses **2** (*provare, dimostrare*) établir: *la verità dei fatti è stata appurata*, la vérité des faits a été établie.

appurato [ap-pu-rà-to] *agg.* établi: *è ormai appurato che*, il est désormais bien établi que.

aprassìa [a-pras-sì-a] *n.f.* (*med.*) apraxie.

apribile [a-prì-bi-le] ***agg.*** qu'on peut ouvrir; (*che si apre*) ouvrant.

apribottiglie [a-pri-bot-tì-glie] ***n.m.invar.*** ouvre-bouteille*.

aprile [a-prì-le] ***n.m.*** avril: *il primo (d')aprile*, le premier avril.
● ***pesce d'aprile***, poisson d'avril.

apripista [a-pri-pì-sta] ***n.m.*** e ***f.invar.*** (*sport*) ouvreur/euse ♦ ***n.m.invar.*** (*mecc.*) bulldozer.

aprire [a-prì-re] ***v.tr.*** [p.rem. *io aprii, tu apristi* ecc.; p.p. *aperto*] **1** ouvrir* (*anche fig.*): *aprire una porta, una lettera*, ouvrir une porte, une lettre; *aprire una bottiglia*, déboucher une bouteille **2** (*fam.*) (*accendere*) ouvrir*: *aprire la radio*, allumer la radio **3** (*praticare un'apertura*) ouvrir*: *aprire una finestra nel muro*, ouvrir, percer une fenêtre dans le mur; *aprirsi un varco tra la folla*, se frayer un chemin au milieu de la foule; *aprire una breccia nelle linee nemiche*, percer les lignes ennemies **4** (*cominciare*) ouvrir*: *aprire il corteo*, ouvrir le cortège; *aprire il discorso*, commencer le discours; *aprire le trattative*, entrer en pourparlers **5** (*fondare, inaugurare*) ouvrir*: *aprire un ristorante*, ouvrir un restaurant ♦ ***v.intr.*** [aus. *avere*] ouvrir*: *la caccia aprirà domenica prossima*, on ouvrira la chasse dimanche prochain; *la scuola apre in settembre*, l'école commence en septembre | *aprire a fiori*, (*alle carte*) ouvrir à trèfle ♦ **aprirsi** ***v.pron.*** **1** s'ouvrir* **2** (*fig.*) (*confidarsi*) s'ouvrir*: *aprirsi con qlcu*, ouvrir son cœur à qqn **3** (*spaccarsi*) s'ouvrir*: *il legno si apre per il calore*, le bois s'ouvre sous l'effet de la chaleur **4** (*di fiori, sbocciare*) s'ouvrir*, s'épanouir **5** (*del tempo, rasserenarsi*) s'éclaircir.
● ***aprire gli occhi***, (*anche fig.*) ouvrir les yeux | (*mil.*) ***aprire il fuoco***, ouvrir le feu | ***aprire le braccia a qlcu***, accueillir qqn à bras ouverts | ***apriti cielo!***, (*fam.*) juste ciel! | ***non aprire bocca***, (*fig.*) ne pas dire un mot, ne pas souffler mot.

apriscatole [a-pri-scà-to-le] ***n.m.invar.*** ouvre-boîte*.

apuano [a-pu-à-no] ***agg.*** apuan.

aquafitness [akwa'fitnɛs] ***n.m.*** o ***f.invar.*** aquafitness.

aquagym [akwa'dʒim] ***n.f.invar.*** aquagym.

Aquario [a-quà-rio] ***n.m.*** → **acquario** 2.

aquila [à-qui-la] ***n.f.*** **1** (*zool.*) aigle (*m.*) (*anche fig.*) **2** (*insegna, vessillo*) aigle **3** (*arald.*) aigle.
● (*zool.*) ***aquila reale***, aigle royal | ***strillare come un'aquila***, crier comme un putois | ***vista d'aquila***, œil de lynx.

aquilano [a-qui-là-no] ***agg.*** de l'Aquila.

aquilino [a-qui-lì-no] ***agg.*** aquilin: *naso aquilino*, nez aquilin.

aquilone [a-qui-ló-ne] ***n.m.*** **1** (*vento*) aquilon **2** (*gioco*) cerf-volant*.

aquilonismo [a-qui-lo-nì-smo] ***n.m.*** (*sport*) cervolisme.
● ***aquilonismo acrobatico***, cerf-volant acrobatique.

aquilotto [a-qui-lòt-to] ***n.m.*** (*zool.*) aiglon.

ara[1] [à-ra] ***n.f.*** autel (*m.*).

ara[2] ***n.f.*** (*misura*) are (*m.*).

ara[3] ***n.f.*** (*zool.*) ara (*m.*).

arabescare [a-ra-be-scà-re] ***v.tr.*** [coniug. come *mancare*] décorer d'arabesques.

arabescato [a-ra-be-scà-to] ***agg.*** décoré d'arabesques; (*di tessuto*) à ramages.

arabesco [a-ra-bé-sco] ***n.m.*** [pl. *-schi*] arabesque (*f.*).

arabico [a-rà-bi-co] ***agg.*** [pl.m. *-ci*, f. *-che*] arabique: *cifre arabiche*, chiffres arabes.
● ***gomma arabica***, gomme arabique.

arabile [a-rà-bi-le] ***agg.*** arable, labourable.

arabista [a-ra-bì-sta] ***n.m.*** e ***f.*** arabisant/e.

arabizzare [a-ra-biʒ-ʒà-re] ***v.tr.*** arabiser.

arabizzazione [a-ra-biʒ-ʒa-zió-ne] ***n.f.*** arabisation.

arabo [à-ra-bo] ***agg.*** arabe ♦ ***n.m.*** **1** [f. *-a*] (*persona*) Arabe **2** (*lingua*) arabe.
● ***parlare arabo***, (*fig.*) parler chinois | ***per me è arabo***, pour moi c'est de l'hébreu.

arachide [a-rà-chi-de] ***n.f.*** **1** (*pianta*) arachide **2** (*frutto*) cacahouète: *burro di arachide*, beurre d'arachide.

aragonese [a-ra-go-né-se] ***agg.*** aragonais.

aragosta [a-ra-gó-sta] ***n.f.*** (*zool.*) langouste.

araldica [a-ràl-di-ca] ***n.f.*** [pl. *-che*] héraldique, blason (*m.*).

araldico [a-ràl-di-co] ***agg.*** [pl.m. *-ci*, f. *-che*] héraldique.

araldo [a-ràl-do] ***n.m.*** *héraut.

aramaico [a-ra-mài-co] ***agg.*** [pl.m. *-ci*, f. *-che*] araméen* ♦ ***n.m.*** (*lingua*) araméen.

aranceto [a-ran-cé-to] ***n.m.*** orangeraie (*f.*).

arancia [a-ràn-cia] ***n.f.*** [pl. *-ce*] orange (*m.*): *succo d'arancia*, jus d'orange; *spremuta d'arancia*, orange pressée.
● ***arancia amara***, bigarade | ***arancia sanguigna***, (orange) sanguine.

aranciata [a-ran-cià-ta] ***n.f.*** **1** orangeade **2** (*succo d'arancia*) jus (*m.*) d'orange.

aranciato [a-ran-cià-to] ***agg.*** orangé.

arancino [a-ran-cì-no] ***n.m.*** **1** (*bot.*) orangette (*f.*) **2** (*cuc.*) arancino (croquette de riz) ♦ ***agg.*** d'orange: *gusto arancino*, goût d'orange.

arancio [a-ràn-cio] ***n.m.*** [pl. *-ci*] **1** oranger **2** (*colore*) orange ♦ ***agg.invar.*** orange.
● ***arancio amaro***, bigaradier | ***fiori d'arancio***, fleurs d'oranger.

arancione [a-ran-ció-ne] ***agg.*** [pl. -i o *invar.*] orange; (*meno intenso*) orangé ♦ ***n.m.*** orange; (*meno intenso*) orangé.
● ***gli arancioni***, les disciples de Bhagwan Shree Rajneesh, les disciples d'Hare Krishna.

arare [a-rà-re] ***v.tr.*** labourer.
● ***arare il mare***, (*fare un lavoro inutile*) peigner la girafe.

arativo [a-ra-tì-vo] ***agg.*** (*agr.*) labourable.

aratore [a-ra-tó-re] ***n.m.*** [f. *-trice*] laboureur.

aratro [a-rà-tro] ***n.m.*** charrue (*f.*).

aratura [a-ra-tù-ra] ***n.f.*** **1** (*l'arare*) labourage (*m.*) **2** (*il terreno arato*) labour (*m.*): *la stagione dell'aratura*, la saison des labours.

arazzo [a-ràz-zo] ***n.m.*** tapisserie (*f.*).

arbitraggio [ar-bi-tràg-gio] ***n.m.*** [pl. *-gi*] arbitrage (*anche dir.*): (*sport*) *l'arbitraggio di una partita*, l'arbitrage d'un match.

arbitrale [ar-bi-trà-le] ***agg.*** arbitral*.
● (*sport*) ***terna arbitrale***, l'arbitre et les deux juges de touche.

arbitrare [ar-bi-trà-re] ***v.tr.*** e ***intr.*** [aus. *avere*] arbitrer.

arbitrariamente [ar-bi-tra-ria-mén-te] ***avv.*** arbitrairement.

arbitrario [ar-bi-trà-rio] ***agg.*** [pl.m. *-ri*] arbitraire.

arbitrato [ar-bi-trà-to] ***n.m.*** arbitrage: *sottoporre ad arbitrato*, soumettre à l'arbitrage.

arbitrio [ar-bì-trio] ***n.m.*** [pl. *-ri*] **1** volonté (*f.*): *dipende-*

A

re dall'arbitrio di qlcu, être soumis au bon plaisir de qqn **2** (*libertà*) liberté: *prendersi l'arbitrio di*, se permettre de, prendre la liberté de **3** (*sopruso*) abus.
● ***ad arbitrio***, à discrétion | (*fil.*) ***libero arbitrio***, libre arbitre.

arbitro [àr-bi-tro] ***n.m.*** arbitre: *essere arbitro delle proprie azioni*, être maître de ses actions; *essere arbitro del destino di qlcu*, être l'arbitre, le maître du sort de qqn.

arboreo [ar-bò-re-o] ***agg.*** **1** d'arbre, d'arbres: *vegetazione arborea*, végétation formée d'arbres **2** (*che ha aspetto d'albero*) arborescent.

arborescente [ar-bo-re-scèn-te] ***agg.*** arborescent.

arboricolo [ar-bo-rì-co-lo] ***agg.*** arboricole.

arboricoltura [ar-bo-ri-col-tù-ra] ***n.f.*** arboriculture.

arboscello [ar-bo-scèl-lo] ***n.m.*** (*albero piccolo*) arbrisseau*; (*albero giovane*) jeune arbre.

arbusto [ar-bù-sto] ***n.m.*** arbuste, arbrisseau*.

arca [àr-ca] ***n.f.*** [pl. *-che*] **1** arche: *un'arca di scienza*, (*fig.*) un puits de science **2** (*sarcofago*) sarcophage (*m.*).
● (*Bibbia*): ***Arca dell'alleanza***, Arche d'alliance; ***arca di Noè***, arche de Noé.

arcadico [ar-cà-di-co] ***agg.*** [pl.m. *-ci*, f. *-che*] **1** (*idillico*) idyllique **2** (*st. lett.*) arcadien*.

arcaicità [ar-cai-ci-tà] ***n.f.invar.*** archaïsme (*m.*).

arcaico [ar-cài-co] ***agg.*** [pl.m. *-ci*, f. *-che*] archaïque.

arcaismo [ar-ca-ì-ʃmo] ***n.m.*** archaïsme.

arcaizzante [ar-caiʒ-ʒàn-te] ***agg.*** archaïsant.

arcangelo [ar-càn-ge-lo] ***n.m.*** (*relig.*) archange.

arcano [ar-cà-no] ***agg.*** mystérieux* ♦ ***n.m.*** mystère.

arcata [ar-cà-ta] ***n.f.*** **1** (*arch., edil.*) arcade; (*di ponte*) arche **2** (*anat.*) arcade.

archeologia [ar-che-o-lo-gì-a] ***n.f.*** archéologie.

archeologico [ar-che-o-lò-gi-co] ***agg.*** [pl.m. *-ci*, f. *-che*] archéologique.

archeologo [ar-che-ò-lo-go] ***n.m.*** [f. *-a*; pl.m. *-ghi* o *-gi*, f. *-ghe*] archéologue.

archetipo [ar-chè-ti-po] ***n.m.*** e ***agg.*** archétype.

archetto [ar-chét-to] ***n.m.*** **1** (*mus.*) archet **2** (*arch.*) petit arc.

archi- *pref.* arch(i)-.

archibugiere [ar-chi-bu-giè-re] ***n.m.*** arquebusier.

archibugio [ar-chi-bù-gio] ***n.m.*** [pl. *-gi*] arquebuse (*f.*).

archidiocesi [ar-chi-di-ò-ce-ʃi] ***n.f.invar.*** → **arcidiocesi**.

archimandrita [ar-chi-man-drì-ta] ***n.m.*** (*eccl.*) archimandrite.

architettare [ar-chi-tet-tà-re] ***v.tr.*** (*fig.*) monter, tramer: *architettare inbrogli*, tramer des intrigues; *architettare un piano*, échafauder un plan.

architetto [ar-chi-tét-to] ***n.m.*** [f. *-a*] architecte (*anche fig.*).

architettonicamente [ar-chi-tet-to-ni-ca-mén-te] ***avv.*** du point de vue architectonique.

architettonico [ar-chi-tet-tò-ni-co] ***agg.*** [pl.m. *-ci*, f. *-che*] architectural*; architectonique: *elemento, motivo architettonico*, élément, motif architectural; *metodi architettonici*, méthodes architectoniques.

architettura [ar-chi-tet-tù-ra] ***n.f.*** **1** architecture **2** (*opera architettonica*) monument (*m.*) **3** (*fig.*) (*struttura*) structure **4** (*inform.*) architecture.
● ***architettura del paesaggio***, architecture paysagère | ***architettura d'interni***, architecture d'intérieur.

architrave [ar-chi-trà-ve] ***n.m.*** (*arch.*) architrave (*f.*); (*di finestra*) linteau*.

archiviare [ar-chi-vià-re] ***v.tr.*** archiver, mettre* aux archives; (*amm., dir.*) classer.

archiviazione [ar-chi-via-zió-ne] ***n.f.*** classement (*m.*); archivage (*m.*) | (*dir.*) *ordinanza di archiviazione*, ordonnance de non-lieu.

archivio [ar-chì-vio] ***n.m.*** [pl. *-vi*] **1** archives (*f.pl.*): *mettere in archivio*, classer aux archives **2** (*schedario*) fichier **3** (*inform.*) → file.
● ***archivio discografico***, phonothèque, discothèque | ***Archivio di stato***, Archives nationales | ***archivio fotografico***, photothèque.

archivista [ar-chi-vì-sta] ***n.m.*** e ***f.*** archiviste.

arci- *pref.* archi-.

NOTA Nell'uso familiare questo prefisso, che dà un significato di eccesso e una funzione di superlativo assoluto all'aggettivo, si traduce in vari modi. Per esempio:
*Ha sposato un **arci**miliardario.*
Elle s'est mariée avec un **archi**milliardaire.
*Erano **arci**contenti.*
Ils étaient **très** contents, **archi**contents, **super**contents, **hyper**contents.
*Sono **arci**stufo!*
J'en ai **ras-le-bol**!

arcidiacono [ar-ci-dià-co-no] ***n.m.*** (*eccl.*) archidiacre.

arcidiocesi [ar-ci-di-ò-ce-ʃi] ***n.f.invar.*** (*eccl.*) archidiocèse (*m.*).

arciduca [ar-ci-dù-ca] ***n.m.*** [pl. *-chi*] archiduc.

arciduchessa [ar-ci-du-chés-sa] ***n.f.*** archiduchesse.

arciere [ar-ciè-re] ***n.m.*** [f. *-a*] archer.

arcigno [ar-cì-gno] ***agg.*** *hargneux*, revêche.

arcione [ar-ció-ne] ***n.m.*** arçon; (*estens.*) sella: *montare in arcione*, monter en selle.

arcipelago [ar-ci-pè-la-go] ***n.m.*** [pl. *-ghi*] (*geogr.*) archipel.

arciprete [ar-ci-prè-te] ***n.m.*** (*eccl.*) archiprêtre.

arcistufo [ar-ci-stù-fo] ***agg.***
● ***essere arcistufo***, en avoir ras-le-bol.

arcivescovado [ar-ci-ve-sco-và-do] ***n.m.*** (*eccl.*) archevêché.

arcivescovile [ar-ci-ve-sco-vì-le] ***agg.*** archiépiscopal*.

arcivescovo [ar-ci-vé-sco-vo] ***n.m.*** (*eccl.*) archevêque.

arco [àr-co] ***n.m.*** [pl. *-chi*] **1** (*linea curva*) arc (*anche fig.*): *ad arco*, en arc | *l'intero arco costituzionale*, l'ensemble des partis | *un ampio arco di possibilità*, un vaste éventail de possibilités | *un breve arco di tempo*, un bref laps de temps **2** (*arch.*) arc; (*di ponte*) arche (*f.*) **3** (*arma*) arc | *tiro con l'arco*, tir à l'arc **4** (*mus.*) archet **5** (*anat.*) arc: *arco aortico*, arc aortique | *l'arco delle sopracciglia*, l'arcade sourcilière | *l'arco del piede*, la cambrure du pied.
● (*geogr.*) ***arco alpino***, chaîne des Alpes | (*arch.*): ***arco a sesto acuto***, ***ogivale***, arc brisé, en ogive; ***arco a sesto rialzato***, ***ribassato***, arc surhaussé, surbaissé; ***arco a tutto sesto***, ***a pieno centro***, arc en plein ceintre | (*mat.*) ***arco di circonferenza***, arc de cercle | ***arco di trionfo***, arc de triomphe | (*elettr.*) ***arco voltaico***, arc voltaïque | ***avere molte frecce al proprio arco***, avoir plusieurs cordes à son arc | ***nell'arco di***, (*nel tempo di*) en; (*durante*) tout au long de: *nell'arco di un mese*, en un mois, (*fra un mese*) dans un mois; *nell'arco della sua carriera*, tout au long de sa car-

rière | (*mus.*) ***strumenti ad arco*** (o ***archi***), instruments à cordes: *quartetto d'archi*, quatuor à cordes.

arcobaleno [ar-co-ba-lé-no] ***n.m.*** arc-en-ciel*.

arcolaio [ar-co-là-io] ***n.m.*** [pl. *-ai*] dévidoir; (*per filare*) rouet.

arcuare [ar-cu-à-re] ***v.tr.*** arquer ♦ **arcuarsi** ***v.pron.*** se voûter.

arcuato [ar-cu-à-to] ***agg.*** arqué: *ciglia arcuate*, cils recourbés; *schiena arcuata*, dos voûté.

ardente [ar-dèn-te] ***agg.*** ardent (*anche fig.*): *occhi ardenti di febbre*, des yeux brûlants de fièvre.

ardentemente [ar-den-te-mén-te] ***avv.*** ardemment.

ardere [àr-de-re] ***v.tr.*** [p.rem. *io arsi*, *tu ardesti* ecc.; p.p. *arso*] brûler (*anche fig.*) ♦ ***v.intr.*** [aus. *essere*] brûler (*anche fig.*): *ardere dalla sete*, avoir une soif ardente; *ardere d'ira*, être enflammé de colère; *gli occhi le ardevano dalla felicità*, ses yeux rayonnaient de bonheur; *arde la lotta*, le combat fait rage.

ardesia [ar-dè-ʃia] ***n.f.*** ardoise: *cava di ardesia*, ardoisière.

ardimento [ar-di-mén-to] ***n.m.*** *hardiesse (*f.*), courage.

ardimentoso [ar-di-men-tó-so] ***agg.*** *hardi.

ardire[1] [ar-dì-re] ***v.intr.*** [coniug. come *finire*; aus. *avere*] oser.

ardire[2] ***n.m.invar.*** **1** *hardiesse (*f.*); (*coraggio*) courage: *pieno di ardire*, plein d'audace **2** (*impudenza*) impudence (*f.*): *ha avuto l'ardire di rispondermi*, il a eu l'impudence de me répondre.

arditezza [ar-di-téz-za] ***n.f.*** *hardiesse.

ardito [ar-dì-to] ***agg.*** *hardi: *un complimento ardito*, un compliment hardi; *impresa ardita*, entreprise hardie; *farsi ardito di*, s'enhardir à, jusqu'à ♦ ***n.m.*** (*st.*) ardito.

ardore [ar-dó-re] ***n.m.*** ardeur (*f.*) (*anche fig.*): *nell'ardore della discussione*, dans le feu de la discussion.

arduo [àr-duo] ***agg.*** ardu (*anche fig.*).

area [à-re-a] ***n.f.*** **1** zone: *i paesi dell'area comunista*, les pays du bloc communiste; *i deputati dell'area centrista*, les députés de l'aile centriste **2** (*terreno*) terrain (*m.*) **3** (*mat., anat.*) aire **4** (*inform.*) zone.

● (*inform.*) ***area attiva***, ***di collegamento***, zone dynamique | (*meteor.*) ***area ciclonica***, zone des cyclones | (*anat.*) ***area corticale***, zones corticales | (*econ.*) ***area del dollaro***, zone dollar | ***area di lancio***, aire de lancement | (*rugby*) ***area di meta***, en but | (*calcio*) ***area di rigore***, surface de réparation | (*aut.*): ***area di servizio***, station service; ***area di sosta***, aire de repos | ***area di stazionamento***, aire de stationnement | (*anat.*) ***area embrionale***, aire embryonnaire.

areca [a-rè-ca] ***n.f.*** [pl. *-che*] (*bot.*) arec (*m.*).

arena[1] [a-ré-na *o* arèna] ***n.f.*** (*sabbia*) sable (*m.*).

arena[2] [a-rè-na] ***n.f.*** **1** arène (*anche fig.*) **2** (*anfiteatro*) arènes (*pl.*).

arenaria [a-re-nà-ria] ***n.f.*** (*min.*) grès (*m.*): *cava di arenaria*, grésière.

arenarsi [a-re-nàr-si] ***v.pron.*** (*mar.*) s'ensabler.

arengario [a-ren-gà-rio] ***n.m.*** [pl. *-ri*] (*st.*) hôtel de ville.

arenile [a-re-nì-le] ***n.m.*** plage (*f.*).

areola [a-rè-o-la] ***n.f.*** (*anat.*) aréole.

areopago [a-re-ò-pa-go *o* areopàgo] ***n.m.*** [pl. *-ghi*] aréopage.

aretino [a-re-tì-no] ***agg.*** arétin ♦ ***n.m.*** [f. *-a*] (*abitante*) Aretin.

argano [àr-ga-no] ***n.m.*** **1** (*mecc.*) treuil | *ci son voluti gli argani per convincerlo*, (*fig.*) on a eu bien du mal à le convaincre **2** (*mar.*) cabestan **3** (*miner.*) bourriquet.

argentare [ar-gen-tà-re] ***v.tr.*** argenter.

argentato [ar-gen-tà-to] ***agg.*** argenté: *posate argentate*, couverts en métal argenté.

argenteo [ar-gèn-te-o] ***agg.*** **1** d'argent, en argent **2** (*color argento*) argenté.

argenteria [ar-gen-te-rì-a] ***n.f.*** argenterie.

argentiere [ar-gen-tiè-re] ***n.m.*** orfèvre.

argentifero [ar-gen-tì-fe-ro] ***agg.*** argentifère.

argentina [ar-gen-tì-na] ***n.f.*** tricot (*m.*) (sans col, à manches longues).

argentino[1] [ar-gen-tì-no] ***agg.*** (*di suono ecc.*) argentin.

argentino[2] ***agg.*** argentin ♦ ***n.m.*** [f. *-a*] (*abitante*) Argentin.

argento [ar-gèn-to] ***n.m.*** **1** argent **2** (*pl.*) (*argenteria*) argenterie (*f.sing.*) ♦ ***agg.invar.*** (*colore*) argento.

● ***argento dorato***, vermeil | ***argento vivo***, vif-argent: *ha l'argento vivo addosso*, (*fig.*) il a du vif-argent dans les veines | ***grigio argento***, gris argenté | (*sport*) ***medaglia d'argento***, médaille d'argent.

argilla [ar-gìl-la] ***n.f.*** **1** argile (*anche fig.*): *cava d'argilla*, argilière **2** (*per vasai*) glaise.

argilloso [ar-gil-ló-so] ***agg.*** argileux*.

arginare [ar-gi-nà-re] ***v.tr.*** endiguer (*anche fig.*): *arginare la folla*, contenir la foule; *arginare l'avanzata del nemico*, enrayer l'avance de l'ennemi.

argine [àr-gi-ne] ***n.m.*** **1** berge (*f.*); (*artificiale*) levée (*f.*) de terre, digue (*f.*): *fare argine a*, (*anche fig.*) opposer une barrière à **2** (*fig.*) frein: *porre argine a*, mettre un frein à.

argomentare [ar-go-men-tà-re] ***v.tr.*** déduire*, arguer* ♦ ***v.intr.*** [aus. *avere*] argumenter.

argomentazione [ar-go-men-ta-zió-ne] ***n.f.*** argumentation.

argomento [ar-go-mén-to] ***n.m.*** **1** argument **2** (*soggetto*) sujet: *argomento di conversazione*, sujet de conversation; *torneremo sull'argomento*, nous reviendrons sur ce point; *cambiare argomento*, changer de sujet; *entrare in argomento*, entrer dans le (vif du) sujet; *film di argomento storico*, film historique; *l'argomento è chiuso*, la discussion est close **3** (*motivo*) matière (*f.*); (*pretesto*) prétexte: *offrire argomento di critica*, prêter le flanc à la critique; *è un buon argomento per*, c'est une bonne raison pour.

arguire [ar-gu-ì-re] ***v.tr.*** [coniug. come *finire*] déduire*, arguer.

argutamente [ar-gu-ta-mén-te] ***avv.*** finement, subtilement; (*con spirito*) spirituellement.

arguto [ar-gù-to] ***agg.*** subtil, fin; (*spiritoso*) spirituel*; (*vivace*) vif*: *un'aria arguta*, un air malin; *motti arguti*, des mots d'esprit.

arguzia [ar-gù-zia] ***n.f.*** **1** finesse **2** (*facezia*) boutade, mot (*m.*) d'esprit.

aria [à-ria] ***n.f.*** **1** air (*m.*): *qui manca l'aria*, il n'y a pas d'air ici; *mi manca l'aria*, je manque d'air, j'étouffe; *prendere l'aria*, prendre l'air; *dare aria a una stanza*, aérer une pièce; *dare aria a un vestito*, mettre un vêtement à l'air | *l'aria è stagnante*, il fait lourd **2** (*vento*) vent (*m.*): *c'è aria oggi*, il y a un peu de vent aujourd'hui | *farsi aria col ventaglio*, s'éventer **3** (*clima*) air (*m.*): *aria di mare*, air de la mer, marin; *aria di montagna*, air des monta-

A

gnes **4** (*aspetto, apparenza*) air (*m.*): *un'aria trasandata*, un aspect négligé | *cos'è quell'aria preoccupata?*, qu'est-ce qui te tracasse? **5** (*mus.*) air (*m.*).

● ***aria!***, (*fam.*) filez!, décampez! | ***aria compressa***, air comprimé | ***aria condizionata***, air conditionné | ***aria fritta***, (*fig.*) paroles en l'air | ***all'aria***, en l'air: *buttare all'aria*, (*mettere in disordine*) mettre sens dessus dessous; (*scombussolare*) chambouler; *il matrimonio è andato all'aria*, le mariage est tombé à l'eau | ***all'aria aperta***, en plein air, au grand air | ***a mezz'aria***, en l'air | ***avere l'aria*** (***di***), avoir l'air (de): *ha l'aria intelligente*, elle a l'air intelligent; *ha l'aria di voler piovere*, on dirait qu'il va pleuvoir | ***cambiare aria***, (*anche fig.*) changer d'air | ***campato in aria***, en l'air | ***che aria tira oggi?***, (*fig.*) comment ça va aujourd'hui? | ***darsi delle arie*** (***di***), se donner, prendre des airs (de) | (*mil.*) ***Forze dell'aria***, Forces aériennes | ***in aria, per aria***, en l'air: *librarsi, levarsi in aria*, s'envoler; (*aer.*) décoller; *c'è qualcosa in aria*, (*fig.*) il y a quelque chose dans l'air; *ha sempre la testa per aria*, (*fig.*) il a toujours la tête dans le nuages | ***in linea d'aria***, en vol d'oiseau | ***mal d'aria***, mal de l'air | ***non tira aria buona per lui***, (*fig.*) ça sent mauvais, le roussi pour lui | ***tira aria di bufera***, (*fig.*) il y a de l'orage dans l'air | (*metall.*) ***tirata d'aria***, évent.

> NOTA L'espressione ***aver l'aria*** può essere seguita da un aggettivo riferito a una persona come soggetto (in tal caso l'aggettivo francese può accordarsi) oppure riferito a una cosa (in tal caso l'aggettivo francese è sempre accordato):
> *Hanno l'aria stanca*
> Ils ont l'air **fatigué(s)**.
> *Non ha l'aria contenta*
> Elle n'a pas l'air content(e).
> *Questi mobili hanno un'aria autentica*
> Ces meubles ont l'air **authentiques**.

arianesimo [a-ria-né-ʃi-mo] ***n.m.*** (*st. relig.*) arianisme.

ariano[1] [a-rià-no] ***agg.*** e ***n.m.*** [f. *-a*] (*st. relig.*) arien*.

ariano[2] ***agg.*** e ***n.m.*** [f. *-a*] (*indoeuropeo*) aryen*.

● (*st.*) ***gli Ariani***, les Aryens.

aridità [a-ri-di-tà] ***n.f.invar.*** aridité (*anche fig.*); (*di clima*) sécheresse: *aridità di cuore*, aridité, sécheresse de cœur.

arido [à-ri-do] ***agg.*** aride (*anche fig.*).

arieggiare [a-rieg-già-re] ***v.tr.*** [coniug. come *mangiare*] **1** aérer* **2** (*fig.*) (*imitare*) imiter.

arieggiato [a-rieg-già-to] ***agg.*** aéré.

ariete [a-riè-te] ***n.m.*** **1** bélier **2** (*astr.*) *Ariete*, Bélier.

arietta [a-riét-ta] ***n.f.*** **1** brise **2** (*mus.*) petit air (*m.*); (*di opera*) ariette.

aringa [a-rìn-ga] ***n.f.*** [pl. *-ghe*] *hareng (*m.*) | *aringa affumicata*, hareng saur (*o* fumé).

ario [à-rio] ***agg.*** [pl.m. *-ri* o *-rii*] aryen* ♦ ***n.m.*** [f. *-a*] Aryen*.

● (*st.*) ***gli Arii***, les Aryens.

arioso [a-rió-so] ***agg.*** bien aéré: *stile arioso*, (*fig.*) style ample ♦ ***n.m.*** (*mus.*) arioso.

arista[1] [a-rì-sta] ***n.f.*** (*bot.*) arête.

arista[2] [à-ri-sta] ***n.f.*** (*cuc.*) carré (*m.*) de porc.

aristocratico [a-ri-sto-crà-ti-co] ***agg.*** [pl.m. *-ci*, f. *-che*] aristocratique ♦ ***n.m.*** [f. *-a*] aristocrate.

aristocrazia [a-ri-sto-cra-zì-a] ***n.f.*** aristocratie.

aristotelico [a-ri-sto-tè-li-co] ***agg.*** e ***n.m.*** [f. *-a*; pl.m. *-ci*, f. *-che*] (*fil.*) aristotélicien*.

aritmetica [a-rit-mè-ti-ca] ***n.f.*** [pl. *-che*] arithmétique.

aritmetico [a-rit-mè-ti-co] ***agg.*** [pl.m. *-ci*, f. *-che*] arithmétique ♦ ***n.m.*** [f. *-a*] arithméticien*.

aritmia [a-rit-mì-a] ***n.f.*** (*med.*) arythmie.

aritmico [a-rìt-mi-co] ***agg.*** [pl.m. *-ci*, f. *-che*] arythmique.

arlecchino [ar-lec-chì-no] ***n.m.*** (*fig.*) arlequin: *fare l'arlecchino*, faire le pitre ♦ ***agg.invar.*** bariolé.

arma [àr-ma] ***n.f.*** [pl. *armi*] **1** arme (*anche fig.*) **2** (*spec. pl.*) (*guerra, vita militare*) arme **3** (*corpo dell'esercito*) arme: *arma di fanteria*, infanterie; *arma di artiglieria*, artillerie **4** (*arald.*) armes (*pl.*).

● ***arma bianca***, arme blanche: *combattimento ad armi bianche*, combat à l'arme blanche | ***arma da fuoco***, arme à feu | ***armi chimiche***, armes chimiques | ***armi di difesa, di offesa***, armes défensives, offensives | ***armi di distruzione di massa***, armes de destruction massive | ***armi e bagagli***, (*fig.*) armes et bagages: *prendere armi e bagagli*, prendre ses cliques et ses claques | ***armi non convenzionali***, armes non conventionnelles | ***armi nucleari***, armes, engins nucléaires | ***ad armi pari***, à armes égales | ***all'armi!***, aux armes! | ***chiamare alle armi***, appeler sous les armes, les drapeaux; (*in guerra*) appeler aux armes | ***compagno d'armi***, compagnon d'armes | ***concedere l'onore delle armi***, accorder les honneurs de la guerre | ***essere alle prime armi***, (*fig.*) faire ses premières armes | ***galleria d'armi***, collection d'armes | ***l'Arma azzurra***, l'Armée de l'Air | ***l'Arma*** (***benemerita***), les Carabiniers | ***levarsi in armi***, courir aux armes | ***lotta ad armi pari***, lutte à armes égales | ***porto d'armi***, port d'armes.

armadillo [ar-ma-dìl-lo] ***n.m.*** (*zool.*) tatou.

armadio [ar-mà-dio] ***n.m.*** [pl. *-di*] **1** armoire (*f.*); *armadio a più ante*, armoire à plusieurs portes **2** (*fam.*) (*di uomo*) armoire à glace.

● ***armadio a muro***, placard | ***armadio quattro stagioni***, armoire dressing.

armaiolo [ar-ma-iò-lo] ***n.m.*** armurier.

armamentario [ar-ma-men-tà-rio] ***n.m.*** [pl. *-ri*] attirail*; équipement; outillage; (*fam.*) barda.

armamento [ar-ma-mén-to] ***n.m.*** **1** (*mil., mar.*) armement **2** (*tecn.*) équipement.

● ***corsa agli armamenti***, course aux armements.

armare [ar-mà-re] ***v.tr.*** **1** armer **2** (*mar.*) armer, équiper: *armare una nave*, armer, équiper un navire **3** (*tecn., edil.*) armer; (*miner.*) boiser ♦ **armarsi** ***v.pron.*** s'armer (*anche fig.*): *armarsi di coraggio, di pazienza*, s'armer de courage, de patience.

● (*mar.*) ***armare i remi***, armer les avirons.

armata [ar-mà-ta] ***n.f.*** armée: *armata navale*, armée de mer; *corpo d'armata*, corps d'armée.

armato [ar-mà-to] ***agg.*** armé (*anche fig.*): *armato di tutto punto*, armé de pied en cap; *armato di buoni propositi*, animé de bonnes intentions ♦ ***n.m.*** (*spec. pl.*) soldat.

● (*mil.*) ***forze armate***, forces armées | ***rapina a mano armata***, vol à main armée.

armatore [ar-ma-tó-re] ***n.m.*** [f. *-trice*] **1** (*mar.*) armateur **2** (*miner.*) boiseur **3** (*ferr.*) poseur (de voies) ♦ ***agg.*** d'armement: *società armatrice*, societé d'armement.

armatura [ar-ma-tù-ra] ***n.f.*** **1** armure **2** (*tecn., edil.*) charpente; (*in ferro*) armature **3** (*miner.*) boisage (*m.*) **4** (*elettr.*) blindage (*m.*); (*di cavo*) armure.

arme [àr-me] ***n.f.*** (*arald.*) armes (*pl.*), armoiries (*pl.*).

armeggiare [ar-meg-già-re] ***v.intr.*** [coniug. come *mangiare*; aus. *avere*] **1** trafiquer; (*aggiustare alla meglio*) bricoler **2** (*brigare*) manœuvrer.

A

armeggio [ar-meg-giò] *n.m.* [pl. *-ii*] 1 remue-ménage* 2 (*intrigo*) manigance (*f.*), manœuvre (*f.*).

armeno [ar-mè-no] *agg.* arménien* ♦ *n.m.* 1 [f. *-a*] (*abitante*) Arménien* 2 (*lingua*) arménien.

armento [ar-mén-to] *n.m.* troupeau*.

armeria [ar-me-rì-a] *n.f.* (*deposito d'armi*) dépôt (*m.*) d'armes; (*collezione di armi*) collection d'armes; (*negozio*) armurerie.

armigero [ar-mì-ge-ro] *n.m.* (*letter.*) homme d'armes, soldat.

armistizio [ar-mi-stì-zio] *n.m.* [pl. *-zi*] armistice.

armo [àr-mo] *n.m.* (*mar.*) équipe (*f.*).

armonia [ar-mo-nì-a] *n.f.* harmonie (*anche mus.*): *armonia di colori*, harmonie de couleurs; *agire in armonia con i propri principi*, agir en accord avec ses principes; *vivere in armonia con qlcu*, vivre en harmonie avec qqn.

armonica [ar-mò-ni-ca] *n.f.* [pl. *-che*] (*mus.*) harmonica (*m.*).

armonicamente [ar-mo-ni-ca-mén-te] *avv.* harmonieusement.

armonico [ar-mò-ni-co] *agg.* [pl.m. *-ci*, f. *-che*] 1 (*mus., mat.*) harmonique 2 (*fig.*) (*armonioso*) harmonieux*.
● (*mus.*) ***cassa armonica***, caisse de résonance.

armoniosamente [ar-mo-nio-sa-mén-te] *avv.* harmonieusement.

armonioso [ar-mo-nió-so] *agg.* harmonieux*.

armonista [ar-mo-nì-sta] *n.m.* e *f.* (*mus.*) harmoniste.

armonium [ar-mò-nium] *n.m.invar.* (*mus.*) harmonium.

armonizzare [ar-mo-niʒ-ʒà-re] *v.tr.* harmoniser (*anche fig.*) ♦ **armonizzarsi** *v.pron.intr.* s'harmoniser: *questi colori non si armonizzano*, ces couleurs ne s'harmonisent pas entre elles.

armonizzazione [ar-mo-naʒ-ʒa-zió-ne] *n.f.* harmonisation.

armoricano [ar-mo-ri-cà-no] *agg.* armoricain.

arnese [ar-né-se] *n.m.* 1 outil 2 (*fam.*) (*oggetto qualsiasi*) truc, machin; bidule.
● ***essere bene, male in arnese***, (*per il vestire*) être bien mis, mal mis; (*per lo stato fisico*) être bien, mal en point | ***rimettersi in arnese***, (*fig.*) (*economicamente*) se remettre à flot.

NOTA La *l* finale di ***outil*** non si pronuncia.

arnia [àr-nia] *n.f.* ruche.

arnica [àr-ni-ca] *n.f.* [pl. *-che*] (*bot.*) arnica.

aro [à-ro] *n.m.* (*bot.*) arum.

aroma [a-rò-ma] *n.m.* 1 arôme: *aromi naturali, artificiali*, arômes naturels, artificiels; *l'aroma del vino*, le bouquet, le fumet du vin 2 (*sostanza odorosa*) aromate: *spezie e aromi*, épices et aromates.

aromaterapia [a-ro-ma-te-ra-pì-a] *n.f.* (*med.*) aromathérapie.

aromatico [a-ro-mà-ti-co] *agg.* [pl.m. *-ci*, f. *-che*] aromatique.
● ***pianta aromatica***, aromate.

aromatizzare [a-ro-ma-tiʒ-ʒà-re] *v.tr.* aromatiser.

arpa [àr-pa] *n.f.* (*mus.*) *harpe.
● ***arpa eolia***, harpe éolienne.

arpeggiare [ar-peg-già-re] *v.intr.* [coniug. come *mangiare*; aus. *avere*] (*mus.*) jouer de la *harpe; (*eseguire arpeggi*) arpéger* ♦ *v.tr.* (*mus.*) arpéger*.

arpeggio [ar-pég-gio] *n.m.* [pl. *-gi*] (*mus.*) arpège; (*sugli spartiti*) arpégé.

arpia [ar-pì-a] *n.f.* (*mit.*) *harpie (*anche fig.*): *una vecchia arpia*, une vieille harpie.

arpionare [ar-pio-nà-re] *v.tr.* *harponner.

arpione [ar-pió-ne] *n.m.* 1 (*di porte e finestre*) gond 2 (*gancio*) croc 3 (*da baleniere*) *harpon 4 (*alpinismo*) piton.

arpista [ar-pì-sta] *n.m.* e *f.* *harpiste.

arrabattarsi [ar-ra-bat-tàr-si] *v.pron.intr.* se donner du mal; se donner un mal fou.

arrabbiarsi [ar-rab-biàr-si] *v.pron.intr.* se mettre* en colère (**contre**), se fâcher (**contre**): *non farmi arrabbiare!*, ne m'énerve pas!; *lo fa sempre arrabbiare*, il le fait toujours enrager.

arrabbiato [ar-rab-bià-to] *agg.* 1 enragé; en colère (**contre**): *è arrabbiato*, il est enragé (*o* en colère); *essere arrabbiato con qlcu*, être en colère contre qqn 2 (*accanito*) enragé, acharné 3 (*di cane*) enragé.
● (*cuc.*) ***all'arrabbiata***, à la diable.

arrabbiatura [ar-rab-bia-tù-ra] *n.f.* colère: *prendersi un'arrabbiatura*, piquer une colère.

arraffare [ar-raf-fà-re] *v.tr.* 1 (*rubare*) rafler 2 (*strappare*) arracher.

arrampicarsi [ar-ram-pi-càr-si] *v.pron.intr.* [coniug. come *mancare*] grimper: *si è arrampicato fino in cima*, il a grimpé jusqu'au sommet.
● ***arrampicarsi sui vetri, sugli specchi***, (*fig.*) s'accrocher aux branches, à toutes les branches.

arrampicata [ar-ram-pi-cà-ta] *n.f.* 1 escalade 2 (*alpinismo*) varappe.
● ***arrampicata libera***, escalade libre (*o* free climbing).

arrampicatore [ar-ram-pi-ca-tó-re] *n.m.* [f. *-trice*] 1 grimpeur* 2 (*alpinismo*) varappeur*.
● ***arrampicatore sociale***, (*fig.*) arriviste.

arrancare [ar-ran-cà-re] *v.intr.* [coniug. come *mancare*; aus. *avere*] 1 marcher péniblement; (*camminare zoppicando*) boiter: *arrancavano in salita*, ils gravissaient péniblement la pente 2 (*mar.*) souquer (sur les avirons).

arrangiamento [ar-ran-gia-mén-to] *n.m.* arrangement (*anche mus.*).

arrangiare [ar-ran-già-re] *v.tr.* [coniug. come *mangiare*] arranger* (*anche mus.*) | *ora ti arrangio io!*, (*fam.*) tu vas avoir affaire à moi! ♦ **arrangiarsi** *v.pron.intr.* 1 se débrouiller: *arrangiati!*, débrouille-toi!; *si arrangia facendo piccoli lavori*, il se débruoille en faisant de menus travaux 2 (*mettersi d'accordo*) s'arranger*: *arrangiarsi sul prezzo*, s'arranger sur le prix.

arrangiatore [ar-ran-gia-tó-re] *n.m.* [f. *-trice*] arrangeur*.

arrapare [ar-ra-pà-re] *v.tr.* (*volg.*) faire* bander ♦ **arraparsi** *v.pron.* (*volg.*) s'exciter (sexuellement).

arrapato [ar-ra-pà-to] *agg.* (*volg.*) excité (sexuellement).

array [ar'rei] *n.m.invar.* (*inform.*) matrice (*f.*), array: *array processor*, processeur matriciel.

arrecare [ar-re-cà-re] *v.tr.* [coniug. come *mancare*] 1 (*letter.*) recare, portare 2 (*fig.*) (*causare*) causer.

arredamento [ar-re-da-mén-to] *n.m.* 1 (*mobilia*) ameublement (et décoration); décor: *un arredamento moderno*, un intérieur moderne; *arredamenti in stile*, ameublements de style; *negozio di arredamento*, magasin d'ameublement 2 (*l'arredare*) décor.

A

arredare [ar-re-dà-re] *v.tr.* meubler et décorer; (*ammobiliare*) meubler.

arredato [ar-re-dà-to] *agg.* meublé.

arredatore [ar-re-da-tó-re] *n.m.* [f. *-trice*] **1** décorateur* **2** (*cine., teatr.*) ensemblier.

arredo [ar-rè-do] *n.m.* (*spec. pl.*) décoration (*f.sing.*).
● ***arredo urbano***, aménagement urbain | ***arredi sacri***, objets du culte.

arrembaggio [ar-rem-bàg-gio] *n.m.* [pl. *-gi*] (*mar.*) abordage.
● ***andare all'arrembaggio***, (*anche fig.*) aller à l'abordage.

arrendersi [ar-rèn-der-si] *v.pron.* [coniug. come *prendere*] se rendre* (*anche fig.*): *arrendersi al destino*, s'en remettre à son propre destin.

arrendevole [ar-ren-dé-vo-le] *agg.* conciliant; malléable: *mostrarsi arrendevole alle preghiere di qlcu*, céder facilement aux prières de qqn.

arrendevolezza [ar-ren-de-vo-léz-za] *n.f.* complaisance; esprit (*m.*) de conciliation.

arrestare [ar-re-stà-re] *v.tr.* **1** (*fermare*) arrêter (*anche fig.*) **2** (*trarre in arresto*) arrêter, appréhender **3** (*tecn.*) interrompre*, stopper ♦ **arrestarsi** *v.pron.* s'arrêter.

arresto [ar-rè-sto] *n.m.* **1** (*interruzione*) arrêt **2** (*dir.*) arrestation (*f.*): *dichiarare in arresto*, arrêter, mettre en état d'arrestation **3** (*spec. pl.*) (*mil.*) arrêts (*pl.*) **4** (*tecn.*) arrêt **5** (*inform.*) abandon, suspension (*f.*) d'exécution **6** (*econ.*) arrêt, stagnation (*f.*).
● (*med.*) ***arresto cardiaco***, arrêt cardiaque | (*dir.*) ***arresti domiciliari***, assignation à résidence | (*mus.*) ***battuta d'arresto***, pause; (*fig.*) temps d'arrêt | ***linea d'arresto***, (*nella segnaletica*) ligne de stop | (*dir.*) ***mandato d'arresto***, mandat d'arrêt: *spiccare un mandato d'arresto*, émettre un mandat d'arrêt.

arretramento [ar-re-tra-mén-to] *n.m.* recul.

arretrare [ar-re-trà-re] *v.intr.* [aus. *essere*] reculer: *arretrare dalla decisione presa*, (*fig.*) revenir sur sa décision ♦ *v.tr.* (*spostare più indietro*) reculer; (*fare indietreggiare*) faire* reculer.

arretratezza [ar-re-tra-téz-za] *n.f.* retard (*m.*), sous-développement (*m.*).

arretrato [ar-re-trà-to] *agg.* arriéré: *i numeri arretrati* (*di un giornale*), les anciens numéros; *avere del lavoro arretrato*, avoir du travail en retard ♦ *n.m.* (*spec. pl.*) arriéré, arrérages (*pl.*).
● ***avere un arretrato con***, (*fig.*) avoir un vieux compte à régler avec | ***in arretrato***, en retard: *essere in arretrato con*, être en retard pour | ***una fame arretrata***, (*scherz.*) une faim accumulée.

arricchimento [ar-ric-chi-mén-to] *n.m.* enrichissement.

arricchire [ar-ric-chì-re] *v.tr.* [coniug. come *finire*] enrichir ♦ **arricchirsi** *v.pron.* s'enrichir.

arricchito [ar-ric-chì-to] *agg.* enrichi ♦ *n.m.* [f. *-a*] nouveau* riche, parvenu.

arricciare [ar-ric-cià-re] *v.tr.* [coniug. come *cominciare*] **1** friser: *arricciare i baffi*, retrousser sa moustache **2** (*cucito*) froncer* **3** (*drizzare*) *hérisser: *arricciare il pelo*, hérisser son poil **4** (*edil.*) crépir ♦ **arricciarsi** *v.pron.intr.* **1** friser: *i capelli si arricciano per l'umidità*, le cheveux frisent avec l'humidité **2** (*drizzarsi*) se dresser, se *hérisser.
● ***arricciare il naso***, (*fig.*) froncer le nez.

arricciato [ar-ric-cià-to] *agg.* **1** frisé **2** (*cucito*) froncé.

arricciatura [ar-ric-cia-tù-ra] *n.f.* **1** (*di capelli*) frisure **2** (*cucito*) fronces (*pl.*), froncis (*m.*) **3** (*edil.*) (*azione*) crépissage (*m.*); (*effetto*) crépi (*m.*).

arridere [ar-rì-de-re] *v.intr.* [coniug. come *ridere*; aus. *avere*] (*essere favorevole*) sourire*: *la fortuna ci arride*, la fortune nous sourit.

arringa [ar-rìn-ga] *n.f.* [pl. *-ghe*] **1** *harangue **2** (*dir.*) (*in tribunale*) plaidoirie.

arringare [ar-rin-gà-re] *v.tr.* [coniug. come *legare*] *haranguer.

arrischiare [ar-ri-schià-re] *v.tr.* risquer ♦ **arrischiarsi** *v.pron.* se risquer.

arrischiato [ar-ri-schià-to] *agg.* risqué.

arrivare [ar-ri-và-re] *v.intr.* [aus. *essere*] **1** arriver: *arrivare in treno, in aereo, in automobile*, arriver par le train, par avion, en auto; *arrivare a casa, in ufficio*, arriver à la maison (*o* chez soi), au bureau; *è appena arrivato in città*, il vient d'arriver en ville; *è arrivato di corsa*, il est arrivé en courant; *arrivare primo*, arriver le premier; *è arrivata una lettera per te*, il est arrivé une lettre pour toi; *non gli è arrivata la cartolina*, il n'a pas reçu la carte postale; *mi sono arrivati dei libri*, j'ai reçu des livres; *la musica arrivava fino a noi*, la musique parvenait jusqu'à nous | *arrivare al traguardo*, franchir la ligne d'arrivée **2** (*giungere*) arriver: *arrivare al ginocchio*, arriver aux genoux; *siamo arrivati a buon punto col nostro lavoro*, notre travail est bien avancé; *guarda a che punto siamo arrivati!*, tu vois où nous en sommes!; *il suo stipendio non arriva a duemila euro*, ses appointements n'atteignent pas deux mille euros; *questo pollo non arriva a due chili*, ce poulet ne fait pas deux kilos | *arrivare alla meta, allo scopo*, arriver au but **3** (*essere sufficiente*) suffire* (**pour**): *temo che l'arrosto non arrivi a saziare tutti*, je crains que le rôti ne suffise pas pour tout le monde **4** (*riuscire*) arriver, parvenir*: *non arrivo mai a fare tutto*, je ne réussis jamais à tout faire **5** (*conquistare il successo*) arriver: *è smanioso di arrivare*, il veut arriver à tout prix.
● ***arrivare a***, (*giungere al punto di*) en arriver à, en venir à: *è arrivato a dire che*, il en est arrivé à dire que; *arrivo a credere che ci abbia mentito*, j'en viens à croire qu'il nous a menti; *è arrivato a rubare per pagarsi la droga*, il en est même arrivé à, il est allé jusqu'à voler pour se payer sa drogue | ***arrivare in porto***, (*fig.*) arriver à bon port | ***arrivarci***, (*riuscire*) y arriver; (*capire*) comprendre.

arrivato [ar-ri-và-to] *agg.* arrivé ♦ *n.m.* [f. *-a*] **1** arrivé; (*venuto*) venu **2** (*fig.*) homme arrivé; (*spreg.*) parvenu.
● ***ben arrivato***, bienvenu: *ben arrivata, signora!*, soyez la bienvenue, madame! | ***il nuovo arrivato***, le nouveau venu | ***il primo arrivato***, (*fig.*) le premier venu.

arrivederci [ar-ri-ve-dér-ci] **arrivederla** *inter.* au revoir: *arrivederci a giovedì*, au revoir à jeudi; *arrivederci a presto*, au revoir à bientôt; *arrivederci e grazie*, au revoir et merci.

arrivismo [ar-ri-vì-ʃmo] *n.m.* arrivisme.

arrivista [ar-ri-vì-sta] *n.m.* e *f.* arriviste.

arrivo [ar-rì-vo] *n.m.* **1** arrivée (*f.*) (*anche sport*): *sono in arrivo nuovi libri*, des nouveaux livres arriveront bientôt; (*comm.*) *all'arrivo della presente*, au reçu de la présente **2** (*pl.*) (*di merce*) arrivage (*sing.*).

arroccamento [ar-roc-ca-mén-to] *n.m.* **1** (*mil.*) rocade (*f.*) **2** (*scacchi*) roque.

arroccare [ar-roc-cà-re] *v.tr.* [coniug. come *mancare*] (*scacchi*) **1** roquer **2** (*mil.*) déplacer* des troupes par lignes internes ♦ **arroccarsi** *v.pron.* **1** (*mil.*) se retrancher (*anche fig.*) **2** (*estens.*) se barricader.

arrocco [ar-ròc-co] ***n.m.*** [pl. *-chi*] (*scacchi*) roque.
● ***arrocco corto, lungo***, petit, grand roque.

arrochirsi [ar-ro-chìr-si] ***v.pron.intr.*** [coniug. come *finire*] s'enrouer, devenir* rauque.

arrogante [ar-ro-gàn-te] ***agg.*** arrogant.

arroganza [ar-ro-gàn-za] ***n.f.*** arrogance.

arrogarsi [ar-ro-gàr-si] ***v.pron. indiretto*** [coniug. come *legare*] s'arroger*: *arrogarsi un merito*, s'arroger un mérite.

arrossamento [ar-ros-sa-mén-to] ***n.m.*** rougeur (*f.*).

arrossare [ar-ros-sà-re] ***v.tr.*** rougir ♦ **arrossarsi** ***v.pron.intr.*** rougir.

arrossire [ar-ros-sì-re] ***v.intr.*** [coniug. come *finire*; aus. *essere*] rougir (**de**): *è arrossito di, dalla vergogna*, il a rougi de honte; *arrossire per un complimento*, rougir à (*o* d'un) compliment.

arrostire [ar-ro-stì-re] ***v.tr.*** [coniug. come *finire*] **1** rôtir; (*sulla graticola*) griller **2** (*ind. metall.*) griller ♦ ***v.intr.*** [aus. *essere*] rôtir; (*sulla graticola*) griller ♦ **arrostirsi** ***v.pron.intr.*** se rôtir.

arrosto [ar-rò-sto] ***agg.*** e ***n.m.*** rôti: *arrosto di manzo*, rôti de bœuf.
● ***è tutto fumo e niente arrosto***, (*fig.*) ce n'est que du vent (*o* c'est du chiqué).

arrotare [ar-ro-tà-re] ***v.tr.*** **1** aiguiser, affûter: *arrotare un coltello*, aiguiser un couteau **2** (*levigare*) polir **3** (*investire*) (*una persona*) renverser; (*un veicolo*) accrocher.
● ***arrotare i denti***, (*fig.*) grincer des dents | (*fon.*) ***arrotare la erre***, rouler les r.

arrotatura [ar-ro-ta-tù-ra] ***n.f.*** aiguisement (*m.*), affilage (*m.*).

arrotino [ar-ro-tì-no] ***n.m.*** rémouleur.

arrotolare [ar-ro-to-là-re] ***v.tr.*** rouler, enrouler ♦ **arrotolarsi** ***v.pron.*** s'enrouler.

arrotondamento [ar-ro-ton-da-mén-to] ***n.m.*** arrondissement (*anche fig.*).

arrotondare [ar-ro-ton-dà-re] ***v.tr.*** **1** arrondir **2** (*una cifra*) (*per eccesso*) arrondir; (*per difetto*) diminuer pour faire un chiffre rond ♦ **arrotondarsi** ***v.pron.*** s'arrondir.

arrovellare [ar-ro-vel-là-re] ***v.tr.*** agacer ♦ **arrovellarsi** ***v.pron.*** **1** (*arrabbiarsi*) se mettre* en colère, s'emporter **2** (*darsi da fare*) s'évertuer (**à**) ♦ ***v.pron. indiretto*** *arrovellarsi il cervello*, se creuser la cervelle; (*tormentarsi*) se ronger (les sangs).

arroventare [ar-ro-ven-tà-re] ***v.tr.*** **1** rendre* brûlant **2** (*metalli*) chauffer au rouge; (*rendere incandescente*) chauffer à blanc ♦ **arroventarsi** ***v.pron.*** **1** devenir* brûlant **2** (*di metalli*) devenir* rouge.

arroventato [ar-ro-ven-tà-to] ***agg.*** **1** brûlant **2** (*di metalli*) rouge.

arruffare [ar-ruf-fà-re] ***v.tr.*** **1** (*fili, matasse*) emmêler; (*capelli*) ébouriffer; (*pelo*) *hérisser **2** (*fig.*) embrouiller ♦ **arruffarsi** ***v.pron.*** (*di fili, matasse*) s'emmêler; (*di capelli*) s'ébouriffer; (*di pelo*) *hérisser.
● ***arruffare la matassa***, (*fig.*) brouiller les choses.

arruffone [ar-ruf-fó-ne] ***n.m.*** [f. *-a*] **1** brouillon **2** (*imbroglione*) filou.

arrugginire [ar-rug-gi-nì-re] ***v.tr.*** [coniug. come *finire*] rouiller (*anche fig.*) ♦ ***v.intr.*** [aus. *essere*] se rouiller ♦ **arrugginirsi** ***v.pron.intr.*** se rouiller.

arrugginito [ar-rug-gi-nì-to] ***agg.*** rouillé (*anche fig.*).

arruolamento [ar-ruo-la-mén-to] ***n.m.*** (*mil.*) enrôlement; (*reclutamento*) recrutement.

arruolare [ar-ruo-là-re] ***v.tr.*** (*mil.*) enrôler, recruter ♦ **arruolarsi** ***v.pron.*** (*mil.*) s'enrôler, s'engager*.

arsenale [ar-se-nà-le] ***n.m.*** arsenal*.

arsenico [ar-sè-ni-co] ***n.m.*** [pl. *-ci*] (*chim.*) arsenic.

arsi → **ardere**.

arso [àr-so] ***agg.*** **1** (*bruciato*) brûlé **2** (*secco*) sec*; (*seccato*) desséché: *gola arsa*, gorge sèche; *terreno arso*, terrain aride.

arsura [ar-sù-ra] ***n.f.*** **1** chaleur brûlante **2** (*siccità*) sécheresse **3** (*febbrile*) brûlure **4** (*secchezza in gola*) soif ardente.

art director [ardi'rɛktor] ***n.m.*** e ***f.invar.*** directeur/trice artistique.

arte [àr-te] ***n.f.*** **1** art (*m.*): *questo quadro è un'opera d'arte*, ce tableau est un chef-d'œuvre **2** (*mestiere*) métier (*m.*) **3** (*complesso di regole*) art (*m.*) **4** (*abilità, astuzia*) art (*m.*), habileté: *non ha certo l'arte di farsi amare*, il n'a certainement pas l'art de se faire aimer; *mettere in opera tutte le proprie arti per*, déployer tout son savoir-faire pour **5** (*st.*) corporation.
● ***arte astratta***, art abstrait | ***arte figurativa***, art figuratif | ***arti applicate***, arts appliqués | ***arti magiche***, artifices de magie | ***arti plastiche, decorative***, arts plastiques, décoratifs | ***a regola d'arte***, dans les règles (de l'art) | ***fare qlco ad arte***, faire qqch de propos délibéré | ***figlio d'arte***, enfant de la balle | ***nome d'arte***, nom d'artiste | ***non avere né arte né parte***, être sans le sou et bon à rien | ***scuola d'arte***, école des beaux-arts | ***XY, in arte Z***, XY, de son nom d'artiste Z.

artefatto [ar-te-fàt-to] ***agg.*** **1** (*adulterato*) frelaté **2** (*fig.*) (*artificioso*) artificiel*, affecté.

artefice [ar-té-fi-ce] ***n.m.*** artisan (*anche fig.*).

artemisia [ar-te-mì-ʃia] ***n.f.*** (*bot.*) armoise.

arteria [ar-tè-ria] ***n.f.*** **1** (*anat.*) artère **2** (*via di comunicazione*) artère: *arteria ferroviaria*, grande ligne (de chemin de fer).

arteriosclerosi [ar-te-rio-scle-rò-ʃi *o* arteriosclèroʃi] ***n.f.invar.*** (*med.*) artériosclérose.

arteriosclerotico [ar-te-rio-scle-rò-ti-co] ***agg.*** e ***n.m.*** [f. *-a*; pl.m. *-ci*, f. *-che*] (*fam.*) (*med.*) artérioscléreux*, gâteux*.

arterioso [ar-te-rió-so] ***agg.*** artériel*.

artesiano [ar-te-ʃià-no] ***agg.*** artésien*.
● ***pozzo artesiano***, puits artésien.

artico [àr-ti-co] ***agg.*** [pl.m. *-ci*, f. *-che*] arctique.
● (*geogr.*): ***circolo polare artico***, cercle polaire arctique; ***polo artico***, pôle arctique.

articolare[1] [ar-ti-co-là-re] ***agg.*** articulaire.

articolare[2] ***v.tr.*** **1** articuler **2** (*pronunciare distintamente*) articuler: *non poté articolare parola*, il ne put articuler un seul mot **3** (*fig.*) (*suddividere*) diviser ♦ **articolarsi** ***v.pron.*** e ***pron.intr.*** s'articuler (*anche fig.*).

articolato[1] [ar-ti-co-là-to] ***agg.*** **1** articulé **2** (*geog.*) (*frastagliato*) découpé.
● ***autobus, tram articolato***, autobus, tramway articulé.

articolato[2] ***agg.***
● (*gramm.*) ***preposizione articolata***, article contracté.

articolazione [ar-ti-co-la-zió-ne] ***n.f.*** articulation (*anche anat.*).

articolista [ar-ti-co-lì-sta] ***n.m.*** e ***f.*** auteur/e (d'un article de journal), rédacteur/trice.

articolo [ar-tì-co-lo] ***n.m.*** **1** (*giorn.*) article **2** (*dir.*) article **3** (*comm.*) article **4** (*gramm.*) article.
● (*gramm.*) ***articolo determinativo, indeterminativo***, arti-

A

cle défini, indéfini | (*giorn.*): ***articolo di apertura***, article d'actualité politique; ***articolo di fondo***, article de fond (*o* éditorial) | ***articoli sportivi***, articles de sport | (*dir.*) ***in articolo di morte***, à l'article de la mort.

artificiale [ar-ti-fi-cià-le] ***agg.*** artificiel*.

artificialmente [ar-ti-fi-cial-mén-te] ***avv.*** artificiellement.

artificiere [ar-ti-fi-ciè-re] ***n.m.*** artificier.

artificio [ar-ti-fi-cio] ***n.m.*** [pl. *-ci*] **1** artifice: *ottenere qlco con artifici*, user d'artifice pour obtenir qqch **2** (*accorgimento*) procédé **3** (*affettazione*) affectation (*f.*).
● ***fuoco d'artificio***, feu d'artifice.

artificiosamente [ar-ti-fi-cio-sa-mén-te] ***avv.*** sans naturel.

artificioso [ar-ti-fi-ció-so] ***agg.*** artificiel*; (*affettato*) affecté, artificieux*.

artigianale [ar-ti-gia-nà-le] ***agg.*** artisanal*.
● ***produzione artigianale***, fabrication artisanale.

artigianato [ar-ti-gia-nà-to] ***n.m.*** artisanat.

artigiano [ar-ti-già-no] ***agg.*** artisanal* ♦ ***n.m.*** [f. *-a*] artisan.

artigliere [ar-ti-gliè-re] ***n.m.*** artilleur.

artiglieria [ar-ti-glie-rì-a] ***n.f.*** artillerie.

artiglio [ar-tì-glio] ***n.m.*** [pl. *-gli*] griffe (*f.*); (*di rapaci*) serre (*f.*).

artista [ar-ti-sta] ***n.m.*** e ***f.*** artiste.

artistico [ar-tì-sti-co] ***agg.*** [pl.m. *-ci*, f. *-che*] artistique.

arto [àr-to] ***n.m.*** membre.

artrite [ar-trì-te] ***n.f.*** (*med.*) arthrite.

artritico [ar-trì-ti-co] ***agg.*** e ***n.m.*** [f. *-a*; pl.m. *-ci*, f. *-che*] arthritique.

artropode [ar-trò-po-de] ***n.m.*** (*zool.*) arthropode.

artrosi [ar-trò-ʃi] ***n.f.invar.*** (*med.*) arthrose.

aruspice [a-rù-spi-ce] ***n.m.*** (*st.*) (h)aruspice.

arvicola [ar-vì-co-la] ***n.f.*** (*zool.*) campagnol (*m.*).

arzigogolato [ar-ʒi-go-go-là-to] ***agg.*** tarabiscoté.

arzigogolo [ar-ʒi-gò-go-lo] ***n.m.*** **1** sophisme **2** (*fantasticheria*) rêvasserie (*f.*).

arzillo [ar-ʒìl-lo] ***agg.*** guilleret*.

asburgico [a-ʃbùr-gi-co] ***agg.*** [pl.m. *-ci*, f. *-che*] des *Habsbourg.

ascella [a-scèl-la] ***n.f.*** (*anat., bot.*) aisselle.

ascellare [a-scel-là-re] ***agg.*** (*anat., bot.*) axillaire.

ascendente [a-scen-dèn-te] ***agg.*** e ***n.m.*** ascendant.

ascendenza [a-scen-dèn-za] ***n.f.*** ascendance.

ascendere [a-scén-de-re] ***v.intr.*** [coniug. come *prendere*; aus. *essere*] **1** monter (*anche fig.*): *ascendere al trono*, monter sur le trône **2** (*ammontare*) (se) monter (**à**).

ascensionale [a-scen-sio-nà-le] ***agg.*** ascensionnel*.

ascensione [a-scen-sió-ne] ***n.f.*** **1** ascension **2** (*relig.*) (*festa dell'*) *Ascensione*, (fête de l')Ascension.

ascensore [a-scen-só-re] ***n.m.*** ascenseur.

ascensorista [a-scen-so-rì-sta] ***n.m.*** e ***f.*** liftier/ère.

ascesa [a-scé-sa] ***n.f.*** ascension (*spec. fig.*): *ascesa al trono*, ascension au trône; *ascesa sociale*, ascension sociale; *l'ascesa dei prezzi*, la hausse (*o* la montée) des prix.

ascesi [a-scè-ʃi] ***n.f.invar.*** ascèse.

ascesso [a-scès-so] ***n.m.*** (*med., vet.*) abcès.

asceta [a-scè-ta] ***n.m.*** e ***f.*** ascète.

ascetica [a-scè-ti-ca] ***n.f.*** [pl. *-che*] ascétique.

asceticamente [a-sce-ti-ca-mén-te] ***avv.*** en ascète.

ascetico [a-scè-ti-co] ***agg.*** [pl.m. *-ci*, f. *-che*] ascétique.

ascetismo [a-sce-tì-ʃmo] ***n.m.*** ascétisme.

ascia [à-scia] ***n.f.*** [pl. *asce*] *hache.
● ***ascia di guerra***, hache de guerre: *seppellire, dissotterrare l'ascia di guerra*, (*fig.*) enterrer, déterrer la hache de guerre.

asciugabiancheria [a-sciu-ga-bian-che-rì-a] ***n.m. invar.*** sèche-linge.

asciugacapelli [a-sciu-ga-ca-pél-li] ***n.m.invar.*** sèche-cheveux.

asciugamano [a-sciu-ga-mà-no] ***n.m.*** [pl. *-i* o *invar.*] serviette (*f.*) (de toilette); (*spec. per le mani*) essuie-mains: *asciugamano di spugna*, serviette-éponge.

asciugare [a-sciu-gà-re] ***v.tr.*** [coniug. come *legare*] sécher*; (*spec. con un panno*) essuyer*: *asciugare le lacrime a qlcu*, sécher les larmes de qqn | *asciugare una bottiglia*, (*scherz.*) vider une bouteille ♦ ***v.intr.*** [aus. *essere*] sécher* ♦ **asciugarsi** ***v.pron.*** **1** se sécher*; (*spec. con un panno*) s'essuyer*: *asciugarsi al sole*, se sécher au soleil **2** (*fig.*) se dessécher: *con l'età si è asciugata*, avec l'âge elle s'est desséchée ♦ ***v.pron. indiretto*** (*spec. con un panno*) s'essuyer*; se sécher*: *asciugarsi le mani*, s'essuyer les mains; *asciugarsi i capelli*, se sécher les cheveux | *asciugarsi le lacrime*, (*anche fig.*) essuyer ses larmes.

asciugatura [a-sciu-ga-tù-ra] ***n.f.*** séchage (*m.*); (*spec. con un panno*) essuyage (*m.*).

asciuttezza [a-sciut-téz-za] ***n.f.*** sécheresse.

asciutto [a-sciùt-to] ***agg.*** sec* (*anche fig.*): *indossare abiti asciutti*, mettre des vêtements secs; *un viso asciutto*, un visage maigre; *una persona di modi asciutti*, une personne aux manières brusques | *conservare in luogo asciutto*, à conserver au sec ♦ ***n.m.*** sec* ♦ ***avv.*** sèchement.
● ***all'asciutto***, au sec, sur le sec: *rimanere all'asciutto*, (*fig.*) rester sans un sou | ***a occhi asciutti***, d'un œil sec | ***rimanere a bocca asciutta***, rester sur sa faim; (*fig.*) rester les mains vides.

ascoltare [a-scol-tà-re] ***v.tr.*** écouter.

ascoltatore [a-scol-ta-tó-re] ***n.m.*** [f. *-trice*] auditeur*.

ascolto [a-scól-to] ***n.m.*** écoute (*f.*): *impedire l'ascolto*, empêcher d'écouter.
● ***al primo ascolto***, à la première audition | ***dare, prestare ascolto a***, prêter attention à | ***essere in ascolto***, être à l'écoute | (*rad., tv*) ***indice di ascolto***, cote (*o* indice) d'écoute (*o* audimat®) | ***mettersi in ascolto***, prendre l'écoute.

ascorbico [a-scòr-bi-co] ***agg.*** [pl.m. *-ci*, f. *-che*] (*chim.*) ascorbique.

ascrivere [a-scrì-ve-re] ***v.tr.*** [coniug. come *scrivere*] **1** attribuer **2** (*accettare*) admettre* (au sein de).
● ***ascrivere a biasimo***, blâmer | ***ascrivere a lode***, louer.

ascrivibile [a-scri-vì-bi-le] ***agg.*** attribuable (**à qqch**).

asessuale [a-ses-su-à-le] ***agg.*** (*biol.*) asexuel*.

asessuato [a-ses-suà-to] ***agg.*** (*biol.*) asexué.

asettico [a-sèt-ti-co] ***agg.*** [pl.m. *-ci*, f. *-che*] (*med.*) aseptique (*anche fig.*).

asfaltare [a-sfal-tà-re] ***v.tr.*** goudronner, (*tecn.*) asphalter.

asfaltatura [a-sfal-ta-tù-ra] ***n.f.*** goudronnage (*m.*); (*tecn.*) asphaltage (*m.*).

asfalto [a-sfàl-to] ***n.m.*** goudron; (*tecn.*) asphalte | *sull'asfalto*, (*estens.*) sur la chaussée.

asfissia [a-sfis-sì-a] ***n.f.*** (*med.*) asphyxie.

asfissiante [a-sfis-siàn-te] *agg.* 1 asphyxiant; (*estens.*) étouffant 2 (*fam.*) (*noioso*) assommant.

asfissiare [a-sfis-sià-re] *v.tr.* 1 asphyxier; (*estens.*) étouffer 2 (*fam.*) (*tediare*) assommer ♦ *v.intr.* [aus. *essere*] asphyxier; (*estens.*) étouffer.

asfissiato [a-sfis-sià-to] *agg.* e *n.m.* [f. *-a*] asphyxié: *morire asfissiato*, mourir par asphyxie.

asfittico [a-sfìt-ti-co] *agg.* [pl.m. *-ci*, f. *-che*] asphyxié.

asiago [a-ʃià-go] *n.m.invar.* asiago (fromage de lait de vache à pâte peu friable et à croûte lisse).

asiatico [a-ʃià-ti-co] *agg.* [pl.m. *-ci*, f. *-che*] asiatique ♦ *n.m.* [f. *-a*] (*abitante*) Asiatique, Asiate.

asilo [a-ʃì-lo] *n.m.* 1 (*rifugio, protezione*) asile: *dare asilo a qlcu*, donner asile à qqn 2 (*luogo di accoglienza*) asile.

● ***asilo*** (***infantile***), école maternelle, jardin d'enfants | ***asilo nido***, crèche, pouponnière | (*dir.*) ***asilo politico***, asile politique.

FAUX AMI
Nel senso di *scuola materna*, non è da confondere con *asile*, che significa *rifugio, ospizio*.

asimmetria [a-sim-me-trì-a] *n.f.* asymétrie.

asimmetrico [a-sim-mè-tri-co] *agg.* [pl.m. *-ci*, f. *-che*] asymétrique.

asina [à-si-na] *n.f.* ânesse.

asinata [a-si-nà-ta] *n.f.* ânerie.

asincrono [a-sìn-cro-no] *agg.* asynchrone.

asinello [a-si-nèl-lo] *n.m.* (*piccolo dell'asino*) ânon; (*asino di piccola taglia*) bourricot.

asineria [a-ʃi-ne-rì-a] *n.f.* ânerie.

asinino [a-ʃi-nì-no] *agg.* d'âne.

● (*med.*) ***tosse asinina***, coqueluche.

asino [à-ʃi-no] *n.m.* 1 (*zool.*) âne 2 (*fam.*) (*persona ignorante o stupida*) âne: *è un asino*, (*a scuola*) c'est un cancre; *è un asino in latino*, il est nul en latin | *che asino!*, quel idiot!

● ***a dorso d'asino***, à dos d'âne | ***credere che un asino voli***, (*fam.*) gober n'importe quoi | ***la bellezza dell'asino***, la beauté du diable | ***pezzo d'asino!***, espèce d'imbécile!: *è un pezzo d'asino*, c'est un âne; il est bête à manger du foin | ***qui casca l'asino!***, c'est là que le bât blesse! | ***sgobbare come un asino***, travailler comme un bœuf | ***strada a schiena d'asino***, route à dos d'âne | ***un asino calzato e vestito***, (*fig.*) un âne bâté.

asma [à-ʃma] *n.f.* (*med.*) asthme (*m.*).

asmatico [a-ʃmà-ti-co] *agg.* e *n.m.* [f. *-a*; pl.m. *-ci*, f. *-che*] asthmatique.

● ***motore asmatico***, (*estens.*) moteur poussif.

asociale [a-so-cià-le] *agg.* asocial*.

asola [à-ʃo-la] *n.f.* boutonnière.

asparago [a-spà-ra-go] *n.m.* [pl. *-gi*] (*bot.*) asperge (*f.*).

aspergere [a-spèr-ge-re] *v.tr.* [coniug. come *immergere*] asperger*.

asperità [a-spe-ri-tà] *n.f.invar.* aspérité (*spec. pl.*): *le asperità della vita*, (*fig.*) les difficultés de la vie.

asperrimo [a-spèr-ri-mo] *agg.* [superl. di *aspro*] très âpre.

aspersione [a-sper-sió-ne] *n.f.* aspersion.

aspersorio [a-sper-sò-rio] *n.m.* [pl. *-ri*] (*eccl.*) goupillon.

aspettare [a-spet-tà-re] *v.tr.* attendre*: *aspettare un amico, una telefonata*, attendre un ami, un coup de téléphone ♦ **aspettarsi** *v.pron. indiretto* s'attendre* (**à**): *non aspettarti niente da lui*, n'attends rien de lui; *non mi aspettavo di incontrarvi*, je ne m'attendais pas à vous rencontrer; *non mi sarei* (*mai*) *aspettato una cosa simile*, je ne me serais jamais attendu à une chose pareille; *non te l'aspettavi, vero?*, tu ne t'y attendais pas, hein?; *da lui non me l'aspettavo*, je ne m'attendais pas à cela de sa part.

● ***aspettare un bambino***, attendre un bébé | ***aspetta, aspetta***, à force d'attendre: *aspetta, aspetta, finalmente arrivò*, j'ai attendu, j'ai attendu, et finalement il est arrivé | ***c'era da aspettarselo***, il fallait bien s'y attendre.

aspettativa [a-spet-ta-tì-va] *n.f.* 1 attente; (*speranza*) espoir (*m.*); (*previsione*) prévision 2 (*sospensione temporanea dal lavoro*) congé (*m.*).

● ***porre in aspettativa***, mettre en disponibilité.

aspetto[1] [a-spèt-to] *n.m.* 1 aspect: *Algeri ha un aspetto europeo*, Alger a un aspect européen; *la città ha l'aspetto di un'enorme fiera*, la ville donne l'impression d'une immense kermesse; *che aspetto ha?*, à quoi est-ce qu'il ressemble? 2 (*di persona*) mine (*f.*): *avere un buon aspetto*, avoir bonne mine; *dall'aspetto poco rassicurante*, à la mine peu rassurante; *un mostro dall'aspetto umano*, un monstre à figure humaine 3 (*punto di vista*) angle, point de vue: *sotto questo aspetto*, sous cet angle.

● ***persona di bell'aspetto***, personne de belle allure.

aspetto[2] *n.m.*

● (*mus.*) ***battuta d'aspetto***, pause | ***sala d'aspetto***, salle d'attente.

aspide [à-spi-de] *n.m.* (*zool.*) aspic.

aspidistra [a-spi-dì-stra] *n.f.* (*bot.*) aspidistra (*m.*).

aspirafoglie [a-spi-ra-fò-glie] *n.m.invar.* (*giardinaggio*) aspirateur de feuilles.

aspirante [a-spi-ràn-te] *agg.* aspirant ♦ *n.m.* e *f.* (*pretendente*) prétendant/e; (*candidato*) candidat/e: *aspirante al trono*, prétendant au trône.

aspirapolvere [a-spi-ra-pól-ve-re] *n.m.invar.* aspirateur.

aspirare [a-spi-rà-re] *v.tr.* e *intr.* [aus. *avere*] aspirer.

aspirato [a-spi-rà-to] *agg.* (*fon.*) aspiré.

aspiratore [a-spi-ra-tó-re] *n.m.* aspirateur.

aspirazione [a-spi-ra-zió-ne] *n.f.* aspiration.

aspirina® [a-spi-rì-na] *n.f.* aspirine®.

aspo [à-spo] *n.m.* dévodoir.

asportabile [a-spor-tà-bi-le] *agg.* 1 à emporter 2 (*med.*) extirpable.

● (*aut.*) ***pezzo asportabile***, pièce démontable.

asportare [a-spor-tà-re] *v.tr.* 1 emporter 2 (*med.*) extirper, pratiquer l'ablation (**de**).

asportazione [a-spor-ta-zió-ne] *n.f.* (*med.*) extirpation, ablation.

asporto [a-spòr-to] *n.m.*

● ***da asporto***, à emporter:.

aspramente [a-spra-mén-te] *avv.* âprement; (*del parlare*) vertement.

aspretto [a-sprét-to] *agg.* aigrelet*; (*acidulo*) suret*.

asprezza [a-spréz-za] *n.f.* aprêté.

asprì [a-sprì] *n.m.invar.* (*abbigl.*) aigrette (*f.*).

asprigno [a-sprì-gno] *agg.* aigrelet*; (*acidulo*) suret*.

aspro [à-spro] *agg.* 1 (*di sapore, odore, suono*) aigre 2 (*ruvido*) âpre, rêche; (*accidentato*) raboteux* 3 (*duro*) rude, dur (*anche fig.*) 4 (*accanito*) âpre.

● (*fon.*) ***s aspra***, s sourd.

A

assaggiare [as-sag-già-re] ***v.tr.*** [coniug. come *mangiare*] goûter: *ha assaggiato un po' di tutto*, il a goûté à tout; *non ho mai assaggiato questo vino*, je n'ai jamais goûté de ce vin; *ha appena assaggiato la cena*, il a à peine touché au dîner | *assaggia se è cotto!*, (*fam.*) goûte pour voir si c'est cuit!
● ***far assaggiare il bastone***, (*fig. iron.*) faire tâter du bâton.

assaggiatore [as-sag-gia-tó-re] ***n.m.*** [f. *-trice*] (*di vini ecc.*) dégustateur*.

assaggio [as-sàg-gio] ***n.m.*** [pl. *-gi*] **1** (*l'assaggiare*) dégustation (*f.*) **2** (*piccola quantità*) petit morceau*; (*campione*) échantillon: *ne prendo solo un assaggio*, j'en prends juste un petit morceau; *è solo un assaggio*, c'est juste pour goûter, (*fig.*) ce n'est qu'un début; *gli ha dato un assaggio della sua forza*, il lui a donné un avant-goût de sa force **3** (*prova*) essai **4** (*tecn.*) (*prelievo*) sondage.

assai [as-sài] ***avv.*** (*molto*) (*seguito da agg. e avv.*) bien, très; (*seguito da compar.*) bien, beaucoup; (*in unione a verbi*) beaucoup: *assai meglio*, *peggio*, bien mieux, bien pis; *assai migliore*, *peggiore*, bien meilleur, bien pire; *assai prima*, *dopo*, bien avant, bien après; *ho dormito assai*, j'ai beaucoup dormi; *assai sgarbatamente*, de très mauvaise grâce ♦ ***agg.invar.*** beaucoup de, bien du, bien de la, bien des: *c'era gente assai*, il y avait beaucoup de monde.
● ***assai assai***, énormément | ***grazie assai***, merci beaucoup | ***m'importa assai!***, peu importe!

FAUX AMI
Da non confondere con *assez*, che significa *abbastanza*.

assale [as-sà-le] ***n.m.*** essieu*.

assalire [as-sa-lì-re] ***v.tr.*** [coniug. come *salire*] **1** assaillir*, attaquer **2** (*fig.*) assaillir* (**de**); (*prendere, cogliere*) prendre* (**de**), saisir (**de**): *lo assalì la nostalgia*, la nostalgie s'empara de lui; *fummo assaliti dal temporale*, nous fûmes surpris par l'orage.

assalitore [as-sa-li-tó-re] ***n.m.*** [f. *-trice*] assaillant, attaquant.

assaltare [as-sal-tà-re] ***v.tr.*** attaquer: *assaltare una fortezza*, prendre d'assaut une forteresse.

assalto [as-sàl-to] ***n.m.*** assaut; (*attacco*) attaque (*f.*): *andare all'assalto*, monter à l'assaut.
● ***d'assalto***, de choc: *truppe d'assalto*, troupes de choc; *mezzi d'assalto*, navires d'assaut; *giornalista d'assalto*, journaliste de choc.

assaporare [as-sa-po-rà-re] ***v.tr.*** savourer (*anche fig.*).

assassinare [as-sas-si-nà-re] ***v.tr.*** **1** assassiner **2** (*fig.*) massacrer.

assassinio [as-sas-sì-nio] ***n.m.*** [pl. *-nî*] **1** assassinat, meurtre: *commettere un assassinio*, commettre un meurtre **2** (*fig.*) crime, massacre.

assassino [as-sas-sì-no] ***agg.*** e ***n.m.*** [f. *-a*] assassin.

asse[1] [às-se] ***n.f.*** (*tavola di legno*) planche.
● ***asse da stiro***, planche, table à repasser | (*ginnastica*) ***asse di equilibrio***, poutre (d'équilibre).

asse[2] ***n.m.*** **1** (*mat., mecc.*) axe **2** (*anat.*) axis.
● (*mat.*) ***asse delle ascisse***, ***delle ordinate***, axe des abscisses, des ordonnées | (*aut.*) ***asse*** (***delle ruote***), essieu | (*mat.*) ***asse di rotazione***, ***di simmetria***, axe de rotation, de symétrie | (*st.*) ***asse Roma-Berlino***, axe Rome-Berlin | (*astr.*) ***asse terrestre***, axe terrestre.

asse[3] ***n.m.*** (*dir.*) **1** patrimoine **2** (*st. romana*) as.
● (*dir.*) ***asse demaniale***, Domaine.

assecondare [as-se-con-dà-re] ***v.tr.*** **1** seconder; (*favorire*) favoriser: *assecondava col corpo il ritmo della danza*, son corps suivait le rythme de la danse **2** (*esaudire*) exaucer*; (*cedere a*) céder* (**à**).

assediante [as-se-diàn-te] ***agg.*** e ***n.m.*** e ***f.*** assiégeant/e.

assediare [as-se-dià-re] ***v.tr.*** assiéger* (*anche fig.*): *assediare di domande*, (*fig.*) assaillir de questions.

assediato [as-se-dià-to] ***agg.*** e ***n.m.*** [f. *-a*] assiégé.

assedio [as-sè-dio] ***n.m.*** [pl. *-di*] siège: *cingere d'assedio*, assiéger.

assegnamento [as-se-gna-mén-to] ***n.m.*** confiance (*f.*).
● ***fare assegnamento*** (***su***), compter (sur).

assegnare [as-se-gnà-re] ***v.tr.*** **1** assigner; (*aggiudicare*) attribuer: *assegnare un compito*, assigner une tâche; *assegnare una parte*, attribuer un rôle **2** (*una somma di denaro*) allouer (**à**): *assegnare una rendita a*, constituer une rente à **3** (*destinare a*) affecter (**à**) **4** (*concedere*) donner, accorder: *il tempo assegnato è scaduto*, le temps (qui vous est) accordé est terminé.

assegnatario [as-se-gna-tà-rio] ***n.m.*** [f. *-a*; pl.m. *-ri*] (*dir.*) assignataire.

assegnato [as-se-gnà-to] ***agg.***
● (*comm.*) ***porto assegnato***, port dû: *spedire* (*in*) *porto assegnato*, expédier port dû.

assegnazione [as-se-gna-zió-ne] ***n.f.*** **1** attribution; (*stanziamento*) affectation: *assegnazione delle terre ai contadini*, distribution des terres aux paysans **2** (*dir.*) adjudication; assignation.

assegno [as-sé-gno] ***n.m.*** chèque: *emettere un assegno*, émettre un chèque; *compilare un assegno*, remplir (*o* rédiger) un chèque.
● ***assegno alimentare***, pension alimentaire | ***assegno all'ordine***, ***al portatore***, chèque à ordre, au porteur | ***assegno a vuoto***, ***scoperto***, chèque sans provision | ***assegno circolare***, ***sbarrato***, ***trasferibile***, ***in bianco***, chèque de banque, barré, ouvert, en blanc | ***assegno familiare***, allocation familiale | ***assegno fuori piazza***, ***su piazza***, chèque hors place, sur place | ***assegno sociale***, revenu minimum d'insertion, minimum social | ***assegni di disoccupazione***, allocations (de) chômage | ***libretto degli assegni***, carnet de chèques, chéquier | ***spedizione contro assegno***, envoi contre remboursement.

assemblaggio [as-sem-blàg-gio] ***n.m.*** [pl. *-gi*] assemblage.
● (*tecn.*) ***assemblaggio di componenti***, intégration.

assemblare [as-sem-blà-re] ***v.tr.*** assembler.

assemblatore [as-sem-bla-tó-re] ***n.m.*** (*inform.*) **1** [f. *-trice*] (*persona*) assemblier **2** (*programma*) assembleur, programme d'assemblage.
● ***linguaggio assemblatore***, langage d'assemblage.

assemblea [as-sem-blè-a] ***n.f.*** **1** assemblée **2** (*mar.*) appel (*m.*).
● ***assemblea costituente***, ***consultiva***, ***legislativa***, assemblée constituante, consultative, législative | ***assemblea di condominio***, assemblée des co-propriétaires | ***assemblea studentesca***, assemblée des étudiants.

assembleare [as-sem-ble-à-re] ***agg.*** de l'assemblée.

assembramento [as-sem-bra-mén-to] ***n.m.*** rassemblement.

assembrarsi [as-sem-bràr-si] ***v.pron.intr.*** se rassembler.

assennatamente [as-sen-na-ta-mén-te] ***avv.*** sagement.

assennatezza [as-sen-na-téz-za] *n.f.* bon sens (*m.*).

assennato [as-sen-nà-to] *agg.* sage, judicieux*, raisonnable.

assenso [as-sèn-so] *n.m.* assentiment; (*approvazione*) approbation (*f.*); (*autorizzazione*) autorisation (*f.*).

assentarsi [as-sen-tàr-si] *v.pron.intr.* s'absenter.

assente [as-sèn-te] *agg.* e *n.m.* e *f.* absent/e: *risultare assente all'appello*, ne pas répondre à l'appel.

assenteismo [as-sen-te-ì-ʃmo] *n.m.* absentéisme.

assenteista [as-sen-te-ì-sta] *n.m.* e *f.* absentéiste.

assentire [as-sen-tì-re] *v.intr.* [aus. *avere*] acquiescer*; (*aderire*) adhérer*: *assentire col capo*, acquiescer d'un signe de tête.

assenza [as-sèn-za] *n.f.* absence: *fare molte assenze*, s'absenter souvent.

● (*fis.*) ***assenza di gravità***, apesanteur | ***in assenza di***, en l'absence de.

assenzio [as-sèn-zio] *n.m.* [pl. *-zi*] absinthe (*f.*).

asserire [as-se-rì-re] *v.tr.* [coniug. come *finire*] affirmer, soutenir*; (*cosa presumibilmente non vera*) prétendre*.

asserragliarsi [as-ser-ra-gliàr-si] *v.pron.* se barricader; (*estens.*) s'enfermer.

assertore [as-ser-tó-re] *n.m.* [f. *-trice*] partisan, champion*.

asservimento [as-ser-vi-mén-to] *n.m.* asservissement.

asservire [as-ser-vì-re] *v.tr.* [coniug. come *finire*] asservir.

asserzione [as-ser-zió-ne] *n.f.* assertion.

assessorato [as-ses-so-rà-to] *n.m.* **1** (*carica*) mandat de conseiller municipal (délégué à un service particulier) **2** (*uffici e personale*) division (*f.*), service.

assessore [as-ses-só-re] *n.m.* [f. *-a*] conseiller* municipal* (délégué à).

assestamento [as-se-sta-mén-to] *n.m.* **1** mise (*f.*) en ordre, mise (*f.*) en état; (*fig.*) stabilisation (*f.*) **2** (*del terreno ecc.*) tassement **3** (*econ., amm.*) redressement, règlement.

● (*econ.*) ***bilancio di assestamento***, budget de rectification | (*geol.*) ***scosse di assestamento***, réplique.

assestare [as-se-stà-re] *v.tr.* **1** (*mettere in ordine*) arranger*; (*sistemare*) remettre* en place **2** (*regolare*) ajuster: *assestare la mira*, ajuster le tir **3** (*sferrare*) assener*: *assestare un colpo*, assener un coup; *assestare un ceffone*, envoyer une bonne gifle ♦ **assestarsi** *v.pron.* e *pron.intr.* **1** s'organiser **2** (*installarsi*) s'installer **3** (*di terreno ecc.*) se tasser **4** (*rimettersi in sesto*) se remettre* en place, trouver son aplomb: *si è assestato grazie alle medicine*, (*fig.*) il a retrouvé son équilibre grâce aux médicaments; *la situazione si è assestata*, (*fig.*) la situation s'est stabilisée; *il tempo si sta assestando*, le temps s'arrange.

● (*econ.*) ***assestare un conto***, redresser un compte.

assestata [as-se-stà-ta] *n.f.*

● ***dare un'assestata a qlco***, mettre en ordre, arranger qqch.

assetare [as-se-tà-re] *v.tr.* altérer*: *assetare una città*, priver d'eau une ville.

assetato [as-se-tà-to] *agg.* assoiffé ♦ *n.m.* [f. *-a*] personne (*f.*) assoiffée.

assettare [as-set-tà-re] *v.tr.* ranger*, arranger*; (*i vestiti, i capelli ecc.*) rajuster ♦ **assettarsi** *v.pron.* s'arranger*.

assetto [as-sèt-to] *n.m.* rangement, mise (*f.*) en ordre; (*organizzazione*) organisation (*f.*).

● ***assetto territoriale***, aménagement du territoire | ***in assetto di guerra***, sur le pied de guerre, (*dei soldati*) en tenue de campagne.

assiale [as-sià-le] *agg.* axial*.

assicella [as-si-cèl-la] *n.f.* planchette.

assicurare [as-si-cu-rà-re] *v.tr.* **1** assurer; (*garantire*) garantir: *ti assicuro che hai torto*, je t'assure que tu as torte; *assicurò la sua partecipazione alla gara*, il garantit sa partecipation à la compétition; *assicurò che sarebbe ritornato alle otto*, il assura qu'il reviendrait avant huit heures | *assicurare alla giustizia*, livrer à la justice **2** (*fissare, legare*) assurer **3** (*coprire con assicurazione*) assurer: *per quanto sei assicurato contro gli incidenti?*, à combien s'élève ton assurance accidents?; *assicurare un pacco, una lettera*, charger un paquet, une lettre; *assicurare contro il furto*, assurer contre le vol ♦ **assicurarsi** *v.pron.* **1** (*accertarsi*) s'assurer **2** (*dir.*) s'assurer: *assicurarsi sulla vita*, prendre une assurance-vie **3** (*legarsi*) s'attacher.

assicurata [as-si-cu-rà-ta] *n.f.* lettre chargée.

assicurativo [as-si-cu-ra-tì-vo] *agg.* d'assurance: *le ritenute assicurative*, le précompte.

assicurato [as-si-cu-rà-to] *agg.* assuré; (*di posta*) chargé.

assicuratore [as-si-cu-ra-tó-re] *n.m.* [f. *-trice*] assureur (*m.*) ♦ *agg.* d'assurances.

assicurazione [as-si-cu-ra-zió-ne] *n.f.* **1** assurance; (*garanzia*) garantie: *dare assicurazione che*, donner l'assurance que **2** (*dir.*) assurance: *coprire con un'assicurazione*, couvrir par une assurance; *fare un'assicurazione*, s'assurer.

● ***assicurazione autoveicoli***, assurance automobile | ***assicurazione contro il furto, l'incendio, gli infortuni sul lavoro***, assurance contre le vol, l'incendie, les accidents du travail | ***assicurazione multirischio***, assurance tous risques | ***assicurazione sanitaria***, assurance (contre la) maladie | ***assicurazione sulla vita***, assurance-vie | ***assicurazioni sociali***, assurances sociales | ***polizza d'assicurazione***, police d'assurance.

assideramento [as-si-de-ra-mén-to] *n.m.* (*med.*) congélation (*f.*): *morte per assideramento*, mort par congélation.

assiderare [as-si-de-rà-re] *v.tr.* e *intr.* [aus. dell'intr. *essere*] geler* ♦ **assiderarsi** *v.pron.intr.* geler*, mourir* de froid.

assiderato [as-si-de-rà-to] *agg.* transi (de froid), gelé: *morire assiderato*, mourir de froid.

assiduamente [as-si-du-a-mén-te] *avv.* assidûment.

assiduità [as-si-du-i-tà] *n.f.invar.* assiduité.

assiduo [as-sì-du-o] *agg.* assidu: *un frequentatore, un cliente assiduo*, un habitué.

assieme [as-siè-me] *avv.*, *prep.* e *n.m.* → **insieme**.

assiepare [as-sie-pà-re] *v.tr.* remplir ♦ **assieparsi** *v.pron.* se presser.

assiepato [as-sie-pà-to] *agg.* **1** (*ammassato*) entassé **2** (*di luogo chiuso*) bondé; (*di strada, piazza ecc.*) noir de monde.

assillante [as-sil-làn-te] *agg.* obsédant: *lavoro assillante*, travail astreignant.

assillare [as-sil-là-re] *v.tr.* *harceler*; (*ossessionare*) obséder*.

assillo [as-sìl-lo] *n.m.* *hantise (*f.*); (*ossessione*) obsession (*f.*): *essere sotto l'assillo di*, avoir la hantise de; *aveva l'assillo del denaro*, il était obsédé par l'argent.

assimilabile [as-si-mi-là-bi-le] *agg.* assimilable.

assimilare [as-si-mi-là-re] *v.tr.* assimiler (*anche fig.*).

assimilazione [as-si-mi-la-zió-ne] *n.f.* assimilation.

assiolo [as-siò-lo] *n.m.* (*zool.*) petit duc.

assioma [as-siò-ma] *n.m.* axiome.

assiomatico [as-sio-mà-ti-co] *agg.* [pl.m. *-ci*, f. *-che*] axiomatique.

assiro [as-sì-ro] *agg.* assyrien* ♦ *n.m.* [f. *-a*] (*st.*) (*abitante*) Assirien*.

assise [as-sì-ʃe] *n.f.invar.* (*spec. pl.*) assises (*pl.*).
● ***Corte d'Assise***, Cour d'assises.

assist [às-sist] *n.m.invar.* (*sport*) passe (*f.*) décisive.

assistente [as-si-stèn-te] *agg.* e *n.m.* e *f.* assistant/e.
● ***assistente ai lavori***, conducteur de travaux | ***assistente medico***, médecin assistant | ***assistente sociale***, assistante sociale | ***assistente universitario***, assistant (à l'université).

assistenza [as-si-stèn-za] *n.f.* assistance.
● (*comm.*) ***assistenza ai clienti***, service après-vente | ***assistenza domiciliare***, aide à domicile, soins à domicile: *impieghi di assistenza domiciliare*, emplois de proximité | ***assistenza giudiziaria***, aide judiciaire | ***assistenza ospedaliera gratuita***, hospitalisation gratuite | (*inform.*) ***assistenza remota***, téléassistance | ***ente di assistenza***, organisme d'assistance | ***mutua assistenza***, entraide.

assistenziale [as-si-sten-zià-le] *agg.* d'assistance: *ente assistenziale*, organisme d'assistance.
● ***stato assistenziale***, État-providence (*o* welfare state).

assistenzialismo [as-si-sten-zia-lì-ʃmo] *n.m.* politique de l'État-providence.

assistere [as-sì-ste-re] *v.intr.* e *tr.* [coniug. come *insistere*; aus. *avere*] assister.

assistito [as-si-stì-to] *agg.* e *n.m.* [f. *-a*] assisté.
● (*inform.*) ***progettazione assistita da calcolatore***, conception assistée par ordinateur.

assito [as-sì-to] *n.m.* **1** (*parete*) cloison (*f.*) de planches **2** (*pavimento*) parquet **3** (*steccato*) palissade (*f.*).

asso [às-so] *n.m.* **1** as: *asso di picche*, *di fiori*, as de pique, de trèfle **2** (*campione*) as: *un asso del volante*, *del tennis*, un as du volant, du tennis.
● ***asso di briscola***, (*fig.*) (*persona importante*) gros bonnet | ***avere l'asso nella manica***, (*fig.*) avoir des atouts dans son jeu | ***piantare in asso***, planter là.

associare [as-so-cià-re] *v.tr.* [coniug. come *cominciare*] **1** associer; (*unire*) unir **2** (*ammettere come socio*) associer ♦ **associarsi** *v.pron.* **1** (*comm.*) s'associer **2** (*diventare membro*) s'inscrire* **3** (*partecipare*) s'associer: *mi associo al vostro dolore*, je prends part à votre douleur ♦ *v.pron. indiretto associarsi i capitali*, mettre ses capitaux en société.
● (*buroc.*) ***associare alle carceri***, écrouer.

associativo [as-so-cia-tì-vo] *agg.* associatif*.

associato [as-so-cià-to] *agg.* e *n.m.* [f. *-a*] associé.
● ***professore associato***, maître de conférences.

associazione [as-so-cia-zió-ne] *n.f.* association.
● (*dir.*): ***associazione a, per delinquere***, association de malfaiteurs; ***associazione alle carceri***, emprisonnement | (*comm.*): ***associazione commercianti***, association des commerçants; ***associazione di categoria***, association professionnelle | (*psic.*) ***associazione di idee***, association d'idées.

associazionismo [as-so-cia-zio-nì-ʃmo] *n.m.* associationnisme.

assodare [as-so-dà-re] *v.tr.* **1** affermir; (*indurire*) durcir **2** (*accertare*) constater; (*verificare*) vérifier; (*provare*) prouver ♦ **assodarsi** *v.pron.intr.* se consolider; (*indurirsi*) durcir.

assoggettamento [as-sog-get-ta-mén-to] *n.m.* assujettissement.

assoggettare [as-sog-get-tà-re] *v.tr.* assujettir ♦ **assoggettarsi** *v.pron.* s'assujettir.

assolato [as-so-là-to] *agg.* **1** brûlé par le soleil; inondé de soleil **2** (*soleggiato*) ensoleillé.

assoldare [as-sol-dà-re] *v.tr.* **1** soudoyer* **2** (*assumere al proprio servizio*) engager*.

assolo [as-só-lo] *n.m.* (*mus.*) solo.

assolsi → **assolvere**.

assolutamente [as-so-lu-ta-mén-te] *avv.* **1** absolument (*anche gramm.*) **2** (*del tutto*) tout à fait.

assolutismo [as-so-lu-tì-ʃmo] *n.m.* (*pol.*) absolutisme.

assolutista [as-so-lu-tì-sta] *agg.* e *n.m.* e *f.* absolutiste.

assolutistico [as-so-lu-tì-sti-co] *agg.* [pl.m. *-ci*, f. *-che*] absolutiste.

assoluto [as-so-lù-to] *agg.* e *n.m.* absolu: *te lo dico con assoluta certezza*, je suis absolument certain de ce que je te dis; *avevo assoluto bisogno di parlarti*, j'avais absolument besoin de te parler; *un'assoluta parità di diritti*, une entière égalité de droits | *risultare il primo assoluto*, (*in una competizione*) arriver bon premier.
● ***in assoluto***, dans l'absolu.

assolutorio [as-so-lu-tò-rio] *agg.* [pl.m. *-ri*] (*dir.*) absolutoire.

assoluzione [as-so-lu-zió-ne] *n.f.* **1** (*dir.*) acquittement (*m.*); (*perché il fatto non costituisce reato*) absolution **2** (*relig.*) absolution.

assolvere [as-sòl-ve-re] *v.tr.* [p.rem. *io assolsi* o *assolvei*, *tu assolvesti* ecc.; p.p. *assolto*] **1** (*dir.*) acquitter; (*perché il fatto non costituisce reato*) absoudre* **2** (*relig.*) absoudre* **3** (*adempiere*) remplir: *assolvere un debito*, s'acquitter d'une dette.

assolvimento [as-sol-vi-mén-to] *n.m.* acquittement.

assomigliare [as-so-mi-glià-re] *v.intr.* [aus. *avere*] ressembler ♦ **assomigliarsi** *v.pron.rec.* se ressembler.

assommare [as-som-mà-re] *v.tr.* (*riunire*) réunir ♦ *v.intr.* [aus. *essere*] (*ammontare*) s'élever*.

> **FAUX AMI**
> Da non confondere con *assommer*, che significa *accoppare*, *massacrare di botte*, *importunare* e, nel linguaggio familiare, *seccare*.

assonante [as-so-nàn-te] *agg.* assonant.

assonanza [as-so-nàn-za] *n.f.* assonance.

assonnato [as-son-nà-to] *agg.* endormi.

assonometria [as-so-no-me-trì-a] *n.f.* axonométrie.

assopimento [as-so-pi-mén-to] *n.m.* assoupissement.

assopire [as-so-pì-re] *v.tr.* [coniug. come *finire*] assoupir ♦ **assopirsi** *v.pron.* s'assoupir.

assorbente [as-sor-bèn-te] *agg.* e *n.m.* absorbant.
● (*edil.*) ***assorbente acustico***, isolant acoustique | ***assorbenti*** (*igienici*), serviettes hygiéniques | ***carta assorbente***, papier buvard.

assorbilatte [as-sor-bi-làt-te] *agg.* e *n.m.invar.*
● (*coppetta*) ***assorbilatte***, coussin d'allaitement.

assorbimento [as-sor-bi-mén-to] ***n.m.*** absorption (*f.*).

assorbire [as-sor-bì-re] ***v.tr.*** **1** absorber (*anche fig.*) **2** (*assimilare*) assimiler **3** (*attirare a sé*) drainer.

assordante [as-sor-dàn-te] ***agg.*** assourdissant.

assordare [as-sor-dà-re] ***v.tr.*** assourdir; (*fig.*) casser la tête.

assortimento [as-sor-ti-mén-to] ***n.m.*** assortiment; (*scelta*) choix.

assortire [as-sor-tì-re] ***v.tr.*** [coniug. come *finire*] assortir: *assortire un negozio*, approvisionner un magasin.

assortito [as-sor-tì-to] ***agg.*** assorti.

assorto [as-sòr-to] ***agg.*** absorbé; (*immerso*) plongé; (*pensieroso*) pensif*.

assottigliare [as-sot-ti-glià-re] ***v.tr.*** **1** amincir **2** (*diminuire*) réduire* ♦ **assottigliarsi** ***v.pron.intr.*** **1** (*dimagrire*) s'amincir **2** (*diminuire*) se réduire*.

assuefare [as-sue-fà-re] ***v.tr.*** [coniug. come *fare*] habituer ♦ **assuefarsi** ***v.pron.*** e ***pron.intr.*** s'habituer.

assuefatto [as-sue-fàt-to] ***agg.*** habitué.

assuefazione [as-sue-fa-zió-ne] ***n.f.*** accoutumance.

assumere [as-sù-me-re] ***v.tr.*** [p.rem. *io assunsi, tu assumesti* ecc.; p.p. *assunto*] **1** assumer; (*prendere*) prendre*: *assumere un incarico*, assumer une responsabilité; *assumere il comando*, prendre le commandement **2** (*prendere alle proprie dipendenze*) engager*; (*operai*) embaucher **3** (*innalzare*) élever* ♦ **assumersi** ***v.pron. indiretto*** s'assumer: *assumersi la responsabilità di qlco*, endosser la responsabilité de qqch; *assumersi tutta la colpa*, prendre sur soi la faute.

assunsi → **assumere**.

assunto[1] [as-sùn-to] ***agg.*** (*di impiegato*) engagé; (*di operaio*) embauché ♦ ***n.m.*** [f. *-a*] employé.

assunto[2] ***n.m.*** thèse (*f.*); (*asserzione*) assertion (*f.*).

assunzione [as-sun-zió-ne] ***n.f.*** **1** (*di impiegati ecc.*) engagement (*m.*); (*di operai*) embauchage (*m*): *assunzione temporanea*, emploi temporaire **2** (*di un incarico*) prise en charge: *assunzione del potere*, prise du pouvoir **3** (*l'ingerire*) ingestion **4** (*avvento*) avènement (*m.*): *assunzione al trono*, accession au trône **5** (*relig.*) *l'Assunzione*, l'Assomption.
● ***assunzione a termine***, ***a tempo determinato***, engagement à durée déterminée | ***assunzione a tempo indeterminato***, engagement à durée indéterminée.

assurdità [as-sur-di-tà] ***n.f.invar.*** absurdité.

assurdo [as-sùr-do] ***agg.*** e ***n.m.*** absurde.
● (*mat., fil.*) ***ragionamento per assurdo***, raisonnement par l'absurde.

assurgere [as-sùr-ge-re] ***v.intr.*** [p.rem. *io assursi, tu assurgesti*; p.p. *assurto*; aus. *essere*] (*innalzarsi*) s'élever*; (*essere innalzato*) être* élevé.

assursi → **assurgere**.

asta [à-sta] ***n.f.*** **1** barre; (*di bandiera, di lancia*) *hampe; (*di tram*) perche (*m.*); (*di compasso, occhiali*) branche **2** (*tecn.*) tige **3** (*attrezzo ginnico*) perche (*m.*) **4** (*vendita*) vente **5** (*pl.*) (*esercizio di scrittura*) bâtons (*m.*) **6** (*di una lettera dell'alfabeto*) jambage (*m.*).
● ***avviso d'asta***, annonce de vente publique | ***banditore d'asta***, commissaire-priseur | ***casa delle aste***, hôtel des ventes | ***(vendita all')asta***, vente aux enchères.

astante [a-stàn-te] ***n.m.*** e ***f.*** **1** (*pl.*) assistance (*f.sing.*) **2** (*antiq.*) (*medico di guardia*) médecin (*m.*) de garde.

astemio [a-stè-mio] ***agg.*** e ***n.m.*** [f. *-a*; pl.m. *-mi*] qui ne boit jamais d'alcool.

astenersi [a-ste-nér-si] ***v.pron.intr.*** [coniug. come *tenere*] s'abstenir*: *astenersi dal vino*, ne pas boire de vin.

astenia [a-ste-nì-a] ***n.f.*** (*med.*) asthénie.

astenico [a-stè-ni-co] ***agg.*** e ***n.m.*** [f. *-a*; pl.m. *-ci*, f. *-che*] (*med.*) asthénique.

astensione [a-sten-sió-ne] ***n.f.*** abstention: *astensione dal lavoro*, arrêt de travail.

astensionismo [a-sten-sio-nì-ʃmo] ***n.m.*** abstentionnisme.

astensionista [a-sten-sio-nì-sta] ***agg.*** e ***n.m.*** e ***f.*** abstentionniste.

astenuto [a-ste-nù-to] ***agg.*** abstenu ♦ ***n.m.*** [f. *-a*] abstentionniste: *gli astenuti furono il 20%*, il y a eu 20% d'abstentions.

asterisco [a-ste-rì-sco] ***n.m.*** [pl. *-schi*] astérisque.

asteroide [a-ste-ròi-de] ***n.m.*** (*astr.*) astéroïde.

astice [à-sti-ce] ***n.m.*** (*zool.*) *homard.

asticella [a-sti-cèl-la] ***n.f.*** baguette.

astigmatico [a-stig-mà-ti-co] ***agg.*** [pl.m. *-ci*, f. *-che*] astigmate.

astigmatismo [a-stig-ma-tì-ʃmo] ***n.m.*** astigmatisme.

astinenza [a-sti-nèn-za] ***n.f.*** abstinence.

astio [à-stio] ***n.m.*** [pl. *-ti*] rancœur (*f.*): *rispondere con astio*, répondre avec hargne.

astiosamente [a-stio-sa-mén-te] ***avv.*** avec rancune, avec hostilité, avec hargne.

astiosità [a-stio-si-tà] ***n.f.invar.*** rancune.

astioso [a-stió-so] ***agg.*** rancunier*: *con tono astioso*, d'un ton hargneux.

astragalo [a-strà-ga-lo] ***n.m.*** (*anat.*) astragale.

astrakan [à-stra-kan *o* astrakàn] ***n.m.*** astracan, astrakan.

astrale [a-strà-le] ***agg.*** astral*.

astrarre [a-stràr-re] ***v.tr.*** [coniug. come *trarre*] **1** abstraire* **2** (*distogliere*) détourner ♦ ***v.intr.*** [aus. *avere*] faire* abstraction (**de**) ♦ **astrarsi** ***v.pron.*** s'abstraire*.

astrattezza [a-strat-téz-za] ***n.f.*** caractère (*m.*) abstrait.

astrattismo [a-strat-tì-ʃmo] ***n.m.*** art abstrait.

astrattista [a-strat-tì-sta] ***agg.*** e ***n.m.*** e ***f.*** (*arte*) abstrait (*m.*).
● (*pittore*) ***astrattista***, peintre abstrait.

astratto [a-stràt-to] ***agg.*** e ***n.m.*** abstrait.

astrazione [a-stra-zió-ne] ***n.f.*** abstraction.

astringente [a-strin-gèn-te] ***agg.*** e ***n.m.*** astringent.

astro [à-stro] ***n.m.*** astre (*anche fig.*).

astro- ***pref.*** astro-: *astrofisica*, astrophysique; *astronauta*, astronaute.

astrofisica [a-stro-fì-ʃi-ca] ***n.f.*** [pl. *-che*] astrophysique.

astrofisico [a-stro-fì-ʃi-co] ***agg.*** [pl.m. *-ci*, f. *-che*] astrophysique ♦ ***n.m.*** [f. *-a*] astrophysicien*.

astrolabio [a-stro-là-bio] ***n.m.*** [pl. *-bi*] (*astr.*) astrolabe.

astrologia [a-stro-lo-gì-a] ***n.f.*** astrologie.

astrologico [a-stro-lò-gi-co] ***agg.*** [pl.m. *-ci*, f. *-che*] astrologique.

astrologo [a-strò-lo-go] ***n.m.*** [f. *-a*; pl.m. *-gi*, f. *-ghe*] **1** astrologue **2** (*indovino*) devin.

astronauta [a-stro-nàu-ta] ***n.m.*** e ***f.*** astronaute.

astronautica [a-stro-nàu-ti-ca] ***n.f.*** [pl. *-che*] astronautique.

A

astronautico [a-stro-nàu-ti-co] ***agg.*** [pl.m. *-ci*, f. *-che*] astronautique.

astronave [a-stro-nà-ve] ***n.f.*** astronef (*m.*), spationef (*m.*).

astronomia [a-stro-no-mì-a] ***n.f.*** astronomie.

astronomico [a-stro-nò-mi-co] ***agg.*** [pl.m. *-ci*, f. *-che*] astronomique.

astronomo [a-strò-no-mo] ***n.m.*** [f. *-a*] astronome.

astruseria [a-stru-ʃe-rì-a] ***n.f.*** **astrusità** ***n.f.invar.*** obscurité: *l'astruseria di un concetto, dello stile*, le manque de clarté d'une idée, du style | *non dire astruserie!*, ne dis pas d'absurdités!

astruso [a-strù-ʃo] ***agg.*** obscur.

astuccio [a-stùc-cio] ***n.m.*** [pl. *-ci*] **1** étui **2** (*per utensili*) trousse (*f.*).
● ***astuccio degli occhiali***, étui à lunettes | ***astuccio portapenne***, trousse (d'écolier), plumier.

astutamente [a-stu-ta-mén-te] ***avv.*** astucieusement.

astuto [a-stù-to] ***agg.*** **1** rusé **2** (*fatto con astuzia*) astucieux*.

astuzia [a-stù-zia] ***n.f.*** ruse; astuce.

at [ɛt] ***n.m.invar.*** (*inform.*) at, arobas(e) (*f.*).

atavico [a-tà-vi-co] ***agg.*** [pl.m. *-ci*, f. *-che*] atavique.

atavismo [a-ta-vì-ʃmo] ***n.m.*** atavisme.

ateismo [a-te-ì-ʃmo] ***n.m.*** athéisme.

atemporale [a-tem-po-rà-le] ***agg.*** (*fil.*) intemporel*; (*ling.*) atemporel*.

ateneo [a-te-nè-o] ***n.m.*** (*università*) université (*f.*).

ateniese [a-te-nié-se] ***agg.*** athénien* ♦ ***n.m.*** e ***f.*** (*abitante*) Athénien/enne.

ateo [à-te-o] ***agg.*** e ***n.m.*** [f. *-a*] athée.

atipico [a-tì-pi-co] ***agg.*** [pl.m. *-ci*, f. *-che*] atypique.

atlante [a-tlàn-te] ***n.m.*** atlas (*anche anat.*).

atlantico [a-tlàn-ti-co] ***agg.*** [pl.m. *-ci*, f. *-che*] atlantique.

atleta [a-tlè-ta] ***n.m.*** e ***f.*** athlète.

atletica [a-tlè-ti-ca] ***n.f.*** [pl. *-che*] athlétisme (*m.*).
● ***atletica leggera***, athlétisme | ***atletica pesante***, (*sollevamento pesi*) haltérophilie; (*lotta*) lutte.

atleticamente [a-tle-ti-ca-mén-te] ***avv.*** athlétiquement.

atletico [a-tlè-ti-co] ***agg.*** [pl.m. *-ci*, f. *-che*] athlétique.

atmosfera [at-mo-sfè-ra] ***n.f.*** **1** atmosphère **2** (*fig.*) atmosphère, ambiance.

atmosferico [at-mo-sfè-ri-co] ***agg.*** [pl.m. *-ci*, f. *-che*] atmosphérique.

atollo [a-tòl-lo] ***n.m.*** atoll.

atomico [a-tò-mi-co] ***agg.*** [pl.m. *-ci*, f. *-che*] atomique.

atomizzare [a-to-miʒ-ʒà-re] ***v.tr.*** atomiser.

atomizzatore [a-to-miʒ-ʒa-tó-re] ***n.m.*** atomiseur, vaporisateur.

atomo [à-to-mo] ***n.m.*** atome.

atonale [a-to-nà-le] ***agg.*** (*mus.*) atonal*.

atonalità [a-to-na-li-tà] ***n.f.invar.*** (*mus.*) atonalité.

atonia [a-to-nì-a] ***n.f.*** (*med.*) atonie.

atonico [a-tò-ni-co] ***agg.*** [pl.m. *-ci*, f. *-che*] (*privo di vitalità*) atonique; (*med.*) atone.

atono [à-to-no] ***agg.*** atone.

atossico [a-tòs-si-co] ***agg.*** [pl.m. *-ci*, f. *-che*] atoxique.

atrio [à-trio] ***n.m.*** [pl. *-ri*] **1** *hall **2** (*arch.*) vestibule; (*nelle antiche case romane*) atrium **3** (*anat.*) oreillette (*f.*).

atroce [a-tró-ce *o* atròce] ***agg.*** atroce.

atrocemente [a-tro-ce-mén-te] ***avv.*** atrocement.

atrocità [a-tro-ci-tà] ***n.f.invar.*** atrocité.

atrofia [a-tro-fì-a] ***n.f.*** (*med.*) atrophie.

atrofico [a-trò-fi-co] ***agg.*** [pl.m. *-ci*, f. *-che*] (*med.*) atrophique.

atrofizzare [a-tro-fiʒ-ʒà-re] ***v.tr.*** atrophier (*anche fig.*) ♦ **atrofizzarsi** ***v.pron.intr.*** s'atrophier (*anche fig.*).

attaccabile [at-tac-cà-bi-le] ***agg.*** attaquable.

attaccabottoni [at-tac-ca-bot-tó-ni] ***n.m.*** e ***f.invar.*** (*fam.*) crampon (*m.*).

attaccabrighe [at-tac-ca-brì-ghe] ***n.m.*** e ***f.invar.*** mauvais/e coucheur/euse.

attaccamento [at-tac-ca-mén-to] ***n.m.*** affection (*f.*), attachement | *dimostrare attaccamento al lavoro*, faire son travail avec beaucoup de zèle.

attaccante [at-tac-càn-te] ***agg.*** e ***n.m.*** e ***f.*** attaquant/e (*anche sport*).

attaccapanni [at-tac-ca-pàn-ni] ***n.m.invar.*** porte-manteau*.

attaccare [at-tac-cà-re] ***v.tr.*** [coniug. come *mancare*] **1** accrocher: *attaccare un quadro (al muro)*, accrocher un tableau au mur **2** (*fare aderire*) coller: *attaccare un manifesto*, coller une affiche **3** (*cucire*) coudre*: *attaccare le maniche a un abito*, coudre les manches d'un vêtement **4** (*bestie da tiro*) atteler*: *attaccare i cavalli alla carrozza*, atteler les chevaux à la voiture **5** (*assalire*) attaquer (*anche fig.*): *i nemici attaccarono la città*, les ennemis attaquèrent la ville **6** (*intaccare*) attaquer: *la ruggine attacca il ferro*, la rouille attaque le fer **7** (*dare inizio*) attaquer: *attaccare la marcia nuziale*, attaquer la marche nuptiale **8** (*fam.*) (*trasmettere per contagio*) donner: *non voglio che mi attacchi l'influenza*, je ne veux pas que tu me passes ta grippe; *mi ha attaccato il vizio di fumare*, il m'a donné, communiqué la mauvaise habitude de fumer **9** (*fam.*) (*collegare un apparecchio elettrico*) brancher: *attaccare un ferro da stiro*, brancher un fer à repasser ♦ ***v.intr.*** [aus. *avere*] **1** (*aderire*) prendre*, tenir*: *questa colla non attacca*, cette colle ne prend (*o* ne tient) pas **2** (*attecchire*) prendre* (*anche fig.*): *la vite non ha attaccato*, la vigne n'a pas pris **3** (*avere inizio*) commencer*: *il concerto attaccò con una suite di Bach*, le concert commença par une suite de Bach ♦ **attaccarsi** ***v.pron.*** **1** se coller: *i fogli si sono attaccati*, les feuilles se sont collées **2** (*aggrapparsi*) s'accrocher (*anche fig.*): *attaccarsi a un ramo*, s'accrocher à une branche; *attaccarsi a un pretesto*, s'accrocher à un prétexte **3** (*trasmettersi per contagio*) se transmettre*: *il raffreddore si attacca facilmente*, le rhume se transmet facilement **4** (*affezionarsi*) s'attacher ♦ ***v.pron.rec.*** s'affronter: *i due avversari si sono attaccati pesantemente*, le deux adversaires se sont durement affrontés.
● (*mil.*) ***attaccare battaglia***, engager la bataille | ***attaccare bottone con qlcu***, (*fig. fam.*) tenir la jambe à qqn: *ogni volta che l'incontro mi attacca un bottone*, chaque fois que je le rencontre, il me tient la jambe; *attacca bottone con tutti*, il parle avec tout le monde | ***attaccare lite con qlcu***, se quereller avec qqn (*o* chercher querelle à qqn) | ***attaccati al tram!***, (*fam.*) débrouille-toi!, arrange toi! | ***non attaccare il carro davanti ai buoi!***, (*fig. fam.*) ne mets pas la charrue avant les bœufs!

FAUX AMI
Da non confondere con *attacher*, che significa *legare* o *assumere*.

attaccaticcio [at-tac-ca-tìc-cio] *agg.* [pl.m. *-ci*, f. *-ce*] **1** poisseux* **2** (*fig. fam.*) collant.

attaccato [at-tac-cà-to] *agg.* **1** attaché | *sempre attaccato al telefono*, (*fig.*) toujours pendu au téléphone | *la sua vita è attaccata a un filo*, (*fig.*) sa vie ne tient qu'à un fil **2** (*fig.*) (*affezionato; ligio*) attaché: *è molto attaccato al padre adottivo*, il est très attaché à son père adoptif.
● ***stare attaccato alle gonne di qlcu***, être dans les jupes de qqn.

attaccatura [at-tac-ca-tù-ra] *n.f.* **1** attache **2** (*della manica*) emmanchure **3** (*dei capelli*) implantation.

attacchino [at-tac-chì-no] *n.m.* [f. *-a*] colleur d'affiches.

attacco [at-tàc-co] *n.m.* [pl. *-chi*] **1** attaque (*f.*): *andare all'attacco*, attaquer **2** (*med.*) crise (*f.*): *attacco di tosse*, quinte de toux **3** (*sport*) attaque (*f.*) **4** (*attaccatura*) attache (*f.*) **5** (*degli sci*) fixation (*f.*) **6** (*elettr.*) prise (*f.*) de courant **7** (*mus.*) attaque (*f.*).
● ***ritornare all'attacco***, (*fig.*) revenir, retourner à la charge.

attanagliare [at-ta-na-glià-re] *v.tr.* **1** saisir avec des tenailles, serrer avec des tenailles **2** (*stringere con forza*) serrer **3** (*fig.*) tenailler: *essere attanagliato dal rimorso*, être tenaillé par le remords.

attardarsi [at-tar-dàr-si] *v.pron.intr.* s'attarder.

attardato [at-tar-dà-to] *agg.* attardé (*anche fig.*).

attecchire [at-tec-chì-re] *v.intr.* [coniug. come *finire*; aus. *avere*] **1** s'enraciner, prendre* **2** (*fig.*) prendre*.

atteggiamento [at-teg-gia-mén-to] *n.m.* attitude (*f.*).

atteggiare [at-teg-già-re] *v.tr.* [coniug. come *mangiare*] **1** prendre* (un air, une attitude): *atteggiò il volto a meraviglia*, il prit un air étonné; *aveva la bocca atteggiata a disprezzo*, il avait une moue de mépris **2** (*le mani ecc.*) tenir* (ses mains, etc.) ♦ **atteggiarsi** *v.pron.* se poser (**en**), prendre* des airs (**de**).

attempato [at-tem-pà-to] *agg.* âgé, d'un certain âge.

attendarsi [at-ten-dàr-si] *v.pron.* camper.

attendente [at-ten-dèn-te] *n.m.* (*mil.*) ordonnance (*f.*).

attendere [at-tèn-de-re] *v.tr.* [coniug. come *prendere*] attendre*: *attenderò qui che ritorni*, j'attendrai ici que tu reviennes, j'attendrai ton retour ici; *la prego di voler cortesemente attendere una settimana*, nous vous prions de bien vouloir patienter une semaine | (*comm.*) *attendiamo sollecita risposta*, dans l'attente d'une prompte réponse de votre part ♦ *v.intr.* [aus. *avere*] (*dedicarsi, occuparsi*) vaquer (**à**), s'occuper (**de**); (*applicarsi*) s'appliquer (**à**).

FAUX AMI
Da non confondere con *atteindre*, che significa *raggiungere* o *colpire*.

attendibile [at-ten-dì-bi-le] *agg.* digne de foi, crédible.
● ***fonte attendibile***, bonne source: *sapere da fonte attendibile*, tenir de bonne source.

attendibilità [at-ten-di-bi-li-tà] *n.f.invar.* crédibilité.

attendismo [at-ten-dì-ʃmo] *n.m.* (*pol.*) attentisme.

attenere [at-te-né-re] *v.intr.* [coniug. come *tenere*; aus. *essere*] concerner: *per ciò che attiene al fatto*, en ce qui concerne le fait ♦ **attenersi** *v.pron.* s'en tenir*, se conformer.

attentamente [at-ten-ta-mén-te] *avv.* attentivement; (*con cura*) soigneusement.

attentare [at-ten-tà-re] *v.intr.* [aus. *avere*] **1** attenter **2** (*fig.*) porter atteinte.

attentato [at-ten-tà-to] *n.m.* **1** attentat: *attentato dinamitardo*, attentat à l'explosif **2** (*fig.*) atteinte (*f.*).

attentatore [at-ten-ta-tó-re] *n.m.* [f. *-trice*] auteur* de l'attentat.

attenti [at-tèn-ti] *inter.* **1** (*mil.*) garde-à-vous! **2** (*in piedi!*) debout! ♦ *n.m.invar.* (*mil.*) garde-à-vous!
● ***mettere sull'attenti***, (*fig.*) remettre en place | (*mil.*) ***sull'attenti***, au garde-à-vous.

FAUX AMI
Da non confondere con il sostantivo *attente*, che significa *attesa, aspettativa*.

attento [at-tèn-to] *agg.* attentif*; (*diligente*) diligent; (*premuroso*) empressé.
● ***attenti al cane!***, attention au chien! | ***stai attento!***, fais attention!

attenuante [at-te-nu-àn-te] *agg.* atténuant ♦ *n.f.* (*dir.*) circonstance atténuante | *non hai attenuanti*, (*estens.*) tu n'as pas d'excuses.

attenuare [at-te-nu-à-re] *v.tr.* atténuer ♦ **attenuarsi** *v.pron.intr.* s'atténuer (*anche fig.*); (*affievolirsi*) s'affaiblir.

attenuazione [at-te-nua-zió-ne] *n.f.* **1** atténuation (*anche dir.*) **2** (*indebolimento*) affaiblissement (*m.*).

attenzione [at-ten-zió-ne] *n.f.* **1** attention: *prestare scarsa attenzione*, ne pas faire grande attention **2** (*pl.*) (*premure, sollecitudini*) attentions, égards (*m.*): *colmare di attenzioni*, combler d'attentions; *è pieno di attenzioni per lei*, il est plein d'égards pour elle.
● ***attenzione!***, attention! (*o* prends, prenez garde!) | (*comm.*) ***alla cortese attenzione di***, à l'attention de.

attero [àt-te-ro] *agg.* (*zool.*) aptère.

atterraggio [at-ter-ràg-gio] *n.m.* [pl. *-gi*] (*aer.*) atterrissage.

atterramento [at-ter-ra-mén-to] *n.m.* (*sport*) (*lotta*) tombé; (*rugby*) plaquage; (*salto*) chute (*f.*).

atterrare [at-ter-rà-re] *v.tr.* **1** jeter* à terre; (*abbattere*) abattre*; (*persona*) terrasser: *atterrare con un pugno*, jeter à terre d'un coup de poing | (*sport*) *atterrare un avversario*, (*lotta, boxe*) terrasser un adversaire; (*rugby*) plaquer un adversaire; (*calcio*) faucher un adversaire **2** (*fig.*) (*umiliare*) abattre*; (*prostrare*) atterrer ♦ *v.intr.* [aus. *avere*] (*aer.*) atterrir: *l'aereo è atterrato alle nove*, l'avion a atterri à neuf heures.

FAUX AMI
Da non confondere con *atterrer*, che significa *sconvolgere, abbattere*.

atterrire [at-ter-rì-re] *v.tr.* [coniug. come *finire*] frapper de terreur, terrifier ♦ **atterrirsi** *v.pron.intr.* être* saisi de terreur.

FAUX AMI
Da non confondere con *atterrir*, che significa *atterrare*.

atterrito [at-ter-rì-to] *agg.* terrifié.

attesa [at-té-sa] *n.f.* **1** attente **2** (*spec. pl.*) (*aspettativa*) attente: *deludere le attese di qlcu*, décevoir l'attente (*o* les expectatives) de qqn.
● ***in attesa di***, dans l'attente de: *essere in attesa di qlco*, attendre qqch.

atteso [at-té-so] *agg.* attendu.
● ***atteso che***, attendu que.

attestare¹ [at-te-stà-re] *v.tr.* attester (*anche fig.*).

attestare² *v.tr.* **1** (*mettere testa a testa*) abouter: *atte-*

A

stare due tubi, abouter deux tuyaux | *attestare un ponte alla riva*, fixer un pont aux deux rives **2** (*mil.*) faire* prendre position ♦ **attestarsi** *v.pron.* (*mil.*) prendre* position: *attestarsi su posizioni antiquate*, (*fig.*) s'accrocher à des idées vieillies.

attestato [at-te-stà-to] *n.m.* attestation (*f.*), certificat. ● ***in attestato di***, en témoignage de.

attestazione [at-te-sta-zió-ne] *n.f.* **1** attestation **2** (*dimostrazione*) témoignage (*m.*).

attico[1] [àt-ti-co] *agg.* [pl.m. *-ci*, f. *-che*] attique: *scrittore attico*, écrivain attique ♦ *n.m.* **1** [f. *-a*] (*abitante*) habitant de l'Attique **2** (*dialetto*) attique.

attico[2] *n.m.* [pl. *-ci*] (*arch.*) attique.

attiguo [at-tì-guo] *agg.* contigu*, à côté (**de**).

attillato [at-til-là-to] *agg.* collant, ajusté.

attimo [àt-ti-mo] *n.m.* **1** instant **2** (*fam.*) (*breve spazio*) un peu: *tirati un attimo più in là*, pousse-toi donc un peu. ● ***di attimo in attimo***, d'un moment à l'autre | ***in pochi attimi***, en un rien de temps | ***in un attimo***, en un clin d'œil | ***nell'attimo stesso in cui***, à l'instant même où.

attinente [at-ti-nèn-te] *agg.* relatif*. ● ***non attinente a***, qui n'a rien à voir avec.

attinenza [at-ti-nèn-za] *n.f.* **1** rapport (*m.*), relation **2** (*pl.*) (*annessi*) annexes.

attingere [at-tìn-ge-re] *v.tr.* [coniug. come *spingere*] puiser (*anche fig.*): *attingere l'acqua dal pozzo, al ruscello*, puiser de l'eau au puits, dans le ruisseau | *attingere notizie da fonte sicura*, tenir des nouvelles d'une source sûre.

attinia [at-tì-nia] *n.f.* (*zool.*) actinie.

attirare [at-ti-rà-re] *v.tr.* attirer (*anche fig.*): *la calamita attira il ferro*, l'aimant attire le fer; *il teatro mi attira più del cinema*, le théâtre m'attire plus que le cinéma | *questo film mi attira*, ce film me tente ♦ **attirarsi** *v.pron. indiretto* s'attirer: *si è attirata il disprezzo di tutti*, elle s'est attirée le mépris de tous ♦ *v.pron.rec.* s'attirer.

attitudinale [at-ti-tu-di-nà-le] *agg.* d'aptitude. ● ***test attitudinale***, test d'aptitude.

attitudine [at-ti-tù-di-ne] *n.f.* **1** aptitude, disposition: *avere attitudine per lo studio*, avoir des dispositions pour l'étude **2** (*atteggiamento del corpo*) attitude.

attivamente [at-ti-va-mén-te] *avv.* activement.

attivare [at-ti-và-re] *v.tr.* **1** (*stimolare*) activer: *attivare la circolazione del sangue*, activer la circulation du sang **2** (*mettere in funzione*) mettre* en route (*o* en marche *o* en service): *attivare un impianto*, mettre en route, en marche une installation; *attivare una linea di metropolitana*, mettre en service une ligne de métro | *attivare una mina*, amorcer une mine | (*amm.*) *attivare una pratica*, hâter l'examen d'un dossier.

attivazione [at-ti-va-zió-ne] *n.f.* **1** mise en service, mise en route **2** (*scient.*) activation.

attivismo [at-ti-vì-ʃmo] *n.m.* activisme.

attivista [at-ti-vì-sta] *agg.* e *n.m.* e *f.* activiste.

attività [at-ti-vi-tà] *n.f.invar.* **1** activité: *attività fisica*, activité physique **2** (*lavoro, occupazione*) activité: *attività professionale*, activité professionnelle; *attività lavorativa*, travail; *qual è la tua attività?*, quelle est ta profession?; *ha molteplici attività*, il a de multiples occupations **3** (*pl.*) (*comm.*) actif (*m.sing.*): *le attività e le passività*, l'actif et le passif. ● ***campo di attività***, champ d'action.

attivo [at-tì-vo] *agg.* **1** actif* (*anche gramm., comm.*) **2** (*tecn.*) actif*, en fonctionnement: *l'impianto è attivo*, l'installation est en service ♦ *n.m.* **1** (*comm.*) actif: *mettere all'attivo*, inscrire à l'actif **2** (*gramm.*) actif **3** (*pol.*) (*organico militante*) l'appareil et l'état-major. ● ***attivo sindacale***, comité d'action syndicale | (*econ.*) ***azienda attiva***, affaire rentable | (*comm.*) ***cambiale attiva***, effet à recevoir | (*chim.*) ***carbone attivo***, charbon activé | (*comm.*) ***interessi attivi***, intérêts à recevoir | (*mil.*) ***ufficiale in servizio attivo***, officier d'active | (*geol.*) ***vulcano attivo***, volcan en activité.

attizzare [at-tiz-zà-re] *v.tr.* attiser (*anche fig.*).

attizzatoio [at-tiz-za-tó-io] *n.m.* [pl. *-oi*] tisonnier, pique-feu*; (*tecn.*) attisoir.

atto[1] [àt-to] *n.m.* **1** acte (*anche fil.*) **2** (*gesto*) geste **3** (*dir.*) acte; (*pl.*) (*documenti*) actes, pièces (*f.*) **4** (*teatr.*) acte. ● (*teatr.*) ***atto unico***, pièce en un acte | ***all'atto di***, au moment de: *all'atto della partenza*, au moment du départ; *all'atto della consegna*, à la livraison; *all'atto dell'ordinazione*, à la commande | ***all'atto pratico***, dans la pratique | ***dare atto di***, reconnaître | ***fare atto di***, faire le geste de, faire mine de: *fece atto di colpirlo*, il fit le geste de le frapper; *fece atto di scappare*, il fit mine de s'enfuir | ***in atto***, en cours: *l'inflazione in atto*, l'inflation en cours; *mettere, tradurre in atto*, mettre à exécution, réaliser; *il programma è già in atto*, le programme est en cours de réalisation | ***mettere agli atti***, classer | ***nell'atto di***, en train de: *nell'atto di scrivere*, en train d'écrire.

atto[2] *agg.* apte, bon* (**pour**): *atto al lavoro*, apte au travail; *provvedimento atto a qlco*, mesure propre à qqch; *mezzi atti allo scopo*, moyens adaptés au but; *atto alle armi*, apte au, bon pour le service (militaire).

attonito [at-tò-ni-to] *agg.* stupéfait.

attorcigliamento [at-tor-ci-glia-mén-to] *n.m.* (en)tortillement.

attorcigliare [at-tor-ci-glià-re] *v.tr.* (en)tortiller; (*avvolgere*) enrouler ♦ **attorcigliarsi** *v.pron.* e *pron.intr.* s'enrouler, s'entortiller.

attore [at-tó-re] *n.m.* **1** acteur (*anche fig.*); (*di tragedia*) tragédien*; (*di commedia*) comédien* **2** (*fig.*) acteur*, protagoniste **3** (*dir.*) demandeur*. ● ***attor giovane***, jeune premier | ***primo attore***, acteur principal.

attorniare [at-tor-nià-re] *v.tr.* entourer; (*accerchiare*) cerner ♦ **attorniarsi** *v.pron.* s'entourer.

attorno [at-tór-no] *avv.* dans les environs, dans les parages: *è a spasso qui attorno*, il se promène dans les parages. ● ***attorno a*** → intorno a | ***andare attorno***, (*bighellonare*) flâner | ***d'attorno*** → dattorno | ***guardarsi attorno***, (*anche fig.*) regarder autour de soi | ***tutt'attorno***, tout autour.

attraccare [at-trac-cà-re] *v.tr.* [coniug. come *mancare*] (*mar.*) accoster: *attraccare una nave al molo*, amarrer un navire au môle ♦ *v.intr.* [aus. *avere* o, meno com., *essere*] (*mar.*) accoster: *attraccare alla banchina*, accoster le quai.

attracco [at-tràc-co] *n.m.* [pl. *-chi*] (*mar.*) **1** accostage **2** (*il luogo in cui si attracca*) quai.

attraente [at-tra-èn-te] *agg.* (*di persona*) charmant; (*di cosa*) attrayant: *ragazza molto attraente*, jeune fille qui a beaucoup de charme.

attrarre [at-tràr-re] *v.tr.* [coniug. come *trarre*] attirer (*anche fig.*): *la sua bellezza lo attrae*, sa beauté le séduit ♦ **attrarsi** *v.pron.rec.* s'attirer.

attrattiva [at-trat-tì-va] *n.f.* attrait (*m.*), attraction; (*di*

persona) charme: *le attrattive della carriera cinematografica*, les attraits de la carrière cinématographique.
attraversamento [at-tra-ver-sa-mén-to] *n.m.* 1 traversée (*f.*) 2 (*luogo*) passage.
● ***attraversamento pedonale***, passage clouté, protégé.
attraversare [at-tra-ver-sà-re] *v.tr.* 1 traverser (*anche fig.*): *un veicolo ci attraversò la strada*, un véhicule nous coupa la route | *attraversare un periodo difficile*, (*fig.*) passer par une mauvaise période 2 (*varcare*) traverser, franchir, passer.
● ***attraversare la strada a qlcu***, (*fig.*) barrer la route à qqn.
attraverso [at-tra-vèr-so] *prep.* 1 à travers; (*spec. incontrando resistenza*) au travers de: *guardare qlco attraverso una lente*, regarder qqch à travers une loupe; *prendere attraverso i campi*, couper à travers champs; *il proiettile passò attraverso la parete*, le projectile passa au travers de la cloison 2 (*trasversalmente*) en travers de 3 (*tramite*) par; (*riferito solo a persona*) par l'intermédiaire de 4 (*in seguito a*) au travers de.
attrazione [at-tra-zió-ne] *n.f.* attraction (*anche fig.*).
attrezzare [at-trez-zà-re] *v.tr.* 1 (*fornire di attrezzi*) outiller: *attrezzare un'officina*, outiller un atelier 2 (*estens.*) équiper 3 (*mar.*) gréer ♦ **attrezzarsi** *v.pron.* s'équiper.
attrezzatura [at-trez-za-tù-ra] *n.f.* 1 matériel (*m.*); (*equipaggiamento*) équipement (*m.*); (*insieme di attrezzi*) outillage (*m.*), (*insieme di attrezzi e accessori*) appareillage (*m.*): *attrezzature turistiche*, équipements touristiques; *attrezzatura industriale*, outillage industriel; *attrezzatura elettrica*, appareillage électrique | *attrezzatura di soccorso*, *di riserva*, installation de secours 2 (*mar.*) gréement (*m.*).
attrezzista [at-trez-zì-sta] *n.m.* e *f.* 1 (*sport*) gymnaste 2 (*teatr.*) accessoiriste 3 (*operaio*) outilleur (*m.*).
attrezzistica [at-trez-zì-sti-ca] *n.f.* [pl. *-che*] (*sport*) exercices (*m.pl.*) aux agrès.
attrezzo [at-tréz-zo] *n.m.* 1 outil; (*utensile*) ustensile 2 (*pl.*) (*da ginnastica*) agrès.
attribuibile [at-tri-bu-ì-bi-le] *agg.* attribuable.
attribuire [at-tri-bu-ì-re] *v.tr.* [coniug. come *finire*] attribuer.
attributivo [at-tri-bu-tì-vo] *agg.* (*gramm.*) attributif*.
● ***complemento attributivo***, complément d'attribution.
attributo [at-tri-bù-to] *n.m.* 1 attribut 2 (*gramm.*) épithète.
attribuzione [at-tri-bu-zió-ne] *n.f.* attribution.
● ***d'incerta attribuzione***, dont l'attribution est incertaine.
attrice [at-trì-ce] *n.f.* actrice.
attrito [at-trì-to] *n.m.* 1 (*fis.*) frottement; (*di aria*) friction (*f.*) 2 (*fig.*) friction (*f.*): *c'era un forte attrito tra loro*, il y avait de grosses frictions entre eux.
● (*fis.*) ***attrito volvente***, ***radente***, frottement de roulement, de glissement.
attuabile [at-tu-à-bi-le] *agg.* réalisable, faisable.
attuale [at-tu-à-le] *agg.* actuel*.
attualità [at-tua-li-tà] *n.f.invar.* actualité.
● ***attualità cinematografiche***, actualités | ***di attualità***, d'actualité, actuel | ***di viva attualità***, de grande actualité.
attualizzare [at-tua-liʒ-ʒà-re] *v.tr.* actualiser.
attualizzazione [at-tua-liʒ-ʒa-zió-ne] *n.f.* actualisation.
attualmente [at-tu-al-mén-te] *avv.* actuellement.
attuare [at-tu-à-re] *v.tr.* réaliser ♦ **attuarsi** *v.pron.intr.* se réaliser.
attuariale [at-tua-rià-le] *agg.* (*mat.*) actuariel*.
attuario [at-tu-à-rio] *n.m.* [f. *-a*; pl.m. *-ri*] actuaire.
attuazione [at-tua-zió-ne] *n.f.* réalisation | *mettere in attuazione*, mettre à exécution.
attutire [at-tu-tì-re] *v.tr.* [coniug. come *finire*] 1 amortir 2 (*fig.*) calmer, apaiser ♦ **attutirsi** *v.pron.intr.* 1 s'amortir 2 (*fig.*) s'apaiser.
attutito [at-tu-tì-to] *agg.* 1 amorti 2 (*fig.*) apaisé.
audace [au-dà-ce] *agg.* 1 audacieux*, *hardi 2 (*provocante*) *hardi, osé: *proposte audaci*, propositions hardies; *barzelletta audace*, plaisanterie osée; *scollatura audace*, décolleté audacieux ♦ *n.m.* audacieux*.
audacemente [au-da-ce-mén-te] *avv.* audacieusement.
audacia [au-dà-cia] *n.f.* [pl. *-cie* o *-ce*] audace.
audience *n.f.invar.* (*tv*) audience.
audio [àu-dio] *n.m.invar.* son ♦ *agg.invar.* du son.
audio- *pref.* audio-.
audioconferenza [au-dio-con-fe-rèn-za] *n.f.* audio -conférence.
audiodescrizione [au-dio-de-scri-zió-ne] *n.f.* (*per non vedenti*) audiodescription.
audioguida [au-dio-guì-da] *n.f.* audioguide (*m.*).
audioleso [au-dio-lé-so *o* audioléʃo] *agg.* e *n.m.* [f. *-a*] (*med.*) malentendant.
audiometrico [au-dio-mè-tri-co] *agg.* [pl.m. *-ci*, f. *-che*] audiométrique.
audiovisivo [au-dio-vi-ʃì-vo] *agg.* e *n.m.* audio -visuel*.
audit ['ɔdit] *n.m.invar.* (*fin.*) (*revisione dei conti*) audit, révision (*f.*) des comptes.
auditel® [àu-di-tel] *n.m.invar.* audiotel®.
auditorio [au-di-tò-rio] *n.m.* [pl. *-ri*] auditorium.
audizione [au-di-zió-ne] *n.f.* audition: *fare un'audizione*, passer une audition.
auf(f) *inter.* → **uff**.
auge [àu-ge] *n.m.* apogée.
● ***essere in auge***, jouir d'un grand crédit; (*andare per la maggiore*) être en vogue.
augurabile [au-gu-rà-bi-le] *agg.* souhaitable.
augurale [au-gu-rà-le] *agg.* de vœux.
augurare [au-gu-rà-re] *v.tr.* souhaiter: *mi auguro di tornare presto*, j'espère revenir bientôt.
augure [àu-gu-re] *n.m.* (*st.*) augure.
augurio [au-gù-rio] *n.m.* [pl. *-ri*] souhait, vœu*: *gli auguri di Natale e Capodanno*, les vœux de Noël et du nouvel an.
● ***auguri!***, bonne chance!: *auguri per i tuoi esami!*, bonne chance pour tes examens! | ***di buon***, ***di cattivo augurio***, de bon, de mauvais augure | ***tanti auguri!***, tous mes vœux!
augusto[1] [au-gù-sto] *agg.* auguste.
augusto[2] *n.m.* (*clown del circo*) auguste.
aula [àu-la] *n.f.* salle.
● ***aula magna***, grand amphithéâtre | ***aula universitaria***, salle; (*a gradinata*) amphithéâtre; (*fam.*) amphi.
aulico [àu-li-co] *agg.* [pl.m. *-ci*, f. *-che*] 1 (*di corte*) de cour 2 (*fig.*) élevé.
aumentare [au-men-tà-re] *v.tr.* augmenter; (*accrescere*) accroître*: *aumentare la velocità*, augmenter la vitesse; *questa notizia aumenta il mio dolore*, cette nouvelle

accroît ma douleur | (*econ.*) *aumentare il tasso di interesse*, élever le taux d'intérêt ♦ ***v.intr.*** augmenter; (*accrescersi*) s'accroître*: *il caldo è aumentato*, la chaleur a augmenté; *la popolazione è aumentata di due milioni*, la population s'est accrue de deux millions; *il numero delle vittime è destinato ad aumentare*, le nombre des victimes est destiné à s'accroître; *sono aumentata di un chilo*, j'ai grossi d'un kilo, j'ai pris un kilo.

aumento [au-mén-to] ***n.m.*** **1** augmentation (*f.*); (*accrescimento*) accroissement: *essere in continuo aumento*, ne faire qu'augmenter **2** (*rialzo*) *hausse (*f.*): *aumento di temperatura*, hausse de la température.
● ***aumento demografico***, croissance démographique.

aura [àu-ra] ***n.f.*** (*letter.*) **1** (*brezza*) brise **2** (*fig.*) aura.

aureo [àu-re-o] ***agg.*** **1** (*dorato*) d'or; (*fatto d'oro*) en or **2** (*fig.*) d'or, excellent: *il periodo aureo della letteratura francese*, l'âge d'or de la littérature française.
● ***aurea mediocrità***, (*fig.*) médiocrité dorée | (*fin.*) ***riserva aurea***, réserve (en) or | (*mat.*) ***sezione aurea***, section dorée | (*econ.*) ***sistema aureo***, étalon-or.

aureola [au-rè-o-la] ***n.f.*** auréole (*anche fig.*) | *crearsi un'aureola di bontà*, se faire une réputation de bonté.

aureolare [au-re-o-là-re] ***v.tr.*** auréoler.

auricolare [au-ri-co-là-re] ***agg.*** auriculaire ♦ ***n.m.*** **1** (*di microtelefono*) écouteur **2** (*pl.*) (*cuffia*) casque (*sing.*) d'écoute, baladeur (*sing.*).

aurifero [au-rì-fe-ro] ***agg.*** aurifère.

aurora [au-rò-ra] ***n.f.*** aurore (*anche fig.*).
● ***aurora boreale***, aurore boréale, polaire.

auscultare [au-scul-tà-re] ***v.tr.*** (*med.*) ausculter.

auscultazione [au-scul-ta-zió-ne] ***n.f.*** (*med.*) auscultation.

ausiliare [au-ʃi-lià-re] ***agg.*** e ***n.m.*** auxiliaire.

ausiliario [au-ʃi-lià-rio] ***agg.*** e ***n.m.*** [f. *-a*; pl.m. *-ri*] auxiliaire.

ausilio [au-ʃì-lio] ***n.m.*** [pl. *-li*] (*letter.*) secours, aide (*f.*).

auspicabile [au-spi-cà-bi-le] ***agg.*** souhaitable.

auspicare [au-spi-cà-re] ***v.tr.*** [coniug. come *mancare*] souhaiter.

auspice [àu-spi-ce] ***n.m.*** (*st.*) augure.
● ***auspice...***, sous les auspices de...: *auspice il ministro*, sous les auspices du ministre.

auspicio [au-spì-cio] ***n.m.*** [pl. *-ci*] **1** (*st.*) auspice **2** (*augurio, presagio*) augure **3** (*protezione*) auspice: *sotto gli auspici di qlcu*, sous les auspices de qqn.

austerità [au-ste-ri-tà] ***n.f.invar.*** austérité.

austero [au-stè-ro] ***agg.*** austère.

australe [au-strà-le] ***agg.*** austral*.

australiano [au-stra-lià-no] ***agg.*** australien* ♦ ***n.m.*** [f. *-a*] (*abitante*) Australien*.

austriaco [au-strì-a-co] ***agg.*** [pl.m. *-ci*, f. *-che*] autrichien* ♦ ***n.m.*** [f. *-a*] (*abitante*) Autrichien*.

austro- ***pref.*** austro-.

autarchia [au-tar-chì-a] ***n.f.*** autarcie.

autarchico [au-tàr-chi-co] ***agg.*** [pl.m. *-ci*, f. *-che*] autarcique.

aut aut ***n.m.invar.*** alternative (*f.*).
● ***essere all'aut aut***, être au pied du mur.

autentica [au-tèn-ti-ca] ***n.f.*** [pl. *-che*] → **autenticazione**.

autenticamente [au-ten-ti-ca-mén-te] ***avv.*** authentiquement.

autenticare [au-ten-ti-cà-re] ***v.tr.*** [coniug. come *mancare*] authentifier.

autenticazione [au-ten-ti-ca-zió-ne] ***n.f.*** authentification.

autenticità [au-ten-ti-ci-tà] ***n.f.invar.*** authenticité.

autentico [au-tèn-ti-co] ***agg.*** [pl.m. *-ci*, f. *-che*] **1** authentique **2** (*vero e proprio*) véritable: *un autentico genio*, un véritable génie.

authority [au-tò-ri-ti] ***n.f.invar.*** autorité; ART (Autorité de Régulation des Télécommunications).

autismo [au-ti-ʃmo] ***n.m.*** (*psic.*) autisme.

autista[1] [au-tì-sta] ***n.m.*** e ***f.*** chauffeur (*m.*): *autista di camion*, camionneur.

autista[2] ***n.m.*** e ***f.*** (*psic.*) autiste.

autistico [au-tì-sti-co] ***agg.*** [pl.m. *-ci*, f. *-che*] (*psic.*) autiste.

auto [àu-to] ***n.f.invar.*** abbr. di **automobile**.

auto- ***pref.*** auto-.

autoabbronzante [au-to-ab-bron-zàn-te] ***agg.*** e ***n.m.*** autobronzant.

autoaccensione [au-to-ac-cen-sió-ne] ***n.f.*** autoallumage* (*m.*).

autoadesivo [au-to-a-de-ʃì-vo] ***agg.*** e ***n.m.*** autocollant.

autoaffermazione [au-to-af-fer-ma-zió-ne] ***n.f.*** affirmation de soi.

autoaiuto [au-to-a-iù-to] ***n.m.invar.*** entraide (*f.*).
● ***gruppi di autoaiuto***, (*alcolisti ecc.*) groupes de parole, d'entraide.

autoambulanza [au-to-am-bu-làn-za] ***n.f.*** ambulance.

autoapprendimento [au-to-ap-pren-di-mén-to] ***n.m.*** autoapprentissage.

autoarticolato [au-to-ar-ti-co-là-to] ***n.m.*** semi-remorque* (*f.*).

autoassolversi [au-to-as-sòl-ver-si] ***v.pron.*** [coniug. come *assolvere*] se disculper, se dégager* de toute responsabilité.

autobiografia [au-to-bio-gra-fì-a] ***n.f.*** autobiographie.

autobiografico [au-to-bio-grà-fi-co] ***agg.*** [pl.m. *-ci*, f. *-che*] autobiographique.

autoblindato [au-to-blin-dà-to] ***agg.*** blindé.

autoblindo [au-to-blìn-do] ***n.m.invar.*** automitrailleuse (*f.*), (engin) blindé.

autobloccante [au-to-bloc-càn-te] ***agg.*** autobloquante.
● ***chiusura autobloccante***, fermeture autobloquante.

autobotte [au-to-bót-te] ***n.f.*** camion-citerne* (*m.*).

autobus [àu-to-bus] ***n.m.invar.*** autobus, bus.

autocarro [au-to-càr-ro] ***n.m.*** camion, poids lourd.

> FAUX AMI
> Da non confondere con *autocar*, che significa *corriera*, *pullman*.

autocensura [au-to-cen-sù-ra] ***n.f.*** autocensure.

autocertificato [au-to-cer-ti-fi-cà-to] ***n.m.*** autocertification (*f.*).

autocisterna [au-to-ci-stèr-na] ***n.f.*** camion-citerne* (*m.*).

autoclave [au-to-clà-ve] ***n.f.*** autoclave (*m.*).

autocombustione [au-to-com-bu-stió-ne] *n.f.* combustion spontanée.

autocommiserazione [au-to-com-mi-ʃe-ra-zió-ne] *n.f.* le fait de s'apitoyer sur soi-même.

autocontrollo [au-to-con-tròl-lo] *n.m.* maîtrise (*f.*) de soi.

autocoscienza [au-to-co-scièn-za] *n.f.* **1** conscience de soi **2** (*estens.*) connaissance de soi.

autocrate [au-tò-cra-te] *n.m.* autocrate (*anche fig.*).

autocrazia [au-to-cra-zì-a] *n.f.* autocratie.

autocritica [au-to-crì-ti-ca] *n.f.* [pl. *-che*] autocritique.

autocritico [au-to-crì-ti-co] *agg.* [pl.m. *-ci*, f. *-che*] d'autocritique.

autoctono [au-tò-cto-no] *agg.* autochtone.

autodemolitore [au-to-de-mo-li-tó-re] *n.m.* [f. *-trice*] démolisseur* auto, casse auto.

autodenunciarsi [au-to-de-nun-ciàr-si] *v.pron.* [coniug. come *denunciare*] s'auto-accuser.

autodeterminazione [au-to-de-ter-mi-na-zió-ne] *n. f.* autodétermination.

autodiagnosi [au-to-dià-gno-si] *n.f.invar.* (*med.*) autodiagnostic (*m.*).

autodidatta [au-to-di-dàt-ta] *n.m.* e *f.* autodidacte.

autodifesa [au-to-di-fé-sa] *n.f.* autodéfense.

autodisciplina [au-to-di-sci-plì-na] *n.f.* autodiscipline.

autodromo [au-tò-dro-mo] *n.m.* autodrome, circuit.

autoemarginazione [au-to-e-mar-gi-na-zió-ne] *n.f.* auto-marginalisation.

autoesaltazione [au-to-e-sal-ta-zió-ne] *n.f.* autocélébration.

autoescludersi [au-to-e-sclù-der-si] *v.pron.* [coniug. come *escludere*] s'auto-exclure.

autoferrotranviario [au-to-fer-ro-tran-vià-rio] *agg.* [pl.m. *-ri*] des transports publics.

autofficina [au-tof-fi-cì-na] *n.f.* **1** camion (*m.*) atelier **2** atelier (*m.*) de réparations.

autofinanziarsi [au-to-fi-nan-ziàr-si] *v.pron.* s'autofinancer*.

autoformazione [au-to-for-ma-zió-ne] *n.f.* autoformation.

autogeno [au-tò-ge-no] *agg.* autogène.

autogestione [au-to-ge-stió-ne] *n.f.* autogestion.

autogol [au-to-gòl] *n.m.invar.* (*calcio*) auto-but*.

autogoverno [au-to-go-vèr-no] *n.m.* (*pol.*) autonomie de gouvernement.

autografo [au-tò-gra-fo] *agg.* autographe ♦ *n.m.* **1** autographe **2** manuscrit original*.

autogrill [au-to-grìll] *n.m.invar.* restoroute.

autogrù [au-to-grù] *n.f.invar.* dépanneuse.

autoimmunizzazione [au-to-im-mu-niʒ-ʒa-zió-ne] *n.f.* (*med.*) auto-immunisation.

autoimpianto [au-to-im-piàn-to] *n.m.* (*med.*) autogreffe (*f.*).

autoinvitarsi [au-to-in-vi-tàr-si] *v.pron.* [coniug. come *invitare*] s'inviter; (*fig.*) s'incruster.

autoironia [au-to-i-ro-nì-a] *n.f.* autodérision.

autolavaggio [au-to-la-vàg-gio] *n.m.* [pl. *-gi*] lavage automatique (de voitures).

autolesionismo [au-to-le-ʃio-nì-ʃmo] *n.m.* **1** (*med.*) automutilation (*f.*) **2** (*fig.*) masochisme.

autolesionista [au-to-le-ʃio-nì-sta] *n.m.* e *f.* **1** (*med.*) qui pratique l'automutilation **2** (*fig.*) masochiste.

autolinea [au-to-lì-ne-a] *n.f.* ligne de cars; (*servizio di automezzi*) service (*m.*) de cars.

automa [au-tò-ma] *n.m.* automate (*anche fig.*).

automassaggiarsi [au-to-mas-sag-giàr-si] *v.pron.* [coniug. come *massaggiare*] s'automasser.

automaticamente [au-to-ma-ti-ca-mén-te] *avv.* automatiquement.

automatico [au-to-mà-ti-co] *agg.* [pl.m. *-ci*, f. *-che*] automatique.
● ***(bottone) automatico***, (bouton) pression.

automatismo [au-to-ma-tì-ʃmo] *n.m.* automatisme.

automatizzare [au-to-ma-tiʒ-ʒà-re] *v.tr.* automatiser.

automazione [au-to-ma-zió-ne] *n.f.* automation.

automedicazione [au-to-me-di-ca-zió-ne] *n.f.* (*med.*) automédication.

automercato [au-to-mer-cà-to] *n.m.* marché de l'automobile, marché de l'occasion.

automezzo [au-to-mèʒ-ʒo] *n.m.* → **autoveicolo**.

automobile [au-to-mò-bi-le] *n.f.* voiture, automobile.

automobilismo [au-to-mo-bi-lì-ʃmo] *n.m.* automobilisme.

automobilista [au-to-mo-bi-lì-sta] *n.m.* e *f.* automobiliste.

automobilistico [au-to-mo-bi-lì-sti-co] *agg.* [pl.m. *-ci*, f. *-che*] **1** automobile: *corsa automobilistica*, course automobile | *incidente automobilistico*, accident de voiture | *patente automobilistica*, permis de conduire **2** (*stradale*) routier*: *circolazione automobilistica*, circulation routière.

automodellismo [au-to-mo-del-lì-smo] *n.m.* automodélisme.

automotrice [au-to-mo-trì-ce] *n.f.* automotrice, autorail (*m.*).

autonoleggio [au-to-no-lég-gio] *n.m.* [pl. *-gi*] location (*f.*) de voitures.

autonomia [au-to-no-mì-a] *n.f.* autonomie.

autonomista [au-to-no-mì-sta] *agg.* e *n.m.* e *f.* autonomiste.

autonomistico [au-to-no-mì-sti-co] *agg.* [pl.m. *-ci*, f. *-che*] autonomiste.

autonomo [au-tò-no-mo] *agg.* autonome.

autopalpazione [au-to-pal-pa-zió-ne] *n.f.* (*med.*) auto-examen* (*m.*).

autopista [au-to-pì-sta] *n.f.* **1** (*in regioni desertiche*) piste (pour véhicules) **2** (*in parchi di divertimento*) piste d'autos-tamponneuses.

autopompa [au-to-póm-pa] *n.f.* autopompe.

autopsia [au-to-psì-a] *n.f.* autopsie.

autopullman [au-to-pùll-man] *n.m.invar.* autocar.

autoradio [au-to-rà-dio] *n.f.invar.* autoradio (*m.*).

autoraduno [au-to-ra-dù-no] *n.m.* rallye.

autore [au-tó-re] *n.m.* [f. *-trice*] auteur*.
● ***diritti d'autore***, droits d'auteur | ***quadro d'autore***, tableau de maître.

autoreggente [au-to-reg-gèn-te] *agg.* autofixant: *calze autoreggenti*, bas autofixants.

A

autoregolazione [au-to-re-go-la-zió-ne] ***n.f.*** autoréglage (*m.*), autorégulation.
autorespiratore [au-to-re-spi-ra-tó-re] ***n.m.*** scaphandre autonome.
autorete [au-to-ré-te] ***n.f.*** (*sport*) auto-but* (*m.*).
autorevole [au-to-ré-vo-le] ***agg.*** **1** influent: *un aspetto autorevole*, un air d'autorité **2** (*degno di fede*) digne de foi: *fonte autorevole*, source autorisée.
autorevolezza [au-to-re-vo-léz-za] ***n.f.*** autorité.
autorevolmente [au-to-re-vol-mén-te] ***avv.*** avec autorité.
autorimessa [au-to-ri-més-sa] ***n.f.*** garage (*m.*).
autorità [au-to-ri-tà] ***n.f.invar.*** **1** autorité (*anche dir.*) | *è un'autorità nel suo campo*, il fait autorité dans son domaine **2** (*pl.*) (*amm., dir.*) autorités.
● ***d'autorità***, d'autorité: *la decisione fu presa d'autorità*, la décision fut prise d'autorité.
autoritario [au-to-ri-tà-rio] ***agg.*** [pl.m. *-ri*] autoritaire.
autoritarismo [au-to-ri-ta-ri-ʃmo] ***n.m.*** autoritarisme.
autoritratto [au-to-ri-tràt-to] ***n.m.*** autoportrait.
autorizzare [au-to-riʒ-ʒà-re] ***v.tr.*** autoriser.
autorizzazione [au-to-riʒ-ʒa-zió-ne] ***n.f.*** autorisation (*anche dir.*).
autosalone [au-to-sa-ló-ne] ***n.m.*** *hall d'exposition (d'un concessionnaire automobile).
autoscala [au-to-scà-la] ***n.f.*** échelle (pivotante) mécanique.
autoscatto [au-to-scàt-to] ***n.m.*** (*fot.*) déclencheur automatique.
autoscontro [au-to-scón-tro] ***n.m.*** autos-tamponneuses (*f.pl.*).
autoscuola [au-to-scuò-la] ***n.f.*** auto-école*.
autosilo [au-to-sì-lo] ***n.m.*** parking à étages.
autosnodato [au-to-ʃno-dà-to] ***n.m.*** autobus articulé, autobus à soufflet.
autostazione [au-to-sta-zió-ne] ***n.f.*** gare routière.
autostima [au-to-stì-ma] ***n.f.*** estime de soi-même.
autostop [au-to-stòp] ***n.m.invar.*** auto-stop.
autostoppista [au-to-stop-pì-sta] ***n.m.*** e ***f.*** auto-stoppeur/euse.
autostrada [au-to-strà-da] ***n.f.*** autoroute.
● (*inform.*) ***autostrada telematica***, inforoute; autoroute des informations.
autostradale [au-to-stra-dà-le] ***agg.*** de l'autoroute: *traffico autostradale*, circulation sur l'autoroute.
autosufficiente [au-to-suf-fi-cièn-te] ***agg.*** qui se suffit à soi-même.
autosufficienza [au-to-suf-fi-cièn-za] ***n.f.*** autosuffisance.
autosuggestione [au-to-sug-ge-stió-ne] ***n.f.*** autosuggestion.
autotassazione [au-to-tas-sa-zió-ne] ***n.f.*** (*fin.*) calcul (*m.*) de l'impôt à discrétion du contribuable.
autotrapianto [au-to-tra-piàn-to] ***n.m.*** autogreffe (*f.*).
autotrasfusione [au-to-tra-sfu-ʃió-ne] ***n.f.*** (*med.*) autotransfusion.
autotrasportatore [au-to-tra-spor-ta-tó-re] ***n.m.*** [f. *-trice*] camionneur*.
autotrasporto [au-to-tra-spòr-to] ***n.m.*** transport automobile.
autotrazione [au-to-tra-zió-ne] ***n.f.*** autotraction.
autotreno [au-to-trè-no] ***n.m.*** camion-remorque*.
autoveicolo [au-to-ve-ì-co-lo] ***n.m.*** véhicule automobile.
autovelox® [au-to-vè-lox] ***n.m.invar.*** (*aut.*) contrôle -radar.
autovettura [au-to-vet-tù-ra] ***n.f.*** automobile.
autrice [au-trì-ce] ***n.f.*** auteure; (*scrittrice*) (femme) écrivain.
autunnale [au-tun-nà-le] ***agg.*** de l'automne.
autunno [au-tùn-no] ***n.m.*** automne; *è autunno*, c'est l'automne: *in autunno, d'autunno*, en automne.
avallare [a-val-là-re] ***v.tr.*** avaliser; (*fig.*) (*confermare*) confirmer.

FAUX AMI
Da non confondere con *avaler*, che significa *inghiottire, ingoiare*.

avallo [a-vàl-lo] ***n.m.*** aval*.
avambraccio [a-vam-bràc-cio] ***n.m.*** [pl. *-ci*] avant -bras.
avamposto [a-vam-pó-sto] ***n.m.*** (*mil.*) avant-poste.
avana [a-và-na] ***n.m.*** *havane.
avancarica [a-van-ca-rì-ca] ***n.f.***
● (***caricamento***) ***ad avancarica***, chargement par la gueule.
avancorpo [a-van-còr-po] ***n.m.*** (*edil.*) avant-corps.
avanguardia [a-van-guàr-dia] ***n.f.*** avant-garde (*anche fig.*).
● ***essere all'avanguardia***, être à l'avant-garde.
avannotto [a-van-nòt-to] ***n.m.*** (*zool.*) alevin.
avanscoperta [a-van-sco-pèr-ta] ***n.f.*** (*mil.*) reconnaissance (*anche fig.*).
● ***in avanscoperta***, en reconnaissance.
avanspettacolo [a-van-spet-tà-co-lo] ***n.m.*** (*teatr.*) spectacle de variétés (précédant la projection d'un film).
avanti [a-vàn-ti] ***avv.*** **1** (*spazio*) en avant; devant: *avanti c'è ancora posto*, en avant (*o* devant) il y a encore de la place; *la farmacia è un po' più avanti*, la pharmacie est un peu plus loin | *mandare avanti qlcu*, (*farsi precedere*) envoyer qqn devant | *essere, portarsi avanti in un lavoro*, être en avance dans un travail, avancer son travail **2** (*tempo*) avant: *alcuni giorni avanti*, quelques jours avant; *il mio orologio è avanti di cinque minuti*, ma montre avance de cinq minutes | *mettere avanti un orologio*, avancer une montre | *non ora, più avanti*, pas maintenant, plus tard ♦ ***prep.*** avant ♦ ***agg.invar.*** *il giorno avanti*, la veille ♦ ***n.m.*** e ***f.invar.*** (*sport*) avant (*m.*).
● ***avanti!***, entrez!: *"Chi è?" "Avanti!"*, "Qui est-là?" "Entrez!"; *avanti un altro*, au suivant; *avanti, non prendertela!*, (*estens.*) allez, ne t'en fais pas! | ***avanti Cristo***, avant Jésus-Christ (av. J.-C.) | ***avanti lettera***, avant la lettre | (*mil.*) ***avanti, marc'!***, en avant, marche! | ***andare avanti***, (*avanzare*) avancer; (*continuare*) continuer (de), poursuivre; (*precedere*) aller, passer devant: *andate avanti fino al secondo semaforo*, continuez jusqu'au deuxième feu; *va' avanti tu, non far complimenti*, ne fais pas de cérémonies, passe le premier; *questa sveglia va avanti*, ce réveil avance | ***andare avanti e indietro***, marcher de long en large; (*fare la spola*) faire la navette | ***di qui in avanti, d'ora in avanti***, dorénavant | ***essere avanti negli anni***, être d'un âge avancé | ***guardare avanti***, (*anche fig.*) regarder en avant | ***tirare avanti***, vivoter: *riusciamo appena appena a tirare avanti*, nous arrivons à peine à joindre les deux bouts; *si tira avanti*, (*fam.*) on fait aller.

avantielenco [a-van-ti-e-lèn-co] ***n.m.*** [pl. *-chi*] (*tel.*) premières pages (*f.pl.*) de l'annuaire fournissant numéros d'urgence et numéros utiles.

avantieri [a-van-tiè-ri] ***avv.*** avant-hier.

avantreno [a-van-trè-no] ***n.m.*** avant-train.

avanzamento [a-van-za-mén-to] ***n.m.*** **1** avancement; (*fig.*) progrès **2** (*inform.*) avancement; progrès.
● (*inform.*) ***avanzamento carta***, défilement, avancement du papier | ***avanzamento di grado***, avancement | ***avanzamento per anzianità***, avancement à l'ancienneté.

avanzare[1] [a-van-zà-re] ***v.intr.*** [aus. *essere*] **1** avancer* (*anche fig.*): *dovettero avanzare a piedi*, ils durent avancer à pied **2** (*fam.*) (*sporgere*) dépasser ♦ ***v.tr.*** **1** (*presentare*) avancer*: *avanzare delle scuse*, alléguer des excuses; *avanzare una richiesta*, présenter une demande **2** (*superare*) devancer* **3** (*promuovere di grado*) promouvoir* ♦ **avanzarsi** ***v.pron.intr.*** s'avancer*.
● ***avanzare di grado***, monter en grade | ***avanzare negli anni***, se faire vieux.

avanzare[2] ***v.intr.*** [aus. *essere*] rester: *se ti avanza tempo*, s'il te reste du temps; *c'è pane per tutti e ne avanza*, il y a du pain pour tout le monde et plus qu'il n'en faut ♦ ***v.tr.*** (*essere creditore*) devoir avoir: *avanzo cento euro da lui*, il me doit cent euros.

avanzata [a-van-zà-ta] ***n.f.*** progression, avance.

avanzato [a-van-zà-to] ***agg.*** avancé (*anche fig.*): *tecnica avanzata*, technique de pointe; *ad autunno avanzato*, vers la fin de l'automne.

avanzo [a-vàn-zo] ***n.m.*** **1** reste (*anche fig.*): *gettare gli avanzi nella pattumiera*, jeter les restes aux ordures **2** (*mat.*) reste: *con l'avanzo di due*, et il reste deux.
● ***avanzo di galera***, gibier de potence | ***avanzi di magazzino***, fonds de magasin | ***averne d'avanzo***, en avoir assez: *ce n'è d'avanzo*, il y en a plus qu'il n'en faut.

> FAUX AMI
> Da non confondere con *avance*, che significa *anticipo* o *distacco* o *prestito*.

avaria [a-va-rì-a] ***n.f.*** avarie; (*di meccanismi*) panne.
● ***motore in avaria***, moteur en panne.

avariare [a-va-rià-re] ***v.tr.*** avarier ♦ **avariarsi** ***v.pron. intr.*** s'avarier.

avariato [a-va-rià-to] ***agg.*** avarié.

avarizia [a-va-rì-zia] ***n.f.*** avarice.

avaro [à-va-ro] ***agg.*** e ***n.m.*** [f. *-a*] avare.

ave [à-ve] ***inter.*** salut ♦ ***n.f.invar.*** (*preghiera*) Ave (*m.*).
● ***Ave Maria***, Je vous salue, Marie.

avemaria [a-ve-ma-rì-a] **avemmaria**, **Ave Maria** ***n.f.*** **1** (*preghiera*) Ave (Maria) (*m.*) **2** (*preghiera della sera*) Angélus (*m.*) **3** (*grano del rosario*) Ave (*m.*).
● ***sapere come l'avemaria***, connaître sur le bout du doigt.

avena [a-vé-na] ***n.f.*** avoine.

avere[1] [a-vé-re] ***v.ausiliare*** [pres.indic. *io ho, tu hai, egli ha, noi abbiamo, voi avete, essi hanno*; p.rem. *io ebbi, tu avesti, egli ebbe, noi avemmo, voi aveste, essi ebbero*; fut. indic. *io avrò*; cond. *io avrei, tu avresti* ecc.; pres.cong. *io abbia*; imp. *abbi, abbiate*; p.p. *avuto*] **1** avoir*: *l'ho letto in un libro*, j'ai lu cela dans un livre **2** (*con verbo servile*) avoir*: *ha voluto andarci da solo*, il a voulu y aller tout seul ♦ ***v.tr.*** avoir*: *avere fame, sete, sonno*, avoir faim, soif, sommeil; *avere freddo, paura, voglia*, avoir froid, peur, envie; *avere, non avere coraggio*, avoir du, manquer de courage; *l'impressione che ho avuto era sbagliata*, l'impression que j'ai eue était fausse; *gli imprevisti che abbiamo avuto*, les imprévus que nous avons eus; *ha strane idee*, il a de drôles d'idées; *ho avuto l'influenza*, j'ai eu la grippe; *ha la moglie ammalata*, sa femme est malade; *l'ho avuto per pochi euro*, je l'ai eu pour quelques euros; *ha la macchina guasta*, sa voiture est en panne; *ha sempre gli occhiali*, il porte toujours des lunettes; *ha avuto tutto dalla vita*, la vie lui a tout donné | *ho avuto una notte insonne*, j'ai passé une nuit blanche | *ha avuto due anni* (*di carcere*), il a été condamné à deux ans (de prison) | *ha avuto le sue nella vita*, il a eu son compte dans la vie | *"Quanti ne abbiamo oggi?" "Ne abbiamo due"*, "Le combien sommes-nous aujourd'hui?" "Nous sommes le deux" | *"Quanti anni hai?"*, "Quel âge as -tu?".
● ***avere a***, (*letter.*) avoir: *avrai a pentirti di quel che hai detto*, tu te repentiras de ce que tu as dit; *temo che abbia a essere un insuccesso*, je crains que cela ne soit qu'un échec | ***avere a che***, (*seguito da inf.*) avoir à: *avrà a che fare con me!*, il aura affaire à moi!; *non voglio averci (niente) a che fare*, je ne veux pas avoir affaire à lui; *avere (a) che dire con qlcu*, avoir maille à partir avec qqn; *questo non ha niente a che vedere con il resto*, cela n'a rien à voir avec le reste | ***avere*** (***addosso***), porter: *aveva addosso un vecchio cappotto*, il portait un vieux manteau | ***avere da***, avoir à: *ho da scrivere una lettera*, j'ai une lettre à écrire; *non hanno da mangiare*, ils n'ont pas à manger, de quoi manger; *ha poco da vivere*, il lui reste peu de temps; *ha ancora da nascere l'uomo che*, il n'est pas encore né l'homme qui | ***avere del***, tenir de: *ha molto della madre*, il tient beaucoup de sa mère; *ha un po' del matto*, il est un peu fou; *ha del prodigioso*, cela tient du prodige | ***avere di che***, avoir de quoi | ***avercela con***, en vouloir à: *con chi ce l'hai?*, à qui en veux-tu?; *ce l'ha sempre con me*, il en a toujours après moi | ***aversela***, ***aversene a male***, se vexer.

> NOTA Il participio passato coniugato con ***avoir*** si accorda con il complemento oggetto che lo precede:
> *Le signore che* ***abbiamo incontrato*** *ieri.*
> Les **dames** que nous **avons rencontrées** hier.
> *Tutte queste disgrazie, le* ***avevo previste****.*
> Tous ces **malheurs**, je les avais **prévus**.

avere[2] ***n.m.*** **1** (*spec. pl.*) avoir (*solo sing.*): *ho perduto tutti i miei averi*, j'ai perdu tout ce que j'avais **2** (*amm., comm.*) avoir, crédit: *registrare all'avere di un conto*, inscrire à l'avoir d'un compte; *esige il suo avere*, il exige son dû; *a vostro avere*, à votre crédit | *in avere*, au crédit.

averla [a-vèr-la] ***n.f.*** (*zool.*) pie-grièche*.

avesti, **avete** → **avere**[1].

aviario [a-vià-rio] ***agg.*** [pl.m. *-ri*] aviaire ♦ ***n.m.*** volière (*f.*).
● (*vet.*) ***influenza aviaria***, grippe aviaire.

aviatore [a-via-tó-re] ***n.m.*** [f. *-trice*] aviateur*.

aviazione [a-via-zió-ne] ***n.f.*** aviation.

avicolo [a-vì-co-lo] ***agg.*** avicole.

avicoltore [a-vi-col-tó-re] ***n.m.*** [f. *-trice*] aviculteur*.

avicoltura [a-vi-col-tù-ra] ***n.f.*** aviculture.

avidità [a-vi-di-tà] ***n.f.invar.*** avidité.

avido [à-vi-do] ***agg.*** avide: *avido di guadagno*, âpre au gain; *avido di novità*, épris de nouveautés.

aviere [a-viè-re] ***n.m.*** (*mil.*) aviateur*.

aviogetto [a-vio-gèt-to] ***n.m.*** avion à réaction, jet.

aviolinea [a-vio-lì-ne-a] ***n.f.*** ligne aérienne.

A

aviotrasportare [a-vio-tra-spor-tà-re] ***v.tr.*** transporter par avion.
● ***truppe aviotrasportate***, troupes aéroportées, aérotransportées.

avitaminosi [a-vi-ta-mi-nò-ʃi] ***n.f.invar.*** (*med.*) avitaminose.

avito [a-vì-to] ***agg.*** (*letter.*) ancestral*.

avo [à-vo] ***n.m.*** **1** (*letter.*) aïeul* **2** (*pl.*) (*antenati*) ancêtres, aïeux.

avocado [a-vo-cà-do] ***n.m.*** **1** (*frutto*) avocat **2** (*albero*) avocatier.

avocare [a-vo-cà-re] ***v.tr.*** [coniug. come *mancare*] **1** évoquer **2** (*confiscare*) confisquer.

avorio [a-vò-rio] ***n.m.*** [pl. *-ri*] ivoire ♦ ***agg.invar.*** ivoire.
● ***nero d'avorio***, noir d'ivoire.

avrò → **avere**[1].

avulsione [a-vul-sió-ne] ***n.f.*** avulsion.

avulso [a-vùl-so] ***agg.*** **1** (*estraneo*) étranger* **2** (*strappato via*) arraché.

avuto *p.p.* di **avere**[1].

avvalersi [av-va-lér-si] ***v.pron.intr.*** [coniug. come *valere*] se servir*: *avvalersi di un diritto*, user d'un droit.

avvallamento [av-val-la-mén-to] ***n.m.*** dépression (*f.*); vallon.

avvalorare [av-va-lo-rà-re] ***v.tr.*** **1** confirmer **2** (*valorizzare*) mettre* en valeur ♦ **avvalorarsi** ***v.pron.*** s'affirmer, se confirmer.

avvampare [av-vam-pà-re] ***v.intr.*** [aus. *essere*] **1** prendre* feu **2** (*estens.*) s'enflammer (**de**) **3** (*arrossire*) rougir.

avvantaggiare [av-van-tag-già-re] ***v.tr.*** [coniug. come *mangiare*] avantager*; (*favorire*) favoriser ♦ **avvantaggiarsi** ***v.pron.intr.*** **1** tirer avantage, tirer profit **2** (*guadagnare tempo*) gagner du temps **3** (*avere la meglio*) prendre* le dessus.

avvedersi [av-ve-dér-si] ***v.pron.*** [coniug. come *vedere*; p.p. *avveduto*] s'apercevoir*; (*rendersi conto*) se rendre* compte.

avvedutamente [av-ve-du-ta-mén-te] ***avv.*** prudemment; (*sagacemente*) adroitement.

avveduto [av-ve-dù-to] ***agg.*** avisé.

avvelenamento [av-ve-le-na-mén-to] ***n.m.*** empoisonnement (**par**).

avvelenare [av-ve-le-nà-re] ***v.tr.*** **1** empoisonner (*anche fig.*) **2** (*corrompere*) corrompre* **3** (*inquinare*) polluer ♦ **avvelenarsi** ***v.pron.*** s'empoisonner; (*fig.*) s'envenimer.

avvelenato [av-ve-le-nà-to] ***agg.*** empoisonné; (*fig.*) envenimé.
● ***avere il dente avvelenato contro qlcu***, (*fig.*) avoir une dent contre qqn.

avvenente [av-ve-nèn-te] ***agg.*** séduisant.

avvenenza [av-ve-nèn-za] ***n.f.*** beauté; charme (*m.*).

avvenimento [av-ve-ni-mén-to] ***n.m.*** événement.

avvenire[1] [av-ve-nì-re] ***v.intr.*** [coniug. come *venire*; aus. *essere*] se passer; (*capitare*) arriver; (*verificarsi*) se produire*: *che cosa avviene laggiù?*, que se passe-t-il là-bas?; *è avvenuta una disgrazia*, il est arrivé un malheur; *è avvenuto per colpa sua*, c'est à cause de lui si c'est arrivé; *è avvenuto spesso che fosse in ritardo*, il lui est souvent arrivé d'être en retard; *come spesso avviene*, comme il arrive souvent; *qualunque cosa avvenga*, quoi qu'il arrive, quoi qu'il advienne.

avvenire[2] ***n.m.*** avenir: *un giovane di grande avvenire*, un jeune homme qui promet ♦ ***agg.*** futur, à venir.
● ***in avvenire, per l'avvenire***, à l'avenir: *in avvenire andrà meglio*, à l'avenir ce sera mieux; *cosa farai in avvenire?*, qu'est-ce que tu feras plus tard?

avveniristico [av-ve-ni-rì-sti-co] ***agg.*** [pl.m. *-ci*, f. *-che*] précurseur*, avant-coureur*, du futur: *romanzo avveniristico*, roman d'anticipation.

avventare [av-ven-tà-re] ***v.tr.*** **1** jeter*, lancer* **2** (*fig.*) (*azzardare*) *hasarder ♦ **avventarsi** ***v.pron.*** se jeter* (**sur**), se lancer* (**sur**): *gli si avventò contro*, il se rua sur lui.

avventatamente [av-ven-ta-ta-mén-te] ***avv.*** inconsidérément: *agire avventatamente*, agir inconsidérément.

avventato [av-ven-tà-to] ***agg.*** inconsidéré, irréfléchi: *decisione avventata*, décision hasardée.

avventizio [av-ven-tì-zio] ***agg.*** [pl.m. *-zi*] **1** (*di lavoratore*) vacataire: *personale avventizio*, personnel vacataire; (*impiegati*) *avventizi*, vacataires **2** (*venuto da fuori*) (venu) du dehors **3** (*bot.*) adventif*.
● (*bot.*) ***piante avventizie***, plantes adventices.

avvento [av-vèn-to] ***n.m.*** **1** avènement **2** (*relig.*) Avent.

avventore [av-ven-tó-re] ***n.m.*** [f. *-trice*] client.

avventura [av-ven-tù-ra] ***n.f.*** aventure: *andare in cerca di avventure*, chercher l'aventure.
● ***per avventura***, par hasard.

avventurarsi [av-ven-tu-ràr-si] ***v.pron.*** s'aventurer.

avventuriero [av-ven-tu-riè-ro] ***n.m.*** [f. *-a*] aventurier* ♦ ***agg.*** d'aventure: *spirito avventuriero*, esprit d'aventure.

avventuristico [av-ven-tu-rì-sti-co] ***agg.*** [pl.m. *-ci*, f. *-che*] aventuriste.

avventuroso [av-ven-tu-ró-so] ***agg.*** aventureux*.

avverarsi [av-ve-ràr-si] ***v.pron.*** s'accomplir; (*realizzarsi*) se réaliser.

avverbiale [av-ver-bià-le] ***agg.*** (*gramm.*) adverbial*.

avverbio [av-vèr-bio] ***n.m.*** [pl. *-bi*] (*gramm.*) adverbe.

avversare [av-ver-sà-re] ***v.tr.*** contrecarrer.

avversario [av-ver-sà-rio] ***agg.*** [pl.m. *-ri*] adverse ♦ ***n.m.*** [f. *-a*] adversaire.

avversativo [av-ver-sa-tì-vo] ***agg.*** (*gramm.*) adversatif*.

avversione [av-ver-sió-ne] ***n.f.*** aversion (**pour**, **contre**): *avversione per il cibo*, dégoût pour la nourriture.
● ***prendere in avversione***, prendre en grippe.

avversità [av-ver-si-tà] ***n.f.invar.*** adversité (*spec. sing.*): *l'avversità delle condizioni atmosferiche*, les mauvaises conditions atmosphériques; *l'avversità della sorte*, le sort adverse.

avverso [av-vèr-so] ***agg.*** adverse; (*ostile*) hostile; (*sfavorevole*) défavorable.

FAUX AMI
Da non confondere con il sostantivo *averse*, che significa *acquazzone*.

avvertenza [av-ver-tèn-za] ***n.f.*** **1** soin (*m.*): *avere l'avvertenza di*, avoir soin de **2** (*avvertimento*) avertissement (*m.*); (*consiglio*) conseil (*m.*) **3** (*introduzione a un libro*) avertissement (*m.*) **4** (*pl.*) instructions.

avvertimento [av-ver-ti-mén-to] ***n.m.*** avertissement; (*consiglio*) conseil.

avvertire [av-ver-tì-re] ***v.tr.*** **1** (*avvisare*) prévenir*, avertir: *hanno avvertito la polizia*, on a alerté la police

2 (*percepire*) percevoir*; (*sentire*) ressentir*; (*cogliere*) saisir.

avvertito [av-ver-tì-to] *agg.* (*sagace*) perspicace.

avvezzo [av-vézo-zo] *agg.* habitué, accoutumé.

avviamento [av-via-mén-to] *n.m.* 1 mise (*f.*) en train, mise (*f.*) en chantier; (*di industria ecc.*) mise (*f.*) sur pied: *dopo un buon avviamento la trattativa ha rischiato di fallire*, après avoir bien démarré les négociations ont failli échouer 2 (*il preparare*) préparation (*f.*): *avviamento allo studio del francese*, introduction à l'étude du français 3 (*comm.*) achalandage (d'un magasin) 4 (*mecc.*) mise (*f.*) en marche, démarrage.
● ***codice di avviamento postale*** (C.A.P), code postal | (*mecc.*) ***motorino d'avviamento***, démarreur.

avviare [av-vi-à-re] *v.tr.* 1 (*mettere in moto*) mettre* en marche, faire* démarrer 2 (*cominciare*) commencer*; (*trattative ecc.*) entamer; (*una conversazione*) engager*: *avviare un'industria*, mettre sur pied une entreprise; *avviare un affare*, mettre une affaire en train 3 acheminer; (*indirizzare*) diriger* (vers); (*iniziare a*) pousser: *avviare all'avvocatura*, diriger vers le barreau; *avviare al vizio*, pousser au vice ♦ **avviarsi** *v.pron.* 1 (*dirigersi*) s'acheminer (vers), se diriger* (vers); (*andare*) aller*; (*andarsene*) partir*: *è ora di avviarsi*, c'est l'heure de partir; *avviarsi alla rovina*, (*fig.*) aller à la ruine; *la festa si avviava verso la fine*, la fête touchait à sa fin 2 (*stare per*) être* en passe (de) 3 (*di motore, veicolo*) démarrer, partir.

avviato [av-vi-à-to] *agg.* en route (*anche fig.*); (*di trattative ecc.*) entamé; (*di conversazione ecc.*) engagé: *il lavoro è ormai avviato*, le travail est désormais bien avancé; *impresa bene avviata*, entreprise prospère; *è ben avviato negli studi*, il a bien commencé ses études.

avvicendamento [av-vi-cen-da-mén-to] *n.m.* 1 alternance (*f.*): *l'avvicendamento del personale di un'azienda*, le roulement du personnel d'une entreprise; (*agr.*) *l'avvicendamento delle colture*, la rotation des cultures; (*mil.*) *l'avvicendamento dei reparti*, la relève des troupes 2 (*inform.*) plan; liste (*f.*); inventaire.

avvicendare [av-vi-cen-dà-re] *v.tr.* 1 faire* alterner 2 (*agr.*) alterner ♦ **avvicendarsi** *v.pron.* se succéder*; (*spec. di persone*) se relayer*: *l'avvicendarsi delle stagioni*, l'alternance des saisons.

avvicinamento [av-vi-ci-na-mén-to] *n.m.* approche (*f.*).

avvicinare [av-vi-ci-nà-re] *v.tr.* 1 (*cosa*) approcher: *avvicina la sedia al tavolo*, approche la chaise de la table 2 (*persona*) aborder, approcher: *uomo difficile da avvicinare*, homme d'un abord difficile ♦ **avvicinarsi** *v.pron.* 1 s'approcher (de); (*essere vicino*) approcher (de): *si avvicinò alla porta*, il s'approcha de la porte; *avvicinarsi alla meta*, approcher du but; *l'estate si avvicina*, l'été approche; *avvicinarsi a Dio*, (*fig.*) se rapprocher de Dieu 2 (*assomigliare*) ressembler; rappeler*.
● ***all'avvicinarsi di***, à l'approche de.

FAUX AMI
Da non confondere con *avoisiner*, che significa *essere vicino*.

avvilente [av-vi-lèn-te] *agg.* avilissant.

avvilimento [av-vi-li-mén-to] *n.m.* 1 (*scoraggiamento*) découragement 2 (*degradazione*) dégradation (*f.*), avilissement.

avvilire [av-vi-lì-re] *v.tr.* [coniug. come *finire*] 1 humilier 2 (*scoraggiare*) décourager*, abattre*: *non bisogna avvilirlo con continui rimproveri*, il ne faut pas le mortifier par des reproches continuels 3 (*degradare*) dégrader, avilir ♦ **avvilirsi** *v.pron.* 1 (*scoraggiarsi*) se décourager* 2 (*umiliarsi*) s'humilier, s'avilir.

avviluppare [av-vi-lup-pà-re] *v.tr.* envelopper ♦ **avvilupparsi** *v.pron.* s'envelopper.

avvinazzato [av-vi-naz-zà-to] *agg.* aviné ♦ *n.m.* [f. *-a*] ivrogne.

avvincente [av-vin-cèn-te] *agg.* captivant; (*affascinante*) fascinant.

avvincere [av-vìn-ce-re] *v.tr.* [coniug. come *vincere*] 1 (*letter.*) (*stringere*) étreindre*; (*legare*) entraver 2 (*fig.*) captiver; (*affascinare*) fasciner: *personalità che avvince*, personnalité très attachante.

avvinghiare [av-vin-ghià-re] *v.tr.* (*stringere*) enserrer: *lo avvinghiò alla gola*, il le saisit à la gorge ♦ **avvinghiarsi** *v.pron.* s'accrocher: *avvinghiarsi al collo di*, se pendre au cou de ♦ *v.pron.rec.* s'enlacer*.

avvio [av-vì-o] *n.m.* [pl. *-ii*] 1 départ: *prendere avvio da*, partir de; *dare l'avvio a qlco*, commencer qqch; *l'episodio diede l'avvio a un'inchiesta*, l'épisode donna lieu à une enquête; *l'affare ha avuto un buon avvio*, l'affaire a bien démarré 2 (*inform.*) départ, lancement 3 (*tecn.*) démarrage.

avvisaglia [av-vi-ʃà-glia] *n.f.* 1 (*scaramuccia*) escarmouche 2 (*segno*) symptôme (*m.*): *le prime avvisaglie del male*, les premiers signes du mal.

avvisare [av-vi-ʃà-re] *v.tr.* avertir, prévenir*; (*informare*) informer: *non siamo stati avvisati in tempo*, on ne nous a pas avertis à temps; *avvisami quando vieni*, préviens-moi de ton arrivée.

avviso [av-vì-ʃo] *n.m.* 1 avis: *avviso al pubblico*, avis au public; *affiggere un avviso*, apposer un avis; *questo ti serva d'avviso*, que cela te serve d'avertissement 2 (*notifica*) avis; (*inserzione*) annonce (*f.*) 3 (*opinione*) avis.
● (*dir.*) ***avviso di garanzia***, avis (d'ouverture) d'enquête | (*comm.*): ***avviso di pagamento***, avis de payement; ***avviso di ricevimento***, accusé de réception | ***a nostro avviso***, à notre avis | ***fino a nuovo avviso***, jusqu'à nouvel avis | ***mettere sull'avviso***, mettre en garde | ***stare sull'avviso***, être, se tenir sur ses gardes.

avvistamento [av-vi-sta-mén-to] *n.m.* repérage.

avvistare [av-vi-stà-re] *v.tr.* repérer*, apercevoir*.

avvitamento [av-vi-ta-mén-to] *n.m.* 1 vissage 2 (*aer., sport*) vrille (*f.*).

avvitare [av-vi-tà-re] *v.tr.* visser ♦ **avvitarsi** *v.pron.* (*aer., sport*) vriller.

avviticchiarsi [av-vi-tic-chiàr-si] *v.pron.* s'entortiller.

avvizzire [av-viz-zì-re] *v.intr.* [coniug. come *finire*; aus. *essere*] se flétrir (*anche fig.*) ♦ *v.tr.* flétrir.

avvizzito [av-viz-zì-to] *agg.* flétri (*anche fig.*).

avvocata [av-vo-cà-ta] **avvocatessa** *n.f.* avocate, femme avocat.

avvocato [av-vo-cà-to] *n.m.* 1 avocat: *fare l'avvocato*, être avocat | *avvocato da strapazzo*, avocassier 2 (*come titolo o appellativo*) Maître: *l'avvocato Neri*, Maître Neri; *buongiorno avvocato!*, bonjour, Maître!
● ***avvocato delle cause perse***, (*fig.*) avocat des causes perdues | ***Ordine degli Avvocati***, Ordre des avocats.

avvocatura [av-vo-ca-tù-ra] *n.f.* 1 profession d'avocat: *esercitare l'avvocatura*, être avocat 2 (*l'insieme degli avvocati*) barreau (*m.*).

avvolgere [av-vòl-ge-re] *v.tr.* [coniug. come *volgere*] 1 enrouler; (*arrotolare*) rouler 2 (*avviluppare*) envelopper (*anche fig.*) ♦ **avvolgersi** *v.pron.* s'enrouler: *si avvolse in una coperta*, il s'enveloppa dans une couverture.

A

avvolgibile [av-vol-gì-bi-le] ***n.m.*** (*di finestre e negozi*) store.

avvolgimento [av-vol-gi-mén-to] ***n.m.*** **1** enroulement; enveloppement **2** (*tecn.*) bobinage.

avvoltoio [av-vol-tó-io] ***n.m.*** [pl. *-oi*] (*zool.*) vautour (*anche fig.*).

avvoltolare [av-vol-to-là-re] ***v.tr.*** rouler ♦ **avvoltolarsi** ***v.pron.*** se rouler, se vautrer.

ayurvèdico [a-yur-vè-di-co] ***agg.*** [pl.m. *-ci*, f. *-che*] ayurvédique.

azalea [a-ʒa-lè-a] ***n.f.*** (*bot.*) azalée.

azienda [a-ʒièn-da] ***n.f.*** entreprise; (*ditta*) maison; (*stabilimento*) établissement (*m.*); (*attività commerciale, industriale*) affaire.

● ***azienda agricola***, exploitation agricole | ***azienda autonoma di soggiorno***, Syndicat d'initiative | ***azienda autonoma municipalizzata***, régie communale | ***azienda a partecipazione statale***, entreprise de capitaux publics et privés | ***azienda commerciale***, maison de commerce | ***azienda di trasporti***, entreprise, compagnie de transports | ***azienda elettrica***, compagnie d'électricité | ***azienda statale, di Stato***, entreprise nationalisée, régie.

aziendale [a-ʒien-dà-le] ***agg.*** de l'entreprise.

● ***mensa aziendale***, cantine | ***organizzazione aziendale***, organisation (d'une entreprise): *esperto in organizzazione aziendale*, ingénieur-conseil.

azimut [à-ʒi-mut] ***n.m.invar.*** (*astr.*) azimut(h).

azionare [a-zio-nà-re] ***v.tr.*** actionner.

azionariato [a-zio-na-rià-to] ***n.m.*** (*econ.*) actionnariat.

● ***azionariato diffuso***, actionnariat diffus.

azionario [a-zio-nà-rio] ***agg.*** [pl.m. *-ri*] (*fin.*) d'actions.

● ***capitale azionario***, capital-actions.

azione [a-zió-ne] ***n.f.*** action: *avere il coraggio delle proprie azioni*, avoir le courage de ses actes; *azione gratuita*, acte gratuit.

● (*sport*) ***azione di attacco, di difesa***, attaque, défense | (*mil.*) ***azione di ripiegamento***, mouvement de repli | (*dir.*) ***azione giudiziaria***, action en justice | (*Borsa*) ***azione ordinaria, privilegiata***, action ordinaire, privilégiée | ***farmaco ad azione immediata, ritardata***, médicament à effet immédiat, retardé | ***mettere in azione***, actionner, mettre en marche | ***società per azioni***, société par actions | (*dir.*) ***promuovere un'azione legale***, intenter une action.

azionista [a-zio-nì-sta] ***n.m.*** e ***f.*** actionnaire.

azotato [a-ʒo-tà-to] ***agg.*** (*chim.*) azoté.

azotemia [a-ʒo-te-mì-a] ***n.f.*** (*med.*) azotémie.

azoto [a-ʒò-to] ***n.m.*** (*chim.*) azote.

azteco [az-tè-co] ***agg.*** [pl.m. *-chi*, f. *-che*] aztèque ♦ ***n.m.*** [f. *-a*] (*st.*) Aztèque.

azzannare [az-zan-nà-re] ***v.tr.*** saisir entre ses crocs, *happer: *il cane lo azzannò al braccio*, le chien lui a mordu le bras ♦ **azzannarsi** ***v.pron.rec.*** s'entre-déchirer.

azzardare [aʒ-ʒar-dà-re] ***v.tr.*** risquer (*anche fig.*): *azzardare una domanda*, hasarder une question ♦ **azzardarsi** ***v.pron.*** se *hasarder; (*osare*) oser.

azzardo [aʒ-ʒàr-do] ***n.m.*** *hasard: *quest'impresa è un azzardo*, cette entreprise est un risque.

● ***giocare d'azzardo***, jouer aux jeux de hasard; (*fig.*) tenter sa chance.

azzeccare [az-zec-cà-re] ***v.tr.*** [coniug. come *mancare*] **1** tomber (**sur**); (*indovinare*) deviner, trouver **2** (*aver fortuna*) avoir* de la chance, bien tomber.

● ***ci azzecca sempre***, (*fam.*) il a du nez, de la chance | ***l'ho azzeccata, ci ho azzeccato***, (*fam.*) j'ai mis dans le mille | ***non ne azzecca una***, il n'a pas de chance.

azzeccato [az-zec-cà-to] ***agg.*** (*indovinato*) juste; (*ben assestato*) bien assené, bien donné: *risposta azzeccata*, réponse juste; *una scelta azzeccata*, un bon choix; *un colpo azzeccato*, un coup bien donné (*o* bien assené).

azzeramento [aʒ-ʒe-ra-mén-to] ***n.m.*** mise (*f.*) à zéro.

● (*inform.*) ***azzeramento della memoria***, vidage mémoire.

azzerare [aʒ-ʒe-rà-re] ***v.tr.*** mettre* à zéro: *azzerare un debito*, éponger une dette.

azzimato [aʒ-ʒi-mà-to] ***agg.*** pomponné, tiré à quatre épingles.

azzimo [àʒ-ʒi-mo] ***agg.*** azyme.

azzittire [az-zit-tì-re] ***v.tr.*** [coniug. come *finire*] faire* taire ♦ ***v.intr.*** [aus. *essere*] se taire*, cesser de parler ♦ **azzittirsi** ***v.pron.*** se taire*.

azzoppare [az-zop-pà-re] ***v.tr.*** rendre* boiteux* ♦ **azzopparsi** ***v.pron.*** devenir* boiteux*.

azzuffarsi [az-zuf-fàr-si] ***v.pron.*** e ***pron.rec.*** en venir* aux mains.

azzurrare [aʒ-ʒur-rà-re] ***v.tr.*** colorer en bleu.

azzurrato [aʒ-ʒur-rà-to] ***agg.*** azuré: *lenti azzurrate*, des verres bleutés.

azzurrino [aʒ-ʒur-rì-no] ***agg.*** bleu* pâle, azuré ♦ ***n.m.*** (*sport*) espoir (joueur de l'équipe nationale italienne de foot).

azzurro [aʒ-ʒùr-ro] ***agg.*** bleu* (ciel) ♦ ***n.m.*** **1** bleu* (clair) **2** (*cielo*) ciel, azur **3** (*sport*) *gli azzurri*, l'équipe nationale italienne.

● ***grigio azzurro***, gris bleu | (*lett.*) ***il Principe Azzurro***, le Prince Charmant.

azzurrognolo [aʒ-ʒur-ró-gno-lo *o* aʒʒurrògnolo] ***agg.*** bleuâtre.

Bb

b *n.f.* o *m.invar.* b (*m.*).
● (*tel.*) ***b come Bologna***, b comme Berthe.

babà [ba-bà] *n.m.invar.* (*cuc.*) baba.

babau [ba-bàu] *n.m.invar.* (*fam.*) croque-mitaine*.

babbeo [bab-bè-o] *agg.* e *n.m.* [f. *-a*] nigaud.

babbo [bàb-bo] *n.m.* (*fam.*) papa.

babbuccia [bab-bùc-cia] *n.f.* [pl. *-ce*] babouche; (*pantofola*) pantoufle; (*per neonato*) chausson (*m.*).

babbuino [bab-bu-ì-no] *n.m.* (*zool.*) babouin.

babele [ba-bè-le] *n.f.* (*confusione*) pagaille.
● ***è una vera babele!***, quel capharnaüm!

babilonese [ba-bi-lo-né-se] *agg.* (*della Babilonia*) babylonien* ♦ *n.m.* e *f.* **1** (*abitante*) Babylonien/enne **2** (*lingua*) babylonien.

babilonia [ba-bi-lò-nia] *n.f.* (*confusione*) capharnaüm (*m.*).

babirussa [ba-bi-rùs-sa] *n.m.invar.* (*zool.*) babiroussa.

babordo [ba-bór-do] *n.m.* (*mar.*) bâbord.

baby-sitter [bebi'sitter] *n.f.* e *m.invar.* baby-sitter*: *fare la baby-sitter*, faire du baby-sitting.

bacato [ba-cà-to] *agg.* **1** véreux* **2** (*fig.*) taré | *ha il cervello bacato*, il est toqué.

bacca [bàc-ca] *n.f.* [pl. *-che*] (*bot.*) baie.

baccalà [bac-ca-là] *n.m.invar.* **1** (*cuc.*) morue (*f.*) sèche **2** (*fig. fam.*) (*persona stupida*) andouille (*f.*).
● ***magro, secco come un baccalà***, maigre comme un hareng.

baccanale [bac-ca-nà-le] *n.m.* (*st.*) bacchanale (*f.*).

baccano [bac-cà-no] *n.m.* **1** vacarme, chahut: *non fate baccano, ragazzi!*, ne faites pas de chahut, les enfants! **2** (*fig.*) bruit.

baccante [bac-càn-te] *n.f.* bacchante.

baccarà[1] [bac-ca-rà] *n.m.invar.* (*gioco d'azzardo*) baccara.

baccarà[2] *n.m.* (*cristallo*) baccarat.

baccello [bac-cèl-lo] *n.m.* cosse (*f.*).

bacchetta [bac-chét-ta] *n.f.* **1** baguette **2** (*di tenda*) tringle (*m.*) (à rideaux).
● ***comandare a bacchetta***, mener à la baguette.

bacchettata [bac-chet-tà-ta] *n.f.* coup (*m.*) de baguette.

bacchettone [bac-chet-tó-ne] *n.m.* [f. *-a*] bigot.

bacchiare [bac-chià-re] *v.tr.* gauler.

bacchiatura [bac-chia-tù-ra] *n.f.* gaulage (*m.*).

bacheca [ba-chè-ca] *n.f.* [pl. *-che*] vitrine; (*per annunci*) panneau* d'affichage | *esporre in bacheca*, afficher.
● (*Internet*) ***bacheca elettronica***, babillard électronique, BAB.

bachelite [ba-che-lì-te] *n.f.* bakélite.

bacherozzo [ba-che-ròz-zo] *n.m.* **1** vermisseau* **2** (*region.*) cafard.

bachicoltore [ba-chi-col-tó-re] *n.m.* [f. *-trice*] magnanier.

bachicoltura [ba-chi-col-tù-ra] *n.f.* magnanerie.

baciamano [ba-cia-mà-no] *n.m.* [pl. *-i* o *invar.*] baisemain.

baciapile [ba-cia-pì-le] *n.m.* e *f.invar.* bigot; (*di donna*) punaise de sacristie.

baciare [ba-cià-re] *v.tr.* [coniug. come *cominciare*] embrasser, donner un baiser; (*in segno di omaggio e venerazione*) baiser: *baciare qlcu sulle guance*, embrasser qqn sur les deux joues; *baciare la mano a una signora*, baiser la main d'une dame ♦ **baciarsi** *v.pron.rec.* s'embrasser.
● ***baciare la polvere***, (*fig.*) mordre la poussière | ***la fortuna lo ha baciato in fronte***, (*fig.*) la fortune lui a souri.

> NOTA ***Baciare*** una persona si traduce con il verbo ***embrasser***. Non si deve invece usare ***baiser***, perché in francese questo verbo è di uso volgare e significa 'fare all'amore, scopare':
>
> *Baciò la moglie prima di uscire di casa.*
> Il **embrassa** sa femme avant de sortir.
>
> ***Baiser*** si può però usare in frasi come:
>
> *La **baciò** sulla fronte.*
> Il la **baisa** sur le front.

baciato [ba-cià-to] *agg.*
● (*metrica*) ***rima baciata***, rime suivie, plate.

bacile [ba-cì-le] *n.m.* **1** bassin, cuvette (*f.*) **2** (*arch.*) échine (*f.*).

bacillare [ba-cil-là-re] *agg.* (*biol.*) bacillaire.

bacillo [ba-cìl-lo] *n.m.* bacille.

bacinella [ba-ci-nèl-la] *n.f.* **1** cuvette **2** (*fot.*) cuve: *bacinella per sviluppo*, cuve à développement.

bacino [ba-cì-no] *n.m.* bassin (*anche geogr., anat.*).
● (*miner.*) ***bacino carbonifero***, bassin houiller | (*tecn.*) ***bacino di decantazione***, bassin de décantation | ***bacino di utenza***, (*estens.*) zone urbaine de référence | (*mar.*) ***bacino in muratura***, cale sèche | (*geogr.*) ***bacino lacustre***, bassin d'un lac.

bacio [bà-cio] *n.m.* [pl. *-ci*] baiser (*f.*): *dare, ricevere un bacio*, donner, recevoir un baiser; *bacio con lo schiocco*, baiser sonore; *vieni a darmi il bacio della buonanotte*, viens m'embrasser avant que je m'endorme; *dai un bacino alla mamma*, fais une bise à maman.
● ***al bacio***, (*fam.*) au poil.

backdoor [bɛk'dɔr] *n.f.invar.* (*inform.*) porte dérobée, backdoor, accès (*m.*) caché.

background [bɛk'graund] *n.m.invar.* background, arrière-plan*.

back office [bɛk'ɔffis] *n.m.invar.* (*comm.*) back-office*, arrière-guichet.

backslash [bɛkz'lɛʃ] *n.f.invar.* (*inform.*) antislash (*m.*), barre oblique inverse.

backspace [bɛks'peis] *n.m.invar.* (*inform.*) touche (*f.*), retour arrière.

B

backstage [bɛk'steidʒ] ***n.m.invar.*** backstage; (*teatr.*) coulisses (*f.pl.*).

backup [bɛk'ap] ***n.m.invar.*** (*inform.*) copie (*f.*) de sauvegarde, secours informatique, sauvegarde (*f.*) ♦ ***agg.invar.*** (*inform.*) de secours.

baco [bà-co] ***n.m.*** [pl. *-chi*] **1** ver **2** (*inform.*) bogue.
● ***baco da seta***, ver à soie.

bacucco [ba-cùc-co] ***agg.*** [pl.m. *-chi*, f. *-che*] gâteux*.

bada [bà-da] ***n.f.***
● ***tenere a bada qlcu***, tenir en respect qqn: *tenere a bada con la pistola*, tenir en respect avec son revolver; *tienilo a bada se no combina dei disastri*, surveille-le bien sinon il est capable de faire des sottises; *tenetelo a bada che non scappi*, prenez garde qu'il ne se sauve; *tenere a bada i creditori*, faire patienter ses créanciers; (*con promesse illusorie*) amuser les créanciers.

badare [ba-dà-re] ***v.intr.*** [aus. *avere*] **1** s'occuper (**de**): *badare ai bambini*, s'occuper des enfants; *bada molto alla sua salute*, il s'occupe beaucoup de sa santé **2** (*fare attenzione*) faire* attention, prendre* garde, veiller: *bada di non arrivare tardi*, veille à ne pas arriver tard; *badare che non manchi nulla*, veiller à ce que rien ne manque; *bada che non ti veda*, prends garde qu'il ne te voie **3** (*pensare*) penser, s'occuper (**de**): *bada solo a divertirsi*, il ne pense qu'à s'amuser; *tu bada a lavorare, al resto penserò io*, occupe-toi de ton travail, je m'occuperai du reste.
● ***badare a se stesso***, (*cavarsela*) se débrouiller | ***bada!***, gare à toi! | ***bada ai fatti tuoi!***, occupe-toi de tes affaires! | ***non badare a spese***, ne pas regarder à la dépense.

badessa [ba-dés-sa] ***n.f.*** abbesse.
● ***fare la madre badessa***, (*fig.*) se donner des airs.

badge [bɛdʒ] ***n.m.invar.*** **1** (*distintivo rotondo spec. con scritte umoristiche o di protesta*) badge **2** (*cartellino magnetico*) carte (*f.*) (à) mémoire, carte (*f.*) (à) puce.
● ***lettore di badge***, badgeuse.

badia [ba-dì-a] ***n.f.*** abbaye.

badilata [ba-di-là-ta] ***n.f.*** **1** coup (*m.*) de pelle **2** (*contenuto di un badile*) pelletée.

badile [ba-dì-le] ***n.m.*** pelle (*f.*).

baffo [bàf-fo] ***n.m.*** **1** moustache (*f.*): *uomo coi baffi, coi baffi grigi*, homme avec des moustaches, avec une moustache grise; *un bel paio di baffi biondi*, une belle moustache blonde, de belles moustaches blondes **2** (*macchia*) tache (*f.*): *un baffo di pennarello*, une tache de feutre; *un baffo di rossetto*, une trace de rouge; *ti sei fatto un baffo di vino*, tu t'es fait une moustache de vin.
● ***baffi a spazzola***, ***a punta***, ***spioventi***, moustache(s) en brosse, en crocs, à la gauloise | ***lavoro coi baffi***, (*fig.*) travail impeccable | ***me ne faccio un baffo***, (*fam.*) je m'en bats l'œil | ***ridere sotto i baffi***, rire sous cape, dans sa barbe.

NOTA ***I baffi*** si traducono ***la moustache***, che si usa prevalentemente al singolare quando è riferito a una persona, al plurale se riferito ad animali:
Si è tagliato i baffi.
Il a rasé **sa moustache**.
Non si devono tirare i baffi ai gatti.
Il ne faut pas tirer sur **les moustaches** du chat.

baffuto [baf-fù-to] ***agg.*** moustachu.

bagagliaio [ba-ga-glià-io] ***n.m.*** [pl. *-ai*] **1** (*ferr.*) fourgon à bagages **2** (*aut.*) coffre (à bagages).

bagaglio [ba-gà-glio] ***n.m.*** [pl. *-gli*] bagage.
● ***il deposito bagagli***, la consigne.

bagarinaggio [ba-ga-ri-nàg-gio] ***n.m.*** [pl. *-gi*] vente (*f.*) à la sauvette (de billets de spectacles).

bagarino [ba-ga-rì-no] ***n.m.*** [f. *-a*] vendeur à la sauvette (de billets de spectacles).

bagattella [ba-gat-tèl-la] **bagatella** [ba-ga-tèl-la] ***n.f.*** bagatelle.

baggianata [bag-gia-nà-ta] ***n.f.*** bêtise.

baggiano [bag-già-no] ***n.m.*** [f. *-a*] nigaud, niais.

bagher [bà-gher] ***n.m.invar.*** (*sport*) (*tiro di pallavolo*) manchette (*f.*).

bagliore [ba-glió-re] ***n.m.*** lueur (*f.*) (*anche fig.*).

bagnante [ba-gnàn-te] ***n.m.*** e ***f.*** baigneur/euse.

bagnare [ba-gnà-re] ***v.tr.*** **1** mouiller: *bagna la biancheria prima di stirarla*, mouille le linge avant de le repasser **2** (*mettere a bagno, inzuppare*) tremper **3** (*di fiume, di mare*) arroser, baigner: *città bagnata dal mare*, ville au bord de la mer **4** (*annaffiare*) arroser ♦ **bagnarsi** ***v.pron.*** **1** se mouiller **2** (*inzupparsi*) se tremper **3** (*fare il bagno*) se baigner.

bagnarola [ba-gna-rò-la] ***n.f.*** **1** baignoire **2** (*fam.*) (*automobile antiquata*) vieille bagnole; (*vecchia barca*) sabot (*m.*).

bagnasciuga [ba-gna-sciù-ga] ***n.m.invar.*** **1** (*di uno scafo*) ligne (*f.*) de flottaison **2** (*battigia*) ligne (*f.*) de brisement (des vagues).

bagnata [ba-gnà-ta] ***n.f.*** douche: *prendere una bagnata*, prendre une douche, se tremper.

bagnato [ba-gnà-to] ***agg.*** **1** mouillé **2** (*inzuppato*) trempé: *era bagnato fino alle ossa*, il était trempé jusqu'aux os ♦ ***n.m.*** mouillé: *avere odore di bagnato*, sentir le mouillé; *camminare sul bagnato*, marcher dans l'eau.
● ***piove sempre sul bagnato***, (*fig.*) l'argent appelle l'argent.

bagnino [ba-gnì-no] ***n.m.*** maître nageur.

bagno [bà-gno] ***n.m.*** **1** bain: *fare il bagno*, (*in casa*) prendre un bain; (*al mare*) se baigner; *fare il bagno a un bambino*, baigner un enfant **2** (*vasca da bagno*) baignoire (*f.*) **3** (*stanza da bagno*) salle (*f.*) de bains: *in bagno*, dans la salle de bains **4** (*pl.*) (*bagni termali*) bains; (*stabilimento di bagni*) (établissement de) bains **5** (*chim.*) bain.
● ***bagno penale***, bagne | ***essere in un bagno di sudore***, être en nage | ***mettere***, ***tenere a bagno***, faire tremper: *mettere a bagno il bucato*, faire tremper la lessive; *tenere a bagno fagioli secchi*, faire tremper des haricots secs.

bagnomaria [ba-gno-ma-rì-a] ***n.m.invar.*** bain-marie.

bagnoschiuma [ba-gno-schiù-ma] ***n.m.invar.*** bain moussant.

bagordare [ba-gor-dà-re] ***v.intr.*** [aus. *avere*] faire* la noce.

bagordo [ba-gór-do] ***n.m.*** noce (*f.*), bombe (*f.*): *darsi ai bagordi*, faire la noce.

baguette [ba'gɛt] ***n.f.invar.*** **1** (*di calza*) baguette **2** (*taglio di pietre preziose*) baguette **3** (*spilla di forma allungata*) barrette **4** (*sottile filone di pane*) baguette.

baia [bà-ia] ***n.f.*** (*geogr.*) baie.

baiadera [ba-ia-dè-ra] ***n.f.*** bayadère.

bailamme [bai-làm-me] ***n.m.invar.*** **1** (*gran confusione*) tohu-bohu **2** (*di gente*) cohue (*f.*).

baio [bà-io] ***agg.*** e ***n.m.*** [f. *-a*; pl.m. *-ai*] (cheval) bai.

baiocco [ba-iòc-co] ***n.m.*** [pl. *-chi*] (*antica moneta*) baïoque (*f.*).
● ***non avere un baiocco***, (*fig.*) ne pas avoir un sou.

baionetta [ba-io-nét-ta] *n.f.* baïonnette.
● ***baionetta in canna***, baïonnette au fusil | (*mecc.*) ***innesto a baionetta***, joint à baïonnette.

baita [bài-ta] *n.f.* chalet (*m.*).

balalaica [ba-la-lài-ca] *n.f.* [pl. *-che*] (*mus.*) balalaïka.

balaustra [ba-la-ù-stra] *n.f.* balustrade.

balbettamento [bal-bet-ta-mén-to] *n.m.* → **balbettio**.

balbettare [bal-bet-tà-re] *v.tr.* e *intr.* [aus. *avere*] bégayer*; (*farfugliare*) bredouiller; (*spec. dei bambini*) balbutier.

balbettio [bal-bet-tì-o] *n.m.* [pl. *-ii*] bégaiement; (*farfugliamento*) bredouillement; (*dei bambini*) balbutiement.

balbuzie [bal-bù-zie] *n.f.invar.* bégaiement (*m.*).

balbuziente [bal-bu-ziè-n-te] *agg.* e *n.m.* e *f.* bègue.

balcanico [bal-cà-ni-co] *agg.* [pl.m. *-ci*, f. *-che*] balkanique.

balconata [bal-co-nà-ta] *n.f.* balcon (*m.*).

balconcino [bal-con-cì-no] *n.m.* petit balcon.
● (*abbigl.*) ***reggiseno a balconcino***, balconnet.

balcone [bal-có-ne] *n.m.* balcon.

baldacchino [bal-dac-chì-no] *n.m.* baldaquin.

baldanza [bal-dàn-za] *n.f.* *hardiesse; (*sicurezza*) assurance.

baldanzoso [bal-dan-zó-so] *agg.* *hardi; (*sicuro di sé*) plein d'assurance.

baldo [bàl-do] *agg.* *hardi; (*coraggioso*) vaillant.

baldoria [bal-dò-ria] *n.f.* bombance.

balena [ba-lé-na] *n.f.* baleine.

balenare [ba-le-nà-re] *v.impers.* faire* des éclairs ♦ *v.intr.* [aus. *essere*] **1** briller, étinceler* **2** (*fig.*) traverser l'esprit: *mi è balenata un'idea*, une idée m'a traversé l'esprit.

baleniera [ba-le-niè-ra] *n.f.* baleinier (*m.*), baleinière.

balenio [ba-le-nì-o] *n.m.* [pl. *-ii*] série (*f.*) d'éclairs.

baleno [ba-lé-no] *n.m.* éclair.
● ***in un baleno***, en un éclair.

FAUX AMI
Da non confondere con *baleine*, che significa *balena*.

balenotto [ba-le-nòt-to] *n.m.* baleineau*.

balestra [ba-lè-stra] *n.f.* **1** (*arma*) arbalète **2** (*mecc.*) ressort (*m.*) à lames.

balia[1] [bà-lia] *n.f.* nourrice.
● ***a balia***, en nourrice | ***aver bisogno della balia***, (*fig.*) avoir besoin d'être couvé | ***non siamo stati a balia insieme***, (*fam.*) on n'a pas gardé les cochons ensemble.

balia[2] [ba-lìa] *n.f.*
● ***in balia di***, à la merci de: *in propria balia*, à sa merci; *in balia delle onde*, ballotté par les flots; *in balia di se stesso*, livré à soi-même.

balistica [ba-lì-sti-ca] *n.f.* [pl. *-che*] balistique.

balistico [ba-lì-sti-co] *agg.* [pl.m. *-ci*, f. *-che*] balistique.

balivo [ba-lì-vo] *n.m.* (*st.*) bailli.

balla [bàl-la] *n.f.* **1** ballot (*m.*); (*di fibre tessili e merci*) balle; (*di vegetali*) botte: *una balla di paglia*, une botte de paille **2** (*molto fam.*) (*frottola*) bobard (*m.*).

ballabile [bal-là-bi-le] *agg.* dansant ♦ *n.m.* musique dansante.

ballare [bal-là-re] *v.intr.* [aus. *avere*] danser: *ballare a tempo*, danser en mesure; *ballare dalla gioia*, danser de joie | *la nave ballava molto*, le bateau bougeait beaucoup | *questo tavolino balla*, cette table branle | *il vestito le balla addosso*, (*estens.*) elle nage dans sa robe | *se non obbedisci, ti faccio ballare io!*, (*estens.*) si tu n'obéis pas, tu vas avoir de mes nouvelles! ♦ *v.tr.* danser.
● ***ballare sulle punte***, faire des pointes | (*prov.*): ***quando manca la gatta, i topi ballano***, quand le chat n'est pas là, les souris dansent; ***quando si è in ballo bisogna ballare***, quand le vin est tiré il faut le boire.

ballata [bal-là-ta] *n.f.* (*lett., mus.*) ballade.

FAUX AMI
Da non confondere con *balade*, che, nel linguaggio familiare, significa *passeggiata*.

ballatoio [bal-la-tó-io] *n.m.* [pl. *-oi*] coursive (*f.*).

ballerina [bal-le-rì-na] *n.f.* **1** danseuse **2** (*scarpa*) ballerine **3** (*zool.*) bergeronnette.
● ***ballerina di fila***, girl | ***prima ballerina assoluta***, danseuse étoile.

ballerino [bal-le-rì-no] *n.m.* danseur.
● ***ballerino di varietà***, boy.

balletto [bal-lét-to] *n.m.* ballet.

ballista [bal-lì-sta] *n.m.* e *f.* (*volg.*) bluffeur/euse.

ballo [bàl-lo] *n.m.* **1** danse (*f.*) **2** (*trattenimento danzante*) bal*: *dare un ballo*, donner un bal.
● ***ballo in maschera***, bal costumé | ***corpo di ballo***, corps de ballet | ***in ballo***, (*fig.*) en jeu, sur le tapis: *è in ballo la mia carriera*, ma carrière est en jeu; *tirare in ballo*, mettre en cause; *tirare in ballo una questione*, mettre une question sur le tapis; *sono in ballo da due mesi*, ça fait deux mois que ça dure; *sono entrate in ballo nuove difficoltà*, de nouvelles difficultés se sont présentées | ***musica da ballo***, musique de danse.

ballonzolare [bal-lon-zo-là-re] *v.intr.* [aus. *avere*] **1** dansotter **2** (*saltellare*) sautiller.

ballottaggio [bal-lot-tàg-gio] *n.m.* [pl. *-gi*] (*pol.*) scrutin de ballottage.
● ***in ballottaggio***, en ballottage.

balneare [bal-ne-à-re] *agg.* [pl.m. *-ri*] balnéaire.
● ***stabilimento balneare***, établissement balnéaire.

balneazione [bal-ne-a-zió-ne] *n.f.* balnéation.
● ***divieto di balneazione***, baignade interdite.

baloccarsi [ba-loc-càr-si] *v.pron.* [coniug. come *mancare*] s'amuser (*anche fig.*); (*giocare*) jouer.

balocco [ba-lòc-co] *n.m.* [pl. *-chi*] jouet (*anche fig.*).

balordaggine [ba-lor-dàg-gi-ne] *n.f.* balourdise.

balordo [ba-lór-do] *agg.* **1** (*tonto*) nigaud **2** (*bislacco*) drôle (**de**): *che tempo balordo!*, quel drôle de temps! | *ragionamento balordo*, raisonnement qui ne tient pas debout **3** (*intontito*) drôle ♦ *n.m.* [f. *-a*] (*fam.*) voyou.

FAUX AMI
Da non confondere con *balourd*, che significa *zotico, goffo*.

balsamico [bal-sà-mi-co] *agg.* [pl.m. *-ci*, f. *-che*] balsamique; (*salubre*) salubre.

balsamina [bal-sa-mì-na] *n.f.* (*bot.*) balsamine.

balsamo [bàl-sa-mo] *n.m.* baume; (*per capelli*) démêlant.

baltico [bàl-ti-co] *agg.* [pl.m. *-ci*, f. *-che*] balte.

baluardo [ba-lu-àr-do] *n.m.* rempart (*anche fig.*).

baluginare [ba-lu-gi-nà-re] *v.intr.* [aus. *essere*] **1** clignoter (vaguement) **2** (*fig.*) (*affacciarsi alla mente*) passer par la tête.

balza [bàl-za] *n.f.* **1** corniche; (*scarpata*) escarpement (*m.*) **2** (*di abito, tende ecc.*) volant (*m.*) **3** (*del cavallo*) balzane.

balzano [bal-zà-no] *agg.* **1** (*di cavallo*) balzan **2** (*fig.*) (*stravagante*) drôle (**de**).
● ***è un cervello balzano***, c'est un original.

balzare [bal-zà-re] *v.intr.* [aus. *essere*] bondir; (*saltare*) sauter: *balzare in piedi*, sauter sur ses pieds.
● ***balzare addosso a qlcu***, se jeter sur qqn | ***balzare agli occhi***, sauter aux yeux: *è una verità che balza agli occhi*, c'est une vérité qui saute aux yeux.

balzellare [bal-zel-là-re] *v.intr.* [aus. *essere* e *avere*] sautiller.

balzelloni, (a) [a bal-zel-ló-ni] *avv.* en sautant.

balzo[1] [bàl-zo] *n.m.* bond: *fare un balzo in avanti*, (*anche fig.*) faire un bond en avant | *il cuore mi diede un balzo*, mon sang ne fit qu'un tour.
● ***cogliere la palla al balzo***, (*fig.*) saisir la balle au bond.

balzo[2] *n.m.* (*rupe*) escarpement.

bambagia [bam-bà-gia] *n.f.* [pl. *-gie* o *-ge*] **1** ouate **2** (*cascami di cotone*) déchets (*m.pl.*) de coton.
● ***allevare nella bambagia***, (*fig.*) élever dans du coton.

bambina [bam-bì-na] *n.f.* petite fille, enfant: *è una bambina deliziosa*, c'est une enfant délicieuse.

bambinaia [bam-bi-nà-ia] *n.f.* bonne d'enfants.

bambinata [bam-bi-nà-ta] *n.f.* enfantillage (*m.*).

bambino [bam-bì-no] *n.m.* enfant: *bambino terribile*, enfant terrible; *un bambino appena nato*, un nouveau -né; *ha tre bambini e una bambina*, elle a trois garçons et une fille; *è un bambino pestifero*, c'est une petite peste ♦ *agg.* enfant: *quel ragazzo è ancora molto bambino*, ce garçon est encore très enfant; *mente bambina*, esprit puéril; *scienza ancora bambina*, science à ses premiers balbutiements.
● ***bambino soldato***, enfant-soldat | ***il Bambino Gesù***, ***Gesù Bambino***, l'Enfant Jésus.

bamboccio [bam-bòc-cio] *n.m.* [f. *-a*; pl.m. *-ci*, f. *-ce*] **1** poupard **2** (*ragazzo ingenuo*) grand bébé **3** (*fantoccio di stracci*) poupée (*f.*) de chiffon.

bambola [bàm-bo-la] *n.f.* poupée: *giocare con la bambola*, jouer à la poupée.

bamboleggiare [bam-bo-leg-già-re] *v.intr.* [coniug. come *mangiare*; aus. *avere*] (*far moine*) minauder.

bambolotto [bam-bo-lòt-to] *n.m.* [f. *-a*] **1** (*bambola*) poupon, baigneur **2** (*di bambino*) poupon.

bambù [bam-bù] *n.m.invar.* bambou.

banale [ba-nà-le] *agg.* banal*.

banalità [ba-na-li-tà] *n.f.invar.* banalité.

banalizzare [ba-na-liʒ-ʒà-re] *v.tr.* banaliser.

banalizzazione [ba-na-liʒ-ʒa-zió-ne] *n.f.* banalisation.

banana [ba-nà-na] *n.f.* **1** banane **2** (*rotolo di capelli*) coque, boucle.

bananeto [ba-na-né-to] *n.m.* bananeraie (*f.*).

banano [ba-nà-no] *n.m.* bananier.

banca [bàn-ca] *n.f.* [pl. *-che*] banque: *andare*, *lavorare in banca*, aller, travailler à la banque; *aprire un conto*, *versare in banca*, ouvrir un compte, verser à la banque; *avere un conto in banca*, avoir un compte en banque.
● ***banca commerciale***, banque commerciale (*o* de commerce) | ***banca dati***, (*estens.*) banque de données | ***banca del sangue***, ***degli occhi***, ***del seme***, (*estens.*) banque du sang, des yeux, du sperme | ***banca del tempo***, système d'échange local; banque du temps | ***banca etica***, banque éthique | ***banca nazionale***, banque nationale | ***banca virtuale***, banque virtuelle | ***a mezzo banca***, par l'intermédiaire de la banque.

bancale [ban-cà-le] *n.m.* palette (*f.*).

FAUX AMI
Da non confondere con l'aggettivo *bancal* che significa *sbilenco* o *con le gambe storte*.

bancarella [ban-ca-rèl-la] *n.f.* banc (*m.*) (au marché); (*spec. di libri*) étalage (*m.*); (*di fiori*) kiosque (*m.*): *l'ho comperato su una bancarella* (*del mercato*), je l'ai acheté au marché; *ha trovato questo libro su una bancarella*, il a trouvé ce livre chez un bouquiniste.

bancarellista [ban-ca-rel-lì-sta] *n.m.* e *f.* vendeur/euse de marché, (marchand/e) forain/e; (*di libri d'occasione*) bouquiniste.

bancario [ban-cà-rio] *agg.* bancaire ♦ *n.m.* [f. *-a*; pl.m. *-ri*] employé de banque.
● ***scoperto bancario***, découvert (en banque).

bancarotta [ban-ca-rót-ta] *n.f.* banqueroute.

bancarottiere [ban-ca-rot-tiè-re] *n.m.* [f. *-a*] banqueroutier.

banchettare [ban-chet-tà-re] *v.intr.* [aus. *avere*] banqueter*.

banchetto[1] [ban-chét-to] *n.m.* (*piccolo banco*) petit banc.

banchetto[2] *n.m.* banquet, festin.

banchiere [ban-chiè-re] *n.m.* [f. *-a*] banquier.

banchina [ban-chì-na] *n.f.* **1** quai (*m.*) **2** (*di strada*) accotement (*m.*) **3** (*per ciclisti*) piste cyclable.

banchisa [ban-chì-ʃa] *n.f.* banquise.

banco[1] [bàn-co] *n.m.* [pl. *-chi*] **1** banc: *banco di falegname*, banc, établi de menuisier | *banco di laboratorio*, pupitre **2** (*bancone*) comptoir: *prendere un caffè al banco*, boire un café au comptoir **3** (*ammasso*) banc: *banco di sabbia*, *di sardine*, banc de sable, de sardines.
● ***scaldare i banchi***, (*fig.*) user ses fonds de culotte sur les bancs de l'école | ***sotto banco***, (*fig.*) en cachette: *dare sotto banco*, donner en cachette; *vendere sotto banco*, vendre sous le manteau; *merce sotto banco*, marchandise vendue clandestinement.

banco[2] *n.m.* [pl. *-chi*] **1** (*banca*) banque (*f.*) **2** (*al gioco*) banque (*f.*): *tenere il banco*, tenir la banque; (*fig. fam.*) tenir le crachoir.
● ***banco del lotto***, bureau de loterie | ***banco di sconto***, comptoir d'escompte.

bancogiro [ban-co-gì-ro] *n.m.* (*comm.*) virement (de compte); (*passaggio di cassa*) cession (*f.*), transfert.

bancomat® [bàn-co-mat] *n.m.invar.* billetterie (*f.*) (automatique), guichet automatique de banque, GAB.
● (***tessera***) ***bancomat***, carte (*f.*) banquaire, carte bleue®.

bancone [ban-có-ne] *n.m.* **1** comptoir **2** (*tip.*) rang.

banconota [ban-co-nò-ta] *n.f.* billet (*m.*) de banque.

banda[1] [bàn-da] *n.f.* **1** bande (*anche fis., tecn.*) **2** (*striscia*) rayure: *tessuto a bande colorate*, tissu à rayures colorées **3** (*di capelli*) bandeau* (*m.*).

banda[2] *n.f.* **1** bande: *banda di ladri*, bande de voleurs **2** (*complesso musicale*) fanfare, musique.

banda[3] *n.f.* **1** (*letter.*) (*parte*) côté (*m.*) **2** (*mar.*) bande: *andare alla banda*, donner de la bande.

banderuola [ban-de-ruò-la] *n.f.* **1** girouette (*anche fig.*) **2** (*di nave*) banderole **3** (*piccola bandiera*) flamme.

bandiera [ban-diè-ra] *n.f.* **1** drapeau* (*m.*) (*anche fig.*) **2** (*mar.*) pavillon (*m.*).

B

● (*mar.*) ***bandiera ombra, di comodo***, pavillon de complaisance | ***a bandiere spiegate***, les enseignes déployées | ***alzare bandiera bianca***, (*anche fig.*) hisser le drapeau blanc | ***giocare a bandiera***, jouer au foulard | (*sport*) ***il punto della bandiera***, le but qui sauve l'honneur | ***mutare, cambiare bandiera***, (*fig.*) tourner casaque | ***portare alta la bandiera di qlco***, (*fig.*) faire honneur à qqch.

bandierina [ban-die-rì-na] ***n.f.*** (*sport*) fanion (*m.*).
● (*calcio*) ***bandierina dell'angolo, del corner***, drapeau de coin.

bandire [ban-dì-re] ***v.tr.*** [coniug. come *finire*] **1** proclamer | *bandire un concorso*, publier un concours; *bandire una crociata*, prêcher une croisade **2** (*mettere al bando*) bannir | *bandire i complimenti*, (*fig.*) ne pas faire de façons.

bandista [ban-dì-sta] ***n.m.*** e ***f.*** musicien/enne de fanfare.

bandistico [ban-dì-sti-co] ***agg.*** [pl.m. *-ci*, f. *-che*] de fanfare; pour fanfare: *concerto bandistico*, concert de fanfare; *musica bandistica*, musique pour fanfare.

bandita [ban-dì-ta] ***n.f.*** (*di caccia, di pesca*) réserve.

banditesco [ban-di-té-sco] ***agg.*** [pl.m. *-schi*, f. *-sche*] criminel*.

banditismo [ban-di-tì-ʃmo] ***n.m.*** banditisme.

bandito [ban-dì-to] ***agg.*** (*esiliato*) banni ♦ ***n.m.*** [f. *-a*] [f. *-a*] bandit.
● ***tenere corte bandita***, (*letter.*) tenir maison ouverte.

banditore [ban-di-tó-re] ***n.m.*** [f. *-trice*] (*di aste pubbliche*) commissaire-priseur*.

bando [bàn-do] ***n.m.*** **1** avis **2** (*esilio*) exil, ban.
● ***bando a...!***, pas de...!, trêve de...!, adieu...!: *bando ai complimenti!*, pas de façons!; *bando alle chiacchiere!*, trêve de bavardages!; *bando alla tristezza!*, adieu la tristesse! | ***bando di concorso***, avis de concours | ***mettere al bando***, mettre au ban, bannir: *è stato messo al bando da tutti*, (*fig.*) tout le monde l'évite.

FAUX AMI
Da non confondere con *bande*, che significa *fascia* o *banda*.

bandoliera [ban-do-liè-ra] ***n.f.*** bandoulière.
● ***a bandoliera***, en bandoulière.

bandolo [bàn-do-lo] ***n.m.*** **1** bout de l'écheveau **2** (*fig.*) nœud de la question, nœud de l'affaire: *cercare il bandolo* (*della matassa*), chercher le nœud de la question; *ho trovato il bandolo*, j'ai trouvé le nœud de l'affaire; *ho perso il bandolo* (*della matassa*), j'ai perdu le fil.

bang [bɛng] ***inter.*** e ***n.m.invar.*** bang.

bangio [bàn-gio] ***n.m.*** [pl. *-gi*] **banjo** ['bɛndʒo] ***n.m. invar.*** (*mus.*) banjo.

bannare [ban-nà-re] ***v.tr.*** (*Internet*) (*fam.*) bannir, adéiser.

banner ['bannɛr] ***n.m.invar.*** (*Internet*) bandeau*.

bantù [ban-tù] ***agg.*** e ***n.m.invar.*** bantou.

baobab [ba-o-bàb] ***n.m.invar.*** (*bot.*) baobab.

bar ***n.m.invar.*** **1** bar, café **2** (*mobile*) cave (*f.*) à liqueurs.

bara [bà-ra] ***n.f.*** bière, cercueil (*m.*).

baracca [ba-ràc-ca] ***n.f.*** [pl. *-che*] **1** baraque **2** (*fam.*) (*cosa in cattivo stato*) patraque; (*veicolo malandato*) tacot (*m.*).
● ***mandare avanti la baracca***, mener son affaire; (*far quadrare il bilancio*) boucler son budget, faire bouillir la marmite: *fa fatica a mandare avanti la baracca*, il a du mal à mener son affaire; il a du mal à boucler son budget | ***piantar baracca e burattini***, tout plaquer.

baraccamento [ba-rac-ca-mén-to] ***n.m.*** baraquement.

baraccato [ba-rac-cà-to] ***n.m.*** [f. *-a*] qui vit dans un baraquement, dans une baraque.

baracchino [ba-rac-chì-no] ***n.m.*** **1** (*chiosco*) kiosque; (*spreg.*) échoppe (*f.*) **2** (*rad.*) CB (appareil émetteur -récepteur pour la citizen band) **3** (*fam.*) (*motorino*) mob (*f.*).

baraccone [ba-rac-có-ne] ***n.m.*** **1** grande baraque (*f.*) **2** (*nelle fiere*) baraque (*f.*).
● ***fenomeno da baraccone***, phénomène de foire.

baraccopoli [ba-rac-cò-po-li] ***n.f.invar.*** bidonville.

baraonda [ba-ra-ón-da] ***n.f.*** (*di cose*) pagaille; (*di gente*) cohue; (*frastuono*) vacarme (*m.*); (*rissa*) bagarre: *è una baraonda*, c'est une pétaudière; *fare baraonda*, faire du chahut.

barare [ba-rà-re] ***v.intr.*** [aus. *avere*] tricher (*anche fig.*).

baratro [bà-ra-tro] ***n.m.*** **1** gouffre; (*burrone*) ravin **2** (*fig.*) abîme.

barattare [ba-rat-tà-re] ***v.tr.*** troquer: *barattare una cosa con un'altra*, troquer une chose contre une autre.

baratto [ba-ràt-to] ***n.m.*** troc, échange: *fare baratto di una cosa con un'altra*, troquer une chose contre une autre.

FAUX AMI
Da non confondere con *baratte*, che significa *zangola*.

barattolo [ba-ràt-to-lo] ***n.m.*** pot; (*scatola di legno, metallo ecc.*) boîte (*f.*): *un barattolo di marmellata, di senape*, un pot de confiture, de moutarde; *un barattolo di piselli*, une boîte de petits pois; *barattolo per il sale*, boîte à sel.

barba [bàr-ba] ***n.f.*** barbe: *hai la barba lunga*, tu as de la barbe; *sapone da barba*, savon à barbe.
● ***barba alla Cavour***, barbe en collier | ***barba a pizzo***, bouc | ***barba a punta***, barbe en pointe | (*bot.*): ***barba di becco***, barbe de bouc; ***barba di bosco***, usnée barbue; ***barba di carciofo***, foin d'artichaut; ***barba di frate, di cappuccino***, barbe-de-capucin; ***barba di Giove***, barbe de Jupiter, joubarbe | ***che barba!***, la barbe! | ***crema da barba***, crème à raser | ***farla in barba a qlcu***, (*fig.*) agir à la barbe de qqn: *farla in barba alla legge*, contourner la loi | ***far venire la barba***, (*annoiare*) barber: *quei discorsi mi fanno venire la barba*, ces discours me barbent | ***l'ho servito di barba e capelli***, (*fig.*) je l'ai bien arrangé | ***non c'è barba d'uomo che...***, personne au monde...: *non c'è barba d'uomo che possa impedirmelo*, personne au monde ne pourra m'empêcher de le faire.

barbabietola [bar-ba-biè-to-la] ***n.f.*** betterave.
● ***barbabietola da zucchero***, betterave sucrière.

barbablù [bar-ba-blù] ***n.m.invar.*** croquemitaine.

barbacane [bar-ba-cà-ne] ***n.m.*** (*edil. mil.*) barbacane (*f.*).

barbagianni [bar-ba-giàn-ni] ***n.m.invar.*** **1** (*zool.*) effraie (*f.*) **2** (*fig.*) (*sciocco*) balot, idiot.

barbaramente [bar-ba-ra-mén-te] ***avv.*** barbarement, sauvagement.

barbaresco [bar-ba-ré-sco] ***agg.*** [pl.m. *-schi*, f. *-sche*] (*della Barberia*) barbaresque.
● (***cavallo***) ***barbaresco***, barbe.

barbarico [bar-bà-ri-co] ***agg.*** [pl.m. *-ci*, f. *-che*] barbare.

barbarie [bar-bà-rie] ***n.f.invar.*** barbarie | *è una vera* *barbarie*, (*vandalismo*) c'est du vandalisme; (*crudeltà*) c'est de la cruauté pure.

barbarismo [bar-ba-rì-ʃmo] *n.m.* (*ling.*) barbarisme.

barbaro [bàr-ba-ro] *agg.* e *n.m.* [f. *-a*] barbare.
● ***che gusti barbari!***, quels drôles de goûts!

barbatella [bar-ba-tèl-la] *n.f.* (*della vite*) provin (*m.*).

barbera [bar-bè-ra] *n.m.invar.* barbera (vin rouge du Piémont).

barbetta [bar-bét-ta] *n.f.* (*piccola barba*) barbiche.

barbiere [bar-biè-re] *n.m.* coiffeur (pour hommes).
● ***negozio di barbiere***, salon de coiffure pour hommes.

barbino [bar-bì-no] *agg.* (*fam.*) (*pietoso, misero*) minable.
● ***figura barbina***, piètre figure.

barbiturico [bar-bi-tù-ri-co] *n.m.* e *agg.* [pl.m. *-ci*, f. *-che*] (*med.*) barbiturique.

barbo [bàr-bo] *n.m.* [pl. *-bi*] (*zool.*) barbeau*.

barbogio [bar-bò-gio] *agg.* [f. *-a*; pl.m. *-gi*, f. *-gie* o *-ge*] gâteux*.
● ***vecchio barbogio***, vieux gâteux, gaga.

barboncino [bar-bon-cì-no] *n.m.* [f. *-a*] (*cane*) caniche.

barbone [bar-bó-ne] *n.m.* [f. *-a*] **1** grande barbe **2** (*uomo barbuto*) barbu **3** (*vagabondo*) clochard; (*fam.*) clodo.
● (***cane***) ***barbone***, caniche: *barbone nano, medio, reale*, caniche nain, moyen, royal.

barboso [bar-bó-so] *agg.* (*fam.*) barbant, rasoir*.

barbugliare [bar-bu-glià-re] *v.tr.* e *intr.* [aus. *avere*] bredouiller.

barbuto [bar-bù-to] *agg.* barbu.

barca [bàr-ca] *n.f.* [pl. *-che*] bateau* (*m.*), barque: *andare in barca*, aller en bateau; (*come sport*) faire du bateau.
● ***essere in barca***, (*fig.*) être dans les vapes: *oggi sono completamente in barca*, aujourd'hui je suis dans les vapes | ***mandare avanti la barca***, (*fig.*) mener son affaire; (*far quadrare il bilancio*) boucler son budget: *fa fatica a mandare avanti la barca*, il a du mal à mener son affaire; (*a far quadrare il bilancio*) il a du mal à boucler son budget | ***siamo tutti nella stessa barca***, (*fig.*) nous sommes tous logés à la même enseigne | ***una barca di***, (*fig.*) un tas de: *una barca di soldi*, un tas d'argent.

barcaccia [bar-càc-cia] *n.f.* [pl. *-ce*] (*teatr.*) loge d'avant-scène.

barcaiolo [bar-ca-iò-lo] *n.m.* [f. *-a*] **1** batelier* **2** (*traghettatore*) passeur **3** (*noleggiatore di barche*) loueur* de barques.

barcamenarsi [bar-ca-me-nàr-si] *v.pron.intr.* mener* habilement sa barque; (*cavarsela*) se débrouiller.

barcarola [bar-ca-rò-la] *n.f.* (*mus.*) barcarolle.

barchetta [bar-chét-ta] *n.f.* petit bateau* (*m.*).

barcollante [bar-col-làn-te] *agg.* (*anche fig.*) chancelant.

barcollare [bar-col-là-re] *v.intr.* [aus. *avere*] chanceler* (*anche fig.*).

barcolloni [bar-col-ló-ni] *avv.* en chancelant.

barcone [bar-có-ne] *n.m.* (*chiatta*) chaland, péniche (*f.*).

bardana [bar-dà-na] *n.f.* (*bot.*) bardane.

bardare [bar-dà-re] *v.tr.* **1** barder; (*mettere i finimenti*) *harnacher **2** (*estens. scherz.*) attifer ♦ **bardarsi** *v.pron.* (*estens. scherz.*) s'attifer.

bardato [bar-dà-to] *agg.* **1** *harnaché **2** (*estens. scherz.*) attifé **3** (*rivestito, adorno*) recouvert.
● ***era bardato a festa***, (*fig.*) il avait mis ses habits du dimanche.

bardatura [bar-da-tù-ra] *n.f.* **1** *harnachement (*m.*) **2** (*estens. scherz.*) accoutrement (*m.*).

bardo [bàr-do] *n.m.* (*st. lett.*) barde.

bardolino [bar-do-lì-no] *n.m.* bardolino (vin rouge des bords du lac de Garde).

bardotto [bar-dòt-to] *n.m.* (*zool.*) bardot.

barella [ba-rèl-la] *n.f.* brancard (*m.*), civière.

barelliere [ba-rel-liè-re] *n.m.* [f. *-a*] brancardier*.

barena [ba-ré-na] *n.f.* sèche d'une lagune.

barese [ba-ré-se] *agg.* de Bari ♦ *n.m.* e *f.* habitant/e de Bari.

bargiglio [bar-gì-glio] *n.m.* [pl. *-gli*] (*di gallo*) barbe (*f.*), barbillon; (*di tacchino*) caroncule (*f.*).

bari- *pref.* bary-.

baricentro [ba-ri-cèn-tro] *n.m.* barycentre.

barico [bà-ri-co] *agg.* [pl.m. *-ci*, f. *-che*] (*meteor.*) de pression: *gradiente barico*, gradient de pression.
● ***indice barico***, indice barométrique | ***pressione barica***, pression atmosphérique.

barile [ba-rì-le] *n.m.* baril; (*per le aringhe*) caque (*f.*); (*per le acciughe*) barrot.
● ***essere un barile***, (*fig.*) être un pot à tabac | ***fare a scarica barile***, se renvoyer la balle | ***fare il pesce in barile***, (*fig.*) faire semblant de rien.

barilotto [ba-ri-lòt-to] *n.m.* baricaut.

bario [bà-rio] *n.m.* [pl. *-ri*] (*chim.*) baryum.

barista [ba-rì-sta] *n.m.* garçon de café ♦ *n.f.* serveuse (de café).

baritonale [ba-ri-to-nà-le] *agg.* de baryton.

baritono [ba-rì-to-no] *n.m.* (*mus.*) baryton.

barlume [bar-lù-me] *n.m.* lueur (*f.*) (*anche fig.*).
● ***non avere neanche il più piccolo barlume*** (***di qlco***), ne pas avoir la moindre idée (de qqch).

barman [bàr-man] *n.m.invar.* barman*.

baro [bà-ro] *n.m.* [f. *-a*] tricheur*.

barocchetto [ba-roc-chét-to] *n.m.* (*arte*) baroque tardif.

barocco [ba-ròc-co] *n.m.* e *agg.* [pl.m. *-chi*, f. *-che*] (*arte*) baroque.

barolo [ba-rò-lo] *n.m.* barolo (vin rouge du Piémont).

barometrico [ba-ro-mè-tri-co] *agg.* [pl.m. *-ci*, f. *-che*] (*fis.*) barométrique.

barometro [ba-rò-me-tro] *n.m.* baromètre (*anche fig.*).

baronale [ba-ro-nà-le] *agg.* de baron.

barone [ba-ró-ne] *n.m.* baron (*anche estens.*).

baronessa [ba-ro-nés-sa] *n.f.* baronne.

baronetto [ba-ro-nét-to] *n.m.* baro(n)net.

baronia [ba-ro-nì-a] *n.f.* **1** (*titolo*) baronnage (*m.*) **2** (*dominio*) baronnie.

barra [bàr-ra] *n.f.* **1** barre: *una barra di ferro*, une barre de fer **2** (*del morso del cavallo*) embouchure, barre **3** (*geogr.*) barre: *barra di foce*, barre d'un fleuve **4** (*segno grafico*) barre: *separare due numeri con una barra*, séparer deux chiffres par une barre **5** (*med.*) (*sensazione dolorosa*) barre: *barra epigastrica*, barre épigastrique.
● (*mar.*): ***barra del timone***, barre du gouvernail | (*aer.*) ***barra di comando***, manche à balai | (*inform.*) ***barra inte-***

rattiva, barre interactive | (*inform.*) ***codice a barre***, code (à) barres | (*tip.*) ***una barra spaziatrice***, un intermédiaire.

barracano [bar-ra-cà-no] ***n.m.*** djellaba (*f.*), burnous.

barracuda [bar-ra-cù-da] ***n.m.invar.*** (*zool.*) barracuda.

barrare [bar-rà-re] ***v.tr.*** barrer: *barrare un assegno*, barrer un chèque.

barrato [bar-rà-to] ***agg.*** barré.

● ***assegno barrato***, chèque barré.

barretta [bar-rèt-ta] ***n.f.*** petite barre.

● ***barretta di cereali***, barre de céréales | ***barretta di cioccolato***, tablette de chocolat | ***barretta per capelli***, barrette | ***barretta sostitutiva del pasto***, barre-repas, en-cas hyperprotéiné.

barricare [bar-ri-cà-re] ***v.tr.*** [coniug. come *mancare*] barricader ♦ **barricarsi** ***v.pron.*** **1** se barricader **2** (*fig.*) se retrancher: *si barrica dietro agli ordini ricevuti*, il se retranche derrière les ordres reçus; *si è barricato dietro un silenzio impenetrabile*, il s'est retranché dans un silence absolu.

barricata [bar-ri-cà-ta] ***n.f.*** barricade: *è morto sulle barricate*, il est mort sur les barricades.

● ***essere dall'altra parte della barricata***, (*fig.*) être de l'autre côté de la barricade.

barriera [bar-riè-ra] ***n.f.*** **1** barrière (*anche fig.*) **2** (*equitazione*) *haies (*pl.*) **3** (*sport*) mur (*m.*).

● ***barriera architettonica***, obstacle architectural pour les handicapés moteurs | ***barriera corallina***, récif, barrière de corail.

barrire [bar-rì-re] ***v.intr.*** [coniug. come *finire*; aus. *avere*] barrir.

barrito [bar-rì-to] ***n.m.*** barrissement.

barrocciaio [bar-roc-cià-io] ***n.m.*** [pl. *-ai*] charretier.

barroccio [bar-ròc-cio] ***n.m.*** [pl. *-ci*] (*a due ruote*) charrette (*f.*); (*a quattro ruote*) chariot.

baruffa [ba-rùf-fa] ***n.f.*** bagarre, querelle; *far baruffa*, se quereller, se disputer.

baruffare [ba-ruf-fà-re] ***v.intr.*** [aus. *avere*] se quereller, se disputer.

barzelletta [bar-ʒel-lét-ta] ***n.f.*** petite histoire, blague, histoire drôle.

● ***prendere in barzelletta***, prendre à la légère.

basalto [ba-ʃàl-to] ***n.m.*** (*geol.*) basalte.

basamento [ba-ʃa-mén-to] ***n.m.*** **1** (*di edificio*) soubassement; (*di colonna, statua*) socle, base (*f.*) **2** (*zoccolo di pareti*) plinthe (*f.*); (*di muro esterno*) empattement **3** (*mecc.*) (*di motore*) carter (du moteur); (*bancale di macchina*) bâti.

basare [ba-ʃà-re] ***v.tr.*** fonder, baser ♦ **basarsi** ***v.pron.*** se fonder, se baser.

basca [bà-sca] **baschina** ***n.f.*** basque.

basco [bà-sco] ***agg.*** [pl.m. *-schi*, f. *-sche*] basque ♦ ***n.m.*** **1** (*lingua*) basque **2** [f. *-a*] (*abitante*) Basque.

● (***berretto***) ***basco***, béret basque.

base [bà-ʃe] ***n.f.*** **1** base (*anche fig.*): *la base di una colonna*, la base d'une colonne; *porre le basi di un accordo*, jeter les bases d'un accord | *ragionamento privo di basi*, raisonnement sans fondement **2** (*chim.*) base: *coppia di basi*, paire de bases **3** (*baseball*) base **4** (*di mobile*) support (*m.*); (*di mobile componibile*) bas (*m.*), élément (*m.*) bas **5** (*inform.*) base ♦ ***agg.*** de base: *alimento base*, aliment de base; *stipendio base*, traitement, salaire de base.

● (*mil.*) ***base missilistica***, base lance-missiles | (*econ.*) ***base monetaria***, étalon monétaire | ***a base di***, à base de | ***in base a***, d'après | (*mil.*) ***rientrare alla base***, rentrer à la base; (*fig.*) rentrer chez soi.

baseball ['bɛzbol] ***n.m.invar.*** (*sport*) base-ball.

basetta [ba-ʃét-ta] ***n.f.*** rouflaquette.

basettone [ba-ʃet-tó-ne] ***n.m.*** favori.

basico [bà-ʃi-co] ***agg.*** [pl.m. *-ci*, f. *-che*] (*chim.*) basique.

basilare [ba-ʃi-là-re] ***agg.*** fondamental*.

basilica [ba-ʃì-li-ca] ***n.f.*** [pl. *-che*] basilique.

FAUX AMI
Da non confondere con *basilic*, che significa *basilico*.

basilico [ba-ʃì-li-co] ***n.m.*** [pl. *-ci*] (*bot.*) basilic.

FAUX AMI
Da non confondere con *basilique*, che significa *basilica*.

basilisco [ba-ʃi-lì-sco] ***n.m.*** [pl. *-schi*] basilic.

basista [ba-ʃì-sta] ***n.m.*** e ***f.*** **1** (*pol.*) militant/e de base **2** (*di una banda di malfattori*) cerveau* (*m.*) (d'une bande).

bassa [bàs-sa] ***n.f.*** **1** (*region.*) plaine: *la bassa padana*, la plaine au sud du Pô **2** (*meteor.*) cyclone (*m.*).

bassamente [bas-sa-mén-te] ***avv.*** bassement.

bassezza [bas-séz-za] ***n.f.*** bassesse.

basso [bàs-so] ***agg.*** **1** bas* (*anche fig.*): *soffitto basso*, plafond bas; *a basso prezzo*, à bas prix **2** (*di persona*) petit: *un uomo basso e ben piantato*, un homme petit et râblé **3** (*fig.*) (*vile; umile*) bas*: *un'azione bassa*, une action basse; *la gente bassa*, les petites gens **4** (*rivolto a terra*) baissé: *parlava tenendo gli occhi bassi*, il parlait les yeux baissés; *camminare a testa bassa*, marcher la tête basse **5** (*tardo*) bas*: *basso latino*, bas latin ♦ ***avv.*** bas: *volare basso*, voler bas ♦ ***n.m.*** **1** (*parte bassa*) bas **2** basso (à Naples, logement misérable au rez-de-chaussée) **3** (*mus.*) basse (*f.*): *una voce di basso profondo*, une voix de basse-contre.

● (*st.*) ***basso Medioevo***, bas Moyen Age | (*geogr.*) ***Basso Reno***, Bas-Rhin | ***basso ventre***, bas-ventre | (*geogr.*) ***bassa Italia***, Italie du Sud | ***bassa marea***, marée basse | ***acqua bassa***, eau peu profonde | ***da basso***, en bas | ***gli alti e i bassi della vita***, (*fig.*) les hauts et les bas de la vie | ***guardare dall'alto in basso***, (*fig.*) regarder de son haut | ***in basso***, bas: *scendere, cadere in basso*, (*fig.*) tomber très bas | ***le parti basse***, (*fam.*) (*i genitali*) les parties honteuses | ***numeri bassi***, petits nombres | ***tacchi bassi***, talons plats.

bassofondo [bas-so-fón-do] ***n.m.*** [pl. *bassifondi*] **1** (*geogr.*) bas-fond* **2** (*pl.*) (*fig.*) bas-fonds.

bassopiano [bas-so-pià-no] ***n.m.*** [pl. *bassopiani* o *bassipiani*] (*geogr.*) basse plaine (*f.*).

bassorilievo [bas-so-ri-liè-vo] ***n.m.*** [pl. *bassorilievi* o *bassirilievi*] (*scult.*) bas-relief*.

bassotto [bas-sòt-to] ***agg.*** courtard ♦ ***n.m.*** (*cane*) basset.

basta [bà-sta] ***inter.*** ça suffit, assez: *ho detto troppo, basta!*, j'en ai déjà trop dit!; *basta con le chiacchiere!*, trêve de bavardages!; *basta con i sogni!*, assez rêvé!; *basta, grazie*, ça va, merci.

● ***punto e basta***, un point, c'est tout.

bastardaggine [ba-star-dàg-gi-ne] ***n.f.*** bâtardise.

bastardo [ba-stàr-do] ***agg.*** bâtard (*anche fig.*): *cane bastardo*, chien bâtard ♦ ***n.m.*** [f. *-a*] **1** bâtard **2** (*fig. spreg.*) salaud.

● ***scrittura bastarda***, (écriture) bâtarde.

bastare [ba-stà-re] ***v.intr.*** [aus. *essere*] suffire*: *due ore bastano*, deux heures suffisent; *mi bastano pochi soldi per vivere*, il me suffit de très peu d'argent pour vivre; *è ba-*

B

stato un niente per farlo arrabbiare, un rien a suffi, il a suffi d'un rien pour le mettre en colère; *questa somma deve bastarti per parecchi mesi*, il faut que cette somme te fasse plusieurs mois ♦ *v.intr.impers.* suffire*: *bastava che me lo chiedeste gentilmente*, il suffisait que vous me le demandiez gentiment; *non basta, ci vuole più farina*, il faut plus de farine, ça ne suffit pas; *ti basterà scrivergli, basterà che tu gli scriva una lettera*, il te suffira de lui écrire une lettre.

● ***bastare a se stessi***, se suffire (à soi-même) | ***basta che***, (*purché*) pourvu que: *d'accordo, basta che non ti lamenti più*, d'accord, pourvu que tu ne te plaignes plus | ***basta così!***, ça suffit! | ***come se non bastasse***, comme si cela ne suffisait pas | ***e non basta***, et ce n'est pas tout: *e non basta, è anche un ladro*, et ce n'est pas tout, c'est aussi un voleur | ***quanto basta***, en quantité suffisante | ***quel tanto che basta***, juste ce qu'il faut.

NOTA ***Bastare*** si traduce con ***suffire de*** alla forma impersonale seguito da un infinito:

Basterà partire a mezzogiorno.
SÌ Il **suffira de** partir à midi.
NO Il **suffira** partir à midi.
È bastato dirglielo una volta.
SÌ Il a **suffi de** le lui dire une fois.
NO Il a **suffi** le lui dire une fois
Basta dare, basta che diate il vostro indirizzo.
SÌ Il vous **suffit de** donner votre adresse.
NO Il vous **suffit** donner votre adresse

Basta che nel senso di 'purché' si traduce con ***pourvu que*** e il verbo al congiuntivo:

Basta che non venga
Pourvu qu'il ne vienne pas.

bastian contrario [ba-stiàn con-trà-rio] *n.m.* [pl. *-rì*] ● ***essere un bastian contrario***, avoir l'esprit de contradiction | ***fare il bastian contrario***, faire comme le chien de Jean de Nivelle qui s'enfuit quand on l'appelle.

bastimento [ba-sti-mén-to] *n.m.* 1 navire 2 (*carico*) cargaison (*f.*).

bastione [ba-stió-ne] *n.m.* (*arch.*) bastion (*anche fig.*).

bastita [ba-stì-ta] *n.f.* (*fortificazione*) bastide.

basto [bà-sto] *n.m.* bât: *mettere il basto a un mulo*, bâter un mulet.

bastonare [ba-sto-nà-re] *v.tr.* 1 donner des coups de bâton (**à**), battre*: *bastonare di santa ragione*, battre comme plâtre 2 (*fig.*) taper (**sur**) ♦ **bastonarsi** *v.pron. rec.* se battre* à coups de bâton.

● ***avere l'aria di un cane bastonato***, (*fig.*) avoir l'air d'un chien battu.

bastonata [ba-sto-nà-ta] *n.f.* 1 coup (*m.*) de bâton 2 (*fig.*) (*danno*) perte considérable; (*colpo*) rude coup (*m.*).

bastonatura [ba-sto-na-tù-ra] *n.f.* volée de coups de bâton.

bastoncino [ba-ston-cì-no] *n.m.* 1 bâtonnet 2 (*forma di pane*) flûte (*f.*) 3 (*arch.*) baguette (*f.*).

● ***bastoncino di liquirizia***, bâton de réglisse | (*cuc.*) ***bastoncini di pesce***, bâtonnets de poisson.

bastone [ba-stó-ne] *n.m.* 1 bâton; (*da passeggio*) canne (*f.*) 2 (*forma di pane*) baguette (*f.*) 3 (*sport*) (*da golf, hockey ecc.*) crosse (*f.*) 4 (*tip.*) bâton 5 (*pl.*) (*seme di carte*) bâtons.

● (*sport*) ***bastone alpino, da montagna***, alpenstock | ***bastone animato***, (*arma*) canne-épée | ***è il bastone della mia vecchiaia***, (*fig.*) c'est mon bâton de vieillesse | ***mettere il bastone fra le ruote***, (*fig.*) mettre des bâtons dans les roues | ***tenere il bastone del comando***, (*fig.*) tenir le rênes | ***usare il metodo del bastone e della carota***, (*fig.*) employer le bâton et la carotte.

batacchio [ba-tàc-chio] *n.m.* [pl. *-chì*] 1 (*pertica*) gaule (*f.*) 2 (*di campana*) battant 3 (*di porta*) *heurtoir, marteau*.

batata [ba-tà-ta] *n.f.* patate (douce).

bati- *pref.* bathy-.

batiale [ba-ti-à-le] *agg.* (*oceanografia*) bathyal*.

batimetria [ba-ti-me-trì-a] *n.f.* (*oceanografia*) bathymétrie.

batiscafo [ba-ti-scà-fo] *n.m.* (*mar.*) bathyscaphe.

batisfera [ba-ti-sfè-ra] *n.f.* (*mar.*) bathysphère.

batista [ba-tì-sta] *agg.* e *n.f.*
● (***tela***) ***batista***, batiste.

batosta [ba-tò-sta] *n.f.* 1 (*percossa*) coup (*m.*) (de bâton) 2 (*fig.*) (*colpo*) coup (*m.*) dur; (*sconfitta*) échec (*m.*).

battaglia [bat-tà-glia] *n.f.* 1 bataille; (*combattimento*) combat (*m.*): *dare battaglia*, livrer bataille; *schierarsi in battaglia*, se ranger en ordre de bataille 2 (*fig.*) bataille, lutte.

● ***battaglia aerea***, bataille aérienne | ***battaglia campale***, bataille rangée | ***battaglia navale***, (*anche gioco*) bataille navale | ***campo di battaglia***, champ de bataille | ***nome di battaglia***, nom de guerre | ***piano di battaglia***, (*anche fig.*) un plan de bataille: *preparare un piano di battaglia*, dresser un plan de bataille.

battagliare [bat-ta-glià-re] *v.intr.* [aus. *avere*] combattre*; batailler (*anche fig.*).

battagliero [bat-ta-gliè-ro] *agg.* batailleur*.

battaglio [bat-tà-glio] *n.m.* [pl. *-gli*] 1 (*di campana*) battant 2 (*di porta*) *heurtoir.

battaglione [bat-ta-glió-ne] *n.m.* (*mil.*) bataillon.

battelliere [bat-tel-liè-re] *n.m.* batelier.

battello [bat-tèl-lo] *n.m.* bateau*.

● ***battello a vapore***, (bateau à) vapeur | ***battello di salvataggio***, bateau (*o* canot) de sauvetage | ***battello-faro***, bateau-feu, bateau-phare | ***battello pneumatico***, canot pneumatique | ***battello-segnale***, (bateau-)baliseur.

battente [bat-tèn-te] *n.m.* 1 (*di porta, di finestra*) battant 2 (*battaglio*) *heurtoir 3 (*di suoneria*) marteau* 4 (*di tasca*) patte (*f.*).

● ***aprire i battenti***, (*fig.*) ouvrir ses portes: *la Fiera apre oggi i battenti*, la Foire ouvre ses portes aujourd'hui | ***chiudere i battenti***, (*fig.*) cesser toute activité, fermer ses portes.

battere [bàt-te-re] *v.tr.* [p.rem. *io battei, tu battesti* ecc.] 1 battre*; taper: *battere un chiodo col martello*, taper sur, enfoncer un clou avec un marteau; *battere un tappeto*, battre un tapis | *battere le noci*, gauler les noix | *battere la carne*, aplatir la viande | *l'orologio ha battuto le tre*, trois heures viennent de sonner | *battere moneta*, (*coniare*) battre monnaie 2 (*urtare*) taper, cogner: *ho battuto la testa contro la porta*, je me suis cogné la tête contre la porte 3 (*scrivere a macchina*) taper 4 (*sconfiggere*) battre*: *furono battuti per la terza volta*, ils ont été battus pour la troisième fois; *battere un primato*, battre un record; *in quella materia nessuno lo batte*, dans ce domaine, il est imbattable; *è stato battuto su tutta la linea*, il a été battu à plate couture | (*sport*) *battere ai punti*, battre aux points 5 (*percorrere*) battre*: *battere la campagna*, battre la campagne; *battere una cattiva strada*, (*fig.*) être dans une mauvaise voie | *battere il marciapiede*, (*fam.*) faire le trottoir 6 (*calcio*) tirer; (*tennis ecc.*) servir*: *battere una punizione*, tirer un coup franc; *batte-*

re un calcio di rigore, tirer un penalty; *tocca a me battere*, c'est à moi de servir ♦ *v.intr.* [aus. *avere*] 1 battre*; (*picchiare*) frapper: *il sole batte forte*, le soleil tape dur | *è battuta la mezza*, la demie vient de sonner 2 (*insistere*) insister: *batte molto su questo argomento*, il insiste beaucoup sur ce sujet 3 (*pulsare*) battre*: *le batteva il cuore per l'emozione*, son cœur battait d'émotion 4 (*fam.*) (*prostituirsi*) faire* le trottoir ♦ **battersi** *v.pron.intr.* e *pron.rec.* se battre*: *battersi per un ideale*, se battre pour un idéal; *la legge proibisce di battersi in duello*, il est interdit par la loi de se battre en duel.

● ***battere i denti***, claquer des dents | (*mus.*) ***battere il tempo***, battre la mesure | (*mecc.*) ***battere in testa***, cogner | ***battere i piedi***, (*per impazienza ecc.*) taper (*o* frapper) du pied; (*per scaldarsi*) battre la semelle | ***battere la, in ritirata***, (*anche fig.*) battre en retraite | ***battere le mani***, (*applaudire*) taper des mains | ***battere sempre sullo stesso tasto***, (*fig.*) taper toujours sur le même clou | ***battersela***, (*fam.*) mettre les voiles | ***batti oggi, batti domani*** (*o* ***batti e ribatti***), à force d'insister: *batti oggi, batti domani, alla fine ci è riuscito*, à force d'insister il a réussi | ***se ci sei batti un colpo***, (*spiritismo*) esprit, es-tu là, frappe un coup.

batteria [bat-te-rì-a] *n.f.* 1 (*mil.*) batterie: *batteria contraerea*, batterie de défense antiaérienne 2 (*elettr.*) batterie: *scaricare la batteria*, décharger la batterie 3 (*mus.*) batterie; (*di jazz, rock ecc.*) drums (*m.pl.*): *suonare la batteria*, jouer de la batterie 4 (*sport*) (*gara eliminatoria*) éliminatoire.

● ***batteria da cucina***, batterie de cuisine | (*zootecn.*) ***allevamento in batteria***, élevage en batterie | ***scoprire le proprie batterie***, (*fig.*) démasquer (*o* dévoiler) ses batteries.

battericida [bat-te-ri-cì-da] *agg.* e *n.m.* bactéricide.

batterico [bat-tè-ri-co] *agg.* [pl.m. *-ci*, f. *-che*] bactérien*.

batterio [bat-tè-rio] *n.m.* [pl. *-ri*] (*biol.*) bactérie (*f.*).

batteriologia [bat-te-rio-lo-gì-a] *n.f.* (*biol.*) bactériologie.

batteriologico [bat-te-rio-lò-gi-co] *agg.* [pl.m. *-ci*, f. *-che*] bactériologique.

● ***guerra batteriologica***, guerre bactériologique.

batteriologo [bat-te-riò-lo-go] *n.m.* [f. *-a*; pl.m. *-ghi* o *-gi*, f. *-ghe*] bactériologiste.

batterista [bat-te-rì-sta] *n.m.* e *f.* (*mus.*) batteur (*m.*); (*di jazz, rock ecc.*) drummer (*m.*).

battesimale [bat-te-ʃi-mà-le] *agg.* (*relig.*) baptismal*.

● ***fonte battesimale***, fonts baptismaux.

battesimo [bat-té-ʃi-mo] *n.m.* baptême.

● ***battesimo del fuoco, dell'aria***, (*fig.*) baptême du feu, de l'air | ***battesimo di sangue***, baptême du sang | ***battesimo sotto condizione***, ondoiement | ***nome di battesimo***, nom de baptême | ***tenere qlcu a battesimo***, tenir qqn sur les fonts baptismaux.

battezzare [bat-teʒ-ʒà-re] *v.tr.* 1 baptiser 2 (*fam.*) (*soprannominare*) baptiser; (*chiamare*) appeler* ♦ **battezzarsi** *v.pron.* 1 recevoir* le baptême 2 (*fam.*) (*darsi un nome, autoproclamarsi*) s'attibuer le titre (**de**).

● ***battezzare sotto condizione***, ondoyer.

battezzato [bat-teʒ-ʒà-to] *agg.* e *n.m.* [f. *-a*] baptisé; (*fig.*) surnommé, appelé.

battibaleno [bat-ti-ba-lé-no] *n.m.*

● ***in un battibaleno***, en un clin d'œil.

battibeccarsi [bat-ti-bec-càr-si] *v.pron.rec.* [coniug. come *mancare*] se disputer.

battibecco [bat-ti-béc-co] *n.m.* [pl. *-chi*] prise (*f.*) de bec.

battibile [bat-tì-bi-le] *agg.* battable.

batticarne [bat-ti-càr-ne] *n.m.invar.* pilon à viande.

batticuore [bat-ti-cuò-re] *n.m.* 1 battement de cœur: *avere il batticuore*, avoir des battements de cœur 2 (*ansia*) anxiété (*f.*): *stare col batticuore*, être dans une grande anxiété; *far venire il batticuore*, donner mal au cœur.

battigia [bat-tì-gia] *n.f.* [pl. *-gie* o *-ge*] laisse.

battimani [bat-ti-mà-ni] *n.m.invar.* **battimano** *n.m.* applaudissement, battement de mains.

battipanni [bat-ti-pàn-ni] *n.m.invar.* tapette (*f.*).

battipista [bat-ti-pì-sta] *n.m.* e *f.invar.* → **apripista**.

battiscopa [bat-ti-scó-pa] *n.m.invar.* plinthe (*f.*).

battista [bat-tì-sta] *agg.* e *n.m.* e *f.* (*relig.*) baptiste.

battistero [bat-ti-stè-ro] *n.m.* 1 (*arch.*) baptistère 2 (*fonte battesimale*) fonts (*pl.*) baptismaux.

battistrada [bat-ti-strà-da] *n.m.invar.* 1 tête (*f.*) de file 2 (*sport*) leader de la course 3 (*di pneumatico*) bande (*f.*) de roulement, chape (*f.*).

● ***fare da battistrada a qlcu***, précéder qqn; (*fig.*) tracer son chemin à qqn: (*sport*) *ha fatto da battistrada per tutta la corsa*, il a mené pendant toute la course.

battitappeto [bat-ti-tap-pé-to] *n.m.* [pl. *battitappeti* o *invar.*] aspiro-batteur*.

battito [bàt-ti-to] *n.m.* battement: *il battito del cuore*, les battements du cœur; *un battito d'ali*, un battement d'ailes.

● (*aut.*) ***battito in testa***, cognement.

battitore [bat-ti-tó-re] *n.m.* [f. *-trice*] 1 (*caccia*) batteur 2 (*a un'asta*) commissaire-priseur* 3 (*baseball, cricket*) batteur; (*tennis, calcio*) serveur.

battitura [bat-ti-tù-ra] *n.f.* 1 coup (*m.*) 2 (*agr.*) (*del grano*) battage (*m.*) 3 (*di macchina per scrivere*) frappe: *un errore di battitura*, une faute de frappe 4 (*inform.*) battage (*m.*).

battuta [bat-tù-ta] *n.f.* 1 (*atto*) battement (*m.*) 2 (*effetto*) coup (*m.*) 3 (*tip.*) frappe, signe (*m.*): *una cartella di 2000 battute*, une page de 2000 frappes 4 (*mus.*) mesure | *una battuta d'aspetto*, une pause 5 (*teatr.*) réplique: *ha dimenticato la battuta*, il a oublié sa réplique 6 (*di spirito*) boutade, trait (*m.*) d'esprit 7 (*di caccia*) partie de chasse, battue; (*di polizia*) opération de ratissage: *battuta al cinghiale*, battue au sanglier 8 (*tennis, pallavolo ecc.*) service (*m.*).

● ***battuta d'arresto***, (*fig.*) temps d'arrêt | ***avere la battuta pronta***, (*fig.*) avoir la répartie facile | (*teatr.*) ***dare la battuta***, donner la réplique | ***essere alle prime battute***, (*fig.*) être au début | ***in poche battute***, (*fig.*) en deux temps trois mouvements | ***in prima battuta***, (*inizialmente*) avant toute chose; (*per prima cosa*) avant tout | ***non perdere una battuta***, ne pas perdre un mot (*o* une syllabe).

battuto [bat-tù-to] *agg.* 1 battu 2 (*frequentato*) fréquenté, battu 3 (*sconfitto*) battu ♦ *n.m.* 1 (*cuc.*) *hachis (de lard, de fines herbes) 2 (*edil.*) fond en terre battue.

● ***ferro battuto***, fer battu; (*lavorato*) fer forgé | ***terra battuta***, terre battue.

batuffolo [ba-tùf-fo-lo] *n.m.* (*di ovatta*) tampon; (*di lana e simili*) flocon.

bau *onom.* oua-oua.

baud [bod] *n.m.invar.* (*inform.*) baud: *baud di frequenza*, baud de fréquence.

baule [ba-ù-le] *n.m.* 1 malle (*f.*) | *fare i bauli*, plier bagage, faire ses malles 2 (*aut.*) coffre.

● ***baule armadio***, malle-armoire.

B

bauletto [bau-lét-to] *n.m.* **1** mallette (*f.*) **2** (*cofanetto*) coffret.

bauxite [ba-u-xì-te] *n.f.* (*min.*) bauxite.

bava [bà-va] *n.f.* **1** bave **2** (*di seta*) bourre.
● ***bava di vento***, souffle de vent | ***avere la bava alla bocca***, (*fig.*) écumer de rage | ***far venire la bava alla bocca***, faire enrager | ***perdere le bave per qlcu, qlco***, (*fig.*) baver de désir pour qqn, qqch.

bavaglino [ba-va-glì-no] *n.m.* bavoir.

bavaglio [ba-và-glio] *n.m.* [pl. *-gli*] bâillon.
● ***mettere il bavaglio a qlcu***, (*anche fig.*) bâillonner qqn.

bavarese [ba-va-ré-se] *agg.* bavarois ♦ *n.f.* (*dolce*) bavaroise.

bavero [bà-ve-ro] *n.m.* col.
● ***prendere per il bavero***, prendre au collet; (*fig.*) se payer la tête de qqn.

bavoso [ba-vó-so] *agg.* baveux*.

bazar [ba-ʒàr] *n.m.invar.* bazar.

bazza[1] [bàʒ-ʒa] *n.f.* (*mento sporgente*) menton (*m.*) en galoche.

bazza[2] *n.f.* chance.

bazzecola [baʒ-ʒè-co-la] *n.f.* bagatelle.

bazzica [bàz-zi-ca] *n.f.* [pl. *-che*] **1** (*alle carte*) bésigue (*m.*) **2** (*al biliardo*) poule.

bazzicare [baz-zi-cà-re] *v.tr.* [coniug. come *mancare*] (*fam.*) fréquenter: *bazzica cattive compagnie*, il traîne en mauvaise compagnie ♦ *v.intr.* [aus. *avere*] (*fam.*) fréquenter (un lieu), traîner: *non bazzica più da queste parti*, on ne le voit plus par ici.

bazzotto [baʒ-ʒòt-to] *agg.*
● (*cuc.*) ***uovo bazzotto***, œuf mollet.

be *inter.* → **beh**.

beach volley [bitʃ'vɔllei] *n.m.invar.* beach-volley.

beante [be-àn-te] *agg.* (*med.*) béant.

bearsi [be-àr-si] *v.pron.intr.* se délecter.

beatamente [be-a-ta-mén-te] *avv.* béatement.

beatificare [be-a-ti-fi-cà-re] *v.tr.* [coniug. come *mancare*] (*teol.*) béatifier.

beatificazione [be-a-ti-fi-ca-zió-ne] *n.f.* (*teol.*) béatification.

beatitudine [be-a-ti-tù-di-ne] *n.f.* béatitude.

beato [be-à-to] *agg.* **1** heureux*; béat: *avere un'aria beata*, avoir l'air béat; *fare una vita beata*, mener la bonne vie; *beato lui che ha risolto i suoi problemi!*, il en a de la chance d'avoir résolu toutes ses difficultés; *beato il giorno in cui ti conobbi!*, béni soit le jour où je t'ai connu! | *beato te!*, veinard! **2** (*eccl.*) bienheureux* | *i Beati Apostoli*, les Saints Apôtres.
● ***beato chi ti vede!***, tiens, un revenant! | ***Beatissimo Padre***, (*appellativo del Papa*) Très-Saint Père.

beauty-case [bjuti'kɛz] *n.m.invar.* mallette (*f.*) de maquillage, vanity-case*; (*fam.*) baise-en-ville*.

beauty centre [bjuti'sɛnter] *n.m.invar.* institut de beauté.

beauty farm [bjuti'farm] *n.f.invar.* ferme de beauté.

bebè [be-bè] *n.m.invar.* bébé.

beccaccia [bec-càc-cia] *n.f.* [pl. *-ce*] (*zool.*) bécasse.
● ***beccaccia d'acqua***, barge.

beccaccino [bec-cac-cì-no] *n.m.* **1** (*zool.*) bécassine (*f.*) **2** (*mar.*) snipe.

beccamorto [bec-ca-mòr-to] *n.m.* [f. *-a*] (*spreg.*) croque-mort*, fossoyeur*: *avere una faccia da beccamorto*, avoir une tête de croque-mort.

beccare [bec-cà-re] *v.tr.* [coniug. come *mancare*] **1** (*di galline ecc.*) becqueter*, picorer; (*afferrare con il becco*) prendre* avec le bec **2** (*colpire col becco*) donner des coups de bec (**à**); (*di insetti*) piquer **3** (*fig.*) (*stuzzicare*) lancer* des pointes (**contre**); taquiner **4** (*fam.*) (*prendere*) attraper: *beccarsi un raffreddore*, attraper, choper un mauvais rhume; *l'hanno beccato mentre stava rubando*, ils l'ont pincé en train de voler | *non mi becchi più*, tu ne m'auras pas deux fois **5** (*fam.*) (*guadagnare*) gagner ♦ **beccarsi** *v.pron.rec.* **1** se donner des coups de bec **2** (*fig.*) se lancer* des pointes; (*bisticciare*) se chamailler ♦ *v.pron. indiretto* (*fam.*) **1** (*una malattia ecc.*) attraper **2** (*una somma ecc.*) gagner: *beccarsi una bella sommetta*, empocher une belle petite somme.

beccata [bec-cà-ta] *n.f.* **1** coup (*m.*) de bec **2** (*di insetto*) piqûre **3** (*fig.*) pique.

beccheggiare [bec-cheg-già-re] *v.intr.* [coniug. come *mangiare*; aus. *avere*] (*mar., aer.*) tanguer.

beccheggio [bec-chég-gio] *n.m.* [pl. *-gi*] (*mar., aer.*) tangage.

becchime [bec-chì-me] *n.m.* (*per pollame*) pâtée (*f.*); (*per uccelli*) grains (*pl.*), graines (*f.pl.*).

becchino [bec-chì-no] *n.m.* **1** fossoyeur; (*fam.*) croque-mort* **2** (*zool.*) nécrophore.

becco[1] [béc-co] *n.m.* [pl. *-chi*] **1** bec **2** (*fam.*) (*bocca*) bec **3** (*punta a forma di becco*) bec **4** (*tecn.*) bec **5** (*mus.*) bec.
● (*chim.*) ***becco (di) Bunsen***, bec Bunsen | ***becco d'oca***, (*per capelli*) pince à cheveux | ***bagnarsi il becco***, (*fam.*) se rincer le bec | ***chiudi il becco***, (*fam.*) ferme ton bec | ***mettere il becco in qlco***, (*fig.*) se mêler de qqch | ***senza il becco di un quattrino***, sans un sou vaillant.

becco[2] *n.m.* [pl. *-chi*] (*zool.*) bouc.

beccuccio [bec-cùc-cio] *n.m.* [pl. *-ci*] **1** bec **2** (*per capelli*) pince (à cheveux).

becero [bé-ce-ro] *agg.* rustre, grossier ♦ *n.m.* [f. *-a*] goujat, malotru.

beduino [be-du-ì-no] *agg.* e *n.m.* [f. *-a*] bédouin.

bee *onom.* bê.

beeper ['biper] *n.m.invar.* avertisseur sonore.

befana [be-fà-na] *n.f.* **1** vieille fée bienfaisante (qui le jour des Rois apporte des cadeaux aux enfants sages) **2** (*fig.*) vieille sorcière | *che befana, quella ragazza!*, (*per cattivo carattere*) quelle chipie!; (*per bruttezza*) quelle mocheté, cette fille! **3** *Befana*, (*giorno dell'Epifania*) Epiphanie, jour des Rois.

> NOTA La figura della ***Befana***, la favolosa vecchia che porta regali ai bambini nella notte dell'Epifania (6 gennaio), non ha tradizione in Francia, dove comunque si festeggia l'Epifania con la *galette des Rois* (si veda la nota a *galette*).

beffa [bèf-fa] *n.f.* **1** (*burla*) tour (*m.*); farce: *una beffa del destino*, une ironie du sort **2** (*motteggio*) moquerie.
● ***farsi beffe di***, se moquer de: *farsi beffe ai danni di qlcu*, se payer la tête de qqn | ***rimanere col danno e con le beffe***, être le dindon de la farce.

beffardo [bef-fàr-do] *agg.* railleur*, moqueur*.

beffare [bef-fà-re] *v.tr.* bafouer, berner; (*fam.*) faire marcher ♦ **beffarsi** *v.pron.intr.* se moquer.

beffeggiare [bef-feg-già-re] *v.tr.* [coniug. come *mangiare*] railler, se moquer (**de**).

bega [bè-ga *o* bé-ga] *n.f.* [pl. *-ghe*] **1** accrochage (*m.*), dispute **2** (*fam.*) (*grattacapo*) histoire, problème (*m.*).

beghina [be-ghì-na] *n.f.* **1** (*st. relig.*) béguine **2** (*bigotta*) bigote.

beghinaggio [be-ghi-nàg-gio] *n.m.* [pl. *-gi*] (*st. relig.*) béguinage.

begonia [be-gò-nia] *n.f.* (*bot.*) bégonia (*m.*).

beh *inter.* **1** (*interrogativo e concessivo*) eh bien: *beh, che ve ne pare?*, eh bien, qu'en pensez-vous? **2** (*con senso conclusivo*) bon: *beh, andiamo*, bon, alors allons-y.

beige [bɛʒ] *agg.* e *n.m.invar.* (*colore*) beige.

belare [be-là-re] *v.intr.* [aus. *avere*] **1** bêler **2** (*fig.*) pleurnicher.

belato [be-là-to] *n.m.* bêlement.

belga [bèl-ga] *agg.* [pl.m. *-gi* ; f. *-ghe*] belge ♦ *n.m.* e *f.* (*abitante*) Belge.

bella [bèl-la] *n.f.* **1** belle; beauté: *la bella del paese*, la beauté du village **2** (*fam.*) (*innamorata*) chère et tendre: *scrive alla sua bella*, il écrit à sa chère et tendre **3** (*bella copia*) copie définitive: *ricopiare, mettere in bella*, mettre au propre (*o* au net) **4** (*al gioco*) belle: *fare la bella*, jouer la belle.
● (*bot.*): ***bella di giorno***, belle-de-jour; ***bella di notte***, belle-de-nuit | ***farne, vederne delle belle***, (*fam.*) en faire, en voir des belles | (*lett.*) ***la Bella Addormentata nel bosco***, la Belle au bois dormant | ***oh, bella!***, ça, par exemple!

belladonna [bel-la-dòn-na] *n.f.* [pl. *belledonne*] (*bot.*) belladone.

bellamente [bel-la-mén-te] *avv.* **1** (*senza scomporsi*) tranquillement: *mentre noi lavoravamo lui dormiva bellamente*, tandis que nous travaillions, lui il dormait bien tranquillement **2** (*con garbo*) gentiment, poliment; (*iron.*) tout bonnement: *gli hanno fatto capire bellamente che doveva andarsene*, on lui a fait gentiment comprendre qu'il devait s'en aller.

belletto [bel-lét-to] *n.m.* **1** fard **2** (*fig.*) artifice.

bellezza [bel-léz-za] *n.f.* **1** beauté: *la bellezza di un paesaggio*, la beauté d'un paysage; *questo bambino è una bellezza*, cet enfant est un bijou; *le bellezze artistiche d'Italia*, les beautés artistiques de l'Italie **2** (*bella donna*) beauté | *addio, bellezza!*, (*fam.*) adieu, ma belle!
● ***che bellezza!***, quelle joie! | ***che è una bellezza***, à merveille, à ravir: *un giardino che è una bellezza*, un jardin magnifique; *si sta comodi che è una bellezza*, on est délicieusement bien ici; *cresce che è una bellezza*, c'est un plaisir de le voir grandir; *canta che è una bellezza*, elle chante à ravir | ***chiudere, finire in bellezza***, finir en beauté | ***concorso di bellezza***, concours de beauté | ***istituto, prodotti di bellezza***, institut, produits de beauté | ***la bellezza di***: *ci ho messo la bellezza di due ore*, j'y ai mis deux bonnes heures; *costa la bellezza di mille euro*, cela coûte la modeste somme de mille euros | ***per bellezza***, pour faire joli.

bellicismo [bel-li-cì-ʃmo] *n.m.* bellicisme.

bellicista [bel-li-cì-sta] *agg.* e *n.m.* e *f.* belliciste.

bellico [bèl-li-co] *agg.* [pl.m. *-ci*, f. *-che*] de (la) guerre: *ordigni bellici*, engins de guerre.

bellicoso [bel-li-có-so] *agg.* belliqueux*.

belligerante [bel-li-ge-ràn-te] *agg.* e *n.m.* e *f.* belligérant/e.

belligeranza [bel-li-ge-ràn-za] *n.f.* belligérance.
● ***non belligeranza***, non-belligérance.

bellimbusto [bel-lim-bù-sto] *n.m.* mirliflore, bellâtre.

bello [bèl-lo] *agg.* [davanti a n. che inizia con *s* impura, *gn, pn, ps, x, z* diventa *bello*, pl. *begli*; davanti alle altre consonanti diventa *bel*, pl. *bei*; davanti a vocale *bell'*, pl. *begli*; f. *-a*] **1** beau*: *un bel quadro*, un beau tableau; *una bella casa*, une belle maison; *un bell'uomo*, un bel homme; *un ragazzo bello e simpatico*, un beau et charmant jeune homme **2** (*buono*) bon*: *hai fatto un bel lavoro*, tu as fait un bon travail; (*iron.*) tu as fait du beau travail!; *ha un bel carattere*, il a bon caractère; *un bel gesto*, un beau geste; *bei sentimenti*, beaux (*o* nobles) sentiments **3** (*grande, forte; notevole*) grand, beau*: *ha fatto dei bei progressi*, il a fait de grands progrès; *ci vuole un bel coraggio*, il en faut du courage; *è un bello sfacciato*, c'est un bel effronté; *una bella bronchite*, une bonne bronchite; *una bella sommetta*, une jolie petite somme; *un bel pezzo di torta*, un bon morceau de gâteau **4** (*con valore rafforzativo*) vraiment: *gli ho detto un bel no*, je lui ai dit carrément non; *la stanza è bella grande*, la pièce est vraiment grande | *si è preso una bella sgridata*, on lui a passé un de ces savons! ♦ *n.m.* **1** beau: *il senso del bello*, le sentiment du beau | *prendere il bello della vita*, profiter de la vie **2** (*tempo*) beau temps: *il tempo si mette al bello*, le temps se met au beau **3** (*fam.*) (*innamorato*) cher et tendre: *è uscita con il suo bello*, elle est sortie avec son cher et tendre.
● ***bello e buono, bell'e buono***, pur et simple: *questa è una menzogna, una frottola bella e buona*, c'est bel et bien un mensonge; *una truffa bella e buona*, une escroquerie pure et simple | ***bello mio!***, mon chou! | ***bel bello***, tout tranquillement | ***bell'affare!***, la belle affaire! | ***bella gente***, des gens chics | ***bella roba!***, (*fam.*) c'est du joli, du propre | ***Belle Arti***, Beaux Arts | ***bell'e morto***, raide mort | ***bell'e pronto***, prêt | ***a bella posta***, exprès: *l'ha fatto a bella posta*, il l'a vraiment fait exprès | ***adesso viene il bello***, mais voilà le plus beau | ***alla bell'e meglio***, tant bien que mal | ***avere di bello che***, avoir l'avantage de | ***avere un bel dire***, avoir beau dire | ***che bello!***, splendide! | ***cosa fai di bello?***, qu'est-ce que tu fais de beau? | ***da un bel pezzo***, il y a belle lurette (que): *i miei vent'anni sono passati da un bel pezzo*, il y a belle lurette que je n'ai plus vingt ans | ***è bell'e finito***, c'est bel et bien terminé | ***eccone una bella!***, (*fam.*) vous m'en direz tant! | ***farsi bello***, se faire une beauté | ***farsi bello di qlco***, (*fig.*) se vanter de qqch | ***il bello è che***, le plus beau c'est que | ***il bel mondo***, la crème (de la société) | ***l'hai fatta bella***, tu as fait une belle bêtise | ***nel bel mezzo di***, au beau milieu de | (*prov.*) ***non è bello ciò che è bello, è bello ciò che piace***, c'est ce qui plaît qui est beau | ***questa è bella!***, elle est bien bonne! | ***sarebbe bello***, ce serait bien: *sarebbe bello se andassimo*, ce serait bien si nous partions; *sarebbe bello che*, (*iron.*) ce serait drôle si | ***sul più bello***, au plus beau moment | ***un bel giorno***, un beau jour | ***un bel niente***, rien du tout.

> NOTA L'aggettivo **bello** si traduce con **beau**, che al maschile singolare ha due forme: **bel** usato prima di un sostantivo che inizia per vocale o *h* muta; **beau** in tutti gli altri casi. Il maschile plurale è sempre **beaux**:
> *un bell'esempio*, un **bel** exemple; *un bell'albergo*, un **bel** hôtel, *un bel quaderno*, un **beau** cahier; *questo esempio è bello*, cet exemple est **beau**; *dei begli alberghi*, de **beaux** hôtels; *dei bei ritratti*, de **beaux** portraits.

bellunese [bel-lu-né-se] *agg.* de Belluno ♦ *n.m.* e *f.* habitant/e de Belluno.

beltà [bel-tà] *n.f.invar.* (*poet.*) beauté.

beluga [be-lù-ga] *n.m.invar.* (*zool.*) bélouga.

belva [bél-va] *n.f.* bête féroce, fauve (*m.*) | *diventare una belva*, (*fig.*) devenir fou.

belvedere [bel-ve-dé-re] *n.m.* [pl. *-i* o *invar.*] **1** belvédère **2** (*mar.*) perruche (*f.*).
● (*ferr.*) ***vettura belvedere***, compartiment panoramique.

bemolle [be-mòl-le] *n.m.invar.* (*mus.*) bémol.

benché [ben-ché] *cong.* bien que, quoique: *benché sia-*

B

no molto ricchi, conducono una vita modesta, bien qu'ils (*o* quoiqu'ils) soient très riches, ils mènent une vie modeste; *benché stanco ho lavorato fino a mezzanotte*, quoique (*o* bien que) fatigué, j'ai travaillé jusqu'à minuit.
● ***non avere il benché minimo sospetto***, ne pas avoir le moindre soupçon.

NOTA ***Benché*** si traduce con ***bien que*** e ***quoique*** che reggono, come in italiano, il congiuntivo, ma in francese il congiuntivo imperfetto è caduto in disuso — con la sola eccezione della 3ª persona singolare di *avoir* e *être* — ed è sostituito dal congiuntivo presente:

> ***Benché parlassero*** *sempre di lui, non lo conoscevano.*
> **Bien qu'ils, quoiqu'ils parlent** toujours de lui, ils ne le connaissaient pas.

benda [bèn-da] ***n.f.*** **1** bandeau* (*m.*) **2** (*per ferite*) bande **3** (*degli antichi sacerdoti*) bandelette.
● ***benda elastica***, bande de coton élastique | ***avere le bende sugli occhi***, (*fig.*) avoir un bandeau sur les yeux.

bendaggio [ben-dàg-gio] ***n.m.*** [pl. *-gi*] **1** bandage **2** (*pugilato*) bandages (*pl.*).

bendare [ben-dà-re] ***v.tr.*** bander (*anche fig.*).

bendato [ben-dà-to] ***agg.*** bandé: *avere gli occhi bendati*, avoir un bandeau sur les yeux.
● ***la dea bendata***, la déesse de la Fortune.

bendatura [ben-da-tù-ra] ***n.f.*** bandage (*m.*).

bene [bè-ne] ***avv.*** **1** bien: *imparerà a comportarsi bene*, il apprendra à bien se conduire; *hai fatto bene ad avvertirmi*, tu as bien fait de m'avertir; *me ne ricordo bene*, je m'en souviens bien; *stare, sentirsi bene*, (*in salute*) se sentir bien; *stare, trovarsi bene*; (*in un luogo*) être bien; *parlare bene di qlcu*, dire du bien de qqn **2** (*rafforzativo*) bien: *dovrà ben accettare prima o poi!*, tôt ou tard, il faudra bien qu'il accepte!; *l'ho aspettato per ben due ore*, je l'ai attendu deux bonnes heures **3** (*con valore interiettivo*) bien, bon: *bene, bravo!*, bien, bravo!; *bene, basta così!*, bon, ça suffit! ♦ ***agg.invar.*** bien: *la gente bene*, les gens bien; *la società bene*, la bonne société; *una ragazza bene*, c'est une fille bon chic bon genre (o *fam.* b.c.b.g.); *i circoli bene della città*, les meilleurs clubs de la ville; *è una famiglia della Milano bene*, c'est une famille de la haute société milanaise ♦ ***n.m.*** **1** bien: *distinguere il bene dal male*, discerner le bien du mal **2** (*affetto*) amour, affection (*f.*): *nonostante tutto il bene che gli voglio*, malgré tout l'amour que je lui porte, malgré toute l'affection que j'ai pour lui; *gli ha voluto molto bene*, elle l'a beaucoup aimé **3** (*uomo amato*) bien-aimé; (*donna amata*) bien-aimée | *l'amato bene*, mon bien-aimé, ma bien-aimée **4** (*utilità, vantaggio*) bien: *la pioggia fa bene alle piante*, la pluie fait du bien aux plantes; *ti auguro ogni bene*, je te souhaite tout le bonheur possible | *sarà bene avvertirlo*, il vaudrait mieux l'avertir **5** (*spec. pl.*) (*ricchezze*) bien: *beni di famiglia*, biens de famille.
● (*dir.*) ***beni acquisiti***, acquêts | ***beni culturali e ambientali***, (*di un paese*) monuments historiques et sites classés | ***beni di consumo***, biens de consommation | ***beni di prima necessità***, biens de première nécessité | (*dir.*) ***beni mobili, immobili***, biens meubles (*o* mobiliers *o* personnels), biens immeubles (*o* immobiliers) | (*econ.*) ***beni produttivi, strumentali***, biens de production, d'équipement | ***ben altro***, autre chose: *c'è ben altro!*, il y a encore autre chose!; *si tratta di ben altro!*, il s'agit de tout autre chose! | ***ben bene***, comme il faut: *l'ho sgridato ben bene*, je l'ai grondé comme il faut | ***ben venga l'estate!***, l'été sera le bienvenu! | ***agire a fin di bene***, agir dans une bonne intention | (*dir.*) ***comunione dei beni***, communauté de biens | ***di bene in meglio***, de mieux en mieux | ***né bene né male***, ni bien ni mal | ***ogni ben di Dio***, toute sorte de bonnes choses: *in quella casa c'è ogni ben di Dio*, dans cette maison, il y a toutes sortes de bonnes choses | ***opere di bene***, œuvres de bienfaisance: *faresti un'opera di bene se*, tu ferais œuvre utile si | ***per bene***, comme il faut: *persona per bene*, personne comme il faut; *gente per bene*, des gens bien; *lavoro fatto per bene*, travail bien fait, fait comme il faut | ***volere un bene dell'anima a qlcu***, adorer qqn.
□ **benino** ***avv.*** assez bien: *il ragazzo va benino a scuola*, ce garçon travaille assez bien à l'école.
● ***per benino***, comme il faut; (*accuratamente*) soigneusement: *una ragazza tutta per benino*, une fille très comme il faut.
□ **benissimo** ***avv.*** très bien, fort bien; (*in modo meraviglioso*) à merveille: *sta benissimo*, (*di salute*) elle se porte comme un charme; (*di aspetto*) elle est très en beauté; *può darsi benissimo che*, il est bien possible que.
□ **benone** ***avv.*** **1** très bien, tout à fait bien: *benone!, si è anche messo a piovere!*, parfait! (*o* c'est le bouquet!), voilà encore qu'il se met à pleuvoir **2** (*d'accordo*) bon, d'accord, entendu.

NOTA L'avverbio ***bene*** si traduce con ***bien*** che occupa nella frase generalmente lo stesso posto che in italiano, ma che precede sempre il verbo all'infinito e al participio passato nei tempi composti:

> *Ha voluto* ***fare bene****.*
> Il a voulu **bien faire**.
> *Ho mangiato* ***bene****.*
> J'ai **bien** mangé.

benedettino [be-ne-det-tì-no] ***agg.*** (*relig.*) bénédictin ♦ ***n.m.*** **1** (*relig.*) bénédictin **2** (*liquore*) bénédictine (*f.*).

benedetto [be-ne-dét-to] ***agg.*** **1** béni: *una terra benedetta*, une terre bénie **2** (*consacrato*) bénit: *acqua benedetta*, eau bénite **3** (*santo*) saint: *la Vergine benedetta*, la Sainte Vierge **4** (*nelle esclamazioni*) sacré: *quando arriverà questo benedetto treno?*, quand va-t-il arriver ce sacré train? | *ma cosa fa, benedett'uomo?*, mais qu'est-ce que vous êtes en train de faire, mon cher?

benedire [be-ne-dì-re] ***v.tr.*** [coniug. come *dire*, tranne imperf.indic. *io benedicevo, benedivo*; p.rem. *io benedissi, benedii*; imp. *benedici, benedite*] bénir*.
● ***andare a farsi benedire***, (*fam.*) tomber à l'eau | ***che Dio ti benedica!***, que Dieu te bénisse | ***mandare a farsi benedire***, (*fam.*) envoyer promener.

benedizione [be-ne-di-zió-ne] ***n.f.*** **1** bénédiction (*anche fig.*): *dare, impartire la benedizione*, donner la bénédiction; *è la benedizione della sua famiglia*, il fait le bonheur de sa famille **2** (*funzione religiosa*) bénédiction, salut (*m.*).

beneducato [be-ne-du-cà-to] ***agg.*** bien élevé.

benefattore [be-ne-fat-tó-re] ***n.m.*** [f. *-trice*] bienfaiteur*.

beneficare [be-ne-fi-cà-re] ***v.tr.*** [coniug. come *mancare*] faire* du bien (**à**).

beneficenza [be-ne-fi-cèn-za] ***n.f.*** bienfaisance: *dedicarsi alla beneficenza*, se consacrer aux œuvres de bienfaisance.
● ***di beneficienza***, de bienfaisance: *opere di beneficienza*, œuvres de bienfaisance; *istituti di beneficienza*, instituts de bienfaisance; *vendita di beneficenza*, vente de charité.

beneficiare [be-ne-fi-cià-re] ***v.intr.*** [coniug. come *cominciare*; aus. *avere*] bénéficier.

beneficiario [be-ne-fi-cià-rio] ***agg.*** [pl.m. *-ri*] **1** (*dir.*)

bénéficiaire **2** (*eccl.*) bénéficial* ♦ ***n.m.*** **1** [f. *-a*] (*dir., comm.*) bénéficiaire **2** (*eccl.*) bénéficier.

beneficio [be-ne-fì-cio] ***n.m.*** [pl. *-ci*] **1** bienfait: *ricevere un beneficio*, recevoir un bienfait **2** (*vantaggio*) avantage; (*profitto*) profit: *gode di particolari benefici*, il jouit d'avantages particuliers; *trarre beneficio da qlco*, tirer profit de qqch; *deve andare al mare, ne trarrà beneficio*, elle doit aller à la mer, cela lui fera du bien **3** (*dir., comm.*) bénéfice.

● ***beneficio del dubbio***, bénéfice du doute | (*econ.*) ***beneficio fiscale***, allégement de l'impôt | (*st.*) ***benefici feudali***, redevances féodales | ***a beneficio di***, au bénéfice de | ***con beneficio d'inventario***, sous bénéfice d'inventaire.

benefico [be-nè-fi-co] ***agg.*** [pl.m. *-ci*, f. *-che*] **1** bienfaisant, bénéfique: *cura benefica*, traitement bénéfique **2** (*fatto per beneficienza*) de bienfaisance: *associazione benefica*, association de bienfaisance.

benemerenza [be-ne-me-rèn-za] ***n.f.*** (titre de) mérite (*m.*).

● ***attestato di benemerenza***, diplôme d'honneur | ***per benemerenza***, en récompense.

benemerito [be-ne-mè-ri-to] ***agg.*** e ***n.m.*** [f. *-a*] méritant.

● ***la Benemerita***, les Carabiniers.

beneplacito [be-ne-plà-ci-to] ***n.m.*** **1** consentement; approbation (*f.*): *dare il proprio beneplacito*, donner son approbation (*o* son consentement) **2** (*volontà*) gré, volonté (*f.*).

benessere [be-nès-se-re] ***n.m.*** **1** bien-être: *provare un senso di benessere*, éprouver une sensation de bien-être **2** bien-être, aisance (*f.*): *benessere economico*, bien-être économique.

● ***società del benessere***, société du bien-être.

benestante [be-ne-stàn-te] ***agg.*** aisé ♦ ***n.m.*** e ***f.*** personne (*f.*) aisée: *i benestanti*, les nantis.

benestare [be-ne-stà-re] ***n.m.invar.*** autorisation (*f.*); (*approvazione*) approbation (*f.*); (*consenso*) consentement.

beneventano [be-ne-ven-tà-no] ***agg.*** bénéventin ♦ ***n.m.*** [f. *-a*] (*abitante*) Bénéventin.

benevolenza [be-ne-vo-lèn-za] ***n.f.*** **1** bienveillance **2** (*indulgenza*) indulgence.

benevolmente [be-ne-vol-mén-te] ***avv.*** avec bienveillance.

benevolo [be-nè-vo-lo] ***agg.*** bienveillant.

FAUX AMI
Da non confondere con *bénévole*, che significa *volontario, gratuito*.

benfatto [ben-fàt-to] ***agg.*** bien fait.

bengala [ben-gà-la] ***n.m.invar.*** feu* de Bengale.

bengalese [ben-ga-lé-se] ***agg.*** bengali ♦ ***n.m.*** e ***f.*** (*abitante*) Bengali/e.

bengalino [ben-ga-lì-no] ***n.m.*** (*zool.*) bengali.

bengodi [ben-gò-di] ***n.m.invar.*** cocagne (*f.*).

● ***il paese di bengodi***, le pays de cocagne.

beniamino [be-nia-mì-no] ***n.m.*** [f. *-a*] enfant gâté, chouchou*.

benignità [be-ni-gni-tà] ***n.f.invar.*** **1** bienveillance **2** (*di malattia, di clima*) douceur.

benigno [be-nì-gno] ***agg.*** **1** bienveillant | *astro benigno*, astre propice, bénéfique **2** (*med.*) bénin* **3** (*di clima*) doux*.

beninformato [be-nin-for-mà-to] ***agg.*** bien informé ♦ ***n.m.*** [f. *-a*] personne (*f.*) bien informée: *sei sempre il solito beninformato!*, toi, tu sais toujours tout!

benintenzionato [be-nin-ten-zio-nà-to] ***agg.*** bien intentionné ♦ ***n.m.*** [f. *-a*] personne (*f.*) bien intentionnée.

beninteso [be-nin-té-so] ***avv.*** bien entendu.

● ***beninteso che***, à condition que: *vinceremo sicuramente, beninteso che vi facciate valere*, nous allons sûrement gagner à condition que vous sachiez vous mettre en valeur.

benna [bèn-na] ***n.f.*** (*mecc.*) benne.

benpensante [ben-pen-sàn-te] ***agg.*** e ***n.m.*** e ***f.*** bien-pensant*/e.

benservito [ben-ser-vì-to] ***n.m.*** certificat de travail, attestation (*f.*) d'emploi.

● ***dare il benservito***, (*licenziare*) donner son congé; (*fig.*) mettre à la porte.

bensì [ben-sì] ***cong.*** mais (plutôt); (*tuttavia*) mais, cependant: *è difficile, bensì non impossibile*, c'est difficile, mais ce n'est pas impossible.

bentornato [ben-tor-nà-to] ***agg.*** bienvenu: *bentornato a casa!*, bienvenu!; *bentornato a Milano!*, heureux de te revoir à Milan! ♦ ***n.m.*** bienvenue (*f.*): *dare il bentornato a qlcu*, souhaiter la bienvenue à qqn.

benvenuto [ben-ve-nù-to] ***agg.*** bienvenu: *sii il benvenuto!*, sois le bienvenu!; *benvenuti in Piemonte*, (*nei cartelli turistici*) le Piémont vous souhaite la bienvenue ♦ ***n.m.*** bienvenue (*f.*): *vi diamo il benvenuto*, nous vous souhaitons la bienvenue.

benvisto [ben-vì-sto] ***agg.*** bien vu.

benvolere [ben-vo-lé-re] ***v.tr.*** [usati solo l'inf.pres. e il p.p. *benvoluto*] aimer: *farsi benvolere da tutti*, s'attirer la sympathie de tout le monde; *prendere a benvolere qlcu*, prendre qqn en affection.

benvoluto [ben-vo-lù-to] ***agg.*** qu'on aime bien: *era benvoluto da tutti*, il était aimé de tous.

benzene [ben-ʒè-ne] ***n.m.*** (*chim.*) benzène.

benzina [ben-ʒì-na] ***n.f.*** **1** essence: *sono rimasto senza benzina*, je suis en panne d'essence **2** (*purificata*) benzine.

● ***benzina normale***, essence | ***benzina senza piombo***, ***verde***, essence sans plomb | ***benzina super***, super | ***fare (il pieno di) benzina***, faire le plein (d'essence).

benzinaio [ben-ʒi-nà-io] ***n.m.*** [f. *-a*; pl.m. *-ai*] pompiste.

benzoino [ben-ʒo-ì-no] ***n.m.*** (*chim.*) benjoin.

benzolo [ben-ʒò-lo] ***n.m.*** (*chim.*) benzol.

beone [be-ó-ne] ***n.m.*** [f. *-a*] gros* buveur*, soûlard.

beota [be-ò-ta] ***agg.*** (*incolto*) béotien*, inculte ♦ ***n.m.*** e ***f.*** **1** (*ignorante*) rustre **2** (*idiota*) idiot/e.

bequadro [be-quà-dro] ***n.m.*** (*mus.*) bécarre.

berbero [bèr-be-ro] ***agg.*** berbère ♦ ***n.m.*** **1** [f. *-a*] (*abitante*) Berbère **2** (*cavallo*) barbe.

bere[1] [bé-re] ***v.tr.*** [pres.indic. *io bevo* ecc.; p.rem. *io bevvi, tu bevesti* ecc.; fut.indic. *io berrò* ecc.; p.p. *bevuto*] boire*: *andiamo a bere un bicchiere*, allons prendre un verre; *da bere (che) cosa desiderano?*, que désirez-vous boire?; *bersi un uovo*, gober un œuf; *un uovo da bere*, un œuf du jour | *tuffandomi ho bevuto*, en plongeant j'ai bu une tasse.

● ***bere alla bottiglia***, boire à (même) la bouteille, au goulot | ***bere alla salute di qlcu***, boire à la santé de qqn | ***bere d'un colpo***, ***in un fiato***, boire d'un seul coup | ***non me la dai a bere!***, (*fig.*) tu ne me feras pas avaler cela! | ***semplice come bere un bicchier d'acqua***, simple comme bonjour.

bere[2] ***n.m.invar.*** **1** (*il bere*) boisson (*f.*): *il bere e il man-*

giare, le boire et le manger; *darsi al bere*, s'adonner à la boisson; *il troppo bere fa male*, il n'est pas bon de trop boire **2** (*ciò che si beve*) boissons (*f.pl.*).

B

bergamasco [ber-ga-mà-sco] ***agg.*** [pl.m. *-schi*, f. *-sche*] bergamasque ♦ ***n.m.*** [f. *-a*] (*abitante*) Bergamasque.

bergamotto [ber-ga-mòt-to] ***n.m.*** **1** (*albero*) bergamotier **2** (*frutto*) bergamote (*f.*).

berillo [be-rìl-lo] ***n.m.*** (*min.*) béryl.

berlina[1] [ber-lì-na] ***n.f.*** (*gogna*) pilori (*m.*).
● ***essere alla berlina***, être au pilori | ***mettere alla berlina***, clouer au pilori; (*fig.*) exposer qqn à la risée publique.

berlina[2] ***n.f.*** (*aut.*) berline.

berlinese [ber-li-né-se] ***agg.*** berlinois ♦ ***n.m.*** e ***f.*** (*abitante*) Berlinois/e.

bermuda [ber-mù-da] ***n.m.pl.*** bermuda(s): *indossare i bermuda*, porter un bermuda, des bermudas.

bernarda [ber-nàr-da] ***n.f.*** (*volg.*) chatte, con (*m.*).

bernese [ber-né-se] ***agg.*** bernois ♦ ***n.m.*** e ***f.*** (*abitante*) Bernois/e.

bernoccolo [ber-nòc-co-lo] ***n.m.*** bosse (*f.*).
● ***ha il bernoccolo della matematica, degli affari***, (*fig.*) il a la bosse des mathématiques, des affaires.

berretta [ber-rét-ta] ***n.f.*** **berretto** ***n.m.*** bonnet (*m.*); (*con visiera*) casquette (*f.*).
● ***berretto da fantino***, casquette de jockey | ***berretto da notte***, bonnet de nuit.

berrò → **bere**[1].

bersagliare [ber-sa-glià-re] ***v.tr.*** **1** tirer (**sur**) **2** (*fig.*) (*perseguire*) poursuivre*, *harceler*.

bersagliera, alla [àl-la ber-sa-gliè-ra] ***avv.*** **1** (*di cappello*) (*sulle ventitré*) sur l'oreille **2** (*con slancio*) avec élan.

bersagliere [ber-sa-gliè-re] ***n.m.*** bersaglier.

bersaglio [ber-sà-glio] ***n.m.*** [pl. *-gli*] cible (*f.*): *mirare al bersaglio*, viser la cible; *prendere a bersaglio*, prendre pour cible.
● ***bersaglio fisso, mobile***, cible fixe, mobile | ***centrare il bersaglio***, toucher la cible; (*fig.*) atteindre son but | ***fare da bersaglio***, (*fig.*) être le souffre-douleur: *è sempre lui che fa da bersaglio*, c'est la tête de turc de tout le monde.

bertuccia [ber-tùc-cia] ***n.f.*** [pl. *-ce*] **1** (*zool.*) magot (*m.*) **2** (*fig.*) (*donna brutta*) guenon.

besciamella [be-scia-mèl-la] ***n.f.*** (*cuc.*) béchamel.

bestemmia [be-stém-mia] ***n.f.*** **1** blasphème (*m.*) **2** (*imprecazione*) juron (*m.*): *tirar bestemmie*, lâcher des jurons **3** (*sproposito*) énormité.

bestemmiare [be-stem-mià-re] ***v.intr.*** [aus. *avere*] **1** (*imprecare*) jurer, sacrer **2** (*dire spropositi*) dire* des énormités ♦ ***v.tr.*** **1** (*maledire*) blasphémer* (**contre**): *bestemmiare Dio*, blasphémer le nom de Dieu **2** (*parlare in modo scorretto*) baragouiner.
● ***bestemmiare come un turco, come un carrettiere***, jurer comme un païen, comme un charretier.

bestemmiatore [be-stem-mia-tó-re] ***n.m.*** [f. *-trice*] blasphémateur*.

bestia [bé-stia] ***n.f.*** **1** bête **2** (*pl.*) (*bestiame*) bétail (*m. sing.*) **3** (*fig. fam.*) (*ignorante*) bête: *in latino è una bestia*, il est bouché en latin | *bestia che non sei altro!*, espèce d'idiot!
● ***bestia nera***, (*fig.*) bête noire | ***andare in bestia***, (*fig.*) se mettre en colère | ***guardare come una bestia rara***, (*fig.*) regarder comme une bête curieuse | ***lavorare come una bestia***, travailler comme une brute | ***lavoro da bestia***, travail de forçat | ***mandare qlcu in bestia***, (*fig.*) faire enrager qqn.

bestiale [be-stià-le] ***agg.*** bestial*: *un caldo bestiale*, (*fig. fam.*) une chaleur étouffante; *un freddo bestiale*, (*fig. fam.*) un froid de canard; *un dolore bestiale*, (*fig. fam.*) une douleur atroce.

bestialità [be-stia-li-tà] ***n.f.invar.*** **1** bestialité **2** (*fam.*) (*sproposito*) bêtise, énormité.

bestialmente [be-stial-mén-te] ***avv.*** bestialement; (*stupidamente*) bêtement.

bestiame [be-stià-me] ***n.m.*** bétail*.

bestiario [be-stià-rio] ***n.m.*** [pl. *-ri*] bestiaire.

bestiola [be-stiò-la] **bestiolina** ***n.f.*** bestiole; (*fig. fam.*) bête: *sei proprio una bestiolina!*, que tu es bête!

bestione [be-stió-ne] ***n.m.*** [f. *-a*] **1** grosse (*f.*) bête **2** (*fig. fam.*) (*uomo ignorante*) grosse (*f.*) bête **3** (*fig. fam.*) (*persona grande e grossa*) malabar **4** (*fig.*) (*uomo rozzo*) rustre.

beta [bè-ta] ***n.m.*** o ***f.invar.*** (*seconda lettera dell'alfabeto greco*) bêta (*m.*).
● (*fis.*) ***raggi beta***, rayons bêta.

betabloccante [be-ta-bloc-càn-te] ***agg.*** bêtabloquant, bêtabloqueur.

betel [bè-tel] ***n.m.invar.*** (*bot.*) bétel.

betonica [be-tò-ni-ca] ***n.f.*** (*bot.*) bétoine.
● ***essere (conosciuto) come l'erba betonica***, être connu comme le loup blanc.

betoniera [be-to-niè-ra] ***n.f.*** bétonnière.

bettola [bét-to-la] ***n.f.*** gargote, caboulot (*m.*).

bettolina [bet-to-lì-na] ***n.f.*** (*mar.*) porteur (*m.*) à déblais.

betulla [be-tùl-la] ***n.f.*** bouleau* (*m.*).

beuta [bèu-ta] ***n.f.*** (*chim.*) matras (*m.*).

bevanda [be-vàn-da] ***n.f.*** boisson.
● ***bevanda alcolica, analcolica***, boisson alcoolique (*o* alcoolisé), sans alcool.

beveraggio [be-ve-ràg-gio] ***n.m.*** [pl. *-gi*] breuvage; (*beverone per animali*) barbotage.

beverino [be-ve-rì-no] ***n.m.*** auget.

beverone [be-ve-ró-ne] ***n.m.*** **1** breuvage; (*pastone per animali*) barbotage **2** (*spreg.*) mixture (*f.*) **3** (*dietetico, sostitutivo di un pasto*) substitut de repas.

bevibile [be-vì-bi-le] ***agg.*** buvable.

bevitore [be-vi-tó-re] ***n.m.*** [f. *-trice*] buveur*.

bevo → **bere**[1].

bevuta [be-vù-ta] ***n.f.*** verre (*m.*), coup (*m.*): *dopo questa bevuta mi sento meglio*, maintenant que j'ai bu, je me sens mieux; *ci siamo fatti una bella bevuta*, on a bien bu.
● ***fare una bevuta***, boire un coup; (*nuotando*) boire une tasse.

bevuto [be-vù-to] ***agg.*** (*fam.*) soûl.

bevvi → **bere**[1].

bi- ***pref*** bi-.

biacca [biàc-ca] ***n.f.*** [pl. *-che*] céruse, blanc (*m.*) d'argent.

biacco [biàc-co] ***n.m.*** [pl. *-chi*] (*zool.*) couleuvre (*f.*) verte et jaune.

biada [bià-da] ***n.f.*** avoine.
● ***dare la biada all'asino***, (*fig.*) donner de la confiture aux cochons.

bianca [biàn-ca] ***n.f.*** [pl. *-che*] (*tip.*) recto (*m.*).
● ***bianca e volta***, recto verso.

biancastro [bian-cà-stro] *agg.* blanchâtre.

biancheggiare [bian-cheg-già-re] *v.intr.* [coniug. come *mangiare*; aus. *avere*] être* blanc*, paraître* blanc*.

biancheria [bian-che-rì-a] *n.f.* linge (*m.*).
● ***biancheria da casa***, linge de maison | ***biancheria da tavola***, linge de table | ***biancheria intima***, (*da uomo e bambino*) linge (de corps); (*da donna*) lingerie.

bianchetti [bian-chét-ti] *n.m.pl.* blanchaille (*f.sing.*).

bianchetto [bian-chét-to] *n.m.* **1** (*chim.*) blanc **2** (*belletto*) blanc de fard **3** (*correttore liquido*) blanc correcteur, correcteur liquide **4** (*per scarpe*) blanc à chaussures **5** (*sbiancante*) produit blanchissant.

bianchezza [bian-chéz-za] *n.f.* blancheur.

bianchiccio [bian-chìc-cio] *agg.* [pl.m. *-ci*, f. *-ce*] blanchâtre.

bianchino [bian-chì-no] *n.m.* un petit (verre de) blanc.

bianco [biàn-co] *agg.* [pl.m. *-chi*, f. *-che*] blanc*: *bianco come la neve*, blanc comme la neige ♦ *n.m.* **1** blanc: *vestire di bianco*, s'habiller en blanc **2** (*spazio non scritto in un testo*) blanc: *lasciare uno spazio in bianco* (*in una pagina*), laisser un blanc (dans une page).
● ***bianco avorio, latte, gesso***, blanc ivoire, de lait, crayeux | ***bianco come un cencio, come un panno lavato***, (*fig.*) blanc comme un linge | ***bianco di bucato***, fraîchement lavé: *lenzuolo bianco di bucato*, drap fraîchement lavé | ***bianco di paura, per lo spavento***, (*fig.*) blanc (de peur) | ***andare in bianco***, (*fig.*) faire fiasco | (*comm.*) ***cambiale in bianco***, effet en blanc | ***cucitrice di bianco***, lingère (en blanc) | ***dare una mano di bianco***, donner une couche de blanc | ***film in bianco e nero***, film en noir et blanc | (*comm.*) ***firma in bianco***, blanc-seing | ***mangiare in bianco***, manger léger | ***mi fai venire i capelli bianchi***, (*fig.*) tu me donnes des cheveux blancs | ***oggi dice bianco e domani nero***, il dit tantôt blanc, tantôt noir | ***passare una notte in bianco***, passer une nuit blanche | ***pasta, riso in bianco***, pâtes, riz au beurre | ***pesce in bianco***, poisson bouilli | ***settimana bianca***, semaine au (*o* de) ski.

NOTA L'aggettivo ***bianco*** si traduce ***blanc*** che resta invariato quando è unito a un sostantivo o a un altro aggettivo qualificativo riferito alla sfumatura di colore:
delle tovaglie bianco avorio, bianco sporco
des nappes **blanc** ivoire, ***blanc*** sale.

biancomangiare [bian-co-man-già-re] *n.m.* (*cuc.*) (*dolce*) blanc-manger*.

biancore [bian-có-re] *n.m.* (*letter.*) blancheur (*f.*).

biancospino [bian-co-spì-no] *n.m.* (*bot.*) aubépine (*f.*).

biascicare [bia-sci-cà-re] *v.tr.* [coniug. come *mancare*] **1** marmonner: *biascicare le parole*, marmonner ses paroles **2** (*articolare in modo indistinto*) marmotter, bredouiller: *biascicare orazioni*, marmotter des prières **3** (*una lingua*) baragouiner: *biascica un po' di tedesco*, il baragouine un peu d'allemand.

biasimabile [bia-ʃi-mà-bi-le] *agg.* blâmable.

biasimare [bia-ʃi-mà-re] *v.tr.* blâmer.

biasimevole [bia-ʃi-mé-vo-le] *agg.* blâmable.

biasimo [bià-ʃi-mo] *n.m.* blâme: *degno di biasimo*, blâmable.
● ***dare una nota di biasimo***, (*a scuola*) infliger un blâme.

Bibbia [Bìb-bia] *n.f.* Bible.
● ***la Sacra Bibbia***, la Sainte Bible.

biberon [bi-be-ròn] *n.m.invar.* (*poppatoio*) biberon.

bibita [bì-bi-ta] *n.f.* boisson: *bibita ghiacciata*, boisson glacée.

biblico [bì-bli-co] *agg.* [pl.m. *-ci*, f. *-che*] biblique.

bibliobus [bi-blio-bus] *n.m.invar.* bibliobus.

bibliofilia [bi-blio-fi-lì-a] *n.f.* bibliophilie.

bibliofilo [bi-bli-ò-fi-lo] *n.m.* [f. *-a*] bibliophile.

bibliografia [bi-blio-gra-fì-a] *n.f.* bibliographie.

bibliografico [bi-blio-grà-fi-co] *agg.* [pl.m. *-ci*, f. *-che*] bibliographique.

biblioteca [bi-blio-tè-ca] *n.f.* [pl. *-che*] **1** bibliothèque; (*fam.*) bibli: *andare in biblioteca*, aller à la bibliothèque **2** (*mobile*) bibliothèque.
● ***biblioteca circolante***, bibliothèque de prêt | ***biblioteca comunale, nazionale, universitaria***, bibliothèque municipale, nationale, universitaire | ***è una biblioteca ambulante***, (*fig.*) il est une bibliothèque vivante | ***topo di biblioteca***, (*fig.*) rat de bibliothèque.

bibliotecario [bi-blio-te-cà-rio] *n.m.* [f. *-a*; pl.m. *-ri*] bibliothécaire.

bica [bì-ca] *n.f.* [pl. *-che*] (*agr.*) meule, gerbier (*m.*).

bicamerale [bi-ca-me-rà-le] *agg.* (*pol.*) bicaméral*.

bicameralismo [bi-ca-me-ra-lì-ʃmo] *n.m.* (*pol.*) bicaméralisme, bicamérisme.

bicamere [bi-cà-me-re] *agg.invar.* → **bilocale**.

bicamerismo [bi-ca-me-ri-ʃmo] *n.m.* (*pol.*) bicamérisme, bicaméralisme.

bicarbonato [bi-car-bo-nà-to] *n.m.* (*chim.*) bicarbonate.
● ***bicarbonato di sodio***, bicarbonate de sodium.

bicchierata [bic-chie-rà-ta] *n.f.* beuverie: *fare una bicchierata*, boire un coup; *ci siamo fatti una bella bicchierata!*, c'était une belle beuverie!

bicchiere [bic-chiè-re] *n.m.* **1** verre **2** (*contenuto di un bicchiere*) verre: *bere un bicchiere*, boire un verre.
● ***bicchiere a calice***, verre à pied | ***bicchiere da birra***, bock | ***bicchiere da spumante***, flûte | ***bicchiere da vino***, verre à vin | ***affogare in un bicchier d'acqua***, (*fig.*) se noyer dans un verre d'eau | ***alzare il bicchiere alla salute di qlcu***, lever son verre à la santé de qqn | ***è un fondo di bicchiere***, (*brillante falso*) c'est du toc | ***il bicchiere della staffa***, le coup de l'étrier.

bicefalo [bi-cè-fa-lo] *agg.* bicéphale.

bicentenario [bi-cen-te-nà-rio] *n.m.* [pl. *-ri*] bicentenaire.

bici [bì-ci] *n.f.invar.* (*fam.*) vélo (*m.*), bécane.

bicicletta [bi-ci-clét-ta] *n.f.* bicyclette; (*fam.*) vélo (*m.*): *andare in bicicletta*, aller à bicyclette.
● ***bicicletta a motore***, vélomoteur | ***bicicletta da corsa***, vélo de course.

bicipite [bi-cì-pi-te] *agg.* bicéphale ♦ *n.m.* (*anat.*) biceps.

bicocca [bi-còc-ca] *n.f.* [pl. *-che*] bicoque, baraque.

bicolore [bi-co-ló-re] *agg.* bicolore: *una matita bicolore*, un crayon à deux couleurs; *governo bicolore*, (*estens.*) gouvernement bipartite.

bidè [bi-dè] *n.m.* bidet.

bidella [bi-dèl-la] *n.f.* femme de service; (*nella scuola media e superiore*) concierge.

bidello [bi-dèl-lo] *n.m.* [f. *-a*] concierge, agent de service; (*nell'università*) appariteur.

bidimensionale [bi-di-men-sio-nà-le] *agg.* à deux dimensions.

bidonare [bi-do-nà-re] *v.tr.* (*fam.*) **1** (*imbrogliare*) rouler: *ti hanno bidonato!*, on t'a roulé **2** (*mancare a un appuntamento*) poser un lapin (**à qqn**).

bidonata [bi-do-nà-ta] *n.f.* (*fam.*) **1** sale tour (*m.*): *dare una bidonata*, jouer un sale tour **2** (*merce scadente*) camelote: *rifilare una bidonata*, refiler de la camelote | *quest'automobile è una vera bidonata*, cette voiture, c'est de la ferraille | *quel film è un'autentica bidonata!*, ce film est un vrai navet!

● ***prendere una bidonata***, se faire avoir.

bidone [bi-dó-ne] *n.m.* bidon: *un bidone di benzina, di latte*, un bidon d'essence, de lait.

● ***bidone delle immondizie***, poubelle | ***fare un bidone a qlcu***, (*fam.*) (*imbrogliare*) rouler qqn; (*mancare a un appuntamento*) poser un lapin à qqn.

bidonvia [bi-don-vì-a] *n.f.* télébenne.

biecamente [bie-ca-mén-te] *avv.* de travers: *biecamente repressivo*, brutalement répressif.

bieco [biè-co] *agg.* [pl.m. *-chi*, f. *-che*] (*torvo*) torve, farouche.

biella [bi-èl-la] *n.f.* (*mecc.*) bielle.

● ***biella di guida***, bielle de piston.

biennale [bi-en-nà-le] *agg.* **1** (*che dura due anni*) de deux ans: *corso biennale*, cours de deux ans **2** (*che ricorre ogni due anni*) bisannuel*, biennal* ♦ *n.f.* **1** biennale **2** (*bot.*) bisannuel*.

biennio [bi-èn-nio] *n.m.* [pl. *-ni*] **1** (espace de) deux ans **2** (*scuola*) cours de deux ans.

bieta [biè-ta] *n.f.* → **bietola**.

bieticolo [bie-tì-co-lo] *agg.* betteravier*.

bieticoltore [bie-ti-col-tó-re] *n.m.* [f. *-trice*] betteravier*.

bieticoltura [bie-ti-col-tù-ra] *n.f.* culture betteravière.

bietola [biè-to-la] *n.f.* (*bot.*) bette, poirée.

bietolone [bie-to-ló-ne] *n.m.* [f. *-a*] **1** (*bot.*) arroche (*f.*), bonne dame (*f.*) **2** (*fig. fam.*) (*semplicione*) grand nigaud.

bietta [biét-ta] *n.f.* **1** (*mecc.*) clavette **2** (*cuneo*) coin (*m.*).

bifase [bi-fà-ʃe] *agg.invar.* (*elettr.*) biphasé, diphasé.

biffa [bìf-fa] *n.f.* (*topografia*) jalon (*m.*).

biffare[1] [bif-fà-re] *v.tr.* (*segnare con biffe*) jalonner.

biffare[2] *v.tr.* (*cancellare*) biffer.

bifido [bì-fi-do] *agg.* bifide.

bifidobatterio [bi-fi-do-bat-tè-rio] *n.m.* [pl. *-ri*] (*biol.*) bifidus.

bifocale [bi-fo-cà-le] *agg.* (*fis.*) bifocal*.

● ***lente bifocale***, lentille bifocale.

bifolco [bi-fól-co] *n.m.* [f. *-a*; pl.m. *-chi*, f. *-che*] **1** laboureur; (*guardiano di bestiame*) gardien* de troupeaux **2** (*fam. spreg.*) rustre, bouseux.

bifora [bì-fo-ra] *n.f.* (*arch.*) fenêtres (*pl.*) géminées, fenêtre à double baie.

biforcarsi [bi-for-càr-si] *v.pron.intr.* [coniug. come *mancare*] bifurquer.

biforcazione [bi-for-ca-zió-ne] *n.f.* bifurcation.

biforcuto [bi-for-cù-to] *agg.* fourchu, bifide.

● ***lingua biforcuta***, (*fig.*) langue de vipère.

bifronte [bi-frón-te] *agg.* **1** bifront **2** (*ambiguo*) (*fig.*) double.

● ***erma bifronte***, bifront | ***Giano bifronte***, Janus bifrons.

bifuel [bi'fjuel] *agg.invar.* (*aut.*) bivalent: *veicolo, auto bifuel*, véhicule bivalent, voiture bivalente.

big *n.m.invar.* (*fam.*) gros bonnet: *un big della finanza*, un gros bonnet de la finance; *un big dell'industria*, un magnat de l'industrie; *i big della canzone*, les grands noms de la chanson.

bigamia [bi-ga-mì-a] *n.f.* bigamie.

bigamo [bì-ga-mo] *agg.* e *n.m.* [f. *-a*] bigame.

bigemino [bi-gè-mi-no] *agg.* (*med.*).

● ***parto bigemino***, accouchement gémellaire | ***polso bigemino***, pouls bigéminé.

bigenitorialità [bi-ge-ni-to-ria-li-tà] *n.f.invar.* coparentalité; (*di genitori biologici*) parité parentale.

bighellonare [bi-ghel-lo-nà-re] *v.intr.* [aus. *avere*] flâner.

bighellone [bi-ghel-ló-ne] *n.m.* flâneur*.

bigiare [bi-già-re] *v.tr.* [coniug. come *mangiare*] (*region.*) (*saltare la scuola*) sécher* les cours.

bigino [bi-gì-no] *n.m.* (*gergo scolastico*) (*manualetto riassuntivo*) aide-mémoire*.

bigio [bì-gio] *agg.* [pl.m. *-gi*, f. *-gie* o *-ge*] bis; (*grigio*) gris: *pane bigio*, pain bis; *tempo bigio*, temps gris.

bigiotteria [bi-giot-te-rì-a] *n.f.* **1** bijoux (*m.pl.*) (de) fantaisie **2** (*negozio*) magasin (*m.*) de bijoux (de) fantaisie.

bigliettaio [bi-gliet-tà-io] *n.m.* [f. *-a*; pl.m. *-ai*] **1** (*di trasporto pubblico*) receveur* **2** (*addetto a una biglietteria*) employé (préposé à la vente des billets au guichet).

biglietteria [bi-gliet-te-rì-a] *n.f.* (*di stazione*) guichets (*m. pl.*) (de délivrance des billets); (*di teatro*) guichets (*m. pl.*), bureau* (*m.*) de location; (*di cinema*) caisse.

● ***biglietteria automatica***, billetterie automatique, Distributeur Automatique de Billets.

bigliettino [bi-gliet-tì-no] *n.m.* **1** carte (*f.*) **2** (*messaggio*) (petit) mot: *se esci lasciami un bigliettino*, si tu sors laisse-moi un mot.

● ***bigliettino (d'auguri)***, carte de vœux.

biglietto [bi-gliét-to] *n.m.* **1** billet; (*cartoncino*) carte (*f.*) **2** (*messaggio*) → bigliettino 2 **3** (*di trasporto pubblico*) billet, ticket: *biglietto ferroviario*, billet (*o* ticket) de train; *fare il biglietto*, prendre son billet, son ticket **4** (*banca*) billet: *biglietto di banca*, billet de banque; *biglietto da venti euro*, billet de vingt euros.

● ***biglietto (a prezzo) ridotto***, billet (à tarif) réduit | ***biglietto da visita***, carte de visite | ***biglietto della lotteria***, billet de loterie | ***biglietto di favore, omaggio***, billet de faveur, billet gratuit | ***biglietto di ingresso***, billet d'entrée | ***biglietto di invito***, carte d'invitation | ***biglietto postale***, carte-lettre | ***un biglietto di andata e ritorno***, un aller retour | ***un biglietto di sola andata***, un aller.

bigliettone [bi-gliet-tó-ne] *n.m.* (*fam.*) gros billet.

bignè [bi-gnè] *n.m.invar.* (*cuc.*) chou* à la crème.

FAUX AMI
Da non confondere con *beignet*, che significa *frittella*.

bigodino [bi-go-dì-no] *n.m.* bigoudi.

bigoncia [bi-gón-cia] *n.f.* [pl. *-ce*] comporte.

● ***a bigonce***, (*fig.*) en grande quantité, à foison.

bigoncio [bi-gón-cio] *n.m.* [pl. *-ci*] **1** baquet, baillotte (*f.*) **2** (*teatr.*) cassette (*f.*).

bigotteria [bi-got-te-rì-a] *n.f.* **bigottismo** *n.m.* bigoterie (*f.*), bigotisme (*m.*).

bigotto [bi-gòt-to] *agg.* e *n.m.* [f. *-a*] bigot.

bikini® [bi-kì-ni] *n.m.invar.* bikini®, (maillot) deux -pièces.

bilama [bi-là-ma] *agg.invar.* à double lame.

bilancia [bi-làn-cia] *n.f.* [pl. *-ce*] **1** balance **2** (*econ.*) balance **3** (*rete da pesca*) échiquier (*m.*), carrelet (*m.*) **4** (*teatr.*) (*apparecchio di illuminazione*) *herse **5** (*di orologio*) balancier (*m.*) **6** (*edil.*) (*ponteggio provvisorio*) échafaud (*m.*) volant **7** (*astr.*) *Bilancia*, Balance.
● ***bilancia a molla***, peson, balance à ressort | ***bilancia a ponte, a bilico***, bascule | (*econ.*) ***bilancia commerciale***, balance du commerce (*o* commerciale) | ***bilancia da bagno***, pèse-personne | ***bilancia da cucina***, balance de cuisine | (*econ.*) ***bilancia dei pagamenti***, balance des paiements | ***bilancia dell'orafo***, trébuchet | ***bilancia di precisione***, balance de précision | ***bilancia per lettere***, pèse-lettres | ***bilancia pesabambini***, pèse-bébé | ***far pendere la bilancia***, (*fig.*) emporter la balance | ***mettere sulla bilancia***, (*fig.*) mettre en balance | ***pesare con la bilancia del farmacista***, (*fig.*) couper les cheveux en quatre.

bilanciare [bi-lan-cià-re] *v.tr.* [coniug. come *cominciare*] **1** équilibrer; (*tenere in equilibrio*) tenir* en équilibre **2** (*fig.*) (*valutare*) balancer*; (*ponderare*) peser*: *bilanciare il pro e il contro*, balancer le pour et le contre; *bilanciare le parole*, peser ses paroles ♦ **bilanciarsi** *v.pron.* se tenir* en équilibre ♦ *v.pron.rec.* s'équilibrer, se balancer*.
● (*comm.*) ***bilanciarsi con***, présenter un solde de.

bilanciere [bi-lan-ciè-re] *n.m.* **1** (*di orologio*) balancier **2** (*mecc.*) culbuteur **3** (*asta dei funamboli*) balancier; (*dei portatori d'acqua*) palanche (*f.*) **4** (*sport*) (*per sollevamento pesi*) barre (*f.*) d'haltère.
● ***molla del bilanciere***, (*nell'orologio*) (ressort) spiral.

bilancina [bi-lan-cì-na] *n.f.* pesette.

bilancino [bi-lan-cì-no] *n.m.* **1** trébuchet **2** (*mecc.*) palonnier.
● ***pesare col bilancino***, (*fig.*) couper les cheveux en quatre.

bilancio [bi-làn-cio] *n.m.* [pl. *-ci*] **1** (*preventivo; insieme delle entrate e delle uscite*) budget: *iscrivere nel, a bilancio*, budgétiser; *far quadrare il bilancio*, équilibrer son budget **2** (*consuntivo; prospetto contabile dell'attivo e del passivo*) bilan: *fare un bilancio*, dresser un bilan; *portare in bilancio*, porter, inscrire au bilan **3** (*differenza tra il dare e l'avere*) balance (*f.*): *fare il bilancio di un conto*, établir la balance d'un compte.
● ***entrate del bilancio***, recettes budgétaires | ***previsioni di bilancio***, prévisions budgétaires, du budget.

bilarzia [bi-làr-zia] *n.f.* (*zool.*) bilharzie.

bilaterale [bi-la-te-rà-le] *agg.* bilatéral*.

bile [bì-le] *n.f.* **1** bile **2** (*fig.*) (*collera*) bile: *riversare la propria bile su qlcu*, jeter son venin sur qqn; *crepare dalla bile*, crever de dépit.
● ***avere un travaso di bile***, (*fig.*) piquer une colère noire | ***far mangiar bile***, faire enrager | ***rodersi dalla bile***, se faire de la bile | ***travaso di bile***, débordement de bile | ***verde dalla bile***, vert de colère.

bilia [bì-lia] *n.f.* **1** (*al biliardo*) (*buca*) blouse; (*palla*) bille **2** (*pallina di vetro*) bille.
● ***far bilia***, blouser.

biliardino [bi-liar-dì-no] *n.m.* petit billard; (*flipper*) flipper; (*calcetto*) baby-foot*.

biliardo [bi-liàr-do] *n.m.* billard: *partita a biliardo*, partie de billard; *farsi una partitina a biliardo*, (*fam.*) se faire un petit billard.
● ***(sala da) biliardo***, billard | ***(tavolo da) biliardo***, billard.

biliare [bi-lià-re] *agg.* (*med.*) biliaire.
● ***calcolo biliare***, calcul biliaire.

bilico [bì-li-co] *n.m.* [pl. *-chi*] (*mecc.*) bascule (*f.*); (*di porta*) gond; (*di bilancia*) couteau*.
● ***essere in bilico***, (*anche fig.*) être en équilibre instable | ***in bilico tra la vita e la morte***, (*fig.*) entre la vie et la mort | ***ponte a bilico***, pont-bascule | ***tenere qlcu in bilico***, (*fig.*) tenir qqn en suspens.

bilingue [bi-lìn-gue] *agg.* e *n.m.* e *f.* bilingue.

bilinguismo [bi-lin-guì-ʃmo] *n.m.* bilinguisme.

bilione [bi-lió-ne] *n.m.* billion.

bilioso [bi-lió-so] *agg.* e *n.m.* [f. *-a*] bilieux*.

bilirubina [bi-li-ru-bì-na] *n.f.* (*biochim.*) bilirubine.

bilobato [bi-lo-bà-to] **bilobo** *agg.* (*bot., arch.*) bilobé.

bilocale [bi-lo-cà-le] *agg.* e *n.m.* deux-pièces*.

bimba [bìm-ba] *n.f.* enfant, petite fille.

bimbo [bìm-bo] *n.m.* enfant, petit garçon.

bimensile [bi-men-sì-le] *agg.* bimensuel*.

bimestrale [bi-me-strà-le] *agg.* **1** bimestriel* **2** (*che dura due mesi*) de deux mois.

bimestre [bi-mè-stre] *n.m.* bimestre: *si pubblica ogni bimestre*, publication bimestrielle; *un bimestre di affitto*, deux mois de loyer.

bimotore [bi-mo-tó-re] *agg.* e *n.m.* (*aer.*) bimoteur.

binario[1] [bi-nà-rio] *n.m.* [pl. *-ri*] (*ferr.*) voie (*f.*): *è in partenza sul, dal quarto binario il TGV per Parigi*, attention, sur la voie quatre départ du TGV à destination de Paris | *ci troviamo al binario*, rendez-vous sur le quai.
● ***binario a scartamento ridotto, allargato***, voie étroite, métrique | ***binario morto***, voie de garage | ***uscire dai binari***, (*anche fig.*) dérailler.

binario[2] *agg.* [pl.m. *-ri*] binaire.
● (*mat.*) ***sistema binario***, système binaire.

binato [bi-nà-to] *agg.* géminé, jumelé.

binocolo [bi-nò-co-lo] *n.m.* jumelle (*f.*); jumelles (*f.pl.*) | *quest'anno, le vacanze le vedrò col binocolo*, (*fig.*) cette année, je peux faire une croix sur mes vacances.
● ***binocolo da teatro***, jumelles de théâtre | ***guardare con il binocolo***, regarder à la jumelle; (*fig.*) regarder à la loupe.

FAUX AMI
Da non confondere con *binocle*, che significa *occhiali a stringinaso*.

binoculare [bi-no-cu-là-re] *agg.* binoculaire.

binomio [bi-nò-mio] *n.m.* [pl. *-mi*] **1** (*mat.*) binôme **2** (*ippica*) couplé **3** (*fig.*) binôme; (*coppia di persone*) duo.

bio- *pref* bio-.

bioagricoltura [bio-a-gri-col-tù-ra] *n.f.* agriculture biologique, bioagriculture.

bioallevamento [bio-al-le-va-mén-to] *n.m.* (*zootecn.*) élevage biologique.

bioastronomia [bio-a-stro-no-mì-a] *n.f.* bioastronomie.

bioccolo [biòc-co-lo] *n.m.* flocon.

biochimica [bio-chì-mi-ca] *n.f.* [pl. *-che*] biochimie.

biochimico [bio-chì-mi-co] *agg.* [pl.m. *-ci*, f. *-che*] biochimique ♦ *n.m.* [f. *-a*; pl.m. *-ci*, f. *-che*] biochimiste.

biochip [bio'tʃip] *n.m.invar.* biopuce (*f.*).

biodanza [bio-dàn-za] *n.f.* biodanse.

biodegradabile [bio-de-gra-dà-bi-le] *agg.* biodégradable.

biodegradare [bio-de-gra-dà-re] *v.tr.* dégrader biologiquement.

B

biodegradatore [bio-de-gra-da-tó-re] ***agg.*** e ***n.m.*** (*biol.*) biodégradant.
biodegradazione [bio-de-gra-da-zió-ne] ***n.f.*** biodégradation.
biodiversità [bio-di-ver-si-tà] ***n.f.invar.*** biodiversité.
bioedilizia [bio-e-di-lì-zia] ***n.f.*** bioconstruction.
bioetica [bio-è-ti-ca] ***n.f.*** [pl. *-che*] bioéthique.
bioeticista [bio-e-ti-ci-sta] ***n.m.*** e ***f.*** bioéthicien/enne.
bioetico [bio-è-ti-co] ***agg.*** [pl.m. *-ci*, f. *-che*] bioéthique.
biofisica [bio-fì-ʃi-ca] ***n.f.*** [pl. *-che*] biophysique.
biofisico [bio-fì-ʃi-co] ***agg.*** [pl.m. *-ci*, f. *-che*] de la biophysique ♦ ***n.m.*** [f. *-a*; pl.m. *-ci*, f. *-che*] biophysicien.
biogenetica [bio-ge-nè-ti-ca] ***n.f.*** [pl. *-che*] théorie biogénétique.
biogenetico [bio-ge-nè-ti-co] ***agg.*** [pl.m. *-ci*, f. *-che*] biogénétique.
biografia [bio-gra-fì-a] ***n.f.*** biographie.
biografico [bio-grà-fi-co] ***agg.*** [pl.m. *-ci*, f. *-che*] biographique.
biografo [bi-ò-gra-fo] ***n.m.*** [f. *-a*] biographe.
bioinformatica [bio-in-for-mà-ti-ca] ***n.f.*** [pl. *-che*] bioinformatique.
bioingegneria [bio-in-ge-gne-rì-a] ***n.f.*** ingénierie biomédicale.
biologia [bio-lo-gì-a] ***n.f.*** biologie.
biologico [bio-lò-gi-co] ***agg.*** [pl.m. *-ci*, f. *-che*] biologique.
● ***prodotti biologici***, produits bio.
biologo [bi-ò-lo-go] ***n.m.*** [f. *-a*; pl.m. *-ghi* o *-gi*, f. *-ghe*] biologiste.
biomedicina [bio-me-di-cì-na] ***n.f.*** biomédicine.
bionda [bión-da] ***n.f.*** blonde.
biondastro [bion-dà-stro] ***agg.*** blondasse.
biondiccio [bion-dìc-cio] ***agg.*** [pl.m. *-ci*, f. *-ce*] blondasse.
biondino [bion-dì-no] ***n.m.*** [f. *-a*] blondinet.
biondo [bión-do] ***agg.*** e ***n.m.*** blond.
● ***biondo cenere***, ***platino***, ***dorato***, blond cendré, platiné, doré | ***biondo rossiccio***, blond vénitien.

> NOTA L'aggettivo **biondo** si traduce ***blond*** che resta invariato quando è unito a un sostantivo o a un altro aggettivo qualificativo riferito alla sfumatura di colore:
> *dei capelli biondo chiaro, biondo rame*
> des cheveux **blond** clair, **blond** vénitien.

biondona [bion-dó-na] ***n.f.*** (*scherz.*) belle blonde.
bionica [bi-ò-ni-ca] ***n.f.*** [pl. *-che*] bionique.
bionico [bi-ò-ni-co] ***agg.*** [pl.m. *-ci*, f. *-che*] bionique.
biopirateria [bio-pi-ra-te-rì-a] ***n.f.*** biopiraterie.
biopsia [bio-psì-a] ***n.f.*** (*med.*) biopsie.
bioritmo [bio-rìt-mo] ***n.m.*** biorythme.
biosfera [bio-sfè-ra] ***n.f.*** biosphère.
biosicurezza [bio-si-cu-réz-za] ***n.f.*** biosécurité.
biossido [bi-òs-si-do] ***n.m.*** (*chim.*) bioxyde.
biotecnologia [bio-tec-no-lo-gì-a] ***n.f.*** biotechnologie, biotechnique.
bioterrorismo [bio-ter-ro-rì-ʃmo] ***n.m.*** bioterrorisme.
biotrafficante [bio-traf-fi-càn-te] ***n.m.*** e ***f.*** trafiquant/e d'organes.
bip ***n.m.*** **1** bip; (*del telefono*) top sonore | *fare bip*, biper **2** (*cercapersone*) bipeur.
bipartisan [bi'partizan *o* bai'partizan] ***agg.invar.*** (*pol.*) bipartite (résultant d'un accord entre deux partis opposés).
bipartitico [bi-par-tì-ti-co] ***agg.*** [pl.m. *-ci*, f. *-che*] (*pol.*) biparti, bipartite.
bipartitismo [bi-par-ti-tì-ʃmo] ***n.m.*** (*pol.*) bipartisme.
bipartito [bi-par-tì-to] ***agg.*** e ***n.m.*** biparti, bipartite.
bipartizione [bi-par-ti-zió-ne] ***n.f.*** bipartition.
bipede [bì-pe-de] ***agg.*** e ***n.m.*** bipède.
bipolare [bi-po-là-re] ***agg.*** (*scient.*) bipolaire.
bipolarismo [bi-po-la-rì-ʃmo] ***n.m.*** bipolarisme.
biposto [bi-pó-sto] ***agg.*** e ***n.m.invar.*** (*aereo*) biplace ♦ ***n.f.invar.*** (*automobile*) coupé (*m.*).
birba [bìr-ba] ***n.f.*** **birbante** ***n.m.*** (*scherz.*) (*birichino*) petit fripon*, coquin (*m.*).
birbanteria [bir-ban-te-rì-a] ***n.f.*** (*birichinata*) coquinerie, espièglerie.
birbantesco [bir-ban-té-sco] ***agg.*** [pl.m. *-schi*, f. *-sche*] fripon*.
birbonata [bir-bo-nà-ta] ***n.f.*** (*birichinata*) gaminerie, coquinerie.
birboncello [bir-bon-cèl-lo] ***n.m.*** [f. *-a*] polisson*.
birbone [bir-bó-ne] ***n.m.*** [f. *-a*] chenapan, gredin; (*scherz.*) coquin ♦ ***agg.*** mauvais: *un freddo birbone*, un froid de canard; *un tiro birbone*, une entourloupette.
bireattore [bi-re-at-tó-re] ***n.m.*** (*aer.*) biréacteur.
bireme [bi-rè-me] ***n.f.*** (*st. mar.*) birème.
birichinata [bi-ri-chi-nà-ta] ***n.f.*** gaminerie, espièglerie, coquinerie.
birichino [bi-ri-chì-no] ***n.m.*** [f. *-a*] polisson* ♦ ***agg.*** espiègle, coquin.
birifrangenza [bi-ri-fran-gèn-za] ***n.f.*** (*fis.*) biréfringence.
birignao [bi-ri-gnà-o] ***n.m.invar.*** (*di un attore*) débit traînant et nasal.
birillo [bi-ril-lo] ***n.m.*** quille (*f.*): *gioco dei birilli*, jeu de quilles.
birmano [bir-mà-no] ***agg.*** birman ♦ ***n.m.*** [f. *-a*] (*abitante*) Birman.
biro® [bì-ro] ***n.f.invar.*** stylo (à) bille.
birra [bìr-ra] ***n.f.*** bière.
● ***birra alla spina***, bière (à la) pression | ***birra chiara***, ***scura***, bière blonde, brune | ***a tutta birra***, (*fam.*) à toute pompe | ***dare la birra a qlcu***, faire la pige à qqn; (*in automobile*) semer* qqn | ***fabbrica di birra***, brasserie.
birraio [bir-rà-io] ***n.m.*** [f. *-a*; pl.m. *-ai*] brasseur.
birreria [bir-re-rì-a] ***n.f.*** brasserie.
birrificio [bir-ri-fì-cio] ***n.m.*** [pl. *-ci*] brasserie (*f.*).
bis ***avv.*** bis: *bravo, bis!*, bravo, bis! ♦ ***agg.*** e ***n.m.invar.*** bis: *chiedere il bis a qlcu*, bisser qqn.
● ***fare il bis***, bisser; (*a tavola*) en reprendre.
bis- ***pref.*** bis-.
bisaccia [bi-ʃàc-cia] ***n.f.*** [pl. *-ce*] besace, bissac (*m.*).
bisavolo [bi-ʃà-vo-lo] ***n.m.*** [f. *-a*] bisaïeul*.
bisbetico [bi-ʃbè-ti-co] ***agg.*** [pl.m. *-ci*, f. *-che*] acariâtre, *hargneux*.
bisbigliare [bi-ʃbi-glià-re] ***v.intr.*** [aus. *avere*] chuchoter ♦ ***v.tr.*** chuchoter, murmurer: *bisbigliare all'orecchio*, chuchoter à l'oreille; *bisbigliare una preghiera*, murmu-

rer une prière; *si bisbiglia che*, le bruit court que ♦ ***n.m.*** chuchotement.

bisbiglio[1] [bi-ʃbì-glio] ***n.m.*** [pl. *-gli*] **1** chuchotement; (*mormorio*) murmure: *in un bisbiglio*, (en) murmurant **2** (*pettegolezzo*) potin, commérage.

bisbiglio[2] [bi-ʃbi-glì-o] ***n.m.*** [pl. *-ii*] (*brusio*) murmure, bruit léger.

bisboccia [bi-ʃbòc-cia] ***n.f.*** [pl. *-ce*] bombance: *fare bisboccia*, faire bombance.

bisca [bì-sca] ***n.f.*** [pl. *-sche*] tripot (*m.*).

biscazziere [bi-scaz-ziè-re] ***n.m.*** [f. *-a*] **1** (*chi tiene una bisca*) tenancier* de tripot **2** (*chi frequenta le bische*) habitué des tripots.

biscia [bì-scia] ***n.f.*** [pl. *-sce*] couleuvre.

FAUX AMI
Da non confondere con *biche*, che significa *cerva*.

biscottato [bi-scot-tà-to] ***agg.*** grillé (au four).
● ***fetta biscottata***, biscotte.

biscottiera [bi-scot-tiè-ra] ***n.f.*** boîte à biscuits.

biscottificio [bi-scot-ti-fì-cio] ***n.m.*** [pl. *-ci*] biscuiterie (*f.*).

biscotto [bi-scòt-to] ***n.m.*** biscuit.
● ***biscotto da tè***, gâteau sec pour le thé.

FAUX AMI
Da non confondere con *biscotte*, che è la *fetta biscottata*.

biscroma [bi-scrò-ma] ***n.f.*** (*mus.*) double croche.

bisdrucciolo [bi-ʃdrùc-cio-lo] ***agg.*** (*gramm.*) qui a l'accent tonique sur la syllabe précédant l'antépénultième.

bisecante [bi-se-càn-te] ***agg.*** bissecteur* ♦ ***n.f.*** (*mat.*) bissectrice.

bisellare [bi-ʃel-là-re] ***v.tr.*** (*tecn.*) biseauter.

bisenso [bi-sèn-so] ***n.m.*** (*enigmistica*) mot à double sens.

bisessuale [bi-ses-su-à-le] ***agg.*** e ***n.m.*** e ***f.*** bisexuel/elle.

bisessualità [bi-ses-sua-li-tà] ***n.f.invar.*** bisexualité.

bisessuato [bi-ses-su-à-to] ***agg.*** bisexué.

bisestile [bi-ʃe-stì-le] ***agg.*** bissextile.

bisettimanale [bi-set-ti-ma-nà-le] ***agg.*** bihebdomadaire.

bisettrice [bi-set-trì-ce] ***n.f.*** (*mat.*) bissectrice.

bisex [bi-sèx] ***agg.invar.*** **1** bisexuel* **2** (*di indumenti*) unisexe ♦ ***n.m.*** e ***f.invar.*** bisexuel/elle.

bisillabico [bi-sil-là-bi-co] ***agg.*** [pl.m. *-ci*, f. *-che*] dissyllabe, dissyllabique.

bisillabo [bi-sìl-la-bo] ***agg.*** e ***n.m.*** dissyllabe, dissyllabique.

bislacco [bi-ʃlàc-co] ***agg.*** [pl.m. *-chi*, f. *-che*] farfelu; (*stravagante*) extravagant: *è un po' bislacco*, il est un peu farfelu, loufoque; *una testa bislacca*, un cerveau dérangé.

bislungo [bi-ʃlùn-go] ***agg.*** [pl.m. *-ghi*, f. *-ghe*] oblong*.

bismuto [bi-ʃmù-to] ***n.m.*** (*chim.*) bismuth.

bisnipote [bi-ʃni-pó-te] ***n.m.*** e ***f.*** (*di nonni*) **1** arrière-petit-fils, arrière-petite-fille **2** (*di zii*) petit-neveu, petite-nièce.

bisnonna [bi-ʃnòn-na] ***n.f.*** arrière-grand-mère*.

bisnonno [bi-ʃnòn-no] ***n.m.*** **1** arrière-grand-père* **2** (*pl.*) ancêtres, aïeux.

bisognare [bi-ʃo-gnà-re] ***v.intr.impers.*** [aus. *essere*] falloir*: *bisognerebbe che tu venissi subito*, il faudrait que tu viennes immédiatement; *bisogna avere pazienza, tempo*, il faut de la patience, du temps ♦ ***v.intr.*** [aus. *essere*] (*usato solo nella 3ª pers. sing. e pl.*) avoir* besoin (**de**); (*necessitare*) falloir*: *bisogna di molte cure*, il lui faut beaucoup de soins.

NOTA Il verbo ***bisognare*** si traduce ***falloir*** che regge, come in italiano, il congiuntivo ma non imperfetto, perché caduto in disuso in francese, e che viene sostituito dal tempo presente; la sola eccezione è la 3ª persona singolare di *avoir* e *être*:
Bisognerebbe che voi lo ***sapeste***.
Il faudrait que vous le **sachiez**.

bisognino [bi-ʃo-gnì-no] ***n.m.*** (*fam.*).
● ***avere un bisognino***, avoir envie de faire pipi | ***fare un bisognino***, faire ses petits besoins.

bisogno [bi-ʃó-gno] ***n.m.*** besoin: *ho bisogno che tu mi aiuti*, j'ai besoin que tu m'aides; *ho urgente bisogno di parlarti*, il faut absolument que je te parle; *non c'è bisogno di gridare*, ce n'est pas la peine de crier; *che bisogno c'era di dirglielo?*, quel besoin avais-tu de le lui dire?; *c'è bisogno di pane*, il faut du pain; *c'è bisogno del medico*, il faut appeler le médecin; *lavorare per bisogno*, travailler par nécessité; *è gente che non ha bisogno*, ce sont des gens qui ont de quoi; *spendere più del bisogno*, dépenser plus qu'il n'est nécessaire.
● ***al bisogno***, au besoin | ***fare i propri bisogni***, (*fam.*) faire ses besoins | ***in caso di bisogno***, en cas de besoin | ***trovarsi nel bisogno***, être dans le besoin.

FAUX AMI
Da non confondere con *besogne*, che significa *lavoro ingrato, compito*.

bisognoso [bi-ʃo-gnó-so] ***agg.*** e ***n.m.*** [f. *-a*] besogneux*: *bisognoso di aiuto*, qui a besoin d'aide.

bisonte [bi-ʃón-te] ***n.m.*** bison.

bissare [bis-sà-re] ***v.tr.*** bisser.

bisso [bìs-so] ***n.m.*** **1** (*tess.*) linon **2** (*zool.*) byssus.

bistecca [bi-stéc-ca] ***n.f.*** [pl. *-che*] (*cuc.*) steak (*m.*), bifteck (*m.*): *una bistecca al sangue, ben cotta, cotta al punto giusto*, un steak saignant, bien cuit, à point.
● ***bistecca ai ferri***, bifteck grillé.

bistecchiera [bi-stec-chiè-ra] ***n.f.*** gril (*m.*).

bisticciare [bi-stic-cià-re] ***v.intr.*** [coniug. come *cominciare*; aus. *avere*] se quereller, se disputer: *hanno bisticciato tutto il giorno*, elles se sont disputées toute la journée ♦ **bisticciarsi** ***v.pron.*** e ***pron.rec.*** se quereller, se disputer.

bisticcio [bi-stìc-cio] ***n.m.*** [pl. *-ci*] **1** dispute (*f.*), querelle (*f.*): *un bisticcio da ragazzi*, une querelle d'enfants **2** (*gioco di parole*) calembour, jeu* de mots.

bistrare [bi-strà-re] ***v.tr.*** bistrer.

bistrattare [bi-strat-tà-re] ***v.tr.*** maltraiter, rudoyer*; (*a parole*) dénigrer.

bistro [bì-stro] ***n.m.*** bistre.

bisturi [bì-stu-ri] ***n.m.invar.*** (*med.*) bistouri.

bisunto [bi-ʃùn-to] ***agg.*** graisseux*; (*sporco*) crasseux*.

bit ***n.m.invar.*** (*inform.*) bit.
● ***bit di contrassegno***, bit drapeau | ***bit di controllo***, bit clé, bit de contrôle | ***bit di dati***, bit d'information | ***bit per pollice***, ***al secondo***, bit/pouce, bit/seconde.

bitorzolo [bi-tór-zo-lo] ***n.m.*** loupe (*f.*); (*bernoccolo*) bosse (*f.*).

bitta [bìt-ta] ***n.f.*** (*mar.*) bitte.

B

B

bitumare [bi-tu-mà-re] ***v.tr.*** goudronner.

bitumatrice [bi-tu-ma-trì-ce] ***n.f.*** (*macchina*) goudronneuse.

bitume [bi-tù-me] ***n.m.*** goudron; (*chim.*) bitume.

bituminoso [bi-tu-mi-nó-so] ***agg.*** bitumineux*.

bivaccare [bi-vac-cà-re] ***v.intr.*** [coniug. come *mancare*; aus. *avere*] bivouaquer.

bivacco [bi-vàc-co] ***n.m.*** [pl. *-chi*] bivouac.

bivalente [bi-va-lèn-te] ***agg.*** bivalent.

bivalve [bi-vàl-ve] ***agg.*** e ***n.m.*** (*zool.*) bivalve.

bivio [bì-vio] ***n.m.*** [pl. *-vi*] **1** bifurcation (*f.*) **2** (*fig.*) carrefour.

bizantino [bi-ʒan-tì-no] ***agg.*** byzantin ♦ ***n.m.*** (*st.*) Byzantin.

bizza [bì-ʒa] ***n.f.*** caprice (*m.*).
● ***fare le bizze***, faire des caprices.

FAUX AMI
Da non confondere con *bise*, che significa *tramontana* o *bacio* nel linguaggio familiare.

bizzarramente [biʒ-ʒar-ra-mén-te] ***avv.*** bizarrement.

bizzarria [biʒ-ʒar-rì-a] ***n.f.*** bizarrerie.

bizzarro [biʒ-ʒàr-ro] ***agg.*** bizarre.

bizzeffe, a [a biʒ-ʒèf-fe] ***avv.*** à foison.

bizzoso [biʒ-ʒó-so] ***agg.*** capricieux*; (*di cavallo*) ombrageux*.

blabla [bla-blà] ***n.m.invar.*** (*fam.*) blabla*, bla-bla-bla*.

blackout [blɛ'kaut] ***n.m.invar.*** **1** (*elettr.*) black-out; (*improvvisa interruzione*) coupure (*f.*) d'électricité **2** (*della stampa*) black-out **3** (*fig.*) (*vuoto di memoria*) trou de mémoire.

blandamente [blan-da-mén-te] ***agg.*** doucement; légèrement.

blandire [blan-dì-re] ***v.tr.*** [coniug. come *finire*] (*lusingare*) **1** flatter **2** (*lenire*) apaiser, adoucir.

blando [blàn-do] ***agg.*** **1** léger*: *luce blanda*, lumière tamisée **2** (*di voce*) calme, doux*.

blasfemo [bla-sfè-mo] ***agg.*** blasphématoire ♦ ***n.m.*** [f. *-a*] blasphémateur*.

blasonato [bla-ʃo-nà-to] ***agg.*** titré ♦ ***n.m.*** [f. *-a*] noble.

blasone [bla-ʃó-ne] ***n.m.*** blason.

blaterare [bla-te-rà-re] ***v.intr.*** e ***tr.*** [aus. *avere*] jacasser.

blatta [blàt-ta] ***n.f.*** (*zool.*) blatte.

blenda [blèn-da] ***n.f.*** (*min.*) blende.

blenorragia [ble-nor-ra-gì-a] ***n.f.*** (*med.*) blennorragie.

bleso [blè-ʃo] ***agg.*** e ***n.m.***
● ***essere, parlare bleso***, zézayer, bléser | ***pronuncia blesa***, zézaiement.

bleu [blø] ***agg.invar.*** → **blu**.

blindare [blin-dà-re] ***v.tr.*** blinder.

blindato [blin-dà-to] ***agg.*** e ***n.m.*** blindé.

blindatura [blin-da-tù-ra] ***n.f.*** blindage (*m.*).

blister ['blister] ***n.m.invar.*** **1** (*imballaggio trasparente per merci di piccole dimensioni*) blister, blistère, emballage bulle, habillage transparent **2** (*imballaggio per medicinali*) blister, blistère, plaquette (*f.*).

blitz [blits] ***n.m.invar.*** raid; opération (*f.*) coup de poing.

blobbare [blob-bà-re] ***v.tr.*** (*fam.*) (*da Blob, titolo di una trasmissione televisiva*) assembler des extraits de reportages et d'émissions de télévision apparemment hétérogènes dont le rapprochement provoque un effet comique.

bloccaggio [bloc-càg-gio] ***n.m.*** [pl. *-gi*] blocage.

bloccare [bloc-cà-re] ***v.tr.*** [coniug. come *mancare*] bloquer; (*trattenere*) retenir*: *ci ha bloccati la pioggia*, la pluie nous a retenus; *bloccare lo sterzo*, verrouiller la direction ♦ **bloccarsi** ***v.pron.*** se bloquer; s'arrêter ♦ ***v.pron.intr.*** se bloquer; (*incepparsi*) se coincer*.
● (*econ.*) ***beni bloccati***, biens gelés.

bloccasterzo [bloc-ca-stèr-zo] ***n.m.*** [pl. *invar.* o *-i*] verrou de direction.

blocchista [bloc-chì-sta] ***n.m.*** e ***f.*** grossiste.

blocco[1] [blòc-co] ***n.m.*** [pl. *-chi*] **1** bloc **2** (*di fogli*) bloc: *blocco per appunti*, bloc-notes **3** (*inform.*) unité (*f.*) d'entrée, unité (*f.*) de sortie.
● (*inform.*) ***blocco di entrata***, zone d'entrée, d'introduction | (*mecc.*) ***blocco motore***, bloc-moteur | ***blocco operatorio***, (*negli ospedali*) bloc opératoire | (*sport*) ***blocchi di partenza***, starting-blocks, marques | ***in blocco***, en bloc: *comprare in blocco*, acheter en bloc.

blocco[2] ***n.m.*** [pl. *-chi*] **1** blocus: *forzare il blocco*, forcer le blocus **2** (*econ.*) blocage, congélation (*f.*): *blocco dei prezzi, degli affitti*, blocage des prix, des loyers; *blocco dei salari*, blocage des salaires **3** (*med.*) bloc; blocage | *blocco del cuore*, bloc cardiaque | *blocco renale*, blocage rénal **4** (*tecn.*) bloc, blocage.
● (*elettr.*) ***blocco automatico***, blocage automatique | (*inform.*) ***blocco di memoria***, bloc mémoire | ***blocco economico***, blocus économique | ***blocco stradale***, barrage routier | (*ferr.*) ***cabina di blocco***, cabine de cantonnement | ***posto di blocco***, barrage de police; (*mil.*) poste de contrôle.

bloc(k)-notes [blɔk'nɔtes] ***n.m.invar.*** bloc-notes*.

blog [blɔg] ***n.m.invar.*** (*Internet*) blog.

bloggare [blog-gà-re] ***v.intr.*** [aus. *avere*] (*Internet*) carnétiser.

blogger ['blɔggɛr] ***n.m.*** e ***f.invar.*** (*Internet*) blogueur*.

blogging ['blɔggiŋg] ***n.m.*** (*Internet*) carnétique (*f.*).

blogsfera [blog-sfè-ra] ***n.f.*** (*Internet*) blogosphère.

blogware ['blɔgwɛr] ***n.m.*** (*Internet*) carnéticiel, blogiciel.

blu ***agg.*** e ***n.m.invar.*** bleu* (foncé): *vestire di blu*, être habillé en bleu foncé.
● ***blu cobalto***, bleu de cobalt | ***blu di metilene***, bleu de méthylène | ***blu di Prussia***, bleu de Prusse | ***blu Savoia***, bleu roi | ***blu scuro***, bleu marine | (*med.*) ***morbo blu***, maladie bleue.

NOTA L'aggettivo ***blu*** si traduce **bleu**, che resta invariato se unito a un sostantivo o a un altro aggettivo qualificativo riferito a una sfumatura di colore:
delle giacche blu scuro, blu oltremare
des vestes **bleu** foncé, **bleu** outremer.

bluastro [blu-à-stro] ***agg.*** bleuâtre.

bluette [bly'ɛt] ***agg.*** e ***n.m.invar.*** bleu turquoise.

bluffare [bluf-fà-re] ***v.intr.*** [aus. *avere*] bluffer.

bluffatore [bluf-fa-tó-re] ***n.m.*** [f. *-trice*] bluffeur*.

blusa [blù-ʃa] ***n.f.*** blouse.

blusotto [blu-ʃòt-to] ***n.m.*** blouson.

boa[1] [bò-a] ***n.m.invar.*** (*zool.*) boa.

boa[2] ***n.f.*** **1** (*mar.*) bouée **2** (*aer.*) balise.
● (*mar.*) ***boa di segnalazione***, bouée à voyant.

boato [bo-à-to] ***n.m.*** grondement.

bob [bòb] ***n.m.invar.*** (*sport*) bob.

bobina [bo-bì-na] ***n.f.*** bobine.
● (*elettr.*) ***bobina di accensione***, bobine d'allumage | (*cine.*) ***bobina di alimentazione***, ***di avvolgimento***, bobine débitrice, réceptrice.

bobinare [bo-bi-nà-re] ***v.tr.*** bobiner.

bobinatrice [bo-bi-na-trì-ce] ***n.f.*** (*elettr.*) bobineuse; (*tess.*) bobinoir (*m.*).

bobinatura [bo-bi-na-tù-ra] ***n.f.*** bobinage (*m.*).

bocca [bóc-ca] ***n.f.*** [pl. *-che*] **1** bouche: *la sigaretta in bocca*, la cigarette à la bouche; *non mettere le dita in bocca*, ne mets pas tes doigts dans ta bouche | *ha sempre in bocca le parolacce*, il a toujours des gros mots plein la bouche **2** (*di animali*) bouche; (*di carnivori*) gueule **3** (*apertura*) bouche, gueule: *la bocca di un forno*, la bouche, la gueule d'un four; *la bocca di un sacco*, l'ouverture d'un sac; *la bocca di un vaso*, l'embouchure d'un vase; *la bocca di una caverna*, l'entrée d'une caverne **4** (*pl.*) (*geogr.*) bouches.
● (*mil.*) ***bocca da fuoco***, bouche à feu | (*bot.*) ***bocca di leone***, gueule de loup | ***bocca d'incendio***, bouche d'incendie | ***bocca di scarico***, goulotte d'évacuation | ***a bocca aperta***, bouche bée: *respirare a bocca aperta*, respirer la bouche ouverte | ***a bocca stretta***, (*estens.*) du bout des lèvres: *ha ammesso a bocca stretta di aver torto*, il a admis du bout des lèvres qu'il avait tort | ***acqua in bocca!***, bouche cousue! | ***avere la bocca cattiva***, avoir mauvaise bouche | ***la bocca della verità***, la voix de la vérité | ***la bocca dello stomaco***, le creux de l'estomac | ***essere di bocca buona***, (*fig.*) ne pas être difficile | ***essere sulla bocca di tutti***, être la fable du quartier | ***far boccuccia***, (*fig.*) faire la petite bouche | ***fare la bocca a qlco***, (*estens.*) s'habituer à qqch | ***mettere bocca in un discorso***, intervenir dans une conversation | ***medicina da prendere per bocca***, remède à prendre par voie orale | ***mi hai tolto la parola di bocca***, j'allais le dire | ***non ha aperto bocca***, il n'a pas dit un mot | ***non ha chiuso bocca un momento***, il n'a pas arrêté un moment de parler | ***passare di bocca in bocca***, se répandre de bouche à oreille | ***per bocca di***, par: *l'ho saputo per bocca di suo fratello*, je l'ai su par son frère; *Dio ha parlato per bocca dei profeti*, Dieu a parlé par la bouche des prophètes | ***rimanere a bocca asciutta***, rester sur sa faim; (*fig.*) rester les mains vides | ***tieni la bocca chiusa!***, tais-toi!

boccaccesco [boc-cac-cé-sco] ***agg.*** [pl.m. *-schi*, f. *-sche*] **1** (*lett.*) de Boccace **2** (*fig.*) croustillant; (*licenzioso*) graveleux*.

boccaccia [boc-càc-cia] ***n.f.*** [pl. *-ce*] **1** grimace: *fare le boccacce*, faire les grimaces; *fare le boccacce a qlcu*, faire la grimace à qqn **2** (*persona maldicente*) mauvaise langue.

boccaglio [boc-cà-glio] ***n.m.*** [pl. *-gli*] **1** (*mecc.*) ajutage **2** (*di respiratore subacqueo*) embout.

boccale[1] [boc-cà-le] ***agg.*** (*anat.*) buccal*.

boccale[2] ***n.m.*** (*per vino*) gobelet; (*per birra*) chope (*f.*).

boccalone [boc-ca-ló-ne] ***n.m.*** [f. *-a*] **1** (*credulone*) gobeur, jobard **2** (*bambino piagnucolone*) enfant braillard **3** (*chiacchierone, maldicente*) cancanier*, mauvaise langue (*f.*).

boccaporto [boc-ca-pòr-to] ***n.m.*** (*mar.*) écoutille (*f.*); (*di sommergibile*) capot.

boccascena [boc-ca-scè-na] ***n.m.invar.*** ouverture (*f.*) de scène.

boccata [boc-cà-ta] ***n.f.*** bouchée; (*di fumo*) bouffée.
● ***prendere una boccata d'aria***, prendre un peu d'air.

boccetta [boc-cét-ta] ***n.f.*** flacon (*m.*).

boccheggiante [boc-cheg-giàn-te] ***agg.*** *haletant; (*morente*) mourant.

boccheggiare [boc-cheg-già-re] ***v.intr.*** [coniug. come *mangiare*; aus. *avere*] *haleter*: *il pesce boccheggiava sulla sabbia*, (*estens.*) le poisson agonisait sur le sable.

bocchetta [boc-chét-ta] ***n.f.*** **1** (*di strumento a fiato*) embouchure **2** (*di annaffiatoio*) pomme **3** (*di scarico*) goulotte **4** (*della serratura*) gâche.
● ***bocchetta stradale***, bouche d'égout.

bocchettone [boc-chet-tó-ne] ***n.m.*** tubulure (*f.*), goulotte (*f.*); (*di recipiente*) goulot.

bocchino [boc-chì-no] ***n.m.*** **1** (*per sigarette*) fume-cigarette*; (*per sigari*) fume-cigare* **2** (*di strumenti musicali*) embouchure (*f.*).

boccia [bòc-cia] ***n.f.*** [pl. *-ce*] **1** (*recipiente*) carafe **2** (*palla*) boule: *il gioco delle bocce*, le jeu de boules **3** (*scherz.*) (*testa*) boule, caboche.

bocciare [boc-cià-re] ***v.tr.*** [coniug. come *cominciare*] **1** rejeter*, repousser **2** (*agli esami*) recaler, coller **3** (*nel gioco delle bocce*) faire* un carreau.

bocciatura [boc-cia-tù-ra] ***n.f.*** rejet (*m.*); (*agli esami*) recalage (*m.*).

boccino [boc-cì-no] ***n.m.*** (*alle bocce*) cochonnet.

boccio [bòc-cio] ***n.m.*** [pl. *-ci*] bouton: *una rosa in boccio*, un bouton de rose; *essere in boccio*, être en bouton.
● ***in boccio***, (*fig.*) en herbe.

bocciodromo [boc-ciò-dro-mo] ***n.m.*** boulodrome.

bocciofilo [boc-ciò-fi-lo] ***n.m.*** [f. *-a*] (*sport*) bouliste ♦ ***agg.*** de boulistes: *società bocciofila*, association de boulistes.

bocciolo [boc-ciò-lo] ***n.m.*** bouton.

boccola [bóc-co-la] ***n.f.*** **1** (*orecchino*) boucle d'oreille **2** (*ferr.*) boîte de l'essieu, boîte à graisse.

boccolo [bóc-co-lo] ***n.m.*** boucle (*f.*).

bocconcino [boc-con-cì-no] ***n.m.*** **1** petit morceau*, petite bouchée (*f.*): *un bocconcino di pane*, une bouchée de pain; *è un bocconcino prelibato*, c'est un morceau de roi | *quella ragazza è un bocconcino*, (*fig. fam.*) c'est un beau brin de fille **2** (*pl.*) (*cuc.*) ragoût (*sing.*).

boccone [boc-có-ne] ***n.m.*** **1** bouchée (*f.*): *mangiare un boccone*, manger un morceau; *appena in tempo per mangiare un boccone*, juste le temps d'avaler une bouchée; *parleremo tra un boccone e l'altro*, on parlera en mangeant | *uscire con il boccone in gola*, sortir dès la dernière bouchée **2** (*cibo ghiotto*) fin morceau*, morceau* exquis **3** (*pezzetto*) morceau*, bout **4** (*impasto avvelenato*) boulette (*f.*) (empoisonnée).
● ***boccone del prete***, (*fam.*) sot-l'y-laisse | ***a pezzi e bocconi***, (*fig.*) par bribes | ***mandare giù bocconi amari***, (*fig.*) avaler des couleuvres | ***mangiare in un boccone***, (*anche fig.*) n'en faire qu'une bouchée | ***togliersi il boccone di bocca***, (*fig.*) s'ôter le pain de la bouche.

FAUX AMI
Da non confondere con *bouchon*, che significa *tappo*, *turacciolo*.

bocconi [boc-có-ni] ***avv.*** à plat ventre.

body ['bɔdi] ***n.m.invar.*** (*abbigl.*) body, justaucorps.

body building [bɔdi'bildiŋ] ***n.m.invar.*** body-building*; musculation (*f.*); (*fam.*) gonflette (*f.*): *palestra di body building*, salle de musculation.

bodyguard [bodi'gard] ***n.m.*** e ***f.invar.*** garde (*f.*) du corps.

body piercing [bɔdi'pirsiŋ] ***n.m.invar.*** piercing.

B

boemo [bo-è-mo] *agg.* de Bohême; (*cecoslovacco*) tchèque ♦ *n.m.* [f. *-a*] (*abitante*) habitant de la Bohême, Bohême.
● (*geogr.*) ***Selva Boema***, Forêt de Bohême.

boero [bo-è-ro] *agg.* (*geogr.*) boer ♦ *n.m.* **1** [f. *-a*] (*persona*) Boère **2** boero (chocolat contenant une cerise à l'eau-de-vie).

bofonchiare [bo-fon-chià-re] *v.intr.* [aus. *avere*] bougonner.

boh *inter.* (*fam.*) bof.

bohémien [boe'mjɛn] *n.m.* e *f.invar.* bohème.

boia [bò-ia] *n.m.invar.* bourreau* ♦ *agg.invar.* (*molto fam.*) sale: *boia d'un mondo*, misère de misère!; *freddo boia*, froid de canard; *fame boia*, faim de loup.

boiata [bo-ià-ta] *n.f.* (*fam.*) ânerie: *questo film è una boiata*, ce film est un navet.

boicottaggio [boi-cot-tàg-gio] *n.m.* [pl. *-gi*] boycottage.

boicottare [boi-cot-tà-re] *v.tr.* boycotter.

boicottatore [boi-cot-ta-tó-re] *n.m.* [f. *-trice*] boycotteur*.

boiler [bòi-ler] *n.m.invar.* (*scaldabagno*) chauffe-eau*.

bold [bɔld] *agg.* e *n.m.invar.* (*tip.*) gras.

bolero [bo-lè-ro] *n.m.* boléro.

boleto [bo-lè-to] *n.m.* (*bot.*) bolet.

bolgia [bòl-gia] *n.f.* [pl. *-ge*] **1** (*fig.*) pagaille, enfer (*m.*) **2** (*nell'Inferno dantesco*) fosse **3** (*ant.*) (*sacca*) sac (*m.*).

bolide [bò-li-de] *n.m.* **1** bolide **2** (*fam.*) (*persona grossa*) barrique (*f.*), baleine (*f.*).
● ***entrare come un bolide***, (*fig.*) entrer en coup de vent.

bolina [bo-lì-na] *n.f.* (*mar.*) bouline.
● ***di bolina***, au plus près.

bolla[1] [ból-la] *n.f.* **1** bulle: *bolla di sapone*, bulle de savon **2** (*vescica*) cloque; (*fam.*) ampoule.
● ***finire in una bolla di sapone***, (*fig.*) finir en queue de poisson | (*inform.*) ***memoria a bolle***, mémoire à bulles.

bolla[2] *n.f.* **1** (*st. eccl.*) bulle **2** (*comm.*) bulletin (*m.*), bon (*m.*).
● (*comm.*): ***bolla di accompagnamento, di consegna***, bon, bulletin de livraison; ***bolla di spedizione***, bon, bulletin d'expédition; ***bolla di transito***, acquit de transit; ***bolla doganale***, bon, bulletin de douane.

bollare [bol-là-re] *v.tr.* **1** timbrer; (*con marchio a fuoco*) marquer; (*metalli preziosi*) poinçonner: *bollare a fuoco*, marquer au fer rouge **2** (*fig.*) marquer.

bollato [bol-là-to] *agg.* **1** timbré **2** (*a fuoco*) marqué (*anche fig.*).
● ***carta bollata***, papier timbré.

bollente [bol-lèn-te] *agg.* bouillant (*anche fig.*); (*rovente*) brûlant.
● ***calmare i bollenti spiriti***, (*scherz.*) calmer les esprits.

bolletta [bol-lét-ta] *n.f.* **1** (*fattura*) facture: *bolletta del gas, della luce, del telefono*, facture, note de gaz, d'électricité, de téléphone **2** (*comm.*) bulletin (*m.*).
● ***bolletta doganale***, acquit de la douane | ***essere in bolletta***, (*fam.*) être fauché.

bollettario [bol-let-tà-rio] *n.m.* [pl. *-ri*] (*comm.*) carnet à souches.

bollettino [bol-let-tì-no] *n.m.* **1** bulletin **2** (*bolletta di ricevuta*) bulletin, reçu **3** (*pubblicazione periodica*) bulletin.
● ***bollettino del mare***, météo marine | ***bollettino di guerra***, communiqué des opérations (de guerre) | ***bollettino di versamento***, bulletin de versement | ***bollettino medico***, bulletin de santé | ***bollettino ufficiale***, communiqué officiel.

bollino [bol-lì-no] *n.m.* coupon.

bollire [bol-lì-re] *v.intr.* [aus. *avere*] **1** bouillir*; (*lentamente*) mijoter **2** (*fig.*) bouillir*, bouillonner ♦ *v.tr.* (*fam.*) faire* bouillir.
● ***qualcosa bolle in pentola***, (*fig.*) il y a quelque chose qui mijote.

bollito [bol-lì-to] *agg.* bouilli: *riso bollito*, riz à l'eau; *pesce bollito*, poisson au court-bouillon ♦ *n.m.* (*cuc.*) pot-au-feu*.

bollitore [bol-li-tó-re] *n.m.* **1** (*cuc.*) bouilloire (*f.*) **2** (*tecn.*) bouilleur.

bollitura [bol-li-tù-ra] *n.f.* **1** (*atto*) ébullition **2** (*durata*) temps (*m.*) d'ébullition.

bollo [ból-lo] *n.m.* **1** timbre **2** (*cedola di avvenuto pagamento di una tassa*) vignette (*f.*) **3** (*francobollo*) timbre, timbre-poste* **4** (*strumento per bollare*) timbre **5** (*su carni macellate*) marque (*f.*) (de contrôle sanitaire) **6** (*fam.*) (*ammaccatura*) marque (*f.*).
● ***bollo di circolazione***, vignette (automobile) | ***bollo postale***, cachet de la poste | ***carta da bollo***, papier timbré | ***marca da bollo***, timbre fiscal | ***tassa di bollo***, droit de timbre.

bollore [bol-ló-re] *n.m.* **1** ébullition (*f.*): *a bollore*, à ébullition; *al primo bollore*, au premier bouillon **2** (*fig.*) ardeur (*f.*), bouillonnement | *gli farà passare i bollori*, ça le calmera.

bolo [bò-lo] *n.m.* bol: *bolo alimentare*, bol alimentaire.

bolognese [bo-lo-gné-se] *agg.* bolonais, de Bologne ♦ *n.m.* e *f.* (*abitante*) Bolonais/e.

bolscevico [bol-sce-vì-co] *agg.* [pl.m. *-chi*, f. *-che*] bolchevique ♦ *n.m.* [f. *-a*] bolcheviste, bolchevik.

bolscevismo [bol-sce-vì-ʃmo] *n.m.* (*st.*) bolchevisme.

bolso [ból-so] *agg.* **1** (*di cavallo*) poussif* **2** (*fig.*) faible: *stile bolso*, style languissant.

boma [bò-ma] *n.m.invar.* (*mar.*) bôme (*f.*), gui.

bomba[1] [bóm-ba] *n.f.* **1** bombe (*anche fig.*) | (*inform.*) *il computer è andato in bomba*, (*fam.*) l'ordinateur a planté **2** (*sport*) (*eccitante*) doping (*m.*).
● ***bomba all'idrogeno***, bombe à hydrogène | ***bomba a mano***, grenade | ***bomba anticarro***, grenade antichar | ***bomba a orologeria***, bombe à retardement | ***bomba atomica***, bombe atomique | ***a prova di bomba***, à toute épreuve.

bomba[2] *n.f.* (*gioco di bambini*) but (*m.*).
● ***tornare a bomba***, (*fig.*) revenir à ses moutons.

NOTA L'espressione figurata ***tornare a bomba***, *revenir à ses moutons*, deriva da un antico gioco fiorentino, detto 'del Toccapomo', simile al 'nascondino'. ***Bomba*** era il punto che doveva raggiungere chi si nascondeva, prima di essere scoperto. La traduzione francese è una citazione dell'anonima *Farce de Maître Pathelin* (circa 1465).

bombarda [bom-bàr-da] *n.f.* bombarde.

bombardamento [bom-bar-da-mén-to] *n.m.* **1** bombardement **2** (*fig.*) avalanche (*f.*): *un bombardamento di pugni*, une avalanche de coups de poing | *bombardamento pubblicitario*, intoxication, (*fam.*) intox, intoxe publicitaire | (*Internet*) *bombardamento via posta elettronica*, mitraillage de courrier.
● ***bombardamento a tappeto***, pilonnage.

bombardare [bom-bar-dà-re] *v.tr.* bombarder (*anche fig.*).

bombardiere [bom-bar-diè-re] *n.m.* bombardier.

bombato [bom-bà-to] ***agg.*** bombé; (*gonfio*) gonflé.

bomber ['bɔmber] ***n.m.invar.*** **1** (*sport*) (*calcio*) buteur; (*boxe*) puncheur **2** (*giubbotto di cuoio*) blouson cuir type RAF.

bombetta [bom-bét-ta] ***n.f.*** (chapeau*) melon (*m.*).

bombice [bóm-bi-ce] ***n.m.*** (*zool.*) bombyx.

bombola [bóm-bo-la] ***n.f.*** **1** bouteille **2** (*med.*) ballon (*m.*): *bombola di ossigeno*, ballon d'oxygène **3** (*spray*) bombe: *bombola di lacca* (*per capelli*), bombe à laque.

bomboletta [bom-bo-lét-ta] ***n.f.*** **1** (*med.*) aérosol (*m.*) **2** (*spray*) atomiseur (*m.*), spray (*m.*).

bomboniera [bom-bo-niè-ra] ***n.f.*** bonbonnière; drageoir (*m.*).

bompresso [bom-près-so] ***n.m.*** (*mar.*) beaupré.

bonaccia [bo-nàc-cia] ***n.f.*** [pl. *-ce*] **1** (*mar.*) calme (*m.*) plat, bonace: *fa bonaccia*, c'est le calme plat **2** (*fig.*) calme (*m.*).

FAUX AMI
Da non confondere con *bonasse*, che significa *bonaccione*.

bonaccione [bo-nac-ció-ne] ***agg.*** bonasse ♦ ***n.m.*** [f. *-a*] bon bougre.

bonapartismo [bo-na-par-tì-ʃmo] ***n.m.*** (*st.*) bonapartisme.

bonapartista [bo-na-par-tì-sta] ***n.m.*** e ***f.*** (*st.*) bonapartiste.

bonariamente [bo-na-ria-mén-te] ***avv.*** avec bonhomie, débonnairement.

bonarietà [bo-na-rie-tà] ***n.f.invar.*** bonhomie.

bonario [bo-nà-rio] ***agg.*** [pl.m. *-ri*] débonnaire.

bond [bɔnd] ***n.m.invar.*** (*fin.*) obligation (*f.*).

bonifica [bo-nì-fi-ca] ***n.f.*** [pl. *-che*] **1** bonification, assainissement (*m.*); (*di paludi*) assèchement (*m.*) **2** (*terreno bonificato*) terrain bonifié; (*se paludoso*) terrain assaini **3** (*fig.*) épuration **4** (*mil.*) (*dalle mine*) déminage (*m.*); (*dai gas*) dégazage (*m.*).

bonificare [bo-ni-fi-cà-re] ***v.tr.*** [coniug. come *mancare*] **1** (*agr.*) bonifier, assainir; (*paludi*) assécher* **2** (*mil.*) déminer **3** (*abbuonare*) bonifier **4** (*banca*) virer.

bonifico [bo-nì-fi-co] ***n.m.*** [pl. *-ci*] **1** (*abbuono*) bonification (*f.*) **2** (*banca*) virement.
● ***bonifico bancario***, virement bancaire.

bonomia [bo-no-mì-a] ***n.f.*** bonhomie.

bontà [bon-tà] ***n.f.invar.*** **1** bonté **2** (*gentilezza*) bonté **3** (*buona qualità*) bonne qualité; (*buon sapore*) saveur agréable: *questo dolce è una bontà!*, ce gâteau est exquis!; *che bontà!*, c'est divin! **4** (*di clima*) douceur.
● ***bontà mia***, ***tua***, ***sua***, grâce à moi, toi, lui: *finalmente, bontà sua, s'è degnato di venire*, (*iron.*) enfin, il m'a fait la grâce de venir; *bontà tua!*, tu es bien aimable!

bonus [bò-nus] ***n.m.invar.*** prime (*f.*), bonus.

bonzo [bón-ʒo] ***n.m.*** (*relig.*) bonze.

book [buk] ***n.m.invar.*** (*di disegnatori, modelle*) book.

boom [bum] ***n.m.invar.*** (*econ.*) boum, boom: *boom commerciale*, boum commercial; *il boom delle nascite*, le boum des naissances; *in pieno boom*, en plein boum.

boomerang ['bumerang] ***n.m.invar.*** boomerang (*anche fig.*): *il suo gesto si è rivelato un boomerang*, son geste s'est retourné contre lui.

borace [bo-rà-ce] ***n.m.*** (*chim.*) borax.

boracifero [bo-ra-cì-fe-ro] ***agg.***
● (*geol.*) ***soffione boracifero***, soufflard.

borbonico [bor-bò-ni-co] ***agg.*** [pl.m. *-ci*, f. *-che*] **1** bourbonien* **2** (*estens.*) (*reazionario*) réactionnaire.

borborigmo [bor-bo-rìg-mo] ***n.m.*** (*med.*) borborygme.

borbottare [bor-bot-tà-re] ***v.intr.*** [aus. *avere*] **1** bougonner, grommeler*: *il tuono borbottava in lontananza*, (*estens.*) le tonnerre grondait dans le lointain; *i fagioli borbottano nella pentola*, (*estens.*) les haricots bouillottent dans la marmite **2** (*dell'intestino*) gargouiller ♦ ***v.tr.*** marmotter, marmonner: *borbottare delle scuse*, bredouiller des excuses.

borbottio [bor-bot-tì-o] ***n.m.*** [pl. *-ii*] marmottement, marmonnement; murmure; (*del tuono*) grondement; (*dell'intestino*) gargouillement.

borchia [bòr-chia] ***n.f.*** clou (*m.*); (*dei finimenti del cavallo*) bossette; (*di mobili*) cabochon (*m.*); (*di tappezzeria*) broquette; (*di rubinetti, lampadari*) garniture.

borchiato [bor-chià-to] ***agg.*** clouté.

bordare [bor-dà-re] ***v.tr.*** border.

bordata [bor-dà-ta] ***n.f.*** (*mar.*) bordée.

bordatura [bor-da-tù-ra] ***n.f.*** **1** bordure **2** (*mar.*) bordée.

bordeggiare [bor-deg-già-re] ***v.intr.*** [coniug. come *mangiare*; aus. *avere*] (*mar.*) louvoyer*.

bordello [bor-dèl-lo] ***n.m.*** **1** bordel **2** (*fig.*) (*luogo malfamato*) tripot **3** (*fam.*) (*confusione*) boucan, bordel.

borderò [bor-de-rò] ***n.m.invar.*** (*comm.*) bordereau*.

bordino [bor-dì-no] ***n.m.*** **1** lisière (*f.*); (*nastrino, cordoncino*) ganse (*f.*); (*orlino*) ourlet **2** (*ferr.*) boudin.

bordo [bór-do] ***n.m.*** **1** (*mar., aer.*) bord: *andare, salire a bordo*, monter à bord; *la gente di bordo*, les hommes du bord; *gettare fuori bordo*, jeter par dessus bord **2** (*orlo, margine*) bord **3** (*tappezzeria ecc.*) bordure (*f.*); (*fascia, nastro decorativo*) galon; (*di abito*) (*all'orlo*) bordure (*f.*); (*al collo, alle maniche*) bord; (*profilo*) ganse (*f.*) **4** (*di moneta, medaglia*) tranche (*f.*).
● ***di alto bordo***, (*fig.*) du grand monde: *gente di alto bordo*, des gens du grand monde; *prostituta di alto bordo*, (*fam.*) poule de luxe | ***giornale di bordo***, journal de bord | ***virare di bordo***, (*anche fig.*) virer de bord.

bordò [bor-dò] ***agg.*** e ***n.m.invar.*** (*colore*) bordeaux.

bordone [bor-dó-ne] ***n.m.*** (*mus.*) bourdon.
● ***tenere bordone a qlcu***, (*fig.*) prêter la main à qqn.

bordura [bor-dù-ra] ***n.f.*** bordure (*anche arald.*).

boreale [bo-re-à-le] ***agg.*** boréal*.
● ***aurora boreale***, aurore boréale.

borgata [bor-gà-ta] ***n.f.*** **1** bourgade **2** (*quartiere di periferia, spec. di Roma*) faubourg (*m.*).

borghese [bor-ghé-se *o* borghéʃe] ***agg.*** **1** bourgeois; (*fam.*) bourge **2** (*civile*) civil: *abito borghese*, tenue civile; *nella vita borghese*, dans le civil ♦ ***n.m.*** e ***f.*** bourgeois/e; (*fam.*) bourge.
● ***in borghese***, en civil | ***piccolo borghese***, petit-bourgeois: *ambiente piccolo borghese*, milieu petit-bourgeois.

borghesia [bor-ghe-sì-a *o* borgheʃìa] ***n.f.*** bourgeoisie.
● ***alta borghesia***, haute (*o* grande) bourgeoisie | ***media***, ***piccola borghesia***, moyenne, petite bourgeoisie.

borgo [bór-go] ***n.m.*** [pl. *-ghi*] **1** bourg **2** (*sobborgo*) faubourg.

borgognone [bor-go-gnó-ne] ***agg.*** bourguignon* ♦ ***n.m.*** [f. *-a*] (*abitante*) Bourguignon*.

borgomastro [bor-go-mà-stro] ***n.m.*** bourgmestre.

B

B

boria [bò-ria] ***n.f.*** morgue: *metter su boria*, prendre de grands airs.

borico [bò-ri-co] ***agg.*** [pl.m. *-ci*, f. *-che*] (*chim.*) borique.

borioso [bo-rió-so] ***agg.*** plein de morgue.

boro [bò-ro] ***n.m.*** (*chim.*) bore.

borotalco® [bo-ro-tàl-co] ***n.m.*** [pl. *-chi*] talc.

borraccia [bor-ràc-cia] ***n.f.*** [pl. *-ce*] gourde.

borraggine [bor-ràg-gi-ne] ***n.f.*** (*bot.*) bourrache.

borsa[1] [bór-sa] ***n.f.*** **1** sac (*m.*) **2** (*per documenti*) serviette, porte-documents (*m.*) **3** (*anat.*) bourse **4** (*di canguro*) poche.
● ***borsa*** (***da donna***), sac (à main) | ***borsa da tabacco***, blague à tabac | ***borsa dei ferri***, (*di operai*) trousse à outils; (*del medico*) trousse | ***borsa del ghiaccio***, vessie à glace | ***borsa dell'acqua calda***, bouillotte | ***borsa della spesa***, sac à provisions, cabas | ***borsa di studio***, bourse d'études | ***borsa termica***, glacière | ***avere la borsa piena, vuota***, (*fig.*) avoir une bourse bien garnie, plate | ***avere le borse sotto gli occhi***, avoir des poches sous les yeux | ***mettere mano alla borsa***, mettre la main au portefeuille | ***o la borsa o la vita!***, la bourse ou la vie! | ***tenere i cordoni della borsa***, (*fig.*) tenir les cordons de la bourse.

borsa[2] ***n.f.*** Bourse: *giocare in Borsa*, jouer à la Bourse; *quotato in Borsa*, coté en Bourse; *rialzo, ribasso in Borsa*, hausse, baisse à la Bourse.
● ***Borsa valori, merci***, Bourse des valeurs, des marchandises | ***agente di Borsa***, agent de change | ***ammissione in Borsa***, admission à la cote | ***commissionario di Borsa***, courtier en Bourse | ***crollo della Borsa***, chute de la Bourse | ***listino di Borsa***, cote de la Bourse | ***quotazioni di Borsa***, cours de la Bourse.

borsaiolo [bor-sa-iò-lo] ***n.m.*** [f. *-a*] pickpocket, voleur* à la tire.

borsanera [bor-sa-né-ra] [pl. *borsenere*] **borsa nera** ***n.f.*** marché (*m.*) noir, marché (*m.*) parallèle.

borseggiatore [bor-seg-gia-tó-re] ***n.m.*** [f. *-trice*] pickpocket, voleur* à la tire.

borseggio [bor-ség-gio] ***n.m.*** [pl. *-gi*] vol à la tire.

borsellino [bor-sel-lì-no] ***n.m.*** porte-monnaie* | *mettere mano al borsellino*, (*anche fig.*) mettre la main au porte-monnaie.

borsello [bor-sèl-lo] ***n.m.*** sacoche (*f.*) (pour hommes).

borsetta [bor-sét-ta] ***n.f.*** sac (*m.*) (à main); (*a forma di busta*) pochette.

borsista [bor-sì-sta] ***n.m.*** e ***f.*** boursier/ère.

borsistico [bor-sì-sti-co] ***agg.*** [pl.m. *-ci*, f. *-che*] boursier*.

boscaglia [bo-scà-glia] ***n.f.*** maquis (*m.*), fourré (*m.*).

boscaiolo [bo-sca-iò-lo] ***n.m.*** **1** bûcheron **2** (*guardaboschi*) garde forestier.
● (*cuc.*) ***alla boscaiola***, à la crème et aux champignons: *scaloppine alla boscaiola*, escalopes forestières.

boschetto [bo-schét-to] ***n.m.*** petit bois, boqueteau*; (*in un giardino*) bosquet.

boschivo [bo-schì-vo] ***agg.*** **1** boisé **2** (*dei boschi*) sylvestre.

boscimano [bo-scì-ma-no] ***agg.*** bochiman ♦ ***n.m.*** [f. *-a*] (*persona*) Bochiman.

bosco [bò-sco] ***n.m.*** [pl. *-schi*] **1** bois, forêt (*f.*) (*anche fig.*): *bosco di querce*, bois, forêt de chênes; *andare nel bosco*, aller au bois **2** (*bachicoltura*) ramée (*f.*): *andare al bosco*, monter (à la ramée).
● ***bosco ceduo, da taglio***, bois taillis | ***bosco d'alto fusto***, haute futaie | ***essere uccel di bosco***, (*fig.*) être libre comme l'air | ***portare legna al bosco***, (*fig.*) porter de l'eau à la rivière.

boscosità [bo-sco-si-tà] ***n.f.invar.*** (*superfici boscose*) surfaces (*pl.*) boisées.

boscoso [bo-scó-so] ***agg.*** boisé.

bosniaco [bo-ʃnì-a-co] ***agg.*** [pl.m. *-ci*, f. *-che*] bosniaque, bosnien* ♦ ***n.m.*** **1** [f. *-a*] (*abitante*) Bosnien* **2** (*lingua*) bosniaque.

boss [bɔs] ***n.m.invar.*** boss, patron, chef.

bosso [bòs-so] ***n.m.*** (*bot.*) buis.

bossolo [bòs-so-lo] ***n.m.*** **1** boîte (*f.*); (*per elemosine*) tronc; (*per schede*) urne (*f.*); (*per dadi*) gobelet, cornet (à dés) **2** (*di cartuccia*) douille (*f.*), étui.

BOT ***n.m.invar.*** (*fin.*) (*sigla di* Buono Ordinario del Tesoro) bon du Trésor italien.

botanica [bo-tà-ni-ca] ***n.f.*** [pl. *-che*] botanique.

botanico [bo-tà-ni-co] ***agg.*** [pl.m. *-ci*, f. *-che*] botanique ♦ ***n.m.*** [f. *-a*] botaniste.
● ***orto botanico***, jardin botanique.

botola [bò-to-la] ***n.f.*** trappe.

botolo [bò-to-lo] ***n.m.*** roquet.

botta [bòt-ta] ***n.f.*** **1** coup (*m.*): *ho preso una botta contro il tavolo*, je me suis cogné contre la table; *riempire qlcu di botte*, donner une raclée à qqn **2** (*fig.*) coup (*m.*), choc (*m.*) **3** (*scherma*) botte.
● ***botta e risposta***, du tac au tac: *fare a botta e risposta*, se répondre du tac au tac | ***a botta calda***, sur le coup | ***che botta!***, (*fam.*) (*che caro!*) quel coup de bambou! | ***dare botte da orbi***, frapper comme un sourd | ***fare a botte***, se bagarrer | ***prendersi un sacco di botte***, recevoir une volée de coups.

bottaio [bot-tà-io] ***n.m.*** [pl. *-ai*] tonnelier.

bottarga [bot-tàr-ga] ***n.f.*** [pl. *-ghe*] (*cuc.*) boutargue.

botte [bót-te] ***n.f.*** tonneau* (*m.*); (*per il mosto*) cuve: *sembrare una botte*, (*fig.*) être gros comme une barrique.
● ***dare un colpo al cerchio e uno alla botte***, (*fig.*) ménager la chèvre et le chou | ***essere in una botte di ferro***, (*fig.*) être en position de force | (*prov.*) ***nella botte piccola sta il vino buono***, c'est dans les petits pots qu'on fait les meilleurs onguents | (*arch.*) ***volta a botte***, voûte en berceau.

> FAUX AMI
> Da non confondere con il francese *botte*, che significa *mazzo*, *fascio* o *stivale*.

bottega [bot-té-ga] ***n.f.*** [pl. *-ghe*] (*negozio*) boutique; magasin (*m.*); (*laboratorio*) atelier (*m.*).
● ***aprire, chiudere bottega***, (*anche fig.*) ouvrir, fermer boutique | ***chiudi la bottega***, (*fam.*) (*i pantaloni*) ferme ta braguette | ***è tutto casa e bottega***, il est très travail-famille | ***fondi di bottega***, fonds de boutique | ***giovane di bottega***, apprenti | ***mettere qlcu a bottega***, mettre qqn en apprentissage | (*arte*) ***opera di bottega***, œuvre d'atelier.

bottegaio [bot-te-gà-io] ***n.m.*** [f. *-a*; pl.m. *-ai*] boutiquier*.

botteghino [bot-te-ghì-no] ***n.m.*** **1** (*di teatro*) guichet, bureau* de location **2** (*per scommesse*) guichet; (*del lotto*) bureau* de loterie.

botticella [bot-ti-cèl-la] ***n.f.*** tonnelet (*m.*).

bottiglia [bot-tì-glia] ***n.f.*** bouteille: *bottiglia da un litro*, bouteille d'un litre; *una bottiglia di vino*, une bouteille de vin; *una mezza bottiglia di acqua minerale*, une demi-bouteille d'eau minérale.
● ***bottiglia Molotov***, cocktail Molotov | ***attaccarsi alla***

bottiglia, (*fig.*) s'adonner à la boisson | ***fondi di bottiglia***, dépôt du vin | ***verde bottiglia***, vert bouteille | ***vino di bottiglia***, ***in bottiglia***, vin bouché.

bottiglieria [bot-ti-glie-rì-a] ***n.f.*** **1** débit (*m.*) de boissons **2** (*cantina*) cave.

bottiglione [bot-ti-glió-ne] ***n.m.*** grosse bouteille (*f.*) de vin (d'environ deux litres).

bottino [bot-tì-no] ***n.m.*** butin.

botto [bòt-to] ***n.m.*** **1** coup **2** (*region.*) (*mortaretto*) pétard.

● ***di botto***, tout à coup, (*improvvisamente*) brusquement | ***in un*** (***sol***) ***botto***, d'un seul coup.

FAUX AMI
Da non confondere con *botte*, che significa *mazzo, fascio* o *stivale*.

bottone [bot-tó-ne] ***n.m.*** **1** bouton: *attaccare un bottone*, coudre un bouton **2** (*anat.*) bourgeon, papille (*f.*).

● (*med.*) ***bottone d'oriente***, leishmaniose | (*bot. pop.*) ***bottone d'oro***, bouton-d'or | ***bottoni da polso***, (*gemelli*) boutons de manchettes | ***attaccare bottone con qlcu***, (*fig.*) parler avec qqn | ***attaccare un bottone a qlcu***, (*fig.*) tenir la jambe à qqn | ***stanza dei bottoni***, (*fig.*) salle des commandes.

bottoniera [bot-to-niè-ra] ***n.f.*** **1** rangée de boutons **2** (*occhiello*) boutonnière **3** (*quadro con pulsanti*) tableau* (*m.*) de commande.

bottonificio [bot-to-ni-fì-cio] ***n.m.*** [pl. *-ci*] boutonnerie (*f.*).

botulino [bo-tu-lì-no] ***agg.*** e ***n.m.***

● (*med., biol.*) (***bacillo***) ***botulino***, bacille botulique.

botulismo [bo-tu-lì-ʃmo] ***n.m.*** (*med.*) botulisme.

boule [bul] ***n.f.invar.*** (*borsa dell'acqua calda*) bouillotte.

bovaro [bo-và-ro] ***n.m.*** bouvier.

bove [bò-ve] ***n.m.*** (*letter.*) bœuf.

bovino [bo-vì-no] ***agg.*** e ***n.m.*** bovin.

bowling ['buliŋg] ***n.m.invar.*** (*sport*) bowling.

box ***n.m.invar.*** **1** (*per cavalli, per auto*) box **2** (*nelle gare automobilistiche*) stand **3** (*recinto per bambini*) parc.

boxare [bo-xà-re] ***v.intr.*** [aus. *avere*] boxer.

boxe [bɔks] ***n.f.invar.*** boxe.

boxer[1] [bò-xer] ***n.m.invar.*** (*mutande*) boxer-short.

boxer[2] ***n.m.invar.*** (*cane*) boxer.

boy-scout [bɔi'skaut] ***n.m.invar.*** scout.

bozza[1] [bòz-za] ***n.f.*** **1** (*arch.*) bossage (*m.*) **2** (*bernoccolo*) bosse; (*med.*) (*protuberanza*) voussure.

● (*anat.*) ***bozze frontali, parietali***, bosses frontales, pariétales.

bozza[2] ***n.f.*** **1** (*abbozzo*) ébauche, esquisse | *bozza di un contratto*, projet de contrat **2** (*tip.*) épreuve.

● (*tip.*): ***bozze impaginate***, épreuves de mise en page; ***bozze in colonna***, placards; ***correttore di bozze***, correcteur d'épreuves; ***ultima bozza***, dernière épreuve, bon à tirer; (*di giornale*) morasse.

FAUX AMI
Da non confondere con *bosse*, che significa *gobba, cunetta* o *bernoccolo*.

bozzettista [boz-zet-tì-sta] ***n.m.*** e ***f.*** **1** (*autore di bozzetti letterari*) nouvelliste **2** (*disegnatore di cartelloni pubblicitari*) dessinateur/trice de publicité.

bozzetto [boz-zét-to] ***n.m.*** **1** ébauche (*f.*), esquisse (*f.*); (*scult., arch.*) maquette (*f.*) **2** (*arte*) (*quadretto di genere*) tableau*, scène (*f.*) de genre; (*letter.*) nouvelle (*f.*).

bozzo [bòz-zo] ***n.m.*** (*bernoccolo*) bosse (*f.*).

bozzolo [bòz-zo-lo] ***n.m.*** **1** cocon **2** (*nodo di lana, filo*) nœud **3** (*grumo*) grumeau*.

● ***chiudersi nel proprio bozzolo***, (*fig.*) se renfermer dans sa coquille | ***uscire dal bozzolo***, (*anche fig.*) sortir de sa coquille.

braca [brà-ca] ***n.f.*** [pl. *-che*] **1** jambe (du pantalon) **2** (*pl.*) pantalon (*m.sing.*), caleçon (*m.sing.*) **3** (*ant.*) braies (*pl.*) **4** (*sistema di legatura*) braye; (*mar.*) élingue.

braccare [brac-cà-re] ***v.tr.*** [coniug. come *mancare*] traquer.

braccetto, a [a brac-cét-to] ***avv.*** bras dessus bras dessous: *tenere qlcu a braccetto*, donner le bras à qqn.

● ***andare a braccetto con qlcu***, (*fig.*) (*essere grande amico*) être à tu et à toi avec qqn; (*essere degno compagno*) être le digne compagnon de qqn.

bracchetto [brac-chét-to] ***n.m.*** (*cane*) beagle.

bracciale [brac-cià-le] ***n.m.*** **1** (*dell'armatura*) brassard **2** (*da polso*) bracelet **3** (*fascia portata al braccio*) brassard **4** (*per nuotare*) brassard gonflable.

braccialetto [brac-cia-lét-to] ***n.m.*** bracelet.

● ***braccialetto a catena***, (bracelet) gourmette | ***braccialetto elettronico***, bracelet électronique | ***orologio a braccialetto***, montre-bracelet.

bracciante [brac-ciàn-te] ***n.m.*** e ***f.*** ouvrier/ère agricole.

bracciata [brac-cià-ta] ***n.f.*** **1** brassée **2** (*nuoto*) brasse.

braccio [bràc-cio] ***n.m.*** **1** [pl. *le braccia*] (*anat.*) bras: *si è rotto un braccio*, il s'est cassé un bras; *muovere le braccia*, remuer les bras; *avere un braccio al collo*, avoir le bras en écharpe | *vivere del lavoro delle proprie braccia*, vivre de ses bras **2** [pl. *le braccia*] (*pl.*) (*manodopera*) bras **3** [pl. *i bracci*] (*autorità*) bras **4** [pl. *i bracci*] (*parte di un oggetto*) bras: *i bracci di una croce*, les bras d'une croix | *il braccio di un edificio*, l'aile d'un bâtiment **5** [pl. *i bracci*] (*geogr.*) bras: *braccio di mare, di fiume*, bras de mer, de fleuve **6** [pl. *le braccia*] (*unità di misura*) brasse (*f.*) **7** [pl. *i bracci*] (*inform.*) bras.

● ***braccio della morte***, (*in un carcere*) couloir de la mort | ***braccio destro***, (*fig.*) bras droit | ***braccio di ferro***, (*fig.*) bras de fer: *fare a braccio di ferro*, faire le bras de fer | ***braccio per stirare*** (***le maniche***), jeannette | ***a braccia***, dans ses bras; (*fig.*) à vue d'œil: *portare qlco a braccia*, porter qqch dans ses bras | ***a braccia aperte***, à bras ouverts | ***a braccia conserte***, les bras croisés | ***a braccio***, (*in modo approssimativo*) d'une façon approximative: *parlare a braccio*, improviser | ***avere le braccia legate***, (*fig.*) avoir pieds et mains liés | ***fra le braccia***, ***in braccio***, dans ses bras | ***il braccio e la mente***, (*fig.*) la tête et les bras | ***mi cadono le braccia***, (*fig. fam.*) les bras m'en tombent | ***non ho cento braccia!***, (*fam.*) je n'ai que deux mains! | ***sotto braccio***, bras dessus bras dessous: *prendere qlcu sotto braccio*, prendre qqn sous le bras.

bracciolo [brac-ciò-lo] ***n.m.*** bras, accoudoir.

bracco [bràc-co] ***n.m.*** [pl. *-chi*] (*cane*) braque.

bracconaggio [brac-co-nàg-gio] ***n.m.*** [pl. *-gi*] braconnage.

bracconiere [brac-co-niè-re] ***n.m.*** [f. *-a*] braconnier.

brace [brà-ce] ***n.f.*** braise.

● (*cuc.*) ***alla brace***, sur la braise | ***cadere dalla padella nella brace***, (*fig.*) tomber de Charybde en Scylla | ***farsi di brace***, (*fig.*) rougir violemment | ***soffiare sulla brace***, (*fig.*) jeter de l'huile sur le feu.

B

brachicefalo [bra-chi-cè-fa-lo] ***agg.*** e ***n.m.*** [f. *-a*] brachycéphale.

braciere [bra-ciè-re] ***n.m.*** brasero.

braciola [bra-ciò-la] ***n.f.*** (*di maiale*) côtelette, côte; (*di vitello*) escalope.

bradicardia [bra-di-car-dì-a] ***n.f.*** (*med.*) bradycardie.

bradipo [brà-di-po] ***n.m.*** (*zool.*) bradype.

brado [brà-do] ***agg.*** (à l'état) sauvage: *cavallo brado*, cheval sauvage; *allevamento brado*, élevage au pré (*o* en liberté).

● ***allo stato brado***, (*anche fig.*) à l'état sauvage.

brahmanesimo [brah-ma-né-ʃi-mo] ***n.m.*** (*st. relig.*) brahmanisme.

brahmano [brah-mà-no] ***n.m.*** (*st. relig.*) brahmane.

brainstorming [brein'stɔrmiŋg] ***n.m.invar.*** (*tecnica di lavoro di gruppo*) brainstorming, remue-méninges.

brama [brà-ma] ***n.f.*** soif: *brama di guadagno*, soif de gain | *eccitare le brame*, exciter les convoitises.

bramano [bra-mà-no] ***n.m.*** brahmane.

bramare [bra-mà-re] ***v.tr.*** convoiter; (*desiderare ardentemente*) soupirer (**après**): *bramare onori*, convoiter les honneurs; *bramare la libertà*, soupirer après la liberté.

FAUX AMI
Da non confondere con *bramer*, che significa *bramire* o, nel linguaggio familiare, *sbraitare*.

bramire [bra-mì-re] ***v.intr.*** [coniug. come *finire*; aus. *avere*] (*di cervo, daino ecc.*) bramer; (*di orso*) grogner.

bramito [bra-mì-to] ***n.m.*** (*di cervo, daino ecc.*) bramement, brame; (*di orso*) grognement.

bramosia [bra-mo-sì-a] ***n.f.*** convoitise, soif.

bramoso [bra-mó-so] ***agg.*** avide.

branca [bràn-ca] ***n.f.*** [pl. *-che*] **1** griffe; (*di rapaci*) serre **2** (*tecn.*) mors (*m.*); (*di tenaglia*) mâchoire **3** (*fig.*) (*ramo*) branche: *le branche della scienza*, les branches de la science.

brancata [bran-cà-ta] ***n.f.*** (*fam.*) poignée.

branchia [bràn-chia] ***n.f.*** (*zool.*) branchie.

branchiale [bran-chià-le] ***agg.*** (*zool.*) branchial*.

brancicare [bran-ci-cà-re] ***v.tr.*** [coniug. come *mancare*] tripoter ♦ ***v.intr.*** [aus. *avere*] tâtonner, aller* à tâtons.

branco [bràn-co] ***n.m.*** [pl. *-chi*] **1** troupeau*; (*di bufali, lupi, selvaggina*) bande (*f.*); (*di cervi*) *harde (*f.*); (*di uccelli, anatre*) volée (*f.*); (*di pesci*) banc **2** (*spreg.*) (*di persone*) bande (*f.*).

● ***a branchi***, par troupeaux, par bandes etc. | ***seguire il branco***, (*fig.*) suivre le troupeau.

brancolare [bran-co-là-re] ***v.intr.*** [aus. *avere*] avancer* à tâtons (*anche fig.*).

● ***brancolare nel buio***, (*fig.*) tâtonner.

branda [bràn-da] ***n.f.*** **1** lit (*m.*) pliant, lit (*m.*) de camp; (*mil.*) lit (*m.*) de sangle **2** (*su navi*) *hamac (*m.*).

brandello [bran-dèl-lo] ***n.m.*** **1** lambeau* **2** (*fig.*) (*briciolo*) bribe (*f.*); brin.

● ***a brandelli***, en lambeaux: *fare a brandelli*, mettre en pièces.

brandire [bran-dì-re] ***v.tr.*** [coniug. come *finire*] brandir; (*afferrare*) saisir.

brano [brà-no] ***n.m.*** **1** lambeau* **2** (*di opera letteraria, musicale*) morceau*.

● ***a brani***, en lambeaux: *fare a brani*, mettre en pièces.

branzino [bran-zì-no *o* branʒìno] ***n.m.*** (*zool.*) bar, loup de mer.

brasare [bra-ʃà-re] ***v.tr.*** (*cuc.*) braiser.

brasato [bra-ʃà-to] ***agg.*** (*cuc.*) braisé ♦ ***n.m.*** bœuf braisé.

brasiliano [bra-ʃi-lià-no] ***agg.*** brésilien* ♦ ***n.m.*** [f. *-a*] (*abitante*) Brésilien*.

brattea [bràt-te-a] ***n.f.*** (*bot.*) bractée.

bravaccio [bra-vàc-cio] ***n.m.*** [f. *-a*; pl.m. *-ci*, f. *-ce*] bravache.

bravamente [bra-va-mén-te] ***avv.*** **1** bravement, courageusement **2** (*con decisione*) avec décision.

bravata [bra-và-ta] ***n.f.*** bravade.

bravo [brà-vo] ***agg.*** **1** (*abile*) bon*: *un bravo medico*, un bon médecin; *è bravo nel suo mestiere*, il fait bien son métier; *è bravo a scuola*, il réussit bien à l'école; *è il più bravo della classe*, il est le premier de sa classe; *è bravo in latino*, il est bon en latin; *sei bravo solo a far pasticci*, tu n'es bon qu'à faire des bêtises; *se ci capisci qlco sei bravo*, si tu y comprends qqch, tu as de la chance **2** (*buono*) brave; (*di bambini*) sage: *un brav'uomo*, un brave homme; *se fai il bravo ti porto al cinema*, si tu es sage, je t'emmène au cinéma **3** (*fam.*) (*rafforzativo*) bon*: *ha le sue brave ragioni per rifiutare*, il a de bonnes raisons pour refuser; *ha dormito le sue brave otto ore*, il a dormi ses huit heures ♦ ***n.m.*** (*st.*) (*sgherro*) bravo.

● ***bravo!***, bravo!: *brava, hai vinto*, bravo, tu as gagné | ***bravo furbo!***, c'est malin! | ***alla brava***, d'un air de défi; (*rapidamente*) rapidement | ***ma bravo!***, (*iron.*) eh bien, bravo, je te félicite! | ***notte brava***, folle nuit | ***su, da bravo!***, courage!; (*sii buono*) sois sage!: *su da bravi, aiutatemi!*, soyez gentils, aidez-moi!

NOTA L'esclamazione ***bravo!*** si dice anche in francese con la stessa intonazione ***Bravo!*** di approvazione o in senso ironico, ma non si accorda:
Brava, Giovanna!, **Bravo**, Jeanne!;
Bravi, bis!, **Bravo**, bis!;
Ma bravi, complimenti!,
Eh bien **bravo**, je vous félicite!

bravura [bra-vù-ra] ***n.f.*** habileté.

● ***pezzo di bravura***, morceau de bravoure.

break-dance [brek'dɛns] ***n.f.invar.*** smurf.

breccia[1] [bréc-cia] ***n.f.*** [pl. *-ce*] brèche: *aprire una breccia*, ouvrir une brèche.

● ***essere sulla breccia***, (*fig.*) être toujours sur la brèche | ***fare breccia nell'animo***, ***nel cuore di qlcu***, (*fig.*) toucher le cœur de qqn, trouver le chemin du cœur de qqn | ***fare breccia su qlcu***, (*fig.*) gagner l'estime de qqn.

breccia[2] ***n.f.*** [pl. *-ce*] cailloutis (*m.*).

brefotrofio [bre-fo-trò-fio] ***n.m.*** [pl. *-fi*] orphelinat.

bresaola [bre-ʃà-o-la] ***n.f.*** (*cuc.*) bresaola (viande de bœuf séchée, typique de la Valteline).

bresciano [bre-scià-no] ***agg.*** de Brescia ♦ ***n.m.*** [f. *-a*] habitant de Brescia.

bretella [bre-tèl-la] ***n.f.*** **1** (*abbigl.*) bretelle **2** (*raccordo stradale*) bretelle.

bretone [brè-to-ne] ***agg.*** breton* ♦ ***n.m.*** e ***f.*** (*abitante*) Breton/onne.

breve [brè-ve] ***agg.*** **1** (*nel tempo*) bref*; court: *breve soggiorno*, court séjour; *la vita è breve*, la vie est brève (*o* courte) **2** (*nello spazio*) court: *un breve tragitto*, un court trajet; *prendere la strada più breve*, prendre le che-

min le plus court **3** (*conciso*) bref*: *una breve lettera*, une lettre brève **4** (*fon.*) bref* ♦ *n.f.* (*fon., mus.*) brève.
● ***a breve scadenza***, à brève échéance: *progetti a breve scadenza*, des projets à court terme, à brève échéance | ***a breve termine***, à court terme | ***nel più breve termine***, au plus vite | ***per farla breve***, ***in breve***, bref; (*in poche parole*) en quelques mots | ***tra breve***, sous peu.

brevemente [bre-ve-mén-te] *avv.* **1** sous peu **2** (*concisamente*) brièvement.

brevettare [bre-vet-tà-re] *v.tr.* breveter*.

brevettato [bre-vet-tà-to] *agg.* **1** breveté **2** (*scherz.*) (*efficace, sicuro*) infaillible.

brevetto [bre-vét-to] *n.m.* brevet.
● ***brevetto industriale***, brevet d'invention | ***Ufficio Brevetti***, Bureau des Brevets.

breviario [bre-vià-rio] *n.m.* [pl. *-ri*] **1** (*eccl.*) bréviaire **2** (*compendio*) précis.

brevità [bre-vi-tà] *n.f.invar.* **1** brièveté **2** (*fon.*) brévité.
● ***per brevità***, pour abréger.

brezza [bréʒ-ʒa] *n.f.* brise: *brezza di mare, di terra*, brise de mer, de terre.

bricco [brìc-co] *n.m.* [pl. *-chi*] verseuse (*f.*): *bricco del latte*, pot à lait; *bricco del caffè*, verseuse (*o* cafetière).

bricconata [bric-co-nà-ta] *n.f.* espièglerie.

briccone [bric-có-ne] *n.m.* [f. *-a*] fripon* (*anche scherz.*).

bricconeria [bric-co-ne-rì-a] *n.f.* friponnerie.

briciola [brì-cio-la] *n.f.* miette.
● ***in briciole***, en miettes: *andare in briciole*, s'effriter; (*andare in pezzi*) se briser en mille morceaux.

briciolo [brì-cio-lo] *n.m.* petit morceau*, petit bout; (*fig.*) brin: *un briciolo di amor proprio*, un brin d'amour-propre; *appena ho un briciolo di tempo ti vengo a trovare*, dès que j'aurai un moment, je viendrai te voir.

briga [brì-ga] *n.f.* [pl. *-ghe*] **1** (*pasticcio*) ennui (*m.*), tracas (*m.*); (*fastidio*) peine **2** (*lite*) chicane, querelle.
● ***attaccar briga con qlcu***, chercher chicane (*o* querelle) à qqn | ***prendersi la briga di***, se donner la peine de.

brigadiere [bri-ga-diè-re] *n.m.* brigadier.

brigantaggio [bri-gan-tàg-gio] *n.m.* [pl. *-gi*] brigandage.

brigante [bri-gàn-te] *n.m.* brigand.

brigantino [bri-gan-tì-no] *n.m.* (*mar.*) brigantin, brick.

brigare [bri-gà-re] *v.intr.* [coniug. come *legare*; aus. *avere*] intriguer.

brigata [bri-gà-ta] *n.f.* **1** bande **2** (*mil.*) brigade.
● (*st.*) ***Brigate Rosse*** (*BR*), Brigades rouges | (*prov.*) ***poca brigata, vita beata***, on est mieux quand on est peu nombreux.

brigatista [bri-ga-tì-sta] *n.m.* e *f.* (*st.*) membre (*m.*) des Brigades rouges ♦ *agg.* des Brigades rouges.

brigidino [bri-gi-dì-no] *n.m.* **1** (*cuc.*) gaufre (*f.*) à l'anis (typique de la Toscane) **2** (*fig. scherz.*) cocarde (*f.*).

briglia [brì-glia] *n.f.* **1** bride **2** (*per bambini*) laisse **3** (*mar.*) martingale.
● ***a briglia sciolta***, (*anche fig.*) à bride abattue, à toute bride | ***allentare, tirare le briglie***, (*anche fig.*) lâcher, serrer la bride.

brillamento [bril-la-mén-to] *n.m.* **1** (*di mine*) explosion (*f.*) **2** (*del sole*) éruption (*f.*) chromosphérique.

brillantante [bril-lan-tàn-te] *n.m.* e *agg.*
● (*liquido*) ***brillantante***, liquide de rinçage (pour vaisselle).

brillante [bril-làn-te] *agg.* brillant (*anche fig.*) ♦ *n.m.* **1** brillant **2** (*teatr.*) premier comique.

brillantemente [bril-lan-te-mén-te] *avv.* brillamment.

brillantezza [bril-lan-téz-za] *n.f.* brillant (*m.*).

brillantina [bril-lan-tì-na] *n.f.* brillantine.

brillare[1] [bril-là-re] *v.intr.* [aus. *avere*] **1** briller (*anche fig.*): *gli astri brillano nel firmamento*, les astres brillent au firmament; *gli occhi le brillavano di gioia*, ses yeux brillaient de joie **2** (*esplodere*) sauter: (*far*) *brillare una mina*, faire sauter une mine.

brillare[2] *v.tr.* (*riso, orzo ecc.*) glacer*.

brillatura [bril-la-tù-ra] *n.f.* (*di riso, orzo ecc.*) glaçage (*m.*).

brillio [bril-lì-o] *n.m.* [pl. *-ii*] scintillement.

brillo [brìl-lo] *agg.* (*fam.*) gris, pompette.

brina [brì-na] *n.f.* givre (*m.*); gelée blanche.

brinare [bri-nà-re] *v.intr.impers.* [aus. *essere*, fam. *avere*] givrer: *questa notte è brinato*, cette nuit il a givré ♦ *v.tr.* givrer.

brinata [bri-nà-ta] *n.f.* gelée blanche: *stanotte avremo una brinata*, cette nuit il va givrer.

brindare [brin-dà-re] *v.intr.* [aus. *avere*] porter un toast, boire*.

brindello [brin-dèl-lo] *n.m.* lambeau*.

brindisi [brìn-di-ʃi] *n.m.invar.* toast: *fare un brindisi*, porter un toast.

brio [brì-o] *n.m.* [pl. *brii*] verve (*f.*); (*gaiezza*) entrain: *uno stile senza brio*, un style sans verve (*o* sans éclat); *un ragazzo pieno di brio*, un enfant plein d'entrain.
● (*mus.*) ***con brio***, con brio.

brioche [bri'ɔʃ] *n.f.invar.* brioche; (*a forma di mezzaluna*) croissant (*m.*).

briosamente [bri-o-sa-mén-te] *avv.* avec verve; (*gaiamente*) gaiement.

briosità [brio-si-tà] *n.f.invar.* verve; (*gaiezza*) vivacité, entrain (*m.*).

brioso [bri-ó-so] *agg.* plein de verve; (*gaio*) plein d'entrain.

briscola [brì-sco-la] *n.f.* **1** briscola (jeu de cartes ressemblant à la belote) **2** (*carta*) atout (*m.*).
● ***avere in mano tutte le briscole***, (*fig.*) avoir tous les atouts en main.

britannico [bri-tàn-ni-co] *agg.* [pl.m. *-ci*, f. *-che*] (*della Gran Bretagna*) britannique ♦ *n.m.* [f. *-a*] (*abitante*) Britannique.

brivido [brì-vi-do] *n.m.* frisson.
● ***dare, far venire i brividi***, (*anche fig.*) donner le frisson.

brizzolato [briz-zo-là-to] *agg.* grisonnant, aux cheveux gris: *capelli brizzolati*, cheveux grisonnants, poivre et sel.

brocca [bròc-ca] *n.f.* [pl. *-che*] pot (*m.*), cruche: *brocca dell'acqua*, pot à eau.

broccato [broc-cà-to] *n.m.* (*tess.*) brocart, broché.

brocco [bròc-co] *n.m.* [pl. *-chi*] **1** (*ronzino*) tocard, canasson **2** (*persona*) tocard.

broccoletto [broc-co-lét-to] *n.m.* (*spec. pl.*) (*bot.*) (*cima di rapa*) navet-asperge.

broccolo [bròc-co-lo] *n.m.* (*bot.*) brocoli.

broda [brò-da] **brodaglia** *n.f.* **1** eau* de vaisselle, lavasse **2** (*fig.*) (*discorso prolisso*) délayage (*m.*), verbiage (*m.*).

B

brodetto [bro-dét-to] ***n.m.*** (*cuc.*) soupe (*f.*) de poisson.

brodo [brò-do] ***n.m.*** bouillon: *riso in brodo*, potage au riz.
● ***brodo di pesce***, court-bouillon | ***brodo lungo***, bouillon clair | ***brodo ristretto***, consommé | ***andare in brodo di giuggiole***, (*fig.*) boire du petit lait | ***lasciare cuocere qlcu nel proprio brodo***, (*fig.*) laisser qqn cuire dans son jus | ***minestra in brodo***, soupe, potage | ***tutto fa brodo***, (*fig.*) tout peut servir.

brodoso [bro-dó-so] ***agg.*** clair.

brogliaccio [bro-gliàc-cio] ***n.m.*** [pl. *-ci*] **1** (*amm.*) brouillard, main (*f.*) courante **2** (*brutta copia*) brouillon.

brogliare [bro-glià-re] ***v.intr.*** [aus. *avere*] tripoter.

broglio [brò-glio] ***n.m.*** [pl. *-gli*] manigance (*f.*), trucage.
● ***broglio elettorale***, truquage des élections.

broker [bró-ker] ***n.m.invar.*** (*Borsa*) broker; courtier.

brokeraggio [bro-ke-ràg-gio] ***n.m.*** [pl. *-gi*] (*Borsa*) courtage.

bromo [brò-mo] ***n.m.*** (*chim.*) brome.

bromuro [bro-mù-ro] ***n.m.*** (*chim.*) bromure.

bronchiale [bron-chià-le] ***agg.*** (*anat.*) bronchique.

bronchiolo [bron-chì-o-lo] ***n.m.*** (*anat.*) bronchiole (*f.*).

bronchite [bron-chì-te] ***n.f.*** (*med.*) bronchite.

broncio [brón-cio] ***n.m.*** [pl. *-ci*] bouderie (*f.*): *mettere, fare il broncio*, bouder; *tenere il broncio a qlcu*, faire la tête à qqn.

bronco [brón-co] ***n.m.*** [pl. *-chi*] (*anat.*) bronche (*f.*).

bronco- ***pref.*** broncho-.

broncopatia [bron-co-pa-tì-a] ***n.f.*** (*med.*) bronchopathie.

broncopolmonite [bron-co-pol-mo-ni-te] ***n.f.*** (*med.*) broncho-pneumonie*.

brontolamento [bron-to-la-mén-to] ***n.m.*** grognement.

brontolare [bron-to-là-re] ***v.intr.*** [aus. *avere*] **1** grogner, grommeler*; (*protestare*) rouspéter* **2** (*del tuono*) gronder **3** (*dell'intestino*) gargouiller ♦ ***v.tr.*** grommeler.

brontolio [bron-to-lì-o] ***n.m.*** [pl. *-ii*] **1** grognement **2** (*del tuono*) grondement.

brontolone [bron-to-ló-ne] ***agg.*** e ***n.m.*** [f. *-a*] grognon*.

bronzeo [brón-ʒe-o] ***agg.*** **1** (*di bronzo*) de bronze **2** (*color bronzo*) bronzé.

bronzina [bron-ʒì-na] ***n.f.*** (*mecc.*) coussinet (*m.*).
● (*aut.*) ***fondere le bronzine***, couler une bielle.

bronzo [brón-ʒo] ***n.m.*** bronze; (*poet.*) airain: *statua di bronzo*, statue de bronze; *incidere nel bronzo*, graver dans l'airain.
● ***avere una faccia di bronzo***, (*fig.*) avoir du toupet.

brossura [bros-sù-ra] ***n.f.*** (*tip.*) brochure.
● ***libro in brossura***, livre broché | ***rilegare in brossura***, brocher.

browser ['brauser] ***n.m.invar.*** (*inform.*) navigateur, logiciel de navigation.
● ***browser off-line***, aspirateur de sites.

brucare [bru-cà-re] ***v.tr.*** [coniug. come *mancare*] brouter.

bruciacchiare [bru-ciac-chià-re] ***v.tr.*** roussir, brûler légèrement.

bruciapelo, a [a bru-cia-pé-lo] ***avv.*** à brûle-pourpoint; (*da vicino*) à bout portant.

bruciare [bru-cià-re] ***v.tr.*** [coniug. come *cominciare*] **1** brûler: *bruciare della legna*, brûler du bois; *bruciare l'arrosto*, brûler le rôti **2** (*sciupare, consumare*) gaspiller; (*compromettere*) compromettre*: *bruciare le proprie energie*, gaspiller ses forces; *lo scandalo lo ha bruciato*, ce scandale a irrémédiablement compromis sa carrière **3** (*inform.*) griller: *bruciare un CD*, griller un cd ♦ ***v.intr.*** [aus. *essere*] **1** brûler (*anche fig.*): *la legna brucia*, le bois brûle; *bruciare dal desiderio*, brûler de désir; *la fronte gli bruciava per la febbre*, son front brûlait de fièvre; *mi bruciano gli occhi*, les yeux me piquent, brûlent **2** (*fig.*) (*di offesa, ingiuria ecc.*) être* cuisant: *è un'offesa che mi brucia ancora*, cette offense est encore cuisante ♦ **bruciarsi** ***v.pron.*** se brûler ♦ ***v.pron.intr.*** brûler: *si è bruciata la lampadina*, l'ampoule a grillé.
● ***bruciare i ponti***, (*fig.*) couper les ponts | ***bruciare le tappe***, (*fig.*) brûler les étapes | (*sport*) ***bruciare sul traguardo***, battre au sprint | ***sentirsi bruciare la terra sotto i piedi***, (*fig.*) sentir le brûlé.

bruciaticcio [bru-cia-tìc-cio] ***n.m.*** [pl. *-ci*] **1** (*odore*) roussi; (*sapore*) goût de brûlé **2** (*residui di bruciato*) débris (*pl.*) brûlés.

bruciato [bru-cià-to] ***agg.*** e ***n.m.*** brûlé: *questa carne sa di bruciato*, cette viande sent le brûlé.
● ***color marrone bruciato***, brun roux | ***gioventù bruciata***, (*fig.*) jeunesse perdue.

bruciatore [bru-cia-tó-re] ***n.m.*** (*mecc.*) brûleur.

bruciatura [bru-cia-tù-ra] ***n.f.*** brûlure.

bruciore [bru-ció-re] ***n.m.*** brûlure (*f.*) (*anche fig.*).

bruco [brù-co] ***n.m.*** [pl. *-chi*] chenille (*f.*).

brufolo [brù-fo-lo] ***n.m.*** bouton.

brufoloso [bru-fo-ló-so] ***agg.*** boutonneux*.

brughiera [bru-ghiè-ra] ***n.f.*** bruyère.

brulicante [bru-li-càn-te] ***agg.*** fourmillant, grouillant.

brulicare [bru-li-cà-re] ***v.intr.*** [coniug. come *mancare*; aus. *avere*] fourmiller, grouiller (*anche fig.*).

brulichio [bru-li-chì-o] ***n.m.*** [pl. *-ii*] fourmillement, grouillement.

brullo [brùl-lo] ***agg.*** nu, aride.

bruma [brù-ma] ***n.f.*** brume.

bruna [brù-na] ***n.f.*** brune.

brunire [bru-nì-re] ***v.tr.*** [coniug. come *finire*] brunir.

brunitura [bru-ni-tù-ra] ***n.f.*** brunissure; (*operazione*) brunissage (*m.*).

bruno [brù-no] ***agg.*** e ***n.m.*** brun.

bruscamente [bru-sca-mén-te] ***avv.*** brusquement.

bruschetta [bru-schét-ta] ***n.f.*** (*cuc.*) bruschetta (tranche de pain de campagne grillée, frottée d'ail et assaisonnée d'huile d'olive et de sel).

brusco [brù-sco] ***agg.*** [pl.m. *-schi*, f. *-sche*] **1** brusque: *un tono brusco*, un ton brusque **2** (*aspro*) aigre: *vino brusco*, vin aigre (*o* âpre) **3** (*freddo, pungente*) piquant: *un vento brusco*, un vent piquant **4** (*improvviso e violento*) brusque: *una brusca frenata*, un coup de frein brusque ♦ ***n.m.*** aigreur (*f.*).
● ***tra il lusco e il brusco***, entre chien et loup.

bruscolo [brù-sco-lo] ***n.m.*** (*fuscello*) fétu; (*granello di polvere*) grain de poussière.

brusio [bru-ʃì-o] ***n.m.*** [pl. *-ii*] bourdonnement; (*fruscio*) bruissement.

brutale [bru-tà-le] ***agg.*** brutal*.

brutalità [bru-ta-li-tà] ***n.f.invar.*** brutalité.

brutalizzare [bru-ta-liʒ-ʒà-re] ***v.tr.*** brutaliser.

brutalmente [bru-tal-mén-te] ***avv.*** brutalement.

bruto [brù-to] ***agg.*** brut ♦ ***n.m.*** [f. *-a*] **1** brute (*f.*) **2** (*uomo di istinti perversi*) maniaque.

brutta [brùt-ta] ***n.f.*** (*di compito*) brouillon (*m.*): *consegnare il compito in brutta*, remettre, rendre son brouillon.

bruttezza [brut-téz-za] ***n.f.*** laideur (*anche fig.*).

brutto [brùt-to] ***agg.*** **1** laid; (*spec. di cose*) vilain: *uomo brutto*, homme laid; *un quadro brutto*, un tableau laid (*o* un vilain tableau) **2** (*fig.*) mauvais, vilain: *una brutta notizia*, une mauvaise nouvelle; *un brutto segno*, un mauvais signe; *un brutto sogno*, un mauvais rêve; *una brutta poesia*, un mauvais poème | *una brutta storia*, une sale histoire | *un brano brutto da tradurre*, un passage difficile à traduire **3** (*grave*) mauvais: *un brutto raffreddore*, un mauvais rhume; *una brutta ferita*, une vilaine blessure | *sono tempi brutti*, les temps sont durs **4** (*di tempo*) mauvais: *fa brutto*, il fait mauvais **5** (*rafforzativo*): *brutto cattivo!*, vilain garnement!; *brutto stupido*, espèce d'idiot!; *è un gran brutto vivere!*, quelle vie de chien! ♦ ***n.m.*** [f. *-a*] **1** laid, laideur (*f.*) | *il brutto è che*, le malheur, c'est que **2** (*di tempo*) mauvais temps.

● ***brutto come il peccato, come il demonio, come la fame***, laid comme les sept péchés capitaux, comme un pou, comme tout | ***brutto da far paura, spavento***, laid à faire peur | ***brutto quarto d'ora***, mauvais quart d'heure: *passare un brutto quarto d'ora*, passer un mauvais quart d'heure | ***brutto tiro***, sale tour: *giocare un brutto tiro*, jouer un sale tour | ***brutta parola***, vilain mot | ***alle brutte***, au pire: *alle brutte pagherò io*, au pire (*o* dans le pire des cas) c'est moi qui paierai; *venire alle brutte*, en venir au pire | ***di brutto***, (*fam.*) (*molto*) très; (*di traverso*) de travers: *si è fatto male di brutto*, il s'est fait très mal; *guardare qlcu di brutto*, regarder qqn de travers | ***dire con le brutte***, dire vertement: *glielʼho detto con le brutte*, je le lui ai dit vertement | ***me la son vista brutta***, j'ai eu chaud | ***mettersi al brutto***, (*di tempo*) se gâter: *il tempo si è messo al brutto*, le temps s'est gâté | ***vederne delle brutte***, (*fig.*) avoir une mauvaise passe.

FAUX AMI
Da non confondere con *brut*, che significa *grezzo, bruto, rozzo* o *lordo*.

bruttura [brut-tù-ra] ***n.f.*** **1** laideur **2** (*cosa sudicia*) saleté.

bua [bù-a] ***n.f.*** (*linguaggio infantile*) bobo (*m.*).

bubbola [bùb-bo-la] ***n.f.*** **1** (*frottola*) sornette **2** (*bagatella*) bagatelle.

bubbone [bub-bó-ne] ***n.m.*** (*med.*) bubon.

bubbonico [bub-bò-ni-co] ***agg.*** [pl.m. *-ci*, f. *-che*] (*med.*) bubonique.

buca [bù-ca] ***n.f.*** [pl. *-che*] **1** trou (*m.*) **2** (*dell'orchestra*) fosse **3** (*nel gioco del biliardo*) blouse.

● ***buca delle lettere***, boîte aux lettres.

bucaneve [bu-ca-né-ve] ***n.m.invar.*** perceneige*.

bucaniere [bu-ca-niè-re] ***n.m.*** (*st.*) boucanier.

bucare [bu-cà-re] ***v.tr.*** [coniug. come *mancare*] **1** trouer; (*forare*) percer*; (*un biglietto ecc.*) poinçonner; (*uno pneumatico*) crever* **2** (*fam.*) (*pungere*) piquer ♦ **bucarsi** ***v.pron.*** e ***pron.intr.*** **1** se trouer, se crever* **2** (*pungersi*) se piquer **3** (*fam.*) (*drogarsi*) se piquer.

bucato[1] [bu-cà-to] ***agg.*** troué; (*forato*) percé.

bucato[2] ***n.m.*** lessive (*f.*): *stendere il bucato*, étendre la lessive (*o* le linge).

bucatura [bu-ca-tù-ra] ***n.f.*** **1** percement (*m.*) **2** (*buco*) trou (*m.*); (*di pneumatico*) crevaison.

buccia [bùc-cia] ***n.f.*** [pl. *-ce*] **1** peau*; (*scorza*) écorce | *buccia di limone*, zeste de citron **2** (*pl.*) (*scarti della mondatura*) épluchures **3** (*corteccia*) écorce.

● ***rivedere le bucce a qlcu***, (*fig.*) éplucher le travail de qqn.

FAUX AMI
Da non confondere con *bouche*, che significa *bocca*.

buccina [bùc-ci-na] ***n.f.*** (*strumento a fiato*) buccin (*m.*).

bucherellare [bu-che-rel-là-re] ***v.tr.*** cribler de trous.

bucherellato [bu-che-rel-là-to] ***agg.*** criblé de trous.

buco [bù-co] ***n.m.*** [pl. *-chi*] **1** trou: *fare un buco in qlco*, faire (*o* percer) un trou dans qqch **2** (*luogo angusto*) trou de rat; (*luogo riposto*) coin: *abita in un buco*, il habite dans un trou (de rat); *l'ho cercato in ogni buco*, je l'ai cherché dans tous les coins | *non è riuscito a trovare un buco*, (*una casa*) il n'est pas encore parvenu à se caser; (*un lavoro*) il n'a pas encore fait son trou **3** (*intervallo di tempo*) trou: *ho un buco dalle nove alle dieci*, j'ai un trou entre neuf et dix heures **4** (*ammanco*) trou; (*lacuna*) lacune (*f.*): *fare un buco in un patrimonio*, faire un trou dans une fortune; *un racconto pieno di buchi*, un récit plein de lacunes **5** (*fam.*) (*iniezione di droga*) piqûre (*f.*).

● (*fis.*) ***buco nero***, trou noir | ***fare un buco nell'acqua***, (*fig.*) donner un coup d'épée dans l'eau | ***non cavare un ragno dal buco***, (*fig.*) ne pas savoir se débrouiller (*o* ne vraiment pas être débrouillard) | (*prov.*) ***non tutte le ciambelle riescono col buco***, on ne fait pas mouche à tous les coups | ***stare nel proprio buco***, (*fig.*) ne pas sortir de son trou, de sa coquille.

FAUX AMI
Da non confondere con *bouc* che significa *capro* o indica la *barba, il pizzo*.

bucolica [bu-cò-li-ca] ***n.f.*** [pl. *-che*] (*lett.*) bucolique.

bucolico [bu-cò-li-co] ***agg.*** [pl.m. *-ci*, f. *-che*] (*lett.*) bucolique (*anche estens.*).

buddismo [bud-dì-ʃmo] ***n.m.*** bouddhisme.

buddista [bud-dì-sta] ***n.m.*** e ***f.*** bouddhiste.

budello [bu-dèl-lo] ***n.m.*** [pl.f. *budella* nel sign.1 e 2; pl.m. *budelli* negli altri sign.] **1** boyau*: *budella di maiale*, boyaux de porc **2** (*pl.*) (*molto fam.*) (*di persona*) entrailles (*f.*), intestin (*sing.*), viscères (*f.*): *empirsi le budella*, se remplir la panse **3** (*per corde di violino e racchette da tennis*) boyau* **4** (*passaggio, strada stretta*) boyau*: *i budelli malfamati della zona del porto*, les boyaux malfamés du quartier du port **5** (*tubo sottile*) boyau*.

budget ['badʒet] ***n.m.invar.*** (*econ.*) budget.

budgetario [bud-ge-tà-rio] ***agg.*** [pl.m. *-ri*] (*econ.*) budgétaire: *politica budgetaria*, politique budgétaire; *controllo budgetario*, contrôle budgétaire.

budino [bu-dì-no] ***n.m.*** (*cuc.*) flan.

FAUX AMI
Da non confondere con *boudin*, che significa *sanguinaccio*.

bue [bù-e] ***n.m.*** [pl. *buòi*] **1** bœuf*: *attaccare i buoi al carro*, atteler les bœufs à une charrette **2** (*fig.*) (*ignorante*) lourdaud.

● ***bue giovane***, bouvillon | ***bue marino***, morse | ***bue muschiato***, bœuf musqué | (*prov.*) ***donne e buoi dei paesi tuoi***, prends ta femme dans ton village et les bœufs dans le voisinage | ***mettere il carro davanti ai buoi***, (*fig.*) mettre

B

la charrue devant les bœufs | (*arch.*) ***occhio di bue***, œil-de-bœuf | (*cuc.*) ***uovo all'occhio di bue***, œuf au plat.

bufala [bù-fa-la] ***n.f.*** **1** (*zool.*) bufflonne **2** (*fig. scherz.*) (*errore grossolano*) bévue; (*cosa noiosa*) ennui (*m.*).

bufalo [bù-fa-lo] ***n.m.*** buffle.

bufera [bu-fè-ra] ***n.f.*** tempête (*anche fig.*).

buffè [buf-fè] ***n.m.invar.*** buffet.

buffetto [buf-fét-to] ***n.m.*** chiquenaude (*f.*).

buffo[1] [bùf-fo] ***agg.*** **1** amusant, drôle; (*fam.*) rigolo*: *mi ha raccontato una storia molta buffa*, il m'a raconté une histoire très drôle **2** (*strano*) drôle, bizarre, curieux*: *che buffa coincidenza, incontrarci qui!*, se rencontrer ici, quelle drôle de coïncidence! ♦ ***n.m.*** **1** (*teatr.*) bouffon **2** (*il lato comico*) comique, drôlerie (*f.*): *il buffo di una situazione*, la drôlerie d'une situation.
● (*mus.*) ***opera buffa***, opéra bouffe.

NOTA L'aggettivo ***buffo*** accompagnato da un sostantivo si traduce con ***drôle de***:

Portava un buffo cappello.
SÌ Il portait un **drôle de** chapeau.
NO Il portait un **drôle** chapeau.

È un tipo buffo.
SÌ C'est un **drôle de** type!
NO C'est un **drôle** type!

buffo[2] ***n.m.*** (*colpo di vento*) bouffée (*f.*).

buffonata [buf-fo-nà-ta] ***n.f.*** pitrerie; (*farsa*) farce.

buffone [buf-fó-ne] ***n.m.*** [f. *-a*] **1** bouffon; (*fig.*) pitre: *smettila di fare il buffone*, arrête de faire le pitre **2** (*fig.*) (*persona non affidabile*) girouette (*f.*), pantin.

buffonesco [buf-fo-né-sco] ***agg.*** [pl.m. *-schi*, f. *-sche*] bouffon*.

bug [bag] ***n.m.invar.*** (*inform.*) bogue, erreur (*f.*) de programme.

buganvillea [bu-gan-vìl-le-a] ***n.f.*** (*bot.*) bougainvillée.

buggerare [bug-ge-rà-re] ***v.tr.*** (*molto fam.*) rouler.

buggeratura [bug-ge-ra-tù-ra] ***n.f.*** tromperie.

bugia[1] [bu-gì-a] ***n.f.*** mensonge (*m.*).

FAUX AMI
Da non confondere con *bougie*, che significa *candela*.

bugia[2] ***n.f.*** (*candeliere*) bougeoir (*m.*).

bugiardaggine [bu-giar-dàg-gi-ne] ***n.f.*** vice (*m.*) de mentir.

bugiardino [bu-giar-dì-no] ***n.m.*** (*farm.*) notice (*f.*) jointe à un médicament.

bugiardo [bu-giàr-do] ***agg.*** **1** menteur*: *dare del bugiardo*, traiter de menteur **2** (*ingannevole*) mensonger* ♦ ***n.m.*** [f. *-a*] menteur: *è un bugiardo patentato*, c'est un fieffé menteur.

bugigattolo [bu-gi-gàt-to-lo] ***n.m.*** cagibi; (*ripostiglio*) débarras.

bugliolo [bu-gliò-lo] ***n.m.*** seau*.

bugnato [bu-gnà-to] ***n.m.*** (*arch.*) bossage.

buio [bù-io] ***agg.*** [pl.m. *bui*] **1** sombre **2** (*fig.*) obscur ♦ ***n.m.*** [pl. *bui*] noir: *sta venendo buio*, il commence à faire noir; *in inverno si fa buio presto*, en hiver la nuit tombe vite; *restare al buio*, rester dans l'obscurité.
● ***aprire al buio***, (*al poker*) ouvrir sans voir | ***è buio pesto***, il fait noir comme dans un four | ***essere al buio di qlco***, (*fig.*) ignorer qqch | ***fare un salto nel buio***, (*fig.*) se lancer à l'aveuglette.

bulbo [bùl-bo] ***n.m.*** bulbe.
● (*anat.*) ***bulbo oculare***, globe oculaire.

bulgaro [bùl-ga-ro] ***agg.*** bulgare ♦ ***n.m.*** **1** [f. *-a*] (*abitante*) Bulgare **2** (*lingua*) bulgare **3** (*sorta di cuoio*) cuir de Russie.
● ***bulgaro antico***, vieux bulgare (*o* vieux slave o slavon).

bulimia [bu-li-mì-a] ***n.f.*** (*med.*) boulimie.

bulino [bu-lì-no] ***n.m.*** burin.

bulldog [bùll-dog] ***n.m.invar.*** bouledogue.

bulldozer [bull-dò-ʒer] ***n.m.invar.*** bulldozer.

bullo [bùl-lo] ***n.m.*** (*region.*) **1** (*teppista*) loulou, loubard **2** (*bellimbusto*) macho.

bullone [bul-ló-ne] ***n.m.*** boulon.

bum ***inter.*** boum.

bumerang [bù-me-rang] ***n.m.invar.*** boomerang.

bungee-jumping [bandʒi'dʒampiŋg] ***n.m.invar.*** (*salto con l'elastico*) saut à l'élastique, bunji.

buon ***agg.*** → **buono**[1].

buonafede [buo-na-fé-de] ***n.f.*** **buona fede** [pl. *buone fedi*] **1** bonne foi: *l'ha detto in (perfetta) buonafede*, il l'a dit en toute bonne foi; *ho agito in buonafede*, j'ai agi de bonne foi **2** (*fiducia*) confiance, bonne foi: *approfittare della buonafede di qlcu*, abuser de la bonne foi de qqn.

buonanima [buo-nà-ni-ma] **buon'anima** ***n.f.*** feu: *mio nonno buonanima*, feu mon grand-père; *la buonanima di nostro padre*, feu notre père, que Dieu ait son âme.

buonanotte [buo-na-nòt-te] **buona notte** ***n.f.invar.*** e ***inter.*** bonne nuit: *augurare, dare la buonanotte*, souhaiter une bonne nuit.
● ***e buonanotte!***, point final!: *dagli i suoi soldi e buonanotte!*, donne-lui son argent, point final!

buonasera [buo-na-sé-ra] **buona sera** ***n.f.invar.*** e ***inter.*** bonsoir (*m.*).

buoncostume [buon-co-stù-me] ***n.m.*** bonnes mœurs (*f.pl.*): *offesa al buoncostume*, attentat aux mœurs.
● ***squadra del buoncostume***, police des mœurs.

buondì [buon-dì] **buon dì** ***inter.*** e ***n.m.invar.*** bonjour.

buongiorno [buon-giór-no] **buon giorno** ***n.m.invar.*** e ***inter.*** bonjour: *buongiorno a tutti!*, bonjour, tout le monde!

buongrado, di [di buon-grà-do] ***avv.*** de bon gré.

buongustaio [buon-gu-stà-io] ***n.m.*** [f. *-a*; pl.m. *-ai*] gourmet.

buongusto [buon-gù-sto] **buon gusto** ***n.m.*** (bon) goût: *vestire con buongusto*, s'habiller avec goût.

buonismo [buo-nì-ʃmo] ***n.m.*** chèvrechoutisme.

buonista [buo-nì-ʃta] ***agg.*** e ***n.m.*** e ***f.*** chèvrechoutiste.

buono[1] [buò-no] ***agg.*** [l'agg.m. *buono* si tronca in *buon* (senza apostrofo) davanti a vocale o a consonante seguita da vocale o da *l* o *r* ; l'agg.f. *buona* può elidersi in *buon'* (con l'apostrofo) davanti ad *a*] **1** bon*: *è un uomo veramente buono*, c'est un homme vraiment bon **2** (*dabbene*) brave: *è della buona gente*, ce sont de braves gens; *un buon uomo*, un brave homme **3** (*bravo, giudizioso*) sage: *state buoni, ragazzi!*, soyez sages, les enfants! **4** (*con riferimento alla qualità*) bon*: *un buon pianista*, un bon pianiste; *un buon cliente*, un bon client; *un buon affare*, une bonne affaire | *la buona stagione*, la belle saison | *il vestito buono*, la robe du dimanche | *tenersi buono qlcu*, ménager qqn **5** (*valido*) bon*, valable: *un biglietto buono per due viaggi*, un billet valable pour deux voyages | *ho le mie buone ragioni*, j'ai mes raisons **6** (*abbondante*) bon*: *abbiamo ancora tre km buoni da fare*, nous avons encore trois bons kilomètres à faire; *vi era un buon numero di spettatori*, il y avait un bon nombre de spectateurs ♦ ***n.m.*** bon: *i buoni e i cattivi*, les bons et les mé-

chants; *è un buono*, c'est un brave type | *fa' il buono!*, sois (bien) sage!
● ***buona fortuna!***, bonne chance! | ***buon per me che...***, heureusement pour moi que... | ***buon viaggio!***, bon voyage! | ***alla buona***, à la bonne franquette; sans façons: *una cena alla buona*, un dîner à la bonne franquette; *è gente alla buona*, ce sont des gens sans façons | ***ci è voluto del bello e del buono per...***, on a dû employer les grands moyens pour... | ***di buona famiglia***, de bonne famille: *una signorina di buona famiglia*, une jeune fille de bonne famille | ***è buona norma***, il est bon de | ***essere in buona con qlcu***, (*fam.*) être en bons termes avec qqn | ***portar buono***, porter bonheur | ***prendere qlcu con le buone***, prendre qqn du bon côté | ***questa è buona!***, elle est bien bonne celle-là! | ***siamo a buon punto col lavoro***, notre travail avance | ***troppo buono!***, trop aimable! | ***una poco di buono***, une femme de rien | ***un buono a nulla***, un bon à rien | ***un poco di buono***, un pas grand-chose.

buono[2] ***n.m.*** (*comm.*) bon.
● ***buono benzina***, chèque-essence | (*fin.*) ***buono del Tesoro***, bon du Trésor: *buono del Tesoro a tre o a dodici mesi*, bon du Trésor à trois ou à douze mois; ***buono (pagabile) a vista***, bon (payable) à vue | ***buoni-premio***, bons prime.

buonora [buo-nó-ra] **buon'ora** ***n.f.***
● ***alla buonora!***, à la bonne heure! | ***di buonora***, de bonne heure.

buonsenso [buon-sèn-so] **buon senso** ***n.m.*** bon sens.

buontempone [buon-tem-pó-ne] ***n.m.*** [f. *-a*] bon vivant.

buonumore [buo-nu-mó-re] **buon umore** ***n.m.*** bonne humeur (*f.*).

buonuscita [buo-nu-scì-ta] **buon'uscita** ***n.f.*** **1** (*per locazione*) indemnité d'éviction, d'expulsion **2** (*liquidazione*) indemnité de départ, de licenciement.

burattinaio [bu-rat-ti-nà-io] ***n.m.*** [f. *-a*; pl.m. *-ai*] **1** montreur de marionnettes, marionnettiste **2** (*fig.*) celui qui tire les ficelles.

burattino [bu-rat-tì-no] ***n.m.*** pupazzo*: *teatro dei burattini*, théâtre des pupazzi (*o* guignol); *andare ai burattini*, aller au guignol | *è un vero burattino*, (*fig.*) c'est une vraie marionnette, un vrai pantin.
● ***piantare baracca e burattini***, tout plaquer.

buratto [bu-ràt-to] ***n.m.*** blutoir.

burbanza [bur-bàn-za] ***n.f.*** morgue, arrogance.

burbanzoso [bur-ban-zó-so] ***agg.*** *hautain, arrogant.

burbero [bùr-be-ro] ***agg.*** e ***n.m.*** bourru | *fare il burbero*, jouer les gros durs.

burgundo [bur-gùn-do] ***agg.*** burgonde ♦ ***n.m.*** [f. *-a*] (*abitante*) Burgonde.

buriana [bu-rià-na] ***n.f.*** (*confusione*) confusion; (*baldoria*) ribouldingue.

burino [bu-rì-no] ***n.m.*** [f. *-a*] (*fam. region.*) péquenot, plouch.

burka ['burka] ***n.m.invar.*** → **burqa**.

burla [bùr-la] ***n.f.*** plaisanterie: *volgere in burla*, tourner en plaisanterie.
● ***avvocato da burla***, avocat de comédie | ***per burla***, par plaisanterie, pour rire: *non dirlo nemmeno per burla*, ne dis pas cela même pour plaisanter.

burlare [bur-là-re] ***v.tr.*** berner, duper ♦ **burlarsi** ***v.pron.intr.*** se moquer.

burlesco [bur-lé-sco] ***agg.*** [pl.m. *-schi*, f. *-sche*] **1** plaisant **2** (*lett.*) burlesque ♦ ***n.m.*** (*lett.*) burlesque.

burletta [bur-lét-ta] ***n.f.*** plaisanterie.
● ***da burletta***, de comédie | ***finire in burletta***, tourner à la farce | ***mettere in burletta***, tourner en ridicule.

burlone [bur-ló-ne] ***agg.*** e ***n.m.*** [f. *-a*] farceur*.

burocrate [bu-rò-cra-te] ***n.m.*** e ***f.*** bureaucrate.

burocraticamente [bu-ro-cra-ti-ca-mén-te] ***avv.*** d'une manière bureaucratique.

burocratico [bu-ro-crà-ti-co] ***agg.*** [pl.m. *-ci*, f. *-che*] bureaucratique.

burocratizzare [bu-ro-cra-tiʒ-ʒà-re] ***v.tr.*** bureaucratiser.

burocratizzazione [bu-ro-cra-tiʒ-ʒa-zió-ne] ***n.f.*** bureaucratisation.

burocrazia [bu-ro-cra-zì-a] ***n.f.*** bureaucratie.

burotica [bu-rò-ti-ca] ***n.f.*** [pl. *-che*] bureautique.

burqa ['burka] ***n.m.invar.*** burqa, burka.

burrasca [bur-rà-sca] ***n.f.*** [pl. *-sche*] **1** orage (*m.*): *c'è tempo di burrasca*, le temps est à l'orage; *c'è aria di burrasca*, (*anche fig.*) il y a de l'orage dans l'air | *mare in burrasca*, mer en furie **2** (*mar.*) coup (*m.*) de vent.

burrascoso [bur-ra-scó-so] ***agg.*** orageux* (*anche fig.*): *tempo burrascoso*, temps orageux | *mare burrascoso*, mer démontée, houleuse.

burriera [bur-riè-ra] ***n.f.*** beurrier (*m.*).

burro [bùr-ro] ***n.m.*** beurre | *è un burro*, (*estens.*) c'est très tendre | *ha delle mani di burro*, (*estens.*) elle est maladroite de ses mains.

burrone [bur-ró-ne] ***n.m.*** ravin.

burroso [bur-ró-so] ***agg.*** **1** crémeux* **2** (*che si scioglie in bocca*) fondant.

bus ***n.m.invar.*** bus.

buscare [bu-scà-re] ***v.tr.*** [coniug. come *mancare*] attraper: *mi sono buscato un raffreddore*, j'ai attrapé un rhume | *si è buscato dello stupido*, on l'a traité d'imbécile | *buscarsi una ramanzina*, se faire attraper.
● ***buscarne, buscarle (di santa ragione)***, (*fam.*) recevoir une (belle) raclée.

busillis [bu-ʃìl-lis] ***n.m.invar.***
● ***è un busillis***, c'est un problème | ***qui sta il busillis***, voilà le hic.

NOTA La parola ***busillis***, incomprensibile, perché inesistente in latino, deriva dall'errore fatto da un chierico che divise le parole *in diebus illis*, all'inizio di un brano del Vangelo, in *in die busillis* e naturalmente non riuscì a tradurre l'ultima parola.

bussare [bus-sà-re] ***v.intr.*** [aus. *avere*] frapper.
● ***bussare a quattrini***, (*fam.*) demander de l'argent; (*fig.*) taper qqn.

bussola[1] [bùs-so-la] ***n.f.*** **1** boussole **2** (*mar.*) compas (*m.*).
● ***perdere la bussola***, (*fig.*) perdre la boussole, le nord.

bussola[2] ***n.f.*** **1** (*portantina*) chaise à porteurs **2** (*di porta*) tambour (*m.*) **3** (*urna*) urne **4** (*cassetta per elemosine*) tronc (*m.*).

bussolotto [bus-so-lòt-to] ***n.m.*** gobelet | *giochi di bussolotti*, (*fig.*) tours de passe-passe.

busta [bù-sta] ***n.f.*** **1** enveloppe **2** (*custodia per documenti*) serviette **3** (*astuccio*) étui (*m.*).
● ***busta a finestra***, enveloppe à fenêtre | ***busta con intestazione***, enveloppe à en-tête | ***busta paga***, (feuille de) paye | ***in busta aperta***, sous enveloppe ouverte | ***in busta chiusa, sigillata***, sous enveloppe cachetée: *lettera in busta chiusa, sigillata*, lettre sous enveloppe cachetée.

FAUX AMI
Da non confondere con *buste*, che significa *busto*.

B

bustaia [bu-stà-ia] ***n.f.*** corsetière.

bustarella [bu-sta-rèl-la] ***n.f.*** (*fam.*) pot-de-vin* (*m.*): *pagare una bustarella*, verser un pot-de-vin.

bustina [bu-stì-na] ***n.f.*** **1** petite enveloppe **2** (*per contenere sostanze in polvere e simili*) sachet (*m.*): *una bustina di zucchero*, un sachet de sucre; *tè in bustine*, thé en sachets **3** (*di fiammiferi*) pochette **4** (*berretto*) bonnet (*m.*) de police, calot (*m.*) **5** (*borsetta*) pochette.

bustino [bu-stì-no] ***n.m.*** bustier.

busto [bù-sto] ***n.m.*** **1** buste **2** (*abbigl.*) corset.
● ***busto ortopedico***, corset orthopédique.

butano [bu-tà-no] ***n.m.*** (*chim.*) butane.

butirrico [bu-tìr-ri-co] ***agg.*** [pl.m. *-ci*, f. *-che*] (*chim.*) butyrique.

buttafuori [but-ta-fuò-ri] ***n.m.invar.*** **1** (*teatr.*) avertisseur **2** (*di locale pubblico*) videur.

buttare [but-tà-re] ***v.tr.*** **1** jeter*: *buttare dalla finestra, in una vasca, nella spazzatura, al di là del muro*, jeter par la fenêtre, dans un bassin, aux ordures, par-dessus le mur; *buttare indietro la testa*, rejeter la tête en arrière; *buttarsi addosso uno scialle*, jeter un châle sur ses épaules **2** (*emettere*) jeter*: *il comignolo buttava fumo nero*, la cheminée rejetait une fumée noire; *il vulcano butta lava*, le volcan crache de la lave | *buttare sangue*, saigner ♦ ***v.intr.*** [aus. *avere*] **1** (*volgere*) tourner: *il tempo butta al bello*, le temps tourne au beau **2** (*di piante*) (*germogliare*) bourgeonner ♦ **buttarsi** ***v.pron.*** se jeter*: *buttarsi dalla finestra, dal trampolino*, se jeter par la fenêtre, du tremplin; *buttarsi contro un avversario*, se jeter sur un adversaire; *buttarsi all'indietro*, se renverser en arrière; *buttarsi nella politica*, (*fig.*) se lancer (*o* jeter) dans la politique | *buttarsi a indovinare*, chercher à deviner | *io mi butto!*, (*fam.*) je me lance!
● ***buttare là***, jeter: *sistema le scarpe, non buttarle là*, range tes chaussures, ne les jette pas comme ça; *buttare là un'idea*, lancer (négligemment) une idée; *buttare là una proposta*, faire une proposition | ***butta male!***, ça tourne mal!
□ **buttare fuori** jeter*: *buttare fuori dalla finestra*, jeter par la fenêtre; *l'hanno buttato fuori*, on l'a flanqué à la porte; *l'hanno buttato fuori di casa*, on l'a chassé de chez lui; *se hai qualcosa da dire, buttala fuori*, (*fam.*) si tu as quelque chose à dire, sors-le.
□ **buttare giù** jeter*, lancer*; (*rovesciare*) renverser; (*inghiottire*) avaler; (*demolire*) abattre*; (*indebolire*) affaiblir; (*deprimere*) déprimer, démoraliser; (*denigrare*) dénigrer | *buttare giù dal letto*, faire sortir du lit | *buttare giù una porta*, enfoncer une porte | *buttare giù la pasta*, (*fam.*) mettre les pâtes dans l'eau | *buttami giù due righe su questo*, écris-moi deux lignes là-dessus; *buttare giù un disegno*, esquisser un dessin; *un articolo buttato giù alla buona*, un article écrit à la va-vite.
□ **buttare via** jeter* | *buttare via tempo e denaro*, gaspiller son temps et son argent | *non è da buttare via!*, ce n'est pas mal du tout!
□ **buttarsi giù** se jeter*; (*coricarsi*) s'allonger, s'étendre*; (*scoraggiarsi*) se décourager*; (*sminuirsi*) se rabaisser; (*buttarsi giù dal letto*) sauter du lit.
□ **buttarsi via** (*perdere tempo*) perdre* son temps; (*abbassarsi*) s'abaisser.

FAUX AMI
Da non confondere con *buter*, che significa *inciampare, appoggiare*.

butterato [but-te-rà-to] ***agg.*** grêlé.

buttero [bùt-te-ro] ***n.m.*** buttero (gardien de bestiaux en Maremme).

buzzo [bù-ʒo] ***n.m.***
● ***mettercisi di buzzo buono***, (*fam.*) s'y mettre avec entrain.

buzzurro [buʒ-ʒùr-ro] ***n.m.*** [f. *-a*] (*region.*) rustre, rustaud.

by-pass [bai'pas] ***n.m.invar.*** (*med.*) by-pass*, pontage (coronarien).

bypassare [by-pas-sà-re] ***v.tr.*** **1** (*inform.*) bypasser, contourner **2** (*elettr.*) établir (une dérivation) **3** (*med.*) poser un pontage (**à**) **4** (*idraulica*) dévier **5** (*fig.*) esquiver.

byte ['bait] ***n.m.invar.*** (*inform.*) octet.

Cc

c ***n.m.*** o ***f.invar.*** c (*m.*).
● (*tel.*) ***c come Como***, c comme Camille.

cabala [cà-ba-la] ***n.f.*** **1** cabale (*anche fig.*) **2** (*st. relig.*) kabbale.

cabalistico [ca-ba-lì-sti-co] ***agg.*** [pl.m. -*ci*, f. -*che*] cabalistique (*anche fig.*).

cabaret [kaba'rɛ] ***n.m.invar.*** **1** (*locale notturno*) cabaret; (*estens.*) (*lo spettacolo tenuto in questo locale*) spectacle de cabaret **2** (*region.*) (*vassoio*) plateau*.

cabarettista [ca-ba-ret-tì-sta] ***n.m.*** e ***f.*** cabarétiste.

cabila [ca-bì-la] ***agg.*** e ***n.m.*** kabyle.

cabina [ca-bì-na] ***n.f.*** cabine.
● ***cabina balneare***, cabine de plage | ***cabina della doccia***, cabine de douche | ***cabina di ascensore***, cabine d'ascenseur | ***cabina di comando***, cabine de manœuvre | ***cabina di guida***, (*di camion*) cabine du conducteur; (*di gru*) guérite du conducteur; (*di locomotore*) cabine de conduite; (*di funivia*) cabine, télécabine | (*aer.*) ***cabina di pilotaggio***, cabine de pilotage | ***cabina di prova***, cabine d'essayage | (*rad., tv*): ***cabina di regia***, régie; ***cabina di registrazione***, ***di proiezione***, cabine d'enregistrement, de projection | ***cabina elettorale***, isoloir | (*mar.*): ***cabina passeggeri***, cabine des passegers; ***cabina singola***, ***a due cuccette***, cabine à une couchette, à deux couchettes | ***cabina telefonica***, cabine téléphonique.

cabinato [ca-bi-nà-to] ***n.m.*** (*mar.*) bateau* habitable.
● ***cabinato a motore***, bateau à moteur habitable.

cabinovia [ca-bi-no-vì-a] ***n.f.*** télébenne, télécabine.

cablaggio [ca-blàg-gio] ***n.m.*** [pl. -*gi*] (*elettr.*) câblage.

cablare [ca-blà-re] ***v.tr.*** (*tel., elettr.*) câbler.

cablogramma [ca-blo-gràm-ma] ***n.m.*** câblogramme, câble.

cabotaggio [ca-bo-tàg-gio] ***n.m.*** [pl. -*gi*] (*mar.*) cabotage.
● ***grande cabotaggio***, grand cabotage | ***piccolo cabotaggio***, petit cabotage: *nave di piccolo cabotaggio*, caboteur.

cabotiero [ca-bo-tiè-ro] ***agg.*** (*mar.*) caboteur.

cabrare [ca-brà-re] ***v.intr.*** [aus. *avere*] (*aer.*) se cabrer.

cacao [ca-cà-o] ***n.m.*** (*pianta*) cacaoyer, cacaotier; (*seme, polvere*) cacao.
● ***cacao in polvere***, ***in grani***, cacao en poudre, en fèves | ***burro di cacao***, beurre de cacao.

cacare [ca-cà-re] ***v.intr.*** e ***tr.*** [coniug. come *mancare*; aus. *avere*] (*volg.*) chier ♦ **cacarsi** ***v.pron.rec.*** (*molto fam.*) se calculer: *non si cacano più*, ils ne se calculent plus.
● ***cacarsi addosso***, ***sotto***, (*fig. fam.*) se chier dessus, chier dans son froc | ***non mi caca nemmeno!***, (*fig. fam.*) il n'en a rien à foutre de moi! | ***vai a cacare!***, (*fig. fam.*) va te faire foutre!, va chier!

cacarella [ca-ca-rèl-la] ***n.f.*** (*volg.*) **1** (*diarrea*) chiasse **2** (*fig.*) foire.

cacasotto [ca-ca-sót-to] ***n.m.*** e ***f.invar.*** (*molto fam.*) trouillard/e, foireux/euse.

cacata [ca-cà-ta] ***n.f.*** (*volg.*) **1** (*azione*) action de chier **2** (*escrementi*) merde **3** (*fig.*) (*cosa di nessun valore*) connerie: *questo film è una cacata*, ce film est un vrai navet.

cacatoa [ca-ca-tò-a] **cacatua** ***n.m.invar.*** (*zool.*) cacatoès.

cacca [càc-ca] ***n.f.*** [pl. -*che*] (*fam.*) merde; (*nel linguaggio infantile*) caca (*m.*).

caccia[1] [càc-cia] ***n.f.*** [pl. -*ce*] chasse: *caccia alla volpe*, *al cinghiale*, chasse au renard, au sanglier; *stagione di caccia*, saison de la chasse; *andare a caccia*, aller à la chasse; (*mil.*) *dare la caccia a una nave*, donner la chasse à un navire.
● ***caccia a cavallo***, chasse à courre | ***caccia alle streghe***, (*fig.*) chasse au sorcières | ***caccia all'uomo***, chasse à l'homme | ***caccia al tesoro***, (*gioco*) chasse au trésor | ***caccia di frodo***, braconnage | ***caccia grossa***, chasse à la grosse bête | ***caccia in palude***, chasse au marais | ***andare a caccia di***, (*fig.*) faire la chasse à: *andare a caccia di notizie*, faire la chasse aux nouvelles; *andare a caccia di un impiego*, se mettre en quête d'un travail | ***da caccia***, de chasse: *cane da caccia*, chien de chasse; *corno da caccia*, cor de chasse | ***divieto di caccia***, défense de chasse (*o* chasse interdite) | ***licenza di caccia***, permis de chasse | ***riserva di caccia***, chasse gardée.

caccia[2] ***n.m.invar.*** (*aer.*) chasseur, avion de chasse.

cacciabombardiere [cac-cia-bom-bar-diè-re] ***n.m.*** chasseur bombardier.

cacciagione [cac-cia-gió-ne] ***n.f.*** gibier (*m.*).

cacciare [cac-cià-re] ***v.tr.*** [coniug. come *cominciare*] **1** chasser **2** (*scacciare*) chasser: *l'hanno cacciato di casa*, on l'a chassé de chez lui; *caccia via quella bestiaccia*, chasse-moi cette horrible bête **3** (*ficcare*) fourrer: *cacciare qlcu in prigione*, jeter qqn en prison; *cacciati bene in testa questo*, mets-toi bien cela dans la tête **4** (*emettere*) pousser: *cacciare un urlo*, pousser un grand cri **5** (*fam.*) (*tirar fuori*) sortir*: *caccia (fuori) i soldi!*, sors l'argent! ♦ **cacciarsi** ***v.pron.*** se fourrer (*anche fig.*): *cacciarsi fra la folla*, se faufiler dans la foule ♦ ***v.pron. indiretto*** **1** (*mettersi addosso*) mettre* **2** enfoncer: *si cacciò addosso una maglietta*, il mit un T-shirt; *cacciarsi le mani in tasca*, enfoncer ses mains dans ses poches.
● ***cacciare di frodo***, braconner | ***cacciare in riserva***, tirer en chasse gardée | ***cacciarsi nei guai***, se fourrer dans de mauvais draps.

> **FAUX AMI**
> Da non confondere con *cacher*, che significa *nascondere*.

cacciasommergibili [cac-cia-som-mer-gì-bi-li] ***n.m. invar.*** (*mar. mil.*) chasseur de sous-marins.

cacciata [cac-cià-ta] ***n.f.*** (*espulsione*) expulsion.

cacciatora [cac-cia-tó-ra] ***n.f.***

C

● (*giacca alla*) ***cacciatora***, veste de chasse | (*cuc.*) ***pollo alla cacciatora***, poulet sauté chasseur.

cacciatore [cac-cia-tó-re] ***n.m.*** **1** [f. *-trice*] chasseur* **2** (*cuc.*) saucisson de ménage.

● ***cacciatore di dote***, coureur de dot | ***cacciatore di frodo***, braconnier | ***cacciatore di teste***, (*anche fig.*) chasseurs de têtes.

cacciatorino [cac-cia-to-rì-no] ***n.m.*** (*cuc.*) saucisson de ménage.

cacciatorpediniere [cac-cia-tor-pe-di-niè-re] ***n.m. invar.*** (*mar. mil.*) contre-torpilleur.

cacciavite [cac-cia-vì-te] ***n.m.invar.*** tournevis.

cacciucco [cac-ciùc-co] ***n.m.*** [pl. *-chi*] (*cuc.*) cacciucco (soupe de poissons typique de la région de Livourne).

caccola [càc-co-la] ***n.f.*** (*fam.*) **1** (*sterco di ovino*) crottes (*pl.*) **2** (*moccio*) morve **3** (*cispa*) chassie.

cachemire ['kaʃmir] ***n.m.invar.*** cachemire.

cachessia [ca-ches-sì-a] ***n.f.*** (*med.*) cachexie.

cachet [kaʃ'ʃɛ] ***n.m.invar.*** **1** (*farm.*) cachet **2** (*retribuzione*) cachet: *lavorare a cachet*, travailler au cachet **3** (*tintura per capelli*) rinçage.

cachi[1] [cà-chi] ***n.m.*** e ***agg.invar.*** (couleur) kaki.

cachi[2] ***n.m.invar.*** **1** (*pianta*) plaqueminier **2** (*frutto*) kaki, plaquemine (*f.*).

cacio [cà-cio] ***n.m.*** [pl. *-ci*] fromage.

● ***alto*** (***come***) ***un soldo di cacio***, (*estens.*) haut comme trois pommes | ***cascare come il cacio sui maccheroni***, (*fam.*) tomber à pic.

caciocavallo [ca-cio-ca-vàl-lo] ***n.m.*** [pl. *caciocavalli* o *cacicavalli*] caciocavallo (fromage de l'Italie du Sud à forme allongée).

caciotta [ca-ciòt-ta] ***n.f.*** caciotta (petit fromage rond de l'Italie Centrale).

cacofonia [ca-co-fo-nì-a] ***n.f.*** cacophonie.

cacofonico [ca-co-fò-ni-co] ***agg.*** [pl.m. *-ci*, f. *-che*] cacophonique.

cactus [càc-tus] ***n.m.invar.*** (*bot.*) cactus.

cadauno [ca-da-ù-no] ***pron.indef.*** chacun; (*fam.*) chaque: *questi pompelmi costano un euro cadauno*, ces pamplemousses coûtent un euro (la) pièce ♦ ***agg.indef.*** chaque.

cadavere [ca-dà-ve-re] ***n.m.*** cadavre: *rinvenire cadavere*, trouver mort.

● ***bianco come un cadavere***, blanc comme un linge | ***un cadavere ambulante***, (*fig.*) un cadavre ambulant.

cadaverico [ca-da-vè-ri-co] ***agg.*** [pl.m. *-ci*, f. *-che*] cadavérique: *avere un aspetto cadaverico*, (*fig.*) avoir l'air d'un cadavre.

caddi → **cadere**.

cadente [ca-dèn-te] ***agg.*** croulant (*anche fig.*): *un vecchio cadente*, un vieillard décrépit; *guance cadenti*, des joues tombantes.

● (*astr.*) ***stella cadente***, étoile filante.

cadenza [ca-dèn-za] ***n.f.*** **1** cadence: *cadenza della voga*, cadence des rameurs; *in cadenza*, en cadence **2** (*inflessione*) accent (*m.*).

cadenzare [ca-den-zà-re] ***v.tr.*** cadencer* | *a passo cadenzato*, au pas cadencé.

cadere [ca-dé-re] ***v.intr.*** [p.rem. *io caddi, tu cadesti* ecc.; fut.indic. *io cadrò*; aus. *essere*] **1** tomber (*anche fig.*): *cadere per terra, a terra*, tomber par terre, à terre; *cadere dalle scale*, tomber dans l'escalier; *cadere in acqua*, tomber à l'eau; *mi cadono i capelli*, mes cheveux tombent; *è caduto il soffitto*, le plafond s'est écroulé; *la pioggia cadeva a torrenti*, la pluie tombait à verse | *il governo è caduto*, le gouvernement est tombé | *la colpa cadde su di lui*, la faute retomba sur lui **2** (*scendere*) tomber, (*ricadere*) retomber: *i capelli le cadevano sugli occhi*, ses cheveux lui tombaient dans les yeux; *questo vestito cade bene*, cette robe tombe bien **3** (*letter.*) (*morire*) tomber: *è caduto da eroe sul campo di battaglia*, il est tombé en héros sur le champ de bataille **4** (*cessare*) tomber: *ogni speranza è ormai caduta*, désormais tout espoir est perdu; *lasciar cadere un argomento*, laisser tomber un argument **5** (*essere bocciato agli esami*) échouer; (*di spettacolo, far fiasco*) faire* un four: *è caduto agli esami su una domanda facilissima*, il a échoué aux examens sur une question très facile **6** (*calare*) baisser: *la febbre è caduta*, la fièvre est tombée, a baissé **7** (*fig.*) (*capitare*) tomber: *mi è caduto l'occhio, lo sguardo sul tuo disegno*, mon regard est tombé sur ton dessin **8** (*fig.*) (*porsi*) tomber: *il discorso è caduto su di te*, la conversation est tombée sur toi; *l'accento cade sulla terza sillaba*, l'accent porte sur la troisième syllabe **9** (*fig.*) (*incappare*) tomber: *cadere in un tranello*, tomber dans une piège; *cadere nel volgare, nel ridicolo*, tomber dans la vulgarité, dans le ridicule **10** (*ricorrere*) tomber: *il nostro anniversario cade di domenica*, notre anniversaire tombe un dimanche; *Pasqua cade in aprile quest'anno*, Pâques tombe en avril, cette année ♦ ***n.m.*** tombée (*f.*): *al cadere del giorno, della sera*, à la tombée du jour, de la nuit; *al cadere del sole*, au coucher du soleil; *al cadere delle prime foglie*, lorsque les premières feuilles commencent à tomber.

● ***cadere addormentato***, s'endormir | ***cadere a pezzi***, tomber en ruine; (*fig.*) être moulu | ***cadere come un sacco di patate***, tomber comme une masse | ***cadere dalle nuvole***, (*fig.*) tomber des nues | ***cadere in contraddizione***, se contredire | ***cadere in errore***, se tromper | ***cadere in piedi***, tomber sur ses pieds; (*fig.*) retomber sur ses pieds | ***cadere nel nulla***, (*fig.*) tomber à l'eau | (*tel.*) ***è caduta la linea***, on a été coupé | ***è caduto da piccolo***, (*fam.*) il est tombé sur la tête | ***mi cadono le braccia***, (*fig.*) les bras m'en tombent.

cadetto [ca-dét-to] ***agg.*** cadet* ♦ ***n.m.*** **1** cadet* **2** [f. *-a*] (*mil.*) cadet* **3** [f. *-a*] (*sport*) joueur* de l'équipe nationale junior.

● ***ramo cadetto***, (*di una famiglia*) branche cadette | (*sport*) ***squadra cadetta***, équipe nationale B.

cadmio [càd-mio] ***n.m.*** [pl. *-mi*] (*chim.*) cadmium.

caduceo [ca-du-cè-o *o* ca-dù-ce-o] ***n.m.*** caducée.

caducità [ca-du-ci-tà] ***n.f.invar.*** **1** fragilité, précarité **2** (*dir.*) caducité.

caduco [ca-dù-co] ***agg.*** [pl.m. *-chi*, f. *-che*] **1** caduc* **2** (*letter.*) éphémère.

● ***denti caduchi***, dents de lait | (*med. pop.*) ***mal caduco***, mal caduc (*o* mal sacré).

caduta [ca-dù-ta] ***n.f.*** chute: *fare una brutta caduta*, faire une mauvaise chute.

● (*fis.*) ***caduta dei gravi***, chute des corps | (*elettr.*) ***caduta di tensione***, chute de tension | (*sport*) ***caduta libera***, chute libre | ***caduta massi***, (*nella segnaletica stradale*) chute de pierres.

caduto [ca-dù-to] ***n.m.*** mort (pour la patrie).

● ***monumento ai Caduti***, monument aux Morts.

caffè [caf-fè] ***n.m.invar.*** **1** café **2** (*locale pubblico*) café: *andare al caffè*, aller au café **3** (*pianta*) caféier ♦ ***agg. invar.*** (*colore*) café.

● ***caffè concerto***, café-concert | ***caffé decaffeinato***, café décafeiné | ***caffè espresso, alla turca***, café express, turc | ***caffè forte, ristretto, carico***, café serré | ***caffé freddo***, café froid | ***caffè in chicchi, macinato, solubile***, café en grains, moulu, soluble | ***caffè macchiato, corretto***, café avec un nuage de lait, arrosé | ***fondi di caffè***, marc de café | ***macchina da caffè***, machine à café express.

caffeina [caf-fe-ì-na] *n.f.* caféine.

caffellatte [caf-fel-làt-te] **caffelatte** *n.m.invar.* café au lait.

caffettano [caf-fet-tà-no] *n.m.* cafetan, caftan.

caffetteria [caf-fet-te-rì-a] *n.f.* (*in edificio pubblico*) buffet (*m.*); (*in albergo*) service (*m.*) du petit déjeuner.

caffettiera [caf-fet-tiè-ra] *n.f.* **1** cafetière **2** (*scherz.*) (*vecchia automobile*) guimbarde, tacot (*m.*).

cafonaggine [ca-fo-nàg-gi-ne] **cafonata** *n.f.* (*villania*) muflerie; (*cosa di cattivo gusto*) faute de goût.

cafone [ca-fó-ne] *n.m.* [f. *-a*] (*fig. spreg.*) mufle; (*nuovo ricco*) parvenu.

cafoneria [ca-fo-ne-rì-a] *n.f.* → **cafonaggine**.

cagare e *deriv.* → **cacare** e *deriv.*

cagionare [ca-gio-nà-re] *v.tr.* causer, occasionner.

cagione [ca-gió-ne] *n.f.* (*letter.*) cause.
● ***a cagione di***, à cause de.

cagionevole [ca-gio-né-vo-le] *agg.* délicat, fragile: *cagionevole di salute*, de santé délicate.

cagliare [ca-glià-re] *v.intr.* [aus. *essere*] cailler ♦ **cagliarsi** *v.pron.* se cailler.

cagliaritano [ca-glia-ri-tà-no] *agg.* de Cagliari ♦ *n.m.* [f. *-a*] (*abitante*) habitant de Cagliari.

cagliata [ca-glià-ta] *n.f.* caillé (*m.*).

caglio [cà-glio] *n.m.* [pl. *-gli*] **1** (*presame*) présure (*f.*) **2** (*zool.*) (*abomaso*) caillette (*f.*) **3** (*bot.*) gaillet.

cagna [cà-gna] *n.f.* **1** chienne **2** (*spreg.*) (*donna*) garce.

cagnara [ca-gnà-ra] *n.f.* **1** (*di cani*) clabaudage (*m.*) **2** (*fam.*) tapage (*m.*), chahut (*m.*): *far cagnara*, faire du tapage.

cagnesco [ca-gné-sco] *agg.* [pl.m. *-schi*, f. *-sche*] de chien; (*fig.*) *hargneux.
● ***guardare in cagnesco***, regarder de travers | ***guardarsi in cagnesco***, se regarder en chiens de faïence.

caicco [ca-ìc-co] *n.m.* [pl. *-chi*] (*mar.*) caïque.

caimano [cai-mà-no] *n.m.* (*zool.*) caïman.

caino [ca-ì-no] *n.m.* fratricide; (*traditore*) traître.

cala[1] [cà-la] *n.f.* (*geogr.*) petite baie, anse.

cala[2] *n.f.* (*di una nave*) cale.

calabrese [ca-la-bré-se] *agg.* calabrais ♦ *n.m.* e *f.* (*abitante*) Calabrais/e.

calabro [cà-la-bro] *agg.* e *n.m.* [f. *-a*] → **calabrese**.

calabrone [ca-la-bró-ne] *n.m.* (*zool.*) bourdon.

calafataggio [ca-la-fa-tàg-gio] *n.m.* [pl. *-gi*] (*mar.*) calfatage.

calafatare [ca-la-fa-tà-re] *v.tr.* (*mar.*) calfater.

calamaio [ca-la-mà-io] *n.m.* [pl. *-ai*] encrier.

calamaro [ca-la-mà-ro] *n.m.* calmar: *fritto di calamari*, des calamars frits.

calamina [ca-la-mì-na] *n.f.* (*min.*) calamine.

calamita [ca-la-mì-ta] *n.f.* aimant (*m.*): *è una calamita*, (*fig.*) elle attire les gens comme un aimant.

calamità [ca-la-mi-tà] *n.f.invar.* **1** calamité **2** (*fig.*) fléau* (*m.*).
● ***calamità naturale***, catastrophe naturelle | ***dichiarare lo stato di calamità***, déclarer zone sinistrée.

calamitare [ca-la-mi-tà-re] *v.tr.* **1** aimanter **2** (*fig.*) attirer.

calanco [ca-làn-co] *n.m.* [pl. *-chi*] (*geol.*) calanque (*f.*).

calandra [ca-làn-dra] *n.f.* (*tecn., aut.*) calandre.

calandrare [ca-lan-drà-re] *v.tr.* (*ind.*) calandrer.

calandratura [ca-lan-dra-tù-ra] *n.f.* (*ind.*) calandrage (*m.*).

calante [ca-làn-te] *agg.* décroissant.
● ***luna calante***, lune décroissante | ***marea calante***, marée descendante.

calare [ca-là-re] *v.tr.* **1** (*far scendere*) descendre*; (*abbassare*) baisser: *calare le reti*, jeter les filets; *calare i prezzi*, faire un rabais sur (*o* baisser) les prix **2** (*nei lavori a maglia*) diminuer **3** (*nei giochi di carte*) abattre* ♦ *v.intr.* [aus. *essere*] **1** (*scendere*) descendre*: *le greggi calano al piano*, les troupeaux descendent vers la plaine; *cala la notte*, la nuit tombe | *in estate molti turisti calano in Italia*, pendant l'été beaucoup de touristes déferlent sur l'Italie **2** (*tramontare*) se coucher: *il sole sta calando*, le soleil est en train de se coucher **3** (*diminuire*) diminuer; (*di acque, prezzi ecc.*) baisser: *la febbre è calata*, la fièvre a baissé; *mi è calata la voce*, je n'ai presque plus de voix **4** (*di vento, cessare*) tomber **5** (*dimagrire*) maigrir: *sono calato di quattro chili*, j'ai maigri de, j'ai perdu quatre kilos **6** (*mus.*) baisser ♦ *n.m.* tombée (*f.*): *al calare del sole, del giorno*, au coucher du soleil, à la tombée du jour ♦ **calarsi** *v.pron.* se laisser glisser ♦ *v.pron. indiretto* **1** baisser: *calarsi il cappello sugli occhi*, rabattre son chapeau sur ses yeux **2** (*gergo*) (*assumere droghe*) gober: *calarsi una pasticca*, gober un exta.
● ***calare di tono***, baisser de ton: *è calato di tono*, (*fig.*) il a perdu de sa verve | (*mar.*) ***calare le vele***, amener les voiles | ***cala il sipario***, (*anche fig.*) le rideau tombe | ***calarsi nel personaggio***, (*fig.*) se mettre dans la peau du personnage.

calata [ca-là-ta] *n.f.* **1** descente, chute **2** (*alpinismo*) descente **3** (*banchina*) quai (*m.*).
● ***la calata dei barbari***, l'invasion, la descente des barbares | ***la calata del sipario***, la chute du rideau.

calca [càl-ca] *n.f.* [pl. *-che*] cohue, foule: *fare calca*, se presser.

calcagno [cal-cà-gno] *n.m.* [pl. *i calcagni* nel sign. proprio, *le calcagna* nelle espressioni fig.] **1** talon **2** (*anat.*) calcanéum.
● ***avere qlcu alle calcagna***, (*fig.*) avoir qqn à ses trousses | ***stare alle calcagna di qlcu***, (*fig.*) être toujours sur les talons de qqn.

calcare[1] [cal-cà-re] *v.tr.* [coniug. come *mancare*] **1** (*calpestare*) fouler **2** (*pigiare*) tasser; (*premere*) appuyer* (**sur**): *non devi calcare così la matita*, tu ne dois pas appuyer ainsi sur ton crayon **3** (*dare rilievo a*) appuyer*: *non calcare la voce sulle ultime sillabe*, n'appuie pas sur les dernières syllabes **4** (*ricalcare*) calquer ♦ **calcarsi** *v.pron. indiretto* enfoncer: *calcarsi il cappello in testa*, enfoncer son chapeau sur sa tête.
● ***calcare la mano***, (*fig.*) exagérer, avoir la main lourde | ***calcare le orme di qlcu***, (*fig.*) marcher sur les traces de qqn | ***calcare le scene***, (*fig.*) être sur les planches: *calca le scene da quarant'anni*, il est sur les planches depuis quarante ans.

calcare[2] *n.m.* (*geol.*) calcaire.

calcareo [cal-cà-re-o] *agg.* calcaire.

calce [càl-ce] *n.f.* (*chim.*) chaux.
● ***calce spenta***, chaux éteinte | ***calce viva***, chaux vive.

calce, in [in càl-ce] *avv.* au bas (**de**).

C

calcedonio [cal-ce-dò-nio] ***n.m.*** [pl. *-nî*] (*min.*) calcédoine (*f.*).

calcemia [cal-ce-mì-a] ***n.f.*** (*med.*) calcémie.

calcestruzzo [cal-ce-strùz-zo] ***n.m.*** béton; (*di malta pozzolana*) mortier: *costruire in calcestruzzo*, bétonner.

calcetto [cal-cét-to] ***n.m.*** **1** (*calcio-balilla*) baby-foot* **2** (*sport*) football à cinq ou sept.

calciare [cal-cià-re] ***v.intr.*** [coniug. come *cominciare*; aus. *avere*] (*di animali*) ruer; (*di persone*) donner des coups de pied ♦ ***v.tr.*** (*sport*) shooter: *calciare in porta*, shooter au but.

calciatore [cal-cia-tó-re] ***n.m.*** [f. *-trice*] (*sport*) footballeur*, joueur* de football.

calcificare [cal-ci-fi-cà-re] ***v.tr.*** [coniug. come *mancare*] calcifier ♦ **calcificarsi** ***v.pron.intr.*** (*med.*) se calcifier.

calcificazione [cal-ci-fi-ca-zió-ne] ***n.f.*** (*med.*) calcification.

calcina [cal-cì-na] ***n.f.*** chaux éteinte; (*malta*) mortier (*m.*).

calcinaccio [cal-ci-nàc-cio] ***n.m.*** [pl. *-ci*] plâtras; gravats (*pl.*).

calcinare [cal-ci-nà-re] ***v.tr.*** **1** (*chim.*) calciner **2** (*agr.*) chauler.

calcinculo [cal-cin-cù-lo] ***n.m.invar.*** (*giostra*) chaises (*f.pl.*) volantes.

calcio[1] [càl-cio] ***n.m.*** [pl. *-ci*] **1** coup de pied; (*di cavallo, asino ecc.*) ruade (*f.*): *tirare calci*, envoyer des coups de pied, (*di cavallo ecc.*) ruer; *prendere a calci qlcu*, donner des coups de pied à qqn; *cacciar via a calci*, chasser à coups de pied **2** (*sport*) coup **3** (*gioco*) football; (*fam.*) foot.

● (*sport*): ***calcio d'angolo***, corner (*o* coup de pied de coin); ***calcio d'inizio***, coup d'envoi; ***calcio di punizione***, coup franc; ***calcio di rigore***, penalty (*o* coup de pied de réparation); (*rugby*) ***calcio piazzato***, coup de pied placé; ***campo da calcio***, terrain de foot | ***dare un calcio a qlco***, (*fig.*) tourner le dos à qqch.

calcio[2] ***n.m.*** [pl. *-ci*] (*di arma*) crosse (*f.*).

calcio[3] ***n.m.*** [pl. *-ci*] (*chim.*) calcium.

calcio-balilla [càl-cio-ba-lìl-la] ***n.m.invar.*** baby-foot*.

calcio-mercato [càl-cio-mer-cà-to] ***n.m.invar.*** marché des footballeurs, mercato.

calcio-scommesse [càl-cio-scom-més-se] ***n.m.invar.*** loto foot.

calcistico [cal-cì-sti-co] ***agg.*** [pl.m. *-ci*, f. *-che*] de football.

calcite [cal-cì-te] ***n.f.*** (*min.*) calcite.

calco [càl-co] ***n.m.*** [pl. *-chi*] **1** moulage **2** (*copia di disegno*) calque **3** (*tip.*) cliché **4** (*ling.*) calque.

calcografia [cal-co-gra-fì-a] ***n.f.*** chalcographie.

calcolabile [cal-co-là-bi-le] ***agg.*** calculable.

calcolare [cal-co-là-re] ***v.tr.*** **1** calculer: *calcolare una superficie, un volume*, calculer une surface, un volume **2** (*valutare*) évaluer: *calcolare i danni*, évaluer, estimer les dommages **3** (*contare, pensare*) compter; (*prendere in considerazione*) considérer*, calculer: *calcolavo di arrivare prima di te*, je comptais arriver avant toi; *si devono calcolare i pericoli*, on doit considérer les dangers; *non calcolarmi*, ne compte pas sur moi **4** (*ponderare*) peser*; (*misurare*) mesurer: *calcola ogni parola*, il pèse tous ses mots; *calcola ogni gesto*, il mesure tous ses gestes.

● ***tutto calcolato***, tout bien considéré.

calcolatore [cal-co-la-tó-re] ***agg.*** [f. *-trice*] **1** (*di strumento ecc.*) à calcul; à calculer; *macchina calcolatrice*, machine à calculer **2** (*fig.*) calculateur*: *spirito calcolatore*, esprit calculateur ♦ ***n.m.*** **1** (*persona*) calculateur* **2** (*macchina*) calculateur **3** (*inform.*) → elaboratore.

● ***calcolatore analogico***, calculateur analogique | ***calcolatore elettronico***, calculateur électronique | ***calcolatore numerico, digitale***, calculateur numérique, digital | ***regolo calcolatore***, règle à calcul.

calcolatrice [cal-co-la-tri-ce] ***n.f.*** calculatrice.

● ***calcolatrice tascabile***, calculette.

calcolo[1] [càl-co-lo] ***n.m.*** calcul: *fare un calcolo a memoria*, faire un calcul mental; *fare il calcolo di una spesa*, évaluer une dépense; *abile nel calcolo*, fort en calcul; *faccio calcolo di finire domani*, je compte terminer demain.

● (*mat.*) ***calcolo numerico, algebrico***, calcul numérique, algébrique | ***agire per calcolo***, faire qqch par calcul | ***fare calcolo su qlcu, qlco***, compter sur qqn, qqch | ***fare i propri calcoli***, (*fig.*) faire ses calculs | ***secondo i miei calcoli***, d'après mes calculs.

calcolo[2] ***n.m.*** (*med.*) calcul.

● ***calcoli biliari***, calculs biliaires | ***calcoli renali***, calculs rénaux.

calcomania [cal-co-ma-nì-a] ***n.f.*** décalcomanie.

caldaia [cal-dà-ia] ***n.f.*** chaudière.

caldamente [cal-da-mén-te] ***avv.*** chaleureusement.

caldana [cal-dà-na] ***n.f.*** bouffée de chaleur.

caldarrosta [cal-dar-rò-sta] ***n.f.*** marron (*m.*) grillé.

caldeggiare [cal-deg-già-re] ***v.tr.*** [coniug. come *mangiare*] appuyer*, soutenir*.

calderaio [cal-de-rà-io] ***n.m.*** [f. *-a*, pl.m. *-ai*] chaudronnier*.

calderone [cal-de-ró-ne] ***n.m.*** grande chaudière (*f.*).

● ***mettere in un, nello stesso calderone***, (*fig.*) mettre dans le même sac (*o* panier).

caldo [càl-do] ***agg.*** **1** chaud: *clima caldo*, climat chaud; *acqua calda*, eau chaude; *prendere, bere qlco di caldo*, prendre, boire qqch de chaud **2** (*fig.*) (*caloroso*) chaleureux*; (*fervente*) fervent: *una calda accoglienza*, un accueil chaleureux; *una calda preghiera*, une prière fervente **3** (*fig.*) (*recente*) chaud: *notizia calda calda*, nouvelle toute chaude **4** (*di colore ecc.*) chaud: *tinte calde*, coloris chauds **5** (*fig.*) (*difficile*) chaud: *il Medio Oriente è un'area calda*, le Moyen Orient est une région chaude ♦ ***n.m.*** chaud; chaleur (*f.*): *fa caldo*, il fait chaud; *sentire, avere caldo*, avoir chaud; *che caldo!*, quelle chaleur!; *i primi caldi*, les premières chaleurs; *fa un caldo opprimente*, il fait très lourd ♦ ***avv.*** chaud: *servire caldo*, servir chaud.

● ***a caldo***, à chaud | ***in, al caldo***, au chaud | ***non mi fa né caldo né freddo***, (*fig.*) cela ne me fait ni chaud ni froid | ***prendersela calda***, se donner un mal fou; (*risentirsi*) s'en faire, se fâcher | ***tavola calda***, snack | ***teme il caldo***, (*su confezioni di medicinali ecc.*) tenir à l'abri de la chaleur | ***tenere in caldo***, tenir au chaud, (*fig.*) garder en réserve | ***una testa calda***, (*fig.*) une tête brûlée.

caledoniano [ca-le-do-nià-no] ***agg.*** calédonien*.

caleidoscopico [ca-lei-do-scò-pi-co] ***agg.*** [pl.m. *-ci*, f. *-che*] kaléidoscopique.

caleidoscopio [ca-lei-do-scò-pio] ***n.m.*** [pl. *-pi*] kaléidoscope.

calendario [ca-len-dà-rio] ***n.m.*** [pl. *-ri*] calendrier.

● ***calendario da tavolo***, agenda de table | ***calendario giuliano, gregoriano***, calendrier julien, grégorien | ***calendario solare, lunare***, calendrier solaire, lunaire.

calendarizzare [ca-len-da-riʒ-ʒà-re] ***v.tr.*** **1** programmer, planifier **2** mettre* au calendrier.

calende [ca-lèn-de] ***n.f.pl.*** calendes.
● ***rimandare alle calende greche***, (*scherz.*) renvoyer aux calendes grecques.

calendola [ca-lèn-do-la] **calendula** ***n.f.*** (*bot.*) souci (*m.*).

calesse [ca-lès-se] ***n.m.*** cabriolet.

calibrare [ca-li-brà-re] ***v.tr.*** **1** calibrer (*anche fig.*) **2** (*mecc.*) (*standardizzare*) étalonner.

calibrato [ca-li-brà-to] ***agg.*** **1** étalonné **2** (*fig.*) (*misurato*) modéré: *discorso calibrato*, discours modéré.
● (*abbigl.*) ***taglie calibrate***, tailles étalonnés.

calibratore [ca-li-bra-tó-re] ***n.m.*** (*tecn.*) calibreur.

calibratura [ca-li-bra-tù-ra] ***n.f.*** (*tecn.*) calibrage (*m.*).

calibro [cà-li-bro] ***n.m.*** calibre (*anche fig.*): *calibro di una cartuccia, di una pallottola*, calibre d'une cartouche, d'une balle; *una pistola calibro 9*, un revolver calibre 9; *una sciocchezza di questo calibro*, (*fig. fam.*) une sottise de ce calibre | *sono dello stesso calibro*, (*fig. fam.*) ils sont du même calibre.
● ***i grossi calibri***, (*fig.*) les gros bonnets: *i grossi calibri dell'industria*, les gros bonnets de l'industrie.

calice [cà-li-ce] ***n.m.*** **1** (*bicchiere*) verre à pied: *un calice di spumante*, une coupe de champagne **2** (*eccl.*) calice **3** (*anat., bot.*) calice.
● ***bere l'amaro calice***, (*fig.*) avaler la pilule | ***levare i calici in onore di qlcu***, lever les verres en l'honneur de qqn.

calicò [ca-li-cò] ***n.m.invar.*** (*tess.*) calicot.

califfato [ca-lif-fà-to] ***n.m.*** califat, khalifat.

califfo [ca-lìf-fo] ***n.m.*** calife, khalife.

caligine [ca-lì-gi-ne] ***n.f.*** brouillard (*m.*), brume.

caliginoso [ca-li-gi-nó-so] ***agg.*** brumeux*.

calla [càl-la] ***n.f.*** (*bot.*) calla.

call center [kɔl'sɛnter] ***n.m.invar.*** centre d'appels.
● ***operatore di call center***, téléconseiller.

calle [càl-le] ***n.m.*** (*poet.*) sentier, chemin ♦ ***n.f.*** calle (rue à Venise).

calli- ***pref.*** calli-.

callifugo [cal-lì-fu-go] ***agg.*** e ***n.m.*** [pl. *-ghi*] coricide.

calligrafia [cal-li-gra-fì-a] ***n.f.*** **1** (*scrittura*) écriture **2** (*bella scrittura*) calligraphie.

calligrafico [cal-li-grà-fi-co] ***agg.*** [pl.m. *-ci*, f. *-che*] **1** calligraphique **2** (*fig.*) maniéré, affecté.
● ***perizia calligrafica***, expertise graphologique.

callista [cal-lì-sta] ***n.m.*** e ***f.*** pédicure.

callo [càl-lo] ***n.m.*** **1** cal*, durillon; (*spec. di piedi*) cor: *avere i calli alle mani*, avoir des durillons aux mains **2** (*dei cavalli*) châtaigne (*f.*) **3** (*bot.*) calus.
● (*med.*) ***callo osseo***, cal osseux | ***fare il callo a qlco***, (*fig.*) se faire à qqch: *ci ho fatto il callo*, je m'y suis fait | ***pestare i calli a qlcu***, (*fig.*) marcher sur les pieds de qqn.

callosità [cal-lo-si-tà] ***n.f.invar.*** callosité; (*parte callosa*) rugosité.

calloso [cal-ló-so] ***agg.*** calleux*; (*indurito*) endurci.
● (*anat.*) ***corpo calloso***, corps calleux.

calma [càl-ma] ***n.f.*** calme (*m.*): *perdere la calma*, perdre son calme; *un momento di calma*, un moment de répit; *la calma della campagna*, le calme de la campagne | (*comm.*) *la calma degli affari*, la stagnation des affaires.
● ***calma!***, on se calme!, du calme! | ***calma e sangue freddo!***, calme et sang-froid! | (*mar.*): ***calma momentanea***, accalmie; ***calma piatta***, ***assoluta***, (*anche fig.*) calme plat | (*meteor.*) ***calme equatoriali***, calmes équatoriaux | ***prendersela con calma***, prendre tout son temps.

calmante [cal-màn-te] ***agg.*** e ***n.m.*** calmant.

calmare [cal-mà-re] ***v.tr.*** calmer, apaiser: *calmare il dolore*, calmer la douleur; *calmare la fame*, apaiser sa faim ♦ **calmarsi** ***v.pron.intr.*** **1** se calmer, s'apaiser **2** (*meteor.*) calmir.
● ***calmare le acque***, (*fig.*) calmer les esprits.

calmata [cal-mà-ta] ***n.f.*** accalmie: *bisogna darsi una calmata con le spese!*, il faut que nous mettions un frein à nos dépenses! | *datti una calmata!*, (*fam.*) on se calme!

calmierare [cal-mie-rà-re] ***v.tr.*** contrôler les prix: *prezzi calmierati*, prix contrôlés.

calmiere [cal-miè-re] ***n.m.*** prix plafond: *listino dei prezzi di calmiere*, barème des prix.

calmo [càl-mo] ***agg.*** calme: *mare calmo*, mer calme; *un uomo calmo*, un homme calme; *stai un po' calmo*, (*fermo*) tiens-toi un peu tranquille.

calmucco [cal-mùc-co] ***agg.*** [pl.m. *-chi*; f. *-che*] kalmouk.

calo [cà-lo] ***n.m.*** **1** diminution (*f.*); (*abbassamento*) baisse (*anche fig.*) (*f.*): *subire un calo*, diminuer, baisser; *un calo di energie, di pressione*, une baisse d'énergie, de pression; *avere un calo fisico*, avoir une perte de forme; *calo degli zuccheri*, diminution des glucides **2** (*econ.*) baisse (*f.*), rabais: *calo dei prezzi*, baisse des prix; *calo delle vendite*, diminution des ventes; *calo in Borsa*, fléchissement en Bourse **3** (*comm.*) déchet; (*di merce immagazzinata*) discale (*f.*); (*durante il trasporto*) déchet de route, freinte (*f.*).
● (*comm.*) ***calo di volume***, ***di peso***, déchet en volume, en poids.

FAUX AMI
Da non confondere con *cal*, che significa *callo*, né con *cale*, che significa *zeppa* o *stiva* o *scalo*.

calore [ca-ló-re] ***n.m.*** **1** chaleur (*f.*) (*anche fig.*): *produrre calore*, produire de la chaleur; *parlare con calore*, parler avec chaleur; *nel calore della discussione*, dans le feu de la discussion **2** (*med. pop.*) éruption (*f.*).
● (*med.*) ***colpo di calore***, coup de chaleur | (*vet.*) ***in calore***, en chaleur | (*cuc.*) ***cuocere a calore basso***, ***medio***, ***alto***, cuire à petit feu, à feu doux, à feu vif.

caloria [ca-lo-rì-a] ***n.f.*** calorie: *alimento ricco di calorie*, aliment riche en calories.
● (*fis.*) ***grande***, ***piccola caloria***, grande, petite calorie.

calorico [ca-lò-ri-co] ***agg.*** [pl.m. *-ci*, f. *-che*] calorique.
● ***fabbisogno calorico giornaliero***, ration calorique quotidienne.

calorifero [ca-lo-rì-fe-ro] ***n.m.*** **1** (*radiatore*) radiateur **2** (*impianto*) chauffage central.

calorifico [ca-lo-rì-fi-co] ***agg.*** [pl.m. *-ci*, f. *-che*] calorifique.

calorimetro [ca-lo-rì-me-tro] ***n.m.*** (*fis.*) calorimètre.

calorosamente [ca-lo-ro-sa-mén-te] ***avv.*** chaleureusement.

caloroso [ca-lo-ró-so] ***agg.*** **1** chaleureux* (*anche fig.*) **2** (*che non soffre il freddo*) qui ne craint pas le froid: *come sei caloroso!*, mais tu n'as jamais froid, toi!

calotta [ca-lòt-ta] ***n.f.*** **1** calotte **2** (*copertura di un meccanismo*) calotte, couvercle (*m.*): *calotta dello spinterogeno*, couvercle du delco.
● (*anat.*) ***calotta cranica***, calotte crânienne | (*geogr.*) ***calotta glaciale***, ***polare***, calotte glaciaire, polaire.

C

calpestare [cal-pe-stà-re] *v.tr.* piétiner; fouler aux pieds (*anche fig.*).
● ***è vietato calpestare le aiole***, défense de marcher sur les plates-bandes.

calpestio [cal-pe-stì-o] *n.m.* [pl. *-ii*] piétinement.

calunnia [ca-lùn-nia] *n.f.* calomnie; (*estens.*) (*bugia*) mensonge (*m.*).

calunniare [ca-lun-nià-re] *v.tr.* calomnier.

calunniatore [ca-lun-nia-tó-re] *agg.* e *n.m.* [f. *-trice*] calomniateur*.

calunnioso [ca-lun-nió-so] *agg.* calomnieux*.

calura [ca-lù-ra] *n.f.* grande chaleur.

calvario [cal-và-rio] *n.m.* [pl. *-ri*] calvaire (*anche fig.*).

calvinismo [cal-vi-nì-ʃmo] *n.m.* (*relig.*) calvinisme.

calvinista [cal-vi-nì-sta] *agg.* e *n.m.* e *f.* (*relig.*) calviniste.

calvizie [cal-vì-zie] *n.f.invar.* calvitie.

calvo [càl-vo] *agg.* chauve.

calza [càl-za] *n.f.* (*da uomo*) chaussette; (*lunga, spec. da donna*) bas (*m.*): *mettersi, infilarsi le calze*, enfiler ses bas; *ho una calza smagliata*, mon bas a filé.
● ***calza della Befana***, pour l'Épiphanie, chaussette dans laquelle on met de menus cadeaux pour les enfants | ***calza elastica***, bas élastique | ***calze a rete***, bas résille | ***calze autoreggenti***, bas autofixants | ***fare la calza***, (*lavorare a maglia*) tricoter | ***ferri da calza***, aiguilles à tricoter.

calzamaglia [cal-za-mà-glia] *n.f.* [pl. *calzemaglie* o *calzamaglie*] collant (*m.*); (*di ballerine ecc.*) maillot (*m.*), justaucorps (*m.*).

calzante [cal-zàn-te] *agg.* **1** qui chausse bien **2** (*fig.*) pertinent, approprié ♦ *n.m.* (*calzascarpe*) chausse-pied*.

calzare [cal-zà-re] *v.tr.* chausser; (*guanti*) enfiler: *che numero calzi?*, quelle est ta pointure?, tu chausses du combien? ♦ *v.intr.* [aus. *avere*] aller*; (*di scarpe*) chausser; (*di cappelli*) coiffer.
● ***calzare a pennello***, (*fig.*) convenir parfaitement: *questo esempio calza a pennello*, cet exemple convient parfaitement | ***calzare come un guanto***, aller comme un gant.

calzascarpe [cal-za-scàr-pe] *n.m.invar.* chausse-pied*.

calzatura [cal-za-tù-ra] *n.f.* chaussure: *numero di calzatura*, pointure.

calzaturificio [cal-za-tu-ri-fì-cio] *n.m.* [pl. *-ci*] fabrique (*f.*) de chaussures.

calzerotto [cal-ze-ròt-to] *n.m.* socquette (*f.*); (*per neonati*) chausson.

calzetta [cal-zét-ta] *n.f.* chaussette.
● ***essere una mezza calzetta***, (*spreg.*) ne pas faire le poids | ***fare la calzetta***, tricoter.

calzettone [cal-zet-tó-ne] *n.m.* chaussette (*f.*).

calzificio [cal-zi-fì-cio] *n.m.* [pl. *-ci*] fabrique (*f.*) de chaussettes.

calzino [cal-zì-no] *n.m.* chaussette (*f.*), mi-chaussette (*f.*); (*spec. per bambini*) socquette (*f.*).

calzolaio [cal-zo-là-io] *n.m.* [f. *-a*; pl.m. *-ai*] cordonnier*.

calzoleria [cal-zo-le-rì-a] *n.f.* cordonnerie; (*negozio*) magasin (*m.*) de chaussures.

calzoncini [cal-zon-cì-ni] *n.m.pl.* (*spec. per ragazzi*) culotte (*f.sing.*); shorts.
● ***calzoncini da bagno***, caleçon (de bain), maillot de bain.

calzone [cal-zó-ne] *n.m.* **1** → calzoni **2** (*cuc.*) calzone (sorte de chausson fourré de fromage fondu et de jambon).

FAUX AMI
Da non confondere con *caleçon*, che significa *mutandoni* o *pantacollant*.

calzoni [cal-zó-ni] *n.m.pl.* pantalon (*sing.*): *infilarsi i calzoni*, enfiler son pantalon.
● ***calzoni alla zuava***, culotte de golf, knickerbockers | ***calzoni a staffa***, (pantalon) fuseau | ***calzoni con risvolto***, pantalon à revers | ***calzoni corti***, culotte (courte) | ***farsela nei calzoni***, faire dans sa culotte; (*fig.*) avoir les foies.

camaleonte [ca-ma-le-ón-te] *n.m.* (*zool.*) caméléon (*anche fig.*).

camaleontico [ca-ma-le-òn-ti-co] *agg.* [pl.m. *-ci*, f. *-che*] (*fig.*) versatile, changeant.

cambiale [cam-bià-le] *n.f.* **1** lettre de change, effet (*m.*); (*tratta*) traite: *trarre una cambiale*, tirer une traite **2** (*pagherò*) billet (*m.*) (à ordre).
● ***cambiale attiva, passiva***, billet à recevoir, à payer | ***cambiale a vista***, billet à vue | ***cambiale di comodo***, effet de complaisance | ***cambiale in bianco***, effet en blanc | ***cambiale insoluta***, traite impayée | ***cambiale pagabile su piazza, fuori piazza***, traite payable sur place, hors-place (*o* déplacée).

cambiamento [cam-bia-mén-to] *n.m.* changement: *cambiamento di casa, di indirizzo*, changement de logement, d'adresse; *cambiamento in meglio, in peggio*, changement en mieux, en pis; *ha fatto un gran cambiamento*, il a beaucoup changé; *un cambiamento brusco di temperatura*, une saute de température.
● ***cambiamento di rotta***, (*anche fig.*) changement de cap | ***cambiamento di scena***, changement de décor | ***cambiamento d'umore***, saute d'humeur.

cambiare [cam-bià-re] *v.tr.* **1** changer*; (*se l'ogg. è indeterminato*) changer* (**de**): *cambiare le lenzuola*, changer les draps; *cambiare il proprio metodo, le proprie abitudini*, changer sa méthode, ses habitudes; *cambiare metodo, abitudine*, changer de méthode, d'habitude; *cambiare treno*, changer de train; *cambiare aria*, changer d'air; *cambiare colore, aspetto*, changer de couleur, d'aspect; *cambiare idea, parere, opinione*, changer d'idée, d'avis, d'opinion; *cambiare posto*, changer de place; *cambiare il posto* (*di lavoro*), changer de travail | *ma allora la cosa cambia aspetto!*, mais cela change tout! **2** (*mutare*) changer*, (*trasformare*) transformer: *gli anni lo hanno cambiato*, les années l'ont changé **3** (*scambiare*) changer* (**contre**, **pour**), échanger* (**contre**): *cambiare dei libri con dei dischi*, changer, échanger des livres contre des disques; *ha cambiato la sua automobile con un'altra*, il a changé sa voiture pour une autre **4** (*moneta, valuta*) changer*: *mi cambi cinque euro?*, as-tu la monnaie de cinq euros?, peux-tu me changer cinq euros?; *non ho spiccioli, devo cambiare*, je n'ai pas de monnaie, il faut que j'en fasse | *cambiare un assegno*, encaisser un chèque **5** (*di animali*) (*penne, pelo ecc.*) changer* (**de**), muer ♦ *v.intr.* [aus. *essere*] changer*: *è molto cambiata*, elle a beaucoup changé (*o* elle est très changée); *la situazione è cambiata*, la situation a changé; *ti trovo molto cambiata*, tu as beaucoup changé | *il tempo sta cambiando*, le temps change ♦ **cambiarsi** *v.pron.* **1** se changer*: *cambiarsi d'abito*, se changer, changer de vêtement **2** (*trasformarsi*) changer*: *il suo dolore si è cambiato in rassegnazione*, sa douleur est devenue de la résignation (*o* s'est changée en résignation) ♦ *v.pron. indiretto* changer* (**de**): *cambiarsi i pantaloni*, changer

son pantalon; *cambiarsi camicia, scarpe*, changer de chemise, de chaussures.
● ***cambiare colore***, changer de couleur; (*impallidire*) pâlir | ***cambiare discorso***, (*cambiare argomento*) changer de sujet; (*parlare d'altro*) parler d'autre chose | ***cambiare in meglio***, ***in peggio***, changer en mieux, en pire | ***cambiare le carte in tavola***, (*fig.*) changer les donnés du problème | (*aut.*) ***cambiare marcia***, changer de vitesse | (*mar.*) ***cambiare rotta***, (*anche fig.*) changer de cap | ***cambiare strada***, ***direzione***, (*anche fig.*) changer de route, de direction | ***cambiare vita***, (*fig.*) changer de vie | ***tanto per cambiare!***, pour changer!

cambiario [cam-bià-rio] ***agg.*** [pl.m. *-ri*] (*comm.*) de change.
● ***effetto cambiario***, effet cambiaire | (*dir.*) ***legge cambiaria***, loi cambiaire | ***vaglia cambiario***, billet à ordre.

cambiavalute [cam-bia-va-lù-te] ***n.m.invar.*** changeur.

cambio [càm-bio] ***n.m.*** [pl. *-bi*] **1** échange: *dare, ricevere in cambio*, donner, recevoir en échange; *fare il cambio di un libro con un altro*, échanger, changer un livre contre un autre; *la cameriera ha fatto il cambio della biancheria*, le femme de chambre a changé le linge; *guadagnarci, perderci nel cambio*, gagner, perdre au change **2** (*econ.*) change; conversion (*f.*) **3** (*aut.*) changement de vitesse; (*di bicicletta*) dérailleur.
● (*aut.*) ***cambio al volante***, ***a cloche***, changement de vitesse au volant, au plancher | ***cambio a pedale***, (*di motocicletta*) sélecteur | (*aut.*) ***cambio automatico***, changement de vitesse automatique | ***cambio della guardia***, relève de la garde | (*aut.*) ***cambio differenziale***, boîte-pont | (*econ.*): ***cambio fisso***, change fixe; ***cambio ufficiale***, change officiel; ***agente di cambio***, agent de change | ***dare il cambio a qlcu***, prendre la relève de qqn: *ogni due ore si dà il cambio alle sentinelle*, on relève les sentinelles toutes les deux heures | ***darsi il cambio***, se relayer: *darsi il cambio al volante*, se relayer au volant | ***in cambio di***, en échange de | (*aut.*) ***leva del cambio***, levier du changement de vitesses | (*econ.*) ***mercato dei cambi***, marché des changes | (*aut.*) ***scatola del cambio***, boîte de vitesses | (*econ.*) ***tasso di cambio***, taux de change.

cambusa [cam-bù-ʃa] ***n.f.*** (*mar.*) cambuse.

cambusiere [cam-bu-ʃiè-re] ***n.m.*** [f. *-a*] (*mar.*) cambusier.

camelia [ca-mè-lia] ***n.f.*** (*bot.*) camélia (*m.*).

camera[1] [cà-me-ra] ***n.f.*** **1** chambre: *in camera*, dans la chambre; *fare, rifare la camera*, faire la chambre **2** (*locale, vano*) pièce: *una camera spaziosa*, une pièce spacieuse **3** (*mobili di una stanza*) chambre **4** (*pol.*) *Camera*, Chambre: *il Parlamento a Camere riunite ha eletto il Presidente della Repubblica*, les Chambres réunies ont élu le Président de la République **5** (*tecn., scient.*) chambre.
● ***camera a gas***, chambre à gaz | ***camera ammobiliata***, chambre meublée | ***Camera Apostolica***, Chambre Apostolique | ***camera ardente***, chapelle ardente | ***camera blindata***, chambre forte | ***camera con bagno***, chambre avec salle de bains | ***camera con vista***, chambre avec vue sur: *camera (con) vista mare*, chambre avec vue sur la mer | ***camera d'albergo***, chambre d'hôtel | ***camera da letto***, chambre à coucher | ***camera da pranzo***, salle à manger | ***camera d'aria***, (*di pneumatico*) chambre à air; (*di pallone*) vessie; (*intercapedine*) cloche (d'air) | ***camera degli ospiti***, chambre d'amis | ***Camera dei Deputati***, Chambre des Députés | ***Camera dei Lords***, ***dei Comuni***, Chambre des Lords, des Communes | ***Camera del Lavoro***, Bourse du travail | ***Camera di Commercio***, Chambre de Commerce | ***camera di consiglio***, chambre du conseil | ***camera di decompressione***, chambre de décompression | ***camera di scoppio***, chambre d'explosion | ***camera di sicurezza***, chambre de sureté | ***camera matrimoniale***, ***a due letti***, ***singola***, chambre avec un grand lit, à deux lits (*o* pour deux personnes), simple (*o* pour une personne) | ***camera mortuaria***, morgue | (*fot.*) ***camera oscura***, chambre noire | ***dormire in camere separate***, faire chambre à part | ***giacca da camera***, veste d'intérieur | ***musica da camera***, musique de chambre.

camera[2] ***n.f.*** (*cine., tv*) caméra.

cameraman ['kameramɛn] ***n.m.invar.*** cameraman*; (*tv*) opérateur de prises de vues.

camerata[1] [ca-me-rà-ta] ***n.f.*** (*dormitorio e insieme di persone che dormono nella stessa camera*) chambrée.

camerata[2] ***n.m.*** e ***f.*** **1** camarade, copain/copine de chambre **2** (*st.*) camerata (nom que se donnaient les membres du parti fasciste) ♦ ***n.m.*** (*compagno d'armi*) compagnon.

cameratesco [ca-me-ra-té-sco] ***agg.*** [pl.m. *-schi*, f. *-sche*] de camaraderie.

cameratismo [ca-me-ra-tì-ʃmo] ***n.m.*** camaraderie (*f.*).

cameriera [ca-me-riè-ra] ***n.f.*** **1** (*in case private*) bonne; (*spec. addetta alle pulizie*) femme de chambre **2** (*in locali pubblici*) (*di sala*) serveuse; (*al piano*) femme de chambre.

cameriere [ca-me-riè-re] ***n.m.*** **1** (*in case private, in alberghi*) domestique; (*al ristorante, al bar*) garçon; (*sulle navi*) garçon de cabine **2** (*titolo onorifico*) camérier.
● ***cameriere particolare***, ***personale***, valet de chambre.

camerino [ca-me-rì-no] ***n.m.*** **1** (*teatr.*) loge (*f.*) **2** (*mar. mil.*) (*alloggio ufficiali*) chambre (*f.*) **3** (*di prova nei negozi*) cabine (*f.*) d'essayage.

camerlengo [ca-mer-lén-go *o* camerlèngo] ***n.m.*** [pl. *-ghi*] (*eccl.*) camerlingue.

camice [cà-mi-ce] ***n.m.*** (*del medico*) blouse (*f.*); (*del sacerdote*) aube (*f.*).

camiceria [ca-mi-ce-rì-a] ***n.f.*** (*fabbrica e negozio*) chemiserie.

camicetta [ca-mi-cét-ta] ***n.f.*** chemisier (*m.*), chemisette.

camicia [ca-mì-cia] ***n.f.*** [pl. *-cie* o *-ce*] **1** chemise; (*da donna*) corsage (*m.*), blouse, chemisier (*m.*) **2** (*tecn., edil.*) chemise.
● ***camicia da notte***, chemise de nuit; (*corta*) nuisette | ***camicia di forza***, camisole de force | ***collo a camicia***, col chemisier | ***dare***, ***levarsi la camicia***, (*fig.*) se mettre en quatre: *darebbe anche la camicia per suo figlio*, il se met en quatre pour son fils | ***essere culo e camicia***, (*fam.*) être cul et chemise | ***giocarsi anche la camicia***, (*fig.*) jouer jusqu'à sa dernière chemise | ***nascere con la camicia***, (*fig.*) nâitre coiffé | ***ridursi in camicia***, (*fam.*) se faire nettoyer | ***sudare sette camicie***, (*fig.*) suer sang et eau | (*cuc.*) ***uova in camicia***, œufs pochés.

camiciaio [ca-mi-cià-io] ***n.m.*** [f. *-a*; pl.m. *-ai*] chemisier*.

camicino [ca-mi-cì-no] ***n.m.*** (*da neonato*) brassière de dessous.

camiciola [ca-mi-ciò-la] ***n.f.*** **1** (*maglia*) maillot (*m.*) de corps **2** (*camicia da uomo estiva*) chemisette.

camiciotto [ca-mi-ciòt-to] ***n.m.*** **1** bourgeron; (*anche per bambini*) sarrau* **2** (*da uomo*) liquette (*f.*); (*da donna*) casaque (*f.*).

C

caminetto [ca-mi-nét-to] *n.m.* cheminée (*f.*).

camino [ca-mì-no] *n.m.* **1** cheminée (*f.*): *accendere il camino*, allumer le feu dans la cheminée; *sedersi all'angolo del camino*, s'asseoir au coin du feu; *mensola del camino*, tablette de (la) cheminée **2** (*comignolo*) cheminée (*f.*): *il camino non tira bene*, la cheminée ne tire pas bien. ● (*geol.*) ***camino vulcanico***, cheminée volcanique.

camion [cà-mion] *n.m.invar.* camion; (*mezzo di trasporto pesante*) poids lourd: *trasportare delle merci con camion*, camionner des marchandises.

camionabile [ca-mio-nà-bi-le] *agg.* ouvert aux poids lourds ♦ *n.f.* route ouverte aux poids lourds.

camioncino [ca-mion-cì-no] *n.m.* camionnette (*f.*).

camionetta [ca-mio-nét-ta] *n.f.* (*mil.*) camionnette.

camionista [ca-mio-ni-sta] *n.m.* e *f.* camionneur/euse; (*su lunghi percorsi*) routier (*m.*).

camma [càm-ma] *n.f.* (*mecc.*) came. ● ***albero a camme***, arbre à cames.

cammelliere [cam-mel-liè-re] *n.m.* chamelier.

cammello [cam-mèl-lo] *n.m.* **1** (*zool.*) chameau* **2** (*lana e tessuto*) poil de chameau.

cammeo [cam-mè-o] *n.m.* camée.

camminamento [cam-mi-na-mén-to] *n.m.* (*mil.*) boyau*.

camminare [cam-mi-nà-re] *v.intr.* [aus. *avere*] **1** marcher: *camminare per strada*, marcher dans la rue; *nell'attesa camminava avanti e indietro*, en attendant, il arpentait la pièce (*o* il faisait les cent pas); *lo riconosco dal modo di camminare*, je le reconnais à sa démarche; *cammina dritto, altrimenti te ne pentirai!*, (*fig.*) file droit, sinon tu t'en repentiras! **2** (*funzionare*) marcher: *questa macchina non cammina*, cette voiture ne marche pas **3** (*fig.*) (*procedere*) marcher, (*progredire*) avancer*: *questo lavoro non cammina*, ce travail n'avance pas; *il mondo cammina*, les temps changent ♦ *n.m.* **1** marche (*f.*): *sono stanco per il troppo camminare*, je suis fatigué d'avoir trop marché **2** (*andatura*) démarche (*f.*). ● ***camminare sulle uova***, (*fig.*) marcher sur des œufs | ***camminare sul sicuro***, (*fig.*) jouer sur du velours | ***cammina!***, (*vai avanti!*) avance!, (*affrettati!*) dépêche-toi!, (*vattene!*) va-t-en! (o laisse-moi tranquille!) | ***cammina, cammina***, après avoir longtemps marché.

> **FAUX AMI**
> Da non confondere con *cheminer*, che significa *camminare faticosamente* e in senso figurato *progredire*.

camminata [cam-mi-nà-ta] *n.f.* **1** marche; (*passeggiata*) promenade; (*gita*) excursion: *da qui al museo c'è ancora una bella camminata*, d'ici au musée il y a encore un bon bout de chemin **2** (*andatura*) démarche.

camminatore [cam-mi-na-tó-re] *n.m.* [f. *-trice*] marcheur*.

cammino [cam-mì-no] *n.m.* **1** marche (*f.*); (*sentiero*) chemin, (*strada*) route (*f.*): *mettersi in cammino*, se mettre en route, en chemin; *riprendere il cammino*, reprendre son chemin; *a metà cammino*, à mi-chemin | *in cammino!*, en marche! **2** (*astr.*) cours: *il cammino del sole*, le cours du soleil **3** (*fig.*) voie (*f.*), chemin; (*progresso*) progrès: *il cammino dell'umanità*, le progès de l'humanité. ● ***cammin facendo***, chemin faisant.

camomilla [ca-mo-mìl-la] *n.f.* camomille.

camorra [ca-mòr-ra] *n.f.* **1** camorra (association de malfaiteurs active à Naples a partir du temps des Bourbons) **2** (*estens.*) maf(f)ia: *è una vera camorra!*, c'est la mafia!

camorrista [ca-mor-rì-sta] *n.m.* e *f.* **1** camorriste (membre de la camorra) **2** (*estens.*) maf(f)ioso (*m.*): *è un camorrista!*, c'est un mafioso!

camoscio [ca-mò-scio *o* camóscio] *n.m.* [pl. *-sci*] **1** chamois **2** (*pelle lavorata*) daim.

campagna [cam-pà-gna] *n.f.* **1** campagne: *andare in campagna*, aller à la campagne; *gente di campagna*, gens de la campagne | *aperta campagna*, pleine campagne **2** (*terra coltivata*) terre: *quest'anno la campagna promette bene*, cette année la récolte sera bonne **3** (*villeggiatura*) vacances (*pl.*): *andare in campagna*, aller en vacances **4** (*mil.*) campagne **5** (*propaganda*) campagne:. ● (*sport*) ***campagna acquisti***, ensemble des négociations des clubs sportifs visant à l'achat de nouveaux jouers | ***campagna elettorale***, campagne électorale | ***campagna pubblicitaria***, campagne publicitaire.

> **NOTA** **In campagna**: ***à la*** o ***en campagne***?
> *Vivere, andare* ***in campagna***.
> **SÌ** Vivre, aller **à la campagne**.
> **NO** Vivre, aller **en** campagne.

campagnolo [cam-pa-gnò-lo] *agg.* de la campagne, campagnard ♦ *n.m.* [f. *-a*] paysan*, campagnard.

campale [cam-pà-le] *agg.* (*mil.*) de campagne. ● ***battaglia campale***, (*anche fig.*) bataille rangée | ***giornata campale***, (*fig.*) rude journée.

campana [cam-pà-na] *n.f.* **1** cloche: *suonare le campane a stormo, a distesa, a festa*, sonner les cloches à toute volée **2** (*per custodire oggetti delicati*) cloche; (*di lampada, orologio*) globe (*m.*). ● (*mar.*): ***campana da palombaro***, cloche de pongée; ***campana pneumatica***, cloche à air (*o* à plongeur) | ***a campana***, en cloche | ***concerto di campane***, carillon | ***essere stonato come una campana***, chanter faux | ***sentire tutte e due le campane***, (*fig.*) entendre les deux sons de cloche | ***sordo come una campana***, sourd comme un pot | ***tenere sotto una campana di vetro***, (*fig.*) garder sous cloche.

campanaccio [cam-pa-nàc-cio] *n.m.* [pl. *-ci*] sonnaille (*f.*).

campanaro [cam-pa-nà-ro] *n.m.* sonneur de cloches.

campanella [cam-pa-nèl-la] *n.f.* **1** clochette; (*campanello*) sonnette **2** (*bot. pop.*) clochette.

campanello [cam-pa-nèl-lo] *n.m.* **1** sonnette (*f.*): *suonare il campanello*, sonner **2** (*di bicicletta*) timbre **3** (*spec. pl.*) (*mus.*) jeu* de timbres, carillon. ● ***campanello d'allarme***, (*anche fig.*) sonnette d'alarme.

campanile [cam-pa-nì-le] *n.m.* **1** clocher; (*staccato dalla chiesa*) campanile **2** (*cima alpina*) aiguille (*f.*). ● (*arch.*) ***campanile a vela***, clocher-arcades | ***di campanile***, (*fig.*) de clocher: *spirito, amore di campanile*, esprit de clocher | (*calcio*) ***tiro a campanile***, tir en chandelle.

campanilismo [cam-pa-ni-lì-ʃmo] *n.m.* esprit de clocher.

campanilista [cam-pa-ni-lì-sta] *n.m.* e *f.* celui*/celle qui a l'esprit de clocher.

campanilistico [cam-pa-ni-lì-sti-co] *agg.* [pl.m. *-ci*, f. *-che*] de clocher: *atteggiamento campanilistico*, attitude régionaliste.

campano [cam-pà-no] *agg.* campanien* ♦ *n.m.* [f. *-a*] (*abitante*) Campanien*.

campanula [cam-pà-nu-la] *n.f.* (*bot.*) campanule.

campare [cam-pà-re] *v.intr.* [aus. *essere*] vivre*: *campare del proprio lavoro*, vivre de son travail. ● ***campare d'aria***, (*fig.*) vivre de l'air du temps | ***campare***

di stenti, tirer le diable par la queue | ***si campa!***, (*fam.*) on vivote! | ***tirare a campare***, se laisser vivre.

FAUX AMI
Da non confondere con *camper*, che significa *campeggiare, fare campeggio* o in senso figurato *caratterizzare*.

campata [cam-pà-ta] ***n.f.*** (*arch.*) travée.

campato [cam-pà-to] ***agg.***
● ***campato in aria***, en l'air; (*infondato*) sans fondement.

campeggiare [cam-peg-già-re] ***v.intr.*** [coniug. come *mangiare*; aus. *avere*] **1** camper **2** (*risaltare*) trancher (*anche fig.*).

campeggiatore [cam-peg-gia-tó-re] ***n.m.*** [f. *-trice*] campeur*.

campeggio [cam-pég-gio] ***n.m.*** [pl. *-gi*] camping.

camper [càm-per] ***n.m.invar.*** camping-car*.

camperista [cam-pe-rì-sta] ***n.m.*** e ***f.*** camping-cariste*.

campestre [cam-pè-stre] ***agg.*** champêtre.
● (*sport*) ***corsa campestre***, cross-country.

campiello [cam-pièl-lo] ***n.m.*** campiello (à Venise, petite place).

camping ['kɛmpiŋg] ***n.m.invar.*** camping; (*terreno per campeggio*) terrain de camping.

campionamento [cam-pio-na-mén-to] ***n.m.*** **1** échantillonnage (*anche inform.*) **2** (*mus.*) sampling.

campionare [cam-pio-nà-re] ***v.tr.*** **1** échantillonner (*anche inform.*) **2** sampler.

campionario [cam-pio-nà-rio] ***n.m.*** [pl. *-ri*] carnet d'échantillons ♦ ***agg.*** d'échantillons.

campionato [cam-pio-nà-to] ***n.m.*** championnat.

campionatura [cam-pio-na-tù-ra] ***n.f.*** échantillonnage (*m.*).

campione [cam-pió-ne] ***n.m.*** **1** (*persona che eccelle*) champion **2** (*comm.*) échantillon **3** (*grandezza convenzionale*) étalon ♦ ***agg.invar.*** **1** (*vincitore*) victorieux*: *la squadra campione*, l'équipe victorieuse **2** (*preso a modello*) exemplaire.
● ***indagine campione***, (*di persone*) enquête par sondage, sondage d'opinion; (*di cose*) contrôle par échantillonnage.

campionessa [cam-pio-nés-sa] ***n.f.*** championne.

campire [cam-pì-re] ***v.tr.*** [coniug. come *finire*] peindre* (le fond, les figures d'un tableau).

campo [càm-po] ***n.m.*** **1** champ: *campo coltivato a patate*, champ de pommes de terre; *campo piantato ad alberi*, champ planté d'arbres; *fiori di campo*, fleurs des champs; *prendere per i campi*, couper à travers champs **2** (*spec. adibito a uso determinato*) terrain; champ **3** (*fig.*) domaine: *nel campo scientifico*, dans le domaine scientifique; *non è il mio campo*, ce n'est pas mon domaine | *campo di indagini, di osservazione*, champ d'investigations, d'observation **4** (*accampamento*) camp: *mettere, levare il campo*, dresser, lever le camp **5** (*mil.*) (*anche fig.*) champ: *decorato sul campo*, décoré sur le champ de bataille; *lasciare il campo*, (*anche fig.*) abandonner le terrain **6** (*fis.*) champ: *campo d'azione*, champ d'action; *campo magnetico*, champ magnétique; *campo di forze*, champ de forces **7** (*cine.*) plan: *campo lungo*, plan général **8** (*inform.*) zone (*f.*); (*tel.*) domaine: *campo di controllo*, zone de gestion; *campo dei dati*, champ des données, zone; *campo di variabilità*, gamme.
● ***campo da gioco***, terrain de jeu | ***campo da tennis***, court de tennis | ***campo di battaglia***, (*anche fig.*) champ de bataille: *morire sul campo (di battaglia)*, mourir au champ d'honneur | ***campo di corse***, champ de course | (*aer.*) ***campo di fortuna***, terrain de fortune | ***campo da golf***, terrain de golf | ***campo profughi***, centre d'accueil des réfugiés | ***campo visivo***, champ visuel | ***campi da sci***, pistes de ski | ***combattere in campo aperto***, combattre en rase campagne | ***cucina da campo***, (cuisine) roulante | (*sport*) ***entrare in campo***, entrer sur le terrain; (*fig.*) intervenir: *ora entra in campo un'altra difficoltà*, ici une autre difficulté se présente | (*cine., sport*) ***fuori campo***, hors limite: *voce fuori campo*, voix off | ***mettere in campo***, mener au combat; (*fig.*) avancer | ***ospedale da campo***, hôpital de campagne | ***scendere in campo***, descendre sur le champ de bataille; (*fig.*) entrer en lice.

camposanto [cam-po-sàn-to] ***n.m.*** [pl. *campisanti* o *camposanti*] cimetière.

camuffamento [ca-muf-fa-mén-to] ***n.m.*** déguisement; (*mil.*) camouflage.

camuffare [ca-muf-fà-re] ***v.tr.*** déguiser (*anche fig.*); (*mil.*) camoufler ♦ **camuffarsi** ***v.pron.*** se déguiser.

camuso [ca-mù-ʃo] ***agg.*** camus.

canadese [ca-na-dé-se] ***agg.*** canadien* ♦ ***n.m.*** e ***f.*** (*abitante*) Canadien/enne.
● ***giacca canadese***, canadienne | (***tenda***) ***canadese***, tente canadienne.

canaglia [ca-nà-glia] ***n.f.*** **1** canaille, vaurien (*m.*) **2** (*di bambino*) canaille, fripon* **3** (*gentaglia*) canaille, populace.

canagliata [ca-na-glià-ta] ***n.f.*** canaillerie.

canagliesco [ca-na-glié-sco] ***agg.*** [pl.m. *-schi*, f. *-sche*] canaille.

canale [ca-nà-le] ***n.m.*** canal*: *canali di distribuzione*, canaux de distribution; (*rad., tv*) *primo, secondo canale*, première, deuxième chaîne.
● (*inform.*) ***canale analogico, di trasmissione dati***, canal, voie de transmission (de données) | (*rad., tv*) ***canale di frequenza***, canal (de fréquences).

canalina [ca-na-lì-na] ***n.f.*** (*elettr.*) gaine.

canalizzare [ca-na-liʒ-ʒà-re] ***v.tr.*** canaliser.

canalizzazione [ca-na-liʒ-ʒa-zió-ne] ***n.f.*** canalisation.

canalone [ca-na-ló-ne] ***n.m.*** (*geogr.*) couloir.

canapa [cà-na-pa] ***n.f.*** chanvre (*m.*): *industria della canapa*, industrie chanvrière.

canapè [ca-na-pè] ***n.m.invar.*** canapé.

canapificio [ca-na-pi-fì-cio] ***n.m.*** [pl. *-ci*] filature (*f.*) de chanvre.

canapo [cà-na-po] ***n.m.*** cordage de chanvre.

canarino [ca-na-rì-no] ***n.m.*** serin, canari ♦ ***agg.*** jaune canari.

canasta [ca-nà-sta] ***n.f.*** (*carte*) canasta.

cancan[1] [can-càn] ***n.m.invar.*** (*danza*) cancan.

cancan[2] ***n.m.*** (*fam.*) (*baccano*) chahut, boucan; (*fig.*) bruit: *non fate tanto cancan!*, ne faites pas tant de chahut!; *fare tutto un cancan per nulla*, faire autant de bruit pour rien.

cancellare [can-cel-là-re] ***v.tr.*** **1** effacer* (*anche fig.*); (*con la penna*) biffer, raturer; (*con la gomma*) gommer: *cancellare le impronte*, effacer les empreintes; *cancellare un nome da una lista*, rayer un nom d'une liste; *cancellare dall'albo*, radier de l'ordre **2** (*annullare*) annuler ♦ **cancellarsi** ***v.pron.*** s'effacer*.

cancellata [can-cel-là-ta] ***n.f.*** grille.

cancellatura [can-cel-la-tù-ra] ***n.f.*** effacement (*m.*); (*con la penna*) rature, biffure.

C

C

cancellazione [can-cel-la-zió-ne] ***n.f.*** **1** (*il radiare*) radiation **2** (*annullamento*) annulation **3** (*inform.*) effacement (*m.*) de zone.

cancelleria [can-cel-le-rì-a] ***n.f.*** chancellerie.
● ***cancelleria giudiziaria***, greffe | ***(oggetti di) cancelleria***, articles de bureau.

cancelletto [can-cel-lét-to] ***n.m.*** (*inform.*) (*tasto di computer, telefoni ecc.*) fagot.

cancelliere [can-cel-liè-re] ***n.m.*** [f. *-a*] **1** chancelier* **2** (*di tribunale*) greffier*.
● ***cancelliere dello Scacchiere***, Chanchelier de l'Échiquier.

cancellino [can-cel-lì-no] ***n.m.*** chiffon du tableau (noir).

cancello [can-cèl-lo] ***n.m.*** grille (*f.*).
● ***cancello automatico***, portail automatique.

cancerogeno [can-ce-rò-ge-no] ***agg.*** (*med.*) cancérogène.

cancerologia [can-ce-ro-lo-gì-a] ***n.f.*** cancérologie.

cancerologo [can-ce-rò-lo-go] ***n.m.*** [f. *-a*; pl.m. *-gi*, f. *-ghe*] cancérologue.

canceroso [can-ce-ró-so] ***agg.*** e ***n.m.*** cancéreux*.

cancrena [can-crè-na] ***n.f.*** **1** gangrène: *andare in cancrena*, se gangrener **2** (*fig.*) plaie.

cancrenoso [can-cre-nó-so] ***agg.*** gangreneux*.

cancro [càn-cro] ***n.m.*** **1** cancer (*anche fig.*): *il cancro della gelosia*, (*fig.*) les tourments de la jalousie | *è un cancro!*, il est tuant! **2** (*astr.*) *Cancro*, Cancer.

FAUX AMI
Da non confondere con *cancre*, che significa in senso figurato, riferito a uno scolaro, *somaro*.

candeggiante [can-deg-giàn-te] ***agg.*** blanchissant: (*prodotto*) *candeggiante*, produit blanchissant.

candeggiare [can-deg-già-re] ***v.tr.*** [coniug. come *mangiare*] blanchir.

candeggina [can-deg-gì-na] ***n.f.*** eau de Javel.

candeggio [can-dég-gio] ***n.m.*** [pl. *-gi*] blanchiment.

candela [can-dé-la] ***n.f.*** **1** (*di cera*) bougie; (*di resina, sego*) chandelle: *accendere una candela a un santo*, brûler un cierge à un saint | *puoi accendere una candela (alla Madonna)!*, (*fam.*) tu dois une fière chandelle à la Sainte Vierge! **2** (*fis., mecc.*) bougie: *le candele sono sporche*, les bougies sont encrassées.
● ***a lume di candela***, à la chandelle, à la lueur d'une bougie: *un pranzo a lume di candela*, un dîner aux chandelles | ***avere la candela al naso***, (*fam. scherz.*) avoir la chandelle | ***il gioco non vale la candela***, le jeu n'en vaut pas la chandelle | ***tenere la candela***, (*fig. fam.*) tenir la chandelle.

candelabro [can-de-là-bro] ***n.m.*** candélabre.

candeletta [can-de-lét-ta] ***n.f.*** (*med.*) suppositoire (*m.*) urétral; (*vaginale*) suppositoire (*m.*) vaginal.

candeliere [can-de-liè-re] ***n.m.*** chandelier (*anche mar.*).

Candelora [can-de-lò-ra] ***n.f.*** (*eccl.*) chandeleur.

candelotto [can-de-lòt-to] ***n.m.*** grosse bougie.
● ***candelotto di dinamite***, bâton de dynamite | ***candelotto fumogeno, lacrimogeno***, grenade fumigène, lacrymogène.

candidamente [can-di-da-mén-te] ***avv.*** candidement, avec candeur.

candidare [can-di-dà-re] ***v.tr.*** proposer (**qqn**) comme candidat, poser la candidature (**de qqn**) ♦ **candidarsi** ***v.pron.*** se porter candidat (**à**): *candidarsi alle elezioni, alla presidenza*, se porter candidat, poser sa candidature aux élections, à la présidence.

candidato [can-di-dà-to] ***n.m.*** [f. *-a*] candidat: *presentarsi (come) candidato*, se porter candidat.

candidatura [can-di-da-tù-ra] ***n.f.*** candidature: *presentare la propria candidatura*, poser sa candidature.

candido [càn-di-do] ***agg.*** **1** blanc*: *tovaglia candida*, nappe d'une blancheur éclatante **2** (*fig.*) candide.

candire [can-dì-re] ***v.tr.*** [coniug. come *finire*] confire* (dans du sucre).

candito [can-dì-to] ***n.m.*** fruit confit ♦ ***agg.*** confit.

candore [can-dó-re] ***n.m.*** **1** blancheur (*f.*) **2** (*fig.*) candeur (*f.*).

cane [cà-ne] ***n.m.*** [f. *cagna*] **1** (*zool.*) chien **2** (*fig.*) (*persona malvagia o incapace*) animal*: *quel cane me la pagherà*, (*molto fam.*) l'animal! il me le paiera!; *quell'attore è un cane*, cet acteur joue comme un pied **3** (*del fucile ecc.*) chien ♦ ***agg.invar.*** *un male cane*, un mal de chien | *mondo cane!*, (*molto fam.*) chienne de vie! | *porco cane!*, (*molto fam.*) nom d'un chien!
● ***cane da caccia***, chien de chasse | ***cane da ferma***, chien couchant (*o* d'arrête) | ***cane da pagliaio***, chien de basse-cour | ***cane (da) pastore***, chien de berger | ***cane da salotto***, chien d'appartement | ***cane da slitta***, chien d'Esquimau | ***cane delle praterie***, chien de prairie | (*astr.*) ***Cane Maggiore, Minore***, Grand Chien, Petit Chien | ***cane per ciechi, cane guida***, chien d'aveugle | ***cane poliziotto***, chien policier | ***cane randagio***, chien errant | ***cani e porci***, (*fig.*) n'importe qui: *prendere cani e porci*, prendre n'importe qui | ***attenti al cane!***, chien méchant! | ***cercare di raddrizzare le gambe ai cani***, (*fig.*) chercher à laver la tête d'un nègre | ***da cane, da cani***, (*fam.*) (*avv.*) très mal; (*agg.*) mal fait; mauvais: *mangiare da cani*, manger très mal; *stare da cani*, être mal foutu; *lavoro (fatto) da cani*, travail mal fait; *vita da cani*, vie de chien | ***essere mogio come un cane bastonato***, avoir l'air d'un chien battu | ***menare il can per l'aia***, (*fig.*) tourner autour du pot | ***non c'è un cane***, il n'y a pas un chat | ***non svegliare il can che dorme***, (*fig.*) ne réveillez pas le chat qui dort | ***seguire qlcu come un cane***, suivre qqn comme un petit chien.

FAUX AMI
Da non confondere con il francese *cane*, che significa *anatra* (femmina).

canestro[1] [ca-nè-stro] ***n.m.*** panier; (*con anse*) corbeille (*f.*).

canestro[2] ***n.m.*** (*di benzina*) jerrican.

canfora [càn-fo-ra] ***n.f.*** camphre (*m.*).

canforato [can-fo-rà-to] ***agg.*** camphré.

cangiante [can-giàn-te] ***agg.*** changeant.

canguro [can-gù-ro] ***n.m.*** kangourou.

canicola [ca-nì-co-la] ***n.f.*** canicule.

canicolare [ca-ni-co-là-re] ***agg.*** caniculaire.

canile [ca-nì-le] ***n.m.*** **1** chenil **2** (*cuccia*) niche (*f.*).

canino [ca-nì-no] ***agg.*** canin.
● (*anat.*) ***(dente) canino***, (dent) canine | (*bot.*) ***rosa canina***, églantine | (*med. pop.*) ***tosse canina***, coqueluche.

canizie [ca-nì-zie] ***n.f.invar.*** **1** canitie **2** (*capelli bianchi*) cheveux blancs; (*vecchiaia*) vieillesse.

canna [càn-na] ***n.f.*** **1** (*bot.*) roseau* (*m.*) **2** (*tubo, conduttura*) tuyau* (*m.*); (*di armi da fuoco*) canon (*m.*) **3** (*gergo della droga*) joint (*m.*), pétard (*m.*): *farsi una canna*, se rouler un joint, fumer un pétard **4** (*della bicicletta*) cadre de bicyclette: *portare in canna*, porter sur le cadre.

● ***canna da pesca***, canne à pêche: *pescare con la canna*, pêcher à la ligne | (*ind. vetraria*) ***canna da soffio***, canne | (*bot.*): ***canna da zucchero***, canne à sucre; ***canna d'India, di bambù***, jonc d'Inde, bambou; ***canna di palude***, phragmite | ***canna fumaria***, conduit de fumée | (*bot.*) ***canna indica***, balisier | ***essere come una canna al vento***, être comme un oiseau sur la branche | ***povero in canna***, pauvre comme Job.

cannella[1] [can-nèl-la] ***n.f.*** tuyau* (*m.*); (*di botte*) cannelle.

cannella[2] ***n.f.*** **1** (*pianta*) cannelier (*m.*) **2** (*spezia*) cannelle.

cannello [can-nèl-lo] ***n.m.*** chalumeau*: *il cannello della pipa*, le tuyau de la pipe.

canneto [can-né-to] ***n.m.*** cannaie (*f.*).

cannibale [can-nì-ba-le] ***n.m.*** e ***f.*** cannibale.

cannibalismo [can-ni-ba-lì-ʃmo] ***n.m.*** cannibalisme.

cannicciata [can-nic-cià-ta] ***n.f.*** claie (*f.*).

cannocchiale [can-noc-chià-le] ***n.m.*** longue-vue* (*f.*), lunette (*f.*) (d'approche).

● ***cannocchiale astronomico***, lunette astronomique.

cannolo [can-nò-lo] ***n.m.*** (*cuc.*) cannolo (rouleau de pâte feuilletée rempli de crème ou de chocolat).

cannonata [can-no-nà-ta] ***n.f.*** coup (*m.*) de canon (*anche fig.*): *è una cannonata*, (*fig. fam.*) c'est du tonnerre | *non lo svegliano nemmeno le cannonate*, même le bruit du canon ne le réveille pas.

cannoncino [can-non-cì-no] ***n.m.*** **1** (*cuc.*) rouleau de pâte fourré de crème **2** (*abbigl.*) petit pli rond.

cannone [can-nó-ne] ***n.m.*** **1** canon: *sparare col cannone*, tirer au canon **2** (*persona molto abile*) (*fig. fam.*) as: *essere un cannone in matematica*, être un as (*o* être fort) en mathématiques; *sei un cannone!*, tu es un as! tu es formidable! **3** (*abbigl.*) pli rond.

● ***cannone antigrandine***, ***sparaneve***, canon paragrêle, à neige | (*fis.*) ***cannone elettronico***, canon à électrons | ***carne da cannone***, chair à canon | ***donna cannone***, femme -canon.

cannoneggiamento [can-no-neg-gia-mén-to] ***n.m.*** canonnade (*f.*).

cannoneggiare [can-no-neg-già-re] ***v.tr.*** canonner.

cannoniera [can-no-niè-ra] ***n.f.*** (*mar.*) canonnière.

cannoniere [can-no-niè-re] ***n.m.*** **1** (*mil.*) canonnier **2** (*football*) buteur.

cannuccia [can-nùc-cia] ***n.f.*** [pl. *-ce*] **1** (*per bibite*) paille, chalumeau* (*m.*) **2** (*di penna*) porte-plume* (*m.*).

cannula [càn-nu-la] ***n.f.*** (*med.*) canule.

canoa [ca-nò-a] ***n.f.*** canoë (*m.*): *andare in canoa, fare canoa*, faire du canoë.

canocchia [ca-nòc-chia] ***n.f.*** (*zool.*) squille.

canoista [ca-no-ì-sta] ***n.m.*** e ***f.*** canoéiste.

canone [cà-no-ne] ***n.m.*** **1** canon **2** (*somma da pagare*) redevance (*f.*) **3** (*eccl.*) canon.

● ***canone d'abbonamento***, (*alla radio*) redevance radiophonique, (*alla tv*) redevance TV | ***canone d'affitto***, loyer | ***canoni estetici***, canons de l'esthétique | ***secondo i canoni***, selon les règles: *comportarsi secondo i canoni*, agir selon les règles.

canonica [ca-nò-ni-ca] ***n.f.*** [pl. *-che*] presbytère (*m.*).

canonico[1] [ca-nò-ni-co] ***agg.*** [pl. *-ci*, f. *-che*] (*eccl.*) canonique.

● ***ora canonica***, (*fig.*) moment opportun.

canonico[2] ***n.m.*** [pl. *-ci*] chanoine.

canonizzare [ca-no-niʒ-ʒà-re] ***v.tr.*** canoniser.

canonizzazione [ca-no-niʒ-ʒa-zió-ne] ***n.f.*** canonisation.

canopo [ca-nò-po] ***n.m.*** (*archeol.*) canope.

canoro [ca-nò-ro] ***agg.*** (*dalla voce melodiosa*) chanteur*; (*melodioso*) mélodieux*: *manifestazioni canore dell'estate*, festivals d'été de la chanson.

● ***doti canore***, qualités vocales.

canotta [ca-nòt-ta] ***n.f.*** (*abbigl.*) débardeur (*m.*).

canottaggio [ca-not-tàg-gio] ***n.m.*** [pl. *-gi*] aviron: *gara di canottaggio*, course à l'aviron.

canottiera [ca-not-tiè-ra] ***n.f.*** (*intima*) maillot (*m.*) de corps, tricot (*m.*) de corps; (*maglietta estiva senza maniche*) débardeur (*m.*).

canottiere [ca-not-tiè-re] ***n.m.*** [f. *-a*] canoteur*.

canotto [ca-nòt-to] ***n.m.*** canot: *canotto di gomma*, canot pneumatique.

canovaccio [ca-no-vàc-cio] ***n.m.*** [pl. *-ci*] **1** (*di cucina*) torchon **2** (*per ricamo*) canevas **3** (*fig.*) canevas.

cantabile [can-tà-bi-le] ***agg.*** **1** chantant **2** (*mus.*) cantabile.

cantante [can-tàn-te] ***n.m.*** chanteur: *cantante lirico*, chanteur d'opéra ♦ ***n.f.*** **1** chanteuse **2** (*lirica*) cantatrice.

cantare [can-tà-re] ***v.intr.*** [aus. *avere*] **1** chanter: *canta da soprano*, c'est un soprano **2** (*gergo*) (*confessare*) se mettre* à table: *far cantare qlcu*, faire parler qqn ♦ ***v.tr.*** chanter: *cantare una canzone*, chanter une chanson | *quante gliene ho cantate!*, je lui en ai dit de toutes les couleurs!

● ***cantare vittoria***, (*fig.*) chanter (o crier) victoire | ***cantarle chiare a qlcu***, dire ses quatre vérités à qqn: *gliele ho cantate chiare*, je lui ai dit ses quatre vérités; *la lettera canta chiaro*, la lettre est sans équivoque | ***carta canta***, les écrits restent.

cantastorie [can-ta-stò-rie] ***n.m.*** e ***f.invar.*** chanteur/euse de rue.

cantata [can-tà-ta] ***n.f.*** (*mus.*) cantate: *fare una cantata*, (*fam.*) chanter.

cantautore [can-tau-tó-re] ***n.m.*** [f. *-trice*] auteur -compositeur-interprète*.

canterano [can-te-rà-no] ***n.m.*** commode (*f.*).

canterellare [can-te-rel-là-re] ***v.tr.*** chantonner, fredonner.

canterino [can-te-rì-no] ***agg.*** chanteur*.

cantica [càn-ti-ca] ***n.f.*** [pl. *-che*] poème (*m.*); (*della Divina Commedia*) partie.

canticchiare [can-tic-chià-re] ***v.tr.*** chantonner, fredonner.

cantico [càn-ti-co] ***n.m.*** [pl. *-ci*] cantique.

cantiere [can-tiè-re] ***n.m.*** chantier.

● ***essere in cantiere***, (*fig.*) être en cours de réalisation | ***mettere in cantiere***, (*fig.*) mettre en chantier.

cantilena [can-ti-lè-na] ***n.f.*** cantilène; (*nenia, filastrocca*) rengaine.

cantilenante [can-ti-ne-làn-te] ***agg.*** traînant; monocorde: *parlare con voce cantilenante*, parler d'une voix, d'un ton monocorde.

cantina [can-tì-na] ***n.f.*** **1** cave: *in cantina*, à la cave **2** (*per vinificare*) cellier (*m.*) **3** (*spaccio*) débit (*m.*) de boissons **4** (*nelle caserme e nei cantieri*) cantine.

FAUX AMI
Da non confondere con *cantine*, che significa *mensa*.

C

cantiniere [can-ti-niè-re] *n.m.* [f. *-a*] sommelier*; (*di caserma, cantiere*) cantinier*.

canto[1] [càn-to] *n.m.* **1** chant: *maestro di canto*, professeur de chant **2** (*lett.*) poème; (*parte di un poema*) chant.
● ***canto fermo***, chant grégorien | ***il bel canto***, le bel canto.

canto[2] *n.m.* **1** coin: *mettersi in un canto*, (*fig.*) se tenir à l'écart **2** (*parte lato*) côté.
● ***dal canto mio***, pour ma part | ***da un canto... d'altro canto...***, d'une part... d'autre part...

cantonale[1] [can-to-nà-le] *agg.* (*dei cantoni svizzeri*) cantonal*.

cantonale[2] *n.m.* (*mobile*) encoignure (*f.*).

cantonata [can-to-nà-ta] *n.f.* **1** coin (*m.*) de la rue **2** (*errore*) bévue: *prendere una cantonata*, commettre une bévue.

cantone[1] [can-tó-ne] *n.m.* coin.

cantone[2] *n.m.* (*della Svizzera*) canton.

cantoniere [can-to-niè-re] *n.m.* [f. *-a*] cantonnier.

cantore [can-tó-re] *n.m.* [f. *-a*] **1** (*eccl.*) chantre **2** (*fig.*) (*poeta*) chantre.

cantoria [can-to-rì-a] *n.f.* **1** (*luogo*) tribune des chantres **2** (*insieme dei cantori*) maîtrise.

cantuccio [can-tùc-cio] *n.m.* [pl. *-ci*] coin, recoin: *starsene in un cantuccio*, (*fig.*) se tenir à l'écart.

canuto [ca-nù-to] *agg.* (*lett.*) chenu.

canyoning ['kɛnjoniŋg] *n.m.invar.* (*sport*) canyonisme, canyoning.

canzonare [can-zo-nà-re] *v.tr.* se moquer (**de**), railler.

canzonatorio [can-zo-na-tò-rio] *agg.* [pl.m. *-ri*] railleur*, moqueur*, goguenard.

canzonatura [can-zo-na-tù-ra] *n.f.* raillerie, moquerie.

canzone [can-zó-ne] *n.f.* **1** chanson **2** (*lett.*) canzone: *le canzoni di Petrarca*, les 'canzoni' de Pétrarque.
● (*lett.*) ***canzone a ballo***, ballade.

canzonetta [can-zo-nét-ta] *n.f.* chanson.

canzonettista [can-zo-net-tì-sta] *n.m.* e *f.* chansonnier (*m.*).

canzoniere [can-zo-niè-re] *n.m.* **1** recueil de chansons **2** (*letter.*) canzoniere: *Il 'Canzoniere' del Petrarca*, le 'Canzoniere' de Pétrarque.

caolino [ca-o-lì-no] *n.m.* kaolin.

caos [cà-os] *n.m.invar.* chaos (*anche fig.*): *che caos!*, quelle confusion!

caotico [ca-ò-ti-co] *agg.* [pl.m. *-ci*, f. *-che*] chaotique.

capace [ca-pà-ce] *agg.* **1** capable: *sei capace di nuotare?*, sais-tu nager?; *è capacissima di non venire*, elle est tout à fait capable de ne pas venir **2** (*spazioso*) spacieux* **3** (*atto a contenere*) capable de contenir, qui peut contenir: *questa botte è capace di cento litri*, ce tonneau contient cent litres.
● (*region.*) ***è capace che***, ***è capace di***, il se peut que: *è capace che piova*, *è capace di mettersi a piovere*, il se peut qu'il pleuve.

capacità [ca-pa-ci-tà] *n.f.invar.* **1** (*abilità*) capacité: *capacità di compiere un lavoro*, capacité de, aptitude à faire un travail; *questo problema supera le sue capacità*, ce problème le dépasse **2** (*capienza*) capacité: *botte della capacità di 50 litri*, tonneau d'une capacité de 50 litres.
● (*dir.*) ***capacità di testare***, capacité pour tester.

capacitare [ca-pa-ci-tà-re] *v.tr.* persuader ♦ **capacitarsi** *v.pron.* se persuader: *non riesco a capacitarmi*, je ne parviens pas à me persuader; *non riusciva a capacitarsi che*, il n'arrivait pas à réaliser que.

capanna [ca-pàn-na] *n.f.* cabane; (*col tetto di paglia*) chaumière; (*per riparo temporaneo*) *hutte; (*degli indigeni dei paesi tropicali*) case, paillotte.
● ***due cuori e una capanna***, un cœur et une chaumière | (*arch.*) ***tetto a capanna***, toit à double pente.

capannello [ca-pan-nèl-lo] *n.m.* groupe.

capanno [ca-pàn-no] *n.m.* **1** cabane (*f.*); (*di paglia*) *hutte (*f.*) **2** (*balneare*) cabine (*f.*).

capannone [ca-pan-nó-ne] *n.m.* *hangar.

caparbiamente [ca-par-bia-mén-te] *avv.* obstinément.

caparbietà [ca-par-bie-tà] *n.f.invar.* obstination; (*testardaggine*) entêtement (*m.*).

caparbio [ca-pàr-bio] *agg.* [pl.m. *-bi*] obstiné; (*testardo*) têtu.

caparra [ca-pàr-ra] *n.f.* arrhes (*pl.*).
● ***somma di caparra***, somme à titre d'arrhes.

capata [ca-pà-ta] **capatina** *n.f.*
● ***fare una capata***, faire un saut, une rapide apparition.

capeggiare [ca-peg-già-re] *v.tr.* [coniug. come *mangiare*] être* à la tête (**de**).

capello [ca-pél-lo] *n.m.* cheveu*: *capelli dritti come spinaci*, cheveux raides comme des baguettes de tambour; *un bel taglio di capelli*, une belle coupe.
● (*cuc.*) ***capelli d'angelo***, cheveux d'ange | ***averne fin sopra i capelli***, en avoir par-dessus la tête, (*fam.*) en avoir marre | ***c'è mancato un capello che***, il n'a tenu qu'à un cheveu que | ***far rizzare i capelli*** (***in testa***), faire dresser les cheveux sur la tête | ***far venire i capelli bianchi***, donner des cheveux blancs | ***mettersi le mani nei capelli***, (*fig.*) s'arracher les cheveux; se prendre la tête dans les mains | ***mi hanno tirato per i capelli***, (*fig.*) on m'y a forcé | ***non gli hanno torto un capello***, on ne lui a pas touché un cheveu | ***prendersi per i capelli***, se prendre aux cheveux, (*riferito a donne*) se crêper le chignon | ***spaccare un capello in quattro***, (*fig.*) couper les cheveux en quatre.

capellone [ca-pel-ló-ne] *n.m.* [f. *-a*] (*fam.*) (*negli anni Sessanta*) baba (cool); (*estens.*) garçon, homme aux cheveux longs.

capelluto [ca-pel-lù-to] *agg.* chevelu.
● ***cuoio capelluto***, cuir chevelu.

capelvenere [ca-pel-vè-ne-re] *n.m.* (*bot.*) capillaire.

capestro [ca-pè-stro] *n.m.* **1** corde (*f.*): *condannare al capestro*, condamner à la pendaison **2** (*cavezza*) licou, licol.
● ***clausola capestro***, clause léonine | ***contratto capestro***, contrat léonin | ***mettere il capestro a qlcu***, (*fig.*) tenir qqn en laisse.

capetingio [ca-pe-tìn-gio] *agg.* [pl.m. *-gi*, f. *-ge*] capétien*.
● (*st.*) ***i Capetingi***, les Capétiens.

capezzale [ca-pez-zà-le] *n.m.* chevet.

capezzolo [ca-péz-zo-lo] *n.m.* **1** mamelon **2** (*di animali*) tétine (*f.*); (*di mucca, capra ecc.*) trayon.

capiente [ca-pièn-te] *agg.* d'une grande capacité, de grande contenance: *un armadio capiente*, une grande armoire; *un locale capiente*, un vaste local.

capienza [ca-pièn-za] *n.f.* capacité: *il teatro ha una capienza di 1000 spettatori*, le théâtre peut accueillir 1000 spectateurs; *l'autobus ha una capienza di 40 persone*, l'autobus peut transporter 40 voyageurs.

capigliatura [ca-pi-glia-tù-ra] *n.f.* chevelure.

capillare [ca-pil-là-re] *agg.* **1** (*anat.*) capillaire **2** (*fig.*) fin; (*minuzioso*) minutieux*; (*ramificato*) ramifié: *analisi capillare*, analyse minutieuse; *organizzazione capillare di vendita*, réseau de vente très dense; *propaganda capillare*, propagande diffuse ♦ *n.m.* (*anat.*) capillaire.
● ***tubo capillare***, tube capillaire | (*anat.*) (***vaso***) ***capillare***, (vaisseau) capillaire.

capillarità [ca-pil-la-ri-tà] *n.f.invar.* **1** capillarité **2** (*fig.*) finesse; minutie; ramification: *capillarità di un'organizzazione*, ramification d'une organisation; *capillarità di un'analisi*, minutie d'une analyse; *capillarità di una rete di vendita*, densité d'un réseau de vente.

capinera [ca-pi-né-ra] *n.f.* fauvette (à tête noire).

capire [ca-pì-re] *v.tr.* [coniug. come *finire*] comprendre*; (*afferrare, cogliere*) saisir: *ha capito di aver torto*, il a compris qu'il avait tort; *capire la musica*, être sensible à la musique; *la vuoi capire che bisogna studiare?*, veux-tu te le mettre dans la tête, qu'il faut étudier? ♦ *v.intr.* [aus. *avere*] comprendre*: *è un ragazzo che capisce*, c'est un garçon intelligent; *capisce per la sua età*, il est très éveillé pour son âge | *ah capisco!*, je vois! | *capirà! capirete!*, pensez-vous! | *capirai!*, figure-toi! ♦ **capirsi** *v.pron.rec.* se comprendre*; (*andare d'accordo*) s'entendre*: *lui e sua moglie non si capivano*, il ne s'entendait pas avec sa femme.
● ***capire al volo***, saisir au vol | ***non capirci*** (***proprio***) ***niente***, n'y comprendre rien de rien: *non ci capisco niente di matematica*, je ne comprends rien aux mathématiques | ***non capire un fico secco***, ***un accidente***, ***un'acca***, comprendre que dalle | ***non voler capire***, (*non avere voglia di capire*) faire la sourde oreille; (*far finta di non capire*) faire semblant de ne pas comprendre: *non la vuol capire*, il ne veut pas entendre raison | ***si capisce!***, (*è comprensibile*) ça se comprend!, (*certamente*) bien sûr!: *si capisce che pagherò io*, il est entendu que c'est moi qui paierai.

> **NOTA** Il verbo ***capire di*** seguito da un infinito, è reso in francese con ***comprendre que*** e un tempo finito:
> *Ha capito **di** annoiarlo.*
> **SÌ** Il a compris **qu'il l'ennuyait**.
> **NO** Il a compris **de l'ennuyer**.

capitale[1] [ca-pi-tà-le] *agg.* capital* (*anche fig.*).
● ***in***, ***a lettere capitali***, en capitales | ***i sette peccati capitali***, les sept péchés capitaux.

capitale[2] *n.m.* **1** capital* **2** (*estens.*) fortune (*f.*): *m'è costato un capitale*, ça m'a coûté une fortune.
● (*econ.*): ***capitale a fondo perduto***, capital à fonds perdu; ***capitale azionario***, capital-actions; ***capitale d'esercizio***, capital roulant, d'exploitation; ***capitale di rischio***, capital-risque; ***capitale e interessi***, principal et intérêts; ***capitale liquido***, capital disponible.

capitale[3] *n.f.* (*città*) capitale.

capitalismo [ca-pi-ta-lì-ʃmo] *n.m.* capitalisme.

capitalista [ca-pi-ta-lì-sta] *n.m.* e *f.* capitaliste.

capitalistico [ca-pi-ta-lì-sti-co] *agg.* [pl.m. *-ci*, f. *-che*] capitaliste.

capitalizzare [ca-pi-ta-liʒ-ʒà-re] *v.tr.* capitaliser.

capitanare [ca-pi-ta-nà-re] *v.tr.* être* à la tête (**de**).

capitaneria [ca-pi-ta-ne-rì-a] *n.f.* capitainerie.

capitano [ca-pi-tà-no] *n.m.* [f. *-a*] capitaine.

capitare [ca-pi-tà-re] *v.intr.* [aus. *essere*] **1** tomber: *capitarono in casa di gente perbene*, ils sont tombés chez des gens bien; *gli è capitato un ottimo insegnante*, il est tombé sur un excellent professeur **2** (*giungere*) arriver; (*passare per*) passer (**par**): *se capiti a Milano, telefonami*, si tu passes par Milan, donne-moi un coup de téléphone; *capita sempre quando meno te lo aspetti*, il tombe toujours au mauvais moment **3** (*presentarsi*) se présenter: *se capita una buona occasione*, si une bonne occasion se présente **4** (*accadere*) arriver: *gli è capitata una disgrazia*, il lui est arrivé un malheur; *cosa ti capita?*, qu'est-ce qui te prend?; *sono cose che capitano*, ce sont des choses qui arrivent | *capita!*, ça arrive! | *capitano tutte a me!*, ça n'arrive qu'à moi! | *doveva proprio capitare a me!*, c'est à moi que ça devait arriver! ♦ *v.intr.impers.* [aus. *essere*] arriver: *capita spesso che io sia in ritardo*, il m'arrive souvent d'être en retard.
● ***capitare bene***, ***male***, bien, mal tomber | ***capitare in un brutto momento***, arriver à un mauvais moment | ***a chi capita, capita***, ça peut arriver à tout le mond | ***capiti quel che capiti***, advienne que pourra | ***chi capita***, ***il primo che capita***, le premier venu | ***come***, ***dove***, ***quando capita***, n'importe comment, où, quand.

capitello [ca-pi-tèl-lo] *n.m.* **1** chapiteau* **2** (*di libro*) tranchefile (*f.*).

capitolare[1] [ca-pi-to-là-re] *agg.* e *n.m.* capitulaire.

capitolare[2] *v.intr.* [aus. *avere*] capituler.

capitolato [ca-pi-to-là-to] *n.m.* (*dir.*) cahier.
● ***capitolato d'oneri***, ***d'appalto***, cahier des charges.

capitolazione [ca-pi-to-la-zió-ne] *n.f.* capitulation.

capitolino [ca-pi-to-lì-no] *agg.* du Capitole; (*di Roma*) de Rome.
● (*mit.*) ***Giove capitolino***, Jupiter capitolin.

capitolo [ca-pì-to-lo] *n.m.* **1** chapitre **2** (*di contratto, legge*) article; (*di bilancio*) chapitre **3** (*eccl.*) chapitre.
● ***avere voce in capitolo***, (*fig.*) avoir voix au chapitre | ***è un capitolo chiuso***, (*fig.*) c'est du passé.

capitombolare [ca-pi-tom-bo-là-re] *v.intr.* [aus. *essere*] tomber; (*rotolar giù*) dégringoler: *capitombolare per le scale*, dégringoler dans l'escalier.

capitombolo [ca-pi-tóm-bo-lo] *n.m.* chute (*f.*); (*rotolone*) dégringolade (*f.*): *fare un capitombolo*, faire une culbute.

capitone [ca-pi-tó-ne] *n.m.* (grosse) anguille (*f.*).

capo [cà-po] *n.m.* **1** tête (*f.*): *coprirsi, scoprirsi il capo*, se couvrir la tête, se découvrir; *rompersi il capo*, se casser la tête **2** (*estremità*) bout **3** (*chi comanda, dirige*) chef **4** (*geogr.*) cap **5** (*di bestiame*) pièce (*f.*), tête (*f.*) **6** (*di vestiario*) vêtement: *un capo di biancheria*, de la lingerie **7** (*parte di un testo*) point; (*capitolo*) chapitre.
● ***capo contabile***, chef comptable | (*dir.*) ***capo d'accusa***, chef d'accusation | ***capo famiglia*** → capofamiglia | ***capo primo***, ***capo secondo***, premièrement, deuxièmement | ***capo reparto*** → caporeparto | ***capo settore***, chef de secteur | ***andare a capo***, (*nello scrivere*) aller à la ligne | ***a capo di***, à la tête de: *a capo (del) letto*, à la tête du lit; *venire a capo di qlco*, venir à bout de qqch | ***a capo scoperto***, tête nue, nu-tête | ***comandante in capo***, commandant en chef | (*prov.*) ***cosa fatta capo ha***, ce qui est fait, est fait | ***da capo***, de nouveau: *cominciare da capo*, recommencer (du début); *siamo da capo!*, nous y revoilà! | ***da capo a piedi***, de la tête aux pieds: *armato da capo a piedi*, armé de pied en cap | ***da un capo all'altro***, d'un bout à l'autre | ***esporre qlco per sommi capi***, exposer les points principaux de qqch | ***fare capo a***, (*sboccare*) aboutir; (*dipendere, fare riferimento*) s'appuyer sur, s'adresser à: *la strada fa capo alla piazza*, la rue aboutit à la place; *l'organizzazione fa capo a un'unica persona*, l'organisation est dirigée par une seule personne | ***in capo a***, au bout de: *in capo a un mese*, au bout d'un mois; *in capo al mondo*, au bout du monde | ***lana a due capi***, laine à deux fils | ***punto e a***

capo, (*punteggiatura*) point à la ligne: *siamo punto e a capo!*, (*fig.*) nous y revoilà! | ***senza capo né coda***, sans queue ni tête: *discorso senza capo né coda*, des propos sans queue ni tête | ***tra capo e collo***, à l'improviste: *la notizia mi arrivò tra capo e collo*, la nouvelle m'est tombée dessus à l'improviste.

C

capoarea [ca-po-à-re-a] ***n.m.*** e ***f.*** [pl.m. *capiarea*, f. *invar.*] (*comm.*) chef (*m.*) de zone.

capobanda [ca-po-bàn-da] ***n.m.*** e ***f.*** [pl.m. *capibanda*, f. *invar.*] **1** (*di malfattori*) chef (*m.*) de bande **2** (*mus.*) directeur/trice de fanfare **3** (*scherz.*) (*di una compagnia di giovani*) chef (*m.*) de la bande.

capobranco [ca-po-bràn-co] ***n.m.*** e ***f.*** [pl.m. *capibranco*, f. *invar.*] chef (*m.*) du troupeau.

capocannoniere [ca-po-can-no-niè-re] ***n.m.*** [pl. *capicannonieri*] **1** (*mil.*) chef canonnier **2** (*sport*) meilleur buteur*.

capocchia [ca-pòc-chia] ***n.f.*** tête (*anche scherz.*).
● ***fare a capocchia***, faire n'importe comment | ***rispondere a capocchia***, répondre au hasard.

capoccia [ca-pòc-cia] ***n.m.*** e ***f.invar.*** **1** chef (*m.*) de famille **2** (*sorvegliante di lavoratori*) contremaître/esse **3** (*scherz.*) (*capo*) patron/onne ♦ ***n.f.*** [pl. *-ce*] (*scherz.*) (*testa*) caboche.

capocciata [ca-poc-cià-ta] ***n.f.*** (*region.*) coup (*m.*) sur la tête, à la tête: *ho dato una capocciata*, je me suis cogné la tête.

capoccione [ca-poc-ció-ne] ***n.m.*** [f. *-a*] (*fam.*) (*testardo*) cabochard; (*cervellone*) tête (*f.*); (*persona importante*) grosse légume (*f.*).

capoclan [ca-po-clàn] ***n.m.*** e ***f.*** [pl.m. *capiclan*, f. *invar.*] **1** chef (*m.*) de bande, caïd (*m.*) **2** (*di mafia*) parrain (*m.*) **3** (*capotribù*) chef (*m.*).

capoclasse [ca-po-clàs-se] ***n.m.*** e ***f.*** [pl.m. *capiclasse*, f. *invar.*] chef (*m.*) de classe.

capocomico [ca-po-cò-mi-co] ***n.m.*** [f. *-a*; pl.m. *capocomici*, f. *capocomiche*] (*teatr.*) directeur* de troupe.

capocordata [ca-po-cor-dà-ta] ***n.m.*** e ***f.*** [pl.m. *capicordata*, f. *invar.*] premier/ère de cordée.

capocronista [ca-po-cro-nì-sta] ***n.m.*** e ***f.*** [pl.m. *capicronisti*, f. *capocroniste*] responsable de la chronique locale.

capodanno [ca-po-dàn-no] ***n.m.*** [pl. *capodanni*] le jour de l'an, le premier de l'an, le nouvel an.

capodimonte [ca-po-di-món-te] ***agg.invar.*** de Capodimonte ♦ ***n.m.invar.*** porcelaine (*f.*) de Capodimonte.

capodoglio [ca-po-dò-glio] ***n.m.*** [pl. *-gli*] (*zool.*) cachalot.

capofamiglia [ca-po-fa-mì-glia] ***n.m.*** e ***f.*** [pl.m. *capifamiglia*, f. *invar.*] chef (*m.*) de famille.

capofficina [ca-pof-fi-cì-na] ***n.m.*** e ***f.*** [pl.m. *capiofficina*, f. *invar.*] chef (*m.*) d'atelier.

capofila [ca-po-fi-la] ***n.m.*** e ***f.*** [pl.m. *capifila*, f. *invar.*] chef (*m.*) de file.

capofitto [ca-po-fit-to] ***agg.***
● ***a capofitto***, la tête la première; (*fig.*) à corps perdu.

capogiro [ca-po-gì-ro] ***n.m.*** [pl. *capogiri*] vertige.
● ***cifra da capogiro***, somme faramineuse.

capogruppo [ca-po-grùp-po] ***n.m.*** e ***f.*** [pl.m. *capigruppo*, f. *invar.*] chef (*m.*) de groupe.

capolavoro [ca-po-la-vó-ro] ***n.m.*** [pl. *capolavori*] chef-d'œuvre*.

capolinea [ca-po-lì-ne-a] ***n.m.*** [pl. *capilinea*] (*di partenza*) tête (*f.*) de ligne; (*di arrivo*) terminus.

capolino [ca-po-lì-no] ***n.m.*** (*bot.*) capitule.
● ***far(e) capolino***, (*affacciarsi*) passer la tête (à travers), (*spuntare*) percer, pointer.

capolista [ca-po-li-sta] ***n.m.*** e ***f.invar.*** tête (*f.*) de liste.
● ***a capolista***, en tête de liste.

capoluogo [ca-po-luò-go] ***n.m.*** [pl. *capoluoghi* e *capiluoghi*] chef-lieu*.

capomafia [ca-po-mà-fia] ***n.m.*** e ***f.*** [pl.m. *capimafia*, f. *invar.*] chef (*m.*) d'un ou de plusieurs groupes appartenant à la mafia.

capomastro [ca-po-mà-stro] ***n.m.*** [pl. *capomastri* o *capimastri*] maître maçon.

caponata [ca-po-nà-ta] ***n.f.*** (*cuc.*) hors-d'œuvre (*m.*) sicilien à base de légumes, olives et câpres.

capopopolo [ca-po-pò-po-lo] ***n.m.*** e ***f.*** [pl.m. *capipopolo*, f. *invar.*] meneur/euse; (*demagogo*) démagogue.

caporale [ca-po-rà-le] ***n.m.*** **1** (*mil.*) caporal* **2** (*scherz.*) (*persona autoritaria*) gendarme **3** caporale (dans le Sud de l'Italie, recruteur abusif d'ouvriers agricoles journaliers).

caporalesco [ca-po-ra-lé-sco] ***agg.*** [pl.m. *-schi*, f. *-sche*] de caporal; (*fig.*) brusque.

caporalmaggiore [ca-po-ral-mag-gió-re] ***n.m.*** (*mil.*) caporal-chef*.

caporedattore [ca-po-re-dat-tó-re] ***n.m.*** [f. *caporedattrice*; pl.m. *capiredattori*] rédacteur* en chef.

caporeparto [ca-po-re-pàr-to] ***n.m.*** e ***f.*** [pl.m. *capireparto*, f. *invar.*] (*di fabbrica*) chef (*m.*) d'atelier; (*di grande magazzino*) chef (*m.*) de rayon; (*di azienda, ospedale ecc.*) chef (*m.*) de service.

caporione [ca-po-ri-ó-ne] ***n.m.*** [pl. *caporioni*] chef de bande.

caposala [ca-po-sà-la] ***n.m.*** e ***f.*** [pl.m. *capisala*; f. *invar.*] gardien/enne de salle.

caposaldo [ca-po-sàl-do] ***n.m.*** [pl. *capisaldi*] **1** repère **2** (*mil.*) point d'appui **3** (*fig.*) fondement.

caposcuola [ca-po-scuò-la] ***n.m.*** e ***f.*** [pl.m. *capiscuola*, f. *invar.*] chef (*m.*) de file.

caposervizio [ca-po-ser-vì-zio] ***n.m.*** e ***f.*** [pl.m. *capiservizio*, f. *invar.*] chef (*m.*) de service.

caposquadra [ca-po-squà-dra] ***n.m.*** e ***f.*** [pl.m. *capisquadra*, f. *invar.*] **1** contremaître/esse; (*in miniera*) porion (*m.*) **2** (*mil.*) chef (*m.*) d'escouade **3** (*sport*) chef (*m.*), responsable d'équipe.

capostazione [ca-po-sta-zió-ne] ***n.m.*** e ***f.*** [pl.m. *capistazione*, f. *invar.*] chef (*m.*) de gare.

capostipite [ca-po-stì-pi-te] ***n.m.*** e ***f.*** [pl. *capostipiti*] fondateur/trice de dynastie; (*fig.*) premier/ère de lignée ♦ ***n.m.*** (*filol.*) archétype (*anche estens.*).

capotasto [ca-po-tà-sto] ***n.m.*** [pl. *capotasti*] (*mus.*) sillet.

capotavola [ca-po-tà-vo-la] ***n.m.*** e ***f.*** [pl.m. *capitavola*; f. *invar.*] celui*/celle qui occupe le haut bout de la table (*o* la place d'honneur) ♦ ***n.m.*** (*posto d'onore*) *haut bout de la table: *sedere a capotavola*, occuper le haut bout de la table.

capotreno [ca-po-trè-no] ***n.m.*** e ***f.*** [pl.m. *capitreno* o *capotreni*, f. *invar.*] chef (*m.*) de train.

capotribù [ca-po-tri-bù] ***n.m*** e ***f.*** [pl.m. *capitribù*, f. *invar.*] chef (*m.*) de tribu.

capotta [ca-pòt-ta] ***n.f.*** capote.

capottare [ca-pot-tà-re] *v.intr.* [aus. *avere*] capoter.
capoufficio [ca-po-uf-fì-cio] *n.m.* e *f.* [pl.m. *capiufficio*, f. *invar.*] chef (*m.*) de service.
capoverso [ca-po-vèr-so] *n.m.* [pl. *capoversi*] alinéa (*anche dir.*).
capovolgere [ca-po-vòl-ge-re] *v.tr.* [coniug. come *volgere*] retourner; (*rovesciare*) renverser; (*fig.*) bouleverser: *un'ondata ha capovolto la barca*, une vague a fait chavirer la barque ♦ **capovolgersi** *v.pron.* se retourner; (*fig.*) se renverser.
capovolgimento [ca-po-vol-gi-mén-to] *n.m.* **1** retournement; (*fig.*) renversement **2** (*di imbarcazione*) chavirement; (*di automobile, aereo*) capotage.
capovolta [ca-po-vòl-ta] *n.f.* **1** retournement (*m.*); (*fam.*) galipette **2** (*atletica*) culbute; (*nuoto*) virage -culbute* (*m.*).
capovolto [ca-po-vòl-to] *agg.* renversé: *sedia capovolta*, chaise renversée.
cappa [càp-pa] *n.f.* **1** (*abbigl.*) cape; (*di cardinale*) chape **2** (*di camino, cucina*) *hotte **3** (*mar.*) capot (*m.*).
● ***cappa di piombo***, (*fig.*) chape de plomb | ***romanzo di cappa e spada***, roman de cape et d'épée.
cappa(lunga) [cap-pa(-lùn-ga)] *n.f.* (*zool.*) couteau* (*m.*).
cappella¹ [cap-pèl-la] *n.f.* chapelle.
cappella² *n.f.* **1** (*di funghi*) chapeau* (*m.*) **2** (*volg.*) (*glande*) nœud (*m.*).
cappellaio [cap-pel-là-io] *n.m.* [f. *-a*; pl.m. *-ai*] chapelier*.
cappellano [cap-pel-là-no] *n.m.* chapelain.
● ***cappellano maggiore***, premier aumônier | ***cappellano militare***, aumônier militaire.
cappellata [cap-pel-là-ta] *n.f.* **1** (*fam.*) (*errore*) bourde **2** (*quantità di cose*) chapeau* (*m.*) plein.
● ***a cappellate***, à foison.
cappelliera [cap-pel-liè-ra] *n.f.* carton (*m.*) à chapeaux.
cappellificio [cap-pel-li-fì-cio] *n.m.* [pl. *-ci*] chapellerie (*f.*).
cappello [cap-pèl-lo] *n.m.* **1** chapeau* **2** (*fig.*) (*preambolo*) introduction (*f.*); (*di articolo*) chapeau*.
● ***cappello a cilindro***, haut-de-forme | ***cappello a tesa larga***, chapeau à larges bords | ***cappello a tre punte***, tricorne | ***cappello di tromba***, sourdine de trompette | ***prendere cappello***, (*fig.*) prendre ombrage | ***far tanto di cappello a qlcu***, (*fig.*) tirer son chapeau à qqn.
capporo [càp-pe-ro] *n.m.* (*bot.*) **1** (*pianta*) câprier **2** (*frutto*) câpre (*f.*).
cappio [càp-pio] *n.m.* [pl. *-pi*] nœud coulant.
● ***avere il cappio al collo***, (*fig.*) avoir les mains liées.
cappone [cap-pó-ne] *n.m.* chapon.
cappotta [cap-pòt-ta] *n.f.* → **capotta**.
cappotto¹ [cap-pòt-to] *n.m.* **1** manteau*, pardessus **2** (*mil.*) capote (*f.*).
cappotto² *n.m.* (*nei giochi*) capot.
● ***dare cappotto***, battre à plate couture.
cappuccetto [cap-puc-cét-to] *n.m.* petit chaperon.
● (*lett.*) ***Cappuccetto Rosso***, le Petit Chaperon Rouge.
cappuccino¹ [cap-puc-cì-no] *n.m.* (*eccl.*) capucin.
cappuccino² *n.m.* (*bevanda*) cappuccino (sorte de café-crème).
cappuccio¹ [cap-pùc-cio] *n.m.* [pl. *-ci*] **1** capuchon; (*dei cappuccini*) capuce **2** (*di penna*) capuchon **3** (*fam.*) → cappuccino².
cappuccio² *agg.*
● ***cavolo cappuccio***, chou cabus.
capra [cà-pra] *n.f.* **1** chèvre **2** (*edil.*) chèvre.
● ***salvare capra e cavoli***, (*fig.*) ménager la chèvre et le chou.
capraio [ca-prà-io] *n.m.* [f. *-a*; pl.m. *-ai*] chevrier*.
caprese [ca-pré-se] *agg.* capriote ♦ *n.m.* e *f.* (*abitante*) Capriote.
● (*cuc.*) (***insalata***) ***caprese***, salade de tomates à la mozzarella.
capretta [ca-prét-ta] *n.f.* chevrette.
capretto [ca-prét-to] *n.m.* chevreau*.
capriata [ca-pri-à-ta] *n.f.* (*edil.*) ferme.
capriccio [ca-prìc-cio] *n.m.* [pl. *-ci*] **1** fantaisie (*f.*), caprice: *fare i capricci*, faire des caprices; *levarsi un capriccio*, se passer une fantaisie; *essere pieno di capricci*, être très capricieux **2** (*infatuazione*) caprice; (*fam.*) béguin **3** (*mus.*) caprice.
● ***agire a capriccio***, agir par caprice.
capriccioso [ca-pric-ció-so] *agg.* **1** capricieux* **2** (*mutevole*) capricieux*; (*bizzarro*) bizarre: *carattere capriccioso*, caractère bizarre.
● (*cuc.*) ***insalata capricciosa***, salade capricciosa (*o* composée).
capricorno [ca-pri-còr-no] *n.m.* **1** capricorne **2** (*astr.*) *Capricorno*, Capricorne.
caprifoglio [ca-pri-fò-glio] *n.m.* [pl. *-gli*] (*bot.*) chèvrefeuille.
caprino [ca-prì-no] *agg.* (*di capra*) de chèvre; (*di caprone*) de bouc: *razze caprine*, races caprines ♦ *n.m.* **1** odeur (*f.*) de bouc **2** (*formaggio*) (fromage de) chèvre.
capriola [ca-pri-ò-la] *n.f.* **1** cabriole, culbute: *fare capriole dalla gioia*, (*fig.*) sauter de joie **2** (*equitazione*) cabriole.
capriolo [ca-pri-ò-lo] *n.m.* chevreuil.
capro [cà-pro] *n.m.* bouc.
● ***capro espiatorio***, bouc émissaire.
caprone [ca-pró-ne] *n.m.* bouc.
capsula [càp-su-la] *n.f.* **1** capsule **2** (*di dente*) couronne.
● (*farm.*) ***capsula gelatinosa***, gélule | ***capsula spaziale***, capsule spatiale.
captare [cap-tà-re] *v.tr.* **1** capter: *captare uno sguardo*, intercepter un coup d'œil; *captare il pensiero di qlcu*, deviner la pensée de qqn **2** (*tel.*) capter, intercepter.
capufficio [ca-puf-fì-cio] *n.m.* → **capoufficio**.
capzioso [cap-zió-so] *agg.* captieux*.
carabattola [ca-ra-bàt-to-la] *n.f.* (*fam.*) **1** (*spec. pl.*) (*roba*) fourbi (*m.sing.*); affaires **2** (*fig.*) bagatelle.
carabina [ca-ra-bì-na] *n.f.* carabine.
● ***carabina ad aria compressa***, carabine à air comprimé.
carabiniere [ca-ra-bi-niè-re] *n.m.* [f. *-a*] carabinier.
● ***fare il carabiniere***, (*fig.*) faire le gendarme.
caracollare [ca-ra-col-là-re] *v.intr.* [aus. *avere*] caracoler.
caraffa [ca-ràf-fa] *n.f.* carafe.
caraibico [ca-ra-ì-bi-co] *agg.* [pl.m. *-ci*, f. *-che*] caraïbe.
carambola [ca-ràm-bo-la] *n.f.* **1** (*biliardo*) carambolage (*m.*) **2** (*fig.*) (*urto*) carambolage (*m.*).

C

C

caramella [ca-ra-mèl-la] *n.f.* bonbon (*m.*): *caramella di menta*, bonbon à la menthe.
caramellare [ca-ra-mel-là-re] *v.tr.* caraméliser.
caramello [ca-ra-mèl-lo] *n.m.* caramel.
caramelloso [ca-ra-mel-ló-so] *agg.* doucereux*.
caramente [ca-ra-mén-te] *avv.* affectueusement: *ti saluto caramente*, (*in fine di lettera*) affectueusement à toi (*o* affectueuses salutations).
carapace [ca-ra-pà-ce] *n.m.* (*zool.*) carapace (*f.*).
carato [ca-rà-to] *n.m.* **1** carat **2** (*estens.*) (*quota di comproprietà*) (*di nave*) quirat; (*di società*) action (*f.*).
carattere [ca-ràt-te-re] *n.m.* **1** (*tip.*) caractère: *caratteri tipografici*, caractères typographiques (*o* d'imprimerie) **2** (*caratteristica*) caractère: *conferenza di carattere letterario*, conférence à caractère littéraire **3** (*indole*) caractère: *ha un carattere d'oro*, il a un excellent caractère; *è un uomo di carattere*, il a du caractère.
● (*biol.*) ***caratteri ereditari***, caractères héréditaires | ***a caratteri d'oro, di fuoco***, en lettres d'or, de feu | ***essere in carattere con***, être en harmonie avec | ***essere privo di carattere***, manquer de caractère.
caratteriale [ca-rat-te-rià-le] *agg.* caractériel* ♦ *n.m.* e *f.* (*psic.*) caractériel/elle.
caratterista [ca-rat-te-rì-sta] *n.m.* e *f.* (*teatr.*, *cine.*) acteur/trice de genre.
caratteristica [ca-rat-te-rì-sti-ca] *n.f.* [pl. *-che*] caractéristique.
caratteristico [ca-rat-te-rì-sti-co] *agg.* [pl.m. *-ci*, f. *-che*] caractéristique; (*tipico*) typique: *locale caratteristico*, local typique; *parla con un accento caratteristico*, il parle avec un accent particulier.
● ***essere caratteristico di***, être propre à, le propre de | (*buroc.*) ***note caratteristiche***, appréciations.
caratterizzare [ca-rat-te-riʒ-ʒà-re] *v.tr.* **1** (*dare un carattere*) camper **2** (*distinguere*) caractériser.
caratterizzazione [ca-rat-te-riʒ-ʒa-zió-ne] *n.f.* caractérisation.
caratura [ca-ra-tù-ra] *n.f.* **1** mesurage (*m.*) en carats **2** (*di nave*) quirat (*m.*); (*di società*) action.
caravan [cà-ra-van] *n.m.invar.* caravane (*f.*).
caravanserraglio [ca-ra-van-ser-rà-glio] *n.m.* [pl. *-gli*] **1** caravansérail **2** (*fig.*) foire (*f.*).
caravella [ca-ra-vèl-la] *n.f.* caravelle.
carb(o)- *pref.* carb(o)-.
carboidrato [car-bo-i-drà-to] *n.m.* (*chim.*) glucide, hydrate de carbone.
carbonaia [car-bo-nà-ia] *n.f.* **1** meule de charbonnière **2** (*deposito del carbone*) charbonnerie; (*mar.*) soute à charbon.
carbonaio [car-bo-nà-io] *n.m.* [pl. *-ai*] charbonnier.
carbonara, alla [al-la car-bo-nà-ra] *agg.*
● (*cuc.*) ***spaghetti alla carbonara***, spaghetti avec des lardons frits, des œufs, du parmesan et du poivre.
carbonaro [car-bo-nà-ro] *agg.* (*st.*) des carbonari ♦ *n.m.* (*st.*) carbonaro.
carbonato [car-bo-nà-to] *n.m.* (*chim.*) carbonate.
carbonchio [car-bón-chio] *n.m.* [pl. *-chi*] (*med.*, *vet.*, *agr.*) charbon.
carboncino [car-bon-cì-no] *n.m.* fusain.
carbone [car-bó-ne] *n.m.* charbon; (*fossile*) *houille (*f.*).
● ***carbone bianco***, houille blanche | ***nero come il carbone***, noir comme du charbon | ***stare sui carboni accesi, ardenti***, (*fig.*) être sur des charbons ardents.
carbonella [car-bo-nèl-la] *n.f.* charbon (*m.*) de bois.
carboneria [car-bo-ne-rì-a] *n.f.* (*st.*) charbonnerie, carbonarisme (*m.*).
carbonico [car-bò-ni-co] *agg.* [pl.m. *-ci*, f. *-che*] **1** (*chim.*) carbonique **2** (*geol.*) carbonifère.
carbonifero [car-bo-nì-fe-ro] *agg.* carbonifère, *houiller*: *bacino carbonifero*, bassin houiller.
carbonio [car-bò-nio] *n.m.* [pl. *-ni*] (*chim.*) carbone.
carbonizzare [car-bo-niʒ-ʒà-re] *v.tr.* carboniser ♦ **carbonizzarsi** *v.pron.intr.* se carboniser.
carburante [car-bu-ràn-te] *agg.* e *n.m.* carburant.
carburare [car-bu-rà-re] *v.tr.* (*tecn.*) carburer ♦ *v.intr.* [aus. *avere*] carburer: *al mattino ci metto un po' a carburare*, (*fig.*) au matin il me faut du temps pour carburer.
carburatore [car-bu-ra-tó-re] *n.m.* carburateur.
carburazione [car-bu-ra-zió-ne] *n.f.* (*tecn.*) carburation.
carburo [car-bù-ro] *n.m.* (*chim.*) carbure.
carcadè [car-ca-dè] *n.m.invar.* (*pianta*) hibiscus: *un infuso di carcadè*, une infusion de fleurs d'hibiscus.
carcassa [car-càs-sa] *n.f.* **1** (*di animale morto*) carcasse **2** (*estens.*) carcasse **3** (*di veicolo*) vieux clou (*m.*), tacot (*m.*).
carcerario [car-ce-rà-rio] *agg.* [pl.m. *-ri*] pénitentiaire, de(s) prison(s), carcéral*: *sistema carcerario*, système pénitentiaire.
carcerato [car-ce-rà-to] *agg.* prisonnier* ♦ *n.m.* [f. *-a*] détenu.
carcerazione [car-ce-ra-zió-ne] *n.f.* incarcération.
● ***carcerazione preventiva***, détention préventive.
carcere [càr-ce-re] *n.m.* [pl. *le carceri*] prison (*f.*): *mettere, rinchiudere in carcere*, mettre en prison.
● ***carcere di massima sicurezza***, prison de haute sécurité | ***carcere giudiziario***, maison d'arrêt | ***carcere minorile***, centre d'éducation surveillée.
carceriere [car-ce-riè-re] *n.m.* [f. *-a*] **1** geôlier; gardien* de prison **2** (*fig.*) garde-chiourme*.
carcinoma [car-ci-nò-ma] *n.m.* (*med.*) carcinome.
carciofo [car-ciò-fo] *n.m.* artichaut.
cardanico [car-dà-ni-co] *agg.* [pl.m. *-ci*, f. *-che*] (*mecc.*) de cardan; à cardan.
● ***giunto cardanico***, joint de cardan.
cardano [car-dà-no] *n.m.* (*mecc.*) cardan.
cardare [car-dà-re] *v.tr.* (*ind. tess.*) carder.
cardatore [car-da-tó-re] *n.m.* [f. *-trice*] (*ind. tess.*) cardeur*.
cardatrice [car-da-trì-ce] *n.f.* (*ind. tess.*) (*macchina*) cardeuse.
cardatura [car-da-tù-ra] *n.f.* cardage (*m.*).
cardellino [car-del-lì-no] *n.m.* (*zool.*) chardonneret.
cardiaco [car-dì-a-co] *agg.* [pl.m. *-ci*, f. *-che*] cardiaque.
cardigan [càr-di-gan] *n.m.invar.* gilet de laine, cardigan.
cardinale[1] [car-di-nà-le] *agg.* cardinal*.
● (*mat.*) ***numeri cardinali***, nombres cardinaux | (*geogr.*) ***punti cardinali***, points cardinaux | (*teol.*) ***virtù cardinali***, vertus cardinales.
cardinale[2] *n.m.* (*eccl.*) cardinal*.
● ***cardinale vicario***, cardinal-vicaire.

cardinalizio [car-di-na-lì-zio] *agg.* [pl.m. *-zi*] cardinalice: *cappello cardinalizio*, chapeau de cardinal.
cardine [càr-di-ne] *n.m.* 1 gond 2 (*fig.*) pivot, fondement.
cardi(o)- *pref.* cardi(o)-.
cardioattivo [car-dio-at-tì-vo] *agg.* (*med.*) cardio-actif: *farmaco cardioattivo*, cardio-actif.
cardiochirurgia [car-dio-chi-rur-gì-a] *n.f.* chirurgie cardiaque.
cardiochirurgo [car-dio-chi-rùr-go] *n.m.* [f. *-a*; pl.m. *-ghi*, f. *-ghe*] chirurgien* cardiaque.
cardiocircolatorio [car-dio-cir-co-la-tò-rio] *agg.* [pl.m. *-ri*] cardio-vasculaire*.
cardiofrequenzimetro [car-dio-fre-quen-zì-me-tro] *n.m.* cardiofréquencemètre.
cardiologia [car-dio-lo-gì-a] *n.f.* cardiologie.
cardiologo [car-diò-lo-go] *n.m.* [f. *-a*; pl.m. *-gi*, f. *-ghe*] cardiologue.
cardiopalma [car-dio-pàl-ma] **cardiopalmo** *n.m.* (*med.*) palpitations (*f.pl.*).
cardiopatia [car-dio-pa-tì-a] *n.f.* (*med.*) cardiopathie.
cardiopatico [car-dio-pà-ti-co] *agg.* e *n.m.* [f. *-a*; pl.m. *-ci*, f. *-che*] cardiaque.
cardiotonico [car-dio-tò-ni-co] *agg.* e *n.m.* [pl.m. *-ci*, f. *-che*] (*med.*) cardiotonique, tonicardiaque.
cardo [càr-do] *n.m.* 1 (*bot.*) chardon; (*commestibile*) cardon 2 (*strumento per cardare*) carde (*f.*).
carena [ca-rè-na] *n.f.* carène.
carenaggio [ca-re-nàg-gio] *n.m.* [pl. *-gi*] carénage.
● ***bacino di carenaggio***, bassin de radoub.
carenare [ca-re-nà-re] *v.tr.* caréner*.
carenatura [ca-re-na-tù-ra] *n.f.* (*mar., aer.*) carénage (*m.*).
carente [ca-rèn-te] *agg.* insuffisant; (*carente di*) pauvre (en): *è un po' carente in matematica*, il est faible en maths.
carenza [ca-rèn-za] *n.f.* carence; (*scarsità*) pénurie: *carenza di vitamine*, carence en vitamines; *carenza di personale*, pénurie, manque de personnel.
● (*psic.*) ***carenza affettiva***, carence affective | ***malattie da carenza***, maladies par carence, carentielles.
carenziale [ca-ren-zià-le] *agg.* carentiel*.
carestia [ca-re-stì-a] *n.f.* 1 disette, famine 2 (*scarsità*) pénurie.
carezza [ca-réz-za] *n.f.* caresse: *fare le carezze a un cane*, caresser un chien.
carezzevole [ca-rez-zé-vo-le] *agg.* caressant.
cargo [càr-go] *n.m.invar.* (*mar.*) cargo.
cariare [ca-rià-re] *v.tr.* 1 carier 2 (*estens.*) (*corrodere*) ronger* ♦ **cariarsi** *v.pron.intr.* se carier: *mi si è cariato un dente*, j'ai une dent cariée.
cariatide [ca-rià-ti-de] *n.f.* 1 (*arch.*) cariatide 2 (*fig.*) (*sostenitore di idee sorpassate*) fossile: *è una cariatide*, c'est un vieux tableau.
caribico [ca-rì-bi-co] *agg.* [pl.m. *-ci*, f. *-che*] (*geogr.*) caraïbe, des Caraïbes.
caribù [ca-ri-bù] *n.m.invar.* (*zool.*) caribou.
carica [cà-ri-ca] *n.f.* [pl. *-che*] 1 charge: *occupare, ricoprire un'alta carica*, occuper un poste élevé 2 (*mil.*) charge: *suonare la carica*, sonner la charge 3 (*tecn.*) charge: *la carica di un giocattolo*, le ressort d'un jouet 4 (*fig.*) charge: *avere una grande carica umana, di umanità*, avoir de grandes qualités humaines.
● ***carica elettrica***, charge électrique | ***carica pubblica***, charge publique | (*mil.*) ***alla carica!***, à la charge! | ***andare alla carica***, (*fig.*) foncer | ***dare la carica a***, remonter: *dare la carica al pendolo*, remonter la pendule | ***entrare in carica***, entrer en fonction | (*mil.*) ***fare una carica***, charger | ***indennità di carica***, frais de représentation | ***le alte cariche dello Stato***, les hautes fonctions de l'État | ***perdere la carica***, (*fig.*) être à plat | ***ritornare alla carica***, (*fig.*) revenir à la charge.
caricabatteria [ca-ri-ca-bat-te-rì-a] *n.m.invar.* chargeur (de batterie).
caricamento [ca-ri-ca-mén-to] *n.m.* 1 chargement 2 (*inform.*) chargement, téléchargement.
caricare [ca-ri-cà-re] *v.tr.* [coniug. come *mancare*] 1 charger*: *caricare eccessivamente*, surcharger, charger à l'excès; *caricare di lavoro, caricare di compiti*, surcharger de travail, de devoirs | *l'autobus non ha caricato i passeggeri*, l'autobus n'a pas fait monter les passagers | *caricare d'ingiurie*, (*estens.*) abreuver d'injures 2 (*rifornire, dare la carica*) charger*: *caricare un fucile*, charger un fusil; *caricare la pipa*, bourrer sa pipe; *caricare un orologio*, remonter une montre; *il successo l'ha molto caricato*, (*fig.*) le succès l'a remonté à bloc 3 (*attaccare*) charger*: *caricare il nemico*, charger l'ennemi 4 (*sport*) charger*: *caricare un avversario*, charger un adversaire 5 (*comm.*) (*addebitare*) charger* 6 (*inform.*) charger*, télécharger* ♦ **caricarsi** *v.pron.* se couvrir*: *caricarsi di debiti*, se couvrir de dettes.
● ***caricare di botte***, rouer de coups | ***caricare la dose***, augmenter la dose; (*fig.*) forcer la dose | ***caricare le tinte***, renforcer les couleurs; (*fig.*) forcer la dose | ***caricarsi lo stomaco***, se charger l'estomac.
caricato [ca-ri-cà-to] *agg.* chargé, affecté.
caricatore [ca-ri-ca-tó-re] *n.m.* (*mecc.*) chargeur.
caricatura [ca-ri-ca-tù-ra] *n.f.* caricature: *fare la caricatura di qlcu*, faire la caricature de qqn.
● ***mettere in caricatura***, (*fig.*) tourner en ridicule.
caricaturale [ca-ri-ca-tu-rà-le] *agg.* caricatural*.
caricaturista [ca-ri-ca-tu-rì-sta] *n.m.* e *f.* caricaturiste.
carico[1] [cà-ri-co] *agg.* [pl.m. *-chi*, f. *-che*] 1 chargé 2 (*fig.*) (*oberato*) accablé, chargé: *carico di debiti*, criblé de dettes; *carico di impegni*, très occupé 3 (*di pipa*) bourré 4 (*di orologio*) remonté 5 (*di colori*) soutenu 6 (*di bevande*) concentré, fort 7 (*elettr.*) chargé.
carico[2] *n.m.* [pl. *-chi*] 1 charge (*f.*); (*le merci caricate*) cargaison (*f.*), chargement 2 (*azione del caricare*) chargement: *le operazioni di carico*, le chargement 3 (*fig.*) charge (*f.*), poids: *avere un carico sulla coscienza*, avoir un poids sur la conscience 4 (*comm.*) charge (*f.*); (*addebito*) débit.
● ***assicurazione sul carico***, assurance sur facultés | ***essere a carico di qlcu***, être à la charge de qqn | ***farsi carico di qlco***, se charger de qqch | ***nave da carico***, cargo | ***nave sotto carico***, navire en chargement | ***persone a carico***, personnes à charge | (*dir.*) ***prove a carico di un imputato***, charges produites contre un accusé | (*comm.*): ***registro di carico e scarico***, livre des entrées et des sorties; ***spedizione a carico del destinatario***, frais d'expédition à charge du destinataire | (*dir.*) ***testimoni a carico***, témoins à charge.
carie [cà-rie] *n.f.* (*med., bot.*) carie.
carillon [kari'jɔn] *n.m.invar.* 1 (*di campane*) carillon 2 (*scatola musicale*) boîte (*f.*) à musique.

C

carino [ca-rì-no] ***agg.*** **1** joli; mignon* **2** (*gentile*) gentil*.

cario- *pref.* caryo-.

cariogeno [ca-riò-ge-no] ***agg.*** (*med.*) cariogène, cariant.

carisma [ca-rì-ʃma] ***n.m.*** charisme.

carismatico [ca-ri-ʃmà-ti-co] ***agg.*** [pl.m. *-ci*, f. *-che*] (*teol.*) charismatique (*anche fig.*): *capo carismatico*, chef charismatique.

carità [ca-ri-tà] ***n.f.invar.*** **1** charité; (*amore*) amour (*m.*): *trattare qlcu con carità*, traiter qqn charitablement; *è senza carità*, il n'a pas de cœur **2** (*beneficenza*) charité; (*elemosina*) aumône: *fare la carità*, faire la charité (*o* l'aumône); *vivere di carità*, vivre d'aumône.

● ***carità di patria***, amour de la patrie | ***carità pelosa***, (*iron.*) charité intéressée | ***fammi la carità di star zitto!***, (*fam.*) fais-moi le plaisir de te taire! | ***per carità!***, pour l'amour de Dieu!

caritatevole [ca-ri-ta-té-vo-le] ***agg.*** charitable: *opere caritatevoli*, œuvres caritatives.

carlinga [car-lìn-ga] ***n.f.*** [pl. *-ghe*] (*aer.*) carlingue.

carlino [car-lì-no] ***n.m.*** (*cane*) carlin.

carlona, alla [al-la car-lò-na] ***avv.*** (*fam.*) à la va comme je te pousse.

NOTA L'espressione scherzosa *fare le cose* **alla carlona** deriva da quella più antica 'fare le cose alla maniera di Re Carlone', alludendo a Carlo Magno, descritto nei tardi poemi cavallereschi come uomo semplice e alla buona.

carmagnola [car-ma-gnò-la] ***n.f.*** (*st.*) carmagnole.

carme [càr-me] ***n.m.*** (*letter.*) poème; chanson (*f.*).

carmelitana [car-me-li-tà-na] ***n.f.*** (*eccl.*) carmélite.

carmelitano [car-me-li-tà-no] ***agg.*** (*eccl.*) du Carmel: *ordine carmelitano*, ordre du Carmel; (*suora*) *carmelitana*, carmélite ♦ ***n.m.*** (*eccl.*) carme.

● ***i carmelitani scalzi***, les carmes déchaussés.

carminio [car-mì-nio] ***agg.invar.*** carmin* ♦ ***n.m.*** [pl. *-ni*] carmin*.

carnagione [car-na-gió-ne] ***n.f.*** teint (*m.*).

carnaio [car-nà-io] ***n.m.*** [pl. *-ai*] charnier; (*massacro*) carnage, massacre: *quella spiaggia è un vero carnaio*, (*fig. spreg.*) cette plage grouille de monde.

carnale [car-nà-le] ***agg.*** **1** charnel* **2** (*di fratelli e cugini*) germain.

● ***violenza carnale***, viol.

carne [càr-ne] ***n.f.*** **1** chair: *la pallottola gli penetrò nella carne*, la balle lui pénétra dans les chairs | *calze color carne*, des bas couleur chair **2** (*alimento*) viande.

● ***avere, mettere troppa carne al fuoco***, (*fig.*) courir deux lièvres à la fois | ***essere bene in carne***, être bien en chair | ***in carne e ossa***, en chair et en os | ***né carne né pesce***, (*fig.*) ni chair ni poisson | ***rimettersi in carne***, se remplumer.

NOTA **Carne**: ***viande*** o ***chair***?

Viande è la carne che si mangia, mentre ***chair*** è la carne intesa come la parte muscolare dell'uomo e degli animali vivi:

Non compera mai carne surgelata.
Elle n'achète jamais de la **viande** surgelée.
È davvero ben in carne.
Elle est vraiment bien en **chair**.

carnefice [car-né-fi-ce] ***n.m.*** bourreau* (*anche fig.*).

carneficina [car-ne-fi-cì-na] ***n.f.*** carnage (*m.*).

carneo [càr-ne-o] ***agg.*** carné.

carnevalata [car-ne-va-là-ta] ***n.f.*** mascarade (*anche fig.*).

carnevale [car-ne-và-le] ***n.m.*** carnaval*.

● (*prov.*) ***a carnevale ogni scherzo vale***, c'est carnaval, tout est permis.

carnevalesco [car-ne-va-lé-sco] ***agg.*** [pl.m. *-schi*, f. *-sche*] carnavalesque.

carniere [car-niè-re] ***n.m.*** gibecière (*f.*), carnier.

carnivoro [car-nì-vo-ro] ***agg.*** carnivore; (*di animale che si nutre solo di carne*) carnassier* ♦ ***n.m.*** (*zool.*) Carnivore.

carnoso [car-nó-so] ***agg.*** charnu.

caro [cà-ro] ***agg.*** **1** cher*; (*amato*) aimé: *un caro amico*, un ami cher; *un caro ricordo*, un doux souvenir; *mi è molto caro*, je l'aime bien; *la salute è cara a tutti*, tout le monde tient à sa santé **2** (*amabile*) gentil*: *è un caro ragazzo*, c'est un gentil garçon **3** (*costoso*) cher*: *non è per niente caro*, ce n'est pas cher du tout ♦ ***n.m.*** **1** [f. *-a*] personne (*f.*) chère; (*come appellativo*) cher ami; (*alla persona amata*) chéri **2** (*pl.*) (*famiglia*) famille (*f.sing.*) ♦ ***avv.*** cher: *questi guanti costano cari*, ces gants coûtent cher.

● ***caro lei!***, mon cher! | ***caro papà, carissimi genitori***, (*nella corrispondenza*) cher papa, très chers parents | (*comm.*): ***caro signore***, (*a un cliente*) Monsieur et cher Client; ***caro signor Rossi***, Cher Monsieur | (*corrispondenza*) ***cari saluti***, amitiés | ***avere caro qlcu, qlco***, tenir beaucoup à qqn, à qqch | ***pagare a caro prezzo***, payer cher: *ha pagato cara la sua imprudenza*, il a payé cher son imprudence | ***tener caro qlcu, qlco***, aimer qqn, qqch (*o* tenir à qqn, qqch): *terrò cari i tuoi consigli*, je tiendrai le plus grand compte de tes conseils | ***vendere cara la pelle***, vendre chèrement sa peau.

carogna [ca-ró-gna] ***n.f.*** **1** charogne **2** (*fig. spreg.*) vache, charogne: (*che*) *carogna!*, quelle vache!

carognata [ca-ro-gnà-ta] ***n.f.*** (*fam.*) vacherie, crasse.

carolingio [ca-ro-lìn-gio] ***agg.*** [pl.m. *-gi*, f. *-ge*] (*st.*) carolingien*.

● (*st.*) ***i Carolingi***, les Carolingiens.

carosello [ca-ro-ʃèl-lo] ***n.m.*** **1** carrousel **2** (*fig.*) tourbillon.

carota [ca-rò-ta] ***n.f.*** carotte.

carotaggio [ca-ro-tàg-gio] ***n.m.*** [pl. *-gi*] (*miner.*) carottage.

carotare [ca-ro-tà-re] ***v.tr.*** (*miner.*) carotter.

carotene [ca-ro-tè-ne] ***n.m.*** (*biochim.*) carotène.

carotide [ca-rò-ti-de] ***n.f.*** (*anat.*) carotide.

carovana [ca-ro-và-na] ***n.f.*** caravane.

carovaniere [ca-ro-va-niè-re] ***n.m.*** [f. *-a*] caravanier*.

carovita [ca-ro-vì-ta] ***n.m.invar.*** coût élevé de la vie.

● ***indennità di carovita***, indemnité de vie chère.

carpa [càr-pa] ***n.f.*** (*zool.*) carpe.

carpaccio [car-pàc-cio] ***n.m.*** [pl. *-ci*] (*cuc.*) carpaccio.

carpentiere [car-pen-tiè-re] ***n.m.*** charpentier.

carpione [car-pió-ne] ***n.m.*** truite (*f.*) de lac.

● (*cuc.*) ***in carpione***, en escabèche.

carpire [car-pì-re] ***v.tr.*** [coniug. come *finire*] arracher (*anche fig.*); (*estorcere*) soutirer: *carpire la buona fede di qlcu*, profiter de la bonne foi de qqn.

carpo [càr-po] ***n.m.*** (*anat.*) carpe.

carponi [car-pó-ni] ***avv.*** à quatre pattes.

carrabile [car-rà-bi-le] ***agg.*** carrossable.

● ***passo carrabile***, passage (pour voitures).

carraio [car-rà-io] ***agg.*** [pl.m. *-ai*] charretier* ♦ ***n.m.*** charron.
● ***passo carraio***, passage (pour voitures) | ***porta carraia***, porte cochère.

carré [car-ré] ***n.m.invar.*** **1** (*sartoria*) empiècement: *abito con carré ricamato*, robe avec un empiècement brodé **2** (*macelleria*) carré **3** (*acconciatura*) coupe (*f.*) au carré.

carreggiabile [car-reg-già-bi-le] ***agg.*** charretier* ♦ ***n.f.*** route charretière.

carreggiata [car-reg-già-ta] ***n.f.*** **1** chaussée; (*di autostrada*) voie **2** (*solco lasciato dalle ruote*) ornière **3** (*distanza fra due ruote*) voie.
● ***rimettersi in carreggiata***, (*fig.*) rentrer dans le droit chemin; (*recuperare il tempo perduto*) rattraper le temps perdu | ***uscire dalla carreggiata***, (*fig.*) sortir du droit chemin; (*uscire di argomento*) sortir du sujet.

carreggio [car-rég-gio] ***n.m.*** [pl. *-gi*] (*su carri*) charriage, charroi; (*su vagonetti ecc.*) roulage.

carrellata [car-rel-là-ta] ***n.f.*** **1** (*cine., tv*) travelling (*m.*) **2** (*fig.*) aperçu (*m.*): *una carrellata sulle notizie del giorno*, flash d'information.

carrellista [car-rel-lì-sta] ***n.m.*** **1** (*cine., tv*) travelling man **2** (*nelle stazioni*) vendeur* du buffet roulant.

carrello [car-rèl-lo] ***n.m.*** **1** chariot **2** (*aer.*) train **3** (*cine., tv*) chariot.
● ***carrello della spesa***, poussette | (*aer.*) ***carrello di atterraggio***, train d'atterrissage | ***carrello di supermercato***, caddie, chariot | ***carrello ferroviario***, bog(g)ie | ***carrello portabagagli***, chariot à bagages | ***carrello portavivande***, table roulante | ***carrello tenda***, caravane pliante.

carretta [car-rét-ta] ***n.f.*** **1** charrette **2** (*mar.*) cargo (*m.*) vagabond **3** (*fam.*) (*auto malandata*) (vieux) tacot (*m.*).
● ***carretta del mare***, (*per il trasporto di extracomunitari clandestini*) boat people | ***tirare la carretta***, (*fig.*) mener la barque.

carrettata [car-ret-tà-ta] ***n.f.*** charretée; (*fig.*) tas (*m.*).
● ***a carrettate***, (*fig.*) à charretées entières.

carrettiere [car-ret-tiè-re] ***n.m.*** [f. *-a*] charretier*.

carretto [car-rét-to] ***n.m.*** charrette (*f.*); (*di campagna*) carriole (*f.*).
● ***il carretto, carrettino dei gelati***, la voiturette du glacier.

carriera [car-riè-ra] ***n.f.*** carrière: *fare carriera*, faire carrière; *farà carriera*, il ira loin.
● ***di gran carriera***, à toute allure | ***una donna in carriera***, une femme qui fait carrière (*o* une carriériste).

carrierismo [car-rie-rì-ʃmo] ***n.m.*** carriérisme.

carrierista [car-rie-rì-sta] ***n.m.*** e ***f.*** carriériste.

carriola [car-riò-la] ***n.f.*** **1** brouette **2** (*contenuto di una carriola*) brouettée.

carrista [car-rì-sta] ***n.m.*** (*mil.*) tankiste ♦ ***agg.*** blindé: *reparto carrista*, division blindée.

carro [càr-ro] ***n.m.*** **1** charrette (*f.*), char **2** (*contenuto di un carro*) charretée (*f.*) **3** (*veicolo a trazione meccanica*) wagon.
● ***carro allegorico, mascherato***, char allégorique, de Carnaval | ***carro armato***, char d'assaut, de combat | ***carro attrezzi***, dépanneuse | ***carro bestiame***, fourgon, wagon à bétail | ***carro botte***, wagon-citerne | ***carro ferroviario***, wagon | ***carro funebre***, corbillard | ***carro merci***, wagon de marchandises | (*astr.*) ***Grande Carro, Piccolo Carro***, Grand, Petit Chariot | ***mettere il carro davanti ai buoi***, (*fig.*) mettre la charrue devant les bœufs.

carrozza [car-ròz-za] ***n.f.*** **1** voiture; (*di piazza*) fiacre (*m.*) **2** (*ferr.*) wagon (*m.*), voiture.
● (*ferr.*): ***carrozza di 1ª, 2ª classe***, voiture de 1ᵉ, 2ᵉ classe; ***carrozza letto***, wagon-lit; ***carrozza ristorante***, wagon-restaurant.

carrozzabile [car-roz-zà-bi-le] ***agg.*** carrossable.

carrozzella [car-roz-zèl-la] ***n.f.*** **1** (*per bambini*) voiture d'enfant, landau* (*m.*) **2** (*per invalidi*) fauteuil (*m.*) roulant **3** (*di piazza*) fiacre (*m.*).

carrozzeria [car-roz-ze-rìa] ***n.f.*** carrosserie.

carrozziere [car-roz-ziè-re] ***n.m.*** carrossier.

carrozzina [car-roz-zì-na] ***n.f.*** → **carrozzella** 1.

carrozzone [car-roz-zó-ne] ***n.m.*** **1** roulotte (*f.*) **2** (*fig. spreg.*) pétaudière (*f.*).

carruba [car-rù-ba] ***n.f.*** (*bot.*) caroube.

carrucola [car-rù-co-la] ***n.f.*** (*mecc.*) poulie.

car sharing [kar'ʃɛriŋg] ***n.m.invar.*** autopartage.

carsico [càr-si-co] ***agg.*** [pl.m. *-ci*, f. *-che*] karstique: *regione carsica*, karst.

carsismo [car-sì-ʃmo] ***n.m.*** (*geol.*) karstification (*f.*).

carta [càr-ta] ***n.f.*** **1** papier (*m.*): *un foglio di carta*, une feuille de papier **2** (*pezzo di carta, foglio*) papier (*m.*): *prendi carta e penna*, prends un crayon et du papier **3** (*documento*) papier (*m.*) **4** (*tessera*) carte **5** (*lista delle vivande*) carte: *mangiare alla carta*, manger à la carte **6** (*rappresentazione grafica*) carte **7** (*da gioco*) carte: *giocare a carte*, jouer aux cartes; *mescolare le carte*, battre (*o* mélanger) les cartes; *tagliare le carte*, couper; *buttar giù le carte*, (*a fine gioco*) abattre son jeu **8** (*pol.*) Charte.
● ***carta adesiva***, papier collant | ***carta automobilistica***, carte routière | ***carta da disegno***, papier à dessin | ***carta da forno***, papier sulfurisé | ***carta da giornali***, papier journal | ***carta da imballo***, papier d'emballage | ***carta da lettere***, papier à lettres | ***carta da minuta***, papier brouillon | ***carta da musica***, papier à musique | (*ferr.*) ***carta d'argento***, papier vermeil | ***carta da visita***, carte de visite | ***carta da zucchero***, (*colore*) gris-bleu | (*banca*) ***carta di credito***, carte de crédit | ***carta d'identità***, carte d'identité | ***carta di riso***, papier de riz | ***carta geografica***, carte géographique | ***carta intestata***, papier à en-tête | ***carta lucida, da lucido, da ricalco***, papier calque | ***carta quadrettata, a quadretti***, papier quadrillé | ***carta rigata, a righe***, papier rayé | (*aut.*) ***carta verde***, papier vert; (*ferr.*) papier jeune | ***avere buone carte in mano***, avoir de belles cartes; (*fig.*) avoir des atouts en main | ***avere, dare carta bianca***, (*fig.*) donner carte blanche | ***avere tutte le carte in regola***, (*fig.*) avoir tous les atouts | ***cambiare le carte in tavola***, (*fig.*) changer les données du jeu | ***fare carte false***, (*fig.*) vendre son âme au diable | ***fare le carte***, (*chiromanzia*) tirer les cartes; (*preparare documenti*) réunir les papiers nécessaires (pour) | ***giocare a carte scoperte***, (*anche fig.*) jouer cartes sur table | ***giocare l'ultima carta***, (*anche fig.*) jouer sa dernière carte | ***in carta semplice, libera***, sur papier libre | ***mettere le carte in tavola***, (*fig.*) dévoiler ses batteries | ***sulla carta***, (*teoricamente*) en théorie, sur le papier.

cartacarbone [car-ta-car-bó-ne] ***n.f.*** [pl. *cartecarbone*] papier (*m.*) carbone.

cartaccia [car-tàc-cia] ***n.f.*** [pl. *-ce*] vieux papier (*m.*).

cartaceo [car-tà-ce-o] ***agg.*** de papier.
● ***moneta cartacea***, papier-monnaie.

cartaginese [car-ta-gi-né-se] ***agg.*** carthaginois ♦ ***n.m.*** e ***f.*** (*abitante*) Carthaginois/e.

cartamodello [car-ta-mo-dèl-lo] ***n.m.*** [pl. *cartamodelli*] (*sartoria*) patron.

C

cartamoneta [car-ta-mo-né-ta] ***n.f.*** [pl. *cartemonete*] papier-monnaie* (*m.*).
cartapecora [car-ta-pè-co-ra] ***n.f.*** [pl. *cartapecore*] parchemin (*m.*).
cartapesta [car-ta-pé-sta] ***n.f.*** [pl. *cartapeste* o *cartepeste*] (*per scenari ecc.*) carton-pâte* (*m.*); (*per oggetti, maschere ecc.*) papier (*m.*) mâché.
● ***un uomo di cartapesta***, (*fig.*) un pantin (*o* un fantoche).
cartario [car-tà-rio] ***agg.*** [pl.m. *-ri*] papetier*.
cartastraccia [car-ta-stràc-cia] **carta straccia** ***n.f.*** [pl. *cartestracce* o *carte stracce*] vieux papiers (*m. pl.*); (*scartoffie*) paperasses (*pl.*).
cartavetrare [car-ta-ve-trà-re] ***v.tr.*** passer au papier de verre.
carteggiare [car-teg-già-re] ***v.intr.*** [coniug. come *mangiare*; aus. *avere*] **1** (*letter.*) entretenir* une correspondance **2** (*mar., aer.*) (*tracciare o verificare una data rotta*) pointer ♦ ***v.tr.*** (*pulire una superficie con carta vetrata*) passer au papier de verre.
carteggio [car-tég-gio] ***n.m.*** [pl. *-gi*] correspondance (*f.*).
cartella [car-tèl-la] ***n.f.*** **1** (*di cartone*) chemise; (*di pelle*) serviette; (*per scolari*) cartable (*m.*); (*da scrivania*) sous-main* (*m.*) **2** (*pagina manoscritta*) page manuscrite; (*dattiloscritta*) page dactylographiée, feuillet (*m.*) **3** (*scheda*) fiche **4** (*econ.*) titre (*m.*).
● ***cartella clinica***, dossier médical, fiche médicale | ***cartella della lotteria***, billet de loterie | ***cartella della tombola***, carton de loto | ***cartella esattoriale, delle tasse***, feuille d'impôts | ***cartella personale***, (*di impiegato ecc.*) dossier.
cartelletta [car-tel-lét-ta] **cartellina** ***n.f.*** chemise.
cartellino [car-tel-lì-no] ***n.m.*** **1** étiquette (*f.*) **2** (*targa dell'uscio*) plaque (*f.*) **3** (*scheda*) fiche (*f.*) **4** (*di presenza*) carte (*f.*), fiche (*f.*) de présence.
● (*sport*): ***cartellino giallo***, carton jaune; ***cartellino rosso***, carton rouge | ***timbrare il cartellino***, pointer.
cartello[1] [car-tèl-lo] ***n.m.*** **1** pancarte (*f.*), écriteau*, panneau*: *cartello di protesta*, pancarte (de protestation); *cartello di "Affittasi"*, écriteau "A louer"; *sfilare con un cartello*, porter une pancarte dans un défilé **2** (*insegna di negozio*) enseigne (*f.*).
● ***cartello di sfida***, (*nel duello*) cartel | ***cartello pubblicitario***, panneau, affiche, placard publicitaire | ***cartelli stradali***, panneaux de signalisation | ***artista, cantante di cartello***, artiste, chanteur à succès.
cartello[2] ***n.m.*** (*econ., pol.*) cartel.
cartellone [car-tel-ló-ne] ***n.m.*** **1** placard, affiche (*f.*) **2** (*di spettacoli*) affiche (*f.*) **3** (*della tombola*) tableau*.
● ***cartellone pubblicitario***, placard, affiche publicitaire (*o* panneau-réclame) | ***essere in cartellone***, être au programme, à l'affiche.
cartellonista [car-tel-lo-nì-sta] ***n.m.*** e ***f.*** affichiste.
carter [càr-ter] ***n.m.invar.*** (*mecc.*) carter.
cartesiano [car-te-ʃià-no] ***agg.*** e ***n.m.*** cartésien*.
● (*mat.*) ***asse cartesiano***, axe cartésien.
cartiera [car-tiè-ra] ***n.f.*** papeterie.
cartiglio [car-tì-glio] ***n.m.*** [pl. *-gli*] (*arch.*) cartouche.
cartilagine [car-ti-là-gi-ne] ***n.f.*** (*anat.*) cartilage (*m.*).
cartilagineo [car-ti-la-gì-ne-o] ***agg.*** cartilagineux*.
cartina [car-tì-na] ***n.f.*** **1** (*di medicinale*) sachet (*m.*) **2** (*contenente piccoli oggetti*) paquet (*m.*) **3** (*piccola carta geografica*) carte; (*piantina*) plan (*m.*) **4** (*per sigarette*) papier (*m.*) à cigarettes **5** (*gergo della droga*) parachute (*m.*).
cartoccio [car-tòc-cio] ***n.m.*** [pl. *-ci*] **1** (*pacchetto*) paquet; (*in forma di cono*) cornet **2** (*cuc.*) papillote (*f.*) **3** (*mil.*) gargousse (*f.*) **4** (*di granoturco*) bractée (*f.*).
● (*cuc.*) ***pesce al cartoccio***, poisson en papillote.
cartografia [car-to-gra-fì-a] ***n.f.*** cartographie.
cartografico [car-to-grà-fi-co] ***agg.*** [pl.m. *-ci*, f. *-che*] cartographique.
cartolaio [car-to-là-io] ***n.m.*** [f. *-a*; pl.m. *-ai*] papetier*.
cartolarizzazione [car-to-la-riʒ-ʒa-zió-ne] ***n.m.*** (*fin.*) titrisation.
cartoleria [car-to-le-rì-a] ***n.f.*** papeterie.
cartolibreria [car-to-li-bre-rì-a] ***n.f.*** librairie-papeterie*.
cartolina [car-to-lì-na] ***n.f.*** carte (postale).
● ***cartolina illustrata***, carte postale | ***cartolina postale***, carte-lettre | (*mil.*) ***cartolina precetto, rosa***, ordre d'appel, de mobilisation.
cartomante [car-to-màn-te] ***n.m.*** e ***f.*** cartomancien/enne.
cartomanzia [car-to-man-zì-a] ***n.f.*** cartomancie.
cartonato [car-to-nà-to] ***agg.*** cartonné.
cartoncino [car-ton-cì-no] ***n.m.*** **1** (*biglietto*) carte (*f.*) **2** (*cartone leggero*) carton léger.
● ***cartoncino da auguri***, carte de vœux.
cartone [car-tó-ne] ***n.m.*** **1** carton: *una scatola di cartone*, un carton **2** (*contenitore*) carton: *un cartone di latte*, un carton de lait **3** (*molto fam.*) (*cazzotto*) torgnole (*f.*).
● (*cine.*) ***cartoni animati***, dessins animés.
cartongesso [car-ton-gès-so] ***n.m.*** [pl. *cartongessi*] placoplâtre.
cartotecnica [car-to-tèc-ni-ca] ***n.f.*** [pl. *-che*] papeterie.
cartuccia [car-tùc-cia] ***n.f.*** [pl. *-ce*] **1** cartouche **2** (*di stilografica*) artouce.
● ***è una mezza cartuccia***, (*fig.*) c'est une demi-portion | ***sparare l'ultima cartuccia***, (*fig.*) brûler ses dernières cartouches.
cartucciera [car-tuc-ciè-ra] ***n.f.*** cartouchière.
caruncola [ca-rùn-co-la] ***n.f.*** (*anat., bot.*) caroncule.
carving [càr-ving] ***n.m.invar.*** (*sci*) carving.
casa [cà-sa] ***n.f.*** **1** maison; (*stabile, immobile*) immeuble (*m.*); (*alloggio*) logement (*m.*); (*l'interno*) intérieur (*m.*): *cambiar casa*, changer de domicile; *cercare casa*, chercher un logement; *comprare casa*, acheter un appartement, une maison; *uscir di casa*, sortir (de chez soi); *avere una casa propria*, avoir un chez-soi; *la sua casa è sistemata con gusto*, son intérieur est arrangé avec goût; *passeranno da casa nostra*, ils passeront chez nous | *sta di casa a Milano*, il habite Milan **2** (*famiglia*) famille; (*genitori*) parents (*m.pl.*): *tanti saluti a casa* (*tua*), bien des choses chez toi **3** (*comm.*) (*ditta, società*) maison **4** (*stirpe*) maison, famille: *la casa d'Asburgo*, la maison des Habsbourg **5** (*di scacchiera*) case.
● (*baseball*) ***casa base***, base de départ | ***casa da gioco***, maison de jeu | ***casa dello studente***, foyer universitaire | ***casa di correzione***, centre d'éducation surveillée | ***casa di moda***, maison de couture, atelier | ***casa di pena***, pénitencier | ***casa editrice***, maison d'édition | ***casa in affitto***, maison en location | (*prov.*) ***casa mia, casa mia, per piccina che tu sia, tu mi sembri una badia***, ma maison est mon château, mon Louvre et mon Fontainebleau | ***casa popolare***, habitation à loyer modéré (HLM) | ***davanti, dietro, sotto casa mia***, devant, derrière chez moi, au-dessous de chez moi | ***a, in casa***, à la maison; chez: *entrare*

in casa, entrer dans la maison, (*a casa propria*) rentrer à la maison; *il signore non è in casa*, Monsieur est sorti; *restare a, in casa*, rester chez soi; *tornare a casa*, rentrer (chez soi); *fate come se foste a casa vostra!*, faites comme chez vous!; *in casa Rossi*, chez les Rossi; (*sport*) *giocare in casa, fuori casa*, jouer chez soi, en déplacement | ***è una persona di casa***, c'est qqn qui fait partie de la famille | ***è un uomo tutto casa***, c'est un homme très casanier: *è un uomo tutto casa e ufficio*, cet homme partage tout son temps entre sa famille et son bureau | ***fare gli onori di casa***, faire les honneurs de la maison | ***fatto in casa***, maison: *dolce fatto in casa*, gâteau maison | ***il padrone di casa***, (*il capofamiglia*) le maître de maison | ***in casa di***, chez: *abitare in casa di qlcu*, habiter chez qqn | ***la Casa Bianca***, la Maison Blanche | ***la Casa Reale***, la Maison Royale | ***metter su casa***, monter son ménage: *metter su casa insieme*, se mettre en ménage | ***per casa***, dans la maison: *girano per casa strani tipi*, il y a des types étranges dans la maison | (*tel.*) ***pronto, casa Rossi***, allô, ici Rossi | ***spese di casa***, dépenses du ménage.

FAUX AMI Da non confondere con *case* che significa *capanna, casella* o *scomparto*.

NOTA L'espressione italiana ***a casa*** è resa in francese con ***à la maison***:

*Stasera rimarremo **a casa**.*
Nous allons rester **à la maison** ce soir.
*Torni **a casa** stasera ?*
Tu rentres **à la maison** ce soir ?

L'espressione **a casa di** è resa con ***chez***:

*C'è una festa **a casa di** Andrea sabato.*
Il y a une fête **chez** Andrea samedi.

casacca [ca-ʃàc-ca] ***n.f.*** [pl. *-che*] casaque.
● ***voltar, cambiar casacca***, (*fig.*) tourner casaque.

casaccio, a [a ca-ʃàc-cio] ***avv.*** au *hasard; (*senza cura né ordine*) n'importe comment, à la va comme je te pousse; (*a vanvera*) à tort et à travers.

casale [ca-sà-le] ***n.m.*** **1** *hameau* **2** (*casolare*) ferme (*f.*).

casalinga [ca-sa-lìn-ga] ***n.f.*** [pl. *-ghe*] **1** ménagère **2** (*buroc.*) sans profession.

casalingo [ca-sa-lìn-go] ***agg.*** [pl.m. *-ghi*, f. *-ghe*] **1** casanier*: *uomo casalingo*, homme casanier **2** (*cuc.*) maison: *dei piatti casalinghi*, des plats maison ♦ ***n.m.*** (*solo pl.*) articles ménagers.
● ***cucina casalinga***, cuisine traditionnelle.

casamento [ca-sa-mén-to] ***n.m.*** **1** bâtisse (*f.*) **2** (*insieme degli inquilini*) locataires (*pl.*) (d'un immeuble).

casanova [ca-sa-nò-va] ***n.m.invar.*** tombeur de femmes, grand séducteur.

casareccio [ca-sa-réc-cio] ***agg.*** → **casereccio**.

casata [ca-sà-ta] ***n.f.*** famille, maison.

casato [ca-sà-to] ***n.m.*** (*stirpe*) famille (*f.*), maison (*f.*), lignage.

casba [cà-ʃba] ***n.f.*** casbah.

cascame [ca-scà-me] ***n.m.*** déchet.

cascamorto [ca-sca-mòr-to] ***n.m.*** [f. *-a*] (*antiq.*) amoureux transi.
● ***fare il cascamorto con qlcu***, faire les yeux doux à qqn.

cascante [ca-scàn-te] ***agg.*** tombant.

cascare [ca-scà-re] ***v.intr.*** [coniug. come *mancare*; aus. *essere*] tomber; (*crollare*) s'écrouler: *è cascato in terra*, il est tombé par terre.
● ***cascare bene, male***, (*fig.*) bien, mal tomber | ***cascare dalle nuvole***, tomber des nuages | ***cascare dal sonno***, tomber de sommeil | ***cascarci***, se faire avoir | ***dopo tutto, non casca il mondo!***, après tout, ce n'est pas la fin du monde! | ***mi cascano le braccia***, les bras m'en tombent | ***mi fa cascare le braccia***, il me sidère.

cascata [ca-scà-ta] ***n.f.*** **1** cascade, chute: *le cascate del Niagara*, les chutes du Niagara **2** (*estens.*) (*di perle ecc.*) chute.

caschetto [ca-schét-to] ***n.m.*** casque: *ragazza con un caschetto biondo*, jeune fille avec un casque blond.
● ***capelli a caschetto***, cheveux coupés au carré.

cascina [ca-scì-na] ***n.f.*** vacherie; (*fattoria*) ferme.

cascinale [ca-sci-nà-le] ***n.m.*** (*casolare*) ferme (*f.*).

casco [cà-sco] ***n.m.*** [pl. *-schi*] **1** casque **2** (*del banano*) régime.
● ***casco protettivo***, casque de protection | ***casco virtuale***, visiocasque | ***i caschi blu***, (*dell'ONU*) les casques bleus.

caseario [ca-ʃe-à-rio] ***agg.*** [pl.m. *-ri*] fromager*.

caseggiato [ca-seg-già-to] ***n.m.*** **1** (*edificio*) immeuble; (*isolato*) pâté de maisons **2** (*agglomerato*) agglomération (*f.*).

caseificazione [ca-ʃei-fi-ca-zió-ne] ***n.f.*** caséification.

caseificio [ca-ʃei-fì-cio] ***n.m.*** [pl. *-ci*] fromagerie (*f.*).

caseina [ca-ʃe-ì-na] ***n.f.*** (*chim.*) caséine.

casella [ca-sèl-la] ***n.f.*** **1** case **2** (*riquadro di un foglio*) carré (*m.*).
● ***casella postale***, boîte postale | ***casella (postale) elettronica***, boîte aux lettres électronique.

casellante [ca-sel-làn-te] ***n.m.*** e ***f.*** **1** (*di passaggio a livello*) garde-barrière* **2** (*di autostrada*) péagiste.

casellario [ca-sel-là-rio] ***n.m.*** [pl. *-ri*] **1** (*mobile*) casier **2** (*ufficio*) casier.
● ***casellario giudiziale, giudiziario***, (*locale*) casier judiciaire; (*centrale*) sommiers judiciaires | ***casellario postale***, casier postal.

casello [ca-sèl-lo] ***n.m.*** **1** (*ferr.*) guérite (*f.*) (du garde-barrière) **2** (*dell'autostrada*) péage.

casereccio [ca-se-réc-cio] ***agg.*** [pl.m. *-ci*, f. *-ce*] maison, de ménage.
● ***pane casereccio***, pain de campagne.

caserma [ca-sèr-ma *o* caʃèrma] ***n.f.*** caserne.

cash and carry ['kɛʃɛn'kɛrri] ***n.m.invar.*** magasin de gros en libre service, payé-emporté*.

cashmere ['kaʃmir] ***n.m.invar.*** cachemire.

casino [ca-sì-no] ***n.m.*** **1** pavillon **2** (*circolo*) cercle, club **3** (*molto fam.*) bordel; (*gran quantità*) flopée (*f.*), tombée (*f.*): *c'era un casino di gente*, il y avait un monde fou; *mi è piaciuto un casino*, ça m'a vachement plu.
● ***casino di caccia***, pavillon de chasse | ***fare casino***, faire du bordel.

casinò [ca-ʃi-nò *o* casinò] ***n.m.invar.*** casino.

casistica [ca-ʃì-sti-ca] ***n.f.*** [pl. *-che*] **1** liste des cas **2** (*teol.*) casuistique.

caso [cà-ʃo] ***n.m.*** **1** (*evento*) cas: *un caso eccezionale*, un cas exceptionnel **2** (*situazione*) cas, situation (*f.*): *questo non è il vostro caso*, ce n'est pas votre cas **3** (*dir.*) cas; (*caso giudiziario*) affaire (*f.*): *un caso di rapina*, une affaire de vol **4** (*sorte*) sort, *hasard: *i casi della vita*, les hasards de la vie **5** (*gramm.*) cas.
● (*med.*) ***caso clinico***, cas clinique | (*gramm.*) ***caso nominativo***, nominatif | ***a caso***, au hasard | ***è il caso di***, il vaut mieux: *è il caso di restare*, il vaut mieux rester | ***fa al caso nostro***, il nous faut (*o* il nous convient): *questa è la per-*

sona che fa al caso nostro, c'est la personne qu'il nous faut | ***far caso a***, faire attention à: *non farci caso*, n'y fais pas attention | ***guarda caso***, comme par hasard: *guarda caso, era proprio lui*, regardez un peu quel hasard, c'était justement lui | ***i casi sono due***, de deux choses l'une | ***in caso contrario***, dans le cas contraire | ***in nessun caso***, en aucun cas | ***in ogni caso***, (*comunque*) en tout cas; (*ugualmente*) quand même | ***nel caso che***, ***in cui***, au cas où: *nel caso volessi partire in aereo, dimmelo*, au cas où tu voudrais partir en avion, dis-le-moi | ***non è più il caso***, ce n'est plus la peine: *non è più il caso di aspettarlo*, ce n'est plus la peine de l'attendre | ***pensa ai casi tuoi!***, occupe-toi de tes affaires! | ***per caso***, par hasard | ***poniamo il caso che***, admettons que | ***potrebbe (proprio) darsi il caso che***, il se pourrait bien (que) | ***si dà il caso che***, il arrive justement que.

NOTA Mentre in italiano ***nel caso*** (***che***, ***in cui***) è seguito dal verbo al congiuntivo, in francese ***au cas où*** regge il condizionale:
Prendi l'ombrello, ***nel caso che*** *piovesse.*
Prends ton parapluie **au cas où** il pleuvrait.

casolare [ca-so-là-re] *n.m.* maison (*f.*) de paysans.

casomai [ca-ʃo-mà-i] **caso mai** *cong.* 1 (*eventualmente*) éventuellement: *casomai scrivimi*, éventuellement écris-moi 2 (*nell'ipotesi che*) au cas où: *casomai ti occorresse qualcosa*, au cas où tu aurais besoin de quelque chose.

NOTA Mentre in italiano ***casomai*** è seguito dal verbo al congiuntivo, in francese ***au cas où*** regge il condizionale.

casotto [ca-sòt-to] *n.m.* 1 (*della sentinella, in un cantiere*) guérite (*f.*); (*del giornalaio*) kiosque; (*del portinaio, dei cacciatori, di un guardiano*) loge (*f.*); (*per bagnanti*) cabine (*f.*) (de bain) 2 (*mar.*) chambre (*f.*) 3 (*postribolo*) bordel 4 (*fig. fam.*) (*chiasso*) tapage, vacarme.

caspita [cà-spi-ta] *inter.* dis donc, dites donc.

cassa [càs-sa] *n.f.* 1 caisse (*anche estens.*) 2 (*comm.*) caisse 3 (*tip.*) casse.
● (*mar.*) ***cassa compenso***, (*nei sommergibili*) ballast de plongée | (*comm.*) ***cassa continua***, guichet automatique | ***cassa da morto***, cercueil | ***cassa del fucile***, monture | (*mus.*) ***cassa dell'organo***, buffet d'orgue | ***cassa dell'orologio***, caisse d'horloge; (*da polso*) boîtier de montre | (*mus.*) ***cassa del pianoforte***, ***del violino***, caisse du piano, du violon | (*anat.*) ***cassa del timpano***, caisse du tympan | ***Cassa di Risparmio***, Caisse d'Épargne | (*anat.*) ***cassa toracica***, cage thoracique | (*tip.*) ***alta***, ***bassa cassa***, haut, bas de casse | ***a pronta cassa***, (au) comptant: *pagare a pronta cassa*, payer comptant | (*mus.*) ***gran cassa***, grosse caisse | (*comm.*) ***registratore di cassa***, caisse enregistreuse.

cassaforma [cas-sa-fór-ma] *n.f.* [pl. *casseforme*] (*edil.*) coffrage (*m.*).

cassaforte [cas-sa-fòr-te] *n.f.* [pl. *casseforti*] coffre-fort* (*m.*).

cassaintegrato [cas-sa-in-te-grà-to] *agg.* mis au, en chômage technique ♦ *n.m.* [f. *-a*] ouvrier* au chômage technique.

cassaintegrazione [cas-sa-in-te-gra-zió-ne] *n.f.* chômage (*m.*) technique.

cassapanca [cas-sa-pàn-ca] *n.f.* [pl. *cassapanche* o *cassepanche*] coffre (*m.*).

cassare [cas-sà-re] *v.tr.* 1 (*con un tratto di penna*) biffer, raturer 2 (*dir.*) (*un atto ecc.*) casser; (*un debito*) annuler.

cassata [cas-sà-ta] *n.f.* (*cuc.*) cassate.

cassazione [cas-sa-zió-ne] *n.f.* (*dir.*) cassation.

cassero [càs-se-ro] *n.m.* 1 (*mar.*) gaillard 2 (*edil.*) coffrage.

casseruola [cas-se-ruò-la] *n.f.* casserole.

cassetta [cas-sét-ta] *n.f.* 1 caisse, caissette, cageot (*m.*): *una cassetta di mele*, un cageot de pommes 2 (*di nastro magnetico*) cassette; (*fam.*) k7: *cassetta vergine*, cassette vierge 3 (*sedile del cocchiere*) siège (*m.*): *stare a cassetta*, être sur le siège 4 (*di spettacolo*) recette.
● ***cassetta delle elemosine***, tronc | ***cassetta delle lettere***, boîte aux lettres | ***cassetta del pronto soccorso***, trousse d'urgence | (*elettr.*) ***cassetta di accumulatore***, bac (*o* caisse) d'accumulateur | ***cassetta di sicurezza***, coffre | ***film di cassetta***, film qui fait recette | ***pane a***, ***in cassetta***, pain de mie.

cassettiera [cas-set-tiè-ra] *n.f.* chiffonnier (*m.*).

cassetto [cas-sét-to] *n.m.* tiroir.

cassettone [cas-set-tó-ne] *n.m.* 1 commode (*f.*) 2 (*arch.*) caisson.
● (*arch.*) ***soffitto a cassettoni***, plafond à caissons.

cassia [càs-sia] *n.f.* (*bot.*) casse.

cassiere [cas-siè-re] *n.m.* caissier*.

cassone [cas-só-ne] *n.m.* 1 grande caisse (*f.*) 2 (*cassapanca*) coffre 3 (*recipiente metallico per lavori sott'acqua*) caisson 4 (*di autocarro*) caisse (*f.*).

cassonetto [cas-so-nét-to] *n.m.* 1 (*edil.*) (*di tapparella*) coffre 2 (*per i rifiuti*) conteneur.

casta [cà-sta] *n.f.* caste (*anche fig.*).

castagna [ca-stà-gna] *n.f.* châtaigne, marron (*m.*).
● ***castagne arrostite***, châtaignes grillées; (*vendute per strada*) marrons chauds | ***levare le castagne dal fuoco***, (*fig.*) tirer les marrons du feu | ***prendere in castagna***, (*fig.*) prendre sur le fait.

castagnaccio [ca-sta-gnàc-cio] *n.m.* [pl. *-ci*] gâteau à base de farine de châtaigne.

castagneto [ca-sta-gné-to] *n.m.* châtaigneraie (*f.*).

castagno [ca-stà-gno] *n.m.* châtaignier.
● ***castagno d'India***, marronnier d'Inde.

castagnola [ca-sta-gnò-la] *n.f.* 1 (*petardo*) pétard (*m.*) 2 (*pl.*) (*cuc.*) castagnole (sorte de beignets).

castaldo [ca-stàl-do] *n.m.* [f. *-a*] (*amministratore di azienda agricola*) intendant; (*fattore*) fermier.

castamente [ca-sta-mén-te] *avv.* chastement.

castano [ca-stà-no] *agg.* châtain.

NOTA L'aggettivo ***châtain*** resta invariato quando è unito a un aggettivo che ne specifica la sfumatura di colore:
un abito ***castano*** *scuro.*
une robe **châtain** foncé.

castellano [ca-stel-là-no] *n.m.* [f. *-a*] châtelain.

castelletto [ca-stel-lét-to] *n.m.* 1 châtelet 2 (*banca*) crédit maximum.

castello [ca-stèl-lo] *n.m.* 1 château* | *un castello di bugie*, (*fig.*) un tissu de mensonges 2 (*mar.*) gaillard 3 (*impalcatura*) échafaudage.
● (*cine, tv*) ***castello di regia***, tour de régie | (*aer.*) ***castello motore***, bâti-moteur | ***fare castelli in aria***, (*fig.*) faire des châteaux en Espagne | ***letti a castello***, lits superposés.

castigare [ca-sti-gà-re] *v.tr.* [coniug. come *legare*] châtier, punir.

castigatezza [ca-sti-ga-téz-za] *n.f.* 1 (*morigeratezza*) austérité 2 (*purezza*) pureté.

castigato [ca-sti-gà-to] *agg.* 1 (*morigerato*) austère:

vita castigata, vie austère | *abito castigato*, robe sévère **2** (*epurato*) châtié, épuré: *linguaggio castigato*, langage épuré.

castigo [ca-stì-go] ***n.m.*** [pl. *-ghi*] punition (*f.*), châtiment: *essere in castigo*, être puni; *mettere un bambino in castigo*, punir un enfant.

castità [ca-sti-tà] ***n.f.invar.*** **1** chasteté **2** (*fig.*) (*di stile, di lingua*) pureté.

casto [cà-sto] ***agg.*** **1** chaste **2** (*fig.*) (*di stile, di lingua*) pur.

castorino [ca-sto-rì-no] ***n.m.*** (*animale e pelliccia*) ragondin.

castoro [ca-stò-ro] ***n.m.*** (*animale e pelliccia*) castor.

castrare [ca-strà-re] ***v.tr.*** **1** châtrer, castrer **2** (*fig.*) inhiber.

castrato [ca-strà-to] ***agg.*** **1** châtré **2** (*fig.*) mou*, efféminé ♦ ***n.m.*** **1** (*agnello*) mouton **2** (*cantante evirato*) castrat.

castrazione [ca-stra-zió-ne] ***n.f.*** castration.

castroneria [ca-stro-ne-rì-a] ***n.f.*** (*fam.*) bêtise, connerie.

casuale [ca-ʃu-à-le] ***agg.*** **1** fortuit, occasionnel*: *incontro occasionale*, rencontre occasionnelle (*o* fortuite) **2** (*dir.*) casuel*.

casualità [ca-ʃua-li-tà] ***n.f.invar.*** *hasard (*m.*).

casualmente [ca-su-al-mén-te] ***avv.*** par *hasard, fortuitement.

casuario [ca-ʃu-à-rio] ***n.m.*** (*zool.*) casoar.

casupola [ca-sù-po-la] ***n.f.*** masure.

cataclisma [ca-ta-clì-ʃma] ***n.m.*** cataclysme (*anche fig.*).

catacomba [ca-ta-cóm-ba] ***n.f.*** **1** (*spec. pl.*) (*archeol.*) catacombe **2** (*fig.*) tombeau* (*m.*).

catafalco [ca-ta-fàl-co] ***n.m.*** [pl. *-chi*] catafalque.

catafascio, a [a ca-ta-fà-scio] ***avv.*** pêle-mêle*: *andare a catafascio*, aller à la catastrophe.

catalessi [ca-ta-lès-si] ***n.f.invar.*** (*med.*) catalepsie.

catalettico [ca-ta-lèt-ti-co] ***agg.*** [pl.m. *-ci*, f. *-che*] (*med.*) cataleptique.

catalitico [ca-ta-lì-ti-co] ***agg.*** [pl.m. *-ci*, f. *-che*] (*chim.*) catalytique.
● (*aut.*) ***marmitta catalitica***, pot catalytique.

catalizzare [ca-ta-liʒ-ʒà-re] ***v.tr.*** catalyser (*anche fig.*).

catalizzato [ca-ta-liz-zà-to] ***agg.*** catalysé.
● ***veicolo catalizzato***, véhicule catalysé.

catalizzatore [ca-ta-liʒ-ʒa-tó-re] ***n.m.*** catalyseur (*anche fig.*).

catalogare [ca-ta-lo-gà-re] ***v.tr.*** [coniug. come *legare*] cataloguer.

catalogo [ca-tà-lo-go] ***n.m.*** [pl. *-ghi*] **1** catalogue **2** (*fig.*) (*enumerazione*) liste (*f.*), énumération (*f.*).

catamarano [ca-ta-ma-rà-no] ***n.m.*** (*mar.*) catamaran.

catanese [ca-ta-né-se] ***agg.*** catanais ♦ ***n.m.*** e ***f.*** (*abitante*) Catanais/e.

catapecchia [ca-ta-péc-chia] ***n.f.*** masure.

cataplasma [ca-ta-plà-ʃma] ***n.m.*** **1** (*med.*) cataplasme **2** (*fig. scherz.*) (*persona noiosa*) crampon; (*persona piagnucolosa*) geignard.

catapulta [ca-ta-pùl-ta] ***n.f.*** catapulte.

catapultare [ca-ta-pul-tà-re] ***v.tr.*** catapulter (*anche fig.*) ♦ **catapultarsi** ***v.pron.*** (*fig.*) se catapulter.

catarifrangente [ca-ta-ri-fran-gèn-te] ***agg.*** réfléchissant ♦ ***n.m.*** catadioptre.

cataro [cà-ta-ro] ***agg.*** e ***n.m.*** [f. *-a*] (*st. relig.*) cathare.

catarro [ca-tàr-ro] ***n.m.*** catarrhe.

catarsi [ca-tàr-si] ***n.f.invar.*** catharsis.

catasta [ca-tà-sta] ***n.f.*** pile, tas (*m.*).

catastale [ca-ta-stà-le] ***agg.*** cadastral*.

catasto [ca-tà-sto] ***n.m.*** **1** cadastre **2** (*ufficio del catasto*) bureau* du cadastre.

catastrofe [ca-tà-stro-fe] ***n.f.*** catastrophe.
● ***catastrofe finanziaria***, débâcle financière.

catastrofico [ca-ta-strò-fi-co] ***agg.*** [pl.m. *-ci*, f. *-che*] **1** catastrophique **2** (*estens.*) pessimiste.

catechesi [ca-te-chè-ʃi] ***n.f.invar.*** catéchèse.

catechismo [ca-te-chì-ʃmo] ***n.m.*** catéchisme.

catechista [ca-te-chì-sta] ***n.m.*** e ***f.*** catéchiste.

catechizzare [ca-te-chiʒ-ʒà-re] ***v.tr.*** catéchiser.

catecumeno [ca-te-cù-me-no] ***n.m.*** [f. *-a*] catéchumène.

categoria [ca-te-go-rì-a] ***n.f.*** catégorie (*anche fil., sport*).
● ***categoria salariale***, fourchette de salaires | ***contratto di categoria***, contrat professionnel | ***di categoria***, de catégorie, categoriel | ***di prima categoria***, de première classe: *impiegato di prima categoria*, employé de première classe.

categoricamente [ca-te-go-ri-ca-mén-te] ***avv.*** catégoriquement.

categorico [ca-te-gò-ri-co] ***agg.*** [pl.m. *-ci*, f. *-che*] **1** catégorique (*anche fil.*) **2** (*per categoria*) par professions.

catena [ca-té-na] ***n.f.*** chaîne (*anche fig.*): *una catena d'oro*, une chaîne en or; *catena di giornali*, chaîne de journaux.
● ***catena del camino***, crémaillère | (*tecn.*) ***catena di montaggio***, chaîne de montage | ***catena di produzione***, chaîne de production | ***catena montuosa***, chaîne de montagnes | (*aut.*) ***catene*** (***da neve***), chaînes | ***in catene***, enchaîné: *prigionieri in catene*, prisonniers enchaînés; *mettere in catene*, enchaîner | (*tecn.*) ***lavoro a catena***, travail à la chaîne | (*scient.*) ***reazione a catena***, réaction en chaîne | ***spezzare le catene***, (*fig.*) briser ses chaînes | ***tenere in catene***, ***alla catena***, (*anche fig.*) tenir dans les chaînes.

catenaccio [ca-te-nàc-cio] ***n.m.*** [pl. *-ci*] **1** verrou: *chiudere col catenaccio*, fermer au verrou **2** (*vecchia automobile*) vieille bagnole (*f.*) **3** (*calcio*) verrou.

catenella [ca-te-nèl-la] ***n.f.*** chaînette, petite chaîne.

catenina [ca-te-nì-na] ***n.f.*** chaînette: *catenina d'oro*, chaînette en or.

cateratta [ca-te-ràt-ta] ***n.f.*** **1** (*anche med.*) cataracte **2** (*chiusa*) vanne.
● ***si sono aperte le cateratte del cielo***, (*fig.*) il pleut à torrents.

catering [cà-te-ring] ***n.m.invar.*** (*servizio di ristorazione per comunità*) restauration (*f.*).

caterva [ca-tèr-va] ***n.f.*** tas (*m.*): *una caterva di libri*, un tas de livres; *una caterva di gente*, un monde fou.

catetere [ca-tè-te-re] ***n.m.*** (*med.*) cathéter.

cateto [ca-tè-to] ***n.m.*** (*mat.*) côté.

catinella [ca-ti-nèl-la] ***n.f.*** cuvette.
● ***piove a catinelle***, il pleut à verse.

catino [ca-tì-no] ***n.m.*** cuvette (*f.*).

catione [ca-tió-ne] ***n.m.*** (*fis., chim.*) cation.

C

catodico [ca-tò-di-co] ***agg.*** [pl.m. *-ci*, f. *-che*] (*fis.*) cathodique.

catodo [cà-to-do] ***n.m.*** (*fis.*) cathode (*f.*).

catorcio [ca-tòr-cio] ***n.m.*** [pl. *-ci*] **1** (*fam.*) (*oggetto malridotto, spec. veicolo*) vieux clou: *questa bicicletta è un catorcio*, cette bicyclette est un vieux clou **2** (*fam.*) (*persona malandata*) ruine (*f.*): *è un vero catorcio!*, c'est une vraie ruine!

catramare [ca-tra-mà-re] ***v.tr.*** goudronner.

catramatrice [ca-tra-ma-trì-ce] ***n.f.*** (*edil.*) goudronneuse.

catrame [ca-trà-me] ***n.m.*** goudron.

cattedra [càt-te-dra] ***n.f.*** **1** bureau* (*m.*) **2** (*ufficio d'insegnante di ruolo*) (*nelle scuole medie*) poste (*m.*) de professeur; (*nelle scuole superiori e università*) chaire **3** (*eccl.*) chaire.
● ***concorso a cattedre***, concours pour une chaire | ***montare in cattedra***, (*fig.*) pontifier.

cattedrale [cat-te-drà-le] ***n.f.*** cathédrale.

cattedratico [cat-te-drà-ti-co] ***agg.*** [pl.m. *-ci*, f. *-che*] doctoral*, professoral* ♦ ***n.m.*** [f. *-a*; pl.m. *-ci*, f. *-che*] titulaire d'une chaire.

cattivarsi [cat-ti-vàr-si] ***v.pron. indiretto*** gagner.

cattiveria [cat-ti-vè-ria] ***n.f.*** méchanceté.

cattività [cat-ti-vi-tà] ***n.f.invar.*** captivité.

cattivo [cat-tì-vo] ***agg.*** **1** mauvais: *una cattiva azione*, une mauvaise action; *essere* (*di animo*) *cattivo*, être mauvais; *una cattiva lingua*, une mauvaise langue; *cattive intenzioni*, de mauvaises intentions **2** (*malvagio*) méchant: *un uomo, uno sguardo cattivo*, un homme, un regard méchant ♦ ***n.m.*** [f. *-a*] **1** (*persona cattiva*) méchant: *non fare il cattivo*, ne fais pas le méchant **2** (*cosa cattiva*) mauvais: *sapere di cattivo*, (*odore*) sentir mauvais; (*sapore*) avoir un mauvais goût.
● ***con le buone o con le cattive***, de gré ou de force | ***essere su una cattiva strada***, être sur une mauvaise pente | ***prendere qlcu con le cattive***, prendre qqn à rebrousse-poil.

cattolicesimo [cat-to-li-cè-ʃi-mo] ***n.m.*** catholicisme.

cattolico [cat-tò-li-co] ***agg.*** e ***n.m.*** [f. *-a*; pl.m. *-ci*, f. *-che*] catholique: *un cattolico di sinistra*, un catholique marxisant (*o* à *o* de tendance marxiste).
● ***Azione Cattolica Italiana***, Action Catholique Italienne.

cattura [cat-tù-ra] ***n.f.*** capture.
● (*dir.*) ***mandato di cattura***, mandat d'arrêt.

catturare [cat-tu-rà-re] ***v.tr.*** capturer.

caucasico [cau-cà-ʃi-co] ***agg.*** [pl.m. *-ci*, f. *-che*] caucasien*; (*antiq.*) caucasique: *lingue caucasiche*, langues caucasiennes; *razza caucasica*, race caucasienne (*o* caucasique) ♦ ***n.m.*** [f. *-a*] (*abitante*) Caucasien*.

caucciù [cauc-ciù] ***n.m.invar.*** caoutchouc.

caudale [cau-dà-le] ***agg.*** caudal*.

causa [càu-ʃa] ***n.f.*** **1** cause **2** (*ideale*) cause: *guadagnare alla propria causa*, gagner à sa cause **3** (*dir.*) cause; (*processo*) procès (*m.*); (*azione legale*) plainte: *intentare causa a qlcu*, intenter un procès à, contre qqn; *gli ho fatto causa per danni*, je l'ai poursuivi en dommages-intérêts.
● ***a causa di***, à cause de; pour cause de; par suite de: *la casa è in vendita a causa del fallimento*, la maison est en vente pour cause de faillite; *a causa di un errore*, par suite d'une erreur | ***avere causa vinta***, avoir gain de cause | (*dir.*) ***essere in causa con qlcu***, être en procès avec qqn | ***far causa comune con qlcu***, faire cause commune avec qqn | ***giusta causa***, bonne cause | ***mettere qlcu fuori causa***, mettre qqn hors de combat | ***non è senza causa che***, ce n'est pas sans raison que | (*dir.*) ***parti in causa***, parties en cause | ***per causa di***, par (la) faute de.

causale [cau-ʃà-le] ***agg.*** causal* ♦ ***n.f.*** (*causa*) cause.

causalità [cau-ʃa-li-tà] ***n.f.invar.*** causalité.
● ***nesso di causalità***, lien de causalité.

causare [cau-ʃà-re] ***v.tr.*** causer; (*provocare*) provoquer.

causticità [cau-sti-ci-tà] ***n.f.invar.*** causticité (*anche fig.*).

caustico [càu-sti-co] ***agg.*** [pl.m. *-ci*, f. *-che*] caustique (*anche fig.*).

cautamente [cau-ta-mén-te] ***avv.*** prudemment, avec prudence.

cautela [cau-tè-la] ***n.f.*** précaution; (*prudenza*) prudence: *usare le dovute cautele*, prendre toutes les précautions d'usage.
● (*dir.*) ***cautela giudiziaria***, mesure préventive.

cautelare[1] [cau-te-là-re] ***agg.*** (*dir.*) pris par mesure de précaution, conservatoire: *adottare provvedimenti cautelari*, prendre des mesures conservatoires.
● ***custodia cautelare***, détention préventive.

cautelare[2] ***v.tr.*** protéger*, assurer ♦ **cautelarsi** ***v.pron.*** se prémunir, se garantir.

cautelativo [cau-te-la-tì-vo] ***agg.*** de précaution.

cauterizzare [cau-te-riʒ-ʒà-re] ***v.tr.*** (*med.*) cautériser.

cauterizzazione [cau-te-riʒ-ʒa-zió-ne] ***n.f.*** (*med.*) cautérisation.

cauto [càu-to] ***agg.*** prudent | *andar cauto*, agir avec prudence.

cauzionale [cau-zio-nà-le] ***agg.*** (*dir.*) cautionnaire.
● ***deposito cauzionale***, cautionnement.

cauzione [cau-zió-ne] ***n.f.*** caution; (*fin.*) cautionnement (*m.*); (*Borsa*) couverture: *versare una cauzione*, verser une caution.
● (*dir.*) ***liberare dietro cauzione***, mettre en liberté sous caution.

cava [cà-va] ***n.f.*** carrière: *cava di marmo*, carrière de marbre.

> FAUX AMI
> Da non confondere con *cave*, che significa *cantina*.

cavalcare [ca-val-cà-re] ***v.tr.*** [coniug. come *mancare*] **1** monter; (*stare a cavalcioni*) chevaucher, être* à califourchon (**sur**) **2** (*di ponti ecc.*) enjamber ♦ ***v.intr.*** [aus. *avere*] **1** monter à cheval | *vado spesso a cavalcare*, je vais souvent faire du cheval **2** (*percorrere a cavallo*) chevaucher.

cavalcata [ca-val-cà-ta] ***n.f.*** chevauchée: *fare una cavalcata*, faire une promenade à cheval.

cavalcatura [ca-val-ca-tù-ra] ***n.f.*** monture.

cavalcavia [ca-val-ca-vì-a] ***n.m.invar.*** saut-de-mouton*; passage supérieur (*spec. ferr.*).

cavalcioni, a [a ca-val-ció-ni] ***avv.*** à califourchon (**sur**).

cavaliere [ca-va-liè-re] ***n.m.*** **1** cavalier **2** (*fig.*) (*accompagnatore*) cavalier: *far da cavaliere a*, être le cavalier de | *sii cavaliere!*, sois galant! **3** (*st. e titolo onorifico*) chevalier.
● ***cavaliere della Legion d'onore***, chevalier de la Légion d'honneur | ***cavaliere del lavoro***, chevalier de l'ordre national du mérite | ***cavaliere senza macchia e senza paura***, chevalier sans peur et sans reproche | ***cavalier servente***,

chevalier servant | ***a cavaliere di***, à cheval sur: *a cavaliere di due secoli*, à cheval sur deux siècles.

cavalla [ca-vàl-la] ***n.f.*** jument.

cavallerescamente [ca-val-le-re-sca-mén-te] ***avv.*** de façon chevaleresque.

cavalleresco [ca-val-le-ré-sco] ***agg.*** [pl.m. *-schi*, f. *-sche*] chevaleresque (*anche fig.*): *torneo cavalleresco*, tournoi de chevaliers; *poema, romanzo cavalleresco*, poème, roman de chevalerie; *ordine cavalleresco*, ordre de chevalerie; *onorificenza cavalleresca*, distinction honorifique; *uomo leale e cavalleresco*, homme loyal et généreux.

● ***codice cavalleresco***, code de l'honneur.

cavalleria [ca-val-le-rì-a] ***n.f.*** **1** (*mil.*) cavalerie **2** (*st.*) chevalerie **3** (*fig.*) politesse; (*galanteria*) galanterie.

● (*mil.*): ***cavalleria leggera***, cavalerie légère; ***cavalleria pesante***, grosse cavalerie.

cavallerizza [ca-val-le-rìz-za] ***n.f.*** amazone; (*spec. di circo*) écuyère.

cavallerizzo [ca-val-le-rìz-zo] ***n.m.*** **1** cavalier **2** (*maestro di equitazione*) écuyer, professeur d'équitation **3** (*acrobata*) écuyer.

cavalletta [ca-val-lét-ta] ***n.f.*** (*zool.*) sauterelle.

cavalletto [ca-val-lét-to] ***n.m.*** chevalet: *cavalletto del pittore*, chevalet de peintre.

● ***cavalletto della macchina fotografica***, trépied | ***cavalletto di sostegno***, (*per motocicli*) béquille.

cavallina [ca-val-lì-na] ***n.f.*** **1** pouliche **2** (*gioco*) saute-mouton* (*m.*) **3** (*sport*) cheval sautoir.

● ***correre la cavallina***, (*fig.*) courir le jupon.

cavallino[1] [ca-val-lì-no] ***agg.*** chevalin*.

● ***mosca cavallina***, (*anche fig.*) taon.

cavallino[2] ***n.m.*** (*puledro*) poulain.

cavallo [ca-vàl-lo] ***n.m.*** **1** cheval*: *andare a cavallo*, aller à cheval; (*fare equitazione*) faire du cheval **2** (*sport*) (*attrezzo per ginnastica*) cheval* d'arçon **3** (*di pantaloni*) entrejambes.

● ***cavallo da corsa***, cheval de course | ***cavallo da monta***, étalon | (*dir.*) ***cavallo fiscale***, cheval fiscal, CV | (*fis.*) ***cavallo*** (***vapore***), cheval(-vapeur) | ***a cavallo di***, à cheval, à califourchon sur | ***a cavallo tra***, à cheval sur: *a cavallo tra due secoli*, à cheval sur deux siècles | ***artiglieria a cavallo***, artillerie à cheval | ***essere a cavallo***, (*fig.*) être bien en selle: *ora sono a cavallo*, maintenant je suis bien en selle; *ormai siamo a cavallo!*, maintenant ça y est! | ***polizia a cavallo***, police montée.

cavallone [ca-val-ló-ne] ***n.m.*** (*mar.*) grosse vague (*f.*).

cavalluccio [ca-val-lùc-cio] ***n.m.*** [pl. *-ci*] petit cheval*.

● (*zool. pop.*) ***cavalluccio marino***, cheval marin | ***a cavalluccio***, sur les épaules.

cavapietre [ca-va-piè-tre] ***n.m.invar.*** carrier.

cavare [ca-và-re] ***v.tr.*** **1** (*strappare*) arracher; (*tirare fuori*) sortir*: *cavare un dente*, arracher une dent; *cavare le mani di tasca*, sortir les mains de ses poches **2** (*levare, togliere di dosso*) enlever* **3** (*ricavare, ottenere*) tirer: *che cosa ci avete cavato?*, qu'est-ce que vous en avez tiré (*o* y avez gagné)?; *se ci cavo le spese*, si j'arrive à couvrir mes frais ♦ **cavarsi** ***v.pron.*** se tirer (**de**): *cavarsi d'impaccio*, se tirer d'embarras, d'affaire ♦ ***v.pron. indiretto*** s'enlever*; (*fig.*) se passer*: *cavarsi le scarpe*, enlever ses chaussures; *cavarsi una voglia*, se passer une envie.

● ***cavare le parole di bocca a qlcu***, tirer les vers du nez à qqn: *ho dovuto cavargli le parole di bocca*, j'ai dû lui tirer les vers du nez; *non sono riuscito a cavargli una parola di bocca*, je ne suis pas arrivé à tirer de lui un seul mot | ***cavarsela per il rotto della cuffia***, s'en tirer de justesse | ***cavarsi gli occhi***, (*fig.*) se crever les yeux | ***non cavare un ragno da un buco***, ne venir à bout de rien | ***si caverebbe la camicia per...***, il donnerait sa chemise pour...

□ **cavarsela** se tirer d'affaire, s'en tirer: *se l'è cavata bene*, il s'en est bien tiré, (*da un incidente*) il s'en est tiré par miracle; *se l'è cavata con un po' di paura, con un bello spavento*, il en a été quitte pour la peur | *come te la cavi?*, comment ça va?

cavatappi [ca-va-tàp-pi] **cavaturaccioli** ***n.m.invar.*** tire-bouchon*.

caveau [ka'vo] ***n.m.invar.*** (*spec. di banca*) chambre (*f.*) forte.

cavedio [ca-vè-dio] ***n.m.*** [pl. *-di*] **1** (*arch.*) courette (*f.*), puits (de lumière) **2** (*archeol.*) atrium.

caverna [ca-vèr-na] ***n.f.*** **1** caverne **2** (*abitazione malsana*) tanière.

● ***uomo delle caverne***, homme des cavernes; (*fig. scherz.*) homme des bois.

cavernicolo [ca-ver-nì-co-lo] ***agg.*** (*zool.*) cavernicole ♦ ***n.m.*** [f. *-a*] **1** homme des cavernes; (*fig. scherz.*) homme des bois **2** (*zool.*) cavernicole.

cavernoso [ca-ver-nó-so] ***agg.*** caverneux*.

cavetto [ca-vét-to] ***n.m.*** (*elettr.*) petit câble.

cavezza [ca-véz-za] ***n.f.*** licou (*m.*).

● ***mettere la cavezza al collo di qlcu***, (*fig.*) tenir la bride haute à qqn.

cavia [cà-via] ***n.f.*** (*zool.*) cobaye (*m.*) (*anche fig.*).

caviale [ca-vià-le] ***n.m.*** caviar.

cavicchio [ca-vìc-chio] ***n.m.*** [pl. *-chi*] **1** cheville (*f.*) **2** (*agr.*) plantoir.

caviglia [ca-vì-glia] ***n.f.*** **1** (*anche tecn.*) cheville **2** (*mar.*) (*del timone*) poignée.

cavigliera [ca-vi-gliè-ra] ***n.f.*** bande de crêpe élastique (pour la cheville).

cavillare [ca-vil-là-re] ***v.intr.*** [aus. *avere*] chicaner, ergoter; (*sottilizzare*) subtiliser.

cavillo [ca-vìl-lo] ***n.m.*** **1** argument spécieux, argument captieux; (*spec. pl.*) subtilités (*f.pl.*); (*pretesto*) prétexte | *cercare cavilli*, chercher chicane, des poux **2** (*minuzia*) vétille (*f.*): *attaccarsi a dei cavilli*, ergoter sur des vétilles.

● ***cavilli procedurali***, avocasseries.

cavillosamente [ca-vil-lo-sa-mén-te] ***avv.*** de façon spécieuse, captieuse.

cavillosità [ca-vil-lo-si-tà] ***n.f.invar.*** caractère (*m.*) spécieux, caractère (*m.*) captieux.

cavilloso [ca-vil-ló-so] ***agg.*** **1** (*di persona*) chicaneur*, ergoteur*, vétilleux*: *una mente cavillosa*, un esprit vétilleux **2** (*di ragionamento, discorso*) captieux*, spécieux*.

cavità [ca-vi-tà] ***n.f.invar.*** cavité.

cavo[1] [cà-vo] ***agg.*** creux* ♦ ***n.m.*** creux; (*cavità*) cavité (*f.*).

● (*anat.*): ***cavo orale***, cavité orale; (***vena***) ***cava***, veine cave.

FAUX AMI
Da non confondere con *cave*, che significa *cantina*.

cavo[2] ***n.m.*** câble.

● ***via cavo***, par câble.

cavolata [ca-vo-là-ta] ***n.f.*** (*fam.*) (*cosa da poco*) rigolade; (*sciocchezza*) bêtise: *è una cavolata*, c'est de la rigolade.

cavolfiore [ca-vol-fió-re] ***n.m.*** chou-fleur*.

C

cavolo [cà-vo-lo] ***n.m.*** chou* | *cavolo cappuccio*, (chou) cabus | *cavolo rapa*, chourave | *cavolini di Bruxelles*, choux de Bruxelles.
● ***cavolo!***, (*fam.*) zut! | ***col cavolo!***, (*fam.*) mon œil!, des clous! | ***fatti i cavoli tuoi***, (*fam.*) occupe-toi de tes oignons | ***non capisce un cavolo***, (*fam.*) il ne comprend que dalle; ***non me ne importa un cavolo***, (*fam.*) je m'en fiche royalement; ***non vale un cavolo***, (*fam.*) il (ne) vaut pas un clou | ***sono cavoli miei!***, (*fam.*) c'est mes oignons!

cazzata [caz-zà-ta] ***n.f.*** (*volg.*) connerie.

cazzeggiare [caz-zeg-già-re] ***v.intr.*** [coniug. come *mangiare*; aus. *avere*] (*volg.*) **1** glander, glandouiller **2** (*dire cazzate*) déconner.

cazziare [caz-zi-à-re] ***v.tr.*** (*molto fam.*) engueuler, avoiner.

cazziata [caz-zi-à-ta] ***n.f.*** **cazziatone** ***n.m.*** engueulade (*f.*).

cazzo [càz-zo] ***n.m.*** (*volg.*) bitte (*f.*).
● ***cazzo!***, merde! (*o* putain!) | ***che testa di cazzo!***, quelle tête de con! | ***fatti i cazzi tuoi!***, occupe-toi de tes fesses!

cazzotto [caz-zòt-to] ***n.m.*** (*fam.*) marron, torgnole (*f.*); *mollare un cazzotto*, flanquer un marron.
● ***fare a cazzotti***, échanger des torgnoles.

cazzuola [caz-zuò-la] ***n.f.*** truelle.

cazzuto [caz-zù-to] ***agg.*** (*volg.*) **1** (*di cosa difficile; di persona abile*) calé, balèze **2** (*stupido*) con*, débile.

CB [tʃi'bi] ***n.m.invar.*** (*tel.*) CB.

CD [tʃi'di] ***n.m.invar.*** CD.

CD-ROM [tʃidi'rɔm] ***n.m.invar.*** (*inform.*) CD-ROM.

ce ***pron.pers. 1ª pers.pl.*** **1** (*compl. di termine in presenza dei pron.* lo, la, li, le) nous; (*pleonastico non si traduce*): *ce lo scrisse*, il nous l'écrivit; *ce li ha regalati lui*, c'est lui qui nous les a offerts; *prestateceli*, prêtez-les-nous; *avrebbero dovuto consegnarcela oggi*, ils auraient dû nous la livrer aujourd'hui; *ce li mangeremo subito*, nous les mangerons tout de suite **2** (*legato al pronome* ne) nous; (*con valore enfatico e pleonastico, non si traduce*): *ce ne siamo pentiti*, nous nous en sommes repentis; *parlacene, non parlarcene*, parle-nous en, ne nous en parle pas; *non ce ne vogliamo andare, non vogliamo andarcene*, nous ne voulons pas nous en aller; *noi ce ne andiamo a spasso*, nous allons nous promener; *ce ne siamo venuti via subito*, nous sommes partis tout de suite; *ce ne prendiamo quattro*, nous en prenons quatre ♦ ***avv.*** (*di luogo*) y, là: *ce l'ho messo io*, je l'y ai mis moi-même (*o* c'est moi qui l'ai mis là).

cecchino [cec-chì-no] ***n.m.*** **1** (*gergo mil.*) tireur* d'élite **2** (*fig.*) franc-tireur*.

cece [cé-ce] ***n.m.*** pois chiche.

ceceno [ce-cè-no] ***agg.*** tchétchène.

cecità [ce-ci-tà] ***n.f.invar.*** **1** cécité **2** (*fig.*) aveuglement (*m.*).

ceco [cè-co] ***agg.*** [pl.m. *-chi*, f. *-che*] tchèque ♦ ***n.m.*** **1** [f. *-a*] (*abitante*) Tchèque **2** (*lingua*) tchèque.

cedere [cè-de-re] ***v.intr.*** [aus. *avere*] **1** céder* (*anche fig.*): *cedere al primo assalto*, céder au premier assaut; *cedere alle preghiere di qlcu*, céder aux prières de qqn; *non sono disposto a cedere*, je n'en démordrai pas | *cedere allo sconforto*, se laisser vaincre par le découragement | *questa stoffa non cede*, cette étoffe tient bien **2** (*crollare*) s'effondrer, céder*: *il pavimento ha ceduto*, le plancher s'est effondré, a cédé **3** (*econ.*) fléchir, s'effondrer: *i prezzi hanno ceduto*, les prix ont fléchi ♦ ***v.tr.*** **1** céder*: *ti cedo il mio posto*, je te cède ma place **2** (*vendere*) céder*: *cedere un negozio*, céder un magasin | (*fin.*): *cedere un credito*, transporter une créance; *cedere delle azioni*, transférer des actions.
● ***cedere la strada***, laisser le passage | ***cedere le armi***, (*anche fig.*) rendre les armes | ***cedere terreno***, (*anche fig.*) céder du terrain | ***non cedere*** (*o* ***cederla***) ***a nessuno***, n'avoir pas son pareil: *in quanto a coraggio non (la) cede a nessuno*, en matière de courage, il n'a pas son pareil.

cedevole [ce-dé-vo-le] ***agg.*** malléable, mou* (*anche fig.*).
● ***terreno cedevole***, terrain mouvant.

cedibile [ce-dì-bi-le] ***agg.*** (*dir., fin.*) cessible.
● ***non cedibile***, incessible.

cediglia [ce-dì-glia] ***n.f.*** (*gramm.*) cédille.

cedimento [ce-di-mén-to] ***n.m.*** **1** affaissement, effondrement: *cedimento del terreno*, affaissement du terrain | *cedimento degli argini*, écroulement des digues **2** (*fig.*) fléchissement, effondrement: *cedimento della volontà*, fléchissement de la volonté | *cedimento fisico*, défaillance de l'organisme.

cedola [cè-do-la] ***n.f.*** coupon (*m.*).
● ***cedola di commissione libraria***, bon de commande de librairie.

cedolare [ce-do-là-re] ***agg.*** (*fin.*) cédulaire.
● (***imposta***) ***cedolare***, impôt cédulaire.

cedolino [ce-do-lì-no] ***n.m.*** (*dello stipendio*) bulletin, fiche (*f.*) de paie.

cedrata [ce-drà-ta] ***n.f.*** boisson à base de sirop de cédrat.

cedro[1] [cé-dro] ***n.m.*** (*agrume*) **1** (*pianta*) cédratier **2** (*frutto*) cédrat.

cedro[2] ***n.m.*** (*conifera*) cèdre.

cedrone [ce-dró-ne] ***agg.*** e ***n.m.***
● (*zool. pop.*) (***gallo***) ***cedrone***, coq de bruyère.

ceduo [cè-duo] ***agg.*** e ***n.m.***
● (***bosco***) ***ceduo***, taillis.

cefalea [ce-fa-lè-a] ***n.f.*** (*med.*) céphalée, mal de tête.

cefalico [ce-fà-li-co] ***agg.*** [pl.m. *-ci*, f. *-che*] céphalique.

cefalo [cè-fa-lo] ***n.m.*** (*zool.*) muge, mulet.

cefalopode [ce-fa-lò-po-de] ***n.m.*** (*zool.*) céphalopode.

ceffo [cèf-fo] ***n.m.*** **1** (*muso*) museau*, mufle **2** (*estens. spreg.*) tête (*f.*) de bagnard, individu louche | *che ceffo quel tipo!*, il a une sale tête ce type!

ceffone [cef-fó-ne] ***n.m.*** gifle (*f.*).

celacanto [ce-la-càn-to] ***n.m.*** (*zool.*) cœlacanthe.

celare [ce-là-re] ***v.tr.*** cacher ♦ **celarsi** ***v.pron.*** se cacher.

celeberrimo [ce-le-bèr-ri-mo] ***agg.*** [superl. di *celebre*] très célèbre.

celebrare [ce-le-brà-re] ***v.tr.*** célébrer*.

celebrativo [ce-le-bra-tì-vo] ***agg.*** **1** (*commemorativo*) commémoratif **2** (*elogiativo*) de louange (**pour**).

celebrazione [ce-le-bra-zió-ne] ***n.f.*** célébration.

celebre [cè-le-bre] ***agg.*** célèbre.

celebrità [ce-le-bri-tà] ***n.f.invar.*** célébrité.

celere [cè-le-re] ***agg.*** **1** rapide **2** (*accelerato*) accéléré.
● ***truppe celeri***, troupes légères.

celerino [ce-le-rì-no] ***n.m.*** (*fam.*) policier CRS.

celerità [ce-le-ri-tà] ***n.f.invar.*** rapidité.

celermente [ce-ler-mén-te] ***avv.*** rapidement, vite.

celeste [ce-lè-ste] ***agg.*** **1** céleste (*anche fig.*) **2** (*colore*) bleu* ciel ♦ ***n.m.*** **1** (*colore*) bleu* ciel **2** (*pl.*) (*divinità del cielo*) esprits célestes; (*mit.*) dieux de l'Olympe.
● (*relig.*) ***regno celeste***, royaume des cieux.

celestiale [ce-le-stià-le] ***agg.*** céleste.

celia [cè-lia] ***n.f.*** badinage (*m.*).
● ***per celia***, pour plaisanter: *l'ho detto per celia*, je l'ai dit pour plaisanter | ***senza celia***, plaisanterie à part.

celiare [ce-lià-re] ***v.intr.*** [aus. *avere*] plaisanter.

celibato [ce-li-bà-to] ***n.m.*** célibat.

celibe [cè-li-be] ***agg.*** e ***n.m.*** célibataire.

cella [cèl-la] ***n.f.*** cellule.
● ***cella di isolamento***, (*in prigione*) cellule d'isolement | ***cella frigorifera***, chambre froide.

cellofan® [cèl-lo-fan] ***n.m.invar.*** cellophane® (*f.*).

cellofanare [cel-lo-fa-nà-re] ***v.tr.*** emballer sous cellophane.

cellula [cèl-lu-la] ***n.f.*** cellule.
● ***cellula abitativa***, partie habitable.

cellulare [cel-lu-là-re] ***agg.*** cellulaire ♦ ***n.m.*** (*telefono*) portable, téléphone cellulaire.
● ***cellulare a conchiglia***, portable à coque | ***cellulare (con apertura) a slitta***, portable à glissière | ***(furgone) cellulare***, fourgon cellulaire.

cellulite [cel-lu-lì-te] ***n.f.*** cellulite.

celluloide® [cel-lu-lòi-de] ***n.f.*** celluloïd® (*m.*).
● ***il mondo della celluloide***, (*fig.*) le monde du cinéma.

cellulosa [cel-lu-ló-sa] ***n.f.*** cellulose.

celtico [cèl-ti-co] ***agg.*** [pl.m. *-ci*, f. *-che*] celtique.

cembalo [cém-ba-lo] ***n.m.*** **1** (*clavicembalo*) clavecin **2** (*pl.*) (*antico strumento a percussione*) cymbales.

cementare [ce-men-tà-re] ***v.tr.*** cimenter (*anche fig.*) ♦ **cementarsi** ***v.pron.intr.*** **1** s'affermir à l'aide du ciment **2** (*fig.*) se cimenter, se consolider.

cementificazione [ce-men-ti-fi-ca-zió-ne] ***n.f.*** bétonnage (*m.*).

cementificio [ce-men-ti-fì-cio] ***n.m.*** [pl. *-ci*] cimenterie (*f.*).

cemento [ce-mén-to] ***n.m.*** **1** ciment (*anche fig.*) **2** (*med.*) cément.
● ***cemento armato***, béton armé.

cena [cé-na] ***n.f.*** dîner (*m.*); (*a tarda sera, dopo il teatro ecc.*) souper (*m.*); (*di Natale, di Capodanno*) réveillon (*m.*): *andare a cena da qlcu*, aller dîner chez qqn; *stasera siamo a cena da loro*, ce soir, nous dînons chez eux.
● (*relig.*) ***l'Ultima Cena***, la Cène.

cenacolo [ce-nà-co-lo] ***n.m.*** cénacle.
● (*pitt.*) ***il 'Cenacolo'***, la 'Cène': *il 'Cenacolo' di Leonardo da Vinci*, la 'Cène' de Léonard de Vinci.

cenare [ce-nà-re] ***v.intr.*** [aus. *avere*] dîner; (*di notte, dopo il teatro ecc.*) souper.

cencio [cén-cio] ***n.m.*** [pl. *-ci*] **1** chiffon: *passare il cencio*, donner un coup de chiffon **2** (*veste poverissima o lacera*) *haillon, guenille (*f.*): *coperto di cenci*, couvert de haillons, en guenilles; *quell'abito è diventato un cencio*, cette robe n'est plus qu'une loque **3** (*cuc.*) roussette (*f.*).
● ***bianco come un cencio lavato***, blanc comme un linge | ***ridurre un cencio***, en faire une loque: *la malattia l'ha ridotto un cencio*, la maladie en a fait une loque | ***trattare come un cencio***, traiter par-dessous la jambe.

cencioso [cen-ció-so] ***agg.*** **1** (*di abito*) en loques **2** (*di persona*) déguenillé.

cenere [cé-ne-re] ***n.f.*** cendre: *ridurre in cenere*, réduire en cendres.
● ***color biondo cenere***, (d'un) blond cendré.

cenerentola [ce-ne-rèn-to-la] ***n.f.*** cendrillon.

cenerino [ce-ne-rì-no] ***agg.*** cendré.

cenno [cén-no] ***n.m.*** **1** (*segno*) signe; (*gesto*) geste: *fare un cenno d'intesa*, faire un signe d'intelligence | (*comm.*) *nell'attesa di un vostro cortese cenno di riscontro*, dans l'attente de vous lire **2** (*indizio*) symptôme, signe **3** (*allusione*) allusion (*f.*): *fare cenno a qlco*, faire allusion à qqch **4** (*spec. pl.*) (*notizia sommaria*) idée (*f.*), aperçu sommaire **5** (*spec. pl.*) (*breve trattato*) aperçu, notice (*f.*): *cenni biografici*, notice biographique.
● (*comm.*) ***cenno di ricevuta***, accusé de réception | ***a cenni***, par gestes: *capirsi a cenni*, se comprendre par gestes | ***far cenno di sì***, faire oui de la tête.

cenobita [ce-no-bì-ta] ***n.m.*** cénobite (*anche fig.*).

cenone [ce-nó-ne] ***n.m.*** réveillon.

cenotafio [ce-no-tà-fio] ***n.m.*** [pl. *-fi*] cénotaphe.

censimento [cen-si-mén-to] ***n.m.*** recensement.

censire [cen-sì-re] ***v.tr.*** [coniug. come *finire*] recenser.

censo [cèn-so] ***n.m.*** **1** patrimoine **2** (*st.*) cens.

censore [cen-só-re] ***n.m.*** censeur (*anche fig.*).

censorio [cen-sò-rio] ***agg.*** [pl.m. *-ri*] de, du censeur.

censura [cen-sù-ra] ***n.f.*** censure (*anche fig.*).

censurabile [cen-su-rà-bi-le] ***agg.*** censurable.

censurare [cen-su-rà-re] ***v.tr.*** censurer (*anche fig.*).

centaurea [cen-tau-rè-a] ***n.f.*** (*bot.*) centaurée.

centellinare [cen-tel-li-nà-re] ***v.tr.*** siroter.

centenario [cen-te-nà-rio] ***agg.*** [pl.m. *-ri*] **1** (*che ha cento anni*) centenaire **2** (*che si ripete ogni cento anni*) centennal* ♦ ***n.m.*** [f. *-a*] centenaire.

centennale [cen-ten-nà-le] ***agg.*** **1** (*che dura cento anni*) qui dure cent ans **2** (*che si ripete ogni cento anni*) centennal* ♦ ***n.m.*** (*centesimo anniversario*) centenaire.

centennio [cen-tèn-nio] ***n.m.*** [pl. *-ni*] (espace de) cent ans.

centesimale [cen-te-ʃi-mà-le] ***agg.*** centésimal*.

centesimo [cen-tè-ʃi-mo *o* centéʃimo] ***agg.num.ord.*** centième ♦ ***n.m.*** **1** [f. *-a*] centième: *vorrei avere un centesimo della tua memoria*, je voudrais avoir ne serait-ce qu'une parcelle de ta mémoire **2** (*moneta*) centime; (*soldo*) sou: *contare, lesinare il centesimo*, compter ses sous.
● ***al centesimo***, jusqu'au dernier centime: *pagare, calcolare al centesimo*, payer, calculer jusqu'au dernier centime.

centi- ***pref.*** centi-.

centigrado [cen-tì-gra-do] ***agg.*** centigrade.

centigrammo [cen-ti-gràm-mo] ***n.m.*** centigramme.

centilitro [cen-tì-li-tro] ***n.m.*** centilitre.

centimetrato [cen-ti-me-trà-to] ***agg.*** divisé en centimètres.

centimetro [cen-tì-me-tro] ***n.m.*** centimètre.

centina [cèn-ti-na] ***n.f.*** (*edil.*) cintre (*m.*).

centinaio [cen-ti-nà-io] ***n.m.*** [pl. *le centinaia*] centaine (*f.*): *un centinaio di uova*, une centaine d'œufs; *a diecimila lire il centinaio*, dix mille lires les cent.
● ***a centinaia***, par centaines.

cento [cèn-to] ***agg.num.card.*** e ***n.m.invar.*** cent: *cento e un libro*, cent un livres; *ha passato i cent'anni*, il a dépassé cent ans.
● ***cento di questi giorni!***, (*compleanno*) bon anniversaire!; (*onomastico*) bonne fête!; (*altre ricorrenze*) bonheur, santé et prospérité! | ***a cento a cento***, par centaines | ***avere cento e una ragione***, avoir cent fois raison | ***fare i cento (chilometri) all'ora***, faire du cent à l'heure | ***farsi in cento***, déborder d'activité: *farsi in cento per qlcu*, se met-

C

tre en quatre pour qqn | (*sport*) ***i cento*** (***metri***), les cent mètres | (*st.*) ***la guerra dei Cento Anni***, la guerre de Cent Ans | ***per cento***, pour cent: *interesse del cinque per cento*, intérêt de cinq pour cent; *al cento per cento*, (à) cent pour cent; *il per cento*, le pourcentage | ***sono cent'anni che...***, cela fait des siècles que...: *sono cent'anni che non lo vedo*, cela fait des siècles que je ne le vois pas | ***un cento...***, une centaine de..., plus ou moins cent...: *saranno un cento chilometri*, il y aura une centaine de kilomètres; *ci vorranno un cento euro*, il faudra compter plus ou moins cent euros.

NOTA Se preceduto da un numerale che lo moltiplica, ***cent***, traduzione di ***cento***, prende la *s* del plurale: *trecento*, trois cent**s**.

Resta invariato se è seguito da un numerale, dalla parola *mille*, nelle date, nelle indicazioni di pagine, capitoli ecc.: *duecentodieci*, deux cent dix; *quattrocento mila*, quatre cent mille; *trecento milioni*, trois cents millions; *duecento miliardi*, deux cents milliards; *a pagina cinquecento*, à la page cinq cent; *il dieci aprile millenovecento*, le dix avril mil neuf cent.

centodieci [cen-to-diè-ci] ***agg.num.card.*** e ***n.m.invar.*** cent dix.
● ***centodieci e lode***, (*alla laurea*) mention très bien et félicitations du jury | (*sport*) ***i centodieci*** (***a ostacoli***), le cent dix mètres haies: *correre i centodieci*, courir le cent dix mètres haies.

centodue [cen-to-dù-e] ***agg.num.card.*** e ***n.m.invar.*** cent deux.

centometrista [cen-to-me-trì-sta] ***n.m.*** e ***f.*** (*sport*) sprinter (*m.*) de cent mètres.

centomila [cen-to-mì-la] ***agg.num.card.*** e ***n.m.invar.*** cent mille.

centomillesimo [cen-to-mil-lè-ʃi-mo] ***agg.num.ord.*** e ***n.m.*** [f. *-a*] cent millième.

centopiedi [cen-to-piè-di] ***n.m.invar.*** (*zool. pop.*) mille-pattes*.

centouno [cen-to-ù-no] ***agg.num.card.*** e ***n.m.invar.*** cent un.

centrale [cen-trà-le] ***agg.*** central* ♦ ***n.f.*** **1** centrale **2** (*telefonica*) central (*m.*).
● ***centrale del latte***, laiterie municipale | ***centrale di polizia***, commissariat central.

centralina [cen-tra-lì-na] ***n.f.*** central (*m.*); poste (*m.*).
● ***centralina d'allarme***, central d'alarme | ***centralina di regolazione***, central de réglage | ***centralina di rilevamento dell'inquinamento atmosferico***, poste de mesure de la pollution atmosphérique | (*tel.*) ***centralina telefonica***, central téléphonique.

centralinista [cen-tra-li-nì-sta] ***n.m.*** e ***f.*** standardiste.

centralino [cen-tra-lì-no] ***n.m.*** (*tel.*) standard.

centralismo [cen-tra-lì-ʃmo] ***n.m.*** (*pol.*) centralisme.

centralità [cen-tra-li-tà] ***n.f.invar.*** position centrale.

centralizzare [cen-tra-liʒ-ʒà-re] ***v.tr.*** centraliser.

centralizzatore [cen-tra-liʒ-ʒa-tó-re] ***n.m.*** e ***agg.*** [f. *-trice*] centralisateur*.

centralizzazione [cen-tra-liʒ-ʒa-zió-ne] ***n.f.*** centralisation.

centramericano [cen-tra-me-ri-cà-no] ***agg.*** e ***n.m.*** → **centroamericano**.

centrare [cen-trà-re] ***v.tr.*** **1** toucher (*anche fig.*): *centrare il bersaglio*, toucher la cible (*o* faire mouche); *centrare il problema*, toucher le nœud du problème | *l'attore ha centrato il suo personaggio*, le comédien est vraiment entré dans le personnage **2** (*fissare nel centro*) centrer | *centrare la punta del compasso su un foglio*, fixer la pointe d'un compas sur une feuille **3** (*sport*) centrer.

centrato [cen-trà-to] ***agg.*** **1** (*colpito*) touché **2** (*fissato nel centro*) centré.

centrattacco [cen-trat-tàc-co] ***n.m.*** [pl. *-chi*] **centravanti** ***n.m.invar.*** (*calcio*) avant-centre*.

centrifuga [cen-trì-fu-ga] ***n.f.*** [pl. *-ghe*] **1** (*mecc.*) centrifugeuse **2** (*elettrodomestico*) centrifugeuse ménagère **3** (*per la biancheria*) essoreuse; (*programma della lavatrice*) essorage (*m.*) **4** (*per l'insalata*) essoreuse à salade.

centrifugare [cen-tri-fu-gà-re] ***v.tr.*** [coniug. come *legare*] **1** (*mecc.*) centrifuger* **2** (*biancheria, insalata ecc.*) essorer*.

centrifugazione [cen-tri-fu-ga-zió-ne] ***n.f.*** centrifugation.

centrifugo [cen-trì-fu-go] ***agg.*** [pl.m. *-ghi*, f. *-ghe*] centrifuge.
● (*fis.*) ***forza centrifuga***, force centrifuge.

centrino [cen-trì-no] ***n.m.*** napperon.

centripeto [cen-trì-pe-to] ***agg.*** centripète.
● (*fis.*) ***forza centripeta***, force centripète.

centrismo [cen-trì-ʃmo] ***n.m.*** (*pol.*) centrisme.

centrista [cen-trì-sta] ***agg.*** e ***n.m.*** e ***f.*** (*pol.*) centriste.

centro [cèn-tro *o* céntro] ***n.m.*** **1** centre: *il centro di un cerchio, di una sfera*, le centre d'un cercle, d'une sphère **2** (*di città, paese ecc.*) centre: *abitare in centro*, habiter au centre; *andare in centro*, aller en ville **3** (*agglomerato urbano*) ville (*f.*); centre: *vivere in un grande centro*, vivre dans une grande ville; *un centro popoloso*, une grosse agglomération **4** (*luogo attrezzato per attività*) centre **5** (*pol.*) centre: *partiti di centro*, partis du centre **6** (*centrino*) napperon.
● ***centro balneare***, station balnéaire | ***centro città***, centre-ville | ***centro commerciale***, galeries marchandes: (*Internet*) *centro commerciale virtuale*, galeries électroniques | (*inform.*) ***centro di calcolo***, centre de calcul | (*fis.*) ***centro di gravità***, centre de gravité | ***centro di permanenza temporanea***, centre de rétention | ***centro di potere***, centre décisionnel | ***centro di raccolta***, (*di oggetti*) centre de ramassage; (*di persone*) centre d'accueil (*o* d'hébergement) | ***centro direzionale***, centre directionnel | (*anat.*) ***centro nervoso***, centre nerveux | ***centro profughi***, centre d'accueil pour les réfugiés | ***centro sperimentale di cinematografia***, institut d'études cinématographiques | ***centro sportivo***, centre sportif | ***centro storico***, Vieille Ville: *il centro storico di Milano*, le vieux Milan | ***centro urbano***, ***abitato***, agglomération | ***al centro*** (***di***), ***nel centro*** (***di***), au milieu de, au centre de | ***fare centro***, (*anche fig.*) faire mouche | (*sport*) ***palla al centro***, balle au centre.

centroamericano [cen-tro-a-me-ri-cà-no] ***agg.*** centraméricain ♦ ***n.m.*** [f. *-a*] (*abitante*) Centraméricain.

centrocampista [cen-tro-cam-pi-sta] ***n.m.*** e ***f.*** (*sport*) milieu* (*m.*) de terrain.

centrocampo [cen-tro-càm-po] ***n.m.*** (*sport*) centre (du terrain).

centrodestra [cen-tro-dè-stra] ***n.m.invar.*** (*pol.*) centre droit.

centroeuropeo [cen-tro-eu-ro-pè-o] ***agg.*** de l'Europe centrale.

centrosinistra [cen-tro-si-nì-stra] ***n.m.invar.*** (*pol.*) centre gauche.

centrotavola [cen-tro-tà-vo-la] ***n.m.*** [pl. *centritavola*] surtout, milieu de table.

centuplicare [cen-tu-pli-cà-re] ***v.tr.*** [coniug. come *mancare*] centupler.

centuplo [cèn-tu-plo] ***agg.*** e ***n.m.*** centuple.

centuria [cen-tù-ria] ***n.f.*** (*st.*) centurie.

centurione [cen-tu-rió-ne] ***n.m.*** (*st.*) centurion.

ceppo [cép-po] ***n.m.*** **1** souche (*f.*); (*ciocco*) bûche (*f.*): *ardere un ceppo*, brûler une bûche **2** (*stirpe*) souche (*f.*); (*origine*) origine (*f.*): *lingue di ceppo indoeuropeo*, langues de souche indo-européenne **3** (*dell'incudine*) billot; (*dell'aratro*) talon; (*dell'ancora*) jas; (*dell'automobile*) mâchoire (*f.*) de frein **4** (*pl.*) fers (*anche fig.*): *mettere in ceppi*, mettre aux fers **5** (*per bloccare veicoli in sosta vietata*) sabot (de Denver) **6** (*cassetta delle elemosine*) tronc.

cera[1] [cé-ra] ***n.f.*** cire.
● ***cera da, per pavimenti***, cire à parquet | ***cera d'api***, cire d'abeilles | ***cera da scarpe***, cirage | ***essere bianco come la cera***, être jaune comme cire | ***museo delle cere***, musée des cires.

cera[2] ***n.f.*** (*aspetto*) mine: *avere una bella, una brutta cera*, avoir bonne, mauvaise mine; *far buona, cattiva cera*, faire bonne, mauvaise mine.

ceralacca [ce-ra-làc-ca] ***n.f.*** [pl. *-che*] cire à cacheter.

ceramica [ce-rà-mi-ca] ***n.f.*** [pl. *-che*] céramique.

ceramico [ce-rà-mi-co] ***agg.*** [pl.m. *-ci*, f. *-che*] céramique.

ceramista [ce-ra-mì-sta] ***n.m.*** e ***f.*** céramiste.

cerata [ce-rà-ta] ***n.f.*** (*mar.*) ciré (*m.*).

cerato [ce-rà-to] ***agg.*** ciré.
● ***tela cerata***, toile cirée.

cerbero [cèr-be-ro] ***n.m.*** (*fig.*) cerbère.

cerbiatta [cer-biàt-ta] ***n.f.*** (*zool.*) jeune biche, bichette | *occhi da cerbiatta*, (*fig.*) yeux de gazelle.

cerbiatto [cer-biàt-to] ***n.m.*** (*zool.*) faon.

cerbottana [cer-bot-tà-na] ***n.f.*** sarbacane.

cerca [cér-ca] ***n.f.*** [pl. *-che*] **1** recherche **2** (*questua*) quête **3** (*di cane*) flair (*m.*).
● ***in cerca di***, à la recherche de: *andare in cerca di fortuna, di guai*, chercher fortune, des ennuis.

cercapersone [cer-ca-per-só-ne] ***n.m.invar.*** bipeur.

cercare [cer-cà-re] ***v.tr.*** [coniug. come *mancare*] **1** chercher: *cercare una persona, un oggetto*, chercher une personne, un objet; *che cosa stai cercando?*, qu'est-ce que tu cherches?; *cercare moglie, marito*, chercher femme, un mari; *cercare guai*, chercher des ennuis | *cercasi domestica tuttofare*, cherchons bonne à tout faire | *cercansi apprendisti*, on demande des apprentis | *te la sei proprio cercata!*, (*fam.*) tu l'as voulu! **2** (*chiedere di*) demander: *cercare al telefono*, demander au téléphone ♦ ***v.intr.*** [aus. *avere*] chercher (**à**); (*tentare di*) tâcher: *cerca sempre di rendersi utile*, il cherche toujours à se rendre utile; *cercherò di fare presto*, je tâcherai de me dépêcher; *ho cercato di aiutarlo*, j'ai tenté de l'aider.
● (*prov.*) ***chi cerca trova***, qui cherche trouve.

> **NOTA** ***Cercare di*** seguito da un infinito è reso in francese con ***chercher à*** prima dell'infinito o, nel senso di 'tentare', con ***tâcher de*** prima dell'infinito:
>
> *Devi cercare di indovinare.*
> **SÌ** Tu dois **chercher à** deviner.
> **NO** Tu dois **chercher de** deviner.
>
> *Cerca di venire!*
> **Tâche de** venir!

cercatore [cer-ca-tó-re] ***agg.*** e ***n.m.*** [f. *-trice*] chercheur*.
● ***cercatore d'oro***, chercheur d'or.

cerchia [cér-chia] ***n.f.*** **1** enceint, ceinture: *la cerchia delle mura*, l'enceinte des murs **2** (*fig.*) cercle (*m.*): *allargare la cerchia degli amici*, étendre le cercles de ses amis.

cerchiare [cer-chià-re] ***v.tr.*** cercler; (*ruote*) embattre*.

cerchiato [cer-chià-to] ***agg.***
● ***occhi cerchiati***, yeux cernés.

cerchiatura [cer-chia-tù-ra] ***n.f.*** (*di botti*) cerclage (*m.*); (*di ruote*) embattage (*m.*).

cerchietto [cer-chiét-to] ***n.m.*** **1** (*anello, braccialetto*) jonc; (*vera matrimoniale*) alliance (*f.*) **2** (*per i capelli*) serre-tête* **3** (*pl.*) (*gioco*) jeu* de grâces.

cerchio [cér-chio] ***n.m.*** [pl. *-chi*] **1** cercle: *area del cerchio*, aire du cercle; *un cerchio d'ombra, di luce*, un cercle d'ombre, de lumière; *un cerchio di persone*, un cercle de personnes **2** (*della botte*) cerceau*, cercle; (*della ruota*) jante (*f.*) **3** (*gioco*) cerceau*: *giocare con il cerchio*, jouer au cerceau.
● (*mat.*) ***cerchio massimo***, grand cercle | ***avere un cerchio alla testa***, (*estens.*) avoir une barre (à la tête) | ***dare un colpo al cerchio e uno alla botte***, (*fig.*) ménager la chèvre et le chou | ***far cerchio intorno a qlcu***, faire cercle autour de qqn | ***in cerchio***, en rond: *ballare, sedersi in cerchio*, danser, s'asseoir en rond.

cerchione [cer-chió-ne] ***n.m.*** (*di ruota di carro*) bandage; (*aut.*) jante (*f.*).

cereale [ce-re-à-le] ***agg.*** céréale ♦ ***n.m.*** céréale (*f.*).

cerealicolo [ce-re-a-lì-co-lo] ***agg.*** céréalier*.

cerebrale [ce-re-brà-le] ***agg.*** cérébral* (*anche fig.*).
● (*med.*) ***commozione cerebrale***, commotion cérébrale.

cerebroleso [ce-re-bro-lé-ʃo] ***agg.*** e ***n.m.*** [f. *-a*] (*med.*) encéphalopathique.

cerebropatico [ce-re-bro-pà-ti-co] ***agg.*** [pl.m. *-ci*, f. *-che*] encéphalopathique.

cerebrospinale [ce-re-bro-spi-nà-le] ***agg.*** (*anat.*) cérébro-spinal*.

cereo [cè-re-o] ***agg.*** cireux* (*anche fig.*).

ceretta [ce-rét-ta] ***n.f.*** **1** cire dépilatoire: *farsi la ceretta*, se dépiler à la cire **2** (*per scarpe*) cirage (*m.*).

cerfoglio [cer-fò-glio] ***n.m.*** [pl. *-gli*] (*bot.*) cerfeuil.

cerimonia [ce-ri-mò-nia] ***n.f.*** **1** cérémonie **2** (*pl.*) (*complimenti, formalità*) manières: *far cerimonie*, faire des manières.
● ***cerimonia ufficiale***, cérémonie ufficielle | ***abito da cerimonia***, habit (*o* tenue) de cérémonie | ***senza tante cerimonie***, sans manières (*o* sans façons).

cerimoniale [ce-ri-mo-nià-le] ***agg.*** e ***n.m.*** cérémonial*.

cerimoniere [ce-ri-mo-niè-re] ***n.m.*** **1** (*a corte*) maître des cérémonies **2** (*eccl.*) cérémoniaire.

cerimoniosamente [ce-ri-mo-nio-sa-mén-te] ***avv.*** cérémonieusement.

cerimonioso [ce-ri-mo-nió-so] ***agg.*** cérémonieux*.

cerino [ce-rì-no] ***n.m.*** **1** allumette (*f.*) de cire **2** (*candela lunga e sottile*) rat de cave.

cernia [cèr-nia] ***n.f.*** (*zool.*) mérou (*m.*).

cerniera [cer-niè-ra] ***n.f.*** **1** (*mecc.*) charnière (*anche fig.*) **2** (*fermaglio*) fermoir (*m.*).
● ***cerniera doppia***, (*di porta, finestra*) penture | ***cerniera lampo***, fermeture éclair.

C

C

cernita [cèr-ni-ta] *n.f.* 1 tri (*m.*) 2 (*ind.*) triage (*m.*).
cernitore [cer-ni-tó-re] *n.m.* [f. *-trice*] trieur*.
cernitrice [cer-ni-trì-ce] *n.f.* (*macchina*) trieuse.
cero [cé-ro] *n.m.* cierge.
● (*relig.*) ***cero pasquale***, cierge pascal.
cerone [ce-ró-ne] *n.m.* (*cosmetico*) fard (pour la scène).
ceroso [ce-ró-so] *agg.* cireux*.
cerotto [ce-ròt-to] *n.m.* sparadrap.
cerro [cèr-ro] *n.m.* (*bot.*) chêne vert.
certamente [cer-ta-mén-te] *avv.* 1 certainement 2 (*nelle risposte*) bien sûr, certainement: *sì certamente!*, bien sûr (que oui)!; *no certamente!*, bien sûr que non!, certainement pas!; *ma certamente!*, mais certainement!, mais bien sûr!

NOTA Nella lingua corrente, per rispondere ***certamente***, si può dire anche ***absolument*** oppure ***tout à fait***.
"Sei contento?" "Certamente!"
"Es-tu content?" "**Absolument**!"
"Sei sposato?" "Certamente!"
"Es-tu marié?" "**Absolument**! (*o* **Tout à fait**!)"

certezza [cer-téz-za] *n.f.* certitude: *con assoluta certezza*, en toute certitude.
certificare [cer-ti-fi-cà-re] *v.tr.* [coniug. come *mancare*] certifier.
certificato [cer-ti-fi-cà-to] *n.m.* certificat; (*atto*) acte: *chiedere, rilasciare un certificato*, demander, délivrer un certificat.
● ***certificato di buona condotta***, certificat de bonne vie et mœurs | (*banca*): ***certificato di credito***, titre de crédit; ***certificato di deposito***, récépissé de dépôt | (*comm.*) ***certificato di garanzia***, bulletin de garantie | ***certificato di matrimonio***, acte de marriage | ***certificato di nascita, di morte***, acte de naissance, de décès | (*comm.*) ***certificato di origine***, certificat d'origine | ***certificato di stato di famiglia***, fiche d'état civil | ***certificato elettorale***, carte d'électeur | ***certificato medico***, certificat médical | (*dir.*) ***certificato penale, giudiziario***, extrait du casier judiciaire.
certificazione [cer-ti-fi-ca-zió-ne] *n.f.* 1 certification 2 (*Internet*) authentification.
● (*dir.*): ***certificazione di bilancio***, certification de bilan; ***certificazione fiscale***, certification fiscale.
certo[1] [cèr-to] *agg.* certain, sûr: *sono certo di non sbagliarmi*, je suis certain de ne pas me tromper; *nessuno la disturberà, può starne certo*, personne ne vous dérangera, vous pouvez en être certain; *stai pur certo che*, dis-toi bien que; *ho la prova certa di quanto affermo*, j'ai la preuve absolue de ce que j'affirme; *è un rimedio certo contro l'influenza*, c'est un remède infaillible contre la grippe | *successo certo*, succès assuré | *la sua guarigione è certa*, sa guérison ne fait pas de doute ♦ *avv.* bien sûr; (*letter.*) certes: *certo che ne ha fatta di strada!*, on peut dire qu'il en a fait, du chemin!; *ma certo che verremo*, bien sûr, nous viendrons; *non è certo un capolavoro*, ce n'est sûrement pas un chef-d'oeuvre ♦ *n.m.* certain.
● ***di certo***, certainement | ***lasciare il certo per l'incerto***, lâcher la proie pour l'ombre | ***per certo***, de façon certaine: *avere qlco per certo*, être sûr de qqch; *dare per certo*, assurer, garantir; *sapere per certo*, savoir de façon certaine | ***più che certo***, sûr et certain: *ne sono più che certo*, j'en suis sûr et certain.
certo[2] *agg.indef.* [sempre prima del nome] 1 certain: *un certo signor X*, un certain Monsieur X; *ho certi nervi oggi!*, ce que je peux être énervé aujourd'hui!; *certi miei, tuoi amici*, certains de mes, de tes amis (*o* certains amis à moi, à toi); *ho passato la serata con certi miei amici*, j'ai passé la soirée chez des amis 2 (*fam.*) (*tale, simile*) tel*, pareil*, ce*: *aveva certi dolori che svenne*, elle avait de telles douleurs qu'elle s'évanouit; *non tratto con certa gente*, je ne veux pas avoir affaire avec des gens pareils; *ho visto certe facce in quel bar!*, j'ai vu de ces têtes dans ce café!; *ha raccontato certe bugie!*, il a raconté de ces mensonges!; *certe cose non si dicono*, il y a des choses qu'on ne dit pas ♦ *pron.indef.* (*solo pl.*) certains: *certi dicono che*, certains disent que; *certi di noi, di voi*, certains d'entre nous, d'entre vous.
● ***certe volte***, parfois, quelquefois | ***certi..., certi...***, certains..., d'autres...: *certi giorni viene, certi (altri) no*, certains jours il vient, d'autres non | ***certi..., (certi) altri***, certains..., d'autres: *certi approvano, certi (altri) no*, certains approuvent, d'autres non; *certe partono, altre restano*, certaines partent, d'autres restent | ***fino a un certo punto***, jusqu'à un certain point | ***in un certo modo***, d'une certaine manière (*o* façon) | ***in un certo senso***, en un certain sens | ***quel certo non so che***, un je ne sais quoi.
certosa [cer-tó-ʃa] *n.f.* chartreuse.
certosino [cer-to-ʃì-no] *n.m.* 1 [f. *-a*] chartreux* 2 (*zool.*) (*gatto*) chartreux ♦ *agg.* de chartreux.
● ***fare una vita da certosino***, vivre en ermite | ***lavoro da certosino***, travail de bénédictin.
certuni [cer-tù-ni] *pron.indef.pl.* certains: *certuni dicono che*, certains disent que; *vi sono certuni che*, il y a des gens qui.
● ***certuni..., cert'altri***, certains..., d'autres.
ceruleo [ce-rù-le-o] *agg.* (*letter.*) céruléen*: *occhi cerulei*, yeux bleu clair.
cerume [ce-rù-me] *n.m.* cérumen.
cerva [cèr-va] *n.f.* (*zool.*) biche.
cervelletto [cer-vel-lét-to] *n.m.* (*anat.*) cervelet.
cervellino [cer-vel-lì-no] *n.m.* (*fig.*) tête (*f.*) de linotte.
cervello [cer-vèl-lo] *n.m.* 1 [pl. *i cervelli*] cerveau*: *essere operato al cervello*, subir une opération au cerveau 2 [pl. *le cervella*] (*cuc.*) cervelle (*f.*) 3 [pl. *i cervelli*] (*fig.*) esprit, tête (*f.*): *il cervello dell'impresa*, le cerveau, la tête de l'entreprise; *è un gran cervello*, c'est une grosse tête; *essere tocchi nel cervello*, avoir le cerveau un peu dérangé; *ciascuno ragiona col proprio cervello*, chacun raisonne à sa façon; *usa il cervello!*, fais fonctionner tes méninges!; *è un ragazzo senza cervello*, ce garçon n'a pas de tête; *il dolore gli ha sconvolto il cervello*, la douleur a troublé son esprit.
● ***avere il cervello di una gallina***, avoir une cervelle d'oiseau, de moineau | ***farsi saltare le cervella***, (*fig.*) se brûler la cervelle | ***fuga dei cervelli***, exode des cerveaux | ***gli ha dato di volta il cervello***, il a perdu la tête | ***lambiccarsi il cervello***, se creuser le cerveau, la cervelle | ***lavaggio del cervello***, lavage de cerveau | ***non mi passa neanche per l'anticamera del cervello***, ça ne m'effleure même pas l'esprit | ***uscire di cervello***, devenir fou: *mi farete uscire di cervello!*, vous allez me rendre fou!
cervellotico [cer-vel-lò-ti-co] *agg.* [pl.m. *-ci*, f. *-che*] extravagant, bizarre.
cervicale [cer-vi-cà-le] *agg.* cervical* ♦ *n.f.* (*fam.*) cervicarthrose.
● ***artrosi cervicale***, cervicarthrose.
cervice [cer-vì-ce] *n.f.* (*lett.*) nuque.
● ***cervice uterina***, col (utérin).

cervo [cèr-vo] *n.m.* (*zool.*) cerf.
● ***cervo volante***, cerf-volant.

FAUX AMI
Da non confondere con *cerveau*, che significa *cervello*.

cesareo [ce-ʃà-re-o] *agg.* e *n.m.*
● (***parto, taglio***) ***cesareo***, césarienne.

cesellare [ce-ʃel-là-re] *v.tr.* ciseler* (*anche fig.*).

cesellatore [ce-ʃel-la-tó-re] *n.m.* [f. *-trice*] ciseleur*.

cesello [ce-ʃèl-lo] *n.m.* ciselet.

cesoia [ce-ʃó-ia] *n.f.* **1** (*mecc.*) cisaille **2** (*pl.*) cisailles; (*per giardinaggio*) sécateur (*m.sing.*).

cespite [cè-spi-te] *n.m.* (*econ.*) source (*f.*) de profit.

cespo [cé-spo] *n.m.* touffe (*f.*): *un cespo di lattuga*, un pied de laitue.

cespuglio [ce-spù-glio] *n.m.* [pl. *-gli*] buisson.

cespuglioso [ce-spu-glió-so] *agg.* buissonneux* (*anche fig.*): *sopracciglia cespugliose*, sourcils broussailleux, touffus.

cessare [ces-sà-re] *v.tr.* cesser: *la polizia ha cessato le ricerche*, la police a suspendu les recherches ♦ *v.intr.* [aus. *avere* o *essere*] cesser: *il vento è cessato*, le vent est tombé.
● ***cessate il fuoco***, cessez-le-feu.

cessazione [ces-sa-zió-ne] *n.f.* cessation.

cessione [ces-sió-ne] *n.f.* (*dir.*) cession: *atto di cessione*, acte de cession | *cessione di beni immobili*, transfert d'immeubles.

cesso [cès-so] *n.m.* (*volg.*) chiottes (*pl.*): *la sala d'attesa era un cesso*, (*fig. fam.*) la salle d'attente était vraiment dégueulasse.

cesta [cé-sta] *n.f.* corbeille; (*paniere*) panier (*m.*); (*per selvaggina o pesce*) bourriche: *cesta della biancheria*, panier à linge; *cesta del pane*, corbeille à pain.

cestaio [ce-stà-io] *n.m.* [f. *-a*; pl.m. *-ai*] vannier.

cestello [ce-stèl-lo] *n.m.* **1** corbeille (*f.*) **2** (*di lavatrice*) tambour; (*di lavastoviglie*) panier; (*per cottura a vapore*) panier **3** (*portabottiglie*) casier, panier à bouteilles.

cestinare [ce-sti-nà-re] *v.tr.* jeter* au panier.

cestino [ce-stì-no] *n.m.* corbeille (*f.*) (*anche inform.*), panier.
● ***cestino da lavoro***, panier, corbeille à ouvrage | ***cestino da viaggio***, panier-repas | ***cestino*** (***della carta straccia***), corbeille à papier.

cestista [ce-stì-sta] *n.m.* e *f.* basketteur/euse.

cesto[1] [cé-sto] *n.m.* **1** → cesta **2** (*basket*) panier.

cesto[2] *n.m.* (*bot.*) pied.

cesura [ce-ʃù-ra] *n.f.* césure.

cetaceo [ce-tà-ce-o] *n.m.* (*zool.*) cétacé.

ceto [cè-to] *n.m.* classe (*f.*).
● ***ceto impiegatizio***, tertiaire | ***il ceto medio***, les classes moyennes | ***ceto operaio***, classe ouvrière | ***ceti alti***, hautes classes | ***ceti bassi***, basses classes.

cetonia [ce-tò-nia] *n.f.* (*zool.*) cétoine.

cetra [cé-tra *o* cètra] *n.f.* cithare; (*strumento usato dal Medioevo al* XVIII *sec.*) cistre (*m.*).

cetriolino [ce-trio-lì-no] *n.m.*
● ***cetriolini sott'aceto***, cornichons.

cetriolo [ce-tri-ò-lo] *n.m.* (*bot.*) concombre.

chador [tʃa'dɔr] *n.m.invar.* tchador.

champignon [ʃampi'ɲɔn] *n.m.invar.* (*fungo coltivato*) champignon de Paris.

chansonnier [ʃansɔ'nje] *n.m.invar.* (*cantante*) chanteur* fantaisiste.

chat [tʃat] *n.m.* o *f.invar.* (*Internet*) tchatche (*f.*), causette (*f.*), bavardage (*m.*) sur la toile, chat (*m.*).

chattare [chat-tà-re] *v.intr.* [aus. *avere*] (*Internet*) tchatcher.

C

che[1] *pron.rel.invar.* **1** (*sogg.*) qui: *chi è la signora, quella signora che ti ha salutato?*, qui est la dame qui t'a salué?; *tu che avresti potuto aiutarlo non l'hai fatto*, toi qui aurais pu l'aider, tu ne l'as pas fait; *gli studenti che desiderano parlare al direttore*, les étudiants désirant parler au directeur; *da bello che era, il cielo è diventato nuvoloso*, de beau qu'il était, le ciel est devenu nuageux; *dimmi quel che ti manca*, dis-moi ce qui te manque; *sono parole che ferirebbero chiunque*, ce sont des mots qui blesseraient n'importe qui **2** (*compl.ogg.*) que*: *il giornale che stai leggendo è di ieri*, le journal que tu es en train de lire est d'hier; *ecco i libri che mi ha chiesto*, voici les livres qu'il m'a demandés; *fa' quel che vuoi*, fais ce que tu voudras; *farà tutto ciò che gli chiederò*, il fera tout ce que je lui demanderai **3** (*compl.indir.*) quoi: *non hanno di che vivere*, ils n'ont pas de quoi vivre **4** (*fam.*) (*compl. di tempo*) où: *il giorno che sono arrivato*, le jour où je suis arrivé; *la prima volta che l'ho visto*, la première fois que je l'ai vu **5** (*fam.*) (*compl. di luogo*) que: *è là che abitano*, c'est là qu'ils habitent ♦ *pron.interr.* **1** (*nelle interrogative dirette*) (*sogg.*) qu'est-ce qui; (*compl.ogg.*) que, qu'est-ce que; (*compl.indir.* e *in espressioni fam.* o *ellittiche*) quoi: *che* (*cosa*) *ti preoccupa?*, qu'est-ce qui te préoccupe?; *che* (*cosa*) *vi fa tanto ridere?*, qu'est qui vous fait tant rire?; *che vuoi?*, que veux-tu?, qu'est-ce que tu veux?; *a che pensi?*, à quoi penses-tu?; *di che ti lamenti?*, de quoi te plains-tu?; *"Dimmelo" "E dirti che?"*, "Dis-le moi" "Te dire quoi?"; *che di più assurdo?*, quoi de plus absurde? | *e che?, c'è qualcosa che non va?*, quoi?, quelque chose ne va pas? **2** (*nelle interrogative indirette*) (*sogg.*) ce qui; (*compl.ogg.*) ce que; (*compl.indir.* e *talvolta ogg. in espressioni fam.*) quoi: *non so che* (*cosa*) *sia accaduto*, je ne sais pas ce qui s'est passé; *vorrei sapere che ne pensate*, j'aimerais savoir ce que vous en pensez; *non capisco che ci sia di strano*, je ne comprends pas ce qu'il y a d'étrange; *ignoro che* (*cosa*) *sia il mal di denti*, j'ignore ce que c'est qu'une rage de dents; *dimmi in che consiste quella prova*, dis-moi en quoi consiste cette épreuve; *chiedigli a che serve questa molla*, demande-lui à quoi sert ce ressort; *non so che dire*, je ne sais que dire; *mi disse non so più che*, il me dit je ne sais plus quoi ♦ *pron.escl.* **1** (*che cosa*) que, qu'est-ce que: *ma che fate!*, mais qu'est-ce que vous faites!; *che dici mai!*, qu'est-ce que tu racontes!; *che* (*cosa*) *mi doveva capitare!*, non, mais regarde un peu ce qui m'est arrivé!; *che* (*cosa*) *mi tocca sentire!*, que me faut-il entendre! **2** (*fam.*) (*esprime meraviglia*) quoi: *che! stai scherzando?*, mais quoi! tu plaisantes! ♦ *pron.indef.* *un* (*certo*) *che*, quelque chose | *un* (*certo*) *non so che*, un je ne sais quoi ♦ *agg.interr.invar.* quel*: *che libro vuoi?*, quel livre veux-tu?; *a che distanza si trova quella località?*, à quelle distance se trouve cet endroit?; *che dischi hai scelto?*, quels disques as-tu choisis?; *dimmi che domande ti hanno fatto*, dis-moi quelles questions on t'a posées; *che ora è?, che ore sono?*, quelle heure est-il?; *vorrei sapere che ora è, che ore sono*, je voudrais savoir quelle heure il est; *che tempo fa?*, quel temps fait-il? ♦ *agg.escl.invar.* **1** quel*: *che bella giornata!*, quelle belle journée!; *che brutto tempo!*, quel temps affreux!; *che ingenui siamo stati!*, quels ingénus nous avons été!; *oh, che bei fiori!*, oh, les belles fleurs! **2** (*come*) qu'est-ce que, (ce) que, comme: *che stupido sei!*,

C

(qu'est-ce) que tu es bête!; *che strano!*, que (*o* comme) c'est drôle!; *che simpatico il tuo amico!*, (qu'est-ce) qu'il (*o* comme il) est sympathique ton ami!
● ***che altro***, quoi d'autre | ***che*** (***cosa***) ***è questo?***, qu'est-ce que (c'est que) cela? | ***che è, che non è***, (*fam.*) tout à coup, soudain | ***che fare?, che dire?***, que faire?, que dire?; (*fam.*) quoi faire?, quoi dire? | ***a che pro?***, à quoi bon? | ***al che***, sur quoi: *cominciò ad alzare la voce, al che gli ordinai di lasciare la stanza*, il commença à élever la voix, sur quoi je lui ai ordonné de quitter la pièce | ***altro che!***, et comment! | ***chi sa che***, Dieu sait ce que: *spera di ottenere chi sa che*, Dieu sait ce qu'il espère obtenir | ***dal che***, d'où: *dal che deduco che*, d'où je déduis que | ***del che***, ce dont: *ha superato l'esame, del che mi rallegro proprio*, il a passé son examen, ce dont je me réjouis vraiment | ***dopo di che***, après quoi | ***il che***, (*sogg.*) ce qui, (*ogg.*) ce que: *ha ripreso il lavoro, il che mi fa piacere*, il a repris le travail, ce qui me fait plaisir; *il che tutti sanno*, ce que tout le monde sait | ***niente a che vedere***, rien à voir: *questo non ha niente a che vedere con quel che faccio*, cela n'a rien à voir avec ce que je fais | ***non c'è che dire***, il n'y a rien à dire | ***non c'è di che***, (*formula di cortesia*) il n'y a pas de quoi: *"Grazie" "Non c'è di che"*, "Merci" "Il n'y a pas de quoi" | ***non un gran che***, pas énormement: *"Hai dormito bene?" "Non un gran che"*, "Tu as bien dormi?" "Pas très bien"; *ho lavorato ma non un gran che*, j'ai travaillé, mais pas énormément; *oggi non ho concluso un gran che*, aujourd'hui je n'ai pas fait grand-chose; *quella commedia non è un gran che*, cette pièce ne vaut pas grand-chose | ***senza di che***, sans quoi.

NOTA ***Che, che cosa*** soggetto di un verbo si traducono ***qu'est-ce qui*** nelle interrogative dirette e ***ce qui*** nelle interrogative indirette:

Che (*cosa*) *gli succede oggi?*
Qu'est-ce qui lui arrive aujourd'hui?

Non capisco che (*cosa*) *gli succede oggi.*
Je ne comprends pas **ce qui** lui arrive aujourd'hui.

Come complemento oggetto di un verbo si traducono ***que, qu'est-ce que*** nelle interrogative dirette e ***ce que*** nelle interrogative indirette:

Che (*cosa*) *ha detto?*
Qu'a-t-il dit? / **Qu'est-ce qu'**il a dit?

Raccontami che cosa ha detto.
Raconte-moi **ce qu'**il a dit.

Si traducono ***quoi*** sia nelle interrogative dirette sia nelle indirette quando sono complemento indiretto, cioè preceduto da una preposizione, e a volte quando sono complemento oggetto in espressioni familiari:

Di che (*cosa*) *state parlando?*
De **quoi** parlez-vous?

Ditemi di che (*cosa*) *state parlando.*
Ditez-moi de **quoi** vous parlez.

"Confessamelo!" "Confessarti che cosa?"
"Avoue-le!" "T'avouer **quoi**?"

che[2] *cong.* **1** (*dichiarativa*) que*: *mi meraviglio che non vi abbiano avvertito*, cela m'étonne qu'on ne vous ait pas prévenu **2** (*consecutiva*) que*: *ero così stanco che mi sono addormentato subito*, j'étais si fatigué que je me suis tout de suite endormi; *è magro che fa paura*, il est maigre à faire peur **3** (*causale*) car, parce que: *copriti, che fa freddo*, couvre-toi, car il fait froid **4** (*finale*) que*: *scrivigli che porti degli abiti di lana*, écris-lui d'apporter des vêtements de laine **5** (*temporale*) que*: *arrivò che era mezzogiorno*, quand il arriva, il était midi; *dettato che ebbe il telegramma*, dès qu'il eut dicté le télégramme; *partito che fu*, une fois qu'il fut parti **6** (*eccettuativa*) que*: *non ha scritto che romanzi polizieschi*, il n'a écrit que des romans policiers; *non fa che dire sciocchezze*, il ne dit que des bêtises **7** (*limitativa*) que*: *non ha telefonato nessuno, che io sappia*, personne n'a téléphoné, que je sache **8** (*introduce proposizioni interr. ed escl.*): *che sia partito?*, serait-il parti?; *che non si possa mai star tranquilli?*, est-il possible de ne jamais pouvoir être tranquille?; *che abbia perso il treno?*, il n'a pas perdu le train, quand même!; *che ci sia lo sciopero dei taxi?*, il n'y aurait pas la grève des taxis, par hasard?; *chi sa che non sia già morto*, et s'il était déjà mort?; *forse che non lo sapevi?*, peut-être ne le savais-tu pas? **9** (*introduce il secondo termine di paragone*) que*: *è più furbo che intelligente*, il est plus rusé qu'intelligent; *è più facile parlare che agire*, il est plus facile de parler que d'agir.
● ***non già che***, ce n'est pas que: *non già che io voglia rifiutare*, ce n'est pas que je veuille refuser | ***sia che..., sia che...***, (soit) que..., (soit) que...

ché *cong.* **1** (*interr. e finale*) que: *avvicinati ché io ti possa parlare*, approche-toi que je puisse te parler **2** (*causale*) parce que: *copriti, ché fa freddo*, couvr-toi, car il fait froid.

cheater ['tʃiter] *n.m.* e *f.invar.* (*inform.*) cheater (*m.*), cheateur/euse.

checca [chéc-ca] *n.f.* [pl. -*che*] (*spreg.*) pédé (*m.*).

checché [chec-ché] *pron.rel.indef.invar.* (*letter.*) quoi que: *checché ne dicano gli altri*, quoi qu'en disent les autres; *checché avvenga*, quoi qu'il arrive.

check-in [tʃek'in] *n.m.invar.* (*in aeroporto*) enregistrement.

check point [tʃek'pɔint] *n.m.invar.* **1** (*tecn.*) check point, point de vérification **2** (*mil.*) (*posto di blocco*) barrage, poste de contrôle.

check-up [tʃek'ap] *n.m.invar.* **1** (*med.*) bilan de santé **2** (*revisione generale di macchine ecc.*) contrôle.

chef [ʃɛf] *n.m.invar.* (*capocuoco*) chef (cuisinier).

chefir [chè-fir] *n.m.invar.* képhir, kéfir.

chela [chè-la] *n.f.* (*zool.*) pince.

chemioterapia [che-mio-te-ra-pì-a] *n.f.* (*med.*) chimiothérapie.

chemisier [ʃemi'zje] *n.m.invar.* (*abbigl.*) robe (*f.*) chemisier.

chepì [che-pì] *n.m.invar.* képi.

cheque [ʃɛk] *n.m.invar.* chèque.

cheratina [che-ra-tì-na] *n.f.* (*biochim.*) kératine.

cheratite [che-ra-tì-te] *n.f.* (*med.*) kératite.

chermes [chèr-mes] *n.m.invar.* (*chim.*) kermès.

cherosene [che-ro-ʃè-ne] *n.m.* (*chim.*) kérosène.

cherubino [che-ru-bì-no] *n.m.* chérubin (*anche fig.*).

chetare [che-tà-re] *v.tr.* calmer, apaiser ♦ **chetarsi** *v.pron.* se calmer.

chetichella, alla [àl-la che-ti-chèl-la] *avv.* en douce: *andarsene alla chetichella*, partir en douce, filer à l'anglaise.

cheto [ché-to] *agg.* tranquille.
● ***un'acqua cheta***, (*fig.*) une sainte-nitouche.

chetone [che-tó-ne] *n.m.* (*chim.*) cétone (*f.*).

chi *pron.rel.* (*solo sing.*) (*sogg.*) celui* qui; (*ogg.*) celui* que; (*con valore più indeterminato, spec. in locuzioni proverbiali*) qui: *chi ha detto questo ha mentito*, celui qui a dit cela a menti; *chi studia impara*, ceux qui étudient apprennent; *ho già parlato con chi mi sostituirà*, j'ai déjà parlé avec celui (*o* celle *o* la personne) qui me remplacera; *ho già parlato con chi sostituirò*, j'ai déjà parlé avec celui (*o* celle que *o* la personne) que je remplacerai; *non parlo volentieri con chi non conosco*, je ne parle pas volontiers avec ceux que je ne connais pas; *ho incontrato chi tu sai*, j'ai rencontré qui tu sais; *chi di voi lo sa*, celui (d'entre vous) qui le sait ♦ ***pron.rel.indef.*** (*solo sing.*) **1** (*chiunque*) qui: *dallo a chi vuoi*, donne-le à qui tu veux; *chi ha capito questo, ha capito tutto*, quiconque a compris cela, a tout compris | *chi desideri avere ulteriori informazioni si rivolga a*, pour des plus amples informations s'adresser à **2** (*qualcuno che*) quelqu'un qui; (*nessuno che*) personne qui: *c'è chi potrebbe farlo*, il y a quelqu'un qui pourrait le faire; *non trova chi possa aiutarlo*, il ne trouve personne pour l'aider ♦ ***pron.interr.*** qui; (*nelle interrogative dirette*) (*sogg.*) qui est-ce qui; (*ogg.*) qui est-ce que: *chi è?, chi siete?*, qui est-ce?, qui êtes-vous?; *chi è stato a rompere il bicchiere?*, qui (*o* qui est-ce qui) a cassé le verre?; *chi hai incontrato?*, qui as-tu (*o* qui est-ce que tu as) rencontré?; *chi di voi l'ha visto?*, qui de (*o* parmi) vous (*o* lequel d'entre vous) l'a vu?; *a chi scrivi?*, à qui écris-tu?; *di chi stavi parlando?*, de qui parlais-tu?; *ditemi chi avete scelto*, dites-moi qui vous avez choisi; *non saprei a chi chiederlo*, je ne saurais pas à qui le demander; *non so chi*, je ne sais qui | *chi sarà mai?*, qui peut-il être?

● ***chi altro?, chi altri?***, qui d'autre? | ***chi che sia***, qui que ce soit | ***chi... chi...***, qui... qui, les uns... d'autres...: *tutti i bambini ebbero un dono, chi un libro, chi un giocattolo, chi dei dolci*, tous les enfants ont eu un cadeau, qui un livre, qui un jouet, qui des gâteaux; *chi parlava, chi studiava, chi giocava*, les uns parlaient, d'autres étudiaient, d'autres encore jouaient | ***chi di dovere***, qui de droit | ***chi (mai) l'avrebbe detto!***, qui l'aurait (*o* l'eût) dit! | ***chi più, chi meno***, plus ou moins: *tutti, chi più chi meno, hanno collaborato*, il ont tous plus ou moins collaboré | ***chi va là?***, qui va là? | ***a chi lo dici!***, à qui le dis-tu! | ***(guarda) chi si vede!***, regarde un peu qui est là! | ***per chi non lo sapesse***, pour ceux qui ne le sauraient pas: *per chi non lo sapesse, i negozi domani saranno chiusi*, pour ceux qui ne le sauraient pas, demain les magasins seront fermés.

chiacchiera [chiàc-chie-ra] ***n.f.*** **1** (*spec. pl.*) bavardage (*m.*): *perdersi in chiacchiere*, se perdre en bavardages; *poche chiacchiere!*, trêve de bavardages! | *sono tutte chiacchiere*, ce n'est que du bla bla bla **2** (*pettegolezzo*) rumeur, bruit (*m.*): *sono chiacchiere da donnetta*, ce sont des ragots de bonne femme; *fare chiacchiere sul conto di qlcu*, jaser de qqn; *non curarsi delle chiacchiere della gente*, ne pas se soucier du qu'en-dira-t-on **3** (*facilità di parola*) bagou (*m.*): *ha molta chiacchiera*, elle a un bagou étonnant **4** (*pl.*) (*cuc.*) oreillettes.

● ***fare due, quattro chiacchiere***, faire un brin de causette.

chiacchierare [chiac-chie-rà-re] ***v.intr.*** [aus. *avere*] **1** causer, bavarder: *chiacchiera troppo*, il a la langue trop longue; *si è fermata a chiacchierare con un amico*, elle s'est arrêtée pour bavarder avec un ami **2** (*spettegolare*) jaser: *chiacchierare sul conto di qlcu*, jaser à propos de qqn; *la gente chiacchiera*, les gens causent, parlent.

● ***chiacchierare del più e del meno***, parler de choses et d'autres.

chiacchierata [chiac-chie-rà-ta] ***n.f.*** causerie: *farsi una bella chiacchierata*, faire un bon brin de causette; *ho voglia di fare una chiacchierata con te*, j'ai envie de parler un peu avec toi.

chiacchieratina [chiac-chie-ra-tì-na] ***n.f.*** causette: *fare una chiacchieratina*, faire un brin de causette.

chiacchierato [chiac-chie-rà-to] ***agg.*** qui fait jaser.

chiacchierino [chiac-chie-rì-no] ***agg.*** e ***n.m.*** bavard.

chiacchierio [chiac-chie-rì-o] ***n.m.*** [pl. *-ii*] bavardage.

chiacchierone [chiac-chie-ró-ne] ***agg.*** e ***n.m.*** [f. *-a*] bavard: *che chiacchierone!*, quel moulin à paroles!

C

chiamare [chia-mà-re] ***v.tr.*** **1** appeler*: *chiamare il medico*, appeler le médecin; *chiamare un taxi*, appeler un taxi; *chiamare un cane con un fischio*, appeler un chien en sifflant; *l'attore è stato chiamato tre volte alla ribalta*, l'acteur a été rappelé trois fois | *chiamare da parte*, prendre à part | *la chiamano al telefono*, on vous demande au téléphone | *Dio l'ha chiamato a sé*, Dieu l'a rappelé à lui **2** (*dare un nome*) appeler*: *chiameranno loro figlio Luigi*, ils appeleront leur fils Luigi **3** (*nei giochi di carte*) demander ♦ **chiamarsi** ***v.pron.*** s'appeler*: *come ti chiami?*, comment t'appelles-tu?; *si chiama Giovanni*, il s'appelle Giovanni | *questo si chiama parlar chiaro!*, voilà ce qui s'appelle parler clairement!

● ***chiamare aiuto***, appeler au secours | (*mil.*) ***chiamare alle armi***, appeler (sous les drapeaux) | (*dir.*) ***chiamare a testimonio***, appeler à témoin | ***chiamare in causa***, mettre en cause: *è stato chiamato in causa*, il a été mis en cause | (*dir.*) ***chiamare in giudizio***, appeler en justice | ***chiamare le cose col loro nome***, appeler un chat un chat | ***chiamarsi fuori***, rester en dehors.

chiamata [chia-mà-ta] ***n.f.*** **1** appel (*m.*): *rispondere a una chiamata*, répondre a un appel; *una chiamata telefonica*, un appel, une communication téléphonique; *c'è una chiamata urgente per lei*, il y a une communication urgente pour vous **2** (*nei giochi di carte*) demande.

● (*teatr.*) ***chiamata alla ribalta***, rappel | (*chim.*) ***chiamata (alle armi)***, appel (sous les drapeaux) | (*dir.*) ***chiamata in giudizio***, assignation en justice.

chiamavetture [chia-ma-vet-tù-re] ***n.m.invar.*** portier.

chianti [chiàn-ti] ***n.m.invar.*** chianti (vin rouge produit en Toscane).

chiappa [chiàp-pa] ***n.f.*** (*fam.*) fesse.

chiara [chià-ra] ***n.f.*** (*fam.*) blanc (*m.*) d'œuf.

chiaramente [chia-ra-mén-te] ***avv.*** **1** clairement **2** (*francamente, recisamente*) carrément.

chiaretto [chia-rét-to] ***n.m.*** (*vino*) clairet.

chiarezza [chia-réz-za] ***n.f.*** clarté (*anche fig.*): *bisogna fare chiarezza in questo affare*, il faut tirer cette affaire au clair.

chiarificare [chia-ri-fi-cà-re] ***v.tr.*** [coniug. come *mancare*] clarifier.

chiarificatore [chia-ri-fi-ca-tó-re] ***agg.*** [f. *-trice*] éclairant.

chiarificazione [chia-ri-fi-ca-zió-ne] ***n.f.*** clarification.

chiarimento [chia-ri-mén-to] ***n.m.*** éclaircissement, explication (*f.*): *mi deve dei chiarimenti*, il doit me donner des explications.

chiarire [chia-rì-re] ***v.tr.*** [coniug. come *finire*] **1** éclaircir; (*mettere in chiaro*) tirer au clair; (*rendere comprensibile*) éclairer: *chiarire un dubbio*, éclaircir un doute; *voglio chiarire questa faccenda*, je veux tirer au clair cette affaire; *chiarire il senso di una frase*, éclairer le sens d'une phrase **2** (*purificare*) clarifier ♦ **chiarirsi** ***v.pron.*** s'éclaircir ♦ ***v.pron. indiretto*** s'éclaircir: *chiarirsi le idee*, s'éclaircir les idées ♦ ***v.pron.rec.*** s'expliquer: *finalmente si sono chiariti*, enfin ils se sont expliqués.

chiaro [chià-ro] ***agg.*** **1** clair: *verde chiaro*, vert clair; *occhi chiari*, yeux clairs; *è giorno chiaro*, il fait grand jour | *birra chiara*, bière blonde **2** (*schietto, sincero*) clair: *ha* *intenzioni chiare*, ses intentions sont claires **3** (*distinto*) clair (*anche fig.*): *una voce chiara*, une voix claire; *non hai le idee chiare*, tes idées ne sont pas claires **4** (*comprensibile*) clair: *sono stato chiaro?*, est-ce que c'est clair?; *è chiaro che non siamo fatti per andare d'accordo*, il est clair que nous ne sommes pas faits pour nous entendre **5** (*fig.*) illustre: *uno scienziato di chiara fama*, un savant illustre ♦ ***avv.*** clair: *parliamoci chiaro*, parlons clair; *scrivere chiaro*, écrire lisiblement ♦ ***n.m.*** clair: *i chiari di un dipinto*, les tons clairs d'un tableau; *si veste sempre di chiaro*, il est toujours habillé de clair.

● ***chiaro come il sole***, clair comme le jour | ***chiaro di luna***, clair de lune | ***chiaro e tondo***, clair et net: *ditemi chiaro e tondo come stanno le cose*, dites-moi sans détour comment les choses se présentent | ***mettere in chiaro***, tirer au clair.

chiarore [chia-ró-re] ***n.m.*** lueur (*f.*).

chiaroscuro [chia-ro-scù-ro] ***n.m.*** clair-obscur*.

chiaroveggente [chia-ro-veg-gèn-te] ***agg.*** clairvoyant ♦ ***n.m.*** e ***f.*** (*indovino*) voyant/e.

chiaroveggenza [chia-ro-veg-gèn-za] ***n.f.*** **1** clairvoyance **2** (*dono profetico*) voyance, divination.

chiassata [chias-sà-ta] ***n.f.*** **1** chahut (*m.*) **2** (*scenata*) scène.

chiasso [chiàs-so] ***n.m.*** tapage, vacarme; (*fig.*) bruit.

chiassoso [chias-só-so] ***agg.*** **1** bruyant **2** (*fig.*) tapageur*, criard.

chiatta [chiàt-ta] ***n.f.*** chaland (*m.*), péniche.

● ***ponte di chiatte***, pont flottant, de bateaux.

chiavarda [chia-vàr-da] ***n.f.*** (*tecn.*) cheville.

chiave [chià-ve] ***n.f.*** **1** clé, clef (*anche fig.*): *chiudere a chiave*, fermer à clé; *chiudere con due giri di chiave*, fermer à double tour | *la chiave del problema*, (*fig.*) la clé du problème | *il personaggio chiave d'una commedia*, le personnage clé d'une pièce **2** (*mus.*) clé, clef.

● (*aut.*) ***chiave di accensione***, clé de contact | (*mus.*) ***chiave di sol*** (o ***di violino***), clé de sol | (*edil.*) ***chiave di volta***, clef de voûte | ***chiave femmina***, ***maschio***, clé forée, bénarde | (*tecn.*) ***chiave inglese***, clé anglaise | ***chiave maestra***, passe-partout | ***chiave universale***, clé universelle | ***chiavi in mano***, clé en main: *vendita chiavi in mano*, vente clé en main | ***romanzo a chiave***, roman à clé | ***in chiave (di)***, en termes (de): *in chiave politica*, politiquement parlant | ***sotto chiave***, sous clé: *mettere, tenere qlcu sotto chiave*, enfermer, tenir qqn enfermé.

chiavetta [chia-vét-ta] ***n.f.*** **1** (*del gas ecc.*) robinet (*m.*) **2** (*mecc.*) clavette.

● (*inform.*) ***chiavetta*** (*USB*), clé USB.

chiavica [chià-vi-ca] ***n.f.*** [pl. *-che*] égout (*m.*).

chiavistello [chia-vi-stèl-lo] ***n.m.*** verrou: *chiudere col chiavistello*, verrouiller.

chiazza [chiàz-za] ***n.f.*** **1** tache **2** (*med.*) plaque.

chiazzare [chiaz-zà-re] ***v.tr.*** tacheter*; (*sporcare*) tacher.

chicca [chìc-ca] ***n.f.*** [pl. *-che*] bonbon (*m.*), dragée, sucrerie | *che chicca!*, *è una vera chicca!*, (*fig.*) c'est une belle trouvaille!

chicchera [chìc-che-ra] ***n.f.*** tasse.

chicchessia [chic-ches-sì-a] ***pron.indef.*** (*solo sing.*) (*letter.*) (*retto da verbi al pres. o al fut.*) que ce soit; (*retto da verbi al pass. o al condiz.*) qui que ce fût.

chicchirichì [chic-chi-ri-chì] ***onom.*** e ***n.m.invar.*** cocorico.

chicco [chìc-co] ***n.m.*** [pl. *-chi*] **1** grain **2** (*di grandine*) grêlon.

chiedere [chiè-de-re] ***v.tr.*** [p.rem. *io chiesi*, *tu chiedesti*; p.p. *chiesto*] **1** (*chiedere per sapere*) demander: *è meglio che tu chieda all'ufficio informazioni*, il vaut mieux que tu demandes, que tu t'adresses au bureau de renseignements **2** (*chiedere per ottenere*) demander: *l'alunno aveva chiesto di uscire*, l'élève avait demandé à sortir; *non chiedo di meglio che accompagnarla*, je ne demande pas mieux que de l'accompagner | *chiedere scusa*, s'excuser **3** (*con riferimento al prezzo, al denaro*) demander, vouloir*: *per questo quadro gli chiederò duemila euro*, pour ce tableau ja lui demanderai deux mille euros **4** (*richiedere, comportare*) demander, nécessiter ♦ ***v.intr.*** [aus. *avere*] (*domandare di qlcu*) demander: *chiedono di lei*, on vous demande ♦ **chiedersi** ***v.pron. indiretto*** se demander: *mi chiedo se verrà*, je me demande s'il viendra.

NOTA Nelle proposizioni incidentali con ***demander*** si usa l'inversione del soggetto:

"Veramente non hai denaro?" chiese.
"Tu n'as vraiment pas d'argent?" **demanda-t-il**.
"Volete un gelato?" domandò la mamma ai bambini.
"Voulez-vous une glace?" **demanda la maman** à ses enfants.

Chiedere di qualcuno si traduce ***demander quelqu'un***, quando si vuole vedere o parlare con qualcuno; ***demander des nouvelles de quelqu'un*** quando si domandano notizie di qualcuno:

Chiedono di te, di Giovanni (al telefono).
SÌ On **te demande**, on **demande Jean** (au téléphone).
NO On **demande de** toi, on **demande de** Jean (au téléphone).
Chiede sempre di te, dei tuoi genitori.
SÌ Il **demande** toujours **de tes nouvelles**, **des nouvelles de** tes parents.
NO Il **demande** toujours **de** toi, **de** tes parents.

Chiedere di seguito da un infinito si traduce ***demander à*** se è soggetto dei due verbi la stessa persona; altrimenti ***demander de***:

Chiese di parlare.
Il **demanda à** parler.
Vi chiedo di seguirmi.
Je vous **demande de** me suivre.

chierica [chié-ri-ca *o* chièrica] ***n.f.*** [pl. *-che*] tonsure.

chierichetto [chie-ri-chét-to] ***n.m.*** [f. *-a*] enfant de chœur, servant de messe.

chierico [chié-ri-co *o* chièrico] ***n.m.*** [pl. *-ci*] **1** (*seminarista, membro del clero*) clerc **2** (*chierichetto*) enfant de chœur.

chiesa [chiè-ʃa] ***n.f.*** **1** église; (*protestante*) temple (*m.*): *andare in chiesa*, aller à l'église; *entrare in chiesa*, entrer dans l'église **2** (*comunità religiosa*) Église.

● ***essere di chiesa***, être dévot | ***la Chiesa cattolica***, l'Église catholique.

chiesastico [chie-ʃà-sti-co] ***agg.*** [pl.m. *-ci*, f. *-che*] **1** (*religioso*) religieux* **2** (*spreg.*) (*clericale*) clérical*.

chiesi, **chiesto**, → **chiedere**.

chiffon [ʃif'fon] ***n.m.*** (*tess.*) mousseline (*f.*) de soie.

chiglia [chì-glia] ***n.f.*** (*mar.*) quille.

chilo[1] [chì-lo] ***n.m.*** kilo.

chilo[2] ***n.m.*** (*fisiol.*) chyle.

● ***fare il chilo***, (*fig.*) faire la sieste.

chilo- ***pref.*** kilo-.

chilogrammetro [chi-lo-gràm-me-tro] ***n.m.*** (*fis.*) kilogrammètre.
chilogrammo [chi-lo-gràm-mo] ***n.m.*** kilogramme.
chilometraggio [chi-lo-me-tràg-gio] ***n.m.*** [pl. *-gi*] kilométrage.
chilometrico [chi-lo-mè-tri-co] ***agg.*** [pl.m. *-ci*, f. *-che*] kilométrique.
chilometro [chi-lò-me-tro] ***n.m.*** kilomètre.
● (*sport*) ***chilometro lanciato***, kilomètre lancé.
chilowatt [chì-lo-watt] ***n.m.invar.*** → **kilowatt**.
chilowattora [chi-lo-wat-tó-ra] ***n.m.*** (*elettr.*) kilowattheure.
chimera [chi-mè-ra] ***n.f.*** chimère.
chimerico [chi-mè-ri-co] ***agg.*** [pl.m. *-ci*, f. *-che*] chimérique.
chimica [chì-mi-ca] ***n.f.*** [pl. *-che*] chimie.
chimicamente [chi-mi-ca-mén-te] ***avv.*** chimiquement.
chimico [chì-mi-co] ***agg.*** [pl.m. *-ci*, f. *-che*] chimique ♦ ***n.m.*** [f. *-a*] chimiste.
chimono [chi-mò-no] ***n.m.*** kimono.
china[1] [chì-na] ***n.f.*** pente: *essere, mettersi su una brutta china*, (*fig.*) être sur la mauvaise pente; *essere sulla china degli anni*, être d'un âge avancé.
china[2] ***n.f.*** (*bot.*) quinquina (*m.*).
china[3] ***n.f.***
● ***inchiostro di china***, encre de Chine.
chinare [chi-nà-re] ***v.tr.*** courber; (*abbassare*) baisser: *chinare il capo*, (*anche fig.*) courber la tête ♦ **chinarsi** ***v.pron.*** se courber, se baisser; (*spec. fig.*) se pencher.
chincaglieria [chin-ca-glie-rì-a] ***n.f.*** quincaillerie.
chinesi- ***pref.*** kin(ési).
chinesiterapia [chi-ne-ʃi-te-ra-pì-a] ***n.f.*** (*med.*) kinésithérapie.
chinina [chi-nì-na] ***n.f.*** **chinino** ***n.m.*** quinine (*f.*).
chino [chì-no] ***agg.*** penché, courbé.
● ***a capo chino***, la tête basse.
chinotto [chi-nòt-to] ***n.m.*** (*bibita*) boisson (*f.*) à base de kumquat.
chioccia [chiòc-cia] ***n.f.*** [pl. *-ce*] (poule) couveuse; (*fig.*) mère poule.
chiocciare [chioc-cià-re] ***v.intr.*** [coniug. come *cominciare*; aus. *avere*] **1** glousser **2** (*covare*) couver.
chiocciola[1] [chiòc-cio-la] ***n.f.*** (co)limaçon (*m.*).
● ***a chiocciola***, en (co)limaçon.
chiocciola[2] ***n.f.*** (*tip., inform.*) ar(r)obas, ar(r)obase.
chiodato [chio-dà-to] ***agg.*** **1** clouté: *bastone chiodato*, bâton ferré **2** (*mecc.*) cloué: *lamiere chiodate*, tôles clouées.
chiodatura [chio-da-tù-ra] ***n.f.*** **1** clouage (*m.*); (*di scarpe*) cloutage (*m.*) **2** (*tecn.*) rivetage (*m.*).
chiodino [chio-dì-no] ***n.m.*** (*bot.*) armillaire couleur de miel.
chiodo [chiò-do] ***n.m.*** clou.
● ***chiodo da cavallo***, clou à chevaux | ***chiodo da ghiaccio***, broche, piton à glace | ***chiodo da roccia***, piton d'alpiniste | (*bot.*) ***chiodo di garofano***, clou de girofle | ***chiodo fisso***, (*fig.*) idée fixe | ***chiodo scaccia chiodo***, (*fig.*) un clou chasse l'autre | ***appendere al chiodo***, (*fig.*) (*guantoni, bicicletta, racchetta ecc.*) se retirer de la compétition | ***magro come un chiodo***, maigre comme un clou | ***piantar chiodi***, (*fam.*) laisser des ardoises partout | ***roba da chiodi!***, (*fig.*) c'est inouï!
chioma [chiò-ma] ***n.f.*** **1** chevelure **2** (*criniera*) crinière.
chiomato [chio-mà-to] ***agg.*** chevelu.
chiosa [chiò-ʃa] ***n.f.*** glose.
chiosare [chio-ʃà-re] ***v.tr.*** gloser.
chiosco [chiò-sco] ***n.m.*** [pl. *-schi*] **1** kiosque **2** (*pergolato a cupola*) pavillon.
chiostro [chiò-stro] ***n.m.*** cloître.
chip [tʃip] ***n.m.*** (*elettr.*) puce (*f.*).
chiromante [chi-ro-màn-te] ***n.m.*** e ***f.*** chiromancien/enne.
chiromanzia [chi-ro-man-zì-a] ***n.f.*** chiromancie.
chiropratico [chi-ro-prà-ti-co] ***agg.*** [pl.m. *-ci*, f. *-che*] (*med.*) chiropracteur, chiropraticien*.
chirurgia [chi-rur-gì-a] ***n.f.*** chirurgie.
● ***chirurgia estetica***, chirurgie esthétique | ***chirurgia plastica***, chirurgie plastique.
chirurgicamente [chi-rur-gi-ca-mén-te] ***avv.*** chirurgicalement.
chirurgico [chi-rùr-gi-co] ***agg.*** [pl.m. *-ci*, f. *-che*] chirurgical*.
● ***sala chirurgica***, salle d'opération.
chirurgo [chi-rùr-go] ***n.m.*** [f. *-a*; pl.m. *-ghi*, f. *-ghe*] chirurgien*.
chissà [chis-sà] **chi sa** ***avv.*** **1** qui sait: *chissà quanti sono!*, qui sait combien ils sont! **2** (*forte probabilità*) peut-être: *chissà che non riesca a convincerlo*, peut-être que j'arriverai à le convaincre.
chitarra [chi-tàr-ra] ***n.f.*** guitare.
● ***chitarra acustica***, guitare sèche | ***chitarra elettrica***, guitare électrique.
chitarrista [chi-tar-rì-sta] ***n.m.*** e ***f.*** guitariste.
chiudere [chiù-de-re] ***v.tr.*** [p.rem. *io chiusi, tu chiudesti* ecc.; p.p. *chiuso*] **1** fermer: *chiudere un cassetto*, fermer un tiroir **2** (*rinchiudere*) enfermer; (*fig.*) (*celare*) cacher: *chiudere i soldi nella cassaforte*, enfermer son argent dans le coffre-fort; *chiudere il rancore nel cuore*, (*fig.*) cacher (*o* celer) la rancune dans son cœur; *chiudere in carcere, in convento*, mettre en prison, au couvent **3** (*cingere, recintare*) entourer (**de**) **4** (*stringere*) serrer: *chiudere il pugno*, serrer le poing; *chiudere le ali*, replier ses ailes **5** (*terminare*) terminer; (*concludere*) conclure*: *chiudere un discorso con*, conclure un discours par; *la cavalleria chiudeva la sfilata*, la cavalerie fermait le défilé; *chiudere una discussione*, mettre fin à une discussion; *l'incidente è chiuso*, l'incident est clos | (*dir.*) *l'udienza è chiusa*, l'audience est levée **6** (*tappare*) boucher: *chiudere una falla*, aveugler une voie d'eau **7** (*ostruire*) obstruer; (*bloccare*) bloquer: *chiudere le vie d'accesso alla città*, bloquer les voies d'accès à la ville **8** (*comm.*) arrêter: *chiudere la vendita*, arrêter la vente **9** (*nei giochi di carte*) finir: *chiudere in mano*, faire rami ♦ ***v.intr.*** [aus. *avere*] **1** fermer: *i negozi chiudono alle sette*, les magasins ferment à sept heures **2** (*un'attività*) fermer; (*bruscamente*) cesser (toute activité): *la ditta ha chiuso dall'oggi al domani*, l'entreprise a cessé toute activité du jour au lendemain ♦ **chiudersi** ***v.pron.*** e ***pron. intr.*** **1** se fermer **2** (*rinchiudersi*) s'enfermer: *mi sono chiuso dentro per sbaglio*, je me suis enfermé à l'intérieur par erreur; *chiudersi in se stessi*, (*fig.*) se renfermer en, se replier sur soi-même; *chiudersi nel proprio dolore*, (*fig.*) s'abîmer dans sa douleur **3** (*finire, terminare*) se terminer, prendre* fin: *le iscrizioni si chiudono il 20 settem-*

C

C

bre, les inscriptions seront closes le 20 septembre **4** (*del cielo*) (*coprirsi*) se couvrir*.
● ***chiudere a chiave***, fermer à clef | ***chiudere bottega***, fermer boutique | ***chiudere con qlco, qlcu***, en finir avec qqch, qqn: *chiudere col passato*, rompre avec son passé; *con lui ho chiuso*, avec lui c'est terminé | ***chiudere in bellezza***, finir en beauté | ***chiudere la bocca (a qlcu)***, (*fig. fam.*) clouer le bec (à qqn): *chiudi la bocca, il becco!*, ferme ton bec! | ***chiudere la porta in faccia a qlcu***, (*fig.*) fermer la porte au nez de qqn.

chiunque [chi-ùn-que] ***pron.indef.*** (*solo sing.*) (*qualunque persona*) (*seguito da indic. o condiz.*) n'importe qui: *chiunque può, potrebbe farlo*, n'importe qui peut, pourrait le faire; *puoi dirlo a chiunque*, tu peux le dire à n'importe qui | *chiunque altro* → altro | *chiunque di voi* (*due*), *di loro* (*tre*), n'importe lequel d'entre vous, d'entre eux ♦ ***pron.rel.indef.*** (*solo sing.*) (*qualunque persona che*) **1** (*seguito da cong.*) quiconque; (*sogg.*) qui que ce soit qui, (*tutti coloro che*) tous ceux qui; (*ogg.*) qui que ce soit que, (*tutti coloro che*) tous ceux que: *chiunque l'abbia fatto ha torto*, quiconque l'a fait, a tort; *riceverò chiunque si presenti*, je recevrai quiconque se présentera; *lo dirò a chiunque vorrà ascoltarmi*, je le dirai à tous ceux qui voudront m'écouter; *lo direi a chiunque me lo domandasse*, je le dirais à tous ceux qui me le demanderaient; *fermava chiunque incontrasse*, il arrêtait tous ceux qu'il rencontrait; *chiunque di voi abbia occasione di vederlo, lo avverta*, ceux d'entre vous qui auraient l'occasion de le voir sont priés de l'avertir; *chiunque ve lo dica, ve l'abbia detto*, qui que ce soit qui vous le dise, qui vous l'ait dit; *chiunque ve lo dicesse, ve l'avesse detto*, qui que ce soit qui vous l'ai dit **2** (*seguito dal verbo* essere *o da* dovere *e* potere *più* essere) qui que; (*riferito alla 3ª persona sing. e pl.*) quel* que: *chiunque tu sia, chiunque voi siate*, qui que tu sois, qui que vous soyez; *chiunque fosse, potesse essere*, quel qu'il fût; *chiunque sia l'uomo che voi accusate*, quel que soit l'homme que vous accusez; *chiunque fosse la responsabile*, quelle que soit la responsable; *di chiunque sia (questo), non toccarlo*, qu'il soit à n'importe qui, ne le touche pas.

NOTA ***Chiunque*** soggetto, complemento diretto o indiretto di un solo verbo si traduce
- ***n'importe qui*** o ***qui que ce soit***, se il verbo è al tempo presente o futuro:
  Chiunque può, potrà vederlo.
  N'importe qui (o **qui que ce soit**) peut, pourra le voir.
- ***n'importe qui*** o ***qui que ce fût***, se il verbo è al tempo passato o condizionale:
  Chiunque volesse, potrebbe vederlo.
  N'importe qui (o **qui que ce fût**) voulait, pourrait le voir.

Chiunque in relazione con due verbi, quando cioè unisce una proposizione reggente e una dipendente relativa, si traduce
- ***quiconque*** se è soggetto del secondo verbo (il verbo italiano al congiuntivo della dipendente si uniforma con tempo e modo del verbo della principale)
  Chiunque l'abbia comperato, ha fatto un affare.
  Quiconque l'a acheté, a fait une bonne affaire.
  Lo darei a chiunque lo volesse.
  Je le donnerai à **quiconque** me le **demanderait**.
- ***qui*** negli altri casi
  Lo darò a chiunque vorrò.
  Je le donnerai à **qui** je voudrai.

Chiunque seguito da *essere, dover essere, poter essere* si traduce ***qui que***, seguito da *être* al congiuntivo:
  Chiunque tu sia, tu debba essere, tu possa essere.
  Qui que tu sois.

Alla 3ª persona singolare e plurale si traduce ***quel que*** per evitare cacofonie:
  Chiunque egli sia, chiunque essi fossero.
  Quel qu'il soit, **quels qu'**ils fussent.

chiurlo [chiùr-lo] ***n.m.*** (*zool.*) courlis.

chiusa [chiù-sa] ***n.f.*** **1** (*recinto*) clôture, enclos (*m.*) **2** (*idraulica*) écluse **3** (*di lettera, di discorso*) fin, conclusion.

chiusi → **chiudere**.

chiusino [chiu-sì-no] ***n.m.*** grille (*f.*).

chiuso [chiù-so] ***agg.*** **1** fermé: *è ancora chiuso*, c'est encore fermé | *avere il naso chiuso*, avoir le nez bouché **2** (*introverso*) renfermé: *ha un carattere chiuso*, il a un caractère renfermé **3** (*terminato*) terminé: *la vendita dei biglietti è chiusa*, la vente des billets est terminée | *la questione è chiusa*, la discussion est close **4** (*comm.*) arrêté **5** (*ling.*) fermé: *vocale chiusa*, voyelle fermée ♦ ***n.m.*** (*riparo*) abri; (*recinto*) enclos; (*per il bestiame*) parc.
● ***chiuso per ferie***, fermeture annuelle | ***chiuso per restauro, per lavori, per inventario***, fermé pour cause de restauration, de traveaux, d'inventaire | ***chiuso per turno***, fermeture hebdomadaire | ***avere odore di chiuso***, sentir le renfermé | ***capitolo chiuso***, (*fig.*) chapitre clos | (*comm.*) ***conto chiuso***, compte balancé | (*econ.*) ***mercato chiuso***, marché fermé | ***numero chiuso***, (*nelle università*) numerus clausus | (*ling.*) ***sillaba chiusa***, syllabe fermée | ***stare al chiuso***, rester à l'intérieur d'une maison.

chiusura [chiu-sù-ra] ***n.f.*** **1** fermeture **2** (*comm., econ.*) clôture: *chiusura di cassa*, clôture de caisse **3** (*fine*) clôture: *chiusura di un dibattito*, clôture d'un débat **4** (*dispositivo*) fermeture.
● ***chiusura automatica***, fermeture automatique | ***chiusura estiva***, fermeture annuelle | ***chiusura lampo***, fermeture éclair | ***chiusura mentale***, (*fig.*) étroitesse d'esprit | ***orario di chiusura***, horaire de fermeture.

choc ***n.m.*** → **shock**.

ci ***pron.pers.m.*** e ***f. 1ª pers.pl.*** **1** (*compl.ogg. e di termine*) nous: *tutti ci guardano*, tout le monde nous regarde; *non è neppure venuto a salutarci*, il n'est même pas venu nous dire bonjour; *guardateci attentamente*, regardez-nous bien; *non lasciateci soli*, ne nous laissez pas seuls; *non hanno voluto parlarci, non ci hanno voluto parlare*, ils n'ont pas voulu nous parler **2** (*compl. di termine con valore di possesso o di legame personale; pleonastico, non si traduce*) notre*: *ci ha preso la macchina*, il a pris notre voiture; *quando ci si presenterà l'occasione*, quand nous en aurons l'occasion; *ci starà seduto vicino*, il sera assis à côté de nous; *ci costruiremo una bella casetta in campagna*, nous construirons une belle petite maison à la campagne **3** (*nella coniug. dei verbi pron.*) nous: *ci siamo alzati presto*, nous nous sommes levés tôt; *sediamoci qui*, asseyons-nous ici; *non facciamoci troppe illusioni*, ne nous faisons pas trop d'illusions **4** (*con costr. impers.*) on: *sovente ci si lagna, ci lagniamo per cose da nulla*, on se plaint souvent pour des riens; *in casa nostra ci si alza presto*, chez nous on se lève tôt ♦ ***pron.dimostr.*** (*a ciò, su questo ecc.*) y: *ci rinuncio*, j'y renonce; *pensateci bene*, pensez-y bien; *pensaci!*, penses-y!; *non pensarci più*, n'y pense plus; *ci puoi contare, puoi contarci*, tu peux y compter; *a me non ci pensi mai*, tu ne penses jamais à moi ♦ ***avv.*** (*luogo*) **1** (*in questo, in quel luogo*) y: *non ci siamo mai andati, ma speriamo di andarci prima o poi*, nous n'y sommes jamais allés, mais nous espérons y aller un jour ou l'autre; *vacci subito*, vas-y tout de suite; *non andarci da solo*, n'y va pas tout seul **2** (*per questo, per quel luogo*) par là, y: *ci passo tutti i giorni*, j'y passe (*o* je passe par là) tous les jours **3** (*pleonastico, non si traduce*): *ci vai a quella festa?*, tu (y) vas à cette fête?; *da quella finestra ci viene un'aria!*, de cette fenêtre vient un courant d'air terrible!; *godiamoci queste vacanze!*, profitons de ces vacances!

NOTA L'avverbio ***ci***, che si traduce con ***y***, non viene espresso davanti al futuro e al condizionale di *aller* 'andare':

Ci andrò domani.
J'irai demain.

Ci andremmo volentieri.
Nous irions volontiers.

Quando ***y*** segue un verbo all'imperativo che termina per vocale, si aggiunge direttamente al verbo una ***s*** per questioni eufoniche:

***Restaci** quanto vuoi.*
Restes-y autant que tu veux.

Per le forme composte con *ci* quali *esserci, volerci, metterci* ecc. si vedano *essere, volere, mettere* ecc.

ciabatta [cia-bàt-ta] ***n.f.*** **1** pantoufle; (*scarpa scalcagnata*) savate **2** (*cuc.*) pain (*m.*) plat et allongé **3** (*elettr.*) prise multiple, multiprise.

ciabattino [cia-bat-tì-no] ***n.m.*** [f. *-a*] cordonnier*.

ciac, **ciak** ***n.m.invar.*** (*cine.*) claquette (*f.*), claquoir ♦ ***inter.*** (*di schiaffo*) paf; (*di acqua*) plouf.
● (*cine.*) ***ciac, si gira!***, moteur!, silence, on tourne!

cialda [ciàl-da] ***n.f.*** **1** (*cuc.*) gaufrette **2** (*ostia per medicinali*) cachet (*m.*).

cialtrone [cial-tró-ne] ***n.m.*** [f. *-a*] **1** canaille (*f.*) **2** (*sciattone*) personne (*f.*) débraillée.

cialtroneria [cial-tro-ne-rì-a] ***n.f.*** **1** canaillerie **2** (*sciatteria*) débraillé (*m.*).

ciambella [ciam-bèl-la] ***n.f.*** couronne, gimblette.
● ***ciambella di salvataggio***, bouée de sauvetage | (*prov.*) ***non tutte le ciambelle riescono col buco***, on ne fait pas mouche à tous les coups.

ciambellano [ciam-bel-là-no] ***n.m.*** (*st.*) chambellan.

ciancia [ciàn-cia] ***n.f.*** [pl. *-ce*] **1** bla-bla* (*m.*); (*pettegolezzo*) potin (*m.*), commérage (*m.*) **2** (*fandonia*) baliverne.

cianciare [cian-cià-re] ***v.intr.*** [coniug. come *cominciare*; aus. *avere*] faire* du bla-bla.

cianfrusaglia [cian-fru-ʃà-glia] ***n.f.*** (*spec. pl.*) bric-à-brac* (*m.*).

ciano[1] [cì-à-no] ***n.f.*** **1** (*bot.*) (*lett.*) bleuet **2** (*tip.*) (*colore*) cyan **3** → cianografica.

ciano[2] ***n.m.*** (*chim.*) cyanogène.

cian(o)- ***pref.*** cyan(o)-.

cianografica [cia-no-grà-fi-ca] ***n.f.*** [pl. *-che*] (*tip.*) ozalid® (*m.*), bleu* (*m.*).

cianosi [cia-nò-ʃi *o* ciàno-ʃi] ***n.f.invar.*** (*med.*) cyanose.

cianotico [cia-nò-ti-co] ***agg.*** [pl.m. *-ci*, f. *-che*] (*med.*) cyanotique: *colorito cianotico*, teint cyanosé.

cianuro [cia-nù-ro] ***n.m.*** (*chim.*) cyanure.

ciao [cià-o] ***inter.*** (*fam.*) salut! | *dire ciao*, dire bonjour.

ciarda [ciàr-da] ***n.f.*** (*mus.*) csardas.

ciarla [ciàr-la] ***n.f.*** (*spec. pl.*) **1** bavardage (*m.*) **2** (*pettegolezzo*) commérage (*m.*), potin (*m.*).

ciarlare [ciar-là-re] ***v.intr.*** [aus. *avere*] caqueter*.

ciarlataneria [ciar-la-ta-ne-rì-a] ***n.f.*** charlatanisme (*m.*).

ciarlatano [ciar-la-tà-no] ***n.m.*** [f. *-a*] charlatan.

ciarliero [ciar-liè-ro] ***agg.*** bavard.

ciarpame [ciar-pà-me] ***n.m.*** bric-à-brac*.

ciascuno [cia-scù-no] ***agg.indef.*** (*solo sing.*) chaque: *ciascun popolo ha la sua storia*, chaque peuple a son histoire; *ciascun vostro desiderio sarà esaudito*, chacun de vos désirs sera exaucé ♦ ***pron.indef.*** (*solo sing.*) chacun*: *ciascuno ha portato il proprio dizionario*, chacun a apporté son dictionnaire; *ciascuno tornò a casa propria, sua*, chacun rentra chez lui; *ciascuno di noi, di voi, di loro*, chacun de nous, de vous, d'eux; *abbiamo avuto un libro (per) ciascuno*, nous avons eu chacun un livre; *ciascuna di loro non pensava che a sé*, chacune d'elles ne pensait qu'à elle-même.
● ***a ciascuno il suo***, chacun le sien; (*ciò che gli spetta*) à chacun son dû.

cibare [ci-bà-re] ***v.tr.*** nourrir (*anche fig.*) ♦ **cibarsi** ***v.pron.*** se nourrir.

cibaria [ci-bà-ria] ***n.f.*** (*spec. pl.*) victuailles (*pl.*).

cibernauta [ci-ber-nàu-ta] ***n.m.*** e ***f.*** **cibernavigatore** ***n.m.*** [f. *-trice*] cybernaute.

cibernetica [ci-ber-nè-ti-ca] ***n.f.*** [pl. *-che*] cybernétique.

cibernetico [ci-ber-nè-ti-co] ***agg.*** [pl.m. *-ci*, f. *-che*] cybernétique, cybernéticien* ♦ ***n.m.*** [f. *-a*] cybernéticien*.

ciberspazio [ci-ber-spà-zio] ***n.m.*** [pl. *-zi*] cyberespace.

ciberterrorismo [ci-ber-ter-ro-rì-ʃmo] ***n.m.*** cyberterrorisme.

cibo [cì-bo] ***n.m.*** **1** nourriture (*f.*) (*anche fig.*); (*alimento*) aliment; (*piatto, vivanda*) mets: *non prendere, toccare cibo*, ne pas manger **2** (*pasto*) repas.

ciborio [ci-bò-rio] ***n.m.*** [pl. *-ri*] (*eccl.*) (*pisside*) ciboire.

cicala [ci-cà-la] ***n.f.*** **1** (*zool.*) cigale **2** (*cicalino*) sonnette.

cicalare [ci-ca-là-re] ***v.intr.*** jacasser.

cicaleccio [ci-ca-léc-cio] ***n.m.*** [pl. *-ci*] caquetage.

cicalino [ci-ca-lì-no] ***n.m.*** sonnette (*f.*).

cicatrice [ci-ca-trì-ce] ***n.f.*** cicatrice.

cicatrizzante [ci-ca-triʒ-ʒàn-te] ***agg.*** e ***n.m.*** cicatrisant.

cicatrizzare [ci-ca-triʒ-ʒà-re] ***v.tr.*** cicatriser ♦ ***v.intr.*** [aus. *avere* o *essere*] se cicatriser ♦ **cicatrizzarsi** ***v.pron.*** se cicatriser.

cicatrizzazione [ci-ca-triʒ-ʒa-zió-ne] ***n.f.*** cicatrisation.

cicca[1] [cìc-ca] ***n.f.*** [pl. *-che*] (*mozzicone di sigaretta*) mégot (*m.*).
● ***non vale una cicca***, (*fam.*) ça ne vaut pas un clou.

cicca[2] ***n.f.*** [pl. *-che*] (*region.*) (*gomma da masticare*) chewing-gum (*m.*).

ciccare [cic-cà-re] ***v.intr.*** [coniug. come *mancare*; aus. *avere*] (*region.*) (*masticare tabacco*) chiquer.

cicchetto [cic-chét-to] ***n.m.*** (*fam.*) **1** (*bicchierino di vino ecc.*) goutte (*f.*); petit verre **2** (*ramanzina*) savon: *fare un cicchetto*, passer un savon.

ciccia [cìc-cia] ***n.f.*** [pl. *-ce*] (*fam. scherz.*) graisse: *metter su ciccia*, prendre de l'embonpoint.

cicciona [cic-ció-na] ***n.f.*** (*fam.*) (*donna*) (grosse) dondon; (*ragazza*) boudin (*m.*).

ciccione [cic-ció-ne] ***n.m.*** (*fam.*) gros lard.

C

cicerone [ci-ce-ró-ne] ***n.m.*** cicérone, guide.
cicisbeo [ci-ci-ʃbè-o] ***n.m.*** sigisbée | *fare il cicisbeo*, faire le joli cœur.
ciclabile [ci-clà-bi-le] ***agg.*** cyclable.
● ***pista ciclabile***, piste cyclable, (*nelle grandi città*) couloir de courtoisie.
ciclamino [ci-cla-mì-no] ***n.m.*** (*bot.*) cyclamen.
ciclico [cì-cli-co] ***agg.*** [pl.m. *-ci*, f. *-che*] cyclique.
ciclismo [ci-clì-ʃmo] ***n.m.*** cyclisme.
ciclista [ci-clì-sta] ***n.m.*** e ***f.*** **1** cycliste **2** (*region.*) (*venditore e riparatore*) réparateur/trice de cycles.
ciclistico [ci-clì-sti-co] ***agg.*** [pl.m. *-ci*, f. *-che*] cycliste.
ciclo[1] [cì-clo] ***n.m.*** cycle: *un ciclo di conferenze*, une série de conférences.
● ***ciclo lavorativo***, cycle de travail | (*fisiol.*) ***ciclo (mestruale)***, cycle menstruel | ***ciclo produttivo***, cycle de production.
ciclo[2] ***n.m.*** (*mecc.*) cycle; (*bicicletta*) vélo.
ciclo- ***pref.*** cyclo-.
ciclocampestre [ci-clo-cam-pè-stre] ***agg.*** e ***n.f.*** (*corsa*) *ciclocampestre*, cyclo-cross (*m.*).
ciclocross [ci-clo-cròss] ***n.m.invar.*** cyclo-cross*, bicross.
cicloide [ci-clòi-de] ***n.f.*** (*mat.*) cycloïde.
ciclomotore [ci-clo-mo-tó-re] ***n.m.*** cyclomoteur.
ciclone [ci-cló-ne] ***n.m.*** cyclone.
ciclonico [ci-clò-ni-co] ***agg.*** [pl.m. *-ci*, f. *-che*] cyclonal*.
ciclopico [ci-clò-pi-co] ***agg.*** [pl.m. *-ci*, f. *-che*] cyclopéen*.
ciclostilare [ci-clo-sti-là-re] ***v.tr.*** polycopier, ronéotyper.
ciclostilato [ci-clo-sti-là-to] ***agg.*** e ***n.m.*** polycopié, ronéotypé.
ciclostile [ci-clo-stì-le] ***n.m.*** ronéo (*f.*), machine (*f.*) à polycopier.
ciclotrone [ci-clo-tró-ne] ***n.m.*** (*fis.*) cyclotron.
cicloturismo [ci-clo-tu-rì-ʃmo] ***n.m.*** cyclotourisme.
cicogna [ci-có-gna] ***n.f.*** (*zool.*) cigogne.
cicoria [ci-cò-ria] ***n.f.*** chicorée.
cicuta [ci-cù-ta] ***n.f.*** ciguë.
ciecamente [cie-ca-mén-te] ***avv.*** aveuglément.
cieco [ciè-co] ***agg.*** [pl.m. *-chi*, f. *-che*] **1** aveugle: *cieco dalla nascita*, aveugle de naissance; *cieco da un occhio*, borgne | *bisogna esser ciechi per non vederlo*, il faut avoir un bandeau sur les yeux pour ne pas le voir **2** (*fig.*) aveugle; (*accecato*) aveuglé: *finestra cieca*, fenêtre aveugle; *cieco di rabbia*, aveuglé par la colère ♦ ***n.m.*** [f. *-a*] aveugle.
● ***alla cieca***, à l'aveuglette; (*a caso*) au hasard | (*prov.*) ***nel regno dei ciechi beato chi ha un occhio***, au royaume des aveugles les borgnes sont rois.
cielo [ciè-lo] ***n.m.*** ciel*: *l'immensità dei cieli*, l'immensité des cieux; *i cieli di Turner*, les ciels de Turner.
● ***a cielo aperto***, à ciel ouvert: *miniera a cielo aperto*, carrière à ciel ouvert; *dormire a cielo aperto*, coucher à la belle étoile | ***apriti cielo!***, catastrophe! | ***caschi, cascasse il cielo!***, coûte que coûte | (*relig.*): ***Gloria a Dio nel più alto dei cieli***, gloire à Dieu au plus haut des cieux; ***così in cielo come in terra***, sur la terre comme au ciel | ***grazie al cielo!***, Dieu merci! | ***lo sa il cielo!***, Dieu sait! | ***non sta né in cielo né in terra***, ça ne tient pas debout; (*è inaudito*) c'est inouï | ***santo cielo!***, juste ciel! | ***toccare il cielo con un dito***, ***essere al settimo cielo***, (*fig.*) être aux anges | ***volesse il cielo!***, plût au ciel!
cifosi [ci-fò-ʃi *o* cìfoʃi] ***n.f.invar.*** (*med.*) cyphose.
cifra [cì-fra] ***n.f.*** **1** chiffre (.) **2** (*somma di denaro*) somme: *chiedere una cifra esagerata*, demander un prix exagéré **3** (*scrittura segreta*) chiffre (*m.*): *scrivere in cifra*, écrire en chiffres.
● ***fare cifra tonda***, arrondir | ***messaggio in cifra***, message chiffré, codé.
cifrare [ci-frà-re] ***v.tr.*** chiffrer.
cifrario [ci-frà-rio] ***n.m.*** [pl. *-ri*] code.
cifrato [ci-frà-to] ***agg.*** chiffré.
ciglio [cì-glio] ***n.m.*** **1** [pl.f. *ciglia*] cil; (*estens.*) sourcil **2** [pl.m. *cigli*] (*bordo*) bord: *ciglio della strada*, bord de la route.
● ***in un batter di ciglio***, en un clin d'œil | ***senza batter ciglio***, sans sourciller.
ciglione [ci-glió-ne] ***n.m.*** (*di strada*) talus; (*di fiume*) berge (*f.*); (*di precipizio*) bord.
cigno [cì-gno] ***n.m.*** cygne.
cigolare [ci-go-là-re] ***v.intr.*** [aus. *avere*] grincer*.
cigolio [ci-go-lì-o] ***n.m.*** [pl. *-ii*] grincement.
cilecca [ci-léc-ca] ***n.f.*** [pl. *-che*].
● ***far cilecca***, rater; (*di arma da fuoco*) s'enrayer: *ha fatto cilecca*, (*fig.*) il a raté son coup; *le gambe gli hanno fatto cilecca*, les jambes lui ont manqué.
cilicio [ci-lì-cio] ***n.m.*** [pl. *-ci*] cilice.
ciliegia [ci-liè-gia] ***n.f.*** [pl. *-gie* o *-ge*] cerise.
● ***ciliegia duracina***, bigarreau | ***una ciliegia tira l'altra***, (*fig.*) jamais deux sans trois.
ciliegio [ci-liè-gio] ***n.m.*** [pl. *-gi*] cerisier.
● ***ciliegio duracino***, bigarreautier.
cilindrare [ci-lin-drà-re] ***v.tr.*** (*tecn.*) cylindrer.
cilindrata [ci-lin-drà-ta] ***n.f.*** (*mecc.*) cylindrée.
cilindratura [ci-lin-dra-tù-ra] ***n.f.*** (*tecn.*) cylindrage (*m.*).
cilindrico [ci-lìn-dri-co] ***agg.*** [pl.m. *-ci*, f. *-che*] cylindrique.
cilindro [ci-lìn-dro] ***n.m.*** **1** (*mat.*) cylindre **2** (*mecc.*) cylindre | (*aut.*) *una sei cilindri*, une six-cylindres **3** (*cappello*) *haut-de-forme*.
cima [cì-ma] ***n.f.*** **1** sommet (*m.*), cime; (*di edifici*) faîte (*m.*); (*parte superiore*) *haut (*m.*) **2** (*estremità*) bout (*m.*) **3** (*fig. fam.*) crack (*m.*), as (*m.*): *non è una cima*, il n'est pas génial **4** (*mar.*) bout (*m.*) **5** (*bot.*) cyme.
● ***cime di rapa***, navets-asperges | ***da cima a fondo***, de haut en bas, de fond en comble: *leggere un libro da cima a fondo*, lire un livre d'un bout à l'autre | ***in cima (a)***, au sommet (de): *in cima alle scale*, en haut de l'escalier; *sullo scaffale in cima*, sur l'étagère d'en haut; *seduto in cima al muretto*, assis juste sur le bord du mur; *in cima alla strada*, au bout de la rue; *avere qlcu, qlco in cima ai propri pensieri*, avoir qqn, qqch toujours présent.
cimare [ci-mà-re] ***v.tr.*** **1** (*agr.*) étêter, écimer; (*cespugli*) tondre* **2** (*ind. tess.*) tondre*.
cimasa [ci-mà-ʃa] ***n.f.*** (*arch.*) cimaise.
cimatore [ci-ma-tó-re] ***n.m.*** [f. *-trice*] (*ind. tess.*) tondeur*.
cimatrice [ci-ma-trì-ce] ***n.f.*** (*ind. tess.*) tondeuse.
cimatura [ci-ma-tù-ra] ***n.f.*** (*ind. tess.*) tondage (*m.*).
cimelio [ci-mè-lio] ***n.m.*** [pl. *-li*] **1** relique (*f.*); vestige **2** (*scherz.*) (*anticaglia*) vieillerie (*f.*).
cimentare [ci-men-tà-re] ***v.tr.*** risquer ♦ **cimentarsi**

v.pron. se risquer: *cimentarsi con qlcu*, se mesurer avec qqn; *voglio cimentarmi col russo*, je veux me lancer dans l'étude du russe.

FAUX AMI
Da non confondere con *cimenter*, che significa *cementare*.

cimice [cì-mi-ce] *n.f.* 1 (*zool.*) punaise 2 (*microspia*) micro (*m.*) espion, mouchard (*m.*).
cimiero [ci-miè-ro] *n.m.* cimier.
ciminiera [ci-mi-niè-ra] *n.f.* cheminée.
cimitero [ci-mi-tè-ro] *n.m.* cimetière (*anche fig.*).
● ***cimitero delle automobili***, cimetière de voitures.
cimosa [ci-mó-sa] *n.f.* (*ind. tess.*) lisière.
cimurro [ci-mùr-ro] *n.m.* morve (*f.*), gourme (*f.*).
cinabro [ci-nà-bro] *n.m.* cinabre.
cincia [cìn-cia] *n.f.* [pl. -*ce*] (*zool.*) mésange.
cinciallegra [cin-cial-lé-gra] *n.f.* (*zool.*) mésange charbonnière.
cincillà [cin-cil-là] *n.m.invar.* (*zool.*) chinchilla.
cin cin *inter.* à votre santé!
cincischiare [cin-ci-schià-re] *v.tr.* tripoter; (*tagliuzzare malamente*) déchiqueter* | *cincischiare le parole*, (*fig.*) manger ses mots ♦ *v.intr.* [aus. *avere*] (*perdere tempo*) traînasser.
cine [cì-ne] *n.m.* (*fam.*) abbr. di **cinema**.
cine- *pref.* ciné-.
cineamatore [ci-ne-a-ma-tó-re] *n.m.* [f. -*trice*] cinéaste amateur.
cineasta [ci-ne-à-sta] *n.m.* e *f.* cinéaste.
cineclub [ci-ne-clùb] *n.m.invar.* ciné-club*.
cinefilo [ci-nè-fi-lo] *n.m.* [f. -*a*] cinéphile.
cineforum [ci-ne-fò-rum] *n.m.invar.* débat avant ou après un film; (*estens.*) ciné-club*.
cinegiornale [ci-ne-gior-nà-le] *n.m.* actualités (*f.pl.*).
cinema [cì-ne-ma] *n.m.invar.* 1 cinéma; (*fam.*) ciné 2 (*locale*) salle (*f.*) de cinéma.
● ***cinema d'essai***, cinéma d'ert et d'essai | ***cinema muto***, ***sonoro***, cinéma muet, sonore (*o* parlant).
cinemascope® [tʃinema'skɔpe] *n.m.invar.* cinémascope®.
cinematica [ci-ne-mà-ti-ca] *n.f.* [pl. -*che*] (*fis.*) cinématique.
cinematico [ci-ne-mà-ti-co] *agg.* [pl.m. -*ci*, f. -*che*] cinématique.
cinematografia [ci-ne-ma-to-gra-fì-a] *n.f.* cinématographie.
cinematografico [ci-ne-ma-to-grà-fi-co] *agg.* [pl.m. -*ci*, f. -*che*] cinématographique: *attore cinematografico*, acteur de cinéma; *pellicola cinematografica*, bande, film.
cinematografo [ci-ne-ma-tò-gra-fo] *n.m.* cinéma(tographe).
cineoperatore [ci-ne-o-pe-ra-tó-re] *n.m.* [f. -*trice*] cadreur*, opérateur* (de prises de vue), caméraman*.
cinepresa [ci-ne-pré-sa] *n.f.* caméra.
cinerama® [ci-ne-rà-ma] *n.m.* cinérama®.
cineraria [ci-ne-rà-ria] *n.f.* (*bot.*) cinéraire.
cinerario [ci-ne-rà-rio] *agg.* [pl.m. -*ri*] cinéraire ♦ *n.m.* (*archeol.*) urne (*f.*) cinéraire.
cinereo [ci-nè-re-o] *agg.* (couleur) de cendre: *luce cinerea*, lumière blafarde.
cineromanzo [ci-ne-ro-màn-ʒo] *n.m.* cinéroman.
cinescopio [ci-ne-scò-pio] *n.m.* [pl. -*pi*] (*tv*) kinescope.
cinese [ci-né-se] *agg.* chinois ♦ *n.m.* e *f.* (*abitante*) Chinois/e.
cineseria [ci-ne-se-rì-a] *n.f.* (*spec. pl.*) chinoiserie.
cinesi- *pref.* kin(ési)-.
cineteca [ci-ne-tè-ca] *n.f.* [pl. -*che*] cinémathèque.
cinetico [ci-nè-ti-co] *agg.* [pl.m. -*ci*, f. -*che*] cinétique.
cingalese [cin-ga-lé-se] *n.m.* e *f.* → **singalese**.
cingere [cìn-ge-re] *v.tr.* [coniug. come *spingere*] ceindre*: *cingere le spalle con il braccio*, passer le bras autour des épaules; *un muro cinge l'orto*, un mur entoure le verger.
● ***cingere d'assedio***, assiéger.
cinghia [cìn-ghia] *n.f.* 1 (*dei pantaloni*) ceinture 2 (*per i libri*) sangle; (*di elastico*) élastique (*m.*) 3 (*mecc.*) courroie.
● ***tirare la cinghia***, (*fig.*) se serrer la ceinture.
cinghiale [cin-ghià-le] *n.m.* 1 sanglier; (*femmina*) laie (*f.*); (*piccolo*) marcassin 2 (*pelle*) pécari.
cingolato [cin-go-là-to] *agg.* chenillé.
cingolo [cìn-go-lo] *n.m.* 1 chenille (*f.*): *su cingoli*, chenillé 2 (*eccl.*) cordon (d'aube).
cinguettare [cin-guet-tà-re] *v.intr.* [aus. *avere*] 1 gazouiller 2 (*fig.*) jacasser.
cinguettio [cin-guet-tì-o] *n.m.* [pl. -*ii*] gazouillement.
cinico [cì-ni-co] *agg.* e *n.m.* [f. -*a*; pl.m. -*ci*, f. -*che*] cynique.
ciniglia [ci-nì-glia] *n.f.* chenille.
cinismo [ci-nì-ʃmo] *n.m.* cynisme: *con freddo cinismo*, froidement.
cinodromo [ci-nò-dro-mo] *n.m.* cynodrome.
cinofilo [ci-nò-fi-lo] *agg.* 1 cynophile 2 (*che concerne la cinofilia*) de cynophilie ♦ *n.m.* [f. -*a*] cynophile.
● ***unità cinofila della polizia***, formation cynophile de la police.
cinquanta [cin-quàn-ta] *agg.num.card.* e *n.m.invar.* cinquante.
cinquantadue [cin-quant-ta-dù-e] *agg.num.card.* e *n.m.invar.* cinquante-deux.
cinquantamila [cin-quan-ta-mì-la] *agg.num.card.* e *n.m.invar.* cinquante mille.
cinquantenario [cin-quan-te-nà-rio] *agg.* [pl. -*ri*] de cinquante ans; (*di esseri viventi*) cinquantenaire ♦ *n.m.* (*anniversario*) cinquantenaire.
cinquantennale [cin-quan-ten-nà-le] *agg.* 1 (*che dura cinquanta anni*) qui dure cinquante ans 2 (*che ricorre ogni cinquanta anni*) qui a lieu tous les cinquante ans ♦ *n.m.* cinquantenaire.
cinquantenne [cin-quan-tèn-ne] *agg.* (âgé) de cinquante ans; quinquagénaire ♦ *n.m.* e *f.* quinquagénaire.
cinquantennio [cin-quan-tèn-nio] *n.m.* [pl. -*ni*] (période de) cinquante ans.
cinquantesimo [cin-quan-tè-ʃi-mo] *agg.num.ord.* e *n.m.* [f. -*a*] cinquantième: *capitolo cinquantesimo*, chapitre cinquante.
cinquantina [cin-quan-tì-na] *n.f.* cinquantaine.
cinquantuno [cin-quan-tu-no] *agg.num.card.* e *n.m. invar.* cinquante et un.
cinque [cìn-que] *agg.num.card.* e *n.m.invar.* cinq: *eravamo in cinque*, nous étions cinq; *sono le cinque*, il est cinq heures.
● ***dammi il cinque!***, (*fam.*) tope-là!

C

cinquecentesco [cin-que-cen-té-sco] *agg.* [pl.m. *-schi*, f. *-sche*] du seizième (XVIe) siècle.

cinquecentista [cin-que-cen-tì-sta] *n.m.* e *f.* **1** (*scrittore, artista*) écrivain, artiste du XVIe siècle **2** (*studioso del Cinquecento*) spécialiste du XVIe siècle, seiziémiste.

C

cinquecento [cin-que-cèn-to] *agg.num.card.* e *n.m. invar.* cinq cents: *nel Cinquecento*, au seizième (XVIe) siècle.

cinquemila [cin-que-mi-la] *agg.num.card.* e *n.m.invar.* cinq mille.
● (*sport*) ***correre i cinquemila*** (***metri***), courir les cinq mille mètres.

cinquina [cin-quì-na] *n.f.* (*lotto e tombola*) quine (*m.*).

cinsi → **cingere**.

cinta [cin-ta] *n.f.* **1** enceinte **2** (*cintura*) ceinture.
● ***cinta daziaria***, limite de l'octroi | ***cinta muraria***, enceinte fortifiée | ***muro di cinta***, mur d'enceinte.

cintare [cin-tà-re] *v.tr.* (*recintare*) enceindre*; (*circondare*) entourer.

cinto[1] [cìn-to] *agg.* ceint; (*circondato*) entouré.

cinto[2] *n.m.*
● (*med.*) ***cinto*** (***erniario***), bandage herniaire.

cintola [cìn-to-la] *n.f.* **1** (*vita*) taille, ceinture: *l'acqua gli arrivava alla cintola*, l'eau lui arrivait à la ceinture, jusqu'à la taille **2** (*cintura*) ceinture: *una pistola alla cintola*, un pistolet à la ceinture.
● ***dalla cintola in su***, ***in giù***, de la ceinture jusqu'à la tête, jusqu'aux pieds.

cintura [cin-tù-ra] *n.f.* **1** ceinture: *allacciarsi, slacciarsi la cintura*, attacher, desserrer sa ceinture **2** (*vita, girovita*) taille, ceinture **3** (*estens.*) (*zona suburbana*) zone: *la cintura industriale di Milano*, la zone industrielle de Milan.
● ***cintura di castità***, ceinture de chasteté | ***cintura di salvataggio***, ceinture de sauvetage | ***cintura di sicurezza***, ceinture de sécurité | (*arti marziali*) ***cintura nera***, ceinture noire.

cinturato [cin-tu-rà-to] *agg.* (*di pneumatico*) radial*, à carcasse radiale.

cinturino [cin-tu-rì-no] *n.m.* (*di orologio*) bracelet; (*di scarpa*) bride (*f.*).

cinturone [cin-tu-ró-ne] *n.m.* ceinturon.

cinz [cìnz] *n.m.invar.* (*tessuto*) chintz.

ciò *pron.dimostr.invar.* **1** (*questa cosa*) ceci; (*quella cosa*) cela; (*fam.*) ça: *ciò non ti riguarda*, ceci, cela, ça ne te regarde pas; *ciò mi stupisce proprio*, ça m'étonne vraiment; *non v'era in ciò nessun sottinteso*, il n'y avait là aucun sous-entendu **2** (*antecedente di pron.rel.*) ce: *ciò che mi piace in lui*, ce qui me plaît en lui; *farò ciò che vuoi*, je ferai ce que tu voudras.
● ***ciò nondimeno***, ***ciò nonostante***, cependant, toutefois | ***a ciò***, (*a tal fine*) dans ce but | ***con ciò***, par là: *che cosa vuoi dire con ciò?*, qu'est-ce que tu veux dire par là? | ***con tutto ciò***, avec tout cela; (*malgrado*) malgré tout cela | ***da ciò***, d'où, de là | ***detto ciò***, cela dit | ***e con ciò***, sur ce, là-dessus: *e con ciò, vi saluto*, et sur ce (*o* là-dessus) je vous salue | ***oltre a ciò***, en plus de cela (*o* en outre).

NOTA ***Ciò*** si traduce con **cela** e **ça** che si equivalgono; ma nell'uso corrente *ça* ormai sostituisce quasi sempre *cela*.

ciocca [ciòc-ca] *n.f.* [pl. *-che*] (*di capelli*) mèche.

ciocco [ciòc-co] *n.m.* [pl. *-chi*] bûche (*f.*).

cioccolata [cioc-co-là-ta] *n.f.* chocolat (*m.*).
● ***cioccolata calda***, chocolat chaud.

cioccolatino [cioc-co-la-tì-no] *n.m.* chocolat: *una scatola di cioccolatini*, une boîte de chocolats.

cioccolato [cioc-co-là-to] *n.m.* chocolat: *una tavoletta di cioccolato*, une tablette de chocolat; *biscotti al cioccolato*, gâteaux au chocolat ♦ *agg.invar.* chocolat.
● ***cioccolato al latte***, ***fondente***, chocolat au lait, fondant | ***cioccolato in polvere***, chocolat en poudre.

cioè [cio-è] *avv.* **1** c'est-à-dire: *verrà tra due giorni, cioè giovedì*, il viendra dans deux jours, c'est-à-dire jeudi; *un assegno dello stesso importo, cioè 150 euro*, un chèque du même montant, soit 150 euros **2** (*nelle enumerazioni*) à savoir: *ha altri due fratelli, e cioè Paolo e Carlo*, il a deux autres frères, à savoir: Paolo et Carlo **3** (*anzi*) ou mieux, ou plutôt: *gli scriverò, cioè gli telefonerò*, je lui écrirai, ou plutôt (*o* ou mieux) je lui téléphonerai.
● ***e cioè?***, c'est-à-dire?

ciondolare [cion-do-là-re] *v.intr.* [aus. *avere*] **1** dodeliner: *gli ciondolava la testa*, il dodelinait de la tête **2** (*fig.*) (*girovagare*) flâner ♦ *v.tr.* balancer*: *ciondolare le gambe*, balancer ses jambes.
● ***ciondolare dal sonno***, tomber de sommeil.

ciondolio [cion-do-lì-o] *n.m.* [pl. *-ii*] dodelinement.

ciondolo [ción-do-lo] *n.m.* breloque (*f.*); (*di collana*) pendentif.
● ***orecchini a ciondolo***, pendants (d'oreilles).

ciondoloni [cion-do-ló-ni] *avv.* ballant (*agg.*): *tenere le braccia ciondoloni*, avoir les bras ballants.
● ***andare ciondoloni***, flâner | ***starsene ciondoloni***, rester oisif.

ciononostante [cio-no-no-stàn-te] **ciò nonostante** *cong.* malgré cela.

ciotola [ciò-to-la] *n.f.* bol (*m.*), écuelle; (*per gli spiccioli*) sébile.

ciottolo [ciòt-to-lo] *n.m.* caillou*; (*arrotondato dalla corrente*) galet.

cip *n.m.invar.* (*nel poker*) mise (*f.*).

cip-cip *onom.* cui-cui.

cipiglio [ci-pì-glio] *n.m.* [pl. *-gli*] air courroucé; air sévère: *con cipiglio*, d'un air courroucé.
● ***fare il cipiglio***, se renfrogner, prendre un air courroucé.

cipolla [ci-pól-la] *n.f.* **1** oignon (*m.*) **2** (*scherz.*) (*orologio da tasca*) oignon (*m.*) **3** (*dell'innaffiatoio*) pomme; (*di lumi a petrolio ecc.*) réservoir (*m.*).
● ***cipolla bianca***, ***rossa***, ***dorata***, oignon blanc, rouge, jaune | ***mangiare pane e cipolla***, (*fig.*) se serrer la ceinture.

cippo [cìp-po] *n.m.* **1** cippe **2** (*di confine*) borne (*f.*).

cipresso [ci-près-so] *n.m.* cyprès.

cipria [cì-pria] *n.f.* poudre: *darsi la cipria*, se poudrer | *piumino della cipria*, houppette à poudre.

cipriota [ci-pri-ò-ta] *agg.* c(h)ypriote ♦ *n.m.* e *f.* (*abitante*) C(h)ypriote.

circa [cìr-ca] *avv.* à peu près, environ; (*spec. davanti a numerale*) quelque: *erano circa le dieci*, il était à peu près dix heures (*o* dix heures environ); *me ne occorre circa la metà*, il m'en faut à peu près (*o* environ) la moitié; *avrà circa cinquant'anni*, il doit avoir sur les cinquante ans; *ci saranno circa tre chilometri da qui alla stazione*, d'ici à la gare, il doit y avoir quelque (*o* près de *o* environ) trois kilomètres ♦ *prep.* (*a proposito di*) au sujet (**de**), à propos (**de**); (*per quanto riguarda*) en ce qui concerne, pour ce qui est (**de**): *non ricordo nulla circa quell'incidente*, je ne me rappelle rien à propos (*o* au sujet) de cet accident; *circa la vostra richiesta di impiego, siamo spiacenti*, en réponse à votre demande d'emploi, nous sommes au regret de vous communiquer que.

circense [cir-cèn-se] ***agg.*** du cirque.

circo [cìr-co] ***n.m.*** [pl. *-chi*] cirque.
● (*geol.*) ***circo glaciale***, cirque glaciaire.

circolante [cir-co-làn-te] ***agg.*** circulant.
● ***biblioteca circolante***, bibliothèque de prêt | (*econ.*) (***capitale***) ***circulant***, capital circulant, fonds de roulement.

circolare[1] [cir-co-là-re] ***agg.*** circulaire ♦ ***n.f.*** **1** (*avviso*) circulaire **2** (*linea filotranviaria*) ligne de ceinture.
● (*fis.*) ***moto circolare***, mouvement circulaire | (*mat.*) ***settore circolare***, secteur circulaire.

circolare[2] ***v.intr.*** [aus. *avere* e *essere*] **1** circuler (*anche fig.*): *far circolare aria nella stanza*, faire en sorte que l'air circule dans une pièce; *circolano strane voci sul suo conto*, des bruits étranges courent sur son compte **2** (*di capitali*) rouler.

circolatorio [cir-co-la-tò-rio] ***agg.*** [pl.m. *-ri*] (*med.*) circulatoire.

circolazione [cir-co-la-zió-ne] ***n.f.*** circulation.
● (*econ.*): ***circolazione cambiaria***, endos; ***circolazione monetaria***, circulation monétaire | (*med.*) ***circolazione sanguigna***, circulation sanguine | ***circolazione stradale***, circulation routière | ***contrassegno della tassa di circolazione***, vignette | ***divieto di circolazione***, interdiction de circuler | (*econ.*) ***essere in circolazione***, (*di moneta*) avoir cours | (*aut.*) ***libretto di circolazione***, permis de circulation, carte grise | ***sparire dalla circolazione***, disparaître de la circulation | ***togliere dalla circolazione***, faire disparaître de la circulation.

circolo [cìr-co-lo] ***n.m.*** **1** cercle: *sedersi in circolo*, s'asseoir en cercle **2** (*ambiente*) milieu*: *nei circoli ben informati*, dans les milieux bien informés **3** (*club*) club: *trovarsi al circolo*, se retrouver au club **4** (*biol.*) circulation (*f.*).
● ***circolo letterario***, cercle littéraire | ***circolo vizioso***, (*fig.*) cercle vicieux | ***entrare in circolo***, agir | ***tenere circolo***, retenir l'attention générale (par ses propos).

circoncidere [cir-con-cì-de-re] ***v.tr.*** [coniug. come *ridere*] circoncire*.

circoncisione [cir-con-ci-ʃió-ne] ***n.f.*** circoncision.

circonciso [cir-con-cì-ʃo] ***agg.*** circoncis.

circondare [cir-con-dà-re] ***v.tr.*** entourer (**de**); (*di eserciti, di polizia*) cerner, encercler: *circondato da una siepe*, entouré d'une haie; *la polizia circondò il quartiere*, la police encercla (*o* boucla) le quartier; *circondare qlcu di premure*, (*fig.*) entourer qqn de prévenances ♦ **circondarsi** ***v.pron.*** s'entourer.

circondario [cir-con-dà-rio] ***n.m.*** [pl. *-ri*] **1** environs (*pl.*), alentours (*pl.*) **2** (*circoscrizione amministrativa*) circonscription (*f.*).

circonferenza [cir-con-fe-rèn-za] ***n.f.*** circonférence.
● ***circonferenza toracica***, tour de poitrine.

circonflesso [cir-con-flès-so] ***agg.*** (*gramm.*) circonflexe.

circonfuso [cir-con-fù-so] ***agg.*** (*letter.*) auréolé.

circonlocuzione [cir-con-lo-cu-zió-ne] ***n.f.*** circonlocution.

circonvallazione [cir-con-val-la-zió-ne] ***n.f.*** rocade.
● ***viale di circonvallazione***, (boulevard) périphérique, (*fam.*) périf.

circonvenzione [cir-con-ven-zió-ne] ***n.f.*** abus (*m.*).
● (*dir.*) ***circonvenzione di incapace***, abus d'irresponsable.

circonvoluzione [cir-con-vo-lu-zió-ne] ***n.f.*** circonvolution.

circoscritto [cir-co-scrìt-to] ***agg.*** circonscrit.

circoscrivere [cir-co-scrì-ve-re] ***v.tr.*** [coniug. come *scrivere*] circonscrire*.

circoscrizione [cir-co-scri-zió-ne] ***n.f.*** circonscription.

C

circospetto [cir-co-spèt-to] ***agg.*** circonspect: *con fare circospetto*, avec circonspection.

circospezione [cir-co-spe-zió-ne] ***n.f.*** circonspection.

circostante [cir-co-stàn-te] ***agg.*** environnant.

circostanza [cir-co-stàn-za] ***n.f.*** (*spec. pl.*) circonstance: *in una triste circostanza*, en de tristes circonstances; *per un insieme di circostanze non mi è stato possibile partire*, un concours de circonstances m'a empêché de partir.
● (*dir.*) ***circostanze aggravanti***, ***attenuanti***, circonstances aggravantes, atténuantes | ***date le circostanze***, étant donné les circonstances | ***di circostanza***, de circonstance: *disse alcune parole di circostanza*, il dit quelques mots de circonstance.

circostanziare [cir-co-stan-zià-re] ***v.tr.*** donner des détails circonstanciés (**sur**).

circostanziato [cir-co-stan-zià-to] ***agg.*** circonstancié.

circuire [cir-cu-ì-re] ***v.tr.*** [coniug. come *finire*] circonvenir*.

circuito[1] [cir-cùi-to] ***n.m.*** circuit.
● (*elettr., tecn.*) ***circuito aperto***, ***chiuso***, circuit ouvert, fermé | (*inform.*) ***circuito integrato***, circuit intégré | (*elettr., tecn.*) ***circuito stampato***, circuit imprimé.

circuito[2] [cir-cuì-to] ***agg.*** dupé, trompé, abusé.

circum- ***pref.*** circum-.

circumnavigare [cir-cum-na-vi-gà-re] ***v.tr.*** [coniug. come *legare*] faire* la circumnavigation (**de**).

circumnavigazione [cir-cum-na-vi-ga-zió-ne] ***n.f.*** circumnavigation.

cireneo [ci-re-nè-o] ***n.m.*** [f. *-a*] (*fig.*) bouc émissaire.

cirillico [ci-rìl-li-co] ***agg.*** [pl.m. *-ci*, f. *-che*] cyrillique.

cirro [cìr-ro] ***n.m.*** (*meteor.*) cirrus.

cirrosi [cir-rò-ʃi] ***n.f.invar.*** (*med.*) cirrhose.
● ***cirrosi epatica***, cirrhose du foie.

cisalpino [ci-ʃal-pì-no] ***agg.*** (*geogr.*) cisalpin.
● (*st.*) ***Repubblica Cisalpina***, République Cisalpine.

cispa [ci-spa] ***n.f.*** chassie.

cisposità [ci-spo-si-tà] ***n.f.invar.*** chassie.

cisposo [ci-spó-so] ***agg.*** chassieux*.

cistercense [ci-ster-cèn-se] ***agg.*** e ***n.m.*** e ***f.*** (*eccl.*) cistercien/enne.

cisterna [ci-stèr-na] ***n.f.*** citerne.
● ***auto cisterna***, camion-citerne | ***carro cisterna***, wagon -citerne | ***nave cisterna***, bateau-citerne.

cisti [cì-sti] ***n.f.invar.*** (*med.*) kyste (*m.*).

cistico [cì-sti-co] ***agg.*** [pl.m. *-ci*, f. *-che*] (*med.*) **1** kystique: *tumore cistico*, tumeur kystique **2** (*anat.*) cystique.

cistifellea [ci-sti-fèl-le-a] ***n.f.*** (*anat.*) vésicule biliaire.

cistite [ci-stì-te] ***n.f.*** (*med.*) cystite.

cisto- ***pref.*** cyst(i)-, cysto-.

citabile [ci-tà-bi-le] ***agg.*** qu'on peut citer.

citare [ci-tà-re] ***v.tr.*** **1** (*menzionare*) citer: *citava spesso Baudelaire*, il citait souvent Baudelaire **2** (*dir.*) citer, as-

signer **3** (*nominare come modello*) citer: *la citavano per la sua eleganza*, elle était connue pour son élégance.
● ***citare a esempio***, citer en exemple | (*dir.*): ***citare in giudizio***, citer en justice; ***citare per danni***, poursuivre en dommages et intérêts.

citarista [ci-ta-rì-sta] ***n.m.*** e ***f.*** (*mus.*) cithariste.

citato [ci-tà-to] ***agg.*** cité; mentionné.
● ***sopra citato***, ci-dessus | ***sotto citato***, ci-dessous.

citazione [ci-ta-zió-ne] ***n.f.*** **1** citation **2** (*dir.*) assignation; (*spec. di testimoni*) citation: *notificare una citazione*, présenter une assignation.
● (*dir.*) ***citazione a comparire***, assignation à comparaître.

cito- ***pref.*** cyto-.

citofonare [ci-to-fo-nà-re] ***v.tr.*** [aus. *avere*] appeler*, parler à l'interphone.

citofono [ci-tò-fo-no] ***n.m.*** interphone.

citologia [ci-to-lo-gì-a] ***n.f.*** (*biol.*) cytologie.

citoplasma [ci-to-plà-ʃma] ***n.m.*** (*biol.*) cytoplasme.

citrato [ci-trà-to] ***n.m.*** (*chim.*) citrate.

citrico [cì-tri-co] ***agg.*** [pl.m. *-ci*, f. *-che*] (*chim.*) citrique.
● ***acido citrico***, acide citrique.

citronella [ci-tro-nèl-la] ***n.f.*** (*bot.*) citronnelle.

citrullo [ci-trùl-lo] ***agg.*** e ***n.m.*** [f. *-a*] nigaud, stupide.

città [cit-tà] ***n.f.invar.*** **1** ville: *abitare in, fuori città*, habiter en ville, hors de la ville; *andare in città*, aller en ville; *la gente di città*, les gens de la ville; *ama molto la vita di città*, il aime beaucoup vivre en ville **2** (*comunità storica; antico centro*) cité: *le grandi città del Rinascimento*, les grandes cités de la Renaissance.
● ***città d'arte***, ville d'art | ***città dormitorio***, cité-dortoir, ville-dortoir | ***città giardino***, cité-jardin | ***città satellite***, cité satellite, ville-satellite | (*st.*) ***città stato***, cité | ***città termale***, ville d'eau (*o* thermale) | ***città universitaria***, cité universitaire.

cittadella [cit-ta-dèl-la] ***n.f.*** citadelle.

cittadina [cit-ta-dì-na] ***n.f.*** (*piccola città*) petite ville.

cittadinanza [cit-ta-di-nàn-za] ***n.f.*** **1** nationalité; citoyenneté: *ottenere la cittadinanza italiana*, acquérir la nationalité italienne **2** (*popolazione*) population.
● ***avere la cittadinanza onoraria***, être citoyen d'honneur | ***diritto di cittadinanza***, droit de citoyenneté; (*fig.*) droit de cité | ***doppia cittadinanza***, double nationalité.

cittadino [cit-ta-dì-no] ***n.m.*** [f. *-a*] **1** (*abitante di una città*) habitant (d'une ville); (*in opposizione a chi vive in campagna*) citadin **2** (*chi ha la cittadinanza di uno Stato*) citoyen*: *cittadino francese, italiano*, citoyen français, italien **3** (*st.*) citoyen* ♦ ***agg.*** **1** (*della città*) de la ville; (*urbano*) urbain: *i parchi cittadini*, les parcs de la ville; *per le vie cittadine*, dans les rues de la ville; *i trasporti cittadini*, les transports urbains **2** (*da cittadino*) (de) citadin.
● ***cittadino onorario***, citoyen d'honneur | ***privato cittadino***, (simple) particulier.

ciucca [ciùc-ca] ***n.f.*** [pl. *-che*] (*fam.*) cuite.

ciucciare [ciuc-cià-re] ***v.tr.*** e ***intr.*** [coniug. come *cominciare*; aus. *avere*] (*fam.*) téter*, sucer*.

ciuccio[1] [ciùc-cio] ***n.m.*** [pl. *-ci*] (*region.*) (*asino*) âne.

ciuccio[2] [pl. *-ci*] **ciucciotto** ***n.m.*** (*fam.*) → **succhiotto**.

ciuco [ciù-co] ***n.m.*** [pl. *-chi*] (*region.*) âne, bourrique.

ciuffo [ciùf-fo] ***n.m.*** **1** touffe (*f.*): *un ciuffo d'erba*, une touffe d'herbe; *un ciuffo di alberi*, un bouquet d'arbres **2** (*di lana, crine*) toupet; (*di capelli*) mèche (*f.*), toupet **3** (*di uccelli*) *houppe (*f.*), *huppe (*f.*).

ciuffolotto [ciuf-fo-lòt-to] ***n.m.*** (*zool.*) bouvreuil.

ciurlare [ciur-là-re] ***v.intr.*** [aus. *avere*].
● ***ciurlare nel manico***, (*fig.*) tergiverser, chercher des faux-fuyants.

ciurma [ciùr-ma] ***n.f.*** **1** équipage (*m.*) **2** (*fig. spreg.*) canaille.

ciurmaglia [ciur-mà-glia] ***n.f.*** (*spreg.*) canaille.

civetta [ci-vét-ta] ***n.f.*** **1** (*zool.*) chouette **2** (*fig.*) (*donna leggera*) coquette **3** (*locandina*) affiche **4** (*giorn.*) (*sommario*) manchette.
● ***auto civetta***, (*della polizia*) voiture banalisée | (*pol.*) ***lista civetta***, petite liste présentée par un parti pour attirer des voix qui seront ensuite réutilisées en faveur des partis minoritaires alliés à leur coalition | ***notizia civetta***, ballon d'essai | (*comm.*) ***prezzo, prodotto civetta***, prix, produit promotionnel.

civettare [ci-vet-tà-re] ***v.intr.*** [aus. *avere*] faire* la coquette.

civetteria [ci-vet-te-rì-a] ***n.f.*** coquetterie.

civettuolo [ci-vet-tuò-lo] ***agg.*** coquet*.

civico [cì-vi-co] ***agg.*** [pl.m. *-ci*, f. *-che*] **1** (*del cittadino*) civique **2** (*comunale, della città*) municipal*: *museo civico*, musée municipal.
● ***il numero civico***, le numéro d'une maison | ***senso civico***, sens civique.

civile [ci-vì-le] ***agg.*** **1** civil **2** (*cortese*) poli **3** (*civilizzato*) civilisé: *un popolo civile*, un peuple civilisé ♦ ***n.m.*** e ***f.*** civil (*m.*): *i militari e i civili*, les militaires et les civils.
● (*dir.*) ***costituirsi parte civile***, se porter partie civile | ***fare il servizio civile***, faire son service civil | ***guerra civile***, guerre civile | ***medaglia al valor civile***, médaille du mérite civil | ***stato civile***, état civil | ***Ufficio di Stato Civile***, Service de l'État Civil.

civilista [ci-vi-lì-sta] ***n.m.*** e ***f.*** **1** avocat/e de causes civiles **2** (*studioso di diritto civile*) civiliste.

civilizzare [ci-vi-liʒ-ʒà-re] ***v.tr.*** civiliser ♦ **civilizzarsi** ***v.pron.*** se civiliser.

civilizzatore [ci-vi-liʒ-ʒa-tó-re] ***agg.*** e ***n.m.*** [f. *-trice*] civilisateur*.

civilizzazione [ci-vi-liʒ-ʒa-zió-ne] ***n.f.*** civilisation.

civilmente [ci-vil-mén-te] ***avv.*** **1** civilement: *sposarsi civilmente*, se marier civilement **2** (*in maniera cortese*) civilement.

civiltà [ci-vil-tà] ***n.f.invar.*** **1** civilisation: *le civiltà orientali*, les civilisations orientales **2** (*civilizzazione*) civilisation **3** (*cortesia*) civilité.

civismo [ci-vì-ʃmo] ***n.m.*** civisme.

clacson [clàc-son] ***n.m.invar.*** (*aut.*) klaxon, avertisseur sonore.

claire [klɛr] ***n.f.invar.*** (*region.*) (*saracinesca di negozi*) rideau* de fer.

clamore [cla-mó-re] ***n.m.*** **1** clameur (*f.*) **2** (*fig.*) (*scalpore*) bruit: *suscitare clamore*, faire un grand bruit.

clamorosamente [cla-mo-ro-sa-mén-te] ***avv.*** avec de grandes clameurs; (*fig.*) de façon retentissante.

clamoroso [cla-mo-ró-so] ***agg.*** **1** bruyant **2** (*fig.*) retentissant, sensationnel*.

clan ***n.m.invar.*** **1** clan **2** (*sport*) (*squadra*) équipe (*f.*); (*società*) société (*f.*), club.

clandestinamente [clan-de-sti-na-mén-te] ***avv.*** clandestinement.

clandestinità [clan-de-sti-ni-tà] ***n.f.invar.*** clandestinité.

clandestino [clan-de-stì-no] ***agg.*** e ***n.m.*** [f. *-a*] clandestin: *lotta clandestina*, mouvements de résistance.

clarinettista [cla-ri-net-tì-sta] ***n.m.*** e ***f.*** (*mus.*) clarinettiste.

clarinetto [cla-ri-nét-to] **clarino** ***n.m.*** (*mus.*) clarinette (*f.*).

clarissa [cla-rìs-sa] ***n.f.*** (*eccl.*) clarisse.

classe [clàs-se] ***n.f.*** **1** (*categoria sociale*) classe: *la classe dirigente, operaia*, la classe dirigeante, ouvrière **2** (*classificazione*) classe: *la classe degli insetti*, la classe des insectes **3** (*a scuola*) classe: *che classe fai?*, dans quelle classe es-tu? **4** (*categoria*) classe: *carrozza di prima classe*, wagon de première classe **5** (*econ.*) catégorie **6** (*stile*) classe: *una donna di classe*, une femme qui a de la classe.

● ***classe mista***, classe mixte | (*econ.*) ***classe di reddito***, catégorie de revenu | ***la lotta di classe***, la lutte des classes | ***le classi sociali***, les classes sociales | (*mat.*) ***una classe di grandezze***, une classe de grandeurs.

classicheggiante [clas-si-cheg-giàn-te] ***agg.*** qui imite les classiques.

classicismo [clas-si-cì-ʃmo] ***n.m.*** (*lett., arte*) classicisme.

classicista [clas-si-cì-sta] ***n.m.*** e ***f.*** **1** classique, partisan/e du classicisme **2** (*studioso*) spécialiste de l'antiquité classique.

classicità [clas-si-ci-tà] ***n.f.invar.*** **1** caractère (*m.*) classique **2** (*antichità*) antiquité classique.

classico [clàs-si-co] ***agg.*** [pl.m. *-ci*, f. *-che*] classique: *bellezza classica*, beauté classique; *un abito di taglio classico*, une robe de coupe classique ♦ ***n.m.*** classique: *i classici della letteratura italiana*, les classiques de la littérature italienne.

● ***è un classico!***, c'est le coup classique! | ***musica, danza classica***, musique, danse classique.

classifica [clas-sì-fi-ca] ***n.f.*** [pl. *-che*] classement (*m.*): *è quinto nella classifica generale*, il est cinquième au classement général.

classificabile [clas-si-fi-cà-bi-le] ***agg.*** qui peut être classé.

classificare [clas-si-fi-cà-re] ***v.tr.*** [coniug. come *mancare*] **1** classer **2** (*a scuola*) noter: *classificare con 6*, noter 6; *è stato classificato con 8*, il a obtenu 8 ♦ **classificarsi** ***v.pron.*** se classer: *la nazionale si è classificata per le semifinali*, l'équipe nationale s'est qualifiée pour les demi-finales.

classificatore [clas-si-fi-ca-tó-re] ***n.m.*** **1** [f. *-trice*] (*chi classifica*) classificateur* **2** (*cartella*) dossier; (*mobile*) classeur.

● ***classificatore di francobolli***, album de timbres.

classificazione [clas-si-fi-ca-zió-ne] ***n.f.*** **1** classification, classement (*m.*) **2** (*valutazione*) note.

classismo [clas-sì-ʃmo] ***n.m.*** esprit de classe.

classista [clas-sì-sta] ***agg.*** de classe ♦ ***n.m.*** e ***f.*** celui*/celle qui a un esprit de classe.

classistico [clas-sì-sti-co] ***agg.*** [pl.m. *-ci*, f. *-che*] fondé sur la lutte des classes.

claudicante [clau-di-càn-te] ***agg.*** claudicant.

clausola [clàu-ʃo-la] ***n.f.*** (*dir.*) clause.

● ***clausola arbitrale***, clause d'arbitre | ***clausola contrattuale***, clause contractuelle | ***clausola risolutiva***, clause résolutoire.

claustrale [clau-strà-le] ***agg.*** claustral*.

claustrofobia [clau-stro-fo-bì-a] ***n.f.*** claustrophobie.

clausura [clau-ʃù-ra] ***n.f.*** (*eccl.*) clôture.

● ***suore di clausura***, religieuses cloîtrées.

clava [clà-va] ***n.f.*** **1** massue **2** (*ginnastica*) mil (*m.*).

clavicembalista [cla-vi-cem-ba-lì-sta] ***n.m.*** e ***f.*** (*mus.*) claveciniste.

clavicembalo [cla-vi-cém-ba-lo] ***n.m.*** (*mus.*) clavecin.

clavicola [cla-vì-co-la] ***n.f.*** (*anat.*) clavicule.

clematide [cle-mà-ti-de] ***n.f.*** (*bot.*) clématite.

clemente [cle-mèn-te] ***agg.*** clément: *mostrarsi clemente con qlcu*, se montrer clément envers qqn; *un inverno clemente*, (*fig.*) un hiver clément.

clementina [cle-men-tì-na] ***n.f.*** (*bot.*) clémentine.

clemenza [cle-mèn-za] ***n.f.*** clémence: *un atto di clemenza*, un acte de clémence.

cleptomane [clep-tò-ma-ne] ***n.m.*** e ***f.*** cleptomane.

cleptomania [clep-to-ma-nì-a] ***n.f.*** cleptomanie.

clericale [cle-ri-cà-le] ***agg.*** e ***n.m.*** e ***f.*** clérical*/e.

clericalismo [cle-ri-ca-lì-ʃmo] ***n.m.*** cléricalisme.

clero [clè-ro] ***n.m.*** clergé.

● ***clero regolare, secolare***, clergé séculier, régulier | ***l'alto, il basso clero***, le haut, le bas clergé.

clessidra [cles-sì-dra] ***n.f.*** (*a sabbia*) sablier (*m.*); (*ad acqua*) clepsydre.

clic ***n.m.*** (*inform., fot.*) clic | *doppio clic*, double clic: *fare doppio clic*, double-cliquer ♦ ***inter.*** clic.

cliccare [clic-cà-re] ***v.tr.*** e ***intr.*** [aus. *avere*] (*inform.*) cliquer.

cliente [cli-èn-te] ***n.m.*** e ***f.*** client/e: *è una nostra cliente*, c'est une de nos clientes; *un cliente abituale*, un habitué.

clientela [clien-tè-la] ***n.f.*** clientèle: *la clientela di un ristorante*, les habitués d'un restaurant; *la clientela di un uomo politico*, (*estens.*) la clientèle électorale d'un homme politique.

clientelare [clien-te-là-re] ***agg.*** (*spreg.*) de favoritisme, de faveur: *assunzione clientelare*, embauche de faveur, de favoritisme.

clientelismo [clien-te-lì-ʃmo] ***n.m.*** clientélisme, copinage.

clima [clì-ma] ***n.m.*** **1** climat: *clima arido, asciutto*, climat aride, sec **2** (*fig.*) atmosphère (*f.*), climat: *il dibattito si è svolto in un clima di tensione*, le débat s'est déroulé dans un climat de tension.

● (*meteor.*) ***clima continentale***, climat continental.

climaterio [cli-ma-tè-rio] ***n.m.*** [pl. *-rî*] (*med.*) climatère.

climatico [cli-mà-ti-co] ***agg.*** [pl.m. *-ci*, f. *-che*] climatique.

climatizzare [cli-ma-tiʒ-ʒà-re] ***v.tr.*** climatiser.

climatizzato [cli-ma-tiʒ-ʒà-to] ***agg.*** climatisé.

climatizzazione [cli-ma-tiʒ-ʒa-zió-ne] ***n.f.*** climatisation.

clinica [clì-ni-ca] ***n.f.*** [pl. *-che*] clinique.

● ***clinica neurologica, pediatrica***, clinique neurologique, pédiatrique.

clinicamente [cli-ni-ca-mén-te] ***avv.*** du point de vue clinique.

clinico [clì-ni-co] ***agg.*** [pl.m. *-ci*, f. *-che*] clinique ♦ ***n.m.*** [f. *-a*] (*specialista*) clinicien*.

● ***esame clinico***, examen clinique | ***quadro clinico***, tableau clinique.

clip[1] *n.f.invar.* clip (*m.*).
clip[2] *n.m.* o *f.invar.* abbr. di **videoclip**.
clisma [cli-ʃma] *n.m.* (*med.*) lavement.
● ***clisma opaco***, lavement baryté.
clistere [cli-stè-re] *n.m.* lavement.
clitoride [cli-tò-ri-de] *n.f.* o *m.* (*anat.*) clitoris (*m.*).
cloaca [clo-à-ca] *n.f.* [pl. *-che*] cloaque (*m.*) (*anche fig.*).
cloche [klɔʃ] *n.f.* **1** (*aer.*) manche (*m.*) à balai **2** (*cappello*) cloche.
● (*aut.*) ***cambio a cloche***, changement de vitesse au plancher.
clonare [clo-nà-re] *v.tr.* (*biol.*) cloner.
clonazione [clo-na-zió-ne] *n.f.* (*biol.*) clonage (*m.*).
● ***clonazione terapeutica***, clonage thérapeutique.
clone [cló-ne] *n.m.* (*biol.*) clone.
clorato [clo-rà-to] *agg.* (*chim.*) chloré.
clorella [clo-rèl-la] *n.f.* (*bot.*) chlorelle.
cloridrico [clo-rì-dri-co] *agg.* [pl.m. *-ci*, f. *-che*] (*chim.*) chlorhydrique.
cloro [clò-ro] *n.m.* (*chim.*) chlore.
clor(o)- *pref.* chlor(o)-.
clorofilla [clo-ro-fìl-la] *n.f.* chlorophylle.
clorofilliano [clo-ro-fil-lià-no] *agg.* chlorophyllien*.
cloroformio [clo-ro-fòr-mio] *n.m.* [pl. *-mi*] (*chim.*) chloroforme.
cloroformizzare [clo-ro-for-miʒ-ʒà-re] *v.tr.* chloroformer.
cloruro [clo-rù-ro] *n.m.* (*chim.*) chlorure.
● ***cloruro di sodio***, chlorure de sodium.
clown [ˈklaun] *n.m.invar.* clown.
clownesco [klauˈnesko] *agg.* [pl.m. *-schi*, f. *-sche*] clownesque.
clownterapia [klaunteraˈpia] *n.f.* clown-thérapie.
cluniacense [clu-nia-cèn-se] *agg.* e *n.m.* clunisien*.
co- *pref.* co-.
coabitare [co-a-bi-tà-re] *v.intr.* [aus. *avere*] cohabiter.
coabitazione [co-a-bi-ta-zió-ne] *n.f.* cohabitation.
coacervo [co-a-cèr-vo] *n.m.* **1** tas, amas, monceau* **2** (*fin.*) accumulation (*f.*).
coadiutore [co-a-diu-tó-re] *n.m.* **1** collaborateur **2** (*eccl.*) coadjuteur.
coadiuvante [co-a-diu-vàn-te] *n.m.* e *f.* collaborateur/trice ♦ *agg.* e *n.m.* (*med.*) adjuvant.
coadiuvare [co-a-diu-và-re] *v.tr.* coopérer* (**avec**), collaborer (**avec**).
coagulante [co-a-gu-làn-te] *agg.* e *n.m.* coagulant.
coagulare [co-a-gu-là-re] *v.tr.* e *intr.* [aus. dell'intr. *essere*] coaguler; (*del latte*) cailler ♦ **coagularsi** *v.pron. intr.* se coaguler; (*del latte*) se cailler.
coagulazione [co-a-gu-la-zió-ne] *n.f.* coagulation.
coagulo [co-à-gu-lo] *n.m.* caillot; (*med.*) coagulum.
coalizione [co-a-li-zió-ne] *n.f.* coalition.
coalizzare [co-a-liʒ-ʒà-re] *v.tr.* coaliser ♦ **coalizzarsi** *v.pron.* e *pron.rec.* se coaliser.
coartare [co-ar-tà-re] *v.tr.* (*letter.*) contraindre* (**à**): *coartare la volontà di qlcu*, forcer la volonté de qqn.
coartazione [co-ar-ta-zió-ne] *n.f.* **1** (*letter.*) contrainte **2** (*med.*) coarctation: *coartazione dell'aorta, aortica*, coarctation de l'aorte.
coassiale [co-as-sià-le] *agg.* coaxial*.
● (*tel.*) ***cavo coassiale***, câble coaxial.
coattivo [co-at-tì-vo] *agg.* **1** (*coercitivo*) coercitif* **2** (*obbligatorio*) forcé.
● ***servitù coattiva***, servitude légale.
coatto [co-àt-to] *agg.* forcé ♦ *n.m.* [f. *-a*] **1** (*dir.*) personne (*f.*) en résidence forcée **2** (*gergo region.*) zonard.
● (*dir.*) ***domicilio coatto***, résidence forcée.
coautore [co-au-tó-re] *n.m.* [f. *-trice*] coauteur.
coazione [co-a-zió-ne] *n.f.* (*dir.*) coaction, coercition.
● (*psic.*) ***coazione a ripetere***, compulsion (de répétition).
cobalto [co-bàl-to] *n.m.* **1** (*chim.*) cobalt **2** (*colore*) bleu (de) cobalt.
cobaltoterapia [co-bal-to-te-ra-pì-a] *n.f.* (*med.*) cobaltothérapie, cobalthérapie.
cobra [cò-bra] *n.m.invar.* cobra.
coca[1] [cò-ca] *n.f.* [pl. *-che*] (*bot.*) coca.
coca[2] *n.f.* [pl. *-che*] abbr. di **Coca-Cola**®.
coca[3] *n.f.* [pl. *-che*] abbr. di **cocaina**.
Coca-Cola® [cò-ca-cò-la] *n.f.invar.* Coca-Cola® (*m.*); (*fam.*) coca (*m.*).
cocaina [co-ca-ì-na] *n.f.* (*chim.*) cocaïne; (*correntemente*) coca.
cocainomane [co-cai-nò-ma-ne] *n.m.* e *f.* cocaïnomane.
cocca[1] [còc-ca *o* cóc-ca] *n.f.* [pl. *-che*] **1** (*di freccia*) coche, encoche **2** (*angolo di fazzoletto ecc.*) coin (*m.*).
cocca[2] [còc-ca] *n.f.* [pl. *-che*] (*fam.*) (*tesorino*) poulet (*m.*); poulette, chouchou, chouchoute.
coccarda [coc-càr-da] *n.f.* cocarde.
cocchiere [coc-chiè-re] *n.m.* cocher.
cocchio [còc-chio] *n.m.* [pl. *-chi*] carrosse.
coccia [còc-cia] *n.f.* [pl. *-ce*] **1** (*scorza, buccia*) cosse **2** (*scherz., region.*) (*testa*) caboche: *aver la coccia dura*, avoir la caboche dure **3** (*parte dell'elsa*) garde.
coccige [coc-cì-ge *o* còc-cige] *n.m.* (*anat.*) coccyx.
coccinella [coc-ci-nèl-la] *n.f.* (*zool.*) coccinelle.
cocciniglia [coc-ci-nì-glia] *n.f.* (*zool.*) cochenille.
coccio [còc-cio] *n.m.* [pl. *-ci*] **1** (*terracotta*) terre (*f.*) (cuite) **2** (*frammento*) débris, tesson.
cocciutaggine [coc-ciu-tàg-gi-ne] *n.f.* entêtement (*m.*).
cocciuto [coc-ciù-to] *agg.* têtu.
cocco[1] [còc-co] *n.m.* [pl. *-chi*] (*pianta*) cocotier.
● (*frutto*) (***noce di***) ***cocco***, (noix de) coco.
cocco[2] *n.m.* [pl. *-chi*] (*biol.*) coque.
cocco[3] *n.m.* [f. *-a*; pl.m. *-chi*, f. *-che*] (*fam.*) chouchou*: *è il cocco della mamma*, c'est le chouchou de sa maman; *povero cocco!*, pauvre (petit) chou!
● ***è un cocco di mamma***, c'est un fils à sa maman.
cocco[4] *n.m.* [pl. *-chi*] (*linguaggio infantile*) (*uovo*) coco.
coccodè [coc-co-dè] *n.m.invar.* **1** (*onom.*) cot cot codet **2** (*il verso*) caquet: *fare coccodè*, caqueter.
coccodrillo [coc-co-drìl-lo] *n.m.* crocodile.
● ***lacrime di coccodrillo***, (*fig.*) larmes de crocodile.
coccoina® [coc-co-ì-na] *n.f.* colle (blanche) à papier.
coccola [còc-co-la] *n.f.* (*fam.*) (*carezza*) câlin (*m.*): *fare le coccole*, câliner.
coccolare [coc-co-là-re] *v.tr.* (*fam.*) câliner, cajoler.
coccolo [còc-co-lo] *n.m.* (*fam.*) chouchou*, mignon*.
coccoloni [coc-co-ló-ni] *avv.* à croupetons.

cocente [co-cèn-te] ***agg.*** **1** brûlant **2** (*fig.*) cuisant: *lacrime cocenti*, des larmes brûlantes.

cocker ['kɔkεr] ***n.m.invar.*** (*cane*) cocker.

cocomero [co-có-me-ro] ***n.m.*** pastèque (*f.*), melon d'eau.

cocorita [co-co-rì-ta] ***n.f.*** (*zool.*) perruche.

cocuzzolo [co-cùz-zo-lo] ***n.m.*** **1** sommet **2** (*del cappello*) calotte (*f.*).

coda [có-da] ***n.f.*** **1** queue: *muovere, dimenare la coda*, remuer la queue **2** (*estens.*) queue: *code degli sci*, talons des skis; *la polemica ha avuto code spiacevoli*, la polémique a eu des suites regrettables | *coda dell'abito da sposa*, traîne de la robe de mariée **3** (*fila*) queue: *essere in coda, fare la coda*, faire la queue.

● ***coda di cavallo***, (*acconciatura*) queue de cheval; (*bot. pop.*) prêle des champs, queue-de-cheval: *pettinarsi con, farsi la coda di cavallo*, se coiffer en queue de cheval | ***coda di rondine***, (*abito*) queue-de-morue, queue-de-pie: (*tecn.*) *incastro a coda di rondine*, assemblage à queue -d'aronde | (*cuc.*) ***coda di rospo***, lotte de mer | (*cucito*) ***coda di topo***, cordonnet tubulaire en soie | ***avere la coda di paglia***, (*fig.*) ne pas avoir la conscience tranquille | ***andarsene con la coda fra le gambe***, (*fig.*) s'en aller la queue entre les jambes | ***guardare con la coda dell'occhio***, (*estens.*) regarder du coin de l'œil | ***in coda a***, à la fin de, au bout de.

FAUX AMI
Da non confondere con *code*, che significa *codice*.

codardia [co-dar-dì-a] ***n.f.*** couardise.

codardo [co-dàr-do] ***agg.*** e ***n.m.*** [f. *-a*] couard, lâche.

codazzo [co-dàz-zo] ***n.m.*** (*spreg.*) cohorte (*f.*), cour (*f.*).

codeina [co-de-ì-na] ***n.f.*** (*chim.*) codéine.

codesto [co-dé-sto] ***agg.dimostr.*** e ***pron.dimostr.*** (*antiq., amm., region.*) → **questo**.

codice [cò-di-ce] ***n.m.*** **1** (*dir.*) code **2** (*estens.*) code, normes (*f.pl.*): *codice di etica professionale*, normes d'éthique professionnelle **3** (*manoscritto antico*) manuscrit **4** (*combinazione di segni*) code: *decifrare un codice*, décoder | *trascrivere in codice*, chiffrer, coder, écrire en code.

● (*inform.*) ***codice a barre***, code (à) barres | ***codice area***, indicatif régional | (*inform.*) ***codice binario***, code binaire | (*dir.*) ***codice civile, penale***, code civil, pénal | ***codice fiscale, postale***, code fiscal, postal | (*biol.*) ***codice genetico***, code génétique | ***codice segreto***, code secret | ***codice stradale, della strada***, code de la route | ***codici miniati***, recueils miniaturés | ***messaggio in codice***, message codé.

codicillo [co-di-cìl-lo] ***n.m.*** **1** (*dir.*) codicille **2** (*poscritto*) post-scriptum*.

codifica [co-dì-fi-ca] ***n.f.*** [pl. *-che*] **1** codification **2** (*traduzione in codice*) codage (*m.*).

codificare [co-di-fi-cà-re] ***v.tr.*** [coniug. come *mancare*] **1** codifier **2** (*tradurre in codice*) coder, encoder.

codificatore [co-di-fi-ca-tó-re] ***n.m.*** **1** (*elettr.*) codeur **2** (*inform.*) encodeur.

codificazione [co-di-fi-ca-zió-ne] ***n.f.*** **1** codification **2** (*traduzione in codice*) codage (*m.*), encodage (*m.*).

codino [co-dì-no] ***n.m.*** **1** queue (*f.*) **2** (*delle parrucche del Settecento*) queue (*f.*); (*ciuffo di capelli trattenuto da un fermaglio*) couette (*f.*); (*treccina*) natte (*f.*); (*acconciatura a coda di cavallo*) queue de cheval **3** [f. *-a*] (*fig.*) réactionnaire.

codirosso [co-di-rós-so] ***n.m.*** (*zool.*) rouge-queue*.

codolo [có-do-lo] ***n.m.*** (*di attrezzo*) queue (*f.*); (*di armi bianche*) soie (*f.*).

codrione [co-dri-ó-ne] ***n.m.*** (*anat., vet.*) croupion.

coedizione [co-e-di-zió-ne] ***n.f.*** coédition.

coefficiente [co-ef-fi-cièn-te] ***n.m.*** coefficient.

● (*fis.*): ***coefficiente di assorbimento***, coefficient d'absorption; ***coefficiente di attrito***, coefficient de frottement.

C

coercitivo [co-er-ci-tì-vo] ***agg.*** coercitif*.

coercizione [co-er-ci-zió-ne] ***n.f.*** coercition.

coerede [co-e-rè-de] ***n.m.*** e ***f.*** (*dir.*) cohéritier/ère.

coerente [co-e-rèn-te] ***agg.*** cohérent; (*coerente con*) conforme (**à**); (*di persona*) conséquent (**avec**): *non è coerente con se stesso*, il n'est pas conséquent avec lui -même.

coerenza [co-e-rèn-za] ***n.f.*** cohérence.

coesione [co-e-ʃió-ne] ***n.f.*** cohésion.

coesistenza [co-e-ʃi-stèn-za] ***n.f.*** coexistence.

coesistere [co-e-ʃi-ste-re] ***v.intr.*** [coniug. come *esistere*; aus. *essere*] coexister.

coetaneo [co-e-tà-ne-o] ***agg.*** du même âge: *essere coetanei*, avoir le même âge ♦ ***n.m.*** [f. *-a*] personne (*f.*) du même âge: *ha sposato un coetaneo*, elle a épousé un garçon de son âge; *gioca con i tuoi coetanei*, joue avec les enfants de ton âge.

coevo [co-è-vo] ***agg.*** contemporain.

cofanetto [co-fa-nét-to] ***n.m.*** **1** coffret **2** (*custodia*) étui.

cofano [cò-fa-no] ***n.m.*** **1** coffre **2** (*aut.*) capot.

coffa [còf-fa] ***n.f.*** (*mar.*) *hune.

cofirmatario [co-fir-ma-tà-rio] ***agg.*** e ***n.m.*** [f. *-a*; pl.m. *-ri*] cosignataire.

cogestione [co-ge-stió-ne] ***n.f.*** cogestion.

cogestire [co-ge-stì-re] ***v.tr.*** [coniug. come *finire*] cogérer*.

cogitabondo [co-gi-ta-bón-do] ***agg.*** (*letter.*) pensif*, songeur*.

cogli [có-gli] ***prep.art.m.pl.*** → **con**.

cogliere [cò-glie-re] ***v.tr.*** [pres.indic. *io colgo, tu cogli* ecc.; p.rem. *io colsi, tu cogliesti* ecc.; p.p. *colto*] **1** cueillir*: *ho colto una mela dall'albero*, j'ai cueilli une pomme sur l'arbre; *cogliere i piaceri della vita*, (*fig.*) goûter les joies de la vie; *cogliere il frutto del proprio lavoro*, (*fig.*) recueillir le fruit de son travail **2** (*raccogliere da terra*) ramasser: *cogliere funghi*, ramasser des champignons **3** (*colpire*) toucher: *cogliere il bersaglio*, toucher la cible; *cogliere in pieno il problema*, (*fig.*) comprendre où est le problème **4** (*prendere*) prendre*; (*sorprendere*) surprendre*: *è stata colta dal terrore*, elle a été prise de terreur; *la morte lo colse all'improvviso*, la mort l'a pris, saisi à l'improviste; *è stato colto da un malore*, il a eu un malaise; *furono colti dal temporale*, ils furent surpris par l'orage; *l'ho colto mentre dormiva*, je l'ai surpris en train de dormir **5** (*afferrare*) attraper; (*fig.*) saisir: *cogliere il pallone al volo*, attraper le ballon au vol; *la sua osservazione non è stata colta*, (*fig.*) sa remarque est tombée à plat; *cogliere la vittoria*, (*fig.*) obtenir la victoire **6** (*capire*) comprendre*: *non riesco a cogliere il significato delle sue parole*, je ne parviens pas à comprendre, saisir ce qu'il dit.

● ***cogliere con le mani nel sacco***, (*fig.*) prendre la main dans le sac (*o* sur le fait) | ***cogliere il momento buono***, (*fig.*) choisir le bon moment | ***cogliere nel segno***, (*fig.*) frapper juste, mettre dans le mille.

C

coglione [co-glió-ne] ***n.m.*** (*volg.*) **1** couille (*f.*) **2** [f. *-a*] (*fesso*) (*fig.*) gros con, couillon.
● ***fare la figura del coglione***, jouer le rôle du couillon | ***far girare, rompere i coglioni***, casser les couilles | ***levati dai coglioni!***, casse-toi!

cognata [co-gnà-ta] ***n.f.*** belle-sœur*.

cognato [co-gnà-to] ***n.m.*** beau-frère*.

cognitivo [co-gni-tì-vo] ***agg.*** (*psic.*) cognitif*.

cognizione [co-gni-zió-ne] ***n.f.*** connaissance; (*nozione*) notion: *avere cognizione di qlcu*, avoir connaissance de qqch.
● (*dir.*): ***con cognizione di causa***, en connaissance de cause; ***senza cognizione di causa***, sans connaître les faits.

cognome [co-gnó-me] ***n.m.*** nom (de famille).
● ***nome e cognome***, prénom et nom.

> **NOTA** I ***cognomi*** cominciano a comparire in Italia nel IX secolo; in seguito si diffondono e diventano fissi per le singole famiglie fino a che disposizioni di legge non li rendono obbligatori tra il XVIII e il XIX secolo.
> Le origini dei cognomi sono diverse: dapprima si aggiunge al nome di battesimo un secondo nome o il nome del padre o quello della madre (Giovanni di Paolo, Piero della Francesca); poi la provenienza (Milanesi, Pisani) o il mestiere (Barbieri, Ferrari, Sarto), in seguito i soprannomi legati a caratteristiche fisiche (Biondi, Bianchi, Bassi, Grassi, Gobbi, Guerci) o appellativi indicanti animali (Galli, Gatti, Lupo).
> Per i cognomi francesi si veda la nota a → nom nella sezione francese-italiano.

coi [có-i] ***prep.art.m.pl.*** → **con**.

coibentare [coi-ben-tà-re] ***v.tr.*** (*tecn.*) isoler; (*per il calore*) calorifuger*.

coibentazione [coi-ben-ta-zió-ne] ***n.f.*** isolement (*m.*); (*del calore*) calorifugeage (*m.*).

coibente [coi-bèn-te] ***n.m.*** (*fis., tecn.*) isolant; (*del calore*) calorifuge.

coibenza [coi-bèn-za] ***n.f.*** (*fis.*) isolement (*m.*) thermique.

coincidenza [co-in-ci-dèn-za] ***n.f.*** **1** coïncidence | *che coincidenza!*, quelle coïncidence! **2** (*identità*) correspondance: *coincidenza d'idee, di vedute*, correspondance d'idées **3** (*mezzo pubblico*) correspondance: *perdere la coincidenza*, manquer la correspondance.

coincidere [co-in-cì-de-re] ***v.intr.*** [coniug. come *ridere*; aus. *avere*] coïncider.

coinquilino [co-in-qui-lì-no] ***n.m.*** [f. *-a*] colocataire.

cointeressare [co-in-te-res-sà-re] ***v.tr.*** (*econ.*) intéresser, faire* participer.

cointeressato [co-in-te-res-sà-to] ***agg.*** e ***n.m.*** [f. *-a*] (*econ.*) intéressé aux bénéfices de l'entreprise: *essere cointeressato in un'azienda*, participer aux bénéfices de l'entreprise.

cointeressenza [co-in-te-res-sèn-za] ***n.f.*** (*econ., comm.*) participation aux bénéfices.

coinvolgente [co-in-vol-gèn-te] ***agg.*** absorbant, prenant.

coinvolgere [co-in-vòl-ge-re] ***v.tr.*** [coniug. come *volgere*] **1** impliquer; (*trascinare*) entraîner: *rimanere coinvolto in un tumulto*, être pris dans une émeute; *lo ha coinvolto in una brutta storia*, il l'a entraîné dans une sale histoire; *non coinvolgermi*, ne me mêle pas à tes histoires **2** (*estens.*) intéresser, faire* participer: *la maestra ha saputo coinvolgere tutta la classe*, la maîtresse a su intéresser toute la classe; *la cosa mi coinvolge molto*, la chose me touche beaucoup; *si lascia troppo coinvolgere dal lavoro*, il se laisse trop absorber par son travail.

coinvolgimento [co-in-vol-gi-mén-to] ***n.m.*** **1** implication (*f.*) **2** (*partecipazione*) participation (*f.*): *c'è stato un grande coinvolgimento (emotivo) da parte sua*, il y a eu une grande participation de sa part.

coinvolto [co-in-vòl-to] ***agg.*** concerné; (*implicato*) impliqué: *essere coinvolto emotivamente*, (*estens.*) être touché.

coito [còi-to] ***n.m.*** coït.

coke ['kok] ***n.m.*** coke.

col ***prep.art.m.sing.*** → **con**.

cola [có-la] ***n.f.*** (*bot.*) cola (*m.* o *f.*), kola (*m.* o *f.*).

colà [co-là] ***avv.*** (*letter.*) là-bas.

colabrodo [co-la-brò-do] ***n.m.invar.*** passoire (*f.*).
● ***l'hanno ridotto (come) un colabrodo***, (*fig.*) ils l'ont transformé en passoire.

colapasta [co-la-pà-sta] ***n.m.invar.*** passoire (*f.*), égouttoir.

colare [co-là-re] ***v.tr.*** **1** passer; (*filtrare*) filtrer: *colare la pasta*, égoutter les pâtes **2** (*fondere*) fondre*; (*di statue*) couler ♦ ***v.intr.*** [aus. *essere*] couler; (*gocciolare*) dégouliner; (*filtrare*) passer: *il sudore gli colava dalla fronte*, la sueur coulait de son front; *la cera è colata sulla tovaglia*, la cire a coulé sur la nappe.
● ***colare a picco***, couler à pic.

colata [co-là-ta] ***n.f.*** coulée.
● (*geol.*) ***colata lavica***, coulée de lave (*o* volcanique).

colazione [co-la-zió-ne] ***n.f.*** **1** (*alla mattina*) petit (*m.*) déjeuner: *fare (la prima) colazione*, prendre son petit déjeuner; *fare colazione con un caffè*, déjeuner d'un café **2** (*a mezzogiorno*) déjeuner (*m.*): *far colazione*, déjeuner; *una colazione fredda*, un repas froid.
● ***colazione al sacco***, pique-nique: *fare la colazione al sacco*, déjeuner en plein air, pique-niquer | ***colazione di lavoro***, déjeuner d'affaires.

colbacco [col-bàc-co] ***n.m.*** [pl. *-chi*] colback.

colchico [còl-chi-co] ***n.m.*** [pl. *-ci*] (*bot.*) colchique.

colcos [còl-cos] ***n.m.invar.*** → **kolchoz**.

colecisti [co-le-cì-sti] ***n.f.invar.*** (*anat.*) cholécyste.

coledoco [co-lè-do-co] ***n.m.*** [pl. *-chi*] (*anat.*) cholédoque.

colei [co-lèi] ***pron.dimostr.f.sing.*** **1** (*antecedente di pron.rel.*) celle: *colei che incontrammo*, celle que nous rencontrâmes **2** (*spec. spreg.*) celle-là.

coleottero [co-le-òt-te-ro] ***n.m.*** (*zool.*) coléoptère.

colera [co-lè-ra] ***n.m.*** (*med.*) choléra.

coleroso [co-le-ró-so] ***agg.*** e ***n.m.*** [f. *-a*] (*med.*) cholérique.

colesterolo [co-le-ste-rò-lo] ***n.m.*** (*biochim.*) cholestérol.

colf ***n.f.invar.*** travailleuse familiale.

colgo → **cogliere**.

colibacillo [co-li-ba-cìl-lo] ***n.m.*** (*biol.*) colibacille.

colibrì [co-li-brì] ***n.m.invar.*** (*zool.*) colibri.

colica [cò-li-ca] ***n.f.*** [pl. *-che*] (*med.*) colique.
● ***colica renale***, colique néphrétique.

colino [co-lì-no] ***n.m.*** petite passoire (*f.*), passette (*f.*); (*da tè*) passe-thé*.

colite [co-lì-te] ***n.f.*** (*med.*) colite.

colla[1] [còl-la] ***n.f.*** colle: *stick di colla*, bâton de colle.
● ***colla da falegname***, colle à bois | ***colla di pesce***, colle de poisson.

colla[2] [cól-la] *prep.art.f.sing.* → **con**.
collaborare [col-la-bo-rà-re] *v.intr.* [aus. *avere*] **1** collaborer: *collaborare a un giornale, a una rivista*, collaborer à un journal, à une revue **2** (*contribuire*) contribuer: *collaborare alle spese*, contribuer aux frais **3** (*lavorare con altri*) coopérer* (**avec**), travailler (**avec**).
collaboratore [col-la-bo-ra-tó-re] *n.m.* [f. *-trice*] collaborateur*.
● (*dir.*) ***collaboratore di giustizia***, repenti | ***collaboratore esterno***, collaborateur extérieur.
collaborazione [col-la-bo-ra-zió-ne] *n.f.* collaboration: *prestare la propria collaborazione*, apporter sa collaboration | *non collaborazione*, manque de collaboration.
● ***collaborazione coordinata e continuativa***, collaboration déterminée similaire au contrat de projet | ***collaborazione occasionale***, collaboration occasionnelle.
collaborazionismo [col-la-bo-ra-zio-nì-ʃmo] *n.m.* collaboration (*f.*).
collaborazionista [col-la-bo-ra-zio-nì-sta] *n.m.* e *f.* collaborateur/trice; (*fam.*) collabo.
collagene [col-là-ge-ne] **collageno** *n.m.* (*biol.*) collagène.
collana [col-là-na] *n.f.* **1** collier (*m.*) **2** (*di libri*) collection.
collant [kɔl'lan] *n.m.invar.* collant.
● ***collant riposanti, contenitivi***, collants de maintien.
collante [col-làn-te] *agg.* collant, adhésif* ♦ *n.m.* adhésif.
collare [col-là-re] *n.m.* **1** collier **2** (*di sacerdote*) col romain **3** (*zool.*) collier.
collarino [col-la-rì-no] *n.m.* **1** (*eccl.*) collet **2** (*arch.*) annelet.
collassare [col-las-sà-re] *v.tr.* provoquer un collapsus | (*med.*) *collassare un polmone*, soumettre à collapsothérapie ♦ *v.intr.* [aus. *essere*] **1** tomber en collapsus **2** (*fig. fam.*) (*svenire*) collapser.
collasso [col-làs-so] *n.m.* (*med.*) collapsus.
● ***collasso cardiaco, cardiovascolare***, collapsus cardiaque, cardiovasculaire.
collaterale [col-la-te-rà-le] *agg.* collatéral* ♦ *n.m.* e *f.* (*parente*) collatéral*/e.
● (*med., farm.*) ***effetto collaterale***, effet secondaire.
collaudare [col-lau-dà-re] *v.tr.* **1** (*costruzioni, edifici*) vérifier; (*macchine, motori*) essayer*; (*rodare*) roder **2** (*fig.*) roder.
collaudato [col-lau-dà-to] *agg.* rodé (*anche fig.*): *una ricetta collaudata*, une recette qui a fait ses preuves.
collaudatore [col-lau-da-tó-re] *n.m.* [f. *-trice*] essayeur*: *pilota collaudatore*, pilote d'essai.
collaudo [col-làu-do] *n.m.* essai; épreuve (*f.*) (*anche fig.*): *sottoporre a collaudo*, soumettre à un essai; *superare un collaudo*, subir un essai avec succès; *prove di collaudo*, essais; *volo di collaudo*, vol d'essai.
● ***certificato di collaudo***, certificat de bon fonctionnement.
collazionare [col-la-zio-nà-re] *v.tr.* collationner.
collazione [col-la-zió-ne] *n.f.* collation.
colle[1] [còl-le] *n.m.* coteau*, colline (*f.*).
colle[2] *n.m.* (*valico*) col.
colle[3] [cól-le] *prep.art.f.pl.* → **con**.
collega [col-lè-ga] *n.m.* e *f.* [pl.m. *-ghi*, f. *-ghe*] collègue; (*di studi*) camarade; (*tra medici, avvocati*) confrère/consœur.
collegabile [col-le-gà-bi-le] *agg.* qui peut être relié.
collegamento [col-le-ga-mén-to] *n.m.* **1** liaison (*f.*): *essere, mettere in collegamento*, être, mettre en liaison **2** (*tecn.*) connexion (*f.*); (*allacciamento*) branchement; (*mecc.*) jonction (*f.*) **3** (*mil.*) liaison (*f.*): *ufficiale di collegamento*, officier de liaison **4** (*fig.*) connexion (*f.*), liaison (*f.*): *collegamento di idee*, connexion d'idées; *essere, mettere in collegamento*, être, mettre en contact **5** (*tel.*) connexion.
● (*tv, rad.*) ***collegamento diretto***, liaison en direct | ***collegamento ferroviario***, liaison ferroviaire | ***collegamento telefonico***, liaison (*o* communication) téléphonique | (*tv*) ***collegamento via cavo, via satellite***, connexion par câble, par satellite | (*inform.*) ***collegamenti multimediali, ipermediali***, liens multimédias, hypermédias.
collegare [col-le-gà-re] *v.tr.* [coniug. come *legare*] **1** relier **2** (*elettr.*) brancher; (*mecc.*) joindre*, assembler: *collegare dei vagoni*, atteler des wagons **3** (*fig.*) relier; (*coordinare*) coordonner; (*ricondurre*) rapporter ♦ **collegarsi** *v.pron.* **1** (*mettersi in contatto*) établir une liaison, entrer en liaison **2** (*unirsi*) s'allier: *collegarsi con società straniere*, s'allier à des sociétés étrangères.
● (*elettr.*) ***collegare in serie, in parallelo***, connecter en série, en parallèle.
collegato [col-le-gà-to] *agg.* **1** uni, joint **2** (*associato*) associé: *società collegate*, sociétés associées **3** (*tecn., tel.*) connecté **4** (*inform.*) en ligne.
collegiale [col-le-già-le] *agg.* **1** collégial*; (*collettivo*) collectif* **2** (*da collegio*) de pensionnat: *disciplina collegiale*, discipline de pensionnat ♦ *n.m.* e *f.* pensionnaire | *comportarsi da collegiale*, (*fig.*) se conduire en collégien.
● ***organo collegiale***, organe collégial.
collegialità [col-le-gia-li-tà] *n.f.invar.* collégialité.
collegialmente [col-le-gial-mén-te] *avv.* collégialement.
collegiata [col-le-già-ta] *n.f.* **1** église collégiale **2** (*collegio di ecclesiastici*) chapitre (*m.*) collégial.
collegio [col-lè-gio] *n.m.* [pl. *-gi*] **1** collège **2** (*convitto*) pensionnat: *in collegio*, au pensionnat; *mettere in collegio*, mettre en pension **3** (*circoscrizione*) collège.
● ***collegio degli avvocati***, ordre des avocats | ***collegio dei docenti***, assemblée des professeurs | ***collegio dei notai***, chambre des notaires | ***collegio dei periti***, comité des experts | (*amm.*) ***collegio dei probiviri***, conseil des prud'hommes | ***collegio elettorale***, collège électoral | ***collegio sindacale***, (*di una società*) commissaires aux comptes | (*eccl.*) ***sacro collegio***, sacre collège.
collera [còl-le-ra] *n.f.* colère: *andare in collera*, se mettre en colère; *in un momento, in un accesso di collera*, dans un accès de colère; *essere in collera con qlcu*, être en colère contre qqn.
collerico [col-lè-ri-co] *agg.* e *n.m.* [f. *-a*; pl.m. *-ci*, f. *-che*] coléreux*, colérique.
colletta [col-lét-ta] *n.f.* collecte: *fare una colletta*, faire une collecte.
collettivamente [col-let-ti-va-mén-te] *avv.* collectivement.
collettivismo [col-let-ti-vì-ʃmo] *n.m.* collectivisme.
collettività [col-let-ti-vi-tà] *n.f.invar.* collectivité.
collettivizzare [col-let-ti-viʒ-ʒà-re] *v.tr.* collectiviser.
collettivo [col-let-tì-vo] *agg.* collectif* ♦ *n.m.* **1** (*gramm.*) (nom) collectif **2** (*gruppo*) comité; assemblée (*f.*).
● (*dir.*) ***contratto collettivo***, contrat collectif.

NOTA Il ***nome collettivo***, seguito da un complemento, in francese si accorda con il verbo preferibilmente al singolare

C

C

per mettere in risalto il gruppo, la totalità, ossia il collettivo:
*Una **folla** di turisti ha invaso Firenze.*
Une **foule** de touristes **a envahi** Florence.
Si accorda preferibilmente al plurale se si vogliono far risaltare gli individui, i diversi elementi:
*Una **massa** di persone pensa che è vero.*
Une **foule** de **gens pensent** que c'est vrai.
*Un **gran numero** di amici mi ha parlato di lui.*
Un **grand nombre d'amis** m'**ont parlé** de lui.

colletto [col-lét-to] ***n.m.*** **1** col: *colletto alto, basso*, col montant, bas **2** (*anat.*) (*di dente*) collet **3** (*bot.*) collet.
● ***colletto alla marinara***, col marin | ***colletto a uomo***, col tailleur | ***colletti bianchi***, (*fig.*) cols blancs | ***colletti blu***, (*fig.*) cols bleus.

collettore [col-let-tó-re] ***agg.*** [f. *-trice*] collecteur* ♦ ***n.m.*** **1** receveur* **2** (*mecc.*) collecteur **3** (*di fogna*) égout collecteur.

collezionare [col-le-zio-nà-re] ***v.tr.*** collectionner (*anche fig.*).

collezione [col-le-zió-ne] ***n.f.*** collection.

collezionismo [col-le-zio-nì-ʃmo] ***n.m.*** activité (*f.*) de collectionneur: *il collezionismo seicentesco*, l'activité des collectionneurs au XVIIᵉ siècle.

collezionista [col-le-zio-nì-sta] ***n.m.*** e ***f.*** collectionneur/euse.

collidere [col-lì-de-re] ***v.intr.*** [coniug. come *ridere*; aus. *avere*] entrer en collision.

collimare [col-li-mà-re] ***v.intr.*** [aus. *avere*] **1** se toucher **2** (*fig.*) concorder ♦ ***v.tr.*** (*fis.*) viser.

collina [col-lì-na] ***n.f.*** colline: *in collina*, sur la colline.

collinetta [col-li-nèt-ta] ***n.f.*** butte.

collinoso [col-li-nó-so] ***agg.*** de colline: *un terreno collinoso*, un terrain vallonné.

collirio [col-lì-rio] ***n.m.*** [pl. *-ri*] collyre.

collisione [col-li-ʃió-ne] ***n.f.*** collision (*anche fig.*): *entrare in collisione*, entrer en collision.

collo¹ [còl-lo] ***n.m.*** **1** cou: *collo lungo, grosso*, cou long, épais **2** (*colletto*) col: *collo rotondo*, col rond; *collo alto*, col montant **3** (*anat.*) col **4** (*di recipiente*) col; (*di bottiglia*) goulot.
● (*abbigl.*): ***collo a scialle***, col châle; ***collo a uomo***, col chemisier | (*anat.*) ***collo del piede***, cou-de-pied | (*mecc.*) ***collo d'oca***, col-de-cygne | ***avere un braccio al collo***, porter le bras en écharpe | ***correre a rotta di collo***, courir comme un dératé; (*in automobile*) rouler à tombeau ouvert | ***prendere qlcu per il collo***, serrer le cou à qqn; (*fig.*) mettre le couteau sous la gorge à qqn | ***rompersi l'osso del collo***, se casser le cou.

FAUX AMI
Da non confondere con *colle*, che significa *colla*.

collo² ***n.m.*** (*pacco*) colis.

collo³ [cól-lo] ***prep.art.m.sing.*** → **con**.

collocamento [col-lo-ca-mén-to] ***n.m.*** mise (*f.*) en place; (*sistemazione*) placement; (*posa*) pose (*f.*): *il collocamento dei tubi*, la pose des tuyaux; (*econ.*) *collocamento di capitali*, placement de capitaux.
● ***collocamento a dimora***, (*di piante*) plantation | (*dir.*) ***collocamento a riposo***, mise à la retraite | ***ufficio di collocamento***, bureau de placement; (*organismo ufficiale*) Agence nationale pour l'emploi (ANPE).

collocare [col-lo-cà-re] ***v.tr.*** [coniug. come *mancare*] **1** placer* (*anche fig.*); (*ordinare, allineare*) ranger* **2** (*vendere*) placer*: *collocare una buona parte della merce*, placer, écouler une bonne partie de la marchandise.
● (*dir.*) ***collocare a riposo***, mettre à la retraite.

collocazione [col-lo-ca-zió-ne] ***n.f.*** **1** (*il collocare*) placement (*m.*), mise en place **2** (*disposizione*) disposition **3** (*di libri in una biblioteca*) emplacement (*m.*); (*segnatura del libro*) cote **4** (*fig.*) position **5** (*dir.*) classement (*m.*) **6** (*ling.*) collocation.

colloidale [col-loi-dà-le] ***agg.*** (*chim.*) colloïdal*.

colloide [col-lòi-de] ***n.m.*** (*chim.*) colloïde.

colloquiale [col-lo-quià-le] ***agg.*** familier*.

colloquio [col-lò-quio] ***n.m.*** [pl. *-qui*] **1** entrevue (*f.*); (*conversazione*) entretien: *avere un colloquio*, avoir une entrevue; *sono stati a colloquio per due ore*, ils ont eu un entretien de deux heures **2** (*esame orale*) oral*.

colloso [col-ló-so] ***agg.*** gluant, visqueux*.

collottola [col-lòt-to-la] ***n.f.*** nuque.

collusione [col-lu-ʃió-ne] ***n.f.*** (*dir.*) collusion.

collusivo [col-lu-ʃì-vo] ***agg.*** (*dir.*) **collusorio** [pl. *-ri*] collusoire.

colluso [col-lù-so] ***agg.*** (*dir.*) qui entretient des liens avec la mafia ou le crime organisé ♦ ***n.m.*** [f. *-a*] (*dir.*) personne (*f.*) qui entretient des liens avec la mafia ou le crime organisé.

collutorio [col-lu-tò-rio] ***n.m.*** [pl. *-ri*] (*farm.*) collutoire.

colluttazione [col-lut-ta-zió-ne] ***n.f.*** corps à corps (*m.*).

colmare [col-mà-re] ***v.tr.*** **1** remplir jusqu'au bord; (*interrare*) combler: *colmare una fossa*, combler une fosse **2** (*fig.*) combler: *colmare un vuoto*, combler un vide; *colmare di gentilezze*, combler d'égards; *colmare d'improperi*, abreuver d'injures.
● ***colmare la misura***, (*fig.*) combler la misure.

colmata [col-mà-ta] ***n.f.*** **1** (*il colmare*) colmatage (*m.*) **2** (*terreno di colmata*) remblai (*m.*).

colmo¹ [cól-mo] ***n.m.*** **1** sommet **2** (*fig.*) comble: *essere al colmo della felicità*, être au comble du bonheur; *nel colmo dell'estate*, en pleine été **3** (*arch.*) faîte.
● ***per colmo di sfortuna***, pour comble de malheur | ***questo è il colmo!***, c'est le comble!

colmo² ***agg.*** plein: *un bicchiere colmo*, un verre rempli jusqu'au bord.
● ***la misura è colma!***, (*fig.*) la mesure est comble!

colomba [co-lóm-ba] ***n.f.*** **1** colombe **2** (*cuc.*) colomba (gâteau de Pâques en forme de colombe).
● (*pol.*) ***i falchi e le colombe***, les faucons et les colombes.

colombaia [co-lom-bà-ia] ***n.f.*** colombier (*m.*).

colombario [co-lom-bà-rio] ***n.m.*** [pl. *-ri*] columbarium.

colombella [co-lom-bèl-la] ***n.f.*** **1** (*zool.*) biset (*m.*) **2** (*fig.*) (*ragazza ingenua*) oie blanche.

colombiano [co-lom-bià-no] ***agg.*** colombien* ♦ ***n.m.*** [f. *-a*] (*abitante*) Colombien*.

colombo [co-lóm-bo] ***n.m.*** **1** pigeon **2** (*pl.*) (*fig.*) (*innamorati*) tourtereaux.

colon [cò-lon] ***n.m.invar.*** (*anat.*) côlon.

colonia¹ [co-lò-nia] ***n.f.*** **1** colonie (*anche zool.*) **2** (*per bambini*) colonie; (*fam.*) colo.
● ***colonia*** (***estiva***) ***marina***, colonie, colo (de vacances) à la mer | ***colonia penale***, colonie pénitentiaire.

colonia² ***n.f.***
● (***acqua di***) ***colonia***, eau de Cologne.

colonìale [co-lo-nià-le] ***agg.*** colonial* ♦ ***n.m.*** (*spec. pl.*) denrées coloniales | (*color*) *coloniale*, sable.

colonialismo [co-lo-nia-lì-ʃmo] ***n.m.*** colonialisme.

colonialista [co-lo-nia-lì-sta] ***agg.*** e ***n.m.*** e ***f.*** colonialiste.

colonico [co-lò-ni-co] ***agg.*** [pl.m. *-ci*, f. *-che*] **1** (*del colono*) du colon **2** (*della colonia*) de fermage.
● ***casa colonica***, ferme.

colonizzare [co-lo-niʒ-ʒà-re] ***v.tr.*** coloniser (*anche fig.*).

colonizzatore [co-lo-niʒ-ʒa-tó-re] ***n.m.*** e ***agg.*** [f. *-trice*] colonisateur*.

colonizzazione [co-lo-niʒ-ʒa-zió-ne] ***n.f.*** colonisation.

colonna [co-lón-na] ***n.f.*** **1** (*arch.*) colonne **2** (*estens.*) colonne: *colonna di fumo*, colonne de fumée **3** (*tip.*) colonne: *una pagina divisa in due colonne*, une page divisée en deux colonnes **4** (*fig.*) (*sostegno*) pilier (*m.*); (*economico*) soutien (*m.*): *è la colonna della famiglia*, il est le soutien de sa famille.
● (*mar.*) ***colonna d'ormeggio***, poteau d'amarrage | ***colonna infame***, ***d'infamia***, pilori | (*arch.*) ***colonna ionica***, ***dorica***, ***corinzia***, colonne ionique, dorique, corinthienne | (*cine.*) ***colonna sonora***, bande sonore, bande originale | (*anat.*) ***colonna vertebrale***, colonne vertébrale | (*mit.*) ***colonne d'Ercole***, Colonnes d'Hercules | ***in colonna***, en colonne: *mettersi in colonna*, se mettre en colonne; (*mat.*) *mettere i numeri in colonna*, aligner les chiffres | ***la quinta colonna***, (*fig.*) la cinquième colonne.

colonnato [co-lon-nà-to] ***n.m.*** colonnade (*f.*).

colonnello [co-lon-nèl-lo] ***n.m.*** (*mil.*) colonel.

colonnina [co-lon-nì-na] ***n.f.*** petite colonne.
● ***colonnina antincendio***, ***di soccorso***, borne d'incendie, d'alarme | ***colonnina di mercurio***, colonne de mercure.

colono [co-lò-no] ***n.m.*** [f. *-a*] **1** fermier, colon **2** (*abitante di una colonia*) colon.

colorante [co-lo-ràn-te] ***agg.*** e ***n.m.*** colorant.

colorare [co-lo-rà-re] ***v.tr.*** colorer (*anche fig.*); (*applicare colori su un oggetto*) colorier: *colorare una stoffa di rosso*, teindre un tissu en rouge | *album da colorare*, album à colorier ♦ **colorarsi** ***v.pron.*** **1** se colorer **2** (*arrossire*) rougir.

colorato [co-lo-rà-to] ***agg.*** de couleur; (*dipinto*) colorié; (*specificando il colore*) coloré (**en**).
● ***matite colorate***, crayons de couleur.

colorazione [co-lo-ra-zió-ne] ***n.f.*** **1** coloration **2** (*colore*) couleur.

colore [co-ló-re] ***n.m.*** **1** couleur (*f.*) (*anche fig.*): *colore chiaro*, *scuro*, couleur claire, foncée; *una descrizione piena di colore*, (*fig.*) une description haute en couleur **2** (*sostanza colorante*) couleur (*f.*): *dare il colore*, appliquer la couleur; *lasciare il colore*, perdre la couleur; *scatola dei colori*, boîte de couleurs **3** (*colorito*) couleur (*f.*); teint: *colore terreo*, teint terreux; *avere un bel colore*, avoir de belles couleurs; *avere un brutto colore*, avoir un vilain teint **4** (*di bandiera ecc.*) couleur (*f.*) (*anche fig.*): *di che colore politico è?*, quelle est sa couleur politique? **5** (*delle carte da gioco*) couleur (*f.*).
● ***colore a olio***, ***a tempera***, ***ad acquerello***, couleur à l'huile, à la colle, à l'aquarelle | ***colore fondamentale***, ***complementare***, couleur fondamentale, complémentaire | ***colore locale***, (*fig.*) couleur locale | ***a colori***, en couleurs: *fotografia*, *film a colori*, photo, film en couleurs | ***cambiare colore***, (*anche fig.*) changer de couleur | ***di colore***, de couleur: *gente di colore*, gens de couleur | ***di tutti i colori***, (*fig.*) de toutes les couleurs: *diventare di tutti i colori*, passer par toutes les couleurs; *me ne fa di tutti i colori*, il m'en fait voir de toutes les couleurs | ***fare colore***, (*al poker*) faire flush (*o* floche).

colorificio [co-lo-ri-fì-cio] ***n.m.*** [pl. *-ci*] fabrique (*f.*) de peintures; (*negozio*) magasin de couleurs.

colorire [co-lo-rì-re] ***v.tr.*** [coniug. come *finire*] colorier; (*fig.*) colorer ♦ **colorirsi** ***v.pron.*** (*arrossire*) rougir; (*prender colore*) prendre* des couleurs.

colorito [co-lo-rì-to] ***agg.*** coloré; (*fig.*) *haut en couleur: *sei più colorito del solito*, tu as plus de couleurs que d'habitude; *essere molto colorito*, avoir de belles couleurs ♦ ***n.m.*** coloris (*anche fig.*).

coloritura [co-lo-ri-tù-ra] ***n.f.*** coloriage (*m.*); (*colore*) coloris (*m.*).

coloro [co-ló-ro] ***pron.dimostr.m.*** e ***f.pl.*** **1** (*antecedente di pron.rel.*) ceux/celles: *coloro che desiderano informazioni potranno scrivere al seguente indirizzo*, ceux, celles qui désirent des reinseignements pourront écrire à l'adresse suivante **2** (*spreg.*) ceux-là/celles-là.

colossale [co-los-sà-le] ***agg.*** colossal*.

colosso [co-lòs-so] ***n.m.*** colosse (*anche fig.*).
● ***colosso dai piedi d'argilla***, (*fig.*) colosse aux pieds d'argile.

colostro [co-lò-stro] ***n.m.*** (*fisiol.*) colostrum.

colpa [cól-pa] ***n.f.*** **1** faute (*anche dir.*): *macchiarsi di una colpa*, commettre une faute; *colpa lieve*, *grave*, faute légère, grave **2** (*responsabilità*) faute, responsabilité: *di chi è la colpa?*, à qui la faute?; *non è colpa mia*, ce n'est pas (de) ma faute; *sentirsi in colpa*, se sentir fautif; *è (tutta) colpa di*, c'est la faute de; *che colpa ne ho io se?*, est-ce ma faute si?; *avere la colpa di qlco*, être responsable de qqch; *dare la colpa a*, jeter la faute sur; *dare a qlcu la colpa di qlco*, attribuer à qqn la responsabilité de qqch; *addossarsi la colpa*, prendre sur soi la responsabilité.
● (*psic.*) ***complesso di colpa***, complexe de culpabilité | ***per colpa di***, par la faute de: *per colpa mia*, par ma faute | ***senso di colpa***, sentiment de culpabilité.

colpevole [col-pé-vo-le] ***agg.*** e ***n.m.*** e ***f.*** coupable.

colpevolezza [col-pe-vo-léz-za] ***n.f.*** culpabilité.

colpevolista [col-pe-vo-lì-sta] ***agg.*** e ***n.m.*** e ***f.*** partisan/e de la culpabilité: *tesi colpevolista*, thèse soutenant la culpabilité.

colpevolizzare [col-pe-vo-liʒ-ʒà-re] ***v.tr.*** culpabiliser ♦ **colpevolizzarsi** ***v.pron.*** se sentir* coupable.

colpire [col-pì-re] ***v.tr.*** [coniug. come *finire*] frapper (*anche fig.*): *lo colpì con un pugno*, il le frappa d'un coup de poing; *quel libro ha colpito la mia immaginazione*, ce livre a frappé mon imagination; *la città è stata colpita dal terremoto*, la ville a connu un tremblement de terre; *una tempesta ha colpito le coste della Normandia*, une tempête s'est abattue sur les côtes de Normandie; *colpito da una grave malattia*, atteint d'une grave maladie.
● ***colpire al cuore***, (*fig.*) toucher au plus profond | ***colpire il bersaglio***, (*anche fig.*) toucher la cible | ***colpire nel segno***, (*fig.*) frapper juste | ***colpire nel vivo***, (*fig.*) piquer au vif.

colpo [cól-po] ***n.m.*** **1** coup: *un colpo leggero*, *violento*, un coup léger, violent; *colpo di fucile*, *di cannone*, coup de fusill, de canon; *schivare*, *parare i colpi*, esquiver, parer les coups; *un brutto colpo*, un mauvais coup | *è un duro colpo per lei*, (*fig.*) c'est un coup dur pour elle **2** (*movimento, azione rapida*) coup: *un colpo di pedale*, un coup de pédale; *un colpo di pennello*, un coup de pinceau

C

3 (*sport*) coup **4** (*azione illecita*) coup: *colpo ladresco*, vol.
● (*med.*) ***colpo*** (***apoplettico***), attaque d'apoplexie: *gli è venuto un colpo vedendolo*, (*fam.*) ça lui a fait un coup de le voir; *mi venga un colpo se*, (*fam.*) que je meure tout de suite si | ***colpo basso***, coup bas | ***colpo da maestro***, coup de maître | (*med. pop.*) ***colpo della strega***, tour de reins | ***colpo di fulmine***, (*fig.*) coup de foudre | ***colpo di grazia***, (*anche fig.*) coup de grâce | ***colpo di mano***, (*fig.*) coup de main | ***colpo di scena***, (*anche fig.*) coup de théâtre | ***colpo di sole***, coup de soleil | ***colpo di spugna***, coup d'éponge: *dare un colpo di spugna a qlco*, (*fig.*) passer l'éponge sur qqch | (*pol.*) ***colpo di stato***, coup d'état | ***colpo di telefono***, (*fig.*) coup de fil, de téléphone | ***colpo di testa***, (*fig.*) coup de tête | ***colpo d'occhio***, (*fig.*) coup d'œil: *a colpo d'occhio*, du premier coup | ***colpo giornalistico***, scoop | ***colpo gobbo***, (*fig.*) coup fourré | ***colpi di sole***, (*dal parrucchiere*) balayage | ***a colpo sicuro***, à coup sûr | ***al primo colpo***, du premier coup | ***di colpo***, tout à coup | ***fallire il colpo***, manquer, rater son coup | ***fare colpo***, faire sensation: *è una ragazza che fa colpo*, c'est une fille qu'on remarque; *ha fatto colpo su di lui*, il a fait une vive impression sur lui | ***perdere colpi***, (*di motore*) tousser; (*fig.*) être en perte de vitesse | ***senza colpo ferire***, sans coup férir | ***sul colpo***, sur le coup | ***tutto d'un colpo***, tout d'un coup | ***un bel colpo***, un beau coup: *fare un bel colpo*, faire, réussir un beau coup; (*sport*) *bel colpo!*, bien joué!

colposo [col-pó-so] ***agg.*** (*dir.*) fautif*.
● ***omicidio colposo***, homicide par imprudence, sans préméditation.

colsi → **cogliere**.

coltellaccio [col-tel-làc-cio] ***n.m.*** [pl. *-ci*] **1** coutelas **2** (*mar.*) bonnette (*f.*).

coltellata [col-tel-là-ta] ***n.f.*** coup (*m.*) de couteau.

coltelleria [col-tel-le-rì-a] ***n.f.*** coutellerie.

coltellinaio [col-tel-li-nà-io] ***n.m.*** [f. *-a*; pl.m. *-ai*] coutelier*.

coltello [col-tèl-lo] ***n.m.*** couteau*.
● ***coltello a serramanico***, couteau à cran d'arrêt | ***coltello da cucina***, couteau de cuisine | ***avere il coltello dalla parte del manico***, (*fig.*) être maître de la situation | ***una nebbia che si taglia con il coltello***, (*fig.*) un brouillard à couper au couteau.

coltivabile [col-ti-và-bi-le] ***agg.*** cultivable.

coltivare [col-ti-và-re] ***v.tr.*** **1** cultiver (*anche fig.*): *coltivare la terra*, cultiver la terre; *coltivare l'amicizia di qlcu*, cultiver l'amitié de qqn **2** (*dedicarsi a*) s'adonner (**à**): *coltivare la musica*, s'adonner à la musique **3** (*tecn. miner.*) exploiter ♦ **coltivarsi** ***v.pron.*** se cultiver.
● ***coltivare il proprio orto***, (*fig.*) cultiver son jardin | ***coltivare un hobby***, avoir un violon d'Ingres.

coltivato [col-ti-và-to] ***agg.*** cultivé: *terreno coltivato*, terrain cultivé; *terreno coltivato a patate*, terrain planté de pommes de terre; *campo coltivato a grano*, champ de blé ♦ ***n.m.*** terrain cultivé.

coltivatore [col-ti-va-tó-re] ***n.m.*** [f. *-trice*] cultivateur*.
● ***coltivatore diretto***, exploitant agricole.

coltivazione [col-ti-va-zió-ne] ***n.f.*** **1** culture **2** (*miner.*) exploitation.

coltivo [col-tì-vo] ***agg.*** **1** (*coltivabile*) cultivable **2** (*coltivato*) cultivé.

colto[1] [cól-to] ***agg.*** (*istruito*) cultivé.

colto[2] [còl-to] *p.p.* di **cogliere** ♦ ***agg.*** **1** (*raccolto*) cueilli **2** (*sorpreso*) cueilli, surpris: *colto dalla notte*, surpris par la nuit | *colto sul fatto*, cueilli sur le fait.

coltre [cól-tre] ***n.f.*** **1** couverture; (*fig.*) manteau* (*m.*) **2** (*drappo funebre*) poêle (*m.*).

coltro [cól-tro] ***n.m.*** (*dell'aratro*) coutre.

coltura [col-tù-ra] ***n.f.*** **1** culture **2** (*allevamento*) élevage (*m.*) **3** (*biol.*) culture.

colubrina [co-lu-brì-na] ***n.f.*** (*st. mil.*) couleuvrine.

colui [co-lùi] ***pron.dimostr.m.sing.*** **1** (*antecedente di pron.rel.*) celui: *è felice colui che si contenta di poco*, il est heureux celui qui se contente de peu **2** (*spreg.*) celui-là.

colza [còl-za] ***n.f.*** (*bot.*) colza (*m.*).

coma [cò-ma] ***n.m.*** [pl. *invar.* o *-i*] (*med.*) coma.
● ***coma irreversibile***, coma dépassé | ***essere in coma***, (*fig. fam.*) être hors service, lessivé.

comacino [co-ma-cì-no] ***agg.*** comasque.
● (*arte*) ***maestri comacini***, maîtres comasques.

comandamento [co-man-da-mén-to] ***n.m.*** commandement | (*relig.*) *i dieci comandamenti*, les dix commandements.

comandante [co-man-dàn-te] ***n.m.*** commandant.
● (*mar.*) ***comandante in seconda***, commandant en second.

comandare [co-man-dà-re] ***v.tr.*** **1** commander; (*ordinare, imporre*) ordonner: *comandare a qlcu di tacere*, ordonner à qqn de se taire | *cosa comanda?*, que désirez-vous? **2** (*mecc.*) commander: *leva che comanda i freni*, levier qui commande les freins **3** (*destinare*) affecter; (*un funzionario*) détacher ♦ ***v.intr.*** [aus. *avere*] commander: *chi comanda qui?*, qui est-ce qui commande ici?
● ***comandare a bacchetta***, commander à la baguette | (*prov.*) ***al cuor non si comanda***, les cœur a ses raisons | (*region.*) ***comandi!***, à vos ordres! | ***come Dio comanda***, (*fam.*) comme il faut.

comandata [co-man-dà-ta] ***n.f.*** (*mil., mar.*) corvée.

comandato [co-man-dà-to] ***agg.*** **1** (*eccl.*) d'obligation **2** (*incaricato di*) chargé (**de**); (*di impiegato*) affecté; (*di funzionario*) détaché.
● ***feste comandate***, fêtes d'obligation.

comando [co-màn-do] ***n.m.*** **1** commandement **2** (*mil.*) commandement; (*luogo dove risiede il comandante*) poste de commandement **3** (*tecn.*) commande (*f.*) **4** (*inform.*) directive (*f.*).
● (*tecn.*) ***comando centralizzato***, ***a distanza***, commande centralisée, à distance | (*mil.*) ***comando supremo***, ***alto comando***, haut commandement | ***essere al comando***, être au commandement; (*sport*) être en tête | ***stare ai comandi di qlcu***, être sous les ordres de qqn.

comare [co-mà-re] ***n.f.*** (*region.*) commère.

comasco [co-mà-sco] ***agg.*** [pl.m. *-schi*, f. *-sche*] comasque ♦ ***n.m.*** [f. *-a*] (*abitante*) Comasque.

comatoso [co-ma-tó-so] ***agg.*** comateux*.

combaciare [com-ba-cià-re] ***v.intr.*** [coniug. come *cominciare*; aus. *avere*] joindre*; (*coincidere*) coïncider; (*fig.*) correspondre* (**à**).

combattente [com-bat-tèn-te] ***agg.*** e ***n.m.*** e ***f.*** combattant/e.

combattere [com-bàt-te-re] ***v.intr.*** [coniug. come *battere*; aus. *avere*] **1** combattre* (*anche fig.*) **2** (*sport*) (*gareggiare*) se battre ♦ ***v.tr.*** combattre* (*anche fig.*) ♦ **combattersi** ***v.pron.rec.*** se battre*.
● ***combattere ad armi pari***, combattre à armes égales.

combattimento [com-bat-ti-mén-to] ***n.m.*** **1** combat:

morire in combattimento, mourir sur le champ de bataille **2** (*incontro di boxe e lotta*) combat, match.
● ***fuori combattimento***, (*anche fig.*) hors de combat; (*pugilato*) knock-out.

combattività [com-bat-ti-vi-tà] ***n.f.invar.*** combativité.

combattivo [com-bat-tì-vo] ***agg.*** combatif*.

combattuto [com-bat-tù-to] ***agg.*** (*fig.*) (*travagliato*) tourmenté; (*incerto fra*) tiraillé.

combinare [com-bi-nà-re] ***v.tr.*** **1** combiner: *combinare bene i colori*, bien assortir les couleurs **2** (*conciliare*) concilier: *è difficile combinare il lavoro con il piacere*, il est difficile de concilier le travail avec le plaisir **3** (*organizzare*) arranger*, combiner: *combinare un incontro con qlcu*, arranger une rencontre avec qqn **4** (*concludere*) conclure*: *combinare un affare*, conclure une affaire **5** (*stabilire*) convenir*, décider: *abbiamo combinato di andarci domani*, nous sommes convenus d'y aller demain **6** (*fam.*) faire*: *non combina altro che guai*, il ne fait que des sottises; *cosa stai combinando?*, qu'est-ce que tu es en train de fabriquer? | *ne ha combinata una delle sue*, il a encore fait des siennes | *ne ha combinate delle belle, delle grosse*, il en a fait de belles | *l'hai combinata bella* (o *grossa*), tu as fait du joli; *combinarne di tutti i colori*, en faire de toutes les couleurs ♦ ***v.intr.*** [aus. *avere*] **1** concorder **2** (*mettersi d'accordo*) se mettre* d'accord ♦ **combinarsi** ***v.pron.*** **1** (*fam.*) (*riferito all'aspetto*) s'accoutrer; (*riferito alla situazione*) tomber: *come ti sei combinata!*, comment tu t'es arrangée!; *sono combinato male con questo lavoro*, je suis mal tombé avec ce travail **2** (*chim.*) se combiner.
● ***combinare il pranzo con la cena***, (*fig.*) joindre les deux bouts.

combinata [com-bi-nà-ta] ***n.f.*** (*sport*) combiné (*m.*).

combinato [com-bi-nà-to] ***agg.*** **1** assorti: *colori mal combinati*, des couleurs mal assorties | *sono proprio combinato male*, (*fam.*) je suis vraiment mal fichu **2** (*concluso*) arrangé | *matrimonio combinato*, mariage arrangé **3** (*mil.*) combiné: *operazioni combinate*, opérations combinées.

combinazione [com-bi-na-zió-ne] ***n.f.*** **1** combinaison **2** (*caso*) *hasard (*m.*): *che bella combinazione!*, quel heureux hasard!; *ma guarda che combinazione!*, ça alors, quelle coïncidence **3** (*sistemazione*) arrangement (*m.*).
● ***per combinazione***, par hasard.

combriccola [com-brìc-co-la] ***n.f.*** bande.

comburente [com-bu-rèn-te] ***agg.*** e ***n.m.*** (*chim.*) comburant.

combustibile [com-bu-stì-bi-le] ***agg.*** e ***n.m.*** combustible.

combustione [com-bu-stió-ne] ***n.f.*** combustion.
● ***combustione spontanea***, combustion spontanée.

combusto [com-bù-sto] ***agg.*** (*scient.*) brûlé.

combutta [com-bùt-ta] ***n.f.*** bande.
● ***essere in combutta con***, être de connivence avec | ***mettersi in combutta con***, s'acoquiner avec.

come [có-me] ***avv.*** **1** (*in frasi interr.*) comment; (*a che punto*) comme: *come stai?*, comment vas-tu?; *come? ripeti per favore*, comment? tu peux répéter, s'il te plaît?; *dimmi come si fa*, dis-moi comment on fait; *non puoi immaginare come questo mi abbia contrariato*, tu ne peux pas t'imaginer comme cela m'a contrarié; *com'è possibile?*, est-ce possible? **2** (*in frasi escl.*) comme; (*in che modo*) comment; (*quanto*) que: *come parla bene l'italiano!*, comme il parle bien l'italien!; *dovresti vedere come tratta suo padre!*, tu devrais voir comment il traite son père!; *come sei cresciuto!*, que tu as grandi!; *com'è ingenuo tuo fratello!*, qu'il est naïf ton frère!; *guardate com'è piccolo il mondo!*, voyez comme le monde est petit! **3** (*in frasi compar.*) comme; (*preceduto da agg. o avv.*) aussi... que; (*legato a un v.*) autant... que: *è alto come te*, il est grand comme toi (*o* aussi grand que toi); *non arriverò lontano come voi*, je n'arriverai pas aussi (*o* si) loin que vous; *questo libro non mi piace come l'altro*, ce livre ne me plaît pas autant (*o* tant) que l'autre; *l'esame è andato meglio di come pensassi*, l'examen s'est passé mieux que je ne pensais; *non è tardi come pensavo*, il n'est pas si tard que je le pensais; *è come parlare a un sordo*, c'est comme si on parlait à un sourd | (*mat.*) *6 sta a tre come 10 sta a 5*, 6 est à 3 ce que 10 est à 5 **4** (*il modo in cui, nel modo in cui*) comme: *hai fatto come ti avevo detto?*, as-tu fait comme je t'avais dit?; *l'ho ritrovato esattamente come quando l'avevo lasciato*, je l'ai retrouvé exactement tel que je l'avais quitté; *l'inglese come si parla a Oxford*, l'anglais tel qu'on le parle à Oxford; *attento a come parli*, fais attention à ce que tu dis; *tutto dipende da come mi sentirò domani*, tout dépend de l'état dans lequel je serai demain; *da come si comporta*, de la manière dont il se comporte; *se devo giudicare da come si comporta*, si j'en juge par sa conduite; *sai bene com'è avaro*, tu sais bien comme (*o* combien) il est avare **5** (*in qualità di*) comme, en tant que: *lo scelse come testimonio*, il l'a choisi comme témoin; *è qui come rappresentante del governo*, il est ici en tant que représentant du gouvernement; *ti parlo come medico, come amico*, je te parle en médecin, en ami **6** (*per indicare somiglianza*) comme: *bianco come la neve*, blanc comme la neige; *sarà medico come suo padre*, il sera médecin comme son père; *è ben diversa da come me l'immaginavo*, elle est très différente de ce que j'imaginais; *aveva come un bernoccolo sulla fronte*, il avait comme une bosse sur le front | *mancano qualcosa come 2 chilometri*, il manque quelque chose comme deux kilomètres ♦ ***cong.*** **1** (*temporale*) (*appena*) dès que, aussitôt que; (*contemporaneamente*) comme; (*a mano a mano*) à mesure que: *come mi vide mi venne incontro*, dès, aussitôt qu'il me vit il vint à ma rencontre; *come apre bocca, dice delle sciocchezze*, comme il ouvre la bouche, il dit des bêtises; *come gli ospiti arrivavano, venivano introdotti nel salotto*, à mesure que les invités arrivaient, on les faisait entrer dans le salon **2** (*causale*) (*siccome*) comme: *come non c'era nessuno, ho lasciato un biglietto*, comme il n'y avait personne, j'ai laissé un mot **3** (*dichiarativa*) que: *voi sapete come io non sia responsabile dell'accaduto*, vous savez bien que je ne suis pas responsable de ce qui est arrivé ♦ ***n.m.invar.*** comment.
● ***come al solito***, comme d'habitude | ***come che sia***, de toute manière | ***com'è, come non è***, (*fam.*) (*all'improvviso*) tout à coup | ***come... così***, ainsi que (*o* de même que)... ainsi (*o* de même): *come farai tu così farò io*, je ferai exactement ce que tu feras | ***come d'accordo***, comme convenu | ***come dire***, comment dirais-je: *era come dire una specie di carro*, c'était, comment dirais-je, une espèce de charrette | ***come mai?, com'è che?***, comment se fait-il?, (*fam.*) comment ça se fait?: *oggi non è a scuola, come mai?*, aujourd'hui il n'est pas à l'école, comment se fait-il?; *com'è che ritarda tanto?*, comment ça se fait qu'il est tellement en retard?; *mi chiedo come mai ritarda*, je me demande pourquoi il est en retard | ***come no!***, (*certamente*) bien sûr!, sûrement! | ***come non detto***, faites (*o* c'est) comme si je n'avais rien dit | ***come non mai***, comme jamais | ***come pure***, ainsi que, de même que: *parla l'inglese come pure il tedesco e il russo*, il parle l'anglais, ainsi que l'allemand et le russe | ***come sarebbe a di-***

C

re?, qu'est-ce à dire?; (*fam.*) qu'est-ce que cela veut dire? | ***come se***, comme si: *mi tratta come se fossi un bambino*, il me traite comme si j'étais un enfant; *non è mio padre ma è come se lo fosse*, ce n'est pas mon père, mais c'est tout comme; *come se ciò non bastasse*, comme si cela ne suffisait pas, (*per giunta*) par dessus le marché, (*inoltre*) en plus; *come se niente fosse*, comme si de rien n'était | ***come si deve***, comme il faut | ***come sopra***, comme plus haut | ***com'è vero che***, comme il est vrai que | ***adesso come adesso***, pour l'instant, pour le moment | ***(così)... come***, ***(così) come***, aussi... que, comme: *mio fratello non è (così) forte come te*, mon frère n'est pas aussi fort que toi; *niente è così difficile come accettare la vecchiaia*, il n'y a rien de plus difficile que d'accepter la vieillesse; *lascia le cose così come stanno*, laisse les choses comme elles sont; *lascialo così com'è*, laisse-le tel qu'il est; *tutto è andato (così) come speravamo*, tout s'est passé comme on l'espérait; (*così, tanto*) *di giorno come di notte*, le jour comme la nuit; (*così*) *forte come sei*, fort comme tu l'es | ***Dio sa come***, Dieu sait comment | ***e come!***, et comment!: *"Ti sei divertito?" "Sì, e come!"*, "T'es-tu amusé?" "Oui, et comment!" | ***il come e il perché***, le comment et le pourquoi: *non ha voluto spiegare né il perché né il per come*, il n'a voulu expliquer ni pourquoi ni comment | ***oggi come oggi***, aujourd'hui, de nos jours | ***non so come***, je ne sais comment | ***sai com'è***, tu sais comme il est.

> NOTA Quando ***come*** è tradotto con *aussi* e *autant*, questi possono essere sostituiti da ***si*** e ***tant***, nelle frasi negative:
>
> *Non è abile come dite.*
> Il n'est pas aussi (o **si**) habile que vous le dites.
> *Non andrò lontano come voi.*
> Je n'irai pas aussi (*o* **si**) loin que vous.
> *Questo CD non mi piace come l'altro.*
> Ce CD ne me plaît pas autant (*o* **tant**) que l'autre.
>
> Quando ***come*** introduce una subordinata comparativa, si traduce ***que*** e il verbo si mette all'indicativo preceduto da ***ne*** espletivo:
>
> *La città mi è sembrata* ***più*** *bella di* ***come*** *me l'avevi descritta.*
> La ville m'a paru **plus** belle **que** tu **ne** me l'avais décrite.
> *La serata è andata* ***meglio di come*** *pensassi.*
> La soirée s'est passée **mieux que** je **ne** pensais.
>
> In presenza di due proposizioni dipendenti coordinate, la seconda sarà introdotta da ***et que*** o ***ou que***:
>
> ***Come*** *era luglio* ***e*** *faceva caldo...*
> Comme c'était le mois de juillet **et qu'**il faisait chaud...
>
> Dopo ***comme si***, che traduce ***come se***, il verbo deve essere all'indicativo imperfetto; l'eventuale proposizione coordinata alla dipendente sarà introdotta da ***et que*** oppure ***ou que*** con il verbo al congiuntivo imperfetto:
>
> *Viveva come se fosse solo al mondo e nessuno si occupasse di lui.*
> Il vivait **comme s'il était** seul au monde **et que** personne **ne se souciât** de lui.

comedone [co-me-dó-ne] *n.m.* (*med.*) comédon.

cometa [co-mé-ta] *n.f.* (*astr.*) comète.

comfort [còm-fort] *n.m.invar.* confort.

comica [cò-mi-ca] *n.f.* [pl. *-che*] film (*m.*) comique | *che comica!*, (*di situazione*) quelle drôle de situation!

comicamente [co-mi-ca-mén-te] *avv.* d'une façon drôle.

comicità [co-mi-ci-tà] *n.f.invar.* comique (*m.*).

comico [cò-mi-co] *agg.* [pl.m. *-ci*, f. *-che*] comique ♦ *n.m.* **1** [f. *-a*] (*attore*) comique **2** [f. *-a*] (*scrittore di commedie*) auteur* comique **3** (*comicità*) comique.

comignolo [co-mì-gno-lo] *n.m.* **1** cheminée (*f.*) **2** (*linea del tetto*) faîte (*f.*) du toit.

cominciare [co-min-cià-re] *v.tr.* e *intr.* [fut.indic. *io comincerò* ecc.; aus. dell'intr. *essere* o *avere*] commencer*: *cominciare delle trattative*, entamer, engager des pourparlers; *lo spettacolo è appena cominciato*, le spectacle vient de commencer; *comincerete da lunedì*, vous commencerez lundi; *cominciare a leggere*, commencer à lire; *cominciò col dire che era molto stanco*, il commença par dire qu'il était très fatigué; *comincia a star zitto!*, commence par te taire!; *questa volta cominceremo da Michele*, cette fois nous commencerons par Michele; *la difficoltà sta nel cominciare*, les débuts sont toujours difficiles; *la scuola è cominciata alcuni giorni fa*, l'école a commencé il y a quelques jours; *è cominciato a nevicare*, il a commencé à neiger.
● ***a cominciare da***, à partir de; à commencer par: *a cominciare da domani*, a partir de demain; *lo faremo tutti a cominciare da me*, nous le ferons tous à commencer par moi | (*prov.*) ***chi ben comincia è a metà dell'opera***, travail bien commencé est à moitié fait.

> NOTA ***Cominciare a, con, col*** seguito da un infinito, si traduce ***commencer par*** quando ha il senso di 'fare come prima cosa' cui seguono altre azioni:
>
> *Cominceremo* ***con*** *una buona minestra.*
> Nous commencerons **par** un bon potage.

comitato [co-mi-tà-to] *n.m.* comité.
● ***comitato di redazione***, (*di un giornale*) secrétariat de rédaction | ***comitato direttivo***, ***esecutivo***, comité de direction, exécutif.

comitiva [co-mi-tì-va] *n.f.* **1** groupe (*m.*): *viaggiare in comitiva*, voyager en groupe **2** (*seguito*) suite.

comizio [co-mì-zio] *n.m.* [pl. *-zi*] comice; (*spec. elettorale e all'aperto*) meeting.
● ***comizio elettorale***, meeting (*o* comice) électoral.

comma [còm-ma] *n.m.* **1** (*capoverso*) alinéa **2** (*mus.*) comma.

commando [com-màn-do] *n.m.invar.* (*mil.*) commando.

commedia [com-mè-dia] *n.f.* (*teatr., cine.*) comédie (*anche fig.*): *smettila di fare la commedia!*, arrête de jouer la comédie!
● ***commedia a soggetto***, comédie improvisée, impromptu | ***commedia dell'arte***, commedia dell'arte | ***commedia di carattere***, ***d'intreccio***, comédie de caractère, d'intrigue | ***commedia musicale***, comédie musicale | ***finire in commedia***, (*fig.*) finir en farce.

> NOTA La ***Commedia dell'arte*** fu il genere teatrale praticato in Italia dalla metà del XVI secolo alla fine del XVII. Prende nome dal fatto che per la prima volta in Europa la commedia era recitata da attori professionisti, che esercitavano cioè l''arte' della recitazione. Il genere ebbe successo in Francia, che lo adattò anche nella terminologia originaria, in alternativa a *comédie italienne* o *de l'art*.

commediante [com-me-diàn-te] *n.m.* e *f.* comédien/enne (*anche fig.*).

commediografo [com-me-diò-gra-fo] *n.m.* [f. *-a*] auteur* dramatique.

commemorare [com-me-mo-rà-re] *v.tr.* commémorer.

commemorativo [com-me-mo-ra-tì-vo] *agg.* commémoratif*.

commemorazione [com-me-mo-ra-zió-ne] *n.f.* commémoration.

commenda [com-mèn-da] *n.f.* **1** (*eccl.*) commende **2** grade (*m.*) de commandeur (dans un ordre de chevalerie).

commendatore [com-men-da-tó-re] *n.m.* **1** commandeur (dans un ordre de chevalerie) **2** (*come appellativo*) Monsieur.

commendevole [com-men-dé-vo-le] *agg.* (*letter.*) louable.

commensale [com-men-sà-le] *n.m.* e *f.* convive; commensal*/e.

commensurabile [com-men-su-rà-bi-le] *agg.* commensurable.

commentare [com-men-tà-re] *v.tr.* commenter.

commentatore [com-men-ta-tó-re] *n.m.* [f. *-trice*] commentateur*.

commento [com-mén-to] *n.m.* commentaire: *il commento musicale di un film*, la musique d'un film; *non ha bisogno di commenti*, cela se passe des commentaires; *non fare commenti!*, pas de commentaires!

commerciale [com-mer-cià-le] *agg.* commercial*: *azienda commerciale*, maison de commerce; *città commerciale*, ville commerçante; *valore commerciale*, valeur marchande.

● ***diritto commerciale***, droit commercial | ***nome commerciale***, nom commercial.

commercialista [com-mer-cia-lì-sta] *n.m.* e *f.* (*ragioniere*) comptable; (*laureato*) expert-comptable/experte -comptable.

commercializzare [com-mer-cia-liʒ-ʒà-re] *v.tr.* commercialiser.

commercializzazione [com-mer-cia-liʒ-ʒa-zió-ne] *n.f.* commercialisation.

commercialmente [com-mer-cial-mén-te] *avv.* commercialement.

commerciante [com-mer-ciàn-te] *n.m.* e *f.* commerçant/e (**en**), marchand/e; (*con negozio*) négociant/e: *commerciante di vini*, commerçant en vins (*o* marchand de vins).

● ***commerciante all'ingrosso***, ***al minuto***, commerçant en gros, en détail | ***commerciante ambulante***, marchand ambulant; (*senza licenza*) marchand à la sauvette (*o* camelot).

commerciare [com-mer-cià-re] *v.intr.* [coniug. come *cominciare*; aus. *avere*] commercer*; (*esercitare un commercio di*) être* dans le commerce (**de**) ♦ *v.tr.* être* dans le commerce (**de**); (*trattare*) traiter.

● ***commerciare all'ingrosso***, ***al dettaglio***, commercer en gros, en détail.

commercio [com-mèr-cio] *n.m.* [pl. *-ci*] commerce: *darsi al commercio*, se mettre dans le commerce; *essere nel commercio*, être dans le commerce.

● ***commercio all'ingrosso***, commerce en gros | ***commercio al minuto***, ***al dettaglio***, commerce de détail | ***commercio ambulante***, colportage | ***commercio equo e solidale***, commerce équitable | ***commercio estero***, commerce extérieur | ***fuori commercio***, hors commerce | ***in commercio***, en vente | ***ritirare dal commercio***, retirer de la vente.

commessa[1] [com-més-sa] *n.f.* (*di negozio*) vendeuse.

commessa[2] *n.f.* (*comm.*) commande.

commesso [com-més-so] *n.m.* **1** commis: *commesso di banca*, commis de banque **2** (*di notaio, avvocato*) clerc **3** (*di negozio*) vendeur* **4** (*fattorino*) garçon de courses; (*usciere*) huissier.

● ***commesso viaggiatore***, commis voyageur.

commestibile [com-me-stì-bi-le] *agg.* comestible ♦ *n.m.* (*solo pl.*) denrées (*f.*) alimentaires.

● (***negozio di***) ***commestibili***, magasin d'alimentation, (*insegna di negozio*) alimentation générale.

commettere [com-mét-te-re] *v.tr.* [coniug. come *mettere*] **1** commettre*: *commettere un errore*, commettre une erreur **2** (*unire*) assembler, joindre* **3** (*ordinare*) commander; (*incaricare*) charger* ♦ *v.intr.* [aus. *avere*] (*combaciare*) joindre*.

commiato [com-mià-to] *n.m.* **1** congé: *prendere commiato da qlcu*, prendre congé de qqn **2** (*addio*) adieu* **3** (*poesia*) envoi.

commilitone [com-mi-li-tó-ne] *n.m.* compagnon d'armes.

comminare [com-mi-nà-re] *v.tr.* (*dir.*) prescrire*.

commiserabile [com-mi-ʃe-rà-bi-le] *agg.* pitoyable.

commiserare [com-mi-ʃe-rà-re] *v.tr.* plaindre*, s'apitoyer* (**sur**) ♦ **commiserarsi** *v.pron.* se plaindre*.

commiserazione [com-mi-ʃe-ra-zió-ne] *n.f.* commisération.

commiserevole [com-mi-ʃe-ré-vo-le] *agg.* **1** pitoyable **2** (*compassionevole*) compatissant.

commissariare [com-mis-sa-rià-re] *v.tr.* **1** désigner un commissaire dans un siège périphérique **2** désigner un administrateur judiciaire.

commissariato [com-mis-sa-rià-to] *n.m.* commissariat.

commissario [com-mis-sà-rio] *n.m.* [f. *-a*; pl.m. *-ri*] commissaire.

● ***commissario d'esami***, membre d'un jury d'examen | (*dir.*) ***commissario*** (***fallimentare***), administrateur judiciaire | ***commissario governativo***, inspecteur (de l'État) | (*sport*) ***commissario tecnico***, sélectionneur.

commissionare [com-mis-sio-nà-re] *v.tr.* commander (*anche comm.*).

commissionario [com-mis-sio-nà-rio] *n.m.* [f. *-a*; pl.m. *-ri*] commissionnaire ♦ *agg.* de commission.

commissione [com-mis-sió-ne] *n.f.* **1** (*incarico*) commission: *sbrigare una commissione*, faire une commission; *fare delle commissioni*, faire des courses **2** (*ordinazione*) commande **3** (*dir.*) commission **4** (*provvigione*) commission: *commissione del 15%*, commission de 15% **5** (*comitato*) commission: *essere membro di una commissione*, être membre d'une commission.

● ***commissione d'esame***, ***esaminatrice***, jury d'examen | ***commissione d'inchiesta***, commission d'enquête | ***commissione interna***, ***di fabbrica***, comité d'entreprise: *membro della commissione interna*, délégué du personnel | ***commissione parlamentare***, commission parlementaire | (*comm.*) ***copia commissione***, bon de commande | ***su commissione***, sur commande.

commisurare [com-mi-ʃu-rà-re] *v.tr.* proportionner.

committente [com-mit-tèn-te] *n.m.* e *f.* **1** acquéreur (*m.*) **2** (*st. arte*) commanditaire.

commosso [com-mòs-so] *agg.* ému; (*scosso*) bouleversé; (*intenerito*) touché.

commovente [com-mo-vèn-te] *agg.* émouvant, touchant.

commozione [com-mo-zió-ne] *n.f.* **1** émotion: *essere facile alla commozione*, être très émotif **2** (*med.*) commotion.

● (*med.*) ***commozione cerebrale***, commotion cérébrale.

C

commuovere [com-muò-ve-re] ***v.tr.*** [coniug. come *muovere*] émouvoir*; (*intenerire*) toucher, attendrir: *si è lasciato commuovere dal pianto del bambino*, il s'est laissé toucher par les pleurs de l'enfant ♦ **commuoversi** ***v.pron.*** s'émouvoir*: *si commuove per un nonnulla*, un rien l'émeut.

commutare [com-mu-tà-re] ***v.tr.*** **1** changer* | (*mat.*) *commutare i fattori di una moltiplicazione*, intervertir les facteurs d'une multiplication **2** (*dir.*) commuer **3** (*elettr.*) commuter.

commutativo [com-mu-ta-tì-vo] ***agg.*** commutatif*. ● (*mat.*) ***proprietà commutativa***, propriété commutative.

commutatore [com-mu-ta-tó-re] ***n.m.*** **1** (*elettr.*) commutateur **2** (*tel.*) cadran.

commutazione [com-mu-ta-zió-ne] ***n.f.*** commutation.

comò [co-mò] ***n.m.invar.*** commode (*f.*).

comoda [cò-mo-da] ***n.f.*** (*region.*) chaise percée.

FAUX AMI

Da non confondere con il sostantivo *commode*, che significa *cassettone*.

comodamente [co-mo-da-mén-te] ***avv.*** **1** confortablement **2** (*facilmente*) aisément; (*tranquillamente*) tranquillement.

comodare [co-mo-dà-re] ***v.intr.*** [aus. *essere*] (*fam.*) plaire*: *fa' quel che ti comoda*, fais ce qui te plaît; *fai come ti comoda*, fais comme tu préfères.

comodino [co-mo-dì-no] ***n.m.*** table (*f.*) de nuit, table (*f.*) de chevet.

comodità [co-mo-di-tà] ***n.f.invar.*** confort (*m.*): *avere la comodità di*, avoir l'avantage de; *per maggior comodità*, pour plus de commodité.

comodo [cò-mo-do] ***agg.*** **1** confortable: *una poltrona comoda*, un fauteuil confortable; *gli piace la vita comoda*, il aime la vie facile **2** (*conveniente*) commode: *sarebbe troppo comodo!*, ce serait trop commode!; *comodo farsi mantenere dai genitori!*, c'est facile de se faire entretenir par ses parents! **3** (*a proprio agio*) à l'aise: *si sta comodi in questa poltrona*, on est à l'aise, bien dans ce fauteuil **4** (*grande*) grand; (*ampio*) large: *questo vestito ti sta un po' comodo*, ce vêtement est un peu grand ♦ ***n.m.*** **1** aise (*f.*) **2** (*pl.*) (*comodità*) confort (*sing.*).
● ***con comodo***, avec calme: *me lo restituirai con comodo*, tu me le rendras quand tu voudras; *fallo con comodo*, prends ton temps; *ne parliamo poi con comodo*, nous en parlerons avec calme | ***di comodo***, de facilité, de complaisance: *soluzione di comodo*, solution de facilité; *nome, bandiera di comodo*, nom, pavillon de complaisance | ***fare il proprio comodo***, ***i propri comodi***, en prendre à son aise, faire ses quatre volontés | ***fare***, ***tornare comodo***, convenir: *se ti fa, se ti torna comodo*, (*se ti conviene*) si ça t'arrange, te convient, (*se non ti disturba*) si cela ne te dérange pas, (*se sei d'accordo*) si tu es d'accord; *come le fa comodo!*, comme il vous plaira!; *mi farebbe comodo*, ça m'arrangerait de; *duemila euro mi farebbero comodo*, deux mille euros, ça m'arrangerait bien | ***prendersela comoda***, prendre son temps | ***state comodi***, ne vous dérangez pas.

compact disc [kompakt'disk] ***n.m.invar.*** compact (disc), CD.

compacteca [com-pac-tè-ca] ***n.f.*** [pl. *-che*] cédéthèque.

compaesano [com-pa-e-ʃà-no] ***n.m.*** [f. *-a*] compatriote; (*region.*) pays.

compagine [com-pà-gi-ne] ***n.f.*** **1** ensemble (*m.*); (*struttura*) structure **2** (*gruppo di persone*) équipe: *la compagine governativa*, l'équipe gouvernementale.

compagna [com-pà-gna] ***n.f.*** **1** camarade; (*spec. con interessi e aspirazioni comuni*) amie; (*fam.*) copine: *compagna di scuola, di giochi*, camarade d'école, de jeux; *compagna di stanza*, compagne de chambre; *la fedele compagna della sua vita, la sua compagna*, la fidèle compagne de sa vie, sa compagne | *abbiamo la fortuna per compagna*, (*fig.*) nous avons la chance avec nous **2** (*al gioco, negli sport*) partenaire: *compagna di squadra*, coéquipière **3** (*moglie*) femme; (*colei con cui si vive*) compagne **4** (*fam.*) (*di un paio*) autre: *dov'è la compagna di questa scarpa?*, où est l'autre chaussure? **5** (*pol.*) camarade ♦ ***agg.*** → **compagno**.

compagnia [com-pa-gni-a] ***n.f.*** **1** compagnie: *sente la mancanza della sua compagnia*, sa compagnie lui manque **2** (*gruppo di persone*) compagnie; (*fam.*) bande: *scegliersi la compagnia*, choisir ses amis | *frequentare cattive compagnie*, avoir de mauvaises fréquentations **3** (*teatr.*) troupe (de théâtre), compagnie (théâtrale) **4** (*società*) compagnie | *Rossi e compagnia* (*& C.*), Rossi et Compagnie (& Cie) **5** (*mil.*) compagnie.
● ***compagnia di assicurazioni***, compagnie d'assurances | ***compagnia di bandiera***, compagnie nationale | (*eccl.*) ***Compagnia di Gesù***, Compagnie de Jésus | (*teatr.*) ***compagnia di giro***, troupe itinérante | (*st.*) ***compagnia di ventura***, grande compagnie | (*teatr.*) ***compagnia stabile***, troupe permanente | ***di***, ***da compagnia***, de compagnie: *è un uomo di compagnia*, c'est un homme de bonne compagnie; *animale da compagnia*, animal de compagnie | ***e compagnia bella***, (*fam.*) (*di persone*) et compagnie, (*di cose*) et ainsi de suite | ***in compagnia***, en compagnie: *non posso rimanere, sono in compagnia*, je ne peux pas rester, je suis avec des amis; *non sa stare in compagnia*, elle n'est pas sociable; *in compagnia dei loro amici*, avec leurs amis.

compagno [com-pà-gno] ***n.m.*** **1** camarade; (*spec. con interessi e aspirazioni comuni*) ami; (*fam.*) copain: *compagno di giochi*, camarade; *compagno di lavoro, di studi*, camarade de travail, d'études; *compagno di scuola*, camarade d'école; *compagno di banco*, voisin; *compagno di stanza*, compagnon de chambre; *compagno di viaggio, di strada*, compagnon de voyage, de route; *compagno di prigionia*, camarade de captivité; *compagno di bagordi*, compagnon de plaisirs; *compagno di sventura*, compagnon, camarade d'infortune; *il fedele compagno della sua vita, il suo compagno*, le fidèle compagnon de sa vie, son compagnon; *frequentare cattivi compagni*, avoir de mauvaises fréquentations | *la Ditta Rossi e Compagni* (*& C.*), la Maison Rossi et Compagnie (& Cie) **2** (*al gioco, negli sport*) partenaire: *compagno di squadra*, coéquipier **3** (*marito*) mari; (*colui con cui si vive*) compagnon **4** (*di un paio*) autre: *dov'è il compagno di questo guanto?*, où est l'autre gant? **5** (*pol.*) camarade ♦ ***agg.*** (*fam.*) pareil*: *un vino compagno* (*di questo*), un vin pareil, comme celui-ci; *la scarpa compagna* (*di questa*), l'autre chaussure.

compagnone [com-pa-gnó-ne] ***n.m.*** [f. *-a*] (*fam.*) bon vivant.

compaio → **comparire**.

comparabile [com-pa-rà-bi-le] ***agg.*** comparable.

comparare [com-pa-rà-re] ***v.tr.*** comparer.
● ***letterature comparate***, littératures comparées.

comparativo [com-pa-ra-tì-vo] ***agg.*** e ***n.m.*** comparatif*.

comparazione [com-pa-ra-zió-ne] ***n.f.*** comparaison.

compare [com-pà-re] *n.m.* 1 (*padrino*) parrain; (*di matrimonio*) témoin 2 (*complice*) compère.

comparire [com-pa-rì-re] *v.intr.* [coniug. come *apparire*; aus. *essere*] 1 paraître*: *è comparsa alla finestra*, elle a paru à la fenêtre; *oggi non è comparso*, aujourd'hui on ne l'a pas vu; *il tuo nome non compare nella lista*, ton nom n'est pas sur la liste | *comparire in sogno*, apparaître en rêve 2 (*dir.*) comparaître*; (*presentarsi*) se présenter: *comparire in giudizio*, comparaître en justice 3 (*far figura*) paraître*: *ci tiene a comparire*, il aime se faire voir; *non vuole comparire*, il ne veut pas se mettre en évidence.

NOTA ***Comparire*** si traduce ***paraître*** e ***comparaître***, che hanno l'ausiliare *avoir* nei tempi composti, al contrario dell'italiano:

È comparso sulla porta.
Il **a** paru à la porte.

comparizione [com-pa-ri-zió-ne] *n.f.* comparution.
● (*dir.*) ***mandato, ordine di comparizione***, mandat, ordre de comparution.

comparsa [com-pàr-sa] *n.f.* 1 apparition 2 (*teatr., cine.*) (*uomo*) comparse, figurant (*m.*); (*donna*) comparse, figurante.
● ***far da comparsa***, (*fig.*) jouer un rôle secondaire.

comparso *p.p.* di **comparire**.

compartecipazione [com-par-te-ci-pa-zió-ne] *n.f.* participation.
● ***compartecipazione aziendale***, coparticipation (d'entreprise).

compartecipe [com-par-té-ci-pe] *agg.* coparticipant: *essere compartecipe*, participer.

compartimentale [com-par-ti-men-tà-le] *agg.* départemental*.

compartimento [com-par-ti-mén-to] *n.m.* compartiment.
● (*mar.*) ***compartimento stagno***, compartiment étanche; (*fig.*) cloison étanche.

comparto [com-pàr-to] *n.m.* 1 compartiment 2 (*settore economico*) secteur.

comparvi → **comparire**.

compassato [com-pas-sà-to] *agg.* compassé.

compassionare [com-pas-sio-nà-re] *v.tr.* plaindre*.

compassione [com-pas-sió-ne] *n.f.* compassion: *muoversi a compassione*, être pris de compassion; *muovere a compassione, fare compassione*, faire pitié; *per compassione*, par pitié; *senza compassione*, sans pitié.

compassionevole [com-pas-sio-né-vo-le] *agg.* 1 (*pieno di compassione*) compatissant 2 (*che fa compassione*) pitoyable.

compasso [com-pàs-so] *n.m.* compas.

compatibile [com-pa-tì-bi-le] *agg.* compatible.

compatibilità [com-pa-ti-bi-li-tà] *n.f.invar.* compatibilité.

compatibilmente [com-pa-ti-bil-mén-te] *avv.* dans la mesure où; (*secondo*) selon: *compatibilmente con i miei impegni*, dans la mesure où mes engagements me le permettront; *compatibilmente con le vostre necessità*, selon vos possibilités.

compatimento [com-pa-ti-mén-to] *n.m.* compassion (*f.*); (*sufficienza*) suffisance (*f.*).

compatire [com-pa-tì-re] *v.tr.* [coniug. come *finire*] 1 plaindre* (de): *lo compatisco perché è ignorante*, j'ai pitié de lui parce qu'il est ignorant; *farsi compatire*, se faire plaindre 2 (*essere indulgente*) être* indulgent (envers); (*perdonare*) pardonner.

compatriota [com-pa-tri-ò-ta] *n.m.* e *f.* compatriote.

compattare [com-pat-tà-re] *v.tr.* 1 compacter 2 (*fig.*) unir ♦ **compattarsi** *v.pron.intr.* (*fig.*) s'unir.

compattezza [com-pat-téz-za] *n.f.* 1 compacité 2 (*fig.*) union, solidarité.

compatto [com-pàt-to] *agg.* 1 compact 2 (*fig.*) uni: *votare compatti per*, voter en masse pour.

compendiare [com-pen-dià-re] *v.tr.* résumer ♦ **compendiarsi** *v.pron.intr.* se résumer.

compendio [com-pèn-dio] *n.m.* [pl. *-di*] précis, abrégé; (*fig.*) synthèse (*f.*), combinaison (*f.*).
● ***in compendio***, en résumé.

compenetrare [com-pe-ne-trà-re] *v.tr.* pénétrer* (dans) ♦ **compenetrarsi** *v.pron.intr.* e *pron.rec.* se pénétrer*.

compenetrazione [com-pe-ne-tra-zió-ne] *n.f.* fusion: *compenetrazione di interessi*, communauté d'intérêts.

compensare [com-pen-sà-re] *v.tr.* 1 (*retribuire*) rétribuer, rémunérer*; (*indennizzare*) dédommager* 2 (*bilanciare*) compenser (par) ♦ **compensarsi** *v.pron.rec.* se compenser.

compensato [com-pen-sà-to] *agg.* e *n.m.*
● (***legno***) ***compensato***, contreplaqué.

compensatore [com-pen-sa-tó-re] *agg.* [f. *-trice*] compensateur* ♦ *n.m.* (*tecn.*) compensateur.

compensatorio [com-pen-sa-tò-rio] *agg.* [pl.m. *-ri*] compensatoire.

compensazione [com-pen-sa-zió-ne] *n.f.* compensation.

compenso [com-pèn-so] *n.m.* rémunération (*f.*), rétribution (*f.*); (*indennizzo*) dédommagement: *un compenso simbolico*, une somme symbolique.
● ***dietro compenso***, contre paiement | ***in compenso***, en revanche; (*in cambio*) en échange | ***per tutto compenso***, pour tout remerciement | ***senza compenso***, en pure perte.

compera [cóm-pe-ra] *n.f.* achat (*m.*), emplette: *sono uscita a far compere*, je suis sortie faire des achats.

comperare e *deriv.* → **comprare** e *deriv.*

competente [com-pe-tèn-te] *agg.* compétent ♦ *n.m.* e *f.* spécialiste, expert/e.
● ***mancia competente***, bonne récompense | (*dir.*) ***tribunale competente***, tribunal compétent.

competenza [com-pe-tèn-za] *n.f.* 1 (*conoscenza*) compétence: *non ha competenza in materia*, il n'a aucune compétence en la matière 2 (*pertinenza*) compétence 3 (*pl.*) (*onorario*) honoraires (*m.*).
● ***essere di competenza di qlcu***, être du ressort, de la compétence de qqn: *non è di mia competenza*, cela n'entre pas dans mes compétences; *le formalità di nostra competenza*, les formalités qui nous incombent.

competere [com-pè-te-re] *v.intr.* [mancano p.p. e tempi composti] 1 rivaliser 2 (*riguardare*) être* de la compétence (de), être* du ressort (de): *non mi compete giudicarlo*, il ne m'appartient pas de le juger 3 (*spettare*) revenir*: *quel che gli compete*, ce qui lui revient, ce qui lui est dû.

competitività [com-pe-ti-ti-vi-tà] *n.f.invar.* compétitivité; (*concorrenza*) concurrence.

competitivo [com-pe-ti-tì-vo] *agg.* 1 (*di competizione*) de compétition: *sport competitivo*, sport de compétition 2 (*concorrenziale*) compétitif*.

C

C

competizione [com-pe-ti-zió-ne] *n.f.* compétition.
compiacente [com-pia-cèn-te] *agg.* complaisant: *un funzionario compiacente*, (*spreg.*) un fonctionnaire complaisant.
compiacenza [com-pia-cèn-za] *n.f.* complaisance, obligeance: *abbia la compiacenza di*, auriez-vous l'obligeance de.
compiacere [com-pia-cé-re] *v.tr.* [coniug. come *piacere*] contenter, satisfaire*: *fallo per compiacermi*, fais-le pour me faire plaisir ♦ *v.intr.* [aus. *avere*] faire* plaisir ♦ **compiacersi** *v.pron.intr.* 1 se complaire* 2 (*rallegrarsi*) se réjouir (de); (*congratularsi*) féliciter (qqn).
compiacimento [com-pia-ci-mén-to] *n.m.* satisfaction (*f.*).
compiaciuto [com-pia-ciù-to] *agg.* satisfait.
compiangere [com-piàn-ge-re] *v.tr.* [coniug. come *piangere*] plaindre* ♦ **compiangersi** *v.pron.intr.* pleurer sur soi-même.
compianto [com-piàn-to] *agg.* regretté ♦ *n.m.* douleur (*f.*).
compiere [cóm-pie-re] *v.tr.* [imperf.indic. *io compivo* ecc.; p.rem. io *compii* ecc.; fut.indic. *io compirò* ecc.; pres.cong. *che io compia* ecc.; imperf.cong. *che io compissi* ecc.] 1 accomplir, faire*: *compiere il proprio dovere*, accomplir, remplir son devoir; *compiere una buona azione*, faire une bonne action; *compiere un delitto*, commettre un crime; *compiere una difficile impresa*, réaliser une entreprise difficile; *compiere un salvataggio*, opérer un sauvetage 2 (*finire*) achever*: *compiere gli studi*, achever ses études ♦ **compiersi** *v.pron.intr.* 1 (*giungere a termine*) s'achever* 2 (*avverarsi*) s'accomplir.
● ***compiere gli anni***, fêter son anniversaire: *compie gli anni il 7 marzo*, elle fête son anniversaire le 7 mars; *non ha compiuto vent'anni*, il n'a pas vingt ans; *ha compiuto ieri vent'anni*, il a eu vingt ans hier.
compieta [com-piè-ta] *n.f.* (*eccl.*) complies (*pl.*).
compilare [com-pi-là-re] *v.tr.* 1 (*mettere insieme*) compiler 2 (*redigere*) dresser 3 (*completare*) remplir: *compilare un modulo*, remplir un formulaire.
compilation [kɔmpi'leʃon] *n.f.invar.* (*musicale*) compilation; (*fam.*) compil.
compilativo [com-pi-la-tì-vo] *agg.* de compilation.
compilatore [com-pi-la-tó-re] *n.m.* 1 [f. *-trice*] compilateur* 2 (*inform.*) compilateur, programme de traduction.
compilazione [com-pi-la-zió-ne] *n.f.* compilation.
compimento [com-pi-mén-to] *n.m.* 1 accomplissement 2 (*fine, conclusione*) achèvement.
● ***a compimento dell'opera***, (*iron.*) pour couronner le tout | ***portare a compimento***, achever, mener à terme.
compire [com-pì-re] *v.tr.* → **compiere**.
compitare [com-pi-tà-re] *v.tr.* épeler*.
compito[1] [com-pì-to] *agg.* bien élevé | *tutto compito*, l'air compassé.
compito[2] [cóm-pi-to] *n.m.* 1 (*lavoro, incarico*) tâche (*f.*); (*dovere*) devoir: *è compito mio*, c'est à moi (de) 2 (*scolastico*) (*a casa*) devoir; (*in classe*) devoir en classe; interrogation (*f.*) écrite; (*trimestrale*) composition (*f.*): *consegnare il* (*foglio del*) *compito in bianco*, rendre, remettre une copie blanche.
● ***compiti delle vacanze***, devoirs de vacances.
compiutamente [com-piu-ta-mén-te] *avv.* complètement.
compiutezza [com-piu-téz-za] *n.f.* (*completezza*) caractère exhaustif; (*perfezione*) perfection.
compiuto [com-più-to] *agg.* accompli.
● ***fatto compiuto***, fait accompli: *mettere qlcu davanti al fatto compiuto*, mettre qqn devant le fait accompli.
compleanno [com-ple-àn-no] *n.m.* anniversaire: *buon compleanno!*, bon (*o* joyeux) anniversaire!
complementare [com-ple-men-tà-re] *agg.* complémentaire.
● (*fis.*) ***colori complementari***, couleurs complémentaires | (*fin.*) (***imposta***) ***complementare***, impôt sur le revenu global.
complemento [com-ple-mén-to] *n.m.* complément.
● (*gramm.*) ***complemento oggetto***, complément d'objet | (*mil.*) ***di complemento***, de réserve.
complessato [com-ples-sà-to] *agg.* e *n.m.* [f. *-a*] complexé.
complessità [com-ples-si-tà] *n.f.invar.* complexité.
complessivamente [com-ples-si-va-mén-te] *avv.* en tout; (*nel complesso*) dans l'ensemble.
complessivo [com-ples-sì-vo] *agg.* global*; (*d'insieme*) d'ensemble: *punteggio complessivo*, total des points.
complesso [com-plès-so] *agg.* complexe ♦ *n.m.* 1 ensemble: *il complesso degli studenti*, l'ensemble des étudiants | *per un complesso di motivi*, pour un tas de raisons 2 (*organismo*) complexe, ensemble: *complesso industriale*, complexe industriel; *complesso ospedaliero*, grand ensemble hospitalier 3 (*mus.*) ensemble: *complesso rock*, groupe rock 4 (*psic.*) complexe 5 (*chim., med.*) complexe.
● (*psic.*): ***complesso di colpa***, sentiment de culpabilité; ***complesso di inferiorità***, ***di superiorità***, complexe d'infériorité, de supériorité | ***in***, ***nel complesso***, dans l'ensemble, tout compte fait | (*mat.*) ***numero complesso***, nombre complexe.
completamente [com-ple-ta-mén-te] *avv.* complètement.
completamento [com-ple-ta-mén-to] *n.m.* complètement; (*fine, conclusione*) achèvement.
● ***a completamento dell'opera***, pour compléter l'œuvre; (*fig. iron.*) par-dessus le marché.
completare [com-ple-tà-re] *v.tr.* compléter*; (*finire*) achever* ♦ **completarsi** *v.pron.rec.* se compléter*.
● ***per completare l'opera***, (*fig. iron.*) pour couronner le tout.
completezza [com-ple-téz-za] *n.f.* caractère (*m.*) exhaustif.
completo [com-plè-to] *agg.* 1 complet*: *ho completa fiducia in lui*, j'ai une confiance totale en lui; *giardino in stato di completo abbandono*, jardin dans un état de complet abandon 2 (*pieno, esaurito*) complet*: *l'albergo era completo*, l'hôtel était complet 3 (*riferito a persona*) complet*: *un atleta completo*, un athlète complet ♦ *n.m.* 1 (*abito*) (*da uomo*) complet; (*da donna*) ensemble: *completo di maglia*, ensemble de tricot; *completo da sci, da tennis*, ensemble de ski, de tennis 2 (*da toeletta*) nécessaire de toilette; (*da scrivania*) garniture (*f.*) de bureau.
● ***al*** (***gran***) ***completo***, au (grand) complet.
complicare [com-pli-cà-re] *v.tr.* [coniug. come *mancare*] compliquer ♦ **complicarsi** *v.pron.intr.* se compliquer ♦ *v.pron. indiretto complicarsi la vita*, se rendre la vie plus compliquée.
complicato [com-pli-cà-to] *agg.* compliqué.
complicazione [com-pli-ca-zió-ne] *n.f.* complication.
complice [còm-pli-ce] *n.m.* e *f.* complice.

complicità [com-pli-ci-tà] *n.f.invar.* complicité.

complimentare [com-pli-men-tà-re] *v.tr.* complimenter, féliciter ♦ **complimentarsi** *v.pron.intr.* féliciter (**qqn de qqch**): *si sono complimentati con lui per la vittoria*, ils l'ont félicité de sa victoire.

complimento [com-pli-mén-to] *n.m.* **1** (*apprezzamento*) compliment **2** (*spec. pl.*) (*congratulazioni*) compliments (*pl.*); (*cerimonie, convenevoli*) manières (*pl.*), cérémonies (*pl.*): *i miei complimenti a sua moglie*, mes hommages à votre femme | *complimenti!*, compliments!, bravo!

● ***fare complimenti***, faire des manières (*o* des cérémonies): *ti prego di non fare complimenti*, je t'en prie, ne fais pas des manières; *se devo dire qualcosa, non faccio complimenti*, si je dois dire quelque chose, je le dis carrément | ***senza complimenti***, sans façons.

complimentoso [com-pli-men-tó-so] *agg.* complimenteur*, cérémonieux*.

complottare [com-plot-tà-re] *v.intr.* [aus. *avere*] comploter ♦ *v.tr.* machiner, tramer, ourdir: *complottare una burla*, ourdir un mauvais tour.

complotto [com-plòt-to] *n.m.* complot.

componente [com-po-nèn-te] *agg.* composant ♦ *n.m.* e *f.* (*persona*) membre (*m.*) ♦ *n.m.* (*sostanza*) composant (*anche chim.*) ♦ *n.f.* composante: *le componenti del pensiero di un autore*, les composantes de la pensée d'un auteur.

● ***componenti per auto***, pièces détachées pour voitures.

componentistica [com-po-nen-tì-sti-ca] *n.f.* [pl. *-che*] industrie des composants.

componibile [com-po-nì-bi-le] *agg.* à éléments: *cucina componibile*, cuisine à éléments ♦ *n.m.* (*mobile*) meuble à éléments.

componimento [com-po-ni-mén-to] *n.m.* **1** (*letterario*) pièce (*f.*); (*musicale*) composition (*f.*) **2** (*scolastico*) rédaction (*f.*) **3** (*dir.*) (*di una lite*) accommodement.

comporre [com-pór-re] *v.tr.* [coniug. come *porre*] **1** composer **2** (*concepire e produrre un'opera*) composer: (*mus.*) *l'arte del comporre*, l'art de la composition **3** (*mettere in ordine, disporre*) arranger*: *comporre i capelli*, arranger ses cheveux; *le salme furono composte nella bara*, les corps furent mis en bière **4** (*appianare*) accommoder **5** (*tip.*) composer ♦ **comporsi** *v.pron.* **1** se composer **2** (*assumere un atteggiamento composto*) se tenir* correctement.

● (*tel.*) ***comporre (un numero)***, composer, former (un numéro de téléphone).

comportamentale [com-por-ta-men-tà-le] *agg.* comportemental*.

comportamentismo [com-por-ta-men-tì-ʃmo] *n.m.* (*psic.*) behaviorisme; comportementalisme.

comportamentista [com-por-ta-men-tì-sta] *n.m.* e *f.* behavioriste; comportementaliste.

comportamento [com-por-ta-mén-to] *n.m.* **1** comportement; (*contegno*) tenue (*f.*); (*atteggiamento*) attitude (*f.*) **2** (*di cose*) comportement: *il comportamento di un metallo a una data temperatura*, le comportement d'un metal à une température donnée; *il comportamento dei prezzi*, le cours des prix; *il comportamento del mercato*, l'état du marché.

comportare [com-por-tà-re] *v.tr.* (*implicare*) comporter; (*avere come conseguenza*) entraîner ♦ **comportarsi** *v.pron.intr.* se conduire*.

● ***comportarsi bene, male***, se conduire bien, mal.

compositivo [com-po-ʃi-tì-vo] *agg.* **1** constitutif* **2** (*del comporre*) de la composition.

composito [com-pò-ʃi-to] *agg.* composite.

compositoio [com-po-ʃi-tó-io] *n.m.* [pl. *-oi*] (*tip.*) composteur.

compositore [com-po-ʃi-tó-re] *n.m.* [f. *-trice*] compositeur*.

C

composizione [com-po-ʃi-zió-ne] *n.f.* **1** composition **2** (*accomodamento*) arrangement (*m.*), accommodement (*m.*): *composizione amichevole*, arrangement à l'amiable.

composta [com-pó-sta *o* compòsta] *n.f.* (*cuc.*) compote.

compostaggio [com-po-stàg-gio] *n.m.* [pl. *-gi*] (*agr.*) formation (*f.*) de compost.

compostamente [com-po-sta-mén-te] *avv.* correctement, convenablement.

compostezza [com-po-stéz-za] *n.f.* **1** maintien (*m.*) correct, bonne tenue **2** (*fig.*) (*ordine, moderazione*) sobriété.

compostiera [com-po-stiè-ra] *n.f.* compotier (*m.*).

composto [com-pó-sto *o* compòsto] *agg.* **1** composé: (*gramm.*) *parola composta*, mot composé; *numero composto*, nombre composé **2** (*in ordine*) en ordre, bien arrangé: *modi composti*, maintien correct | *sta' composto!*, tiens-toi bien! ♦ *n.m.* composé; (*cuc.*) mélange.

compra [cóm-pra] *n.f.* → **compera**.

comprare [com-prà-re] *v.tr.* **1** acheter*: *ho comprato questa casa dai miei amici*, j'ai acheté cette maison à mes amis | *comprare a buon mercato, a caro prezzo*, acheter (à) bon marché, cher **2** (*corrompere*) acheter*.

● ***comprare all'ingrosso, al dettaglio***, acheter en gros, au détail | ***comprare di seconda mano***, acheter d'occasion | (*prov.*) ***chi disprezza compra***, tel refuse qui après achète.

compratore [com-pra-tó-re] *n.m.* [f. *-trice*] acheteur*.

compravendita [com-pra-vén-di-ta] *n.f.* achat (*m.*) et vente: *contratto di compravendita*, contrat de vente.

comprendere [com-prèn-de-re] *v.tr.* [coniug. come *prendere*] **1** (*capire*) comprendre* **2** (*includere*) comprendre* | *comprendere al volo*, comprendre à demi-mot ♦ **comprendersi** *v.pron.rec.* se comprendre*.

comprendonio [com-pren-dò-nio] *n.m.* [pl. *-ni*] (*fam. scherz.*) comprenette (*f.*).

● ***essere duro di comprendonio***, avoir la comprenette difficile.

comprensibile [com-pren-sì-bi-le] *agg.* compréhensible.

comprensibilmente [com-pren-si-bil-mén-te] *avv.* d'une manière compréhensible.

comprensione [com-pren-sió-ne] *n.f.* compréhension.

comprensivo [com-pren-sì-vo] *agg.* **1** compréhensif* **2** (*inclusivo*) comprenant (**qqch**).

comprensorio [com-pren-sò-rio] *n.m.* [pl. *-ri*] zone (*f.*).

compresenza [com-pre-ʃèn-za] *n.f.* présence simultanée; (*fig.*) coexistence.

compreso [com-pré-so] *agg.* **1** compris; (*quando anteposto*) y compris: *tutto compreso*, tout compris; *siamo in dieci, compresa mia sorella*, nous sommes dix, y compris ma sœur, ma sœur comprise **2** (*capito*) compris **3** (*assorto*) absorbé (**dans**); (*compenetrato*) pénétré (**de**).

C

compressa [com-près-sa] ***n.f.*** **1** (*di garza*) compresse **2** (*pastiglia*) comprimé (*m.*).
compressione [com-pres-sió-ne] ***n.f.*** compression.
compresso [com-près-so] ***agg.*** **1** comprimé **2** (*fig.*) (*represso*) refoulé.
compressore [com-pres-só-re] ***agg.*** e ***n.m.*** compresseur.
comprimario [com-pri-mà-rio] ***agg.*** [pl.m. *-ri*] secondaire: *attore comprimario*, second rôle; *avere un ruolo comprimario*, (*fig.*) jouer le second rôle ♦ ***n.m.*** [f. *-a*] **1** (*teatr.*) second rôle **2** (*di reparto ospedaliero*) chef de clinique adjoint.
comprimere [com-prì-me-re] ***v.tr.*** [p.rem. *io compressi, tu comprimesti* ecc.; p.p. *compresso*] comprimer.
comprimibile [com-pri-mì-bi-le] ***agg.*** compressible.
comprimibilità [com-pri-mi-bi-li-tà] ***n.f.invar.*** compressibilité.
compromesso [com-pro-més-so] ***agg.*** e ***n.m.*** compromis.
compromettente [com-pro-met-tèn-te] ***agg.*** compromettant.
compromettere [com-pro-mét-te-re] ***v.tr.*** [coniug. come *mettere*] compromettre*: *erano compromessi nello scandalo*, ils étaient impliqués dans le scandale ♦ **compromettersi** ***v.pron.*** se compromettre*.
compromissione [com-pro-mis-sió-ne] ***n.f.*** compromission.
comproprietà [com-pro-prie-tà] ***n.f.invar.*** copropriété.
comproprietario [com-pro-prie-tà-rio] ***n.m.*** [f. *-a*; pl.m. *-ri*] copropriétaire.
comprovare [com-pro-và-re] ***v.tr.*** prouver; (*dimostrare*) démontrer.
compunto [com-pùn-to] ***agg.*** contrit.
compunzione [com-pun-zió-ne] ***n.f.*** componction.
computabile [com-pu-tà-bi-le] ***agg.*** calculable.
computare [com-pu-tà-re] ***v.tr.*** **1** calculer **2** (*addebitare*) débiter.
computazionale [com-pu-ta-zio-nà-le] ***agg.*** de calcul; informatisé.
● ***linguistica computazionale***, linguistique informatisée.
computer [kom'pjuter] ***n.m.invar.*** ordinateur; (*calcolatore*) calculateur.
● (***computer***) ***portatile***, ordinateur portatif | ***micro computer***, micro-ordinateur | ***personal computer***, ordinateur personnel, PC.
computergrafica [com-pu-ter-grà-fi-ca] ***n.f.*** [pl. *-che*] infographie®, imagerie numérique: *operatore di computergrafica*, infographiste.
computerizzare [com-pu-te-riʒ-ʒà-re] ***v.tr.*** informatiser.
computerizzato [com-pu-te-riʒ-ʒà-to] ***agg.*** sur ordinateur; informatisé.
computerizzazione [com-pu-te-riʒ-ʒa-zió-ne] ***n.f.*** informatisation.
computista [com-pu-tì-sta] ***n.m.*** e ***f.*** comptable.
computisteria [com-pu-ti-ste-rì-a] ***n.f.*** comptabilité.
computo [còm-pu-to] ***n.m.*** compte; (*calcolo*) calcul.
comunale [co-mu-nà-le] ***agg.*** communal*; (*dell'amministrazione comunale*) municipal*: *strada, via comunale*, route communale; *impiegato comunale*, employé de mairie.
● ***consiglio comunale***, conseil municipal | ***palazzo comunale***, hôtel de ville.
comunanza [co-mu-nàn-za] ***n.f.*** communauté.
comune[1] [co-mù-ne] ***agg.*** **1** commun: *i nostri comuni amici*, non amis communs; *un errore comune*, une erreur commune; *il senso comune*, le sens commun; *nel nostro comune interesse*, dans notre intérêt à tous | *per comune consenso*, à l'unanimité **2** (*frequente, diffuso*) courant: *è (una) cosa comune in Italia*, c'est une chose courante en Italie; *opinione comune*, opinion générale; *è un'usanza comune*, il est d'usage; *la lingua comune*, la langue courante **3** (*normale, ordinario*) courant: *merce comune*, marchandise courante; *vino comune*, vin ordinaire | *un uomo comune*, un homme quelconque | *la gente comune*, les gens ♦ ***n.m.*** commun ♦ ***n.f.*** (*teatr.*) fond (*m.*).
● ***avere, mettere in comune***, avoir, mettre en commun: *non avete nulla in comune*, (*fig.*) vous n'avez rien de commun; *hanno interessi in comune*, ils ont des intérêts communs; *abbiamo un amico in comune*, nous avons un ami commun | ***cassa comune***, bourse commune | ***di comune accordo***, d'un commun accord | ***di uso comune***, d'un usage courant | ***fare vita comune***, vivre en commun | ***fuori del comune***, hors du commun: *ingegno fuori del comune*, intelligence hors pair | ***i comuni mortali***, le commun des mortels | ***luogo comune***, lieu commun | ***per il bene comune***, pour le bien de tous | ***poco, non comune***, pas (*o* peu) courant: *intelligenza non comune*, intelligence peu commune | ***voce comune***, opinion publique.
comune[2] ***n.m.*** **1** commune (*f.*): *è un comune di circa 3000 abitanti*, c'est une commune d'environ 3000 habitants **2** (*organo amministrativo*) municipalité (*f.*), mairie (*f.*); (*palazzo del Comune*) mairie (*f.*); (*Belgio, Svizzera*) (*edificio storico*) hôtel de ville: *si sono sposati in comune*, ils se sont mariés à la mairie **3** (*st. medievale*) commune (*f.*) ♦ ***n.f.*** **1** (*st.*) commune **2** (*comunità agricola cinese*) commune; (*estens.*) communauté: *negli anni Settanta ha vissuto in una comune*, dans les années soixante-dix il a vécu dans une communauté.
● (*pol.*) ***Camera dei Comuni***, (Chambre des) Communes | (*st.*) ***la Comune di Parigi***, la Commune.
comunella [co-mu-nèl-la] ***n.f.***
● ***far comunella*** (***con qlcu***), (*fam.*) s'acoquiner avec qqn.
comunemente [co-mu-ne-mén-te] ***avv.*** communément.
comunicabile [co-mu-ni-cà-bi-le] ***agg.*** communicable.
comunicando [co-mu-ni-càn-do] ***n.m.*** [f. *-a*] communiant.
comunicante [co-mu-ni-càn-te] ***agg.*** communicant.
comunicare [co-mu-ni-cà-re] ***v.tr.*** [coniug. come *mancare*] **1** communiquer: *comunicare una notizia*, communiquer une nouvelle **2** (*trasmettere, propagare*) communiquer, transmettre*: *comunicare una malattia*, transmettre, passer une maladie; (*fis.*) *comunicare calore, energia*, transmettre de la chaleur, de l'énergie **3** (*eccl.*) (*amministrare la comunione*) donner la communion (**à**) ♦ ***v.intr.*** [aus. *avere*] **1** communiquer **2** (*essere in comunicazione*) communiquer ♦ **comunicarsi** ***v.pron.*** **1** se communiquer **2** (*eccl.*) (*ricevere la Comunione*) communier: *si sono comunicati ieri*, ils ont communié hier.
comunicativa [co-mu-ni-ca-tì-va] ***n.f.*** expansivité: *avere poca, molta comunicativa*, être peu, très communicatif.
comunicativo [co-mu-ni-ca-tì-vo] ***agg.*** communicatif*.

comunicato [co-mu-ni-cà-to] ***n.m.*** communiqué.
● ***comunicato commerciale***, annonce publicitaire | ***comunicato stampa***, communiqué de presse.

comunicatore [co-mu-ni-ca-tó-re] ***n.m.*** [f. *-trice*] communicateur*, communicant.

comunicazione [co-mu-ni-ca-zió-ne] ***n.f.*** communication: *dare comunicazione di qlco*, communiquer qqch.
● (*tel.*): ***comunicazione a carico del destinatario***, (communication en) PCV; ***comunicazione con preavviso***, communication avec préavis (*o* PAV) | (*dir.*) ***comunicazione giudiziaria***, notification | ***strada di grande comunicazione***, route à grande circulation.

comunione [co-mu-nió-ne] ***n.f.*** **1** communion **2** (*eccl.*) communion: *fare, ricevere la comunione*, communier.
● (*dir.*) ***comunione di beni***, communauté de biens: *in regime di comunione dei beni*, sous le régime de la communauté.

comunismo [co-mu-nì-ʃmo] ***n.m.*** communisme.

comunista [co-mu-nì-sta] ***agg.*** e ***n.m.*** e ***f.*** communiste; (*fam. spreg.*) coco.

comunità [co-mu-ni-tà] ***n.f.invar.*** communauté: *comunità religiosa*, communauté religieuse; *comunità linguistica, etnica*, communauté linguistique, ethnique.
● (*st.*) ***Comunità Economica Europea*** (*CEE*), Communauté Économique Européenne (CEE) | ***comunità montana***, regroupement de villages de montagne liés par des intérêts communs | ***comunità terapeutica***, communauté thérapeutique.

comunitario [co-mu-ni-tà-rio] ***agg.*** [pl.m. *-ri*] communautaire.

comunque [co-mùn-que] ***cong.*** **1** (*in qualunque modo*) de quelque façon que: *comunque tu decida*, quelle que soit ta décision | *comunque sia, comunque vadano le cose*, quoi qu'il en soit **2** (*tuttavia*) quand même; (*in ogni caso*) de toute façon: *non ne ho voglia, comunque verrò*, je n'en ai pas envie, mais je viendrai quand même; *non sarei venuto, comunque dovevi avvertirmi*, je ne serais pas venu, mais de toute façon tu aurais dû m'avertir ♦ ***avv.*** (*in ogni caso*) de toute façon; (*ugualmente*) quand même: *devo comunque andarmene domani*, de toute façon, je dois m'en aller demain; *ci vado comunque*, j'y vais quand même.

con ***prep.*** [può unirsi agli articoli determinativi *il, lo, la, i, gli, le* formando le prep.art. *col, collo, colla, coi, cogli, colle*, di cui però oggi si usano solo *col* e *coi*] **1** (*compagnia, unione*) avec: *sono uscito con mio fratello*, je suis sorti avec mon frère; *è partito con molti bagagli*, il est parti avec beaucoup de bagages; *avere del denaro con sé*, avoir de l'argent sur soi | *tè con latte*, thé au lait | *frittata coi carciofi*, omelette aux artichauts **2** (*concessivo o avversativo*) avec: *con tutti i suoi guai è sempre allegro*, avec tous (*o* malgré) les ennuis qu'il a il est toujours gai **3** (*modo e maniera*) avec, à; (*seguito da parole designanti parti del corpo o atteggiamenti*) de*: *con mia grande gioia, soddisfazione*, à ma grande joie, satisfaction; *con vivo rincrescimento*, à mon vif regret; *fare un cenno con la mano*, faire signe de la main; *spingere col piede*, pousser du pied; *con tono burbero*, d'un ton bourru; *con un gran sorriso*, d'un grand sourire; *con le lacrime agli occhi*, les larmes aux yeux; *con le braccia penzoloni*, les bras ballants; *con le gambe accavallate*, les jambes croisées; *tieni il volante con tutte e due le mani*, tiens le volant avec les deux mains | *come stai con la tua gamba?*, comment va ta jambe? | *con la salute ora vado meglio*, ma santé va mieux maintenant **4** (*verso, nei riguardi di*) envers, à l'égard (**de**); (*contro*) contre: *essere gentile con qlcu*, être aimable envers qqn; *adirarsi, battersi con qlcu*, se fâcher, se battre contre qqn **5** (*mezzo*) par; (*con l'aiuto, l'ausilio di*) à: *arrivare col treno*, arriver par le train; *gli ho risposto con una e-mail*, je lui ai répondu par e-mail; *è stato eletto con più di centomila voti*, il a eu plus de cent mille voix aux dernières élections; *ottenere con la forza*, obtenir par la force; *cosa vuoi dire con questo?*, que veux-tu dire par là?; *fatto con la penna, con la matita*, fait à la plume, au crayon; *tagliare con il coltello*, couper au couteau; *lavare con acqua corrente*, laver à grande eau | *cenare con un panino*, dîner d'un sandwich | *e con ciò vi saluto*, et là-dessus je vous salue **6** (*qualità, caratteristica*) à: *ragazzo coi capelli biondi*, garçon aux cheveux blonds; *scarpe col tacco basso*, des chaussures à talons plats **7** (*condizione, circostanza concomitante*) avec, par: *non uscire con questo tempo*, ne sors pas par ce temps; *col primo di giugno si apre la stagione dei festival estivi*, la saison des festivals d'été commence le premier juin; *siamo partiti con una pioggia torrenziale*, nous sommes partis sous une pluie battante; *arrivammo col bel tempo*, il faisait beau temps quand nous arrivâmes; *guidare col buio*, conduire la nuit; *con la fine del secolo*, à (partir de) la fin du siècle **8** (*seguito da inf.*) en (*seguito da gerundio*): *col gridare non otterrà mai nulla*, il n'obtiendra jamais rien en criant **9** (*dopo verbi come* finire, continuare, cominciare) par: *finì col dargli ragione*, il finit par lui donner raison.

con- ***pref.*** con-.

conato [co-nà-to] ***n.m.*** effort.
● ***avere conati di vomito***, avoir des haut-le-cœur.

conca [cón-ca] ***n.f.*** [pl. *-che*] **1** cuve **2** (*geogr.*) cuvette; (*vallata aperta*) vallée ouverte.
● ***conca idraulica***, écluse.

concatenare [con-ca-te-nà-re] ***v.tr.*** (*fig.*) enchaîner ♦ **concatenarsi** ***v.pron.rec.*** s'enchaîner.

concatenazione [con-ca-te-na-zió-ne] ***n.f.*** enchaînement (*m.*), concaténation.

concausa [con-càu-ʃa] ***n.f.*** cause concomitante.

concavità [con-ca-vi-tà] ***n.f.invar.*** concavité.

concavo [còn-ca-vo] ***agg.*** concave.

concedere [con-cè-de-re] ***v.tr.*** [p.rem. *io concessi* (o *concedei* o *concedetti*), *tu concedesti* ecc.; p.p. *concesso*] **1** accorder: *concedere una proroga*, accorder un délai; *concedere la grazia*, gracier | *gentilmente concesso*, gracieusement mis à disposition **2** (*permettere*) permettre*: *mi conceda*, permettez **3** (*ammettere*) admettre*, concéder*: *hai ragione, te lo concedo*, tu as raison, je l'admets; *mi conceda che ho le mie buone ragioni*, convenez que j'ai de bonnes raisons ♦ **concedersi** ***v.pron.*** se donner ♦ ***v.pron. indiretto*** s'accorder, s'offrir: *concedersi un po' di svago*, s'accorder un petit moment de détente; *concedersi una vacanza*, s'offrir des vacances.
● ***dato e non concesso che***, à supposer que.

concentramento [con-cen-tra-mén-to] ***n.m.*** concentration (*f.*).
● ***campo di concentramento***, camp de concentration.

concentrare [con-cen-trà-re] ***v.tr.*** concentrer ♦ **concentrarsi** ***v.pron.*** se concentrer.

concentrato [con-cen-trà-to] ***agg.*** **1** concentré **2** (*fig.*) absorbé ♦ ***n.m.*** concentré.
● ***concentrato di pomodoro***, concentré de tomates | ***brodo, latte concentrato***, bouillon, lait concentré.

concentrazione [con-cen-tra-zió-ne] ***n.f.*** **1** concentration: *la concentrazione del potere economico*, la

C

concentration du pouvoir économique | (*chim.*) *concentrazione di un liquido*, concentration d'un liquide **2** (*raccoglimento, attenzione mentale*) concentration: *perdere la concentrazione*, perdre sa concentration.

concentrico [con-cèn-tri-co] ***agg.*** [pl.m. *-ci*, f. *-che*] concentrique.

C

concepibile [con-ce-pì-bi-le] ***agg.*** concevable.

concepimento [con-ce-pi-mén-to] ***n.m.*** conception (*f.*) (*anche fig.*).

concepire [con-ce-pi-re] ***v.tr.*** [coniug. come *finire*] concevoir*.

concepito [con-ce-pi-to] ***agg.*** conçu: *così concepito*, ainsi conçu.

conceria [con-ce-rì-a] ***n.f.*** tannerie.

concernente [con-cer-nèn-te] ***agg.*** concernant; relatif* (**à**).

concernere [con-cèr-ne-re] ***v.tr.*** [mancano p.p. e tempi composti] concerner.
● ***per quanto concerne***, en ce qui concerne, quant à.

concertare [con-cer-tà-re] ***v.tr.*** **1** (*mus.*) diriger*; (*armonizzare*) harmoniser; (*orchestrare*) orchestrer **2** (*fig.*) (*organizzare, ordire*) concerter ♦ **concertarsi** ***v.pron.rec.*** se concerter.

concertato [con-cer-tà-to] ***agg.*** concerté | *all'ora concertata*, à l'heure convenue ♦ ***n.m.*** (*mus.*) morceau* d'ensemble.

concertatore [con-cer-ta-tó-re] ***agg.*** e ***n.m.***
● (*mus.*) (***maestro***) ***concertatore e direttore d'orchestra***, chef d'orchestre.

concertazione [con-cer-ta-zió-ne] ***n.f.*** **1** (*mus.*) direction; (*orchestrazione*) orchestration; (*armonizzazione*) harmonisation **2** (*fig.*) (*macchinazione*) machination **3** (*pol.*) (*accordo*) concertation.

concertista [con-cer-tì-sta] ***n.m.*** e ***f.*** concertiste.

concertistico [con-cer-tì-sti-co] ***agg.*** [pl.m. *-ci*, f. *-che*] **1** de concert: *stagione concertistica*, saison musicale **2** (*da concertista*) de concertiste.

concerto [con-cèr-to] ***n.m.*** concerto: *concerto di musica sacra*, concert spirituel.
● ***concerto vocale***, ***strumentale***, concert de musique vocale, de musique instrumentale | ***di concerto***, (*letter.*) de concert: *agire di concerto*, agir de concert.

concessionario [con-ces-sio-nà-rio] ***agg.*** e ***n.m.*** [f. *-a*; pl.m. *-ri*] concessionnaire.

concessione [con-ces-sió-ne] ***n.f.*** **1** concession (*anche dir.*) **2** (*riconoscimento, ammissione*) concession: *per sua stessa concessione*, de son propre aveu.
● ***concessione di fondi***, allocation de fonds | (*amm.*) ***concessione edilizia***, permis de construire.

concessivo [con-ces-sì-vo] ***agg.*** (*gramm.*) concessif*: *proposizione concessiva*, concessive.

concetto [con-cèt-to] ***n.m.*** **1** (*idea*) idée (*f.*), conception (*f.*); (*fil.*) concept: *hai afferrato il concetto?*, tu as saisi? **2** (*opinione*) opinion (*f.*): *che concetto ti sei fatto di lui?*, qu'est-ce que tu penses de lui?
● ***lavoro di concetto***, travail intellectuel.

concettoso [con-cet-tó-so] ***agg.*** **1** (*denso di concetti*) plein d'idées **2** (*troppo ricercato*) alambiqué.

concettuale [con-cet-tu-à-le] ***agg.*** conceptuel*.
● ***arte concettuale***, art conceptuel.

concettualizzare [con-cet-tua-liʒ-ʒà-re] ***v.tr.*** conceptualiser.

concezione [con-ce-zió-ne] ***n.f.*** **1** conception **2** (*teol.*) *l'Immacolata Concezione*, l'Immaculée Conception.

conchiglia [con-chì-glia] ***n.f.*** **1** coquillage (*m.*); (*guscio*) coquille **2** (*metall., arch.*) coquille.

concia [cón-cia] ***n.f.*** [pl. *-ce*] **1** (*delle pelli*) tannage (*m.*); (*del cuoio*) corroi (*m.*) **2** (*di vegetali*) traitement (*m.*) **3** (*sostanza per conciare*) tan (*m.*).

conciare [con-cià-re] ***v.tr.*** [coniug. come *cominciare*] **1** (*pelli*) tanner; (*cuoio*) corroyer*; (*prodotti vegetali*) traiter **2** (*fam.*) (*vestire in modo ridicolo*) affubler **3** (*fig. fam.*) (*ridurre in cattivo stato persone*) arranger*; (*cose*) réduire*: *guarda come hai conciato il libro*, regarde dans quel état tu as réduit ce livre ♦ **conciarsi** ***v.pron.*** (*fam.*) s'accoutrer: *guarda come ti sei conciato!*, regarde comment tu t'es arrangé!
● ***l'hanno conciato per le feste!***, on l'a drôlement arrangé!

conciato [con-cià-to] ***agg.*** **1** (*di pelli*) tanné; (*di vegetali*) traité **2** (*fam.*) (*vestito in modo ridicolo*) accoutré, affublé **3** (*fig. fam.*) (*malridotto*) mal en point.

conciatore [con-cia-tó-re] ***n.m.*** [f. *-trice*] (*di pelli*) tanneur*; (*di cuoio*) corroyeur*.

conciliabolo [con-ci-lià-bo-lo] ***n.m.*** conciliabule.

conciliante [con-ci-liàn-te] ***agg.*** conciliant.

conciliare[1] [con-ci-lià-re] ***v.tr.*** concilier: *conciliare due avversari*, concilier deux adversaires; *il suo carattere gli concilia la simpatia di tutti*, son caractère lui concilie (*o* lui vaut) la sympathie de tout le monde | *la televisione concilia il sonno*, la télévision fait dormir; *medicina che concilia il sonno*, médicament qui favorise le sommeil ♦ **conciliarsi** ***v.pron.*** **1** (*riconciliarsi*) se réconcilier; (*andare d'accordo*) s'accorder **2** (*adattarsi*) se faire*.
● (*dir.*): ***conciliare una contravvenzione***, régler une contravention; ***concilia?***, (*detto da vigile urbano*) vous payez tout de suite?

conciliare[2] ***agg.*** (*eccl.*) conciliaire.

conciliatore [con-ci-lia-tó-re] ***agg.*** e ***n.m.*** [f. *-trice*] conciliateur*.
● (*dir.*) (***giudice***) ***conciliatore***, juge d'instance; (*antiq.*) juge de paix.

conciliazione [con-ci-lia-zió-ne] ***n.f.*** conciliation (*anche dir.*).

concilio [con-cì-lio] ***n.m.*** [pl. *-li*] (*eccl.*) concile.
● ***tenere concilio***, (*scherz.*) être en grande réunion.

concimare [con-ci-mà-re] ***v.tr.*** mettre* de l'engrais (**à**), engraisser; (*spec. con letame*) fumer.

concimazione [con-ci-ma-zió-ne] ***n.f.*** fumage (*m.*).

concime [con-cì-me] ***n.m.*** engrais; (*letame*) fumier.

concio [cón-cio] ***n.m.*** [pl. *-ci*] (*arch.*) claveau*; (*edil.*) moellon, voussoir.

concisamente [con-ci-sa-mén-te] ***avv.*** avec concision.

concisione [con-ci-ʃió-ne] ***n.f.*** concision.

conciso [con-cì-ʃo] ***agg.*** concis.

concistoro [con-ci-stò-ro] ***n.m.*** (*eccl.*) consistoire.

concitatamente [con-ci-ta-ta-mén-te] ***avv.*** avec agitation.

concitato [con-ci-tà-to] ***agg.*** agité; (*di voce*) altéré; (*di persona*) surexcité: *in tono concitato*, avec agitation.

concitazione [con-ci-ta-zió-ne] ***n.f.*** surexcitation.

concittadino [con-cit-ta-dì-no] ***n.m.*** [f. *-a*] concitoyen*.

conclamato [con-cla-mà-to] ***agg.*** (*chiaro*) déclaré, éclatant (*anche med.*).

conclave [con-clà-ve] ***n.m.*** (*eccl.*) conclave.

concludente [con-clu-dèn-te] *agg.* 1 (*convincente*) probant, concluant 2 (*efficiente*) efficient.

concludere [con-clù-de-re] *v.tr.* [p.rem. *io conclusi, tu concludésti*; p.p. *concluso*] 1 (*portare a compimento, terminare*) conclure*: *concludere la pace*, conclure la paix; *concluse il discorso con una citazione*, il termina son discours par une citation; *è ora di concludere*, il est temps d'arriver à une conclusion 2 (*dedurre*) conclure*: *conclusero che si trattava di un omicidio*, on conclut à un homicide 3 (*fare, combinare*) faire*: *oggi ho concluso poco*, je n'ai pas fait grand-chose aujourd'hui; *ieri non ho concluso niente*, hier je n'ai rien fait; *gli ho parlato ma non ho concluso niente*, je lui ai parlé mais sans résultat; *con le chiacchiere si conclude poco*, avec les bavardages, on n'arrive pas à grand-chose ♦ **concludersi** *v.pron.intr.* se terminer (**par**): *concludersi con un brindisi*, se terminer par un toast; *concludersi felicemente*, avoir une fin heureuse; *la partita si è conclusa con un pareggio*, les équipes ont fait match nul.
● ***dunque, concludendo***, donc, en conclusion.

conclusione [con-clu-ʃió-ne] *n.f.* conclusion: *venire alla conclusione*, en venir à la conclusion; *non ne vedremo la conclusione*, nous n'en verrons pas la fin; *manca un giro alla conclusione della gara*, il ne reste plus qu'un tour pour terminer la course.
● ***in conclusione***, en conclusion | ***tratte le debite conclusioni***, tout bien considéré.

conclusivo [con-clu-ʃì-vo] *agg.* 1 (*ultimo*) dernier*: *nella parte conclusiva*, dans la partie finale 2 (*definitivo*) définitif*, conclusif*.

concomitante [con-co-mi-tàn-te] *agg.* concomitant.

concomitanza [con-co-mi-tàn-za] *n.f.* concomitance.

concordanza [con-cor-dàn-za] *n.f.* 1 concordance 2 (*gramm.*) concordance; (*accordo*) accord (*m.*): *concordanza di caso, genere, numero*, accord en cas, genre, nombre; *concordanza dei tempi*, concordance des temps.
● ***in concordanza con***, conformément à.

concordare [con-cor-dà-re] *v.tr.* 1 accorder (*anche gramm.*) 2 (*stabilire di comune accordo*) déterminer, fixer ♦ *v.intr.* [aus. *avere*] 1 concorder; (*essere d'accordo*) s'accorder (**pour**) 2 (*gramm.*) s'accorder.

concordatario [con-cor-da-tà-rio] *agg.* [pl.m. *-ri*] (*eccl.*) concordataire.
● (*dir. eccl.*) ***matrimonio concordatario***, (*in Italia*) mariage religieux ayant effet juridique.

concordato [con-cor-dà-to] *n.m.* (*dir.*) concordat.

concorde [con-còr-de] *agg.* (*di cose*) concordant (**sur**), conforme (**sur**); (*di persone*) d'accord (**pour**).

> **FAUX AMI**
> Da non confondere con il sostantivo francese *concorde*, che significa *concordia*.

concordemente [con-cor-de-mén-te] *avv.* d'un commun accord: *è stato concordemente rilevato che*, on s'est accordé à reconnaître que.

concordia [con-còr-dia] *n.f.* concorde.

concorrente [con-cor-rèn-te] *agg.* e *n.m.* e *f.* concurrent/e | *i concorrenti al posto*, les candidats au poste.

concorrenza [con-cor-rèn-za] *n.f.* 1 concurrence: *competere con la concorrenza*, rivaliser avec la concurrence 2 (*affluenza, concorso*) concours (*m.*): *ciò è dovuto alla concorrenza di vari fattori*, cela est dû au concours de plusieurs facteurs.
● ***fino alla concorrenza di***, jusqu'à concurrence de.

concorrenziale [con-cor-ren-zià-le] *agg.* concurrentiel* | *offerta concorrenziale*, offre compétitive.

concorrenzialità [con-cor-ren-zia-li-tà] *n.f.invar.* compétitivité.

concorrere [con-cór-re-re] *v.intr.* [coniug. come *correre*; aus. *avere*] 1 (*competere*) concourir*; (*fig.*) entrer en concurrence: *concorrere a un premio*, concourir pour un prix | *concorrere a un appalto*, soumissionner à une adjudication 2 (*convergere*) converger* 3 (*contribuire*) concourir*, contribuer: *tutto concorse a farmi perdere il treno*, tout contribua à me faire rater le train; *concorrere alle spese*, contribuer aux dépenses | (*dir.*) *concorrere in un reato*, participer à un délit.

concorso [con-cór-so] *n.m.* 1 concours: *vincere un concorso*, réussir à un concours; *concorso a un posto*, concours pour une place 2 (*collaborazione, aiuto*) concours 3 (*affluenza*) affluence (*f.*): *un gran concorso di spettatori*, une grande affluence de spectateurs.
● ***concorso a premi***, concours doté de prix | ***concorso di bellezza***, concours de beauté | (*dir.*): ***concorso di colpa***, faute concurrente; ***concorso nel reato***, participation au délit.

concretamente [con-cre-ta-mén-te] *avv.* concrètement.

concretare [con-cre-tà-re] *v.intr.* → **concretizzare**.

concretezza [con-cre-téz-za] *n.f.* (caractère) concret (*m.*): *dare concretezza a un'idea*, concrétiser une idée.

concretizzare [con-cre-tiʒ-ʒà-re] *v.tr.* concrétiser ♦ **concretizzarsi** *v.pron.intr.* se concrétiser.

concreto [con-crè-to] *agg.* e *n.m.* concret* (*anche fig.*) | *è un uomo concreto*, c'est un (homme) réaliste.
● ***in concreto***, concrètement: *in concreto, che cosa vuoi?*, concrètement, qu'est-ce que tu veux? | ***venire al concreto***, en venir aux faits.

concrezione [con-cre-zió-ne] *n.f.* (*geol., med.*) concrétion.

concubina [con-cu-bì-na] *n.f.* concubine.

concubinaggio [con-cu-bi-nàg-gio] [pl. *-gi*] **concubinato** *n.m.* concubinage, union (*f.*) libre.

concubino [con-cu-bì-no] *n.m.* concubin.

concupire [con-cu-pì-re] *v.tr.* [coniug. come *finire*] convoiter.

concupiscente [con-cu-pi-scèn-te] *agg.* concupiscent.

concupiscenza [con-cu-pi-scèn-za] *n.f.* concupiscence.

concussionario [con-cus-sio-nà-rio] *n.m.* [f. *-a*; pl.m. *-ri*] (*dir.*) concussionnaire.

concussione [con-cus-sió-ne] *n.f.* (*dir.*) concussion.

condanna [con-dàn-na] *n.f.* condamnation (*anche fig.*): *scontare una condanna*, purger une peine (*o* une condamnation).
● ***sentenza di condanna***, sentence condamnatoire.

condannabile [con-dan-nà-bi-le] *agg.* condamnable.

condannare [con-dan-nà-re] *v.tr.* condamner (*anche fig.*): *è stato condannato a una forte multa*, il a été condamné à payer une grosse amende.

condannato [con-dan-nà-to] *agg.* e *n.m.* [f. *-a*] condamné.

condensa [con-dèn-sa] *n.f.* buée.

condensare [con-den-sà-re] *v.tr.* condenser (*anche fig.*) ♦ **condensarsi** *v.pron.intr.* se condenser.

condensato [con-den-sà-to] *agg.* condensé (*anche fig.*) ♦ *n.m.* concentré | *quell'uomo è un condensato di stupidità*, c'est un imbécile fini.

C

condensatore [con-den-sa-tó-re] ***n.m.*** condenseur; (*elettr.*) condensateur.

condensazione [con-den-sa-zió-ne] ***n.f.*** condensation.

condimento [con-di-mén-to] ***n.m.*** assaisonnement, condiment (*anche fig.*).

condire [con-dì-re] ***v.tr.*** [coniug. come *finire*] assaisonner (*anche fig.*): *condire un rimprovero con un sorriso*, accompagner un reproche d'un sourire.

condirettore [con-di-ret-tó-re] ***n.m.*** [f. *-trice*] codirecteur*.

condirezione [con-di-re-zió-ne] ***n.f.*** codirection.

condiscendente [con-di-scen-dèn-te] ***agg.*** **1** (*indulgente*) indulgent; (*compiacente*) complaisant; (*arrendevole*) conciliant **2** (*che mostra degnazione*) condescendant.

condiscendenza [con-di-scen-dèn-za] ***n.f.*** **1** (*indulgenza*) indulgence; (*compiacenza*) complaisance **2** (*degnazione*) condescendance.

condiscendere [con-di-scén-de-re] ***v.intr.*** [coniug. come *scendere*; aus. *avere*] condescendre*.

condiscepolo [con-di-scé-po-lo] ***n.m.*** [f. *-a*] condisciple.

condividere [con-di-vì-de-re] ***v.tr.*** [coniug. come *ridere*] partager* (*anche fig.*).

condivisibile [con-di-vi-ʃì-bi-le] ***agg.*** partageable (*anche fig.*).

condiviso [con-di-vì-so] ***agg.*** partagé.
● ***auto condivisa***, covoiturage, auto partagée, partage de voiture.

condizionale [con-di-zio-nà-le] ***agg.*** conditionnel* ♦ ***n.m.*** (*gramm.*) conditionnel ♦ ***n.f.*** (*dir.*) sursis (*m.*).
● (*dir.*): ***condanna condizionale***, condamnation avec sursis; ***con la condizionale***, avec sursis; ***sospensione condizionale della pena***, sursis.

condizionamento [con-di-zio-na-mén-to] ***n.m.*** **1** conditionnement **2** (*dell'aria*) climatisation (*f.*).
● ***impianto di condizionamento***, climatiseur.

condizionare [con-di-zio-nà-re] ***v.tr.*** conditionner (*anche fig.*): *condizionare l'aria*, conditionner l'air; *condizionare dei prodotti*, conditionner des produits.

condizionato [con-di-zio-nà-to] ***agg.*** **1** conditionné **2** (*sottoposto a riserva*) sous conditions.
● (*comm.*) ***accettazione condizionata***, acceptation spécifiée | ***aria condizionata***, air conditionné: *camera con aria condizionata*, chambre climatisée.

condizionatore [con-di-zio-na-tó-re] ***n.m.*** (*d'aria*) climatiseur.

condizione [con-di-zió-ne] ***n.f.*** **1** (*requisito*) condition **2** (*stato*) condition, état (*m.*): *è in condizione da far pietà*, il est dans un état pitoyable; *ricoverare in gravi condizioni*, hospitaliser dans un état grave; *essere in eccellenti condizioni fisiche*, être en pleine forme; *automobile in buone condizioni*, voiture en bon état; *buone, cattive condizioni finanziarie*, bonne, mauvaise situation financière; *per le cattive condizioni del tempo*, par suite du mauvais temps **3** (*accordo; termine di un accordo*) condition: *mettere, porre una condizione*, mettre, poser une condition; *condizioni di un trattato*, conditions d'un traité **4** (*ceto, posizione*) condition: *famiglia di umile condizione*, famille de condition modeste.
● (*mat.*) ***condizione necessaria e sufficiente***, condition nécessaire et suffisante | ***condizione sine qua non***, condition sine qua non | ***a condizione che***, à condition que | ***alla condizione, con la condizione***, à la condition | ***essere in condizione di***, être en état de, être à même de | ***per, a nessuna condizione***, à aucun prix | ***resa senza condizioni***, capitulation sans conditions.

> **NOTA** L'espressione ***a condizione che*** si traduce con ***à condition que***, seguita dal congiuntivo presente invece dell'imperfetto italiano:
> *Ho accettato a condizione che mi **accompagnasse**.*
> *J'ai accepte à condition qu'il m'**accompagne**.*

condoglianza [con-do-gliàn-za] ***n.f.*** (*spec. pl.*) condoléances (*pl.*): *la prego di porgere le mie condoglianze a suo fratello*, je vous prie de présenter mes condoléances à votre frère.

condominiale [con-do-mi-nià-le] ***agg.*** de copropriété, de copropriétaires: *riunione condominiale*, réunion de copropriétaires | *spese condominiali*, frais de copropriété.

condominio [con-do-mì-nio] ***n.m.*** [pl. *-ni*] **1** copropriété (*f.*): *assemblea di condominio*, assemblée de copropriétaires **2** (*edificio*) immeuble en copropriété.

condomino [con-dò-mi-no] ***n.m.*** [f. *-a*] copropriétaire.

condonabile [con-do-nà-bi-le] ***agg.*** rémissible.

condonare [con-do-nà-re] ***v.tr.*** (*dir.*) remettre*.

condono [con-dó-no] ***n.m.*** (*dir.*) rémission (*f.*).
● ***condono edilizio***, amnistie portant sur des abus immobiliers | ***condono fiscale***, amnistie fiscale.

condor [còn-dor] ***n.m.invar.*** (*zool.*) condor.

condotta [con-dót-ta] ***n.f.*** **1** conduite: *affidare la condotta delle trattative, dei lavori*, confier la conduite des négociations, la direction des travaux; *vinse per l'abile condotta di gara*, il a gagné grâce à son habileté à conduire la course **2** (*comportamento*) conduite **3** (*incarico a un medico*) charge de médecin municipal; (*relativa circoscrizione*) circonscription du médecin municipal **4** (*tecn.*) (*tubazione*) conduit (*m.*), conduite.
● (*dir.*) ***certificato di buona condotta***, certificat de bonne vie et mœurs.

condottiero [con-dot-tiè-ro] ***n.m.*** chef (militaire).

condotto[1] [con-dót-to] ***agg.***
● ***medico condotto***, médecin municipal.

condotto[2] ***n.m.*** **1** (*tecn.*) conduit, conduite (*f.*) **2** (*anat.*) conduit, canal.
● (*geol.*) ***condotto eruttivo***, cheminée (du volcan).

conducente [con-du-cèn-te] ***n.m.*** e ***f.*** conducteur/trice; (*di taxi*) chauffeur (*m.*).

conducibile [con-du-cì-bi-le] ***agg.*** **1** qu'on peut conduire **2** (*riferibile*) rapportable.

conduco → **condurre**.

condurre [con-dùr-re] ***v.tr.*** [pres.indic. *io conduco, tu conduci*; p.rem. *io condussi*; p.p. *condotto*] **1** conduire*; mener* (*spec. fig.*); (*in un luogo, da qlcu*) amener*; (*accompagnare, portare con sé*) emmener*: *condurre i ragazzi a scuola*, conduire, emmener les enfants à l'école; *condurre alla rovina*, mener à la ruine; *condurre a termine*, mener à terme; *quando vieni conduci tua sorella con te*, quand tu viendras, amène ta sœur avec toi; *conducimi con te*, emmène-moi **2** (*fare*) mener*: *condurre una vita felice*, mener une vie heureuse; *condurre delle ricerche*, mener des recherches **3** (*guidare*) conduire*, mener*; (*dirigere*) diriger*: *condurre alla vittoria*, conduire à la victoire; *condurre le trattative*, mener les négociations; *condurre un dibattito*, conduire un débat; *condurre un'azienda*, diriger une entreprise | *condurre l'auto*, conduire une voiture | *la nostra squadra conduce per due a zero*, notre équipe mène par deux à zéro; *condurre la classifi-*

ca, être à la tête du classement ♦ *v.intr.* [aus. *avere*] mener*: *questa strada conduce all'altro capo della città*, cette rue mène (*o* conduit) à l'autre bout de la ville.

conduttore [con-dut-tó-re] *agg.* conducteur* ♦ *n.m.* 1 [f. *-trice*] conducteur* 2 [f. *-trice*] (*dir.*) (*locatore*) locataire; (*agricolo*) exploitant agricole, fermier* 3 (*fis.*) conducteur.
● ***conduttore (del treno)***, mécanicien (du train) | ***conduttore (televisivo)***, présentateur.

conduttura [con-dut-tù-ra] *n.f.* conduite; (*pl.*) tuyauterie (*sing.*).

conduzione [con-du-zió-ne] *n.f.* 1 gestion: *la conduzione di un'azienda*, la gestion d'une entreprise | *la conduzione di un programma televisivo*, la conduite d'un programme télévisé 2 (*dir.*) location; (*di fondo rustico*) fermage (*m.*) 3 (*fis.*) conduction.
● ***azienda a conduzione familiare***, entreprise familiale.

conestabile [co-ne-stà-bi-le] *n.m.* (*st.*) connétable.

confabulare [con-fa-bu-là-re] *v.intr.* [aus. *avere*] parler à voix basse; chuchoter.

confacente [con-fa-cèn-te] *agg.* qui convient.

confarsi [con-fàr-si] *v.pron.intr.* [coniug. come *fare* tranne pres.indic. *egli si confà*; usato spec. alla 3ª pers. sing. e pl.] convenir*.

confederale [con-fe-de-rà-le] *agg.* confédéral*.

confederarsi [con-fe-de-rar-si] *v.pron.* e *pron.rec.* se confédérer*.

confederato [con-fe-de-rà-to] *agg.* e *n.m.* [f. *-a*] confédéré.

confederazione [con-fe-de-ra-zió-ne] *n.f.* confédération.

conferenza [con-fe-rèn-za] *n.f.* conférence; (*fam.*) conf.
● ***conferenza stampa***, conférence de presse.

conferenziere [con-fe-ren-ziè-re] *n.m.* [f. *-a*] conférencier*.

conferimento [con-fe-ri-mén-to] *n.m.* 1 attribution (*f.*); (*di titolo, di grado*) collation (*f.*); (*consegna*) remise (*f.*): *conferimento di una carica*, remise d'une charge 2 (*econ.*) apport.

conferire [con-fe-rì-re] *v.tr.* [coniug. come *finire*] 1 conférer* 2 (*donare*) donner: *conferire grazia*, donner du charme ♦ *v.intr.* [aus. *avere*] (*avere un colloquio*) avoir* un entretien.

conferma [con-fér-ma] *n.f.* confirmation; (*prova*) preuve: *nel suo atteggiamento trovo la conferma dei miei sospetti*, son attitude est la confirmation de (*o* me confirme dans) mes soupçons.
● ***conferma in servizio***, maintien en service | ***a conferma di***, en confirmation de, pour confirmer, confirmant, à l'appui de: *a conferma di quanto ho detto*, à l'appui de ce que j'ai dit.

confermare [con-fer-mà-re] *v.tr.* confirmer ♦ **confermarsi** *v.pron.* 1 (*persuadersi*) (se) confirmer | *confermarsi nelle proprie opinioni*, renforcer ses opinions 2 (*dimostrarsi*) confirmer, démontrer: *si è confermato il migliore in campo*, il a confirmé qu'il était le meilleur sur le terrain; *si sta confermando un bravo medico*, il confirme ses capacités de médecin.

confessabile [con-fes-sà-bi-le] *agg.* avouable.

confessare [con-fes-sà-re] *v.tr.* avouer; confesser (*spec. eccl.*): *confessa di aver torto*, avoue que tu as tort; *confessare un segreto*, révéler un secret ♦ **confessarsi** *v.pron.* s'avouer, se reconnaître*; confesser (*spec. eccl.*).
● (*relig.*) ***andare a confessarsi***, aller à confesse.

confessionale [con-fes-sio-nà-le] *agg.* 1 (*proprio di una fede, confessione religiosa*) confessionnel* 2 (*eccl.*) de la confession ♦ *n.m.* confessionnal*.

confessione [con-fes-sió-ne] *n.f.* 1 aveu* (*m.*); confession (*spec. eccl.*): *rendere piena confessione*, faire des aveux complets 2 (*fede religiosa*) confession.

confesso [con-fès-so] *agg.*
● ***essere reo confesso***, plaider coupable.

confessore [con-fes-só-re] *n.m.* confesseur.

confettare [con-fet-tà-re] *v.tr.* dragéifier.

confetteria [con-fet-te-rì-a] *n.f.* confiserie.

confettièra [con-fet-tiè-ra] *n.f.* drageoir (*m.*).

confetto [con-fèt-to] *n.m.* dragée (*f.*).

FAUX AMI
Da non confondere con *confetti*, che significa *coriandolo*.

confettura [con-fet-tù-ra] *n.f.* confiture.

confezionare [con-fe-zio-nà-re] *v.tr.* 1 confectionner: *confezionare su misura*, confectionner sur mesure 2 (*impacchettare*) empaqueter*; (*incartare*) envelopper; (*in modo industriale*) conditionner.

confezionato [con-fe-zio-nà-to] *agg.* de confection.
● ***abiti confezionati***, vêtements de confection; prêt-à-porter | ***prodotti confezionati***, produits conditionnés.

confezione [con-fe-zió-ne] *n.f.* 1 confection; (*industriale*) conditionnement (*m.*) 2 (*merce confezionata*) boîte; paquet (*m.*) 3 (*abbigl.*) confection, prêt-à-porter (*m.*): *negozio di confezioni*, magasin de prêt-à-porter.
● ***confezione regalo***, paquet-cadeau.

conficcare [con-fic-cà-re] *v.tr.* [coniug. come *mancare*] enfoncer* ♦ **conficcarsi** *v.pron.* se planter.
● ***conficcatelo bene in testa***, fourre-toi bien ça dans le crâne.

confidare [con-fi-dà-re] *v.intr.* [aus. *avere*] avoir* confiance; (*contare su*) compter (**sur**): *confido di riuscire*, je compte réussir ♦ *v.tr.* confier ♦ **confidarsi** *v.pron.* se confier (**à**), s'ouvrir* (**à**).

confidente [con-fi-dèn-te] *agg.* confiant ♦ *n.m.* e *f.* 1 confident/e 2 (*della polizia*) indicateur/trice (de police).

confidenza [con-fi-dèn-za] *n.f.* 1 confidence 2 (*familiarità*) familiarité.
● ***dare confidenza a qlcu***, se mettre au niveau de qqn: *è una persona che dà subito confidenza*, c'est une personne d'un abord facile | ***essere in confidenza***, être intime | ***prendere confidenza***, se familiariser | ***te lo dico in confidenza***, entre nous soit dit.

confidenziale [con-fi-den-zià-le] *agg.* 1 confidentiel* 2 (*cordiale*) familier*.
● ***in via confidenziale***, par voie confidentielle.

configurarsi [con-fi-gu-ràr-si] *v.pron.intr.* prendre* forme: *il suo programma comincia a configurarsi*, son programme commence à prendre forme; *il caso si configura interessante*, le cas prend une tournure intéressante.

configurazione [con-fi-gu-ra-zió-ne] *n.f.* configuration.
● (*inform.*): ***configurazione di base*** (o ***minima***), configuration de base, minimale; ***configurazione hardware***, configuration matérielle.

confinante [con-fi-nàn-te] *agg.* limitrophe: *confinante con*, qui confine avec ♦ *n.m.* e *f.* voisin/e.

confinare [con-fi-nà-re] *v.intr.* [aus. *avere*] confiner (**à**, **avec**) (*anche fig.*) ♦ *v.tr.* 1 confiner, reléguer* 2 (*assegnare al confino*) assigner* à résidence forcée ♦ **confinarsi** *v.pron.* se confiner.

C

confinato [con-fi-nà-to] ***agg.*** e ***n.m.*** [f. *-a*] assigné à résidence forcée.

confine [con-fi-ne] ***n.m.*** limite (*f.*); (*frontiera*) frontière (*f.*).
● ***ai confini di***, aux confins de | ***al confine tra***, entre: *al confine tra la vita e la morte*, entre la vie et la mort | (***ceppo di***) ***confine***, borne | ***linea di confine***, ligne de frontière | ***senza confini***, sans limites, sans bornes.

confino [con-fi-no] ***n.m.*** résidence forcée: *mandare al confino*, assigner à résidence forcée.

confisca [con-fi-sca] ***n.f.*** [pl. *-sche*] confiscation.

confiscare [con-fi-scà-re] ***v.tr.*** [coniug. come *mancare*] confisquer.

conflagrazione [con-fla-gra-zió-ne] ***n.f.*** conflagration.

conflitto [con-flit-to] ***n.m.*** conflit (*anche fig.*).
● ***conflitto di competenza***, conflit d'attribution | ***conflitto d'interessi***, conflit d'intérêts.

conflittuale [con-flit-tu-à-le] ***agg.*** conflictuel*.

conflittualità [con-flit-tua-li-tà] ***n.f.invar.*** conflictualité.

confluente [con-flu-èn-te] ***agg.*** confluant.

confluenza [con-flu-èn-za] ***n.f.*** confluence (*anche fig.*).

confluire [con-flu-i-re] ***v.intr.*** [coniug. come *finire*; aus. *essere* e *avere*] confluer (**avec**); (*gettarsi in*) se jeter* (**dans**).

confondere [con-fón-de-re] ***v.tr.*** [coniug. come *fondere*] **1** confondre*: *confondere i nomi, le date*, confondre les noms, les dates **2** (*turbare*) brouiller: *finirai col confondergli le idee*, tu finiras par lui brouiller les idées; *questo intrico di linee mi confonde la vista*, cet enchevêtrement de lignes me brouille la vue | *mi confondi con le tue interruzioni!*, tu m'embrouilles avec tes interruptions! | *la tua domanda l'ha confuso*, ta question l'a désarçonné | *le vostre premure mi confondono*, vos attentions me confondent **3** (*mescolare, mettere in disordine*) brouiller, mélanger*: *hai confuso tutte le carte che avevo sul tavolo*, tu as mélangé tous les papiers qui étaient sur ma table ♦ **confondersi** ***v.pron.*** e ***pron.intr.*** **1** se brouiller: *mi si confonde la vista*, j'ai la vue brouillée | *confondersi tra la folla*, se perdre dans la foule **2** (*sbagliarsi*) se tromper: *si è confuso nel racconto, con le date*, il s'est embrouillé dans le récit, dans les dates **3** (*turbarsi*) rester confus.
● ***confondere le carte in tavola***, (*fig.*) brouiller les cartes.

conformare [con-for-mà-re] ***v.tr.*** conformer; (*adattare*) adapter ♦ **conformarsi** ***v.pron.*** se conformer; (*adattarsi*) s'adapter.

conformazione [con-for-ma-zió-ne] ***n.f.*** conformation.

conforme [con-fór-me] ***agg.*** conforme.

conformemente [con-for-me-mén-te] ***avv.*** conformément.

conformismo [con-for-mì-ʃmo] ***n.m.*** conformisme.

conformista [con-for-mì-sta] ***agg.*** e ***n.m.*** e ***f.*** conformiste.

conformità [con-for-mi-tà] ***n.f.invar.*** conformité.
● ***in conformità di***, conformément à.

confort [con-fòrt] ***n.m.invar.*** confort.

confortante [con-for-tàn-te] ***agg.*** réconfortant.

confortare [con-for-tà-re] ***v.tr.*** **1** réconforter: *confortare un amico*, réconforter un ami; *confortare un condannato a morte*, assister un condamné à mort **2** (*avvalorare*) appuyer* (**sur**), étayer* (**sur**) ♦ **confortarsi** ***v.pron.*** se consoler.

FAUX AMI
Nel senso di *rincuorare*, non è da confondere con *conforter*, che significa *rafforzare*.

confortevole [con-for-té-vo-le] ***agg.*** **1** réconfortant **2** (*comodo*) confortable.

conforto [con-fòr-to] ***n.m.*** **1** réconfort: *essere di conforto*, apporter du réconfort **2** (*sostegno*) appui **3** (*pl.*) (*comodità*) conforts.
● ***conforti religiosi***, derniers sacrements | ***a conforto di***, à l'appui de | ***generi di conforto***, petits remontants.

confratello [con-fra-tèl-lo] ***n.m.*** confrère; (*tra monaci*) frère.

confraternita [con-fra-tèr-ni-ta] ***n.f.*** confrérie.

confrontare [con-fron-tà-re] ***v.tr.*** comparer ♦ **confrontarsi** ***v.pron.intr.*** être* confronté (**à**); (*misurarsi*) se mesurer (**avec**) ♦ ***v.pron.rec.*** se mesurer.
● ***confronta***, confer.

confronto [con-frón-to] ***n.m.*** **1** comparaison (*f.*) **2** (*dibattito*) débat **3** (*dir.*) confrontation (*f.*) **4** (*sport*) compétition (*f.*).
● ***a confronto di***, ***in confronto a***, par rapport à | ***mettere a confronto***, comparer | ***nei confronti di***, envers, à l'égard de | ***non temere confronti***, ne pas avoir son pareil | (*psic.*) ***paura del confronto***, peur de la comparaison.

confucianesimo [con-fu-cia-né-ʃi-mo] ***n.m.*** confucianisme.

confusamente [con-fu-sa-mén-te] ***avv.*** confusément; (*in disordine*) en désordre.

confusionale [con-fu-ʃio-nà-le] ***agg.*** (*med.*) confusionnel*, de confusion mentale.

confusionario [con-fu-ʃio-nà-rio] ***agg.*** e ***n.m.*** [f. *-a*; pl.m. *-ri*] brouillon*.

confusione [con-fu-ʃió-ne] ***n.f.*** **1** confusion; (*disordine*) désordre (*m.*): *approfittò della confusione per svignarsela*, il profita de la confusion pour filer | *ho una gran confusione in testa*, mes idées se brouillent dans ma tête | *c'era una tale confusione di gente!*, il y avait une telle foule! **2** (*chiasso*) brouhaha (*m.*), vacarme (*m.*): *non è possibile lavorare con, in questa confusione*, il est impossible de travailler dans ce vacarme **3** (*turbamento*) confusion, embarras (*m.*): *non riuscì a nascondere la sua confusione*, il ne put cacher sa confusion.

confuso [con-fù-ʃo] ***agg.*** confus | *confuso tra la folla*, perdu dans la foule.

confutabile [con-fu-tà-bi-le] ***agg.*** réfutable.

confutare [con-fu-tà-re] ***v.tr.*** réfuter.

confutazione [con-fu-ta-zió-ne] ***n.f.*** réfutation.

congedare [con-ge-dà-re] ***v.tr.*** **1** congédier; (*allontanare*) renvoyer* **2** (*mil.*) libérer* ♦ **congedarsi** ***v.pron.*** prendre* congé.

congedato [con-ge-dà-to] ***agg.*** e ***n.m.*** (soldat du contingent) libéré de ses obligations militaires.

congedo [con-gè-do] ***n.m.*** **1** congé **2** (*permesso*) congé **3** (*mil.*) libération (*f.*) (de la classe).
● ***congedo matrimoniale***, congé de mariage | (*mil.*): ***andare***, ***essere in congedo***, être libéré de ses obligations militaires; ***foglio di congedo***, attestation de libération de classe; ***forza in congedo***, les hommes en disponibilité | ***visita di congedo***, visite d'adieu.

congegnare [con-ge-gnà-re] ***v.tr.*** agencer*; (*ideare, organizzare*) monter.

congegno [con-gé-gno] ***n.m.*** mécanisme; (*dispositivo*) dispositif.

congelamento [con-ge-la-mén-to] ***n.m.*** **1** congélation (*f.*) **2** (*econ.*) gel.

congelare [con-ge-là-re] ***v.tr.*** **1** congeler* **2** (*fig.*) geler* **3** (*econ.*) geler* ♦ **congelarsi** ***v.pron.intr.*** **1** se congeler* **2** (*fig.*) geler*.

congelato [con-ge-là-to] ***agg.*** **1** congelé **2** (*fig.*) gelé.
● (*econ.*) ***beni congelati***, biens gelés.

congelatore [con-ge-la-tó-re] ***n.m.*** congélateur.

congelazione [con-ge-la-zió-ne] ***n.f.*** → **congelamento**.

congenere [con-gè-ne-re] ***agg.*** analogue.

congeniale [con-ge-nià-le] ***agg.*** fait (**pour**).

congenito [con-gè-ni-to] ***agg.*** congénital*.

congerie [con-gè-rie] ***n.f.*** amas (*m.*).

congestionare [con-ge-stio-nà-re] ***v.tr.*** congestionner (*anche fig.*).

congestionato [con-ge-stio-nà-to] ***agg.*** congestionné (*anche fig.*).

congestione [con-ge-stió-ne] ***n.f.*** congestion (*anche fig.*).
● ***la congestione del traffico***, les embouteillages.

congettura [con-get-tù-ra] ***n.f.*** conjecture.

congetturale [con-get-tu-rà-le] ***agg.*** conjectural*.

congetturare [con-get-tu-rà-re] ***v.tr.*** conjecturer.

congiungere [con-giùn-ge-re] ***v.tr.*** [coniug. come *giungere*] **1** joindre*: *congiungere le mani*, joindre les mains | *ci congiungono gli stessi ideali*, (*fig.*) nous partageons les mêmes idéaux | *congiungere in matrimonio*, unir par le mariage **2** (*collegare*) relier ♦ **congiungersi** ***v.pron.*** e ***pron.rec.*** se rejoindre*: *le due strade si congiungono*, les deux routes se rejoignent | *congiungersi in matrimonio*, s'unir en mariage | *congiungersi carnalmente*, s'unir charnellement.

congiungimento [con-giun-gi-mén-to] ***n.m.*** **1** jonction (*f.*) **2** (*fig.*) union (*f.*).

congiuntamente [con-giun-ta-mén-te] ***avv.*** conjointement.

congiuntiva [con-giun-tì-va] ***n.f.*** (*anat.*) conjonctive.

congiuntivite [con-giun-ti-vì-te] ***n.f.*** (*med.*) conjonctivite.

congiuntivo [con-giun-tì-vo] ***agg.*** (*di congiunzione*) conjonctif* ♦ ***n.m.*** (*gramm.*) subjonctif.
● (*gramm.*) ***modo congiuntivo***, (mode) subjonctif.

NOTA Non sempre il ***congiuntivo*** italiano resta tale nel tradurre in francese.

Il congiuntivo italiano è reso con l'***indicativo*** francese:

- nelle interrogative indirette:
  *Non so dove **vadano**.*
  Je ne sais pas où ils **vont**.
  *Non sapevo dove **vivesse**.*
  Je ne savais où il **vivait**.
- nelle subordinate comparative:
  *È più ricco di quanto tu **creda**.*
  Il est plus riche que tu ne **crois**.
  *È molto meglio di quanto **pensassi**.*
  Il est bien meilleur que je ne **pensais**.
- con ***per quanto*** seguito da un aggettivo o da un avverbio:
  *Per quanto intelligente **sia**.*
  Tout intelligent qu'il **est**.
  *Per quanto simpatiche **fossero**.*
  Toutes sympathiques qu'elles **étaient**.

Il congiuntivo presente italiano è reso con l'***indicativo presente*** o il ***futuro*** francese quando si esprime un'ipotesi, un'eventualità, specialmente con ***chiunque*** (***quiconque***) e la frase principale al presente:

*Chiunque lo **conosca**, capisce che...*
Quiconque le **connaît**, comprend que...
*Lo offrirò a chiunque me lo **chieda**.*
Je l'offrirai à quiconque me le **demandera**.

Il congiuntivo imperfetto italiano è reso con il ***condizionale*** francese quando si esprime un'ipotesi, un'eventualità (frase principale al condizionale):

*Lo offrirei a chiunque me lo **chiedesse**.*
Je l'offrirais à quiconque me le **demanderait**.

Il congiuntivo imperfetto italiano è reso con l'***indicativo imperfetto*** francese dopo ***se*** (***si***) nelle frasi ipotetiche (frase principale all'indicativo presente o al condizionale):

*Ti parlo come **se fossi** tuo padre.*
Je te parle comme **si j'étais** ton père.
***Se tu facessi** dello sport, dormiresti meglio.*
***Si tu faisais** du sport, tu dormirais mieux.*

Il congiuntivo imperfetto italiano è reso con l'***indicativo presente*** francese dopo ***se*** (***si***) nelle frasi ipotetiche (frase principale al futuro):

***Se venisse**, gli chiederai il suo indirizzo.*
S'il vient tu lui demanderas son adresse.

congiunto [con-giùn-to] ***agg.*** joint, conjoint, conjugué: *sforzi congiunti*, efforts conjugués; *forze congiunte*, forces conjuguées ♦ ***n.m.*** [f. *-a*] (*parente*) parent.

congiuntura [con-giun-tù-ra] ***n.f.*** **1** (*giuntura*) jointure **2** (*circostanza*) conjoncture (*anche econ.*): *è un periodo di congiuntura*, (*fam.*) c'est une période de crise.

congiunturale [con-giun-tu-rà-le] ***agg.*** conjoncturel*.

congiunzione [con-giun-zió-ne] ***n.f.*** **1** jonction **2** (*astr., gramm.*) conjonction.

congiura [con-giù-ra] ***n.f.*** conjuration; (*complotto*) complot (*m.*).
● ***congiura del silenzio***, conspiration du silence.

congiurare [con-giu-rà-re] ***v.intr.*** [aus. *avere*] conspirer.

congiurato [con-giu-rà-to] ***agg.*** e ***n.m.*** [f. *-a*] conjuré.

conglobamento [con-glo-ba-mén-to] ***n.m.*** intégration (*f.*).

conglobare [con-glo-bà-re] ***v.tr.*** intégrer*.

conglomerare [con-glo-me-rà-re] ***v.tr.*** conglomérer* ♦ **conglomerarsi** ***v.pron.*** e ***pron.rec.*** s'agglomérer*.

conglomerato [con-glo-me-rà-to] ***n.m.*** **1** conglomérat, agglomérat (*anche fig.*) **2** (*edil.*) aggloméré **3** (*geol., econ.*) conglomérat.

congratularsi [con-gra-tu-làr-si] ***v.pron.intr.*** féliciter (**qqn**): *mi sono congratulato con lui*, je l'ai félicité; *me ne congratulo con te*, je t'en félicite.

congratulazioni [con-gra-tu-la-zió-ni] ***n.f.pl.*** félicitations: *lettera di congratulazioni*, lettre de félicitations; *fare le proprie congratulazioni a qlcu*, féliciter qqn.

congrega [con-grè-ga] ***n.f.*** [pl. *-ghe*] bande.

congregazione [con-gre-ga-zió-ne] ***n.f.*** congrégation.

congressista [con-gres-sì-sta] ***n.m.*** e ***f.*** congressiste.

congresso [con-grès-so] ***n.m.*** congrès.

C

C

congressuale [con-gres-su-à-le] ***agg.*** du congrès.
congrua [còn-grua] ***n.f.*** (*eccl.*) portion congrue.
congruente [con-gru-èn-te] ***agg.*** **1** (*coerente*) cohérent **2** (*conveniente*) adéquat.
congruenza [con-gru-èn-za] ***n.f.*** cohérence, congruence | (*mat.*) *relazione di congruenza*, relation de congruence.
congruo [còn-gruo] ***agg.*** (*adeguato*) approprié, adéquat; (*estens.*) beau*, généreux*.
conguagliare [con-gua-glià-re] ***v.tr.*** (*calcolare il conguaglio di*) balancer* (un compte); (*pagare il conguaglio di*) payer* (le solde de).
conguaglio [con-guà-glio] ***n.m.*** [pl. *-gli*] ajustement; (*di un conto*) balance (*f.*).
● ***a conguaglio***, pour solde.
coniare [co-nià-re] ***v.tr.*** **1** frapper **2** (*fig.*) créer, forger*.
coniatura [co-nia-tù-ra] **coniazione** ***n.f.*** frappe.
conica [cò-ni-ca] ***n.f.*** [pl. *-che*] (*mat.*) conique.
conico [cò-ni-co] ***agg.*** [pl.m. *-ci*, f. *-che*] conique.
conifera [co-nì-fe-ra] ***n.f.*** (*bot.*) conifère (*m.*).
conigliera [co-ni-gliè-ra] ***n.f.*** lapinière; (*gabbia*) clapier (*m.*).
coniglietto [co-ni-glièt-to] ***n.m.*** lapereau*, petit lapin.
coniglio [co-nì-glio] ***n.m.*** [pl. *-gli*] **1** lapin **2** (*fig.*) lâche.
conio [cò-nio] ***n.m.*** [pl. *-ni*] **1** coin, virole (*f.*) **2** (*coniatura, impronta del conio*) frappe (*f.*) **3** (*cuneo*) coin.
● ***di nuovo conio***, nouvellement frappé; (*fig.*) de formation récente: *una moneta di nuovo conio*, une monnaie nouvellement frappée; *vocabolo di nuovo conio*, mot de formation récente | ***essere dello stesso conio***, (*fig.*) sortir du même moule.
coniugale [co-niu-gà-le] ***agg.*** conjugal*.
coniugalmente [co-niu-gal-mén-te] ***avv.*** maritalement.
coniugare [co-niu-gà-re] ***v.tr.*** [coniug. come *legare*] **1** (*gramm.*) conjuguer **2** (*fig.*) (*unire*) allier ♦ **coniugarsi** ***v.pron.*** e ***pron.intr.*** **1** (*sposarsi*) se marier **2** (*unirsi*) s'allier **3** (*gramm.*) se conjuguer.
coniugato [co-niu-gà-to] ***agg.*** **1** (*gramm.*) conjugué **2** (*sposato*) marié.
coniugazione [co-niu-ga-zió-ne] ***n.f.*** (*gramm., biol.*) conjugaison.
coniuge [cò-niu-ge] ***n.m.*** e ***f.*** conjoint/e | *i coniugi Rossi*, Monsieur et Madame Rossi.
connaturale [con-na-tu-rà-le] ***agg.*** inné*: *l'aggressività è connaturale ai felini*, l'agressivité est innée chez les félins.
connaturato [con-na-tu-rà-to] ***agg.*** invétéré; essentiel* (**a**), consubstanciel*: *abitudini profondamente connaturate*, habitudes qui sont devenues une seconde nature.
connazionale [con-na-zio-nà-le] ***n.m.*** e ***f.*** compatriote.
connessione [con-nes-sió-ne] ***n.f.*** **1** connexion (*anche fig.*) **2** (*dir.*) connexité **3** (*elettr., tel.*) connexion.
● (*inform.*) ***connessione*** (***alla rete***, ***al sistema***), entrée (dans le réseau, le système).
connesso [con-nés-so *o* connèsso] *p.p.* di **connettere** ♦ ***agg.*** connexe, lié.
● (*dir.*) ***gli annessi e connessi***, les tenants et les aboutissants.
connettere [con-nét-te-re *o* connèttere] ***v.tr.*** [p.p. *connesso*] **1** joindre* **2** (*fig.*) (*mettere in relazione*) mettre* en rapport; (*concatenare*) enchaîner **3** (*tecn.*) relier; assurer la liaison ♦ **connettersi** ***v.pron.intr.*** (*essere in relazione*) se rapporter (**à**).
● ***non connette più***, (*fig.*) il divague.
connettività [con-net-ti-vi-tà] ***n.f.invar.*** (*inform.*) connectabilité.
connettivo [con-net-tì-vo] ***agg.*** **1** (*anat.*) conjonctif* **2** (*fig.*) de connexion ♦ ***n.m.*** (*elemento di connessione*) élément de connexion.
connettore [con-net-tó-re] ***n.m.*** (*elettr.*) connecteur.
connivente [con-ni-vèn-te] ***agg.*** e ***n.m.*** e ***f.*** complice.
connivenza [con-ni-vèn-za] ***n.f.*** connivence.
connotare [con-no-tà-re] ***v.tr.*** caractériser ♦ **connotarsi** ***v.pron.*** se caractériser.
connotato [con-no-tà-to] ***n.m.*** (*spec. pl.*) signalement: *i connotati di un criminale*, le signalement d'un criminel.
● ***cambiare i connotati a qlcu***, (*fig.*) abîmer le portrait à qqn.
connotazione [con-no-ta-zió-ne] ***n.f.*** connotation.
connubio [con-nù-bio] ***n.m.*** [pl. *-bi*] union (*f.*).
cono [cò-no] ***n.m.*** **1** cône **2** (*cuc.*) cornet: *cono gelato*, cornet de glace.
● ***cappello a cono***, hennin.
conobbi → **conoscere**.
conocchia [co-nòc-chia] ***n.f.*** quenouille.
conoscente [co-no-scèn-te] ***n.m.*** e ***f.*** connaissance (*f.*).
conoscenza [co-no-scèn-za] ***n.f.*** **1** connaissance: *ha una buona conoscenza delle lingue*, il a une bonne connaissance des langues; *fare conoscenza con qlcu*, faire connaissance avec qqn; *fare la conoscenza di qlcu*, faire la connaissance de qqn; *stringere conoscenza con qlcu*, lier connaissance avec qqn; *prendere conoscenza di qlco*, prendre connaissance de qqch | *la nostra è una conoscenza di fresca data*, nos relations sont de fraîche date **2** (*conoscente*) connaissance: *ho incontrato una mia vecchia conoscenza*, j'ai rencontré une vieille connaissance; *avere molte conoscenze*, connaître énormément de gens | *delle conoscenze che contano*, des relations qui comptent **3** (*i sensi*) connaissance: *perdere conoscenza*, perdre connaissance | *privo di conoscenza*, sans connaissance.
● ***essere a conoscenza di qlco***, ***qlcu***, avoir connaissance de qqch, qqn | ***per conoscenza***, pour information | ***portare a conoscenza di qlcu***, porter à la connaissance de qqn | ***venire*** (o ***giungere***) ***a conoscenza di qlco***, apprendre qqch (*o* avoir connaissance de qqch).
conoscere [co-nó-sce-re] ***v.tr.*** [pres.indic. *io conosco*, *tu conosci*; p.rem. *io conobbi*, *tu conoscesti*; p.p. *conosciuto*] **1** connaître*: *l'ho conosciuto a teatro*, je l'ai connu (*o* j'ai fait sa connaissance) au théâtre; *conoscere la verità*, connaître la vérité **2** (*riconoscere*) reconnaître*; (*distinguere*) distinguer: *conoscere dal sapore*, reconnaître à la saveur; *conoscere il bene dal male*, distinguer (*o* discerner) le bien du mal ♦ **conoscersi** ***v.pron.*** se connaître*: *mi conosco abbastanza per prevedere le mie reazioni*, je me connais suffisamment pour prévoir mes propres réactions ♦ ***v.pron.rec.*** se connaître*: *ci siamo conosciuti l'anno scorso*, nous nous sommes connus l'année dernière.
● ***conoscere qlcu di fama***, ***di nome***, connaître qqn de réputation, de nom | ***conoscere qlcu di vista***, ***di persona***, connaître qqn de vue, personnellement | ***lo conosco per*** (***un***) ***galantuomo***, je sais que c'est un honnête homme | ***conosci te stesso***, connais-toi toi-même | ***e chi lo cono-***

sce?, jamais entendu parler | ***fare conoscere***, faire connaître: *dovresti farmi conoscere tua sorella*, tu devrais me faire connaître ta soeur; *mi fece conoscere la sua storia*, il m'a raconté son histoire; *faranno conoscere i loro prodotti su scala nazionale*, ils lanceront leurs produits à l'échelle nationale; *le sue ricerche lo hanno fatto conoscere ovunque*, ses recherches l'ont rendu célèbre partout | ***farsi conoscere***, se faire connaître: *farsi conoscere come scrittore*, se faire connaître comme écrivain; *si fece conoscere per i suoi film*, il devint célèbre grâce à ses films | ***lieto di conoscerla!***, (*nelle presentazioni*) enchanté de vous connaître! | ***non conoscere il mondo***, (*fig.*) ne savoir rien de la vie: *è giovane, ancora non conosce il mondo*, il est encore jeune, il ne sait rien de la vie | ***non l'ho mai visto né conosciuto***, je ne le connais ni d'Ève ni d'Adam.

conoscitivo [co-no-sci-tì-vo] ***agg.*** cognitif*.

conoscitore [co-no-sci-tó-re] ***n.m.*** [f. *-trice*] connaisseur*.

conosciuto [co-no-sciù-to] ***agg.*** **1** connu: *un prodotto conosciuto in tutto il mondo*, un produit connu dans le monde entier | *mai visto né conosciuto*, jamais vu de ma vie **2** (*provato*) reconnu: *un tecnico di conosciuta esperienza*, un technicien d'une expérience reconnue.

conquibus [con-quì-bus] ***n.m.invar.*** (*scherz.*) (*denaro*) liard.

conquista [con-quì-sta] ***n.f.*** conquête (*anche fig.*).

conquistare [con-qui-stà-re] ***v.tr.*** conquérir* (*anche fig.*): *conquistare una città, una postazione nemica*, conquérir une ville, une position ennemie; *conquistare una donna*, conquérir (*o* séduire) une femme; *si è conquistato la stima di tutti*, il a gagné l'estime de tous; *conquistarsi una bella posizione sociale*, se faire une belle position sociale; *un sorriso che conquista*, un sourire séduisant.

conquistatore [con-qui-sta-tó-re] ***n.m.*** **1** conquérant **2** (*scherz.*) (*rubacuori*) bourreau* des cœurs.

conquistatrice [con-qui-sta-trì-ce] ***n.f.*** **1** conquérante **2** (*scherz.*) (*seduttrice*) séductrice.

consacrare [con-sa-crà-re] ***v.tr.*** **1** consacrer **2** (*conferire un titolo*) sacrer **3** (*sacerdoti*) ordonner ♦ **consacrarsi** ***v.pron.*** se vouer.

consacrato [con-sa-crà-to] ***agg.*** consacré (*anche fig.*).

consacrazione [con-sa-cra-zió-ne] ***n.f.*** consécration | *la consacrazione di un re*, le sacre d'un roi.

consanguineità [con-san-gui-nei-tà] ***n.f.invar.*** consanguinité.

consanguineo [con-san-guì-ne-o] ***agg.*** e ***n.m.*** [f. *-a*] consanguin.

consapevole [con-sa-pé-vo-le] ***agg.*** conscient.

consapevolezza [con-sa-pe-vo-léz-za] ***n.f.*** conscience.

consapevolmente [con-sa-pe-vol-mén-te] ***avv.*** consciemment.

consciamente [con-scia-mén-te] ***avv.*** consciemment.

conscio [còn-scio] ***agg.*** [pl.m. *-sci*, f. *-sce*] conscient.

consecutivo [con-se-cu-tì-vo] ***agg.*** **1** suivant (**qqch**): *i giorni consecutivi alla nostra partenza*, les jours qui ont suivi notre départ **2** (*di seguito*) consécutif* **3** (*gramm.*) consécutif*.

consegna [con-sé-gna] ***n.f.*** **1** livraison; (*di lettera, documento ecc.*) remise: *fare una consegna*, faire une livraison; *consegna dei diplomi, di un premio*, remise des diplômes, d'un prix **2** (*ordine*) consigne (*anche mil.*): *essere fedele alla consegna*, être fidèle à la consigne **3** (*mil.*) (*punizione*) consigne.

● ***consegna a domicilio***, livraison à domicile; (*di giornali*) portage à domicile | ***all'atto della consegna***, à (la) livraison | ***fare le consegne***, passer les consignes | ***in caso di mancata consegna***, en cas de non-livraison | ***in consegna***, en charge: *prendere in consegna del materiale*, prendre en charge du matériel; *gli agenti presero in consegna il prigioniero*, les agents prirent en charge le prisonnier; *ho lasciato un pacco in consegna alla portinaia*, j'ai déposé un paquet chez la concierge; *mi ha dato in consegna i suoi gioielli*, elle m'a confié ses bijoux; *il facchino prese in consegna le valigie*, le porteur se chargea des valises; *ho in consegna il figlio dei vicini*, j'ai la garde du fils de mes voisins.

consegnare [con-se-gnà-re] ***v.tr.*** **1** livrer; (*recapitare, dare*) remettre*: *consegnare la città al nemico*, livrer la ville à l'ennemi; *consegnate i compiti*, remettez, rendez vos devoirs | *si è consegnato al nemico*, il s'est rendu à l'ennemi **2** (*mil.*) consigner.

conseguente [con-se-guèn-te] ***agg.*** **1** (*coerente*) conséquent **2** (*derivante, successivo*) qui a suivi; (*provocato*) provoqué (**par**) ♦ ***n.m.*** (*fil.*) conséquent.

conseguentemente [con-se-guen-te-mén-te] ***avv.*** conséquemment.

conseguenza [con-se-guèn-za] ***n.f.*** conséquence: *conseguenza logica, necessaria*, conséquence logique, nécessaire; *l'incidente non ha avuto conseguenze*, l'incident n'a pas eu de suites.

● ***in conseguenza di***, par suite de | ***per, di conseguenza***, par conséquent.

conseguimento [con-se-gui-mén-to] ***n.m.*** obtention (*f.*).

conseguire [con-se-guì-re] ***v.tr.*** atteindre*; (*ottenere*) obtenir*; (*riportare*) remporter: *conseguire uno scopo*, atteindre un but; *conseguire una promozione, un diploma*, obtenir une promotion, un diplôme; *conseguire un premio, una vittoria*, remporter un prix, une victoire ♦ ***v.intr.*** [aus. *essere*] s'ensuivre*, résulter, découler: *ne consegue che*, il s'ensuit que; *ne conseguì un forte aumento dei prezzi*, il en résulta (*o* s'ensuivit) une forte augmentation des prix.

consenso [con-sèn-so] ***n.m.*** **1** consentement; (*approvazione*) approbation (*f.*): *dare, negare il consenso*, donner, refuser son consentement; *incontrare il consenso del pubblico*, rencontrer l'approbation du public **2** (*accordo*) accord: *agire di consenso con qlcu*, agir en accord avec qqn.

consensuale [con-sen-su-à-le] ***agg.*** (*dir.*) consensuel*.

consensualmente [con-sen-sual-mén-te] ***avv.*** (*dir.*) d'un commun accord.

consentire [con-sen-tì-re] ***v.tr.*** permettre*: *la sua salute non gli consente di partire*, sa santé ne lui permet pas de partir; *mi consenta di dirle che non sono d'accordo*, permettez-moi de vous dire que je ne suis pas d'accord | *è consentito l'uso del dizionario*, on peut se servir du dictionnaire ♦ ***v.intr.*** [aus. *avere*] **1** consentir*; (*essere d'accordo*) être* d'accord: *consento alla tua richiesta*, je consens à ta proposition **2** (*ammettere*) reconnaître*, admettre*: *consentirai che ho ragione*, tu admettras que j'ai raison **3** (*accondiscendere*) céder*.

consenziente [con-sen-zièn-te] ***agg.*** consentant.

consequenziale [con-se-quen-zià-le] ***agg.*** conséquent (**avec**).

C

consequenzialità [con-se-quen-zia-li-tà] ***n.f.invar.*** consécution.
conserto [con-sèr-to] ***agg.*** croisé.
● ***a braccia conserte***, les bras croisés.
conserva [con-sèr-va] ***n.f.*** **1** conserve **2** (*serbatoio*) réservoir (*m.*).
● ***conserva*** (***di pomodoro***), sauce tomate (en conserve).
conserva, di [di con-sèr-va] ***avv.*** (*mar.*) de conserve.
conservante [con-ser-vàn-te] ***n.m.*** conservateur: *non contiene conservanti né coloranti*, ne contient ni conservateurs ni colorants.
conservare [con-ser-và-re] ***v.tr.*** **1** conserver: *conservare frutta, uova*, conserver des fruits, des œufs **2** (*mantenere*) garder: *sa conservare un segreto*, il sait garder un secret; *conservare il sangue freddo*, garder son sang-froid ♦ **conservarsi** ***v.pron.*** e ***pron.intr.*** **1** se conserver: *si conserva bene nonostante gli anni*, malgré son âge, il est bien conservé **2** (*restare*) rester: *conservarsi fedele a*, rester fidèle à.
● ***si conservi!***, ménagez-vous!
conservativo [con-ser-va-tì-vo] ***agg.*** (*dir.*) conservatoire.
conservato [con-ser-và-to] ***agg.*** conservé; (*di cibo*) en conserve.
conservatore [con-ser-va-tó-re] ***agg.*** e ***n.m.*** [f.-*trice*] conservateur*.
conservatorio [con-ser-va-tò-rio] ***n.m.*** [pl. -*ri*] conservatoire (de musique).
conservatorismo [con-ser-va-to-rì-ʃmo] ***n.m.*** (*pol.*) conservatisme.
conservazione [con-ser-va-zió-ne] ***n.f.*** conservation.
● ***latte a lunga conservazione***, lait longue conservation.
conserviero [con-ser-viè-ro] ***agg.***
● ***industria conserviera***, conserverie.
consesso [con-sès-so] ***n.m.*** assemblée (*f.*).
considerare [con-si-de-rà-re] ***v.tr.*** **1** considérer*; (*tener conto di*) tenir* compte (**de**): *considerare un problema sotto tutti i suoi aspetti*, considérer un problème sous tous ses aspects; *considera il mio punto di vista*, tiens compte de mon point de vue **2** (*reputare*) considérer*: *lo considero il mio migliore amico*, je le considère comme mon meilleur ami **3** (*apprezzare*) considérer*: *i suoi superiori lo considerano molto*, ses supérieurs ont beaucoup de considération pour lui **4** (*dir.*) (*contemplare*) prévoir* ♦ **considerarsi** ***v.pron.*** s'estimer: *puoi considerarti fortunato!*, tu peux t'estimer heureux!
● ***senza considerare***, sans compter: *senza considerare le spese*, sans compter les frais | ***tutto considerato***, tout compte fait | (***visto e***) ***considerato che***, vu que.
considerato [con-si-de-rà-to] ***agg.*** **1** (*apprezzato*) considéré, apprécié **2** (*ponderato*) pondéré.
considerazione [con-si-de-ra-zió-ne] ***n.f.*** **1** considération: *prendere in considerazione*, prendre en considération; *tenere qlco in considerazione*, tenir compte de qqch **2** (*riflessione*) considération: *fece alcune considerazioni sull'accaduto*, il fit quelques considérations sur les événements **3** (*reputazione*) considération: *tenere qlcu in considerazione*, avoir de la considération, de l'estime pour qqn.
● ***in considerazione di***, en considération de.
considerevole [con-si-de-ré-vo-le] ***agg.*** considérable.
consigliabile [con-si-glià-bi-le] ***agg.*** à conseiller: *questo spettacolo non è consigliabile*, ce spectacle est à déconseiller.
consigliare [con-si-glià-re] ***v.tr.*** conseiller: *ti consiglio questo libro*, je te conseille ce livre; *farsi consigliare dalla paura*, se laisser conduire par la peur ♦ **consigliarsi** ***v.pron.*** demander conseil (**à**): *consigliati con tuo padre*, demande conseil à ton père ♦ ***v.pron.rec.*** se consulter.
consigliere [con-si-gliè-re] ***n.m.*** [f. -*a*] **1** conseiller* (*anche fig.*): *l'orgoglio è un cattivo consigliere*, l'orgueil est mauvais conseiller **2** (*membro di un Consiglio*) conseiller*.
● ***consigliere delegato***, administrateur délégué.
consiglio [con-sì-glio] ***n.m.*** [pl. -*gli*] **1** conseil: *ascoltare, seguire i consigli di qlcu*, suivre les conseils de qqn **2** (*riunione*) conseil; (*comitato*) comité | *riunirsi in consiglio*, se réunir en séance.
● ***consiglio comunale***, conseil municipal | ***consiglio d'amministrazione***, conseil d'administration | (*pol.*) ***Consiglio dei Ministri***, Conseil des Ministres | ***consiglio di classe***, conseil de classe | ***consiglio di fabbrica***, comité d'entreprise | ***Consiglio di Sicurezza***, (*alle Nazioni Unite*) Conseil de Sécurité | ***Consiglio di Stato***, Conseil d'État | ***consiglio d'istituto***, conseil d'établissement | ***su consiglio di***, sur les conseils de | ***venire a più miti consigli***, modérer ses prétentions.
consiliare [con-si-lià-re] ***agg.*** du conseil: *sala, aula consiliare*, salle du conseil.
consistente [con-si-stèn-te] ***agg.*** consistant; (*considerevole*) considérable: *una cifra, una somma consistente*, une somme considérable.
consistenza [con-si-stèn-za] ***n.f.*** **1** consistance **2** (*fig.*) (*fondatezza*) consistance.
● (*econ.*) ***consistenza di cassa***, encaisse.
consistere [con-sì-ste-re] ***v.intr.*** [coniug. come *insistere*; aus. *essere*] consister: *in cosa consiste il problema?*, en quoi consiste le problème?; *la sua abilità consiste nel sapersi servire degli altri*, son habileté consiste à savoir se servir des autres.
consociare [con-so-cià-re] ***v.tr.*** [coniug. come *cominciare*] associer ♦ **consociarsi** ***v.pron.rec.*** s'associer.
consociato [con-so-cià-to] ***agg.*** e ***n.m.*** [f. -*a*] associé.
consociazione [con-so-cia-zió-ne] ***n.f.*** **1** association **2** (*agr.*) assolement (*m.*).
consocio [con-sò-cio] ***n.m.*** [f. -*a*; pl.m. -*ci*, f. -*ce*] associé.
consolante [con-so-làn-te] ***agg.*** consolant.
consolare[1] [con-so-là-re] ***v.tr.*** consoler; (*alleviare*) soulager*: *consolare il dolore di qlcu*, soulager la douleur de qqn ♦ **consolarsi** ***v.pron.*** **1** se consoler **2** (*rallegrarsi*) se réjouir.
consolare[2] ***agg.*** consulaire.
● ***agente consolare***, agent consulaire.
consolato [con-so-là-to] ***n.m.*** consulat.
consolatore [con-so-la-tó-re] ***agg.*** e ***n.m.*** [f. -*trice*] consolateur*.
consolatorio [con-so-la-tò-rio] ***agg.*** [pl.m. -*ri*] consolateur*.
consolazione [con-so-la-zió-ne] ***n.f.*** consolation: *una magra, una triste consolazione*, une maigre, une triste consolation.
● ***bella consolazione!***, ***sai che consolazione!***, belle consolation! | ***premio di consolazione***, prix de consolation.
console[1] [còn-so-le] ***n.m.*** consul.
console[2] [kon'sɔl] ***n.f.invar.*** **1** console **2** (*inform.*) pupitre (*m.*) de commande.
consolidamento [con-so-li-da-mén-to] ***n.m.*** consolidation (*f.*) (*anche fig.*).

● (*econ.*) ***consolidamento del debito pubblico***, consolidation de la dette publique.

consolidare [con-so-li-dà-re] *v.tr.* consolider (*anche fig.*) ♦ **consolidarsi** *v.pron.intr.* se solidifier; (*fig.*) se consolider.

● (*econ.*) ***consolidare un bilancio***, consolider un bilan.

consolle [con-sòl-le] *n.f.invar.* → **console**[2].

consonante [con-so-nàn-te] *n.f.* consonne.

consonanza [con-so-nàn-za] *n.f.* **1** (*mus., metrica*) consonance **2** (*fig.*) correspondance.

consono [còn-so-no] *agg.* conforme (**à**), en accord (**avec**): *parole consone alle idee*, des paroles conformes aux idées.

consorella [con-so-rèl-la] *n.f.* **1** (*eccl.*) consœur **2** (*comm.*) société-sœur.

consorte [con-sòr-te] *n.m.* époux, mari ♦ *n.f.* épouse, femme.

● ***principe consorte***, prince consort.

consorteria [con-sor-te-rì-a] *n.f.* (*spreg.*) coterie.

consorziare [con-sor-zià-re] *v.tr.* (*econ.*) réunir en consortium ♦ **consorziarsi** *v.pron.* (*di banche ecc.*) se réunir en consortium.

consorzio [con-sòr-zio] *n.m.* [pl. *-zi*] **1** (*letter.*) société (*f.*) **2** (*econ.*) consortium.

● ***consorzio (agrario)***, coopérative (agricole) | ***consorzio di bonifica***, coopérative d'amélioration foncière.

constare [con-stà-re] *v.intr.* [aus. *essere*] se composer: *quest'opera consta di dieci capitoli*, cet ouvrage se compose de dix chapitres ♦ *v.intr.impers.* [aus. *essere*] (*risultare*) résulter: *non consta che*, il ne résulte pas que; *mi consta che*, je crois savoir que; *per quanto mi consta*, que je sache.

constatare [con-sta-tà-re] *v.tr.* constater.

constatazione [con-sta-ta-zió-ne] *n.f.* constatation.

● (*aut.*) ***constatazione amichevole (d'incidente)***, constat à l'amiable.

consueto [con-su-è-to] *agg.* habituel* ♦ *n.m.* habitude (*f.*): *più del consueto*, plus que d'habitude.

consuetudinario [con-sue-tu-di-nà-rio] *agg.* [pl.m. *-ri*] coutumier*, habituel*.

consuetudine [con-sue-tù-di-ne] *n.f.* **1** (*usanza*) usage (*m.*), coutume; (*tradizione*) tradition: *è consuetudine*, la coutume veut que; *un'antica consuetudine*, une ancienne tradition **2** (*abitudine*) habitude: *ha la consuetudine di alzarsi molto presto*, il a l'habitude de se lever de très bonne heure **3** (*dir.*) coutume **4** (*dimestichezza*) familiarité.

consulente [con-su-lèn-te] *agg.* consultant ♦ *n.m. e f.* expert/e; (*consigliere*) conseiller/ère.

● (*comm.*) ***consulente contabile***, comptable | (*trib.*) ***consulente fiscale***, conseil fiscal | (*dir.*) ***consulente legale***, ***avvocato consulente***, conseil juridique, avocat-conseil | ***consulente tecnico***, conseiller technique.

consulenza [con-su-lèn-za] *n.f.* consultation; (*parere*) avis (*m.*): *contratto di consulenza*, contrat de collaboration.

● ***consulenza legale***, avis d'avocat-conseil.

consulta [con-sùl-ta] *n.f.* conseil (*m.*).

● ***consulta di Stato***, consulte d'État.

consultare [con-sul-tà-re] *v.tr.* consulter: *consultare un dizionario*, consulter un dictionnaire ♦ **consultarsi** *v.pron.intr.* consulter (**qqn**): *consultarsi con l'avvocato*, consulter son avocat ♦ *v.pron.rec.* se consulter.

consultazione [con-sul-ta-zió-ne] *n.f.* consultation.

● ***consultazione popolare***, consultation populaire | ***opera di consultazione***, ouvrage de consultation (*o* de référence).

consultivo [con-sul-tì-vo] *agg.* consultatif*.

consulto [con-sùl-to] *n.m.* consultation (*f.*).

● ***chiamare a consulto***, appeler en consultation.

consultorio [con-sul-tò-rio] *n.m.* [pl. *-ri*] dispensaire.

● ***consultorio familiare***, centre de planning familial.

consumare[1] [con-su-mà-re] *v.tr.* **1** consommer: *questo motore consuma troppo, troppa benzina*, ce moteur consomme (*o* use) trop (d'essence); *consumare i pasti al ristorante*, prendre ses repas au restaurant **2** (*logorare*) user; (*estens.*) consumer **3** (*sprecare*) gaspiller: *consumare il proprio patrimonio*, gaspiller sa fortune ♦ **consumarsi** *v.pron.* se consumer; (*logorarsi*) s'user: *la candela si è consumata*, la bougie s'est consumée ♦ *v.pron. indiretto* s'user: *consumarsi la vista sui libri*, s'user les yeux (*o* la vue) à lire.

● ***da consumare preferibilmente entro il***, à consommer de préférence avant le.

consumare[2] *v.tr.* (*compiere*) consommer: *consumare un delitto*, consommer un crime.

● ***consumare il matrimonio***, consommer le mariage.

consumato[1] [con-su-mà-to] *agg.* (*logoro*) usé: *consumato dalla ruggine*, usé par le rouille.

consumato[2] *agg.* (*abile, esperto*) consommé: *è un'artista consumato*, c'est un artiste consommé.

consumatore [con-su-ma-tó-re] *n.m.* [f. *-trice*] consommateur*.

consumazione[1] [con-su-ma-zió-ne] *n.f.* (*in un locale pubblico*) consommation: *pagare la consumazione*, régler la consommation.

consumazione[2] *n.m.* consommation: *la consumazione di un reato*, la consommation d'un délit.

consumismo [con-su-mì-ʃmo] *n.m.* société (*f.*) de consommation: *è tipico del consumismo*, c'est caractéristique de la société de consommation; *un tipico prodotto del consumismo*, c'est un produit-type de la société de consommation.

consumistico [con-su-mì-sti-co] *agg.* [pl.m. *-ci*, f. *-che*] de consommation.

consumo [con-sù-mo] *n.m.* **1** consommation (*f.*): *fare un gran consumo di*, consommer beaucoup de **2** (*econ.*) consommation (*f.*): *consumi delle famiglie*, consommation des foyers.

● ***beni di consumo***, biens de consommation | ***di largo consumo***, de grande consommation | ***indice dei prezzi al consumo***, index des prix à la consommation.

consuntivo [con-sun-tì-vo] *n.m.* (*econ.*) bilan (*anche fig.*) | *bilancio consuntivo*, bilan.

consunto [con-sùn-to] *agg.* consumé; (*logoro*) usé.

consunzione [con-sun-zió-ne] *n.f.* **1** (*med.*) consomption **2** (*fig. letter.*) consomption.

consuocera [con-suò-ce-ra] *n.f.* mère du gendre; mère de la belle fille: *è la mia consuocera*, c'est la mère de mon gendre, de ma belle-fille.

consuocero [con-suò-ce-ro] *n.m.* père du gendre; père de la belle-fille: *è il mio consuocero*, c'est le père de mon gendre, de ma belle-fille.

consustanziale [con-su-stan-zià-le] *agg.* (*teol.*) consubstantiel*.

conta [cón-ta] *n.f.* comptage (*m.*).

● ***fare la conta***, (*nei giochi dei bambini*) faire, chanter une comptine.

C

contabile [con-tà-bi-le] ***agg.*** comptable: *libri contabili*, livres de comptes ♦ ***n.m.*** e ***f.*** (*comm.*) comptable.

contabilità [con-ta-bi-li-tà] ***n.f.invar.*** (*comm.*) **1** comptabilité: *tenere la contabilità*, tenir la comptabilité **2** (*ufficio*) (service) comptabilité.

C

contabilizzare [con-ta-bi-liʒ-ʒà-re] ***v.tr.*** comptabiliser.

contabilizzazione [con-ta-bi-liʒ-ʒa-zió-ne] ***n.f.*** comptabilisation.

contachilometri [con-ta-chi-lò-me-tri] ***n.m.invar.*** compteur kilométrique.

contadinesco [con-ta-di-né-sco] ***agg.*** [pl.m. *-schi*, f. *-sche*] paysan*.

contadino [con-ta-dì-no] ***n.m.*** e ***agg.*** [f. *-a*] paysan*.

contado [con-tà-do] ***n.m.*** campagne (*f.*).

contagiare [con-ta-già-re] ***v.tr.*** [coniug. come *mangiare*] contaminer.

contagio [con-tà-gio] ***n.m.*** [pl. *-gi*] contagion (*f.*) (*anche fig.*).

contagioso [con-ta-gió-so] ***agg.*** contagieux*.

contagiri [con-ta-gì-ri] ***n.m.invar.*** (*tecn.*) compte-tours*.

contagocce [con-ta-góc-ce] ***n.m.invar.*** compte-gouttes*.

● ***dare qlco col contagocce***, (*fig.*) donner qqch au compte-gouttes.

container [kon'tejner] ***n.m.invar.*** container, conteneur.

contaminare [con-ta-mi-nà-re] ***v.tr.*** **1** contaminer; (*inquinare*) polluer: *il fumo ha contaminato l'aria*, la fumée a pollué l'air **2** (*fig.*) souiller; (*corrompere*) corrompre*: *contaminare la reputazione di qlcu*, souiller la réputation de qqn.

contaminazione [con-ta-mi-na-zió-ne] ***n.f.*** contamination.

contaminuti [con-ta-mi-nù-ti] ***n.m.invar.*** minuteur.

contante [con-tàn-te] ***agg.*** e ***n.m.*** comptant.

● ***comprare in contanti***, acheter au comptant | ***pagare in contanti***, payer comptant, (*fam.*) payer cash; (*per piccole spese*) régler en espèces.

contapassi [con-ta-pàs-si] ***n.m.invar.*** podomètre, odomètre.

contare [con-tà-re] ***v.tr.*** **1** compter: *contare per due*, compter par deux; *gli errori non si contano*, on ne compte plus les fautes; *contare i giorni, le ore, i minuti*, (*estens.*) compter les jours, les heures, les minutes **2** (*avere*) compter, avoir*: *il paese conta pochi abitanti*, le village compte (*o* a) peu d'habitants **3** (*fam.*) (*raccontare*) raconter ♦ ***v.intr.*** [aus. *avere*] **1** (*avere importanza*) compter: *ciò che conta, è l'amicizia*, ce qui compte, c'est l'amitié **2** (*far affidamento*) compter: *non si può contare su di lui*, on ne peut pas compter sur lui **3** (*proporsi*) compter: *conto di sentirti presto*, j'espère avoir bientôt de tes nouvelles.

● ***contare sulle dita***, compter sur les doigts (de la main) | ***contateci!***, vous pouvez y compter! | ***non contare niente***, ne compter pour rien | ***non contar storie!***, pas de blagues! | ***senza contare***, sans compter; pour ne rien dire de.

NOTA ***Contare di*** seguito da un infinito si traduce **compter** senza preposizione:

> ***Conta di*** *partire tra una settimana.*
> **SÌ** Il **compte partir** dans une semaine.
> **NO** Il **compte de partir** dans une semaine.

contascatti [con-ta-scàt-ti] ***n.m.invar.*** compteur téléphonique.

contasecondi [con-ta-se-cón-di] ***n.m.invar.*** (*cronometro*) chronomètre.

contato [con-tà-to] ***agg.*** compté: *ha i giorni contati*, ses jours sont comptés; *ho i minuti contati*, (*estens.*) je n'ai pas une minute à perdre.

● ***avere il denaro contato***, (*la somma esatta*) avoir juste le compte; (*poco denaro*) avoir peu d'argent | ***prepararsi col denaro contato***, préparer la monnaie.

contatore [con-ta-tó-re] ***n.m.*** compteur: *la lettura dei contatori*, le relevé des compteurs.

● ***contatore del gas, della luce***, compteur de gaz, d'électricité | (*inform.*): ***contatore di posizione***, compteur ordinal; ***contatore di totalizzazione***, compteur cumulatif.

contattare [con-tat-tà-re] ***v.tr.*** contacter.

contatto [con-tàt-to] ***n.m.*** **1** contact: *prendere contatto con qlcu*, prendre contact avec (*o* contacter) qqn; *trasmettersi per contatto*, se transmettre par simple contact **2** (*elettr.*) contact: *stabilire il contatto*, établir le contact.

● (*elettr.*) ***contatto a terra***, contact à terre | ***a contatto con***, en contact avec | ***lenti a contatto***, verres de contact | ***mettersi in contatto***, se mettre en contact | ***presa di contatto***, prise de contact.

conte [cón-te] ***n.m.*** comte.

FAUX AMI
Da non confondere con il francese *conte*, che significa *racconto*.

contea [con-tè-a] ***n.f.*** comté (*m.*).

conteggiare [con-teg-già-re] ***v.tr.*** [coniug. come *mangiare*] compter.

conteggio [con-tég-gio] ***n.m.*** [pl. *-gi*] comptage; (*conto*) compte.

● (*med.*) ***conteggio dei globuli***, numération globulaire.

contegno [con-té-gno] ***n.m.*** **1** (*condotta, comportamento*) conduite (*f.*), comportement; (*atteggiamento*) attitude (*f.*): *tenere un buon contegno*, bien se tenir **2** (*atteggiamento dignitoso*) contenance (*f.*).

● ***darsi un contegno***, se donner une contenance.

contegnoso [con-te-gnó-so] ***agg.*** réservé.

contemplare [con-tem-plà-re] ***v.tr.*** **1** contempler **2** (*dir.*) (*considerare*) prévoir*.

contemplativo [con-tem-pla-tì-vo] ***agg.*** contemplatif*.

contemplazione [con-tem-pla-zió-ne] ***n.f.*** contemplation: *stare in contempazione di qlco*, être, rester en contemplation devant qqch.

contempo, nel [nel con-tém-po] ***avv.*** en même temps.

contemporaneamente [con-tem-po-ra-ne-a-mén-te] ***avv.*** en même temps, simultanément.

contemporaneo [con-tem-po-rà-ne-o] ***agg.*** **1** contemporain **2** (*simultaneo*) simultané ♦ ***n.m.*** [f. *-a*] contemporain.

● ***in contemporanea***, en simultané.

contendente [con-ten-dèn-te] ***agg.*** adverse ♦ ***n.m.*** e ***f.*** adversaire.

contendere [con-tèn-de-re] ***v.tr.*** [coniug. come *prendere*] disputer ♦ ***v.intr.*** [aus. *avere*] rivaliser; (*litigare*) se disputer ♦ **contendersi** ***v.pron.rec. indiretto*** se disputer: *contendersi un premio*, se disputer un prix.

contenente [con-te-nèn-te] ***agg.*** qui contient, contenant: *scatola contenente un regalo*, boîte contenant un cadeau ♦ ***n.m.*** contenant: *il contenente e il contenuto*, le contenant et le contenu.

contenere [con-te-né-re] *v.tr.* [coniug. come *tenere*] **1** contenir*: *questo stadio può contenere cinquantamila spettatori*, ce stade peut contenir cinquante mille spectateurs **2** (*trattenere*) contenir*: *contenere la collera*, contenir sa colère **3** (*ridurre*) limiter: *contenere le spese*, limiter les dépenses ♦ **contenersi** *v.pron.* se contenir*, se maîtriser; (*comportarsi*) se tenir*.

contenimento [con-te-ni-mén-to] *n.m.* (*econ.*) limitation (*f.*), restriction (*f.*).

contenitore [con-te-ni-tó-re] *n.m.* récipient; (*mecc.*) conteneur.

● (*tv*) ***un programma contenitore***, un programme fourre-tout.

contentare [con-ten-tà-re] *v.tr.* contenter; (*soddisfare*) satisfaire*: *contentare i capricci di qlcu*, passer tous ses caprices à qqn ♦ **contentarsi** *v.pron.intr.* se contenter.

contentezza [con-ten-téz-za] *n.f.* joie: *esser fuori di sé dalla contentezza*, être fou de joie.

contentino [con-ten-tì-no] *n.m.* petit quelque chose, petit supplément.

● ***per contentino***, comme consolation.

contento [con-tèn-to] *agg.* content: *sono molto contenta dei miei allievi*, je suis très contente de mes élèves.

● ***contento come una pasqua***, gai comme un pinson, heureux comme un roi | ***contento tu, contenti tutti!***, si tu es content comme ça! | ***è un cuor contento***, (*fam.*) c'est un sans-souci.

contenutistico [con-te-nu-tì-sti-co] *agg.* [pl.m. *-ci*, f. *-che*] **1** par rapport au contenu: *il valore contenutistico*, la valeur par rapport au contenu; *il tema è valido dal punto di vista contenutistico*, la composition est bonne pour ce qui est du contenu **2** qui donne une grande importance au contenu.

contenuto[1] [con-te-nù-to] *n.m.* contenu (*anche fig.*): *il contenuto di un recipiente, di un pacco*, le contenu d'un récipient, d'un paquet.

contenuto[2] *agg.* (*controllato*) contenu: *uno stile contenuto*, un style sobre.

contenzione [con-ten-zió-ne] *n.f.* (*med.*) contention.

contenzioso [con-ten-zió-so] *agg.* e *n.m.* (*dir.*) contentieux*.

● ***contenzioso amministrativo, tributario***, contentieux administratif, fiscal | ***(ufficio del) contenzioso***, (service du) contentieux.

conterraneo [con-ter-rà-ne-o] *agg.* du même pays ♦ *n.m.* [f. *-a*] compatriote.

contesa [con-té-sa] *n.f.* **1** querelle, différend (*m.*) **2** (*gara*) concours (*m.*).

● ***contesa giudiziaria***, litige.

conteso [con-té-so] *agg.* disputé.

contessa [con-tés-sa] *n.f.* comtesse.

contestabile [con-te-stà-bi-le] *agg.* contestable.

contestare [con-te-stà-re] *v.tr.* **1** (*criticare*) contester **2** (*dir.*) (*notificare*) notifier.

● ***contestare una contravvenzione***, dresser une contravention.

contestatario [con-te-sta-tà-rio] *agg.* [pl.m. *-ri*] contestataire.

contestatore [con-te-sta-tó-re] *n.m.* [f. *-trice*] contestataire.

contestazione [con-te-sta-zió-ne] *n.f.* **1** (*protesta*) contestation: *contestazione giovanile, studentesca*, contestation des jeunes, des étudiants **2** (*dir.*) (*notificazione di un'imputazione*) notification.

contesto [con-tè-sto] *n.m.* **1** contexte: *isolare una frase dal contesto*, isoler une phrase du contexte **2** (*estens.*) contexte: *contesto sociale, politico, culturale*, contexte social, politique, culturel.

contiguità [con-ti-gui-tà] *n.f.invar.* contiguïté.

contiguo [con-tì-guo] *agg.* contigu*.

continentale [con-ti-nen-tà-le] *agg.* continental* ♦ *n.m.* e *f.* (*abitante, nativo del continente*) continental*/e.

continente[1] [con-ti-nèn-te] *n.m.* continent.

● ***il continente antico***, l'Ancien Continent | ***il continente nuovo***, le Nouveau Continent.

continente[2] *agg.* continent: *essere continente nel bere*, boire avec modération.

continenza [con-ti-nèn-za] *n.f.* continence.

contingentare [con-tin-gen-tà-re] *v.tr.* (*econ.*) contingenter.

contingente[1] [con-tin-gèn-te] *agg.* contingent: *fattori contingenti*, facteurs contingents.

contingente[2] *n.m.* (*econ.*) contingent.

● (*mil.*) ***contingente di leva***, contingent.

contingenza [con-tin-gèn-za] *n.f.* **1** (*fil.*) contingence **2** (*circostanza fortuita*) circonstance.

● (*econ.*) ***(indennità di) contingenza***, indexation.

continuamente [con-ti-nua-mén-te] *avv.* continuellement; (*ininterrottamente*) sans cesse: *piove continuamente da due ore*, il pleut sans cesse depuis deux heures.

continuare [con-ti-nu-à-re] *v.tr.* continuer, poursuivre*: *continuare gli studi*, continuer, poursuivre ses études; *continua il mestiere del padre*, il continue le métier de son père ♦ *v.intr.* [aus. *avere* se riferito a persona, *essere* o *avere* se riferito a cosa] **1** continuer: *la discussione è continuata a lungo*, la discussion a continué, se poursuivit longtemps; *continuò a lavorare*, il continua à, de travailler; *continuò nel suo viaggio*, il poursuivit, continua son voyage; *il programma continua con uno spettacolo musicale*, le programme continue par un spectacle musical; *continua sempre a scriverti?*, est-ce qu'il t'écrit toujours?; *non continuate a seccarmi*, cessez de m'embêter **2** (*durare*) durer: *il temporale è continuato tutta la notte*, l'orage a duré toute la nuit.

● ***continuare per la propria strada***, poursuivre son chemin | ***continua***, (*nella segnaletica stradale*) rappel; (*in uno scritto a puntate*) à suivre | ***continua a pagina***, suite (à la) page.

> NOTA ***Continuare a*** seguito da un infinito si traduce indifferentemente ***continuer à*** o ***de***, nella maggior parte dei casi.
>
> ***Continuare a, col*** seguito da un infinito, si traduce ***continuer par***.
>
> *Cominceremo col vino bianco e* ***continueremo a, col*** *bere vino rosso.*
> Nous commencerons par le vin blanc et nous **continuerons par** boire du vin rouge.

continuativo [con-ti-nua-tì-vo] *agg.* continu, durable.

● ***rapporto continuativo di lavoro***, travail à temps indéterminé.

continuato [con-ti-nu-à-to] *agg.* continu.

● ***orario continuato***, (*di lavoro*) journée continue.

continuatore [con-ti-nua-tó-re] *n.m.* [f. *-trice*] continuateur*.

continuazione [con-ti-nua-zió-ne] *n.f.* continuation,

C

C

poursuite; (*seguito*) suite: *la continuazione di un'opera*, la continuation d'une œuvre.
● ***in continuazione***, sans arrêt, continuellement.

continuità [con-ti-nui-tà] ***n.f.invar.*** continuité.

continuo [con-tì-nuo] ***agg.*** **1** (*ininterrotto*) continu: *una linea continua*, une ligne continue; *ha nevicato per tre giorni continui*, il a neigé sans arrêt pendant trois jours **2** (*frequente, ripetuto*) continuel*: *continue lamentele*, des plaintes continuelles.
● ***di continuo***, continuellement, sans cesse.

conto [cón-to] ***n.m.*** **1** (*calcolo*) compte: *essere bravo nei conti*, être fort en calcul; *ho fatto male i conti*, j'ai mal fait mes comptes; (*fig.*) j'ai mal calculé **2** (*amm., econ.*) compte: *tenere i conti*, tenir les comptes **3** (*banca*) compte: *versare una somma sul conto di qlcu*, verser une somme au compte de qqn **4** (*nota di spesa*) note (*f.*); (*al ristorante*) addition (*f.*): *domandare il conto*, demander la note, (*al ristorante*) demander l'addition.
● (*banca*): ***conto corrente***, compte courant, compte -chèque; ***conto scoperto***, compte à découvert | ***a conti fatti***, tout compte fait | ***amano stare per proprio conto***, ils aiment rester seuls | ***a (ogni) buon conto***, en tout cas: *a (ogni) buon conto io ci vado*, en tout cas, moi j'y vais; *a buon conto ti avviso che*, à toutes fins utiles, je te préviens que | ***avere, tenere in gran conto***, tenir en haute estime | ***avere un conto aperto con qqn***, (*fig.*) avoir un compte à régler avec qqn | ***di poco conto***, de rien | ***dovrà fare i conti con me***, il aura affaire à moi | ***far di conto***, faire les quatre opérations: *sa già far di conto*, il sait déjà compter | ***fare conto che***, faire comme si: *fate conto che io non ci sia*, faites comme si je n'y étais pas | ***fare conto di***, compter; supposer que: *facevo conto di venire prima*, je comptais venir plus tôt; *facciamo conto di essere*, supposons que nous soyons | ***fare conto su qlcu***, compter sur qqn: *fate conto su di me*, comptez sur moi | ***fare gran conto di qlco***, faire grand cas de qqch | ***fare i conti con qlco***, tenir compte de qqch | ***fare i conti in tasca a qlcu***, (*fig.*) se mêler des finances de qqn | ***fare, regolare i conti con qlcu***, régler les comptes avec qqn; (*fig.*) régler son compte à qqn | ***i conti non tornano***, les comptes ne sont pas justes | ***i conti tornano***, le compte y est; (*fig.*) nous y sommes | ***in fin dei conti***, en fin de compte | (*comm.*) ***mettere in conto spese generali***, compter aux frais généraux | ***mettere qlco in conto***, (*fig.*) tenir compte de qqch | (*amm.*) ***mettere una somma in conto***, mettre une somme en compte | ***per conto (di) terzi***, pour compte de tiers | ***per conto mio***, à mon avis; pour ma part: *per conto mio non ho niente da aggiungere*, pour ma part, je n'ai rien à ajouter | ***persona di gran conto***, personne très importante | ***si è messo per conto suo***, il s'est mis à son compte | ***sul suo conto***, (*fig.*) sur son compte: *non c'è niente da dire sul suo conto*, il n'y a rien à dire sur son compte | ***tenere da conto qlco***, prendre soin de qqch | ***tenere qlco in conto di***, considérer qqch comme | ***tener qlco in poco conto***, ne pas tenir compte de qqch | ***tenere qlcu in poco conto***, ne pas calculer qqn.

FAUX AMI
Da non confondere con *conte*, che significa *racconto*, né con *comte*, che significa *conte*.

contorcere [con-tòr-ce-re] ***v.tr.*** [coniug. come *torcere*] tordre* ♦ **contorcersi** ***v.pron.*** se tordre* (**de**), se contorsionner.

contorcimento [con-tor-ci-mén-to] ***n.m.*** contorsion (*f.*).

contornare [con-tor-nà-re] ***v.tr.*** entourer (**de**) (*anche fig.*) ♦ **contornarsi** ***v.pron.*** s'entourer (**de**) (*spec. fig.*).

contorno [con-tór-no] ***n.m.*** **1** contour: *i contorni delicati di un viso*, les contours délicats d'un visage; *la città aveva un contorno di colline*, la ville était entourée de collines **2** (*cuc.*) garniture (*f.*); (*verdure*) légumes (*pl.*): *cosa prende di contorno?*, qu'est-ce que vous prenez comme légumes?; *pollo con contorno di piselli*, poulet aux petits pois; *bistecca con contorno*, bifteck garni.

contorsione [con-tor-sió-ne] ***n.f.*** contorsion (*anche fig.*).

contorsionismo [con-tor-sio-nì-ʃmo] ***n.m.*** contorsions (*f.pl.*).

contorsionista [con-tor-sio-nì-sta] ***n.m.*** e ***f.*** contorsionniste.

contorto [con-tòr-to] ***agg.*** **1** tordu **2** (*fig.*) contourné: *stile contorto*, style contourné; *ragionamento contorto*, raisonnement tortueux; *ha un carattere contorto*, c'est un esprit compliqué.

contra- ***pref.*** contre-.

contrabbandare [con-trab-ban-dà-re] ***v.tr.*** **1** introduire* en contrebande, faire* la contrebande (**de**) **2** (*fig.*) faire passer (**pour**).

contrabbandato [con-trab-ban-dà-to] ***agg.*** de contrebande.

contrabbandiere [con-trab-ban-diè-re] ***n.m.*** e ***agg.*** [f. *-a*] contrebandier*.

contrabbando [con-trab-bàn-do] ***n.m.*** contrebande (*f.*): *contrabbando di sigarette, di stupefacenti*, contrebande de cigarettes, de stupéfiants.
● ***di contrabbando***, (*fig.*) en contrebande.

contrabbasso [con-trab-bàs-so] ***n.m.*** (*mus.*) contrebasse (*f.*).

contraccambiare [con-trac-cam-bià-re] ***v.tr.*** **1** retourner; (*restituire*) rendre*: *contraccambiare il male col bene*, rendre le bien pour le mal; *ringraziandovi, contraccambio vivissimi auguri*, (*nelle lettere*) je vous remercie et je vous adresse à mon tour mes vœux les plus sincères; *spero di poterti contraccambiare*, j'espère pouvoir te rendre la pareille **2** (*corrispondere*) répondre* (**à**): *un amore non contraccambiato*, un amour non partagé.

contraccambio [con-trac-càm-bio] ***n.m.*** [pl. *-bi*] retour.
● ***in contraccambio***, en retour (*o* en échange).

contraccettivo [con-trac-cet-tì-vo] ***agg.*** e ***n.m.*** contraceptif*.

contraccezione [con-trac-ce-zió-ne] ***n.f.*** contraception.

contraccolpo [con-trac-cól-po] ***n.m.*** **1** choc en retour, contrecoup (*anche fig.*) **2** (*di arma da fuoco*) recul **3** (*rimbalzo*) ricochet.

contrada [con-trà-da] ***n.f.*** **1** (*letter.*) (*paese*) contrée **2** (*ant.*) (*quartiere*) quartier (*m.*); (*region.*) (*strada*) rue.

contraddanza [con-trad-dàn-za] ***n.f.*** (*mus., danza*) contredanse.

contraddire [con-trad-dì-re] ***v.tr.*** [coniug. come *dire*; imp. *contraddicí*] contredire*: *i fatti contraddicono le nostre previsioni*, les faits contredisent nos prévisions ♦ ***v.intr.*** [aus. *avere*] être* en contraste (**avec**): *contraddire a una regola, a un principio*, être en contraste avec une règle, avec un principe ♦ **contraddirsi** ***v.pron.*** e ***pron. rec.*** se contredire*.

contraddistinguere [con-trad-di-stìn-gue-re] ***v.tr.*** [coniug. come *distinguere*] marquer (**de**); caractériser (**par**): *un gran fascino contraddistingueva quell'attrice*, un grand charme caractérisait cette actrice ♦ **contraddistinguersi** *v.pron.intr.* se distinguer (**par**).

contraddittoriamente [con-trad-dit-to-ria-mén-te] *avv.* contradictoirement, d'une manière contradictoire.

contraddittorio [con-trad-dit-tò-rio] *agg.* [pl.m. -*ri*] contradictoire ♦ *n.m.* réplique (*f.*); (*discussione*) débat.

contraddizione [con-trad-di-zió-ne] *n.f.* contradiction: *essere, cadere in contraddizione*, se contredire, être en contradiction.

● ***contraddizione in termini***, contradiction dans les termes | ***spirito di contraddizione***, esprit de contradiction.

contraente [con-tra-èn-te] *agg.* e *n.m.* e *f.* (*dir.*) contractant/e.

contraereo [con-tra-è-re-o] *agg.* (*mil.*) antiaérien*.

contraffare [con-traf-fà-re] *v.tr.* [coniug. come *fare*] contrefaire*; (*adulterare*) falsifier, frelater.

contraffatto [con-traf-fàt-to] *agg.* **1** contrefait; (*adulterato*) falsifié, frelaté **2** (*deformato*) déformé; (*sfigurato*) défiguré.

contraffazione [con-traf-fa-zió-ne] *n.f.* contrefaçon.

contrafforte [con-traf-fòr-te] *n.m.* (*arch., geogr.*) contrefort.

contraltare [con-tral-tà-re] *n.m.*

● ***fare, servire da contraltare a***, (*fig.*) servir de contrepoids à, être une alternative à.

contralto [con-tràl-to] *n.m.* (*mus.*) (*donna*) contralto, alto; (*uomo*) *haute-contre*.

● ***chiave di contralto***, clé d'ut.

contrammiraglio [con-tram-mi-rà-glio] *n.m.* [pl. -*gli*] (*mar. mil.*) contre-amiral*.

contrappasso [con-trap-pàs-so] *n.m.* peine (*f.*) du talion.

● ***la legge del contrappasso***, la loi du talion.

contrappeso [con-trap-pé-so] *n.m.* contrepoids.

● ***fare da contrappeso a***, (*fig.*) faire (*o* servir de) contrepoids à.

contrapporre [con-trap-pór-re] *v.tr.* [coniug. come *porre*] **1** opposer **2** (*fig.*) (*confrontare*) comparer ♦ **contrapporsi** *v.pron.* e *pron.rec.* s'opposer.

contrapposizione [con-trap-po-ʃi-zió-ne] *n.f.* opposition.

contrapposto [con-trap-pó-sto] *agg.* opposé.

● ***per contrapposto***, par opposition.

contrappunto [con-trap-pùn-to] *n.m.* (*mus.*) contrepoint.

● ***fare il contrappunto a***, (*fig.*) fournir un contrepoint à.

contrariamente [con-tra-ria-mén-te] *avv.* contrairement (**à**), en opposition (**avec**).

contrariare [con-tra-rià-re] *v.tr.* contrarier.

contrariato [con-tra-rià-to] *agg.* contrarié.

contrarietà [con-tra-rie-tà] *n.f.invar.* **1** contrariété **2** (*spec. pl.*) (*avversità, difficoltà*) difficulté.

contrario [con-trà-rio] *agg.* [pl.m. -*ri*] **1** contraire: *contrario alla logica, alla ragione, al regolamento*, contraire à la logique, à la raison, au règlement | *sono di parere contrario al tuo*, je ne suis pas de ton avis, je ne suis pas d'accord avec toi **2** (*sfavorevole*) contraire; (*avverso*) opposé: *sono contrario alla sua partenza*, je suis opposé à ce qu'il parte; *il ministro è contrario a fare nuove concessioni*, le ministre s'oppose à de nouvelles concessions ♦ *n.m.* contraire: *fa sempre il contrario di ciò che dice*, il fait toujours le contraire de ce qu'il dit.

● ***al contrario***, au contraire; (*alla rovescia*) à l'envers; (*in senso opposto*) en sens inverse: *proprio al contrario*, bien au contraire; *hai messo il golf al contrario*, tu as mis ton pull le devant derrière (*o* à l'envers) | ***al contrario di***, au contraire de, contrairement à; autrement que: *al contrario di me, è un tipo socievole*, au contraire de moi (*o* contrairement à moi) c'est un type sociable; *al contrario di quanto pensassi*, autrement que je ne (le) pensais | ***fino a prova contraria***, jusqu'à preuve du contraire | ***in contrario***, contre, à redire: *non ho nulla in contrario*, je n'ai rien contre, à redire.

C

contrarre [con-tràr-re] *v.tr.* [coniug. come *trarre*] **1** contracter: *contrarre le mascelle*, contracter ses mâchoires **2** (*ridurre*) réduire*, diminuer **3** (*assumere*) contracter, prendre*: *contrarre un'abitudine*, contracter, prendre une habitude **4** (*concludere*) conclure*; (*stringere*) lier: *contrarre matrimonio*, se marier ♦ **contrarsi** *v.pron.intr.* **1** se contracter **2** (*diminuire*) baisser.

contrassegnare [con-tras-se-gnà-re] *v.tr.* marquer (*anche fig.*).

contrassegno[1] [con-tras-sé-gno] *n.m.* **1** marque (*f.*) **2** (*segno particolare*) signe distinctif; (*distintivo*) insigne (*f.*) **3** (*contromarca*) contremarque (*f.*).

contrassegno[2] *avv.* e *agg.* contre remboursement.

● ***pagamento, spedizione contrassegno***, envoi, paiement contre remboursement.

contrastante [con-tra-stàn-te] *agg.* contrastant.

contrastare [con-tra-stà-re] *v.intr.* [aus. *avere*] contraster (**avec**); être* en contradiction (**avec**): *sono colori che contrastano*, ce sont des couleurs qui contrastent (*o* détonnent); *il suo comportamento contrasta con le sue idee*, sa conduite est en contradiction avec ses idées ♦ *v.tr.* **1** s'opposer (**à**): *contrastare un'opinione*, s'opposer à une opinion; *contrastare la vittoria di qlcu*, faire obstacle à la victoire de qqn; *contrastare il passo*, disputer le passage; *contrastare un diritto*, contester un droit **2** (*fot.*) contraster **3** (*sport*) tacler.

contrastato [con-tra-stà-to] *agg.* contrasté.

contrastivo [con-tra-stì-vo] *agg.* (*ling.*) contrastif*.

contrasto [con-trà-sto] *n.m.* **1** contraste; (*differenza*) différence (*f.*): *contrasto d'interessi, di opinioni*, contraste d'intérêts, d'opinions; *fare contrasto*, contraster **2** (*fot.*) contraste **3** (*dissidio*) désaccord: *essere in contrasto con qlcu*, être en désaccord avec qqn; *essere in contrasto con qlco*, être en contradiction avec qqch **4** (*sport*) tacle.

● (*med.*) ***mezzo di contrasto***, substance (*o* produit) de contraste.

contrattaccare [con-trat-tac-cà-re] *v.tr.* [coniug. come *mancare*] contre-attaquer (*anche fig.*).

contrattacco [con-trat-tàc-co] *n.m.* [pl. -*chi*] contre -attaque* (*f.*) (*anche fig.*): *passare al contrattacco*, passer à la contre-attaque.

contrattare [con-trat-tà-re] *v.tr.* négocier; (*mercanteggiare*) marchander.

contrattazione [con-trat-ta-zió-ne] *n.f.* (*spec. pl.*) négociation: *la contrattazione è stata lunga e difficile*, les négociations ont été longues et difficiles.

contrattempo [con-trat-tèm-po] *n.m.* contretemps.

contrattista [con-trat-tì-sta] *n.m.* e *f.* **1** travailleur/euse engagé/ée sur contrat à durée déterminée **2** (*all'università*) professeur/e engagé/ée sur contrat à temps déterminé.

contratto[1] [con-tràt-to] *agg.* contracté: *muscoli contratti per lo sforzo*, muscles tendus par l'effort.

C

contratto[2] ***n.m.*** contrat: *stipulare, firmare un contratto*, stipuler, signer un contrat.
● ***contratto a progetto***, contrat de projet | ***contratto a tempo determinato***, contrat à durée déterminée (CDD) | ***contratto a tempo indeterminato***, contrat à durée indéterminée (CDI) | ***contratto a termine***, contrat à terme | ***contratto collettivo di lavoro***, convention collective de travail | ***contratto di affitto***, bail | ***contratto di categoria***, contrat professionnel | ***contratto di formazione***, contrat d'apprentissage | ***contratto di lavoro***, contrat de travail | (*mar.*) ***contratto di noleggio di nave***, charte-partie | (*fil.*) ***contratto sociale***, contrat social | ***a contratto***, stipulé par contrat | ***come da contratto***, aux termes du contrat | ***per contratto***, par contrat.

contrattuale [con-trat-tu-à-le] ***agg.*** contractuel*.

contrattualmente [con-trat-tual-mén-te] ***avv.*** contractuellement, par contrat.

contravveleno [con-trav-ve-lé-no] ***n.m.*** contrepoison.

contravvenire [con-trav-ve-nì-re] ***v.intr.*** [coniug. come *venire*; aus. *avere*] contrevenir* (**à**), enfreindre* (**qqch**): *contravvenire alla legge*, contrevenir (*o* enfreindre) la loi.

contravventore [con-trav-ven-tó-re] ***n.m.*** [f. *-trice*] contrevenant.

contravvenzione [con-trav-ven-zió-ne] ***n.f.*** contravention: *essere in contravvenzione*, être en contravention; *cadere in contravvenzione*, commettre une infraction.
● ***verbale di contravvenzione***, procès-verbal.

contrazione [con-tra-zió-ne] ***n.f.*** **1** contraction **2** (*riduzione*) réduction: *contrazione dei prezzi, della produzione*, baisse des prix, de la production.

contribuente [con-tri-bu-èn-te] ***n.m.*** e ***f.*** contribuable.

contribuire [con-tri-bu-ì-re] ***v.intr.*** [coniug. come *finire*; aus. *avere*] **1** contribuer: *contribuire a fare opera di convincimento*, contribuer à convaincre **2** (*partecipare*) participer: *contribuire alle spese*, participer aux frais.

contributivo [con-tri-bu-tì-vo] ***agg.*** contributif*.

contributo [con-tri-bù-to] ***n.m.*** **1** contribution (*f.*): *dare il proprio contributo*, apporter sa contribution **2** (*amm.*) (*somma dovuta a un ente*) contribution (*f.*), charge (*f.*); (*quota*) cotisation (*f.*) **3** (*sovvenzione*) subside, subvention (*f.*).
● (*amm.*): ***contributo a carico del datore di lavoro***, cotisation patronale; ***contributo assicurativo, sindacale***, cotisation des assurances, syndicale | ***contributo di sangue***, (*fig.*) impôt du sang | (*amm.*): ***contributo statale***, subside (*o* subvention) de l'État; ***contributi indiretti***, contributions directes, indirectes; ***contributi previdenziali, sociali***, charges sociales; ***contributi volontari, obbligatori***, cotisations volontaires, obligatoires.

contribuzione [con-tri-bu-zió-ne] ***n.f.*** contribution.

contristare [con-tri-stà-re] ***v.tr.*** (*letter.*) attrister ♦ **contristarsi** ***v.pron.intr.*** s'attrister.

contrito [con-trì-to] ***agg.*** contrit.

contrizione [con-tri-zió-ne] ***n.f.*** contrition.

contro [cón-tro] ***prep.*** contre: *battere contro un albero*, se cogner contre un arbre; *voltarsi contro il muro*, se tourner contre, vers le mur; *non ho nulla contro di te*, je n'ai rien contre toi; *scommettere cento contro uno*, parier cent contre un ♦ ***avv.*** contre: *la maggioranza ha votato contro*, la majorité a voté contre ♦ ***n.m.invar.*** contre | *il pro e il contro*, le pour et le contre.
● ***contro natura***, contre nature | (*comm.*) ***contro pagamento***, contre paiement | ***dar contro a qlcu***, être contre qqn | ***di contro***, d'en face | ***di contro a***, en face de, vis-à-vis de | ***per contro***, (*invece*) par contre.

contro- ***pref.*** contre-.

controbattere [con-tro-bàt-te-re] ***v.tr.*** [coniug. come *battere*] **1** (*mil.*) contrebattre* **2** (*fig.*) repousser, s'opposer (**à**); (*ritorcere*) rétorquer (**à**): *controbattere un'accusa*, repousser une accusation; *puoi sempre controbattere la sua tesi*, tu peux toujours contredire ses idées; *controbattere le argomentazioni dell'avversario*, riposter aux arguments de son adversaire.

controbilanciare [con-tro-bi-lan-cià-re] ***v.tr.*** [coniug. come *cominciare*] contrebalancer*, compenser (*anche fig.*) ♦ **controbilanciarsi** ***v.pron.rec.*** se compenser.

controcanto [con-tro-càn-to] ***n.m.*** (*mus.*) contre-chant*.

controcorrente [con-tro-cor-rèn-te] **contro corrente** ***avv.*** à contre-courant, contre le courant (*anche fig.*) ♦ ***agg.invar.*** à contre-courant: *idee controcorrente*, idées à contre-courant.
● ***andare controcorrente***, (*fig.*) aller à contre-courant (*o* contre le courant).

controfagotto [con-tro-fa-gòt-to] ***n.m.*** (*mus.*) contrebasson.

controffensiva [con-trof-fen-sì-va] ***n.f.*** contre-offensive*.

controfferta [con-trof-fèr-ta] ***n.f.*** contre-offre*, suroffre; (*alle aste*) surenchère.

controfigura [con-tro-fi-gù-ra] ***n.f.*** (*cine.*) doublure; (*cascatore*) cascadeur (*m.*).

controfiletto [con-tro-fi-lét-to] ***n.m.*** (*macelleria*) faux-filet*, contre-filet*.

controfirma [con-tro-fir-ma] ***n.f.*** contreseing (*m.*).

controfirmare [con-tro-fir-mà-re] ***v.tr.*** contresigner.

controindicato [con-tro-in-di-cà-to] ***agg.*** contre-indiqué; (*sconsigliato*) déconseillé.

controindicazione [con-tro-in-di-ca-zió-ne] ***n.f.*** contre-indication*.

controllare [con-trol-là-re] ***v.tr.*** **1** (*verificare*) contrôler, vérifier: *controllare una data, l'ora*, vérifier (*o* contrôler) une date, l'heure; *controllare un biglietto*, contrôler un billet **2** (*sorvegliare*) surveiller, contrôler: *controlla ogni suo movimento*, il surveille (*o* contrôle) tous ses mouvements **3** (*tenere sotto controllo*) contrôler; (*dominare*) maîtriser: *controllare i propri nervi*, maîtriser ses nerfs ♦ **controllarsi** ***v.pron.*** (*dominarsi*) se maîtriser, se contrôler: *controllarsi nel mangiare*, contrôler son alimentation.

controllato [con-trol-là-to] ***agg.*** **1** vérifié, contrôlé: *economia controllata*, économie contrôlée **2** (*misurato*) contrôlé: *è una persona molto controllata*, il est toujours maître de lui.

controllo [con-tròl-lo] ***n.m.*** **1** contrôle: *controllo dei biglietti, dei bagagli*, contrôle des billets, des bagages **2** (*sorveglianza*) surveillance (*f.*): *eludere il controllo di qlcu*, tromper la surveillance de qqn **3** (*padronanza, dominio*) contrôle: *ha perso il controllo dell'automobile*, il a perdu le contrôle de sa voiture **4** (*tecn.*) (*comando*) commande (*f.*); (*regolazione*) réglage; (*sorveglianza del funzionamento*) surveillance (*f.*).
● (*rad., tv*) ***controllo del volume***, réglage du volume | (*aer.*) ***controllo di assetto***, stabilisation (d'orientation) | (*econ.*) ***controllo di qualità***, contrôle de la qualité | ***controllo doganale***, douane | ***controllo incrociato***, recoupe-

ment | ***controllo medico***, contrôle médical | (*aer.*): ***controllo radiogeno***, (*per i bagagli*) contrôle par rayons X; ***controlli a terra***, contrôles techniques | (***a***) ***controllo automatico***, (*di dispositivi*) à regulation automatique | (*mecc.*) ***leva di controllo***, levier de commande | ***non avere il controllo dei propri nervi***, n'être plus maître de ses nerfs | ***perdere il controllo*** (***di sé***), perdre son sang-froid, son self-control | ***sotto controllo***, sous contrôle: *tenere sotto controllo*, suivre de très près; *telefono sotto controllo*, téléphone sur table d'écoutes; *la situazione è sotto controllo*, la situation est bien en main.

controllore [con-trol-ló-re] ***n.m.*** contrôleur.
● ***controllore delle dogane***, agent de douanes | (*aer.*) ***controllore di volo***, contrôleur de la navigation aérienne | ***controllore ferroviario***, contrôleur des chemins de fer.

controluce [con-tro-lù-ce] ***n.f.invar.*** contre-jour* (*m.*) ♦ ***n.m.invar.*** photo (*f.*) à contre-jour.
● (***in***) ***controluce***, à contre-jour.

contromano [con-tro-mà-no] **contro mano** ***avv.*** en sens contraire.

contromarca [con-tro-màr-ca] ***n.f.*** [pl. *-che*] contremarque.

contromarcia [con-tro-màr-cia] ***n.f.*** [pl. *-ce*] (*aut.*) marche arrière.

contromisura [con-tro-mi-ʃù-ra] ***n.f.*** contre-mesure*.

contromossa [con-tro-mòs-sa] ***n.f.*** contre-attaque*.

controparte [con-tro-pàr-te] ***n.f.*** (*dir.*) partie adverse; (*in un contratto*) contrepartie.

contropartita [con-tro-par-tì-ta] ***n.f.*** **1** (*econ.*) contrepartie **2** (*compenso*) compensation, contrepartie.
● ***come***, ***in contropartita***, en compensation, en échange, en contrepartie: *chiedere qlco in contropartita*, demander qqch en contrepartie (*o* en échange).

contropelo [con-tro-pé-lo] ***n.m.*** contre-poil: *fare il contropelo*, raser à contre-poil ♦ ***avv.*** à rebrousse-poil, à contre-poil.
● ***fare il pelo e il contropelo***, (*fig.*) passer un savon.

controperizia [con-tro-pe-rì-zia] ***n.f.*** (*dir.*) contre-expertise*.

contropiede [con-tro-piè-de] ***n.m.*** (*sport*) contre-pied*.
● ***cogliere in contropiede***, (*fig.*) prendre au dépourvu | ***di***, ***in contropiede***, à contre-pied.

controproducente [con-tro-pro-du-cèn-te] ***agg.*** qui produit un effet contraire: *non farlo, è controproducente*, ne fais pas cela, tu obtiendrais l'effet contraire.

controproposta [con-tro-pro-pó-sta] ***n.f.*** contre-proposition.

controprova [con-tro-prò-va] ***n.f.*** **1** contre-épreuve*: *fare la controprova di un esperimento*, faire la contre-épreuve d'une expérience **2** (*seconda votazione*) contre-épreuve*.

contrordine [con-trór-di-ne] ***n.m.*** contrordre: *c'è un contrordine*, il y a contrordre.

controriforma [con-tro-ri-fór-ma] ***n.f.*** (*st.*) contre-réforme*.

controsenso [con-tro-sèn-so] ***n.m.*** **1** contresens: *ci sono dei controsensi in questa traduzione*, il y a des contresens dans cette traduction **2** (*contraddizione*) contradiction (*f.*) ♦ ***avv.*** (*contromano*) à contresens.

controsoffitto [con-tro-sof-fìt-to] ***n.m.*** faux plafond.

controspionaggio [con-tro-spio-nàg-gio] ***n.m.*** [pl. *-gi*] contre-espionnage*.

controtempo [con-tro-tèm-po] ***avv.*** à contretemps ♦ ***n.m.*** **1** (*sport*) (*tennis*) contre-pied*; (*pugilato*) feinte (*f.*) **2** (*mus.*) (*contrattempo*) contretemps.

controtendenza [con-tro-ten-dèn-za] ***n.f.*** tendance opposée.

controvalore [con-tro-va-ló-re] ***n.m.*** (*econ.*) contre-valeur* (*f.*).

controvento [con-tro-vèn-to] ***avv.*** contre le vent.
● ***andare controvento***, (*fig.*) aller à contre-courant.

controversia [con-tro-vèr-sia] ***n.f.*** **1** controverse: *controversie familiari*, conflits familiaux; *materia di controversia*, matière à controverse **2** (*dir.*) différend (*m.*), conflit (*m.*); (*lite*) litige (*m.*): *far sorgere una controversia*, occasionner un litige; *comporre una controversia*, régler un différend.
● (*dir.*) ***controversia di lavoro***, conflits du travail.

controverso [con-tro-vèr-so] ***agg.*** controversé.

controviale [con-tro-vià-le] ***n.m.*** contre-allée* (*f.*).

controvoglia [con-tro-vò-glia] ***avv.*** à contrecœur: *ubbidire controvoglia*, obéir à contrecœur.

contumace [con-tu-mà-ce] ***agg.*** e ***n.m.*** e ***f.*** (*dir.*) contumax.

contumacia [con-tu-mà-cia] ***n.f.*** [pl. *-cie* o *-ce*] **1** (*dir.*) contumace; défaut (*m.*): *essere in contumacia*, être en état de contumace; *processato in contumacia*, jugé par contumace **2** (*med.*) quarantaine.

contumelia [con-tu-mè-lia] ***n.f.*** (*letter.*) injure, insulte.

contundente [con-tun-dèn-te] ***agg.*** contondant: *corpo contundente*, objet contondant.

conturbante [con-tur-bàn-te] ***agg.*** troublant.

conturbare [con-tur-bà-re] ***v.tr.*** troubler ♦ **conturbarsi** ***v.pron.intr.*** se troubler.

contusione [con-tu-ʃió-ne] ***n.f.*** contusion.

contuso [con-tù-ʃo] ***agg.*** contus, contusionné ♦ ***n.m.*** [f. *-a*] blessé léger.

conurbazione [co-nur-ba-zió-ne] ***n.f.*** conurbation.

convalescente [con-va-le-scèn-te] ***agg.*** e ***n.m.*** e ***f.*** convalescent/e: *essere convalescente da una malattia*, se relever d'une maladie.

convalescenza [con-va-le-scèn-za] ***n.f.*** convalescence.

convalescenziario [con-va-le-scen-zià-rio] ***n.m.*** [pl. *-ri*] maison (*f.*) de convalescence.

convalida [con-và-li-da] ***n.f.*** (*dir.*) validation; (*conferma*) confirmation; (*ratifica*) ratification.

convalidare [con-va-li-dà-re] ***v.tr.*** **1** (*dir.*) valider: *convalidare una firma*, authentifier une signature **2** (*avvalorare*) confirmer.

convegno [con-vé-gno] ***n.m.*** **1** congrès; (*riunione*) réunion (*f.*) **2** (*appuntamento, luogo di ritrovo*) rendez-vous*.
● ***sala convegni***, salle de réunion(s).

convenevoli [con-ve-né-vo-li] ***n.m.pl.*** civilités (*f.*).
● ***senza convenevoli***, sans façons, sans manières.

conveniente [con-ve-nièn-te] ***agg.*** **1** avantageux* **2** (*adatto*) convenable; (*adeguato*) adéquat.

convenientemente [con-ve-nien-te-mén-te] ***avv.*** **1** convenablement **2** (*vantaggiosamente*) avantageusement; (*a buon mercato*) bon marché.

convenienza [con-ve-nièn-za] ***n.f.*** **1** intérêt (*m.*), avantage (*m.*): *ci trova la sua convenienza*, il y trouve son intérêt; *lo ha fatto per* (*sua*) *convenienza*, il l'a fait

C

parce qu'il y trouvait son compte **2** (*cortesia*) convenance **3** (*pl.*) convenances.
● ***matrimonio di convenienza***, mariage de convenance.

convenire [con-ve-nì-re] ***v.intr.*** [coniug. come *venire*] **1** [aus. *essere*] (*essere utile, vantaggioso*) convenir*, être* avantageux: *l'affare conviene*, l'affaire est avantageuse **2** [aus. *avere*] (*concordare*) convenir* (**de**); (*essere d'accordo*) s'accorder (**à**), être* d'accord (**pour**): *convenire sul prezzo*, convenir du prix; *abbiamo convenuto di riunirci tutte le settimane*, nous sommes convenus de nous réunir toutes les semaines; *tutti convengono sul fatto che è un ragazzo intelligente*, tous s'accordent à dire que, sont d'accord pour dire que c'est un garçon très intelligent; *ne convengo*, je suis d'accord | *prezzo da convenirsi*, prix à débattre, à établir **3** [aus. *essere*] (*essere adatto*) être* approprié, convenir* **4** [aus. *avere*] (*riconoscere, ammettere*) admettre*: *alla fine ha convenuto di avere torto*, à la fin il a admis qu'il avait tort **5** [aus. *essere*] (*letter.*) (*riunirsi*) venir* ♦ ***v.intr.impers.*** [aus. *essere*] **1** (*essere utile*) convenir* (**de**); (*bisognare, occorrere*) falloir*: *che cosa conviene fare?*, qu'est-ce qu'il convient de faire?; *converrà rassegnarsi*, il faudra bien se résigner **2** (*essere meglio*) valoir* mieux: *conviene che io resti*, il vaut mieux que je reste **3** (*aver interesse a*) avoir* intérêt (**à**): *non mi conviene (affatto) accettare*, je n'ai aucun intérêt à accepter ♦ ***v.tr.*** **1** (*pattuire*) établir **2** (*dir.*) actionner, citer: *convenire qlcu (in giudizio)*, citer (*o* actionner) qqn en justice ♦ **convenirsi** ***v.pron.intr.*** convenir*: *si comporta come si conviene*, il se conduit comme il faut.

convento [con-vèn-to] ***n.m.*** couvent: *entrare in convento*, entrer au couvent.

conventuale [con-ven-tu-à-le] ***agg.*** e ***n.m.*** (*eccl.*) conventuel*: *i conventuali*, les conventuels.

convenuto [con-ve-nù-to] ***agg.*** convenu ♦ ***n.m.*** **1** ce qui a été convenu **2** [f. *-a*] (*spec. pl.*) participant **3** [f. *-a*] (*dir.*) défendeur*.

convenzionale [con-ven-zio-nà-le] ***agg.*** **1** conventionnel* (*anche fig.*) **2** (*tradizionale*) traditionnel*.
● ***armi convenzionali***, armes conventionnelles.

convenzionalmente [con-ven-zio-nal-mén-te] ***avv.*** conventionnellement.

convenzionare [con-ven-zio-nà-re] ***v.tr.*** (*comm.*) fixer par convention ♦ **convenzionarsi** ***v.pron.*** passer, faire* une convention (**avec**).

convenzionato [con-ven-zio-nà-to] ***agg.*** **1** (*stabilito*) conventionné: *prezzi convenzionati*, prix fixés par convention **2** (*che ha convenzioni*) qui a passé un accord.

convenzione [con-ven-zió-ne] ***n.f.*** **1** convention: *firmare una convenzione*, signer une convention **2** (*spec. pl.*) convention: le *convenzioni sociali*, les conventions sociales.

convergente [con-ver-gèn-te] ***agg.*** convergent.

convergenza [con-ver-gèn-za] ***n.f.*** **1** convergence (*anche fig.*): *convergenza politica*, accord politique **2** (*aut.*) pincement (*m.*).

convergere [con-vèr-ge-re] ***v.intr.*** [coniug. come *immergere*; raro il p.p. *converso* e i tempi composti; aus. *essere*] converger*.

conversa [con-vèr-sa] ***n.f.*** (*eccl.*) sœur converse.

conversare [con-ver-sà-re] ***v.intr.*** [aus. *avere*] converser, causer.

conversatore [con-ver-sa-tó-re] ***n.m.*** [f. *-trice*] causeur*.

conversazione [con-ver-sa-zió-ne] ***n.f.*** conversation; (*colloquio*) entretien (*m.*); (*discorso*) causerie: *fare conversazione con qlcu*, converser (*o* causer) avec qqn | (*Internet*) *conversazione in tempo reale*, causerie en temps réel.

conversione [con-ver-sió-ne] ***n.f.*** **1** (*relig.*) conversion **2** (*trasformazione*) conversion: (*econ.*) *conversione di dollari in euro*, convertissement de dollars en euros **3** (*scient.*) transformation.
● (*aut.*) ***conversione a U***, demi-tour | (*mar.*) ***conversione di rotta***, conversion (de cap).

converso [con-vèr-so] ***n.m.*** (*eccl.*) frère convers.

convertibile [con-ver-ti-bi-le] ***agg.*** convertible ♦ ***n.f.*** voiture décapotable.

convertire [con-ver-tì-re] ***v.tr.*** convertir; (*trasformare*) transformer ♦ **convertirsi** ***v.pron.*** se convertir; (*trasformarsi*) se transformer.
● (*mar.*) ***convertire la rotta***, faire une conversion de cap.

convertito [con-ver-tì-to] ***agg.*** e ***n.m.*** [f. *-a*] converti.

convertitore [con-ver-ti-tó-re] ***n.m.*** (*tecn.*) convertisseur.

convessità [con-ves-si-tà] ***n.f.invar.*** convexité.

convesso [con-vès-so] ***agg.*** convexe.

convettore [con-vet-tó-re] ***n.m.*** (*fis.*) convecteur.

convezione [con-ve-zió-ne] ***n.f.*** (*fis.*) convection.

convincente [con-vin-cèn-te] ***agg.*** convaincant.

convincere [con-vìn-ce-re] ***v.tr.*** [coniug. come *vincere*] convaincre*: *l'ho convinto a partecipare al concorso*, je l'ai convaincu de participer au concours; *si è lasciato convincere*, il s'est laissé persuader; *questa storia non mi convince*, cette histoire me laisse perplexe ♦ **convincersi** ***v.pron.*** se convaincre*: *non riesce a convincersi di quel che è successo*, il n'arrive pas à croire que ce soit arrivé.

convincimento [con-vin-ci-mén-to] ***n.m.*** conviction (*f.*).
● ***fare opera di convincimento***, (*fig.*) tout faire pour convaincre qqn.

convinto [con-vìn-to] ***agg.*** convaincu: *è convinto delle sue idee*, il est sûr de ses idées.
● (*dir.*) ***reo convinto***, accusé convaincu de culpabilité.

convinzione [con-vin-zió-ne] ***n.f.*** conviction.

convitato [con-vi-tà-to] ***n.m.*** [f. *-a*] convive.

convitto [con-vìt-to] ***n.m.*** (*per ragazzi*) internat; (*spec. per ragazze*) pensionnat.

convittore [con-vit-tó-re] ***n.m.*** [f. *-trice*] pensionnaire.

convivente [con-vi-vèn-te] ***agg.*** qui habite avec ♦ ***n.m.*** e ***f.*** personne (*f.*) vivant sous le même toit, cohabitant/e; (*di una coppia*) concubin/e | (*trib.*) *i conviventi a carico*, les parents à charge.

convivenza [con-vi-vèn-za] ***n.f.*** **1** cohabitation, vie en commun; (*di una coppia*) concubinage (*m.*): *la convivenza familiare*, la vie en famille; *dopo anni di convivenza si sono separati*, après avoir vécu ensemble pendant des années, ils se sont séparés **2** (*coesistenza*) (*fra comunità*) cohabitation; (*fra nazioni*) coexistence.

convivere [con-vì-ve-re] ***v.intr.*** [coniug. come *vivere*; aus. *avere*] vivre*; (*coabitare*) cohabiter: *non sono sposati, convivono*, ils ne sont pas mariés, ils vivent ensemble.

conviviale [con-vi-vià-le] ***agg.*** de la table, convivial*: *i piaceri conviviali*, les plaisirs de la table; *atmosfera conviviale*, atmosphère conviviale.
● (*lett.*) ***carmi conviviali***, chansons de table.

convocare [con-vo-cà-re] ***v.tr.*** [coniug. come *mancare*] convoquer.

convocazione [con-vo-ca-zió-ne] ***n.f.*** convocation | *in prima convocazione*, en première séance.

convogliare [con-vo-glià-re] ***v.tr.*** **1** diriger* (*anche fig.*); (*incanalare*) canaliser: *queste tubature convogliano l'acqua all'interno dell'edificio*, ces conduits acheminent l'eau dans le bâtiment **2** (*trascinare*) charrier: *il fiume convoglia sabbia*, le fleuve charrie du sable.

convoglio [con-vò-glio] ***n.m.*** [pl. *-gli*] convoi.
● ***convoglio (ferroviario)***, convoi (de chemin de fer) | ***convoglio funebre***, convoi (*o* cortège) funèbre.

convolare [con-vo-là-re] ***v.intr.*** [aus. *essere*] convoler.
● ***convolare a (giuste) nozze***, convoler (en justes noces).

convolvolo [con-vòl-vo-lo] ***n.m.*** (*bot.*) liseron.

convulsione [con-vul-sió-ne] ***n.f.*** convulsion: *dare le convulsioni*, convulsionner.

convulsivo [con-vul-sì-vo] ***agg.*** convulsif*.

convulso [con-vùl-so] ***agg.*** **1** convulsif* **2** (*frenetico*) frénétique ♦ ***n.m.*** convulsion (*f.*): *avere un convulso di pianto*, pleurer convulsivement.
● (*med.*) ***tosse convulsa***, toux convulsive.

cookie ['kuki] ***n.m.invar.*** (*Internet*) témoin de connexion.

cooperante [co-o-pe-ràn-te] ***n.m.*** e ***f.*** (*di organizzazioni internazionali*) coopérant/e.

cooperare [co-o-pe-rà-re] ***v.intr.*** [aus. *avere*] coopérer*.

cooperativa [co-o-pe-ra-tì-va] ***n.f.*** coopérative: *cooperativa edilizia*, coopérative de construction.

cooperativismo [co-o-pe-ra-ti-vì-ʃmo] ***n.m.*** coopératisme.

cooperativistico [co-o-pe-ra-ti-vì-sti-co] ***agg.*** [pl.m. *-ci*, f. *-che*] coopératif*.

cooperativo [co-o-pe-ra-tì-vo] ***agg.*** coopératif*.

cooperatore [co-o-pe-ra-tó-re] ***agg.*** e ***n.m.*** [f. *-trice*] coopérateur*.

cooperazione [co-o-pe-ra-zió-ne] ***n.f.*** coopération.

cooptare [co-op-tà-re] ***v.tr.*** coopter.

cooptazione [co-op-ta-zió-ne] ***n.f.*** cooptation.

coordinamento [co-or-di-na-mén-to] ***n.m.*** coordination (*f.*).

coordinare [co-or-di-nà-re] ***v.tr.*** coordonner.

coordinata [co-or-di-nà-ta] ***n.f.*** coordonnée.

coordinativo [co-or-di-na-tì-vo] ***agg.*** de coordination.

coordinato [co-or-di-nà-to] ***agg.*** e ***n.m.*** coordonné.

coordinatore [co-or-di-na-tó-re] ***agg.*** e ***n.m.*** [f. *-trice*] coordinateur*.

coordinazione [co-or-di-na-zió-ne] ***n.f.*** coordination.

coorte [co-òr-te] ***n.f.*** cohorte.

copale [co-pà-le] ***n.f.*** o ***m.*** copal (*m.*).
● ***albero del copale***, copalier | ***scarpe di copale***, souliers vernis.

copeco [co-pè-co] ***n.m.*** [pl. *-chi*] kopeck.

coperchio [co-pèr-chio] ***n.m.*** [pl. *-chi*] couvercle.
● ***coperchio a vite***, couvercle qui se visse.

coperta [co-pèr-ta] ***n.f.*** **1** couverture: *rimboccare le coperte a qlcu*, border qqn (dans son lit) **2** (*fodera*) *housse; couverture **3** (*mar.*) pont (*m.*) supérieur.
● ***coperta per stirare***, molleton | (*mar.*): ***in coperta***, sur le pont; ***sopra coperta***, sur le pont; ***sotto coperta***, à l'abri.

copertamente [co-per-ta-mén-te] ***avv.*** **1** (*di nascosto*) en cachette **2** (*velatamente*) de façon voilée.

copertina [co-per-tì-na] ***n.f.*** **1** couverture; (*sovraccoperta*) jaquette **2** (*di un disco*) pochette (de disque).
● ***prezzo di copertina***, prix de catalogue | ***quarta di copertina***, quatrième (de couverture) | ***ragazza copertina***, cover-girl.

coperto[1] [co-pèr-to] ***agg.*** couvert: *piscina coperta*, piscine couverte; *cielo coperto*, ciel couvert; *volto coperto di rossore*, visage en feu; *un rischio coperto da assicurazione*, un risque couvert par l'assurance ♦ ***n.m.*** abri.
● ***al coperto***, sous abri, à couvert: *al coperto da ogni rischio*, à l'abri de tout risque | (*banca*) ***assegno coperto***, chèque certifié.

coperto[2] ***n.m.*** couvert: *tavola con dodici coperti*, table de douze couverts; *coperto e servizio sono compresi nel conto*, le service est compris dans l'addition.

copertone [co-per-tó-ne] ***n.m.*** **1** (*di pneumatico*) enveloppe (*f.*) **2** (*telone impermeabile*) bâche (*f.*).

copertura [co-per-tù-ra] ***n.f.*** couverture (*anche fig.*).
● (*econ.*): ***copertura assicurativa***, couverture d'assurance; ***copertura aurea***, couverture or; ***copertura dell'imposta, dell'ipoteca***, assiette de l'impôt, de l'hypothèque | ***fare da copertura***, (*fig.*) servir de couverture.

copia[1] [cò-pia] ***n.f.*** **1** copie: *la copia di un quadro, di una statua*, la copie d'un tableau, d'une statue; *è la copia di suo padre*, (*fig.*) c'est le portrait de son père **2** (*esemplare*) exemplaire (*m.*): *tiratura di centomila copie*, tirage à cent mille exemplaires **3** (*fot.*) épreuve.
● ***copia autenticata***, copie certifiée conforme | ***copia (con carta) carbone***, copie au carbone | ***copia conforme***, copie conforme | (*inform.*): ***copia di riserva, di backup***, copie de sauvegarde; ***copia su supporto rigido***, hardcopy, tirage | ***bella copia***, copie au net: *mettete (il compito) in bella copia*, mettez votre devoir au propre | ***brutta copia***, brouillon: *scrivere in brutta copia*, écrire au brouillon | ***come da copia acclusa***, conformément à la copie ci-incluse.

copia[2] ***n.f.*** grande quantité.
● ***in gran copia***, à foison, en abondance.

copia-incolla [co-pia-in-còl-la] ***n.m.invar.*** copier-coller: *fare un copia-incolla*, faire un copier-coller.

copiare [co-pià-re] ***v.tr.*** copier: *copiare da qlcu*, copier sur qqn.

copiativo [co-pia-tì-vo] ***agg.*** à copier.
● ***carta copiativa***, papier carbone | ***matita copiativa***, crayon à copier (*o* à encre).

copiatrice [co-pia-trì-ce] ***n.f.*** (photo)copieur (*m.*), photocopieuse.

copiatura [co-pia-tù-ra] ***n.f.*** **1** transcription **2** (*la cosa copiata*) copie **3** (*di scolari*) copiage (*m.*).

copiglia [co-pì-glia] ***n.f.*** (*mecc.*) goupille.

copilota [co-pi-lò-ta] ***n.m.*** e ***f.*** (*aer.*) copilote.

copione[1] [co-pió-ne] ***n.m.*** scénario; (*cine.*) (*di montaggio*) découpage.

copione[2] ***n.m.*** [f. *-a*] (*gergo scolastico*) copieur*.

copioso [co-pió-so] ***agg.*** copieux*.

copista [co-pì-sta] ***n.m.*** e ***f.*** copiste.

copisteria [co-pi-ste-rì-a] ***n.f.*** bureau* de copie.

coppa[1] [còp-pa] ***n.f.*** **1** coupe: *una coppa di champagne*, une coupe de champagne **2** (*trofeo sportivo*) coupe: *la coppa del mondo*, la coupe du monde **3** (*di reggiseno*) bonnet **4** (*di bilancia*) plateau* (*m.*).
● (*aut.*) ***coppa dell'olio***, carter d'huile | ***fante di coppe***, (*alle carte*) valet de coupes.

C

C

coppa[2] ***n.f.*** (*salume*) coppa.
coppella [cop-pèl-la] ***n.f.*** (*metall.*) coupelle.
coppia [còp-pia] ***n.f.*** **1** couple (*m.*); (*paio*) paire: *una coppia di giovani sposi*, un jeune couple; *una coppia d'amici inseparabili*, une paire d'amis inséparables; *una coppia di piccioni*, un couple, une paire de pigeons **2** (*alle carte*) paire: *doppia coppia*, deux paires **3** (*scient., tecn.*) couple (*m.*).
● ***coppia di fatto***, couple non marié | ***a coppie***, par couples; (*a due a due*) deux par deux | ***fare coppia fissa***, être inséparables | ***giocare in coppia***, faire équipe.
coppietta [cop-piét-ta] ***n.f.*** couple (*m.*) (d'amoureux).
coppiglia [cop-pì-glia] ***n.f.*** → **copiglia**.
coppola [còp-po-la] ***n.f.*** casquette.
copricalorifero [co-pri-ca-lo-ri-fe-ro] ***n.m.*** cache-radiateur*.
copricapo [co-pri-cà-po] ***n.m.*** couvre-chef*; (*cappello*) chapeau*.
copricostume [co-pri-co-stù-me] ***n.m.*** robe (*f.*) de plage.
copridivano [co-pri-di-và-no] ***n.m.*** jeté de canapé; (*fodera*) *housse (*f.*) de canapé.
coprifasce [co-pri-fà-sce] ***n.m.invar.*** brassière (*f.*).
coprifuoco [co-pri-fuò-co] ***n.m.*** [pl. *-chi*] couvre-feu*.
copriletto [co-pri-lèt-to] ***n.m.*** [pl. *-i* o *invar.*] couvre-lit*, dessus-de-lit.
coprimozzo [co-pri-móz-zo] ***n.m.*** [pl. *-i* o *invar.*] (*aut.*) enjoliveur.
copripiedi [co-pri-pié-di] ***n.m.invar.*** couvre-pied(s)*.
copripiumino [co-pri-piu-mì-no] **copripiumone** ***n.m.*** *housse (*f.*) à couette.
copripresa [co-pri-pré-sa] ***n.m.invar.*** (*elettr.*) cache-prise*.
coprire [co-prì-re] ***v.tr.*** [coniug. come *aprire*] **1** couvrir*; (*completamente*) recouvrir*: *coprire un bambino*, habiller, couvrir un enfant; *la nebbia copriva la città*, le brouillard recouvrait la ville | (*econ.*) *coprire il disavanzo*, combler le déficit | *coprire le spese*, couvrir les frais | *coprire il re*, (*agli scacchi*) protéger le roi **2** (*nascondere*) cacher: *cercava di coprire le mancanze del figlio*, elle essayait de cacher les fautes de son fils **3** (*occupare*) occuper, remplir: *coprire una cattedra*, occuper un poste; *coprire un'alta carica*, remplir de hautes fonctions | *coprire una distanza*, couvrir une distance ♦ **coprirsi** ***v.pron.*** se couvrir* (*anche fig.*): *coprirsi contro un rischio*, se couvrir d'un risque ♦ ***v.pron. indiretto*** se couvrir*: *coprirsi il capo*, se coiffer.
● (*mil.*) ***coprirsi le spalle***, (*anche fig.*) couvrir ses arrières.
coprivaso [co-pri-va-so] ***n.m.invar.*** cache-pot.
coprocoltura [co-pro-col-tù-ra] ***n.f.*** (*med.*) coproculture.
coproduzione [co-pro-du-zió-ne] ***n.f.*** coproduction.
coprofilia [co-pro-fi-lì-a] ***n.f.*** (*psic.*) coprophilie.
copto [còp-to] ***agg.*** copte ♦ ***n.m.*** **1** [f. *-a*] (*persona*) Copte **2** (*lingua*) copte.
copula [cò-pu-la] ***n.f.*** **1** copulation **2** (*gramm.*) copule.
copulativo [co-pu-la-tì-vo] ***agg.*** (*gramm.*) copulatif*.
copulazione [co-pu-la-zió-ne] ***n.f.*** copulation.
copyright ['kɔpirait] ***n.m.invar.*** copyright.
copywriter [kɔpi'raiter] ***n.m.*** e ***f.invar.*** concepteur/trice-rédacteur/trice publicitaire.
coraggio [co-ràg-gio] ***n.m.*** [pl. *-gi*] **1** courage: *un uomo di grande coraggio*, un homme très courageux; *mi è mancato il coraggio di affrontarlo*, le courage m'a manqué pour l'affronter; *prendere coraggio*, s'enhardir **2** (*impudenza*) toupet: *ci vuol un bel coraggio ad andare in giro vestito così!*, il ne faut pas avoir peur pour sortir habillé de cette façon! | *che coraggio!*, (*iron.*) quelle audace! ♦ ***inter.*** courage | *forza e coraggio!*, bon courage!
● ***fare coraggio***, donner du courage | ***farsi coraggio***, être courageux | ***prendere il coraggio a due mani***, prendre son courage à deux mains.
coraggioso [co-rag-gió-so] ***agg.*** courageux*.
corale [co-rà-le] ***agg.*** **1** choral*: *rappresentazione corale*, (*fig.*) fresque d'ensemble **2** (*fig.*) (*unanime*) unanime; (*generale*) général* ♦ ***n.m.*** (*mus.*) choral* ♦ ***n.f.*** (*società*) chorale.
coralità [co-ra-li-tà] ***n.f.invar.*** **1** (*insieme*) ensemble (*m.*) **2** (*unanimità*) unanimité.
corallifero [co-ral-lì-fe-ro] ***agg.*** **1** (*ricco di coralli*) corallifère **2** (*formato da coralli*) corallien*.
corallino [co-ral-lì-no] ***agg.*** **1** corallien* **2** (*fig.*) corallin.
● ***barriera corallina***, barrière de corail.
corallo [co-ràl-lo] ***n.m.*** corail*: *banco, scogliera di corallo*, récif corallien; *pescatore di coralli*, corailleur ♦ ***agg.invar.*** (*colore*) corail.
● ***di corallo***, (*fig.*) de corail: *labbra di corallo*, lèvres de corail | (*zool.*) ***serpente corallo***, serpent corail.
corame [co-rà-me] ***n.m.*** cuir ouvré.
Corano [Co-rà-no] ***n.m.*** Coran.
corazza [co-ràz-za] ***n.f.*** **1** cuirasse; (*fig.*) carapace **2** (*zool.*) carapace.
corazzare [co-raz-zà-re] ***v.tr.*** cuirasser ♦ **corazzarsi** ***v.pron.*** se cuirasser (*anche fig.*).
corazzata [co-raz-zà-ta] ***n.f.*** (*mar.*) cuirassé (*m.*).
corazzato [co-raz-zà-to] ***agg.*** **1** (*mil.*) blindé **2** (*fig.*) cuirassé.
● (*mil.*) ***mezzi corazzati***, engins blindés.
corazziere [co-raz-ziè-re] ***n.m.*** (*mil.*) cuirassier.
corba [còr-ba] ***n.f.*** panier (*m.*).
corbelleria [cor-bel-le-rì-a] ***n.f.*** bêtise.
corbello [cor-bèl-lo] ***n.m.*** panier.
corbezzolo [cor-béz-zo-lo] ***n.m.*** (*bot.*) arbousier; (*frutto*) arbouse (*f.*).
corda [còr-da] ***n.f.*** **1** corde: *un rotolo di corda*, un rouleau de corde | *scarpe di corda*, espadrilles **2** (*trama*) corde **3** (*supplizio*) estrapade **4** (*mus.*) corde **5** (*anat.*) corde.
● (*alpinismo*) ***corda da roccia***, corde de rocher | (*anat.*) ***corde vocali***, cordes vocales | ***dare corda a qlcu***, (*fig.*) lâcher bride à qqn: *se le dai corda ti racconterà tutto*, si tu la laisses parler elle te racontera tout | ***essere con la corda al collo***, (*fig.*) être sur la corde raide | ***giù di corda***, (*fam.*) à plat | (*boxe*) ***mettere l'avversario alle corde***, acculer l'adversaire; (*fig.*) mettre l'adversaire au pied du mur | ***mettere la corda al collo a qlcu***, passer la corde au cou de qqn; (*estens.*) (*farsi sposare*) se faire épouser | ***mostrare la corda***, être usé jusqu'à la corde; (*fig.*) montrer la corde | ***strumenti a corda***, instruments à cordes | ***tagliare la corda***, (*fig.*) filer à l'anglaise | ***tenere qlcu sulla corda***, (*fig.*) laisser qqn sur des charbons ardents | ***tirare troppo la corda***, (*fig.*) dépasser la mesure.
cordame [cor-dà-me] ***n.m.*** cordages (*pl.*).
cordata [cor-dà-ta] ***n.f.*** cordée.
cordiale[1] [cor-dià-le] ***agg.*** cordial*.

● ***cordiali saluti***, (*nella corrispondenza*) (bien) cordialement; (*comm.*) meilleures (*o* sincères) salutations.

cordiale[2] ***n.m.*** (*liquore*) cordial*.

cordialità [cor-dia-li-tà] ***n.f.invar.*** cordialité.

● (***molte***) ***cordialità***, (*nella corrispondenza*) (bien) cordialement.

cordialmente [cor-dial-mén-te] ***avv.*** cordialement.

cordigliera [cor-di-gliè-ra] ***n.f.*** (*geogr.*) cordillère.

cordiglio [cor-dì-glio] ***n.m.*** [pl. -*gli*] (*eccl.*) cordelière (*f.*).

cordless ['kɔrdlɛs] ***agg.*** e ***n.m.invar.*** (*tel.*) (téléphone) sans fil.

cordoglio [cor-dò-glio] ***n.m.*** [pl. -*gli*] douleur (*f.*) profonde: *telegramma di cordoglio*, télégramme de condoléances.

cordolo [còr-do-lo] ***n.m.*** bord (de pierre).

cordone [cor-dó-ne] ***n.m.*** **1** cordon **2** (*arch.*) (*di muro*) cordon; (*di marciapiede*) bordure (*f.*).

● (*geogr.*) ***cordone litorale***, cordon littoral | (*anat.*) ***cordone ombelicale***, cordon ombilical | ***cordone sanitario***, (*fig.*) cordon sanitaire.

corea [co-rè-a] ***n.f.*** (*med.*) chorée.

coreografia [co-re-o-gra-fì-a] ***n.f.*** chorégraphie.

coreografico [co-re-o-grà-fi-co] ***agg.*** [pl.m. -*ci*, f. -*che*] **1** chorégraphique **2** (*fig.*) spectaculaire.

coreografo [co-re-ò-gra-fo] ***n.m.*** [f. -*a*] chorégraphe.

coriaceo [co-rià-ce-o] ***agg.*** coriace.

coriandolo [co-riàn-do-lo] ***n.m.*** confetti.

coricare [co-ri-cà-re] ***v.tr.*** [coniug. come *mancare*] coucher ♦ **coricarsi** ***v.pron.*** se coucher, s'allonger*.

corifeo [co-ri-fè-o] ***n.m.*** [f. -*a*] coryphée.

corindone [co-rin-dó-ne] ***n.m.*** (*min.*) corindon.

corinzio [co-rìn-zio] ***agg.*** [pl.m. -*zi*] corinthien*.

corista [co-rì-sta] ***n.m.*** e ***f.*** choriste ♦ ***n.m.*** (*mus.*) diapason.

cormorano [cor-mo-rà-no] ***n.m.*** (*zool.*) cormoran.

cornacchia [cor-nàc-chia] ***n.f.*** (*zool.*) corneille.

cornamusa [cor-na-mù-ʃa] ***n.f.*** cornemuse.

cornata [cor-nà-ta] ***n.f.*** coup (*m.*) de corne.

cornea [còr-ne-a] ***n.f.*** (*anat.*) cornée.

corneale [cor-ne-à-le] ***agg.*** cornéen*.

● ***lenti corneali***, lentilles cornéennes.

corneo [còr-ne-o] ***agg.*** corné.

corner ['kɔrner] ***n.m.invar.*** **1** (*calcio*) corner, coup de pied de coin: *palla in corner*, ballon en corner | *salvarsi in corner*, tirer un corner; (*fig.*) se sauver in extremis **2** (*econ.*) corner.

cornetta [cor-nét-ta] ***n.f.*** **1** (*mus.*) cornet (*m.*) à pistons **2** (*fam.*) (*di telefono*) récepteur (*m.*).

cornetto [cor-nét-to] ***n.m.*** **1** petite corne (*f.*) **2** (*portafortuna*) amulette (*f.*) en forme de petite corne **3** (*brioche*) croissant; (*di gelato*) cornet de glace.

● ***cornetto acustico***, cornet acoustique.

cornice [cor-nì-ce] ***n.f.*** **1** (*di quadro*) cadre (*m.*), (*di porta, camino ecc.*) corniche, (*di finestra*) encadrement (*m.*): *mettere in cornice*, encadrer **2** (*di roccia*) corniche.

● ***far da cornice***, (*fig.*) servir de cadre.

corniciaio [cor-ni-cià-io] ***n.m.*** [f. -*a*; pl.m. -*ai*] encadreur*.

cornicione [cor-ni-ció-ne] ***n.m.*** corniche (*f.*).

> FAUX AMI
> Da non confondere con *cornichon*, che significa *cetriolino sottaceto*.

corniola[1] [cor-niò-la] ***n.f.*** cornaline.

corniola[2] ***n.f.*** (*bot.*) cornouille.

corniolo [còr-nio-lo *o* corniòlo] ***n.m.*** (*bot.*) cornouiller.

C

corno [còr-no] ***n.m.*** [pl.f. *corna* nel sign. 1; pl.m. *corni* negli altri] **1** corne (*f.*); (*dei cervidi*) bois (*m.pl.*) **2** (*oggetto a forma di corno*) corne (*f.*): *corno da scarpe*, corne à chaussure | *i corni dell'incudine*, les bigornes de l'enclume | *i corni di un dilemma*, (*fig.*) les alternatives d'un dilemme **3** (*mus.*) cor.

● (*mar.*) ***corno da nebbia***, trompe de brume | ***dire peste e corna di qlcu***, (*fig.*) dire pis que pendre de qqn | ***fare le corna a qlcu***, (*gesto*) faire, montrer les cornes à qqn: *fare le corna al marito, alla moglie*, cocufier son mari, sa femme; *facciamo le corna!*, (*fam.*) touchons du bois! | ***non capire un corno***, (*fam.*) ne comprendre que dalle | ***rompersi le corna***, (*fig.*) se casser le nez | ***un corno!***, (*fam.*) des nèfles!

cornucopia [cor-nu-cò-pia] ***n.f.*** corne d'abondance.

cornuto [cor-nù-to] ***agg.*** cornu: *bestia cornuta*, bête à cornes ♦ ***agg.*** e ***n.m.*** [f. -*a*] (*fig.*) (*molto fam.*) (*compagno tradito*) cocu | *cornuto!*, (*insulto*) conard!

coro [cò-ro] ***n.m.*** **1** chœur (*anche fig.*) **2** (*arch.*) chœur.

● ***far coro a qlcu***, faire chorus avec qqn | ***fuori del, dal coro***, (*fig.*) au-dessus de la mêlée, hors des sentiers battus | ***in coro***, en chœur: *cantare in coro*, chanter en chœur.

corolla [co-ròl-la *o* coról-la] ***n.f.*** (*bot.*) corolle.

corollario [co-rol-là-rio] ***n.m.*** [pl. -*ri*] corollaire.

corona [co-ró-na] ***n.f.*** **1** couronne (*anche fig.*) **2** (*oggetto a forma di corona*) couronne **3** (*mus.*) point (*m.*) d'orgue **4** (*moneta*) couronne: *corona svedese*, couronne suédoise **5** (*anat.*) couronne: *corona di un dente*, couronne d'une dent.

● (*aut.*) ***corona del differenziale***, couronne du différentiel | ***corona di rosario***, chapelet | ***corona funebre***, couronne funéraire | ***fare corona intorno a qlcu***, entourer qqn.

coronamento [co-ro-na-mén-to] ***n.m.*** couronnement.

coronare [co-ro-nà-re] ***v.tr.*** couronner.

coronarico [co-ro-nà-ri-co] ***agg.*** [pl.m. -*ci*, f. -*che*] (*med.*) coronarien*.

coronario [co-ro-nà-rio] ***agg.*** [pl.m. -*ri*] (*anat.*) coronaire.

● (***arteria***, ***vena***) ***coronaria***, (artère, veine) coronaire.

corpacciuto [cor-pac-ciù-to] ***agg.*** corpulent.

corpetto [cor-pét-to] ***n.m.*** (*abbigl.*) **1** (*da donna*) corsage, *haut (de la robe); (*da uomo*) gilet **2** (*di neonato*) brassière (*f.*).

corpino [cor-pì-no] ***n.m.*** corsage, *haut (de la robe).

corpo [còr-po] ***n.m.*** **1** corps: *avere cura del proprio corpo*, avoir soin de son corps **2** (*parte principale di qlco*) corps: *il corpo di un edificio*, le corps d'un bâtiment | *nel corpo di un discorso*, au cours d'une conversation **3** (*oggetto*) corps: *corpo rigido*, *elastico*, corps rigide, élastique **4** (*insieme organico di persone*) corps **5** (*tip.*) (*di un carattere*) corps.

● ***corpo accademico***, corps universitaire | (*astr.*) ***corpo celeste***, corps céleste | ***corpo contundente***, objet contondant | ***corpo delle leggi***, corps des lois | (*dir.*) ***corpo del reato***, corps du délit | ***corpo di ballo***, corps de ballet | ***corpo diplomatico***, corps diplomatique | (*med.*) ***corpo estraneo***, corps étranger | ***a corpo a corpo***, corps à corps | ***a*** *corpo morto*, à corps perdu | ***andare di corpo***, aller à la selle | ***dare, prendere corpo***, (*fig.*) donner, prendre corps: *dar corpo alle ombre*, s'alarmer pour des riens | ***ginnastica a corpo libero***, exercices au sol | ***non avere più fiato in corpo***, être à bout de souffle | ***spirito di corpo***, esprit de corps.

C

corporale [cor-po-rà-le] ***agg.*** corporel*.

corporativismo [cor-po-ra-ti-vì-ʃmo] ***n.m.*** corporatisme.

corporativistico [cor-po-ra-ti-vì-sti-co] ***agg.*** [pl.m. *-ci*, f. *-che*] corporatiste.

corporativo [cor-po-ra-tì-vo] ***agg.*** corporatif*.

corporatura [cor-po-ra-tù-ra] ***n.f.*** taille; (*corpo*) corps (*m.*).

corporazione [cor-po-ra-zió-ne] ***n.f.*** corporation.

corporeo [cor-pò-re-o] ***agg.*** corporel*.

corposità [cor-po-si-tà] ***n.f.invar.*** (*di vini*) goût (*m.*) rond, goût (*m.*) charpenté; (*di stile*) richesse.

corposo [cor-pó-so] ***agg.*** (*di pittura, tinte*) vigoureux*; (*di prosa*) riche | *vino corposo*, vin qui a du corps.

corpulento [cor-pu-lèn-to] ***agg.*** corpulent.

corpus [còr-pus] ***n.m.invar.*** corpus.

corpuscolare [cor-pu-sco-là-re] ***agg.*** corpusculaire.

corpuscolo [cor-pù-sco-lo] ***n.m.*** corpuscule.

Corpus Domini [cor-pus-dò-mi-ni] ***n.m.invar.*** (*relig.*) Fête-Dieu (*f.*).

corredare [cor-re-dà-re] ***v.tr.*** **1** (*rifornire*) équiper **2** (*accompagnare*) accompagner.

corredino [cor-re-dì-no] ***n.m.*** layette (*f.*).

corredo [cor-rè-do] ***n.m.*** **1** trousseau*; (*di neonato*) layette (*f.*) **2** (*fig.*) (*insieme di nozioni*) bagage.

● (*biol.*) ***corredo cromosomico***, bagage génétique.

correggere [cor-règ-ge-re] ***v.tr.*** [coniug. come *leggere*] **1** corriger* (*anche fig.*) **2** (*bevande*) arroser: *correggere il vino con l'acqua*, couper le vin avec de l'eau ♦ **correggersi** ***v.pron.*** se corriger*; (*parlando*) se reprendre*.

correggia [cor-rég-gia] ***n.f.*** [pl. *-ge*] courroie.

corregionale [cor-re-gio-nà-le] ***agg.*** de la même région ♦ ***n.m.*** e ***f.*** personne (*f.*) originaire de la même région.

correità [cor-rei-tà] ***n.f.invar.*** (*dir.*) complicité.

correlare [cor-re-là-re] ***v.tr.*** mettre* en corrélation.

correlativo [cor-re-la-tì-vo] ***agg.*** corrélatif*.

correlazione [cor-re-la-zió-ne] ***n.f.*** corrélation.

correligionario [cor-re-li-gio-nà-rio] ***agg.*** [pl.m. *-ri*] de la même religion ♦ ***n.m.*** [f. *-a*] coreligionnaire.

corrente[1] [cor-rèn-te] ***agg.*** **1** (*diffuso, comune*) courant: *moda corrente*, mode répandue; *opinione corrente*, opinion commune **2** (*in corso*) courant: *il mese corrente*, le mois courant; (*econ.*) *moneta corrente*, monnaie courante **3** (*che scorre*) courant: *acqua corrente*, eau courante.

● ***al corrente***, au courant | (*banca*) ***conto corrente***, compte courant.

corrente[2] ***n.f.*** courant (*m.*).

● (*elettr.*) ***corrente continua***, courant continu | ***contro corrente***, à contre-courant.

correntemente [cor-ren-te-mén-te] ***avv.*** couramment.

correntista [cor-ren-tì-sta] ***n.m.*** e ***f.*** titulaire d'un compte courant.

correo [còr-re-o] ***n.m.*** [f. *-a*] (*dir.*) complice.

correre [cór-re-re] ***v.intr.*** [p.rem. *io corsi, tu corresti* ecc.; p.p. *corso*] **1** [aus. *essere* e *avere*] courir* (*anche fig.*): *è corso dal medico*, il a couru chez le médecin; *abbiamo corso per due ore*, nous avons couru pendant deux heures; *correre ad aiutare*, courir aider; *leggi più lentamente, non correre*, lis plus lentement, ne va pas si vite; *l'occhio gli corse alla firma*, (*fig.*) son regard chercha la signature; *corsi col pensiero a mia madre*, (*fig.*) ma première pensée fut pour ma mère **2** [aus. *avere*] (*di veicoli*) rouler: *non correre forte*, ne roule pas trop vite **3** [aus. *essere*] (*scorrere, passare*) courir* (*anche fig.*): *corsero parole grosse*, il y eut un échange d'injures; *tra noi non corrono più buoni rapporti*, nos rapports se sont gâtés **4** [aus. *essere*] (*circolare*) courir*: *corre voce che*, le bruit court que **5** [aus. *essere*] (*intercorrere*) (*di luogo*) y avoir*; (*di tempo*) s'écouler; y avoir*: *tra il primo e il secondo viaggio corse un mese*, un mois s'est écoulé entre le premier et le second voyage; *corrono quattro anni tra le due sorelle*, il y a quatre ans de différence entre les deux sœurs ♦ ***v.tr.*** (*percorrere*) courir*, parcourir*: *correre il mondo*, courir le monde; *correre un rischio*, courir un risque.

● ***correre a cavallo***, faire des courses de chevaux | ***correre ai ripari***, chercher des remèdes appropriés | ***correre dietro a qlcu, a qlco***, (*anche fig.*) courir après qqn, qqch | ***correre in bicicletta, in automobile***, courir à bicyclette, en auto | ***correre via***, (*scappare*) se sauver; (*andarsene*) partir | ***ci corre poco***, (*fig.*) il s'en faut de peu | ***ci corre molto tra***, (*fig.*) il y a une grande différence entre | ***con i tempi che corrono***, par le temps qui court | ***correva l'anno***, (*letter.*) c'était l'an | ***lasciar correre***, laisser tomber: *per questa volta lasciamo correre*, passons, pour cette fois-ci | ***tra loro non corre buon sangue***, ils sont à couteaux tirés | ***un corri corri generale***, un sauve-qui-peut général.

> **NOTA** ***Correre a*** seguito da un infinito si traduce ***courir*** senza la preposizione:
>
> ***Corri a prendere*** *un giornale.*
>
> **SÌ** **Cours acheter** un journal.
>
> **NO** **Cours à acheter** un journal.
>
> ***Corro a fare*** *le compere prima che i negozi chiudano.*
>
> **SÌ** Je **cours faire** mes emplettes avant que les magasins ne ferment.
>
> **NO** Je **cours à** faire mes emplettes avant que les magasins ne ferment.

corresponsabile [cor-re-spon-sà-bi-le] ***agg.*** coresponsable.

corresponsabilità [cor-re-spon-sa-bi-li-tà] ***n.f.invar.*** (*dir.*) complicité.

corresponsione [cor-re-spon-sió-ne] ***n.f.*** **1** paiement (*m.*) **2** (*fig.*) réciprocité.

correttamente [cor-ret-ta-mén-te] ***avv.*** correctement.

correttezza [cor-ret-téz-za] ***n.f.*** **1** exactitude; (*proprietà*) propriété **2** (*fig.*) correction: *comportarsi con correttezza*, se conduire correctement.

correttivo [cor-ret-tì-vo] ***agg.*** e ***n.m.*** correctif*.

corretto [cor-rèt-to] ***agg.*** **1** correct (*anche fig.*) **2** (*di caffè ecc.*) arrosé (**de**).

● ***politicamente corretto***, politiquement correct.

correttore [cor-ret-tó-re] ***n.m.*** **1** [f. *-trice*] correcteur* **2** (*cosmesi*) correcteur.

● (*tip.*) ***correttore di bozze***, correcteur d'épreuves | (*inform.*) ***correttore ortografico***, correcteur orthographique, vérificateur.

correzionale [cor-re-zio-nà-le] ***agg.*** (*dir.*) correctionnel*.

correzione [cor-re-zió-ne] ***n.f.*** **1** correction | *la correzione dei vini*, la coupe des vins **2** (*punizione*) punition **3** (*modificazione*) modification.

corrida [cor-rì-da] ***n.f.*** corrida.

corridoio [cor-ri-dó-io] ***n.m.*** [pl. *-oi*] couloir; (*di una nave*) coursive (*f.*).
● ***corridoio aereo***, couloir aérien | ***corridoio umanitario***, couloir humanitaire | (*st.*) ***il corridoio di Danzica***, le corridor de Dantzig | ***voci di corridoio***, (*fig.*) des bruits de couloir.

corridore [cor-ri-dó-re] ***agg.*** e ***n.m.*** [f. *corritrice* o *corridora*] coureur*.
● ***corridore ciclista su strada***, routier.

FAUX AMI
Da non confondere con *corridor*, che significa *corridoio, passaggio*.

corriera [cor-riè-ra] ***n.f.*** car (*m.*).

corriere [cor-riè-re] ***n.m.*** **1** courrier **2** (*chi trasporta merci*) expéditionnaire: *spedire per corriere*, envoyer par courrier.

corrimano [cor-ri-mà-no] ***n.m.*** main (*f.*) courante.

corrispettivamente [cor-ri-spet-ti-va-ménte] ***avv.*** à proportion.

corrispettivo [cor-ri-spet-tì-vo] ***agg.*** e ***n.m.*** **1** correspondant, équivalent **2** (*retribuzione*) rétribution (*f.*).

corrispondente [cor-ri-spon-dèn-te] ***agg.*** **1** correspondant **2** (*proporzionato*) proportionné ♦ ***n.m.*** e ***f.*** correspondant/e.
● ***corrispondente estero***, correspondant à l'étranger.

corrispondenza [cor-ri-spon-dèn-za] ***n.f.*** **1** correspondance; (*posta*) courrier (*m.*) **2** (*il corrispondere*) correspondance: *corrispondenza di gusti, di idee*, similitude de goûts, d'idées.
● ***corrispondenza amorosa***, lettres d'amour | ***per corrispondenza***, par correspondance: *scuola, corso per corrispondenza*, école, cours par correspondance.

corrispondere [cor-ri-spón-de-re] ***v.intr.*** [coniug. come *rispondere*; aus. *avere*] **1** correspondre*: *corrispondere alle esigenze di qlcu*, répondre aux exigences de qqn; *il tratteggio sulla carta corrisponde ai confini*, sur la carte, les lignes en pointillé représentent les frontières; *le nostre ferie non corrispondono*, nos jours de congés ne coïncident pas **2** (*ricambiare un sentimento*) répondre*: *mi corrispose con l'ingratitudine*, il me paya d'ingratitude **3** (*essere in corrispondenza*) être* en correspondance **4** (*essere prospiciente*) donner (**sur**) ♦ ***v.tr.*** (*pagare*) payer*; (*versare*) verser.

corrisposto [cor-ri-spó-sto] ***agg.*** **1** (*pagato*) payé; (*versato*) versé **2** (*ricambiato*) partagé: *amore corrisposto*, amour partagé.

corrivo [cor-rì-vo] ***agg.*** **1** enclin (**à**) **2** (*indulgente*) indulgent.

corroborante [cor-ro-bo-ràn-te] ***agg.*** e ***n.m.*** fortifiant.

corroborare [cor-ro-bo-rà-re] ***v.tr.*** **1** fortifier **2** (*fig.*) corroborer.

corrodere [cor-ró-de-re] ***v.tr.*** [coniug. come *rodere*] corroder, ronger* (*anche fig.*) ♦ **corrodersi** ***v.pron.*** se corroder.

corrompere [cor-róm-pe-re] ***v.tr.*** [coniug. come *rompere*] corrompre* ♦ **corrompersi** ***v.pron.*** e ***pron.intr.*** se corrompre*.

corrosione [cor-ro-ʃió-ne] ***n.f.*** corrosion.

corrosivo [cor-ro-ʃì-vo] ***agg.*** e ***n.m.*** corrosif* (*anche fig.*).

corroso [cor-ró-ʃo *o* corróso] ***agg.*** corrodé.

corrotto [cor-rót-to] ***agg.*** corrompu.

corrucciarsi [cor-ruc-ciàr-si] ***v.pron.*** [coniug. come *cominciare*] se courroucer*.

corrucciato [cor-ruc-cià-to] ***agg.*** courroucé.

corruccio [cor-rùc-cio] ***n.m.*** [pl. *-ci*] courroux.

corrugamento [cor-ru-ga-mén-to] ***n.m.*** plissement, froncement.
● (*geol.*) ***corrugamenti terrestri***, plissements terrestres.

corrugare [cor-ru-gà-re] ***v.tr.*** [coniug. come *legare*] plisser ♦ **corrugarsi** ***v.pron.*** se plisser.

corruttela [cor-rut-tè-la] ***n.f.*** (*letter.*) corruption.

corruttibile [cor-rut-ti-bi-le] ***agg.*** corruptible.

corruttore [cor-rut-tó-re] ***agg.*** e ***n.m.*** [f. *-trice*] corrupteur*.

corruzione [cor-ru-zió-ne] ***n.f.*** corruption.
● (*dir.*) ***corruzione di minorenne***, détournement de mineur.

corsa [cór-sa] ***n.f.*** **1** course: *rallentare la corsa*, ralentir sa course; *faccio una corsa dal calzolaio*, je fais un saut chez le cordonnier **2** (*di veicoli pubblici*) course; (*tragitto*) trajet (*m.*): *quant'è il prezzo della corsa?*, (*di tram, autobus ecc.*) combien coûte le billet?; (*di taxi*) quel est le prix de la course?
● ***bicicletta da corsa***, vélo de course | ***di corsa***, au pas de course: *andare di corsa*, aller au pas de course; *ci passò davanti di corsa*, il passa en courant devant nous; *fare le cose di corsa*, faire tout à la hâte; *è ripartito di corsa*, il est reparti à toute vitesse | ***in corsa***, en marche: *salì sull'autobus in corsa*, il monta dans l'autobus en marche; *è vietato scendere dalla vettura in corsa*, il est interdit de descendre avant l'arrêt complet de la voiture.

corsaro [cor-sà-ro] ***agg.*** e ***n.m.*** [f. *-a*] corsaire.

corsetteria [cor-set-te-rì-a] ***n.f.*** corsets (*m.pl.*); (*negozio*) magasin (*m.*) de corsets, magasin (*m.*) de lingerie.

corsetto [cor-sét-to] ***n.m.*** corset.

corsi → **correre**.

corsia [cor-sì-a] ***n.f.*** **1** couloir (*m.*); (*di teatro, cinema*) allée; (*di strada*) voie **2** (*camerata di ospedale*) salle **3** (*passatoia*) tapis (*m.*) d'escalier.
● ***corsia di emergenza***, voie de détresse, bande d'arrêt d'urgence | ***corsia di sorpasso***, voie de dépassement | ***corsia preferenziale***, couloir d'autobus | ***autostrada a quattro corsie***, autoroute à quatre voies.

corsivo [cor-sì-vo] ***agg.*** cursif* | *carattere corsivo*, caractère en italique ♦ ***n.m.*** **1** cursive (*f.*) **2** (*tip.*) italique **3** (*giorn.*) billet.

corso[1] [cór-so] ***n.m.*** **1** cours (*anche fig.*): *il corso di un fiume*, le cours d'un fleuve; *il corso della vita, del tempo*, le cours de la vie, du temps **2** (*serie di lezioni*) cours; (*anno scolastico*) année (*f.*): *gli studenti del primo corso*, les étudiants de la première année **3** (*strada*) avenue (*f.*), cours **4** (*sfilata*) défilé | *corso dei fiori*, corso fleuri **5** (*prezzo*) cours: (*fin.*) *corso del cambio*, taux de change.
● ***corso a distanza***, cours, enseignement à distance | ***corso di aggiornamento***, formation continue; cours de remise à niveau: *devo iscrivermi a un corso di aggiornamento*, je dois m'inscrire à un cours de remise à niveau | ***corso di formazione professionale***, cours de formation continue (*o* professionnelle) | ***corso di specializzazione***, cours de spécialisation | ***corso mascherato***, cortège de masques

C

| *corsi e ricorsi*, vicissitudes, heurs et malheurs | ***corsi serali***, cours du soir | (*mar.*) ***capitano di lungo corso***, capitaine au long cours | ***dare corso a***, mettre en route, commencer: *dare corso a una pratica*, engager une procédure; *dare corso ai lavori*, commencer les travaux | ***dare libero corso a***, donner libre cours à: *dare libero corso alla fantasia*, donner libre cours à son imagination | ***in corso***, en cours: *mettere in corso una moneta*, mettre une monnaie en circulation; *moneta in corso*, *fuori corso*, monnaie en cours, qui n'a plus cours; *lavori in corso*, travaux (en cours) | ***nel corso di***, au cours de | ***studente fuori corso***, (*all'università*) étudiant dont le cursus dépasse le nombre d'années prévues.

C

corso[2] [còr-so] ***agg.*** (*della Corsica*) corse ♦ ***n.m.*** [f. *-a*] (*abitante*) Corse.

corte [cór-te] ***n.f.*** **1** cour **2** (*cortile*) cour.
● (*dir.*) ***Corte di cassazione***, Cour de cassation | (*mil.*) ***Corte marziale***, Cour martiale | ***dama di corte***, dame de la cour | ***fare la corte***, faire la cour.

corteccia [cor-téc-cia] ***n.f.*** [pl. *-ce*] **1** écorce (*anche fig.*) **2** (*anat.*) cortex.
● (*anat.*) ***corteccia cerebrale***, ***surrenale***, cortex cérébral, surrénal.

corteggiamento [cor-teg-gia-mén-to] ***n.m.*** cour (*f.*).

corteggiare [cor-teg-già-re] ***v.tr.*** [coniug. come *mangiare*] courtiser, faire* la cour (**à**).

corteggiatore [cor-teg-gia-tó-re] ***n.m.*** [f. *-trice*] soupirant.

corteggio [cor-tég-gio] ***n.m.*** [pl. *-gi*] suite (*f.*).

corteo [cor-tè-o] ***n.m.*** cortège: *un corteo di dimostranti*, un défilé de manifestants.
● ***sfilare in corteo***, défiler.

cortese [cor-té-ʃe] ***agg.*** aimable.
● (*lett.*) ***poesia cortese***, poésie courtoise.

cortesemente [cor-te-se-mén-te] ***avv.*** gentiment, aimablement | (*comm.*) *vogliate cortesemente*, ayez l'obligeance de.

cortesia [cor-te-ʃì-a] ***n.f.*** **1** courtoisie, gentillesse, amabilité: *mancare di cortesia verso qlcu*, manquer de politesse envers qqn **2** (*piacere*) service (*m.*); plaisir (*m.*): *fare*, *usare una cortesia*, rendre un service; *fammi la cortesia di*, fais-moi le plaisir de **3** (*pl.*) (*atti, parole cortesi*) amabilités; (*attenzioni*) attentions.
● (*comm.*) ***avere la cortesia di***, avoir l'obligeance de | ***per cortesia***, (*per favore*) s'il vous plaît | ***visita di cortesia***, visite de courtoisie.

> **NOTA** Nelle forme di ***cortesia*** i francesi sono più formali degli italiani.
> Quando un giovane si rivolge a un coetaneo che non conosce, usa frequentemente *vous* e non *tu*.
> Ai saluti, ai ringraziamenti, a *oui* e *non* usati da soli in risposta a una domanda, aggiungono generalmente l'appellativo della persona cui ci si rivolge, il nome proprio oppure *Madame, Monsieur, Mademoiselle*:
> *Bonjour, Jeanne. Oui, Monsieur.*
> Merci, Maman. Non, Mademoiselle.
> Inoltre la formula ***s'il vous plaît***, 'per favore', accompagna sempre le richieste di informazioni o favori e per ordinare al bar, al ristorante e nei negozi.

corticale [cor-ti-cà-le] ***agg.*** (*bot., anat.*) cortical*.

cortico- ***pref.*** cortico-.

corticoide [cor-ti-còi-de] ***n.m.*** (*biochim.*) corticoïde.

cortigiana [cor-ti-già-na] ***n.f.*** **1** dame de la Cour **2** (*meretrice*) courtisane.

cortigiano [cor-ti-già-no] ***agg.*** e ***n.m.*** courtisan (*anche fig.*).

cortile [cor-tì-le] ***n.m.*** **1** cour (*f.*); (*di chiostro, prigione*) préau **2** (*di casa colonica*) basse-cour* (*f.*).
● ***gli animali da cortile***, la basse-cour.

cortiletto [cor-ti-lét-to] ***n.m.*** courette (*f.*).

cortina [cor-tì-na] ***n.f.*** rideau* (*m.*): *una cortina di nebbia*, un rideau de brouillard.
● (*st.*) ***cortina di ferro***, rideau de fer.

cortisone [cor-ti-ʃó-ne] ***n.m.*** (*biochim.*) cortisone (*f.*).

cortisonico [cor-ti-ʃò-ni-co] ***agg.*** [pl.m. *-ci*, f. *-che*] de cortisone: *cura cortisonica*, traitement à la cortisone.

corto [cór-to] ***agg.*** court: *una visita corta*, une courte visite; *un viaggio corto*, un court voyage; *prendere la via più corta*, (*anche fig.*) aller par le plus court chemin; *essere corto di gambe*, avoir les jambes courtes.
● ***a corto di***, à court de | ***andare per le corte***, aller à l'essentiel | ***essere corto di mente***, ***di cervello***, être borné | ***settimana corta***, semaine anglaise | ***tagliar corto***, couper court: *per tagliar corto*, *per farla corta*, bref | ***venire alle corte***, en venir au fait.

cortocircuito [cor-to-cir-cùi-to] ***n.m.*** (*elettr.*) court-circuit*.

cortometraggio [cor-to-me-tràg-gio] ***n.m.*** [pl. *-gi*] (*cine.*) court-métrage*.

corvetta [cor-vét-ta] ***n.f.*** (*mar.*) corvette.

corvino [cor-vì-no] ***agg.*** (*nero*) noir.

corvo [còr-vo] ***n.m.*** (*zool.*) corbeau*.
● ***corvo del malaugurio***, (*fig.*) oiseau porte-malheur | ***nero come un corvo***, noir comme un courbeau.

cosa [cò-sa] ***n.f.*** **1** chose: *devo dirti una cosa*, j'ai quelque chose à te dire, je veux te parler de quelque chose; *dimmi una cosa*, dis-moi un peu; *beviamo una cosa*, buvons quelque chose; *le cose si sono messe male*, l'affaire a mal tourné; *s'interessa solo di cose sportive*, *di cose africane*, il ne s'intéresse qu'aux sports, aux questions africaines; *è* (*una*) *cosa sua*, ce sont ses affaires; *dobbiamo metterci in mente una cosa*, nous devons bien nous dire ceci; *così vanno le cose del mondo*, ainsi va le monde; *la cosa va da sé*, ça va de soi; *sono cose che capitano*, ce sont des choses qui arrivent; *ecco come stanno le cose*, voilà les choses telles qu'elles sont; *mi aspettavo grandi cose da lui*, j'attendais beaucoup de lui **2** (*spec. pl.*) (*oggetti personali*) affaires (*pl.*): *ha preso le sue cose e se n'è andato*, il a pris toutes ses affaires et il s'en est allé **3** (*dir.*) chose: *una cosa pubblica*, un bien public **4** (*pl.*) (*fam.*) (*mestruazioni*) trucs (*m.*): *ha le sue cose*, elle a ses trucs.
● (*prov.*) ***cosa fatta capo ha***, ce qui est fait, est fait | ***Cosa Nostra***, la Maf(f)ia | ***cose dell'altro mondo***, ***da pazzi***, histoires de fous | ***a cose fatte***, après coup | (***che***) ***cosa*** → che | ***come vanno le cose?***, comment ça va? | ***cos'è cosa non è***, tout à coup, soudain | ***da cosa nasce cosa***, ***una cosa tira l'altra***, une chose en entraîne une autre | ***dire***, ***capire una cosa per un'altra***, dire, prendre une chose pour une autre | ***è la stessa cosa***, c'est la même chose | ***è poca cosa***, c'est peu de chose | ***è una cosa***, (*seguito o preceduto da agg.*) c'est: *è una cosa da nulla*, *sono cose da nulla*, ce n'est rien; *è una cosa vergognosa*, c'est honteux, c'est une honte; *era una cosa seria*, c'était sérieux, c'était une affaire sérieuse; *è una brutta cosa che*, il est déplorable que | ***è un'altra cosa***, c'est autre chose | ***fa le cose in grande***, il fait les choses en grand | ***fra le altre cose***, entre autres

choses | ***la cosa che***, ***la cosa di cui***, ce que, ce dont | (*pol.*) ***la cosa pubblica***, la chose publique | ***mettere le cose in chiaro***, mettre les choses au clair | ***nessuna cosa***, rien | ***non è gran cosa***, ce n'est pas grand-chose | ***ogni cosa***, chaque chose, tout | ***per forza di cose***, par la force des choses | ***per la qual cosa***, c'est pour cette raison que | ***per prima cosa***, pour commencer | ***qualche cosa***, quelque chose | ***qualunque cosa***, n'importe quoi | ***questa***, ***quella cosa***, ***queste***, ***quelle cose***, ceci, cela | ***stando così le cose***, les choses étant ce qu'elles sont | ***tante*** (***belle***) ***cose!***, bien des choses! | ***una cosa da poco***, un petit cadeau: *gli ho regalato una cosa da poco*, je lui ai fait un petit cadeau.

cosà [co-sà] ***avv.***
● ***così cosà***, (*fam.*) comme ci, comme ça | ***così e cosà***, (*fam.*) comme ci et comme cà: *o così o cosà*, ou ça ou ça; *né così né cosà*, ni de cette façon ni d'autre.

cosacco [co-ſàc-co] ***agg.*** e ***n.m.*** [pl.m. *-chi*, f. *-che*] cosaque.
● ***i Cosacchi***, les Cosaques.

cosare [co-sà-re] ***v.tr.*** (*fam.*) (*fare*) faire*; (*combinare*) fabriquer: *cosa stai cosando?*, qu'est-ce que tu fabriques?; *cosami il piatto*, (*passami*) passe-moi ton assiette; *cosa questa matita*, (*tempera*) taille ce crayon.

NOTA Il verbo ***cosare*** ha un significato generico e può sostituire qualsiasi verbo che non venga subito alla mente; si traduce allora con il verbo corrispondente:
Cosami (passami) *quel libro.*
File-moi ce bouquin.

cosca [cò-sca] ***n.f.*** [pl. *-sche*] clan (*m.*) de malfaiteurs liés à la mafia.

coscia [cò-scia] ***n.f.*** [pl. *-sce*] **1** cuisse **2** (*cuc.*) (*di pollo*) cuisse; (*di cinghiale, cervo*) cuissot (*m.*); (*di montone, capretto*) gigot (*m.*); (*di capriolo*) gigue; (*di vitello*) cuisseau* (*m.*).

cosciente [co-scièn-te] ***agg.*** **1** conscient **2** (*coscienzioso*) consciencieux*.

coscientemente [co-scien-te-mén-te] ***avv.*** consciemment.

coscienza [co-scièn-za] ***n.f.*** **1** conscience: *un uomo che non ha coscienza*, un homme sans conscience; *un atto contrario alla coscienza*, une action que la conscience réprouve; *mi rimorde la coscienza*, j'ai du remords; *ricade sulla sua coscienza*, cela retombe sur lui **2** (*consapevolezza*) conscience: *non ha coscienza del proprio valore*, il n'a pas conscience de sa valeur **3** (*impegno*) conscience: *esegue il suo lavoro con molta coscienza*, il fait son travail avec beaucoup de conscience.
● ***avere la coscienza tranquilla***, ***pulita***, ***sporca***, avoir la conscience tranquille, nette, trouble | ***avere***, ***mettersi la coscienza in pace***, avoir, se donner bonne conscience | ***caso di coscienza***, cas de conscience | ***con coscienza***, consciencieusement | ***fare un esame di coscienza***, faire un examen de conscience | ***in*** (***tutta***) ***coscienza***, en (toute) conscience | ***mettersi una mano sulla coscienza***, faire appel à sa conscience | ***presa di coscienza***, prise de conscience | ***togliersi un peso dalla coscienza***, se délivrer d'un grand poids.

coscienziosità [co-scien-zio-si-tà] ***n.f.invar.*** conscience.

coscienzioso [co-scien-zió-so] ***agg.*** consciencieux*; (*scrupoloso*) scrupuleux*, minutieux*; (*diligente*) diligent; (*onesto*) sérieux*; (*attento*) attentif*.

cosciotto [co-sciòt-to] ***n.m.*** gigot.

coscritto [co-scrìt-to] ***n.m.*** [f. *-a*] (*mil.*) conscrit.

coscrizione [co-scri-zió-ne] ***n.f.*** (*mil.*) conscription.

coseno [co-sé-no] ***n.m.*** (*mat.*) cosinus.

cosentino [co-sen-tì-no] ***agg.*** de Cosenza.

così [co-sì] ***avv.*** **1** ainsi; (*fam.*) comme ça: *bisogna fare così*, il faut faire ainsi, c'est comme ça qu'il faut faire; *così finisce il libro*, ainsi se termine le livre; *continua così!*, continue comme ça!; *la matematica non si insegna più così*, on n'enseigne plus les mathématiques de cette manière; *ha detto proprio così*, c'est exactement ce qu'il a dit; *fermi così, per favore!*, ne bougez plus, s'il vous plaît!; *hanno acquistato la casa e così pure il giardino*, ils ont acheté la maison ainsi que, et aussi le jardin; *è fatto così!*, il est comme ça!, c'est sa façon d'être! **2** (*riferito a misura o dimensione*) comme ça: *un buco grosso così*, un trou gros comme ça; *questa gonna va accorciata circa così, di tanto così*, cette jupe doit être raccourcie à peu près de ça; *non più grande di così*, pas plus grand que ça **3** (*tanto, talmente*) si: *mi è sembrato così stanco!*, il m'a paru si fatigué!; *non ho mai visto niente di così bello*, je n'ai jamais rien vu d'aussi beau **4** (*altrettanto, la stessa cosa*) de même: *lui se ne andò e così feci io*, il s'en alla et je fis de même ♦ ***agg.invar.*** (*tale, siffatto*) pareil*, tel*: *non avevo mai visto un incendio così*, je n'avais jamais vu un incendie pareil; *di amici così non voglio più sentirne parlare*, d'amis de ce genre (*o* de tel amis) je préfère ne plus en entendre parler ♦ ***cong.*** **1** (*sicché, perciò*) et, et alors: *ho perso il treno, così eccomi qua*, j'ai raté mon train et me voilà; *avevo aspettato anche troppo, così decisi di andarmene*, je n'avais que trop attendu, c'est pourquoi je pris la décision de m'en aller **2** (*con valore desiderativo*) si (seulement): *così volesse il cielo!*, *così fosse!*, s'il pouvait en être ainsi!; *così fosse vero!*, si (seulement) c'était vrai! **3** (*quantunque, sebbene*) quoique: *così stanco, volle ricevermi*, quoique fatigué, il voulut bien me recevoir.
● ***così... che***, (*con agg. e avv.*) si... que; (*con verbo*) tellement... que: *ero così emozionato che non riuscivo a parlare*, j'étais si ému que je n'arrivais pas à parler; *è stato così maltrattato che*, on l'a tellement maltraité que | ***così... come***, ***così come***, aussi... que, comme | ***così così***, comme ci, comme ça; (*fam.*) couci-couça: *"Come stai?" "Così (e) così"*, "Comment vas-tu?" "Comme ci, comme ça" (*fam.* "Couci-couça"); *o così o cosà*, ou ça ou ça | ***così... da***, (*con agg. e avv. in frasi affermative*) si... que; (*con agg. e avv. in frasi negative*) assez... pour; (*con v.*) tellement... que: *era così stanco da non poter continuare*, il était si fatigué qu'il ne pouvait pas continuer; *non è poi così sciocco da non saperlo*, il n'est pas assez bête pour ne pas savoir cela | ***così dicendo***, sur ces mots | ***così è***, il en est ainsi | ***così*** (***e***) ***cosà***, (*fam.*) comme ci (et) comme ça, couci-couça | ***così e così***, comme ça: *fai così e così e vedrai che*, fais comme ça et tu verras que; *gli dirò così e così*, je lui dirai tout ça | ***così facendo***, ce faisant | ***così per dire***, comme ça: *l'ho detto così per dire*, j'ai dis ça comme ça | ***basta così***, c'est assez, ça suffit | ***come... così***, ainsi que (*o* de même que)... ainsi (*o* de même) | ***da così a così***, du tout au tout: *è cambiato da così a così*, il est changé du tout au tout; *se si spostasse il letto da così a così?*, si on déplaçait le lit dans ce sens-là? | (***e***) ***così sia***, ainsi soit-il | ***e così***, (*con valore conclusivo*) alors; (*dunque*) donc: *e così, cosa farai?*, alors, que feras-tu?; *e così, per concludere*, donc, en conclusion; *e così, eccoci arrivati*, nous voici donc arrivés | ***e così via***, et ainsi de suite | ***fu così che***, c'est ainsi, comme ça que: *fu così che diventammo amici*, c'est ainsi, comme ça que nous sommes devenus ami | ***meglio così***, tant mieux | ***meglio di così***, mieux que ça: *non si può fare meglio di così*, on

C

ne peut pas faire mieux (que ça) | ***non è così?***, n'est-ce pas? | ***per così***, (*fam.*) dans ce sens: *proviamo a mettere il tavolo per così*, essayons de mettre la table dans ce sens | ***per così dire***, pour ainsi dire | ***più, meno di così***, plus, moins que ça: *non posso fare più, meno di così*, je ne peux pas faire plus, moins que ça | ***stando così le cose, se le cose stanno così***, les choses étant ce qu'elles sont.

C

NOTA ***Così*** si traduce ***ainsi***, che all'inizio di frase, nel registro formale viene seguito abbastanza frequentemente dall'inversione del soggetto:

Così decise di andarsene.
Ainsi **décida-t-il** de s'en aller.

Così suo padre cercò di convincerlo.
Ainsi son père **essaya-t-il** de le persuader.

cosicché [co-sic-ché] **così che** ***cong.*** **1** de sorte que: *vieni presto, cosicché si possa parlare*, viens de bonne heure, de sorte qu'on puisse parler **2** (*perciò*) c'est pourquoi: *non so nulla, cosicché preferirei tacere*, je ne sais rien, c'est pourquoi j'aimerais mieux me taire.

cosiddetto [co-sid-dét-to] ***agg.*** soi-disant*; (*apparente, supposto*) prétendu: *il cosiddetto Terzo Mondo*, ledit Tiers-Monde.

cosiffatto [co-sif-fàt-to] ***agg.*** tel*.

cosina [co-sì-na] ***n.f.*** **cosino** ***n.m.*** **1** un petit quelque chose (*m.*) **2** (*di bambino*) petit bonhomme (*m.*); (*di ragazza*) frêle jeune fille (*f.*).

cosmeceutico [co-sme-cèu-ti-co] ***agg.*** [pl.m. *-ci*, f. *-che*] (*chim.*) cosméceutique.

cosmesi [co-ʃmè-ʃi] ***n.f.invar.*** **cosmetica** ***n.f.*** [f. *-che*] cosmétologie.

cosmetico [co-ʃmè-ti-co] ***agg.*** e ***n.m.*** [pl.m. *-ci*, f. *-che*] cosmétique.

cosmico [cò-ʃmi-co] ***agg.*** [pl.m. *-ci*, f. *-che*] cosmique.

cosmo [cò-ʃmo] ***n.m.*** **1** (*universo*) cosmos **2** (*spazio intersiderale*) espace intersidéral.

cosm(o)- ***pref.*** cosm(o)-.

cosmogonia [co-ʃmo-go-nì-a] ***n.f.*** cosmogonie.

cosmografia [co-ʃmo-gra-fì-a] ***n.f.*** cosmographie.

cosmologia [co-ʃmo-lo-gì-a] ***n.f.*** cosmologie.

cosmonauta [co-ʃmo-nàu-ta] ***n.m.*** e ***f.*** cosmonaute.

cosmonave [co-ʃmo-nà-ve] ***n.f.*** vaisseau* (*m.*) cosmique.

cosmopolita [co-ʃmo-po-lì-ta] ***agg.*** e ***n.m.*** e ***f.*** cosmopolite.

cosmopolitismo [co-ʃmo-po-li-tì-ʃmo] ***n.m.*** cosmopolitisme.

coso [cò-so] ***n.m.*** (*fam.*) **1** (*riferito a cosa*) truc, machin **2** [f. *-a*] (*riferito a persona*) Machin: *ho visto coso, come si chiama?*, j'ai vu Machin, comment s'appelle-t-il déjà?

cospargere [co-spàr-ge-re] ***v.tr.*** [coniug. come *spargere*] parsemer*, joncher; (*zucchero, cacao ecc.*) saupoudrer: *cospargere il letame*, épandre le fumier.

cosparso [co-spàr-so] ***agg.*** parsemé, jonché; (*di zucchero, cacao ecc.*) saupoudré: *un prato cosparso di fiori*, un gazon parsemé de fleurs; *un vialetto cosparso di petali di rose*, un chemin jonché de pétales de roses; *il capo cosparso di cenere*, (*fig.*) la tête couverte de cendre.

cospetto [co-spèt-to] ***n.m.*** présence (*f.*).
● ***al cospetto di***, en présence de, devant.

cospicuità [co-spi-cui-tà] ***n.f.invar.*** importance.

cospicuo [co-spì-cuo] ***agg.*** **1** gros*, considérable **2** (*eminente*) influent; (*importante*) important: *avere una parte cospicua in*, jouer un rôle important dans.

cospirare [co-spi-rà-re] ***v.intr.*** [aus. *avere*] conspirer (*anche fig.*).

cospiratore [co-spi-ra-tó-re] ***n.m.*** [f. *-trice*] conspirateur*.

cospirazione [co-spi-ra-zió-ne] ***n.f.*** conspiration: *essere coinvolto in una cospirazione*, tremper dans une conspiration.

cossi → **cuocere**.

costa [cò-sta] ***n.f.*** **1** (*anat.*) (*costola*) côte **2** (*litorale*) côte: *costa alta, bassa, piatta*, côte élévée, basse, plate **3** (*falda di monte, pendio*) côte, pente **4** (*di libro, coltello*) dos (*m.*) **5** (*di foglia*) nervure **6** (*pl.*) (*bot.*) cardes **7** (*di tessuto*) côte.
● ***a coste***, (*di tessuto*) côtelé, à côtes | ***a mezza costa***, à mi-côte: (*sci*) *discesa a mezza costa*, descente de biais | ***punto a costa***, (*lavori a maglia*) point de côte.

costà [co-stà] ***avv.*** → **costì**.

costale [co-stà-le] ***agg.*** (*anat.*) costal*.

costante [co-stàn-te] ***agg.*** **1** constant: *tempo costante*, temps stable; *pioggia costante*, pluie continuelle; *un dolore costante*, une douleur persistante **2** (*saldo, perseverante*) constant, fidèle: *costante nelle amicizie*, fidèle à ses amitiés ♦ ***n.f.*** constante.

costantemente [co-stan-te-mén-te] ***avv.*** constamment; (*senza sosta*) sans cesse; (*in ogni momento*) à tout instant.

costanza [co-stàn-za] ***n.f.*** constance; (*perseveranza*) persévérance; (*invariabilità*) permanence.

costare [co-stà-re] ***v.intr.*** [aus. *essere*] coûter (*anche fig.*): *quanto costa?*, combien ça coûte?; *mi è costato un patrimonio*, cela m'a coûté une fortune; *quanto costano tutte e due?*, c'est combien pour les deux?; *oggi la vita costa*, aujourd'hui la vie est chère; *costare troppo*, coûter trop cher; *costare poco*, ne coûter pas cher; *quanto mi costa rinunciarvi!*, il m'en coûte beaucoup d'y renoncer!; *andiamo, cosa ti costa?*, allons qu'est-ce que ça te coûte?
● ***costare caro***, (*anche fig.*) coûter cher | ***costare salato***, (*fam.*) être salé | ***costare un occhio (della testa)***, (*fig.*) coûter les yeux de la tête | ***costi quel che costi!***, coûte que coûte!

costata [co-stà-ta] ***n.f.*** (*cuc.*) côte.

costato [co-stà-to] ***n.m.*** côté; (*costole*) côtes (*f.pl.*).

costeggiare [co-steg-già-re] ***v.tr.*** [coniug. come *mangiare*] côtoyer*: *costeggiare la riva*, côtoyer le rivage.

costei [co-stèi] ***pron.dimostr.f.sing.*** (*letter.*) celle-ci, celle-là.

costellare [co-stel-là-re] ***v.tr.*** consteller (*anche fig.*); (*spargere*) parsemer*.

costellato [co-stel-là-to] ***agg.*** constellé; (*cosparso*) parsemé: *compito costellato di errori*, (*fig.*) devoir truffé d'erreurs.

costellazione [co-stel-la-zió-ne] ***n.f.*** (*astr.*) constellation (*anche fig.*).

costernare [co-ster-nà-re] ***v.tr.*** consterner.

costernato [co-ster-nà-to] ***agg.*** consterné; (*desolato*) désolé: *sono costernato*, je suis désolé.

costernazione [co-ster-na-zió-ne] ***n.f.*** consternation; (*tristezza*) désolation.

costì [co-stì] ***avv.*** (*region., letter.*) là; (*laggiù*) là-bas; (*presso*) près de toi, de vous; (*a casa di*) chez toi, chez vous: *che fai costì?*, que fais-tu là?; *come vi trovate costì?*, comment vous trouvez-vous là-bas?; *che tempo fa costì?*, quel temps fait-il chez vous?

costiera [co-stiè-ra] **n.f.** **1** côte **2** (*pendio*) pente.

costiero [co-stiè-ro] **agg.** côtier*.

costina [co-stì-na] **n.f.** (*cuc.*) côte.

costipare [co-sti-pà-re] **v.tr.** (*med.*) constiper ♦ **costiparsi** **v.pron.intr.** **1** (*prendere un raffreddore*) s'enrhumer **2** (*essere stitico*) être* constipé.

costipato [co-sti-pà-to] **agg.** **1** (*raffreddato*) enrhumé **2** (*stitico*) constipé.

costipazione [co-sti-pa-zió-ne] **n.f.** **1** (*raffreddore*) rhume (*m.*) **2** (*stitichezza*) constipation.

costituente [co-sti-tu-èn-te] **agg.** e **n.m.** constituant.
● (*dir.*) ***(Assemblea) Costituente***, (Assémblée) Constituante.

costituire [co-sti-tu-ì-re] **v.tr.** [coniug. come *finire*] **1** (*istituire; formare*) constituer: *costituire una società*, constituer (*o* créer) une société; *l'appartamento è costituito da cinque vani*, l'appartement se compose de cinq pièces **2** (*essere; rappresentare*) constituer: *la danza costituisce la sua unica passione*, la danse est son unique passion; (*dir.*) *il fatto non costituisce reato*, ce fait ne constitue pas un délit ♦ **costituirsi** **v.pron.** **1** (*formarsi; organizzarsi*) se constituer: *si erano costituiti in assemblea*, ils s'étaient constitués en assemblée **2** (*consegnarsi spontaneamente alla giustizia*) se constituer, se rendre* à la police **3** (*dir.*) (*dichiararsi*) se constituer: *costituirsi in giudizio*, se constituer devant le juge.

costituito [co-sti-tu-ì-to] **agg.** constitué.

costitutivo [co-sti-tu-tì-vo] **agg.** constitutif*.

costituzionale [co-sti-tu-zio-nà-le] **agg.** constitutionnel*.
● (*dir.*): ***carta costituzionale***, charte constitutionnelle; ***diritto costituzionale***, droit constitutionnel.

costituzionalista [co-sti-tu-zio-na-lì-sta] **n.m.** e **f.** spécialiste de droit constitutionnel.

costituzionalità [co-sti-tu-zio-na-li-tà] **n.f.invar.** constitutionnalité.

costituzione [co-sti-tu-zió-ne] **n.f.** **1** (*il costituire*) constitution: *la costituzione di una società*, la constitution d'une société **2** (*struttura fisica*) constitution: *essere di robusta costituzione*, être d'une robuste constitution **3** (*dir., pol.*) constitution.
● (*med.*) ***certificato di sana e robusta costituzione***, certificat de (bonne) santé.

costo [cò-sto] **n.m.** coût; (*prezzo*) prix (*anche fig.*); (*spese*) frais (*pl.*).
● ***costo del denaro***, coût de l'argent | ***costo della vita***, coût de la vie | ***costo del lavoro***, coût de salaire | ***a basso costo***, à bas prix | ***a costo di***, (*fig.*) au prix de; même si: *a costo della vita*, au risque de sa vie | ***a nessun costo***, (*anche fig.*) à aucun prix | ***a ogni costo***, (*fig.*) coûte que coûte | ***a prezzo di costo***, à prix coûtant | ***a tutti i costi***, (*fig.*) à tout prix | (*comm.*) ***consegna costo e nolo***, livraison coût et fret | ***sotto costo***, à perte, au-dessous du prix de revient.

costola [cò-sto-la] **n.f.** **1** (*anat.*) côte | *rompere le costole a qlcu*, (*estens.*) rouer qqn de coups **2** (*di libro, posata ecc.*) dos (*m.*) **3** (*di cardo, bietola ecc.*) carde **4** (*arch.*) nervure.
● ***avere qlcu alle costole***, (*fig.*) avoir qqn à ses trousses | ***mettersi alle costole di qlcu***, (*fig.*) s'attacher aux pas de qqn | ***stare alle costole di qlcu***, (*fig.*) être sur le dos de qqn.

costoletta [co-sto-lét-ta] **n.f.** (*cuc.*) côtelette: *costoletta di vitello*, côtelette de veau.

costolone [co-sto-ló-ne] **n.m.** **1** (*arch.*) nervure (*f.*) **2** (*geogr.*) côte (*f.*).
● (*arch.*) ***volta a costoloni***, voûte en croisée d'ogives.

costoro [co-stó-ro] **pron.dimostr.m.** e **f.pl.** (*letter.*) ceux-ci/celles-ci, ceux-là/celles-là: *che fanno costoro a casa mia?*, qu'est-ce qu'ils font ces gens-là chez moi?

costoso [co-stó-so] **agg.** coûteux*; dispendieux*.

costretto [co-strét-to] **agg.** **1** contraint; (*obbligato*) obligé, forcé **2** (*stretto*) serré; (*compresso*) comprimé.

costringere [co-strìn-ge-re] **v.tr.** [coniug. come *spingere*] **1** contraindre*; (*obbligare*) obliger*, forcer*: *costringere con le minacce*, contraindre par la menace **2** (*stringere, comprimere*) serrer.

costrittivo [co-strit-tì-vo] **agg.** constringent; (*coercitivo*) coercitif*.

costrizione [co-stri-zió-ne] **n.f.** contrainte.

costruire [co-stru-ì-re] **v.tr.** [coniug. come *finire*] **1** construire* (*anche fig.*); bâtir, élever* (*spec. edil.*) **2** (*fig.*) (*creare*) créer*, (*comporre*) composer: *costruire un sistema filosofico*, créer un système philosophique; *costruire un romanzo*, composer un roman.

costruttivo [co-strut-tì-vo] **agg.** **1** constructif* **2** (*edil.*) de la construction.

costrutto [co-strùt-to] **n.m.** **1** (*gramm.*) construction (*f.*), tournure (*f.*); (*significato*) sens: *discorso senza costrutto*, propos dénués de sens **2** (*fig.*) (*vantaggio*) avantage: *senza costrutto*, sans profit, (*senza scopo*) sans résultat.

costruttore [co-strut-tó-re] **agg.** e **n.m.** [f. *-trice*] constructeur*: *costruttore navale*, constructeur de navires.
● ***costruttore (edile)***, bâtisseur de maisons.

costruzione [co-stru-zió-ne] **n.f.** **1** construction; (*di edificio*) élévation: *impresa di costruzioni*, entreprise de construction **2** (*edificio*) bâtiment (*m.*), construction **3** (*gramm.*) construction.
● (*Internet*) ***in costruzione***, en chantier.

costui [co-stùi] **pron.dimostr.m.sing.** (*letter.*) celui-ci, celui-là.

costume [co-stù-me] **n.m.** **1** coutume (*f.*); (*abitudine*) habitude (*f.*); (*usanza*) usage; (*tradizione*) tradition (*f.*): *come di costume*, *com'è costume*, comme d'habitude; *non è suo costume*, il n'est pas dans ses habitudes (de) **2** (*pl.*) (*usanze di un gruppo sociale*) mœurs (*f.*) **3** (*pl.*) (*condotta morale*) mœurs (*f.*) **4** (*abbigl.*) costume: *affittare un costume*, louer un costume.
● ***costume (da bagno)***, maillot de bain; (*da uomo*) slip (*o* maillot) de bain: *costume a due pezzi*, deux pièces; *costume intero*, maillot une pièce | ***donna di facili costumi***, femme (de mœurs) facile(s), de mauvaises mœurs | ***gli usi e costumi***, les us et les coutumes | ***in costume***, en coutume: *ballo in costume*, bal costumé (*o* en costume) | ***in costume adamitico***, (*scherz.*) en costume d'Adam, d'Ève | (*mil.*) ***(squadra del) buon costume***, police des mœurs.

costumista [co-stu-mì-sta] **n.m.** e **f.** (*teatr., cine., tv*) costumier/ère.

cote [cò-te *o* cóte] **n.f.** pierre à aiguiser.

cotechino [co-te-chì-no] **n.m.** (*cuc.*) saucisson à cuire.

cotenna [co-tén-na] **n.f.** couenne.

cotica [có-ti-ca] **n.f.** [pl. *-che*] couenne: *fagioli, minestra con le cotiche*, haricots, soupe aux couennes.

cotillon [kɔti'jɔn] **n.m.invar.** (objet de) cotillon.

cotogna [co-tó-gna] **n.f.** e **agg.**
● (*bot.*) ***(mela) cotogna***, coing.

cotognata [co-to-gnà-ta] **n.f.** (*cuc.*) pâte de coings.

C

cotogno [co-tó-gno] *n.m.* (*bot.*) cognassier.
cotoletta [co-to-lét-ta] *n.f.* (*cuc.*) côtelette.
● ***cotoletta alla milanese***, côtelette panée.
cotonare [co-to-nà-re] *v.tr.* (*i capelli*) crêper.
cotonato [co-to-nà-to] *agg.* (*di capelli*) crêpé ♦ *n.m.* (*tessuto*) cotonnade (*f.*).
cotonatura [co-to-na-tù-ra] *n.f.* (*di capelli*) crêpage (*m.*).
cotone [co-tó-ne] *n.m.* **1** coton: *cotone a fibra corta, lunga*, coton courtes fibres, longues fibres; *piantagione di cotone*, cotonnerie **2** (*pianta*) cotonnier **3** (*ovatta*) coton: *batuffolo di cotone*, flocon de coton.
● ***cotone idrofilo***, coton hydrophile | ***(di) puro cotone***, 100% coton.
cotonerie [co-to-ne-rìa] *n.f.pl.* cotonnades.
cotoniere [co-to-niè-re] *n.m.* [f. *-a*] industriel* du coton.
cotoniero [co-to-niè-ro] *agg.* cotonnier*.
cotonificio [co-to-ni-fì-cio] *n.m.* [pl. *-ci*] cotonnerie (*f.*).
cotonina [co-to-nì-na] *n.f.* cotonne, cotonnette.
cotonoso [co-to-nó-so] *agg.* cotonneux*.
cotta[1] [còt-ta] *n.f.* **1** (*cottura*) cuisson; (*dello zucchero*) cuite **2** (*gergo sportivo*) coup (*m.*) de pompe **3** (*fig. scherz.*) (*innamoramento*) béguin (*m.*): *prendersi, avere una cotta*, s'amouracher.
● ***un furbo di tre cotte***, (*fig.*) un fin renard.
cotta[2] *n.f.* **1** (*eccl.*) surplis (*m.*) **2** (*st. mil.*) cotte.
cottimo [còt-ti-mo] *n.m.* travail* à la pièce, travail* aux pièces.
● ***a cottimo***, à la pièce, aux pièces.
cotto [còt-to] *agg.* **1** cuit: *pane ben cotto*, pain bien cuit | *cotto dal sole*, brûlé par le soleil **2** (*fam.*) (*innamorato*) amoureux* fou* **3** (*fam.*) (*esausto*) claqué; exténué: *sono cotto di sonno*, je tombe de sommeil ♦ *n.m.* terre (*f.*) cuite.
● ***di cotte e di crude***, (*fig.*) de toutes les couleurs.
cotton fioc® ['kotton'fjɔk] *n.m.invar.* coton-tige*.
cottura [cot-tù-ra] *n.f.* **1** cuisson: *tempo di cottura*, temps de cuisson; *portare a cottura*, faire cuire; *passare di cottura*, ête trop cuit; *cibo di pronta, rapida cottura*, aliment vite cuit **2** (*dei mattoni ecc.*) cuite.

FAUX AMI
Da non confondere con *couture*, che significa *cucito, cucitura* o *cicatrice*.

coturnice [co-tur-nì-ce] *n.f.* (*zool.*) bartavelle.
count down ['kaunt'daun] *n.m.invar.* (*conto alla rovescia*) compte à rebours.
coupon [ku'pɔn] *n.m.invar.* coupon; (*scontrino*) ticket; (*ricevuta*) récépissé: *coupon (per la) benzina*, bon d'essence.
couture [ku'tyr] *n.f.invar.* (*alta moda*) *haute couture.
cova [có-va] *n.f.* **1** couvaison: *essere in cova*, couver; *mettere in cova*, faire couver **2** (*luogo della cova*) nichoir (*m.*).
covare [co-và-re] *v.tr.* couver (*anche fig.*): *le galline covano le uova*, les poules couvent les œufs; *covare tristi pensieri*, entretenir de tristes pensées ♦ *v.intr.* [aus. *avere*] couver.
● ***covare qlcu con gli occhi***, (*fig.*) couver qqn des yeux | ***covare sotto la cenere***, (*anche fig.*) couver sous la cendre | ***gatta ci cova!***, il y a anguille sous roche!
covata [co-và-ta] *n.f.* couvée (*anche fig.*).
cover ['kɔver] *n.f.invar.* **1** (*mus.*) cover **2** (*parte esterna di un oggetto*) (*del cellulare*) façade; (*di un libro*) couverture.
● (*tel.*) ***cover intercambiabile***, (*di cellulare*) coque interchangeable.
covile [co-vì-le] *n.m.* tanière (*f.*) (*anche fig.*).
covo [có-vo] *n.m.* repaire (*anche fig.*).
● ***covo di vipere***, (*fig.*) panier de crabes, nœud de vipères.
covone [co-vó-ne] *n.m.* meule (*f.*).
coxartrosi [co-xar-tró-si] *n.f.invar.* (*med.*) coxarthrose.
coyote [co-yò-te] *n.m.invar.* (*zool.*) coyote.
cozza [còz-za] *n.f.* **1** (*zool.*) moule **2** (*fam.*) (*ragazza brutta*) guenon.

FAUX AMI
Da non confondere con *cosse*, che significa *baccello* o, nel linguaggio familiare, *fiacca*.

cozzare [coz-zà-re] *v.intr.* [aus. *avere*] **1** *heurter (**qqch**); (*fig.*) se *heurter (**à**): *la sua automobile è andata a cozzare contro un albero*, sa voiture a heurté (contre) un arbre; *cozzare contro le difficoltà*, (*fig.*) se heurter aux difficultés; *i miei interessi cozzano con i suoi*, (*fig.*) mes intérêts vont contre les siens; *idee che cozzano tra di loro*, (*fig.*) idées qui se contredisent; *questi colori cozzano tra di loro*, (*fig.*) ces couleurs jurent **2** (*di animali*) donner de la corne ♦ *v.tr.* *heurter: *cozzare il capo contro il muro*, se cogner la tête contre le mur.
cozzo [còz-zo] *n.m.* **1** (*urto*) *heurt; (*scontro*) choc **2** (*colpo dato con le corna*) coup de cornes.
crac *onom.* crac ♦ *n.m.invar.* (*fallimento*) krach.
craccare [crac-cà-re] *v.tr.* [coniug. come *mancare*] (*inform.*) pirater.
crack *n.m.invar.* (*droga*) crack.
cracker ['krɛker] *n.m.invar.* cracker.
cra cra *onom.* (*verso della cornacchia*) croa-croa ♦ *n.m.* croassement.
crampo [cràm-po] *n.m.* crampe (*f.*): *crampo allo stomaco*, crampe d'estomac; *mi è venuto un crampo*, j'ai eu une crampe; *mi vengono spesso dei crampi alle gambe*, j'ai souvent des crampes aux jambes.
cranico [crà-ni-co] *agg.* [pl.m. *-ci*, f. *-che*] (*anat.*) crânien*.
cranio [crà-nio] *n.m.* [pl. *-ni*] **1** (*anat.*) crâne **2** (*fig.*) tête (*f.*): *abbiamo speso venti euro a cranio*, nous avons dépensé vingt euros par tête.
crapula [crà-pu-la] *n.f.* (*letter.*) débauche.
crapulone [cra-pu-ló-ne] *n.m.* [f. *-a*] bambocheur*.
crasso [cràs-so] *agg.* crasse: *ignoranza crassa*, ignorance crasse.
● (*anat.*) ***intestino crasso***, gros intestin.
cratere [cra-tè-re] *n.m.* cratère.
crauti [cràu-ti] *n.m.pl.* (*cuc.*) choucroute (*f.sing.*).
cravatta [cra-vàt-ta] *n.f.* cravate | *cravatta a farfalla*, (nœud) papillon.
crawl [krol] *n.m.invar.* **1** (*sport*) crawl **2** (*tv*) (*striscia scorrevole di informazioni*) (*orizzontale*) crawl; (*verticale*) scroll.
creanza [cre-àn-za] *n.f.* éducation: *buona, mala creanza*, politesse, impolitesse; *persona senza creanza*, personne mal élevée.

FAUX AMI
Da non confondere con *créance*, che significa *credito*.

creare [cre-à-re] *v.tr.* créer (*anche fig.*): *creare scompiglio*, provoquer la confusion ♦ **crearsi** *v.pron.* se créer.

creatinina [cre-a-ti-nì-na] *n.f.* (*chim.*) créatinine.

creatività [cre-a-ti-vi-tà] *n.f.invar.* créativité.

creativo [cre-a-tì-vo] *agg.* e *n.m.* [f. *-a*] creatif*.

creato [cre-à-to] *agg.* créé ♦ *n.m.* création (*f.*).

creatore [cre-a-tó-re] *agg.* [f. *-trice*] créateur* ♦ *n.m.* **1** créateur*: *creatore di moda*, créateur de mode **2** (*relig.*) *il Creatore*, Dieu.

● ***andare al Creatore***, (*fam.*) rendre son âme à Dieu | ***mandare al Creatore***, (*fam.*) envoyer qqn dans l'autre monde.

creatura [cre-a-tù-ra] *n.f.* **1** créature **2** (*bambino*) enfant (*m.*).

creazione [cre-a-zió-ne] *n.f.* création.

crebbi → **crescere**.

credente [cre-dèn-te] *agg.* e *n.m.* e *f.* croyant/e.

● ***non credente***, non-croyant.

credenza[1] [cre-dèn-za] *n.f.* croyance: *è credenza popolare che*, la croyance populaire dit que; *è credenza generale che*, c'est une opinion répandue que.

credenza[2] *n.f.* (*mobile*) buffet (*m.*).

credenziale [cre-den-zià-le] *agg.* e *n.f.*

● (***lettere***) ***credenziali***, lettres de créance.

credere[1] [cré-de-re] *v.tr.* croire*: *crede tutto quel che gli si dice*, il croit tout ce qu'on lui dit; *non credo una sola parola*, je ne crois pas un seul mot; *credo che piova*, je crois qu'il pleut; *credo che vada, che andrà a Roma*, je crois qu'il ira à Rome; *credi che venga?, che verrà?*, crois-tu qu'il vienne?, qu'il viendra?; *non credo che venga, che verrà*, je ne crois pas qu'il vienne, qu'il viendra; *credevo che sarebbe venuto*, je croyais qu'il viendrait; *ho creduto di sentire dei passi*, j'ai cru entendre des pas; *crede di essere intelligente*, il croit être intelligent; *chi l'avrebbe creduto?*, qui l'eût cru?; *credette bene andarsene*, il jugea bon de partir; *fate come credete*, faites comme bon vous semble; *se credete che vi scriva vi sbagliate*, si vous croyez que je vous écrirai, vous vous trompez | *credo di sì, di no*, je crois que oui, que non ♦ *v.intr.* [aus. *avere*] **1** croire* (**à**); (*prestare fede a*) croire* (**qqn**, **qqch**): *non credo ai fantasmi*, je ne crois pas aux fantômes; *devi credergli*, tu dois le croire **2** (*aver fiducia in*) croire* (**en**, **à**): *credere in qlcu*, croire en qqn; *credere in Dio*, croire en Dieu; *non credo in questa medicina*, je ne crois pas en ce médicament; *credere nell'avvenire, nel progresso*, croire en l'avenir, au progrès ♦ **credersi** *v.pron.* se croire*: *chi credi d'essere?*, qui te crois-tu?

● ***credere sulla parola***, croire sur parole | ***cose da non credere!***, c'est à ne pas y croire! | ***lo credo bene!***, je crois bien! | ***non ci posso credere***, je ne peux pas y (*o* le) croire | ***non credere ai propri occhi, alle proprie orecchie***, ne pas en croire ses yeux, ses oreilles.

NOTA ***Credere*** si traduce ***croire*** che, alla forma affermativa, regge l'indicativo (presente o futuro) e il condizionale; alla forma negativa o interrogativa regge il congiuntivo solo se esprime un forte dubbio; l'infinito che segue *croire* non è mai preceduto da preposizione.

Credere di seguito da un infinito si traduce ***croire*** senza la preposizione:

Ho creduto di sentire dei passi.

SÌ *J'ai **cru entendre*** des pas.

NO J'ai **cru d'**entendre des pas.

credere[2] *n.m.* avis: *a mio credere*, à mon avis.

● ***oltre ogni credere***, au-delà de ce qu'on peut imaginer | (*comm.*) ***star del credere***, ducroire.

credibile [cre-dì-bi-le] *agg.* croyable; (*di persona*) crédible.

credibilità [cre-di-bi-li-tà] *n.f.invar.* **1** crédibilité **2** (*reputazione*) crédit (*m.*): *perdere di credibilità*, perdre son crédit; *guadagnare in credibilità*, augmenter son crédit.

creditizio [cre-di-tì-zio] *agg.* [pl.m. *-zi*] de crédit.

credito [cré-di-to] *n.m.* **1** crédit: *trovare credito presso qlcu*, avoir du crédit auprès de qqn; *questa notizia merita credito*, cette nouvelle est digne de foi; *perdere credito*, perdre tout crédit; *meritare credito*, être digne de foi; *dare credito a*, croire à **2** (*comm.*) (*somma dovuta al creditore; condizione di creditore*) créance (*f.*): *riscuotere un credito*, recouvrer une créance; *sono in credito con lui di 20 euro*, il me doit 20 euros; *mettere a credito di qlcu*, porter au crédit de qqn **3** (*comm.*) (*prestito di somme di denaro*) crédit: *credito a breve scadenza*, crédit à court terme; *credito allo scoperto*, découvert | *credito agrario*, crédit agricole.

● (*banca*) ***credito fondiario***, crédit foncier | ***credito formativo***, (*a scuola*) crédit de formation | ***credito scolastico***, crédit scolaire | ***a credito***, à crédit | (*banca*) ***carta di credito***, carte de crédit | ***istituto di credito***, établissement de crédit | ***lettera, titolo di credito***, lettre, titre de crédit | ***piccolo credito***, prêt personnel.

creditore [cre-di-tó-re] *n.m.* [f. *-trice*] créancier* ♦ *agg.* créditeur*.

credo [crè-do] *n.m.invar.* **1** (*teol.*) *Credo*, Credo **2** (*fig.*) credo.

credulità [cre-du-li-tà] *n.f.invar.* crédulité.

credulone [cre-du-ló-ne] *agg.* crédule ♦ *n.m.* [f. *-a*] gobeur*.

crema [crè-ma] *n.f.* crème: *la crema dell'aristocrazia*, (*fig.*) la crème de l'aristocratie ♦ *agg.invar.* (*colore*) crème*.

● (*liquore*) ***crema caffè, cacao***, crème de moka, crème de cacao | (*cosmesi*): ***crema antirughe***, crème anti-rides; ***crema da barba***, crème à raser; ***crema di bellezza***, crème de beauté | (*cuc.*) ***crema di cioccolato***, crème au chocolat.

cremagliera [cre-ma-gliè-ra] *n.f.* crémaillère.

cremare [cre-mà-re] *v.tr.* incinérer*.

crematorio [cre-ma-tò-rio] *agg.* [pl.m. *-ri*] crématoire ♦ *n.m.* crématorium.

● ***forno crematorio***, four crématoire.

cremazione [cre-ma-zió-ne] *n.f.* crémation.

crème caramel [krɛmkara'mɛl, krɛm'karamɛl] *n.f.* (*cuc.*) crème (moulée) au caramel, crème renversée.

cremino [cre-mì-no] *n.m.* **1** (*cioccolatino*) chocolat fourré **2** (*formaggino*) petit fromage.

cremisi [crè-mi-ʃi] *agg.* e *n.m.invar.* cramoisi.

cremonese [cre-mo-né-se] *agg.* de Crémone.

cremoso [cre-mó-so] *agg.* crémeux*; (*di cibi*) onctueux*: *uno yogurt cremoso*, un yaourt velouté.

creolina [cre-o-lì-na] *n.f.* (*chim.*) créoline.

creolo [crè-o-lo] *agg.* créole ♦ *n.m.* [f. *-a*] (*persona*) Créole.

crepa [crè-pa] *n.f.* (*di muro*) lézarde, fissure (*anche fig.*); (*di terreno*) crevasse; (*di vaso*) fêlure: *una vecchia casa piena di crepe*, une vieille maison toute lézardée.

FAUX AMI Da non confondere con *crêpe*, che significa in gastronomia *crespella, crêpe*.

C

crepaccio [cre-pàc-cio] ***n.m.*** [pl. *-ci*] crevasse (*f.*).

crepacuore [cre-pa-cuò-re] ***n.m.*** crève-cœur*.
● ***morire di crepacuore***, mourir de chagrin.

crepapelle, a [a cre-pa-pèl-le] ***avv.***
● ***mangiare a crepapelle***, manger à claquer | ***ridere a crepapelle***, rire comme un bossu (*o* des bossus).

crepare [cre-pà-re] ***v.intr.*** [aus. *essere*] **1** (*fendersi*) (*di muro*) se lézarder; (*di legno*) se fendiller; (*di vaso ecc.*) se fêler; (*di tubazioni ecc.*) éclater **2** (*molto fam.*) (*morire*) crever*: *crepare di sete*, crever de soif; *crepare di rabbia, d'invidia*, être fou de colère, crever d'envie | *crepare di salute*, péter de santé ♦ **creparsi** ***v.pron.intr.*** (*di muro*) se lézarder; (*di legno*) se fendiller; (*di vaso ecc.*) se fêler; (*di tubazioni*) éclater.
● ***crepa!***, va te faire pendre! | ***crepi l'avarizia!***, au diable l'avarice!

FAUX AMI
Da non confondere con *crêper*, che significa *increspare*.

crepella [cre-pèl-la] ***n.f.*** (*tessuto*) crêpe (*m.*).

crepitare [cre-pi-tà-re] ***v.intr.*** [aus. *avere*] crépiter; (*di foglie secche*) craquer.

crepitio [cre-pi-tì-o] ***n.m.*** [pl. *-ii*] crépitement; (*di foglie secche*) craquement.
● (*med.*) ***crepitio respiratorio***, crépitation.

crepuscolare [cre-pu-sco-là-re] ***agg.*** crépusculaire.

crepuscolo [cre-pù-sco-lo] ***n.m.*** crépuscule (*anche fig.*).

crescendo [cre-scèn-do] ***n.m.*** (*mus.*) crescendo (*anche fig.*).

crescente [cre-scèn-te] ***agg.*** croissant: *la luna è nella fase crescente*, la lune est dans son croissant.

crescenza [cre-scèn-za] ***n.f.*** **1** croissance **2** (*cuc.*) fromage (*m.*) blanc produit en Lombardie.
● (*med.*) ***febbri di crescenza***, fièvres de croissance.

crescere [cré-sce-re] ***v.intr.*** [p.rem. *io crebbi, tu crescesti* ecc.; p.p. *cresciuto*; aus. *essere*] **1** grandir; (*fam.*) pousser: *è cresciuto di sei centimetri*, il a grandi de six centimètres; *il bambino cresce bene*, l'enfant pousse bien; *quando sarete cresciuti*, quand vous serez grands; *crescere tra gli agi*, grandir dans l'aisance **2** (*di piante*) pousser; (*vivere*) croître*: *questa pianta cresce bene*, cette plante pousse bien; *le ninfee crescono nell'acqua*, les nénuphars croissent dans l'eau **3** (*di capelli, denti, unghie*) pousser: *farsi crescere la barba*, laisser pousser sa barbe **4** (*di luna*) croître* **5** (*aumentare*) augmenter; (*salire*) monter; (*fig.*) croître* (**en**): *la popolazione è cresciuta*, la population a augmenté; *far crescere i prezzi*, faire monter les prix; *la febbre non è cresciuta*, la fièvre n'a pas monté; *il livello del fiume è cresciuto*, le niveau du fleuve a monté; *il lievito fa crescere la pasta*, la levure fait monter la pâte; *crescere nella stima di qlcu*, monter dans l'estime de qqn; *è cresciuta di due chili*, elle a grossi de deux kilos; *la famiglia quest'anno è cresciuta*, cette année la famille s'est agrandie **6** (*fam.*) (*avanzare*) rester: *quello che cresce*, ce qui reste; *"Ne hai abbastanza?" "Me ne cresce!"*, "Tu en as assez?" "J'en ai de trop!" ♦ ***v.tr.*** **1** (*aumentare*) augmenter | *crescere una maglia*, augmenter d'une maille **2** (*allevare*) élever*: *l'abbiamo cresciuto come un figlio*, nous l'avons élevé comme s'il était notre fils.
● ***crescere come funghi***, (*fig.*) pousser comme des champignons: *le case sono cresciute come funghi*, les maisons ont poussé comme des champignons | ***crescere di numero***, augmenter en nombre | ***crescere di volume***, augmenter de volume | ***crescere in altezza***, grandir | ***crescere in lunghezza***, pousser | ***crescere in saggezza***, (*fig.*) croître en sagesse.

NOTA ***Crescere*** si traduce **grandir**, **pousser**, **croître** e **augmenter** che nei tempi composti sono sempre coniugati con *avoir*.
Siamo *cresciuti in campagna.*
Nous **avons** grandi à la campagne

crescione [cre-sció-ne] ***n.m.*** (*bot.*) cresson.

crescita [cré-sci-ta] ***n.f.*** **1** croissance; (*di piante*) croissance, pousse; (*di unghie, capelli ecc.*) pousse **2** (*aumento*) augmentation; (*dei prezzi*) *hausse; (*delle acque di un fiume*) crue.
● ***crescita economica***, croissance économique | (*econ.*) ***crescita zero***, croissance zéro.

cresima [crè-ʃi-ma] ***n.f.*** confirmation.
● ***fare la cresima***, recevoir la confirmation | ***tenere a cresima***, être parrain, marraine de confirmation.

cresimando [cre-ʃi-màn-do] ***n.m.*** [f. *-a*] (*eccl.*) confirmand.

cresimare [cre-ʃi-mà-re] ***v.tr.*** (*eccl.*) confirmer ♦ **cresimarsi** ***v.pron.*** (*eccl.*) recevoir* la confirmation.

crespa [cré-spa] ***n.f.*** pli (*m.*).

crespato [cre-spà-to] ***agg.*** crêpé.
● ***carta crespata***, papier crépon.

crespo [cré-spo] ***agg.*** crépu, crêpelé ♦ ***n.m.*** (*tessuto*) crêpe.

cresta[1] [cré-sta] ***n.f.*** **1** crête; (*di alcuni uccelli*) *huppe, *houppe **2** (*di montagna*) crête, arête; (*di onda*) crête.
● ***alzare, abbassare la cresta***, (*anche fig.*) lever, baisser la crête | ***essere sulla cresta dell'onda***, (*fig.*) tenir la vedette | ***far abbassare la cresta a qlcu***, (*fig.*) rabattre, rabaisser le caquet à qqn.

cresta[2] ***n.f.***
● ***fare la cresta sulla spesa***, (*fig.*) faire danser l'anse du panier.

crestina [cré-sti-na] ***n.f.*** coiffe.

creta [cré-ta] ***n.f.*** argile, glaise.

cretaceo [cre-tà-ce-o] ***agg.*** e ***n.m.*** (*geol.*) crétacé.

cretese [cre-té-se] ***agg.*** crétois ♦ ***n.m.*** e ***f.*** (*abitante*) Crétois/e.

cretinata [cre-ti-nà-ta] ***n.f.*** sottise, crétinerie: *dire, fare una cretinata*, dire, faire une imbécillité | *ma è semplicissimo, è una cretinata!*, c'est bête comme chou!

cretineria [cre-ti-ne-rì-a] ***n.f.*** crétinerie, bêtise.

cretinismo [cre-ti-nì-ʃmo] ***n.m.*** crétinisme.

cretino [cre-tì-no] ***agg.*** e ***n.m.*** [f. *-a*] crétin, imbécile.

cric ***n.m.*** (*mecc.*) cric.

cricca [cric-ca] ***n.f.*** [pl. *-che*] clique.

cricco [cric-co] ***n.m.*** [pl. *-chi*] → **cric**.

criceto [cri-cé-to] ***n.m.*** (*zool.*) *hamster.

criminale [cri-mi-nà-le] ***agg.*** e ***n.m.*** e ***f.*** criminel/elle.
● ***criminale di guerra***, criminel de guerre.

criminalità [cri-mi-na-li-tà] ***n.f.invar.*** criminalité.

criminalizzare [cri-mi-na-liʒ-ʒà-re] ***v.tr.*** considérer* comme un criminel.

criminalmente [cri-mi-nal-mén-te] ***avv.*** criminellement.

crimine [crì-mi-ne] ***n.m.*** crime.
● ***crimine di guerra***, crime de guerre | ***crimine elettronico***, cybercrime.

criminologia [cri-mi-no-lo-gì-a] ***n.f.*** criminologie.

criminologo [cri-mi-nò-lo-go] ***n.m.*** [f. *-a*; pl.m. *-gi*, f. *-ghe*] criminologiste, criminologue.

criminosamente [cri-mi-no-sa-mén-te] ***avv.*** criminellement.

criminoso [cri-mi-nó-so] ***agg.*** criminel*.

crinale [cri-nà-le] ***n.m.*** (*geogr.*) ligne (*f.*) de faîte, arête (*f.*).

crine [crì-ne] ***n.m.*** crin.

criniera [cri-niè-ra] ***n.f.*** crinière.

crinolina [cri-no-lì-na] ***n.f.*** crinoline.

criochirurgia [cri-o-chi-rur-gì-a] ***n.f.*** (*med.*) cryochirurgie.

crioterapia [cri-o-te-ra-pì-a] ***n.f.*** (*med.*) cryothérapie.

cripta [crìp-ta] ***n.f.*** crypte.

criptico [crìp-ti-co] ***agg.*** [pl.m. *-ci*, f. *-che*] caché, obscur, cryptique.

cript(o)- ***pref.*** crypt(o)-.

crisalide [cri-ʃà-li-de] ***n.f.*** (*zool.*) chrysalide.

crisantemo [cri-ʃan-tè-mo] ***n.m.*** (*bot.*) chrysanthème.

crisi [crì-ʃi] ***n.f.invar.*** crise: *il nostro paese sta uscendo dalla crisi*, notre pays va sortir un peu de la crise.
● ***crisi d'astinenza***, crise d'abstinence; (*da farmaci o droghe*) état de manque | ***crisi d'identità***, crise d'identité | (*pol.*) ***crisi di governo***, crise ministérielle | ***crisi di pianto***, crise de larmes | ***crisi economica***, crise économique | ***crisi esistenziale***, crise existentielle | ***crisi spirituale***, ***religiosa***, crise spirituelle, religieuse | ***mandare***, ***mettere in crisi***, mettre en difficulté.

crisma [crì-ʃma] ***n.m.*** **1** (*eccl.*) chrême **2** (*fig.*) (*approvazione*) approbation (*f.*).
● ***con tutti i crismi***, selon les règles.

cristalleria [cri-stal-le-rì-a] ***n.f.*** cristallerie.

cristalliera [cri-stal-liè-ra] ***n.f.*** cristallier (*m.*).

cristallino [cri-stal-lì-no] ***agg.*** cristallin (*anche fig.*): *acque cristalline*, eaux cristallines; *coscienza cristallina*, (*fig.*) conscience pure comme le cristal ♦ ***n.m.*** (*anat.*) cristallin.

cristallizzare [cri-stal-liʒ-ʒà-re] ***v.tr.*** cristalliser (*anche fig.*) ♦ ***v.intr.*** [aus. *essere*] (*chim.*) cristalliser ♦ **cristallizzarsi** ***v.pron.intr.*** se cristalliser; (*fig.*) se fossiliser (**dans**).

cristallizzato [cri-stal-liʒ-ʒa-to] ***agg.*** cristallisé; (*fig.*) figé.

cristallizzazione [cri-stal-liʒ-ʒa-zió-ne] ***n.f.*** cristallisation.

cristallo [cri-stàl-lo] ***n.m.*** **1** (*min.*) cristal* **2** (*vetro*) cristal*: *un lampadario di cristallo*, un lustre de cristal.
● ***cristallo antiprioettile***, ***di sicurezza***, verre de sécurité | ***cristallo di Boemia***, cristal de Bohème | ***cristallo liquido***, cristal liquide | ***i cristalli dell'automobile***, les fenêtres de la voiture.

cristalloterapia [cri-stal-lo-te-ra-pì-a] ***n.f.*** (*med.*) cristallothérapie.

cristianesimo [cri-stia-né-ʃi-mo] ***n.m.*** christianisme.

cristianità [cri-stia-ni-tà] ***n.f.invar.*** **1** (*l'essere cristiano*) christianisme (*m.*) **2** (*l'insieme dei cristiani*) chrétienté.

cristianizzare [cri-stia-niʒ-ʒà-re] ***v.tr.*** christianiser.

cristiano [cri-stià-no] ***agg.*** e ***n.m.*** [f. *-a*] chrétien*.
● ***da cristiano***, (*estens.*) décent, convenable: *un cibo da cristiani*, une nourriture décente; *comportati da cristiano*, tâche d'être convenable; *parla da cristiano*, parle clairement.

Cristo [Crì-sto] ***n.pr.m.*** e ***n.m.*** (*relig.*) **1** Christ, Jésus -Christ **2** (*immagine di Cristo*) Christ.
● ***un povero cristo***, (*fam.*) un pauvre diable.

criterio [cri-tè-rio] ***n.m.*** [pl. *-ri*] **1** critère: *adottare*, *seguire un criterio*, adopter, suivre un critère **2** (*buon senso*) jugement: *comportarsi con criterio*, agir avec discernement; *una persona senza criterio*, une personne sans jugement.

C

critica [crì-ti-ca] ***n.f.*** [pl. *-che*] **1** critique: *muovere*, *esprimere una critica*, émettre une critique; *muovere una critica verso qlcu*, diriger une critique contre qqn **2** (*recensione*) compte-rendu* (*m.*); (*spec. pl.*) critique, presse: *il libro ha avuto delle buone critiche*, le livre a eu une bonne presse (*o* critique).
● ***critica letteraria***, ***d'arte***, ***teatrale***, critique littéraire, d'art, théâtrale.

criticabile [cri-ti-cà-bi-le] ***agg.*** critiquable.

criticamente [cri-ti-ca-mén-te] ***avv.*** (*con metodo critico*) en critique; (*con occhio critico*) d'un œil critique.

criticare [cri-ti-cà-re] ***v.tr.*** [coniug. come *mancare*] critiquer | *c'è poco da criticare*, garde tes réflexions pour toi.

critico [crì-ti-co] ***agg.*** [pl.m. *-ci*, f. *-che*] **1** critique: *assumere un atteggiamento critico*, prendre une attitude critique **2** (*di crisi*) critique: *un momento critico*, un moment critique ♦ ***n.m.*** [f. *-a*] critique.
● ***critico musicale***, ***cinematografico***, critique musical, de cinéma | ***punto critico***, point critique | ***spirito critico***, esprit critique.

critt(o)- ***pref.*** crypt(o)-.

crittogama [crit-tò-ga-ma] ***n.f.*** (*bot.*) cryptogame.
● ***crittogama della vite***, oïdium.

crittogramma [crit-to-gràm-ma] ***n.m.*** cryptogramme.

crivellare [cri-vel-là-re] ***v.tr.*** cribler: *crivellare di pallottole*, cribler de balles.

crivello [cri-vèl-lo] ***n.m.*** crible.

croato [cro-à-to] ***agg.*** croate ♦ ***n.m.*** [f. *-a*] (*abitante*) Croate.

croccante [croc-càn-te] ***agg.*** croquant; (*di pane*) croustillant ♦ ***n.m.*** nougat aux amandes.

crocchetta [croc-chét-ta] ***n.f.*** (*cuc.*) croquette.

crocchia [cròc-chia] ***n.f.*** chignon (*m.*); (*di capelli intrecciati*) chignon (*m.*) natté: *raccogliere i capelli in una crocchia*, se faire un chignon.

crocchio [cròc-chio] ***n.m.*** [pl. *-chi*] cercle, groupe.

croce [cró-ce] ***n.f.*** croix: *firmare con una croce*, signer d'une croix.
● ***Croce Rossa***, Croix Rouge | ***croce uncinata***, croix gammée | ***con le braccia in croce***, les bras croisés | ***è la mia croce***, c'est ma croix, mon tourment | ***essere croce e delizia di qlcu***, faire le tourment et la joie de qqn | ***facci una croce*** (***sopra***)***!***, tu peux faire une croix dessus! | ***fare a testa o croce***, jouer à pile ou face | ***fare***, ***farsi il segno della croce***, faire le signe de la croix, se signer | ***gettare la croce addosso a***, s'en prendre à | ***mettere in croce***, tourmenter | (*arch.*) ***pianta a croce greca***, ***latina***, plan en croix grecque, latine | (*ricamo*) ***punto a croce***, point de croix.

crocerossina [cro-ce-ros-sì-na] ***n.f.*** infirmière de la Croix-Rouge.

crocevia [cro-ce-vì-a] ***n.m.invar.*** carrefour, croisement.

crociata [cro-cià-ta] ***n.f.*** croisade (*anche fig.*).

crociato [cro-cià-to] ***agg.*** e ***n.m.*** croisé: *farsi crociato*, se croiser.
● ***parole crociate***, mots croisés.
crocicchio [cro-cìc-chio] ***n.m.*** [pl. *-chi*] carrefour, croisement.
C
crociera[1] [cro-ciè-ra] ***n.f.*** **1** croisillon (*m.*) **2** (*arch.*) croisée.
● (*arch.*): ***volta a crociera***, voûte d'arêtes; ***volta a crociera e costoloni***, voûte en croisée d'ogive.
crociera[2] ***n.f.*** (*mar.*) croisière: *andare in crociera*, partir en croisière.
● ***velocità di crociera***, vitesse de croisière.
crocifiggere [cro-ci-fìg-ge-re] ***v.tr.*** [coniug. come *affiggere*] crucifier (*anche fig.*).
crocifissione [cro-ci-fis-sió-ne] ***n.f.*** crucifixion, crucifiement (*m.*).
crocifisso [cro-ci-fis-so] ***agg.*** crucifié ♦ ***n.m.*** (*immagine*) crucifix.
croco [crò-co] ***n.m.*** [pl. *-chi*] (*bot.*) crocus.
crogiolarsi [cro-gio-làr-si] ***v.pron.*** **1** se prélasser: *crogiolarsi al sole*, se prélasser au soleil **2** (*fig.*) se complaire*: *crogiolarsi nei ricordi*, se délecter de souvenirs.
crogiolo [cro-giò-lo] ***n.m.*** creuset (*anche fig.*).
crollare [crol-là-re] ***v.intr.*** [aus. *essere*] crouler, s'écrouler; (*cedere, sprofondare*) s'effondrer (*anche fig.*): *il tetto è crollato*, le toit s'est effondré; *la casa è crollata*, la maison s'est écroulée; *crollò esausto sulla sedia*, il s'effondra à bout de forces sur la chaise; *i prezzi crollano*, les prix s'effondrent; *sembrava che il teatro crollasse sotto gli applausi*, le théâtre semblait crouler sous les applaudissements; *il suo alibi è crollato*, son alibi n'a pas tenu; *la Borsa è crollata*, la Bourse s'est effondrée; *mi è crollato tutto addosso*, (*fig.*) tout s'est écroulé autour de moi; *è stato come se il mondo mi crollasse addosso*, (*fig.*) ça a été comme si le monde s'écroulait autour de moi ♦ ***v.tr.*** → **scrollare**.
● ***crollare dal sonno***, tomber de sommeil.
crollo [cròl-lo] ***n.m.*** écroulement, effondrement (*anche fig.*); (*disfatta, rovina*) débâcle (*f.*): *il crollo di un edificio*, l'écroulement d'un édifice; *il crollo di una fortuna*, l'effondrement d'une fortune; *il crollo dei valori*, l'effritement des valeurs; *il crollo di Napoleone*, la chute de Napoléon.
● ***crollo della Borsa***, krach de la Bourse | ***crollo finanziario***, débâcle financière | ***crollo fisico***, effondrement physique.
croma [crò-ma] ***n.f.*** (*mus.*) croche.
cromare [cro-mà-re] ***v.tr.*** (*tecn.*) chromer.
cromatico [cro-mà-ti-co] ***agg.*** [pl.m. *-ci*, f. *-che*] chromatique.
cromatismo [cro-ma-tì-ʃmo] ***n.m.*** chromatisme.
cromatura [cro-ma-tù-ra] ***n.f.*** chromage (*m.*).
cromo [crò-mo] ***n.m.*** (*chim.*) chrome.
cromo- ***pref.*** chromo-.
cromolitografia [cro-mo-li-to-gra-fì-a] ***n.f.*** (*tip.*) chromolithographie.
cromosoma [cro-mo-sò-ma] ***n.m.*** (*biol.*) chromosome.
cromosomico [cro-mo-sò-mi-co] ***agg.*** [pl.m. *-ci*, f. *-che*] (*biol.*) chromosomique.
cromoterapia [cro-mo-te-ra-pì-a] ***n.f.*** (*med.*) cromothérapie.
cronaca [crò-na-ca] ***n.f.*** [pl. *-che*] **1** chronique; (*estens.*) compte-rendu (*m.*): (*rad., tv*) *la cronaca registrata di un incontro sportivo*, le compte-rendu en différé d'un match **2** (*narrazione storica*) chronique.
● ***cronaca cittadina***, chronique locale | ***cronaca sportiva***, chronique sportive | ***far parlare di sé la cronaca***, défrayer la chronique | ***la cronaca nera***, les faits divers | ***la cronaca rosa***, la chronique mondaine, les échos | ***ne ha parlato la cronaca***, la presse en a parlé | ***un fatto di cronaca***, un fait divers.
cronachista [cro-na-chì-sta] ***n.m.*** (*st.*) chroniqueur.
cronicario [cro-ni-cà-rio] ***n.m.*** [pl. *-ri*] hospice.
cronicità [cro-ni-ci-tà] ***n.f.invar.*** chronicité.
cronicizzare [cro-ni-ciʒ-ʒà-re] ***v.tr.*** rendre* chronique ♦ **cronicizzarsi** ***v.pron.intr.*** devenir* chronique.
cronico [crò-ni-co] ***agg.*** [pl.m *-ci*, f. *-che*] chronique: *bronchite cronica*, bronchite chronique; *abitudine cronica*, habitude invétérée.
● ***malato cronico***, personne atteinte d'une maladie chronique.
cronista [cro-nì-sta] ***n.m.*** e ***f.*** (*giornalista*) reporter; chroniqueur/euse, fait-diversier ♦ ***n.m.*** (*st.*) chroniqueur.
● ***cronista mondano***, échotier | ***cronista teatrale***, chroniqueur dramatique | ***cronista televisivo***, reporter.
cronistoria [cro-ni-stò-ria] ***n.f.*** historique (*m.*).
crono [crò-no] ***n.m.invar.*** (*sport*) chronométrage ♦ ***n.f.invar.*** (*ciclismo*) course au chronomètre.
crono- ***pref.*** chrono-.
cronografo [cro-nò-gra-fo] ***n.m.*** chronographe.
cronologia [cro-no-lo-gì-a] ***n.f.*** **1** chronologie **2** (*Internet*) historique (*m.*).
cronologicamente [cro-no-lo-gi-ca-mén-te] ***avv.*** chronologiquement.
cronologico [cro-no-lò-gi-co] ***agg.*** [pl.m. *-ci*, f. *-che*] chronologique.
cronometraggio [cro-no-me-tràg-gio] ***n.m.*** [pl. *-gi*] chronométrage.
cronometrare [cro-no-me-trà-re] ***v.tr.*** chronométrer*.
cronometrico [cro-no-mè-tri-co] ***agg.*** [pl.m. *-ci*, f. *-che*] chronométrique.
cronometrista [cro-no-me-trì-sta] ***n.m.*** e ***f.*** chronométreur/euse.
cronometro [cro-nò-me-tro] ***n.m.*** chronomètre.
● (*ciclismo*) ***corsa a cronometro***, course contre la montre.
crosta [crò-sta] ***n.f.*** croûte (*anche fig.*): *la crosta del pane, del formaggio*, la croûte du pain, du fromage; *quel quadro è una crosta*, (*spreg.*) ce tableau, c'est une croûte.
● (*med.*) ***crosta lattea***, croûte de lait | (*geol.*) ***crosta terrestre***, écorce terrestre | (*cuc.*) ***filetto in crosta***, filet en croûte.
crostaceo [cro-stà-ce-o] ***n.m.*** (*zool.*) crustacé.
crostata [cro-stà-ta] ***n.f.*** (*cuc.*) tarte: *crostata di mele*, tarte aux pommes.
crostino [cro-stì-no] ***n.m.*** (*cuc.*) croûton.
crucciare [cruc-cià-re] ***v.tr.*** [coniug. come *cominciare*] affliger*; (*tormentare*) tourmenter ♦ **crucciarsi** ***v.pron.intr.*** s'inquiéter*, se faire* du souci.
crucciato [cruc-cià-to] ***agg.*** **1** soucieux* **2** (*adirato*) fâché.
cruccio [crùc-cio] ***n.m.*** [pl. *-ci*] souci.
● ***farsi un cruccio per qlco***, se faire du souci, se tracasser pour qqch.
cruciale [cru-cià-le] ***agg.*** crucial*.

cruciforme [cru-ci-fór-me] ***agg.*** cruciforme.

cruciverba [cru-ci-vèr-ba] ***n.m.invar.*** mots (*pl.*) croisés.

cruciverbista [cru-ci-ver-bì-sta] ***n.m.*** e ***f.*** cruciverbiste.

crudamente [cru-da-mén-te] ***avv.*** crûment.

crudele [cru-dè-le] ***agg.*** cruel*.

crudeltà [cru-del-tà] ***n.f.invar.*** cruauté: *è una vera crudeltà*, c'est vraiment cruel.

crudezza [cru-déz-za] ***n.f.*** **1** crudité (*anche fig.*) **2** (*di clima ecc.*) rudesse, rigueur.

crudo [crù-do] ***agg.*** **1** cru: *luce cruda*, lumière crue **2** (*di clima ecc.*) rude **3** (*fig.*) dur, cru: *gli rivolse parole crude*, il lui adressa des mots durs **4** (*poet.*) (*crudele*) cruel*: *la cruda sorte*, le sort cruel.
● (*tess.*) ***seta cruda***, soie écrue.

cruento [cru-èn-to] ***agg.*** sanglant.

crumiro [cru-mì-ro] ***n.m.*** [f. *-a*] jaune, briseur* de grève.

cruna [crù-na] ***n.f.*** chas (*m.*): *la cruna di un ago*, le chas d'une aiguille.

crusca [crù-sca] ***n.f.*** [pl. *-sche*] son (*m.*).

cruscotto [cru-scòt-to] ***n.m.*** (*aut.*) tableau* de bord.

cubatura [cu-ba-tù-ra] ***n.f.*** cubage (*m.*).

cubetto [cu-bét-to] ***n.m.*** cube: *formaggio a cubetti*, fromage en petits dés.
● ***cubetto di ghiaccio***, glaçon.

cubico [cù-bi-co] ***agg.*** [pl.m. *-ci*, f. *-che*] cubique.
● (*mat.*) ***radice cubica***, racine cubique.

cubilotto [cu-bi-lòt-to] ***n.m.*** (*metall.*) cubilot.

cubismo [cu-bì-ʃmo] ***n.m.*** (*arte*) cubisme.

cubista[1] [cu-bì-sta] ***agg.*** e ***n.m.*** e ***f.*** (*arte*) cubiste.

cubista[2] ***n.f.*** e ***m.*** (*in discoteca*) gogo girl/gogo boy.

cubitale [cu-bi-tà-le] ***agg.*** **1** (*anat.*) cubital* **2** (*di lettera, carattere*) gros*.
● ***a caratteri cubitali***, en gros caractères.

cubito [cù-bi-to] ***n.m.*** **1** (*anat.*) cubitus **2** (*antica misura di lunghezza*) coudée (*f.*).

cubo [cù-bo] ***n.m.*** e ***agg.*** cube: *metro cubo*, mètre cube ♦ ***n.m.*** (*piattaforma da discoteca*) cube.
● (*mat.*) ***elevare un numero al cubo***, élever un nombre au cube.

cuccagna [cuc-cà-gna] ***n.f.*** **1** cocagne **2** (*fam.*) aubaine, veine.
● ***albero della cuccagna***, mât de cocagne | ***che cuccagna!***, quelle aubaine! | ***è finita la cuccagna!***, la fête est finie! | ***paese di cuccagna***, pays de cocagne.

cuccare [cuc-cà-re] ***v.tr.*** [coniug. come *mancare*] (*region. fam.*) **1** (*ingannare*) rouler, avoir*: *tanto non mi cucchi!*, de toute façon tu ne me rouleras (*o* auras) pas! **2** (*gergo giovanile*) (*fare conquiste amorose*) faire* des ravages; draguer: *allora, hai cuccato ieri sera?*, alors tu as fait des ravages hier soir? (*o* tu as fait une touche?) **3** (*prendere*) choper; (*sopportare, sorbirsi*) se coltiner: *mi sono cuccato un brutto raffreddore*, j'ai chopé un bon rhume; *me lo sono dovuto cuccare tutta la serata*, je me le suis coltiné toute la soirée.

cuccetta [cuc-cét-ta] ***n.f.*** couchette: *prenotare una cuccetta*, réserver une couchette.

cucchiaiata [cuc-chia-ià-ta] ***n.f.*** cuillerée.

cucchiaino [cuc-chia-ì-no] ***n.m.*** **1** petite cuiller (*f.*) **2** (*pesca*) cuiller (*f.*).
● ***cucchiaino da caffè***, ***da tè***, cuiller à café, à thé.

cucchiaio [cuc-chià-io] ***n.m.*** [pl. *-ai*] cuiller (*f.*), cuillère (*f.*).
● ***cucchiaio da tavola***, cuiller à soupe | ***dolci al cucchiaio***, entremets (sucrés).

cuccia [cùc-cia] ***n.f.*** [pl. *-ce*] **1** niche (à chien) **2** (*scherz.*) (*di letto*) grabat (*m.*).
● ***fa' la cuccia, Fido!***, (va) coucher, Fido!

FAUX AMI
Da non confondere con il francese *couche*, che significa *strato, falda, pannolino per neonato*.

cucciolata [cuc-cio-là-ta] ***n.f.*** portée.

cucciolo [cùc-cio-lo] ***n.m.*** [f. *-a*] **1** (*di cane*) jeune chien, chiot; (*di gatto*) chaton **2** (*piccolo di animali*) petit.

cucco [cùc-co] ***n.m.*** [pl. *-chi*] (*cuculo*) coucou | *è un esempio del cucco*, (*fig. fam.*) c'est un exemple à la noix.
● ***vecchio come il cucco***, (*fig.*) (*di persona anziana*) vieux comme Mathusalem; (*di idea ecc., né nuova né originale*) vieux comme Hérode.

cuccuma [cùc-cu-ma] ***n.f.*** pot (*m.*); (*per il caffè*) cafetière.

cucina [cu-cì-na] ***n.f.*** **1** cuisine: *essere in cucina*, être à la cuisine; *entrare in cucina*, entrer dans la cuisine **2** (*il cucinare; i cibi cucinati*) cuisine: *intendersi di cucina*, s'y connaître en cuisine **3** (*cucina economica*) cuisinière.
● ***cucina a gas***, cuisinière à gaz | ***cucina casalinga***, cuisine familiale | ***cucina componibile***, cuisinière encastrable | (*mil.*) ***cucina da campo***, cuisine roulante | ***cucina elettrica***, cuisinière électrique | ***cucina regionale***, ***tipica***, cuisine du terroir.

cucinare [cu-ci-nà-re] ***v.tr.*** cuisiner, faire* la cuisine: *non sa cucinare*, il ne sait pas faire la cuisine, cuisiner.

cucinato [cu-ci-nà-to] ***agg.*** cuisiné.

cucinino [cu-ci-nì-no] **cucinotto** ***n.m.*** kitchenette (*f.*), cuisinette (*f.*).

cucire [cu-cì-re] ***v.tr.*** [pres.indic. *io cucio* ecc.] **1** coudre*; (*ricucire*) recoudre*: *cucire un abito, un bottone*, coudre (*o* faire) une robe, coudre un bouton **2** (*legatoria*) brocher.
● ***cucire a mano***, ***a macchina***, coudre à la main, à la machine | ***cucire la bocca a qlcu***, (*fig.*) fermer la bouche à qqn | ***cuciti la bocca!***, (*fig.*) bouche cousue! | ***macchina per***, ***da cucire***, machine à coudre.

cucito [cu-cì-to] ***agg.*** cousu; (*con punti metallici*) agraphé ♦ ***n.m.*** couture (*f.*): *imparare il cucito*, apprendre à coudre.
● ***cucito a mano***, cousu (à la) main | ***lavoro di cucito***, ouvrage de couture (*o* d'aiguilles).

cucitore [cu-ci-tó-re] ***n.m.*** couseur.

cucitrice [cu-ci-trì-ce] ***n.f.*** **1** couseuse **2** (*macchina industriale*) couseuse, piqueuse **3** (*attrezzo di cancelleria*) agrafeuse.
● ***cucitrice di bianco***, lingère.

cucitura [cu-ci-tù-ra] ***n.f.*** **1** couture **2** (*legatoria*) brochage (*m.*).

cucù [cu-cù] ***onom.*** e ***n.m.invar.*** coucou.
● ***orologio a cucù***, coucou.

cuculo [cu-cù-lo *o* cù-culo] ***n.m.*** (*zool.*) coucou.

CUD ***n.m.invar.*** (*trib.*) (*sigla di* Certificazione Unica per i redditi di lavoro Dipendente) formulaire de déclaration de revenus pour les salariés.

cuffia [cùf-fia] ***n.f.*** **1** (*copricapo*) coiffe, bonnet (*m.*) **2** (*tecn.*) casque (*m.*) **3** (*rivestimento*) protecteur (*m.*) **4** (*teatr.*) capot (*m.*).

C

● ***cuffia antirumore***, cache-oreilles antibruit | ***cuffia da bagno***, bonnet de bain | ***cuffia da notte***, bonnet de nuit | ***cuffia stereo***, casque stéréo | ***radio con cuffie***, radio à écouteurs.

cugina [cu-gì-na] ***n.f.*** cousine.

cugino [cu-gì-no] ***n.m.*** cousin: *cugino per parte di madre*, cousin germain du côté de la mère.
● ***cugino primo***, cousin germain.

cui ***pron.rel.invar.*** **1** (*del quale*) dont; (*solo riferito a pers.*) de qui: *l'uomo, gli uomini di cui si parla*, l'homme, les hommes dont on parle (*o* de qui l'on parle); *il film di cui hai visto la presentazione*, le film dont tu as vu la présentation; *ecco ciò di cui ho paura*, voilà ce dont j'ai peur **2** (*preceduto da art.det.*) (*riferito a sogg.*) dont le*; (*riferito a ogg.*) dont... le*: *è un avvocato il cui nome è noto a tutti*, c'est un avocat dont le nom est connu de tous; *è un avvocato il cui nome già conosci*, c'est un avocat dont tu connais déjà le nom; *una malattia le cui conseguenze possono essere mortali*, une maladie dont les conséquences peuvent être mortelles **3** (*preceduto da prep.art.*) duquel*, (*solo riferito a pers.*) de qui: *è un uomo della cui onestà non dubito*, c'est un homme de l'honnêteté duquel (*o* de qui) je ne doute pas **4** (*al quale*) auquel*; (*solo riferito a pers.*) à qui; (*preceduto da* ciò, niente, qualcosa) à quoi: *il medico (a) cui mi sono rivolto*, le médecin auquel (*o* à qui) je me suis adressé; *la lettera a cui abbiamo risposto ieri*, la lettre à laquelle nous avons répondu hier; *ciò a cui state pensando*, ce à quoi vous êtes en train de penser **5** (*dal quale*) (*origine, provenienza*) dont*, (*solo riferito a pers.*) de qui; (*moto da luogo*) d'où; (*separazione*) dont*: *la famiglia da cui discende*, la famille dont il descend; *la città da cui provengo*, la ville d'où je viens; *la persona da cui l'ho saputo*, la personne de qui je l'ai appris; *un'affermazione da cui si deduce che*, une affirmation d'où l'on déduit que **6** (*presso*) où; (*solo riferito a pers.*) chez qui: *il negozio da cui mi servo abitualmente*, le magasin où je me sers habituellement; *il sarto da cui si veste*, le couturier chez qui (*o* chez lequel) elle s'habille **7** (*compl. di agente o causa efficiente*) par lequel*; (*solo riferito a pers.*) par qui: *il medico da cui sono stato consigliato*, le médecin par qui (*o* par lequel) j'ai été conseillé | *le persone da cui è amato*, les gens dont (*o* de qui) il est aimé **8** (*compl. di luogo e di tempo*) où: *ecco la casa in cui sono nato*, voilà la maison où je suis né; *il letto in cui dormirai*, le lit où tu dormiras; *l'anno in cui nacque*, l'année où il naquit; *la strada per cui sono passato*, la route par où je suis passé **9** (*preceduto da altre prep.*) lequel*; (*solo riferito a pers.*) qui; (*preceduto da* ciò, niente, qualcosa) quoi: *adesso ti dirò il motivo per cui non sono venuto*, je vais te dire la raison pour laquelle je ne suis pas venu; *il treno su cui ho viaggiato*, le train dans lequel j'ai voyagé; *ciò su cui contavo tanto*, ce sur quoi je comptais tant; *non mi piace il modo in cui si veste*, je n'aime pas la manière dont elle s'habille.
● ***per cui***, (*per ciò, per la qual cosa*) voilà pourquoi, c'est pourquoi: *non conosco l'argomento, per cui preferisco tacere*, je ne connais pas l'argument: voilà pourquoi je préfère me taire.

culatello [cu-la-tèl-lo] ***n.m.*** jambon de Parme de qualité supérieure.

culatta [cu-làt-ta] ***n.f.*** (*mil.*) culasse.

culinario [cu-li-nà-rio] ***agg.*** [pl.m. *-ri*] culinaire.

culla [cùl-la] ***n.f.*** berceau* (*m.*) (*anche fig.*): *la Grecia fu la culla della civiltà*, la Grèce fut le berceau de la civilisation.
● ***fin dalla culla***, dès le berceau.

cullare [cul-là-re] ***v.tr.*** bercer* (*anche fig.*): *cullare un bambino fra le braccia*, bercer un enfant dans ses bras ♦ **cullarsi** ***v.pron.*** se bercer*: *cullarsi in false speranze*, se bercer de faux espoirs.

culminante [cul-mi-nàn-te] ***agg.*** culminant.
● ***punto culminante***, point culiminant.

culminare [cul-mi-nà-re] ***v.intr.*** [aus. *essere*] **1** se terminer (**par**): *la discussione culminò in una zuffa*, (*estens.*) la discussion se termina par une bagarre (*o* se termina en bagarre) **2** (*raggiungere il culmine*) être* couronné (**par**): *la sua carriera culminò con la nomina a presidente*, sa carrière fut couronnée par sa nomination au poste de président **3** (*astr.*) culminer.

culmine [cùl-mi-ne] ***n.m.*** **1** sommet; (*di tetto*) faîte **2** (*fig.*) sommet; faîte: *è al culmine della carriera*, il est au sommet (*o* faîte) de sa carrière.

culo [cù-lo] ***n.m.*** (*volg.*) **1** (*sedere*) cul **2** (*fam.*) (*fondo di qlco*) cul: *un culo di bottiglia*, un cul de bouteille **3** (*spreg. volg.*) (*omosessuale*) pédé, tante (*f.*).
● ***abita in culo ai lupi***, il habite au diable vauvert | ***avere culo, una botta di culo***, (*fam.*) avoir du bol, un coup de bol | ***che culo!***, (*fam.*) bol! | ***mi sono fatto un culo così!***, je me suis cassé le cul! | ***prendere per il culo qlcu***, (*fig. fam.*) se foutre de qqn.

culto [cùl-to] ***n.m.*** culte (*anche fig.*): *il culto della personalità*, le culte de la personnalité.
● ***libertà di culto***, liberté de culte.

cultore [cul-tó-re] ***n.m.*** [f. *-trice*] amateur: *un cultore della materia*, un expert en la matière.

cultuale [cul-tu-à-le] ***agg.*** cultuel*.

cultura [cul-tù-ra] ***n.f.*** **1** culture: *una persona di grande cultura*, une personne très cultivée **2** (*civiltà*) civilisation, culture: *un manuale di storia e cultura francese*, un manuel d'histoire et de civilisation française.
● ***cultura di massa***, culture de masse | ***cultura generale***, culture générale | ***lingua di cultura***, langue de civilisation.

culturale [cul-tu-rà-le] ***agg.*** culturel*.

culturismo [cul-tu-rì-ʃmo] ***n.m.*** culturisme.

culturista [cul-tu-rì-sta] ***n.m.*** e ***f.*** culturiste.

cumino [cu-mì-no] ***n.m.*** (*bot.*) cumin.

cumulabile [cu-mu-là-bi-le] ***agg.*** cumulable.

cumulare [cu-mu-là-re] ***v.tr.*** **1** (*cariche, redditi*) cumuler **2** → accumulare.

cumulativo [cu-mu-la-tì-vo] ***agg.*** cumulatif*.

cumulo [cù-mu-lo] ***n.m.*** **1** cumul **2** (*mucchio*) tas: *un cumulo di legna*, un tas de bois; *un cumulo di sciocchezze*, un amas de sottises **3** (*meteor.*) cumulus.
● ***cumulo delle cariche***, cumul des fonctions | ***cumulo di stipendi***, cumul des salaires.

cuneese [cu-ne-è-se] **cuneense** ***agg.*** de Cuneo.

cuneiforme [cu-nei-fór-me] ***agg.*** cunéiforme.
● ***scrittura cuneiforme***, écriture cunéiforme.

cuneo [cù-ne-o] ***n.m.*** **1** coin **2** (*arch.*) claveau*, voussoir.
● (*fin.*) ***cuneo fiscale***, écart fiscal.

cunetta [cu-nét-ta] ***n.f.*** **1** (*ai bordi delle strade*) caniveau* (*m.*) **2** (*avvallamento del fondo stradale*) cassis (*m.*): *una strada piena di cunette*, une route défoncée **3** (*sulle piste da sci*) bosse.

cunicolo [cu-nì-co-lo] ***n.m.*** galerie (*f.*); boyau* (*spec. mil.*).

cuoca [cuò-ca] ***n.f.*** [pl. *-che*] cuisinière.

cuocere [cuò-ce-re] ***v.tr.*** e ***intr.*** [pres.indic. *io cuocio* ecc.; p.rem. *io cossi, tu cuocesti* ecc.; p.p. *cotto*; aus. dell'intr. *essere*] cuire*: *cuocere il riso, la carne*, cuire le riz, la viande; *la campagna cuoceva sotto il sole*, (*estens.*) la campagne cuisait sous le soleil | *qui dentro si cuoce!*, (*fig.*) on cuit là-dedans!

● ***cuocere a bagnomaria***, cuire au bain-marie | ***cuocere a fuoco lento, a fuoco vivo***, cuire à feu doux, à feu vif | ***cuocere a lesso, in umido***, cuire à l'eau, à l'étuvée | ***cuocere arrosto***, rôtir | ***lasciar cuocere qlcu nel suo brodo***, (*fig.*) laisser cuire qqn dans son jus.

cuoco [cuò-co] ***n.m.*** [pl. *-chi*] cuisinier; chef; (*su nave*) coq: *un cuoco molto abile*, un cordon bleu.

cuoiame [cuo-ià-me] ***n.m.*** cuirs (*pl.*).

cuoio [cuò-io] ***n.m.*** [pl.m. *cuoi*; (*ant.*) pl.f. *cuoia*] cuir: *stivali di cuoio*, bottes en cuir.

● ***tirare le cuoia***, (*fig.*) casser sa pipe.

cuore [cuò-re] ***n.m.*** **1** cœur: *malato di cuore*, malade du cœur **2** (*parte centrale di qlco*) cœur: *il cuore della città*, le cœur de la ville | *il cuore pulsante*, (*fig.*) le centre névralgique **3** (*antiq., letter.*) (*coraggio*) cœur: *mi mancò il cuore*, je n'ai pas eu le cœur, le courage **4** (*pl.*) (*seme di carta da gioco*) cœur (*sing.*).

● ***a cuore aperto***, à cœur ouvert: *parlare a cuore aperto*, (*fig.*) parler à cœur ouvert; (*med.*) *operazione a cuore aperto*, opération à cœur ouvert | (*med.*) ***attacco di cuore***, crise cardiaque | ***avere il cuore in gola***, être à bout de souffle | ***avere il cuore stretto***, (*fig.*) avoir le cœur gros | ***avere molto a cuore***, avoir fort à cœur | ***avere una spina nel cuore***, (*fig.*) avoir un poids sur le cœur | ***togliere una spina dal cuore***, (*fig.*) tirer une épine du pied | ***col cuore in gola***, le cœur battant | ***con la morte nel cuore***, la mort dans l'âme | ***è gente con il cuore in mano***, ils ont le cœur sur la main | ***essere senza cuore, non avere cuore***, ne pas avoir de cœur, être sans cœur | ***fare strage di cuori***, être un bourreau des cœurs, faire des ravages | ***in cuor suo***, au fond de son cœur | ***il suo amico del cuore***, son meilleur ami | ***lo ama con tutto il cuore***, elle l'aime de tout son cœur | ***lo faccio di cuore***, je le fais de grand cœur | (*prov.*) ***lontano dagli occhi, lontano dal cuore***, loin des yeux, loin du cœur | ***mettersi una mano sul cuore***, se mettre une main sur la conscience | ***mi piange il cuore***, (*fig.*) ça me fend le cœur | ***mi si allarga il cuore***, (*fig.*) mon cœur se remplit de joie | ***mi si stringe il cuore***, (*fig.*) j'ai le cœur serré | ***nel cuore di***, au cœur de | ***ridere di cuore***, rire de bon cœur | ***ringraziare di cuore***, remercier de tout cœur | ***sentire un tuffo al cuore***, sentir un coup au cœur | ***serbare in cuore***, garder dans son cœur | ***stare a cuore***, tenir à cœur: *un argomento che gli sta a cuore*, un sujet qui lui tient à cœur | ***stringere al cuore***, serrer sur son cœur | ***una persona di (buon) cuore***, une personne qui a bon cœur.

cupamente [cu-pa-mén-te] ***avv.*** **1** sombrement **2** (*di suono*) sourdement.

cupezza [cu-péz-za] ***n.f.*** obscurité; couleur sombre: *la cupezza del cielo*, un ciel sombre; *cupezza di carattere*, caractère morose; *la cupezza del suo volto, del suo sguardo*, son visage, son regard sombre.

cupidigia [cu-pi-dì-gia] ***n.f.*** [pl. *-ge* o *-gie*] **cupidità** ***n.f.invar.*** convoitise.

cupido [cù-pi-do] ***agg.*** avide; (*di ricchezze*) cupide; (*concupiscente*) concupiscent.

cupo [cù-po] ***agg.*** **1** sombre, obscur: *una notte cupa*, une nuit sombre **2** (*profondo*) profond **3** (*di colore*) foncé **4** (*di suono*) sourd **5** (*fig.*) (*triste, pensieroso*) sombre: *essere cupo in volto*, avoir l'air sombre; *farsi cupo in volto*, s'assombrir.

cupola [cù-po-la] ***n.f.*** **1** (*arch.*) (*vista dall'interno*) coupole; (*vista dall'esterno*) dôme (*m.*) **2** (*tetto apribile*) coupole **3** (*di cappello*) calotte.

● ***la cupola del cielo***, la voûte du ciel.

cupula [cù-pu-la] ***n.f.*** (*bot.*) cupule.

cura [cù-ra] ***n.f.*** **1** soin (*m.*): *fare con (la massima) cura*, faire avec le plus grand soin | *la cura del patrimonio*, la gestion des biens | *la cura della casa*, l'entretien de la maison **2** (*spec. pl.*) (*premure*) soins (*m.*); (*attenzioni*) attentions | *sarà nostra cura*, nous veillerons à, nous prendrons le plus grand soin à **3** (*preoccupazione*) préoccupation, souci (*m.*): *lo studio è la sua unica cura*, l'étude est son unique préoccupation (*o* souci) **4** (*med.*) traitement (*m.*); (*metodo terapeutico*) cure **5** (*relig.*) charge: *cura d'anime*, charge d'âmes **6** (*dir.*) (*curatela*) curatelle.

● ***cura termale, dimagrante, del sonno***, cure thermale, amaigrissante, du sommeil | ***a cura di***, par: *traduzione a cura di*, traduit par; *collana a cura di*, collection dirigée par; *scelta di fotografie a cura di*, photos choisies par | ***a nostra cura***, par nos soins | ***avere cura di***, prendre soin de: *abbi cura di non farlo cadere*, fais attention à ne pas le faire tomber; *abbiate cura di essere puntuali*, veillez à être ponctuels; *abbi cura di te*, soigne-toi bien | ***avere in cura***, soigner | ***casa di cura***, maison de santé | ***darsi cura di***, se donner la peine de | ***essere in cura***, être en traitement, se soigner | ***prendersi cura di***, avoir soin, s'occuper de.

curabile [cu-rà-bi-le] ***agg.*** curable.

curante [cu-ràn-te] ***agg.*** traitant.

curare [cu-rà-re] ***v.tr.*** **1** soigner; (*occuparsi di*) s'occuper (**de**): *cura molto l'educazione dei figli*, elle prend grand soin de l'éducation de ses enfants; *cura molto la cucina*, elle fait une cuisine très soignée **2** (*procurare*) veiller (**à**): *curate che tutto sia in ordine*, veillez à ce que tout soit en ordre **3** (*med.*) soigner: *curare una malattia*, soigner une maladie ♦ **curarsi** ***v.pron.*** se soigner ♦ ***v.pron.intr.*** (*preoccuparsi*) se donner la peine; (*occuparsi*) s'occuper: *non si è curato di rispondermi*, il ne s'est pas donné la peine de me répondre; *non ti curare dei pettegolezzi*, ne t'occupe pas des potins.

● ***curare l'edizione di un libro***, éditer un livre | ***curare una collana***, diriger une collection | ***non me ne curo affatto***, c'est le dernier de mes soucis.

> **FAUX AMI**
> Da non confondere con *curer*, che significa *pulire*.

curaro [cu-rà-ro] ***n.m.*** (*chim.*) curare.

curatela [cu-ra-tè-la] ***n.f.*** (*dir.*) curatelle.

curativo [cu-ra-tì-vo] ***agg.*** curatif*.

curato[1] [cu-rà-to] ***agg.*** **1** soigné: *è una persona molto curata*, elle est très soignée de sa personne **2** (*di un libro*) édité; (*di collana editoriale*) dirigé.

curato[2] ***n.m.*** (*eccl.*) curé; (*coadiutore*) vicaire.

curatore [cu-ra-tó-re] ***n.m.*** [f. *-trice*] **1** (*dir.*) curateur* **2** (*di un libro*) éditeur*.

● ***curatore di immagine***, lookeur | (*dir.*) ***curatore fallimentare***, liquidateur judiciaire de faillite.

curdo [cùr-do] ***agg.*** kurde ♦ ***n.m.*** **1** [f. *-a*] (*abitante*) Kurde **2** (*lingua*) kurde.

curia [cù-ria] ***n.f.*** (*eccl.*) curie.

curiale [cu-rià-le] ***agg.*** **1** (*eccl.*) curial **2** (*forense*) du palais **3** (*aulico*) de la cour.

curiosamente [cu-rio-sa-mén-te] ***avv.*** curieusement.

curiosare [cu-rio-sà-re] ***v.intr.*** [aus. *avere*] (*guardare*) voir*; (*frugare*) fouiller (**dans**); (*spiare*) épier: *si affacciò*

C

a curiosare, il se mit à la fenêtre pour voir ce qui se passait; *viene qui solo a curiosare*, il ne vient ici que par curiosité; *curiosare negli affari altrui*, mettre son nez dans les affaires des autres; *se ne andò a curiosare per la città*, il partit à la découverte de la ville.

curiosità [cu-rio-si-tà] ***n.f.invar.*** **1** curiosité: *mi venne la curiosità di conoscerlo*, j'eus envie de faire sa connaissance **2** (*interesse*) intérêt (*m.*): *curiosità scientifica*, intérêt pour les sciences **3** (*cosa rara*) curiosité, rareté **4** (*stranezza*) étrangeté; (*stravaganza*) extravagance; bizarrerie.

● ***destare, stuzzicare la curiosità di qlcu***, éveiller, piquer la curiosité de qqn | ***levami questa curiosità***, ôte-moi un doute | ***mettere qlcu in curiosità***, éveiller la curiosité de qqn | ***per curiosità***, par curiosité.

curioso [cu-rió-so] ***agg.*** **1** curieux*: *sono curioso di sapere dove l'hai trovato*, je suis curieux de savoir où tu l'as trouvé **2** (*singolare*) curieux*, drôle; (*stravagante*) extravagant, bizarre: *un tipo curioso*, un type curieux, un drôle de type **3** (*interessato a*) curieux* (**de**), qui s'intéresse (**à**) ♦ ***n.m.*** [f. *-a*] curieux*: *una folla di curiosi*, une foule de curieux.

● ***curioso!***, bizarre! (*o* drôle!) | ***questa è curiosa!***, tiens, elle est bonne, celle-là!

curriculum [cur-rì-cu-lum] ***n.m.*** [pl. *curricula* o *invar.*] curriculum.

● ***curriculum vitae*** (*CV*), curriculum vitae (CV) | ***il curriculum di studi***, les études faites.

cursore [cur-só-re] ***n.m.*** **1** (*tecn.*) curseur **2** (*inform.*) curseur.

curva [cùr-va] ***n.f.*** **1** courbe **2** (*di una strada*) virage (*m.*); (*di un fiume*) coude (*m.*); (*svolta*) détour (*m.*): *prendere male una curva*, manquer un virage; *curve per 2 km*, virages sur 2 km; *alla curva della strada*, au détour de la rue; *strada a curve*, route en lacets **3** (*fam.*) (*spec. pl.*) (*formosità*) rondeur.

● ***curva a S***, virage en S | (*econ.*) ***curva della domanda, dell'offerta***, courbe de la demande, de l'offre | ***una ragazza tutta curve***, (*fam.*) une fille bien balancée, tout en rondeurs.

curvare [cur-và-re] ***v.tr.*** **1** courber (*anche fig.*): *curvare la testa, la schiena*, courber la tête, le dos **2** (*metall.*) cintrer ♦ ***v.intr.*** [aus. *avere*] **1** (*di veicoli*) virer, prendre* le virage **2** (*di strada, fiume*) tourner ♦ **curvarsi** ***v.pron.*** **1** (*piegarsi*) se courber; (*cedere*) fléchir **2** (*chinarsi*) se baisser **3** (*fig.*) (*sottomettersi*) se plier.

curvatura [cur-va-tù-ra] ***n.f.*** **1** (*atto*) courbement (*m.*): *dare una curvatura a qlco*, courber qqch **2** (*effetto*) courbure.

curvilineo [cur-vi-lì-ne-o] ***agg.*** (*mat.*) curviligne ♦ ***n.m.*** (*tecn.*) pistolet.

curvo [cùr-vo] ***agg.*** **1** courbe **2** (*piegato*) courbé: *curvo per l'età*, voûté par l'âge; *avere le spalle curve*, avoir les épaules voûtées; *curvo sui libri*, penché sur ses livres.

cuscinetto [cu-sci-nét-to] ***n.m.*** **1** coussinet **2** (*fig.*) tampon: *servire da cuscinetto*, servir de tampon **3** (*mecc.*) roulement, coussinet.

● (*mecc.*) ***cuscinetto a sfere***, roulement à billes | ***cuscinetto di grasso***, bourrelet de graisse | ***cuscinetto per timbri***, tampon encreur | ***cuscinetto puntaspilli***, pelote (d'épingles) | (*pol.*) ***Stato cuscinetto***, État tampon.

cuscino [cu-scì-no] ***n.m.*** **1** coussin; (*del letto*) oreiller **2** (*mecc.*) coussin.

● (*mecc.*) ***cuscino d'aria***, coussin d'air.

cuscus [cu-scùs *o* cùscus] ***n.m.invar.*** (*cuc.*) couscous.

cuspide [cù-spi-de] ***n.f.*** **1** pointe **2** (*arch.*) (*di campanile*) flèche; (*coronamento*) couronnement (*m.*) **3** (*anat., bot.*) cuspide.

custode [cu-stò-de] ***n.m.*** e ***f.*** **1** gardien/enne: *custode della tradizione, della libertà*, (*fig.*) gardien de la tradition, de la liberté **2** (*portinaio*) concierge.

● ***angelo custode***, ange gardien.

custodia [cu-stò-dia] ***n.f.*** **1** garde **2** (*astuccio*) étui (*m.*).

● (*dir.*) ***custodia cautelare***, détention préventive | ***agente di custodia***, gardien de prison | ***avere in custodia qlco***, avoir la garde de qqch | ***lasciare un oggetto in custodia presso qlcu***, confier la garde d'un objet à qqn.

custodire [cu-sto-dì-re] ***v.tr.*** [coniug. come *finire*] garder: *custodire un bambino, un malato*, garder un enfant, un malade.

customizzare [kastomi'zare] ***v.tr.*** customiser: *customizzare la propria macchina*, customiser sa voiture.

cutaneo [cu-tà-ne-o] ***agg.*** cutané.

cute [cù-te] ***n.f.*** (*anat.*) peau*.

cutireazione [cu-ti-re-a-zió-ne] ***n.f.*** (*med.*) cuti-réaction*; (*fam.*) cuti.

cutrettola [cu-trét-to-la *o* cutrèttola] ***n.f.*** (*zool.*) bergeronnette.

cutter ['katter] ***n.m.invar.*** (*mar.*) cotre.

cybernauta [cy-ber-nàu-ta] ***n.m.*** e ***f.*** cybernaute.

cyberspazio [cy-ber-spà-zio] ***n.m.*** [pl. *-zi*] cyberespace.

cybersquatting [saiber'skwɔttiŋ] ***n.m.invar.*** cybersquattage.

cyclette® [si'klɛt] ***n.f.invar.*** vélo (*m.*) d'appartement.

Dd

d ***n.f.*** o ***m.invar.*** d (*m.*).
● (*tel.*) ***d come Domodossola***, d comme Désiré.

da[1] ***prep.*** [in unione con l'art. *il* forma la prep.art. **dal**; con l'art. *lo* forma **dallo** (**dall'** davanti a vocale); con l'art. *la* forma **dalla** (**dall'** davanti a vocale); in unione con l'art. *i* forma la prep.art. pl. **dai**; con l'art. *gli* forma **dagli**; con l'art. *le* forma **dalle**; si elide solo nelle locuz. *d'altro lato*, *d'altronde*, *d'ora in poi* e simili] **1** (*origine, moto da luogo, moto a luogo*) de*: *da dove venite?*, d'où venez-vous?; *viene da Le Mans*, il vient du Mans; *torna dall'Asia*, *dalla Germania*, il revient d'Asie, d'Allemagne; *a due metri da terra*, à deux mètres au-dessus du sol; *cadere da cavallo*, tomber de cheval; *copiare dal compagno*, *dal libro*, copier sur son camarade, sur le livre; *apprendere una notizia dai giornali*, *dalla radio*, apprendre une nouvelle par les journaux, par la radio; *ricominciare dal principio*, recommencer depuis le début; *vi trasmettiamo il concerto da Taormina*, *dal teatro greco di Taormina*, nous vous transmettons le concert depuis Taormine, depuis le théâtre grec de Taormine; *non so da dove cominciare*, je ne sais (pas) (par) où commencer; *credo che abiti da quelle parti*, je crois qu'il habite dans les parages; *lo condurrò dal medico*, je l'accompagnerai chez le médecin **2** (*moto per luogo*) par: *siamo passati da Parigi*, nous sommes passés par Paris; *sono fuggiti dalla finestra*, ils se sont enfuis par la fenêtre **3** (*in casa di, presso*) chez; (*da casa di*) de chez: *andare dal medico*, aller chez le médecin; *ritorno adesso dal medico*, je reviens à l'instant de chez le médecin **4** (*agente, causa efficiente*) par; (*con verbi di stima o sentimento*) de*: *la città è stata distrutta da un terremoto*, la ville a été détruite par un tremblement de terre; *un uomo amato*, *stimato da tutti noi*, un homme aimé, estimé de nous tous **5** (*tempo*) (*riferito al pass.*) depuis; (*riferito al fut.*) dès, à partir de; (*con valore di* fin da) dès: *lo aspetto da due ore*, je l'attends depuis deux heures; *è dalle due che l'aspetto*, je l'attends depuis deux heures; *da Gesù Cristo in poi*, depuis Jésus Christ; *da domani mi alzerò alle sette*, à partir de, dès demain, je me lèverai à sept heures; *dal 1930*, *dal mese di aprile*, dès 1930, dès le mois d'avril **6** (*causa*) de*: *saltare dalla gioia*, sauter de joie; *cadere dal sonno*, tomber de sommeil; *fu detto Barbarossa dal colore della sua barba*, il fut appelé Barberousse à cause de la couleur de sa barbe **7** (*qualità*) à*: *un bambino dai capelli biondi*, un enfant aux cheveux blonds **8** (*in base a*) à*, d'après: *da quel che dicono*, à, d'après ce qu'on dit; *dalla sua voce, ho capito che*, au ton de sa voix, j'ai compris que | *a giudicare dai fatti*, *dalle apparenze*, à en juger d'après les faits, les apparences **9** (*come, a somiglianza di; in qualità di*) en: *comportarsi da eroe*, se comporter en héros; *era travestito da Pierrot*, il était déguisé en Pierrot; *lasciarsi da buoni amici*, se quitter (en) bons amis; *fare da madre*, tenir lieu (*o* servir) de mère **10** (*per indicare condizione*) lorsque, quand: *da vecchi*, lorsqu'on est vieux; *cosa farai da grande?*, ques feras-tu quand tu seras grand? **11** (*fine, scopo*) à*; de*; pour: *spazzolino da denti*, brosse à dents; *costume da bagno*, maillot de bain; *scarpe da bambini*, chaussures pour enfants **12** (*limitazione*) de*: *sordo da un orecchio*, sourd d'une oreille **13** (*valore*) de*; (*prezzo*) à: *una vecchia moneta da venti lire*, une vieille pièce de vingt lires; *un gelato da due euro*, une glace à deux euros; *scarpe da settanta euro*, chaussures à soixante-dix euros, (*a partire da*) à partir de soixante-dix euros; *un oggetto da poco*, un objet de peu de valeur **14** (*mezzo*) par: *te lo manderò da un mio amico*, je te le ferai parvenir par un de mes amis; *l'avevo saputo da un telegramma*, je l'avais su par un télégramme **15** (*seguito da inf.*) à*; (*con valore di* di che) de quoi: *hai molto da fare?*, tu as beaucoup à faire?; *c'è da impazzire*, c'est à, il y a de quoi devenir fou; *non hanno neppure da vivere*, ils n'ont même pas de quoi vivre; *mi ha lasciato i suoi bambini da custodire*, elle m'a confié la garde de ses enfants; *camicie da stirare*, chemises à repasser; *dare da mangiare*, *da bere*, donner à manger, à boire; *c'è poco da scherzare*, il n'y a pas de quoi plaisanter.
● ***da... a...***, de... à...: *dall'A alla Z*, de A à Z; *ragazzi dai sei ai dieci anni*, garçons de six à dix ans; *dal primo all'ultimo*, depuis le (*o* du) premier jusqu'au (*o* au) dernier; *dalle otto alle nove*, de huit (heures) à neuf (heures); *dal (gennaio) 1945 al (settembre) 1946*, de (janvier) 1945 à (septembre) 1946 | ***da allora*** (***in poi***), dès lors | ***da me***, ***te***, ***sé***, tout seul: *l'ho fatto da me*, je l'ai fait moi-même; *si è fatto da sé*, il s'est fait tout seul; *devi imparare da te*, tu dois apprendre tout seul | ***da oggi*** (***in poi***), dès aujourd'hui, à partir d'aujourd'hui | ***da poco tempo***, ***da molto tempo***, depuis peu, depuis longtemps | ***da quando***, depuis que: *da quando è partito*, depuis qu'il est parti | ***da sempre***, depuis toujours | ***così... da***, (*con agg. e avv.*) si... que, assez... pour; (*con v.*) tellement... que: *era così stanco da non poter continuare*, il était si fatigué qu'il ne pouvait pas continuer | ***non è da te***, ***voi***, ça ne te, ne vous ressemble pas de: *non è da te dire certe cose*, ça ne te ressemble pas de dire certaines choses | ***tanto***, ***talmente... da***, tant, tellement... que: *lavora tanto da non potersi permettere un giorno di riposo*, il travaille tellement (*o* tant) qu'il ne peut pas se permettre un jour de repos.

da[2], **dà**, **da'** → **dare**[1].

dabbasso [dab-bàs-so] **da basso** ***avv.*** en bas.

dabbenaggine [dab-be-nàg-gi-ne] ***n.f.*** (*ingenuità*) naïveté; (*credulità*) crédulité; (*sciocchezza*) bêtise.

dabbene [dab-bè-ne] ***agg.invar.*** comme il faut: *è un uomo dabbene*, c'est un homme comme il faut.

daccapo [dac-cà-po] **da capo** ***avv.*** **1** (*di nuovo*) de nouveau; (*ancora*) encore | *siamo daccapo!*, ça recommence! **2** (*dall'inizio*) depuis le début.
● ***punto e daccapo***, (*anche fig.*) point à la ligne.

dacché [dac-ché] ***cong.*** **1** depuis que **2** (*letter.*) (*poiché*) puisque.
● ***dacché mondo è mondo***, depuis que le monde est monde.

dacia [dà-cia] ***n.f.*** [pl. *-cie* o *-ce*] datcha.

dadaismo [da-da-ì-ʃmo] ***n.m.*** (arte) dadaïsme.
dadaista [da-da-ì-sta] ***n.m.*** e ***f.*** e ***agg.*** (arte) dadaïste, dada.
dado [dà-do] ***n.m.*** **1** dé: *giocare a dadi*, jouer aux dés **2** (per brodo) cube de bouillon, bouillon cube **3** (mecc.) écrou **4** (arch.) dé.
● ***il dado è tratto***, (fig.) le sort en est jeté.
daffare [daf-fà-re] **da fare** ***n.m.invar.*** travail: *avere un gran daffare*, avoir beaucoup à faire.
● ***darsi da fare*** (o ***daffare***), se donner du mal: *datti da fare!*, secoue-toi un peu!; *si dà daffare anche lui*, il met lui -aussi la main à la pâte.
dafne [dàf-ne] ***n.f.*** (bot.) daphné (*m.*).
daga [dà-ga] ***n.f.*** [pl. *-ghe*] dague.
dagherrotipo [da-gher-rò-ti-po] ***n.m.*** (fot.) daguerréotype.
dagli[1] [dà-gli] ***prep.art.m.pl.*** → **da**[1].
dagli[2] ***inter.*** **1** allez, vas-y; (per incitare a colpire) cogne-le: *dagli al ladro!*, au voleur! **2** (ancora, di nuovo) encore, de nouveau.
● ***e dagli oggi, dagli domani!***, à force (d'insister)!
dai[1] ***prep.art.m.pl.*** → **da**[1].
dai[2] ***inter.*** → **dagli**[2].
dai[3] → **dare**[1].
daina [dài-na] ***n.f.*** daine.
daino [dài-no] ***n.m.*** daim: *giacca in (pelle di) daino*, veste en daim.
dal ***prep.art.m.sing.*** → **da**[1].
dalia [dà-lia] ***n.f.*** (bot.) dahlia (*m.*).
dalla [dàl-la] ***prep.art.f.sing.*** → **da**[1].
dalle [dàl-le] ***prep.art.f.pl.*** → **da**[1].
dallo [dàl-lo] ***prep.art.m.sing.*** → **da**[1].
dalmata [dàl-ma-ta] ***n.m.*** (cane) dalmatien ♦ ***agg.*** dalmate ♦ ***n.m.*** e ***f.*** (abitante) Dalmate.
daltonico [dal-tò-ni-co] ***agg.*** e ***n.m.*** [f. *-a*; pl.m. *-ci*, f. *-che*] daltonien*.
daltonismo [dal-to-nì-ʃmo] ***n.m.*** daltonisme.
d'altronde [dal-trón-de] ***avv.*** → **altronde, d'**.
dama [dà-ma] ***n.f.*** **1** dame **2** (gioco) dames (*pl.*): *il gioco della dama*, le jeu de dames; *la (scacchiera della) dama*, le damier; *giocare a dama*, jouer aux dames; *fare dama*, damer.
● ***dama di carità***, dame de charité | ***dama di compagnia***, dame de compagnie | ***dama di corte***, dame de la Cour.
damascato [da-ma-scà-to] ***agg.*** (tess.) damassé: *tovaglia damascata*, nappe en damassé.
damaschinare [da-ma-schi-nà-re] ***v.tr.*** damasquiner.
damasco [da-mà-sco] ***n.m.*** [pl. *-schi*] damas.
damerino [da-me-rì-no] ***n.m.*** (spreg.) gandin.
damigella [da-mi-gèl-la] ***n.f.*** demoiselle.
● ***damigella d'onore***, demoiselle d'honneur.
damigiana [da-mi-già-na] ***n.f.*** dame-jeanne*.
danaroso [da-na-ró-so] ***agg.*** riche.
danda [dàn-da] ***n.f.*** lisière.
danese [da-né-se] ***agg.*** danois ♦ ***n.m.*** e ***f.*** (abitante) Danois/e ♦ ***n.m.*** **1** (lingua) danois **2** (cane) danois.
dannare [dan-nà-re] ***v.tr.*** damner ♦ **dannarsi** ***v.pron.*** se damner (anche fig.): *si dannerebbe per i soldi*, il vendrait son âme pour de l'argent; *sono due ore che mi danno per risolvere il problema*, voilà deux heures que je me casse la tête sur ce problème.
● ***dannarsi l'anima***, (fig.) se damner, vendre son âme.
dannatamente [dan-na-ta-mén-te] ***avv.*** extrêmement: *darsi dannatamente da fare*, se donner un mal de chien.
dannato [dan-nà-to] ***agg.*** **1** damné **2** (fam.) (maledetto; terribile) sacré, damné: *una dannata faccenda*, une sacrée histoire; *quel dannato ragazzo!*, ce sacré garçon!; *un dannato imbroglione*, un sacré filou; *nella dannata ipotesi in cui*, si par malheur; *fare una vita dannata*, faire une vie d'enfer ♦ ***n.m.*** [f. *-a*] damné.
● ***come un dannato***, comme un damné: *lavorare come un dannato*, travailler comme un forçat.
dannazione [dan-na-zió-ne] ***n.f.*** damnation: *sarà la mia dannazione*, il me fera damner ♦ ***inter.*** zut.
danneggiamento [dan-neg-gia-mén-to] ***n.m.*** endommagement.
danneggiare [dan-neg-già-re] ***v.tr.*** [coniug. come *mangiare*] (cose) endommager*; (persone) causer du dommage (**à**); (nuocere a) nuire* (**à**): *il suo buon nome è stato danneggiato da quella brutta faccenda*, cette vilaine affaire a terni sa réputation.
danneggiato [dan-neg-già-to] ***agg.*** endommagé ♦ ***n.m.*** [f. *-a*] (dir.) partie (*f.*) plaignante.
danno[1] [dàn-no] ***n.m.*** dommage; (prodotto da causa violenta) dégât; (misfatto) méfait: *arrecare danno a qlcu*, causer un dommage (*o* porter préjudice) à qqn; *arrecare danno alla salute*, nuire à la santé; *i danni dell'alcol*, les méfaits de l'alcool; *chiedere i danni*, demander les dommages-intérêts; *è un danno per la sua reputazione*, cela ternit sa réputation | *nessun danno alle persone*, aucun blessé.
● ***danno ambientale***, catastrophe écologique | ***danno morale***, ***materiale***, dommage moral (*o* tort), dommage matériel | ***danni di guerra***, dommages de guerre | ***a (tutto) danno di***, au détriment de: *a mio danno*, à mon désavantage, (*a mie spese*) à mes frais | ***restare col danno e con le beffe***, payer les pots cassés.
danno[2] → **dare**[1].
dannosità [dan-no-si-tà] ***n.f.invar.*** dangerosité.
dannoso [dan-nó-so] ***agg.*** nuisible; (svantaggioso) désavantageux*; (pericoloso) dangereux*; (nocivo) nocif*.
dantesco [dan-té-sco] ***agg.*** [pl.m. *-schi*, f. *-sche*] **1** de Dante; (secondo lo stile di Dante) dantesque **2** (che riguarda Dante e la sua opera) sur Dante.
danubiano [da-nu-bià-no] ***agg.*** danubien*.
danza [dàn-za] ***n.f.*** danse: *aprire le danze*, ouvrir la danse.
● ***danza classica***, danse classique | ***danza del ventre***, danse du ventre | (arte) ***danza macabra***, danse macabre.
danzante [dan-zàn-te] ***agg.*** dansant: *serata danzante*, soirée dansante.
danzare [dan-zà-re] ***v.intr.*** e ***tr.*** [aus. *avere*] danser.
danzatore [dan-za-tó-re] ***n.m.*** [f. *-trice*] danseur*.
dappertutto [dap-per-tùt-to] ***avv.*** partout.
dappocaggine [dap-po-càg-gi-ne] ***n.f.*** ineptie; (stupidità) bêtise.
dappoco [dap-pò-co] ***agg.invar.*** de rien.
dappresso [dap-près-so] ***avv.*** de près.
dapprima [dap-prì-ma] ***avv.*** d'abord, au début.
dapprincipio [dap-prin-cì-pio] **da principio** ***avv.*** au début; (all'inizio) au commencement.
dardo [dàr-do] ***n.m.*** trait | *i dardi del sole*, (fig.) les rayons du soleil | *i dardi dell'amore*, (fig.) les flèches de l'amour.

dare[1] [dà-re] ***v.tr.*** [pres.indic. *io do*, *tu dai*, *egli dà*, *noi diamo*, *voi date*, *essi danno*; imperf.indic. *io davo*; p.rem. *io diedi* o *detti*, *tu desti*, *egli diede*, *noi demmo*, *voi deste*, *essi diedero*; fut.indic. *io darò*; pres.cong. *io dia*; imperf.cong. *io dessi*; imp. *dai* o *dà* o *da'* ; p.p. *dato*] **1** donner: *gli ha dato un libro*, il lui a donné un livre; *dare uno schiaffo*, *un bacio*, donner une gifle, un baiser; *dare una spinta*, pousser; *dare una risposta*, *una spiegazione*, donner une réponse, une explication; *dare in prestito*, prêter; *non gli darei più di trent'anni*, je ne lui donnerais pas plus de trente ans; *non gli si dà la sua età*, il ne paraît pas son âge; *dare le proprie generalità*, décliner son identité | *dare la buona notte*, *il benvenuto*, souhaiter bonne nuit, la bienvenue | *se non la smetti te le do*, (*fam.*) si tu n'arrêtes pas, tu vas recevoir une râclée | *darei non so cosa per*, je donnerais n'importe quoi pour **2** (*porgere*) donner: *dare la mano*, donner la main **3** (*somministrare, infliggere*) donner: *gli hanno dato due anni di carcere*, on lui a donné deux ans de prison **4** (*affidare*) confier: *dare un incarico*, confier une charge **5** (*pagare*) donner, payer*: *quanto avete dato per questo quadro?*, combien avez-vous payé ce tableau? **6** (*teatr., tv, cine.*) (*rappresentare, programmare*) donner: *cosa danno a teatro?*, qu'est-ce qu'on donne au théâtre?; *cosa danno stasera alla tv?*, *al cinema?*, qu'est-ce qu'on passe ce soir à la télé?, au cinéma? **7** (*rendere, produrre, causare*) produire*: *questa vigna dà poca uva*, ce vignoble produit peu de raisin; *questo investimento dà il 12%*, cet investissement rapporte 12% | *dare un suono stridulo*, rendre un son grinçant | *mi dà molte preoccupazioni*, cela me cause bien des soucis ♦ ***v.intr.*** [aus. *avere*] **1** (*di colori, tendere*) tirer: *un grigio che dà sull'azzurro*, un gris qui tire sur le bleu **2** (*essere esposto*) donner: *una stanza che dà sul giardino*, une pièce qui donne sur le jardin **3** (*battere*) cogner: *ho dato con il ginocchio per terra*, je me suis cogné le genou par terre **4** (*prorompere*) éclater: *dare in lacrime*, fondre en larmes **5** (*dare l'appellativo di*) donner le titre (**de**); (*come insulto*) traiter (**de**): *dare del cavaliere*, donner le titre de chevalier; *dare dell'imbecille*, *del ladro a qlcu*, traiter qqn d'imbécile, de voleur ♦ **darsi** ***v.pron.*** **1** se donner: *darsi al nemico*, se rendre à l'ennemi **2** (*dedicarsi; abbandonarsi*) se donner: *darsi allo studio*, se consacrer à ses études; *darsi a gridare*, se mettre à crier; *darsi al bere*, s'adonner à la boisson ♦ ***v.pron. indiretto*** se donner: *darsi la cipria*, se poudrer; *darsi il rossetto*, se mettre du rouge à lèvres ♦ ***v.pron.rec. indiretto*** se donner: *darsi un bacio*, se donner un baiser; *ci siamo dati appuntamento per domani*, nous nous sommes donné rendez-vous pour demain.

● ***dare a intendere***, faire croire | ***dare da***, donner à: *mi ha dato da dormire*, il m'a fait coucher chez lui; *dare da vivere*, donner de quoi vivre; *mi hanno dato da fare una traduzione*, on m'a donné une traduction à faire; *ti darà da pensare*, cela te fera réfléchir; *questo ritardo mi dà da pensare*, ce retard m'inquiète; *questa traduzione mi ha dato* (*molto*) *da fare*, cette traduction m'a donné beaucoup de mal | ***dare del lei***, ***del voi***, vouvoyer | ***dare del tu***, tutoyer | ***dare dentro***, (*fam.*) (*urtare*) se cogner (contre), heurter; (*restituire*) rendre: *dar dentro a qlco*, se cogner contre qqch; *ho dato dentro la mia vecchia automobile*, on a repris ma vieille voiture | ***dare fuori***, donner à l'extérieur; (*fig. fam.*) (*impazzire*) sortir de ses gonds: *dar fuori un lavoro*, donner un travail à l'extérieur | ***dare indietro***, (*fam.*) rendre: *puoi darmi indietro i miei libri?*, peux-tu me rendre mes livres? | ***dare per***, (*ritenere, giudicare*) donner pour: *dare per certo*, *per scontato*, donner pour certain, pour sûr; *i medici lo danno per spacciato*, pour les médecins il est perdu; *dare per morto*, compter au nombre des morts; *dare per disperso*, porter disparu | ***dare via***, donner; (*sbarazzarsi*) se débarrasser (de); (*cedere a basso prezzo*) brader | ***darci dentro***, (*fam.*) s'y mettre à fond: *devi darci dentro se vuoi finire il lavoro in tempo*, il faut que tu bosses dur si tu veux terminer ton travail à temps | ***darla vinta***, avoir le dessous: *non voglio dargliela vinta*, je ne veux pas avoir le dessous | ***darsele***, se flanquer une bonne râclée | ***darsi da fare***, se donner du mal: *devi darti da fare*, il faut que tu te remues; *si dà da fare tutto il giorno*, il n'arrête pas de toute la journée; *valeva la pena di darti tanto da fare?*, ça valait la peine de te donner tant de mal? | ***darsi malato***, se faire porter malade | ***darsi per vinto***, s'avouer vaincu | ***può darsi***, c'est possible; (*forse*) peut-être; (*fam.*) ça se peut: *può darsi che venga*, il est possible qu'il vienne; *potrebbe darsi il caso che*, il se pourrait (bien) que | ***si dà il caso che***, il arrive que.

dare[2] ***n.m.*** (*comm., econ.*) débit | *il dare e l'avere*, le doit et l'avoir, (*negli inventari*) passif et actif, (*nei bilanci*) débit et crédit, (*nello scadenziario*) sommes à recevoir et sommes à payer.

darsena [dàr-se-na] ***n.f.*** darse.

darvinismo [dar-vi-nì-ʃmo] ***n.m.*** darwinisme.

data [dà-ta] ***n.f.*** date: *mettere la data*, mettre la date; *fissare una data*, fixer une date; *in che data?*, à quelle date?; *in ordine di data*, dans l'ordre chronologique; (*comm.*) *a trenta giorni dalla data*, à trente jours à partir de la date.

● ***data di nascita***, ***di morte***, date de naissance, de mort | ***data di scadenza***, date d'échéance; (*di medicina*) date de péremption; (*di alimento*) date limite de consommation | ***data ultima***, date limite | ***da lunga data***, depuis longtemps | ***di lunga***, ***di vecchia data***, de longue, de vieille date | ***in data da stabilirsi***, à une date qui sera fixée ultérieurement | ***in data odierna***, en date d'aujourd'hui | ***rimandare ad altra data***, remettre à une date ultérieure.

FAUX AMI
Da non confondere con *datte*, che significa *dattero*.

NOTA Nella corrispondenza epistolare, in francese come in italiano, la ***data*** è posta sul lato destro del foglio con l'indicazione della città, seguita da una virgola e dall'articolo ***le*** prima del giorno, del mese e dell'anno:

Mantova, 26 maggio 2006.
*Mantoue, **le** 26 mai 2006.*

data bank [data'bɛŋk] ***n.m.invar.*** (*inform.*) banque (*f.*) de données.

data base [data'beiz] ***n.m.invar.*** (*inform.*) base (*f.*) de données, BD (*f.*).

● ***data base assegnato***, base de données réparties | ***data base relazionale***, base de données rélationnelles (BDR).

databile [da-tà-bi-le] ***agg.*** datable; (*che si suppone risalga a*) qui peut dater (**de**).

datare [da-tà-re] ***v.tr.*** dater ♦ ***v.intr.*** [aus. *essere*] dater (**de**).

datario [da-tà-rio] ***agg.*** e ***n.m.*** [pl.m. *-ri*] dateur*.

datato [da-tà-to] ***agg.*** **1** daté **2** (*caduto in disuso*) qui date, démodé.

datazione [da-ta-zió-ne] ***n.f.*** datation.

date → **dare**[1].

dativo [da-tì-vo] ***agg.*** e ***n.m.***

● (*gramm.*) (*caso*) ***dativo***, datif.

dato [dà-to] ***agg.*** **1** (*determinato*) donné, certain: *entro un dato periodo*, avant une certaine date; *date le circostanze*, vu les circonstances; (*mat.*) *dato un triangolo*

ABC, soit un triangle ABC; *non è dato saperlo*, il n'est pas donné de le savoir; *non mi è dato sperare tanto*, il ne m'est pas permis d'en espérer tant **2** (*dedito*) adonné ♦ ***n.m.*** **1** donnée (*f.*); (*elemento*) élément **2** (*inform.*) élément de données.
● ***dato che***, étant donné que: *dato (e non concesso) che*, au cas où | ***dato di fatto***, fait établi, acquis | (*inform.*): ***dati di immissione***, ***di emissione***, données d'entrée, de sortie; ***dati inutili***, déchet, détritus.

D

FAUX AMI
Da non confondere con *date*, che significa *data*.

datore [da-tó-re] ***n.m.*** [f. *-trice*] donneur*.
● ***datore di lavoro***, employeur.
dattero [dàt-te-ro] ***n.m.*** (*frutto*) datte (*f.*); (*albero*) dattier.
● (*zool.*) ***dattero di mare***, amande de mer.
dattilo [dàt-ti-lo] ***n.m.*** (*metrica*) dactyle.
dattilografare [dat-ti-lo-gra-fà-re] ***v.tr.*** dactylographier.
dattilografia [dat-ti-lo-gra-fì-a] ***n.f.*** dactylographie.
dattilografo [dat-ti-lò-gra-fo] ***n.m.*** [f. *-a*] dactylo, dactylographe.
dattiloscritto [dat-ti-lo-scrìt-to] ***n.m.*** texte dactylographié; (*testo non stampato*) manuscrit ♦ ***agg.*** dactylographié.
dattorno [dat-tór-no] ***avv.*** tout autour: *togliti dattorno*, ôte-toi de là, va-t'en; *togliersi dattorno qlcu*, se débarrasser de qqn; *aver qlcu dattorno*, (*anche fig.*) avoir qqn dans les jambes | *mi sta sempre dattorno*, il est toujours dans mes jambes; (*fig.*) il m'importune; (*mi assilla*) il me harcèle.
● ***dattorno a***, autour de | ***darsi dattorno***, (*darsi da fare*) se donner de la peine, (*brigare*) se remuer.
davanti [da-vàn-ti] ***avv.*** devant: *stare, andare davanti*, rester, aller devant; *ho davanti due settimane*, j'ai deux semaines devant moi; *si sale, si scende davanti*, on monte, on descend à l'avant; *levati davanti!*, ôte-toi de là!; *l'abito è macchiato davanti*, le costume est taché sur le devant ♦ ***agg.invar.*** (*anteriore*) avant; (*sul davanti*) de devant: *le ruote davanti*, les roues avant; *le zampe davanti*, les pattes de devant; *le file davanti*, les premiers rangs ♦ ***n.m.invar.*** devant; (*che è posto prima*) avant: *il davanti di una casa*, le devant d'une maison; *il davanti di una camicia*, le devant d'une chemise; *il davanti di un'automobile*, l'avant d'une voiture.
● ***davanti a***, devant; (*dirimpetto a*) en face de; (*avanti a, prima di*) avant: *davanti a me*, devant moi; *davanti alla casa*, devant la maison; *guardare davanti (a sé)*, regarder devant soi; *ha un avvenire davanti a sé*, il a de l'avenir (devant lui); *davanti a notaio*, par-devant notaire; *giurare davanti a Dio*, jurer devant Dieu; *davanti a noi abita mio cognato*, mon beau frère habite en face de chez nous; *c'erano dieci persone in fila davanti a me*, il y avait dix personnes dans la queue avant moi.
davantino [da-van-tì-no] ***n.m.*** plastron; (*con volanti*) jabot; (*pettorina*) bavette (*f.*).
davanzale [da-van-zà-le] ***n.m.*** bord (de fenêtre): *affacciarsi al davanzale*, se mettre à la fenêtre.
davanzo [da-vàn-zo] **d'avanzo** ***avv.*** en surplus: *ce n'è davanzo*, c'est plus que suffisant.
davvero [dav-vé-ro] ***avv.*** **1** (*veramente*) vraiment: *mi dispiace davvero*, je regrette vraiment; *pensi davvero di andarci?*, penses-tu vraiment y aller?; *io non ci vado, davvero*, non, vraiment, je n'y vais pas **2** (*sul serio*) sérieusement.
● ***davvero?***, ***dici davvero?***, sans blague!, c'est pas vrai!; (*sul serio*) tu parles sérieusement?, c'est sérieux? | ***no, davvero!***, non, franchement!, (*niente affatto*) pas du tout!, (*neanche per sogno*) jamais de la vie! | ***per davvero***, pour de bon.
day hospital [dei'ɔspital] ***n.m.invar.*** (*ospedale diurno*) hôpital de jour: *fare un day hospital*, suivre un traitement en hôpital de jour.
daziario [da-zià-rio] ***agg.*** [pl.m. *-ri*] de l'octroi.
dazio [dà-zio] ***n.m.*** [pl. *-zi*] **1** droit **2** (*ant.*) octroi: (*casello del*) *dazio*, octroi.
● ***dazio doganale***, droits de douane | ***fare il tonto per non pagare il dazio***, (*fam.*) se faire passer pour un imbécile.
de- ***pref.*** dé-, dés-, é-, dis-.
dea [dè-a] ***n.f.*** déesse (*anche fig.*).
deambulare [de-am-bu-là-re] ***v.intr.*** [aus. *avere*] déambuler.
deambulatore [de-am-bu-la-tó-re] ***n.m.*** (*per disabili*) déambulateur.
deambulatorio [de-am-bu-la-tò-rio] ***agg.*** [pl.m. *-ri*] (*arch.*) déambulatoire.
deambulazione [de-am-bu-la-zió-ne] ***n.f.*** déambulation.
debbio [déb-bio] ***n.m.*** [pl. *-bi*] (*agr.*) écobuage.
debbo → **dovere**[1].
debellare [de-bel-là-re] ***v.tr.*** écraser; (*fig.*) vaincre*: *debellare una rivolta*, écraser une rébellion; *debellare una malattia*, vaincre une maladie.
debilitante [de-bi-li-tàn-te] ***agg.*** débilitant.
debilitare [de-bi-li-tà-re] ***v.tr.*** débiliter ♦ **debilitarsi** ***v.pron.intr.*** se débiliter.
debitamente [de-bi-ta-mén-te] ***avv.*** dûment.
debito[1] [dé-bi-to] ***agg.*** dû; (*opportuno*) voulu: *rilasciare debita ricevuta*, délivrer le reçu d'usage; *con le debite cautele*, avec les précautions nécessaires; *con il debito riguardo*, avec la considération voulue; *nel debito modo*, comme il faut; *nelle debite forme*, en bonne et due forme | *fatte le debite riserve*, toutes réserves faites.
● ***a tempo debito***, en temps voulu, (*nei limiti di tempo fissati*) dans les délais fixés.
debito[2] ***n.m.*** **1** dette (*f.*) (*anche fig.*): *essere pieno di debiti*, être criblé de dettes; *assolvere il proprio debito*, payer sa dette; *mi sento in debito verso di lui*, je me considère son débiteur | *affogare, essere nei debiti fino al collo*, être endetté jusqu'au cou **2** (*addebito*) débit: *segnare a debito*, porter au débit.
● ***debito di gioco***, ***d'onore***, dette de jeu, d'honneur | (*econ.*) ***debito pubblico***, dette publique | ***essere in debito verso qlcu***, ***avere un debito in sospeso con qlcu***, (*anche fig.*) avoir une dette en suspens envers qqn: *sono in debito verso di lui*, je suis son débiteur, j'ai une dette envers lui; *sono in debito con lui di un favore*, je lui dois une faveur | (*prov.*) ***ogni promessa è debito***, chose promise, chose due | (*comm.*) ***saldo a debito***, solde débiteur.

FAUX AMI
Da non confondere con *débit*, che significa *smercio, spaccio, portata* o *addebito*.

debitore [de-bi-tó-re] ***n.m.*** [f. *-trice*] débiteur* (*anche fig.*): *essere debitore di qlco a qlcu*, être redevable de qqch à qqn.
debole [dé-bo-le] ***agg.*** **1** faible (*anche fig.*): *il malato era ancora molto debole*, le malade était encore très faible; *essere debole di vista*, avoir la vue faible; *essere*

debole di stomaco, avoir l'estomac délicat; *sentirsi debole di gambe*, se sentir les jambes faibles; *aver la memoria debole*, avoir mauvaise mémoire; *ha un carattere debole*, il a un caractère faible; *è sempre stato debole in matematica*, il a toujours été faible en mathématiques **2** (*fragile*) frêle: *tutto è sulle sue deboli spalle*, tout repose sur ses frêles épaules ♦ ***n.m.*** **1** (*punto debole*) point faible **2** (*preferenza*) faible: *il gioco è il suo debole, ha un debole per il gioco*, il a un faible pour le jeu ♦ ***n.m.*** e ***f.*** faible: *è un debole*, c'est un faible.
● ***il sesso debole***, le sexe faible | ***punto debole***, (*fig.*) point faible.

debolezza [de-bo-léz-za] ***n.f.*** faiblesse; débilité: *sentirsi addosso una gran debolezza*, se sentir envahi par une grande faiblesse.

debolmente [de-bol-mén-te] ***avv.*** faiblement.

debordare [de-bor-dà-re] ***v.intr.*** [aus. *avere*] déborder.

debosciato [de-bo-scià-to] ***agg.*** e ***n.m.*** [f. *-a*] débauché.

debuggaggio [de-bug-gàg-gio] ***n.m.*** [pl. *-gi*] → **debugging**.

debuggare [de-bug-gà-re] ***v.tr.*** [coniug. come *legare*] (*inform.*) déboguer.

debugger [de'bagger] ***n.m.invar.*** (*inform.*) débogueur.

debugging [de'baggiŋg] ***n.m.invar.*** (*inform.*) débogage: *operazione di debugging*, opération de débogage; *eseguire il debugging di un programma*, déboguer un programme.

debuttante [de-but-tàn-te] ***agg.*** e ***n.m.*** e ***f.*** débutant/e.
● ***ballo delle debuttanti***, bal des débutantes.

debuttare [de-but-tà-re] ***v.intr.*** [aus. *avere*] **1** débuter: *debuttare in società*, faire ses débuts (*o* son entrée) dans le monde **2** (*teatr.*) ouvrir*.

debutto [de-bùt-to] ***n.m.*** début.

deca- ***pref.*** déca-.

decade [dè-ca-de] ***n.f.*** décade.

decadente [de-ca-dèn-te] ***agg.*** décadent; (*in decadenza*) en décadence ♦ ***n.m.*** e ***f.*** (*lett.*) décadent/e.

decadentismo [de-ca-den-ti-ʃmo] ***n.m.*** (*lett.*) décadentisme.

decadenza [de-ca-dèn-za] ***n.f.*** **1** décadence **2** (*dir.*) déchéance.

decadere [de-ca-dé-re] ***v.intr.*** [coniug. come *cadere*; aus. *essere*] **1** (*andare in decadenza*) être* en décadence; (*cadere in disuso*) tomber en désuétude **2** (*dir.*) (*perdere un diritto*) déchoir*: *decadere da un diritto*, être déchu d'un droit **3** (*fig.*) se désintégrer*.

decaduto [de-ca-dù-to] ***agg.*** déchu.

decaedro [de-ca-è-dro] ***n.m.*** (*mat.*) décaèdre.

decaffeinare [de-caf-fei-nà-re] ***v.tr.*** décaféiner.

decaffeinato [de-caf-fei-nà-to] ***agg.*** décaféiné ♦ ***n.m.*** décaféiné; (*fam.*) déca.

decagono [de-cà-go-no] ***n.m.*** (*mat.*) décagone.

decagrammo [de-ca-gràm-mo] ***n.m.*** décagramme.

decalcare [de-cal-cà-re] ***v.tr.*** [coniug. come *mancare*] décalquer.

decalcificante [de-cal-ci-fi-càn-te] ***agg.*** décalcifiant.

decalcificare [de-cal-ci-fi-cà-re] ***v.tr.*** [coniug. come *mancare*] décalcifier ♦ **decalcificarsi** ***v.pron.intr.*** se décalcifier.

decalcificazione [de-cal-ci-fi-ca-zió-ne] ***n.f.*** décalcification.

decalcomania [de-cal-co-ma-nì-a] ***n.f.*** décalcomanie.

decalitro [de-cà-li-tro] ***n.m.*** décalitre.

decalogo [de-cà-lo-go] ***n.m.*** [pl. *-ghi*] **1** (*relig.*) décalogue **2** (*fig.*) (*regole fondamentali*) règles (*f.pl.*) fondamentales; (*guida*) guide (*f.*).

decametro [de-cà-me-tro] ***n.m.*** décamètre.

decano [de-cà-no] ***n.m.*** [f. *-a*] doyen*.

decantare[1] [de-can-tà-re] ***v.tr.*** vanter.

decantare[2] ***v.tr.*** e ***intr.*** [aus. dell'intr. *avere* o *essere*] (*chim.*) décanter.

decantazione [de-can-ta-zió-ne] ***n.f.*** (*chim.*) décantation, décantage (*m.*).

decanter [de-càn-ter] ***n.m.invar.*** (*enol.*) décanteur.

decapaggio [de-ca-pàg-gio] ***n.m.*** [pl. *-gi*] (*metall.*) décapage: *sostanza, prodotto per decapaggio*, décapant.

decapare [de-ca-pà-re] ***v.tr.*** (*metall.*) décaper.

decapitare [de-ca-pi-tà-re] ***v.tr.*** décapiter.

decapitazione [de-ca-pi-ta-zió-ne] ***n.f.*** décapitation.

decappottabile [de-cap-pot-tà-bi-le] ***agg.*** e ***n.f.*** (*aut.*) décapotable.

decappottare [de-cap-pot-tà-re] ***v.tr.*** décapoter.

decapsulare [de-ca-psu-là-re] ***v.tr.*** décapsuler.

decasillabo [de-ca-sìl-la-bo] ***agg.*** (*metrica*) décasyllabe, décasyllabique ♦ ***n.m.*** (*metrica*) décasyllabe.

decathlon [dè-ca-thlon] ***n.m.*** (*sport*) décathlon.

decatizzare [de-ca-tiʒ-ʒà-re] ***v.tr.*** (*ind. tess.*) décatir.

decedere [de-cè-de-re] ***v.intr.*** [aus. *essere*] décéder*.

deceduto [de-ce-dù-to] ***agg.*** décédé ♦ ***n.m.*** [f. *-a*] mort.

decelerare [de-ce-le-rà-re] ***v.tr.*** ralentir ♦ ***v.intr.*** [aus. *avere*] ralentir, décélérer*.

decelerazione [de-ce-le-ra-zió-ne] ***n.f.*** décélération.

decemviro [de-cèm-vi-ro] ***n.m.*** (*st.*) décemvir.

decennale [de-cen-nà-le] ***agg.*** décennal* ♦ ***n.m.*** dixième anniversaire.

decenne [de-cèn-ne] ***agg.*** (âgé) de dix ans ♦ ***n.m.*** e ***f.*** enfant (âgé/ée) de dix ans.

decennio [de-cèn-nio] ***n.m.*** [pl. *-ni*] dix ans (*pl.*), décennie (*f.*).

decente [de-cèn-te] ***agg.*** **1** décent **2** (*fam.*) (*accettabile*) acceptable.

decentemente [de-cen-te-mén-te] ***avv.*** décemment; (*passabilmente*) passablement, de façon passable: *essere vestito decentemente*, être décemment habillé; *in quel ristorante si mangia decentemente*, on mange de façon acceptable dans ce restaurant.

decentralizzazione [de-cen-tra-liʒ-ʒa-zió-ne] ***n.f.*** décentralisation.

decentramento [de-cen-tra-mén-to] ***n.m.*** décentralisation (*f.*).

decentrare [de-cen-trà-re] ***v.tr.*** décentraliser.

decentratore [de-cen-tra-tó-re] ***agg.*** [f. *-trice*] décentralisateur*.

decenza [de-cèn-za] ***n.f.*** décence; (*pudore*) pudeur.
● ***gabinetto, luogo di decenza***, (*antiq.*) lieux d'aisance.

decesso [de-cès-so] ***n.m.*** décès.

deci- ***pref.*** déci-.

decidere [de-cì-de-re] ***v.tr.*** e ***intr.*** [coniug. come *ridere*; aus. *avere*] décider: *che cosa hai deciso?*, qu'est-ce que tu as décidé?; *ho deciso di partire*, j'ai décidé de partir; *abbiamo deciso la partenza*, nous avons décidé le jour du départ; *decidere in favore di qlco*, décider en faveur de qqch; *decidi come meglio credi*, fais pour le mieux; *sta a te decidere*, c'est à toi de décider ♦ **decidersi** *v.pron. intr.* se décider, se déterminer: *non sa mai decidersi*, il ne sait jamais se décider; *deciditi una buona volta!*, décide-toi, une bonne fois!

decifrabile [de-ci-frà-bi-le] *agg.* déchiffrable.

decifrare [de-ci-frà-re] *v.tr.* déchiffrer (*anche fig.*).

D

decifrazione [de-ci-fra-zió-ne] *n.f.* déchiffrement (*m.*); déchiffrage (*m.*).

decigrammo [de-ci-gràm-mo] *n.m.* décigramme.

decilitro [de-cì-li-tro] *n.m.* décilitre.

decima [dè-ci-ma] *n.f.* **1** (*st.*) dîme **2** (*mus.*) dizième.

decimale [de-ci-mà-le] *agg.* décimal* ♦ *n.m.* **1** nombre décimal*; (*la singola cifra*) décimale (*f.*) **2** (*inform.*) décimal*.

● ***sistema metrico decimale***, système décimal (*o* métrique).

decimare [de-ci-mà-re] *v.tr.* décimer.

decimazione [de-ci-ma-zió-ne] *n.f.* décimation.

decimetro [de-cì-me-tro] *n.m.* décimètre.

● ***doppio decimetro***, double décimètre.

decimo [dè-ci-mo] *agg.num.ord.* **1** dixième **2** (*di re, papi, capitoli ecc.*) dix: *capitolo decimo*, chapitre dix | (*st.*) *Pio decimo*, Pie dix ♦ *n.m.* [f. *-a*] dixième | (*med.*) *avere dieci decimi di vista*, avoir dix dixièmes de vision.

decimoprimo [de-ci-mo-prì-mo] *agg.num.ord.* → **undicesimo**.

decina [de-cì-na] *n.f.* dizaine.

● ***a decine***, par dizaines.

decisamente [de-ci-ʃa-mén-te] *avv.* **1** avec décision **2** (*indubbiamente*) décidément: *ora sto decisamente meglio*, maintenant je vais vraiment (*o* nettement) mieux.

decisionale [de-ci-ʃio-nà-le] *agg.* de décision, décisionnel*: *capacità decisionale*, capacité de décision; *potere decisionale*, pouvoir de décision.

decisione [de-ci-ʃió-ne] *n.f.* décision.

decisionismo [de-ci-ʃio-nì-ʃmo] *n.m.* (*pol.*) pouvoir décisionnaire; (*estens.*) attitude (*f.*) de décideur.

decisionista [de-ci-ʃio-nì-sta] *agg.* e *n.m.* e *f.* décideur/euse; décisionnaire.

decisivo [de-ci-ʃì-vo] *agg.* décisif*: *è il momento decisivo*, c'est le moment décisif; *argomento decisivo*, argument décisif.

deciso [de-cì-ʃo] *agg.* **1** (*risoluto*) décidé: *sono deciso a parlargli*, je suis décidé à lui parler **2** (*netto*) net*: *opporre un rifiuto deciso*, opposer un refus catégorique; *dare un taglio deciso*, trancher net.

declamare [de-cla-mà-re] *v.tr.* e *intr.* [aus. *avere*] déclamer.

declamatorio [de-cla-ma-tò-rio] *agg.* [pl.m. *-ri*] déclamatoire.

declamazione [de-cla-ma-zió-ne] *n.f.* déclamation.

declassare [de-clas-sà-re] *v.tr.* déclasser.

declinabile [de-cli-nà-bi-le] *agg.* **1** (*gramm.*) déclinable **2** (*ricusabile*) que l'on peut décliner.

declinare [de-cli-nà-re] *v.intr.* [aus. *avere*] (*letter.*) **1** (*volgere verso la fine*) décliner: *il sole, il giorno declinava*, le soleil, le jour déclinait **2** (*digradare*) descendre* (**vers**): *declinare sul mare*, descendre vers la mer **3** (*fig.*) (*deviare*) s'écarter ♦ *v.tr.* **1** (*evitare; rifiutare*) décliner: *declinare ogni responsabilità*, décliner toute responsabilité; *declinare un invito*, décliner une invitation **2** (*buroc.*) décliner: *declinare le proprie generalità*, décliner ses noms, prénoms, titres et qualités **3** (*gramm.*) décliner ♦ *n.m.* (*letter.*) déclin: *sul declinare del secolo, del giorno*, au déclin du siècle, du jour.

declinazione [de-cli-na-zió-ne] *n.f.* déclinaison.

declino [de-clì-no] *n.m.* déclin.

● ***in declino***, en déclin; (*verso la fine*) à son déclin.

declivio [de-clì-vio] *n.m.* [pl. *-vî*] pente (*f.*).

decoder [de'koder] *n.m.invar.* → **decodificatore**.

decodifica [de-co-dì-fi-ca] *n.f.* [pl. *-che*] → **decodificazione**.

decodificare [de-co-di-fi-cà-re] *v.tr.* [coniug. come *mancare*] décoder.

decodificatore [de-co-di-fi-ca-tó-re] *n.m.* décodeur ♦ *agg.* [f. *-trice*] décodeur*.

decodificazione [de-co-di-fi-ca-zió-ne] *n.f.* décodage (*m.*).

decollare [de-col-là-re] *v.intr.* [aus. *avere*] (*aer.*) décoller (*anche fig.*).

decollo [de-còl-lo] *n.m.* (*aer.*) décollage.

decolonizzare [de-co-lo-niʒ-ʒà-re] *v.tr.* décoloniser.

decolonizzazione [de-co-lo-niʒ-ʒa-zió-ne] *n.f.* décolonisation.

decolorante [de-co-lo-ràn-te] *agg.* e *n.m.* décolorant.

decolorare [de-co-lo-rà-re] *v.tr.* décolorer.

decolorazione [de-co-lo-ra-zió-ne] *n.f.* décoloration.

decomporre [de-com-pór-re] *v.tr.* [coniug. come *porre*] décomposer ♦ **decomporsi** *v.pron.intr.* se décomposer.

decomposizione [de-com-po-ʃi-zió-ne] *n.f.* décomposition.

decomposto [de-com-pó-sto] *agg.* décomposé.

decompressione [de-com-pres-sió-ne] *n.f.* décompression.

decomprimere [de-com-prì-me-re] *v.tr.* [coniug. come *comprimere*] **1** décomprimer **2** (*inform.*) décompacter, dézipper.

deconcentrato [de-con-cen-trà-to] *agg.* déconcentré.

deconcentrazione [de-con-cen-tra-zió-ne] *n.f.* manque (*m.*) de concentration.

decongelare [de-con-ge-là-re] *v.tr.* décongeler*.

decongestionante [de-con-ge-stio-nàn-te] *agg.* décongestionnant.

decongestionare [de-con-ge-stio-nà-re] *v.tr.* décongestionner.

decontaminazione [de-con-ta-mi-na-zió-ne] *n.f.* décontamination.

decontribuzione [de-con-tri-bu-zió-ne] *n.f.* (*trib.*) exonération fiscale en faveur de l'emploi.

decorare [de-co-rà-re] *v.tr.* décorer: *decorare al valore militare, civile*, décorer de la médaille militaire, du mérite civil.

decorativo [de-co-ra-tì-vo] *agg.* décoratif*.

decorato [de-co-rà-to] *agg.* e *n.m.* [f. *-a*] décoré.

decoratore [de-co-ra-tó-re] *n.m.* [f. *-trice*] décorateur*.

decorazione [de-co-ra-zió-ne] *n.f.* décoration; (*fam.*) déco.

decoro [de-cò-ro] *n.m.* dignité (*f.*): *è privo di decoro*, il n'a aucune dignité; *essere vestito con decoro*, être convenablement vêtu; *mantenere un certo decoro*, garder un certain décorum.

FAUX AMI
Da non confondere con *décor*, che significa *scena*, *scenario* o *arredo*.

decorosamente [de-co-ro-sa-mén-te] ***avv.*** convenablement; (*dignitosamente*) dignement: *vivere decorosamente*, vivre avec un certain décorum.

decoroso [de-co-ró-so] ***agg.*** (*decente*) convenable; (*dignitoso*) digne.

decorrenza [de-cor-rèn-za] ***n.f.*** date: *la decorrenza di un pagamento*, la date d'un paiement.
● ***con decorrenza da***, à partir de.

decorrere [de-cór-re-re] ***v.intr.*** [coniug. come *correre*; aus. *essere*] **1** partir*: *l'affitto decorre dal primo di gennaio*, le loyer part (à compter) du premier janvier **2** (*trascorrere*) passer.
● ***a decorrere da***, à partir de.

decorso [de-cór-so] ***n.m.*** **1** évolution (*f.*), cours **2** (*il trascorrere*) cours.

decotto [de-còt-to] ***n.m.*** décoction (*f.*).

decoupage [deku'paʒ] ***n.m.invar.*** découpage.

decremento [de-cre-mén-to] ***n.m.*** **1** diminution (*f.*) **2** (*mat.*) décroissement.

decrepitezza [de-cre-pi-téz-za] ***n.f.*** décrépitude (*anche fig.*).

decrepito [de-crè-pi-to] ***agg.*** décrépit.

decrescente [de-cre-scèn-te] ***agg.*** décroissant: *la luna è in fase decrescente*, la lune est dans son décroît | *marea decrescente*, marée descendante.

decrescenza [de-cre-scèn-za] ***n.f.*** décroissance; (*delle acque*) décrue.

decrescere [de-cré-sce-re] ***v.intr.*** [coniug. come *crescere*; aus. *essere*] décroître*.

decretare [de-cre-tà-re] ***v.tr.*** **1** décréter* **2** (*concedere*) accorder: *decretare i massimi onori*, accorder les plus grands honneurs.

decreto [de-cré-to] ***n.m.*** **1** (*dir., amm.*) arrêté **2** (*atto normativo del governo*) décret, arrêté **3** (*fig.*) décret.
● ***decreto ingiuntivo***, décret d'injonction | ***decreto-legge***, décret-loi | ***decreto ministeriale***, décret ministériel.

decriptare [de-crip-tà-re] **decrittare** ***v.tr.*** décrypter.

decubito [de-cù-bi-to] ***n.m.*** décubitus.
● (*med.*) ***piaghe da decubito***, escarres (de décubitus).

decuplicare [de-cu-pli-cà-re] ***v.tr.*** [coniug. come *mancare*] décupler.

decuplo [dè-cu-plo] ***agg.*** e ***n.m.*** décuple.

decurtare [de-cur-tà-re] ***v.tr.*** diminuer, réduire*: *decurtare i salari*, diminuer les salaires.

decurtazione [de-cur-ta-zió-ne] ***n.f.*** diminution, réduction.

dedalo [dè-da-lo] ***n.m.*** dédale.

dedica [dè-di-ca] ***n.f.*** [pl. *-che*] dédicace: *fare una dedica*, écrire une dédicace; *mi ha regalato un libro con la dedica dell'autore*, il m'a offert un livre dédicacé par l'auteur.

dedicare [de-di-cà-re] ***v.tr.*** [coniug. come *mancare*] **1** dédier: *dedicare un libro a qlcu*, dédier un livre à qqn, (*scrivere una dedica*) dédicacer un livre à qqn **2** (*fig.*) consacrer: *una rassegna dedicata al film sovietico*, un festival consacré aux films soviétiques ♦ **dedicarsi** ***v.pron.*** se consacrer.

dedito [dè-di-to] ***agg.***
● ***essere dedito a***, s'adonner à: *è dedito al bere, allo studio*, il s'est adonné à la boisson, à l'étude; *è tutto dedito alla famiglia*, il se consacre entièrement à sa famille.

dedizione [de-di-zió-ne] ***n.f.*** dévouement (*m.*).

deducibile [de-du-cì-bi-le] ***agg.*** **1** qu'on peut déduire **2** (*di spese ecc.*) déductible: *oneri deducibili*, charges déductibles.

deduco → **dedurre**.

dedurre [de-dùr-re] ***v.tr.*** [coniug. come *condurre*] **1** déduire*: *da ciò si deduce che*, de là on déduit que **2** (*sottrarre*) déduire*, faire* déduction (**de**): *dedotte le spese*, tous frais déduits.

deduttivo [de-dut-tì-vo] ***agg.*** déductif*.

deduzione [de-du-zió-ne] ***n.f.*** déduction.

defacciare [de-fac-cià-re] ***v.tr.*** [coniug. come *cominciare*] (*Internet*) défacer.

defalcare [de-fal-cà-re] ***v.tr.*** [coniug. come *mancare*] défalquer.

defalcazione [de-fal-ca-zió-ne] ***n.f.*** défalcation.

default [de'fɔlt] ***n.m.invar.***
● (*inform.*): ***per default***, implicitement; ***valore***, ***opzione di default***, valeur, option implicite.

defecare [de-fe-cà-re] ***v.intr.*** e ***tr.*** [coniug. come *mancare*; aus. *avere*] déféquer*.

defecazione [de-fe-ca-zió-ne] ***n.f.*** défécation.

defenestrare [de-fe-ne-strà-re] ***v.tr.*** **1** défénestrer **2** (*fig.*) (*licenziare*) limoger*.

defenestrazione [de-fe-ne-stra-zió-ne] ***n.f.*** **1** défénestration **2** (*fig.*) (*licenziamento*) limogeage (*m.*).

deferente [de-fe-rèn-te] ***agg.*** déférent.

deferenza [de-fe-rèn-za] ***n.f.*** déférence.

deferimento [de-fe-ri-mén-to] ***n.m.*** renvoi.

deferire [de-fe-rì-re] ***v.tr.*** [coniug. come *finire*] (*dir.*) déférer*.

defezionare [de-fe-zio-nà-re] ***v.intr.*** [aus. *avere*] faire* défection.

defezione [de-fe-zió-ne] ***n.f.*** défection.

defibrillatore [de-fi-bril-la-tó-re] ***n.m.*** (*med.*) défibrillateur.

deficiente [de-fi-cièn-te] ***agg.*** **1** insuffisant: *organizzazione deficiente*, organisation insuffisante; *forze deficienti*, forces défaillantes | *deficiente in latino*, faible en latin **2** (*med.*) déficient; (*fam.*) idiot ♦ ***n.m.*** e ***f.*** (*med.*) déficient/e; (*fam.*) idiot/e, taré/e.

deficienza [de-fi-cièn-za] ***n.f.*** **1** manque (*m.*), insuffisance **2** (*lacuna*) lacune **3** (*med.*) déficience; (*estens.*) idiotie.

deficit [dè-fi-cit] ***n.m.invar.*** **1** (*econ.*) déficit: *il bilancio si chiude in deficit*, le bilan se solde par un déficit **2** (*fig.*) manque.

deficitario [de-fi-ci-tà-rio] ***agg.*** [pl.m. *-ri*] **1** déficitaire **2** (*insufficiente*) insuffisant.

defilare [de-fi-là-re] ***v.tr.*** (*mil.*) défiler ♦ **defilarsi** ***v.pron.intr.*** (*fam.*) se défiler.

defilato [de-fi-là-to] ***agg.*** (*mil.*) défilé.
● ***stare defilato***, (*fam.*) se tenir de côté | ***zona defilata***, zone défilée.

definibile [de-fi-nì-bi-le] ***agg.*** définissable.

definire [de-fi-nì-re] ***v.tr.*** [coniug. come *finire*] **1** définir: *definire un concetto, un vocabolo*, définir un concept, un mot **2** (*determinare*) définir, établir: *definire i compiti di un dipendente*, établir (*o* définir) les tâches d'un

D

subordonné **3** (*risolvere*) régler*: *definire una faccenda*, régler une affaire.

definitivamente [de-fi-ni-ti-va-mén-te] ***avv.*** définitivement.

definitivo [de-fi-ni-tì-vo] ***agg.*** définitif*.
● ***in definitiva***, en définitive.

definito [de-fi-nì-to] ***agg.*** défini.

D

definizione [de-fi-ni-zió-ne] ***n.f.*** **1** définition **2** (*risoluzione*) règlement (*m.*) **3** (*fot.*) netteté; (*tv*) définition.

defiscalizzare [de-fi-sca-liz-zà-re] ***v.tr.*** détaxer.

defiscalizzazione [de-fi-sca-liz-za-zió-ne] ***n.f.*** détaxation.

deflagrare [de-fla-grà-re] ***v.intr.*** [aus. *avere*] déflagrer.

deflagrazione [de-fla-gra-zió-ne] ***n.f.*** déflagration.

deflazione [de-fla-zió-ne] ***n.f.*** (*econ.*) déflation.

deflazionistico [de-fla-zio-ni-sti-co] ***agg.*** [pl.m. *-ci*, f. *-che*] (*econ.*) déflationniste.

deflessione [de-fles-sió-ne] ***n.f.*** déflexion.

deflettere [de-flèt-te-re] ***v.intr.*** [p.p. *deflesso*; aus. *avere*] **1** dévier **2** (*fig.*) renoncer* (**à**); (*spec. in frasi negative*) démordre*.

deflettore [de-flet-tó-re] ***n.m.*** déflecteur.

deflorare [de-flo-rà-re] ***v.tr.*** déflorer.

deflorazione [de-flo-ra-zió-ne] ***n.f.*** défloration.

defluire [de-flui-re] ***v.intr.*** [coniug. come *finire*; aus. *essere*] s'écouler (*anche fig.*).

deflusso [de-flùs-so] ***n.m.*** **1** débit; (*di marea*) jusant, reflux **2** (*fig.*) sortie (*f.*).
● (*econ.*) ***deflusso di capitali***, fuite des capitaux.

deflussore [de-flus-só-re] ***n.m.*** (*med.*) tubulure (*f.*).

defogliante [de-fo-gliàn-te] **defoliante** ***agg.*** e ***n.m.*** (*chim.*) défoliant.

deformante [de-for-màn-te] ***agg.*** déformant.

deformare [de-for-mà-re] ***v.tr.*** déformer (*anche fig.*) ♦ **deformarsi** ***v.pron.intr.*** se déformer.

deformazione [de-for-ma-zió-ne] ***n.f.*** déformation (*anche fig.*).

deforme [de-fór-me] ***agg.*** difforme.

deformità [de-for-mi-tà] ***n.f.invar.*** difformité.

deframmentare [de-fram-men-tà-re] ***v.tr.*** défragmenter.

defraudare [de-frau-dà-re] ***v.tr.*** frustrer.

defunto [de-fùn-to] ***agg.*** défunt, feu: *la mia defunta zia*, feu ma tante ♦ ***n.m.*** [f. *-a*] défunt.

degenerare [de-ge-ne-rà-re] ***v.intr.*** [aus. *avere* o *essere*] dégénérer*.

degenerativo [de-ge-ne-ra-tì-vo] ***agg.*** (*med., vet.*) dégénératif*.

degenerato [de-ge-ne-rà-to] ***agg.*** e ***n.m.*** [f. *-a*] dégénéré.

degenerazione [de-ge-ne-ra-zió-ne] ***n.f.*** dégénérescence, dégénération.

degenere [de-gè-ne-re] ***agg.*** indigne.

degente [de-gèn-te] ***agg.*** alité: *è degente all'ospedale*, il est à l'hôpital; *rimanere degente a letto*, garder le lit ♦ ***n.m.*** e ***f.*** malade.

degenza [de-gèn-za] ***n.f.*** (période d')hospitalisation: *durante la degenza*, pendant son hospitalisation; *quanto è durata la sua degenza?*, combien de temps est-il resté à l'hôpital?

degli [dé-gli] ***prep.art.m.pl.*** → **di**.

deglobalizzazione [de-glo-ba-li-ʒʒa-zió-ne] ***n.f.*** déglobalisation.

deglutire [de-glu-tì-re] ***v.tr.*** [coniug. come *finire*] déglutir.

deglutizione [de-glu-ti-zió-ne] ***n.f.*** déglutition.

degnamente [de-gna-mén-te] ***avv.*** dignement.

degnare [de-gnà-re] ***v.tr.*** daigner: *non mi ha degnato di uno sguardo*, il n'a pas daigné me jeter un regard ♦ **degnarsi** ***v.pron.intr.*** daigner: *degnatevi di rispondere*, daignez répondre; *non si sono degnati di parlarci*, ils n'ont pas daigné parler avec nous.

degnazione [de-gna-zió-ne] ***n.f.*** condescendance.

degno [dé-gno] ***agg.*** digne: *degno di fede*, digne de foi | *è una degna persona*, c'est une personne estimable.

degradabile [de-gra-dà-bi-le] ***agg.*** dégradable.

degradante [de-gra-dàn-te] ***agg.*** dégradant.

degradare [de-gra-dà-re] ***v.tr.*** dégrader (*anche fig.*) ♦ **degradarsi** ***v.pron.*** e ***pron.intr.*** se dégrader (*anche fig.*).

degradato [de-gra-dà-to] ***agg.*** en état de dégradation.
● ***periferia degradata***, banlieue défavorisée, laissée à l'abandon.

degradazione [de-gra-da-zió-ne] ***n.f.*** dégradation.

degrado [de-grà-do] ***n.m.*** dégradation (*f.*).

degustare [de-gu-stà-re] ***v.tr.*** déguster.

degustazione [de-gu-sta-zió-ne] ***n.f.*** **1** dégustation **2** (*mescita*) débit (*m.*).
● ***degustazione vini***, cave à dégustation.

deh [dèh] ***inter.*** (*letter.*) de grâce.

dei [déi] ***prep.art.m.pl.*** → **di**.

deiezione [de-ie-zió-ne] ***n.f.*** déjection.

deificare [dei-fi-cà-re] ***v.tr.*** [coniug. come *mancare*] déifier; (*fig.*) diviniser.

deindustrializzare [de-in-du-stria-liz-zà-re] ***v.tr.*** désindustrialiser.

del [dél] ***prep.art.m.sing.*** → **di**.

delatore [de-la-tó-re] ***n.m.*** [f. *-trice*] délateur*.

delazione [de-la-zió-ne] ***n.f.*** délation.

delega [dè-le-ga] ***n.f.*** [pl. *-ghe*] délégation.
● ***per delega***, par délégation.

delegare [de-le-gà-re] ***v.tr.*** [coniug. come *legare*] déléguer*: *delegare a riscuotere una somma*, déléguer à l'encaissement d'une somme.

delegato [de-le-gà-to] ***agg.*** e ***n.m.*** [f. *-a*] délégué.

delegazione [de-le-ga-zió-ne] ***n.f.*** délégation.

delegittimare [de-le-git-ti-mà-re] ***v.tr.*** délégitimer.

deleterio [de-le-tè-rio] ***agg.*** [pl.m. *-ri*] mauvais, très nuisible; (*fig.*) délétère: *l'alcol è deleterio per l'organismo*, l'alcool est mauvais pour, très nuisible à l'organisme.

delfino[1] [del-fì-no] ***n.m.*** (*zool.*) dauphin.

delfino[2] ***n.m.*** (*st.*) dauphin.

delibera [de-lì-be-ra] ***n.f.*** délibération, arrêté (*m.*).

deliberante [de-li-be-ràn-te] ***agg.*** délibérant.

deliberare [de-li-be-rà-re] ***v.tr.*** **1** délibérer* (**sur**); (*decidere*) décider **2** (*aggiudicare*) adjuger*.

deliberatamente [de-li-be-ra-ta-mén-te] ***avv.*** délibérément.

deliberativo [de-li-be-ra-tì-vo] ***agg.*** délibératif*.

deliberato [de-li-be-rà-to] ***agg.*** délibéré, déterminé ♦ ***n.m.*** délibération (*f.*).

● ***col deliberato proposito di***, exprès pour, dans le but délibéré de | ***con animo deliberato***, de propos délibéré.

deliberazione [de-li-be-ra-zió-ne] ***n.f.*** **1** délibération **2** (*decisione*) décision.

delicatamente [de-li-ca-ta-mén-te] ***avv.*** délicatement.

delicatezza [de-li-ca-téz-za] ***n.f.*** **1** délicatesse **2** (*pl.*) (*cibi delicati*) mets (*m.*) délicats.

delicato [de-li-cà-to] ***agg.*** **1** délicat: *una pelle delicata*, une peau délicate; *è una questione delicata*, c'est une question délicate; *è una persona molto delicata*, c'est une personne pleine de tact; *un orecchio delicato*, une oreille sensible **2** (*fragile*) délicat, fragile: *un congegno delicato*, un mécanisme fragile; *una salute delicata*, une santé délicate (*o* fragile).

delimitare [de-li-mi-tà-re] ***v.tr.*** délimiter.

delimitazione [de-li-mi-ta-zió-ne] ***n.f.*** délimitation.

delineare [de-li-ne-à-re] ***v.tr.*** tracer* le contour (**de**): *delineare una figura*, tracer le contour d'une figure; *delineare un programma di studio*, (*fig.*) tracer un programme d'études ♦ **delinearsi** ***v.pron.intr.*** se dessiner; (*fig.*) s'annoncer*.

delineato [de-li-ne-à-to] ***agg.*** défini.

delinquente [de-lin-quèn-te] ***n.m.*** e ***f.*** délinquant/e | *faccia da delinquente*, tête d'assassin.

● ***delinquente abituale***, délinquant d'habitude.

delinquenza [de-lin-quèn-za] ***n.f.*** délinquance.

● ***delinquenza minorile***, enfance délinquante, délinquance juvénile.

delinquenziale [de-lin-quen-zià-le] ***agg.*** criminel*.

delinquere [de-lìn-que-re] ***v.intr.*** [usato solo l'inf.; rare le altre forme; aus. *avere*] (*dir.*) commettre* un crime.

● ***associazione per delinquere***, association de malfaiteurs | ***istigazione a delinquere***, instigation au crime.

deliquio [de-lì-quio] ***n.m.*** [pl. *-qui*] évanouissement: *cadere in deliquio*, s'évanouir.

delirante [de-li-ràn-te] ***agg.*** délirant.

delirare [de-li-rà-re] ***v.intr.*** [aus. *avere*] délirer: *delirare per la febbre*, délirer de fièvre.

delirio [de-lì-rio] ***n.m.*** [pl. *-ri*] délire (*anche fig.*): *andare in delirio*, (*fig.*) délirer de joie.

delitto [de-lìt-to] ***n.m.*** **1** (*omicidio*) crime **2** (*dir.*) (*reato con pena afflittiva o infamante*) crime; (*reato con pena correzionale e reato in generale*) délit **3** (*fig.*) crime: *è un delitto!*, c'est un crime!

● (*dir.*) ***delitto di lesa maestà***, crime de lèse-majesté | ***delitto di sangue***, meurtre | ***delitto perfetto***, crime parfait | (*dir.*): ***delitto politico***, ***di Stato***, crime politique, d'État; ***delitto premeditato***, délit (*o* crime) avec préméditation; ***corpo del delitto***, corps du délit.

delittuoso [de-lit-tu-ó-so] ***agg.*** délictueux*, criminel*.

delizia [de-lì-zia] ***n.f.*** délice* (*m.*): *questo dolce è una delizia*, ce gâteau est un délice; *è una delizia ascoltarlo*, l'écouter est un vrai délice; *essere la delizia di*, faire la joie de; *una delizia per gli occhi*, un régal pour les yeux; *le delizie della tavola*, les plaisirs de la table.

● ***che delizia!***, (*iron.*) quel plaisir!

deliziare [de-li-zià-re] ***v.tr.*** charmer (**par**) ♦ **deliziarsi** ***v.pron.intr.*** se délecter (**à**).

deliziosamente [de-li-zio-sa-mén-te] ***avv.*** délicieusement.

delizioso [de-li-zió-so] ***agg.*** délicieux*: *una ragazza deliziosa*, une fille charmante.

della [dél-la] ***prep.art.f.sing.*** → **di**.

delle [dél-le] ***prep.art.f.pl.*** → **di**.

dello [dél-lo] ***prep.art.m.sing.*** → **di**.

delocalizzare [de-lo-ca-liʒ-ʒà-re] ***v.tr.*** (*econ.*) délocaliser.

delocalizzazione [de-lo-ca-liʒ-ʒa-zió-ne] ***n.f.*** (*econ.*) délocalisation.

delta [dèl-ta] ***n.m.*** o ***f. invar.*** (*quarta lettera dell'alfabeto greco*) delta (*m.*) ♦ ***n.m.invar.*** (*geogr.*) delta.

deltaplanista [del-ta-pla-nì-sta] ***n.m.*** e ***f.*** pratiquant/e de deltaplane, vélideltiste.

deltaplano [del-ta-plà-no] ***n.m.*** deltaplane.

delucidare [de-lu-ci-dà-re] ***v.tr.*** élucider.

delucidazione [de-lu-ci-da-zió-ne] ***n.f.*** élucidation; (*spiegazione*) explication.

deludente [de-lu-dèn-te] ***agg.*** décevant.

deludere [de-lù-de-re] ***v.tr.*** [coniug. come *chiudere*] décevoir*.

delusione [de-lu-ʃió-ne] ***n.f.*** déception; (*disappunto*) désappointement (*m.*).

deluso [de-lù-ʃo] ***agg.*** déçu.

demagogia [de-ma-go-gì-a] ***n.f.*** démagogie.

demagogicamente [de-ma-go-gi-ca-mén-te] ***avv.*** démagogiquement.

demagogico [de-ma-gò-gi-co] ***agg.*** [pl.m. *-ci*, f. *-che*] démagogique.

demagogo [de-ma-gò-go] ***n.m.*** [f. *-a*; pl.m. *-ghi*, f. *-ghe*] démagogue.

demandare [de-man-dà-re] ***v.tr.*** (*dir.*) déférer*.

demaniale [de-ma-nià-le] ***agg.*** domanial*.

demanio [de-mà-nio] ***n.m.*** [pl. *-ni*] domaine (de l'État).

demarcare [de-mar-cà-re] ***v.tr.*** [coniug. come *mancare*] délimiter.

demarcazione [de-mar-ca-zió-ne] ***n.f.*** démarcation.

demedicalizzare [de-me-di-ca-liʒ-ʒà-re] ***v.tr.*** démédicaliser: *demedicalizzare il parto*, démédicaliser l'accouchement.

demente [de-mèn-te] ***agg.*** e ***n.m.*** e ***f.*** dément/e.

demenza [de-mèn-za] ***n.f.*** démence.

demenziale [de-men-zià-le] ***agg.*** démentiel*.

demeritare [de-me-ri-tà-re] ***v.tr.*** ne plus mériter: *demeritare la stima di qlcu*, ne plus mériter, perdre l'estime de qqn ♦ ***v.intr.*** [aus. *avere*] démériter (**auprès de**).

demerito [de-mè-ri-to] ***n.m.*** démérite.

● ***nota di demerito***, blâme.

demilitarizzare [de-mi-li-ta-riʒ-ʒà-re] e *deriv.* → **smilitarizzare** e *deriv.*

demineralizzare [de-mi-ne-ra-liʒ-ʒà-re] ***v.tr.*** (*chim.*) déminéraliser.

demistificare [de-mi-sti-fi-cà-re] ***v.tr.*** [coniug. come *mancare*] démystifier.

demistificazione [de-mi-sti-fi-ca-zió-ne] ***n.f.*** démystification.

demiurgo [de-mi-ùr-go *o* de-miùr-go] ***n.m.*** [pl. *-ghi*] démiurge.

democraticamente [de-mo-cra-ti-ca-mén-te] ***avv.*** démocratiquement.

democratico [de-mo-crà-ti-co] ***agg.*** [pl.m. *-ci*, f. *-che*] **1** démocratique **2** (*nella denominazione dei partiti politici*) démocrate **3** (*alla mano*) simple et affable ♦ ***n.m.*** [f. *-a*] démocrate.

democratizzare [de-mo-cra-tiʒ-ʒà-re] ***v.tr.*** démocratiser.
democratizzazione [de-mo-cra-tiʒ-ʒa-zió-ne] ***n.f.*** démocratisation.
democrazia [de-mo-cra-zì-a] ***n.f.*** démocratie.
demografia [de-mo-gra-fì-a] ***n.f.*** démographie.
demografico [de-mo-grà-fi-co] ***agg.*** [pl.m. *-ci*, f. *-che*] démographique | *calo demografico*, baisse de natalité.
demolire [de-mo-lì-re] ***v.tr.*** [coniug. come *finire*] démolir (*anche fig.*).
demolitore [de-mo-li-tó-re] ***agg.*** [f. *-trice*] **1** démolisseur* **2** (*fig.*) destructeur* ♦ ***n.m.*** [f. *-trice*] démolisseur* (*anche fig.*).
● ***demolitore di automobili***, casseur.
demolizione [de-mo-li-zió-ne] ***n.f.*** démolition (*anche fig.*).
● ***materiali di demolizione***, démolitions | ***demolizione di automobili***, casse.
demoltiplica [de-mol-tì-pli-ca] ***n.f.*** [pl. *-che*] (*mecc.*) démultiplication.
demoltiplicare [de-mol-ti-pli-cà-re] ***v.tr.*** [coniug. come *mancare*] (*mecc.*) démultiplier.
demone [dè-mo-ne] ***n.m.*** démon.
demonetizzare [de-mo-ne-tiʒ-ʒà-re] ***v.tr.*** (*fin.*) démonétiser.
demoniaco [de-mo-nì-a-co] ***agg.*** [pl.m. *-ci*, f. *-che*] démoniaque.
demonio [de-mò-nio] ***n.m.*** [pl. *-ni*] démon: *essere posseduto dal demonio*, être habité (*o* possédé) du démon; *questo bambino è un demonio*, (*estens.*) cet enfant est un diable (*o* un petit démon).
● ***furbo come il demonio***, malin comme un singe | ***non è poi il demonio***, il n'est pas si terrible que ça.
demonizzare [de-mo-niʒ-ʒà-re] ***v.tr.*** présenter sous un aspect démoniaque.
demoralizzare [de-mo-ra-liʒ-ʒà-re] ***v.tr.*** démoraliser ♦ **demoralizzarsi** ***v.pron.intr.*** se démoraliser.
demoralizzazione [de-mo-ra-liʒ-ʒa-zió-ne] ***n.f.*** démoralisation.
demordere [de-mòr-de-re] ***v.intr.*** [coniug. come *ardere*; raro nei tempi comp.; aus. *avere*] démordre*.
demoscopico [de-mo-scò-pi-co] ***agg.*** [pl.m. *-ci*, f. *-che*] relatif* à un sondage d'opinion.
● ***indagine demoscopica***, sondage d'opinion.
demotivare [de-mo-ti-và-re] ***v.tr.*** démotiver ♦ **demotivarsi** ***v.pron.intr.*** perdre* toute motivation.
demotivato [de-mo-ti-và-to] ***agg.*** démotivé.
denaro [de-nà-ro] ***n.m.*** **1** argent: *il denaro pubblico*, les deniers publics; *impiego di denaro*, (*investimento*) placement d'argent; *far buon uso del proprio denaro*, faire bon emploi de son argent **2** (*moneta antica, ind. tess.*) denier **3** (*pl.*) (*seme delle carte*) carreau*.
● ***denaro sporco***, argent sale | (*prov.*) ***il tempo è denaro***, le temps c'est de l'argent.
denaturare [de-na-tu-rà-re] ***v.tr.*** (*chim.*) dénaturer.
denaturato [de-na-tu-rà-to] ***agg.*** (*chim.*) dénaturé.
denazionalizzare [de-na-zio-na-liʒ-ʒà-re] ***v.tr.*** (*econ.*) dénationaliser.
denazionalizzazione [de-na-zio-na-liʒ-ʒa-zió-ne] ***n.f.*** (*econ.*) dénationalisation.
denicotinizzare [de-ni-co-ti-niʒ-ʒà-re] ***v.tr.*** dénicotiniser.
denigrare [de-ni-grà-re] ***v.tr.*** dénigrer.
denigratore [de-ni-gra-tó-re] ***n.m.*** [f. *-trice*] dénigreur*.
denigratorio [de-ni-gra-tò-rio] ***agg.*** [pl.m. *-ri*] dénigrant.
denigrazione [de-ni-gra-zió-ne] ***n.f.*** dénigrement (*m.*).
denominare [de-no-mi-nà-re] ***v.tr.*** appeler* ♦ **denominarsi** ***v.pron.intr.*** se nommer.
denominativo [de-no-mi-na-tì-vo] ***agg.*** e ***n.m.*** dénominatif*.
denominatore [de-no-mi-na-tó-re] ***n.m.*** (*mat.*) dénominateur.
● ***il minimo, massimo comun denominatore***, le plus petit, le plus grand dénominateur commun.
denominazione [de-no-mi-na-zió-ne] ***n.f.*** dénomination.
● ***denominazione di origine controllata*** (DOC), appellation d'origine contrôlée (AOC).
denotare [de-no-tà-re] ***v.tr.*** dénoter.
densamente [den-sa-mén-te] ***avv.*** densément | *regione densamente popolata*, région très peuplée.
densità [den-si-tà] ***n.f.invar.*** **1** densité **2** (*di concetti, idee*) richesse.
● ***densità di popolazione***, densité de population.
denso [dèn-so] ***agg.*** **1** dense; (*spesso*) épais* **2** (*pieno*) plein; (*ricco*) riche (**en**).
dentale [den-tà-le] ***agg.*** e ***n.f.*** (*fon.*) dental*.
dentario [den-tà-rio] ***agg.*** [pl.m. *-ri*] (*anat.*) dentaire.
dentata [den-tà-ta] ***n.f.*** morsure.
dentato [den-tà-to] ***agg.*** **1** denté **2** (*bot., anat., arald.*) dentelé.
dentatura [den-ta-tù-ra] ***n.f.*** denture.
dente [dèn-te] ***n.m.*** **1** dent (*f.*): *avere un dente che dondola*, avoir une dent qui branle; *mettere i denti*, faire ses dents; *denti finti*, fausses dents **2** (*oggetto a forma di dente*) dent (*f.*): *i denti di un rastrello, di una sega, di un pettine*, les dents d'un râteau, d'une scie, d'un peigne **3** (*fig.*) morsure (*f.*): *il dente della gelosia*, la morsure de la jalousie **4** (*zool.*) dente (*di elefante, di cinghiale*), défense (*f.*).
● (*mecc.*) ***dente di arresto***, cliquet d'arrêt | (*bot.*) ***dente di leone***, dent-de-lion, pissenlit | (*mecc.*) ***dente riportato***, (*di ruota dentata*) alluchon | ***denti del giudizio***, dents de sagesse | ***denti di latte***, dents de lait | ***denti superiori, inferiori***, dents du haut, du bas | (*cuc.*) ***al dente***, al dente | ***avere il dente avvelenato contro qlcu***, avoir une dent contre qqn | ***battere i denti dal freddo***, claquer des dents de froid | ***battersi con le unghie e coi denti***, se battre toutes griffes dehors | (*prov.*) ***fuori il dente, via il dolore***, aux grands maux les grands remèdes | ***mal di denti***, mal aux dents: *un forte mal di denti*, une rage de dents | ***non avere nulla da mettere sotto i denti***, n'avoir rien à se mettre sous la dent | ***non è pane per i suoi denti***, ce n'est pas pour lui, cela est au-dessus de ses forces | (*prov.*) ***occhio per occhio, dente per dente***, œil pour œil, dent pour dent | ***parlare tra i denti***, parler entre les dents | ***ridere a denti stretti***, rire jaune | ***stringere i denti***, (*anche fig.*) serrer les dents.
dentellato [den-tel-là-to] ***agg.*** **1** dentelé **2** (*arch.*) denticulé.
dentellatura [den-tel-la-tù-ra] ***n.f.*** dentelure.
dentello [den-tèl-lo] ***n.m.*** **1** dent (*f.*) **2** (*arch.*) denticule.
dentice [dèn-ti-ce] ***n.m.*** (*zool.*) dentex.

dentiera [den-tiè-ra] *n.f.* dentier (*m.*).

dentifricio [den-ti-frì-cio] *n.m.* e *agg.* [pl.m. *-ci*, f. *-cie* o *-ce*] dentifrice.

dentina [den-tì-na] *n.f.* (*anat.*) dentine.

dentista [den-tì-sta] *n.m.* e *f.* dentiste.

dentistico [den-tì-sti-co] *agg.* [pl.m. *-ci*, f. *-che*] de dentiste.

dentizione [den-ti-zió-ne] *n.f.* dentition.

dentro [dén-tro] *avv.* **1** dedans; (*all'interno*) à l'intérieur: *la scatola è vuota, non c'è nulla dentro*, la boîte est vide, il n'y a rien dedans (*o* à l'intérieur); *vieni dentro!*, entre!; *fa freddo, è meglio andar dentro*, il fait froid, il vaut mieux rentrer **2** (*in prigione*) en prison: *essere dentro, andare dentro*, être en prison, se faire coffrer; *mettere dentro qlcu*, coffrer qqn; *ha passato dentro tre anni*, il a passé trois ans en prison ♦ *prep.* (*talvolta seguito da* di *e* a *e nell'uso fam. da* in) **1** dans, à l'intérieur de: *dentro il cassetto*, dans le tiroir | *dentro di me, di lui*, en moi-même, en lui-même **2** (*con valore temporale*) dans: *dentro l'anno*, dans l'année, avant la fin de l'année ♦ *n.m.* intérieur | *il (dì) dentro e il (dì) fuori*, l'intérieur et l'extérieur.

● ***di, da dentro***, à l'intérieur, de l'intérieur: *gridò a quelli di dentro*, il cria à ceux qui étaient à l'intérieur; *veniva da dentro*, il venait de l'intérieur | ***esserci dentro***, y être impliqué: *è una brutta storia, ci sei dentro fino al collo*, c'est une vilaine histoire, et tu y es impliqué jusqu'au cou | ***in dentro***, en dedans: *camminare con i piedi in dentro*, marcher les pieds en dedans; *state in dentro!*, rentrez! | ***o dentro o fuori!***, entre ou sors!; (*fig.*) c'est oui ou non! | ***qua dentro, là dentro***, là-dedans: *qua dentro non c'è*, il n'est pas là-dedans; *cosa fai là dentro?*, qu'est-ce que tu fais là-dedans?

denuclearizzare [de-nu-cle-a-riʒ-ʒà-re] *v.tr.* dénucléariser.

denuclearizzazione [de-nu-cle-a-riʒ-ʒa-zió-ne] *n.f.* dénucléarisation.

denudare [de-nu-dà-re] *v.tr.* **1** dénuder **2** (*fig.*) dépouiller ♦ **denudarsi** *v.pron.* se dénuder.

denuncia [de-nùn-cia] *n.f.* [pl. *-ce*] **1** (*dir.*) dénonciation: *sporgere denuncia*, porter plainte **2** (*dichiarazione*) déclaration.

● ***denuncia dei redditi***, déclaration des revenus.

denunciare [de-nun-cià-re] *v.tr.* [coniug. come *cominciare*] **1** dénoncer*: *denunciare un furto*, dénoncer un vol; *denunciare qlcu alla polizia*, dénoncer qqn à la police; *se continua così la denuncio!*, si vous continuez, je porte plainte! **2** (*fig.*) (*rivelare*) révéler*, dénoncer*: *le sue parole denunciano il suo stato d'animo*, ses mots révèlent (*o* dénoncent) son état d'âme **3** (*dichiarare*) déclarer.

denutrito [de-nu-trì-to] *agg.* sous-alimenté*.

denutrizione [de-nu-tri-zió-ne] *n.f.* dénutrition, sous-alimentation*.

deodorante [de-o-do-ràn-te] *agg.* e *n.m.* (*per il corpo*) déodorant; (*per ambienti*) désodorisant.

deodorare [de-o-do-rà-re] *v.tr.* désodoriser.

depauperamento [de-pau-pe-ra-mén-to] *n.m.* appauvrissement.

depauperare [de-pau-pe-rà-re] *v.tr.* appauvrir.

depenalizzare [de-pe-na-liʒ-ʒà-re] *v.tr.* dépénaliser.

depenalizzazione [de-pe-na-liʒ-ʒa-zió-ne] *n.f.* dépénalisation.

depennare [de-pen-nà-re] *v.tr.* biffer, rayer* (*anche fig.*).

deperibile [de-pe-rì-bi-le] *agg.* périssable.

deperimento [de-pe-ri-mén-to] *n.m.* **1** dépérissement **2** (*di merce*) détérioration (*f.*).

deperire [de-pe-rì-re] *v.intr.* [coniug. come *finire*; aus. *essere*] **1** (*in salute*) dépérir: *è deperito molto*, il s'est beaucoup affaibli **2** (*deteriorarsi*) se détériorer.

depigmentazione [de-pig-men-ta-zió-ne] *n.f.* dépigmentation.

depilare [de-pi-là-re] *v.tr.* épiler ♦ **depilarsi** *v.pron.* s'épiler.

depilatorio [de-pi-la-tò-rio] *n.m.* e *agg.* [pl.m. *-ri*] dépilatoire, épilatoire.

● ***pinzette depilatorie***, pince à épiler | ***crema depilatoria***, crème dépilatoire.

depilazione [de-pi-la-zió-ne] *n.f.* épilation, dépilation.

depistaggio [de-pi-stàg-gio] *n.m.* [pl. *-gi*] dépistage.

depistare [de-pi-stà-re] *v.tr.* **1** (*med.*) dépister **2** (*far perdere le tracce*) faire* perdre la trace; (*confondere*) confondre*; déconcerter, troubler.

dépliant [depli'an] *n.m.invar.* (*foglietto pieghevole pubblicitario*) dépliant, brochure | *dépliant commerciale*, dépliant commercial.

deplorare [de-plo-rà-re] *v.tr.* déplorer.

deplorazione [de-plo-ra-zió-ne] *n.f.* (*biasimo*) blâme (*m.*).

deplorevole [de-plo-ré-vo-le] *agg.* déplorable.

deplorevolmente [de-plo-re-vol-mén-te] *avv.* déplorablement.

deponente [de-po-nèn-te] *agg.* **1** (*dir.*) déposant **2** (*gramm.*) déponent ♦ *n.m.* **1** (*dir.*) (témoin) déposant **2** (*gramm.*) déponent.

deporre [de-pór-re] *v.tr.* [coniug. come *porre*] **1** déposer: *deporre un fardello*, déposer un fardeau; *Gesù Cristo fu deposto dalla croce*, Jésus-Christ fut déposé au pied de la croix; *deporre le uova*, pondre; *deporre le carte*, étaler les cartes **2** (*depositare*) déposer; sédimenter: *il vino depone le impurità*, le vin dépose les impuretés **3** (*rinunziare*) renoncer* (**à**); déposer: *deporre un'idea*, renoncer à une idée **4** (*dir.*) (*testimoniare*) déposer: *deporre a favore, contro qlcu*, déposer en faveur, contre qqn; *deporre in giudizio*, déposer en justice.

● ***deporre un re***, déposer (*o* détrôner) un roi | ***deporre le armi***, (*fig.*) déposer les armes.

deportare [de-por-tà-re] *v.tr.* déporter.

deportato [de-por-tà-to] *agg.* e *n.m.* [f. *-a*] déporté.

deportazione [de-por-ta-zió-ne] *n.f.* déportation.

depositante [de-po-ʃi-tàn-te] *n.m.* déposant.

depositare [de-po-ʃi-tà-re] *v.tr.* **1** déposer; (*nei magazzini*) entreposer: *depositare l'ombrello al guardaroba*, déposer son parapluie au vestiaire; *depositare merci*, entreposer des marchandises **2** (*posare*) poser: *depositare con cura un pacco fragile*, poser soigneusement un paquet fragile ♦ *v.intr.* [aus. *avere*] (*sedimentare*) déposer: *aspetta che il caffè depositi*, attends que le café dépose.

depositario [de-po-ʃi-tà-rio] *n.m.* [f. *-a*; pl.m. *-ri*] dépositaire (*anche fig.*).

depositato [de-po-ʃi-tà-to] *agg.* déposé.

● ***marchio depositato***, marque déposée.

deposito [de-pò-ʃi-to] *n.m.* **1** dépôt: *ricevere in deposito*, recevoir en dépôt **2** (*econ.*) dépôt: *deposito bancario*, dépôt bancaire; *fare un deposito in banca*, déposer de l'argent à la banque **3** (*cauzione*) dépôt de garantie, caution (*f.*): *versare un deposito*, verser un dépôt de garantie (*o* une caution) **4** (*luogo in cui si deposita*) dépôt; (*alla stazione*) consigne (*f.*); (*magazzino*) entrepôt: *deposito di legna, di carbone*, dépôt de bois, de charbon; *ho lasciato le valigie al deposito*, j'ai laissé mes valises à la consigne **5** (*scorta; partita di merci*) stock: *la merce in deposito*, la marchandise en stock **6** (*sedimento*) dépôt: *il deposito del vino*, le dépôt du vin.

D

● (*geol.*) ***deposito alluvionale***, dépôt alluvial | (*banca*): ***deposito a lungo, medio, corto termine***, dépôt à long, moyen, court terme; ***deposito a scadenza fissa***, dépôt à échéance fixe | ***deposito doganale***, entrepôt de douane; (*per quattro mesi*) dépôt de douane | (*banca*) ***deposito in conto corrente***, dépôt en compte courant | ***certificato di deposito***, bulletin de dépôt; (*contromarca*) ticket de consigne.

deposizione [de-po-ʃi-zió-ne] ***n.f.*** déposition.
● ***la Deposizione di Cristo***, la Déposition de croix.

depravato [de-pra-và-to] ***agg.*** e ***n.m.*** [f. *-a*] dépravé.

depravazione [de-pra-va-zió-ne] ***n.f.*** dépravation.

deprecabile [de-pre-cà-bi-le] ***agg.*** **1** (*che si vorrebbe scongiurare*) peu souhaitable **2** (*riprovevole*) blâmable.

deprecare [de-pre-cà-re] ***v.tr.*** [coniug. come *mancare*] **1** (*disapprovare*) désapprouver **2** (*scongiurare*) conjurer.

deprecativo [de-pre-ca-tì-vo] ***agg.*** déprécatif*.

deprecazione [de-pre-ca-zió-ne] ***n.f.*** déprécation.

depredare [de-pre-dà-re] ***v.tr.*** **1** piller **2** (*una persona*) dépouiller.

depressionario [de-pres-sio-nà-rio] ***agg.*** [pl.m. *-ri*] (*meteor.*) dépressionnaire.

depressione [de-pres-sió-ne] ***n.f.*** dépression (*anche psic.*).

depressivo [de-pres-sì-vo] ***agg.*** dépressif*.

depresso [de-prè-so] ***agg.*** **1** déprimé (*anche psic.*) **2** (*econ.*) sous-développé*: *area, zona depressa*, zone sous-développée.

depressurizzare [de-pres-su-riʒ-ʒà-re] ***v.tr.*** dépressuriser.

deprezzamento [de-prez-za-mén-to] ***n.m.*** dépréciation (*f.*).

deprezzare [de-prez-zà-re] ***v.tr.*** déprécier (*anche fig.*).

deprimente [de-pri-mèn-te] ***agg.*** déprimant.

deprimere [de-prì-me-re] ***v.tr.*** [coniug. come *comprimere*] déprimer ♦ **deprimersi** ***v.pron.intr.*** (*avvilirsi, abbattersi*) se déprimer.

depurare [de-pu-rà-re] ***v.tr.*** dépurer.

depurativo [de-pu-ra-tì-vo] ***agg.*** e ***n.m.*** dépuratif*.

depuratore [de-pu-ra-tó-re] ***n.m.*** épurateur.

depurazione [de-pu-ra-zió-ne] ***n.f.*** dépuration.

deputare [de-pu-tà-re] ***v.tr.*** députer.

deputata [de-pu-tà-ta] ***n.f.*** femme député.

deputato [de-pu-tà-to] ***n.m.*** député ♦ ***agg.*** destiné; (*designato*) désigné.

deputazione [de-pu-ta-zió-ne] ***n.f.*** députation.

dequalificare [de-qua-li-fi-cà-re] ***v.tr.*** [coniug. come *mancare*] disqualifier.

dequalificato [de-qua-li-fi-cà-to] ***agg.*** disqualifié.

dequalificazione [de-qua-li-fi-ca-zió-ne] ***n.f.*** déqualification.

deragliamento [de-ra-glia-mén-to] ***n.m.*** (*ferr.*) déraillement.

deragliare [de-ra-glià-re] ***v.intr.*** [aus. *avere*] (*ferr.*) dérailler.

derapare [de-ra-pà-re] ***v.intr.*** [aus. *avere*] déraper.

derapata [de-ra-pà-ta] ***n.f.*** dérapage (*m.*).

derattizzare [de-rat-tiʒ-ʒà-re] ***v.tr.*** dératiser.

derattizzazione [de-rat-tiʒ-ʒa-zió-ne] ***n.f.*** dératisation.

deregolamentazione [de-re-go-la-men-ta-zió-ne] ***n.f.*** **deregulation** ***n.f.invar.*** (*econ.*) déréglementation.

derelitto [de-re-lìt-to] ***agg.*** e ***n.m.*** [f. *-a*] délaissé, abandonné.

deresponsabilizzare [de-re-spon-sa-bi-liʒ-ʒà-re] ***v.tr.*** réduire* les responsabilités (**de**).

deretano [de-re-tà-no] ***n.m.*** derrière.

deridere [de-rì-de-re] ***v.tr.*** [coniug. come *ridere*] se moquer (**de**): *fu deriso da tutti*, tout le monde s'est moqué de lui.

derisione [de-ri-ʃió-ne] ***n.f.*** dérision.

derisorio [de-ri-ʃò-rio] ***agg.*** [pl.m. *-ri*] railleur*.

deriva [de-rì-va] ***n.f.*** dérive (*anche fig.*).
● (*geol.*) ***deriva dei continenti***, dérive des continents.

derivare[1] [de-ri-và-re] ***v.intr.*** [aus. *essere*] **1** dériver; (*provenire*) venir*, découler, provenir*; (*discendere*) descendre*, sortir*: *questa parola deriva dal latino*, ce mot dérive (*o* descend *o* vient) du latin; *tutti i suoi guai derivano dalla sua leggerezza*, tous ses malheurs proviennent de (*o* sont dus à) son insouciance; *questo canale d'irrigazione deriva dalla diga vicina*, ce canal d'irrigation part (*o* provient *o* découle) de la digue voisine | *ciò deriva dal fatto che*, cela provient du fait que; *ne è derivato un gran male*, cela a eu des conséquences fâcheuses **2** (*di corsi d'acqua*) (*nascere*) prendre* sa source (**à**): *il Tevere deriva dal monte Fumaiolo*, le Tibre prend sa source au mont Fumaiolo ♦ ***v.tr.*** **1** dériver: *derivare un canale d'irrigazione da un fiume*, dériver un canal d'irrigation d'un fleuve **2** (*mat.*) dériver **3** (*trarre, ricavare*) tirer; (*risultare, seguire*) suivre*, s'ensuivre*, résulter, venir*, provenir*: *non capisco da che cosa egli derivi tanta sicurezza*, je ne comprends pas d'où il tire (*o* prend) tant d'assurance; *la stagione è stata inclemente: ne è derivato un rincaro dei prezzi dei generi alimentari*, la saison a été mauvaise, il s'en est suivi une hausse des prix des produits alimentaires | *ne derivò che*, il s'ensuivit que.

derivare[2] ***v.intr.*** (*mar.*) dériver.

derivata [de-ri-và-ta] ***n.f.*** (*mat.*) dérivée.

derivato [de-ri-và-to] ***agg.*** e ***n.m.*** dérivé.
● ***i derivati del petrolio***, les sous-produits du pétrole.

derivazione [de-ri-va-zió-ne] ***n.f.*** dérivation (*anche mat.*).

derma [dèr-ma] ***n.m.*** (*anat.*) derme.

dermatite [der-ma-tì-te] ***n.f.*** (*med.*) dermatite, dermite.

dermatologia [der-ma-to-lo-gì-a] ***n.f.*** (*med.*) dermatologie.

dermatologo [der-ma-tò-lo-go] ***n.m.*** [f. *-a*; pl.m. *-gi*, f. *-ghe*] dermatologue; (*fam.*) dermato.

dermatosi [der-ma-tò-ʃi] ***n.f.invar.*** (*med.*) dermatose.

dermico [dèr-mi-co] ***agg.*** [pl.m. *-ci*, f. *-che*] (*anat.*) dermique.

dermoabrasione [der-mo-a-bra-sió-ne] ***n.f.*** (*med.*) dermabrasion.

dermocosmesi [der-mo-co-smè-si] *n.f.invar.* dermocosmétologie.

dermoplastico [der-mo-plà-sti-co] *agg.* [pl.m. *-ci*, f. *-che*] (*cosmesi*) raffermissant, lissant.

deroga [dè-ro-ga] *n.f.* [pl. *-ghe*] dérogation.
● ***in deroga a***, par dérogation à.

derogabile [de-ro-gà-bi-le] *agg.* auquel on peut déroger.

derogare [de-ro-gà-re] *v.intr.* [coniug. come *legare*; aus. *avere*] déroger*: *derogare alla consuetudine*, déroger à l'usage; *derogare ai consigli del medico*, ne pas suivre les conseils du médecin ♦ *v.tr.* (*contravvenire*) déroger* (**à**).

derogatorio [de-ro-ga-tò-rio] *agg.* [pl.m. *-ri*] (*dir.*) dérogatoire.

derogazione [de-ro-ga-zió-ne] *n.f.* dérogation.

derrata [der-rà-ta] *n.f.* (*spec. pl.*) denrée.
● ***derrate alimentari***, denrées alimentaires.

derubare [de-ru-bà-re] *v.tr.* voler: *derubare qlcu del portafogli*, voler à qqn son portefeuille.

derubato [de-ru-bà-to] *n.m.* [f. *-a*] victime (*f.*) d'un vol.

derviscio [der-vì-scio] *n.m.* [pl. *-sci*] (*relig.*) derviche.

desacralizzare [de-sa-cra-li-ʒʒà-re] *v.tr.* désacraliser.

deschetto [de-schét-to] *n.m.* table (*f.*) (de cordonnier).

desco [dé-sco] *n.m.* [pl. *-schi*] (*letter.*) table (*f.*).

descolarizzazione [de-sco-la-ri-ʒʒa-zió-ne] *n.f.* déscolarisation.

descrittivo [de-scrit-tì-vo] *agg.* descriptif*.

descrittore [de-scrit-tó-re] *n.m.* [f. *-trice*] descripteur.

descrivere [de-scrì-ve-re] *v.tr.* [coniug. come *scrivere*] **1** décrire*, dépeindre*; (*raccontare*) raconter: *descrivere una scena*, décrire (*o* dépeindre) une scène **2** (*tracciare*) décrire*, dessiner, délinéer: *descrivere un cerchio, una traiettoria*, décrire un cercle, une trajectoire **3** (*percorrere*) parcourir*, décrire*, dessiner: *il missile ha descritto una traiettoria curva*, le missile a décrit (*o* parcouru) une trajectoire courbe.

descrizione [de-scri-zió-ne] *n.f.* description.

desecretare [de-se-cre-tà-re] *v.tr.* (*dir.*) déclassifier.

desensibilizzare [de-sen-si-bi-li-ʒʒà-re] *v.tr.* (*med., fot.*) désensibiliser.

desensibilizzazione [de-sen-si-bi-li-ʒʒa-zió-ne] *n.f.* (*med., fot.*) désensibilisation.

desertico [de-ʃèr-ti-co] *agg.* [pl.m. *-ci*, f. *-che*] désertique.

desertificazione [de-ʃer-ti-fi-ca-zió-ne] *n.f.* désertification.

deserto[1] [de-ʃèr-to] *agg.* désert | *l'udienza andò deserta*, personne ne s'est présenté à l'audience.

deserto[2] *n.m.* désert (*anche fig.*).

desiderabile [de-si-de-rà-bi-le] *agg.* désirable | *sarebbe desiderabile che*, il serait souhaitable que.

desiderare [de-si-de-rà-re] *v.tr.* désirer: *desidero esser lasciato solo*, je désire qu'on me laisse seul; *desidero andarci*, je désire y aller.
● ***è desiderata al telefono***, on vous demande au téléphone | ***farsi desiderare***, se faire désirer: *si fa desiderare questo aperitivo!*, il se fait attendre cet apéritif! | ***lasciare a desiderare***, laisser à désirer: *la sua educazione lascia molto a desiderare*, son éducation laisse beaucoup à désirer.

desiderio [de-si-dè-rio] *n.m.* [pl. *-ri*] désir: *avevo un gran desiderio di vederlo*, j'avais très envie de le voir.

desideroso [de-si-de-ró-so] *agg.* désireux*: *è molto desideroso di conoscerti*, il désire beaucoup faire ta connaissance.

design [de'zain] *n.m.invar.* design: *il design italiano*, le design italien; *vendere articoli di design*, vendre du design.
● ***mobili di design***, meubles design.

designare [de-si-gnà-re] *v.tr.* désigner.

designato [de-si-gnà-to] *agg.* **1** désigné **2** (*convenuto*) fixé.

designazione [de-si-gna-zió-ne] *n.f.* désignation.

desinare [de-ʃi-nà-re] *v.intr.* [aus. *avere*] déjeuner ♦ *n.m.* déjeuner.

desindacalizzazione [de-sin-da-ca-li-ʒʒa-zió-ne] *n.f.* désyndicalisation.

desinenza [de-ʃi-nèn-za] *n.f.* désinence.

desio [de-ʃì-o] *n.m.* (*letter.*) → **desiderio**.

desistere [de-sì-ste-re] *v.intr.* [coniug. come *insistere*; aus. *avere*] se désister (**de**), renoncer* (**à**).

desktop ['desktop] *n.m.invar.* (*inform.*) bureau*.
● ***computer desktop***, ordinateur de bureau.

desolante [de-ʃo-làn-te] *agg.* désolant.

desolare [de-ʃo-là-re] *v.tr.* désoler; (*affliggere*) affliger*.

desolato [de-ʃo-là-to] *agg.* **1** (*deserto, squallido*) désolé **2** (*spiacente, afflitto*) désolé | (*comm.*) *siamo desolati di apprendere che*, nous regrettons d'apprendre que.

desolazione [de-ʃo-la-zió-ne] *n.f.* désolation.

despota [dè-spo-ta] *n.m.* despote.

desquamazione [de-squa-ma-zió-ne] *n.f.* desquamation.

dessi → **dare**[1].

destabilizzante [de-sta-bi-li-ʒʒàn-te] *agg.* déstabilisant.

destabilizzare [de-sta-bi-li-ʒʒà-re] *v.tr.* déstabiliser.

destabilizzazione [de-sta-bi-li-ʒʒa-zió-ne] *n.f.* déstabilisation.

destare [de-stà-re] *v.tr.* **1** réveiller **2** (*fig.*) éveiller; exciter: *destare sospetti*, éveiller des soupçons; *destare entusiasmo*, exciter l'enthousiasme | *destare preoccupazioni*, causer des soucis ♦ **destarsi** *v.pron.intr.* **1** se réveiller **2** (*fig.*) s'éveiller.

destinare [de-sti-nà-re] *v.tr.* **1** destiner **2** (*assegnare*) affecter.

destinatario [de-sti-na-tà-rio] *n.m.* [f. *-a*; pl.m. *-ri*] destinataire.

destinazione [de-sti-na-zió-ne] *n.f.* **1** destination: *con destinazione New York*, à destination de New York **2** (*residenza, ufficio assegnato a un funzionario*) affectation.

destino [de-stì-no] *n.m.* **1** destin, destinée (*f.*), sort: *abbandonare qlcu al proprio destino*, abandonner qqn à son sort **2** (*avvenire*) avenir: *cosa ci riserva il destino?*, que nous réserve l'avenir?
● ***era destino!***, c'était écrit!: *era destino che finisse così*, cela devait finir ainsi.

destituire [de-sti-tu-ì-re] *v.tr.* [coniug. come *finire*] destituer, relever* de ses fonctions: *destituire qlcu da un incarico*, destituer qqn de sa charge.

destituzione [de-sti-tu-zió-ne] *n.f.* destitution.

D

D

desto [dé-sto] *agg.* éveillé | *tener desto*, (*fig.*) tenir en éveil.
● ***sogno o son desto?***, est-ce que je rêve?

destra [dè-stra] *n.f.* **1** (main) droite **2** (*lato destro*) droite: *tenere la destra*, garder, tenir sa droite **3** (*pol.*) droite.

destreggiarsi [de-streg-giàr-si] *v.pron.intr.* [coniug. come *mangiare*] se débrouiller; (*manovrare*) manœuvrer; (*trarsi d'impaccio*) se tirer d'affaire.

destrezza [de-stréz-za] *n.f.* adresse (*anche fig.*).
● (*dir.*) ***furto con destrezza***, vol à la tire | ***giochi di destrezza***, tours d'adresse.

destriero [de-striè-ro] *n.m.* (*letter.*) coursier; (*da battaglia*) destrier.

destrismo [de-stri-ʃmo] *n.m.* **1** dextralité (*f.*) **2** (*pol.*) droitisme; (*politica di destra*) politique (*f.*) de droite.

destro [dè-stro] *agg.* **1** droit **2** (*abile*) adroit ♦ *n.m.* **1** occasion (*f.*), opportunité (*f.*) **2** (*pugilato*) droit **3** (*pol.*) homme de droite.

destrorso [de-stròr-so] *agg.* **1** dextrorsum; (*bot.*) dextrovolubile; (*zool.*) dextre; (*mecc.*) à droite; (*mat.*) direct **2** (*che inclina verso destra*) qui penche à droite: *scrittura destrorsa*, écriture qui penche à droite **3** (*scherz.*) (*politicamente a destra*) de droite: *è un destrorso*, c'est quelqu'un qui penche à droite.
● ***conchiglia destrorsa***, coquille dextre | ***vite destrorsa***, vis (avec pas) à droite.

destrosio [de-strò-ʃio] *n.m.* [pl. *-si*] (*chim.*) dextrose.

destrutturare [de-strut-tu-rà-re] *v.tr.* déstructurer.

destrutturazione [de-strut-tu-ra-zió-ne] *n.f.* déstructuration.

desueto [de-suè-to] *agg.* désuet*.

desumere [de-sù-me-re *o* deʃùmere] *v.tr.* [p.rem. *io desunsi, tu desumesti* ecc.; p.p. *desunto*] **1** (*dedurre*) déduire*: *donde si desume che*, d'où l'on peut déduire que **2** (*ricavare*) tirer.

desumibile [de-su-mì-bi-le *o* deʃumìbile] *agg.* qu'on peut déduire: *da ciò è desumibile che*, on peut déduire de cela que.

desunsi → **desumere**.

detassare [de-tas-sà-re] *v.tr.* détaxer.

detassazione [de-tas-sa-zió-ne] *n.f.* détaxation.

detective [de'tektiv] *n.m.* e *f.invar.* (*agente investigativo*) détective, enquêteur (*m.*); (*investigatore privato*) détective privé.
● ***detective story***, roman policier.

detector [de'tektor] *n.m.invar.* (*tecn.*) détecteur.

deteinato [de-tei-nà-to] *agg.* déthéiné.

detenere [de-te-né-re] *v.tr.* [coniug. come *tenere*] détenir*.

detentivo [de-ten-tì-vo] *agg.* de détention.

detentore [de-ten-tó-re] *agg.* e *n.m.* [f. *-trice*] détenteur*.
● (*dir.*) ***detentore di oggetti rubati***, receleur | (*fin.*) ***detentore di azioni***, porteur d'actions.

detenuto [de-te-nù-to] *agg.* e *n.m.* [f. *-a*] détenu.

detenzione [de-ten-zió-ne] *n.f.* (*dir.*) **1** (*il detenere*) détention **2** (*pena*) détention.
● ***detenzione abusiva di armi***, possession illicite d'armes.

detergente [de-ter-gèn-te] *agg.* e *n.m.* détergent.
● ***(latte) detergente***, (lait) démaquillant.

detergere [de-tèr-ge-re] *v.tr.* [coniug. come *immergere*] **1** déterger*: *detergere una piaga*, déterger une plaie **2** essuyer*: *detergere il sudore*, essuyer la sueur.

deteriorabile [de-te-rio-rà-bi-le] *agg.* périssable.

deterioramento [de-te-rio-ra-mén-to] *n.m.* détérioration (*f.*) | *soggetto a deterioramento*, périssable.

deteriorare [de-te-rio-rà-re] *v.tr.* détériorer ♦ **deteriorarsi** *v.pron.intr.* se détériorer.

deteriore [de-te-rió-re] *agg.* inférieur | *nel senso deteriore del termine*, dans le mauvais sens du terme.

determinante [de-ter-mi-nàn-te] *agg.* e *n.m.* déterminant.

determinare [de-ter-mi-nà-re] *v.tr.* **1** déterminer; (*definire*) définir **2** (*provocare*) provoquer **3** (*decidere*) décider **4** (*indurre*) décider, déterminer.

determinativo [de-ter-mi-na-tì-vo] *agg.* e *n.m.* déterminatif*.

determinato [de-ter-mi-nà-to] *agg.* **1** déterminé **2** (*con valore indefinito*) certain: *in determinati momenti*, à certains moments; *in determinati giorni*, certains jours.

determinazione [de-ter-mi-na-zió-ne] *n.f.* détermination.
● (*econ.*) ***determinazione dei prezzi***, formation des prix.

determinismo [de-ter-mi-nì-ʃmo] *n.m.* déterminisme.

deterrente [de-ter-rèn-te] *agg.* de dissuasion ♦ *n.m.* force (*f.*) de dissuasion (*anche fig.*): *misura che serve da deterrente al crimine*, mesure de dissuasion contre la criminalité.
● ***deterrente atomico***, armes nucléaires de dissuasion.

detersivo [de-ter-sì-vo] *agg.* e *n.m.* détergent; (*spec. tecn.*) détersif*.

detestabile [de-te-stà-bi-le] *agg.* détestable.

detestare [de-te-stà-re] *v.tr.* détester.

detonante [de-to-nàn-te] *agg.* détonant.

detonare [de-to-nà-re] *v.intr.* [aus. *avere*] détoner.

detonatore [de-to-na-tó-re] *n.m.* détonateur.

detonazione [de-to-na-zió-ne] *n.f.* détonation.

detraibile [de-tra-ì-bi-le] *agg.* déductible.

detrarre [de-tràr-re] *v.tr.* [coniug. come *trarre*] déduire*.

detrattore [de-trat-tó-re] *n.m.* [f. *-trice*] détracteur*.

detrazione [de-tra-zió-ne] *n.f.* déduction, abattement (*m.*).
● ***detrazioni fiscali***, abattements fiscaux, décotes | ***in detrazione***, déduit (de).

detrimento [de-tri-mén-to] *n.m.* dommage, préjudice; (*letter.*) détriment; *recare detrimento*, porter préjudice.
● ***a detrimento di***, au détriment de.

detrito [de-trì-to] *n.m.* (*spec. pl.*) détritus; (*macerie*) décombres (*pl.*); (*scorie di lavorazione*) déchets (*pl.*) | *detrito della società*, (*fig.*) rebut de la société.

detronizzare [de-tro-niʒ-ʒà-re] *v.tr.* détrôner.

detta, a [a dét-ta] *avv.* au dire; (*secondo*) d'après: *a sua detta*, d'après lui.

dettagliante [det-ta-gliàn-te] *n.m.* e *f.* détaillant/e.

dettagliare [det-ta-glià-re] *v.tr.* détailler.

dettagliatamente [det-ta-glia-ta-mén-te] *avv.* en détail.

dettaglio [det-tà-glio] *n.m.* [pl. *-gli*] détail: *entrare nei dettagli*, entrer dans le détail.
● (*comm.*) ***al dettaglio***, au détail: *prezzo al dettaglio*, prix de détail.

dettame [det-tà-me] *n.m.* précepte | *i dettami della ra-*

gione, les lois de la raison; *i dettami della coscienza*, ce que dicte la conscience; *i dettami della moda*, les impératifs de la mode.

dettare [det-tà-re] ***v.tr.*** dicter (*anche fig.*): *ciò che ti detta la coscienza*, ce que ta conscience te dicte; *dettare le norme*, établir les règles; *agire come dettano le circostanze*, agir comme l'exigent les circonstances.
● ***dettar legge***, (*fig.*) faire la loi.

dettato [det-tà-to] ***n.m.*** dictée (*f.*).
● (*dir.*) ***secondo il dettato costituzionale***, d'après la Constitution; ***il dettato della legge***, le texte, les dispositions de la loi.

dettatura [det-ta-tù-ra] ***n.f.*** dictée: *sotto dettatura*, sous la dictée.

detti → **dare**[1].

detto [dét-to] ***agg.*** **1** (*chiamato*) dit **2** (*menzionato*) susdit, dit **3** (*stabilito*) fixé ♦ ***n.m.*** **1** (*parola*) mot: *ogni suo detto*, tout ce qu'il dit **2** (*motto*) dicton | *i detti di Socrate*, les paroles de Socrate.

deturpare [de-tur-pà-re] ***v.tr.*** **1** défigurer; (*un'opera d'arte*) dégrader **2** (*imbruttire*) gâcher; (*fig.*) souiller.

deturpazione [de-tur-pa-zió-ne] ***n.f.*** **1** défiguration **2** (*imbruttimento*) enlaidissement (*m.*).

deumidificatore [de-u-mi-di-fi-ca-tó-re] ***n.m.*** (*tecn.*) déshumidificateur.

deuterio [deu-tè-rio] ***n.m.*** [pl. *-rî*] (*chim.*) deutérium.

devastare [de-va-stà-re] ***v.tr.*** dévaster; ravager* (*anche fig.*).

devastatore [de-va-sta-tó-re] ***agg.*** e ***n.m.*** [f. *-trice*] dévastateur*.

devastazione [de-va-sta-zió-ne] ***n.f.*** dévastation: *seminare rovina e devastazione*, semer la ruine et la désolation.

deviante [de-vi-àn-te] ***agg.*** déviant.

deviare [de-vi-à-re] ***v.intr.*** [aus. *avere*] dévier, virer: *deviare a sinistra*, tourner à gauche; *deviare dalla strada maestra*, sortir de la route principale; *deviare dalla retta via*, (*fig.*) s'écarter du droit chemin; *deviare dal filo del discorso*, (*fig.*) s'écarter de son sujet ♦ ***v.tr.*** dévier; (*un corso d'acqua, la corrente elettrica*) détourner; (*fig.*) détourner.

deviatore [de-via-tó-re] ***n.m.*** **1** (*ferr.*) aiguilleur **2** (*elettr.*) commutateur.

deviazione [de-via-zió-ne] ***n.f.*** déviation; (*di corso d'acqua, della corrente elettrica*) détournement (*m.*): *per l'incidente ho fatto una deviazione*, j'ai fait un détour à cause de l'accident.

devitalizzare [de-vi-ta-lɪʒ-ʒà-re] ***v.tr.*** (*med.*) dévitaliser.

devo → **dovere**[1].

devoluto [de-vo-lù-to] ***agg.*** dévolu, affecté.

devoluzione [de-vo-lu-zió-ne] ***n.f.*** dévolution.

devolvere [de-vòl-ve-re] ***v.tr.*** [p.p. *devoluto*] (*trasmettere*) transmettre*; (*legare*) léguer*; (*destinare*) affecter (**à**).

devoto [de-vò-to] ***agg.*** **1** dévot, pieux*: *ascoltare in devoto silenzio*, écouter dans un silence religieux; *raccogliersi in devota preghiera*, se recueillir dans une prière fervente; *essere devoto alla Vergine*, avoir une dévotion pour la Vierge **2** (*affezionato*) dévoué | *il vostro devotissimo*, (*nella corrispondenza*) votre très, tout dévoué ♦ ***n.m.*** [f. *-a*] dévot.

devozione [de-vo-zió-ne] ***n.f.*** **1** dévotion: *pregare con devozione*, prier avec dévotion **2** (*spec. pl.*) (*preghiera*) prière: *dire le devozioni*, dire ses prières **3** (*dedizione*) dévouement (*m.*).

di ***prep.*** [si può elidere davanti a vocale; in unione con l'art. *il* forma la prep.art. **del**; con l'art. *lo* forma **dello** (**dell'** davanti a vocale); con l'art. *la* forma **della** (**dell'** davanti a vocale); in unione con l'art. *i* forma la prep. art. pl. **dei**; con l'art. *gli* forma **degli**; con l'art. *le* forma **delle**] **1** de*: *un negozio di via Guardi*, un magasin de la rue Guardi; *la farmacia di via Mazzini 65*, la pharmacie du 65, rue Mazzini; *ho visitato alcune città della Francia*, j'ai visité quelques villes de France; *visiterà qualche città della Francia del Nord*, il visitera quelques villes de la France du Nord; *il treno delle dieci*, le train de dix heures; *interesse del 10%*, intérêt de 10%; *una torre di 25 metri*, une tour (haute) de 25 mètres; *l'ottobre del 1965*, le mois d'octobre 1965; *nel mese di settembre*, au mois de septembre; *vino (vecchio) di sette anni*, vin vieux de sept ans; *il treno di Parigi*, (*in partenza*) le train de Paris, (*in arrivo*) le train venant de Paris | *Carlo di Luigi*, Charles, fils de Louis | *di là*, de là, par là: *sono passato di là*, je suis passé par là | *mercato dei fiori, del pesce*, marché aux fleurs, aux poissons **2** (*possesso*) de*; (*col v.* essere) à*, (*se indica l'autore*) de*: *il libro di Piero*, le livre de Piero; *di chi è questo libro?*, à qui est ce livre?; *non so di chi sia questo libro*, je ne sais pas à qui est ce livre; *questa poesia è del Leopardi*, ce poème est de Leopardi **3** (*specificazione partitiva*) de*; (*seguito da pron.pers.*) d'entre: *dei tre romanzi non so quale consigliarti*, des (*o* sur) ces trois romans je ne sais pas lequel te conseiller; *due di voi*, deux d'entre vous **4** (*qualità*) de*: *un uomo di grande onestà*, un homme d'une grande honnêteté **5** (*tempo determinato*) le*, en: *di domenica*, le dimanche; *di settembre*, en septembre; *è arrivato di lunedì*, il est arrivé un lundi; *il primo (di) dicembre*, le premier décembre **6** (*materia*) de*, en: *statua di bronzo*, statue de, en bronze; *frittata di carciofi*, omelette aux artichauts; *minestra di riso*, potage au riz; *hai una mamma d'oro*, (*fig.*) tu as une maman en or **7** (*causa*) de*: *morire di fame*, mourir de faim; *piangere di gioia*, pleurer de joie **8** (*fine, scopo*) à*: *cassetta delle lettere*, boîte aux lettres **9** (*limitazione*) de*, en: *soffrire di cuore*, souffrir du cœur **10** (*nei compar.*) que; (*nei superl. rel.*) de*: *è più studioso di te*, il est plus appliqué que toi; *il più veloce di tutti*, le plus rapide de tous **11** (*abbondanza*) en; (*privazione*) de*, en: *paese ricco di grano*, pays riche en blé; *privo di buon senso*, dépourvu de bon sens **12** (*seguito da v. all'inf.*) de*: *era ora, tempo di partire*, il était temps de partir; *dice di essere innocente*, il dit qu'il est, il se dit innocent; *pensa di aver ragione*, il pense avoir raison **13** (*preceduto da altra prep. in locuzioni prepositive non si traduce*): *prima di voi*, avant vous; *dopo di loro*, après eux; *su di lui*, sur lui.

NOTA ***Di*** con funzione di partitivo si traduce con la preposizione semplice ***de*** quando la frase ha significato completamente negativo e davanti ad aggettivo qualificativo specialmente plurale che non sia parte integrante del sostantivo oppure formi con esso un nome composto:

Non ha (del) denaro.
Il n'a pas **d'**argent.

Non ha (del) denaro da sprecare.
Il n'a pas **de** l'argent pour le gaspiller.

Fuma solo delle sigarette inglesi.
Il ne fume que **des** cigarettes anglaises.

Non abbiamo (degli) amici.
Nous n'avons pas **d'**amis.

Non abbiamo amici medici.
Nous n'avons pas **des** amis médecins.

D

Abbiamo incontrato delle ragazze bionde.
Nous avons rencontré **des** jeunes filles blondes.
Abbiamo incontrato delle ragazze graziose.
Nous avons rencontré **de** jolies jeunes filles.
Mi ha offerto dei bei fiori.
Il m'a offert **de** belles fleurs.
Mi hanno servito dei piselli al burro.
On m'a servi **des** petits pois au beurre.
Alla festa c'erano dei nonni più allegri dei nipoti.
À la fête il y avait **des** grands-parents plus gais que leurs petits-enfants.

Dopo i verbi che esprimono affermazione, opinione, speranza, si omette ***de*** prima dell'infinito:
*Pensa **di** aver torto.*
Il pense avoir tort.
*Mi sembra **di** aver fatto bene*
Il me semble avoir bien fait.
*Speravo **di** incontrarlo*
J'espérais le rencontrer.

dì[1] ***n.m.*** (*giorno*) jour: *notte e dì*, jour et nuit.
● ***al dì***, par jour.

dì[2], **di'** → **dire**[1].

di- ***pref.*** di-, bi-.

dia → **dare**[1].

dia- ***pref.*** dia-.

diabete [dia-bè-te] ***n.m.*** (*med.*) diabète.

diabetico [dia-bè-ti-co] ***agg.*** e ***n.m.*** [f. *-a*; pl.m. *-ci*, f. *-che*] (*med.*) diabétique.

diabolico [dia-bò-li-co] ***agg.*** [pl.m. *-ci*, f. *-che*] diabolique.

diaconato [dia-co-nà-to] ***n.m.*** (*eccl.*) diaconat.

diacono [di-à-co-no] ***n.m.*** (*eccl.*) diacre.

diade [dì-a-de] ***n.f.*** dyade.

diadema [dia-dè-ma] ***n.m.*** diadème.

diafano [di-à-fa-no] ***agg.*** diaphane.

diaframma [dia-fràm-ma] ***n.m.*** **1** diaphragme (*anche anat.*) **2** (*parete divisoria*) cloison (*f.*) (*anche fig.*) **3** (*anticoncezionale*) diaphragme.

diagnosi [di-à-gno-ʃi] ***n.f.invar.*** diagnostic (*m.*): *sbagliare diagnosi*, faire une erreur de diagnostic.

diagnostica [dia-gnò-sti-ca] ***n.f.*** [pl. *-che*] diagnostic (*m.*).

diagnosticare [dia-gno-sti-cà-re] ***v.tr.*** [coniug. come *mancare*] diagnostiquer (*anche fig.*).

diagnostico [dia-gnò-sti-co] ***agg.*** [pl. *-ci*] diagnostique.

diagonale [dia-go-nà-le] ***agg.*** diagonal* ♦ ***n.f.*** (*mat.*) diagonale ♦ ***n.m.*** **1** (*sport*) tir en diagonale **2** (*tessuto*) croisé.
● ***in diagonale, lungo la diagonale***, en diagonale.

diagramma [dia-gràm-ma] ***n.m.*** diagramme: *diagramma della temperatura*, diagramme de la température; *diagramma del traffico*, courbe du trafic.
● (*mat.*) ***diagramma cartesiano***, graphique cartésien (*o* diagramme rectangulaire) | ***diagramma di flusso, a blocchi***, schéma fonctionnel, diagramme par blocs | (*econ.*) ***diagramma di gestione***, tableau de bord.

dialettale [dia-let-tà-le] ***agg.*** dialectal*: *poesia dialettale*, poésie en dialecte.

dialettica [dia-lèt-ti-ca] ***n.f.*** [pl. *-che*] dialectique.

dialettico [dia-lèt-ti-co] ***agg.*** [pl.m. *-ci*, f. *-che*] dialectique ♦ ***n.m.*** [f. *-a*] dialecticien*.

dialetto [dia-lèt-to] ***n.m.*** dialecte.

dialettologia [dia-let-to-lo-gì-a] ***n.f.*** dialectologie.

dialisi [di-à-li-ʃi] ***n.f.invar.*** (*chim., med.*) dialyse.

dializzato [dia-liʒ-ʒà-to] ***agg.*** e ***n.m.*** [f. *-a*] (*med.*) dialysé.

dialogare [dia-lo-gà-re] ***v.intr.*** [coniug. come *legare*; aus. *avere*] dialoguer ♦ ***v.tr.*** (*teatr.*) dialoguer: *le parti dialogate di un romanzo*, les dialogues d'un roman.

dialoghista [dia-lo-ghì-sta] **dialogista** ***n.m.*** e ***f.*** dialoguiste.

dialogo [di-à-lo-go] ***n.m.*** [pl. *-ghi*] dialogue: *tra loro non c'è dialogo*, il n'y a pas d'entente entre eux; *ha un bel dialogo con i genitori*, il s'entend bien avec ses parents.

diamante [dia-màn-te] ***n.m.*** **1** diamant **2** (*baseball*) petit champ.

diamantifero [dia-man-tì-fe-ro] ***agg.*** diamantifère.

diametrale [dia-me-trà-le] ***agg.*** diamétral*.

diametralmente [di-a-me-tral-mén-te] ***avv.*** diamétralement (*anche fig.*).

diametro [di-à-me-tro] ***n.m.*** diamètre.

diamine [dià-mi-ne] ***inter.*** (*fam.*) diable, diantre: *se voglio la torta? diamine!*, si je veux du gâteau? je pense bien!

diamo → **dare**[1].

dianzi [diàn-zi] ***avv.*** tout à l'heure, tantôt.

diapason [di-à-pa-ʃon] ***n.m.invar.*** (*mus.*) diapason | *giungere al diapason*, (*fig.*) atteindre son paroxysme.

diapositiva [dia-po-ʃi-tì-va] ***n.f.*** diapositive; (*fam.*) diapo.

diarchia [diar-chì-a] ***n.f.*** dyarchie.

diaria [di-à-ria] ***n.f.*** indemnité journalière.

diario [di-à-rio] ***n.m.*** [pl. *-rî*] journal*.
● (*mar.*) ***diario di bordo***, journal de bord | ***diario scolastico***, cahier de textes.

diarrea [diar-rè-a] ***n.f.*** (*med.*) diarrhée.

diaspora [di-à-spo-ra] ***n.f.*** diaspora.

diaspro [di-à-spro] ***n.m.*** (*min.*) jaspe.

diastole [di-à-sto-le] ***n.f.*** (*med.*) diastole.

diatonico [dia-tò-ni-co] ***agg.*** [pl.m. *-ci*, f. *-che*] (*mus.*) diatonique.

diatriba [dia-trì-ba *o* di-à-tri-ba] ***n.f.*** diatribe.

diavola [dià-vo-la] ***n.f.***
● (*cuc.*) ***pollo alla diavola***, poulet à la diable.

diavoleria [dia-vo-le-rì-a] ***n.f.*** **1** diablerie **2** (*fam.*) (*coso*) machin (*m.*), truc (*m.*).

diavolessa [dia-vo-lés-sa] ***n.f.*** diablesse.

diavoletto [dia-vo-lét-to] ***n.m.*** (*bambino vivace*) diablotin, petit diable.

diavolo [dià-vo-lo] ***n.m.*** diable.
● ***abitare a casa del diavolo***, habiter au diable (vauvert) | ***avere il diavolo in corpo, il diavolo addosso***, avoir le diable au corps | ***avere un diavolo per capello***, être hors de soi | ***del diavolo***, du diable, de tous les diables: *un freddo, una fame del diavolo*, un froid, une faim de tous les diables; *avere una furia, una fretta del diavolo*, être diablement pressé | ***dove diavolo...?***, où diable...?: *dove diavolo l'hai cacciato?*, où diable l'as-tu fourré? | ***essere come il diavolo e l'acqua santa***, être comme chien et chat | ***fare la parte del diavolo, fare l'avvocato del diavolo***, se

faire l'avocat du diable | ***furbo come il diavolo***, malin comme un singe | ***il diavolo ci ha messo la coda, lo zampino, le corna***, le diable s'en est mêlé | ***il diavolo se lo porti!***, que le diable l'emporte! | ***ne sa una più del diavolo***, il a plus d'un tour dans son sac | ***non è poi il diavolo***, ce n'est pas la mer à boire | ***un buon diavolo, un povero diavolo***, un brave type, un pauvre diable | ***va' al diavolo***, va au diable.

dibattere [di-bàt-te-re] *v.tr.* [coniug. come *battere*] débattre*: (*dir.*) *questione dibattuta*, question controversée ♦ **dibattersi** *v.pron.* se débattre* (*anche fig.*).

dibattimento [di-bat-ti-mén-to] *n.m.* 1 débat, discussion (*f.*) 2 (*dir.*) débats (*pl.*).

dibattito [di-bàt-ti-to] *n.m.* débat: *dirigere, chiudere un dibattito*, diriger, clore un débat; *dibattito televisivo*, émission-débat.

diboscamento [di-bo-sca-mén-to] *n.m.* → **disboscamento**.

diboscare [di-bo-scà-re] *v.tr.* → **disboscare**.

dicastero [di-ca-stè-ro] *n.m.* ministère.

dicembre [di-cèm-bre] *n.m.* décembre.

diceria [di-ce-rì-a] *n.f.* racontar (*m.*): *ci sono state molte dicerie sul suo conto*, on a raconté beaucoup de choses sur son compte.

dichiarante [di-chia-ràn-te] *n.m.* e *f.* (*dir.*) déclarant/e.

dichiarare [di-chia-rà-re] *v.tr.* 1 déclarer: *dichiara di averlo appena conosciuto*, il déclare qu'il vient de faire sa connaissance; *il testimone dichiarò di non conoscere l'imputato*, le témoin déclara ne pas connaître l'accusé | *dichiarare le proprie generalità*, décliner son identité | *dichiarare le proprie carte*, (*al bridge*) annoncer ses cartes | *vi dichiaro in arresto!*, au nom de la loi, je vous arrête! 2 (*proclamare*) proclamer: *dichiarare vincitore*, proclamer vainqueur ♦ **dichiararsi** *v.pron.* 1 se déclarer 2 (*proclamarsi*) se proclamer: *dichiararsi innocente*, se proclamer innocent.

● ***dichiarare guerra***, (*anche fig.*) déclarer la guerre.

NOTA Nelle proposizioni incidentali, ***dichiarare*** si traduce ***déclarer*** con l'inversione del soggetto:

"Non conosco l'accusato", dichiarò il testimone.
"Je ne connais pas l'accusé", **déclara le témoin**.
"Ed è l'ultima volta", dichiarò.
"Et c'est la dernière fois", **déclara-t-il**.

Dichiarare di seguito da un infinito si traduce ***déclarer*** con l'infinito senza preposizione o dal verbo coniugato con ***que***:

Dichiarò di non aver mai ricevuto quella somma.
sì Il **déclara** ne jamais avoir reçu cette somme-là.
sì Il **déclara qu'il n'avait** jamais reçu cette somme-là.
NO Il **déclara de** ne jamais avoir reçu cette somme-là.

dichiaratamente [di-chia-ra-ta-mén-te] *avv.* ouvertement.

dichiarativo [di-chia-ra-tì-vo] *agg.* déclaratif*.

dichiarazione [di-chia-ra-zió-ne] *n.f.* 1 déclaration: *fare una dichiarazione alla stampa*, faire une déclaration à la presse; *dichiarazione bancaria*, déclaration, état bancaire 2 (*al bridge*) annonce.

● (*comm.*) ***dichiarazione dei redditi***, déclaration d'impôts | ***dichiarazione di guerra***, déclaration de guerre.

diciannove [di-cian-nò-ve] *agg.num.card.* e *n.m.invar.* dix-neuf.

diciannovenne [di-cian-no-vèn-ne] *agg.* (âgé) de dix-neuf ans ♦ *n.m.* e *f.* jeune homme (âgé)/jeune fille (âgée) de dix-neuf ans.

diciannovesimo [di-cian-no-vè-ʃi-mo] *agg.num.ord.* 1 dix-neuvième 2 (*di re, papi, capitoli ecc.*) dix-neuf: *capitolo diciannovesimo*, chapitre dix-neuf ♦ *n.m.* [f. *-a*] dix-neuvième.

● ***il diciannovesimo secolo***, le dix-neuvième siècle.

diciassette [di-cias-sèt-te] *agg.num.card.* e *n.m.invar.* dix-sept.

diciassettenne [di-cias-set-tèn-ne] *agg.* (âgé) de dix-sept ans ♦ *n.m.* e *f.* jeune homme (âgé)/jeune fille (âgée) de dix-sept ans.

diciassettesimo [di-cias-set-tè-ʃi-mo] *agg.num.ord.* 1 dix-septième 2 (*di re, papi, capitoli ecc.*) dix-sept: *capitolo diciassettesimo*, chapitre dix-sept | (*st.*) *Luigi diciassettesimo*, Louis dix-sept ♦ *n.m.* [f. *-a*] dix-septième.

● ***il diciassettesimo secolo***, le dix-septième siècle.

diciottenne [di-ciot-tèn-ne] *agg.* (âgé) de dix-huit ans ♦ *n.m.* e *f.* jeune homme (âgé)/jeune fille (âgée) de dix-huit ans.

diciottesimo [di-ciot-tè-ʃi-mo] *agg.num.ord.* 1 dix-huitième 2 (*di re, papi, capitoli ecc.*) dix-huit | (*st.*) *Luigi diciottesimo*, Louis dix-huit ♦ *n.m.* [f. *-a*] dix-huitième.

● ***il diciottesimo secolo***, le dix-huitième siècle.

diciotto [di-ciòt-to] *agg.num.card.* e *n.m.invar.* dix-huit.

dicitore [di-ci-tó-re] *n.m.* [f. *-trice*] diseur*.

dicitura [di-ci-tù-ra] *n.f.* légende.

dico → **dire**[1].

dicotomia [di-co-to-mì-a] *n.f.* dichotomie.

didascalia [di-da-sca-lì-a] *n.f.* 1 légende 2 (*cine.*) sous-titre* (*m.*) 3 (*teatr.*) avertissement (*m.*).

didascalico [di-da-scà-li-co] *agg.* [pl.m. *-ci*, f. *-che*] didactique.

didattica [di-dàt-ti-ca] *n.f.* [pl. *-che*] didactique.

didattico [di-dàt-ti-co] *agg.* [pl.m. *-ci*, f. *-che*] didactique.

● ***direttore didattico***, directeur (d'école primaire).

didentro [di-dén-tro] **di dentro** *avv.* (*sempre in grafia separata*) à l'intérieur: *gridò a quelli di dentro*, il cria à ceux qui étaient à l'intérieur; *passare di dentro*, passer par l'intérieur (*o* par le dedans) ♦ *n.m.invar.* intérieur: *il didentro di un armadio*, l'intérieur d'une armoire ♦ *agg.invar.* (*sempre dopo il nome*) intérieur: *la parte didentro*, la partie intérieure.

didietro [di-diè-tro] **di dietro** *avv.* (*fam.*) (*sempre in grafia separata*) → **dietro** ♦ *n.m.invar.* 1 derrière; (*che è posto dopo*) arrière: *il didietro di un armadio*, le derrière d'une armoire; *il didietro di un'automobile*, l'arrière d'une voiture; *il didietro di un vestito, di una camicia*, le dos d'une robe, d'une chemise | *visto dal didietro*, vu de derrière, (*spec. di persona*) vu de dos 2 (*fam.*) (*sedere*) derrière ♦ *agg.invar.* (*sempre dopo il nome*) (*posteriore*) de derrière, arrière: *le zampe didietro*, les pattes de derrière; *i sedili didietro*, (*di una macchina*) les sièges arrière; *la tasca didietro*, (*dei pantaloni*) la poche de derrière, la poche revolver; *le file didietro*, les derniers rangs.

dieci [diè-ci] *agg.num.card.* e *n.m.invar.* dix.

diecimila [die-ci-mì-la] *agg.num.card.* e *n.m.invar.* dix mille.

diedi → **dare**[1].

diedro [di-è-dro] *agg.* e *n.m.* (*mat.*) dièdre.

dieresi [di-è-re-ʃi] *n.f.invar.* diérèse.

diesel ['dizel] *agg.* e *n.m.invar.* diesel.

D

diesis [di-è-ʃis] ***n.m.invar.*** (*mus.*) dièse.

dieta[1] [diè-ta] ***n.f.*** (*astinenza da certi cibi*) diète; (*regime alimentare*) régime (*m.*).
● ***dieta dimagrante***, régime amaigrissant | ***dieta ipocalorica***, régime hypocalorique | ***dieta mediterranea***, alimentation méditerranéenne | ***essere, mettere a dieta***, être, mettre à la diète (*o* au régime).

dieta[2] ***n.f.*** (*pol.*) diète.

dietetica [die-tè-ti-ca] ***n.f.*** [pl. *-che*] diététique.

dietetico [die-tè-ti-co] ***agg.*** [pl.m. *-ci*, f. *-che*] diététique.

dietologo [die-tò-lo-go] ***n.m.*** [f. *-a*; pl.m. *-gi*, f. *-ghe*] diététicien*.

dietro [diè-tro] ***avv.*** derrière: *qua, qui dietro*, ici derrière; *là dietro*, là derrière; *è dietro, non voltarti*, il est derrière (nous), ne te retourne pas; *passare da dietro*, passer par derrière; *quest'abito si allaccia dietro*, cette robe se boutonne dans le dos ♦ ***prep.*** **1** (*si unisce ai pron.pers. per mezzo della prep.* di) derrière; (*dopo*) après: *chiudere la porta dietro di sé*, fermer la porte derrière soi; *in fila uno dietro l'altro*, en rang l'un après l'autre; *leggere un libro dietro l'altro*, lire les livres les uns après les autres | *portarsi dietro qlcu, qlco*, emmener qqn **2** (*comm.*) sur; contre: *dietro domanda*, sur demande; *dietro versamento, pagamento*, contre versement, contre paiement ♦ ***agg.*** e ***n.m.invar.*** → **didietro**.
● ***andare, stare dietro a qlcu, a qlco***, suivre qqn, qqlch | (***di***) ***dietro***, derrière; (*nella parte posteriore*) à l'arrière: *si rivolse a quelli* (*di*) *dietro e disse...*, il s'adressa à ceux qui étaient derrière lui et il dit...; *visto di, da dietro*, vu de derrière, (*di persona*) vu de dos; *sedersi* (*di*) *dietro* (*in macchina*), s'asseoir à l'arrière (d'une voiture).

NOTA ***Dietro di*** si traduce **après** e **derrière** mai seguiti dalla preposizione: *dietro* **di** *noi*, après nous; *dietro* di *loro*, derrière eux.

dietrofront [die-tro-frónt] ***n.m.invar.*** e ***inter.*** demi-tour*.

difatti [di-fàt-ti] ***cong.*** → **infatti**.

difendere [di-fèn-de-re] ***v.tr.*** [coniug. come *prendere*] **1** défendre* **2** (*proteggere, preservare*) protéger* (**contre**): *difendere dal freddo*, protéger du, contre le froid ♦ **difendersi** ***v.pron.*** se défendre* (**contre**): *difendersi dai nemici*, se défendre contre ses ennemis; *difendersi dal caldo*, se défendre, se protéger contre, de la chaleur | *si difende*, (*se la cava*) il se défend.
● ***difendere a spada tratta***, défendre l'arme au poing.

difendibile [di-fen-dì-bi-le] ***agg.*** défendable.

difensiva [di-fen-sì-va] ***n.f.*** défensive.

difensivo [di-fen-sì-vo] ***agg.*** défensif*.

difensore [di-fen-só-re] ***n.m.*** [f. *difenditrice*] défenseur.
● ***avvocato difensore***, défenseur.

difesa [di-fé-sa] ***n.f.*** **1** défense: *prendere le difese di qlcu*, prendre la défense de qqn; *accingersi alla difesa di qlcu, qlco*, se préparer à défendre qqn, qqch | (*dir.*) (*arringa di*) *difesa*, plaidoyer **2** (*parole, scritto*) défense, plaidoyer (*m.*).
● (*sport*) ***difesa a zona***, défense de zone | ***a difesa, in difesa di***, en faveur de: *parlare in difesa di qlcu*, parler en faveur de qqn; *combattere in difesa di qlcu, qlco*, combattre pour défendre qqn, qqch; *schierarsi in difesa di qlcu, qlco*, se battre pour qqn, qqch; *disporre le truppe a difesa del ponte*, disposer les troupes pour défendre le pont; (*dir.*) *teste a difesa*, témoin à décharge; *non ho nulla da dire a mia difesa*, je n'ai rien à dire pour ma défense.

difeso [di-fé-so] ***agg.*** **1** défendu; (*protetto*) protégé, à l'abri **2** (*fortificato*) fortifié.

difettare [di-fet-tà-re] ***v.intr.*** [aus. *avere*] manquer: *difetta di mezzi finanziari*, il manque de moyens financiers; *l'organizzazione difettava sul piano operativo*, l'organisation n'était pas satisfaisante sur le plan opérationnel.

difettato [di-fet-tà-to] ***agg.*** qui présente des défauts.

difettivo [di-fet-tì-vo] ***agg.*** défectif*.

difetto [di-fèt-to] ***n.m.*** **1** défaut: *difetto di nascita, di conformazione*, défaut congénital, vice de conformation; *un leggero difetto di pronuncia*, un léger défaut de prononciation **2** (*colpa*) faute (*f.*): *essere in difetto*, être en faute, dans son tort **3** (*mancanza*) défaut, manque.
● ***difetto di fabbricazione***, défaut de fabrication | ***fare difetto***, faire défaut: *non gli fa certo difetto la sfacciataggine*, certes, il ne manque pas de toupet | (*mat.*) ***per difetto***, par défaut.

difettosamente [di-fet-to-sa-mén-te] ***avv.*** défectueusement.

difettoso [di-fet-tó-so] ***agg.*** défectueux*; (*imperfetto*) imparfait; (*mal fatto*) mal fait.

diffamare [dif-fa-mà-re] ***v.tr.*** diffamer.

diffamatore [dif-fa-ma-tó-re] ***n.m.*** [f. *-trice*] diffamateur*.

diffamatorio [dif-fa-ma-tò-rio] ***agg.*** [pl.m. *-ri*] diffamatoire.

diffamazione [dif-fa-ma-zió-ne] ***n.f.*** diffamation: *diffamazione a mezzo stampa*, diffamation par voie de presse.

differente [dif-fe-rèn-te] ***agg.*** différent: *differenti di colore*, de couleurs différentes.

differentemente [dif-fe-ren-te-mén-te] ***avv.*** différemment: *la pensano differentemente da voi*, ils pensent autrement que vous.

differenza [dif-fe-rèn-za] ***n.f.*** différence (*anche mat.*): *c'è una differenza di qualche anno*, il y a quelques années de différence; *non ci trovo differenza*, je n'y vois aucune différence.
● ***a differenza di***, à la différence de | ***con la differenza che***, avec cette différence que | ***fare*** (***la***) ***differenza***, faire la différence: *questo fa differenza*, cela fait la différence; *per me non fa differenza*, cela m'est égal | ***non fare differenze***, ne faire aucune différence.

differenziale [dif-fe-ren-zià-le] ***agg.*** différentiel* ♦ ***n.m.*** **1** (*mecc.*) différentiel **2** (*estens.*) différence (*f.*).

differenziare [dif-fe-ren-zià-re] ***v.tr.*** **1** différencier; (*distinguere*) distinguer **2** (*diversificare*) diversifier ♦ **differenziarsi** ***v.pron.*** e ***pron.intr.*** **1** se différencier, différer*; (*distinguersi*) se distinguer: *differenziarsi nelle idee*, différer dans les idées; *si differenzia dagli altri*, il se distingue des autres **2** (*diversificarsi*) se diversifier.

differenziato [dif-fe-ren-zià-to] ***agg.*** différencié; (*diversificato*) diversifié.
● ***raccolta differenziata dei rifiuti***, collecte sélective des ordures.

differenziatore [dif-fe-ren-zia-tó-re] ***agg.*** [f. *-trice*] différenciateur*.

differenziazione [dif-fe-ren-zia-zió-ne] ***n.f.*** différenciation; (*distinzione*) distinction; (*diversificazione*) diversification.

differibile [dif-fe-rì-bi-le] ***agg.*** qui peut être renvoyé; (*di pagamenti ecc.*) qui peut être différé.

differimento [dif-fe-ri-mén-to] ***n.m.*** renvoi.

differire [dif-fe-rì-re] ***v.tr.*** [coniug. come *finire*] renvoyer*; (*spec. pagamenti*) différer* ♦ ***v.intr.*** [aus. *avere*] différer*.

differita [dif-fe-rì-ta] ***n.f.*** (*rad., tv*) différé.
● ***in differita***, en différé.

differito [dif-fe-rì-to] ***agg.*** différé: *scadenza differita*, échéance prolongée, ajournée.

difficile [dif-fì-ci-le] ***agg.*** **1** difficile: *di difficile lettura*, difficile à lire; *è difficile crederti*, il est difficile de te croire; *è difficile nel mangiare*, (*fam.*) il est difficile sur la nourriture; *viviamo in tempi difficili*, nous vivons des temps difficiles **2** (*improbabile*) peu probable; (*raro*) rare: *è difficile che venga*, il est peu probable qu'il vienne; *non è difficile che*, il est probable que; *è difficile che io esca di sera*, il est rare que je sorte le soir ♦ ***n.m.*** e ***f.*** (*persona*) difficile: *fare il, la difficile*, faire le, la difficile ♦ ***n.m.*** (*difficoltà*) difficile, difficulté (*f.*).

NOTA ***Essere difficile*** seguito da un infinito si traduce ***être difficile de*** e l'infinito:
È difficile andare d'accordo con lui.
SÌ Il est **difficile d'aller** d'accord avec lui.
NO Il est **difficile aller** d'accord avec lui.

difficilmente [dif-fi-cil-mén-te] ***avv.*** **1** difficilement **2** (*con scarsa probabilità*) probablement pas: *un'occasione che difficilmente si presenterà ancora*, une occasion qui ne se présentera probablement plus **3** (*raramente*) rarement.

difficoltà [dif-fi-col-tà] ***n.f.invar.*** difficulté: *ha difficoltà di pronunzia*, il prononce mal; *la difficoltà sta nel fatto che*, la difficulté est que.
● ***essere in difficoltà***, être en difficulté, dans l'embarras; (*in ristrettezze*) avoir des embarras d'argent | ***fare difficoltà***, faire des difficultés.

difficoltoso [dif-fi-col-tó-so] ***agg.*** difficile.

diffida [dif-fi-da] ***n.f.*** **1** (*dir.*) sommation (**de**), intimation (**à**): *pubblicare una diffida*, publier un arrêt **2** (*estens.*) avertissement (*m.*).
● (*dir.*) ***diffida*** (***di pagamento***), mise en demeure (de payer).

diffidare [dif-fi-dà-re] ***v.intr.*** [aus. *avere*] se méfier: *mia madre ha sempre diffidato di lui*, ma mère s'est toujours méfiée de lui ♦ ***v.tr.*** (*dir.*) sommer: *lo diffidarono dal lasciare la città*, on le somma, on lui intima de ne pas quitter la ville.
● (*dir.*) ***diffidare qlcu a pagare***, mettre qqn en demeure (de payer).

diffidente [dif-fi-dèn-te] ***agg.*** méfiant, défiant.

diffidenza [dif-fi-dèn-za] ***n.f.*** méfiance.

diffondere [dif-fón-de-re] ***v.tr.*** [coniug. come *fondere*] diffuser, répandre*; (*propagare*) propager*; (*divulgare*) divulguer: *notizia diffusa dalla radio*, nouvelle diffusée par la radio; *diffondere il contagio*, propager l'épidémie ♦ **diffondersi** ***v.pron.*** **1** se répandre*; (*propagarsi*) se propager*: *la notizia si diffuse velocemente*, la nouvelle se répandit rapidement **2** (*dilungarsi*) s'étendre*: *diffondersi nei particolari*, s'étendre sur les détails; *diffondersi in chiacchiere*, se perdre en bavardages.

difforme [dif-fór-me] ***agg.*** non conforme (**à**).

difformità [dif-for-mi-tà] ***n.f.invar.*** différence.

diffrazione [dif-fra-zió-ne] ***n.f.*** diffraction.

diffusamente [dif-fu-sa-mén-te] ***avv.*** diffusément; (*con abbondanza di dettagli*) avec force détails.

diffusione [dif-fu-ʃió-ne] ***n.f.*** diffusion: *la diffusione della luce, del calore*, la diffusion de la lumière, de la chaleur; *la diffusione della violenza*, la montée de la violence | *giornale a grande diffusione*, journal à grande diffusion.

diffuso [dif-fù-ʃo] ***agg.*** **1** diffus **2** (*di notizia, opinione, uso*) répandu: *è opinione diffusa* (*che*), (c'est) de l'avis général (que) **3** (*di mezzo di informazione, prodotto*) qui a une grande diffusion.

diffusore [dif-fu-ʃó-re] ***n.m.*** diffuseur (*anche tecn.*).
● ***diffusore*** (***acustico***), enceinte (acoustique).

difilato [di-fi-là-to] ***avv.*** (*di seguito*) d'affilée: *dodici ore difilato*, douze heures d'affilée ♦ ***avv.*** e ***agg.*** (*velocemente*) tout de suite; (*direttamente*) tout droit.

difronte [di-frón-te] **di fronte** ***avv.*** e ***agg.*** → **dirimpetto**.

difterico [dif-tè-ri-co] ***agg.*** [pl.m. *-ci*, f. *-che*] (*med.*) diphtérique.

difterite [dif-te-rì-te] ***n.f.*** (*med.*) diphtérie.

diga [dì-ga] ***n.f.*** [pl. *-ghe*] **1** barrage (*m.*) **2** (*argine contro il mare*) digue **3** (*fig.*) (*freno*) frein (*m.*).
● ***diga foranea***, jetée.

digerente [di-ge-rèn-te] ***agg.*** (*anat.*) digestif*.
● ***apparato, tubo digerente***, appareil, tube digestif.

digeribile [di-ge-rì-bi-le] ***agg.*** digestible: *offesa difficilmente digeribile*, (*fig.*) offense difficile à digérer.

digeribilità [di-ge-ri-bi-li-tà] ***n.f.invar.*** digestibilité.

digerire [di-ge-rì-re] ***v.tr.*** [coniug. come *finire*] digérer* (*anche fig.*): *non digerisco bene*, je ne digère pas bien; *non posso digerirlo*, (*fig.*) je ne peux pas le souffrir | *digerire anche i sassi*, (*fig.*) digérer des pierres.

digestione [di-ge-stió-ne] ***n.f.*** digestion: *difficoltà di digestione*, troubles de la digestion | *mi ha guastato la digestione*, (*fig.*) cela m'est resté sur l'estomac.

digestivo [di-ge-stì-vo] ***agg.*** e ***n.m.*** digestif*.

digià [di-già] **di già** ***avv.*** → **già**.

digitale[1] [di-gi-tà-le] ***agg.*** digital*.

digitale[2] ***agg.*** (*numerico*) numérique, digital*: *orologio (da polso) digitale*, montre numérique.
● ***digitale terrestre***, télévision numérique terrestre (TNT).

digitale[3] ***n.f.*** (*bot.*) digitale.

digitalina [di-gi-ta-lì-na] ***n.f.*** (*med.*) digitaline.

digitalizzare [di-gi-ta-liʒ-ʒà-re] ***v.tr.*** (*inform.*) digitaliser.

digitare [di-gi-tà-re] ***v.tr.*** **1** (*inform.*) frapper (sur le clavier); (*introdurre dati a computer*) introduire* **2** (*estens.*) (*comporre su una tastiera*) composer.

digitigrado [di-gi-tì-gra-do] ***agg.*** (*zool.*) digitigrade.

digitografia [di-gi-to-gra-fì-a] ***n.f.*** (*inform.*) numérisation.

digitopressione [di-gi-to-pres-sió-ne] ***n.f.*** (*med.*) digitopuncture, acupression.

digiunare [di-giu-nà-re] ***v.intr.*** [aus. *avere*] jeûner: *far digiunare*, mettre au jeûne.

FAUX AMI
Da non confondere con *déjeuner*, che significa *pranzare*.

digiunatore [di-giu-na-tó-re] ***n.m.*** [f. *-trice*] jeûneur*.

digiuno[1] [di-giù-no] ***agg.*** à jeun: *è digiuno di latino*, (*fig.*) il ne connaît pas le latin.

digiuno[2] ***n.m.*** jeûne: *fare digiuno*, jeûner.
● ***a digiuno***, à jeun: *essere a digiuno di notizie*, (*fig.*) manquer de nouvelles.

dignità [di-gni-tà] ***n.f.invar.*** dignité.

dignitario [di-gni-tà-rio] ***n.m.*** [f. *-a*; pl.m. *-ri*] dignitaire.

dignitosamente [di-gni-to-sa-mén-te] ***avv.*** avec dignité; (*decentemente, decorosamente*) décemment.

dignitoso [di-gni-tó-so] ***agg.*** **1** (*di persona*) digne **2** (*di cosa*) décent, convenable.

digradare [di-gra-dà-re] ***v.intr.*** [aus. *avere*] **1** descendre* (en pente douce) **2** (*di suono, luce*) s'estomper; (*di colore*) se dégrader.

D

digressione [di-gres-sió-ne] ***n.f.*** digression.

digrignare [di-gri-gnà-re] ***v.tr.***
● ***digrignare i denti***, grincer des dents.

dilagare [di-la-gà-re] ***v.intr.*** [coniug. come *legare*; aus. *avere*] se répandre*, se propager*; envahir (**qqch**).

dilaniare [di-la-nià-re] ***v.tr.*** **1** déchiqueter*; (*di belve*) déchirer **2** (*fig.*) déchirer.

dilapidare [di-la-pi-dà-re] ***v.tr.*** dilapider.

dilapidatore [di-la-pi-da-tó-re] ***n.m.*** [f. *-trice*] dilapidateur*.

dilapidazione [di-la-pi-da-zió-ne] ***n.f.*** dilapidation.

dilatabile [di-la-tà-bi-le] ***agg.*** dilatable.

dilatare [di-la-tà-re] ***v.tr.*** **1** dilater **2** (*fig.*) (*sviluppare*) étendre* ♦ **dilatarsi** ***v.pron.*** se dilater (*anche fig.*).

dilatatore [di-la-ta-tó-re] ***agg.*** e ***n.m.*** dilatateur*.

dilatazione [di-la-ta-zió-ne] ***n.f.*** dilatation.

dilatorio [di-la-tò-rio] ***agg.*** [pl.m. *-ri*] dilatoire.

dilavamento [di-la-va-mén-to] ***n.m.*** érosion (*f.*) (produite par l'eau).

dilavare [di-la-và-re] ***v.tr.*** **1** (*geol.*) éroder **2** (*scolorire*) délaver.

dilavato [di-la-và-to] ***agg.*** **1** (*geol.*) érodé (par l'eau) **2** (*scolorito*) délavé.

dilazionabile [di-la-zio-nà-bi-le] ***agg.*** qui peut être différé; (*scaglionabile nel tempo*) qui peut être échelonné (**sur**).

dilazionare [di-la-zio-nà-re] ***v.tr.*** différer*; (*scaglionare nel tempo*) échelonner (**sur**).

dilazione [di-la-zió-ne] ***n.f.*** délai (*m.*); (*scaglionamento nel tempo*) échelonnement (*m.*).

dileggiare [di-leg-già-re] ***v.tr.*** [coniug. come *mangiare*] (*letter.*) tourner en dérision.

dileggio [di-lég-gio] ***n.m.*** [pl. *-gi*] dérision (*f.*).

dileguare [di-le-guà-re] ***v.tr.*** dissiper ♦ ***v.intr.*** [aus. *essere*] s'évanouir ♦ **dileguarsi** ***v.pron.*** (*sparire*) disparaître*; (*diradarsi*) se dissiper; (*svanire*) s'évanouir; (*di suono*) se perdre*: *dileguarsi tra la folla*, disparaître dans la foule.

dilemma [di-lèm-ma] ***n.m.*** dilemme | *i corni del dilemma*, les termes du dilemme.

dilettante [di-let-tàn-te] ***agg.*** e ***n.m.*** e ***f.*** amateur/trice: *un dilettante di musica, un musicista dilettante*, un musicien amateur; *non sei che un dilettante*, (*spreg.*) tu n'es qu'un débutant.
● ***da dilettante***, en amateur: *è un gioco da dilettanti*, (*iron.*) c'est un jeu d'enfant.

dilettantesco [di-let-tan-té-sco] ***agg.*** [pl.m. *-schi*, f. *-sche*] d'amateur: *interesse dilettantesco*, intérêt superficiel; *recitare in modo dilettantesco*, jouer comme un débutant.

dilettantismo [di-let-tan-tì-ʃmo] ***n.m.*** **1** dilettantisme; (*spreg.*) amateurisme **2** (*sport*) amateurisme.

dilettantistico [di-let-tan-tì-sti-co] ***agg.*** [pl.m. *-ci*, f. *-che*] d'amateur, fait en amateur.

dilettare [di-let-tà-re] ***v.tr.*** réjouir; (*divertire*) amuser ♦ **dilettarsi** ***v.pron.*** **1** se délecter (**à**), se plaire* (**à**) **2** (*fare qlco da dilettante*) faire* (**qqch**) en amateur: *mi diletto di cinema*, je fais du cinéma en dilettante.

dilettevole [di-let-té-vo-le] ***agg.*** e ***n.m.*** agréable.
● ***unire l'utile al dilettevole***, joindre l'utile à l'agréable.

diletto[1] [di-lèt-to] ***agg.*** e ***n.m.*** [f. *-a*] bien-aimé*: *figlia mia diletta*, mon enfant bien-aimée, ma chère enfant.

diletto[2] ***n.m.*** plaisir: *con diletto di tutti*, pour le plaisir de tous.
● ***per diletto***, pour le plaisir.

diligente [di-li-gèn-te] ***agg.*** **1** (*di persona*) scrupuleux*, consciencieux*; (*di studente*) appliqué: *è solo un esecutore diligente*, il n'est qu'un exécutant zélé **2** (*di cosa*) soigné.

diligentemente [di-li-gen-te-mén-te] ***avv.*** **1** diligemment **2** (*accuratamente*) soigneusement.

diligenza[1] [di-li-gèn-za] ***n.f.*** application; (*accuratezza*) soin (*m.*).

diligenza[2] ***n.f.*** (*carrozza*) diligence.

diluente [di-lu-èn-te] ***agg.*** e ***n.m.*** diluant.

diluire [di-lu-ì-re] ***v.tr.*** [coniug. come *finire*] diluer; (*una sostanza solida o in polvere*) délayer*: *diluire con acqua, in acqua*, délayer à l'eau, dans l'eau; *diluire una salsa con un po' di brodo*, allonger une sauce avec du bouillon.

diluizione [di-lui-zió-ne] ***n.f.*** dilution; (*di sostanza solida o in polvere*) délayage (*m.*).

dilungarsi [di-lun-gàr-si] ***v.pron.*** [coniug. come *legare*] s'étendre*; (*soffermarsi*) s'attarder: *non dilungarti troppo (sull'argomento)*, ne t'étends pas trop sur ce sujet, là-dessus; *non voglio dilungarmi oltre*, je ne veux pas m'étendre davantage | *dilungarsi in chiacchiere*, se perdre en bavardages.

diluviare [di-lu-vià-re] ***v.intr.*** [aus. *essere* o *avere*] **1** (*impers.*) pleuvoir* à verse **2** (*fig.*) pleuvoir*.

diluvio [di-lù-vio] ***n.m.*** [pl. *-vi*] déluge (*anche fig.*): *con, sotto questo diluvio*, sous ce déluge.

dimagramento [di-ma-gra-mén-to] ***n.m.*** amaigrissement.

dimagrante [di-ma-gràn-te] ***agg.*** amaigrissant: *cura dimagrante*, traitement amaigrissant.

dimagrimento [di-ma-gri-mén-to] ***n.m.*** amaigrissement.

dimagrire [di-ma-grì-re] ***v.tr.*** [coniug. come *finire*] **1** maigrir, amaigrir **2** (*far sembrare più magro*) amincir ♦ ***v.intr.*** [aus. *essere*] maigrir: *è molto dimagrita*, elle a beaucoup maigri.

dimenare [di-me-nà-re] ***v.tr.*** agiter: *dimenare la coda*, (*del cane*) remuer la queue; *dimenare i fianchi*, se dandiner ♦ **dimenarsi** ***v.pron.*** se démener*, s'agiter: *dimenarsi come un pazzo*, se démener comme un beau diable.

dimenio [di-me-nì-o] ***n.m.*** [pl. *-ii*] remuement.

dimensione [di-men-sió-ne] ***n.f.*** dimension | *di vaste dimensioni*, (*fig.*) de grande envergure.

dimenticanza [di-men-ti-càn-za] ***n.f.*** oubli (*m.*); (*svista*) omission.

dimenticare [di-men-ti-cà-re] ***v.tr.*** [coniug. come *mancare*] oublier: *dimenticare un appuntamento*, oublier un rendez-vous ♦ **dimenticarsi** ***v.pron.*** e ***pron. indiretto*** oublier: *ci siamo dimenticati i libri a casa*, nous avons oublié nos livres à la maison; *me ne sono completamente dimenticata*, je l'ai complètement oublié; *ti dimentichi* *spesso (del)le tue promesse*, tu oublies souvent tes promesses.

NOTA Nei tempi composti ***oublier***, che traduce ***dimenticarsi***, è coniugato con l'ausiliare *avoir*.
*Si **sono** dimenticate di andare all'appuntamento.*
Elles **ont** oublié d'aller au rendez-vous.

dimenticatoio [di-men-ti-ca-tó-io] ***n.m.*** [pl. *-oi*]. ● ***mettere nel dimenticatoio***, jeter aux oubliettes.

dimentico [di-mén-ti-co] ***agg.*** [pl.m. *-chi*, f. *-che*] (*letter.*) oublieux*.

dimessamente [di-mes-sa-mén-te] ***avv.*** (*modestamente*) modestement; (*umilmente*) humblement.

dimesso [di-més-so] ***agg.*** modeste, humble.

dimestichezza [di-me-sti-chéz-za] ***n.f.*** familiarité: *avere dimestichezza con qlcu*, avoir des rapports de familiarité avec qqn; *avere dimestichezza con i gatti*, savoir y faire avec les chats; *non ho molta dimestichezza con l'elettronica*, je ne m'y connais guère en électronique.

dimettere [di-mét-te-re] ***v.tr.*** [coniug. come *mettere*] **1** (*da un luogo di cura*) laisser sortir; (*essere dimesso*) sortir* **2** (*dal carcere*) relâcher **3** (*esonerare da un incarico*) congédier ♦ **dimettersi** ***v.pron.*** démissionner: *si è dimesso*, il a démissionné.

dimezzare [di-meʒ-ʒà-re] ***v.tr.*** **1** partager* en deux; (*tagliare a metà*) couper en deux **2** (*ridurre a metà*) réduire* de moitié ♦ **dimezzarsi** ***v.pron.*** se réduire* de moitié.

dimezzato [di-meʒ-ʒà-to] ***agg.*** **1** partagé en deux; (*tagliato in due*) coupé en deux **2** (*ridotto a metà*) réduit de moitié.

diminuire [di-mi-nu-ì-re] ***v.tr.*** [coniug. come *finire*] diminuer (*anche fig.*) ♦ ***v.intr.*** [aus. *essere*] **1** diminuer (*anche fig.*); baisser: *diminuire di peso*, perdre du poids **2** (*dimagrire*) maigrir: *sono diminuito di due chili*, j'ai maigri de deux kilos.

NOTA Il verbo intransitivo ***diminuire*** si traduce con ***diminuer***, ***baisser***, ***maigrir***, che nei tempi composti sono coniugati con l'ausiliare *avoir*.
*La febbre **è** diminuita.*
La fièvre **a** diminuì, **a** baissé.
***È** dimagrito di parecchi chili.*
Il **a** maigri de plusieurs kilos.

diminutivo [di-mi-nu-tì-vo] ***agg.*** e ***n.m.*** diminutif*.

diminuzione [di-mi-nu-zió-ne] ***n.f.*** diminution; (*calo*) baisse: *la temperatura è in diminuzione*, la température est en baisse; *diminuzione di imposte*, dégrèvement d'impôts; *diminuzione del titolo della moneta*, abaissement du titre de la monnaie.

dimissionare [di-mis-sio-nà-re] ***v.tr.*** démissionner: *il direttore è stato dimissionato*, (*iron.*) on a démissionné, renvoyé le directeur.

dimissionario [di-mis-sio-nà-rio] ***agg.*** [pl.m. *-ri*] démissionnaire.

dimissione [di-mis-sió-ne] ***n.f.*** **1** (*spec. pl.*) démission: *dare, rassegnare, presentare le dimissioni*, donner sa démission **2** (*di un degente*) autorisation de sortie (d'hôpital).

dimora [di-mò-ra] ***n.f.*** **1** domicile (*m.*) **2** (*abitazione prestigiosa*) demeure **3** (*il dimorare*) séjour (*m.*). ● ***mettere a dimora un albero***, planter un arbre | ***senza fissa dimora***, sans domicile fixe, SDF.

dimorare [di-mo-rà-re] ***v.intr.*** [aus. *avere*] demeurer.

dimostrabile [di-mo-strà-bi-le] ***agg.*** démontrable.

dimostrante [di-mo-stràn-te] ***n.m.*** e ***f.*** manifestant/e.

dimostrare [di-mo-strà-re] ***v.tr.*** **1** (*manifestare*) montrer; (*l'età, gli anni*) paraître*; (*provare*) prouver: *dimostra più, meno della sua età*, il fait plus, moins que son âge; *non dimostra la sua età*, elle fait plus jeune que son âge; *dimostrare amicizia per qlcu*, témoigner de l'amitié pour qqn **2** (*provare come vero*) démontrer ♦ ***v.intr.*** [aus. *avere*] manifester ♦ **dimostrarsi** ***v.pron.*** se montrer; (*rivelarsi*) se révéler*. ● ***come volevasi dimostrare***, ce qu'il fallait démontrer.

dimostrativo [di-mo-stra-tì-vo] ***agg.*** démonstratif*: *a puro scopo dimostrativo*, uniquement pour l'exemple; *azione dimostrativa*, (action de) démonstration. ● (*gramm.*) ***aggettivo, pronome dimostrativo***, adjectif, pronom démonstratif.

dimostrato [di-mo-strà-to] ***agg.*** avéré: *è dimostrato che*, il est avéré que.

dimostratore [di-mo-stra-tó-re] ***n.m.*** [f. *-trice*] démonstrateur*.

dimostrazione [di-mo-stra-zió-ne] ***n.f.*** **1** démonstration; (*prova*) preuve: *questa è la dimostrazione che hai sbagliato*, cela c'est la preuve que tu t'es trompé **2** (*manifestazione pubblica*) manifestation; (*fam.*) manif.

dinamica [di-nà-mi-ca] ***n.f.*** [pl. *-che*] dynamique; (*sviluppo*) déroulement (*m.*): *le dinamiche sociali*, les comportements sociaux; *la dinamica delle importazioni ed esportazioni*, le mouvement des importations et des exportations.

dinamicità [di-na-mi-ci-tà] ***n.f.invar.*** (*spec.fig.*) dynamisme (*m.*).

dinamico [di-nà-mi-co] ***agg.*** [pl.m. *-ci*, f. *-che*] dynamique.

dinamismo [di-na-mì-ʃmo] ***n.m.*** dynamisme.

dinamitardo [di-na-mi-tàr-do] ***agg.*** à la dynamite ♦ ***n.m.*** [f. *-a*] dynamiteur*.

dinamite [di-na-mì-te] ***n.f.*** dynamite: *far saltare con la dinamite*, faire sauter à la dynamite.

dinamo [dì-na-mo] ***n.f.invar.*** dynamo.

dinamometro [di-na-mò-me-tro] ***n.m.*** (*fis.*) dynamomètre.

dinanzi [di-nàn-zi] ***avv.*** → **davanti**.

dinastia [di-na-stì-a] ***n.f.*** dynastie.

dinastico [di-nà-sti-co] ***agg.*** [pl.m. *-ci*, f. *-che*] dynastique.

din don ***onom.*** ding dong.

diniego [di-niè-go] ***n.m.*** [pl. *-ghi*] refus.

dinnanzi [din-nàn-zi] ***avv.*** e ***prep.*** → **davanti**.

dinoccolato [di-noc-co-là-to] ***agg.*** dégingandé.

dinosauro [di-no-sàu-ro *o* dinoʃàuro] ***n.m.*** dinosaure.

dintorni [din-tór-ni] ***n.m.pl.*** environs, alentours. ● ***nei dintorni di***, aux environs de.

dintorno [din-tór-no] **d'intorno** ***avv.*** tout autour, alentour: *levati dintorno*, ôte-toi de là. ● ***d'intorno (a)***, autour de.

dio [dì-o] ***n.m.*** **1** [pl. *dei*] dieu*: *gli dei dell'Olimpo*, les dieux de l'Olympe; *si crede un dio*, il se croit sorti de la cuisse de Jupiter **2** (*nella religione cristiana*) *Dio*, Dieu: *Dio Padre*, Dieu le Père | *la casa di Dio*, la maison du Seigneur. ● ***che Dio ce la mandi buona!***, que le ciel nous assiste | ***come Dio comanda***, comme il faut | ***come Dio vuole***, comme il plaît à Dieu: *come Dio volle arrivammo a desti-*

D

nazione, finalement nous arrivâmes à destination; *è un lavoro fatto un po' come Dio vuole*, ce travail est fait à la va comme je te pousse | ***com'è vero Dio***, aussi vrai que Dieu existe | ***da dio***, (*fam.*) divinement | ***essere in grazia di Dio***, être en état de grâce | ***per amor di Dio***, pour l'amour de Dieu | ***per dio!***, tonnerre de Dieu! | ***piove che Dio la manda***, il pleut des hallebardes | ***ringraziando Dio***, ***grazie a Dio***, grâce à Dieu | ***se Dio vuole***, s'il plaît à Dieu: *se Dio vuole, tutto è finito*, Dieu merci, tout est fini.

diocesano [dio-ce-ʃà-no] ***agg.*** diocésain.

diocesi [di-ò-ce-ʃi] ***n.f.invar.*** diocèse (*m.*).

diodo [dì-o-do] ***n.m.*** (*elettr.*) diode (*f.*).

dionisiaco [dio-ni-ʃì-a-co] ***agg.*** [pl.m. *-ci*, f. *-che*] dionysiaque.

diossina [dios-sì-na] ***n.f.*** (*chim.*) dioxine.

diottria [diot-trì-a] ***n.f.*** dioptrie.

dipanare [di-pa-nà-re] ***v.tr.*** dévider; (*fig.*) démêler, débrouiller.

dipartimentale [di-par-ti-men-tà-le] ***agg.*** départemental*: *capoluogo dipartimentale*, chef-lieu de département.

dipartimento [di-par-ti-mén-to] ***n.m.*** **1** département **2** (*d'università*) UFR (Unité de Formation et de Recherche).

● ***dipartimento di Stato***, (*negli Stati Uniti*) département d'État | (*mil.*) ***dipartimento militare marittimo***, région maritime.

dipartirsi [di-par-tìr-si] ***v.pron.intr.*** **1** (*letter.*) s'en aller* **2** (*fig.*) (*morire*) passer (de vie à trépas) **3** (*di strada*) commencer*, partir*: *una rete di autostrade si diparte da Parigi*, un réseau d'autoroutes rayonne (à partir) de Paris.

dipartita [di-par-tì-ta] ***n.f.*** (*letter.*) **1** départ (*m.*) **2** (*morte*) trépas (*m.*).

dipendente [di-pen-dèn-te] ***agg.*** dépendant: *è in tutto dipendente dal marito*, elle dépend en tout de son mari ♦ ***n.m.*** e ***f.*** salarié/ée; (*impiegato*) employé/ée; (*subordinato*) subordonné/ée: *dipendente di banca*, employé de banque; *i dipendenti di una ditta*, le personnel d'une entreprise.

● ***dipendente pubblico***, fonctionnaire public | ***lavoratore dipendente***, travailleur salarié | ***lavoro dipendente***, travail salarié | (*gramm.*) (***proposizione***) ***dipendente***, (proposition) subordonnée.

> **NOTA** L'aggettivo ***dipendente*** viene usato spesso in italiano come suffisso; in francese ha traduzioni diverse: *teledipendente, videodipendente*, télémaniaque; *tossicodipendente*, toxicomane; *mamma-dipendente*, fils à maman; *è marito-dipendente*, elle ne fait rien sans son mari; *è moglie-dipendente*, il ne sait rien faire sans sa femme.

dipendenza [di-pen-dèn-za] ***n.f.*** **1** dépendance: *dipendenza dalla droga*, dépendance de la drogue; *sostanza che dà dipendenza*, substance qui crée une dépendance **2** (*edificio*) dépendance.

● ***alle dipendenze di***, sous la dépendance de: *lavora alle dipendenze di un avvocato*, il travaille pour un avocat; *il signor Rossi lavora alle nostre dipendenze da cinque anni*, Monsieur Rossi est à notre service depuis cinq ans; *ha cento operai alle sue dipendenze*, il a cent ouvriers sous ses ordres | ***in dipendenza di ciò***, par conséquent.

dipendere [di-pèn-de-re] ***v.intr.*** [coniug. come *prendere*; aus. *essere*] **1** dépendre*: *non voglio dipendere da nessuno*, je ne veux dépendre de personne **2** (*essere causato, determinato*) dépendre*, être* dû (**à**): *il ritardo è dipeso dal cattivo tempo*, le retard est dû au mauvais temps; *dipende da me, da te*, cela dépend de moi, de toi | *"Partirai?" "Dipende!"*, "Tu pars?" "Cela dépend!" **3** (*gramm.*) dépendre*.

dipingere [di-pìn-ge-re] ***v.tr.*** [coniug. come *spingere*] peindre* (*anche fig.*): *dipingere di rosso*, peindre en rouge; *dipingere con il pennello*, peindre au pinceau; *dipingere a olio*, peindre à l'huile ♦ **dipingersi** ***v.pron.*** se peindre*: *la paura le si dipingeva in volto*, la peur se peignait sur son visage ♦ ***v.pron. indiretto*** (*truccarsi*) se maquiller, se farder: *dipingersi le labbra*, se mettre du rouge à lèvres.

dipinto [di-pìn-to] ***agg.*** **1** peint: *una porta dipinta di rosso*, une porte peinte en rouge; *dipinto di fresco*, fraîchement peint **2** (*descritto*) peint, représenté ♦ ***n.m.*** peinture (*f.*), tableau*.

● ***neanche***, ***nemmeno dipinto***, (*fig.*) même pas en peinture: *non lo posso vedere neanche dipinto*, je ne peux pas le voir, même en peinture; *non ci andrei neanche dipinto*, il faudrait me payer pour que j'y aille.

diploma [di-plò-ma] ***n.m.*** diplôme.

● ***diploma di laurea in***, licence (*o* maîtrise) ès: *diploma di laurea in lettere*, licence ès lettres | ***diploma di maturità***, diplôme de bachelier (*o* baccalauréat) | ***diploma di scuola media inferiore***, brevet d'études du premier cycle (BEPC).

diplomare [di-plo-mà-re] ***v.tr.*** diplômer ♦ **diplomarsi** ***v.pron.intr.*** obtenir* un diplôme.

diplomatica [di-plo-mà-ti-ca] ***n.f.*** [pl. *-che*] diplomatique.

diplomaticamente [di-plo-ma-ti-ca-mén-te] ***avv.*** diplomatiquement (*anche fig.*).

diplomatico [di-plo-mà-ti-co] ***agg.*** [pl.m. *-ci*, f. *-che*] **1** diplomatique **2** (*fig.*) (*di persona*) diplomate; (*di modi, atti ecc.*) diplomatique ♦ ***n.m.*** [f. *-a*] diplomate: *è un brillante diplomatico*, c'est un diplomate brillant.

diplomato [di-plo-mà-to] ***agg.*** e ***n.m.*** [f. *-a*] diplômé: *diplomato in pianoforte al Conservatorio*, diplômé de piano au Conservatoire.

> **FAUX AMI**
> Da non confondere con *diplomate*, che significa *diplomatico*.

diplomazia [di-plo-ma-zì-a] ***n.f.*** (*anche fig.*) diplomatie.

diporto [di-pòr-to] ***n.m.*** plaisir: *viaggiare per diporto*, faire un voyage d'agrément.

● ***imbarcazione da diporto***, bateau de plaisance.

diradamento [di-ra-da-mén-to] ***n.m.*** dispersion (*f.*), dissipation (*f.*): *diradamento della nebbia*, dissipation du brouillard.

diradare [di-ra-dà-re] ***v.tr.*** **1** dissiper **2** (*agr.*) éclaircir: *diradare un bosco*, éclaircir un bois **3** (*nel tempo*) espacer*: *diradare le visite*, espacer ses visites ♦ **diradarsi** ***v.pron.intr.*** **1** se dissiper **2** (*divenire meno folto*) s'éclaircir; (*disperdersi*) se disperser **3** (*nel tempo*) s'espacer*.

diramare [di-ra-mà-re] ***v.tr.*** diffuser: *diramare una circolare*, adresser une circulaire; *diramare un ordine*, transmettre un ordre; *diramare degli inviti*, envoyer des invitations ♦ **diramarsi** ***v.pron.intr.*** **1** (*ramificarsi*) se ramifier; (*di strade, di fiumi ecc.*) partir* **2** (*diffondersi*) se répandre*.

diramazione [di-ra-ma-zió-ne] ***n.f.*** **1** embranchement (*m.*); (*ramo*) branche; (*bivio*) bifurcation **2** (*diffusione*) diffusion **3** (*comm.*) ramification.

dire[1] [dì-re] ***v.tr.*** [pres.indic. *io dico, tu dici, egli dice, noi diciamo, voi dite, essi dicono*; imperf.indic. *io dicevo* ecc.; p.rem. *io dissi, tu dicesti* ecc.; fut.indic. *io dirò* ecc.; pres.

cong. *io, tu, egli dica, noi diciamo, voi diciate, essi dicano*; imperf.cong. *io dicessi* ecc.; imp. *dì* o *di', dite*; p.p. *detto*] dire*: *dire sciocchezze*, dire des sottises; *dire bugie*, dire des mensonges; *dire la verità*, dire la vérité; *ha detto che sarebbe ritornato*, il a dit qu'il reviendrait; *digli che mi scriva, di scrivermi*, dis-lui de m'écrire; *digli che venga*, dis-lui de venir; *non ha detto una parola in tutta la sera*, il n'a pas dit un mot de toute la soirée | *di', ti ascolto*, vas-y, je t'écoute | *mi fermerò, diciamo, tre mesi*, je resterai, disons, trois mois | *tanto vale dire che non vuol lavorare*, autant dire qu'il n'a pas envie de travailler | *che ne direste di andare al cinema?*, ça vous dirait d'aller au cinéma? | *secondo quel che dicono gli esperti*, au dire des experts ♦ **dirsi** *v.pron.* se dire*: *si diceva mio amico*, il se disait mon ami.

● ***dire bene, male di qlcu***, dire du bien, du mal de qqn | ***dire di sì, di no***, dire (que) oui, (que) non: *non dico di no*, je ne le nie pas | ***dire Messa***, dire la Messe | ***a chi lo dici!***, à qui le dis-tu! | ***a dire il vero***, à vrai dire | ***a dirla schietta***, pour parler franchement | ***avere da dire***, trouver à redire: *ha sempre qualche cosa da dire su tutti*, il trouve toujours à redire sur tout le monde | ***ben detto!***, bien dit! | ***c'è poco da dire***, il n'y a pas grand chose à dire | ***che ne dici?***, qu'est-ce que tu penses? | ***chi l'avrebbe mai detto!***, qui l'eût dit! | ***chi mi dice che?***, qu'est-ce qui me fait croire que?: *e chi mi dice che tutto andrà bene?*, et qu'est-ce qui me fait croire que tout ira bien? | ***come sarebbe a dire?***, qu'est-ce à dire? | ***come si dice?***, comment dit-on?: *come si dice in francese?*, comment dit-on en français? | ***come si suol dire***, comme on dit | ***così dicendo***, en disant ces mots, ce disant | ***detto fatto***, aussitôt dit, aussitôt fait | ***detto fra noi***, entre nous | ***dici sul serio?, dici davvero?***, tu parles sérieusement? | ***dico a voi!***, c'est à vous que je parle! | ***dicono, si dice che***, on dit que | ***di' un po'!***, dis donc! | ***e dico poco!***, pour le moins!: *ho speso mille euro e dico poco!*, j'ai dépensé pour le moins mille euros! | ***e dire che***, et dire que | ***è tutto dire!***, c'est tout dire! | ***in men che non si dica***, en moins de temps qu'il n'en faut pour le dire | ***lasciami dire!***, laisse-moi parler! | ***lo puoi ben dire!***, tu peux le dire! | ***lo stesso dicasi per***, il en est de même de | ***non c'è che dire, non c'è niente da dire***, il n'y a rien à dire | ***non è ancora detta l'ultima parola***, tout n'est pas encore dit | ***non l'avrei mai detto!***, je ne l'aurais jamais cru! | ***non mi dice niente***, (*non mi interessa*) cela ne m'intéresse pas; (*non mi piace*) cela ne me plaît pas | ***non occorre dirlo***, cela va sans dire | ***non se l'è fatto dire due volte***, il ne se l'est pas fait dire deux fois | ***non ti dico***, je ne te dis pas | ***per così dire***, pour ainsi dire | ***per dirla con***, pour parler comme | ***per meglio dire***, pour mieux dire | ***qualcosa mi dice che***, j'ai le pressentiment que | ***quante me ne ha dette!***, qu'est-ce qu'il ne m'a pas dit! | ***se lo dici tu!***, si c'est toi qui le dis! | ***senza dire una parola***, sans mot dire | ***si direbbe che***, on dirait que | ***si fa presto a dire!***, c'est vite dit! | ***tanto disse e tanto fece che***, il fit tant et si bien que | ***tanto per dire***, histoire de parler | ***vale a dire***, c'est-à-dire | ***volevo ben dire!***, je l'avais bien dit! | ***vuol dire che***, cela veut dire que: *vuol dire che andrò io*, eh bien, j'irai moi-même | ***vuol dire la sua su ogni cosa***, il a toujours son mot à dire.

NOTA Nelle proposizioni incidentali con ***dire*** in francese si usa l'inversione del soggetto:

"Aspettami", ci disse.
"Attendez-moi", nous **dit-il**.

"Rientra subito", disse Giovanna a suo figlio.
"Rentre tout de suite", **dit Jeanne** à son fils.

Il castello, dicono, data dal XVII secolo.
Le château, **dit-on**, date du XVIIe siècle.

Quando ***dire di*** seguito da un infinito ha valore dichiarativo o esprime un'opinione o enuncia qualcosa, si traduce ***dire*** con l'infinito senza preposizione oppure con ***que*** e il verbo all'indicativo:

*Dice **di** essere ammalato.*
SÌ Il **dit être** malade.
SÌ Il **dit qu'il est** malade.
NO Il **dit d'**être malade.

Quando **dire** esprime un comando, un ordine, si traduce ***dire de*** seguito da infinito o ***dire que*** con il verbo al congiuntivo:

Ditegli di venire.
Dites-lui de venir.
Dites-lui qu'il vienne.

dire[2] *n.m.* **1** dire **2** (*discorso*) discours.
● ***a dire di tutti***, au dire de chacun | ***secondo il suo dire***, selon ses dires | ***si ha un bel dire***, on a beau dire | (*prov.*) ***tra il dire e il fare c'è di mezzo il mare***, il y a loin de la coupe aux lèvres.

directory [di-rèc-to-ry] *n.f.invar.* (*inform.*) répertoire (*m.*).

diressi → **dirigere**.

diretta [di-rèt-ta] *n.f.* (*rad., tv*) direct (*m.*).
● ***in diretta***, en direct.

direttamente [di-ret-ta-mén-te] *avv.* directement: *andò direttamente a casa*, il alla directement (*o* tout droit) à la maison; *comunicherò direttamente con lui*, je me mettrai en rapport direct avec lui.

direttissima [di-ret-tìs-si-ma] *n.f.* **1** (*alpinismo*) voie (directe), direttissima **2** (*ferr.*) ligne directe.
● (*dir.*) ***per direttissima***, en référé: *giudizio per direttissima*, jugement en référé; *giudice competente in un processo per direttissima*, juge des référés.

direttissimo [di-ret-tìs-si-mo] *agg.* e *n.m.* (*ferr.*) express.
● (*dir.*) ***giudizio direttissimo***, référé.

direttiva [di-ret-tì-va] *n.f.* directive.

direttivo [di-ret-tì-vo] *agg.* **1** directeur*: *consiglio direttivo*, conseil de direction **2** (*di, da dirigente*) de direction: *occupare un posto direttivo*, être un des dirigeants ♦ *n.m.* direction (*f.*).

diretto [di-rèt-to] *agg.* **1** direct: *è la via più diretta per arrivare alla stazione*, c'est le chemin le plus court pour arriver à la gare; *è un mio diretto superiore*, c'est mon supérior direct **2** (*in direzione di*) en direction de, pour: *il treno diretto a Parigi*, le train pour, en direction de Paris; *la nave era diretta verso sud*, le navire faisait route vers le sud **3** (*destinato*) destiné; (*indirizzato*) adressé: *è una lettera diretta a me*, c'est une lettre qui m'est adressée **4** (*guidato, condotto*) dirigé, conduit: *un concerto ben diretto*, un concert bien dirigé ♦ *avv.* tout droit ♦ *n.m.* **1** (*ferr.*) direct **2** (*pugilato*) direct: *un diretto sinistro*, un direct du gauche.
● (*gramm.*): ***complemento diretto***, complément direct; ***discorso diretto***, discours direct.

direttore [di-ret-tó-re] *n.m.* [f. *-trice*] directeur*: *direttore di un giornale*, directeur d'un journal ♦ *agg.* directeur*: *linea direttrice*, ligne directrice.
● ***direttore artistico***, directeur artistique | (*cine.*) ***direttore della produzione***, chef de production | ***direttore del personale***, directeur (*o* chef) du personnel | ***direttore didattico***, directeur d'école primaire | (*sport*) ***direttore di gara***, directeur de compétition; (*ciclismo*) directeur de course | (*mar.*) ***direttore di macchina***, chef mécanicien | (*comm.*) ***direttore di produzione, delle vendite***, chef de production, de vente | (*teatr.*) ***direttore di scena***, régis-

D

seur | ***direttore d'orchestra***, chef d'orchestre | ***direttore spirituale***, directeur spirituel (*o* de conscience) | (*sport*) ***direttore tecnico***, manager.

direttoriale [di-ret-to-rià-le] ***agg.*** directorial*.

direttorio [di-ret-tò-rio] ***n.m.*** [pl. *-ri*] directoire.

direttrice [di-ret-trì-ce] ***n.f.*** (*linea*) ligne directrice.

direzionale [di-re-zio-nà-le] ***agg.*** **1** directionnel*: *antenna direzionale*, antenne directionnelle **2** (*direttivo*) de direction.

D

● ***centro direzionale***, centre des affaires.

direzione [di-re-zió-ne] ***n.f.*** **1** (*senso, verso*) direction: *prendere la direzione sbagliata*, se tromper de direction; *cambiare direzione*, changer de direction; *in che direzione è andato?*, dans quelle direction est-il allé? **2** (*guida, comando*) direction: *essere alla direzione di un'azienda*, être à la tête d'une entreprise **3** (*organo direttivo e sede*) direction: *mi hanno chiamato in direzione*, on m'a appelé à la direction.

● ***direzione vietata***, direction interdite | ***in direzione di***, en direction de, dans la direction de.

dirigente [di-ri-gèn-te] ***agg.*** dirigeant: *il personale dirigente di un'azienda*, les cadres d'une entreprise ♦ ***n.m.*** e ***f.*** dirigeant/e; (*direttore*) directeur/trice; (*qualifica amministrativa*) cadre (*m.*): *è un dirigente*, c'est un cadre; *i dirigenti hanno deciso di assumere altro personale*, la direction a décidé d'embaucher du personnel supplémentaire; *i dirigenti del partito*, les leaders du parti.

● ***classe dirigente***, classe dirigeante.

dirigenza [di-ri-gèn-za] ***n.f.*** direction: *gli hanno affidato la dirigenza degli uffici*, on lui a confié la direction des bureaux; *occupa un posto di alta dirigenza*, il occupe un poste important à la direction; *gli hanno dato la dirigenza*, on l'a nommé à la direction.

dirigenziale [di-ri-gen-zià-le] ***agg.*** dirigeant; (*di direzione*) de direction: *responsabilità dirigenziali*, responsabilités de direction; *la categoria dirigenziale*, les (cadres) dirigeants; *ha avuto una brillante carriera dirigenziale*, il a eu une brillante carrière de dirigeant.

dirigere [di-rì-ge-re] ***v.tr.*** [p.rem. *io diressi*, *tu dirigesti* ecc.; p.p. *diretto*] **1** diriger*: *diresse lo sguardo alla finestra*, il dirigea son regard vers la fenêtre; *questo film è ben diretto*, ce film a une bonne mise en scène **2** (*indirizzare*) adresser; (*rivolgere*) tourner: *il telegramma è diretto a me*, c'est à moi que le télégramme est adressé **3** (*guidare, comandare*) diriger*: *dirigere una ditta*, diriger une entreprise; *dirigere uno spettacolo*, mettre en scène un spectacle | *dirigere il traffico*, régler la circulation ♦ **dirigersi** ***v.pron.*** se diriger* (*anche fig.*).

dirigibile [di-ri-gì-bi-le] ***agg.*** e ***n.m.*** dirigeable.

dirigismo [di-ri-gì-ʃmo] ***n.m.*** (*pol.*) dirigisme.

dirigista [di-ri-gì-sta] ***agg.*** e ***n.m.*** e ***f.*** (*pol.*) dirigiste.

dirigistico [di-ri-gì-sti-co] ***agg.*** [pl.m. *-ci*, f. *-che*] dirigiste.

dirimere [di-rì-me-re] ***v.tr.*** [mancano p.p. e tempi composti] (*letter.*) mettre* fin (**à**).

dirimpettaio [di-rim-pet-tà-io] ***n.m.*** [f. *-a*; pl.m. *-ai*] (*fam.*) voisin d'en face; (*di pianerottolo*) voisin de palier.

dirimpetto [di-rim-pèt-to] ***avv.*** en face; (*faccia a faccia*) vis-à-vis: *le due case erano dirimpetto*, les deux maisons se faisaient vis-à-vis; *erano seduti dirimpetto*, ils étaient assis face à face ♦ ***agg.invar.*** (d')en face.

● ***dirimpetto a***, en face de, vis-à-vis de.

diritto[1] [di-rìt-to] ***agg.***, ***avv.*** e ***n.m.*** → **dritto**.

diritto[2] ***n.m.*** **1** droit: *far valere i propri diritti*, faire valoir ses droits; *avere diritto alle ferie*, avoir droit aux congés; *ne ho tutto il diritto*, j'en ai tous les droits; *con quale diritto leggi le mie lettere?*, de quel droit lis-tu mes lettres?; *è nel suo pieno diritto esigere le vostre scuse*, il peut de plein droit exiger vos excuses **2** (*norme giuridiche*) droit: *studiare diritto*, faire son droit **3** (*compenso, tributo*) droit.

● (*eccl.*) ***diritto canonico***, droit canon | ***diritto civile***, ***penale***, droit civil, pénal | ***diritto commerciale***, droit commercial | ***diritto d'autore***, droit d'auteur, propriété artistique | ***diritto di bollo***, droit de timbre | ***diritto di veto***, droit de veto | ***diritto di voto***, droit de vote | ***diritto internazionale***, droit international | (*comm.*) ***diritti riservati***, tous droits réservés | ***a buon diritto***, à bon droit | ***a maggior diritto***, à plus forte raison | ***di diritto***, de droit: *gli spetta di diritto*, cela lui revient de droit; *di diritto e non di fatto*, en droit et non en fait.

dirittura [di-rit-tù-ra] ***n.f.*** (*rettitudine*) droiture: *dirittura morale*, probité, honnêteté; *di grande dirittura*, d'une grande droiture morale.

● (*sport*) ***dirittura d'arrivo***, ligne droite: *è arrivato solo in, sulla dirittura d'arrivo*, il est arrivé seul sur la ligne de droite.

diroccato [di-roc-cà-to] ***agg.*** en ruine.

dirompente [di-rom-pèn-te] ***agg.*** explosif* (*anche fig.*): *effetto dirompente*, brisance; *la notizia ha avuto un effetto dirompente*, cette nouvelle a eu un effet explosif.

● ***bomba dirompente***, bombe explosive.

dirottamente [di-rot-ta-mén-te] ***avv.*** (*a dirotto*) à verse; (*a calde lacrime*) à chaudes larmes.

dirottamento [di-rot-ta-mén-to] ***n.m.*** déroutement; (*atto di pirateria*) détournement: *dirottamento aereo*, détournement d'avion.

dirottare [di-rot-tà-re] ***v.tr.*** dérouter; (*come atto di pirateria*) détourner ♦ ***v.intr.*** [aus. *avere*] changer* de route.

dirottatore [di-rot-ta-tó-re] ***n.m.*** [f. *-trice*] pirate de l'air.

dirotto [di-rót-to] ***agg.*** battant, torrentiel; (*fig.*) irrépressible, incoercible.

● ***piangere a dirotto***, pleurer à chaudes larmes | ***pianto dirotto***, déluge de larmes | ***pioggia dirotta***, pluie diluvienne, battante | ***piove a dirotto***, il pleut à verse.

dirozzare [di-roʒ-ʒà-re] ***v.tr.*** dégrossir (*anche fig.*) ♦ **dirozzarsi** ***v.pron.*** (*fig.*) se dégrossir.

dirupato [di-ru-pà-to] ***agg.*** escarpé, abrupt: *sentiero dirupato*, chemin escarpé.

dirupo [di-rù-po] ***n.m.*** escarpement.

dis- ***pref.*** dys-.

disabile [di-ʃà-bi-le] ***agg.*** e ***n.m.*** e ***f.*** *handicapé/ée.

disabilitare [di-ʃa-bi-li-tà-re] ***v.tr.*** désaffecter; (*togliere i collegamenti a*) débrancher.

disabitato [di-ʃa-bi-tà-to] ***agg.*** inhabité.

disabituare [di-ʃa-bi-tu-à-re] ***v.tr.*** déshabituer (**de**) ♦ **disabituarsi** ***v.pron.*** se déshabituer (**de**).

disabituato [di-ʃa-bi-tu-à-to] ***agg.*** qui n'est plus habitué (**à**).

disaccordo [di-ʃac-còr-do] ***n.m.*** désaccord: *le cause di disaccordo della coppia moderna*, les causes de mésentente du couple moderne.

disadattamento [di-ʃa-dat-ta-mén-to] ***n.m.*** (*psic.*) inadaptation (*f.*).

disadattato [di-ʃa-dat-tà-to] ***agg.*** e ***n.m.*** [f. *-a*] inadapté, désadapté.

disadatto [di-ʃa-dàt-to] *agg.* inadapté.

disadorno [di-ʃa-dór-no] *agg.* **1** nu **2** (*fig.*) dépouillé.

disaffezionarsi [di-ʃaf-fe-zio-nàr-si] *v.pron.intr.* se détacher (**de**): *disaffezionarsi dallo studio*, se détacher des études.

disaffezione [di-ʃaf-fe-zió-ne] *n.f.* désaffection.

disagevole [di-ʃa-gé-vo-le] *agg.* malaisé; (*scomodo*) pénible.

disagiato [di-ʃa-già-to] *agg.* **1** (*scomodo*) inconfortable, incommode **2** (*bisognoso*) indigent: *aiutare le famiglie disagiate*, venir en aide aux familles en difficulté; *vivere in condizioni disagiate*, être dans la gêne.

disagio [di-ʃà-gio] *n.m.* [pl. *-gi*] **1** privation (*f.*); (*difficoltà*) inconvénient **2** (*imbarazzo*) gêne (*f.*), malaise: *provare un senso di disagio*, éprouver un sentiment de gêne, de malaise; *sentirsi, mettere a disagio*, être, mettre mal à l'aise.

disambientato [di-ʃam-bien-tà-to] *agg.* dépaysé, mal à l'aise.

disamina [di-ʃà-mi-na] *n.f.* examen (*m.*) attentif.

disamorare [di-ʃa-mo-rà-re] *v.tr.* faire* perdre tout intérêt (**pour**), détourner (**de**) ♦ **disamorarsi** *v.pron.intr.* perdre* tout intérêt (**pour**); se détacher (**de**): *disamorarsi della famiglia*, se détacher de sa famille.

disamorato [di-ʃa-mo-rà-to] *agg.* las*.

disamore [di-ʃa-mó-re] *n.m.* désaffection (*f.*); (*scarso interesse*) manque (*m.*) d'intérêt.

disancorare [di-ʃan-co-rà-re] *v.tr.* **1** (*mar.*) lever* l'ancre (**à**) **2** (*fig.*) détacher: *non si riesce a disancorarlo dal suo ambiente*, on n'arrive pas à le détacher de son milieu ♦ **disancorarsi** *v.pron.* **1** (*mar.*) lever* l'ancre **2** (*fig.*) s'affranchir: *disancorarsi dalle consuetudini familiari*, se détacher des habitudes familiales.

disappannare [di-ʃap-pan-nà-re] *v.tr.* désembuer.

disapprovare [di-ʃap-pro-và-re] *v.tr.* désapprouver.

disapprovazione [di-ʃap-pro-va-zió-ne] *n.f.* désapprobation: *scosse il capo in segno di disapprovazione*, il hocha la tête d'un air désapprobateur.

disappunto [di-ʃap-pùn-to] *n.m.* **1** (*delusione*) désappointement, déception (*f.*); (*irritazione*) irritation (*f.*): *puoi immaginare il mio disappunto per la sua scortesia*, tu peux bien imaginer l'irritation que m'a causée son impolitesse **2** (*dispiacere*) regret: *con mio grande disappunto*, à mon grand regret.

disarcionare [di-ʃar-cio-nà-re] *v.tr.* désarçonner (*anche fig.*).

disarmante [di-ʃar-màn-te] *agg.* désarmant.

disarmare [di-ʃar-mà-re] *v.tr.* **1** désarmer (*anche fig.*) **2** (*mar.*) désarmer, dégréer ♦ *v.intr.* [aus. *avere*] désarmer (*anche fig.*): *non disarma di fronte alle difficoltà*, il ne se rend pas face aux difficultés.

disarmo [di-ʃàr-mo] *n.m.* désarmement (*anche mar.*).

disarmonia [di-ʃar-mo-nì-a] *n.f.* **1** manque (*m.*) d'harmonie; (*discordanza*) discordance; (*disaccordo*) désaccord (*m.*) **2** (*mus.*) dissonance.

disarmonico [di-ʃar-mò-ni-co] *agg.* [pl.m. *-ci*, f. *-che*] peu harmonieux*; (*discordante*) discordant.

disarticolare [di-sar-ti-co-là-re] *v.tr.* désarticuler (*anche med.*).

disarticolato [di-ʃar-ti-co-là-to] *agg.* (*fig.*) inarticulé; (*incoerente*) incohérent: *suoni disarticolati*, sons inarticulés; *un discorso disarticolato*, des propos incohérents, décousus.

disarticolazione [di-ʃar-ti-co-la-zió-ne] *n.f.* désarticulation; (*slogatura*) dislocation.

disassortito [di-ʃas-sor-tì-to] *agg.* désassorti: *campionario disassortito*, échantillonnage désassorti; *servizio da tavola disassortito*, service de table désassorti (*o* dépareillé).

disastrato [di-ʃa-strà-to] *agg.* **1** (*di cosa*) ravagé, dévasté, sinistré: *zona disastrata*, région sinistrée **2** (*di persona*) sinistré: *le famiglie disastrate*, les familles sinistrées ♦ *n.m.* [f. *-a*] sinistré.

disastro [di-ʃà-stro] *n.m.* **1** (*sciagura*) désastre, catastrophe (*f.*) (*anche fig.*): *disastro aereo, ferroviario*, catastrophe aérienne, ferroviaire; *che disastro questa traduzione!*, quel massacre cette traduction!; *il suo inglese è un disastro*, son anglais est désastreux; *a scuola è un disastro*, il est nul à l'école **2** (*danno*) désastre.

● ***disastro ecologico***, catastrophe écologique | ***disastro naturale***, calamité naturelle.

disastrosamente [di-ʃa-stro-sa-mén-te] *avv.* d'une façon désastreuse.

disastroso [di-ʃa-stró-so] *agg.* désastreux*.

disattendere [di-ʃat-tèn-de-re] *v.tr.* [coniug. come *prendere*] ne pas observer; décevoir*: *disattendere una norma*, (*non osservarla*) ne pas observer une règle; *disattendere una legge*, (*non applicarla*) ne pas appliquer une loi; *disattendere un consiglio*, (*non seguirlo*) ne pas suivre un conseil; *disattendere le aspettative di qlcu*, (*deluderle*) décevoir les attentes de qqn.

disattento [di-ʃat-tèn-to] *agg.* inattentif*, distrait.

disattenzione [di-ʃat-ten-zió-ne] *n.f.* **1** inattention, distraction; (*sventatezza*) étourderie: *errore di disattenzione*, faute d'étourderie; *per disattenzione*, par distraction **2** (*mancanza di riguardo*) manque (*m.*) d'égards.

disattivare [di-ʃat-ti-và-re] *v.tr.* **1** (*disinnescare*) désamorcer*; (*elettr.*) débrancher **2** (*tecn.*) mettre* hors service; (*ferr., miner.*) ne plus exploiter | (*tel.*) *disattivare una scheda telefonica*, désactiver une carte de téléphone **3** (*chim., fis.*) désactiver.

disattivazione [di-sat-ti-va-zió-ne] *n.f.* **1** (*disinnesco*) désamorçage (*m.*); (*elettr.*) débranchement (*m.*) **2** (*tecn.*) mise hors service; (*di linea ferroviaria, miniera ecc.*) abandon (*m.*) **3** (*chim., fis.*) désactivation.

disavanzo [di-ʃa-vàn-zo] *n.m.* (*econ.*) déficit: *colmare il disavanzo con nuove imposte*, combler le déficit par des nouveaux impôts.

● ***disavanzo commerciale***, déficit commercial | ***disavanzo di bilancio***, déficit budgétaire | ***disavanzo di cassa***, déficit de caisse | ***disavanzo pubblico***, déficit public.

disavveduto [di-ʃav-ve-dù-to] *agg.* irréfléchi.

disavventura [di-ʃav-ven-tù-ra] *n.f.* **1** mésaventure **2** (*sfortuna*) malheur (*m.*).

● ***per disavventura***, par malheur: *per mia disavventura*, pour mon malheur.

disavvertenza [di-ʃav-ver-tèn-za] *n.f.* inadvertance, inattention.

disavvezzo [di-ʃav-véz-zo] *agg.* peu habitué, non habitué.

disboscamento [di-ʃbo-sca-mén-to] *n.m.* déboisement.

disboscare [di-ʃbo-sca-re] *v.tr.* [coniug. come *mancare*] déboiser.

disbrigare [di-ʃbri-gà-re] *v.tr.* → **sbrigare**.

disbrigo [di-ʃbrì-go] *n.m.* [pl. *-ghi*] (*amm.*) expédition (*f.*); (*di una pratica*) traitement: *sollecitare il disbrigo di*

D

una pratica, accélérer le traitement d'un dossier; *procedere al disbrigo della corrispondenza*, expédier son courrier.

discapito [di-scà-pi-to] ***n.m.*** détriment, désavantage.
● ***a discapito di***, au détriment de, au désavantage de: *a tuo discapito*, à ton détriment.

discarica [di-scà-ri-ca] ***n.f.*** [pl. *-che*] décharge; déchetterie: *discarica industriale*, décharge de déchets industriels.
● ***discarica a cielo aperto***, décharge à ciel ouvert | ***divieto di discarica***, décharge interdite.

D

discarico [di-scà-ri-co] ***n.m.*** [pl. *-chi*] **1** décharge (*f.*) **2** (*dir.*) quitus.
● ***a discarico***, à décharge: *lo dico a mio discarico*, je le dis à ma décharge; (*dir.*) *teste a discarico*, témoin à décharge.

discendente [di-scen-dèn-te] ***agg.*** descendant ♦ ***n.m.*** e ***f.*** descendant/e.
● (*mus.*) ***scala discendente***, gamme descendante.

discendenza [di-scen-dèn-za] ***n.f.*** **1** descendance; (*origine*) origine, ascendance: *era di discendenza normanna*, il était d'origine normande **2** (*i discendenti*) descendance.

discendere [di-scén-de-re] ***v.intr.*** [coniug. come *scendere*; aus. *essere*] **1** descendre*: *discendere a valle*, descendre dans la vallée **2** (*trarre origine*) descendre*: *discende da un'illustre famiglia*, il descend d'une famille illustre **3** (*derivare*) découler, s'ensuivre*: *ne discende che*, il s'ensuit que ♦ ***v.tr.*** descendre*.

discente [di-scèn-te] ***n.m.*** e ***f.*** apprenant/e, élève.

discepolo [di-scé-po-lo] ***n.m.*** [f. *-a*] disciple.

discernere [di-scèr-ne-re] ***v.tr.*** [mancano p.p. e tempi composti] discerner (*anche fig.*).

discernimento [di-scer-ni-mén-to] ***n.m.*** discernement: *agire senza, con poco discernimento*, agir sans discernement.

discesa [di-scé-sa] ***n.f.*** **1** descente: *discesa in paracadute*, descente en parachute **2** (*declivio*) pente, descente: *una ripida discesa*, une pente raide | *discesa ai parcheggi*, rampe d'accès (au parking) **3** (*calo, diminuzione*) baisse: *discesa della temperatura*, baisse de la température.
● (*sport*): ***discesa libera***, descente; ***discesa obbligata***, slalom | ***in discesa***, en descente; (*in calo*) en baisse: *camminare in discesa*, marcher en descente; *strada in discesa*, descente; *popolarità in discesa*, popularité en baisse.

discesismo [di-sce-sì-ʃmo] ***n.m.*** (*sport*) ski de descente.

discesista [di-sce-sì-sta] ***n.m.*** e ***f.*** (*sport*) descendeur/euse.

discettare [di-scet-tà-re] ***v.tr.*** e ***intr.*** [aus. *avere*] (*letter.*) disserter (**sur**, **de**).

discettazione [di-scet-ta-zió-ne] ***n.f.*** (*letter.*) dissertation.

dischetto [di-schét-to] ***n.m.*** **1** (*inform.*) disquette (*f.*), disque souple **2** (*calcio*) (*del calcio di rigore*) point de penalty, point de réparation; (*di centrocampo*) point central.

dischiudere [di-schiù-de-re] ***v.tr.*** [coniug. come *chiudere*] (*letter.*) entrouvrir*: *dischiudere le dita*, desserrer les doigts ♦ **dischiudersi** ***v.pron.intr.*** s'entrouvrir*; éclore*; (*sbocciare*) s'épanouir: *l'uovo si è dischiuso*, l'œuf est éclos.

discinto [di-scìn-to] ***agg.*** à demi nu.

disciogliere [di-sciò-glie-re] ***v.tr.*** [coniug. come *cogliere*] dissoudre*; (*fondere*) faire* fondre ♦ **disciogliersi** ***v.pron.*** se dissoudre*; (*fondere*) fondre*: *la neve si è disciolta*, la neige a fondu.

disciolto [di-sciòl-to] ***agg.*** dissous*: *sostanza disciolta*, substance dissoute.

disciplina [di-sci-plì-na] ***n.f.*** **1** discipline: *mancanza di disciplina*, absence de discipline **2** (*materia di studio*) discipline **3** (*regolamentazione*) réglementation; (*controllo*) contrôle (*m.*): *una severa disciplina alimentare*, un sévère régime alimentaire; *disciplina dei prezzi*, contrôle des prix; *disciplina del lavoro*, réglementation du travail.

disciplinare[1] [di-sci-pli-nà-re] ***v.tr.*** **1** (*regolare*) régler*; (*regolamentare*) réglementer: *disciplinare il traffico*, régler la circulation **2** (*fig.*) contrôler **3** (*non com.*) discipliner.

disciplinare[2] ***agg.*** disciplinaire.

disciplinatamente [di-sci-pli-na-ta-mén-te] ***avv.*** en bon ordre.

disciplinato [di-sci-pli-nà-to] ***agg.*** discipliné: *traffico disciplinato*, circulation fluide.

disc-jockey [disk'dʒɔkei] ***n.m.*** e ***f.invar.*** disc-jockey*, animateur/trice (de programme de disques); (*fam.*) DJ.

disco [dì-sco] ***n.m.*** [pl. *-schi*] disque.
● (*tel.*) ***disco combinatore***, cadran (d'appel) | (*sport*) ***disco da hockey***, palet | (*inform.*): ***disco digitale***, ***audiodigitale***, disque numérique, audionumérique; ***disco estraibile***, disque amovible; ***disco fisso***, ***rigido***, disque dur (DD) | (*anat.*) ***disco*** (***intervertebrale***), disque intervertébral | ***disco orario***, disque bleu | (*mus.*) ***disco 33***, ***45 giri***, disque 33, 45 tours | ***disco volante***, soucoupe volante | ***cambiare disco***, (*anche fig.*) changer de disque | (*med.*) ***ernia del disco***, hernie discale | (*aut.*) ***freni a disco***, freins à disque | (*sport*) ***lancio del disco***, (lancer du) disque | ***zona disco***, zone bleue.

discobolo [di-scò-bo-lo] ***n.m.*** discobole.

discofilo [di-scò-fi-lo] ***n.m.*** [f. *-a*] discophile.

discografia [di-sco-gra-fì-a] ***n.f.*** **1** discographie **2** (*tecnica*) enregistrement; (*industria*) industrie du disque.

discografico [di-sco-grà-fi-co] ***agg.*** [pl.m. *-ci*, f. *-che*] discographique, du disque: *successo discografico*, succès discographique; *registrazione discografica*, enregistrement sur disque ♦ ***n.m.*** [f. *-a*] personne (*f.*) qui travaille dans l'industrie du disque; (*industriale*) industriel du disque.
● ***casa discografica***, maison de disques.

discoidale [di-scoi-dà-le] ***agg.*** discoïde | (*biol.*) *segmentazione discoidale*, segmentation discoïdale.

discoide [di-scòi-de] ***n.m.*** (*compressa*) comprimé ♦ ***agg.*** discoïde.

discolo [dì-sco-lo] ***agg.*** espiègle, dissipée ♦ ***n.m.*** [f. *-a*] polisson*.

discolpa [di-scól-pa] ***n.f.*** décharge.
● ***a discolpa***, à décharge: *a mia discolpa dirò che*, je dirai à ma décharge que; (*dir.*) *testimonianza a discolpa*, témoignage à disculpation.

discolpare [di-scol-pà-re] ***v.tr.*** disculper; (*giustificare*) justifier ♦ **discolparsi** ***v.pron.*** se disculper; (*giustificarsi*) se justifier.

disco-music [disko'mjuzik] ***n.f.invar.*** (musique) disco.

disconnessione [di-scon-nes-sió-ne] ***n.f.*** déconnexion.
● (*inform.*) ***disconnessione*** (***dalla rete***, ***dal sistema***), sortie du réseau, du système.

disconnettere [di-scon-nèt-te-re *o* disconnéttere] ***v.tr.*** [coniug. come *connettere*] déconnecter.

disconoscere [di-sco-nó-sce-re] ***v.tr.*** [coniug. come *conoscere*] **1** méconnaître* **2** (*dir.*) désavouer: *disconoscere la paternità di un figlio*, désavouer un enfant.

disconoscimento [di-sco-no-sci-mén-to] ***n.m.*** désaveu* (*anche dir.*).

● (*dir.*): ***disconoscimento di debito***, répudiation de dette; ***disconoscimento di parentela***, reniement de parenté; ***disconoscimento di paternità***, désaveu de paternité; ***disconoscimento di scrittura***, dénégation d'écriture.

discontinuità [di-scon-ti-nui-tà] ***n.f.invar.*** discontinuité.

discontinuo [di-scon-tì-nu-o] ***agg.*** discontinu; (*irregolare*) irrégulier*; (*intermittente*) intermittent: *carattere discontinuo*, (*fig.*) caractère changeant; *rendimento discontinuo*, rendement inégal.

discordante [di-scor-dàn-te] ***agg.*** discordant: *opinioni discordanti*, opinions divergentes.

discordanza [di-scor-dàn-za] ***n.f.*** discordance.

discordare [di-scor-dà-re] ***v.intr.*** [aus. *avere*] **1** (*di persone*) être* en désaccord **2** (*di cose*) être* discordant; (*differire*) différer* **3** (*di suoni*) être* discordant; (*di colori*) jurer.

discorde [di-scòr-de] ***agg.*** (*di persone*) en désaccord; (*di cose*) discordant: *pareri discordi*, opinions divergentes.

FAUX AMI
Da non confondere con il sostantivo francese *discorde*, che significa *discordia*.

discordemente [di-scor-de-mén-te] ***avv.*** de façon contradictoire.

discordia [di-scòr-dia] ***n.f.*** **1** désaccord (*m.*), mésentente; (*spec. letter.*) discorde: *portare la discordia in una famiglia*, porter le trouble dans une famille **2** (*divergenza di opinioni*) dissension, désaccord (*m.*), dissentiment (*m.*); (*discordanza*) discordance.

● (*mit.*) ***il pomo della discordia***, (*anche fig.*) la pomme de discorde.

discorrere [di-scór-re-re] ***v.intr.*** [coniug. come *correre*; aus. avere] (*parlare di*) parler (**de**); (*a lungo*) discourir* (**de**); (*conversare*) causer (**de**), s'entretenir* (**de**): *discorrere di politica*, parler (de) politique; *discorrere su un argomento*, discourir sur un sujet.

● ***discorrere del più e del meno***, parler de choses et d'autres, de la pluie et du beau temps | ***e così discorrendo***, et de fil en aiguille | ***e via discorrendo***, et ainsi de suite | ***si fa per discorrere***, histoire de parler.

discorsivamente [di-scor-si-va-mén-te] ***avv.*** d'un ton familier; (*di stile*) dans un style familier, parlé.

discorsivo [di-scor-sì-vo] ***agg.*** **1** familier*, parlé **2** (*logica*) discursif*.

discorso [di-scór-so] ***n.m.*** **1** propos (*pl.*); (*a un pubblico*) discours: *discorso d'occasione*, discours de circonstance; *discorso funebre*, oraison funèbre; *discorso programmatico*, discours-programme **2** (*conversazione*) conversation (*f.*): *attaccar discorso*, engager la conversation; *il discorso cadde sulla politica*, la conversation prit un tour politique **3** (*argomento*) sujet: *cambiar discorso*, changer de sujet; *portare avanti un discorso poco chiaro*, (*fig.*) poursuivre un objectif peu clair, suivre une ligne politique peu claire | *questo è un altro discorso*, ça, c'est une autre histoire **4** (*gramm.*) discours: *le parti del discorso*, les parties du discours.

● (*Bibbia*) ***Discorso della montagna***, Sermon sur la montagne | (*gramm.*) ***discorso diretto***, ***indiretto***, discours direct, indirect | ***che discorsi!***, quelles bêtises! | ***lasciar cadere il discorso***, laisser tomber le sujet, glisser sur l'argument | ***pochi discorsi!***, assez parlé! | ***senza tanti discorsi***, sans faire trop d'histoires.

discostarsi [di-sco-stàr-si] ***v.pron.*** (*spec. fig.*) s'éloigner, s'écarter: *discostarsi dalla tradizione*, rompre avec la tradition; *la mia opinione si discosta leggermente dalla tua*, mon opinion diverge, diffère légèrement de la tienne.

D

discosto [di-scò-sto] ***agg.*** (*letter.*) éloigné (*anche fig.*) | *discosto da*, loin de ♦ ***avv.*** loin; (*in disparte*) à l'écart.

discoteca [di-sco-tè-ca] ***n.f.*** [pl. *-che*] **1** discothèque; (*fam.*) boîte, disco **2** (*collezione di dischi*) discothèque, collection de disques.

discredito [di-scré-di-to] ***n.m.*** discrédit.

● ***a discredito di***, au désavantage de.

discrepante [di-scre-pàn-te] ***agg.*** discordant.

discrepanza [di-scre-pàn-za] ***n.f.*** discordance; (*differenza*) différence; (*disaccordo*) désaccord (*m.*).

discretamente [di-scre-ta-mén-te] ***avv.*** **1** discrètement; (*fam.*) discretos **2** (*abbastanza*) assez: *discretamente caro*, assez cher **3** (*abbastanza bene*) pas mal, assez bien: *è andata discretamente*, ça s'est assez bien passé.

discreto [di-scré-to] ***agg.*** **1** (*riservato; sobrio*) discret*: *un abito discreto*, une robe discrète **2** (*moderato*) raisonnable: *prezzo discreto*, prix raisonnable **3** (*abbastanza buono*) assez bon*; (*passabile*) passable; (*abbastanza grande*) assez grand: *un vino discreto*, un assez bon vin; *un compito discreto*, un devoir passable; *un discreto numero di persone*, un assez grand nombre de personnes; *risultati più che discreti*, des résultats plus qu'honnêtes; *avere una discreta faccia tosta*, avoir pas mal de toupet; *godere di un discreto benessere*, jouir d'un certain bien-être; *ci vuole una discreta dose di coraggio*, il faut un certain courage **4** (*scient.*) discret*.

discrezionale [di-scre-zio-nà-le] ***agg.*** discrétionnaire.

discrezionalità [di-scre-zio-na-li-tà] ***n.f.invar.*** (*dir.*) pouvoir (*m.*) discrétionnaire.

discrezione [di-scre-zió-ne] ***n.f.*** **1** (*arbitrio*) discrétion: *essere, rimettersi alla discrezione di qlcu*, être, s'en remettre à la discrétion de qqn **2** (*tatto*) discrétion: *faccio assegnamento sulla tua discrezione*, je compte sur ta discrétion.

discriminante [di-scri-mi-nàn-te] ***agg.*** discriminant ♦ ***n.f.*** facteur (*m.*) discriminant.

discriminare [di-scri-mi-nà-re] ***v.tr.*** **1** distinguer; (*letter.*) discriminer **2** (*dir.*) discriminer.

discriminatorio [di-scri-mi-na-tò-rio] ***agg.*** [pl.m. *-ri*] discriminatoire.

discriminazione [di-scri-mi-na-zió-ne] ***n.f.*** discrimination: *discriminazione razziale*, discrimination raciale.

discussione [di-scus-sió-ne] ***n.f.*** **1** discussion: *essere materia di discussione*, donner matière à discussion; *basta con le discussioni!*, arrêtons de discuter!; *discussione di una causa*, débats judiciaires **2** (*litigio*) discussion **3** (*dir.*) débats (*m.pl.*): *discussione a porte chiuse*, débats à huis clos.

● ***discussione di una tesi*** (***di laurea***), soutenance d'une thèse | ***fuori discussione***, hors de question | ***in discussione***, en question: *mettere in discussione*, mettre en question; *l'argomento in discussione*, le sujet en discussion.

discusso [di-scùs-so] ***agg.*** discuté; (*controverso*) controversé.

discutere [di-scù-te-re] ***v.tr.*** e ***intr.*** [p.rem. *io discussi, tu discutesti* ecc.; p.p. *discusso*; aus. *avere*] **1** discuter: *discutere di politica*, discuter (de) politique; *discutere sul prezzo*, discuter le prix; *finitela di discutere!*, arrêtez de vous disputer! **2** (*mettere in dubbio*) discuter, douter: *non discuto se tu abbia ragione o torto*, je ne veux pas savoir si tu as tort ou raison.
● (*dir.*) ***discutere una causa***, plaider une cause | ***discutere una tesi*** (***di laurea***), soutenir une thèse.

D

discutibile [di-scu-tì-bi-le] ***agg.*** discutable: *moralità discutibile*, moralité douteuse.

disdegnare [di-ʃde-gnà-re] ***v.tr.*** dédaigner; (*rifiutare*) refuser.

disdegno [di-ʃdé-gno] ***n.m.*** (*letter.*) dédain, mépris: *avere a, in disdegno*, mépriser.

disdegnoso [di-ʃde-gnó-so] ***agg.*** (*letter.*) dédaigneux*.

disdetta [di-ʃdét-ta] ***n.f.*** **1** (*dir.*) (*di affitto*) congé (*m.*); (*di contratto, accordo ecc.*) dédit (*m.*), annulation | *disdetta di abbonamento*, désabonnement **2** (*sfortuna*) malchance.
● ***che disdetta!***, (*fam.*) quelle déveine!

disdetto [di-ʃdét-to] ***agg.*** annulé.

disdicevole [di-ʃdi-cé-vo-le] ***agg.*** (*letter.*) inconvenant, déplacé.

disdire[1] [di-ʃdì-re] ***v.tr.*** [coniug. come *dire*] **1** décommander; (*annullare*) annuler; (*revocare*) révoquer: *disdire un contratto*, révoquer, résilier un contrat | *disdire la casa*, résilier le bail de son appartement **2** (*ritrattare*) désavouer, rétracter.

disdire[2] ***v.intr.*** [coniug. come *dire*; non usati p.p. e tempi composti] (*letter.*) ne pas être* convenable (**pour**), ne pas convenir* (**à**).

diseducare [di-ʃe-du-cà-re] ***v.tr.*** [coniug. come *mancare*] nuire* à l'éducation (**de**).

diseducativo [di-ʃe-du-ca-tì-vo] ***agg.*** antiéducatif*.

disegnare [di-se-gnà-re] ***v.tr.*** **1** dessiner: *disegnare a matita*, dessiner au crayon; *disegnare il nuovo piano della città*, (*estens.*) tracer le nouveau plan de la ville **2** (*fig.*) (*delineare*) esquisser; (*descrivere*) décrire*; (*progettare*) projeter*.

disegnatore [di-se-gna-tó-re] ***n.m.*** [f. *-trice*] dessinateur*.
● ***disegnatore industriale***, dessinateur industriel | ***disegnatore pubblicitario***, dessinateur de publicité | ***disegnatore tecnico***, dessinateur d'études | ***disegnatrice di moda***, dessinatrice de mode, modéliste.

disegno [di-sé-gno] ***n.m.*** **1** dessin: *disegno a matita*, dessin au crayon; *disegno a mano libera*, dessin à main levée **2** (*fig.*) dessein; (*progetto*) projet.
● (*dir.*) ***disegno di legge***, projet de loi | ***disegno industriale***, dessin industriel | (*cine.*) ***disegni animati***, dessins animés | ***carta da disegno***, papier à dessin.

> NOTA **Disegno: *dessin* o *dessein*?**
> Si usa ***dessin*** quando è inteso come rappresentazione grafica o quando indica l'arte e la tecnica corrispondente; si traduce ***dessein*** quando invece ha senso figurato e indica un proposito, un'intenzione: *dessin gravé*, disegno inciso; *dei loschi disegni*, des noirs desseins.

disequazione [di-ʃe-qua-zió-ne] ***n.f.*** (*mat.*) inéquation.

diserbante [di-ʃer-bàn-te] ***agg.*** e ***n.m.*** désherbant, herbicide.

diserbare [di-ʃer-bà-re] ***v.tr.*** désherber.

diseredare [di-ʃe-re-dà-re] ***v.tr.*** déshériter.

diseredato [di-ʃe-re-dà-to] ***agg.*** e ***n.m.*** [f. *-a*] déshérité: *le classi diseredate*, les classes défavorisées.

disertare [di-ʃer-tà-re] ***v.tr.*** **1** déserter: *il pubblico diserta il teatro*, le public déserte le théâtre **2** (*non prendere parte a*) ne pas aller* (**à**): *disertare le lezioni*, ne pas aller aux cours ♦ ***v.intr.*** [aus. *avere*] déserter (**qqch**): *disertare da un partito*, déserter un parti.

disertore [di-ʃer-tó-re] ***n.m.*** [f. *-trice*] déserteur.

diserzione [di-ʃer-zió-ne] ***n.f.*** désertion.

disfacimento [di-sfa-ci-mén-to] ***n.m.*** **1** décomposition (*f.*) **2** (*fig.*) (*rovina, sfacelo*) désagrégation (*f.*); (*crollo*) écroulement: *cadere in disfacimento*, tomber en ruine.

disfare [di-sfà-re] ***v.tr.*** [coniug. come *fare* o pres.indic. *io disfo* ecc.; imperf.indic. *io disfavo* ecc.; p.rem. *io disfai* ecc.; fut.indic. *io disferò* ecc.; pres.cong. *io disfi* ecc.; cond. *io disferei* ecc.; p.pres. *disfante*; ger. *disfando*] **1** défaire* (*anche fig.*): *disfare il letto*, défaire le lit; *disfare una casa*, vider une maison de ses meubles; *i ragazzi mi hanno disfatto la casa*, les enfants m'ont mis la maison sens dessous dessus **2** (*sciogliere*) faire* fondre ♦ **disfarsi** ***v.pron.*** (*liberarsi*) se débarrasser (**de**), se défaire* (**de**) ♦ ***v.pron.intr.*** **1** (*sciogliersi*) fondre*: *la neve si è disfatta*, la neige a fondu **2** (*decomporsi*) se décomposer.

disfatta [di-sfàt-ta] ***n.f.*** défaite: *subire una disfatta*, subir, essuyer une défaite.

disfattismo [di-sfat-tì-ʃmo] ***n.m.*** défaitisme: *fare del disfattismo*, être défaitiste.

disfattista [di-sfat-tì-sta] ***agg.*** e ***n.m.*** e ***f.*** défaitiste.

disfatto [di-sfàt-to] ***agg.*** **1** défait (*anche fig.*): *letto disfatto*, lit défait; *disfatto dal dolore*, prostré de douleur; *disfatto dalla fatica*, épuisé de fatigue **2** (*sciolto*) fondu **3** (*decomposto*) décomposé.

disfida [di-sfì-da] ***n.f.*** (*letter.*) défi (*m.*).

disfunzione [di-sfun-zió-ne] ***n.f.*** **1** (*med.*) trouble (*m.*); (*fisiol.*) dysfonctionnement (*m.*), disfonction **2** (*cattivo funzionamento*) mauvais fonctionnement (*m.*).

disgelare [di-ʃge-là-re] ***v.tr.*** e ***intr.impers.*** [aus. dell'intr. *essere* o *avere*] dégeler* (*anche fig.*) ♦ **disgelarsi** ***v.pron.intr.*** se dégeler*.

disgelo [di-ʃgè-lo] ***n.m.*** dégel (*anche fig.*).

disgiungere [di-ʃgiùn-ge-re] ***v.tr.*** [coniug. come *giungere*] disjoindre*, désunir; (*separare*) séparer: *disgiungere le mani*, ouvrir ses mains ♦ **disgiungersi** ***v.pron.*** e ***pron.rec.*** se disjoindre*, se désunir; (*separarsi*) se séparer.

disgiuntamente [di-ʃgiun-ta-mén-te] ***avv.*** séparément.

disgiuntivo [di-ʃgiun-tì-vo] ***agg.*** disjonctif*.
● (*gramm.*) ***particella, congiunzione disgiuntiva***, particule, conjonction disjonctive.

disgiunto [di-ʃgiùn-to] ***agg.*** disjoint, désuni; (*separato*) séparé.

disgiunzione [di-ʃgiun-zió-ne] ***n.f.*** disjonction; (*separazione*) séparation.

disgrazia [di-ʃgrà-zia] ***n.f.*** **1** malheur (*m.*): *disgrazia volle che*, le malheur a voulu que; *è accaduta una disgrazia*, il est arrivé un malheur **2** (*sfavore*) disgrâce **3** (*incidente*) accident (*m.*): *è morto in seguito a una disgrazia*, il est mort par suite d'un accident.
● ***cadere in disgrazia***, tomber en disgrâce | (*prov.*) ***le disgrazie non vengono mai sole***, un malheur ne vient jamais seul | ***per disgrazia***, par malheur; (*sfortunatamente*)

malheureusement: *per mia, tua disgrazia*, malheureusement pour moi, toi.

disgraziatamente [di-ʃgra-zia-ta-mén-te] ***avv.*** malheureusement.

disgraziato [di-ʃgra-zià-to] ***agg.*** malheureux*: *è davvero disgraziato*, il n'a vraiment pas de chance; *nato disgraziato*, il n'a jamais eu de chance; *un giorno disgraziato*, un mauvais jour; *un fisico disgraziato*, un physique ingrat ♦ ***n.m.*** [f. *-a*] **1** malheureux* **2** (*persona senza scrupoli*) vaurien*: *è un gran disgraziato*, (*fam.*) c'est un vrai salaud; *guida come un disgraziato*, (*fam.*) il conduit comme un fou.

disgregare [di-ʃgre-gà-re] ***v.tr.*** [coniug. come *legare*] désagréger* (*anche fig.*) ♦ **disgregarsi** ***v.pron.intr.*** se désagréger* (*anche fig.*).

disgregatore [di-ʃgre-ga-tó-re] ***agg.*** [f. *-trice*] désagrégeant (*anche fig.*).

disgregazione [di-ʃgre-ga-zió-ne] ***n.f.*** désagrégation (*anche fig.*).

disguido [di-ʃguì-do] ***n.m.*** **1** erreur (*f.*): *per un disguido postale*, par suite d'une erreur de la poste **2** (*malinteso*) malentendu: *non ti hanno telefonato perché c'è stato un disguido*, on ne t'a pas appelé par suite d'un malentendu.

disgustare [di-ʃgu-stà-re] ***v.tr.*** dégoûter (*anche fig.*), écœurer ♦ **disgustarsi** ***v.pron.intr.*** se dégoûter.

disgustato [di-ʃgu-stà-to] ***agg.*** dégoûté.

disgusto [di-ʃgù-sto] ***n.m.*** dégoût (*anche fig.*): *provare disgusto*, éprouver du dégoût; *dare, provocare disgusto*, provoquer le dégoût; *mi è venuto il disgusto del vino*, je me suis dégoûté du vin.

disgustosamente [di-ʃgu-sto-sa-mén-te] ***avv.*** de manière dégoûtante.

disgustoso [di-ʃgu-stó-so] ***agg.*** **1** écœurant: *un caffè disgustoso*, un café infect **2** (*fig.*) dégoûtant.

disidratante [di-ʃi-dra-tàn-te] ***agg.*** e ***n.m.*** déshydratant.

disidratare [di-ʃi-dra-tà-re] ***v.tr.*** déshydrater ♦ **disidratarsi** ***v.pron.intr.*** se déshydrater.

disidratazione [di-ʃi-dra-ta-zió-ne] ***n.f.*** déshydratation.

disilludere [di-ʃil-lù-de-re] ***v.tr.*** [coniug. come *chiudere*] faire* perdre ses illusions (**à**); (*deludere*) décevoir*: *disilludere le aspettative di qlcu*, ne pas répondre à l'attente de qqn ♦ **disilludersi** ***v.pron.*** se détromper.

disillusione [di-ʃil-lu-ʃió-ne] ***n.f.*** désillusion; (*delusione*) déception.

disilluso [di-ʃil-lù-ʃo] ***agg.*** désillusionné, désabusé; (*deluso*) déçu: *disilluso della vita*, déçu par la vie.

disimballare [di-ʃim-bal-là-re] ***v.tr.*** déballer.

disimparare [di-ʃim-pa-rà-re] ***v.tr.*** **1** désapprendre*: *ho disimparato ad andare in bicicletta*, je ne sais plus faire du vélo **2** (*disabituarsi a*) perdre* l'habitude (**de**).

disimpegnare [di-ʃim-pe-gnà-re] ***v.tr.*** **1** dégager* (*anche fig.*): *disimpegnare qlcu da un obbligo*, dégager qqn d'une promesse; *il corridoio disimpegna tutte le stanze*, le couloir dessert toutes les pièces | (*sport*) *disimpegnare la palla*, dégager la balle **2** (*adempiere*) s'acquitter (**de**): *disimpegnare un incarico*, s'acquitter d'une tâche ♦ **disimpegnarsi** ***v.pron.intr.*** **1** (*liberarsi*) se dégager* (**de**): *appena riesco a disimpegnarmi vengo da te*, dès que je peux me libérer, je viens chez toi **2** (*recedere da impegno politico ecc.*) se désengager* **3** (*cavarsela*) se tirer d'affaire, s'en sortir*.

disimpegno [di-ʃim-pé-gno] ***n.m.*** **1** dégagement **2** (*abbandono dell'impegno politico*) désengagement; (*mancanza di impegno politico*) absence (*f.*) d'engagement: *il presidente segue una politica di disimpegno in Europa*, le président poursuit une politique de désengagement en Europe; *il disimpegno degli intellettuali*, l'absence d'engagement des intellectuels **3** (*adempimento*) accomplissement: *mostra una grande abilità nel disimpegno delle sue funzioni*, il montre une grande habilité dans l'accomplissement de ses fonctions **4** (*locale*) dégagement; (*ripostiglio*) débarras.

D

disincagliare [di-ʃin-ca-glià-re] ***v.tr.*** **1** (*mar.*) déséchouer; (*dalla sabbia*) désensabler **2** (*estens.*) (*sbloccare*) débloquer.

disincaglio [di-ʃin-cà-glio] ***n.m.*** [pl. *-gli*] (*mar.*) déséchouage.

disincantato [di-ʃin-can-tà-to] ***agg.*** désenchanté, désabusé.

disincentivare [di-ʃin-cen-ti-và-re] ***v.tr.*** décourager*.

disincentivo [di-ʃin-cen-tì-vo] ***n.m.*** mesure (*f.*) de dissuasion; (*freno*) frein.

disincrostante [di-ʃin-cro-stàn-te] ***agg.*** e ***n.m.*** désincrustant.

disindustrializzare [di-ʃin-du-stria-liʒ-ʒà-re] ***v.tr.*** désindustrialiser.

disinfestare [di-ʃin-fe-stà-re] ***v.tr.*** (*da insetti*) désinsectiser; (*da parassiti*) détruire* les parasites (**de**); (*derattizzare*) dératiser; (*dalle erbacce*) désherber.

disinfestazione [di-ʃin-fe-sta-zió-ne] ***n.f.*** (*da insetti*) désinsectisation; (*da parassiti*) élimination des parasites; (*derattizzazione*) dératisation; (*da erbacce*) désherbage (*m.*).

disinfettante [di-ʃin-fet-tàn-te] ***agg.*** e ***n.m.*** désinfectant.

disinfettare [di-ʃin-fet-tà-re] ***v.tr.*** désinfecter.

disinfezione [di-ʃin-fe-zió-ne] ***n.f.*** désinfection.

disinformare [di-ʃin-for-mà-re] ***v.tr.*** désinformer.

disinformato [di-ʃin-for-mà-to] ***agg.*** désinformé; (*male informato*) mal informé.

disinformazione [di-ʃin-for-ma-zió-ne] ***n.f.*** non-information; (*carenza di informazione*) manque (*m.*) d'information.

disingannare [di-ʃin-gan-nà-re] ***v.tr.*** détromper.

disinganno [di-ʃin-gàn-no] ***n.m.*** déception (*f.*), désillusion (*f.*).

disingranare [di-ʃin-gra-nà-re] ***v.tr.*** désengrener*.

disinibire [di-ʃi-ni-bì-re] ***v.tr.*** [coniug. come *finire*] (*psic.*) désinhiber.

disinibito [di-ʃi-ni-bì-to] ***agg.*** **1** (*psic.*) désinhibé **2** (*estens.*) décomplexé; (*disinvolto*) décontracté; (*di linguaggio, atteggiamento*) désinvolte.

disinnescare [di-ʃin-ne-scà-re] ***v.tr.*** [coniug. come *mancare*] désamorcer* (*anche fig.*).

disinnesco [di-ʃin-né-sco] ***n.m.*** [pl. *-schi*] désamorçage.

disinnestare [di-ʃin-ne-stà-re] ***v.tr.*** **1** déconnecter **2** (*elettr.*) débrancher **3** (*aut.*) (*la frizione*) débrayer*; (*la marcia*) mettre* au point mort.

disinnesto [di-ʃin-nè-sto] ***n.m.*** **1** déconnexion (*f.*) **2** (*elettr.*) débranchement **3** (*aut.*) débrayage.

disinquinamento [di-sin-qui-na-mén-to] ***n.m.*** dépollution (*f.*).

D

disinquinare [di-ʃin-qui-nà-re] ***v.tr.*** dépolluer; (*dalla nafta*) démazouter.

disinserire [di-ʃin-se-rì-re] ***v.tr.*** [coniug. come *finire*] **1** déconnecter **2** (*elettr.*) débrancher **3** (*inform.*) relâcher.

● (*aut.*) ***disinserire il motore***, débrayer.

disinstallàre [di-ʃin-stal-là-re] ***v.tr.*** désinstaller.

disinstallazione [di-ʃin-stal-la-zió-ne] ***n.f.*** désinstallation.

disintegrare [di-ʃin-te-grà-re] ***v.tr.*** désintégrer* ♦ **disintegrarsi** ***v.pron.intr.*** se désintégrer*.

disintegrazione [di-ʃin-te-gra-zió-ne] ***n.f.*** désintégration.

disinteressarsi [di-ʃin-te-res-sàr-si] ***v.pron.intr.*** se désintéresser.

disinteressatamente [di-sin-te-res-sa-ta-mén-te] ***avv.*** d'une façon désintéressée.

disinteressato [di-ʃin-te-res-sà-to] ***agg.*** désintéressé.

disinteresse [di-ʃin-te-rès-se] ***n.m.*** **1** (*altruismo*) désintéressement **2** (*scarso interesse*) manque d'intérêt.

disintossicante [di-ʃin-tos-si-càn-te] ***agg.*** (*med.*) désintoxiquant: *cura disintossicante*, cure de désintoxication ♦ ***n.m.*** (*med.*) remède désintoxiquant.

disintossicare [di-ʃin-tos-si-cà-re] ***v.tr.*** [coniug. come *mancare*] désintoxiquer ♦ **disintossicarsi** ***v.pron.*** se désintoxiquer.

disintossicazione [di-sin-tos-si-ca-zió-ne] ***n.f.*** désintoxication.

disinvolto [di-ʃin-vòl-to] ***agg.*** **1** (*di persona*) plein d'aisance, désinvolte; (*di modi*) dégagé **2** (*sfrontato*) sans gêne **3** (*spregiudicato*) dénué de scrupules, de préjugés.

disinvoltura [di-ʃin-vol-tù-ra] ***n.f.*** désinvolture, aisance: *comportarsi con grande disinvoltura*, se conduire avec beaucoup d'aisance | *mentire con molta disinvoltura*, mentir avec une facilité incroyable.

disistima [di-ʃi-sti-ma] ***n.f.*** discrédit (*m.*): *provare disistima per qlcu*, ne pas avoir d'estime pour qqn.

disistimare [di-ʃi-sti-mà-re] ***v.tr.*** ne pas estimer.

dislessia [di-ʃles-sì-a] ***n.f.*** (*med., psic.*) dyslexie.

dislivello [di-ʃli-vèl-lo] ***n.m.*** **1** dénivellation (*f.*); (*tra due punti*) dénivelée (*f.*) **2** (*fig.*) dénivellation (*f.*); (*differenza*) différence (*f.*).

dislocamento [di-ʃlo-ca-mén-to] ***n.m.*** **1** déplacement **2** (*sistemazione*) mise (*f.*) en place **3** (*distribuzione*) répartition (*f.*), distribution (*f.*).

dislocare [di-ʃlo-cà-re] ***v.tr.*** [coniug. come *mancare*] **1** déplacer* **2** (*collocare*) disposer **3** (*distribuire*) répartir.

dislocazione [di-ʃlo-ca-zió-ne] ***n.f.*** **1** déplacement (*m.*) **2** (*disposizione*) disposition **3** (*ubicazione*) emplacement (*m.*) **4** (*scient.*) dislocation.

dismesso [di-ʃmés-so] ***agg.*** abandonné; qui n'est plus utilisé: *abito dismesso*, robe qu'on ne porte plus.

● ***aree dismesse***, terrains vagues, friches industrielles | ***fabbrica dismessa***, usine désaffectée.

dismisura [di-ʃmi-sù-ra] ***n.f.*** démesure.

● ***a dismisura***, démesurément.

disobbedire e *deriv.* → **disubbidire** e *deriv.*

disobbligarsi [di-ʃob-bli-gàr-si] ***v.pron.*** [coniug. come *legare*] s'acquitter (**de**): *disobbligarsi con qlcu per, di qlco*, s'acquitter envers qqn de qqch; *come posso disobbligarmi?*, comment puis-je m'acquitter de ma dette envers vous?

disoccupato [di-ʃoc-cu-pà-to] ***agg.*** **1** sans travail, chômeur*: *essere disoccupato*, être au chômage **2** (*estens.*) (*inattivo*) inoccupé: *sono disoccupato*, je n'ai rien à faire; *se sei disoccupato*, si tu n'as rien à faire ♦ ***n.m.*** [f. *-a*] chômeur*, demandeur* d'emploi.

disoccupazione [di-ʃoc-cu-pa-zió-ne] ***n.f.*** chômage (*m.*).

disomogeneità [di-ʃo-mo-ge-nei-tà] ***n.f.invar.*** hétérogénéité.

disomogeneo [di-ʃo-mo-gè-ne-o] ***agg.*** hétérogène.

disonestà [di-ʃo-ne-stà] ***n.f.invar.*** malhonnêteté: *è una vera disonestà approfittare della sua ingenuità*, il est tout à fait malhonnête de profiter de son ingénuité.

disonesto [di-ʃo-nè-sto] ***agg.*** e ***n.m.*** [f. *-a*] malhonnête.

disonorare [di-ʃo-no-rà-re] ***v.tr.*** déshonorer.

disonorato [di-ʃo-no-rà-to] ***agg.*** déshonoré.

disonore [di-ʃo-nó-re] ***n.m.*** **1** déshonneur **2** (*vergogna*) *honte (*f.*).

disonorevole [di-ʃo-no-ré-vo-le] ***agg.*** déshonorant.

disopra [di-só-pra] **di sopra** ***avv.*** (*al piano superiore*) en haut: *le camere da letto sono disopra*, les chambres à coucher sont en haut | *salire disopra*, monter ♦ ***agg.invar.*** au-dessus: *abita al piano disopra*, il habite à l'étage au-dessus ♦ ***n.m.invar.*** (*la parte superiore*) dessus: *il disopra del tavolo, dell'armadio*, le dessus de la table, de l'armoire.

● ***al disopra di***, (*anche fig.*) au-dessus de: *l'aereo volava al disopra delle nubi*, l'avion volait au-dessus des nuages; *vivere al disopra dei propri mezzi*, vivre au-dessus de ses moyens.

disordinare [di-ʃor-di-nà-re] ***v.tr.*** mettre* en désordre.

disordinatamente [di-sor-di-na-ta-mén-te] ***avv.*** de manière confuse; (*in disordine*) en désordre.

disordinato [di-ʃor-di-nà-to] ***agg.*** **1** désordonné, confus: *casa disordinata*, maison désordonnée; *resoconto disordinato dei fatti*, compte rendu confus des événements; *ha delle idee disordinate*, il a les idées confuses **2** (*sregolato*) désordonné, déréglé: *è disordinato nel mangiare*, il mange n'importe comment.

disordine [di-ʃór-di-ne] ***n.m.*** **1** désordre **2** (*sregolatezza*) excès: *disordine nel mangiare*, excès de table **3** (*spec. pl.*) (*tumulti*) désordres (*pl.*).

● ***in disordine***, en désordre: *la sua casa è sempre in disordine*, sa maison est toujours en désordre; *non posso presentarmi così in disordine!*, je ne peux pas me montrer dans cet état!; *avere il cuore in disordine*, avoir le cœur fatigué; *avere lo stomaco in disordine*, avoir l'estomac dérangé.

disorganicità [di-ʃor-ga-ni-ci-tà] ***n.f.invar.*** manque (*m.*) de cohérence, manque (*m.*) d'ordre.

disorganico [di-ʃor-gà-ni-co] ***agg.*** [pl.m. *-ci*, f. *-che*] incohérent: *lavoro disorganico*, travail mal organisé.

disorganizzare [di-ʃor-ga-niʒ-ʒà-re] ***v.tr.*** désorganiser.

disorganizzato [di-ʃor-ga-niʒ-ʒà-to] ***agg.*** mal organisé.

disorganizzazione [di-ʃor-ga-niʒ-ʒa-zió-ne] ***n.f.*** désorganisation.

disorientamento [di-ʃo-rien-ta-mén-to] ***n.m.*** désorientation (*f.*) | *attimo di disorientamento*, instant de trouble.

disorientare [di-ʃo-rien-tà-re] ***v.tr.*** désorienter (*anche* *fig.*); (*sconcertare*) déconcerter: *le decisioni del partito hanno disorientato i militanti*, les décisions du parti ont désorienté les militants; *tutte queste novità mi disorientano*, toutes ces nouveautés me déconcertent ♦ **disorientarsi** *v.pron.intr.* s'égarer, se perdre*; (*fig.*) perdre* le nord.

disorientato [di-ʃo-rien-tà-to] *agg.* désorienté (*anche fig.*): *mi sento disorientato in mezzo a tutta questa gente*, je me sens désorienté (*o* perdu) dans cette foule de gens; *si guardava attorno disorientato*, il regardait autour de lui, l'air perdu.

disossare [di-ʃos-sà-re] *v.tr.* désosser.

disossidante [di-ʃos-si-dàn-te] *agg.* e *n.m.* (*chim.*) désoxydant.

disotto [di-sót-to] **di sotto** *avv.* en bas: *ti aspetto disotto*, je t'attends en bas | *andare, scendere disotto*, descendre ♦ *agg.invar.* du dessous: *ci siamo trasferiti al piano disotto*, nous avons déménagé à l'étage du dessous ♦ *n.m.invar.* (*la parte inferiore*) dessous: *il disotto di un piatto*, le dessous d'une assiette.

● **(*al*) *disotto di***, (*anche fig.*) au-dessous de: *una gonna al disotto del ginocchio*, une jupe au-dessous du genou; *rendere al disotto delle proprie capacità*, avoir un rendement inférieur à ses capacités.

dispaccio [di-spàc-cio] *n.m.* [pl. *-ci*] dépêche (*f.*).

disparato [di-spa-rà-to] *agg.* disparate.

dispari [dì-spa-ri] *agg.invar.* impair.

● ***fare a pari e dispari***, faire à pile ou face.

disparità [di-spa-ri-tà] *n.f.invar.* disparité; (*differenza*) différence.

disparte, in [in di-spàr-te] *avv.* à l'écart; (*da parte*) de côté: *mettere in disparte*, (*scartare*) mettre à l'écart; *lasciare in disparte*, (*serbare*) laisser de côté | *prendere in disparte*, prendre à part.

dispendio [di-spèn-dio] *n.m.* [pl. *-dî*] dépense (*f.*); (*spreco*) gaspillage.

dispendioso [di-spen-dió-so] *agg.* dispendieux*.

dispensa [di-spèn-sa] *n.f.* **1** (*per i cibi*) (*locale*) office (*m.*); (*mobile*) buffet (*m.*) **2** (*fascicolo*) fascicule (*m.*), livraison **3** (*esenzione*) dispense; exemption: *dispensa dal servizio militare*, dispense du service militaire; *dispensa dalle tasse universitarie*, exemption des taxes universitaires; *chiedere la dispensa da qlco*, demander à être dispensé de qqch.

● ***dispensa matrimoniale***, dispense de mariage | ***dispensa universitaria***, (cours) polycopié; (*fam.*) poly | ***a dispense***, par fascicules, par livraisons: *enciclopedia a dispense*, encyclopédie par fascicules; *pubblicare a dispense*, publier par livraisons.

dispensare [di-spen-sà-re] *v.tr.* **1** (*distribuire*) distribuer **2** (*esonerare*) dispenser (**de**), exonérer* (**de**): *dispensatemi dall'accompagnarvi*, dispensez-moi de vous accompagner; *dispensare dalle tasse*, exonérer des impôts.

dispensario [di-spen-sà-rio] *n.m.* [pl. *-ri*] dispensaire.

dispensatore [di-spen-sa-tó-re] *n.m.* [f. *-trice*] dispensateur*.

dispenser [di-spèn-ser] *n.m.invar.* (*espositore*) présentoir; (*confezione con dosatore*) doseur.

dispepsia [di-spep-sì-a] *n.f.* (*med.*) dyspepsie.

dispeptico [di-spèp-ti-co] *agg.* e *n.m.* [f. *-a*; pl.m. *-ci*, f. *-che*] (*med.*) dyspepsique, dyspeptique.

disperare [di-spe-rà-re] *v.intr.* [aus. *avere*] désespérer*: *non dispero che riesca*, je ne désespère pas qu'il (ne) réussisse ♦ **disperarsi** *v.pron.intr.* se désespérer*: *disperarsi per un insuccesso*, être au désespoir à cause d'un échec.

● ***far disperare***, faire perdre patience: *non farmi disperare!*, ne me fais pas perdre patience!; *mi fanno disperare*, ils me font damner; *questo mal di testa mi fa disperare*, ce mal de tête est épouvantable.

disperatamente [di-spe-ra-ta-mén-te] *avv.* **1** désespérément **2** (*con grande impegno*) sans désemparer.

disperato [di-spe-rà-to] *agg.* désespéré: *è disperato*, il est au désespoir ♦ *n.m.* [f. *-a*] **1** désespéré **2** (*fam.*) (*spiantato*) pauvre diable.

● ***alla disperata***, (*in fretta*) à toute vitesse; (*in qualche modo*) n'importe comment; (*alla peggio*) au pire | ***correre come un disperato***, courir comme un dératé | ***in caso disperato***, en cas d'impossibilité totale | ***lavorare come un disperato***, travailler comme un fou | ***urlare come un disperato***, hurler comme un sourd.

disperazione [di-spe-ra-zió-ne] *n.f.* désespoir (*m.*): *strapparsi i capelli dalla disperazione*, s'arracher les cheveux de désespoir; *essere la disperazione di qlcu*, faire le désespoir de qqn; *è una disperazione*, c'est désespérant; *queste zanzare sono una disperazione*, ces moustiques sont un vrai cauchemar.

● ***per disperazione***, par désespoir: *si è dato all'alcol per disperazione*, il s'est adonné à la boisson par désespoir; *ha accettato quel lavoro per disperazione*, en désespoir de cause, il a accepté ce travail; *ci siamo rassegnati per disperazione*, de guerre lasse, nous nous sommes résignés.

disperdere [di-spèr-de-re] *v.tr.* [coniug. come *perdere*; p.p. *disperso*] **1** disperser: *la memoria di ciò è andata dispersa*, on a perdu le souvenir de cela **2** (*dissipare*) dissiper ♦ **disperdersi** *v.pron.* e *pron.intr.* **1** se disperser (*anche fig.*): *con la finestra aperta il calore si disperde*, si la fenêtre est ouverte il y a déperdition de chaleur; *disperdersi in particolari*, se perdre dans les détails **2** (*dissiparsi*) se dissiper: *la nebbia si disperderà a mezzogiorno*, le brouillard se dissipera à midi.

dispersione [di-sper-sió-ne] *n.f.* dispersion; (*diminuzione, perdita*) déperdition: *dispersione di risorse, di energie*, dispersion (*o* déperdition) de ressources, d'énergies; *la dispersione del popolo ebraico*, la dispersion des Juifs (*o* la diaspora) | *la dispersione dei voti*, l'éparpillement des voix.

dispersivo [di-sper-sì-vo] *agg.* **1** dispersé: *ha un'attività dispersiva*, son activité est dispersée; *è un ambiente dispersivo*, c'est une atmosphère qui disperse l'attention; *in modo dispersivo*, de façon désordonnée **2** (*fis.*) dispersif*.

disperso [di-spèr-so] *agg.* **1** égaré: *documenti dispersi*, documents égarés | *soldato disperso*, soldat disparu **2** (*sparso*) éparpillé ♦ *n.m.* [f. *-a*] disparu: *i dispersi in Russia*, les (soldats) portés disparus en Russie.

● ***dare per disperso***, porter disparu.

dispetto [di-spèt-to] *n.m.* **1** (petite) méchanceté (*f.*): *fare un dispetto*, faire une méchanceté **2** (*stizza*) dépit.

● ***a dispetto di***, en dépit de | ***con mio grande dispetto***, à mon grand dépit | ***fare i dispetti a qlcu***, taquiner qqn | ***per dispetto***, exprès: *l'ha fatto per dispetto*, il l'a fait exprès | ***per farmi dispetto***, pour m'embêter.

dispettoso [di-spet-tó-so] *agg.* **1** taquin: *bambino dispettoso*, enfant taquin | *che tempo dispettoso!*, quel temps agaçant! **2** (*fatto, detto per dispetto*) agaçant, qui contrarie.

dispiacere[1] [di-spia-cé-re] *v.intr.* [coniug. come *piacere*; aus. *essere*] **1** (*essere spiacente*) regretter: *mi dispiace*

di dover partire così presto, je regrette d'être obligé de partir si tôt | *non mi dispiacerebbe andarci*, j'aimerais bien y aller **2** (*in espressioni di cortesia*) ennuyer*: *ti dispiacerebbe accompagnarmi?*, cela ne t'ennuierait pas de m'accompagner?; *ti dispiace se fumo?*, ça ne t'ennuie pas si je fume?; *le dispiacerebbe aprire un po' la finestra?*, voudriez-vous ouvrir un peu la fenêtre? **3** (*provar pena, dolore*) avoir* de la peine; (*dar pena, dolore*) faire* de la peine: *il suo comportamento è dispiaciuto a suo padre*, sa façon d'agir a fait de la peine à son père **4** (*non piacere, essere sgradito*) déplaire*: *è dispiaciuto a tutti*, cela a déplu à tout le monde ♦ **dispiacersi** *v.pron.intr.* regretter.
● ***mi dispiace***, je suis désolé | ***mi dispiace!***, je regrette! | ***se non vi dispiace***, s'il vous plaît: *alzatevi, se non vi dispiace*, levez-vous, s'il vous plaît.

NOTA ***Dispiacere***, usato alla forma impersonale e seguito da un infinito, si traduce ***être regrettable de***, ***être dommage de*** seguito da infinito:
Dispiace non poterlo aiutare.
Il est regrettable de ne pas pouvoir l'aider.
Dispiaceva non godere della sua bella casa.
Il était dommage de ne pas profiter de sa belle maison.

dispiacere[2] *n.m.* **1** chagrin; (*pena*) peine (*f.*): *è stato un grosso dispiacere per lui*, ça a été un grand chagrin pour lui; *ha avuto molti dispiaceri nella vita*, elle a eu beaucoup de malheurs dans sa vie; *fare dispiacere*, faire de la peine; *ho il dispiacere di comunicarvi la triste notizia*, j'ai le regret de vous faire part de la triste nouvelle; *non posso nascondere il mio dispiacere per il tuo comportamento*, je ne peux cacher la peine que ta conduite me cause **2** (*rincrescimento*) regret | *con mio gran dispiacere*, à mon grand regret.

dispiaciuto [di-spia-ciù-to] *agg.* **1** (*spiacente*) désolé, navré **2** (*contrariato*) contrarié.

dispiegare [di-spie-gà-re] *v.tr.* [coniug. come *legare*] déployer*.

display [dis'plei] *n.m.invar.* **1** (*comm.*) présentoir **2** (*inform.*) affichage; (*schermo*) écran.

displuvio [di-splù-vio] *n.m.* [pl. *-vi*] ligne (*f.*) de faîte.
● (*geogr.*) (***linea di***) ***displuvio***, ligne (*f.*) de partage des eaux.

dispnea [di-spnè-a] *n.f.* (*med.*) dyspnée.

disponibile [di-spo-nì-bi-le] *agg.* disponible: *la merce disponibile è tutta qui*, toute la marchandise disponible est ici | *è una persona disponibile*, c'est une personne disponible.
● ***disponibile a***, disposé à (*o* prêt à): *il padronato si è dichiarato disponibile alle trattative*, le patronat s'est déclaré disposé à entamer des pourparlers; *i suoi genitori sono molto disponibili al dialogo*, ses parents sont très ouverts (*o* sont toujours disposés) au dialogue | ***una ragazza disponibile***, une fille ouverte (*o* généreuse); (*poco seria*) une fille facile.

disponibilità [di-spo-ni-bi-li-tà] *n.f.invar.* disponibilité: *hanno dichiarato la loro disponibilità a qualunque soluzione*, ils ont déclaré qu'ils sont disponibles pour n'importe quelle solution | *è sempre stata una persona di grande disponibilità*, elle a toujours été d'une grande disponibilité d'esprit | *non ha grandi disponibilità* (*finanziarie*), il n'a pas de grandes disponibilités financières.
● (*comm.*) ***disponibilità di cassa***, disponibilité de caisse (*o* valeurs disponibles) | ***disponibilità di manodopera***, disponibilité de main-d'œuvre | (*mil., amm.*) ***in disponibilità***, en disponibilité: *essere, tenere, mettere in disponibilità*, être, maintenir, mettre en disponibilité; *funzionario in disponibilità*, fonctionnaire en disponibilité (*o* à disposition).

disporre [di-spór-re] *v.tr.* [coniug. come *porre*] **1** disposer: *disporre i fiori in un vaso, i libri sullo scaffale*, disposer les fleurs dans un pot, les livres sur l'étagère | *disporre i posti a tavola*, placer les invités à table **2** (*preparare, preordinare*) préparer: *abbiamo disposto ogni cosa per il viaggio*, nous avons tout préparé pour le départ; *ha disposto le cose in modo da essere libero la sera*, il a tout arrangé de façon à être libre le soir | *disporre la cena*, préparer le dîner **3** (*rendere favorevole, disposto*) disposer: *disporre qlcu all'indulgenza*, disposer qqn à l'indulgence **4** (*ordinare, stabilire*) décider, disposer: *il governo ha disposto l'aumento del prezzo della benzina*, le gouvernement a décidé la hausse du prix de l'essence; *la legge dispone il sequestro dei beni*, la loi prévoit la saisie des biens | (*prov.*) *l'uomo propone e Dio dispone*, l'homme propose et Dieu dispose ♦ *v.intr.* [aus. *avere*] disposer: *dispone di molto denaro*, il dispose de beaucoup d'argent ♦ **disporsi** *v.pron.* se disposer, se préparer; (*collocarsi*) se mettre*: *disporsi su file parallele*, se mettre en rangs parallèles.

dispositivo [di-spo-ʃi-tì-vo] *n.m.* **1** dispositif, mécanisme **2** (*dir.*) dispositif.
● (***dispositivo d'***) ***allarme***, dispositif d'alarme | (*inform.*) ***dispositivo di intercettazione***, porte, filtre.

disposizione [di-spo-ʃi-zió-ne] *n.f.* **1** disposition: *la disposizione di questi vani non è razionale*, la disposition de ces pièces n'est pas rationnelle; *la padrona di casa si occupa della disposizione dei posti a tavola*, c'est la maîtresse de maison qui s'occupe de placer les invités à table **2** (*pl.*) (*provvedimenti*) dispositions; (*istruzioni, ordini*) instructions: *prendere disposizioni*, prendre des dispositions; *impartire, dare disposizioni*, donner des instructions **3** (*dir.*) disposition: *disposizione fra vivi*, disposition entre vifs **4** (*fig.*) (*inclinazione*) disposition: *avere disposizione per la musica*, avoir des dispositions pour la musique; *era in una disposizione d'animo poco favorevole*, il était dans des dispositions peu favorables.
● ***a disposizione***, à disposition; (*amm., mil.*) en disponibilité: *avere un capitale a disposizione*, avoir un capital à sa disposition (*o* disponible) | ***a disposizione di***, à la disposition de: *mettere qlco a disposizione di qlcu*, mettre qqch à la disposition de qqn; *la mia casa è a vostra disposizione*, ma maison est à votre disposition | ***per disposizione di legge***, aux termes de la loi.

disposto [di-spó-sto] *agg.* **1** disposé; (*sistemato*) arrangé: *stanze ben disposte*, des pièces bien disposées; *tendaggi disposti con eleganza*, des tentures arrangées avec élégance **2** (*fig.*) (*incline, propenso*) disposé: *essere ben, mal disposto verso qlcu*, être bien, mal disposé envers (*o* à l'égard de) qqn; *è disposto a tutto pur di riuscire*, il est disposé à tout pour réussir **3** (*stabilito*) établi, prévu: *secondo quanto disposto dalla legge*, aux termes de la loi ♦ *n.m.* (*dir.*) disposition (*f.*): *secondo il disposto dell'articolo 3*, d'après la disposition de l'article 3.
● ***ben disposto***, (*di costituzione fisica*) bien bâti.

dispotico [di-spò-ti-co] *agg.* [pl.m. *-ci*, f. *-che*] despotique.

dispotismo [di-spo-tì-ʃmo] *n.m.* despotisme.

dispregiativo [di-spre-gia-tì-vo] *agg.* **1** méprisant **2** (*gramm.*) péjoratif*.

dispregio [di-sprè-gio] *n.m.* [pl. *-gi*] mépris: *tenere in dispregio*, mépriser; *cadere in dispregio*, perdre l'estime.
● ***in dispregio di***, au mépris de.

disprezzabile [di-sprez-zà-bi-le] *agg.* méprisable.

disprezzare [di-sprez-zà-re] *v.tr.* mépriser; (*disdegnare*) dédaigner ♦ **disprezzarsi** *v.pron.* se mépriser.

disprezzo [di-sprèz-zo] *n.m.* mépris: *nutrire disprezzo per qlcu*, avoir du mépris pour qqn.

disputa [dì-spu-ta] *n.f.* 1 (*discussione*) discussion 2 (*alterco*) dispute.

disputare [di-spu-tà-re] *v.tr.* 1 (*sport*) disputer: *la partita sarà disputata a Pavia*, le match sera disputé à Pavie; *è stata una gara molto disputata*, la compétition a été acharnée 2 (*contendere*) discuter ♦ *v.intr.* [aus. *avere*] 1 (*discutere*) discuter 2 (*gareggiare*) lutter ♦ **disputarsi** *v.pron.rec.* se disputer.

disquisire [di-squi-ʃi-re] *v.intr.* [coniug. come *finire*; aus. *avere*] discourir*, disserter.

disquisizione [di-squi-ʃi-zió-ne] *n.f.* 1 débat (*m.*) 2 (*ricerca scritta*) dissertation; (*analisi*) analyse.

dissacrante [dis-sa-cràn-te] *agg.* désacralisant, démystifiant.

dissacrare [dis-sa-crà-re] *v.tr.* démystifier, désacraliser: *dissacrare un'autorità*, démystifier une autorité.

dissacratorio [dis-sa-cra-tò-rio] *agg.* [pl.m. *-ri*] désacralisant.

dissacrazione [dis-sa-cra-zió-ne] *n.f.* désacralisation.

dissalare [dis-sa-là-re] *v.tr.* dessaler.

dissalatore [dis-sa-la-tó-re] *n.m.* dessaleur.

dissaldare [dis-sal-dà-re] *v.tr.* dessouder, débraser.

dissanguamento [dis-san-gua-mén-to] *n.m.* 1 hémorragie (*f.*): *morire per dissanguamento*, mourir d'une hémorragie 2 (*fig.*) épuisement.

dissanguare [dis-san-guà-re] *v.tr.* 1 saigner, faire* perdre son sang (**à**): *dissanguare un animale*, saigner un animal 2 (*fig.*) saigner (à blanc), épuiser: *dissanguare le finanze dello stato*, épuiser les finances de l'Etat ♦ **dissanguarsi** *v.pron.* e *pron.intr.* perdre* tout son sang; (*morire dissanguato*) mourir* d'une hémorragie | *si è dissanguato per la famiglia*, (*fig.*) il s'est saigné aux quatre veines pour sa famille.

dissanguato [dis-san-guà-to] *agg.* (*fig.*) saigné (à blanc), épuisé.
● ***morire dissanguato***, mourir d'une hémorragie.

dissapore [dis-sa-pó-re] *n.m.* (léger) désaccord.

disseccare [dis-sec-cà-re] *v.tr.* [coniug. come *mancare*] dessécher* ♦ **disseccarsi** *v.pron.intr.* 1 se dessécher* 2 (*inaridirsi*) se tarir (*anche fig.*).

disselciare [dis-sel-cià-re] *v.tr.* [coniug. come *cominciare*] dépaver.

dissellare [dis-sel-là-re] *v.tr.* desseller.

disseminare [dis-se-mi-nà-re] *v.tr.* 1 disséminer 2 (*fig.*) semer*.

disseminazione [dis-se-mi-na-zió-ne] *n.f.* dissémination.

dissennato [dis-sen-nà-to] *agg.* e *n.m.* [f. *-a*] fou*.

dissenso [dis-sèn-so] *n.m.* 1 (*divergenza di opinioni*) dissentiment; (*disaccordo*) désaccord: *ha manifestato il proprio dissenso dalle tesi del relatore*, il a exprimé son dissentiment à l'égard des thèses du conférencier; *c'è dissenso in quella famiglia*, cette famille est toujours en désaccord 2 (*opposizione ideologica*) dissidence (*f.*): *gli esponenti più illustri del dissenso*, les représentants les plus célèbres de la dissidence 3 (*disapprovazione*) désapprobation (*f.*): *la repressione ha suscitato ovunque dissenso*, la répression a suscité de la désapprobation partout (*o* la désapprobation générale).

dissenteria [dis-sen-te-rì-a] *n.f.* (*med.*) dysenterie.

dissentire [dis-sen-tì-re] *v.intr.* [aus. *avere*] ne pas être* d'accord.

dissenziente [dis-sen-zièn-te] *agg.* e *n.m.* e *f.* dissident: *politica dissenziente*, politique dissidente.

disseppellire [dis-sep-pel-lì-re] *v.tr.* [coniug. come *finire*] déterrer; (*esumare*) exhumer (*anche fig.*).

dissequestrare [dis-se-que-strà-re] *v.tr.* (*dir.*) lever la saisie (**de**) | *il film è stato dissequestrato*, le film a été remis en circulation.

dissertare [dis-ser-tà-re] *v.intr.* [aus. *avere*] disserter.

dissertazione [dis-ser-ta-zió-ne] *n.f.* dissertation.

disservizio [dis-ser-vì-zio] *n.m.* [pl. *-zi*] mauvais fonctionnement.

dissestare [dis-se-stà-re] *v.tr.* 1 disloquer; (*il fondo stradale*) défoncer*: *l'esplosione ha dissestato le strutture dell'edificio*, l'explosion a disloqué les structures de l'édifice 2 (*fig.*) mettre* en crise, mettre* en difficulté: *la guerra ha dissestato le finanze dello stato*, la guerre a mis en grave difficulté les finances de l'Etat; *dissestare il bilancio familiare*, déséquilibrer le budget familial.

dissestato [dis-se-stà-to] *agg.* 1 disloqué; (*del fondo stradale*) défoncé 2 (*fig.*) en mauvais état; (*in difficoltà*) en difficulté.
● ***strada dissestata***, chaussée défoncée.

dissesto [dis-sè-sto] *n.m.* 1 (*degrado*) dégradation (*f.*) (*anche fig.*) 2 (*econ.*) krach, débâcle (*f.*) | *economia in dissesto*, économie en difficulté.

dissetante [dis-se-tàn-te] *agg.* désaltérant.

dissetare [dis-se-tà-re] *v.tr.* désaltérer* ♦ **dissetarsi** *v.pron.* se désaltérer*.

dissezione [dis-se-zió-ne] *n.f.* dissection.

dissi → **dire**[1].

dissidente [dis-si-dèn-te] *agg.* e *n.m.* e *f.* dissident.

dissidenza [dis-si-dèn-za] *n.f.* dissidence.

dissidio [dis-sì-dio] *n.m.* [pl. *-di*] dissension (*f.*), désaccord: *essere in dissidio con qlcu*, être en désaccord avec qqn.

dissimilare [dis-si-mi-là-re] *v.tr.* rendre* dissemblable.

dissimile [dis-sì-mi-le] *agg.* dissemblable; (*seguito da complemento*) différent (**de**).

dissimulare [dis-si-mu-là-re] *v.tr.* dissimuler.

dissimulatore [dis-si-mu-la-tó-re] *agg.* e *n.m.* [f. *-trice*] dissimulateur*.

dissimulazione [dis-si-mu-la-zió-ne] *n.f.* dissimulation.

dissipare [dis-si-pà-re] *v.tr.* dissiper (*anche fig.*) ♦ **dissiparsi** *v.pron.intr.* se dissiper.

dissipatezza [dis-si-pa-téz-za] *n.f.* → **dissipazione**.

dissipato [dis-si-pà-to] *agg.* dissolu.

dissipatore [dis-si-pa-tó-re] *n.m.* [f. *-trice*] dissipateur*.

dissipazione [dis-si-pa-zió-ne] *n.f.* 1 dissipation, gaspillage (*m.*): *la dissipazione del patrimonio familiare*, la dilapidation du patrimoine familial; *la dissipazione delle proprie energie*, le gaspillage de ses énergies 2 (*vita sregolata*) dissipation, débauche.

dissociabile [dis-so-cià-bi-le] *agg.* dissociable.

dissociare [dis-so-cià-re] *v.tr.* [coniug. come *cominciare*] dissocier ♦ **dissociarsi** *v.pron.* se dissocier, se désolidariser.

dissociativo [dis-so-cia-tì-vo] *agg.* dissociatif*; de dissociation.
dissociato [dis-so-cià-to] *agg.* **1** (*psic.*) atteint de dissociation (mentale) **2** (*che si dissocia*) qui s'est dissocié, désolidarisé ♦ *n.m.* [f. *-a*] **1** (*psic.*) personne (*f.*) atteinte de dissociation (mentale) **2** (*chi si è dissociato*) personne (*f.*) qui s'est désolidarisée.
● ***dieta dissociata***, régime dissocié.
D
dissociazione [dis-so-cia-zió-ne] *n.f.* dissociation.
dissodamento [dis-so-da-mén-to] *n.m.* défrichement.
dissodare [dis-so-dà-re] *v.tr.* défricher.
dissolto *p.p.* di **dissolvere**.
dissolubile [dis-so-lù-bi-le] *agg.* soluble.
dissolutezza [dis-so-lu-téz-za] *n.f.* dissolution: *vivere nella dissolutezza*, mener une vie dissolue.
dissoluto [dis-so-lù-to] *agg.* dissolu ♦ *n.m.* [f. *-a*] débauché.
dissoluzione [dis-so-lu-zió-ne] *n.f.* dissolution (*anche fig.*).
dissolvenza [dis-sol-vèn-za] *n.f.* (*cine.*) fondu (*m.*).
● ***dissolvenza in chiusura***, fermeture en fondu.
dissolvere [dis-sòl-ve-re] *v.tr.* [p.rem. *io dissolsi* o *dissolvei*, *tu dissolvesti* ecc.; p.p. *dissolto*] **1** dissoudre* **2** (*dissipare*) dissiper (*anche fig.*) ♦ **dissolversi** *v.pron.intr.* **1** se dissoudre* **2** (*dissiparsi*) se dissiper (*anche fig.*).
dissomiglianza [dis-so-mi-gliàn-za] *n.f.* dissemblance.
dissonante [dis-so-nàn-te] *agg.* **1** (*mus.*) dissonant **2** (*fig.*) discordant.
dissonanza [dis-so-nàn-za] *n.f.* **1** (*mus.*) dissonance **2** (*fig.*) discordance.
dissotterramento [dis-sot-ter-ra-mén-to] *n.m.* déterrement.
dissotterrare [dis-sot-ter-rà-re] *v.tr.* déterrer; (*esumare*) exhumer (*anche fig.*).
dissuadere [dis-sua-dé-re] *v.tr.* dissuader; (*distogliere*) détourner: *cerca di dissuaderlo da quel progetto*, essaie de le détourner de ce projet.
dissuasione [dis-sua-ʃió-ne] *n.f.* dissuasion.
dissuasivo [dis-sua-ʃì-vo] *agg.* dissuasif*.
dissuasore [dis-sua-só-re] *n.m.* **1** [f. *dissuaditrice*] (*non com.*) celui* qui dissuade **2** (*limitatore di velocità sulle strade*) casse-vitesse*, ralentisseur.
distaccamento [di-stac-ca-mén-to] *n.m.* détachement.
distaccare [di-stac-cà-re] *v.tr.* [coniug. come *mancare*] **1** détacher (*anche fig.*) **2** (*mil., amm.*) détacher **3** (*distanziare*) distancer* ♦ **distaccarsi** *v.pron.intr.* **1** se détacher (*anche fig.*) **2** (*fig.*) (*distinguersi*) se distinguer.
distaccato [di-stac-cà-to] *agg.* détaché (*anche fig.*).
distacco [di-stàc-co] *n.m.* [pl. *-chi*] **1** décollement **2** (*fig.*) (*separazione*) séparation (*f.*): *il distacco è stato doloroso*, la séparation a été cruelle **3** (*fig.*) (*il sentirsi distaccato*) détachement; (*atteggiamento distaccato*) air détaché: *il distacco dalle passioni terrene*, le détachement des passions de ce monde; *guardare, considerare con distacco*, regarder, considérer d'un air détaché **4** (*sport*) écart; (*vantaggio*) avance (*f.*): *un leggero distacco li separava*, un léger écart les séparait; *vinse con un distacco di tre punti*, il gagna avec une avance de trois points | *ha vinto per, con distacco*, il a gagné nettement détaché.
● (*med.*) ***distacco della retina***, décollement de la rétine.
distante [di-stàn-te] *agg.* **1** éloigné (*anche fig.*); (*lontano*) loin: *la spiaggia era molto distante dall'albergo*, la plage était très éloignée (*o* loin) de l'hôtel; *il suo modo di ragionare è molto distante dal mio*, sa façon de penser est fort éloignée de la mienne; *è molto distante il paese?*, est-ce que le village est très loin?; *il paese è distante 10 km*, le village est à 10 km; *quant'è distante il museo?*, quelle est la distance d'ici au musée? | *distante nel tempo*, reculé dans le temps; (*per il futuro*) lointain **2** (*fig.*) (*distaccato*) distant: *atteggiamento distante*, air distant ♦ *avv.* loin: *il cannocchiale permette di vedere molto distante*, la longue-vue permet de voir très loin.
distanza [di-stàn-za] *n.f.* **1** (*di spazio*) distance **2** (*di tempo*) intervalle (*m.*) **3** (*fig.*) (*differenza*) différence.
● ***a distanza***, à distance; (*da lontano*) de loin: *lo si vede a distanza*, on le voit de loin; *a poca distanza*, non loin de là | ***tenersi a debita, rispettosa distanza***, (*anche fig.*) se tenir à distance respectueuse | ***a distanza di***, à un intervalle de; (*spec. di tempo*) au bout de: *a distanza di 2 metri*, à un intervalle de 2 mètres; *a distanza di tre mesi*, au bout de trois mois; *a distanza di vent'anni*, (*riferito al passato*) vingt ans après | (*sport*) ***imporsi alla distanza***, s'imposer sur la distance | ***mantenere le distanze***, (*fig.*) garder ses distances.
distanziamento [di-stan-zia-mén-to] *n.m.* espacement.
distanziare [di-stan-zià-re] *v.tr.* **1** distancer* (*anche fig.*) **2** (*intervallare*) espacer*.
distare [di-stà-re] *v.intr.* être* loin; (*seguito da complemento*) être* à: *il paese dista 5 km*, le village est à 5 km | *quanto dista la stazione?*, à quelle distance est la gare?; *quanto dista Roma da Milano?*, Rome est à combien de kilomètres de Milan?
distendere [di-stèn-de-re] *v.tr.* [coniug. come *prendere*] **1** étendre*: *distendere le gambe*, étendre les jambes **2** (*spiegare*) déployer*: *distendere le ali*, déployer les ailes **3** (*fig.*) (*rilassare*) détendre*: *niente distende come una passeggiata in campagna*, rien ne détend mieux qu'une promenade à la campagne ♦ **distendersi** *v.pron.* e *pron.intr.* **1** s'étendre* **2** (*fig.*) (*rilassarsi*) se détendre*.
distensione [di-sten-sió-ne] *n.f.* détente (*anche fig.*).
distensivo [di-sten-sì-vo] *agg.* de détente: *un clima distensivo*, une atmosphère détendue.
distesa [di-sté-sa] *n.f.* étendue.
● ***a distesa***, (*di voce*) à gorge déployée; (*di campane*) à la volée: *cantare a distesa*, chanter à gorge déployée; *suonare a distesa*, sonner à la volée.
disteso [di-sté-so] *agg.* **1** étendu | *teneva le braccia distese lungo i fianchi*, il avait les bras le long du corps **2** (*spiegato*) déployé **3** (*fig.*) (*rilassato*) détendu.
● ***a voce distesa***, à gorge déployée: *cantare a voce distesa*, chanter à gorge déployée | ***lungo disteso***, de tout son long.
distico [dì-sti-co] *n.m.* [pl. *-ci*] (*metrica*) distique.
distillare [di-stil-là-re] *v.tr.* e *intr.* [aus. dell'intr. *essere*] distiller.
distillato [di-stil-là-to] *agg.* distillé ♦ *n.m.* distillat.
distillatore [di-stil-la-tó-re] *n.m.* distillateur.
distillazione [di-stil-la-zió-ne] *n.f.* distillation.
distilleria [di-stil-le-rì-a] *n.f.* distillerie.
distinguere [di-stìn-gue-re] *v.tr.* [p.rem. *io distinsi*; p.p. *distinto*] **1** distinguer (*anche fig.*): *distinguere il grano dall'orzo*, distinguer le blé de l'orge; *distinguere il vero dal falso*, distinguer le vrai du faux | *bisogna distinguere!*, il faut voir! **2** (*caratterizzare*) caractériser: *grandi pro-*

gressi tecnologici distinguono il XX secolo, de grands progrès technologiques caractérisent le XXe siècle **3** (*dividere, separare*) distinguer: *bisogna distinguere in tre periodi l'opera di questo scrittore*, il faut distinguer trois périodes dans l'œuvre de cet écrivain **4** (*contrassegnare*) marquer ♦ **distinguersi** *v.pron.intr.* se distinguer: *le due parole si distinguono dall'accento*, les deux mots se distinguent par (*o* diffèrent sur) l'accent; *distinguersi per il valore*, se distinguer par sa valeur.

distinsi → **distinguere**.

distinta [di-stìn-ta] *n.f.* (*lista*) liste; (*nota*) note; (*comm.*) bordereau* (*m.*).

distintamente [di-stin-ta-mén-te] *avv.* **1** distinctement **2** (*con distinzione*) avec distinction | (*comm.*) *distintamente vi salutiamo*, veuillez agréer nos salutations distinguées **3** (*separatamente*) distinctement, séparément.

distintivo [di-stin-tì-vo] *agg.* distinctif* ♦ *n.m.* insigne (*f.*).

distinto [di-stìn-to] *agg.* **1** distinct **2** (*signorile*) distingué | *i posti distinti*, (*a teatro*) le parterre | (*comm.*): *distinto signore*, Monsieur; *distinti saluti*, veuillez agréer nos salutations distinguées.

distinzione [di-stin-zió-ne] *n.f.* **1** distinction **2** (*raffinatezza*) style (*m.*) | *una gran distinzione di modi*, des manières très distinguées.

distogliere [di-stò-glie-re] *v.tr.* [coniug. come *cogliere*] **1** détourner **2** (*dissuadere*) dissuader ♦ **distogliersi** *v.pron.* e *pron.intr.* se détourner.

distonia [di-sto-nì-a] *n.f.* (*med.*) dystonie.

distorcere [di-stòr-ce-re] *v.tr.* [coniug. come *torcere*] **1** distordre* **2** (*fig.*) (*deformare*) déformer ♦ **distorcersi** *v.pron.* e *pron.intr.* se tordre*: *distorcersi una caviglia*, se tordre (*o* se fouler) une cheville.

distorsione [di-stor-sió-ne] *n.f.* **1** distorsion **2** (*med.*) entorse, foulure.

distorto [di-stòr-to] *agg.* **1** tordu (*anche fig.*) **2** (*med.*) foulé: *caviglia distorta*, cheville foulée **3** (*di suono, immagine*) déformé.

distrarre [di-stràr-re] *v.tr.* [coniug. come *trarre*] **1** (*far perdere l'attenzione*) distraire* **2** (*distogliere*) détourner **3** (*divertire*) distraire* ♦ **distrarsi** *v.pron.* se distraire*.

distrattamente [di-strat-ta-mén-te] *avv.* **1** distraitement **2** (*inavvertitamente*) par inadvertance.

distratto [di-stràt-to] *agg.* **1** distrait **2** (*sventato*) étourdi.

distrazione [di-stra-zió-ne] *n.f.* **1** (*mancanza di attenzione*) distraction **2** (*sventatezza*) étourderie **3** (*svago*) distraction.

● ***errore di distrazione***, faute d'étourderie | ***per distrazione***, par distraction.

distretto [di-strét-to] *n.m.* **1** arrondissement **2** (*dir.*) circonscription (*f.*).

● ***distretto doganale***, arrondissement douanier | (*mil.*) ***distretto militare***, circonscription militaire: *presentarsi al distretto*, se présenter au bureau de recrutement | ***distretto urbano***, district urbain.

distrettuale [di-stret-tu-à-le] *agg.* **1** de l'arrondissement **2** (*dir., mil.*) de la circonscription.

distribuire [di-stri-bu-ì-re] *v.tr.* [coniug. come *finire*] **1** distribuer: *distribuire la posta, i giornali*, distribuer le courrier, les journaux **2** (*disporre*) disposer; (*ripartire*) répartir: *distribuire sentinelle attorno alla caserma*, disposer des sentinelles autour de la caserne; *distribuire i soldati in tutta la città*, répartir les soldats dans toute la ville **3** (*stendere*) étendre*, étaler: *distribuire il colore*, étendre (*o* étaler) la couleur ♦ **distribuirsi** *v.pron.* se disposer.

distributivo [di-stri-bu-tì-vo] *agg.* distributif*, de distribution: *criterio distributivo*, critère de distribution.

distributore [di-stri-bu-tó-re] *n.m.* **1** [f. *-trice*] distributeur* **2** (*apparecchio*) (appareil) distributeur.

● ***distributore di benzina***, pompe à essence | (*tv*) ***distributore di programmi via cavo***, câblodistributeur.

D

distribuzione [di-stri-bu-zió-ne] *n.f.* **1** distribution **2** (*ripartizione*) partage (*m.*), répartition.

● (*econ.*) ***distribuzione degli utili***, répartition des bénéfices.

districare [di-stri-cà-re] *v.tr.* [coniug. come *mancare*] démêler, débrouiller (*anche fig.*) ♦ **districarsi** *v.pron.* se tirer d'affaire, se débrouiller.

distrofia [di-stro-fì-a] *n.f.* (*med.*) dystrophie.

distruggere [di-strùg-ge-re] *v.tr.* [p.rem. *io distrussi*; p.p. *distrutto*] détruire*; (*demolire*) démolir: *distruggerai l'automobile se la tratti così*, tu vas détruire ta voiture si tu la traites comme ça; *gli eccessi l'hanno distrutto, hanno distrutto la sua salute*, les excès l'ont démoli, lui ont démoli la santé; *queste insinuazioni calunniose l'hanno distrutto*, ces insinuations calomnieuses l'ont démoli.

● ***nulla si crea, nulla si distrugge***, rien ne se perd, rien ne se crée.

distrussi → **distruggere**.

distruttivo [di-strut-tì-vo] *agg.* destructif* (*anche fig.*).

● (*chim.*) ***distillazione distruttiva***, distillation sèche.

distrutto [di-strùt-to] *agg.* détruit (*anche fig.*); (*stanco*) épuisé.

distruttore [di-strut-tó-re] *agg.* e *n.m.* [f. *-trice*] destructeur*.

distruzione [di-stru-zió-ne] *n.f.* destruction.

disturbare [di-stur-bà-re] *v.tr.* **1** déranger* | *il caldo e il sole mi disturbano*, la chaleur et le soleil m'incommodent **2** (*ostacolare*) gêner **3** (*molestare, turbare*) troubler | (*rad.*) *disturbare una trasmissione radiofonica*, brouiller une émission de radio ♦ **disturbarsi** *v.pron.* se déranger*.

disturbato [di-stur-bà-to] *agg.* **1** (*fam.*) (*indisposto*) mal à l'aise | *sono disturbato di stomaco*, j'ai l'estomac barbouillé **2** (*rad.*) brouillé.

disturbatore [di-stur-ba-tó-re] *agg.* e *n.m.* [f. *-trice*] perturbateur*.

disturbo [di-stùr-bo] *n.m.* **1** dérangement: *arrecare disturbo*, déranger; *non vorrei esserti di disturbo*, je ne voudrais pas te déranger | *non si è neanche preso il disturbo di ringraziare*, il n'a même pas pris la peine de remercier **2** (*malessere*) trouble **3** (*rad., tel.*) dérangement.

● ***disturbi intestinali***, ennuis intestinaux | ***scusi il disturbo***, excusez-moi de vous déranger | ***togliamo il disturbo***, nous ne voulons pas vous déranger davantage.

disubbidiente [di-sub-bi-dièn-te] *agg.* désobéissant.

disubbidienza [di-sub-bi-dièn-za] *n.f.* désobéissance.

disubbidire [di-sub-bi-dì-re] *v.intr.* [coniug. come *finire*; aus. *avere*] désobéir.

disuguaglianza [di-ʃu-gua-gliàn-za] *n.f.* **1** inégalité (*anche fig.*) **2** (*differenza*) différence.

disuguale [di-ʃu-guà-le] *agg.* **1** inégal* (*anche fig.*) **2** (*differente*) différent.

disumanità [di-su-ma-ni-tà] *n.f.invar.* inhumanité.

D

disumanizzare [di-ʃu-ma-niʒ-ʒà-re] *v.tr.* déshumaniser ♦ **disumanizzarsi** *v.pron.intr.* se déshumaniser.

disumanizzazione [di-su-ma-niʒ-ʒa-zió-ne] *n.f.* déshumanisation.

disumano [di-ʃu-mà-no] *agg.* inhumain.

disunione [di-ʃu-nió-ne] *n.f.* désunion.

disunire [di-ʃu-nì-re] *v.tr.* [coniug. come *finire*] désunir (*anche fig.*).

disunito [di-ʃu-nì-to] *agg.* désuni.

disusato [di-ʃu-ʃà-to] *agg.* désuet*; (*inusitato*) inusité.

disuso [di-ʃù-ʃo] *n.m.* désuétude (*f.*).

ditale [di-tà-le] *n.m.* **1** dé à coudre **2** (*per proteggere un dito malato*) doigtier.

ditata [di-tà-ta] *n.f.* trace de doigts.

dite → **dire**[1].

diteggiatura [di-teg-gia-tù-ra] *n.f.* (*mus.*) doigté (*m.*).

ditirambo [di-ti-ràm-bo] *n.m.* (*lett.*) dithyrambe.

dito [dì-to] *n.m.* [pl.f. *dita*; pl.m. *diti* se seguito dal nome: *i diti mignoli*] **1** doigt; (*dei piedi*) orteil: *indicare, minacciare col dito*, indiquer, menacer du doigt **2** (*quantità*) doigt: *dammene un dito solo*, tu ne m'en donneras qu'une goutte.

● ***me la lego al dito***, je ne suis pas près de l'oublier | ***non ha la forza di alzare, muovere un dito***, il n'a plus la force de remuer le petit doigt | ***segnare a dito***, montrer du doigt | ***tra moglie e marito non mettere il dito***, entre l'arbre et l'écorce, il ne faut pas mettre le doigt.

FAUX AMI
Da non confondere con *dit*, che significa *detto*, participio passato del verbo *dire*.

ditone [di-tó-ne] *n.m.* (*fam.*) (*alluce*) gros orteil.

ditta [dìt-ta] *n.f.* **1** maison, firme | *devo passare in ditta*, il faut que je passe au bureau **2** (*teatr.*) compagnie.

● ***offre la ditta***, c'est la maison qui régale.

dittafono® [dit-tà-fo-no] *n.m.* dictaphone®.

dittatore [dit-ta-tó-re] *n.m.* [f. *-trice*] dictateur*.

dittatoriale [dit-ta-to-rià-le] *agg.* dictatorial*.

dittatura [dit-ta-tù-ra] *n.f.* dictature.

dittero [dìt-te-ro] *n.m.* (*zool.*) diptère.

dittico [dìt-ti-co] *n.m.* [pl. *-ci*] diptyque.

dittongo [dit-tòn-go] *n.m.* [pl. *-ghi*] diphtongue (*f.*).

diuretico [di-u-rè-ti-co] *n.m.* e *agg.* [pl.m. *-ci*, f. *-che*] diurétique.

diurno [di-ùr-no] *agg.* diurne, de jour; (*del giorno*) du jour: *lavoro diurno*, travail de jour; *le ore diurne*, les heures du jour.

● (***albergo***) ***diurno***, bains publics | (*astr.*) ***moto diurno***, mouvement diurne | (*teatr.*) ***rappresentazione*** (***in***) ***diurna***, matinée.

diuturno [diu-tùr-no] *agg.* continuel*.

diva [dì-va] *n.f.* (*cine.*) **1** star, vedette **2** (*letter.*) (*dea*) déesse.

divagare [di-va-gà-re] *v.intr.* [coniug. come *legare*; aus. *avere*] s'écarter (**de**): *non divaghiamo!*, ne nous écartons pas du sujet! ♦ *v.tr.* distraire* ♦ **divagarsi** *v.pron.* se distraire*.

divagazione [di-va-ga-zió-ne] *n.f.* digression.

divampare [di-vam-pà-re] *v.intr.* [aus. *essere*] flamber; (*di un incendio*) faire* rage; (*scoppiare*) éclater (*anche fig.*); (*diffondersi*) s'étendre* (*anche fig.*): *la fiamma divampava nel caminetto*, le feu flambait dans la cheminée; *l'incendio divampava*, l'incendie faisait rage; *l'incendio divampò all'improvviso*, tout d'un coup l'incendie éclata; *la rivolta divampò in tutto il paese*, la révolte s'étendit (*o* éclata) dans tout le pays | *la passione divampava nel suo cuore*, la passion embrasait son cœur.

divano [di-và-no] *n.m.* canapé.

● ***divano letto***, canapé-lit.

divaricare [di-va-ri-cà-re] *v.tr.* [coniug. come *mancare*] écarter.

divaricato [di-va-ri-cà-to] *agg.* écarté.

● ***a gambe divaricate***, (les) jambes écartées.

divaricazione [di-va-ri-ca-zió-ne] *n.f.* écartement (*m.*), écart (*m.*).

divario [di-và-rio] *n.m.* [pl. *-ri*] différence (*f.*); (*scarto*) décalage.

divelto [di-vèl-to] *agg.* déraciné.

divenire [di-ve-nì-re] *v.intr.* [coniug. come *venire*; aus. *essere*] devenir*.

● (*fil.*) ***in divenire***, en devenir.

diventare [di-ven-tà-re] *v.intr.* [aus. *essere*] devenir*: *diventare ricco*, devenir riche; *diventare vecchio*, vieillir; *diventare acido*, tourner à l'aigre; *un giorno sarebbe diventata avvocato*, un jour elle serait avocat | *mi farai diventare matto!*, tu me rendras fou!

diverbio [di-vèr-bio] *n.m.* [pl. *-bi*] querelle (*f.*), altercation (*f.*) | *venire a diverbio*, se quereller.

divergente [di-ver-gèn-te] *agg.* divergent (*anche fig.*).

divergenza [di-ver-gèn-za] *n.f.* divergence (*anche fig.*).

divergere [di-vèr-ge-re] *v.intr.* [non usati p.rem., p.p. e tempi composti] diverger*: *le nostre strade, le nostre opinioni divergono*, nos routes, nos opinions divergent.

diversamente [di-ver-sa-mén-te] *avv.* **1** (*in modo diverso*) autrement (**que**): *la penso diversamente da te*, je pense autrement que toi | *diversamente da quanto avevo previsto*, contrairement à ce que j'avais prévu **2** (*se no, altrimenti*) autrement, sans quoi.

diversificare [di-ver-si-fi-cà-re] *v.tr.* [coniug. come *mancare*] diversifier ♦ **diversificarsi** *v.pron.* e *pron.intr.* différer*.

diversione [di-ver-sió-ne] *n.f.* **1** (*digressione*) digression **2** (*mil.*) diversion.

diversità [di-ver-si-tà] *n.f.invar.* **1** (*varietà*) diversité **2** (*differenza*) différence.

diversivo [di-ver-sì-vo] *n.m.* dérivatif ♦ *agg.* de diversion.

diverso [di-vèr-so] *agg.* différent; (*vario*) divers; (*disuguale*) inégal*: *seguiamo metodi diversi*, nous suivons des méthodes différentes; *abbiamo parlato degli argomenti più diversi*, nous avons parlé des sujets les plus divers; *dividere qlco in porzioni diverse*, partager qqch en parts inégales; *la mia opinione è diversa dalla tua*, mon opinion diffère de la tienne; *è diverso da come me l'ero immaginato*, il n'est pas comme je croyais; *aveva la consapevolezza di essere diverso*, il avait conscience d'être différent ♦ *agg.indef.* (*spec. pl.*) plusieurs*: *diversa gente*, plusieurs personnes, bien des gens; *diversi mesi fa*, il y a plusieurs, quelques mois | *in diverse taglie e in diversi colori*, en plusieurs tailles et en coloris différents ♦ *pron. indef.pl.* plusieurs*: *saremo in diversi*, nous serons plusieurs ♦ *n.m.* [f. *-a*] (*omosessuale*) homosexuel; (*handicappato*) *handicapé; (*emarginato*) marginal*.

● ***in caso diverso***, autrement.

divertente [di-ver-tèn-te] *agg.* amusant.

divertimento [di-ver-ti-mén-to] *n.m.* **1** amusement; (*svago, passatempo*) distraction (*f.*), loisir; (*sollazzo, go-*

dimento) plaisir, divertissement: *i divertimenti distolgono i ragazzi dallo studio*, les amusements détournent les jeunes gens de l'étude; *i divertimenti di una grande città*, les distractions d'une grande ville; *è un divertimento starlo a sentire*, c'est un plaisir que de l'écouter | *con le sue buffonerie è il divertimento di tutti*, il amuse tout le monde par ses pitreries **2** (*mus.*) divertissement.
● ***buon divertimento!***, amusez-vous bien!, amuse-toi bien! | ***parco dei divertimenti***, parc d'attractions | ***per divertimento***, pour s'amuser.

divertire [di-ver-tì-re] ***v.tr.*** amuser; (*provar piacere a*) aimer bien: *la pesca lo diverte*, il aime bien la pêche ♦ **divertirsi** ***v.pron.*** s'amuser; (*provar piacere*) aimer: *si diverte con poco*, un rien l'amuse; *si diverte a giocare a carte*, il aime bien jouer aux cartes.

divertito [di-ver-tì-to] ***agg.*** amusé.

divezzare [di-vez-zà-re] ***v.tr.*** sevrer*.

dividendo [di-vi-dèn-do] ***n.m.*** (*mat., fin.*) dividende.

dividere [di-vì-de-re] ***v.tr.*** [coniug. come *ridere*] **1** diviser; (*ripartire*) répartir; (*spartire*) partager*: *dividere a metà*, diviser en deux; *dividere per cinque*, diviser par cinq; *35 si divide per 5 e per 7*, 35 est divisible par 5 et par 7; *dividere il patrimonio tra i figli*, répartir sa fortune entre ses enfants; *dividere le spese*, partager les frais; *una siepe divide il giardino*, une haie partage le jardin; *sull'argomento gli specialisti si dividono*, sur cet argument les spécialistes sont partagés; *le opinioni si dividono*, les opinions divergent; *non ho niente da dividere con lui*, (*fig.*) je n'ai rien à faire avec lui **2** (*separare*) séparer ♦ **dividersi** ***v.pron.*** se diviser; (*spartirsi*) se partager*: *l'anno si divide in dodici mesi*, l'année se compose de douze mois.

divieto [di-viè-to] ***n.m.*** défense (*f.*), interdiction (*f.*).
● ***divieto di sorpasso***, interdiction de doubler | ***divieto di sosta***, stationnement interdit | ***è fatto divieto di***, défense de, il est interdit de.

divinamente [di-vi-na-mén-te] ***avv.*** divinement.

divinatorio [di-vi-na-tò-rio] ***agg.*** [pl.m. *-ri*] divinatoire.

divinazione [di-vi-na-zió-ne] ***n.f.*** divination.

divincolarsi [di-vin-co-làr-si] ***v.pron.intr.*** se débattre*, se démener*: *tentava di divincolarsi dalle mani dei rapitori*, il essayait de se dégager des mains des kidnappeurs.

divinità [di-vi-ni-tà] ***n.f.invar.*** divinité.

divinizzare [di-vi-niʒ-ʒà-re] ***v.tr.*** diviniser.

divino [di-vì-no] ***agg.*** **1** divin **2** (*fam.*) (*eccelso, splendido*) splendide; (*spec. riferito a persone*) divin ♦ ***n.m.*** divin.
● (*lett.*) ***la Divina Commedia***, la Divine Comédie | ***per diritto divino***, de droit divin.

divisa[1] [di-vì-ʃa] ***n.f.*** **1** uniforme (*m.*); (*tenuta*) tenue: *divisa da calciatore*, tenue de footballeur; *divisa da portiere*, livrée de portier **2** (*motto*) devise.

divisa[2] ***n.f.*** (*econ.*) devise.

divisibile [di-vi-ʃì-bi-le] ***agg.*** divisible.

divisibilità [di-vi-ʃi-bi-li-tà] ***n.f.invar.*** divisibilité.

divisione [di-vi-ʃió-ne] ***n.f.*** **1** division **2** (*spartizione*) partage (*m.*).
● (*econ.*) ***divisione del lavoro***, division du travail | (*pol.*) ***divisione dei poteri***, division des pouvoirs.

divisionismo [di-vi-ʃio-nì-ʃmo] ***n.m.*** (*pitt.*) divisionnisme.

divismo [di-vì-ʃmo] ***n.m.*** culte des vedettes; (*atteggiamento divistico*) vedettariat.

diviso [di-vì-ʃo] ***agg.*** **1** divisé **2** (*separato*) séparé **3** (*discorde*) partagé: *sono diviso, non so decidermi*, je suis partagé, je n'arrive pas à me décider.

divisore [di-vi-ʃó-re] ***n.m.*** (*mat.*) diviseur.
● ***massimo comun divisore***, le plus grand commun diviseur.

divisorio [di-vi-ʃò-rio] ***agg.*** [pl.m. *-ri*] mitoyen*: *muro divisorio*, mur mitoyen, (*interno*) cloison ♦ ***n.m.*** cloison (*f.*).

D

divistico [di-vì-sti-co] ***agg.*** [pl.m. *-ci*, f. *-che*] **1** (*da divo*) de vedette **2** (*del divismo*) relatif* au culte des vedettes.

divo [dì-vo] ***n.m.*** **1** vedette (*f.*) **2** (*letter.*) (*dio*) dieu.

divorare [di-vo-rà-re] ***v.tr.*** (*anche fig.*) dévorer.

divoratore [di-vo-ra-tó-re] ***n.m.*** [f. *-trice*] gros* mangeur*: *un divoratore di libri gialli*, (*fig.*) un grand amateur de romans policiers ♦ ***agg.*** dévorant.

divorziare [di-vor-zià-re] ***v.intr.*** [aus. *avere*] divorcer*: *ha divorziato da sua moglie*, il a divorcé de, d'avec sa femme.

divorziato [di-vor-zià-to] ***agg.*** e ***n.m.*** [f. *-a*] divorcé.

divorzio [di-vòr-zio] ***n.m.*** [pl. *-zi*] divorce: *intentare azione di divorzio*, introduire une instance de divorce.

divorzista [di-vor-zì-sta] ***n.m.*** e ***f.*** partisan/e du divorce ♦ ***agg.*** favorable au divorce.
● (*avvocato*) ***divorzista***, avocat spécialisé dans les actions en divorce.

divulgare [di-vul-gà-re] ***v.tr.*** [coniug. come *legare*] **1** divulguer **2** (*diffondere in forma accessibile*) vulgariser ♦ **divulgarsi** ***v.pron.intr.*** se répandre*.

divulgativo [di-vul-ga-tì-vo] ***agg.*** de vulgarisation.

divulgatore [di-vul-ga-tó-re] ***n.m.*** [f. *-trice*] **1** divulgateur* **2** (*volgarizzatore*) vulgarisateur*.

divulgazione [di-vul-ga-zió-ne] ***n.f.*** **1** divulgation **2** (*volgarizzazione*) vulgarisation.

dizionario [di-zio-nà-rio] ***n.m.*** [pl. *-ri*] dictionnaire; (*fam.*) dico: *cercare nel, sul dizionario*, chercher dans le dictionnaire.
● ***dizionario monolingue***, ***bilingue***, dictionnaire monolingue (*o* unilingue), bilingue | ***dizionario tascabile***, dictionnaire de poche.

dizione [di-zió-ne] ***n.f.*** **1** diction **2** (*recitazione in pubblico*) récital* (*m.*) poétique.

d.j. [di'dʒei] ***n.m.*** e ***f.invar.*** (*mus.*) (*sigla di* Disc-jockey) D.J.

DNA [diɛnne'a] ***n.m.invar.*** (*biol., chim.*) (*sigla di* DeoxyriboNucleic Acid) ADN (acido desossiribonucleico).

do[1] ***n.m.*** (*mus.*) do, ut: *do acuto*, contre-ut.

do[2] → **dare**[1].

dobbiamo → **dovere**[1].

DOC, **doc** ***agg.*** (*sigla di* Denominazione di Origine Controllata) AOC, Appellation d'Origine Contrôlée: *vino doc*, vin d'appellation d'origine contrôlée | *un cattolico doc*, un catholique bon teint | *un piemontese doc*, un piémontais vrai de vrai.

doccia [dóc-cia] ***n.f.*** [pl. *-ce*] **1** douche: *fare la doccia*, prendre une douche **2** (*grondaia*) gouttière **3** (*med.*) gouttière.
● ***doccia a telefono***, douchette.

docciarsi [doc-ciàr-si] ***v.pron.*** [coniug. come *cominciare*] se doucher.

doccione [doc-ció-ne] ***n.m.*** **1** (*arch.*) gargouille (*f.*) **2** (*edil.*) noulet.

docente [do-cèn-te] *agg.* enseignant ♦ *n.m.* e *f.* professeur/e.

docenza [do-cèn-za] *n.f.* enseignement (*m.*).

docile [dò-ci-le] *agg.* **1** docile | *docile come un agnellino*, doux comme un agneau **2** (*malleabile*) malléable: *metallo docile*, métal malléable; *legno docile*, bois facile à travailler.

D

docilità [do-ci-li-tà] *n.f.invar.* **1** docilité **2** (*malleabilità*) malléabilité.

docimologia [do-ci-mo-lo-gì-a] *n.f.* docimologie.

documentabile [do-cu-men-tà-bi-le] *agg.* qui peut être documenté.

documentalista [do-cu-men-ta-lì-sta] *n.m.* e *f.* documentaliste.

documentare [do-cu-men-tà-re] *v.tr.* **1** documenter; (*provare*) prouver, appuyer* **2** (*informare*) informer ♦ **documentarsi** *v.pron.* se documenter.

documentario [do-cu-men-tà-rio] *agg.* e *n.m.* [pl.m. *-ri*] documentaire.

documentarista [do-cu-men-ta-rì-sta] *n.m.* e *f.* (*cine.*) documentariste.

documentato [do-cu-men-tà-to] *agg.* documenté; (*menzionato*) mentionné.

documentazione [do-cu-men-ta-zió-ne] *n.f.* **1** documentation **2** (*insieme di documenti*) pièces (*pl.*).
● (*comm.*) ***documentazione giustificativa***, pièces justificatives.

documento [do-cu-mén-to] *n.m.* **1** document; (*fam.*) docu **2** (*d'identità*) pièce (*f.*) d'identité; (*pl.*) papiers, (*fam.*) paps: *documenti!*, vos papiers!
● ***documento di riconoscimento***, ***d'identità***, pièce d'identité | (*inform.*) ***documento stampato***, copie sur papier | (*comm.*) ***documenti giustificativi***, pièces justificatives.

dodeca- *pref.* dodéca-.

dodecaedro [do-de-ca-è-dro] *n.m.* (*mat.*) dodécaèdre.

dodecafonia [do-de-ca-fo-nì-a] *n.f.* dodécaphonisme (*m.*).

dodecafonico [do-de-ca-fò-ni-co] *agg.* [pl.m. *-ci*, f. *-che*] dodécaphonique.

dodecasillabo [do-de-ca-sìl-la-bo] *agg.* e *n.m.* dodécasyllabe.

dodicenne [do-di-cèn-ne] *agg.* (âgé) de douze ans ♦ *n.m.* e *f.* garçon (âgé)/fillette (âgée) de douze ans.

dodicesimo [do-di-cè-ʃi-mo] *agg.num.ord.* **1** douzième **2** (*di re, papi, capitoli ecc.*) douze: *capitolo dodicesimo*, chapitre douze | (*st.*) *Pio dodicesimo*, Pie douze ♦ *n.m.* [f. *-a*] douzième.
● ***il dodicesimo secolo***, le douzième siècle | (*tip.*) ***in dodicesimo***, in-douze.

dodici [dó-di-ci] *agg.num.card.* e *n.m.invar.* douze | *sono le dodici*, il est midi.

dodo [dò-do] *n.m.* (*zool.*) dodo.

doga [dó-ga] *n.f.* [pl. *-ghe*] douve.
● ***letto a doghe***, sommier à lattes.

dogana [do-gà-na] *n.f.* **1** douane: *in dogana*, à la douane **2** (*dazio doganale*) (droits de) douane.

doganale [do-ga-nà-le] *agg.* de douane, des douanes; (*riguardante le disposizioni doganali*) douanier*: *ufficio*, *agente doganale*, bureau, agent des douanes; *diritti doganali*, droits de douane; *accordo doganale*, accord douanier.
● ***bolletta doganale***, certificat de franchise.

doganiere [do-ga-niè-re] *n.m.* [f. *-a*] douanier*.

doge [dò-ge] *n.m.* (*st.*) doge.

doglie [dò-glie] *n.f.pl.* douleurs (de l'accouchement): *avere le doglie*, être dans les douleurs.

dogma [dòg-ma] *n.m.* dogme.

dogmatico [dog-mà-ti-co] *agg.* e *n.m.* [f. *-a*; pl.m. *-ci*, f. *-che*] dogmatique.

dogmatismo [dog-ma-tì-ʃmo] *n.m.* dogmatisme.

dogmatizzare [dog-ma-tiʒ-ʒà-re] *v.intr.* [aus. *avere*] dogmatiser.

dogsitter [dog'sitter] *n.m.* e *f.invar.* dogsitter.

dolce [dól-ce] *agg.* **1** doux*; (*zuccherato*) sucré: *bibita dolce*, boisson sucrée; *mandorla dolce*, amande douce **2** (*fig.*) doux*: *ha un carattere dolce*, il a un caractère doux | *dolce risveglio*, réveil en douceur **3** (*malleabile*) doux*: *ferro dolce*, fer doux; *legno dolce*, bois tendre ♦ *n.m.* **1** gâteau*; (*pl.*) (*dolciumi*) sucreries (*f.*) **2** (*sapore dolce*) douceur (*f.*).
● ***d'acqua dolce***, d'eau douce | ***fare la dolce vita***, mener joyeuse vie | ***il dolce far niente***, le farniente.

dolcemente [dol-ce-mén-te] *avv.* doucement; (*con dolcezza*) avec douceur.

dolcetto [dol-cét-to] *n.m.* dolcetto (vin rouge du Piémont).

dolcevita [dol-ce-vì-ta] *agg.invar.* à col roulé ♦ *n.m. invar.* (*maglia*) pull à col roulé, à col montant.

dolcezza [dol-céz-za] *n.f.* douceur (*anche fig.*) | *dolcezza!*, *dolcezza mia!*, ma chérie!

dolciario [dol-cià-rio] *agg.* [pl.m. *-ri*] de la confiserie.
● ***prodotto dolciario***, confiserie: *prodotto dolciario da forno*, viennoiserie.

dolciastro [dol-cià-stro] *agg.* douceâtre; (*fig.*) doucereux*.

dolcificante [dol-ci-fi-càn-te] *agg.* e *n.m.* édulcorant.

dolcificare [dol-ci-fi-cà-re] *v.tr.* [coniug. come *mancare*] **1** édulcorer **2** (*chim.*) adoucir.

dolcificatore [dol-ci-fi-ca-tó-re] *n.m.* (*chim.*) adoucisseur.

dolcificazione [dol-ci-fi-ca-zió-ne] *n.f.* **1** édulcoration **2** (*chim.*) adoucissement (*m.*).

dolciumi [dol-ciù-mi] *n.m.pl.* friandises (*f.*), sucreries (*f.*).

dolente [do-lèn-te] *agg.* **1** douloureux*: *ho un braccio dolente*, j'ai mal à un bras; *qui incominciano le dolenti note*, (*fig.*) c'est ici que les choses commencent à se gâter **2** (*di voce*) dolent **3** (*spiacente*) désolé: *siamo* (*molto*) *dolenti di*, nous avons le regret de.
● ***il punto dolente***, (*fig.*) le point délicat | ***il tasto dolente***, (*fig.*) le point sensible.

dolere [do-lé-re] *v.intr.* [pres.indic. *io dolgo, tu duoli, egli duole, noi doliamo, voi dolete, essi dolgono*; p.rem. *io dolsi*; fut.indic. *io dorrò*; pres.cong. *io dolga, noi doliamo, essi dolgano*; p.p. *doluto*; aus. *essere*] **1** (*dare dolore, far male*) avoir* mal (**à**) **2** (*rincrescere*) regretter ♦ **dolersi** *v.pron.* **1** regretter **2** (*lamentarsi*) se plaindre*: *non ho di che dolermi*, je n'ai pas lieu de me plaindre.

dolgo → **dolere**.

dolicocefalo [do-li-co-cè-fa-lo] *agg.* e *n.m.* dolichocéphale.

dolina [do-lì-na] *n.f.* (*geol.*) doline.

dollaro [dòl-la-ro] *n.m.* dollar.
● (*econ.*) ***area del dollaro***, zone dollar.

dolmen [dòl-men] *n.m.invar.* (*archeol.*) dolmen.

dolo [dò-lo] *n.m.* (*dir.*) dol.

dolomia [do-lò-mia] ***n.f.*** dolomie.

dolomitico [do-lo-mì-ti-co] ***agg.*** [pl.m. *-ci*, f. *-che*] dolomitique.

dolorante [do-lo-ràn-te] ***agg.*** endolori.

dolore [do-ló-re] ***n.m.*** **1** (*fisico*) douleur (*f.*): *sono pieno di dolori, sono tutto un dolore*, j'ai des douleurs partout, j'ai mal partout **2** (*morale*) douleur (*f.*), peine (*f.*); (*sofferenza*) souffrance (*f.*); (*dispiacere*) chagrin: *con suo grande dolore dovette rinunciare ai suoi progetti*, à son regret, il dut renoncer à ses projets.
● (*relig.*) ***atto di dolore***, acte de contrition | ***letto di dolore***, lit de souffrance.

dolorifico [do-lo-rì-fi-co] ***agg.*** [pl.m. *-ci*, f. *-che*] algésiogène.

doloroso [do-lo-ró-so] ***agg.*** douloureux*: *un pianto doloroso*, des larmes de douleur; *una vita dolorosa*, une vie pleine de chagrins.

doloso [do-ló-so] ***agg.*** (*dir.*) frauduleux*.
● ***incendio doloso***, incendie volontaire.

dolsi → **dolere**.

domanda [do-màn-da] ***n.f.*** **1** question: *fare, rivolgere una domanda*, poser une question **2** (*richiesta*) demande: *fare una domanda in carta bollata*, faire (*o* adresser) une demande sur papier timbré.
● ***domanda di ammissione***, demande d'admission | ***domanda di grazia***, recours en grâce | ***domanda di impiego, di lavoro***, demande d'emploi | ***domanda di matrimonio***, demande en mariage.

domandare [do-man-dà-re] ***v.tr.*** demander: *domandare scusa*, demander pardon; *domandare l'ora*, demander l'heure; *domandagli che cosa vuole*, demande-lui ce qu'il veut; *mi ha domandato di lasciarlo in pace*, il m'a demandé de le laisser tranquille | *ha domandato troppo*, (*un prezzo eccessivo*) il a demandé trop cher ♦ ***v.intr.*** [aus. *avere*] demander: *mi ha domandato di te*, il m'a demandé de tes nouvelles; *domandano di lei*, on vous demande ♦ **domandarsi** ***v.pron. indiretto*** se demander: *si domanda se ha fatto bene ad accettare*, il se demande s'il a eu raison d'accepter.
● ***domando e dico!***, je vous demande un peu! | ***e me lo domandi?***, et tu as besoin de me le demander?

NOTA ***Domandare*** si traduce ***demander***, che, nelle proposizioni incidentali, usa l'inversione del soggetto:

"Si può avere uno sconto?" chiese.
"Est-ce qu'on peut avoir une réduction?" **demanda-t-elle**.
"Qualcuno ha una sigaretta?" domandò Michela ai suoi amici.
"Quelqu'un a une cigarette?" demanda Michelle à ses amis.

Da notare che ***domandare di qualcuno*** per vederlo o parlargli, si traduce ***demander quelqu'un*** senza la preposizione; per averne notizie si traduce ***demander des nouvelles de quelqu'un***.

domani [do-mà-ni] ***avv.*** demain | *parlerebbe fino a domani*, (*iron.*) il n'arrêterait plus de parler ♦ ***n.m.*** **1** demain **2** (*avvenire*) avenir.
● ***domani a otto***, demain en huit | ***domani mattina, sera***, demain matin, soir | ***dopo domani, domani l'altro***, après -demain | ***sì, domani!***, (*iron.*) tu peux toujours attendre!

domare [do-mà-re] ***v.tr.*** dompter (*anche fig.*); (*vincere, reprimere*) maîtriser.

domatore [do-ma-tó-re] ***n.m.*** [f. *-trice*] dompteur*.

domattina [do-mat-tì-na] ***avv.*** demain matin.

domenica [do-mé-ni-ca] ***n.f.*** [pl. *-che*] dimanche (*m.*): *lo vedo la domenica*, je le vois tous les dimanches; *due domeniche fa*, il y a eu quinze jours dimanche | *mettersi gli abiti della domenica*, s'endimancher.
● (*relig.*): ***domenica delle Palme***, dimanche des Rameaux; ***domenica di Pasqua***, dimanche de Pâques; ***domenica in Albis***, dimanche de Quasimodo.

domenicale [do-me-ni-cà-le] ***agg.*** dominical*: *abiti domenicali*, les habits du dimanche.

domenicano [do-me-ni-cà-no] ***agg.*** e ***n.m.*** (*eccl.*) dominicain.

domestica [do-mè-sti-ca] ***n.f.*** [pl. *-che*] bonne.
● ***domestica a ore***, femme de ménage | ***domestica fissa***, bonne | ***domestica tuttofare***, bonne à tout faire.

domestico [do-mè-sti-co] ***agg.*** [pl.m. *-ci*, f. *-che*] **1** domestique; (*della famiglia*) familial*: *faccende domestiche*, travaux domestiques; *le abitudini domestiche*, les habitudes familiales; *focolare domestico*, foyer; *le divinità domestiche*, les dieux du foyer | *tra le pareti domestiche*, entre quatre murs; (*fig.*) dans l'intimité familiale **2** (*di animali*) domestique ♦ ***n.m.*** domestique.
● ***economia domestica***, économie domestique.

domiciliare[1] [do-mi-ci-lià-re] ***agg.*** (*dir.*) domiciliaire.
● ***arresti domiciliari***, arrêt forcé à domicile.

domiciliare[2] ***v.tr.*** (*comm.*) domicilier ♦ **domiciliarsi** ***v.pron.*** établir son domicile, se domicilier.

domiciliato [do-mi-ci-lià-to] ***agg.*** domicilié.

domicilio [do-mi-cì-lio] ***n.m.*** [pl. *-li*] domicile; *eleggere il domicilio*, élire domicile.
● (*dir.*): ***domicilio di elezione***, domicile élu; ***domicilio di pagamento***, domicile commercial; ***domicilio fiscale***, domicile fiscal; ***domicilio legale***, domicile légal; (*di ditta*) siège social | ***a domicilio***, à domicile: *vendere a domicilio*, faire du porte à porte | (*dir.*) ***violazione di domicilio***, violation de domicile.

dominante [do-mi-nàn-te] ***agg.*** **1** dominant: *la nazione dominante*, la nation dominante **2** (*saliente, prevalente*) dominant; (*principale*) principal*: *è il suo pensiero dominante*, c'est son principal souci.
● (*mus.*) ***nota dominante***, dominante; (*fig.*) élément dominant.

dominare [do-mi-nà-re] ***v.tr.*** dominer: *dominare la situazione*, être maître de la situation; *dominare la collera*, maîtriser sa colère; *un pensiero domina la sua mente*, une seule idée occupe son esprit; *è dominato dal vizio del gioco*, il est possédé par le démon du jeu ♦ ***v.intr.*** [aus. *avere*] **1** dominer: *in quel paese domina l'anarchia*, dans ce pays règne l'anarchie **2** (*prevalere*) l'emporter ♦ **dominarsi** ***v.pron.*** se dominer.

dominatore [do-mi-na-tó-re] ***agg.*** e ***n.m.*** [f. *-trice*] dominateur*: *è stato il dominatore della gara*, il a dominé la course (du début jusqu'à la fin).

dominazione [do-mi-na-zió-ne] ***n.f.*** domination.

dominicano [do-mi-ni-cà-no] ***agg.*** dominicain ♦ ***n.m.*** [f. *-a*] (*abitante*) Dominicain.

dominio [do-mì-nio] ***n.m.*** [pl. *-ni*] **1** domination (*f.*); (*padronanza*) maîtrise (*f.*): *il dominio dei mari*, la maîtrise des mers **2** (*territorio*) domaine **3** (*dir.*) (*proprietà*) propriété (*f.*) **4** (*fig.*) (*campo*) domaine **5** (*inform.*) domaine.
● ***dominio di sé***, maîtrise de soi-même | ***essere di pubblico dominio***, tomber dans le domaine public; (*fig.*) être de notoriété publique.

domino[1] [dò-mi-no] ***n.m.*** [pl. *-i* o *invar.*] (*abbigl.*) domino.

D

domino[2] ***n.m.invar.*** (gioco) dominos (*pl.*): *giocare a domino*, jouer aux dominos.

domotica [do-mò-ti-ca] ***n.f.*** [pl. *-che*] domotique.

don ***n.m.*** **1** (eccl.) abbé; (seguito dal nome proprio) monsieur l'abbé: *don Rossi*, l'abbé Rossi; *buongiorno, don Carlo*, bonjour, monsieur l'abbé **2** (titolo d'onore) don.

D

donare [do-nà-re] ***v.tr.*** **1** (regalare) donner, faire* cadeau (**de**); (offrire) offrir*: *donare un libro a qlcu*, donner un livre à qqn; *donare tutto se stesso a qlcu, qlco*, (*fig.*) se consacrer entièrement à qqn, qqch **2** (dir.) faire* une donation (**de**) ♦ ***v.intr.*** [aus. *avere*] (stare bene) bien aller*: *l'azzurro le dona*, le bleu lui va bien ♦ **donarsi** ***v.pron.*** (fig.) se donner.
● ***donare il sangue***, donner son sang.

donatario [do-na-tà-rio] ***n.m.*** [f. *-a*; pl.m. *-ri*] (dir.) donataire.

donativo [do-na-tì-vo] ***n.m.*** cadeau*; (ricompensa) récompense (*f.*).

donatore [do-na-tó-re] ***n.m.*** [f. *-trice*] **1** donneur* **2** (dir.) donateur*.
● ***donatore di sangue***, donneur du sang.

donazione [do-na-zió-ne] ***n.f.*** **1** don (*m.*) **2** (dir.) donation.
● (med.) ***donazione di organi***, don d'organ.

donchisciotte [don-chi-sciòt-te] ***n.m.*** e ***f.invar.*** don Quichotte: *fare il donchisciotte*, faire le don Quichotte.

donde [dón-de] ***avv.*** (letter.) **1** d'où; (dal luogo da cui) du lieu d'où **2** (perché) pourquoi ♦ ***pron.rel.*** (letter.) (di cui, da cui) dont; (da dove) d'où.
● ***averne ben donde***, avoir ses raisons (*o* de bonnes raisons): *si lamenta e ne ha ben donde*, il se plaint et pour cause.

dondolare [don-do-là-re] ***v.tr.*** balancer*: *dondolare la testa, le gambe*, balancer la tête, les jambes ♦ ***v.intr.*** [aus. *avere*] se balancer*: *quel tavolo dondola*, cette table branle; *mi dondola un dente*, j'ai une dent qui branle ♦ **dondolarsi** ***v.pron.*** se balancer*.

dondolio [don-do-lì-o] ***n.m.*** [pl. *-ii*] balancement.

dondolo [dón-do-lo] ***n.m.*** (divano da giardino) balancelle (*f.*).
● ***a dondolo***, à bascule: *sedia, cavallo a dondolo*, fauteuil, cheval à bascule.

dongiovanni [don-gio-vàn-ni] ***n.m.invar.*** don Juan.

donna [dòn-na] ***n.f.*** **1** femme **2** (fam.) (moglie, compagna, donna amata) femme; copine: *è la mia donna*, c'est ma copine | *a casa ne parlerò con le mie donne*, (fam.) j'en parlerai aux femmes (de la maison) **3** (alle carte e agli scacchi) dame **4** (titolo onorifico) *Donna*, Madame.
● ***donna di casa***, femme d'intérieur | ***donna di classe***, femme distinguée | ***donna di mondo***, femme du monde | ***donna (di servizio)***, bonne (à tout faire): *donna (di servizio) a ore*, femme de ménage; *donna (di servizio) a giornata*, femme de journée | ***donna di strada***, femme qui fait le trottoir, de mauvaise vie | ***donna poliziotto***, femme-policier | ***andare a donne***, (fam.) courir les filles | ***buona donna***, (fam.) brave femme | ***prima donna***, (opera lirica) la prima donna: *fare la prima donna*, (fig.) jouer les vedettes.

donnaiolo [don-na-iò-lo] ***n.m.*** coureur de jupons, homme à femmes.

donnesco [don-né-sco] ***agg.*** [pl.m. *-schi*, f. *-sche*] féminin: *lavori donneschi*, travaux féminins.

donnetta [don-nét-ta] ***n.f.*** **1** petite femme **2** (spreg.) bonne femme, petite sotte: *chiacchiere da donnette*, des bavardages de bonne femme.

donnicciola [don-nic-ciò-la] ***n.f.*** **1** (spreg.) petite sotte **2** (riferito a uomo) femmelette.

donnina [don-nì-na] ***n.f.*** **1** un petit bout (*m.*) de femme **2** (bambina assennata) petite femme.
● ***donnina allegra***, femme de petite vertu.

donnino [don-nì-no] ***n.m.*** joli petit bout de femme.

donnola [dòn-no-la] ***n.f.*** (zool.) belette.

dono [dó-no] ***n.m.*** **1** cadeau*: *dare, offrire qlco in dono*, faire cadeau de qqch, offrir qqch; *avere, ricevere in dono*, recevoir en cadeau **2** (dote, disposizione) don: *un dono di natura*, un don naturel; *avere il dono di una bella voce*, avoir une belle voix.

donzella [don-ʒèl-la] ***n.f.*** (letter.) jeune fille; demoiselle.

dopamina [do-pa-mì-na] ***n.f.*** (biochim.) dopamine.

dopante [do-pàn-te] ***agg.*** e ***n.m.*** dopant.

dopare [do-pà-re] ***v.tr.*** doper.

doping ['dɔpiŋg] ***n.m.invar.*** dopage, doping.

dopo [dó-po] ***avv.*** **1** (tempo) après; (in seguito, successivamente) ensuite: *lo vedrò dopo*, je le verrai après; *prima studia, uscirai dopo*, travaille d'abord, tu sortiras ensuite; *un'ora dopo*, une heure après; *un giorno, un anno dopo*, un jour, un an plus tard; *dopo si vedrà*, et puis on verra; *un giorno dopo*, le lendemain; *due giorni dopo*, deux jours plus tard **2** (luogo) après ♦ ***prep.*** (spesso seguita da di) après: *dopo di te*, après toi; *fin dopo le due*, jusqu'après deux heures ♦ ***cong.*** après: *dopo aver parlato due ore*, après avoir parlé deux heures; *dopo mangiato faccio sempre una passeggiata*, après (le) déjeuner, je fais toujours une promenade ♦ ***agg.invar.*** suivant: *il giorno dopo*, le jour suivant, le lendemain; *la settimana dopo*, la semaine suivante, d'après ♦ ***n.m.invar.*** après: *è il dopo che mi preoccupa*, c'est l'après-coup qui me tourmente; *il dopo Mao*, l'après Mao.
● ***dopo Cristo***, après Jésus-Christ | ***a dopo***, à plus tard; (a tra poco) à tout à l'heure | ***poco, molto (tempo) dopo***, peu après, longtemps après | ***prima o dopo***, tôt ou tard.

> NOTA ***Dopo di*** si traduce **après**, che non è mai seguito da preposizione: *dopo di loro*, après eux, elles; *dopo di che*, après quoi.

dopobarba [do-po-bàr-ba] ***agg.*** e ***n.m.invar.*** après-rasage.

dopoborsa [do-po-bór-sa] ***n.m.invar.*** (Borsa) après-bourse.
● ***contrattazione (del) dopoborsa***, négociations après-bourse | ***prezzi del dopoborsa***, cours d'après-bourse.

dopocena [do-po-cé-na] ***n.m.invar.*** après-dîner*.

dopoché [do-po-ché] **dopo che** ***cong.*** après que; (se il sogg. delle due proposizioni è il medesimo) après; (dacché) depuis que: *dopoché ebbe parlato, tutti applaudirono*, après qu'il eut parlé, tout le monde applaudit; *dopoché ebbe parlato se ne andò*, il s'en alla après avoir parlé.

dopodomani [do-po-do-mà-ni] ***avv.*** e ***n.m.invar.*** après-demain.

dopoguerra [do-po-guèr-ra] ***n.m.invar.*** après-guerre*.

dopolavoro [do-po-la-vó-ro] ***n.m.invar.*** (antiq.) institution (*f.*) qui organise les loisirs des travailleurs.

dopopranzo [do-po-pràn-ʒo] **dopo pranzo** ***avv.*** dans l'après-midi: *arriverà dopopranzo*, il arrivera cet après-midi ♦ ***n.m.invar.*** après-midi.

doposcì [do-po-scì] *agg.* e *n.m.invar.* après-ski*.

doposcuola [do-po-scuò-la] *n.m.invar.* activités (*f.pl.*) parascolaires (organisées l'après-midi).

doposole [do-po-só-le] *agg.* e *n.m.invar.* après-soleil*.

dopotutto [do-po-tùt-to] *avv.* après tout: *dopotutto non è un problema mio*, après tout ce n'est pas mon problème.

doppiaggio [dop-piàg-gio] *n.m.* [pl. *-gi*] (*cine.*) doublage: *fare il doppiaggio di un film*, doubler un film.

doppiamente [dop-pia-mén-te] *avv.* 1 doublement 2 (*fig.*) (*con doppiezza*) avec duplicité.

doppiare [dop-pià-re] *v.tr.* doubler.

doppiato [dop-pià-to] *agg.* (*cine.*) doublé ♦ *n.m.* (*cine.*) doublage.

doppiatore [dop-pia-tó-re] *n.m.* [f. *-trice*] (*cine.*) doubleur*.

doppietta [dop-piét-ta] *n.f.* 1 fusil (*m.*) de chasse (à deux canons) 2 (*doppio colpo di fucile*) doublé (*m.*) 3 (*aut.*) double débrayage (*m.*) 4 (*sport*) deux victoires consécutives; (*calcio*) doublé (*m.*) (deux buts marqués par le même joueur).

doppiezza [dop-piéz-za] *n.f.* duplicité.

doppio [dóp-pio] *agg.* [pl.m. *-pi*] double (*anche fig.*): *un caffè doppio*, un double café; *in doppia copia*, en deux exemplaires, en double ♦ *avv.* double ♦ *n.m.* 1 double: *guadagna il doppio di me*, il gagne deux fois plus que moi; *è più caro del doppio*, c'est deux fois plus cher; *è il doppio di me!*, il est deux fois plus grand (*o* gros) que moi! 2 (*tennis*) double.
● (*tennis*) ***doppio maschile***, ***femminile***, double messieurs, dames | ***doppio senso***, double sens: *frase a doppio senso*, phrase à double sens; *commedia piena di doppi sensi*, pièce pleine de mots à double sens | (*psic.*) ***avere una doppia personalità***, avoir une personnalité double | (*comm.*) ***partita doppia***, partie double | ***vivere una doppia vita***, mener une vie double.

doppiofondo [dop-pio-fón-do] [pl. *doppifondi*] **doppio fondo** *n.m.* double fond.

doppiogiochista [dop-pio-gio-chì-sta] *n.m.* e *f.* spécialiste du double jeu.

doppione [dop-pió-ne] *n.m.* 1 double 2 (*copia*) copie (*f.*); (*spreg.*) mauvaise copie (*f.*); (*replica*) réplique (*f.*).

doppiopetto [dop-pio-pèt-to] **doppio petto** *agg.* e *n.m.invar.* croisé: *una giacca (a) doppiopetto*, un veston croisé; *cappotto (a) doppiopetto*, pardessus croisé; *tailleur doppiopetto*, tailleur à veste croisée; *uomo in doppiopetto*, homme portant un veston croisé.

dorare [do-rà-re] *v.tr.* dorer.

dorato [do-rà-to] *agg.* doré: *libro col taglio dorato*, livre doré sur tranche.

doratore [do-ra-tó-re] *n.m.* [f. *-trice*] doreur*.

doratura [do-ra-tù-ra] *n.f.* dorure.

dorico [dò-ri-co] *agg.* e *n.m.* [pl.m. *-ci*, f. *-che*] 1 dorien* 2 (*arch.*) dorique.

dorifora [do-rì-fo-ra] *n.f.* (*zool.*) doryphore (*m.*).

dormicchiare [dor-mic-chià-re] *v.intr.* [aus. *avere*] sommeiller.

dormiente [dor-mièn-te] *agg.* dormant ♦ *n.m.* e *f.* dormeur/euse ♦ *n.m.* (*edil.*) pont dormant, ponceau*.

dormiglione [dor-mi-glió-ne] *n.m.* [f. *-a*] (*fam.*) grand dormeur*.

dormire [dor-mì-re] *v.intr.* [aus. *avere*] 1 dormir*: *hai dormito bene?*, tu as bien dormi?; *non si riesce a dormire con questo rumore*, impossible de dormir avec ce bruit | *dormire supino, bocconi, su un fianco*, dormir sur le dos, sur le ventre, sur le flanc | *un libro che fa dormire*, un livre rasoir 2 (*coricarsi*) se coucher; (*pernottare*) coucher: *vai sempre a dormire molto tardi*, tu te couches toujours très tard; *non posso darvi da dormire*, je n'ai pas de place pour vous coucher ♦ *v.tr.* dormir* (de): *dormire sonni agitati*, avoir le sommeil agité.
● ***dormire a occhi aperti***, ***in piedi***, tomber de sommeil, dormir debout: *è uno che dorme in piedi*, (*fig.*) il n'est pas du tout dégourdi | ***dormire con un occhio solo***, ne dormir que d'un œil | ***dormire il sonno del giusto***, dormir du sommeil du juste | ***dormirci su***, ***sopra***, (*fig.*) prendre le temps de réfléchir: *è meglio dormirci sopra*, la nuit porte conseil; *non dormirci sopra*, ne perds pas de temps | (*prov.*) ***chi dorme non piglia pesci***, à renard endormi rien ne tombe dans la gueule | ***mettere a dormire***, coucher | ***mettersi a dormire***, aller dormir: *guarda, si è messo a dormire*, tiens, il s'est endormi.

dormita [dor-mì-ta] *n.f.* somme (*m.*): *fare*, *farsi una bella dormita*, faire un bon somme; *si è fatto una dormita di dodici ore filate*, il a dormi douze heures d'affilée.

dormitorio [dor-mi-tò-rio] *n.m.* [pl. *-ri*] dortoir.
● ***dormitorio pubblico***, asile de nuit | ***città-dormitorio***, cité-dortoir | ***quartieri-dormitorio***, quartiers-dortoirs.

dormiveglia [dor-mi-vé-glia] *n.m.invar.* demi-sommeil*: *essere nel dormiveglia*, être à moitié endormi.

dorrò → **dolere**.

dorsale [dor-sà-le] *agg.* (*anat.*) dorsal* ♦ *n.f.* 1 (*geogr.*) chaîne: *la dorsale appenninica*, la chaîne des Apennins; *dorsale marina*, dorsale; *dorsale oceanica*, dorsale océanique 2 (*Internet*) réseau* principal*.

dorsista [dor-sì-sta] *n.m.* e *f.* (*nuoto*) dossiste.

dorso [dòr-so] *n.m.* 1 dos: *mostrare*, *dare il dorso a qlcu*, tourner (*o* montrer) le dos à qqn 2 (*estens.*) dos; (*di montagna*) crête (*f.*): *il dorso della mano, di un libro*, le dos de la main, d'un livre.
● ***a dorso di cammello***, à dos de: *andare a dorso di mulo, cammello*, aller à dos de mulet, de chameau | ***nuotare a dorso***, nager sur le dos.

dosaggio [do-ʃàg-gio] *n.m.* [pl. *-gi*] dosage.

dosare [do-ʃà-re] *v.tr.* doser (*anche fig.*); (*soppesare*) mesurer.

dosatore [do-ʃa-tó-re] *n.m.* 1 [f. *-trice*] personne (*f.*) qui dose 2 (*recipiente graduato*) doseur.

dose [dò-ʃe] *n.f.* dose: *iniettarsi una dose d'eroina*, s'injecter une dose d'héroïne; *ha una bella dose di sfacciataggine, di coraggio!*, (*fig.*) il en a, du toupet, du courage!
● ***a piccole dosi***, par petites doses | ***rincarare la dose***, augmenter la dose; (*fig.*) renchérir.

dossier [dos'sje] *n.m.invar.* dossier.
● ***film dossier***, film document.

dosso [dòs-so] *n.m.* 1 (*piccola altura*) mamelon 2 (*segnale stradale*) dos-d'âne*.
● ***di dosso***: *levarsi di dosso un vestito*, ôter, enlever ses vêtements; *levarsi di dosso una preoccupazione*, (*fig.*) se libérer d'un souci; *strappare di dosso qlco*, arracher qqch; *scuotersi di dosso la neve*, secouer la neige de ses vêtements; *scuotersi un peso di dosso*, (*fig.*) se libérer d'un poids; *togliersi di dosso un seccatore*, (*fam.*) se débarrasser d'un raseur; *non togliere gli occhi di dosso a qlcu*, ne pas quitter qqn des yeux.

dotale [do-tà-le] *agg.* (*dir.*) dotal*.

dotare [do-tà-re] *v.tr.* (*anche dir.*) doter; (*fig.*) douer ♦ **dotarsi** *v.pron.* se doter; (*attrezzarsi*) s'équiper.

dotato [do-tà-to] ***agg.*** doué: *una stanza d'albergo dotata di tutti i confort*, une chambre d'hôtel tout confort.

dotazione [do-ta-zió-ne] ***n.f.*** **1** dotation **2** (*attrezzatura*) équipement (*m.*).

● (*comm.*) ***dotazione di cassa***, dotation, avoir en caisse | ***assegnare in dotazione qlco a qlcu***, doter qqn de qqch | ***avere in dotazione***, être équipé de | (*fin.*) ***fondo di dotazione***, fonds de dotation.

dote [dò-te] ***n.f.*** **1** (*complesso di beni*) dot: *portare in dote*, apporter en dot **2** (*qualità, pregio*) qualité.

dotto[1] [dót-to] ***agg.*** e ***n.m.*** [f. *-a*] savant.

dotto[2] ***n.m.*** (*anat.*) canal*.

dottorale [dot-to-rà-le] ***agg.*** doctoral*.

dottorato [dot-to-rà-to] ***n.m.*** doctorat: *conseguire il dottorato*, passer son doctorat.

dottore [dot-tó-re] ***n.m.*** **1** (*dotto*) docteur: *parla come un dottore*, (*fam.*) il parle d'un ton doctoral **2** (*titolo accademico*) licencié; (*nelle apostrofi*) Monsieur: *dottore in lettere, in scienze*, licencié ès lettres, ès sciences; *dottore in legge*, licencié en droit **3** (*in medicina*) médecin, docteur: *chiamare il dottore*, appeler, faire venir le médecin; *buongiorno dottore!*, bonjour docteur!; *buongiorno, dottor Rossi!*, bonjour, Monsieur.

dottoressa [dot-to-rés-sa] ***n.f.*** **1** (*titolo accademico*) licenciée **2** (*in medicina*) docteur (*m.*).

dottrina [dot-trì-na] ***n.f.*** **1** (*sapere*) savoir (*m.*) **2** (*insieme di teorie*) doctrine **3** (*catechismo*) catéchisme (*m.*).

dottrinale [dot-tri-nà-le] ***agg.*** **1** doctrinal* **2** pédant.

dottrinario [dot-tri-nà-rio] ***agg.*** e ***n.m.*** [f. *-a*; pl.m. *-ri*] doctrinaire.

double-face [duble'fas] ***agg.invar.*** réversible ♦ ***n.m. invar.*** (*tessuto*) tissu réversible.

dove [dó-ve] ***avv.*** **1** où: *dove andate?*, où allez-vous?; *dimmi dove l'hai trovato*, dis-moi où tu l'as trouvé; *la casa dove vive*, la maison où il vit; *da dove vieni?*, d'où viens-tu?; *per, da dove sei passato?*, par où es-tu passé?; *fin dove*, jusqu'où **2** (*nel luogo in cui, il luogo in cui*) (là) où: *resta dove sei*, reste (là) où tu es; *andate dove volete*, allez où vous voulez; *ecco dove abito*, voilà où j'habite; *riprendiamo da dove eravamo rimasti*, reprenons là où nous en étions restés; *è qui, è lì dove si è verificato l'incidente*, c'est ici, c'est là que l'accident s'est produit ♦ ***n.m. invar.*** lieu*: *non so né il dove né il quando*, je ne sais ni le lieu ni la date.

● ***da ogni dove***, de partout | ***in ogni dove***, ***per ogni dove***, partout.

dovere[1] [do-vé-re] ***v.servile*** [pres.indic. *io devo* ecc., *noi dobbiamo, voi dovete, essi devono*; p.rem. *io dovetti, tu dovesti* ecc.; fut.indic. *io dovrò* ecc.; pres.cong. *io debba* ecc., *noi dobbiamo* ecc., *essi debbano* o *devano*; manca l'imp.; aus. *essere* o *avere*] **1** (*obbligo, necessità assoluta*) devoir*: *sono, ho dovuto partire*, j'ai dû partir; *si è dovuto curare, ha dovuto curarsi*, il a dû se soigner; *lo avrei dovuto seguire, avrei dovuto seguirlo*, j'aurais dû le suivre; *devono essere le tre*, il doit être (à peu près) trois heures; *deve essersi sbagliato*, il a dû se tromper; *devo avere ancora dei soldi da lui*, il doit encore me donner de l'argent; *doveva andare così*, ça devait finir comme ça; *si vede che doveva finire così*, c'était écrit **2** (*in frasi ipotetiche*) devoir*: *dovesse morire, non parlerebbe*, il ne parlerait pas même si cela devait lui coûter la vie; *se dovessi passare da Milano, telefonami*, si par hasard tu passes par Milan, appelle-moi | *dovessi campare cent'anni*, dussé-je vivre cent ans **3** (*occorrere*) falloir*: *dovete sapere che*, il faut savoir que; *devo smettere di fumare*, il faut que j'arrête de fumer; *che cosa si dovrebbe fare per convincerlo?*, que faudrait-il faire pour le convaincre?; *che debba essere sempre così sfortunato?*, faut-il que j'aie toujours aussi peu de chance?; *arrivando, si deve salutare*, quand on arrive, il faut saluer ♦ ***v.tr.*** **1** devoir*: *mi deve 20 euro*, il me doit 20 euros | *devo a te se ho imparato l'inglese*, j'ai appris l'anglais grâce à toi **2** (*in forma passiva o pronominale*) devoir*: *a cosa era dovuto il ritardo?*, quelle était la cause du retard?; *l'incidente non era dovuto a un guasto*, l'accident n'a pas été causé par une panne; *ciò si deve alla sua negligenza*, cela est dû à, cela vient de sa négligence; *il suo successo è dovuto unicamente alla fortuna*, il doit son succès uniquement à la chance.

● ***come si deve***, comme il faut: *comportarsi come si deve*, se conduire comme il faut.

> NOTA L'ausiliare di ***devoir***, che traduce il verbo servile ***dovere***, è *avoir*.
>
> ***È dovuto*** *partire.*
> Il **a dû** partir.
>
> Il participio passato ***dû*** perde l'accento quando è accordato e resta invariato quando è seguito da un infinito espresso o sottinteso:
>
> *Gli interessi che sono dovuti.*
> Les intérêts qui sont **dus**.
> *Non ha pagato tutte le somme che avrebbe dovuto (pagare).*
> Il n'a pas payé toutes les sommes qu'il aurait **dû** (payer).

dovere[2] ***n.m.*** **1** devoir: *è mio dovere informarvi che*, il est de mon devoir de vous faire savoir que **2** (*pl.*) (*ossequi*) hommages, devoirs.

● ***a dovere***, comme il faut: *fare le cose a dovere*, faire les choses comme il faut; *ti sistemerò, servirò a dovere*, je te réglerai ton compte | ***come di dovere***, comme il se doit | ***sentirsi in dovere di***, se sentir le devoir de, se sentir obligé de.

doverosamente [do-ve-ro-sa-mén-te] ***avv.*** comme il se doit; (*fam.*) comme de juste.

doveroso [do-ve-ró-so] ***agg.*** juste.

dovizia [do-vì-zia] ***n.f.*** (*letter.*) abondance; (*ricchezza*) richesse: *dovizia di particolari*, abondance de détails.

dovrò → **dovere**[1].

dovunque [do-vùn-que] ***avv.*** partout; (*in qualsiasi luogo*) n'importe où: *lo puoi trovare dovunque*, tu peux le trouver partout (*o* n'importe où) ♦ ***cong.*** où que (*seguito da cong.*); partout où (*seguito da indic.*): *dovunque tu sia, dovunque voi andiate*, où que tu sois, où que vous alliez.

dovuto [do-vù-to] ***agg.*** **1** (qui est) dû*: *la somma dovutami*, la somme qui m'est due **2** (*necessario, opportuno*) nécessaire: *prendere le dovute precauzioni*, prendre les précautions nécessaires | *era un atto dovuto*, c'était la chose à faire ♦ ***n.m.*** dû: *rendere a qlcu il dovuto*, rendre à qqn son dû; *dare, pagare più del dovuto*, donner, payer plus que ce qui est dû; *fa, ha fatto più del dovuto*, il fait plus qu'il ne faut, il a fait plus qu'il ne fallait.

● ***nel modo dovuto***, comme il se doit | ***nel tempo dovuto***, dans les délais prévus.

> NOTA ***Dovuto*** si traduce ***dû***, che perde l'accento quando è accordato:
>
> *Riceverà la somma* ***dovuta****.*
> Vous recevrez la somme **due**.

down ['daun] ***agg.*** e ***n.m.*** e ***f.*** (*med.*) trisomique.

down-link [daun'liŋk] ***n.m.invar.*** (*inform.*) liaison (*f.*) descendante, down-link.

download [daun'lod] ***n.m.invar.*** (*inform.*) téléchargement.

dozzina [doʒ-ʒì-na] ***n.f.*** douzaine: *c'erano una dozzina di persone*, il y avait une douzaine de personnes.
● ***a dozzine***, par douzaines | ***alla dozzina***, à la douzaine | ***romanziere di dozzina***, (*fig. spreg.*) romancier de second ordre | ***scherzi di dozzina***, plaisanteries de bas étage.

dozzinale [doʒ-ʒi-nà-le] ***agg.*** ordinaire; (*mediocre*) médiocre: *un profumo dozzinale*, un parfum bon marché.

dracma [dràc-ma] ***n.f.*** (*antiq.*) drachme.

draconiano [dra-co-nià-no] ***agg.*** draconien*.

draga [drà-ga] ***n.f.*** [pl. *-ghe*] drague.
● ***draga ad aspirazione***, drague à succion | ***draga a tazze***, drague à godets.

dragaggio [dra-gàg-gio] ***n.m.*** [pl. *-gi*] dragage.

dragamine [dra-ga-mì-ne] ***n.m.invar.*** dragueur de mines.

dragare [dra-gà-re] ***v.tr.*** [coniug. come *legare*] draguer.

drago [drà-go] ***n.m.*** [pl. *-ghi*] dragon: *è un drago in matematica*, (*fam.*) il est calé, fort en maths.

dragoncello [dra-gon-cèl-lo] ***n.m.*** (*bot.*) estragon.

dragone [dra-gó-ne] ***n.m.*** dragon.

dramma [dràm-ma] ***n.m.*** **1** (*teatr.*) drame **2** (*estens.*) drame: *non bisogna farne un dramma*, (*fig.*) il ne faut pas en faire un drame.
● ***dramma pastorale***, pastorale | ***un dramma radiofonico, televisivo***, une dramatique.

drammaticamente [dram-ma-ti-ca-mén-te] ***avv.*** dramatiquement.

drammaticità [dram-ma-ti-ci-tà] ***n.f.invar.*** (*potenza drammatica*) intensité dramatique; (*tragicità*) tragique (*m.*).

drammatico [dram-mà-ti-co] ***agg.*** [pl.m. *-ci*, f. *-che*] **1** (*teatr.*) dramatique **2** (*fig.*) dramatique: *l'esito drammatico di una vicenda*, l'issue dramatique d'une affaire.
● ***attore drammatico***, acteur dramatique.

drammatizzare [dram-ma-tiʒ-ʒà-re] ***v.tr.*** dramatiser: *non drammatizziamo!*, ne dramatisons pas!

drammaturgia [dram-ma-tur-gì-a] ***n.f.*** dramaturgie.

drammaturgo [dram-ma-tùr-go] ***n.m.*** [f. *-a*; pl.m. *-ghi*, f. *-ghe*] dramaturge.

drappeggiare [drap-peg-già-re] ***v.tr.*** [coniug. come *mangiare*] draper ♦ **drappeggiarsi** ***v.pron.*** se draper.

drappeggio [drap-pég-gio] ***n.m.*** [pl. *-gi*] **1** draperie (*f.*); (*funebre*) tenture (*f.*) **2** (*di tenda*) plis (*pl.*); (*di vestito*) drapé.

drappello [drap-pèl-lo] ***n.m.*** **1** (*mil.*) détachement **2** (*di persone*) groupe.

FAUX AMI
Da non confondere con *drapeau*, che significa *bandiera*.

drappo [dràp-po] ***n.m.*** drap: *drappo di seta*, drap de soie.
● ***drappo mortuario***, drap mortuaire.

drasticamente [dra-sti-ca-mén-te] ***avv.*** sans réplique; (*energicamente*) énergiquement.

drastico [drà-sti-co] ***agg.*** [pl.m. *-ci*, f. *-che*] drastique; (*energico*) draconien*: *prendere misure drastiche*, prendre des mesures draconiennes (*o* drastiques).

drenaggio [dre-nàg-gio] ***n.m.*** [pl. *-gi*] drainage.
● ***drenaggio fiscale***, augmentation de la pression fiscale | (*med.*) ***tubo di drenaggio***, drain.

drenare [dre-nà-re] ***v.tr.*** drainer.

dribblare [drib-blà-re] ***v.tr.*** e ***intr.*** [aus. *avere*] **1** (*calcio*) dribbler **2** (*fig.*) éviter, éluder.

dribbling ['dribliŋ] ***n.m.invar.*** (*calcio*) dribble.

drink ['driŋk] ***n.m.invar.*** drink: *prendere un drink*, prendre un pot.

dritta [drìt-ta] ***n.f.*** **1** (*destra*) droite **2** (*mar.*) tribord (*m.*) **3** (*fam.*) (*consiglio, suggerimento prezioso*) tuyau* (*m.*).
● ***a dritta e a manca***, à droite et à gauche | ***dare una dritta a qlcu***, (*fam.*) filer un tuyau à qqn.

dritto [drìt-to] ***agg.*** **1** droit (*anche fig.*) | *capelli dritti*, cheveux lisses, plats **2** (*in piedi*) debout: *non riesce a stare dritto*, il n'arrive pas à se tenir debout ♦ ***avv.*** droit ♦ ***n.m.*** **1** (*di tessuto*) endroit; (*di moneta*) face (*f.*): *un dritto e un rovescio*, (*nei lavori a maglia*) une maille à l'endroit et une maille à l'envers **2** [f. *-a*] (*fam.*) malin **3** (*tennis*) coup droit.
● ***dritto come un fuso***, droit comme un i | ***filare, rigare dritto***, filer doux | ***tirare dritto (per la propria strada)***, faire son petit bonhomme de chemin.

drittofilo [drit-to-fì-lo] ***n.m.invar.*** droit-fil*.

drive ['draiv] ***n.m.invar.*** **1** (*sport*) drive **2** (*inform.*) unité (*f.*) | *drive per dischetti, per hard disk, per nastri*, unité à disquettes, de disque dur, de bande magnétique.

drive-in [drai'vin] ***n.m.invar.*** drive-in, ciné-parc*.

driver ['draiver] ***n.m.invar.*** **1** (*inform.*) logiciel de pilotage; (programme) pilote **2** (*sport*) driver.

drizzare [driz-zà-re] ***v.tr.*** **1** (*raddrizzare*) redresser **2** (*erigere*) élever*; (*mettere in verticale*) dresser: *drizzare una vela*, hisser une voile ♦ **drizzarsi** ***v.pron.*** e ***pron.intr.*** se dresser; (*di pelo e capelli*) se *hérisser.
● ***drizzare il tiro***, (*anche fig.*) rectifier le tir | ***drizzare le orecchie***, (*fig.*) dresser l'oreille.

droga [drò-ga] ***n.f.*** [pl. *-ghe*] **1** (*spezia*) épice **2** (*stupefacente*) drogue, stupéfiant (*m.*).
● ***droga pesante, leggera***, drogue dure, douce | ***fare uso di droga***, se droguer.

drogare [dro-gà-re] ***v.tr.*** [coniug. come *legare*] **1** épicer **2** (*con stupefacenti*) droguer; (*con eccitanti*) doper **3** (*fig.*) (*alterare*) altérer*, falsifier **4** (*eccitare*) exciter; (*stordire*) étourdir ♦ **drogarsi** ***v.pron.*** (*con stupefacenti*) se droguer; (*con eccitanti*) se doper.

drogato [dro-gà-to] ***agg.*** drogué; (*con eccitanti*) dopé ♦ ***n.m.*** [f. *-a*] drogué, toxicomane.

drogheria [dro-ghe-rì-a] ***n.f.*** épicerie.

FAUX AMI
Da non confondere con *droguerie*, che significa *negozio di articoli per la casa e da toilette* o *di farmaci da banco*.

droghiere [dro-ghiè-re] ***n.m.*** [f. *-a*] épicier*.

dromedario [dro-me-dà-rio] ***n.m.*** [pl. *-ri*] dromadaire.

druidico [dru-ì-di-co] ***agg.*** [pl.m. *-ci*, f. *-che*] druidique.

druido [drù-i-do] ***n.m.*** (*st.*) druide*.

dual band [dual'bɛnd] ***agg.invar.*** (*tel.*) bibande.

duale [du-à-le] ***agg.*** dual*.

dualismo [dua-lì-ʃmo] ***n.m.*** dualisme.

dualità [dua-li-tà] ***n.f.*** dualité.

dubbio[1] [dùb-bio] ***agg.*** [pl.m. *-bi*] **1** douteux*: *di dubbia moralità*, d'une moralité douteuse; *di dubbio gusto*, d'un goût douteux **2** (*fig.*) louche; (*sospetto*) suspect.

D

dubbio[2] ***n.m.*** [pl. *-bi*] **1** doute: *mi è venuto un dubbio*, j'ai un doute; *ho i miei dubbi*, j'ai des doutes; *non ho dubbi che fossero le sue intenzioni*, je suis certain que c'étaient ses intentions **2** (*sospetto*) méfiance (*f.*), soupçon, doute: *avevo dei dubbi a suo riguardo*, j'avais quelques doutes (*o* soupçons) à son sujet **3** (*esitazione*) doute, hésitation (*f.*).
● ***avere il dubbio che***, avoir l'impression, la sensation que | ***essere in dubbio se***, se demander si | ***essere in dubbio su qlco***, être dans le doute au sujet de qqch | ***fuori di dubbio***, hors de doute | ***non c'è alcun dubbio che***, nul doute que | ***non c'è il minimo dubbio***, il n'y a pas l'ombre d'un doute, cela ne fait aucun doute | ***senza (alcun) dubbio***, ***fuor d'ogni dubbio***, sans aucun, nul doute | ***senza ombra di dubbio***, sans l'ombre d'un doute.

NOTA L'espressione **avere un dubbio** si traduce ***douter*** seguito:
– dall'indicativo quando si vuole esprimere una realtà, una certezza:
Non ho dubbi che fosse lui.
Je ne ***doute pas que c'était*** *lui.*
– dal congiuntivo preceduto o meno dal *ne* espletivo, quando si esprime un dubbio, un'incertezza:
Ho qualche dubbio che possa arrivare in tempo.
Je ***doute qu'il (ne) puisse*** *arriver à temps.*

dubbiosamente [dub-bio-sa-mén-te] ***avv.*** d'un air de doute, d'une manière douteuse; (*in modo incerto, sospetto*) douteusement.

dubbioso [dub-bió-so] ***agg.*** **1** (*che esprime dubbio*) douteux*, plein de doute; (*esitante*) hésitant: *con aria dubbiosa*, d'un air de doute **2** (*non sicuro, incerto*) douteux*, incertain: *sorte dubbiosa*, sort incertain.
● ***essere dubbioso di fronte a qlco***, être hésitant devant qqch | ***essere dubbioso se***, se demander si.

dubitare [du-bi-tà-re] ***v.intr.*** [aus. *avere*] **1** douter: *dubito che venga*, je doute qu'il vienne; *non dubitare!*, n'en doute pas!; *non dubito che abbia ragione*, je ne doute pas qu'il (n')ait raison; *dubito che possa farcela*, je doute qu'il puisse s'en tirer **2** (*temere, sospettare*) craindre*: *dubito che sia tardi*, je crains qu'il ne soit tard.
● ***dubitare di qlcu***, douter de qqn | ***dubitare se***, se demander si: *dubito se andare o restare*, je me demande si je dois partir ou rester.

NOTA ***Dubitare*** si traduce anche ***craindre***, che regge sempre il congiuntivo, preceduto o meno dal ***ne*** espletivo, solo quando *craindre* è alla forma positiva:
Dubito che possa arrivare in tempo.
Je crains qu'il **(ne) puisse** arriver à temps.

dubitativo [du-bi-ta-tì-vo] ***agg.*** dubitatif*: *tono dubitativo*, ton dubitatif.
● (*dir.*) ***assolvere con formula dubitativa***, acquitter avec le bénéfice du doute.

dublinese [du-bli-né-se] ***agg.*** dublinois ♦ ***n.m.*** e ***f.*** (*abitante*) Dublinois/e.

duca [dù-ca] ***n.m.*** [pl. *-chi*] duc.

ducale [du-cà-le] ***agg.*** **1** ducal* **2** (*dogale*) du doge.

ducato [du-cà-to] ***n.m.*** **1** titre de duc **2** (*feudo*) duché **3** (*antica moneta*) ducat.

duce [dù-ce] ***n.m.*** chef, guide.
● (*st.*) ***il Duce***, le Duce.

duchessa [du-chés-sa] ***n.f.*** duchesse.

due [dù-e] ***agg.num.card*** e ***n.m.invar.*** deux: *due ragazzi*, deux garçons; *il due (di) agosto*, le deux août; *i due camminavano fianco a fianco*, ils marchaient tous les deux côte à côte | *sono le due*, il est deux heures.
● (*canottaggio*) ***due con***, ***due senza***, deux barré, deux sans barreur | ***a due a due***, deux à deux, deux par deux | ***da due soldi***, de quatre sous | ***dire due parole a qlcu***, dire un mot à qqn | ***è a due passi da qui***, c'est à deux pas d'ici | ***fare per due***, en valoir deux | ***gliene ho dette due***, (*fam.*) je lui ai dit ses quatre vérités | ***in due e due quattro***, en un clin d'œil | ***mangiare per due***, manger comme quatre | ***non ci ha pensato due volte***, il n'a fait ni une ni deux | ***per due***, ***due alla volta***, ***due per volta***, par deux: *salire i gradini a due a due*, *due alla volta*, monter l'escalier quatre à quatre | ***scrivere due righe a qlcu***, écrire un petit mot à qqn | ***tutti e due***, tous (les) deux | ***una delle due***, ***delle due una***, de deux choses l'une | (*mar.*) ***un due alberi***, un deux-mâts | ***vivere in due***, vivre à deux.

duecentesco [due-cen-té-sco] ***agg.*** [pl.m. *-schi*, f. *-sche*] du XIIIe siècle.

duecentesimo [due-cen-tè-ʃi-mo] ***agg.num.ord.*** e ***n.m.*** [f. *-a*] deux centième.

duecentista [due-cen-tì-sta] ***n.m.*** e ***f.*** **1** (*scrittore, artista*) écrivain, artiste du XIIIe siècle **2** (*studioso del Duecento*) spécialiste du XIIIe siècle **3** (*sport*) coureur* de 200 mètres.

duecento [due-cèn-to] ***agg.num.card.*** e ***n.m.invar.*** deux cents.
● (*sport*) ***i duecento (metri)***, le deux cents mètres | ***nel Duecento***, au treizième, XIIIe siècle.

duellante [duel-làn-te] ***n.m.*** e ***f.*** duelliste.

duellare [duel-là-re] ***v.intr.*** [aus. *avere*] se battre* en duel.

duello [du-èl-lo] ***n.m.*** duel: *battersi a duello*, se battre en duel.
● ***duello all'ultimo sangue***, duel à mort (*o* au dernier sang) | ***duello oratorio***, (*fig.*) duel oratoire.

duemila [due-mì-la] ***agg.num.card.*** e ***n.m.invar.*** deux mille.
● ***il Duemila***, l'an deux mille.

duepezzi [due-pèz-zi] **due pezzi** ***n.m.invar.*** (*abbigl.*) **1** (*costume*) deux-pièces* **2** (*abito da donna*) deux -pièces*.

duetto [du-ét-to] ***n.m.*** duo.

dulcamara [dul-ca-mà-ra] ***n.m.invar.*** (*scherz.*) charlatan.

duna [dù-na] ***n.f.*** dune.

dunque [dùn-que] ***cong.*** donc: *è tardi, dunque dobbiamo sbrigarci*, il est tard, il faut donc se dépêcher | *su dunque, parla!*, parle donc! | *dunque, sì o no?*, alors, oui ou non? ♦ ***n.m.invar.*** conclusion (*f.*), fait.
● ***dunque?***, eh bien?, et alors? | ***trovarsi al dunque***, se trouver au moment crucial | ***venire al dunque***, en venir au fait.

duo [dù-o] ***n.m.*** **1** (*mus.*) duo **2** (*coppia*) couple.

duodenale [duo-de-nà-le] ***agg.*** (*anat.*) duodénal*.

duodeno [duo-dè-no] ***n.m.*** (*anat.*) duodénum.

duoli → **dolere**.

duomo [duò-mo] ***n.m.*** cathédrale (*f.*).
● ***il duomo di Milano***, le dôme de Milan.

duplex [dù-plex] ***agg.*** e ***n.m.invar.*** (*tel., rad., elettr.*) duplex.
● (*telefono*) ***duplex***, ligne de téléphone avec deux abonnés différents.

duplicare [du-pli-cà-re] ***v.tr.*** [coniug. come *mancare*] **1** (*raddoppiare*) doubler: *duplicare il guadagno*, doubler le gain **2** (*fare una copia*) (*di documento*) faire* le duplicata (**de**); (*di chiave*) faire* le double (**de**): *duplicare una cassetta*, dupliquer une cassette.

duplicato [du-pli-cà-to] ***n.m.*** **1** (*di documento*) duplicata* **2** (*di oggetto*) double: *il duplicato di una chiave*, le double d'une clé **3** (*tip.*) doublon.
● ***copia in duplicato***, copie double.

duplicatore [du-pli-ca-tó-re] ***n.m.*** duplicateur.
● (*fis.*) ***duplicatore di frequenza***, doubleur de fréquence.

duplicazione [du-pli-ca-zió-ne] ***n.f.*** duplication.
● ***duplicazione di nastro magnetico***, copie de bande magnétique.

duplice [dù-pli-ce] ***agg.*** double.
● ***in duplice copia***, en double exemplaire.

duplicità [du-pli-ci-tà] ***n.f.*** duplicité.

duracino [du-rà-ci-no] ***agg.***
● ***ciliegia duracina***, bigarreau | ***pesca duracina***, pavie.

duralluminio [du-ral-lu-mì-nio] ***n.m.*** [pl.m. *-ni*] (*metall.*) duralumin.

duramadre [du-ra-mà-dre] ***n.f.*** [pl. *duremadri*] (*anat.*) dure-mère*.

duramente [du-ra-mén-te] ***avv.*** **1** durement **2** (*aspramente*) âprement, rudement.

durante [du-ràn-te] ***prep.*** pendant.
● ***me ne ricorderò vita natural durante***, je m'en souviendrai (toute) ma vie durant.

durare [du-rà-re] ***v.intr.*** [aus. *essere* o *avere*] **1** durer: *lo spettacolo è durato un'ora*, le spectacle a duré une heure; *quest'anno l'inverno è durato molto*, l'hiver a été très long cette année; *questa moda non durerà a lungo*, cette mode ne durera, ne tiendra pas longtemps **2** (*continuare*) continuer: *pare che il caldo voglia durare*, il paraît que la chaleur va continuer; *la pioggia è durata tutta la notte*, il n'a pas arrêté de pleuvoir de toute la nuit; *così non può durare!*, cela ne peut pas continuer (comme ça)! **3** (*rimanere*) rester: *durare in carica*, rester en fonction **4** (*di cibo*) (*conservarsi*) se conserver **5** (*resistere*) durer, résister: *una stoffa che dura molto*, un tissu très résistant.
● ***durare fatica***, avoir du mal | ***almeno durasse!***, si cela pouvait durer! | ***è durato da Natale a S. Stefano***, (*fig.*) cela n'a duré qu'un jour | ***finché dura!***, tant que ça dure! | ***speriamo che duri!***, pourvu que ça dure!

NOTA ***Durare*** si traduce ***durer***, che nei tempi composti è coniugato con l'ausiliare *avoir*.
*Un'emozione che **è durata** un istante.*
Une émotion qui **n'a duré** qu'un instant.

durata [du-rà-ta] ***n.f.*** durée: *per la durata di quindici giorni*, pour (la durée de) quinze jours; *per tutta la durata del soggiorno*, pour toute la durée du séjour.
● ***essere di breve, lunga durata***, être de courte, longue durée.

duraturo [du-ra-tù-ro] ***agg.*** durable; (*solido, resistente*) résistant.

durevole [du-ré-vo-le] ***agg.*** durable.

durevolmente [du-re-vol-mén-te] ***avv.*** durablement.

durezza [du-réz-za] ***n.f.*** **1** dureté: *la durezza del marmo*, la dureté du marbre **2** (*fig.*) dureté; (*asprezza*) âpreté, rudesse: *durezza d'animo, di cuore*, dureté d'âme, de cœur; *durezza di modi*, rudesse de manières.
● (*chim.*) ***durezza dell'acqua***, dureté de l'eau.

durlindana [dur-lin-dà-na] ***n.f.*** (*lett.*) (*spada di Orlando*) Durendal; (*scherz.*) épée.

duro [dù-ro] ***agg.*** **1** dur: *pane duro*, pain dur (*o* rassis) **2** (*fig.*) (*difficile*) dur: *un duro lavoro*, un travail dur; *una salita dura*, une rude montée **3** (*fig.*) (*rigido, severo*) dur; (*inflessibile*) inflexible: *carattere duro*, caractère inflexible ♦ ***avv.*** dur, durement: *lavorare duro*, travailler dur; *colpire duro*, frapper dur ♦ ***n.m.*** **1** [f. *-a*] (*di persona*) dur: *fare il duro*, jouer les durs **2** (*di cosa*) le difficile: *il duro deve ancora venire*, le pire doit encore arriver.
● ***carcere duro***, cachot; (*fam.*) mitard | ***cuore duro come la pietra***, cœur de pierre | ***è duro a cedere***, il cède difficilement | ***sul duro***, (*su una superficie dura*) sur quelque chose de dur: *non stare sul duro, prendi un cuscino*, ne reste pas sur du dur, prends un coussin | ***tener duro***, tenir bon.

durone [du-ró-ne] ***n.m.*** **1** (*callo e marmo*) durillon **2** (*region.*) (*ciliegia duracina*) bigarreau*.

duttile [dùt-ti-le] ***agg.*** **1** ductile **2** (*fig.*) souple, malléable.

duttilità [dut-ti-li-tà] ***n.f.invar.*** **1** ductilité **2** (*fig.*) souplesse, malléabilité.

duty free [djuti'fri] ***n.m.*** magasin détaxé.

DVD [divu'di *o* divi'di] ***n.m.invar.*** (*sigla di* Digital Versatile Disc, *disco digitale multiuso, disque numérique à usages variés*) (*inform.*) DVD.

D

Ee

e[1] ***n.f.*** o ***m.invar.*** e (*m.*).
● (*tel.*) ***e come Empoli***, e comme Émile.

e[2], **ed** [davanti alla vocale *e*] ***cong.*** et: *un foglio e una busta*, une feuille et une enveloppe; *tu e io*, toi et moi; *il catalogo e il listino prezzi sono esauriti*, notre catalogue ainsi que notre tarif sont épuisés.
● ***e due! e tre!***, et de deux!, et de trois! | ***due e due (fanno) quattro***, deux et deux (font) quatre | ***le tre e cinque (minuti)***, trois heures cinq | ***tutti e due***, tous les deux | ***vuoi andare? E vacci!***, tu veux y aller? Eh bien, vas-y!
□ **e... e** (*sia... sia*) aussi bien... que, ...autant que...: *e i cinesi e i giapponesi*, aussi bien les Chinois que les Japonais; *e gli uomini e le donne*, les hommes autant que les femmes.

è → **essere**[1].

ebanista [e-ba-nì-sta] ***n.m.*** e ***f.*** ébéniste.

ebanisteria [e-ba-ni-ste-rì-a] ***n.f.*** ébénisterie.

ebanite [e-ba-nì-te] ***n.f.*** (*chim.*) ébonite.

ebano [è-ba-no] ***n.m.*** **1** (*albero*) ébénier **2** (*legno*) ébène (*f.*).

ebbene [eb-bè-ne] ***cong.*** eh bien: *ebbene, che te ne pare?*, eh bien, qu'en dis-tu?

ebbi → **avere**[1].

ebbrezza [eb-bréz-za] ***n.f.*** ivresse, griserie (*anche fig.*): *l'ebbrezza della velocità*, (*fig.*) la griserie de la vitesse.
● ***in stato di ebbrezza***, en état d'ivresse; (*buroc.*) en état d'ébriété.

ebbro [èb-bro] ***agg.*** ivre (*anche fig.*).

ebete [è-be-te] ***agg.*** idiot; (*inebetito*) hébété ♦ ***n.m.*** e ***f.*** abruti/e.

ebollizione [e-bol-li-zió-ne] ***n.f.*** ébullition: *portare a ebollizione*, porter à ébullition.

e-book [iˈbuk] ***n.m.invar.*** (*inform.*) e-book, livre électronique.

ebraico [e-bràì-co] ***agg.*** [pl.m. *-ci*, f. *-che*] juif*; (*spec. riferito agli antichi ebrei*) hébraïque; (*di testo, autore*) hébreu* (*solo m.*): *la religione ebraica*, la religion juive; *la lingua ebraica*, la langue hébraïque; *il popolo ebraico*, le peuple juif (*o* hébreu) ♦ ***n.m.*** (*lingua*) hébreu*.

ebraismo [e-bra-ì-ʃmo] ***n.m.*** **1** judaïsme; (*tradizione ebraica*) tradition juive **2** (*ling.*) hébraïsme.

ebreo [e-brè-o] ***agg.*** juif* ♦ ***n.m.*** [f. *-a*] Juif*, Hébreu*.
● ***l'Ebreo errante***, le Juif errant.

eburneo [e-bùr-ne-o] ***agg.*** (*letter.*) d'ivoire, ivoirin.

e-business [iˈbiznis] ***n.m.invar.*** cybercommerce.

ecatombe [e-ca-tóm-be] ***n.f.*** hécatombe (*anche fig.*): *fare un'ecatombe*, faire un massacre.

eccedente [ec-ce-dèn-te] ***agg.*** excédentaire ♦ ***n.m.*** excédent.

eccedenza [ec-ce-dèn-za] ***n.f.*** excédent (*m.*), surplus (*m.*).
● ***eccedenza di cassa***, excédent de caisse | ***eccedenza di peso***, (*sovrappeso*) surcharge | ***eccedenza di produzione***, excédent, surplus de production | ***in eccedenza***, en excédent (*o* en trop).

eccedere [ec-cè-de-re] ***v.tr.*** excéder*, dépasser: *eccede le mie forze*, cela est au-dessus de mes forces ♦ ***v.intr.*** [aus. *avere*] (*esagerare*) exagérer*: *eccedere nel bere e nel mangiare*, exagérer dans le manger et dans le boire.

eccellente [ec-cel-lèn-te] ***agg.*** excellent: *è un uomo eccellente*, c'est un excellent homme.
● (*lett.*) ***cadavere eccellente***, cadavre exquis.

eccellentissimo [ec-cel-len-tis-si-mo] ***agg.*** illustre.

eccellenza [ec-cel-lèn-za] ***n.f.*** excellence.
● ***Eccellenza***, (*titolo onorifico*) Excellence | ***per eccellenza***, par excellence.

eccellere [ec-cèl-le-re] ***v.intr.*** [p.rem. *io eccelsi, tu eccellesti* ecc.; p.p. *eccelso*; aus. *avere* o *essere*, ma rari i tempi composti] exceller: *eccellere negli studi*, exceller dans les études; *eccelle per ignoranza*, (*iron.*) il brille par son ignorance; *eccelle sui compagni di scuola*, il est nettement meilleur que ses camarades.

eccelso [ec-cèl-so] ***agg.*** **1** très élevé **2** (*per qualità, meriti*) sublime.
● (*relig.*) ***l'Eccelso***, (*Dio*) le Très-Haut.

eccentricità [ec-cen-tri-ci-tà] ***n.f.invar.*** excentricité.

eccentrico [ec-cèn-tri-co] ***agg.*** [pl.m. *-ci*, f. *-che*] excentrique ♦ ***n.m.*** [f. *-a*] fantaisiste.

eccepire [ec-ce-pì-re] ***v.tr.*** [coniug. come *finire*] **1** redire* (**à**), objecter: *non ho nulla da eccepire*, je n'ai rien à redire (*o* à objecter) **2** (*dir.*) exciper (**de**).

eccessivamente [ec-ces-si-va-mén-te] ***avv.*** excessivement.

eccessivo [ec-ces-si-vo] ***agg.*** excessif*: *è eccessivo*, c'est trop.

eccesso [ec-cès-so] ***n.m.*** **1** excès: *eccesso di potere*, excès de pouvoir **2** (*spec. pl.*) (*smoderatezza*) excès: *commettere degli eccessi*, commettre des excès.
● ***eccesso di velocità***, excès de vitesse | ***in eccesso***, de trop | ***(fino) all'eccesso***, (jusqu')à l'excès: *scrupoloso (fino) all'eccesso*, scrupuleux à l'excès; *spingere le cose all'eccesso*, pousser les choses trop loin | ***peccare di eccesso di zelo***, être trop zélé.

eccetera [ec-cè-te-ra] ***avv.*** et cætera, et cetera.
● ***eccetera eccetera***, (*fam.*) (*...e così via*) et patati et patata.

eccetto [ec-cèt-to] ***prep.*** [a volte seguita da *che*] excepté, sauf: *eccetto i bambini*, excepté, sauf les enfants (*o* les enfants exceptés).
● ***eccetto che***, (*a meno che*) à moins que.

> **NOTA** ***Eccetto*** si traduce ***excepté***, che resta invariato prima del nome e si accorda quando lo segue:
>
> *Erano tutti lì eccetto mia cugina*
> Ils étaient tous là excepté ma cousine (*o* ma cousine exceptée).

eccettuare [ec-cet-tu-à-re] ***v.tr.*** excepter: *senza eccettuare nessuno*, sans exception pour personne.
● ***se si eccettua ciò***, à part ça.

eccettuato [ec-cet-tuà-to] ***agg.*** excepté, exclu: *eccettuati i bambini*, les enfants exceptés (*o* sauf *o* excepté les enfants).
● ***nessuno eccettuato***, sans exception.

eccezionale [ec-ce-zio-nà-le] ***agg.*** **1** exceptionnel*: *è un caso (del tutto) eccezionale*, c'est un cas tout à fait exceptionnel **2** (*estens.*) (*straordinario*) formidable.
● ***in via (del tutto) eccezionale***, exceptionnellement | (*dir.*) ***tribunali eccezionali***, tribunaux d'exception.

eccezionalità [ec-cez-zio-na-li-tà] ***n.f.invar.*** caractère (*m.*) exceptionnel.

eccezionalmente [ec-ce-zio-nal-mén-te] ***avv.*** exceptionnellement.

eccezione [ec-ce-zió-ne] ***n.f.*** **1** exception: *è davvero un'eccezione*, c'est vraiment exceptionnel **2** (*obiezione, critica*) objection, critique **3** (*dir.*) exception.
● (*dir.*) ***eccezione d'incompetenza***, exception d'incompétence | ***a eccezione di***, à l'exception de | ***con qualche rara eccezione***, à peu d'exceptions près | ***d'eccezione***, d'exception: *un pianista d'eccezione*, un pianiste d'exception (*o* exceptionnel) | ***in via d'eccezione***, exceptionnellement | ***l'eccezione conferma la regola***, l'exception confirme la règle | ***senza eccezione***, sans exception.

ecchimosi [ec-chì-mo-ʃi] ***n.f.*** (*med.*) ecchymose.

eccì [ec-cì] ***onom.*** e ***n.m.invar.*** atchoum.

eccidio [ec-cì-dio] ***n.m.*** [pl. *-dî*] massacre.

eccipiente [ec-ci-pièn-te] ***agg.*** e ***n.m.*** excipient.

eccitabile [ec-ci-tà-bi-le] ***agg.*** excitable.

eccitabilità [ec-ci-ta-bi-li-tà] ***n.f.invar.*** excitabilité.

eccitamento [ec-ci-ta-mén-to] ***n.m.*** excitation (*f.*).

eccitante [ec-ci-tàn-te] ***agg.*** e ***n.m.*** excitant: *lettura eccitante*, lecture excitante.

eccitare [ec-ci-tà-re] ***v.tr.*** exciter: *eccitare la fantasia, la curiosità*, exciter l'imagination, la curiosité; *non bere troppo caffè, eccita*, ne bois pas trop de café, c'est un excitant ♦ **eccitarsi** ***v.pron.intr.*** s'exciter: *si eccitò al solo pensiero*, la simple idée l'excita.

eccitato [ec-ci-tà-to] ***agg.*** excité.

eccitatore [ec-ci-ta-tó-re] ***n.m.*** (*mecc.*) excitateur.

eccitazione [ec-ci-ta-zió-ne] ***n.f.*** excitation: *eccitazione mentale, sessuale*, excitation mentale, sexuelle.

ecclesiastico [ec-cle-ʃià-sti-co] ***agg.*** e ***n.m.*** [pl.m. *-ci*, f. *-che*] ecclésiastique.

ecco [èc-co] ***avv.*** (*per indicare cosa o persona vicina, cosa da dirsi o da farsi*) voici; (*per indicare cosa o persona lontana, cosa detta o fatta*) voilà: *ecco la mamma che ritorna*, voici maman qui revient; *ecco ciò che mi ha detto*, voilà ce qu'il m'a dit; *ecco quello che succede a fare le cose in fretta*, voilà ce que c'est que de faire les choses trop vite; *eccoci finalmente a casa*, nous voici enfin à la maison; *eccoti il libro*, voilà ton livre; *eccoti servito!*, te voilà servi!; *eccolo di nuovo!*, le revoilà!
● ***ecco fatto***, voilà qui est fait | ***ecco, siamo alle solite!***, voilà, ça recommence! | ***ecco perché***, voilà pourquoi: *ecco perché non ha più telefonato*, voilà pourquoi il n'a plus téléphoné | ***ecco tutto***, voilà tout | ***eccomi!***, (*vengo subito*) j'arrive! | ***quand'ecco***, lorsque; (*improvvisamente*) tout à coup.

NOTA ***Voici*** e ***voilà***, che traducono ***ecco***, seguono sempre i pronomi personali a cui sono legati:
eccomi, me voici; *eccoli*, les voilà.

eccome [ec-có-me] ***avv.*** et comment.

echeggiare [e-cheg-già-re] ***v.intr.*** [coniug. come *mangiare*; aus. *avere* o *essere*] retentir, résonner.

echidna [e-chìd-na] ***n.f.*** (*zool.*) échidné (*m.*).

echino [e-chì-no] ***n.m.*** (*arch.*) échine (*f.*).

echinoderma [e-chi-no-dèr-ma] ***n.m.*** (*zool.*) échinoderme.

eclatante [e-cla-tàn-te] ***agg.*** éclatant.

eclettico [e-clèt-ti-co] ***agg.*** e ***n.m.*** [f. *-a*; pl.m. *-ci*, f. *-che*] éclectique.

eclettismo [e-clet-tì-ʃmo] ***n.m.*** éclectisme.

eclissare [e-clis-sà-re] ***v.tr.*** éclipser (*anche fig.*) ♦ **eclissarsi** ***v.pron.intr.*** s'éclipser (*anche fig.*).

eclisse [e-clìs-se] ***n.f.*** **eclissi** ***n.f.invar.*** (*astr.*) éclipse (*anche fig.*).
● ***eclisse solare, lunare***, éclipse de soleil, de lune | ***eclisse totale, parziale***, éclipse totale, partielle.

eclittica [e-clìt-ti-ca] ***n.f.*** [pl. *-che*] (*astr.*) écliptique (*m.*).

eco [è-co] ***n.f.invar.*** o ***n.m.*** [pl. *echi*] écho (*m.*): *suscitare vasta eco*, (*fig.*) avoir un grand retentissement.
● (*giorn.*) ***echi di cronaca***, échos (d'un journal).

FAUX AMI
Da non confondere con *écot*, che significa *quota*.

eco- ***pref.*** écho-.

ecoattivista [e-co-at-ti-vì-sta] ***n.m.*** e ***f.*** éco-activiste.

ecoballa [e-co-bàl-la] ***n.f.*** (*ecol.*) balle pour le recyclage.

ecocardiogramma [e-co-car-dio-grà-ma] ***n.m.*** (*med.*) échocardiogramme.

ecocatastrofe [e-co-ca-tà-stro-fe] ***n.f.*** catastrophe écologique.

ecocompatibile [e-co-com-pa-tì-bi-le] ***agg.*** écocompatible.

ecocompatibilità [e-co-com-pa-ti-bi-li-tà] ***n.f.invar.*** écocompatibilité.

ecoconsumatore [e-co-con-su-ma-tó-re] ***n.m.*** [f. *-trice*] éco-consommateur*.

ecoetichetta [e-co-e-ti-chét-ta] ***n.f.*** écolabel (*m.*).

ecogenetica [e-co-ge-nè-ti-ca] ***n.f.*** [pl. *-che*] (*biol.*) génécologie.

ecogoniometro [e-co-go-niò-me-tro] ***n.m.*** sondeur à ultrasons; sonar, échosondeur.

ecografia [e-co-gra-fì-a] ***n.f.*** (*med.*) échographie.

ecoincentivo [e-co-in-cen-tì-vo] ***n.m.*** prime écologique, bonus écologique.

ecoindustria [e-co-in-dù-stria] ***n.f.*** éco-industrie.

ecologia [e-co-lo-gì-a] ***n.f.*** écologie.

ecologico [e-co-lò-gi-co] ***agg.*** [pl.m. *-ci*, f. *-che*] écologique.
● ***prodotto ecologico***, écoproduit.

ecologismo [e-co-lo-gì-ʃmo] ***n.m.*** écologisme.

ecologista [e-co-lo-gì-sta] ***agg.*** e ***n.m.*** e ***f.*** écologiste; (*fam.*) écolo.

ecologo [e-cò-lo-go] ***n.m.*** [f. *-a*; pl.m. *-gi*, f. *-ghe*] écologue, écologiste.

ecometro [e-cò-me-tro] ***n.m.*** → **ecogoniometro**.

e-commerce [e'cɔmmers] ***n.m.invar.*** e-commerce; commerce électronique, commerce on line, en ligne.

ecomuseo [e-co-mu-ʃè-o] ***n.m.*** écomusée.

economato [e-co-no-mà-to] ***n.m.*** économat.

E

econometria [e-co-no-me-trì-a] ***n.f.*** économétrie.

econometrico [e-co-no-mè-tri-co] ***agg.*** [pl.m. *-ci*, f. *-che*] économétrique.

economia [e-co-no-mì-a] ***n.f.*** **1** économie: *fare economia*, faire des économies; *fare economia d'acqua*, économiser l'eau; *spendere senza economia*, dépenser sans compter **2** (*sistema economico*) économie **3** (*organizzazione interna*) économie: *l'economia generale di un'opera letteraria*, l'économie générale d'une œuvre littéraire.
● ***economia di mercato***, économie de marché | ***economia di scala***, économie d'échelle | ***economia domestica***, (*come insegnamento*) enseignement ménager | ***economia mista***, économie mixte | ***economia pianificata***, économie planifiée | ***economia politica***, économie politique | ***economia sommersa***, économie souterraine.

economicamente [e-co-no-mi-ca-mén-te] ***avv.*** économiquement.

economicità [e-co-no-mi-ci-tà] ***n.f.invar.*** le fait d'être à bon marché.

economico [e-co-nò-mi-co] ***agg.*** [pl.m. *-ci*, f. *-che*] économique: *difficoltà economiche*, difficultés financières.
● ***annuncio economico***, petite annonce | ***bilancio economico***, bilan économique.

economista [e-co-no-mì-sta] ***n.m.*** e ***f.*** économiste.

economizzare [e-co-no-miʒ-ʒà-re] ***v.tr.*** économiser.

economizzatore [e-co-no-miʒ-ʒa-tó-re] ***n.m.*** économiseur (*anche tecn.*).

economo [e-cò-no-mo] ***agg.*** e ***n.m.*** [f. *-a*] économe.

ecopelle [e-co-pèl-le] ***n.f.*** similcuir (*m.*).

ecoscandaglio [e-co-scan-dà-glio] ***n.m.*** [pl. *-gli*] échosondeur.

ecosfera [e-co-sfè-ra] ***n.f.*** écosphère.

ecosistema [e-co-si-stè-ma] ***n.m.*** écosystème.

ecosostenibile [e-co-so-ste-nì-bi-le] ***agg.*** écologique, respectueux* de l'environnement.

ecotassa [e-co-tàs-sa] ***n.f.*** (*trib.*) écotaxe.

ecoturismo [e-co-tu-rì-ʃmo] ***n.m.*** écotourisme.

ecstasy ['ɛkstasi] ***n.f.invar.*** (*droga*) ecstasy.

ecto- ***pref.*** ecto-.

ectoplasma [ec-to-plà-ʃma] ***n.m.*** ectoplasme.

ecu [è-cu] ***n.m.invar.*** (*moneta europea*) écu (sostituito dall'euro).

ecumene [e-cu-mè-ne] ***n.f.*** écoumène (*m.*), œkoumène (*m.*).

ecumenico [e-cu-mè-ni-co] ***agg.*** [pl.m. *-ci*, f. *-che*] œcuménique.

ecumenismo [e-cu-me-nì-ʃmo] ***n.m.*** œcuménisme.

eczema [ec-ʒè-ma] ***n.m.*** (*med.*) eczéma.

ed ***cong.*** → **e**².

edema [e-dè-ma *o* èdema] ***n.m.*** (*med.*) œdème.

edematico [e-de-mà-ti-co] ***agg.*** [pl.m. *-ci*, f. *-che*] (*med.*) œdémateux*.

eden [è-den] ***n.m.invar.*** éden.

edera [é-de-ra] ***n.f.*** (*bot.*) lierre (*m.*).

edibile [e-dì-bi-le] ***agg.*** comestible.

edicola [e-dì-co-la] ***n.f.*** **1** kiosque (*m.*) (à journaux) **2** (*arch.*) édicule.

edicolante [e-di-co-làn-te] ***n.m.*** e ***f.*** marchand/e de journaux.

edificabile [e-di-fi-cà-bi-le] ***agg.*** constructible, à bâtir.
● ***aree edificabili***, terrains à bâtir | ***non edificabile***, inconstructible.

edificabilità [e-di-fi-ca-bi-li-tà] ***n.f.invar.*** constructibilité.

edificante [e-di-fi-càn-te] ***agg.*** édifiant.

edificare [e-di-fi-cà-re] ***v.tr.*** [coniug. come *mancare*] **1** édifier; bâtir **2** (*fig.*) (*stimolare al bene*) édifier.

edificazione [e-di-fi-ca-zió-ne] ***n.f.*** édification.
● ***essere di edificazione***, (*fig.*) être exemplaire.

edificio [e-di-fi-cio] ***n.m.*** [pl. *-ci*] édifice; (*complesso edilizio*) bâtiment; (*casa*) maison (*f.*): *costruire, demolire un edificio*, bâtir, démolir un édifice; *un edificio di menzogne*, (*fig.*) un échafaudage de mensonges; *l'edificio della difesa è crollato*, (*fig.*) l'édifice de la défense s'est écroulé.
● ***edificio d'abitazione***, maison d'habitation | ***edifici ospedalieri***, établissements hospitaliers | ***edifici scolastici***, bâtiments scolaires.

edile [e-dì-le] ***agg.*** de construction: *impresa edile*, entreprise de construction | *costruttore edile*, entrepreneur en bâtiment | *l'industria edile*, le bâtiment ♦ ***n.m.*** ouvrier du bâtiment | *gli edili*, le bâtiment.
● ***ingegnere edile***, ingénieur civil | ***materiali, macchine edili***, matériaux de construction, machines pour bâtiment | ***perito edile***, technicien du bâtiment.

edilizia [e-di-lì-zia] ***n.f.*** bâtiment (*m.*); construction: *crisi dell'edilizia*, crise du bâtiment; *l'edilizia si è molto sviluppata*, la construction a pris un grand essor; *un capolavoro di edilizia moderna*, un chef-d'œuvre de la construction moderne; *stanziare fondi per l'edilizia scolastica*, attribuer des fonds pour les constructions d'écoles.
● ***edilizia agevolata***, construction avec facilités d'accès à la propriété | ***edilizia popolare, residenziale***, logements sociaux, résidentiels | ***materiali per edilizia***, matériaux de construction.

edilizio [e-di-lì-zio] ***agg.*** [pl.m. *-zi*] du bâtiment; de construction: *crisi edilizia*, crise du bâtiment; *speculazione edilizia*, spéculation immobilière.
● ***commissione edilizia***, commission délivrant les permis de construire | ***lavori edilizi***, travaux du bâtiment | ***licenza edilizia***, permis de construire | ***piano edilizio***, plan de construction | ***regolamenti edilizi***, normes de construction.

edipico [e-dì-pi-co] ***agg.*** [pl.m. *-ci*, f. *-che*] (*psic.*) œdipien*.

edito [è-di-to] ***agg.*** publié.

editore [e-di-tó-re] ***n.m.*** **1** [f. *-trice*] éditeur* **2** (*casa editrice*) éditions (*f.pl.*): *pubblica presso l'editore x*, il publie aux éditions x ♦ ***agg.*** d'édition.
● ***editore responsabile***, éditeur responsable | ***casa editrice***, maison d'édition | ***libraio editore***, libraire-éditeur.

editoria [e-di-to-rì-a] ***n.f.*** édition: *lavora nell'editoria*, il travaille dans l'édition.
● ***editoria elettronica***, éditique.

editoriale [e-di-to-rià-le] ***agg.*** **1** (*giorn.*) éditorial* **2** (*di editore, di editoria*) d'édition: *svolgere un'attività editoriale*, travailler dans l'édition ♦ ***n.m.*** (*giorn.*) (*articolo di fondo*) éditorial*; (*fam.*) édito.
● ***l'industria editoriale***, l'édition.

editorialista [e-di-to-ria-lì-sta] ***n.m.*** e ***f.*** éditorialiste.

editto [e-dìt-to] ***n.m.*** édit.

edizione [e-di-zió-ne] ***n.f.*** **1** édition: *edizione in 16°*, édition in-seize **2** (*giorn.*) édition **3** (*estens.*) (*di una manifestazione*): *la prima edizione del premio x*, la première attribution du prix x; *ha vinto la prima edizione del pre-*

mio Viareggio, il est le premier lauréat du prix Viareggio; *ha vinto la decima edizione del giro di Francia*, il a été le vainqueur du dixième tour de France.
● ***edizione critica***, édition critique | ***edizione originale***, édition originale | (*giorn.*) ***edizione straordinaria***, édition spéciale | ***edizione tascabile***, édition de poche | (*rad., tv*) ***in edizione ridotta***, sous forme réduite.

edonismo [e-do-nì-ʃmo] ***n.m.*** hédonisme.

edonista [e-do-nì-sta] ***n.m.*** e ***f.*** hédoniste.

edonistico [e-do-nì-sti-co] ***agg.*** [pl.m. *-ci*, f. *-che*] hédoniste, hédonistique.

edotto [e-dòt-to] ***agg.*** (*letter.*) informé.
● ***rendere edotto***, informer de.

educanda [e-du-càn-da] ***n.f.*** pensionnaire (chez les sœurs).

educandato [e-du-can-dà-to] ***n.m.*** pensionnat de jeunes filles.

educare [e-du-cà-re] ***v.tr.*** [coniug. come *mancare*] éduquer; (*allevare*) élever*: *educare la volontà*, éduquer la volonté; *educare all'arte*, donner le goût de l'art; *non sa educare i figli*, il ne sait pas élever ses enfants.

educatamente [e-du-ca-ta-mén-te] ***avv.*** poliment.

educativo [e-du-ca-tì-vo] ***agg.*** éducatif*: *un gioco, uno spettacolo educativo*, un jeu, un spectacle éducatif.

educato [e-du-cà-to] ***agg.*** **1** élevé; (*abituato*) habitué: *educato nelle migliori scuole*, élevé dans les meilleures écoles; *educato alla fatica*, habitué aux fatigues **2** (*beneducato*) bien élevé; (*cortese*) poli: *risposta educata*, réponse polie.
● ***un orecchio educato***, une oreille exercée | ***voce (ben) educata***, voix bien travaillée.

educatore [e-du-ca-tó-re] ***n.m.*** [f. *-trice*] éducateur*.

educazione [e-du-ca-zió-ne] ***n.f.*** **1** éducation: *l'educazione dei giovani*, l'éducation des jeunes **2** (*buone maniere*) politesse: *essere privo di educazione*, être mal élevé; *non conosce l'educazione*, il ignore tout de la politesse; *andate a imparare l'educazione!*, apprenez à être un peu polis!; *dove hai imparato l'educazione?*, (*fam.*) où est-ce que tu as été élevé?; *bella educazione!*, (*iron.*) en voilà des manières!
● (*a scuola*): ***educazione civica***, instruction civique; ***educazione fisica***, éducation physique; ***educazione musicale, artistica***, (cours de) musique, dessin; ***educazione tecnica***, éducation manuelle et technique (EMT).

edulcorante [e-dul-co-ràn-te] ***n.m.*** e ***agg.*** édulcorant.

edulcorare [e-dul-co-rà-re] ***v.tr.*** édulcorer (*spec. fig.*).

efebico [e-fè-bi-co] ***agg.*** [pl.m. *-ci*, f. *-che*] (*letter.*) d'éphèbe.

efebo [e-fè-bo *o* èfebo] ***n.m.*** éphèbe.

efelide [e-fè-li-de] ***n.f.*** éphélide; tache de rousseur.

effemeride [ef-fe-mè-ri-de] ***n.f.*** éphéméride.

effeminato [ef-fe-mi-nà-to] ***agg.*** efféminé.

efferatezza [ef-fe-ra-téz-za] ***n.f.*** atrocité, cruauté.

efferato [ef-fe-rà-to] ***agg.*** atroce.

effervescente [ef-fer-ve-scèn-te] ***agg.*** effervescent (*anche fig.*).

effervescenza [ef-fer-ve-scèn-za] ***n.f.*** effervescence (*anche fig.*).

effettivamente [ef-fet-ti-va-mén-te] ***avv.*** effectivement.

effettivo [ef-fet-tì-vo] ***agg.*** effectif*; (*reale*) réel*: *la causa effettiva di un fenomeno*, la cause réelle d'un phénomène ♦ ***n.m.*** **1** (*mil.*) effectif **2** (*quantità reale*) ensemble, somme (*f.*).
● ***professore effettivo***, professeur en titre | ***soci onorari e soci effettivi***, membres honoraires et membres actifs | ***ufficiale effettivo***, officier de carrière.

effetto [ef-fèt-to] ***n.m.*** **1** effet: *rapporto tra causa ed effetto*, rapport de cause et effet **2** (*validità*) effet: *la legge avrà effetto a partire dall'anno prossimo*, la loi prendra effet (*o* entrera en vigueur) au début de l'an prochain **3** (*impressione*) effet **4** (*comm.*) effet.
● (*comm.*) ***effetto negoziabile***, effet négociable | (*cine.*) ***effetto notte***, nuit américaine | (*ecol.*) ***effetto serra***, effet de serre | (*dir.*) ***effetti giuridici***, effets d'une loi | ***effetti personali***, effets personnels | ***a effetto***, à effet: *battute a effetto*, répliques à effet | ***dare effetto a qlco***, mettre qqch à exécution | ***fare effetto***, faire de l'effet: *gli insulti non gli fanno nessun effetto*, les insultes lui glissent dessus; *mi fa effetto!*, cela m'impressionne | ***fare un bell'effetto***, faire une bonne impression | ***in effetti***, en effet | ***mandare, recare a effetto qlco***, réaliser qqch | ***per effetto di***, par suite de, en vertu de | ***sotto l'effetto di***, sous l'effet de.

effettuabile [ef-fet-tu-à-bi-le] ***agg.*** réalisable; exécutable.

effettuare [ef-fet-tu-à-re] ***v.tr.*** **1** effectuer: *effettuare un versamento, un pagamento*, effectuer un versement, un paiement **2** (*realizzare*) réaliser: *effettuare un piano*, réaliser un plan ♦ **effettuarsi** ***v.pron.intr.*** se réaliser; (*aver luogo*) avoir* lieu: *il viaggio non si effettuerà più*, le voyage n'aura plus lieu.

effettuazione [ef-fet-tua-zió-ne] ***n.f.*** exécution: *effettuazione di un progetto*, exécution d'un projet.

efficace [ef-fi-cà-ce] ***agg.*** efficace.

efficacemente [ef-fi-ca-ce-mén-te] ***avv.*** efficacement; (*estens.*) avec vigueur.

efficacia [ef-fi-cà-cia] ***n.f.*** [pl. *-cie*] **1** efficacité: *l'efficacia di una legge, di un farmaco*, l'efficacité d'une loi, d'un médicament **2** (*estens.*) (*vigore*) vigueur.

efficiente [ef-fi-cièn-te] ***agg.*** efficace: *impiegato poco efficiente*, un employé peu efficace; *motore efficiente*, moteur performant.
● (*fil.*) ***causa efficiente***, cause efficiente | (*gramm.*) ***complemento di causa efficiente***, complément d'agent.

efficienza [ef-fi-cièn-za] ***n.f.*** **1** efficacité; (*rendimento*) rendement (*m.*); (*di persona*) capacité: *l'impianto è in perfetta efficienza*, l'installation est parfaitement au point; *l'esercito era in piena efficienza*, l'armée était très bien entraînée; *questo stabilimento è in piena efficienza*, cette usine travaille à plein rendement **2** (*econ.*) efficience.
● ***mettere in efficienza***, mettre en état (de fonctionner).

effigiare [ef-fi-già-re] ***v.tr.*** (*rappresentare*) représenter; (*dipingere*) peindre*; (*scolpire*) sculpter: *era effigiato sulla moneta*, son effigie figurait sur la monnaie.

effigie [ef-fì-gie] ***n.f.*** [pl. *-gi* o *invar.*] effigie.

effimero [ef-fì-me-ro] ***agg.*** éphémère.

efflorescenza [ef-flo-re-scèn-za] ***n.f.*** (*scient.*) efflorescence.

efflusso [ef-flùs-so] ***n.m.*** écoulement; (*fuoriuscita*) sortie (*f.*).

effluvio [ef-flù-vio] ***n.m.*** [pl. *-vi*] effluve.

effondere [ef-fón-de-re] ***v.tr.*** [coniugato come *fondere*] (*letter.*) **1** répandre*, verser **2** (*fig.*) épancher ♦ **effondersi** ***v.pron.*** e ***pron.intr.*** (*letter.*) **1** se répandre* **2** (*fig.*) s'épancher.

effrazione [ef-fra-zió-ne] ***n.f.*** (*dir.*) effraction.

E

effusione [ef-fu-ʃió-ne] ***n.f.*** **1** effusion: *effusione di sangue*, effusion de sang **2** (*fig.*) effusion: *effusioni amorose*, effusions amoureuses.
egemone [e-gè-mo-ne] ***agg.*** → **egemonico**.
egemonia [e-ge-mo-ni-a] ***n.f.*** hégémonie.
egemonico [e-ge-mò-ni-co] ***agg.*** [pl.m. *-ci*, f. *-che*] hégémonique.
egemonizzare [e-ge-mo-niʒ-ʒà-re] ***v.tr.*** exercer* son hégémonie (**sur**).
egemonizzazione [e-ge-mo-niʒ-ʒa-zió-ne] ***n.f.*** hégémonie.
egeo [e-gè-o] ***agg.*** égéen*.
egida [è-gi-da] ***n.f.*** égide (*anche fig.*).
● ***sotto l'egida di***, sous l'égide de.
egira [è-gi-ra] ***n.f.*** (*st.*) hégire.
egittologia [e-git-to-lo-gì-a] ***n.f.*** égyptologie.
egittologo [e-git-tò-lo-go] ***n.m.*** [f. *-a*; pl.m. *-gi*, f. *-ghe*] égyptologue.
egiziano [e-gi-zià-no] ***agg.*** égyptien* ♦ ***n.m.*** **1** (*lingua*) égyptien **2** [f. *-a*] (*abitante*) Égyptien*.
egizio [e-gì-zio] ***agg.*** [pl.m. *-zi*] (*st.*) égyptien*, d'Égypte: *le piramidi egizie*, les pyramides d'Égypte; *la schiavitù egizia*, l'esclavage en Égypte ♦ ***n.m.*** [f. *-a*] (*abitante*) Égyptien*.
egli [é-gli] ***pron.pers.m. 3ª pers.sing.*** il.
● ***egli stesso***, ***egli medesimo***, lui-même | ***anch'egli***, lui aussi.

NOTA Il pronome personale soggetto, che viene spesso sottinteso in italiano, in francese deve sempre essere espresso.

egloga [è-glo-ga] ***n.f.*** [pl. *-ghe*] (*lett.*) églogue.
egocentrico [e-go-cèn-tri-co] ***agg.*** e ***n.m.*** [f. *-a*; pl.m. *-chi*, f. *-che*] égocentrique.
egocentrismo [e-go-cen-trì-ʃmo] ***n.m.*** égocentrisme.
egoismo [e-go-ì-ʃmo] ***n.m.*** égoïsme.
egoista [e-go-ì-sta] ***agg.*** e ***n.m.*** e ***f.*** égoïste.
egoisticamente [e-go-i-sti-ca-mén-te] ***avv.*** égoïstement.
egoistico [e-go-ì-sti-co] ***agg.*** [pl.m. *-ci*, f. *-che*] égoïste.
egregiamente [e-gre-gia-mén-te] ***avv.*** remarquablement.
egregio [e-grè-gio] ***agg.*** [pl.m. *-gi*, f. *-gie* o *-ge*] excellent, remarquable: *un egregio scrittore*, un excellent écrivain.
● ***Egregio signore***, ***Egregio sig. Rossi***, (*negli indirizzi*) Monsieur, Monsieur Rossi.
eguale e *deriv.* → **uguale** e *deriv.*
egualitario [e-gua-li-tà-rio] ***agg.*** e ***n.m.*** [f. *-a*; pl.m. *-ri*] égalitaire.
egualitarismo [e-gua-li-ta-rì-ʃmo] ***n.m.*** égalitarisme.
eh ***inter.*** (*meraviglia, perplessità*) oh; (*di sarcasmo*) *hé, *hein.
ehi [éhi] ***inter.*** *hé.
ehm [èhm] ***inter.*** *hum.
eiaculare [e-ia-cu-là-re] ***v.tr.*** e ***intr.*** [aus. *avere*] éjaculer.
eiaculazione [e-ia-cu-la-zió-ne] ***n.f.*** éjaculation.
eiettabile [e-iet-tà-bi-le] ***agg.*** éjectable.
● (*aer.*) ***seggiolino eiettabile***, siège éjectable.
eiettare [e-iet-tà-re] ***v.tr.*** éjecter.
eiettore [e-iet-tó-re] ***n.m.*** (*tecn.*) éjecteur.
eiezione [e-ie-zió-ne] ***n.f.*** (*scient.*) éjection.
elaborare [e-la-bo-rà-re] ***v.tr.*** **1** élaborer: *elaborare un piano, un progetto*, élaborer un plan, un projet **2** (*inform.*) traiter.
elaborato [e-la-bo-rà-to] ***agg.*** **1** élaboré; compliqué, recherché **2** (*inform.*) traité: *non elaborato*, brut ♦ ***n.m.*** **1** (*biol.*) produit élaboré **2** (*a scuola*) copie (*f.*).
elaboratore [e-la-bo-ra-tó-re] ***n.m.*** **1** [f. *-trice*] (*chi elabora*) celui* qui élabore **2** (*inform.*) ordinateur.
● (*inform.*): ***elaboratore centrale***, unité centrale; ***elaboratore elettronico***, élaborateur électronique.
elaborazione [e-la-bo-ra-zió-ne] ***n.f.*** **1** élaboration: *l'elaborazione di un progetto*, l'élaboration d'un projet **2** (*inform.*) traitement (*m.*).
● (*inform.*): ***elaborazione a distanza dei dati***, télétraitement; ***elaborazione automatica dei testi***, traitement de texte; ***elaborazione dei dati***, traitement des données.
elargire [e-lar-gi-re] ***v.tr.*** [coniug. come *finire*] prodiguer (*anche fig.*).
elargizione [e-lar-gi-zió-ne] ***n.f.*** **1** octroi (*m.*): *fare elargizioni ai poveri*, octroyer une aide aux miséreux **2** (*econ.*) distribution.
elasticamente [e-la-sti-ca-mén-te] ***avv.*** élastiquement; (*con scioltezza*) avec souplesse.
elasticità [e-la-sti-ci-tà] ***n.f.invar.*** **1** élasticité **2** (*agilità*) souplesse.
● ***elasticità mentale***, agilité d'esprit.
elasticizzato [e-la-sti-ciʒ-ʒà-to] ***agg.*** élastique, élastiqué: *tessuto elasticizzato*, tissu élastique.
elastico [e-là-sti-co] ***agg.*** [pl.m. *-ci*, f. *-che*] élastique: *una mente elastica*, (*fig.*) un esprit souple ♦ ***n.m.*** **1** élastique **2** (*di letto*) sommier.
● ***calze elastiche***, bas de maintien | ***orario elastico***, horaire flexible, souple.
elastina [e-la-stì-na] ***n.f.*** (*biochim.*) élastine.
eldorado [el-do-rà-do] ***n.m.*** (*fig.*) Pérou.
e-learning [i'lœrniŋ] ***n.m.invar.*** e-formation, e-apprentissage.
elefante [e-le-fàn-te] ***n.m.*** éléphant.
● (*zool.*) ***elefante marino***, éléphant de mer | ***aver la grazia di un elefante***, (*iron.*) avoir la grâce d'un hippopotame.
elefantesco [e-le-fan-té-sco] ***agg.*** [pl.m. *-schi*, f. *-sche*] éléphantesque.
elefantessa [e-le-fan-tés-sa] ***n.f.*** éléphante.
elefantiasi [e-le-fan-tì-a-ʃi] ***n.f.invar.*** **1** (*med.*) éléphantiasis (*m.*) **2** (*fig.*) développement (*m.*) exagéré.
elefantino [e-le-fan-tì-no] ***n.m.*** (*zool.*) éléphanteau*.
elegante [e-le-gàn-te] ***agg.*** élégant: *è una signora molto elegante*, c'est une dame très élégante; *un vestito elegante*, une robe habillée.
elegantemente [e-le-gan-te-mén-te] ***avv.*** élégamment, avec élégance.
eleganza [e-le-gàn-za] ***n.f.*** élégance: *tiene molto all'eleganza*, elle tient beaucoup à être élégante.
eleggere [e-lèg-ge-re] ***v.tr.*** [coniug. come *leggere*] élire*.
eleggibile [e-leg-gì-bi-le] ***agg.*** éligible.
eleggibilità [e-leg-gi-bi-li-tà] ***n.f.invar.*** éligibilité.
elegia [e-le-gì-a] ***n.f.*** élégie.
elegiaco [e-le-gì-a-co] ***agg.*** [pl.m. *-ci*, f. *-che*] élégiaque.
elementare [e-le-men-tà-re] ***agg.*** **1** élémentaire: *è elementare!*, (*semplicissimo*) c'est enfantin! **2** (*di nozioni, insegnamento ecc.*) primaire: *grammatica elementare*

della lingua francese, grammaire élémentaire de la langue française **3** (*basilare*) fondamental*.
● (*fis.*) ***particella elementare***, particule élémentaire | ***scuola elementare***, école primaire.

elementarità [e-le-men-ta-ri-tà] ***n.f.invar.*** simplicité.

elemento [e-le-mén-to] ***n.m.*** **1** élément (*anche chim.*): *non ho elementi per giudicare*, je n'ai pas les éléments nécessaires pour juger **2** (*persona*) élément: *è il miglior elemento della classe*, c'est le meilleur élément de la classe | *che elemento!*, (*fam.*) quel numéro! **3** (*pl.*) (*rudimenti*) éléments **4** (*pl.*) (*meteor.*) éléments **5** (*inform.*) élément, article, mot.
● (*fis.*) ***i quattro elementi***, les quatre éléments.

elemosina [e-le-mò-ʃi-na] ***n.f.*** aumône: *vivere d'elemosina*, vivre d'aumônes.

elemosinare [e-le-mo-ʃi-nà-re] ***v.tr.*** e ***intr.*** [aus. *avere*] mendier (*anche fig.*).

elemosiniere [e-le-mo-ʃi-niè-re] ***n.m.*** [f. *-a*] (*st.*) aumônier.

elencare [e-len-cà-re] ***v.tr.*** [coniug. come *mancare*] **1** (*disporre in un elenco*) dresser une liste (**de**) **2** (*enumerare*) énumérer*.

elencazione [e-len-ca-zió-ne] ***n.f.*** liste, énumération.

elenco [e-lèn-co] ***n.m.*** [pl. *-chi*] **1** liste (*f.*) **2** (*del telefono*) annuaire.

elettivo [e-let-tì-vo] ***agg.*** électif*.

eletto [e-lèt-to] ***agg.*** **1** élu **2** (*fig.*) (*elevato*) élevé, noble; (*scelto*) choisi ♦ ***n.m.*** [f. *-a*] élu.

elettorale [e-let-to-rà-le] ***agg.*** électoral*.
● ***cabina elettorale***, isoloir | ***certificato elettorale***, carte d'électeur | ***scheda elettorale***, bulletin de vote.

elettorato [e-let-to-rà-to] ***n.m.*** (*insieme degli elettori*) électeurs (*pl.*).

elettore [e-let-tó-re] ***n.m.*** [f. *-trice*] électeur*.

elettrauto [e-let-tràu-to] ***n.m.invar.*** **1** (*meccanico*) garagiste, mécanicien électricien **2** (*officina*) garage.

> **NOTA** In Francia non esiste l'officina o l'operaio specializzato nella riparazione degli impianti elettrici di automobili; questa operazione viene effettuata presso un *garage* e da un *garagiste* (o *mécanicien électricien*):
>
> *Vado a far ricaricare la batteria* ***dall'elettrauto****.*
> Je vais faire recharger la batterie **au garage**.

elettricamente [e-let-tri-ca-mén-te] ***avv.*** électriquement; à électricité.

elettricista [e-let-tri-cì-sta] ***n.m.*** e ***f.*** électricien/enne; (*fam.*) électro.

elettricità [e-let-tri-ci-tà] ***n.f.invar.*** électricité.

elettrico [e-lèt-tri-co] ***agg.*** [pl.m. *-ci*, f. *-che*] **1** électrique **2** (*fig.*) chargé d'électricité.
● ***blu elettrico***, bleu électrique | ***sedia elettrica***, chaise électrique.

elettrificare [e-let-tri-fi-cà-re] ***v.tr.*** [coniug. come *mancare*] électrifier.

elettrificazione [e-let-tri-fi-ca-zió-ne] ***n.f.*** électrification.

elettrizzante [e-let-triʒ-ʒàn-te] ***agg.*** électrisant.

elettrizzare [e-let-triʒ-ʒà-re] ***v.tr.*** électriser (*anche fig.*) ♦ **elettrizzarsi** ***v.pron.intr.*** s'électriser; (*fig.*) s'exciter.

elettrizzazione [e-let-triʒ-ʒa-zió-ne] ***n.f.*** électrisation.

elettro- ***pref.*** électro-.

elettrocalamita [e-let-tro-ca-la-mì-ta] ***n.f.*** électro-aimant (*m.*).

elettrocardiogramma [e-let-tro-car-dio-gràm-ma] ***n.m.*** (*med.*) électrocardiogramme, électro.

elettrochimica [e-let-tro-chì-mi-ca] ***n.f.*** [pl. *-che*] électrochimie.

elettrocoagulazione [e-let-tro-co-a-gu-la-zió-ne] ***n.f.*** électrocoagulation.

elettrocuzione [e-let-tro-cu-zió-ne] ***n.f.*** (*dir., med.*) électrocution.

elettrodinamica [e-let-tro-di-nà-mi-ca] ***n.f.*** [pl. *-che*] électrodynamique.

elettrodinamico [e-let-tro-di-nà-mi-co] ***agg.*** [pl.m. *-ci*, f. *-che*] électrodynamique.

elettrodo [e-lèt-tro-do] ***n.m.*** électrode (*f.*).

elettrodomestico [e-let-tro-do-mè-sti-co] ***agg.*** [pl.m. *-ci*, f. *-che*] électroménager ♦ ***n.m.*** (appareil) électroménager.

elettrodotto [e-let-tro-dót-to] ***n.m.*** ligne (*f.*) électrique.

elettroencefalogramma [e-let-tro-en-ce-fa-lo-gràm-ma] ***n.m.*** (*med.*) électro-encéphalogramme*.

elettroesecuzione [e-let-tro-e-se-cu-zió-ne] ***n.f.*** (*dir., med.*) électrocution.

elettrogeno [e-let-trò-ge-no] ***agg.*** électrogène.

elettrolisi [e-let-trò-li-ʃi *o* elettrolìʃi] ***n.f.invar.*** électrolyse.

elettrolitico [e-let-tro-lì-ti-co] ***agg.*** [pl.m. *-ci*, f. *-che*] électrolytique.

elettromagnete [e-let-tro-ma-gnè-te] ***n.m.*** électro-aimant.

elettromagnetico [e-let-tro-ma-gnè-ti-co] ***agg.*** [pl.m. *-ci*, f. *-che*] électromagnétique.

elettromagnetismo [e-let-tro-ma-gne-tì-ʃmo] ***n.m.*** électromagnétisme.

elettromeccanica [e-let-tro-mec-cà-ni-ca] ***n.f.*** [pl. *-che*] électromécanique.

elettromeccanico [e-let-tro-mec-cà-ni-co] ***agg.*** [pl.m. *-ci*, f. *-che*] électromécanique ♦ ***n.m.*** [f. *-a*] électromécanicien*.

elettrometria [e-let-tro-me-trì-a] ***n.f.*** électrométrie.

elettromotore [e-let-tro-mo-tó-re] ***agg.*** e ***n.m.*** électromoteur*.

elettromotrice [e-let-tro-mo-trì-ce] ***n.f.*** automotrice électrique.

elettrone [e-let-tró-ne] ***n.m.*** (*fis.*) électron.

elettronegativo [e-let-tro-ne-ga-tì-vo] ***agg.*** électronégatif*.

elettronica [e-let-trò-ni-ca] ***n.f.*** [pl. *-che*] électronique.

elettronico [e-let-trò-ni-co] ***agg.*** [pl.m. *-ci*, f. *-che*] électronique.
● ***fisico elettronico***, électronicien | ***ingegnere elettronico***, ingénieur électronicien.

elettronucleare [e-let-tro-nu-cle-à-re] ***agg.*** électronucléaire.

elettropompa [e-let-tro-póm-pa] ***n.f.*** électropompe.

elettropositivo [e-let-tro-po-ʃi-tì-vo] ***agg.*** (*fis., chim.*) électropositif*.

elettroscopio [e-let-tro-scò-pio] ***n.m.*** [pl. *-pi*] (*fis.*) électroscope.

elettroshock [e-let-tro-shòck] ***n.m.invar.*** (*med.*) électrochoc.

elettrostatica [e-let-tro-stà-ti-ca] ***n.f.*** [pl. *-che*] électrostatique.

elettrostatico [e-let-tro-stà-ti-co] ***agg.*** [pl.m. *-ci*, f. *-che*] électrostatique.

elettrostimolatore [e-let-tro-sti-mo-la-tó-re] ***n.m.*** électrostimulateur.

elettrotecnica [e-let-tro-tèc-ni-ca] ***n.f.*** [pl. *-che*] électrotechnique.

elettrotecnico [e-let-tro-tèc-ni-co] ***agg.*** [pl.m. *-ci*, f. *-che*] électrotechnique ♦ ***n.m.*** [f. *-a*] électrotechnicien*. ● ***ingegnere elettrotecnico***, ingénieur en électrotechnique.

E

elettroterapia [e-let-tro-te-ra-pì-a] ***n.f.*** (*med.*) électrothérapie.

elettrotreno [e-let-tro-trè-no] ***n.m.*** électrotrain.

elevare [e-le-và-re] ***v.tr.*** **1** élever* (*anche fig.*): *elevare d'un piano una casa*, surélever une maison d'un étage; *elevare al trono*, élever au trône; *elevare lo sguardo, gli occhi*, lever le regard; *elevare l'animo a Dio*, élever son âme vers Dieu **2** (*migliorare*) améliorer: *elevare il proprio tenore di vita*, améliorer son niveau de vie **3** (*buroc.*) dresser: *elevare una contravvenzione*, dresser une contravention **4** (*mat.*) élever*: *elevare un numero al quadrato*, élever un nombre au carré (*o* carrer un nombre) ♦ **elevarsi** ***v.pron.*** s'élever*: *un muro si eleva tra il giardino e la strada*, un mur se dresse entre le jardin et la rue.

elevatezza [e-le-va-téz-za] ***n.f.*** élévation.

elevato [e-le-và-to] ***agg.*** élevé (*anche fig.*): *un monte elevato*, une montagne élevée; *l'automobile procedeva a velocità elevata*, la voiture roulait à forte allure.

elevatore [e-le-va-tó-re] ***agg.*** e ***n.m.*** élévateur*.

elevazione [e-le-va-zió-ne] ***n.f.*** élévation.

elezione [e-le-zió-ne] ***n.f.*** **1** élection **2** (*nomina*) désignation, nomination **3** (*letter.*) (*scelta*) élection. ● ***elezioni politiche, amministrative***, élections législatives, administratives | ***d'elezione***, d'élection: *patria d'elezione*, patrie d'élection.

elfo [èl-fo] ***n.m.*** (*mit.*) elfe.

eliambulanza [e-li-am-bu-làn-za] ***n.f.*** hélicoptère (*m.*) ambulance.

elianto [e-liàn-to] ***n.m.*** (*bot.*) hélianthe.

elica [è-li-ca] ***n.f.*** [pl. *-che*] **1** (*mar., aer.*) hélice: *elica bipala, tripala*, hélice bipale, tripale **2** (*mat., fis.*) hélice.

elicoidale [e-li-coi-dà-le] ***agg.*** hélicoïdal*.

elicotterista [e-li-cot-te-rì-sta] ***n.m.*** e ***f.*** pilote d'hélicoptère.

elicottero [e-li-còt-te-ro] ***n.m.*** hélicoptère.

elidere [e-lì-de-re] ***v.tr.*** [coniug. come *ridere*] **1** annuler **2** (*gramm.*) élider ♦ **elidersi** ***v.pron.*** (*gramm.*) s'élider ♦ ***v.pron.rec.*** (*a vicenda*) s'annuler.

eliminare [e-li-mi-nà-re] ***v.tr.*** éliminer.

eliminatoria [e-li-mi-na-tò-ria] ***n.f.*** (*sport*) éliminatoire.

eliminatorio [e-li-mi-na-tò-rio] ***agg.*** [pl.m. *-ri*] éliminatoire.

eliminazione [e-li-mi-na-zió-ne] ***n.f.*** élimination.

elio [è-lio] ***n.m.*** [pl. *eli*] (*chim.*) hélium.

eliocentrico [e-lio-cèn-tri-co] ***agg.*** [pl.m. *-ci*, f. *-che*] (*astr.*) héliocentrique.

eliocentrismo [e-lio-cen-trì-ʃmo] ***n.m.*** (*astr.*) héliocentrisme.

eliografia [e-lio-gra-fì-a] ***n.f.*** (*tip.*) héliographie.

elioterapia [e-lio-te-ra-pì-a] ***n.f.*** (*med.*) héliothérapie.

elioterapico [e-lio-te-rà-pi-co] ***agg.*** [pl.m. *-ci*, f. *-che*] héliothérapique.

eliotipia [e-lio-ti-pì-a] ***n.f.*** (*tip., fot.*) héliotypie.

eliotropio [e-lio-trò-pio] ***n.m.*** [pl. *-pi*] (*bot., min.*) héliotrope.

eliparco [e-li-pàr-co] ***n.m.*** [pl. *-chi*] (*aer.*) **1** lieu de stationnement pour hélicoptères, hélisurface (*f.*) **2** parc-hélicoptères*.

eliporto [e-li-pòr-to] ***n.m.*** (*aer.*) héliport.

eliscalo [e-li-scà-lo] ***n.m.*** héliport.

Eliseo [E-li-ʃè-o] ***n.m.*** (*residenza del presidente della Repubblica francese*) (le palais de l')Élysée.

elisione [e-li-ʃió-ne] ***n.f.*** (*ling.*) élision.

elisir [e-li-ʃìr] ***n.m.invar.*** élixir. ● ***elisir di lunga vita***, élixir de longue vie.

eliski [e-li-skì] ***n.m.invar.*** (*sport*) héliski.

eliso *p.p.* di **elidere**.

elisoccorso [e-li-soc-cór-so] ***n.m.*** (*aer.*) hélisecours.

elistazione [e-li-sta-zió-ne] ***n.f.*** héligare.

elitario [e-li-tà-rio] ***agg.*** [pl.m. *-ri*] élitaire.

elitarismo [e-li-ta-rì-ʃmo] ***n.m.*** élitisme.

elitaxi [e-li-tà-xi] ***n.m.invar.*** (*aer.*) hélicoptère-taxi*.

elitra [è-li-tra] ***n.f.*** (*zool.*) élytre.

elitrasportato [e-li-tra-spor-tà-to] ***agg.*** héliporté.

ella [él-la] ***pron.pers.f. 3ª pers.sing.*** [pl. *esse*] **1** (*antiq.*) (*sogg.*) elle **2** (*antiq.*) (*allocutivo di cortesia*) *Ella*, vous: *Signor Ministro, Ella ben sa che*, Monsieur le Ministre, vous n'êtes pas sans savoir que. ● ***ella stessa, ella medesima***, elle-même.

NOTA Il pronome personale soggetto, che viene spesso sottinteso in italiano, in francese deve sempre essere espresso.

elleboro [el-lè-bo-ro] ***n.m.*** (*bot.*) ellébore.

ellenico [el-lè-ni-co] ***agg.*** [pl.m. *-ci*, f. *-che*] hellénique.

ellenismo [el-le-nì-ʃmo] ***n.m.*** hellénisme.

ellenista [el-le-nì-sta] ***n.m.*** e ***f.*** helléniste.

ellenistico [el-le-nì-sti-co] ***agg.*** [pl.m. *-ci*, f. *-che*] hellénistique.

ellepì [el-le-pì] ***n.m.invar.*** (disque) 33 tours.

ellisse [el-lìs-se] ***n.f.*** (*mat.*) ellipse.

ellissi [el-lìs-si] ***n.f.invar.*** (*gramm.*) ellipse.

ellissoidale [el-lis-soi-dà-le] ***agg.*** (*mat.*) ellipsoïdal*.

ellissoide [el-lis-sòi-de] ***n.m.*** (*mat.*) ellipsoïde.

ellittico [el-lìt-ti-co] ***agg.*** [pl. *-ci*] elliptique.

elmetto [el-mét-to] ***n.m.*** casque.

elmo [él-mo] ***n.m.*** casque; (*medievale*) *heaume.

elocuzione [e-lo-cu-zió-ne] ***n.f.*** élocution.

elogiare [e-lo-già-re] ***v.tr.*** [coniug. come *mangiare*] **1** louer **2** (*complimentare*) complimenter.

elogiativo [e-lo-gia-tì-vo] ***agg.*** élogieux*.

elogio [e-lò-gio] ***n.m.*** [pl. *-gi*] éloge: *merita un elogio*, il mérite des éloges; *ti faccio i miei elogi*, je te félicite. ● ***elogio funebre***, éloge funèbre.

elongazione [e-lon-ga-zió-ne] ***n.f.*** (*scient.*) élongation.

eloquente [e-lo-quèn-te] ***agg.*** éloquent (*anche fig.*).

eloquenza [e-lo-quèn-za] ***n.f.*** éloquence: *gesto pieno di eloquenza*, geste très éloquent.

eloquio [e-lò-quio] ***n.m.*** [pl. *-qui*] (*letter.*) élocution (*f.*).

elsa [él-sa] ***n.f.*** garde.

elucubrare [e-lu-cu-brà-re] ***v.tr.*** élucubrer.

elucubrazione [e-lu-cu-bra-zió-ne] ***n.f.*** élucubration.

eludere [e-lù-de-re] ***v.tr.*** [coniug. come *chiudere*] éluder: *eludere la legge*, tourner la loi; *eludere la sorveglianza*, tromper la surveillance.

elusi → **eludere**.

elusivamente [e-lu-ʃi-va-mén-te] ***avv.*** évasivement.

elusivo [e-lu-ʃì-vo] ***agg.*** élusif*.

elvetico [el-vè-ti-co] ***agg.*** [pl.m. *-ci*, f. *-che*] helvétique ♦ ***n.m.*** [f. *-a*] (*abitante*) Suisse.

elzevirista [el-ʒe-vi-rì-sta] ***n.m.*** e ***f.*** (*giornalismo*) auteur/e d'articles de chronique littéraire ou artistique.

elzeviro [el-ʒe-vì-ro] ***n.m.*** article de chronique littéraire ou artistique.

emaciato [e-ma-cià-to] ***agg.*** émacié.

e-mail [i'meil *o* e'meil] ***n.f.*** o ***m.invar.*** e-mail (*m.*), courrier (*m.*) électronique: *fare un'e-mail*, mailer; *mandatemi un'e-mail*, mailez-moi.
● ***(indirizzo) e-mail***, adresse e-mail.

emanare [e-ma-nà-re] ***v.tr.*** **1** (*esalare*) exhaler; (*sprigionare*) dégager*: *emanare un profumo*, exhaler un parfum; *emanare calore*, dégager de la chaleur **2** (*promulgare*) promulguer: *emanare una circolare*, envoyer une circulaire; *emanare disposizioni*, donner des dispositions ♦ ***v.intr.*** [aus. *essere*] émaner (*anche fig.*).

emanazione [e-ma-na-zió-ne] ***n.f.*** **1** émanation **2** (*promulgazione*) promulgation.

emancipare [e-man-ci-pà-re] ***v.tr.*** émanciper (*anche dir.*) ♦ **emanciparsi** ***v.pron.*** s'émanciper: *emanciparsi dalla famiglia*, s'affranchir de sa famille.

emancipato [e-man-ci-pà-to] ***agg.*** émancipé.

emancipatore [e-man-ci-pa-tó-re] ***agg.*** [f. *-trice*] émancipateur*.

emancipazione [e-man-ci-pa-zió-ne] ***n.f.*** émancipation; (*di schiavi*) affranchissement (*m.*).

emarginare [e-mar-gi-nà-re] ***v.tr.*** marginaliser; (*estens.*) mettre* à l'écart.

emarginato [e-mar-gi-nà-to] ***agg.*** e ***n.m.*** [f. *-a*] exclu; (*ai margini della vita sociale*) marginal*.

emarginazione [e-mar-gi-na-zió-ne] ***n.f.*** marginalisation.

ematico [e-mà-ti-co] ***agg.*** [pl.m. *-ci*, f. *-che*] hématique.

ematite [e-ma-tì-te] ***n.f.*** (*min.*) hématite.

emato- ***pref.*** hémato-.

ematologia [e-ma-to-lo-gì-a] ***n.f.*** (*med.*) hématologie.

ematologo [e-ma-tò-lo-go] ***n.m.*** [f. *-a*; pl.m. *-gi*, f. *-ghe*] hématologue, hématologiste.

ematoma [e-ma-tò-ma] ***n.m.*** (*med.*) hématome.

emazia [e-mà-zia] ***n.f.*** (*biol.*) hématie.

embargo [em-bàr-go] ***n.m.*** [pl. *-ghi*] (*econ., mar.*) embargo.

emblema [em-blè-ma] ***n.m.*** emblème.

emblematico [em-ble-mà-ti-co] ***agg.*** [pl.m. *-ci*, f. *-che*] emblématique.

embolia [em-bo-lì-a] ***n.f.*** (*med.*) embolie.

embolo [èm-bo-lo] ***n.m.*** (*med.*) embole.

embrice [ém-bri-ce] ***n.m.*** (*edil.*) noue (*f.*).

embrio- ***pref.*** embryo-.

embriologia [em-brio-lo-gì-a] ***n.f.*** (*biol.*) embryologie.

embrionale [em-brio-nà-le] ***agg.*** (*biol.*) embryonnaire (*anche fig.*).

embrione [em-bri-ó-ne] ***n.m.*** (*biol.*) embryon.
● ***in embrione***, (*fig.*) à l'état embryonnaire.

emendamento [e-men-da-mén-to] ***n.m.*** **1** amendement (*anche dir.*) **2** (*filol.*) correction (*f.*).

emendare [e-men-dà-re] ***v.tr.*** amender ♦ **emendarsi** ***v.pron.*** s'amender.

emergente [e-mer-gèn-te] ***agg.*** émergent: *i paesi emergenti*, les pays émergents; *uno scrittore emergente*, un écrivain qui monte.
● ***i ceti emergenti, gli emergenti***, les classes montantes.

emergenza [e-mer-gèn-za] ***n.f.*** urgence: *l'emergenza droga*, le problème urgent de la drogue.
● ***freno di emergenza***, frein de secours.

emergere [e-mèr-ge-re] ***v.intr.*** [coniug. come *immergere*; aus. *essere*] **1** émerger* (*anche fig.*): *il sottomarino emerse vicino alla costa*, le sous-marin émergea près de la côte; *il sommozzatore emerse in superficie*, le plongeur émergea; *la sua voce emergeva nella confusione*, sa voix dominait le tumulte; *emerge tra i suoi contemporanei*, il est bien supérieur à ses contemporains; *vuole emergere a ogni costo*, il veut à tout prix se distinguer | *è emerso che*, il résulte que **2** (*elevarsi*) s'élever*: *una montagna altissima emergeva all'orizzonte*, une montagne très haute s'élevait à l'horizon.

emerito [e-mè-ri-to] ***agg.*** **1** émérite, honoraire **2** (*eminente*) éminent: *è un emerito idiota*, (*iron.*) c'est un parfait idiot.

emeroteca [e-me-ro-tè-ca] ***n.f.*** [pl. *-che*] héméro-thèque.

emersione [e-mer-sió-ne] ***n.f.*** émersion (*anche fig.*): *sottomarino in emersione*, sous-marin en surface.

emerso [e-mèr-so] ***agg.*** **1** émergé **2** (*di sottomarino*) en surface.
● ***le terre emerse***, les terres émergées.

emetico [e-mè-ti-co] ***agg.*** e ***n.m.*** [pl. *-ci*] (*med.*) émétique.

emettere [e-mét-te-re] ***v.tr.*** [coniug. come *mettere*] **1** émettre*; (*sprigionare*) dégager*: *emettere un grido*, pousser un cri **2** (*pronunciare*) rendre*; (*emanare*) publier: *emettere una sentenza*, rendre un arrêt **3** (*comm.*) émettre*: *emettere un assegno*, tirer un chèque; *emettere un ordine di pagamento*, émettre un ordre de paiement.

emi- ***pref.*** hémi-.

emiciclo [e-mi-cì-clo] ***n.m.*** hémicycle.

emicrania [e-mi-crà-nia] ***n.f.*** migraine.

emigrante [e-mi-gràn-te] ***agg.*** e ***n.m.*** e ***f.*** émigrant/e.

emigrare [e-mi-grà-re] ***v.intr.*** [aus. *essere* o *avere*] émigrer (*anche di animali*).

emigrato [e-mi-grà-to] ***agg.*** e ***n.m.*** [f. *-a*] émigré.

emigratorio [e-mi-gra-tò-rio] ***agg.*** [pl.m. *-ri*] migratoire.

emigrazione [e-mi-gra-zió-ne] ***n.f.*** émigration; (*di animali*) migration.

emiliano [e-mi-lià-no] ***agg.*** émilien*, de l'Émilie ♦ ***n.m.*** [f. *-a*] (*abitante*) Émilien*.

eminente [e-mi-nèn-te] ***agg.*** éminent (*spec. fig.*): *luogo eminente*, endroit élevé.

eminentemente [e-mi-nen-te-mén-te] ***avv.*** éminemment; (*specialmente*) spécifiquement.

eminenza [e-mi-nèn-za] ***n.f.*** **1** éminence **2** (*fig.*) supériorité **3** (*onorifico*) *Eminenza*, Éminence.

emiplegico [e-mi-plè-gi-co] ***agg.*** e ***n.m.*** [f. *-a*; pl.m. *-ci*, f. *-che*] (*med.*) hémiplégique.
emirato [e-mi-rà-to] ***n.m.*** émirat.
emiro [e-mì-ro] ***n.m.*** émir.
emisfero [e-mi-sfè-ro] ***n.m.*** hémisphère.
emissario[1] [e-mis-sà-rio] ***n.m.*** [f. *-a*; pl.m. *-ri*] **1** (*geogr.*) émissaire **2** (*nelle fognature*) égout collecteur **3** (*anat.*) veine (*f.*) émissaire.
emissario[2] ***n.m.*** [f. *-a*; pl.m. *-ri*] (*inviato*) émissaire.
E
emissione [e-mis-sió-ne] ***n.f.*** émission.
emistichio [e-mi-stì-chio] ***n.m.*** [pl. *-chi*] (*metrica*) hémistiche.
emittente [e-mit-tèn-te] ***n.f.*** (*rad., tel.*) (poste) émetteur (*m.*): *emittente privata*, radio libre ♦ ***agg.*** (*econ.*) émetteur*: *banca emittente*, banque d'émission ♦ ***n.m.*** e ***f.*** (*fin.*) (*di titoli*) émetteur/trice; (*di cambiale, di assegno*) tireur/euse.
● ***stazione emittente***, station d'émission, poste émetteur.
emittenza [e-mit-tèn-za] ***n.f.*** (*tel.*) émission.
emo- ***pref.*** hémo-.
emocromo [e-mo-crò-mo] ***n.m.*** (*med.*) hémogramme.
emoderivato [e-mo-de-ri-và-to] ***n.m.*** (*med.*) (produit) dérivé du sang.
emodialisi [e-mo-di-à-li-ʃi] ***n.f.invar.*** (*med.*) hémodialyse.
emofilia [e-mo-fi-lì-a] ***n.f.*** (*med.*) hémophilie.
emofiliaco [e-mo-fi-lì-a-co] ***agg.*** e ***n.m.*** [f. *-a*; pl.m. *-ci*, f. *-che*] (*med.*) hémophile.
emoglobina [e-mo-glo-bì-na] ***n.f.*** (*chim., biol.*) hémoglobine.
emolisi [e-mo-lì-ʃi] ***n.f.invar.*** (*biol.*) hémolyse.
emolliente [e-mol-lièn-te] ***agg.*** e ***n.m.*** émollient.
emolumento [e-mo-lu-mén-to] ***n.m.*** (*spec. pl.*) émoluments (*pl.*); (*onorario*) honoraires (*pl.*).
emorragia [e-mor-ra-gì-a] ***n.f.*** (*med.*) hémorragie (*anche fig.*).
emorragico [e-mor-rà-gi-co] ***agg.*** [pl.m. *-ci*, f. *-che*] hémorragique.
emorroidi [e-mor-ròi-di] ***n.f.pl.*** (*med.*) hémorroïdes.
emostatico [e-mo-stà-ti-co] ***agg.*** e ***n.m.*** [pl.m. *-ci*, f. *-che*] hémostatique.
emoteca [e-mo-tè-ca] ***n.f.*** [pl. *-che*] banque du sang.
emotività [e-mo-ti-vi-tà] ***n.f.invar.*** émotivité.
emotivo [e-mo-tì-vo] ***agg.*** [f. *-a*] **1** émotif*: *è troppo emotiva*, elle est trop émotive **2** (*che provoca emozione*) émouvant, touchant.
emotrasfusione [e-mo-tra-sfu-ʃió-ne] ***n.f.*** transfusion sanguine.
emottisi [e-mot-tì-ʃi] ***n.f.invar.*** (*med.*) hémoptysie.
emozionale [e-mo-zio-nà-le] ***agg.*** émotionnel*.
emozionante [e-mo-zio-nàn-te] ***agg.*** émouvant, palpitant.
emozionare [e-mo-zio-nà-re] ***v.tr.*** émotionner; (*commuovere*) émouvoir* ♦ **emozionarsi** ***v.pron.intr.*** s'émotionner; (*commuoversi*) s'émouvoir*.
emozionato [e-mo-zio-nà-to] ***agg.*** émotionné; (*commosso*) ému.
emozione [e-mo-zió-ne] ***n.f.*** émotion; (*commozione*) émoi (*m.*).
empietà [em-pie-tà] ***n.f.invar.*** **1** impiété **2** (*malvagità*) cruauté.
empio [ém-pio] ***agg.*** [pl.m. *-pi*] **1** impie **2** (*crudele*) cruel*.
empireo [em-pì-re-o] ***agg.*** e ***n.m.***
● (*cielo*) ***empireo***, empyrée.
empirico [em-pì-ri-co] ***agg.*** [pl.m. *-ci*, f. *-che*] empirique ♦ ***n.m.*** [f. *-a*] empiriste.
empirismo [em-pi-rì-ʃmo] ***n.m.*** empirisme.
emporio [em-pò-rio] ***n.m.*** [pl. *-ri*] **1** bazar; (*grande negozio*) grand magasin **2** (*centro commerciale*) centre commercial*.
emù [e-mù] ***n.m.invar.*** (*zool.*) émeu.
emulare [e-mu-là-re] ***v.tr.*** rivaliser (**avec**).
emulatore [e-mu-la-tó-re] ***agg.*** e ***n.m.*** [f. *-trice*] émule.
emulazione [e-mu-la-zió-ne] ***n.f.*** émulation.
emulo [è-mu-lo] ***n.m.*** [f. *-a*] émule.
emulsionante [e-mul-sio-nàn-te] ***agg.*** e ***n.m.*** émulsifiant.
emulsionare [e-mul-sio-nà-re] ***v.tr.*** émulsionner.
emulsione [e-mul-sió-ne] ***n.f.*** émulsion.
encefalite [en-ce-fa-lì-te] ***n.f.*** (*med.*) encéphalite.
encefalo [en-cè-fa-lo] ***n.m.*** (*anat.*) encéphale.
encefalo- ***pref.*** encéphalo-.
encefalografia [en-ce-fa-lo-gra-fì-a] ***n.f.*** (*med.*) encéphalographie.
encefalogramma [en-ce-fa-lo-gràm-ma] ***n.m.*** (*med.*) encéphalogramme.
encefalopatia [en-ce-fa-lo-pa-tì-a] ***n.f.*** (*med.*) encéphalopathie.
● (*vet.*) ***encefalopatia spongiforme bovina***, encéphalopathie spongiforme bovine (ESB).
enciclica [en-cì-cli-ca] ***n.f.*** [pl. *-che*] (*eccl.*) encyclique.
enciclopedia [en-ci-clo-pe-dì-a] ***n.f.*** encyclopédie.
enciclopedico [en-ci-clo-pè-di-co] ***agg.*** [pl.m. *-ci*, f. *-che*] encyclopédique.
enciclopedista [en-ci-clo-pe-dì-sta] ***n.m.*** e ***f.*** encyclopédiste.
encomiabile [en-co-mià-bi-le] ***agg.*** digne d'éloges, louable.
encomiare [en-co-mià-re] ***v.tr.*** louer (publiquement).
encomiastico [en-co-mià-sti-co] ***agg.*** [pl.m. *-ci*, f. *-che*] élogieux*.
encomio [en-cò-mio] ***n.m.*** [pl. *-mi*] éloge: *degno d'encomio*, digne d'éloges; *lettera d'encomio*, lettre de félicitations.
endecasillabo [en-de-ca-sìl-la-bo] ***agg.*** e ***n.m.*** (*metrica*) hendécasyllabe.
endemico [en-dè-mi-co] ***agg.*** [pl.m. *-ci*, f. *-che*] endémique.
endo- ***pref.*** endo-.
endocrino [en-dò-cri-no] ***agg.*** endocrinien*; (*di ghiandole*) endocrine.
endocrinologia [en-do-cri-no-lo-gì-a] ***n.f.*** endocrinologie.
endodonzia [en-do-don-zì-a] ***n.f.*** (*med.*) endodontie.
endogamia [en-do-ga-mì-a] ***n.f.*** endogamie.
endogeno [en-dò-ge-no] ***agg.*** endogène.
endometriosi [en-do-me-triò-ʃi] ***n.f.invar.*** (*med.*) endométriose.
endoscopia [en-do-sco-pì-a] ***n.f.*** (*med.*) endoscopie.
endovena [en-do-vé-na] ***n.f.*** intraveineuse.
endovenoso [en-do-ve-nó-so] ***agg.*** intraveineux*.
● (*iniezione*) ***endovenosa***, (piqûre) intraveineuse.

energetico [e-ner-gè-ti-co] ***agg.*** [pl.m. *-ci*, f. *-che*] énergétique: *bilancio energetico*, bilan énergétique; *crisi energetica*, crise de l'énergie; *fonte energetica*, source d'énergie ♦ ***n.m.*** stimulant.

energia [e-ner-gì-a] ***n.f.*** énergie (*anche fig.*): *uomo privo di energia*, homme sans énergie.
● (*fis.*): ***energia atomica***, ***elettrica***, énergie atomique, électrique; ***energia nucleare***, énergie nucléaire; ***energia solare***, énergie solaire.

energico [e-nèr-gi-co] ***agg.*** [pl.m. *-ci*, f. *-che*] énergique.

energumeno [e-ner-gù-me-no] ***n.m.*** [f. *-a*] énergumène.

enfasi [èn-fa-ʃi] ***n.f.invar.*** emphase.

enfatico [en-fà-ti-co] ***agg.*** [pl.m. *-ci*, f. *-che*] emphatique.

enfatizzare [en-fa-tiʒ-ʒà-re] ***v.tr.*** **1** (*pronunciare con enfasi*) prononcer* avec emphase **2** (*esagerare*) exagérer*, gonfler: *enfatizzare un risultato elettorale*, gonfler un résultat électoral.

enfisema [en-fi-ʃè-ma] ***n.m.*** (*med.*) emphysème.

enigma [e-nìg-ma] ***n.m.*** énigme (*f.*).

enigmatico [e-nig-mà-ti-co] ***agg.*** [pl.m. *-ci*, f. *-che*] énigmatique.

enigmista [e-nig-mì-sta] ***n.m.*** e ***f.*** **1** (*chi redige enigmi*) auteur/e de jeux d'esprit (charades, rébus, mots croisés, énigmes) **2** (*appassionato di enigmistica*) amateur/trice de jeux d'esprit.

enigmistica [e-nig-mì-sti-ca] ***n.f.*** [pl. *-che*] jeux (*m.pl.*) d'esprit.

enigmistico [e-nig-mì-sti-co] ***agg.*** [pl.m. *-ci*, f. *-che*] *settimanale enigmistico*, hebdomadaire de jeux et mots croisés; *gioco enigmistico*, jeu d'esprit; *pagina enigmistica*, page des jeux.

ennesimo [en-nè-ʃi-mo] ***agg.*** énième, nième; (*mat.*) nième: *elevare all'ennesima potenza*, élever à la puissance n; *te lo ripeto per l'ennesima volta!*, (*fam.*) je te le répète pour l'énième, la nième fois!

eno- ***pref.*** œno-.

enogastronomico [e-no-ga-stro-nò-mi-co] ***agg.*** [pl. m. *-ci*, f. *-che*] relatif* au vin et à la gastronomie.

enologia [e-no-lo-gì-a] ***n.f.*** œnologie.

enologico [e-no-lò-gi-co] ***agg.*** [pl.m. *-ci*, f. *-che*] œnologique.

enologo [e-nò-lo-go] ***n.m.*** [f. *-a*; pl.m. *-gi*, f. *-ghe*] œnologue, œnologiste.

enorme [e-nór-me] ***agg.*** énorme.

enormità [e-nor-mi-tà] ***n.f.invar.*** énormité (*anche fig.*).

enoteca [e-no-tè-ca] ***n.f.*** [pl. *-che*] œnothèque; (*di azienda vinicola*) caveau* de dégustation.

enotecario [e-no-te-cà-rio] ***n.m.*** [pl. *-ri*] propriétaire d'une œnothèque.

en plein [an'plɛn] ***n.m.***
● (*nel gioco della roulette*) ***fare un en plein***, (*anche fig.*) tout rafler.

ente [èn-te] ***n.m.*** **1** organisme, organisation (*f.*); office; institut: *ente culturale*, *assistenziale*, organisme culturel, d'assistance; *ente previdenziale*, (organisme de l')Assistance Sociale **2** (*fil.*) être.
● ***Ente Autonomo del Turismo***, Office du Tourisme | (*dir.*): ***ente morale***, personne morale; ***ente pubblico***, organisme public | ***enti locali***, collectivités locales.

enterite [en-te-rì-te] ***n.f.*** (*med.*) entérite.

entero- ***pref.*** entéro-.

enteroclisma [en-te-ro-clì-ʃma] ***n.m.*** (*med.*) lavement.

enterocolite [en-te-ro-co-lì-te] ***n.f.*** (*med.*) entérocolite.

entità [en-ti-tà] ***n.f.invar.*** **1** (*importanza*) importance: *di scarsa entità*, de peu d'importance **2** (*fil.*) entité.

entomologia [en-to-mo-lo-gì-a] ***n.f.*** entomologie.

entomologo [en-to-mò-lo-go] ***n.m.*** [f. *-a*; pl.m. *-gi*, f. *-ghe*] entomologiste.

entrambi [en-tràm-bi] ***agg.pl.*** les deux: *entrambi i medici*, les deux médecins; *conosco entrambe le sorelle*, je connais les deux sœurs ♦ ***pron.pl.*** tous (les) deux: *hanno negato entrambe*, elles ont nié toutes les deux.

entrante [en-tràn-te] ***agg.*** **1** entrant: *il sindaco entrante*, le maire entrant **2** (*prossimo*) prochain: *il mese entrante*, le mois prochain.

entrare [en-trà-re] ***v.intr.*** [aus. *essere*] **1** entrer: *entrare in casa*, entrer dans la maison; *entrare in chiesa*, entrer à l'église; *entrare a far parte di un gruppo*, entrer dans un groupe; *entrare nei fatti altrui*, (*fig.*) se mêler des affaires d'autrui; *entro nel ventiquattresimo anno d'età*, j'entre dans ma vingt-quatrième année **2** (*trovare spazio*) entrer, rentrer: *non tutti i suoi abiti entravano nella valigia*, ses vêtements n'entraient (*o* rentraient) pas tous dans la valise; *queste scarpe non mi entrano*, je ne rentre pas dans ces chaussures; *non entro più nei pantaloni*, je ne rentre plus dans mes pantalons | (*mat.*) *il due entra nell'otto quattro volte*, huit égale quatre fois deux **3** (*mus.*) attaquer: *a questo punto entrano i violini*, à ce moment les violons attaquent; *entrare fuori tempo*, ne pas attaquer au bon moment.
● ***entrare in società***, faire son entrée dans le monde; (*comm.*) former une societé (avec qqn) | ***entrare in testa***, entrer dans la tête: *non mi entra in testa*, ça ne m'entre pas dans la tête | ***entrare in una parte***, ***in un personaggio***, (*anche fig.*) entrer dans son rôle, dans (la peau de) son personnage | ***vietato entrare***, défense d'entrer.
□ **entrarci** y entrer; (*trovare posto*) y tenir*: *in quattro non ci entriamo*, nous ne pouvons pas y tenir à quatre; *hanno fallito, ma lui non c'entra*, ils ont échoué mais ce n'est pas lui le responsable; *io non c'entro*, je n'y suis pour rien; *la sua ambizione non c'entra per nulla*, son ambition n'a rien à voir là-dedans; *"E poi non ho soldi" "E questo che c'entra?"*, "Et puis je n'ai pas d'argent" "Quel est le rapport?".

entrata [en-trà-ta] ***n.f.*** **1** entrée: *l'orario d'entrata*, les heures d'entrée **2** (*comm.*, *econ.*) (*incasso*) recette; (*somma iscritta a credito*) entrée: *le entrate e le uscite*, les recettes et les dépenses; *imposta sull'entrata*, impôt sur le chiffre d'affaires **3** (*mus.*) (*attacco*) entrée **4** (*calcio*) intervention.

entratura [en-tra-tù-ra] ***n.f.***
● ***avere entratura presso qlcu***, avoir ses entrées auprès de qqn.

entro [én-tro] ***prep.*** **1** (*riferito a tempo*) d'ici: *entro domani*, *entro il 20 luglio*, d'ici demain, d'ici le 20 juillet; *entro oggi*, *entro la settimana*, dans la journée, dans la semaine; *entro quest'inverno*, *entro l'inverno*, avant la fin de l'hiver **2** (*riferito a luogo*) dans, à l'intérieur de.

FAUX AMI
Da non confondere con *entre*, che significa *tra*, *fra*.

entrobordo [en-tro-bór-do] ***n.m.invar.*** racer, in-bord*: *entrobordo da turismo*, canot automobile.

entropia [en-tro-pì-a] ***n.f.*** (*chim.*, *fis.*) entropie.

E

entroterra [en-tro-tèr-ra] *n.m.invar.* arrière-pays*.
entusiasmante [en-tu-ʃia-ʃmàn-te] *agg.* enthousiasmant; (*appassionante*) passionnant.
entusiasmare [en-tu-ʃia-ʃmà-re] *v.tr.* enthousiasmer ♦ **entusiasmarsi** *v.pron.intr.* s'enthousiasmer.
entusiasmo [en-tu-ʃià-ʃmo] *n.m.* enthousiasme: *avere grande entusiasmo per la musica*, aimer passionnément la musique; *con scarso entusiasmo*, avec peu d'enthousiasme; *essere facile all'entusiasmo*, s'enthousiasmer facilement; *farsi prendere dall'entusiasmo*, se laisser gagner par l'enthousiasme.
entusiasta [en-tu-ʃià-sta] *agg.* 1 enthousiaste 2 (*appassionato*) passionné (**de**) ♦ *n.m.* e *f.* enthousiaste.
entusiasticamente [en-tu-ʃia-sti-ca-mén-te] *avv.* avec enthousiasme.
entusiastico [en-tu-ʃià-sti-co] *agg.* [pl.m. *-ci*, f. *-che*] enthousiaste.
enucleare [e-nu-cle-à-re] *v.tr.* 1 dégager*: *enucleare un problema*, arriver au cœur du problème 2 (*med.*) énucléer.
enucleazione [e-nu-cle-a-zió-ne] *n.f.* 1 mise en évidence: *enucleazione di un problema*, la mise en évidence des points essentiels d'un problème 2 (*med.*) énucléation.
enumerare [e-nu-me-rà-re] *v.tr.* énumérer*.
enumerazione [e-nu-me-ra-zió-ne] *n.f.* énumération.
enunciare [e-nun-cià-re] *v.tr.* [coniug. come *cominciare*] énoncer*.
enunciato [e-nun-cià-to] *n.m.* énoncé.
enunciazione [e-nun-cia-zió-ne] *n.f.* énonciation.
enuresi [e-nu-rè-ʃi *o* enùreʃi] *n.f.invar.* (*med.*) énurésie.
enzima [en-ʒì-ma] *n.m.* (*biol.*) enzyme.
enzimatico [en-zi-mà-ti-co] *agg.* [pl.m. *-ci*, f. *-che*] (*biol.*) enzymatique.
eocene [e-o-cè-ne] *n.m.* (*geol.*) éocène.
eolico [e-ò-li-co] *agg.* [pl.m. *-ci*, f. *-che*] éolien*.
● (*ecol.*) ***l'energia eolica***, l'éolien.
epatico [e-pà-ti-co] *agg.* e *n.m.* [f. *-a*; pl.m. *-ci*, f. *-che*] hépatique.
epatite [e-pa-tì-te] *n.f.* (*med.*) hépatite.
epat(o)- *pref.* hépat(o)-.
eperlano [e-per-là-no] *n.m.* (*zool.*) éperlan.
epi- *pref.* épi-.
epica [è-pi-ca] *n.f.* [pl. *-che*] poésie épique.
epicentro [e-pi-cèn-tro] *n.m.* 1 épicentre 2 (*fig.*) foyer.
epico [è-pi-co] *agg.* [pl.m. *-ci*, f. *-che*] épique.
epicureismo [e-pi-cu-re-ì-ʃmo] *n.m.* (*fil.*) épicurisme.
epicureo [e-pi-cu-rè-o] *agg.* e *n.m.* [f. *-a*] (*fil.*) épicurien*.
epidemia [e-pi-de-mì-a] *n.f.* épidémie (*anche fig.*).
epidemico [e-pi-dè-mi-co] *agg.* [pl.m. *-ci*, f. *-che*] épidémique.
epidermico [e-pi-dèr-mi-co] *agg.* [pl.m. *-ci*, f. *-che*] 1 épidermique 2 (*fig.*) (*superficiale*) superficiel*.
epidermide [e-pi-dèr-mi-de] *n.f.* épiderme (*m.*).
epifania [e-pi-fa-nì-a] *n.f.* 1 épiphanie 2 (*eccl.*) *l'Epifania*, le Jour des Rois.
epigastrio [e-pi-gà-strio] *n.m.* [pl. *-ri*] (*anat.*) épigastre.
epiglottide [e-pi-glòt-ti-de] *n.f.* (*anat.*) épiglotte.
epigono [e-pì-go-no] *n.m.* [f. *-a*] épigone.
epigrafe [e-pì-gra-fe] *n.f.* inscription, épigraphe.
● ***a epigrafe***, en épigraphe, en exergue.
epigrafia [e-pi-gra-fì-a] *n.f.* épigraphie.
epigrafico [e-pi-grà-fi-co] *agg.* [pl.m. *-ci*, f. *-che*] épigraphique.
epigramma [e-pi-gràm-ma] *n.m.* (*lett.*) épigramme (*f.*).
epilessia [e-pi-les-sì-a] *n.f.* (*med.*) épilepsie.
epilettico [e-pi-lèt-ti-co] *agg.* e *n.m.* [f. *-a*] épileptique.
epilogo [e-pì-lo-go] *n.m.* [pl. *-ghi*] épilogue, dénouement.
episcopale [e-pi-sco-pà-le] *agg.* épiscopal*.
episcopato [e-pi-sco-pà-to] *n.m.* épiscopat.
episodicamente [e-pi-ʃo-di-ca-mén-te] *avv.* épisodiquement, de manière épisodique.
episodicità [e-pi-ʃo-di-ci-tà] *n.f.invar.* caractère (*m.*) épisodique.
episodico [e-pi-ʃò-di-co] *agg.* [pl.m. *-ci*, f. *-che*] épisodique: *un fatto episodico*, un épisode.
episodio [e-pi-ʃò-dio] *n.m.* [pl. *-di*] épisode.
epistassi [e-pi-stàs-si] *n.f.invar.* (*med.*) épistaxis.
epistemologia [e-pi-ste-mo-lo-gì-a] *n.f.* épistémologie.
epistola [e-pì-sto-la] *n.f.* épître.
epistolare [e-pi-sto-là-re] *agg.* épistolaire.
epistolario [e-pi-sto-là-rio] *n.m.* [pl. *-ri*] correspondance (*f.*).
epistolografia [e-pi-sto-lo-gra-fì-a] *n.f.* genre (*m.*) épistolaire.
epitaffio [e-pi-tàf-fio] *n.m.* [pl. *-fi*] épitaphe (*f.*).
epitalamio [e-pi-ta-là-mio] *n.m.* [pl. *-mi*] épithalame.
epiteliale [e-pi-te-lià-le] *agg.* épithélial*.
epitelio [e-pi-tè-lio] *n.m.* [pl. *-li*] (*anat.*) épithélium.
epiteto [e-pì-te-to] *n.m.* épithète (*f.*): *epiteti irripetibili*, des épithètes que l'on ne peut décemment répéter.
epoca [è-po-ca] *n.f.* [pl. *-che*] 1 époque (*anche geol.*): *l'epoca tra le due guerre*, l'entre-deux-guerres 2 (*momento*) époque: *all'epoca del suo matrimonio*, à l'époque de son mariage.
● ***all'epoca***, ***in quell'epoca***, à cette époque-là, à l'époque | ***d'epoca***, d'époque: *auto d'epoca*, voiture d'époque | ***fare epoca***, faire époque.
epodo [e-pò-do] *n.m.* (*metrica*) épode (*f.*).
eponimo [e-pò-ni-mo] *agg.* e *n.m.* [f. *-a*] éponyme.
epopea [e-po-pè-a] *n.f.* épopée.
epos [è-pos] *n.m.invar.* 1 poème épique 2 (*ciclo di poemi epici*) épopée (*f.*).
eppure [ep-pù-re] *cong.* pourtant: *eppure me lo avevi promesso!*, tu me l'avais pourtant promis!; *eppure è così!*, c'est pourtant comme ça!
epsilon [èp-si-lon] *n.m.* o *f.invar.* epsilon (*m.*).
epta- *pref.* hepta-.
epurare [e-pu-rà-re] *v.tr.* épurer.
epurazione [e-pu-ra-zió-ne] *n.f.* épuration.
equalizzatore [e-qua-liʒ-ʒa-tó-re] *n.m.* (*rad., tv*) égaliseur, compensateur, filtre correcteur.
equalizzazione [e-qua-liʒ-ʒa-zió-ne] *n.f.* (*tecn.*) égalisation.
equamente [e-qua-mén-te] *avv.* équitablement.
equanime [e-quà-ni-me] *agg.* équitable.
equanimità [e-qua-ni-mi-tà] *n.f.invar.* impartialité.

equatore [e-qua-tó-re] *n.m.* (*geogr., astr.*) équateur: *sopra, sotto l'equatore*, au nord, au sud de l'équateur.

equatoriale [e-qua-to-rià-le] *agg.* équatorial*.

equazione [e-qua-zió-ne] *n.f.* (*mat., chim.*) équation.
● (*mat.*) ***equazione di primo, di secondo grado***, équation de premier, de second degré.

equestre [e-què-stre] *agg.* équestre.

equi- *pref.* équi-.

Equidi [È-qui-di] *n.m.pl.* (*zool.*) Équidés.

equidistante [e-qui-di-stàn-te] *agg.* équidistant: *tenere un atteggiamento equidistante*, maintenir les distances.

equidistanza [e-qui-di-stàn-za] *n.f.* équidistance.

equilatero [e-qui-là-te-ro] *agg.* (*mat.*) équilatéral*.

equilibrare [e-qui-li-brà-re] *v.tr.* équilibrer ♦ **equilibrarsi** *v.pron.* s'équilibrer.

equilibrato [e-qui-li-brà-to] *agg.* équilibré.

equilibrio [e-qui-lì-brio] *n.m.* [pl. *-ri*] équilibre (*anche fig.*).
● ***equilibrio biologico***, équilibre biologique | (*ginnastica*) ***asse d'equilibrio***, poutre (horizontale) | ***punto d'equilibrio***, point mort.

equilibrismo [e-qui-li-brì-ʃmo] *n.m.* art de l'équilibriste: *equilibrismo politico*, (*fig.*) acrobaties politiques.

equilibrista [e-qui-li-brì-sta] *n.m.* e *f.* équilibriste.

equino [e-quì-no] *agg.* chevalin: *macelleria equina*, boucherie chevaline; *carne equina*, viande de cheval ♦ *n.m.* (*spec. pl.*) (*zool.*) Équidés (*pl.*).

equinoziale [e-qui-no-zià-le] *agg.* (*astr.*) équinoxial*.

equinozio [e-qui-nò-zio] *n.m.* [pl. *-zi*] (*astr.*) équinoxe.

equipaggiamento [e-qui-pag-gia-mén-to] *n.m.* équipement.

equipaggiare [e-qui-pag-già-re] *v.tr.* [coniug. come *mangiare*] équiper ♦ **equipaggiarsi** *v.pron.* s'équiper.

equipaggiato [e-qui-pag-già-to] *agg.* équipé.

equipaggio [e-qui-pàg-gio] *n.m.* [pl. *-gi*] équipage.

equiparabile [e-qui-pa-rà-bi-le] *agg.* assimilable, comparable.

equiparare [e-qui-pa-rà-re] *v.tr.* **1** assimiler; (*rendere di pari valore*) égaliser **2** (*mettere a confronto*) comparer.

equiparato [e-qui-pa-rà-to] *agg.* **1** assimilé; (*livellato*) égalisé **2** (*confrontato*) comparé, rapproché.

equiparazione [e-qui-pa-ra-zió-ne] *n.f.* assimilation; (*il rendere di pari valore*) égalisation.

equipollente [e-qui-pol-lèn-te] *agg.* équivalent.

equiseto [e-qui-sè-to] *n.m.* (*bot.*) equisetum.

equità [e-qui-tà] *n.f.invar.* équité.

equitazione [e-qui-ta-zió-ne] *n.f.* équitation.

equivalente [e-qui-va-lèn-te] *agg.* e *n.m.* équivalent.

> NOTA ***Equivalente*** si traduce con ***équivalent***, da non confondere con ***équivalant***. Entrambi hanno uguale pronuncia ma diversa funzione grammaticale. Il primo è aggettivo e si accorda con il nome cui si riferisce:
>
> *Sono due quantità più o meno **equivalenti**.*
> Ce sont deux quantités plus ou moins **équivalentes**.
>
> Il secondo è un participio presente e quindi resta invariabile:
>
> *È una risposta **equivalente** a un rifiuto.*
> C'est une réponse **équivalant** à un refus.

equivalenza [e-qui-va-lèn-za] *n.f.* équivalence (*anche mat.*).

equivalere [e-qui-va-lé-re] *v.intr.* [coniug. come *valere*; aus. *essere* o *avere*] équivaloir* ♦ **equivalersi** *v.pron.rec.* s'équivaloir*, se valoir*.

equivocare [e-qui-vo-cà-re] *v.intr.* [coniug. come *mancare*; aus. *avere*] se méprendre*: *non equivochiamo*, entendons-nous bien.

equivocità [e-qui-vo-ci-tà] *n.f.invar.* **1** ambiguïté **2** (*di ambiente, persona*) aspect (*m.*) louche.

equivoco [e-quì-vo-co] *agg.* [pl.m. *-ci*, f. *-che*] équivoque, ambigu* ♦ *n.m.* équivoque (*f.*); (*sbaglio*) méprise (*f.*); (*malinteso*) malentendu: *dare adito a equivoci*, prêter à équivoque; *cadere in equivoco*, se méprendre; *giocare sull'equivoco*, jouer sur les mots.
● ***a scanso di equivoci***, pour éviter tout malentendu.

equo [è-quo] *agg.* équitable.

era [è-ra] *n.f.* ère; (*epoca*) époque; (*periodo*) période.

erariale [e-ra-rià-le] *agg.* du Trésor public.

erario [e-rà-rio] *n.m.* [pl. *-ri*] Trésor public.

eravamo → **essere**[1].

erba [èr-ba] *n.f.* **1** herbe; (*tappeto erboso*) gazon (*m.*) | *non è rimasto neppure un filo d'erba*, (*fig.*) il n'est rien resté **2** (*pl.*) (*erbaggi, verdure*) légumes (*m.*) **3** (*gergo*) (*marijuana*) herbe.
● (*bot. pop.*): ***erba cipollina***, ciboulette; ***erba da gatti***, herbe aux chats; ***erba (della) miseria***, misère; ***erba medica***, luzerne | (*cuc.*) ***erbe aromatiche***, fines herbes | ***fare d'ogni erba un fascio***, (*fig.*) mettre tout le monde dans le même sac | ***in erba***, (*fig.*) en herbe | (*prov.*) ***l'erba del vicino è sempre più verde***, tu jalouses le sort du voisin | (*ricamo*) ***punto erba***, point de tige.

erbàccia [er-bàc-cia] *n.f.* [pl. *-ce*] mauvaise herbe.

erbaceo [er-bà-ce-o] *agg.* herbacé.

erbaggio [er-bàg-gio] *n.m.* [pl. *-gi*] **1** herbe (*f.*) potagère **2** (*ortaggio*) légume vert.

erbario [er-bà-rio] *n.m.* [pl. *-ri*] herbier.

erbicida [er-bi-cì-da] *agg.* e *n.m.* herbicide.

erbivendolo [er-bi-vén-do-lo] *n.m.* [f. *-a*] marchand de fruits et de légumes; marchand des quatre-saisons.

erbivoro [er-bì-vo-ro] *agg.* e *n.m.* [f. *-a*] herbivore.

erborista [er-bo-rì-sta] *n.m.* e *f.* herboriste.

erboristeria [er-bo-ri-ste-rì-a] *n.f.* **1** (*disciplina*) art (*m.*) d'herboriser **2** (*negozio*) herboristerie.

erboso [er-bó-so] *agg.* herbeux*, herbu.
● ***tappeto erboso***, (tapis de) gazon.

ercole [èr-co-le] *n.m.* hercule: *è un ercole*, il est bâti en hercule.

erculeo [er-cù-le-o] *agg.* herculéen*.

erede [e-rè-de] *n.m.* e *f.* **1** héritier*/ère: *suo nonno l'ha lasciato erede delle sue sostanze*, son grand-père l'a fait héritier de ses biens **2** (*fam., scherz.*) (*figlio*) enfant (*m.*), héritier/ère: *quando nascerà l'erede?*, quand arrivera le nouvel héritier? (*o* c'est pour quand la bonne nouvelle?) **3** (*fig.*) (*successore*) héritier/ère, continuateur/trice, disciple (*m.*): *l'erede spirituale di uno studioso*, l'héritier spirituel d'un savant.
● (*dir.*): ***erede legittimo, illegittimo***, héritier légitime, illégitime; ***erede testamentario, presunto***, héritier testamentaire, présomptif; ***erede universale***, héritier universel.

eredità [e-re-di-tà] *n.f.invar.* **1** héritage (*m.*) (*anche fig.*): *entrare in possesso di una ricca eredità*, entrer en possession d'un riche héritage; *lasciare in eredità*, laisser en héritage; *ricevere in eredità*, recevoir en héritage; *eredità spirituale*, héritage spirituel **2** (*biol.*) hérédité: *teoria cromosomica dell'eredità*, théorie chromosomique de l'hérédité.

ereditare [e-re-di-tà-re] ***v.tr.*** hériter (*anche fig.*).
ereditarietà [e-re-di-ta-rie-tà] ***n.f.invar.*** **1** (*dir.*) possibilité (d'un bien, d'un titre etc.) d'être transmis héréditairement **2** (*biol.*) hérédité.
ereditario [e-re-di-tà-rio] ***agg.*** [pl.m. *-ri*] héréditaire (*anche biol.*).
● ***principe ereditario***, prince héritier.
ereditiera [e-re-di-tiè-ra] ***n.f.*** héritière.
eremita [e-re-mì-ta] ***n.m.*** e ***f.*** ermite.
eremitaggio [e-re-mi-tàg-gio] ***n.m.*** [pl. *-gi*] ermitage.
eremitico [e-re-mì-ti-co] ***agg.*** [pl.m. *-ci*, f. *-che*] érémitique.
eremo [è-re-mo] ***n.m.*** ermitage.
eresia [e-re-ʃì-a] ***n.f.*** hérésie (*anche fig.*).
eressi → **erigere**.
ereticale [e-re-ti-cà-le] ***agg.*** hérétique.
eretico [e-rè-ti-co] ***agg.*** e ***n.m.*** [f. *-a*; pl.m. *-ci*, f. *-che*] hérétique.
erettile [e-rèt-ti-le] ***agg.*** érectile.
eretto [e-rèt-to] ***agg.*** **1** bien droit: *stare eretto*, se tenir bien droit **2** (*costruito*) érigé: *un monumento eretto ai caduti della città*, un monument érigé (*o* élevé) aux Morts de la ville **3** (*istituito, fondato*) fondé: *eretto in ente nel...*, organisme fondé en...
erezione [e-re-zió-ne] ***n.f.*** érection (*anche fisiol.*).
ergastolano [er-ga-sto-là-no] ***n.m.*** [f. *-a*] prisonnier* à perpétuité.
ergastolo [er-gà-sto-lo] ***n.m.*** **1** prison (*f.*) à perpétuité: *è stato condannato all'ergastolo*, il a été condamné à perpétuité **2** (*penitenziario*) maison (*f.*) d'arrêt, prison (*f.*).
ergere [èr-ge-re] ***v.tr.*** [p.rem. *io ersi*, *tu ergesti* ecc.; p.p. *erto*] élever* ♦ **ergersi** ***v.pron.*** e ***pron.intr.*** se dresser.
ergometrico [er-go-mè-tri-co] ***agg.*** [pl.m. *-ci*, f. *-che*] ergométrique.
ergonomia [er-go-no-mì-a] ***n.f.*** ergonomie.
ergonomico [er-go-nò-mi-co] ***agg.*** [pl.m. *-ci*, f. *-che*] ergonomique.
ergoterapia [er-go-te-ra-pì-a] ***n.f.*** (*med.*) ergothérapie.
erica [è-ri-ca] ***n.f.*** [pl. *-che*] (*bot.*) bruyère.
erigendo [e-ri-gèn-do] ***agg.*** qui doit être érigé.
erigere [e-rì-ge-re] ***v.tr.*** [coniug. come *dirigere*] ériger* (*anche fig.*) ♦ **erigersi** ***v.pron.*** s'ériger*: *erigersi a giudice*, s'ériger en juge.
erisipela [e-ri-ʃì-pe-la] ***n.f.*** (*med.*) érysipèle (*m.*).
eritema [e-ri-tè-ma] ***n.m.*** (*med.*) érythème.
eritreo [e-ri-trè-o] ***agg.*** érythréen* ♦ ***n.m.*** [f. *-a*] (*abitante*) Erythréen*.
ermafrodito [er-ma-fro-dì-to] ***agg.*** e ***n.m.*** hermaphrodite.
ermellino [er-mel-lì-no] ***n.m.*** hermine (*f.*).
ermetico [er-mè-ti-co] ***agg.*** [pl.m. *-ci*, f. *-che*] hermétique (*anche fig.*): *una chiusura ermetica*, une fermeture hermétique (*o* étanche); *una poesia ermetica*, une poésie hermétique (*o* ésotérique) ♦ ***n.m.*** [f. *-a*] **1** poète hermétique **2** philosophe hermétique.
ermetismo [er-me-ti-ʃmo] ***n.m.*** hermétisme (*anche fig.*).
ernia [èr-nia] ***n.f.*** *hernie.
erniario [er-nià-rio] ***agg.*** [pl.m. *-ri*] *herniaire.
ero → **essere**[1].

erodere [e-ró-de-re] ***v.tr.*** [coniug. come *rodere*] éroder.
eroe [e-rò-e] ***n.m.*** *héros.
erogare [e-ro-gà-re] ***v.tr.*** [coniug. come *legare*] **1** affecter, destiner **2** (*acqua, luce ecc.*) débiter.
erogazione [e-ro-ga-zió-ne] ***n.f.*** **1** affectation, destination **2** (*di acqua, luce ecc.*) débit (*m.*).
erogeno [e-rò-ge-no] ***agg.*** érogène.
eroico [e-ròi-co] ***agg.*** [pl.m. *-ci*, f. *-che*] héroïque.
eroina[1] [e-ro-ì-na] ***n.f.*** (*donna eroica*) héroïne.
eroina[2] ***n.f.*** (*droga*) héroïne.
eroinomane [e-roi-nò-ma-ne] ***n.m.*** e ***f.*** héroïnomane.
eroismo [e-ro-ì-ʃmo] ***n.m.*** héroïsme.
erompere [e-róm-pe-re] ***v.intr.*** [coniug. come *rompere*] **1** se précipiter; (*scaturire*) jaillir **2** (*fig.*) éclater.
erosione [e-ro-ʃió-ne] ***n.f.*** érosion; (*di argini*) affouillement (*m.*).
erosivo [e-ro-ʃì-vo] ***agg.*** érosif*.
erotico [e-rò-ti-co] ***agg.*** [pl.m. *-ci*, f. *-che*] érotique.
erotismo [e-ro-tì-ʃmo] ***n.m.*** érotisme.
erpete [èr-pe-te] ***n.m.*** (*med.*) herpès.
erpicare [er-pi-cà-re] ***v.tr.*** [coniug. come *mancare*] *herser.
erpice [ér-pi-ce] ***n.m.*** *herse (*f.*).
errabondo [er-ra-bón-do] ***agg.*** errant.
errante [er-ràn-te] ***agg.*** errant.
errare [er-rà-re] ***v.intr.*** [aus. *avere*] **1** errer (*anche fig.*): *errare per la campagna*, errer dans la campagne | *errare per il mondo*, courir le monde | *errare dalla retta via*, (*letter.*) s'écarter du droit chemin **2** (*ingannarsi*) se tromper, se méprendre*: *correggimi se erro*, corrige-moi si je me trompe (*o* si je commets une erreur) **3** (*commettere una colpa*) se rendre* coupable d'une faute: *ha errato, è giusto che paghi*, il s'est rendu coupable d'une faute, il est juste qu'il paie.
● ***se non erro***, si je ne me trompe.
erratico [er-rà-ti-co] ***agg.*** [pl.m. *-ci*, f. *-che*] erratique.
errato [er-rà-to] ***agg.*** erroné; (*scorretto*) incorrect; (*non esatto*) inexact*: *pronuncia errata*, prononciation incorrecte; *calcoli errati*, des calculs inexacts; *interpretazione errata*, interprétation inexacte.
● ***se non vado errato***, sauf erreur de ma part.
erroneamente [er-ro-ne-a-mén-te] ***avv.*** erronément.
erroneo [er-rò-ne-o] ***agg.*** erroné; (*scorretto*) incorrect.
errore [er-ró-re] ***n.m.*** erreur (*f.*); (*spec. errore materiale, sbaglio*) faute (*f.*); (*fam.*) bevue (*f.*): *essere in errore*, être dans l'erreur; *cadere in errore*, se tromper; *riparare a un errore*, réparer une faute; *in seguito a un errore*, par suite d'une erreur.
● (*inform.*) ***errore da programma***, défaut de programmation | ***errore di distrazione***, faute d'étourderie | (*inform.*) ***errore di macchina***, erreur de machine | ***errore di stampa***, faute d'imprimerie (*o* coquille) | ***per errore***, par erreur | ***salvo errori od omissioni***, sauf erreur ou omission.
ersi → **ergere**.
erta [ér-ta] ***n.f.*** rude montée.
erto [ér-to] ***agg.*** raide, escarpé.
erudire [e-ru-dì-re] ***v.tr.*** [coniug. come *finire*] instruire* ♦ **erudirsi** ***v.pron.*** s'instruire*.
erudito [e-ru-dì-to] ***agg.*** e ***n.m.*** [f. *-a*] érudit: *erudito in archeologia*, érudit en matière d'archéologie.
erudizione [e-ru-di-zió-ne] ***n.f.*** érudition: *erudizione storica*, érudition en matière d'histoire.

eruttare [e-rut-tà-re] *v.tr.* 1 (*di vulcano*) vomir 2 (*fig.*) éructer, vomir ♦ *v.intr.* [aus. *avere*] (*ruttare*) éructer.

eruttazione [e-rut-ta-zió-ne] *n.f.* éructation.

eruttivo [e-rut-tì-vo] *agg.* éruptif*.

eruzione [e-ru-zió-ne] *n.f.* éruption.

es- *pref.* ex-.

es(a)- *pref.* hex(a)-.

esacerbare [e-ʃa-cer-bà-re] *v.tr.* (*inasprire*) exacerber; (*esasperare*) exaspérer*.

esacerbazione [e-ʃa-cer-ba-zió-ne] *n.f.* exacerbation.

esaedro [e-ʃa-è-dro] *n.m.* hexaèdre.

esagerare [e-ʃa-ge-rà-re] *v.tr.* 1 exagérer* 2 (*caricare*) charger*: *esagerare le tinte*, charger les couleurs ♦ *v.intr.* [aus. *avere*] exagérer*: *non bisogna esagerare*, il ne faut pas exagérer; *esagerare nei complimenti*, faire trop de compliments; *esagerare nella modestia*, être trop modeste; *hai esagerato nella punizione*, tu l'as puni trop sévèrement; *hai esagerato con il sale*, tu as mis trop de sel.

esageratamente [e-sa-ge-ra-ta-mén-te] *avv.* exagérément; (*troppo*) trop.

esagerato [e-ʃa-ge-rà-to] *agg.* e *n.m.* [f. *-a*] exagéré.
● ***che esagerato!***, (*fam.*) tu exagères!

esagerazione [e-ʃa-ge-ra-zió-ne] *n.f.* exagération.

esagitato [e-ʃa-gi-tà-to] *agg.* agité, troublé.

esagonale [e-ʃa-go-nà-le] *agg.* hexagonal*.

esagono [e-ʃà-go-no] *n.m.* hexagone.

esalare [e-ʃa-là-re] *v.tr.* exhaler ♦ *v.intr.* [aus. *essere*] s'exhaler.

esalazione [e-ʃa-la-zió-ne] *n.f.* 1 exhalation 2 (*di vapori*) exhalaison.

esaltante [e-ʃal-tàn-te] *agg.* exaltant; (*straordinario*) éclatant.

esaltare [e-ʃal-tà-re] *v.tr.* 1 exalter: *esaltare i pregi di qlcu*, exalter les qualités de qqn 2 (*eccitare, entusiasmare*) exalter: *le sue parole esaltarono il popolo*, ses paroles exaltèrent le peuple 3 (*far risaltare*) faire* ressortir: *lo sfondo chiaro esalta le figure in primo piano*, le fond clair fait ressortir les figures en premier plan ♦ **esaltarsi** *v.pron.* e *pron.intr.* 1 s'exalter: *esaltarsi per un ideale*, s'exalter pour un idéal 2 (*elevarsi*) s'élever*: *chi si esalta sarà umiliato*, celui qui s'élève sera abaissé.

esaltato [e-ʃal-tà-to] *agg.* e *n.m.* [f. *-a*] exalté.

esaltazione [e-ʃal-ta-zió-ne] *n.f.* 1 exaltation 2 (*eccitazione*) exaltation.

esame [e-ʃà-me] *n.m.* 1 examen; (*analisi*) analyse (*f.*): *esame di un progetto*, examen d'un projet; *esame di un testo*, analyse d'un texte; *sottomettere a esame meticoloso*, soumettre à un examen minutieux 2 (*a scuola*) examen: *esame di latino, di matematica*, examen de latin, de mathématiques; *fare un esame*, (*dell'esaminatore*) faire passer un examen; *fare, dare un esame*, (*di studente*) passer un examen; *superare gli esami*, réussir aux examens; *essere respinto a un esame*, échouer à un examen; *rifare, ridare un esame*, repasser un examen.
● ***esame attitudinale***, test d'aptitude | ***esame d'ammissione***, examen d'entrée (*o* de passage) | ***esame del sangue***, analyse de sang | ***esame di coscienza***, examen de conscience: *fare l'esame di coscienza*, faire son examen de conscience | ***esame di guida***, permis de conduire: *ho passato l'esame di guida*, j'ai eu mon permis de conduire | ***esame di maturità***, baccalauréat | ***esame medico***, examen médical | ***esame scritto, orale***, examen écrit, oral | ***commissione d'esame***, jury d'examens | ***essere sotto esami***, être en période d'examens (*o* à la veille des examens) | ***in esame, all'esame (di)***, à l'examen (de): *il problema in esame*, le problème qui est maintenant à l'examen; *prendere in esame*, examiner.

esametro [e-ʃà-me-tro] *n.m.* (*metrica*) hexamètre.

esamificio [e-ʃa-mi-fì-cio] *n.m.* [pl. *-ci*] boîte (*f.*) à examens: *l'università è ridotta a un esamificio*, l'université n'est plus qu'une boîte à examens.

esaminando [e-ʃa-mi-nàn-do] *n.m.* [f. *-a*] candidat.

esaminare [e-ʃa-mi-nà-re] *v.tr.* 1 examiner; (*analizzare*) analyser: *esaminare i propri sentimenti*, analyser ses sentiments 2 (*interrogare*) interroger*.

esaminatore [e-ʃa-mi-na-tó-re] *n.m.* [f. *-trice*] examinateur*.

esangue [e-ʃàn-gue] *agg.* exsangue.

esanime [e-ʃà-ni-me] *agg.* inanimé.

esantema [e-ʃan-tè-ma] *n.m.* (*med.*) exanthème.

esantematico [e-ʃan-te-mà-ti-co] *agg.* [pl.m. *-ci*, f. *-che*] (*med.*) exhanthématique, exanthémateux*.
● ***malattie esantematiche infantili***, maladies exhanthématiques infantiles.

esarca [e-ʃàr-ca] *n.m.* [pl. *-chi*] (*st.*) exarque.

esasperante [e-ʃa-spe-ràn-te] *agg.* exaspérant.

esasperare [e-ʃa-spe-rà-re] *v.tr.* 1 exaspérer*: *esasperare un dolore*, exaspérer une douleur 2 (*irritare vivamente*) exaspérer*, excéder*: *il tuo contegno mi esaspera*, ton attitude m'exaspère (*o* tu m'excèdes) ♦ **esasperarsi** *v.pron.* e *pron.intr.* s'exaspérer*: *il contrasto si esaspera di giorno in giorno*, le conflit s'exaspère de jour en jour.

esasperato [e-ʃa-spe-rà-to] *agg.* 1 exaspéré 2 (*vivamente irritato*) exaspéré, excédé: *sono esasperato per la lentezza della burocrazia*, je suis excédé par la lenteur de la bureaucratie.

esasperazione [e-ʃa-spe-ra-zió-ne] *n.f.* exaspération: *spingere qlcu all'esasperazione*, excéder qqn.

esattamente [e-ʃat-ta-mén-te] *avv.* exactement.

esattezza [e-ʃat-téz-za] *n.f.* exactitude; (*precisione*) précision.
● ***per l'esattezza***, pour être exact.

esatto[1] [e-ʃàt-to] *agg.* 1 (*rispondente al vero*) exact 2 (*preciso*) exact, précis: *alle tre esatte*, à trois heures précises ♦ *avv.* absolument.

esatto[2] *p.p.* di **esigere**.

esattore [e-ʃat-tó-re] *n.m.* [f. *-trice*] (*delle imposte*) percepteur (des impôts); (*antiq.*) (*del gas, della luce*) encaisseur: *l'esattore del gas*, l'encaisseur de la Compagnie du gaz.

esattoria [e-ʃat-to-rì-a] *n.f.* perception.

esaudibile [e-ʃau-dì-bi-le] *agg.* qui peut être exaucé.

esaudimento [e-ʃau-di-mén-to] *n.m.* exaucement.

esaudire [e-ʃau-dì-re] *v.tr.* [coniug. come *finire*] exaucer*.

esauriente [e-ʃau-riè-n-te] *agg.* 1 complet*, exhaustif* 2 (*convincente, decisivo*) convaincant, concluant.

esaurientemente [e-ʃau-rien-te-mén-te] *avv.* exhaustivement, de manière exhaustive.

esaurimento [e-ʃau-ri-mén-to] *n.m.* 1 épuisement: *a causa dell'esaurimento delle nostre scorte a magazzino*, à cause de l'épuisement de notre stock (*o* à cause d'une rupture de stock) 2 (*stato di depressione fisica*) épuisement; (*psichica*) dépression (*f.*): *avere un forte esaurimento*, (*fisico*) être complètement épuisé, (*psichico*) être

très déprimé; *prendersi un bell'esaurimento*, (*fam.*) craquer, s'offrir une belle dépression.
● (*med.*) ***esaurimento nervoso***, dépression nerveuse.

esaurire [e-ʃau-rì-re] ***v.tr.*** [coniug. come *finire*] **1** épuiser (*anche fig.*): *esaurire l'argomento*, épuiser le sujet; *il lavoro lo ha esaurito*, le travail l'a épuisé **2** (*inaridire*) tarir **3** (*condurre a termine*) achever*; conclure* ♦ **esaurirsi** ***v.pron.*** e ***pron.intr.*** **1** s'épuiser; être* épuisé: *lavora troppo, finirà con l'esaurirsi*, il travaille trop, il finira par faire une dépression **2** (*inaridirsi*) tarir (*anche fig.*).

E

esaurito [e-ʃau-ri-to] ***agg.*** **1** épuisé (*anche fig.*): *la prima edizione è già esaurita*, la première édition est déjà épuisée; *i fondi sono esauriti*, les fonds sont épuisés **2** (*di posti, locali ecc.*) complet*: *il teatro è esaurito*, le théâtre affiche complet; *i posti a sedere sono esauriti*, toutes les places assises sont prises; *i biglietti sono esauriti*, il n'y a plus de billets disponibles **3** (*di persona*) épuisé, fatigué: *ti vedo esaurito, dovresti prenderti una vacanza!*, tu as l'air épuisé, il te faudrait du repos! | *essere esaurito*, être à bout de forces | *sentirsi esaurito*, se sentir complètement à plat.
● ***tutto esaurito***, complet: *fare il tutto esaurito*, faire salle comble.

esaustivo [e-ʃau-stì-vo] ***agg.*** exhaustif*.

esausto [e-ʃàu-sto] ***agg.*** **1** vide **2** (*fig.*) épuisé, à bout de forces: *sono esausto!*, je n'en peux plus!

esautorare [e-ʃau-to-rà-re] ***v.tr.*** priver de son autorité, destituer.

esautorato [e-ʃau-to-rà-to] ***agg.*** révoqué, destitué | *governo esautorato*, gouvernement sans autorité.

esautorazione [e-ʃau-to-ra-zió-ne] ***n.f.*** destitution, révocation.

esazione [e-ʃa-zió-ne] ***n.f.*** (*riscossione*) perception; (*recupero*) recouvrement (*m.*).

FAUX AMI
Da non confondere con *exaction*, che significa *estorsione*.

esborso [e-ʃbór-so] ***n.m.*** (*amm.*) débours.

esca [é-sca] ***n.f.*** [pl. *-sche*] **1** amorce; appât (*m.*) **2** (*miccia*) amadou (*m.*).
● ***aggiungere esca al fuoco***, (*fig.*) jeter de l'huile sur le feu | ***dar esca a qlco***, (*fig.*) susciter qqch: *dar esca alla gelosia di qlcu*, susciter la jalousie de qqn | ***gettare l'esca a qlcu***, (*fig.*) essayer d'attirer qqn dans ses filets | ***pigliar fuoco come l'esca***, (*fig.*) être soupe au lait.

escandescenza [e-scan-de-scèn-za] ***n.f.*** emportement (*m.*).
● ***dare in escandescenze***, sortir de ses gonds.

escatologia [e-sca-to-lo-gì-a] ***n.f.*** eschatologie.

escatologico [e-sca-to-lò-gi-co] ***agg.*** [pl.m. *-ci*, f. *-che*] eschatologique.

escavatore [e-sca-va-tó-re] ***n.m.*** [f. *-trice*] excavateur, pelle (*f.*) mécanique.
● ***escavatore a tazze***, excavateur à godets.

escavatrice [e-sca-va-trì-ce] ***n.f.*** excavatrice.

escavazione [e-sca-va-zió-ne] ***n.f.*** excavation.

eschimese [e-schi-mé-se] ***agg.*** esquimau*: *cane esquimese*, chien esquimau ♦ ***n.m.*** e ***f.*** (*abitante*) Esquimau*, Eskimo ♦ ***n.m.*** (*lingua*) esquimau.

esci → **uscire**.

esclamare [e-scla-mà-re] ***v.intr.*** [aus. *avere*] s'écrier, s'exclamer: *ha esclamato*, il s'est exclamé.

NOTA Negli incisi con ***esclamare***, il francese ***s'écrier*** richiede l'inversione del soggetto: *'Povero me!', esclamò*, 'Pauvre de moi', s'écria-t-il.

esclamativo [e-scla-ma-tì-vo] ***agg.*** exclamatif*.
● (*gramm.*) ***punto esclamativo***, point d'exclamation.

esclamazione [e-scla-ma-zió-ne] ***n.f.*** exclamation.

escludere [e-sclù-de-re] ***v.tr.*** [coniug. come *chiudere*] **1** exclure* (*anche fig.*): *escludere un candidato da un concorso*, exclure un candidat d'un concours; *gli stranieri sono esclusi da questo impiego*, il n'est pas permis aux étrangers d'occuper ce poste **2** (*negare*) exclure*: *escludo che sia lui il responsabile*, j'exclus qu'il soit le responsable | (*dir.*) *i giurati hanno escluso le circostanze attenuanti*, les jurés ont rejeté les circonstances atténuantes **3** (*eccettuare*) excepter, faire* exception (**de**): *la lista è completa escludendo, se si escludono alcuni nomi*, la liste est complète, si on excepte quelques noms (*o* exception faite pour quelques noms); *esclusi i tuoi fratelli*, sauf tes frères ♦ **escludersi** ***v.pron.rec.*** s'exclure* ♦ ***v.pron.*** s'isoler.
● ***lo escludo!***, impossible! | ***nessuno escluso***, sans exception | ***non è escluso***, il n'est pas exclu (*o* impossible): *non è escluso che venga*, il n'est pas exclu (*o* impossible) qu'il vienne.

esclusione [e-sclu-ʃió-ne] ***n.f.*** exclusion.
● ***a esclusione di***, à l'exclusion de, sauf | ***procedere per esclusione***, procéder par élimination | ***senza esclusione di colpi***, (*anche fig.*) sans merci.

esclusiva [e-sclu-ʃì-va] ***n.f.*** exclusivité.
● ***in esclusiva***, en exclusivité.

esclusivamente [e-sclu-ʃi-va-mén-te] ***avv.*** exclusivement: *leggo esclusivamente autori contemporanei*, je ne lis que des auteurs contemporains.

esclusivismo [e-sclu-ʃi-vì-ʃmo] ***n.m.*** exclusivisme.

esclusività [e-sclu-ʃi-vi-tà] ***n.f.invar.*** exclusivité.

esclusivo [e-sclu-ʃì-vo] ***agg.*** exclusif* | *è un locale molto esclusivo*, c'est un endroit très sélect.
● (*comm.*) ***agente esclusivo***, représentant ayant l'exclusivité.

escluso [e-sclù-ʃo] ***agg.*** exclu.

esco → **uscire**.

escogitare [e-sco-gi-tà-re] ***v.tr.*** imaginer; (*combinare*) cogiter | *le escogita tutte*, il invente toutes les excuses.

escoriare [e-sco-rià-re] ***v.tr.*** excorier.

escoriazione [e-sco-ria-zió-ne] ***n.f.*** excoriation.

escremento [e-scre-mén-to] ***n.m.*** excrément.

escrescenza [e-scre-scèn-za] ***n.f.*** excroissance.

escrezione [e-scre-zió-ne] ***n.f.*** excrétion.

escursione [e-scur-sió-ne] ***n.f.*** **1** (*gita*) excursion, randonnée **2** (*tecn., scient.*) amplitude.

escursionismo [e-scur-sio-nì-ʃmo] ***n.m.*** tourisme pédestre, randonnées (*f.pl.*) pédestres.

escursionista [e-scur-sio-nì-sta] ***n.m.*** e ***f.*** excursionniste, randonneur*/euse.

escussione [e-scus-sió-ne] ***n.f.*** (*dir.*) **1** discussion: *escussione dei beni*, discussion des biens **2** audition: *l'escussione dei testi*, l'audition des témoins.

esecrabile [e-ʃe-crà-bi-le] ***agg.*** exécrable.

esecrare [e-ʃe-crà-re] ***v.tr.*** exécrer*.

esecrazione [e-ʃe-cra-zió-ne] ***n.f.*** exécration.

esecutivo [e-ʃe-cu-tì-vo] ***agg.*** (*dir.*) **1** exécutif* **2** (*che può ottenere immediata esecuzione*) exécutoire: *mandato esecutivo*, mandat exécutoire ♦ ***n.m.*** exécutif.
● ***titolo esecutivo***, titre réalisable.

esecutore [e-ʃe-cu-tó-re] ***n.m.*** [f. *-trice*] **1** exécutant: *è un semplice esecutore degli ordini del suo capo*, c'est un

simple exécutant des ordres de son chef | *l'esecutore materiale del delitto*, l'auteur du crime **2** (*mus.*) exécutant: *orchestra composta di cinquanta esecutori*, orchestre composé de cinquante exécutants | *è un ottimo esecutore di musica leggera*, c'est un excellent interprète de musique légère **3** (*dir.*) exécuteur*.
● (*dir.*): ***esecutore di giustizia***, exécuteur des hautes œuvres; ***esecutore fallimentare***, syndic de faillite; ***esecutore testamentario***, exécuteur testamentaire.

esecutorio [e-ʃe-cu-tò-rio] ***agg.*** [pl.m. *-rî*] (*dir.*) exécutoire.

esecuzione [e-ʃe-cu-zió-ne] ***n.f.*** **1** exécution: *esecuzione di un ordine*, exécution d'un ordre **2** (*mus.*) exécution: *l'esecuzione di un preludio*, l'exécution d'un prélude **3** (*dir.*) accomplissement (*m.*), exécution: *esecuzione di una pena*, exécution d'une peine.
● (*dir.*) ***esecuzione testamentaria***, exécution testamentaire | ***andare in esecuzione***, entrer en exécution | ***dare esecuzione a***, exécuter: *dare esecuzione a un progetto*, exécuter un projet | ***di facile esecuzione***, facile à exécuter: *lavoro di facile esecuzione*, travail facile à exécuter | ***mettere in esecuzione***, mettre à exécution | ***plotone di esecuzione***, peloton d'exécution.

esedra [e-ʃè-dra] ***n.f.*** (*arch.*) exèdre.

esegesi [e-ʃe-gè-ʃi *o* eʃège-ʃi] ***n.f.*** exégèse.

esegeta [e-ʃe-gè-ta] ***n.m.*** e ***f.*** exégète.

esegetica [e-ʃe-gè-ti-ca] ***n.f.*** [pl. *-che*] science exégétique.

eseguire [e-ʃe-guì-re] ***v.tr.*** exécuter | *eseguire una riparazione*, faire une réparation, réparer | *eseguire un pagamento*, effectuer un paiement.

esempio [e-ʃèm-pio] ***n.m.*** [pl. *-pî*] exemple: *prendere qlcu a esempio*, prendre qqn en (*o* pour) example; *prendere esempio da qlcu*, prendre exemple sur qqn; *essere d'esempio a qlcu*, être un exemple pour qqn; *essere un esempio di virtù*, être un exemple.
● ***a mo' d' esempio***, à titre d'exemple | ***citare a esempio***, citer comme exemple | ***per esempio***, par exemple | ***sull'esempio di***, à, sur l'exemple de.

esemplare[1] [e-ʃem-plà-re] ***agg.*** exemplaire.

esemplare[2] ***n.m.*** exemplaire.

esemplificare [e-ʃem-pli-fi-cà-re] ***v.tr.*** [coniug. come *mancare*] exemplifier.

esemplificativo [e-ʃem-pli-fi-ca-tì-vo] ***agg.*** qui sert d'exemple.

esemplificazione [e-ʃem-pli-fi-ca-zió-ne] ***n.f.*** exemplification: *dare una esemplificazione di qlco*, illustrer qqch par des exemples.

esentare [e-ʃen-tà-re] ***v.tr.*** exempter: *esentare qlcu dal servizio militare*, exempter qqn du service militaire | *esentare da un incarico*, relever d'une charge | *esentare dal lavoro*, dispenser du travail.

esentasse [e-ʃen-tàs-se] ***agg.invar.*** exempt d'impôts.

esentato [e-ʃen-tà-to] ***agg.*** exempté.

esente [e-ʃèn-te] ***agg.*** exempt: *esente da difetti*, exempt de défauts | *esente da ogni colpa*, innocent de toute faute | *esente dal contagio*, protégé de la contagion.

esenzione [e-ʃen-zió-ne] ***n.f.*** exemption.

esequie [e-ʃè-quie] ***n.f.pl.*** obsèques.

esercente [e-ʃer-cèn-te] ***n.m.*** e ***f.*** commerçant/e; (*di bevande e tabacchi*) débitant/e (de boissons, de tabacs); (*di sale cinematografiche*) exploitant/e.

esercitare [e-ʃer-ci-tà-re] ***v.tr.*** **1** exercer*, entraîner: *esercitare i soldati*, exercer (*o* entraîner) les soldats; *esercitare la memoria*, exercer sa mémoire | *esercitare la pazienza di qlcu*, mettre à l'épreuve la patience de qqn **2** (*mettere in atto*) exercer*: *esercitare il potere*, exercer le pouvoir; *esercitare una rigorosa sorveglianza*, exercer une rigoureuse surveillance | *esercitare pressioni su qlcu*, faire pression sur qqn **3** (*praticare*) exercer*: *esercitare il mestiere di calzolaio*, exercer le métier de cordonnier; *esercitare l'insegnamento*, être dans l'enseignement ♦ **esercitarsi** ***v.pron.*** s'exercer*: *esercitarsi a leggere*, s'exercer à lire | *esercitarsi al piano, in inglese*, travailler son piano, son anglais | *le truppe si stanno esercitando*, les troupes sont à l'exercice.

esercitazione [e-ʃer-ci-ta-zió-ne] ***n.f.*** exercice (*m.*).
● ***esercitazioni navali***, manœuvres navales | ***esercitazioni scolastiche***, travaux pratiques.

esercito [e-ʃèr-ci-to] ***n.m.*** armée (*f.*) | *l'esercito invasore*, les troupes d'invasion | *gli alti gradi dell'esercito*, les officiers supérieurs.

eserciziario [e-ʃer-ci-zià-rio] ***n.m.*** [pl. *-rî*] cahier d'exercices.

esercizio [e-ʃer-cì-zio] ***n.m.*** [pl. *-zî*] **1** exercice; (*fam.*) exo: *esercizi di latino, di matematica*, exercices de latin, de mathématiques; *fare esercizio, un po' di esercizio*, faire un peu d'exercice (*o* prendre de l'exercice) **2** (*pratica, uso*) exercice: *l'esercizio della memoria*, l'exercice de la mémoire; *l'esercizio delle facoltà mentali*, l'exercice des facultés mentales (*o* intellectuelles) **3** (*econ.*) (*gestione*) gestion (*f.*), exploitation (*f.*); (*periodo di gestione*) exercice: *costi d'esercizio*, frais de gestion (*o* charges d'exploitation); *capitale di esercizio*, capital d'exploitation; *l'esercizio 1991 è stato deficitario*, l'exercice 1991 a été déficitaire | *esercizio provvisorio*, douzième provisoire; *chiusura di esercizio*, clôture du bilan **4** (*spaccio, negozio*) magasin.
● ***esercizio fisico***, exercice (physique): *esercizi a corpo libero*, exercices au sol | ***esser fuori, giù d'esercizio***, manquer d'entraînement | ***licenza d'esercizio***, (*di bar*) licence de débit de boissons | ***nell'esercizio delle sue funzioni***, dans l'exercice de ses fonctions | ***pubblico esercizio***, établissement public | ***tenersi in esercizio***, se maintenir en forme.

esibire [e-ʃi-bì-re] ***v.tr.*** [coniug. come *finire*] exhiber ♦ **esibirsi** ***v.pron.*** s'exhiber; (*dare spettacolo*) se produire*.

esibizione [e-ʃi-bi-zió-ne] ***n.f.*** **1** exhibition **2** (*numero di un artista*) numéro (*m.*).

esibizionismo [e-ʃi-bi-zio-nì-ʃmo] ***n.m.*** exhibitionnisme.

esibizionista [e-ʃi-bi-zio-nì-sta] ***n.m.*** e ***f.*** exhibitionniste.

esigente [e-ʃi-gèn-te] ***agg.*** exigeant.

esigenza [e-ʃi-gèn-za] ***n.f.*** exigence.
● ***per esigenze di servizio***, pour raisons de service.

esigere [e-ʃì-ge-re] ***v.tr.*** [p.p. *esatto*] **1** exiger*: *esigo una spiegazione*, j'exige une explication; *esigere obbedienza*, exiger l'obéissance **2** (*comm.*) (*riscuotere*) percevoir*; (*recuperare*) recouvrer: *esigere le imposte*, percevoir les impôts; *esigere un credito*, recouvrer une créance.

esigibile [e-ʃi-gì-bi-le] ***agg.*** exigible.

esiguità [e-ʃi-gui-tà] ***n.f.invar.*** petitesse; (*di denaro*) modicité | *l'esiguità dei mezzi usati*, la modestie des moyens utilisés; *l'esiguità delle forze in campo*, l'insuffisance des forces en jeu.

E

esiguo [e-ʃì-guo] ***agg.*** petit; (*di denaro*) modique, modeste.
esilarante [e-ʃi-la-ràn-te] ***agg.*** hilarant.
esilarare [e-ʃi-la-rà-re] ***v.tr.*** provoquer le rire (**de**).
esile [è-ʃi-le] ***agg.*** (*sottile*) mince; (*fragile*) frêle | *con voce esile*, d'une voix fluette | *argomentazioni esili*, des arguments très faibles.
esiliare [e-ʃi-lià-re] ***v.tr.*** exiler ♦ **esiliarsi** ***v.pron.*** s'exiler.
esiliato [e-ʃi-lià-to] ***agg.*** e ***n.m.*** [f. *-a*] exilé.
esilio [e-ʃì-lio] ***n.m.*** [pl. *-li*] exil: *scegliere la via dell'esilio*, choisir l'exil.
esilità [e-ʃi-li-tà] ***n.f.invar.*** (*sottigliezza*) minceur; (*gracilità*) gracilité; (*debolezza*) faiblesse.
esimere [e-ʃì-me-re] ***v.tr.*** [non usati p.p. e tempi composti] exempter: *esimere qlcu dal pagamento di una tassa*, exempter qqn du paiement d'une taxe | *esimere qlcu da una responsabilità*, décharger qqn d'une responsabilité ♦ **esimersi** ***v.pron.*** se dispenser: *non può esimersi dall'intervenire alla riunione*, il ne peut pas se dispenser de prendre part (*o* d'assister) à la réunion | *esimersi da un obbligo*, se soustraire à une obligation.
esimio [e-ʃì-mio] ***agg.*** [pl.m. *-mi*] éminent | *esimio professore*, (*nelle apostrofi*) Monsieur le professeur.
esistente [e-ʃi-stèn-te] ***agg.*** existant.
esistenza [e-ʃi-stèn-za] ***n.f.*** **1** existence: *le prove dell'esistenza di Dio*, les preuves de l'existence de Dieu; *negare l'esistenza di qlco*, nier l'existence de qqch **2** (*vita*) existence: *condurre un'esistenza tranquilla, burrascosa*, mener une vie (*o* une existence) paisible, mouvementée **3** (*comm.*) existant (*m.*): *l'esistenza in cassa*, l'existant en caisse (*o* l'encaisse); *le esistenze in magazzino*, l'existant (*o* existence) en magasin.
esistenziale [e-ʃi-sten-zià-le] ***agg.*** existentiel*.
esistenzialismo [e-ʃi-sten-zia-lì-ʃmo] ***n.m.*** (*fil.*) existentialisme.
esistenzialista [e-ʃi-sten-zia-lì-sta] ***agg.*** e ***n.m.*** e ***f.*** (*fil.*) existentialiste.
esistere [e-ʃì-ste-re] ***v.intr.*** [p.p. *esistito*; aus. *essere*] **1** exister: *il più grande genio che sia mai esistito*, le plus grand génie qui n'ait jamais existé | *per lui esiste solo la moglie*, il n'y a que sa femme qui compte | *non esistono dubbi* (*che*), il n'y a pas de doute, nul doute (que) **2** (*vivere*) vivre*.
esitante [e-ʃi-tàn-te] ***agg.*** hésitant.
esitare [e-ʃi-tà-re] ***v.intr.*** [aus. *avere*] hésiter.
esitazione [e-ʃi-ta-zió-ne] ***n.f.*** hésitation.
esito [è-ʃi-to] ***n.m.*** issue (*f.*), résultat | *il buon esito dell'impresa*, le succès de l'entreprise | *avere buono, cattivo esito*, réussir, ne pas réussir | *dare esito a una lettera*, répondre à une lettre.
● (*comm.*) ***di facile esito***, d'un débit facile: *una merce di facile esito*, une marchandise d'un débit facile.
esiziale [e-ʃi-zià-le] ***agg.*** mortel*; (*funesto*) fatal*.
eskimo [è-ski-mo] ***n.m.invar.*** (*abbigl.*) parka.
esodo [è-ʃo-do] ***n.m.*** exode.
esofago [e-ʃò-fa-go] ***n.m.*** [pl. *-gi*] (*anat.*) œsophage.
esogeno [e-ʃò-ge-no] ***agg.*** exogène.
esondazione [e-ʃon-da-zió-ne] ***n.f.*** débordement (*m.*).
esonerare [e-ʃo-ne-rà-re] ***v.tr.*** **1** exonérer*; (*esentare*) exempter, dispenser **2** (*destituire*) relever*.
esonero [e-ʃò-ne-ro] ***n.m.*** exonération (*f.*); (*esenzione*) exemption (*f.*).
esorbitante [e-ʃor-bi-tàn-te] ***agg.*** exorbitant.
esorbitare [e-ʃor-bi-tà-re] ***v.intr.*** [aus. *avere*] sortir*.
esorcismo [e-ʃor-cì-ʃmo] ***n.m.*** exorcisme.
esorcista [e-ʃor-cì-sta] ***n.m.*** e ***f.*** exorciste.
esorcizzare [e-ʃor-ciʒ-ʒà-re] ***v.tr.*** exorciser.
esordiente [e-ʃor-dièn-te] ***agg.*** e ***n.m.*** e ***f.*** débutant/e.
esordio [e-ʃòr-dio] ***n.m.*** [pl. *-di*] **1** début; (*di discorso*) exorde **2** (*di attività*) début; (*di un attore*) débuts (*pl.*).
esordire [e-ʃor-dì-re] ***v.intr.*** [coniug. come *finire*; aus. *avere*] **1** (*in un discorso*) commencer* **2** (*in una attività*) débuter.
esornativo [e-ʃor-na-tì-vo] ***agg.*** ornemental*.
esortare [e-ʃor-tà-re] ***v.tr.*** exhorter.
esortazione [e-ʃor-ta-zió-ne] ***n.f.*** exhortation.
esosfera [e-ʃo-sfè-ra] ***n.f.*** (*fis.*) exosphère.
esosità [e-ʃo-si-tà] ***n.f.invar.*** **1** (*avidità*) avidité; (*avarizia*) avarice **2** (*di prezzi*) exagération.
esoso [e-ʃò-ʃo] ***agg.*** **1** (*avido*) avide; (*avaro*) avare **2** (*di prezzo*) exorbitant.
esoterico [e-ʃo-tè-ri-co] ***agg.*** [pl.m. *-ci*, f. *-che*] ésotérique.
esotermico [e-ʃo-tèr-mi-co] ***agg.*** [pl.m. *-ci*, f. *-che*] (*fis.*) exothermique.
esotico [e-ʃò-ti-co] ***agg.*** [pl.m. *-ci*, f. *-che*] exotique.
esotismo [e-ʃo-tì-ʃmo] ***n.m.*** exotisme.
espandere [e-spàn-de-re] ***v.tr.*** [p.rem. *io espansi*; p.p. *espanso*] **1** (*estendere*) étendre* **2** (*emanare*) exhaler ♦ **espandersi** ***v.pron.*** e ***pron.intr.*** **1** s'étendre* | *espandersi a macchia d'olio*, faire tache d'huile **2** (*ingrandirsi*) s'agrandir; (*svilupparsi*) se développer **3** (*diffondersi*) se répandre*.
espansione [e-span-sió-ne] ***n.f.*** **1** expansion (*anche fig.*): *espansione di una città*, expansion d'une ville; *industria in espansione*, industrie en expansion **2** épanchement (*m.*): *tutte queste espansioni mi sembrano esagerate*, tous ces épanchements me semblent exagérés | *fu accolto con grandi espansioni*, il fut accueilli avec chaleur **3** (*ling.*) expansion.
espansionismo [e-span-sio-nì-ʃmo] ***n.m.*** expansionnisme.
espansionista [e-span-sio-nì-sta] ***agg.*** e ***n.m.*** e ***f.*** expansionniste.
espansionistico [e-span-sio-nì-sti-co] ***agg.*** [pl.m. *-ci*, f. *-che*] expansionniste.
espansività [e-span-si-vi-tà] ***n.f.invar.*** expansivité.
espansivo [e-span-sì-vo] ***agg.*** expansif*.
espanso [e-spàn-so] ***agg.*** **1** (*fis.*) dilaté: *gas espanso*, gaz dilaté **2** (*chim.*) expansé.
● (*chim.*) (***polistirolo***) ***espanso***, polystyrène expansé.
espatriare [e-spa-trià-re] ***v.intr.*** [aus. *essere*] s'expatrier.
espatrio [e-spà-trio] ***n.m.*** [pl. *-ri*] expatriation (*f.*).
espediente [e-spe-dièn-te] ***n.m.*** expédient.
espellere [e-spèl-le-re] ***v.tr.*** [p.rem. *io espulsi*; p.p. *espulso*] **1** expulser **2** (*tecn.*) éjecter.
esperanto [e-spe-ràn-to] ***n.m.invar.*** espéranto.
esperienza [e-spe-rièn-za] ***n.f.*** **1** expérience: *esperienza di lavoro*, expérience de travail; *mi manca l'esperienza*, je n'ai pas assez d'expérience; *la nostra ditta vanta in questo campo 50 anni di esperienza*, notre entreprise fait valoir ses 50 ans d'expérience dans ce domaine; *aver esperienza*, avoir de l'expérience | *esperienza di vita*, ex-

périence de vie | *una brutta esperienza*, une expérience malheureuse, (*sgradevole*) une expérience désagréable | *fare esperienza in qlco*, acquérir de l'expérience pour qqch **2** (*esperimento*) expérience: *fare un'esperienza di chimica*, faire une expérience de chimie.
● ***per esperienza***, par expérience: *parlare per esperienza*, parler par expérience; *ho imparato per esperienza che*, l'expérience m'a appris que.

esperimentare e *deriv.* → **sperimentare** e *deriv.*

esperimento [e-spe-ri-mén-to] ***n.m.*** **1** expérience (*f.*) **2** (*a scuola*) interrogation (*f.*) écrite; (*trimestrale*) composition (*f.*).
● ***a titolo d'esperimento***, à titre d'essai.

esperire [e-spe-rì-re] ***v.tr.*** [coniug. come *finire*] **1** (*svolgere*) mener* | *esperire tutte le pratiche per*, faire toutes les démarches pour **2** (*tentare*) essayer*.
● (*dir.*) ***esperire le vie legali***, recourir à la justice.

esperto [e-spèr-to] ***agg.*** (*abile, provetto*) expert; (*che ha pratica, esperienza*) expérimenté | *un uomo molto esperto*, un homme qui a beaucoup d'expérience ♦ ***n.m.*** [f. *-a*] expert.

espettorante [e-spet-to-ràn-te] ***agg.*** e ***n.m.*** (*med.*) expectorant.

espettorare [e-spet-to-rà-re] ***v.tr.*** (*med.*) expectorer.

espiabile [e-spi-à-bi-le] ***agg.*** expiable.

espianto [e-spiàn-to] ***n.m.*** (*biol.*) explant.

espiare [e-spi-à-re] ***v.tr.*** expier | *espiare una pena*, purger une peine.

espiatorio [e-spia-tò-rio] ***agg.*** [pl.m. *-ri*] expiatoire.

espiazione [e-spia-zió-ne] ***n.f.*** expiation.

espirare [e-spi-rà-re] ***v.tr.*** e ***intr.*** [aus. *avere*] expirer.

espirazione [e-spi-ra-zió-ne] ***n.f.*** expiration.

espletamento [e-sple-ta-mén-to] ***n.m.*** accomplissement: *espletamento di un incarico*, accomplissement d'une mission; *espletamento di una pratica*, expédition d'un dossier.

espletare [e-sple-tà-re] ***v.tr.*** (*compiere*) remplir; (*sbrigare*) expédier: *espletare una pratica*, expédier un dossier | *espletare le proprie funzioni*, s'acquitter de ses fonctions | *espletare un programma*, mener à bien un programme.

esplicare [e-spli-cà-re] ***v.tr.*** [coniug. come *mancare*] exercer*.

esplicativo [e-spli-ca-tì-vo] ***agg.*** explicatif*.

esplicitare [e-spli-ci-tà-re] ***v.tr.*** expliciter.

esplicito [e-splì-ci-to] ***agg.*** explicite.

esplodere [e-splò-de-re] ***v.intr.*** [p.rem. *io esplosi, tu esplodesti* ecc.; p.p. *esploso*; aus. *essere*] exploser: *la bomba è esplosa qui*, la bombe a explosé ici ♦ ***v.tr.*** (*sparare*) décharger*: *gli esplose contro tre colpi di fucile*, il déchargea sur lui trois coups de fusil.

esplorare [e-splo-rà-re] ***v.tr.*** **1** explorer: *esplorare regioni sconosciute*, explorer des régions inconnues **2** (*sondare*) sonder: *esplorare l'animo umano*, sonder le cœur humain **3** (*med.*) sonder: *esplorare una piaga*, sonder une plaie **4** (*inform.*) explorer, analyser.

esplorativo [e-splo-ra-tì-vo] ***agg.*** **1** d'exploration: *ricerche di carattere esplorativo*, recherches à caractère d'exploration **2** (*pol.*) exploratoire: *un'indagine esplorativa per la formazione di un nuovo governo*, un sondage exploratoire pour la formation d'un nouveau gouvernement **3** (*med.*) explorateur*: *puntura esplorativa*, ponction exploratrice.

esploratore [e-splo-ra-tó-re] ***n.m.*** **1** [f. *-trice*] explorateur* **2** (*nave da guerra*) éclaireur, patrouilleur.
● ***giovane esploratore***, (*scoutismo*) éclaireur.

esplorazione [e-splo-ra-zió-ne] ***n.f.*** exploration.

esplosione [e-splo-ʃió-ne] ***n.f.*** explosion (*anche fig.*).

esplosivo [e-splo-ʃì-vo] ***agg.*** explosif* (*anche fig.*): *miscela esplosiva*, mélange explosif ♦ ***n.m.*** explosif.

esponente [e-spo-nèn-te] ***n.m.*** e ***f.*** (*rappresentante*) représentant ♦ ***n.m.*** **1** (*lemma*) article **2** (*mat.*) exposant.

esponenziale [e-spo-nen-zià-le] ***agg.*** exponentiel*.

esporre [e-spór-re] ***v.tr.*** [coniug. come *porre*] **1** exposer; (*mettere in mostra*) étaler; (*affiggere*) afficher: *esporre dei quadri in una galleria*, exposer des tableaux dans une galerie; *esporre delle merci in vetrina*, exposer (*o* étaler) des marchandises en vitrine; *esporre un avviso*, afficher un avis | *esporre un bambino*, (*abbandonarlo*) exposer un enfant | *esporre la bandiera*, hisser le drapeau **2** (*a rischio ecc.*) exposer: *la sua intransigenza lo espone a dure critiche*, son intransigeance l'expose à de dures critiques **3** (*riferire con ordine*) exposer; (*spiegare*) expliquer: *esporre il contenuto di un romanzo*, exposer le sujet d'un roman; *esporre un passo di Dante*, expliquer un passage de Dante **4** (*fot.*) exposer ♦ **esporsi** ***v.pron.*** **1** s'exposer (*anche fig.*): *esporsi al sole*, s'exposer au soleil; *esporsi a pericoli*, s'exposer à des dangers **2** (*fig.*) (*compromettersi*) s'avancer*: *credo che tu ti esponga troppo*, je crois que tu t'avances trop **3** (*inform.*) exposer, donner accès.

esportabile [e-spor-tà-bi-le] ***agg.*** exportable (*anche fig.*).

esportare [e-spor-tà-re] ***v.tr.*** exporter.

esportatore [e-spor-ta-tó-re] ***agg.*** e ***n.m.*** [f. *-trice*] exportateur*.

esportazione [e-spor-ta-zió-ne] ***n.f.*** exportation.

esposimetro [e-spo-ʃì-me-tro] ***n.m.*** (*fot.*) posemètre, exposimètre.

espositivo [e-spo-ʃi-tì-vo] ***agg.*** descriptif*: *una lezione puramente espositiva*, une leçon purement descriptive | *mancare di chiarezza espositiva*, manquer de clarté dans son exposé | *premessa espositiva*, remarque préliminaire.
● ***quartiere, padiglione espositivo***, quartier, pavillon des expositions.

espositore [e-spo-ʃi-tó-re] ***n.m.*** [f. *-trice*] **1** exposant **2** (*commentatore*) commentateur* ♦ ***agg.*** qui expose: *le ditte espositrici*, les sociétés qui exposent.

esposizione [e-spo-ʃi-zió-ne] ***n.f.*** **1** exposition; (*fam.*) expo; (*il mettere in mostra*) étalage (*m.*): *esposizione all'aria, al sole*, exposition à l'air, au soleil; *l'esposizione della merce in vetrina*, l'étalage (*o* l'exposition) de la marchandise en vitrine | *l'esposizione di un neonato*, (*l'abbandono*) l'exposition d'un nouveau-né **2** (*posizione*) exposition: *esposizione a mezzogiorno*, exposition au sud **3** (*fot.*) exposition: *tempo di esposizione*, temps, durée d'exposition (*o* de pose) **4** (*resoconto*) exposé (*m.*); (*maniera di esporre*) expression: *ha fatto una chiara esposizione delle sue teorie*, il a fait un exposé clair de ses théories; *il contenuto del tema è buono, ma l'esposizione è ancora incerta*, le contenu de la dissertation est bon mais l'expression est encore incertaine.

esposto [e-spó-sto] ***agg.*** **1** exposé; (*affisso*) affiché; (*messo in mostra*) étalé: *i quadri esposti*, les tableaux exposés; *avviso esposto all'albo*, avis affiché au tableau; *la merce esposta*, la marchandise exposée (*o* étalée) **2** (*posto, rivolto*) exposé: *terreno esposto a mezzogiorno*, terrain exposé au midi **3** (*soggetto*) exposé: *esposto alle cri-*

tiche di tutti, exposé aux critiques de tout le monde **4** (*riferito*) exposé; (*spiegato*) expliqué: *i fatti sopra esposti*, les faits exposés ci-dessus ♦ ***n.m.*** exposé: *presentare un esposto al ministero*, présenter un exposé au ministère.
● (*med.*) ***frattura esposta***, fracture ouverte.

espressamente [e-spres-sa-mén-te] ***avv.*** **1** (*in modo esplicito*) expressément **2** (*di proposito*) exprès.

espressione [e-spres-sió-ne] ***n.f.*** expression (*anche mat.*): *un'espressione triste, divertita*, une expression triste, amusée; *dare espressione a un sentimento*, exprimer un sentiment; *suonare con espressione*, jouer avec expression; *leggeva con espressione*, il lisait d'une manière expressive; *espressione algebrica razionale*, expression algébrique rationnelle | *accolga le espressioni della mia più profonda gratitudine*, (*nella corrispondenza*) agréez l'expression de ma plus profonde gratitude.

E

espressionismo [e-spres-sio-nì-ʃmo] ***n.m.*** (*arte*) expressionnisme.

espressionista [e-spres-sio-nì-sta] ***n.m.*** e ***f.*** (*arte*) expressionniste.

espressivamente [e-spres-si-va-mén-te] ***avv.*** de façon expressive.

espressività [e-spres-si-vi-tà] ***n.f.invar.*** expressivité, puissance expressive.

espressivo [e-spres-sì-vo] ***agg.*** expressif*.

espresso [e-sprès-so] ***agg.*** **1** (*esplicito*) exprès* **2** (*Poste*) exprès* **3** (*di treno*) express **4** (*di caffè*) express ♦ ***n.m.*** **1** (*Poste*) exprès **2** (*treno*) express **3** (*caffè*) express.
● ***per espresso***, par exprès.

esprimere [e-sprì-me-re] ***v.tr.*** [coniug. come *comprimere*] exprimer: *esprimere la propria opinione, un desiderio*, exprimer son opinion, un désir | *esprimere dissenso*, manifester son désaccord | *questa frase non esprime nulla*, cette phrase ne veut rien dire ♦ **esprimersi** ***v.pron.*** s'exprimer: *esprimersi correttamente, con proprietà*, s'exprimer correctement | *come esprimermi?*, (*fam.*) comment dire?

esprimibile [e-spri-mì-bi-le] ***agg.*** exprimable.

espropriare [e-spro-prià-re] ***v.tr.*** (*dir.*) exproprier.

espropriazione [e-spro-pria-zió-ne] ***n.f.*** **esproprio** ***n.m.*** [pl. *-ri*] expropriation (*f.*).

espugnabile [e-spu-gnà-bi-le] ***agg.*** expugnable.

espugnare [e-spu-gnà-re] ***v.tr.*** **1** s'emparer (**de**) **2** (*fig.*) triompher (**de**).

espugnazione [e-spu-gna-zió-ne] ***n.f.*** prise (d'assaut); conquête.

espulsione [e-spul-sió-ne] ***n.f.*** **1** expulsion (*anche med.*) **2** (*tecn.*) éjection.

espulso [e-spùl-so] ***agg.*** **1** expulsé **2** (*tecn.*) éjecté.

espulsore [e-spul-só-re] ***n.m.*** éjecteur.

espungere [e-spùn-ge-re] ***v.tr.*** [coniug. come *pungere*] supprimer.

espurgare [e-spur-gà-re] ***v.tr.*** [coniug. come *legare*] expurger*.

esquimese [e-squi-mé-se] ***agg.*** e ***n.m.*** e ***f.*** → **eschimese**.

essa [és-sa] ***pron.pers. 3ª pers. f.sing.*** (*sogg. e compl. riferito ad animale o cosa; se riferito a persona, l'uso corretto richiede* ella *o* lei) elle: *l'Italia è una penisola: (essa) si estende dalle Alpi al Mar Mediterraneo*, l'Italie est une péninsule: elle s'étend des Alpes à la Mer Méditerranée | *anch'essa*, elle aussi | *essa stessa*, elle même.
● (*buroc.*) ***o chi per essa***, ou la personne qui la représente: *la direttrice o chi per essa*, la directrice ou la personne qui la représente.

essenza [es-sèn-za] ***n.f.*** essence.
● ***in essenza***, en substance.

essenziale [es-sen-zià-le] ***agg.*** e ***n.m.*** essentiel*.

essenzialità [es-sen-zia-li-tà] ***n.f.invar.*** caractère (*m.*) essentiel.

essere[1] [ès-se-re] ***v. ausiliare*** [pres.indic. *io sono, tu sei, egli è, noi siamo, voi siete, essi sono*; imperf.indic. *io ero, noi eravamo, essi erano*; p.rem. *io fui, tu fosti, egli fu, noi fummo, voi foste, essi furono*; fut.indic. *io sarò*; pres. cong. *io sia*; imperf.cong. *io fossi*; imp. *sii, siate*; p.p. *stato*] **1** être*: *è partito ieri*, il est parti hier; *sono salita a casa sua*, je suis montée chez lui; *siamo rimasti a scuola fino a mezzogiorno*, nous sommes restés à l'école jusqu'à midi; *sono stati accusati di furto*, ils ont été accusés de vol **2** (*con verbo servile*) avoir*: *è dovuto partire improvvisamente*, il a dû partir à l'improviste; *non sarei potuto venire comunque*, de toute manière, je n'aurais pas pu venir ♦ ***v.intr.*** [aus. *essere*] (*con valore copulativo o predicativo*) **1** (*esistere*) être*: *Dio è*, Dieu est; *non ero ancora al mondo*, je n'étais pas encore né **2** (*riferito al passato con significato di* andare) être*: *è stato a Firenze*, il a été à Florence; *sono stato a casa sua*, j'ai été chez lui **3** (*trovarsi*) être*: *è in casa*, il est chez lui; *la signora è in casa?*, (*al telefono*) est-ce que Madame est là? **4** (*costare, valere, pesare*) être*: *"Quant'è?" "Sono cinquanta euro, Signora"*, "C'est (*o* Cela fait) combien?" "C'est (*o* Cela fait) cinquante euros, Madame" **5** (*tempo*) être*: *che ora è?, che ore sono?*, quelle heure est-il?; *che ora sarà?, che ore saranno?*, quelle heure peut-il être?; *erano le tre*, il était trois heures; *saranno state le tre*, il pouvait être trois heures; *saranno le dieci*, il doit être dix heures; *è sabato, domenica*, c'est samedi, dimanche; *è notte, è mattino*, c'est la nuit, c'est le matin; *era il primo luglio*, c'était le premier juillet; *è tempo, è ora di partire*, il est temps, c'est l'heure de partir; *sono già due anni che non lo vedo*, il y a, cela fait dejà deux ans que je ne le vois pas; *sono ore che aspetto*, j'attends depuis des heures | *vent'anni or sono*, il y a environ vingt ans | *sarà sui quaranta*, elle doit avoir dans les quarante ans **6** (*seguito da n.*) être*: *è medico da anni*, il est médecin depuis des années; *sono architetti*, ils sont architectes; *è tuo cugino?*, est-ce ton cousin?; *sono (dei) libri d'arte*, ce sont des livres d'art; *è stata una bella giornata*, ça a été une belle journée; *non è Michele*, ce n'est pas Michele; *erano Anna e Paolo*, c'étaient Anna et Paolo; *è follia fare un viaggio simile*, c'est de la folie (que) de faire un tel voyage **7** (*seguito da pron.-pers., dim. e poss.*) être*: *sono io, sei tu, siamo noi*, c'est moi, c'est toi, c'est nous; *sono loro*, ce sont eux, ce sont elles; *è quello che parlava ieri*, c'est celui qui parlait hier; *erano quelli che viaggiavano con noi*, c'étaient ceux qui voyageaient avec nous; *è il mio, non è il tuo*, c'est le mien, ce n'est pas le tien; *erano i nostri*, c'étaient les nôtres **8** (*seguito da agg.*) être*: *è vero?*, est-ce vrai?; *era così facile!*, c'était si facile!; *è molto meglio*, c'est beaucoup mieux, ça vaut mieux; *l'ho detto, è vero*, je l'ai dit, il est vrai; *è utile riflettere*, il est utile de réfléchir; *è utile che riflettiate*, il est utile que vous réfléchissiez **9** (*seguito da inf.*) être*: *la tristezza è partire*, l'ennui c'est de partir **10** (*seguito da cong.*) être*: *è che nessuno me ne aveva parlato*, c'est que personne ne m'en avait parlé.
● ***essere da***, être à: *è un esempio da imitare*, c'est un exemple à suivre; *c'è da credere che*, il est à croire que; *non è uomo da tradire un amico*, il n'est pas homme à trahir un ami; *vedi questa lettera? è da spedire subito*, tu vois cette lettre? il faut qu'elle soit envoyée tout de suite;

non è da te, da voi dire certe cose, ce n'est pas ton, votre style de dire ce genre de choses; *è da persona intelligente*, c'est le fait d'une personne intelligente | ***essere di***, (*origine, appartenenza*) être de; (*possesso*) être à: *è di Roma*, il est de Rome; *questa collana è di Maria*, ce collier est à Maria | ***essere in***, être en: *essere in frac*, être en frac; *essere in lutto*, être en deuil; *se fossi in te*, si j'étais à ta place; *essere in tre*, être trois | ***essere (lì lì) per***, être sur le point de | ***essere per***, être pour | ***che ne sarà di noi?***, que deviendrons-nous?, qu'allons-nous devenir? | ***così sia***, ainsi soit-il | ***e sia (pure)!***, ***ebbene sia!***, (et) soit! | ***prendere la vita com'è***, prendre la vie comme elle vient | ***può essere!***, c'est possible!: *ma non può essere!*, ce n'est pas possible!, c'est à ne pas y croire! | ***quel che è stato è stato***, c'est du passé | ***sai com'è***, tu sais ce que c'est | ***sarà!***, peut-être (bien): *"È arrivato dov'è grazie al suo lavoro!" "Sarà!"*, "C'est grâce à son travail qu'il est arrivé là où il est" "Peut-être (bien)"; *"Dichiara trent'anni" "Sarà!"*, "Elle prétend avoir trente ans" "Admettons"; *hai quattro automobili? sarà!*, tu as quatre voitures? je veux bien te croire mais...; *sarà come dici tu*, c'est peut-être comme tu le dis | ***sarà quel che sarà***, advienne que pourra | ***sia come sia***, ***sia quel che sia***, quoi qu'il arrive.
□ **esserci**, **esservi**, y avoir*: *non c'era, non c'erano*, il n'y avait pas; *chi c'è?*, qui est là?; *c'è la signora Bianchi?*, est-ce que Madame Bianchi est là?; *Giovanni non c'è, mi dispiace*, Giovanni n'est pas là (*o* est sorti), je regrette; *c'è da aver paura di lui*, il y a de quoi avoir peur de lui; *allora, ci sei?*, alors, tu y es?; *ci saranno state una ventina di persone*, il pouvait y avoir une vingtaine de personnes.
● ***c'è***, ***ci sono***, il y a | ***c'era una volta***, il était une fois | ***ci siamo!***, (*siamo arrivati*) voilà, nous y sommes!; (*abbiamo finito*) enfin ça y est!; (*siamo alle solite*) nous y revoilà! | ***ci sono!***, (*ho capito*) j'y suis! | ***essercene***, ***esservene***, y en avoir: *ce n'è, ce ne sono*, il y en a; *ce n'è uno solo*, il n'y en a qu'un; *"Ci sono camere libere?" "Sì, dovrebbero essercene ancora"*, "Y a-t-il des chambres de libres?" "Oui, il devrait y en avoir encore".

> NOTA ***Essere*** è l'ausiliare nei tempi composti dei verbi pronominali anche in francese (***être***). Il participio passato del pronominale francese si accorda con il soggetto, ma resta invariabile quando è seguito da un complemento oggetto:
>
> *Si è guardata nello specchio.*
> Elle **s'est regardée** dans le miroir.
>
> *Si sono pentiti.*
> Ils se **sont repentis**.
>
> *Ci siamo lavati.*
> Nous nous **sommes lavés**.
>
> *Ci siamo lavati le mani.*
> Nous nous **sommes lavé** les mains.
>
> Quando ***essere*** è seguito da un pronome personale con un tempo composto, in francese ***être*** è generalmente accompagnato da un tempo semplice:
>
> ***Sono stato*** *io!*
> **C'est** moi!
>
> ***Eri stato*** *tu.*
> **C'était** toi.
>
> ***Esserci*** impersonale si traduce ***y avoir***, che ha il participio passato sempre invariabile:
>
> *Dopo tutte le difficoltà che* ***ci sono state****.*
> Après toutes les difficultés qu'**il y a eu**.

essere[2] *n.m.* **1** être: *gli esseri viventi*, les êtres vivants | *conoscere qlcu nel suo vero essere*, connaître la véritable nature de qqn **2** (*esistenza*) existence (*f.*).

essi [és-si] *pron.pers.m. 3ª pers.pl.* **1** (*sogg.*) ils **2** (*compl.*) eux: *due di essi*, deux d'entre eux.
● ***essi stessi***, eux-mêmes: *essi stessi decideranno del loro avvenire*, ils décideront eux-mêmes de leur avenir | ***anch'essi***, eux aussi.

essiccamento [es-sic-ca-mén-to] *n.m.* **1** dessiccation (*f.*); (*del legno*) séchage **2** (*ind.*) séchage **3** (*chim.*) dessiccation (*f.*) **4** (*di un terreno*) assèchement.

essiccare [es-sic-cà-re] *v.tr.* [coniug. come *mancare*] **1** dessécher* **2** (*ind.*) sécher* ♦ **essiccarsi** *v.pron.intr.* **1** se dessécher* **2** (*fig.*) s'épuiser.

essiccatoio [es-sic-ca-tó-io] *n.m.* [pl. *-oi*] séchoir.

essiccazione [es-sic-ca-zió-ne] *n.f.* **1** (*ind.*) séchage (*m.*) **2** (*chim.*) dessiccation.

esso [és-so] *pron.pers.m. 3ª pers.sing.* **1** (*sogg., riferito ad animale o cosa*) il **2** (*compl.*) (*riferito ad animali*) lui; (*riferito a cose*) ceci, cela.
● ***esso stesso***, lui-même | ***anch'esso***, lui aussi | (*buroc.*) ***chi per esso***, celui qui le représente: *il direttore o chi per esso*, le directeur ou celui qui le représente.

> NOTA Il pronome personale soggetto, spesso sottinteso in italiano, in francese deve sempre essere espresso.

est *n.m.invar.* **1** est: *vento dell'est*, vent d'est; *a est*, à l'est **2** (*geogr.*) *Est*, Est.

estasi [è-sta-ʃi] *n.f.invar.* extase.
● ***andare in estasi per***, (*fig.*) s'extasier (sur).

estasiare [e-sta-ʃià-re] *v.tr.* ravir, enthousiasmer ♦ **estasiarsi** *v.pron.* s'extasier (**sur**, **devant**).

estasiato [e-sta-ʃià-to] *agg.* extasié: *lo guardava estasiato*, il le regardait d'un air extasié.

estate [e-stà-te] *n.f.* été (*m.*): *in estate, d'estate, nell'estate*, en été; *è estate*, c'est l'été.
● ***estate di San Martino***, été de la Saint-Martin.

estaticamente [e-sta-ti-ca-mén-te] *avv.* d'un air extasié.

estatico [e-stà-ti-co] *agg.* [pl.m. *-ci*, f. *-che*] **1** extatique **2** (*fig.*) (*incantato*) extasié.

estemporaneità [e-stem-po-ra-ne-i-tà] *n.f.invar.* caractère (*m.*) improvisé.

estemporaneo [e-stem-po-rà-ne-o] *agg.* impromptu; improvisé: *fare un discorso estemporaneo*, improviser un discours | *traduzione estemporanea*, traduction à livre ouvert.

estendere [e-stèn-de-re] *v.tr.* [coniug. come *prendere*] **1** étendre* (*anche fig.*) **2** (*letter.*) (*compilare*) rédiger* ♦ **estendersi** *v.pron.intr.* s'étendre* (*anche fig.*).

estensibile [e-sten-sì-bi-le] *agg.* extensible.

estensione [e-sten-sió-ne] *n.f.* **1** extension **2** (*distesa*) étendue (*anche fig.*): *avere una grande estensione*, être très étendu | *una bella estensione di voce*, une voix qui a de l'étendue.
● ***per estensione***, par extension.

estensivamente [e-sten-si-va-mén-te] *avv.* d'une manière extensive.

estensivo [e-sten-sì-vo] *agg.* extensif*.

estensore [e-sten-só-re] *agg.* [f. *estenditrice*] extenseur ♦ *n.m.* **1** (*compilatore*) rédacteur* **2** (*ginnastica*) extenseur.

estenuante [e-ste-nu-àn-te] *agg.* exténuant, épuisant.

estenuare [e-ste-nu-à-re] *v.tr.* **1** exténuer, épuiser **2** (*fig.*) (*impoverire*) appauvrir ♦ **estenuarsi** *v.pron.intr.* s'exténuer.

estenuato [e-ste-nu-à-to] *agg.* exténué, épuisé.

E

estenuazione [e-ste-nua-zió-ne] *n.f.* épuisement (*m.*).
estere [è-ste-re] *n.m.* (*chim.*) ester.
esteriore [e-ste-rió-re] *agg.* e *n.m.* extérieur: *aspetto esteriore*, aspect extérieur.
esteriorità [e-ste-rio-ri-tà] *n.f.invar.* **1** apparence: *badare all'esteriorità*, se soucier des apparences; *essere tutto esteriorità*, être superficiel; *l'esteriorità del culto*, le cérémonial du culte **2** (*fil.*) extériorité.
esteriorizzazione [e-ste-rio-riʒ-ʒa-zió-ne] *n.f.* extériorisation.
esteriormente [e-ste-rior-mén-te] *avv.* extérieurement.
esternamente [e-ster-na-mén-te] *avv.* extérieurement.
esternare [e-ster-nà-re] *v.tr.* manifester.
esternazione [e-ster-na-zió-ne] *n.f.* manifestation; prise de position.
esterno [e-stèr-no] *agg.* extérieur: *muro esterno*, mur extérieur | *allievo esterno*, élève externe | (*med.*) *patologia esterna*, pathologie externe ♦ *n.m.* **1** extérieur: *all'esterno*, à l'extérieur; *dall'esterno*, de l'extérieur **2** [f. *-a*] (*allievo esterno*) externe **3** (*spec. pl.*) (*cine.*) extérieur: *scena girata in esterni*, scène tournée en extérieur **4** (*sport*) (*ala*) ailier.
● ***per uso esterno***, usage externe.
estero [è-ste-ro] *agg.* étranger*: *la politica estera della Francia*, la politique étrangère de la France; *commercio estero*, commerce extérieur ♦ *n.m.* étranger: *corrispondente dall'estero*, correspondant à l'étranger.
● (*pol.*) ***Ministero degli (affari) esteri***, Ministère des Affaires étrangères.
esterofilia [e-ste-ro-fi-lì-a] *n.f.* xénophilie.
esterofilo [e-ste-rò-fi-lo] *agg.* e *n.m.* [f. *-a*] xénophile.
esterrefatto [e-ster-re-fàt-to] *agg.* terrifié; (*sbigottito*) abasourdi.
estesamente [e-ste-ʃa-mén-te] *avv.* amplement.
esteso [e-sté-so] *agg.* étendu.
● ***per esteso***, en entier; (*dettagliatamente*) en détail.
esteta [e-stè-ta] *n.m.* e *f.* esthète.
estetica [e-stè-ti-ca] *n.f.* [pl. *-che*] esthétique.
esteticamente [e-ste-ti-ca-mén-te] *avv.* esthétiquement.
estetico [e-stè-ti-co] *agg.* [pl.m. *-ci*, f. *-che*] esthétique.
● ***trattamenti estetici***, soins de beauté.
estetismo [e-ste-tì-ʃmo] *n.m.* esthétisme.
estetista [e-ste-tì-sta] *n.m.* e *f.* esthéticien/enne.
estetizzante [e-ste-tiʒ-ʒàn-te] *agg.* esthétisant.
estimatore [e-sti-ma-tó-re] *n.m.* [f. *-trice*] **1** estimateur **2** (*estens.*) (*amatore*) amateur.
estimo [è-sti-mo] *n.m.* **1** estimation (*f.*); (*perizia*) expertise (*f.*) **2** (*edil.*) toisé, métré.
● ***estimo catastale***, assiette de l'impôt foncier: *fare l'estimo catastale*, déterminer l'impôt foncier.
estinguere [e-stìn-gue-re] *v.tr.* [p.rem. *io estinsi, tu estinguesti* ecc.; p.p. *estinto*] éteindre* (*anche fig.*): *estinguere la sete*, étancher sa soif; *estinguere un ricordo*, effacer un souvenir; *estinguere un debito*, éteindre, régler une dette ♦ **estinguersi** *v.pron.intr.* s'éteindre* (*anche fig.*).
estinsi → **estinguere**.
estinto [e-stìn-to] *agg.* éteint (*anche fig.*) ♦ *n.m.* [f. *-a*] défunt.
estintore [e-stin-tó-re] *n.m.* extincteur.
estinzione [e-stin-zió-ne] *n.f.* extinction (*anche fig.*).
estirpare [e-stir-pà-re] *v.tr.* extirper (*anche fig.*).
estirpazione [e-stir-pa-zió-ne] *n.f.* extirpation (*anche fig.*).
estivo [e-stì-vo] *agg.* d'été; estival*: *corsi estivi*, cours d'été; *temperatura estiva*, température estivale; *i temporali estivi*, les orages de l'été; *le vacanze estive*, les vacances d'été; *mettersi gli abiti estivi*, se mettre en tenue d'été.
estone [è-sto-ne] *agg.* estonien* ♦ *n.m.* e *f.* (*abitante*) Estonien/enne ♦ *n.m.* (*lingua*) estonien.
estorcere [e-stòr-ce-re] *v.tr.* [coniug. come *torcere*] extorquer; (*strappare*) arracher.
estorsione [e-stor-sió-ne] *n.f.* extorsion.
estorto [e-stòr-to] *agg.* extorqué; (*strappato*) arraché.
estra- *pref.* extra-.
estradare [e-stra-dà-re] *v.tr.* (*dir.*) extrader.
estradizione [e-stra-di-zió-ne] *n.f.* (*dir.*) extradition.
estragone [e-stra-gó-ne] *n.m.* (*bot.*) estragon.
estraibile [e-stra-ì-bi-le] *agg.* extractible: *letto estraibile*, lit escamotable.
estraneità [e-stra-nei-tà] *n.f.invar.* **1** non-implication, manque (*m.*) de rapport: *hanno provato la loro estraneità all'accaduto*, ils ont prouvé qu'ils étaient étrangers à l'affaire **2** (*psic.*) étrangeté.
estraneo [e-strà-ne-o] *agg.* e *n.m.* [f. *-a*] étranger*.
● (*med.*) ***corpo estraneo***, corps étranger.
estraniare [e-stra-nià-re] *v.tr.* éloigner ♦ **estraniarsi** *v.pron.* s'éloigner; (*astrarsi*) s'isoler (**de**).
estrapolare [e-stra-po-là-re] *v.tr.* **1** (*mat.*) extrapoler **2** (*dedurre*) déduire*; (*evidenziare*) faire* ressortir.
estrapolazione [e-stra-po-la-zió-ne] *n.f.* **1** (*mat.*) extrapolation **2** (*deduzione*) déduction; (*messa in evidenza*) mise en évidence.
estrarre [e-stràr-re] *v.tr.* [coniug. come *trarre*] **1** extraire* | (*mat.*) *estrarre la radice di un numero*, extraire la racine d'un nombre **2** (*sorteggiare*) tirer | *i numeri estratti*, (*di lotteria*) les numéros gagnants **3** (*inform.*) sortir*, extraire*.
● ***estrarre a sorte***, tirer au sort.
estrattivo [e-strat-tì-vo] *agg.* extractif*.
estratto [e-stràt-to] *n.m.* **1** extrait: *estratto di carne*, extrait de viande **2** (*compendio*) extrait; (*pubblicazione tirata a parte*) tirage à part **3** (*numero sorteggiato*) numéro gagnant, numéro sortant.
● (*banca*) ***estratto conto***, relevé de compte.
estrattore [e-strat-tó-re] *n.m.* [f. *-trice*] extracteur.
estrazione [e-stra-zió-ne] *n.f.* **1** extraction: *estrazione di un dente*, extraction d'une dent | (*mat.*) *estrazione di una radice quadrata*, extraction d'une racine carrée **2** (*fig.*) (*origine*) extraction: *di bassa estrazione*, de basse extraction (*o* origine) **3** (*di lotteria ecc.*) tirage (*m.*).
● ***estrazione a sorte***, tirage au sort.
estremamente [e-stre-ma-mén-te] *avv.* extrêmement.
estremismo [e-stre-mì-ʃmo] *n.m.* extrémisme.
estremista [e-stre-mì-sta] *agg.* e *n.m.* e *f.* extrémiste.
estremistico [e-stre-mì-sti-co] *agg.* [pl.m. *-ci*, f. *-che*] extrémiste.
estremità [e-stre-mi-tà] *n.f.invar.* **1** extrémité, bout (*m.*): *all'estremità di*, au bout de **2** (*pl.*) (*anat.*) extrémités.

estremizzare [e-stre-miʒ-ʒà-re] ***v.tr.*** pousser à l'extrême.

estremo [e-strè-mo] ***agg.*** **1** (*nello spazio e nel tempo*) extrême: *le estreme regioni dell'Asia*, les régions les plus lointaines de l'Asie; *un estremo tentativo*, une dernière tentative **2** (*fig.*) (*grandissimo, gravissimo*) extrême: *con estrema eleganza*, avec une suprême élégance; *con estrema cortesia*, avec une grande politesse **3** (*radicale, eccessivo*) extrémiste, extrême: *idee estreme*, idées excessives ♦ ***n.m.*** **1** extrémité (*f.*): *estremo inferiore, superiore*, borne inférieure, supérieure **2** (*fig.*) (*limite*) bout **3** (*fig.*) (*colmo*) comble, extrême: *l'estremo della felicità*, le comble du bonheur **4** (*pl.*) (*dati essenziali*) données (*f.*) (essentielles), éléments (essentiels): *gli estremi di una pratica*, la date et le numéro d'ordre d'un dossier; *non ci sono gli estremi per un processo contro di lui*, il n'y a pas assez d'éléments au dossier pour lui intenter un procès **5** (*rugby*) arrière; (*calcio*) ailier.
● (*geogr.*) ***Estremo Oriente***, Extrême-Orient | ***estremo saluto, estremi onori***, dernier adieu, derniers honneurs | ***all'estremo***, (*al massimo*) à l'extrême; (*al limite*) jusqu'au bout | (*prov.*) ***a mali estremi, estremi rimedi***, aux grands maux, les grands remèdes | ***da un estremo all'altro***, d'un extrême à l'autre | ***essere (ridotto) agli estremi***, être (réduit) à la dernière extrémité | ***gli estremi si toccano***, les extrêmes se touchent | (*pol.*) ***l'estrema destra, sinistra***, l'extrême droite, gauche | ***l'ora estrema***, l'heure suprême.

estrinsecare [e-strin-se-cà-re] ***v.tr.*** [coniug. come *mancare*] manifester; (*esprimere*) exprimer ♦ **estrinsecarsi** ***v.pron.intr.*** se manifester (**par**); (*esprimersi*) s'exprimer.

estrinsecazione [e-strin-se-ca-zió-ne] ***n.f.*** manifestation; (*espressione*) expression.

estrinseco [e-strìn-se-co] ***agg.*** [pl.m. *-ci*, f. *-che*] extrinsèque.

estro [è-stro] ***n.m.*** **1** (*stimolo, impulso*) inspiration (*f.*); (*ispirazione artistica*) génie: *dipinge con estro*, il peint de façon géniale **2** (*ghiribizzo*) fantaisie (*f.*): *quando mi viene l'estro di fare qualcosa, lo faccio*, quand il me prend la fantaisie de faire quelque chose, je le fais **3** (*zool.*) (*calore*) œstre.

estroflessione [e-stro-fles-sió-ne] ***n.f.*** (*med.*) extraflexion*.

estroflesso [e-stro-flès-so] ***agg.*** (*med.*) extra-fléchi*.

estrogeno [e-strò-ge-no] ***agg.*** e ***n.m.*** (*biochim.*) œstrogène.

estromettere [e-stro-mét-te-re] ***v.tr.*** [coniug. come *mettere*] (*escludere*) exclure*; (*espellere*) expulser.

estromissione [e-stro-mis-sió-ne] ***n.f.*** (*esclusione*) exclusion; (*espulsione*) expulsion.

estrosità [e-stro-si-tà] ***n.f.invar.*** **1** fantaisie, génie (*m.*) **2** (*bizzarria*) bizarrerie.

estroso [e-stró-so] ***agg.*** fantaisiste; (*capriccioso*) capricieux*; (*originale*) original*.

estroverso [e-stro-vèr-so] ***agg.*** **1** (*psic.*) extraverti **2** (*espansivo*) expansif*, ouvert ♦ ***n.m.*** [f. *-a*] caractère ouvert; personne (*f.*) expansive.

estrusione [e-stru-sió-ne] ***n.f.*** **1** (*tecn.*) filage (*m.*), extrusion, boudinage (*m.*) **2** (*geol.*) extrusion **3** (*letter.*) expulsion.

estrusivo [e-stru-sì-vo] ***agg.*** (*geol.*) extrusif*.

estuario [e-stu-à-rio] ***n.m.*** [pl. *-ri*] estuaire.

esuberante [e-ʃu-be-ràn-te] ***agg.*** exubérant (*anche fig.*); (*sovrabbondante*) surabondant: *manodopera esuberante*, main-d'œuvre en excédent.

esuberanza [e-ʃu-be-ràn-za] ***n.f.*** exubérance (*anche fig.*); (*sovrabbondanza*) surabondance: *esuberanza di manodopera*, excédent de main-d'œuvre.

esubero [e-ʃù-be-ro] ***n.m.*** (*amm.*) excédent; (*di persone*) sureffectif, surnombre: *ridurre gli esuberi*, réduire le surnombre.
● ***in esubero***, en surnombre, en excédent.

esulare [e-ʃu-là-re] ***v.intr.*** [aus. *avere*] être* en dehors (**de**): *esula dalla mia competenza*, cela n'est pas de mon ressort; *ciò esula dai miei interessi*, cela ne m'intéresse pas.

esulcerare [e-ʃul-ce-rà-re] ***v.tr.*** **1** (*med.*) (*piagare*) exulcérer* **2** (*fig.*) (*esacerbare*) ulcérer*; exacerber.

esule [è-ʃu-le] ***agg.*** e ***n.m.*** e ***f.*** exilé/ée: *andare esule*, aller en exil.

esultante [e-ʃul-tàn-te] ***agg.*** débordant de joie: *la folla esultante*, la foule en liesse.

esultanza [e-ʃul-tàn-za] ***n.f.*** allégresse, joie.

esultare [e-ʃul-tà-re] ***v.intr.*** [aus. *avere*] exulter.

esumare [e-ʃu-mà-re] ***v.tr.*** exhumer (*anche fig.*).

esumazione [e-ʃu-ma-zió-ne] ***n.f.*** exhumation (*anche fig.*).

età [e-tà] ***n.f.invar.*** **1** âge (*m.*): *che età hai?*, quel âge as-tu?; *avere la stessa età di qlcu*, avoir le même âge que qqn; *un bambino dell'età di cinque anni*, un enfant (âgé) de cinq ans; *dimostrare la propria età*, paraître son âge; *non gli darei l'età che ha*, je ne lui donnerais pas son âge; *raggiungere i limiti di età*, atteindre la limite d'âge; *di età indefinibile*, d'un âge incertain; *nell'età più bella*, au plus bel âge; *le persone della nostra età*, les gens de notre génération **2** (*epoca*) époque.
● ***età della crescita***, croissance | (*st.*) ***età della pietra, del bronzo, del ferro***, âge de la pierre, du bronze, du fer | ***età della ragione***, âge de raison | ***età dello sviluppo***, puberté | ***età mentale***, âge mental | ***età pensionabile***, âge de la retraite | ***alla bella età di***, à l'âge respectable de: *morì alla bella età di ottant'anni*, il mourut à l'âge respectable de quatre-vingts ans | ***avere l'età per***, être en âge de | ***di mezza età***, entre deux âges: *persona di mezza età*, personne entre deux âges; *una donna di mezza età*, une femme d'une cinquantaine d'années | ***giovane, verde età***, jeune âge | ***in età da marito***, d'âge à se marier | ***in età, innanzi con l'età***, d'un âge avancé | ***in tenera età***, en bas âge | (*dir.*) ***minore, maggiore età***, minorité, majorité | ***terza età***, troisième âge.

FAUX AMI
Da non confondere con *état*, che significa *stato*.

etanolo [e-ta-nò-lo] ***n.m.*** (*chim.*) éthanol.

etere [è-te-re] ***n.m.*** éther.

etereo [e-tè-re-o] ***agg.*** éthéré.

eternamente [e-ter-na-mén-te] ***avv.*** éternellement.

eternare [e-ter-nà-re] ***v.tr.*** immortaliser ♦ **eternarsi** ***v.pron.*** se rendre* immortel*.

eternit® [è-ter-nit] ***n.m.invar.*** (*edil.*) fibrociment®.

eternità [e-ter-ni-tà] ***n.f.invar.*** éternité.

eterno [e-tèr-no] ***agg.*** éternel*: *giurare eterno amore*, jurer un amour éternel; *un discorso eterno*, un discours interminable; *queste scarpe sono eterne*, ces chaussures sont inusables ♦ ***n.m.*** **1** éternel **2** (*relig.*) *l'Eterno*, l'Éternel.
● ***in eterno***, à jamais, pour l'éternité | ***la Città eterna***,

(*Roma*) la Ville éternelle | ***l'eterno riposo***, le repos éternel.

etero- ***pref.*** hétéro-.

eterodossia [e-te-ro-dos-sì-a] ***n.f.*** hétérodoxie.

eterodosso [e-te-ro-dòs-so] ***agg.*** e ***n.m.*** [f. *-a*] hétérodoxe.

eterogamia [e-te-ro-ga-mì-a] ***n.f.*** (*biol.*) hétérogamie.

eterogeneità [e-te-ro-ge-nei-tà] ***n.f.invar.*** hétérogénéité.

eterogeneo [e-te-ro-gè-ne-o] ***agg.*** hétérogène.

eterologo [e-te-rò-lo-go] ***agg.*** [pl.m. *-ghi*, f. *-ghe*] (*biol., chim.*) hétérologue.
● (*med.*) ***trapianto eterologo***, greffe hétérologue.

eterosessuale [e-te-ro-ses-suà-le] ***agg.*** e ***n.m.*** e ***f.*** hétérosexuel/elle.

eterosessualità [e-te-ro-ses-sua-li-tà] ***n.f.invar.*** hétérosexualité.

eterozigote [e-te-ro-ʒi-gò-te] ***agg.*** e ***n.m.*** (*biol.*) hétérozygote.

etica [è-ti-ca] ***n.f.*** [pl. *-che*] éthique.
● ***etica professionale***, éthique professionnelle.

eticamente [e-ti-ca-mén-te] ***avv.*** selon (l')éthique.

etichetta[1] [e-ti-chét-ta] ***n.f.*** **1** étiquette (*anche fig.*); (*di sartoria*) griffe, label (*m.*): *mettere l'etichetta a un articolo*, étiqueter un article; *affibbiare un'etichetta a qlcu*, (*fig.*) coller une étiquette à qqn **2** (*inform.*) codet (*m.*), étiquette.

etichetta[2] ***n.f.*** (*cerimoniale*) étiquette.
● ***senza etichetta***, sans façons.

etichettare [e-ti-chet-tà-re] ***v.tr.*** étiqueter* (*anche fig.*).

etichettatrice [e-ti-chet-ta-trì-ce] ***n.f.*** étiqueteuse.

etichettatura [e-ti-chet-ta-tù-ra] ***n.f.*** étiquetage (*m.*).

eticità [e-ti-ci-tà] ***n.f.invar.*** caractère (*m.*) éthique.

etico [è-ti-co] ***agg.*** [pl.m. *-ci*, f. *-che*] éthique.

FAUX AMI
Da non confondere con *étique*, che significa *scarno*, *emaciato*.

etile [e-tì-le] ***n.m.*** (*chim.*) éthyle.

etilene [e-ti-lè-ne] ***n.m.*** (*chim.*) éthylène.

etilico [e-tì-li-co] ***agg.*** [pl.m. *-ci*, f. *-che*] (*chim.*) éthylique.
● ***alcol etilico***, alcool éthylique.

etilismo [e-ti-lì-ʃmo] ***n.m.*** (*med.*) éthylisme.

etilista [e-ti-lì-sta] ***n.m.*** e ***f.*** éthylique.

etilometro [e-ti-lò-me-tro] ***n.m.*** éthylomètre, éthylotest.

etilotest [e-ti-lo-tèst] ***n.m.invar.*** éthylotest.

etimo [è-ti-mo] ***n.m.*** (*ling.*) étymon: *parola di etimo sconosciuto*, mot d'origine inconnue.

etimologia [e-ti-mo-lo-gì-a] ***n.f.*** étymologie.

etimologico [e-ti-mo-lò-gi-co] ***agg.*** [pl.m. *-ci*, f. *-che*] étymologique.

etimologista [e-ti-mo-lo-gì-sta] ***n.m.*** e ***f.*** étymologiste.

etiope [e-tì-o-pe] ***agg.*** éthiopien* ♦ ***n.m.*** e ***f.*** (*abitante*) Éthiopien/enne.

etiopico [e-ti-ò-pi-co] ***agg.*** [pl.m. *-ci*, f. *-che*] éthiopien*.

etisia [e-ti-ʃì-a] ***n.f.*** (*med.*) (*antiq.*) phtisie.

etnia [et-nì-a] ***n.f.*** ethnie.

etnico [èt-ni-co] ***agg.*** [pl.m. *-ci*, f. *-che*] ethnique.

etno- ***pref.*** ethno-.

etnocentrico [et-no-cèn-tri-co] ***agg.*** [pl.m. *-ci*, f. *-che*] ethnocentrique.

etnografia [et-no-gra-fì-a] ***n.f.*** ethnographie.

etnografico [et-no-grà-fi-co] ***agg.*** [pl.m. *-ci*, f. *-che*] ethnographique.

etnologia [et-no-lo-gì-a] ***n.f.*** ethnologie.

etnologo [et-nò-lo-go] ***n.m.*** [f. *-a*; pl.m. *-gi*, f. *-ghe*] ethnologue.

etologia [e-to-lo-gì-a] ***n.f.*** éthologie.

etologo [e-tò-lo-go] ***n.m.*** [f. *-a*; pl.m. *-gi*, f. *-ghe*] éthologiste.

etrusco [e-trù-sco] ***agg.*** [pl.m. *-chi*, f. *-che*] étrusque ♦ ***n.m.*** **1** [f. *-a*] (*abitante*) Étrusque **2** (*lingua*) étrusque.

ettagonale [et-ta-go-nà-le] ***agg.*** (*mat.*) heptagonal*.

ettagono [et-tà-go-no] ***n.m.*** (*mat.*) heptagone ♦ ***agg.*** (*mat.*) heptagonal*.

ettaro [èt-ta-ro] ***n.m.*** hectare.

etto [èt-to] ***n.m.*** cent grammes, hectogramme: *due etti e mezzo di burro*, deux cent cinquante grammes de beurre, (*nella pratica corrente*) une demi-livre de beurre.

etto- ***pref.*** hecto-.

ettogrammo [et-to-gràm-mo] ***n.m.*** hectogramme.

ettolitro [et-tò-li-tro] ***n.m.*** hectolitre.

ettometro [et-tò-me-tro] ***n.m.*** hectomètre.

eucalipto [eu-ca-lip-to] ***n.m.*** (*bot.*) eucalyptus.

eucarestia [eu-ca-re-stì-a] **eucaristia** ***n.f.*** (*eccl.*) eucharistie.

eucaristico [eu-ca-rì-sti-co] ***agg.*** [pl.m. *-ci*, f. *-che*] eucharistique.

euclideo [eu-cli-dè-o] ***agg.*** (*mat.*) euclidien*.
● ***geometria euclidea***, géométrie euclidienne.

eufemismo [eu-fe-mì-ʃmo] ***n.m.*** euphémisme.

eufemistico [eu-fe-mì-sti-co] ***agg.*** [pl.m. *-ci*, f. *-che*] euphémique.

eufonia [eu-fo-nì-a] ***n.f.*** euphonie.

eufonico [eu-fò-ni-co] ***agg.*** [pl.m. *-ci*, f. *-che*] euphonique.

euforbia [eu-fòr-bia] ***n.f.*** (*bot.*) euphorbe.

euforia [eu-fo-rì-a] ***n.f.*** euphorie: *in uno stato di euforia*, en pleine euphorie.

euforico [eu-fò-ri-co] ***agg.*** [pl.m. *-ci*, f. *-che*] euphorique.

euganeo [eu-gà-ne-o] ***agg.*** (*geogr.*) euganéen*.

eugenetica [eu-ge-nè-ti-ca] ***n.f.*** [pl. *-che*] eugénique.

eugenetico [eu-ge-nè-ti-co] ***agg.*** [pl.m. *-ci*, f. *-che*] eugénique.

eunuco [eu-nù-co] ***n.m.*** [pl. *-chi*] eunuque.

eurasiatico [eu-ra-ʃià-ti-co] ***agg.*** [pl.m. *-ci*, f. *-che*] eurasien*.

euristica [eu-rì-sti-ca] ***n.f.*** [pl. *-che*] heuristique, euristique (*anche inform.*).

euritmia [eu-rit-mì-a] ***n.f.*** eurythmie.

euro [èu-ro] ***n.m.invar.*** (*moneta*) euro, euromonnaie (*f.*).

euro- ***pref.*** euro-.

eurocent [eu-ro-cènt] ***n.m.invar.*** cent, centime.

eurocentrico [eu-ro-cèn-tri-co] ***agg.*** [pl.m. *-ci*, f. *-che*] eurocentrique, européocentrique.

eurocentrismo [eu-ro-cen-trì-ʃmo] ***n.m.*** eurocentrisme.

euroconvertitore [eu-ro-con-ver-ti-tó-re] ***n.m.*** convertisseur euro, eurocalculette (*f.*).

eurocratese [eu-ro-cra-té-se] ***n.m.*** eurojargon.

eurodeputato [eu-ro-de-pu-tà-to] ***n.m.*** [f. *-a*] eurodéputé.

eurodivisa [eu-ro-di-vì-ʃa] ***n.f.*** (*econ.*) eurodevise.

eurodollaro [eu-ro-dòl-la-ro] ***n.m.*** (*econ.*) eurodollar.

eurogruppo [eu-ro-grùp-po] ***n.m.*** (*pol.*) eurogroupe.

Eurolandia [Eu-ro-làn-dia] ***n.f.*** (*econ.*) euroland, eurolande; zone euro.

euromercato [eu-ro-mer-cà-to] ***n.m.*** (*econ.*) euromarché.

euromissile [eu-ro-mìs-si-le] ***n.m.*** euromissile.

europarlamentare [eu-ro-par-la-men-tà-re] ***agg.*** du Parlement européen ♦ ***n.m.*** e ***f.*** eurodéputé/ée.

europeismo [eu-ro-pe-ì-ʃmo] ***n.m.*** européanisme.

europeista [eu-ro-pe-ì-sta] ***n.m.*** e ***f.*** partisan/e de l'unité européenne, européen/enne.

europeizzare [eu-ro-peiʒ-ʒà-re] ***v.tr.*** européaniser ♦ **europeizzarsi** ***v.pron.*** s'européaniser.

europendolare [eu-ro-pen-do-là-re] ***n.m.*** e ***f.*** euronavetteur/euse.

europendolarismo [eu-ro-pen-do-la-rì-smo] ***n.m.*** euronavette (*f.*).

europeo [eu-ro-pè-o] ***agg.*** européen* ♦ ***n.m.*** [f. *-a*] (*abitante*) Européen*.

euroscettico [eu-ro-scèt-ti-co] ***agg.*** e ***n.m.*** [f. *-a*; pl.m. *-ci*, f. *-che*] eurosceptique.

eurovisione [eu-ro-vi-ʃió-ne] ***n.f.*** (*tv*) eurovision.

eutanasia [eu-ta-na-ʃì-a] ***n.f.*** euthanasie.

eutrofico [eu-trò-fi-co] ***agg.*** [pl.m. *-ci*, f. *-che*] (*biol.*) eutrophe.

eutrofizzante [eu-tro-fiz-zàn-te] ***agg.*** eutrophisant.

evacuamento [e-va-cua-mén-to] ***n.m.*** évacuation (*f.*).

evacuare [e-va-cu-à-re] ***v.tr.*** e ***intr.*** [aus. *avere*] évacuer.

evacuazione [e-va-cua-zió-ne] ***n.f.*** évacuation.

evadere [e-và-de-re] ***v.intr.*** [coniug. come *invadere*; aus. *essere*] **1** s'évader (*anche fig.*): *è evaso dal carcere*, il s'est évadé de prison **2** (*eludere un obbligo*) échapper (**à**) ♦ ***v.tr.*** **1** (*buroc.*) (*sbrigare*) expédier, donner suite (**à**): *evadere una pratica*, expédier un dossier **2** (*eludere*) échapper (**à**): *evadere il fisco*, échapper au fisc.

evanescente [e-va-ne-scèn-te] ***agg.*** évanescent.

evanescenza [e-va-ne-scèn-za] ***n.f.*** **1** évanescence; (*spec. di immagini*) flou (*m.*) **2** (*rad., tv*) évanouissement (*m.*).

evangelico [e-van-gè-li-co] ***agg.*** e ***n.m.*** [f. *-a*; pl.m. *-ci*, f. *-che*] évangélique.

evangelista [e-van-ge-lì-sta] ***n.m.*** évangéliste.

evangelizzare [e-van-ge-liʒ-ʒà-re] ***v.tr.*** **1** évangéliser **2** (*fig.*) endoctriner.

evangelizzatore [e-van-ge-liʒ-ʒa-tó-re] ***n.m.*** [f. *-trice*] évangélisateur*.

evangelizzazione [e-van-ge-liʒ-ʒa-zió-ne] ***n.f.*** évangélisation.

evaporare [e-va-po-rà-re] ***v.intr.*** [aus. *essere*] s'évaporer.

evaporatore [e-va-po-ra-tó-re] ***n.m.*** **1** (*tecn.*) évaporateur **2** (*umidificatore*) saturateur.

evaporazione [e-va-po-ra-zió-ne] ***n.f.*** évaporation.

evasione [e-va-ʃió-ne] ***n.f.*** **1** évasion (*anche fig.*): *un tentativo d'evasione*, une tentative d'évasion **2** (*buroc.*) expédition: *dare evasione a una pratica*, expédier une affaire; *dare evasione a un ordine*, donner suite à une commande.

● ***evasione fiscale***, évasion (*o* fraude) fiscale | ***letteratura d'evasione***, littérature d'évasion.

evasività [e-va-ʃi-vi-tà] ***n.f.invar.*** caractère (*m.*) évasif.

evasivo [e-va-ʃì-vo] ***agg.*** évasif*.

evaso [e-và-ʃo] ***agg.*** e ***n.m.*** [f. *-a*] évadé.

evasore [e-va-ʃó-re] ***n.m.*** [f. *-a* o *evaditrice*] fraudeur* du fisc.

evenienza [e-ve-nièn-za] ***n.f.*** circonstance; (*eventualità*) éventualité; (*caso*) cas (*m.*): *essere pronto a ogni evenienza*, être prêt à toute éventualité.

● ***in, per ogni evenienza***, pour toute éventualité: *in ogni evenienza, per ogni evenienza puoi contare su di me*, quoi qu'il arrive, tu peux compter sur moi | ***nell'evenienza che***, au cas où: *nella sfortunata evenienza che*, si malheureusement il arrive que.

evento [e-vèn-to] ***n.m.*** événement: *un lieto evento*, un heureux événement.

eventuale [e-ven-tu-à-le] ***agg.*** éventuel*: *per eventuali informazioni scrivere a*, pour d'éventuels renseignements écrire à.

eventualità [e-ven-tua-li-tà] ***n.f.invar.*** éventualité; (*caso*) cas (*m.*).

● ***nell'eventualità di***, en cas de, dans l'éventualité de.

eventualmente [e-ven-tual-mén-te] ***avv.*** éventuellement: *eventualmente venisse*, si, éventuellement, il venait (*o* au cas où il viendrait).

eversione [e-ver-sió-ne] ***n.f.*** subversion.

eversivo [e-ver-sì-vo] ***agg.*** subversif*.

eversore [e-ver-só-re] ***n.m.*** [f. *-a*] personne (*f.*) subversive.

evezione [e-ve-zió-ne] ***n.f.*** (*astr.*) évection.

evidente [e-vi-dèn-te] ***agg.*** évident.

evidentemente [e-vi-den-te-mén-te] ***avv.*** évidemment.

evidenza [e-vi-dèn-za] ***n.f.*** évidence.

● ***arrendersi all'evidenza***, se rendre à l'évidence | ***chiudere gli occhi all'evidenza***, fermer les yeux devant l'évidence | ***con (tutta) evidenza***, de façon évidente.

evidenziare [e-vi-den-zià-re] ***v.tr.*** mettre* en évidence; (*sottolineare*) marquer.

evidenziatore [e-vi-den-zia-tó-re] ***n.m.*** marqueur.

evincere [e-vìn-ce-re] ***v.tr.*** [coniug. come *vincere*] **1** (*dir.*) évincer*: *evincere qlcu del suo diritto*, évincer qqn de son droit **2** (*dedurre*) déduire*.

evirare [e-vi-rà-re] ***v.tr.*** émasculer.

evirato [e-vi-rà-to] ***agg.*** émasculé ♦ ***n.m.*** castrat.

evirazione [e-vi-ra-zió-ne] ***n.f.*** émasculation.

evitabile [e-vi-tà-bi-le] ***agg.*** évitable.

evitare [e-vi-tà-re] ***v.tr.*** éviter: *evita che ti veda*, évite qu'il ne te voie; *evitò la morte per un pelo*, il échappa de justesse à la mort ♦ **evitarsi** ***v.pron.rec.*** s'éviter.

NOTA ***Evitare che*** si traduce ***éviter que*** che è seguito dal congiuntivo ed è spesso preceduto da ***ne*** espletivo, soprattutto alla forma affermativa:

Evitate che *vi sentano.*
Evitez qu'on (**ne**) vous entende.
Non posso evitare che mi ***senta****.*
Je ne peux éviter qu'il m'**entende**.

evizione [e-vi-zió-ne] ***n.f.*** (*dir.*) éviction.
evo [è-vo] ***n.m.*** âge.
● ***il Medio Evo***, le Moyen Âge | ***l'evo antico***, l'antiquité | ***l'evo moderno***, les temps modernes.
evocare [e-vo-cà-re] ***v.tr.*** [coniug. come *mancare*] évoquer: *evocare gli spiriti*, évoquer les esprits.
E
evocativo [e-vo-ca-tì-vo] ***agg.*** évocateur*.
evocatorio [e-vo-ca-tò-rio] ***agg.*** [pl.m. *-ri*] évocatoire.
evocazione [e-vo-ca-zió-ne] ***n.f.*** évocation.
evolutivo [e-vo-lu-tì-vo] ***agg.*** évolutif*.
● (*psic.*) ***l'età evolutiva***, la période juvénile.
evoluto [e-vo-lù-to] ***agg.*** évolué.
evoluzione [e-vo-lu-zió-ne] ***n.f.*** évolution.
evoluzionismo [e-vo-lu-zio-nì-ʃmo] ***n.m.*** évolutionnisme.
evoluzionista [e-vo-lu-zio-nì-sta] ***n.m.*** e ***f.*** évolutionniste.
evoluzionistico [e-vo-lu-zio-nì-sti-co] ***agg.*** [pl.m. *-ci*, f. *-che*] évolutionniste.
evolvere [e-vòl-ve-re] ***v.intr.*** [p.p. *evoluto*; aus. *essere* o *avere*] évoluer ♦ **evolversi** ***v.pron.*** évoluer: *la situazione si è evoluta positivamente*, la situation a évolué de façon positive; *il tempo si evolve al brutto*, le temps se gâte.
evviva [ev-vì-va] ***n.m.invar.*** vivat, *hourra: *gridare evviva*, pousser des vivats ♦ ***inter.*** *hourra; (*seguito da n.*) vive | *evviva la sincerità!*, (*iron.*) bravo pour la sincérité!
ex ***prep.*** ex-, ancien*: *ex marito*, ex-époux (*o* ex-mari); *ex moglie*, ex-femme; *ex alunno*, ancien élève; *ex campione*, ex-champion; *ex combattente*, ancien combattant; *ex ministro*, ex-ministre, ancien ministre ♦ ***n.m.*** e ***f.invar.*** (*fam.*) ex: *ha rivisto il suo ex*, elle a revu son ex.
excursus [ex-cùr-sus] ***n.m.invar.*** (*breve disquisizione*) aperçu; (*divagazione*) digression (*f.*): *concedetemi un, questo breve excursus*, accordez-moi une, cette courte digression.
exit-poll [e-xit-póll] ***n.m.invar.*** (*stat., pol.*) sondage sorti des urnes.
ex novo [ex nò-vo] ***avv.*** à zéro: *ricominciare, rifare ex novo*, repartir à zéro.
export [èx-port] ***n.m.invar.*** (*comm.*) exportation (*f.*).
extra [èx-tra] ***agg.invar.*** **1** (*di ottima qualità*) extra, de qualité supérieure: *qualità extra*, qualité extrafine **2** (*supplementare*) supplémentaire: *spese extra*, dépenses extra; *spesa extra bilancio*, dépense hors budget ♦ ***n.m. invar.*** extra; (*in alberghi, ristoranti ecc.*) supplément.
extra- ***pref.*** extra-.
extracomunitario [ex-tra-co-mu-ni-tà-rio] ***agg.*** [pl.m. *-ri*] extracommunautaire, *hors UE ♦ ***n.m.*** [f. *-a*] ressortissant extracommunautaire.
extraconiugale [ex-tra-co-niu-gà-le] ***agg.*** extraconjugal*.
extracorporeo [ex-tra-cor-pò-re-o] ***agg.*** extracorporel*.
extraeuropeo [ex-tra-eu-ro-pè-o] ***agg.*** extra-européen*.
extragiudiziale [ex-tra-giu-di-zià-le] ***agg.*** (*dir.*) extra -judiciaire.
extraparlamentare [ex-tra-par-la-men-tà-re] ***agg.*** extraparlementaire ♦ ***n.m.*** e ***f.*** adhérant/e d'un parti non représenté au parlement.
extrascolastico [ex-tra-sco-là-sti-co] ***agg.*** [pl.m. *-ci*, f. *-che*] extrascolaire.
extrasensoriale [ex-tra-sen-so-rià-le] ***agg.*** extrasensoriel*.
extrasistole [ex-tra-sì-sto-le] ***n.f.*** (*med.*) extrasystole.
extraterrestre [ex-tra-ter-rè-stre] ***agg.*** e ***n.m.*** e ***f.*** extraterrestre.
extraterritoriale [ex-tra-ter-ri-to-rià-le] ***agg.*** extraterritorial*.
extraterritorialità [ex-tra-ter-ri-to-ria-li-tà] ***n.f. invar.*** extraterritorialité.
extraurbano [ex-tra-ur-bà-no] ***agg.*** suburbain.
● ***trasporti extraurbani***, transports de banlieue.
extrauterino [ex-tra-u-te-rì-no] ***agg.*** (*med.*) extra -utérin*.
● ***gravidanza extrauterina***, grossesse extra-utérine.
extravergine [ex-tra-vèr-gi-ne] ***agg.*** (*di olio*) vierge extra.
ex voto [èx vò-to] ***n.m.invar.*** ex-voto.
e-zine [iˈzin] ***n.f.invar.*** (*inform.*) e-zine (*m.*).
eziolamento [e-zio-la-mén-to] ***n.m.*** (*bot.*) étiolement.
eziologia [e-zio-lo-gì-a] ***n.f.*** étiologie.

Ff

f ***n.f.*** o ***m.invar.*** f (*m.*).
● (*tel.*) ***f come Firenze***, f comme François.
fa[1] ***n.m.invar.*** (*mus.*) fa.
fa[2] ***avv.*** (*in espressioni di tempo*) il y a: *un mese fa*, il y a un mois; *molto tempo fa*, il y a longtemps; *poco* (*tempo*) *fa*, *non molto tempo fa*, il n'y a pas longtemps; *è uscito poco fa*, il vient de sortir.
fa[3], **fa'** → **fare**[1].
fabbisogno [fab-bi-ʃó-gno] ***n.m.*** besoins (*pl.*): *il fabbisogno di grano*, les besoins en blé.
● ***fabbisogno alimentare***, besoins alimentaires, apports journaliers recommandés (AJR) | ***fabbisogno calorico giornaliero***, ration calorique par jour.
fabbrica [fàb-bri-ca] ***n.f.*** [pl. *-che*] **1** fabrique; (*di grandi dimensioni*) usine; (*di piccole dimensioni*) atelier (*m.*); (*manifattura*) manufacture: *lavorare in fabbrica*, travailler en usine; *andare in fabbrica*, aller à l'usine **2** (*costruzione*) construction, édifice (*m.*) | *corpo di fabbrica*, bâtiment.
● ***è la fabbrica di San Pietro***, ***del Duomo***, (*fig. fam.*) c'est comme la toile de Pénélope | ***marchio di fabbrica***, marque de fabrique | ***prezzo di fabbrica***, prix de fabrique.

NOTA Il termine ***fabbrica*** si può tradurre con:
fabrique, che indica uno stabilimento di media dimensione e parzialmente meccanizzato per una determinata produzione: *una fabbrica di bottoni*, une fabrique de boutons;
usine, che indica uno stabilimento industriale di grandi dimensioni: *una fabbrica di mille operai*, une usine de mille ouvriers;
manufacture, che indica la fabbrica in cui è di primaria importanza la qualità della manodopera: *una fabbrica di porcellane*, une manufacture de porcelaines;
atelier, che indica un laboratorio artigianale, generalmente di dimensioni ridotte: *una fabbrica di falegnameria*, un atelier de menuiserie.

fabbricabile [fab-bri-cà-bi-le] ***agg.*** qui peut être fabriqué; (*edificabile*) constructible | *area fabbricabile*, terrain à bâtir.
fabbricante [fab-bri-càn-te] ***n.m.*** e ***f.*** fabricant/e.
fabbricare [fab-bri-cà-re] ***v.tr.*** [coniug. come *mancare*] **1** fabriquer **2** (*costruire*) construire*, bâtir.
fabbricato [fab-bri-cà-to] ***n.m.*** bâtiment, immeuble ♦ ***agg.*** fabriqué; (*costruito*) construit.
fabbricazione [fab-bri-ca-zió-ne] ***n.f.*** **1** fabrication **2** (*costruzione*) construction.
● ***difetto di fabbricazione***, défaut de fabrication.
fabbro [fàb-bro] ***n.m.*** **1** (*ferraio*) forgeron; (*magnano*) serrurier **2** (*fig.*) créateur.
faccenda [fac-cèn-da] ***n.f.*** **1** (*lavoro*) affaire: *le faccende domestiche*, le ménage; *essere in faccende*, être affairé **2** affaire; (*storia*) histoire: *sono faccende che non ti riguardano*, ça ne te regarde pas; *la faccenda si mette male*, ça tourne mal; *la faccenda non mi interessa*, cette histoire ne m'intéresse pas.
faccendiere [fac-cen-diè-re] ***n.m.*** [f. *-a*] intrigant; (*fam.*) magouilleur*.
faccetta [fac-cét-ta] ***n.f.*** **1** minois (*m.*): *che faccetta smunta!*, quelle petite mine! **2** (*di poliedro ecc.*) facette.
facchinaggio [fac-chi-nàg-gio] ***n.m.*** [pl. *-gi*] **1** factage **2** (*fig.*) travail* de forçat.
facchino [fac-chì-no] ***n.m.*** [f. *-a*] porteur* | *comportarsi come un facchino*, (*fig.*) avoir des manières de goujat.
faccia[1] [fàc-cia] ***n.f.*** [pl. *-ce*] **1** figure, visage (*m.*): *una faccia larga*, *quadrata*, *rotonda*, une figure large, carrée, ronde; *lavarsi la faccia*, se laver la figure | *quella faccia non mi è nuova*, j'ai déjà vu cette tête **2** (*aspetto, espressione del volto*) mine, tête: *hai una brutta faccia oggi*, tu as mauvaise mine aujourd'hui; *una faccia da buono*, (*fam.*) une bonne tête; *quel tipo ha una faccia che non mi piace* (*affatto*), ce type a une tête qui ne me revient pas; *ha la faccia di uno che se ne intende*, il a l'air de s'y connaître; *avessi visto che faccia!*, si tu avais vu sa tête!; *quando mi ha visto ha fatto una faccia!*, quand il m'a vu, il a fait une de ces têtes!; *quando è imbarazzato fa delle facce!*, quand il est mal à l'aise il fait de ces grimaces!; *non fare quella faccia!*, ne fais pas cette tête-là! | *e perché dovrei farlo? per la sua bella faccia?*, et pourquoi est-ce que je ferais cela? pour ses beaux yeux? | *fare la faccia feroce*, prendre un air sévère **3** (*superficie*) face: *le facce di un dado*, *di una moneta*, les faces d'un dé, d'une monnaie; *le facce del problema*, (*fig.*) les aspects de la question.
● ***faccia a faccia***, face à face: *un faccia a faccia televisivo*, un face à face télévisé; *essere a faccia a faccia*, être face à face | ***faccia da schiaffi***, tête à claques | ***faccia tosta***, ***di bronzo***, sacré toupet: *ha avuto la faccia* (*tosta*) *di chiedermi dei soldi*, il a eu le toupet de me demander de l'argent | ***a due facce***, à double face: *un problema a due facce*, un problème se présentant sous un double aspect; *un uomo a due facce*, un faux jeton | ***alla faccia!***, (*fam.*) fichtre!: *alla faccia! com'è caro!*, fichtre! ce que c'est cher!; *alla faccia! quanto hai mangiato!*, bigre! qu'est-ce que tu as mangé! | ***alla faccia di***, tant pis pour: *alla faccia della dieta!*, je m'en fous du régime!; *alla faccia della giustizia!*, bonjour la justice!; *alla faccia tua*, tant pis pour toi | ***cambiare faccia***, changer: *dall'ultima volta che l'ho visto ha cambiato faccia*, depuis la dernière fois que je l'ai vu, il a changé; *il paese ha cambiato faccia*, village a changé de physionomie | ***di faccia***, (d')en face: *abita di faccia a noi*, il habite en face de chez nous; *di faccia al municipio*, en face de la mairie; *nella casa di faccia*, dans la maison d'en face | ***fare la faccia scura***, s'assombrir | ***in faccia***, en face: *ricevere un colpo in faccia*, recevoir un coup en pleine figure; *avere il sole in faccia*, avoir le soleil dans la figure; *guardare in faccia*, regarder en face; *dire la verità in faccia*, dire ses quatres vérités; *l'ha scritto in faccia*, il le porte écrit sur la figure; *è finita a torte in faccia*,

(*fig.*) ça s'est terminé à coups de poings; ça a dégénéré | ***in faccia a***, à la figure de: *tirare, gettare in faccia a qlcu*, jeter à la figure de qqn; *sputare in faccia a qlcu*, cracher à la figure de qqn; *gli piantò gli occhi in faccia*, il le regarda bien en face; *gli chiuse la porta in faccia*, il lui ferma la porte au nez; *ridere in faccia a qlcu*, rire au nez de qqn; *glielo si legge in faccia*, on le lit sur sa figure | ***l'altra faccia della medaglia***, (*fig.*) le revers de la médaille | ***rompere, spaccare la faccia a qlcu***, casser la figure à qqn | ***salvare, perdere la faccia***, sauver, perdre la face | ***sulla faccia della terra***, sur la face de la terre | ***una brutta faccia***, (*da poco di buono*) une sale tête.

faccia[2] → **fare**[1].

F

facciale [fac-cià-le] ***agg.*** facial*.

facciamo → **fare**[1].

facciata [fac-cià-ta] ***n.f.*** **1** façade **2** (*lato, faccia*) face; (*di foglio*) page: *facciata anteriore, posteriore*, recto, verso **3** (*fig.*) (*apparenza*) apparence: *non si deve giudicare dalla facciata*, il ne faut pas juger sur les apparences.
● ***di facciata***, (*fig.*) de parade.

faccina [fac-cì-na] ***n.f.*** (*Internet*) frimousse, smiley (*m.*).

faccino [fac-cì-no] ***n.m.*** joli minois: *un bel faccino*, un bien joli minois; *sei stanca? hai un faccino!*, tu es fatiguée? tu as une petite mine!

faccio → **fare**[1].

facendo → **fare**[1].

facente [fa-cèn-te] ***agg.***
● ***facente funzione***, remplaçant, substitut.

facessi, **facesti** → **fare**[1].

faceto [fa-cè-to] ***agg.*** facétieux*.

facevo → **fare**[1].

facezia [fa-cè-zia] ***n.f.*** facétie, plaisanterie.

fachiro [fa-chì-ro] ***n.m.*** [f. *-a*] fakir.

facies [fà-cies] ***n.f.*** (*scient.*) faciès (*m.*).

facile [fà-ci-le] ***agg.*** **1** facile: *di facile smercio*, facile à vendre; *di facile consultazione*, facile à consulter; *essere facile preda dell'ira*, se laisser emporter facilement par la colère; *è più facile dirlo che farlo*, c'est plus facile à dire qu'à faire; *di notte è facile perdersi*, la nuit on se perd facilement; *non è facile stabilire chi abbia ragione*, il est difficile de dire qui a raison; *non è così facile* (*come sembra*), ce n'est pas aussi simple que ça **2** (*affabile, mite*) facile: *un carattere facile*, un caractère facile **3** (*incline*) enclin: *facile alla malinconia*, enclin à la mélancolie **4** (*poco serio*) facile | *donna di facili costumi*, femme de petite vertu **5** (*probabile*) probable: *niente di più facile*, c'est plus que probable.

facilità [fa-ci-li-tà] ***n.f.invar.*** facilité: *facilità di parola*, facilité d'expression.
● ***con facilità***, facilement: *si esprime in francese con facilità*, il s'exprime en français avec aisance.

facilitare [fa-ci-li-tà-re] ***v.tr.*** faciliter.

facilitazioni [fa-ci-li-ta-zió-ni] ***n.f.pl.*** facilités.

facilmente [fa-cil-mén-te] ***avv.*** **1** facilement; (*senza sforzo*) aisément **2** (*probabilmente*) probablement.

facilone [fa-ci-ló-ne] ***agg.*** e ***n.m.*** [f. *-a*] (homme) superficiel.

faciloneria [fa-ci-lo-ne-rì-a] ***n.f.*** superficialité.

facinoroso [fa-ci-no-ró-so] ***agg.*** e ***n.m.*** [f. *-a*] (individu) violent; (*ribelle*) rebelle; (*dissidente*) dissident.

facocero [fa-co-cè-ro] ***n.m.*** (*zool.*) phacochère.

facoltà [fa-col-tà] ***n.f.invar.*** **1** faculté: *essere in pieno possesso delle proprie facoltà mentali*, jouir de toutes ses facultés mentales **2** (*autorità*) faculté; (*potere*) pouvoir (*m.*): *non è mia facoltà*, cela n'est pas en mon pouvoir; *questo esula dalle mie facoltà*, cela dépasse mes compétences; *avere facoltà di*, avoir la faculté, le pouvoir de; *questa medicina ha la facoltà di guarire i reumatismi*, ce médicament a la propriété de guérir les rhumatismes **3** (*nelle università*) faculté; (*fam.*) fac: *che facoltà frequenta?*, quelles études fait-il?; *frequenta la facoltà di diritto*, il fait son droit.
● (*dir.*) ***facoltà di intendere e di volere***, faculté de comprendre et de vouloir.

facoltativamente [fa-col-ta-ti-va-mén-te] ***avv.*** facultativement.

facoltativo [fa-col-ta-tì-vo] ***agg.*** facultatif*.

facoltoso [fa-col-tó-so] ***agg.*** aisé, riche.

facondia [fa-cón-dia] ***n.f.*** faconde.

facondo [fa-cón-do] ***agg.*** qui a de la faconde; (*eloquente*) éloquent.

facsimile [fac-sì-mi-le] ***n.m.*** **1** fac-similé* **2** (*fig.*) copie (*f.*) parfaite.

factotum [fac-tò-tum] ***n.m.*** e ***f.invar.*** factotum (*m.*).

faggina [fag-gì-na] ***n.f.*** → **faggiola**.

faggio [fàg-gio] ***n.m.*** [pl. *-gi*] (*bot.*) *hêtre.

faggiola [fag-giò-la] ***n.f.*** (*bot.*) faîne.

fagiano [fa-già-no] ***n.m.*** (*zool.*) faisan.

fagiolino [fa-gio-lì-no] ***n.m.*** *haricot vert.

fagiolo [fa-giò-lo] ***n.m.*** *haricot.
● ***fagiolo borlotto***, haricot rouge | ***fagiolo dall'occhio***, dolic à œil noir | ***capitare a fagiolo***, (*fig. fam.*) tomber à pic | ***non mi va a fagiolo***, (*fig. fam.*) ça ne me revient pas.

faglia [fà-glia] ***n.f.*** (*geol.*) faille.

fagocita [fa-go-cì-ta] ***n.m.*** → **fagocito**.

fagocitare [fa-go-ci-tà-re] ***v.tr.*** **1** (*biol.*) phagocyter **2** (*fig.*) engloutir; (*assorbire*) absorber.

fagocito [fa-go-cì-to] ***n.m.*** (*biol.*) phagocyte.

fagottista [fa-got-tì-sta] ***n.m.*** e ***f.*** (*mus.*) basson (*m.*), bassoniste.

fagotto[1] [fa-gòt-to] ***n.m.*** ballot; (*fam.*) balluchon: *un fagotto di biancheria*, un paquet de linge; *fare un fagotto delle proprie cose*, faire un paquet de ses affaires; *sembra un fagotto di stracci*, (*fig.*) il est mal ficelé.
● ***far fagotto***, (*fig. fam.*) faire son balluchon.

> **FAUX AMI**
> Da non confondere con *fagot*, che significa *fascina*.

fagotto[2] ***n.m.*** (*mus.*) **1** (*strumento*) basson **2** (*suonatore*) basson, bassoniste.

fai → **fare**[1].

faida [fài-da] ***n.f.*** conflit (*m.*).

faidaté [fai-da-té] ***n.m.invar.*** bricolage.

faina [fa-ì-na] ***n.f.*** (*zool.*) fouine.

fair play [fer'plei] ***n.m.invar.*** fair-play, franc-jeu*.

falange [fa-làn-ge] ***n.f.*** **1** (*anat.*) phalange **2** (*st.*) phalange **3** (*fig.*) phalange, multitude.

falangetta [fa-lan-gét-ta] ***n.f.*** (*anat.*) phalangette.

falangina [fa-lan-gì-na] ***n.f.*** (*anat.*) phalangine.

falangista [fa-lan-gì-sta] ***agg.*** e ***n.m.*** e ***f.*** (*st.*) phalangiste.

falansterio [fa-lan-stè-rio] ***n.m.*** [pl. *-ri*] phalanstère; (*grande fabbricato*) caserne (*f.*).

falasco [fa-là-sco] ***n.m.*** [pl. *-schi*] (*bot.*) jonc des marais.

falcata [fal-cà-ta] ***n.f.*** **1** foulée, enjambée: *a grandi falcate*, à longues enjambées **2** (*di cavallo*) courbette.

falcato [fal-cà-to] ***agg.*** en forme de croissant.

falce [fàl-ce] ***n.f.*** **1** faux **2** (*di luna*) croissant.
● (*pol.*) ***falce e martello***, faucille et marteau | ***falce messoria***, faucille.

falcetto [fal-cét-to] ***n.m.*** faucille (*f.*); (*per potare*) serpette (*f.*).

falchetto [fal-chét-to] ***n.m.*** (*zool.*) fauconneau*.

falciare [fal-cià-re] ***v.tr.*** [coniug. come *cominciare*] faucher.

falciata [fal-cià-ta] ***n.f.*** coup (*m.*) de faux.

falciatrice [fal-cia-trì-ce] ***n.f.*** faucheuse | *falciatrice da prato*, tondeuse à gazon.

falciatura [fal-cia-tù-ra] ***n.f.*** **1** fauchage (*m.*); (*epoca della falciatura*) fauchaison **2** (*mietitura*) moissonnage (*m.*).

falcidia [fal-cì-dia] ***n.f.*** **1** forte réduction, forte diminution **2** (*strage*) hécatombe (*anche fig.*).

falcidiare [fal-ci-dià-re] ***v.tr.*** **1** réduire* considérablement **2** (*provocare una strage*) provoquer une hécatombe (**de**).

falco [fàl-co] ***n.m.*** [pl. *-chi*] (*zool.*) faucon.
● ***falco pellegrino***, faucon pèlerin | (*pol.*) ***i falchi e le colombe***, les vautours et les colombes | ***occhi di falco***, (*fig.*) yeux d'aigle.

falcone [fal-có-ne] ***n.m.*** (*zool.*) faucon: *caccia col falcone*, chasse au faucon.

falconeria [fal-co-ne-rì-a] ***n.f.*** fauconnerie.

falda [fàl-da] ***n.f.*** **1** lame, feuille | *nevica a larghe falde*, il neige à gros flocons **2** (*geol.*) nappe, couche **3** (*di montagna*) (*pendio*) pente; (*piede*) pied (*m.*): *alle falde della montagna*, au pied de la montagne; *sulle falde della montagna*, sur les pentes de la montagne **4** (*di tessuto*) pan (*m.*); (*di abito*) basque | *mettersi in falde*, se mettre en habit **5** (*di cappello*) bord (*m.*): *cappello a larga falda*, chapeau à larges bords **6** (*di tetto*) versant (*m.*).
● (*geol.*): ***falda acquifera***, nappe aquifère; ***falda freatica***, nappe phréatique.

faldone [fal-dó-ne] ***n.m.*** (*amm.*) dossier, boîte (*f.*) d'archives.

falegname [fa-le-gnà-me] ***n.m.*** menuisier.

falegnameria [fa-le-gna-me-rì-a] ***n.f.*** **1** menuiserie **2** (*bottega*) atelier (*m.*) de menuisier.

falena [fa-lè-na] ***n.f.*** (*zool.*) phalène.

falla [fàl-la] ***n.f.*** **1** (*mar.*) voie d'eau **2** (*fig.*) trou (*m.*).

fallace [fal-là-ce] ***agg.*** fallacieux*.

fallacia [fal-là-cia] ***n.f.*** [pl. *-cie* o *-ce*] fausseté.

fallare [fal-là-re] ***v.intr.*** [aus. *avere*] (*letter.*) se tromper: *un rimedio che non falla*, un remède infaillible.

fallato [fal-là-to] ***agg.*** défectueux*: *un maglione fallato*, un pull avec un défaut de fabrication; *software fallato*, logiciel défectueux.

fallibile [fal-lì-bi-le] ***agg.*** faillible.

fallico [fàl-li-co] ***agg.*** [pl.m. *-ci*, f. *-che*] phallique.

fallimentare [fal-li-men-tà-re] ***agg.*** **1** (*dir.*) de faillite; *presentazione del bilancio fallimentare*, dépôt du bilan **2** (*fig.*) (*rovinoso*) ruineux*; (*disastroso*) désastreux*.
● ***curatore fallimentare***, liquidateur judiciaire | ***massa fallimentare attiva, passiva***, masse active, passive des biens (de la faillite) | ***procedura fallimentare***, règlement judiciaire | ***stato fallimentare***, état de faillite: *in stato fallimentare*, en faillite; *le mie finanze sono in stato fallimentare*, (*fam.*) je n'ai plus un sou | ***vendita fallimentare***, vente pour cause de faillite.

fallimento [fal-li-mén-to] ***n.m.*** **1** faillite (*f.*) **2** (*fig.*) échec.
● ***fallimento doloso***, banqueroute | ***curatore del fallimento***, liquidateur judiciaire | (*dir.*) ***procedura di fallimento (in amministrazione controllata)***, redressement judiciaire.

fallire [fal-lì-re] ***v.intr.*** [coniug. come *finire*; aus. *avere* o *essere*] **1** (*dir.*) faire* faillite: *sta fallendo*, il est en faillite **2** (*fig.*) échouer: *il progetto è fallito*, le plan a échoué ♦ ***v.tr.*** manquer, rater: *fallire il colpo*, manquer (*o* rater) le coup.

fallito [fal-lì-to] ***agg.*** **1** (*dir.*) failli **2** (*fig.*) manqué, raté ♦ ***n.m.*** [f. *-a*] **1** (*dir.*) failli **2** (*fig.*) raté.

fallo[1] [fàl-lo] ***n.m.*** **1** faute (*f.*), erreur (*f.*) **2** (*difetto*) imperfection (*f.*), défaut **3** (*sport*) faute (*f.*): *commettere un fallo*, commettre une faute.
● (*calcio*) ***fallo di mano***, faute de mains | (*tennis*) ***fallo di piede***, faute de pied | (*calcio*) ***fallo laterale, di fondo***, balle en touche: *mettere in fallo laterale*, mettre en touche | ***cogliere in fallo***, prendre en faute: *s'è lasciato cogliere in fallo*, il s'est laissé prendre sur le fait | (*tennis*) ***doppio fallo***, double faute | ***essere in fallo***, être en défaut | ***mettere un piede in fallo***, faire un faux pas | ***senza fallo***, sans faute.

fallo[2] ***n.m.*** (*pene*) phallus.

fallocrazia [fal-lo-cra-zì-a] ***n.f.*** (*spreg.*) phallocratie.

falloso [fal-ló-so] ***agg.*** **1** (*difettoso*) défectueux* **2** (*sport*) (*scorretto*) incorrect; (*irregolare*) irrégulier*.

fall-out [fol'laut] ***n.m.invar.*** retombée (*f.*) radioactive; (*fig.*) (*ripercussioni*) retombées (*f.pl.*).

falò [fa-lò] ***n.m.invar.*** **1** feu* de bois **2** (*per segnalazioni*) feu* de signalisation.

falpalà [fal-pa-là] ***n.m.invar.*** (*abbigl., tess.*) falbala.

falsamente [fal-sa-mén-te] ***avv.*** faussement; (*a torto*) à tort.

falsare [fal-sà-re] ***v.tr.*** **1** fausser; (*alterare*) altérer*; (*deformare*) déformer: *falsare una legge*, déformer l'esprit d'une loi **2** (*falsificare*) falsifier.

falsariga [fal-sa-rì-ga] ***n.f.*** [pl. *falsarighe*] **1** transparent (*m.*) **2** (*modello*) modèle (*m.*), exemple (*m.*); *seguire la falsariga di qlcu*, prendre modèle sur qqn.
● ***sulla falsariga di***, à l'exemple de.

falsario [fal-sà-rio] ***n.m.*** [f. *-a*; pl.m. *-ri*] (*di biglietti di banca*) contrefacteur*; (*di documenti, firme ecc.*) faussaire, falsificateur; (*di monete*) faux-monnayeur*.

falsatura [fal-sa-tù-ra] ***n.f.*** **1** (*cucito*) entre-deux* (*m.*) **2** (*scarto, distanza*) écart (*m.*), décalage (*m.*).

falsetto [fal-sét-to] ***n.m.*** (*mus.*) fausset: *voce in falsetto*, voix de fausset (*o* de tête).

falsificare [fal-si-fi-cà-re] ***v.tr.*** [coniug. come *mancare*] falsifier; (*firme e banconote*) contrefaire*: *falsificare una notizia*, dénaturer une nouvelle | *falsificare un bilancio*, altérer, maquiller un bilan.

falsificatore [fal-si-fi-ca-tó-re] ***n.m.*** [f. *-trice*] falsificateur*.

falsificazione [fal-si-fi-ca-zió-ne] ***n.f.*** falsification, contrefaçon.

falsità [fal-si-tà] ***n.f.invar.*** **1** fausseté **2** (*menzogna*) mensonge (*m.*) **3** (*ipocrisia*) hypocrisie; (*doppiezza*) duplicité.

F

falso [fàl-so] ***agg.*** **1** faux*: *una notizia falsa*, une fausse nouvelle; *una falsa speranza*, un faux espoir **2** (*falsificato*) faux*: *moneta falsa*, fausse monnaie **3** (*ipocrita*) faux*: *falso pudore*, fausse pudeur ♦ ***n.m.*** **1** faux, (*errore*) erreur (*f.*): *quel quadro è un falso*, ce tableau est un faux; *essere nel falso*, être dans l'erreur **2** (*dir.*) faux.
● ***falso allarme***, fausse alerte | (*dir.*) ***falso in atto pubblico***, faux en écriture | ***falso in bilancio***, faux bilan | ***falso magro***, faux maigre | ***fare carte false***, (*fig.*) vendre son âme au diable | ***fare un passo falso***, faire un faux pas | ***mettere in una falsa luce***, (*fig.*) montrer sous un faux jour | ***nota falsa***, (*anche fig.*) fausse note | ***sotto falso nome***, sous un faux nom | ***toccare un tasto falso***, (*fig.*) faire une gaffe.

F

NOTA Il ***falso amico***, in francese ***faux ami***, è la parola che pur corrispondendo in apparenza a quella di un'altra lingua, ha invece un significato completamente differente, per es.:

assez non è **assai** (*très, beaucoup*), ma **abbastanza**
atteindre non è **attendere** (*attendre*), ma **raggiungere**
confettis non è **confetti** (*dragées*), ma **coriandoli**
fermer non è **fermare** (*arrêter*), ma **chiudere**
salir non è **salire** (*monter*), ma **sporcare**.

fama [fà-ma] ***n.f.*** **1** renommée; (*reputazione*) réputation; (*notorietà*) notoriété, renom (*m.*): *di dubbia fama*, d'une réputation douteuse; *ha fama di uomo onesto*, il passe pour être un homme honnête; *si è conquistato grande fama di chirurgo*, il a une grande renommée comme chirurgien **2** (*voce, notizia*) bruit (*m.*): *è fama che*, le bruit court que **3** (*celebrità*) célébrité.
● ***conoscere per***, ***di fama***, connaître de réputation.

FAUX AMI
Da non confondere con *faim*, che significa *fame*, né con *femme*, che significa *donna*.

fame [fà-me] ***n.f.*** **1** faim: *avere molta fame*, avoir très faim; *soffrire, ingannare la fame*, souffrir de la faim, tromper sa faim; *togliersi la fame*, se rassasier **2** (*fig.*) (*desiderio*) soif: *aver fame di onori, di ricchezze*, être assoiffé d'honneurs, de richesses; *aver fame di affetto, di libertà*, avoir soif de tendresse, de liberté **3** (*carestia*) famine.
● ***brutto come la fame***, laid comme un pou | ***fare la fame***, manger de la vache enragée | ***ho una fame da lupi!***, j'ai une faim de loup! | ***i morsi della fame***, les tiraillements de la faim | ***lungo come la fame***, long comme un jour sans pain | ***non ci vedo dalla fame!***, j'ai une de ces fringales! | ***morire di fame***, crever de faim | ***prendere per fame***, affamer | ***stipendi da fame***, salaires de famine | ***un morto di fame***, un crève-la-faim.

famelico [fa-mè-li-co] ***agg.*** [pl.m. *-ci*, f. *-che*] famélique; (*fig.*) avide.

famigerato [fa-mi-ge-rà-to] ***agg.*** tristement célèbre.

famiglia [fa-mì-glia] ***n.f.*** **1** famille: *nell'ambito della famiglia*, dans le milieu familial **2** (*insieme di cose affini*) famille: *una famiglia di vocaboli*, une famille de mots **3** (*bot., zool.*) famille: *la famiglia delle Rosacee*, la famille des Rosacées.
● ***famiglia allargata***, famille recomposée | ***famiglia nucleare***, famille nucléaire | ***avere famiglia***, avoir de la famille | ***avere la famiglia a carico***, avoir charge de famille | ***capo famiglia***, chef de famille | ***di famiglia***, de la famille: *un amico di famiglia*, un ami de la famille; *essere di famiglia*, faire partie de la famille | ***farsi una famiglia***, ***metter su famiglia***, fonder un foyer, une famille | ***formato famiglia***, format familial | (*relig.*) ***la Sacra famiglia***, la Sainte famille: *è partito con tutta la sacra famiglia*, (*fam.*) il est parti avec toute sa smala | ***per famiglie***, des familles | ***senza famiglia***, sans famille | (*dir.*) ***stato di famiglia***, situation de famille; (*amm.*) fiche familiale d'état civil.

famigliare e *deriv.* → **familiare** e *deriv.*

famigliola [fa-mi-gliò-la] ***n.f.*** petite famille: *sono una bella famigliola*, c'est une gentille petite famille.
● (*bot.*) ***famigliola buona***, armillaire couleur de miel.

familiare [fa-mi-lià-re] ***agg.*** **1** (*relativo alla famiglia*) familial* **2** (*che ha l'intimità e la semplicità della famiglia*) de famille: *un ambiente familiare*, une atmosphère familiale; *nell'ambito familiare*, dans le milieu familial | *pensione familiare*, pension de famille **3** (*conosciuto, consueto*) familier*: *luoghi, visi familiari*, lieux, visages familiers; *modi troppo familiari*, des manières trop familières; *nel linguaggio familiare*, dans le langage familier ♦ ***n.m.*** e ***f.*** membre (*m.*) de la famille; (*pl.*) famille (*f.sing.*): *torni con un suo familiare*, revenez avec quelqu'un de votre famille ♦ ***n.f.*** (*aut.*) (voiture) familiale.
● (*comm.*) ***esercizio a conduzione familiare***, établissement à gestion familiale.

familiarità [fa-mi-lia-ri-tà] ***n.f.invar.*** familiarité: *con molta familiarità*, avec une grande familiarité; *si permette un'eccessiva familiarità*, il est d'une familiarité excessive; *essere in rapporti di familiarità con qlcu*, être intime avec qqn; *non ho familiarità con i motori*, je ne connais rien aux moteurs; *prendere familiarità con qlco*, se familiariser avec qqch.

familiarizzare [fa-mi-lia-riʒ-ʒà-re] ***v.intr.*** [aus. *avere*] lier amitié; (*di animali*) s'apprivoiser; (*abituarsi*) se familiariser, se faire* (**à**), s'habituer (**à**) ♦ ***v.tr.*** accoutumer, habituer ♦ **familiarizzarsi** ***v.pron.intr.*** (*abituarsi*) se familiariser; s'habituer, s'accoutumer.

familiarmente [fa-mi-liar-mén-te] ***avv.*** familièrement; (*informalmente*) simplement.

famoso [fa-mó-so] ***agg.*** célèbre, fameux*.

fan ***n.m.*** e ***f.invar.*** fan.

fanale [fa-nà-le] ***n.m.*** **1** feu* **2** (*lampione stradale*) réverbère **3** (*mar.*) fanal*.
● (*aut.*) ***fanale di coda***, ***posteriore***, feu arrière | (*mar.*) ***fanale di navigazione***, feu de navigation | (*aut.*) ***fanali di posizione***, feux de position.

fanaleria [fa-na-le-rì-a] ***n.f.*** système (*m.*) d'éclairage.

fanalino [fa-na-lì-no] ***n.m.***
● (*aut.*) ***fanalino di coda***, feu arrière, (*fig.*) lanterne rouge.

fanatico [fa-nà-ti-co] ***agg.*** e ***n.m.*** [f. *-a*; pl.m. *-ci*, f. *-che*] fanatique; (*fam.*) fana.

fanatismo [fa-na-tì-ʃmo] ***n.m.*** fanatisme.

fanatizzare [fa-na-tiʒ-ʒà-re] ***v.tr.*** fanatiser.

fancazzista [fan-caz-zì-sta] ***agg.*** e ***n.m.*** e ***f.*** (*volg.*) glandeur/euse.

fanciulla [fan-ciùl-la] ***n.f.*** petite fille; (*giovinetta*) jeune fille.

fanciullesco [fan-ciul-lé-sco] ***agg.*** [pl.m. *-schi*, f. *-sche*] enfantin, puéril.

fanciullezza [fan-ciul-léz-za] ***n.f.*** enfance (*anche fig.*).

fanciullo [fan-ciùl-lo] ***n.m.*** enfant, petit garçon.

fandonia [fan-dò-nia] ***n.f.*** histoire, blague.

fanello [fa-nèl-lo] ***n.m.*** (*zool.*) linotte (*f.*).

fanerogama [fa-ne-rò-ga-ma] ***agg.*** e ***n.f.***
● (*bot.*) (***pianta***) ***fanerogama***, (plante) phanérogame.

fanfara [fan-fà-ra] ***n.f.*** fanfare.

fanfaronata [fan-fa-ro-nà-ta] ***n.f.*** fanfaronnade.

fanfarone [fan-fa-ró-ne] ***n.m.*** [f. *-a*] fanfaron*.

fanghiglia [fan-ghì-glia] ***n.f.*** boue, vase.

fango [fàn-go] ***n.m.*** [pl. *-ghi*] **1** boue (*f.*), (*spec. di palude e fiume*) vase (*f.*): *aveva le scarpe sporche di fango*, il avait des chaussures souillées de boue; *questo pesce sa di fango*, ce poisson sent la vase **2** (*fig.*) boue (*f.*), fange (*f.*): *trascinare il nome della famiglia nel fango*, traîner le nom de la famille dans la boue; *coprire qlcu di fango*, couvrir qqn de boue (*o* de fange).
● ***fanghi termali***, boues thermales | (*med.*) (***bagno di***) ***fango***, (bain de) boue: *fare i fanghi*, prendre des bains de boue.

fangoso [fan-gó-so] ***agg.*** boueux*, (*infangato*) crotté; (*fig.*) fangeux*.

fanno → **fare**[1].

fannullone [fan-nul-ló-ne] ***n.m.*** [f. *-a*] fainéant; (*fam.*) faignant.

fanone [fa-nó-ne] ***n.m.*** (*zool.*) fanon.

fantaccino [fan-tac-cì-no] ***n.m.*** fantassin.

fantapolitica [fan-ta-po-lì-ti-ca] ***n.f.*** [pl. *-che*] **1** (*lett., cine.*) politique-fiction **2** (*estens.*) politique irréelle.

fantascientifico [fan-ta-scien-tì-fi-co] ***agg.*** [pl.m. *-ci*, f. *-che*] **1** de science-fiction **2** (*estens.*) (*avveniristico*) futuriste; (*irreale*) irréel*.

fantascienza [fan-ta-scièn-za] ***n.f.*** (*lett., cine.*) science-fiction.

fantasia [fan-ta-ʃì-a] ***n.f.*** **1** imagination **2** (*pl.*) (*fantasticherie*) rêveries: *sono tutte fantasie!*, c'est (une) pure invention! **3** (*capriccio*) fantaisie | *tessuto* (*di*) *fantasia*, tissu fantaisie **4** (*mus.*) fantaisie; (*scelta di brani*) pot -pourri* (*m.*).
● ***lavorare di fantasia***, se laisser emporter par son imagination.

fantasioso [fan-ta-ʃió-so] ***agg.*** **1** qui a beaucoup d'imagination **2** (*pieno di estro*) plein de fantaisie; (*bizzarro*) bizarre **3** (*frutto di fantasia*) fantaisiste.

fantasista [fan-ta-ʃì-sta] ***n.m.*** e ***f.*** fantaisiste.

fantasma [fan-tà-ʃma] ***n.m.*** fantôme: *i fantasmi dell'immaginazione*, les phantasmes de l'imagination | *governo fantasma*, gouvernement fantôme.

fantasmagoria [fan-ta-ʃma-go-rì-a] ***n.f.*** fantasmagorie (*anche fig.*).

fantasmagorico [fan-ta-ʃma-gò-ri-co] ***agg.*** [pl.m. *-ci*, f. *-che*] fantasmagorique.

fantasmatico [fan-ta-ʃmà-ti-co] ***agg.*** [pl.m. *-ci*, f. *-che*] (*psic.*) fantasmatique.

fantasticamente [fan-ta-sti-ca-mén-te] ***avv.*** fantastiquement.

fantasticare [fan-ta-sti-cà-re] ***v.tr.*** e ***intr.*** [coniug. come *mancare*; aus. *avere*] rêvasser (**à**), rêver (**à**).

fantasticheria [fan-ta-sti-che-rì-a] ***n.f.*** rêverie.

fantastico [fan-tà-sti-co] ***agg.*** [pl.m. *-ci*, f. *-che*] **1** fantastique; (*irreale*) irréel*; (*immaginario*) imaginaire: *un mostro fantastico*, un monstre imaginaire **2** (*fam.*) (*straordinario*) extraordinaire, formidable **3** (*immaginativo*) d'imagination: *capacità fantastica*, imagination ♦ ***n.m.*** fantastique.

fante [fàn-te] ***n.m.*** **1** (*mil.*) fantassin **2** (*nelle carte da gioco*) valet.

fanteria [fan-te-rì-a] ***n.f.*** infanterie.

fantesca [fan-té-sca] ***n.f.*** [pl. *-sche*] servante.

fantino [fan-tì-no] ***n.m.*** [f. *-a*] jockey.

fantoccio [fan-tòc-cio] ***n.m.*** [pl. *-ci*] **1** mannequin; (*pupazzo*) poupée (*f.*) de chiffon; (*spaventapasseri*) épouvantail* **2** (*fig.*) fantoche, pantin.
● (*pol.*) ***governo fantoccio***, gouvernement fantoche.

fantomatico [fan-to-mà-ti-co] ***agg.*** [pl.m. *-ci*, f. *-che*] **1** fantomatique **2** (*inafferrabile*) fantôme.

fanzine [fan'dzin] ***n.m.invar.*** fanzine.

FAQ ***n.f.pl.*** (*Internet*) (*sigla di* Frequently Asked Questions) FAQ, Foire aux Questions.

farabutto [fa-ra-bùt-to] ***n.m.*** [f. *-a*] vaurien*, salaud.

faraglione [fa-ra-glió-ne] ***n.m.*** îlot rocheux.

faraona [fa-ra-ó-na] ***n.f.*** (*zool.*) pintade.

> FAUX AMI
> Da non confondere con *pharaon*, che significa *faraone*.

faraone [fa-ra-ó-ne] ***n.m.*** pharaon.

faraonico [fa-ra-ò-ni-co] ***agg.*** [pl.m. *-ci*, f. *-che*] **1** pharaonique **2** (*fig.*) grandiose.

farcire [far-cì-re] ***v.tr.*** [coniug. come *finire*] farcir (*anche fig.*).

farcito [far-cì-to] ***agg.*** farci.

fard ***n.m.invar.*** (*cosmesi*) fard (pour les joues), blush*.

fardello [far-dèl-lo] ***n.m.*** fardeau* (*anche fig.*): *ognuno ha il suo fardello di dolori*, chacun a sa part de chagrins.

fare[1] [fà-re] ***v.tr.*** [pres.indic. *io faccio, tu fai, egli fa, noi facciamo, voi fate, essi fanno*; imperf.indic. *io facevo* ecc.; p.rem. *io feci, tu facesti, egli fece, noi facemmo, voi faceste, essi fecero*; fut.indic. *io farò* ecc.; pres.cong. *io faccia* ecc.; imperf.cong. *io facessi* ecc.; imp. *fa* o *fa'* o *fai, fate*; ger. *facendo*; p.pres. *facente*; p.p. *fatto*] **1** faire*: *ha fatto di tutto*, il a tout fait; *fare un errore*, faire une faute; *non so cosa farmene del suo aiuto*, je n'ai que faire de son aide | *ieri sera abbiamo fatto le due*, (*fam.*) hier soir nous sommes allés nous coucher à deux heures | *il villaggio fa cinquemila abitanti*, le village compte cinq mille habitants **2** (*creare, fabbricare*) faire*: *fare una statua*, faire une statue **3** (*dare alla luce, generare*) faire*: *fare fiori e frutti*, donner des fleurs et des fruits | *fare figli, un bambino*, (*fam.*) faire des enfant, un enfant **4** (*con valore causativo, seguito da inf.*) faire*: *far cadere qlco*, faire tomber qqch; *far sapere che*, faire savoir que **5** (*fam.*) (*dire*) faire*: *"Entrate", fece guardandoci*, "Entrez", fit-il en nous regardant **6** (*percorrere*) faire*: *fare i duecento all'ora*, faire du deux cents à l'heure **7** (*emettere, versare*) faire*: *fare acqua*, faire eau; *fare sangue*, saigner **8** (*esercitare un'arte, una professione ecc.*) être*: *fare il medico*, être médecin; *fare medicina*, faire sa médecine **9** (*praticare*) faire*: *fare tennis, nuoto*, faire du tennis, de la natation **10** (*interpretare; comportarsi da*) faire*: *fare il difficile, il furbo*, faire le difficile, le malin **11** (*rappresentare; trasmettere*) passer: *che cosa fanno stasera alla tv?*, qu'est-ce qu'il y a, qu'est-ce qu'on passe ce soir à la télé? **12** (*per indicare le ore*) être*, marquer: *che ore fai?*, quelle heure est-il?; *fare le tre, le quattro*, marquer trois heures, quatre heures **13** (*nominare*) faire*; (*eleggere*) élire*: *l'hanno fatto sindaco*, on l'a élu maire **14** (*credere*) croire*: *ti facevo a Roma*, je te croyais à Rome **15** (*fam.*) (*pulire, riordinare*) faire*: *fare i piatti, una camera*, faire la vaisselle, une chambre **16** (*mat.*) (*dare come risultato*) faire: *due più due fanno quattro*, deux et deux font quatre ♦ ***v.intr.*** [aus. *avere*] **1** (*agire*) faire*: *fate come se foste a casa vostra*, faites comme chez vous **2** (*essere adatto*) être* fait: *l'ozio non fa per me*, l'inactivité n'est pas pour moi **3** (*servire da*) servir* (**de**); (*far le funzioni di*) tenir* lieu (**de**): *fare da guida*, servir de guide; *fare da padre*, tenir lieu de père ♦ ***v.intr. impers.*** [aus. *avere*] **1** (*di tempo e condizioni atmosferi-*

F

che) faire*: *che tempo fa?*, quel temps fait-il?; *faceva caldo, freddo*, il faisait chaud, froid; *fa giorno*, il fait jour **2** (*per indicare il tempo trascorso*) y avoir*: *fa un anno che ci conosciamo*, cela fait (*o* il y a) un an qu'on se connaît; *fanno tre anni oggi*, cela fait trois ans aujourd'hui ♦ **farsi** ***v.pron.*** **1** se faire*: *farsi amare, capire*, se faire aimer, comprendre; *farsi bella*, se faire belle; *fatti aiutare da qlcu*, fais-toi aider de qqn **2** (*diventare*) se faire*: *farsi vecchio*, sa faire (*o* devenir) vieux **3** (*abituarsi*) s'habituer **4** (*in costruzioni impers.*) (*di tempo e condizioni atmosferiche*) faire*, se faire*: *si fa tardi*, il se fait tard; *si fa chiaro*, il fait jour (*o* il fait clair); *si fa buio*, la nuit tombe (*o* il commence à faire nuit) **5** (*moto*): *fatti più vicino*, viens plus près; *farsi sull'uscio*, se mettre sur le pas de la porte **6** (*gergo*) (*drogarsi*) se faire*: *si fa di eroina*, il se défonce à l'héroïne ♦ ***v.pron. indiretto*** se faire*: *farsi degli amici, dei nemici*, se faire des amis, des ennemis; *farsi un nome*, se faire un nom | *farsi la pelliccia, la macchina*, (*fam.*) se payer un manteau de fourrure, une voiture | *si è fatto cinque birre*, (*fam.*) il s'est tapé cinq bières.

● ***fare a pugni***, se battre à coups de poing | ***fare bene, male***, bien, mal faire: *fai bene a rimproverarlo*, tu as raison de le gronder; *non fareste male a*, vous feriez bien de; *il latte mi fa male*, je ne supporte pas le lait | ***fare di tutto per***, tout faire pour | ***fare e disfare***, n'en faire qu'à sa tête | ***fare in modo che, fare sì che***, faire en sorte que, faire de manière (à ce) que | ***fare in tempo a***, avoir le temps de | ***far fuori***, (*fam.*) (*uccidere*) descendre; (*sperperare*) gaspiller; (*consumare*) esquinter; (*mangiare*) se taper | ***avere a che fare con***, avoir affaire à | ***ben fatto!***, c'est bien fait! | (*prov.*) ***chi fa da sé fa per tre***, on n'est jamais si bien servi que par soi-même | ***chi me lo fa fare?***, et pourquoi devrais-je le faire? | ***detto fatto***, aussitôt dit, aussitôt fait | ***ecco fatto***, ça y est, c'est fait | ***fai tu***, (*decidi*) décide toi-même; (*occupatene*) occupe-t'en toi-même; (*sbrigatela*) débrouille-toi (tout seul) | ***farcela***, y arriver, réussir: *ce la farai da solo?*, tu t'en sortiras tout seul?; *ce l'ha fatta*, il a réussi; *non ce la faccio più*, je n'en peux plus | ***faresti meglio a***, tu ferais mieux de | ***farla a qlcu***, (*fam.*) rouler (*o* avoir) qqn: *a me non la si fa!*, je ne marche pas, moi!; *non riuscirai a fargliela*, tu ne réussiras pas à l'avoir | ***farsela addosso, sotto, nei calzoni***, (*anche fig.*) faire dans sa culotte | ***farsela con qlcu***, (*frequentare*) fréquenter, (*avere una relazione*) flirter: *se la fa con cattive compagnie*, il a des mauvaises fréquentations | ***farsi avanti***, s'avancer, (*fig.*) se mettre en avant | ***farsi da sé***, se faire tout seul | ***farsi in quattro***, se mettre en quatre | ***farsi qlcu***, (*volg.*) (*sessualmente*) se taper qqn | ***farsi valere***, se mettre en valeur | ***fate pure!, faccia pure!***, (*di cortesia*) je vous en prie! | ***il saper fare***, le savoir-faire | ***niente da fare***, rien à faire | ***non fa niente, nulla***, ça ne fait rien: *non può farci nulla*, il ne peut rien y faire | ***non so che farne***, je ne sais pas quoi en faire | ***saperci fare***, savoir s'y prendre | ***tutto fa***, tout peut être utile.

> **NOTA** Il participio passato di ***fare*** si traduce ***fait*** che:
> - si accorda con il complemento oggetto che precede:
>   *Quanti errori hai fatto?*
>   Combien de fautes **as-tu faites**?
>   *Gli sforzi che abbiamo fatto sono stati inutili.*
>   Les efforts **que nous avons faits** ont été inutiles.
> - resta invariato se è seguito da un infinito:
>   *I dieci km che mi hai fatto fare mi hanno sfinito.*
>   Les dix kilomètres **que tu m'as fait faire** m'ont epuisé.

fare[2] ***n.m.*** **1** faire **2** (*modo di fare*) manières (*f.pl.*), façons (*f.pl.*).

● ***sul far del giorno***, à la pointe du jour | ***sul far della notte***, à la tombée de la nuit | (*prov.*) ***tra il dire e il fare c'è di mezzo il mare***, il y a loin de la coupe aux lèvres.

faretra [fa-rè-tra] ***n.f.*** carquois (*m.*).

faretto [fa-rét-to] ***n.m.*** spot.

● ***faretto a pinza***, spot à pince | ***faretto da muro***, spot applique.

farfalla [far-fàl-la] ***n.f.*** (*zool.*) papillon (*m.*).

● ***farfalla notturna***, papillon de nuit | (*abbigl.*) ***cravatta, nodo a farfalla***, (nœud) papillon | (*sport*) ***(nuoto a) farfalla***, brasse papillon | (*mecc.*) ***valvola a farfalla***, papillon.

farfallino [far-fal-lì-no] ***n.m.*** (*abbigl.*) nœud papillon.

farfallone [far-fal-ló-ne] ***n.m.*** **1** gros papillon **2** (*uomo frivolo*) coureur de jupons.

farfugliare [far-fu-glià-re] ***v.tr.*** e ***intr.*** [aus. *avere*] bredouiller.

> **FAUX AMI**
> Da non confondere con *farfouiller*, che significa *frugare*.

farina [fa-rì-na] ***n.f.*** farine.

● ***farina bianca, di frumento***, farine de froment | ***farina bramata***, farine nettoyée | ***farina di riso***, farine de riz | ***farina fioretto, fior di farina***, fleur de farine | ***farina gialla, di granoturco***, farine de maïs | ***farina integrale***, farine de blé complet | ***non è farina del tuo sacco***, (*fig.*) ce n'est pas de ton cru.

farinaceo [fa-ri-nà-ce-o] ***agg.*** farineux*, farinacé ♦ ***n.m.*** farineux, féculent.

farinata [fa-ri-nà-ta] ***n.f.*** (*cuc.*) **1** farinata (spécialité ligure à base de farine de pois chiches) **2** (*farina cotta nell'acqua bollente*) bouillie (de farine).

faringe [fa-rìn-ge] ***n.f.*** (*anat.*) pharynx (*m.*).

faringeo [fa-rin-gè-o] ***agg.*** (*anat.*) pharyngien*.

faringite [fa-rin-gì-te] ***n.f.*** (*med.*) pharyngite.

farinoso [fa-ri-nó-so] ***agg.*** farineux*; (*simile a farina*) poudreux*: *neve farinosa*, neige poudreuse.

fariseo [fa-ri-ʃè-o] ***n.m.*** [f. *-a*] pharisien* (*anche fig.*).

farmaceutica [far-ma-cèu-ti-ca] ***n.f.*** [pl. *-che*] pharmaceutique.

farmaceutico [far-ma-cèu-ti-co] ***agg.*** [pl.m. *-ci*, f. *-che*] pharmaceutique.

farmacia [far-ma-cì-a] ***n.f.*** pharmacie.

farmacista [far-ma-cì-sta] ***n.m.*** e ***f.*** pharmacien/enne.

farmaco [fàr-ma-co] ***n.m.*** [pl. *-ci*] médicament; remède (*anche fig.*).

● ***farmaco generico***, médicament générique | ***farmaco naturale***, médicament naturel.

farmacodipendenza [far-ma-co-di-pen-dèn-za] ***n.f.*** pharmacodépendance.

farmacologia [far-ma-co-lo-gì-a] ***n.f.*** pharmacologie.

farmacologico [far-ma-co-lò-gi-co] ***agg.*** [pl.m. *-ci*, f. *-che*] pharmacologique.

farmacopea [far-ma-co-pè-a] ***n.f.*** pharmacopée.

farneticare [far-ne-ti-cà-re] ***v.intr.*** [coniug. come *mancare*; aus. *avere*] **1** délirer **2** (*fig.*) radoter.

faro [fà-ro] ***n.m.*** **1** (*mar.*) phare **2** (*aut., aer.*) feu*, phare **3** (*fig.*) phare.

● (*aut.*): ***fari abbaglianti, anabbaglianti***, feux de route (*o* grands phares), feux de croisement; ***fari antinebbia***, feux (*o* phares) antibrouillard | ***battello faro***, bateau-phare.

farraginoso [far-ra-gi-nó-so] ***agg.*** confus.

farro [fàr-ro] ***n.m.*** (*bot.*) épeautre.

farsa [fàr-sa] ***n.f.*** farce (*anche fig.*).

farsesco [far-sé-sco] ***agg.*** [pl.m. *-schi*, f. *-sche*] burlesque.

farsetto [far-sét-to] ***n.m.*** pourpoint.

fascetta [fa-scét-ta] ***n.f.*** **1** bande **2** (*busto leggero*) gaine **3** (*mecc.*) collier (*m.*).
● ***fascetta editoriale***, bande (de lancement).

fascia [fà-scia] ***n.f.*** [pl. *-sce*] **1** (*striscia*) bande (*anche fig.*); (*per i capelli*) bandeau* (*m.*) **2** (*sciarpa*) écharpe **3** (*per neonati*) lange (*m.*): *avvolgere in fasce*, langer **4** (*classe sociale*) couche **5** (*geogr.*) bande **6** (*anat.*) fascia (*m.*) **7** (*mecc.*) courroie.
● (*geogr.*) ***fascia costiera***, bande côtière | (*rad., tv*) ***fascia d'ascolto***, période d'écoute | ***fascia d'età***, tranche d'âge | (*calcio*) ***fascia di capitano***, brassard | ***fascia di reddito***, tranche de revenu | ***fascia elastica***, bande élastique | ***fascia oraria***, tranche horaire | ***fascia retributiva***, tranche de salaire | ***fascia tricolore del sindaco***, écharpe tricolore du maire | ***è ancora in fasce***, (*anche fig.*) il est encore dans les langes.

fasciame [fa-scià-me] ***n.m.*** (*mar.*) bordé.

fasciare [fa-scià-re] ***v.tr.*** [coniug. come *cominciare*] bander; (*un neonato*) langer*: *fasciare una ferita*, bander une blessure | *un abito che fascia molto*, une robe moulante ♦ **fasciarsi** ***v.pron.*** s'envelopper, s'enrouler.
● (*prov.*) ***non bisogna fasciarsi il capo prima di rompersele***, il ne faut pas s'affoler avant l'heure.

fasciatoio [fa-scia-tó-io] ***n.m.*** [pl. *-oi*] table (*f.*) à langer.

fasciatura [fa-scia-tù-ra] ***n.f.*** bandage (*m.*); (*le fasce*) langes (*m.pl.*).

fascicolato [fa-sci-co-là-to] ***agg.*** (*tip.*) assemblé.

fascicolatore [fa-sci-co-la-tó-re] ***n.m.*** **fascicolatrice** ***n.f.*** (*tip.*) assembleuse (*f.*).

fascicolo [fa-scì-co-lo] ***n.m.*** **1** fascicule **2** (*libretto*) plaquette (*f.*) **3** (*insieme di carte e documenti*) dossier.

fascina [fa-scì-na] ***n.f.*** fagot (*m.*).

fascino [fà-sci-no] ***n.m.*** charme: *subire il fascino di*, subir le charme de (*o* être sous le charme de).

fascinoso [fa-sci-nó-so] ***agg.*** charmeur*.

fascio [fà-scio] ***n.m.*** [pl. *-sci*] **1** faisceau*: *un fascio luminoso*, un faisceau lumineux **2** (*di fiori, di spighe*) gerbe (*f.*); (*di fieno, di paglia*) botte (*f.*); (*di erba*) brassée (*f.*); (*di lettere, di documenti*) liasse (*f.*).
● (*st.*) ***fascio littorio***, faisceau du licteur | ***mettere in un sol fascio***, (*anche fig.*) rassembler pêle-mêle | (*anat.*) ***un fascio di nervi***, un faisceau de nerfs.

fascismo [fa-scì-ʃmo] ***n.m.*** (*pol.*) fascisme.

fascista [fa-scì-sta] ***agg.*** e ***n.m.*** e ***f.*** (*pol.*) fasciste; (*fam.*) facho.

fase [fà-ʃe] ***n.f.*** **1** phase; (*stadio*) stade (*m.*): *l'ultima fase del progetto*, la dernière phase du projet **2** (*scient.*) phase.
● ***fase operativa***, phase d'exploitation | ***fasi di lavorazione***, cycles de production | (*astr.*) ***fasi lunari***, phases de la lune | ***è in fase di guarigione***, il est en train de se rétablir | ***essere fuori fase***, (*fig. fam.*) ne pas être dans son assiette.

fastello [fa-stèl-lo] ***n.m.*** fagot; (*di paglia*) botte (*f.*); (*di erba*) brassée (*f.*).

fast food [fast'fud] ***n.m.invar.*** fast-food*, prêt-à-manger.

fastidio [fa-stì-dio] ***n.m.*** [pl. *-di*] **1** gêne (*f.*): *il suo fastidio era evidente*, sa gêne était évidente | *è un fastidio per te accompagnarmi?*, cela te dérange (*o* te gêne) de m'accompagner? **2** (*spec. pl.*) (*seccatura*) ennui: *ha avuto dei grossi fastidi con l'automobile*, il a eu un gros ennui avec sa voiture.
● ***dar fastidio***, (*infastidire*) gêner; (*scomodare*) déranger | ***prendersi il fastidio di***, se donner la peine de.

fastidiosamente [fa-sti-dio-sa-mén-te] ***avv.*** de façon ennuyeuse.

fastidioso [fa-sti-dió-so] ***agg.*** fastidieux*, ennuyeux*; (*imbarazzante*) gênant: *lavoro fastidioso*, travail fastidieux; *persona fastidiosa*, personne ennuyeuse; *presenza fastidiosa*, présence gênante.

fastigio [fa-stì-gio] ***n.m.*** [pl. *-gi*] **1** (*arch.*) faîte **2** (*fig. letter.*) (*culmine*) faîte.

fasto[1] [fà-sto] ***n.m.*** faste.

fasto[2] ***agg.***
● (*st. romana*) ***giorni fasti***, jours fastes.

fastosamente [fa-sto-sa-mén-te] ***avv.*** fastueusement.

fastosità [fa-sto-si-tà] ***n.f.invar.*** faste (*m.*).

fastoso [fa-stó-so] ***agg.*** fastueux*.

fasullo [fa-ʃùl-lo] ***agg.*** **1** (*falso*) faux* **2** (*incapace*) incapable; (*inefficace*) inefficace: *un rimedio fasullo*, un remède inefficace **3** (*ambiguo, strano*) drôle.

fata [fà-ta] ***n.f.*** fée (*anche fig.*).
● ***fata morgana***, mirage | ***avere mani di fata***, (*fig.*) avoir des doigts de fée.

fatale [fa-tà-le] ***agg.*** fatal*: *essere fatale a qlcu, qlco*, être fatal à (*o* pour) qqn, qqch.

fatalismo [fa-ta-lì-ʃmo] ***n.m.*** fatalisme.

fatalista [fa-ta-lì-sta] ***n.m.*** e ***f.*** fataliste.

fatalità [fa-ta-li-tà] ***n.f.invar.*** fatalité.
● ***per fatalità***, par fatalité.

fatalmente [fa-tal-mén-te] ***avv.*** fatalement.

fatato [fa-tà-to] ***agg.*** enchanté; (*magico*) magique.

fate → **fare**[1].

fatica [fa-tì-ca] ***n.f.*** [pl. *-che*] **1** fatigue; (*difficoltà*) peine: *sopportare la fatica*, supporter la fatigue; *non è una gran fatica!*, ce n'est pas si fatigant que ça!; *è stata una bella fatica!*, ça n'a pas été une partie de plaisir! **2** (*lavoro*) travail* (*m.*).
● ***fatica muscolare, mentale***, fatigue musculaire, intellectuelle | ***a fatica***, à grand-peine: *lo convinsi a fatica*, je l'ai convaincu à grand-peine; *il ferito respirava a fatica*, le blessé respirait avec difficulté | ***abito di fatica***, vêtement de travail | ***ammazzarsi di fatica***, s'éreinter | ***è tutta fatica inutile!***, c'est peine perdue! | ***far fatica a***, avoir de la peine à: *faccio fatica a capire*, j'ai du mal à comprendre | (*mit.*) ***le fatiche di Ercole***, les travaux d'Ercule | ***mi costa fatica farlo***, il m'en coûte de le faire | ***uomo di fatica***, homme de peine.

faticare [fa-ti-cà-re] ***v.intr.*** [coniug. come *mancare*; aus. *avere*] **1** peiner **2** (*fig.*) avoir* de la peine, avoir* du mal: *fatico a capire quel che vuol dire*, j'ai de la peine (*o* j'ai du mal) à comprendre ce qu'il veut dire.

faticata [fa-ti-cà-ta] ***n.f.*** corvée.

faticosamente [fa-ti-co-sa-mén-te] ***avv.*** péniblement, avec peine.

faticoso [fa-ti-có-so] ***agg.*** fatigant, pénible.

fatidico [fa-tì-di-co] ***agg.*** [pl.m. *-ci*, f. *-che*] fatidique.

fatiscente [fa-ti-scèn-te] ***agg.*** délabré.

fato [fà-to] ***n.m.*** destin; (*caso*) sort: *il fato volle che*, le sort a voulu que.

fatta [fàt-ta] ***n.f.*** acabit (*m.*), espèce: *gente di ogni fatta*, des gens de tout acabit (*o* de toute espèce).

fattaccio [fat-tàc-cio] ***n.m.*** [pl. *-ci*] sale affaire (*f.*); (*de-*

F

litto) crime: *e poi è capitato il fattaccio*, et puis il y a eu cette sale affaire.
● ***un fattaccio di cronaca***, un grave fait divers.

fattezze [fat-téz-ze] ***n.f.pl.*** traits (*m.*).

fattibile [fat-tì-bi-le] ***agg.*** faisable.

fattispecie [fat-ti-spè-cie] ***n.f.invar.*** (*dir.*) espèce, cas (*m.*) d'espèce.
● ***nella fattispecie***, en l'espèce.

fattivo [fat-tì-vo] ***agg.*** actif*; (*efficace*) efficace.

fatto[1] [fàt-to] *p.p.* di **fare**[1] ♦ ***agg.*** **1** fait: *tratto fatto a matita*, trait au crayon **2** (*maturo*) fait: *è una donna fatta ormai*, c'est une femme à présent; *frutta fatta*, fruits mûrs **3** (*adatto*) fait: *non è fatto per me*, ce n'est pas fait pour moi **4** (*gergo*) (*drogato*) défoncé, éclaté.
● ***fatto a mano***, fait à la main | ***abito fatto***, prêt-à-porter | ***a conti fatti***, tout compte fait | ***a cose fatte***, après coup | ***a giorno fatto***, en plein jour: *era giorno fatto*, il faisait grand jour | ***bell'e fatto***, tout prêt | ***dolce fatto in casa***, gâteau maison | ***frasi fatte***, phrases toutes faites | ***pane fatto in casa***, pain de ménage | ***se ti vien fatto di incontrarlo***, s'il t'arrive de le rencontrer.

fatto[2] ***n.m.*** **1** fait: *c'è un fatto nuovo*, il y a du nouveau; *il fatto si svolge in...*, l'action se déroule en... **2** (*affare*) affaire (*f.*): *sono fatti miei*, (*fam.*) ça, c'est mon affaire; *il fatto sta in questi termini*, l'affaire se résume en ces termes | *me ne andavo per i fatti miei*, je marchais tranquillement | *non per sapere i fatti tuoi*, je ne voudrais pas me mêler de tes affaires.
● ***fatto sta che***, toujours est-il que | ***fatti di sangue***, histoires de meurtres | ***alla prova dei fatti è risultato che...***, les faits ont démontré que... | ***di fatto***, (*in realtà*) en fait: *di fatto non è così*, en fait, ce n'est pas comme ça | ***dire a qlcu il fatto suo***, dire ses quatre vérités à qqn | ***esigere delle prove di fatto***, exiger des preuves tangibles | ***è un fatto!***, c'est incontestable! | ***è un fatto di educazione***, c'est une question de politesse | ***in fatto di***, en fait de: *in fatto di cattiveria non lo batte nessuno*, il ne le cède à personne en (fait de) méchanceté | ***quello è il fatto***, la question est là | ***sa il fatto suo***, il connaît son affaire, il s'y connaît | ***un fatto di costume***, un trait de mœurs | ***un fatto di cronaca***, un fait divers | ***un fatto personale***, une affaire, une raison personnelle: *ne fanno un fatto personale*, ils en font une affaire personnelle; *avere un fatto personale con qlcu*, avoir une raison personnelle d'en vouloir à qqn | ***un grave fatto di sangue***, un crime | ***venire ai fatti***, en venir au fait.

fattore[1] [fat-tó-re] ***n.m.*** [f. *-essa* o *-a*] (*di azienda agricola*) fermier*.

fattore[2] ***n.m.*** **1** facteur: *il fattore ambientale*, le facteur environnement **2** (*mat.*) facteur.
● (*econ.*): ***fattore costi***, facteurs coûts; ***fattori di produzione***, facteurs de la production.

fattoria [fat-to-rì-a] ***n.f.*** ferme.

fattoriale [fat-to-rià-le] ***agg.*** factoriel* ♦ ***n.m.*** (*mat.*) factoriel.

fattorino [fat-to-rì-no] ***n.m.*** [f. *-a*] coursier*, garçon de courses; (*d'albergo*) chasseur.

fattrice [fat-trì-ce] ***n.f.*** (*giumenta*) poulinière; (*mucca*) vache reproductrice.

fattuale [fat-tuà-le] ***agg.*** factuel*.

fattucchiera [fat-tuc-chiè-ra] ***n.f.*** sorcière.

fattura [fat-tù-ra] ***n.f.*** **1** facture; (*di abiti*) façon: *un vestito di ottima fattura*, une robe de bonne façon (*o* très bien coupée) **2** (*comm.*) facture: *saldare una fattura*, acquitter une facture; *emettere una fattura*, établir une facture **3** (*maleficio*) maléfice (*m.*), sort (*m.*): *fare una fattura*, jeter un sort.

fatturare [fat-tu-rà-re] ***v.tr.*** **1** (*adulterare*) falsifier, frelater **2** (*comm.*) facturer.

fatturato [fat-tu-rà-to] ***n.m.*** (*econ.*) chiffre d'affaires.

fatturazione [fat-tu-ra-zió-ne] ***n.f.*** (*comm.*) facturation.

fatturista [fat-tu-rì-sta] ***n.m.*** e ***f.*** (*comm.*) facturier*.

fatuità [fa-tui-tà] ***n.f.invar.*** fatuité.

fatuo [fà-tuo] ***agg.*** fat.
● ***fuoco fatuo***, feu follet.

fauci [fàu-ci] ***n.f.pl.*** gueule (*sing.*).
● ***cadere nelle fauci di qlcu***, (*fig.*) tomber sous la griffe de qqn.

fauna [fàu-na] ***n.f.*** faune.

fauno [fàu-no] ***n.m.*** (*mit.*) faune.

fausto [fàu-sto] ***agg.*** faste, heureux*: *giorno fausto*, jour heureux (*o* faste).

fautore [fau-tó-re] ***n.m.*** [f. *-trice*] partisan.

fauvismo [fo'vizmo] ***n.m.*** (*st. arte*) fauvisme.

fava [fà-va] ***n.f.*** (*bot.*) fève.
● ***prendere due piccioni con una fava***, (*fig.*) faire d'une pierre deux coups.

favela [fa-vè-la] ***n.f.*** (*in Brasile*) favelle | *abitante di una favela*, favelliste.

favella [fa-vèl-la] ***n.f.*** parole: *ha perso l'uso della favella*, il a perdu l'usage de la parole.

favilla [fa-vìl-la] ***n.f.*** étincelle.

favo [fà-vo] ***n.m.*** **1** rayon de miel, gaufre (*f.*) **2** (*med.*) favus.

favola [fà-vo-la] ***n.f.*** **1** conte (*m.*) (de fées); (*storia*) histoire; (*nella tradizione classica e quando illustri un precetto*) fable: *un libro di favole*, un livre de contes (de fées); *le favole di La Fontaine*, les fables de La Fontaine **2** (*fandonia*) histoire, blague: *non raccontar favole*, ne raconte pas d'histoires.
● ***la favola del paese***, (*fig.*) la fable du village | ***la morale della favola è che***, (*fig.*) la morale de l'histoire, c'est que.

favoleggiare [fa-vo-leg-già-re] ***v.intr.*** [coniug. come *mangiare*; aus. *avere*] raconter.

favolistica [fa-vo-lì-sti-ca] ***n.f.*** [pl. *-che*] contes (*m.pl.*); (*nella tradizione classica*) fables (*pl.*).

favoloso [fa-vo-ló-so] ***agg.*** fabuleux*: *un racconto favoloso*, un récit fabuleux; *una serata favolosa*, (*fam.*) une soirée formidable.

favore [fa-vó-re] ***n.m.*** **1** faveur (*f.*): *perdere il favore della critica*, perdre la faveur de la critique **2** (*piacere*) service: *posso chiederti un favore?*, est-ce que je peux te demander un service?; *avrei un favore da chiederti*, j'ai un (petit) service à te demander.
● ***a, in favore di***, en faveur de; au profit de; pour: *votare a favore di*, voter pour; *versamento, spettacolo a favore di*, versement, spectacle au profit de; (*dir.*) *testimone a favore*, témoin à décharge | (*comm.*) ***cambiali di favore***, effets de complaisance | ***condizioni di favore***, des conditions de faveur | ***con il favore della notte***, à la faveur de la nuit | (*mar.*) ***con il vento a favore***, le vent en poupe | ***di favore***, de faveur: *prezzi di favore*, prix de faveur | ***fammi il favore di tacere!***, fais-mois le plaisir de te taire! | ***godere il favore di qlcu***, être en faveur auprès de qqn | ***incontrare il favore di***, jouir de la faveur de | ***ma fammi il favore!***, (*fam.*) ça alors! | ***per favore***, s'il vous plaît, s'il te plaît: *ve lo chiedo per favore*, je vous le demande comme un service.

favoreggiamento [fa-vo-reg-gia-mén-to] *n.m.* (*dir.*) complicité (*f.*).
● ***favoreggiamento della prostituzione***, incitation à la prostitution.

favoreggiatore [fa-vo-reg-gia-tó-re] *n.m.* [f. *-trice*] (*dir.*) complice.

favorevole [fa-vo-ré-vo-le] *agg.* favorable.

favorevolmente [fa-vo-re-vol-mén-te] *avv.* favorablement.

favorire [fa-vo-rì-re] *v.tr.* [coniug. come *finire*] **1** favoriser; (*sostenere*) soutenir*: *favorire lo sviluppo dell'industria*, favoriser le développement de l'industrie; *favorire la digestione*, aider à la digestion **2** (*nelle formule di cortesia*): *vuole favorire?*, (*per offrire qlco*) je vous en prie, servez-vous!; *favorisca alla cassa*, passez à la caisse, s'il vous plaît; *favorisca i documenti, per favore*, vos papiers, s'il vous plaît; *vorreste favorirci di una vostra visita?*, nous feriez-vous l'honneur d'une visite?

favorita [fa-vo-rì-ta] *n.f.* favorite.

favoriti [fa-vo-rì-ti] *n.m.pl.* (*fedine*) favoris.

favoritismo [fa-vo-ri-tì-ʃmo] *n.m.* favoritisme.

favorito [fa-vo-rì-to] *agg.* favori*; (*preferito*) préféré ♦ *n.m.* favori.

fax *n.m.invar.* **1** (*apparecchio*) télécopieur **2** (*documento trasmesso*) fax, télécopie (*f.*): *fare un fax*, faxer; *trasmettere con un fax*, télécopier.

faxare [fa-xà-re] *v.tr.* faxer.

fazione [fa-zió-ne] *n.f.* faction.

faziosità [fa-zio-si-tà] *n.f.invar.* partialité; attitude factieuse.

fazioso [fa-zió-so] *agg.* e *n.m.* [f. *-a*] factieux*.

fazzoletto [faz-zo-lét-to] *n.m.* mouchoir; (*da taschino*) pochette (*f.*); (*da collo, da testa*) foulard.
● ***fare un nodo al fazzoletto***, (*fig.*) faire un nœud à son mouchoir | ***un fazzoletto di terra***, (*fig.*) un bout de terrain.

febbraio [feb-brà-io] *n.m.* [pl. *-ai*] février.

febbre [fèb-bre] *n.f.* **1** fièvre: *avere la febbre*, avoir de la fièvre; *quanta febbre hai?*, quelle température as-tu?; *misurarsi la febbre*, prendre sa température; *ha la febbre a 40*, il a 40 de fièvre; *ha qualche linea di febbre*, il a un peu de température **2** (*fig.*) fièvre: *febbre di conquista*, fièvre de conquête.
● ***febbre da fieno***, rhume des foins | ***febbre gialla***, fièvre jaune | ***avere una febbre sul labbro***, (*fam.*) avoir un bouton de fièvre sur la lèvre | ***una febbre da cavallo***, une fièvre de cheval.

febbricitante [feb-bri-ci-tàn-te] *agg.* fiévreux*, fébrile.

febbrile [feb-brì-le] *agg.* **1** (*med.*) fiévreux*, fébrile **2** (*fig.*) fébrile, fiévreux*: *attività febbrile*, activité fiévreuse; *attesa febbrile*, attente fébrile.

febbrilmente [feb-bril-mén-te] *avv.* fiévreusement, fébrilement.

fecale [fe-cà-le] *agg.* fécal*.

feccia [fèc-cia] *n.f.* [pl. *-ce*] **1** (*del vino*) lie **2** (*fig.*) (*la parte peggiore*) lie: *la feccia della città*, la racaille de la ville.

feci[1] [fè-ci] *n.f.pl.* selles, fèces.

feci[2] → **fare**[1].

fecola [fè-co-la] *n.f.* fécule.
● ***fecola di patate***, fécule de pomme de terre.

fecondabile [fe-con-dà-bi-le] *agg.* fécondable.

fecondare [fe-con-dà-re] *v.tr.* féconder (*anche fig.*).

fecondativo [fe-con-da-tì-vo] *agg.* fécondant.

fecondatore [fe-con-da-tó-re] *agg.* e *n.m.* [f. *-trice*] fécondateur*.

fecondazione [fe-con-da-zió-ne] *n.f.* fécondation.
● ***fecondazione artificiale***, fécondation artificielle | ***fecondazione assistita***, procréation assistée | ***fecondazione eterologa***, procréation avec tiers donneur, donneur externe | ***fecondazione in vitro***, fécondation in vitro.

fecondità [fe-con-di-tà] *n.f.invar.* fécondité.

fecondo [fe-cón-do] *agg.* fécond (*anche fig.*).

fedain [fe-da-ìn] **fedayn** *n.m.invar.* fedayin.

fede [fé-de] *n.f.* **1** foi: *una persona degna di fede*, une personne digne de foi **2** (*relig.*) foi: *i conforti della fede*, les secours de la religion **3** (*fiducia*) confiance: *abbi fede*, aie confiance **4** (*fedeltà*) fidélité **5** (*anello nuziale*) alliance: *portare la fede al dito*, avoir la bague au doigt **6** (*certificato*) extrait (*m.*), acte (*m.*).
● ***far fede***, faire foi | ***in buona, mala fede***, de bonne, de mauvaise foi | ***in fede***, sur ma foi | ***in fede mia***, ma foi | ***prestar fede***, ajouter foi | ***tener fede a***, demeurer fidèle à | ***tener fede alla parola data***, tenir sa parole | ***uomo di fede***, homme de foi.

fedecommesso [fe-de-com-més-so] *n.m.* (*dir.*) fidéicommis.

fedele [fe-dé-le] *agg.* e *n.m.* e *f.* fidèle: *essere fedeli a se stessi*, rester fidèle à soi-même; *un cliente fedele*, un client fidèle.

fedelmente [fe-del-mén-te] *avv.* fidèlement.

fedeltà [fe-del-tà] *n.f.invar.* fidélité: *raccontare con fedeltà*, raconter fidèlement.
● ***fedeltà coniugale***, fidélité conjugale | ***ad alta fedeltà***, de haute fidélité, hi-fi.

federa [fè-de-ra] *n.f.* taie (d'oreiller).

federale [fe-de-rà-le] *agg.* fédéral*.

federalismo [fe-de-ra-lì-ʃmo] *n.m.* fédéralisme.

federalista [fe-de-ra-lì-sta] *agg.* e *n.m.* e *f.* fédéraliste.

federare [fe-de-rà-re] *v.tr.* fédérer* ♦ **federarsi** *v.pron.* e *pron.rec.* se fédérer*.

federativo [fe-de-ra-tì-vo] *agg.* fédératif*.

federato [fe-de-rà-to] *agg.* fédéré.

federazione [fe-de-ra-zió-ne] *n.f.* fédération.

fedifrago [fe-dì-fra-go] *agg.* [pl.m. *-ghi*, f. *-ghe*] traître, parjure.

fedina [fe-dì-na] *n.f.*
● ***fedina penale***, extrait du casier judiciaire: *avere la fedina sporca, pulita*, avoir un casier judiciaire chargé, vierge.

fedine [fe-dì-ne] *n.f.pl.* (*basette*) favoris (*m.*).

feed-back [fid'bɛk] *n.m.invar.* feed-back.

feeling ['filiŋg] *n.m.invar.* **1** (*modi di sentire le situazioni*) feeling **2** (*intesa*) entente (*f.*): *c'è un certo feeling tra noi due*, nous avons des atomes crochus.

fegatelli [fe-ga-tèl-li] *n.m.pl.* (*cuc.*) morceaux de foie de porc entourés de crépine et cuits à la casserole ou sur le gril.

fegatini [fe-ga-tì-ni] *n.m.pl.* (*cuc.*) foies de volaille.

fegato [fé-ga-to] *n.m.* **1** foie: *soffrire di fegato*, souffrir du foie **2** (*fig.*) (*audacia, coraggio*) cran.
● ***ci vuole del fegato***, (*fig.*) il ne faut pas avoir froid aux yeux | ***farsi venire il mal di fegato***, (*fig.*) se faire de la bile | (*cuc.*) (***pâté di***) ***fegato d'oca***, foie gras.

felce [fél-ce] *n.f.* (*bot.*) fougère.

F

feldspato [feld-spà-to] ***n.m.*** (*min.*) feldspath.

felice [fe-lì-ce] ***agg.*** heureux*: *giorni felici*, les jours heureux; *fare felice qlcu*, rendre heureux qqn; *una frase non molto felice*, (*estens.*) une expression malheureuse | *sono felice di fare la sua conoscenza*, je suis très heureux (*o* je suis enchanté) de faire votre connaissance.
● ***felice anno nuovo!***, bonne et heureuse année | ***felicissimo!***, (*nelle presentazioni*) enchanté!

felicemente [fe-li-ce-mén-te] ***avv.*** heureusement; (*senza inconvenienti*) sans incidents; (*con successo*) avec succès.

felicità [fe-li-ci-tà] ***n.f.invar.*** bonheur (*m.*): *fare la felicità di qlcu*, faire le bonheur de qqn; *ti auguro ogni felicità*, je te souhaite tout le bonheur du monde.

felicitarsi [fe-li-ci-tàr-si] ***v.pron.*** féliciter (qqn), se féliciter: *felicitarsi con qlcu per qlco*, féliciter qqn de qqch.

felicitazioni [fe-li-ci-ta-zió-ni] ***n.f.pl.*** félicitations.

felino [fe-lì-no] ***agg.*** e ***n.m.*** félin.

fellatio [fel'lattsjo] ***n.f.*** fellation.

fellone [fel-ló-ne] ***agg.*** e ***n.m.*** [f. *-a*] (*letter.*) félon.

felpa [fél-pa] ***n.f.*** **1** (*tessuto*) molleton (*m.*), coton (*m.*) molletonné **2** (*indumento*) sweat-shirt (*m.*).

felpato [fel-pà-to] ***agg.*** **1** molletonné: *guanti felpati*, gants molletonnés **2** (*fig.*) (*silenzioso*) feutré.
● ***a passi felpati***, (*fig.*) à pas feutrés.

feltrato [fel-trà-to] ***agg.*** feutré.

feltro [fél-tro] ***n.m.*** feutre.

feluca [fe-lù-ca] ***n.f.*** [pl. *-che*] **1** (*cappello*) bicorne (*m.*) **2** (*mar.*) (*veliero*) felouque.

femmina [fém-mi-na] ***n.f.*** **1** (*persona di sesso f.*) fille; (*spreg.*) femelle: *ha tre figli, un maschio e due femmine*, il a trois enfants, un garçon et deux filles **2** (*di animali*) femelle **3** (*tecn.*) femelle: *la femmina della vite*, la vis femelle ♦ ***agg.*** femelle.
● ***chiave femmina***, clef en tube | ***vite femmina***, vis femelle.

femmineo [fem-mì-ne-o] ***agg.*** **1** féminin **2** (*effeminato*) efféminé.

femminile [fem-mi-nì-le] ***agg.*** féminin: *la condizione femminile*, la condition féminine (*o* de la femme); *abito femminile*, vêtement de femme; *è molto femminile*, elle est très féminine ♦ ***n.m.*** (*gramm.*) féminin.
● ***scuola femminile***, école de filles.

femminilità [fem-mi-ni-li-tà] ***n.f.invar.*** féminité.

femminilizzazione [fem-mi-ni-liʒ-ʒa-zió-ne] ***n.f.*** (*med.*) féminisation.

femminino [fem-mi-nì-no] ***agg.*** e ***n.m.*** (*letter.*) féminin.

femminismo [fem-mi-nì-ʃmo] ***n.m.*** féminisme.

femminista [fem-mi-nì-sta] ***agg.*** e ***n.m.*** e ***f.*** féministe.

femminuccia [fem-mi-nùc-cia] ***n.f.*** [pl. *-ce*] **1** petite fille **2** (*spreg.*) femmelette.

femorale [fe-mo-rà-le] ***agg.*** (*anat.*) fémoral*.

femore [fè-mo-re] ***n.m.*** (*anat.*) fémur.

fendente [fen-dèn-te] ***n.m.*** (*sport*) fendant.

fendere [fèn-de-re] ***v.tr.*** fendre* (*anche fig.*) ♦ **fendersi** ***v.pron.intr.*** se fendre*.

fendinebbia [fen-di-néb-bia] ***agg.*** antibrouillard ♦ ***n.m.invar.*** phare antibrouillard.

fenditura [fen-di-tù-ra] ***n.f.*** fissure; (*in un muro*) lézarde.

fenice [fe-nì-ce] ***n.f.*** phénix (*m.*).
● ***araba fenice***, (*fig.*) oiseau rare.

fenicio [fe-nì-cio] ***agg.*** [pl.m. *-ci*, f. *-cie* o *-ce*] phénicien* ♦ ***n.m.*** **1** (*lingua*) phénicien **2** [f. *-a*] (*abitante*) Phénicien*.

fenico [fè-ni-co] ***agg.*** [pl.m. *-ci*, f. *-che*] (*chim.*) phénique.

fenicottero [fe-ni-còt-te-ro] ***n.m.*** (*zool.*) flamant, phénicoptère.

fenolo [fe-nò-lo] ***n.m.*** (*chim.*) phénol.

fenomenale [fe-no-me-nà-le] ***agg.*** phénoménal*.

fenomeno [fe-nò-me-no] ***n.m.*** phénomène.
● ***sei un fenomeno!***, (*fam.*) (*molto bravo*) tu es génial!; (*simpatico*) tu es un sacré numéro!

fenomenologia [fe-no-me-no-lo-gì-a] ***n.f.*** (*fil.*) phénoménologie.

ferace [fe-rà-ce] ***agg.*** (*letter.*) fertile (*anche fig.*).

ferale [fe-rà-le] ***agg.*** (*letter.*) funeste.

feretro [fè-re-tro] ***n.m.*** cercueil.

feriale [fe-rià-le] ***agg.*** **1** ouvrable: *giorno feriale*, jour ouvrable; *orario feriale*, horaire des jours ouvrables; *tariffa feriale*, tarif ordinaire **2** (*eccl.*) férial*.

> **FAUX AMI**
> Nel senso di *giorno non festivo*, non è da confondere con *férial* che ha senso solo liturgico, né con *férié* che significa *festivo*.

ferie [fè-rie] ***n.f.pl.*** vacances: *prendersi le ferie*, prendre ses vacances.
● ***ferie estive***, grandes vacances | ***ferie retribuite***, ***pagate***, congés payés | ***al rientro dalle ferie***, à la rentrée | ***in ferie***, en vacances (*o* en congé).

ferimento [fe-ri-mén-to] ***n.m.*** blessure (*f.*): *la rissa si è conclusa con, ha provocato il ferimento di due persone*, la rixe a fait deux blessés.

ferino [fe-rì-no] ***agg.*** **1** (*di fiera*) sauvage **2** (*fig.*) féroce, cruel*.

ferire [fe-rì-re] ***v.tr.*** [coniug. come *finire*] blesser (*anche fig.*): *ferire con una fucilata*, blesser d'un coup de fusil; *tra i soldati ci furono venti feriti*, parmi les soldats il y en eut vingt de blessés; *ferire i sentimenti di qlcu*, (*fig.*) blesser les sentiments de qqn ♦ **ferirsi** ***v.pron.*** e ***pron.intr.*** se blesser.
● ***senza colpo ferire***, sans coup férir.

ferita [fe-rì-ta] ***n.f.*** blessure (*anche fig.*): *ha riportato una ferita alla testa*, il a été blessé à la tête.
● ***ferita d'arma da fuoco***, blessure par balle | ***ferita da taglio***, estafilade | ***riaprire una vecchia ferita***, (*fig.*) rouvrir une vieille blessure.

ferito [fe-rì-to] ***agg.*** e ***n.m.*** [f. *-a*] blessé.

feritoia [fe-ri-tó-ia] ***n.f.*** **1** (*mil.*) (*di fortificazioni*) meurtrière; (*nel carro armato*) fente de tir, de visée **2** (*stretta apertura*) fente.

feritore [fe-ri-tó-re] ***n.m.*** [f. *-trice*] (*aggressore*) agresseur.

ferma [fér-ma] ***n.f.*** **1** service (*m.*) (militaire) **2** (*caccia*) arrêt (*m.*).
● ***cane da ferma***, chien couchant | ***cane in ferma***, chien à l'arrêt | ***rinnovare la ferma***, (se) rengager.

> **FAUX AMI**
> Da non confondere con *ferme*, che significa *fattoria*.

fermacarte [fer-ma-càr-te] ***n.m.invar.*** presse-papiers*.

fermacravatta [fer-ma-cra-vàt-ta] ***n.m.*** [pl. *invar* o *-e*] **fermacravatte** ***n.m.invar.*** pince (*f.*) à cravate; (*a spillo*) épingle (*f.*) de cravate.

fermaglio [fer-mà-glio] ***n.m.*** [pl. *-gli*] **1** (*spilla*) broche (*f.*); (*per capelli*) barrette (*f.*); (*di cintura*) boucle (*f.*); (*di gioiello*) fermoir **2** (*per fogli*) agrafe (*f.*).

fermamente [fer-ma-mén-te] ***avv.*** fermement.

fermapiedi [fer-ma-piè-di] ***n.m.invar.*** (*di bicicletta*) cale-pied*.

fermare [fer-mà-re] ***v.tr.*** **1** (*arrestare*) arrêter (*anche fig.*); (*bloccare*) bloquer: *fermare il traffico*, arrêter la circulation; *fermare la crescita dell'inflazione*, (*fig.*) arrêter l'augmentation de l'inflation **2** (*fissare*) fixer (*anche fig.*): *fermare un bottone*, recoudre un bouton; *fermare l'attenzione su qlco*, (*fig.*) fixer son attention sur qqch **3** (*dir.*) (*mettere in stato di fermo*) arrêter **4** (*fig.*) (*prenotare*) réserver ♦ ***v.intr.*** [aus. *avere*] s'arrêter, desservir*: *il treno ferma a tutte le stazioni*, le train s'arrête à, dessert toutes les gares ♦ **fermarsi** ***v.pron.*** e ***pron.intr.*** **1** s'arrêter: *fermarsi a parlare con qlcu*, s'arrêter pour parler avec qqn **2** (*trattenersi*) rester: *quanto ti fermerai a Parigi?*, combien de temps resteras-tu à Paris?; *si fermi da noi questa notte*, restez che nous ce soir.
● (*comm.*) ***fermare un assegno***, faire opposition à un chèque.

FAUX AMI
Da non confondere con *fermer*, che significa *chiudere*.

fermata [fer-mà-ta] ***n.f.*** arrêt (*m.*).
● ***fermata a richiesta***, arrêt facultatif | ***fermata d'autobus***, arrêt de bus.

fermentare [fer-men-tà-re] ***v.intr.*** [aus. *avere*] fermenter (*anche fig.*).

fermentazione [fer-men-ta-zió-ne] ***n.f.*** fermentation.

fermento [fer-mén-to] ***n.m.*** **1** (*biochim.*) ferment; (*del pane*) levain **2** (*fig.*) fermentation (*f.*); (*agitazione*) agitation (*f.*).
● (*biochim.*) ***fermenti lattici***, ferments lactiques | ***fermenti religiosi***, ferments religieux | ***in fermento***, (*fig.*) en effervescence.

fermezza [fer-méz-za] ***n.f.*** fermeté.
● ***agire con fermezza***, agir avec fermeté.

fermo [fér-mo] ***agg.*** **1** (*che si è fermato*) arrêté; (*immobile*) immobile: *l'orologio è fermo*, la montre est arrêtée; *il treno è fermo in stazione*, le train est (arrêté) en gare; *la situazione è ferma*, la situation est stable **2** (*fig.*) (*tenace, risoluto*) ferme: *parlava con voce ferma, con tono fermo*, il parlait d'une voix ferme, d'un ton ferme **3** (*stabilito*) convenu, entendu; (*certo*) certain **4** (*econ.*) ferme ♦ ***n.m.*** **1** (*chiusura*) fermeture (*f.*); (*arresto*) arrêt: *fermo automatico della lavatrice*, arrêt automatique de la machine à laver **2** (*dir.*) (*arresto*) arrestation (*f.*): *operare un fermo*, procéder à une arrestation.
● ***fermo di polizia***, arrestation de police judiciaire | ***fermo di pubblica sicurezza***, garde à vue | ***fermo giudiziario***, contrôle judiciaire | ***fermo restando che***, étant bien entendu que | ***fermi tutti!***, que personne ne bouge! | ***a piè fermo***, de pied ferme | ***avere la mano ferma***, (*anche fig.*) avoir la main ferme | (*comm.*) ***mettere il fermo su un assegno***, bloquer un chèque | ***mettere qlcu in stato di fermo***, appréhender qqn | ***punto fermo***, (*segno di interpunzione*) point final | ***resta fermo che***, il est convenu, entendu que | (*sport*) ***salto da fermo***, saut sans élan | ***stare fermo***, rester immobile, ne pas bouger; (*stare tranquillo*) rester tranquille: *sta' fermo!*, reste tranquille!; *sta' fermo con i piedi!*, arrête avec tes pieds!; (*sta'*) *fermo con le mani!*, tiens tes mains tranquilles; *non sta fermo un minuto*, il ne tient pas en place | ***tenere qlco per fermo***, tenir qqch pour certain | ***tenetelo fermo!***, tenez-le bien! | (*Borsa*) ***vendere a fermo***, vendre à terme ferme.

fermoimmagine [fer-mo-im-mà-gi-ne] ***n.m.invar.*** arrêt sur image.

fermoposta [fer-mo-pò-sta] ***avv.*** e ***n.m.invar.*** poste (*f.*) restante.

feroce [fe-ró-ce] ***agg.*** féroce (*anche fig.*); (*crudele*) cruel*: *una bestia feroce*, une bête féroce; *una feroce concorrenza*, une concurrence farouche; *un dolore feroce*, (*fam.*) une douleur atroce; *fame feroce*, (*fam.*) faim terrible.

ferocemente [fe-ro-ce-mén-te] ***avv.*** férocement, avec férocité.

ferocia [fe-rò-cia] ***n.f.*** [pl. *-cie* o *-ce*] férocité.

ferodo® [fe-rò-do] ***n.m.*** (*tecn.*) garniture (*f.*) de freins.

ferraglia [fer-rà-glia] ***n.f.*** ferraille.

ferragosto [fer-ra-gó-sto] ***n.m.*** (*giorno*) le quinze août; (*periodo*) mi-août* (*f.*).

ferramenta [fer-ra-mén-ta] ***n.f.pl.*** quincaillerie (*sing.*): *negoziante di ferramenta*, quincaillier.

ferrare [fer-rà-re] ***v.tr.*** ferrer.

ferrarese [fer-ra-ré-se] ***agg.*** ferrarais ♦ ***n.m.*** e ***f.*** (*abitante*) Ferrarais/e.

ferrato [fer-rà-to] ***agg.*** ferré (*anche fig.*): *strada ferrata*, voie ferrée; *è molto ferrato in matematica*, (*fig.*) il est très ferré en maths.
● (*alpinismo*) (***via***) ***ferrata***, via ferrata.

ferreo [fèr-re-o] ***agg.*** de fer (*anche fig.*): *volontà, disciplina ferrea*, volonté, discipline de fer.

ferriera [fer-riè-ra] ***n.f.*** **1** (*metall.*) forge, ferronnerie **2** (*antiq.*) (*miniera di ferro*) mine de fer.

ferro [fèr-ro] ***n.m.*** **1** fer: *una sbarra di ferro*, une barre de fer **2** (*pl.*) instruments; (*utensili*) outils **3** (*pl.*) (*ceppi*) fers.
● ***ferro battuto***, fer forgé | ***ferro da stiro***, fer à repasser | ***ferro di cavallo***, fer à cheval: *mettere i ferri a un cavallo*, ferrer un cheval | (*cuc.*) ***ai ferri***, sur le gril: *carne ai ferri*, grillade | ***battere il ferro finché è caldo***, (*fig.*) battre le fer pendant qu'il est chaud | ***di ferro***, (*fig.*) de fer: *salute di ferro*, santé de fer | ***essere ai ferri corti con qlcu***, (*fig.*) être à couteaux tirés avec qqn | ***i ferri del mestiere***, (*scherz.*) les outils | ***mettere a ferro e fuoco***, mettre à feu et à sang | ***tocca ferro!***, touche du bois!

ferrocemento [fer-ro-ce-mén-to] ***n.m.*** (*edil.*) ferrociment.

ferrolega [fer-ro-lé-ga] ***n.f.*** [pl. *ferroléghe*] (*metall.*) ferro-alliage* (*m.*).

ferromagnetismo [fer-ro-ma-gne-tì-ʃmo] ***n.m.*** (*fis.*) ferromagnétisme.

ferroso [fer-ró-so] ***agg.*** ferreux*.

ferrovecchio [fer-ro-vèc-chio] ***n.m.*** [pl. *ferrivecchi*] **1** ferrailleur **2** (*fig.*) (*di cosa*) ferraille (*f.*); (*di persona*) vieux croûton.

ferrovia [fer-ro-vì-a] ***n.f.*** chemin (*m.*) de fer.
● ***ferrovia a doppio binario***, chemin de fer à voie double | ***Ferrovie dello Stato***, (*in Francia*) Société Nationale des Chemins de fer Français (SNCF).

ferroviario [fer-ro-vià-rio] ***agg.*** [pl.m. *-ri*] de chemin de fer, ferroviaire: *linea ferroviaria*, ligne de chemin de fer (*o* ferroviaire); *orario ferroviario*, indicateur des chemins de fer; *trasporto ferroviario*, transport par chemin de fer.

ferroviere [fer-ro-viè-re] ***n.m.*** [f. *-a*] employé des chemins de fer; (*fam.*) cheminot.

ferruginoso [fer-ru-gi-nó-so] ***agg.*** ferrugineux*.

ferry-boat ['ferribot] *n.m.invar.* ferry-boat*; (*fam.*) ferry.

fertile [fèr-ti-le] *agg.* **1** fertile (en) (*anche fig.*) **2** (*fecondo*) fécond.

fertilità [fer-ti-li-tà] *n.f.invar.* **1** fertilité **2** (*fecondità*) fécondité.

fertilizzante [fer-ti-liʒ-ʒàn-te] *agg.* (*chim.*) fertilisant ♦ *n.m.* (*chim.*) engrais.

fertilizzare [fer-ti-liʒ-ʒà-re] *v.tr.* fertiliser.

fervente [fer-vèn-te] *agg.* fervent.

fervere [fèr-ve-re] *v.intr.* [non usati p.p. e tempi composti] battre* son plein: *fervono i preparativi*, on est en pleins préparatifs; *ferve la campagna elettorale*, la campagne électorale bat son plein.

fervidamente [fer-vi-da-mén-te] *avv.* avec ferveur.

fervido [fèr-vi-do] *agg.* ardent: *une fervida immaginazione*, une imagination ardente (*o* intense).
● ***fervidi auguri***, les souhaits les plus chaleureux.

fervore [fer-vó-re] *n.m.* ferveur (*f.*).
● ***nel fervore di***, dans le feu de.

fervorino [fer-vo-rì-no] *n.m.* sermon.

fesa [fé-ʃa] *n.f.* (*cuc.*) (*carne di vitello*) noix de veau.

fesseria [fes-se-rì-a] *n.f.* (*fam.*) bêtise: *fare, dire fesserie*, faire, dire des bêtises.

fesso[1] [fés-so] *agg.* (*incrinato*) fêlé: *suono fesso*, son fêlé; *voce fessa*, voix fêlée.
● (*bot.*) ***foglia fessa***, feuille sinuée.

fesso[2] *agg.* e *n.m.* [f. *-a*] (*fam.*) crétin, idiot, imbécile: *sei proprio fesso!*, tu es vraiment idiot!; *è un fessacchiotto*, c'est un vrai ballot.
● ***fare fesso qlcu***, rouler qqn.

fessura [fes-sù-ra] *n.f.* fente; (*interstizio*) interstice (*m.*); (*crepa*) fissure: *le fessure della finestra*, les interstices de la fenêtre; *la fessura di un muro*, la fissure d'un mur.

fessurarsi [fes-su-ràr-si] *v.pron.intr.* se fissurer.

festa [fè-sta] *n.f.* **1** (*celebrazione*) fête **2** (*fam.*) (*onomastico*) fête; (*compleanno*) anniversaire (*m.*) **3** (*vacanza*) congé (*m.*): *un giorno di festa*, un jour de congé | *fare festa*, (*dal lavoro, da scuola*) avoir congé **4** (*intrattenimento*) fête: *dare una festa*, donner une fête; *bisogna fare un po' di festa*, il faut faire une petite fête.
● ***festa da ballo***, bal | ***festa danzante***, soirée dansante | ***feste comandate, di precetto***, fêtes d'obligation | ***buone feste!***, bonnes fêtes! | ***città parata a festa***, ville pavoisée (pour une fête) | ***essere sotto le feste***, approcher de la période des fêtes | ***fare festa, le feste a qlcu***, faire fête à qqn: *ha fatto molta festa al mio regalo*, il a beaucoup apprécié mon cadeau; *abbiamo fatto festa alla tua torta!*, on a fait un sort à ton gâteau! | ***fare la festa a qlcu***, (*fam.*) faire son affaire à qqn | ***il vestito della festa***, le costume du dimanche | ***la festa dei lavoratori***, la fête du travail | ***la festa della mamma***, la fêtê des mères | ***la festa del patrono***, la fête patronale | ***la festa di San Giuseppe***, la Saint-Joseph.

> **NOTA** In francese i nomi delle ***feste***, soprattutto religiose, non sempre contengono la parola ***fête***, ma restano tuttavia femminili, perché la sottintendono: *la festa di san Giovanni*, la (fête de) Saint-Jean.

festaiolo [fe-sta-iò-lo] *agg.* qui aime s'amuser: *gente festaiola*, des gens qui aiment s'amuser; *atmosfera festaiola*, atmosphère de fête ♦ *n.m.* [f. *-a*] fêtard, noceur*.

festante [fe-stàn-te] *agg.* joyeux*: *folla, città festante*, foule, ville en liesse.

festeggiamento [fe-steg-gia-mén-to] *n.m.* **1** célébration (*f.*) **2** (*pl.*) réjouissances (*f.*).

festeggiare [fe-steg-già-re] *v.tr.* [coniug. come *mangiare*] fêter.

> **FAUX AMI**
> Da non confondere con *festoyer*, che significa *far baldoria*.

festeggiato [fe-steg-già-to] *agg.* e *n.m.* [f. *-a*] celui qu'on fête: *è il festeggiato*, c'est lui qu'on fête; *congratularsi col festeggiato*, féliciter celui qui est à l'honneur; *brindare al festeggiato*, porter un toast en l'honneur de.

festicciola [fe-stic-ciò-la] *n.f.* petite fête; (*fam.*) boum.

festino [fe-stì-no] *n.m.* festin; (*spreg.*) noce (*f.*).

festival [fè-sti-val *o* festivàl] *n.m.invar.* festival*.
● ***festival del cinema***, festival du cinéma.

festivaliero [fe-sti-va-liè-ro] *agg.* du festival.

festività [fe-sti-vi-tà] *n.f.invar.* fête.
● ***festività pagata***, jour férié chômé et payé.

festivo [fe-stì-vo] *agg.* férié: *giorno festivo*, jour férié; *riposo festivo*, repos hebdomadaire; *orario festivo, tariffa festiva*, tarif des dimanches et jours fériés.

festone [fe-stó-ne] *n.m.* feston.
● ***a festoni***, festonné.

festosamente [fe-sto-sa-mén-te] *avv.* gaiement.

festosità [fe-sto-si-tà] *n.f.invar.* (*allegria*) joie, gaieté; (*cordialità, calore*) cordialité, chaleur.

festoso [fe-stó-so] *agg.* joyeux*; (*caloroso, cordiale*) chaleureux*: *un'accoglienza festosa*, un accueil chaleureux.

fetale [fe-tà-le] *agg.* fœtal*: *posizione fetale*, position du fœtus.

fetente [fe-tèn-te] *agg.* puant, fétide ♦ *n.m.* (*fam.*) salaud.

feticcio [fe-tìc-cio] *n.m.* [pl. *-ci*] fétiche (*anche fig.*).

feticismo [fe-ti-cì-ʃmo] *n.m.* fétichisme (*anche fig.*).

feticista [fe-ti-cì-sta] *agg.* e *n.m.* e *f.* (*anche fig.*) fétichiste.

fetido [fè-ti-do] *agg.* fétide.

feto [fè-to] *n.m.* fœtus.

fetore [fe-tó-re] *n.m.* puanteur (*f.*).

fetta [fét-ta] *n.f.* **1** tranche; (*piccola e rotonda*) rondelle: *tagliare a fette*, couper en tranches; *fetta di pane*, tartine de pain **2** (*estens.*) part: *una bella fetta di eredità*, une belle part d'héritage.
● ***fare a fette***, (*fig.*) mettre en bouillie.

fettuccia [fet-tùc-cia] *n.f.* [pl. *-ce*] (ruban) extra-fort* (*m.*).

fettuccine [fet-tuc-cì-ne] *n.f.pl.* (*cuc.*) nouilles.

feudale [feu-dà-le] *agg.* féodal*.

feudalesimo [feu-da-lé-ʃi-mo] *n.m.* (*st.*) féodalité (*f.*).

feudalità [feu-da-li-tà] *n.f.invar.* féodalisme (*m.*).

feudatario [feu-da-tà-rio] *n.m.* [f. *-a*; pl.m. *-ri*] **1** feudataire **2** (*fig.*) propriétaire terrien.

feudo [fèu-do] *n.m.* (*st.*) fief.

fez [fèz] *n.m.invar.* fez.

fiaba [fià-ba] *n.f.* **1** conte (*m.*) (de fées): *paesaggio di fiaba*, paysage féerique **2** (*fig.*) (*fandonia*) histoire.

fiabesco [fia-bé-sco] *agg.* [pl.m. *-schi*, f. *-sche*] féerique; (*fantastico*) fabuleux*: *castello fiabesco*, château féerique (*o* de conte de fées); *racconto fiabesco*, récit fabuleux ♦ *n.m.* fantastique.

fiacca [fiàc-ca] *n.f.* [pl. *-che*] (*svogliatezza*) flemme;

(*stanchezza*) lassitude: *ho una gran fiacca addosso*, j'ai la flemme.
● ***battere la fiacca***, tirer sa flemme.
fiaccamente [fiac-ca-mén-te] ***avv.*** sans entrain; (*mollemente*) mollement; (*debolmente*) faiblement.
fiaccare [fiac-cà-re] ***v.tr.*** [coniug. come *mancare*] fatiguer; (*indebolire*) affaiblir: *la salita fiacca le gambe*, la montée coupe les jambes; *fiaccare la volontà, la resistenza*, (*fig.*) briser la volonté, la résistance.
fiacchezza [fiac-chéz-za] ***n.f.*** lassitude; (*debolezza*) faiblesse: *sentirsi addosso una gran fiacchezza*, se sentir très las.
● (*econ.*) ***fiacchezza del mercato***, morosité du marché.
fiacco [fiàc-co] ***agg.*** [pl.m. *-chi*, f. *-che*] fatigué, las*; (*debole*) faible: *sentirsi fiacco*, se sentir las (*o* fatigué); *stile, discorso fiacco*, style, discours plat.
● (*econ.*) ***mercato fiacco***, marché déprimé.
fiaccola [fiàc-co-la] ***n.f.*** flambeau* (*m.*).
fiaccolata [fiac-co-là-ta] ***n.f.*** retraite aux flambeaux.
fiala [fià-la] **fialetta** ***n.f.*** ampoule.
fiamma [fiàm-ma] ***n.f.*** **1** flamme (*anche fig.*): *abbassare alla fiamma*, baisser (*o* réduire) la flamme (*o* le feu); *i suoi occhi mandano fiamme*, (*fig.*) ses yeux lancent des éclairs **2** (*colore rosso vivo*) rouge (*m.*) vif: *cielo di fiamma*, ciel embrasé **3** (*fig. fam.*) (*innamorato, innamorata*) béguin (*m.*), amour (*m.*): *è una mia vecchia fiamma*, c'est un de mes anciens amours (*o* béguins) **4** (*pl.*) (*mil.*) écussons (*m.*).
● ***fiamma ossidrica***, chalumeau (oxhydrique) | ***Fiamme gialle***, (les) agents de la Guardia di Finanza | (*cuc.*) ***alla fiamma***, flambé | ***andare in fiamme***, ***dare alle fiamme***, brûler | ***ritorno di fiamma***, (*fig.*) retour de flamme | ***sentirsi salire le fiamme al viso***, (*fig.*) avoir le visage en feu.
fiammante [fiam-màn-te] ***agg.*** **1** flamboyant, flambant **2** (*fig.*) vif*, de feu: *rosso fiammante*, rouge vif (*o* rouge feu).
● ***nuovo fiammante***, flambant neuf: *un vestito nuovo fiammante*, une robe flambante neuve, flambant neuf.

FAUX AMI
Da non confondere con *flamand*, che significa *fiammingo*, né con il sostantivo *flamant*, che significa *fenicottero*.

fiammata [fiam-mà-ta] ***n.f.*** **1** flambée: *bruciare in una grande fiammata*, brûler d'une seule flambée; *è stata solo una fiammata* (*di entusiasmo*), ça n'a été qu'un feu de paille **2** (*di motori, armi, razzi*) gerbe de flammes.
fiammato [fiam-mà-to] ***agg.*** (*di tessuto*) flammé.
fiammeggiante [fiam-meg-giàn-te] ***agg.*** flamboyant: *sguardo fiammeggiante d'ira*, regard flamboyant de colère.
● (*arch.*) ***gotico fiammeggiante***, gothique flamboyant.
fiammeggiare [fiam-meg-già-re] ***v.intr.*** [coniug. come *mangiare*; aus. *avere*] **1** flamboyer* (*anche fig.*) **2** (*rosseggiare*) s'embraser.
fiammifero [fiam-mì-fe-ro] ***n.m.*** allumette (*f.*).
● ***fiammifero da cucina***, ***svedese***, allumette suédoise | ***prender fuoco come un fiammifero***, prendre feu facilement.
fiammingo[1] [fiam-mìn-go] ***agg.*** [pl.m. *-ghi*, f. *-ghe*] flamand ♦ ***n.m.*** **1** (*lingua*) flamand **2** [f. *-a*] (*abitante*) Flamand.
fiammingo[2] ***n.m.*** [pl. *-ghi*] (*zool.*) flamant.
fiancata [fian-cà-ta] ***n.f.*** (*parte laterale, fianco*) partie latérale, côté (*m.*); (*di nave*) flanc (*m.*).
fiancheggiamento [fian-cheg-gia-mén-to] ***n.m.*** **1** (*mil.*) flanquement **2** (*fig.*) appui indirect, soutien indirect.
● (*mil.*) ***tiro di fiancheggiamento***, tir d'appui.
fiancheggiare [fian-cheg-già-re] ***v.tr.*** [coniug. come *mangiare*] **1** border; (*di strade, viottoli ecc.*) longer*, côtoyer* **2** (*mil.*) flanquer **3** (*fig.*) (*sostenere*) appuyer*; (*spalleggiare*) épauler.
fiancheggiatore [fian-cheg-gia-tó-re] ***n.m.*** [f. *-trice*] (*sostenitore*) partisan.
fianco [fiàn-co] ***n.m.*** [pl. *-chi*] **1** (*di persona*) côté; (*anca*) *hanche (*f.*); (*di animale*) flanc: *dormire su un fianco*, dormir sur le côté; *portare, tenere la spada al fianco*, porter l'épée au côté; *mettersi le mani sui fianchi*, mettre les mains sur ses hanches **2** (*parte laterale, lato*) partie (*f.*) latérale, côté; (*di esercito, di nave, di montagna*) flanc: *sul fianco destro della strada*, sur le côté droit de la route.
● ***fianco a fianco***, côte à côte | (*mil.*) ***fianco destro, destr'!***, à droite, droite! | ***di fianco*** (***a***), ***a***(***l***) ***fianco*** (***di***), à côté (de): *siediti di fianco a me*, assieds-toi à côté de moi; *camminava di fianco a me, al mio fianco*, il marchait à mes côtés; *starò sempre al suo fianco*, (*fig.*) je serai toujours à ses côtés; *abita* (*proprio*) *di fianco al teatro*, il habite juste à côté du théâtre; *abita la casa di fianco*, il habite la maison d'à côté; *la strada che corre di fianco al palazzo*, la rue qui longe l'immeuble | ***offrire***, ***prestare il fianco a critiche***, (*estens.*) prêter le flanc à la critique | ***tenersi i fianchi dal ridere***, se tordre de rire.
fiandra [fiàn-dra] ***n.f.*** (*tessuto*) lin (*m.*) (des Flandres).
fiasca [fià-sca] ***n.f.*** [pl. *-sche*] gourde.
fiaschetta [fia-schét-ta] ***n.f.*** petite gourde; (*tascabile*) flacon (*m.*).
fiaschetteria [fia-schet-te-rì-a] ***n.f.*** débit (*m.*) de vin.
fiasco [fià-sco] ***n.m.*** [pl. *-schi*] **1** fiasque (*f.*) **2** (*insuccesso*) échec; fiasco: *il tentativo si è risolto in un fiasco*, la tentative s'est soldée par un échec; (*teatr.*) *un fiasco solenne*, un vrai fiasco.
● ***fare fiasco***, faire fiasco; échouer: *la commedia ha fatto fiasco*, la pièce a fait fiasco, un four; *ha fatto fiasco agli esami*, il a échoué à ses examens.
fiat [fì-at] ***n.m.invar.***
● ***in un fiat***, (*in un attimo*) en un clin d'œil.
fiatare [fia-tà-re] ***v.intr.*** [aus. *avere*] ouvrir* la bouche, souffler mot: *non fiatare*, ne pas souffler mot.
● ***senza fiatare***, sans mot dire.
fiato [fià-to] ***n.m.*** **1** souffle: *aver poco fiato*, manquer de souffle; *trattenere il fiato*, retenir son souffle; *gridai con quanto fiato avevo in gola*, j'ai crié à en perdre le souffle **2** (*spec. pl.*) (*mus.*) (*strumenti a fiato*) instruments (*pl.*) à vent.
● ***avere il fiato grosso***, avoir le souffle court, être essouflé | ***in un fiato***, ***d'un fiato***, en un instant | ***levare***, ***mozzare il fiato***, couper le souffle: *uno spettacolo che leva il fiato*, un spectacle à couper le souffle | ***non aver fiato in corpo***, être hors d'haleine: *finché avrò fiato in corpo*, jusqu'à mon dernier souffle | ***prendere fiato***, (*anche fig.*) reprendre haleine | ***rimanere senza fiato***, (*fig.*) rester bouche bée: *sono rimasto senza fiato*, cela m'a coupé le souffle | ***sprecare il fiato con qlcu***, parler inutilement avec qqn: *è fiato sprecato!*, c'est peine perdue! | ***tirare il fiato***, (*anche fig.*) souffler | ***togliere il fiato a qlcu***, (*fam.*) (*assillarlo*) être toujours sur le dos de qqn | (***tutto***) ***d'un fiato***, d'un seul trait.
fiatone [fia-tó-ne] ***n.m.*** *halètement.
● ***avere il fiatone***, (*fam.*) être à bout de souffle.

F

fibbia [fìb-bia] ***n.f.*** boucle.
fibra [fì-bra] ***n.f.*** **1** fibre **2** (*costituzione*) constitution: *una fibra robusta*, une forte constitution.
fibrilla [fi-brìl-la] ***n.f.*** (*anat.*) fibrille.
fibrina [fi-brì-na] ***n.f.*** (*biochim.*) fibrine.
fibrocemento [fi-bro-ce-mén-to] ***n.m.*** (*edil.*) fibrociment.
fibroma [fi-brò-ma] ***n.m.*** (*med.*) fibrome.
fibromatoso [fi-bro-ma-tó-so] ***agg.*** (*med.*) fibromateux*.
fibrosi [fi-brò-ʃi] ***n.f.invar.*** (*med.*) fibrose.
fibroso [fi-bró-so] ***agg.*** fibreux*.
fibula [fì-bu-la] ***n.f.*** (*archeol.*) fibule.
fica [fì-ca] ***n.f.*** (*volg.*) (*vulva*) con (*m.*).
● ***che fica!***, (*bella donna*) elle est canon!
ficata [fi-cà-ta] ***n.f.*** (*volg.*) pied (*m.*): *che ficata quel film!*, ce film, c'est le pied!
ficcanaso [fic-ca-nà-so] ***n.m.*** fouineur*.
ficcare [fic-cà-re] ***v.tr.*** [coniug. come *mancare*] (*fam.*) **1** enfoncer* **2** (*mettere*) fourrer: *dove ho ficcato le chiavi?*, où est-ce que j'ai pu fourrer mes clés? | *ficcare gli occhi in viso a qlcu*, planter son regard sur qqn ♦ **ficcarsi** ***v.pron.*** (*fam.*) se fourrer: *ficcarsi sotto le lenzuola*, se fourrer sous ses draps; *dove si saranno ficcati i miei guanti?*, où ai-je bien pu fourrer mes gants? ♦ ***v.pron. indiretto*** (*fam.*) enfoncer*, fourrer: *ficcarsi le dita nel naso*, fourrer ses doigts dans son nez; *ficcarsi il cappello in testa*, enfoncer son chapeau sur sa tête.
● ***ficcare il naso dappertutto***, (*fig.*) fourrer son nez partout.
fico[1] [fì-co] ***n.m.*** [pl. *-chi*] **1** (*albero*) figuier **2** (*frutto*) figue (*f.*): *fichi bianchi, neri*, figues blanches, violettes.
● ***foglia di fico***, feuille de figuier; (*scult., pitt.*) feuille de vigne | ***non me ne importa un fico secco***, je m'en fiche éperdument | ***non vale un fico secco***, cela ne vaut pas un clou.
fico[2] ***agg.*** [pl.m. *-chi*, f. *-che*] (*molto fam.*) (*alla moda*) vachement chouette ♦ ***n.m.*** (*molto fam.*) (*giovane attraente*) beau* mec.
ficodindia [fi-co-dìn-dia] ***n.m.*** (*pianta*) figuier de Barbarie; (*frutto*) figue (*f.*) de Barbarie.
ficus [fì-cus] ***n.m.invar.*** (*bot.*) ficus.
fidanzamento [fi-dan-za-mén-to] ***n.m.*** fiançailles (*f.pl.*).
fidanzare [fi-dan-zà-re] ***v.tr.*** fiancer* ♦ **fidanzarsi** ***v.pron.rec.*** se fiancer*.
fidanzata [fi-dan-zà-ta] ***n.f.*** fiancée; (petite) copine.
fidanzato [fi-dan-zà-to] ***agg.*** e ***n.m.*** fiancé.
fidare [fi-dà-re] ***v.intr.*** [aus. *avere*] avoir* confiance (**en**); (*fare assegnamento*) compter (**sur**) ♦ **fidarsi** ***v.pron.*** **1** se fier (**à**); (*aver fiducia*) avoir* confiance (**en**); (*fare assegnamento*) compter (**sur**) **2** (*fam.*) (*avere il coraggio*) oser: *non mi fido a lasciarlo solo*, je n'ose pas le laisser seul.
● ***fidarsi è bene ma non fidarsi è meglio***, méfiance est mère de sûreté.
fidato [fi-dà-to] ***agg.*** sûr: *un servo fidato*, un domestique de confiance.
fideiussione [fi-de-ius-sió-ne] ***n.f.*** caution (personnelle).
● (*comm.*) ***lettera di fideiussione***, lettre de garantie.
fideiussore [fi-de-ius-só-re] ***n.m.*** (*dir.*) garant: *fare da fideiussore a qlcu*, se porter garant de qqn.
fidelizzare [fi-de-liʒ-ʒà-re] ***v.tr.*** (*econ.*) fidéliser.
fido[1] [fì-do] ***agg.*** (*fedele*) fidèle; (*fidato*) de toute confiance.
fido[2] ***n.m.*** (*comm.*) crédit.
fiducia [fi-dù-cia] ***n.f.*** [pl. *-cie* o *-ce*] **1** confiance: *avere fiducia in un amico*, avoir confiance en un ami; *riporre la massima fiducia in qlcu*, placer toute sa confiance en qqn; *godere della fiducia di tutti*, avoir la confiance de tout le monde; *fiducia in se stessi*, confiance en soi | (*comm.*) *nella fiducia che accoglierete la mia richiesta*, dans l'espoir que vous voudrez bien accueillir ma requête **2** (*credito*) crédit (*m.*).
● (*pol.*) ***chiedere la fiducia***, poser la question de confiance | ***con la massima fiducia***, en toute confiance | ***di fiducia***, de confiance: *avvocato di fiducia, uomo di fiducia*, avocat, homme de confiance; *una persona di fiducia cui dare le chiavi*, une personne sûre à qui donner les clés.
fiduciario [fi-du-cià-rio] ***agg.*** [pl.m. *-ri*] **1** (*di fiducia*) de confiance: *rapporto fiduciario*, rapport de confiance **2** (*dir.*) fiduciaire ♦ ***n.m.*** [f. *-a*] **1** (*dir.*) fiduciaire **2** (*rappresentante*) délégué.
● ***(società) fiduciaria***, (société) fiduciaire.
fiduciosamente [fi-du-cio-sa-ménte] ***avv.*** avec confiance.
fiducioso [fi-du-ció-so] ***agg.*** confiant: *si rivolse a noi fiducioso che*, il s'adressa à nous, certain que.
fiele [fiè-le] ***n.m.*** fiel.
● ***amaro come il fiele***, amer comme chicotin.
fienagione [fie-na-gió-ne] ***n.f.*** **1** fenaison **2** (*essiccazione del fieno sul terreno*) fanage (*m.*).
fienile [fie-nì-le] ***n.m.*** fenil, grange (*f.*) à foin.
fieno [fiè-no] ***n.m.*** foin: *fare il fieno*, faire les foins.
● ***raffreddore da fieno***, rhume des foins.
fiera[1] [fiè-ra] ***n.f.*** foire.
● ***fiera (campionaria)***, foire, exposition, salon | ***fiera del bestiame***, foire aux bestiaux | ***fiera del bianco***, foire (*o* quinzaine) du blanc | ***fiera del libro***, salon du livre | ***fiera di beneficenza***, vente de charité.
fiera[2] ***n.f.*** (*belva*) fauve (*m.*).
fieramente [fie-ra-mén-te] ***avv.*** fièrement, avec fierté.
fierezza [fie-réz-za] ***n.f.*** fierté.
fieristico [fie-rì-sti-co] ***agg.*** [pl.m. *-ci*, f. *-che*] de (la) foire: *recinto fieristico*, champ de foire; *quartiere fieristico*, quartier de la foire.
fiero [fiè-ro] ***agg.*** fier*: *andare, essere fiero di*, être fier de; *è stato un fiero colpo*, cela a été un coup dur.
fievole [fiè-vo-le] ***agg.*** faible.
fifa [fì-fa] ***n.f.*** (*fam.*) frousse: *una fifa del diavolo*, une frousse de tous les diables; *avere fifa*, avoir la frousse.
● ***una fifa nera, blu***, une peur bleue.
fifone [fi-fó-ne] ***agg.*** e ***n.m.*** [f. *-a*] (*fam.*) froussard.
figata [fi-gà-ta] ***n.f.*** → **ficata**.
figlia [fì-glia] ***n.f.*** **1** fille (*anche fig.*): *figlia unica*, fille unique; *figlia primogenita, maggiore*, (fille) aînée | *figlia da marito*, (*antiq.*) fille à marier **2** (*comm.*) volant (*m.*).
figliare [fi-glià-re] ***v.tr.*** (*di animale*) mettre* bas, faire* ses petits.
figliastra [fi-glià-stra] ***n.f.*** belle-fille*.
figliastro [fi-glià-stro] ***n.m.*** **1** beau-fils* **2** (*pl.*) (*maschi e femmine*) beaux-enfants.
figliata [fi-glià-ta] ***n.f.*** portée.
figlio [fì-glio] ***n.m.*** [pl. *-gli*] **1** fils; (*senza riferimento al*

sesso) enfant; (*di sesso maschile*) garçon: *quanti figli hai?*, combien d'enfants as-tu?; *ho tre figli e una figlia*, j'ai trois garçons et une fille **2** (*fig.*) enfant: *un vero figlio del Sud*, un vrai enfant du Midi; *un figlio del popolo*, un enfant du peuple.
● ***figlio adottivo***, enfant adoptif | ***figlio d'arte***, enfant de la balle | ***figlio di nessuno***, enfant trouvé | ***figlio di puttana***, ***di buona donna***, (*volg.*) fils de pute, enfant de salaud | ***di padre in figlio***, de père en fils | ***è un figlio di mammà***, il est encore dans les jupes de sa mère | ***i figli di Adamo***, ***di Eva***, (*estens.*) les hommes | ***salute e figli maschi!***, santé et prospérité! | ***tale il padre, tale il figlio***, tel père, tel fils | ***un figlio di papà***, un fils à papa.

figlioccio [fi-gliòc-cio] ***n.m.*** [f. *-a*; pl.m. *-ci*] filleul.

figliola [fi-gliò-la] ***n.f.*** (*figlia*) fille; (*ragazza*) (jeune) fille | *un bel pezzo di figliola*, (*fam.*) un beau brin de fille.

figliolanza [fi-glio-làn-za] ***n.f.*** enfants (*m.pl.*).

figliolo [fi-gliò-lo] ***n.m.*** **1** (*figlio*) fils; (*senza riferimento al sesso*) enfant: *l'ha allevato come un figliolo*, il l'a élevé comme son fils | *figliolo mio*, mon enfant **2** (*ragazzo*) garçon.

FAUX AMI
Da non confondere con *filleul*, che significa *figlioccio*.

figo [fì-go] ***agg.*** e ***n.m.*** (*molto fam.*) → **fico**[2].

figura [fi-gù-ra] ***n.f.*** **1** silhouette; (*corporatura*) taille: *una figura slanciata*, une silhouette élancée; *una figura snella*, une taille svelte **2** (*forma di una cosa*) forme: *le figure delle nuvole*, les formes des nuages **3** (*illustrazione*) illustration: *libro con figure*, livre illustré **4** (*immagine disegnata, scolpita*) figure | *ritratto a figura intera*, *a mezzo busto*, portrait en pied, un buste **5** (*personalità*) figure; (*personaggio*) personnage (*m.*): *le grandi figure della storia*, les grandes figures de l'histoire; *le figure di un romanzo*, les personnages d'un roman; *è una figura di primo piano nell'azienda*, c'est un personnage de premier plan dans l'entreprise | *è una sporca figura*, c'est un sale individu **6** (*mat.*) figure **7** (*simbolo*) symbole (*m.*): *il serpente è la figura del diavolo*, le serpent est le symbole du diable **8** (*fam.*) (*effetto*) effet: *non potevi fare peggior figura*, tu ne pouvais pas faire pis | *che figura!*, quelle piètre figure!; (*che vergogna*) quelle honte! | *è lì solo per figura*, il n'est là que pour épater **9** (*nelle carte da gioco, negli scacchi*) figure **10** (*nella danza ecc.*) figure: *figure libere*, *obbligate*, figures libres, imposées.
● ***figura allegorica***, figure allégorique | ***figura retorica***, figure de rhétorique | (*aer.*) ***figure acrobatiche***, acrobaties aériennes | ***fare la figura di***, passer pour: *fare la figura dello stupido*, *del cretino*, passer pour un imbécile | ***fare (la sua) figura***, (*fam.*) faire de l'effet: *fa la sua figura*, cela fait son petit effet | ***fare (una) bella figura***, faire bonne figure: *spero di fare una bella figura*, j'espère donner une bonne impression; *spero che tu mi faccia fare una bella figura*, j'espère que tu me feras honneur; *bella figura mi hai fatto fare!*, (*iron.*) tu ne m'as pas fait honneur.

figuraccia [fi-gu-ràc-cia] ***n.f.*** [pl. *-ce*] piètre figure, triste figure | *che figuraccia!*, la honte!

figurante [fi-gu-ràn-te] ***n.m.*** e ***f.*** (*teatr.*) figurant/e.

figurare [fi-gu-rà-re] ***v.intr.*** [aus. *avere*] **1** figurer: *il suo nome non figura nell'elenco*, votre nom ne figure pas dans la liste; *non figura come autore*, il n'est pas mentionné comme auteur **2** (*far figura*) faire* de l'effet: *ci tiene a figurare*, il tient aux apparences ♦ ***v.tr.*** figurer, représenter ♦ **figurarsi** ***v.pron. indiretto*** se figurer, s'imaginer: *me l'ero figurato diverso*, je me le figurais différent; *figuratevi come rimasi!*, imaginez ma tête!; *figurati che non lo vedo da anni*, tu t'imagines, je ne le vois pas depuis des années.
● ***figurare bene***, ***male***, faire une bonne, une mauvaise impression | ***figurati!***, de rien!; tu parles!: *"Ti ringrazio" "Figurati!"*, "Je te remercie" "De rien!"; *"Credi che sarà puntuale?" "Figurati!"*,, "Crois-tu qu'il sera à l'heure?" "Tu parles!" | ***ma figuriamoci!***, je vous en prie!: *'Ti dispiace se fumo?" "Figuriamoci!"*, "Ça t'ennuie si je fume?" "Pas du tout!"; *"Lei è molto gentile!" "Ma figuriamoci!"*, "Vous êtes très gentil!" "Ce n'est rien!" | ***si figuri***, pas du tout, de rien: *"La disturbo?" "Si figuri!"*, "Je vous dérange?" "Pas du tout!".

figurativo [fi-gu-ra-tì-vo] ***agg.*** e ***n.m.*** figuratif*.
● ***le arti figurative***, les arts plastiques.

figurato [fi-gu-rà-to] ***agg.*** **1** figuré **2** (*illustrato*) illustré; (*dipinto*) peint.

figurina [fi-gu-rì-na] ***n.f.*** **1** jolie silhouette **2** (*statuetta*) figurine **3** (*cartoncino con immagine colorata*) image; (*adesivo*) autocollant (*m.*): *far collezione di figurine*, collectionner des images.

figurinista [fi-gu-ri-nì-sta] ***n.m.*** e ***f.*** modéliste.

figurino [fi-gu-rì-no] ***n.m.*** **1** dessin de mode | *sembrare*, *essere un figurino*, (*fig.*) être tiré à quatre épingles **2** (*giornale di moda*) journal* de mode.

figuro [fi-gù-ro] ***n.m.*** type.

figurona [fi-gu-ró-na] ***n.f.*** **figurone** ***n.m.*** excellente figure (*f.*): *fare un figurone*, avoir un succès fou.

fila [fì-la] ***n.f.*** **1** file; (*riga*) rang (*m.*); (*serie ordinata*) rangée: *fare la fila*, faire la queue; *disporsi su due file*, se mettre sur deux rangs; *parcheggiare in doppia fila*, se garer en double file; *poltrona di prima fila*, fauteuil de premier rang; *militare nelle file di un partito*, (*fig.*) militer dans un parti; *ingrossare le file dei disoccupati*, (*fig.*) grossir les rangs des chômeurs **2** (*fig.*) (*serie*) suite.
● ***di fila***, de suite | ***fuoco di fila***, (*anche fig.*) feu roulant | ***in fila***, en file, en rang: *in fila indiana*, en file indienne; *in fila per uno*, en colonne un par un; *in fila per due*, *per tre*, en rang par deux, par trois; *metti in fila le bottiglie*, range les bouteilles; *mettersi in fila*, se mettre en rang; *le macchine procedevano in fila*, les voitures roulaient l'une derrière l'autre | ***in prima***, ***in seconda fila***, au premier, au deuxième rang: *essere in prima fila*, (*fig.*) occuper le devant de la scène; (*impegnarsi*) être toujours sur la brèche | (*mil.*): ***per fila destr!***, ***marc'!***, à droite, droite!; ***per fila sinist!***, ***marc'!***, à gauche, gauche! | ***serrare***, ***disertare le file***, (*anche fig.*) serrer, abandonner les rangs.

filaccia [fi-làc-cia] ***n.f.*** [pl. *-ce*] effilochure, effilure.

filaccioso [fi-lac-ció-so] ***agg.*** **1** effiloché **2** (*filamentoso*) filandreux*.

filamento [fi-la-mén-to] ***n.m.*** filament.

filamentoso [fi-la-men-tó-so] ***agg.*** filamenteux*.

filanca® [fi-làn-ca] ***n.f.*** [f. *-che*] (fil synthétique) stretch® (*m.*).

filanda [fi-làn-da] ***n.f.*** filature.

filante [fi-làn-te] ***agg.*** filant: *formaggio filante*, fromage filant (*o* qui file).
● ***stella filante***, étoile filante; (*di carta*) serpentin.

filantropia [fi-lan-tro-pì-a] ***n.f.*** philanthropie.

filantropicamente [fi-lan-tro-pi-ca-mén-te] ***avv.*** en philanthrope.

filantropico [fi-lan-trò-pi-co] ***agg.*** [pl.m. *-ci*, f. *-che*] philanthropique.

filantropo [fi-làn-tro-po] ***n.m.*** [f. *-a*] philanthrope.

filare[1] [fi-là-re] ***v.tr.*** filer: *filare la lana*, *la seta*, filer la

laine, la soie ♦ *v.intr.* **1** [aus. *avere*] (*formare uno o più fili*) filer: *formaggio che fila*, fromage qui file **2** [aus. *essere*] (*procedere velocemente*) filer: *la macchina filava a 150 km all'ora*, la voiture filait à 150 km à l'heure **3** [aus. *essere*] (*fig.*) (*procedere con ordine, secondo logica*) filer: *un ragionamento che fila*, un raisonnement qui file **4** [aus. *avere*] (*fam.*) (*flirtare*) se fréquenter, sortir (**avec**): *hanno filato per qualche mese e poi si sono lasciati*, (*fam.*) ils se sont fréquentés pendant quelques mois, puis ils se sont quittés.
● ***filare dritto***, (*fam.*) filer droit | ***filare il perfetto amore***, filer le parfait amour | ***filare liscio***, (*fig.*) marcher comme sur des roulettes | ***filare via, filarsela***, (*fam.*) filer: *è filata via, se l'è filata alla svelta*, elle a filé en vitesse | ***non mi fila di striscio***, (*fam.*) il me calcule même pas.

F

filare[2] *n.m.* rangée (*f.*).

filarmonica [fi-lar-mò-ni-ca] *n.f.* [pl. *-che*] orchestre philharmonique.
● (***società***) ***filarmonica***, philharmonie.

filarmonico [fi-lar-mò-ni-co] *agg.* [pl.m. *-ci*, f. *-che*] philharmonique.

filastrocca [fi-la-stròc-ca] *n.f.* [pl. *-che*] comptine; (*estens.*) rengaine: *filastrocca natalizia*, comptine de Noël.

filatelia [fi-la-te-lì-a] *n.f.* philatélie.

filatelico [fi-la-tè-li-co] *agg.* [pl.m. *-ci*, f. *-che*] philatélique ♦ *n.m.* [f. *-a*] philatéliste.

filato [fi-là-to] *agg.* **1** (*ridotto in fili*) filé **2** (*fig.*) cohérent: *ragionamento filato*, raisonnement cohérent **3** (*di seguito*) de suite ♦ *n.m.* (*tess.*) fil, filé: *filato di lana, di cotone*, fil de laine, de coton.
● ***diritto filato***, tout droit | ***zucchero filato***, barbe à papa.

filatura [fi-la-tù-ra] *n.f.* filature; (*per la seta*) moulinage (*m.*).

file ['fail] *n.m.invar.* (*inform.*) fichier.
● ***file di attesa***, spooling (*o* spoule) | ***file di dati***, fichier des données | ***file di emissione, di uscita***, fichier (de) sortie | ***file di ingresso***, fichier d'entrée | ***file di movimenti, di transazioni***, fichier mouvement(s) | ***file di riserva***, fichier de sauvegarde | ***file di testo***, fichier texte | ***file originale***, fichier maître disque | ***file sequenziale***, fichier en séquentiel | ***file storico***, fichier journal.

filettare [fi-let-tà-re] *v.tr.* (*mecc.*) tarauder, fileter*.

filettato [fi-let-tà-to] *agg.* **1** bordé **2** (*mecc.*) taraudé; (*di viti*) fileté.

filettatura [fi-let-ta-tù-ra] *n.f.* (*mecc.*) taraudage (*m.*); (*di vite*) filetage (*m.*).

filetto [fi-lét-to] *n.m.* **1** bordure (*f.*), ganse (*f.*) **2** (*mecc., tip.*) filet **3** (*cuc.*) filet **4** (*delle lettere, nella scrittura*) délié **5** (*gioco*) marelle (*f.*) assise triple.
● (*cuc.*) ***filetto di pollo***, blanc de poulet.

filiale[1] [fi-lià-le] *agg.* filial*.

filiale[2] *n.f.* (*comm.*) filiale; (*di banca*) succursale, agence.

filiazione [fi-lia-zió-ne] *n.f.* filiation (*anche fig.*).
● (*dir.*) ***filiazione in linea diretta***, filiation directe.

filibustiere [fi-li-bu-stiè-re] *n.m.* [f. *-a*] filibustier; (*canaglia*) fripouille (*f.*).

filiera [fi-liè-ra] *n.f.* filière.

filiforme [fi-li-fór-me] *agg.* filiforme.

filigrana [fi-li-grà-na] *n.f.* filigrane (*m.*).

filippica [fi-lìp-pi-ca] *n.f.* [pl. *-che*] philippique.
● ***fare una filippica***, faire un sermon; (*a qlcu*) sermonner qqn.

filippino [fi-lip-pì-no] *agg.* philippin ♦ *n.m.* [f. *-a*] (*abitante*) Philippin.

filisteo [fi-li-stè-o] *n.m.* [f. *-a*] (*fig.*) philistin.

fill(o)- *pref.* phyll(o)-.

fillossera [fil-lòs-se-ra] *n.f.* (*zool.*) phylloxéra (*m.*).

film *n.m.invar.* film: *un film commerciale*, un film pour le grand public; *un film in bianco e nero*, un film noir et blanc; *un film con sottotitoli*, un film sous-titré.
● ***film a passo ridotto***, film de format réduit | ***film dell'orrore***, film d'horreur, d'épouvante | ***film di fantascienza***, film de science fiction | ***film giallo***, (film) policier | ***film muto, parlato***, film muet, parlant.

filmare [fil-mà-re] *v.tr.* filmer.

filmato [fil-mà-to] *n.m.* film.
● ***filmato pubblicitario***, film, bande publicitaire.

filmico [fil-mi-co] *agg.* [pl.m. *-ci*, f. *-che*] filmique.

filmina [fil-mì-na] *n.f.* **filmino** *n.m.* série (*f.*) de diapositives pédagogiques.

filmografia [fil-mo-gra-fì-a] *n.f.* filmographie.

filmoteca [fil-mo-tè-ca] *n.f.* [pl. *-che*] filmothèque.

filo [fi-lo] *n.m.* [pl.m. *fili*; pl.f. *fila* solo in alcune espressioni] **1** (*di fibra tessile*) fil **2** (*striscia sottile*) filet; (*piccola quantità*) brin (*anche fig.*); (*soffio*) souffle: *un filo di fumo, d'acqua*, un filet de fumée, d'eau; *un filo d'erba*, un brin d'herbe; *un filo d'ombra*, un brin d'ombre; *un filo di vento, d'aria*, un souffle de vent; *un filo di voce*, un filet de voix; *un filo di speranza*, un brin d'espoir; *un filo di sale*, un peu de sel **3** (*fig.*) (*corso, andamento*) fil: *perdere il filo del discorso*, perdre le fil.
● ***filo a piombo***, fil à plomb | (*tess.*) ***filo cucirino, forte, da macchina***, fil à coudre | ***filo da torcere***, (*fig.*) fil à retordre | (*elettr.*) ***filo di alimentazione***, fil d'amenée | ***fil(o) di ferro***, fil de fer | ***filo di perle***, rang de perles | (*tel.*) ***filo diretto***, antenne; (*fig.*) contact direct | (*elettr.*) ***filo*** (***elettrico***), fil électrique | (*med.*) ***filo interdentale***, fil interdentaire | ***essere legati a filo doppio***, (*fig.*) être très liés | ***fare il filo a qlcu, a qlco***, (*fam.*) faire la cour à qqn, lorgner qqch | ***per filo e per segno***, par le menu, en long et en large: *raccontare per filo e per segno*, raconter par le menu; *conoscere per filo e per segno*, connaître à fond | ***ridursi a un filo***, (*fig.*) devenir mince comme un fil | (*sport*) ***sul filo*** (***del traguardo***), sur la ligne d'arrivée; (*fig.*) de justesse, à la dernière minute | ***tenere le fila di qlco***, (*fig.*) tenir les fils de qqch | ***tirare le fila***, (*fig.*) faire un bilan.

fil(o)- *pref.* phil(o)-; (*con riferimento politico*) pro-, sympatisant: *filatelia*, philatélie; *filocinese*, pro-chinois; *filoisraeliano*, pro-israélien; *filocomunista*, sympathisant communiste; *filoamericano*, pro-américain.

filobus [fi-lo-bus] *n.m.invar.* trolleybus.

filodendro [fi-lo-dèn-dro] *n.m.* (*bot.*) philodendron.

filodiffusione [fi-lo-dif-fu-ʃió-ne] *n.f.* radiodistribution, radio par câble.

filodrammatica [fi-lo-dram-mà-ti-ca] *n.f.* [pl. *-che*] compagnie (théâtrale) d'amateurs.

filodrammatico [fi-lo-dram-mà-ti-co] *agg.* [pl.m. *-ci*, f. *-che*] d'amateurs: *compagnia filodrammatica*, compagnie (théâtrale) d'amateurs ♦ *n.m.* [f. *-a*] acteur* amateur.

filologia [fi-lo-lo-gì-a] *n.f.* philologie.

filologico [fi-lo-lò-gi-co] *agg.* [pl.m. *-ci*, f. *-che*] philologique.

filologo [fi-lò-lo-go] *n.m.* [f. *-a*; pl.m. *-gi*, f. *-ghe*] philologue.

filoncino [fi-lon-cì-no] *n.m.* (*di pane*) ficelle (*f.*).

filone [fi-ló-ne] ***n.m.*** **1** (*geol.*) filon, veine (*f.*) **2** (*di corso d'acqua*) point où le courant est le plus vif **3** (*fig.*) courant, mouvement **4** (*di pane*) baguette (*f.*).

filosofale [fi-lo-ʃo-fà-le] ***agg.***
● ***pietra filosofale***, pierre philosophale.

filosofare [fi-lo-ʃo-fà-re] ***v.intr.*** [aus. *avere*] philosopher (*anche iron.*).

filosofeggiare [fi-lo-ʃo-feg-già-re] ***v.intr.*** [coniug. come *mangiare*; aus. *avere*] philosopher.

filosofia [fi-lo-ʃo-fì-a] ***n.f.*** philosophie; (*fam.*) philo.

filosoficamente [fi-lo-ʃo-fi-ca-mén-te] ***avv.*** philosophiquement.

filosofico [fi-lo-ʃò-fi-co] ***agg.*** [pl.m. *-ci*, f. *-che*] philosophique.

filosofo [fi-lò-ʃo-fo] ***n.m.*** [f. *-a*] philosophe.

filovia [fi-lo-vì-a] ***n.f.*** trolleybus (*m.*).

filtrabile [fil-trà-bi-le] ***agg.*** qui peut être filtré.

filtraggio [fil-tràg-gio] ***n.m.*** [pl. *-gi*] filtrage.

filtrante [fil-tràn-te] ***agg.*** filtrant.

filtrare [fil-trà-re] ***v.tr.*** e ***intr.*** [aus. dell'intr. *essere*] filtrer (*anche fig.*): *la notizia è filtrata nonostante la censura*, la nouvelle a filtré malgré la censure.

filtrato [fil-trà-to] ***n.m.*** filtrat.

filtro[1] [fil-tro] ***n.m.*** **1** filtre: *sigarette con filtro*, cigarettes (à bout) filtre **2** (*fig.*) crible.
● (*fot.*) ***filtro colorato***, filtre coloré | (*mecc.*) ***filtro dell'olio, dell'aria, della benzina***, filtre à huile, à air, à essence | (*fis.*) ***filtro passa-basso***, ***passa-alto***, filtre passe-bas, passe-haut.

filtro[2] ***n.m.*** (*pozione*) philtre.

filugello [fi-lu-gèl-lo] ***n.m.*** (*zool.*) ver à soie.

filza [fil-za] ***n.f.*** **1** file, enfilade: *filza di polli allo spiedo*, rangée de poulets à la broche; *una filza di cipolle*, un chapelet d'oignons; *una filza di nomi*, une suite de noms; *una filza di ingiurie*, un chapelet d'injures **2** (*di documenti*) liasse (de documents) déposée aux archives.

fimosi [fi-mò-ʃi *o* fimoʃi] ***n.f.invar.*** (*med.*) phimosis (*m*).

finale [fi-nà-le] ***agg.*** e ***n.m.*** final*: *il finale del film*, la fin du film ♦ ***n.f.*** finale: (*sport*) *entrare in finale*, arriver en finale.
● (*econ.*) ***beni finali***, biens de consommation | (*gramm.*) ***proposizione finale***, proposition finale.

finalissima [fi-na-lìs-si-ma] ***n.f.*** (*sport*) finale.

finalista [fi-na-lì-sta] ***agg.*** e ***n.m.*** e ***f.*** finaliste.

finalità [fi-na-li-tà] ***n.f.invar.*** **1** finalité **2** (*scopo*) but (*m.*).

finalizzare [fi-na-liʒ-ʒà-re] ***v.tr.*** finaliser: *finalizzare gli sforzi per raggiungere un obiettivo*, concentrer ses efforts sur un objectif | (*econ.*) *produzione finalizzata all'esportazione*, production orientée à l'exportation.

finalizzazione [fi-na-liʒ-ʒa-zió-ne] ***n.f.*** finalisation (*anche inform.*).

finalmente [fi-nal-mén-te] ***avv.*** enfin.

finanche [fi-nàn-che] ***avv.*** (*non com.*) même, jusqu'à.

finanza [fi-nàn-za] ***n.f.*** finance: *il mondo della finanza*, le monde de la finance; *le mie finanze non me lo permettono*, (*fam.*) l'état de mes finances ne me le permet pas.
● ***finanza pubblica***, finances publiques | ***Guardia di Finanza***, en Italie, corps militaire chargé de la police financière du territoire | ***l'alta finanza***, la haute finance.

finanziamento [fi-nan-zia-mén-to] ***n.m.*** financement.

finanziare [fi-nan-zià-re] ***v.tr.*** financer*.

finanziaria [fi-nan-zià-ria] ***n.f.*** **1** société financière **2** (*legge*) loi de finances.

finanziario [fi-nan-zià-rio] ***agg.*** [pl.m. *-ri*] financier*: *amministrazione finanziaria*, administration des finances; *esercizio finanziario*, exercice budgétaire.
● ***legge finanziaria***, loi de finances.

finanziatore [fi-nan-zia-tó-re] ***agg.*** e ***n.m.*** [f. *-trice*] commanditaire, bailleur* de fonds; (*di una costruzione*) maître de l'ouvrage.

finanziera [fi-nan-ziè-ra] ***n.f.*** **1** (*abbigl.*) redingote **2** (*cuc.*) financière.

finanziere [fi-nan-ziè-re] ***n.m.*** [f. *-a*] **1** (*chi si occupa d'affari*) financier* **2** (*guardia di finanza*) militaire appartenant à la Guardia di Finanza.

F

finché [fin-ché] **fin che** ***cong.*** **1** (*fino al momento in cui*) jusqu'à ce que (*seguito da cong.*); jusqu'au moment où (*seguito da indic.*): *lo aspetterò finché (non) verrà*, je l'attendrai jusqu'à ce qu'il (ne) vienne; *resterò qui finché avrai finito*, je resterai ici jusqu'au moment où tu auras fini; *lo aspetterò finché (non) tornerà*, j'attendrai son retour **2** (*per tutto il tempo che*) tant que: *lo puoi tenere finché vuoi*, tu peux le garder tant que tu voudras.

fine[1] [fi-ne] ***n.f.*** fin; (*fondo, estremità*) bout (*m.*): *la fine di un'amicizia*, la fin d'une amitié; *a fine maggio*, fin mai; *per fine anno*, pour la fin de l'année; *alla fine della giornata*, en fin de journée; *che fine ha fatto il tuo amico?*, (*fam.*) qu'est devenu ton ami?; *che fine hanno fatto le mie chiavi?*, (*fam.*) où sont passées mes clés?; *mettere, porre fine a qlco*, mettre fin à qqch | *tutto ha fine*, rien n'est éternel ♦ ***n.m.*** **1** (*esito*) fin (*f.*) **2** (*scopo*) but: *con il fine di*, dans le but de.
● ***fine a se stesso***, qui est une fin en soi | ***fine settimana*** → finesettimana | ***a fin di bene***, dans une bonne intention | ***a lieto fine***, qui finit bien: *romanzo a lieto fine*, roman qui finit bien | ***alla fine***, à la fin, finalement: *volgere alla fine*, toucher à sa fin | ***alla fin fine***, à la fin des fins | ***buona fine, miglior principio!***, (*augurio di buon anno*) bonne année! | (*comm.*) ***a ogni buon fine***, à toutes fins utiles | ***a tal fine***, dans ce but, à cette fin, à ces fins | ***con un secondo fine***, avec une arrière-pensée | ***dall'inizio alla fine***, du commencement à la fin | ***essere in fin di vita***, approcher de sa fin | ***essere la fine del mondo!***, (*fam.*) être vraiment super: *questo film è la fine del mondo!*, ce film est formidable! | ***fare la fine di***, finir comme: *farà la fine di suo fratello*, il finira comme son frère; *quest'affare farà la stessa fine degli altri*, cette affaire finira comme les autres | ***fare una brutta fine***, mal finir | ***giungere a buon fine***, arriver à bon port | ***il fine giustifica i mezzi***, la fin justifie les moyens | ***in fin dei conti***, en fin de compte | ***senza fine***, sans fin.

fine[2] ***agg.*** **1** fin (*anche fig.*) | *aria fine*, air pur **2** (*raffinato*) fin, raffiné; (*distinto*) distingué.

finemente [fi-ne-mén-te] ***avv.*** finement.

finesettimana [fi-ne-set-ti-mà-na] ***n.m.*** o ***f.invar.*** week-end* (*m.*).

finestra [fi-nè-stra] ***n.f.*** **1** fenêtre (*anche inform.*): *dalla finestra*, par la fenêtre **2** (*trafiletto sul giornale*) entrefilet (*m.*) **3** (*tip.*) fenêtre, blanc (*m.*).
● ***finestra finta***, fausse fenêtre | ***buttare i soldi dalla finestra***, (*fig.*) jeter son argent par les fenêtres.

finestrino [fi-ne-strì-no] ***n.m.*** (*di treno*) fenêtre (*f.*); (*di auto*) glace (*f.*); (*di aereo*) *hublot: *prenotare un posto vicino al finestrino*, réserver une place côté fenêtre.
● ***non gettare alcun oggetto dal finestrino***, ne jeter aucun objet par la fenêtre.

finezza [fi-néz-za] ***n.f.*** finesse.

fingere [fin-ge-re] ***v.tr.*** [coniug. come *spingere*] **1** feindre*: *non sa fingere*, il est incapable de feindre; *ha finto di non vederlo*, il a fait semblant de ne pas le voir; *fingere di non sentire*, faire la sourde oreille **2** (*immaginare*) imaginer ♦ **fingersi** ***v.pron.*** faire* semblant (d'être): *fingersi pazzo*, simuler la folie.

finimento [fi-ni-mén-to] ***n.m.*** **1** (*ornamento*) ornement, garniture (*f.*) **2** (*pl.*) (*bardatura di cavalli*) *harnais (*sing.*), *harnachement (*sing.*).

finimondo [fi-ni-món-do] ***n.m.*** fin du monde: *pareva il finimondo!*, on aurait dit la fin du monde!; *è successo il finimondo!*, ça a été un véritable drame!

F

finire [fi-nì-re] ***v.tr.*** [pres.indic. *io finisco* ecc., *noi finiamo* ecc.] **1** finir, terminer; (*completare*) achever*: *ha finito il suo ultimo romanzo*, il a achevé (*o* fini *o* terminé) son dernier roman; *torna appena finisci*, reviens dès que tu auras fini | *finire qlcu*, (*dare il colpo di grazia*) achever qqn **2** (*esaurire*) épuiser: *finire le riserve*, épuiser les réserves; *ho finito i miei soldi*, j'ai dépensé tout mon argent ♦ ***v.intr.*** [aus. *essere*] **1** (*terminare, avere fine*) finir, se terminer: *lo spettacolo finirà alle 11*, le spectacle se termine à 11 heures; *è finito in un fosso, contro un albero*, il a fini dans un fossé, contre un arbre; *parole che finiscono in vocale*, des mots qui se terminent par une voyelle; *sono finiti in un cattivo albergo*, ils ont échoué dans un mauvais hôtel; *ha fatto una storia che non finiva più*, il a fait des histoires à n'en plus finir | *e la cosa finì qui, lì*, et les choses en restèrent là **2** (*esaurirsi*) terminer **3** (*seguito da* con *o* per *più inf.*) finir (**par**): *finirai con l'ammalarti*, tu finiras par tomber malade; *tutto finisce per sistemarsi*, tout finit par s'arranger **4** (*sboccare*) aboutir (**à**), déboucher (**sur**); (*di un corso d'acqua*) se jeter*; (*fig.*) (*sfociare*) finir, se terminer **5** (*morire*) mourir*: *finì gloriosamente*, il mourut glorieusement **6** (*fam.*) (*cacciarsi*) (se) passer: *dove è finita, è andata a finire la mia matita?*, ou est passé mon crayon? ♦ ***n.m.invar.*** fin (*f.*): *sul finire dell'autunno*, à la fin de l'automne, l'automne finissant.
● ***finire di fare***, terminer: *finire di fare un lavoro*, terminer un travail | ***finire in bellezza***, finir en beauté | ***finire male***, finir mal: *qui finisce, va a finire male*, ça va mal finir; *il ragazzo è finito male*, ce garçon a mal tourné | ***andare a finire***, finir; (se) terminer; passer: *non so dove si andrà a finire*, je ne sais pas comment ça va se terminer; *dove vuoi andare a finire con le tue insinuazioni?*, où veux-tu en venir avec tes insinuations?; *va a finire che pianto tutto*, je finirai par tout envoyer promener; *dove andremo a finire?*, où en arriverons-nous?; *come è finita, è andata a finire quella storia?*, comment s'est terminée cette histoire? | ***finirla***, (*smetterla*) en finir: *è ora di finirla!*, maintenant, ça suffit!; *finiscila!*, arrête! | ***ma non finisce qui, lì!***, ça ne va pas se terminer comme ça!

finissaggio [fi-nis-sàg-gio] ***n.m.*** [pl. *-gi*] finissage.

finito [fi-nì-to] ***agg.*** **1** fini: *a festa finita*, quand la fête était finie; *ha sedici anni finiti*, il a seize ans révolus; *per lui è finita*, c'en est fait de lui **2** (*limitato*) limité **3** (*portato a compimento*) fini, complet*: *prodotto finito*, produit fini **4** (*esperto in un lavoro*) accompli, expérimenté: *una sarta finita*, une couturière habile ♦ ***n.m.*** (*fil.*) fini.
● (*tip.*) ***finito di stampare***, achevé d'imprimer | ***farla finita***, en finir, cesser; (*uccidersi*) en finir avec la vie: *falla finita!*, arrête! | (*gramm.*) ***modi finiti del verbo***, modes personnels du verbe | ***un birbante fatto e finito***, un fieffé coquin.

finitore [fi-ni-tó-re] ***n.m.*** [f. *-trice*] finisseur*.

finitura [fi-ni-tù-ra] ***n.f.*** finissage (*m.*); (*rifinitura*) finition.

finlandese [fin-lan-dé-se] ***agg.*** finlandais ♦ ***n.m.*** e ***f.*** (*abitante*) Finlandais/e.

finnico [fin-ni-co] ***agg.*** [pl.m. *-ci*, f. *-che*] finnois ♦ ***n.m.*** [f. *-a*] (*abitante*) Finnois.

fino[1] [fi-no] ***prep.*** (*spazio e tempo*) jusque: *abbiamo viaggiato insieme fino a Napoli*, nous avons voyagé ensemble jusqu'à Naples; *resterò fino al 5 gennaio*, je resterai jusq'au 5 janvier | *gridò fino a perdere il fiato*, il cria à en perdre le souffle | *si preoccupa fino a soffrirne*, il s'inquiète au point de se rendre malade.
● ***fino all'ultimo***, jusqu'à la fin | ***fino a ora***, jusqu'à présent | ***fino a quel momento***, jusque-là | ***fin che***, ***fino a che*** → finché | ***fin da***, depuis; (*a partire da*) dès: *lo conosco fin da* (*quando era*) *bambino*, je le connais depuis son enfance; *fin da domani, fin da principio*, dès demain, dès le début; *si vedeva l'incendio fin da casa*, on voyait l'incendie de la maison; *fin da questo momento*, à partir de cet instant; *fin da quando me ne sono accorto*, dès que je m'en suis aperçu | ***fin dove***, jusqu'où: *fin dove siete arrivati?*, jusqu'où êtes-vous arrivés?; *arriviamo fin dove termina la strada*, nous arrivons jusqu'au point où se termine la route; *fin dove lo sguardo poteva giungere*, aussi loin que portait le regard | ***fin là***, ***lì***, jusque-là | ***fin qui***, jusqu'ici.

fino[2] ***agg.*** fin (*anche fig.*): *spilla d'oro fino*, une broche d'or fin; *ingegno fino*, esprit fin.
● ***di fino***, de précision: *lavoro di fino*, travail de précision | ***fa fino***, (*fam.*) ça fait bien, chic (de) | ***sale fino***, sel fin.

finocchio[1] [fi-nòc-chio] ***n.m.*** [pl. *-chi*] (*bot.*) fenouil.

finocchio[2] ***n.m.*** [pl. *-chi*] (*spreg.*) omosessuale (*f.*), pédé.

finora [fi-nó-ra] ***avv.*** jusqu'à présent, jusqu'ici, jusqu'a maintenant.

finsi → **fingere**.

finta [fin-ta] ***n.f.*** feinte: *è tutta una finta*, c'est de la pure comédie.
● ***far finta di***, faire semblant de: *far finta di niente*, faire mine de rien; *facendo finta di niente*, comme si de rien n'était.

fintantoché [fin-tan-to-ché] **fintanto che** ***cong.*** → **finché**.

fintare [fin-tà-re] ***v.intr.*** [aus. *avere*] (*sport*) faire* une feinte ♦ ***v.tr.*** (*sport*) feinter.

finto [fin-to] ***agg.*** [f. *-a*] faux* (*anche fig.*); *fiori finti*, fleurs artificielles.
● ***finta pelle***, similicuir.

finzione [fin-zió-ne] ***n.f.*** **1** feinte: *è una finzione*, c'est une comédie **2** (*invenzione, cosa immaginata*) fiction: *finzione scenica*, illusion scénique.

fio [fì-o] ***n.m.*** [pl. *fii*].
● ***pagare il fio***, payer les conséquences.

fioccare [fioc-cà-re] ***v.intr.*** [coniug. come *mancare*; aus. *essere*] **1** neiger* (à gros flocons) **2** (*fig.*) pleuvoir*; (*scrosciare*) crépiter: *fioccavano i cattivi voti*, les mauvaises notes tombaient en abondance.

fiocco[1] [fiòc-co] ***n.m.*** [pl. *-chi*] **1** flocon **2** (*nodo*) nœud.
● (*tess.*) ***fiocco artificiale***, fibranne textile | ***fiocchi d'avena***, flocons d'avoine | ***coi fiocchi***, (*fam.*) sensationnel.

fiocco[2] ***n.m.*** [pl. *-chi*] (*mar.*) foc.

fioccoso [fioc-có-so] ***agg.*** floconneux*.

fiocina [fiò-ci-na] ***n.f.*** (*mar.*) *harpon (*m.*).

fiocinare [fio-ci-nà-re] ***v.tr.*** *harponner.

fioco [fiò-co] *agg.* [pl.m. -*chi*, f. -*che*] faible.
fionda [fión-da] *n.f.* lance-pierres* (*m.*), fronde.
fiondarsi [fion-dàr-si] *v.pron.* (*fam.*) débouler.
fioraia [fio-rà-ia] *n.f.* fleuriste, marchande de fleurs; (*nei locali*) bouquetière.
fioraio [fio-rà-io] *n.m.* [pl. -*ai*] fleuriste, marchand de fleurs.
fiorami [fio-rà-mi] *n.m.pl.* fleurage (*sing.*).
● ***a fiorami***, à fleurs.
fiorato [fio-rà-to] *agg.* à fleurs.
fiordaliso [fior-da-lì-ʃo] *n.m.* 1 bleuet, bluet 2 (*arald.*) fleur de lis.
fiordo [fiòr-do] *n.m.* fjord, fiord.
fiore [fió-re] *n.m.* 1 fleur (*f.*): *fiori di campo*, fleurs des champs 2 (*fig.*) fleur (*f.*): *un fior di galantuomo*, un parfait honnête homme; *un fiore di ragazza*, un beau brin de fille; *un fior di canaglia*, (*iron.*) une vraie canaille 3 (*fig.*) (*grande quantità*) tas: *spendere fior di quattrini*, dépenser un argent fou 4 (*pl.*) (*seme delle carte*) trèfle (*sing.*).
● ***fior di latte***, crème | ***a fior d'acqua***, à fleur d'eau | ***a fior di labbra***, du bout des lèvres | ***il fior fiore***, la fine fleur | ***in fiore***, en fleur(s): *bellezza in fiore*, beauté épanouie | ***nel fiore degli anni***, dans, à la fleur de l'âge.
fiorellino [fio-rel-lì-no] *n.m.* petite fleur (*f.*).
fiorente [fio-rèn-te] *agg.* (*fig.*) florissant: *una ragazza fiorente*, une jeune fille épanouie.
fiorentina [fio-ren-tì-na] *n.f.* (*cuc.*) côte de bœuf (sur le gril).
fiorentino [fio-ren-tì-no] *agg.* florentin ♦ *n.m.* [f. -*a*] (*abitante*) Florentin.
fioretto[1] [fio-rét-to] *n.m.* bonne action (*f.*), BA.
fioretto[2] *n.m.* (*arma*) fleuret.
fioriera [fio-riè-ra] *n.f.* jardinière.
fiorino [fio-rì-no] *n.m.* (*moneta*) florin (*anche st.*).
fiorire [fio-rì-re] *v.intr.* [coniug. come *finire*; aus. *essere*] 1 fleurir* (*anche fig.*); (*di persona*) s'épanouir: *le viole sono già fiorite*, les violettes ont déjà fleuri 2 (*fig.*) naître* 3 (*coprirsi di muffa*) moisir; (*coprirsi di eruzioni cutanee*) bourgeonner.
fiorista [fio-rì-sta] *n.m.* e *f.* fleuriste.
fiorito [fio-rì-to] *agg.* 1 fleuri 2 (*coperto di muffa*) moisi; (*coperto di eruzioni cutanee*) boutonneux*.
● (*arte*) ***gotico fiorito***, gothique flamboyant.
fioritura [fio-ri-tù-ra] *n.f.* floraison; (*di eruzione cutanea*) éruption; (*di muffa*) moisissure.
fiotto [fiòt-to] *n.m.* flot.
firewall ['fairwol] *n.m.invar.* coupe-feu.
firma [fir-ma] *n.f.* 1 signature: *firma falsa*, fausse signature; *firma di favore*, signature de complaisance; *mettere la firma*, apposer sa signature (à, sur) | (*comm.*) *avere la firma per una società*, avoir la signature sociale 2 (*nome noto*) nom (*m.*); (*marchio distintivo*) griffe: *le grandi firme del design*, les grands noms du design; *c'è la sua firma*, (*fig.*) on y sent sa griffe.
● ***ci farei, metterei la firma (a)***, (*fam.*) je ne demanderais pas mieux (que) | ***libro (delle) firme***, (*negli uffici*) parapheur | ***per onore di firma***, pour maintenir la parole donnée.

FAUX AMI
Da non confondere con *firme*, che significa *ditta, azienda*.

firmamento [fir-ma-mén-to] *n.m.* firmament.
firmare [fir-mà-re] *v.tr.* signer ♦ **firmarsi** *v.pron.* signer.
firmatario [fir-ma-tà-rio] *n.m.* [f. -*a*; pl.m. -*ri*] signataire | (*comm.*) *firmatario di un assegno*, tireur d'un chèque.
firmato [fir-mà-to] *agg.* (*moda*) griffé.
fisarmonica [fi-ʃar-mò-ni-ca] *n.f.* [pl. -*che*] accordéon (*m.*).
fisarmonicista [fi-ʃar-mo-ni-cì-sta] *n.m.* e *f.* accordéoniste.
fiscale [fi-scà-le] *agg.* 1 fiscal* 2 (*fig.*) (*intransigente*) intransigeant; (*pignolo*) tatillon*.
● ***medico fiscale***, médecin de contrôle | ***scontrino fiscale***, ticket de caisse | (*trib.*) ***scudo fiscale***, bouclier fiscal.
fiscalismo [fi-sca-lì-ʃmo] *n.m.* fiscalité (*f.*).
fiscalista [fi-sca-lì-sta] *n.m.* e *f.* fiscaliste.
fiscalità [fi-sca-li-tà] *n.f.invar.* fiscalité.
fiscalizzazione [fi-sca-liʒ-ʒa-zió-ne] *n.f.* fiscalisation.
● (*fin., econ.*) ***fiscalizzazione degli oneri sociali***, prise en charge par l'État du financement de la Sécurité Sociale.
fiscalmente [fi-scal-mén-te] *avv.* 1 fiscalement 2 (*con pignoleria, intransigenza*) d'une façon rigide, tatillonne.
fischiare [fi-schià-re] *v.intr.* [aus. *avere*] siffler: *fischiò al cane*, il siffla son chien | *mi fischiano le orecchie*, (*anche scherz.*) les oreilles me tintent ♦ *v.tr.* siffler: *fischiare un attore*, siffler, heur un acteur.
fischiata [fi-schià-ta] *n.f.* (coup de) sifflet (*m.*).
fischiatore [fi-schia-tó-re] *agg.* e *n.m.* [f. -*trice*] siffleur*.
fischiettare [fi-schiet-tà-re] *v.tr.* e *intr.* [aus. *avere*] siffloter.
fischietto [fi-schiét-to] *n.m.* sifflet.
fischio [fi-schio] *n.m.* [pl. -*schi*] 1 sifflement: *il fischio dell'arbitro*, le coup de sifflet de l'arbitre 2 (*fischietto*) sifflet.
● ***a suon di fischi***, à coups de sifflets | ***capire fischi per fiaschi***, comprendre à l'envers | ***fare un fischio***, (*fam.*) siffler; (*fig.*) faire signe | ***prender fischi per fiaschi***, (*fig.*) prendre des vessies pour des lanternes.
fisco [fi-sco] *n.m.* [pl. -*schi*] fisc: *frodare, evadere il fisco*, frauder (*o* tromper) le fisc.
fisiatra [fi-ʃià-tra] *n.m.* e *f.* physiatre.
fisiatria [fi-ʃia-trì-a] *n.f.* physiatrie.
fisiatrico [fi-ʃia-trì-co] *agg.* [pl.m. -*ci*, f. -*che*] physiatrique.
fisica [fi-ʃi-ca] *n.f.* [pl. -*che*] physique.
fisicamente [fi-ʃi-ca-mén-te] *avv.* physiquement.
fisico [fi-ʃi-co] *agg.* [pl.m. -*ci*, f. -*che*] physique ♦ *n.m.* 1 [f. -*a*] (*studioso*) physicien* 2 (*corpo umano*) physique.
fisima [fi-ʃi-ma] *n.f.* lubie.
fisiognomica [fi-ʃio-gnò-mi-ca] *n.f.* [pl. -*che*] physiognomonie.
fisiologia [fi-ʃio-lo-gì-a] *n.f.* physiologie.
fisiologico [fi-ʃio-lò-gi-co] *agg.* [pl.m. -*ci*, f. -*che*] physiologique.
fisionomia [fi-ʃio-no-mì-a] *n.f.* physionomie: *la sua fisionomia non mi è nuova*, son visage ne m'est pas inconnu.
fisionomista [fi-ʃio-no-mì-sta] *agg.* e *n.m.* e *f.* physionomiste.
fisioterapeuta [fi-ʃio-te-ra-pèu-ta] *n.m.* e *f.* kinésithérapeute.
fisioterapia [fi-ʃio-te-ra-pì-a] *n.f.* physiothérapie.

fisioterapista [fi-ʃio-te-ra-pì-sta] ***n.m.*** e ***f.*** physiothérapeute.
fissa [fìs-sa] ***n.f.*** (*fam.*) (*fobia*) phobie; (*mania*) manie: *ha la fissa di ingrassare*, elle a la phobie de grossir; *ha la fissa della pulizia*, c'est une maniaque de la propreté.
fissaggio [fis-sàg-gio] ***n.m.*** [pl. *-gi*] **1** (*atto del fissare*) fixation (*f.*) **2** (*fot.*) fixage.
fissamente [fis-sa-mén-te] ***avv.*** fixement.
fissare [fis-sà-re] ***v.tr.*** **1** fixer: *l'appuntamento è fissato per il 31 luglio*, le rendez-vous est fixé pour le 31 juillet; *fissare al muro*, fixer au mur **2** (*guardare*) regarder; (*fissamente*) fixer **3** (*stabilire*) établir, convenir*: *resta fissato che*, il reste convenu que; *fissare un prezzo*, fixer un prix **4** (*prenotare*) retenir*, réserver: *fissare dei posti a teatro, una camera in albergo*, réserver des places au théâtre, retenir une chambre à l'hôtel ♦ **fissarsi** ***v.pron.*** **1** se fixer **2** (*mettersi in testa*) se mettre* dans la, en tête; (*ostinarsi*) s'obstiner.
fissativo [fis-sa-tì-vo] ***agg.*** e ***n.m.*** (*chim., fot.*) fixatif*.
fissato [fis-sà-to] ***agg.*** **1** fixé **2** (*fig.*) obsédé: *sei fissato con questa storia*, cette histoire t'obsède ♦ ***n.m.*** [f. *-a*] (*fam.*) obsédé.
fissato bollato [fis-sà-to bol-là-to] ***n.m.*** (*amm.*) papier timbré; (*Borsa*) déclaration (*f.*) de contrat conclu.
fissatore [fis-sa-tó-re] ***agg.*** [f. *-trice*] fixateur*, fixatif* ♦ ***n.m.*** [f. *-trice*] **1** (*chim., fot., biol.*) fixateur **2** (*per capelli*) fixatif.
fissazione [fis-sa-zió-ne] ***n.f.*** **1** fixation **2** (*idea fissa*) idée fixe; (*ossessione*) obsession; (*mania*) manie.
fissione [fis-sió-ne] ***n.f.*** (*fis.*) fission.
● ***fissione nucleare***, fission nucléaire.
fissità [fis-si-tà] ***n.f.invar.*** fixité.
fisso [fìs-so] ***agg.*** **1** fixé; (*fermo, stabile*) fixe (*anche fig.*): *tutti gli sguardi erano fissi su di lui*, tous les regards étaient fixés sur lui; *tenere lo sguardo fisso nel vuoto*, regarder fixement dans le vide; *regola fissa*, règle fixe **2** (*risoluto, deciso*) ferme, résolu ♦ ***n.m.*** (*stipendio*) fixe ♦ ***avv.*** fixement.
● ***a prezzo fisso***, à prix fixe | ***idea fissa, chiodo fisso***, idée fixe | ***punto fisso***, point fixe | ***senza fissa dimora***, sans domicile fixe, SDF | (*astr.*) ***stella fissa***, étoile fixe.
fistola [fì-sto-la] ***n.f.*** (*med.*) fistule.
fitness ['fitnes] ***n.m.*** o ***f.invar.*** fitness (*m.*), remise (*f.*) en forme.
fito- ***pref.*** phyto-.
fitocosmetico [fi-to-co-smè-ti-co] ***n.m.*** [pl. *-ci*] phytocosmétique.
fitoderivato [fi-to-de-ri-và-to] ***agg.*** e ***n.m.*** (*farm., cosmesi*) (produit) à base de plantes.
fitofarmaco [fi-to-fàr-ma-co] ***n.m.*** [pl. *-ci*] (*chim., agr.*) produit phytosanitaire.
fitoterapia [fi-to-te-ra-pì-a] ***n.f.*** (*med.*) phytothérapie.
fitta [fìt-ta] ***n.f.*** élancement (*m.*), douleur.
● ***provare una fitta al cuore***, (*fig.*) ressentir un coup au cœur.
fittamente [fit-ta-mén-te] ***avv.*** dru; (*densamente*) densément.
fittavolo [fit-tà-vo-lo] ***n.m.*** [f. *-a*] fermier*; (*mezzadro*) métayer*.
fittile [fìt-ti-le] ***agg.*** en terre cuite, d'argile.
fittizio [fit-tì-zio] ***agg.*** [pl.m. *-zi*] fictif*.
fitto[1] [fìt-to] ***agg.*** **1** enfoncé (*anche fig.*) **2** (*denso*) épais*: *una rete fitta*, un filet à mailles serrées; *pioggia fitta*, pluie drue; *folla fitta*, foule dense; *una pagina fitta di notizie*, une page bourrée de nouvelles ♦ ***n.m.*** (*la parte più interna*) cœur ♦ ***avv.*** dru | *parlare fitto* (*fitto*), parler sans relâche.
● ***a capo fitto***, la tête la première; (*fig.*) à corps perdu.
fitto[2] ***n.m.*** → **affitto**.
fittone [fit-tó-ne] ***n.m.*** (*bot.*) pivot: *radice a fittone*, racine pivotante.
fiumana [fiu-mà-na] ***n.f.*** **1** courant (*m.*) (d'un fleuve en crue) **2** (*fig.*) (*moltitudine*) multitude: *una fiumana di parole*, un torrent de paroles.
fiume [fiù-me] ***n.m.*** (*che sfocia in mare*) fleuve (*anche fig.*); (*interno*) rivière (*f.*): *un fiume di lacrime*, des torrents de larmes; *un fiume di sangue*, un fleuve de sang; *il processo ha fatto scorrere fiumi d'inchiostro*, ce procès a fait couler des flots d'encre ♦ ***agg.*** fleuve: *un romanzo fiume*, un roman-fleuve.
● ***a fiumi***, (*fig.*) à flots.
fiutare [fiu-tà-re] ***v.tr.*** **1** flairer (*anche fig.*) **2** (*tabacco*) priser.
fiuto [fiù-to] ***n.m.*** (*odorato*) odorat; (*il fiutare*) flair (*anche fig.*): *ha un buon fiuto per gli affari*, il a beaucoup de flair dans les affaires.
● ***andare a fiuto***, (*fig.*) aller à vue de nez | ***tabacco da fiuto***, tabac à priser.
fixing ['fiksiŋg] ***n.m.invar.*** (*econ.*) fixage.
flaccidità [flac-ci-di-tà] ***n.f.invar.*** flaccidité.
flaccido [flàc-ci-do] ***agg.*** flasque.
flacone [fla-có-ne] ***n.m.*** flacon.
flag [flag, flɛg] ***n.m.*** o ***f.invar.*** (*inform.*) flag, drapeau* (*m.*).
flagellare [fla-gel-là-re] ***v.tr.*** **1** flageller (*anche fig.*) **2** (*colpire con violenza*) fouetter ♦ **flagellarsi** ***v.pron.*** se flageller.
flagellazione [fla-gel-la-zió-ne] ***n.f.*** flagellation.
flagello [fla-gèl-lo] ***n.m.*** **1** (*frusta*) fouet **2** (*supplizio*) flagellation (*f.*) **3** (*fig.*) (*di cosa*) fléau*; (*di persona*) peste (*f.*) **4** (*bot.*) flagelle.
flaggare [flag-gà-re] ***v.tr.*** [coniug. come *legare*] (*inform.*) (*fam.*) cocher.
flagrante [fla-gràn-te] ***agg.*** (*dir.*) flagrant.
● ***cogliere qlcu in flagrante*** (***delitto***), prendre qqn en flagrant délit.
flagranza [fla-gràn-za] ***n.f.*** (*dir.*) flagrance.
● ***flagranza di reato***, flagrance de délit.
flanella [fla-nèl-la] ***n.f.*** flanelle.
flanellina [fla-nel-lì-na] ***n.f.*** flanelle de coton, pilou (*m.*).
flangia [flàn-gia] ***n.f.*** [pl. *-ge*] (*mecc.*) bride, collerette.
flash [flɛʃ] ***n.m.invar.*** flash*.
flashback ['flɛʃbɛk] ***n.m.invar.*** flashback, retour en arrière.
flatulenza [fla-tu-lèn-za] ***n.f.*** flatulence.
flautato [flau-tà-to] ***agg.*** flûté.
flautista [flau-tì-sta] ***n.m.*** e ***f.*** (*mus.*) flûtiste.
flauto [flàu-to] ***n.m.*** (*mus.*) flûte (*f.*).
● ***flauto di Pan***, flûte de Pan | ***flauto diritto, dolce***, flûte à bec, douce | ***flauto traverso***, flûte traversière | ***'Il flauto magico'***, 'La flûte enchantée'.
flavonoide [fla-vo-nòi-de] ***n.m.*** (*chim.*) flavonoïde.
flebile [flè-bi-le] ***agg.*** (*lamentoso*) plaintif*; (*debole*) faible.

flebilmente [fle-bil-mén-te] ***avv.*** (*lamentosamente*) plaintivement; (*debolmente*) faiblement.
flebite [fle-bì-te] ***n.f.*** (*med.*) phlébite.
flebo [flè-bo] ***n.f.invar.*** (*fam.*) → **fleboclisi**.
fleboclisi [fle-bo-clì-ʃi] ***n.f.invar.*** (*med.*) perfusion, (*fam.*) perf; (*apparecchio*) goutte-à-goutte* (*m.*).
flemma [flèm-ma] ***n.f.*** flegme (*m.*).

FAUX AMI
Da non confondere con *flemme* che, nel linguaggio familiare, significa *fiacca, pigrizia*.

flemmatico [flem-mà-ti-co] ***agg.*** [pl.m. *-ci*, f. *-che*] flegmatique.
flemmone [flèm-mo-ne] ***n.m.*** (*med.*) phlegmon.
flessi → **flettere**.
flessibile [fles-sì-bi-le] ***agg.*** flexible (*anche fig.*).
flessibilità [fles-si-bi-li-tà] ***n.f.invar.*** flexibilité; (*fig.*) souplesse | *flessibilità dei prezzi*, élasticité des prix.
flessione [fles-sió-ne] ***n.f.*** **1** flexion | (*ginnastica*) *fare le flessioni*, (*fam.*) faire des pompes **2** (*gramm.*) flexion **3** (*fig.*) (*diminuzione*) fléchissement (*m.*).
flessuosità [fles-suo-si-tà] ***n.f.invar.*** flexuosité, souplesse, sinuosité: *la flessuosità del corpo*, la sinuosité (*o* souplesse) du corps; *la flessuosità dei movimenti*, la souplesse des mouvements.
flessuoso [fles-su-ó-so] ***agg.*** flexible, souple; (*sinuoso*) sinueux*.
flettere [flèt-te-re] ***v.tr.*** [p.rem. *io flettei* o *flessi*; p.p. *flesso*] **1** fléchir **2** (*gramm.*) décliner; (*un verbo*) conjuguer ♦ **flettersi** ***v.pron.intr.*** fléchir; (*di persone*) se plier.
flicorno [fli-còr-no] ***n.m.*** (*mus.*) bugle.
flippato [flip-pà-to] ***agg.*** e ***n.m.*** (*fam.*) **1** (*fuori di testa*) déjanté, chtarbé **2** (*sfatto, sfinito*) décalqué, ensuqué.
flipper [flip-per] ***n.m.*** flipper, billard électrique; (*fam.*) flip.
flirt [flœrt] ***n.m.invar.*** flirt.
flirtare [flir-tà-re] ***v.intr.*** [aus. *avere*] flirter.
flogistico [flo-gì-sti-co] ***agg.*** [pl.m. *-ci*, f. *-che*] (*chim., med.*) phlogistique.
floppy disk [flòp-py disk] ***n.m.invar.*** (*inform.*) disquette (*f.*), disque souple.
flora [flò-ra] ***n.f.*** (*bot.*) flore.
● (*biol.*) ***flora batterica, intestinale***, flore bactérienne, intestinale.
floreale [flo-re-à-le] ***agg.*** floral*.
● (*arte*) ***stile floreale***, Art Nouveau.
floricoltore [flo-ri-col-tó-re] ***n.m.*** [f. *-trice*] floriculteur.
floricoltura [flo-ri-col-tù-ra] ***n.f.*** floriculture.
floridezza [flo-ri-déz-za] ***n.f.*** mine florissante; (*salute*) santé; (*prosperità*) prospérité.
florido [flò-ri-do] ***agg.*** florissant; (*prospero*) prospère: *un bambino florido*, un enfant robuste; *una donna florida*, une femme plantureuse.
florilegio [flo-ri-lè-gio] ***n.m.*** [pl. *-gi*] florilège.
floscio [flò-scio] ***agg.*** [pl.m. *-sci*, f. *-sce*] flasque; (*molle*) mou* (*anche fig.*).
flotta [flòt-ta] ***n.f.*** flotte.
flottiglia [flot-tì-glia] ***n.f.*** (*mar.*) flottille.
flox ***n.m.*** (*bot.*) phlox.
fluente [flu-èn-te] ***agg.*** (*di stile*) coulant; (*di barba, capelli*) flottant.
fluentemente [flu-en-te-mén-te] ***avv.*** (*fig.*) couramment.
fluidificante [flui-di-fi-càn-te] ***agg.*** fluidifiant.
fluidificare [flui-di-fi-cà-re] ***v.tr.*** [coniug. come *mancare*] fluidifier.
fluidità [flui-di-tà] ***n.f.invar.*** fluidité (*anche fig.*).
fluido [flùi-do] ***agg.*** e ***n.m.*** fluide.
fluire [flu-ì-re] ***v.intr.*** [coniug. come *finire*; aus. *essere*] couler (*anche fig.*).
fluitazione [flui-ta-zió-ne] ***n.f.*** flottage (*m.*).
fluorescente [fluo-re-scèn-te] ***agg.*** fluorescent.
fluorescenza [fluo-re-scèn-za] ***n.f.*** fluorescence.
fluorite [fluo-rì-te] ***n.f.*** (*chim.*) fluorine.
fluoro [flu-ò-ro] ***n.m.*** (*chim.*) fluor.
fluorurato [fluo-ru-rà-to] ***agg.*** (*chim.*) fluoré.
fluoruro [fluo-rù-ro] ***n.m.*** (*chim.*) fluorure.
flusso [flùs-so] ***n.m.*** **1** flux (*anche fig.*): *il flusso del tempo*, la fuite du temps **2** (*inform.*) train: *flusso di dati*, trafic des données **3** (*fis., tecn.*) flux; (*di gas*) courant; (*di liquido*) écoulement.
● (*fisiol.*) ***flusso mestruale***, flux menstruel.
flutto [flùt-to] ***n.m.*** (*letter.*) flot.
fluttuante [flut-tu-àn-te] ***agg.*** **1** flottant (*anche fig.*) **2** (*econ.*) fluctuant, flottant: *prezzi fluttuanti*, prix fluctuants; *moneta fluttuante*, monnaie flottante.
fluttuare [flut-tu-à-re] ***v.intr.*** [aus. *avere*] **1** flotter (*anche fig.*) **2** (*econ.*) flotter, fluctuer.
fluttuazione [flut-tua-zió-ne] ***n.f.*** **1** flottement (*m.*); (*fig.*) fluctuation **2** (*econ., fis., med.*) fluctuation.
fluviale [flu-vià-le] ***agg.*** fluvial*.
fobia [fo-bì-a] ***n.f.*** (*psic.*) phobie.
fobico [fò-bi-co] ***agg.*** e ***n.m.*** [f. *-a*; pl.m. *-ci*, f. *-che*] (*psic.*) phobique.
foca [fò-ca] ***n.f.*** [pl. *-che*] (*zool.*) phoque (*m.*).
focaccia [fo-càc-cia] ***n.f.*** [pl. *-ce*] (*cuc.*) (*salata*) focaccia (pain cuit au four semblable à la fougasse provençale); (*dolce*) galette.
● ***render a qlcu pan per focaccia***, (*fig.*) rendre à qqn la monnaie de sa pièce.
focaia [fo-cà-ia] ***agg.***
● ***pietra focaia***, pierre à fusil.
focale [fo-cà-le] ***agg.*** focal* | *punto focale*, (*fig.*) point essentiel.
focalizzare [fo-ca-liʒ-ʒà-re] ***v.tr.*** focaliser; (*mettere a fuoco*) mettre* au point (*anche fig.*).
foce [fó-ce] ***n.f.*** embouchure: *le foci del Rodano*, les bouches du Rhône.
fochista [fo-chì-sta] ***n.m.*** e ***f.*** chauffeur (*m.*).
focolaio [fo-co-là-io] ***n.m.*** [pl. *-ai*] (*med.*) foyer (*anche fig.*).
focolare [fo-co-là-re] ***n.m.*** foyer (*anche fig.*).
focomelia [fo-co-me-lì-a] ***n.f.*** (*med.*) phocomélie.
focomelico [fo-co-mè-li-co] ***agg.*** e ***n.m.*** [f. *-a*; pl.m. *-ci*, f. *-che*] (*med.*) phocomèle.
focoso [fo-có-so] ***agg.*** fougueux*.
fodera [fò-de-ra] ***n.f.*** **1** (*interna*) doublure **2** (*esterna*) *housse; (*di libro*) jaquette.
foderare [fo-de-rà-re] ***v.tr.*** **1** doubler **2** (*ricoprire*) recouvrir*: *foderare un cassetto*, garnir l'intérieur d'un tiroir.

F

foderato [fo-de-rà-to] ***agg.*** **1** doublé **2** (*coperto*) recouvert.
● ***avere gli occhi foderati di prosciutto***, (*fig. fam.*) avoir un bandeau sur les yeux.
fodero [fò-de-ro] ***n.m.*** (*di spada*) fourreau*; (*di pugnale, ombrello*) gaine (*f.*).
foga [fó-ga] ***n.f.*** [pl. *-ghe*] fougue: *nella foga della discussione*, dans le feu de la discussion.
foggia [fòg-gia] ***n.f.*** [pl. *-ge*] forme; (*stile*) genre (*m.*): *un abito di foggia antiquata, moderna*, une robe démodée, à la mode; *lampada di foggia antica*, lampe imitation ancien | *un vaso a foggia di anfora*, un vase en forme d'amphore.
F
foggiare [fog-già-re] ***v.tr.*** [coniug. come *mangiare*] façonner, modeler*.
foglia [fò-glia] ***n.f.*** **1** (*bot.*) feuille: *mettere le foglie*, se garnir de feuilles | *non si muove una foglia*, il n'y a pas un souffle de vent **2** (*lamina*) feuille: *foglia d'oro*, feuille d'or.
● (*arte, arch.*) ***foglia d'acanto***, feuille d'acanthe | ***foglia di fico***, feuille de vigne | ***a foglia morta***, en feuille morte | ***mangiare la foglia***, (*fig.*) gober l'histoire: *ha mangiato la foglia e non è venuto*, il a compris la manœuvre et il n'est pas venu | ***tremare come un foglia***, trembler comme une feuille.
fogliame [fo-glià-me] ***n.m.*** feuillage.
fogliazione [fo-glia-zió-ne] ***n.f.*** (*bot.*) feuillaison.
foglietto [fo-gliét-to] ***n.m.*** feuillet.
foglio [fò-glio] ***n.m.*** [pl. *-gli*] feuille (*f.*): *foglio a righe, a quadretti*, feuille de papier rayé, quadrillé; *foglio da disegno*, feuille de papier à dessin | *foglio illustrativo*, notice explicative.
● (*inform.*) ***foglio di stile***, feuille de style | ***foglio di via***, feuille de route | (*inform.*) ***foglio elettronico***, tableur | ***foglio protocollo***, feuille de papier ministre | (*aut.*) ***foglio rosa***, permis de conduire provisoire | ***foglio volante***, bout de papier: *scrivilo su un foglio volante*, écris-le sur un bout de papier | ***consegnare il foglio in bianco***, (*a un esame*) remettre copie blanche.
fogna [fó-gna] ***n.f.*** **1** égout (*m.*) **2** (*fig.*) (*luogo immondo*) cloaque **3** (*fig.*) (*di persona*) goinfre (*m.*).
fognario [fo-gnà-rio] ***agg.*** [pl.m. *-ri*] d'égouts: *rete fognaria*, réseau d'égouts.
fognatura [fo-gna-tù-ra] ***n.f.*** égouts (*m.pl.*).
foiba [fòi-ba] ***n.f.*** (*geol.*) doline.
fola [fò-la] ***n.f.*** **1** (*letter.*) fable **2** (*fandonia*) blague.
folade [fò-la-de] ***n.f.*** (*zool.*) pholade.
folaga [fò-la-ga] ***n.f.*** [pl. *-ghe*] (*zool.*) foulque.
folata [fo-là-ta] ***n.f.*** rafale.
folclore [fol-cló-re] ***n.m.*** folklore.
folcloristico [fol-clo-rì-sti-co] ***agg.*** [pl.m. *-ci*, f. *-che*] folklorique.
folgorante [fol-go-ràn-te] ***agg.*** fulgurant; (*fulminante*) foudroyant: *un'occhiata folgorante*, un regard foudroyant; *idea folgorante*, idée fulgurante.
folgorare [fol-go-rà-re] ***v.tr.*** foudroyer* (*anche fig.*): *mi folgorò* (*con lo sguardo*), il me foudroya (du regard) | *fu folgorato dalla sua bellezza*, il fut frappé par sa beauté.
folgorazione [fol-go-ra-zió-ne] ***n.f.*** **1** (*med.*) fulguration **2** (*fig.*) (*intuizione improvvisa*) éclair (*m.*).
folgore [fól-go-re] ***n.f.*** foudre.
folico [fò-li-co] ***agg.*** [pl.m. *-ci*, f. *-che*] (*chim.*) folique.
● ***acido folico***, acide folique.

folklore e *deriv.* → **folclore** e *deriv.*
folla [fól-la *o* fòl-la] ***n.f.*** foule (*anche fig.*); (*gente*) monde (*m.*): *c'è una gran folla*, il y a foule | *l'idolo delle folle*, l'idole de la foule.
follare [fol-là-re] ***v.tr.*** (*tess.*) fouler.
follatura [fol-la-tù-ra] ***n.f.*** (*tess.*) foulage (*m.*).
folle [fòl-le] ***agg.*** e ***n.m.*** e ***f.*** fou/folle: *è folle di gioia*, elle est folle de joie.
● ***in folle***, (*aut.*) au point mort; (*mecc.*) à vide.

NOTA L'aggettivo ***folle*** si traduce ***fou***, che ha due forme per il maschile singolare: ***fol*** usato prima di un sostantivo che inizia per vocale o *h* muta; ***fou*** in tutti gli altri casi. Il maschile plurale è sempre ***fous***:
una folle speranza, un **fol** espoir;
un folle visionario, un **fou** visionnaire;
sono ***folli***, ils sont **fous**.

folleggiare [fol-leg-già-re] ***v.intr.*** [coniug. come *mangiare*; aus. *avere*] faire* des folies.
follemente [fol-le-mén-te] ***avv.*** follement.
folletto [fol-lét-to] ***n.m.*** lutin ♦ ***agg.*** *spirito folletto*, esprit follet (*o* lutin).
follia [fol-lì-a] ***n.f.*** folie (*anche fig.*).
● ***alla follia***, à la folie | ***fare follie***, faire des folies.
follicolare [fol-li-co-là-re] ***agg.*** (*anat.*) folliculaire.
follicolo [fol-lì-co-lo] ***n.m.*** (*anat., bot.*) follicule.
follone [fol-ló-ne] ***n.m.*** (*ind. tess.*) foulon, fouleuse (*f.*).
folto [fól-to] ***agg.*** **1** épais*; (*di erba ecc.*) touffu: *ha capelli folti*, il a beaucoup de cheveux **2** (*numeroso*) nombreux*: *c'era un folto pubblico*, il y avait un public nombreux; *eravamo* (*in*) *un folto gruppo*, nous étions nombreux ♦ ***n.m.*** (*fig.*) cœur: *il folto della foresta*, le cœur de la forêt; *nel folto di*, au cœur de | *nel folto della mischia*, au plus fort de la mêlée.
fomentare [fo-men-tà-re] ***v.tr.*** fomenter.
fomentatore [fo-men-ta-tó-re] ***n.m.*** [f. *-trice*] fomentateur*.
fon ***n.m.invar.*** (*asciugacapelli*) séchoir, sèche-cheveux* | *messa in piega a fon*, brushing.
fonatorio [fo-na-tò-rio] ***agg.*** [pl.m. *-ri*] (*fisiol.*) (*che serve alla fonazione*) phonateur*; (*che riguarda la fonazione*) phonatoire.
fonazione [fo-na-zió-ne] ***n.f.*** (*ling.*) phonation.
fonda [fón-da] ***n.f.*** (*mar.*) mouillage (*m.*).
fondaco [fón-da-co] ***n.m.*** [pl. *-chi*] (*st.*) entrepôt.
fondale [fon-dà-le] ***n.m.*** **1** (*teatr.*) toile (*f.*) de fond **2** (*mar.*) fond: *basso fondale*, bas-fond; *alto fondale*, haut-fond | (*geogr.*) *fondali oceanici*, les grands fonds de l'océan.
fondamentale [fon-da-men-tà-le] ***agg.*** fondamental* ♦ ***n.m.*** (*spec. pl.*) (*sport*) fondements (*pl.*).
fondamentalmente [fon-da-men-tal-mén-te] ***avv.*** fondamentalement.
fondamento [fon-da-mén-to] ***n.m.*** **1** [pl. *le fondamenta*] fondation (*f.*) (*anche fig.*): *gettare le fondamenta di*, jeter les fondations de; *rifare dalle fondamenta*, (*fig.*) repartir à zéro **2** [pl. *i fondamenti*] (*fig.*) fondement: *senza fondamento*, sans fondement | *parlare con fondamento*, parler en connaissance de cause.
fondare [fon-dà-re] ***v.tr.*** fonder (*anche fig.*): *fondare un impero*, fonder un empire; *fondare le proprie affermazioni sui fatti*, fonder ses affirmations sur les faits ♦ **fondarsi** ***v.pron.intr.*** **1** se fonder (*anche fig.*) **2** (*fare assegnamento*) compter.

fondatamente [fon-da-ta-mén-te] ***avv.*** avec raison, à bon droit.

fondatezza [fon-da-téz-za] ***n.f.*** fondement (*m.*); (*giustezza*) bien-fondé* (*m.*).

fondato [fon-dà-to] ***agg.*** fondé: *ho ragioni fondate*, j'ai de bonnes raisons.

fondatore [fon-da-tó-re] ***n.m.*** [f. *-trice*] fondateur*.
● ***socio fondatore***, membre fondateur.

fondazione [fon-da-zió-ne] ***n.f.*** **1** fondation: *la fondazione di un partito*, la fondation d'un parti; **2** (*ente morale*) fondation **3** (*pl.*) (*edil.*) fondations.

fondello [fon-dèl-lo] ***n.m.*** bout; (*di cartuccia*) culot; (*dei calzoni*) fond.
● ***prendere qlcu per i fondelli***, (*fig. fam.*) se moquer de qqn.

fondente [fon-dèn-te] ***agg.*** fondant ♦ ***n.m.*** (*dolce*) (bonbon) fondant.
● ***cioccolato fondente***, chocolat noir.

fondere [fón-de-re] ***v.tr.*** [p.rem. *io fusi*, *tu fondesti* ecc.; p.p. *fuso*] **1** fondre* (*anche fig.*) | (*aut.*) *fondere il motore*, *le bronzine*, griller (le moteur), couler les bielles | *quattro ore di studio mi hanno fuso* (*il cervello*), (*fig. fam.*) quatre heures à étudier m'ont complètement vidé **2** (*unire*) fusionner ♦ ***v.intr.*** [aus. *avere*] fondre* ♦ **fondersi** ***v.pron. intr.*** fondre* (*anche fig.*): *la neve si è fusa al sole*, la neige a fondu au soleil | (*elettr.*) *le valvole si sono fuse*, les plombs ont sauté ♦ ***v.pron.rec.*** (*unirsi*) se fondre*; (*di società, partiti*) fusionner.

FAUX AMI
Da non confondere con *fonder*, che significa *fondare*.

fonderia [fon-de-rì-a] ***n.f.*** fonderie.

fondiario [fon-dià-rio] ***agg.*** [pl.m. *-ri*] foncier*.

fondina[1] [fon-dì-na] ***n.f.*** gaine, étui (*m.*).

fondina[2] ***n.f.*** (*region.*) (*piatto fondo*) assiette creuse.

fondista [fon-dì-sta] ***n.m.*** e ***f.*** **1** (*sciatore*) fondeur/euse; (*podista, ciclista*) coureur/euse de fond **2** (*giornalista*) rédacteur/trice d'articles de fond.

fonditore [fon-di-tó-re] ***n.m.*** [f. *-trice*] fondeur*.

fondo[1] [fón-do] ***n.m.*** **1** fond: *il fondo di una pentola*, le fond d'une casserole | *in quel che dice c'è un fondo di verità*, dans ce qu'il dit, il y a un fond de vérité **2** (*stradale*) chaussée (*f.*) **3** (*sfondo*) fond: *un disegno su fondo nero*, un dessin sur fond noir | (*pitt.*) *mano di fondo*, première couche **4** (*residuo*) reste; (*deposito*) dépôt; (*feccia*) lie (*f.*); (*rimanenza*) fonds (*pl.*): *i fondi del vino, dell'aceto*, la lie, le dépôt du vin, du vinaigre **5** (*sport*) fond **6** (*possedimento*) fonds **7** (*fin., econ., amm.*) fonds.
● (*tennis*) ***fondo*** (***campo***), arrière court | (*comm.*) ***fondo cassa***, encaisse (*o* fonds de caisse) | (*fin.*) ***fondo comune di investimento***, fonds commun de placement | ***fondo di bottiglia***, (*pietra falsa*) bouchon de carafe | (*econ.*) ***Fondo Monetario Internazionale***, Fonds Monétaire International | ***fondi di caffè***, marc de café | ***fondi di magazzino, di bottega***, fonds de magasin | (*econ.*) ***fondi neri***, fonds secrets | (*amm.*) ***fondi pensione***, fonds de pensions | (*econ.*) ***fondi pubblici***, fonds publics | ***a fondo***, à fond: *andare a fondo*, couler, aller à fond; *andare a fondo di una faccenda*, aller jusqu'au bout d'une histoire; *conoscere a fondo*, connaître parfaitement | ***a fondo perso***, à fonds perdu | (*giorn.*) ***articolo di fondo***, article de fond | ***da cima a fondo***, de fond en comble | ***dar fondo a***, gaspiller: *dar fondo alle proprie energie, al patrimonio*, gaspiller son énergie, sa fortune; *dar fondo a un argomento*, épuiser un sujet | ***di fondo***, de fond; (*fondamentale*) fondamental: *la stanza di fondo*, la chambre du fond; *problema di fondo*, problème fondamental; *rumore, musica di fondo*, bruit, musique de fond | ***doppio fondo***, double fond: *a doppio fondo*, à double fond | ***fino in fondo***, jusqu'au bout: *non mi convince fino in fondo*, cela ne me convainc pas vraiment; *dire la verità fino in fondo*, dire toute la vérité; *si è bevuto la bottiglia fino in fondo*, il a bu la bouteille jusqu'à la dernière goutte | ***in fondo*** (***a***), (*anche fig.*) au fond (de): *in fondo alla stanza*, au fond de la pièce; *in fondo alla strada*, au bout de la rue; *in fondo alle scale*, au bas de l'escalier; *in fondo alla pagina*, au bas de la page; *leggere in fondo all'anima*, lire dans le cœur; *arrivare in fondo a un libro*, finir un livre; *in fondo sei tu che ci rimetti*, au fond, c'est toi qui y perds | ***in fondo in fondo***, tout au fond | (*sport*): ***linea di fondo***, ligne de but; ***mezzo fondo***, demi-fond; (***sci di***) ***fondo***, ski de fond | ***senza fondo***, sans fond: *avere uno stomaco senza fondo*, (*fig.*) manger comme quatre; *pozzo senza fondo*, (*anche fig.*) puits sans fond | ***toccare il fondo***, avoir pied, (*fig.*) toucher le fond.

fondo[2] ***agg.*** creux*; (*profondo*) profond; *un pozzo fondo dieci metri*, un puits profond de dix mètres | *è notte fonda*, il fait nuit noire.
● ***piatto fondo***, assiette creuse.

fondotinta [fon-do-tìn-ta] ***n.m.invar.*** fond de teint.

fondovalle [fon-do-vàl-le] ***n.m.*** [pl. *fondivalle* o *invar.*] fond de la vallée.

fonduta [fon-dù-ta] ***n.f.*** (*cuc.*) fondue (savoyarde).

fonema [fo-nè-ma] ***n.m.*** (*ling.*) phonème.

fonetica [fo-nè-ti-ca] ***n.f.*** [pl. *-che*] phonétique.

fonetico [fo-nè-ti-co] ***agg.*** [pl.m. *-ci*, f. *-che*] phonétique.

fonico [fò-ni-co] ***agg.*** [pl.m. *-ci*, f. *-che*] phonique ♦ ***n.m.*** [f. *-a*] (*cine.*) ingénieur du son.

fono- ***pref.*** phono-.

fonoassorbente [fo-no-as-sor-bèn-te] ***agg.*** insonore.

fonografico [fo-no-grà-fi-co] ***agg.*** [pl.m. *-ci*, f. *-che*] phonographique.

fonografo [fo-nò-gra-fo] ***n.m.*** phonographe.

fonogramma [fo-no-gràm-ma] ***n.m.*** message téléphoné.

fonoisolante [fo-no-i-ʃo-làn-te] ***agg.*** e ***n.m.*** isolant phonique.

fonologia [fo-no-lo-gì-a] ***n.f.*** phonologie.

fonologico [fo-no-lò-gi-co] ***agg.*** [pl.m. *-ci*, f. *-che*] phonologique.

fonoteca [fo-no-tè-ca] ***n.f.*** [pl. *-che*] phonothèque.

font ***n.m.*** o ***f.invar.*** (*tip.*) police (*f.*) de caractères, fonte (*f.*)

fontana [fon-tà-na] ***n.f.*** fontaine | (*cuc.*) *disporre la farina a fontana*, faire des puits avec la farine.
● ***fontana a colonnetta***, borne-fontaine | ***fontana murale***, fontaine addossée.

fontanella [fon-ta-nèl-la] ***n.f.*** **1** fontaine **2** (*anat.*) fontanelle.

fontanile [fon-ta-nì-le] ***n.m.*** **1** (*geol.*) source (*f.*) **2** (*abbeveratoio*) abreuvoir.

fonte [fón-te] ***n.f.*** source (*anche fig.*) ♦ ***n.m.*** *fonte battesimale*, *sacro fonte*, fonts baptismaux.
● (*dir.*) ***fonte di reddito***, source de revenu | ***fonte termale***, source termale | ***fonte ufficiale***, source autorisée | ***alla fonte***, à la source: (*trib.*) *ritenuta alla fonte*, retenue à la source.

FAUX AMI
Da non confondere con *fonte*, che significa *ghisa*, *fondina* o *fusione*.

fontina [fon-tì-na] ***n.f.*** fontine (fromage du Piémont et de la Vallée d'Aoste).

footing ['futiŋg] ***n.m.invar.*** (*sport*) footing.

foraggero [fo-rag-gè-ro] ***agg.*** fourrager*.

foraggiare [fo-rag-già-re] ***v.tr.*** [coniug. come *mangiare*] **1** affourager* **2** (*fig.*) subventionner.

foraggio [fo-ràg-gio] ***n.m.*** [pl. *-gi*] fourrage.

FAUX AMI
Da non confondere con *forage*, che significa *perforazione*.

foraneo [fo-rà-ne-o] ***agg.*** rural*.
● (*mar.*) ***molo foraneo***, ***diga foranea***, mouillage forain, jetée.

F

forare [fo-rà-re] ***v.tr.*** **1** percer*; (*biglietti*) poinçonner **2** (*pneumatici*) crever* ♦ **forarsi** ***v.pron.intr.*** (*di pneumatici*) crever*.

forato [fo-rà-to] ***agg.*** percé, troué; (*di pneumatico*) crevé: *mattone forato*, brique creuse ♦ ***n.m.*** brique (*f.*) creuse.

foratura [fo-ra-tù-ra] ***n.f.*** percement (*m.*), perçage (*m.*); (*di biglietti*) poinçonnage (*m.*); (*di pneumatici*) crevaison.

forbice [fòr-bi-ce] ***n.f.*** **1** (*spec. pl.*) ciseaux (*m.pl.*): *forbici da potatura*, sécateur | *lavorare di forbici*, (*fig.*) donner des coups de ciseaux **2** (*fig.*) (*divaricazione*) fourchette.
● ***forbice da ricamo***, ***da sarta***, ciseaux à broder, de couturière | ***forbice per unghie***, ciseaux à ongles | ***forbice salariale***, fourchette des salaires | ***colpo di forbice***, (*anche fig.*) coup de ciseaux | (*sport*) ***salto a forbice***, saut en ciseaux.

forbiciata [for-bi-cià-ta] ***n.f.*** coup (*m.*) de ciseaux.

forbicina [for-bi-cì-na] ***n.f.*** (*zool. pop.*) perce-oreille*, forbicule.

forbire [for-bì-re] ***v.tr.*** [coniug. come *finire*] **1** (*raffinare*) polir **2** (*pulire*) nettoyer* **3** (*lucidare*) fourbir.

forbitezza [for-bi-téz-za] ***n.f.*** élégance.

forbito [for-bì-to] ***agg.*** **1** (*fig.*) élégant, soigné **2** (*pulito*) nettoyé **3** (*lucido*) fourbi ♦ ***avv.*** avec élégance: *parlare forbito*, parler avec élégance.

forca [fór-ca] ***n.f.*** [pl. *-che*] **1** fourche **2** (*patibolo*) potence, gibet (*m.*): *morire sulla forca*, être pendu **3** (*valico alpino*) col (*m.*).
● ***forche caudine***, (*anche fig.*) fourches caudines | ***faccia da forca***, mine patibulaire | (*region.*) ***far forca a scuola***, (*marinare*) sécher (ses cours) | ***far la forca a qlcu***, (*fam.*) tirer dans les jambes de qqn | ***pendaglio da forca***, gibier de potence | ***va' sulla forca!***, (*fam.*) va te faire pendre (ailleurs)!

forcella [for-cèl-la] ***n.f.*** **1** fourche: *forcella della bicicletta*, fourche du vélo **2** (*anat.*) enfourchure **3** (*per capelli*) épingle à cheveux **4** (*del telefono*) fourche **5** (*valico alpino*) col (*m.*).

forchetta [for-chét-ta] ***n.f.*** fourchette: *forchetta da pesce*, *da dolce*, fourchette à poisson, à dessert.
● ***essere una buona forchetta***, (*fig.*) être une bonne fourchette | ***parlare in punta di forchetta***, (*fig.*) parler avec affectation.

forchettata [for-chet-tà-ta] ***n.f.*** **1** (*colpo dato con la forchetta*) coup (*m.*) de fourchette **2** (*quantità di cibo*) fourchetée.

forchettone [for-chet-tó-ne] ***n.m.*** grande fourchette (*f.*), fourchette (*f.*) à roti.

forcina [for-cì-na] ***n.f.*** épingle à cheveux.

forcipe [fòr-ci-pe] ***n.m.*** forceps.

forcone [for-có-ne] ***n.m.*** fourche (*f.*).

forcuto [for-cù-to] ***agg.*** fourchu: *piede forcuto*, pied fourchu.

forense [fo-rèn-se] ***agg.*** (*dir.*) du barreau: *linguaggio forense*, langage du palais.

foresta [fo-rè-sta] ***n.f.*** forêt (*anche fig.*).
● ***foresta vergine***, ***pluviale***, forêt vierge, toujours verte.

forestale [fo-re-stà-le] ***agg.*** forestier*.
● ***Corpo Forestale dello Stato***, (*in Francia*) (Administration des) Eaux et Forêts | ***guardia forestale***, garde forestier.

forestazione [fo-re-sta-zió-ne] ***n.f.*** afforestation.

foresteria [fo-re-ste-rì-a] ***n.f.*** hôtellerie.
● ***appartamento uso foresteria***, appartement de fonction.

FAUX AMI
Da non confondere con *foresterie*, che significa *forestazione*.

forestierismo [fo-re-stie-rì-ʃmo] ***n.m.*** (*ling.*) xénisme.

forestiero [fo-re-stiè-ro] ***agg.*** e ***n.m.*** [f. *-a*] étranger*.

FAUX AMI
Da non confondere con *forestier*, che significa *forestale*, *boscoso*.

forfait [fɔr'fɛ] ***n.m.invar.*** forfait: *lavoro a forfait*, travail à forfait.
● ***dichiarare forfait***, (*anche fig.*) déclarer forfait.

forfetariamente [for-fe-ta-ria-mén-te] ***avv.*** à forfait.

forfetario [for-fe-tà-rio] ***agg.*** [pl.m. *-ri*] forfaitaire.

forfora [fór-fo-ra] ***n.f.*** pellicules (*pl.*).

forgia [fòr-gia] ***n.f.*** [pl. *-ge*] forge.

forgiare [for-già-re] ***v.tr.*** [coniug. come *mangiare*] forger* (*anche fig.*); (*su stampo*) matricer*.

foriero [fo-riè-ro] ***agg.*** e ***n.m.*** porteur*: *nuvole foriere di pioggia*, nuages porteurs de pluie.

forma [fór-ma] ***n.f.*** **1** forme: *la forma del viso*, la forme du visage; *la malattia si è manifestata in forma benigna*, la maladie s'est déclarée sous une forme bénigne **2** (*pl.*) (*fattezze*) formes **3** (*stampo*) moule (*m.*); (*dei calzolai*) forme **4** (*esteriorità*) forme: *è una questione di forma*, c'est une question de forme.
● (*gramm.*) ***forma attiva***, ***passiva***, forme active, passive | ***a forma di***, en forme de, sous forme de | ***essere giù di forma***, ***fuori forma***, ne pas être en forme | ***essere in (piena) forma***, être en (pleine) forme | ***in forma privata***, (*personale*) à titre privé, (*non ufficiale*) non officiellement: *viaggio in forma privata*, voyage non officiel | ***in forma scritta***, par écrit | ***in forma solenne***, solennellement | ***in forma ufficiale***, officiellement | ***in***, ***sotto forma di***, en, sous forme de | ***nella debita***, ***dovuta forma***, en bonne et due forme | ***peso forma***, poids idéal | ***prendere forma***, prendre une forme; (*fig.*) prendre une forme (*o* se dessiner) | ***pro forma***, pour la forme (*o* de pure forme) | ***salvare la forma***, sauver les apparences | ***vizio di forma***, vice de forme.

formaggella [for-mag-gèl-la] ***n.f.*** fromage (*m.*) frais.

formaggiaio [for-mag-già-io] ***n.m.*** [f. *-a*; pl.m. *-ai*] fromager*.

formaggiera [for-mag-giè-ra] ***n.f.*** fromagère.

formaggino [for-mag-gì-no] ***n.m.*** petit fromage.

formaggio [for-màg-gio] ***n.m.*** [pl. *-gi*] fromage: *industria del formaggio*, industrie fromagère.
● ***formaggio da spalmare***, fromage à tartiner | ***formaggio***

grattugiato, fromage râpé | ***formaggio stagionato, fresco***, fromage affiné, frais.
formaldeide [for-mal-dèi-de] ***n.f.*** (*chim.*) formaldéhyde.
formale [for-mà-le] ***agg.*** formel*.
formalina [for-ma-lì-na] ***n.f.*** (*chim.*) formaline.
formalismo [for-ma-lì-ʃmo] ***n.m.*** formalisme.
formalista [for-ma-lì-sta] ***n.m.*** e ***f.*** formaliste.
formalistico [for-ma-lì-sti-co] ***agg.*** [pl.m. *-ci*, f. *-che*] formaliste.
formalità [for-ma-li-tà] ***n.f.invar.*** formalité: *è una pura formalità*, ce n'est qu'une simple formalité.
formalizzare [for-ma-liʒ-ʒà-re] ***v.tr.*** formaliser ♦ **formalizzarsi** ***v.pron.intr.*** se formaliser.
formalizzazione [for-ma-liʒ-ʒa-zió-ne] ***n.f.*** formalisation.
formalmente [for-mal-mén-te] ***avv.*** formellement.
forma mentis [fór-ma mèn-tis] ***n.f.invar.*** tournure d'esprit.
formare [for-mà-re] ***v.tr.*** **1** former: *formano una bella coppia*, ils font un beau couple; *formare il carattere*, former le caractère; *formare il governo*, former le gouvernement **2** (*metall.*) (*forgiare*) mouler ♦ **formarsi** ***v.pron. intr.*** se former: *questa idea si andò formando in lui con gli anni*, cette idée mûrit en lui avec les années.
format ['format] ***n.m.invar.*** (*tv*) format.
formativo [for-ma-tì-vo] ***agg.*** formatif*.
formato [for-mà-to] ***agg.*** **1** formé (**de**): *una giuria formata da molte personalità*, un jury formé de nombreuses personnalités **2** (*modellato*) fait, formé: *fisico ben formato*, physique bien fait **3** (*sviluppato*) défini: *personalità non ancora formata*, personnalité pas encore définie ♦ ***n.m.*** format.
● ***foto formato cartolina***, photo format carte postale | ***foto formato tessera***, photomaton | ***libro formato tascabile***, livre de poche.
formattare [for-mat-tà-re] ***v.tr.*** (*inform.*) formater.
formattazione [for-mat-ta-zió-ne] ***n.f.*** (*inform.*) formatage (*m.*).
formatura [for-ma-tù-ra] ***n.f.*** **1** (*metall.*) moulage (*m.*) **2** (*mecc.*) façonnage (*m.*), usinage (*m.*).
formazione [for-ma-zió-ne] ***n.f.*** **1** formation **2** (*sport*) (*di squadra*) formation.
● (*mil.*) ***formazione di combattimento***, formation de combat | ***formazione permanente***, formation continue | ***formazione professionale***, formation professionnelle.
formella [for-mèl-la] ***n.f.*** **1** (*per pavimenti*) carreau* (*m.*); (*di soffitto*) caisson (*m.*) **2** (*riquadro decorato o scolpito*) panneau* (*m.*) **3** (*mattonella combustibile*) briquette.
formica[1] [for-mì-ca] ***n.f.*** [pl. *-che*] (*zool.*) fourmi.
● ***a passi di formica***, (*fig.*) à petits pas | ***mangiare come una formica***, (*fig.*) avoir un appétit d'oiseau.
formica®[2] [fòr-mi-ca] ***n.f.invar.*** formica®.
formicaio [for-mi-cà-io] ***n.m.*** [pl. *-ai*] fourmillière (*f.*).
formicaleone [for-mi-ca-le-ó-ne] ***n.m.*** (*zool.*) fourmi-lion*, fourmilion.
formichiere [for-mi-chiè-re] ***n.m.*** (*zool.*) fourmilier.
formico [fòr-mi-co] ***agg.*** [pl.m. *-ci*, f. *-che*] (*chim.*) formique.
formicolare [for-mi-co-là-re] ***v.intr.*** [aus. *avere* o *essere*] fourmiller: *mi formicola la mano*, j'ai des fourmis dans la main (*o* j'ai la main engourdie).
formicolio [for-mi-co-lì-o] ***n.m.*** [pl. *-ii*] fourmillement.
formidabile [for-mi-dà-bi-le] ***agg.*** formidable; (*fam.*) formide.
formina [for-mì-na] ***n.f.*** moule (*m.*): *giocare con le formine sulla spiaggia*, jouer à faire des pâtés (de sable) sur la plage.
formosità [for-mo-si-tà] ***n.f.invar.*** rotondité; rondeurs (*pl.*): *quel vestito accentua le sue formosità*, cette robe accuse ses rondeurs.
formoso [for-mó-so] ***agg.*** plantureux*; (*fam.*) bien roulé.
formula [fòr-mu-la] ***n.f.*** **1** formule (*anche fig.*) **2** (*scient.*) formule.
● ***formula di commiato, augurale***, formule de vœux, de congé | (*med.*) ***formula leucocitaria***, formule leucocitaire | ***formula magica***, formule magique | (*aut.*) ***Formula 1***, Formule 1 | (*dir.*) ***assolvere con formula piena***, acquitter.
formulare [for-mu-là-re] ***v.tr.*** formuler.
formulario [for-mu-là-rio] ***n.m.*** [pl. *-ri*] formulaire.
● ***formulario farmaceutico***, codex.
formulazione [for-mu-la-zió-ne] ***n.f.*** formulation.
fornace [for-nà-ce] ***n.f.*** **1** four (*m.*) **2** (*fabbrica*) (*di tegole*) tuilerie; (*di mattoni*) briqueterie **3** (*fig.*) fournaise.
fornaio [for-nà-io] ***n.m.*** [f. *-a*; pl.m. *-ai*] boulanger*.
fornello [for-nèl-lo] ***n.m.*** **1** réchaud **2** (*della pipa*) fourneau* **3** (*miner.*) cheminée (*f.*).
● ***fornello a gas***, brûleur | ***fornello a spirito***, réchaud à alcool | (*mil.*) ***fornello da campo***, fourneau | (*chim.*) ***fornello da laboratorio***, four de laboratoire.
fornicare [for-ni-cà-re] ***v.intr.*** [coniug. come *mancare*; aus. *avere*] (*letter.*) forniquer.
fornicazione [for-ni-ca-zió-ne] ***n.f.*** (*letter.*) fornication.
fornice [fòr-ni-ce] ***n.m.*** (*arch.*) arcade (*f.*).
fornire [for-nì-re] ***v.tr.*** [coniug. come *finire*] fournir; (*rifornire*) approvisionner: *fornire qlcu di denaro*, munir qqn d'argent; *fornire una casa di mobili*, meubler une maison ♦ **fornirsi** ***v.pron.*** se fournir; (*rifornirsi*) s'approvisionner; (*munirsi*) se munir.
fornito [for-nì-to] ***agg.*** fourni; (*rifornito*) approvisionné; (*fig.*) pourvu: *un uomo fornito di senso pratico*, un homme pourvu de sens pratique.
fornitore [for-ni-tó-re] ***n.m.*** e ***agg.*** [f. *-trice*] fournisseur*: *le ditte fornitrici*, les fournisseurs.
● (*Internet*): ***fornitore di gruppi di discussione***, distributeur de nouvelles; ***fornitore di servizi***, fournisseur d'accès Internet.
fornitura [for-ni-tù-ra] ***n.f.*** **1** fourniture; (*provvista, scorta*) approvisionnement (*m.*): *forniture per ufficio*, fournitures de bureaux **2** (*comm.*) (*ordinazione*) commande; (*consegna*) livraison: *condizioni di fornitura*, conditions de livraison.
forno [fór-no] ***n.m.*** **1** four: *mettere il pane in forno*, mettre le pain au four | *una bocca che pare un forno*, (*fig.*) une bouche fendue jusqu'aux oreilles | *sembra di essere in un forno*, (*fig.*) c'est une fournaise **2** (*bottega del fornaio*) boulangerie (*f.*) **3** (*tecn.*) four; (*chim.*) fourneau **4** (*med.*) étuve.
● ***forno a legna, elettrico***, four à bois, électrique | ***forno a microonde***, four à micro-ondes | ***forno crematorio***, four crématoire | (*cuc.*) ***al forno***, au four.
foro[1] [fó-ro *o* fòro] ***n.m.*** trou: *praticare un foro*, faire un trou.
foro[2] ***n.m.*** **1** (*st.*) forum **2** (*dir.*) (*tribunale*) tribunal*;

F

(*collegio degli avvocati*) barreau*; (*giurisdizione*) juridiction (*f.*).
● (*dir.*): ***foro competente***, tribunal compétent | ***foro ecclesiastico***, for ecclésiastique | ***principe del foro***, (*fig.*) maître du barreau.

forra [fór-ra] ***n.f.*** (*geol.*) ravin (*m.*).

forse [fór-se] ***avv.*** **1** peut-être: *forse vi disturbo?*, je vous dérange peut-être?; *forse non è molto intelligente*, il n'est peut-être pas très intelligent; *forse ha dimenticato l'appuntamento*, peut-être qu'il a oublié son rendez-vous; *forse ti sembrerà strano*, cela peut te paraître étrange; *partirò forse domani*, je partirai peut-être demain **2** (*circa*) (*seguito da un numerale*) environ: *erano forse le sette*, il était environ sept heures; *erano forse dieci*, ils devaient être une dizaine; *avrà forse cinquant'anni*, il doit avoir cinquante ans **3** (*enfatico, retorico o rafforzativo*) donc: *non siamo forse amici?*, *forse che non siamo amici?*, ne sommes-nous donc pas amis?; *forse che non lo sapevi?*, tu ne le savais donc pas?; *avresti forse paura?*, aurais-tu peur, par hasard?; *credi forse che non mi dispiaccia?*, et tu crois que je ne le regrette pas?; *è forse questo il modo di rispondere?*, c'est (là) une façon de répondre?; *e se, forse forse, avesse ragione lui?*, et si, par hasard, il avait raison? | *avrò venti giorni di ferie, forse forse un mese*, j'aurai vingt jours de congé, peut-être même un mois ♦ ***n.m.invar.*** doute, hésitation (*f.*): *non capisco proprio tutti i tuoi forse*, je ne comprends vraiment pas toutes tes hésitations.
● ***forse*** (***che***) ***sì, forse*** (***che***) ***no***, peut-être bien que oui, que non | ***in forse***, (*in sospeso*) en suspens: *essere in forse*, (*non sapere se*) ne pas savoir si, (*chiedersi se*) se demander si; *rimanere in forse*, rester dans le doute; *la sua vita è in forse*, (*in pericolo*) sa vie est en danger | ***mettere in forse***, mettre en doute: *mettere in forse la propria vita*, (*rischiare*) risquer sa vie | ***senza forse***, (*sicuramente*) sûrement; (*senz'altro*) sans faute; (*senza dubbio*) sans aucun doute.

> **NOTA** ***Peut-être***, che traduce **forse**, all'inizio di frase richiede l'inversione del soggetto; ***peut-être que***, che traduce **forse che**, è invece seguito da soggetto e verbo senza inversione.
>
> Forse *ha torto.*
> Peut-être **a-t-il** tort.
>
> *Forse che abbia esagerato?*
> Peut-être **qu'il a** exagéré?

forsennatamente [for-sen-na-ta-mén-te] ***avv.*** furieusement, comme un fou.

forsennato [for-sen-nà-to] ***agg.*** e ***n.m.*** [f. *-a*] forcené.

forsizia [for-sì-zia] ***n.f.*** (*bot.*) forsythia (*m.*).

forte [fòr-te] ***agg.*** **1** fort (*anche fig.*): *una forte costituzione*, une robuste constitution; *un forte partito politico*, un parti politique puissant; *un colpo forte*, un coup violent; *un forte raffreddore*, un gros rhume; *vento forte*, vent violent; *un forte acquazzone*, une forte averse; *un forte rumore*, un grand bruit | *parole forti*, de grands mots **2** (*cospicuo, notevole*) fort; (*grande*) grand: *una forte spesa, somma*, une grosse dépense, somme; *gravano su di lui forti sospetti*, de graves soupçons pèsent sur lui; *ci sono forti motivi di credere che*, il y a de fortes raisons de croire que; *fare una forte impressione*, faire une grande impression; *un forte bevitore, fumatore*, un grand buveur, fumeur **3** (*bravo, capace*) fort: *un forte giocatore di scacchi*, un excellent joueur d'échecs; *un allievo forte in matematica*, un élève fort en mathématiques **4** (*fam.*) (*simpatico*) sympa: *che forte che sei!*, tu es trop sympa! **5** (*di gusto*) fort: *cibi forti*, mets épicés; *caffè forte*, café fort ♦ ***n.m.*** **1** (*fortezza*) fort **2** (*punto di forza*) fort: *il suo forte è il latino*, son fort, c'est le latin **3** (*persona forte*) fort ♦ ***n.m.invar.*** (*mus.*) forte ♦ ***avv.*** **1** fort: *abbracciami forte!*, serre-moi fort!; *tieniti forte!*, tiens-toi bien!; *giocare forte*, jouer gros jeu **2** (*velocemente*) vite: *guidava troppo forte*, il roulait trop vite **3** (*assai*) fort: *piove forte*, il pleut beaucoup; *era arrabbiato forte!*, (*fam.*) il était fou de rage!; *sei ignorante forte!*, (*fam.*) tu es d'une ignorance crasse! **4** (*mus.*) forte.
● ***andare forte***, (*fig.*) marcher bien | ***dar man forte a qlcu***, prêter main forte à qqn | ***è più forte di me***, (*fig.*) c'est plus fort que moi | ***farsi forte di qlco***, se faire fort de qqch | ***il piatto forte***, (*di un pranzo*) le plat de résistance | ***sesso forte***, sexe fort | ***taglie forti***, tailles fortes.

fortemente [for-te-mén-te] ***avv.*** fortement (*anche fig.*).

fortezza [for-téz-za] ***n.f.*** **1** forteresse **2** (*fig.*) (*forza morale*) force.

fortificare [for-ti-fi-cà-re] ***v.tr.*** [coniug. come *mancare*] fortifier ♦ **fortificarsi** ***v.pron.intr.*** se fortifier.

fortificazione [for-ti-fi-ca-zió-ne] ***n.f.*** fortification: *le opere di fortificazione delle mura*, les travaux de fortification des remparts.

fortilizio [for-ti-lì-zio] ***n.m.*** [pl. *-zi*] (*mil.*) fortin.

fortino [for-tì-no] ***n.m.*** (*mil.*) fortin.

fortuitamente [for-tu-i-ta-mén-te] ***avv.*** fortuitement.

fortuito [for-tùi-to] ***agg.*** fortuit.

fortuna [for-tù-na] ***n.f.*** **1** fortune; (*spec. buona*) chance: *avere fortuna*, avoir de la chance; *tentare la fortuna*, tenter sa chance; *rovescio di fortuna*, revers de fortune; *che fortuna!*, quelle chance! | *leggere la fortuna*, dire la bonne aventure **2** (*patrimonio*) fortune: *ha speso una fortuna*, il a dépensé une fortune **3** (*successo*) succès (*m.*): *il suo tentativo ebbe fortuna*, sa tentative fut couronnée de succès.
● ***fortuna volle che***, heureusement que | ***augurare buona fortuna a qlcu***, souhaiter bonne chance à qqn | ***colpo di fortuna***, coup de chance | ***di fortuna***, (*di emergenza*) de fortune: *atterraggio di fortuna*, atterissage de fortune | ***fare fortuna***, faire fortune | (*prov.*) ***la fortuna è cieca***, la fortune est aveugle | ***la ruota della fortuna***, la roue de la fortune | ***per fortuna***, heureusement | ***portare fortuna***, porter bonheur.

fortunale [for-tu-nà-le] ***n.m.*** tempête (*f.*).

fortunatamente [for-tu-na-ta-mén-te] ***avv.*** heureusement.

fortunato [for-tu-nà-to] ***agg.*** **1** chanceux*, heureux*: *puoi dirti fortunato che*, tu peux t'estimer heureux que; *fortunato te!*, tu en as de la chance! | *fortunatissimo di conoscerla!*, enchanté de faire votre connaissance! **2** (*che porta fortuna*) heureux*: *per un caso fortunato*, par un heureux hasard **3** (*coronato da successo*) couronné de succès: *è stato un affare fortunato*, cela a été une bonne affaire.

> **FAUX AMI**
> Da non confondere con *fortuné*, che significa *ricco, agiato, danaroso.*

fortunosamente [for-tu-no-sa-mén-te] ***avv.*** (*avventurosamente*) aventureusement; (*fortuitamente*) fortuitement.

fortunoso [for-tu-nó-so] ***agg.*** (*avventuroso*) aventureux*; (*fortuito*) fortuit.

forum [fò-rum] ***n.m.invar.*** **1** (*dibattito*) forum **2** (*Internet*) forum de discussion.

foruncolo [fo-rùn-co-lo] ***n.m.*** furoncle; (*fam.*) bouton.

foruncolosi [fo-run-co-lò-ʃi] *n.f.invar.* (*med.*) furonculose.

forwardare [forwor'dare] *v.tr.* (*inform.*) (*fam.*) faire* suivre, forwarder (un message à qqn).

forza [fòr-za] *n.f.* **1** force: *la forza di un colpo*, la force d'un coup; *la forza della verità*, la force de la vérité; *con tutte le proprie forze*, de toutes ses forces; *rimettersi in forze*, reprendre des forces; *fare forza sui remi*, faire force de rames | *la forza dell'abitudine*, la force de l'habitude **2** (*fis.*) force **3** (*mil.*) force: *forze di mare, di terra*, armée de mer, de terre.
● ***forza!***, vas-y!, allez!: *gli sportivi gridavano: "Forza!"*, "Vas-y!" criaient les sportifs | (*econ.*) ***forza contrattuale***, pouvoir contractuel | (*fis.*) ***forza di gravità***, force de gravitation | (*mil.*) ***forza di pace internazionale***, force de paix internationale | ***forza di volontà***, force de volonté: *avere forza di volontà*, avoir de la volonté | (*mil.*) ***forza d'urto***, force de frappe | (*econ.*) ***forza lavoro***, capacité de travail | ***forza maggiore***, (*fig.*) force majeure: *per causa di forza maggiore*, par suite d'un événement indépendant de ma, ta etc. volonté; *caso di forza maggiore*, cas de force majeure | (*mil.*): ***forza organica***, effectif de combat; ***forza pubblica***, force publique | ***forze armate***, forces armées | ***forze dell'ordine***, forces de l'ordre | ***a forza di***, à force de: *a forza di pregare ho ottenuto quello che volevo*, à force de prier, j'ai obtenu ce que je voulais; *farsi strada a forza di gomiti*, se frayer un chemin en jouant des coudes | ***allo stremo delle forze***, à bout de forces | ***atto di forza***, coup de force | ***a tutta forza***, de toutes ses forces | ***a (viva) forza***, de force | ***bella forza!***, (*iron.*) rien d'étonnant! | ***camicia di forza***, camisole de force | ***di forza***, de force | (*mil.*) ***essere in forza presso***, être affecté auprès de | ***far forza, dar forza a***, donner du courage à | ***farsi forza***, être courageux; (*sforzarsi*) s'efforcer: *cerca di farti forza*, il faut que tu tâches d'être courageux; *si fece forza per non parlarne*, il s'imposa de ne pas en parler | ***in forza di***, sur la base de; en vertu de: *in forza della sua autorità*, en vertu de son autorité | ***per forza***, forcément: *per forza di cose*, par la force des choses; *doveva per forza obbedire*, il devait forcément obéir; *ha dovuto per forza cedere*, il lui a bien fallu céder; *sono dovuto partire per forza*, j'ai été obligé de partir; *ha voluto per forza regalarcelo*, il a tenu absolument à nous en faire cadeau; *studiare per forza*, être forcé d'étudier; *mangiare per forza*, manger à contrecœur.

forzare [for-zà-re] *v.tr.* **1** forcer*: *forzare una serratura*, forcer une serrure **2** (*sforzare*) forcer*: *forzare la voce*, forcer la voix **3** (*accelerare*) forcer*: *forzare il passo*, forcer le pas **4** (*costringere*) forcer*: *forzare qlcu a fare qlco*, forcer qqn à faire qqch ♦ *v.intr.* [aus. *avere*] forcer*: *è arrivato primo senza forzare*, il est arrivé le premier sans forcer ♦ **forzarsi** *v.pron.* se forcer*.
● ***forzare la consegna***, (*fig.*) forcer la consigne | ***forzare la mano a qlcu***, forcer la main à qqn.

forzatamente [for-za-ta-mén-te] *avv.* **1** (*in modo innaturale*) d'une manière forcée **2** (*per forza*) forcément: *dovetti partire forzatamente*, je fus obligé de partir.

forzato [for-zà-to] *agg.* **1** (*obbligato*) forcé: *atterraggio forzato*, atterrissage forcé **2** (*innaturale*) forcé: *un sorriso forzato*, un sourire forcé ♦ *n.m.* [f. *-a*] forçat (*anche fig.*).
● ***lavori forzati***, travaux forcés.

forzatura [for-za-tù-ra] *n.f.* **1** exagération **2** (*scassinatura*) forcement (*m.*) **3** (*agr., zootecn.*) forçage (*m.*).

forziere [for-ziè-re] *n.m.* coffre; (*cassaforte*) coffre-fort*.

forzoso [for-zó-so] *agg.* forcé.

forzuto [for-zù-to] *agg.* costaud; (*fam.*) fortiche.

foschia [fo-schì-a] *n.f.* brume.

fosco [fó-sco] *agg.* [pl.m. *-schi*, f. *-sche*] (*tenebroso*) ténébreux*; (*di cielo, di tempo*) gris; (*scuro, tetro*) sombre (*anche fig.*): *pensieri foschi*, pensées sombres.
● ***rappresentare la situazione a tinte fosche***, (*fig.*) peindre la situation en noir.

fosfato [fo-sfà-to] *n.m.* (*chim.*) phosphate.

fosf(o)- *pref.* phosph(o)-.

fosforescente [fo-sfo-re-scèn-te] *agg.* phosphorescent.

fosforescenza [fo-sfo-re-scèn-za] *n.f.* phosphorescence.

fosforico [fo-sfò-ri-co] *agg.* [pl.m. *-ci*, f. *-che*] (*chim.*) phosphorique.

fosforo [fò-sfo-ro] *n.m.* (*chim.*) phosphore.
● ***gli manca il fosforo***, (*fig. scherz.*) il a les neurones fatigués.

fossa [fòs-sa] *n.f.* **1** fosse **2** (*sepoltura*) fosse **3** (*geol., geogr.*) fossé (*m.*) **4** (*anat.*) fosse.
● ***fossa biologica, settica***, fosse septique | ***fossa comune***, fosse commune | (*anat.*) ***fossa iliaca***, fosse iliaque | (*geol.*): ***fossa tettonica***, fossé tectonique; ***fosse oceaniche***, fosses océaniques | ***avere un piede nella fossa***, (*estens.*) avoir un pied dans la tombe | ***portare qlcu alla fossa***, (*fig.*) conduire qqn au tombeau | ***scavarsi la fossa***, (*fig.*) creuser sa propre tombe.

fossato [fos-sà-to] *n.m.* fossé.

fossetta [fos-sét-ta] *n.f.* fossette.

fossi → **essere**[1].

fossile [fòs-si-le] *agg.* e *n.m.* fossile (*anche fig.*).
● ***carbon fossile***, houille.

fossilizzarsi [fos-si-liz-zàr-si] *v.pron.* se fossiliser (*anche fig.*).

fossilizzazione [fos-si-liz-za-zióne] *n.f.* fossilisation (*anche fig.*).

fosso [fòs-so] *n.m.* fossé.
● ***saltare il fosso***, (*fig.*) franchir, sauter le pas.

foste, fosti → **essere**[1].

foto [fò-to] *n.f.invar.* photo.

foto- *pref* photo-.

fotoablazione [fo-to-a-bla-zió-ne] *n.f.* (*med.*) photoablation.

fotocamera [fo-to-cà-me-ra] *n.f.* appareil (*m.*) photographique.
● ***telefonino con fotocamera***, (téléphone) portable avec appareil photo numérique.

fotocellula [fo-to-cèl-lu-la] *n.f.* cellule photo-électrique*, photocellule.

fotocompositore [fo-to-com-po-ʃi-tó-re] *n.m.* [f. *-trice*] (*tip.*) photocomposeur*.

fotocompositrice [fo-to-com-po-ʃi-trì-ce] *n.f.* (*tip.*) photocomposeuse.

fotocomposizione [fo-to-com-po-ʃi-zió-ne] *n.f.* (*tip.*) photocomposition.

fotocopia [fo-to-cò-pia] *n.f.* photocopie: *sembra la fotocopia di suo fratello*, (*fig.*) on dirait la réplique de son frère.

fotocopiare [fo-to-co-pià-re] *v.tr.* photocopier.

fotocopiatrice [fo-to-co-pia-trì-ce] *n.f.* photocopieur (*m.*), photocopieuse.

fotocromatico [fo-to-cro-mà-ti-co] ***agg.*** [pl.m. *-ci*, f. *-che*] (*fot.*) photochromique.

fotocronaca [fo-to-crò-na-ca] ***n.f.*** [pl. *-che*] photoreportage* (*m.*).

fotoelettrico [fo-to-e-lèt-tri-co] ***agg.*** [pl.m. *-ci*, f. *-che*] (*fis.*) photoélectrique.

fotogenesi [fo-to-gè-ne-ʃi] ***n.f.invar.*** (*biol.*) photogenèse.

fotogenico [fo-to-gè-ni-co] ***agg.*** [pl.m. *-ci*, f. *-che*] photogénique.

fotografare [fo-to-gra-fà-re] ***v.tr.*** photographier.

fotografia [fo-to-gra-fì-a] ***n.f.*** photographie, photo: *una fotografia sfocata*, une photo floue; *darsi alla fotografia*, faire de la photographie; *fare, scattare una fotografia*, prendre une photo; *farsi fare una fotografia*, se faire photographier.

● ***fotografia a colori***, photographie en couleurs | ***fare la fotografia di una situazione***, (*fig.*) faire une photographie de la situation.

fotograficamente [fo-to-gra-fi-ca-mén-te] ***avv.*** photographiquement.

fotografico [fo-to-grà-fi-co] ***agg.*** [pl.m. *-ci*, f. *-che*] photographique.

● ***macchina fotografica***, appareil (de) photos | ***studio fotografico***, atelier (*o* studio) de photographe.

fotografo [fo-tò-gra-fo] ***n.m.*** [f. *-a*] photographe.

fotogramma [fo-to-gràm-ma] ***n.m.*** photogramme.

fotoincisione [fo-to-in-ci-ʃió-ne] ***n.f.*** (*fot., tip.*) photogravure.

fotoincisore [fo-to-in-ci-ʃó-re] ***n.m.*** [f. *fotoinciditrice*] photograveur.

fotokit [fo-to-kit] ***n.m.invar.*** photo-robot* (*f.*).

fotolito [fo-tò-li-to *o* fotolìto] ***n.m.*** (*chim.*) photolyte.

fotomeccanica [fo-to-mec-cà-ni-ca] ***n.f.*** [pl. *-che*] (*tip.*) technique photomécanique.

fotomodello [fo-to-mo-dèl-lo] ***n.m.*** [f. *-a*] mannequin.

fotomontaggio [fo-to-mon-tàg-gio] ***n.m.*** [pl. *-gi*] photomontage.

fotone [fo-tó-ne] ***n.m.*** (*fis.*) photon.

fotoreporter [fo-to-re-pòr-ter] ***n.m.*** e ***f.invar.*** reporteur-photographe*.

fotoromanzo [fo-to-ro-màn-ʒo] ***n.m.*** photo-roman*, roman-photo*.

fotosafari [fo-to-sa-fà-ri] ***n.m.invar.*** safari photographique.

fotosensibile [fo-to-sen-sì-bi-le] ***agg.*** photosensible.

fotosfera [fo-to-sfè-ra] ***n.f.*** (*astr.*) photosphère.

fotosintesi [fo-to-sìn-te-ʃi] ***n.f.invar.*** photosynthèse.

● ***fotosintesi clorofilliana***, photosynthèse (*o* assimilation) chlorofilienne.

fotostatico [fo-to-stà-ti-co] ***agg.*** [pl.m. *-ci*, f. *-che*] photocopié.

● ***copia fotostatica***, photocopie.

fototessera [fo-to-tès-se-ra] ***n.f.*** photo d'identité.

fototipia [fo-to-ti-pì-a] ***n.f.*** phototypie.

fototipista [fo-to-ti-pì-sta] ***n.m.*** e ***f.*** phototypiste.

fotovoltaico [fo-to-vol-tài-co] ***agg.*** [pl.m. *-ci*, f. *-che*] (*fis.*) photovoltaïque | *effetto fotovoltaico*, effet photovoltaïque | *cella fotovoltaica*, cellule photovoltaïque.

fottere [fót-te-re] ***v.tr.*** (*volg.*) **1** (*avere rapporti sessuali con*) baiser **2** (*fig.*) (*imbrogliare*) avoir*: *mi hanno fottuto*, ils m'ont eu **3** (*fig.*) (*rubare*) biquer: *mi hanno fottuto il portafoglio*, on m'a piqué mon portefeuille ♦ **fottersi** ***v.pron.intr.*** (*volg.*) s'en foutre*: *me ne fotto altamente*, je m'en contrefous.

● ***va' a farti fottere***, va te faire foutre.

fra[1] ***prep.*** **1** (*tra due termini o per esprimere relazione, reciprocità*) entre: *gli sarà costato fra i 50 e i 100 euro*, cela a dû lui coûter entre 50 et 100 euros; *fra la vita e la morte*, entre la vie et la mort; *discutere fra amici*, discuter entre amis; *fra (di) noi*, entre nous; *fra (di) loro, fra loro due*, entre eux (deux); *avrà fra i 40 e i 50 anni*, il doit avoir entre 40 et 50 ans; *la pace fra le nazioni*, la paix entre les nations; *fra libri e riviste spende un patrimonio*, entre livres et revues, il dépense une fortune; *fra un discorso e l'altro*, entre un propos et l'autre; *sorriso fra l'ironico e il divertito*, sourire mi-affectueux, mi-ironique; *i giovani fra i venti e i trent'anni*, les jeunes de vingt à trente ans **2** parmi; (*in mezzo a*) au milieu (**de**): *c'è un medico fra voi?*, y a-t-il un médecin parmi vous?; *arrivare fra i primi*, arriver parmi, dans les premiers; *scomparve fra la folla*, il disparut parmi, dans la foule; *fra difficoltà d'ogni genere*, au milieu des difficultés de toute(s) sorte(s); *fra tante preoccupazioni non ci mancava che questa*, avec tous ces soucis, il ne manquait plus que ça; *cercava fra i rifiuti*, il cherchait dans les ordures; *fra tutti i suoi libri, quello che preferisco*, de tous ses livres, celui que je préfère; *sei qui fra amici*, tu es (là) entouré d'amis | *mi disse fra le lacrime*, elle me dit tout en larmes **3** (*di qui a*) (*tempo e spazio*) dans: *fra un mese, un anno*, dans un mois, un an; *fra quanto tempo, fra quanti chilometri saremo a Roma?*, dans combien de temps, dans combien de kilomètres serons-nous à Rome?; *fra 200 metri c'è il mare*, la mer est à 200 mètres d'ici **4** (*partitivo*) d'entre: *uno, due fra (di) noi*, l'un, deux d'entre nous **5** (*per indicare la somma di più persone o cose*) à: *fra tutti riusciremo a convincerlo*, à nous tous, nous arriverons à le convaincre; *fra tutti e due non sono stati capaci di*, à eux deux, ils n'ont pas été capables de.

● ***fra non molto***, dans (*o* d'ici) quelque temps | ***fra oggi e domani***, d'ici à demain.

fra[2] ***n.m.*** (*frate*) frère.

frac ***n.m.invar.*** frac.

fracassare [fra-cas-sà-re] ***v.tr.*** fracasser: *fracassare con un pugno*, fracasser d'un coup de poing; *fracassare le ossa a qlcu*, rompre les os à qqn ♦ **fracassarsi** ***v.pron.intr.*** se fracasser.

fracasso [fra-càs-so] ***n.m.*** **1** fracas; vacarme; bruit (*spec. fig.*) **2** (*fig. fam.*) (*gran quantità*) foule (*f.*); (*mucchio*) tas: *un fracasso di soldi*, un tas d'argent.

● ***far fracasso***, (*anche fig.*) faire du bruit.

fradicio [frà-di-cio] ***agg.*** [pl.m. *-ci*, f. *-cie* o *-ce*] **1** (*marcio*) pourri (*anche fig.*) **2** (*inzuppato*) trempé.

● ***bagnato fradicio***, trempé jusqu'aux os | ***sudato fradicio***, trempé de sueur | ***ubriaco fradicio***, ivre mort.

fragile [frà-gi-le] ***agg.*** fragile; (*gracile*) frêle: *ha una salute fragile*, il a une santé fragile (*o* il est d'une santé fragile).

fragilità [fra-gi-li-tà] ***n.f.invar.*** fragilité.

fragilmente [fra-gil-mén-te] ***avv.*** fragilement.

fragola [frà-go-la] ***n.f.*** **1** (*pianta*) fraisier (*m.*) **2** (*frutto*) fraise.

● ***fragole selvatiche, fragoline di bosco***, fraises des bois | ***uva fragola***, raisin américain.

fragore [fra-gó-re] ***n.m.*** fracas.

fragorosamente [fra-go-ro-sa-mén-te] ***avv.*** bruyamment.

fragoroso [fra-go-ró-so] ***agg.*** bruyant.

fragrante [fra-gràn-te] ***agg.*** parfumé.

fragranza [fra-gràn-za] ***n.f.*** parfum (*m.*).

fraintendere [fra-in-tèn-de-re] ***v.tr.*** [coniug. come *prendere*] se méprendre* (**sur**); (*capire male*) comprendre* mal.

fraintendimento [fra-in-ten-di-mén-to] ***n.m.*** méprise (*f.*).

frainteso [fra-in-tè-so] ***agg.*** mal compris.

frammentare [fram-men-tà-re] ***v.tr.*** fragmenter.

frammentario [fram-men-tà-rio] ***agg.*** [pl.m. *-ri*] **1** fragmentaire: *opera frammentaria*, œuvre à l'état fragmentaire **2** (*fig.*) (*parziale, incompleto*) fragmentaire **3** (*disorganico*) décousu.

frammentazione [fram-men-ta-zió-ne] ***n.f.*** fragmentation.

frammento [fram-mén-to] ***n.m.*** fragment, morceau*.

frammettere [fram-mét-te-re] ***v.tr.*** [coniug. come *mettere*] interposer ♦ **frammettersi** ***v.pron.*** **1** s'interposer **2** (*interferire*) se mêler (**de**).

frammischiare [fram-mi-schià-re] ***v.tr.*** mêler, entremêler; (*persone*) mélanger*.

frammisto [fram-mì-sto] ***agg.*** mélangé (**avec**); (*di persone*) mêlé (**à**).

frana [frà-na] ***n.f.*** **1** éboulement (*m.*); (*materiale caduto*) éboulis (*m.*) **2** (*caduta*) chute.
● ***sei una frana!***, (*fam.*) tu es un désastre!, tu es nul!

franare [fra-nà-re] ***v.intr.*** [aus. *essere*] **1** s'ébouler **2** (*crollare*) s'effondrer (*anche fig.*).

francamente [fran-ca-mén-te] ***avv.*** franchement.

francescano [fran-ce-scà-no] ***agg.*** e ***n.m.*** [f. *-a*] (*eccl.*) franciscain.
● ***la regola francescana***, la règle de Saint François.

francese [fran-cé-ʃe] ***agg.*** français ♦ ***n.m.*** (*lingua*) français ♦ ***n.m.*** e ***f.*** (*abitante*) Français/e.
● ***la Svizzera francese***, la Suisse romande.

francesismo [fran-ce-ʃì-ʃmo] ***n.m.*** (*ling.*) gallicisme.

NOTA Con il termine **francesismo** o *gallicismo* si indicano termini, locuzioni o costruzioni sintattiche francesi introdotte nella lingua italiana sia nella forma originaria, come *cachet*, *garage*, sia con un adattamento come *blusa*, *lavaggio* (e molte altre parole in *-aggio*), *d'abitudine* (al posto di *di solito*) ecc.

francesizzare [fran-ce-ʃiʒ-ʒà-re] ***v.tr.*** franciser.

franchezza [fran-chéz-za] ***n.f.*** **1** franchise **2** (*disinvoltura*) aisance.
● ***in tutta franchezza***, en toute franchise.

franchigia [fran-chì-gia] ***n.f.*** [pl. *-gie* o *-ge*] **1** franchise **2** (*mar.*) quartier (*m.*) libre.
● ***franchigia d'assicurazione***, franchise d'assurance | ***franchigia doganale***, franchise douanière | ***franchigia postale***, franchise postale.

franchising [fran'tʃaiziŋ] ***n.m.invar.*** (*comm.*) franchising, franchise (*f.*).

franchismo [fran-chì-ʃmo] ***n.m.*** (*st.*) franquisme.

franchista [fran-chì-sta] ***agg.*** e ***n.m.*** e ***f.*** (*st.*) franquiste.

franco[1] [fràn-co] ***agg.*** [pl.m. *-chi*, f. *-che*] **1** (*esente da dazi*) franc*; (*esente da spese di trasporto*) franco **2** (*fig.*) (*leale, schietto*) franc*; (*sincero*) sincère **3** (*fig.*) (*disinvolto*) dégagé; (*sicuro*) assuré ♦ ***avv.*** franc.
● ***franco banchina***, franco sur quai | ***franco bordo***, franco-bord | ***franco di porto***, franco (de port) | ***franco tiratore***, franc-tireur | ***città franca***, ville franche | ***farla franca***, (*fam.*) se tirer d'affaire | ***parlar franco***, parler franc (*o* net) | ***porto franco***, port franc.

franco[2] ***n.m.*** [pl. *-chi*] (*moneta*) franc.
● ***franco svizzero***, franc suisse.

franco[3] ***agg.*** [pl.m. *-chi*, f. *-che*] (*st.*) franc* ♦ ***n.m.*** [f. *-a*] (*st.*) Franc.
● ***lingua franca***, (*parlata un tempo nei porti del Mediterraneo*) langue franque.

franco- ***pref.*** franco-.

francobollato [fra-co-bol-là-to] ***agg.*** (*fam.*) (*incollato*) en ange gardien; scotché: *gli sta francobollato*, il est scotché à lui.

francobollo [fran-co-ból-lo] ***n.m.*** timbre-poste*, timbre: *collezione di francobolli*, collection de timbres.

francofilia [fran-co-fi-lì-a] ***n.f.*** francophilie.

francofilo [fran-cò-fi-lo] ***agg.*** e ***n.m.*** [f. *-a*] francophile.

francofobo [fran-cò-fo-bo] ***agg.*** e ***n.m.*** [f. *-a*] francophobe.

francofonia [fran-co-fo-nì-a] ***n.f.*** francophonie.

francofono [fran-cò-fo-no] ***agg.*** e ***n.m.*** [f. *-a*] francophone.

frangente [fran-gèn-te] ***n.m.*** **1** (*dove l'onda si frange*) brisant **2** (*onda*) lame (*f.*) (déferlant contre un écueil etc.) **3** (*fig.*) occurrence (*f.*); (*situazione*) situation (*f.*); (*caso*) cas: *in un brutto frangente*, dans une situation difficile.
● ***in quel frangente***, en cette occurrence.

frangere [fràn-ge-re] ***v.tr.*** [coniug. come *piangere*] **1** (*letter.*) briser **2** (*schiacciare*) pressurer ♦ **frangersi** ***v.pron.*** se briser.

frangetta [fran-gét-ta] ***n.f.*** petite frange: *farsi la frangetta*, se couper la frange.

frangia [fràn-gia] ***n.f.*** [pl. *-ge*] **1** frange (*anche fig.*): *frange estremiste*, des franges extrémistes; *discorso con molte frange*, (*fig.*) discours fleuri **2** (*di capelli*) frange **3** (*fascia costiera*) littoral* (*m.*).

frangiflutti [fran-gi-flùt-ti] ***agg.*** e ***n.m.invar.*** brise-lames*.

frangivento [fran-gi-vèn-to] ***n.m.invar.*** brise-vent*.

franoso [fra-nó-so] ***agg.*** ébouleux*.

fransi, **franto** → **frangere**.

frantoio [fran-tó-io] ***n.m.*** [pl. *-oi*] **1** (*macchina*) broyeur; (*per olive*) pressoir à huile **2** (*luogo*) pressoir.

frantumare [fran-tu-mà-re] ***v.tr.*** **1** broyer* **2** (*fig.*) briser ♦ **frantumarsi** ***v.pron.intr.*** se briser.

frantumazione [fran-tu-ma-zió-ne] ***n.f.*** broyage (*m.*).

frantume [fran-tù-me] ***n.m.*** (*spec. pl.*) débris.
● ***andare in frantumi***, voler en éclats | ***ridurre in frantumi***, réduire en miettes.

frappa [fràp-pa] ***n.f.*** (*cucito*) volant festonné.

frappè [frap-pè] ***n.m.invar.*** (*frullato di latte*) milk-shake*.

frapporre [frap-pór-re] ***v.tr.*** [coniug. come *porre*] interposer (*anche fig.*): *frapporre ostacoli*, introduire des obstacles ♦ **frapporsi** ***v.pron.*** e ***pron.intr.*** s'interposer.

frapposto [frap-pó-sto] ***agg.*** interposé.

frasario [fra-ʃà-rio] ***n.m.*** [pl. *-ri*] langage; (*gergo*) jargon.

frasca [fràs-ca] ***n.f.*** [pl. *-sche*] branche, branchage (*m.*).
● ***saltare di palo in frasca***, (*fig.*) faire des coqs-à-l'âne.

FAUX AMI Da non confondere con *frasque*, che significa *scappatella*.

frase [frà-ʃe] ***n.f.*** phrase: *una frase ben costruita*, une phrase bien construite.
● ***frase di circostanza***, paroles de circonstance | ***frase fatta***, phrase toute faite | ***frase musicale***, phrase musicale.

fraseggiare [fra-ʃeg-già-re] ***v.intr.*** [coniug. come *mangiare*; aus. *avere*] **1** (*non com.*) (*comporre frasi*) tourner des phrases **2** (*mus.*) phraser.

fraseggio [fra-ʃég-gio] ***n.m.*** [pl. *-gi*] **1** tournure (*f.*) des phrases **2** (*mus.*) phrasé.

fraseologia [fra-ʃe-o-lo-gì-a] ***n.f.*** phraséologie.

fraseologico [fra-ʃe-o-lò-gi-co] ***agg.*** [pl.m. *-ci*, f. *-che*] phraséologique.

F

frassino [fràs-si-no] ***n.m.*** (*bot.*) frêne.

frastagliare [fra-sta-glià-re] ***v.tr.*** découper ♦ **frastagliarsi** ***v.pron.intr.*** être* découpé.

frastagliato [fra-sta-glià-to] ***agg.*** découpé; (*bot.*) dentelé: *terreno frastagliato*, terrain accidenté.

frastornare [fra-stor-nà-re] ***v.tr.*** étourdir.

frastornato [fra-stor-nà-to] ***agg.*** étourdi; (*scombussolato*) retourné; (*disorientato*) déconcerté.

frastuono [fra-stuò-no] ***n.m.*** vacarme.

frate [frà-te] ***n.m.*** **1** frère; moine: *farsi frate*, se faire moine **2** (*come appellativo*) frère: *frate Cristoforo*, frère Christophe.
● ***frate laico***, frère lai | ***frati minori***, ***predicatori***, frères mineurs, prêcheurs.

fratellanza [fra-tel-làn-za] ***n.f.*** fraternité (*anche fig.*).

fratellastro [fra-tel-là-stro] ***n.m.*** demi-frère*.

fratellino [fra-tel-lì-no] ***n.m.*** petit frère.

fratello [fra-tèl-lo] ***n.m.*** **1** frère: *mio fratello maggiore*, mon frère aîné; *mio fratello minore*, mon frère cadet **2** (*negli ordini religiosi*) frère.
● ***fratello di latte***, frère de lait | ***fratelli gemelli***, ***siamesi***, frères jumeaux, siamois.

fraternamente [fra-ter-na-mén-te] ***avv.*** fraternellement.

fraternità [fra-ter-ni-tà] ***n.f.invar.*** fraternité.

fraternizzare [fra-ter-niʒ-ʒà-re] ***v.intr.*** [aus. *avere*] fraterniser.

fraterno [fra-tèr-no] ***agg.*** fraternel*.

fratesco [fra-té-sco] ***agg.*** [pl.m. *-schi*, f. *-sche*] de(s) moine(s).

fratricida [fra-tri-cì-da] ***agg.*** e ***n.m.*** e ***f.*** fratricide.

fratricidio [fra-tri-cì-dio] ***n.m.*** [pl. *-di*] fratricide.

fratta [fràt-ta] ***n.f.*** fourré (*m.*).

frattaglie [frat-tà-glie] ***n.f.pl.*** (*cuc.*) abats (*m.*).

frattanto [frat-tàn-to] ***avv.*** en attendant; (*nel frattempo*) entre-temps.

frattempo [frat-tèm-po] ***n.m.***
● ***in quel***, ***questo frattempo***, sur ces entrefaites, à ce moment | ***nel frattempo***, en attendant (*o* entre-temps).

fratto [fràt-to] ***agg.*** (*mat.*) fractionnaire.
● ***A fratto B***, A sur B | ***numero fratto***, nombre fractionnaire.

frattura [frat-tù-ra] ***n.f.*** **1** (*med.*) fracture **2** (*geol.*) cassure **3** (*fig.*) rupture, cassure: *c'è stata una frattura fra loro*, ils ont rompu.
● (*med.*) ***frattura chiusa***, ***esposta***, fracture fermée, ouverte (*o* exposée).

fratturare [frat-tu-rà-re] ***v.tr.*** fracturer ♦ **fratturarsi** ***v.pron.*** se fracturer: *gli si è fratturata una gamba*, il s'est fracturé une jambe ♦ ***v.pron. indiretto*** se fracturer: *fratturarsi una gamba*, se fracturer une jambe.

fraudolentemente [frau-do-len-te-mén-te] ***avv.*** frauduleusement.

fraudolento [frau-do-lèn-to] ***agg.*** e ***n.m.*** [f. *-a*] frauduleux*.
● ***bancarotta fraudolenta***, banqueroute frauduleuse.

frazionamento [fra-zio-na-mén-to] ***n.m.*** fractionnement; (*divisione*) division (*f.*).

frazionare [fra-zio-nà-re] ***v.tr.*** fractionner: *frazionare una proprietà*, diviser, morceler une propriété.

frazionario [fra-zio-nà-rio] ***agg.*** [pl.m. *-ri*] (*mat.*) fractionnaire.

frazionato [fra-zio-nà-to] ***agg.*** fractionné; (*diviso*) divisé.

frazione [fra-zió-ne] ***n.f.*** **1** fraction (*anche fig.*) **2** (*mat.*) fraction **3** (*gruppo di case*) *hameau* (*m.*), écart (*m.*) **4** (*sport*) relais (*m.*): *correre una frazione*, courir un relais.
● (*mat.*) ***frazione decimale***, fraction décimale | (*inform.*) ***frazione di programma***, segment | ***in una frazione di secondo***, en une fraction de seconde.

frazionista [fra-zio-nì-sta] ***n.m.*** e ***f.*** **1** (*sport*) (*nella staffetta*) coureur* de relais **2** (*pol.*) fractionniste.

frazionistico [fra-zio-nì-sti-co] ***agg.*** [pl.m. *-ci*, f. *-che*] (*pol.*) fractionnel*.

freatico [fre-à-ti-co] ***agg.*** [pl.m. *-ci*, f. *-che*] (*geol.*) phréatique.

freccia [fréc-cia] ***n.f.*** [pl. *-ce*] **1** flèche: *scagliare una freccia*, décocher une flèche **2** (*arch.*) flèche **3** (*fig.*) (*frecciata*) flèche, pointe.
● (*aut.*) ***freccia di direzione***, clignotant | ***correre come una freccia***, courir comme une flèche.

frecciata [frec-cià-ta] ***n.f.*** **1** flèche **2** (*fig.*) flèche, pointe.

freddamente [fred-da-mén-te] ***avv.*** froidement, avec froideur; (*con sangue freddo*) avec sang froid.

freddare [fred-dà-re] ***v.tr.*** **1** refroidir (*anche fig.*) | *mi ha freddato con una battuta*, sa réflexion m'à sidéré **2** (*uccidere*) foudroyer* ♦ **freddarsi** ***v.pron.intr.*** (se) refroidir (*anche fig.*).

freddezza [fred-déz-za] ***n.f.*** **1** froideur (*anche fig.*) **2** (*sangue freddo*) sang-froid* (*m.*).

freddo [fréd-do] ***agg.*** froid (*anche fig.*): *è una giornata fredda*, c'est une journée froide; *uomo dai modi freddi*, homme très distant; *arredamento freddo*, ameublement sans âme ♦ ***n.m.*** froid: *avere*, *sentire freddo*, avoir froid; *soffro molto il freddo*, je souffre beaucoup du froid ♦ ***avv.*** froid: *servire freddo*, servir froid.
● ***a freddo***, (*anche fig.*) à froid: *l'ha ucciso a freddo*, il l'a tué de sang-froid | ***a mente fredda***, froidement | ***doccia fredda***, (*anche fig.*) douche froide | (*st.*) ***guerra fredda***, guerre froide | ***i primi freddi***, les premiers froids | ***mi viene freddo solo a pensarci***, cela me donne froid, j'ai la chair de poule rien que d'y penser | ***non mi fa né caldo né freddo***, cela ne me fait ni chaud ni froid | ***un freddo cane***, ***birbone***, un froid de canard.

freddolosamente [fred-do-lo-sa-mén-te] ***avv.*** frileusement.

freddoloso [fred-do-ló-so] ***agg.*** frileux*.

freddura [fred-dù-ra] ***n.f.*** trait (*m.*) d'esprit, boutade.

free climbing [fri'klaimbiŋ] ***n.m.invar.*** (*sport*) (*arrampicata libera*) escalade (*f.*) libre.

freelance [fri'lɛns] ***agg.*** e ***n.m.*** e ***f.invar.*** free-lance*.

freenet [fri'net] ***n.f.invar.*** (*Internet*) libertel (*m.*).

freestyle [fri'stail] ***n.m.invar.*** (*sport*) (*sci*) freestyle.

freeware [fri'wɛr] ***n.m.invar.*** (*Internet*) gratuiciel.

freezer ['fridzer] ***n.m.invar.*** freezer, congélateur.

fregare [fre-gà-re] ***v.tr.*** [coniug. come *legare*] **1** frotter: *fregare il pavimento*, frotter le plancher **2** (*fam.*) (*ingannare*) rouler; (*rubare*) chiper, faucher: *mi hanno fregato, sono rimasto fregato*, on m'a roulé (*o* on m'a eu); *mi hanno fregato la bicicletta*, on a chipé mon vélo ♦ **fregarsi** ***v.pron. indiretto*** se frotter: *fregarsi gli occhi, le mani*, se frotter les yeux, les mains.
● ***fregarsene***, (*volg.*) s'en foutre; (*fam.*) s'en ficher: *me ne frego, chi se ne frega?*, je m'en fiche; *e a te, che te ne frega?*, qu'est-ce que ça peut te foutre, à toi?

fregata[1] [fre-gà-ta] ***n.f.*** **1** frottement (*m.*) **2** (*fam.*) → fregatura.

fregata[2] ***n.f.*** (*mar., zool.*) frégate.

fregatura [fre-ga-tù-ra] ***n.f.*** (*fam.*) escroquerie: *questa stoffa è una fregatura!*, cette étoffe, c'est du vol!
● ***che fregatura!, ho preso una fregatura!***, on m'a (drôlement) roulé! | ***dare una fregatura a qlcu***, rouler qqn.

fregiare [fre-già-re] ***v.tr.*** [coniug. come *mangiare*] décorer, orner (*anche fig.*) ♦ **fregiarsi** ***v.pron.*** se décorer.

fregio [fré-gio] ***n.m.*** [pl. *-gi*] **1** (*arch.*) frise (*f.*) **2** (*decorazione*) décoration (*f.*); (*ornamento*) ornement.

frego [fré-go] ***n.m.*** [pl. *-ghi*] trait.
● ***un frego di***, (*fam.*) des tonnes de, un tas de.

fregola [fré-go-la] ***n.f.*** **1** chaleur; (*di mammiferi*) rut (*m.*); (*di pesci*) frai (*m.*) **2** (*fig. fam.*) caprice (*m.*), fantaisie.
● ***essere in fregola***, être en chaleur (*o* en rut).

freisa [frèi-ʃa] ***n.m.invar.*** freisa (vin rouge italien).

fremente [fre-mèn-te] ***agg.*** frémissant.

fremere [frè-me-re] ***v.intr.*** [aus. *avere*] frémir; (*rabbrividire*) frissonner; (*di impazienza*) trépigner: *freme dal desiderio di partire*, il brûle de partir.
● ***fremere di sdegno, di rabbia, di orrore***, frémir d'indignation, de colère, d'horreur.

fremito [frè-mi-to] ***n.m.*** frémissement; (*brivido*) frisson.

frenaggio [fre-nàg-gio] ***n.m.*** [pl. *-gi*] (*mecc.*) freinage.

frenare [fre-nà-re] ***v.tr.*** **1** freiner: *frenare un'automobile*, freiner une voiture **2** (*fig.*) freiner: *frenare il riso, le lacrime*, freiner le rire, les larmes ♦ ***v.intr.*** [aus. *avere*] freiner ♦ **frenarsi** ***v.pron.*** (*controllarsi*) se contrôler, se maîtriser; (*trattenersi*) se retenir*.

frenastenia [fre-na-ste-nì-a] ***n.f.*** (*psic.*) phrénasthénie.

frenata [fre-nà-ta] ***n.f.*** coup (*m.*) de frein; (*frenatura*) freinage (*m.*).
● ***spazio di frenata***, distance d'arrêt (*o* de freinage).

frenatura [fre-na-tù-ra] ***n.f.*** freinage (*m.*).

frenesia [fre-ne-ʃì-a] ***n.f.*** frénésie.

freneticamente [fre-ne-ti-ca-mén-te] ***avv.*** frénétiquement, avec frénésie.

frenetico [fre-nè-ti-co] ***agg.*** [pl.m. *-ci*, f. *-che*] frénétique.

freno [fré-no *o* frèno] ***n.m.*** **1** (*mecc.*) frein: *dare un colpo di freno*, donner un coup de frein **2** (*morso di cavallo*) frein **3** (*fig.*) frein: *mettere un freno alle spese*, mettre un frein aux dépenses (*o* freiner les dépenses).
● (*aut.*) ***freno a mano***, frein à main | ***senza freno***, (*fig.*) sans limites | ***stringere i freni***, (*fig.*) serrer la vis | ***tenere a freno qlcu***, tenir qqn en bride: *tenere a freno la collera*, refréner sa colère; *tenere a freno la lingua*, tenir sa langue.

frenologia [fre-no-lo-gì-a] ***n.f.*** phrénologie.

frenulo [frè-nu-lo] ***n.m.*** (*anat.*) filet.

frequentare [fre-quen-tà-re] ***v.tr.*** **1** fréquenter: *frequentare cattive compagnie*, avoir de mauvaises fréquentations **2** (*seguire regolarmente*) suivre*: *frequenta la terza elementare*, il est en dixième ♦ **frequentarsi** ***v.pron.rec.*** se fréquenter.

frequentato [fre-quen-tà-to] ***agg.*** fréquenté: *corso molto frequentato*, cours très suivi.

frequentatore [fre-quen-ta-tó-re] ***n.m.*** [f. *-trice*] habitué: *è un frequentatore abituale del club*, c'est un habitué du club; *è un assiduo frequentatore dei locali notturni*, il court les boîtes de nuit; *i frequentatori abituali della biblioteca sono studenti*, la bibliothèque est surtout fréquentée par des étudiants.

frequentazione [fre-quen-ta-zió-ne] ***n.f.*** fréquentation.

frequente [fre-quèn-te] ***agg.*** fréquent.
● ***di frequente***, fréquemment, souvent.

frequentemente [fre-quen-te-mén-te] ***avv.*** fréquemment, souvent.

frequenza [fre-quèn-za] ***n.f.*** **1** fréquence **2** (*il frequentare*) assistance: *la frequenza alle lezioni è obbligatoria*, l'assiduité (aux cours) est obligatoire **3** (*scient.*) fréquence.
● ***certificato di frequenza***, certificat d'assiduité | ***con frequenza***, fréquemment, souvent | (*med.*) ***la frequenza del polso***, la fréquence du pouls | (*fis.*) ***onde ad alta, a bassa frequenza***, ondes de haute, de basse fréquence.

fresa [frè-ʃa] ***n.f.*** (*mecc.*) fraise.

fresare [fre-ʃà-re] ***v.tr.*** (*mecc.*) fraiser.

fresatrice [fre-ʃa-trì-ce] ***n.f.*** (*mecc.*) fraiseuse.

fresatura [fre-ʃa-tù-ra] ***n.f.*** (*mecc.*) fraisage (*m.*).

freschezza [fre-schéz-za] ***n.f.*** fraîcheur.

fresco [fré-sco] ***agg.*** [pl.m. *-schi*, f. *-sche*] frais* (*anche fig.*): *uova fresche*, œufs frais, du jour; *notizie fresche*, des nouvelles toutes fraîches (*o* récentes) ♦ ***n.m.*** frais; (*frescura*) fraîcheur (*f.*): *prendere il fresco*, prendre le frais.
● ***fresco di bucato***, fraîchement lavé | ***fresco di stampa***, fraîchement imprimé | ***adesso sto fresco!***, (*fam.*) me voilà frais! | ***andare al fresco***, (*fig. iron.*) aller en tôle | ***dipingere a fresco***, peindre à fresque | ***è fresco di studi***, il vient de terminer ses études | ***mettere al fresco***, (*fig. iron.*) mettre à l'ombre (*o* au frais) | ***mettere in fresco***, mettre au frais | ***rasato di fresco***, frais rasé | ***stai fresco se pensi che ti aiuterò***, tu peux toujours courir si tu penses que je t'aiderai | ***tenere in fresco***, réserver au frais.

FAUX AMI
Da non confondere con il sostantivo *fresque*, che significa *affresco*.

frescolino [fre-sco-lì-no] ***agg.*** e ***n.m.*** (*fam.*) frisquet*.

frescura [fre-scù-ra] ***n.f.*** fraîcheur.

fresia [frè-ʃia] ***n.f.*** (*bot.*) freesia.

fretta [frét-ta] ***n.f.*** *hâte: *nella fretta di uscire ho dimenticato gli occhiali*, dans ma grande hâte (de sortir) j'ai oublié mes lunettes.
● ***aver molta fretta***, être très pressé: *non ha mai fretta*, il n'est jamais pressé | ***fare fretta a qlcu***, presser qqn | ***in fretta***, à la hâte; (*velocemente*) vite: *un lavoro fatto in fretta*, un travail fait à la hâte; *farei più in fretta a ricominciare tutto*, j'aurais plus vite fait de tout recommen-

cer; *fate in fretta!*, dépêchez-vous! | ***in fretta e furia***, ***in tutta fretta***, à la va-vite, en toute hâte | ***non c'è fretta!***, rien ne presse!

frettolosamente [fret-to-lo-sa-mén-te] ***avv.*** *hâtivement, à la *hâte.

frettoloso [fret-to-ló-so] ***agg.*** **1** pressé **2** (*fatto in fretta*) *hâtif*: *fare un saluto frettoloso*, saluer à la va-vite.

freudiano [freu-dià-no] ***agg.*** freudien*.

friabile [fri-à-bi-le] ***agg.*** friable.

friabilità [fria-bi-li-tà] ***n.f.invar.*** friabilité.

fricassea [fri-cas-sè-a] ***n.f.*** (*cuc.*) fricassée.

fricativo [fri-ca-tì-vo] ***agg.*** (*fon.*) fricatif*.
● (*consonante*) ***fricativa***, (consonne) fricative.

friggere [frig-ge-re] ***v.tr.*** [coniug. come *affliggere*] (faire*) frire: *friggere in padella*, (faire) frire dans la poêle ♦ ***v.intr.*** [aus. *avere*] **1** frire* **2** (*sfrigolare*) grésiller **3** (*fig.*) (*fremere*) frémir, trépigner.
● ***mandare qlcu a farsi friggere***, (*fig. fam.*) envoyer qqn se faire cuire un œuf | ***va' a farti friggere***, (*fig. fam.*) va te faire pendre.

friggitoria [frig-gi-to-rì-a] ***n.f.*** friterie.

friggitrice [frig-gi-trì-ce] ***n.f.*** (*macchina*) friteuse.

frigidità [fri-gi-di-tà] ***n.f.invar.*** frigidité (*anche med.*).

frigido [frì-gi-do] ***agg.*** frigide (*anche med.*).

frigio [frì-gio] ***agg.*** [pl.m. *-gi*, f. *-gie* o *-ge*] phrygien*.
● ***berretto frigio***, bonnet phrygien.

frignare [fri-gnà-re] ***v.intr.*** [aus. *avere*] pleurnicher.

frignone [fri-gnó-ne] ***n.m.*** [f. *-a*] pleurnicheur*.

frigo [frì-go] ***n.m.invar.*** (*fam.*) frigo.

frigobar [fri-go-bàr] ***n.m.invar.*** minibar.

frigorifero [fri-go-rì-fe-ro] ***agg.*** frigorifique ♦ ***n.m.*** réfrigérateur, frigidaire®; (*fam.*) frigo.
● ***cella frigorifera***, chambre frigorifique | ***gruppo frigorifero***, groupe réfrigérant.

fringuello [frin-guèl-lo] ***n.m.*** (*zool.*) pinson.

frinire [fri-nì-re] ***v.intr.*** [coniug. come *finire*; aus. *avere*] (*delle cicale*) striduler.

frisona [fri-só-na] ***n.f.*** (*zootecn.*) frisonne.

frissi → **friggere**.

frittata [frit-tà-ta] ***n.f.*** omelette: *frittata con funghi*, omelette aux champignons.
● ***fare una frittata***, (*scherz.*) (*rompere qlco*) faire de la casse; (*fig.*) (*combinare un guaio*) faire une bêtise | ***rivoltare la frittata***, (*fig.*) changer les données du jeu.

frittella [frit-tèl-la] ***n.f.*** **1** beignet (*m.*) **2** (*fam.*) (*macchia d'unto*) tache de graisse.

fritto [frìt-to] ***agg.*** frit ♦ ***n.m.*** friture (*f.*).
● ***fritto misto***, friture variée à l'italienne | ***è solo aria fritta***, (*fig.*) ce sont des paroles en l'air | ***è una cosa fritta e rifritta***, (*fig.*) c'est une vieille histoire (*o* c'est du réchauffé) | ***sono bell'e fritto***, (*fig.*) je suis frit.

frittura [frit-tù-ra] ***n.f.*** friture.

friulano [friu-là-no] ***agg.*** frioulan ♦ ***n.m.*** **1** [f. *-a*] (*abitante*) Frioulan **2** (*dialetto*) frioulan.

frivolezza [fri-vo-léz-za] ***n.f.*** frivolité; (*futilità*) futilité.

frivolo [frì-vo-lo] ***agg.*** frivole.

frizionare [fri-zio-nà-re] ***v.tr.*** frictionner.

frizione [fri-zió-ne] ***n.f.*** **1** friction **2** (*mecc.*) friction **3** (*aut.*) embrayage (*m.*): *disinnestare*, *innestare la frizione*, débrayer, embrayer **4** (*fig.*) (*contrasto*) friction, désaccord.

frizzante [friʒ-ʒàn-te *o* frizzànte] ***agg.*** **1** (*di aria*) piquant, vif* **2** (*di bevande*) pétillant; (*di vino*) mousseux* **3** (*fig.*) (*vivace*) vif*.

frizzare [friʒ-ʒà-re *o* frizzàre] ***v.intr.*** [aus. *avere*] **1** piquer **2** (*essere effervescente*) pétiller; (*di vino*) mousser.

frizzo [frìʒ-ʒo *o* frìzzo] ***n.m.*** bon mot, mot d'esprit; (*molto pungente*) pointe (*f.*).

frocio [frò-cio] ***n.m.*** [pl. *-ci*] (*volg.*) pédé.

frodare [fro-dà-re] ***v.tr.*** frauder: *frodare la dogana*, frauder à la douane.

frodatore [fro-da-tó-re] ***n.m.*** [f. *-trice*] fraudeur*.

frode [frò-de] ***n.f.*** fraude.
● ***frode fiscale***, fraude fiscale.

frodo [frò-do] ***n.m.*** fraude (*f.*); (*contrabbando*) contrebande.
● ***cacciatore***, ***pescatore di frodo***, braconnier | ***pescare di frodo***, pêcher en fraude, braconner.

frogia [frò-gia] ***n.f.*** [pl. *-gie* o *-ge*] naseau* (*m.*).

frollare [frol-là-re] ***v.tr.*** (*cuc.*) mortifier; (*la selvaggina*) faire* faisander ♦ ***v.intr.*** [aus. *essere*] (*cuc.*) s'attendrir; (*di selvaggina*) se faisander ♦**frollarsi** ***v.pron.*** (*cuc.*) s'attendrir; (*di selvaggina*) se faisander.

frollino [frol-lì-no] ***n.m.*** biscuit à pâte brisée.

frollo [fròl-lo] ***agg.*** (*cuc.*) mortifié; (*di selvaggina*) faisandé.
● ***pasta frolla***, pâte brisée.

fronda[1] [frón-da] ***n.f.*** **1** branche; (*pl.*) (*fogliame*) feuillage (*m.sing.*) **2** (*fig.*) (*ornamenti*) ornements (*m.*); (*a motivo floreale*) ramage (*m.*).

fronda[2] ***n.f.*** (*opposizione*) fronde.
● (*st. fr.*) ***la Fronda***, la Fronde | ***spirito***, ***vento di fronda***, esprit, vent de fronde.

frondista [fron-dì-sta] ***n.m.*** e ***f.*** frondeur*.

frondoso [fron-dó-so] ***agg.*** **1** feuillu **2** (*fig.*) (*di stile ecc.*) fleuri, chargé.

frontale [fron-tà-le] ***agg.*** **1** frontal* **2** (*di fronte*) de front ♦ ***n.m.*** **1** devant; (*di chiesa*) façade (*f.*) **2** (*del camino*) cheminée (*f.*) **3** (*scontro fra veicoli*) choc frontal.
● ***insegnamento***, ***lezione frontale***, cours magistral | (*anat.*) ***osso frontale***, (os) frontal.

frontaliere [fron-ta-liè-re] ***n.m.*** [f. *-a*] frontalier*.

frontalmente [fron-tal-mén-te] ***avv.*** de front.

fronte [frón-te] ***n.f.*** **1** front (*m.*): *corrugare la fronte*, froncer les sourcils; *battersi la fronte*, se frapper le front; *in fronte*, sur le front **2** (*parte anteriore, iniziale di qlco*) front (*m.*); (*facciata*) façade ♦ ***n.m.*** **1** (*mil.*) front: *partire per il fronte*, partir pour le front **2** (*pol.*) front **3** (*meteor., fis.*) front.
● ***front' a dest'***, ***front'!***, à droite, droite! | ***front' a sinist'***, ***front'!***, à gauche, gauche! | (*comm.*) ***a fronte di***, face à; par rapport à: *a fronte del pagamento*, dès réception de votre règlement; *a fronte dei documenti richiesti*, sur présentation des documents requis; *a fronte del vostro ordine del...*, relativement à votre commande du...; *abbiamo ricevuto la merce a fronte del nostro ordine N*, nous avous reçu la marchandise faisant l'objet de notre commande N; *a fronte delle sue affermazioni abbiamo deciso che*, par rapport à ses affirmations nous avons décidé que | ***andare a fronte alta***, (*fig.*) marcher la tête haute (*o* le front haut) | ***caduto al fronte***, tombé (*o* tué) au champ d'honneur | ***di fronte***, (*frontalmente*) de front | ***far fronte a***, faire face à | ***in fronte a***, en tête de: *in fronte al libro*, en tête du livre | ***la fortuna l'ha baciato in fronte***, la fortune l'a favorisé | ***mettere a fronte***, mettre en comparaison | ***stare a fronte con qlcu***, soutenir la compa-

raison avec qqn | ***ti si legge in fronte***, ça se voit sur ta figure | ***traduzione con testo a fronte***, traduction avec texte en regard.

□ **di fronte a** *prep.* **1** en face (**de**), devant: *di fronte a tali argomenti*, devant de tels arguments; *il libro è lì di fronte a te*, le livre est là devant toi; *l'uno di fronte all'altro*, l'un en face de l'autre; *mettere di fronte a testimoni*, mettre en présence de témoins; *fuggire di fronte alle difficoltà*, fuir face aux difficultés; *è niente di fronte al pericolo*, cela n'est rien par rapport au danger **2** → dirimpetto.

fronteggiare [fron-teg-già-re] *v.tr.* [coniug. come *mangiare*] **1** (*far fronte*) faire* face (**à**) **2** (*essere di fronte*) être* en face (**de**) ♦ **fronteggiarsi** *v.pron.rec.* se faire* face.

frontespizio [fron-te-spì-zio] *n.m.* [pl. *-zi*] frontispice.

frontiera [fron-tiè-ra] *n.f.* frontière: *passare la frontiera*, passer la frontière.

● ***linea di frontiera***, ligne de démarcation | ***stazione di frontiera***, gare frontière | ***zona di frontiera***, zone frontière.

frontone [fron-tó-ne] *n.m.* **1** (*arch.*) fronton; (*di chiesa gotica*) gâble **2** (*di porta, di finestra*) fronteau* **3** (*testata di libro*) marge (*f.*) supérieure (d'un livre).

fronzolo [frón-ʒo-lo] *n.m.* (*spec. pl.*) fanfreluche (*f.*).

● ***mettersi in fronzoli***, se pomponner | ***senza fronzoli***, (*fig.*) sans fioritures.

frotta [fròt-ta] *n.f.* bande.

● ***a frotte***, par bandes.

frottola [fròt-to-la] *n.f.* histoire, blague.

frugale [fru-gà-le] *agg.* frugal*.

frugalità [fru-ga-li-tà] *n.f.invar.* frugalité.

frugalmente [fru-gal-mén-te] *avv.* frugalement.

frugare [fru-gà-re] *v.intr.* e *tr.* [coniug. come *legare*; aus. *avere*] fouiller: *frugare le, nelle tasche di qlcu*, fouiller (dans) les poches de qqn.

frugoletto [fru-go-lét-to] **frugolo** *n.m.* petit diable.

fruibile [fru-ì-bi-le] *agg.* dont on peut jouir.

fruire [fru-ì-re] *v.intr.* e *tr.* [coniug. come *finire*; aus. *avere*] jouir (**de**): *fruire di un vantaggio*, jouir d'un avantage.

fruitore [frui-tó-re] *n.m.* [f. *-trice*] **1** consommateur*; bénéficiaire; (*destinatario*) destinataire **2** (*di opera d'arte ecc.*) destinataire; (*il pubblico*) public.

fruizione [frui-zió-ne] *n.f.* **1** jouissance; (*uso*) emploi (*m.*) **2** (*di un'opera d'arte ecc.*) réception.

frullare [frul-là-re] *v.tr.* (*cuc.*) fouetter; (*con frullatore elettrico*) passer au mixeur ♦ *v.intr.* [aus. *avere*] (*di uccelli*) voler (avec un frémissement d'ailes); (*di trottola ecc.*) ronfler.

● ***che cosa ti frulla per il capo?***, (*fig.*) qu'est-ce qui te passe par la tête? | ***secondo come gli frulla***, (*fig.*) selon son humeur du moment | ***se gli frulla***, (*fig.*) si l'envie le prend.

frullato [frul-là-to] *agg.* fouetté ♦ *n.m.* cocktail de fruits passés au mixer.

frullatore [frul-la-tó-re] *n.m.* mixer, mixeur; (*per cucina, multiuso*) robot.

● ***frullatore a immersione***, mixeur plongeant.

frullino [frul-lì-no] *n.m.* (*cuc.*) fouet; (*elettrico*) batteur.

frullio [frul-lì-o] *n.m.* [pl. *-ii*] **1** (*di ali d'uccello*) battement (d'ailes) continu **2** (*di trottola ecc.*) ronflement continu.

frullo [frùl-lo] *n.m.* battement (d'ailes).

frumento [fru-mén-to] *n.m.* froment, blé.

frusciare [fru-scià-re] *v.intr.* [coniug. come *cominciare*; aus. *avere*] bruire*; (*spec. di tessuto*) froufrouter.

fruscio [fru-scì-o] *n.m.* [pl. *-ii*] bruissement; (*spec. di tessuto*) froufrou.

● (*rad.*) ***fruscio di fondo***, bruit de fond.

frusta [frù-sta] *n.f.* **1** fouet (*m.*): *schioccare la frusta*, claquer le fouet **2** (*cuc.*) fouet (*m.*).

● ***colpo di frusta***, coup de fouet; (*med. pop.*) coup du lapin.

frustare [fru-stà-re] *v.tr.* **1** fouetter **2** (*fig.*) (*rimproverare*) fustiger*.

● ***frustare a sangue***, fouetter jusqu'au sang.

frustata [fru-stà-ta] *n.f.* coup (*m.*) de fouet (*anche fig.*).

frustino [fru-stì-no] *n.m.* cravache (*f.*).

frusto [frù-sto] *agg.* **1** usé, râpé **2** (*fig.*) rebattu.

frustrante [fru-stràn-te] *agg.* frustrant.

frustrare [fru-strà-re] *v.tr.* frustrer.

frustrato [fru-strà-to] *agg.* frustré.

frustrazione [fru-stra-zió-ne] *n.f.* frustration.

frutice [frù-ti-ce] *n.m.* (*bot.*) arbrisseau*.

frutta [frùt-ta] *n.f.invar.* fruits (*m.pl.*): *frutta di stagione*, fruits de saison; *frutta fresca*, fruits frais.

● ***frutta candita***, fruits confits | ***frutta cotta***, compote | ***frutta sciroppata***, fruits en conserve | ***frutta secca***, fruits secs | ***arrivare alla frutta***, (*fig.*) (*tardi*) arriver après coup | ***coltello da frutta***, couteau à dessert | ***essere alla frutta***, (*a tavola*) en être au dessert; (*fig.*) être au bout du rouleau: *sono proprio alla frutta*, (*fig.*) je suis à bout.

fruttaiolo [frut-ta-iò-lo] *n.m.* → **fruttivendolo**.

fruttare [frut-tà-re] *v.intr.* [aus. *avere*] **1** (*dare frutti*) (*anche fig.*) fructifier **2** (*rendere*) rapporter; (*di denaro, capitali*) fructifier: *un commercio che frutta*, un commerce qui rapporte (*o* rentable) ♦ *v.tr.* **1** rapporter: *gli frutta il 5%*, cela lui rapporte 5% **2** (*fig.*) (*valere, procurare*) valoir*.

fruttato [frut-tà-to] *n.m.* (*del vino*) fruité.

frutteto [frut-té-to] *n.m.* verger.

frutticolo [frut-tì-co-lo] *agg.* des fruits.

frutticoltore [frut-ti-col-tó-re] *n.m.* [f. *-trice*] fruiticulteur.

frutticoltura [frut-ti-col-tù-ra] *n.f.* arboriculture fruitière.

fruttiera [frut-tiè-ra] *n.f.* coupe à fruits, plat (*m.*) à fruits.

fruttifero [frut-tì-fe-ro] *agg.* **1** fructifère **2** (*fig.*) (*vantaggioso*) fructueux* **3** (*econ.*) productif*, fructueux*.

● ***buoni fruttiferi***, titres de rente | ***capitale fruttifero***, capital productif | ***deposito non fruttifero***, dépôt qui n'est pas porteur d'intérêt(s).

fruttificare [frut-ti-fi-cà-re] *v.intr.* [coniug. come *mancare*; aus. *avere*] fructifier (*anche fig.*).

fruttivendolo [frut-ti-vén-do-lo] *n.m.* [f. *-a*] marchand de légumes; (*spec. ambulante*) marchand des quatre-saisons.

frutto [frùt-to] *n.m.* **1** fruit: *alberi da frutto*, arbres à fruits **2** (*fig.*) fruit, résultat: *dare buoni frutti*, donner de bons résultats; *non tarderà a dare i suoi frutti*, cela ne tardera pas à porter ses fruits; *trarre frutto da qlco*, tirer profit de qqch **3** (*rendita*) fruits (*pl.*); (*interesse*) intérêt.

● ***frutti di mare***, fruits de mer | ***frutti di stagione***, fruits de saison | ***dal frutto si conosce l'albero***, (*fig.*) à l'œuvre on connaît l'artisan | ***ogni frutto alla sua stagione***, toute chose en son temps | ***senza (alcun) frutto***, sans résultat.

fruttosio [frut-tò-ʃio] ***n.m.*** [pl. *-si*] fructose.

fruttuosamente [frut-tu-o-sa-mén-te] ***avv.*** fructueusement.

fruttuoso [frut-tu-ó-so] ***agg.*** fructueux*; (*che dà un utile*) rentable.

fu[1] ***agg.invar.*** feu*: *il fu signor Rossi*, feu Monsieur Rossi; *Giuseppe R. fu Vittorio*, Joseph R. fils de feu Victor.

fu[2] → **essere**[1].

fucilare [fu-ci-là-re] ***v.tr.*** fusiller.

F

fucilata [fu-ci-là-ta] ***n.f.*** coup (*m.*) de fusil.

fucilazione [fu-ci-la-zió-ne] ***n.f.*** exécution (par fusillade): *condannare alla fucilazione*, condamner à être passé par les armes.

fucile [fu-cì-le] ***n.m.*** fusil.

● ***fucile a una canna, a due canne***, fusil à un canon, à deux canons | ***fucile da caccia***, fusil de chasse | ***fucile subacqueo***, fusil sous-marin.

fucileria [fu-ci-le-rì-a] ***n.f.*** (*insieme di fucili*) ensemble (*m.*) de fusils; (*insieme di fucilieri*) groupe (*m.*) de fusiliers: *fuoco, scarica di fucileria*, fusillade.

fuciliere [fu-ci-liè-re] ***n.m.*** [f. *-a*] fusilier: *fuciliere di marina*, fusilier marin.

fucina [fu-cì-na] ***n.f.*** forge: *una fucina di intrighi, di rivolte*, (*fig.*) un foyer d'intrigues; *una fucina di artisti*, une pépinière d'artistes.

fucinatura [fu-ci-na-tù-ra] ***n.f.*** forgeage (*m.*).

fuco [fù-co] ***n.m.*** [pl. *-chi*] (*zool.*) faux-bourdon*.

fucsia [fùc-sia] ***n.f.*** (*bot.*) fuchsia (*m.*) ♦ ***agg.*** e ***n.m. invar.*** (*colore*) fuchsia.

fuga [fù-ga] ***n.f.*** [pl. *-ghe*] **1** fuite: *darsi alla fuga*, prendre la fuite; *mettere in fuga*, mettre en fuite; *una fuga di gas*, une fuite de gaz **2** (*serie di oggetti*) suite, enfilade **3** (*mus.*) fugue **4** (*ciclismo*) échappée.

● (*fin.*) ***fuga di capitali***, fuite de capitaux | ***fuga di cervelli***, (*fig.*) fuite des cerveaux | ***fuga di notizie***, fuite (*o* indiscrétion) de connaissances | ***di fuga***, (*in fretta e furia*) à la hâte, (*di sfuggita*) en passant | (*mat.*) ***punto di fuga***, point de fuite.

fugace [fu-gà-ce] ***agg.*** fugace, fugitif*; (*effimero*) éphémère: *gioia fugace*, joie éphémère; *sguardo fugace*, regard fugitif; *bellezza fugace*, beauté fugace.

fugacemente [fu-ga-ce-mén-te] ***avv.*** (*in fretta e furia*) à la hâte; (*di sfuggita*) en passant.

fugacità [fu-ga-ci-tà] ***n.f.invar.*** fugacité.

fugare [fu-gà-re] ***v.tr.*** [coniug. come *legare*] **1** mettre* en fuite **2** (*fig.*) (*dissipare*) dissiper.

fuggevole [fug-gé-vo-le] ***agg.*** fugitif*, fugace; (*effimero*) éphémère.

fuggevolmente [fug-ge-vol-mén-te] ***avv.*** (*di sfuggita*) en passant.

fuggiasco [fug-già-sco] ***agg.*** e ***n.m.*** [f. *-a*; pl.m. *-schi*, f. *-sche*] fugitif*, fuyard.

fuggifuggi [fùg-gi-fùg-gi] **fuggi fuggi** ***n.m.invar.*** sauve-qui-peut*.

fuggire [fug-gì-re] ***v.intr.*** [aus. *essere*] **1** fuir* (*anche fig.*); (*allontanarsi*) s'enfuir*; (*da un luogo chiuso*) s'échapper **2** (*ciclismo*) s'échapper **3** (*rifuggire*) fuir* ♦ ***v.tr.*** fuir*.

● ***fuggire via***, s'enfuir; (*fam.*) (*andarsene*) se sauver.

fuggitivo [fug-gi-tì-vo] ***agg.*** e ***n.m.*** [f. *-a*] fugitif*.

fui → **essere**[1].

fulcro [fùl-cro] ***n.m.*** **1** (*mecc.*) point d'appui; (*perno*) pivot; (*della bilancia*) couteau* **2** (*fig.*) cœur.

fulgidamente [ful-gi-da-mén-te] ***avv.*** avec éclat.

fulgido [fùl-gi-do] ***agg.*** éclatant; (*risplendente*) resplendissant: *un fulgido esempio*, un bel exemple.

fulgore [ful-gó-re] ***n.m.*** splendeur (*f.*), éclat: *nel momento di massimo fulgore*, (*fig.*) dans toute sa splendeur.

fuliggine [fu-lìg-gi-ne] ***n.f.*** suie.

fuligginoso [fu-lig-gi-nó-so] ***agg.*** fuligineux*.

full time [ful'taim] ***avv.*** e ***agg.invar.*** à plein temps ♦ ***n.m.invar.*** travail* à plein temps.

fulmicotone [ful-mi-co-tó-ne] ***n.m.*** fulmicoton.

fulminante [ful-mi-nàn-te] ***agg.*** **1** foudroyant (*anche fig.*) **2** (*che esplode detonando*) fulminant.

fulminare [ful-mi-nà-re] ***v.tr.*** foudroyer* (*anche fig.*) | *fulminare qlcu con lo sguardo*, (*fig.*) foudroyer qqn du regard | *che Dio mi fulmini*, que le diable m'emporte ♦ ***v.intr.impers*** [aus. *essere* o *avere*] faire* des éclairs ♦ **fulminarsi** ***v.pron.*** brûler: *la lampadina si è fulminata*, l'ampoule a brûlé.

fulminato [ful-mi-nà-to] ***agg.*** foudroyé: *rimase fulminato alla notizia*, la nouvelle l'a foudroyé | *è morto fulminato* (*dalla corrente elettrica*), il a été électrocuté ♦ ***n.m.*** (*chim.*) fulminate.

fulminazione [ful-mi-na-zió-ne] ***n.f.*** **1** foudroiement (*m.*) **2** (*med.*) fulguration.

fulmine [fùl-mi-ne] ***n.m.*** foudre (*f.*): *con la velocità del fulmine*, en un éclair; *i suoi occhi mandavano fulmini*, (*fig.*) ses yeux lançaient des flammes.

● ***colpo di fulmine***, coup de foudre | ***come un fulmine***, en coup de vent, comme un éclair: *correr via, partire come un fulmine*, partir en coup de vent; *va, corre come un fulmine*, il court ventre à terre | ***un fulmine a ciel sereno***, (*fig.*) un coup de tonnerre (dans un ciel serein): *la notizia fu un fulmine a ciel sereno*, la nouvelle a éclaté comme une bombe.

fulmineamente [ful-mi-ne-a-mén-te] ***avv.*** avec la rapidité de l'éclair.

fulmineità [ful-mi-ne-i-tà] ***n.f.invar.*** rapidité foudroyante.

fulmineo [ful-mì-ne-o] ***agg.*** foudroyant.

fulvo [fùl-vo] ***agg.*** (*di pelo*) fauve; (*di capelli*) roux*.

fumaiolo [fu-ma-iò-lo] ***n.m.*** cheminée (*f.*).

fumante [fu-màn-te] ***agg.*** fumant.

fumare [fu-mà-re] ***v.intr.*** e ***tr.*** [aus. *avere*] fumer: *fumare di collera*, (*fig.*) écumer de colère.

● ***fumare come un turco, una locomotiva***, fumer comme un pompier, une locomotive | ***mi fuma la testa, il cervello***, (*fam.*) j'ai la cervelle en capilotade.

fumario [fu-mà-rio] ***agg.*** [pl.m. *-ri*] de fumée.

● ***canna fumaria***, conduit de fumée.

fumarola [fu-ma-rò-la] ***n.f.*** (*geol.*) fumerolle.

fumata [fu-mà-ta] ***n.f.*** fumée: *farsi una fumata*, (*fam.*) fumer une cigarette.

● ***fumata bianca, nera***, (*per l'elezione del papa*) fumée blanche, noire.

fumatore [fu-ma-tó-re] ***n.m.*** [f. *-trice*] fumeur*.

fumeria [fu-me-rì-a] ***n.f.*** fumerie.

fumettista [fu-met-tì-sta] ***n.m.*** e ***f.*** auteur/e de bandes dessinées, bédéiste.

fumettistico [fu-met-tì-sti-co] ***agg.*** [pl.m. *-ci*, f. *-che*]

1 de bandes dessinées 2 (*spreg.*) de roman-photo; (*stereotipato*) à l'eau de rose.

fumetto [fu-mét-to] *n.m.* 1 (*spec. pl.*) bande dessinée; (*fam.*) bédé (*f.*), BD (*f.*); (*fotoromanzo*) roman-photo*: *giornale a fumetti*, magazine de bandes dessinées 2 (*nuvoletta che contiene la battuta*) bulle (*f.*) 3 (*spreg.*) (*di romanzo*) feuilleton; (*di film*) mélo.

fumista [fu-mì-sta] *n.m.* e *f.* fumiste.

fummo → **essere**[1].

fumo [fù-mo] *n.m.* fumée (*f.*): *far fumo*, fumer; *avere il vizio del fumo*, avoir la mauvaise habitude de fumer; *rinunciare al fumo*, renoncer à fumer | *è tutto fumo!*, (*fig.*) (*di qlco*) ce n'est que du vent!; (*di qlcu*) il n'est qu'apparences!

● ***fumo di Londra***, (*colore*) anthracite | ***andare in fumo***, échouer | ***i fumi dell'alcol***, les vapeurs de l'alcool | ***lo vedo come il fumo negli occhi***, (*fig.*) je ne peux pas le voir | ***mandare in fumo***, faire aller en fumée | ***molto fumo e poco arrosto!***, (*fig.*) ce n'est que du vent! | ***nero fumo***, noir de fumée | ***servizio da fumo***, nécessaire pour fumeur | ***vender fumo***, jeter de la poudre aux yeux | ***venditore di fumo***, fumiste.

fumogeno [fu-mò-ge-no] *agg.* e *n.m.* fumigène.

● ***cortina fumogena***, rideau de fumée.

fumosità [fu-mo-si-tà] *n.f.invar.* 1 caractère (*m.*) fumeux 2 (*fig.*) nébulosité.

fumoso [fu-mó-so] *agg.* fumeux* (*anche fig.*).

funambolesco [fu-nam-bo-lé-sco] *agg.* [pl.m. *-schi*, f. *-sche*] funambulesque.

funambolico [fu-nam-bò-li-co] *agg.* [pl.m. *-ci*, f. *-che*] funambulesque (*anche fig.*).

funambolismo [fu-nam-bo-lì-ʃmo] *n.m.* 1 équilibrisme 2 (*fig.*) (*capacità di destreggiarsi*) acrobatie.

funambolo [fu-nàm-bo-lo] *n.m.* [f. *-a*] 1 (*acrobata*) funambule 2 (*fig.*) équilibriste, acrobate.

fune [fù-ne] *n.f.* 1 corde; (*cavo*) câble (*m.*) 2 (*ginnastica*) corde (à sauter).

funebre [fù-ne-bre] *agg.* funèbre.

● (***impresa di***) ***pompe funebri***, pompes funèbres.

funerale [fu-ne-rà-le] *n.m.* enterrement; (*imponente, fastoso*) funérailles (*f.pl.*).

● ***funerali civili***, ***religiosi***, enterrement religieux, civil | ***una faccia da funerale***, (*fig.*) une mine d'enterrement.

funerario [fu-ne-rà-rio] *agg.* [pl.m. *-ri*] funéraire.

funereo [fu-nè-re-o] *agg.* funéraire; (*funebre*) funèbre: *un aspetto funereo*, une mine d'enterrement; *colori funerei*, des couleurs d'enterrement.

funestare [fu-ne-stà-re] *v.tr.* endeuiller: *una disgrazia ha funestato la nostra famiglia*, un malheur a frappé notre famille.

funesto [fu-nè-sto] *agg.* funeste.

fungaia [fun-gà-ia] *n.f.* champignonnière.

fungere [fùn-ge-re] *v.intr.* [coniug. come *giungere*; aus. *avere*] faire* fonction (**de**); (*servire*) servir*.

funghetto [fun-ghét-to] *n.m.* petit champignon.

● (*cuc.*) ***al funghetto***, cuit avec de l'huile, de l'ail et du persil haché.

fungibile [fun-gì-bi-le] *agg.* (*dir.*) fongible.

fungicida [fun-gi-cì-da] *agg.* e *n.m.* fongicide.

fungino [fun-gì-no] *agg.* fongique.

fungo [fùn-go] *n.m.* [pl. *-ghi*] 1 champignon: *funghi secchi*, *freschi*, champignons séchés, frais; *fungo prataiolo*, *coltivato*, champignon des prés, de couche | *andare per funghi*, aller aux champignons 2 (*oggetto a forma di fungo*) champignon 3 (*med.*) fongus.

● ***fungo atomico***, champignon atomique.

funicella [fu-ni-cèl-la] *n.f.* ficelle, cordelette.

funicolare [fu-ni-co-là-re] *agg.* e *n.f.* funiculaire (*m.*).

funicolo [fu-nì-co-lo] *n.m.* 1 (*biol.*) funicule 2 (*anat.*) cordon.

funivia [fu-ni-vì-a] *n.f.* téléphérique (*m.*).

● ***carrello di funivia***, benne de téléphérique.

funsi, **funto** → **fungere**.

funzionale [fun-zio-nà-le] *agg.* fonctionnel*.

funzionalismo [fun-zio-na-lì-ʃmo] *n.m.* fonctionnalisme.

funzionalità [fun-zio-na-li-tà] *n.f.invar.* 1 fonctionnalité 2 (*med.*) bon fonctionnement (*m.*).

funzionamento [fun-zio-na-mén-to] *n.m.* fonctionnement.

funzionante [fun-zio-nàn-te] *agg.* qui fonctionne (bien).

funzionare [fun-zio-nà-re] *v.intr.* [aus. *avere*] 1 fonctionner; (*mecc.*) marcher; (*di dispositivo a molla*) jouer: *il piano non ha funzionato*, le plan n'a pas réussi; *molte cose non funzionano*, beaucoup de choses ne vont pas; *i tuoi trucchetti con me non funzionano*, (*fam.*) tes petits trucs ne marchent pas avec moi; *funziona male*, il ne marche pas (bien) 2 (*fungere*) faire* fonction (**de**).

funzionario [fun-zio-nà-rio] *n.m.* [f. *-a*; pl.m. *-ri*] fonctionnaire.

funzione [fun-zió-ne] *n.f.* 1 fonction: *la scuola ha una funzione sociale*, l'école a une fonction sociale 2 (*carica, ufficio, mansione*) fonction: *le funzioni del giudice*, *del sindaco*, les fonctions du juge, du maire 3 (*eccl.*) (*cerimonia*) office (*m.*): *celebrare una funzione*, officier.

● (*eccl.*) ***funzione funebre***, office des morts | ***assumere le funzioni di***, faire fonction de | ***avere funzioni direttive***, être dirigeant | ***entrare in funzione***, entrer en fonctions | ***essere in funzione***, fonctionner | (*mecc.*) ***far entrare in funzione***, mettre en marche | ***il facente funzione***, le substitut: *il segretario facente funzione*, le secrétaire suppléant | ***in funzione di***, en fonction de.

fuochista [fuo-chì-sta] *n.m.* e *f.* chauffeur (*m.*).

fuoco [fuò-co] *n.m.* [pl. *-chi*] 1 feu*: *fuoco di legna*, feu de bois; *dar fuoco a*, *appiccare il fuoco a*, mettre le feu à; *gettare nel fuoco*, jeter au feu 2 (*mat., fis.*) foyer.

● (*mil.*) ***fuoco amico***, tir ami | (*med.*) ***fuoco di sant'Antonio***, feu de Saint Antoine, feu sacré | ***fuoco***, ***fuochino***, (*nei giochi infantili*) tu brûles-tu brûles (*o* petit feu, petit feu) | ***fuoco greco***, feu grégeois | ***fuochi d'artificio***, feux d'artifice | (*mar.*) ***fuochi di segnalazione***, fusées de signalisation | (*cuc.*) ***a fuoco lento***, ***vivo***, ***moderato***, à petit feu, à feu vif, à feu doux | ***andare a fuoco***, brûler | (*mil.*) ***arma da fuoco***, arme à feu | ***avere il fuoco addosso***, (*fig.*) avoir du feu dans les veines | ***bollare a fuoco***, (*anche fig.*) marquer au fer rouge | ***diventare di fuoco***, devenir cramoisi | ***fare fuoco e fiamme***, (*usare ogni mezzo*) faire des pieds et des mains; (*adirarsi*) jeter feu et flammes | ***gettare acqua sul fuoco***, (*fig.*) jeter de l'eau sur le feu | ***gettare olio sul fuoco***, (*fig.*) verser de l'huile sur le feu | ***la prova del fuoco***, l'épreuve du feu; (*fig.*) l'épreuve décisive | (*fot.*) ***mettere a fuoco***, mettre au point: *mettere a fuoco qlco*, régler l'objectif sur qqch; *mettere a fuoco un problema*, (*fig.*) focaliser un problème | ***mettere il fuoco addosso***, (*fig.*) enflammer | ***mettere la mano sul fuoco***, (*fig.*) mettre sa main au feu | ***mettere troppa carne al fuoco***, (*fig.*) courir plusieurs lièvres à la fois | ***parole di fuoco***, paroles enflammées | ***prendere fuoco per un nonnulla***, (*fig.*) s'emporter pour un rien | ***saldare a fuoco***, souder à chaud | ***sguardi, occhi di fuoco***, regards, yeux de feu | ***soffiare sul fuoco***, (*fig.*) souffler sur le feu | ***vigile del fuoco***, le pompier, sapeur-pompier.

fuorché [fuor-ché] ***prep.*** e ***cong.*** sauf, excepté: *fuorché i bambini*, sauf les enfants; *tutti, fuorché Giacomo*, tous, à l'exception de Giacomo; *qualsiasi cosa fuorché partire*, n'importe quoi sauf partir.

fuori [fuò-ri] ***avv.*** dehors; (*esternamente*) à l'extérieur: *là, lì fuori*, là-dehors; *qua, qui fuori*, ici dehors; *ceni fuori stasera?*, tu manges dehors ce soir? | *fuori i soldi!*, sortez vos sous! | (*teatr.*) *fuori l'autore!*, l'auteur (à la rampe)! | (*vieni, venite*) *fuori!*, sors!, sortez! | *uscire fuori*, sortir ♦ ***prep.*** (*spesso seguita da* di *o* da) *hors de: *fuori del negozio*, hors du magasin; *fuori di qui!*, hors d'ici!; *gettare fuori dalla finestra*, jeter par la fenêtre; *mi è caduto fuori dalla borsa*, c'est tombé de mon sac; *mettere fuori di casa*, chasser de la maison; *vive fuori di casa*, il ne vit plus chez ses parents; *siamo rimasti fuori di casa*, nous n'avons pas pu rentrer ♦ ***n.m.invar.*** extérieur.

● ***fuori orario***, en dehors de l'horaire: *lavorare fuori orario*, travailler en dehors de l'horaire | ***al di fuori di, da***, en dehors de | ***dal (di) fuori***, du dehors, de l'extérieur: *visto dal (di) fuori*, vu du dehors; *guardare dal (di) fuori*, regarder de l'extérieur | ***di fuori***, dehors; (*esternamente*) à l'éxterieur: *ti aspetto (di) fuori*, je t'attends dehors; *questo portasigarette (di) fuori è smalto e (di) dentro oro*, ce porte-cigarettes est émaillé à l'extérieur et doré à l'intérieur; *vengo di, da fuori*, je viens du dehors; *il latte è andato tutto (di) fuori*, tout le lait s'est sauvé | ***essere fuori***, être sorti: *è fuori (di prigione) da sei mesi*, il est sorti de prison depuis six mois; *siamo fuori dall'inverno*, on est sorti de l'hiver; *è fuori di casa da stamani*, il est sorti depuis ce matin; *finalmente ne sono venuto fuori*, enfin je m'en suis sorti; *la questione non mi riguarda, ne sono fuori*, le problème ne me concerne pas, je suis en dehors du coup; *il signor X è fuori*, monsieur X n'est pas là, est sorti; *siamo fuori di cento euro*, (*fam.*) il nous manque cent euros; *questo mese siamo fuori parecchio*, (*fam.*) ce mois-ci nous avons dépensé plus que prévu | ***essere fuori di sé***, (*sragionare*) ne plus avoir sa tête, (*non dominarsi*) être hors de soi: *essere fuori di sé dalla gioia*, être fou de joie | ***far fuori***, (*uccidere*) descendre; (*sperperare*) gaspiller; (*consumare*) esquinter; (*mangiare*) engouffrer: *lo hanno fatto fuori*, (*silurato*) on l'a vidé; *si è fatto fuori tutti i dolci*, il s'est mangé tous les gâteaux | ***in fuori***, (en) dehors: *spingere in fuori*, pousser dehors; *sporgersi in fuori*, se pencher au dehors; *sporgere in fuori*, faire saillie à l'extérieur; *braccia in fuori!*, écartez les bras!; *occhi in fuori*, des yeux globuleux; *denti in fuori*, dents en avant | ***vivere fuori del proprio tempo***, vivre en dehors de son temps.

fuoribordo [fuo-ri-bór-do] ***n.m.*** *hors-bord.

fuoribusta [fuo-ri-bù-sta] ***n.m.*** e ***agg.*** (paiement) supplémentaire.

fuoricampo [fuo-ri-càm-po] ***agg.*** e ***n.m.*** *hors champ.

fuoriclasse [fuo-ri-clàs-se] ***agg.invar.*** *hors classe ♦ ***n.m.invar.*** as, champion.

fuoricorso [fuo-ri-cór-so] **fuori corso** ***agg.invar.*** (*di monete*) qui n'a plus cours ♦ ***n.m.*** e ***f.invar.*** étudiant/e universitaire qui n'a pas terminé ses études en temps voulu.

fuorigioco [fuo-ri-giò-co] **fuori gioco** ***n.m.invar.*** (*sport*) *hors-jeu: *in fuorigioco*, hors-jeu.

fuorilegge [fuo-ri-lég-ge] ***n.m.*** e ***f.invar.*** *hors-la-loi.

fuorimano [fuo-ri-mà-no] ***avv.*** loin de tout: *abitare fuorimano*, habiter loin du centre; *un quartiere fuorimano*, un quartier éloigné (du centre) | *andare fuorimano*, (*di veicolo*) ne pas tenir sa droite.

fuorimisura [fuo-ri-mi-ʃù-ra] **fuori misura** ***agg. invar.*** trop grand; trop petit.

fuorimoda [fuo-ri-mò-da] ***agg.invar.*** démodé.

fuoripista [fuo-ri-pì-sta] ***n.m.invar.*** *hors-piste.

fuoriporta [fuo-ri-pór-ta] ***avv.*** *hors les murs.

fuoriprogramma [fuo-ri-pro-gràm-ma] **fuori programma** ***n.m.invar.*** *hors programme.

fuorisede [fuo-ri-sè-de] **fuori sede** ***avv.*** ailleurs: *è fuorisede*, il n'est pas là; *lavora fuorisede*, il travaille ailleurs.

fuoriserie [fuo-ri-sè-rie] **fuori serie** ***agg.invar.*** **1** *hors série **2** (*fig. fam.*) exceptionnel* ♦ ***n.f.invar.*** voiture hors série.

fuoristrada [fuo-ri-strà-da] ***agg.*** e ***n.m.invar.*** (voiture) tout-terrain*; quatre-quatre (*f.*).

fuoriuscire [fuo-ri-u-scì-re] ***v.intr.*** [coniug. come *uscire*; aus. *essere*] sortir*.

fuoriuscita [fuo-ri-u-scì-ta] ***n.f.*** sortie; (*di liquidi*) écoulement (*m.*): *fuoriuscita di pus*, écoulement de pus.

fuoriuscito [fuo-ri-u-scì-to] ***n.m.*** [f. *-a*] réfugié politique.

fuorviante [fuor-vi-àn-te] ***agg.*** fallacieux*; (*ingannevole*) trompeur*.

fuorviare [fuor-vi-à-re] ***v.tr.*** fourvoyer* (*anche fig.*).

furbacchiona [fur-bac-chió-na] ***n.f.*** (*fam.*) fine mouche.

furbacchione [fur-bac-chió-ne] ***agg.*** malin* ♦ ***n.m.*** gros malin.

furbamente [fur-ba-mén-te] ***avv.*** astucieusement.

furbata [fur-bà-ta] ***n.f.*** (*fam.*) (*azione*) combine; (*idea*) coup (*m.*) de théâtre, trouvaille.

furberia [fur-be-rì-a] ***n.f.*** ruse.

furbescamente [fur-be-sca-mén-te] ***avv.*** astucieusement.

furbesco [fur-bé-sco] ***agg.*** [pl.m. *-schi*, f. *-sche*] malin*; (*astuto*) astucieux*.

furbizia [fur-bì-zia] ***n.f.*** ruse.

furbo [fùr-bo] ***agg.*** (*astuto*) rusé; (*furbesco*) malin*; (*malizioso*) malicieux* ♦ ***n.m.*** [f. *-a*] malin; (*spreg.*) fourbe | *non fare il furbo*, n'essaie pas de tricher.

● ***bravo furbo!***, (*iron.*) gros malin! | ***farsi furbo***, apprendre à se débrouiller.

FAUX AMI
Da non confondere con *fourbe*, che significa *subdolo, falso*.

furente [fu-rèn-te] ***agg.*** furieux*: *furente d'ira*, fou de colère.

fureria [fu-re-rì-a] ***n.f.*** (*mil.*) bureau* de compagnie.

furetto [fu-rét-to] ***n.m.*** (*zool.*) furet.

furfante [fur-fàn-te] ***n.m.*** e ***f.*** vaurien/enne, coquin/e.

furfanteria [fur-fan-te-rì-a] ***n.f.*** malhonnêteté.

furfantesco [fur-fan-té-sco] ***agg.*** [pl.m. *-schi*, f. *-sche*] de coquin.

furgoncino [fur-gon-cì-no] ***n.m.*** fourgonnette (*f.*); (*motofurgoncino*) triporteur.

furgone [fur-gó-ne] ***n.m.*** fourgon.

● ***furgone cellulare***, voiture cellulaire | ***furgone funebre***, corbillard.

furia [fù-ria] ***n.f.*** **1** fureur: *nella furia del combattimento*, dans le feu du combat **2** (*fretta*) *hâte: *fare le cose con furia*, faire les choses à la hâte; *aver furia*, être très pressé; *far furia a qlcu*, presser qqn **3** (*persona presa dall'ira*) furie.
● ***a furia di***, à force de | ***montare, andare su tutte le furie***, monter sur ses grands chevaux.

furibondo [fu-ri-bón-do] ***agg.*** furibond.

furiere [fu-riè-re] ***n.m.*** [f. *-a*] (*mil.*) fourrier.

furiosamente [fu-rio-sa-mén-te] ***avv.*** furieusement, avec fureur.

furioso [fu-rió-so] ***agg.*** furieux*: *essere furioso per qlco*, être furieux à cause de qqch; *diventar furioso*, s'emporter.

furono → **essere**[1].

furore [fu-ró-re] ***n.m.*** fureur (*f.*): *fu preso da un furore cieco*, il entra dans une fureur épouvantable.
● ***a furor di popolo***, par la colère populaire; (*col consenso generale*) par la voix du peuple | ***far furore***, faire fureur | ***un sacro furore***, une sainte ardeur: *è stato preso da sacro furore per quel lavoro*, il a été pris d'une sainte ardeur pour ce travail.

furoreggiare [fu-ro-reg-già-re] ***v.intr.*** [coniug. come *mangiare*; aus. *avere*] faire* fureur.

furtivo [fur-tì-vo] ***agg.*** furtif*.

furto [fùr-to] ***n.m.*** vol.
● ***furto aggravato***, vol qualifié | ***furto con scasso***, vol avec effraction.

fusa [fù-sa *o* fùʃa] ***n.f.pl.***
● ***fare le fusa***, ronronner.

fuscello [fu-scèl-lo] ***n.m.*** brindille (*f.*): *sottile come un fuscello*, (*fig.*) mince comme un fil.

fusciacca [fu-sciàc-ca] ***n.f.*** [pl. *-che*] écharpe.

fuseau [fu'zo] ***n.m.invar.*** (*pantaloni aderenti in tessuto elastico*) caleçon; (*con passante sotto i piedi*) fuseau*.

fusibile [fu-ʃì-bi-le] ***agg.*** e ***n.m.*** fusible.

fusiforme [fu-si-fór-me *o* fuʃifórme] ***agg.*** fusiforme.

fusione [fu-ʃió-ne] ***n.f.*** **1** fusion, fonte: *la fusione dei metalli*, la fusion (*o* fonte) des métaux **2** (*unione*) fusion (*anche fig.*).
● (*fis.*) ***fusione nucleare***, fusion nucléaire.

fuso[1] [fù-ʃo] ***agg.*** fondu | *sono fuso*, (*fig. fam.*) je suis crevé.

fuso[2] [fù-so *o* fù-ʃo] ***n.m.*** **1** fuseau* **2** (*mar.*) (*dell'ancora*) tige de l'ancre.
● ***fuso orario***, fuseau horaire | ***diritto come un fuso***, droit comme un I: *è tornato a casa diritto come un fuso*, il est rentré tout droit chez lui.

fusoliera [fu-ʃo-liè-ra] ***n.f.*** fuselage (*m.*).

fustagno [fu-stà-gno] ***n.m.*** futaine (*f.*).

fustella [fu-stèl-la] ***n.f.*** **1** emporte-pièce* (*m.*) **2** (*talloncino del prezzo sui medicinali*) vignette.

fustigare [fu-sti-gà-re] ***v.tr.*** [coniug. come *legare*] fustiger*; (*fig.*) stigmatiser.

fustigatore [fu-sti-ga-tó-re] ***n.m.*** [f. *-trice*] censeur.

fustigazione [fu-sti-ga-zió-ne] ***n.f.*** fustigation.

fustino [fu-stì-no] ***n.m.*** baril: *un fustino di detersivo*, un baril de lessive.

fusto [fù-sto] ***n.m.*** **1** (*di albero*) tronc; (*di canapa, lino*) tige (*f.*) **2** (*oggetto a forma cilindrica*) fût: *il fusto di una colonna*, le fût d'une colonne; *il fusto di una chiave*, le canon d'une clé **3** (*recipiente*) fût: *vino invecchiato in fusti di rovere*, vin vieilli en foudres de chêne **4** (*di corpo umano*) tronc | *che fusto!*, (*fam.*) quel beau mec! **5** (*intelaiatura*) carcasse (*f.*), armature (*f.*).
● ***fusto di trasporto***, barrique | ***bosco d'alto fusto***, haute futaie; ***piante d'alto fusto***, arbres de haute futaie.

futile [fù-ti-le] ***agg.*** futile.

futilità [fu-ti-li-tà] ***n.f.invar.*** futilité.

futures ['fjutʃurz] ***n.m.pl.*** (*econ.*) opérations (*f.*) à termes; cotation (*f.sing.*) à terme.

futuribile [fu-tu-rì-bi-le] ***agg.*** réalisable; (*eventuale*) éventuel*.

futurismo [fu-tu-rì-ʃmo] ***n.m.*** (*arte, lett.*) futurisme.

futurista [fu-tu-rì-sta] ***agg.*** e ***n.m.*** e ***f.*** (*arte, lett.*) futuriste.

futuristico [fu-tu-rì-sti-co] ***agg.*** [pl.m. *-ci*, f. *-che*] futuriste.

futuro [fu-tù-ro] ***agg.*** futur ♦ ***n.m.*** **1** avenir, futur: *guardare al futuro*, penser au lendemain **2** (*gramm.*) futur.
● ***in futuro***, à l'avenir: *in un prossimo futuro*, dans un proche avenir.

futurologia [fu-tu-ro-lo-gì-a] ***n.f.*** futurologie.

F

Gg

g ***n.f.*** o ***m.invar.*** g (*m.*).
● (*tel.*) ***g come Genova***, g comme Gaston.
gabbana [gab-bà-na] ***n.f.*** caban (*m.*).
● ***voltare gabbana***, (*fig.*) tourner casaque.
gabbare [gab-bà-re] ***v.tr.*** duper ♦ **gabbarsi** ***v.pron. intr.*** se moquer (**de**).
● (*prov.*) ***passata la festa, gabbato lo santo***, la fête passée, adieu le saint.
gabbia [gàb-bia] ***n.f.*** **1** cage: *la gabbia dei leoni*, la cage aux lions **2** (*mar.*) (*vela quadra*) *hunier (*m.*); (*piattaforma*) *hune | *un leone in gabbia*, un lion en cage; (*fig.*) un ours en cage **3** (*in tribunale*) box (*m.*) des accusés.
● (*anat.*) ***gabbia toracica***, cage thoracique | ***una gabbia di matti***, (*fig. spreg.*) une maison de fous.
gabbiano [gab-bià-no] ***n.m.*** (*zool.*) mouette (*f.*).
gabella [ga-bèl-la] ***n.f.*** (*antiq.*) (*dazio*) octroi (*m.*); (*imposta*) impôt (*m.*); (*sul sale*) gabelle.
gabellare [ga-bel-là-re] ***v.tr.*** faire* passer (**pour**).
gabinetto [ga-bi-nét-to] ***n.m.*** **1** (*servizi igienici*) toilettes (*f.pl.*); (*in casa*) cabinet, WC **2** (*pol.*) cabinet: *formare un nuovo gabinetto*, former un nouveau cabinet.
● ***gabinetto medico***, cabinet de consultation (d'un médecin) | ***gabinetti pubblici***, toilettes (*o* WC publics), cabinets.
gadget ['gadʒet] ***n.m.invar.*** gadget.
gaelico [ga-è-li-co] ***agg.*** e ***n.m.*** [pl.m. *-ci*, f. *-che*] gaélique.
gaffe [gaf] ***n.f.invar.*** (*azione o espressione maldestra, inopportuna*) gaffe.
gag [gɛg] ***n.f.invar.*** gag (*m.*).
gagà [ga-gà] ***n.m.invar.*** (*antiq.*) gommeux.
gaggia [gag-gì-a] ***n.f.*** (*bot.*) cassie, cassier (*m.*).
gagliardetto [ga-gliar-dét-to] ***n.m.*** fanion; (*mar.*) flamme (*f.*).
gagliardia [ga-gliar-dì-a] ***n.f.*** (*letter.*) **1** vigueur **2** (*coraggio*) bravoure.
gagliardo [ga-gliàr-do] ***agg.*** vigoureux*, fort: *con passo gagliardo*, d'un pas alerte.
gaglioffo [ga-gliòf-fo] ***agg.*** e ***n.m.*** [f. *-a*] **1** fripon* **2** (*goffo, buono a nulla*) balourd.
gaiamente [ga-ia-ménte] ***avv.*** gaiement.
gaiezza [ga-iéz-za] ***n.f.*** gaieté.
gaio [gà-io] ***agg.*** [pl.m. *-ai*] gai; (*pieno di brio*) joyeux*.
gala[1] [gà-la] ***n.f.*** gala.
● ***essere in gran gala***, être en grande toilette | ***serata, abito di gala***, soirée, habit de gala.
gala[2] ***n.f.*** (*fiocco*) nœud (*m.*); (*volante*) volant (*m.*).
galalite [ga-la-li-te] ***n.f.invar.*** galalithe.
galante [ga-làn-te] ***agg.*** galant: *essere galante con una signora*, être galant envers une dame; *un biglietto galante*, un billet doux.
● ***fare il galante***, jouer les séducteurs.
galantemente [ga-lan-te-mén-te] ***avv.*** galamment: *offrire galantemente il posto a una signora*, offrir galamment sa place à une dame.
galanteria [ga-lan-te-rì-a] ***n.f.*** **1** galanterie **2** (*complimento*) compliment (*m.*): *dire delle galanterie*, faire des compliments.
galantina [ga-lan-tì-na] ***n.f.*** (*cuc.*) galantine.
galantuomo [ga-lan-tuò-mo] ***n.m.*** [pl. *galantuomini*] honnête homme: *è un fior di galantuomo*, c'est quelqu'un de bien.
● (*prov.*) ***il tempo è galantuomo***, le temps rend justice | ***parola di galantuomo***, parole d'honneur.
galassia [ga-làs-sia] ***n.f.*** (*astr.*) **1** galaxie **2** (*la*) *Galassia*, Galaxie.
galateo [ga-la-tè-o] ***n.m.*** étiquette (*f.*), savoir-vivre*.
● (*Internet*) ***galateo di rete***, nétiquette | (***manuale di***) ***galateo***, (manuel de) savoir-vivre.
galattico [ga-làt-ti-co] ***agg.*** [pl.m. *-ci*, f. *-che*] **1** galactique **2** (*fig.*) cosmique.
galatt(o)- ***pref.*** galact(o)-.
galattosio [ga-lat-tò-ʃio] ***n.m.*** [pl. *-si*] (*chim.*) galactose.
galena [ga-lè-na] ***n.f.*** (*min.*) galène.
galeone [ga-le-ó-ne] ***n.m.*** (*mar.*) galion.
galeotto [ga-le-òt-to] ***n.m.*** [f. *-a*] **1** (*st.*) galérien **2** (*detenuto*) forçat, bagnard **3** (*fig.*) (*furfante*) crapule.
galera [ga-lè-ra] ***n.f.*** **1** (*st., mar.*) galère **2** (*carcere*) prison; (*lavori forzati*) bagne (*m.*), galères (*pl.*).
● ***avanzo, pezzo di galera***, gibier de potence | ***faccia da galera***, mine patibulaire | ***vita da galera***, (*fig.*) vie de chien.
galero [ga-lè-ro] ***n.m.*** chapeau* de cardinal.
galileo [ga-li-lè-o] ***agg.*** galiléen*.
galiziano [ga-li-zià-no] ***agg.*** galicien* ♦ ***n.m.*** [f. *-a*] (*abitante*) Galicien*.
galla [gàl-la] ***n.f.*** (*bot.*) galle.
galla, a [a gàl-la] ***avv.*** à la surface, sur l'eau: *venire a galla*, remonter à la surface; *la verità viene sempre a galla*, (*fig.*) la vérité ressort toujours; *stare a galla*, flotter; *riportare a galla*, remettre à flot.
gallato [gal-là-to] ***agg.*** (*di uovo*) fécondé.
galleggiamento [gal-leg-gia-mén-to] ***n.m.*** flottement, flottaison (*f.*).
● (*mar.*): ***centro di galleggiamento***, centre de carène; ***linea di galleggiamento***, ligne de flottaison.
galleggiante [gal-leg-giàn-te] ***agg.*** flottant ♦ ***n.m.*** **1** flotteur **2** (*boa*) bouée (*f.*) **3** (*natante*) chaland.
galleggiare [gal-leg-già-re] ***v.intr.*** [coniug. come *mangiare*; aus. avere] flotter; (*di liquido o sostanza oleosa*) surnager*.
galleria [gal-le-rì-a] ***n.f.*** **1** (*tunnel*) tunnel (*m.*) **2** (*mu-*

seo) galerie **3** (*teatr., cine.*) galerie, balcon (*m.*) **4** (*miner.*) galerie.
● ***galleria d'arte***, galerie d'art | (*aerodinamica*) ***galleria del vento***, tunnel (*o* soufflerie) aérodynamique.

gallerista [gal-le-rì-sta] ***n.m.*** e ***f.*** galériste.

gallese [gal-lé-se] ***agg.*** gallois ♦ ***n.m.*** e ***f.*** (*abitante*) Gallois/e ♦ ***n.m.*** (*lingua*) gallois.

galletta [gal-lét-ta] ***n.f.*** galette.

galletto [gal-lét-to] ***n.m.*** **1** jeune coq, coquelet **2** (*mecc.*) écrou à ailettes.
● ***fare il galletto***, (*fig.*) (*farsi bello*) se pavaner; (*fare l'impertinente*) faire l'impertinent.

FAUX AMI
Da non confondere con *galet*, che significa *ciottolo* o *rullo*.

gallicanesimo [gal-li-ca-né-ʃi-mo] ***n.m.*** (*st. relig.*) gallicanisme.

gallicano [gal-li-cà-no] ***agg.*** e ***n.m.*** [f. *-a*] (*st. relig.*) gallican.

gallicismo [gal-li-cì-ʃmo] ***n.m.*** (*ling.*) gallicisme.

gallico [gàl-li-co] ***n.m.*** e ***agg.*** [pl.m. *-ci*, f. *-che*] (*st.*) gaulois.

gallina [gal-lì-na] ***n.f.*** poule.
● ***gallina faraona***, pintade | ***gallina ovaiola***, poule pondeuse | ***gallina prataiola***, canepetière | (*prov.*) ***gallina vecchia fa buon brodo***, c'est dans les vieux pots qu'on fait la meilleure soupe | ***andare a letto con le galline***, (*fig.*) se coucher comme les poules | ***cervello di gallina***, (*fig.*) cervelle d'oiseau | ***zampe di gallina***, (*scrittura*) pattes de mouche; (*rughe*) pattes-d'oie.

gallinaccio [gal-li-nàc-cio] ***n.m.*** [pl. *-ci*] (*bot.*) chanterelle (*f.*).

gallinaceo [gal-li-nà-ce-o] ***agg.*** e ***n.m.*** gallinacé.

gallinella [gal-li-nèl-la] ***n.f.*** poulette.
● ***gallinella d'acqua***, gallinule, poule d'eau.

gallio [gàl-lio] ***n.m.*** [pl. *-li*] (*chim.*) gallium.

gallismo [gal-lì-ʃmo] ***n.m.*** donjuanisme.

gallo[1] [gàl-lo] ***n.m.*** coq.
● ***gallo cedrone***, coq de bruyère | ***gallo da combattimento***, coq de combat | ***fare il gallo***, (*fig.*) se pavaner | (*boxe*) ***peso gallo***, poids coq.

gallo[2] ***n.m.*** [f. *-a*] (*st.*) Gaulois.

gallonato [gal-lo-nà-to] ***agg.*** galonné.

gallone[1] [gal-ló-ne] ***n.m.*** **1** galon **2** (*grado militare*) galon; (*in forma di V rovesciata*) chevron.

gallone[2] ***n.m.*** (*misura di capacità*) gallon.

gallo-romanzo [gal-lo-ro-màn-zo] ***agg.*** (*ling.*) gallo -roman*.

galoppante [ga-lop-pàn-te] ***agg.*** galopant.

galoppare [ga-lop-pà-re] ***v.intr.*** [aus. *avere*] galoper (*anche fig.*).

galoppata [ga-lop-pà-ta] ***n.f.*** galopade: *che galoppata per arrivare fin lassù!*, (*fig.*) quelle trotte pour arriver jusque là-haut; *ho fatto una galoppata!*, (*fig.*) qu'est-ce que j'ai pu courir!

galoppatoio [ga-lop-pa-tó-io] ***n.m.*** [pl. *-oi*] piste (*f.*) d'entraînement (pour les chevaux).

galoppino [ga-lop-pì-no] ***n.m.*** [f. *-a*] garçon de courses; (*spreg.*) galopin.

galoppo [ga-lòp-po] ***n.m.*** galop.
● ***al, di galoppo***, au galop; (*fig.*) au grand galop: *corse al galoppo*, courses de galop.

galoscia [ga-lò-scia] ***n.f.*** [pl. *-sce*] caoutchouc (*m.*).

galvanico [gal-và-ni-co] ***agg.*** [pl.m. *-ci*, f. *-che*] galvanique.

galvanizzare [gal-va-niʒ-ʒà-re] ***v.tr.*** galvaniser.

galvanometro [gal-va-nò-me-tro] ***n.m.*** galvanomètre.

galvanoplastica [gal-va-no-plà-sti-ca] ***n.f.*** [pl. *-che*] (*chim.*) galvanoplastie.

gamba [gàm-ba] ***n.f.*** **1** jambe: *mi tremano le gambe*, j'ai les jambes qui tremblent; *essere corto di gambe*, avoir les jambes courtes; *è tutto, solo gambe*, il est tout en jambes; *ho fatto venti chilometri e me li sento tutti nelle gambe*, j'ai fait vingt kilomètres et j'en ai plein les jambes | *avere le gambe molli*, avoir les jambes en coton | *avrà quarant'anni per gamba!*, (*scherz.*) elle a deux fois quarante ans! **2** (*di animali*) jambe; (*zampa*) patte **3** (*di tavolo, di sedia ecc.*) pied (*m.*) **4** (*di segni grafici*) (*sotto il rigo*) queue; (*sopra il rigo*) jambage (*m.*): *la gamba della p*, la queue du p; *le gambe della m*, les jambages du m.
● ***a gambe larghe***, les jambes écartées | ***a gambe levate***, à toutes jambes: *andarsene a gambe levate*, déguerpir | ***a mezza gamba***, à mi-jambe | ***andare a gambe all'aria***, tomber les quatre fers en l'air, (*fig.*) faire faillite | ***avere le gambe che fanno giacomo giacomo***, avoir les jambes qui flageolent | ***darsela a gambe***, filer à toutes jambes | ***essere di buona gamba***, avoir de bonnes jambes | ***fare il passo più lungo della gamba***, aller au-delà de ses moyens | ***in gamba***, (*fisicamente*) vert, gaillard; (*fig.*) bon, fort: *un medico in gamba*, un bon médecin; *ragazzo in gamba*, garçon qui se débrouille bien; *è di nuovo in gamba*, il s'est remis sur pied; *sentirsi in gamba*, se sentir en pleine forme; *quel vecchio è ancora molto in gamba per la sua età*, ce vieillard est encore très vert pour son âge; *sta' in gamba!*, porte-toi bien!; *essere in gamba in qlco*, être fort, calé en qqch | ***mettersi le gambe in spalla***, prendre ses jambes à son cou | ***prendere le cose sotto gamba***, prendre les choses par-dessous la jambe.

gambale [gam-bà-le] ***n.m.*** jambière (*f.*); (*dello stivale*) tige (*f.*) de botte.

gambaletto [gam-ba-lét-to] ***n.m.*** **1** (*calza*) chaussette (*f.*), mi-bas* **2** (*stivaletto*) bottine (*f.*) **3** (*ortopedia*) gouttière (*f.*).

gamberetto [gam-be-rét-to] ***n.m.*** crevette (*f.*).

gambero [gàm-be-ro] ***n.m.*** (*di fiume*) écrevisse (*f.*); (*di mare*) *homard.
● ***fare come i gamberi***, (*fig.*) faire des progrès à reculons | ***rosso come un gambero***, rouge comme une écrevisse.

gambizzare [gam-biʒ-ʒà-re] ***v.tr.*** (*fam.*) blesser aux jambes.

gambo [gàm-bo] ***n.m.*** **1** tige (*f.*); (*di frutto, di foglia*) queue (*f.*); (*di fungo*) pied, tige (*f.*) **2** (*sostegno simile a un gambo*) pied.
● ***gambo di sedano***, branche de céleri.

game ['geim] ***n.m.invar.*** (*tennis*) jeu*.

gamete [ga-mè-te] ***n.m.*** (*biol.*) gamète.

gamma[1] [gàm-ma] ***n.f.*** gamme (*anche fig.*).
● (*rad.*) ***gamma d'onda***, bande d'ondes.

gamma[2] ***n.m.*** (*alfabeto greco*) gamma.

gammaglobulina [gam-ma-glo-bu-lì-na] ***n.f.*** (*biochim.*) gammaglobuline.

gam(o)- ***pref.*** gam(o)-.

ganascia [ga-nà-scia] ***n.f.*** [pl. *-sce*] **1** mâchoire **2** (*tecn.*) mâchoire; (*per bloccare le auto in sosta vietata*) sabot (*m.*).
● ***mangiare a quattro ganasce***, dévorer à belles dents.

G

gancio [gàn-cio] ***n.m.*** [pl. *-ci*] crochet.
gang [gɛŋg] ***n.f.invar.*** gang (*m.*), bande.
ganga [gàn-ga] ***n.f.*** [pl. *-ghe*] (*min.*) gangue.
ganghero [gàn-ghe-ro] ***n.m.*** **1** gond **2** (*gancetto per abiti*) agrafe (*f.*), crochet.
● ***essere fuori dai gangheri***, (*fig.*) être hors de soi | ***uscire dai gangheri***, (*fig.*) sortir de ses gonds.
ganglio [gàn-glio] ***n.m.*** [pl. *-gli*] **1** ganglion **2** (*fig.*) centre.
gangster ['gɛŋgster] ***n.m.invar.*** gangster.
gangsterismo [gang-ste-rì-ʃmo] ***n.m.*** gangstérisme.
ganza [gàn-ʒa] ***n.f.*** nana, nenette.
ganzo [gàn-ʒo] ***n.m.*** **1** (*amante*) jules **2** (*persona furba*) roublard ♦ ***agg.*** (*fam.*) sacré.

G

gap ***n.m.invar.*** **1** (*divario*) écart, gap: *gap economico, tecnologico*, écart économique, technologique; *gap tra profitti e perdite*, écart entre profits et pertes | *il gap generazionale*, le fossé des générations **2** (*inform.*) intervalle.
gara [gà-ra] ***n.f.*** **1** épreuve; (*competizione*) compétition **2** (*amm., comm.*) adjudication.
● ***gara atletica***, ***ginnica***, épreuve de gymnastique, d'athlétisme | (*amm.*) ***gara d'appalto***, appel d'offres, adjudication | ***gara podistica***, ***di fondo***, course à pied, de fond | ***gara sciistica***, ***di nuoto***, compétition de ski, de natation | (*comm.*) ***bando di gara***, appel d'offres | ***entrare***, ***essere in gara con qlcu***, entrer, être en compétition avec qqn | ***fare a gara per***, ***a***, faire à qui: *tutti fanno a gara per aiutarlo*, c'est à qui l'aidera le plus, le mieux | ***fuori gara***, hors concours.

FAUX AMI
Da non confondere con il sostantivo *gare*, che significa *stazione*, né con l'interiezione *gare* che significa *attenzione!*

garage [ga'raʒ] ***n.m.invar.*** garage.
garagista [ga-ra-gì-sta] ***n.m.*** e ***f.*** garagiste.
garante [ga-ràn-te] ***agg.*** e ***n.m.*** e ***f.*** garant/e.
garantire [ga-ran-tì-re] ***v.tr.*** [coniug. come *finire*] garantir (*anche comm.*) | *te lo garantisco io!*, (*fam.*) c'est moi qui te le dis ♦ **garantirsi** ***v.pron.*** se garantir.
garantismo [ga-ran-tì-ʃmo] ***n.m.*** politique (*f.*) qui donne une importance prépondérante à la garantie constitutionnelle des droits civils.
garantito [ga-ran-tì-to] ***agg.*** **1** (*comm.*) garanti **2** (*fig.*) (*certo, sicuro*) certain, sûr: *arriverà in ritardo, questo è garantito*, il arrivera en retard, ça c'est sûr.
garanzia [ga-ran-zì-a] ***n.f.*** garantie (*anche fig.*).
● (*dir.*) ***avviso di garanzia***, avis (d'ouverture) d'enquête | (*comm.*): ***certificato di garanzia***, certificat (*o* bon) de garantie; ***in garanzia***, sous garantie.
garbare [gar-bà-re] ***v.intr.*** [aus. *essere*] plaire*.
garbato [gar-bà-to] ***agg.*** poli; (*aggraziato*) gracieux*.
garbo [gàr-bo] ***n.m.*** **1** (*grazia*) grâce (*f.*); (*compitezza*) politesse (*f.*): *un uomo* (*pieno*) *di garbo*, un homme aimable et poli; *persona senza garbo*, personne grossière **2** (*delicatezza*) délicatesse (*f.*).
● ***a garbo***, comme il faut | ***un mal garbo***, une impolitesse.
garbuglio [gar-bù-glio] ***n.m.*** [pl. *-gli*] **1** enchevêtrement (*anche fig.*) **2** (*disordine*) pagaille (*f.*).
gardenia [gar-dè-nia] ***n.f.*** (*bot.*) gardénia (*m.*).
gardesano [gar-de-ʃà-no] ***agg.*** du Lac de Garde.
gareggiare [ga-reg-già-re] ***v.intr.*** [coniug. come *mangiare*; aus. *avere*] **1** rivaliser (**de**): *gareggiare in generosità con qlcu*, rivaliser de générosité avec qqn; *gareggiano nell'usarmi gentilezze*, ils font assaut de gentillesses à mon égard **2** (*affrontarsi*) s'affronter.
garganella, a [a gar-ga-nèl-la] ***avv.*** à la régalade: *bere a garganella*, boire à la régalade.
gargarismo [gar-ga-rì-ʃmo] ***n.m.*** gargarisme.
gargarozzo [gar-ga-ròz-zo] ***n.m.*** (*fam.*) gosier.
garibaldino [ga-ri-bal-dì-no] ***agg.*** e ***n.m.*** [f. *-a*] garibaldien*.
● ***alla garibaldina***, avec fougue.
gariga [ga-rì-ga] ***n.f.*** [pl. *-ghe*] (*bot.*) garrigue.
garitta [ga-rìt-ta] ***n.f.*** guérite.
garofano [ga-rò-fa-no] ***n.m.*** **1** œillet **2** (*pianta aromatica*) giroflier.
● ***chiodi di garofano***, clous de girofle.
garrese [gar-ré-se] ***n.m.*** garrot.
garretto [gar-rét-to] ***n.m.*** (*zool.*) jarret.
garrire [gar-rì-re] ***v.intr.*** [coniug. come *finire*; aus. *avere*] **1** (*di uccelli*) trisser **2** (*letter.*) (*di bandiera*) claquer.
garrito [gar-rì-to] ***n.m.*** (*di uccelli*) cri.
garrulo [gàr-ru-lo] ***agg.*** (*letter.*) **1** qui crie, aux cris stridents **2** (*ciarliero*) bavard **3** (*chiassoso*) bruyant.
garza [gàr-ʒa] ***n.f.*** gaze.
garzone [gar-ʒó-ne] ***n.m.*** garçon; (*di bottega*) commis; (*servo*) valet: *garzone di stalla*, valet d'écurie; *garzone di fornaio*, garçon boulanger; *garzone muratore*, aide-maçon.
gas ***n.m.invar.*** gaz: *accendere*, *spegnere il gas*, allumer, éteindre le gaz | (*aut.*) *dare*, *togliere il gas*, mettre, couper les gaz.
● ***gas di scarico***, gaz d'échappement | ***gas esilarante***, ***lacrimogeno***, gaz hilarant, lacrymogène | ***gas illuminante***, gaz d'éclairage | ***gas naturale***, gaz naturel | (*chim.*) ***gas nobili***, ***rari***, gaz nobles, rares | ***a gas***, à, au gaz | ***a tutto gas***, (*anche fig.*) à plein gaz.
gasare [ga-ʃà-re] ***v.tr.*** **1** → gassare **2** (*fam.*) (*montare la testa*) monter la tête (**à qqn**); (*eccitare*) emballer: *il successo l'ha gasato*, le succes lui a monté la tête ♦ **gasarsi** ***v.pron.intr.*** (*fam.*) se monter la tête.
gasato [ga-ʃà-to] ***agg.*** → gassato ♦ ***agg.*** e ***n.m.*** [f. *-a*] (*fam.*) regonflé, remonté | *è un gasato!*, il a les chevilles enflées!
gasdotto [gaʃ-dót-to] ***n.m.*** gazoduc.
gasolio [ga-ʃò-lio] ***n.m.*** [pl. *-li*] gasoil, gazole; (*per riscaldamento*) fioul.
gasometro [ga-ʃò-me-tro] ***n.m.*** gazomètre.
gasosa [ga-ʃó-sa] ***n.f.*** → **gassosa**.
gassare [gas-sà-re] ***v.tr.*** **1** gazéifier **2** (*uccidere col gas*) gazer.
gassato [gas-sà-to] ***agg.*** gazéifié.
● ***acqua gassata***, eau gazeuse.
gassificare [gas-si-fi-cà-re] ***v.tr.*** [coniug. come *mancare*] gazéifier.
gassista [gas-sì-sta] ***n.m.*** gazier.
gassosa [gas-sò-sa] ***n.f.*** limonade.
gassoso [gas-só-so] ***agg.*** gazeux*.
gasteropode [ga-ste-rò-po-de] ***n.m.*** (*zool.*) gastéropode.
gastrectomia [ga-strec-to-mì-a] ***n.f.*** (*med.*) gastrectomie.
gastrico [gà-stri-co] ***agg.*** [pl.m. *-ci*, f. *-che*] gastrique.
● (*med.*) ***lavanda gastrica***, lavage d'estomac | (*fisiol.*) ***succo gastrico***, suc gastrique.

gastrite [ga-strì-te] *n.f.* (*med.*) gastrite.

gastro- *pref.* gastro-.

gastroenterico [ga-stro-en-tè-ri-co] *agg.* [pl.m. *-ci*, f. *-che*] (*anat.*) gastro-entérique*.

gastroenterite [ga-stro-en-te-rì-te] *n.f.* (*med.*) gastro-entérite*.

gastroenterologo [ga-stro-en-te-rò-lo-go] *n.m.* [f. *-a*; pl.m. *-gi*, f. *-ghe*] (*med.*) gastro-entérologue*.

gastrointestinale [ga-stro-in-te-sti-nà-le] *agg.* (*anat.*) gastro-intestinal*: *disturbi gastrointestinali*, troubles gastro-intestinaux.

gastronomia [ga-stro-no-mì-a] *n.f.* gastronomie.

gastronomico [ga-stro-nò-mi-co] *agg.* [pl.m. *-ci*, f. *-che*] gastronomique.

gastronomo [ga-strò-no-mo] *n.m.* [f. *-a*] gastronome.

gastroscopia [ga-stro-sco-pì-a] *n.f.* (*med.*) gastroscopie.

gateway ['geitwei] *n.f.invar.* (*inform.*) passerelle.

gatta [gàt-ta] *n.f.* chatte.
● ***gatta ci cova!***, (*fig.*) il y a anguille sous roche! | ***è una bella gatta da pelare!***, (*fig.*) cela va me donner du fil à retordre!: *pigliarsi una gatta da pelare*, (*fig.*) se fourrer dans un guêpier; *ho altre gatte da pelare*, j'ai d'autres chats à fouetter | ***fare la gatta morta***, (*fig.*) faire la chattemite | (*prov.*) ***la gatta frettolosa fece i gattini ciechi***, vite et bien ne vont jamais ensemble | (*prov.*) ***tanto va la gatta al lardo che ci lascia lo zampino***, tant va la cruche à l'eau qu'à la fin elle se casse.

gattabuia [gat-ta-bù-ia] *n.f.* (*scherz.*) (*prigione*) violon (*m.*), trou (*m.*).

gattamorta [gat-ta-mòr-ta] *n.f.* [pl. *gattemorte*] (*fam.*) mijaurée.

gattice [gàt-ti-ce] *n.m.* (*bot.*) peuplier blanc.

gattile [gat-tì-le] *n.m.* refuge pour chats.

gattino [gat-tì-no] *n.m.* [f. *-a*] chaton, petit chat; (*fam.*) minet.

gatto [gàt-to] *n.m.* chat.
● ***gatto a nove code***, (*frusta*) chat à neuf queues | (*aut.*) ***gatto delle nevi***, dameuse | ***gatto siamese***, ***soriano***, chat siamois, tigré | ***c'erano quattro gatti***, (*fig.*) il y avait trois pelés et un tondu | ***essere come cane e gatto***, (*fig.*) être comme chien et chat | (*zool.*) ***pesce gatto***, poisson-chat | (*prov.*) ***quando il gatto non c'è, i topi ballano***, quand le chat n'est pas là, les souris dansent.

gattonare [gat-to-nà-re] *v.tr.* suivre* furtivement ♦ *v.intr.* [aus. *avere*] marcher en tapinois; (*di bambini*) marcher à quatre pattes.

gattoni [gat-tó-ni] *avv.* à quatre pattes.
● ***gatton gattoni***, (*di soppiatto*) en tapinois.

gattopardo [gat-to-pàr-do] *n.m.* (*zool.*) guépard, serval*.
● ***gattopardo americano***, ocelot.

gattuccio [gat-tùc-cio] *n.m.* [pl. *-ci*] (*zool.*) roussette (*f.*), chat de mer.

gaudente [gau-dèn-te] *agg.* joyeux* ♦ *n.m.* e *f.* jouisseur/euse.

gaudio [gàu-dio] *n.m.* [pl. *-di*] (*letter.*) joie (*f.*).
● (*prov.*) ***mal comune mezzo gaudio***, nous sommes tous logés à la même enseigne.

gavetta [ga-vét-ta] *n.f.* (*mil.*) gamelle.
● ***fare la gavetta***, passer par toutes les étapes | ***venire dalla gavetta***, (*di militari*) sortir des rangs, (*di borghesi*) s'être fait tout seul.

gavettone [ga-vet-tó-ne] *n.m.* **1** (*gergo mil.*) (*recipiente*) marmite (*f.*) **2** (*scherzo*) lancement d'un sachet plastique plein d'eau à la figure de qqn.

gavitello [ga-vi-tèl-lo] *n.m.* (*mar.*) bouée (*f.*).

gavotta [ga-vòt-ta] *n.f.* (*mus.*) gavotte.

gay ['gei] *agg.* e *n.m.* e *f.invar.* (*omosessuale*) gay, homo.

gazebo [ga-zé-bo] *n.m.invar.* pavillon, kiosque.

gazza [gàʒ-ʒa] *n.f.* (*zool.*) pie.
● ***gazza ladra***, pie voleuse.

gazzarra [gaʒ-ʒàr-ra] *n.f.* chahut (*m.*): *fare gazzarra*, chahuter.

gazzella [gaʒ-ʒèl-la] *n.f.* **1** (*zool.*) gazelle **2** (*vettura dei carabinieri*) voiture d'intervention rapide (des carabiniers).

gazzetta [gaʒ-ʒét-ta] *n.f.* gazette.
● ***Gazzetta Ufficiale***, Journal Officiel.

gazzettino [gaʒ-ʒet-tì-no] *n.m.* gazette (*f.*) (*anche fig.*).

gazzosa [gaʒ-ʒó-sa] *n.f.* → **gassosa**.

geco [gè-co] *n.m.* [pl. *-chi*] (*zool.*) gecko.

geiger ['gaiger] *n.m.invar.*
● ***contatore geiger***, compteur Geiger.

geisha ['geiʃa] *n.f.* **1** geisha | (*abbigl.*) *maniche alla geisha*, manches kimono **2** (*estens.*) entraîneuse.

gel *n.m.invar.* gel.

gelare [ge-là-re] *v.tr.* geler*; (*fig.*) glacer*: *il freddo ha gelato i germogli*, le froid a gélé les bourgeons ♦ *v.intr.* [aus. *essere*] geler*; (*fig.*) glacer*: *il lago è gelato durante la notte*, le lac a gélé pensant la nuit; *sentirsi gelare*, (*fig.*) sentir son sang se glacer dans ses veines ♦ *v.intr.impers* [aus. *essere* o *avere*] geler*: *la notte passata è* (o *ha*) *gelato*, la nuit dernière, il a gelé ♦ **gelarsi** *v.pron.intr.* geler*; (*fig.*) glacer*: *mi si sono gelate le orecchie*, j'ai les oreilles gelées; *si gela!*, on gèle!

gelata [ge-là-ta] *n.f.* gelée.

gelataio [ge-la-tà-io] *n.m.* [f. *-a*; pl.m. *-ai*] glacier, marchand de glaces.

gelateria [ge-la-te-rì-a] *n.f.* glacier (*m.*).

gelatiera [ge-la-tiè-ra] *n.f.* sorbetière.

gelatina [ge-la-tì-na] *n.f.* **1** (*cuc.*) gelée **2** (*chim.*) gélatine.
● (*cuc.*): ***gelatina di frutta***, gélée de fruits; ***in gelatina***, à la gelée: *pollo in gelatina*, poulet à la gelée.

gelatinoso [ge-la-ti-nó-so] *agg.* gélatineux*.

gelato [ge-là-to] *agg.* gelé: *acqua gelata*, eau glacée | *strada gelata*, route verglacée ♦ *n.m.* glace (*f.*): *una coppa di gelato*, une coupe de glace; *gelato misto*, glace panachée.
● ***gelato da passeggio***, esquimau (glacé) | ***cono gelato***, cornet de glace.

gelidamente [ge-li-da-mén-te] *avv.* glacialement.

gelido [gè-li-do] *agg.* glacial* (*anche fig.*).

gelo [gè-lo] *n.m.* **1** gel; (*gelata*) gelée (*f.*) **2** (*crosta di ghiaccio*) glace (*f.*); (*su strada*) verglas **3** (*freddo*) froid: *sentirsi il gelo addosso*, se sentir gelé jusqu'aux os.
● ***farsi di gelo***, (*fig.*) devenir de pierre.

gelone [ge-ló-ne] *n.m.* engelure (*f.*).

gelosamente [ge-lo-sa-mén-te] *avv.* jalousement.

gelosia [ge-lo-sì-a] *n.f.* **1** jalousie: *suscitare la gelosia di qlcu*, exciter la jalousie de qqn **2** (*cura gelosa*) soin jaloux.

G

geloso [ge-ló-so] ***agg.*** jaloux*: *essere geloso di qlcu, qlco*, être jaloux de qqn, qqch.

gelso [gèl-so] ***n.m.*** (*bot.*) mûrier.

gelsomino [gel-so-mì-no] ***n.m.*** (*bot.*) jasmin.

gemellaggio [ge-mel-làg-gio] ***n.m.*** [pl. *-gi*] jumelage.

gemellare¹ [ge-mel-là-re] ***agg.*** gémellaire: *parto gemellare*, accouchement de jumeaux.

gemellare² ***v.tr.*** jumeler* ♦ **gemellarsi** ***v.pron.*** être* jumelé: *le due città si sono gemellate*, ces deux villes ont été jumelées.

gemello [ge-mèl-lo] ***agg.*** jumeau*: *fratelli gemelli*, frères jumeaux; *sorelle gemelle*, sœurs jumelles ♦ ***n.m.*** **1** [f. *-a*] jumeau* **2** (*pl.*) (*per polsini*) boutons de manchettes **3** (*astr.*) *Gemelli*, Gémeaux.
● ***gemelli monozigoti***, ***dizigoti***, jumeaux monozygotes, dizygotes | ***gemelli siamesi***, frères siamois | ***anima gemella***, (*fig.*) âme sœur.

gemere [gè-me-re] ***v.intr.*** [aus. *avere*] **1** gémir **2** (*stridere*) grincer* **3** (*trasudare; gocciolare*) suinter.

geminato [ge-mi-nà-to] ***agg.*** géminé.

gemito [gè-mi-to] ***n.m.*** gémissement.

gemma [gèm-ma] ***n.f.*** **1** gemme; (*fig.*) perle: *tempestato di gemme*, incrusté de pierres précieuses; *le gemme della letteratura*, les chefs-d'œuvre de la littérature **2** (*bot.*) bourgeon (*m.*).

gemmato [gem-mà-to] ***agg.*** (*bot.*) gemmé.

gemmazione [gem-ma-zió-ne] ***n.f.*** (*bot.*) gemmation.

gemmologia [gem-mo-lo-gì-a] ***n.f.*** gemmologie.

gendarme [gen-dàr-me] ***n.m.*** gendarme.

gendarmeria [gen-dar-me-rì-a] ***n.f.*** gendarmerie.

gene [gè-ne] ***n.m.*** (*biol.*) gène.

genealogia [ge-ne-a-lo-gì-a] ***n.f.*** généalogie.

genealogico [ge-ne-a-lò-gi-co] ***agg.*** [pl.m. *-ci*, f. *-che*] généalogique.
● ***albero genealogico***, arbre généalogique.

genepì [ge-ne-pì] ***n.m.invar.*** genépi.

generale¹ [ge-ne-rà-le] ***agg.*** e ***n.m.*** général*: *assemblea generale*, assemblée générale; *è opinione generale che*, l'opinion générale est que.
● ***in generale***, en général | ***stare***, ***mantenersi sulle generali***, s'en tenir aux généralités.

generale² ***n.m.*** (*mil., eccl.*) général*.
● (*mil.*) ***generale di brigata***, ***di divisione***, général de brigade, de division.

generalessa [ge-ne-ra-lés-sa] ***n.f.*** **1** générale **2** (*spreg.*) gendarme (*m.*).

generalità [ge-ne-ra-li-tà] ***n.f.invar.*** **1** généralité; (*maggioranza*) majorité: *nella generalità dei casi*, dans la plupart des cas **2** (*pl.*) identité (*sing.*): *declinare le proprie generalità*, décliner son identité **3** (*spec. pl.*) (*banalità*) généralité.

generalizzare [ge-ne-ra-liʒ-ʒà-re] ***v.tr.*** généraliser ♦ **generalizzarsi** ***v.pron.intr.*** se généraliser.

generalizzazione [ge-ne-ra-liʒ-ʒa-zió-ne] ***n.f.*** généralisation.

generalmente [ge-ne-ral-mén-te] ***avv.*** en général, généralement.

generare [ge-ne-rà-re] ***v.tr.*** **1** engendrer, donner naissance (**à**) **2** (*produrre*) produire*; (*causare*) causer: *generare malcontento*, causer du mécontentement; *generare calore*, engendrer de la chaleur; *generare diffidenza*, inspirer de la méfiance.

generatore [ge-ne-ra-tó-re] ***agg.*** [f. *-trice*] générateur* ♦ ***n.m.*** (*tecn.*) générateur.

generazionale [ge-ne-ra-zio-nà-le] ***agg.*** de génération: *conflitto generazionale*, conflit de génération; *gap generazionale*, fossé des générations.

generazione [ge-ne-ra-zió-ne] ***n.f.*** **1** génération: *la nuova generazione*, la nouvelle génération **2** (*produzione*) production; (*sviluppo*) dégagement (*m.*).
● ***di generazione in generazione***, de génération en génération | ***di ultima generazione***, dernière génération.

genere [gè-ne-re] ***n.m.*** **1** genre, sorte (*f.*): *persone di ogni genere*, toutes sortes de gens; *è di un genere tutto suo*, c'est un type très particulier **2** (*lett., arte*) genre: *spettacolo di nuovo genere*, spectacle d'un genre nouveau **3** (*gramm.*) genre **4** (*biol.*) genre **5** (*spec. pl.*) (*merce*) denrée (*f.*); (*prodotto*) produit.
● ***generi alimentari***, denrées alimentaires | ***generi di lusso***, articles de luxe | ***generi di prima necessità***, produits de première nécessité | ***del genere***, de ce genre(-là), pareil: *non ho mai visto una cosa del genere*, je n'ai jamais vu une chose pareille; *e cose del genere*, et de choses de ce genre; *vorrei qlco del genere*, je voudrais qqch dans ce genre-là, dans ce style-là | (*arte*) ***di genere***, de genre | ***il genere umano***, le genre humain | ***in genere***, en général | ***nel suo genere***, en son genre | ***scherzo di cattivo genere***, plaisanterie de mauvais goût.

genericamente [ge-ne-ri-ca-mén-te] ***avv.*** d'une manière générale, en termes très généraux.

genericità [ge-ne-ri-ci-tà] ***n.f.invar.*** vague (*m.*): *cadere nella genericità*, tomber dans les généralités.

generico [ge-nè-ri-co] ***agg.*** [pl.m. *-ci*, f. *-che*] générique; (*generale*) général*; (*vago*) vague: *nozioni generiche*, des notions très générales; *accuse generiche*, des accusations vagues ♦ ***n.m.*** **1** vague: *restare nel generico*, rester dans le vague **2** [f. *-a*] (*teatr.*) acteur* qui joue les utilités: *far parti di generico*, jouer les utilités.
● ***medico generico***, généraliste.

genero [gè-ne-ro] ***n.m.*** gendre, beau-fils*.

generosamente [ge-ne-ro-sa-mén-te] ***avv.*** généreusement.

generosità [ge-ne-ro-si-tà] ***n.f.invar.*** générosité.

generoso [ge-ne-ró-so] ***agg.*** généreux* (**envers**).

genesi [gè-ne-ʃi] ***n.f.invar.*** **1** genèse **2** (*Bibbia*) *Genesi*, Genèse.

genetica [ge-nè-ti-ca] ***n.f.*** [pl. *-che*] génétique.

geneticamente [ge-ne-ti-ca-mén-te] ***avv.*** génétiquement.
● ***alimento geneticamente modificato***, aliment transgénique | ***organismo geneticamente modificato*** (*OGM*), organisme génétiquement modifié (OGM).

genetico [ge-nè-ti-co] ***agg.*** [pl.m. *-ci*, f. *-che*] génétique.
● ***ingegneria genetica***, génie génétique.

genetista [ge-ne-tì-sta] ***n.m.*** e ***f.*** généticien/enne.

genetliaco [ge-ne-tlì-a-co] ***agg.*** [pl.m. *-ci*, f. *-che*] anniversaire ♦ ***n.m.*** anniversaire (de naissance).

genetta [ge-nét-ta] ***n.f.*** (*zool.*) genette.

gengiva [gen-gì-va] ***n.f.*** gencive: *mi sanguinano le gengive*, mes gencives saignent.

gengivale [gen-gi-và-le] ***agg.*** gingival*.

gengivite [gen-gi-vì-te] ***n.f.*** (*med.*) gingivite.

genia [ge-nì-a] ***n.f.*** (*spreg.*) race: *non voglio avere a che fare con simile genia*, je ne veux pas avoir affaire à cette

G

engeance-là; *la genia degli imbrattacarte*, la gent écrivassière.

geniale [ge-nià-le] ***agg.*** génial*.

genialità [ge-nia-li-tà] ***n.f.invar.*** génialité; (*genio*) génie (*m.*); (*talento*) talent (*m.*).

genialoide [ge-nia-lòi-de] ***n.m.*** e ***f.*** génie (*m.*).

geniere [ge-niè-re] ***n.m.*** (*mil.*) sapeur.

genio[1] [gè-nio] ***n.m.*** [pl. *-nî*] **1** génie: *sei un genio!*, tu es génial!; *è un genio*, c'est une grosse tête; *si crede un genio*, il se prend pour une lumière **2** (*talento, dono*) talent, don, génie: *avere il genio degli affari*, avoir la bosse des affaires **3** (*divinità tutelare*) génie.
● ***genio incompreso***, génie méconnu | ***andare a genio***, plaire beaucoup | ***avere genio per qlco***, être doué pour qqch | ***di mio genio***, de mon goût | ***lampo di genio***, trait de génie.

genio[2] ***n.m.*** [pl. *-nî*] (*mil.*) génie.
● ***Genio Civile***, Génie Civil.

genitale [ge-ni-tà-le] ***agg.*** génital*: *organi genitali*, organes génitaux ♦ ***n.m.*** (*solo pl.*) organes génitaux.

genitivo [ge-ni-tì-vo] ***agg.*** (*gramm.*) du génitif ♦ ***n.m.*** (*gramm.*) génitif.

genitore [ge-ni-tó-re] ***n.m.*** [f. *-trice*] parent.

genitoriale [ge-ni-to-rià-le] ***agg.*** parental*.

genitorialità [ge-ni-to-ria-li-tà] ***n.f.invar.*** parentalité: *genitorialità biologica*, parentalité biologique.

gennaio [gen-nà-io] ***n.m.*** [pl. *-aî*] janvier: *in gennaio, nel mese di gennaio*, en janvier, au mois de janvier; *il primo (dì) gennaio*, le premier janvier.

genocidio [ge-no-cì-dio] ***n.m.*** [pl. *-dî*] génocide.

genoma [ge-nò-ma] ***n.m.*** (*biol.*) génome.

genomica [ge-nò-mi-ca] ***n.f.*** [pl. *-che*] (*biol.*) génomique.

genotipo [ge-no-tì-po] ***n.m.*** (*biol.*) génotype.

genovese [ge-no-vé-se] ***agg.*** génois ♦ ***n.m.*** e ***f.*** (*abitante*) Génois/e.

gentaglia [gen-tà-glia] ***n.f.*** (*spreg.*) sales gens (*pl.*); racaille.

gente [gèn-te] ***n.f.*** gens (*m.* e *f.pl.*); (*non specificato*) monde (*m.*): *è gente per bene*, ce sont des gens bien; *c'è molta gente*, il y a beaucoup de monde; *tutta la gente*, tout le monde; *la gente di città*, les gens de la ville; *tutta la gente che*, tous ceux qui; *la gente dice che*, on dit que; *la gente mormora, chiacchiera*, on murmure, on jase; *non preoccuparti di quel che può dire la gente*, ne te soucie pas du qu'en-dira-t-on | *la mia gente*, les miens.
● ***diritto delle genti***, droit des gens | (*relig.*) ***l'apostolo delle genti***, l'Apôtre des Gentils.

NOTA ***Gente*** trova nella traduzione francese ***gens*** un accordo complesso, in quanto questa parola originalmente femminile è stata a lungo intesa come un plurale maschile.
L'uso ha conservato l'accordo al femminile soprattutto in formule quasi fisse, come:

gente modesta, **petites** gens; *gente buona, brava gente*, **bonnes**, **braves** gens.

Nell'uso attuale, ***gens*** si accorda al femminile quando è preceduta immediatamente da un aggettivo:

cattiva gente, de **méchantes** gens; certa gente, ***certaines*** *gens*.

Gli aggettivi e i participi passati che seguono ***gens*** si accordano sempre al maschile:

Quella gente è generosa.
Ces gens sont **généreux**.

È arrivata della brava gente.
De braves gens sont **arrivés**.

Gens preceduta da ***tous*** è maschile:

Tutta questa gente è stupida.
Tous ces **gens** sont idiots.

Ma se *tous* è seguito da un aggettivo qualificativo, si applica la regola degli aggettivi:

Tutta quella stupida gente.
Toutes ces **idiotes** gens (*idiote* è un femminile distinto dalla forma maschile).

Se ***gens*** è accompagnata da un complemento determinativo, è sempre al maschile:

Certa gente di colore.
Certains gens de couleur.

gentildonna [gen-til-dòn-na] ***n.f.*** dame.

gentile [gen-tì-le] ***agg.*** **1** aimable; gentil*: *sei stato molto gentile a venire*, tu as été très aimable de venir | *Gentile signora*, (*nelle lettere*) Chère Madame; (*sulla busta*) Madame **2** (*delicato*) délicat: *animo gentile*, âme délicat **3** (*aggraziato*) gracieux*: *una figura gentile*, une silhouette très gracieuse ♦ ***n.m.*** e ***f.*** (*non ebreo, pagano*) gentil/e.
● ***il gentil sesso***, le beau sexe.

gentilezza [gen-ti-léz-za] ***n.f.*** **1** gentillesse, amabilité; (*delicatezza*) délicatesse **2** (*favore*) plaisir (*m.*) **3** (*pl.*) (*atti, parole gentili*) attentions.
● ***per gentilezza***, s'il vous, s'il te plaît.

gentilizio [gen-ti-lì-zio] ***agg.*** [pl.m. *-zî*] nobiliaire.
● ***stemma gentilizio***, armes.

gentilmente [gen-til-mén-te] ***avv.*** aimablement, gentiment.

gentiluomo [gen-ti-luò-mo] ***n.m.*** [pl. *gentiluomini*] gentilhomme*: *gentiluomo di campagna*, gentilhomme campagnard; *comportarsi da gentiluomo*, se conduire en gentleman | *parola di gentiluomo*, parole d'honneur.

genuflessione [ge-nu-fles-sió-ne] ***n.f.*** génuflexion.

genuflettersi [ge-nu-flèt-ter-si] ***v.pron.intr.*** [p.p. *genuflesso*] faire* une génuflexion; (*inginocchiarsi*) s'agenouiller.

genuinamente [ge-nu-i-na-mén-te] ***avv.*** naturellement.

genuinità [ge-nui-ni-tà] ***n.f.invar.*** **1** pureté; (*autenticità*) authenticité: *la genuinità dei cibi*, la qualité des aliments **2** (*fig.*) sincérité; (*spontaneità*) spontanéité, naturel (*m.*).

genuino [ge-nu-ì-no] ***agg.*** **1** naturel*: *vino genuino*, vin naturel **2** (*vero*) vrai; (*autentico*) authentique: *bere del chianti genuino*, boire du vrai chianti; *notizia genuina*, nouvelle authentique **3** (*fig.*) sincère; (*spontaneo*) spontané.

genziana [gen-zià-na] ***n.f.*** (*bot.*) gentiane.

geo- ***pref.*** géo-.

geocentrico [ge-o-cèn-tri-co] ***agg.*** [pl.m. *-ci*, f. *-che*] géocentrique.

geochimica [ge-o-chì-mi-ca] ***n.f.*** [pl. *-che*] géochimie.

geode [ge-ò-de] ***n.m.*** (*min., med.*) géode (*f.*).

geodesia [ge-o-de-ʃì-a] ***n.f.*** géodésie.

geodetica [ge-o-dè-ti-ca] ***n.f.*** [pl. *-che*] géodésique.

geodetico [ge-o-dè-ti-co] ***agg.*** [pl.m. *-ci*, f. *-che*] géodésique.

geofisica [ge-o-fì-ʃi-ca] ***n.f.*** [pl. *-che*] géophysique.

geografia [ge-o-gra-fì-a] ***n.f.*** géographie; (*fam.*) géo.

geograficamente [ge-o-gra-fi-ca-mén-te] *avv.* géographiquement.

geografico [ge-o-grà-fi-co] *agg.* [pl.m. *-ci*, f. *-che*] géographique.
● ***atlante geografico***, atlas | ***carta geografica***, carte géographique.

geografo [ge-ò-gra-fo] *n.m.* [f. *-a*] géographe.

geoide [ge-òi-de] *n.m.* (*geogr.*) géoïde.

geologia [ge-o-lo-gì-a] *n.f.* géologie.

geologico [ge-o-lò-gi-co] *agg.* [pl.m. *-ci*, f. *-che*] géologique.

geologo [ge-ò-lo-go] *n.m.* [f. *-a*; pl.m. *-gi*, f. *-ghe*] géologue.

geometra [ge-ò-me-tra] *n.m.* e *f.* géomètre.

geometria [ge-o-me-trì-a] *n.f.* géométrie.
● ***geometria analitica***, géométrie analytique | ***geometria piana***, ***solida***, géométrie plane (*o* à deux dimensions), dans l'espace.

geometricamente [ge-o-me-tri-ca-mén-te] *avv.* géométriquement.

geometrico [ge-o-mè-tri-co] *agg.* [pl.m. *-ci*, f. *-che*] géométrique.
● ***figura geometrica***, figure géométrique.

geopolitica [ge-o-po-lì-ti-ca] *n.f.* [pl. *-che*] géopolitique.

geopolitico [ge-o-po-lì-ti-co] *agg.* [pl.m. *-ci*, f. *-che*] géopolitique.

georgiano [ge-or-già-no] *agg.* géorgien* ♦ *n.m.* [f. *-a*] (*abitante*) Géorgien*.

geostazionario [ge-o-sta-zio-nà-rio] *agg.* [pl.m. *-ri*] géostationnaire.

geotermico [ge-o-tèr-mi-co] *agg.* [pl.m. *-ci*, f. *-che*] (*geol.*) géothermique | *gradiente geotermico*, gradient géothermique.

geranio [ge-rà-nio] *n.m.* [pl. *-ni*] (*bot.*) géranium.

gerarca [ge-ràr-ca] *n.m.* [pl. *-chi*] **1** (*eccl.*) dignitaire **2** (*st.*) gerarca (nom donné aux dirigéants du parti fasciste italien) **3** (*capo*) chef, *hiérarque.

gerarchia [ge-rar-chì-a] *n.f.* *hiérarchie (*anche fig.*): *gerarchia aziendale*, hiérarchie d'entreprise.
● (*inform.*) ***gerarchia di memoria***, ***del sistema***, hiérarchie de mémoire, du système.

gerarchicamente [ge-rar-chi-ca-mén-te] *avv.* *hiérarchiquement.

gerarchico [ge-ràr-chi-co] *agg.* [pl.m. *-ci*, f. *-che*] *hiérarchique.
● ***per via gerarchica***, par (la) voie hiérarchique.

gerbera [ger-bè-ra *o* gèrbera] *n.f.* (*bot.*) gerbera (*m.*).

geremiade [ge-re-mì-a-de] *n.f.* jérémiade.

gerente [ge-rèn-te] *n.m.* e *f.* gérant/e.

gergale [ger-gà-le] *agg.* argotique.

gergo [gèr-go] *n.m.* [pl. *-ghi*] (*linguaggio convenzionale*) argot; (*linguaggio di una determinata classe, professione, attività*) jargon: *gergo della malavita*, argot du milieu; *gergo filosofico*, jargon des philosophes | *parlare in gergo*, parler argot, jargonner.

geriatra [ge-rià-tra] *n.m.* e *f.* (*med.*) gériatre.

geriatria [ge-ria-trì-a] *n.f.* (*med.*) gériatrie.

geriatrico [ge-rià-tri-co] *agg.* [pl.m. *-ci*, f. *-che*] gériatrique.
● ***ospedale geriatrico***, hospice des vieillards.

gerla [gèr-la] *n.f.* *hotte.

germanico [ger-mà-ni-co] *agg.* [pl.m. *-ci*, f. *-che*] (*st.*, *ling.*) germanique; (*della Germania*) allemand.

germanismo [ger-ma-nì-ʃmo] *n.m.* germanisme.

germanista [ger-ma-nì-sta] *n.m.* e *f.* germaniste.

germanistica [ger-ma-nì-sti-ca] *n.f.* [pl. *-che*] études (*pl.*) germaniques.

germanizzare [ger-ma-niʒ-ʒà-re] *v.tr.* e *intr.* [aus. *avere*] germaniser ♦ **germanizzarsi** *v.pron.* se germaniser.

germano[1] [ger-mà-no] *agg.* germain: *cugino germano*, cousin germain.

germano[2] *agg.* (*st.*) germain.
● ***i Germani***, les Germains.

germano[3] *n.m.* (*zool.*) canard sauvage.
● ***germano marino***, canard à longue queue | ***germano reale***, colvert.

germe [gèr-me] *n.m.* germe (*anche fig.*).

germicida [ger-mi-cì-da] *agg.* e *n.m.* germicide.

germinale [ger-mi-nà-le] *agg.* (*biol.*) germinal*: *cellule germinali*, cellules germinales ♦ *n.m.* (*st.*) germinal (settimo mese del calendario rivoluzionario, dal 21-22 marzo al 18-19 aprile).

germinare [ger-mi-nà-re] *v.intr.* [aus. *essere* o *avere*] germer (*anche fig.*).

germinativo [ger-mi-na-tì-vo] *agg.* germinatif*.

germinazione [ger-mi-na-zió-ne] *n.f.* germination.

germogliare [ger-mo-glià-re] *v.intr.* [aus. *essere* o *avere*] bourgeonner; (*fig.*) germer.

germoglio [ger-mó-glio] *n.m.* [pl. *-gli*] bourgeon, pousse (*f.*); (*fig.*) germe.
● ***germogli di soia***, germes de soja.

geroglifico [ge-ro-glì-fi-co] *agg.* [pl.m. *-ci*, f. *-che*] hiéroglyphique ♦ *n.m.* hiéroglyphe.

gerontocomio [ge-ron-to-cò-mio] *n.m.* [pl. *-mi*] hospice (des vieux).

gerontocrazia [ge-ron-to-cra-zìa] *n.f.* gérontocratie.

gerontologia [ge-ron-to-lo-gì-a] *n.f.* (*med.*) gérontologie.

gerontologico [ge-ron-to-lò-gi-co] *agg.* [pl.m. *-ci*, f. *-che*] gérontologique.

gerontologo [ge-ron-tò-lo-go] *n.m.* [f. *-a*; pl.m. *-gi*, f. *-ghe*] (*med.*) gérontologue.

gerundio [ge-rùn-dio] *n.m.* [pl. *-di*] (*gramm.*) gérondif.

gerundivo [ge-run-dì-vo] *agg.* (*gramm.*) au gérondif ♦ *n.m.* (*gramm. latina*) gérondif.

gessato [ges-sà-to] *agg.* **1** plâtré **2** (*di stoffa*) rayé ♦ *n.m.* (*abito maschile*) costume rayé.

gessetto [ges-sét-to] *n.m.* craie (*f.*): *gessetti colorati*, craies de couleur; *scrivere con un gessetto*, écrire à, avec la craie | *gessetto per sarti*, craie (de) tailleur.

gesso [gès-so] *n.m.* **1** (*min.*) gypse; (*polvere del minerale*) plâtre: *cava di gesso*, plâtrière **2** (*opera d'arte in gesso*) plâtre **3** (*gessetto*) craie (*f.*) **4** (*med.*) plâtre.

gessoso [ges-só-so] *agg.* plâtreux*; (*contenente gesso*) gypseux*.

gesta [gè-sta] *n.f.pl.* exploit (*m.sing.*), *hauts faits (*m.*).
● (*lett.*) ***canzoni di gesta***, chansons de geste.

gestante [ge-stàn-te] *n.f.* femme enceinte.

gestazione [ge-sta-zió-ne] *n.f.* gestation (*anche fig.*).

gesticolare [ge-sti-co-là-re] *v.intr.* [aus. *avere*] gesticuler.

gesticolazione [ge-sti-co-la-zió-ne] *n.f.* gesticulation.

gestionale [ge-stio-nà-le] ***agg.*** de gestion.

gestione [ge-stió-ne] ***n.f.*** **1** gérance; (*amm.*) gestion; (*messa a frutto*) exploitation: *la gestione di un caffè*, la gérance d'un bar; *gestione di una linea ferroviaria*, exploitation d'une ligne de chemin de fer; *assumere la gestione di*, prendre la gestion de; *gestione di fondi pubblici*, administration de deniers publics **2** (*inform.*) gestion: *gestione di files*, gestion de fichiers.
● ***gestione aziendale***, gestion d'entreprise | (*inform.*) ***gestione dei dati***, gestion des données | (*amm.*) ***spese di gestione***, frais d'exploitation.

gestire[1] [ge-stì-re] ***v.intr.*** [coniug. come *finire*; aus. *avere*] (*fare gesti*) faire* des gestes.

gestire[2] ***v.tr.*** [coniug. come *finire*] **1** (*amministrare*) gérer*, administrer: *gestire un'azienda*, gérer une entreprise; *gestire il proprio tempo*, aménager son temps | *gestito dallo stato*, contrôlé par l'État **2** (*inform.*) diriger* ♦ **gestirsi** ***v.pron.intr.*** (*organizzarsi*) s'organiser.

gesto [gè-sto] ***n.m.*** geste; (*del capo*) *hochement: *con un gesto della mano*, d'un geste de la main; *esprimersi a gesti*, s'exprimer par gestes; *un gesto disinteressato*, un geste désintéréssé; *un bel gesto*, un beau geste (*o* un belle action).

gestore [ge-stó-re] ***n.m.*** **1** [f. *-trice*] gérant; (*amministratore*) administrateur*; (*di luoghi di spettacolo*) exploitant; (*mil.*) gestionnaire; (*fin.*) ordonnateur* **2** (*inform.*) (*di programma*) programme gestionnaire, module de gestion.
● (*Internet*) ***gestore di rete Web***, webmestre | (*tel.*) ***gestore di telefonia mobile, fissa***, opérateur de téléphonie mobile, fixe.

gestuale [ge-stu-à-le] ***agg.*** gestuel*.

Gesù [Ge-sù] ***n.pr.m.*** Jésus | *Gesù Cristo*, Jésus-Christ.

gesuita [ge-ʃu-ì-ta] ***n.m.*** (*eccl.*) jésuite.

gesuitico [ge-ʃu-ì-ti-co] ***agg.*** [pl.m. *-ci*, f. *-che*] jésuitique, jésuite.

gesuitismo [ge-ʃui-tì-ʃmo] ***n.m.*** jésuitisme.

gettare [get-tà-re] ***v.tr.*** **1** jeter* (*anche fig.*): *gettare in terra, in acqua, in mare*, jeter à (*o* par) terre, à l'eau, à la mer; *gettare (fuori) dalla finestra*, jeter par la fenêtre; *gettare lontano*, lancer loin; *gettare insulti contro qlcu*, lancer des insultes à qqn; *gettare un bacio*, envoyer un baiser; *la ferita getta sangue*, la blessure saigne; *il vulcano gettava fiamme e lava*, le volcan vomissait des flammes et de la lave | *gettare in mezzo a una strada*, jeter à la rue | *gettare nella disperazione*, plonger dans le désespoir **2** (*tecn.*) jeter*; (*fondere*) couler ♦ ***v.intr.*** [aus. *avere*] **1** (*germogliare*) bourgeonner **2** (*versare*) couler: *la fontana non getta più*, la fontaine ne coule plus ♦ **gettarsi** ***v.pron.intr.*** se jeter* (*anche fig.*): *gli si gettò contro*, il se jeta sur lui.
● ***gettare a mare***, (*fig.*) laisser tomber: *gettare a mare un progetto*, laisser tomber un projet | ***gettare via***, jeter; (*fig.*) gaspiller.

gettata [get-tà-ta] ***n.f.*** **1** (*metall.*) coulage (*m.*), coulée **2** (*diga*) jetée.
● (*med.*) ***gettata cardiaca***, débit cardiaque.

gettito [gèt-ti-to] ***n.m.*** (*fin.*) produit, rendement.
● ***gettito fiscale***, recettes fiscales.

getto [gèt-to] ***n.m.*** **1** jet **2** (*tecn.*) (*gettata*) coulage, coulée (*f.*) **3** (*germoglio*) jet, bourgeon **4** (*metall.*) moulage, fonte (*f.*); (*pezzo*) pièce (*f.*) moulée: *getto di bronzo*, moulage de bronze; *getto di ghisa*, fonte moulée.
● ***a getto continuo***, à jet continu, sans cesse | ***di getto***, d'un (seul) jet | (*aer.*) ***propulsione a getto***, propulsion à jet.

gettonato [get-to-nà-to] ***agg.*** (*fam.*) en vogue: *è la canzone più gettonata dell'estate*, c'est le tube de l'été.

gettone [get-tó-ne] ***n.m.*** **1** jeton **2** (*da gioco*) fiche (*f.*).
● ***gettone di presenza***, jeton de présence | ***apparecchio a gettone***, appareil automatique.

gettoniera [get-to-niè-ra] ***n.f.*** **1** (*distributrice*) distributeur (*m.*) de jetons **2** (*fessura*) fente.

geyser ['gaizer] ***n.m.invar.*** geyser.

ghaneano [gha-ne-à-no] ***agg.*** ghanéen* ♦ ***n.m.*** [f. *-a*] (*abitante*) Ghanéen*.

ghepardo [ghe-pàr-do] ***n.m.*** (*zool.*) guépard.

gheppio [ghép-pio] ***n.m.*** [pl. *-pi*] (*zool.*) crécerelle (*f.*), faucon crécerelle.

gheriglio [ghe-rì-glio] ***n.m.*** [pl. *-gli*] cerneau*.

ghermire [gher-mì-re] ***v.tr.*** [coniug. come *finire*] **1** saisir; agripper **2** (*fig.*) saisir; (*impadronirsi di*) s'emparer (**de**).

gherone [ghe-ró-ne] ***n.m.*** (*abbigl.*) soufflet.

ghetta [ghét-ta] ***n.f.*** **1** guêtre **2** (*pl.*) (*per bambini*) culotte-guêtres*.

ghettizzare [ghet-tiʒ-ʒà-re] ***v.tr.*** isoler, enfermer dans un ghetto.

ghettizzazione [ghet-tiʒ-ʒa-zió-ne] ***n.f.*** ségrégation.

ghetto [ghét-to] ***n.m.*** ghetto (*anche fig.*).

ghiacciaia [ghiac-cià-ia] ***n.f.*** glacière.

ghiacciaio [ghiac-cià-io] ***n.m.*** [pl. *-ai*] glacier.

ghiacciare [ghiac-cià-re] ***v.tr.*** [coniug. come *cominciare*] **1** geler* **2** (*fig.*) glacer* ♦ ***v.intr.*** [aus. *essere*] geler*, glacer* ♦ ***v.intr.impers.*** [aus. *essere* o *avere*] geler*, glacer* ♦ **ghiacciarsi** ***v.pron.intr.*** geler*, glacer*.

ghiacciata [ghiac-cià-ta] ***n.f.*** granité (*m.*).

ghiacciato [ghiac-cià-to] ***agg.*** **1** gelé **2** (*freddo come ghiaccio*) glacé.

ghiaccio [ghiàc-cio] ***n.m.*** [pl. *-ci*] glace (*f.*): *tenere in ghiaccio*, conserver dans la glace | *whisky con ghiaccio*, whisky avec glaçons.
● ***ghiaccio secco***, glace sèche | ***bianco ghiaccio***, blanc bleuté | ***cubetti di ghiaccio***, glaçons (*o* cubes de glace) | ***essere, restare di ghiaccio***, (*fig.*) être, rester de glace | ***rompere il ghiaccio***, (*fig.*) rompre la glace.

ghiacciolo [ghiac-ciò-lo] ***n.m.*** **1** glaçon (*anche fig.*) **2** (*gelato da passeggio*) glace (*f.*) à l'eau.

ghiaia [ghià-ia] ***n.f.*** **1** gravier (*m.*) **2** (*per la copertura delle strade*) gravillon (*m.*).

ghiaione [ghia-ió-ne] ***n.m.*** moraine (*f.*).

ghiaioso [ghia-ió-so] ***agg.*** graveleux*.

ghianda [ghiàn-da] ***n.f.*** (*bot.*) gland (*m.*).

ghiandaia [ghian-dà-ia] ***n.f.*** (*zool.*) geai (*m.*).

ghiandola [ghiàn-do-la] ***n.f.*** (*anat.*) glande.

ghiandolare [ghian-do-là-re] ***agg.*** (*anat.*) glandulaire.

ghibellino [ghi-bel-lì-no] ***agg.*** e ***n.m.*** [f. *-a*] (*st.*) gibelin.

ghiera [ghiè-ra] ***n.f.*** **1** (*di bastone ecc.*) embout (*m.*) **2** (*mecc.*) frette.

ghigliottina [ghi-gliot-tì-na] ***n.f.*** guillotine.
● ***finestra a ghigliottina***, fenêtre à guillotine.

ghigliottinare [ghi-gliot-ti-nà-re] ***v.tr.*** guillotiner.

ghignare [ghi-gnà-re] ***v.intr.*** [aus. *avere*] ricaner.

ghignata [ghi-gnà-ta] ***n.f.*** (*fam.*) ricanement (*m.*) | *ci siamo fatti quattro ghignate*, on s'est bien marrés.

G

ghigno [ghì-gno] ***n.m.*** rictus; (*riso maligno*) ricanement.

ghinea [ghi-nè-a] ***n.f.*** guinée.

ghingheri [ghin-ghe-ri] ***n.m.pl.***
● ***mettersi in ghingheri***, se mettre sur son trente et un.

ghiotto [ghiót-to] ***agg.*** **1** gourmand; (*seguito da compl.*) friand; (*fig.*) avide **2** (*appetitoso*) appétissant; (*fig.*) savoureux*.

ghiottone [ghiot-tó-ne] ***n.m.*** **1** [f. *-a*] glouton*, gourmand **2** (*zool.*) glouton.

ghiottoneria [ghiot-to-ne-rì-a] ***n.f.*** gourmandise.

ghiozzo [ghiò-ʒʒo] ***n.m.*** (*zool.*) goujon.

ghirba [ghìr-ba] ***n.f.*** outre.
● (*gergo mil.*) ***lasciarci la ghirba***, y laisser sa peau.

ghiribizzo [ghi-ri-bì-ʒʒo] ***n.m.*** (*fam.*) fantaisie (*f.*), lubie (*f.*).

ghirigoro [ghi-ri-gò-ro] ***n.m.*** gribouillis | *fare ghirigori*, (*scarabocchiare*) griffonner.

ghirlanda [ghir-làn-da] ***n.f.*** guirlande.

ghiro [ghì-ro] ***n.m.*** (*zool.*) loir.
● ***dormire come un ghiro***, dormir comme un loir.

ghironda [ghi-rón-da] ***n.f.*** (*mus.*) vielle.

ghisa [ghì-ʃa] ***n.f.*** (*metall.*) fonte.

già ***avv.*** **1** déjà: *è già tanto, molto* (*se*), c'est déjà beaucoup (si); *già citato, già descritto*, (qui a été) cité, décrit plus haut; *vedo già che*, je vois bien que **2** (*ex*) ex-, ancien*; (*un tempo, una volta*) autrefois: *il signor X, già ministro delle Finanze*, monsieur X, ex-ministre (*o* ancien ministre) des Finances; *il museo civico, già residenza del Principe*, le musée communal, autrefois résidence du Prince **3** (*con valore di constatazione*) oui: *già* (*già*), *è vero*, mais oui, c'est vrai; *"Avresti dovuto intervenire" "Già, ma ero assente"*, "Tu aurais dû intervenir" "C'est vrai, mais j'étais absent"; *già sappiamo che non c'entri*, nous savons très bien que tu n'y es pour rien **4** (*iron.*) bien sûr: *"Mi presti duemila euro?" "Già, e chi ce li ha?"*, "Tu peux me prêter deux mille euros?" "Tu parles! Il faudrait d'abord les avoir!"; *già, tu hai sempre ragione!*, bien sûr, (toi) tu as toujours raison!
● ***già che***, puisque: *già che ci siamo*, puisque nous y sommes | ***già da***, depuis déjà, voilà déjà: *lavora con noi già da un anno*, voilà déjà un an qu'il travaille avec nous (*o* il travaille avec nous depuis déjà un an) | ***di già***, déjà: *"Devo andare a casa" "Di già?"*, "Je dois rentrer" "Déjà?" | ***non già***, non pas: *non già come medico, ma come amico*, non pas en tant que médecin, mais comme ami; *non già che io voglia contraddirti*, ce n'est pas que je veuille te contredire.

giacca [giàc-ca] ***n.f.*** [pl. *-che*] veste; (*di completo da uomo*) veston (*m.*); (*corta; da cerimonia*) jaquette.
● ***giacca a un petto, a doppio petto***, veston droit, croisé | ***giacca a vento***, anorak.

giacché [giac-ché] ***cong.*** puisque.

giacchetta [giac-chét-ta] ***n.f.*** (*da uomo*) veston (*m.*).

giacchino [giac-chì-no] ***n.m.*** (*da donna*) jaquette (*f.*), spencer.

giacchio [giàc-chio] ***n.m.*** [pl. *-chi*] épervier.

giaccio → **giacere**.

giaccone [giac-có-ne] ***n.m.*** blouson; (*impermeabile con cappuccio*) parka.

giacente [gia-cèn-te] ***agg.*** **1** gisant **2** (*estens.*) (*disposto orizzontalmente*) couché; (*situato*) situé, placé **3** (*comm.*) en stock; (*invenduto*) invendu; (*non spedito; non recapitato*) en souffrance; (*in sospeso*) en souffrance, en suspens: *merce giacente in magazzino*, marchandise en stock (en magasin); *merce giacente in dogana*, marchandise en souffrance à la douane; *pratica giacente in un ufficio*, dossier en souffrance (*o* en suspens) dans un bureau **4** (*fin.*) (*di capitale*) improductif* **5** (*dir.*) jacent: *beni giacenti*, biens jacents.
● (*arte*) ***statua giacente***, gisant.

giacenza [gia-cèn-za] ***n.f.*** (*comm., econ.*) (*di merce*) stock (*m.*); (*di denaro*) existence; (*di affari*) suspension: *giacenza media*, stock moyen.
● ***giacenza di cassa***, solde en caisse, encaisse | ***in giacenza***, (*di merci in magazzino*) en stock; (*invenduto*) invendu; (*di pratiche, merci o corrispondenza spedite e non ritirate*) en souffrance; (*di capitale*) improductif: *merce in giacenza*, marchandise en stock (*o* en souffrance); *libri in giacenza*, livres invendus.

giacere [gia-cé-re] ***v.intr.*** [coniug. come *piacere*; aus. *essere*] **1** gésir*; (*essere disteso*) être* couché: *il cadavere giaceva al suolo*, le cadavre gisait sur le sol; *giacere sul fianco*, être couché sur le côté | *giacere ammalato*, garder le lit | *buttarsi a giacere* (*su*), se laisser tomber (sur) **2** (*essere*) être* situé; (*trovarsi*) se trouver: *la città giace ai piedi della montagna*, la ville se trouve (*o* est située) au pied de la montagne.
● ***giacere immobile***, ne plus bouger, rester à terre immobile: *l'uomo cadde e giacque immobile a terra*, l'homme tomba à terre et ne bougea plus; *il ragazzino si finse morto e giacque immobile a terra*, le garçon fit semblant d'être mort et resta à terre immobile | ***qui giace***, (*sulle epigrafi tombali*) ci-gît.

giaciglio [gia-cì-glio] ***n.m.*** [pl. *-gli*] grabat.

giacimento [gia-ci-mén-to] ***n.m.*** gisement.

giacinto [gia-cìn-to] ***n.m.*** (*bot.*) jacinthe (*f.*).

giacitura [gia-ci-tù-ra] ***n.f.*** posture, position.

giacobino [gia-co-bì-no] ***agg.*** e ***n.m.*** [f. *-a*] (*st.*) jacobin (*anche fig.*).

giacqui → **giacere**.

giaculatoria [gia-cu-la-tò-ria] ***n.f.*** **1** oraison jaculatoire **2** (*scherz.*) (*elenco noioso*) litanie.

giada [già-da] ***n.f.*** jade (*m.*).

giaggiolo [giag-giò-lo] ***n.m.*** (*bot.*) iris.

giaguaro [gia-guà-ro] ***n.m.*** jaguar.

giaietto [gia-iét-to] ***n.m.*** jais.

giallastro [gial-là-stro] ***agg.*** jaunâtre.

gialliccio [gial-lìc-cio] ***agg.*** [pl.m. *-ci*, f. *-ce*] jaunâtre.

giallino [gial-lì-no] ***agg.*** jaunet*.

giallo [giàl-lo] ***agg.*** jaune: *diventar giallo dalla bile*, (*fig.*) verdir de rage; *era giallo per l'invidia*, (*fig.*) il était blême d'envie ♦ ***n.m.*** **1** jaune: *giallo pallido, scuro*, jaune pâle, foncé | *passare col giallo*, (*a un semaforo*) passer à l'orange **2** (*libro*) roman policier; (*fam.*) polar; (*film*) film policier: *legge sempre gialli in vacanza*, il lit toujours des romans policiers quand il est en vacances.
● (*mar.*) ***bandiera gialla***, pavillon jaune (*o* de quarantaine) | ***farina gialla***, farine de maïs | ***razza gialla***, race jaune (*o* mongolique).

NOTA L'aggettivo ***giallo*** si traduce ***jaune***, che resta invariato quando è unito a un sostantivo o a un altro aggettivo che ne specifica la sfumatura:

delle stoffe giallo scuro, giallo paglierino
des étoffes ***jaune*** *foncé,* ***jaune*** *paille.*

giallognolo [gial-lò-gno-lo *o* giallógnolo] ***agg.*** jaunâtre.

giamaicano [gia-mai-cà-no] ***agg.*** jamaïquain ♦ ***n.m.*** [f. *-a*] (*abitante*) Jamaïquain.

giammai [giam-mài] ***avv.*** (*non com.*) jamais.

gianduiotto [gian-du-iòt-to] ***n.m.*** gianduiotto (chocolat aux noisettes).

giannizzero [gian-nìz-ze-ro] ***n.m.*** [f. *-a*] **1** (*st. mil.*) janissaire **2** (*fig.*) homme de main.

giansenismo [gian-se-nì-ʃmo] ***n.m.*** (*st. relig.*) jansénisme.

giansenista [gian-se-nì-sta] ***agg.*** e ***n.m.*** e ***f.*** (*st. relig.*) janséniste.

giapponese [giap-po-né-se] ***agg.*** japonais ♦ ***n.m.*** e ***f.*** (*abitante*) Japonais/e ♦ ***n.m.*** (*lingua*) japonais.

giara [già-ra] ***n.f.*** jarre.

giardinaggio [giar-di-nàg-gio] ***n.m.*** [pl. *-gi*] jardinage | *fare del giardinaggio*, jardiner.

giardinetta® [giar-di-nét-ta] ***n.f.*** (*aut.*) break® (*m.*).

giardiniera [giar-di-niè-ra] ***n.f.*** jardinière (*anche cuc.*).

giardiniere [giar-di-niè-re] ***n.m.*** [f. *-a*] jardinier*.

giardino [giar-dì-no] ***n.m.*** jardin.
● ***giardino all'inglese***, jardin anglais | ***giardino all'italiana***, jardin classique, à la française | ***giardino d'infanzia***, jardin d'enfants | ***giardino pensile***, jardin suspendu | ***in giardino***, au jardin.

giarrettiera [giar-ret-tiè-ra] ***n.f.*** (*fissata al reggicalze*) jarretelle; (*a banda circolare*) jarretière.

giavellotto [gia-vel-lòt-to] ***n.m.*** javelot.

gibbone [gib-bó-ne] ***n.m.*** (*zool.*) gibbon.

gibbosità [gib-bo-si-tà] ***n.f.invar.*** gibbosité.

gibboso [gib-bò-so] ***agg.*** (*letter.*) gibbeux*.

giberna [gi-bèr-na] ***n.f.*** (*mil.*) giberne.

giga- ***pref.*** della terminologia scientifica, premesso a una unità di misura la moltiplica per 10^9; fr. giga-: *gigaelettronvolt*, gigaélectronvolt.

gigabyte [dʒiga'bait] ***n.m.invar.*** (*inform.*) gigaoctet, GB.

gigante [gi-gàn-te] ***agg.*** géant: *un albero gigante*, un arbre géant ♦ ***n.m.*** géant (*anche fig.*): *una forza da gigante*, une force de géant.
● ***passi da gigante***, pas de géant: *a passi da gigante*, à pas de géant; *far passi da gigante*, faire des pas de géant.

giganteggiare [gi-gan-teg-già-re] ***v.intr.*** [coniug. come *mangiare*; aus. *avere*] dominer (**qqch**).

gigantesco [gi-gan-té-sco] ***agg.*** [pl.m. *-schi*, f. *-sche*] gigantesque.

gigantismo [gi-gan-tì-ʃmo] ***n.m.*** (*med.*) gigantisme (*anche estens.*).

gigantografia [gi-gan-to-gra-fì-a] ***n.f.*** (*fot.*) gigantographie.

gigaro [gì-ga-ro] **gighero** [gì-ghe-ro] ***n.m.*** (*bot.*) arum.

gigione [gi-gió-ne] ***n.m.*** [f. *-a*] **1** (*teatr.*) histrion **2** (*vanitoso*) m'as-tu-vu*; (*fanfarone*) fanfaron*.

giglio [gì-glio] ***n.m.*** [pl. *-gli*] lis, lys.
● (*arald.*) ***giglio di Francia***, fleur de lis.

gilda [gìl-da] ***n.f.*** (*st.*) guilde.

gilè [gi-lè] ***n.m.invar.*** gilet.

gimnoto [gim-nò-to] ***n.m.*** (*zool.*) gymnote.

gincana [gin-cà-na] ***n.f.*** gymkhana (*m.*).

gineceo [gi-ne-cè-o] ***n.m.*** gynécée.

gine(co)- ***pref.*** gyné(co)-.

ginecologia [gi-ne-co-lo-gì-a] ***n.f.*** (*med.*) gynécologie.

ginecologico [gi-ne-co-lò-gi-co] ***agg.*** [pl.m. *-ci*, f. *-che*] gynécologique.

ginecologo [gi-ne-cò-lo-go] ***n.m.*** [f. *-a*; pl.m. *-gi*, f. *-ghe*] gynécologue.

ginepraio [gi-ne-prà-io] ***n.m.*** [pl. *-ai*] **1** genévrière (*f.*) **2** (*fig.*) guêpier.

ginepro [gi-né-pro] ***n.m.*** (*bot.*) (*arbusto*) genévrier; (*frutto, estratto*) genièvre (*f.*).

ginestra [gi-nè-stra] ***n.f.*** genêt (*m.*).
● ***ginestra spinosa***, ajonc.

ginevrino [gi-ne-vrì-no] ***agg.*** genevois ♦ ***n.m.*** [f. *-a*] (*abitante*) Genevois.

gingillarsi [gin-gil-làr-si] ***v.pron.intr.*** **1** (*giocherellare*) jouer **2** (*perdere il tempo*) lambiner.

gingillo [gin-gìl-lo] ***n.m.*** **1** jouet (*anche fig.*) **2** (*ninnolo*) bibelot; (*ciondolo*) breloque (*f.*).

ginnasiale [gin-na-ʃià-le] ***agg.*** du lycée classique (premier cycle) ♦ ***n.m.*** e ***f.*** élève du → ginnasio.

ginnasio [gin-nà-ʃio] ***n.m.*** [pl. *-si*] **1** ginnasio (en Italie cours d'études correspondant aux deux premières années du lycée classique) **2** (*st. greca*) gymnase.

ginnasta [gin-nà-sta] ***n.m.*** e ***f.*** gymnaste.

ginnastica [gin-nà-sti-ca] ***n.f.*** [pl. *-che*] gymnastique; (*fam.*) gym: *fare ginnastica*, faire de la gymnastique.
● ***ginnastica a corpo libero***, gymnastique à mains nues (*o* libres) | ***ginnastica attrezzistica***, exercices aux agrès | ***ginnastica correttiva***, gymnastique corrective | ***scarpe da ginnastica***, chaussures de sport (*o* baskets).

ginnico [gìn-ni-co] ***agg.*** [pl.m. *-ci*, f. *-che*] de gymnastique: *esercizi ginnici*, exercices de gymnastique.
● ***saggio ginnico***, fête gymnique de fin d'année.

ginocchiera [gi-noc-chiè-ra] ***n.f.*** genouillère: *ginocchiera elastica*, genouillère médicale.

ginocchio [gi-nòc-chio] ***n.m.*** [pl. *-chi*; pl.f. *ginocchia* quando si riferisce a entrambi i ginocchi della stessa persona] genou*: *sino al ginocchio*, jusqu'aux genoux; *gli si piegavano le ginocchia*, ses genoux se dérobaient sous lui | *gettarsi alle ginocchia di qlcu*, se jeter aux pieds de qqn.
● ***in ginocchio***, à genoux.

ginocchioni [gi-noc-chió-ni] ***avv.*** à genoux.

giocare [gio-cà-re] ***v.intr.*** [coniug. come *mancare*; aus. *avere*] **1** jouer (*anche fig.*): *ha giocato due ore al pallone*, il a joué pendant deux heures au ballon; *sai giocare a poker?*, tu sais jouer au poker?; *giocare alle bambole*, jouer à la poupée; *giocare a palla*, jouer à la balle; *giocare a carte*, jouer aux cartes; *a chi tocca giocare?*, à qui le tour?; *giocare in due*, *in quattro*, jouer à deux, à quatre; *ha il vizio di giocare*, il a le vice du jeu | *giocare forte*, jouer gros jeu | *giocare a un gioco pericoloso*, (*fig.*) jouer un jeu dangereux **2** (*fig.*) (*contare, aver peso*) entrer en jeu; (*agire*) jouer: *in queste cose gioca la fortuna*, dans ces choses-là, c'est la fortune qui entre en jeu; *le circostanze hanno giocato contro di noi*, les circonstances ont joué contre nous **3** (*tecn.*) (*muoversi con facilità*) jouer: *la chiave gioca bene nella serratura*, la clef joue bien dans la serrure ♦ ***v.tr.*** **1** jouer: *giocare una partita alle bocce*, faire une partie de boules; *giocare una partita di calcio*, faire un match de football; *giocare picche, fiori*, (*a carte*) jouer pique, trèfle **2** (*ingannare*) jouer, rouler: *siamo stati giocati!*, nous nous sommes fait rouler! ♦ **giocarsi** ***v.pron. indiretto*** **1** jouer: *si è giocato una fortuna*, il a joué une fortune; *vuoi che ci giochiamo l'aperitivo?*, on parie l'apéritif, tu veux? **2** (*fig.*) (*rischiare*) ris-

quer, jouer; (*perdere*) perdre*; (*compromettere*) compromettre*: *giocarsi l'avvenire*, risquer son avenir; *si è giocato il posto*, il a perdu sa place; *si è giocato la carriera*, il a compromis sa carrière.
● ***giocare in Borsa***, jouer à la Bourse | ***giocare sul sicuro***, (*fig.*) jouer à coup sûr | ***giocare un (brutto) tiro a qlcu***, (*fig.*) jouer un mauvais tour à qqn | ***giocarsi anche la camicia***, (*fig.*) jouer jusqu'à sa chemise | ***a che gioco giocate?***, (*fig.*) quel jeu jouez-vous là? | ***ci giocherei la testa***, (*fig.*) je donnerais ma tête à couper.

giocata [gio-cà-ta] ***n.f.*** **1** (*partita*) partie; (*modo di giocare*) coup (*m.*): *ha vinto la prima giocata*, il a gagné la première partie; *ha fatto una bella giocata*, il a fait un coup de maître **2** (*posta*) mise, enjeu* (*m.*): *raddoppiare la giocata*, doubler la mise (*o* l'enjeu) **3** (*nel gioco del lotto*) mise.

G

giocatore [gio-ca-tó-re] ***n.m.*** [f. *-trice*] joueur*.
● ***giocatore di Borsa***, celui qui joue à la Bourse.

giocattolo [gio-càt-to-lo] ***n.m.*** jouet | *essere un giocattolo nelle mani di qlcu*, (*fig.*) être le jouet de qqn.

giocherellare [gio-che-rel-là-re] ***v.intr.*** [aus. *avere*] jouer (distraitement).

giochetto [gio-chét-to] ***n.m.*** **1** petit jeu*; (*fig.*) jeu* d'enfant: *è un giochetto* (*da niente*) *per lui*, c'est un jeu d'enfant pour lui **2** (*fig.*) (*tiro, raggiro*) tour: *m'ha fatto un giochetto poco simpatico*, il m'a joué un vilain tour.

gioco [giò-co] ***n.m.*** [pl. *-chi*] **1** jeu*: *prendere parte a un gioco*, prendre part à un jeu; *conoscere le regole del gioco, il gioco*, connaître les règles du jeu | *fare un gioco prudente*, jouer prudemment | *volgere tutto in gioco*, tourner tout en plaisanterie **2** (*partita*) partie (*f.*), match: *perdere il gioco*, perdre la partie; *l'arbitro interruppe il gioco*, l'arbitre interrompit le match **3** (*tennis*) (*tempo*) jeu*: *vincere il secondo gioco*, gagner le deuxième jeu **4** (*giocattolo*) jouet: *ha giochi di ogni tipo*, il a toute sorte de jouets **5** (*assortimento, serie*) jeu*: *un gioco di aghi*, un jeu d'aiguilles **6** (*movimento*) jeu*: *il gioco dei pistoni*, le jeu des pistons; *quel giocatore ha un bel gioco di testa*, ce joueur a un bon jeu de tête.
● ***gioco in Borsa***, jeu à la Bourse | ***giochi d'azzardo***, jeux de hasard | ***giochi della gioventù***, compétitions sportives auxquelles participent les élèves des écoles | ***giochi di luce, d'acqua***, jeux de lumière, d'eau | ***giochi di potere***, jeux (*o* rapports) de pouvoir | ***giochi di prestigio***, tours de prestidigitation | ***giochi di società***, jeux de société | (*sport*) ***giochi olimpici***, jeux olympiques | ***avere buon gioco***, avoir beau jeu | ***da gioco***, de jeu: *campo da gioco*, terrain (de jeu); *casa da gioco*, maison de jeu; *sala da gioco*, salle de jeu | ***entrare, essere in gioco***, entrer, être en jeu | ***è un gioco da ragazzi***, (*fig.*) c'est un jeu d'enfant | ***far buon viso a cattivo gioco***, faire contre mauvaise fortune bon cœur | ***fare il doppio gioco***, jouer double jeu | ***fare un gioco pericoloso***, (*anche fig.*) jouer un jeu dangereux | ***fuori gioco***, hors (du) jeu | ***ho capito il vostro gioco***, je vois clair dans votre jeu | ***il gioco è fatto***, les jeux sont faits | ***per gioco***, par jeu (*o* pour jouer); (*per scherzo*) par plaisanterie | ***(posta in) gioco***, mise (en jeu): *raddoppiare il gioco*, doubler la mise; *la posta in gioco è alta*, (*fig.*) l'enjeu est élevé | ***prendersi gioco di qlcu***, se jouer, se moquer de qqn | ***stare al gioco***, jouer le jeu | ***un bel gioco dura poco***, les meilleures plaisanteries sont les plus courtes.

giocoliere [gio-co-liè-re] ***n.m.*** [f. *-a*] jongleur*, bateleur*.

giocondità [gio-con-di-tà] ***n.f.invar.*** gaieté.

giocondo [gio-cón-do] ***agg.*** joyeux*; (*lieto, gaio*) gai.

giocoso [gio-có-so] ***agg.*** gai.
● (*mus.*) ***opera giocosa***, opéra comique.

giogaia[1] [gio-gà-ia] ***n.f.*** (*geogr.*) chaîne (de montagnes).

giogaia[2] ***n.f.*** (*dei ruminanti*) fanon (*m.*).

giogo [gió-go] ***n.m.*** [pl. *-ghi*] **1** joug (*anche fig.*): *mettere il giogo ai buoi*, atteler les bœufs au joug; *il giogo straniero*, le joug étranger **2** (*della bilancia*) fléau* **3** (*geogr.*) dôme.

gioia[1] [giò-ia] ***n.f.*** joie: *con mia grande gioia*, à ma grande joie; *matto dalla gioia*, fou de joie; *non sto in me dalla gioia*, je ne tiens plus de joie | *è la gioia della famiglia*, il fait la joie de sa famille | *gioia mia!*, mon trésor!
● ***darsi alla pazza gioia***, s'en donner à cœur joie.

gioia[2] ***n.f.*** (*gioiello*) bijou* (*m.*).

gioielleria [gio-iel-le-rì-a] ***n.f.*** bijouterie.

gioielliere [gio-iel-liè-re] ***n.m.*** [f. *-a*] bijoutier*.

gioiello [gio-ièl-lo] ***n.m.*** bijou* (*anche fig.*).
● ***i gioielli della Corona***, les joyaux de la Couronne.

gioiosamente [gio-io-sa-mén-te] ***avv.*** joyeusement.

gioioso [gio-ió-so] ***agg.*** joyeux*; (*lieto, gaio*) gai.

gioire [gio-ì-re] ***v.intr.*** [coniug. come *finire*; aus. *avere*] se réjouir.

giordano [gior-dà-no] ***agg.*** jordanien* ♦ ***n.m.*** [f. *-a*] (*abitante*) Jordanien*.

giornalaio [gior-na-là-io] ***n.m.*** [pl. *-ai*] marchand de journaux.

giornale [gior-nà-le] ***n.m.*** **1** journal*: *leggere sul giornale*, lire dans le journal; *è il direttore del giornale locale*, c'est le directeur du journal local **2** (*pl.*) (*stampa*) presse (*f.sing.*) **3** (*diario, registro*) journal* **4** (*comm.*) journal*: *registrare a giornale*, porter au journal.
● (*mar.*) ***giornale di bordo, di navigazione***, journal de bord | ***giornale radio***, informations (à la radio); (*fam.*) infos (à la radio) | ***giornale televisivo***, journal télévisé.

giornaliero [gior-na-liè-ro] ***agg.*** [f. *-a*] journalier*, quotidien*.

giornalino [gior-na-lì-no] ***n.m.*** **1** (*per ragazzi*) journal* pour enfants **2** (*a diffusione interna*) journal: *il giornalino della scuola*, le journal (*o* bulletin) de l'école; *il giornalino aziendale*, le journal de l'entreprise.
● ***giornalino a fumetti***, journal de bédé (*o* une bédé).

giornalismo [gior-na-lì-ʃmo] ***n.m.*** journalisme; (*stampa*) presse (*f.*).
● ***giornalismo fotografico***, photojournalisme.

giornalista [gior-na-lì-sta] ***n.m.*** e ***f.*** journaliste.
● ***giornalista indipendente***, pigiste.

giornalistico [gior-na-lì-sti-co] ***agg.*** [pl.m. *-ci*, f. *-che*] journalistique.

giornalmente [gior-nal-mén-te] ***avv.*** journellement, tous les jours.

giornata [gior-nà-ta] ***n.f.*** **1** journée: *una giornata piovosa*, une journée pluvieuse; *che bella giornata!*, quelle belle journée!; *una giornata nera*, (*fig.*) une mauvaise journée; *è stata per me una giornata persa*, j'ai perdu ma journée; *le giornate si allungano, si accorciano*, les jours s'allongent, diminuent | *è a due giornate di cammino*, cela se trouve à deux jours de marche **2** (*salario giornaliero*) journée: *mi sono ben guadagnato la giornata*, j'ai bien gagné ma journée.
● ***giornata campale***, (*fig.*) rude journée | ***a giornata***, à la journée: *lavorare a giornata*, travailler à la journée; *prendere una domestica a giornata*, prendre une femme de ménage à la journée | ***andare a giornate***, (*fig.*) avoir ses bons et ses mauvais jours | (*mil.*) ***essere di giornata***, être de service | ***fresco di giornata***, du jour | ***in giornata***,

dans la journée | ***lavorare mezza giornata***, ***a giornata piena***, travailler à mi-temps, à temps complet | ***vivere alla giornata***, vivre au jour le jour.

giorno [giór-no] ***n.m.*** **1** jour: *un gran bel giorno*, un très beau jour; *non capita tutti i giorni*, cela n'arrive pas tous les jours | *che giorno è?*, (*della settimana*) quel jour sommes-nous?; (*del mese*) quel jour du mois sommes-nous?; (*fam.*) on est le combien? | *è il giorno tre*, on est le trois | *due giorni dopo il nostro incontro*, deux jours après (*o* le surlendemain de) notre rencontre | (*comm.*) *a quindici giorni data*, à quinze jours de date **2** (*in opposizione a notte*) jour; (*in rapporto alla durata*) journée (*f.*): *sembra giorno*, on se croirait en plein jour; *è rimasto in pigiama* (*per*) *tutto il giorno*, il est resté en pyjama pendant toute la journée **3** (*luce*) jour.

● ***giorno feriale***, ***lavorativo***, jour ouvrable | ***giorno festivo***, jour férié | ***giorno per giorno***, jour après jour; (*alla giornata*) au jour le jour: *vivono giorno per giorno*, ils vivent au jour le jour; *ciò sarà stabilito giorno per giorno*, cela sera établi jour après jour | ***a giorni***, dans quelques jours: *verrà a giorni*, il viendra dans quelques jours | ***a giorno***, (*di ricamo*) à jour | ***ai miei giorni***, de mon temps | ***ai suoi bei giorni***, (*in gioventù*) de son jeune temps, (*al tempo del suo splendore*) au temps de sa splendeur | ***al giorno d'oggi***, de nos jours | ***buon giorno*** → buongiorno | ***ci corre quanto dal giorno alla notte***, c'est comme le jour et la nuit | ***da quel giorno***, depuis lors | ***dare gli otto giorni***, donner ses huit jours | ***da un giorno all'altro***, d'un jour à l'autre | ***di giorno***, ***durante il giorno***, pendant la journée | ***di giorno in giorno***, de jour en jour | ***è giorno fatto***, il fait grand jour | ***il giorno dopo***, le lendemain: *il giorno dopo il suo arrivo*, le lendemain de son arrivée | ***il giorno prima***, la veille: *il giorno prima della partenza*, la veille du départ | ***illuminazione a giorno***, éclairage à giorno | ***in pieno giorno***, le jour, en plein jour | ***l'altro giorno***, l'autre jour | (*per*) ***tutto il giorno***, pendant toute la journée | ***porta a giorno***, porte à claire-voie | ***sul far del giorno***, au petit jour, à la pointe (*o* au point) du jour | ***un giorno o l'altro***, un jour ou l'autre | ***va a giorni***, cela dépend des jours; (*va a lune*) elle a ses bons et ses mauvais jours | ***veder la luce del giorno***, (*nascere*) voir le jour | ***verrà il giorno in cui***, un jour viendra où.

> NOTA **Giorno**: ***jour*** o ***journée***?
> Si traduce ***jour*** quando indica lo spazio di 24 ore:
> *Domani è giorno festivo.*
> Demain sera **jour** de fête / un **jour** férié.
> *Dorme di giorno e studia di notte.*
> Il dort le **jour** et il étudie la nuit.
> Si traduce ***journée*** quando indica il giorno come durata dall'alba al tramonto:
> *Passa giorni interi senza uscire di casa.*
> Elle passe des **journées** entières sans sortir de chez elle.

giostra [giò-stra] ***n.f.*** manège (*m.*): *andare sulla giostra*, *fare un giro in giostra*, faire un tour de manège.

giostrare [gio-strà-re] ***v.intr.*** [aus. *avere*] (*destreggiarsi*) jongler ♦ ***v.tr.*** (*organizzare*) organiser; (*far giocare a proprio vantaggio*) profiter (**de**): *giostrare i propri impegni*, organiser son emploi du temps; *ha giostrato bene la situazione*, il a bien su profiter de la situation.

giovamento [gio-va-mén-to] ***n.m.*** avantage; (*utilità*) utilité (*f.*): *essere di giovamento*, être utile; *recare giovamento*, faire du bien; *ha trovato giovamento con quella cura*, il a bien profité de ce traitement.

giovane [gió-va-ne] ***agg.*** **1** jeune: *una donna giovane*, une jeune femme; *un medico giovane ma già affermato*, un médecin encore jeune, mais déjà connu | *il giovane Dupont*, (*opposto al padre, al fratello maggiore*) Dupont junior; *la giovane Rossi*, la petite Rossi | *il fratello più giovane*, (*tra molti*) le plus jeune des frères; (*tra due*) le frère cadet **2** (*giovanile*) jeune: *giovane di carattere*, *di spirito*, jeune de caractère, d'esprit; *un viso giovane*, un visage jeune **3** (*novello; nato da poco*) jeune; (*nuovo*) nouveau*: *due giovani sposi*, deux jeunes mariés; *una pianta giovane*, une jeune plante; *le foglie giovani*, les nouvelles feuilles **4** (*non stagionato*) frais*: *formaggio troppo giovane*, fromage trop frais **5** (*di vino*) nouveau* ♦ ***n.m.*** **1** jeune homme, garçon: *si è sposata con un giovane del suo paese*, elle s'est mariée avec un jeune homme (*o* un garçon) de son village | *i giovani*, les jeunes (gens) **2** (*aiuto di bottega*) garçon; (*di avvocato*) clerc ♦ ***n.f.*** jeune fille.

● ***da giovane***, quand il/elle était jeune | ***far giovane***, rajeunir: *questo cappello ti fa* (*sembrare*) *giovane*, ce chapeau te rajeunit (*o* te fait paraître plus jeune) | ***largo ai giovani!***, place aux jeunes!

giovanile [gio-va-nì-le] ***agg.*** (*dei giovani*) juvénile; (*della giovinezza*) de jeunesse; (*giovane*) jeune | *organizzazioni giovanili*, organisations de jeunes.

giovanilismo [gio-va-ni-lì-ʃmo] ***n.m.*** **1** jeunisme **2** (*tendenza a favorire i giovani*) politique (*f.*) jeune.

giovanilistico [gio-va-ni-lì-sti-co] ***agg.*** jeuniste.

giovanotto [gio-va-nòt-to] ***n.m.*** **1** jeune homme, garçon **2** (*fam.*) (*scapolo*) vieux garçon.

giovare [gio-và-re] ***v.intr.*** [aus. *avere* o *essere*] **1** être* utile; (*servire*) servir*: *nulla gli può più giovare*, rien ne peut plus lui être utile; *non giova a nulla*, ça ne sert à rien; *questo non giova alla sua reputazione*, cela n'aide pas à sa réputation **2** (*far bene*) faire* du bien: *il moto giova alla salute*, le mouvement fait du bien à la santé; *l'aria di mare ti gioverà*, l'air de la mer te fera du bien; *una vacanza vi gioverà*, une période de vacances vous sera profitable ♦ ***v.intr.impers.*** être* utile, être* bon: *giova sapere che*, il est bon (*o* il est utile) de savoir que; *giova notare che*, il faut remarquer que; *non giova a nulla piangere*, il ne sert à rien de pleurer ♦ **giovarsi** ***v.pron.intr.*** se servir* (**de**), profiter (**de**).

● ***a che giova?***, à quoi bon?: *a che giova sapere?*, à quoi bon savoir?; *a che gioverebbe dirglielo?*, à quoi cela servirait-il de le lui dire?

giovedì [gio-ve-dì] ***n.m.invar.*** jeudi: *è arrivato di giovedì*, il est arrivé un jeudi.

giovenca [gio-vèn-ca] ***n.f.*** [pl. *-che*] génisse.

giovenco [gio-vèn-co] ***n.m.*** [pl. *-chi*] bouvillon.

gioventù [gio-ven-tù] ***n.f.invar.*** **1** jeunesse: *in gioventù*, *nella mia gioventù*, dans ma jeunesse **2** (*i giovani*) jeunes (*m.pl.*), jeunesse.

giovevole [gio-vé-vo-le] ***agg.*** utile, profitable (**pour**).

gioviale [gio-vià-le] ***agg.*** jovial*.

giovialità [gio-via-li-tà] ***n.f.invar.*** jovialité.

giovialone [gio-via-ló-ne] ***n.m.*** [f. *-a*] (*fam.*) bon* vivant.

giovinastro [gio-vi-nà-stro] ***n.m.*** [f. *-a*] vaurien*.

giovincello [gio-vin-cèl-lo] ***n.m.*** (*antiq., scherz.*) jouvenceau*.

giovinetta [gio-vi-nét-ta] ***n.f.*** jeune fille.

giovinetto [gio-vi-nét-to] ***n.m.*** (jeune) garçon.

giovinezza [gio-vi-néz-za] ***n.f.*** jeunesse.

● ***prima giovinezza***, prime jeunesse: *nella prima giovinezza*, dans sa prime jeunesse; *non essere più nella prima giovinezza*, ne plus être de la première jeunesse.

gip, **GIP** ***n.m.invar.*** (*dir.*) (*sigla di* Giudice delle Indagini Preliminari) juge d'instruction.

gipeto [gi-pè-to] ***n.m.*** (*zool.*) gypaète.

gippone [gip-pó-ne] ***n.m.*** (*fam.*) grosse jeep.

gipsoteca [gip-so-tè-ca] ***n.f.*** [pl. *-che*] collection de plâtres.

girabile [gi-rà-bi-le] ***agg.*** (*comm.*) endossable.

giradischi [gi-ra-dì-schi] ***n.m.invar.*** tourne-disque*.

giradito [gi-ra-dì-to] ***n.m.*** (*med. pop.*) tourniole (*f.*).

giraffa [gi-ràf-fa] ***n.f.*** girafe (*anche cine., tv*).

giramento [gi-ra-mén-to] ***n.m.*** **1** tour **2** (*di testa*) vertige: *far venire il giramento di testa*, faire tourner la tête.

giramondo [gi-ra-món-do] ***n.m.*** e ***f.invar.*** globe-trotter*, routard/e.

G

girandola [gi-ràn-do-la] ***n.f.*** [aus. dell'intr. *avere* o *essere*] **1** girandole **2** (*giocattolo*) moulin (*m.*) à vent **3** (*banderuola*) girouette (*anche fig.*) **4** (*fig.*) (*rapida successione*) succession rapide.

girandolare [gi-ran-do-là-re] ***v.intr.*** [aus. *avere*] flâner.

girandolone [gi-ran-do-ló-ne] ***n.m.*** [f. *-a*] flâneur*.

girante [gi-ràn-te] ***n.m.*** (*comm.*) endosseur.

girare [gi-rà-re] ***v.tr.*** e ***intr.*** **1** tourner (*anche fig.*): *girare la chiave nella toppa*, tourner la clé dans la serrure; *girare le pagine di un libro*, tourner les pages d'un livre; *la Terra gira intorno al Sole*, la Terre tourne autour du Soleil; *la strada gira intorno alla collina*, la route fait le tour de la colline; *è difficile girare la macchina in una strada così stretta*, il est difficile de faire demi-tour dans une rue si étroite; *girare gli occhi, lo sguardo intorno*, jeter un regard circulaire autour de soi **2** (*percorrere, andare in giro*) courir*, parcourir*; (*circolare*) circuler (**dans**): *girare (per) il mondo*, courir le monde; *ha girato tutti gli Stati Uniti*, il a parcouru les Etats-Unis en long et en large; *ha girato mezzo mondo*, il est allé aux quatre coins du monde; *girare (per) i negozi*, courir les magasins; *ho girato tutte le farmacie*, j'ai fait toutes les pharmacies; *girare per la città*, se promener dans la ville; *girare in città, nel quartiere*, circuler en ville; *girare la città*, visiter la ville; *ha girato tutta la città*, il a couru toute la ville; *ho girato tutta la casa*, j'ai regardé dans toute la maison; *girare da una stanza all'altra*, aller d'une pièce à l'autre; *ho girato mezz'ora per trovare un parcheggio*, j'ai cherché une demi-heure avant de trouver à me garer | *girano tanti soldi*, il y a beaucoup d'argent qui circule; *girano biglietti falsi*, il y a de faux billets en circulation | *gira voce che*, le bruit court que; *girano delle voci sul suo conto*, des rumeurs circulent sur son compte **3** (*passare ad altri*) passer: *girerò al direttore la tua richiesta*, je passerai ta demande au directeur; *quando telefona mio figlio, girami la chiamata*, quand mon fils téléphone, passe-le sur ma ligne | *girare una domanda*, poser la question à qqn d'autre ♦ **girarsi** ***v.pron.*** se tourner | *non so da che parte girarmi*, (*fig.*) je ne sais (pas) de quel côté me tourner.

● ***girare intorno a un argomento***, (*fig.*) tourner autour du pot | (*banca*) ***girare un assegno***, endosser un chèque | (*cine.*) ***girare un film***, tourner un film | ***chissà come gli gira oggi***, (*riferito all'umore*) je me demande de quel pied il s'est levé | ***cosa ti gira per la testa?***, qu'est-ce que tu as dans la tête? | ***fa come gli gira***, il n'en fait qu'à sa tête | ***far girare la testa***, (*fig.*) faire tourner la tête | ***far girare le scatole***, (*fam.*) casser les pieds | ***gira e rigira***, à force de; (*in fin dei conti*) au bout du compte | ***girala come vuoi***, tu peux dire ce que tu veux | ***gira le cose come vuole lui***, il arrange les choses à sa façon | ***ma che ti gira?***, mais qu'est-ce qui te prend? | ***mi gira la testa***, la tête me tourne | ***se mi gira***, si ça me dit | ***se mi girano (le scatole)***, (*fam.*) si ça m'emmerde.

girarrosto [gi-rar-rò-sto] ***n.m.*** tournebroche.

girasole [gi-ra-só-le] ***n.m.*** (*bot.*) tournesol.

girata [gi-rà-ta] ***n.f.*** **1** tour (*m.*) **2** (*alle carte*) donne **3** (*comm.*) endossement (*m.*) **4** (*fam. region.*) (*rimprovero*) savon (*m.*): *fare, prendere una girata*, passer, prendre un savon.

giratario [gi-ra-tà-rio] ***n.m.*** [f. *-a*; pl.m. *-ri*] (*comm.*) endossataire.

giravolta [gi-ra-vòl-ta] ***n.f.*** **1** pirouette **2** (*tortuosità*) détour (*m.*) | *strada a giravolte*, route en lacet **3** (*fig.*) (*mutamento d'opinione*) volte-face* (*m.*).

girellare [gi-rel-là-re] ***v.intr.*** [aus. *avere*] flâner.

girello [gi-rèl-lo] ***n.m.*** **1** (*oggetto a forma di disco*) rondelle (*f.*) **2** (*sostegno per bambini*) chariot **3** (*macelleria*) gîte à la noix.

giretto [gi-rét-to] ***n.m.*** (petit) tour.

girevole [gi-ré-vo-le] ***agg.*** tournant.

girifalco [gi-ri-fàl-co] ***n.m.*** (*zool.*) gerfaut.

girino [gi-rì-no] ***n.m.*** (*zool.*) têtard.

giro [gì-ro] ***n.m.*** **1** (*rotazione*) tour: *i giri dell'elica*, les tours de l'hélice | *l'automobile ha fatto un giro su se stessa*, la voiture a virevolté **2** (*visita; passeggiata, percorso*) tour: *fare un giro in città*, faire un tour en ville; *per arrivare alla stazione ho fatto un giro lungo*, j'ai fait un long détour pour arriver à la gare **3** (*perimetro, circonferenza*) tour: *il giro della pista è di 200 metri*, le tour de la piste est de 200 mètres | *il giro delle mura della città*, l'enceinte de la ville **4** (*periodo di tempo*) cours: *il giro dei secoli*, le cours des siècles **5** (*comm.*) (*trasferimento di denaro*) virement **6** (*fig.*) (*cerchia*) entourage; (*ambiente*) milieu*: *è entrato nel giro della droga*, il est entré dans le milieu de la drogue; *ha uno stretto giro di amicizie*, il n'a qu'un petit groupe d'amis; *gestisce il giro delle auto rubate*, il gère le trafic des voitures volées; *se vuoi un consiglio, devi rivolgerti a uno del giro*, si tu veux un conseil, tu dois t'adresser à quelqu'un du métier | *è fuori dal giro*, il n'est plus dans le coup | *si è messo in un brutto giro*, il a de mauvaises fréquentations **7** (*nei giochi di carte*) tour **8** (*nei lavori a maglia*) rang **9** (*inform.*) boucle.

● ***giro della morte***, (*al lunapark*) grande roue | ***giro di affari***, chiffre d'affaires: *un notevole giro di affari*, un chiffre d'affaires considérable; *aumentare il giro dei propri affari*, augmenter le volume de ses affaires | ***giro di parole***, périphrase, circonlocution | ***giro d'ispezione***, tournée d'inspection | ***a (stretto) giro di posta***, par retour du courrier: *rispondere a (stretto) giro di posta*, répondre par retour du courrier | ***essere su di giri***, (*di motore*) s'emballer; (*di persona*) être euphorique | ***fare un giro di telefonate***, donner une série de coups de fil | ***in giro***, (*in circolo*) en rond; (*tutt'intorno*) tout autour; (*fuori*) dehors: *andare in giro*, se promener; (*uscire*) sortir; *andare in giro per (i) negozi*, faire, courir les magasins; *sedersi in giro*, s'asseoir en rond; *volgere lo sguardo in giro*, regarder tout autour; *è sempre in giro*, il est toujours dehors; *ci sono in giro certi scocciatori!*, qu'est-ce qu'il y a comme casse-pieds!; *non lo vedo più in giro da un pezzo*, ça fait longtemps que je l'ai vu; *hai visto in giro il capo?*, tu as vu le chef par ici?; *lasciare in giro*, laisser traîner; *lascia tutto in giro*, il laisse ses affaires partout; *mettere in giro*, (*monete, francobolli*) mettre en circulation; *mettere in giro la notizia che*, faire circuler la nouvelle que;

portare in giro per, (luogo) faire visiter; *mi ha portato in giro per Roma*, il m'a fait visiter Rome; *prendere in giro qlcu*, se moquer de qqn; *si dice in giro*, les gens disent; *cosa si dice in giro?*, que disent les gens?; *c'è in giro la voce che*, le bruit court que | ***nel giro di***, en: *nel giro di pochi anni, di pochi giorni*, en quelques années, en quelques jours | (comm.) ***partita di giro***, contrepartie

NOTA Il ***Giro d'Italia*** è la maggiore corsa ciclista annuale a tappe che si svolge in Italia. La prima edizione fu disputata nel 1909. Il corridore in testa alla classifica indossa la maglia rosa, il colore della carta in cui è stampata la 'Gazzetta dello sport', il giornale sportivo che organizza la manifestazione. Per il *tour de France* si veda la nota a *tour*[1].

girocollo [gi-ro-còl-lo] *n.m.invar.* (scollatura) encolure (*f.*).
● ***maglione (a) girocollo***, pull ras du cou | ***collana (a) girocollo***, collier ras le cou.

giroconto [gi-ro-cón-to] *n.m.* (comm.) virement.

giromanica [gi-ro-mà-ni-ca] *n.m.* [pl. *-che*] emmanchure (*f.*).

girondino [gi-ron-dì-no] *n.m.* [f. *-a*] (st.) girondin.

girone [gi-ró-ne] *n.m.* 1 (sport) tour 2 (del remo) poignée (*f.*).
● ***girone di andata, di ritorno***, matchs aller, retour.

gironzolare [gi-ron-ʒo-là-re] *v.intr.* [aus. *avere*] flâner | *smettila di gironzolarmi intorno*, arrête de tourniquer autour de moi.

giropetto [gi-ro-pèt-to] *n.m.invar.* tour de poitrine.

giroscopico [gi-ro-scò-pi-co] *agg.* [pl.m. *-ci*, f. *-che*] gyroscopique.

giroscopio [gi-ro-scò-pio] *n.m.* [pl. *-pi*] (fis.) gyroscope.

girotondo [gi-ro-tón-do] *n.m.* 1 ronde (*f.*) 2 (pol.) manifestation (*f.*) de protestation politique sous forme de chaîne humaine.

girovagare [gi-ro-va-gà-re] *v.intr.* [coniug. come *legare*; aus. *avere*] vagabonder, flâner.

girovago [gi-rò-va-go] *agg.* [pl.m. *-ghi*, f. *-ghe*] ambulant ♦ *n.m.* [f. *-a*] vagabond.

girovita [gi-ro-vì-ta] *n.m.invar.* tour de taille.

gita [gì-ta] *n.f.* randonnée; (escursione) excursion; (passeggiata) promenade | *una gita di piacere*, un petit voyage d'agrément.
● ***gita scolastica***, excursion scolaire.

FAUX AMI Da non confondere con *gîte* che significa 'alloggio, riparo', 'tana, covo'.

gitano [gi-tà-no] *n.m.* [f. *-a*] gitan.

gitante [gi-tàn-te] *n.m.* e *f.* randonneur/euse; (escursionista) excursionniste.

FAUX AMI Da non confondere con *gitan*, che significa *zingaro, gitano*.

gittata [git-tà-ta] *n.f.* portée.

giù *avv.* bas; (dabbasso) en bas: *la mamma è salita o è ancora giù?*, est-ce que maman est montée ou bien est-elle encore en bas?; *portare giù i bagagli*, descendre les bagages; *andare giù per le scale*, descendre l'escalier; *vado giù un momento*, je descends un moment; *vieni giù da quella scala!*, descends de cette échelle!; *è caduto (giù) dal letto*, il est tombé du lit; *i capelli le scendevano (giù) sulle spalle*, ses cheveux lui tombaient sur les épaules | *giù in fondo alla strada*, tout au fond de la rue.
● ***giù (di lì)!***, descends de là! | ***giù giù***, jusqu'à: *la pineta si estendeva giù giù fino in fondo alla valle*, la pinède s'étendait jusqu'au fond de la vallée; *la Bibbia narra la storia sacra da Abramo giù giù fino a Cristo*, la Bible raconte l'histoire sainte depuis Abraham jusqu'à Jésus-Christ | ***giù il cappello!***, ôtez vos chapeaux! | ***giù le mani!***, bas les mains! | ***all'in giù*** → ingiù | ***andare giù***, (deperire) décliner; (econ.) baisser: *è andato giù negli ultimi tempi*, il a beaucoup décliné ces derniers temps; *le azioni sono andate giù*, les actions ont baissé | ***andare su e giù***, (salire e scendere) monter et descendre; (andare avanti e indietro) marcher de long en large; (fare la spola) faire la navette | ***di giù***, d'en bas: *venire di giù*, venir d'en bas | ***e giù botte!***, et les coups de pleuvoir! | ***essere giù***, être à plat | ***essere giù di esercizio***, manquer d'entraînement | ***essere giù (di forma)***, ne pas être en forme | ***in giù***, en bas; plus loin: *a testa in giù*, la tête en bas; *tuffarsi a testa in giù*, plonger la tête la première | ***lì giù***, là-bas | ***su per giù***, à peu près.

giubba [giùb-ba] *n.f.* 1 veste; (dei fantini) casaque 2 (mil.) (lunga) tunique; (corta) vareuse.

giubbetto [giub-bét-to] *n.m.* blouson; veste (*f.*) courte.

giubbotto [giub-bòt-to] *n.m.* blouson.
● ***giubbotto antiproiettile***, gilet pare-balles | ***giubbotto di salvataggio***, gilet de sauvetage.

giubilare [giu-bi-là-re] *v.intr.* [aus. *avere*] jubiler ♦ *v.tr.* (mettere a riposo) mettre* à la retraite; (iron.) (destituire da una carica) destituer.

giubileo [giu-bi-lè-o] *n.m.* jubilé.

giubilo [giù-bi-lo] *n.m.* jubilation (*f.*).

giuda [giù-da] *n.m.invar.* (traditore) judas.

giudaico [giu-dài-co] *agg.* [pl.m. *-ci*, f. *-che*] judaïque.

giudaismo [giu-da-i-ʃmo] *n.m.* judaïsme.

giudeo [giu-dè-o] *agg.* juif* ♦ *n.m.* [f. *-a*] juif*.

giudicante [giu-di-càn-te] *agg.* (dir.) chargé de juger.
● ***commissione giudicante***, jury | ***magistratura giudicante***, magistrature assise, le Siège.

giudicare [giu-di-cà-re] *v.tr.* [coniug. come *mancare*] 1 juger*: *mi hanno giudicato bene, male*, on m'a bien, mal jugé; *giudicare gli altri col proprio metro*, juger autrui d'après soi-même; *non sta a voi giudicare*, ce n'est pas à vous de juger 2 (dir.) juger*: *giudicare una causa, un delitto*, juger une affaire, un crime 3 (considerare, ritenere) juger*: *giudicò più opportuno andarsene*, il jugea qu'il était plus opportun de partir ♦ *v.intr.* [aus. *avere*] juger*: *l'occhio giudica dai colori, l'orecchio dai suoni*, l'œil juge des couleurs, l'oreille des sons.
● ***giudicare da***, juger d'après; juger par: *giudicare qlcu dalle sue azioni*, juger qqn d'après ses actions; *giudicare qlcu dalle apparenze*, juger qqn par les apparences | ***a giudicare da***, à en juger par: *a giudicare dall'aspetto, sembri in forma*, à en juger par ton aspect, tu es en pleine forme; *a giudicare dalle apparenze*, à en juger aux apparences | ***giudicate voi***, jugez-en vous-mêmes | ***giudichi lei se***, à vous de juger si.

giudicato [giu-di-cà-to] *n.m.* (dir.) (giudizio) jugement; (sentenza) sentence (*f.*).
● ***passare in giudicato***, acquérir force de chose jugée.

giudice [giù-di-ce] *n.m.* juge (anche dir., sport.): *è un buon giudice in materia*, il est bon juge en la matière.
● (dir.) ***giudice conciliatore***, juge de paix | (sport) ***giudice di gara***, juge de la compétition | (dir.): ***giudice istruttore, delle indagini preliminari*** (GIP), juge d'instruction; ***giudice popolare***, juré; ***giudice tutelare***, juge des tutelles.

giudiziale [giu-di-zià-le] *agg.* (dir.) judiciaire.

giudiziario [giu-di-zià-rio] ***agg.*** [pl.m. *-ri*] (*dir.*) judiciaire.
● ***carcere giudiziario***, maison d'arrêt | ***ufficiale giudiziario***, huissier.
giudizio [giu-dì-zio] ***n.m.*** [pl. *-zi*] **1** jugement; (*opinione*) avis, opinion (*f.*): *ha dato un giudizio affrettato*, il a émis (*o* exprimé) un jugement hâtif; *vorrei conoscere il tuo giudizio*, j'aimerais connaître ton opinion (*o* avis) **2** (*assennatezza*) jugement; (*buon senso*) bon sens: *avere, mancare di giudizio*, avoir, manquer de jugement; *un briciolo di giudizio*, un brin de bon sens | *abbiate giudizio, bambini!*, soyez sages, mes enfants! **3** (*dir.*) justice (*f.*); (*processo*) procès; (*sentenza*) jugement: *comparire in giudizio*, comparaître en justice; *giudizio civile, penale*, procès civil, criminel; *giudizio arbitrale*, jugement d'arbitre.
● (*dir.*): ***giudizio abbreviato***, jugement abrégé; ***giudizio immediato***, jugement immédiat; ***giudizio per direttissima***, jugement en référé | (*teol.*) ***Giudizio universale, finale***, Jugement dernier | ***a mio giudizio***, à mon avis | ***a giudizio di tutti***, de l'avis général | ***con giudizio***, raisonnablement | ***denti del giudizio***, dents de sagesse | ***età del giudizio***, âge de raison | (*teol.*) ***giorno del Giudizio***, jour du Jugement | ***mettere giudizio***, devenir raisonnable.
giudizioso [giu-di-zió-so] ***agg.*** judicieux*.
giuggiola [giùg-gio-la] ***n.f.*** (*bot.*) jujube (*m.*).
● ***andare in brodo di giuggiole***, (*scherz.*) boire du petit lait.
giuggiolo [giùg-gio-lo] ***n.m.*** (*bot.*) jujubier.
giuggiolone [giug-gio-ló-ne] ***n.m.*** [f. *-a*] grand dadais.
giugno [giù-gno] ***n.m.*** juin.
giugulare [giu-gu-là-re] ***agg.*** e ***n.f.*** (*anat.*) jugulaire.
giulebbe [giu-lèb-be] ***n.m.*** julep.
giulivo [giu-lì-vo] ***agg.*** gai, joyeux*.
● ***un'oca giuliva***, (*fam.*) une oie blanche, une bécasse.
giullare [giul-là-re] ***n.m.*** jongleur; (*buffone*) bouffon.
giumenta [giu-mén-ta] ***n.f.*** jument; (*mula*) mule; (*bestia da soma*) bête de somme.
giunca [giùn-ca] ***n.f.*** [pl. *-che*] jonque.
giuncaia [giun-cà-ia] ***n.f.*** jonchère.
giunchiglia [giun-chì-glia] ***n.f.*** (*bot.*) jonquille.
giunco [giùn-co] ***n.m.*** [pl. *-chi*] jonc.
giungere [giùn-ge-re] ***v.intr.*** [p.rem. *io giunsi, tu giungesti ecc.*; p.p. *giunto*; aus. *essere*] arriver: *strane voci sono giunte alle mie orecchie*, de drôles de bruits sont arrivés (*o* parvenus) jusqu'à mes oreilles | *l'affare è giunto in porto*, l'affaire a été menée à bien | *è giunto il momento*, le moment est venu | *m'è giunta notizia che*, j'ai appris que | *a che punto siamo giunti!*, où en sommes-nous arrivés!; *ecco a cosa siamo giunti*, voilà où nous en sommes | *è giunto a dire che non mi aveva mai visto*, il en est arrivé à dire qu'il ne m'avait jamais vu | *non mi giunge nuovo*, ce n'est pas du nouveau; *ah! questo mi giunge nuovo!*, tiens! je ne le savais pas!; *questo fatto mi giunge nuovo*, ce fait me surprend ♦ ***v.tr.*** joindre*: *giungere le mani*, joindre les mains.
giungla [giùn-gla] ***n.f.*** jungle.
giunonico [giu-nò-ni-co] ***agg.*** [pl.m. *-ci*, f. *-che*] junonien*.
giunsi → **giungere**.
giunta[1] [giùn-ta] ***n.f.*** **1** addition **2** (*cucitura*) couture; (*pezza in allungo*) allonge.
● ***per giunta***, par-dessus le marché.
giunta[2] ***n.f.*** commission, comité (*m.*).
● ***giunta comunale***, conseil municipal.
giuntare [giun-tà-re] ***v.tr.*** joindre*; (*con cuciture*) coudre* ensemble.
giunto [giùn-to] ***agg.*** joint ♦ ***n.m.*** (*mecc.*) joint.
● ***a mani giunte***, les mains jointes.
giuntura [giun-tù-ra] ***n.f.*** jointure.
giunzione [giun-zió-ne] ***n.f.*** jonction.
giuramento [giu-ra-mén-to] ***n.m.*** serment | *far giuramento di*, jurer de | *mancare al giuramento*, se parjurer.
giurare [giu-rà-re] ***v.tr.*** jurer: *giura di essere innocente*, il jure qu'il est innocent | *è vero, giuro*, c'est vrai, (ma) parole | *giuro, non è colpa mia*, je jure que ce n'est pas de ma faute.
● ***giurare e spergiurare***, jurer ses grands dieux | ***gliel'ha giurata***, (*fam.*) il lui réserve un chien de sa chienne | ***non ci giurerei***, je n'en jurerais pas.
giurassico [giu-ràs-si-co] ***agg.*** e ***n.m.*** [pl.m. *-ci*, f. *-che*] (*geol.*) jurassique.
giurato [giu-rà-to] ***n.m.*** [f. *-a*] juré ♦ ***agg.*** juré, assermenté.
● ***deposizione giurata***, témoignage sous serment | ***guardia giurata***, gardien assermenté | ***nemico giurato***, ennemi juré, déclaré | ***perito giurato***, expert juré | ***testimone giurato***, témoin assermenté.
giureconsulto [giu-re-con-sùl-to] ***n.m.*** [f. *-a*] jurisconsulte.
giurì [giu-rì] ***n.m.invar.*** (*dir.*) jury.
giuria [giu-rì-a] ***n.f.*** jury (*m.*).
giuridico [giu-rì-di-co] ***agg.*** [pl.m. *-ci*, f. *-che*] juridique.
giurisdizionale [giu-ri-ʃdi-zio-nà-le] ***agg.*** juridictionnel*.
giurisdizione [giu-ri-ʃdi-zió-ne] ***n.f.*** **1** (*dir.*) juridiction **2** (*fam.*) compétence: *è fuori dalla mia giurisdizione*, ce n'est pas de ma compétence.
giurisperito [giu-ri-spe-rì-to] ***n.m.*** [f. *-a*] jurisconsulte.
giurisprudenza [giu-ri-spru-dèn-za] ***n.f.*** **1** (*dir.*) jurisprudence **2** (*scienza del diritto*) droit (*m.*): *facoltà di giurisprudenza*, faculté de droit.
giurista [giu-rì-sta] ***n.m.*** e ***f.*** juriste.
giustacuore [giu-sta-cuò-re] ***n.m.*** justaucorps.
giustamente [giu-sta-mén-te] ***avv.*** justement.
giustapporre [giu-stap-pór-re] ***v.tr.*** [coniug. come *porre*] juxtaposer.
giustapposizione [giu-stap-po-ʃi-zió-ne] ***n.f.*** juxtaposition.
giustezza [giu-stéz-za] ***n.f.*** **1** justesse; (*esattezza*) exactitude **2** (*tip.*) justification.
giustificabile [giu-sti-fi-cà-bi-le] ***agg.*** justifiable.
giustificare [giu-sti-fi-cà-re] ***v.tr.*** [coniug. come *mancare*] **1** justifier **2** (*tip.*) justifier ♦ **giustificarsi** ***v.pron.*** se justifier; s'excuser.
giustificativo [giu-sti-fi-ca-tì-vo] ***agg.*** e ***n.m.*** justificatif*.
giustificazione [giu-sti-fi-ca-zió-ne] ***n.f.*** **1** justification **2** (*tip.*) justification.
● ***a giustificazione di qlco***, pour justifier qqch | ***libretto delle giustificazioni***, (*a scuola*) carnet de correspondance.
giustizia [giu-stì-zia] ***n.f.*** justice: *la giustizia di una decisione*, la justice d'une décision; *amministrare la giustizia*, administrer (*o* exercer) la justice; *chiedere, invocare, ottenere giustizia*, demander, crier, obtenir justice.
● ***giustizia sociale***, justice sociale | ***fare giustizia somma-***

ria, appliquer une justice expéditive | ***farsi giustizia da sé***, se faire justice soi-même | ***palazzo di giustizia***, Palais de justice | ***rendere giustizia a qlcu***, rendre justice à qqn: *ti devo rendere giustizia, ho sbagliato io*, je dois te rendre justice, c'est moi qui me suis trompé | ***ricorrere***, ***affidarsi alla giustizia***, recourir à la justice | ***secondo giustizia***, en toute justice | ***sottrarsi alla giustizia***, se dérober à la justice.

giustizialismo [giu-sti-zia-lì-ʃmo] ***n.m.*** justicialisme.

giustiziare [giu-sti-zià-re] ***v.tr.*** exécuter: *giustiziare sulla sedia elettrica*, exécuter sur la chaise électrique.

giustiziato [giu-sti-zià-to] ***agg.*** e ***n.m.*** [f. *-a*] supplicié.

giustiziere [giu-sti-ziè-re] ***n.m.*** [f. *-a*] **1** (*boia*) bourreau* **2** (*vendicatore*) vengeur*.

giusto [giù-sto] ***agg.*** **1** juste: *battersi per una giusta causa*, se battre pour une juste cause; *non è giusto agire così*, il n'est pas juste d'agir ainsi | *fare le cose giuste*, (*che bisogna fare*) faire ce qu'il faut faire; (*con giustizia*) agir avec équité | *fare le parti giuste*, faire des parts équitables **2** (*adatto, appropriato*) juste, approprié; (*opportuno*) bon*: *è la parola giusta*, c'est le mot juste; *sei arrivato al momento giusto*, tu es arrivé au bon moment; *è la strada giusta per*, c'est la bonne route pour | *è l'ora giusta per*, c'est l'heure de | *trovo giusto che*, je trouve bon que | *ha scelto la facoltà giusta*, il a choisi la faculté qui lui convenait | *ha scelto la donna giusta*, il a choisi la femme qu'il lui fallait **3** (*esatto*) exact: *un conto giusto*, un compte exact | *il mio orologio non è giusto*, ma montre n'est pas à l'heure | *statura giusta*, taille moyenne | *giusto di sale*, salé à point ♦ ***avv.*** **1** (*esattamente*) exactement; (*bene*) bien: *rispondere giusto*, répondre juste (*o* bien répondre) | *"Ho detto bene?" "Giusto"*, "C'est juste?" "Tout à fait (*o* absolument)" **2** (*proprio, per l'appunto*) justement: *si parlava giusto di te*, on parlait justement de toi; *ah, giusto!, volevo chiederti qualcosa*, tiens, justement, je voulais te demander quelque chose **3** (*fam.*) (*appena*) juste; (*soltanto*) seulement: *ho giusto finito*, je viens juste de terminer; *sono venuto giusto per salutarti*, je suis venu seulement pour te saluer ♦ ***n.m.*** **1** (*uomo retto*) juste | *dormire il sonno dei giusti*, dormir du sommeil du juste **2** (*ciò che è giusto*) juste, ce qui est juste: *il giusto e l'ingiusto*, le juste et l'injuste; *non chiedo che il giusto*, je ne demande que ce qui est juste | *pagare il giusto*, payer le juste prix; *pagare più, meno del giusto*, payer trop cher, un prix inférieur | *essere nel giusto*, être dans le vrai | *avere il giusto*, avoir son compte.

● ***giust'appunto***, précisément: *"Dici a me?" "Giust'appunto!"*, "C'est à moi que tu parles?" "Précisément" | ***giusto in tempo***, juste à temps: *arrivare giusto in tempo*, arriver juste à temps | ***come è giusto***, comme il se doit | ***dirla giusta***, dire la vérité: *per dirla giusta*, à vrai dire; *va là, dilla giusta!*, allez, dis (*o* raconte-nous) la vérité! | ***il giusto mezzo***, le juste milieu: *tenersi nel giusto mezzo*, rester dans le juste milieu | ***l'uomo giusto al posto giusto***, l'homme qu'il faut là où il faut.

glabro [glà-bro] ***agg.*** glabre; (*liscio*) lisse.

glaciale [gla-cià-le] ***agg.*** **1** (*geol.*) glaciaire **2** (*molto freddo*) glacial*.

glacialmente [gla-cial-mén-te] ***avv.*** glacialement.

glaciazione [gla-cia-zió-ne] ***n.f.*** (*geol.*) glaciation.

gladiatore [gla-dia-tó-re] ***n.m.*** gladiateur.

gladio [glà-dio] ***n.m.*** [pl. *-di*] (*st. mil.*) glaive.

gladiolo [gla-dì-o-lo] ***n.m.*** (*bot.*) glaïeul.

glande [glàn-de] ***n.m.*** (*anat.*) gland.

glassa [glàs-sa] ***n.f.*** **1** (*di zucchero*) glace **2** (*di gelatina*) gelée.

glassare [glas-sà-re] ***v.tr.*** (*cuc.*) **1** (*con zucchero*) glacer* **2** (*con gelatina*) recouvrir* de gelée.

glauco [glàu-co] ***agg.*** [pl.m. *-chi*, f. *-che*] (*letter.*) glauque.

glaucoma [glau-cò-ma] ***n.m.*** (*med.*) glaucome.

gleba [glè-ba] ***n.f.*** glèbe.

● (*st.*) ***servi della gleba***, serfs de la glèbe.

gli[1] ***art.det.m.pl.*** [usato al posto di *i* davanti a parole che iniziano per vocale, *s* impura, *gn*, *pn*, *ps*, *x*, *z*] **1** les: *gli studenti della mia classe*, les étudiants de ma classe; *gli italiani*, les italiens **2** (*quando indica possesso, parentela o legame personale*) mon, ton, etc.: *tutti gli amici l'hanno aiutato*, tous ses amis l'ont aidé; *togliti gli stivali*, enlève tes bottes; *non trovo più gli occhiali*, je ne trouve plus mes lunettes.

gli[2] ***pron.pers.m. 3ª pers.sing.*** **1** (*compl. di termine di* egli, lui, esso) lui: *digli di venire alle otto*, dis-lui de venir à huit heures; *non dirgli che mi hai visto*, ne lui dis pas que tu m'as vu; *dovete parlargli, gli dovete parlare subito*, vous devez lui parler tout de suite **2** (*fam.*) (*compl. di termine di* loro) leur: *mi hanno scritto diverse volte, ma io non gli ho mai risposto*, ils m'ont écrit plusieurs fois, mais je ne leur ai jamais répondu; *chiama le tue amiche e digli che andiamo al cinema stasera*, cherche tes amies et dis-leur qu'on va au cinéma ce soir **3** (*con valore di possesso o di legame personale; pleonastico non si traduce*) son*: *gli ho preso l'impermeabile*, j'ai pris son imperméable; *gli mise una mano sulla spalla*, il lui mit la main sur l'épaule; *gli faceva male la testa*, il avait mal à la tête; *gli è morto il padre*, il a perdu son père; *gli può cadere addosso*, cela peut tomber sur lui.

NOTA Nel linguaggio familiare o in usi regionali ***gli*** è usato anche per il femminile singolare in luogo di ***le***:

*Se la vedi, **digli** che le scriverò presto.*
Si tu la vois, **dis-lui** que je lui écrirai bientôt.

Nella lingua parlata, ***gli*** si usa anche per il femminile plurale, ma in francese va tradotto con il pronome plurale posto prima del verbo coniugato o dell'infinito

*Va' a chiamare le tue sorelle e **digli** che le sto aspettando giù.*
Va chercher tes sœurs et **dis-leur** que je les attends en bas.

Quando ***lui*** e ***leur*** sono legati a un imperativo affermativo, si mettono dopo il verbo, ma lo precedono quando l'imperativo è negativo:

*Presta**gli** il tuo dizionario* (a lui, a lei).
Prête-**lui** ton dictionnaire.
Prestagli il tuo dizionario (a loro).
Prête-**leur** ton dictionnaire.
Non prestargli il tuo dizionario (a lui, a lei)
Ne lui prête pas ton dictionnaire.
Non prestargli il tuo dizionario (a loro).
Ne leur prête pas ton dictionnaire.

glicemia [gli-ce-mì-a] ***n.f.*** (*med.*) glycémie.

glicemico [gli-cè-mi-co] ***agg.*** [pl.m. *-ci*, f. *-che*] (*med.*) glycémique.

gliceride [gli-cè-ri-de] ***n.m.*** (*chim.*) glycéride.

glicerina [gli-ce-rì-na] ***n.f.*** (*chim.*) glycérine.

glicine [glì-ci-ne] ***n.m.*** (*bot.*) glycine (*f.*).

glico- ***pref.*** glyco-.

glicògeno [gli-cò-ge-no] ***n.m.*** (*biochim.*) glycogène.

G

gliela [glié-la] ***pron.pers.*** [forma composta di *gli* e *la*] **1** (*riferito a compl. di termine sing.*) la lui: *non potremo preparargliela, non gliela potremo preparare*, nous ne pourrons pas la lui préparer; *offrigliela per Natale*, offre-la lui pour Noël; *non mandargliela, non gliela mandare*, ne la lui envoie pas **2** (*riferito a compl. di termine pl.*) la leur: *i miei fratelli vorrebbero la mia auto, ma io non gliela presterò*, mes frères voudraient ma voiture, mais je ne la leur prêterai pas **3** (*nelle formule di cortesia*) vous la: *la lettera è pronta, signore: gliela spedirò oggi stesso*, la lettre est prête, Monsieur: je vous l'enverrai aujourd'hui même.

NOTA ***Gliela*** si traduce con i pronomi ***la lui*** e ***la leur*** che vanno prima del verbo coniugato o dell'infinito. Se sono legati a un imperativo affermativo vanno posti dopo l'imperativo, ma lo precedono alla forma negativa:

Dagliela (a lui, a lei).
Donne-la-lui.
Non lasciargliela (a loro).
Ne la leur laisse pas.

gliele [glié-le] ***pron.pers.*** [forma composta di *gli* e *le*] **1** (*riferito a compl. di termine sing.*) les lui: *gliele puoi portare?, puoi portargliele?*, peux-tu les lui apporter?; *se vuole queste fatture al più presto, speditegliele per fax*, s'il veut ces factures au plus tôt, faxez-les lui; *non vendetegliele, non gliele vendete*, ne les lui vendez pas **2** (*riferito a compl. di termine pl.*) les leur: *se i tuoi soci devono firmare queste lettere, la segretaria gliele porterà nel loro ufficio*, si tes associés doivent signer ces lettres, la secrétaire les leur apportera dans leur bureau **3** (*nelle formule di cortesia*) vous les: *signor Rossi, le fatture sono pronte, gliele farò avere domattina*, Monsieur Rossi, les factures sont prêtes, je vous les ferai parvenir demain matin.

glieli [glié-li] ***pron.pers.*** [forma composta di *gli* e *li*] **1** (*riferito a compl. di termine sing.*) les lui: *glieli puoi vendere, puoi vendergliel*i, tu peux les lui vendre; *daglieli senza discutere*, donne-les lui sans discuter; *non glieli mostrare, non mostrarglieli*, ne les lui montre pas **2** (*riferito a compl. di termine pl.*) les leur: *i nonni avrebbero voluto i nipotini per le vacanze, ma non glieli hanno lasciati*, les grands-parents auraient voulu leurs petits-enfants pour les vacances, mais on ne les leur a pas laissés **3** (*nelle formule di cortesia*) vous les: *gentile signora, questi libri sono di gradevole lettura, glieli consiglio vivamente*, chère Madame, ces livres sont d'une lecture agréable, je vous les conseille vivement.

glielo [glié-lo] ***pron.pers.*** [forma composta di *gli* e *lo*] **1** (*riferito a compl. di termine sing.*) le lui: *glielo dovrò restituire, dovrò restituirglielo*, je devrai le lui rendre; *rendiglielo al più presto*, rends-le lui au plus tôt; *non dirglielo, non glielo dire*, ne le lui dis pas **2** (*riferito a compl. di termine pl.*) le leur: *non sapevano che ti eri sposato: glielo abbiamo detto noi*, ils ne savaient pas que tu t'étais marié: c'est nous qui le leur avons dit **3** (*nelle formule di cortesia*) vous le: *Egregio signore, a proposito dell'assegno a lei dovuto, glielo manderemo col fattorino*, Monsieur, en ce qui concerne le chèque qui vous est dû, nous vous le ferons parvenir par courrier.

gliene [glié-ne] ***pron.pers.*** [forma composta di *gli* e *ne*] **1** (*riferito a compl. di termine sing.*) lui en: *volevo parlargliene, gliene volevo parlare*, je voulais lui en parler; *offrigliene tre o quattro*, offre-lui en trois ou quatre; *non vendergliene più, non gliene vendere più*, ne lui en vends plus **2** (*riferito a compl. di termine pl.*) leur en: *non lo sanno ancora, ma gliene parleremo*, ils ne le savent pas encore, mais nous leur en parlerons **3** (*nelle formule di cortesia*) vous en: *gentile signora, il problema è importante, gliene parlerò al più presto*, chère Madame, le problème est important: je vous en parlerai au plus tôt.

glifo [glì-fo] ***n.m.*** (*arch.*) glyphe.

glissare [glis-sà-re] ***v.intr.*** glisser.

glitter ['glitter] ***n.m.invar.*** (*cosmesi*) glitter, micro-paillette (*f.*) scintillante.

glittica [glìt-ti-ca] ***n.f.*** [pl. *-che*] glyptique.

globale [glo-bà-le] ***agg.*** **1** global* **2** (*mondiale*) mondial*.

globalità [glo-ba-li-tà] ***n.f.invar.*** globalité.

globalizzare [glo-ba-liʒ-ʒà-re] ***v.tr.*** globaliser; (*econ.*) mondialiser.

globalizzato [glo-ba-liʒ-ʒà-to] ***agg.*** mondialisé.

globalizzazione [glo-ba-liʒ-ʒió-ne] ***n.f.*** globalisation; (*econ.*) mondialisation.

globalmente [glo-bal-mén-te] ***avv.*** globalement.

globo [glò-bo] ***n.m.*** globe.
● (*anat.*) ***globo oculare***, globe oculaire | ***globo terrestre***, globe terrestre.

globulare [glo-bu-là-re] ***agg.*** globulaire.

globulina [glo-bu-lì-na] ***n.f.*** (*biol.*) globuline.

globulo [glò-bu-lo] ***n.m.*** globule.
● (*biol.*) ***globuli bianchi***, ***rossi***, globules blancs, rouges.

globuloso [glo-bu-ló-so] ***agg.*** globuleux*.

glocalizzazione [glo-ca-liʒ-ʒa-zió-ne] ***n.f.invar.*** (*econ.*) glocalisation.

gloglottare [glo-glot-tà-re] ***v.intr.*** [aus. *avere*] **1** faire* glouglou **2** (*del tacchino*) glouglouter.

glomerulo [glo-mè-ru-lo] ***n.m.*** (*anat., bot.*) glomérule: *i glomeruli renali*, les glomérules rénaux.

gloria[1] [glò-ria] ***n.f.*** gloire: *coprirsi di gloria*, se couvrir de gloire; *in questa foto è circondato da tutte le glorie dell'istituto*, sur cette photo il est entouré de toutes les gloires de l'institut.
● ***lavorare per la gloria***, (*fam.*) travailler pour le roi de Prusse (*o* pour la gloire).

gloria[2] ***n.m.invar.*** (*liturgia*) gloria | *suonare le campane a gloria*, sonner à toute volée.

gloriarsi [glo-riàr-si] ***v.pron.intr.*** se glorifier, se vanter: *non c'è proprio niente di cui gloriarsi*, il n'y a pas de quoi se vanter.

glorificare [glo-ri-fi-cà-re] ***v.tr.*** [coniug. come *mancare*] glorifier.

glorificazione [glo-ri-fi-ca-zió-ne] ***n.f.*** glorification.

glorioso [glo-rió-so] ***agg.*** glorieux*; (*illustre*) illustre.

glossa [glòs-sa] ***n.f.*** glose.

glossare [glos-sà-re] ***v.tr.*** gloser.

glossario [glos-sà-rio] ***n.m.*** [pl. *-ri*] glossaire.

glosso- ***pref.*** gloss(o)-.

glossolalia [glos-so-la-lì-a] ***n.f.*** (*psic.*) glossolalie.

glottide [glòt-ti-de] ***n.f.*** (*anat.*) glotte.

glottologia [glot-to-lo-gì-a] ***n.f.*** linguistique.

glottologo [glot-tò-lo-go] ***n.m.*** [f. *-a*; pl.m. *-gi*, f. *-ghe*] linguiste.

glucide [glu-cì-de] ***n.m.*** (*chim.*) glucide.

glucosio [glu-cò-ʃio] ***n.m.*** [pl. *-si*] (*chim.*) glucose.

gluglu [glu-glù] ***onom.*** glouglou: *fare gluglu*, glouglouter.

gluteo [glù-te-o] ***n.m.*** (*anat.*) fesse (*f.*) ♦ ***agg.*** fessier*.

glutinato [glu-ti-nà-to] ***agg.*** au gluten.
glutine [glù-ti-ne] ***n.m.*** (*chim.*) gluten.
gneiss ['gnɛis] ***n.m.*** (*geol.*) gneiss.
gnocca [gnòc-ca] ***n.f.*** [pl. *-che*] **1** (*volg.*) con (*m.*) **2** (*molto fam.*) (*bella ragazza*) bombe.
gnocco [gnòc-co] ***n.m.*** [pl. *-chi*] **1** (*pl.*) (*cuc.*) gnocchi **2** (*persona sciocca*) benêt, niais **3** (*molto fam.*) (*bel ragazzo*) beau* mec, super mec.
gnomo [gnò-mo] ***n.m.*** gnome.
gnomone [gno-mó-ne] ***n.m.*** gnomon.
gnorri [gnòr-ri] ***n.m.*** e ***f.invar.***
● ***fare lo gnorri***, faire le niais (*o* l'innocent).
gnoseologia [gno-ʃe-o-lo-gì-a] ***n.f.*** (*fil.*) gnoséologie.
gnoseologico [gno-ʃe-o-lò-gi-co] ***agg.*** [pl.m. *-ci*, f. *-che*] (*fil.*) gnoséologique.
gnosi [gnò-ʃi] ***n.f.invar.*** gnose.
gnosticismo [gno-sti-cì-ʃmo] ***n.m.*** (*fil.*) gnosticisme.
gnostico [gnò-sti-co] ***agg.*** e ***n.m.*** [f. *-a*; pl.m. *-ci*, f. *-che*] (*fil.*) gnostique.
gnu ***n.m.invar.*** (*zool.*) gnou.
goal [gɔl] ***n.m.invar.*** but: *segnare un goal*, marquer un but | *il goal della bandiera*, le but de l'honneur.
gobba [gòb-ba] ***n.f.*** **1** bosse **2** (*della luna*) croissant (*m.*).
gobbista [gob-bì-sta] ***n.m.*** e ***f.*** (*cine., tv*) souffleur/euse.
gobbo[1] [gòb-bo] ***agg.*** bossu; (*curvo*) courbé, voûté; (*di naso*) busqué ♦ ***n.m.*** [f. *-a*] (*persona*) bossu.
● ***aver qlco sul gobbo***, (*fig. fam.*) avoir qqn sur les bras | ***colpo gobbo***, coup bas.
gobbo[2] ***n.m.*** **1** (*cine., tv*) (*apparecchio*) télésouffleur, téléprompteur **2** (*schermo*) écran protecteur de lumière.
goccia [góc-cia] ***n.f.*** [pl. *-ce*] **1** goutte: *una goccia di rugiada*, une goutte de rosée; *prendere le gocce per la tosse*, prendre des gouttes contre la toux | *formaggio con la goccia*, fromage très fait **2** (*ornamento*) poire; (*arch.*) goutte: *diamante a goccia*, goutte en poire; *lampadario a gocce*, lustre à pendeloques.
● ***a goccia a goccia***, goutte à goutte | ***avere la goccia al naso***, (*fam.*) avoir la goutte au nez | ***bere il calice fino all'ultima goccia***, (*fig.*) boire le calice jusqu'à la lie | ***è la goccia che fa traboccare il vaso***, (*fig.*) c'est la dernière goutte qui fait déborder le vase | ***somigliarsi come due gocce d'acqua***, se ressembler comme deux gouttes d'eau.
goccio [góc-cio] ***n.m.*** [pl. *-ci*] goutte (*f.*).
gocciola [góc-cio-la] ***n.f.*** goutte.
gocciolare [goc-cio-là-re] ***v.intr.*** **1** [aus. *essere*] (*uscire goccia a goccia*) dégoutter; (*colare*) couler: *gocciolante di sudore*, ruisselant de sueur **2** [aus. *avere*] (*lasciare uscire un liquido goccia a goccia*) goutter ♦ ***v.tr.*** laisser couler.
gocciolatoio [goc-cio-la-tó-io] ***n.m.*** [pl. *-oi*] (*edil.*) larmier.
gocciolio [goc-cio-lì-o] ***n.m.*** [pl. *-ii*] égouttement (continu): *il gocciolio del rubinetto*, le bruit du robinet qui goutte.
gocciolo [góc-cio-lo] ***n.m.*** larme (*f.*); goutte (*f.*).
godere [go-dé-re] ***v.intr.*** [fut.indic. *io godrò*; aus. *avere*] **1** se réjouir **2** (*fruire*) jouir **3** (*trarre godimento*) prendre* plaisir ♦ ***v.tr.*** **1** (*approfittare*) profiter (**de**): *voglio godermi la sua compagnia*, je veux profiter de sa compagnie; *ho goduto le mie vacanze*, j'ai passé de bonnes vacances **2** (*fruire*) jouir (**de**): *godere ottima salute*, jouir d'une très bonne santé ♦ **godersi** ***v.pron. indiretto*** profiter (**de**), jouir (**de**): *mi sono goduto lo spettacolo*, le spectacle m'a plu.
● ***godersela***, (*fam.*) se la couler douce: *se la gode*, il se la coule douce; *godetevela finché potete*, amusez-vous bien, tant que vous pouvez | ***godersela a***, prendre grand plaisir à | ***godersi la vita***, se donner du bon temps.
godereccio [go-de-réc-cio] ***agg.*** [pl.m. *-ci*, f. *-ce*] de bon vivant: *vita godereccia*, vie de plaisir; *gente godereccia*, des fêtards ♦ ***n.m.*** [f. *-a*] bon vivant, fêtard, viveur*.
godimento [go-di-mén-to] ***n.m.*** **1** (*piacere*) plaisir: *trarre godimento da qlco*, prendre plaisir à qqch **2** (*dir.*) (*uso*) jouissance (*f.*): *avere qlco in godimento*, avoir la jouissance de qqch.
goduria [go-dù-ria] ***n.f.*** (*fam.*) plaisir (*m.*): *è una goduria!*, c'est le pied!
goffaggine [gof-fàg-gi-ne] ***n.f.*** gaucherie.
goffamente [gof-fa-mén-te] ***avv.*** gauchement.
goffo [gòf-fo] ***agg.*** gauche, maladroit.
goffrare [gof-frà-re] ***v.tr.*** (*ind. tess.*) gaufrer.
goffratura [gof-fra-tù-ra] ***n.f.*** (*ind. tess.*) gaufrage.
gogna [gó-gna] ***n.f.*** pilori (*m.*).
● ***mettere alla gogna***, (*anche fig.*) mettre au pilori.
gola [gó-la] ***n.f.*** **1** gorge; (*di animali*) gosier (*m.*): *avere mal di gola*, avoir mal à la gorge; *soffre molto di mal di gola*, il est sujet aux maux de gorge | *ricacciare un'offesa in gola a qlcu*, (*fig.*) faire ravaler une offense à qqn **2** (*golosità*) gourmandise **3** (*geogr.*) (*di monti*) gorge; (*di mare*) détroit (*m.*) **4** (*condotto*) tuyau* (*m.*) **5** (*arch.*) doucine **6** (*mil.*) (*di cannone*) gueule **7** (*di altoforno*) gueulard (*m.*).
● ***a gola spiegata***, à gorge déployée: *cantare a gola spiegata*, chanter à plein gosier | ***avere il coltello alla gola***, avoir le couteau sous la gorge | ***avere l'acqua alla gola***, (*fig.*) être au bord du gouffre | ***col cuore in gola***, (*fig.*) le cœur battant | ***far gola***, (*fig.*) faire envie | ***mal di gola***, mal de gorge: *avere mal di gola*, avoir mal à la gorge | ***prendere per la gola***, saisir qqn à la gorge; (*mettere alle strette*) prendre à la gorge | ***ricacciarsi il pianto in gola***, avaler ses larmes.

FAUX AMI
Da non confondere con *gueule* che, nel linguaggio familiare, significa *bocca*, *muso* o *aspetto*.

golden goal [golden'gɔl] ***n.m.invar.*** (*calcio*) but en or.
goleada [go-le-à-da] ***n.f.*** (*calcio*) carton (*m.*): *fare una goleada*, faire un carton.
goletta [go-lét-ta] ***n.f.*** (*mar.*) goélette.
golf[1] ***n.m.invar.*** (*accollato o con colletto*) chandail; (*scollato o senza colletto*) pull-over*, pull; (*abbottonato davanti*) cardigan.
golf[2] ***n.m.invar.*** (*sport*) golf: *campo da golf*, terrain de golf.
golfista [gol-fì-sta] ***n.m.*** e ***f.*** (*sport*) golfeur/euse.
golfo [gól-fo] ***n.m.*** (*geogr.*) golfe.
● (*teatr.*) ***golfo mistico***, fosse d'orchestre | ***la corrente del Golfo***, le Gulf Stream (*o* le Courant du Golfe).
goliardia [go-liar-dì-a] ***n.f.*** esprit (*m.*) estudiantin.
goliardico [go-liàr-di-co] ***agg.*** [pl.m. *-ci*, f. *-che*] **1** estudiantin | *cappello goliardico*, béret d'étudiant **2** (*st.*) goliardique.
goliardo [go-liàr-do] ***n.m.*** **1** étudiant (de l'université) **2** (*st.*) goliard.
gollismo [gol-lì-ʃmo] ***n.m.*** (*pol.*) gaullisme.

gollista [gol-lì-sta] *agg.* e *n.m.* e *f.* (*pol.*) gaulliste.

golosità [go-lo-si-tà] *n.f.invar.* gourmandise.

goloso [go-ló-so] *agg.* **1** gourmand **2** (*avido*) avide **3** (*appetitoso*) friand ♦ *n.m.* [f. *-a*] gourmand.

golpe[1] [gól-pe] *n.f.* (*agr.*) nielle.

golpe[2] [gól-pe *o* gòlpe] *n.m.invar.* (*pol.*) putsch, coup d'État: *un pugno di militari si è impadronito del potere con un golpe*, un groupe de militaires a fait un coup d'État.

golpista [gol-pi-sta] *n.m.* e *f.* e *agg.* (*pol.*) putschiste.

gomena [gò-me-na] *n.f.* (*mar.*) amarre.

gomitata [go-mi-tà-ta] *n.f.* coup (*m.*) de coude.
● ***farsi largo, avanti a gomitate***, (*anche fig.*) se frayer un chemin en jouant des coudes.

gomito [gó-mi-to] *n.m.* coude; *appoggiarsi coi gomiti*, s'accouder.
● ***gomito a gomito***, coude à coude: *trovarsi gomito a gomito con qlcu*, coudoyer qqn | (*med.*) ***gomito del tennista***, épicondylite | ***a (forma di) gomito***, en forme de coude | ***alzare il gomito***, (*fig. fam.*) lever le coude | ***dar di gomito a qlcu***, pousser qqn du coude | ***lavorare di gomiti***, (*anche fig.*) jouer des coudes | ***olio di gomito***, (*fig. fam.*) huile de coude.

gomitolo [go-mì-to-lo] *n.m.* pelote (*f.*): *avvolgere a gomitolo*, peloter.

gomma [góm-ma] *n.f.* **1** caoutchouc (*m.*): *gomma sintetica, vulcanizzata*, caoutchouc artificiel, vulcanisé **2** (*pneumatico*) pneu* (*m.*): *avere una gomma a terra*, avoir un pneu à plat **3** (*per cancellare*) gomme: *gomma da matita, da penna*, gomme à crayon, à encre **4** (*med.*) gomme.
● ***gomma da masticare***, chewing-gum | (*aut.*) ***gomma di scorta***, pneu de secours | ***di gomma***, (*anche fig.*) en caoutchouc: *soprascarpe di gomma*, caoutchoucs; *sembra fatto di gomma*, on dirait qu'il est en caoutchouc.

gommalacca [gom-ma-làc-ca] *n.f.* gomme laque.

gommapiuma® [gom-ma-più-ma] *n.f.invar.* caoutchouc (*m.*) mousse.

gommato [gom-mà-to] *agg.* **1** caoutchouté **2** (*trattato con colla*) gommé.

gommina [gom-mì-na] *n.f.* (*per capelli*) gomina®.

gommista [gom-mì-sta] *n.m.* e *f.* vendeur/euse de pneus; réparateur/trice de pneus.

gommone [gom-mó-ne] *n.m.* (*canotto pneumatico a motore*) canot pneumatique.

gommoso [gom-mó-so] *agg.* caoutchouteux*; (*resinoso*) gommeux*.

gonade [gò-na-de] *n.f.* (*anat.*) gonade.

gondola [gón-do-la] *n.f.* gondole.

gondoliere [gon-do-liè-re] *n.m.* gondolier.

gonfalone [gon-fa-ló-ne] *n.m.* gonfalon, gonfanon.

gonfaloniere [gon-fa-lo-niè-re] *n.m.* gonfalonier, gonfanonier.

gonfiaggio [gon-fiàg-gio] *n.m.* [pl. *-gi*] gonflage.

gonfiare [gon-fià-re] *v.tr.* gonfler; (*spec. fig.*) enfler: *la cosa è stata troppo gonfiata*, (*fig.*) on a exagéré l'affaire | *gonfiare la faccia di schiaffi*, gifler à tour de bras ♦ *v.intr.* [aus. *essere*] (*di pasta*) (*lievitare*) monter ♦ **gonfiarsi** *v.pron.intr.* **1** gonfler; se gonfler; (*tumefarsi*) enfler: *le si è gonfiata la guancia*, sa joue a enflé **2** (*fig.*) (*insuperbirsi*) se gonfler (d'orgueil) **3** (*di pasta*) (*lievitare*) monter.

gonfiato [gon-fià-to] *agg.* **1** gonflé **2** (*fig.*) enflé.
● ***è un pallone gonfiato***, (*fig.*) c'est une baudruche.

gonfiatore [gon-fia-tó-re] *n.m.* (*per materassini da spiaggia*) gonfleur.

gonfiatura [gon-fia-tù-ra] *n.f.* **1** gonflement (*m.*), gonflage (*m.*) **2** (*fig.*) (*esagerazione*) exagération.

gonfiezza [gon-fiéz-za] *n.f.* **1** gonflement (*m.*) **2** (*fig.*) enflure.

gonfio [gón-fio] *agg.* [pl.m. *-fi*] **1** gonflé; (*tumefatto*) enflé: *la caviglia è molto gonfia*, la cheville est très enflée | *essere gonfio d'orgoglio*, crever d'orgueil | *avere il cuore gonfio*, (*fig.*) avoir le cœur gros **2** (*di stile*) enflé.
● ***andare, procedere a gonfie vele***, (*fig.*) marcher comme sur des roulettes.

gonfiore [gon-fió-re] *n.m.* enflure (*f.*): *ho un gonfiore alla caviglia*, j'ai la cheville enflée.

gong *n.m.invar.* gong.

gongolante [gon-go-làn-te] *agg.* satisfait; (*radioso*) rayonnant: *era tutto gongolante all'idea di partire*, il exultait en pensant qu'il allait partir.

gongolare [gon-go-là-re] *v.intr.* [aus. *avere*] (*di gioia*) fondre* de joie; (*essere raggiante*) rayonner de joie.

goniometro [go-niò-me-tro] *n.m.* goniomètre, rapporteur.

gonna [gòn-na] *n.f.* jupe.
● ***gonna (a) portafoglio***, jupe portefeuille | ***gonna pantalone***, jupe-culotte | ***correre dietro alle gonne***, (*fig.*) courir les jupons.

gonnellino [gon-nel-lì-no] *n.m.* petite jupe (*f.*); (*di tennista*) jupette (*f.*); (*di ballerina*) tutu; (*di costume tradizionale maschile*) jupon | *gonnellino scozzese*, kilt.

gonococco [go-no-còc-co] *n.m.* [pl. *-chi*] (*biol.*) gonocoque.

gonorrea [go-nor-rè-a] *n.f.* (*med.*) gonorrhée.

gonzo [gón-ʒo] *n.m.* [f. *-a*] nigaud, niais.

gora [gò-ra] *n.f.* **1** (*canale del mulino*) coursier (*m.*) **2** (*stagno*) étang (*m.*); (*palude*) marais (*m.*).

gordiano [gor-dià-no] *agg.*
● ***nodo gordiano***, nœud gordien.

gorgheggiare [gor-gheg-già-re] *v.intr.* [coniug. come *mangiare*; aus. *avere*] **1** (*di uccelli*) ramager*; (*dell'usignolo*) chanter **2** (*di persona*) faire* des roulades.

gorgheggio [gor-ghég-gio] *n.m.* [pl. *-gi*] **1** (*di uccelli*) ramage; (*dell'usignolo*) rossignolade (*f.*) **2** (*di persone*) roulade (*f.*).

gorgiera [gor-giè-ra] *n.f.* **1** (*di armatura*) gorgerin (*m.*) **2** (*collare increspato*) gorgerette; (*di abito del Seicento*) fraise.

gorgo [gór-go] *n.m.* [pl. *-ghi*] gouffre; (*mulinello*) tourbillon, remous (*anche fig.*).

gorgogliare [gor-go-glià-re] *v.intr.* [aus. *avere*] gargouiller; (*di ruscello*) murmurer.

gorgoglio [gor-gó-glio] *n.m.* [pl. *-gli*] gargouillis, gargouillement.

gorgonia [gor-gò-nia] *n.f.* (*zool.*) gorgone.

gorgonzola [gor-gon-ʒò-la] *n.m.* gorgonzola (fromage italien proche du roquefort).

gorilla [go-ril-la] *n.m.invar.* gorille (*anche fig.*).

gossip [gòs-sip] *n.m.invar.* potin.

gota [gò-ta] *n.f.* joue.

gotha [gò-tha] *n.m.invar.* **1** (*aristocrazia*) gotha, aristocratie (*f.*), noblesse (*f.*) **2** (*estens.*) gotha: *il gotha dell'economia*, le gotha économique; *entrare nel gotha dell'industria*, être admis dans le gotha industriel (*o* par l'élite industrielle).

gotico [gò-ti-co] ***agg.*** e ***n.m.*** [pl.m. *-ci*, f. *-che*] gothique.
● (*arte*) ***gotico primitivo***, ***fiammeggiante***, gothique primitif, flamboyant.

gotta [gót-ta] ***n.f.*** (*med.*) goutte.

gottazza [got-tàz-za] ***n.f.*** (*mar.*) épuisette.

gottoso [got-tó-so] ***agg.*** e ***n.m.*** [f. *-a*] (*med.*) goutteux*.

governabile [go-ver-nà-bi-le] ***agg.*** gouvernable.

governante [go-ver-nàn-te] ***agg.*** e ***n.m.*** e ***f.*** gouvernant/e ♦ ***n.f.*** (*della casa*) gouvernante; (*di bambini*) bonne.

governare [go-ver-nà-re] ***v.tr.*** **1** gouverner; (*dirigere*) diriger* **2** (*aver cura di*) soigner | *governare un cavallo*, panser un cheval **3** (*mar.*) gouverner; (*estens.*) (*manovrare*) manœuvrer ♦ ***v.intr.*** [aus. *avere*] (*mar.*) gouverner.

governativo [go-ver-na-tì-vo] ***agg.*** gouvernemental*, de gouvernement: *maggioranza governativa*, majorité de gouvernement; *ambienti governativi*, milieux officiels; *stampa governativa*, presse officielle; *decreto governativo*, décret du gouvernement.

governatore [go-ver-na-tó-re] ***n.m.*** [f. *-trice*] gouverneur.

governo [go-vèr-no] ***n.m.*** **1** gouvernement: *entrare a far parte del governo*, entrer au gouvernement; *crisi di governo*, crise gouvernementale **2** (*il governare*) gouvernement; (*direzione*) direction (*f.*): *il governo della casa*, la direction de la maison **3** (*mar.*) gouverne (*f.*).

gozzo[1] [góz-zo] ***n.m.*** **1** (*med.*) goitre **2** (*di uccelli*) jabot **3** (*fam.*) (*stomaco*) estomac.
● ***riempirsi il gozzo***, s'empiffrer, s'en mettre plein la gueule | ***stare sul gozzo***, (*fig. fam.*) taper sur les nerfs.

gozzo[2] ***n.m.*** (*barca da pesca*) canot de pêche.

gozzoviglia [goz-zo-vì-glia] ***n.f.*** noce: *fare gozzoviglie*, faire la noce.

gozzovigliare [goz-zo-vi-glià-re] ***v.intr.*** [aus. *avere*] faire* la noce.

gozzuto [goz-zù-to] ***agg.*** (*med., zool.*) goitreux*.

gracchiare [grac-chià-re] ***v.intr.*** [aus. *avere*] **1** (*della cornacchia, del corvo*) croasser; (*della gazza*) jacasser; (*della rana*) coasser **2** (*fig.*) jacasser **3** (*di altoparlante ecc.*) grésiller.

gracidare [gra-ci-dà-re] ***v.intr.*** [aus. *avere*] **1** coasser; (*di oca ecc.*) criailler **2** (*fig.*) criailler.

gracidio [gra-ci-dì-o] ***n.m.*** [pl. *-ii*] coassements (*pl.*).

gracile [grà-ci-le] ***agg.*** **1** frêle; (*delicato*) délicat; (*esile*) grêle, gracile **2** (*fig.*) (*senza vigore*) sans consistance.

gracilità [gra-ci-li-tà] ***n.f.invar.*** gracilité.

gradasso [gra-dàs-so] ***n.m.*** [f. *-a*] fanfaron*.

gradatamente [gra-da-ta-mén-te] ***avv.*** graduellement.

gradazione [gra-da-zió-ne] ***n.f.*** gradation.
● ***gradazione*** (***alcolica***), degré d'alcool: *ad alta gradazione* (*alcolica*), trés alcoolisé | (*fon.*) ***gradazione vocalica***, alternance vocalique.

gradevole [gra-dé-vo-le] ***agg.*** agréable.

gradevolezza [gra-de-vo-léz-za] ***n.f.*** (*di cibo*) goût (*m.*); (*di suono*) harmonie: *la gradevolezza di una bevanda*, la saveur d'une boisson; *la gradevolezza dei suoi modi*, la gentillesse de ses manières; *la gradevolezza di un suono*, l'harmonie d'un son.

gradiente [gra-dièn-te] ***n.m.*** (*fis.*) gradient.
● ***gradiente barico***, gradient de pression.

gradimento [gra-di-mén-to] ***n.m.*** **1** goût **2** (*approvazione*) approbation (*f.*).
● ***di mio***, ***tuo gradimento***, à mon, ton goût: (*comm.*) *di vostro gradimento*, à votre convenance | (*tv*) ***indice di gradimento***, cote de popularité.

gradinata [gra-di-nà-ta] ***n.f.*** **1** escalier (*m.*) **2** (*di stadio, teatro*) gradins (*m.pl.*).

gradino [gra-dì-no] ***n.m.*** **1** marche (*f.*); (*di altare, anfiteatro ecc.*) gradin **2** (*fig.*) degré **3** (*alpinismo*) marche (*f.*).
● (*agr.*) ***coltivare a gradini***, cultiver en terrasses.

gradire [gra-dì-re] ***v.tr.*** [coniug. come *finire*] **1** apprécier: *ho molto gradito il vostro invito*, j'ai beaucoup apprécié votre invitation; *voglia gradire i miei migliori saluti*, (*nella corrispondenza*) veuillez agréer, Monsieur, mes meilleures salutations **2** (*volere*) aimer, vouloir*: *gradirei che tu venissi*, j'aimerais que tu viennes; *gradireste una tazza di tè?*, acceptez-vous une tasse de thé?
● ***tanto per gradire***, pour faire plaisir.

gradito [gra-dì-to] ***agg.*** agréable; (*bene accetto*) apprécié: *presenza non gradita*, présence indésirable; *ho ricevuto la tua gradita lettera*, j'ai bien reçu ta lettre; *in risposta alla vostra gradita lettera*, en réponse à votre gentille lettre.
● ***fare cosa gradita a***, faire plaisir à | ***riuscire gradito a***, plaire à.

grado[1] [grà-do] ***n.m.*** **1** degré: *grado d'istruzione*, degré d'instruction; *grado di parentela*, degré de parenté; *cugino di primo, di secondo grado*, cousin au premier, au second degré | *scuole di primo, di secondo grado*, écoles primaires, secondaires | (*gramm.*) *i gradi dell'aggettivo*, les degrés de l'adjectif | (*mat.*) *equazione di primo, di secondo grado*, équation du premier, du second degré **2** (*scient.*) (*unità di misura*) degré: *l'acqua bolle a 100 gradi*, l'eau bout à 100 degrés; *ci sono 2 gradi sotto zero*, il fait moins deux; *angolo di 90 gradi*, angle de 90 degrés; *vino a 11 gradi*, vin à 11 degrés **3** (*posizione gerarchica*) grade (*anche mil.*); (*pl.*) (*galloni*) galons; (*estens.*) rang: *avanzare, salire di grado*, monter en grade; *conquistare i gradi sul campo*, conquérir ses galons sur le champ de bataille; *privare qlcu del grado*, dégrader qqn.
● ***in grado di***, à même de (*o* en mesure de): *sei più in grado di me di giudicare*, tu es mieux placé pour juger; *sei in grado di farlo funzionare?*, tu es capable de le faire fonctionner?; *un nuovo modello in grado di interessare la clientela*, un nouveau modèle susceptible d'intéresser la clientèle | ***in sommo grado***, au plus haut degré | (***interrogatorio di***) ***terzo grado***, cuisinage: *fare il terzo grado a qlcu*, cuisiner qqn | ***per gradi***, ***a grado a grado***, par degrés, graduellement.

grado[2] ***n.m.*** (*gradimento*) gré.
● ***di buon grado***, de bon gré.

graduabile [gra-du-à-bi-le] ***agg.*** qu'on peut graduer.

graduabilità [gra-du-a-bi-li-tà] ***n.f.invar.*** progression.

graduale [gra-du-à-le] ***agg.*** graduel*; (*progressivo*) progressif*.

gradualità [gra-dua-li-tà] ***n.f.invar.*** gradation.

gradualmente [gra-du-al-mén-te] ***avv.*** graduellement.

graduare [gra-du-à-re] ***v.tr.*** graduer.

graduato [gra-du-à-to] ***agg.*** gradué: *termometro graduato*, thermomètre gradué ♦ ***n.m.*** [f. *-a*] (*mil.*) gradé.

graduatoria [gra-dua-tò-ria] ***n.f.*** classement (*m.*); (*elenco*) liste: *essere il primo in graduatoria*, être tête

G

de liste; *essere il secondo in graduatoria*, être le deuxième sur la liste.

graduazione [gra-dua-zió-ne] ***n.f.*** graduation.

graffa [gràf-fa] ***n.f.*** (*graffetta*) agrafe.
● (*parentesi*) ***graffa***, accolade.

graffetta [graf-fét-ta] ***n.f.*** **1** agrafe **2** (*fermaglio per fogli*) trombone (*m.*).

graffiante [graf-fiàn-te] ***agg.*** (*fig.*) mordant.

graffiare [graf-fià-re] ***v.tr.*** **1** griffer; (*produrre scalfitture*) égratigner; (*scrostare*) érafler; (*raschiare*) gratter: *mi sono graffiato una mano*, je me suis fait une égratignure à la main **2** (*fig.*) mordre*: *un'ironia che graffia*, une ironie mordante ♦ **graffiarsi** ***v.pron.*** s'égratigner: *graffiarsi sul viso*, s'égratigner le visage ♦ ***v.pron.intr.*** (*rigarsi*) se rayer*: *non lasciare il disco sul pavimento, altrimenti si graffia*, ne laisse pas le disque par terre, il va se rayer.

G

graffiata [graf-fià-ta] ***n.f.*** **1** coup (*m.*) de griffe **2** (*graffio*) égratignure.

graffiatura [graf-fia-tù-ra] ***n.f.*** égratignure.

graffio [gràf-fio] ***n.m.*** [pl. *-fi*] égratignure (*f.*): *non si è fatto neanche un graffio*, il s'en est tiré sans une égratignure.

graffitaro [graf-fi-tà-ro] ***n.m.*** [f. *-a*] bombeur*.

graffitista [graf-fi-tì-sta] ***n.m.*** e ***f.*** graffeur/euse; (*con vernice spray*) bombeur/euse, tagueur/euse.

graffito [graf-fi-to] ***n.m.*** (*arte*) graffiti ♦ ***agg.*** gravé.

grafia [gra-fì-a] ***n.f.*** graphie.

grafica [grà-fi-ca] ***n.f.*** [pl. *-che*] **1** (*arte*) graphique **2** (*opera*) ouvrage (*m.*) graphique **3** (*presentazione grafica*) présentation graphique.
● ***grafica computerizzata***, infographie, imagerie numérique.

graficamente [gra-fi-ca-mén-te] ***avv.*** graphiquement.

grafico [grà-fi-co] ***agg.*** [pl.m. *-ci*, f. *-che*] graphique ♦ ***n.m.*** **1** (*diagramma*) graphique **2** [f. *-a*] (*professionista*) graphiste; (*operaio*) imprimeur.
● ***grafico a torta***, (*fam.*) camembert.

grafismo [gra-fì-ʃmo] ***n.m.*** graphisme.

grafite [gra-fi-te] ***n.f.*** (*min.*) graphite (*m.*).

grafo- ***pref.*** grapho-.

grafologia [gra-fo-lo-gì-a] ***n.f.*** graphologie.

grafologico [gra-fo-lò-gi-co] ***agg.*** [pl.m. *-ci*, f. *-che*] graphologique.

grafologo [gra-fò-lo-go] ***n.m.*** [f. *-a*; pl.m. *-gi*, f. *-ghe*] graphologue.

grafomane [gra-fò-ma-ne] ***n.m.*** e ***f.*** personne (*f.*) atteinte de graphomanie; (*fig.*) écrivassier/ère.

grafomania [gra-fo-ma-nì-a] ***n.f.*** graphomanie.

gragnola [gra-gnò-la] ***n.f.*** grêle: *una gragnola di pietre*, une grêle de pierres; *una gragnola di colpi*, une volée de coups.

gramaglie [gra-mà-glia] ***n.f.pl.*** vêtements (*m.*) de deuil.
● ***essere in gramaglie***, porter des vêtements de deuil.

gramigna [gra-mì-gna] ***n.f.*** (*bot.*) chiendent (*m.*).
● ***crescere come la gramigna***, pousser comme la mauvaise herbe.

graminacea [gra-mi-nà-ce-a] ***n.f.*** (plante) graminée | *le Graminacee*, les Graminacées.

grammatica [gram-mà-ti-ca] ***n.f.*** [pl. *-che*] grammaire.
● (*ling.*) ***grammatica descrittiva***, ***comparata***, grammaire descriptive, comparée | (*prov.*) ***val più la pratica della grammatica***, expérience passe science.

grammaticale [gram-ma-ti-cà-le] ***agg.*** grammatical*.
● ***analisi grammaticale***, analyse grammaticale.

grammatico [gram-mà-ti-co] ***n.m.*** [f. *-a*; pl.m. *-ci*, f. *-che*] **1** grammairien* **2** (*spreg.*) pédant.

grammatura [gram-ma-tù-ra] ***n.f.*** grammage (*m.*).

grammo [gràm-mo] ***n.m.*** gramme.

grammofono [gram-mò-fo-no] ***n.m.*** phonographe.

gramo [grà-mo] ***agg.*** **1** (*misero*) malheureux*; (*triste*) triste **2** (*scarso*) maigre: *un raccolto gramo*, une maigre récolte.

gran ***agg.*** → **grande**.

grana[1] [grà-na] ***n.f.*** grain (*m.*): *salame a grana fine*, saucisson à pâte fine ♦ ***n.m.invar.*** (*formaggio*) parmesan.
● ***formaggio (di) grana***, parmesan.

grana[2] ***n.f.*** (*fam.*) ennui (*m.*), embêtement (*m.*); (*questione cavillosa, litigiosa*) histoire: *è scoppiata una grana*, il y a eu une histoire.
● ***piantare grane***, chercher noise: *mi ha piantato una di quelle grane!*, il m'a fait une de ces histoires!

grana[3] ***n.f.*** (*fam.*) (*denaro*) fric (*m.*), blé (*m.*): *sono senza grana*, je suis fauché (o je n'ai pas de pognon).

granaglie [gra-nà-glie] ***n.f.pl.*** grains (*m.*): *commercio di granaglie*, graineterie.

granaio [gra-nà-io] ***n.m.*** [pl. *-ai*] grenier (*anche fig.*).

granario [gra-nà-rio] ***agg.*** [pl.m. *-ri*] du blé.

granata[1] [gra-nà-ta] ***n.f.*** (*region.*) (*scopa*) balai (*m.*) (de bruyère).

granata[2] ***n.f.*** (*melagrana*) grenade ♦ ***agg.invar.*** grenat*.

granata[3] ***n.f.*** (*mil.*) obus (*m.*); (*a mano*) grenade.

granatiere [gra-na-tiè-re] ***n.m.*** (*mil.*) grenadier.

granatina [gra-na-tì-na] ***n.f.*** **1** grenadine **2** (*sciroppo con ghiaccio tritato*) granité (*m.*).

granato[1] [gra-nà-to] ***n.m.*** **1** grenu **2** (*di colore*) grenat ♦ ***n.m.*** grenadier.
● ***melo granato***, grenadier.

granato[2] ***n.m.*** (*pietra*) grenat.

grancassa [gran-càs-sa] ***n.f.*** (*mus.*) grosse caisse.
● ***battere la grancassa***, (*fig.*) battre la groisse caisse (*o* le tambour).

grancevola [gran-cè-vo-la] ***n.f.*** (*zool.*) araignée de mer.

granché [gran-ché] **gran che** ***pron.indef.*** grand -cluse.
● ***non un granché***, pas grand-chose: *"Hai dormito bene?" "Non un granché"*, "Tu as bien dormi?" "Pas très bien"; *ho lavorato ma non un granché*, j'ai travaillé, mais pas énormément; *oggi non ho concluso un granché*, aujourd'hui je n'ai pas fait grand-chose; *quella commedia non è un granché*, cette pièce ne vaut pas grand-chose.

granchio [gràn-chio] ***n.m.*** [pl. *-chi*] **1** crabe **2** (*fig.*) bévue (*f.*).
● ***prendere un granchio***, commettre une bévue.

grandangolare [gran-dan-go-là-re] ***agg.*** e ***n.m.*** (*fot.*) grand-angulaire*.

grandangolo [gran-dàn-go-lo] ***n.m.*** (*fot.*) grand -angle*.

grande [gràn-de] ***agg.*** **1** grand (*anche fig.*): *quant'è grande il tuo appartamento?*, quelle est la dimension de ton appartement?; *mi sta grande*, il est trop grand pour moi; *un grand'uomo*, un grand homme; *un gran bravo'uo-*

mo, un très brave homme; *una gran folla*, une grande foule; *un animo grande*, une âme noble; *una gran mente*, un esprit supérieur; *le grandi azioni*, les belles actions; *un grande imbroglione*, un grand filou; *dirne un gran bene*, en dire beaucoup de bien; *volere un gran bene a qlcu*, aimer beaucoup qqn; *se ne è fatto un gran parlare*, on en a beaucoup parlé; *una gran bella ragazza*, une fort jolie fille; *sarebbe una gran bella cosa*, cela serait bien beau; *un gran bel lavoro*, un travail formidable; *un gran brutto periodo*, un moment très difficile; *un gran brutto posto*, un endroit horrible; *avere una gran fame, un gran freddo*, avoir très faim, très froid; *avere un cuore grande così*, avoir très bon cœur; *vivere da gran signore*, vivre en grand seigneur | *sei stato grande!*, (*fam.*) tu as été formidable! | *è un gran peccato che*, c'est bien dommage que 2 (*adulto*) grand: *che cosa farai da grande?*, qu'est-ce que tu feras quand tu seras grand?; *diventare grande*, grandir ♦ *n.m.* e *f.* 1 grande personne (*f.*), adulte 2 (*personaggio illustre*) grand/e | *fare il grande*, faire le grand seigneur ♦ *n.m.* (*grandezza*) grandeur (*f.*).

● ***a gran voce***, à grands cris: *reclamare a gran voce*, réclamer à cor et à cri | ***alla grande***, (*fam.*) en grand style: *è andata alla grande*, ça a marché du tonnerre | ***di gran lunga***, de loin (*o* de beaucoup) | ***il gran giorno***, le grand jour | ***il gran mondo***, le grand monde | ***in grande***, en grand: *fare le cose in grande*, faire les choses en grand | (*st.*) ***la Grande Guerra***, la Grande Guerre | ***scrivere a grandi lettere***, (*fig.*) écrire en lettres majuscules | ***un gran che*** → granché.

grandeggiare [gran-deg-già-re] *v.intr.* [coniug. come *mangiare*; aus. *avere*] 1 (*letter.*) dominer (qqch, qqn) 2 (*fare il grande*) faire* le grand seigneur: *grandeggia nello spendere*, il dépense son argent comme un grand seigneur.

grandemente [gran-de-mén-te] *avv.* grandement.

grandezza [gran-déz-za] *n.f.* 1 grandeur: *la grandezza di un oggetto*, la grandeur d'un objet 2 (*fig.*) grandeur: *la grandezza di Napoleone*, la grandeur de Napoléon 3 (*astr.*) magnitude 4 (*mat.*) grandeur.

● (*fis.*) ***grandezza scalare***, ***vettoriale***, grandeur scalaire, vectorielle | ***di ogni grandezza***, de toutes dimensions | ***a grandezza naturale***, grandeur nature | ***mania di grandezza***, folie des grandeurs | (*astr.*) ***stella di prima grandezza***, (*anche fig.*) étoile de première grandeur | ***unità di grandezza***, unité de grandeur.

grandicello [gran-di-cèl-lo] *agg.* grandelet*.

grandinare [gran-di-nà-re] *v.intr.impers.* [aus. *essere* o *avere*] grêler: *è, ha grandinato*, il a grêlé ♦ *v.intr.* [aus. *essere*] (*fig.*) tomber comme (de la) grêle.

grandinata [gran-di-nà-ta] *n.f.* 1 averse de grêle 2 (*fig.*) grêle.

grandine [gràn-di-ne] *n.f.* grêle.

● ***un chicco di grandine***, un grêlon.

grandiosità [gran-dio-si-tà] *n.f.invar.* 1 grandiose (*m.*) 2 (*spec. pl.*) (*ostentazione*) air (*m.*) de grandeur.

grandioso [gran-dió-so] *agg.* grandiose: *uno spettacolo grandioso*, un spectacle grandiose.

● ***fare il grandioso***, faire le grand seigneur.

granduca [gran-dù-ca] *n.m.* [pl. *-chi*] grand-duc*.

granducato [gran-du-cà-to] *n.m.* grand-duché*.

granduchessa [gran-du-chés-sa] *n.f.* grande-duchesse*.

grand'ufficiale [gran-duf-fi-cià-le] *n.m.* grand officier.

granello [gra-nèl-lo] *n.m.* 1 grain: *un granello di polvere, di sabbia*, un grain de poussière, de sable; *un granello di buonsenso*, (*fig.*) un grain (*o* brin) de bon sens 2 (*seme di frutto*) pépin.

graniglia [gra-nì-glia] *n.f.* grès (*m.*).

granita [gra-nì-ta] *n.f.* granité (*m.*): *granita di limone*, granité au citron.

granitico [gra-nì-ti-co] *agg.* [pl.m. *-ci*, f. *-che*] 1 granitique 2 (*fig.*) (*incrollabile*) inébranlable.

granito [gra-nì-to] *n.m.* (*min.*) granit(e).

grano [grà-no] *n.m.* 1 blé 2 (*pl.*) (*cereali in genere*) grains 3 (*chicco*) grain (*anche fig.*).

● ***grano duro***, ***tenero***, blé dur, tendre | ***grano saraceno***, sarrasin (*o* blé noir).

> FAUX AMI
> Nel senso di *frumento*, da non confondere con *grain*, che significa *granello, chicco*.

granturco [gran-tùr-co] *n.m.* [pl. *-chi*] maïs.

granulare [gra-nu-là-re] *agg.* granulaire; (*ridotto in granuli*) granulé.

granulato [gra-nu-là-to] *n.m.* granulé.

granulazione [gra-nu-la-zió-ne] *n.f.* granulation.

granulite [gra-nu-lì-te] *n.f.* (*geol.*) granulite.

granulo [grà-nu-lo] *n.m.* 1 granule 2 (*farm.*) granule.

● ***in granuli***, granulé.

granulocita [gra-nu-lo-cì-ta] *n.m.* (*biol.*) granulocyte.

granuloma [gra-nu-lò-ma] *n.m.* (*med.*) granulome.

granulosità [gra-nu-lo-si-tà] *n.f.invar.* aspect (*m.*) granuleux; consistance granuleuse.

granuloso [gra-nu-ló-so] *agg.* granuleux*.

grappa[1] [gràp-pa] *n.f.* (*acquavite*) eau-de-vie* (de marc).

> FAUX AMI
> Da non confondere con *grappe*, che significa *grappolo*.

grappa[2] *n.f.* (*edil.*) crampon (*m.*).

grappino [grap-pì-no] *n.m.* (*fam.*) goutte (*f.*), gnole: *farsi un grappino*, boire la goutte.

grappolo [gràp-po-lo] *n.m.* 1 grappe (*f.*): *un piccolo grappolo d'uva*, une petite grappe (*o* un grappillon) de raisin 2 (*fig.*) grappe (*f.*): *un grappolo di persone*, une grappe humaine.

● ***a grappoli***, en grappes.

graspo [grà-spo] *n.m.* rafle (*f.*).

grassaggio [gras-sàg-gio] *n.m.* [pl. *-gi*] (*aut.*) graissage.

grassatore [gras-sa-tó-re] *n.m.* [f. *-trice*] détrousseur.

grassazione [gras-sa-zió-ne] *n.f.* (*antiq.*) attaque à main armée; (*estens.*) vol.

grassetto [gras-sét-to] *agg.* e *n.m.* (*tip.*) gras.

grassezza [gras-séz-za] *n.f.* 1 embonpoint (*m.*) 2 (*di terreno*) fertilité.

grasso [gràs-so] *agg.* 1 gras*: *pelle grassa*, peau grasse; *terra grassa*, terre grasse 2 (*di persone*) gros*: *diventar grasso*, grossir (*o* prendre de l'embonpoint) 3 (*fig.*) (*opulento*) gros: *la grassa borghesia*, la grosse bourgeoisie; *far grassi guadagni*, gagner gros; *un'annata grassa*, une bonne année 4 (*fig.*) (*volgare*) gras: *discorsi grassi*, propos gras; *barzellette grasse*, plaisanteries grasses ♦ *n.m.* 1 (*sostanza*) graisse (*f.*); (*parte di qlco*) gras: *grasso di maiale*, graisse de porc; *il grasso del prosciutto*, le gras du jambon; *non digerire i grassi*, ne pas digérer la graisse 2 [f. *-a*] (*persona*) gros*.

● ***grasso come un maiale***, gras comme un cochon | ***grassi animali***, ***vegetali***, graisses animales, végétales | ***cuocere*** *senza grassi*, cuire sans corps gras | ***farsi grasse risate***, rire comme des fous | ***piante grasse***, plantes grasses.

NOTA In francese, quando è riferito a una persona, l'aggettivo **grasso** si traduce ***gros*** e non *gras* (se non in alcune frasi fatte o se detto dal medico a un paziente). E così dice anche Obelix, il celebre personaggio dei fumetti di Asterix:

*Non sono **grasso**, magari un po' robusto.*
Je ne ne suis pas **gros**, un peu fort peut-être.

grassoccio [gras-sòc-cio] *agg.* [pl.m. *-ci*, f. *-ce*] grassouillet*.

grassone [gras-só-ne] *n.m.* [f. *-a*] (*fam.*) gros lard.

grata [grà-ta] *n.f.* grille.

gratella [gra-tèl-la] *n.f.* **1** grille; (*di acquaio*) crépine **2** (*graticola*) gril (*m.*).

G

graticciata [gra-tic-ciá-ta] *n.f.* clayonnage (*m.*), grillage (*m.*).

graticcio [gra-tic-cio] *n.m.* [pl. *-ci*] **1** treillis **2** (*stuoia*) claie (*f.*).

graticola [gra-ti-co-la] *n.f.* **1** (*cuc.*) gril (*m.*): *cuocere sulla graticola*, griller **2** (*piccola grata*) petite grille.
● ***carne in graticola***, viande grillée.

graticolato [gra-ti-co-là-to] *agg.* grillé; grillagé ♦ *n.m.* **1** grillage **2** (*arboricoltura*) treillage.

gratifica [gra-tì-fi-ca] *n.f.* [pl. *-che*] gratification.

gratificante [gra-ti-fi-càn-te] *agg.* gratifiant.

gratificare [gra-ti-fi-cà-re] *v.tr.* [coniug. come *mancare*] gratifier.

gratificazione [gra-ti-fi-ca-zió-ne] *n.f.* gratification.

gratinare [gra-ti-nà-re] *v.tr.* (*cuc.*) gratiner.

gratis [grà-tis] *avv.* gratis, gratuitement; (*fam.*) à l'œil: *viaggiare gratis*, voyager gratis (*o* gratuitement) ♦ *agg.invar.* gratis*, gratuit: *biglietto gratis*, billet gratis.

gratitudine [gra-ti-tù-di-ne] *n.f.* gratitude: *espressioni di gratitudine*, des marques de gratitude.

grato [grà-to] *agg.* **1** reconnaissant; obligé: *ti sono molto grata*, je te suis très reconnaissante; *le sarei grato di...*, je vous saurais gré de... **2** (*piacevole*) agréable; (*bene accetto*) apprécié.
● ***con animo grato***, avec gratitude, avec reconnaissance.

grattacapo [grat-ta-cà-po] *n.m.* (*preoccupazione*) souci; (*noia*) ennui: *avere dei grattacapi*, avoir des soucis (*o* des ennuis).

grattacielo [grat-ta-ciè-lo] *n.m.* gratte-ciel*.

grattaculo [grat-ta-cù-lo] *n.m.* (*bot. pop.*) gratte-cul*.

gratta e sosta [gràt-ta e sò-sta] *n.m.invar.* (*per il parcheggio*) ticket de stationnement grattable.

gratta e vinci® [gràt-ta e vìn-ci] *n.m.invar.* (*biglietto della lotteria*) ticket à gratter.

grattare [grat-tà-re] *v.tr.* **1** gratter: *grattare la schiena*, gratter le dos **2** (*grattugiare*) râper: *grattare il formaggio*, râper le fromage **3** (*fam.*) (*rubare*) faucher, piquer ♦ *v.intr.* [aus. *avere*] gratter: *far grattare il cambio*, faire grincer la boîte de vitesses ♦ **grattarsi** *v.pron.* se gratter ♦ *v.pron. indiretto* se gratter: *grattarsi la testa*, se gratter la tête.
● ***grattarsi la pancia***, (*fig. fam.*) se tourner les pouces.

grattata [grat-tà-ta] *n.f.* (*fam.*) (*del cambio di un veicolo*) craquement (*m.*).
● ***darsi una grattata***, se gratter.

grattato [grat-tà-to] *agg.* (*grattugiato*) râpé.
● ***pan grattato***, chapelure.

grattugia [grat-tù-gia] *n.f.* [pl. *-gie* o *-ge*] râpe: *grattugia del formaggio*, râpe à fromage.

grattugiare [grat-tu-già-re] *v.tr.* [coniug. come *mangiare*] râper.

gratuità [gra-tui-tà] *n.f.invar.* gratuité (*anche fig.*).

gratuitamente [gra-tui-ta-mén-te] *avv.* gratuitement (*anche fig.*), gratis; gracieusement.

gratuito [gra-tùi-to] *agg.* gratuit (*anche fig.*): *assistenza medica gratuita*, asssistance médicale gratuite; *atto gratuito*, acte gratuit.
● ***a titolo gratuito***, à titre gracieux.

gravame [gra-và-me] *n.m.* **1** poids (*anche fig.*) **2** (*imposta*) charge (*f.*).
● ***gravami fiscali***, charges fiscales.

gravare [gra-và-re] *v.intr.* [aus. *essere* o *avere*] **1** reposer (*anche fig.*); (*essere a carico di*) être* à la charge (**de**): *la responsabilità grava su di lui*, la responsabilité repose sur lui; *le spese gravano sulla ditta fornitrice*, les frais sont à la charge du fournisseur **2** (*di imposte, ipoteche*) grever*: *sulla proprietà grava un'ipoteca*, cette propriété est grevée d'une hypothèque ♦ *v.tr.* **1** charger*; (*fig.*) surcharger*: *non bisogna gravare gli alunni di compiti*, on ne doit pas surcharger les élèves de travail **2** (*di imposte, ipoteche*) grever* ♦ **gravarsi** *v.pron.* se charger*.

gravato [gra-và-to] *agg.* surchargé; (*di imposte, ipoteche*) grevé: *gravato di debiti*, surendetté.

grave [grà-ve] *agg.* **1** (*pesante*) lourd: *un grave fardello*, un lourd fardeau **2** (*fig.*) grave; (*gravoso*) lourd; (*grande*) grand: *malattia grave*, maladie grave; *gravi sacrifici*, de lourds sacrifices; *una grave disgrazia*, un grand malheur; *esporsi a un grave rischio*, s'exposer à un gros risque; *è un grave colpo per noi*, c'est un coup dur pour nous; *un grave lutto*, un deuil cruel; *con voce grave*, d'une voix grave ♦ *n.m.* (*fis.*) corps, grave: *la caduta dei gravi*, la chute des corps (*o* des graves).
● (*gramm.*) ***accento grave***, accent grave | ***il grave è che***, le plus grave est que | ***non è grave!***, ce n'est pas grave!; (*fam.*) c'est pas grave!

gravemente [gra-ve-mén-te] *avv.* gravement: *ferito gravemente*, grièvement blessé.

gravidanza [gra-vi-dàn-za] *n.f.* grossesse.

gravidico [gra-vì-di-co] *agg.* [pl.m. *-ci*, f. *-che*] (*med.*) gravidique.

gravido [grà-vi-do] *agg.* **1** (*di donna*) enceinte, grosse; (*di animali*) pleine **2** (*fig.*) (*carico*) chargé.

gravità [gra-vi-tà] *n.f.invar.* **1** gravité: *la gravità del problema*, la gravité du problème **2** (*fis.*) gravité, pesanteur.
● (*fis.*): ***assenza di gravità***, apesanteur; ***legge di gravità***, loi de la pesanteur.

gravitare [gra-vi-tà-re] *v.intr.* [aus. *avere*] graviter (*anche fig.*): *i pianeti gravitano intorno al sole*, les planètes gravitent autour du soleil.

gravitazionale [gra-vi-ta-zio-nà-le] *agg.* (*fis.*) gravitationnel*.

gravitazione [gra-vi-ta-zió-ne] *n.f.* (*fis.*) gravitation.

gravosamente [gra-vo-sa-mén-te] *avv.* lourdement.

gravoso [gra-vó-so] *agg.* lourd; (*faticoso*) dur; (*oneroso*) onéreux*: *un compito gravoso*, une lourde tâche.

grazia [grà-zia] *n.f.* **1** grâce: *la grazia di un volto*, la grâce d'un visage **2** (*spec. pl.*) (*benevolenza*) grâce **3** (*favore; concessione; condono*) grâce (*anche dir.*): *ottenere, accordare una grazia*, obtenir, accorder une grâce **4** (*teol.*) grâce.

• ***dare il colpo di grazia***, porter le coup de grâce | ***di buona grazia***, de bonne grâce | ***di grazia***, de grâce | (*dir.*) ***domanda di grazia***, recours en grâce | ***essere nelle grazie di qlcu***, être dans les bonnes grâces de qqn | ***in grazia di Dio***, dans la grâce de Dieu; (*fig.*) comme il convient | ***Ministero di Grazia e Giustizia***, Ministère de la Justice | ***per grazia di Dio***, par miracle, par la grâce de Dieu | ***per grazia ricevuta***, grâce au Ciel | ***quanta grazia di Dio!***, quelle abondance! | ***stato di grazia***, état de grâce | ***ti faccio grazia dei particolari***, je te fais grâce des détails | ***troppa grazia (Sant'Antonio)!***, c'est beaucoup plus qu'il n'en faut!

graziare [gra-zià-re] *v.tr.* 1 gracier 2 (*fig.*) (*concedere*) accorder.

grazie [grà-zie] *inter.* merci: *grazie di tutto*, merci pour tout; *grazie per il regalo*, merci du cadeau; *grazie per avermi risposto*, merci de m'avoir répondu ♦ *n.m.invar.* merci: *un grazie di cuore*, un grand merci du fond du cœur.

• ***grazie a***, (*con l'aiuto di*) grâce à | ***grazie a Dio!***, Dieu merci! | ***grazie di cuore***, merci de tout cœur | ***grazie tante!***, merci bien! | ***mille grazie!***, mille fois merci! | ***molte grazie***, merci beaucoup.

graziosamente [gra-zio-sa-mén-te] *avv.* gracieusement.

grazioso [gra-zió-so] *agg.* joli; (*aggraziato*) gracieux*: *una bambina graziosa*, une jolie petite fille.

greca [grè-ca] *n.f.* [pl. *-che*] (*motivo ornamentale*) grecque.

grecale [gre-cà-le] *n.m.* vent grec, vent du nord-est.

grecismo [gre-cì-ʃmo] *n.m.* (*ling.*) hellénisme.

grecista [gre-cì-sta] *n.m.* e *f.* helléniste.

greco [grè-co] *agg.* [pl.m. *-ci*, f. *-che*] grec* ♦ *n.m.* 1 [f. *-a*] (*abitante*) Grec* 2 (*lingua*) grec: *parlare in greco*, parler grec.

greco-romano [grè-co-ro-mà-no] *agg.* gréco-romain*.

• ***lotta greco-romana***, lutte gréco-romaine.

gregario [gre-gà-rio] *n.m.* [f. *-a*; pl.m. *-ri*] 1 partisan: *è un semplice gregario*, (*estens.*) il n'est qu'un simple exécuteur 2 (*sport*) coéquipier* ♦ *agg.* grégaire (*anche fig.*).

gregarismo [gre-ga-rì-ʃmo] *n.m.* grégarisme.

gregge [grég-ge] *n.m.* [pl. *le greggi*] 1 troupeau* (*m.*) 2 (*fig.*) troupeau*; (*i fedeli*) ouailles (*f.pl.*).

greggio [grég-gio] *agg.* [pl.m. *-gi*, f. *-ge*] brut; (*tess.*) écru, grège ♦ *n.m.* (pétrole) brut.

• ***petrolio greggio***, pétrole brut.

gregoriano [gre-go-rià-no] *agg.* grégorien*.

grembiule [grem-biù-le] *n.m.* tablier.

grembo [grèm-bo] *n.m.* 1 giron; (*ginocchia*) genoux (*pl.*): *sedersi in grembo a qlcu*, s'asseoir sur les genoux de qqn 2 (*ventre materno*) ventre, sein 3 (*fig.*) sein: *nel grembo della Terra*, au sein de la Terre.

gremire [gre-mì-re] *v.tr.* [coniug. come *finire*] remplir; (*ingombrare*) encombrer ♦ **gremirsi** *v.pron.intr.* se remplir.

gremito [gre-mì-to] *agg.* rempli; (*affollato*) bondé; (*ingombro*) encombré.

greppia [grép-pia] *n.f.* 1 mangeoire; (*letter.*) crèche 2 (*rastrelliera*) râtelier (*m.*).

gres [grès] *n.m.invar.* (*ceramica resistente*) grès.

greto [gré-to] *n.m.* grève (*f.*).

gretola [gré-to-la] *n.f.* (*di gabbia*) barreau* (*m.*).

grettezza [gret-téz-za] *n.f.* 1 (*avarizia*) avarice 2 (*meschinità*) mesquinerie.

• ***grettezza d'animo***, petitesse d'esprit.

gretto [grét-to] *agg.* 1 (*avaro*) avare 2 (*meschino*) mesquin; (*ristretto*) étroit.

greve [grè-ve] *agg.* (*letter.*) lourd.

> **FAUX AMI** Da non confondere con il sostantivo francese *grève*, che significa *spiaggia*, *greto* o *sciopero*.

grezzo [gré-ʒʒo] *agg.* 1 → greggio 2 (*fig.*) mal degrossi, grossier*.

grida [grì-da] *n.f.* (*st.*) (*bando*) ban (*m.*).

gridare [gri-dà-re] *v.intr.* e *tr.* [aus. *avere*] crier.

• ***gridare ai quattro venti***, crier sur les toits | ***gridare aiuto***, crier au secours | ***gridare al miracolo***, crier (au) miracle | ***gridare a più non posso***, crier à tue-tête | ***gridare con quanto fiato si ha in gola***, crier à pleins poumons | ***gridare evviva***, pousser des vivats.

> **NOTA** Nelle frasi incidentali con ***crier***, che traduce ***gridare***, si usa l'inversione del soggetto:
> *"Al ladro! Al ladro!" gridarono.*
> "Au voleur, au voleur!" crièrent-**ils**.

grido [grì-do] *n.m.* [pl. *le grida*, dell'uomo; *i gridi*, degli animali o dell'uomo se considerati uno per uno come singole emissioni vocali] cri: *un grido di gioia, di dolore*, un cri de joie, de douleur; *dare, gettare, cacciare un grido*, pousser, jeter un cri.

• (*Borsa*) ***contrattazioni alle grida***, négociations à la criée | ***di grido***, de renom | ***l'ultimo grido (della moda)***, (*fig.*) le dernier cri (de la mode) | (*Borsa*) ***recinto delle grida***, corbeille.

grifagno [gri-fà-gno] *agg.* 1 (*rapace*) rapace: *uccello grifagno*, oiseau de proie 2 (*fig.*) (*minaccioso*) farouche.

griffa [grìf-fa] *n.f.* 1 (*mecc.*) agrafe; crampon (*m.*) 2 (*cine.*) crochet (*m.*).

griffato [grif-fà-to] *agg.* (*fam.*) griffé.

grifone [gri-fó-ne] *n.m.* griffon.

grigiastro [gri-già-stro] *agg.* grisâtre.

grigio [grì-gio] *agg.* [pl.m. *-gi*, f. *-gie* o *-ge*] gris: *un vestito grigio*, un costume gris; *è già tutto grigio*, (*estens.*) il a déjà les cheveux tout gris; *ambiente grigio*, (*fig.*) milieu morne, triste ♦ *n.m.* gris.

• ***grigio ferro***, gris fer | ***grigio perla***, gris perle | ***grigio topo***, gris souris | ***la vedo grigia***, (*fam.*) ça ne va pas être drôle | ***diventar grigio***, (*di capelli*) grisonner.

grigiore [gri-gió-re] *n.m.* grisaille (*f.*) (*anche fig.*).

grigioverde [gri-gio-vér-de] *agg.* gris vert ♦ *n.m.* [pl. *-i* o *invar.*] uniforme (*f.*) de l'armée italienne (jusqu'à 1945).

• ***indossare il grigioverde***, porter l'uniforme.

griglia [grì-glia] *n.f.* 1 grille (*anche fig.*) 2 (*graticola*) gril (*m.*) 3 (*mecc.*) grille.

• (*sport*) ***griglia di partenza***, grille de départ | ***griglia interpretativa, di lettura***, grille interprétative, de lecture | ***carne alla griglia***, grillade | ***cuocere alla griglia***, (faire) griller.

grigliare [gri-glià-re] *v.tr.* griller.

grigliata [gri-glià-ta] *n.f.* (*cuc.*) grillade.

• ***grigliata mista***, mixed grill | ***fare una grigliata***, faire un barbecue.

grill *n.m.invar.* gril.

grilletto [gril-lét-to] *n.m.* détente (*f.*): *premere il grilletto*, appuyer sur la détente.

grillo [grìl-lo] *n.m.* 1 (*zool.*) grillon 2 (*fig.*) (*capriccio*)

G

fantaisie (*f.*): *gli è saltato il grillo di*, il lui a pris la fantaisie de.
● ***avere troppi grilli per la testa***, être plein de lubies | ***il grillo parlante***, (personaggio della favola di Pinocchio) Jimmy le criquet: *non fare il grillo parlante*, (*estens.*) arrête de faire ton Monsieur je-sais-tout | ***saltare come un grillo***, sauter comme un cabri | ***sveglio come un grillo***, frais comme un gardon | ***vispo come un grillo***, très vif; (*allegro*) gai comme un pinson.

grimaldello [gri-mal-dèl-lo] ***n.m.*** rossignol, crochet.

grinfia [grìn-fia] ***n.f.*** (*fam.*) griffe (*anche fig.*): *cadere nelle grinfie di*, tomber sous la griffe de.

grinta [grìn-ta] ***n.f.*** **1** (*faccia*) tête **2** (*estens.*) (*decisione*) poigne.
● ***avere grinta***, avoir de la poigne (*o* du punch).

G

grintoso [grin-tó-so] ***agg.*** e ***n.m.*** [f. *-a*] fonceur*, battant.

grinza [grìn-za] ***n.f.*** **1** (*ruga*) ride **2** (*piega*) (faux) pli (*m.*).
● ***non fa una grinza***, (*fig.*) c'est impeccable.

grinzoso [grin-zó-so] ***agg.*** ridé; (*di tessuti ecc.*) froissé.

grippaggio [grip-pàg-gio] ***n.m.*** [pl. *-gi*] (*mecc.*) grippage.

grippare [grip-pà-re] ***v.tr.*** e ***intr.*** [aus. *avere*] (*mecc.*) gripper ♦ **gripparsi** ***v.pron.intr.*** (*mecc.*) se gripper.

grisaglia [gri-ʃà-glia] ***n.f.*** (*tess.*) grain (*m.*) de poudre.

grissino [gris-sì-no] ***n.m.*** gressin.

grisù [gri-ʃù] ***n.m.invar.*** grisou.

groenlandese [gro-en-lan-dé-se] ***agg.*** groenlandais ♦ ***n.m.*** e ***f.*** (*abitante*) Groenlandais/e.

gromma [gróm-ma] ***n.f.*** tartre (*m.*).

grommoso [grom-mó-so] ***agg.*** incrusté (de tartre).

gronda [grón-da] ***n.f.*** avant-toit* (*m.*).
● ***cappello a gronda***, chapeau à bords baissés.

grondaia [gron-dà-ia] ***n.f.*** gouttière.

grondante [gron-dàn-te] ***agg.*** ruisselant.

grondare [gron-dà-re] ***v.intr.*** [aus. *avere*; se riferito a liquido *essere*] **1** couler: *la pioggia grondava dai rami*, la pluie coulait des branches **2** (*essere grondante*) ruisseler* (**de**) ♦ ***v.tr.*** laisser couler: *grondare acqua*, ruisseler; *grondare sangue*, saigner abondamment.
● ***grondare di sangue***, saigner (abondamment).

FAUX AMI
Da non confondere con *gronder*, che significa *sgridare, rimbombare, tuonare*.

grongo [grón-go] ***n.m.*** [pl. *-ghi*] (*zool.*) congre.

groppa [gròp-pa] ***n.f.*** croupe.
● ***salire, saltare in groppa a un cavallo***, monter à cheval, sauter sur un cheval.

FAUX AMI
Da non confondere con *groupe*, che significa *gruppo*.

groppo [grómp-po *o* gròp-po] ***n.m.*** nœud.
● ***avere un groppo alla gola***, (*fig.*) avoir la gorge serrée | ***restar sul groppo***, (*fig.*) rester sur les bras.

FAUX AMI
Da non confondere con *groupe*, che significa *gruppo*.

groppone [grop-pó-ne] ***n.m.*** (*scherz.*) dos: *ha più di cinquant'anni sul groppone*, (*fig.*) il a cinquante ans bien sonnés.
● ***accarezzare il groppone a qlcu***, frotter l'échine à qqn.

grossa [gròs-sa] ***n.f.***
● ***dormire della grossa***, (*fig.*) dormir comme une souche.

grossezza [gros-séz-za] ***n.f.*** grosseur.

FAUX AMI
Da non confondere con *grossesse*, che significa *gravidanza*.

grossista [gros-sì-sta] ***n.m.*** e ***f.*** grossiste, marchand/e en gros.

grosso [gròs-so] ***agg.*** **1** gros* (*anche fig.*): *un grosso industriale*, un gros industriel **2** (*fig. fam.*) (*importante notevole*) important, grand: *un grosso nome della finanza*, un grand nom de la finance; *una grossa ditta*, une maison importante **3** (*spesso, denso*) épais*: *labbra grosse*, lèvres épaisses (*o* grosses lèvres) **4** (*grave*) grave: *hai fatto un grosso errore*, tu as commis une faute grave (*o* une grosse faute) ♦ ***n.m.*** gros*: *il grosso dell'esercito*, le gros de l'armée ♦ ***avv.*** gros: *scrivere grosso*, écrire gros.
● ***di grosso***, grossièrement: *sbagliare, ingannarsi di grosso*, se tromper grossièrement | ***essere in grossi guai***, avoir de graves ennuis | ***fare un colpo grosso***, faire un gros coup | ***il (più) grosso è fatto***, le plus gros est fait | ***in grosso***, en gros | ***l'ha detta grossa***, il a dit une énormité | ***me l'ha fatta grossa!***, il m'a fait un de ces coups! | ***mi ha fatto la testa grossa così!***, il m'a cassé la tête! | ***questa è grossa!***, ça, alors, c'est fort! | ***sale grosso***, gros sel, sel de cuisine | ***un uomo grande e grosso***, un homme grand et gros.

grossolanamente [gros-so-la-na-mén-te] ***avv.*** **1** grossièrement **2** (*fig.*) approximativement.

grossolanità [gros-so-la-ni-tà] ***n.f.invar.*** grossièreté (*anche fig.*).
● ***grossolanità di mente***, lourdeur d'esprit.

grossolano [gros-so-là-no] ***agg.*** grossier* (*anche fig.*): *lavoro grossolano*, travail grossier; *traduzione grossolana*, traduction approximative.

grossomodo [gros-so-mò-do] **grosso modo** ***avv.*** grosso modo, en gros.

grotta [gròt-ta] ***n.f.*** grotte.

grottescamente [grot-te-sca-mén-te] ***avv.*** de manière grotesque, grotesquement.

grottesco [grot-té-sco] ***n.m.*** e ***agg.*** [pl.m. *-schi*, f. *-sche*] grotesque.

groviera [gro-viè-ra] ***n.m.*** gruyère; emmenthal.

groviglio [gro-vi-glio] ***n.m.*** [pl. *-gli*] enchevêtrement (*anche fig.*); (*attorcigliamento*) entortillement: *groviglio d'edera*, entortillement de lierres; *groviglio di gambe*, emmêlement de jambes.

gru ***n.f.invar.*** **1** (*zool.*) grue **2** (*mecc., cine.*) grue.
● ***gru a braccio***, grue à flèche.

gruccia [grùc-cia] ***n.f.*** [pl. *-ce*] **1** béquille: *camminare con le grucce*, marcher à l'aide de béquilles **2** (*appendiabiti*) cintre (*m.*) **3** (*posatoio per uccelli*) perchoir (*m.*).

grufolare [gru-fo-là-re] ***v.intr.*** [aus. *avere*] (*di maiale*) fouiller du groin; (*di cinghiali*) fouger* ♦ **grufolarsi** ***v.pron.*** se vautrer.

grugnire [gru-gnì-re] ***v.intr.*** e ***tr.*** [coniug. come *finire*; aus. *avere*] grogner (*anche fig.*).

grugnito [gru-gnì-to] ***n.m.*** grognement (*anche fig.*).

grugno [grù-gno] ***n.m.*** **1** groin **2** (*spreg.*) (*faccia*) museau*; gueule (*f.*) **3** (*fam.*) (*broncio*) moue (*f.*): *fare, tenere il grugno*, faire la tête.

gruista [gru-ì-sta] ***n.m.*** e ***f.*** grutier/ère.

grullo [grùl-lo] ***agg.*** sot*, niais.

grumo [grù-mo] ***n.m.*** grumeau*; (*di latte, di sangue*) caillot.

grumoso [gru-mó-so] ***agg.*** grumeleux*.

gruppo [grùp-po] *n.m.* 1 groupe: *un gruppo di case*, un groupe de maisons 2 (*Internet*) groupe, forum.
● (*Internet*): ***gruppo di discussione***, forum de discussion, groupe de discussion, groupe de nouvelles, infogroupe: *gruppo di discussione con moderatore*, forum de discussion modéré; *gruppo di discussione via posta elettronica*, forum de discussion par courrier électronique; ***gruppo di lavori***, lot | ***gruppo di lavoro***, groupe de travail | ***gruppo editoriale***, (*di giornali*) groupe de presse | (*elettr.*) ***gruppo elettrogeno***, groupe électrogène | (*geogr.*) ***gruppo montuoso***, groupe montagneux | ***gruppo parlamentare***, groupe parlementaire | (*biol.*) ***gruppo sanguigno***, groupe sanguin | (*mil.*) ***gruppo tattico***, groupement tactique | ***a, in gruppi***, par groupes | ***di gruppo***, de groupe, d'équipe | (*sport*) ***distaccare il resto del gruppo***, distancer le gros du peloton.

gruppuscolo [grup-pù-sco-lo] *n.m.* groupuscule.

gruzzolo [grùz-zo-lo] *n.m.* pécule; (*fam.*) magot.

guadabile [gua-dà-bi-le] *agg.* guéable.

guadagnare [gua-da-gnà-re] *v.tr.* 1 gagner: *guadagnare molto, una grossa somma*, gagner gros; *guadagnare bene, benino*, gagner bien, assez bien sa vie; *guadagnare tempo*, gagner du temps 2 (*meritare*) mériter, gagner: *guadagnare una ricompensa*, mériter une récompense ♦ *v.intr.* [aus. *avere*] 1 (*ottenere*) gagner: *che cosa ci guadagni con questi modi?*, à quoi bon te comporter ainsi? 2 (*trarre vantaggio*) gagner: *ci guadagna vestita di rosa*, le rose la flatte; *ci guadagni a star zitto*, tu as tout intérêt à te taire ♦ **guadagnarsi** *v.pron. indiretto* gagner: *guadagnarsi la stima di*, gagner l'estime de.
● ***guadagnare terreno***, (*anche fig.*) gagner du terrain | ***guadagnarsi il pane***, gagner son pain | ***è tanto di guadagnato***, c'est autant de gagné.

guadagno [gua-dà-gno] *n.m.* gain; (*comm.*) bénéfice: *guadagni facili*, des gains faciles.
● ***guadagno lordo***, gain (*o* bénéfice) brut | ***guadagno netto***, bénéfice net | ***ci hai fatto un bel guadagno!***, (*iron.*) tu as fait là une belle affaire!

guadare [gua-dà-re] *v.tr.* guéer.

guado [guà-do] *n.m.* gué.

guai *inter.* gare: *guai a chi osasse entrare*, gare à qui oserait entrer; *guai a parlargliene ancora!*, (*fam.*) surtout ne va pas lui parler encore de ça!
● ***guai a te!***, (*fam.*) fais gaffe! | ***guai ai vinti!***, malheur aux vaincus!

guaina [gua-ì-na *o* guài-na] *n.f.* gaine.

guaio [guà-io] *n.m.* [pl. *-ai*] ennui, inconvénient, problème: *è un guaio*, c'est embêtant; *c'è un guaio*, il y a un problème; *combinare guai*, faire des bêtises.
● ***che guaio!***, quel ennui! | ***è in un mare di guai***, il est dans le pétrin | ***mettere, essere nei guai***, mettre, être dans de beaux draps | ***qui sta il guaio!***, voilà le hic!

guaire [gua-ì-re] *v.intr.* [coniug. come *finire*; aus. *avere*] glapir.

guaito [gua-ì-to] *n.m.* 1 (*di cane*) glapissement 2 (*estens.*) gémissement.

gualcire [gual-cì-re] *v.tr.* → **sgualcire**.

gualdrappa [gual-dràp-pa] *n.f.* caparaçon (*m.*).

guanaco [gua-nà-co] *n.m.* [pl. *-chi*] (*zool.*) guanaco.

guancia [guàn-cia] *n.f.* [pl. *-ce*] 1 joue 2 (*di animali*) bajoue 3 (*di aratro*) oreille.
● ***guancia a guancia***, joue contre joue.

guanciale [guan-cià-le] *n.m.* 1 oreiller 2 (*region.*) (*pezzo di carne*) joue (*f.*) de porc salée.
● ***dormire fra due guanciali***, (*fig.*) dormir sur ses deux oreilles.

guano [guà-no] *n.m.* guano.

guantaio [guan-tà-io] *n.m.* [f. *-a*; pl.m. *-ai*] gantier*.

guanto [guàn-to] *n.m.* gant: *infilare, levarsi i guanti*, mettre, ôter ses gants.
● ***guanto di ferro***, gantelet | ***guanti chirurgici***, gants de chirurgien | ***guanti di gomma***, gants de caoutchouc | ***calzare come un guanto***, (*anche fig.*) aller comme un gant | ***gettare il guanto a qlcu***, (*sfidare*) jeter le gant à qqn (*o* lancer un défi à qqn) | ***mezzi guanti***, mitaines | ***raccogliere il guanto***, (*accettare la sfida*) ramasser, relever le gant | ***trattare con i guanti***, traiter avec beaucoup d'égards.

guantone [guan-tó-ne] *n.m.* gant de boxe.

guardaboschi [guar-da-bò-schi] *n.m.invar.* garde forestier.

guardacaccia [guar-da-càc-cia] *n.m.invar.* garde-chasse*.

guardacoste [guar-da-cò-ste] *n.m.invar.* garde-côte*.

guardalinee [guar-da-lì-ne-e] *n.m.* e *f.invar.* (*sport*) juge de touche ♦ *n.m.invar.* (*ferr.*) garde-voie*.

guardamacchine [guar-da-màc-chi-ne] *n.m.* e *f. invar.* gardien/enne de parking.

guardamano [guar-da-mà-no] *n.m.invar.* (*di spada ecc.*) garde (*f.*); (*di arma da fuoco*) pontet.

guardapesca [guar-da-pé-sca] *n.m.invar.* garde-pêche*.

guardare [guar-dà-re] *v.tr.* 1 regarder: *guardare dalla finestra*, regarder par la fenêtre; *si volse a guardarlo*, elle se retourna pour le regarder 2 (*badare a*) surveiller; (*proteggere*) garder: *ti dispiace guardarmi il bambino?*, tu voudrais bien me garder le petit? ♦ *v.intr.* [aus. *avere*] 1 (*considerare*) regarder (qqn, qqch), envisager* (qqch); (*badare a*) regarder: *guardare ai risultati*, regarder les résultats; *guardare al futuro con fiducia*, envisager l'avenir avec confiance; *guarda anche al tuo interesse*, ne perds pas de vue tes intérêts 2 (*cercare*) chercher (à), tâcher (de): *guarda di studiare*, tâche de travailler; *guardate di accontentarlo*, cherchez à le contenter 3 (*fare attenzione*) faire* attention; prendre* garde: *guarda di non farti male*, fais attention, ne te fais pas mal; *guarda bene a quel che fai*, prends garde à ce que tu fais; *guarda di non cadere*, fais attention à ne pas tomber 4 (*di luogo*) (*affacciarsi*) donner (sur): *a casa guarda a levante*, la maison est exposée à l'est ♦ **guardarsi** *v.pron.* 1 se regarder: *si guarda allo specchio*, elle se regarde dans la glace 2 (*proteggersi*) prendre* garde (à); (*astenersi*) se garder (de): *guardati dal protestare*, garde-toi de protester ♦ *v.pron. rec.* se regarder: *si guardavano negli occhi*, ils étaient là les yeux dans les yeux; *si guardavano senza parlare*, ils se regardaient sans rien dire ♦ *v.pron. indiretto* se regarder: *si è guardata le mani*, elle s'est regardé les mains.
● ***guardare storto, di traverso***, regarder de travers | ***a guardar bene***, si on y pense, réfléchit bien | ***Dio me ne guardi!***, Dieu m'en garde! | ***e, guarda caso***, comme par un fait exprès | ***guarda che modi!***, en voilà des manières! | ***guarda chi si vede!***, regarde un peu qui est là! | ***guarda tu se ho torto***, dis-moi si j'ai tort | ***guarda un po'!, guarda che roba!***, regarde-moi ça! | ***guardati da lui***, méfie-toi de lui | ***no, guarda, stasera non esco***, non, vraiment, ce soir je ne sors pas | ***non guardare a spese***, ne pas regarder à la dépense.

FAUX AMI
Da non confondere con *garder*, che significa *custodire, conservare, tenere*.

G

guardaroba [guar-da-rò-ba] ***n.m.invar.*** **1** (*armadio*) penderie (*f.*) **2** (*stanza o luogo*) vestiaire **3** (*l'abbigliamento di una persona*) garde-robe* (*f.*).

guardarobiera [guar-da-ro-biè-ra] ***n.f.*** lingère; (*di locale pubblico*) dame du vestiaire.

guardarobiere [guar-da-ro-biè-re] ***n.m.*** préposé au vestiaire.

guardasigilli [guar-da-si-gil-li] ***n.m.invar.*** garde des sceaux.

guardata [guar-dà-ta] ***n.f.*** coup (*m.*) d'œil: *dare una guardata*, jeter un coup d'œil.

guardia [guàr-dia] ***n.f.*** **1** garde: *fare la guardia a qlco, qlcu*, garder qqch, qqn **2** (*chi sorveglia, fa la guardia*) garde (*m.*) **3** (*scherma, pugilato*) garde **4** (*di un fiume*) cote d'alerte **5** (*tip.*) (feuille de) garde.

G

● ***guardia carceraria***, gardien de prison | ***guardia comunale, di città***, sergent de ville | ***guardia del corpo***, garde du corps | ***guardia di pubblica sicurezza***, agent de police | ***guardia ecologica***, garde écologique, gardien de l'environnement | ***guardia in borghese***, agent en civil | ***guardia medica***, poste de secours | ***guardia notturna***, veilleur de nuit | ***guardia svizzera***, garde suisse | (*mil.*) ***cambio della guardia***, relève de la garde; (*fig.*) changement dans l'équipe dirigeante | ***essere di guardia***, être de garde; (*mar.*) être de bordée | ***giocare a guardie e ladri***, jouer aux gendarmes et aux voleurs | ***la vecchia guardia***, la vieille garde | ***mettere in guardia***, mettre en garde | ***montare la guardia***, monter la garde; (*mar.*) faire le quart | ***stare in guardia***, se tenir en garde; (*fig.*) se tenir sur ses gardes | ***turno di guardia***, tour de garde; (*mar.*) quart.

NOTA Si ricordi che ***la guardia***, intesa come persona che sorveglia, è una parola maschile, ***le garde***.

guardiamarina [guar-dia-ma-rì-na] ***n.m.invar.*** enseigne de vaisseau de 2e classe.

guardiano [guar-dià-no] ***n.m.*** [f. *-a*] **1** gardien* **2** (*di animali*) gardeur*; (*di pecore*) berger*; (*di capre*) chevrier*.

● ***guardiano notturno***, veilleur de nuit.

guardina [guar-dì-na] ***n.f.*** chambre de sûreté.

● ***mettere in guardina***, (*fam.*) mettre au violon | ***passare la notte in guardina***, passer la nuit au poste.

guardingo [guar-dìn-go] ***agg.*** [pl.m. *-ghi*, f. *-ghe*] circonspect.

guardiola [guar-diò-la] ***n.f.*** loge.

guardone [guar-dó-ne] ***n.m.*** [f. *-a*] (*fam.*) voyeur*.

guardrail [gard'reil] ***n.m.invar.*** glissière (*f.*) de sécurité.

guarentigia [gua-ren-tì-gia] ***n.f.*** [pl. *-gie*] (*dir.*) garantie.

guaribile [gua-rì-bi-le] ***agg.*** guérissable: *è guaribile in venti giorni*, il sera guéri dans vingt jours.

guarigione [gua-ri-gió-ne] ***n.f.*** guérison: *augurare una pronta guarigione*, souhaiter un prompt rétablissement.

● ***essere in via di guarigione***, être en voie de guérison.

guarire [gua-rì-re] ***v.tr.*** e ***intr.*** [coniug. come *finire*; aus. dell'intr. *essere*] guérir: *guarire qlcu da un male*, guérir qqn d'une maladie; *spero che tu guarisca presto*, j'espère que tu guériras bientôt.

guaritore [gua-ri-tó-re] ***n.m.*** [f. *-trice*] guérisseur*.

guarnigione [guar-ni-gió-ne] ***n.f.*** (*mil.*) garnison.

guarnire [guar-nì-re] ***v.tr.*** [coniug. come *finire*] garnir (**de**); (*decorare*) décorer: *guarnire un dolce con ciliegine*, décorer un gâteau avec des cerises confites ♦ ***v.intr.*** [aus. *avere*] être* décoratif*.

guarnizione [guar-ni-zió-ne] ***n.f.*** **1** garniture: *con troppe guarnizioni*, trop chargé **2** (*cuc.*) garniture **3** (*mecc.*) garniture.

● (*mecc.*) ***guarnizione di tenuta***, garniture (*o* joint) d'étanchéité.

guascone [gua-scó-ne] ***agg.*** e ***n.m.*** [f. *-a*] gascon*.

guastafeste [gua-sta-fè-ste] ***agg.*** e ***n.f.invar.*** trouble-fête*, rabat-joie*.

guastare [gua-stà-re] ***v.tr.*** **1** abîmer; (*fig.*) gâcher; (*una persona*) nuire* (**à**): *guastare un'amicizia*, gâcher une amitié; *gli amici lo hanno guastato*, ses amis l'ont détourné du droit chemin **2** (*un meccanismo*) détraquer **3** (*alimenti*) gâter **4** (*nuocere*) faire* du mal: *un po' di allegria non guasta*, un peu de gaieté ne fait pas de mal ♦ **guastarsi** ***v.pron.intr.*** **1** se gâter; (*fig.*) mal tourner: *si è guastato frequentando cattive compagnie*, il a mal tourné à cause de ses mauvaises fréquentations **2** (*di meccanismi*) se détraquer **3** (*fig.*) (*troncare i rapporti*) se brouiller.

● ***guastare il sonno***, troubler le sommeil | ***guastare l'appetito***, couper l'appétit | ***guastarsi la reputazione***, compromettre sa réputation | ***guastarsi il sangue***, (*fig.*) se faire du mauvais sang.

guastatore [gua-sta-tó-re] ***n.m.*** [f. *-trice*] (*mil.*) sapeur.

guasto[1] [guà-sto] ***agg.*** **1** en panne; (*di meccanismi delicati*) détraqué; (*di installazioni*) en dérangement **2** (*di alimento*) (*avariato*) avarié; (*marcio*) pourri: *dente guasto*, dent gâtée.

guasto[2] ***n.m.*** **1** (*danno*) dégât, dommage **2** (*avaria*) panne (*f.*); (*anomalia di funzionamento*) défaillance (*f.*); (*in una installazione*) dérangement.

● ***c'è del guasto tra di loro***, il y a une brouille entre eux.

guatemalteco [gua-te-mal-tè-co] ***agg.*** [pl.m. *-chi*, f. *-che*] guatémaltèque ♦ ***n.m.*** [f. *-a*] (*abitante*) Guatémaltèque.

guazza [guàz-za] ***n.f.*** (forte) rosée.

guazzabuglio [guaz-za-bù-glio] ***n.m.*** [pl. *-gli*] fatras; (*di cose*) capharnaüm.

guazzetto, in [in guaz-zét-to] ***avv.*** (*cuc.*) à la nage.

guazzo [guàz-zo] ***n.m.*** (*pitt.*) gouache (*f.*).

guelfo [guèl-fo] ***agg.*** e ***n.m.*** [f. *-a*] (*st.*) guelfe.

guercio [guèr-cio] ***agg.*** [pl.m. *-ci*, f. *-ce*] bigleux*, louche: *essere guercio (da)*, loucher (de) ♦ ***n.m.*** [f. *-a*] bigleux*; (*fam.*) bigle.

guerra [guèr-ra] ***n.f.*** **1** guerre: *muovere guerra, fare guerra a*, faire la guerre à; *essere, entrare in guerra*, être, entrer en guerre; *andare in guerra*, aller à la guerre; *morire in guerra*, mourir à la guerre **2** (*fig.*) guerre; (*conflitto*) conflit (*m.*); (*contesa*) querelle.

● ***guerra a oltranza***, guerre à outrance | ***guerra atomica, chimica***, guerre atomique, chimique | ***guerra dei nervi***, guerre des nerfs | ***guerra lampo***, guerre éclair | ***guerra mondiale***, guerre mondiale | ***Guerra Santa***, Guerre Sainte | ***di prima della guerra***, d'avant-guerre | ***essere sul piede di guerra***, être sur le pied de guerre | ***giocare alla guerra***, jouer à la petite guerre | ***il periodo tra le due guerre (mondiali)***, l'entre-deux-guerres | ***in tempo di guerra***, en temps de guerre.

FAUX AMI Da non confondere con l'avverbio *guère*, che significa *non molto*.

guerrafondaio [guer-ra-fon-dà-io] ***n.m.*** [f. *-a*; pl.m. *-ai*] belliciste.

guerreggiare [guer-reg-già-re] *v.intr.* [coniug. come *mangiare*; aus. *avere*] faire* la guerre (à); (*combattere*) combattre* (contre).

guerresco [guer-ré-sco] *agg.* [pl.m. -*schi*, f. -*sche*] 1 guerrier* 2 (*bellicoso*) belliqueux*.

guerriero [guer-riè-ro] *agg.* e *n.m.* [f. -*a*] guerrier*.

guerriglia [guer-rì-glia] *n.f.* guérilla.
● ***guerriglia urbana***, guérilla des villes.

guerrigliero [guer-ri-gliè-ro] *n.m.* [f. -*a*] guérillero.

gufaggine [gu-fàg-gi-ne] *n.f.* (*scontrosità*) sauvagerie.

gufare [gu-fà-re] *v.intr.* [aus. *avere*] (*fam.*) (*portar sfortuna*) porter la poisse (à qqn).

gufo [gù-fo] *n.m.* *hibou*.
● ***gufo reale***, grand duc | ***gufo selvatico***, hulotte.

guglia [gù-glia] *n.f.* flèche; (*di montagna*) aiguille.

gugliata [gu-glià-ta] *n.f.* aiguillée.

guida [guì-da] *n.f.* 1 guide (*m.*): *Luca ci ha fatto da guida a Firenze*, Luca nous a servi de guide à Florence; *affidarsi alla guida di qlcu*, se laisser guider par qqn 2 (*repertorio di informazioni*) guide (*m.*): *leggi un po' cosa dice la guida*, lis-moi ce qui est écrit dans le guide 3 (*aut.*) conduite: *andare a lezione di guida*, prendre des leçons de conduite 4 (*aer.*) (*di velivolo*) guidage (*m.*) 5 (*tappeto*) passage (*m.*) 6 (*tecn.*) coulisse, glissière; (*mecc.*) guide (*m.*) 7 (*scoutismo*) guide (*m.*).
● ***guida spirituale***, guide spirituel | ***guida telefonica***, annuaire du téléphone | ***essere alla guida di***, être à la tête de: *essere alla guida di un'impresa*, conduire (*o* diriger) une entreprise; (*aut.*) *essere alla guida di un veicolo*, être au volant d'un véhicule | ***essere di guida a qlcu***, guider qqn | ***il posto di guida***, la place du conducteur | ***scuola guida***, auto-école | ***sotto la guida di***, sous la direction, la conduite de: *l'esercito sotto la guida di*, l'armée guidée par.

guidare [gui-dà-re] *v.tr.* 1 guider: *guidare un gruppo di turisti*, guider un groupe de touristes 2 (*dirigere*) diriger*; (*condurre*) conduire*: *guidare un esercito*, conduire une armée; *guidare una danza*, mener une danse 3 (*animali, veicoli*) conduire*.

guidatore [gui-da-tó-re] *n.m.* [f. -*trice*] conducteur*.

guinzaglio [guin-zà-glio] *n.m.* [pl. -*gli*] laisse (*f.*).
● ***al guinzaglio***, en laisse | ***mettere il guinzaglio a qlcu***, (*fig.*) tenir la bride haute à qqn.

guisa [guì-ʃa] *n.f.* (*letter.*) manière, façon.
● ***in, a guisa di***, en guise de | ***in, di guisa che***, de manière que | ***in tal guisa***, de cette manière.

guitto [guìt-to] *n.m.* [f. -*a*] (*attore girovago*) cabotin.

guizzante [guiz-zàn-te] *agg.* frétillant.

guizzare [guiz-zà-re] *v.intr.* [aus. *essere*] (*di pesce*) frétiller; (*di serpe*) glisser: *il ragazzo guizzò via*, le garçon s'éclipsa; *gli guizzò via di mano*, il lui glissa des mains; *guizzò in piedi e fuggì*, il saut sur ses pieds et s'enfuit.

guizzo [guìz-zo] *n.m.* (*di pesce*) frétillement; (*di serpe*) glissement: *il guizzo dei lampi*, le zig-zag des éclairs; *il guizzo della fiamma*, le vacillement de la flamme.
● ***dare un guizzo***, (*di pesce*) frétiller; (*di serpe*) glisser; (*della fiamma*) vaciller: *la fiamma diede un guizzo*, la flamme vacilla.

gulasch ['gulaʃ] *n.m.invar.* (*cuc.*) goulache, goulasch.

gup, GUP *n.m.invar.* (*dir.*) (*sigla di* Giudice dell'Udienza Preliminare) juge d'audience préliminaire.

guru [gù-ru] *n.m.invar.* gourou.

guscio [gù-scio] *n.m.* [pl. -*sci*] 1 coquille (*f.*), coque (*f.*); (*di legumi*) cosse (*f.*); (*di tartaruga*) carapace (*f.*); (*di ostrica, di molluschi*) coquille (*f.*), écaille (*f.*) 2 (*struttura di navi, di veicoli*) coque (*f.*) 3 (*arch.*) cavet.
● ***guscio di noce***, (*piccola imbarcazione*) coquille de noix; (*casetta*) maison de poupée | ***chiudersi nel proprio guscio***, (*fig.*) rentrer dans sa coquille; ***essere chiuso nel proprio guscio***, (*fig.*) s'enfermer dans sa coquille.

gustare [gu-stà-re] *v.tr.* 1 (*assaggiare*) goûter (à); (*spec. per la prima volta*) goûter (de): *gustare un cibo*, goûter à un mets 2 (*assaporare*) savourer, déguster; (*fig.*) goûter: *gustare un brano di musica*, goûter un morceau de musique ♦ *v.intr.* [aus. *essere*] (*fam.*) aimer (qqch).

gustativo [gu-sta-tì-vo] *agg.* gustatif*.

gusto [gù-sto] *n.m.* 1 goût: *piacevole al gusto*, agréable au goût; *ho in bocca il gusto del cioccolato*, j'ai le goût du chocolat dans la bouche 2 (*piacere*) plaisir; goût: *che gusto ci provi a stuzzicarlo?*, quel plaisir as-tu à le taquiner?; *ci ho* (*un*) *gusto* (*matto*), (*fam.*) ça me fait (un) plaisir (fou) | *non c'è gusto a parlare con lui*, ce n'est vraiment pas agréable de parler avec lui 3 (*capriccio, voglia*) fantaisie, lubie (*f.*): *cavarsi il gusto di*, se passer la fantaisie de 4 (*preferenza*) goût: *è di gusti difficili*, il est difficile (à satisfaire) (*o* il a des goûts difficiles) 5 (*senso estetico*) goût: *non ha gusto nel vestire*, elle s'habille sans goût 6 (*di gelato*) parfum: *un gelato al gusto di limone*, une glace au citron.
● ***di catitivo gusto***, de mauvais goût | ***mangiare di gusto***, manger de bon appétit | ***mi sono preso il gusto di***, je me suis payé le luxe de | ***prenderci gusto***, y prendre goût | ***ridere di gusto***, rire de bon cœur | (*prov.*) ***tutti i gusti sono gusti***, tous les goûts sont dans la nature | ***secondo il mio gusto***, à mon goût.

gustoso [gu-stó-so] *agg.* savoureux* (*anche fig.*).

guttaperca [gut-ta-pèr-ca] *n.f.* [pl. -*che*] (*chim.*) gutta-percha*.

gutturale [gut-tu-rà-le] *agg.* guttural*.

G

Hh

h ***n.f.*** o ***m.invar.*** h (*m.*).
● (*tel.*) ***h come hôtel***, h comme Henri | ***h muta, aspirata***, h muet, aspiré | ***bomba H***, bombe H.
ha → **avere**[1].
habitat [hà-bi-tat] ***n.m.invar.*** habitat (*anche fig.*).
habitué [ha-bi-tué] ***n.m.*** e ***f.invar.*** habitué/ée.
hacker ['aker] ***n.m.*** e ***f.invar.*** (*inform.*) fouineur/euse, *hacker (*m.*).
hackeraggio [ha-cke-ràg-gio] ***n.m.*** [pl. *-gi*] (*inform.*) piratage.
hackerare [ha-cke-rà-re] ***v.tr.*** (*inform.*) (*fam.*) pirater.
hai → **avere**[1].
haitiano [hai-tià-no] ***agg.*** *haïtien ♦ ***n.m.*** [f. *-a*] *Haïtien*.
hall [ɔl] ***n.f.invar.*** *hall (*m.*).
hamburger [am'burger] ***n.m.invar.*** *hamburger, steak haché.
hamster [hàm-ster] ***n.m.invar.*** (*zool.*) *hamster.
handicap [hàn-di-cap] ***n.m.invar.*** *handicap.
handicappare [han-di-cap-pà-re] ***v.tr.*** *handicaper.
handicappato [han-di-cap-pà-to] ***agg.*** e ***n.m.*** [f. *-a*] *handicapé.
hangar [hàn-gar] ***n.m.invar.*** *hangar.
hanno → **avere**[1].
happy hour [ɛppi'awar] ***n.f.invar.*** *happy hour (*m.*), *happy apéro (*m.*).
harakiri [ara'kiri] ***n.m.invar.*** *hara-kiri* | *fare harakiri*, (se) faire hara-kiri.
hardcopy [hard-cò-py] ***n.f.invar.*** (*inform.*) *hard copy (*m.*), tirage (*m.*).
hard-core [ard'cɔr] ***agg.invar.*** *hard core, porno.
hard discount [ardis'kaunt] ***n.m.invar.*** *hard discount*, maxidiscompte.
hard disk [ar'disk] ***n.m.invar.*** (*inform.*) disque dur, rigide.
hardware ['ardwɛr] ***n.m.invar.*** (*inform.*) matériel, *hardware: *requisiti hardware*, matériel nécessaire.
harem [hà-rem] ***n.m.invar.*** *harem.
harmonium [har-mò-nium] ***n.m.invar.*** (*mus.*) harmonium.
hashish [hà-shish] **hascisc** ***n.m.invar.*** *haschisch.
hawaiano [ha-wa-ià-no] ***agg.*** hawaïen* ♦ ***n.m.*** [f. *-a*] (*abitante*) Hawaïen*.
headhunter [ɛd'anter] ***n.m.invar.*** (*addetto alla ricerca e selezione del personale*) chasseur de têtes, recruteur de cadres.
head-line [ɛd'lain] ***n.m.invar.*** (*pubblicità*) accroche (*f.*) publicitaire.
hedge fund [ɛdʒ'fand] ***n.m.invar.*** (*fin.*) fond spéculatif.
henna [hèn-na] ***n.f.*** → **hennè**.
hennè [hen-nè] ***n.f.invar.*** (*bot.*) *henné (*m.*).
herpes [hèr-pes] ***n.m.invar.*** (*med.*) herpès.
hertz [ɛrts] ***n.m.invar.*** (*fis.*) hertz.
hertziano [hert-zià-no] ***agg.*** (*fis.*) hertzien*.
hevea [he-vè-a] ***n.f.*** [pl. *-vee*] (*bot.*) hévéa (*m.*).
hi-fi [ai'fai] ***n.m.*** e ***agg.invar.*** *hi-fi (*f.*): *un impianto hi-fi*, une chaîne hi-fi.
high-society [aisɔ'saiti] ***n.f.invar.*** (*alta società*) *haute société; (*fam.*) la *haute.
himalaiano [hi-ma-la-ià-no] ***agg.*** [f. *-a*] himalayen*.
hindi [hìn-di] ***n.m.invar.*** (*lingua*) *hindi.
hinterland [hìn-ter-land] ***n.m.invar.*** arrière-pays*.
hip ***inter.*** *hip.
● ***hip! hip! urrà!***, hip! hip! hourra!
hippy [hìp-py] ***agg.*** e ***n.m.*** e ***f.invar.*** *hippie, *hippy.
hit ***n.m.*** o ***f.invar.*** (*canzone di successo*) tube.
hitleriano [hi-tle-rià-no] ***agg.*** e ***n.m.*** [f. *-a*] hitlérien*.
hit-parade [itpa'reid] ***n.f.invar.*** *hit-parade* (*m.*), palmarès (*m.*).
HIV [akkai'vi *o* akkai'vu] ***n.m.invar.*** (*sigla di* Human Immunodeficiency Virus) VIH, Virus de l'Immunodéficience Humaine, *HIV, virus du SIDA.
ho → **avere**[1].
hobbista [hob-bì-sta] ***n.m.*** e ***f.*** personne (*f.*) qui cultive un hobby, un passe-temps.
hobbistica [hob-bì-sti-ca] ***n.f.*** [pl. *-che*] industrie, commerce (*m.*), production d'articles pour les loisirs | *tutto per l'hobbistica*, tout pour les loisirs.
hobby [hòb-by] ***n.m.invar.*** dada: *fare qlco per hobby*, faire qqch pour son propre plaisir.
hockeista [ho-cke-i-sta] ***n.m.*** e ***f.*** (*sport*) *hockeyeur/euse.
hockey [hò-ckey] ***n.m.invar.*** (*sport*) *hockey: *hockey su prato*, hockey sur gazon.
holding ['ɔldiŋg] ***n.f.invar.*** (*fin.*) (société) *holding.
hollywoodiano [hol-ly-woo-dià-no] ***agg.*** *hollywoodien*.
home [om] ***n.f.invar.*** (*inform.*) **1** (*posizione del cursore*) haut (*m.*) de page **2** (*tasto del cursore*) touche retour haut de page.
home banking [om'bɛŋkiŋg] ***n.m.invar.*** (*banca*) banque (*f.*) à domicile.
home computer [homkom'pjuter] ***n.m.invar.*** ordinateur individuel, PC.
home page [om'peidʒ] ***n.f.*** (*Internet*) page d'accueil.
home video [om'video] ***n.m.invar.*** **1** (*settore economico*) vidéo (*f.*) familiale **2** (*videocassetta*) cassette (*f.*) VHS.

honduregno [on-du-ré-gno] *agg.* *hondurien* ♦ *n.m.* [f. *-a*] (*abitante*) *Hondurien*.

honoris causa [ho-nò-ris càu-ʃa] *agg.invar.* honoris causa.

● ***laurea honoris causa***, titre de docteur honoris causa: *ha ricevuto una laurea honoris causa dall'Università di Parigi*, il a reçu le titre de docteur honoris causa de l'Université de Paris.

hop *inter.* *hop, *hop là.

horror ['ɔrror] *n.m.invar.* (*film*) film d'horreur, film gore; (*romanzo*) gore.

host [ɔst] *n.m.invar.* (*inform.*) ordinateur hôte ♦ *agg. invar.* (*inform.*) hôte.

hoster ['ɔstɛr] *n.m.invar.* (*inform.*) hébergeur.

hostess [hò-stess] *n.f.invar.* **1** (*assistente di volo*) hôtesse de l'air **2** (*accompagnatrice*) hôtesse d'accueil.

hosting ['ɔstiŋg] *n.m.invar.* hébergement.

hot chat [ɔt'tʃat] *n.f.invar.* (*Internet*) cyberdrague, bavardrague.

hot dog [ɔt'dɔg] *n.m.invar.* (*cuc.*) *hot dog.

hôtel [ho-tèl] *n.m.invar.* hôtel.

hot line [ɔt'lain] *n.f.invar.* (*tel.*) *hot line*; numéro (*m.*) d'urgence.

hot list [ɔt'list] *n.f.invar.* (*Internet*) liste privilégiée.

hot money [ɔt'mɔni] *n.m.invar.* (*econ.*) capitaux (*pl.*) flottants.

hot pants [ɔt'pɛnts] *n.m.pl.* short (*sing.*) moulant, culotte (*f. sing.*) sexy.

house boat ['auzbot] *n.f.invar.* coche de plaisance, *house-boat*.

housing ['auziŋg] *n.m.invar.* (*inform.*) hébergement (de sites).

hovercraft [hò-ver-craft] *n.m.invar.* aéroglisseur.

hub [ab] *n.m.invar.* **1** (*inform.*) concentrateur **2** (*aeroporto internazionale*) *hub.

human relations ['jumanri'leʃons] *n.f.pl.* (*tecn. aziendale*) relations humaines, relations personnelles.

humour ['jumor] *n.m.invar.* humour.

humus [hù-mus] *n.m.invar.* **1** (*agr.*) humus **2** (*fig.*) terrain.

hurrà [hur-rà] *inter.* *hourra, *hurrah.

husky ['aski] *n.m.invar.* (*cane*) *husky.

H

Ii

i[1] ***n.f.*** o ***m.invar.*** i (*m.*).
● (*tel.*) ***i come Imola***, i comme Irma | ***mettere i puntini sulle, sugli i***, (*fig.*) mettre les points sur les i.
i[2] ***art.det.m.pl.*** **1** les: *i genitori di Giovanni*, les parents de Giovanni; *i libri di francese*, les livres de français **2** (*quando indica possesso, parentela o legame personale*) mes, tes, etc.: *dove hai messo i guanti?*, où as-tu mis tes gants?; *i compagni di classe gli telefonano spesso*, ses camarades de classe lui téléphonent souvent **3** (*davanti ad agg.poss. non si traduce*): *i suoi amici*, ses amis.
iarda [iàr-da] ***n.f.*** yard (*m.*).
iato [i-à-to] ***n.m.*** *hiatus, hiatus.
iattanza [iat-tàn-za] ***n.f.*** jactance; (*arroganza*) arrogance; (*vanità*) vanité.
iattura [iat-tù-ra] ***n.f.*** malchance; (*disgrazia*) malheur (*m.*).
iberico [i-bè-ri-co] ***agg.*** [pl.m. *-ci*] ibérique.
ibernare [i-ber-nà-re] ***v.tr.*** e ***intr.*** [aus. *avere*] hiberner.
ibernazione [i-ber-na-zió-ne] ***n.f.*** hibernation.
ibis [ì-bis] ***n.m.*** e ***f.invar.*** (*zool.*) ibis (*m.*).
ibisco [i-bì-sco] ***n.m.*** [pl. *-schi*] (*bot.*) hibiscus.
ibridazione [i-bri-da-zió-ne] ***n.f.*** (*biol.*) hybridation.
ibrido [ì-bri-do] ***agg.*** e ***n.m.*** hybride.
icastico [i-cà-sti-co] ***agg.*** [pl.m. *-ci*, f. *-che*] incisif*.
iceberg ['aizberg] ***n.m.invar.*** iceberg.
icneumonide [ic-neu-mò-ni-de] ***n.m.*** (*zool.*) ichneumon.
icona [i-cò-na] ***n.f.*** **1** icône (*anche fig.*) **2** (*inform.*) icône, pictogramme (*m.*).
iconoclasta [i-co-no-clà-sta] ***agg.*** e ***n.m.*** e ***f.*** iconoclaste.
iconoclastico [i-co-no-clà-sti-co] ***agg.*** [pl.m. *-ci*, f. *-che*] iconoclaste.
iconografia [i-co-no-gra-fì-a] ***n.f.*** iconographie.
iconografico [i-co-no-grà-fi-co] ***agg.*** [pl.m. *-ci*, f. *-che*] iconographique.
iconostasi [i-co-nò-sta-ʃi] ***n.f.invar.*** (*arch.*) iconostase.
ictus [ìc-tus] ***n.m.invar.*** **1** (*med.*) ictus; congestion (*f.*) **2** (*metrica*) ictus.
● (*med.*) ***ictus cerebrale***, congestion cérébrale.
Iddio [Id-dì-o] ***n.m.*** → **dio** 2.
idea [i-dè-a] ***n.f.*** **1** idée: *non potete avere idea di quanto ho sofferto*, vous ne pouvez pas avoir idée de ce que j'ai souffert; *privo di idee*, sans idées | *dice di essere malato, ma son tutte idee*, il dit qu'il est malade, mais ce n'est qu'une idée | *che idea!*, quelle (drôle d')idée! **2** (*opinione*) idée: *ho le mie idee in merito*, j'ai mon idée sur la question; *che idea te ne sei fatto?*, qu'est-ce que tu en penses?; *morire per un'idea*, mourir pour ses idées **3** (*intenzione, progetto*) idée: *è stata una bella idea*, ça a été une bonne idée **4** (*quantità minima*) idée, soupçon (*m.*): *metti un'idea di latte nel mio tè*, ne mets qu'un soupçon de lait dans mon thé.
● ***avere una mezza idea di***, avoir presque envie de: *ho una mezza idea di partire*, j'ai presque envie de partir | ***neanche per idea!***, jamais de la vie! | ***non avere la minima idea di, la più pallida idea di***, ne pas avoir la moindre idée de.
ideale [i-de-à-le] ***agg.*** e ***n.m.*** idéal*: *non è il mio ideale*, ce n'est pas exactement ce dont j'avais rêvé; *il mio ideale di vita sarebbe di*, mon idéal serait de.
idealismo [i-de-a-lì-ʃmo] ***n.m.*** idéalisme (*anche fil.*).
idealista [i-de-a-lì-sta] ***n.m.*** e ***f.*** idéaliste (*anche fil.*).
idealistico [i-de-a-lì-sti-co] ***agg.*** [pl.m. *-ci*, f. *-che*] idéaliste.
idealità [i-de-a-li-tà] ***n.f.invar.*** **1** idéalité **2** (*ideale*) idéal* (*m.*).
idealizzare [i-de-a-liʒ-ʒà-re] ***v.tr.*** idéaliser.
idealizzazione [i-de-a-liʒ-ʒa-zió-ne] ***n.f.*** idéalisation.
idealmente [i-de-al-mén-te] ***avv.*** idéalement.
ideare [i-de-à-re] ***v.tr.*** **1** concevoir*; (*immaginare*) imaginer **2** (*inventare*) inventer **3** (*progettare*) projeter*.
ideatore [i-de-a-tó-re] ***n.m.*** [f. *-trice*] (*inventore*) inventeur*; (*autore*) auteur.
ideazione [i-de-a-zió-ne] ***n.f.*** idéation.
idem [ì-dem] ***avv.*** idem.
identico [i-dèn-ti-co] ***agg.*** [pl.m. *-ci*, f. *-che*] identique.
identificabile [i-den-ti-fi-cà-bi-le] ***agg.*** identifiable.
identificare [i-den-ti-fi-cà-re] ***v.tr.*** [coniug. come *mancare*] identifier ♦ **identificarsi** ***v.pron.*** s'identifier (**à**, **avec**); (*essere identico*) être identique (**à**).
identificativo [i-den-ti-fi-ca-tì-vo] ***n.m.*** coordonnées (*f.pl.*).
● (*inform.*) ***identificativo d'utente***, nom d'utilisateur et nom de passe.
identificazione [i-den-ti-fi-ca-zió-ne] ***n.f.*** identification.
identikit [i-den-ti-kìt] ***n.m.invar.*** portrait-robot*.
● ***identikit biometrico***, identification biométrique.
identità [i-den-ti-tà] ***n.f.invar.*** identité.
● ***carta, documento d'identità***, carte, papier d'identité.
ideografico [i-de-o-grà-fi-co] ***agg.*** [pl.m. *-ci*, f. *-che*] idéographique.
ideogramma [i-de-o-gràm-ma] ***n.m.*** idéogramme.
ideologia [i-de-o-lo-gì-a] ***n.f.*** idéologie.
ideologico [i-de-o-lò-gi-co] ***agg.*** [pl.m. *-ci*, f. *-che*] idéologique.
idilliaco [i-dil-lì-a-co] **idillico** ***agg.*** [pl.m. *-ci*] idyllique.
idillio [i-dìl-lio] ***n.m.*** [pl. *-li*] idylle (*f.*).
idioma [i-diò-ma] ***n.m.*** idiome.
idiomatico [i-dio-mà-ti-co] ***agg.*** [pl.m. *-ci*, f. *-che*] idiomatique.

idiosincrasia [i-dio-sin-cra-ʃì-a] ***n.f.*** **1** (*med.*) idiosyncrasie **2** (*fig.*) aversion (**pour**); horreur (**de**).
idiota [i-diò-ta] ***agg.*** e ***n.m.*** e ***f.*** (*anche med.*) idiot/e.
idiotamente [i-dio-ta-mén-te] ***avv.*** de manière idiote.
idiotismo [i-dio-tì-ʃmo] ***n.m.*** (*ling.*) idiotisme.
idiozia [i-dio-zì-a] ***n.f.*** (*med.*) idiotie (*anche fig.*).
idolatra [i-do-là-tra] ***agg.*** e ***n.m.*** e ***f.*** idolâtre.
idolatrare [i-do-la-trà-re] ***v.tr.*** idolâtrer.
idolatria [i-do-la-trì-a] ***n.f.*** idolâtrie.
idolo [ì-do-lo] ***n.m.*** idole (*f.*) (*anche fig.*).
idoneità [i-do-ne-i-tà] ***n.f.invar.*** aptitude.
idoneo [i-dò-ne-o] ***agg.*** **1** apte **2** (*adatto*) propre (**à**); (*appropriato*) approprié (**pour**).
● ***idoneo*** (***al servizio militare***), bon pour le service (militaire).
idra [ì-dra] ***n.f.*** (*mit., zool.*) hydre.
idrante [i-dràn-te] ***n.m.*** **1** prise (*f.*) d'eau, bouche (*f.*) d'eau; (*antincendio*) lance (*f.*) d'incendie **2** (*autocisterna*) fourgon-pompe*.
idratante [i-dra-tàn-te] ***agg.*** e ***n.m.*** hydratant (*anche chim.*).
idratare [i-dra-tà-re] ***v.tr.*** hydrater.
idratazione [i-dra-ta-zió-ne] ***n.f.*** hydratation.
idrato [i-drà-to] ***n.m.*** (*chim.*) hydrate.
idraulica [i-dràu-li-ca] ***n.f.*** [pl. *-che*] hydraulique.
idraulico [i-dràu-li-co] ***agg.*** [pl.m. *-ci*, f. *-che*] hydraulique ♦ ***n.m.*** [f. *-a*] plombier.
idrico [ì-dri-co] ***agg.*** [pl.m. *-ci*, f. *-che*] hydrique.
idr(o)- ***pref.*** hydr(o)-.
idrocarburo [i-dro-car-bù-ro] ***n.m.*** hydrocarbure.
idrocefalo [i-dro-cè-fa-lo] ***n.m.*** (*med.*) hydrocéphale.
idrocoltura [i-dro-col-tù-ra] ***n.f.*** culture hydroponique, hydroculture.
idrodinamica [i-dro-di-nà-mi-ca] ***n.f.*** [pl. *-che*] hydrodynamique.
idrodinamico [i-dro-di-nà-mi-co] ***agg.*** [pl.m. *-ci*, f. *-che*] hydrodynamique.
idroelettrico [i-dro-e-lèt-tri-co] ***agg.*** [pl.m. *-ci*, f. *-che*] hydroélectrique.
idrofilo [i-drò-fi-lo] ***agg.*** hydrophile.
● ***cotone idrofilo***, coton hydrophile.
idrofobia [i-dro-fo-bì-a] ***n.f.*** hydrophobie.
idrofobo [i-drò-fo-bo] ***agg.*** **1** hydrophobe **2** (*fig. fam.*) furieux*.
● ***cane idrofobo***, chien enragé.
idrofugo [i-drò-fu-go] ***agg.*** [pl.m. *-ghi*, f. *-ghe*] hydrofuge.
idrogeno [i-drò-ge-no] ***n.m.*** (*chim.*) hydrogène.
● (*fis.*) ***bomba all'idrogeno***, bombe à hydrogène (*o* bombe H *o* bombe thermonucléaire).
idrografia [i-dro-gra-fì-a] ***n.f.*** hydrographie.
idrografico [i-dro-grà-fi-co] ***agg.*** [pl.m. *-ci*, f. *-che*] hydrographique.
idrolisi [i-drò-li-ʃi] ***n.f.invar.*** (*chim.*) hydrolyse.
idrolitico [i-dro-lì-ti-co] ***agg.*** [pl.m. *-ci*, f. *-che*] (*chim.*) hydrolytique.
idrologia [i-dro-lo-gì-a] ***n.f.*** hydrologie.
idromassaggio [i-dro-mas-sàg-gio] ***n.m.*** [pl. *-gi*] bain à remous, hydromassage.
● ***vasca per idromassaggio***, baignoire à remous, Jacuzzi®.
idromele [i-dro-mè-le] ***n.m.*** hydromel.
idrometra [i-drò-me-tra] ***n.f.*** (*zool.*) hydromètre.
idrometro [i-drò-me-tro] ***n.m.*** hydromètre.
idropico [i-drò-pi-co] ***agg.*** e ***n.m.*** [f. *-a*; pl.m. *-ci*, f. *-che*] (*med.*) hydropique.
idropisia [i-dro-pi-ʃì-a] ***n.f.*** (*med.*) hydropisie.
idropittura [i-dro-pit-tù-ra] ***n.f.*** peinture à l'eau.
idroplano [i-dro-plà-no] ***n.m.*** (*mar.*) hydroglisseur, hydroplane.
idroponico [i-dro-pò-ni-co] ***agg.*** [pl.m. *-ci*, f. *-che*] hydroponique.
idropulsore [i-dro-pul-só-re] ***n.m.*** hydropulseur.
idrorepellente [i-dro-re-pel-lèn-te] ***agg.*** hydrofuge.
idroscalo [i-dro-scà-lo] ***n.m.*** hydrobase (*f.*).
idroscivolante [i-dro-sci-vo-làn-te] ***n.m.*** (*mar.*) hydroglisseur.
idrosfera [i-dro-sfè-ra] ***n.f.*** (*geogr.*) hydrosphère.
idrosolubile [i-dro-so-lù-bi-le] ***agg.*** hydrosoluble.
idrossido [i-dròs-si-do] ***n.m.*** (*chim.*) hydroxyde.
idrostatica [i-dro-stà-ti-ca] ***n.f.*** [pl. *-che*] hydrostatique.
idrostatico [i-dro-stà-ti-co] ***agg.*** [pl.m. *-ci*, f. *-che*] hydrostatique.
idroterapia [i-dro-te-ra-pì-a] ***n.f.*** hydrothérapie.
idrotermale [i-dro-ter-mà-le] ***agg.*** hydrothermal*.
idrovia [i-dro-vì-a] ***n.f.*** réseau* (*m.*) fluvial.
idrovolante [i-dro-vo-làn-te] ***n.m.*** hydravion.
idrovora [i-drò-vo-ra] ***n.f.*** (*mecc.*) pompe de drainage.
idrovoro [i-drò-vo-ro] ***agg.*** **1** (*di impianto*) de drainage **2** (*che assorbe acqua*) très perméable.
idruro [i-drù-ro] ***n.m.*** (*chim.*) hydrure.
iella [ièl-la] ***n.f.*** (*fam.*) guigne, poisse | *portare iella*, porter la poisse.
iena [iè-na] ***n.f.*** (*zool.*) hyène.
ieratico [ie-rà-ti-co] ***agg.*** [pl.m. *-ci*] hiératique.
ieri [iè-ri] ***avv.*** e ***n.m.invar.*** hier: *prima di ieri andava tutto bene tra di noi*, jusqu'à hier tout allait bien entre nous | *non sono nato ieri*, je ne suis pas né d'hier.
● ***ieri l'altro***, ***l'altro ieri***, avant-hier | ***ieri mattina***, hier matin | ***ieri notte***, la nuit dernière.
iettatore [iet-ta-tó-re] ***n.m.*** [f. *-trice*] jeteur* de sort.
iettatura [iet-ta-tù-ra] ***n.f.*** **1** sort (mauvais): *gettare la iettatura su qlcu, qlco*, jeter un sort à qqn, sur qqch **2** (*sfortuna*) malchance.
igiene [i-giè-ne] ***n.f.*** hygiène: *è un fanatico dell'igiene*, il est maniaque de l'hygiène.
● (*med.*) ***igiene mentale***, hygiène mentale | ***igiene orale***, hygiène de la bouche | ***ufficio d'igiene***, bureau d'hygiène.
igienico [i-giè-ni-co] ***agg.*** [pl.m. *-ci*, f. *-che*] **1** (*concernente l'igiene*) de l'hygiène **2** (*conforme all'igiene*) hygiénique; (*sano*) sain **3** (*fig. fam.*) (*consigliabile*) recommandable, préférable.
● ***carta igienica***, papier hygiénique | ***impianti igienici***, installations sanitaires | ***norme igieniche***, règles d'hygiène.
igienista [i-gie-nì-sta] ***n.m.*** e ***f.*** hygiéniste.
igloo [i'glu] **iglù** ***n.m.*** igloo, iglou.
igname [i-gnà-me] ***n.m.*** (*bot.*) igname (*f.*).
ignaro [i-gnà-ro] ***agg.*** ignorant, ignare: *ignaro del pericolo*, ignorant le danger; *è ignaro di quel che accade*, il ignore ce qui se passe.
ignavia [i-gnà-via] ***n.f.*** (*letter.*) indolence.

ignavo [i-gnà-vo] *agg.* e *n.m.* [f. *-a*] (*letter.*) indolent, mou*.

igneo [ì-gne-o] *agg.* igné.

ignifugo [i-gnì-fu-go] *agg.* [pl.m. *-ghi*] ignifuge.

ignobile [i-gnò-bi-le] *agg.* ignoble.

ignominia [i-gno-mì-nia] *n.f.* ignominie.

ignominioso [i-gno-mi-nió-so] *agg.* ignominieux*.

ignorante [i-gno-ràn-te] *agg.* e *n.m.* e *f.* **1** ignorant/e: *è ignorante di musica, in matematica*, il ne connaît rien à la musique, aux maths | *quanto sei ignorante!*, (*fam. spreg.*) qu'est-ce que tu peux être bête! **2** (*fam.*) (*maleducato*) mal élevé/ée.

ignoranza [i-gno-ràn-za] *n.f.* **1** ignorance **2** (*maleducazione*) impolitesse.
● ***la legge non ammette ignoranza***, nul n'est censé ignorer la loi.

ignorare [i-gno-rà-re] *v.tr.* ignorer: *ignoravo di averlo deluso*, j'ignorais que je l'avais déçu; *certo non ignorate che*, vous n'êtes certainement pas sans savoir que.

I

ignoto [i-gnò-to] *agg.* e *n.m.* [f. *-a*] inconnu.
● ***figlio d'ignoti***, fils de parents inconnus | ***i soliti ignoti***, des inconnus comme d'habitude, d'illustres inconnus | ***Milite Ignoto***, Soldat Inconnu | (*dir.*) ***sporgere denuncia contro ignoti***, porter plainte contre X.

ignudo [i-gnù-do] *agg.* (*letter.*) nu.

igr(o)- *pref.* hygr(o)-.

igrometro [i-grò-me-tro] *n.m.* hygromètre.

iguana [i-guà-na] *n.f.* (*zool.*) iguane (*m.*).

iguanodonte [i-gua-no-dón-te] *n.m.* iguanodon.

ikebana [i-ke-bà-na] *n.m.invar.* ikebana.

il *art.det.m.sing.* [*lo* davanti a *s* impura, *gn, pn, ps, x, z* (*l'* davanti a vocale); f. *la* (*l'* davanti a vocale); pl.m. *i*, *gli* davanti a vocale, *s* impura, *gn, pn, ps, x, z*, f. *le*] **1** le*: *lo studente*, l'étudiant; *il professore*, le professeur; *la camera*, la chambre; *l'allievo*, l'élève; *l'amica*, l'amie; *i nemici*, les ennemis; *gli uomini*, les hommes; *le bambine*, les fillettes; *restituire il 20% della somma*, rendre 20% de la somme; *accordo sul 2%*, accord sur 2% **2** (*quando indica possesso* o *parentela* o *legame personale*) mon, ton, etc.: *dimenticare il portafoglio*, oublier son portefeuille; *è uscito con la zia, con la zia Luisa*, il est sorti avec sa tante, avec (la) tante Louise; *mi mise la mano sulla spalla*, il mit sa main sur mon épaule **3** (*non si traduce davanti ad agg.poss.*): *il tuo libro*, ton livre; *la porta della mia camera*, la porte de ma chambre; *le vostre idee*, vos idées **4** (*di norma non si traduce davanti a n.pr. di persona sing.*): (*il*) *Leopardi è un poeta italiano*, Leopardi est un poète italien; (*lo*) *Scotti si è presentato alla polizia*, monsieur Scotti s'est présenté à la police; *il vecchio Scotti*, le vieux Scotti; *la cara Giovanna*, la chère Giovanna; *la Deneuve e la Loren*, Catherine Deneuve et Sophie Loren; *in questo momento* (*la*) *Bianchi è al telefono*, en ce moment madame Bianchi est au téléphone; *passerò le vacanze con le Bianchi*, je passerai les vacances avec les filles Bianchi; *i Bianchi sono nostri amici*, les Bianchi sont des amis à nous; *abbiamo ammirato i Picasso del periodo blu*, nous avons admiré les Picasso de la période bleue **5** (*distributivo*) le*: *costa cinquanta euro al metro*, cela coûte cinquante euros le mètre; *pagare trenta euro l'ora*, payer trente euros (de) l'heure; *guadagna trecento euro la settimana*, il gagne trois cent euros par semaine **6** (*generalmente non si traduce davanti all'inf. con valore di n.*): *lo stare a lungo in piedi stanca*, rester debout longtemps est fatigant; *il perdonare le offese è una virtù*, le pardon des offenses est une vertu.

> **NOTA** L'articolo francese ***le***, che traduce quello italiano ***il***, è obbligatorio:
> – quando il nome proprio è preceduto da un aggettivo o determinato da un complemento: *il pio Enea*, le pieux Enée; *il vecchio Dupont*, le vieux Dupont; *il Napoleone di prima di Waterloo*, le Napoléon d'avant Waterloo;
> – davanti ad alcuni nomi di scrittori e artisti italiani dei secoli passati: *il Petrarca*, le Pétrarque; *l'Ariosto*, l'Arioste; *il Tiziano*, le Titien; *il Tintoretto*, le Tintoret;
> – quando indica l'opera di un artista: *il Mosè di Michelangelo*, le Moïse de Michel-Ange.

ilare [ì-la-re] *agg.* hilare; (*giulivo*) joyeux*.

ilarità [i-la-ri-tà] *n.f.invar.* hilarité.

ileo [ì-le-o] *n.m.* **1** (*anat.*) (*osso*) ilion **2** (*anat.*) (*intestino*) iléon **3** (*med.*) (*occlusione intestinale*) iléus.

iliaco [i-lì-a-co] *agg.* [pl.m. *-ci*, f. -che] (*anat.*) iliaque.

illanguidire [il-lan-gui-dì-re] *v.tr.* [coniug. come *finire*] alanguir; (*indebolire*) affaiblir ♦ *v.intr.* [aus. *essere*] s'alanguir ♦ **illanguidirsi** *v.pron.intr.* s'alanguir.

illazione [il-la-zió-ne] *n.f.* conjecture.

illecito [il-lé-ci-to] *agg.* illicite ♦ *n.m.* (*dir.*) délit.

illegale [il-le-gà-le] *agg.* illégal*.

illegalità [il-le-ga-li-tà] *n.f.invar.* illégalité.

illeggibile [il-leg-gì-bi-le] *agg.* illisible.

illegittimamente [il-le-git-ti-ma-mén-te] *avv.* illégitimement.

illegittimità [il-le-git-ti-mi-tà] *n.f.invar.* illégitimité.

illegittimo [il-le-gìt-ti-mo] *agg.* e *n.m.* illégitime.
● (***figlio***) ***illegittimo***, enfant illégitime.

illeso [il-lé-ʃo] *agg.* indemne, sain et sauf*.

illetterato [il-let-te-rà-to] *agg.* e *n.m.* [f. *-a*] illettré.

illibatezza [il-li-ba-téz-za] *n.f.* **1** virginité **2** (*purezza*) pureté; (*integrità*) intégrité.

illibato [il-li-bà-to] *agg.* **1** vierge **2** (*puro*) pur: *vita illibata*, vie exemplaire.

illiceità [il-li-ce-i-tà] *n.f.invar.* illégalité; (*illegittimità*) illégitimité.

illimitato [il-li-mi-tà-to] *agg.* illimité.

illirico [il-lì-ri-co] *agg.* [pl.m. *-ci*, f. *-che*] (*st.*) illyrien*.

illividire [il-li-vi-dì-re] *v.intr.* [coniug. come *finire*; aus. *essere*] devenir* livide, blêmir ♦ *v.tr.* rendre* livide.

illogicità [il-lo-gi-ci-tà] *n.f.invar.* illogisme (*m.*).

illogico [il-lò-gi-co] *agg.* [pl.m. *-ci*, f. *-che*] illogique.

illudere [il-lù-de-re] *v.tr.* [coniug. come *chiudere*] tromper ♦ **illudersi** *v.pron.* se faire* des illusions; (*credere, sperare vanamente*) se flatter.

illuminamento [il-lu-mi-na-mén-to] *n.m.* (*fis.*) éclairement.

illuminante [il-lu-mi-nàn-te] *agg.* éclairant (*anche fig.*).

illuminare [il-lu-mi-nà-re] *v.tr.* éclairer (*anche fig.*); (*per sottolineare l'intensità della luce*) illuminer ♦ **illuminarsi** *v.pron.* s'éclairer; s'illuminer (*anche fig.*).
● ***illuminare a giorno***, illuminer à giorno.

illuminato [il-lu-mi-nà-to] *agg.* éclairé (*anche fig.*); illuminé.

illuminazione [il-lu-mi-na-zió-ne] *n.f.* éclairage (*m.*); (*molto intensa*) illumination (*anche fig.*).
● ***illuminazione a giorno***, illumination à giorno | ***illuminazione dinamica***, (*arredo urbano*) éclairage dynamique.

illuminismo [il-lu-mi-nì-ʃmo] *n.m.* (*st.*) siècle des lumières; (*fil.*) philosophie (*f.*) des lumières.
illuminista [il-lu-mi-nì-sta] *n.m.* e *f.* (*st., fil.*) philosophe des lumières ♦ *agg.* de la philosophie des lumières.
illuministico [il-lu-mi-nì-sti-co] *agg.* [pl.m. *-ci*, f. *-che*] de la philosophie des lumières: *idee illuministiche*, idées du siècle des lumières.
illusione [il-lu-ʃió-ne] *n.f.* illusion.
illusionismo [il-lu-ʃio-nì-ʃmo] *n.m.* illusionnisme.
illusionista [il-lu-ʃio-nì-sta] *n.m.* e *f.* illusionniste.
illuso [il-lù-ʃo] *agg.* e *n.m.* [f. *-a*] rêveur*, utopiste.
illusorio [il-lu-ʃò-rio] *agg.* [pl.m. *-ri*] illusoire.
illustrare [il-lu-strà-re] *v.tr.* illustrer.
illustrativo [il-lu-stra-tì-vo] *agg.* illustratif*.
● ***note illustrative***, notes explicatives.
illustrato [il-lu-strà-to] *agg.* illustré: *giornale illustrato*, (journal) illustré; *cartolina illustrata*, carte postale.
illustratore [il-lu-stra-tó-re] *n.m.* [f. *-trice*] illustrateur*.
illustrazione [il-lu-stra-zió-ne] *n.f.* **1** illustration **2** (*spiegazione*) explication.
illustre [il-lù-stre] *agg.* illustre, célèbre.
imago [i-mà-go] *n.f.* (*psic.*) imago.
imam [i-màm] *n.m.invar.* imam.
imbacuccare [im-ba-cuc-cà-re] *v.tr.* [coniug. come *mancare*] emmitoufler ♦ **imbacuccarsi** *v.pron.* s'emmitoufler.
imbaldanzire [im-bal-dan-zì-re] *v.tr.* [coniug. come *finire*] enhardir ♦ *v.intr.* [aus. *avere*] s'enhardir ♦ **imbaldanzirsi** *v.pron.* s'enhardir.
imballaggio [im-bal-làg-gio] *n.m.* [pl. *-gi*] emballage; (*confezione*) conditionnement.
● ***imballaggio a rendere, a perdere***, emballage consigné, non consigné | ***spese di imballaggio***, frais d'emballage.
imballare[1] [im-bal-là-re] *v.tr.* emballer.
imballare[2] *v.tr.* (*aut.*) emballer ♦ **imballarsi** *v.pron.* (*aut.*) s'emballer.
imballo [im-bàl-lo] *n.m.* → **imballaggio**.
imbalsamare [im-bal-sa-mà-re] *v.tr.* embaumer; (*animali*) empailler.
imbalsamatore [im-bal-sa-ma-tó-re] *n.m.* [f. *-trice*] embaumeur; (*di animali*) empailleur*.
imbalsamazione [im-bal-sa-ma-zió-ne] *n.f.* embaumement (*m.*); (*di animali*) empaillage (*m.*).
imbambolarsi [im-bam-bo-làr-si] *v.pron.intr.* rester hébété.
imbambolato [im-bam-bo-là-to] *agg.* hébété; (*stordito*) étourdi: *sguardo imbambolato*, regard perdu.
imbandierare [im-ban-die-rà-re] *v.tr.* pavoiser.
imbandire [im-ban-dì-re] *v.tr.* [coniug. come *finire*] préparer: *imbandire la tavola*, mettre la table.
imbarazzante [im-ba-raz-zàn-te] *agg.* gênant, embarrassant.
imbarazzare [im-ba-raz-zà-re] *v.tr.* embarrasser, gêner (*anche fig.*); (*ingombrare*) encombrer ♦ **imbarazzarsi** *v.pron.* se gêner.
imbarazzato [im-ba-raz-zà-to] *agg.* embarrassé; gêné (*anche fig.*): *ero molto imbarazzato, non sapevo cosa dire*, j'étais très embarrassé, je ne savais que dire | *essere imbarazzato di stomaco*, avoir l'estomac lourd.
imbarazzo [im-ba-ràz-zo] *n.m.* embarras; (*molestia, disagio*) gêne (*f.*).
● ***imbarazzo di stomaco***, embarras gastrique | ***essere d'imbarazzo***, gêner | ***essere, sentirsi in imbarazzo***, être mal à l'aise, être gêné, être embarrassé | ***levare qlcu dall'imbarazzo***, (*fam.*) tirer qqn d'embarras.
imbarbarimento [im-bar-ba-ri-mén-to] *n.m.* retour à la barbarie; (*estens.*) corruption (*f.*).
imbarbarire [im-bar-ba-rì-re] *v.tr.* [coniug. come *finire*] rendre* barbare; (*estens.*) corrompre* ♦ *v.intr.* [aus. *essere*] devenir* barbare ♦ **imbarbarirsi** *v.pron.* devenir* barbare; (*estens.*) se corrompre*.
imbarcadero [im-bar-ca-dè-ro] *n.m.* embarcadère, débarcadère.
imbarcare [im-bar-cà-re] *v.tr.* [coniug. come *mancare*] embarquer, il a embarqué hier (*anche fig.*) ♦ **imbarcarsi** *v.pron.* **1** embarquer, s'embarquer (*anche fig.*): *si è imbarcato ieri*, il s'est embarqué, il a embarqué hier **2** (*deformarsi*) (se) gondoler, se bomber.
imbarcazione [im-bar-ca-zió-ne] *n.f.* embarcation, bateau* (*m.*).
imbarco [im-bàr-co] *n.m.* [pl. *-chi*] embarquement: *ottenere un imbarco*, s'embarquer.
imbardata [im-bar-dà-ta] *n.f.* (*aer.*) embardée.
imbastardire [im-ba-star-dì-re] *v.tr.* [coniug. come *finire*] abâtardir (*anche fig.*) ♦ *v.intr.* [aus. *essere*] s'abâtardir, se corrompre* ♦ **imbastardirsi** *v.pron.* s'abâtardir (*anche fig.*), se corrompre*.
imbastire [im-ba-stì-re] *v.tr.* [coniug. come *finire*] **1** faufiler, bâtir **2** (*fig.*) (*abbozzare*) ébaucher.
imbastitura [im-ba-sti-tù-ra] *n.f.* faufilure, bâti (*m.*).
imbattersi [im-bàt-ter-si] *v.pron.intr.* tomber (**sur**) (*anche fig.*), rencontrer.
imbattibile [im-bat-tì-bi-le] *agg.* imbattable.
imbattibilità [im-bat-ti-bi-li-tà] *n.f.invar.* invincibilité.
imbattuto [im-bat-tù-to] *agg.* invaincu.
imbavagliare [im-ba-va-glià-re] *v.tr.* bâillonner (*anche fig.*): *imbavagliare la stampa*, museler la presse.
imbeccare [im-bec-cà-re] *v.tr.* [coniug. come *mancare*] donner la becquée (**à**); (*fig.*) souffler ses réponses (**à**).
imbeccata [im-bec-cà-ta] *n.f.* becquée.
● ***dare l'imbeccata a***, (*fig.*) souffler la réponse à: *bisogna sempre dargli l'imbeccata*, il faut toujours lui mâcher la besogne.
imbecille [im-be-cìl-le] *agg.* e *n.m.* e *f.* imbécile.
imbecillità [im-be-cil-li-tà] *n.f.invar.* imbécillité.
imbelle [im-bèl-le] *agg.* pusillanime (*anche fig.*).
imbellettare [im-bel-let-tà-re] *v.tr.* farder ♦ **imbellettarsi** *v.pron.* se farder.
imbellire [im-bel-lì-re] *v.tr.* e *intr.* [coniug. come *finire*; aus. dell'intr. *essere*] ♦ **imbellirsi** *v.pron.* embellir.
imberbe [im-bèr-be] *agg.* imberbe.
imbestialirsi [im-be-stia-lìr-si] *v.pron.intr.* [coniug. come *finire*] devenir* fou* de rage.
imbevere [im-bé-ve-re] *v.tr.* imbiber ♦ **imbeversi** *v.pron.* s'imprégner* (*anche fig.*).
imbevibile [im-be-vì-bi-le] *agg.* imbuvable.
imbevuto [im-be-vù-to] *agg.* **1** imbibé **2** (*fig.*) imbu.
imbiancamento [im-bian-ca-mén-to] *n.m.* blanchiment.
imbiancare [im-bian-cà-re] *v.tr.* [coniug. come *mancare*] **1** blanchir **2** (*muri ecc.*) (re)peindre*; (*a calce*) badigeonner ♦ *v.intr.* [aus. *essere*] **1** blanchir **2** (*del cielo*)

pâlir ♦ **imbiancarsi** *v.pron.* 1 blanchir 2 (*del cielo*) pâlir.

imbiancatura [im-bian-ca-tù-ra] *n.f.* peinture; (*a calce*) badigeonnage (*m.*): *dare un'imbiancatura*, repeindre; (*a calce*) badigeonner.

imbianchino [im-bian-chì-no] *n.m.* [f. *-a*] 1 peintre (en bâtiments) 2 (*spreg.*) barbouilleur*.

imbianchire [im-bian-chì-re] *v.tr.* e *intr.* [coniug. come *finire*; aus. dell'intr. *essere*] → **imbiancare**.

imbiondire [im-bion-dì-re] *v.tr.* [coniug. come *finire*] 1 rendre* blond 2 (*cuc.*) blondir ♦ *v.intr.* [aus. *essere*] blondir ♦ **imbiondirsi** *v.pron.intr.* blondir.

imbizzarrire [im-biʒ-ʒar-rì-re] *v.intr.* [coniug. come *finire*; aus. *essere*] s'emballer (*anche fig.*) ♦ **imbizzarrirsi** *v.pron.* s'emballer (*anche fig.*).

imboccare [im-boc-cà-re] *v.tr.* [coniug. come *mancare*] 1 faire* manger; nourrire à la petite cuillère; (*bambini e uccelli*) donner la becquée (**à**): *imboccare un malato*, nourrire un malade à la petite cuillère | *lo hanno imboccato*, (*fig.*) on lui a fait la leçon 2 (*entrare*) s'engager* (**dans**) (*anche fig.*): *imboccare la via giusta*, (*fig.*) s'engager dans le bon chemin; *imboccare la porta*, passer par la porte; *imboccare l'autostrada*, s'engager sur l'autoroute; *imboccare la via del successo*, (*fig.*) prendre le chemin du succès.

I

imboccatura [im-boc-ca-tù-ra] *n.f.* 1 entrée; (*di fiumi*) embouchure: *l'imboccatura della galleria, del porto*, l'entrée du tunnel, du port 2 (*di strumenti a fiato*) embouchure.

imbocco [im-bóc-co] *n.m.* [pl. *-chi*] entrée (*f.*).

imbonimento [im-bo-ni-mén-to] *n.m.* boniment.

imbonire [im-bo-nì-re] *v.tr.* [coniug. come *finire*] bourrer le crâne (**à**).

imbonitore [im-bo-ni-tó-re] *n.m.* [f. *-trice*] bonimenteur*.

imborghesimento [im-bor-ghe-si-mén-to *o* imbor-gheʃiménto] *n.m.* embourgeoisement.

imborghesire [im-bor-ghe-ʃì-re] *v.tr.* [coniug. come *finire*] embourgeoiser ♦ *v.intr.* [aus. *essere*] s'embourgeoiser ♦ **imborghesirsi** *v.pron.* s'embourgeoiser.

imboscare [im-bo-scà-re] *v.tr.* [coniug. come *mancare*] 1 embusquer 2 (*occultare*) cacher ♦ **imboscarsi** *v.pron.* s'embusquer.

imboscata [im-bo-scà-ta] *n.f.* embuscade.

imboscato [im-bo-scà-to] *agg.* e *n.m.* 1 (*mil.*) embusqué 2 [f. *-a*] (*fam.*) planqué.

imboschimento [im-bo-schi-ménto] *n.m.* boisement.

imboschire [im-bo-schì-re] *v.tr.* [coniug. come *finire*] boiser.

imbottigliamento [im-bot-ti-glia-mén-to] *n.m.* 1 mise (*f.*) en bouteilles 2 (*fam.*) (*del traffico*) embouteillage.

imbottigliare [im-bot-ti-glià-re] *v.tr.* embouteiller ♦ **imbottigliarsi** *v.pron.* (*fam.*) être* pris dans un embouteillage.

imbottire [im-bot-tì-re] *v.tr.* [coniug. come *finire*] 1 rembourrer: *imbottire una poltrona*, rembourrer un fauteuil | *imbottire una porta*, capitonner une porte 2 (*un indumento*) doubler, ouatiner 3 (*farcire*) fourrer; (*fig.*) bourrer: *imbottire un panino di prosciutto*, fourrer un petit pain avec du jambon; *gli hanno imbottito il cervello di preconcetti*, (*fig.*) on lui a bourré le crâne (*o* on lui a farci la tête) de préjugés | *l'hanno imbottito di piombo*, on l'a farci de plomb ♦ **imbottirsi** *v.pron.* 1 se bourrer: *imbottirsi di pillole*, se bourrer de pilules 2 (*imbacuccarsi*) s'emmitoufler.

imbottita [im-bot-tì-ta] *n.f.* couverture piquée.

imbottito [im-bot-tì-to] *agg.* 1 rembourré: *poltrona imbottita*, fauteuil rembourré | *porte imbottite*, portes capitonnées 2 (*di indumenti*) ouatiné, ouaté; (*di guanto*) fourré: *guanti imbottiti*, gants fourrés 3 (*ripieno, farcito*) fourré, farci; (*fig.*) bourré: *un panino imbottito*, un sandwich.

imbottitura [im-bot-ti-tù-ra] *n.f.* 1 rembourrage (*m.*) 2 (*di cappotto ecc.*) doublure; (*delle spalle*) épaulette.

imbracare [im-bra-cà-re] *v.tr.* [coniug. come *mancare*] (*tecn.*) élinguer.

imbracatura [im-bra-ca-tù-ra] *n.f.* 1 (*operazione*) élingage (*m.*) 2 (*fune, cinghia di sostegno*) élingue 3 (*di paracadutista*) *harnais (*m.*) 4 (*di alpinista*) baudrier (*m.*).

imbracciare [im-brac-cià-re] *v.tr.* [coniug. come *cominciare*] (*infilare al braccio*) passer au bras; (*il fucile ecc.*) épauler.

imbragare [im-bra-gà-re] *v.tr.* [coniug. come *legare*] → **imbracare**.

imbranato [im-bra-nà-to] *agg.* e *n.m.* [f. *-a*] (*fam.*) empoté.

imbrattacarte [im-brat-ta-càr-te] *n.m.* e *f.invar.* (*spreg.*) écrivassier/ère, personne (*f.*) qui aime noircir du papier.

imbrattare [im-brat-tà-re] *v.tr.* barbouiller; (*sporcare*) salir ♦ **imbrattarsi** *v.pron.* se barbouiller; (*sporcarsi*) se salir.

imbrattatele [im-brat-ta-té-le] *n.m.* e *f.invar.* (*spreg.*) barbouilleur/euse (de toiles).

imbrifero [im-brì-fe-ro] *agg.*

● (*geogr.*) ***bacino, terreno imbrifero***, surface de captation.

imbrigliare [im-bri-glià-re] *v.tr.* 1 brider (*anche fig.*) 2 (*fiumi*) endiguer; (*terreni*) consolider, clayonner.

imbrigliatura [im-bri-glia-tù-ra] *n.f.* 1 (*le briglie*) brides (*pl.*) 2 (*di un fiume*) endiguement (*m.*); (*di un terreno*) clayonnage (*m.*).

imbrillantinarsi [im-bril-lan-ti-nàr-si] *v.pron.* e *pron. indiretto* se brillantiner.

imbroccare [im-broc-cà-re] *v.tr.* [coniug come *mancare*] 1 atteindre*, toucher 2 (*fig.*) (*azzeccare*) deviner: *non ne imbrocca mai una!*, il n'en rate jamais une!

imbrogliare [im-bro-glià-re] *v.tr.* 1 (*raggirare*) tromper, rouler: *imbrogliare il fisco*, frauder le fisc; *si è fatto imbrogliare*, il s'est fait avoir 2 (*aggrovigliare*) embrouiller (*anche fig.*) | *imbrogliare le carte*, brouiller les cartes 3 (*mar.*) carguer ♦ **imbrogliarsi** *v.pron.* s'embrouiller (*anche fig.*).

imbrogliata [im-bro-glià-ta] *n.f.* tromperie, duperie: *ho preso una (bella) imbrogliata*, j'ai été (bien) roulé; *è un'imbrogliata*, c'est une affaire louche.

imbrogliato [im-bro-glià-to] *agg.* enchevêtré, emmêlé; (*fig.*) embrouillé.

imbroglio [im-brò-glio] *n.m.* [pl. *-gli*] 1 manigance (*f.*); (*raggiro*) affaire (*f.*) de dupes; (*truffa*) escroquerie (*f.*) 2 (*pasticcio, situazione intricata*) imbroglio: *cacciarsi in un bell'imbroglio*, se mettre dans de beaux draps; *spero di uscire da questo imbroglio*, j'espère me tirer de ce mauvais pas 3 (*groviglio*) enchevêtrement.

imbrogliona [im-bro-glió-na] *n.f.* fourbe.

imbroglione [im-bro-glió-ne] *n.m.* filou, escroc ♦ *agg.* malhonnête.

imbronciarsi [im-bron-ciàr-si] *v.pron.intr.* [coniug. come *cominciare*] faire* la moue; (*di cielo*) s'assombrir.

imbronciato [im-bron-cià-to] *agg.* boudeur*, maussade: *cielo imbronciato*, (*fig.*) ciel maussade.

imbrunire[1] [im-bru-nì-re] *v.intr.* [coniug. come *finire*; aus. *essere*] noircir, se noircir ♦ *v.intr.impers.* [aus. *essere*] faire* nuit: *imbruniva*, la nuit tombait.

imbrunire[2] *n.m.* tombée (*f.*) du jour.
● ***all'imbrunire***, ***sull'imbrunire***, à la tombée de la nuit.

imbruttire [im-brut-tì-re] *v.tr.* [coniug. come *finire*] enlaidir ♦ *v.intr.* [aus. *essere*] (s')enlaidir ♦ **imbruttirsi** *v.pron.* (s')enlaidir: *si è imbruttita*, elle a enlaidi.

imbucare [im-bu-cà-re] *v.tr.* [coniug. come *mancare*] **1** (*impostare*) mettre* à la boîte (aux lettres), poster **2** (*biliardo*) *imbucare una palla*, blouser une boule ♦ **imbucarsi** *v.pron.* se fourrer; (*fam.*) (*a una festa*) s'infiltrer.

imbufalire [im-bu-fa-lì-re] *v.intr.* [coniug. come *finire*; aus. *essere*] (*fam.*) sortir* de ses gonds ♦ **imbufalirsi** *v.pron.intr.* (*fam.*) sortir* de ses gonds.

imbullettare [im-bul-let-tà-re] *v.tr.* clouer.

imbullonare [im-bul-lo-nà-re] *v.tr.* boulonner, fixer avec des clous.

imburrare [im-bur-rà-re] *v.tr.* beurrer.

imbustare [im-bu-stà-re] *v.tr.* mettre* sous enveloppe.

imbutiforme [im-bu-ti-fór-me] *agg.* en forme d'entonnoir.

imbuto [im-bù-to] *n.m.* entonnoir.
● ***a imbuto***, en entonnoir.

imene [i-mè-ne] *n.m.* (*anat.*) hymen.

imeneo [i-me-nè-o] *n.m.* hyménée.

imenottero [i-me-nòt-te-ro] *n.m.* (*zool.*) hyménoptère.

imitabile [i-mi-tà-bi-le] *agg.* imitable.

imitare [i-mi-tà-re] *v.tr.* imiter; (*con gesti*) mimer; (*contraffare*) contrefaire*: *imitare una firma*, imiter une signature.

imitativo [i-mi-ta-tì-vo] *agg.* imitatif*.

imitatore [i-mi-ta-tó-re] *n.m.* [f. *-trice*] imitateur*.

imitazione [i-mi-ta-zió-ne] *n.f.* **1** imitation: *l'imitazione dei classici*, l'imitation des classiques **2** (*di attore*) imitation: *è molto bravo nelle imitazioni*, il est fort dans les imitations **3** (*di uno scrittore*) pastiche.
● ***a imitazione di***, à l'imitation de | ***gioielli d'imitazione***, bijoux fantaisie.

immacolato [im-ma-co-là-to] *agg.* immaculé (*anche fig.*): *anima immacolata*, âme immaculée | *vita immacolata*, vie sans tache.
● (*teol.*) ***Immacolata Concezione***, Immaculée Conception.

immagazzinabile [im-ma-gaz-zi-nà-bile] *agg.* stockable.

immagazzinare [im-ma-gaʒ-ʒi-nà-re] *v.tr.* **1** emmagasiner, entrepoter, stocker **2** (*fig.*) emmagasiner.

immaginabile [im-ma-gi-nà-bi-le] *agg.* imaginable.

immaginare [im-ma-gi-nà-re] *v.tr.* imaginer; (*pensare*) penser: *immaginare la trama di un romanzo*, imaginer la trame d'un roman; *è più interessante di quanto immaginassi*, c'est plus intéressant que je ne pensais; *immagino che sarà qui a momenti*, je pense qu'il arrivera d'un moment à l'autre | *immagina se potevo rifiutare!*, tu parles si je pouvais refuser! ♦ **immaginarsi** *v.pron. indiretto* s'imaginer: *si immagina di essere un grand'uomo*, il s'imagine être un grand homme | *non se lo poteva neanche immaginare*, il ne pouvait même pas s'en douter | *me l'ero immaginato!*, je m'y attendais! | *"Disturbo?" "S'immagini!"*, "Je dérange?" "Mais pas du tout!"; *"Posso entrare?" "S'immagini!"*, "Puis-je entrer?" "(Mais) bien sûr!".

NOTA ***Immaginare di*** seguito da un infinito si traduce ***s'imaginer*** seguito dall'infinito senza preposizione o seguito da ***que*** e il verbo coniugato:

Il povero pazzo (sì) immaginava di essere Napoleone.
SÌ Le pauvre fou *s'imaginait* ***être*** Napoléon.
SÌ Le pauvre fou s'imaginait **qu'il** était Napoléon.
NO Le pauvre fou s'imaginait **d'être** Napoléon.

immaginario [im-ma-gi-nà-rio] *agg.* [pl.m. *-ri*] imaginaire ♦ *n.m.* imaginaire: *l'immaginario di Baudelaire*, l'imaginaire de Baudelaire.
● ***immaginario collettivo***, imaginaire collectif | ***malato immaginario***, malade imaginaire.

immaginativo [im-ma-gi-na-tì-vo] *agg.* **1** imaginatif* | *scrittore immaginativo*, écrivain qui a beaucoup d'imagination **2** (*d'immaginazione*) d'imagination.

immaginazione [im-ma-gi-na-zió-ne] *n.f.* imagination.

immagine [im-mà-gi-ne] *n.f.* image: *le immagini di un libro*, les images d'un livre.
● (*fot.*) ***immagine rovesciata***, image inversée | ***dare una buona immagine di sé***, faire bonne impression | ***è l'immagine della salute***, c'est l'image même de la santé | ***fatto a immagine di***, fait à l'image de.

immaginetta [im-ma-gi-nét-ta] *n.f.* image pieuse.

immaginoso [im-ma-gi-nó-so] *agg.* **1** (*di scrittore*) imaginatif* **2** (*ricco di immagini*) imagé.

immalinconire [im-ma-lin-co-nì-re] *v.tr.* [coniug. come *finire*] rendre* mélancolique; (*attristare*) attrister ♦ *v.intr.* [aus. *essere*] devenir* mélancolique, tomber en mélancolie, s'attrister ♦ **immalinconirsi** *v.pron.intr.* devenir* mélancolique, tomber en mélancolie, s'attrister.

immancabile [im-man-cà-bi-le] *agg.* immanquable; (*inevitabile*) inévitable; (*sicuro*) certain.

immancabilmente [im-man-ca-bil-mén-te] *avv.* (*senza dubbio*) immanquablement; (*con regolarità*) régulièrement; (*sempre*) invariablement.

immane [im-mà-ne] *agg.* **1** (*enorme*) énorme; (*smisurato*) démesuré **2** (*fig.*) (*spaventoso*) épouvantable.

immanente [im-ma-nèn-te] *agg.* (*fil.*) immanent.

immanenza [im-ma-nèn-za] *n.f.* (*fil.*) immanence.

immangiabile [im-man-già-bi-le] *agg.* immangeable.

immantinente [im-man-ti-nèn-te] *avv.* (*letter.*) immédiatement.

immateriale [im-ma-te-rià-le] *agg.* immatériel*.

immatricolare [im-ma-tri-co-là-re] *v.tr.* (*veicolo*) immatriculer ♦ **immatricolarsi** *v.pron.* s'inscrire* en première année d'université.

immatricolazione [im-ma-tri-co-la-zió-ne] *n.f.* **1** (*di veicolo*) immatriculation **2** (*all'università*) inscription | *tassa d'immatricolazione all'università*, droits d'inscription à l'université.

immaturamente [im-ma-tu-ra-mén-te] *avv.* prématurément.

immaturità [im-ma-tu-ri-tà] *n.f.invar.* immaturité.

immaturo [im-ma-tù-ro] *agg.* **1** (*acerbo*) vert **2** (*fig.*) (*puerile*) puéril, enfantin | *è ancora (un) immaturo*, il est encore gamin **3** (*prematuro*) prématuré.

immedesimarsi [im-me-de-ʃi-màr-si] ***v.pron.*** s'identifier (**avec**): *immedesimarsi in un personaggio*, s'identifier avec un personnage (*o* entrer dans la peau d'un personnage) | *immedesimarsi nel dolore di qlcu*, partager le chagrin de qqn.

immedesimazione [im-me-de-ʃi-ma-zió-ne] ***n.f.*** identification.

immediatamente [im-me-dia-ta-mén-te] ***avv.*** immédiatement.
● ***immediatamente prima, dopo***, tout de suite avant, après.

immediatezza [im-me-dia-téz-za] ***n.f.*** **1** instantanéité; (*rapidità*) rapidité **2** (*spontaneità*) spontanéité.

immediato [im-me-dià-to] ***agg.*** **1** (*diretto*) immédiat: *causa immediata*, cause immédiate; *gli immediati successori*, les successeurs immédiats | *essere alle immediate dipendenze di qlcu*, dépendre directement de qqn **2** (*istantaneo*) immédiat: *pagamento immediato*, paiement immédiat; *guarigione immediata*, guérison immédiate.
● ***nelle immediate vicinanze***, dans le voisinage immédiat | ***nell'immediato***, dans l'immédiat | ***nell'immediato futuro***, dans le futur immédiat.

immemorabile [im-me-mo-rà-bi-le] ***agg.*** immémorial*.
● ***da tempo immemorabile***, de temps immémorial.

immemore [im-mè-mo-re] ***agg.*** (*letter.*) oublieux*.

immensamente [im-men-sa-mén-te] ***avv.*** immensément; (*enormemente*) énormément | *mi dispiace immensamente*, je suis extrêmement désolé.

immensità [im-men-si-tà] ***n.f.invar.*** **1** immensité (*anche fig.*) **2** (*grande quantità*) infinité.

immenso [im-mèn-so] ***agg.*** immense | *un amore immenso*, un très grand amour.

immergere [im-mèr-ge-re] ***v.tr.*** [p.rem. *io immersi, tu immergesti* ecc.; p.p. *immerso*] tremper, plonger*: *immergere i piedi, le mani nell'acqua*, tremper (*o* plonger) ses pieds, ses mains dans l'eau; *gli immerse il pugnale nel cuore*, il lui plongea son poignard dans le cœur ♦ **immergersi** ***v.pron.*** **1** s'immerger*, (se) plonger*: *si immerse nell'acqua del fiume*, il s'immergea dans l'eau du fleuve **2** (*estens.*) pénétrer*, s'enfoncer*: *immergersi nelle tenebre*, pénétrer (*o* s'enfoncer) dans les ténèbres **3** (*fig.*) se plonger*: *immergersi nello studio, nella lettura*, se plonger dans l'étude, dans la lecture | *immergersi nel sonno*, plonger dans le sommeil.

immeritatamente [im-me-ri-ta-ta-mén-te] ***avv.*** injustement: *immeritatamente punito*, injustement puni | *ottenere qlco immeritatamente*, obtenir qqch sans le mériter.

immeritato [im-me-ri-tà-to] ***agg.*** immérité.

immeritevole [im-me-ri-té-vo-le] ***agg.*** qui ne mérite pas: *essere immeritevole di qlco*, ne pas mériter qqch.

immersione [im-mer-sió-ne] ***n.f.*** (*l'immergere*) immersion; (*l'immergersi*) plongée.
● ***linea di immersione***, ligne de flottaison | ***navigare in immersione***, naviguer en plongée.

immerso [im-mèr-so] ***agg.*** (*fig.*) plongé: *immerso nella lettura*, plongé dans la lecture | *essere immerso nei debiti*, être couvert de dettes.

immettere [im-mét-te-re] ***v.tr.*** [coniug. come *mettere*] introduire*; (*mettere*) mettre*: *immettere aria nei polmoni*, introduire de l'air dans les poumons; *immettere acqua in un tubo*, mettre de l'eau dans un tuyau ♦ ***v.intr.*** [aus. *avere*] conduire* (**à**): *il corridoio immette nel salone*, le couloir conduit à la salle de séjour ♦ **immettersi** ***v.pron.*** s'engager*: *immettersi sull'autostrada, nella corsia centrale*, s'engager sur l'autoroute, dans la voie centrale.

immigrante [im-mi-gràn-te] ***agg.*** e ***n.m.*** e ***f.*** immigrant/e.

immigrare [im-mi-grà-re] ***v.intr.*** [aus. *essere*] immigrer.

immigrato [im-mi-grà-to] ***agg.*** e ***n.m.*** [f. *-a*] immigré.

immigrazione [im-mi-gra-zió-ne] ***n.f.*** immigration.
● ***ufficio immigrazione***, office national de l'immigration.

imminente [im-mi-nèn-te] ***agg.*** imminent.

imminenza [im-mi-nèn-za] ***n.f.*** imminence.

immischiare [im-mi-schià-re] ***v.tr.*** mêler: *essere immischiato in uno scandalo*, être mêlé à un scandale ♦ **immischiarsi** ***v.pron.*** se mêler (**de**).

immiserimento [im-mi-ʃe-ri-mén-to] ***n.m.*** appauvrissement.

immiserire [im-mi-ʃe-rì-re] ***v.tr.*** [coniug. come *finire*] appauvrir (*anche fig.*) ♦ **immiserirsi** ***v.pron.*** s'appauvrir (*anche fig.*).

immissario [im-mis-sà-rio] ***n.m.*** [pl. *-ri*] (*geogr.*) tributaire (d'un lac).

immissione [im-mis-sió-ne] ***n.f.*** introduction.
● (*econ.*) ***immissione di capitale***, injection de capital | (*inform.*) ***immissione di dati***, saisie de données.

immobile [im-mò-bi-le] ***agg.*** **1** immobile **2** (*dir.*) immeuble: *beni immobili*, biens immeubles ♦ ***n.m.*** (*dir.*) immeuble, bien-fonds*.

immobiliare [im-mo-bi-lià-re] ***agg.*** immobilier*.

immobiliarista [im-mo-bi-lia-rì-sta] ***n.m.*** e ***f.*** agent (*m.*) immobilier.

immobilismo [im-mo-bi-lì-ʃmo] ***n.m.*** immobilisme.

immobilità [im-mo-bi-li-tà] ***n.f.invar.*** immobilité.

immobilizzare [im-mo-bi-liʒ-ʒà-re] ***v.tr.*** immobiliser.

immobilizzazione [im-mo-bi-liʒ-ʒa-zió-ne] ***n.f.*** immobilisation.

immobilizzo [im-mo-bi-lìʒ-ʒo] ***n.m.*** immobilisation (*f.*).

immoderato [im-mo-de-rà-to] ***agg.*** immodéré.

immodestia [im-mo-dè-stia] ***n.f.*** **1** (*presunzione*) présomption **2** (*impudicizia*) manque (*m.*) de pudeur, immodestie.

immodesto [im-mo-dè-sto] ***agg.*** prétentieux*.

immodificabile [im-mo-di-fi-cà-bi-le] ***agg.*** non modifiable.

immodificato [im-mo-di-fi-cà-to] ***agg.*** immuable.

immolare [im-mo-là-re] ***v.tr.*** immoler ♦ **immolarsi** ***v.pron.*** s'immoler.

immondezza [im-mon-déz-za] ***n.f.*** **1** (*spazzatura*) ordures (*pl.*) **2** (*sporcizia*) saleté **3** (*fig.*) impureté.

immondezzaio [im-mon-dez-zà-io] ***n.m.*** [pl. *-ai*] **1** (*luogo*) (dépôt d')ordures **2** (*pattumiera*) poubelle (*f.*) **3** (*fig.*) porcherie (*f.*), dépotoir.

immondizia [im-mon-dì-zia] ***n.f.*** **1** ordures (*pl.*): *buttare nell'immondizia*, jeter aux ordures **2** (*sporcizia*) saleté.

immondo [im-món-do] ***agg.*** immonde.

immorale [im-mo-rà-le] ***agg.*** immoral*.

immoralità [im-mo-ra-li-tà] ***n.f.invar.*** immoralité.

immortalare [im-mor-ta-là-re] ***v.tr.*** immortaliser.

immortale [im-mor-tà-le] ***agg.*** immortel*.

immortalità [im-mor-ta-li-tà] *n.f.invar.* immortalité.

immotivato [im-mo-ti-và-to] *agg.* injustifié, immotivé.

immoto [im-mò-to] *agg.* immobile.

immune [im-mù-ne] *agg.* **1** immunisé | *immune da contagio*, non contaminé **2** (*esente*) exempt.

immunità [im-mu-ni-tà] *n.f.invar.* **1** immunité **2** (*esenzione*) exemption.
● ***immunità parlamentare***, immunité diplomatique, parlamentaire.

immunitario [im-mu-ni-tà-rio] *agg.* [pl.m. *-ri*] **1** (*di immunità*) d'immunité **2** (*med.*) immunitaire.

immunizzare [im-mu-niʒ-ʒà-re] *v.tr.* immuniser.

immunizzato [im-mu-niʒ-ʒà-to] *agg.* immunisé.

immunodeficienza [im-mu-no-de-fi-cièn-za] *n.f.* (*med.*) immunodéficience.

immunodepressione [im-mu-no-de-pres-sió-ne] *n.f.* (*med.*) immunodépression.

immunodepresso [im-mu-no-de-près-so] *agg.* e *n.m.* [f. *-a*] (*med.*) immunodéprimé.

immunodepressore [im-mu-no-de-pres-só-re] *n.m.* (*med.*) immunodépresseur.

immunoglobulina [im-mu-no-glo-bu-lì-na] *n.f.* (*med.*) immunoglobuline.

immunologia [im-mu-no-lo-gì-a] *n.f.* immunologie.

immunologo [im-mu-nò-lo-go] *n.m.* [f. *-a*; pl.m. *-gi*, f. *-ghe*] immunologiste.

immunoterapia [im-mu-no-te-ra-pì-a] *n.f.* (*med.*) immunothérapie.

immusonirsi [im-mu-ʃo-nìr-si] *v.pron.intr.* [coniug. come *finire*] (*fam.*) faire* la tête, se renfrogner.

immusonito [im-mu-ʃo-nì-to] *agg.* renfrogné | *è rimasto immusonito tutto il giorno*, il a fait la tête pendant toute la journée.

immutabile [im-mu-tà-bi-le] *agg.* immuable.

immutabilità [im-mu-ta-bi-li-tà] *n.f.invar.* **1** immuabilité **2** (*dir.*) immutabilité.

immutato [im-mu-tà-to] *agg.* inchangé | *con immutato affetto*, avec toute mon affection.

impacchettare [im-pac-chet-tà-re] *v.tr.* empaqueter*, emballer; (*regalo*) envelopper | *l'hanno impacchettato e messo in prigione*, (*fig.*) ils l'ont embarqué et mis en prison.

impacciare [im-pac-cià-re] *v.tr.* [coniug. come *cominciare*] **1** (*di cosa*) (*intralciare*) gêner; (*ingombrare*) encombrer: *il cappotto lo impacciava nei movimenti*, son pardessus le gênait dans ses mouvements; *dei bagagli impacciavano l'entrata*, des bagages encombraient l'entrée **2** (*di persona*) (*imbarazzare*) embarrasser, gêner: *la sua presenza mi impaccia*, sa présence me gêne.

impacciato [im-pac-cià-to] *agg.* **1** embarrassé, gêné; (*ingombro*) encombré: *un'aria impacciata*, un air embarrassé (*o* gêné); *ha le mani impacciate da pacchi*, il a les mains encombrées de paquets **2** (*goffo*) gauche: *avere modi impacciati*, avoir des manières gauches.

impaccio [im-pàc-cio] *n.m.* [pl. *-ci*] embarras, gêne (*f.*); (*oggetto ingombrante*) objet encombrant: *dare impaccio*, gêner; *togliete questi impacci*, enlevez ces objets encombrants | *risponde sempre con impaccio*, il répond toujours avec gêne (*o* gauchement).
● ***essere d'impaccio***, gêner: *mi sei più d'impaccio che di aiuto*, au lieu de m'aider tu me gênes | ***togliersi d'impaccio***, se tirer d'embarras | ***trovarsi in impaccio***, se trouver dans l'embarras.

impacco [im-pàc-co] *n.m.* [pl. *-chi*] compresse (*f.*).

impadronirsi [im-pa-dro-nìr-si] *v.pron.intr.* [coniug. come *finire*] **1** s'emparer: *impadronirsi di qlco*, s'emparer de qqch | *si è impadronito delle mie idee*, il s'est approprié mes idées **2** (*imparare*) acquérir* la maîtrise: *non si è ancora impadronito del mestiere*, il n'a pas encore son métier bien en main.

impagabile [im-pa-gà-bi-le] *agg.* (*di cosa*) inestimable; (*di persona*) irremplaçable | *è un tipo impagabile*, (*scherz.*) il est impayable.

impaginare [im-pa-gi-nà-re] *v.tr.* (*tip.*) mettre* en pages, maquetter.

impaginato [im-pa-gi-nà-to] *agg.* (*tip.*) mis en pages ♦ *n.m.* épreuve (*f.*) mise en pages.

impaginazione [im-pa-gi-na-zió-ne] *n.f.* (*tip.*) mise en pages.

impagliare [im-pa-glià-re] *v.tr.* empailler.

impagliatore [im-pa-glia-tó-re] *n.m.* [f. *-trice*] empailleur*.

impagliatura [im-pa-glia-tù-ra] *n.f.* empaillage (*m.*).

impalarsi [im-pa-làr-si] *v.pron.intr.* se planter | *impalarsi sull'attenti*, se figer au garde-à-vous.

impalato [im-pa-là-to] *agg.* planté: *non star lì impalato*, (*fam.*) ne reste pas planté là.

impalcatura [im-pal-ca-tù-ra] *n.f.* **1** (*edil.*) échafaudage (*m.*); (*struttura portante*) charpente **2** (*fig.*) structure | *l'impalcatura dello Stato*, les piliers de l'État **3** (*di albero*) embranchement (*m.*).

impallidire [im-pal-li-dì-re] *v.intr.* [coniug. come *finire*; aus. *essere*] pâlir: *è impallidita*, elle a pâli | *impallidire dalla paura*, blêmir de peur.

impallinare [im-pal-li-nà-re] *v.tr.* cribler de balles.

impalmare [im-pal-mà-re] *v.tr.* épouser.

impalpabile [im-pal-pà-bi-le] *agg.* impalpable.

impaludarsi [im-pa-lu-dàr-si] *v.pron.* e *pron.intr.* (*impelagarsi*) s'enliser.

impanare[1] [im-pa-nà-re] *v.tr.* (*cuc.*) paner.

impanare[2] *v.tr.* (*tecn.*) fileter*.

impanato[1] [im-pa-nà-to] *agg.* (*cuc.*) pané.

impanato[2] *agg.* (*tecn.*) fileté.

impannata [im-pan-nà-ta] *n.f.* châssis (*m.*) de fenêtre.

impantanarsi [im-pan-ta-nàr-si] *v.pron.intr.* s'enliser (*anche fig.*).

impaperarsi [im-pa-pe-ràr-si] *v.pron.intr.* s'embrouiller | *mi sono impaperato*, la langue m'a fourché.

impappinarsi [im-pap-pi-nàr-si] *v.pron.intr.* s'empêtrer.

imparabile [im-pa-rà-bi-le] *agg.* (*calcio*) imparable.

imparare [im-pa-rà-re] *v.tr.* apprendre*: *imparare un mestiere*, apprendre un métier | *devi imparare a vivere!*, apprends donc à vivre! | *impara come si fa!*, prends-en de la graine!
● ***imparare a memoria***, apprendre par cœur | ***imparare a proprie spese***, apprendre à ses dépens | ***impara l'arte e mettila da parte***, ce qui a été bien appris servira tôt ou tard | ***così impari!***, ça t'apprendra! | ***finalmente hai imparato la lezione!***, (*fam.*) tu as fini par comprendre! | (*prov.*) ***sbagliando s'impara***, c'est en forgeant qu'on devient forgeron.

imparaticcio [im-pa-ra-tìc-cio] *n.m.* [pl. *-ci*] **1** carré d'essai **2** (*fig.*) à-peu-près* | *il suo discorso sa d'imparaticcio*, son discours sent l'improvisation.

impareggiabile [im-pa-reg-già-bi-le] ***agg.*** incomparable, sans pareil.

imparentarsi [im-pa-ren-tàr-si] ***v.pron.*** s'apparenter.

imparentato [im-pa-ren-tà-to] ***agg.*** apparenté (**à**): *sono imparentati*, ils sont parents; *è imparentato con un mio amico*, il est de la famille d'un de mes amis.

impari [im-pa-ri] ***agg.invar.*** **1** inégal* **2** (*inferiore*) inférieur **3** (*dispari*) impair.

imparità [im-pa-ri-tà] ***n.f.invar.*** inégalité.

imparruccato [im-par-ruc-cà-to] ***agg.*** coiffé d'une perruque.

impartire [im-par-tì-re] ***v.tr.*** [coniug. come *finire*] donner.

imparziale [im-par-zià-le] ***agg.*** impartial*.

imparzialità [im-par-zia-li-tà] ***n.f.invar.*** impartialité.

impassibile [im-pas-sì-bi-le] ***agg.*** impassible: *ascoltava impassibile*, il écoutait d'un air impassible.

I

impassibilità [im-pas-si-bi-li-tà] ***n.f.invar.*** impassibilité.

impastare [im-pa-stà-re] ***v.tr.*** **1** pétrir; (*mescolare*) mélanger*: *impastare la farina con le uova*, mélanger les œufs à la farine **2** (*calce ecc.*) gâcher ♦ **impastarsi** ***v.pron.*** (*fam.*) (*sbattere con l'auto*) se manger (le trottoir, un platane).

impastato [im-pa-stà-to] ***agg.*** **1** pétri (*anche fig.*): *impastato di orgoglio*, pétri d'orgueil | *avere la bocca impastata*, avoir la bouche pâteuse | *occhi impastati di sonno*, des yeux pleins de sommeil **2** (*di calce ecc.*) gâché.

impastatrice [im-pa-sta-trì-ce] ***n.f.*** (*macchina*) (*per pane*) pétrisseuse; (*per cemento ecc.*) malaxeur (*m.*).

impasticcarsi [im-pa-stic-càr-si] ***v.pron.*** [coniug. come *mancare*] **1** (*drogarsi*) se droguer **2** (*fam.*) (*di medicinali o pillole*) se bourrer de médicaments, de cachets.

impasto [im-pà-sto] ***n.m.*** **1** pétrissage; (*di colori*) empâtement; (*di calce ecc.*) gâchage **2** (*pasta*) pâte (*f.*) **3** (*fig.*) mélange.

impastoiare [im-pa-sto-ià-re] ***v.tr.*** entraver.

impataccare [im-pa-tac-cà-re] ***v.tr.*** [coniug. come *mancare*] tacher, salir ♦ **impataccarsi** ***v.pron.*** se tacher, se salir.

impatto [im-pàt-to] ***n.m.*** impact.

impaurire [im-pau-rì-re] ***v.tr.*** [coniug. come *finire*] effrayer*, faire* peur (**à**) ♦ **impaurirsi** ***v.pron.*** s'effrayer*, s'affoler.

impaurito [im-pau-rì-to] ***agg.*** effrayé, apeuré, affolé.

impavido [im-pà-vi-do] ***agg.*** intrépide, impavide.

impaziente [im-pa-zièn-te] ***agg.*** impatient.

impazientemente [im-pa-zien-te-mén-te] ***avv.*** impatiemment.

impazientirsi [im-pa-zien-tìr-si] ***v.pron.*** [coniug. come *finire*] s'impatienter, perdre* patience.

impazienza [im-pa-zièn-za] ***n.f.*** impatience.

impazzare [im-paz-zà-re] ***v.intr.*** [aus. *essere*] (*di feste ecc.*) battre* son plein; (*di persone*) faire* la fête, (*far furore*) faire* fureur.

impazzata, all' [al-l'im-paz-zà-ta] ***avv.*** comme un fou*.

impazzimento [im-paz-zi-mén-to] ***n.m.*** **1** folie (*f.*) **2** (*della bussola*) affolement.

impazzire [im-paz-zì-re] ***v.intr.*** [coniug. come *finire*; aus. *essere*] **1** devenir* fou*: *fare impazzire*, rendre fou **2** (*fig.*) (*tribolare*) se donner un mal fou; (*perdere la testa*) perdre la tête: *impazzire per una donna*, perdre la tête pour une femme **3** (*di bussola*) s'affoler **4** (*cuc.*) tourner.
● ***c'è da impazzire!***, de quoi devenir fou!; (*fam.*) c'est de la folie!

impeccabile [im-pec-cà-bi-le] ***agg.*** impeccable; (*fam.*) impec.

impedenza [im-pe-dèn-za] ***n.f.*** (*elettr.*) impédance.

impedimento [im-pe-di-mén-to] ***n.m.*** **1** empêchement; (*ostacolo*) obstacle: *sono stato trattenuto da alcuni impedimenti*, j'ai été retenu par des empêchements (*o* contretemps); *superare un impedimento*, surmonter un obstacle **2** (*dir.*) empêchement: *impedimento dirimente*, empêchement dirimant.
● ***essere d'impedimento (a)***, être un obstacle (*o* une entrave) (à).

impedire [im-pe-dì-re] ***v.tr.*** [coniug. come *finire*] **1** empêcher: *impedire l'ingresso*, empêcher l'accès; *impedirò con tutte le mie forze che egli se ne vada*, j'empêcherai de toutes mes forces qu'il s'en aille; *bisognava impedire che il prigioniero fuggisse*, il fallait empêcher que le prisonnier (ne) s'enfuie **2** (*ostruire*) obstruer; (*ingombrare*) encombrer: *un macigno impedisce il passaggio*, une grosse pierre obstrue le passage **3** (*impacciare*) gêner: *questa gonna mi impedisce i movimenti*, cette jupe gêne mes mouvements.

> **NOTA** Con il verbo ***empecher***, che traduce ***impedire***, quando i verbi della frase reggente e della subordinata sono alla forma positiva, il congiuntivo della subordinata può essere preceduto da ***ne*** espletivo:
>
> ***Bisogna*** *impedire che i bambini si* ***facciano*** *male.*
> Il faut empêcher que les enfants **ne** se fassent du mal.
>
> L'espressione ***impedire a qualcuno (di fare qualcosa)*** si traduce, senza la preposizione, 'empêcher quelqu'un (de faire quelque chose)':
>
> *Con le tue chiacchiere, impedisci agli altri di dormire.*
> **SI** Avec tes bavardages tu **empêches les** autres de dormir.
> **NO** Avec tes bavardages tu **empêches aux** autres de dormir.

impedito [im-pe-dì-to] ***agg.*** (*ingombro*) encombré, embarrassé; (*impacciato*) gêné; (*immobilizzato*) immobilisé; (*sbarrato, ostruito*) bouché, obstrué.

impegnare [im-pe-gnà-re] ***v.tr.*** **1** (*dare in pegno*) engager*; (*investire denaro*) engager*, investir: *impegnare dei gioielli*, engager des bijoux; *impegnare dei capitali in un affare*, engager (*o* investir) des capitaux dans une affaire **2** (*fig.*) engager*; (*obbligare*) obliger*: *una risposta che non impegna*, une réponse qui n'engage pas (*o* qui n'est pas compromettante); *la sua carica lo impegna a mantenere un certo livello di vita*, sa charge l'oblige à un certain niveau de vie | *impegnare la propria parola*, engager sa parole **3** (*tenere occupato*) occuper; (*nel tempo*) prendre*: *è un lavoro che impegna trenta persone*, c'est un travail qui occupe trente personnes; *è un lavoro che gli impegna molto tempo*, c'est un travail qui lui prend beaucoup de temps **4** (*prenotare*) retenir*; (*ingaggiare*) engager*: *ho impegnato un taxi per domani mattina*, j'ai retenu un taxi pour demain matin; *impegnare qlcu in qlco*, engager qqn à (faire) qqch **5** (*intraprendere*) engager*: *impegnare una discussione*, engager une discussion | (*mil.*) *impegnare battaglia*, engager la (*o* livrer) bataille ♦ **impegnarsi** ***v.pron.*** **1** (*fare con impegno*) s'engager*; (*applicarsi*) s'appliquer: *si era impegnato a fondo nella lotta*, il s'était engagé à fond dans la lutte; *devi im-*

pegnarti di più nello studio, tu dois t'appliquer davantage à l'étude **2** (*promettere, garantire*) s'engager* (**à**); (*prendere degli impegni*) prendre* des engagements: *si è impegnato a terminare il suo lavoro al più presto*, il s'est engagé à terminer le travail au plus vite; *ormai non posso dire di no, mi sono impegnato*, je ne peux plus refuser, je me suis engagé; *perché ti sei impegnato quando sapevi di non avere tempo?*, pourquoi as-tu pris des engagements alors que tu savais que tu n'avais pas le temps? **3** (*essere coinvolto, partecipare*) s'engager*: *non voglio impegnarmi in una faccenda del genere*, je ne veux pas m'engager dans une affaire pareille **4** (*farsi garante*) se rendre* garant, se porter garant: *impegnarsi per qlcu*, se rendre (*o* se porter) garant pour qqn.

impegnativa [im-pe-gna-tì-va] *n.f.* prise en charge.

impegnativo [im-pe-gna-tì-vo] *agg.* qui engage; (*compromettente*) compromettant; (*di lavoro*) absorbant; (*importante*) important: *bada, è una risposta molto impegnativa*, prends garde, c'est une réponse qui t'engage beaucoup; *una risposta poco impegnativa*, une réponse peu compromettante; *è un lavoro troppo impegnativo*, c'est un travail trop absorbant; *un'opera molto impegnativa*, une œuvre très importante.

impegnato [im-pe-gnà-to] *agg.* **1** (*dato in pegno*) engagé: *ritirare un oggetto impegnato*, retirer un objet engagé **2** (*preso, occupato*) pris, occupé: *stasera non posso, sono impegnato*, ce soir je ne peux pas, je suis pris; *il ministro sarà impegnato fino alla settimana prossima*, Monsieur le ministre sera occupé jusqu'à la semaine prochaine **3** (*fissato, prenotato*) retenu: *queste automobili sono già impegnate*, ces voitures sont déjà retenues **4** (*vincolato, obbligato*) tenu, obligé: *mi sento impegnato a farlo*, je me sens tenu de le faire **5** (*di artista, opera d'arte ecc.*) engagé: *la letteratura impegnata*, la littérature engagée.

impegno [im-pé-gno] *n.m.* **1** engagement: *assumere, contrarre un impegno*, contracter un engagement; *mancare, venir meno a un impegno*, rompre (*o* manquer à) un engagement | *è un uomo pieno di impegni*, c'est un homme très pris **2** (*zelo*) zèle: *mette sempre molto impegno in quello che fa*, il fait toujours preuve de beaucoup de zèle **3** (*fig.*) engagement.
● ***impegni di lavoro***, obligations professionnelles | ***mettercisi d'impegno***, prendre les choses à cœur | ***senza impegno***, sans engagement de votre part, sans obligation de ta part: *può provare questo aspirapolvere senza impegno*, vous pouvez essayer cet aspirateur sans engagement de votre part.

impegolare [im-pe-go-là-re] *v.tr.* poisser ♦ **impegolarsi** *v.pron.* **1** se poisser **2** (*fig.*) s'enfoncer*; (*cacciarsi*) se fourrer.

impelagarsi [im-pe-la-gàr-si] *v.pron.* [coniug. come *legare*] s'engager*; (*cacciarsi*) se fourrer.

impellente [im-pel-lèn-te] *agg.* impérieux*, pressant.

impellicciato [im-pel-lic-cià-to] *agg.* enveloppé dans une fourrure.

impenetrabile [im-pe-ne-trà-bi-le] *agg.* impénétrable.

impenitente [im-pe-ni-tèn-te] *agg.* impénitent.

impennacchiato [im-pen-nac-chià-to] *agg.* empanaché.

impennaggio [im-pen-nàg-gio] *n.m.* [pl. *-gi*] (*aer.*) empennage.

impennarsi [im-pen-nàr-si] *v.pron.intr.* **1** se cabrer **2** (*fig.*) (*inalberarsi*) s'emporter.

impennata [im-pen-nà-ta] *n.f.* **1** (*di cavallo*) cabrement (*m.*) **2** (*di aereo*) cabrage (*m.*) **3** (*fig.*) (*di persona*) emportement (*m.*) **4** (*brusco rialzo*) *hausse.

impensabile [im-pen-sà-bi-le] *agg.* impensable.

impensato [im-pen-sà-to] *agg.* (*inaspettato*) imprévu; (*insospettato*) insoupçonné.

impensierire [im-pen-sie-rì-re] *v.tr.* [coniug. come *finire*] préoccuper, inquiéter* ♦ **impensierirsi** *v.pron.intr.* se préoccuper, s'inquiéter*.

impensierito [im-pen-sie-rì-to] *agg.* préoccupé, inquiété.

imperante [im-pe-ràn-te] *agg.* dominant.

imperare [im-pe-rà-re] *v.intr.* [aus. *avere*] dominer; (*regnare*) régner*.

imperativo [im-pe-ra-tì-vo] *agg.* e *n.m.* impératif* (*anche gramm.*).
● (*fil.*) ***imperativo categorico, ipotetico***, impératif catégorique, hypothétique.

imperatore [im-pe-ra-tó-re] *n.m.* empereur.

imperatrice [im-pe-ra-trì-ce] *n.f.* impératrice.

impercettibile [im-per-cet-tì-bi-le] *agg.* imperceptible.

impercorribilità [im-per-cor-ri-bi-li-tà] *n.f.invar.* impraticabilité.

imperdonabile [im-per-do-nà-bi-le] *agg.* impardonnable.

imperfetto [im-per-fèt-to] *agg.* e *n.m.* imparfait (*anche gramm.*).

> **NOTA** Quando il congiuntivo ***imperfetto*** italiano deve essere tradotto con un congiuntivo, in francese si usa preferibilmente il congiuntivo presente:
> *Vorrei che se ne* ***andassero*** *subito.*
> Je voudrais qu'ils s'en **aillent** tout de suite.
> Si può tuttavia usare il congiuntivo imperfetto alla 3ª persona singolare:
> *Benché* ***fosse*** *molto malato, continuava a viaggiare.*
> *Bien qu'il* ***fût*** très malade, il continuait de voyager.

imperfezione [im-per-fe-zió-ne] *n.f.* imperfection.

imperiale[1] [im-pe-rià-le] *agg.* impérial*.

imperiale[2] *n.m.* (*di veicoli*) impériale (*f.*).

imperialismo [im-pe-ria-lì-ʃmo] *n.m.* impérialisme.

imperialista [im-pe-ria-lì-sta] *n.m.* e *f.* impérialiste.

imperialistico [im-pe-ria-lì-sti-co] *agg.* [pl.m. *-ci*, f. *-che*] impérialiste.

imperioso [im-pe-rió-so] *agg.* impérieux*.

imperituro [im-pe-ri-tù-ro] *agg.* impérissable.

imperizia [im-pe-rì-zia] *n.f.* inhabilité; (*inesperienza*) inexpérience.

imperlare [im-per-là-re] *v.tr.* emperler ♦ **imperlarsi** *v.pron.intr.* perler (**à**, **sur**).

impermalirsi [im-per-ma-lìr-si] *v.pron.intr.* [coniug. come *finire*] se piquer, s'irriter.

impermalito [im-per-ma-lì-to] *agg.* piqué, irrité.

impermeabile [im-per-me-à-bi-le] *agg.* imperméable ♦ *n.m.* (manteau*) imperméable; (*fam.*) imper.

impermeabilità [im-per-me-a-bi-li-tà] *n.f.invar.* imperméabilité.

impermeabilizzare [im-per-me-a-bi-liʒ-ʒà-re] *v.tr.* imperméabiliser.

impermeabilizzazione [im-per-me-a-bi-liʒ-ʒa-zió-ne] *n.f.* imperméabilisation.

imperniare [im-per-nià-re] *v.tr.* **1** monter sur un pivot

2 (*fig.*) axer, centrer | *tutto il lavoro è imperniato su di lui*, tout le travail repose sur lui ♦ **imperniarsi** *v.pron.intr.* 1 pivoter 2 (*fig.*) rouler, tourner | *la faccenda s'impernia su di lui*, il est le pivot de l'affaire.

impero [im-pè-ro] *n.m.* empire.
● *stile Impero*, style Empire.

imperscrutabile [im-per-scru-tà-bi-le] *agg.* impénétrable.

impersonale [im-per-so-nà-le] *agg.* impersonnel*.

impersonare [im-per-so-nà-re] *v.tr.* 1 personnifier; (*rappresentare concretamente*) incarner 2 (*di attori*) (*interpretare*) incarner le rôle (de) ♦ **impersonarsi** *v.pron.* e *pron.intr.* 1 s'incarner 2 (*di attori*) se mettre* dans la peau du personnage.

imperterrito [im-per-tèr-ri-to] *agg.* imperturbable.

impertinente [im-per-ti-nèn-te] *agg.* e *n.m.* e *f.* impertinent/e.

impertinenza [im-per-ti-nèn-za] *n.f.* impertinence.

imperturbabile [im-per-tur-bà-bi-le] *agg.* imperturbable.

imperturbabilità [im-per-tur-ba-bi-li-tà] *n.f.invar.* imperturbabilité.

imperversare [im-per-ver-sà-re] *v.intr.* [aus. *avere*] 1 sévir, faire* rage 2 (*di persona*) (*infierire*) sévir 3 (*scherz.*) (*furoreggiare*) faire* fureur.

impervio [im-pèr-vio] *agg.* [pl.m. *-vi*] inaccessible.

impetigine [im-pe-tì-gi-ne] *n.f.* (*med.*) impétigo (*m.*).

impeto [ìm-pe-to] *n.m.* 1 impétuosité (*f.*); (*violenza*) violence (*f.*): *l'impeto di un assalto*, l'impétuosité d'un assaut; *l'impeto delle acque*, la violence des eaux | *nell'impeto della corsa*, en pleine course 2 (*fig.*) (*slancio*) élan; (*accesso*) accès | *con impeto*, avec fougue | *nell'impeto della discussione*, dans le feu de la discussion 3 (*fig.*) assaut: *l'impeto nemico*, l'assaut ennemi.
● ***d'impeto***, par impulsion: *agire d'impeto*, agir par impulsion.

impetrare [im-pe-trà-re] *v.tr.* 1 (*ottenere supplicando*) obtenir* par des prières 2 (*domandare supplicando*) implorer.

impettito [im-pet-tì-to] *agg.* plastronnant, paradant: *e se ne andò via tutto impettito*, et, paradant (*o* fier comme un paon *o* bombant le torse), il s'en alla.

impetuosità [im-pe-tu-o-si-tà] *n.f.invar.* impétuosité (*anche fig.*).

impetuoso [im-pe-tu-ó-so] *agg.* 1 impétueux*: *vento impetuoso*, vent impétueux (*o* déchaîné) 2 (*fig.*) fougueux*, vif*; (*impulsivo*) impulsif*; (*veemente*) véhément: *un oratore impetuoso*, un orateur impétueux (*o* fougueux); *un temperamento impetuoso*, un tempérament impulsif (*o* ardent); *uno slancio impetuoso*, un élan impétueux (*o* véhément).

impiallacciare [im-pial-lac-cià-re] *v.tr.* [coniug. come *cominciare*] plaquer.

impiallacciato [im-pial-lac-cià-to] *agg.* plaqué.

impiallacciatura [im-pial-lac-cia-tù-ra] *n.f.* placage (*m.*).

impiantare [im-pian-tà-re] *v.tr.* 1 installer: *impiantare uno stabilimento, un'azienda, un commercio*, installer (*o* implanter) une usine, une entreprise, un commerce 2 (*comm.*) (*aprire*) ouvrir*, établir: *impiantare un conto, una scrittura*, ouvrir un compte ♦ **impiantarsi** *v.pron.* 1 s'installer, s'établir 2 (*fam.*) se bloquer; (*di computer*) planter: *il computer si è impiantato durante il download*, mon ordi a planté pendant le téléchargement.

impiantista [im-pian-tì-sta] *n.m.* 1 (*di impianti domestici*) installateur*; (*di impianti industriali*) monteur 2 (*progettista*) technicien* spécialiste de projets et d'installations industrielles.

impiantito [im-pian-tì-to] *n.m.* plancher.

impianto [im-piàn-to] *n.m.* 1 (*tecn.*) installation (*f.*); système: *impianto di riscaldamento*, installation de chauffage; *impianto della luce, dell'acqua, del gas*, installation de l'électricité, de l'eau, du gaz; *impianto d'illuminazione*, système d'éclairage 2 (*fin.*) établissement, installation (*f.*): *capitale di primo impianto*, capital du premier établissement; *spese d'impianto*, frais d'installation 3 (*amm.*) équipement, installation (*f.*), établissement: *impianto contabile*, établissement des écritures 4 (*biol.*) implantation (*f.*), greffe (*f.*) 5 (*tessuto o organo trapiantato*) greffon; (*atto chirurgico*) implantation (*f.*); (*compressa di ormoni introdotta nel sottocutaneo*) implant, pellet; (*dell'ovulo nella mucosa uterina*) nivation (*f.*).

impiastrare [im-pia-strà-re] *v.tr.* 1 (*spalmare*) enduire* 2 (*imbrattare*) barbouiller ♦ **impiastrarsi** *v.pron.* se barbouiller.

impiastricciare [im-pia-stric-cià-re] *v.tr.* [coniug. come *cominciare*] barbouiller; (*rendere appiccicoso*) poisser ♦ **impiastricciarsi** *v.pron.* e *pron.intr.* se barbouiller.

impiastro [im-pià-stro] *n.m.* 1 emplâtre: *impiastro di semi di lino*, emplâtre de farine de lin 2 (*fig. fam.*) (*persona noiosa, insopportabile*) plaie (*f.*) | *che impiastro!*, quelle plaie! 3 (*fig.*) (*disastro*) calamité (*f.*) | *sei un impiastro!*, tu es une vraie calamité!

impiccagione [im-pic-ca-gió-ne] *n.f.* pendaison: *condannare all'impiccagione*, condamner à être pendu.

impiccare [im-pic-cà-re] *v.tr.* [coniug. come *mancare*] 1 pendre* 2 (*estens.*) (*stringere alla gola*) étrangler: *questo colletto, questa cravatta lo impicca*, ce faux col, cette cravate l'étrangle 3 (*fig.*) (*incalzare, mettere in difficoltà*) prendre* à la gorge: *sono impiccato dal lavoro, dalle scadenze*, je suis pris à la gorge par le travail, par les échéances ♦ **impiccarsi** *v.pron.* se pendre*.
● ***impiccati!***, (*fam.*) va te faire pendre! | ***neanche se lo impiccassero*** (o ***a impiccarlo***), pour rien au monde: *non lo farebbe neanche se lo impiccassero, neanche a impiccarlo*, il ne le ferait pour rien au monde; on le tuerait qu'il ne le ferait pas.

impiccato [im-pic-cà-to] *agg.* e *n.m.* [f. *-a*] pendu.

impicciare [im-pic-cià-re] *v.tr.* [coniug. come *cominciare*] gêner ♦ **impicciarsi** *v.pron.intr.* se mêler.

impiccio [im-pìc-cio] *n.m.* [pl. *-ci*] 1 (*fastidio*) gêne (*f.*) 2 (*guaio*) pétrin; (*situazione imbrogliata*) embarras.
● ***essere d'impiccio a qlcu***, être une gêne pour qqn | ***è un bell'impiccio!***, quelle poisse! | ***mettere in un impiccio***, mettre dans le pétrin: *ti sei messo in un bell'impiccio*, te voilà dans de beaux draps!

impiccione [im-pic-ció-ne] *n.m.* [f. *-a*] indiscret*, importun.

impiegare [im-pie-gà-re] *v.tr.* [coniug. come *legare*] 1 employer*; (*utilizzare*) utiliser: *impiegare utilmente il proprio tempo*, employer utilement son temps; *per il riscaldamento impieghiamo la nafta*, pour le chauffage nous utilisons le mazout | *come impieghi il tuo tempo libero?*, comment occupes-tu tes loisirs? | *impiega il cervello!*, (*fam.*) fais travailler ta matière grise! 2 (*con riferimento al tempo*) (*occorrere*) falloir*; (*metterci*) y mettre*: *impiegheremo almeno tre ore per arrivare a destinazione*, il nous faudra au moins trois heures pour arriver à destination; *impiegheremo il tempo che ci vorrà*, nous y mettrons le temps qu'il faudra; *quanto (tempo) impieghi per andare al lavoro?*, tu mets combien de temps pour aller au travail? 3 (*con riferimento al denaro*) engager*; (*investire*) investir: *impiegare una forte somma in speculazioni*, engager une forte somme dans des spéculations; *impiegare il patrimonio in case*, investir sa fortune dans des immeubles 4 (*occupare, assumere*) employer*: *la nostra ditta impiega più di cento operai*, notre société emploie plus de cent ouvriers | *ha impiegato il nipote nell'azienda*, il a embauché son neveu dans son entreprise ♦ **impiegarsi** *v.pron.* trouver un emploi, une situation: *si è impiegato molto bene*, il a trouvé une très bonne situation.

impiegata [im-pie-gà-ta] *n.f.* employée.

impiegatizio [im-pie-ga-ti-zio] *agg.* [pl.m. *-zi*] de bureau; (*degli impiegati*) d'employé, des employés (de bureau): *qualifica impiegatizia*, qualification d'employé; *lavoro impiegatizio*, travail de bureau | *ceto impiegatizio, classe impiegatizia*, catégorie des employés (de bureau).

impiegato [im-pie-gà-to] *n.m.* employé: *impiegato di concetto, d'ordine*, employé de bureau, subalterne; *fare l'impiegato, essere impiegato*, être employé; *è impiegato a tempo pieno alla FIAT, nella ditta X*, il est employé plein temps chez FIAT, de la société X ♦ *agg.* 1 employé, utilisé: *denaro, tempo bene impiegato*, argent, temps bien employé 2 (*assunto*) employé: *un operaio impiegato a tempo pieno*, un ouvrier employé à plein temps 3 (*fin.*) placé, investi.

● ***impiegato comunale***, employé municipal | ***impiegato di banca***, employé de banque | ***impiegato statale***, fonctionnaire (de l'État).

impiego [im-piè-go] *n.m.* [pl. *-ghi*] 1 emploi; (*utilizzazione*) utilisation (*f.*): *impiego del tempo*, emploi du temps; *campo d'impiego di un materiale*, champ d'utilisation (*o* d'application) d'un matériel 2 (*comm., fin.*) (*di denaro*) placement, investissement 3 (*occupazione*) emploi, situation (*f.*): *ha un buon impiego*, il a une belle situation.

● ***impiego a mezza giornata, a tempo parziale***, emploi à mi-temps | ***impiego statale***, poste de fonctionnaire (de l'Etat) | ***pubblico impiego***, Administration.

impietosire [im-pie-to-sì-re] *v.tr.* [coniug. come *finire*] apitoyer* ♦ **impietosirsi** *v.pron.intr.* s'apitoyer*.

impietoso [im-pie-tó-so] *agg.* impitoyable.

impietrire [im-pie-trì-re] *v.tr.* [coniug. come *finire*] pétrifier (*anche fig.*) ♦ *v.intr.* [aus. *avere*] se pétrifier; (*fig.*) être* pétrifié: *rimase impietrito*, il resta pétrifié ♦ **impietrirsi** *v.pron.* se pétrifier; (*fig.*) être* pétrifié.

impigliare [im-pi-glià-re] *v.tr.* accrocher ♦ **impigliarsi** *v.pron.intr.* 1 s'accrocher (à); (*rimanere preso*) rester pris: *la gonna le s'impigliò negli arbusti*, sa jupe s'accrocha aux arbustes 2 (*fig.*) s'empêtrer.

impigrire [im-pi-grì-re] *v.tr.* [coniug. come *finire*] rendre* paresseux* ♦ **impigrirsi** *v.pron.* devenir* paresseux*.

impilabile [im-pi-là-bi-le] *agg.* empilable.

impinguare [im-pin-guà-re] *v.tr.* (*riempire*) remplir; (*farcire*) farcir, trouffer.

impiombatura [im-piom-ba-tù-ra] *n.f.* 1 plombage (*m.*) 2 (*mar.*) épissure.

implacabile [im-pla-cà-bi-le] *agg.* implacable, acharné.

implantologia [im-plan-to-lo-gì-a] *n.f.* (*med.*) implantologie.

implementare [im-ple-men-tà-re] *v.tr.* (*inform.*) mettre* en œuvre, créer.

implicare [im-pli-cà-re] *v.tr.* [coniug. come *mancare*] 1 impliquer: *l'amministratore fu implicato nel fallimento*, l'administrateur fut impliqué dans la faillite 2 (*comportare, significare*) impliquer: *ciò non implica che tu abbia ragione*, cela n'implique pas que tu aies raison.

implicazione [im-pli-ca-zió-ne] *n.f.* implication.

implicito [im-plì-ci-to] *agg.* implicite.

● (*gramm.*) ***proposizione implicita***, proposition impersonnelle.

implodere [im-plò-de-re] *v.intr.* [coniug. come *esplodere*; aus. *essere*] imploser.

implorare [im-plo-rà-re] *v.tr.* implorer.

implorazione [im-plo-ra-zió-ne] *n.f.* imploration.

implosione [im-plo-ʃió-ne] *n.f.* implosion.

imploso *p.p.* di **implodere**.

implume [im-plù-me] *agg.* sans plumes.

impollinazione [im-pol-li-na-zió-ne] *n.f.* pollinisation.

impoltronire [im-pol-tro-nì-re] *v.tr.* [coniug. come *finire*] rendre* paresseux* ♦ *v.intr.* [aus. *essere*] devenir* paresseux* ♦ **impoltronirsi** *v.pron.* devenir* paresseux*.

impolverare [im-pol-ve-rà-re] *v.tr.* couvrir* de poussière ♦ **impolverarsi** *v.pron.intr.* se couvrir* de poussière.

impolverato [im-pol-ve-rà-to] *agg.* couvert de poussière.

impomatare [im-po-ma-tà-re] *v.tr.* pommader ♦ **impomatarsi** *v.pron.* se pommader.

impomatato [im-po-ma-tà-to] *agg.* pommadé.

imponderabile [im-pon-de-rà-bi-le] *agg.* e *n.m.* impondérable.

imponente [im-po-nèn-te] *agg.* imposant.

imponenza [im-po-nèn-za] *n.f.* majesté.

imponibile [im-po-nì-bi-le] *agg.* (*fin.*) imposable ♦ *n.m.* (*fin.*) assiette (*f.*) de l'impôt.

impopolare [im-po-po-là-re] *agg.* impopulaire.

impopolarità [im-po-po-la-ri-tà] *n.f.invar.* impopularité.

imporporarsi [im-por-po-ràr-si] *v.pron.intr.* 1 s'empourprer 2 (*arrossire*) rougir.

imporre [im-pór-re] *v.tr.* [coniug. come *porre*] 1 imposer: *imporre una tassa, un tributo*, imposer une taxe, un tribut 2 (*ordinare*) imposer: *imporre il silenzio*, imposer le silence 3 (*esigere*) demander, exiger*: *la situazione impone la massima cautela*, la situation exige la plus grande prudence ♦ **imporsi** *v.pron.* e *pron.intr.* s'imposer: *imporsi all'attenzione di qlcu*, s'imposer à l'attention de qqn; *si impone un cambiamento radicale*, un changement radical s'impose; *si impone che tu prenda una rapida decisione*, une décision rapide s'impose.

import [ìm-port] *n.m.invar.* (*comm.*) importation (*f.*).

● ***import-export***, import-export: *una ditta di import-export*, une société d'import-export.

importabile [im-por-tà-bi-le] *agg.* importable.

importante [im-por-tàn-te] *agg.* e *n.m.* important.

importanza [im-por-tàn-za] *n.f.* importance: *cosa di nessuna importanza*, chose sans importance; *non ha importanza!*, c'est sans importance! | *darsi (arie d')importanza*, se donner des airs (importants).

importare[1] [im-por-tà-re] *v.tr.* (*econ.*) importer (*anche estens.*).

importare[2] *v.intr.* importer: *mi importa la tua felicità*,

I

ton bonheur m'importe ♦ *v.intr.impers.* **1** importer, être* important; (*avere importanza*) avoir* de l'importance: *importa sapere che*, il importe de savoir que; *che (cosa) importa?*, qu'importe?; *certo che m'importa*, bien sûr que ça m'importe; *che importa se piove?*, qu'importe s'il pleut? | *non importa, importa poco, poco importa*, peu importe; cela a peu d'importance: *se non puoi telefonarmi, non importa*, si tu ne peux pas me téléphoner, cela n'a pas d'importance | *importa molto*, cela a beaucoup d'importance | *che t'importa?*, qu'est-ce que ça peut bien te faire? | *m'importa di riuscire*, je tiens à réussir | *non importa chi, come, quando, perché*, peu importe qui, comment, quand, pourquoi | *ma che vuoi che me ne importi?*, que veux-tu que cela me fasse? | *non me ne importa un bel niente*, (*fam.*) je m'en moque pas mal | *m'importa molto!*, (*iron.*) cela m'est complètement égal! | *questo non ti deve importare*, cela ne te regarde pas **2** (*essere necessario*) être* nécessaire; (*occorrere, bisognare*) falloir*: *non importa che tu telefoni*, il n'est pas nécessaire que tu téléphones; *importa che quel ragazzo studi*, il faut que ce garçon travaille.

importatore [im-por-ta-tó-re] *agg.* e *n.m.* [f. *-trice*] importateur*.

importazione [im-por-ta-zió-ne] *n.f.* importation.
● ***diritti d'importazione***, droits d'entrée.

importo [im-pòr-to] *n.m.* **1** montant: *l'importo di una fattura*, le montant d'une facture; *una fattura dell'importo di 500 euro*, une facture s'élevant à 500 euros **2** (*estens.*) (*somma di denaro*) somme (*f.*): *fare acquisti per l'importo di*, faire des achats pour la somme de.

importunare [im-por-tu-nà-re] *v.tr.* importuner; (*disturbare*) déranger*.

importuno [im-por-tù-no] *agg.* e *n.m.* [f. *-a*] importun | *non vorrei essere importuno*, je ne voudrais pas vous déranger.

imposizione [im-po-ʃi-zió-ne] *n.f.* **1** imposition **2** (*ordine, comando*) ordre (*m.*): *non accetto imposizioni da nessuno*, je n'ai d'ordres à recevoir de personne.
● (*fin.*) ***imposizione*** (***fiscale***), impôt.

impossessarsi [im-pos-ses-sàr-si] *v.pron.intr.* s'emparer (*anche fig.*); (*appropriarsi*) s'approprier (**qqch**) | *impossessarsi di una lingua*, maîtriser une langue.

impossibile [im-pos-sì-bi-le] *agg.* e *n.m.* impossible: *è impossibile continuare così*, il est impossible de continuer ainsi | *pare impossibile!*, c'est incroyable!

impossibilità [im-pos-si-bi-li-tà] *n.f.invar.* impossibilité.

impossibilitato [im-pos-si-bi-li-tà-to] *agg.* dans l'impossibilité (**de**): *essere impossibilitato a fare qlco*, être dans l'impossibilité de faire qqch.

imposta[1] [im-pò-sta *o* impósta] *n.f.* impôt (*m.*).
● ***imposta doganale***, droits de douane | ***imposta sui beni mobili***, cote mobilière | ***esonero dalle imposte***, exonération d'impôts | ***modulo delle imposte***, feuille des contributions | ***Ufficio delle imposte***, Bureau des contributions directes.

imposta[2] *n.f.* **1** (*di finestre ecc.*) volet (*m.*) **2** (*arch.*) imposte.

impostare[1] [im-po-stà-re] *v.tr.* (*imbucare*) poster, mettre* à la boîte, mettre* à la poste.

impostare[2] *v.tr.* **1** (*tracciare*) tracer* (dans ses grandes lignes); (*un problema ecc.*) poser; (*un lavoro ecc.*) organiser: *impostare la linea politica di un partito*, tracer les lignes directrices de la politique d'un parti **2** (*fondare su*) fonder **3** (*edil.*) asseoir*, poser **4** (*mar.*) mettre* en chantier, mettre* sur cale **5** (*amm.*) (*di bilancio*) établir, dresser; (*di voce, di spesa in un bilancio*) enregistrer **6** (*tip.*) imposer.
● (*mus.*) ***impostare la voce***, placer la voix.

impostato [im-po-stà-to] *agg.* **1** (*tracciato*) tracé; (*di problema*) posé | *discorso bene impostato*, discours bien construit | *lavoro bene impostato, male impostato*, travail bien parti, mal goupillé | *il lavoro è ormai impostato*, le travail est désormais en route | (*sport*) *rovescio bene impostato*, revers techniquement au point **2** (*fondato su*) fondé.
● (*mus.*) ***voce ben impostata***, voix bien posée.

impostazione[1] [im-po-sta-zió-ne] *n.f.* postage (*m.*).

impostazione[2] *n.f.* **1** (*di progetto, di piano*) esquisse; (*di questione, di problema*) position; (*di un lavoro ecc.*) organisation | (*sport*) *ha una buona impostazione*, il a une bonne technique **2** (*edil.*) assiette, assise **3** (*mar.*) mise en chantier, mise sur cale **4** (*tip.*) imposition.
● (*mus.*) ***impostazione della voce***, pose de la voix | (*amm.*): ***impostazione di bilancio***, établissement d'un bilan; ***impostazione di un conto***, enregistrement d'un compte; ***impostazione di una spesa in un bilancio***, inscription d'une dépense au bilan.

imposto [im-pó-sto] *agg.* imposé: *prezzi imposti*, prix imposés.

impostore [im-po-stó-re] *n.m.* [f. *-a*] imposteur.

impostura [im-po-stù-ra] *n.f.* imposture.

impotente [im-po-tèn-te] *agg.* e *n.m.* impuissant (*anche med.*).

impotenza [im-po-tèn-za] *n.f.* impuissance (*anche med.*).

impoverimento [im-po-ve-ri-mén-to] *n.m.* appauvrissement (*anche fig.*).

impoverire [im-po-ve-rì-re] *v.tr.* [coniug. come *finire*] appauvrir ♦ *v.intr.* [aus. *essere*] s'appauvrir (*anche fig.*) ♦ **impoverirsi** *v.pron.* s'appauvrir (*anche fig.*).

impoverito [im-po-ve-rì-to] *agg.* appauvri.

impraticabile [im-pra-ti-cà-bi-le] *agg.* impraticable.

impraticabilità [im-pra-ti-ca-bi-li-tà] *n.f.invar.* impraticabilité | (*sport*) *l'impraticabilità del campo*, les mauvaises conditions du terrain.

impratichire [im-pra-ti-chì-re] *v.tr.* [coniug. come *finire*] entraîner ♦ **impratichirsi** *v.pron.* s'exercer* (**à**), s'entraîner (**à**); se familiariser (**avec**): *impratichirsi nella guida dell'automobile*, s'entraîner à conduire; *impratichirsi in una lingua*, se familiariser avec une langue; *impratichirsi di un luogo*, se familiariser avec un lieu | *s'è impratichito del lavoro*, il a une bonne pratique de son travail.

imprecare [im-pre-cà-re] *v.intr.* [coniug. come *mancare*; aus. *avere*] pester.

imprecazione [im-pre-ca-zió-ne] *n.f.* imprécation.

imprecisabile [im-pre-ci-ʃà-bi-le] *agg.* indéterminable | *in data imprecisabile*, à une date indéfinie.

imprecisato [im-pre-ci-ʃà-to] *agg.* non précisé, non spécifié: *una somma imprecisata*, une certaine somme.

imprecisione [im-pre-ci-ʃió-ne] *n.f.* **1** imprécision **2** (*inesattezza*) inexactitude.

impreciso [im-pre-cì-ʃo] *agg.* imprécis.

impregnare [im-pre-gnà-re] *v.tr.* imprégner*; (*imbevere*) imbiber ♦ **impregnarsi** *v.pron.intr.* s'imprégner*.

imprendibile [im-pren-dì-bi-le] *agg.* imprenable; insaisissable.

imprenditore [im-pren-di-tó-re] ***n.m.*** [f. *-trice*] entrepreneur*.
● ***imprenditore agricolo***, exploitant agricole | ***imprenditore edile***, entrepreneur de bâtiments.

imprenditoria [im-pren-di-to-rì-a] ***n.f.*** entrepreneurs (*m.pl.*).

imprenditoriale [im-pren-di-to-rià-le] ***agg.*** entrepreneurial*: *categoria imprenditoriale*, catégorie des entrepreneurs.

imprenditorialità [im-pren-di-to-ria-li-tà] ***n.f.invar.*** **1** entrepreneuriat (*m.*) **2** (*gli imprenditori*) entrepreneurs (*m.pl.*).

impreparato [im-pre-pa-rà-to] ***agg.*** non préparé; (*non ancora pronto*) pas prêt: *alunno impreparato*, élève mal préparé; *è impreparato in francese*, il n'est pas prêt en français; *è impreparato ad affrontare la situazione*, il n'est pas prêt pour affronter cette situation; *cogliere impreparati*, prendre au dépourvu.

impreparazione [im-pre-pa-ra-zió-ne] ***n.f.*** manque (*m.*) de préparation.

impresa [im-pré-sa] ***n.f.*** **1** entreprise: *un'impresa rischiosa*, une entreprise hasardée **2** (*prodezza*) exploit (*m.*): *bell'impresa!*, (*iron.*) voilà un bel exploit! **3** (*azienda*) entreprise: *impresa agricola*, exploitation (*o* entreprise) agricole; *piccola, media impresa*, petite, moyenne entreprise.
● ***è un'impresa!***, (*fig.*) c'est toute une affaire!: *convincerlo sarà un'impresa!*, ça ne va pas être facile de le convaincre!; *via, non è un'impresa impossibile!*, allons, ce n'est pas la mer à boire!

impresario [im-pre-sà-rio] ***n.m.*** [f. *-a*; pl.m. *-ri*] **1** entrepreneur* **2** (*teatr.*) imprésario.

imprescindibile [im-pre-scin-dì-bi-le] ***agg.*** indispensable, absolument nécessaire; (*tassativo*) impératif*.

imprescrittibile [im-pre-scrit-tì-bi-le] ***agg.*** (*dir.*) imprescriptible.

impresentabile [im-pre-ʃen-tà-bi-le] ***agg.*** pas présentable.

impressionabile [im-pres-sio-nà-bi-le] ***agg.*** impressionnable.

impressionante [im-pres-sio-nàn-te] ***agg.*** impressionnant.

impressionare [im-pres-sio-nà-re] ***v.tr.*** **1** impressionner; (*turbare, scuotere*) affecter, frapper **2** (*fot.*) impressionner ♦ **impressionarsi** ***v.pron.intr.*** être* impressionné (**par**); (*essere turbato, essere scosso*) être* affecté (**par**).

impressione [im-pres-sió-ne] ***n.f.*** **1** impression: *fare buona, cattiva impressione*, faire bonne, mauvaise impression; *vederlo ridotto così mi fa una certa impressione*, cela me fait une certaine impression que de le voir réduit dans cet état; *ho la vaga impressione che*, j'ai une vague impression que; *sarà una mia impressione*, c'est peut-être une impression; *fare una grande impressione*, faire sensation **2** (*fot., tip.*) impression.

impressionismo [im-pres-sio-nì-ʃmo] ***n.m.*** (*pitt.*) impressionnisme.

impressionista [im-pres-sio-nì-sta] ***agg.*** e ***n.m.*** e ***f.*** (*pitt.*) impressionniste.

impressionistico [im-pres-sio-nì-sti-co] ***agg.*** [pl.m. *-ci*, f. *-che*] (*pitt.*) impressionniste.

impresso [im-près-so] ***agg.*** **1** gravé (*anche fig.*): *mi è rimasto impresso nella mente*, c'est gravé dans ma mémoire **2** (*tip.*) imprimé.

imprestare [im-pre-stà-re] ***v.tr.*** prêter.

imprevedibile [im-pre-ve-dì-bi-le] ***agg.*** imprévisible: *un uomo imprevedibile*, un homme plein de surprises.

imprevedibilità [im-pre-ve-di-bi-li-tà] ***n.f.invar.*** imprévisibilité.

imprevidente [im-pre-vi-dèn-te] ***agg.*** imprévoyant.

imprevidenza [im-pre-vi-dèn-za] ***n.f.*** imprévoyance.

imprevisto [im-pre-vì-sto] ***agg.*** e ***n.m.*** imprévu: *salvo imprevisti*, sauf imprévus; *in caso di imprevisti*, en cas d'imprévu.

impreziosire [im-pre-zio-sì-re] ***v.tr.*** [coniug. come *finire*] enrichir (**de**) (*anche fig.*).

imprigionare [im-pri-gio-nà-re] ***v.tr.*** emprisonner (*anche fig.*).

imprigionato [im-pri-gio-nà-to] ***agg.*** emprisonné: *imprigionato fra, sotto le macerie*, emprisonné sous les décombres; *la nave è rimasta imprigionata dai ghiacci*, le navire est resté bloqué dans les glaces; *è rimasto imprigionato nell'ingranaggio*, il est resté pris dans l'engrenage.

imprimere [im-prì-me-re] ***v.tr.*** [coniug. come *comprimere*] imprimer; (*fig.*) graver: *imprimilo bene nella testa!*, mets-le-toi bien dans la tête!; *imprimere un bacio sulle guance*, embrasser, faire une bise sur les joues ♦ **imprimersi** ***v.pron.intr.*** (*fig.*) se graver: *le sue parole si impressero nella mia mente*, ses paroles se gravèrent dans mon esprit.

improbabile [im-pro-bà-bi-le] ***agg.*** improbable.

improbabilità [im-pro-ba-bi-li-tà] ***n.f.invar.*** improbabilité.

improbo [ìm-pro-bo] ***agg.*** (*duro, faticoso*) rude: *lavoro improbo*, travail ingrat.

improcrastinabile [im-pro-cra-sti-nà-bi-le] ***agg.*** qu'on ne peut pas différer.

improduttività [im-pro-dut-ti-vi-tà] ***n.f.invar.*** improductivité.

improduttivo [im-pro-dut-tì-vo] ***agg.*** improductif* (*anche fig.*).

impronta [im-prón-ta] ***n.f.*** empreinte.
● ***impronta ecologica***, empreinte écologique | ***impronte digitali***, empreintes digitales.

improntare [im-pron-tà-re] ***v.tr.*** caractériser: *improntare di sé un'epoca*, marquer une époque ♦ **improntarsi** ***v.pron.*** *il suo viso si improntò alla collera*, la colère se peignit sur son visage.

improntato [im-pron-tà-to] ***agg.*** plein (**de**).

improntitudine [im-pron-ti-tù-di-ne] ***n.f.*** (*importunità*) importunité; (*sfacciataggine*) manque (*m.*) d'à propos.

impronunciabile [im-pro-nun-cià-bi-le] ***agg.*** imprononçable; (*da non dire*) tabou.

improperio [im-pro-pè-rio] ***n.m.*** [pl. *-ri*] injure (*f.*), insulte (*f.*).

improponibile [im-pro-po-nì-bi-le] ***agg.*** qui n'est pas proposable.

impropriamente [im-pro-pria-mén-te] ***avv.*** improprement.

improprietà [im-pro-prie-tà] ***n.f.invar.*** impropriété; (*inesattezza*) inexactitude.

improprio [im-prò-prio] ***agg.*** [pl.m. *-ri*] impropre.
● (*dir.*) ***armi improprie***, objets employés improprement comme des armes | (*mat.*) ***frazione impropria***, nombre fractionnaire.

improrogabile [im-pro-ro-gà-bi-le] ***agg.*** qui ne peut pas être prorogé: *termine improrogabile*, dernier délai.

improrogabilità [im-pro-ro-ga-bi-li-tà] ***n.f.invar.*** impossibilité de délai.

improrogabilmente [im-pro-ro-ga-bil-mén-te] ***avv.*** sans délai; (*senz'altro*) sans faute.

improvvisamente [im-prov-vi-ʃa-mén-te] ***avv.*** (*all'improvviso*) tout à coup; (*inaspettatamente*) à l'improviste: *morire improvvisamente*, mourir subitement.

improvvisare [im-prov-vi-ʃà-re] ***v.tr.*** improviser ♦ **improvvisarsi** ***v.pron.*** s'improviser.

improvvisata [im-prov-vi-ʃà-ta] ***n.f.*** surprise.

improvvisato [im-prov-vi-ʃà-to] ***agg.*** improvisé, impromptu: *un lavoro improvvisato*, un travail bâclé.

improvvisatore [im-prov-vi-ʃa-tó-re] ***n.m.*** [f. *-trice*] improvisateur*.

improvvisazione [im-prov-vi-ʃa-zió-ne] ***n.f.*** improvisation.

improvviso [im-prov-vì-ʃo] ***agg.*** (*repentino*) soudain, subit; (*inatteso*) imprévu, inattendu: *morte improvvisa*, mort subite (*o* soudaine); *una fortuna improvvisa*, une fortune imprévue ♦ ***n.m.*** (*mus.*) impromptu.
● ***all'improvviso***, ***d'improvviso***, tout à coup; (*inaspettatamente*) à l'improviste.

imprudente [im-pru-dèn-te] ***agg.*** e ***n.m.*** e ***f.*** imprudent/e: *sei stato imprudente a partire*, tu as été imprudent de partir.

imprudentemente [im-pru-den-te-mén-te] ***avv.*** imprudemment.

imprudenza [im-pru-dèn-za] ***n.f.*** imprudence.

impubblicabile [im-pub-bli-cà-bi-le] ***agg.*** impubliable.

impudente [im-pu-dèn-te] ***agg.*** e ***n.m.*** e ***f.*** impudent/e.

impudentemente [im-pu-den-te-mén-te] ***avv.*** impudemment.

impudenza [im-pu-dèn-za] ***n.f.*** impudence.

impudicizia [im-pu-di-cì-zia] ***n.f.*** impudicité.

impudico [im-pu-dì-co] ***agg.*** [pl.m. *-chi*, f. *-che*] impudique.

impugnabile [im-pu-gnà-bi-le] ***agg.*** (*contestabile*) contestable; (*dir.*) attaquable.

impugnare[1] [im-pu-gnà-re] ***v.tr.*** empoigner.
● ***impugnare le armi***, (*fig.*) prendre les armes.

impugnare[2] ***v.tr.*** (*dir.*) attaquer | *impugnare di falso un testamento*, s'inscrire en faux contre un testament.

impugnatura [im-pu-gna-tù-ra] ***n.f.*** **1** poignée **2** (*atto, modo di impugnare*) prise.

impugnazione [im-pu-gna-zió-ne] ***n.f.*** **1** contestation **2** (*dir.*) recours (*m.*) (**contre**).

impulsivamente [im-pul-si-va-mén-te] ***avv.*** impulsivement.

impulsività [im-pul-si-vi-tà] ***n.f.invar.*** impulsivité.

impulsivo [im-pul-sì-vo] ***agg.*** e ***n.m.*** [f. *-a*] impulsif*.

impulso [im-pùl-so] ***n.m.*** impulsion (*f.*): *dare impulso a*, donner une impulsion à; *per impulso naturale*, par instinct | (*elettr.*) *un impulso di corrente*, une arrivée de courant.
● ***agire d'impulso***, agir sous le coup d'une impulsion (*o* impulsivement).

impunemente [im-pu-ne-mén-te] ***avv.*** impunément: *non te la caverai impunemente!*, tu ne t'en sortiras pas comme ça!

impunità [im-pu-ni-tà] ***n.f.invar.*** impunité.

impunito [im-pu-nì-to] ***agg.*** impuni.

impuntarsi [im-pun-tàr-si] ***v.pron.intr.*** **1** s'arrêter: *si impunta ogni dieci parole*, il bute tous les dix mots **2** (*fig.*) s'obstiner: *impuntarsi a dire di no*, s'obstiner dans son refus.

impuntatura [im-pun-ta-tù-ra] ***n.f.*** obstination: *prendere un'impuntatura*, s'obstiner.

impuntura [im-pun-tù-ra] ***n.f.*** piqûre.

impunturare [im-pun-tu-rà-re] ***v.tr.*** (*cucito*) piquer; (*guarnire di impunture*) garnir de piqûres.

impurità [im-pu-ri-tà] ***n.f.invar.*** impureté.

impuro [im-pù-ro] ***agg.*** impur (*anche fig.*) | *razza impura*, (*di animali*) race croisée.
● (*fon.*) ***'s' impura***, 's' suivi d'une consonne.

imputabile [im-pu-tà-bi-le] ***agg.*** imputable.

imputabilità [im-pu-ta-bi-li-tà] ***n.f.invar.*** (*dir.*) imputabilité.

imputare [im-pu-tà-re] ***v.tr.*** **1** (*attribuire*) imputer **2** (*accusare*) accuser **3** (*contabilità*) imputer.

imputato [im-pu-tà-to] ***agg.*** e ***n.m.*** [f. *-a*] (*dir.*) accusé | *imputato a piede libero*, prévenu libre.

imputazione [im-pu-ta-zió-ne] ***n.f.*** **1** (*dir.*) imputation; (*accusa*) accusation **2** (*contabilità*) imputation.
● ***capo d'imputazione***, chef d'accusation.

imputrescibile [im-pu-tre-scì-bi-le] ***agg.*** imputrescible.

imputridire [im-pu-tri-dì-re] ***v.intr.*** [coniug. come *finire*; aus. *essere*] **1** pourrir, se putréfier; (*di acqua*) croupir **2** (*fig. letter.*) se corrompre* ♦ ***v.tr.*** putréfier.

in[1] ***prep.*** [in unione con l'art. *il* forma la prep.art. **nel**; con l'art. *lo* forma **nello** (**nell'** davanti a vocale); con l'art. *la* forma **nella** (**nell'** davanti a vocale); in unione con l'art. *i* forma la prep.art. pl. **nei**; con l'art. *gli* forma **negli**; con l'art. *le* forma **nelle**] **1** (*luogo*) en; (*davanti a n. determinati e sempre se ha valore di* dentro) dans; (*moto a luogo*) à*; (*riferito a libro, autore ecc.*) chez: *andare in classe*, aller en classe; *in questa classe*, dans cette classe; *mettere in prigione*, mettre en prison; *nella prigione di Torino*, dans la prison de Turin; *essere*, *andare in ufficio*, être, aller au bureau; *nel mio ufficio*, dans mon bureau; *in Italia*, *in Francia*, en Italie, en France; *nell'Italia del Sud*, *nei Paesi nordici*, dans l'Italie du Sud, dans les Pays du Nord; *in Marocco*, *in Brasile*, au Maroc, au Brésil; *negli Stati Uniti*, *nelle Antille*, aux États-Unis, aux Antilles; *è nato in Firenze*, il est né à Florence; *andrà in Martinica*, il ira à la Martinique; *l'esercito entrò in Parigi*, l'armée entra dans Paris; *abita in quella città*, *in piazza Mazzini*, il habite cette ville, place Mazzini; *in via Carducci 23*, 23, rue Carducci; *entrò con il cappello in mano*, *in testa*, il entra son chapeau à la main, sur la tête; *si legge in Molière*, on lit chez Molière; *il misticismo in Claudel*, le mysticisme chez Claudel; *ciò che colpisce di più nei bambini*, ce qui frappe le plus chez les enfants | *Giovanna B. in C.*, Giovanna B. épouse C. **2** (*tempo*) en; dans; à*: *in marzo*, *in giugno*, en mars, en juin; *nel mese di marzo*, *di giugno*, au mois de mars, de juin; *nell'ottobre*, *nel dicembre* (*del*) *1963*, en octobre, en décembre 1963; *nel 1924*, en 1924; *nell'autunno* (*del*) *1929*, l'automne 1929; *in*, *nella mattinata*, *in*, *nella giornata*, dans la matinée, dans la journée; *nei momenti difficili*, dans les moments difficiles; *nelle ore liete*, aux heures de bonheur; *nel secolo scorso*, *nel secolo* XIX, au siècle dernier, au XIXe siècle; *in questo momento*, en ce moment; *in tutta la mia vita*, dans toute ma vie; *in gioventù*, dans ma (ta, sa, etc.) jeunesse; *tre volte in due anni*, trois fois en deux ans; *ho letto il libro in due ore*, j'ai lu le livre en deux heures; *in questo mese, in questa settimana*, ce mois(-ci), cette semaine(-ci); *in quel giorno, in quel momento*, ce jour-là, ce moment-là; *in una mattina d'autunno*, par une matinée d'automne; *in una notte stellata*, par une nuit étoilée **3** (*modo*) en: *ascoltare in silenzio*, écouter en silence; *comportarsi in modo strano*, se comporter d'une façon très étrange **4** (*mezzo*) en: *viaggiare in automobile, in autobus*, voyager en voiture, en autobus; *andare in bicicletta*, aller à bicyclette (*o* en vélo) **5** (*fine, scopo*) en: *accorrere in aiuto di qlcu*, courir au secours de qqn; *dare in prestito*, prêter **6** (*materia*) en: *scultura in marmo*, sculpture en marbre; *cavallo in legno*, cheval en bois **7** (*limitazione*) en: *bravo in matematica*, fort en mathématiques; *laureato in giurisprudenza*, licencié en droit; *laureato in lettere*, licencié ès lettres **8** (*predicativo, in genere non si traduce*): *erano in quattro, in molti*, ils étaient quatre, nombreux; *giocare in quattro*, jouer à quatre **9** (*seguita da inf. equivale a ger.*) en: *nel fare ciò*, en faisant cela; *nel salire in treno*, en montant dans le train; *nel lavarlo si è rotto*, il s'est cassé pendant que je le lavais **10** (*per indicare divisione, partizione*) en: *dividere in parti uguali*, partager en parts égales **11** (*per indicare trasformazione*) en: *tradurre dal francese in italiano*, traduire du français en italien.

in[2] *agg.invar.* (*fam.*) branché, à la mode, dans le coup: *sono persone molto in*, ce sont des gens très branchés.

inabile [i-nà-bi-le] *agg.* **1** incapable (de): *essere inabile al lavoro*, être incapable de travailler **2** (*mil.*) inapte: *inabile al servizio militare*, inapte au service militaire **3** (*handicappato*) *handicapé.

inabilità [i-na-bi-li-tà] *n.f.invar.* **1** incapacité (de) **2** (*mil.*) inaptitude.

inabissare [i-na-bis-sà-re] *v.tr.* engouffrer ♦ **inabissarsi** *v.pron.intr.* couler, sombrer: *la nave si è inabissata*, le navire a coulé.

inabitabile [i-na-bi-tà-bi-le] *agg.* inhabitable.

inabitato [i-na-bi-tà-to] *agg.* inhabité.

inaccessibile [i-nac-ces-sì-bi-le] *agg.* inaccessible (*anche fig.*): *prezzi inaccessibili*, prix prohibitifs.

inaccessibilità [i-nac-ces-si-bi-li-tà] *n.f.invar.* inaccessibilité (*anche fig.*).

inaccettabile [i-nac-cet-tà-bi-le] *agg.* inacceptable.

inacerbire [i-na-cer-bì-re] *v.tr.* [coniug. come *finire*] exacerber; (*irritare*) irriter: *inacerbire una pena*, aggraver une peine ♦ **inacerbirsi** *v.pron.intr.* (*diventare più violento*) s'exacerber; (*diventare più aspro, più astioso*) s'aigrir.

inacetire [i-na-ce-tì-re] *v.intr.* [coniug. come *finire*; aus. *essere*] tourner (en vinaigre): *il vino è inacetito*, le vin a tourné.

inacidire [i-na-ci-dì-re] *v.tr.* [coniug. come *finire*] aigrir (*anche fig.*) ♦ *v.intr.* [aus. *essere*] aigrir, s'aigrir (*anche fig.*); (*di latte, vino*) tourner: *il latte è inacidito*, le lait a tourné ♦ **inacidirsi** *v.pron.* aigrir, s'aigrir (*anche fig.*); (*di latte, vino*) tourner: *la salsa si è inacidita*, la sauce a aigri, s'est aigrie.

inacidito [i-na-ci-dì-to] *agg.* aigri (*anche fig.*); (*andato a male*) tourné.

inadattabile [i-na-dat-tà-bi-le] *agg.* inadaptable.

inadattabilità [i-na-dat-ta-bi-li-tà] *n.f.invar.* inadaptation.

inadatto [i-na-dàt-to] *agg.* **1** (*di persone*) inapte **2** (*di cose*) inadéquat, inapproprié.

inadeguatezza [i-na-de-gua-téz-za] *n.f.* inadéquation.

inadeguato [i-na-de-guà-to] *agg.* inadéquat; (*insufficiente*) insuffisant; (*seguito da complemento*) qui ne suffit pas: *leggi inadeguate*, lois insuffisantes; *stipendio inadeguato alle proprie necessità*, traitement qui ne suffit pas à couvrir ses besoins.

inadempiente [i-na-dem-pièn-te] *agg.* e *n.m.* e *f.* défaillant/e: *inadempiente all'obbligo di leva*, réfractaire.

inadempienza [i-na-dem-pièn-za] *n.f.* défaillance; (*seguito da complemento*) inaccomplissement (*m.*) (de): *inadempienza contrattuale*, inexécution d'un contrat; *inadempienza all'obbligo di leva*, insoumission.

inafferrabile [i-naf-fer-rà-bi-le] *agg.* insaisissable.

inaffidabile [i-naf-fi-dà-bi-le] *agg.* à qui on ne peut pas faire confiance.

inaffidabilità [i-naf-fi-da-bi-li-tà] *n.f.invar.* manque (*m.*) de fiabilité.

inaffondabile [i-naf-fon-dà-bi-le] *agg.* insubmersible.

inagibile [i-na-gì-bi-le] *agg.* impraticable; (*di immobile*) inhabitable.

I

inagibilità [i-na-gi-bi-li-tà] *n.f.invar.* impraticabilité; (*di stabile*) inhabitabilité.

inalare [i-na-là-re] *v.tr.* inhaler.

inalatore [i-na-la-tó-re] *n.m.* inhalateur.

inalazione [i-na-la-zió-ne] *n.f.* inhalation.

inalberare [i-nal-be-rà-re] *v.tr.* arborer: *inalberare una vela*, hisser une voile ♦ **inalberarsi** *v.pron.* **1** (*di cavallo*) se cabrer **2** (*fig.*) se mettre* en colère.

inalienabile [i-na-lie-nà-bi-le] *agg.* inaliénable (*anche fig.*).

inalienabilità [i-na-lie-na-bi-li-tà] *n.f.invar.* (*dir.*) inaliénabilité.

inalterabile [i-nal-te-rà-bi-le] *agg.* inaltérable.

inalterabilità [i-nal-te-ra-bi-li-tà] *n.f.invar.* inaltérabilité.

inalterato [i-nal-te-rà-to] *agg.* inaltéré; inchangé.

inamidare [i-na-mi-dà-re] *v.tr.* amidonner, empeser*.

inamidato [i-na-mi-dà-to] *agg.* amidonné; empesé (*anche fig.*).

inamidatura [i-na-mi-da-tù-ra] *n.f.* amidonnage (*m.*), empesage (*m.*).

inammissibile [i-nam-mis-sì-bi-le] *agg.* inadmissible.

inammissibilità [i-nam-mis-si-bi-li-tà] *n.f.invar.* inadmissibilité.

inamovibile [i-na-mo-vì-bi-le] *agg.* inamovible.

inamovibilità [i-na-mo-vi-bi-li-tà] *n.f.invar.* inamovibilité.

inane [i-nà-ne] *agg.* (*letter.*) vain, inutile.

inanellato [i-na-nel-là-to] *agg.* **1** (*che ha forma di anello*) annelé, bouclé **2** (*ornato di anelli*) orné de bagues.

inanimato [i-na-ni-mà-to] *agg.* inanimé.

inanità [i-na-ni-tà] *n.f.invar.* (*letter.*) inanité.

inanizione [i-na-ni-zió-ne] *n.f.* (*med.*) inanition.

inappagabile [i-nap-pa-gà-bi-le] *agg.* inassouvissable, insatiable.

inappagato [i-nap-pa-gà-to] *agg.* insatisfait, inassouvi.

inappellabile [i-nap-pel-là-bi-le] *agg.* (*dir.*) sans appel.

inappellabilità [i-nap-pel-la-bi-li-tà] *n.f.invar.* **1** (*dir.*) irrevocabilité **2** caractère (*m.*) sans appel (d'une sentence).

inappellabilmente [i-nap-pel-la-bil-mén-te] *avv.* (*dir.*) sans appel.

inappetente [i-nap-pe-tèn-te] *agg.* qui manque d'appétit.

inappetenza [i-nap-pe-tèn-za] *n.f.* inappétence, manque (*m.*) d'appétit.

inapplicabile [i-nap-pli-cà-bi-le] *agg.* inapplicable.

inapprezzabile [i-nap-prez-zà-bi-le] *agg.* **1** (*inestimabile*) inappréciable; inestimable **2** (*irrilevante*) imperceptible, insaisissable.

inappuntabile [i-nap-pun-tà-bi-le] *agg.* **1** (*irreprensibile*) irréprochable **2** (*impeccabile*) impeccable: *essere vestito in modo inappuntabile*, avoir une mise impeccable.

inarcare [i-nar-cà-re] *v.tr.* [coniug. come *mancare*] arquer, courber (en arc), cambrer: *inarcare le sopracciglia*, lever les sourcils ♦ **inarcarsi** *v.pron.intr.* (*piegarsi ad arco*) s'arquer, se courber; (*sollevarsi ad arco*) se cambrer.

inaridire [i-na-ri-dì-re] *v.tr.* [coniug. come *finire*] dessécher* (*anche fig.*); (*esaurire*) tarir (*anche fig.*) ♦ *v.intr.* [aus. *essere*] se dessécher* (*anche fig.*); (*esaurirsi*) (se) tarir (*anche fig.*) ♦ **inaridirsi** *v.pron.* se dessécher* (*anche fig.*); (*esaurirsi*) (se) tarir (*anche fig.*).

inarrestabile [i-nar-re-stà-bi-le] *agg.* incessant; (*incontenibile*) irrépressible.

inarrivabile [i-nar-ri-và-bi-le] *agg.* **1** (*irraggiungibile*) inaccessible **2** (*impareggiabile*) incomparable, sans pareil*.

inarticolato [i-nar-ti-co-là-to] *agg.* inarticulé.

inascoltato [i-na-scol-tà-to] *agg.* inécouté.

inaspettatamente [i-na-spet-ta-ta-mén-te] *avv.* à l'improviste, de façon inattendue.

inaspettato [i-na-spet-tà-to] *agg.* inattendu: *giunsero inaspettati*, ils arrivèrent à l'improviste.

inasprimento [i-na-spri-mén-to] *n.m.* **1** aigrissement; (*di dolore, di odio*) exacerbation (*f.*) **2** (*aggravamento*) aggravation (*f.*): *l'inasprimento di un conflitto*, l'aggravation d'un conflit; (*dir.*) *inasprimento di una pena*, aggravation d'une peine **3** (*di clima*) refroidissement.

inasprire [i-na-sprì-re] *v.tr.* [coniug. come *finire*] **1** aigrir; (*esarcerbare*) exacerber | *la sofferenza ha inasprito il suo animo*, la souffrance a durci son cœur **2** (*aggravare*) aggraver: *inasprire una pena*, aggraver une peine ♦ *v.intr.* [aus. *essere*] **1** aigrir; (*fig.*) s'aigrir **2** (*di guerra, di lotta ecc.*) devenir* plus acharné; (*di controversia*) s'envenimer **3** (*di clima*) devenir* plus rude; (*di freddo*) devenir* plus fort ♦ **inasprirsi** *v.pron.* **1** aigrir; (*fig.*) s'aigrir **2** (*di guerra, di lotta ecc.*) devenir* plus acharné; (*di controversia*) s'envenimer **3** (*di clima*) devenir* plus rude; (*di freddo*) devenir* plus fort.

inattaccabile [i-nat-tac-cà-bi-le] *agg.* inattaquable (*anche fig.*).

inattendibile [i-nat-ten-dì-bi-le] *agg.* qui n'est pas digne de foi.

inatteso [i-nat-té-so] *agg.* inattendu.

inattività [i-nat-ti-vi-tà] *n.f.invar.* inactivité.

inattivo [i-nat-tì-vo] *agg.* **1** inactif* **2** (*inform.*) mort.

inattuabile [i-nat-tu-à-bi-le] *agg.* irréalisable, inexécutable.

inattuale [i-nat-tu-à-le] *agg.* inactuel*.

inaudito [i-nau-dì-to] *agg.* inouï; (*straordinario*) étonnant.

inaugurale [i-nau-gu-rà-le] *agg.* inaugural*.

inaugurare [i-nau-gu-rà-re] *v.tr.* inaugurer.

inaugurazione [i-nau-gu-ra-zió-ne] *n.f.* inauguration; (*di una mostra*) vernissage (*m.*).

inavveduto [i-nav-ve-dù-to] *agg.* **1** maladroit **2** (*involontario*) involontaire.

inavvertenza [i-nav-ver-tèn-za] *n.f.* inadvertance.

inavvertitamente [i-nav-ver-ti-ta-mén-te] *avv.* par inadvertance.

inavvertito [i-nav-ver-tì-to] *agg.* inaperçu.

inazione [i-na-zió-ne] *n.f.* inaction.

incacchiarsi [in-cac-chiàr-si] *v.pron.intr.* (*fam.*) se foutre* en rogne.

incacchiato [in-cac-chià-to] *agg.* (*fam.*) furibard.

incagliare [in-ca-glià-re] *v.tr.* (*ostacolare*) entraver; (*interrompere*) interrompre* ♦ **incagliarsi** *v.pron.intr.* **1** (*mar.*) échouer **2** (*fig.*) s'arrêter; (*insabbiarsi*) arriver à un point mort.

incaglio [in-cà-glio] *n.m.* [pl. *-gli*] (*ostacolo*) obstacle, entrave (*f.*); (*impedimento*) empêchement | *senza incagli*, sans accrocs.

incalcolabile [in-cal-co-là-bi-le] *agg.* incalculable.

incallire [in-cal-lì-re] *v.tr.* [coniug. come *finire*] rendre* calleux*; (*indurire*) durcir ♦ **incallirsi** *v.pron.* **1** devenir* calleux* **2** (*fig.*) s'endurcir: *incallirsi nel vizio*, croupir dans le vice.

incallito [in-cal-lì-to] *agg.* **1** calleux* **2** (*fig.*) endurci: *criminale incallito*, criminel invétéré.

incalorire [in-ca-lo-rì-re] *v.tr.* [coniug. come *finire*] échauffer ♦ **incalorirsi** *v.pron.* s'échauffer (*spec. fig.*), s'enflammer.

incalzante [in-cal-zàn-te] *agg.* pressant: *il ritmo incalzante di una musica*, le rythme endiablé d'une musique; *stile incalzante*, style soutenu.

incalzare[1] [in-cal-zà-re] *v.tr.* *harceler* ♦ *v.intr.* [aus. *avere*] presser; (*incombere*) menacer*: *il tempo incalza*, le temps presse; *il pericolo incalza*, le danger menace ♦ **incalzarsi** *v.pron.intr.* se succéder* rapidement.

incalzare[2] *n.m.* fuite (*f.*): *l'incalzare del tempo, delle stagioni*, la fuite du temps, des saisons.

incameramento [in-ca-me-ra-mén-to] *n.m.* confiscation (*f.*).

incamerare [in-ca-me-rà-re] *v.tr.* confisquer.

incamminare [in-cam-mi-nà-re] *v.tr.* acheminer, diriger* (*spec. fig.*) ♦ **incamminarsi** *v.pron.intr.* s'acheminer (*anche fig.*); (*mettersi in cammino*) se mettre* en route.

incanalare [in-ca-na-là-re] *v.tr.* canaliser (*anche fig.*) ♦ **incanalarsi** *v.pron.intr.* (*di acque*) se rassembler; (*fig.*) se diriger*.

incancellabile [in-can-cel-là-bi-le] *agg.* ineffaçable.

incancrenire [in-can-cre-nì-re] *v.intr.* [coniug. come *finire*; aus. *essere*] **1** se gangrener* **2** (*fig.*) (*radicarsi*) s'endurcir ♦ **incancrenirsi** *v.pron.intr.* **1** se gangrener* **2** (*fig.*) (*radicarsi*) s'endurcir.

incandescente [in-can-de-scèn-te] *agg.* **1** incandescent **2** (*fig.*) (*scottante*) brûlant; (*acceso; teso*) tendu.

incandescenza [in-can-de-scèn-za] *n.f.* incandescence: *lampada a incandescenza*, lampe à incandescence.

incannucciare [in-can-nuc-cià-re] *v.tr.* [coniug. come *cominciare*] **1** (*sorreggere con canne*) ramer **2** (*coprire di* canne) couvrir* de claies de roseaux; (*circondare di canne*) entourer de claies de roseaux.

incantare [in-can-tà-re] *v.tr.* charmer; (*stregare*) ensorceler*: *quell'attore incanta il pubblico*, cet acteur tient le public sous son charme; *non m'incanti con le tue belle parole*, tes belles paroles ne me séduiront pas ♦ **incantarsi** *v.pron.intr.* 1 tomber en extase 2 (*incepparsi*) s'enrayer*.

incantato [in-can-tà-to] *agg.* enchanté; (*affascinato*) fasciné: *rimasero ad ascoltarlo incantati*, ils l'écoutaient fascinés; *non restare lì incantato*, ne reste pas là bouche bée.

incantatore [in-can-ta-tó-re] *n.m.* [f. *-trice*] enchanteur*, ensorceleur*.

● ***incantatore di serpenti***, charmeur de serpents.

incantesimo [in-can-té-ʃi-mo] *n.m.* enchantement, charme; (*sortilegio*) ensorcellement: *fare un incantesimo a, su qlcu*, jeter un sort à, sur qqn.

● ***rompere l'incantesimo***, (*anche fig.*) rompre le charme.

incantevole [in-can-té-vo-le] *agg.* charmant, ravissant.

incanto[1] [in-càn-to] *n.m.* enchantement (*anche fig.*); (*fascino*) charme: *quel bambino è un incanto*, cet enfant est une vraie merveille; *balla che è un incanto*, elle danse à ravir.

● ***come per incanto***, comme par enchantement | ***stare d'incanto***, (*di persona*) se porter comme un charme; (*di abito*) aller à ravir.

incanto[2] *n.m.* encan.

● ***all'incanto***, à l'encan, aux enchères: *vendita all'incanto*, vente à l'encan.

incanutire [in-ca-nu-tì-re] *v.intr.* [coniug. come *finire*; aus. *essere*] blanchir.

incapace [in-ca-pà-ce] *agg.* e *n.m.* e *f.* incapable: *è incapace di mentire*, il est incapable de mentir; *è un vero incapace*, c'est un parfait incapable.

● (*dir.*) ***incapace di intendere e di volere***, incapable de faire et d'agir.

incapacità [in-ca-pa-ci-tà] *n.f.invar.* incapacité.

incaparbire [in-ca-par-bì-re] *v.intr.* [coniug. come *finire*; aus. *essere*] s'obstiner, s'entêter ♦ **incaparbirsi** *v.pron.intr.* s'obstiner, s'entêter.

incaponirsi [in-ca-po-nìr-si] *v.pron.intr.* [coniug. come *finire*] s'obstiner, s'entêter.

incappare [in-cap-pà-re] *v.intr.* [aus. *essere*] tomber: *incappare in un tranello*, tomber dans un piège; *incappare in qlcu*, tomber sur qqn.

incappucciare [in-cap-puc-cià-re] *v.tr.* [coniug. come *cominciare*] encapuchonner.

incappucciato [in-cap-puc-cià-to] *agg.* encapuchonné (*anche fig.*): *montagne incappucciate di neve*, des montagnes coiffées de neige.

incapricciarsi [in-ca-pric-ciàr-si] *v.pron.intr.* [coniug. come *cominciare*] s'enticher.

incapsulare [in-ca-psu-là-re] *v.tr.* 1 enrober d'une capsule 2 (*med.*) (*un dente*) mettre* une couronne (**à**).

incapsulato [in-ca-psu-là-to] *agg.* (*med.*) encapsulé.

incarcerare [in-car-ce-rà-re] *v.tr.* incarcérer*.

incarcerazione [in-car-ce-ra-zió-ne] *n.f.* incarcération.

incaricare [in-ca-ri-cà-re] *v.tr.* [coniug. come *mancare*] charger*: *mi ha incaricato di salutarvi*, il m'a chargé de vous donner le bonjour; *sono stato incaricato di*, on m'a chargé de ♦ **incaricarsi** *v.pron.* se charger*.

incaricato [in-ca-ri-cà-to] *agg.* chargé (**de**): *le persone incaricate vi accoglieranno alla stazione*, les personnes chargées de vous accueillir seront à la gare ♦ *n.m.* [f. *-a*] personne (*f.*) chargée (**de**): *un incaricato del comune*, un envoyé de la mairie.

● ***incaricato d'affari***, chargé d'affaires | (***professore***) ***incaricato***, professeur chargé de cours.

incarico [in-cà-ri-co] *n.m.* [pl. *-chi*] charge (*f.*); (*compito*) tâche (*f.*), mission (*f.*): *aver l'incarico di*, être chargé de | *ottenere un incarico in un liceo*, être chargé de cours dans un lycée.

● ***fare qlco per incarico di qlcu***, être chargé par qqn de faire qqch.

incarnare [in-car-nà-re] *v.tr.* incarner ♦ **incarnarsi** *v.pron.intr.* 1 s'incarner (*anche fig.*) 2 (*di unghia*) s'enfoncer* dans la chair.

incarnato[1] [in-car-nà-to] *agg.* incarné (*anche fig.*).

incarnato[2] *agg.* e *n.m.* (*della carnagione*) incarnat.

incarnazione [in-car-na-zió-ne] *n.f.* incarnation.

incarnire [in-car-nì-re] *v.intr.* [coniug. come *finire*; aus. *essere*] (*di unghia*) s'enfoncer* dans la chair ♦ **incarnirsi** *v.pron.intr.* (*di unghia*) s'enfoncer* dans la chair.

incarnito [in-car-nì-to] *agg.*

● ***unghia incarnita***, ongle incarné.

incarognire [in-ca-ro-gnì-re] *v.intr.* [coniug. come *finire*; aus. *essere*] devenir* vache, devenir* rosse ♦ **incarognirsi** *v.pron.intr.* devenir* vache, devenir* rosse.

incartamento [in-car-ta-mén-to] *n.m.* dossier.

incartapecorire [in-car-ta-pe-co-rì-re] *v.intr.* [coniug. come *finire*; aus. *essere*] 1 se parcheminer 2 se dessécher* ♦ **incartapecorirsi** *v.pron.intr.* 1 se parcheminer 2 se dessécher*.

incartapecorito [in-car-ta-pe-co-rì-to] *agg.* parcheminé | *un vecchio incartapecorito*, un vieillard ratatiné.

incartare [in-car-tà-re] *v.tr.* envelopper (dans du papier).

incarto [in-càr-to] *n.m.* 1 (*l'incartare*) enveloppement 2 (*imballaggio*) emballage.

incasellare [in-ca-sel-là-re] *v.tr.* ranger*, classer dans un casier: *incasellare la posta*, faire le triage du courrier.

incasinare [in-ca-si-nà-re] *v.tr.* (*fam.*) chambouler, chambarder: *mi ha incasinato la giornata*, ça m'a foutu toute la journée en l'air.

incasinato [in-ca-si-nà-to] *agg.* bordélique | *che stanza incasinata!*, (*molto fam.*) quel foutoir, cette pièce! | *è un tipo incasinato*, (*molto fam.*) (*che ha problemi*) c'est un type à problèmes, (*che ha troppo da fare*) il a mille trucs à faire.

incassabile [in-cas-sà-bi-le] *agg.* (*comm.*) encaissable.

incassamento [in-cas-sa-mén-to] *n.m.* encaissement.

incassare [in-cas-sà-re] *v.tr.* 1 (*riscuotere*) encaisser, toucher: *incassare un assegno*, toucher un chèque 2 (*in una cavità*) encastrer, emboîter 3 (*incastonare*) sertir, enchâsser 4 (*sport*) encaisser (*anche fig.*) 5 (*chiudere in una cassa*) encaisser.

incassato [in-cas-sà-to] *agg.* 1 (*riscosso*) encaissé 2 (*incastrato*) encastré 3 (*incastonato*) serti, enchâssé 4 (*imballato*) encaissé.

incassatore [in-cas-sa-tó-re] *n.m.* [f. *-trice*] (*operaio*) emballeur* | *è un buon incassatore*, (*fig.*) il encaisse bien.

incasso [in-càs-so] *n.m.* 1 (*riscossione*) encaissement, recouvrement; (*somma incassata*) recette (*f.*) 2 (*cavità*) renfoncement, niche (*f.*).

● ***da incasso***, encastrable: *elettrodomestici da incasso*, électroménagers encastrables | (*banca*) ***effetti all'incasso***, effets à recevoir.

incastellatura [in-ca-stel-la-tù-ra] *n.f.* (*edil.*) échafaudage (*m.*).

incastonare [in-ca-sto-nà-re] *v.tr.* sertir, enchâsser.

incastonatura [in-ca-sto-na-tù-ra] *n.f.* 1 sertissage (*m.*), enchâssement (*m.*) 2 (*montatura*) sertissure.

incastrare [in-ca-strà-re] *v.tr.* 1 encastrer 2 (*fig. fam.*) coincer*: *li abbiamo incastrati*, on les a coincés ♦ **incastrarsi** *v.pron.intr.* 1 s'emboîter; (*incassarsi*) s'encastrer 2 (*bloccarsi*) se coincer*.

incastro [in-cà-stro] *n.m.* 1 emboîtement; (*incassatura*) encastrement 2 (*cavità*) emboîture (*f.*); (*edil.*) logement 3 (*tecn.*) assemblage.

incatenare [in-ca-te-nà-re] *v.tr.* 1 enchaîner 2 (*fig.*) captiver: *incatenare l'attenzione*, captiver l'attention.

incatramare [in-ca-tra-mà-re] *v.tr.* goudronner.

incattivire [in-cat-ti-vì-re] *v.tr.* [coniug. come *finire*] rendre* méchant ♦ *v.intr.* [aus. *essere*] devenir* méchant ♦ **incattivirsi** *v.pron.intr.* devenir* méchant.

I

incautamente [in-cau-ta-mén-te] *avv.* imprudemment.

incauto [in-càu-to] *agg.* imprudent.

incavare [in-ca-và-re] *v.tr.* évider.

incavato [in-ca-và-to] *agg.* creux* (*anche fig.*): *occhi incavati*, yeux enfoncés.

incavatura [in-ca-va-tù-ra] *n.f.* 1 creusement (*m.*) 2 (*cavità*) creux (*m.*).

incavo [in-cà-vo] *n.m.* 1 creux; cavité (*f.*) | *lavoro d'incavo*, travail en creux; (*su pietre preziose*) entaille 2 (*scanalatura*) entaille (*f.*), rainure (*f.*).

incavolarsi [in-ca-vo-làr-si] *v.pron.intr.* (*fam.*) se mettre* en rogne: *non t'incavolare!*, ne t'énerve pas!

incavolato [in-ca-vo-là-to] *agg.* (*fam.*) furax (**contre**).

incazzarsi [in-caz-zàr-si] *v.pron.intr.* (*volg.*) se foutre* en rogne: *non farmi incazzare!*, ne m'emmerde pas!, ne me fais pas chier!

incazzato [in-caz-zà-to] *agg.* (*volg.*) furax: *è sempre incazzato*, il fait toujours la gueule | *sono incazzato nero!*, j'en ai plein le cul!

incazzatura [in-caz-za-tù-ra] *n.f.* (*volg.*) rogne: *prendersi un'incazzatura*, se foutre en rogne.

incedere[1] [in-cè-de-re] *v.intr.* [aus. *avere*] avancer* d'un pas majestueux.

incedere[2] *n.m.* allure (*f.*) majestueuse.

incedibile [in-ce-dì-bi-le] *agg.* (*dir.*) incessible: *credito, titolo incedibile*, crédit, titre incessible; *privilegio incedibile*, privilège incessible.

incendiare [in-cen-dià-re] *v.tr.* 1 incendier 2 (*fig.*) enflammer ♦ **incendiarsi** *v.pron.intr.* prendre* feu; (*fig.*) s'enflammer.

incendiario [in-cen-dià-rio] *agg.* e *n.m.* [f. *-a*; pl.m. *-ri*] incendiaire.

incendio [in-cèn-dio] *n.m.* [pl. *-di*] 1 incendie 2 (*fig.*) feu.

● ***incendio doloso***, incendie dolosif.

incenerimento [in-ce-ne-ri-mén-to] *n.m.* incinération (*f.*).

incenerire [in-ce-ne-rì-re] *v.tr.* [coniug. come *finire*] réduire* en cendres | *incenerire con lo sguardo*, foudroyer du regard ♦ **incenerirsi** *v.pron.intr.* se réduire* en cendres.

inceneritore [in-ce-ne-ri-tó-re] *n.m.* incinérateur.

incensamento [in-cen-sa-mén-to] *n.m.* encensement (*anche fig.*).

incensare [in-cen-sà-re] *v.tr.* encenser (*anche fig.*) ♦ **incensarsi** *v.pron.intr.* e *pron.rec.* (*fig.*) se jeter* des fleurs.

incensatore [in-cen-sa-tó-re] *n.m.* [f. *-trice*] encenseur*.

incenso [in-cèn-so] *n.m.* encens.

incensurabile [in-cen-su-rà-bi-le] *agg.* irréprochable.

incensurato [in-cen-su-rà-to] *agg.* irréprochable | (*dir.*) *essere incensurato*, avoir un casier judiciaire vierge.

incentivare [in-cen-ti-và-re] *v.tr.* stimuler, encourager*: *incentivare la produzione*, stimuler la production; *incentivare le vendite*, encourager les ventes.

incentivazione [in-cen-ti-va-zió-ne] *n.f.* encouragement (*m.*).

incentivo [in-cen-ti-vo] *n.m.* 1 incitation (*f.*); (*pungolo*) aiguillon: *l'incentivo del guadagno*, l'appât du gain; *essere di incentivo*, servir d'encouragement 2 (*comm.*) (*premio*) prime (*f.*): *incentivi di vendita*, primes à la vente.

incentrare [in-cen-trà-re] *v.tr.* centrer ♦ **incentrarsi** *v.pron.intr.* être* centré.

inceppamento [in-cep-pa-mén-to] *n.m.* 1 (*mecc.*) coincement; (*di arma da fuoco*) enrayage: *inceppamento di un meccanismo*, coincement d'un mécanisme; *inceppamento di un motore*, grippage d'un moteur 2 (*ostacolo*) obstacle, entrave (*f.*) 3 (*inform.*) bourrage.

inceppare [in-cep-pà-re] *v.tr.* (*ostacolare*) entraver ♦ **incepparsi** *v.pron.intr.* 1 se coincer*; (*spec. di arma da fuoco*) s'enrayer* 2 (*mar.*) (*dell'ancora*) surjaler.

inceppato [in-cep-pà-to] *agg.* (*bloccato*) 1 bloqué; (*di arma da fuoco*) enrayé 2 (*fig.*) gêné: *lo trovo un po' inceppato nei movimenti*, je le trouve un peu gêné dans ses mouvements.

incerare [in-ce-rà-re] *v.tr.* cirer.

incerata [in-ce-rà-ta] *n.f.* 1 (*tela cerata*) toile cirée 2 (*impermeabile*) ciré (*m.*).

inceratura [in-ce-ra-tù-ra] *n.f.* cirage (*m.*).

incerottare [in-ce-rot-tà-re] *v.tr.* panser ♦ **incerottarsi** *v.pron.* se panser.

incertezza [in-cer-téz-za] *n.f.* 1 incertitude: *l'incertezza dell'avvenire*, l'incertitude de l'avenir 2 (*indecisione*) indécision; (*esitazione*) hésitation 3 (*goffaggine*) maladresse.

● ***nell'incertezza***, dans le doute: *tenere nell'incertezza*, laisser dans l'incertitude.

incerto [in-cèr-to] *agg.* 1 (*di cose*) incertain: *tempo incerto*, temps incertain | *camminare con passo incerto*, marcher d'un pas mal assuré 2 (*di persona*) incertain; (*indeciso*) indécis; (*esitante*) hésitant: *sono incerto sul da farsi*, je ne sais pas ce que je dois faire; *sono incerto se restare o partire*, je ne sais pas si je dois rester ou partir; *essere incerto sugli sci, nella guida*, ne pas être sûr sur ses skis, au volant ♦ *n.m.* 1 incertain 2 (*pl.*) (*rischi*) aléas 3 (*pl.*) (*guadagni casuali*) casuel (*sing.*).

● ***gli incerti del mestiere***, les aléas du métier | ***lasciare il certo per l'incerto***, quitter le certain pour l'incertain.

incespicare [in-ce-spi-cà-re] *v.intr.* [coniug. come *mancare*; aus. *avere*] 1 buter (**contre**), trébucher (**sur**) 2 (*fig.*) se *heurter (**à**) 3 (*nel parlare*) bafouiller.

incessante [in-ces-sàn-te] *agg.* incessant.

incessantemente [in-ces-san-te-mén-te] *avv.* incessamment.

incesto [in-cè-sto] *n.m.* inceste.

incestuoso [in-ce-stu-ó-so] *agg.* incestueux*.

incetta [in-cèt-ta] *n.f.* accaparement (*m.*): *fare incetta di qlco*, accaparer qqch.

incettare [in-cet-tà-re] *v.tr.* accaparer.

inchiavardare [in-chia-var-dà-re] *v.tr.* boulonner.

inchiesta [in-chiè-sta] *n.f.* enquête: *fare un'inchiesta su qlco*, faire une enquête sur qqch.
● ***commissione d'inchiesta***, commission d'enquête.

inchinare [in-chi-nà-re] *v.tr.* incliner; (*abbassare*) baisser ♦ **inchinarsi** *v.pron.* s'incliner (*anche fig.*); (*abbassarsi*) se baisser.

inchino [in-chì-no] *n.m.* révérence (*f.*).

inchiodare [in-chio-dà-re] *v.tr.* **1** clouer (*anche fig.*); (*appendere con un chiodo*) accrocher: *con un pugno l'inchiodò al muro*, d'un coup de poing il le colla au mur; *inchiodare a letto*, clouer au lit; *rimase inchiodato sulla sedia dalla sorpresa*, la surprise le cloua sur sa chaise; *inchiodare qlcu alle proprie responsabilità*, mettre qqn devant ses responsabilités | *le prove lo hanno inchiodato*, les preuves à son égard étaient accablantes **2** (*fig.*) (*fermare bruscamente la macchina ecc.*) bloquer ♦ **inchiodarsi** *v.pron.intr.* **1** (*bloccarsi*) se bloquer **2** (*fam.*) (*frenare bruscamente*) piler **3** (*fig.*) (*imprimersi nella mente*) se graver.

inchiostrare [in-chio-strà-re] *v.tr.* (*tip.*) encrer.

inchiostrazione [in-chio-stra-zió-ne] *n.f.* (*tip.*) encrage (*m.*).

inchiostro [in-chiò-stro] *n.m.* encre (*f.*).
● ***inchiostro di china***, encre de Chine | ***inchiostro simpatico***, encre sympathique | ***versare fiumi di inchiostro***, (*fig.*) faire couler beaucoup d'encre.

inciampare [in-ciam-pà-re] *v.intr.* [aus. *essere* e *avere*] **1** trébucher (**sur**) (*anche fig.*), buter (**contre**): *inciampare in una difficoltà*, trébucher sur une difficulté | *inciampare nel codice*, (*fam.*) violer la loi **2** (*fig.*) (*nel parlare*) bafouiller.

inciampo [in-ciàm-po] *n.m.* obstacle: *essere d'inciampo*, faire obstacle.

incidentale [in-ci-den-tà-le] *agg.* incident.
● (*gramm.*) ***proposizione incidentale***, (proposition) incidente.

incidentalmente [in-ci-den-tal-mén-te] *avv.* incidemment.

incidentato [in-ci-den-tà-to] *agg.* accidenté: *hanno finalmente rimosso le auto incidentate*, ils ont enfin enlevé les voitures accidentées.

incidente[1] [in-ci-dèn-te] *agg.* incident.

incidente[2] *n.m.* **1** incident: *l'incidente è chiuso*, l'incident est clos; *tutto si è svolto senza incidenti*, tout s'est déroulé sans incident(s) **2** (*infortunio, sciagura*) accident: *incidente sul lavoro*, accident du travail; *incidente stradale, aereo*, accident de la route, d'avion.
● ***incidente di percorso***, (*fig.*) incident de parcours | ***incidente diplomatico***, incident diplomatique.

incidenza [in-ci-dèn-za] *n.f.* incidence.
● (*fis.*) ***angolo di incidenza***, angle d'incidence.

incidere[1] [in-cì-de-re] *v.tr.* [coniug. come *ridere*] **1** graver (*anche fig.*) **2** (*tagliare*) inciser **3** (*registrare un suono*) enregistrer.

incidere[2] *v.intr.* [coniug. come *ridere*; aus. *avere*] avoir* une incidence; (*ripercuotersi*) avoir* une répercussion; (*gravare*) peser*: *i prezzi incidono sui salari*, les prix ont une incidence sur les salaires.

incinerazione [in-ci-ne-ra-zió-ne] *n.f.* incinération.

incinta [in-cìn-ta] *agg.f.* enceinte: *donna incinta*, femme enceinte; *essere incinta di quattro mesi*, être enceinte de quatre mois; *rimanere incinta*, rester (*o* tomber) enceinte.

incipiente [in-ci-pièn-te] *agg.* qui va commencer: *raffreddore incipiente*, commencement de rhume; *una calvizie incipiente*, un début de calvitie; *gravidanza incipiente*, grossesse à ses débuts.

incipit [ìn-ci-pit] *n.m.invar.* **1** (*di un testo*) incipit **2** (*di brano musicale*) début.

incipriare [in-ci-prià-re] *v.tr.* poudrer ♦ **incipriarsi** *v.pron.intr.* se poudrer ♦ *v.pron. indiretto* se poudrer: *incipriarsi il naso*, se poudrer le nez.

incirca, all' [al-l'in-cìr-ca] *avv.* à peu près, environ.

incisione [in-ci-ʃió-ne] *n.f.* **1** incision **2** (*riproduzione di disegni*) gravure: *incisione a colori*, gravure, planche en couleurs; *incisione ad acquaforte*, gravure à l'eau-forte; *incisione su legno, su rame*, gravure sur bois, sur cuivre **3** (*registrazione di suoni*) enregistrement (*m.*).
● ***incisioni rupestri***, gravures rupestres | ***sala di incisione***, studio d'enregistrement.

incisività [in-ci-ʃi-vi-tà] *n.f.invar.* caractère (*m.*) incisif.

incisivo [in-ci-ʃì-vo] *agg.* incisif* (*anche fig.*) ♦ *n.m.* (*dente*) incisive (*f.*).
● (*anat.*) ***denti incisivi***, dents incisives.

inciso [in-cì-ʃo] *n.m.* (*gramm., mus.*) incise (*f.*).
● ***per inciso***, en passant, incidemment.

incisore [in-ci-ʃó-re] *n.m.* [f. *-a*] graveur*: *incisore all'acquaforte*, aquafortiste.

incistarsi [in-ci-stàr-si] *v.pron.* (*biol., med.*) s'enkyster.

incitamento [in-ci-ta-mén-to] *n.m.* incitation (*f.*).

incitare [in-ci-tà-re] *v.tr.* inciter; (*incoraggiare*) encourager*: *incitare qlcu a (fare) qlco*, inciter qqn à (faire) qqch | *incitare un cavallo*, éperonner un cheval.

incitrullire [in-ci-trul-lì-re] *v.tr.* [coniug. come *finire*] abrutir ♦ *v.intr.* [aus. *essere*] s'abrutir ♦ **incitrullirsi** *v.pron.intr.* s'abrutir.

inciucio [in-ciù-cio] *n.m.* [pl. *-ci*] (*pol.*) magouille (*f.*).

incivile [in-ci-vì-le] *agg.* **1** barbare **2** (*maleducato*) grossier*, impoli, incivil ♦ *n.m.* e *f.* barbare.

incivilimento [in-ci-vi-li-mén-to] *n.m.* civilisation (*f.*).

incivilire [in-ci-vi-lì-re] *v.tr.* [coniug. come *finire*] civiliser ♦ **incivilirsi** *v.pron.intr.* se civiliser.

incivilmente [in-ci-vil-mén-te] *avv.* impoliment.

inciviltà [in-ci-vil-tà] *n.f.invar.* **1** barbarie **2** (*maleducazione*) grossièreté, impolitesse.

inclassificabile [in-clas-si-fi-cà-bi-le] *agg.* **1** inclassable **2** (*inqualificabile*) inqualifiable.

inclemente [in-cle-mèn-te] *agg.* **1** sévère, impitoyable **2** (*del tempo*) inclément.

inclemenza [in-cle-mèn-za] *n.f.* **1** sévérité **2** (*del tempo*) inclémence.

inclinabile [in-cli-nà-bi-le] *agg.* inclinable.

inclinare [in-cli-nà-re] *v.tr.* incliner (*anche fig.*), pencher ♦ *v.intr.* [aus. *avere*] pencher; (*fig.*) être* porté, être* enclin ♦ **inclinarsi** *v.pron.intr.* s'incliner, se pencher.

inclinazione [in-cli-na-zió-ne] *n.f.* **1** (*pendenza*) inclinaison **2** (*fig.*) inclination, penchant (*m.*); (*disposizione*) disposition: *avere un'inclinazione per qlcu*, avoir une in-

I

clination (*o* un penchant) pour qqn; *seguire la propria inclinazione*, suivre son penchant naturel.

incline [in-clì-ne] *agg.* porté, enclin: *è incline alla malinconia*, il est porté (*o* enclin) à la mélancolie; *essere incline a fare qlco*, être enclin à faire qqch.

inclito [ìn-cli-to] *agg.* (*letter.*) célèbre; (*glorioso*) glorieux*.

includere [in-clù-de-re] *v.tr.* [coniug. come *chiudere*] **1** (*allegare*) joindre* (**à**), inclure* (**dans**) **2** (*comprendere, contenere*) comprendre* | *includere qlcu nel numero di*, mettre qqn au nombre de.

inclusione [in-clu-ʃió-ne] *n.f.* inclusion.

inclusivo [in-clu-ʃì-vo] *agg.* inclusif*.

incluso [in-clù-ʃo] *agg.* inclus: *spese di trasporto incluse*, frais de transport inclus.

● (*qui*) ***incluso***, (*allegato*) ci-inclus, ci-joint: *la lettera* (*qui*) *inclusa*, la lettre ci-incluse; *vi inviamo* (*qui*) *inclusa la fattura*, nous vous adressons ci-inclus notre facture | ***tutto incluso***, tout compris.

incocciare [in-coc-cià-re] *v.tr.* e *intr.* [aus. *avere*] (*region.*) tomber (**sur**).

incoercibile [in-co-er-cì-bi-le] *agg.* incoercible.

incoerente [in-co-e-rèn-te] *agg.* incohérent.

incoerenza [in-co-e-rèn-za] *n.f.* incohérence.

incogliere [in-cò-glie-re] *v.intr.* [coniug. come *cogliere*; aus. *essere*].

● ***mal gliene incolse***, (*letter.*) mal lui en prit.

incognita [in-cò-gni-ta] *n.f.* inconnue: *gli esami sono sempre un'incognita*, il est impossibile de prévoir les résultats des examens | *quell'uomo è un'incognita*, (*estens.*) cet homme est une énigme.

incognito [in-cò-gni-to] *n.m.* incognito.

● ***in incognito***, incognito | ***in stretto incognito***, dans le plus strict incognito.

incollare [in-col-là-re] *v.tr.* coller (*anche fig.*): *incollare un manifesto sul, al muro*, coller une affiche sur le mur ♦ **incollarsi** *v.pron.intr.* se coller (**sur**) (*anche fig.*).

● (*inform.*) ***copia e incolla***, copier-coller.

incollato [in-col-là-to] *agg.* collé (*anche fig.*): *sembrava incollato alla poltrona*, il semblait vissé sur son fauteuil; *incollato davanti alla tele*, (*fam.*) scotché devant la télé.

incollatura[1] [in-col-la-tù-ra] *n.f.* **1** collage (*m.*) **2** (*superficie incollata*) point (*m.*) de collage, surface de collage.

incollatura[2] *n.f.* (*ippica*) encolure.

incollerito [in-col-le-rì-to] *agg.* en colère.

incolmabile [in-col-mà-bi-le] *agg.* qu'on ne peut remplir: *vuoto incolmabile*, vide immense.

incolonnamento [in-co-lon-na-mén-to] *n.m.* **1** (*l'incolonnare, l'incolonnarsi*) mise (*f.*) en colonne **2** (*disposizione in colonna*) disposition (*f.*) en colonne; (*colonna*) colonne (*f.*).

incolonnare [in-co-lon-nà-re] *v.tr.* disposer en colonne ♦ **incolonnarsi** *v.pron.* e *pron.intr.* se mettre* en colonne.

incolore [in-co-ló-re] *agg.* incolore.

incolpare [in-col-pà-re] *v.tr.* accuser; (*dir.*) inculper ♦ **incolparsi** *v.pron.* s'accuser.

incolpevole [in-col-pé-vo-le] *agg.* innocent.

incolto [in-cól-to] *agg.* inculte (*anche fig.*).

incolume [in-cò-lu-me] *agg.* **1** indemne, sain et sauf*: *uscì incolume dall'incidente*, il sortit indemne de l'accident **2** (*di cosa*) intact.

incolumità [in-co-lu-mi-tà] *n.f.invar.* intégrité; (*sicurezza*) sécurité.

incombente [in-com-bèn-te] *agg.* **1** dominant (**qqch**) **2** (*fig.*) (*pressante*) pressant; (*minacciante*) menaçant.

incombenza [in-com-bèn-za] *n.f.* tâche; (*incarico*) charge: *affidare un'incombenza a qlcu*, confier une tâche à qqn.

incombere [in-cóm-be-re] *v.intr.* [non usati p.p. e tempi composti] **1** (*sovrastare*) menacer* (**qqn**, **qqch**), planer (**sur**): *un grave pericolo incombe sulla città*, un danger grave menace (*o* plane sur) la ville; *una condanna incombe sul suo capo*, il est sous la menace d'une condamnation **2** (*spettare*) incomber: *incombe a te dirglielo*, c'est à toi de le lui dire.

incombustibile [in-com-bu-stì-bi-le] *agg.* incombustible.

incominciare [in-co-min-cià-re] *v.tr.* e *intr.* → **cominciare**.

incommensurabile [in-com-men-su-rà-bi-le] *agg.* incommensurable.

incomodare [in-co-mo-dà-re] *v.tr.* déranger* ♦ **incomodarsi** *v.pron.* se déranger*.

incomodo [in-cò-mo-do] *agg.* (*scomodo*) incommode; (*inopportuno*) inopportun ♦ *n.m.* dérangement; (*fastidio*) ennui: *scusi l'incomodo*, pardonnez-moi si je vous dérange; *quanto devo per il suo incomodo?*, combien vous dois-je pour le dérangement?

● ***dare incomodo***, ***essere d'incomodo***, déranger | ***fare da terzo incomodo***, être de trop | ***togliere l'incomodo***, débarrasser de sa présence: *tolgo l'incomodo*, je vous ai assez dérangé | ***troppo incomodo!***, vous vous dérangez trop!

incomparabile [in-com-pa-rà-bi-le] *agg.* incomparable.

incomparabilmente [in-com-pa-ra-bil-mén-te] *avv.* incomparablement.

incompatibile [in-com-pa-tì-bi-le] *agg.* incompatible: *caratteri incompatibili*, caractères incompatibles.

incompatibilità [in-com-pa-ti-bi-li-tà] *n.f.invar.* incompatibilité: *incompatibilità di carattere*, incompatibilité d'humeur.

incompetente [in-com-pe-tèn-te] *agg.* incompétent: *incompetente in materia*, incompétent en la matière ♦ *n.m.* e *f.* personne incompétente: *è un incompetente*, c'est un incompétent.

incompetenza [in-com-pe-tèn-za] *n.f.* incompétence.

incompiutezza [in-com-piu-téz-za] *n.f.* inachèvement (*m.*).

incompiuto [in-com-più-to] *agg.* inachevé.

incompletezza [in-com-ple-téz-za] *n.f.* caractère (*m.*) incomplet.

incompleto [in-com-plè-to] *agg.* incomplet*; (*non finito*) inachevé.

incomprensibile [in-com-pren-sì-bi-le] *agg.* incompréhensible; (*indecifrabile*) indéchiffrable.

incomprensione [in-com-pren-sió-ne] *n.f.* **1** incompréhension **2** (*malinteso*) malentendu (*m.*).

incompreso [in-com-pré-so] *agg.* e *n.m.* [f. *-a*] incompris.

● ***un genio incompreso***, un génie incompris.

incompressibile [in-com-pres-sì-bi-le] *agg.* (*fis.*) incompressible.

incomunicabile [in-co-mu-ni-cà-bi-le] *agg.* incommunicable.
incomunicabilità [in-co-mu-ni-ca-bi-li-tà] *n.f.invar.* incommunicabilité.
inconcepibile [in-con-ce-pì-bi-le] *agg.* inconcevable; (*inammissibile*) inadmissible.
inconciliabile [in-con-ci-lià-bi-le] *agg.* inconciliable; (*incompatibile*) incompatible.
inconciliabilità [in-con-ci-lia-bi-li-tà] *n.f.invar.* inconciliabilité; (*incompatibilità*) incompatibilité.
inconcludente [in-con-clu-dèn-te] *agg.* qui ne mène à rien; sans résultat; (*di persona*) sans esprit de suite ♦ *n.m.* e *f.* personne (*f.*) sans esprit de suite.
incondizionatamente [in-con-di-zio-na-ta-mén-te] *avv.* inconditionnellement: *accettare incondizionatamente*, accepter inconditionnellement (*o* sans réserve).
incondizionato [in-con-di-zio-nà-to] *agg.* inconditionnel*: *appoggio incondizionato*, appui inconditionnel.
inconfessabile [in-con-fes-sà-bi-le] *agg.* inavouable.
inconfessato [in-con-fes-sà-to] *agg.* inavoué.
inconfondibile [in-con-fon-dì-bi-le] *agg.* unique; (*caratteristico*) particulier*: *il tocco inconfondibile di un grande pittore*, la touche incomparable d'un grand peintre.
inconfutabile [in-con-fu-tà-bi-le] *agg.* irréfutable.
inconfutabilmente [in-con-fu-ta-bil-mén-te] *avv.* irréfutablement.
incongruente [in-con-gru-èn-te] *agg.* **1** inconséquent; (*incoerente*) incohérent **2** (*diverso da*) contraire (**à**).
incongruenza [in-con-gru-èn-za] *n.f.* inconséquence; (*incoerenza*) incohérence: *c'è dell'incongruenza nelle sue idee*, il y a de l'incohérence dans ses idées.
incongruo [in-còn-gru-o] *agg.* **1** (*insufficiente*) insuffisant; (*inadeguato*) inadéquat **2** (*eccessivo*) disproportionné.
inconoscibile [in-co-no-scì-bi-le] *agg.* inconnaissable ♦ *n.m.* (*fil.*) inconnaissable.
inconsapevole [in-con-sa-pé-vo-le] *agg.* **1** dans l'ignorance de tout; (*ignaro*) ignorant: *inconsapevole del pericolo*, ignorant du danger; *essere inconsapevole di qlco*, ignorer qqch **2** (*involontario*) involontaire.
inconsapevolmente [in-con-sa-pe-vol-mén-te] *avv.* sans s'en rendre compte; (*involontariamente*) sans le vouloir; inconsciemment: *l'ho offeso inconsapevolmente*, je l'ai offensé sans le vouloir.
inconsciamente [in-con-scia-mén-te] *avv.* inconsciemment.
inconscio [in-còn-scio] *agg.* [pl.m. *-sci*, f. *-sce*] inconscient ♦ *n.m.* (*psic.*) inconscient.
● ***l'inconscio collettivo***, l'inconscient collectif.
inconseguente [in-con-se-guèn-te] *agg.* inconséquent.
inconseguenza [in-con-se-guèn-za] *n.f.* inconséquence.
inconsistente [in-con-si-stèn-te] *agg.* inconsistant (*anche fig.*).
inconsistenza [in-con-si-stèn-za] *n.f.* inconsistance (*anche fig.*).
inconsolabile [in-con-so-là-bi-le] *agg.* inconsolable.
inconsueto [in-con-su-è-to] *agg.* insolite, inhabituel*.
inconsulto [in-con-sùl-to] *agg.* inconsidéré.
incontaminato [in-con-ta-mi-nà-to] *agg.* sans tache; non contaminé: *natura incontaminata*, nature non contaminée.
incontenibile [in-con-te-nì-bi-le] *agg.* irrésistible; (*irrefrenabile*) irrépressible.
incontentabile [in-con-ten-tà-bi-le] *agg.* difficile à contenter, insatisfait.
incontentabilità [in-con-ten-ta-bi-li-tà] *n.f.invar.* impossibilité d'être satisfait.
incontestabile [in-con-te-stà-bi-le] *agg.* incontestable.
incontestabilmente [in-con-te-sta-bil-mén-te] *avv.* incontestablement.
incontestato [in-con-te-stà-to] *agg.* incontesté.
incontinente [in-con-ti-nèn-te] *agg.* e *n.m.* e *f.* incontinent/e (*anche fig.*).
incontinenza [in-con-ti-nèn-za] *n.f.* **1** incontinence **2** (*med.*) incontinence.
incontrare [in-con-trà-re] *v.tr.* **1** rencontrer (*anche fig.*): *è venuto a incontrarmi per strada, alla stazione*, il est venu à ma rencontre dans la rue, me chercher à la gare; *incontrare lo sguardo di qlcu*, croiser le regard de qqn; *incontrare delle difficoltà, degli ostacoli*, rencontrer des difficultés, des obstacles; *incontrare delle spese*, faire face à des dépenses; *incontrare la morte in battaglia*, trouver la mort au combat | *incontrare il cattivo tempo*, trouver le mauvais temps **2** (*imbattersi in*) tomber (**sur**): *ho incontrato una persona onesta*, je suis tombé sur une personne honnête **3** (*mat.*) couper: *una retta incontra un cerchio in due punti*, une droite coupe un cercle en deux points ♦ **incontrarsi** *v.pron.* **1** rencontrer: *domani mi incontro con il mio avvocato*, demain je vais rencontrer mon avocat **2** (*imbattersi*) tomber (**sur**) ♦ *v.pron.rec.* **1** se rencontrer: *ci siamo incontrati per caso*, nous nous sommes rencontrés par hasard **2** (*fig.*) (*accordarsi, armonizzarsi*) s'accorder; (*essere d'accordo*) être* d'accord (**pour**): *i nostri gusti s'incontrano*, nous avons les mêmes goûts | *non si incontrano*, ils ne se comprennent pas bien **3** (*mat.*) se couper.
● ***incontrare il favore del pubblico***, avoir la faveur du public.
incontrario, all' [al-l'in-con-trà-rio] *avv.* **1** à l'envers: *leggeva il libro all'incontrario*, (*sottosopra*) il lisait son libre à l'envers, (*cominciando dalla fine*) à rebours **2** (*in senso contrario*) en sens contraire.
incontrastabile [in-con-tra-stà-bi-le] *agg.* **1** (*inattaccabile*) inattaquable **2** (*ineluttabile*) inéluctable.
incontrastato [in-con-tra-stà-to] *agg.* **1** incontesté **2** (*non contrariato*) sans rencontrer d'opposition.
incontro[1] [in-cón-tro] *n.m.* **1** rencontre (*f.*): *combinare, fissare un incontro*, arranger une rencontre, organiser une entrevue; *fare un brutto incontro*, faire une mauvaise rencontre **2** (*sport*) rencontre (*f.*); (*fra due squadre*) match.
● ***al primo incontro***, au premier abord | (*mat.*) ***linea, punto di incontro***, ligne, point d'intersection.
incontro[2] *avv.* (*non com.*) en face: *abitano qui incontro*, ils habitent en face.
● ***incontro a***, à la rencontre (de), au-devant (de): *andare incontro alle richieste di qlcu*, devancer les requêtes de qqn; *andare incontro all'inverno*, aller vers l'hiver; *andare incontro a guai, a spese*, s'exposer à des ennuis, à des frais; *andare incontro a qlcu*, (*presente*) aller à la rencontre de qqn; (*in arrivo*) aller au-devant de qqn; *venire incontro a qlcu*, aider, venir en aide de qqn; *ho cercato di*

I

venirgli incontro, (*di aiutarlo*) j'ai essayé de lui venir en aide, (*di favorirlo*) de le favoriser; *il prezzo è alto, ma cercheremo di venirle incontro*, le prix est élevé, mais nous essayerons de vous faire de bonnes conditions.

incontrollabile [in-con-trol-là-bi-le] ***agg.*** incontrôlable.

incontrollato [in-con-trol-là-to] ***agg.*** incontrôlé.

incontrovertibile [in-con-tro-ver-tì-bi-le] ***agg.*** incontestable, indiscutable.

inconveniente [in-con-ve-nièn-te] ***n.m.*** inconvénient: *un lieve, serio inconveniente*, un léger, grave inconvénient.

inconvertibile [in-con-ver-tì-bi-le] ***agg.*** inconvertible.

incoraggiamento [in-co-rag-gia-mén-to] ***n.m.*** encouragement | *bell'incoraggiamento, mi dai!*, (*iron.*) drôle de façon de m'encourager!

incoraggiante [in-co-rag-giàn-te] ***agg.*** encourageant.

incoraggiare [in-co-rag-già-re] ***v.tr.*** [coniug. come *mangiare*] encourager*: *incoraggiare qlcu allo studio*, encourager (*o* exhorter) qqn à l'étude; *incoraggiare le arti*, protéger les arts.

incordare [in-cor-dà-re] ***v.tr.*** corder; (*strumenti musicali*) mettre* les cordes (**à**).

incordatura [in-cor-da-tù-ra] ***n.f.*** cordage (*m.*); (*di strumenti musicali*) montage (*m.*).

incornare [in-cor-nà-re] ***v.tr.*** encorner.

incorniciare [in-cor-ni-cià-re] ***v.tr.*** [coniug. come *cominciare*] encadrer (*anche fig.*).

incorniciatura [in-cor-ni-cia-tù-ra] ***n.f.*** encadrement (*m.*).

incoronare [in-co-ro-nà-re] ***v.tr.*** couronner (*anche fig.*).

incoronazione [in-co-ro-na-zió-ne] ***n.f.*** couronnement (*m.*).

incorporabile [in-cor-po-rà-bi-le] ***agg.*** incorporable.

incorporare [in-cor-po-rà-re] ***v.tr.*** incorporer (*anche fig.*): *incorporare un'azienda*, incorporer une entreprise.

incorporazione [in-cor-po-ra-zió-ne] ***n.f.*** incorporation (*anche fig.*).

incorporeo [in-cor-pò-re-o] ***agg.*** incorporel*, immatériel*.

incorreggibile [in-cor-reg-gi-bi-le] ***agg.*** incorrigible.

incorrere [in-cór-re-re] ***v.intr.*** [coniug. come *correre*; aus. *essere*] encourir* (**qqch**); (*correre*) courir* (**qqch**); (*esporsi a*) s'exposer (**à**): *incorrere in una multa*, encourir une amende; *incorrere nel ridicolo*, s'exposer au ridicule; *incorrere in un errore*, tomber dans une erreur.

incorrotto [in-cor-rót-to] ***agg.*** **1** (*intatto*) intact **2** (*fig.*) (*sano*) sain; (*puro*) pur; (*integro*) intègre.

incorruttibile [in-cor-rut-ti-bi-le] ***agg.*** incorruptible (*anche fig.*).

incorruttibilità [in-cor-rut-ti-bi-li-tà] ***n.f.invar.*** incorruptibilité (*anche fig.*).

incorruttibilmente [in-cor-rut-ti-bil-mén-te] ***avv.*** incorruptiblement.

incosciente [in-co-scièn-te] ***agg.*** e ***n.m.*** e ***f.*** inconscient/e: *un guidatore incosciente*, un conducteur inconscient; *comportarsi da (perfetto) incosciente*, se conduire en (parfait) inconscient.

incoscientemente [in-co-scien-te-mén-te] ***avv.*** inconsciemment.

incoscienza [in-co-sciè-za] ***n.f.*** inconscience: *essere in stato d'incoscienza*, être en état d'inconscience; *dare prova di incoscienza*, faire preuve d'inconscience.

incostante [in-co-stàn-te] ***agg.*** inconstant; (*disuguale*) inégal*; (*variabile*) variable: *studente di rendimento incostante*, étudiant très inégal.

incostanza [in-co-stàn-za] ***n.f.*** inconstance; (*variabilità*) variabilité.

incostituzionale [in-co-sti-tu-zio-nà-le] ***agg.*** (*dir.*) inconstitutionnel*.

incostituzionalità [in-co-sti-tu-zio-na-li-tà] ***n.f.invar.*** (*dir.*) inconstitutionnalité.

incredibile [in-cre-dì-bi-le] ***agg.*** incroyable: *una storia incredibile*, un récit incroyable; *ha un'incredibile forza di volontà*, il a une volonté incroyable.

incredibilmente [in-cre-di-bil-mén-te] ***avv.*** incroyablement: *è diventata incredibilmente più bella*, elle est devenue incroyablement plus jolie.

incredulità [in-cre-du-li-tà] ***n.f.invar.*** incrédulité.

incredulo [in-crè-du-lo] ***agg.*** e ***n.m.*** [f. *-a*] incrédule.

incrementare [in-cre-men-tà-re] ***v.tr.*** **1** augmenter; (*far prosperare*) donner de l'essor (**à**): *incrementare le vendite*, augmenter les ventes **2** (*inform.*) incrémenter.

incremento [in-cre-mén-to] ***n.m.*** augmentation (*f.*), accroissement; (*fig.*) essor: *l'incremento dei prezzi*, l'augmentation des prix; *l'incremento della produzione*, l'accroissement de la production.

● (*econ.*) ***incremento di capitale***, accroissement de capital | ***dare incremento***, donner de l'essor; (*incoraggiare*) encourager; (*sviluppare*) développer.

increscioso [in-cre-sció-so] ***agg.*** fâcheux*.

increspare [in-cre-spà-re] ***v.tr.*** rider; (*una stoffa*) froncer*; (*capelli*) crêper ♦ **incresparsi** ***v.pron.intr.*** se rider; (*di capelli*) se crêper; (*di stoffe*) se froncer*.

● ***increspare la fronte***, plisser le front.

increspatura [in-cre-spa-tù-ra] ***n.f.*** ridement (*m.*); (*di stoffe*) froncis (*m.*); (*di capelli*) frisure.

incretinire [in-cre-ti-nì-re] ***v.tr.*** → **rincretinire**.

incriminare [in-cri-mi-nà-re] ***v.tr.*** incriminer; (*incolpare*) inculper (**de**): *incriminare per omicidio*, inculper d'homicide.

incriminazione [in-cri-mi-na-zió-ne] ***n.f.*** (*dir.*) incrimination.

incrinare [in-cri-nà-re] ***v.tr.*** **1** fêler **2** (*fig.*) entamer ♦ **incrinarsi** ***v.pron.intr.*** **1** se fêler **2** (*fig.*) se gâter.

incrinatura [in-cri-na-tù-ra] ***n.f.*** **1** fêlure **2** (*med.*) fissure, fêlure **3** (*fig.*) faille.

incrociare [in-cro-cià-re] ***v.tr.*** [coniug. come *cominciare*] croiser: *il viale incrocia la strada nazionale*, le boulevard croise la route nationale ♦ ***v.intr.*** [aus. *avere*] (*mar.*) croiser ♦ **incrociarsi** ***v.pron.rec.*** se croiser: *ci siamo incrociati per strada*, on s'est croisé(s) dans la rue.

● ***incrociare le braccia***, (*fig.*) (*scioperare*) faire grève | ***incrociare le dita***, (*per scaramanzia*) toucher du bois.

incrociato [in-cro-cià-to] ***agg.*** croisé.

● ***dati incrociati***, données qui se recoupent | (*mil.*) ***fuoco incrociato***, feu croisé | ***parole incrociate***, mots croisés | (*metrica*) ***rima incrociata***, rime embrassée.

incrociatore [in-cro-cia-tó-re] ***n.m.*** (*mar. mil.*) croiseur.

incrocio [in-cró-cio] ***n.m.*** [pl. *-ci*] **1** croisement **2** (*punto d'incrocio*) croisée (*f.*) **3** (*crocevia*) carrefour **4** (*biol.*) croisement.

incrollabile [in-crol-là-bi-le] ***agg.*** inébranlable.

incrostare [in-cro-stà-re] *v.tr.* incruster ♦ **incrostarsi** *v.pron.intr.* s'incruster.

incrostazione [in-cro-sta-zió-ne] *n.f.* incrustation.

incrudelire [in-cru-de-lì-re] *v.intr.* [coniug. come *finire*] **1** [aus. *essere*] devenir* cruel* **2** [aus. *avere*] (*infierire*) sévir (**contre**), s'acharner (**contre**, **sur**).

incruento [in-cru-èn-to] *agg.* sans effusion de sang.

incubare [in-cu-bà-re] *v.tr.* **1** (*med.*) couver **2** (*zool.*) incuber.

incubatrice [in-cu-ba-trì-ce] *n.f.* **1** (*per neonati*) couveuse, incubateur (*m.*) **2** (*per uova*) couveuse, appareil (*m.*) incubateur.

incubazione [in-cu-ba-zió-ne] *n.f.* incubation.
● ***essere in incubazione***, (*fig.*) couver.

incubo [ìn-cu-bo] *n.m.* cauchemar: *avere un incubo*, faire un cauchemar; *l'incubo degli esami*, (*fig.*) l'angoisse des examens.
● ***da incubo***, d'enfer: *giornata da incubo*, journée d'enfer.

incudine [in-cù-di-ne] *n.f.* enclume.
● ***essere tra l'incudine e il martello***, (*fig.*) être entre l'enclume et le marteau.

inculare [in-cu-là-re] *v.tr.* (*volg.*) enculer.

inculcare [in-cul-cà-re] *v.tr.* [coniug. come *mancare*] inculquer (**à**): *inculcare un'idea nella mente di qlcu*, inculquer une idée à qqn.

incultura [in-cul-tù-ra] *n.f.* inculture.

incunabolo [in-cu-nà-bo-lo] *n.m.* incunable.

incuneare [in-cu-ne-à-re] *v.tr.* **1** enfoncer* **2** (*fissare*) assujettir avec des coins **3** (*fig.*) glisser ♦ **incunearsi** *v.pron.intr.* **1** s'enfoncer* (comme un coin) **2** (*fig.*) pénétrer*.

incupire [in-cu-pì-re] *v.tr.* [coniug. come *finire*] assombrir (*anche fig.*); (*un colore*) foncer* ♦ *v.intr.* [aus. *essere*] s'obscurcir; (*fig.*) s'assombrir ♦ **incupirsi** *v.pron.intr.* s'obscurcir; (*fig.*) s'assombrir.

incurabile [in-cu-rà-bi-le] *agg.* incurable.

incurante [in-cu-ràn-te] *agg.* insouciant: *incurante del pericolo, del domani*, insouciant (*o* insoucieux) du danger, du lendemain.

incuranza [in-cu-ràn-za] *n.f.* insouciance.

incuria [in-cù-ria] *n.f.* **1** incurie, négligence **2** (*trascuratezza*) manque (*m.*) de soin, laisser-aller (*m.*).

incuriosire [in-cu-rio-sì-re] *v.tr.* [coniug. come *finire*] intriguer; (*interessare*) intéresser: *tutto l'incuriosisce*, tout pique sa curiosité ♦ **incuriosirsi** *v.pron.intr.* être* intrigué (**par**); (*interessarsi*) s'intéresser (**à**).

incursione [in-cur-sió-ne] *n.f.* incursion; (*irruzione*) irruption.
● ***incursione aerea***, raid | ***fare incursione***, faire irruption.

incursore [in-cur-só-re] *agg.* *aereo incursore*, avion participant à un raid ♦ *n.m.* (*mil.*) commando.

incurvare [in-cur-và-re] *v.tr.* courber, incurver; (*per il calore, l'umidità ecc.*) faire* gondoler ♦ **incurvarsi** *v.pron.intr.* **1** se courber, s'incurver; (*per il calore, l'umidità ecc.*) gondoler; (*cedere*) fléchir **2** (*di persona*) se voûter.

incussi, **incusso** → **incutere**.

incustodito [in-cu-sto-dì-to] *agg.* sans surveillance: *lasciare l'appartamento incustodito*, laisser son appartement sans surveillance.
● (*ferr.*) ***passaggio a livello incustodito***, passage à niveau non gardé.

incutere [in-cù-te-re] *v.tr.* [p.rem. *io incussi*; p.p. *incusso*] inspirer: *incutere timore, rispetto, terrore*, inspirer la crainte, le respect, la terreur; *incutere soggezione*, en imposer.

indaco [ìn-da-co] *agg.invar.* e *n.m.* [pl. -*chi*] indigo.

indaffarato [in-daf-fa-rà-to] *agg.* affairé; (*occupato*) occupé: *essere indaffarato in qlco*, s'affairer à faire qqch; *è sempre indaffarato*, il a toujours beaucoup à faire.

indagare [in-da-gà-re] *v.tr.* [coniug. come *legare*] (*cercare di conoscere*) chercher à connaître; (*cercare di penetrare*) chercher à pénétrer ♦ *v.intr.* [aus. *avere*] enquêter (**sur**), faire* une enquête (**sur**): *la polizia indaga*, la police enquête.

indagato [in-da-gà-to] *agg.* mis en examen ♦ *n.m.* [f. -*a*] personne (*f.*) mise en examen.

indagatore [in-da-ga-tó-re] *agg.* e *n.m.* [f. -*trice*] investigateur*, enquêteur*.
● ***commissione indagatrice***, commission d'enquête.

indagine [in-dà-gi-ne] *n.f.* **1** enquête: *condurre un'indagine su qlco*, mener une enquête sur qqch; *dalle indagini risulta che*, d'après l'enquête il résulte que **2** (*studio, ricerca*) recherches (*pl.*); (*inchiesta*) enquête.
● ***indagine demoscopica***, sondage d'opinion | ***indagine di mercato***, étude de marché | ***indagine statistica***, enquête statistique | ***indagine storica***, recherches historiques.

indebitamente [in-de-bi-ta-mén-te] *avv.* indûment; (*illegittimamente*) illégitimement; (*ingiustamente*) injustement.

indebitamento [in-de-bi-ta-mén-to] *n.m.* endettement.

indebitare [in-de-bi-tà-re] *v.tr.* endetter ♦ **indebitarsi** *v.pron.* s'endetter (**avec**).
● ***indebitarsi fino al collo***, ***fin sopra i capelli***, se couvrir de dettes.

indebito [in-dé-bi-to] *agg.* **1** (*non dovuto*) indu **2** (*illecito*) illégitime; (*ingiusto*) injuste; (*immeritato*) immérité ♦ *n.m.* (*dir.*) indu.
● (*dir.*) ***appropriazione indebita***, appropriation indue.

indebolimento [in-de-bo-li-mén-to] *n.m.* affaiblissement: *indebolimento della vista*, affaiblissement de la vue.

indebolire [in-de-bo-lì-re] *v.tr.* [coniug. come *finire*] affaiblir: *indebolire la resistenza di qlcu*, abattre la résistance de qqn ♦ **indebolirsi** *v.pron.intr.* s'affaiblir; (*affievolirsi*) faiblir; (*calare*) diminuer: *gli si è indebolita la vista*, sa vue s'est affaibilie (*o* a baissé).

indecente [in-de-cèn-te] *agg.* **1** indécent **2** (*estens.*) scandaleux*.

indecentemente [in-de-cen-te-mén-te] *avv.* indécemment, (*scandalosamente*) scandaleusement.

indecenza [in-de-cèn-za] *n.f.* indécence.
● ***è un'indecenza!***, c'est honteux (*o* scandaleux)!

indecifrabile [in-de-ci-frà-bi-le] *agg.* indéchiffrable.

indecisione [in-de-ci-ʃió-ne] *n.f.* indécision, irrésolution.

indeciso [in-de-cì-ʃo] *agg.* **1** indécis, irrésolu: *restò a lungo indeciso*, il resta longtemps indécis (*o* il hésita longtemps); *sono ancora indeciso se partire o no*, je n'ai pas encore décidé si je dois partir ou non **2** (*non risolto*) à résoudre, indéfini: *la questione è ancora indecisa*, le problème est encore indéfini **3** (*incerto*) incertain ♦ *n.m.* [f. -*a*] indécis.
● ***è un eterno indeciso***, c'est un perpétuel indécis.

indeclinabile [in-de-cli-nà-bi-le] *agg.* **1** (*gramm.*) in-

I

déclinable **2** (*letter.*) (*che non si può rifiutare*) qu'on ne peut pas décliner.

indecorosamente [in-de-co-ro-sa-mén-te] ***avv.*** de façon inconvenante.

indecoroso [in-de-co-ró-so] ***agg.*** malséant; (*sconveniente*) inconvenant: *contegno indecoroso*, tenue peu convenable.

indefessamente [in-de-fes-sa-mén-te] ***avv.*** infatigablement; (*senza respiro*) sans relâche: *lavorare indefessamente*, travailler d'arrache-pied.

indefesso [in-de-fès-so] ***agg.*** infatigable, inlassable; (*assiduo*) assidu.

indefettibile [in-de-fet-tì-bi-le] ***agg.*** (*letter.*) indéfectible.

indefinibile [in-de-fi-nì-bi-le] ***agg.*** indéfinissable: *un concetto indefinibile*, une idée indéfinissable.

indefinitamente [in-de-fi-ni-ta-mén-te] ***avv.*** indéfiniment.

indefinito [in-de-fi-nì-to] ***agg.*** **1** indéfini: *numero indefinito*, nombre indéfini **2** (*gramm.*) indéfini ♦ ***n.m.*** (*fil., gramm.*) indéfini.

indeformabile [in-de-for-mà-bi-le] ***agg.*** indéformable.

indegnamente [in-de-gna-mén-te] ***avv.*** indignement.

indegnità [in-de-gni-tà] ***n.f.invar.*** indignité.
● ***per indegnità***, pour cause d'indignité.

indegno [in-dé-gno] ***agg.*** indigne: *è un'azione indegna di te*, c'est une action indigne de toi.

indelebile [in-de-lè-bi-le] ***agg.*** indélébile (*anche fig.*).

indelebilmente [in-de-le-bil-mén-te] ***avv.*** de manière indélébile.

indelicatamente [in-de-li-ca-ta-mén-te] ***avv.*** indélicatement.

indelicatezza [in-de-li-ca-téz-za] ***n.f.*** indélicatesse: *è stata una grossa indelicatezza*, il a commis une grave indélicatesse.

indelicato [in-de-li-cà-to] ***agg.*** indélicat.

indemoniato [in-de-mo-nià-to] ***agg.*** **1** possédé; (*indiavolato*) endiablé **2** (*furioso*) furieux* ♦ ***n.m.*** [f. *-a*] possédé; (fou*) furieux*.

indenne [in-dèn-ne] ***agg.*** indemne.

indennità [in-den-ni-tà] ***n.f.invar.*** indemnité.
● ***indennità di alloggio***, allocation (de) logement | ***indennità di disoccupazione***, allocation (de) chômage | ***indennità di licenziamento***, indemnité de licenciement | ***indennità di maternità***, allocation, prestation d'accouchement | ***indennità di trasferta***, indemnité de déplacement.

indennizzare [in-den-niʒ-ʒà-re] ***v.tr.*** indemniser.

indennizzo [in-den-nìʒ-ʒo] ***n.m.*** (*risarcimento*) indemnisation (*f.*); (*somma risarcita*) dommages et intérêts (*pl.*): *corrispondere un indennizzo*, indemniser.
● ***a titolo di indennizzo***, à titre de dédommagement.

indentro [in-dén-tro] ***avv.*** en dedans; (*indietro*) en arrière: *mettere, spostare indentro*, reculer; *spingere indentro un cassetto*, repousser un tiroir.
● ***all'indentro***, (*verso l'interno*) à l'intérieur.

inderogabile [in-de-ro-gà-bi-le] ***agg.*** inéluctable: *principi inderogabili*, des principes auxquels on ne peut déroger.

inderogabilmente [in-de-ro-ga-bil-mén-te] ***avv.*** inéluctablement.

indescrivibile [in-de-scri-vì-bi-le] ***agg.*** indescriptible.

indesiderabile [in-de-si-de-rà-bi-le] ***agg.*** e ***n.m.*** e ***f.*** indésirable.

indesiderato [in-de-si-de-rà-to] ***agg.*** non désiré; (*di persone*) indésirable.

indeterminabile [in-de-ter-mi-nà-bi-le] ***agg.*** indéterminable.

indeterminatezza [in-de-ter-mi-na-téz-za] ***n.f.*** indétermination.

indeterminativo [in-de-ter-mi-na-tì-vo] ***agg.*** (*gramm.*) indéfini.

indeterminato [in-de-ter-mi-nà-to] ***agg.*** indéterminé.
● (*gramm.*) ***articolo indeterminato***, article indéfini.

indi [ìn-di] ***avv.*** (*letter.*) **1** (*poi*) puis, ensuite **2** (*perciò*) d'où **3** (*da quel luogo*) de là.

indiano [in-dià-no] ***agg.*** indien* ♦ ***n.m.*** [f. *-a*] Indien*.
● ***fare l'indiano***, (*fig.*) faire l'innocent.

indiavolato [in-dia-vo-là-to] ***agg.*** **1** (*sfrenato*) endiablé; (*furente*) furieux* **2** (*infernale*) infernal*: *fracasso indiavolato*, vacarme de tous les diables.

indicare [in-di-cà-re] ***v.tr.*** [coniug. come *mancare*] **1** indiquer; (*mostrare*) montrer: *indicare la strada a qlcu*, indiquer (*o* montrer) la route à qqn; *gli indicò la porta*, il lui indiqua la porte **2** (*denotare*) dénoter; (*dimostrare*) démontrer: *il suo atteggiamento indica un certo disprezzo*, sono attitude dénote un certain mépris.

indicativo [in-di-ca-tì-vo] ***agg.*** (*approssimativo*) indicatif*, (*significativo*) significatif* ♦ ***n.m.*** **1** (*gramm.*) indicatif **2** (*rad., tel.*) indicatif.

indicato [in-di-cà-to] ***agg.*** (*adatto*) indiqué; (*opportuno*) opportun: *la persona più indicata per questo compito*, la personne la plus indiquée pour cette tâche.

indicatore [in-di-ca-tó-re] ***agg.*** [f. *-trice*] indicateur*: *cartello indicatore*, panneau indicateur ♦ ***n.m.*** indicateur.
● (*aut.*) ***indicatore di direzione***, clignotant | ***indicatore di velocità***, indicateur de vitesse.

indicazione [in-di-ca-zió-ne] ***n.f.*** indication.

indice [ìn-di-ce] ***n.m.*** **1** (*dito*) index **2** (*ago di strumento*) aiguille (*f.*), index **3** (*segno, indizio*) signe, indice: *questo è indice di negligenza*, ceci dénote de la négligence **4** (*di libro*) table (*f.*) des matières, index **5** (*scient.*) (*fattore*) indice; (*stat.*) index.
● ***indice analitico***, index analytique | (*Borsa*) ***indice azionario***, indice des actions | (*stat.*) ***indice di disoccupazione***, taux de chômage | ***puntare l'indice verso, contro qlcu***, montrer qqn du doigt.

FAUX AMI
Nel senso di *dito della mano* o di *ago di strumento*, non è da confondere con il francese *indice*, che significa *indizio*.

indicibile [in-di-cì-bi-le] ***agg.*** indicible.

indicibilmente [in-di-ci-bil-mén-te] ***avv.*** ineffablement; (*estens.*) (*estremamente*) extrêmement.

indicizzare [in-di-ciʒ-ʒà-re] ***v.tr.*** (*econ.*) indexer.

indicizzazione [in-di-ciʒ-ʒa-zió-ne] ***n.f.*** (*econ.*) indexation.

indietreggiare [in-die-treg-già-re] ***v.intr.*** [coniug. come *mangiare*; aus. *essere* o *avere*] reculer (*anche fig.*).

indietro [in-diè-tro] ***avv.*** en arrière: *guarda avanti, non indietro*, regarde en avant, pas en arrière; *tenere indietro la folla*, contenir la foule | *voglio indietro i miei soldi*, je veux récupérer mon argent.
● ***all'indietro***, en arrière; à la renverse; à reculons: *cadere all'indietro*, tomber à la renverse; *camminare all'indietro*, marcher à reculons | ***andare***, ***farsi indietro***, reculer

| ***essere indietro***, être en retard: *essere indietro con il lavoro*, être en retard dans son travail; *essere indietro in latino*, avoir du retard en latin; *quel ragazzo è un po' indietro*, (*fam.*) (*capisce poco*) cet enfant est un peu retardé; *come sei indietro!*, (*fam.*) que tu es bête!; *quest'orologio è indietro* (*di 5 minuti*), cette montre retarde (de 5 minutes) | ***fare marcia indietro***, (*anche fig.*) faire marche arrière | ***fare un passo indietro***, (*anche fig.*) faire un pas en arrière | ***lasciare indietro***, (*lasciare in sospeso*) laisser en suspens: *ha lasciato indietro un intero capitolo*, (*lo ha saltato*) il a sauté un chapitre entier; *mi tocca lasciare indietro molte cose*, je dois négliger bien des choses | ***non andare né avanti né indietro***, (*anche fig.*) ne pouvoir ni avancer ni reculer | ***rimanere indietro un anno***, (*a scuola*) être en retard d'un an.

indifeso [in-di-fé-so] *agg.* sans défense, sans protection.

indifferente [in-dif-fe-rèn-te] *agg.* indifférent: *mi è del tutto indifferente*, cela m'est complètement indifférent (*o* égal) ♦ *n.m.* e *f.* indifférent/e.
● ***fare l'indifferente***, faire l'indifférent | ***non indifferente***, considérable: *un peso non indifferente*, un poids considérable.

indifferentemente [in-dif-fe-ren-te-mén-te] *avv.* indifféremment.

indifferenza [in-dif-fe-rèn-za] *n.f.* indifférence.

indifferenziato [in-dif-fe-ren-zià-to] *agg.* indifférencié.

indifferibile [in-dif-fe-rì-bi-le] *agg.* que l'on ne peut pas remettre, inajournable.

indigeno [in-di-ge-no] *agg.* e *n.m.* [f. *-a*] indigène.

indigente [in-di-gèn-te] *agg.* e *n.m.* e *f.* indigent/e.

indigenza [in-di-gèn-za] *n.f.* indigence.

indigestione [in-di-ge-stió-ne] *n.f.* indigestion (*anche fig.*).
● ***fare indigestione***, avoir une indigestion.

indigesto [in-di-gè-sto] *agg.* indigeste (*anche fig.*): *le uova mi sono indigeste*, je ne digère pas les œufs; *quel tipo mi è indigesto*, ce type est insupportable, (*fam.*) imbuvable.

indignare [in-di-gnà-re] *v.tr.* indigner ♦ **indignarsi** *v.pron.intr.* s'indigner (**de**): *indignarsi per qlco*, *di fronte a qlco*, s'indigner de qqch.

indignato [in-di-gnà-to] *agg.* indigné.

indignazione [in-di-gna-zió-ne] *n.f.* indignation.

indilazionabile [in-di-la-zio-nà-bi-le] *agg.* qui ne peut pas être différé, prorogé, inajournable.

indimenticabile [in-di-men-ti-cà-bi-le] *agg.* inoubliable.

indimostrabile [in-di-mo-strà-bi-le] *agg.* indémontrable.

indio [ìn-dio] *n.m.* [f. *-a*; pl.m. *-dî*] Indien* (de l'Amérique du Sud).

indipendente [in-di-pen-dèn-te] *agg.* e *n.m.* e *f.* indépendant/e: *è indipendente dalla famiglia*, il est indépendant de sa famille.
● (*gramm.*) ***proposizione indipendente***, proposition indépendante.

indipendentemente [in-di-pen-den-te-mén-te] *avv.* indépendamment (**de**).

indipendentismo [in-di-pen-den-tì-ʃmo] *n.m.* (*pol.*) indépendantisme.

indipendentista [in-di-pen-den-tì-sta] *agg.* e *n.m.* e *f.* indépendantiste.

indipendenza [in-di-pen-dèn-za] *n.f.* indépendance: *indipendenza economica*, *politica*, indépendance économique, politique.

indire [in-dì-re] *v.tr.* [coniug. come *dire*] convoquer: *indire un'assemblea*, convoquer une assemblée; *indire una celebrazione*, proclamer une célébration; *indire le elezioni*, fixer (la date) des élections; *indire un concorso*, ouvrir un concours; *indire una vendita all'asta*, annoncer une vente aux enchères.

indirettamente [in-di-ret-ta-mén-te] *avv.* indirectement.

indiretto [in-di-rèt-to] *agg.* indirect.
● ***per via indiretta***, d'une manière indirecte.

indirizzamento [in-di-riz-za-mén-to] *n.m.* **1** (*inform.*) adressage **2** (*Internet*) routage.

indirizzare [in-di-riz-zà-re] *v.tr.* **1** adresser (**à**); (*mandare*) envoyer*: *indirizzare una lettera a qlcu*, adresser une lettre à qqn **2** (*dirigere*) diriger* (**vers**); (*rivolgere*) adresser: *indirizzare i passi verso casa*, diriger ses pas vers la maison **3** (*avviare*) orienter: *indirizzare qlcu a un mestiere*, orienter qqn vers un métier **4** (*scrivere l'indirizzo*) écrire* l'adresse (**de**) ♦ **indirizzarsi** *v.pron.* s'adresser; (*dirigersi*) se diriger*.

indirizzario [in-di-riz-zà-rio] *n.m.* [pl. *-ri*] carnet, liste (*f.*) d'adresses.

indirizzatore [in-di-riz-za-tó-re] *n.m.* (*Internet*) routeur.

indirizzo [in-di-rìz-zo] *n.m.* **1** adresse (*f.*): *dare il proprio indirizzo a qlcu*, donner son adresse à qqn; *cambiare indirizzo*, changer d'adresse **2** (*orientamento*) orientation (*f.*); (*linea di condotta*) voie (*f.*): *indirizzo professionale*, *politico*, adresse professionnelle, politique **3** (*inform.*) adresse (*f.*).
● (*inform.*) ***indirizzo mobile***, adresse relative | (*Internet*) ***indirizzo numerico***, adresse numérique | ***all'indirizzo di***, à l'adresse de | ***architettura a indirizzo urbanistico***, architecture (à) cursus urbanisme.

NOTA Quando si scrive un ***indirizzo*** in francese, il numero civico precede sempre il nome della via: *10, rue du Mont Blanc, 75000 Paris.*

indisciplina [in-di-sci-plì-na] *n.f.* indiscipline.

indisciplinatezza [in-di-sci-pli-na-téz-za] *n.f.* **1** indiscipline **2** (*atto di indisciplina*) acte (*m.*) d'indiscipline.

indisciplinato [in-di-sci-pli-nà-to] *agg.* indiscipliné.

indiscretamente [in-di-scre-ta-mén-te] *avv.* indiscrètement.

indiscreto [in-di-scré-to] *agg.* indiscret*: *se non sono indiscreto, posso?*, sans indiscrétion, puis-je?

indiscrezione [in-di-scre-zió-ne] *n.f.* indiscrétion | *da indiscrezioni di fonte giornalistica*, d'après des fuites de la presse.

indiscriminatamente [in-di-scri-mi-na-ta-mén-te] *avv.* sans discrimination.

indiscriminato [in-di-scri-mi-nà-to] *agg.* aveugle: *trattamento indiscriminato*, traitement aveugle; *uso indiscriminato di farmaci*, utilisation inconsidérée de médicaments.

indiscusso [in-di-scùs-so] *agg.* indiscuté; (*evidente*) indiscutable: *indiscussa superiorità*, supériorité incontestée.

indiscutibile [in-di-scu-tì-bi-le] *agg.* indiscutable.

indiscutibilmente [in-di-scu-ti-bil-mén-te] *avv.* indiscutablement.

indispensabile [in-di-spen-sà-bi-le] *agg.* e *n.m.* indispensable: *è indispensabile che tu venga*, il est indispensable que tu viennes.
● ***portare lo stretto indispensabile***, porter le strict nécessaire (*o* n'emporter que l'indispensable).
indispettire [in-di-spet-tì-re] *v.tr.* [coniug. come *finire*] agacer*, irriter ♦ **indispettirsi** *v.pron.intr.* se fâcher, s'irriter.
indispettito [in-di-spet-tì-to] *agg.* dépité.
indisponente [in-di-spo-nèn-te] *agg.* agaçant, irritant.
indisponibile [in-di-spo-nì-bi-le] *agg.* indisponible.
indisponibilità [in-di-spo-ni-bi-li-tà] *n.f.invar.* indisponibilité.
indisporre [in-di-spór-re] *v.tr.* [coniug. come *porre*] indisposer.
indisposizione [in-di-spo-ʃi-zió-ne] *n.f.* indisposition.
indisposto [in-di-spó-sto] *agg.* indisposé.
indissolubile [in-dis-so-lù-bi-le] *agg.* indissoluble.
indissolubilità [in-dis-so-lu-bi-li-tà] *n.f.invar.* indissolubilité.
indissolubilmente [in-dis-so-lu-bil-mén-te] *avv.* indissolublement.
indistintamente [in-di-stin-ta-mén-te] *avv.* indistinctement.
indistinto [in-di-stìn-to] *agg.* indistinct.
indistruttibile [in-di-strut-tì-bi-le] *agg.* indestructible.
indisturbato [in-di-stur-bà-to] *agg.* sans être dérangé.
indivia [in-dì-via] *n.f.* (*bot.*) endive.
individuale [in-di-vi-du-à-le] *agg.* individuel*.
● (*ciclismo*) (*gara*) ***individuale***, (course) individuelle | ***lezione individuale***, cours privé.
individualismo [in-di-vi-du-a-lì-ʃmo] *n.m.* individualisme.
individualista [in-di-vi-du-a-lì-sta] *n.m.* e *f.* individualiste.
individualistico [in-di-vi-du-a-lì-sti-co] *agg.* [pl.m. *-ci*, f. *-che*] individualiste.
individualità [in-di-vi-du-a-li-tà] *n.f.invar.* individualité.
individualizzare [in-di-vi-du-a-liʒ-ʒà-re] *v.tr.* individualiser, personnaliser.
individualmente [in-di-vi-dual-mén-te] *avv.* individuellement.
individuare [in-di-vi-du-à-re] *v.tr.* 1 (*caratterizzare*) caractériser 2 (*determinare*) déterminer: *individuare le cause di un fenomeno*, déterminer les causes d'un phénomène 3 (*localizzare*) repérer*, localiser: *individuare un guasto*, localiser une panne 4 (*scoprire*) découvrir*; (*riconoscere*) reconnaître*: *individuare qlcu tra la folla*, reconnaître qqn parmi la foule.
individuazione [in-di-vi-du-a-zió-ne] *n.f.* 1 (*caratterizzazione*) caractérisation 2 (*localizzazione*) repérage (*m.*); (*determinazione*) détermination: *individuazione di un punto su una carta*, détermination d'un point sur une carte.
individuo [in-di-vì-du-o] *n.m.* 1 individu: *i diritti dell'individuo*, les droits de l'individu 2 (*biol., chim.*) individu.
indivisibile [in-di-vi-ʃì-bi-le] *agg.* 1 indivisible 2 (*fig.*) (*inseparabile*) inséparable.
● (*dir.*) ***bene, proprietà indivisibile***, bien, propriété indivisible.
indivisibilità [in-di-vi-ʃi-bi-li-tà] *n.f.invar.* indivisibilité.
indiviso [in-di-vì-ʃo] *agg.* 1 indivisé 2 (*dir.*) indivis.
indiziare [in-di-zià-re] *v.tr.* 1 compromettre* 2 (*rendere sospetto qlcu*) faire* soupçonner (**qqn de qqch**).
indiziato [in-di-zià-to] *agg.* e *n.m.* [f. *-a*] (*dir.*) suspect.
indizio [in-di-zio] *n.m.* [pl. *-zi*] 1 signe, indice 2 (*dir.*) indice: *tutti gli indizi sono contro di lui*, tous les indices sont contre lui.
indocile [in-dò-ci-le] *agg.* indocile; (*recalcitrante*) rétif*.
indocinese [in-do-ci-né-se] *agg.* indochinois ♦ *n.m.* (*lingua*) indochinois ♦ *n.m.* e *f.* (*abitante*) Indochinois/e.
indoeuropeo [in-do-eu-ro-pè-o] *agg.* indo-européen* ♦ *n.m.* (*lingua*) indo-européen.
indole [in-do-le] *n.f.* 1 (*di persona*) naturel (*m.*); (*natura*) nature; (*carattere*) tempérament (*m.*), caractère (*m.*): *cattivo d'indole*, d'un naturel méchant; *d'indole generosa*, d'un naturel généreux; *d'indole non è cattivo*, il n'est pas foncièrement méchant 2 (*di cosa*) caractère (*m.*), nature: *d'indole disciplinare*, d'ordre disciplinaire.
indolente [in-do-lèn-te] *agg.* e *n.m.* e *f.* indolent/e.
indolentemente [in-do-len-te-mén-te] *avv.* indolemment.
indolenza [in-do-lèn-za] *n.f.* indolence.
indolenzimento [in-do-len-zi-mén-to] *n.m.* courbature (*f.*); (*con torpore*) engourdissement: *sentire indolenzimento alle gambe*, ressentir une courbature dans les jambes.
indolenzire [in-do-len-zì-re] *v.tr.* [coniug. come *finire*] endolorir ♦ **indolenzirsi** *v.pron. indiretto* s'engourdir: *mi si è indolenzito il braccio*, mon bras s'est engourdi.
indolenzito [in-do-len-zì-to] *agg.* 1 endolori 2 (*intorpidito*) engourdi.
indolore [in-do-ló-re] *agg.* indolore, sans douleur.
indomabile [in-do-mà-bi-le] *agg.* indomptable (*anche fig.*).
indomani [in-do-mà-ni] *avv.* e *n.m.invar.* (*sempre preceduto dall'articolo*) le lendemain: *all'indomani del mio arrivo*, le, au lendemain de mon arrivée.
indomito [in-dò-mi-to] *agg.* (*letter.*) indompté.
indonesiano [in-do-ne-ʃià-no] *agg.* indonésien* ♦ *n.m.* 1 (*lingua*) indonésien 2 [f. *-a*] (*abitante*) Indonésien*.
indoor [in'dɔr] *agg.invar.* (*sport*) en salle, indoor.
indorare [in-do-rà-re] *v.tr.* dorer (*anche fig.*) ♦ **indorarsi** *v.pron.intr.* (*letter.*) se dorer.
● ***indorare la pillola***, (*fig.*) dorer la pilule.
indossare [in-dos-sà-re] *v.tr.* (*mettere indosso*) mettre*; (*avere indosso*) porter: *indossò la giacca prima di uscire*, avant de sortir il mit son veston; *quel giorno indossava un impermeabile*, ce jour-là il portait un imperméable.
indossatore [in-dos-sa-tó-re] *n.m.* 1 mannequin 2 (*mobile*) valet de nuit.
indossatrice [in-dos-sa-trì-ce] *n.f.* mannequin (*m.*).
indosso [in-dòs-so] *avv.* → **addosso**.
indotto [in-dót-to] *agg.* 1 (*spinto*) poussé (**par**): *indotto dalle minacce a fuggire*, amené par les menaces à s'enfuir 2 (*econ., elettr.*) induit ♦ *n.m.* (*econ., elettr.*) induit.

indottrinamento [in-dot-tri-na-mén-to] ***n.m.*** endoctrinement.

indottrinare [in-dot-tri-nà-re] ***v.tr.*** endoctriner.

indovina [in-do-vì-na] ***n.f.*** diseuse de bonne aventure, devineresse.

indovinare [in-do-vi-nà-re] ***v.tr.*** **1** deviner; (*prevedere*) prévoir*: *indovina chi c'è!*, devine qui c'est! **2** (*azzeccare*) réussir: *ha indovinato l'accostamento dei colori*, il a su marier les couleurs | *una volta tanto, l'ho indovinata*, pour une fois j'ai eu la main heureuse.
● ***chi l'indovina è bravo***, bien malin qui trouvera | ***non ne indovina (mai) una***, il ne tombe jamais juste | ***tirare a indovinare***, répondre au petit bonheur.

indovinato [in-do-vi-nà-to] ***agg.*** réussi; (*ben scelto*) bien choisi; (*felice*) heureux*: *un vestito indovinato*, une robe bien choisie.

indovinello [in-do-vi-nèl-lo] ***n.m.*** devinette (*f.*); (*enigma*) énigme (*f.*).
● ***parlare per indovinelli***, parler par énigmes.

indovino [in-do-vì-no] ***n.m.*** devin.

indù [in-dù] ***agg.invar.*** hindou ♦ ***n.m.*** e ***f.invar.*** Hindou/e.

indubbiamente [in-dub-bia-mén-te] ***avv.*** sans aucun doute, indubitablement.

indubbio [in-dùb-bio] ***agg.*** [pl.m. *-bi*] indubitable, incontestable: *un uomo di indubbio valore*, un homme d'une indéniable valeur.

indubitabile [in-du-bi-tà-bi-le] ***agg.*** indubitable.

indubitabilmente [in-du-bi-ta-bil-mén-te] ***avv.*** indubitablement, sans aucun doute.

indubitato [in-du-bi-tà-to] ***agg.*** indubitable, indiscutable.

induco → **indurre**.

indugiare [in-du-già-re] ***v.intr.*** [coniug. come *mangiare*; aus. *avere*] hésiter; (*tardare*) tarder; (*attardarsi*) s'attarder: *indugiare a rispondere*, hésiter (*o* tarder) à répondre; *indugiare su un argomento*, s'attarder sur un sujet ♦ **indugiarsi** ***v.pron.intr.*** (*non com.*) s'attarder.

indugio [in-dù-gio] ***n.m.*** [pl. *-gi*] (*differimento*) atermoiements (*pl.*); (*ritardo*) retard, délai: *dopo lungo indugio*, après de longs atermoiements; *porre indugi a partire*, tarder à partir.
● ***rompere gli indugi***, se décider, passer à l'action | ***senza (frapporre) altri indugi***, sans plus tarder | ***senza indugio***, sans délai.

induismo [in-du-ì-ʃmo] ***n.m.*** hindouisme.

induista [in-du-ì-sta] ***n.m.*** e ***f.*** hindouiste, hindou ♦ ***agg.*** hindouiste.

induistico [in-du-ì-sti-co] ***agg.*** [pl.m. *-ci*, f. *-che*] hindouiste.

indulgente [in-dul-gèn-te] ***agg.*** indulgent (**pour**): *è indulgente col, nei confronti del figlio*, il est indulgent pour (*o* envers) son fils.

indulgenza [in-dul-gèn-za] ***n.f.*** **1** indulgence: *lo tratta con troppa indulgenza*, il est trop indulgent avec lui **2** (*teol.*) indulgence.
● ***indulgenza plenaria, parziale***, indulgence plénière, partielle.

indulgere [in-dùl-ge-re] ***v.intr.*** [coniug. come *volgere*; aus. *avere*] **1** se plier: *indulgere ai capricci di qlcu*, passer à qqn tous ses caprices **2** (*fig.*) (*abbandonarsi*) se laisser aller.

indulto [in-dùl-to] ***n.m.*** (*dir.*) remise (*f.*) de peine.

indumento [in-du-mén-to] ***n.m.*** vêtement.
● ***indumenti intimi***, sous-vêtements | (*eccl.*) ***indumenti sacri***, vêtements liturgiques.

indurente [in-du-rèn-te] ***agg.*** e ***n.m.*** durcisseur*.

indurimento [in-du-ri-mén-to] ***n.m.*** durcissement; (*fig.*) endurcissement.

indurire [in-du-rì-re] ***v.tr.*** [coniug. come *finire*] durcir; (*spec. fig.*) endurcir: *il gelo ha indurito il terreno*, le gel a durci (*o* endurci) le sol ♦ ***v.intr.*** [aus. *essere*] (se) durcir, s'endurcir (*anche fig.*) ♦ **indurirsi** ***v.pron.intr.*** (se) durcir, s'endurcir (*anche fig.*): *la neve si è indurita durante la notte*, la neige s'est durcie pendant la nuit.

indurre [in-dùr-re] ***v.tr.*** [coniug. come *condurre*] **1** induire*, (*spingere*) pousser: *fu indotto dalle circostanze a*, ce sont les circonstances qui l'ont poussé à; *tutto m'induce a credere che*, tout me porte à croire que **2** (*persuadere*) persuader (**de**): *indurre qlcu a partire*, persuader qqn de partir **3** (*fil., elettr.*) induire* ♦ **indursi** ***v.pron.*** se décider.
● ***indurre in tentazione***, induire en tentation.

FAUX AMI
Da non confondere con *enduire*, che significa *spalmare, ricoprire*.

I

indussi → **indurre**.

industria [in-dù-stria] ***n.f.*** **1** industrie **2** (*fabbrica*) fabrique, usine: *un'industria di scarpe*, une fabrique de chaussures.
● ***industria bellica***, industrie de guerre | ***industria leggera, pesante***, industrie légère, lourde | ***piccola, media, grande industria***, petite, moyenne, grande industrie.

industriale [in-du-strià-le] ***agg.*** industriel*: *una quantità industriale*, (*fam.*) une quantité industrielle ♦ ***n.m.*** e ***f.*** industriel/elle, chef (*m.*) d'industrie.
● ***stabilimento industriale***, établissement industriel.

industrializzare [in-du-stria-liʒ-ʒà-re] ***v.tr.*** industrialiser ♦ **industrializzarsi** ***v.pron.intr.*** s'industrialiser.

industrializzazione [in-du-stria-liʒ-ʒa-zió-ne] ***n.f.*** industrialisation.

industrialmente [in-du-strial-mén-te] ***avv.*** industriellement.

industriarsi [in-du-striàr-si] ***v.pron.intr.*** (*arrangiarsi*) s'arranger*: *si industria per guadagnare di più*, il fait tout son possible pour gagner davantage.

industrioso [in-du-strió-so] ***agg.*** industrieux*.

induttanza [in-dut-tàn-za] ***n.f.*** (*elettr.*) inductance.

induttivo [in-dut-tì-vo] ***agg.*** inductif*.
● (*fil.*) ***metodo induttivo***, méthode inductive.

induttore [in-dut-tó-re] ***agg.*** [f. *-trice*] inducteur* ♦ ***n.m.*** (*elettr.*) inducteur.

induzione [in-du-zió-ne] ***n.f.*** induction: *ragionamento per induzione*, raisonnement par induction.

inebetire [i-ne-be-tì-re] ***v.tr.*** [coniug. come *finire*] hébéter* ♦ ***v.intr.*** [aus. *essere*] s'abrutir ♦ **inebetirsi** ***v.pron.intr.*** s'abrutir.

inebetito [i-ne-be-tì-to] ***agg.*** hébété.

inebriante [i-ne-bri-àn-te] ***agg.*** enivrant.

inebriare [i-ne-bri-à-re] ***v.tr.*** griser (*anche fig.*), enivrer ♦ **inebriarsi** ***v.pron.*** se griser (*anche fig.*), s'enivrer.

ineccepibile [i-nec-ce-pì-bi-le] ***agg.*** irréprochable; (*logicamente*) inattaquable.

inedia [i-nè-dia] ***n.f.*** (*digiuno*) inanition.
● ***morire d'inedia***, mourir d'ennui.

inedito [i-nè-di-to] ***agg.*** e ***n.m.*** inédit.

ineducato [i-ne-du-cà-to] ***agg.*** impoli.

ineffabile [i-nef-fà-bi-le] ***agg.*** ineffable.
ineffabilità [i-nef-fa-bi-li-tà] ***n.f.invar.*** ineffabilité.
ineffabilmente [i-nef-fa-bil-mén-te] ***avv.*** ineffablement.
inefficace [i-nef-fi-cà-ce] ***agg.*** inefficace.
inefficacia [i-nef-fi-cà-cia] ***n.f.*** [pl. *-cie*] inefficacité.
inefficiente [i-nef-fi-cièn-te] ***agg.*** inefficace; (*di motore ecc.*) qui fonctionne mal.
inefficienza [i-nef-fi-cièn-za] ***n.f.*** manque (*m.*) d'efficience; (*di persona*) manque (*m.*) d'efficacité; (*di motore ecc.*) manque (*m.*) de rendement.
ineguagliabile [i-ne-gua-glià-bi-le] ***agg.*** inégalable.
ineguaglianza [i-ne-gua-gliàn-za] ***n.f.*** inégalité.
ineguagliato [i-ne-gua-glià-to] ***agg.*** inégalé.
ineguale [i-ne-guà-le] ***agg.*** inégal*.
inelegante [i-ne-le-gàn-te] ***agg.*** inélégant.
ineleganza [i-ne-le-gàn-za] ***n.f.*** inélégance.
ineleggibile [i-ne-leg-gì-bi-le] ***agg.*** inéligible.
ineluttabile [i-ne-lut-tà-bi-le] ***agg.*** inéluctable.
inenarrabile [i-ne-nar-rà-bi-le] ***agg.*** inénarrable, indicible.
inequivocabile [i-ne-qui-vo-cà-bi-le] ***agg.*** sans équivoque.
inequivocabilmente [i-ne-qui-vo-ca-bil-mén-te] ***avv.*** sans équivoque, sans possibilité d'erreur.
inerente [i-ne-rèn-te] ***agg.*** inhérent; (*relativo*) relatif* (**à**), concernant: *qualità inerenti alla natura umana*, qualités inhérentes à la nature humaine; *le indagini inerenti al delitto*, l'enquête relative au crime; *una domanda inerente a un argomento*, une question concernant (*o* se rapportant *o* ayant trait à) un sujet donné.
inerme [i-nèr-me] ***agg.*** sans armes, désarmé; (*indifeso*) sans défense.
inerpicarsi [i-ner-pi-càr-si] ***v.pron.intr.*** [coniug. come *mancare*] gravir (**qqch**); (*scalare*) escalader (**qqch**); (*di strada che sale*) monter.
inerpicato [i-ner-pi-cà-to] ***agg.*** perché: *un paesino inerpicato in cima alla montagna*, un petit village perché sur la montagne.
inerte [i-nèr-te] ***agg.*** **1** inerte: *la materia inerte*, la matière inerte | *giaceva a terra inerte*, il gisait par terre inerte **2** (*fig.*) (*inattivo*) inerte, inactif*, passif*: *il caldo mi rende inerte*, la chaleur me rend inerte **3** (*chim.*) inerte | *gas inerte*, gaz inerte.
● (*comm.*) ***capitale inerte***, capital improductif.
inerzia [i-nèr-zia] ***n.f.*** inertie (*anche fis., med.*).
● ***per forza d'inerzia***, par inertie.
inesattezza [i-ne-ʃat-téz-za] ***n.f.*** inexactitude.
inesatto [i-ne-ʃàt-to] ***agg.*** inexact.
inesaudito [i-ne-ʃau-dì-to] ***agg.*** inexaucé.
inesauribile [i-ne-ʃau-rì-bi-le] ***agg.*** inépuisable.
ineseguibile [i-ne-ʃe-guì-bi-le] ***agg.*** inexécutable.
ineseguito [i-ne-ʃe-guì-to] ***agg.*** inexécuté.
inesigibile [i-ne-ʃi-gì-bi-le] ***agg.*** inexigible.
inesistente [i-ne-ʃi-stèn-te] ***agg.*** inexistant.
inesistenza [i-ne-ʃi-stèn-za] ***n.f.*** inexistence.
inesorabile [i-ne-ʃo-rà-bi-le] ***agg.*** inexorable.
inesorabilità [i-ne-ʃo-ra-bi-li-tà] ***n.f.invar.*** inexorabilité.
inesperienza [i-ne-spe-rièn-za] ***n.f.*** inexpérience.
inesperto [i-ne-spèr-to] ***agg.*** (*senza esperienza*) inexpérimenté; (*senza pratica, esercizio*) inexercé; (*senza abilità*) inexpert: *essere inesperto di*, être inexpert en matière de.
inespiabile [i-ne-spi-à-bi-le] ***agg.*** inexpiable.
inespiato [i-ne-spi-à-to] ***agg.*** inexpié.
inesplicabile [i-ne-spli-cà-bi-le] ***agg.*** inexplicable.
inesplorabile [i-ne-splo-rà-bi-le] ***agg.*** inexplorable.
inesplorato [i-ne-splo-rà-to] ***agg.*** inexploré.
inesploso [i-ne-splò-ʃo] ***agg.*** qui n'a pas explosé.
inespressivo [i-ne-spres-si-vo] ***agg.*** inexpressif*.
inespresso [i-ne-sprès-so] ***agg.*** inexprimé.
inesprimibile [i-ne-spri-mi-bi-le] ***agg.*** inexprimable.
inespugnabile [i-ne-spu-gnà-bi-le] ***agg.*** inexpugnable.
inestensibile [i-ne-sten-sì-bi-le] ***agg.*** inextensible.
inestimabile [i-ne-sti-mà-bi-le] ***agg.*** inestimable.
inestinguibile [i-ne-stin-gui-bi-le] ***agg.*** inextinguible.
inestirpabile [i-ne-stir-pà-bi-le] ***agg.*** inextirpable.
inestricabile [i-ne-stri-cà-bi-le] ***agg.*** inextricable.
inettitudine [i-net-ti-tù-di-ne] ***n.f.*** **1** (*mancanza di attitudine*) inaptitude **2** (*dappocaggine*) ineptie.
inetto [i-nèt-to] ***agg.*** **1** (*inadatto*) inapte **2** (*incapace*) incapable ♦ ***n.m.*** [f. *-a*] incapable.
inevaso [i-ne-và-ʃo] ***agg.*** (*comm.*) resté sans réponse | *pratica inevasa*, affaire à expédier.
inevitabile [i-ne-vi-tà-bi-le] ***agg.*** e ***n.m.*** inévitable.
inezia [i-nè-zia] ***n.f.*** (*sciocchezza*) bagatelle; (*nonnulla*) rien (*m.*).
infagottare [in-fa-got-tà-re] ***v.tr.*** **1** (*avvolgere in abiti pesanti*) emmitoufler; (*vestire male*) fagoter **2** (*di abiti*) (*stare male indosso*) engoncer* ♦ **infagottarsi** ***v.pron.*** s'emmitoufler; (*vestirsi male*) se fagoter.
infagottato [in-fa-got-tà-to] ***agg.*** emmitouflé; (*mal vestito*) mal fagoté.
infallibile [in-fal-lì-bi-le] ***agg.*** infaillible.
infallibilità [in-fal-li-bi-li-tà] ***n.f.invar.*** infaillibilité.
infamante [in-fa-màn-te] ***agg.*** infamant.
infamare [in-fa-mà-re] ***v.tr.*** (*disonorare*) déshonorer; (*diffamare*) diffamer ♦ **infamarsi** ***v.pron.*** se déshonorer.
infame [in-fà-me] ***agg.*** **1** (*degno d'infamia*) infâme **2** (*malfamato*) malfamé **3** (*fam.*) (*pessimo*) infect, immonde, ignoble | *tempo infame*, temps de chien | *mestiere infame*, sale métier | *una fatica infame*, un effort incroyable.
infamia [in-fà-mia] ***n.f.*** infamie.
● ***marchio d'infamia***, marque d'infamie | ***senza infamia e senza lode***, sans plus.
infangare [in-fan-gà-re] ***v.tr.*** [coniug. come *legare*] **1** crotter: *ti sei infangato le scarpe*, tu as crotté tes souliers **2** (*fig.*) souiller, salir ♦ **infangarsi** ***v.pron.*** se crotter.
infante[1] [in-fàn-te] ***n.m.*** petit enfant; (*neonato*) nouveau-né*.
infante[2] ***n.m.*** [f. *-a*] (*st.*) infant.
infanticida [in-fan-ti-cì-da] ***n.m.*** e ***f.*** infanticide.
infanticidio [in-fan-ti-cì-dio] ***n.m.*** [pl. *-di*] infanticide.
infantile [in-fan-tì-le] ***agg.*** **1** enfantin; (*spreg.*) (*puerile*) puéril **2** (*med.*) infantile.
● ***asilo infantile***, école maternelle.
infantilismo [in-fan-ti-lì-ʃmo] ***n.m.*** (*med.*) infantilisme.
infantilmente [in-fan-til-mén-te] ***avv.*** puérilement.
infanzia [in-fàn-zia] ***n.f.*** enfance.
● ***asilo d'infanzia***, école maternelle.

infarcire [in-far-cì-re] ***v.tr.*** [coniug. come *finire*] farcir; (*fig.*) truffer.

infarinare [in-fa-ri-nà-re] ***v.tr.*** **1** enfariner **2** (*estens.*) (*imbiancare*) blanchir ♦ **infarinarsi** ***v.pron.*** s'enfariner.

infarinatura [in-fa-ri-na-tù-ra] ***n.f.*** **1** *dare un'infarinatura*, enfariner, passer dans la farine **2** (*fig.*) quelques notions (*pl.*): *un'infarinatura di latino*, quelques notions de latin.

infarto [in-fàr-to] ***n.m.*** (*med.*) infarctus: *morire d'infarto*, mourir d'un infarctus | *se lo sa, gli viene un infarto*, (*fam.*) s'il l'apprend, ça va lui faire un sacré coup.

infastidire [in-fa-sti-dì-re] ***v.tr.*** [coniug. come *finire*] ennuyer*, embêter; (*irritare*) agacer*, énerver; (*disturbare*) deranger* ♦ **infastidirsi** ***v.pron.intr.*** s'embêter, s'ennuyer*; (*irritarsi*) s'énerver.

infastidito [in-fa-sti-dì-to] ***agg.*** énervé, agacé; (*molestato*) importuné.

infaticabile [in-fa-ti-cà-bi-le] ***agg.*** infatigable.

infatti [in-fàt-ti] ***cong.*** en effet.

infatuarsi [in-fa-tu-àr-si] ***v.pron.intr.*** s'enticher, s'engouer.

infatuato [in-fa-tu-à-to] ***agg.*** entiché | *infatuato (di se stesso)*, infatué.

infatuazione [in-fa-tu-a-zió-ne] ***n.f.*** engouement (*m.*) | *prendersi un'infatuazione per*, s'enticher de.

infausto [in-fàu-sto] ***agg.*** funeste.

infecondità [in-fe-con-di-tà] ***n.f.invar.*** infécondité.

infecondo [in-fe-cón-do] ***agg.*** inféconď.

infedele [in-fe-dé-le] ***agg.*** e ***n.m.*** e ***f.*** infidèle.

infedeltà [in-fe-del-tà] ***n.f.invar.*** infidélité.

infelice [in-fe-lì-ce] ***agg.*** **1** malheureux* **2** (*cattivo; sfavorevole*) malheureux*; (*mal fatto*) mal fait; (*fallito*) raté: *una scelta infelice*, un choix malheureux; *il processo ha avuto un esito infelice*, le procès a eu une issue malheureuse; *traduzione infelice*, traduction maladroite; *iniziativa infelice*, fâcheuse initiative; *un luogo infelice*, un triste endroit; *clima infelice*, climat exécrable ♦ ***n.m.*** e ***f.*** malheureux*.

infelicemente [in-fe-li-ce-mén-te] ***avv.*** malheureusement.

infelicità [in-fe-li-ci-tà] ***n.f.invar.*** **1** malheur (*m.*) **2** (*estens.*) (*inopportunità*) inopportunité.

infeltrimento [in-fel-tri-mén-to] ***n.m.*** feutrage.

infeltrire [in-fel-trì-re] ***v.tr.*** e ***intr.*** [coniug. come *finire*; aus. dell'intr. *essere*] feutrer ♦ **infeltrirsi** ***v.pron.*** se feutrer.

inferi [ìn-fe-ri] ***n.m.pl.*** (*mit.*) **1** (*oltretomba*) enfers **2** (*dèi dell'oltretomba*) divinités (*f.*) infernales.

inferiore [in-fe-rió-re] ***agg.*** inférieur: *non gli è inferiore in nulla*, il ne lui est pas inférieur en rien; *molto inferiore*, bien inférieur; *inferiore di numero*, inférieur en nombre ♦ ***n.m.*** e ***f.*** (*subalterno*) inférieur/e.

● ***scuole medie inferiori***, collège.

inferiorità [in-fe-rio-ri-tà] ***n.f.invar.*** infériorité.

inferiormente [in-fe-rior-mén-te] ***avv.*** dans la partie inférieure.

inferire [in-fe-rì-re] ***v.tr.*** [p.rem. *io infersi* (nel sign. 1) o *inferii* (nel sign. 2); p.p. *inferto* (nel sign. 1) o *inferito* (nel sign. 2)] **1** porter; (*infliggere*) infliger*: *gli inferse una pugnalata nel petto*, il lui porta un coup de poignard au cœur; *le truppe infersero gravi perdite al nemico*, les troupes infligèrent de graves pertes à l'ennemi **2** (*dedurre*) inférer*.

infermeria [in-fer-me-rì-a] ***n.f.*** infirmerie.

infermiera [in-fer-miè-ra] ***n.f.*** **1** (*di ospedale*) infirmière **2** (*di case private*) garde-malade*: *fare da infermiera*, servir de garde-malade.

● ***infermiera volontaria***, infirmière bénévole | ***suora infermiera***, (*di ospedale*) sœur hospitalière.

infermiere [in-fer-miè-re] ***n.m.*** **1** (*di ospedale*) infirmier **2** (*di case private*) garde-malade*.

infermieristico [in-fer-mie-rì-sti-co] ***agg.*** [pl.m. *-ci*, f. *-che*] d'infirmier | *personale infermieristico*, personnel infirmier.

infermità [in-fer-mi-tà] ***n.f.invar.*** infirmité.

● ***infermità mentale***, maladie mentale.

infermo [in-fér-mo] ***agg.*** infirme ♦ ***n.m.*** [f. *-a*] malade.

● ***infermo di mente***, malade mental.

infernale [in-fer-nà-le] ***agg.*** infernal* (*anche fig.*).

inferno [in-fèr-no] ***n.m.*** enfer (*anche fig.*): *andare all'inferno*, aller en enfer; *questa casa è un inferno*, cette maison est un enfer.

● ***d'inferno***, infernal: *notte d'inferno*, nuit infernale | ***mandare all'inferno***, envoyer au diable | ***soffrire le pene dell'inferno***, souffrir le martyre | ***va' all'inferno!***, va-t'en au diable!

inferocire [in-fe-ro-cì-re] ***v.tr.*** [coniug. come *finire*] rendre* furieux*; (*animale*) rendre* féroce ♦ ***v.intr.*** [aus. *essere*] devenir* furieux*; (*di animale*) devenir* féroce ♦ **inferocirsi** ***v.pron.intr.*** devenir* furieux*; (*di animale*) devenir* féroce.

inferocito [in-fe-ro-cì-to] ***agg.*** furieux*, enragé | *se ne andò inferocito*, il s'en alla fou de rage | *la folla inferocita*, la foule déchaînée.

inferriata [in-fer-rià-ta] ***n.f.*** grille.

infersi, inferto → **inferire**.

infervorare [in-fer-vo-rà-re] ***v.tr.*** enflammer ♦ **infervorarsi** ***v.pron.intr.*** s'enflammer, s'échauffer.

infervorato [in-fer-vo-rà-to] ***agg.*** enflammé; (*appassionato*) passionné | *parlava tutto infervorato*, il parlait avec passion.

infestante [in-fe-stàn-te] ***agg.*** (*di insetti*) qui infeste; (*di piante*) qui envahit | *erba infestante*, mauvaise herbe.

infestare [in-fe-stà-re] ***v.tr.*** **1** infester (*anche fig.*) **2** (*agr.*) envahir, infester.

infestazione [in-fe-sta-zió-ne] ***n.f.*** **1** envahissement (*m.*) **2** (*med., vet.*) infestation.

infettare [in-fet-tà-re] ***v.tr.*** **1** infecter; (*inquinare*) polluer; (*contaminare*) contaminer **2** (*fig.*) contaminer ♦ **infettarsi** ***v.pron.*** s'infecter.

infettivo [in-fet-tì-vo] ***agg.*** (*med.*) infectieux*.

infetto [in-fèt-to] ***agg.*** **1** infecté; (*inquinato*) pollué; (*contaminato*) contaminé **2** (*fig.*) (*corrotto*) corrompu.

infeudare [in-feu-dà-re] ***v.tr.*** **1** (*st.*) inféoder **2** (*assoggettare*) assujettir ♦ **infeudarsi** ***v.pron.*** **1** (*st.*) s'inféoder **2** (*assoggettarsi*) s'assujettir.

infezione [in-fe-zió-ne] ***n.f.*** infection | *fare infezione*, s'infecter.

infiacchimento [in-fiac-chi-mén-to] ***n.m.*** aveulissement; (*indebolimento*) affaiblissement.

infiacchire [in-fiac-chì-re] ***v.tr.*** [coniug. come *finire*] aveulir; (*indebolire*) affaiblir ♦ ***v.intr.*** [aus. *essere*] s'aveulir; (*indebolirsi*) s'affaiblir ♦ **infiacchirsi** ***v.pron. intr.*** s'aveulir; (*indebolirsi*) s'affaiblir.

infiammabile [in-fiam-mà-bi-le] ***agg.*** inflammable |

I

temperamento infiammabile, (*fig.*) tempérament prompt ♦ *n.m.* matière (*f.*) inflammable.

infiammabilità [in-fiam-ma-bi-li-tà] *n.f.invar.* inflammabilité.

infiammare [in-fiam-mà-re] *v.tr.* enflammer (*anche fig.*) ♦ **infiammarsi** *v.pron.intr.* s'enflammer (*anche fig.*).

infiammato [in-fiam-mà-to] *agg.* enflammé (*anche fig.*).

infiammatorio [in-fiam-ma-tò-rio] *agg.* [pl.m. *-ri*] (*med.*) inflammatoire.

infiammazione [in-fiam-ma-zió-ne] *n.f.* inflammation: *infiammazione ai bronchi*, inflammation des bronches.

infiascare [in-fia-scà-re] *v.tr.* [coniug. come *mancare*] mettre* en flasques.

infibulazione [in-fi-bu-la-zió-ne] *n.f.* infibulation.

inficiare [in-fi-cià-re] *v.tr.* [coniug. come *cominciare*] (*dir.*) invalider | *inficiare di falso un testimone*, s'inscrire en faux contre un témoin.

I

infido [in-fi-do] *agg.* (*subdolo*) sournois; (*falso, sleale*) faux*, déloyal*; (*sospetto*) suspect | *mare infido*, mer traîtresse | *terreno infido*, terrain dangereux.

infierire [in-fie-rì-re] *v.intr.* [coniug. come *finire*; aus. *avere*] **1** s'acharner (**contre**, **sur**) **2** (*imperversare*) sévir, faire* rage.

infiggere [in-fig-ge-re] *v.tr.* [coniug. come *affiggere*] enfoncer* ♦ **infiggersi** *v.pron.intr.* s'enfoncer* | *infiggersi nella testa, nella memoria*, (*fig.*) se graver dans l'esprit, dans la mémoire.

infilare [in-fi-là-re] *v.tr.* **1** (*passare il filo attraverso, infilzare*) enfiler: *infilare una collana, le perle di una collana*, enfiler un collier, les perles d'un collier **2** (*mettere*) mettre*: *infilare gli occhiali nell'astuccio*, mettre ses lunettes dans l'étui | *infilare l'anello al dito*, (*sposare*) passer la bague au doigt **3** (*introdurre*) introduire*: *infilare la chiave nella toppa*, introduire la clef dans la serrure | *gli infilò una mano in tasca*, il glissa une main dans sa poche **4** (*far passare, insinuare*) passer: *infilare il braccio sotto il braccio di un amico*, passer son bras sous le bras d'un ami **5** (*prendere, imbroccare*) prendre*: *infilare la porta*, prendre la porte | *infilare una strada*, s'engager dans une rue | *ho infilato tre giorni di tempo buono*, (*estens.*) j'ai eu trois jours de beau temps consécutifs **6** (*dire di seguito*) enfiler: *nei suoi discorsi infila una sciocchezza dopo l'altra*, dans tout ce qu'il dit il accumule sottise sur sottise ♦ **infilarsi** *v.pron.* se faufiler: *infilarsi tra la folla*, se faufiler dans la foule | *infilarsi nel letto, fra le lenzuola*, se glisser dans son lit, sous ses draps ♦ *v.pron. indiretto* (*indossare*) passer; (*scarpe, guanti ecc.*) enfiler: *infilarsi un vestito*, passer une robe; *infilarsi gli stivali*, enfiler ses bottes.
● ***non ne infila una!***, (*fig.*) (*nel parlare*) il n'en rate pas une!, (*nell'agire*) il fait tout de travers!

infilata [in-fi-là-ta] *n.f.* enfilade | *un'infilata di ingiurie*, une bordée d'injures.
● ***d'infilata***, en enfilade.

infiltrarsi [in-fil-tràr-si] *v.pron.* e *pron.intr.* s'infiltrer (*anche fig.*).

infiltrato [in-fil-trà-to] *agg.* e *n.m.* [f. *-a*] infiltré.

infiltrazione [in-fil-tra-zió-ne] *n.f.* infiltration.

infilzare [in-fil-zà-re] *v.tr.* **1** (*trafiggere*) enfiler: *infilzare l'avversario* (*con la spada*), enfiler (*o* embrocher) son adversaire d'un coup d'épée | *infilzare i tordi sullo spiedo*, enfiler des grives sur une broche (*o* embrocher des grives) **2** (*infilare*) enfiler: *infilzare delle perle*, enfiler des perles **3** (*fig.*) (*dire di seguito*) débiter: *infilzare bugie, delle preghiere*, débiter des mensonges, des prières ♦ **infilzarsi** *v.pron.* e *pron.intr.* s'empaler.

infilzata [in-fil-zà-ta] *n.f.* **1** (*allo spiedo*) brochette **2** (*serie*) file, enfilade.

infimo [ìn-fi-mo] *agg.* très bas*; (*pessimo*) dernier*: *persona di infima condizione*, personne de très basse condition; *d'infima qualità*, de la dernière qualité | *albergo, ristorante di infima categoria*, hôtel misérable, restaurant infect.

infine [in-fì-ne] *avv.* enfin; (*finalmente*) finalement; (*alla fine*) à la fin: *infine si decise a parlare*, il se décida enfin à parler; *infine aveva ragione lui*, finalement c'est lui qui avait raison; *bisogna infine che tu ti decida*, il va falloir que tu te décides à la fin.

infingardaggine [in-fin-gar-dàg-gi-ne] *n.f.* **1** (*pigrizia*) fainéantise, paresse **2** (*falsità*) fausseté.

infingardo [in-fin-gàr-do] *agg.* e *n.m.* [f. *-a*] **1** (*pigro*) fainéant, paresseux* **2** (*infido*) trompeur*.

infinità [in-fi-ni-tà] *n.f.invar.* **1** infinité **2** (*grande quantità*) tas (*m.*).

infinitamente [in-fi-ni-ta-mén-te] *avv.* infiniment | *questo va infinitamente meglio*, c'est décidément mieux.

infinitesimale [in-fi-ni-te-ʃi-mà-le] *agg.* infinitésimal* (*anche mat.*).

infinitesimo [in-fi-ni-tè-ʃi-mo] *agg.* infinitésimal* (*anche mat.*) ♦ *n.m.* (*mat.*) partie (*f.*) infinitésimale.

infinito [in-fi-nì-to] *agg.* infini: *infinite difficoltà*, d'infinies difficultés | *una storia infinita*, une histoire sans fin | *metterci un tempo infinito*, mettre un temps fou | *una serie infinita di guai*, une kyrielle d'ennuis | *ha sopportato infinite traversie*, il a supporté une quantité de revers | *mi usò infinite cortesie*, il m'a comblé de politesses ♦ *n.m.* **1** infini (*anche mat.*) **2** (*gramm.*) infinitif.
● (*gramm.*) ***infinito storico***, infinitif de narration | ***all'infinito***, à l'infini (*anche mat.*).

infinocchiare [in-fi-noc-chià-re] *v.tr.* (*fam.*) rouler.

infiocchettare [in-fioc-chet-tà-re] *v.tr.* **1** enrubanner **2** (*fig.*) embellir ♦ **infiocchettarsi** *v.pron.* s'enrubanner.

infiochirsi [in-fio-chìr-si] *v.pron.* [coniug. come *finire*] s'affaiblir.

infiorare [in-fio-rà-re] *v.tr.* **1** fleurir **2** (*fig.*) (*infarcire*) truffer; (*abbellire*) orner: *compito infiorato di errori*, devoir truffé de fautes.

infiorescenza [in-fio-re-scèn-za] *n.f.* inflorescence.

infiorettare [in-fio-ret-tà-re] *v.tr.* **1** fleurir **2** (*fig.*) orner.

infirmare [in-fir-mà-re] *v.tr.* infirmer.

infischiarsi [in-fi-schiàr-si] *v.pron.intr.* se ficher | *infischiarsene di tutto e di tutti*, se contre-ficher de tout.

infisso [in-fis-so] *n.m.* **1** (*di porta, di finestra*) cadre **2** (*gramm.*) infixe ♦ *agg.* enfoncé, fixé; (*fig.*) gravé: *parole infisse nella memoria*, mots gravés dans la mémoire.

infittire [in-fit-tì-re] *v.tr.* [coniug. come *finire*] **1** épaissir; (*moltiplicare*) multiplier: *infittire le visite*, multiplier les visites **2** (*restringere*) rétrécir: *infittire le maglie di una rete*, rétrécir les mailles d'un filet ♦ *v.intr.* [aus. *essere*] **1** s'épaissir (*anche fig.*): *la folla infittiva a vista d'occhio*, la foule s'épaississait (*o* augmentait) à vue d'œil **2** (*di pioggia, di neve ecc.*) tomber dru **3** (*infeltrire*) se feutrer ♦ **infittirsi** *v.pron.intr.* **1** s'épaissir (*anche fig.*) **2** (*di pioggia, di neve ecc.*) tomber dru **3** (*infeltrire*) se feutrer.

inflazionare [in-fla-zio-nà-re] *v.tr.* (*econ.*) porter à l'inflation, gonfler: *inflazionare i prezzi*, gonfler les prix

| *inflazionare il mercato di prodotti stranieri*, inonder le marché de produits étrangers.

inflazionato [in-fla-zio-nà-to] ***agg.*** **1** (*econ.*) porté à l'inflation **2** (*fig.*) à la mode, très répandu.

inflazione [in-fla-zió-ne] ***n.f.*** inflation (*anche fig.*).
● ***inflazione galoppante***, inflation galopante | ***inflazione programmata***, inflation programmée.

inflazionistico [in-fla-zio-nì-sti-co] ***agg.*** [pl.m. *-ci*, f. *-che*] (*econ.*) inflationniste.

inflessibile [in-fles-sì-bi-le] ***agg.*** inflexible (*anche fig.*).

inflessibilità [in-fles-si-bi-li-tà] ***n.f.invar.*** inflexibilité (*anche fig.*).

inflessione [in-fles-sió-ne] ***n.f.*** inflexion.

infliggere [in-flìg-ge-re] ***v.tr.*** [coniug. come *affliggere*] infliger*.

influente [in-flu-èn-te] ***agg.*** influent.

influenza [in-flu-èn-za] ***n.f.*** **1** influence **2** (*med.*) grippe: *prendersi l'influenza*, attraper la grippe.
● ***influenza dei polli***, ***aviaria***, grippe du poulet, aviaire.

influenzabile [in-fluen-zà-bi-le] ***agg.*** influençable.

influenzale [in-fluen-zà-le] ***agg.*** (*med.*) grippal* | *epidemia influenzale*, épidémie de grippe.

influenzare [in-fluen-zà-re] ***v.tr.*** influencer*.

influenzato [in-fluen-zà-to] ***agg.*** **1** influencé **2** (*malato d'influenza*) grippé.

influire [in-flu-ì-re] ***v.intr.*** [coniug. come *finire*; aus. *avere*] influer, influencer* (**qqch**): *l'educazione influisce sul carattere*, l'éducation influe sur le caractère; *ciò non influirà sulle mie decisioni*, cela n'influencera pas mes décisions | (*stat.*) *influire sulla media*, affecter la moyenne.

influsso [in-flùs-so] ***n.m.*** influence (*f.*).

infocare ***v.tr.*** → **infuocare**.

infognarsi [in-fo-gnàr-si] ***v.pron.intr.*** (*fam.*) s'embourber.

in folio [in fò-lio] ***agg.*** e ***n.m.invar.*** in-folio*.

infoltire [in-fol-tì-re] ***v.intr.*** [coniug. come *finire*; aus. *essere*] devenir* touffu; (*di piante*) s'épaissir, se tasser: *col tempo la sua barba infoltisce*, avec le temps sa barbe devient plus touffue ♦ ***v.tr.*** rendre* touffu; épaissir | *una cura per infoltire i capelli*, un traitement énergisant (pour les cheveux).

infondatamente [in-fon-da-ta-mén-te] ***avv.*** sans fondement.

infondatezza [in-fon-da-téz-za] ***n.f.*** manque (*m.*) de fondement.

infondato [in-fon-dà-to] ***agg.*** sans fondement; (*ingiustificato*) injustifié | *luogo comune infondato*, lieu commun dénué de tout fondement.

infondere [in-fón-de-re] ***v.tr.*** [coniug. come *fondere*] inspirer; (*incutere*) imprimer | *infondere coraggio*, donner du courage | *infondere nuovo vigore*, redonner de la force.

info-point [in-fo-pò-int] ***n.m.invar.*** point-info.

inforcare [in-for-cà-re] ***v.tr.*** [coniug. come *mancare*] **1** ramasser avec une fourche **2** (*mettersi a cavalcioni su*) enfourcher | *inforcare gli occhiali*, chausser des lunettes.

informale [in-for-mà-le] ***agg.*** informel*.

informare [in-for-mà-re] ***v.tr.*** **1** informer (**de**); (*dare informazioni*) renseigner: *mi ha informato sulla tua salute*, il m'a informé (*o* donné des nouvelles) de ta santé; *sei stato male informato*, on t'a mal renseigné **2** (*conformare*) conformer: *informare la propria vita alla legge morale*, conformer sa vie à la loi morale ♦ **informarsi** ***v.pron. intr.*** **1** (*chiedere notizie*) s'informer; (*chiedere informazioni*) se renseigner **2** (*adeguarsi*) s'adapter, se conformer.

informatica [in-for-mà-ti-ca] ***n.f.*** [pl. *-che*] informatique: *informatica interattiva*, informatique conversationnelle | *informatica per l'ufficio*, bureautique.

informatico [in-for-mà-ti-co] ***agg.*** [pl.m. *-ci*, f. *-che*] informatique ♦ ***n.m.*** [f. *-a*] informaticien*.

informativa [in-for-ma-tì-va] ***n.f.*** note d'information.

informativo [in-for-ma-tì-vo] ***agg.*** d'information | *i criteri informativi di una legge*, les principes de base d'une loi.
● ***a titolo informativo***, à titre d'information.

informatizzare [in-for-ma-tiʒ-ʒà-re] ***v.tr.*** informatiser.

informatizzazione [in-for-ma-tiʒ-ʒa-zió-ne] ***n.f.*** informatisation.

informato [in-for-mà-to] ***agg.*** **1** informé **2** (*improntato, ispirato*) conforme.

informatore [in-for-ma-tó-re] ***agg.*** qui inspire (**qqch**), qui anime (**qqch**) ♦ ***n.m.*** [f. *-trice*] informateur*.
● ***informatore della polizia***, indicateur de police; (*fam.*) indic, mouchard.

informazione [in-for-ma-zió-ne] ***n.f.*** **1** information: *diritto d'informazione*, *all'informazione*, droit à l'information **2** (*spec. pl.*) (*ragguaglio*) renseignement (*m.*), information | *per informazioni rivolgersi a*, pour tous renseignements s'adresser à **3** (*pl.*) (*rad.*, *tv*) (*notizie*) informations.
● ***ufficio informazioni***, bureau de renseignements.

informe [in-fór-me] ***agg.*** informe.

informicolirsi [in-for-mi-co-lìr-si] ***v.pron.intr.*** [coniug. come *finire*] fourmiller: *mi si sono informicoliti i piedi*, j'ai des fourmis dans les pieds.

infornare [in-for-nà-re] ***v.tr.*** enfourner.

infornata [in-for-nà-ta] ***n.f.*** **1** (*l'infornare*) enfournage (*m.*) **2** (*cosa infornata*) fournée (*anche fig.*).

infortunarsi [in-for-tu-nàr-si] ***v.pron.intr.*** avoir* un accident; (*ferirsi*) se blesser: *infortunarsi sul lavoro*, avoir un accident du travail; *infortunarsi a una gamba*, se blesser à la jambe.

infortunato [in-for-tu-nà-to] ***agg.*** e ***n.m.*** [f. *-a*] accidenté: *rimanere infortunato sul lavoro*, avoir un accident du travail; *operaio infortunato sul lavoro*, ouvrier victime d'un accident du travail.

infortunio [in-for-tù-nio] ***n.m.*** [pl. *-ni*] accident.

> FAUX AMI
> Da non confondere con *infortune*, che significa *sfortuna*.

infortunistica [in-for-tu-nì-sti-ca] ***n.f.*** [pl. *-che*] **1** (*dir.*) étude et prévention des accidents du travail **2** (*assic.*) accidentalogie.

infossarsi [in-fos-sàr-si] ***v.pron.intr.*** **1** se creuser **2** (*nel terreno*) s'enfoncer*.

infossato [in-fos-sà-to] ***agg.*** enfoncé: *occhi infossati*, yeux enfoncés (*o* creux); *guance infossate*, joues creuses (*o* amaigries).

infra- ***pref.*** infra-.

infradiciare [in-fra-di-cià-re] ***v.tr.*** [coniug. come *cominciare*] tremper ♦ **infradiciarsi** ***v.pron.intr.*** **1** se tremper **2** (*marcire*) pourrir.

infradito [in-fra-dì-to] ***n.m.*** e ***f.invar.*** tong (*f.*).

inframmettere [in-fram-mét-te-re] ***v.tr.*** [coniug. come *mettere*] interporser ♦ **inframmettersi** *v.pron.* e *pron. intr.* s'ingérer*; s'entremettre*.

inframmezzare [in-fram-meʒ-ʒà-re] *v.tr.* 1 couper (par); (*interrompere temporaneamente*) entrecouper (de): *conversazione inframmezzata da pause*, conversation entrecoupée de silences 2 (*alternare*) alterner: *inframmezzare il lavoro allo svago*, alterner le travail et les distractions.

inframmischiare [in-fram-mi-schià-re] *v.tr.* → **frammischiare**.

infrangere [in-fràn-ge-re] *v.tr.* [coniug. come *piangere*] 1 briser (*anche fig.*) 2 (*fig.*) (*violare*) enfreindre*, violer: *infrangere un segreto*, violer un secret ♦ **infrangersi** *v.pron.intr.* se briser (*anche fig.*).

infrangibile [in-fran-gì-bi-le] *agg.* incassable.

infranto [in-fràn-to] *agg.* brisé (*anche fig.*).

infrarosso [in-fra-rós-so] *agg.* e *n.m.* (*fis.*) infrarouge.

infrascritto [in-fra-scrìt-to] *agg.* (*scritto sotto*) mentionné ci-dessous; (*seguente*) suivant.

I

infrasettimanale [in-fra-set-ti-ma-nà-le] *agg.* (qui tombe) au cours de la semaine.
● ***festività infrasettimanale***, jour férié (autre que le dimanche) | ***giorno di chiusura*** (***infrasettimanale***), (*di negozi*) jour de fermeture.

infrastruttura [in-fra-strut-tù-ra] *n.f.* infrastructure.

infrasuono [in-fra-suò-no] *n.m.* (*fis.*) infrason.

infrattarsi [in-frat-tàr-si] *v.pron.* (*fam.*) 1 se planquer 2 (*per amoreggiare*) aller* aux fraises.

infrazione [in-fra-zió-ne] *n.f.* infraction (à).

infreddarsi [in-fred-dàr-si] *v.pron.intr.* s'enrhumer.

infreddatura [in-fred-da-tù-ra] *n.f.* rhume (*m.*).

infreddolirsi [in-fred-do-lir-si] *v.pron.intr.* [coniug. come *finire*] prendre* froid.

infreddolito [in-fred-do-lì-to] *agg.* transi de froid.

infrequente [in-fre-quèn-te] *agg.* rare; (*sporadico*) sporadique.

infrollire [in-frol-lì-re] *v.intr.* [coniug. come *finire*: aus. *essere*] 1 (*di carne*) se mortifier; (*di selvaggina*) se faisander 2 (*fig.*) s'amollir ♦ **infrollirsi** *v.pron.intr.* 1 (*di carne*) se mortifier; (*di selvaggina*) se faisander 2 (*fig.*) s'amollir.

infruttifero [in-frut-tì-fe-ro] *agg.* 1 infructueux* | *albero infruttifero*, arbre qui ne donne pas de fruits 2 (*comm.*) improductif*.

infruttuosamente [in-frut-tuo-sa-mén-te] *avv.* 1 infructueusement 2 (*vanamente*) vainement 3 (*senza profitto*) sans profit.

infruttuoso [in-frut-tu-ó-so] *agg.* infructueux* (*anche fig.*).

infuocare [in-fuo-cà-re] *v.tr.* [coniug. come *mancare*] 1 embraser, enflammer (*anche fig.*) 2 (*metall.*) chauffer ♦ **infuocarsi** *v.pron.intr.* (*infervorarsi*) s'enflammer.

infuocato [in-fuo-cà-to] *agg.* brûlant; (*fig.*) enflammé: *parole infuocate*, paroles enflammées (*o* de feu) | *guance infuocate*, joues en feu | *clima infuocato*, climat brûlant; (*fig.*) atmosphère surchauffée.

infuori [in-fuò-ri] **in fuori** *avv.* dehors: *spingere infuori*, pousser dehors | *si erano spinti infuori con la barca*, ils étaient allés trop loin avec le bateau.
● ***all'infuori***, (*verso l'esterno*) à l'extérieur | ***all'infuori di***, sauf, excepté, à l'exception de: *all'infuori di noi*, nous exceptés; *all'infuori di mia madre*, à l'exception de ma mère | ***denti in fuori***, dents en avant | ***occhi in fuori***, yeux globuleux.

infuriare [in-fu-rià-re] *v.intr.* [aus. *avere*] 1 faire* rage; (*di malattie*) sévir: *la tempesta infuria*, la tempête fait rage; *l'epidemia di peste ha infuriato per un mese*, l'épidémie de peste a sévi pendant un mois 2 (*adirarsi*) s'emporter, se mettre* en colère ♦ **infuriarsi** *v.pron.intr.* s'emporter; se mettre* en colère.

infuriato [in-fu-rià-to] *agg.* furieux*.

infusione [in-fu-ʃió-ne] *n.f.* infusion | *lasciare in infusione*, faire infuser.

infuso [in-fù-ʃo] *agg.* infus ♦ *n.m.* infusion (*f.*).
● ***scienza infusa***, (*fig.*) science infuse.

ingabbiare [in-gab-bià-re] *v.tr.* 1 encager* 2 (*fig.*) coincer*; (*imprigionare*) emprisonner.

ingabbiatura [in-gab-bia-tù-ra] *n.f.* (*edil.*) charpente; (*di monumenti*) échafaudage (*m.*).

ingaggiare [in-gag-già-re] *v.tr.* [coniug. come *mangiare*] 1 engager*; (*mil.*) embaucher, recruter 2 (*dare inizio a*) livrer, engager* ♦ **ingaggiarsi** *v.pron.* s'engager*.

ingaggio [in-gàg-gio] *n.m.* [pl. *-gi*] engagement; (*mil.*) recrutement.

ingagliardire [in-ga-gliar-dì-re] *v.tr.* [coniug. come *finire*] (*render forte*) fortifier; (*dare vigore*) donner de la vigueur (à) ♦ *v.intr.* [aus. *essere*] se fortifier ♦ **ingagliardirsi** *v.pron.intr.* se fortifier.

ingannare [in-gan-nà-re] *v.tr.* 1 tromper | *vi siete lasciati ingannare*, on vous a roulés 2 (*deludere*) décevoir* ♦ **ingannarsi** *v.pron.intr.* se tromper | *se non mi inganno*, si je ne me troupe pas (*o* si je ne m'abuse pas).
● ***l'apparenza inganna***, les apparences sont trompeuses.

ingannatore [in-gan-na-tó-re] *agg.* e *n.m.* [f. *-trice*] trompeur*.

ingannevole [in-gan-né-vo-le] *agg.* trompeur*.

inganno [in-gàn-no] *n.m.* 1 tromperie (*f.*), duperie (*f.*); (*astuzia*) ruse (*f.*): *tramare un inganno*, tramer une duperie | *cadere in inganno*, se tromper 2 (*errore*) erreur (*f.*) | *trarre in inganno*, induire en erreur.
● ***con l'inganno***, par la ruse.

ingarbugliare [in-gar-bu-glià-re] *v.tr.* 1 embrouiller; (*fig.*) brouiller 2 (*confondere*) entortiller ♦ **ingarbugliarsi** *v.pron.intr.* s'embrouiller (*anche fig.*).

ingegnarsi [in-ge-gnàr-si] *v.pron.intr.* (*sforzarsi*) s'ingénier, s'évertuer; (*arrangiarsi*) s'arranger | *non è molto abile, ma si ingegna*, il n'est pas très habile, cependant il se débrouille.

ingegnere [in-ge-gnè-re] *n.m.* ingénieur: *fare l'ingegnere*, être ingénieur.
● ***ingegnere civile***, ingénieur des ponts et chaussées | ***ingegnere consulente***, ingénieur-conseil | ***ingegnere edile***, ingénieur en bâtiment | ***ingegnere informatico***, ingénieur informaticien.

ingegneria [in-ge-gne-rì-a] *n.f.* 1 (*disciplina*) génie (*m.*), ingénierie 2 (*corso di studi*) études (*pl.*) d'ingénieur: *studiare ingegneria*, faire des études d'ingénieur | *laureato in ingegneria*, ingénieur | *iscriversi alla facoltà di ingegneria*, entrer dans une école d'ingénieur.
● ***ingegneria ambientale***, génie de l'environnement | ***ingegneria chimica***, génie chimique | ***ingegneria civile***, génie civil | ***ingegneria dell'hardware***, ingénierie matérielle | ***ingegneria genetica***, génie (*o* ingénierie) génétique | ***ingegneria industriale***, engineering, ingénierie | ***ingegneria informatica, del software***, génie informatique, logiciel.

ingegno [in-gé-gno] *n.m.* 1 esprit; (*talento*) talent; (*in-

telligenza) intelligence (*f.*): *le doti dell'ingegno*, les qualités de l'esprit; *ingegno poetico, musicale*, talent poétique, musical; *dar prova d'ingegno*, faire preuve d'intelligence | *un prodigio d'ingegno*, un miracle d'intelligence | *non manca d'ingegno*, il ne manque pas de talent | *fornito di grande ingegno*, doué d'une grande intelligence **2** (*persona dotata di grande intelligenza*) esprit: *uno dei migliori ingegni del secolo*, un des meilleurs esprits du siècle | *un bell'ingegno*, une belle intelligence **3** (*ingegnosità*) ingéniosité (*f.*).

● ***alzata d'ingegno***, (*anche scherz.*) idée géniale | ***d'ingegno***, de talent: *scrittore, artista d'ingegno*, écrivain, artiste de talent; *opera d'ingegno*, œuvre de talent | ***opere dell'ingegno***, œuvres de l'esprit.

ingegnosità [in-ge-gno-si-tà] ***n.f.invar.*** ingéniosité.

ingegnoso [in-ge-gnó-so] ***agg.*** ingénieux*.

ingelosire [in-ge-lo-sì-re] ***v.tr.*** [coniug. come *finire*] rendre* jaloux* ♦ **ingelosirsi** ***v.pron.intr.*** devenir* jaloux*.

ingenerare [in-ge-ne-rà-re] ***v.tr.*** (*destare, suscitare*) engendrer; (*provocare*) provoquer: *ingenerare odio*, engendrer la haine; *ingenerare confusione*, provoquer de la confusion.

ingeneroso [in-ge-ne-ró-so] ***agg.*** qui manque de générosité: *mostrarsi ingeneroso*, se montrer peu généreux.

ingente [in-gèn-te] ***agg.*** considérable.

ingentilire [in-gen-ti-lì-re] ***v.tr.*** [coniug. come *finire*] affiner ♦ **ingentilirsi** ***v.pron.intr.*** s'affiner; (*addolcirsi*) s'adoucir.

ingenua [in-gè-nu-a] ***n.f.*** (*teatr.*) ingénue.

● ***fare l'ingenua***, (*fig.*) jouer les ingénues.

ingenuamente [in-ge-nua-mén-te] ***avv.*** naïvement, ingénument.

ingenuità [in-ge-nu-i-tà] ***n.f.invar.*** naïveté, ingénuité | *è un'ingenuità pensare che*, il est naïf de penser que.

ingenuo [in-gè-nu-o] ***agg.*** e ***n.m.*** [f. *-a*] naïf*, ingénu.

ingerenza [in-ge-rèn-za] ***n.f.*** ingérence.

ingerire [in-ge-rì-re] ***v.tr.*** [coniug. come *finire*] ingérer* ♦ **ingerirsi** ***v.pron.intr.*** s'ingérer*.

ingessare [in-ges-sà-re] ***v.tr.*** **1** (*un arto ecc.*) plâtrer **2** (*murare con gesso*) sceller avec du plâtre **3** (*fig.*) paralyser.

ingessato [in-ges-sà-to] ***agg.*** **1** plâtré: *avere un braccio ingessato*, avoir un bras plâtré **2** (*fig.*) (*rigido, poco flessibile di persona*) guindé.

ingessatura [in-ges-sa-tù-ra] ***n.f.*** plâtre (*m.*).

ingestione [in-ge-stió-ne] ***n.f.*** ingestion.

inghiottire [in-ghiot-tì-re] ***v.tr.*** avaler (*anche fig.*); (*con avidità*) engloutir (*anche fig.*): *inghiottire un boccone di pane*, avaler une bouchée de pain; *la nave fu inghiottita dai flutti*, le navire fut englouti par les flots | *è dura da inghiottire!*, (*fig.*) c'est dur à avaler!

inghippo [in-ghìp-po] ***n.m.*** mauvais tour: *ficcarsi in un inghippo*, se mettre dans un mauvais pas; *scoprire l'inghippo*, découvrir le pot aux roses.

inghirlandare [in-ghir-lan-dà-re] ***v.tr.*** enguirlander, orner de guirlandes ♦ **inghirlandarsi** ***v.pron.*** se parer de guirlandes.

ingiallire [in-gial-lì-re] ***v.tr.*** [coniug. come *finire*] jaunir ♦ ***v.intr.*** [aus. *essere*] jaunir ♦ **ingiallirsi** ***v.pron.intr.*** jaunir: *la lana si è ingiallita*, la laine a jauni.

ingigantire [in-gi-gan-tì-re] ***v.tr.*** [coniug. come *finire*] (a)grandir, grossir; (*esagerare*) exagérer* ♦ ***v.intr.*** [aus. *essere*] grandir démesurément ♦ **ingigantirsi** ***v.pron. intr.*** grandir démesurément.

inginocchiarsi [in-gi-noc-chiàr-si] ***v.pron.intr.*** s'agenouiller.

inginocchiatoio [in-gi-noc-chia-tó-io] ***n.m.*** [pl. *-oi*] prie-Dieu*.

ingioiellare [in-gio-iel-là-re] ***v.tr.*** **1** couvrir* de bijoux **2** (*fig.*) embellir ♦ **ingioiellarsi** ***v.pron.*** se couvrir* de bijoux.

ingiù [in-giù] **in giù** ***avv.*** en bas.

● ***all'ingiù***, vers le bas, en bas: *guardare all'ingiù*, regarder vers le bas; *con la testa all'ingiù*, la tête en bas; *avere i baffi* (*piegati*) *all'ingiù*, porter la moustache à la gauloise.

ingiungere [in-giùn-ge-re] ***v.tr.*** [coniug. come *giungere*] enjoindre*, sommer (qqn); (*intimare*) intimer.

ingiunzione [in-giun-zió-ne] ***n.f.*** **1** ordre (*m.*) **2** (*dir.*) injonction, sommation: *ingiunzione di pagamento*, injonction de payer.

ingiuria [in-giù-ria] ***n.f.*** injure: *recare ingiuria a*, faire injure à; *scambiarsi ingiurie*, échanger des injures.

● ***le ingiurie del tempo***, (*fig.*) les outrages du temps.

ingiuriare [in-giu-rià-re] ***v.tr.*** injurier ♦ **ingiuriarsi** ***v.pron.rec.*** s'injurier.

ingiurioso [in-giu-rió-so] ***agg.*** injurieux*.

ingiustificabile [in-giu-sti-fi-cà-bi-le] ***agg.*** injustifiable.

ingiustificato [in-giu-sti-fi-cà-to] ***agg.*** injustifié.

ingiustizia [in-giu-stì-zia] ***n.f.*** injustice.

ingiusto [in-giù-sto] ***agg.*** e ***n.m.*** [f. *-a*] injuste: *ingiusto con qlcu*, injuste envers qqn.

inglese [in-glé-se] ***agg.*** anglais: *il popolo inglese*, le peuple anglais ♦ ***n.m.*** e ***f.*** (*abitante*) Anglais/e ♦ ***n.m.*** (*lingua*) anglais.

● ***all'inglese***, à l'anglaise; (*cuc.*) nature: *filarsela all'inglese*, filer à l'anglaise; *riso all'inglese*, riz nature | (*tip.*) ***carattere inglese***, anglaise | ***sale inglese***, sel d'Angleterre.

inglobare [in-glo-bà-re] ***v.tr.*** englober; (*assorbire*) absorber.

ingloriosamente [in-glo-rio-sa-mén-te] ***avv.*** sans gloire.

inglorioso [in-glo-rió-so] ***agg.*** peu glorieux*; (*disonorevole*) *honteux*.

ingluvie [in-glù-vie] ***n.f.invar.*** (*zool.*) jabot (*m.*).

ingobbire [in-gob-bì-re] ***v.tr.*** [coniug. come *finire*] voûter ♦ **ingobbirsi** ***v.pron.intr.*** se voûter.

ingobbito [in-gob-bi-to] ***agg.*** voûté, courbé.

ingoffare [in-gof-fà-re] ***v.tr.*** engoncer*.

ingoiare [in-go-ià-re] ***v.tr.*** avaler (*anche fig.*); (*con avidità*) engloutir | *ingoiare le lacrime*, ravaler ses larmes.

ingolfare [in-gol-fà-re] ***v.tr.*** (*il motore*) noyer* ♦ **ingolfarsi** ***v.pron.intr.*** **1** (*fig.*) s'enfoncer*, se plonger*: *ingolfarsi in un mare di debiti*, s'enfoncer dans les dettes jusqu'au cou **2** (*di motore*) se noyer* **3** (*formare un golfo*) former un golfe.

ingolosire [in-go-lo-sì-re] ***v.tr.*** [coniug. come *finire*] rendre* gourmand; (*fig.*) allécher* ♦ **ingolosirsi** ***v.pron.intr.*** devenir* gourmand.

ingombrante [in-gom-bràn-te] ***agg.*** encombrant.

ingombrare [in-gom-brà-re] ***v.tr.*** encombrer (*anche fig.*).

ingombro [in-góm-bro] ***agg.*** encombré ♦ ***n.m.*** encombrement.

● ***essere d'ingombro***, être encombrant, encombrer.

I

ingordamente [in-gor-da-mén-te] *avv.* goulûment.
ingordigia [in-gor-dì-gia] *n.f.* [pl. *-gie* o *-ge*] **1** gloutonnerie, goinfrerie: *mangiare con ingordigia*, manger comme un goinfre **2** (*fig.*) avidité.
ingordo [in-gór-do] *agg.* **1** goulu **2** (*fig.*) avide ♦ *n.m.* [f. *-a*] goinfre.
ingorgare [in-gor-gà-re] *v.tr.* [coniug. come *legare*] engorger* ♦ **ingorgarsi** *v.pron.intr.* **1** s'engorger*, se boucher **2** (*di traffico ecc.*) se bloquer.
ingorgo [in-gór-go] *n.m.* [pl. *-ghi*] **1** engorgement **2** (*stradale*) embouteillage.
ingovernabile [in-go-ver-nà-bi-le] *agg.* ingouvernable.
ingovernabilità [in-go-ver-na-bi-li-tà] *n.f.invar.* situation qui rend (un Pays) ingouvernable: *si prospetta l'ingovernabilità del paese*, on prévoit que le pays sera ingouvernable.
ingozzare [in-goz-zà-re] *v.tr.* **1** gaver **2** (*inghiottire*) engloutir, avaler ♦ **ingozzarsi** *v.pron.* se gaver; (*fam.*) s'empiffrer.
I
ingranaggio [in-gra-nàg-gio] *n.m.* [pl. *-gi*] **1** (*mecc.*) engrenage: *ingranaggi scorrevoli*, engrenages baladeurs | *gli ingranaggi di un orologio*, les rouages d'une montre **2** (*fig.*) engrenage: *essere preso nell'ingranaggio del lavoro*, être pris dans l'engrenage du travail; *conosce gli ingranaggi della burocrazia*, il connaît l'engrenage bureaucratique.
● ***scatola degli ingranaggi***, boîte à engrenages (*o* carter d'engrenages).
ingranare [in-gra-nà-re] *v.tr.* (*mecc.*) engrener* | (*aut.*) *ingranare una marcia*, engager (*o* passer) une vitesse ♦ *v.intr.* [aus. *avere*] **1** (*mecc.*) engrener* | (*aut.*) *la marcia indietro non ingrana bene*, la marche arrière ne passe pas bien **2** (*fig.*) (s') accrocher: *mio figlio non riesce a ingranare con la scuola*, mon fils n'arrive pas à accrocher à l'école; *oggi non ingrano*, je n'arrive pas à m'accrocher aujourd'hui | *gli affari cominciano a ingranare*, les affaires commencent à démarrer.
ingrandimento [in-gran-di-mén-to] *n.m.* agrandissement.
● ***lente d'ingrandimento***, loupe.
ingrandire [in-gran-dì-re] *v.tr.* [coniug. come *finire*] **1** agrandir: *ingrandire un'azienda*, agrandir une entreprise **2** (*di strumenti ottici*) grossir, grandir: *un microscopio che ingrandisce mille volte*, un microscope qui grossit mille fois **3** (*fot.*) agrandir **4** (*fig.*) grossir, grandir: *ha l'abitudine di ingrandire le difficoltà*, il a l'habitude de grossir (*o* grandir) les difficultés ♦ *v.intr.* [aus. *essere*] s'agrandir (*anche fig.*) ♦ **ingrandirsi** *v.pron.intr.* s'agrandir (*anche fig.*).
ingranditore [in-gran-di-tó-re] *n.m.* (*fot.*) agrandisseur.
ingrassaggio [in-gras-sàg-gio] *n.m.* [pl. *-gi*] (*mecc.*) graissage.
ingrassamento [in-gras-sa-mén-to] *n.m.* **1** engraissement **2** (*agr.*) fumage.
ingrassante [in-gras-sàn-te] *agg.* qui fait grossir.
ingrassare [in-gras-sà-re] *v.tr.* **1** grossir; (*animali*) engraisser: *i farinacei ti ingrassano*, les farineux te font grossir; *ingrassare i maiali*, engraisser les porcs **2** (*lubrificare*) graisser **3** (*concimare*) engraisser, fumer **4** (*fam.*) (*far sembrare più grasso*) grossir: *quel vestito ti ingrassa*, cette robe te grossit ♦ *v.intr.* [aus. *essere*] grossir; (*di animali*) s'engraisser: *è molto ingrassata*, elle a beaucoup grossi ♦ **ingrassarsi** *v.pron.intr.* grossir; (*di animali*) s'engraisser: *si è ingrassata molto*, elle a beaucoup grossi | *ingrassarsi a spese degli altri*, (*fig.*) s'enrichir aux dépens des autres.
● (*prov.*) ***l'occhio del padrone ingrassa il cavallo***, l'œil du maître engraisse le cheval.
ingrasso [in-gràs-so] *n.m.* engrais.
ingratitudine [in-gra-ti-tù-di-ne] *n.f.* ingratitude.
ingrato [in-grà-to] *agg.* e *n.m.* [f. *-a*] ingrat.
ingravidare [in-gra-vi-dà-re] *v.tr.* rendre* grosse ♦ *v.intr.* [aus. *avere*] devenir* grosse.
ingraziarsi [in-gra-ziàr-si] *v.pron.indiretto* gagner les bonnes grâces (**de**).
ingrediente [in-gre-dièn-te] *n.m.* ingrédient.
ingresso [in-grès-so] *n.m.* entrée (*f.*).
● (*ferr.*) ***ingresso ai treni***, accès au quai | ***ingresso a pagamento***, entrée payante | (***locale d'***)***ingresso***, entrée; (*di alberghi*) hall | ***vietato l'ingresso***, entrée interdite.
ingrigire [in-gri-gì-re] *v.intr.* [coniug. come *finire*; aus. *essere*] **1** grisonner **2** (*fig.*) (*invecchiare*) prendre* un coup de vieux; (*intristire*) devenir* terne ♦ **ingrigirsi** *v.pron.intr.* **1** grisonner **2** (*fig.*) (*invecchiare*) prendre* un coup de vieux; (*intristire*) devenir* terne.
ingrossamento [in-gros-sa-mén-to] *n.m.* **1** grossissement **2** (*rigonfiamento*) renflement.
ingrossare [in-gros-sà-re] *v.tr.* grossir ♦ *v.intr.* [aus. *essere*] grossir ♦ **ingrossarsi** *v.pron.intr.* grossir: *il fiume si è ingrossato*, la rivière a grossi.
● (*med.*) ***fegato ingrossato***, congestion du foie.
ingrosso, all' [all'in-gròs-so] *avv.* en gros, de gros: *commercio, vendita all'ingrosso*, commerce, vente en, de gros; *commerciare all'ingrosso*, faire du commerce de gros; *prezzi all'ingrosso*, prix de gros.
ingrugnato [in-gru-gnà-to] *agg.* (*fam.*) renfrogné.
inguaiare [in-gua-ià-re] *v.tr.* (*fam.*) mettre* dans le pétrin ♦ **inguaiarsi** *v.pron.* (*fam.*) se mettre* dans le pétrin.
inguainare [in-guai-nà-re] *v.tr.* (en)gainer.
inguaicibile [in-gual-cì-bi-le] *agg.* infroissable.
inguantato [in-guan-tà-to] *agg.* ganté.
inguaribile [in-gua-rì-bi-le] *agg.* **1** inguérissable, incurable **2** (*fig.*) incorrigible.
inguinale [in-gui-nà-le] *agg.* (*anat.*) inguinal*.
inguine [ìn-gui-ne] *n.m.* (*anat.*) aine (*f.*).
ingurgitare [in-gur-gi-tà-re] *v.tr.* ingurgiter.
inibire [i-ni-bì-re] *v.tr.* [coniug. come *finire*] **1** (*vietare*) interdire* **2** (*intimidire*) inhiber.
inibito [i-ni-bì-to] *agg.* e *n.m.* [f. *-a*] refoulé; (*psic.*) inhibé.
inibitore [i-ni-bi-tó-re] *agg.* [f. *-trice*] (*scient.*) inhibiteur*.
inibitorio [i-ni-bi-tò-rio] *agg.* [pl.m. *-ri*] **1** (*scient.*) inhibiteur* **2** (*che proibisce*) prohibitif*; (*repressivo*) répressif* **3** (*dir.*) inhibitoire.
● (*psic.*) ***freni inibitori***, contrôle, retenue: *manca di freni inibitori*, il manque totalement de contrôle sur lui-même.
inibizione [i-ni-bi-zió-ne] *n.f.* **1** (*scient.*) inhibition **2** (*divieto*) défense; (*proibizione*) prohibition.
inidoneo [i-ni-dò-ne-o] *agg.* inapte.
iniettabile [i-niet-tà-bi-le] *agg.* injectable.
iniettare [i-niet-tà-re] *v.tr.* injecter.
iniettato [i-niet-tà-to] *agg.* injecté | *occhi iniettati di sangue*, des yeux injectés de sang.

iniettore [i-niet-tó-re] ***n.m.*** (*tecn.*) injecteur.

iniezione [i-nie-zió-ne] ***n.f.*** injection: (*med.*) *fare un'iniezione*, faire une piqûre; *fare un'iniezione di coraggio a qlcu*, (*fig.*) redonner courage à qqn.

inimicare [i-ni-mi-cà-re] ***v.tr.*** [coniug. come *mancare*] brouiller ♦ **inimicarsi** ***v.pron.intr.*** s'aliéner* les sympathies (**de**) ♦ ***v.pron.rec.*** se brouiller ♦ ***v.pron. indiretto*** se brouiller (**avec**): *se lo è inimicato*, il se l'est mis à dos (*o* il s'est brouillé avec lui).

inimicizia [i-ni-mi-cì-zia] ***n.f.*** inimitié.

inimitabile [i-ni-mi-tà-bi-le] ***agg.*** inimitable.

inimmaginabile [i-nim-ma-gi-nà-bi-le] ***agg.*** inimaginable.

ininfluente [i-nin-flu-èn-te] ***agg.*** insignifiant; peu important.

inintelligibile [i-nin-tel-li-gì-bi-le] ***agg.*** inintelligible.

inintermediari [i-nin-ter-me-dià-ri] ***avv.*** (*negli annunci economici*) sans intermédiaire.

ininterrottamente [i-nin-ter-rot-ta-mén-te] ***avv.*** sans interruption.

ininterrotto [i-nin-ter-rót-to] ***agg.*** ininterrompu.

iniquità [i-ni-qui-tà] ***n.f.invar.*** iniquité: *l'iniquità della sorte*, l'injustice du sort.

iniquo [i-nì-quo] ***agg.*** inique.

iniziale [i-ni-zià-le] ***agg.*** initial* ♦ ***n.f.*** **1** (*di un nome*) initiale **2** (*tip.*) initiale; (*disegnata e ornata*) lettrine.

inizialmente [i-ni-zial-mén-te] ***avv.*** initialement.

iniziare [i-ni-zià-re] ***v.tr.*** **1** (*cominciare*) commencer*; entreprendre*: *iniziare un discorso*, commencer un discours; *iniziare delle trattative*, entamer (*o* engager) des pourparlers **2** (*avviare, introdurre*) initier: *iniziare qlcu a una scienza*, initier qqn à une science ♦ ***v.intr.*** **1** [aus. *avere*] commencer* (**par**) **2** [aus. *essere*] commencer*: *lo spettacolo inizia alle 21*, le spectacle commence à 21 h.; *la scuola è iniziata da qualche giorno*, l'école a commencé il y a quelques jours.

iniziatico [i-ni-zià-ti-co] ***agg.*** [pl.m. *-ci*, f. *-che*] initiatique.

iniziativa [i-ni-zia-tì-va] ***n.f.*** initiative.
● (*econ.*) ***iniziativa privata***, initiative privée | ***per iniziativa di***, l'initiative de.

iniziato [i-ni-zià-to] ***agg.*** e ***n.m.*** [f. *-a*] initié.

iniziatore [i-ni-zia-tó-re] ***n.m.*** [f. *-trice*] initiateur*.

iniziazione [i-ni-zia-zió-ne] ***n.f.*** initiation.

inizio [i-nì-zio] ***n.m.*** [pl. *-zi*] début, commencement; (*pl.*) débuts: *l'inizio di questo lavoro è stato difficile*, au début, ce travail a été difficile; *l'inizio dell'anno scolastico*, la rentrée des classes.
● ***all'inizio*** (***di***), au début (de): *all'inizio quell'attore ha faticato*, à ses débuts cet acteur a eu du mal; *all'inizio, agli inizi del secolo*, aux débuts du siècle | ***avere inizio***, commencer | ***dall'inizio alla fine***, du commencement à la fin | ***dare inizio a qlco***, commencer qqch.

innaffiare e *deriv.* → **annaffiare** e *deriv.*

innalzamento [in-nal-za-mén-to] ***n.m.*** élévation (*f.*).

innalzare [in-nal-zà-re] ***v.tr.*** **1** élever* (*anche fig.*): *innalzare di un piano la casa*, élever une maison d'un étage; *innalzare una bandiera*, hisser un drapeau; *innalzare lo stile*, (*estens.*) ennoblir son style **2** (*di sguardo, occhi*) lever*: *innalzare gli occhi al cielo*, lever les yeux au ciel **3** (*erigere*) élever*, (*alzare*) dresser: *innalzare un monumento, un tempio*, élever un monument, un temple; *innalzare un'antenna*, installer une antenne ♦ **innalzarsi** ***v.pron.*** e ***pron.intr.*** s'élever* (*anche fig.*); se dresser.
● ***innalzare all'onore degli altari***, canoniser.

innamoramento [in-na-mo-ra-mén-to] ***n.m.*** amour: *è facile all'innamoramento*, il tombe facilement amoureux.

innamorare [in-na-mo-rà-re] ***v.tr.*** séduire*; (*di cose*) enchanter ♦ **innamorarsi** ***v.pron.intr.*** tomber amoureux* ♦ ***v.pron.rec.*** tomber amoureux* l'un de l'autre: *si sono innamorati*, ils sont tombés amoureux l'un de l'autre.

innamorata [in-na-mo-rà-ta] ***n.f.*** petite amie; (*fidanzata*) fiancée.

innamorato [in-na-mo-rà-to] ***agg.*** e ***n.m.*** amoureux*; (*appassionato*) passionné: *sguardi innamorati*, regards amoureux (*o* pleins d'amour); *innamorato della musica*, passionné de musique.

innanzi [in-nàn-zi] ***avv.*** **1** (*tempo*) (*prima*) avant, auparavant; (*poi*) plus tard: *come è stato detto innanzi*, comme on l'a dit avant (*o* auparavant); *da quel giorno innanzi*, depuis ce jour-là **2** (*luogo*) en avant: *più innanzi*, plus loin ♦ ***agg.invar.*** d'avant: *il giorno innanzi*, le jour d'avant (*o* la veille).
● ***innanzi a*** → davanti | ***innanzi tempo***, avant le temps | ***innanzi tutto*** → innanzitutto | ***d'ora innanzi***, dorénavant.

innanzitutto [in-nan-zi-tùt-to] **innanzi tutto** ***avv.*** surtout; (*prima di tutto*) avant tout.

innato [in-nà-to] ***agg.*** inné.

innaturale [in-na-tu-rà-le] ***agg.*** contre nature; (*artefatto*) artificiel*; (*affettato*) affecté.

innegabile [in-ne-gà-bi-le] ***agg.*** indéniable, incontestable.

innegabilmente [in-ne-ga-bil-mén-te] ***avv.*** incontestablement.

inneggiare [in-neg-già-re] ***v.intr.*** [coniug. come *mangiare*; aus. *avere*] (*celebrare*) célébrer* (**qqn**, **qqch**); (*esaltare, acclamare*) exalter (**qqch**), acclamer (**qqn**): *inneggiare alla pace*, exalter la paix; *inneggiare al vincitore*, acclamer le vainqueur | *inneggiare al Signore*, chanter des hymnes à la louange de Dieu.

innervare [in-ner-và-re] ***v.tr.*** (*anat.*) innerver.

innervazione [in-ner-va-zió-ne] ***n.f.*** innervation.

innervosire [in-ner-vo-sì-re] ***v.tr.*** [coniug. come *finire*] énerver ♦ **innervosirsi** ***v.pron.*** s'énerver.

innervosito [in-ner-vo-sì-to] ***agg.*** énervé.

innescare [in-ne-scà-re] ***v.tr.*** [coniug. come *mancare*] amorcer*; (*fig.*) (*scatenare*) déclencher.

innesco [in-né-sco] ***n.m.*** [pl. *-schi*] amorce (*f.*).

innestare [in-ne-stà-re] ***v.tr.*** **1** greffer **2** (*med.*) inoculer: *innestare il vaiolo a qlcu*, inoculer la variole à qqn **3** (*aut.*) (*frizione*) embrayer*, (*marcia*) passer une vitesse **4** (*fig.*) (*introdurre*) introduire* ♦ **innestarsi** ***v.pron.*** se greffer; (*ricollegarsi*) se rattacher (**à**) (*anche fig.*).

innesto [in-nè-sto] ***n.m.*** **1** (*agr.*) greffe (*f.*) **2** (*med., vet.*) greffe (*f.*), (*inoculazione*) inoculation (*f.*): *innesto del vaiolo*, inoculation de la variole **3** (*elettr.*) branchement **4** (*aut.*) (*frizione*) embrayage; (*marcia*) introduction (*f.*) **5** (*fig.*) greffe (*f.*); (*apporto*) apport: *con l'innesto di*, par l'apport de.
● (*elettr.*) ***innesto a baionetta***, monture à baïonnette | (*mecc.*) ***innesto a denti***, clabot.

innevamento [in-ne-va-mén-to] ***n.m.*** enneigement.

innevare [in-ne-và-re] ***v.tr.*** enneiger* ♦ **innevarsi** ***v.pron.*** se couvrir* de neige.

innevato [in-ne-và-to] *agg.* enneigé.

inno [ìn-no] *n.m.* hymne (*anche fig.*).

innocente [in-no-cèn-te] *agg.* e *n.m.* e *f.* innocent/e.

innocentemente [in-no-cen-te-mén-te] *avv.* innocemment.

innocentista [in-no-cen-tì-sta] *n.m.* e *f.* partisan/e de l'innocence (d'un accusé).

innocenza [in-no-cèn-za] *n.f.* innocence.

innocuità [in-no-cui-tà] *n.f.invar.* innocuité.

innocuo [in-nò-cu-o] *agg.* inoffensif*.

innominabile [in-no-mi-nà-bi-le] *agg.* innommable.

innovare [in-no-và-re] *v.tr.* innover.

innovativo [in-no-va-tì-vo] *agg.* novateur*, innovateur*.

innovatore [in-no-va-tó-re] *agg.* e *n.m.* [f. *-trice*] novateur*, innovateur*.

innovazione [in-no-va-zió-ne] *n.f.* innovation.

innumerevole [in-nu-me-ré-vo-le] *agg.* innombrable.

inoculare [i-no-cu-là-re] *v.tr.* inoculer.

inoculazione [i-no-cu-la-zió-ne] *n.f.* inoculation.

inodore [i-no-dó-re] **inodoro** *agg.* inodore.

inoffensivo [i-nof-fen-sì-vo] *agg.* inoffensif*.

inoltrare [i-nol-trà-re] *v.tr.* **1** envoyer*, expédier **2** (*per via burocratica*) transmettre*: *inoltrare una domanda al ministro*, adresser une demande au ministre ♦ **inoltrarsi** *v.pron.* s'avancer*; (*fig.*) avancer*, progresser.

inoltrato [i-nol-trà-to] *agg.* avancé: *era inverno inoltrato*, on était en plein hiver; *a notte inoltrata*, en pleine nuit.

inoltre [i-nól-tre] *avv.* en outre, de plus; (*anche*) également.

inoltro [i-nól-tro] *n.m.* envoi, expédition (*f.*); (*per via burocratica*) transmission (*f.*).
● (*tel.*) ***inoltro (delle) chiamate***, acheminement des appels | (*comm.*) ***con preghiera di inoltro***, prière de faire suivre.

inondare [i-non-dà-re] *v.tr.* inonder.

inondazione [i-non-da-zió-ne] *n.f.* inondation.

inoperabile [i-no-pe-rà-bi-le] *agg.* (*med.*) inopérable.

inoperante [i-no-pe-ràn-te] *agg.* inopérant.

inoperosità [i-no-pe-ro-si-tà] *n.f.invar.* inaction; (*ozio*) désœuvrement (*m.*).

inoperoso [i-no-pe-ró-so] *agg.* (*inattivo*) inactif*; (*ozioso*) oisif*, désœuvré: *giorno inoperoso*, journée inoccupée.
● (*econ.*) ***denaro inoperoso***, argent inemployé.

inopinatamente [i-no-pi-na-ta-mén-te] *avv.* inopinément.

inopportunamente [i-nop-por-tu-na-mén-te] *avv.* inopportunément.

inopportunità [i-nop-por-tu-ni-tà] *n.f.invar.* inopportunité.

inopportuno [i-nop-por-tù-no] *agg.* inopportun; (*fuori luogo*) déplacé; (*di persona*) qui tombe mal à propos.

inoppugnabile [i-nop-pu-gnà-bi-le] *agg.* incontestable; (*irrefutabile*) irréfutable: *prova inoppugnabile*, preuve inattaquable.
● (*dir.*) ***eccezione inoppugnabile***, exception inopposable.

inorganicità [i-nor-ga-ni-ci-tà] *n.f.invar.* incohérence.

inorganico [i-nor-gà-ni-co] *agg.* [pl.m. *-ci*, f. *-che*] **1** inorganique **2** (*fig.*) incohérent: *opera inorganica*, œuvre mal construite.

inorgoglire [i-nor-go-glì-re] *v.tr.* [coniug. come *finire*] enorgueillir ♦ **inorgoglirsi** *v.pron.* s'enorgueillir (**de**).

inorridire [i-nor-ri-dì-re] *v.tr.* [coniug. come *finire*] horrifier ♦ *v.intr.* [aus. *essere*] être* saisi d'horreur: *inorridisco all'idea di rivederlo*, (*fam.*) je tremble à l'idée de le revoir.

inorridito [i-nor-ri-dì-to] *agg.* horrifié.

inospitale [i-no-spi-tà-le] *agg.* inhospitalier*.

inosservante [i-nos-ser-vàn-te] *agg.* qui ne respecte pas.

inosservanza [i-nos-ser-vàn-za] *n.f.* inobservance; (*dir.*) inobservation.

inosservato [i-nos-ser-và-to] *agg.* **1** inaperçu **2** (*non rispettato*) inobservé.

inossidabile [i-nos-si-dà-bi-le] *agg.* inoxydable.

inox [ì-nox *o* i-nòx] *agg.* inox.

input [in-put] *n.m.* **1** (*inform.*) input, saisie (*f.*) (de données); (*dati da trattare*) données (*f.pl.*) à traiter **2** (*estens.*) coup d'envoi **3** (*econ.*) input, intrant.
● (*inform.*) ***input output***, entrée-sortie.

inquadramento [in-qua-dra-mén-to] *n.m.* encadrement.

inquadrare [in-qua-drà-re] *v.tr.* **1** encadrer **2** (*fig.*) situer **3** (*fot., cine.*) cadrer ♦ **inquadrarsi** *v.pron.* s'insérer*.

inquadratura [in-qua-dra-tù-ra] *n.f.* (*fot., cine.*) cadrage (*m.*); (*piano*) plan (*m.*): *inquadratura ravvicinata*, plan rapproché; *una bella inquadratura*, une belle photo.

inqualificabile [in-qua-li-fi-cà-bi-le] *agg.* inqualifiable.

inquietante [in-quie-tàn-te] *agg.* inquiétant.

inquietare [in-quie-tà-re] *v.tr.* inquiéter* ♦ **inquietarsi** *v.pron.* s'inquiéter*; (*adirarsi*) se fâcher (**contre**).

inquieto [in-quiè-to] *agg.* **1** (*agitato*) agité **2** (*preoccupato*) inquiet*: *ciò mi rende inquieto*, cela m'inquiète **3** (*adirato*) fâché (**contre**).

inquietudine [in-quie-tù-di-ne] *n.f.* **1** inquiétude **2** (*preoccupazione*) souci (*m.*).

inquilino [in-qui-lì-no] *n.m.* [f. *-a*] locataire.

inquinamento [in-qui-na-mén-to] *n.m.* pollution (*f.*).
● ***inquinamento acustico***, nuisances acoustiques | (*dir.*) ***inquinamento delle prove***, dissimulation des preuves.

inquinante [in-qui-nàn-te] *agg.* e *n.m.* polluant.

inquinare [in-qui-nà-re] *v.tr.* **1** polluer **2** (*fig.*) (*alterare*) dénaturer ♦ **inquinarsi** *v.pron.* **1** se polluer **2** (*fig.*) se corrompre*, etre* dématuré.
● (*dir.*) ***inquinare le prove***, dissimuler les preuves.

inquinato [in-qui-nà-to] *agg.* **1** pollué **2** (*fig.*) dénaturé.

inquirente [in-qui-rèn-te] *agg.* e *n.m.* e *f.* (*dir.*) enquêteur/euse.
● ***commissione inquirente***, commission d'enquête | ***magistratura inquirente***, magistrature debout.

inquisire [in-qui-ʃì-re] *v.tr.* e *intr.* [coniug. come *finire*; aus. *avere*] s'enquérir* (**sur**), se renseigner (**sur**); (*dir.*) enquêter (**sur**).

inquisitore [in-qui-ʃi-tó-re] *agg.* e *n.m.* [f. *-trice*] inquisiteur; (*dir.*) enquêteur*.
● ***giudice inquisitore***, juge enquêteur.

inquisitorio [in-qui-ʃi-tò-rio] *agg.* [pl.m. *-ri*] inquisiteur.
● (*dir.*) ***processo inquisitorio***, procédure inquisitoire.

inquisizione [in-qui-ʃi-zió-ne] *n.f.* inquisition.

insabbiamento [in-sab-bia-mén-to] *n.m.* **1** ensablement **2** (*fig.*) enterrement, étouffement: *l'insabbiamento di una pratica*, l'enterrement d'un dossier; *l'insabbiamento di un'inchiesta*, l'étouffement d'une enquête.

insabbiare [in-sab-bià-re] *v.tr.* **1** ensabler **2** (*fig.*) enterrer; étouffer: *insabbiare una pratica*, enterrer un dossier; *insabbiare un'inchiesta*, étouffer une enquête ♦ **insabbiarsi** *v.pron.* **1** s'ensabler **2** (*fig.*) être* enterré: *la pratica si è insabbiata*, le dossier a été enterré; *il progetto di legge si è insabbiato al Senato*, le projet de loi s'est enlisé au Sénat.

insaccare [in-sac-cà-re] *v.tr.* [coniug. come *mancare*] **1** ensacher **2** (*carne di maiale*) mettre* en saucisses.

insaccato [in-sac-cà-to] *agg.* ensaché | *insaccato nelle spalle*, la tête rentrée dans les épaules ♦ *n.m.* (*spec. pl.*) charcuterie (*f.*).

insalata [in-sa-là-ta] *n.f.* salade (*anche fig.*).
● ***insalata di pollo***, poulet en salade | ***insalata di riso***, salade di riz | ***insalata mista***, salade composée | ***insalata russa***, salade russe | ***mangiarsi qlcu in insalata***, (*fam.*) ne faire qu'une bouchée de qqn.

insalatiera [in-sa-la-tiè-ra] *n.f.* saladier (*m.*).

insalubre [in-sa-lù-bre] *agg.* insalubre.

insalubrità [in-sa-lu-bri-tà] *n.f.invar.* insalubrité.

insalutato [in-sa-lu-tà-to] *agg.* non salué.
● ***andarsene insalutato ospite***, (*scherz.*) filer à l'anglaise.

insanabile [in-sa-nà-bi-le] *agg.* **1** inguérissable **2** (*fig.*) inguérissable; (*implacabile*) implacable; (*irrimediabile*) irrémédiable.

insanguinare [in-san-gui-nà-re] *v.tr.* ensanglanter.

insania [in-sà-nia] *n.f.* (*letter.*) folie.

insano [in-sà-no] *agg.* fou*; (*insensato*) insensé.

insaponare [in-sa-po-nà-re] *v.tr.* savonner.

insaponata [in-sa-po-nà-ta] *n.f.* savonnage (*m.*): *dare un'insaponata a qlco*, savonner qqch.

insapore [in-sa-pó-re] *agg.* fade.

insaporire [in-sa-po-rì-re] *v.tr.* [coniug. come *finire*] donner du goût (**à**): *far insaporire le verdure nel burro*, faire revenir les légumes dans le beurre ♦ **insaporirsi** *v.pron.* devenir* savoureux*.

insaputa, all' [al-l'in-sa-pù-ta] *avv.* à l'insu.

insaturo [in-sà-tu-ro] *agg.* (*chim.*) insaturé, non saturé.

insaziabile [in-sa-zià-bi-le] *agg.* insatiable.

insaziabilità [in-sa-zia-bi-li-tà] *n.f.invar.* insatiabilité.

inscatolamento [in-sca-to-la-mén-to] *n.m.* mise en boîtes.

inscatolare [in-sca-to-là-re] *v.tr.* mettre* en boîte.

inscenare [in-sce-nà-re] *v.tr.* **1** mettre* en scène **2** (*fig.*) organiser.

inscindibile [in-scin-dì-bi-le] *agg.* inséparable.

inscindibilità [in-scin-di-bi-li-tà] *n.f.invar.* inséparabilité.

inscrivere [in-scrì-ve-re] *v.tr.* [coniug. come *scrivere*] (*mat.*) inscrire* ♦ **inscriversi** *v.pron.* s'inscrire*.

insediamento [in-se-dia-mén-to] *n.m.* **1** installation (*f.*) **2** (*stanziamento*) établissement.

insediare [in-se-dià-re] *v.tr.* installer; (*eccl.*) introniser ♦ **insediarsi** *v.pron.* s'installer; (*stanziarsi*) s'établir: *si è insediato in casa mia*, (*scherz.*) il s'est installé chez moi.

insegna [in-sé-gna] *n.f.* **1** (*di negozio*) enseigne **2** (*emblema*) insigne (*m.*) **3** (*decorazione*) décoration **4** (*vessillo*) étendard (*m.*); (*mar.*) marque **5** (*pl.*) (*stemma*) armoiries.
● ***all'insegna di***, (*fig.*) sous le signe de: *all'insegna dell'allegria*, sous le signe de la gaieté | ***deporre le insegne del comando***, (*fig.*) renoncer au commandement | ***sotto le insegne di***, (*fig.*) sous l'étendard de.

insegnamento [in-se-gna-mén-to] *n.m.* enseignement: *darsi all'insegnamento*, se consacrer, se destiner à l'enseignement; *esercitare l'insegnamento*, être dans l'enseignement.
● ***insegnamento a distanza***, enseignement à distance | ***insegnamento elementare***, ***medio***, enseignement primaire, secondaire | ***insegnamento pubblico***, ***privato***, enseignement public, privé | ***insegnamento superiore***, ***universitario***, enseignement supérieur, universitaire.

insegnante [in-se-gnàn-te] *agg.* enseignant ♦ *n.m.* (*di scuola elementare*) instituteur; (*di scuola media*) professeur ♦ *n.f.* (*di scuola elementare*) institutrice; (*di scuola media*) professeure.
● ***insegnante privato***, professeur particulier.

insegnare [in-se-gnà-re] *v.tr.* **1** apprendre*: *me l'ha insegnato lui*, c'est lui qui me l'a appris **2** (*dare, impartire lezioni di*) enseigner: *insegnare il francese*, enseigner le français **3** (*con uso ass., esercitare la professione di insegnante*) enseigner: *suo padre insegna al liceo*, son père enseigne (*o* est professeur) au lycée; *mia sorella insegna*, ma sœur est dans l'enseignement.

inseguimento [in-se-gui-mén-to] *n.m.* poursuite (*f.*).

inseguire [in-se-guì-re] *v.tr.* poursuivre* ♦ **inseguirsi** *v.pron.rec.* se poursuivre*.

inseguitore [in-se-gui-tó-re] *agg.* e *n.m.* [f. *-trice*] **1** poursuivant **2** (*ciclismo*) poursuiteur.

inselvatichire [in-sel-va-ti-chì-re] *v.tr.* [coniug. come *finire*] rendre* sauvage ♦ **inselvatichirsi** *v.pron.* devenir* sauvage; (*di piante*) dégénérer*.

inseminare [in-se-mi-nà-re] *v.tr.* inséminer.

inseminazione [in-se-mi-na-zió-ne] *n.f.* (*biol.*) insémination.

insenatura [in-se-na-tù-ra] *n.f.* (*piccola*) crique, anse; (*grande*) baie.

insensatamente [in-sen-sa-ta-mén-te] *avv.* de façon insensée; (*scioccamente*) bêtement.

insensatezza [in-sen-sa-téz-za] *n.f.* sottise.

insensato [in-sen-sà-to] *agg.* e *n.m.* insensé; (*scriteriato*) écervelé.

insensibile [in-sen-sì-bi-le] *agg.* **1** insensible **2** (*impercettibile*) imperceptible.

insensibilità [in-sen-si-bi-li-tà] *n.f.invar.* insensibilité.

insensibilmente [in-sen-si-bil-mén-te] *avv.* **1** insensiblement **2** (*impercettibilmente*) imperceptiblement; (*a poco a poco*) doucement, peu à peu.

inseparabile [in-se-pa-rà-bi-le] *agg.* inséparable.

insepolto [in-se-pól-to] *agg.* sans sépulture.

inserimento [in-se-ri-mén-to] *n.m.* **1** insertion (*f.*); (*introduzione*) introduction (*f.*): *l'inserimento della corrente*, le branchement **2** (*di persona in un gruppo ecc.*) insertion (*f.*); (*integrazione*) intégration (*f.*).

inserire [in-se-rì-re] *v.tr.* [coniug. come *finire*] **1** insérer*, introduire*: *inserire un tubo in un altro*, introduire un tuyau dans un autre **2** (*includere*) insérer*, introduire*, inclure*: *inserire una clausola in un contratto*, insérer (*o* introduire) une clause dans un contrat; *inserire un nuovo argomento nell'ordine del giorno*, ajouter une nouvelle question à l'ordre du jour **3** (*collegare a un cir-*

I

cuito, a una rete) brancher: *inserire la corrente in un circuito*, brancher un circuit; *inserire l'allarme*, brancher l'alarme ♦ **inserirsi** *v.pron.* e *pron.intr.* **1** s'insérer*: *inserirsi in una conversazione*, se mêler à une conversation **2** (*integrarsi*) s'intégrer*: *queste case s'inseriscono bene nel paesaggio*, ces maisons s'intègrent bien dans le paysage; *si è ben inserita a scuola*, elle s'est bien intégrée à l'école.
● (*fin.*) ***inserire in bilancio***, inscrire au budget.

inserto [in-sèr-to] *n.m.* **1** dossier; (*fascicoletto*) supplément; (*foglio*) encart **2** (*tv*) incrustation (*f.*); (*cine.*) plan de détail **3** (*cucito*) découpe (*f.*).
● ***inserto filmato***, insert (filmé).

inservibile [in-ser-vi-bi-le] *agg.* inutilisable.

inserviente [in-ser-vièn-te] *n.m.* homme de peine; (*domestico*) domestique, serviteur; (*di ospedale*) garçon de salle ♦ *n.f.* servante; (*di ospedale*) fille de salle.

inserzione [in-ser-zió-ne] *n.f.* **1** insertion; (*introduzione*) introduction **2** (*annuncio pubblicitario*) (petite) annonce.
● (*giorn.*) ***la pagina delle inserzioni***, la page des petites annonces.

inserzionista [in-ser-zio-nì-sta] *agg.* e *n.m.* e *f.* annonceur/euse.

insetticida [in-set-ti-cì-da] *agg.* e *n.m.* insecticide.

insettivoro [in-set-tì-vo-ro] *agg.* e *n.m.* insectivore.

insetto [in-sèt-to] *n.m.* insecte.

insicurezza [in-si-cu-réz-za] *n.f.* insécurité.

insicuro [in-si-cù-ro] *agg.* peu sûr; (*incerto*) incertain; (*spec. di persona*) indécis ♦ *n.m.* [f. *-a*] indécis.

insidia [in-sì-dia] *n.f.* embûche; (*tranello*) piège (*m.*).

insidiare [in-si-dià-re] *v.tr.* e *intr.* [aus. *avere*] **1** dresser des embûches (**à**); (*tendere tranelli*) tendre* des pièges (**à**) **2** (*attentare*) attenter (**à**) | *insidiare una donna*, poursuivre une femme de ses assiduités.

insidiosamente [in-si-dio-sa-mén-te] *avv.* insidieusement.

insidioso [in-si-dió-so] *agg.* insidieux*; (*pericoloso*) dangereux*: *luogo insidioso*, endroit dangereux.

insieme [in-siè-me] *avv.* **1** ensemble: *la giacca e la gonna si vendono insieme o separatamente*, la veste et la jupe se vendent ensemble ou séparément; *tutti insieme*, tous ensemble; *ha venduto la merce tutta insieme*, il a vendu la marchandise en bloc **2** (*nello stesso momento*) ensemble, en même temps; (*al tempo stesso*) à la fois: *arrivare insieme*, arriver ensemble; *è insieme severo e giusto*, il est (tout) à la fois sévère et juste ♦ *n.m.* **1** ensemble: *a giudicare dall'insieme dei fatti*, en jugeant l'ensemble des faits **2** (*assortimento*) assortiment: *curioso insieme di colori*, curieux assortiment **3** (*set, servizio*) service **4** (*abbigl.*) ensemble **5** (*mat.*) ensemble.
● ***insieme a***, ***con***, (*compagnia*) avec; (*contemporaneità*) en même temps que: *è uscito insieme a, con suo padre*, il est sorti avec son père; *sono arrivato alla stazione proprio insieme a lui*, je suis arrivé à la gare juste en même temps que lui | ***andare insieme***, aller de pair; (*avere un rapporto amoroso*) avoir une liaison: *guerra e miseria vanno insieme*, guerre et misère vont de pair | ***d'insieme***, d'ensemble | ***mettersi insieme***, se mettre ensemble | ***nell'insieme***, dans l'ensemble | ***stare insieme***, être, aller, vivre ensemble: *stanno insieme da anni*, (*hanno una relazione*) ils ont une liaison depuis des années; (*convivono*) ils vivent ensemble depuis des années; *questa sedia non sta più insieme*, cette chaise tombe en morceaux.

insiemistica [in-sie-mì-sti-ca] *n.f.* [pl. *-che*] (*mat.*) théorie des ensembles.

insigne [in-sì-gne] *agg.* **1** (*di persona*) éminent **2** (*di monumento di città ecc.*) célèbre; (*di opera*) insigne.

insignificante [in-si-gni-fi-càn-te] *agg.* insignifiant.

insignire [in-si-gnì-re] *v.tr.* [coniug. come *finire*] décorer: *insignire qlcu del titolo di*, conférer à qqn le titre de.

insincero [in-sin-cè-ro] *agg.* pas sincère: *essere insincero*, ne pas être sincère.

insindacabile [in-sin-da-cà-bi-le] *agg.* **1** sans appel **2** (*incontestabile*) incontestable, inattaquable.
● ***a suo insindacabile giudizio***, irrévocablement.

insinuante [in-si-nu-àn-te] *agg.* insinuant.

insinuare [in-si-nu-à-re] *v.tr.* insinuer ♦ **insinuarsi** *v.pron.* s'insinuer: *insinuarsi tra la folla*, se faufiler dans la foule.

insinuazione [in-si-nu-a-zió-ne] *n.f.* insinuation (*anche dir.*).

insipido [in-sì-pi-do] *agg.* fade, insipide.

insipiente [in-si-pièn-te] *agg.* ignorant, sot.

insipienza [in-si-pièn-za] *n.f.* (*letter.*) ignorance, sottise.

insistente [in-si-stèn-te] *agg.* **1** insistant: *non essere insistente!*, n'insiste pas!; *uno sguardo insistente*, un regard insistant **2** (*persistente*) persistant.

insistentemente [in-si-sten-te-mén-te] *avv.* **1** avec insistance **2** (*incessantemente*) sans arrêt.

insistenza [in-si-stèn-za] *n.f.* insistance.

insistere [in-sì-ste-re] *v.intr.* [p.p. *insistito*; aus. *avere*] **1** insister; (*continuare*) persister; (*perseverare*) persévérer*: *insistere nell'aiutare qlcu*, insister pour aider qqn; *insistere con, presso qlcu*, insister auprès de qqn; *insisteva nel dire che*, il persistait à dire que; *insistere in un proposito*, persévérer dans un but **2** (*mat.*) *insistere su un arco*, intercepter un arc.

insito [ìn-si-to] *agg.* inhérent (**à**); (*innato*) inné (**chez**).

insoddisfacente [in-sod-di-sfa-cèn-te] *agg.* pas satisfaisant.

insoddisfatto [in-sod-di-sfàt-to] *agg.* insatisfait.

insoddisfazione [in-sod-di-sfa-zió-ne] *n.f.* insatisfaction.

insofferente [in-sof-fe-rèn-te] *agg.* intolérant; (*impaziente*) impatient; (*irritabile*) irritable: *sono insofferente di imposizioni*, je ne supporte pas qu'on m'impose qqch; *è insofferente di ogni vincolo*, il ne supporte aucune contrainte.

insofferenza [in-sof-fe-rèn-za] *n.f.* intolérance; (*impazienza*) impatience; (*irritabilità*) irritabilité.

insolazione [in-so-la-zió-ne] *n.f.* insolation.

insolente [in-so-lèn-te] *agg.* e *n.m.* e *f.* insolent/e.

insolentire [in-so-len-tì-re] *v.intr.* [coniug. come *finire*; aus. *avere*] (*diventare insolente*) devenir* insolent; (*comportarsi in modo insolente*) se montrer insolent (à l'égard de) ♦ *v.tr.* dire* des insolences (**à**).

insolenza [in-so-lèn-za] *n.f.* insolence.

insolitamente [in-so-li-ta-mén-te] *avv.* exceptionnellement; (*stranamente*) étrangement.

insolito [in-sò-li-to] *agg.* insolite; (*non abituale*) inhabituel*; (*fuori dal comune, strano*) étrange.

insolubile [in-so-lù-bi-le] *agg.* insoluble.

insolubilità [in-so-lu-bi-li-tà] *n.f.invar.* insolubilité.

insoluto [in-so-lù-to] *agg.* **1** non résolu **2** (*chim.*) non dissous* **3** (*non pagato*) impayé.

insolvente [in-sol-vèn-te] *agg.* insolvable ♦ *n.m.* e *f.* celui*/celle qui est insolvable.

insolvenza [in-sol-vèn-za] *n.f.* insolvabilité.

insolvibile [in-sol-vì-bi-le] *agg.* insolvable.

insomma [in-sóm-ma] *avv.* **1** enfin, bref: *insomma lei non è soddisfatto!*, en somme vous n'êtes pas satisfait! **2** (*per esprimere impazienza*) enfin, à la fin: *insomma, finiamola!*, finissons-en à la fin! **3** (*fam.*) (*né bene né male*) couci, couça: *"Come stai?" "Insomma..."*, "Comment vas-tu?" "Couci, couça...".

insondabile [in-son-dà-bi-le] *agg.* insondable.

insonne [in-sòn-ne] *agg.* éveillé; (*patologico*) insomniaque: *attese insonne il suo ritorno*, il attendit son retour sans pouvoir s'endormir; *trascorrere ore insonni sui libri*, passer des heures sur ses livres au lieu de dormir | *notti insonni*, des nuits blanches.

insonnia [in-sòn-nia] *n.f.* insomnie: *soffrire d'insonnia*, avoir des insomnies.

insonnolito [in-son-no-lì-to] *agg.* ensommeillé.

insonorizzare [in-so-no-riʒ-ʒà-re] *v.tr.* insonoriser.

insonorizzato [in-so-no-riʒ-ʒà-to] *agg.* insonore.
● ***sala insonorizzata***, salle insonorisée.

insonorizzazione [in-so-no-riʒ-ʒa-zió-ne] *n.f.* insonorisation.

insopportabile [in-sop-por-tà-bi-le] *agg.* insupportable.

insopprimibile [in-sop-pri-mì-bi-le] *agg.* qu'on ne peut pas supprimer; (*fig.*) irrésistible.

insorgenza [in-sor-gèn-za] *n.f.* apparition.

insorgere [in-sór-ge-re] *v.intr.* [coniug. come *scorgere*; aus. *essere*] **1** s'insurger* **2** (*manifestarsi*) se déclarer; (*sorgere*) surgir.
● ***insorgere in armi contro qlcu***, prendre les armes contre qqn.

insormontabile [in-sor-mon-tà-bi-le] *agg.* insurmontable.

insorto [in-sór-to] *agg.* e *n.m.* [f. *-a*] insurgé.

insospettabile [in-so-spet-tà-bi-le] *agg.* **1** insoupçonnable **2** (*inatteso*) impensable, inattendu.

insospettato [in-so-spet-tà-to] *agg.* **1** insoupçonné **2** (*inatteso*) inattendu.

insospettire [in-so-spet-tì-re] *v.tr.* [coniug. come *finire*] éveiller les soupçons (**de**), donner des soupçons (**à**) ♦ **insospettirsi** *v.pron.* avoir* des soupçons.

insostenibile [in-so-ste-nì-bi-le] *agg.* insoutenable: *è una spesa per me insostenibile*, c'est une dépense au-dessus de mes moyens; *attacco insostenibile*, attaque irrésistible; *posizione insostenibile*, position intenable.

insostituibile [in-so-sti-tu-ì-bi-le] *agg.* irremplaçable.

insozzare [in-soz-zà-re] *v.tr.* salir ♦ **insozzarsi** *v.pron.* e *pron.intr.* se salir (*anche fig.*).

insperabile [in-spe-rà-bi-le] *agg.* inespéré; (*inatteso*) inattendu.

insperato [in-spe-rà-to] *agg.* inespéré.

inspiegabile [in-spie-gà-bi-le] *agg.* inexplicable.

inspirare [in-spi-rà-re] *v.tr.* inspirer.

inspirazione [in-spi-ra-zió-ne] *n.f.* inspiration.

instabile [in-stà-bi-le] *agg.* instable.

instabilità [in-sta-bi-li-tà] *n.f.invar.* instabilité.

installare [in-stal-là-re] *v.tr.* **1** installer **2** (*inform.*) installer ♦ **installarsi** *v.pron.* s'installer.

installatore [in-stal-la-tó-re] *n.m.* [f. *-trice*] installateur*.

installazione [in-stal-la-zió-ne] *n.f.* installation.
● (*inform.*) ***installazione di soccorso***, unité de secours.

instancabile [in-stan-cà-bi-le] *agg.* infatigable.

instant-book ['instant'buk] *n.m.invar.* fast-book.

instaurare [in-stau-rà-re] *v.tr.* instaurer.

instaurazione [in-stau-ra-zió-ne] *n.f.* instauration.

insù [in-sù] **in su** *avv.* en *haut.
● ***all'insù***, (*verso l'alto*) vers le haut: *i baffi all'insù*, la moustache en croc; *il balzo all'insù dei prezzi*, la flambée des prix.

insubordinato [in-su-bor-di-nà-to] *agg.* e *n.m.* insubordonné.

insubordinazione [in-su-bor-di-na-zió-ne] *n.f.* insubordination.

insuccesso [in-suc-cès-so] *n.m.* insuccès.

insudiciare [in-su-di-cià-re] *v.tr.* [coniug. come *cominciare*] souiller ♦ **insudiciarsi** *v.pron.* e *pron. indiretto* se salir.

insufficiente [in-suf-fi-cièn-te] *agg.* **1** insuffisant **2** (*inadatto*) inapte **3** (*a scuola*) insuffisant, au-dessous de la moyenne: *voto insufficiente*, note au-dessous de la moyenne; *è insufficiente in matematica*, il n'a pas la moyenne en mathématiques.

insufficientemente [in-suf-fi-cien-te-mén-te] *avv.* insuffisamment.

insufficienza [in-suf-fi-cièn-za] *n.f.* **1** insuffisance **2** (*a scuola*) note au-dessous de la moyenne: *ha preso una insufficienza in latino*, il n'a pas eu la moyenne en latin.
● (*dir.*) ***insufficienza di prove***, manque de preuves | (*med.*) ***insufficienza epatica***, insuffisance hépatique.

insufflare [in-suf-flà-re] *v.tr.* insuffler.

insulare [in-su-là-re] *agg.* insulaire.

insularità [in-su-la-ri-tà] *n.f.invar.* insularité.

insulina [in-su-lì-na] *n.f.* (*chim., biol.*) insuline.

insulsaggine [in-sul-sàg-gi-ne] *n.f.* **1** (*di cosa*) fadeur; (*di persona*) niaiserie **2** (*cosa insulsa*) niaiserie, fadaise.

insulso [in-sùl-so] *agg.* fade; (*di persona*) niais.

insultante [in-sul-tàn-te] *agg.* insultant.

insultare [in-sul-tà-re] *v.tr.* insulter ♦ **insultarsi** *v.pron.rec.* s'insulter.

insulto [in-sùl-to] *n.m.* insulte (*f.*).
● (*med.*): ***insulto*** (***apoplettico***), attaque (d'apoplexie); ***insulto*** (***cardiaco***), crise (cardiaque); ***insulto*** (***di tosse***), accès (de toux).

insuperabile [in-su-pe-rà-bi-le] *agg.* **1** infranchissable **2** (*fig.*) insurmontable; (*imbattibile*) imbattable: *un attore insuperabile*, un acteur incomparable.

insuperato [in-su-pe-rà-to] *agg.* inégalé.

insuperbire [in-su-per-bì-re] *v.tr.* [coniug. come *finire*] remplir d'orgueil ♦ **insuperbirsi** *v.pron.intr.* s'enorgueillir (**de**).

insurrezionale [in-sur-re-zio-nà-le] *agg.* insurrectionnel*.

insurrezione [in-sur-re-zió-ne] *n.f.* insurrection.

insussistente [in-sus-si-stèn-te] *agg.* inexistant; (*infondato*) sans fondement.

insussistenza [in-sus-si-stèn-za] *n.f.* inexistence; (*infondatezza*) manque (*m.*) de fondement.

intabarrato [in-ta-bar-rà-to] *agg.* emmitouflé.

intaccare [in-tac-cà-re] *v.tr.* [coniug. come *mancare*] 1 entamer (*anche fig.*) 2 (*far tacche*) entailler; (*in una lama*) ébrécher*.

FAUX AMI
Da non confondere con *entacher*, che significa *contaminare*.

intaccatura [in-tac-ca-tù-ra] *n.f.* (*tacca*) encoche, cran (*m.*); (*intaglio*) entaille; (*in una lama*) brèche.

intagliare [in-ta-glià-re] *v.tr.* sculpter; (*incidere*) graver.

intagliatore [in-ta-glia-tó-re] *n.m.* [f. *-trice*] sculpteur; (*incisore*) graveur*: *intagliatore in legno*, sculpteur.

intaglio [in-tà-glio] *n.m.* [pl. *-gli*] sculpture (*f.*); (*incisione*) gravure (*f.*).
● ***una cornice a intaglio***, un cadre sculpté.

intangibile [in-tan-gì-bi-le] *agg.* intangible.

intangibilità [in-tan-gi-bi-li-tà] *n.f.invar.* intangibilité.

intanto [in-tàn-to] *avv.* 1 (*nel medesimo tempo*) (*riferito a due soggetti*) pendant ce temps; (*riferito allo stesso soggetto*) en même temps: *io leggevo e intanto lui studiava*, je lisais et pendant ce temps il étudiait; *guardavo la televisione e intanto lavoravo a maglia*, je regardais la télévision et en même temps je tricotais 2 (*nel frattempo*) en attendant: *e intanto il tempo passa!*, en attendant le temps passe! 3 (*per il momento*) pour le moment, pour l'instant: (*per*) *intanto questo può bastare*, cela suffira pour l'instant 4 (*in ogni caso, comunque*) de toute façon, dans tous les cas; (*invece*) tandis que, pendant que; (*ciò nonostante*) cependant, malgré cela: *intanto chi comanda sono io*, de toute façon c'est moi qui commande; *io mi affanno a fare economie, tu intanto sperperi denaro*, moi je me tue à faire des économies, pendant que toi tu jettes l'argent par les fenêtres; *dice di sì e intanto fa quello che vuole*, il dit oui et en attendant il fait ce qu'il veut | *intanto ce l'ho fatta!*, en attendant, j'ai réussi! 5 (*fam.*) (*in primo luogo*) d'abord: *intanto non avresti dovuto rispondergli*, d'abord tu n'aurais pas dû lui répondre.
● ***intanto che***, pendant que: *intanto che aspetto farò una telefonata*, je donnerai un coup de fil.

intarsiare [in-tar-sià-re] *v.tr.* marqueter*.

intarsiato [in-tar-sià-to] *agg.* marqueté.

intarsiatore [in-tar-sia-tó-re] *n.m.* [f. *-trice*] marqueteur.

intarsio [in-tàr-sio] *n.m.* [pl. *-si*] marqueterie (*f.*).

intasamento [in-ta-sa-mén-to *o* intaʃaménto] *n.m.* engorgement, obstruction (*f.*): *l'intasamento del traffico*, les embouteillages de la circulation.

intasare [in-ta-sà-re *o* intaʃàre] *v.tr.* engorger*: *intasare il traffico*, embouteiller la circulation ♦ **intasarsi** *v.pron.* être* engorgé, être* bouché.

intasato [in-ta-sà-to *o* intaʃàto] *agg.* bouché.

intascare [in-ta-scà-re] *v.tr.* [coniug. come *mancare*] empocher.

intatto [in-tàt-to] *agg.* intact.

intavolare [in-ta-vo-là-re] *v.tr.* entamer, engager*: *ha intavolato una discussione inutile*, il s'est engagé dans une discussion inutile.

integerrimo [in-te-gèr-ri-mo] *agg.* [superl. di *integro*] d'une intégrité à toute épreuve.

integrale [in-te-grà-le] *agg.* intégral* ♦ *n.m.* (*mat.*) intégrale (*f.*).
● ***farina integrale***, farine de blé complet | ***pane integrale***, pain complet.

integralismo [in-te-gra-lì-ʃmo] *n.m.* intégrisme.

integralista [in-te-gra-lì-sta] *agg.* e *n.m.* e *f.* intégriste.

integralmente [in-te-gral-mén-te] *avv.* intégralement.

integrante [in-te-gràn-te] *agg.* intégrant.

integrare [in-te-grà-re] *v.tr.* compléter* (**par**) ♦ **integrarsi** *v.pron.intr.* s'intégrer* ♦ *v.pron.rec.* se compléter*.
● ***integrare un alimento***, (*arricchirlo*) enrichir un aliment.

integrativo [in-te-gra-tì-vo] *agg.* complémentaire.

integrato [in-te-grà-to] *agg.* 1 intégré; (*completato*) complété (**par**) 2 (*assimilato*) intégré 3 (*tecn.*) intégré.
● ***dieta integrata***, régime intégré (*o* enrichi).

integratore [in-te-gra-tó-re] *n.m.*
● ***integratore alimentare***, complément alimentaire, microaliment.

integrazione [in-te-gra-zió-ne] *n.f.* 1 intégration 2 (*aggiunta*) complément (*m.*): *integrazione dello stipendio*, complément du salaire.

integrità [in-te-gri-tà] *n.f.invar.* intégrité.

integro [ìn-te-gro] *agg.* 1 (*completo*) intégral* 2 (*intatto*) intact 3 (*fig.*) (*onesto*) intègre.

intelaiare [in-te-la-ià-re] *v.tr.* 1 fixer sur le métier; (*un quadro*) fixer sur le châssis 2 (*mecc.*) monter.

intelaiatura [in-te-la-ia-tù-ra] *n.f.* 1 (*l'intelaiare*) montage (*m.*) 2 (*telaio di finestra, di macchina ecc.*) châssis (*m.*); (*di bicicletta*) cadre (*m.*); (*edil.*) charpente 3 (*fig.*) structure.

intellettivo [in-tel-let-tì-vo] *agg.* de l'intellect: *facoltà intellettive*, facultés intellectuelles.

intelletto [in-tel-lèt-to] *n.m.* 1 intelligence (*f.*); (*ragione*) raison (*f.*): *l'intelletto umano*, l'esprit humain 2 (*persona di ingegno*) esprit.
● ***perdere il ben dell'intelletto***, perdre la raison.

intellettuale [in-tel-let-tu-à-le] *agg.* e *n.m.* e *f.* intellectuel/elle; (*fam.*) intello.

intellettualismo [in-tel-let-tu-a-lì-ʃmo] *n.m.* intellectualisme.

intellettualistico [in-tel-let-tu-a-lì-sti-co] *agg.* [pl.m. *-ci*, f. *-che*] intellectualiste.

intellettualità [in-tel-let-tu-a-li-tà] *n.f.invar.* intellectualité.

intellettualmente [in-tel-let-tu-al-mén-te] *avv.* intellectuellement.

intellettualoide [in-tel-let-tu-a-lòi-de] *agg.* e *n.m.* e *f.* (*spreg.*) pseudo-intellectuel/elle.

intelligente [in-tel-li-gèn-te] *agg.* intelligent.

intelligenza [in-tel-li-gèn-za] *n.f.* 1 intelligence | *con intelligenza*, intelligemment 2 (*persona intelligente*) esprit (*m.*) 3 (*letter.*) (*comprensione*) compréhension: *per maggiore intelligenza dei lettori*, pour une meilleure compréhension (de la part) des lecteurs 4 (*accordo*) intelligence: *lo accusano di intillegenza col nemico*, on l'accuse d'intelligence avec l'ennemi.
● ***intelligenza artificiale***, intelligence artificielle | ***quoziente d'intelligenza***, quotient intellectuel.

intellighenzia [in-tel-li-ghèn-zia] *n.f.* intelligentsia.

intelligibile [in-tel-li-gì-bi-le] *agg.* e *n.m.* intelligible.

intelligibilità [in-tel-li-gi-bi-li-tà] *n.f.invar.* intelligibilité.

intemerato [in-te-me-rà-to] *agg.* sans tache; (*di persona*) intègre: *fede intemerata*, foi pure.

intemperante [in-tem-pe-ràn-te] *agg.* intempérant:

essere intemperante nel mangiare, nel bere, manger et boire avec intempérance; *linguaggio intemperante*, langage cru.

intemperanza [in-tem-pe-ràn-za] ***n.f.*** intempérance.

intemperie [in-tem-pè-rie] ***n.f.invar.*** (*spec. pl.*) intempéries (*pl.*).

intempestivo [in-tem-pe-stì-vo] ***agg.*** intempestif*.

intendente [in-ten-dèn-te] ***n.m.*** intendant.

intendenza [in-ten-dèn-za] ***n.f.*** intendance.
● ***intendenza di finanza***, perception, recette des finances.

intendere [in-tèn-de-re] ***v.tr.*** [coniugato come *tendere*] **1** entendre*: *ho inteso dire che ci lasci*, j'ai entendu dire que tu nous quittes; *non intende consigli*, il n'écoute personne; *intendimi bene*, écoute-moi bien **2** (*capire*) comprendre*: *hai inteso male il suo gesto*, tu as mal compris son geste; *io lo intendo così*, c'est ainsi que je le comprends; *che cosa si intende per libertà?*, qu'est-ce qu'on entend par liberté? **3** (*volere*) entendre*, vouloir*; (*avere intenzione*) avoir* l'intention (**de**); (*pensare*) penser: *di chi intendi parlare?*, de qui entends-tu parler?; *che intendi (dire)?*, qu'entends-tu par là?; *che intendi fare?*, que penses-tu faire?; *intendo partire domani*, j'ai l'intention de partir demain; *intendo essere lasciato in pace*, je veux qu'on me laisse en paix; *non intendo che mi si tratti così*, je n'admets pas qu'on me traite de cette manière ♦ **intendersi** ***v.pron.intr.*** (*avere conoscenza, esperienza*) s'y connaître* (**en**): *si intende di musica*, il s'y connaît en musique; *non me ne intendo*, je ne m'y connais pas | *ne parla da persona che se ne intende*, il (en) parle en connaisseur ♦ ***v.pron.rec.*** **1** s'entendre*: *"Ci siamo intesi?" "Intesi!"*, "Nous nous sommes bien compris?" "D'accord! **2** (*capirsi*) se comprendre*.
● ***chi ha orecchie per intendere, intenda***, à bon entendeur salut | ***dare a intendere***, faire accroire: *non cercare di darmela a intendere*, n'essaie pas de me le faire accroire | ***intendersela***, (*fam.*) (*andare d'accordo*) s'entendre; (*essere complici*) être de mèche; (*avere una relazione amorosa*) avoir une liaison | ***s'intende!***, bien entendu!: *"Ci andiamo insieme?" "S'intende!"*, "Nous y allons ensemble?" "Bien entendu!"; *vieni con me, s'intende*, tu viens avec moi, cela va sans dire | ***s'intende che***, il est entendu que: *s'intende che sarete dei nostri*, il est entendu que vous serez des nôtres (*o* bien entendu, vous serez des nôtres) | ***tanto per intenderci***, pour mettre les choses au clair.

intendimento [in-ten-di-mén-to] ***n.m.*** **1** (*intenzione*) intention (*f.*) **2** (*intelligenza*) intelligence (*f.*): *di scarso intendimento*, peu intelligent.

intenditore [in-ten-di-tó-re] ***n.m.*** [f. *-trice*] connaisseur*: *è un'intenditore di pittura*, il s'y connaît en fait de peinture; *con aria da intenditore*, en connaisseur.
● (*prov.*) ***a buon intenditore poche parole***, à bon entendeur, salut!

intenerimento [in-te-ne-ri-mén-to] ***n.m.*** attendrissement.

intenerire [in-te-ne-rì-re] ***v.tr.*** [coniug. come *finire*] attendrir (*anche fig.*) ♦ **intenerirsi** ***v.pron.intr.*** s'attendrir (*anche fig.*).

intensamente [in-ten-sa-mén-te] ***avv.*** intensément.

intensificare [in-ten-si-fi-cà-re] ***v.tr.*** [coniug. come *mancare*] intensifier ♦ **intensificarsi** ***v.pron.intr.*** s'intensifier.

intensificazione [in-ten-si-fi-ca-zió-ne] ***n.f.*** intensification.

intensità [in-ten-si-tà] ***n.f.invar.*** intensité: *diminuire d'intensità*, perdre de son intensité.

intensivamente [in-ten-si-va-mén-te] ***avv.*** intensivement.

intensivo [in-ten-sì-vo] ***agg.*** intensif*.
● (*agr.*) ***coltura intensiva***, culture intensive | (*gramm.*) ***prefisso intensivo***, préfixe intensif | (*med.*) ***terapia intensiva***, soins intensifs.

intenso [in-tèn-so] ***agg.*** intense.

intentare [in-ten-tà-re] ***v.tr.*** intenter | (*dir.*) *intentare causa contro qlcu*, intenter un procès contre (*o* à) qqn.

intentato [in-ten-tà-to] ***agg.*** non tenté.
● ***non lasciare nulla d'intentato***, tout essayer.

intento[1] [in-tèn-to] ***agg.*** **1** (*di persona*) (*occupato*) occupé; (*immerso*) absorbé (**dans**): *era intento al suo lavoro*, il était absorbé dans, par son travail; *era intento ad ascoltarmi*, il m'écoutait attentivement **2** (*di occhi*) fixé; (*di orecchi*) attentif*.

intento[2] ***n.m.*** but; (*intenzione*) intention (*f.*): *con un intento ben preciso*, dans un but bien précis.
● ***con l'intento di***, ***nell'intento di***, dans l'intention de, dans le but de | ***dichiarazione di intenti***, déclaration d'intentions.

I

intenzionale [in-ten-zio-nà-le] ***agg.*** intentionnel*.

intenzionalità [in-ten-zio-na-li-tà] ***n.f.invar.*** intentionnalité.

intenzionalmente [in-ten-zio-nal-mén-te] ***avv.*** intentionnellement.

intenzionato [in-ten-zio-nà-to] ***agg.*** intentionné: *essere intenzionato a*, avoir l'intention de; *bene, male intenzionato*, bien, mal intentionné.

intenzione [in-ten-zió-ne] ***n.f.*** intention: *ha buone, cattive intenzioni*, il a de bonnes, de mauvaises intentions; *che intenzioni hai?*, que penses-tu faire?; *che intenzioni hai nei suoi riguardi?*, quelles sont tes intentions à son égard?; *è mia ferma intenzione parlargliene*, j'ai la ferme intention de lui en parler.
● ***avere una mezza intenzione di***, avoir presque envie de: *avrei una mezza intenzione di andare al mare*, j'aurais envie d'aller à la mer | ***con intenzione***, exprès | ***con l'intenzione di***, dans l'intention de | ***fare il processo alle intenzioni***, faire un procès d'intention | ***senza intenzione***, sans le vouloir.

inter- ***pref.*** inter-.

interagire [in-te-ra-gì-re] ***v.intr.*** [coniug. come *finire*; aus. *avere*] interagir.

interamente [in-te-ra-mén-te] ***avv.*** entièrement.

interattività [in-te-rat-ti-vi-tà] ***n.f.invar.*** interactivité.

interattivo [in-te-rat-tì-vo] ***agg.*** interactif*; interdépendant.

interazione [in-te-ra-zió-ne] ***n.f.*** interaction.

interbancario [in-ter-ban-cà-rio] ***agg.*** [pl.m. *-ri*] interbancaire.

interbase [in-ter-bà-ʃe] ***n.m.*** e ***f.*** (*baseball*) bloqueur (*m.*).

interbellico [in-ter-bèl-li-co] ***agg.*** [pl.m. *-ci*, f. *-che*] entre deux guerres | *il periodo interbellico*, l'entre -deux-guerres.

intercalare[1] [in-ter-ca-là-re] ***agg.*** (*non com.*) intercalaire ♦ ***n.m.*** **1** (*ritornello*) refrain **2** (*nel discorso*) tic de langage.

intercalare[2] ***v.tr.*** **1** intercaler **2** (*pronunciare come intercalare*) avoir* comme tic de language.

intercambiabile [in-ter-cam-bià-bi-le] ***agg.*** interchangeable.

intercapedine [in-ter-ca-pè-di-ne] ***n.f.*** interstice (*m.*).

intercategoriale [in-ter-ca-te-go-rià-le] ***agg.*** interprofessionnel*.

intercedere [in-ter-cè-de-re] ***v.intr.*** [aus. *avere*] intercéder*: *intercedere presso qlcu per ottenere qlco*, intercéder auprès de qqn pour obtenir qqch.

intercessione [in-ter-ces-sió-ne] ***n.f.*** intercession; (*mediazione*) entremise: *per intercessione del Santo Padre*, par l'intercession du Saint Père; *per l'intercessione di un amico*, par l'entremise d'un ami.

intercessore [in-ter-ces-só-re] ***n.m.*** [f. *interceditrice*] intercesseur.

intercettare [in-ter-cet-tà-re] ***v.tr.*** intercepter.

intercettazione [in-ter-cet-ta-zió-ne] ***n.f.*** interception.
● ***intercettazione ambientale***, interception des communications | ***intercettazione telefonica***, interception (*o* écoute) téléphonique.

I

intercity [inter'siti] ***n.m.invar.*** (*ferr.*) train intercités.

interclassismo [in-ter-clas-si-ʃmo] ***n.m.*** (*pol.*) théorie (*f.*) favorable à la collaboration entre les classes sociales.

intercomunale [in-ter-co-mu-nà-le] ***agg.*** intercommunal* | (*telefonata*) *intercomunale*, communication interurbaine.

intercomunicante [in-ter-co-mu-ni-càn-te] ***agg.*** communicant.

intercontinentale [in-ter-con-ti-nen-tà-le] ***agg.*** intercontinental*.

intercorrere [in-ter-cór-re-re] ***v.intr.*** [coniug. come *correre*; aus. *essere*] **1** y avoir*; exister: *intercorsero parole grosse fra di loro*, il y eut un échange d'injures entre eux **2** (*di tempo*) s'écouler, passer **3** (*di spazio*) y avoir* (une distance de); (*separare*) séparer (**qqch**): *la distanza che intercorre tra le due città*, la distance qui sépare les deux villes.

intercostale [in-ter-co-stà-le] ***agg.*** (*anat.*) intercostal*.

interdentale [in-ter-den-tà-le] ***n.f.*** (*fon.*) interdentale ♦ ***agg.*** interdentaire: *spazi interdentali*, espaces interdentaires.
● ***filo interdentale***, fil interdental.

interdetto[1] [in-ter-dét-to] ***n.m.*** **1** (*dir.*) (*divieto*) interdit **2** [f. *-a*] (*persona interdetta*) interdit **3** [f. *-a*] (*fam.*) idiot.

interdetto[2] ***agg.*** (*sconcertato*) interdit, ahuri.

interdipendente [in-ter-di-pen-dèn-te] ***agg.*** interdépendant.

interdipendenza [in-ter-di-pen-dèn-za] ***n.f.*** interdépendance.

interdire [in-ter-dì-re] ***v.tr.*** [coniug. come *dire*] **1** interdire* **2** (*inform.*) invalider.

interdisciplinare [in-ter-di-sci-pli-nà-re] ***agg.*** interdisciplinaire.

interdizione [in-ter-di-zió-ne] ***n.f.*** interdiction.
● (*dir.*) ***interdizione dai pubblici uffici***, interdiction des fonctions publiques.

interessamento [in-te-res-sa-mén-to] ***n.m.*** **1** (*interesse*) intérêt **2** (*appoggio*) appui, intercession: *per interessamento del ministro*, par l'intercession du ministre.

interessante [in-te-res-sàn-te] ***agg.*** intéressant.
● ***in stato interessante***, (*incinta*) enceinte, dans un état intéressant.

interessare [in-te-res-sà-re] ***v.tr.*** **1** intéresser: *lo spettacolo non lo ha interessato*, le spectacle ne l'a pas intéressé **2** (*riguardare*) intéresser, concerner: *questi fenomeni interessano la scienza*, ces phénomènes concernent la science ♦ ***v.intr.*** [aus. *essere*] intéresser (**qqn**): *questo film non mi interessa*, ce film ne m'intéresse pas; *mi interessa molto che tu ci vada*, je tiens beaucoup à ce que tu y ailles ♦ **interessarsi** ***v.pron.intr.*** **1** s'intéresser: *interessarsi a una questione importante*, s'intéresser à un problème important; *non mi interesso di pittura moderna*, je ne m'intéresse pas à la peinture moderne **2** (*avere cura*) s'occuper: *ci siamo interessati del suo caso*, nous nous sommes occupés de votre cas; *interessati degli affari tuoi*, mêle-toi de tes affaires.

interessatamente [in-te-res-sa-ta-mén-te] ***avv.*** de manière intéressée; (*per interesse*) par intérêt.

interessato [in-te-res-sà-to] ***agg.*** intéressé: *sono molto interessato alla sua offerta*, je suis très intéressé à sa proposition; *una persona, un'amicizia interessata*, une personne, une amitié intéressé ♦ ***n.m.*** [f. *-a*] intéressé: *su richiesta dell'interessato*, à la demande de l'intéressé.

interesse [in-te-rès-se] ***n.m.*** **1** intérêt: *lo fa per interesse*, il agit par intérêt; *è nel nostro comune interesse che*, il est dans notre intérêt à tous que; *nel mio, tuo, vostro interesse*, dans mon, ton, votre intérêt; *avere interesse per qlcu*, porter de l'intérêt à qqn; *prendere interesse a*, s'intéresser à **2** (*econ.*) intérêt: *l'interesse del 3%*, l'intérêt de 3%; *gli interessi decorrono dall'inizio del mese*, les intérêts courent depuis le début du mois.
● (*econ.*): ***interesse attivo***, ***passivo***, intérêt actif, passif; ***tasso di interesse***, taux d'intérêt.

interetnico [in-te-rèt-ni-co] ***agg.*** [pl.m. *-ci*, f. *-che*] interethnique.

interezza [in-te-réz-za] ***n.f.*** intégrité.

interfaccia [in-ter-fàc-cia] ***n.f.*** [pl. *-ce*] (*inform.*) interface.

interfacciare [in-ter-fac-cià-re] ***v.tr.*** [coniug. come *cominciare*] (*inform.*) connecter par interface, relier, interfacer*.

interfacoltà [in-ter-fa-col-tà] ***agg.invar.*** universitaire.

interferenza [in-ter-fe-rèn-za] ***n.f.*** **1** interférence **2** (*rad., tv*) brouillage (*m.*).

interferire [in-ter-fe-rì-re] ***v.intr.*** [coniug. come *finire*; aus. *avere*] **1** (*fis.*) interférer* **2** (*fig.*) intervenir*.

interferone [in-ter-fe-ró-ne] ***n.m.*** (*biochim.*) interféron.

interfono [in-ter-fò-no] ***n.m.*** interphone.

interiezione [in-te-rie-zió-ne] ***n.f.*** (*gramm.*) interjection.

interim [ìn-te-rim] ***n.m.invar.*** intérim.
● ***ad interim***, par intérim.

interinale [in-te-ri-nà-le] ***agg.*** intérimaire.

interinato [in-te-ri-nà-to] ***n.m.*** intérim.

interiora [in-te-rió-ra] ***n.f.pl.*** entrailles; (*cuc.*) fressure (*sing.*).

interiore [in-te-rió-re] ***agg.*** intérieur (*anche fig.*).

interiorità [in-te-rio-ri-tà] ***n.f.invar.*** **1** intériorité **2** (*fig.*) vie intérieure.

interiorizzare [in-te-rio-riʒ-ʒà-re] ***v.tr.*** (*psic.*) intérioriser.

interiormente [in-te-rior-mén-te] ***avv.*** intérieurement.

interlinea [in-ter-lì-ne-a] *n.f.* interligne (*m.*).
interlocutore [in-ter-lo-cu-tó-re] *n.m.* [f. *-trice*] interlocuteur*.
interlocutorio [in-ter-lo-cu-tò-rio] *agg.* [pl.m. *-ri*] **1** préalable **2** (*dir.*) interlocutoire.
interloquire [in-ter-lo-quì-re] *v.intr.* [coniug. come *finire*; aus. *avere*] **1** (*intervenire*) intervenir* **2** (*come inciso in un discorso diretto*) interrompre*: *"È falso!", interloquì*, "C'est faux!", interrompit-il.
interludio [in-ter-lù-dio] *n.m.* [pl. *-di*] **1** (*mus.*) interlude **2** (*fig.*) (*intermezzo*) intermède.
intermediario [in-ter-me-dià-rio] *agg.* e *n.m.* [f. *-a*; pl.m. *-ri*] intermédiaire.
intermediazione [in-ter-me-dia-zió-ne] *n.f.* **1** entremise, médiation **2** (*fin.*) courtage; (*banca*) intermédiation.
● (*Borsa*): ***intermediazione finanziaria***, courtage; ***compensi di intermediazione***, courtage, commission.
intermedio [in-ter-mè-dio] *agg.* [pl.m. *-di*] intermédiaire | *muro intermedio*, mur mitoyen ♦ *n.m.* (*sport*) (*punto di controllo del tempo*) passage.
intermezzo [in-ter-mè-ʒo] *n.m.* **1** (*azione scenica*) intermède **2** (*mus.*) (*interludio*) interlude **3** (*intervallo*) entracte.
interminabile [in-ter-mi-nà-bi-le] *agg.* interminable.
interministeriale [in-ter-mi-ni-ste-rià-le] *agg.* interministériel*.
intermittente [in-ter-mit-tèn-te] *agg.* intermittent.
intermittenza [in-ter-mit-tèn-za] *n.f.* intermittence.
● ***a intermittenza***, par intermittence: *lampada a intermittenza*, lampe à allumage intermittent.
internamente [in-ter-na-mén-te] *avv.* intérieurement.
internamento [in-ter-na-mén-to] *n.m.* internement.
internare [in-ter-nà-re] *v.tr.* interner.
internato[1] [in-ter-nà-to] *agg.* e *n.m.* [f. *-a*] interné.
internato[2] *n.m.* internat: *fare l'internato in un ospedale*, être interne dans un hôpital.
internauta [in-ter-nàu-ta] *n.m.* e *f.* (*inform.*) internaute.
internazionale [in-ter-na-zio-nà-le] *agg.* international* ♦ *n.f.* (*st.*) Internationale.
● ***diritto internazionale***, droit international.
internazionalismo [in-ter-na-zio-na-lì-ʃmo] *n.m.* internationalisme.
internazionalità [in-ter-na-zio-na-li-tà] *n.f.invar.* internationalité.
internazionalizzazione [in-ter-na-zio-na-liʒ-ʒa-zió-ne] *n.f.* internationalisation.
Internet [Ìn-ter-net *o* Internèt] *n.m.* o *f.invar.* (*inform.*) Internet (*m.*); (*fam.*) Toile (*f.*): *navigare in Internet*, naviguer, surfer sur Internet.
Internet café ['internetka'fɛ] *n.m.invar.* cybercafé.
internettiano [in-ter-net-tià-no] *agg.* internétiste.
internettizzare [in-ter-net-tiʒ-ʒà-re] *v.tr.* connecter, internetiser.
internista [in-ter-nì-sta] *n.m.* e *f.* (*med.*) spécialiste de médecine interne.
interno [in-tèr-no] *agg.* **1** intérieur (*anche fig.*): *cortile interno*, cour intérieure; *alunno interno*, (élève) interne | *lotte interne*, luttes intestines **2** (*scient.*) interne: *angoli interni*, angles internes; (*med.*) *emorragia interna*, hémorragie interne ♦ *n.m.* **1** intérieur: *l'interno di una casa*, l'intérieur d'une maison | *scala A, interno 10*, escalier A, porte 10 **2** [f. *-a*] (*studente, medico che fa l'internato*) interne **3** (*pl.*) (*cine.*) intérieurs **4** (*abbigl.*) doublure (*f.*) **5** (*geogr.*) intérieur: *nell'interno dell'Africa*, au cœur de l'Afrique **6** (*sport*) intérieur, inter.
● ***all'interno (di)***, à l'intérieur (de) | ***architettura d'interni***, architecture d'intérieur | ***medicina interna***, médecine interne | ***Ministero degli Interni***, (Ministère de) l'Intérieur | (*tel.*) ***numero interno***, poste: *telefono 4854, interno 22*, numéro de téléphone 4854, poste 22.
intero [in-tè-ro *o* intéro] *agg.* **1** (tout) entier*; (*tutto quanto*) tout*: *l'intero paese lo festeggiò*, le pays tout entier lui fit fête; *si è mangiata un'intera scatola di biscotti*, elle a mangé toute une boîte de biscuits; *pagare il biglietto intero*, payer place entière; *sapere l'intera verità*, savoir toute la vérité; *avere intera fiducia in qlcu*, avoir pleine confiance en qqn; *il vaso è caduto ma è rimasto intero*, le vase est tombé mais il est resté intact; *un'intera ora*, une heure tout entière **2** (*integro*) intègre ♦ *n.m.* entier.
● ***latte intero***, lait entier | (*mat.*) ***numero intero***, nombre entier | ***per intero***, en entier.

NOTA ***Tutto intero*** si traduce **tout entier**, e *tout* resta invariato, perché ha valore di avverbio:
*una nazione **tutta intera***, una nation **tout entière**.

interoperabilità [in-te-ro-pe-ra-bi-li-tà] *n.f.invar.* (*inform.*) interopérabilité.
interparlamentare [in-ter-par-la-men-tà-re] *agg.* interparlementaire.
interpellante [in-ter-pel-làn-te] *agg.* qui interpelle ♦ *n.m.* e *f.* interpellateur/trice.
interpellanza [in-ter-pel-làn-za] *n.f.* interpellation.
interpellare [in-ter-pel-là-re] *v.tr.* interpeller; (*consultare*) consulter: *interpellare il medico*, consulter le médecin.
interpersonale [in-ter-per-so-nà-le] *agg.* interpersonnel*.
interplanetario [in-ter-pla-ne-tà-rio] *agg.* [pl.m. *-ri*] interplanétaire.
interpolare [in-ter-po-là-re] *v.tr.* interpoler.
interpolazione [in-ter-po-la-zió-ne] *n.f.* interpolation.
interporre [in-ter-pór-re] *v.tr.* [coniug. come *porre*] **1** interposer: *interporre tempo*, laisser passer du temps; *interporre una pausa*, faire une pause **2** (*dir.*) interjeter: *interporre appello*, interjeter appel ♦ **interporsi** *v.pron.intr.* s'interposer.
interporto [in-ter-pòr-to] *n.m.* centre de transfert des marchandises; (*spec. ferroviario*) marché-gare*.
interposizione [in-ter-po-si-zió-ne] *n.f.* interposition; (*intervento*) intervention | (*mil.*) *forza di interposizione*, force d'interposition.
interposto [in-ter-pó-sto] *agg.* interposé.
● ***per interposta persona***, par personne interposée.
interpretabile [in-ter-pre-tà-bi-le] *agg.* interprétable.
interpretare [in-ter-pre-tà-re] *v.tr.* **1** interpréter*: *ha male interpretato le mie parole*, il a mal interprété mes paroles **2** (*cine., tv, teatr.*) interpréter*: *interpretare un personaggio, un film*, interpréter un personnage, un film.
interpretariato [in-ter-pre-ta-rià-to] *n.m.* interprétariat.
interpretativo [in-ter-pre-ta-tì-vo] *agg.* interprétatif*.
interpretazione [in-ter-pre-ta-zió-ne] *n.f.* interpréta-

tion: *testo di facile interpretazione*, texte facile à interpréter.

interprete [in-tèr-pre-te] *n.m.* e *f.* 1 interprète: *gli ha fatto da interprete per due mesi*, elle a été son interprète pendant deux mois; *farsi interprete dei sentimenti di qlcu*, se faire l'interprète des sentiments de qqn 2 (*cine., teatr., tv*) interprète.

interprofessionale [in-ter-pro-fes-sio-nà-le] *agg.* interprofessionnel*.

interpunzione [in-ter-pun-zió-ne] *n.f.* (*ling.*) ponctuation.

interramento [in-ter-ra-mén-to] *n.m.* 1 (*il coprire di terra*) enfouissement 2 (*il riempire di terra*) comblement.

interrare [in-ter-rà-re] *v.tr.* 1 (*coprire di terra*) enterrer, enfouir 2 (*colmare di terra*) combler (de terre) ♦ **interrarsi** *v.pron.intr.* s'ensabler.

interrato [in-ter-rà-to] *agg.* (*messo in terra*) enterré; (*ricoperto di terra*) comblé (de terre); (*insabbiato*) ensablé ♦ *n.m.* sous-sol*: *nell'interrato*, dans le sous-sol.

interrazziale [in-ter-raz-zià-le] *agg.* interracial*.

I

interregionale [in-ter-re-gio-nà-le] *agg.* interrégional*.

interregno [in-ter-ré-gno] *n.m.* interrègne.

interrelazione [in-ter-re-la-zió-ne] *n.f.* corrélation, interdépendance.

interrogare [in-ter-ro-gà-re] *v.tr.* [coniug. come *legare*] interroger*: *interrogare qlcu dal posto*, interroger qqn à sa place; *interrogare con gli occhi*, interroger des yeux; *fu interrogato a lungo*, il a été longuement interrogé ♦ **interrogarsi** *v.pron.* s'interroger*.

interrogativamente [in-ter-ro-ga-ti-va-mén-te] *avv.* interrogativement.

interrogativo [in-ter-ro-ga-tì-vo] *agg.* 1 interrogateur*, interrogatif* 2 (*gramm.*) interrogatif* ♦ *n.m.* problème, question (*f.*): *l'avvenire è un grande interrogativo*, l'avenir présente de nombreuses inconnues.

● (*gramm.*): ***pronome interrogativo***, pronom interrogatif; ***proposizione interrogativa***, proposition interrogative; ***punto interrogativo***, point d'interrogation.

interrogato [in-ter-ro-gà-to] *agg.* interrogé ♦ *n.m.* [f. *-a*] personne (*f.*) interrogée.

interrogatorio [in-ter-ro-ga-tò-rio] *agg.* [pl.m. *-ri*] interrogatif*, interrogateur* ♦ *n.m.* interrogatoire: *subire un interrogatorio*, subir un interrogatoire.

interrogazione [in-ter-ro-ga-zió-ne] *n.f.* 1 interrogation 2 (*inform.*) interrogation, consultation.

● ***interrogazione (parlamentare)***, interpellation.

interrompere [in-ter-róm-pe-re] *v.tr.* [coniug. come *rompere*] 1 interrompre*: (*tel.*) *interrompere una comunicazione*, couper une communication; *interrompere la seduta, le trattative*, suspendre la séance, les pourparlers 2 (*inform.*) (*un programma*) arrêter 3 (*una strada*) barrer, couper ♦ **interrompersi** *v.pron.intr.* 1 s'interrompre* 2 (*di strada*) s'arrêter.

interrotto [in-ter-rót-to] *agg.* 1 interrompu; (*spezzato*) entrecoupé 2 (*di strada*) (*per lavori*) barré; (*per cause naturali*) coupé.

interruttore [in-ter-rut-tó-re] *n.m.* (*elettr.*) interrupteur*: *girare l'interruttore*, tourner l'interrupteur.

interruzione [in-ter-ru-zió-ne] *n.f.* 1 interruption; (*elettr.*) coupure, panne: *interruzione del lavoro*, cessation du travail; *c'è un'interruzione stradale*, la route est barrée 2 (*inform.*) (*di un programma*) avortement (*m.*).

● (*med.*): ***interruzione di gravidanza***, interruption de grossesse; (*naturale*) fausse couche; ***interruzione volontaria di gravidanza***, interruption volontaire de grossesse (IVG) | ***senza interruzione***, sans interruption: *dormire dodici ore senza interruzione*, dormir douze heures d'affilée.

interscambio [in-ter-scàm-bio] *n.m.* [pl. *-bi*] 1 échange 2 (*svincolo stradale*) échangeur (routier).

intersecare [in-ter-se-cà-re] *v.tr.* [coniug. come *mancare*] couper ♦ **intersecarsi** *v.pron.rec.* se couper.

intersezione [in-ter-se-zió-ne] *n.f.* intersection.

intersiderale [in-ter-si-de-rà-le] *agg.* intersidéral*.

interstellare [in-ter-stel-là-re] *agg.* interstellaire.

interstizio [in-ter-stì-zio] *n.m.* [pl. *-zi*] interstice.

intertempo [in-ter-tèm-po] *n.m.* (*sport*) temps de passage.

interurbana [in-te-rur-bà-na] *n.f.* (*tel.*) communication interurbaine.

interurbano [in-te-rur-bà-no] *agg.* interurbain.

intervallare [in-ter-val-là-re] *v.tr.* espacer*; (*alternare*) alterner.

intervallo [in-ter-vàl-lo] *n.m.* 1 intervalle 2 (*a scuola*) récréation (*f.*); (*fam.*) récré (*f.*); (*durante il lavoro ecc.*) pause 3 (*teatr.*) entracte 4 (*sport*) mi-temps (*f.*).

● ***a intervalli***, par intervalles.

intervenire [in-ter-ve-nì-re] *v.intr.* [coniug. come *venire*; aus. *essere*] 1 intervenir*: *intervenire in un dibattito*, intervenir dans un débat 2 (*essere presente*) assister, prendre* part: *alla cerimonia sono intervenute tutte le autorità*, toutes les autorités ont assisté à la cérémonie 3 (*accadere*) arriver, survenir*: *sono intervenuti fatti nuovi*, des faits nouveaux sont survenus 4 (*med.*) intervenir*.

interventismo [in-ter-ven-tì-ʃmo] *n.m.* (*pol.*) interventionnisme.

interventista [in-ter-ven-tì-sta] *n.m.* e *f.* (*pol.*) interventionniste.

interventistico [in-ter-ven-tì-sti-co] *agg.* [pl.m. *-ci*, f. *-che*] interventionniste.

intervento [in-ter-vèn-to] *n.m.* 1 intervention (*f.*) 2 (*partecipazione*) participation (*f.*); (*presenza*) présence (*f.*): *con l'intervento di*, avec la participation de.

● (*med.*) ***intervento chirurgico***, intervention chirurgicale | (*pol.*) ***principio del non intervento***, principe de non-intervention | ***pronto intervento***, (*della polizia*) Police Secours.

intervenuto [in-ter-ve-nù-to] *n.m.* [f. *-a*] participant | *gli intervenuti*, les présents.

intervista [in-ter-vì-sta] *n.f.* interview: *fare un'intervista a qlcu*, interviewer qqn.

intervistare [in-ter-vi-stà-re] *v.tr.* interviewer.

intervistatore [in-ter-vi-sta-tó-re] *n.m.* [f. *-trice*] interviewer.

intesa [in-té-sa] *n.f.* entente; (*accordo*) accord (*m.*): *muta, tacita, amichevole intesa*, entente muette, tacite, à l'amiable.

● ***con l'intesa che***, étant entendu que | ***d'intesa***, d'accord: *come d'intesa*, comme convenu; *agire d'intesa con qlcu*, agir en accord avec qqn; *essere d'intesa*, être d'accord.

inteso [in-té-so] *agg.* 1 entendu: *essere intesi sul da farsi*, être d'accord sur ce qu'il y a à faire 2 (*che mira a un fine*) visant, tendant 3 (*capito*) compris, interprété.

● ***inteso?***, d'accord? | ***resta inteso che***, il est entendu que | (***siamo***) ***intesi!***, c'est entendu!

intessere [in-tès-se-re] *v.tr.* 1 tisser 2 (*fig.*) faire*; (*tra-

mare) tramer: *intessere l'elogio, le lodi di qlcu*, faire l'éloge de qqn; *intessere una congiura*, tramer une conspiration.

intessuto [in-tes-sù-to] ***agg.*** broché, tissé.

intestardirsi [in-te-star-dìr-si] ***v.pron.intr.*** [coniug. come *finire*] s'entêter.

intestare [in-te-stà-re] ***v.tr.*** **1** donner un titre (**à**) | *intestate il foglio*, mettez la date et votre nom sur la feuille **2** (*comm., dir.*) mettre* au nom (**de**) | *intestare una fattura a qlcu*, facturer au nom de qqn ♦ **intestarsi** ***v.pron. intr.*** s'entêter.

intestatario [in-te-sta-tà-rio] ***agg.*** e ***n.m.*** [f. *-a*; pl.m. *-ri*] titulaire.

intestato[1] [in-te-stà-to] ***agg.*** **1** à en-tête **2** (*comm., dir.*) au nom (**de**) **3** (*ostinato*) obstiné.
● ***carta intestata***, papier à en-tête.

intestato[2] ***agg.*** (*dir.*) (*senza testamento*) intestat*.

intestazione [in-te-sta-zió-ne] ***n.f.*** **1** en-tête* (*m.*) **2** (*di capitolo*) tête; (*di giornale*) titre (*m.*).

intestinale [in-te-sti-nà-le] ***agg.*** intestinal*.

intestino[1] [in-te-stì-no] ***agg.*** intestin: *lotte intestine*, luttes intestines.

intestino[2] ***n.m.*** (*anat.*) intestin.
● ***intestino cieco***, cæcum | ***intestino crasso***, gros intestin | ***intestino retto***, rectum | ***intestino tenue***, intestin grêle.

intiepidire [in-tie-pi-dì-re] ***v.tr.*** [coniug. come *finire*] attiédir, tiédir (*anche fig.*): *un malinteso ha intiepidito la loro amicizia*, un malentendu a refroidi leur amitié ♦ **intiepidirsi** ***v.pron.intr.*** s'attiédir, tiédir (*anche fig.*).

intimamente [in-ti-ma-mén-te] ***avv.*** intimement: *conoscere intimamente qlcu*, connaître intimement qqn; *due fatti intimamente connessi*, deux événements intimement liés.

intimare [in-ti-mà-re] ***v.tr.*** **1** intimer l'ordre (**de**), enjoindre* (**de**): *intimare a qlcu la resa*, intimer à qqn l'ordre de se rendre | *intimare la guerra*, déclarer la guerre **2** (*dir.*) sommer (**qqn de**): *intimare a qlcu il pagamento di qlco*, sommer qqn de payer qqch; *intimare lo sfratto a qlcu*, intimer à qqn l'ordre d'expulsion.

intimazione [in-ti-ma-zió-ne] ***n.f.*** **1** ordre (*m.*): *resistere a un'intimazione*, refuser d'obtempérer | *intimazione di guerra*, déclaration de guerre **2** (*dir.*) sommation: *intimazione di pagamento*, sommation de payer.

intimidatorio [in-ti-mi-da-tò-rio] ***agg.*** [pl.m. *-ri*] intimidateur*.

intimidazione [in-ti-mi-da-zió-ne] ***n.f.*** intimidation.

intimidire [in-ti-mi-dì-re] ***v.tr.*** [coniug. come *finire*] intimider (**par**) ♦ **intimidirsi** ***v.pron.intr.*** être* intimidé (**par**); devenir* timide.

intimidito [in-ti-mi-dì-to] ***agg.*** intimidé: *rispose tutto intimidito*, il répondit tout timide.

intimismo [in-ti-mì-ʃmo] ***n.m.*** (*arte, lett.*) intimisme.

intimista [in-ti-mì-sta] ***agg.*** e ***n.m.*** e ***f.*** (*arte, lett.*) intimiste.

intimità [in-ti-mi-tà] ***n.f.invar.*** intimité: *vivere in intimità con qlcu*, vivre dans l'intimité de qqn; *essere in intimità con qlcu*, être intime avec qqn | *nell'intimità della coscienza*, dans son for intérieur.

intimo [ìn-ti-mo] ***agg.*** intime: *un amico intimo*, un ami intime; *è in intimi rapporti con lui*, ils sont très intimes; *l'intimo significato di una parola*, le sens profond d'un mot; *legge ogni mio intimo pensiero*, il lit au fond de ma pensée ♦ ***n.m.*** **1** intime **2** [f. *-a*] (*amico, parente stretto*) intime | *per pochi intimi*, réservé aux intimes, (*scherz.*) pour quelques privilégiés **3** (*biancheria intima*) sous-vêtements (*pl.*); (*da donna*) lingerie (*f.*).
● ***biancheria intima***, sous-vêtements; (*da donna*) lingerie | ***igiene intima***, hygiène intime | ***nell'intimo*** (***di***), au fond (de), au plus profond (de): *nel mio intimo*, au fond de moi; *nel suo intimo*, au plus profond de lui-même | ***parti intime***, parties intimes.

intimorire [in-ti-mo-rì-re] ***v.tr.*** [coniug. come *finire*] effrayer* ♦ **intimorirsi** ***v.pron.intr.*** s'effrayer*.

intingere [in-tìn-ge-re] ***v.tr.*** [coniug. come *spingere*] tremper.

intingolo [in-tìn-go-lo] ***n.m.*** sauce (*f.*).

intirizzire [in-ti-riʒ-ʒì-re] ***v.tr.*** [coniug. come *finire*] engourdir, transir ♦ ***v.intr.*** [aus. *essere*] être* transi (de froid) ♦ **intirizzirsi** ***v.pron.intr.*** être* transi (de froid).

intirizzito [in-ti-riʒ-ʒì-to] ***agg.*** transi (de froid), engourdi.

intitolare [in-ti-to-là-re] ***v.tr.*** **1** donner un titre (**à**); (*seguito dal titolo*) intituler: *come lo hanno intitolato?*, quel titre lui ont-ils donné? **2** (*dedicare una strada ecc.*) donner le nom (**de qqn à**): *intitolare una piazza a un personaggio storico*, donner à un place le nome d'un personnage historique ♦ **intitolarsi** ***v.pron.intr.*** **1** avoir* pour titre; (*seguito da titolo*) s'intituler: *come s'intitola questa poesia?*, quel est le titre de cette poésie? **2** (*essere dedicato*) être* dédié.

intoccabile [in-toc-cà-bi-le] ***agg.*** e ***n.m.*** e ***f.*** intouchable.

intollerabile [in-tol-le-rà-bi-le] ***agg.*** intolérable; (*insopportabile*) insupportable.

intollerabilità [in-tol-le-ra-bi-li-tà] ***n.f.invar.*** intolérabilité.

intollerante [in-tol-le-ràn-te] ***agg.*** e ***n.m.*** e ***f.*** intolérant/e: *essere intollerante di qlco*, ne pas tolérer, ne pas supporter qqch.

intolleranza [in-tol-le-ràn-za] ***n.f.*** intolérance (**à**): *intolleranza per un alimento, un farmaco*, intolérance à un aliment, un médicament.

intonacare [in-to-na-cà-re] ***v.tr.*** [coniug. come *mancare*] (*con calce, gesso*) enduire* de plâtre, plâtrer; (*con malta*) crépir; (*con cemento*) enduire* de ciment.

intonaco [in-tò-na-co] ***n.m.*** [pl. *-ci* o *-chi*] (*di calce, di gesso*) plâtre; (*di prima mano*) crépi; (*di cemento*) enduit de ciment: *dare l'intonaco a un muro*, enduire un mur.

intonare [in-to-nà-re] ***v.tr.*** **1** entonner **2** (*accordare uno strumento*) accorder **3** (*fig.*) (*armonizzare*) assortir ♦ **intonarsi** ***v.pron.intr.*** (*fig.*) aller*, s'harmoniser.

intonato [in-to-nà-to] ***agg.*** **1** (*di voce*) juste; (*di strumento musicale*) accordé: *essere, non essere intonato*, chanter juste, faux **2** (*fig.*) assorti.

intonazione [in-to-na-zió-ne] ***n.f.*** **1** (*mus.*) intonation: *intonazione giusta, sbagliata*, intonation juste, fausse **2** (*di strumento musicale*) accordage (*m.*) **3** (*di colori*) harmonie **4** (*fon.*) intonation **5** (*fig.*) ton (*m.*).

intonso [in-tòn-so *o* intónso] ***agg.*** (*di libro*) non coupé; (*estens.*) neuf*, intact.

intontimento [in-ton-ti-mén-to] ***n.m.*** étourdissement.

intontire [in-ton-tì-re] ***v.tr.*** [coniug. come *finire*] abrutir; (*stordire*) étourdir ♦ **intontirsi** ***v.pron.intr.*** s'abrutir; (*stordirsi*) s'étourdir.

intontito [in-ton-tì-to] ***agg.*** abruti; (*stordito*) étourdi; (*istupidito*) hébété: *intontito dal sonno*, abruti de sommeil; *sguardo intontito*, regard hébété.

intoppo [in-tòp-po] ***n.m.*** obstacle; difficulté (*f.*): *senza intoppi*, sans encombre.

intorbidire [in-tor-bi-dì-re] ***v.tr.*** [coniug. come *finire*] troubler ♦ **intorbidirsi** ***v.pron.intr.*** se troubler, devenir* trouble.

intorno [in-tór-no] ***avv.*** autour: *c'era molta gente intorno*, il y avait beaucoup de monde tout autour | *per un miglio intorno*, une lieue à la ronde ♦ ***agg.invar.*** (*sempre dopo il n.*) d'alentour: *i paesi intorno*, les villages d'alentour.
● ***intorno a***, autour de; (*circa*) à peu près; (*di tempo*) vers; (*di argomento*) sur, à: *le mura intorno alla città*, les remparts entourant la ville; *mi sta sempre intorno*, (*mi assilla*) il est toujours collé à moi; *costerà intorno ai cento euro*, ça doit coûter à peu près (*o* environ) cent euros; *è intorno ai cinquanta (anni)*, il doit avoir dans les cinquante ans; *intorno a Natale*, vers (*o* aux approches de) Noël; *saggio intorno alla conoscenza umana*, essai sur la connaissance humaine; *discutere intorno a un argomento*, discuter d'un sujet | ***qua*** (o ***qui***) ***intorno***, ***là*** (o ***lì***) ***intorno***, tout autour; (*nei dintorni*) aux alentours; (*vicino*) tout près: *di solito passeggia qua, qui intorno*, d'habitude il se promène par ici | ***(tutt')intorno***, ***(d')intorno***, ***all'intorno***, (tout) autour: *ha troppi amici (d')intorno*, il a trop d'amis autour de lui; *levarsi qlcu d'intorno*, se débarrasser de qqn; *levati d'intorno*, débarrasse le plancher.

intorpidimento [in-tor-pi-di-mén-to] ***n.m.*** engourdissement.

intorpidire [in-tor-pi-dì-re] ***v.tr.*** [coniug. come *finire*] engourdir (*anche fig.*) ♦ **intorpidirsi** ***v.pron.intr.*** s'engourdir.

intorpidito [in-tor-pi-dì-to] ***agg.*** engourdi (*anche fig.*).

intortare [in-tor-tà-re] ***v.tr.*** (*fam.*) embobiner, entortiller: *per avere la promozione si è intortato il capo*, il a embobiné le chef pour avoir sa promotion.

intossicante [in-tos-si-càn-te] ***agg.*** intoxicant.

intossicare [in-tos-si-cà-re] ***v.tr.*** [coniug. come *mancare*] intoxiquer (*anche fig.*) ♦ **intossicarsi** ***v.pron.intr.*** s'intoxiquer.

intossicato [in-tos-si-cà-to] ***agg.*** e ***n.m.*** [f. *-a*] intoxiqué (*anche fig.*).

intossicazione [in-tos-si-ca-zió-ne] ***n.f.*** intoxication: *intossicazione da piombo*, intoxication par le plomb.

intra- ***pref.*** intra-, entre-.

intradermico [in-tra-dèr-mi-co] ***agg.*** [pl.m. *-ci*, f. *-che*] (*med.*) intradermique.

intradosso [in-tra-dòs-so] ***n.m.*** (*arch., aer.*) intrados.

intraducibile [in-tra-du-cì-bi-le] ***agg.*** intraduisible.

intralciare [in-tral-cià-re] ***v.tr.*** [coniug. come *cominciare*] gêner, entraver.

intralcio [in-tràl-cio] ***n.m.*** [pl. *-ci*] entrave (*f.*): *intralcio del traffico*, embouteillage; *senza intralci*, sans encombre.
● ***essere d'intralcio a qlcu***, entraver, gêner qqn.

intrallazzare [in-tral-laz-zà-re] ***v.intr.*** [aus. *avere*] intriguer; (*fam.*) magouiller.

intrallazzatore [in-tral-laz-za-tó-re] ***n.m.*** [f. *-trice*] intrigant; (*fam.*) magouilleur*.

intrallazzo [in-tral-làz-zo] ***n.m.*** (*fam.*) combine (*f.*), manigance (*f.*).

intramezzare [in-tra-meʒ-ʒà-re] ***v.tr.*** → **inframmezzare**.

intramontabile [in-tra-mon-tà-bi-le] ***agg.*** indémodable.

intramuscolare [in-tra-mu-sco-là-re] ***agg.*** intramusculaire.

intranet [ìn-tra-net] ***n.f.invar.*** (*inform.*) intranet (*m.*).

intransigente [in-tran-si-gèn-te] ***agg.*** intransigeant.

intransigenza [in-tran-si-gèn-za] ***n.f.*** intransigeance.

intransitabile [in-tran-si-tà-bi-le] ***agg.*** impraticable.

intransitabilità [in-tran-si-ta-bi-li-tà] ***n.f.invar.*** impraticabilité.

intransitivo [in-tran-si-tì-vo] ***agg.*** e ***n.m.*** (*gramm.*) intransitif*.

intrappolare [in-trap-po-là-re] ***v.tr.*** prendre* (au piège).

intraprendente [in-tra-pren-dèn-te] ***agg.*** entreprenant.

intraprendenza [in-tra-pren-dèn-za] ***n.f.*** caractère (*m.*) entreprenant, *hardiesse.

intraprendere [in-tra-prèn-de-re] ***v.tr.*** [coniug. come *prendere*] entreprendre*: *intraprendere una carriera*, embrasser une carrière.

intrasportabile [in-tra-spor-tà-bi-le] ***agg.*** intransportable.

intrattabile [in-trat-tà-bi-le] ***agg.*** (*di persona*) intraitable; (*di argomento, questione*) inabordable.

intrattenere [in-trat-te-né-re] ***v.tr.*** [coniug. come *tenere*] entretenir*: *intrattenere gli ospiti*, s'occuper des invités; *cerca di intrattenerlo*, essaye de lui tenir compagnie | *intrattenere qlcu su un argomento*, entretenir qqn d'un sujet ♦ **intrattenersi** ***v.pron.intr.*** **1** s'entretenir* **2** (*dilungarsi*) s'attarder.

intrattenimento [in-trat-te-ni-mén-to] ***n.m.*** divertissement: *chi si occuperà dell'intrattenimento degli ospiti?*, qui est-ce qui s'occupera des invités?

intrattenitore [in-trat-te-ni-tó-re] ***n.m.*** [f. *-trice*] **1** causeur* **2** (*animatore*) animateur*; (*presentatore*) présentateur*.

intrauterino [in-tra-u-te-rì-no] ***agg.*** (*med.*) intra-utérin.
● ***dispositivo intrauterino*** (*IUD*), dispositif intra-utérin (DIU).

intravedere [in-tra-ve-dé-re] ***v.tr.*** [coniug. come *vedere*] entrevoir* (*anche fig.*).

intrecciare [in-trec-cià-re] ***v.tr.*** [coniug. come *cominciare*] **1** entrelacer*; (*capelli, nastri ecc.*) tresser, natter | *intrecciare le maglie*, (*nei lavori a maglia*) croiser les mailles **2** (*fig.*) nouer ♦ **intrecciarsi** ***v.pron.rec.*** s'entrelacer.

intreccio [in-tréc-cio] ***n.m.*** [pl. *-ci*] **1** entrelacement; (*di fili*) texture (*f.*) **2** (*l'intrecciare*) tressage **3** (*tess.*) texture (*f.*) **4** (*fig.*) intrigue (*f.*), trame (*f.*).

intrepidezza [in-tre-pi-déz-za] ***n.f.*** intrépidité.

intrepido [in-trè-pi-do] ***agg.*** intrépide: *procedeva intrepido*, il avançait intrépidement.

intricare [in-tri-cà-re] ***v.tr.*** [coniug. come *mancare*] enchevêtrer, embrouiller (*anche fig.*) ♦ **intricarsi** ***v.pron.intr.*** s'enchevêtrer, s'embrouiller (*anche fig.*).

intricato [in-tri-cà-to] ***agg.*** embrouillé, enchevêtré (*anche fig.*).

intrico [in-trì-co] ***n.m.*** [pl. *-chi*] enchevêtrement.

intridere [in-trì-de-re] ***v.tr.*** [coniug. come *ridere*] imprégner*, tremper.

intrigante [in-tri-gàn-te] ***agg.*** e ***n.m.*** e ***f.*** intrigant/e.

intrigare [in-tri-gà-re] *v.intr.* [coniug. come *legare*; aus. *avere*] intriguer | *un film che intriga*, (*fig.*) un film passionnant.

intrigo [in-trì-go] *n.m.* [pl. *-ghi*] 1 intrigue (*f.*) 2 (*impiccio*) embarras.

intrinsecamente [in-trin-se-ca-mén-te] *avv.* essentiellement; en soi; (*fil.*) intrinsèquement.

intrinseco [in-trìn-se-co] *agg.* [pl.m. *-ci*, f. *-che*] intrinsèque.

intrippare [in-trip-pà-re] *v.tr.* (*fam.*) (*interessare molto*) prendre*.

intrippato [in-trip-pà-to] *agg.* (*fam.*) (*tutto preso, interessato*) fondu (**de**): *è intrippato con la sua informatica*, il est fondu d'informatique.

intriso [in-trì-ʃo] *agg.* 1 trempé; (*impregnato*) imprégné: *mani intrise di sangue*, des mains imprégnées de sang | *essere intriso di sudore*, être en nage 2 (*fig.*) pétri.

intristire [in-tri-stì-re] *v.intr.* [coniug. come *finire*; aus. *essere*] s'attrister ♦ **intristirsi** *v.pron.* s'attrister.

introdotto [in-tro-dót-to] *agg.* introduit; (*conosciuto*) connu; (*importato*) importé.

introdurre [in-tro-dùr-re] *v.tr.* [coniug. come *condurre*] 1 introduire*, insérer*: *introdurre la chiave nella serratura*, introduire la clé dans la serrure 2 (*una persona*) (*far entrare; presentare*) introduire*: *introdurre qlcu alla presenza del direttore*, introduire qqn chez le directeur 3 (*fare adottare*) introduire*; (*importare*) importer: *introdurre una novità, una moda*, introduire une nouveauté, une mode 4 (*iniziare*) commencer*; (*avviare a un'attività ecc.*) initier: *introdurre un discorso*, commençer, ouvrir un discours; *introdurre allo studio della musica*, initier à l'étude de la musique 5 (*inform.*) (*dati*) introduire*; (*un programma in memoria*) charger ♦ **introdursi** *v.pron.intr.* s'introduire*: *il ladro si introdusse furtivamente nella casa*, le voleur s'introduisit furtivement (*o* se glissa) dans la maison; *introdursi in una conversazione*, (*estens.*) intervenir dans une conversation.

introduttivo [in-tro-dut-tì-vo] *agg.* introductif*.

introduttore [in-tro-dut-tó-re] *n.m.* [f. *-trice*] introducteur*.

introduzione [in-tro-du-zió-ne] *n.f.* introduction: *questo libro comincia con una lunga introduzione*, ce livre commence par une longue introduction; *discorso di introduzione*, discours d'introduction.

introiettare [in-tro-iet-tà-re] *v.tr.* (*psic.*) introjecter.

introiezione [in-tro-ie-zió-ne] *n.f.* (*psic.*) introjection.

introito [in-trói-to] *n.m.* 1 (*spec. pl.*) recette (*f.*): *introiti fiscali*, recettes fiscales; *i miei introiti non me lo permettono*, mon budget ne me le permet pas 2 (*liturgia*) introït.

intromettersi [in-tro-mét-ter-si] *v.pron.* [coniug. come *mettere*] s'entremettre*; (*interporsi*) s'interposer; (*intervenire*) intervenir*; (*immischiarsi*) se mêler.

intromissione [in-tro-mis-sió-ne] *n.f.* (*intervento*) intervention; (*ingerenza*) ingérence; (*intrusione*) intrusion.

intronare [in-tro-nà-re] *v.tr.* abasourdir; (*stordire*) étourdir.

introspettivo [in-tro-spet-tì-vo] *agg.* introspectif*.

introspezione [in-tro-spe-zió-ne] *n.f.* introspection.

introvabile [in-tro-và-bi-le] *agg.* introuvable.

introversione [in-tro-ver-sió-ne] *n.f.* (*psic.*) introversion.

introverso [in-tro-vèr-so] *agg.* e *n.m.* [f. *-a*] (*psic.*) introverti.

introvertito [in-tro-ver-tì-to] *agg.* (*psic.*) introverti.

intrufolare [in-tru-fo-là-re] *v.tr.* (*fam.*) fourrer ♦ **intrufolarsi** *v.pron.* (*in un gruppo*) se faufiler; (*in un luogo*) se glisser.

intruglio [in-trù-glio] *n.m.* [pl. *-gli*] mixture (*f.*); (*fig.*) mélange.

intruppare [in-trup-pà-re] *v.tr.* attrouper ♦ **intrupparsi** *v.pron.* 1 (*irreggimentarsi*) s'enrôler (**dans**) 2 (*riunirsi in gruppo*) s'attrouper.

intrusione [in-tru-ʃió-ne] *n.f.* intrusion.

intruso [in-trù-ʃo] *agg.* e *n.m.* [f. *-a*] intrus.

intubare [in-tu-bà-re] *v.tr.* (*med.*) intuber.

intubazione [in-tu-ba-zió-ne] *n.f.* (*med.*) tubage (*m.*), intubation.

intuibile [in-tu-ì-bi-le] *agg.* prévisible.

intuire [in-tu-ì-re] *v.tr.* [coniug. come *finire*] comprendre* par intuition; (*presagire*) pressentir*, avoir* l'intuition (**de**): *intuire una verità*, comprendre une vérité par intuition.

intuitivamente [in-tu-i-ti-va-mén-te] *avv.* intuitivement.

intuitivo [in-tu-i-tì-vo] *agg.* intuitif*.

intuito [in-tùi-to] *n.m.* intuition (*f.*): *capire qlco per intuito*, comprendre qqch par intuition.

intuizione [in-tui-zió-ne] *n.f.* intuition.

inturgidirsi [in-tur-gi-dìr-si] *v.pron.intr.* [coniug. come *finire*] enfler, se gonfler.

inumano [i-nu-mà-no] *agg.* inhumain; (*crudele*) cruel*.

inumare [i-nu-mà-re] *v.tr.* inhumer, enterrer.

inumazione [i-nu-ma-zió-ne] *n.f.* inhumation, enterrement (*m.*).

inumidire [i-nu-mi-dì-re] *v.tr.* [coniug. come *finire*] humidifier; (*umettare*) humecter ♦ **inumidirsi** *v.pron.intr.* prendre* l'humidité ♦ *v.pron. indiretto* s'humecter: *inumidirsi le labbra*, humecter ses lèvres.

inurbamento [i-nur-ba-mén-to] *n.m.* exode rural.

inurbanità [i-nur-ba-ni-tà] *n.f.invar.* incivilité, impolitesse.

inurbano [i-nur-bà-no] *agg.* incivil, impoli.

inurbarsi [i-nur-bàr-si] *v.pron.intr.* 1 abandonner la campagne pour la ville 2 (*raffinarsi*) se dégrossir.

inusitato [i-nu-ʃi-tà-to] *agg.* inusité: *termine inusitato*, terme inusité (*o* rare).

inutile [i-nù-ti-le] *agg.* inutile: *è inutile preoccuparsi*, il est inutile de se preoccuper; *è inutile che tu vada*, il est inutile que tu y ailles; *inutile insistere*, inutile d'insister.

inutilità [i-nu-ti-li-tà] *n.f.invar.* inutilité.

inutilizzabile [i-nu-ti-liʒ-ʒà-bi-le] *agg.* inutilisable.

inutilizzato [i-nu-ti-liʒ-ʒà-to] *agg.* inutilisé.

inutilmente [i-nu-til-mén-te] *avv.* inutilement.

invadente [in-va-dèn-te] *agg.* envahissant ♦ *n.m.* e *f.* importun/e; (*indiscreto*) indiscret/ète.

invadenza [in-va-dèn-za] *n.f.* sans-gêne (*m.*); (*indiscrezione*) indiscrétion.

invadere [in-và-de-re] *v.tr.* [p.rem. *io invasi, tu invadesti* ecc.; p.p. *invaso*] 1 envahir (*anche fig.*): *i prodotti stranieri invadono il mercato*, les produits étrangers envahissent le marché 2 (*usurpare*) empiéter* (**sur**).

invaghirsi [in-va-ghìr-si] *v.pron.intr.* [coniug. come *finire*] s'éprendre*: *invaghirsi di una ragazza*, s'éprendre d'une fille.

invaghito [in-va-ghì-to] ***agg.*** épris.

invalicabile [in-va-li-cà-bi-le] ***agg.*** infranchissable.
● ***limite invalicabile***, limite infranchissable.

invalidamento [in-va-li-da-mén-to] ***n.m.*** (*dir.*) invalidation (*f.*); (*il rendere nullo*) infirmation (*f.*): *l'invalidamento di una sentenza*, l'invalidation d'un jugement; *l'invalidamento di un testamento*, l'infirmation d'un testament.

invalidante [in-va-li-dàn-te] ***agg.*** **1** (*dir.*) (*che rende nullo*) qui invalide **2** (*che rende fisicamente invalido*) invalidant.

invalidare [in-va-li-dà-re] ***v.tr.*** (*dir.*) invalider, rendre* nul*.

invalidazione [in-va-li-da-zió-ne] ***n.f.*** → **invalidamento**.

invalidità [in-va-li-di-tà] ***n.f.invar.*** **1** invalidité, incapacité: *assicurazione per l'invalidità*, assurance invalidité **2** (*dir.*) invalidité, nullité.
● ***invalidità permanente***, ***temporanea***, incapacité permanente, temporaire | ***invalidità totale***, ***parziale***, incapacité totale, partielle | ***pensione d'invalidità***, pension d'invalidité.

invalido [in-và-li-do] ***agg.*** e ***n.m.*** [f. *-a*] invalide.
● ***invalido civile***, ***di guerra***, invalide du travail, de guerre | ***grandi invalidi***, grands mutilés.

invalso [in-vàl-so] ***agg.*** établi: *secondo l'uso ormai invalso*, selon l'usage (désormais) établi.

invano [in-và-no] ***avv.*** en vain, vainement, inutilement ♦ ***agg.invar.*** inutile: *tutto fu invano*, tout a été inutile.

invariabile [in-va-rià-bi-le] ***agg.*** invariable.

invariabilità [in-va-ria-bi-li-tà] ***n.f.invar.*** invariabilité.

invariabilmente [in-va-ria-bil-mén-te] ***avv.*** invariablement.

invariante [in-va-riàn-te] ***agg.*** (*mat., fis.*) invariant ♦ ***n.f.*** (*mat., fis.*) invariant (*m.*).

invarianza [in-va-riàn-za] ***n.f.*** (*mat., fis.*) invariance.

invariato [in-va-rià-to] ***agg.*** **1** inchangé **2** (*gramm.*) invariable.

invasare[1] [in-va-ʃà-re] ***v.tr.*** posséder* ♦ **invasarsi** ***v.pron.intr.*** (*fam.*) se passionner (**pour**); se surexciter.

invasare[2] ***v.tr.*** (*mettere in vaso*) empoter.

invasato [in-va-ʃà-to] ***agg.*** e ***n.m.*** [f. *-a*] obsédé, possédé.

invasione [in-va-ʃió-ne] ***n.f.*** invasion.

invaso [in-và-ʃo] ***n.m.*** **1** (*invasatura*) mise (*f.*) en pot **2** (*capacità*) capacité (*f.*), contenance (*f.*).

invasore [in-va-ʃó-re] ***agg.*** e ***n.m.*** [f. *invaditrice*] envahisseur: *l'esercito invasore*, l'armée des envahisseurs; *il popolo invasore*, le peuple envahisseur.

invecchiamento [in-vec-chia-mén-to] ***n.m.*** vieillissement.

invecchiare [in-vec-chià-re] ***v.tr.*** e ***intr.*** [aus. dell'intr. *essere*] vieillir: *i dolori l'hanno invecchiato*, les malheurs l'ont vieilli; *è invecchiata*, elle a vieilli.

invece [in-vé-ce] ***avv.*** **1** (*al contrario*) au contraire; (*ma*) mais: *ero certo che l'avrebbe fatto, invece si è rifiutato*, j'étais certain qu'il le ferait, au contraire il a refusé; *pensavo di trovarlo, invece era già uscito*, je pensais le trouver, mais il était déjà sorti; *devo lavorare, invece vorrei andare al cinema*, je dois travailler, alors que j'aimerais aller au cinéma; *credevo di avere finito, e invece!*, et dire que je croyais avoir fini! **2** (*piuttosto*) plutôt: *non bere più, mangia invece qlco*, ne bois plus, mange plutôt qqch.
● ***invece che***, ***di***, au lieu de; (*in sostituzione di*) à la place de: *invece di partire*, au lieu de partir; *invece di mio fratello verrò io*, je viendrai à la place de mon frère; *invece che a teatro preferirei andare a ballare*, au lieu d'aller au théâtre, je préférerais mieux aller danser.

NOTA Nel linguaggio infantile sono frequenti le espressioni ***invece sì*** o ***invece no***:
*'Vai a dormire subito!' 'E **invece no**!'*.
'Va immédiatement te coucher!' 'Je n'irai pas, **na**!'.
*'Non voglio che giochi con l'acqua!' 'E **invece sì**!'*.
'Je ne veux pas que tu joues avec l'eau!' 'Et moi je veux, **na**!'.

inveire [in-ve-ì-re] ***v.intr.*** [coniug. come *finire*; aus. *avere*] invectiver: *inveire contro qlcu*, injurer qqn.

invendibile [in-ven-dì-bi-le] ***agg.*** invendable.

invenduto [in-ven-dù-to] ***agg.*** e ***n.m.*** (*comm.*) invendu.

inventare [in-ven-tà-re] ***v.tr.*** inventer: *te lo sei inventato*, tu l'as inventé.
● ***inventare di sana pianta***, inventer de toutes pièces | ***ne inventa delle belle!***, il a de ces inventions! | ***ne inventa tante***, il nous réserve tous les jours une surprise.

inventariare [in-ven-ta-rià-re] ***v.tr.*** (*comm.*) inventorier.

inventario [in-ven-tà-rio] ***n.m.*** [pl. *-ri*] **1** inventaire: *chiuso per inventario*, fermé pour cause d'inventaire; *fare l'inventario*, faire l'inventaire **2** (*fig.*) énumération (*f.*).
● ***con beneficio d'inventario***, (*anche fig.*) sous bénéfice d'inventaire.

inventiva [in-ven-tì-va] ***n.f.*** imagination.

inventivo [in-ven-tì-vo] ***agg.*** **1** inventif* **2** (*d'invenzione*) d'invention.

inventore [in-ven-tó-re] ***agg.*** [f. *-trice*] qui invente; (*creatore*) créateur* ♦ ***n.m.*** inventeur*.

invenzione [in-ven-zió-ne] ***n.f.*** **1** invention: *è tutta un'invenzione*, ce ne sont que des inventions **2** (*immaginazione*) imagination **3** (*letter.*) (*ritrovamento*) invention.

inverecondia [in-ve-re-cón-dia] ***n.f.*** impudeur, immodestie; (*sfacciataggine*) impudence.

inverecondo [in-ve-re-cón-do] ***agg.*** impudique; (*sfacciato*) impudent.

invernale [in-ver-nà-le] ***agg.*** hivernal*.
● ***sonno invernale***, (*letargo*) sommeil hibernal (*o* hiémal) | ***sport invernali***, sports d'hiver.

inverno [in-vèr-no] ***n.m.*** hiver: *in*, *d'inverno*, en hiver; *è inverno*, c'est l'hiver.

invero [in-vé-ro] ***avv.*** (*letter.*) en vérité, vraiment.

inverosimiglianza [in-ve-ro-si-mi-gliàn-za] ***n.f.*** invraisemblance.

inverosimile [in-ve-ro-sì-mi-le] ***agg.*** e ***n.m.*** invraisemblable: *mangia fino all'inverosimile*, c'est impensable ce qu'il mange.

inversamente [in-ver-sa-mén-te] ***avv.*** inversement | (*mat.*) *inversamente proporzionale a*, inversement proportionnel à.

inversione [in-ver-sió-ne] ***n.f.*** **1** inversion **2** (*scambio*) interversion: *inversione dei termini di una proposizione*, interversion des termes d'une proposition **3** (*aut., aer.*) changement (*m.*).
● ***inversione di marcia***, (*anche fig.*) demi-tour | ***inversione***

di rotta, (*anche fig.*) changement de cap (*o* de route) | ***inversione di tendenza***, inversion de tendance.

inverso [in-vèr-so] *agg.* inverse; (*contrario*) contraire: *in ordine inverso*, dans l'ordre inverse; *in senso inverso*, en sens contraire; *in ragione inversa a*, en raison inverse à ♦ *n.m.* inverse.
● ***all'inverso***, au contraire.

invertebrato [in-ver-te-brà-to] *agg.* e *n.m.* [f. *-a*] invertébré.

invertibile [in-ver-tì-bi-le] *agg.* **1** réversible **2** (*fot.*) inversible.

invertire [in-ver-tì-re] *v.tr.* **1** inverser, invertir | *invertire la rotta, la direzione di marcia*, faire demi-tour **2** (*scambiare*) intervertir: *invertire i termini di una proposizione*, intervertir les termes d'une proposition ♦ **invertirsi** *v.pron.intr.* s'inverser, s'invertir.
● ***invertire le parti***, (*fig.*) inverser les rôles.

invertito [in-ver-tì-to] *agg.* inversé, inverti; (*rovesciato*) renversé ♦ *n.m.* [f. *-a*] (*spreg.*) (*omosessuale*) inverti.

invertitore [in-ver-ti-tó-re] *n.m.* (*mecc., elettr.*) inverseur.

investibile [in-ve-stì-bi-le] *agg.* (*fin.*) qu'on peut investir.

investigare [in-ve-sti-gà-re] *v.tr.* [coniug. come *legare*] (*esaminare*) étudier; (*ricercare*) rechercher ♦ *v.intr.* [aus. *avere*] enquêter.

investigativo [in-ve-sti-ga-tì-vo] *agg.* investigateur*.
● ***agente investigativo***, agent de la Sûreté; (*privato*) détective.

investigatore [in-ve-sti-ga-tó-re] *agg.* e *n.m.* [f. *-trice*] investigateur*.
● ***investigatore privato***, détective privé.

investigazione [in-ve-sti-ga-zió-ne] *n.f.* investigation; (*ricerca*) recherche; (*della polizia*) enquête.
● (*dir.*) ***investigazione giudiziaria***, enquête judiciaire.

investimento [in-ve-sti-mén-to] *n.m.* **1** (*econ.*) investissement, placement: *politica degli investimenti*, politique des investissements; *politica d'investimento*, politique de placement **2** (*incidente*) collision (*f.*); tamponnement.
● (*econ.*): ***investimento di capitali***, placement (*o* investissement) de capitaux; ***investimento finanziario***, investissement financier.

investire [in-ve-stì-re] *v.tr.* **1** (*di titolo, incarico ecc.*) investir: *investire di pieni poteri*, investir des pleins pouvoirs **2** (*cozzare contro un ostacolo*) *heurter, tamponner; (*di navi*) aborder: *l'automobile ha investito la folla*, la voiture est rentrée dans la foule; *frenò per evitare d'investire due persone*, il a freiné pour éviter de renverser deux personnes **3** (*assalire*) assaillir*; (*fig.*) accabler: *un'ondata investì la barca*, une vague recouvrit la barque; *mi investì con una valanga d'ingiurie*, il me lança une bordée d'injures **4** (*econ.*) investir, placer*: *investire in azioni*, investir dans des actions ♦ *v.intr.* [aus. *avere*] (*psic.*) investir: *investire in un rapporto*, investir dans un rapport ♦ **investirsi** *v.pron.* se pénétrer* ♦ *v.pron. rec.* se *heurter, se tamponner; (*di navi*) s'aborder.
● ***investire qlcu di domande***, presser, assaillir qqn de questions | ***investirsi della propria parte***, entrer dans son rôle.

investitore [in-ve-sti-tó-re] *agg.* [f. *-trice*] (*di auto ecc.*) tamponneur*; (*di navi*) abordeur ♦ *n.m.* **1** celui* qui a provoqué la collision **2** (*fin.*) investisseur*.

investitura [in-ve-sti-tù-ra] *n.f.* investiture.

inveterato [in-ve-te-rà-to] *agg.* invétéré.

invetriata [in-ve-tri-à-ta] *n.f.* vitrage (*m.*).

invettiva [in-vet-tì-va] *n.f.* invective: *scagliare invettive*, invectiver.

inviare [in-vi-à-re] *v.tr.* envoyer*; (*spedire*) expédier: *inviare una lettera, un pacco*, envoyer une lettre, un colis | *vi invio i miei migliori saluti*, (*nelle lettere*) je vous prie d'agréer, Monsieur, mes meilleures salutations.

inviato [in-vi-à-to] *n.m.* [f. *-a*] envoyé.
● (*giorn.*) ***inviato speciale***, envoyé spécial.

invidia [in-vì-dia] *n.f.* envie: *nutrire invidia per qlcu*, envier qqn; *con occhi pieni d'invidia*, d'un œil plein d'envie; *sguardo pieno d'invidia*, un regard d'envie; *ha una casa che è l'invidia di tutti*, il a une maison que tout le monde lui envie.
● ***che invidia!***, ***che invidia mi fai!***, comme je t'envie! | ***essere roso dall'invidia***, être rongé (*o* dévoré) d'envie | ***essere verde d'invidia***, (*fam.*) crever d'envie | ***è tutta invidia!***, c'est de la pure jalousie! | ***fare invidia***, faire envie (*o* exciter *o* attirer l'envie) | ***ha una linea da fare invidia***, elle a une ligne enviable.

invidiabile [in-vi-dià-bi-le] *agg.* enviable.

invidiare [in-vi-dià-re] *v.tr.* envier; (*essere invidioso di qlcu*) jalouser (**qqn**): *non ho niente da invidargli*, je n'ai rien à lui envier | *non ti invidio!*, je ne t'envie pas!

invidioso [in-vi-dió-so] *agg.* envieux*; (*spec. di qlcu*) jaloux*: *essere invidioso di qlco*, être envieux de qqch; *con occhio invidioso*, d'un œil d'envie ♦ *n.m.* [f. *-a*] envieux*.

invigorire [in-vi-go-rì-re] *v.tr.* [coniug. come *finire*] fortifier ♦ **invigorirsi** *v.pron.intr.* se fortifier.

invilire [in-vi-lì-re] *v.tr.* [coniug. come *finire*] **1** avilir **2** (*deprezzare*) déprécier.

inviluppare [in-vi-lup-pà-re] *v.tr.* envelopper.

inviluppo [in-vi-lùp-po] *n.m.* **1** (*involucro*) enveloppe **2** (*insieme di cose inviluppate*) paquet **3** (*intrico*) enchevêtrement.

invincibile [in-vin-cì-bi-le] *agg.* invincible: *antipatia invincibile*, antipathie insurmontable.

invincibilità [in-vin-ci-bi-li-tà] *n.f.invar.* invincibilité.

invincibilmente [in-vin-ci-bil-mén-te] *avv.* invinciblement.

invio [in-vì-o] *n.m.* [pl. *-ii*] **1** envoi **2** (*Internet*) envoi, postage.
● (*Internet*): ***invio abusivo***, multipostage abusif; ***invio multiplo***, multipostage, envoi multiple | (*inform.*) ***tasto invio***, touche entrée.

inviolabile [in-vi-o-là-bi-le] *agg.* inviolable.

inviolabilità [in-vi-o-la-bi-li-tà] *n.f.invar.* inviolabilité.

inviolato [in-vi-o-là-to] *agg.* inviolé.

inviperirsi [in-vi-pe-rìr-si] *v.pron.intr.* [coniug. come *finire*] devenir* furieux*.

inviperito [in-vi-pe-rì-to] *agg.* furieux*, enragé.

invischiare [in-vi-schià-re] *v.tr.* **1** engluer **2** (*fig.*) entraîner, impliquer: *lasciarsi invischiare in un affare losco*, se laisser entraîner dans une affaire louche ♦ **invischiarsi** *v.pron.intr.* (*rimanere coinvolto*) s'embourber, s'enliser.

invisibile [in-vi-ʃì-bi-le] *agg.* invisible: *invisibile a occhio nudo*, invisible à l'œil nu.

invisibilità [in-vi-ʃi-bi-li-tà] *n.f.invar.* invisibilité.

inviso [in-vì-ʃo] *agg.* mal vu (**de**).

invitante [in-vi-tàn-te] ***agg.*** engageant; (*attraente*) attrayant.

invitare [in-vi-tà-re] ***v.tr.*** inviter: *invitare qlcu a pranzo*, inviter qqn à dîner; *invitare alla calma*, inviter au calme; *lo invitai a tacere*, je l'invitai (*o* engageai) à se taire ♦ **invitarsi** ***v.pron.*** s'inviter.

invitato [in-vi-tà-to] ***agg.*** e ***n.m.*** [f. *-a*] invité.

invito [in-vì-to] ***n.m.*** **1** invitation (*f.*): *accettare, rifiutare, declinare un invito*, accepter, refuser, décliner une invitation **2** (*a carte*) invite (*f.*) **3** (*scherma*) invite (*f.*).
● ***invito a presentarsi***, convocation | ***a invito, a inviti***, sur invitation: *ingresso a inviti*, entrée sur invitation | ***su invito di***, sur (*o* à) l'invitation de.

in vitro [in vì-tro] ***avv.*** e ***agg.invar.*** in vitro.

invitto [in-vìt-to] ***agg.*** (*letter.*) **1** invaincu **2** (*invincibile*) invincible.

invivibile [in-vi-vì-bi-le] ***agg.*** invivable.

invocare [in-vo-cà-re] ***v.tr.*** [coniug. come *mancare*] invoquer.
● ***invocare aiuto, soccorso***, appeler à l'aide (*o* au secours).

invocazione [in-vo-ca-zió-ne] ***n.f.*** invocation: *un'invocazione d'aiuto*, un appel au secours.

invogliare [in-vo-glià-re] ***v.tr.*** donner (**à qqn**) envie (**de**): *questa bella giornata mi invoglia a uscire*, cette belle journée me donne envie de sortir.

involare [in-vo-là-re] ***v.tr.*** (*letter.*) dérober ♦ **involarsi** ***v.pron.*** s'envoler; (*di persona*) se volatiliser.

involgarire [in-vol-ga-rì-re] ***v.tr.*** [coniug. come *finire*] rendre* vulgaire ♦ ***v.intr.*** [aus. *essere*] devenir* vulgaire ♦ **involgarirsi** ***v.pron.intr.*** devenir* vulgaire.

involgere [in-vòl-ge-re] ***v.tr.*** [coniug. come *volgere*] envelopper.

involo [in-vó-lo] ***n.m.*** (*aer.*) envol.

involontariamente [in-vo-lon-ta-ria-mén-te] ***avv.*** involontairement.

involontario [in-vo-lon-tà-rio] ***agg.*** [pl.m. *-ri*] involontaire.

involtare [in-vol-tà-re] ***v.tr.*** (*fam.*) envelopper.

involtino [in-vol-tì-no] ***n.m.*** (*cuc.*) rouleau*; (*di carne*) paupiette (*f.*).

involto [in-vòl-to] ***n.m.*** **1** (*pacco, fagotto*) paquet **2** (*involucro*) enveloppe (*f.*).

involucro [in-vò-lu-cro] ***n.m.*** enveloppe (*f.*).

involutivo [in-vo-lu-tì-vo] ***agg.*** involutif; (*regressivo*) régressif*.

involuto [in-vo-lù-to] ***agg.*** contourné.

involuzione [in-vo-lu-zió-ne] ***n.f.*** **1** (*regressione*) régression; (*declino*) déclin (*m.*) **2** (*biol.*) involution.

invulnerabile [in-vul-ne-rà-bi-le] ***agg.*** invulnérable.

invulnerabilità [in-vul-ne-ra-bi-li-tà] ***n.f.invar.*** invulnérabilité.

inzaccherare [in-zac-che-rà-re] ***v.tr.*** crotter, tacher de boue ♦ **inzaccherarsi** ***v.pron.*** e ***pron.intr.*** se crotter; se tacher de boue.

inzeppare [in-zep-pà-re] ***v.tr.*** (*riempire*) bourrer (*anche fig.*): *inzeppare un compito di strafalcioni*, farcir (*o* truffer) un devoir de non-sens.

inzigare [in-zi-gà-re] ***v.tr.*** [coniug. come *legare*] embêter, taquiner.

inzotichire [in-ʒo-ti-chì-re] ***v.tr.*** [coniug. come *finire*] rendre* rustre ♦ ***v.intr.*** [aus. *essere*] devenir* rustre.

inzuppare [in-zup-pà-re] ***v.tr.*** tremper: *inzuppare il pane nel caffelatte*, tremper du pain dans son café au lait ♦ **inzupparsi** ***v.pron.intr.*** se tremper: *ci siamo inzuppati da capo a piedi*, on s'est trempé jusqu'aux os.

inzuppato [in-zup-pà-to] ***agg.*** trempé.

io [ì-o] ***pron.pers. m.*** e ***f. 1ª pers. sing.*** **1** je (*si elide davanti a vocale o* h *muta*): *se* (*io*) *ho fame, mangio*, si j'ai faim je mange **2** (*quando in italiano non può essere sottinteso*) moi: *io andrò oggi, tu domani*, moi, j'irai aujourd'hui, toi (tu iras) demain; *te lo dico io*, c'est moi qui te le dis **3** (*con funzione predicativa*) moi: *"Chi è?" "(Sono) io"*, "Qui est-ce?" "(C'est) moi"; *sono io, non sono io il responsabile*, c'est moi, ce n'est pas moi le responsable; *sono io che te l'ho detto, sono stato io a dirtelo*, c'est moi qui te l'ai dit; *non sarò certo io a denunciarlo, che lo denuncerò*, ce n'est sûrement pas moi qui le dénoncerai; *non ho forse ragione io?*, n'est-ce pas moi qui ai raison?; *da quel giorno non sono stato più io*, depuis ce jour-là je n'ai plus été le même ♦ ***n.m.*** moi: *il culto dell'io*, le culte du moi; *pensare solo al proprio io*, ne penser qu'à soi; *mettere il proprio io davanti a tutto*, faire passer son intérêt avant tout.
● ***io come io non lo farei***, si c'était moi, je ne le ferais pas | ***io sottoscritto*** XY, je soussigné XY | ***anch'io***, moi aussi: *anch'io sono responsabile*, je suis moi aussi responsable | (*fil.*) ***l'io e il non-io***, le moi et le non-moi | ***nel proprio io***, (*nell'intimo*) au plus profond de soi-même | ***...o non sono più io***, parole d'honneur: *glielo dirò o non sono più io*, je le lui dirai, parole d'honneur; *se non riesco a saperlo, allora non sono più io*, si je n'arrive pas à le savoir, je ne me reconnais plus | ***proprio io, io stesso***, moi-même: *io stesso ho fatto di tutto per aiutarlo*, j'ai fait moi-même tout mon possible pour l'aider.

> **NOTA** Il pronome personale soggetto, spesso sottinteso in italiano, in francese deve sempre essere espresso:
> (***io***) *mangio volentieri*, **je** mange volontiers.

iodato [io-dà-to] ***agg.*** (*chim.*) iodé.

iodico [iò-di-co] ***agg.*** [pl.m. *-ci*, f. *-che*] (*chim.*) iodique.

iodio [iò-dio] ***n.m.*** [pl. *-dî*] (*chim.*) iode.
● ***tintura di iodio***, teinture d'iode.

ioduro [io-dù-ro] ***n.m.*** (*chim.*) iodure.

iogurt [iò-gurt] ***n.m.invar.*** → **yogurt**.

ioide [iòi-de] ***agg.*** e ***n.m.*** (*anat.*) hyoïde.

ione [ió-ne] ***n.m.*** (*chim., fis.*) ion.
● ***ione negativo***, ion négatif (*o* anion) | ***ione positivo***, cation.

ionico [iò-ni-co] ***agg.*** [pl.m. *-ci*, f. *-che*] **1** (*st., geogr.*) ionien* **2** (*arch., metrica*) ionique.

ionizzare [io-niʒ-ʒà-re] ***v.tr.*** (*chim., fis.*) ioniser.

ionizzazione [io-niʒ-ʒa-zió-ne] ***n.f.*** (*chim., fis.*) ionisation.

ionosfera [io-no-sfè-ra] ***n.f.*** ionosphère.

iosa, a [a iò-sa] ***avv.*** à foison, à profusion.

iota [iò-ta] ***n.m.*** o ***f.invar.*** (*alfabeto greco*) iota (*m.*).
● ***non vale uno iota***, cela ne vaut pas un clou.

ipecacuana [i-pe-ca-cu-à-na] ***n.f.*** (*bot.*) ipécacuana (*m.*), ipéca (*m.*).

iper- ***pref.*** hyper-.

iperattività [i-pe-rat-ti-vi-tà] ***n.f.invar.*** hyperactivité.

iperbole [i-pèr-bo-le] ***n.f.*** (*ret., mat.*) hyperbole.

iperbolico [i-per-bò-li-co] ***agg.*** [pl.m. *-ci*, f. *-che*] (*ret., mat., fis.*) hyperbolique.

ipercalorico [i-per-ca-lò-ri-co] ***agg.*** [pl.m. *-ci*, f. *-che*] hypercalorique.

ipercritico [i-per-crì-ti-co] ***agg.*** [pl.m. *-ci*, f. *-che*] hypercritique.

iperemotività [i-pe-re-mo-ti-vi-tà] ***n.f.invar.*** (*psic.*) hyperémotivité.

ipermercato [i-per-mer-cà-to] ***n.m.*** hypermarché, grande (*f.*) surface.

ipermetrope [i-per-mè-tro-pe] ***agg.*** e ***n.m.*** e ***f.*** (*med.*) hypermétrope.

ipermetropia [i-per-me-tro-pì-a] ***n.f.*** (*med.*) hypermétropie.

iperrealismo [i-per-re-a-lì-ʃmo] ***n.m.*** hyperréalisme.

ipersensibile [i-per-sen-sì-bi-le] ***agg.*** e ***n.m.*** e ***f.*** hypersensible.

ipertensione [i-per-ten-sió-ne] ***n.f.*** (*med.*) hypertension.
● ***ipertensione arteriosa***, hypertension artérielle.

iperteso [i-per-té-so] ***agg.*** e ***n.m.*** [f. *-a*] (*med.*) hypertendu.

ipertesto [i-per-tè-sto] ***n.m.*** (*inform.*) hypertexte.

ipertestuale [i-per-te-stu-à-le] ***agg.*** (*inform.*) hypertexte.
● (*Internet*) ***link ipertestuale***, lien hypertexte, hyperlien.

ipertiroideo [i-per-ti-roi-dè-o] ***agg.*** e ***n.m.*** [f. *-a*] (*med.*) hyperthyroïdien*.

ipertiroidismo [i-per-ti-roi-dì-ʃmo] ***n.m.*** (*med.*) hyperthyroïdie (*f.*).

ipertrofia [i-per-tro-fì-a] ***n.f.*** (*biol.*) hypertrophie.

ipertrofico [i-per-trò-fi-co] ***agg.*** [pl.m. *-ci*, f. *-che*] **1** (*biol.*) hypertrophique **2** (*fig.*) hypertrophié.

ipno [ìp-no] ***n.m.*** (*bot.*) hypne (*f.*).

ipno- ***pref.*** hypno-.

ipnosi [ip-nò-ʃi] ***n.f.invar.*** hypnose.

ipnotico [ip-nò-ti-co] ***agg.*** e ***n.m.*** [pl.m. *-ci*; f. *-che*] hypnotique.
● ***stato ipnotico***, état hypnotique.

ipnotismo [ip-no-tì-ʃmo] ***n.m.*** hypnotisme.

ipnotizzare [ip-no-tiʒ-ʒà-re] ***v.tr.*** hypnotiser (*anche fig.*).

ipnotizzatore [ip-no-tiʒ-ʒa-tó-re] ***n.m.*** [f. *-trice*] hypnotiseur*.

ipo- ***pref.*** hypo-.

ipoallergenico [i-po-al-ler-gè-ni-co] ***agg.*** [pl.m. *-ci*, f. *-che*] hypoallergénique.

ipoallergico [i-po-al-lèr-gi-co] ***agg.*** [pl.m. *-ci*, f. *-che*] hypoallergique.

ipocalorico [i-po-ca-lò-ri-co] ***agg.*** [pl.m. *-ci*, f. *-che*] hypocalorique.

ipocentro [i-po-cèn-tro] ***n.m.*** (*geol.*) hypocentre.

ipocondria [i-po-con-drì-a] ***n.f.*** (*med.*) hypocondrie.

ipocondriaco [i-po-con-drì-a-co] ***agg.*** e ***n.m.*** [f.*-a*; pl.m. *-ci*; f. *-che*] hypocondriaque.

ipocrisia [i-po-cri-ʃì-a] ***n.f.*** hypocrisie.

ipocrita [i-pò-cri-ta] ***agg.*** e ***n.m.*** e ***f.*** hypocrite: *comportarsi da ipocrita*, agir en hypocrite (*o* user d'hypocrisie).

ipocritamente [i-po-cri-ta-mén-te] ***avv.*** hypocritement.

i-pod® [ai'pod] ***n.m.*** iPod®, baladeur numérique.

ipodermico [i-po-dèr-mi-co] ***agg.*** [pl.m. *-ci*, f. *-che*] hypodermique.

ipodermoclisi [i-po-der-mo-clì-ʃi] ***n.f.invar.*** (*med.*) perfusion.

ipofisi [i-pò-fi-ʃi] ***n.f.invar.*** (*anat.*) hypophyse.

ipogeo [i-po-gè-o] ***agg.*** souterrain ♦ ***n.m.*** (*archeol.*) hypogée.

ipoglicemia [i-po-gli-ce-mì-a] ***n.f.*** (*med.*) hypoglycémie.

ipoglicemico [i-po-gli-cè-mi-co] ***agg.*** [pl.m. *-ci*, f. *-che*] (*med.*) hypoglycémique.

ipotalamo [i-po-tà-la-mo] ***n.m.*** (*anat.*) hypothalamus.

ipoteca [i-po-tè-ca] ***n.f.*** [pl. *-che*] hypothèque: *mettere un'ipoteca su un immobile*, grever un immeuble d'une hypothèque.
● ***grado dell'ipoteca***, rang de l'hypothèque | ***riscatto di un'ipoteca***, purge d'une hypothèque.

ipotecabile [i-po-te-cà-bi-le] ***agg.*** hypothécable.

ipotecare [i-po-te-cà-re] ***v.tr.*** [coniug. come *mancare*] hypothéquer* (*anche fig.*).

ipotecario [i-po-te-cà-rio] ***agg.*** [pl.m. *-rî*] hypothécaire.
● ***mutuo ipotecario***, emprunt par une hypothèque.

I

ipotensione [i-po-ten-sió-ne] ***n.f.*** (*med.*) hypotension.

ipotenusa [i-po-te-nù-ʃa] ***n.f.*** (*mat.*) hypoténuse.

ipotermia [i-po-ter-mì-a] ***n.f.*** (*med.*) hypothermie.

ipotesi [i-pò-te-ʃi] ***n.f.invar.*** **1** hypothèse: *formulare un'ipotesi*, émettre une hypothèse **2** (*mat.*) hypothèse.
● ***ipotesi di lavoro***, hypothèse de travail | ***nella migliore, peggiore delle ipotesi***, dans la meilleure, dans la pire des hypothèses | ***nell'ipotesi che***, dans l'hypothèse où (*o* au cas où): *nell'ipotesi che venisse*, dans l'hypothèse où il viendrait | ***per ipotesi***, par hypothèse.

ipoteso [i-po-té-so] ***agg.*** e ***n.m.*** [f. *-a*] (*med.*) hypotendu.

ipoteticamente [i-po-te-ti-ca-mén-te] ***avv.*** hypothétiquement.

ipotetico [i-po-tè-ti-co] ***agg.*** [pl.m. *-ci*, f. *-che*] hypothétique.
● (*gramm.*) ***periodo ipotetico***, phrase hypothétique.

ipotiroideo [i-po-ti-ro-i-dè-o] ***agg.*** e ***n.m.*** [f. *-a*] (*med.*) hypothyroïdien*.

ipotiroidismo [i-po-ti-ro-i-dì-ʃmo] ***n.m.*** (*med.*) hypothyroïdie (*f.*).

ipotizzabile [i-po-tiʒ-ʒà-bi-le] ***agg.*** supposable, imaginable.

ipotizzare [i-po-tiʒ-ʒà-re] ***v.tr.*** supposer.

ippica [ìp-pi-ca] ***n.f.*** [pl. *-che*] hippisme (*m.*).
● ***datti all'ippica!***, (*scherz.*) change de métier!

ippico [ìp-pi-co] ***agg.*** [pl.m. *-ci*, f. *-che*] hippique.

ippocampo [ip-po-càm-po] ***n.m.*** (*zool.*) hippocampe.

ippocastano [ip-po-ca-stà-no] ***n.m.*** (*bot.*) marronnier d'Inde.

ippodromo [ip-pò-dro-mo] ***n.m.*** hippodrome.

ippogrifo [ip-po-grì-fo] ***n.m.*** (*mit.*) hippogriffe.

ippopotamo [ip-po-pò-ta-mo] ***n.m.*** (*zool.*) hippopotame.

ipsilon [ìp-si-lon] ***n.m.*** o ***f.invar.*** upsilon (*m.*).

ipsometria [ip-so-me-trì-a] ***n.f.*** (*geogr.*) hypsométrie.

ipsometrico [ip-so-mè-tri-co] ***agg.*** [pl.m. *-ci*, f. *-che*] (*geogr.*) hypsométrique.

ira [ì-ra] ***n.f.*** colère.
● ***costare l'ira di Dio***, (*fam.*) coûter les yeux de la tête | ***è***

un'ira di Dio, c'est une peste | ***fare un'ira di Dio***, (*fam.*) faire un vacarme de tous les diables | ***fuori di sé dall'ira***, fou de rage | ***scatto d'ira***, mouvement de colère.

iracheno [i-ra-chè-no] ***agg.*** irakien*, iraquien* ♦ ***n.m.*** [f. *-a*] (*abitante*) Irakien*, Iraquien*.

iracondia [i-ra-cón-dia] ***n.f.*** colère.

iracondo [i-ra-cón-do] ***agg.*** irascible.

iraniano [i-ra-nià-no] ***agg.*** iranien* ♦ ***n.m.*** [f. *-a*] (*abitante*) Iranien*.

iranico [i-rà-ni-co] ***agg.*** [pl.m. *-ci*, f. *-che*] iranien* ♦ ***n.m.*** **1** (*lingua*) iranien **2** [f. *-a*] (*abitante dell'antico Iran*) Iranien*.

irascibile [i-ra-scì-bi-le] ***agg.*** irascible.

irascibilità [i-ra-sci-bi-li-tà] ***n.f.invar.*** irascibilité.

irato [i-rà-to] ***agg.*** en colère; (*corrucciato*) irrité: *sguardo irato*, regard plein de colère.

ireos [ì-reos] ***n.m.invar.*** → **iris**.

iridato [i-ri-dà-to] ***agg.*** irisé ♦ ***n.m.*** [f. *-a*] (*ciclismo*) champion du monde.
● (*ciclismo*) ***maglia iridata***, maillot arc-en-ciel.

I

iride [ì-ri-de] ***n.f.*** **1** (*dell'occhio*) iris (*m.*) **2** (*arcobaleno*) arc-en-ciel* (*m.*).

iridescente [i-ri-de-scèn-te] ***agg.*** irisé.

iridescenza [i-ri-de-scèn-za] ***n.f.*** irisation.

iridio [i-rì-dio] ***n.m.*** [pl. *-di*] (*chim.*) iridium.

iris [ì-ris] ***n.f.invar.*** (*bot.*) iris (*m.*).

irlandese [ir-lan-dé-se] ***agg.*** irlandais ♦ ***n.m.*** (*lingua*) irlandais ♦ ***n.m.*** e ***f.*** (*abitante*) Irlandais/e.

irochese [i-ro-ché-se] ***agg.*** iroquois ♦ ***n.m.*** (*lingua*) iroquois ♦ ***n.m.*** e ***f.*** (*persona*) Iroquois/e.

ironia [i-ro-nì-a] ***n.f.*** ironie: *fare dell'ironia su*, ironiser sur; *fare dell'ironia*, faire de l'ironie.
● ***per ironia della sorte***, par une ironie du sort.

ironicamente [i-ro-ni-ca-mén-te] ***avv.*** ironiquement.

ironico [i-rò-ni-co] ***agg.*** [pl.m. *-ci*, f. *-che*] ironique.

ironizzare [i-ro-niʒ-ʒà-re] ***v.intr.*** [aus. *avere*] ironiser.

irosamente [i-ro-sa-mén-te] ***avv.*** avec colère, rageusement.

iroso [i-ró-so] ***agg.*** (*adirato*) plein de colère; (*collerico*) colérique.

irradiamento [ir-ra-dia-mén-to] ***n.m.*** rayonnement.

irradiare [ir-ra-dià-re] ***v.tr.*** **1** (*illuminare*) éclairer (*anche fig.*) **2** (*emanare, diffondere*) diffuser: *irradiare gioia*, (*fig.*) rayonner de joie **3** (*med.*) irradier ♦ ***v.intr.*** [aus. *essere*] rayonner; (*emanare*) émaner (*anche fig.*): *il calore che irradia dal sole*, la chaleur qui rayonne du soleil ♦ **irradiarsi** ***v.pron.intr.*** partir* (**de**); (*diffondersi*) se répandre*; (*diramarsi*) rayonner: *dalla piazza s'irradiano tre strade*, trois rues partent de la place.

irradiato [ir-ra-dià-to] ***agg.*** (*med.*) irradié.

irradiazione [ir-ra-dia-zió-ne] ***n.f.*** rayonnement (*m.*); (*scient.*) irradiation.

irraggiamento [ir-rag-gia-mén-to] ***n.m.*** rayonnement.

irraggiungibile [ir-rag-giun-gì-bi-le] ***agg.*** impossible à atteindre; (*di persona*) injoignable.

irragionevole [ir-ra-gio-né-vo-le] ***agg.*** **1** (*che non ragiona*) déraisonnable, non raisonnable **2** (*contrario alla ragione*) irraisonné; (*assurdo*) absurde.

irragionevolezza [ir-ra-gio-ne-vo-léz-za] ***n.f.*** **1** manque (*m.*) de bon sens **2** (*assurdità*) absurdité.

irrancidire [ir-ran-ci-dì-re] ***v.intr.*** [coniug. come *finire*; aus. *essere*] rancir, devenir* rance: *il burro è irrancidito*, le beurre a ranci.

irrazionale [ir-ra-zio-nà-le] ***agg.*** e ***n.m.*** irrationnel*.

irrazionalità [ir-ra-zio-na-li-tà] ***n.f.invar.*** irrationalité.

irreale [ir-re-à-le] ***agg.*** irréel*.

irrealizzabile [ir-re-a-liʒ-ʒà-bi-le] ***agg.*** irréalisable.

irrealtà [ir-re-al-tà] ***n.f.invar.*** irréalité.

irrecuperabile [ir-re-cu-pe-rà-bi-le] ***agg.*** irrécupérable (*anche fig.*); (*che non si può riavere, inesigibile*) irrécouvrable: *tesoro irrecuperabile*, trésor irrécupérable; *soggetto irrecuperabile*, sujet irrécupérable; *un credito irrecuperabile*, une créance irrécouvrable; *la sua vista è irrecuperabile*, sa vue est irrécouvrable.

irrecusabile [ir-re-cu-ʃà-bi-le] ***agg.*** irrécusable.

irredentismo [ir-re-den-tì-ʃmo] ***n.m.*** irrédentisme.

irredentista [ir-re-den-tì-sta] ***agg.*** e ***n.m.*** e ***f.*** irrédentiste.

irredento [ir-re-dèn-to] ***agg.*** non racheté, non délivré.
● ***terre irredente***, terres irrédentes.

irrefrenabile [ir-re-fre-nà-bi-le] ***agg.*** irrésistible: *riso irrefrenabile*, rire incoercible; *una crisi di pianto irrefrenabile*, une crise de larmes irrésistible.

irrefutabile [ir-re-fu-tà-bi-le] ***agg.*** irréfutable.

irrefutabilmente [ir-re-fu-ta-bil-mén-te] ***avv.*** irréfutablement.

irreggimentare [ir-reg-gi-men-tà-re] ***v.tr.*** enrégimenter.

irregolare [ir-re-go-là-re] ***agg.*** irrégulier*: *procedura irregolare*, procédure irrégulière.
● (*mil.*) ***milizie irregolari***, troupes irrégulières | (*gramm.*) ***verbi irregolari***, verbes irréguliers.

irregolarità [ir-re-go-la-ri-tà] ***n.f.invar.*** irrégularité.

irregolarmente [ir-re-go-lar-mén-te] ***avv.*** irrégulièrement.

irreligione [ir-re-li-gió-ne] ***n.f.*** irréligion.

irreligiosità [ir-re-li-gio-si-tà] ***n.f.invar.*** irréligiosité.

irreligioso [ir-re-li-gió-so] ***agg.*** irréligieux*.

irremissibile [ir-re-mis-sì-bi-le] ***agg.*** (*letter.*) irrémissible.

irremovibile [ir-re-mo-vì-bi-le] ***agg.*** inébranlable (*anche fig.*).

irreparabile [ir-re-pa-rà-bi-le] ***agg.*** irréparable.

irreparabilmente [ir-re-pa-ra-bil-mén-te] ***avv.*** irréparablement.

irreperibile [ir-re-pe-rì-bi-le] ***agg.*** introuvable.
● ***rendersi irreperibile***, se rendre introuvable; (*per sottrarsi a impegni ecc.*) n'y être pour personne.

irreprensibile [ir-re-pren-sì-bi-le] ***agg.*** irréprochable.

irreprensibilmente [ir-re-pren-si-bil-mén-te] ***avv.*** irréprochablement.

irreprimibile [ir-re-pri-mì-bi-le] ***agg.*** irrépressible.

irrequietezza [ir-re-quie-téz-za] ***n.f.*** **1** agitation; (*inquietudine*) inquiétude **2** (*turbolenza*) turbulence.

irrequieto [ir-re-qui-è-to] ***agg.*** **1** agité: *una vita irrequieta*, une vie agitée **2** (*inquieto*) inquiet*: *un uomo irrequieto*, un homme inquiet **3** (*turbolento*) turbulent: *bambino irrequieto*, enfant turbolent.

irrequietudine [ir-re-quie-tù-di-ne] ***n.f.*** agitation; (*inquietudine*) inquiétude.

irresistibile [ir-re-si-stì-bi-le] ***agg.*** irrésistible.

irresistibilmente [ir-re-si-sti-bil-mén-te] ***avv.*** irrésistiblement.

irresolutezza [ir-re-so-lu-téz-za] *n.f.* irrésolution.

irresoluto [ir-re-so-lù-to] *agg.* irrésolu.

irrespirabile [ir-re-spi-rà-bi-le] *agg.* irrespirable.

irresponsabile [ir-re-spon-sà-bi-le] *agg.* e *n.m.* e *f.* irresponsable.

irresponsabilità [ir-re-spon-sa-bi-li-tà] *n.f.invar.* irresponsabilité.

irresponsabilmente [ir-re-spon-sa-bil-mén-te] *avv.* de façon irresponsable; (*sconsideratamente*) inconsidérément.

irrestringibile [ir-re-strin-gì-bi-le] *agg.* irrétrécissable.

irretire [ir-re-tì-re] *v.tr.* [coniug. come *finire*] (*sedurre*) séduire*; (*raggirare*) duper.

irreversibile [ir-re-ver-sì-bi-le] *agg.* irréversible.

irreversibilità [ir-re-ver-si-bi-li-tà] *n.f.invar.* irréversibilité.

irrevocabile [ir-re-vo-cà-bi-le] *agg.* irrévocable.

irrevocabilità [ir-re-vo-ca-bi-li-tà] *n.f.invar.* irrévocabilité.

irrevocabilmente [ir-re-vo-ca-bil-mén-te] *avv.* irrévocablement.

irriconoscente [ir-ri-co-no-scèn-te] *agg.* ingrat.

irriconoscibile [ir-ri-co-no-scì-bi-le] *agg.* méconnaissable.

irridere [ir-rì-de-re] *v.tr.* [coniug. come *ridere*] railler, se moquer (**de**).

irriducibile [ir-ri-du-cì-bi-le] *agg.* irréductible (*anche fig.*): *nemico irriducibile*, ennemi irréductible.

irriducibilmente [ir-ri-du-ci-bil-mén-te] *avv.* irréductiblement.

irriferibile [ir-ri-fe-rì-bi-le] *agg.* imprononçable; inracontable.

irriflessivo [ir-ri-fles-sì-vo] *agg.* irréfléchi.

irrigabile [ir-ri-gà-bi-le] *agg.* irrigable.

irrigare [ir-ri-gà-re] *v.tr.* [coniug. come *legare*] irriguer.

irrigazione [ir-ri-ga-zió-ne] *n.f.* irrigation.
● ***impianto di irrigazione***, système d'irrigation.

irrigidimento [ir-ri-gi-di-mén-to] *n.m.* **1** raidissement; (*delle membra*) engourdissement; (*della temperatura, clima*) refroidissement **2** (*fig.*) durcissement; (*aggravamento*) aggravation (*f.*).

irrigidire [ir-ri-gi-dì-re] *v.tr.* [coniug. come *finire*] **1** raidir; (*di membra*) engourdir **2** (*fig.*) durcir; (*aggravare*) aggraver: *irrigidire una pena*, aggraver une peine ♦ **irrigidirsi** *v.pron.intr.* **1** se raidir; (*di membra*) s'engourdir; (*di clima, temperatura*) devenir* plus rigoureux*: *mi si è irrigidita la gamba dal freddo*, le froid m'a engourdi la jambe **2** (*fig.*) se raidir: *di fronte a quella proposta si irrigidì*, à cette proposition il se raidit.
● ***irrigidirsi sull'attenti***, se figer au garde-à-vous.

irrigidito [ir-ri-gi-dì-to] *agg.* **1** raidi; (*di membra*) engourdi **2** (*fig.*) figé; (*ostinato*) ferme, inflexible: *irrigidito in una smorfia*, figé dans une grimace.

irriguardoso [ir-ri-guar-dó-so] *agg.* irrespectueux* (**envers**).

irriguo [ir-rì-gu-o] *agg.* **1** (*irrigato*) bien irrigué **2** (*che irriga*) d'irrigation.

irrilevante [ir-ri-le-vàn-te] *agg.* **1** insignifiant: *un particolare irrilevante*, un détail insignifiant **2** (*non pertinente*) impertinent.

irrilevanza [ir-ri-le-vàn-za] *n.f.* peu (*m.*) d'importance.

irrimediabile [ir-ri-me-dià-bi-le] *agg.* irrémédiable: *un errore irrimediabile*, une erreur irrattrapable.

irrimediabilmente [ir-ri-me-dia-bil-mén-te] *avv.* irrémédiablement; (*irreparabilmente*) irréparablement; (*definitivamente*) définitivement.

irrinunciabile [ir-ri-nun-cià-bi-le] *agg.* auquel* on ne peut pas renoncer.
● ***diritti irrinunciabili***, droits inaliénables, inaccessibles.

irripetibile [ir-ri-pe-tì-bi-le] *agg.* **1** (*unico*) unique **2** (*che non si osa ripetere*) qu'on ne peut pas répéter.

irriproducibile [ir-ri-pro-du-cì-bi-le] *agg.* qu'on ne peut pas reproduire.

irrisione [ir-ri-ʃió-ne] *n.f.* dérision.

irriso [ir-rì-ʃo] *agg.* ridiculisé.

irrisolto [ir-ri-sòl-to] *agg.* irrésolu: *è un problema ancora irrisolto*, c'est un problème en suspens.

irrisolvibile [ir-ri-sol-vì-bi-le] *agg.* insoluble.

irrisorio [ir-ri-ʃò-rio] *agg.* [pl.m. *-ri*] **1** railleur* **2** (*minimo, insufficiente*) dérisoire: *prezzo irrisorio*, prix dérisoire; *compenso irrisorio*, rémunération dérisoire.

irrispettosamente [ir-ri-spet-to-sa-mén-te] *avv.* irrespectueusement.

irrispettoso [ir-ri-spet-tó-so] *agg.* irrespectueux*.

irritabile [ir-ri-tà-bi-le] *agg.* irritable.

irritabilità [ir-ri-ta-bi-li-tà] *n.f.invar.* irritabilité.

irritante [ir-ri-tàn-te] *agg.* irritant.

irritare [ir-ri-tà-re] *v.tr.* **1** agacer*: *il suo atteggiamento mi irrita*, son attitude m'agace (*o* m'énerve) **2** (*provocare un'irritazione*) irriter: *il fumo irrita gli occhi*, la fumée irrite les yeux ♦ **irritarsi** *v.pron.intr.* **1** s'irriter (**contre**) **2** (*essere colpito da infiammazione*) s'irriter.

irritato [ir-ri-tà-to] *agg.* irrité: *essere irritato con qlcu*, être irrité, en colère contre qqn.

irritazione [ir-ri-ta-zió-ne] *n.f.* irritation: *essere al colmo dell'irritazione*, être au comble de l'irritation.

irriverente [ir-ri-ve-rèn-te] *agg.* irrévérencieux*.

irriverentemente [ir-ri-ve-ren-te-mén-te] *avv.* irrévérencieusement.

irriverenza [ir-ri-ve-rèn-za] *n.f.* irrévérence.

irrobustire [ir-ro-bu-stì-re] *v.tr.* [coniug. come *finire*] fortifier ♦ **irrobustirsi** *v.pron.intr.* devenir* (de plus en plus) robuste.

irrogare [ir-ro-gà-re] *v.tr.* [coniug. come *legare*] (*dir.*) infliger*.

irrompere [ir-róm-pe-re] *v.intr.* [coniug. come *rompere*; manca il p.p.; aus. *essere*] faire* irruption: *irrompere in casa di qlcu*, faire irruption chez qqn; *irruppero nella piazza*, ils envahirent la place.

irrorare [ir-ro-rà-re] *v.tr.* **1** mouiller **2** (*agr.*) pulvériser **3** (*biol.*) irriguer.

irroratrice [ir-ro-ra-trì-ce] *n.f.* (*agr.*) pulvérisateur (*m.*).

irrorazione [ir-ro-ra-zió-ne] *n.f.* (*agr.*) pulvérisation.

irruente [ir-ru-èn-te] *agg.* impétueux* (*anche fig.*).

irruenza [ir-ru-èn-za] *n.f.* impétuosité; (*fig.*) fougue, ardeur.

irruvidirsi [ir-ru-vi-dìr-si] *v.pron.intr.* [coniug. come *finire*] devenir* rugueux*; (*di mani, di labbra*) gercer*.

irruzione [ir-ru-zió-ne] *n.f.* irruption.
● ***fare irruzione***, faire irruption.

irsuto [ir-sù-to] *agg.* hirsute: *barba irsuta*, barbe hirsute (*o* hérissée).

irto [ìr-to] ***agg.*** *hérissé (*anche fig.*): *irto di ostacoli*, hérissé d'obstacles.

isabella [i-ʃa-bèl-la] ***agg.invar.*** (*di colore*) isabelle* ♦ ***n.m.invar.*** (*cavallo*) isabelle.
● ***uva isabella***, raisin framboise.

isba [ì-ʃba] ***n.f.*** isba.

ischemia [i-sche-mì-a] ***n.f.*** (*med.*) ischémie.

ischio [ì-schio] ***n.m.*** [pl. *-schi*] (*anat.*) ischion.

iscritto [i-scrìt-to] ***agg.*** e ***n.m.*** [f. *-a*] inscrit: *studente iscritto al terzo anno*, étudiant inscrit en troisième année; *un iscritto al sindacato*, un membre du, un adhérent au syndicat, un syndiqué.
● ***i non iscritti***, (*a partito ecc.*) les inorganisés.

iscritto, per [per i-scrìt-to] ***avv.*** par écrit: *mettilo per iscritto*, écris-le.

iscrivere [i-scrì-ve-re] ***v.tr.*** [coniug. come *scrivere*] inscrire*: *iscrivere a una scuola, a un esame*, inscrire à une école, à un examen ♦ **iscriversi** ***v.pron.*** s'inscrire*: *iscriversi a un'associazione, a un partito*, s'inscrire à une association, à un parti.

I

iscrizione [i-scri-zió-ne] ***n.f.*** **1** inscription: *iscrizione a un concorso*, inscription à un concours **2** (*scritta scolpita*) inscription: *iscrizione marmorea, bronzea*, inscription dans le marmbre, dans le bronze.
● (*dir.*) ***iscrizione a ruolo***, inscription au rôle | ***iscrizione funebre***, inscription funéraire.

islam [i-ʃlàm *o* ìʃlam] ***n.m.invar.*** (*st. relig.*) islam.

islamico [i-ʃlà-mi-co] ***agg.*** [pl.m. *-ci*, f. *-che*] islamique ♦ ***n.m.*** [f. *-a*] musulman.

islamismo [i-ʃla-mì-ʃmo] ***n.m.*** islamisme, islam.

islamista [i-ʃla-mì-sta] ***agg.*** e ***n.m.*** e ***f.*** islamiste.

islamizzare [i-ʃla-miʒ-ʒà-re] ***v.tr.*** islamiser.

islamizzazione [i-sla-miz-za-zió-ne] ***n.f.*** islamisation.

islamofobia [i-ʃla-mo-fo-bì-a] ***n.f.*** islamophobie.

islandese [i-ʃlan-dé-se] ***agg.*** islandais ♦ ***n.m.*** (*lingua*) islandais ♦ ***n.m.*** e ***f.*** (*abitante*) Islandais/e.

iso- ***pref.*** iso-.

isobara [i-ʃò-ba-ra] ***n.f.*** (*geogr.*) isobare.

isobarico [i-ʃo-bà-ri-co] ***agg.*** [pl. *-ci*] (*geogr.*) isobare.

isobata [i-ʃò-ba-ta] ***n.f.*** (*geogr.*) isobathe.

isocronismo [i-ʃo-cro-nì-ʃmo] ***n.m.*** (*fis.*) isochronisme.

isocrono [i-ʃò-cro-no] ***agg.*** (*fis.*) isochrone, isochronique.

isoglossa [i-ʃo-glòs-sa] ***n.f.*** (*ling.*) isoglosse.

isoieta [i-ʃo-iè-ta] ***n.f.*** (*geogr.*) isohyète.

isoipsa [i-ʃo-ì-psa] ***n.f.*** (*geogr.*) courbe de niveau.

isola [ì-ʃo-la] ***n.f.*** **1** île **2** (*fig.*) îlot (*m.*) **3** (*etnologia, sociologia*) isolat (*m.*): *isola culturale*, isolat culturel **4** (*isolato*) îlot (*m.*) **5** (*spartitraffico*) îlot (*m.*) directionnel; (*per pedoni*) refuge (*m.*).
● ***isola corallina***, île de corail | ***isola pedonale***, zone piétonnière, zone piétonne.

isolamento [i-ʃo-la-mén-to] ***n.m.*** **1** isolement **2** (*fis.*) isolation (*f.*).
● (*fis.*): ***isolamento acustico***, insonorisation (*o* isolation acoustique); ***isolamento termico***, isolation thermique | (*med.*) ***reparto di isolamento***, rayon, service des contagieux.

isolano [i-ʃo-là-no] ***agg.*** e ***n.m.*** [f. *-a*] insulaire.

isolante [i-ʃo-làn-te] ***agg.*** e ***n.m.*** isolant.
● ***nastro isolante***, ruban isolant.

isolare [i-ʃo-là-re] ***v.tr.*** isoler: *isolare una parola dal contesto*, isoler un mot de son contexte; *l'incendio è stato isolato*, l'incendie a été circonscrit ♦ **isolarsi** ***v.pron.*** s'isoler.
● ***isolare acusticamente***, insonoriser.

isolatamente [i-so-la-ta-mén-te] ***avv.*** isolément.

isolato[1] [i-ʃo-là-to] ***agg.*** isolé: *vivere isolato dal mondo*, vivre isolé du monde; *una protesta isolata*, une protestation isolée (*o* individuelle).

isolato[2] ***n.m.*** (*urbanistica*) îlot.

isolazionismo [i-ʃo-la-zio-nì-ʃmo] ***n.m.*** (*pol.*) isolationnisme.

isolazionista [i-ʃo-la-zio-nì-sta] ***agg.*** e ***n.m.*** e ***f.*** (*pol.*) isolationniste.

isoletta [i-so-lét-ta] ***n.f.*** **isolotto** ***n.m.*** îlot (*m.*).

isomeria [i-ʃo-me-rì-a] ***n.f.*** (*chim.*) isomérie.

isomero [i-ʃò-me-ro] ***agg.*** e ***n.m.*** (*chim.*) isomère.

isometrico [i-ʃo-mè-tri-co] ***agg.*** [pl.m. *-ci*, f. *-che*] (*scient.*) isométrique.

isomorfo [i-ʃo-mòr-fo] ***agg.*** (*chim., mat.*) isomorphe.

isoscele [i-ʃò-sce-le] ***agg.*** (*mat.*) isocèle.

isoterma [i-ʃo-tèr-ma] ***n.f.*** (*geogr.*) isotherme.

isotermico [i-ʃo-tèr-mi-co] ***agg.*** [pl.m. *-ci*, f. *-che*] (*fis.*) isotherme.

isotopo [i-ʃò-to-po] ***agg.*** e ***n.m.*** (*chim.*) isotope.

ispanico [i-spà-ni-co] ***agg.*** [pl.m. *-ci*, f. *-che*] hispanique.

ispanismo [i-spa-nì-ʃmo] ***n.m.*** (*ling.*) hispanisme.

ispanista [i-spa-nì-sta] ***n.m.*** e ***f.*** hispanisant/e.

ispano- ***pref.*** hispano-.

ispano-americano [i-spà-no-a-me-ri-cà-no] ***agg.*** hispano-américain*.

ispessimento [i-spes-si-mén-to] ***n.m.*** épaississement.

ispessire [i-spes-sì-re] ***v.tr.*** [coniug. come *finire*] épaissir ♦ **ispessirsi** ***v.pron.intr.*** (s')épaissir.

ispettorato [i-spet-to-rà-to] ***n.m.*** **1** (*carica di ispettore*) inspectorat **2** (*organo e sede*) inspection (*f.*).
● ***Ispettorato del Lavoro***, Inspection du Travail.

ispettore [i-spet-tó-re] ***n.m.*** [f. *-trice*] inspecteur*.
● ***ispettore del lavoro***, inspecteur du travail | ***ispettore di polizia***, inspecteur de police | ***ispettore fiscale***, inspecteur des contributions | ***ispettore scolastico***, inspecteur (de l'enseignement) primaire.

ispezionare [i-spe-zio-nà-re] ***v.tr.*** inspecter.

ispezione [i-spe-zió-ne] ***n.f.*** inspection: *fare un'ispezione*, faire une inspection.
● ***ispezione doganale***, visite de la douane | ***diritto d'ispezione***, droit de regard.

ispido [ì-spi-do] ***agg.*** **1** hirsute **2** (*fig.*) épineux*; (*di persona*) revêche.
● ***ispido come un porcospino***, hérissé comme un porc-épic.

ispirare [i-spi-rà-re] ***v.tr.*** inspirer: *ispirare fiducia*, inspirer confiance; *ispirare simpatia, coraggio*, inspirer de la sympathie, du courage ♦ **ispirarsi** ***v.pron.intr.*** s'inspirer (**de**): *ispirarsi alla natura*, s'inspirer de la nature.

ispirato [i-spi-rà-to] ***agg.*** inspiré (**de**, **par**).

ispiratore [i-spi-ra-tó-re] ***agg.*** e ***n.m.*** [f. *-trice*] inspirateur*.

ispirazione [i-spi-ra-zió-ne] ***n.f.*** inspiration: *seguire la propria ispirazione*, suivre son inspiration; *trarre ispirazione da qlco*, tirer son inspiration, s'inspirer de qqch; *mi* *è venuta l'ispirazione d'agire così*, l'idée m'est venue d'agir ainsi.

israeliano [i-ʃrae-lià-no] *agg.* israélien* ♦ *n.m.* [f. *-a*] (*abitante*) Israélien*.

israelita [i-ʃrae-lì-ta] *agg.* israélite ♦ *n.m.* e *f.* (*abitante*) Israélite.

issa [ìs-sa] *inter.* *hisse, *hissez.

issare [is-sà-re] *v.tr.* *hisser: *issare le vele*, hisser les voiles ♦ **issarsi** *v.pron.* se *hisser.

issopo [is-sò-po *o* ìssopo] *n.m.* (*bot.*) hysope.

istantanea [i-stan-tà-ne-a] *n.f.* (*fot.*) instantané (*m.*).

istantaneamente [i-stan-ta-ne-a-mén-te] *avv.* instantanément.

istantaneo [i-stan-tà-ne-o] *agg.* instantané; (*immediato*) immédiat: *reazione istantanea*, réaction instantanée (*o* immédiate); *decisione istantanea*, décision immédiate.

istante [i-stàn-te] *n.m.* instant: *durare un solo istante*, ne durer qu'un instant; *pochi istanti*, quelques instants; *un istante di gioia*, un moment de joie.
● ***all'istante***, ***sull'istante***, à l'instant | ***in un istante***, en un instant | ***nell'istante che***, à l'instant même où | ***tra un istante***, dans un instant.

istanza [i-stàn-za] *n.f.* 1 instance: *fare istanza per ottenere qlco*, solliciter qqch 2 (*esigenza*) exigence: *le istanze sociali*, les exigences de la collectivité.
● (*dir.*) ***istanza di divorzio***, instance de divorce | ***a***, ***per istanza di qlcu***, sur la demande, la requête de qqn | ***in ultima istanza***, (*fig.*) en dernier ressort.

isteria [i-ste-rì-a] *n.f.* (*med.*) hystérie (*anche fig.*).
● ***isteria collettiva***, hystérie collective.

isterico [i-stè-ri-co] *agg.* e *n.m.* [f. *-a*; pl.m. *-ci*, f. *-che*] hystérique.
● ***attacco isterico***, crise d'hystérie | ***gravidanza isterica***, grossesse nerveuse.

isterilire [i-ste-ri-lì-re] *v.tr.* [coniug. come *finire*] rendre* stérile (*anche fig.*) ♦ **isterilirsi** *v.pron.intr.* devenir* stérile.

isterismo [i-ste-rì-ʃmo] *n.m.* hystérie (*f.*).

istigare [i-sti-gà-re] *v.tr.* [coniug. come *legare*] inciter, pousser: *istigare qlcu a mentire*, inciter (*o* pousser) qqn à mentir.

istigatore [i-sti-ga-tó-re] *agg.* e *n.m.* [f. *-trice*] instigateur*.

istigazione [i-sti-ga-zió-ne] *n.f.* incitation; instigation.

istillare [i-stil-là-re] *v.tr.* instiller (*anche fig.*)

istillazione [i-stil-la-zió-ne] *n.f.* instillation.

istintivamente [i-stin-ti-va-mén-te] *avv.* instinctivement.

istintivo [i-stin-tì-vo] *agg.* e *n.m.* [f. *-a*] instinctif*: *antipatia istintiva*, antipathie instinctive.

istinto [i-stìn-to] *n.m.* instinct: *seguire l'istinto*, suivre son instinct; *cedere ai propri istinti*, céder à ses instincts.
● ***istinto di conservazione***, instinct de conservation | ***istinto di sopravvivenza***, instinct de survie | ***d'istinto***, ***per istinto***, d'instinct, par instinct.

istituire [i-sti-tu-ì-re] *v.tr.* [coniug. come *finire*] instituer; (*fondare*) fonder: *istituire delle relazioni diplomatiche*, instituer des relations diplomatiques; *istituire un premio letterario*, fonder un prix littéraire; *istituire una legge*, établir une loi.
● ***istituire un confronto***, établir (*o* instituer) une comparaison.

istitutivo [i-sti-tu-tì-vo] *agg.* (*dir.*) constitutif*.

istituto [i-sti-tù-to] *n.m.* 1 institut; (*scolastico, ospedaliero, di pena*) établissement; (*di beneficenza*) institution (*f.*); (*collegio*) pensionnat 2 (*nelle università*) institut 3 (*dir.*) (*istituzione*) institution (*f.*): *l'istituto della famiglia*, l'institution de la famille.
● ***istituto bancario***, établissement bancaire | ***istituto di bellezza***, institut de beauté | ***istituto di credito***, institut de crédit | (*dir.*) ***istituto giuridico***, institution juridique | ***istituto magistrale***, école normale | ***istituto religioso***, institut religieux | ***istituto tecnico***, lycée d'enseignement professionnel, LEP.

istitutore [i-sti-tu-tó-re] *n.m.* 1 (*fondatore*) fondateur 2 (*educatore*) instituteur, précepteur*.

istitutrice [i-sti-tu-trì-ce] *n.f.* (*educatrice*) institutrice.

istituzionale [i-sti-tu-zio-nà-le] *agg.* institutionnel*.
● ***corso istituzionale***, cours de bases.

istituzionalizzare [i-sti-tu-zio-na-liʒ-ʒà-re] *v.tr.* institutionnaliser.

istituzione [i-sti-tu-zió-ne] *n.f.* 1 institution: *è un ufficio di recente istituzione*, c'est un département récemment institué 2 (*dir.*) (*ordinamento, istituto*) institution: *le istituzioni democratiche*, les institutions démocratiques 3 (*pl.*) (*fondamenti*) bases.
● ***istituzioni di diritto romano***, instituts de droit romain.

istmico [ìst-mi-co] *agg.* [pl.m. *-ci*, f. *-che*] isthmique (*anche med.*).

istmo [ìst-mo] *n.m.* (*geogr., anat.*) isthme.

istogramma [i-sto-gràm-ma] *n.m.* (*stat.*) histogramme.

istologia [i-sto-lo-gì-a] *n.f.* (*biol.*) histologie.

istologico [i-sto-lò-gi-co] *agg.* [pl.m. *-ci*, f. *-che*] (*biol.*) histologique.

istoriare [i-sto-rià-re] *v.tr.* historier.

istradare [i-stra-dà-re] *v.tr.* acheminer; (*fig.*) orienter: *istradare qlcu in una professione*, orienter qqn vers une profession ♦ **istradarsi** *v.pron.intr.* se diriger*; (*fig.*) s'orienter.

istriano [i-stri-à-no] *agg.* istrien* ♦ *n.m.* [f. *-a*] (*abitante*) Istrien*.

istrice [ì-stri-ce] *n.m.* 1 (*zool.*) porc-épic* 2 (*fig.*) *hérisson.

istrione [i-stri-ó-ne] *n.m.* [f. *-a*] histrion (*anche fig.*).

istrionismo [i-stri-o-nì-ʃmo] *n.m.* façons (*f.pl.*) d'histrion.

istruire [i-stru-ì-re] *v.tr.* [coniug. come *finire*] 1 instruire* 2 (*insegnare*) apprendre*: *istruire qlcu su, in qlco*, apprendre à qqn, qqch 3 (*ammaestrare*) dresser: *istruire un cane*, dresser un chien 4 (*consigliare*) conseiller: *l'ho istruito sul modo di agire*, je lui ai donné des indications (*o* des instructions) sur la façon d'agir 5 (*dir.*) instruire*: *istruire una causa, un processo*, instruire une affaire, un procès ♦ **istruirsi** *v.pron.* 1 s'instruire* 2 (*informarsi*) s'informer, se renseigner.
● ***ti hanno istruito bene!***, (*iron.*) tu sais bien ta leçon!

istruito [i-stru-ì-to] *agg.* instruit.

istruttivo [i-strut-tì-vo] *agg.* instructif*.

istruttore [i-strut-tó-re] *n.m.* [f. *-trice*] 1 instructeur 2 (*aut., sport*) moniteur*.
● (*dir.*) ***giudice istruttore***, juge instructeur, d'instruction.

istruttoria [i-strut-tò-ria] *n.f.* (*dir.*) instruction: *aprire, chiudere un'istruttoria*, ouvrir, clore une instruction.

I

istruttorio [i-strut-tò-rio] ***agg.*** [pl.m. *-ri*] (*dir.*) d'instruction.
● ***procedimento istruttorio***, procédure d'information.

istruzione [i-stru-zió-ne] ***n.f.*** **1** instruction; (*insegnamento*) enseignement (*m.*); (*formazione*) formation: *ha una buona istruzione classica*, il a une bonne formation classique **2** (*cultura*) instruction, culture: *senza istruzione*, sans instruction **3** (*spec. pl.*) (*direttive*) instructions (*pl.*) | *attenersi alle istruzioni del medico*, suivre les prescriptions du médecin **4** (*dir.*) instruction.
● ***istruzione obbligatoria***, instruction obligatoire | ***istruzione permanente***, formation continue, permanente | ***istruzione pubblica***, ***privata***, enseignement public, privé | ***istruzione superiore***, enseignement supérieur | ***istruzioni per l'uso***, mode d'emploi | ***Ministero dell'Istruzione, dell'Università e della Ricerca***, Ministère de l'Éducation Nationale; (*Svizzera*) Ministère de l'Instruction Publique.

istupidire [i-stu-pi-dì-re] ***v.tr.*** [coniug. come *finire*] abrutir ♦ **istupidirsi** ***v.pron.intr.*** s'abrutir.

italianismo [i-ta-lia-ni-ʃmo] ***n.m.*** (*ling.*) italianisme.

italianista [i-ta-lia-ni-sta] ***agg.*** e ***n.m.*** e ***f.*** italianisant/e.

italianizzare [i-ta-lia-niʒ-ʒà-re] ***v.tr.*** italianiser.

italiano [i-ta-lià-no] ***agg.*** italien* ♦ ***n.m.*** **1** (*lingua*) italien **2** [f. *-a*] (*abitante*) Italien*.

italico [i-tà-li-co] ***agg.*** [pl.m. *-ci*, f. *-che*] **1** italique **2** (*tip.*) italique **3** (*letter.*) (*italiano*) italien*.

italo- ***pref.*** italo-.

italoamericano [i-ta-lo-a-me-ri-cà-no] ***agg.*** italo-américain*.

italo-francese [i-ta-lo-fran-cé-se] ***agg.*** italo-français*, franco-italien*.

iter [ì-ter] ***n.m.invar.*** procédure (*f.*): *l'iter parlamentare di una legge*, le cheminement parlementaire d'une loi.
● ***iter burocratico***, procédure bureaucratique.

iterativo [i-te-ra-tì-vo] ***agg.*** itératif*.

iterato [i-te-rà-to] ***agg.*** répété.

iterazione [i-te-ra-zió-ne] ***n.f.*** itération.

itinerante [i-ti-ne-ràn-te] ***agg.*** itinérant.

itinerario [i-ti-ne-rà-rio] ***n.m.*** e ***agg.*** [pl.m. *-ri*] itinéraire.

itterizia [it-te-rì-zia] ***n.f.*** (*med.*) jaunisse.

ittero [ìt-te-ro] ***n.m.*** (*med.*) ictère.

ittico [ìt-ti-co] ***agg.*** [pl.m. *-ci*, f. *-che*] du poisson.
● ***mercato ittico***, marché du poisson | ***patrimonio ittico***, ressources en poissons | ***settore ittico***, secteur de la pêche et de la conservation du poisson.

ittiofago [it-tiò-fa-go] ***agg.*** e ***n.m.*** [f. *-a*; pl.m. *-ci*, f. *-che*] ichtyophage.

ittiolo [it-tiò-lo] ***n.m.*** (*med.*) ichtyol.

ittiologia [it-tio-lo-gì-a] ***n.f.*** ichtyologie.

ittiologico [it-tio-lò-gi-co] ***agg.*** [pl.m. *-ci*, f. *-che*] ichtyologique.

ittiologo [it-tiò-lo-go] ***n.m.*** [f. *-a*; pl.m. *-gi*, f. *-ghe*] ichtyologiste.

ittita [it-tì-ta] ***agg.*** e ***n.m.*** e ***f.*** *hittite.
● (*st.*) ***gli ittiti***, les Hittites.

IUD ***n.m.invar.*** (*med.*) stérilet.

iugoslavo [iu-go-ʃlà-vo] ***agg.*** (*st.*) yougoslave ♦ ***n.m.*** [f. *-a*] (*st.*) Yougoslave.

iuta [iù-ta] ***n.f.*** jute (*m.*).

iva [ì-va] **IVA** ***n.f.*** (*sigla di* Imposta sul Valore Aggiunto) (*fin.*) TVA (taxe sur, à la valeur ajoutée).

ivi [ì-vi] ***avv.*** (*letter.*) **1** (*di luogo*) là **2** (*nelle citazioni bibliografiche*) ibidem.
● ***ivi compreso***, (y) compris: *ivi compreso l'imballaggio*, l'emballage (y) compris.

Jj

j *n.f.* o *m.invar.* j (*m.*).
● (*tel.*) ***j come jersey***, j comme Jean.
jack [dʒɛk] *n.m.invar.* (*elettr., tel.*) jack.
jacuzzi® [ja-cùz-zi] *n.f.invar.* jacuzzi® (*m.*).
jam-session [dʒɛm'sɛʃʃon] *n.f.invar.* (*mus.*) jam-session* | *fare una jam-session*, (*fam.*) faire une jam (*o* faire un bœuf).
jazz [dʒɛz] *n.m.* e *agg.invar.* (*mus.*) jazz.
jazzista [jaz-zì-sta] *n.m.* e *f.* joueur/euse de jazz, jazzman (*m.*).
jazzistico [jaz-zì-sti-co] *agg.* [pl.m. *-ci*, f. *-che*] de jazz.
jeans [dʒins] *n.m.invar.* **1** (*tela*) jean **2** (*pl.*) (blue-)jean (*sing.*), jeans (*sing.* o *pl.*): *un paio di jeans*, un jean (*o* jeans), des jeans.
jeanseria [dʒinse'ria] *n.f.* jeanserie.
jeep® [dʒip] *n.f.invar.* (*aut.*) jeep®.
jet [dʒɛt] *n.m.invar.* (*aer.*) avion à réaction, jet.
jetlag [dʒɛ'lɛg] *n.m.invar.* jetlag, décalage horaire.
jet-set [dʒet'set] *n.m.invar.* haute société (*f.*) internationale, jet-set*.
jihad [ʒi'ad] *n.f.invar.* jihad (*m.*).
jodler ['jodler] *n.m.invar.* (*mus.*) (*tipico canto tirolese*) tyrolienne (*f.*).
jogger ['dʒɔgger] *n.m.* e *f.invar.* joggeur/euse.
jogging ['dʒɔggiŋg] *n.m.invar.* (*sport*) jogging.
joint venture ['dʒɔint'vɛntʃur] *n.f.invar.* (*econ.*) coentreprise, joint-venture*.
jojoba [dʒo'dʒoba] *n.f.invar.* (*bot.*) jojoba.
jolly ['dʒɔlli] *n.m.invar.* **1** (*carta da gioco*) joker **2** (*uomo tuttofare*) homme-orchestre*.
joule [dʒaul] *n.m.invar.* (*elettr.*) joule.
joypad ['dʒɔipɛd] *n.m.invar.* (*inform.*) joypad, manette (*f.*) de jeu.
joystick ['dʒɔistik] *n.m.invar.* (*inform.*) manche à balai, joystick.
judo [dʒudo] *n.m.invar.* judo.
judoista [ju-do-ì-sta] *n.m.* e *f.* judoka.
jugoslavo [ju-go-ʃlà-vo] *agg.* e *n.m.* [f. *-a*] → **iugoslavo**.
juke-box [dʒu'bɔks] *n.m.invar.* juke-box.
jumbo-jet [dʒumbo'dʒɛt] *n.m.invar.* jumbo-jet*.
jumbo-tram [dʒumbo'tram] *n.m.invar.* tram à grande capacité.
jumping ['dʒampiŋg] *n.m.invar.* (*sport*) saut à l'élastique.
junior [jù-nior] *agg.* e *n.m.* e *f.* [pl. *juniores*] (*sport*) junior.
junk food ['dʒaŋkfud] *n.m.invar.* malbouffe (*f.*).

Kk

k *n.f.* o *m.invar.* k (*m.*).
● (*tel.*) *k come Kursaal*, k comme Kléber.
kafkiano [kaf-kià-no] *agg.* (*st. lett.*) kafkaïen*.
kajal [ka'dʒal] *n.m.invar.* (*cosmesi*) khôl, kohol.
kaki[1] [kà-ki] *n.m.* e *agg.invar.* → **cachi**[1].
kaki[2] *n.m.invar.* → **cachi**[2].
kamikaze [kami'kaddze] *n.m.* e *f.* e *agg.invar.* kamikaze (*anche fig.*).
kantiano [kan-tià-no] *agg.* (*st. fil.*) kantien*.
kapok [ka-pòk] *n.m.invar.* (*bot.*) capoc.
karaoke [kara'ɔke] *n.m.invar.* karaoké.
karatè [ka-ra-tè] *n.m.invar.* karaté.
karateka [ka-ra-tè-ka] *n.m.* e *f.invar.* karatéka.
kart *n.m.invar.* (*sport*) kart.
kartodromo [kar-tò-dro-mo] *n.m.* piste (*f.*) de kart.
kasba [kà-ʃba] *n.f.* → **casba**.
kashmir ['kaʃmir] *n.m.invar.* → **cashmere**.
kayak [ka-yàk] *n.m.invar.* (*sport*) kayak.
kayakista [ka-ya-kì-sta] *n.m.* e *f.* (*sport*) kayakiste.
kazako [ka-ʒà-ko] *agg.* kazakh ♦ *n.m.* [f. *-a*] (*abitante*) Kazakh.
kebab [ke'bab] *n.m.invar.* (*cuc.*) kébab, kebab.
kefiyyah [kɛ'fia] *n.f.invar.* (*copricapo arabo*) keffieh (*m.*).
keniano [ke-nià-no] *agg.* e *n.m.* [f. *-a*] → **keniota**.
keniota [ke-niò-ta] *agg.* kényan ♦ *n.m.* e *f.* (*abitante*) Kényan/e.
kermesse [kɛr'mɛs] *n.f.invar.* (*festa all'aperto*) kermesse.
ketchup ['kɛtʃap] *n.m.invar.* (*cuc.*) ketchup.
keyword ['keiwɔrd] *n.f.invar.* (*inform.*) mot-clé*.
khan *n.m.invar.* khan.
khmer *agg.invar.* khmer* ♦ *n.m.* e *f.invar.* (*abitante*) Khmer/ère ♦ *n.m.invar.* (*lingua*) khmer.
kibbutz [kib'buts] *n.m.invar.* kibboutz.
kick *n.m.invar.* (*Internet*) kickage.
kickàre [kik'kare] *v.tr.* (*Internet*) (*fam.*) éjecter, kicker.
kickboxing [kik'bɔksiŋg] *n.m.invar.* (*sport*) kick-boxing.
killer [kìl-ler] *n.m.* e *f.invar.* tueur/euse à gages ♦ *agg.invar.* tueur*: *batterio killer*, bactérie tueuse.
● *serial killer*, tueur en série.
kilo- → **chilo-**.
kilobyte [kilo'bait] *n.m.invar.* (*inform.*) kilo-octet.
kilowatt [kì-lo-watt] *n.m.invar.* (*elettr.*) kilowatt.
kimono [ki-mò-no] *n.m.invar.* kimono.
kinderheim [kinde'raim] *n.m.invar.* *home d'enfants.
kinesiterapia [ki-ne-si-te-ra-pì-a] *n.f.* → **chinesiterapia**.
kippur [kip-pùr] *n.m.invar.* kippour, kippur.
kirghiso [kir-ghì-ʃo] *agg.* kirghiz, kirghize ♦ *n.m.* **1** [f. *-a*] (*abitante*) Kirghiz **2** (*lingua*) kirghiz, kirghize.
kit *n.m.invar.* (*modellismo, fai-da-te*) kit, prêt-à-monter*.
● *kit di sopravvivenza*, équipement de survie.
kite surf ['kaitsɛrf] *n.m.invar.* (*sport*) kitesurf, flysurf.
kitsch [kitʃ] *agg.* e *n.m.invar.* kitsch.
kiwi [kì-wi] *n.m.invar.* (*bot., zool.*) kiwi.
kleenex® ['klineks] *n.m.invar.* kleenex®.
knock out [nɔk'aut] *n.m.invar.* (*boxe*) knock-out* KO, (*anche fig.*): *andare knock out*, être mis hors de combat; *essere, mettere knock-out*, être, mettre knock-out.
know-how [no'au] *n.m.invar.* savoir-faire*, know -how.
koala [ko-à-la] *n.m.invar.* (*zool.*) koala.
kolchoz ['kɔlkos] *n.m.invar.* kolkhoze.
kolossal [ko'lɔssal] *n.m.invar.* (*cine.*) superproduction (*f.*).
kosovaro [ko-so-và-ro] *agg.* kosovar ♦ *n.m.* [f. *-a*] (*abitante*) Kosovar.
krapfen ['krafen] *n.m.invar.* (*cuc.*) beignet.
kung fu [kuŋg'fu] *n.m.invar.* kung-fu.
kuwaitiano [ku-wai-tià-no] *agg.* koweïtien* ♦ *n.m.* [f. *-a*] (*abitante*) Koweïtien*.
k-way® [ki'wei] *n.m.invar.* (*abbigl.*) k-way®.

L

l *n.f.* o *m.invar.* l (*m.*).
● (*tel.*) ***l come Livorno***, l comme Louis | ***a (forma di) L***, en forme de L.

la[1] *art.det.f.sing.* [si elide davanti a vocale] **1** la: *la casa*, la maison; *la scuola*, l'école; *l'erba*, l'herbe; *l'ernia*, la hernie **2** (*quando indica possesso, parentela o legame personale*) ma, ta, etc.: *è uscito con la zia*, il est sorti avec sa tante; *è uscito con la zia Luisa*, il est sorti avec (la) tante Luisa; *dovresti lavare la gonna rossa*, tu devrais laver ta jupe rouge; *è uscito senza (la) sciarpa*, il est sorti sans écharpe **3** (*non si traduce davanti ad agg.poss.*): *la mia camera*, ma chambre; *la loro piscina*, leur piscine **4** (*fam.*) (*non si traduce davanti a n.pr. di pers.*): *la Giovanna*, Giovanna; *la Deneuve e la Loren*, Catherine Deneuve et Sophia Loren **5** (*con valore distributivo*) la, par: *sarà pagato quindici euro l'ora*, il sera payé quinze euros l'heure (*o* par heure *o* de l'heure); *guadagna trecento euro la settimana*, il gagne trois cents euros par semaine.

NOTA L'articolo francese ***la*** è usato davanti a un nome proprio quando il nome è preceduto da un aggettivo o determinato da un complemento; davanti ad alcuni cognomi di cantanti e attrici celebri; quando indica l'opera di un artista: *la bella Elena*, la belle Hélène; *la Callas, la Duse*, la Callas, la Duse; *la Gioconda*, la Joconde.

la[2] *pron.pers.f. 3ª pers.sing.* [si elide davanti a vocale] **1** (*compl.ogg.*) la*: *l'ho incontrata sabato*, je l'ai rencontrée samedi; *devo vederla, la devo vedere domani*, je dois la voir demain; *aspettiamola qui*, attendons-la ici; *rendimela*, rends-la-moi; *non rendermela, non me la rendere*, ne me la rends pas; *guardandola*, en la regardant **2** (*formula di cortesia*) vous: *la ringrazio signora, signore*, je vous remercie Madame, Monsieur **3** (*in espressioni ellittiche*): *me la pagherete*, vous me le payerez; *per farla breve*, bref; *ce l'ha fatta*, il a réussi; *non ce la faccio più*, je n'en peux plus; *smettila!*, arrête!

la[3] *n.m.* (*mus.*) la.

là *avv.* **1** là: *mettilo là*, mets-le là; *l'ho messo là dove mi avevi detto*, je l'ai mis là où tu m'avais dit de le mettre **2** (*rafforzativo, enfatico*) là-bas; (*rafforzativo di* quello) -là: *zitti là!*, silence, là-bas!; *guarda là che disordine!*, regardez-moi un peu ce désordre!; *ehi là!, ohi là!*, (*per richiamo o rimprovero*) eh là!; *là, ho finito!*, ça y est! j'ai fini!; *quell'uomo là*, cet homme-là; *comprerò quello là*, j'achèterai celui-là.
● ***là accanto***, tout à côté | ***là dentro, là fuori***, là-dedans, là-dehors | ***là intorno***, tout autour; (*nei dintorni*) aux alentours; (*vicino*) tout près | ***là sopra, là sotto***, là-dessus, là-dessous | ***là vicino***, près de là | ***al di là (di, da)***, au-delà (de): *al di là dei monti*, au-delà des montagnes | ***chi è là?, chi va là?***, qui est là?, qui vive? | ***di là***, de là; par là: (*vai*) *via di là*, sors de là; *passerò di là alle 5*, je passerai par là à cinq heures; *si esce di là*, (*da quella parte*) c'est par là qu'on sort; *è di là*, il est (dans la pièce) à côté; *di là da venire*, encore à venir; *il mondo di là*, l'au-delà; *è più di là che di qua*, (*fam.*) il n'en a plus pour longtemps | ***fin là***, jusque là | ***(ma) va' là!***, (*fam.*) (*figurati!*) tu parles!; (*non ci credo!*) sans blagues!; (*non preoccuparti!*) ne t'en fais pas!: *va' là che la sai lunga!*, allez, tu en sais long toi! | ***(più) in là***, (*da un'altra parte*) d'un autre côté; (*più lontano*) plus loin, (*più indietro*) plus arrière; (*più tardi*) plus tard: *voltarsi in là*, se tourner de l'autre côté; *tirarsi, farsi (più) in là*, s'écarter; *andare in là*, (*anche fig.*) (*procedere*) avancer; (*ritardare*) traîner; *andare in là con gli anni*, avancer en âge; *essere in là con gli anni*, être d'un âge avancé; *penso che andremo in là con gli esami*, je pense que les examens dureront plus longtemps que prévu; *è andato, si è spinto troppo in là*, (*fig.*) il est allé trop loin.

labaro [là-ba-ro] *n.m.* bannière (*f.*), étendard.

labbro [làb-bro] *n.m.* **1** [pl. *le labbra*] lèvre (*f.*): *labbra sottili, carnose*, lèvres minces, charnues; *avere la sigaretta tra le labbra*, avoir la cigarette aux lèvres; *dalle sue labbra non è mai uscito un lamento*, jamais une plainte ne s'est échappée de ses lèvres **2** [pl. *i labbri*] (*di una ferita*) lèvre (*f.*) **3** [pl. *i labbri*] (*bordo*) bord: *i labbri di un vaso*, les bords d'un pot.
● ***labbro inferiore, superiore***, lèvre inférieure, supérieure | (*med.*) ***labbro leporino***, bec-de-lièvre | ***a fior di labbra***, du bout des lèvres | (*anat.*) ***grandi, piccole labbra***, grandes, petites lèvres | ***pendere dalle labbra di qlcu***, (*fig.*) être pendu aux lèvres de qqn.

labiale [la-bià-le] *agg.* labial* ♦ *n.f.* (*fon.*) labiale.

labile [là-bi-le] *agg.* **1** (*fugace*) passager* **2** (*debole*) faible, labile **3** (*scient.*) instable.

labilità [la-bi-li-tà] *n.f.invar.* fragilité, caducité.

labirinto [la-bi-rìn-to] *n.m.* labyrinthe.

laboratorio [la-bo-ra-tò-rio] *n.m.* [pl. *-ri*] **1** laboratoire; (*fam.*) labo **2** (*di operai, artigiani*) atelier.
● ***laboratorio di scrittura***, atelier d'écriture | ***laboratorio linguistico***, laboratoire de langues | ***assistente di laboratorio***, laborantin.

laboratorista [la-bo-ra-to-rì-sta] *n.m.* e *f.* laborantin/e.

laboriosità [la-bo-rio-si-tà] *n.f.invar.* **1** (*difficoltà*) difficulté **2** (*operosità*) diligence; activité laborieuse.

laborioso [la-bo-rió-so] *agg.* laborieux*.

labrador [là-bra-dor *o* labradòr] *n.m.* (*cane*) labrador.

labradorite [la-bra-do-rì-te] *n.f.* (*min.*) labrador (*m.*), labradorite.

laburismo [la-bu-rì-ʃmo] *n.m.* (*pol.*) travaillisme.

laburista [la-bu-rì-sta] *agg.* e *n.m.* e *f.* travailliste: *il partito laburista*, le parti travailliste.

lacca [làc-ca] *n.f.* [pl. *-che*] laque | *rosso lacca*, rouge laque.
● ***lacca per capelli***, laque pour cheveux | ***lacca per unghie***, vernis à ongles.

laccare [lac-cà-re] *v.tr.* [coniug. come *mancare*] **1** laquer **2** (*cuc.*) enduire* de sauce aigre-douce ♦ **laccarsi**

v.pron. indiretto *laccarsi le unghie*, se mettre du vernis à ongles.

laccato [lac-cà-to] ***agg.*** laqué | *unghie laccate*, ongles vernis.

laccatura [lac-ca-tù-ra] ***n.f.*** laquage (*m.*).

lacchè [lac-chè] ***n.m.invar.*** laquais.

laccio [làc-cio] ***n.m.*** [pl. *-ci*] **1** lacet; nœud coulant; (*per catturare animali bradi*) lasso **2** (*insidia*) piège **3** (*stringa*) lacet **4** (*fig.*) (*legame*) lien.
● (*med.*) ***laccio emostatico***, garrot, tourniquet | ***mettere, avere il laccio al collo***, (*fig.*) mettre, avoir la corde au cou.

lacerante [la-ce-ràn-te] ***agg.*** déchirant.

lacerare [la-ce-rà-re] ***v.tr.*** déchirer (*anche fig.*) ♦ **lacerarsi** ***v.pron.intr.*** se déchirer.

lacerazione [la-ce-ra-zió-ne] ***n.f.*** déchirement (*m.*); (*ferita*) déchirure.

lacero [là-ce-ro] ***agg.*** **1** déchiré **2** (*che porta abiti laceri*) déguenillé.

lacero-contuso [la-ce-ro-con-tù-ʃo] ***agg.*** (*med.*) contuse: *ferita lacero-contusa*, plaie contuse.

laconicità [la-co-ni-ci-tà] ***n.f.invar.*** laconisme (*m.*).

laconico [la-cò-ni-co] ***agg.*** [pl.m. *-ci*, f. *-che*] laconique.

lacrima [là-cri-ma] ***n.f.*** **1** larme: *gli vennero le lacrime agli occhi*, il en eut les larmes aux yeux; *asciugare le lacrime a qlcu*, (*anche fig.*) essuyer les larmes de qqn **2** (*quantità piccolissima*) larme, soupçon (*m.*): *una lacrima di vino*, un soupçon de vin.
● ***lacrime di coccodrillo***, (*fig.*) larmes de crocodile | ***a calde lacrime***, à chaudes larmes | ***avere le lacrime in tasca***, avoir la larme facile | ***fino alle lacrime***, (*anche fig.*) jusqu'aux larmes: *ridere fino alle lacrime*, rire aux larmes | ***ingoiare le lacrime***, (*fig.*) ravaler ses larmes | ***in lacrime***, en larmes | ***valle di lacrime***, (*fig.*) vallée de larmes.

lacrimale [la-cri-mà-le] ***agg.*** lacrymal*.
● (*archeol.*) ***vaso lacrimale***, lacrymatoire.

lacrimare [la-cri-mà-re] ***v.intr.*** e ***tr.*** [aus. *avere*] pleurer: *mi lacrimano gli occhi*, j'ai les yeux qui pleurent.

lacrimazione [la-cri-ma-zió-ne] ***n.f.*** larmoiement (*m.*).

lacrimevole [la-cri-mé-vo-le] ***agg.*** larmoyant.

lacrimogeno [la-cri-mò-ge-no] ***agg.*** lacrymogène.

lacrimoso [la-cri-mó-so] ***agg.*** larmoyant.

lacuale [la-cu-à-le] ***agg.*** de lac, lacustre | *navigazione lacuale*, navigation sur le lac, navigation intérieure.

lacuna [la-cù-na] ***n.f.*** **1** lacune **2** (*inform.*) trou (*m.*).

lacunare [la-cu-nà-re] ***n.m.*** (*arch.*) caisson.

lacunoso [la-cu-nó-so] ***agg.*** lacunaire.

lacustre [la-cù-stre] ***agg.*** lacustre.

laddove [lad-dó-ve] ***avv.*** là où ♦ ***cong.*** (*letter.*) **1** (*mentre*) tandis que **2** (*se*) si, en cas de.

ladino [la-dì-no] ***agg.*** ladin ♦ ***n.m.*** **1** [f. *-a*] (*persona*) Ladin **2** (*lingua*) ladin.

ladreria [la-dre-rì-a] ***n.f.*** vol (*m.*); escroquerie.

ladresco [la-dré-sco] ***agg.*** [pl.m. *-schi*, f. *-sche*] de voleur | *colpo ladresco*, vol.

ladro [là-dro] ***n.m.*** [f. *-a*] voleur* ♦ ***agg.*** voleur*; (*disonesto*) malhonnête.
● ***ladro di cuori***, (*fig.*) bourreau des cœurs | ***ladro di galline, di polli***, (*fig.*) voleur de poules | ***ladro di strada***, voleur de grand chemin | ***ladro in guanti gialli***, gentleman cambrioleur | ***al ladro!***, au voleur! | ***giocare a guardie e ladri***, jouer aux gendarmes et aux voleurs | (*prov.*) ***l'occasione fa l'uomo ladro***, l'occasion fait le larron | (*elettr.*) ***spina ladra***, prise voleuse | ***tempo da ladri***, (*fig. fam.*) temps de chien.

FAUX AMI
Da non confondere con *ladre*, che significa *tirchio, spilorcio*.

ladrocinio [la-dro-cì-nio] ***n.m.*** → **latrocinio**.

ladrone [la-dró-ne] ***n.m.*** [f. *-a*] larron; (*ladro di strada*) voleur de grand chemin.

lager ['lager] ***n.m.invar.*** camp de concentration: *quel collegio è un lager*, (*fig.*) ce collège, c'est le bagne.

laggiù [lag-giù] ***avv.*** là-bas: *fin laggiù*, jusque là-bas; *di laggiù*, de là-bas.

lagna [là-gna] ***n.f.*** **1** (*lamento*) jérémiades (*pl.*): *finiscila con quella lagna*, finis-en avec ces jérémiades **2** (*persona noiosa*) raseur (*m.*) **3** (*cosa noiosa*) barbe.

lagnanza [la-gnàn-za] ***n.f.*** plainte, doléance.

lagnarsi [la-gnàr-si] ***v.pron.intr.*** se plaindre*: *lagnarsi presso qlcu di qlco*, se plaindre de qqch à qqn; *non puoi lagnarti*, tu n'as pas à te plaindre.

lagnoso [la-gnó-so] ***agg.*** (*fam.*) pleurard; (*noioso*) rasant.

lago [là-go] ***n.m.*** [pl. *-ghi*] **1** lac **2** (*fig.*) mare: *in un lago di sangue*, dans une mare de sang; *in un lago di sudore*, tout en nage.
● ***lago alluvionale***, lac d'origine alluviale | ***lago artificiale***, lac artificiel | ***lago glaciale***, lac glaciaire.

laguna [la-gù-na] ***n.f.*** lagune.

lagunare [la-gu-nà-re] ***agg.*** lagunaire.

laicale [lai-cà-le] ***agg.*** laïque, laïc*.

laicità [lai-ci-tà] ***n.f.invar.*** laïcité.

laicizzare [lai-ciʒ-ʒà-re] ***v.tr.*** **1** laïciser **2** (*ridurre allo stato laicale*) rendre* à la condition laïque.

laicizzazione [lai-ciʒ-ʒa-zió-ne] ***n.f.*** **1** laïcisation **2** (*riduzione allo stato laicale*) perte de l'état ecclésiastique.

laico [lài-co] ***agg.*** [pl.m. *-ci*, f. *-che*] laïque ♦ ***n.m.*** **1** [f. *-a*] laïc* **2** (*frate converso*) (frère) lai.

laidezza [lai-déz-za] ***n.f.*** (*letter.*) *hideur.

laido [lài-do] ***agg.*** (*letter.*) **1** *hideux* **2** (*sporco*) immonde.

lama[1] [là-ma] ***n.f.*** lame: *il filo della lama*, le tranchant de la lame; *temperino a due lame*, canif à deux lames.

lama[2] ***n.m.invar.*** (*zool.*) lama.

lama[3] ***n.m.invar.*** (*monaco buddista tibetano*) lama.

lambda [làmb-da] ***n.m.*** o ***f.invar.*** (*undicesima lettera dell'alfabeto greco*) lambda (*m.*) ♦ ***n.m.*** (*anat.*) lambda.

lambiccarsi [lam-bic-càr-si] ***v.pron.*** [coniug. come *mancare*].
● ***lambiccarsi (il cervello)***, (*fig.*) se creuser la cervelle.

lambiccato [lam-bic-cà-to] ***agg.*** (*fig.*) alambiqué.

lambire [lam-bì-re] ***v.tr.*** [coniug. come *finire*] lécher*.

lambrusco [lam-brù-sco] ***n.m.*** [pl. *-schi*] lambrusco (vin rouge italien).

lamé [la-mé] ***agg.*** e ***n.m.invar.*** (*tess.*) lamé.

lamella [la-mèl-la] ***n.f.*** **1** lamelle **2** (*di fungo*) lame.

lamellare [la-mel-là-re] ***agg.*** lamellaire.

lamentare [la-men-tà-re] ***v.tr.*** déplorer: *non si lamentano vittime*, on ne déplore aucune victime ♦ **lamentarsi** ***v.pron.intr.*** se plaindre*: *non posso lamentarmi*, je n'ai pas à me plaindre; *lamentarsi di qlco con qlcu*, se plaindre de qqch à qqn.

lamentazione [la-men-ta-zió-ne] ***n.f.*** lamentation.

lamentela [la-men-tè-la] ***n.f.*** plainte.

lamentevole [la-men-té-vo-le] ***agg.*** **1** plaintif*; (*piagnucoloso*) geignant **2** (*degno di pietà, deplorevole*) lamentable.

lamento [la-mén-to] ***n.m.*** **1** plainte (*f.*); (*gemito*) gémissement **2** (*lett., mus.*) complainte (*f.*).

lamentoso [la-men-tó-so] ***agg.*** plaintif*.

lametta [la-mét-ta] ***n.f.*** (*da rasoio*) lame de rasoir.
● ***lametta da barba***, lame de rasoir.

lamiera [la-miè-ra] ***n.f.*** tôle: *un ammasso di lamiere contorte*, un amas de tôles froissées.

lamierino [la-mie-rì-no] ***n.m.*** tôle (*f.*) fine.

lamina [là-mi-na] ***n.f.*** lame: *una lamina di legno, di vetro*, une feuille de bois, de verre.

laminare[1] [la-mi-nà-re] ***agg.*** laminaire.

laminare[2] ***v.tr.*** **1** laminer **2** (*ricoprire di lamine*) plaquer.

laminato[1] [la-mi-nà-to] ***agg.*** e ***n.m.*** (*tessuto*) lamé.

laminato[2] ***n.m.*** **1** (*metall.*) laminé | *laminato grezzo*, brut de laminage **2** (*di altri materiali*) lamifié, stratifié.

laminatoio [la-mi-na-tó-io] ***n.m.*** [pl. *-oi*] (*mecc.*) laminoir: *laminatoio per lamiere*, laminoir à tôles.

laminatura [la-mi-na-tù-ra] ***n.f.*** (*tecn.*) laminage (*m.*).

lampada [làm-pa-da] ***n.f.*** **1** lampe **2** (*lampadina*) ampoule **3** (*per abbronzarsi*) lampe à bronzer: *farsi una lampada*, (*fam.*) se faire des UV, faire une séance UV.
● ***lampada a muro***, applique | ***lampada a raggi ultravioletti***, lampe à ultraviolets, lampe à bronzer | ***lampada a raggi UVA***, lampe UV | ***lampada a stelo, a piede***, lampadaire | ***lampada da minatore***, lampe de mineur | ***lampada da tavolo***, lampe de bureau | ***lampada per saldare***, lampe à souder | ***lampada spia***, voyant.

lampadario [lam-pa-dà-rio] ***n.m.*** [pl. *-ri*] lustre.

FAUX AMI
Da non confondere con *lampadaire*, che significa *lampada a stelo* o *lampione*.

lampadarsi [lam-pa-dàr-si] ***v.pron.*** (*fam.*) (*abbronzarsi artificialmente*) faire* des UV.

lampadato [lam-pa-dà-to] ***agg.*** bronzé aux UV.

lampadina [lam-pa-dì-na] ***n.f.*** ampoule: *lampadina smerigliata*, ampoule dépolie; *lampadina mignon*, lampe à petite vis; *la lampadina (si) è fulminata*, l'ampoule est grillée | *a un tratto mi si è accesa la lampadina*, (*fig.*) tout à coup j'ai eu le déclic.
● ***lampadina da notte***, veilleuse | ***lampadina intermittente***, lampe clignotante.

lampante [lam-pàn-te] ***agg.*** éclatant, évident: *ma è lampante!*, mais ça saute aux yeux!

lampara [lam-pà-ra] ***n.f.*** (*mar.*) lamparo (*m.*).

lampeggiamento [lam-peg-gia-mén-to] ***n.m.*** **1** (*meteor.*) éclairs (*pl.*) **2** (*di luci*) clignotement.

lampeggiare [lam-peg-già-re] ***v.intr.*** [coniug. come *mangiare*; aus. *avere*] **1** étinceler* (*anche fig.*): *l'ira lampeggia nei suoi occhi*, la colère brille dans ses yeux **2** (*emettere una luce intermittente*) clignoter; (*aut.*) faire* clignoter les phares ♦ ***v.intr.impers.*** [aus. *essere* o *avere*] (*meteor.*) faire* des éclairs.

lampeggiatore [lam-peg-gia-tó-re] ***n.m.*** (*aut.*) clignotant.

lampeggio [lam-pég-gio] ***n.m.*** [pl. *-gi*] **1** éclairs (*pl.*) **2** (*di luci*) clignotement.

lampionaio [lam-pio-nà-io] ***n.m.*** [f. *-a*; pl.m. *-ai*] allumeur de réverbères.

lampioncino [lam-pion-cì-no] ***n.m.*** lanterne (*f.*) vénitienne, lampion.

lampione [lam-pió-ne] ***n.m.*** **1** (*stradale*) réverbère **2** (*di carrozza*) lanterne (*f.*).

FAUX AMI
Da non confondere con *lampion*, che significa *lampioncino*.

lampo [làm-po] ***n.m.*** éclair (*anche fig.*): *il bagliore di un lampo*, la lueur d'un éclair; *un lampo di luce*, un éclat de lumière ♦ ***agg.invar.*** éclair: *visita lampo*, visite éclair.
● ***lampo di genio***, (*fig.*) trait de génie | ***chiusura, cerniera lampo***, fermeture éclair, zip | ***guerra lampo***, guerre éclair | ***in un lampo***, en un éclair: *la giornata è passata in un lampo*, la journée a passé comme un éclair.

FAUX AMI
Da non confondere con *lampe*, che significa *lampada*.

lampone [lam-pó-ne] ***n.m.*** (*bot.*) **1** (*frutto*) framboise (*f.*) **2** (*pianta*) framboisier.

lampreda [lam-prè-da] ***n.f.*** (*zool.*) lamproie.

lana [là-na] ***n.f.*** laine: *calze di lana*, bas de laine; *stoffa di lana*, tissu en laine.
● ***lana di vetro, di ferro***, laine de verre, paille de fer | ***lana mista***, mi-laine | ***lana-seta***, laine et soie | ***essere della stessa lana***, (*fig.*) être du même acabit | ***è una buona lana***, (*fig.*) c'est un mauvais sujet | ***fare questioni di lana caprina***, (*fig.*) discuter sur la pointe d'une aiguille | ***pura lana (vergine)***, pure laine vierge.

lanca [làn-ca] ***n.f.*** [pl. *-che*] (*region.*) anse retirée (d'une rivière).

lanceolato [lan-ce-o-là-to] ***agg.*** (*bot.*) lancéolé.

lancetta [lan-cét-ta] ***n.f.*** **1** (*di orologio*) aiguille **2** (*tecn.*) (*di un indicatore di livello*) jauge **3** (*med.*) lancette.
● ***lancetta delle ore, dei minuti, dei secondi***, petite aiguille, grande aiguille, aiguille des secondes (*o* trotteuse).

FAUX AMI
Nel senso di *lancetta dell'orologio* o *di indicatore di livello*, non è da confondere con *lancette*, che significa *bisturi* o *arco ogivale*.

lancia[1] [làn-cia] ***n.f.*** [f. *-ce*] **1** lance **2** (*tubo metallico*) lance: *lancia di idrante*, lance d'incendie.
● ***lancia in resta***, (*fig.*) lance en arrêt | ***lancia termica***, chalumeau | ***spezzare una lancia in favore di qlcu.***, (*fig.*) rompre une lance pour qqn.

lancia[2] ***n.f.*** [f. *-ce*] (*mar.*) chaloupe, canot (*m.*); (*vedetta*) vedette.
● ***lancia di salvataggio***, chaloupe (*o* canot) de sauvetage.

lanciafiamme [lan-cia-fiàm-me] ***agg.*** e ***n.m.invar.*** lance-flammes.

lanciamissili [lan-cia-mìs-si-li] ***agg.*** e ***n.m.invar.*** lance-missiles.

lanciarazzi [lan-cia-ràʒ-ʒi] ***agg.*** e ***n.m.invar.*** lance-fusées; (*arma*) lance-roquettes: *pistola lanciarazzi*, pistolet lance-fusées; *nave lanciarazzi*, navire lance-fusées.

lanciare [lan-cià-re] ***v.tr.*** [coniug. come *cominciare*] **1** lancer* (*anche fig.*): *lanciare un sasso*, lancer une pierre; *lanciare una sfida*, lancer un défi; *lanciare un'automobile a folle velocità*, lancer une voiture à une vitesse folle | *lanciare un grido*, pousser un cri **2** (*fig.*) (*fare conoscere, diffondere*) lancer*: *lanciare una moda*, lancer une mode **3** (*inform.*) lancer*, amorcer* ♦ **lanciarsi** ***v.pron.*** **1** se lancer* (*anche fig.*): *lanciarsi col paracadute*, se lancer en parachute **2** (*avventarsi*) se jeter*: *lanciarsi contro*

L

qlcu, se jeter contre qqn ♦ ***v.pron.rec. indiretto*** se lancer*: *lanciarsi palle di neve*, se lancer des boules de neige.

lanciasiluri [lan-cia-si-lù-ri] ***n.m.invar.*** (*mar. mil.*) lance-torpilles.

lanciato [lan-cià-to] ***agg.*** lancé (*anche fig.*).
● (*sport*) ***chilometro lanciato***, kilomètre lancé.

lanciatore [lan-cia-tó-re] ***n.m.*** [f. *-trice*] (*sport*) lanceur*.

lanciere [lan-ciè-re] ***n.m.*** (*st. mil.*) lancier.

lancinante [lan-ci-nàn-te] ***agg.*** lancinant: *dolore lancinante*, douleur lancinant; *grido lancinante*, hurlement déchirant.

lancio [làn-cio] ***n.m.*** [pl. *-ci*] **1** lancement (*anche fig.*); (*getto*) jet: *il lancio di una bomba*, le lancement (*o* largage) d'une bombe; *lancio di pietre*, jet de pierres | *lancio pubblicitario*, lancement publicitaire **2** (*il lanciare col paracadute*) largage; (*il lanciarsi con il paracadute*) saut **3** (*sport*) lancement; (*disciplina atletica*) lancer: *un lancio di giavellotto*, un lancement de javelot; *gli atleti avranno diritto a cinque lanci*, les athlètes auront droit à cinq essais **4** (*salto*) saut: *lancio dal trampolino*, saut du tremplin.
● (*sport*): ***lancio del giavellotto***, lancer du javelot; ***lancio del piattello***, ball-trap | ***offerta di lancio***, offre de lancement | ***pesca a lancio***, pêche au lancer | ***ponte di lancio***, (*di portaerei*) pont d'envol | ***rampa di lancio***, rampe de lancement | ***trampolino di lancio***, (*fig.*) rampe de lancement.

L

landa [làn-da] ***n.f.*** lande.

landò [lan-dò] ***n.m.invar.*** (*carrozza*) landau*.

lanetta [la-nét-ta] ***n.f.*** lainage (*m.*) fin.

languidamente [lan-gui-da-mén-te] ***avv.*** langoureusement.

languidezza [lan-gui-déz-za] ***n.f.*** langueur; (*debolezza*) faiblesse | *languidezza di stomaco*, creux à l'estomac.

languido [làn-gui-do] ***agg.*** langoureux*; (*debole*) faible: *sguardo languido*, regard langoureux; *parlare con voce languida*, parler d'une voix langoureuse.

languire [lan-guì-re] ***v.intr.*** [pres.indic. *io languisco* o *languo*, *tu languisci* o *langui* ecc.; aus. *avere*] languir (*anche fig.*): *languire di fame*, languir de faim; *la conversazione languiva*, la conversation languissait.

languore [lan-guó-re] ***n.m.*** langueur (*f.*) | *languore di stomaco*, creux à l'estomac.

laniccio [la-nìc-cio] ***n.m.*** [pl. *-ci*] (*sotto i letti*) moutons (*pl.*); (*nelle pieghe dei vestiti*) poussière (*f.*).

laniero [la-niè-ro] ***agg.*** lainier*.

lanificio [la-ni-fì-cio] ***n.m.*** [pl. *-ci*] lainerie (*f.*).

lanolina [la-no-lì-na] ***n.f.*** (*chim.*) lanoline.

lanosità [la-no-si-tà] ***n.f.invar.*** nature laineuse; aspect (*m.*) laineux.

lanoso [la-nó-so] ***agg.*** laineux* (*anche fig.*).

lanterna [lan-tèr-na] ***n.f.*** **1** lanterne **2** (*di faro*) lanterne; (*faro*) phare (*m.*) **3** (*arch.*) lanterne; (*di cupola, scala ecc.*) lanternon (*m.*), lanternau (*m.*).
● ***lanterna cieca***, lanterne sourde | ***lanterna magica***, lanterne magique | ***cercare con la lanterna***, (*fig.*) chercher à la loupe.

lanternino [lan-ter-nì-no] ***n.m.*** petite lanterne (*f.*).
● ***cercare qlco col lanternino***, (*fig.*) chercher qqch à la loupe.

lanugine [la-nù-gi-ne] ***n.f.*** duvet (*m.*).

lanuginoso [la-nu-gi-nó-so] ***agg.*** lanugineux*.

lanzichenecco [lan-zi-che-néc-co] ***n.m.*** [pl. *-chi*] (*st.*) lansquenet.

laotiano [la-o-tià-no] ***agg.*** laotien* ♦ ***n.m.*** [f. *-a*] (*abitante*) Laotien*.

lapalissiano [la-pa-lis-sià-no] ***agg.*** de La Palice.
● ***verità lapalissiana***, lapalissade, vérité de La Palice.

laparotomia [la-pa-ro-to-mì-a] ***n.f.*** (*med.*) laparotomie.

lapidare [la-pi-dà-re] ***v.tr.*** **1** lapider **2** (*fig.*) éreinter.

lapidario [la-pi-dà-rio] ***agg.*** [pl.m. *-ri*] lapidaire (*anche fig.*): *stile lapidario*, style lapidaire.

lapidazione [la-pi-da-zió-ne] ***n.f.*** lapidation.

lapide [là-pi-de] ***n.f.*** (*sepolcrale*) pierre tombale; (*commemorativa*) plaque; (*sul pavimento*) dalle.

lapillo [la-pìl-lo] ***n.m.*** lapilli (*pl.*).

lapis [là-pis] ***n.m.invar.*** crayon.

lapislazzuli [la-pi-ʃlàʒ-ʒu-li] ***n.m.invar.*** lapis, lapis-lazuli*.

lappare [lap-pà-re] ***v.intr.*** [aus. *avere*] laper.

lappone [lap-pó-ne *o* làppone] ***agg.*** lapon ♦ ***n.m.*** e ***f.*** (*abitante*) Lapon/e ♦ ***n.m.*** (*lingua*) lappone.

lapsus [là-psus] ***n.m.invar.*** lapsus.
● ***lapsus freudiano***, lapsus freudien.

laptop [lap'top] ***n.m.invar.*** (*inform.*) ordinateur portable.

lardellare [lar-del-là-re] ***v.tr.*** (*cuc.*) larder.

lardellatura [lar-del-la-tù-ra] ***n.f.*** (*cuc.*) entrelardement (*m.*).

lardello [lar-dèl-lo] ***n.m.*** lardon.

lardo [làr-do] ***n.m.*** lard | *è una palla di lardo*, (*fig.*) c'est un gros lard.

lardoso [lar-dó-so] ***agg.*** lardeux*; (*grasso*) gras*.

lare [là-re] ***n.m.*** (*spec. pl.*) (*st. relig.*) lare | *tornare ai patri lari, ai propri lari*, (*estens.*) regagner ses pénates.

largamente [lar-ga-mén-te] ***avv.*** largement; (*diffusamente*) amplement: *ha risposto largamente alle domande*, il a abondamment répondu aux questions.

largheggiare [lar-gheg-già-re] ***v.intr.*** [coniug. come *mangiare*; aus. *avere*] être* généreux* (**en**, **dans**): *è ricco e può largheggiare*, il est riche et peut faire des largesses; *largheggia col denaro*, il dépense sans compter.

larghezza [lar-ghéz-za] ***n.f.*** **1** largeur: *lunghezza e larghezza*, longueur et largeur; *strada della larghezza di 5 metri*, route d'une largeur de 5 mètres; *calcolare con larghezza*, calculer largement **2** (*fig.*) (*liberalità*) largesse; (*generosità*) générosité; (*abbondanza*) abondance: *dimostrare larghezza con qlcu*, se montrer généreux envers qqn; *distribuire con larghezza*, distribuer généreusement; *aveva grande larghezza di mezzi*, il avait de larges moyens; *giudicare con larghezza*, être large d'esprit; *raccontare con larghezza di particolari*, raconter avec abondance de détails **3** (*di vestito*) ampleur; (*delle spalle*) largeur, carrure.
● ***larghezza di vedute***, (*fig.*) largeur d'idées | (*aut.*) ***larghezza massima***, largeur maximum.

largo [làr-go] ***agg.*** [pl.m. *-ghi*, f. *-ghe*] **1** large; (*ampio*) ample; (*grande*) grand: *un tavolo largo un metro*, une table large d'un mètre; *quanto è largo il tavolo?*, quelle est la largeur de la table?; *avere i fianchi larghi*, *essere larga di fianchi*, avoir le bassin large; *una bocca larga*, une grande bouche; *un vestito largo*, une robe large; *questa giacca mi è larga*, mon veston est trop large; *una larga parte del pubblico*, une grande partie du public; *un*

largo margine di guadagno, di sicurezza, une large marge de bénéfice, de sécurité; *un largo tratto di terra*, une vaste étendue de terre; *devi prendere le curve più larghe*, ne prend pas tes virages si serrés; *ho fatto un conto largo delle spese per le vacanze*, j'ai calculé largement mon budget pour les vacances | *avere larghi mezzi*, avoir de gros moyens | *essere largo di idee*, être large d'idées | *con larga approssimazione*, très approximativement **2** (*generoso*) généreux*; (*prodigo*) prodigue: *è largo nelle mance*, il donne des pourboires généreux; *è largo con gli amici*, il est généreux avec ses amis; *è largo di consigli*, il est prodigue de conseils **3** (*abbondante*) abondant: *larga messe*, moisson abondante **4** (*allentato*) lâche: *nodo largo*, nœud lâche; *una fasciatura larga*, un bandage trop lâche ♦ *n.m.* **1** large: *in largo*, en large **2** (*alto mare*) large: *vento dal largo*, vent du large **3** (*piazza*) place (*f.*): *largo C. Battisti*, place C. Battisti **4** (*mus.*) largo.
● ***al largo***, au large: *al largo di Marsiglia*, au large de Marseille; *gira al largo!*, décampe! | ***farsi largo***, se frayer un chemin | (***fate***) ***largo!***, dégagez!: (*fate*) *largo ai giovani!*, (faites) place aux jeunes! | ***in lungo e in largo***, en long et en large: *camminare in lungo e in largo*, marcher de long en large | ***per il largo***, dans le sens de la largeur | ***prenderla larga***, faire un détour; (*fig.*) tourner autour du pot | ***stare a gambe larghe***, se tenir les jambes écartées | ***stare larghi***, (*fam.*) être à l'aise (*o* au large) | ***stare***, ***tenersi alla larga*** (***da***), ne pas s'approcher (de): *stammi alla larga*, laisse-moi tranquille; *devo stargli alla larga*, il faut que je l'évite; *tieniti alla larga da quella gente!*, ne fréquente pas ces gens-là!

NOTA Per designare la larghezza, espressa con ***largo***, in francese ci sono due possibili traduzioni: l'aggettivo ***large de*** seguito dal numerale oppure il numerale seguito da ***de large***:

*un ponte **largo** venti metri*
un pont **large de** vingt mètres
un pont vingt mètres **de large**.

lariano [la-rià-no] *agg.* (du lac) de Côme.

larice [là-ri-ce] *n.m.* (*bot.*) mélèze.

laringe [la-rìn-ge] *n.f.* o *m.* (*anat.*) larynx (*m.*).

laringeo [la-rin-gè-o] *agg.* (*anat.*) laryngé, laryngien*.

laringite [la-rin-gì-te] *n.f.* (*med.*) laryngite.

laringo- *pref.* laryng(o)-.

laringoiatra [la-rin-go-ià-tra] *n.m.* e *f.* (*med.*) laryngologiste, laryngologue.

laringoiatria [la-rin-go-ia-trì-a] *n.f.* (*med.*) laryngologie.

laringospasmo [la-rin-go-spà-smo] *n.m.* (*med.*) laryngospasme.

larva [làr-va] *n.f.* **1** larve (*anche mit.*): *una larva d'uomo*, une larve humaine **2** (*zool.*) larve.

larvale [lar-và-le] *agg.* larvaire.

larvatamente [lar-va-ta-mén-te] *avv.* à demi-mot; indirectement.

larvato [lar-và-to] *agg.* larvé.

lasagne [la-ʃà-gne] *n.f.pl.* (*cuc.*) lasagnes.

lasca [là-sca] *n.f.* [pl. *-sche*] (*zool.*) loche.

lasciapassare [la-scia-pas-sà-re] *n.m.invar.* laissez-passer.
● ***lasciapassare doganale***, passavant.

lasciare [la-scià-re] *v.tr.* [coniug. come *cominciare*] **1** laisser: *ho lasciato a casa l'ombrello*, j'ai laissé (*o* oublié) le parapluie à la maison; *lasciatemene una fetta*, laissez-m'en une tranche | *lasciare a mezzo, in tronco un lavoro*, laisser un travail en plan | *lasciare a mezzo, in tronco un discorso*, s'arrêter au beau milieu d'une phrase **2** (*permettere*) laisser: *lascia che dicano*, laisse-les dire; *lascia che ti racconti*, laisse-moi te raconter; *si sono lasciati convincere*, ils se sont laissé convaincre; *lascia fare a me*, *lasciami fare*, laisse-moi faire; *il muro non lascia vedere il giardino*, le mur ne permet pas de voir le jardin **3** (*lasciare andare, mollare*) lâcher: *non lasciate il cane*, ne lâchez pas le chien; *lasciami!*, lâche-moi!; *lasciare la presa*, lâcher prise; *ha lasciato tutto per dedicarsi alla musica*, il a tout laissé pour (se consacrer à) la musique | (*ciclismo*) *lasciare il gruppo*, lâcher le peloton **4** (*allontanarsi da*) quitter; (*abbandonare*) abandonner: *ha già lasciato la città*, il a déjà quitté la ville; *lasciare la fidanzata*, quitter sa fiancée; *lasciare gli studi, l'impiego*, abandonner ses études, quitter son emploi ♦ **lasciarsi** *v.pron.* se laisser: *lasciarsi trasportare dall'ira*, se laisser emporter par la colère; *un film che si lascia vedere*, un film qu'on peut voir ♦ *v.pron.rec.* se quitter; (*separarsi*) se séparer: *dopo molti anni si sono lasciati*, après de nombreuses années ils se sont quittés.
● ***lasciare a desiderare***, laisser à désirer | ***lasciare detto che***, laisser un message en disant que | ***lasciare fuori***, laisser dehors: *lascia fuori il cane*, laisse le chien dehors; *lascia fuori quei libri*, (*non riporli*) ne range pas ces livres; *lasciare fuori da una lista*, exclure d'une liste; *hanno invitato tutti ma io sono stato lasciato fuori*, tout le monde a été invité sauf moi (*o* mais moi j'ai été exclu) | ***lasciare il mondo***, (*fig.*) (*per la vita monastica*) quitter le monde; (*morire*) quitter cette terre | ***lasciare indietro***, laisser (loin) derrière, de côté: *ha lasciato indietro tutti i concorrenti*, il a laissé tous les concurrents loin derrière; *ha lasciato indietro un intero capitolo*, (*lo ha saltato*) il a sauté un chapitre entier; *se non riesci a fare questo problema, lascialo indietro*, si tu n'arrives pas à résoudre ce problème, saute-le; *sono costretto a lasciare indietro parecchie cose per mancanza di tempo*, faute de temps je suis obligé de laisser tomber beaucoup de choses | ***lasciare***, ***lasciarsi andare***, (se) laisser aller: *ha lasciato andare la fune ed è caduto*, il a lâché la corde et il est tombé; *lasciami andare, mi fai male*, lâche-moi, tu me fais mal; *lasciati andare senza paura*, laisse-toi aller, n'aie pas peur; *lasciami andare, che è tardi*, laisse-moi partir, il est tard; *lascia andare, non è il caso di prendersela*, laisse tomber, ce n'est pas la peine de s'en faire; *mi sono lasciato andare su una poltrona*, je me suis laissé tomber dans un fauteuil; *lasciarsi andare un pugno, uno schiaffo*, flanquer un coup de poing, une gifle | ***lasciare perdere***, ***correre***, laisser courir: *lasciamo perdere!*, n'en parlons plus! | ***lasciare stare***, laisser tomber: *lascia stare quei fiori*, ne touche pas à ces fleurs, *lascialo stare* (*in pace*)!, laisse-le tranquille!; *lasciamo stare!*, (*fam.*) laissons tomber! | ***lasciarsi dietro qlcu***, ***qlco***, laisser (loin) derrière soi qqn, qqch: *si è lasciato dietro molti debiti*, il a laissé derrière lui beaucoup de dettes; *ci siamo ormai lasciati dietro Firenze*, (*fam.*) nous avons déjà dépassé Florence | ***non lasciare niente al caso***, ne rien laisser au hasard | ***prendere o lasciare***, c'est à prendre ou à laisser.

FAUX AMI
Da non confondere con *lasser*, che significa *stancare*.

NOTA Il participio passato ***laissé*** del pronominale ***se laisser***, che traduce ***lasciarsi***, può accordarsi con il soggetto, se questo compie l'azione espressa dall'infinito che segue:

Si è lasciata andare, cadere.
Elle **s'est laissé(e)** aller, tomber.
Si sono lasciati convincere, sedurre.
Ils **se sont laissé** convaincre, séduire.

L

lasciata [la-scià-ta] ***n.f.***
● (*prov.*) ***ogni lasciata è persa***, toute occasion perdue l'est à jamais.

lascito [là-sci-to] ***n.m.*** legs.

lascivia [la-scì-via] ***n.f.*** lasciveté.

lascivo [la-scì-vo] ***agg.*** lascif*.

lasco [là-sco] ***agg.*** [pl.m. *-schi*, f. *-sche*] lâche ♦ ***n.m.*** (*mar.*) (*vento*) largue | *navigare di gran lasco*, aller grand largue.

laser [là-ʃer] ***n.m.invar.*** laser.

lassativo [las-sa-ti-vo] ***agg.*** e ***n.m.*** laxatif*.

lassismo [las-sì-ʃmo] ***n.m.*** laxisme, laissez-aller.

lassista [las-sì-sta] ***agg.*** e ***n.m.*** e ***f.*** laxiste.

lasso [làs-so] ***n.m.*** laps.
● ***lasso di tempo***, laps de temps: *in questo lasso di tempo*, pendant ce temps; *in questo ultimo lasso di tempo*, dernièrement.

lassù [las-sù] ***avv.*** là-haut: *lassù in cima* (*a*), là-haut (sur).

lastra [là-stra] ***n.f.*** **1** plaque; (*spec. di pietra, marmo ecc.*) dalle; (*di metallo*) feuille: *lastra d'ardesia*, plaque, feuille d'ardoise | *lastra di ghiaccio*, plaque de glace, (*nei mari, fiumi del Nord*) bloc: *lo stagno era coperto da una spessa lastra di ghiaccio*, l'étang était couvert d'une épaisse couche de glace; *la strada era una lastra di ghiaccio*, la route était toute verglacée **2** (*di vetro*) (*per vetrine ecc.*) panneau* (*m.*) vitré; (*per finestre*) vitre, carreau* (*m.*) **3** (*fot.*) plaque.
● (*med.*) ***lastra radiografica***, radiographie | (*tip.*) ***lastra stereotipica***, ***offset***, cliché, plaque offset.

lastricare [la-stri-cà-re] ***v.tr.*** [coniug. come *mancare*] paver.

lastricato [la-stri-cà-to] ***agg.*** pavé ♦ ***n.m.*** pavage.

lastricatura [la-stri-ca-tù-ra] ***n.f.*** pavage (*m.*).

lastrico [là-stri-co] ***n.m.*** [pl. *-chi*] pavé.
● ***sul lastrico***, (*fig.*) sur le pavé: *ridursi sul lastrico*, être réduit à l'indigence; *essere*, *gettare sul lastrico*, être, jeter sur le pavé.

lastrone [la-stró-ne] ***n.m.*** **1** plaque (*f.*) **2** (*parete di roccia*) paroi (*f.*) lisse.

latente [la-tèn-te] ***agg.*** latent.

latenza [la-tèn-za] ***n.f.*** latence.

laterale [la-te-rà-le] ***agg.*** **1** latéral*: *ingresso laterale*, entrée latérale; *strada laterale*, rue latérale; *tasca laterale*, poche côté; *giacca con spacchi laterali*, veste fendue sur les côtés **2** (*secondario*) secondaire ♦ ***n.m.*** e ***f.*** (*calcio*) demi (*m.*).
● (*fon.*) (***consonante***) ***laterale***, (consonne) latérale | (*calcio*) ***fallo laterale***, sortie en touche | (*sport*) ***linea laterale***, ligne de touche | (*calcio*) ***rimessa laterale***, remise en jeu (*o* touche).

lateranense [la-te-ra-nèn-se] ***agg.*** du Latran.
● (*st.*) ***patti lateranensi***, accords du Latran.

laterite [la-te-rì-te] ***n.f.*** (*min.*) latérite.

laterizio [la-te-rì-zio] ***agg.*** [pl.m. *-zi*] (*in terracotta*) en terre cuite; (*di mattone*) en brique ♦ ***n.m.*** (*spec. pl.*) briques (*f.pl.*).
● ***industria laterizia***, industrie de matériel de construction | ***materiale laterizio***, matériau en brique.

latice [là-ti-ce] ***n.m.*** → **lattice**.

latifoglio [la-ti-fò-glio] ***agg.*** [pl.m. *-gli*] (*bot.*) latifolié.

latifondista [la-ti-fon-dì-sta] ***n.m.*** e ***f.*** latifundiste, grand/e propriétaire foncier/ère.

latifondo [la-ti-fón-do] ***n.m.*** grande propriété (*f.*) foncière.

latineggiante [la-ti-neg-giàn-te] ***agg.*** à la manière latine.

latinismo [la-ti-ni-ʃmo] ***n.m.*** latinisme.

latinista [la-ti-nì-sta] ***n.m.*** e ***f.*** latiniste.

latinità [la-ti-ni-tà] ***n.f.invar.*** latinité.

latinizzare [la-ti-niʒ-ʒà-re] ***v.tr.*** latiniser.

latino [la-tì-no] ***agg.*** latin ♦ ***n.m.*** (*lingua*) latin.
● ***latino aureo***, latin de l'âge d'or | ***latino classico***, ***volgare***, latin classique, vulgaire | (*st.*) ***i Latini***, les Latins.

latinoamericano [la-ti-no-a-me-ri-cà-no] ***agg.*** latino-américain* ♦ ***n.m.*** [f. *-a*] (*persona*) Latino-Américain*.

latitante [la-ti-tàn-te] ***agg.*** (*dir.*) fugitif* (*anche fig.*): *il colpevole è ancora latitante*, le coupable est encore en fuite; *un testimone condannato perché latitante*, un témoin condamné par contumace; *una classe politica latitante*, (*estens.*) classe politique inconsistante ♦ ***n.m.*** e ***f.*** personne (*f.*) en état de contumace: *catturare un latitante*, arrêter un prévenu.

latitanza [la-ti-tàn-za] ***n.f.*** (*dir.*) défaut (*m.*): *darsi alla latitanza*, prendre la fuite; *durante la latitanza*, pendant sa fuite; *la latitanza del governo*, (*fig.*) l'absence du gouvernement.

latitare [la-ti-tà-re] ***v.intr.*** [aus. *avere*] être* absent.

latitudinale [la-ti-tu-di-nà-le] ***agg.*** latitudinal*.

latitudine [la-ti-tù-di-ne] ***n.f.*** latitude: *alle nostre latitudini*, sous nos latitudes.

lato[1] [là-to] ***n.m.*** **1** côté (*anche fig.*): *il lato della tavola*, le côté de la table; *il lato di un triangolo*, le côté d'un triangle; *il lato debole di una persona*, (*fig.*) le côté faible d'une personne; *ai lati*, *ai due lati dell'edificio*, de chaque côté, des deux côtés du bâtiment; *dal lato nord*, sur le côté nord; *a lato di*, à côté de **2** (*punto di vista*) point de vue: *dal lato morale*, du point de vue moral **3** (*sport*) touche (*f.*): *mandare la palla a lato*, mettre la balle en touche.
● ***d'altro lato***, d'autre part | ***da ogni lato***, ***da tutti i lati***, de tous les côtés: *considerare una questione da tutti i lati*, considérer une question sous toutes ses faces; *da*, *su ogni lato di*, de, sur tous les côtés de | ***da un lato..., dall'altro...***, d'un côté..., de l'autre | ***di lato***, de côté | (*geom.*) ***il lato maggiore***, ***minore***, (*di un rettangolo*) la largeur, la longueur.

lato[2] ***agg.*** large, ample.
● ***in senso lato***, au sens large.

latore [la-tó-re] ***n.m.*** [f. *-trice*] porteur*: *il latore della presente*, le porteur (de la lettre).

latrare [la-trà-re] ***v.intr.*** [aus. *avere*] *hurler.

latrato [la-trà-to] ***n.m.*** aboiement.

latrina [la-trì-na] ***n.f.*** latrines (*pl.*).

latrocinio [la-tro-cì-nio] ***n.m.*** [pl. *-ni*] vol.

latta [làt-ta] ***n.f.*** **1** fer-blanc* (*m.*) **2** (*recipiente*) bidon (*m.*).

> **FAUX AMI**
> Da non confondere con il francese *latte*, che significa *listello di legno, doga*.

lattaio [lat-tà-io] ***n.m.*** [f. *-a*; pl. *-ai*] laitier*, crémier*.

lattante [lat-tàn-te] ***agg.*** à la mamelle ♦ ***n.m.*** e ***f.*** nourrisson (*m.*).

lattario [lat-tà-rio] ***n.m.*** [f. *-ri*] (*bot.*) lactaire.

lattazione [lat-ta-zió-ne] ***n.f.*** lactation.

latte [làt-te] ***n.m.*** **1** (*di mammiferi*) lait: *succhiare*, *dare*

il latte, téter; *levare il latte*, (*svezzare*) sevrer; *mandare indietro il latte*, arrêter la montée du lait | *bianco come il latte*, blanc comme du lait **2** (*prodotto alimentare*) lait **3** (*vegetale*) lait: *latte di fico*, *di cocco*, lait de figuier, de coco; *latte di mandorle*, lait d'amandes.
● ***latte artificiale***, lait infantile | ***latte condensato***, lait condensé (*o* concentré) | (*cosmesi*) ***latte detergente***, lait démaquillant | ***latte di soia***, lait de soja | ***latte in polvere***, lait en poudre | ***latte intero***, lait entier | ***latte magro***, lait maigre | ***latte (parzialmente) scremato***, lait (demi-) écrémé | ***far venire il latte alle ginocchia***, (*fig. fam.*) couper les bras | ***ha ancora il latte alla bocca***, (*fig. fam.*) il est encore au biberon | ***piangere sul latte versato***, (*fig.*) pleurer sur les pots cassés.

FAUX AMI
Da non confondere con il francese *latte*, che significa *listello di legno, doga*.

latteo [làt-te-o] ***agg.*** (*a base di latte*) lacté; (*simile al latte*) laiteux*: *bianco latteo*, blanc laiteux.
● ***montata lattea***, montée du lait | (*astr.*) ***Via Lattea***, Voie Lactée.

latteria [lat-te-rì-a] ***n.f.*** crémerie, laiterie.

lattescenza [lat-te-scèn-za] ***n.f.*** lactescence.

lattice [làt-ti-ce] ***n.m.*** latex.

latticello [lat-ti-cèl-lo] ***n.m.*** babeurre.

latticino [lat-ti-cì-no] ***n.m.*** (*spec. pl.*) laitage.

lattico [làt-ti-co] ***agg.*** [pl.m. *-ci*, f. *-che*] (*chim.*) lactique.

lattiera [lat-tiè-ra] ***n.f.*** pot (*m.*) à lait.

lattiero [lat-tiè-ro] ***agg.*** laitier*.

lattifero [lat-tì-fe-ro] ***agg.*** laitier*.

lattiginoso [lat-ti-gi-nó-so] ***agg.*** laiteux*.

lattina [lat-ti-na] ***n.f.*** **1** bidon (*m.*): *una lattina d'olio*, un bidon d'huile **2** (*di bevanda*) boîte; (*di birra ecc.*) canette.
● ***in lattina***, en canettes: *birra in lattina*, canettes de bière.

lattoniere [lat-to-niè-re] ***n.m.*** ferblantier.

lattonzolo [lat-tón-zo-lo] ***n.m.*** cochon de lait.

lattosio [lat-tò-ʃio] ***n.m.*** [pl. *-sì*] lactose.

lattuga [lat-tù-ga] ***n.f.*** [pl. *-ghe*] laitue.

laudano [làu-da-no] ***n.m.*** laudanum.

laurea [làu-re-a] ***n.f.*** diplôme (*m.*) universitaire: *conseguire la laurea*, obtenir son diplôme (universitaire); *laurea in lettere*, *in scienze*, licence, maîtrise de lettres, de sciences; *laurea in ingegneria*, diplôme d'ingénieur.
● ***laurea breve***, ***triennale***, licence | ***laurea specialistica***, master | ***tesi di laurea***, mémoire.

NOTA Il sistema universitario francese si sta armonizzando con gli altri sistemi europei, in base alla riforma LMD (*Licence, Master, Doctorat*), che prevede tre diplomi che sanciscono 3, 5 e 8 anni di studi universitari e sostituiscono gradualmente il vecchio sistema DEUG, che era costituito da *licence, maîtrise, doctorat*.

laureando [lau-re-àn-do] ***agg.*** e ***n.m.*** [f. *-a*] (étudiant) qui prépare son diplôme universitaire; (étudiant) en licence, en maîtrise.

laureare [lau-re-à-re] ***v.tr.*** conférer* son diplôme universitaire, sa licence, sa maîtrise (**à**): *questa facoltà laurea ogni anno cento ingegneri*, cette faculté décerne chaque année cent diplômes d'ingénieurs ♦ **laurearsi** ***v.pron.*** obtenir* son diplôme universitaire, sa licence, sa maîtrise; (*in medicina*) être* reçu docteur en médecine: *la squadra si è laureata campione d'Italia*, l'équipe a remporté le titre de champion d'Italie.

laureato [lau-re-à-to] ***agg.*** e ***n.m.*** [f. *-a*] qui a obtenu un diplôme universitaire; licencié; qui a obtenu une maîtrise: *laureato in ingegneria*, (diplômé) ingénieur; *laureato in medicina*, docteur en médecine.
● ***poeta laureato***, poète lauréat.

lauro [làu-ro] ***n.m.*** laurier.

lautamente [lau-ta-mén-te] ***avv.*** (*con abbondanza*) copieusement; (*con generosità*) généreusement.

lauto [làu-to] ***agg.*** copieux*; (*generoso*) généreux*; (*di guadagno*) considérable.

lava [là-va] ***n.f.*** lave.

lavabiancheria [la-va-bian-che-rì-a] ***n.f.invar.*** lave-linge (*m.*), machine à laver.

lavabile [la-và-bi-le] ***agg.*** lavable.

lavabo [la-và-bo] ***n.m.*** [pl. *invar.* o *-i*] lavabo, lave-mains*.

lavacro [la-và-cro] ***n.m.*** lavage.

lavaggio [la-vàg-gio] ***n.m.*** [pl. *-gi*] lavage.
● ***lavaggio a secco***, nettoyage à sec | ***lavaggio del cervello***, (*fig.*) lavage de cerveau.

lavagna [la-và-gna] ***n.f.*** **1** ardoise **2** (*a scuola*) tableau* noir.
● ***lavagna luminosa***, projecteur overhead.

lavamacchine [la-va-màc-chi-ne] ***n.m.invar.*** laveur* de voitures.

lavamoquette [la-va-mo-quèt-te] ***n.f.invar.*** shampouineur (*m.*).

lavanda[1] [la-vàn-da] ***n.f.*** lavage (*m.*).
● (*med.*) ***lavanda gastrica***, lavage d'estomac.

lavanda[2] ***n.f.*** (*bot.*) lavande.

lavandaia [la-van-dà-ia] ***n.f.*** blanchisseuse; (*al lavatoio*) lavandière | *linguaggio da lavandaia*, (*fig.*) langage de poissarde.

lavanderia [la-van-de-rì-a] ***n.f.*** **1** blanchisserie **2** (*nelle case*) buanderie.
● ***lavanderia a secco***, teinturerie | ***lavanderia automatica***, laverie (automatique) | ***lavanderia self-service***, lavomatique®.

lavandino [la-van-dì-no] ***n.m.*** évier; (*lavabo*) lavabo.

lavapiatti [la-va-piàt-ti] ***n.m.*** e ***f.invar.*** plongeur/euse ♦ ***n.f.invar.*** (*macchina*) lave-vaisselle (*m.*).

lavare [la-và-re] ***v.tr.*** laver (*anche fig.*): *lavare con acqua e sapone*, *con acqua calda*, laver à l'eau et au savon, à l'eau chaude ♦ **lavarsi** ***v.pron.*** se laver ♦ ***v.pron. indiretto*** se laver: *lavarsi le mani*, se laver les mains.
● ***lavare a secco***, nettoyer à sec.

lavasecco [la-va-séc-co] ***n.m.*** e ***f.invar.*** pressing (*m.*); nettoyage (*m.*) à sec.

lavastoviglie [la-va-sto-vì-glie] ***n.f.invar.*** lave-vaisselle (*m.*).

lavata [la-và-ta] ***n.f.*** lavage (*m.*): *dare una lavata a qlco*, passer à l'eau qqch; *darsi una lavata*, faire un brin de toilette.
● ***dare***, ***prendersi una lavata di capo***, (*fig.*) passer, recevoir un savon.

lavativo [la-va-tì-vo] ***n.m.*** **1** tire-au-flanc* **2** (*persona pignola*) tâtillon*: *essere un lavativo*, avoir un poil dans la main.

lavatoio [la-va-tó-io] ***n.m.*** [pl. *-oi*] lavoir.

lavatore [la-va-tó-re] ***n.m.*** [f. *-trice*] laveur*.
● (*zool.*) ***orsetto lavatore***, raton laveur.

L

lavatrice [la-va-trì-ce] *n.f.* machine à laver.

lavatura [la-va-tù-ra] *n.f.* 1 lavage (*m.*) 2 (*liquido dopo la lavatura*) lavure.
● ***lavatura a secco***, nettoyage à sec | ***lavatura di piatti***, (*fig.*) lavasse.

lavavetri [la-va-vé-tri] *n.m.* e *f.invar.* (*addetto alla pulizia dei vetri*) laveur/euse de carreaux; (*di parabrezza ai semafori*) laveur/euse de pare-brise ♦ *n.f.invar.* (*elettrodomestico*) lave-vitre ♦ *n.m.invar.* (*spazzola*) raclette (*f.*) à vitres.

lavello [la-vèl-lo] *n.m.* évier.

lavico [là-vi-co] *agg.* [pl.m. *-ci*, f. *-che*] lavique.

lavorante [la-vo-ràn-te] *n.m.* e *f.* ouvrier/ère.

lavorare [la-vo-rà-re] *v.intr.* [aus. *avere*] 1 travailler: *lavorare sodo*, travailler dur; *lavorare bene, male*, bien travailler, mal travailler; *lavorare come muratore*, travailler comme maçon; *il tempo lavora a nostro favore*, (*fig.*) le temps travaille pour nous; *lavorare in un film*, (*di attore*) jouer dans un film | *il male lavorava dentro*, le mal le minait 2 (*funzionare*) fonctionner: *il suo fegato non lavora bene*, son foie ne fonctionne pas bien 3 (*avere un giro di affari*) travailler: *quella farmacia lavora poco*, cette pharmacie fait peu d'affaires ♦ *v.tr.* travailler: (*cuc.*) *lavorare il burro, la pasta*, travailler, malaxer le beurre, la pâte ♦ *v.pron. indiretto lavorarsi qlcu*, (*circuirlo*) passer de la pommade à qqn.
● ***lavorare a contratto***, travailler sous contrat | ***lavorare a tempo pieno, part time***, travailler è plein temps, à mi -temps | ***lavorare di bastone***, jouer du bâton | ***lavorare di cesello, di bulino***, ciseler, buriner | ***lavorare di cucito***, coudre | ***lavorare di fantasia***, donner libre cours à son imagination | ***lavorare di martello***, employer le marteau | ***lavorare sott'acqua***, (*fig.*) faire du travail de sape.

FAUX AMI
Da non confondere con *labourer*, che significa *arare*.

L

lavorata [la-vo-rà-ta] *n.f.* travail* (*m.*): *fare una bella lavorata*, faire un, du bon travail; *che lavorata abbiamo fatto!*, ce qu'on a bûché!

lavorativo [la-vo-ra-tì-vo] *agg.* de travail: *giorno lavorativo*, jour de travail; *attività lavorativa*, activité professionnelle.

lavorato [la-vo-rà-to] *agg.* travaillé.
● ***lavorato a maglia***, tricoté | ***lavorato a mano***, fait, travaillé à la main.

lavoratore [la-vo-ra-tó-re] *n.m.* e *agg.* [f. *-trice*] travailleur*.
● ***lavoratrice domestica***, travailleuse familiale, aide familiale, employée de maison | ***le classi lavoratrici***, les classes laborieuses.

lavorazione [la-vo-ra-zió-ne] *n.f.* travail* (*m.*): *lavorazione di finitura*, finition; *lavorazione di un film*, tournage.
● ***entrare in lavorazione***, entrer en production; (*fig.*) être mis en chantier | ***essere in lavorazione***, être en cours d'exécution.

lavoretto [la-vo-rét-to] *n.m.* 1 petit travail*, petit boulot; (*spec. di studenti*) job 2 (*rapida riparazione*) bricole (*f.*) 3 (*piccolo oggetto ben fatto*) joli travail*.

lavorio [la-vo-rì-o] *n.m.* [pl. *-ii*] 1 activité (*f.*) intense 2 (*intrigo*) intrigue (*f.*); manœuvres (*f.pl.*).

lavoro [la-vó-ro] *n.m.* 1 travail*: *gruppo di lavoro*, équipe de travail; *interruzione del lavoro*, cessation du travail; *essere sul lavoro*, être au travail | *hai fatto un bel lavoro!*, tu as bien travaillé!, (*iron.*) tu as fait du propre! 2 (*lavoro femminile*) ouvrage: *cesto da lavoro*, panier à ouvrage 3 (*opera artistica*) œuvre (*f.*); (*di teatro*) pièce (*f.*) (de théâtre).
● ***lavoro manuale, intellettuale***, travail manuel, intellectuel | ***lavoro diurno, notturno***, travail de jour, de nuit | ***lavoro nero***, travail au noir | ***Camera del Lavoro***, Bourse du Travail | ***domanda, offerta di lavoro***, demande, offre d'emploi | ***posto di lavoro***, poste (de travail).

FAUX AMI
Da non confondere con *labour*, che significa *aratura*.

layout [lei'aut] *n.m.invar.* 1 (*progetto*) schéma de montage 2 (*tip.*) (*bozzetto di impaginazione*) maquette (*f.*) 3 (*inform.*) architecture (*f.*).
● ***layout di tastiera***, configuration clavier.

laziale [la-zià-le] *agg.* du Latium.

lazo [là-zo] *n.m.* [pl. *lazos* o *lazi*] lasso, lazo.

lazzaretto [laʒ-ʒa-rét-to] *n.m.* lazaret.

lazzarone [laʒ-ʒa-ró-ne] *n.m.* [f. *-a*] 1 (*fannullone*) fainéant, feignant 2 (*canaglia*) filou, canaille (*f.*).

lazzeruolo [laʒ-ʒe-ruò-lo] *n.m.* (*bot.*) azerolier.

lazzo [làʒ-ʒo] *n.m.* lazzi.

le[1] *art.det.f.pl.* 1 les: *le sorelle di Michele*, les sœurs de Michele; *le italiane*, les Italiennes 2 (*quando indica possesso, parentela o legame personale*) mes, tes, etc.: *è uscita con le cugine di Roma*, elle est sortie avec ses cousines de Rome; *mettiti le scarpe nere*, mets tes chaussures noires 3 (*davanti ad agg.poss. non si traduce*): *le mie amiche*, mes amies.

le[2] *pron.pers.f. 3ª pers.sing.* 1 (*compl. di termine di* ella, lei, essa) lui: *chiedile di non farlo*, demande-lui de ne pas le faire; *non chiederle di partire da sola*, ne lui demande pas de partir seule; *credo di averle fatto paura*, je crois lui avoir fait peur 2 (*con valore di possesso o di legame personale; pleonastico non si traduce*) son*: *le ho preso l'ombrello*, j'ai pris son parapluie; *le mise una mano sulla spalla*, il mit sa main sur son épaule; *la testa le doleva*, elle avait mal à la tête; *le è morto il padre*, elle a perdu son père; *le può cadere addosso*, cela peut tomber sur elle 3 (*compl. di termine, come formula di cortesia*) vous: *le domando scusa, signore, signora*, je vous demande pardon, Monsieur, Madame.

le[3] *pron.pers.f. 3ª pers.pl.* 1 (*compl.ogg.*) les: *le ho viste oggi*, je les ai vues aujourd'hui; *va' a comprarle subito*, va les acheter tout de suite; *le devo incontrare domani, devo incontrarle domani*, je dois les rencontrer demain; *aspettiamole qui*, attendons-les ici; *prendile*, prends-les; *non prenderle*, ne les prends pas 2 (*in espressioni ellittiche con valore indeterminato*): *le inventa tutte*, il ne sait plus qu'inventer; *le racconta grosse*, il en dit de belles; *se le va proprio a cercare* (*le noie*), (les ennuis) il les cherche.

NOTA Quando il pronome personale ***les***, che traduce ***le***, è legato a un imperativo affermativo, si mette dopo il verbo: *rendimele, non rendermele*, rends-les-moi, ne me les rends pas.

leader ['lider] *n.m.* e *f.invar.* leader (*m.*), chef (*m.*) (de file) ♦ *agg.invar.* leader: *azienda leader*, entreprise leader.

leadership ['liderʃip] *n.f.invar.* leadership (*m.*).

leale [le-à-le] *agg.* loyal*.

lealismo [lea-lì-ʃmo] *n.m.* loyalisme.

lealista [lea-lì-sta] *agg.* e *n.m.* e *f.* loyaliste.

lealtà [leal-tà] *n.f.invar.* loyauté.

leasing ['liziŋg] *n.m.* (*dir., econ.*) leasing, crédit-bail*; location (*f.*) avec option d'achat.

lebbra [léb-bra] *n.f.* lèpre.

lebbrosario [leb-bro-sà-rio] ***n.m.*** [pl. *-ri*] léproserie (*f.*).

lebbroso [leb-bró-so] ***agg.*** e ***n.m.*** [f. *-a*] lépreux*.

leccaculo [lec-ca-cù-lo] ***n.m.*** e ***f.*** [pl. *invar.* o *-i*] (*volg.*) lèche-cul.

lecca-lecca [léc-ca-léc-ca] ***n.m.invar.*** sucette (*f.*).

leccapiedi [lec-ca-piè-di] ***n.m.*** e ***f.invar.*** lèche-bottes.

leccarda [lec-càr-da] ***n.f.*** (*cuc.*) lèchefrite.

leccare [lec-cà-re] ***v.tr.*** [coniug. come *mancare*] lécher* (*anche fig.*) ♦ **leccarsi** ***v.pron.*** e ***pron.indiretto*** se lécher*.
● ***leccarsi i baffi, le dita***, (*fig.*) s'en lécher les babines, les doigts | ***leccare i piedi a qlcu***, (*fig. spreg.*) lécher (les bottes à, de) qqn.

leccata [lec-cà-ta] ***n.f.*** **1** coup (*m.*) de langue **2** (*fig.*) flagornerie.

leccato [lec-cà-to] ***agg.*** **1** léché (*anche fig.*) **2** (*di persona*) tiré à quatre épingles.

leccatura [lec-ca-tù-ra] ***n.f.*** **1** léchage (*m.*) **2** (*fig. spreg.*) flagornerie.

leccese [lec-cé-se] ***agg.*** de Lecce.

leccio [léc-cio] ***n.m.*** [pl. *-ci*] chêne vert, yeuse (*f.*).

leccornia [lec-cor-nì-a] ***n.f.*** friandise, gourmandise.

lecitamente [le-ci-ta-mén-te] ***avv.*** licitement.

lecitina [le-ci-tì-na] ***n.f.*** (*biochim.*) lécithine.

lecito [lé-ci-to] ***agg.*** permis; (*giusto*) juste; (*dir.*) licite ♦ ***n.m.*** ce qui est permis: *andare oltre il lecito*, franchir les limites de ce qui se fait.
● ***essere lecito***, être légitime: *domandare è lecito, no?*, on a bien le droit de demander, n'est-ce pas?; *dove vai, se è lecito?*, où vas-tu, si je ne suis pas indiscret?

ledere [lè-de-re] ***v.tr.*** [coniug. come *prendere*] **1** toucher, léser* **2** (*fig.*) porter atteinte (**à**): *ledere gli interessi di qlcu*, léser les intérêts de qqn.

lega[1] [lé-ga] ***n.f.*** [pl. *-ghe*] **1** ligue; (*associazione*) association: *unirsi in lega*, se liguer | *è tutta una lega!*, (*fig.*) c'est une cabale! **2** (*metall.*) alliage (*m.*); (*di metalli nobili*) aloi (*m.*).
● ***lega dei consumatori***, association de consommateurs | ***lega doganale, monetaria***, union douanière, monétaire | (*pol.*) ***Lega Nord***, Ligue du Nord | ***di bassa lega***, de mauvais aloi: *scherzo di bassa lega*, plaisanterie de mauvais goût | ***di buona, cattiva lega***, de bon, mauvais aloi | ***essere della stessa lega***, (*fig. spreg.*) être de la même pâte | ***fare lega con, contro qlcu***, (*fig.*) se coaliser avec, contre qqn: *quei due hanno fatto lega*, ces deux-là se sont ligués.

lega[2] ***n.f.*** [pl. *-ghe*] (*misura*) lieue.

legaccio [le-gàc-cio] ***n.m.*** [pl. *-ci*] lien, ficelle (*f.*); (*per scarpe*) lacet.

legale [le-gà-le] ***agg.*** légal*; (*giuridico*) juridique: *mezzi legali*, moyens légaux; *studi legali*, études juridiques; *consulente legale*, conseiller juridique | *aver forza legale*, avoir force de loi ♦ ***n.m.*** e ***f.*** avocat/e.
● ***carta legale***, papier timbré | ***medico legale***, médecin légiste | ***numero legale***, quorum | ***studio legale***, étude d'avocat | ***ufficio legale***, (*di azienda*) bureau du contentieux.

legalità [le-ga-li-tà] ***n.f.invar.*** légalité.
● ***rientrare nella legalità***, rentrer dans la légalité (*o* être conforme à la loi): *atti che rientrano nella legalità*, des actes conformes à la loi.

legalitario [le-ga-li-tà-rio] ***agg.*** [pl.m. *-ri*] respectueux* de la loi, respectueux* de la légalité.

legalizzare [le-ga-liʒ-ʒà-re] ***v.tr.*** **1** légaliser; (*autenticare*) authentifier **2** (*regolarizzare*) régulariser.

legalizzazione [le-ga-liʒ-ʒa-zió-ne] ***n.f.*** **1** légalisation; (*autenticazione*) authentification **2** (*regolarizzazione*) régularisation.

legalmente [le-gal-mén-te] ***avv.*** légalement.

legame [le-gà-me] ***n.m.*** lien (*anche fig.*); (*relazione*) liaison (*f.*).
● ***legame chimico***, liaison chimique.

legamento [le-ga-mén-to] ***n.m.*** **1** (*anat.*) ligament **2** (*fon.*) liaison (*f.*) **3** (*scherma*) engagement.

legante [le-gàn-te] ***n.m.*** (*edil.*) liant.

legare[1] [le-gà-re] ***v.tr.*** [cambia la *g* in *gh* davanti alle desinenze inizianti per *e* o *i*: *io lego, tu leghi* ecc.] **1** lier (*anche fig.*); (*con spago*) ficeler*; (*assicurare con una corda*) attacher | (*med.*) *legare un'arteria*, ligaturer une artère **2** (*metalli*) allier **3** (*incastonare*) sertir, enchâsser **4** (*rilegare*) relier ♦ ***v.intr.*** [aus. *avere*] **1** se lier (*anche fig.*); (*di metalli*) s'allier **2** (*accordarsi*) s'allier, s'accorder ♦ **legarsi** ***v.pron.*** e ***pron.rec.*** se lier: *è troppo giovane per legarsi*, (*sentimentalmente*) il est trop jeune pour se lier sentimentalement avec qqn ♦ ***v.pron. indiretto*** lier, lacer: *legarsi le scarpe*, lacer ses souliers.
● ***legare le campane***, (*nella settimana santa*) brider les cloches | ***legare le mani a qlcu***, (*fig.*) lier les mains à qqn | ***me la lego al dito!***, je ne suis pas près de l'oublier! | ***pazzo da legare***, fou à lier.

legare[2] ***v.tr.*** (*dir.*) léguer*.

legatario [le-ga-tà-rio] ***n.m.*** [f. *-a*; pl.m. *-ri*] (*dir.*) légataire.

legato[1] [le-gà-to] ***agg.*** **1** lié (*anche fig.*): *un pacco legato male*, un paquet mal ficelé; *portare un braccio legato al collo*, porter son bras en écharpe; *legato da un patto, da un voto*, (*fig.*) lié à un pacte, par un vœu **2** (*privo di scioltezza*) raide ♦ ***n.m.*** legato.

legato[2] ***n.m.*** (*eccl.*) légat.

legato[3] ***n.m.*** (*dir.*) legs.

legatore [le-ga-tó-re] ***n.m.*** [f. *-trice*] relieur*.

legatoria [le-ga-to-rì-a] ***n.f.*** **1** boutique de relieur **2** (*arte del rilegare i libri*) reliure.

legatura [le-ga-tù-ra] ***n.f.*** **1** liage (*m.*); (*med.*) ligature **2** (*di libri*) reliure.

legazione [le-ga-zió-ne] ***n.f.*** légation.

legenda [le-gèn-da] ***n.f.*** légende.

legge [lég-ge] ***n.f.*** **1** loi: *in base alla legge n. 744*, selon, d'après la loi nº 744 | *la legge punisce...*, le code pénal punit... **2** (*giurisprudenza*) droit (*m.*): *studiare legge*, étudier le droit; *laurea in legge*, maîtrise de droit; *fare legge*, (*all'università*) faire son droit.
● ***legge delega***, loi-délégation | ***legge ponte***, loi provisoire | ***legge quadro***, loi-cadre | ***legge stralcio***, loi provisoire | ***a norma, a termini di legge***, aux termes de la loi, d'après la loi | ***dettar legge***, dicter, faire la loi | ***in nome della legge***, au nom de la loi | ***la legge della giungla***, (*fig.*) la loi de la jungle | ***l'uso fa legge***, l'usage a force de loi.

leggenda [leg-gèn-da] ***n.f.*** légende.
● ***leggenda metropolitana***, légende urbaine.

leggendario [leg-gen-dà-rio] ***agg.*** [pl.m. *-ri*] légendaire.

leggere [lèg-ge-re] ***v.tr.*** [p.rem. *io lessi, tu leggesti* ecc.; p.p. *letto*] lire* (*anche fig.*): *hai letto sul giornale di quel disastro di ieri?*, as-tu lu dans le journal cette catastrophe qui est arrivée hier?; *ti ho portato un po' di cose da leggere*, je t'ai apporté de la lecture; *ci leggi qlco*

qui?, est-ce que tu arrives à lire qqch ici? | (comm.) *in attesa di leggervi*, dans l'attente de votre réponse.
● ***leggere fra le righe***, (fig.) lire entre les lignes | ***leggere la mano***, lire les lignes de la main | ***leggere le carte***, tirer (*o* lire) les cartes.

leggerezza [leg-ge-réz-za] *n.f.* légèreté (anche fig.).

leggermente [leg-ger-mén-te] *avv.* légèrement; (alla leggera) à la légère.

leggero [leg-gè-ro] *agg.* **1** (poco pesante) léger* (anche fig.): *un bagaglio leggero*, un léger bagage **2** (svelto, spedito) léger*: *a passi leggeri*, d'un pied léger **3** (lieve, di poca entità) léger*: *un leggero accento tedesco*, un léger accent allemand; *un leggero mal di testa*, un léger mal de tête **4** (poco serio, superficiale) léger*: *una donna leggera*, une femme légère | *una testolina leggera*, une tête de linotte ♦ *avv.* légèrement: *mangiar leggero*, manger légèrement.
● ***leggero come una piuma***, léger comme une plume | ***a cuor leggero***, d'un cœur léger | ***alla leggera***, à la légère | ***musica leggera***, musique légère | (pugilato) ***peso leggero***, poids léger | ***tenersi leggero***, (con il cibo) ne pas se charger l'estomac.

leggiadria [leg-gia-drì-a] *n.f.* grâce.

leggiadro [leg-già-dro] *agg.* gracieux*, joli.

leggibile [leg-gì-bi-le] *agg.* lisible.

leggibilità [leg-gi-bi-li-tà] *n.f.invar.* lisibilité.

leggimi [lèg-gi-mi] *n.m.invar.* (inform.) read me: *file leggimi*, lisez-moi.

leggio [leg-gì-o] *n.m.* [pl. *-ii*] pupitre; (di chiesa) lutrin.

leghista [le-ghì-sta] *n.m.* e *f.* ligueur/euse ♦ *agg.* e *n.m.* e *f.* (pol.) (membre) du parti Ligue du Nord.

legiferare [le-gi-fe-rà-re] *v.intr.* [aus. *avere*] **1** légiférer* **2** (scherz.) (dettare legge) faire* la loi.

legionario [le-gio-nà-rio] *agg.* e *n.m.* [pl.m. *-ri*] légionnaire.

legione [le-gió-ne] *n.f.* légion.
● ***la Legione Straniera***, la Légion Étrangère.

legionella [le-gio-nèl-la] *n.f.* **legionellosi** *n.f.invar.* (med.) légionellose.

legislativo [le-gi-ʃla-tì-vo] *agg.* législatif*.

legislatore [le-gi-ʃla-tó-re] *n.m.* [f. *-trice*] législateur.

legislatura [le-gi-ʃla-tù-ra] *n.f.* législature.

legislazione [le-gi-ʃla-zió-ne] *n.f.* législation.

legittima [le-gìt-ti-ma] *n.f.* (dir.) réserve, légitime.

legittimamente [le-git-ti-ma-mén-te] *avv.* légitimement.

legittimare [le-git-ti-mà-re] *v.tr.* **1** (dir.) légitimer **2** (giustificare) justifier.

legittimazione [le-git-ti-ma-zió-ne] *n.f.* (dir.) légitimation.
● ***legittimazione processuale***, capacité spécifique d'ester en justice.

legittimità [le-git-ti-mi-tà] *n.f.invar.* légitimité.

legittimo [le-gìt-ti-mo] *agg.* légitime.

legna [lé-gna] *n.f.* [pl. *-gne* o *invar.*] bois (*m.*): *fare legna*, faire du bois.
● ***legna secca, verde***, bois sec, vert | ***legna da ardere***, bois à brûler | ***a legna***, à bois: *stufa* (*che va*) *a legna*, poêle à bois | ***mettere, aggiungere legna al fuoco***, (fig.) jeter de l'huile sur le feu | ***portare legna al bosco***, (fig.) porter de l'eau à la rivière.

legnaia [le-gnà-ia] *n.f.* bûcher (*m.*).

legname [le-gnà-me] *n.m.* bois.

legnare [le-gnà-re] *v.tr.* (bastonare) rosser.

legnata [le-gnà-ta] *n.f.* coup (*m.*) de bâton: *un sacco di legnate*, (fam.) une volée de coups de bâton (*o* une raclée).

legno [lé-gno] *n.m.* **1** bois: *legno di pioppo, di quercia*, bois de peuplier, de chêne **2** (pezzo di legno) bûche (*f.*); (bastone) bâton.
● ***legno a pasta compatta, nodoso***, bois plein, noeux | ***legno per falegnameria***, bois de menuiserie | ***legno per la carta***, bois à papier | ***di, in legno***, de, en bois | ***testa di legno***, (fig.) tête de bois.

legnoso [le-gnó-so] *agg.* **1** ligneux* **2** (fibroso) filandreux* **3** (fig.) sec*; (rigido) raide.

legume [le-gù-me] *n.m.* légume sec.

leguminosa [le-gu-mi-nó-sa] *n.f.* (bot.) (plante) légumineuse.

lei *pron.pers.f. 3ª pers.sing.* **1** (sogg.) elle*: (*lei*) *avrebbe voluto partire con te*, elle aurait voulu partir avec toi; *lei partirà in aereo, suo marito viaggerà in macchina*, elle partira en avion, son mari voyagera en voiture; *lasciamo che scelga lei, che sia lei a scegliere*, laissons-la choisir (elle-même) **2** (compl.ogg. e compl. retto da prep.) elle*: *vede solo lei*, il ne voit qu'elle; *chiedilo a lei, non a noi*, demande-le à elle, pas à nous; *ha chiesto alla sua amica e poi ai figli di lei*, il a demandé à son amie et ensuite aux enfants de celle-ci | *il padre di lei, il di lei padre*, son père **3** (con funzione predicativa) elle*: *è lei che me l'ha chiesto, è stata lei a chiedermelo*, c'est elle qui me l'a demandé; *è lei, non è lei, mia cugina*, c'est elle, ce n'est pas elle, ma cousine; *non sarà certo lei a vendere la casa*, ce n'est sûrement pas elle qui vendra la maison; *da allora, non è più lei, non sembra più lei*, on ne la reconnaît plus | *se fossi in lei*, si j'étais elle (*o* si j'étais à sa place) | *è tutta lei*, (di ritratto) c'est tout à fait elle **4** (sogg. e compl., nelle formule di cortesia) vous: *se* (*lei*) *permette*, si vous permettez; *saremo da lei alle otto*, nous serons chez vous à huit heures; *"Quanto le devo?" "Faccia lei, signora"*, "Combien je vous dois?" "Ce que vous voulez, Madame" ♦ *n.m.invar.* vous: *passare dal lei al tu*, passer du vouvoiement au tutoiement | *dare del lei a qlcu*, vouvoyer qqn: *gli italiani danno del lei, i francesi usano il voi*, les Italiens emploient la formule de politesse lei, les Français emploient le vous | *darsi del lei*, se vouvoyer ♦ *n.f.invar.* (fam.) (innamorata) (petite) amie, petite copine: *non ha ancora trovato la sua lei*, il n'a pas encore trouvé l'âme sœur (o la femme de sa vie).
● ***anche lei***, elle aussi: *potrebbe capirlo anche lei*, elle aussi pourrait le comprendre | ***caro lei!***, (iron.) cher ami! | ***non è da lei***, ce n'est pas dans son style: *non è da lei fare certe cose*, ce n'est pas dans son style de faire certaines choses; *non è da lei, signora, dire certe cose*, ce n'est pas dans votre style (*o* ça ne vous ressemble pas), Madame, de dire certaines choses | ***proprio lei, lei stessa***, elle même: *c'è l'ha proposto proprio lei, è lei stessa che ce l'ha proposto*, c'est elle-même qui nous l'a proposé.

NOTA Il pronome personale soggetto ***lei***, spesso sottinteso in italiano, in francese si traduce ***elle*** e deve sempre essere espresso:

> *(**Lei**) ha detto di sì.*
> **Elle** a dit oui.

Nelle frasi di cortesia il **lei** italiano si traduce con ***vous***:

> *Se (**lei**) vuole seguirmi.*
> Si ***vous*** voulez bien me suivre.

In questo tipo di frasi gli aggettivi e i participi passati sono accordati al singolare:
Lei *è molto generosa, Signora.*
Vous êtes très généreuse, Madame.

leitmotiv [lait'motif] ***n.m.invar.*** leitmotiv* (*anche fig.*).

lembo [lém-bo] ***n.m.*** **1** coin; (*pezzo*) bout; (*di vestito*) pan: *un lembo di stoffa*, un bout d'étoffe; *il lembo di un mantello*, le pan d'un manteau; *l'estremo lembo d'Italia*, (*estens.*) l'extrême pointe de l'Italie; *un lembo di cielo*, (*fig.*) un pan de ciel **2** (*striscia sottile*) lambeau*: *un lembo di pelle*, un lambeau de peau.

lemma [lèm-ma] ***n.m.*** **1** (*fil., mat.*) lemme **2** (*di dizionario, enciclopedia*) article, entrée.

lemmario [lem-mà-rio] ***n.m.*** [pl. *-ri*] nomenclature (*f.*).

lemme lemme [lèm-me lèm-me] ***avv.*** tout tranquillement.

lemure [lè-mu-re] ***n.m.*** **1** lémure **2** (*zool.*) lémurien.

lena [lé-na] ***n.f.*** énergie; (*zelo, entusiasmo*) ardeur | *riprender lena*, (*anche fig.*) reprendre haleine.
● ***lavorare di (gran) lena, di buona lena***, travailler avec entrain.

lendine [lèn-di-ne] ***n.m.*** o ***f.*** lente (*f.*).

lenimento [le-ni-mén-to] ***n.m.*** adoucissement.

leninismo [le-ni-nì-ʃmo] ***n.m.*** (*st.*) léninisme.

leninista [le-ni-nì-sta] ***n.m.*** e ***f.*** (*st.*) léniniste.

lenire [le-nì-re] ***v.tr.*** [coniug. come *finire*] calmer; (*fig.*) adoucir.

lenitivo [le-ni-tì-vo] ***agg.*** e ***n.m.*** lénitif*.

lenocinio [le-no-cì-nio] ***n.m.*** [pl. *-ni*] **1** maquerellage **2** (*fig.*) artifice.

lenone [le-nó-ne] ***n.m.*** maquereau*; (*ruffiano*) ruffian.

lentamente [len-ta-mén-te] ***avv.*** lentement.

lente [lèn-te] ***n.f.*** **1** lentille **2** (*pl.*) (*da vista*) verres (*m.*); (*occhiali*) lunettes **3** (*bot.*) lentille.
● ***lente d'ingrandimento***, lentille grossissante, loupe | ***lenti a contatto***, verres de contact: *lenti a contatto morbide, rigide*, verres de contact souples, rigides.

FAUX AMI
Da non confondere con il francese *lente*, che significa *lendine*.

lentezza [len-téz-za] ***n.f.*** lenteur.

lenticchia [len-tìc-chia] ***n.f.*** (*bot.*) lentille.

lenticolare [len-ti-co-là-re] ***agg.*** lenticulaire.

lentiggine [len-tìg-gi-ne] ***n.f.*** (*spec. pl.*) lentigo; (*fam.*) tache de rousseur.

lentigginoso [len-tig-gi-nó-so] ***agg.*** plein de taches de rousseur.

lentisco [len-tì-sco] ***n.m.*** [pl. *-schi*] (*bot.*) lentisque.

lento [lèn-to] ***agg.*** **1** lent: *una respirazione lenta*, une respiration lente; *un rimedio lento ad agire*, un remède lent à agir (*o* qui agit lentement) **2** (*allentato*) lâche **3** (*mus.*) lento ♦ ***n.m.*** (*ballo*) slow ♦ ***avv.*** lentement, doucement.
● ***a fuoco lento***, à feu doux (*o* à petit feu): *cuocere a fuoco lento*, cuire à feu doux, à petit feu.

lenza [lèn-za] ***n.f.*** **1** ligne: *pesca con la lenza*, pêche à la ligne **2** (*fam.*) (*furbo*) roublard (*m.*).

lenzuolo [len-zuò-lo] ***n.m.*** [pl.m. *lenzuoli* o pl.f. *lenzuola*, spec. quelle da letto] **1** drap (de lit): *rimboccare le lenzuola*, border le lit; *infilarsi sotto, tra le lenzuola*, se glisser sous les draps **2** (*fig.*) manteau*: *un candido lenzuolo di neve*, un blanc manteau de neige.
● ***lenzuolo a una piazza, a due piazze***, petit drap, grand drap | ***lenzuolo con gli angoli***, drap-housse | ***lenzuolo da bagno***, serviette de bain | ***lenzuolo funebre, mortuario***, linceul | ***bianco come un lenzuolo***, blanc comme un linge.

FAUX AMI
Da non confondere con *linceul*, che significa *sudario*.

leonardesco [leo-nar-dé-sco] ***agg.*** [pl.m. *-schi*, f. *-sche*] de Léonard de Vinci; (*secondo lo stile di Leonardo da Vinci*) à la Léonard de Vinci: *paesaggio leonardesco*, paysage à la Léonard de Vinci.

leoncino [leon-cì-no] ***n.m.*** lionceau*.

leone [le-ó-ne] ***n.m.*** **1** lion (*anche fig.*) **2** (*astr.*) *Leone*, Lion.
● ***leone marino***, lion de mer.

leonessa [leo-nés-sa] ***n.f.*** lionne.

leonino [leo-nì-no] ***agg.*** de lion, léonin.

leopardato [le-o-par-dà-to] ***agg.*** léopard: *tessuto leopardato*, tissu léopard.

leopardiano [leo-par-dià-no] ***agg.*** de Léopardi; (*secondo lo stile di Leopardi*) dans le style de Léopardi.

leopardo [leo-pàr-do] ***n.m.*** léopard.

lepido [lè-pi-do] ***agg.*** (*letter.*) spirituel*, plein d'esprit.

lepidottero [le-pi-dòt-te-ro] ***n.m.*** (*zool.*) lépidoptère.

leporino [le-po-rì-no] ***agg.*** de lièvre.
● (*med.*) ***labbro leporino***, bec-de-lièvre.

lepre [lè-pre] ***n.f.*** lièvre (*m.*); (*femmina*) *hase.

FAUX AMI
Da non confondere con *lèpre*, che significa *lebbra*.

leprotto [le-pròt-to] ***n.m.*** [f. *-a*] levraut.

lercio [lèr-cio *o* lèrcio] ***agg.*** [pl.m. *-ci*, f. *-ce*] crasseux*.

lerciume [ler-ciù-me] ***n.m.*** crasse (*f.*).

lesbica [lè-ʃbi-ca] ***n.f.*** [pl. *-che*] lesbienne.

lesbico [lè-ʃbi-co] ***agg.*** [pl.m. *-ci*, f. *-che*] lesbien*.

lesbismo [le-ʃbì-ʃmo] ***n.m.*** lesbisme.

lesena [le-ʃè-na] ***n.f.*** (*arch.*) pilastre (*m.*).

lesina [lé-ʃi-na *o* lèʃina] ***n.f.*** (*strumento*) alêne.

lesinare [le-ʃi-nà-re] ***v.intr.*** [aus. *avere*] lésiner ♦ ***v.tr.*** lésiner (**sur**) | *lesinare il centesimo*, être près de ses sous.

lesionare [le-ʃio-nà-re] ***v.tr.*** lézarder ♦ **lesionarsi** ***v.pron.*** se lézarder.

lesione [le-ʃió-ne] ***n.f.*** **1** lésion **2** (*crepa, fenditura*) lézarde **3** (*fig.*) atteinte.

lesivo [le-ʃì-vo] ***agg.*** qui porte atteinte (**à**).

leso [lé-ʃo] ***agg.*** (*di edificio*) lézardé; (*mod.*) lésé.
● (*dir.*): ***lesa maestà***, lèse-majesté; ***la parte lesa***, la partie lésée.

lessare [les-sà-re] ***v.tr.*** faire* bouillir, faire* cuire à l'eau.

FAUX AMI
Da non confondere con *laisser*, che significa *lasciare*.

lessi → **leggere**.

lessicale [les-si-cà-le] ***agg.*** lexical*.

lessico [lès-si-co] ***n.m.*** [pl. *-ci*] lexique.

lessicografia [les-si-co-gra-fì-a] ***n.f.*** lexicographie.

lessicografo [les-si-cò-gra-fo] ***n.m.*** [f. *-a*] lexicographe.

lessicologia [les-si-co-lo-gì-a] ***n.f.*** lexicologie.

lessicologo [les-si-cò-lo-go] ***n.m.*** [f. *-a*; pl.m. *-gi*, f. *-ghe*] lexicologue.

lesso [lés-so] ***agg.*** bouilli ♦ ***n.m.*** (*cuc.*) pot-au-feu,

L

bouilli: *un chilo di lesso*, un kilo de viande pour pot-au-feu.

lesto [lè-sto] *agg.* leste, agile; (*rapido*) rapide: *se ne andò lesto*, il partit à toute vitesse.
● ***essere lesto di gambe***, avoir de bonnes jambes | ***essere lesto di mano***, (*manesco*) avoir la main leste; (*ladro*) avoir les doigts crochus | ***essere lesto di lingua***, avoir la répartie facile.

lestofante [le-sto-fàn-te] *n.m.* e *f.* filou (*m.*).

letale [le-tà-le] *agg.* **1** mortel* **2** (*biol.*) létal*.

letamaio [le-ta-mà-io] *n.m.* [pl. *-ai*] fosse (*f.*) à fumier; (*fig.*) porcherie (*f.*).

letame [le-tà-me] *n.m.* fumier.

letargico [le-tàr-gi-co] *agg.* [pl.m. *-ci*, f. *-che*] léthargique.

letargo [le-tàr-go] *n.m.* [pl. *-ghi*] léthargie (*f.*) (*anche fig.*): *scuotere dal letargo*, tirer de sa léthargie.
● (*zool.*): ***letargo estivo***, estivation; ***letargo invernale***, hibernation.

letizia [le-tì-zia] *n.f.* (*gioia*) joie; (*serenità*) sérénité: *vivere in letizia*, vivre dans la joie.

letta [lèt-ta] *n.f.* (*lettura affrettata*) coup (*m.*) d'œil: *dare una letta al giornale*, donner un coup d'œil au journal.

lettera [lèt-te-ra] *n.f.* **1** lettre **2** (*missiva*) lettre **3** (*pl.*) (*letteratura*) lettres: *dottore in lettere*, docteur ès lettres **4** (*Borsa*) offre.
● ***lettera anonima***, lettre anonyme | ***lettera di presentazione***, lettre d'introduction | ***lettera espresso, per via aerea***, lettre exspress, par avion | ***lettera raccomandata, assicurata***, lettre recommandée, chargée | (*giorn.*) ***lettere al direttore***, courrier des lecteurs | ***alla lettera***, à la lettre, au pied de la lettre: *eseguire un ordine alla lettera*, exécuter un ordre à la lettre; *prendere qlco alla lettera*, prendre qqch au pied de la lettre; *tradurre alla lettera*, traduire littéralement | ***carta da lettere***, papier à lettres | ***numero in lettere***, nombre en toutes lettres | (*comm.*) ***segue lettera***, lettre suit.

L

letterale [let-te-rà-le] *agg.* littéral*.

letteralmente [let-te-ral-mén-te] *avv.* littéralement.

letterariamente [let-te-ra-ria-mén-te] *avv.* littérairement.

letterarietà [let-te-ra-rie-tà] *n.f.invar.* littérarité.

letterario [let-te-rà-rio] *agg.* [pl.m. *-ri*] littéraire.

letterato [let-te-rà-to] *agg.* lettré ♦ *n.m.* [f. *-a*] homme de lettres.

letteratura [let-te-ra-tù-ra] *n.f.* littérature: *letteratura infantile, per l'infanzia*, littérature pour enfants.

lettiera [let-tiè-ra] *n.f.* litière.

lettiga [let-tì-ga] *n.f.* [pl. *-ghe*] **1** civière, brancard (*m.*) **2** (*portantina*) litière.

lettighiere [let-ti-ghiè-re] *n.m.* [f. *-a*] brancardier.

lettino [let-tì-no] *n.m.* **1** petit lit, lit d'enfant **2** (*per visita medica*) lit d'examen; (*dello psicanalista*) divan.
● ***lettino con le sbarre***, lit à barreaux | ***lettino da campo***, lit de camp, lit pliant | ***lettino da giardino***, (*su ruote*) lit brouette | ***lettino da spiaggia***, chaise-longue.

letto[1] [lèt-to] *n.m.* **1** lit: *fare il letto*, refaire le lit; *cambiare il letto*, changer les draps et les taies; *andare a letto*, se coucher; *mettere a letto*, mettre au lit; *mettersi a letto ammalato*, s'aliter; *essere a letto*, être au lit; *stare a letto*, (*per malattia*) garder le lit; *dormire in letti separati*, faire lit à part; *ha fatto un mese di letto*, il est resté un mois au lit; *alzarsi dal letto*, se lever; *stare a letto sino a tardi*, faire la grasse matinée **2** (*alveo di un fiume*) lit.
● ***letto a due piazze***, lit double | ***letto a una piazza***, lit une personne | (*agr.*) ***letto caldo***, couche chaude | ***letto matrimoniale***, grand lit | ***letto pieghevole***, lit pliant | ***andare a letto con qlcu***, (*avere rapporti sessuali*) coucher avec qqn | ***figlio di primo, secondo letto***, enfant du premier, du second lit.

letto[2] *p.p.* di **leggere**.

lettone [lèt-to-ne] *agg.* letton* ♦ *n.m.* (*lingua*) lette, letton ♦ *n.m.* e *f.* (*abitante*) Letton/on(n)e.

lettorato [let-to-rà-to] *n.m.* lectorat.

lettore [let-tó-re] *n.m.* **1** [f. *-trice*] lecteur* **2** (*tip.*) (*lettore ottico*) lecteur.
● (*inform.*): ***lettore audio***, lecteur audio; ***lettore di badge***, badgeuse; ***lettore di conferenze***, lecteur de nouvelles.

lettura [let-tù-ra] *n.f.* lecture (*anche fig.*): *di facile lettura*, facile à lire; *a una prima lettura*, à la première lecture | *lettura del contatore del gas*, relevé du compteur du gaz.
● ***lettura ottica***, lecture optique: *passaporto a lettura ottica*, passeport à lecture optique | ***il libro è in lettura***, (*in biblioteca*) le livre est emprunté.

letturista [let-tu-rì-sta] *n.m.* (*di gas, acqua ecc.*) releveur (de compteurs à gaz, à l'eau, etc.).

leucemia [leu-ce-mì-a] *n.f.* (*med.*) leucémie.

leucemico [leu-cè-mi-co] *agg.* e *n.m.* [f. *-a*; pl.m. *-ci*, f. *-che*] leucémique.

leucocita [leu-co-cì-ta] *n.m.* (*biol.*) leucocyte.

leucoma [leu-cò-ma] *n.m.* (*med.*) leucome.

leucorrea [leu-cor-rè-a] *n.f.* (*med.*) leucorrhée.

leva[1] [lè-va] *n.f.* levier (*m.*): *avere le leve del comando*, (*fig.*) tenir les leviers de commande.
● ***leva del freno***, (*di bicicletta, moto*) poignée de frein | ***far leva su***, faire levier sur, (*fig.*) faire appel à: *far leva sull'orgoglio di qlcu*, flatter l'orgueil de qqn.

leva[2] *n.f.* (*mil.*) **1** recrutement (*m.*) **2** classe (*anche estens.*): *la leva del 1970*, la classe 1970 | *le nuove leve*, (*fig.*) les nouvelles générations.
● ***leva in massa***, levée en masse | ***chiamare alla leva***, appeler | ***esente dalla leva***, exempt du service militaire | ***essere di leva***, être appelé: *i giovani di leva*, le contingent | ***liste di leva***, rôles militaires | ***militare di leva***, appelé | ***obbligo di leva***, obligation militaire | ***renitente alla leva***, réfractaire | (***servizio di***) ***leva***, service militaire | ***passare la visita di leva***, passer (devant) le conseil de révision | ***scartato alla leva***, réformé.

levanoccioli [le-va-nòc-cio-li] *n.m.invar.* dénoyauteur.

levante [le-vàn-te] *agg.* levant ♦ *n.m.* levant; est: *finestre a levante*, fenêtres au levant; *dirigersi a levante*, se diriger vers l'est.

levantino [le-van-tì-no] *agg.* e *n.m.* [f. *-a*] levantin.

levare[1] [le-và-re] *v.tr.* **1** lever*; (*portare via, togliere via*) enlever*; (*di dosso*) ôter: *leva di lì quel libro*, enlève ce livre de là; *levare l'arrosto dal fuoco*, retirer le rôti du feu; *levare una macchia*, enlever une tache; *levare qlco di tasca*, sortir qqch de sa poche; *levare un ragazzo da una scuola*, retirer un enfant d'une école | (*mil.*) *levare l'assedio*, lever le siège | *due scapaccioni non te li leva nessuno*, (*fam.*) tu vas avoir deux claques, tu n'y couperas pas | *levami una curiosità*, (*fig. fam.*) ôte-moi une curiosité **2** (*alzare, sollevare*) lever*: *levare il bicchiere alla salute di qlcu*, lever son verre à la santé de qqn; *levare un grido*, (*fig.*) jeter un cri | *levare il pensiero a Dio*, élever sa pensée vers Dieu **3** (*tirare, attingere*) tirer: *levare il vino dalla botte*, tirer le vin du tonneau **4** (*mat.*) soustraire*: *levare cinque da dieci*, soustraire cinq de dix ♦ **levarsi** *v.pron.*

se lever*; (*in volo*) s'envoler; (*innalzarsi*) s'élever*: *levarsi in piedi*, se lever; *levarsi a parlare*, se lever pour parler; *un grido si levò dalla folla*, (*fig.*) un cri s'éleva de la foule ♦ *v.pron. indiretto* ôter, énlever*: *levarsi il cappello, il cappotto*, ôter, énlever son manteau, son chapeau; *levarsi qlco dal cuore*, (*fig.*) libérer son cœur d'un souci | *levarsi la fame, la sete*, calmer sa faim, étancher sa soif | *levarsi un dente*, se faire arracher une dent.
● ***levare di mezzo qlcu, qlco***, se débarrasser de qqn, qqch | ***levare di peso***, soulever comme un poids mort | ***levarsi di mezzo***, débarrasser le plancher: *levati di mezzo!*, tire-toi de là!, débarrasse le plancher! | ***levarsi in difesa di qlcu***, se lever pour défendre qqn | ***levatelo dalla testa!***, ôte-toi ça de la tête! | ***se si leva, si levano***, (*fatta eccezione per*) (mis) à part.

levare[2] *n.m.* 1 (*astr.*) lever 2 (*mus.*) levé.

levata [le-và-ta] *n.f.* 1 lever (*m.*) 2 (*mil.*) diane 3 (*della posta*) levée.
● ***levata di scudi***, (*fig.*) levée de boucliers.

levataccia [le-va-tàc-cia] *n.f.* [pl. *-ce*].
● ***fare una levataccia***, tomber du lit, se lever aux aurores.

levatoio [le-va-tó-io] *agg.* [pl.m. *-oi*].
● ***ponte levatoio***, pont-levis; (*nelle costruzioni moderne*) pont basculant.

levatrice [le-va-trì-ce] *n.f.* (*fam.*) sage-femme*.

levatura [le-va-tù-ra] *n.f.* envergure.

levetta [le-vét-ta] *n.f.* manette.

levigare [le-vi-gà-re] *v.tr.* [coniug. come *legare*] polir.

levigatezza [le-vi-ga-téz-za] *n.f.* poli (*m.*).

levigato [le-vi-gà-to] *agg.* poli (*anche fig.*) | *viso levigato*, visage lisse.

levigatrice [le-vi-ga-trì-ce] *n.f.* (*macchina*) polisseuse.

levigatura [le-vi-ga-tù-ra] **levigazione** *n.f.* 1 (*tecn.*) polissage (*m.*) 2 (*geogr.*) érosion.

levita [le-vì-ta] *n.m.* (*st. ebraica*) lévite.

levitazione [le-vi-ta-zió-ne] *n.f.* lévitation.

levriere [le-vriè-re] **levriero** *n.m.* (*zool.*) lévrier.

lezione [le-zió-ne] *n.f.* 1 cours (*m.*); (*spec. di livello specialistico*) leçon; (*nelle scuole elementari*) classe: *una lezione di francese*, un cours de français; *fare lezione*, faire (son) cours; (*nelle scuole elementari*) faire (la) classe; *oggi non c'è lezione*, aujourd'hui il n'y a pas (de) cours; (*nelle scuole elementari*) aujourd'hui on ne fait pas classe; *perdere una lezione*, manquer un cours; *oggi ho lezione*, aujourd'hui j'ai cours; *ho lezione di tennis*, j'ai mon cours de tennis; *prende lezioni di tennis*, il prend des leçons de tennis; *prende lezioni di canto da un celebre tenore*, il prend des leçons de chant chez un célèbre ténor 2 (*ciò che viene insegnato*) leçon: *studiare, imparare la lezione*, apprendre sa leçon; *ripetere la lezione*, réciter la leçon | *assegnare la lezione*, donner les devoirs, les leçons 3 (*estens.*) (*ammaestramento; punizione*) leçon; (*consiglio*) conseil (*m.*): *dare una lezione a qlcu*, donner une leçon à qqn; *è stata una dura lezione*, ça a été une dure leçon; *non accetto lezioni da nessuno*, je ne reçois de conseils de personne 4 (*nella critica testuale*) leçon, variante.
● ***lezioni private***, cours particuliers | ***imparare la lezione***, (*fig.*) retenir la leçon: *finalmente ha imparato la lezione*, il a enfin retenu la leçon.

leziosaggine [le-zio-sàg-gi-ne] *n.f.* 1 affectation, mièvrerie 2 (*moine*) manières, mièvreries.

leziosamente [le-zio-sa-mén-te] *avv.* avec affectation, mièvrement.

lezioso [le-zió-so] *agg.* mièvre, maniéré | *stile lezioso*, style affecté | *fare la leziosa*, minauder.

lezzo [léʒ-ʒo] *n.m.* puanteur (*f.*).

li *pron.pers.m. 3ª pers.pl.* (*compl. ogg.*) les: *li incontro spesso*, je les rencontre souvent; *desidera salutarli*, elle désire les saluer; *vorrei vederli qui, li vorrei vedere qui*, je voudrais les voir ici; *aspettiamoli qui, non li aspettiamo qui*, attendons-les ici, ne les attendons pas ici; *portameli, non portarmeli, non me li portare*, apporte-les-moi, ne me les apporte pas; *osservandoli bene*, en les regardant bien.

lì *avv.* 1 là: *mettilo lì*, mets-le là; *mi trovavo lì per caso*, je me trouvais là par hasard 2 (*rafforzativo di* quello) -là: *quel libro lì*, ce livre-là; *prenderò quello lì*, je prendrai celui-là.
● ***lì accanto***, (tout) à côté | ***lì dentro, lì fuori***, là-dedans, là-dehors | ***lì intorno***, tout autour; (*nei dintorni*) aux alentours; (*vicino*) tout près | ***lì lì per***, sur le point de: *stava lì lì per piangere*, elle était sur le point de pleurer; *fu lì lì per morire*, il faillit mourir; *non è caduta ma è stata lì lì per*, elle n'est pas tombée mais il s'en est fallu de peu; *il mio arrosto non è bruciato ma era lì lì per*, mon rôti n'a pas brûlé mais il était moins une (*o* moins cinq) | ***lì per lì***, (*dapprima*) (tout) d'abord; (*sul momento*) sur le moment; (*su due piedi*) sur-le-champ | ***lì sopra, lì sotto***, là-dessus, là-dessous | ***lì vicino***, près de là | ***di lì***, (*moto da luogo*) de là; (*moto per luogo*) par là: (*vai*) *via di lì*, sors de là; *sono passato di lì poco fa*, je suis passé par là il n'y pas longtemps; *si entra di lì*, (*da quella parte*) on entre de ce côté-là, par là; *si è arrampicato su di lì*, il a grimpé par là | ***di lì a***, au bout de: *di lì a un mese, un anno*, au bout d'un mois, d'un an; *di lì a poco*, quelque temps après | ***di lì a poco***, quelque temps après | ***di qui a lì***, d'ici là | ***fermo lì!***, (*fermati*) arrête-toi!; (*smettila!*) arrête!; (*non muoverti*) ne bouge pas! | ***fin lì***, jusque là | ***guarda lì!***, mais regardez-moi un peu!: *guarda lì che disastro!*, mais regardez-moi un peu ce désastre! | ***ora qui ora lì***, tantôt ici, tantôt là | ***qui e lì***, çà et là | ***siamo lì***, il s'en faut de peu: *se non sono mille, siamo lì*, s'ils ne sont pas mille, il s'en faut de peu; *se non ha settant'anni siamo lì*, il ne doit pas avoir loin de soixante-dix ans; *se non sono 1000 km siamo lì*, cela ne fait pas loin de 1000 km | ***siamo sempre lì***, (*alle solite*) c'est toujours la même histoire; (*allo stesso punto*) nous en sommes toujours au même point | ***uno qui e uno lì***, l'un ici et l'autre là.

liana [li-à-na] *n.f.* (*bot.*) liane.

libagione [li-ba-gió-ne] *n.f.* libation (*anche fig.*).

libanese [li-ba-né-se] *agg.* libanais ♦ *n.m.* e *f.* (*abitante*) Libanais/e.

libare [li-bà-re] *v.tr.* (*letter.*) faire* une libation; (*assaporare*) goûter.

libbra [lìb-bra] *n.f.* livre.

libeccio [li-béc-cio] *n.m.* [pl. *-ci*] 1 (*vento*) libeccio, vent du sud-ouest 2 (*direzione*) sud-ouest.

libellista [li-bel-lì-sta] *n.m.* e *f.* pamphlétaire; (*letter.*) libelliste.

libello [li-bèl-lo] *n.m.* pamphlet; (*letter.*) libelle.

libellula [li-bèl-lu-la] *n.f.* (*zool.*) libellule.

liberale [li-be-rà-le] *agg.* 1 libéral* 2 (*econ., pol.*) libéral*: *partito liberale*, parti libéral ♦ *n.m.* e *f.* (*pol.*) libéral*/e.
● ***arti liberali***, arts libéraux.

liberalismo [li-be-ra-lì-ʃmo] *n.m.* (*econ., pol.*) libéralisme.

liberalità [li-be-ra-li-tà] *n.f.invar.* libéralité.

L

liberalizzare [li-be-ra-liʒ-ʒà-re] ***v.tr.*** (*econ.*) libéraliser.

liberalizzazione [li-be-ra-liʒ-ʒa-zió-ne] ***n.f.*** (*econ.*) libéralisation.

liberamente [li-be-ra-mén-te] ***avv.*** librement.

liberare [li-be-rà-re] ***v.tr.*** **1** libérer*; délivrer (*spec. fig.*); (*sciogliere; sgomberare*) dégager*: *liberare un prigioniero*, libérer (*o* délivrer) un prisonnier; *liberare qlcu da un pericolo*, délivrer qqn d'un danger; *liberare da una stretta*, dégager d'une étreinte; *liberare da una promessa*, dégager d'une promesse | *libera il tavolo dai libri*, débarrasse la table de ces livres **2** (*affrancare*) affranchir ♦ **liberarsi** ***v.pron.*** e ***pron.intr.*** se libérer*: *liberarsi da un impegno*, se libérer d'un engagement; *cercherò di liberarmi domani*, j'essaierai de me rendre libre demain; *il telefono si è liberato*, le téléphone est libre; *siediti, si è liberato un posto*, assieds-toi, il y a une place; *liberarsi dai pregiudizi*, se débarrasser de ses préjugés.
● ***Dio ce ne liberi!***, que Dieu nous en préserve!

liberato [li-be-rà-to] ***agg.*** libéré; (*fig.*) délivré.

liberatore [li-be-ra-tó-re] ***agg.*** e ***n.m.*** [f. *-trice*] libérateur*.

liberatorio [li-be-ra-tò-rio] ***agg.*** [pl.m. *-ri*] **1** libérateur* **2** (*dir.*) libératoire.

liberazione [li-be-ra-zió-ne] ***n.f.*** libération; (*fig.*) délivrance.

liberiano [li-be-rià-no] ***agg.*** libérien* ♦ ***n.m.*** [f. *-a*] (*abitante*) Libérien*.

liberismo [li-be-rì-ʃmo] ***n.m.*** (*econ.*) libre-échange*.

liberista [li-be-rì-sta] ***n.m.*** e ***f.*** **1** (*econ.*) (*fautore del libero scambio*) libre-échangiste* **2** (*sport*) (*nuotatore*) crawleur/euse; (*sciatore*) descendeur/euse.

libero [lì-be-ro] ***agg.*** **1** libre: *uomo libero, di condizione libera*, homme libre, de condition libre; *libero cittadino*, citoyen libre; *paese, popolo libero*, pays, peuple libre; *essere libero d'agire*, être libre de ses actes; *stampa libera*, presse libre; *libere elezioni*, élections libres; *lasciare libero un prigioniero*, libérer un prisonnier | *sei libero di*, libre à toi de **2** (*non sottoposto a vincoli, indipendente*) libre: *avere libero accesso a un luogo*, avoir libre accès à un lieu **3** (*non occupato*) libre: *spazio libero*, espace libre; *lasciare libero il passaggio*, laisser le passage libre; *non c'è neanche un posto libero*, il n'y a même pas une place de libre; *lasciare libera una camera*, libérer (*o* quitter) une chambre | (*tel.*): *la linea è libera*, la ligne est libre; *il telefono dà libero o occupato?*, la ligne est libre ou occupée? **4** (*senza impegni*) libre: *nelle ore libere leggo*, pendant mes heures libres (*o* creuses) je lis; *sei libero questa sera?*, est-ce que tu es libre ce soir?; *non ho mai un momento libero*, je n'ai jamais un moment de libre (*o* de liberté); *ha il sabato libero*, il a son samedi de libre **5** (*non impedito*) libre: *avere le mani libere*, avoir les mains libres **6** (*ardito, licenzioso*) libre: *donna libera*, femme libre | *linguaggio libero*, langage libre ♦ ***n.m.*** (*calcio*) libero, libéro.
● ***libero come l'aria***, libre comme l'air | (*trib.*) ***libero da imposte***, exempt d'impôts | ***libero pensatore***, libre penseur | ***libero scambio***, libre-échange | ***libera professione***, profession libérale: *è un libero professionista*, il exerce une profession libérale | ***libera uscita***, quartier libre: *essere in libera uscita*, avoir quartier libre | ***a mano libera***, à main levée: *disegno a mano libera*, dessin à main levée | ***a ruota libera***, à bâtons rompus | ***avere mano libera***, (*fig.*) avoir les mains libres | ***avere via libera, il campo libero***, (*fig.*) avoir le champ libre | ***campeggio libero***, camping sauvage | ***dare via libera***, (*fig.*) donner le coup d'envoi | (*sport*): ***discesa libera***, descente (libre); ***esercizi a corpo libero***, exercices au sol | ***essere a piede libero***, être en liberté | ***giorno libero***, jour de congé: *oggi è il mio giorno libero*, aujourd'hui c'est mon jour de congé | (*econ.*) ***mercato libero***, marché libre | ***parcheggio libero***, parking gratuit | ***radio libera***, radio libre | ***spiaggia libera***, plage publique | ***stato libero***, célibat: *certificato, fede di stato libero*, certificat de célibat | (*sport*) ***stile libero***, crawl | ***tema libero***, rédaction sur un sujet libre | ***tempo libero***, temps libre: *ha molto tempo libero*, il a beaucoup de temps libre; *sport e tempo libero*, sport et loisirs | ***versi liberi***, vers libres | ***via libera!***, la voie est libre!

libertà [li-ber-tà] ***n.f.invar.*** **1** liberté (*anche dir.*): *perdere, riacquistare la libertà*, perdre, recouvrer la liberté | *concedere la libertà a uno schiavo*, affranchir un esclave | *mettere in libertà*, mettre en liberté; (*licenziare*) renvoyer | *è il mio giorno di libertà*, c'est mon jour de congé **2** (*licenza*) liberté; (*intemperanza*) intempérance: *libertà di costumi*, liberté (*o* licence) de mœurs; *libertà di linguaggio*, intempérance de langage | *prendersi la libertà di*, prendre la liberté de | *trattare qlcu con troppa libertà*, traiter qqn avec trop de familiarité.
● ***libertà di culto***, liberté de culte | ***libertà di pensiero***, liberté de pensée | ***libertà di stampa***, liberté de la presse | (*dir.*) ***libertà vigilata***, contrôle judiciaire | ***in tutta libertà***, en toute liberté: *parlare in tutta libertà*, parler en toute liberté | ***mettersi in libertà***, se mettre à son aise | ***parole in libertà***, mots en liberté | ***prendersi delle libertà***, en prendre trop à son aise; (*mancare di rispetto*) se permettre des privautés.

libertario [li-ber-tà-rio] ***agg.*** e ***n.m.*** [f. *-a*; pl.m. *-ri*] libertaire.

liberticida [li-ber-ti-cì-da] ***agg.*** e ***n.m.*** e ***f.*** liberticide.

libertinaggio [li-ber-ti-nàg-gio] ***n.m.*** [pl. *-gi*] libertinage.

libertino [li-ber-tì-no] ***agg.*** e ***n.m.*** [f. *-a*] libertin.

liberto [li-bèr-to] ***n.m.*** (*st.*) affranchi.

liberty [lì-ber-ty] ***agg.*** e ***n.m.invar.*** art nouveau: *un vaso liberty*, un vase art nouveau.

libico [lì-bi-co] ***agg.*** [pl.m. *-ci*, f. *-che*] libyen*, libyque ♦ ***n.m.*** **1** (*lingua*) libyen **2** [f. *-a*] (*abitante*) Libyen*.

libidine [li-bì-di-ne] ***n.f.*** luxure; (*fig.*) convoitise.
● (*dir.*) ***atti di libidine***, attentat, outrage à la pudeur.

libidinoso [li-bi-di-nó-so] ***agg.*** libidineux*.

libido [li-bì-do] ***n.f.invar.*** (*psic.*) libido.

libraio [li-brà-io] ***n.m.*** [f. *-a*; pl.m. *-ai*] libraire.

librario [li-brà-rio] ***agg.*** [pl.m. *-ri*] du livre, des livres | *novità librarie*, nouveautés de librairie.

librarsi [li-bràr-si] ***v.pron.*** **1** s'élever* **2** (*tenersi in equilibrio*) se tenir* en équilibre.

librato [li-brà-to] ***agg.***
● (*aer.*) ***volo librato***, vol plané.

libreria [li-bre-rì-a] ***n.f.*** **1** librairie **2** (*mobile*) bibliothèque.

libresco [li-bré-sco] ***agg.*** [pl.m. *-schi*, f. *-sche*] livresque.

librettista [li-bret-tì-sta] ***n.m.*** e ***f.*** librettiste.

libretto [li-brét-to] ***n.m.*** **1** livret **2** (*mus.*) libretto.
● ***libretto di assegni***, carnet de chèques, chéquier | ***libretto di circolazione***, carte grise | ***libretto di lavoro***, carte de travail (délivrée à tous les salariés en Italie) | ***libretto di manutenzione***, notice d'entretien | ***libretto di risparmio***, livret de caisse d'épargne | ***libretto sanitario***, carte d'im-

matriculation à la sécurité sociale | ***libretto universitario***, livret universitaire.

libro [li-bro] ***n.m.*** **1** livre: *un buon libro*, un bon livre; *libri per bambini, per ragazzi*, livres d'enfants, pour la jeunesse; *scrivere, stampare, pubblicare un libro*, écrire, imprimer, publier un livre; *passa le giornate sui libri*, il passe tout son temps dans les livres **2** (*parte di un'opera*) livre: *il primo libro dell'Eneide*, le premier livre de l'Enéide **3** (*registro*) livre **4** (*bot.*) liber.
● ***libro bianco***, livre blanc | (*eccl.*) ***libro dei battesimi, dei matrimoni, dei morti***, registre des baptêmes, des mariages, des décès | (*mar., aer.*) ***libro di bordo***, livre de bord | ***libro d'oro***, livre d'or; (*sport*) palmarès | ***libro giallo***, roman policier | ***libro gioco***, livre à jouer | (*amm.*) ***libro giornale***, livre-journal | ***libro illustrato***, livre illustré | ***libro manoscritto***, livre manuscrit | (*amm.*) ***libro mastro***, grand livre | ***libro usato***, livre d'occasion | (*amm.*) ***libri contabili***, livres de comptabilité | ***libri di testo***, livres scolaires | (*eccl.*) ***Libri Sacri***, Livres Saints | ***è un libro chiuso***, (*fig.*) c'est lettre close | ***fiera del libro***, salon du livre | (*amm.*) ***mettere a libro (paga), a libri***, enregistrer | ***mettere sul libro nero***, (*fig.*) mettre sur la liste noire | ***parlare come un libro stampato***, (*scherz.*) parler comme un livre.

licantropo [li-càn-tro-po] ***n.m.*** [f. *-a*] lycanthrope.

liccio [lìc-cio] ***n.m.*** [pl. *-ci*] (*ind. tess.*) lisse (*f.*).

liceale [li-ce-à-le] ***agg.*** du lycée | *studente liceale*, lycéen | *licenza liceale*, baccalauréat ♦ ***n.m.*** e ***f.*** lycéen/enne.

liceità [li-cei-tà] ***n.f.invar.*** caractère (*m.*) licite.

licenza [li-cèn-za] ***n.f.*** **1** licence; (*permesso*) permis (*m.*); permission: *chiedere la licenza di fare qlco*, demander la permission de faire qqch **2** (*permesso di assentarsi*) congé (*m.*) (*spec. mil.*); (*di breve durata*) permission: *licenza per malattia*, congé de maladie; *essere in licenza*, être en permission | *soldato in licenza*, permissionnaire **3** (*diploma di studi*) (*di scuola elementare*) certificat (*m.*) d'études primaires; (*di scuola media inferiore*) brevet (*m.*) de collège; (*di liceo*) baccalauréat (*m.*) **4** (*abuso di libertà*) liberté; licence: *prendersi la licenza di dire, di fare qlco*, prendre la liberté de dire, de faire qqch.
● (*comm.*) ***licenza d'esercizio***, licence d'exercice (*o* patente) | ***licenza di caccia, di pesca***, permis de chasse, de pêche | ***licenza di porto d'armi***, autorisation de port d'armes | (*mil.*) ***licenza ordinaria, straordinaria***, congé (*o* permission) ordinaire, exceptionnel | (*lett.*) ***licenza poetica***, licence poétique | (*mil.*) ***licenza premio***, permission de bon soldat | ***con licenza parlando***, passez-moi l'expression | ***con sua (buona) licenza***, avec votre permission.

licenziamento [li-cen-zia-mén-to] ***n.m.*** licenciement, renvoi; (*di operai*) débauchage; (*di funzionari*) révocation (*f.*).
● ***licenziamento ingiusto***, renvoi non justifié | ***licenziamento per giusta causa***, licenciement pour juste cause | ***indennità di licenziamento***, indemnité de renvoi | ***lettera di licenziamento***, lettre de renvoi.

licenziare [li-cen-zià-re] ***v.tr.*** **1** renvoyer*; (*operai per mancanza di lavoro*) débaucher, licencier; (*funzionari*) révoquer **2** (*conferire una licenza scolastica*) faire* passer le BEPC (Brévet d'Études du Premier Cycle) (**à**) **3** (*congedare*) congédier, donner congé (**à**) ♦ **licenziarsi** ***v.pron.*** **1** donner son congé; (*dimettersi*) démissionner **2** (*conseguire una licenza scolastica*) être* reçu au BEPC **3** (*congedarsi*) prendre* congé.
● (*tip.*) ***licenziare alle stampe***, donner le bon à tirer | ***licenziare in tronco***, licencier sans préavis.

licenziato [li-cen-zià-to] ***agg.*** renvoyé; (*per mancanza di lavoro*) licencié; (*di funzionario*) révoqué.

licenziosità [li-cen-zio-si-tà] ***n.f.invar.*** licence.

licenzioso [li-cen-zió-so] ***agg.*** licencieux*.

liceo [li-cè-o] ***n.m.*** lycée.
● ***liceo artistico, linguistico***, lycée section artistique, langues vivantes | ***liceo classico, scientifico***, lycée section classique, scientifique.

NOTA Il ***lycée*** francese presenta differenze rispetto al ***liceo*** italiano: dura 3 anni e dopo il primo anno indifferenziato, si sceglie tra gli indirizzi L (lettere), S (scienze) e ES (economico sociale). Termina con un diploma (*bac*).

lichene [li-chè-ne] ***n.m.*** (*bot.*) lichen.

licitazione [li-ci-ta-zió-ne] ***n.f.*** **1** (*offerta a un'asta*) enchère **2** (*dir.*) licitation **3** (*bridge*) annonce.
● (*dir.*) ***licitazione privata***, licitation amiable.

lido [lì-do] ***n.m.*** **1** (*riva, costa*) bord, rivage | *salpare per altri lidi*, partir sous d'autres cieux **2** (*lingua di sabbia parallela alla costa*) lido.

lietamente [lie-ta-mén-te] ***avv.*** gaiement; (*con allegria*) joyeusement.

lieto [liè-to] ***agg.*** gai; (*allegro*) joyeux*; (*felice*) heureux*: *un viso lieto*, un visage gai; *una lieta accoglienza*, un accueil joyeux; *passare la serata in lieta compagnia*, passer la soirée en joyeuse compagnie; *sono lieto che tu sia venuto*, je suis heureux que tu sois venu | *saremo lieti di inviarvi*, nous nous ferons un plaisir de vous adresser.
● ***lieto evento***, heureux événement | ***lieta novella***, bonne nouvelle | ***dramma a lieto fine***, drame qui finit bien | ***molto lieto (di conoscerla)***, (*nelle presentazioni*) enchanté (*o* très heureux) (de vous connaître).

lieve [liè-ve] ***agg.*** **1** léger* **2** (*facile*) facile.

lievemente [lie-ve-mén-te] ***avv.*** (*leggermente*) légèrement; (*con delicatezza*) doucement.

lievità [lie-vi-tà] ***n.f.invar.*** légèreté.

lievitare [lie-vi-tà-re] ***v.intr.*** [aus. *essere* o *avere*] **1** lever*: *il dolce non è ben lievitato*, le gâteau n'a pas bien levé **2** (*fig.*) (*aumentare*) monter.

lievitazione [lie-vi-ta-zió-ne] ***n.f.*** **1** levée **2** (*aumento*) *hausse.

lievito [liè-vi-to] ***n.m.*** **1** levure (*f.*); (*per panificazione*) levain **2** (*fig.*) levain.
● ***lievito di birra***, levure de bière.

lift ***n.m.invar.*** (*addetto all'ascensore*) liftier.

liftare [lif-tà-re] ***v.tr.*** **1** (*tennis*) lifter **2** (*sottoporre a lifting*) lifter: *attrice liftata*, actrice liftée.
● (*tennis*) ***servizio liftato***, service lifté.

lifting ['liftiŋ] ***n.m.invar.*** (*chirurgia estetica*) lifting.

light [lait] ***agg.invar.*** light, allégé: *formaggio light*, fromage allégé.

ligio [lì-gio] ***agg.*** [pl.m. *-gi*, f. *-gie* o *-ge*] fidèle; (*rispettoso*) respectueux* (**de**).

lignaggio [li-gnàg-gio] ***n.m.*** [pl. *-gi*] lignage.

ligneo [lì-gne-o] ***agg.*** de bois, en bois.

lignificarsi [li-gni-fi-càr-si] ***v.pron.intr.*** [*coniug. come* mancare] se lignifier.

lignite [li-gnì-te] ***n.f.*** (*min.*) lignite (*m.*).

ligure [lì-gu-re] ***agg.*** ligurien* ♦ ***n.m.*** e ***f.*** (*abitante*) Ligurien/enne.

ligustro [li-gù-stro] ***n.m.*** (*bot.*) troène.

lilla [lìl-la] ***n.m.invar.*** (*colore*) couleur (*f.*) lilas ♦ ***agg. invar.*** lilas: *guanti lilla*, des gants lilas.

lillà [lil-là] ***n.m.invar.*** (*bot. pop.*) lilas.

L

lillipuziano [lil-li-pu-zià-no] *agg.* e *n.m.* [f. *-a*] lilliputien*.

lima [lì-ma] *n.f.* lime.
● ***lima da legno***, râpe | ***lima da traforo***, queue-de-rat | ***lima per le unghie***, lime à ongles | ***lavorare di lima***, (*fig.*) mettre la dernière main à | ***lavoro di lima***, (*fig.*) la dernière touche.

limaccia [li-màc-cia] *n.f.* [pl. *-ce*] (*zool.*) limace.

limaccioso [li-mac-ció-so] *agg.* limoneux*; (*fangoso*) vaseux*.

limanda [li-màn-da] *n.f.* (*zool.*) limande.

limare [li-mà-re] *v.tr.* **1** limer (*anche fig.*) **2** (*rodere*) ronger*.

limatore [li-ma-tó-re] *n.m.* [f. *-trice*] limeur*.

limatura [li-ma-tù-ra] *n.f.* **1** (*il limare*) limage (*m.*) **2** (*polvere di limatura*) limaille.

limbo [lìm-bo] *n.m.* limbes (*pl.*).

limetta [li-mét-ta] *n.f.* (*per le unghie*) lime à ongles.

limitabile [li-mi-tà-bi-le] *agg.* limitable.

limitare[1] [li-mi-tà-re] *n.m.* (*dell'uscio*) seuil, pas; (*del bosco*) orée (*f.*), lisière (*f.*).
● ***sul limitare***, (*dell'uscio*) sur le seuil, sur le pas; (*del bosco*) à la lisière, à l'orée.

limitare[2] *v.tr.* **1** (*delimitare*) limiter; (*segnare i confini*) borner: *pietre miliari limitano il campo*, des bornes limitent le champ; *una siepe limita il campo*, une haie borne le champ | *limitare la vista*, barrer la vue **2** (*mettere un limite contenere*) limiter ♦ **limitarsi** *v.pron.* (*contenersi entro certi limiti*) se limiter; (*fare una cosa soltanto*) se borner: *limitarsi nel bere*, se limiter dans la boisson; *limitarsi all'essenziale*, se limiter à l'essentiel; *si limitò ad alzare le spalle*, il se borna à hausser les épaules.

limitatamente [li-mi-ta-ta-mén-te] *avv.* d'une manière limitée.
● ***limitatamente a***, dans les limites (de).

limitatezza [li-mi-ta-téz-za] *n.f.* étroitesse.

limitativo [li-mi-ta-tì-vo] *agg.* limitatif*.

limitato [li-mi-tà-to] *agg.* limité; (*fig.*) borné: *periodo di tempo limitato*, temps limité; *una mente, una persona limitata*, (*fig.*) un esprit borné | *persona limitata nelle pretese*, personne de peu de prétentions.
● ***con diffusione limitata***, de diffusion restreinte | ***(edizione a) tiratura limitata***, (édition à) tirage limité | ***velocità limitata***, vitesse réduite.

limitazione [li-mi-ta-zió-ne] *n.f.* limitation.

limite [lì-mi-te] *n.m.* **1** limite (*f.*): *tutto ha un limite*, il y a une limite à tout | *non avere, non conoscere limiti*, ne pas avoir de bornes | *la pazienza ha un limite!*, la patience a des limites! | *questo esce dai, rientra nei limiti della mia competenza*, cela n'entre pas dans mes compétences, cela est de mon ressort **2** (*mat.*) limite (*f.*).
● ***limite di carico***, charge (maximum) autorisée | ***limite di guardia***, marge de sécurité | ***limite di velocità***, limite de vitesse (autorisée): *per questo tratto il limite di velocità è di 60 km orari*, la vitesse maximum autorisée sur ce tronçon de route est de 60 km à l'heure; *superare il limite di velocità*, dépasser la vitesse autorisée | ***limiti di età***, limite d'âge: *andare in pensione per raggiunti limiti di età*, prendre sa retraite pour limite d'âge; *raggiungere i limiti d'età*, atteindre la limite d'âge | ***ai limiti di***, à la limite de: *ai limiti dell'impossibile*, à la limite de l'impossible | ***al limite***, (*fig.*) à la rigueur, à la limite: *al limite ti aiuterò io*, à la rigueur, c'est moi qui t'aiderai; *al limite, preferisco non dirgli niente*, à la limite, je préfère ne rien lui dire | ***al limite della sopportazione***, sur le point d'éclater | ***al limite delle proprie possibilità***, au maximum de ses possibilités: *impegnarsi al limite delle proprie possibilità*, s'investir au maximum de ses possibilités | ***caso limite***, cas limite | ***entro certi limiti***, dans une certaine mesure | (*sport*) ***punizione dal limite***, coup franc à la limite de la surface de réparation | ***senza limite di***, sans limitation de: *senza limite di tempo, di durata*, sans limitation de temps, de durée | ***senza limiti***, sans limites, sans bornes: *orgoglio senza limiti*, orgueil sans limites (*o* sans bornes); *una curiosità senza limiti*, une curiosité sans limites (*o* bornes).

limitrofo [li-mì-tro-fo] *agg.* limitrophe.

limo [lì-mo] *n.m.* **1** (*fango*) vase (*f.*) **2** (*geol.*) limon.

limonaia [li-mo-nà-ia] *n.f.* (*serra*) orangerie.

limonata [li-mo-nà-ta] *n.f.* **1** citronnade **2** (*spremuta di limone*) citron (*m.*) pressé.

FAUX AMI
Da non confondere con *limonade*, che significa *gazzosa*.

limoncina [li-mon-cì-na] *n.f.* (*bot.*) citronnelle.

limone [li-mó-ne] *n.m.* **1** (*pianta*) citronnier **2** (*frutto*) citron.
● ***spremuta di limone***, citron pressé.

limpidamente [lim-pi-da-mén-te] *avv.* avec limpidité.

limpidezza [lim-pi-déz-za] *n.f.* limpidité.

limpido [lìm-pi-do] *agg.* limpide.

lince [lìn-ce] *n.f.* (*zool.*) lynx (*m.*).
● ***occhi di lince***, (*fig.*) yeux de lynx.

linciaggio [lin-ciàg-gio] *n.m.* [pl. *-gi*] lynchage.
● ***linciaggio morale***, persécution morale.

linciare [lin-cià-re] *v.tr.* [coniug. come *cominciare*] lyncher.

lindo [lìn-do] *agg.* net*; (*pulito; curato nell'aspetto*) propre: *lenzuola linde*, des draps immaculés; *casa linda e pulita*, maison propre et nette.

lindore [lin-dó-re] *n.m.* propreté (*f.*).

linea [lì-ne-a] *n.f.* **1** ligne: *tracciare una linea*, tracer (*o* tirer) une ligne | *avere poche linee di febbre*, avoir un peu de fièvre; *la febbre gli è scesa di qualche linea*, sa fièvre est un peu tombée **2** (*profilo, contorno, foggia*) ligne: *purezza, armonia di linee*, pureté, harmonie de lignes; *il tuo cappotto ha una bella linea*, ton manteau a une belle ligne (*o* une coupe remarquable) **3** (*mil.*) ligne: *le linee nemiche*, les lignes ennemies **4** (*serie di prodotti*) ligne: *una linea completa di prodotti di bellezza*, une ligne complète de produits de beauté **5** (*econ.*) ligne | *linea di credito*, ligne de crédit **6** (*tel.*) (*servizio di comunicazioni*) ligne: *lavori lungo la linea*, travaux sur la ligne; *interruzione della linea*, interruption sur la ligne; *è caduta la linea*, on a été coupé **7** (*codice morse*) trait (*m.*) **8** (*di parentela*) ligne | *in linea (di)retta, collaterale*, in ligne directe, collatérale | *in linea materna, paterna*, par son père, par sa mère **9** (*tip.*) ligne (de texte) **10** (*inform.*) ligne; *linea affittata*, ligne privée; *linea dedicata*, ligne spécialisée | *linea con numeri*, (*riferito a carta perforata*) ligne numérique | *linea di commento*, phrase de commentaire.
● ***linea di battaglia***, ligne du feu | ***linea di confine***, ligne frontière | ***linea di difesa***, défense | ***linee di navigazione, marittime***, lignes de navigation, maritimes | ***linea retta, curva***, ligne droite, courbe: *in linea retta*, en ligne directe | ***linea spartitraffico***, (*sulle strade*) ligne de sécurité | ***linee aeree, ferroviarie, metropolitane***, lignes aériennes, de chemin de fer, de métro | ***linee della mano, del cuore, della fortuna, della vita***, lignes de la main, de cœur, de chance, de vie | ***a grandi linee***, à grands traits | (*rad., tv*) ***dare, restituire la linea***, donner, rendre l'antenne |

(*ferr., mar., aer.*) ***di linea***, de ligne: *servizio di linea*, service de ligne; *aereo, nave di linea*, avion, navire de ligne | ***in linea***, en ligne; (*tel.*) à l'appareil: *siete in linea*, vous êtes en ligne; *essere in linea con*, être en ligne avec; *Milano in linea*, Milan à l'appareil; *stia in linea!*, ne quittez pas!; (*inform.*) *utente in linea*, utilisateur en ligne | ***in linea d'aria***, à vol d'oiseau | ***in linea generale***, ***in linea di massima***, en principe | ***in prima linea***, (*anche fig.*) en première ligne: *andare in prima linea*, monter en première ligne | ***in seconda linea***, (*anche fig.*) au second plan | ***mettersi in linea con***, suivre.

lineamenti [li-nea-mén-ti] ***n.m.pl.*** **1** traits: *nei lineamenti mi ricorda suo padre*, ses traits me rappellent son père **2** (*elementi fondamentali*) éléments.

lineare [li-ne-à-re] ***agg.*** **1** linéaire (*anche mat.*) **2** (*fig.*) (*coerente chiaro*) clair, cohérent.

linearità [li-nea-ri-tà] ***n.f.invar.*** **1** linéarité (*anche mat.*) **2** (*fig.*) cohérence.

linearmente [li-ne-ar-mén-te] ***avv.*** d'une manière cohérente.

lineetta [li-ne-ét-ta] ***n.f.*** (*segno ortografico*) tiret (*m.*); (*trattino di unione*) trait (*m.*) d'union.

linfa [lìn-fa] ***n.f.*** **1** (*biol.*) lymphe **2** (*bot.*) lymphe, sève **3** (*fig.*) (*alimento, nutrimento*) aliment (*m.*).
● ***linfa vitale***, sève.

linfatico [lin-fà-ti-co] ***agg.*** e ***n.m.*** [f. *-a*; pl.m. *-ci*, f. *-che*] lymphatique.

linfatismo [lin-fa-tì-ʃmo] ***n.m.*** (*med.*) lymphatisme.

linf(o)- ***pref.*** lymph(o)-.

linfoadenoma [lin-fo-a-de-nò-ma] ***n.m.*** (*med.*) lymphadénome.

linfocita [lin-fo-cì-ta], **linfocito** ***n.m.*** (*biol.*) lymphocyte.

linfodrenaggio [lin-fo-dre-nàg-gio] ***n.m.*** [pl. *-gi*] (*med.*) drainage lymphatique.

linfoma [lin-fò-ma] ***n.m.*** (*med.*) lymphome.

linfonodo [lin-fo-nò-do] ***n.m.*** (*med.*) ganglion lymphatique.

lingotto [lin-gòt-to] ***n.m.*** lingot.

lingua [lìn-gua] ***n.f.*** **1** langue (*anche fig.*): *avere la lingua secca, sporca, patinosa*, avoir la langue sèche, chargée, pâteuse | *schioccare la lingua*, claquer la langue | *mostrare la lingua*, montrer la langue; (*far le boccacce*) tirer la langue | *mordersi la lingua*, (*anche fig.*) se mordre la langue **2** (*estens.*) langue: *lingue di fuoco*, langues de feu **3** (*idioma*) langue: *studiare lingue*, étudier les langues; *insegnante di lingue*, professeur de langues.
● (*geogr.*) ***lingua di terra***, langue de terre | ***lingua madre***, langue mère | ***lingua mordace***, ***tagliente***, ***che taglia e cuce***, langue acérée, blessante (*o* pointue) | (*cuc.*) ***lingua salmistrata***, langue à l'écarlate | (*cuc.*) ***lingue di gatto***, ***di suocera***, (*biscotti*) langues de chat | ***avere la lingua lunga***, avoir la langue trop longue | ***avere la lingua sciolta***, avoir la langue bien pendue | ***che lingua!***, quel bagou! | ***è una mala lingua***, ***una cattiva lingua***, c'est une mauvaise langue | ***hai perso la lingua?***, ***non hai la lingua?***, tu as avalé ta langue? | ***in buona lingua***, en bon français, italien, etc. | ***in lingua***, (*contrapposta a dialetto*) en français, italien, etc. | ***la lingua batte dove il dente duole***, mettre le doigt sur la plaie | ***l'avevo sulla punta della lingua***, je l'avais sur le bout de la langue | ***madre lingua***, ***lingua materna***, langue maternelle | ***non aver peli sulla lingua***, ne pas mâcher ses mots | ***parli solo perché hai la lingua in bocca***, tu parles pour le plaisir de parler, pour ne rien dire | ***tenere a freno la lingua***, tenir sa langue.

linguaccia [lin-guàc-cia] ***n.f.*** [pl. *-ce*] (*persona maldicente*) mauvaise langue.
● ***fare una linguaccia a qlcu***, tirer la langue à qqn.

linguacciuto [lin-guac-ciù-to] ***agg.*** (*pettegolo*) potinier*; (*petulante*) impertinent.

linguaggio [lin-guàg-gio] ***n.m.*** [pl. *-gi*] langage: *il linguaggio infantile*, le langage de l'enfant; *il linguaggio sportivo*, le langage du sport | *che linguaggio!*, quel vocabulaire!

linguale [lin-guà-le] ***agg.*** lingual*.

linguetta [lin-guét-ta] ***n.f.*** languette; (*mecc.*) clavette.

linguista [lin-guì-sta] ***n.m.*** e ***f.*** linguiste.

linguistica [lin-guì-sti-ca] ***n.f.*** [pl. *-che*] linguistique.

linguistico [lin-guì-sti-co] ***agg.*** [pl.m. *-ci*, f. *-che*] linguistique.

linificio [li-ni-fì-cio] ***n.m.*** [pl. *-ci*] filature (*f.*) de lin.

linimento [li-ni-mén-to] ***n.m.*** liniment.

link ***n.m.invar.*** (*inform.*) lien.

linkare [lin-kà-re] ***v.tr.*** (*fam.*) faire* un lien.

lino [lì-no] ***n.m.*** lin | *l'industria del lino*, l'industrie linière.

linoleum® [li-nò-leum] ***n.m.invar.*** linoléum®.

linone [li-nó-ne] ***n.m.*** (*tess.*) linon.

linotipia [li-no-ti-pì-a] ***n.f.*** (*tip.*) linotypie.

linotipista [li-no-ti-pì-sta] ***n.m.*** e ***f.*** (*tip.*) linotypiste.

linotype® [lino'taip] ***n.f.*** (*tip.*) linotype®.

liocorno [lio-còr-no] ***n.m.*** (*mit.*) licorne (*f.*).

liofilizzato [lio-fi-liʒ-ʒà-to] ***agg.*** lyophilisé ♦ ***n.m.*** lyophilisat.

liofilizzazione [lio-fi-liʒ-ʒa-zió-ne] ***n.f.*** lyophilisation.

lionese [li-o-né-se] ***agg.*** lyonnais ♦ ***n.m.*** e ***f.*** (*abitante*) Lyonnais/e.

lipide [li-pì-de] ***n.m.*** (*biochim.*) lipide.

lipidico [li-pì-di-co] ***agg.*** [pl.m. *-ci*, f. *-che*] (*biochim.*) lipidique.

lipo- ***pref.*** lipo-.

lipoaspirazione [li-po-a-spi-ra-zió-ne] ***n.f.*** (*med.*) liposuccion.

lipogramma [li-po-gràm-ma] ***n.m.*** (*lett.*) lipogramme.

lipoplastica [li-po-plà-sti-ca] ***n.f.*** [pl. *-che*] (*med.*) lipoplastie.

liposcultùra [li-po-scul-tù-ra] ***n.f.*** (*med.*) liposculpture.

liposolubile [li-po-so-lù-bi-le] ***agg.*** (*chim.*) liposoluble.

liposoma [li-po-sò-ma] ***n.m.*** (*biol.*) liposome.

liposuzione [li-po-su-zió-ne] ***n.f.*** (*med.*) liposuccion: *sottoporsi a, fare una liposuzione*, se faire liposucer.

lipotrapianto [li-po-tra-piàn-to] ***n.m.*** (*med.*) lipogreffe (*f.*).

lippa [lip-pa] ***n.f.*** (*gioco infantile*) bâtonnet (*m.*).

liquame [li-quà-me] ***n.m.*** purin.

liquefare [li-que-fà-re] ***v.tr.*** [coniug. come *fare*] **1** (*fondere*) fondre* **2** (*fis.*) liquéfier **3** (*fig.*) dissiper ♦ **liquefarsi** ***v.pron.intr.*** **1** fondre*, se liquéfier **2** (*fig.*) (*disperdersi*) s'évanouir*.

liquefazione [li-que-fa-zió-ne] ***n.f.*** **1** fusion; (*di neve, ghiaccio*) fonte **2** (*fis.*) liquéfaction.

liquidare [li-qui-dà-re] ***v.tr.*** **1** (*pagare, saldare*) liquider; (*regolare*) régler*: *liquidare un conto*, liquider un compte; *liquidare le spese*, régler (*o* rembourser) les frais

| *liquidare i danni*, liquider (*o* payer) les dommages et intérêts (*o* évaluer et payer les dommages) | *liquidare gli arretrati*, acquitter les arriérés | *liquidare un creditore*, désintéresser un créancier | *liquidare una pensione*, allouer une pension **2** (*pagare la liquidazione*) verser l'indemnité de départ (**à**): *liquidare un impiegato*, verser à un employé son indemnité de départ **3** (*vendere a prezzo inferiore*) solder: *liquidare delle merci*, solder des marchandises **4** (*sciogliere*) liquider: *liquidare una ditta, una società*, liquider une entreprise, une société **5** (*fig.*) liquider; (*sbarazzarsi*) se débarasser (**de**): *liquidare un problema*, liquider la question; *mi ha liquidato con un sorriso*, il s'est débarrassé de moi avec un sourire | *liquidare una persona*, (*ucciderla*) liquider une personne **6** (*realizzare*) liquider: *liquidare attività patrimoniali*, liquider des activités patrimoniales | (*dir.*) *liquidare un'eredità*, évaluer un héritage.

liquidatore [li-qui-da-tó-re] ***n.m.*** [f. *-trice*] liquidateur*.

liquidazione [li-qui-da-zió-ne] ***n.f.*** **1** liquidation; (*pagamento, saldo*) paiement, règlement: *liquidazione dell'imposta*, liquidation de l'impôt; *liquidazione di un conto*, règlement d'un compte; *liquidazione di un debito*, paiement (*o* acquittement) d'une dette; *liquidazione dei danni*, liquidation des dommages et intérêts; *liquidazione di una pensione*, paiement d'une pension **2** (*indennità di fine rapporto*) indemnité de départ; prime de fin de carrière **3** (*vendita a prezzo inferiore*) liquidation; (*saldi*) soldes (*m.pl.*): *liquidazione di fine stagione*, soldes de fin de saison; *prezzo di liquidazione*, prix de liquidation; *articoli in liquidazione*, articles en liquidation **4** (*cessazione di attività*) liquidation: *liquidazione di una società, di una ditta*, liquidation d'une société, d'une entreprise.
● ***liquidazione di buonuscita***, pas-de-porte.

liquidità [li-qui-di-tà] ***n.f.invar.*** (*econ.*) liquidité.

liquido [lì-qui-do] ***agg.*** liquide (*anche econ.*) ♦ ***n.m.*** **1** liquide **2** (*econ.*) (*denaro contante*) argent liquide | *liquido in banca*, liquide, espèces à la banque | *liquido di cassa*, liquide en caisse.
● (*econ.*) ***in liquido***, en espèces: *pagare in liquido*, payer en espèces.

liquirizia [li-qui-rì-zia] ***n.f.*** réglisse.

liquore [li-quó-re] ***n.m.*** liqueur (*f.*); (*superalcolico*) spiritueux | *i liquori*, les liqueurs et les spiritueux | *tassa sui liquori*, taxe sur les spiritueux | *un liquorino*, (*fam.*) un petit verre de liqueur.

liquoreria [li-quo-re-rì-a] ***n.f.*** **1** distillerie **2** (*spaccio di liquori*) débit (*m.*) de liqueurs.

liquoroso [li-quo-ró-so] ***agg.*** liquoreux*.

lira[1] [lì-ra] ***n.f.*** (*italiana, sostituita dall'euro*) lire; (*di altri paesi*) livre | *non ho più una lira!*, (*fam.*) je n'ai plus un sou! | *sono senza una lira*, (*fam.*) je suis sans le sou | *non vale una lira*, (*fam.*) ça ne vaut rien.

lira[2] ***n.f.*** (*mus.*) lyre.

lirica [lì-ri-ca] ***n.f.*** [pl. *-che*] **1** (*lett.*) genre (*m.*) lyrique; (*poesia*) poésie lyrique; (*componimento*) poème (*m.*) lyrique **2** (*mus.*) opéra (*m.*).

liricità [li-ri-ci-tà] ***n.f.invar.*** lyrisme (*m.*).

lirico [lì-ri-co] ***agg.*** [pl.m. *-ci*, f. *-che*] lyrique (*anche fig.*).

lirismo [li-rì-ʃmo] ***n.m.*** lyrisme.

lisca [lì-sca] ***n.f.*** [pl. *-sche*] (*di pesce*) arête.

lisciare [li-scià-re] ***v.tr.*** [coniug. come *cominciare*] polir; (*tessuti, pelli, carta*) lisser | *le lisciò i capelli dolcemente*, il lui caressa doucement les cheveux | *lisciare il pelo al gatto*, caresser le chat ♦ **lisciarsi** ***v.pron.*** (*agghindarsi*) se pomponner; (*di gatto*) faire* sa toilette ♦ ***v.pron. indiretto*** *lisciarsi i capelli*, se peigner (les cheveux).
● ***lisciare il pelo a qlcu***, (*fig.*) (*adulare*) flatter qqn; (*bastonare*) donner une raclée à qqn.

lisciata [li-scià-ta] ***n.f.*** **1** (*ai capelli*) coup (*m.*) de peigne: *darsi una lisciata*, se donner un coup de peigne **2** (*fig.*) flatterie.

lisciatura [li-scia-tù-ra] ***n.f.*** **1** polissage (*m.*); (*di tessuti, pelli, carta*) lissage (*m.*) **2** (*fig.*) flatterie.

liscio [lì-scio] ***agg.*** [pl.m. *-sci*, f. *-sce*] **1** lisse: *una pietra, una parete liscia*, une pierre, une paroi lisse | *capelli lisci*, cheveux raides **2** (*semplice*) simple: *un abito, un mobile liscio*, une robe, un meuble simple **3** (*di bevanda alcolica*) nature: *un vermut liscio*, un vermouth nature | *un whisky liscio*, un whisky sec ♦ ***n.m.*** (*fam.*) bal musette: *andare a ballare il liscio*, aller danser au bal musette; *le piace il liscio*, elle aime danser dans les bals musette.
● ***liscio come l'olio***, (*di mare*) d'huile | ***andare liscio***, bien se passer: *è andato tutto liscio*, tout s'est bien passé; *la cosa non andrà liscia*, ça ne se passera pas comme ça; *mi è andata liscia*, j'ai eu de la chance (*o* de la veine) | ***passarla liscia***, s'en tirer à bon compte: *non la passerai liscia!*, tu n'y couperas pas!

liscivia [li-scì-via] ***n.f.*** lessive.

liscoso [li-scó-so] ***agg.*** plein d'arêtes.

lisina [li-ʃì-na] ***n.f.*** (*biochim.*) lysine.

liso [lì-ʃo] ***agg.*** élimé, râpé.

lisoformio [li-ʃo-fòr-mio] ***n.m.*** [pl. *-mi*] détergent désinfectant (à base d'aldéhyde formique et d'hydrate de potassium).

lista [lì-sta] ***n.f.*** **1** liste: *mettere in lista*, mettre sur la liste | *lista delle vivande*, menu | *lista dei vini*, carte des vins | *lista dei creditori*, état des créanciers **2** (*pezzo di carta, stoffa*) bande; (*di legno*) listel (*m.*).

listare [li-stà-re] ***v.tr.*** border: *listare a lutto*, border de noir.

listato [li-stà-to] ***n.m.*** (*inform.*) listage.

listello [li-stèl-lo] ***n.m.*** listeau*, listel; (*lamella*) lame (*f.*).

listino [li-stì-no] ***n.m.*** (*di prezzi*) tarif, prix courant.
● ***listino dei cambi***, cours des changes | ***listino delle estrazioni***, bulletin, liste de tirage des titres, des obligations | ***prezzi di listino***, prix de catalogue.

litania [li-ta-nì-a] ***n.f.*** **1** litanie **2** (*estens.*) kyrielle.

litantrace [li-tan-trà-ce] ***n.m.*** (*min.*) *houille-anthracite (*f.*).

litchi ['litʃi] ***n.m.invar.*** (*bot.*) litchi.

lite [lì-te] ***n.f.*** **1** querelle: *attaccar lite*, se prendre de querelle | *essere in lite con qlcu*, être brouillé avec qqn **2** (*dir.*) litige (*m.*); procès (*m.*): *comporre una lite*, trancher un litige; *lite pendente*, procès pendant.

litiasi [li-tì-a-ʃi] ***n.f.invar.*** (*med.*) lithiase.

litigante [li-ti-gàn-te] ***n.m.*** e ***f.*** adversaire.

litigare [li-ti-gà-re] ***v.intr.*** [coniug. come *legare*; aus. *avere*] **1** se disputer, se quereller **2** (*dir.*) plaider.

litigio [li-tì-gio] ***n.m.*** [pl. *-gi*] dispute (*f.*), querelle (*f.*).

litigioso [li-ti-gió-so] ***agg.*** querelleur*.

litio [lì-tio] ***n.m.*** [pl. *-ti*] (*chim.*) lithium.

lito- ***pref.*** litho-.

litografia [li-to-gra-fì-a] ***n.f.*** lithographie.

litografico [li-to-grà-fi-co] ***agg.*** [pl.m. *-ci*, f. *-che*] lithographique.

litografo [li-tò-gra-fo] ***n.m.*** [f. *-a*] lithographe.

litorale [li-to-rà-le] ***n.m.*** littoral* ♦ ***agg.*** littoral*; du littoral*.

litoraneo [li-to-rà-ne-o] ***agg.*** littoral*.
● (*strada*) ***litoranea***, route littorale, route côtière.

litosfera [li-to-sfè-ra] ***n.f.*** (*geol.*) lithosphère.

litote [li-tò-te] ***n.f.*** (*ret.*) litote.

litro [lì-tro] ***n.m.*** litre | *mezzo litro*, demi-litre.

lituano [li-tu-à-no] ***agg.*** lit(h)uanien* ♦ ***n.m.*** **1** (*lingua*) lit(h)uanien **2** [f. *-a*] (*abitante*) Lit(h)uanien*.

liturgia [li-tur-gì-a] ***n.f.*** liturgie.

liturgico [li-tùr-gi-co] ***agg.*** [pl.m. *-ci*, f. *-che*] liturgique | *musica liturgica*, musique sacrée.

liutaio [liu-tà-io] ***n.m.*** [f. *-a*; pl.m. *-ai*] luthier*.

liuto [li-ù-to] ***n.m.*** luth.

livella [li-vèl-la] ***n.f.*** niveau* (*m.*) à bulle.

livellamento [li-vel-la-mén-to] ***n.m.*** nivellement (*anche fig.*).

livellare [li-vel-là-re] ***v.tr.*** niveler* (*anche fig.*) ♦ **livellarsi** ***v.pron.intr.*** se niveler* (*anche fig.*): *nei vasi comunicanti i liquidi si livellano*, dans les vases communicants les niveaux (des liquides) s'égalisent.

livellatore [li-vel-la-tó-re] ***agg.*** e ***n.m.*** [f. *-trice*] niveleur*.

livellatrice [li-vel-la-trì-ce] ***n.f.*** (*macchina*) niveleuse.

livellazione [li-vel-la-zió-ne] ***n.f.*** nivellement (*m.*).

livello [li-vèl-lo] ***n.m.*** **1** niveau*: *il livello delle acque si è abbassato*, le niveau des eaux a baissé **2** (*fig.*) niveau*: *livello sociale, culturale*, niveau social, culturel | *mettersi a livello dei tempi*, suivre son temps **3** (*scient., tecn.*) niveau*: *livello acustico, energetico*, niveau d'audition, d'énergie **4** (*tasso*) taux*: *livello di diffusione*, (*di giornali, programmi*) taux de diffusion **5** (*inform.*) niveau*; (*riferito a codici*) moment | *livello di interrupt*, niveau d'interruption | *codice a 8 livelli*, code à 8 moments.
● ***livello di vita***, niveau de vie: *il miglioramento del livello di vita*, l'amélioration du niveau de vie | ***livello salariale***, niveau salarial | ***a, al livello di***, au ras de: *a, al livello del terreno, dell'acqua*, au ras du sol, de l'eau | ***ad alto livello, al massimo livello***, au sommet: *riunione, conferenza ad alto livello, al massimo livello*, réunion, conférence au sommet | ***a livello internazionale***, à l'échelon international: *affari a livello internazionale*, des affaires à l'échelon international | (*geogr.*) ***curve di livello***, courbes de niveau | ***di alto livello***, de haut niveau, haut de gamme: *un'opera, una conferenza di alto livello*, un ouvrage, une conférence d'un haut niveau; *prodotti di alto livello*, produits haut de gamme; *clientela di alto livello*, clientèle haut de gamme | ***di scarso livello***, bas de gamme | ***sotto il livello di***, en contre-bas de: *una casa sotto il livello della strada*, une maison en contre-bas de la route | (*geogr.*) ***sul livello del mare***, au-dessus du niveau de la mer: *un paese a 300 m sul livello del mare*, un village à 300 m au-dessus du niveau de la mer.

lividezza [li-vi-déz-za] ***n.f.*** lividité.

livido [lì-vi-do] ***agg.*** blême, livide | *mani livide dal freddo*, des mains bleuies par le froid ♦ ***n.m.*** bleu*.

lividura [li-vi-dù-ra] ***n.f.*** bleu* (*m.*).

livore [li-vó-re] ***n.m.*** aigreur (*f.*); (*astio*) rancune (*f.*).

livornese [li-vor-né-se] ***agg.*** livournien*, livournais ♦ ***n.m.*** e ***f.*** (*abitante*) Livournien/enne, Livournais/e.

livrea [li-vrè-a] ***n.f.*** livrée.

lizza [lìz-za] ***n.f.*** lice | *scendere in lizza*, entrer en lice.

lo[1] ***art.det.m.sing.*** [usato in luogo di *il* davanti a vocaboli che iniziano per vocale, *s* impura, *gn*, *ps*, *x*, *z*] **1** le*: *lo spettacolo*, le spectacle; *l'onore*, l'honneur **2** (*quando indica possesso o parentela o legame personale*) mon, ton, etc.: *ho dimenticato lo strofinaccio*, j'ai oublié mon chiffon; *è ancora lì con lo psicologo*, il est encore là avec son psychologue; *Giovanni è uscito con lo zio*, Giovanni est sorti avec son oncle **3** (*non si traduce davanti a verbi all'inf. con valore di sostantivo e davanti a n.pr. di pers.*): *lo stare in piedi a lungo stanca molto*, rester longtemps debout est très fatigant (*o* il est très fatigant de rester longtemps debout); *lo Stefano è un ragazzo intelligente*, Stéphane est un garçon intelligent; *lo Scotti si è già presentato alla polizia*, Monsieur Scotti s'est déjà présenté à la police.

lo[2] ***pron.pers.m. 3ª pers.sing.*** **1** (*compl.ogg.*) le*: *lo conosco da anni*, je le connais depuis des années; *dobbiamo avvertirlo, lo dobbiamo avvertire*, nous devons l'avertir; *invitiamolo!*, invitons-le!; *non lo invitiamo!, non invitiamolo!*, ne l'invitons pas; *guardandolo*, en le regardant; *rendimelo, non rendermelo*, rends-le moi, ne me le rends pas **2** (*con valore di* questo, ciò) le: *fallo subito*, fais-le tout de suite; *non lo fare, non farlo, ti prego*, ne le fais pas, je t'en prie **3** (*con significato di* tale) le: *sembra severo, ma non lo è*, il paraît sévère, mais il ne l'est pas.

lobato [lo-bà-to] ***agg.*** lobé.

lobbia [lòb-bia] ***n.f.*** chapeau* (*m.*) mou.

lobbista [lob-bì-sta] ***n.m.*** e ***f.*** lobbyiste.

lobbistico [lob-bì-sti-co] ***agg.*** [pl.m. *-ci*, f. *-che*] fondé sur le lobbying.

lobby [lòb-by] ***n.f.invar.*** (*gruppo di pressione*) groupe (*m.*) de pression, lobby* (*m.*).

lobo [lò-bo] ***n.m.*** lobe.

lobotomia [lo-bo-to-mì-a] ***n.f.*** (*med.*) lobotomie.

locale[1] [lo-cà-le] ***agg.*** local*: *dialetto locale*, dialecte local ♦ ***n.m.*** e ***f.*** (*spec. pl.*) (*indigeno*) natif/ve.
● (*med.*) ***anestesia locale***, anesthésie locale | (*amm.*) ***enti locali***, collectivités locales | ***far mente locale***, concentrer sa pensée (*o* se concentrer) | (***treno***) ***locale***, (train) omnibus.

locale[2] [lo-cà-le] ***n.m.*** **1** local*; (*camera*) pièce (*f.*): *locale commerciale, d'abitazione*, local commercial, d'habitation; *un appartamento di due locali*, un appartement de deux pièces **2** (*ritrovo*) endroit: *un locale alla moda*, un endroit à la mode.
● ***locale da ballo***, salle de bal | ***locale notturno***, boîte de nuit | ***locale pubblico***, établissement public.

località [lo-ca-li-tà] ***n.f.invar.*** localité; (*luogo*) endroit (*m.*); (*di villeggiatura*) station (de villégiature): *località montana, marittima*, station de montagne, station balnéaire.

localizzabile [lo-ca-liz-zà-bi-le] ***agg.*** localisable.

localizzare [lo-ca-liʒ-ʒà-re] ***v.tr.*** localiser ♦ **localizzarsi** ***v.pron.intr.*** se localiser.

localizzazione [lo-ca-liʒ-ʒa-zió-ne] ***n.f.*** localisation.

locanda [lo-càn-da] ***n.f.*** auberge.

locandiere [lo-can-diè-re] ***n.m.*** [f. *-a*] aubergiste.

locandina [lo-can-dì-na] ***n.f.*** affiche.

locare [lo-cà-re] ***v.tr.*** [coniug. come *mancare*] louer.

locatario [lo-ca-tà-rio] ***n.m.*** [f. *-a*; pl.m. *-ri*] locataire.

locativo [lo-ca-tì-vo] ***agg.*** (*dir., gramm.*) locatif*.

locatore [lo-ca-tó-re] ***n.m.*** [f. *-trice*] bailleur*, loueur*.

locazione [lo-ca-zió-ne] ***n.f.*** (*dir.*) location.

● ***locazione uso abitazione***, location à usage d'habitation | ***canone di locazione***, loyer.

locomotiva [lo-co-mo-tì-va] ***n.f.*** locomotive.

● ***fare da locomotiva***, (*fig.*) être le moteur | ***sbuffare come una locomotiva***, (*scherz.*) souffler comme un phoque.

locomotore [lo-co-mo-tó-re] ***agg.*** locomoteur* ♦ ***n.m.*** locomotive (*f.*) électrique.

locomotorio [lo-co-mo-tò-rio] ***agg.*** [pl.m. *-ri*] (*med.*) locomoteur*.

locomotrice [lo-co-mo-trì-ce] ***n.f.*** locomotive électrique, locomotrice.

locomozione [lo-co-mo-zió-ne] ***n.f.*** locomotion.

loculo [lò-cu-lo] ***n.m.*** (*nei cimiteri*) niche (*f.*); (*nelle catacombe*) loculus.

locusta [lo-cù-sta] ***n.f.*** (*zool.*) locuste.

locutore [lo-cu-tó-re] ***n.m.*** [f. *-trice*] (*ling.*) locuteur*.

locuzione [lo-cu-zió-ne] ***n.f.*** (*gramm.*) locution.

lodare [lo-dà-re] ***v.tr.*** louer ♦ **lodarsi** ***v.pron.*** se louer | *non per lodarmi*, ce n'est pas pour me vanter.

lode [lò-de] ***n.f.*** louange; éloge (*m.*): *tessere le lodi di qlcu*, chanter les louanges de qqn; *riscuotere lodi*, recevoir des éloges; *degno di lode*, digne d'éloge; *questo gesto torna a sua lode*, ce geste est tout à son honneur | *a sua lode bisogna dire che*, il faut dire en sa faveur que | *rendere lode a*, louer | *in lode di*, à la louange de | *lode a Dio!*, Dieu soit loué!

● ***30 e lode***, (*voto di esame*) 30 avec félicitations du jury: *meritare 30 e lode*, avoir 30 avec félicitations du jury | ***110 e lode***, (*voto di laurea*) mention 'très bien': *si è laureata con 110 e lode*, elle a eu sa maîtrise avec mention 'très bien' | ***senza infamia e senza lode***, ni bien ni mal.

lodevole [lo-dé-vo-le] ***agg.*** louable.

lodevolmente [lo-de-vol-mén-te] ***avv.*** (très) bien.

lodo [lò-do] ***n.m.*** (*dir.*) sentence (*f.*) arbitrale.

loft ***n.m.invar.*** (*locale commerciale trasformato in abitazione*) loft.

logaritmo [lo-ga-rìt-mo] ***n.m.*** (*mat.*) logarithme.

logfile [log'fail] ***n.m.invar.*** (*inform.*) fichier journal.

loggare [log-gà-re] ***v.intr.*** [coniug. come *legare*; aus. *avere*] (*inform.*) se logger*.

loggia [lòg-gia] ***n.f.*** [pl. *-ge*] **1** loge; (*portico*) arcades (*pl.*) **2** (*massonica*) atelier (*m.*); loge.

loggiato [log-già-to] ***n.m.*** (*arch.*) galerie (*f.*); (*portici*) arcades (*f.pl.*).

loggione [log-gió-ne] ***n.m.*** (*teatr.*) paradis; (*fam.*) poulailler.

logica [lò-gi-ca] ***n.f.*** [pl. *-che*] logique (*anche fil.*).

● ***a rigor di logica***, logiquement.

logicamente [lo-gi-ca-mén-te] ***avv.*** logiquement.

logicità [lo-gi-ci-tà] ***n.f.invar.*** logique.

logico [lò-gi-co] ***agg.*** [pl.m. *-ci*, f. *-che*] logique: *deduzione logica*, déduction logique | *è logico*, c'est logique (*o* c'est normal) ♦ ***n.m.*** [f. *-a*] logicien*.

login [log'in] ***n.m.invar.*** (*inform.*) identifiant, nom d'utilisateur.

logistica [lo-gì-sti-ca] ***n.f.*** [pl. *-che*] logistique.

logistico [lo-gì-sti-co] ***agg.*** [pl.m. *-ci*, f. *-che*] logistique | *problemi logistici*, problèmes d'organisation.

loglio [lò-glio] ***n.m.*** [pl. *-gli*] (*bot.*) ivraie (*f.*).

● ***separare il grano dal loglio***, (*fig.*) séparer le bon grain de l'ivraie.

logo [lò-go] ***n.m.*** [pl. *-ghi*] (*marchio*) logo.

logo- ***pref.*** logo-.

logogrifo [lo-go-grì-fo] ***n.m.*** logogriphe.

logopedia [lo-go-pe-dì-a] ***n.f.*** (*med.*) logopédie.

logopedista [lo-go-pe-dì-sta] ***n.m.*** e ***f.*** (*med.*) spécialiste en logopédie.

logoramento [lo-go-ra-mén-to] ***n.m.*** usure (*f.*).

logorante [lo-go-ràn-te] ***agg.*** éreintant.

logorare [lo-go-rà-re] ***v.tr.*** user: *logorare i gomiti di una giacca*, user une veste aux coudes ♦ **logorarsi** ***v.pron.intr.*** s'user ♦ ***v.pron. indiretto*** s'user: *logorarsi la vista sui libri*, user ses yeux à lire.

logorio [lo-go-rì-o] ***n.m.*** [pl. *-ii*] usure (*f.*): *il logorio della vita moderna*, (*fig.*) l'aggression de la vie moderne.

logoro [ló-go-ro] ***agg.*** usé (*anche fig.*): *scarpe logore*, chaussures usées; *frasi logore*, phrases usées.

logorrea [lo-gor-rè-a] ***n.f.*** (*med.*) logorrhée.

logorroico [lo-gor-ròi-co] ***agg.*** [pl.m. *-ci*, f. *-che*] **1** (*med.*) logorrhéique **2** (*estens.*) loquace | *com'è logorroico!*, c'est un moulin à paroles!

logoterapia [lo-go-te-ra-pì-a] ***n.f.*** (*med.*) logopédie.

logoterapista [lo-go-te-ra-pì-sta] ***n.m.*** e ***f.*** (*med.*) spécialiste en logopédie.

logout [log'aut] ***n.m.invar.*** (*inform.*) fin (*f.*) de session.

lolita [lo-lì-ta] ***n.f.*** nymphette.

lolla [lòl-la] ***n.f.*** balle (de céréales).

lombaggine [lom-bàg-gi-ne] ***n.f.*** (*med.*) lumbago (*m.*).

lombalgia [lom-bal-gì-a] ***n.f.*** (*med.*) lombalgie.

lombardo [lom-bàr-do] ***agg.*** lombard ♦ ***n.m.*** [f. *-a*] (*abitante*) Lombard.

lombare [lom-bà-re] ***agg.*** (*anat.*) lombaire.

● (*med.*) ***puntura lombare***, ponction lombaire.

lombata [lom-bà-ta] ***n.f.*** (*macelleria*) (*di vitello*) longe; (*di bue*) aloyau* (*m.*); (*di lepre ecc.*) râble (*m.*); (*di agnello, capriolo ecc.*) selle.

lombo [lóm-bo] ***n.m.*** (*spec. pl.*) **1** lombes (*pl.*) **2** (*fianchi*) flancs (*pl.*).

lombosacrale [lom-bo-sa-crà-le] ***agg.*** (*anat.*) lombosacré.

lombricicoltura [lom-bri-ci-col-tù-ra] ***n.f.*** lombriculture.

lombrico [lom-brì-co] ***n.m.*** [pl. *-chi*] (*zool.*) lombric, ver de terre.

londinese [lon-di-né-se] ***agg.*** londonien* ♦ ***n.m.*** e ***f.*** (*abitante*) Londonien/enne.

longanime [lon-gà-ni-me] ***agg.*** (*paziente*) patient; (*generoso*) généreux*.

longanimità [lon-ga-ni-mi-tà] ***n.f.invar.*** longanimité.

longevità [lon-ge-vi-tà] ***n.f.invar.*** longévité.

longevo [lon-gè-vo] ***agg.*** qui a une longévité remarquable.

longherina [lon-ghe-rì-na] ***n.f.*** (*edil.*) racinal* (*m.*).

longherone [lon-ghe-ró-ne] ***n.m.*** (*aut., aer.*) longeron.

longilineo [lon-gi-lì-ne-o] ***agg.*** longiligne.

longitudinale [lon-gi-tu-di-nà-le] ***agg.*** longitudinal*.

longitudine [lon-gi-tù-di-ne] ***n.f.*** (*astr., geogr.*) longitude.

longobardo [lon-go-bàr-do] ***agg.*** (*st.*) lombard.

● (*st.*) ***i Longobardi***, les Lombards.

lontanamente [lon-ta-na-mén-te] ***avv.*** vaguement |

L

non ci penso neppure lontanamente, je n'y pense pas le moins du monde.

lontananza [lon-ta-nàn-za] *n.f.* **1** (*distanza*) distance **2** (*l'essere lontano*) éloignement (*m.*): *la lontananza non ci permette di vederci spesso*, l'éloignement ne nous permet pas de nous voir souvent; *soffre della lontananza dalla patria*, il souffre d'être loin de sa patrie; *la lontananza da casa gli pesa molto*, vivre loin de chez lui, lui pèse beaucoup.
● ***in lontananza***, au loin, dans le lointain; (*da lontano*) de loin.

lontano [lon-tà-no] *agg.* **1** éloigné (**de**); (*molto distante nel tempo e nello spazio*) lointain; (*se può essere sostituito dall'avv.*) loin (**de**): *i paesi lontani*, les pays lointains; *la casa è molto lontana dal centro*, la maison est très éloignée du centre; *in un'epoca molto lontana da noi*, à une époque très éloignée de nous; *state lontani dal fuoco*, tenez-vous éloignés, loin du feu; *essere lontano da*, être loin de; *è lontano 30 km*, c'est à 30 km (d'ici); *eravamo lontani mille miglia da*, (*fig.*) nous étions à cent lieues de; *ha una figlia lontana*, sa fille habite loin d'elle, de lui; *lontana da me l'idea di*, loin de moi l'idée de; *nel lontano 1930*, cela date de loin en 1930; *l'igiene tiene lontane le malattie*, l'hygiène éloigne les maladies; *in un non lontano avvenire*, dans un avenir prochain | *in tempi lontani*, jadis | *amici vicini e lontani*, amis présents et absents | *causa lontana*, cause indirecte **2** (*vago*) vague: *un lontano sospetto*, un vague soupçon; *un lontano ricordo*, un vague souvenir; *non ne ho la più lontana idea*, je n'en ai pas la moindre idée **3** (*differente*) différent: *siamo troppo lontani di gusti*, nous avons des goûts trop différents **4** (*di parentela*) eloigné: *un cugino lontano*, un cousin éloigné, lointain ♦ *avv.* **1** loin: *mettetevi un po' più lontano*, mettez-vous un peu plus loin; *state lontano dal fuoco*, ne vous approchez pas du feu; *tenere lontano*, éloigner | *essere, trovarsi lontano*, (*assente*) être au loin **2** (*in lontananza*) dans le lointain: *lontano, si sentiva una voce*, dans le lointain on entendait une voix.
● ***lontano da***, loin de: *stiamo non lontano da voi*, nous habitons pas loin de chez vous | ***alla lontana***, de loin; (*fig.*) (*vagamente*) vaguement: *parenti alla lontana*, parents de loin; *prenderla alla lontana*, partir de loin; *affrontare un argomento alla lontana*, traiter un argument en partant de loin; *me ne ha parlato alla lontana*, il m'en a parlé vaguement; *lo conosco alla lontana*, je ne le connais que vaguement; *tenersi alla lontana da qlcu*, éviter qqn | ***andare lontano***, (*partire*) partir au loin, (*fig.*) aller loin: *quel ragazzo andrà lontano*, ce garçon ira loin | ***da, di lontano***, de loin: *rifarsi da lontano*, (*fig.*) remonter aux sources | ***mirare lontano***, (*fig.*) viser haut | ***vedere lontano***, (*avere una buona vista*) avoir une bonne vue; (*anche fig.*) voir loin.

lontra [lón-tra] *n.f.* (*zool.*) loutre.

lonza [lón-za] *n.f.* (*macelleria*) échine.

look [luk] *n.m.invar.* (*aspetto esteriore*) look, allure (*f.*): *un look moderno*, une allure moderne; *cambiare look*, changer de look; *quella rivista ha cambiato look*, ce magazine a changé de look.

loquace [lo-quà-ce] *agg.* loquace.

loquacemente [lo-qua-ce-mén-te] *avv.* éloquemment.

loquacità [lo-qua-ci-tà] *n.f.invar.* loquacité.

loquela [lo-què-la] *n.f.* (*letter.*) parole; (*modo di parlare*) façon de parler.

lordare [lor-dà-re] *v.tr.* souiller ♦ **lordarsi** *v.pron.* se souiller.

lordo [lór-do] *agg.* **1** souillé **2** (*di peso, di importo ecc.*) brut ♦ *n.m.* brut.
● (*econ.*) ***al lordo***, brut: *al lordo di imposta*, impôt non déduit; *fruttare al lordo delle spese*, rapporter brut | ***peso lordo***, poids brut.

> **FAUX AMI**
> Da non confondere con *lourd*, che significa *pesante*.

lordosi [lor-dò-ʃi] *n.f.invar.* (*med.*) lordose.

lordura [lor-dù-ra] *n.f.* saleté, souillure.

lorenese [lo-re-né-se] *agg.* lorrain ♦ *n.m.* e *f.* (*abitante*) Lorrain/e.

loro[1] [ló-ro] *agg.poss.m.* e *f.invar. 3ª pers.pl.* **1** leur*: *il loro giardino, la loro casa*, leur jardin, leur maison; *i loro libri, le loro opinioni*, leurs livres, leurs opinions; *l'ultima loro speranza*, leur dernier espoir; *sono del loro stesso parere*, je suis du même avis qu'eux; *il loro e il nostro ufficio sono contigui*, leur bureau et le nôtre sont contigus; *è un problema loro, non tuo*, c'est leur problème, (ce n'est) pas le tien; *questo loro amico*, leur ami, cet ami; *un loro amico*, un de leurs amis (*o* un ami à eux, à elles); *un loro amico architetto*, un architecte de leurs amis; *aspetto una loro risposta*, j'attends une réponse de leur part; *vorrei un loro parere*, je voudrais avoir leur avis; *due loro amici*, deux de leurs amis (*o* deux amis à eux, à elles); *non dimostrano i loro ottant'anni*, ils, elles ne paraissent pas avoir quatre-vingts ans | *in, a casa loro*, (*di essi*) chez eux, (*di esse*) chez elles **2** (*con idea di possesso, appartenenza*) (*di essi*) à eux; (*di esse*) à elles: *questa bella casa con giardino è loro*, cette belle maison avec un jardin est à eux, à elles; *le mie sorelle hanno una camera* (*tutta*) *loro*, mes sœurs ont une chambre pour elles (toutes seules); *hanno un modo tutto loro di vedere le cose*, ils, elles ont une manière toute personnelle de voir les choses; *questo libro è loro*, (*di loro proprietà*) ce livre est à eux, à elles, (*ne sono gli autori*) ce livre est d'eux, d'elles **3** (*formula di cortesia*) votre; (*con uso predicativo*) à vous: *ecco, Signori, i loro biglietti*, voilà, Messieurs, vos billets; *sono loro questi passaporti, Signori?*, ces passeports sont à vous, Messieurs? | *le Loro Altezze, le Loro Maestà*, Leurs Altesses, Leurs Majestés ♦ *pron.poss.m.* e *f.invar. 3ª pers.pl.* **1** le* leur*: *questa è la nostra camera, quella è la loro*, c'est notre chambre, celle-là est la leur **2** (*formula di cortesia*) le* vôtre: *questi posti sono già occupati, Signori: i loro sono migliori*, ces places sont déjà occupées, Messieurs, les vôtres sont meilleures **3** (*in espressioni ellittiche*): *siete, state sempre dalla loro*, vous êtes toujours de leur côté (*o* pour eux, pour elles); *vogliono sempre dire la loro*, ils, elles ont toujours leur mot à dire; *ne hanno fatta, combinata una delle loro*, ils, elles ont fait une de leurs; *ne hanno detta una delle loro*, ils, elles ont fait une de leurs gaffes; *stanno sempre sulle loro*, ils, elles gardent toujours leurs distances; *anch'essi hanno avuto le loro* (*disgrazie*), eux, elles aussi ont eu leur part de malheurs ♦ *n.m.* **1** (*di mezzi economici, di beni personali*): *vivono del loro*, ils, elles vivent de leurs ressources personnelles; *spendono del loro*, ils, elles paient de leur poche; *si accontentano del loro*, ils, elles se contentent de ce qu'ils, elles ont **2** (*preceduto da pron.indef.*): *hanno ancora qlco di loro*, ils, elles ont encore quelques biens personnels; *essi hanno voluto aggiungere qlco di loro*, (*in un discorso, in un testo*) ils ont voulu eux aussi ajouter qqch; *non hanno ormai più niente del loro*, à présent ils, elles n'ont, ne possèdent plus rien; *non c'è più nulla di loro in questa casa*, il n'y a plus rien qui leur appartienne dans cette maison; *di loro non c'è molto in questo progetto*, il n'y a pas grand -chose d'eux, d'elles dans ce projet **3** (*pl.*) (*genitori, sostenitori ecc.*) les leurs.

loro[2] *pron.pers.m.* e *f.* *3ª pers.pl.* **1** (*compl. di termine non preceduto da prep.*) leur; (*compl. di termine preceduto da* a) eux (*m.*), elles (*f.*): *ho parlato loro di te*, je leur ai parlé de toi; *dì loro di venire subito*, dis-leur de venir tout de suite; *dillo loro*, dis-le-leur; *non dir loro la verità*, ne leur dis pas la vérité; *non dirla loro*, ne la leur dis pas; *devi domandare a loro*, c'est à eux, à elles que tu dois demander; *auguro a loro due buona fortuna*, je leur souhaite à tous, à toutes les deux bonne chance **2** (*compl. preceduto da prep.*) eux (*m.*), elles (*f.*): *cenerò da loro*, je dînerai chez eux, chez elles; *ho passato un mese con loro*, j'ai passé un mois avec eux, avec elles; *lavoro spesso con loro due*, je travaille souvent avec eux deux, elles deux | *il di loro padre*, leur père **3** (*sogg.*) ils (*m.*), elles (*f.*); (*con uso rafforzativo o enfatico*) eux (*m.*), elles (*f.*): *loro sono medici, le loro mogli sono infermiere*, ils sont médecins, leurs femmes sont infirmières; *io verrò con voi, loro non hanno ancora deciso*, je viendrai avec vous, eux (*o* elles) n'ont pas encore décidé; *partirete insieme, voi e loro*, vous et eux (*o* elles), vous partirez ensemble; *me l'hanno detto loro*, ce sont eux, elles qui me l'ont dit; *devono farlo loro*, c'est à eux, à elles de le faire; *sono fortunati, loro!*, ils en ont eu de la chance, eux!; *loro due lo sanno bene*, ils le savent bien tous les deux, elles le savent bien toutes les deux; *l'hanno fatto loro tre*, ils, elles l'ont fait à eux trois, à elles trois **4** (*con funzione predicativa*) eux (*m.*), elles (*f.*): *sono loro, non sono loro i, le responsabili*, ce sont eux, elles, ce ne sont pas eux, elles les responsables; *sono loro che decidono, a decidere*, ce sont eux, elles qui décident; *sono stati loro a partire per primi*, ce sont eux qui sont partis les premiers; *non saranno certo loro a denunciarlo, che lo denunceranno*, ce n'est sûrement pas eux, elles qui le dénonceront; *dopo quell'avventura non sono più loro, non sembrano più loro*, après cette aventure ils, elles ne semblent plus les mêmes | *se fossi (in) loro*, si j'étais eux, elles; (si j'étais) à leur place **5** (*formula di cortesia, rivolgendosi direttamente a qlcu*) (*sogg. e compl.*) vous: *come (loro) desiderano*, comme vous voudrez; *Egregi signori, ci permettiamo di inviare loro*, Messieurs, nous nous permettons de vous envoyer.

● ***anche loro***, eux aussi, elles aussi: *potrebbero capirlo anche loro*, eux aussi, elles aussi pourraient le comprendre | ***non è da loro***, ce n'est pas dans leur style: *non è da loro dire, fare certe cose*, ce n'est pas dans leur style de dire, de faire certaines choses | ***proprio loro, loro stessi, loro stesse***, eux-mêmes, elles-mêmes: *ce l'hanno detto proprio loro*, ce sont eux-mêmes, elles-mêmes qui nous l'ont dit.

losanga [lo-ʃàn-ga] *n.f.* [pl. *-ghe*] losange (*m.*).

● ***a losanga***, en losange.

losco [ló-sco] *agg.* [pl.m. *-schi*, f. *-sche*] louche (*anche fig.*): *un losco individuo*, un individu louche ♦ *n.m.* (*solo sing.*) louche: *c'è del losco*, il y a du louche.

loto [ló-to] *n.m.* (*bot.*) lotus.

● ***fior di loto***, fleur de lotus.

lotta [lòt-ta] *n.f.* lutte (*anche fig.*): *fare (al)la lotta*, se battre (*o* lutter); *lotta di passioni*, conflit de passions; *lotta tra il piacere e il dovere*, lutte du devoir contre le plaisir.

● ***lotta contro il tempo***, (*fig.*) bataille contre le temps | ***lotta di classe***, lutte des classes | (*sport*): ***lotta giapponese***, judo; ***lotta greco-romana***, lutte gréco-romaine; ***lotta libera***, lutte libre | ***in lotta***, en lutte: *operai in lotta*, ouvriers en lutte; *studenti in lotta*, étudiants en agitation; *essere in lotta con la famiglia*, être en désaccord avec sa famille.

lottare [lot-tà-re] *v.intr.* [aus. *avere*] lutter (**contre**) (*anche fig.*): *lottare per la libertà*, lutter pour la liberté; *lottare con la morte*, lutter contre la mort; *lotta con uno più forte di lui*, il lutte avec qqn de plus fort que lui.

lottatore [lot-ta-tó-re] *n.m.* [f. *-trice*] lutteur*.

lotteria [lot-te-rì-a] *n.f.* loterie: *biglietto della lotteria*, billet de la loterie; *vincere alla lotteria*, gagner à la loterie.

● ***lotteria istantanea***, loterie instantanée, ticket à gratter.

lottizzare [lot-tiʒ-ʒà-re] *v.tr.* lotir.

lottizzatore [lot-tiʒ-ʒa-tò-re] *agg.* e *n.m.* [f. *-trice*] lotisseur*.

lottizzazione [lot-tiʒ-ʒa-zió-ne] *n.f.* lotissement (*m.*) | *la lottizzazione del potere*, (*fig.*) le partage du pouvoir.

lotto [lòt-to] *n.m.* **1** lot: *lotto di terreno*, lot de terrain; *suddividere in lotti*, diviser en lots (*o* lotir) **2** (*gioco*) loto (loterie où l'on joue de l'argent sur des numéros) **3** (*sport*) groupe.

● ***estrazione del lotto***, tirage du loto (*o* de la loterie) | ***vincere un terno al lotto***, (*fig.*) gagner le gros lot.

love story [lʌv'stɔri] *n.f.invar.* love story.

lozione [lo-zió-ne] *n.f.* (*cosmesi, farm.*) lotion | *lozione per capelli*, lotion capillaire.

lubricità [lu-bri-ci-tà] *n.f.invar.* (*fig.*) lubricité.

lubrico [lù-bri-co] *agg.* [pl.m. *-ci*, f. *-che*] lubrique.

lubrificante [lu-bri-fi-càn-te] *agg.* e *n.m.* lubrifiant.

lubrificare [lu-bri-fi-cà-re] *v.tr.* [coniug. come *mancare*] lubrifier.

lubrificazione [lu-bri-fi-ca-zió-ne] *n.f.* lubrification; (*ingrassaggio*) graissage (*m.*).

lucano [lu-cà-no] *agg.* lucanien ♦ *n.m.* [f. *-a*] (*abitante*) Lucanien.

lucchese [luc-ché-ʃe *o* lucchése] *agg.* de Lucques.

lucchetto [luc-chét-to] *n.m.* cadenas: *chiudere con il lucchetto*, cadenasser.

luccicante [luc-ci-càn-te] *agg.* luisant.

luccicare [luc-ci-cà-re] *v.intr.* [coniug. come *mancare*; aus. *essere* o *avere*] scintiller; (*brillare*) briller (*anche fig.*); (*spec. di superfici metalliche*) luire*; (*di superfici liquide*) miroiter: *i suoi occhi luccicavano di gioia*, ses yeux brillaient de joie.

luccichio [luc-ci-chì-o] *n.m.* [pl. *-ii*] scintillement; (*di superfici liquide*) miroitement: *il luccichio degli occhi*, (*fig.*) la lueur des yeux.

luccicone [luc-ci-có-ne] *n.m.* grosse larme (*f.*): *gli vennero i lucciconi*, ses yeux se remplirent de larmes; *aveva i lucciconi*, elle avait les larmes aux yeux.

luccio [lùc-cio] *n.m.* [pl. *-ci*] (*zool.*) brochet.

lucciola [lùc-cio-la] *n.f.* ver (*m.*) luisant.

● ***dare a intendere lucciole per lanterne***, (*fig.*) vendre une mule pour un cheval de course | ***prendere lucciole per lanterne***, (*fig.*) prendre des vessies pour des lanternes.

luce [lù-ce] *n.f.* **1** lumière; (*chiarore*) lueur (*anche fig.*): *le prime luci dell'alba*, les premières lueurs de l'aube; *mandare luce*, donner de la lumière; *fare luce*, donner de la lumière; *dare luce a un ambiente*, éclairer une pièce; *la stanza prende luce dalla finestra*, la pièce reçoit la lumière par la fenêtre; *vedere la luce*, voir le jour; *una luce di speranza negli occhi*, une lueur d'espoir dans les yeux | *in mezza luce*, dans la pénombre | *mostrarsi nella propria vera luce*, se montrer sous son vrai jour | *vedere sotto una nuova luce*, voir sous un jour nouveau **2** (*luce elettrica*) lumière; (*corrente elettrica*) courant (*m.*): *accendere, spegnere la luce*, allumer, éteindre (la lumière); *è andata via* *la luce*, il y a une panne de courant | *bolletta della luce*, facture d'électricité | *l'impianto della luce*, l'installation électrique **3** (*pl.*) (*poet.*) (*occhi*) yeux (*m.*) **4** (*di pietre preziose*) eau* **5** (*apertura*) jour (*m.*), ouverture: *armadio a tre luci*, armoire à trois pans; *negozio a tre luci*, magasin à trois vitrines **6** (*arch.*) (*di arco, di architrave*) portée **7** (*aut.*) feu* (*m.*); (*aer.*) balise **8** (*tecn.*) (*di tubo ecc.*) lumière.

● ***luci della ribalta***, (*anche fig.*) feux de la rampe | (*aut.*): ***luci di emergenza***, feux de détresse; ***luci di posizione***, feux de position | ***alla luce (di)***, (*anche fig.*) à la lumière (de): *alla luce dei fatti*, à la lumière des événements; *agire alla luce del sole*, agir au grand jour; *riportare alla luce*, porter au jour; *dare alla luce un bambino*, donner le jour à un enfant; *venire alla luce*, voir le jour | ***a luci rosse***, porno | (*fis.*) ***anno luce***, année lumière | ***brillare di luce propria***, briller de sa propre lumière | ***chiaro come la luce del sole***, clair comme le jour | ***è la luce dei suoi occhi***, il tient à lui comme à la prunelle de ses yeux | ***fare, gettare luce su qlco***, (*fig.*) faire, jeter la lumière sur qqch | ***mettere in luce***, (*fig.*) mettre en lumière: *mettere nella giusta luce, in falsa luce*, présenter sous son vrai jour, sous un faux jour; *mettere in buona, cattiva luce*, montrer sous un jour favorable, défavorable | ***mettersi in luce***, (*fig.*) se révéler | (*fis.*) ***velocità della luce***, vitesse de la lumière.

lucente [lu-cèn-te] ***agg.*** brillant.

lucentezza [lu-cen-téz-za] ***n.f.*** brillant (*m.*); (*di stoffe*) luisant (*m.*).

lucerna [lu-cèr-na] ***n.f.*** **1** lampe à huile **2** (*cappello*) bicorne (*m.*).

● (*zool.*) (*pesce*) ***lucerna***, uranoscope.

lucernario [lu-cer-nà-rio] ***n.m.*** [pl. -*ri*] lucarne (*f.*); (*di piccole dimensioni, apribile*) chien-assis* | *tetto a lucernario*, toit vitré.

lucertola [lu-cèr-to-la] ***n.f.*** (*zool.*) lézard (*m.*).

● ***essere come una lucertola***, (*amare il sole*) aimer lézarder (au soleil).

lucherino [lu-che-rì-no] ***n.m.*** (*zool.*) tarin.

lucidalabbra [lu-ci-da-làb-bra] ***n.m.invar.*** brillant à lèvres.

lucidamente [lu-ci-da-mén-te] ***avv.*** lucidement.

lucidare [lu-ci-dà-re] ***v.tr.*** astiquer; (*incerare*) cirer: *lucidare le scarpe*, cirer les chaussures; *lucidare l'argenteria*, nettoyer l'argenterie; *lucidare il pavimento*, faire briller le sol.

lucidatore [lu-ci-da-tó-re] ***n.m.*** [f. -*trice*] cireur*.

lucidatrice [lu-ci-da-trì-ce] ***n.f.*** (*macchina*) cireuse.

lucidatura [lu-ci-da-tù-ra] ***n.f.*** **1** astiquage (*m.*); (*con cera*) cirage (*m.*) **2** (*ricalco di un disegno*) calquage (*m.*).

lucidità [lu-ci-di-tà] ***n.f.invar.*** lucidité: *lucidità di mente*, lucidité d'esprit.

lucido [lù-ci-do] ***agg.*** **1** luisant, brillant; (*levigato*) poli; (*lucidato a cera*) ciré: *avere i gomiti della giacca lucidi*, avoir les coudes de son veston lustrés; *occhi lucidi di pianto, di febbre*, yeux brillants de larmes, de fièvre; *naso lucido*, nez luisant | *tenere la casa lucida*, bien entretenir sa maison **2** (*fig.*) lucide: *lucida esposizione dei fatti*, lucide exposition des faits ♦ ***n.m.*** **1** brillant, lustre: *togliere il lucido*, ôter le lustre **2** (*per scarpe*) cirage: *dare il lucido*, cirer **3** (*disegno*) calque | *copia su lucido*, décalque.

● ***carta da lucido***, papier-calque | ***tirare a lucido un pavimento***, cirer un carrelage, (*un pavimento di legno*) encaustiquer un parquet | ***tirarsi a lucido***, (*fig. fam.*) se mettre sur son trente et un: *era tutto tirato a lucido per la festa*, il s'était mis sur son trente et un pour la fête.

lucignolo [lu-cì-gno-lo] ***n.m.*** **1** mèche (*f.*); (*acceso*) lumignon **2** (*estens.*) (*persona molto magra*) fil de fer: *ridursi un lucignolo*, devenir un fil de fer.

lucrare [lu-crà-re] ***v.tr.*** gagner.

lucrativo [lu-cra-tì-vo] ***agg.*** lucratif*.

lucro [lù-cro] ***n.m.*** gain.

● ***a scopo di lucro***, dans un but lucratif | ***senza fini di lucro***, à but non lucratif.

lucroso [lu-cró-so] ***agg.*** lucratif*.

luculliano [lu-cul-lià-no] ***agg.*** somptueux*.

ludibrio [lu-dì-brio] ***n.m.*** [pl. -*ri*] risée (*f.*).

● ***esporre al pubblico ludibrio***, exposer à la risée publique.

ludico [lù-di-co] ***agg.*** [pl.m. -*ci*, f. -*che*] ludique: *attività ludiche*, activités ludiques; *atteggiamento ludico*, attitude ludique.

ludoteca [lu-do-tè-ca] ***n.f.*** [pl. -*che*] ludothèque.

ludotecario [lu-do-te-cà-rio] ***n.m.*** [f. -*a*; pl.m. -*ri*] ludothécaire.

lue [lù-e] ***n.f.invar.*** (*med.*) syphilis.

luetico [lu-è-ti-co] ***agg.*** e ***n.m.*** [f. -*a*; pl.m. -*ci*, f. -*che*] syphilitique.

luglio [lù-glio] ***n.m.*** [pl. -*gli*] juillet: *in luglio, nel mese di luglio*, en juillet, au mois de juillet; *il quattordici (di) luglio*, le quatorze juillet.

lugubre [lù-gu-bre] ***agg.*** lugubre.

lui ***pron.pers.m. 3ª pers.sing.*** **1** (*sogg.*) il; (*quando in it. non può essere sottinteso o con uso rafforzativo o enfatico*) lui: *lui avrebbe agito come te*, il aurait agi comme toi; *lui è italiano, sua moglie è tedesca*, il est italien, sa femme est allemande; *lui, rinunciare al suo lavoro?*, lui, renoncer à son travail?; *lasciamo che decida lui*, laissons-le décider lui-même **2** (*compl. preceduto da prep. e compl.ogg. con uso rafforzativo o enfatico*) lui; (*compl.ogg.*) le: *ammirano lui, ma non sua moglie*, on l'admire, lui, mais pas sa femme; *ho lavorato con lui per anni*, j'ai travaillé avec lui pendant des années; *ha chiesto al suo amico e poi ai figli di lui*, il a demandé à son ami et ensuite aux enfants de celui-ci | *il padre di lui, il di lui padre*, son père **3** (*con funzione predicativa*) lui: *da un po' di tempo non è, non sembra più lui*, depuis quelque temps il n'est plus lui-même; *è lui, non è lui il tuo nuovo professore*, c'est lui, ce n'est pas lui ton nouveau professeur; *è lui che ha deciso, è stato lui a decidere*, c'est lui qui a décidé; *non sarà certo lui a chiedermi del denaro*, ce n'est sûrement pas lui qui me demandera de l'argent | *se fossi (in) lui*, si j'étais lui, (si j'étais) à sa place | *è tutto lui*, (*di ritratto*) c'est tout à fait lui ♦ ***n.m.invar.*** (*fam.*) (*l'innamorato*) (petit) ami, copain: *non ha ancora trovato il suo lui*, elle n'a pas encore trouvé l'âme sœur (*o* l'homme de sa vie).

● ***anche lui***, lui aussi: *potrebbe saperlo anche lui*, lui aussi pourrait le savoir | ***non è da lui***, ce n'est pas son style (*o* ça ne lui ressemble pas): *non è da lui dire, fare certe cose*, ce n'est pas son style de dire, de faire certaines choses | ***proprio lui, lui stesso***, lui-même: *me l'ha detto proprio lui, lui stesso*, c'est lui-même qui me l'a dit.

> NOTA Il pronome personale soggetto ***lui***, spesso sottinteso in italiano, in francese deve essere sempre espresso con il corrispondente pronome soggetto ***il***.
>
> (***Lui***) *era d'accordo.*
> **Il** était d'accord.

luigi [lu-ì-gi] ***n.m.invar.*** (*antiq.*) (*moneta*) louis.

lumaca [lu-mà-ca] ***n.f.*** [pl. -*che*] **1** limace; (*chiocciola*) escargot (*m.*), colimaçon (*m.*): (*cuc.*) *un piatto di luma-*

L

che, un plat d'escargots **2** (*fig.*) (*persona lenta*) tortue: *sei una lumaca!*, tu es une vraie tortue!

● ***a passo di lumaca***, à pas de tortue | ***camminare come una lumaca***, marcher comme un escargot.

lumacone [lu-ma-có-ne] *n.m.* (*zool.*) limace (*f.*) (*anche fig.*): *che lumacone!*, quelle limace!

lume [lù-me] *n.m.* **1** lampe (*f.*): *lume a petrolio*, lampe à pétrole **2** (*luce*) lumière (*f.*) (*anche fig.*): *scrivere al lume di una candela*, écrire à la lumière d'une bougie; *far lume*, donner de la lumière; *il lume della luna*, le clair de lune; *il lume della fede*, la lumière de la foi | *ho bisogno dei tuoi lumi*, j'ai besoin de tes lumières.

● ***lume da notte***, veilleuse | ***a lume di candela***, aux chandelles: *cena a lume di candela*, dîner aux chandelles | ***a lume di naso***, à vue de nez | ***ha perso il lume della ragione***, (*si è arrabbiato*) il est hors de lui, (*è impazzito*) il a perdu la raison | (*st.*) ***il secolo dei lumi***, le siècle des lumières | ***reggere il lume***, (*fig.*) tenir la chandelle.

lumen [lù-men] *n.m.invar.* (*fis.*) lumen.

lumicino [lu-mi-cì-no] *n.m.* lumignon, faible lumière (*f.*).

● ***cercare col lumicino***, (*fig.*) chercher à la loupe | ***essere ridotto al lumicino***, (*fig.*) n'avoir plus qu'un souffle de vie.

luminare [lu-mi-nà-re] *n.m.* lumière (*f.*): *un luminare della medicina*, une lumière de la médecine.

luminaria [lu-mi-nà-ria] *n.f.* luminaire (*m.*).

luminescente [lu-mi-ne-scèn-te] *agg.* luminescent.

luminescenza [lu-mi-ne-scèn-za] *n.f.* luminescence.

● ***lampada a luminescenza***, tube luminescent.

lumino [lu-mì-no] *n.m.* **1** (*lumicino*) lumignon, faible lumière (*f.*) **2** (*piccola lampada*) petite lampe (*f.*) **3** (*candela funebre*) lumignon **4** (*scalda piatti*) bougie (*f.*) chauffe-plat.

● ***lumino da notte***, veilleuse.

luminosità [lu-mi-no-si-tà] *n.f.invar.* luminosité; brillance: *luminosità dello schermo*, brillance de l'écran.

luminoso [lu-mi-nó-so] *agg.* lumineux* (*anche fig.*): *sguardo luminoso*, regard lumineux; *idea luminosa*, idée lumineuse, brillante; *un luminoso esempio di coraggio*, un exemple frappant de courage | *sorgente luminosa*, source de lumière.

luna [lù-na] *n.f.* lune: *la luna è nella fase crescente, calante*, la lune est dans son croissant, dans son décroît; *in una notte senza luna*, par une nuit sans lune; *una luna meravigliosa*, un superbe clair de lune | *venite dalla luna?*, d'où sortez-vous? | *eri ancora nel mondo della luna*, tu n'étais pas encore né.

● ***luna crescente, calante***, lune croissante, décroissante | ***luna di miele***, lune de miel | ***luna nuova***, nouvelle, pleine lune | ***luna piena***, pleine lune: *faccia di luna piena*, (*fig.*) visage de pleine lune | ***andare a lune***, être lunatique, avoir ses lunes | ***avere la luna (storta, di traverso)***, (*fig.*) être mal luné, être dans une mauvaise lune | ***cercare la luna nel pozzo***, (*fig.*) chercher midi à quatorze heures | ***chiaro di luna***, clair de lune: *con questi chiari di luna*, (*fig.*) par les temps qui courent | ***essere di buona, cattiva luna***, être bien, mal luné | ***essere nella luna, vivere nel mondo della luna***, (*fig.*) être dans la lune, vivre dans les nuages | ***mezza luna***, demi-lune | ***mostrare la luna nel pozzo***, (*fig.*) montrer la lune en plein midi | (*zool.*) ***pesce luna***, poisson-lune | (*min.*) ***pietra di luna***, pierre de lune.

luna park [lù-na pàrk] *n.m.invar.* parc d'attractions.

lunare [lu-nà-re] *agg.* lunaire.

● ***fase, eclissi lunare***, phase de la lune, éclipse de lune.

lunaria [lu-nà-ria] *n.f.* **1** (*bot.*) lunaire **2** (*min.*) pierre de lune.

lunario [lu-nà-rio] *n.m.* [pl. *-ri*] almanach.

● ***sbarcare il lunario***, (*fig.*) joindre les deux bouts.

FAUX AMI
Da non confondere con *lunaire*, che indica il fiore *lunaria* o l'aggettivo *lunare*.

lunatico [lu-nà-ti-co] *agg.* e *n.m.* [f. *-a*; pl.m. *-ci*, f. *-che*] lunatique.

lunazione [lu-na-zió-ne] *n.f.* (*astr.*) lunaison.

lunedì [lu-ne-dì] *n.m.invar.* lundi: *lunedì prossimo*, lundi prochain; *lunedì scorso*, lundi dernier.

● ***Lunedì di Pasqua, dell'Angelo***, Lundi de Pâques.

lunetta [lu-nét-ta] *n.f.* **1** lunette **2** (*cuc.*) *hachoir (*m.*) **3** (*basket*) cercle (*m.*) des lancers francs.

lungaggine [lun-gàg-gi-ne] *n.f.* longueur; (*lentezza*) lenteur: *le lungaggini della burocrazia*, les lenteurs de la bureaucratie; *basta con le lungaggini!*, trêve de longueurs!; *senza lungaggini*, sans ambages.

lungamente [lun-ga-mén-te] *avv.* (*diffusamente*) longuement; (*per molto tempo*) longtemps.

lungarno [lun-gàr-no] *n.m.* quai de l'Arno.

lunghezza [lun-ghéz-za] *n.f.* longueur: *misurare, prendere la lunghezza*, mesurer la longueur; *quattro metri di lunghezza*, quatre mètres de long; *quel lago misura 50 km di, in lunghezza*, ce lac a une longueur de 50 km (*o* a 50 km de long) | (*sport*) *vincere per mezza lunghezza, due lunghezze*, gagner d'une demi-longueur, de deux longueurs.

● (*aut.*) ***lunghezza massima***, longueur hors tout.

lungi [lùn-gi] *avv.* (*letter.*) loin: *poco lungi*, pas très loin; *da lungi*, de loin.

● ***lungi da***, loin de: *essere* (*ben*) *lungi da*, être (bien) loin de; *lungi da me una simile idea!*, loin de moi une idée pareille!

lungimirante [lun-gi-mi-ràn-te] *agg.* clairvoyant: *essere lungimirante*, voir loin.

lungimiranza [lun-gi-mi-ràn-za] *n.f.* clairvoyance; (*previdenza*) prévoyance.

lungo [lùn-go] *agg.* [pl.m. *-ghi*, f. *-ghe*] **1** long*: *spiaggia lunga trenta chilometri*, plage longue de trente kilomètres (*o* de trente kilomètres de long); *un lungo inverno*, un long hiver; *non sarà una cosa lunga*, ce ne sera pas long **2** (*diluito*) clair: *brodo lungo*, bouillon clair; *caffè troppo lungo*, café trop léger ♦ *n.m.* longueur (*f.*) | *vestirsi in lungo*, s'habiller en long ♦ *prep.* **1** le long (de): *lungo il fiume*, le long du fleuve | *strisciare lungo il muro*, raser le mur **2** (*durante*) pendant, au cours (de): *lungo il viaggio*, pendant le voyage.

● ***a lungo***, (*per molto tempo*) longtemps; (*diffusamente*) longuement | ***a lungo andare, alla lunga***, à la longue | ***avere la vista lunga***, (*fig.*) voir loin | ***da lungo tempo***, depuis longtemps | ***di gran lunga***, de loin | ***essere lungo come la fame, come la quaresima***, (*fig.*) être long comme un jour sans pain | ***essere lungo come una pertica***, (*molto alto*) être une perche | ***fare la faccia lunga***, avoir la mine allongée | ***farla lunga***, ne plus en finir: *come la fai lunga!*, tu n'en finis plus!; *non farla tanto lunga!*, (*fam.*) abrège!; *per non farla lunga*, en deux mots | ***in lungo e in largo***, (*in tutti i sensi*) en long et en large: *correre in lungo e in largo*, courir de long en large; *cercare in lungo e in largo*, chercher partout | (*mar.*): ***le onde lunghe***, la houle; ***mare lungo***, mer houleuse | ***per (il) lungo***, dans le sens de la longueur; en long: *tagliare per il lungo*, couper en longueur, en long | (*sport*) (***salto in***) ***lungo***, saut en longueur | ***saperla lunga***, en savoir long | ***tirare di lungo***, continuer son chemin | ***tirare le cose in lungo***, traîner les choses en longueur.

NOTA Per designare la lunghezza, espressa con ***lungo***, in francese ci sono due possibili traduzioni: l'aggettivo ***long de*** seguito dal numerale oppure il numerale seguito da ***de long***:
un'asse ***lunga*** *tre metri*
une planche **longue de** trois metres
une planche de trois mètres **de long**.

lungofiume [lun-go-fiù-me] ***n.m.*** quai.

lungolago [lun-go-là-go] ***n.m.*** [pl. *-ghi*] promenade (*f.*) (du bord du lac).

lungomare [lun-go-mà-re] ***n.m.*** front de mer, promenade (*f.*) (du bord de la mer).

lungometraggio [lun-go-me-tràg-gio] ***n.m.*** [pl. *-gi*] (*cine.*) long-métrage.

lungosenna [lun-go-sèn-na] ***n.m.invar.*** quai de la Seine.

lungotevere [lun-go-té-ve-re] ***n.m.invar.*** quai du Tibre.

lunotto [lu-nòt-to] ***n.m.*** (*aut.*) lunette (*f.*) arrière.

lunula [lù-nu-la] ***n.f.*** lunule.

luogo [luò-go] ***n.m.*** [pl. *-ghi*] **1** lieu*; (*posto*) endroit: *in quel luogo*, à cet endroit; *nello stesso luogo*, au même endroit; *in luogo sicuro*, en lieu sûr | *in luogo chiuso*, à l'intérieur | *in luogo aperto*, dehors **2** (*brano di un libro*) morceau* | *nel luogo citato*, à l'endroit cité.
● ***luogo comune***, (*fig.*) lieu commun | ***luogo di nascita***, ***di residenza***, lieu de naissance, de résidence | ***luogo di pena***, maison de détention | ***luogo natio***, pays natal | ***luoghi santi***, lieux saints | ***a tempo e luogo***, en temps et lieu | ***aver luogo***, avoir lieu | (*gramm.*) ***complemento di luogo***, complément circonstanciel de lieu: *complemento di stato in luogo*, complément circonstanciel de lieu marquant la situation; *complemento di moto a luogo*, *da luogo*, *per luogo*, complément circonstanciel de lieu marquant la direction, le point de départ, le passage | ***dar luogo a***, donner lieu à | ***del luogo***, (*locale*) local, de l'endroit: *le tradizioni del luogo*, les traditions locales; *gli abitanti del luogo*, les gens du pays; *non è del luogo*, il n'est pas d'ici | ***fuori luogo***, déplacé | ***in luogo di***, au lieu de | ***in nessun luogo***, nulle part | ***in ogni luogo***, partout: *in ogni tempo e in ogni luogo*, de tout temps, en tous lieux | ***in primo***, ***in secondo luogo***, en premier (*o* premièrement *o* tout d'abord), en second lieu (*o* deuxièmement) | ***in qualsiasi*** (o ***qualunque***) ***luogo***, n'importe où: *in qualunque luogo vada*, où qu'il aille | (*dir.*) ***non luogo a procedere***, non-lieu | ***sul luogo***, sur les lieux: *la polizia si è recata sul luogo*, la police s'est rendue sur les lieux.

luogotenente [luo-go-te-nèn-te] ***n.m.*** lieutenant.

luogotenenza [luo-go-te-nèn-za] ***n.f.*** lieutenance.

lupa [lù-pa] ***n.f.*** louve | *la lupa capitolina*, la louve du Capitole.

FAUX AMI
Da non confondere con *loupe*, che significa *lente d'ingrandimento* o *nocchio del legno*.

lupacchiotto [lu-pac-chiòt-to] ***n.m.*** [f. *-a*] louveteau*.

lupanare [lu-pa-nà-re] ***n.m.*** lupanar.

lupetto [lu-pét-to] ***n.m.*** **1** [f. *-a*] louveteau* **2** (*giovane scout*) louveteau* **3** (*abbigl.*) pull à col montant.

lupinella [lu-pi-nèl-la] ***n.f.*** (*bot.*) sainfoin (*m.*).

lupino [lu-pì-no] ***n.m.*** (*bot.*) lupin.

lupo [lù-po] ***n.m.*** loup.
● ***lupo di mare***, (*fig.*) loup de mer | ***lupo mannaro***, loup-garou | ***cane lupo***, chien-loup | ***da lupi***, (*fig.*) de chien: *tempo da lupi*, temps de chien; *un posto da lupi*, un endroit impossible | ***fame da lupo***, faim de loup | ***gridare al lupo***, crier au secours | (*prov.*) ***il lupo perde il pelo, ma non il vizio***, qui a bu boira | ***in bocca al lupo!***, bonne chance!; (*gergo studentesco*) merde!

luppolo [lùp-po-lo] ***n.m.*** (*bot.*) *houblon.

lupus [lù-pus] ***n.m.invar.*** (*med.*) lupus.

lurido [lù-ri-do] ***agg.*** crasseux*; (*fig.*) sale.

luridume [lu-ri-dù-me] ***n.m.*** saleté (*f.*) (*anche fig.*).

lurkàre [lur-kà-re] ***v.tr.*** (*Internet*) (*fam.*) lurker (un forum), rôder (sur un forum).

lusco [lù-sco] ***agg.***
● ***tra il lusco e il brusco***, entre chien et loup.

lusinga [lu-ʃìn-ga] ***n.f.*** [pl. *-ghe*] **1** flatterie **2** (*illusione*) vain espoir (*m.*).

lusingare [lu-ʃin-gà-re] ***v.tr.*** [coniug. come *legare*] **1** flatter: *lusingare la vanità di qlcu*, flatter la vanité de qqn; *ne sono molto lusingato*, j'en suis très flatté **2** (*illudere*) bercer* (de faux espoirs): *lusingare con promesse*, bercer de promesses.

lusinghiero [lu-ʃin-ghiè-ro] ***agg.*** flatteur*; (*che alletta*) alléchant.

lussare [lus-sà-re] ***v.tr.*** (*med.*) luxer.

lussazione [lus-sa-zió-ne] ***n.f.*** (*med.*) luxation.

lussemburghese [lus-sem-bur-ghé-se] ***agg.*** luxembourgeois ♦ ***n.m.*** e ***f.*** (*abitante*) Luxembourgeois/e.

lusso [lùs-so] ***n.m.*** luxe: *arredare una casa con lusso*, meubler un appartement luxueusement.
● ***di lusso***, de luxe: *albergo di lusso*, hôtel de luxe; *arredamento di lusso*, ameublement luxueux | ***è andata di lusso!***, (*fam.*) ça a marché comme sur des roulettes! | ***permettersi il lusso di***, se payer le luxe de.

lussuoso [lus-su-ó-so] ***agg.*** luxueux*.

lussureggiante [lus-su-reg-giàn-te] ***agg.*** luxuriant.

lussuria [lus-sù-ria] ***n.f.*** luxure.

lussurioso [lus-su-rió-so] ***agg.*** luxurieux*.

lustrale [lu-strà-le] ***agg.*** (*letter.*) lustral*.

lustrare [lu-strà-re] ***v.tr.*** **1** astiquer; (*scarpe*) cirer **2** (*tecn.*) lustrer.
● ***lustrare le scarpe a qlcu***, (*fig.*) lécher les bottes de qqn | ***lustrarsi la vista***, ***gli occhi***, (*fig.*) se rincer l'œil.

lustrascarpe [lu-stra-scàr-pe] ***n.m.*** e ***f.invar.*** cireur/euse (de chaussures).

lustrata [lu-strà-ta] ***n.f.***
● ***dare una lustrata***, (*con uno straccio*) donner un coup de chiffon, (*con una spazzola*) donner un coup de brosse.

lustrino [lu-strì-no] ***n.m.*** **1** paillette (*f.*): *un abito da sera con i lustrini*, une robe du soir pailletée **2** (*fig.*) (*orpello*) fioriture (*f.*).

lustro[1] [lù-stro] ***agg.*** reluisant: *scarpe lucide*, chaussures reluisantes | *occhi lustri*, yeux brillants | *pelle lustra*, peau luisante ♦ ***n.m.*** lustre (*anche fig.*): *dar lustro*, donner du lustre.
● ***tirato a lustro***, (*fig.*) tiré à quatre épingles.

lustro[2] ***n.m.*** (*periodo di cinque anni*) lustre.

luteina [lu-te-ì-na] ***n.f.*** (*biochim.*) lutéine.

luteo [lù-te-o] ***agg.***
● (*anat.*) ***corpo luteo***, corps jaune.

luteranesimo [lu-te-ra-né-ʃi-mo] ***n.m.*** (*relig.*) luthéranisme.

L

luterano [lu-te-rà-no] ***agg.*** e ***n.m.*** [f. *-a*] (*relig.*) luthérien*.

lutto [lùt-to] ***n.m.*** deuil: *essere in lutto per la morte di qlcu*, porter le deuil de qqn; *ha avuto un lutto in famiglia*, il y a eu un décès dans sa famille.
● ***lutto nazionale***, deuil national | ***lutto stretto***, grand deuil: *osservare il lutto stretto*, être en grand deuil | ***chiuso per lutto***, fermé pour cause de deuil | ***parare a lutto***, tendre de deuil | ***vestire a lutto***, porter le deuil.

FAUX AMI
Da non confondere con *lutte*, che significa *lotta*.

luttuoso [lut-tu-ó-so] ***agg.*** douloureux*, funeste: *avvenimenti luttuosi*, événements funestes.

Mm

m ***n.f.*** o ***m.invar.*** m (*m.*).
● (*tel.*) ***m come Milano***, m comme Marie.

ma¹ ***cong.*** **1** mais: *gli ho telefonato, ma non era in casa*, je lui ai téléphoné, mais il n'était pas chez lui; *è bello, ma bello davvero!*, ce qu'il peut être beau!; *non ne so nulla, ma proprio nulla*, je n'en sais rien, mais vraiment rien **2** (*pleonastico, talvolta omesso*) mais: *non è difficile, ma impossibile*, ce n'est pas difficile, c'est impossible; *ma che bella sorpresa!*, quelle bonne surprise! ♦ ***n.m. invar.*** mais.
● ***ma bene***, ***ma bravo!***, eh bien bravo! | ***ma davvero?***, c'est vrai? | ***ma le pare!***, mais ce n'est rien!: *"Grazie!" "Ma le pare!"*, "Merci!" "Il n'y a pas de quoi (*o* Je vous en prie)!" | ***ma nondimeno***, néanmoins | ***ma pure***, toutefois, cependant | ***ma via!***, allons donc! | ***c'è un ma***, il y a un mais | ***non c'è ma che tenga***, il n'y a pas de mais qui tienne.

FAUX AMI
Da non confondere con l'aggettivo possessivo francese *ma*, che significa *mia*.

ma² ***inter.*** (*per esprimere perplessità o dubbio*) bah: *"Sarà in casa?" "Ma!"*, (*non lo so*) "Tu crois qu'il est chez lui?" "Bah! Je n'en sais rien"; *"L'ho cercato dappertutto" "Ma!"*, (*sarà anche vero*) "Je l'ai cherché partout" "Bah, moi je veux bien!"; *"Sei proprio sfortunato!" "Ma!"*, (*che vuoi farci?*) "Tu n'as vraiment pas de chance!" "Eh, non...!".

macabro [mà-ca-bro] ***agg.*** e ***n.m.*** macabre.

macaco [ma-cà-co] ***n.m.*** [pl. *-chi*] **1** (*zool.*) macaque **2** (*fig.*) (*sciocco*) balourd.

macadam [ma-ca-dàm] ***n.m.invar.*** (*edil.*) macadam.

macaone [ma-ca-ó-ne] ***n.m.*** (*zool.*) machaon.

macché [mac-ché] ***inter.*** mais non: *macché, non è vero!*, mais non, ce n'est pas vrai!; *macché, non è neppure il caso di parlarne!*, allons donc, ce n'est même pas la peine d'en parler!

maccherone [mac-che-ró-ne] ***n.m.*** (*spec. pl.*) macaroni*.

maccheronico [mac-che-rò-ni-co] ***agg.*** [pl.m. *-ci*, f. *-che*] (*st. lett.*) macaronique.
● ***latino maccheronico***, latin de cuisine | ***parla un francese maccheronico***, il parle français comme une vache espagnole.

macchia¹ [màc-chia] ***n.f.*** tache (*anche fig.*): *una macchia d'unto*, une tache de graisse; *questa macchia non va via*, cette tache ne part pas.
● (*astr.*) ***macchie solari***, taches solaires | ***allargarsi a macchia d'olio***, (*anche fig.*) faire tache d'huile | ***la macchia del peccato***, (*fig.*) la souillure du péché | ***lavare una macchia col sangue***, (*fig.*) laver un affront dans le sang | ***senza macchia***, (*fig.*) sans tache.

macchia² ***n.f.*** (*boscaglia*) maquis (*m.*).
● ***alla macchia***, (*fig.*) clandestinement, dans la clandestinité | ***darsi alla macchia***, prendre le maquis; (*fig.*) disparaître de la circulation.

macchiare [mac-chià-re] ***v.tr.*** tacher (*anche fig.*): *mi sono macchiata le mani*, je me suis taché les mains; *ha macchiato l'onore della sua famiglia*, (*fig.*) il a taché l'honneur de sa famille; *macchiare la reputazione di qlcu*, (*fig.*) ternir la réputation de qqn ♦ **macchiarsi** ***v.pron.*** e ***pron.intr.*** **1** se tacher: *il muro si è macchiato di umidità*, le mur s'est taché d'humidité; *mi sono macchiata*, je me suis tachée **2** (*fig.*) entacher (sa conscience): *si è macchiato di una colpa infamante*, une culpabilité infamante l'a entaché ♦ ***v.pron. indiretto*** tacher: *macchiarsi un vestito*, tacher son costume.
● ***macchiare il caffè***, mettre un nuage de lait dans le café.

macchiato [mac-chià-to] ***agg.*** taché: *cavallo dal pelo macchiato*, cheval tacheté.
● ***caffè macchiato***, café avec un nuage de lait | ***latte macchiato***, lait avec du café.

macchietta [mac-chiét-ta] ***n.f.*** **1** (*pitt.*) esquisse, ébauche; (*caricatura*) caricature **2** (*fig.*) (*persona buffa*) drôle (*m.*) de type; (*spreg.*) caricature **3** (*teatr.*) macchietta (représentation caricaturale d'un personnage).

macchiettare [mac-chiet-tà-re] ***v.tr.*** tacheter*, moucheter*.

macchiettista [mac-chiet-tì-sta] ***n.m.*** e ***f.*** **1** (*pitt.*) caricaturiste **2** (*teatr.*) acteur/trice qui joue des rôles caricaturaux.

macchina [màc-chi-na] ***n.f.*** **1** machine **2** (*fam.*) (*automobile*) voiture.
● ***macchina a gettone***, distributeur automatique | ***macchina a vapore***, machine à vapeur | ***macchina da caffè***, cafetière; (*nei bar*) percolateur | ***macchina da guerra***, machine de guerre | ***macchina da***, ***per scrivere***, machine à écrire | (*tip.*) ***macchina da stampa***, imprimeuse, presse | ***macchina fotografica***, appareil photo | ***macchina per***, ***da cucire***, machine à coudre | (*aut.*) ***macchina sportiva***, voiture (de) sport | ***a macchina***, à la machine | (*tip.*) ***andare in macchina***, mettre sous presse | ***la macchina dello stato***, (*fig.*) la machine de l'État | ***vincere di una macchina***, (*nelle corse automobilistiche*) gagner d'une longueur.

macchinalmente [mac-chi-nal-mén-te] ***avv.*** machinalement.

macchinare [mac-chi-nà-re] ***v.tr.*** manigancer*, machiner; (*tramare*) ourdir: *macchinare contro qlcu*, manigancer contre qqn; *macchinare un complotto*, ourdir un complot; *cosa stai macchinando?*, (*scherz.*) qu'est-ce que tu es en train de mijoter?

macchinario [mac-chi-nà-rio] ***n.m.*** [pl. *-ri*] outillage; (*apparecchiatura*) machinerie (*f.*).

macchinazione [mac-chi-na-zió-ne] ***n.f.*** machination: *essere vittima di una macchinazione*, être victime d'une machination.

macchinetta [mac-chi-nét-ta] ***n.f.*** petite machine.

● ***macchinetta per* (*tagliare i*) *capelli***, tondeuse | ***la macchinetta del caffè***, la cafetière | ***parla come una macchinetta***, (*fam.*) c'est un moulin à paroles.

macchinista [mac-chi-nì-sta] ***n.m.*** e ***f.*** **1** (*ferr., mar.*) mécanicien/enne **2** (*teatr., cine.*) machiniste; (*fam.*) machino.

macchinosamente [mach-chi-no-sa-mén-te] ***avv.*** laborieusement; d'une manière compliquée.

macchinoso [mac-chi-nó-so] ***agg.*** compliqué.

macedone [ma-cè-do-ne] ***agg.*** macédonien* ♦ ***n.m.*** (*lingua*) macédonien ♦ ***n.m.*** e ***f.*** (*abitante*) Macédonien/ enne.

macedonia [ma-ce-dò-nia] ***n.f.*** (*cuc.*) salade de fruits, macédoine (de fruits).

macellaio [ma-cel-là-io] ***n.m.*** [f. *-a*; pl.m. *-ai*] boucher* (*anche fig.*).

macellare [ma-cel-là-re] ***v.tr.*** abattre*; (*fig. fam.*) massacrer.

macellazione [ma-cel-la-zió-ne] ***n.f.*** abattage (*m.*).

macelleria [ma-cel-le-rì-a] ***n.f.*** boucherie.

macello [ma-cèl-lo] ***n.m.*** **1** abattoir: *condurre i buoi al macello*, conduire les bœufs à l'abattoir **2** (*il macellare*) abattage **3** (*fig.*) (*strage*) boucherie (*f.*); massacre.

● ***bestie da macello***, animaux de boucherie | ***carne da macello***, (*fig.*) chair à canon | ***che macello!***, (*fam.*) quelle catastrophe! | ***fare un macello***, (*fig. fam.*) faire un malheur | ***un macello di gente***, (*fig. fam.*) un monde fou: *c'era un macello di gente*, il y avait plein de gens.

macerare [ma-ce-rà-re] ***v.tr.*** **1** macérer* (*anche fig.*) **2** (*ind. tess.*) rouir ♦ **macerarsi** ***v.pron.*** (*fig.*) se macérer*, se consumer: *macerarsi dal dolore*, se consumer de chagrin.

M

macerazione [ma-ce-ra-zió-ne] ***n.f.*** **1** macération (*anche fig.*) **2** (*ind. tess.*) rouissage (*m.*); (*ind. cartaria*) pourrissage (*m.*); (*conceria*) trempage (*m.*).

maceria [ma-cè-ria] ***n.f.*** (*spec. pl.*) décombres (*m.pl.*); (*calcinacci*) gravats (*m.pl.*): *un cumulo di macerie*, un tas (*o* amas) de décombres.

macero [mà-ce-ro] ***agg.*** (*fig.*) macéré ♦ ***n.m.*** (*macerazione*) macération (*f.*); (*ind. tess.*) rouissage; (*ind. cartaria*) pourrissage.

● ***carta da macero***, papier de rebut | ***mandare al macero***, mettre au pilon.

machete [ma'tʃete] ***n.m.invar.*** machette (*f.*).

machiavellico [ma-chia-vèl-li-co] ***agg.*** [pl.m. *-ci*, f. *-che*] machiavélique (*anche fig.*).

NOTA L'aggettivo ***machiavellico***, derivato dal nome di Niccolò Machiavelli (1469-1527), autore del *Principe*, è prevalentemente usato in senso spregiativo quale sinonimo di 'astuto, subdolo, privo di scrupoli'.

machiavellismo [ma-chia-vel-lì-ʃmo] ***n.m.*** machiavélisme.

machismo [ma'tʃizmo] ***n.m.*** (*spreg.*) machisme.

macigno [ma-cì-gno] ***n.m.*** roc, pierre (*f.*).

● ***duro come un macigno***, (*di qlcu*) têtu comme une mule; (*di qlco*) dur comme de la pierre | ***è un macigno***, (*fam.*) (*noioso*) c'est assommant.

macilento [ma-ci-lèn-to] ***agg.*** émacié.

macina [mà-ci-na] ***n.f.*** **1** meule **2** (*fig.*) (*peso opprimente*) poids (*m.*) (énorme).

FAUX AMI
Da non confondere con *machine*, che significa *macchina*.

macinacaffè [ma-ci-na-caf-fè] ***n.m.invar.*** moulin à café.

macinapepe [ma-ci-na-pé-pe] ***n.m.invar.*** moulin à poivre.

macinare [ma-ci-nà-re] ***v.tr.*** moudre*; (*spec. colori*) broyer*: *macinare grano, caffè*, moudre du blé, du café.

● ***macinare chilometri***, (*fig.*) avaler des kilomètres | ***macinare rabbia***, (*fig.*) ressasser, remâcher sa colère.

FAUX AMI
Da non confondere con *machiner*, che significa *macchinare, tramare*.

macinato [ma-ci-nà-to] ***agg.*** moulu ♦ ***n.m.*** **1** farine (*f.*) **2** (*carne tritata*) *hachis.

macinazione [ma-ci-na-zió-ne] ***n.f.*** mouture.

macinino [ma-ci-nì-no] ***n.m.*** **1** (*da caffè*) moulin à café **2** (*fig. scherz.*) tacot.

maciullare [ma-ciul-là-re] ***v.tr.*** (*stritolare*) broyer*.

macro- ***pref.*** macro-.

macrobiotica [ma-cro-bi-ò-ti-ca] ***n.f.*** [pl. *-che*] macrobiotique.

macrobiotico [ma-cro-bi-ò-ti-co] ***agg.*** [pl.m. *-ci*, f. *-che*] macrobiotique.

macrocefalo [ma-cro-cè-fa-lo] ***agg.*** e ***n.m.*** [f. *-a*] (*med.*) macrocéphale.

macrocosmo [ma-cro-cò-ʃmo] ***n.m.*** macrocosme.

macroeconomia [ma-cro-e-co-no-mì-a] ***n.f.*** (*econ.*) macroéconomie.

macrofotografia [ma-cro-fo-to-gra-fì-a] ***n.f.*** macrophotographie.

macroscopico [ma-cro-scò-pi-co] ***agg.*** [pl.m. *-ci*, f. *-che*] **1** macroscopique **2** (*fig.*) énorme, qui saute aux yeux.

macula [mà-cu-la] ***n.f.*** (*med.*) macule.

● (*anat.*) ***macula lutea***, macula lutea, tache jaune.

maculato [ma-cu-là-to] ***agg.*** maculé, tacheté.

madama [ma-dà-ma] ***n.f.*** **1** madame* **2** (*gergo*) (*la polizia*) flicaille | *arriva la madama!*, vingt-deux! voilà les flics!

madamigella [ma-da-mi-gèl-la] ***n.f.*** mademoiselle*.

madera [ma-dè-ra] ***n.m.*** (*vino*) madère.

madia [mà-dia] ***n.f.*** maie.

madido [mà-di-do] ***agg.*** moite: *madido di sudore*, moite de sueur.

madonna [ma-dòn-na] ***n.f.*** **1** (*titolo d'onore*) dame **2** (*relig.*) *la Madonna*, la Vierge, Notre-Dame, la Madone: *ha un viso da madonna*, (*estens.*) elle a un visage de madone.

● ***Madonna Santa!***, Mon Dieu! | ***avere una fretta della madonna***, (*fam.*) être pressé comme tout | (*arte*) ***'La Madonna col Bambino' di Giotto***, 'La Vierge à l'Enfant' de Giotto | (*relig.*) ***la Madonna di Loreto***, Notre-Dame de Lorette | (*arte*) ***le Madonne del Tiziano***, les Madones du Titien | ***madonnina infilzata***, (*fig.*) sainte-nitouche.

madonnaro [ma-don-nà-ro] ***n.m.*** [f. *-a*] dessinateur de rue.

madornale [ma-dor-nà-le] ***agg.*** énorme: *errore madornale*, erreur grossière.

madras [ma-dràs] ***n.m.invar.*** (*tessuto*) madras.

madre [mà-dre] ***n.f.*** **1** mère: *fare da madre*, servir de mère; *è senza madre*, il n'a pas de mère **2** (*fig.*) (*causa, origine*) cause: *la madre di tutti i processi*, la mère de tous les procès **3** (*eccl.*) mère **4** (*di un registro ecc.*) souche.

● ***madre nonna***, mamie maman | ***madre portatrice, in affitto***, mère porteuse, d'accueil | (*comm., eccl.*) ***casa madre***, maison mère | ***idea madre***, idée principale, fondamentale | ***la comune madre***, (*la terra*) notre mère commune | ***la madre dell'aceto***, la mère du vinaigre | ***per parte di madre***, du côté de la mère | ***ragazza madre***, mère célibataire | (*comm.*) ***registro a madre e figlia***, registre à souche.

madrelingua [ma-dre-lìn-gua] ***n.f.*** [pl. *madrelingue*] langue maternelle ♦ ***agg.*** e ***n.m.*** e ***f.invar.*** (*parlante*) (qui est) de langue maternelle: *è un madrelingua inglese*, il est de langue maternelle anglaise; *un insegnante madrelingua*, un professeur de langue maternelle.

madrepatria [ma-dre-pà-tria] ***n.f.*** [pl. *madrepatrie* o *madri patrie*] mère patrie.

madreperla [ma-dre-pèr-la] ***n.f.*** [pl. *madreperle*] nacre.

madreperlaceo [ma-dre-per-là-ce-o] ***agg.*** nacré.

madrepora [ma-drè-po-ra] ***n.f.*** (*zool.*) madrépore (*m.*).

madrevite [ma-dre-vì-te] ***n.f.*** [pl. *madreviti*] **1** écrou (*m.*) **2** (*utensile*) filière.

madrigale [ma-dri-gà-le] ***n.m.*** (*lett., mus.*) madrigal*.

madrileno [ma-dri-lè-no] ***agg.*** madrilène ♦ ***n.m.*** [f. *-a*] (*abitante*) Madrilène.

madrina [ma-drì-na] ***n.f.*** marraine: *fare da madrina a*, être la marraine de.

maestà [ma-e-stà] ***n.f.invar.*** **1** majesté **2** (*titolo*) *Maestà*, Majesté; (*nelle apostrofi, per il re*) Sire (*m.*); (*per la regina*) Madame: *Maestà, ascoltatemi*, Sire (*o* Madame), écoutez-moi.

maestosamente [ma-e-sto-sa-mén-te] ***avv.*** majestueusement.

maestosità [ma-e-sto-si-tà] ***n.f.invar.*** majesté.

maestoso [ma-e-stó-so] ***agg.*** majestueux*.

maestra [ma-è-stra *o* maéstra] ***n.f.*** maîtresse; (*di scuola elementare*) institutrice, maîtresse d'école, (*fam.*) instit; (*negli sport*) monitrice: *fare la maestra*, être institutrice; *la storia è maestra di vita*, (*fig.*) l'histoire est une source d'enseignements pour la vie.

● ***maestra d'asilo***, jardinière d'enfants | ***maestra di canto, di ballo***, professeur de chant, de danse | (*mar.*): ***albero di maestra***, grand mât; ***vela di maestra***, grand-voile.

maestrale [ma-e-strà-le] ***n.m.*** mistral.

maestranza [ma-e-stràn-za] ***n.f.*** (*spec. pl.*) ouvriers (*m.pl.*).

maestria [ma-e-strì-a] ***n.f.*** **1** maestria; (*abilità*) habileté **2** (*astuzia*) ruse.

maestro [ma-è-stro *o* maéstro] ***n.m.*** **1** maître; (*di scuola elementare*) instituteur, maître d'école, (*fam.*) instit; (*negli sport*) moniteur: *mi ha fatto da maestro*, il a été mon maître; *in questo campo è un maestro*, (*estens.*) dans ce domaine c'est un chef **2** (*vento*) mistral ♦ ***agg.*** **1** (*abile*) de maître **2** (*principale*) grand.

● (*mus.*): ***maestro concertatore***, chef d'orchestre; ***maestro del coro***, chef de chœur | ***maestro di ballo, di canto***, professeur de danse, de chant | ***maestro di cerimonie***, maître de cérémonies | (*st.*) ***maestro di palazzo***, maire du palais | ***maestro di scherma, di equitazione***, maître d'armes, de manège | ***maestro muratore***, maître maçon | (*mar.*) ***albero maestro***, grand mât | ***darsi arie da maestro***, pontifier | ***la strada maestra***, la grande route | ***lavoro da maestro***, ouvrage digne d'un grand maître | ***vuol farla sempre da maestro***, il veut toujours donner des leçons.

mafia [mà-fia] ***n.f.*** maf(f)ia (*anche estens.*).

maga [mà-ga] ***n.f.*** [pl. *-ghe*] magicienne: *in cucina è una maga*, en cuisine, c'est un vrai cordon-bleu.

magagna [ma-gà-gna] ***n.f.*** **1** (*imperfezione*) défaut (*m.*) **2** (*acciacco*) misère **3** (*fig.*) (*tara morale*) tare; (*difetto*) défaut (*m.*): *sa nascondere bene le sue magagne*, il sait bien cacher ses défauts; *c'è sotto qualche magagna*, il y a quelque chose de louche là-dessous.

magari [ma-gà-ri] ***inter.*** et comment; je voudrais bien: *"Ti piacerebbe andarci?" "Magari!"*, "Est-ce que tu aimerais y aller?" "Et comment!"; *"Hai finito di studiare?" "Magari!"*, "As-tu fini d'étudier?" "Je voudrais bien!" ♦ ***cong.*** **1** (*desiderativo*) si (seulement): *magari fosse vero!*, si ça pouvait être vrai!; *magari tornasse*, si seulement il revenait **2** (*fam.*) (*anche se*) quand (bien) même, même si: *lo vedrò, magari dovessi aspettarlo un giorno intero*, quand (bien) même je devrais, même si je devais l'attendre un jour entier, je le verrai ♦ ***avv.*** **1** (*forse*) peut-être, peut-être bien que: *magari ti farà una risata in faccia*, peut-être te rira-t-il, peut-être bien qu'il te rira au nez; *magari ci vediamo stasera*, si on se voyait ce soir **2** (*per caso*) par *hasard: *e se, magari, ha sbagliato indirizzo?*, et si, par hasard, il s'est trompé d'adresse? **3** (*perfino*) même: *potrebbe magari offendersi*, il pourrait même se vexer.

NOTA Quando ***magari*** sta per 'se, anche se' si traduce ***si*** (***seulement***) e ***même si*** seguiti dall'indicativo imperfetto, oppure ***quand*** (***bien***) ***même***, che regge il condizionale:

Magari fosse qui!
Si (**seulement**) il **était** là!

Lo comprerò, magari dovessi spendere tutto il mio denaro.
Je l'acheterai **même si je devais/quand même je devrais** dépenser tout mon argent.

Quando sta per 'forse', si traduce ***peut-être***, che all'inizio di frase, richiede l'inversione del soggetto:

Magari ha deciso di non venire.
Peut-être a-t-il décidé / **peut-être qu'il a** décidé de ne pas venir.

magazzinaggio [ma-gaʒ-ʒi-nàg-gio] ***n.m.*** [pl. *-gi*] (*comm.*) magasinage.

magazziniere [ma-gaʒ-ʒi-niè-re] ***n.m.*** [f. *-a*] magasinier.

magazzino [ma-gaʒ-ʒì-no] ***n.m.*** **1** magasin; (*deposito*) entrepôt: *il magazzino di una bottega*, la réserve d'une boutique **2** (*insieme delle merci depositate*) stock.

● ***magazzino doganale***, entrepôt de douane | ***magazzini generali***, magasins généraux | ***fondi di magazzino***, fonds de boutique | ***grandi magazzini***, grands magasins.

maggese [mag-gé-se] ***n.m.*** (*agr.*) jachère (*f.*).

● ***a maggese***, en jachère.

maggio [màg-gio] ***n.m.*** [pl. *-gi*] mai.

● ***il primo*** (***di***) ***maggio***, le premier mai | ***nel mese di maggio, in maggio***, au mois de mai, en mai.

maggiolino [mag-gio-lì-no] ***n.m.*** **1** (*zool.*) *hanneton **2** (*automobile*) coccinelle (*f.*).

maggiorana [mag-gio-rà-na] ***n.f.*** (*bot.*) marjolaine.

maggioranza [mag-gio-ràn-za] ***n.f.*** **1** majorité, la plupart: *la maggioranza del pubblico non era interessata*, la majorité du public n'était pas intéressée; *la maggioranza della gente ci crede*, la plupart des gens y croient; *la stragrande maggioranza degli italiani*, les Italiens dans leur immense majorité **2** (*pol.*) majorité: *con una maggioranza di tre voti*, avec trois voix de majorité.

● ***maggioranza assoluta, relativa, qualificata***, majorité

M

absolue, relative, qualifiée | ***maggioranza parlamentare***, majorité parlementaire | ***maggioranza silenziosa***, majorité silencieuse | ***a maggioranza***, à la majorité: *essere eletto a maggioranza*, être élu à majorité | ***essere in maggioranza***, avoir la majorité: *siamo in maggioranza*, nous avons la majorité | ***in maggioranza***, pour la plupart, en majorité | ***nella maggioranza dei casi***, dans la majorité, dans la plupart des cas.

NOTA Da notare che ***la maggioranza*** si traduce con ***la majorité***, generalmente seguita dal verbo al singolare, ***la plupart*** seguita dal verbo al plurale:
La maggioranza se ne va.
La **majorité** s'en va / La **plupart** s'en vont.

maggiorare [mag-gio-rà-re] *v.tr.* majorer, augmenter: *maggiorare una fattura del 10%*, majorer une facture de 10%.

maggiorasco [mag-gio-rà-sco] *n.m.* [pl. *-chi*] (*dir. feudale*) majorat.

maggiorazione [mag-gio-ra-zió-ne] *n.f.* majoration, augmentation.

maggiordomo [mag-gior-dò-mo] *n.m.* majordome, maître d'hôtel.

maggiore [mag-gió-re] *agg.* **1** (*compar.*) (*più grande*) plus grand; (*davanti a n.*) plus de: *una quantità maggiore*, une plus grande quantité; *con maggiore attenzione*, avec plus d'attention; *per maggiore sicurezza*, pour plus de sûreté; *offrire una cifra maggiore*, offrir une somme plus forte; *voglio maggiori chiarimenti*, je veux de plus amples éclaircissements; *il costo risultò maggiore del previsto*, le coût s'est révélé supérieur aux prévisions; *questa volta l'affluenza è stata maggiore*, cette fois l'affluence a été plus forte | *Dante maggiore*, les œuvres les plus importantes de Dante **2** (*superl. rel.*) (*il più grande*) le plus grand; (*il più importante*) le plus important; (*il principale*) le principal; (*la maggior quantità di*) le plus de: *il prezzo maggiore*, le prix le plus élevé; *con la maggiore attenzione*, avec la plus grande attention; *il maggiore affluente del Po*, le plus important des affluents du Pô; *i maggiori azionisti di un'impresa*, les principaux actionnaires d'une entreprise; *la 'Divina Commedia' è l'opera maggiore di Dante*, la 'Divine Comédie' est l'œuvre capitale, maîtresse de Dante; *è lui che ci ha dato le maggiori soddisfazioni*, (*il più gran numero*) c'est lui qui nous a donné le plus de satisfactions, (*le più grandi*) les plus grosses satisfactions **3** (*più vecchio*) plus âgé; (*il più vecchio*) le plus âgé; (*il primogenito*) (l')aîné: *Carlo è maggiore di me di tre anni*, Carlo est mon aîné, plus âgé que moi de trois ans; *il fratello maggiore, il maggiore dei fratelli*, le frère aîné, le plus âgé des frères; *il figlio maggiore*, l'aîné; *la figlia maggiore*, l'aînée; *mio figlio maggiore*, mon (fils) aîné; *chi è il maggiore di voi due?*, qui est le plus âgé d'entre, de vous deux? **4** (*mus., fil., eccl.*) majeur ♦ *n.m.* e *f.* **1** (*primogenito*) aîné/ée; (*di età*) le/la plus âgé/ée; (*di grado*) le/la supérieur/e: *per il Senato votano solo i maggiori di 25 anni*, seuls les plus de 25 ans votent pour le Sénat **2** (*mil.*) commandant, chef; (*nei servizi*) major **3** (*pl.*) (*maggiorenni*) majeurs; (*letter.*) (*antenati, avi*) les aïeux, les ancêtres.
● ***a maggior ragione***, à plus forte raison | ***andare per la maggiore***, être très en vogue | (*mil.*): ***caporal maggiore***, caporal-chef; ***maggior generale***, major général; ***sergente maggiore***, sergent-major | ***la maggiore età***, la majorité | ***molto maggiore***, beaucoup plus grand; (*di prezzo*) beaucoup plus élevé; (*di età*) beaucoup plus âgé | (*mil.*) ***Stato Maggiore***, État-major.

NOTA Da notare che nelle comparazioni con ***maggiore***, in francese il secondo termine di paragone è sempre preceduto da ***que***:
*Pierre è **maggiore di** lui.*
Pierre est **plus** âgé **que** lui.
Quando il secondo termine di paragone è costituito da una proposizione introdotta da *di quanto...*, il verbo è sempre all'indicativo preceduto da *ne* espletivo:
*Le spese sono state **maggiori di quanto** avessi calcolato.*
Les frais ont été **plus** élevés **que je n'avais** calculé.

maggiorenne [mag-gio-rèn-ne] *agg.* e *n.m.* e *f.* majeur/e.

maggiorente [mag-gio-rèn-te] *n.m.* notable.

maggioritario [mag-gio-ri-tà-rio] *agg.* [pl.m. *-ri*] majoritaire.
● (*pol.*) ***sistema maggioritario***, système majoritaire.

maggiormente [mag-gior-mén-te] *avv.* **1** (*di più, in senso assoluto*) davantage; (*più, con senso comparativo*) plus; (*tanto più*) d'autant plus: *cerca di concentrarti maggiormente*, essaie de te concentrer davantage; *se io lo rimpiango, maggiormente dovresti rimpiangerlo tu*, si moi je le regrette, toi tu devrais le regretter encore plus; *sono maggiormente sorpreso per il fatto che è un amico*, je suis d'autant plus surpris que c'est un ami **2** (*nei superlativi assoluti*) le plus: *ciò che temo maggiormente*, ce que je crains le plus; *proprio quando ne avevo maggiormente bisogno*, juste au moment où j'en avais le plus besoin.

magi [mà-gi] *n.m.pl.* mages.
● ***i re magi***, les Rois mages (*o* les Mages).

magia [ma-gì-a] *n.f.* magie.
● ***magia bianca, nera***, magie blanche, noire | ***come per magia***, comme par enchantement | ***fare una magia a qlcu***, jeter un charme, un sort à qqn.

magiaro [ma-già-ro] *agg.* magyar ♦ *n.m.* [f. *-a*] (*abitante*) Magyar.

magicamente [ma-gi-ca-mén-te] *avv.* magiquement.

magico [mà-gi-co] *agg.* [pl.m. *-ci*, f. *-che*] magique.
● ***bacchetta magica***, baguette magique.

magistero [ma-gi-stè-ro] *n.m.* [pl. *-ri*] **1** magistère: *il magistero della Chiesa*, le magistère de l'Église **2** (*insegnamento*) enseignement.
● (***facoltà di***) ***magistero***, (*antiq.*) en Italie, jusqu'en 1995, faculté pour la formation des enseignants et des instituteurs.

magistrale [ma-gi-strà-le] *agg.* (*eccellente*) magistral*: *opera magistrale*, œuvre magistrale.
● ***abilitazione magistrale***, certificat d'aptitude pédagogique | ***istituto magistrale***, École normale d'instituteurs.

magistralmente [ma-gi-stral-mén-te] *avv.* magistralement.

magistrato [ma-gi-strà-to] *n.m.* [f. *-a*] magistrat.

magistratura [ma-gi-stra-tù-ra] *n.f.* magistrature.

maglia [mà-glia] *n.f.* **1** (*nei lavori femminili*) maille: *mettere le maglie*, monter des mailles **2** (*tessuto di maglia*) (*a macchina*) jersey (*m.*); (*a mano*) tricot (*m.*) **3** (*indumento intimo*) tricot (*m.*), maillot (*m.*) de corps **4** (*pullover di lana*) pull(-over*) (*m.*); (*di cotone*) tricot (*m.*) de coton: *maglia leggera, pesante*, tricot léger, chaud **5** (*sport*) maillot (*m.*) **6** (*di rete e simili*) maille; (*di catena*) maillon (*m.*).
● ***maglia accavallata***, maille croisée | ***maglia alta, bassa***, (*all'uncinetto*) bride simple, maille serrée | ***maglia diritta, rovescia***, maille à l'endroit, à l'envers | (*ciclismo*) ***maglia gialla, rosa***, maillot jaune, rose | ***maglia rasata, trafora-***

ta, point de jersey, ajouré | ***cadere nelle maglie della giustizia***, (*fig.*) tomber entre les mains de la justice | ***lavorare a maglia***, tricoter | ***lavoro a maglia***, tricot | ***lavorato, fatto a maglia***, tricoté.

magliaia [ma-glià-ia] *n.f.* **1** tricoteuse **2** (*operaia*) ouvrière dans une fabrique (*f.*) de tricots.

maglieria [ma-glie-rì-a] *n.f.* **1** bonneterie **2** (*fabbrica*) fabrique de tricots; (*negozio*) magasin (*m.*) de tricots.
● ***maglieria intima***, linge de corps | ***macchina per, da maglieria***, tricoteuse.

maglietta [ma-gliét-ta] *n.f.* **1** (*intima*) tricot (*m.*), maillot (*m.*) de corps **2** (*pullover*) (*di lana*) tricot (*m.*) de laine; (*di cotone*) tricot (*m.*) de coton; (*di cotone, a maniche corte*) T-shirt* (*m.*).

maglificio [ma-gli-fì-cio] *n.m.* [pl. *-ci*] fabrique (*f.*) de tricots.

maglina [ma-glì-na] *n.f.* (*tessuto di maglia*) jersey (*m.*).

maglio [mà-glio] *n.m.* [pl. *-gli*] **1** (*mecc.*) marteau-pilon* **2** (*sport*) (*stecca*) mail.

maglione [ma-glió-ne] *n.m.* pull(-over*), chandail.

magma [màg-ma] *n.m.* (*geol.*) magma.

magmatico [mag-mà-ti-co] *agg.* [pl.m. *-ci*, f. *-che*] **1** (*geol.*) magmatique **2** (*fig.*) magmateux*.

magnaccia [ma-gnàc-cia] *n.m.invar.* (*region.*) maquereau*.

magnanimamente [ma-gna-ni-ma-mén-te] *avv.* avec magnanimité.

magnanimità [ma-gna-ni-mi-tà] *n.f.invar.* magnanimité.

magnanimo [ma-gnà-ni-mo] *agg.* magnanime.

magnate [ma-gnà-te] *n.m.* e *f.* magnat.

magnesia [ma-gnè-ʃia] *n.f.* (*chim.*) magnésie.

magnesio [ma-gnè-ʃio] *n.m.* [pl. *-si*] (*chim.*) magnésium.
● (*fot.*) ***lampo al magnesio***, éclair de magnésium.

magnesite [ma-gne-ʃì-te] *n.f.* (*min.*) magnésite.

magnete [ma-gnè-te] *n.m.* **1** (*fis.*) aimant **2** (*elettr.*) magnéto (*f.*).

magneticamente [ma-gne-ti-ca-mén-te] *avv.* magnétiquement (*anche fig.*).

magnetico [ma-gnè-ti-co] *agg.* [pl.m. *-ci*, f. *-che*] **1** (*fis.*) magnétique **2** (*fig.*) magnétique: *sguardo magnetico*, regard magnétique.
● ***ago magnetico***, aiguille aimantée | ***campo magnetico***, champ magnétique.

magnetismo [ma-gne-tì-ʃmo] *n.m.* magnétisme (*anche fig.*).
● ***magnetismo terrestre***, magnétisme terrestre.

magnetite [ma-gne-tì-te] *n.f.* (*min.*) magnétite.

magnetizzare [ma-gne-tiʒ-ʒà-re] *v.tr.* **1** (*fis.*) aimanter, magnétiser **2** (*fig.*) magnétiser.

magnetizzazione [ma-gne-tiʒ-ʒa-zió-ne] *n.f.* (*fis.*) magnétisation.

magnetofono [ma-gne-tò-fo-no] *n.m.* magnétophone.

magnificamente [ma-gni-fi-ca-mén-te] *avv.* magnifiquement.

magnificare [ma-gni-fi-cà-re] *v.tr.* [coniug. come *mancare*] magnifier; (*glorificare*) glorifier.

magnificenza [ma-gni-fi-cèn-za] *n.f.* magnificence.

magnifico [ma-gnì-fi-co] *agg.* [pl.m. *-ci*, f. *-che*] magnifique: *una magnifica idea*, une idée magnifique.
● ***fare il magnifico***, (*iron.*) faire le grand seigneur | ***il Magnifico Rettore***, le Recteur.

magniloquenza [ma-gni-lo-quèn-za] *n.f.* grandiloquence.

magnitudine [ma-gni-tù-di-ne] *n.f.* (*scient.*) magnitude.

magno [mà-gno] *agg.* (*letter.*) grand.
● (*st.*) ***Magna Grecia***, Grande Grèce | ***in pompa magna***, en grande pompe.

magnolia [ma-gnò-lia] *n.f.* (*pianta*) magnolia (*m.*); (*fiore*) fleur de magnolia.

mago [mà-go] *n.m.* [pl. *-ghi*] magicien* (*anche fig.*).
● ***il mago Merlino***, Merlin l'enchanteur.

FAUX AMI
Da non confondere con *magot*, che significa *bertuccia* o *gruzzolo*.

magone [ma-gó-ne] *n.m.* cafard: *avere il magone*, avoir le cafard.

magra [mà-gra] *n.f.* **1** étiage (*m.*) **2** (*fig.*) (*carestia, penuria*) disette **3** (*fam.*) (*figuraccia*) piètre figure: *fare una magra*, faire piètre figure.
● ***il fiume è in magra***, la rivière est pres-que à sec.

magrebino [ma-gre-bì-no] *agg.* maghrébin ♦ *n.m.* [f. *-a*] (*abitante*) Maghrébin.

magrezza [ma-gréz-za] *n.f.* maigreur (*anche fig.*).

magro [mà-gro] *agg.* **1** maigre: *diventare magro*, maigrir **2** (*scarso*) maigre: *magra ricompensa*, maigre récompense **3** (*fig.*) (*misero*) maigre; (*meschino*) piètre: *fare una magra figura*, faire une piètre figure; *magre scuse*, des excuses insuffisantes ♦ *n.m.* (*di carni*) maigre.
● (*eccl.*) ***giorno di magro***, jour maigre | ***mangiare di magro***, faire maigre.

mah *inter.* → **ma**[2].

maharajah [ma'radʒa] *n.m.invar.* maharajah, maharadja.

mai *avv.* **1** (*in frasi negative*) jamais: *non l'ho mai visto*, je ne l'ai jamais vu; *mai fui più felice di allora*, jamais je ne fus plus heureux; *mi ha chiesto di non intervenire mai*, il m'a demandé de ne jamais intervenir **2** (*in frasi interrogative, esclamative o ipotetiche*) jamais: *l'hai mai incontrato?*, l'as-tu jamais rencontré?; *mai che arrivi puntuale!*, est-ce qu'il est jamais arrivé une fois à l'heure!; (*che*) *cosa mai stai cercando di dirmi?*, mais enfin, qu'est-ce que tu veux me dire?; (*che*) *cosa mai hai combinato?*, mais qu'est-ce que tu as encore fait?; *vorrei sapere* (*che*) *cosa mai ti sei messo in testa*, je voudrais bien savoir ce que tu as pu te mettre dans la tête; *chi mai poteva essere?*, qui cela pouvait-il bien être?; *quante mai volte te l'ho detto?*, (*fam.*) mais combien de fois je te l'ai répété?
● ***mai dire mai***, il ne faut dire: "Fontaine je ne boirai pas de ton eau" | ***mai più***, jamais plus, plus jamais: *non gli parlerò mai più*, je ne lui parlerai jamais plus; *questo non accadrà mai più*, cela n'arrivera plus jamais | ***mai più!, mai e poi mai!***, jamais de la vie!, au grand jamais! | ***adesso o mai più***, c'est maintenant ou jamais | ***che mai***, (*fam.*) beaucoup, très: *avevo una sete che mai*, j'avais très soif; *mi vogliono un bene che mai*, ils m'aiment beaucoup | ***come non mai***, comme jamais | ***dove mai, perché mai, quando mai***, où donc, pourquoi donc, quand donc | ***il giorno del*** (***poi e del***) ***mai***, la semaine des quatre jeudis | ***non è mai detto, non si sa mai***, on ne sait jamais | ***peggio che mai***, pire que tout | ***più che mai, meno che mai***, plus que jamais, moins que jamais: *deperiva più che mai*, il dépérissait de jour en jour (*o* de plus en plus); *era più felice che mai*, il était heureux comme il ne l'avait jamais été |

M

testardo quant'altri mai, têtu comme personne, on ne peut plus têtu | ***tutto, ma questo mai!***, tout, mais pas ça!

FAUX AMI
Da non confondere con il francese *mai*, che significa *maggio*.

NOTA Da notare che nelle frasi negative con ***jamais***, che traduce ***mai***, il verbo è sempre preceduto dalla negazione ***ne*** e non seguito da ***pas***:

Non *parla* ***mai***.
Il **ne** parle **jamais**.

Mai *direi una cosa simile.*
Jamais je **ne** dirais une chose pareille

maiale [ma-ià-le] ***n.m.*** **1** porc, cochon (*anche fig.*) **2** (*macelleria*) porc.
● ***mangiare come un maiale***, manger comme un cochon.

maialetto [ma-ia-lét-to] **maialino** ***n.m.*** porcelet, goret.

mail ['meil] ***n.f.*** o ***m.invar.*** mail (*m.*), message (*m.*) électronique.

mailing ['meiliŋg] ***n.m.invar.*** (*comm.*) publipostage, mailing.

mailing list ['meiliŋg'list] ***n.f.invar.*** **1** (*comm.*) (*lista di indirizzi*) liste d'adresses (pour le publipostage) **2** (*inform.*) liste de diffusion: *mailing list gestita da un moderatore*, liste modérée.

maiolica [ma-iò-li-ca] ***n.f.*** [pl. *-che*] majolique; (*estens.*) faïence.

maionese [ma-io-né-ʃe] ***n.f.*** (*cuc.*) mayonnaise.

mais [màis] ***n.m.invar.*** (*bot.*) maïs.

M

maiuscola [ma-iù-sco-la] ***n.f.*** majuscule.

maiuscoletto [ma-iu-sco-lét-to] ***n.m.*** (*tip.*) petites capitales (*f.pl.*).
● ***in maiuscoletto***, en petites capitales.

maiuscolo [ma-iù-sco-lo] ***agg.*** **1** majuscule: *una A maiuscola*, un A majuscule, un grand A **2** (*fig.*) énorme, immense ♦ ***n.m.*** majuscule (*f.*): *scrivere in maiuscolo*, écrire en majuscules.

make-up [mei'kap] ***n.m.invar.*** (*trucco del viso*) maquillage.

makò [ma-kò] ***n.m.invar.*** coton.

malacca [ma-làc-ca] ***n.f.*** [pl. *-che*] (*legno*) rotin (*m.*): *un bastone di malacca*, une canne de jonc, un jonc.

malaccorto [ma-lac-còr-to] ***agg.*** malavisé.

malachite [ma-la-chì-te] ***n.f.*** (*min.*) malachite.

malacologia [ma-la-co-lo-gì-a] ***n.f.*** malacologie.

malafede [ma-la-fé-de] ***n.f.*** mauvaise foi.
● ***in malafede***, de mauvaise foi.

malaffare [ma-laf-fà-re] ***n.m.***
● ***donna di malaffare***, femme de mauvaise vie | ***gente di malaffare***, malfaiteurs.

malagevole [ma-la-gé-vo-le] ***agg.*** malaisé; (*difficile*) difficile; (*scomodo*) inconfortable.

malagrazia [ma-la-grà-zia] ***n.f.*** [pl. *malegrazie*] impolitesse.
● ***con malagrazia***, de façon impolie | ***di malagrazia***, de mauvais gré.

malalingua [ma-la-lìn-gua] ***n.f.*** [pl. *malelingue*] mauvaise langue.

malamente [ma-la-mén-te] ***avv.*** mal: *è caduto malamente*, il a fait une mauvaise chute.

malandato [ma-lan-dà-to] ***agg.*** en mauvais état; (*di salute*) mal-en-point*.

malandrino [ma-lan-drì-no] ***agg.*** fripon*: *occhi malandrini*, (*scherz.*) des yeux fripons ♦ ***n.m.*** [f. *-a*] **1** (*birbante*) fripon*, coquin **2** (*antiq.*) (*brigante*) malandrin.

malanimo [ma-là-ni-mo] ***n.m.*** (*malevolenza*) malveillance (*f.*); (*avversione*) aversion (*f.*).
● ***di malanimo***, à contrecœur.

malanno [ma-làn-no] ***n.m.*** **1** infirmité (*f.*), maladie (*f.*): *buscarsi un malanno*, attraper du mal **2** (*sventura*) malheur.

malapena, a [a ma-la-pé-na] ***avv.*** tout juste; (*a stento*) à (grand-)peine: *ho a malapena i soldi per il biglietto*, j'ai tout juste l'argent pour le ticket; *riuscivo a malapena a capirlo*, j'arrivais à peine à le comprendre; *se l'è cavata a malapena*, il s'en est tiré à grand-peine (*o* de justesse).

malaria [ma-là-ria] ***n.f.*** (*med.*) paludisme (*m.*).

malarico [ma-là-ri-co] ***agg.*** [pl.m. *-ci*, f. *-che*] paludéen*: *zona malarica*, zone infestée par le paludisme.

malasanità [ma-la-sa-ni-tà] ***n.f.invar.*** dysfonctionnement (*m.*) de la santé publique.

malasorte [ma-la-sòr-te] ***n.f.*** [pl. *malesorti*] malchance.

malaticcio [ma-la-tìc-cio] ***agg.*** [pl.m. *-ci*, f. *-ce*] maladif*, souffreteux*.

malato [ma-là-to] ***agg.*** **1** malade: *essere malato di stomaco*, souffrir de l'estomac; *la sua mente è malata*, il a l'esprit malade **2** (*fig.*) malade: *è malato di nostalgia*, il a le mal du pays; *avere una sensibilità malata*, avoir une sensibilité maladive; *c'è un sole malato oggi*, le soleil est bien pâle aujourd'hui; *economia malata*, économie malade ♦ ***n.m.*** [f. *-a*] malade: *lo stato del malato peggiora, migliora*, l'état du malade empire, s'améliore.
● ***darsi malato***, se faire porter malade.

malattia [ma-lat-tì-a] ***n.f.*** maladie (*anche fig.*): *contrarre, prendere una malattia*, contracter, attraper une maladie; *rimettersi, ristabilirsi da una malattia*, se rétablir (*o* se remettre) d'une maladie.
● ***malattia congenita***, ***genetica***, maladie congénitale, génétique | ***malattia del sonno***, maladie du sommeil | ***malattia infettiva***, maladie infectieuse | ***malattia professionale***, maladie professionnelle | ***malattia psicosomatica***, maladie psychosomatique | ***assente per malattia***, absent pour cause de maladie | ***farne una malattia***, en faire une maladie: *non è il caso di farne una malattia*, il n'y a pas de quoi en faire une maladie | ***mettersi in malattia***, se mettre en congé de maladie.

malauguratamente [ma-lau-gu-ra-ta-mén-te] ***avv.*** malheureusement, par malheur.

malaugurato [ma-lau-gu-rà-to] ***agg.*** malheureux*; (*deprecabile*) fâcheux*, malencontreux*: *è un malaugurato incidente*, c'est un fâcheux accident.

malaugurio [ma-lau-gù-rio] ***n.m.*** [pl. *-rî*] mauvais augure.

malavita [ma-la-vì-ta] ***n.f.*** milieu (*m.*), pègre: *appartenere alla malavita*, faire partie du milieu.
● ***la malavita organizzata***, la délinquance organisée.

malavitoso [ma-la-vi-tó-so] ***agg.*** malhonnête: *ambiente malavitoso*, milieu interlope ♦ ***n.m.*** [f. *-a*] personne (*f.*) du milieu, truand.

malavoglia [ma-la-vò-glia] ***n.f.*** [pl. *malevoglie*] mauvaise volonté.
● ***di malavoglia***, à contrecœur; (*svogliatamente*) sans entrain.

malavveduto [ma-lav-ve-dù-to] ***agg.*** (*incauto*) malavisé (**de**).

malaysiano [ma-lay-ʃià-no] ***agg.*** malaysien ♦ ***n.m.*** [f. -*a*] (*abitante*) Malaysien.

malbianco [mal-biàn-co] ***n.m.*** [pl. -*chi*] (*agr.*) maladie (*f.*) du blanc, oïdium.

malcapitato [mal-ca-pi-tà-to] ***agg.*** e ***n.m.*** [f. -*a*] malheureux*: *per un malcapitato incidente*, pour un regrettable accident.

malconcio [mal-cón-cio] ***agg.*** [pl.m. -*ci*, f. -*ce*] en mauvais état, en piteux état.

● ***uscire malconcio da***, sortir tout piteux de.

malcontento [mal-con-tèn-to] ***agg.*** mécontent ♦ ***n.m.*** mécontentement.

● ***il malcontento popolare***, le mécontentement populaire.

malcostume [mal-co-stù-me] ***n.m.*** mauvaises mœurs (*f.pl.*).

● ***il malcostume politico***, la corruption des milieux politiques.

maldestro [mal-dè-stro] ***agg.*** maladroit.

maldicente [mal-di-cèn-te] ***agg.*** e ***n.m.*** e ***f.*** médisant/e.

maldicenza [mal-di-cèn-za] ***n.f.*** médisance.

maldisposto [mal-di-spó-sto] ***agg.*** mal disposé: *è maldisposto verso di lui*, il est mal disposé à son égard.

male [mà-le] ***n.m.*** **1** mal*: *spingere qlcu al male*, pousser qqn à mal agir; *fare (del) male a qlcu*, faire du mal à qqn; *pensare, dire male di qlcu*, penser, dire du mal de qqn; *è uno spettacolo che fa male a vedersi*, c'est un spectacle qui fait mal au cœur | *pensare sempre al male*, avoir l'esprit mal tourné **2** (*sventura, danno*) malheur; mal*: *il male è che*, le malheur est que; *raccontare i propri mali*, raconter ses malheurs **3** (*dolore fisico*) mal*; (*malattia*) maladie (*f.*): *ha un brutto male*, (*cancro*) il a une grave maladie ♦ ***avv.*** **1** mal: *ti avevo giudicato male*, je t'avais mal jugé; *la traduzione m'è venuta male*, ma traduction n'est pas très réussie; *si esprime molto male, malissimo in inglese*, il s'exprime mal, très mal en anglais; *mio fratello va piuttosto male, maluccio a scuola*, mon frère ne travaille pas très bien à l'école **2** (*con valore di negazione*) non, pas: *con mal celata antipatia*, avec une antipathie non dissimulée; *atteggiamento che mal si addice a*, comportement peu digne de ♦ ***inter.*** mal: *ancora in ritardo? male!*, encore en retard? ce n'est pas bien!; *male!, dovevi andarci subito*, tu as eu tort, tu aurais dû y aller tout de suite.

● ***mal d'aria, di mare, di montagna***, mal de l'air, de mer, des montagnes | ***mal d'auto***, mal d'auto: *soffrire di mal d'auto*, être malade en voiture | ***mal di cuore***, maladie de cœur | ***mal di testa, mal di denti***, mal à la tête, aux dents: *mi fa male la testa, ho mal di testa, di denti*, j'ai mal à la tête, aux dents; *soffre spesso di mal di testa, di denti*, il souffre souvent de maux de tête, de dents | (*med.*) ***mal sottile***, (*antiq.*) maladie de poitrine | (*prov.*) ***a mali estremi, estremi rimedi***, aux grands maux les grands remèdes | ***andare a male***, (*di cibo, guastarsi*) s'abîmer: *il latte è andato a male*, le lait a tourné; *questa minestra è andata a male*, (*è diventata acida*) ce potage a suri | ***bene o male***, de quelque manière, d'une manière ou d'une autre: *bene o male ci riuscirò*, d'une manière ou d'une autre je réussirai; *bene o male sono arrivato*, je suis arrivé je ne sais comment | ***che male c'è?***, quel mal y a-t-il à cela? | ***cominciamo male!***, ça commence mal! | ***di male in peggio***, de mal en pis | ***fare male***, (*di dolore fisico*) faire mal; (*non dovere*) avoir tort (à): *dov'è che ti fa male?*, où est-ce que tu as mal?; *mi fanno male le gambe*, mes jambes me font mal; *il latte mi fa male*, je ne supporte pas le lait; *fai male a parlare così*, tu as tort de parler ainsi | ***farsi male***, se faire mal | ***farsi voler male***, se faire détester | ***mandare a male***, (*fig.*) faire échouer | ***meno male (che)***, heureusement (que) | ***mettere male tra due persone***, (*fam.*) brouiller deux personnes | ***mica male, non male, niente male***, pas mal | ***mi sento male***, je ne me sens pas bien | ***né bene né male***, (*così così*) comme ci, comme ça | ***non c'è male!***, pas mal! | ***non c'è male, malaccio***, (*fam.*) pas mal | ***non c'è nulla di male***, il n'y a pas de mal à cela | ***non è male***, ce n'est pas mal: *questa ragazza non è (proprio) male*, cette fille n'est pas mal (du tout) | ***per male che vada***, au pire | ***poco male (se)***, tant pis (si), ça ne fait rien (si) | ***portare male (a qlcu)***, porter malheur (à qqn) | ***prendersela a male, aversene a male***, prendre mal (qqch); (*offendersi*) se vexer: *se l'è presa, avuta a male*, il l'a mal pris | ***rimanere, restare male***, (*essere deluso*) être déçu; (*dispiacersi*) regretter | ***sto male***, je ne vais pas bien | ***voler male a qlcu***, vouloir du mal à qqn.

> NOTA L'avverbio **male** si traduce con **mal**, che legato a un verbo al tempo composto va tra l'ausiliare e il participio passato:
>
> *Hai capito **male**.*
> Tu as **mal** compris.
>
> Se è legato a un infinito va posto prima:
>
> *Bisognerebbe insegnargli a non comportarsi **male** a tavola.*
> Il faudrait lui apprendre à ne pas **mal** se tenir à table.

maledettamente [ma-le-det-ta-mén-te] ***avv.*** (*fam.*) terriblement.

maledetto [ma-le-dét-to] ***agg.*** **1** maudit: *maledetto il giorno che ti ho incontrato!*, maudit soit le jour où je t'ai rencontré! **2** (*fam.*) sacré; (*di tempo*) affreux*: *quel rumore maledetto ricomincia!*, ce sacré bruit recommence!; *una paura maledetta*, une peur bleue ♦ ***n.m.*** [f. -*a*] maudit.

maledire [ma-le-dì-re] ***v.tr.*** [coniug. come *dire*; imp. *maledici*] maudire*: *maledire la sorte*, maudire le sort.

maledizione [ma-le-di-zió-ne] ***n.f.*** **1** malédiction: *coprire qlcu di maledizioni*, jeter des malédictions sur qqn **2** (*fig. fam.*) (*sventura*) calamité ♦ ***inter.*** malédiction; zut alors.

maleducato [ma-le-du-cà-to] ***agg.*** e ***n.m.*** [f. -*a*] mal élevé, impoli: *è maleducato comportarsi in quel modo*, il est très mal élevé de se conduire de cette façon.

maleducazione [ma-le-du-ca-zió-ne] ***n.f.*** impolitesse.

malefatta [ma-le-fàt-ta] ***n.f.*** méfait (*m.*).

maleficio [ma-le-fì-cio] ***n.m.*** [pl. -*ci*] maléfice.

malefico [ma-lè-fi-co] ***agg.*** [pl.m. -*ci*, f. -*che*] maléfique; (*nocivo*) nuisible: *influsso malefico*, influence nuisible.

● ***lingua malefica***, langue de vipère.

maleodorante [ma-le-o-do-ràn-te] ***agg.*** malodorant.

malerba [ma-lèr-ba] ***n.f.*** mauvaise herbe.

● ***crescere come la malerba***, (*fig.*) pousser comme la mauvaise herbe.

malese [ma-lé-se] ***agg.*** malais ♦ ***n.m.*** (*lingua*) malais ♦ ***n.m.*** e ***f.*** (*abitante*) Malais/e.

malessere [ma-lès-se-re] ***n.m.*** malaise: *accusare un leggero malessere*, ressentir, éprouver un léger malaise; *il malessere sociale*, le malaise social.

malestro [ma-lè-stro] ***n.m.*** dégât.

malevolenza [ma-le-vo-lèn-za] ***n.f.*** malveillance.

malevolo [ma-lè-vo-lo] ***agg.*** malveillant.
malfamato [mal-fa-mà-to] ***agg.*** malfamé.
malfatto [mal-fàt-to] ***agg.*** mal fait ♦ ***n.m.*** méfait.
malfattore [mal-fat-tó-re] ***n.m.*** [f. *-trice*] malfaiteur*.
malfermo [mal-fér-mo] ***agg.*** chancelant; (*malsicuro*) mal assuré: *essere malfermo in salute*, avoir une santé chancelante; *malfermo sulle gambe*, mal assuré sur ses jambes; *con mano malferma*, d'une main peu sûre; *con voce malferma*, d'une voix hésitante.
malfidato [mal-fi-dà-to] ***agg.*** méfiant ♦ ***n.m.*** [f. *-a*] personne (*f.*) méfiante.
malfido [mal-fi-do] ***agg.*** (*di persona*) déloyal*; (*di cosa*) peu sûr; (*incerto*) incertain.
malformazione [mal-for-ma-zió-ne] ***n.f.*** malformation.
malfunzionamento [mal-fun-zio-na-mén-to] ***n.m.*** (*inform.*) faute (*f.*); défaillance (*f.*).
malga [màl-ga] ***n.f.*** [pl. *-ghe*] (*baita*) cabane de bergers (dans les Alpes).
malgarbo [mal-gàr-bo] ***n.m.*** (*comportamento maleducato*) impolitesse (*f.*); (*sgarbato*) brusquerie (*f.*): *fare qlco con malgarbo*, faire qqch avec brusquerie.
malgascio [mal-gà-scio] ***agg.*** [pl.m. *-sci*, f. *-sce*] malgache ♦ ***n.m.*** [f. *-a*] (*abitante*) Malgache.
malgoverno [mal-go-vèr-no] ***n.m.*** **1** mauvaise administration (*f.*): *il malgoverno dello Stato*, la mauvaise gestion des affaires de l'État **2** (*fig.*) (*trascuratezza*) négligence (*f.*), laisser-aller*.
M **malgrado** [mal-grà-do] ***prep.*** malgré: *malgrado la pioggia*, malgré la pluie ♦ ***cong.*** bien que, quoique: *malgrado piovesse*, bien qu'il plût.
● ***mio malgrado***, malgré moi; (*volente o nolente*) que je le veuille ou non; (*contro la mia volontà*) contre mon gré.
malia [ma-lì-a] ***n.f.*** **1** charme (*m.*) (*anche fig.*) **2** (*maleficio*) sort (*m.*), sortilège (*m.*).
maliardo [ma-li-àr-do *o* ma-liàr-do] ***agg.*** ensorceleur*.
malignamente [ma-li-gna-mén-te] ***avv.*** malignement; (*con cattiveria*) méchamment.
malignare [ma-li-gnà-re] ***v.intr.*** [aus. *avere*] médire* (**de**), dire* du mal (**de**).
malignità [ma-li-gni-tà] ***n.f.invar.*** **1** malignité; (*cattiveria*) méchanceté **2** (*concetto, azione maligna*) méchanceté.
maligno [ma-lì-gno] ***agg.*** **1** malin*, mauvais; (*spec. di persona*) méchant: *un sorriso maligno*, un sourire malin; *azione maligna*, mauvaise action; *persona maligna*, personne méchante **2** (*malefico*) malin*: *gli spiriti maligni*, les esprits malins **3** (*med.*) malin*: *un tumore maligno*, une tumeur maligne ♦ ***n.m.*** [f. *-a*] (*persona maldicente*) mauvaise langue (*f.*): *i maligni dicono che*, les mauvaises langues disent que.
● ***il Maligno***, (*il diavolo*) le Malin.
malinconia [ma-lin-co-nì-a] ***n.f.*** **1** mélancolie; (*depressione*) cafard (*m.*) | *che malinconia questo tempo!*, quelle tristesse ce temps! **2** (*pensiero malinconico*) pensée mélancolique.
malinconico [ma-lin-cò-ni-co] ***agg.*** [pl.m. *-ci*, f. *-che*] mélancolique.
malincuore, a [a ma-lin-cuò-re] ***avv.*** à contrecœur.
malintenzionato [ma-lin-ten-zio-nà-to] ***agg.*** e ***n.m.*** [f. *-a*] malintentionné.
malinteso [ma-lin-té-so] ***agg.*** mal compris ♦ ***n.m.*** malentendu.
malioso [ma-li-ó-so *o* ma-lió-so] ***agg.*** charmeur*.
malizia [ma-lì-zia] ***n.f.*** **1** malice **2** (*astuzia*) ruse | *le malizie del mestiere*, les trucs du métier.
malizioso [ma-li-zió-so] ***agg.*** malicieux*.
malleabile [mal-le-à-bi-le] ***agg.*** malléable (*anche fig.*).
malleabilità [mal-le-a-bi-li-tà] ***n.f.invar.*** malléabilité.
malleolo [mal-lè-o-lo] ***n.m.*** (*anat.*) malléole (*f.*).
mallevadore [mal-le-va-dó-re] ***n.m.*** [f. *-drice*] **1** (*dir.*) répondant **2** (*fig.*) garant.
malleveria [mal-le-ve-ri-a] ***n.f.*** (*dir.*) garantie.
mallo [màl-lo] ***n.m.*** (*bot.*) brou.
malloppo [mal-lòp-po] ***n.m.*** **1** (*involto*) balluchon; (*fig.*) (*peso*) poids: *togliersi un bel malloppo dallo stomaco*, (*fig.*) s'alléger d'un gros poids **2** (*refurtiva, bottino*) butin; (*in denaro*) grisbi.
malmenare [mal-me-nà-re] ***v.tr.*** malmener* (*anche fig.*).
malmesso [mal-més-so] ***agg.*** (*senza gusto*) mal arrangé; (*vestito male*) mal habillé; (*in cattiva salute*) mal en point; (*in ristrettezze*) fauché.
malnutrito [mal-nu-trì-to] ***agg.*** mal-nourri*.
malnutrizione [mal-nu-tri-zió-ne] ***n.f.*** malnutrition.
malo [mà-lo] ***agg.*** (*letter.*) mauvais.
● ***mala femmina***, garce | ***cadere in malo modo***, faire une mauvaise chute | ***ridurre qlcu a mal partito***, faire un mauvais parti à qqn | ***trattare qlcu in malo modo***, se montrer désagréable avec qqn | ***vista la mala parata***, voyant que les choses tournaient mal.
malocchio [ma-lòc-chio] ***n.m.*** [pl. *-chi*] mauvais œil.
● ***di malocchio***, d'un mauvais œil.
malora [ma-ló-ra] ***n.f.*** ruine.
● ***alla malora!***, au diable! | ***andare in malora***, se ruiner; (*di cosa*) tomber à l'eau: *sono andati in malora*, ils se sont ruinés; *l'affare è andato in malora*, l'affaire est tombée à l'eau | ***della malora***, maudit | ***mandare in malora***, ruiner.
malore [ma-ló-re] ***n.m.*** malaise: *colto da malore*, pris d'un malaise.

FAUX AMI
Da non confondere con *malheur*, che significa *sfortuna, disgrazia, infelicità*.

malpartito, a [a mal-par-tì-to] ***avv.*** dans une situation difficile, dangereuse.
malridotto [mal-ri-dót-to] ***agg.*** en piteux état; (*di salute*) en mauvais état.
malriuscito [mal-ri-u-scì-to] ***agg.*** raté, manqué: *dolce malriuscito*, gâteau raté.
malsano [mal-sà-no] ***agg.*** **1** malsain (*anche fig.*) **2** (*malaticcio*) maladif*.
malsicuro [mal-si-cù-ro] ***agg.*** **1** peu sûr **2** (*malfermo*) mal assuré **3** (*fig.*) (*incerto*) incertain; (*di persona*) qui manque d'assurance.
malta [màl-ta] ***n.f.*** (*edil.*) mortier (*m.*).
maltempo [mal-tèm-po] ***n.m.*** mauvais temps.
maltese [mal-té-se] ***agg.*** maltais ♦ ***n.m.*** e ***f.*** (*abitante*) Maltais/e.
● ***cane maltese***, chien maltais | (*med.*) ***febbre maltese***, fièvre de Malte.
malto [màl-to] ***n.m.*** malt.
● ***caffè di malto***, café d'orge.
maltolto [mal-tòl-to] ***agg.*** mal acquis ♦ ***n.m.*** bien mal acquis.
maltosio [mal-tò-ʃio] ***n.m.*** [pl. *-si*] (*chim.*) maltose.

maltrattamento [mal-trat-ta-mén-to] ***n.m.*** mauvais traitements (*pl.*); maltraitance (*f.*).

maltrattare [mal-trat-tà-re] ***v.tr.*** maltraiter (*anche fig.*).

malumore [ma-lu-mó-re] ***n.m.*** **1** (mauvaise) humeur (*f.*): *sfogare il proprio malumore su qlcu*, passer sa mauvaise humeur sur qqn **2** (*malcontento*) mécontentement **3** (*dissapore*) désaccord: *non ci sono stati malumori tra loro*, il n'y a pas eu de désaccords entre eux.
● ***di malumore***, de mauvaise humeur: *essere di malumore*, être de mauvaise humeur; (*fam.*) être de mauvais poil; *le tue parole lo resero di malumore*, tes paroles le mirent de mauvaise humeur.

malva [màl-va] ***n.f.*** (*bot.*) mauve.
● (*color*) ***malva***, (couleur) mauve.

malvagiamente [mal-va-gia-mén-te] ***avv.*** méchamment.

malvagio [mal-và-gio] ***agg.*** e ***n.m.*** [f. *-a*; pl.m. *-gi*, f. *-gie* o *-ge*] méchant; (*cattivo*) mauvais.

malvagità [mal-va-gi-tà] ***n.f.invar.*** méchanceté.

malvasia [mal-va-ʃì-a] ***n.f.*** malvoisie.

malversazione [mal-ver-sa-zió-ne] ***n.f.*** (*dir.*) malversation.

malvestito [mal-ve-stì-to] ***agg.*** mal habillé.

malvisto [mal-vì-sto] ***agg.*** mal vu.

malvivente [mal-vi-vèn-te] ***n.m.*** e ***f.*** malfaiteur/trice.

malvolentieri [mal-vo-len-tiè-ri] ***avv.*** à contrecœur.

malvolere[1] [mal-vo-lé-re] ***v.tr.*** [usato solo all'inf. e part. pass. *malvoluto*] détester: *era malvoluto da tutti*, tout le monde le détestait | *prendere a malvolere*, prendre en grippe.

malvolere[2] ***n.m.*** **1** malveillance (*f.*) **2** (*indolenza*) indolence (*f.*).

mamelucco [ma-me-lùc-co] ***n.m.*** [pl. *-chi*] (*st.*) mameluk.

mamillaria [ma-mil-là-ria] ***n.f.*** (*bot.*) mamillaire.

mamma [màm-ma] ***n.f.*** maman: *la tua mamma*, ta maman; *la mia mamma*, maman | *fare da mamma*, tenir lieu de mère.
● ***mamma mia!***, mon Dieu! | ***festa della mamma***, fête des mères.

mammalucco [mam-ma-lùc-co] ***n.m.*** [f. *-a*; pl.m. *-chi*, f. *-che*] (*sciocco*) bêta, benêt.

mammario [mam-mà-rio] ***agg.*** [pl.m. *-ri*] (*anat.*) mammaire.

mammella [mam-mèl-la] ***n.f.*** (*anat.*) mamelle; (*di animali*) tétine; (*di animali da mungere*) pis (*m.*).

mammellonato [mam-mel-lo-nà-to] ***agg.*** (*geogr.*) mamelonné.

mammellone [mam-mel-ló-ne] ***n.m.*** (*geogr.*) mamelon.

mammifero [mam-mì-fe-ro] ***agg.*** e ***n.m.*** mammifère.

mammografia [mam-mo-gra-fì-a] ***n.f.*** (*med.*) mammographie.

mammola [màm-mo-la] ***n.f.*** (*bot.*) violette.

mammone [mam-mó-ne] ***n.m.*** [f. *-a*] (*fam.*) fils à sa maman.

mammut [mam-mùt] ***n.m.invar.*** mammouth.

manager [mà-na-ger] ***n.m.*** e ***f.invar.*** manager.
● ***general manager***, directeur général.

manageriale [ma-na-ge-rià-le] ***agg.*** directorial*: *capacità manageriale*, capacité à diriger.

manata [ma-nà-ta] ***n.f.*** **1** tape **2** (*manciata*) poignée.

manca [màn-ca] ***n.f.*** [pl. *-che*] (main) gauche.

mancamento [man-ca-mén-to] ***n.m.*** (*malore*) évanouissement.

mancante [man-càn-te] ***agg.*** manquant: *una statua mancante della testa*, une statue sans tête.

mancanza [man-càn-za] ***n.f.*** **1** manque (*m.*); (*carenza*) défaut (*m.*); (*penuria*) pénurie: *mancanza di tempo, di fondi*, manque de temps, de fonds; *mancanza di vitamine*, défaut de vitamines **2** (*assenza*) absence: *il bambino soffre della mancanza dei genitori*, l'enfant souffre de l'absence des parents; *sentivo la tua mancanza*, tu me manquais **3** (*errore*) faute: *commettere una grave mancanza*, commettre (*o* faire) une grave faute.
● ***in mancanza di***, (*cosa*) faute de (*o* à défaut de), par (*o* pour) manque de; (*persona*) en l'absence de: *in mancanza di meglio*, faute de mieux; *in mancanza di prove*, par (*o* pour) manque de preuves; *in mancanza del direttore parlerò col suo segretario*, en l'absence du directeur je parlerai avec son secrétaire | ***per mancanza di***, faute de: *per mancanza di tempo*, faute de temps; *per mancanza di imballaggio sufficiente*, faute d'emballage suffisant.

mancare [man-cà-re] ***v.intr.*** [*cambia la* c *in* ch *davanti alle desinenze in* i *o* e] **1** [aus. *essere*] manquer: *mancano data e firma*, la date et la signature manquent; *ci manca il tempo*, le temps nous manque | *non mancherà l'occasione di rivederci*, nous aurons l'occasion de nous revoir | *manca poco all'inizio dello spettacolo*, le spectacle va commencer | *manca poco all'arrivo del treno*, le train ne va pas tarder à arriver | *quanto manca alla partenza?*, combien de temps reste-t-il avant le départ? | *mancano solo dieci minuti*, il n'y a plus que dix minutes | *manca un quarto a mezzogiorno*, il est midi moins le quart | *mancano 10 km a Milano*, il y a encore 10 km jusqu'à Milan **2** [aus. *essere*] (*essere privo; venire meno*) manquer: *mancare di buon senso, di esperienza*, manquer de bon sens, d'expérience; *mi sentivo mancare il fiato, il respiro*, le souffle me manquait; *si sentì mancare le forze*, les forces lui manquèrent | *far mancare il pane*, faire manquer de pain | *mi manca il fiato*, je n'ai plus de souffle | *è mancata la luce*, il y a eu une panne de courant **3** [aus. *essere*] (*far difetto, far sentire la propria mancanza*) manquer: *mi sei mancato molto*, tu m'as beaucoup manqué **4** [aus. *essere*] (*essere assente*) manquer: *ti prego di non mancare domani*, je te prie de ne pas manquer demain **5** [aus. *avere*] (*agire male*) mal agir; (*fare torto*) manquer: *so di aver mancato in quella circostanza*, je sais que j'ai mal agi en cette circonstance; *ha mancato verso di me*, il a manqué à mon égard **6** [aus. *avere*] (*tralasciare*) manquer: *non mancare di venire domani!*, ne manque pas de venir demain! ♦ ***v.tr.*** manquer; (*fallire*) rater; (*fam.*) louper: *mancare un'occasione*, manquer une occasion; *ha mancato l'autobus per pochi minuti*, il a raté (*o* loupé) le bus de quelques minutes; *mancare il colpo, il bersaglio*, rater le coup, la cible.
● ***mancò poco che***, il s'en fallut de peu que: *mancò poco che non morisse*, il s'en fallut de peu qu'il mourût (*o* ne meure) | ***ci mancava anche...***, il ne manquait plus que...: *ci mancava anche la pioggia!*, il ne manquait plus que la pluie!; *ci mancava anche questa!*, il ne (nous) manquait plus que cela! | ***ci mancherebbe altro!***, il ne manquerait plus que ça!; (*dopo ringraziamenti*) mais c'est tout naturel! | ***gli manca la parola***, il ne lui manque que la parole | ***gli manca una rotella***, ***un venerdì***, (*fam.*) il a une case vide (*o* il lui manque une case) | ***non mancherò***, je n'y manquerai pas: *"Mi saluti suo padre!" "Grazie, non mancherò"*, "Saluez votre père de ma part!" "Merci, je n'y

M

manquerai pas" | ***poco ci manca***, peu s'en faut: *se non è un imbroglione poco ci manca*, ce n'est pas un filou mais peu s'en faut | ***sentirsi mancare***, défaillir | ***si sentì mancare la terra sotto i piedi***, (*fig.*) il sentit le sol se dérober sous ses pieds | ***venire a mancare***, (*morire*) mourir: *è mancato, è venuto a mancare due mesi fa*, il est mort il y a deux mois.

mancato [man-cà-to] ***agg.*** **1** manqué; (*fallito*) raté: *è un medico mancato*, c'est un médecin manqué; *un'occasione mancata*, une occasion manquée **2** (*non avvenuto*) manqué; non-: *il mancato pagamento*, le non-payement (*o* non paiement) | *il mancato guadagno*, le manque à gagner.

manchevole [man-ché-vo-le] ***agg.*** qui laisse à désirer; (*incompleto*) incomplet: *essere manchevole di*, manquer de.

manchevolezza [man-che-vo-léz-za] ***n.f.*** **1** (*difetto*) défaut (*m.*); (*imperfezione*) imperfection **2** (*mancanza*) erreur.

mancia [màn-cia] ***n.f.*** [pl. *-ce*] **1** pourboire (*m.*) **2** (*fam.*) argent (*m.*) de poche.

● ***mancia competente***, bonne récompense.

FAUX AMI
Da non confondere con *manche*, che significa *manico* o *manica*.

manciata [man-cià-ta] ***n.f.*** poignée.

● ***a manciate***, par poignées.

mancina [man-cì-na] ***n.f.*** main gauche.

● ***a mancina***, à gauche.

mancino [man-cì-no] ***agg.*** e ***n.m.*** [f. *-a*] gaucher*.

● ***colpo mancino***, coup bas | ***tiro mancino***, sale tour: *giocare un tiro mancino*, jouer un sale tour.

manciù [man-ciù] ***agg.invar.*** mandchou ♦ ***n.m.invar.*** (*lingua*) mandchou ♦ ***n.m.*** e ***f.invar.*** (*abitante della Manciuria*) Mandchou.

manco [màn-co] ***avv.*** (*fam.*) même pas, pas même: *non ci avevo manco pensato*, je n'y avais même pas pensé.

● ***manco a dirlo***, comme d'habitude | ***manco per idea, manco per sogno***, pas le moins du monde, jamais de la vie.

mandamentale [man-da-men-tà-le] ***agg.*** de la juridiction, cantonal*.

mandamento [man-da-mén-to] ***n.m.*** (*dir.*) circonscription (*f.*) judiciaire (du juge d'instance).

mandante [man-dàn-te] ***n.m.*** (*dir.*) mandant: *il mandante di un crimine*, l'instigateur d'un crime.

mandarancio [man-da-ràn-cio] ***n.m.*** [pl. *-ci*] (*bot.*) clémentine (*f.*).

mandare [man-dà-re] ***v.tr.*** **1** envoyer*: *mandare i bambini a letto*, envoyer les enfants se coucher; *mandare a prendere*, envoyer chercher | *mandare a chiamare*, faire appeler | *mandare a un altro ufficio*, adresser à un autre bureau | *mandare a compimento*, réaliser | *mandare all'aria*, faire échouer | *mandare a picco*, couler | *mandare in pezzi*, briser en mille morceaux **2** (*emettere*) émettre* | *mandare un profumo delizioso*, sentir bon | *mandare un grido*, pousser un cri.

● ***mandare avanti***, faire marcher, faire passer: *mandare avanti un'azienda*, faire marcher une entreprise; *lo mandiamo avanti* (*alla classe superiore*) *perché ha già dato il massimo*, on le fait passer parce qu'il a déjà donné son maximum; *manda avanti i ragazzi, noi verremo dopo*, fais partir les enfants, nous viendrons après; *mandare avanti una pratica*, donner suite à un dossier; *mandare avanti la casa, la famiglia*, s'occuper de son ménage, de sa famille; *è riuscito a mandare avanti cinque figli fino all'università*, il a réussi à faire faire l'université à ses cinq enfants | ***mandare dentro***, (*in casa*) faire rentrer | ***mandare giù***, (*anche fig.*) (*inghiottire*) avaler | ***mandare indietro***, renvoyer; (*malamente*) mettre à la porte | ***mandare su***, (*fare salire*) faire monter | ***mandare via***, renvoyer; (*malamente*) mettre à la porte | ***che Dio ce la mandi buona!***, que Dieu nous aide! | ***non gliel'ho mandato a dire***, je ne le lui ai pas envoyé dire | ***piove che Dio la manda***, il tombe des cordes.

FAUX AMI
Da non confondere con *mander*, che significa *mandare a dire, far sapere, convocare*.

NOTA ***Mandare a*** seguito da infinito si traduce ***envoyer*** senza preposizione:

*L'ho **mandato a** comperare del pane.*
SI Je l'ai **envoyé** acheter du pain.
NO Je l'ai **envoyé à** acheter du pain.

***Mandala a** consegnare questo pacchetto.*
SI **Envoie-la** remettre ce paquet.
NO **Envoie-la à** remettre ce paquet.

mandarino[1] [man-da-rì-no] ***n.m.*** (*cinese*) mandarin.

mandarino[2] ***n.m.*** **1** (*pianta*) mandarinier **2** (*frutto*) mandarine (*f.*).

mandata [man-dà-ta] ***n.f.*** **1** envoi (*m.*) **2** (*giro di chiave*) tour (*m.*) de clef.

mandatario [man-da-tà-rio] ***n.m.*** [f. *-a*; pl.m. *-ri*] (*dir.*) mandataire.

mandato [man-dà-to] ***n.m.*** mandat: *dare mandato a qlcu*, donner mandat à qqn; *eseguire un mandato*, remplir son mandat.

● (*dir.*): ***mandato d'arresto***, mandat d'arrêt; ***mandato di cattura***, mandat d'amener; ***mandato di comparizione***, mandat de comparution; ***mandato di perquisizione***, mandat de perquisition | (*comm.*) ***mandato di pagamento***, mandat de paiement.

mandibola [man-dì-bo-la] ***n.f.*** (*anat.*) mandibule.

mandolino [man-do-lì-no] ***n.m.*** mandoline (*f.*).

mandorla [màn-dor-la] ***n.f.*** amande.

● ***a mandorla***, en amande | ***latte di mandorle***, lait d'amandes.

mandorlato [man-dor-là-to] ***n.m.*** gâteau* aux amandes ♦ ***agg.*** **1** (*a forma di mandorla*) en (forme d') amande; (*geol.*) amygdaloïde **2** (*che contiene mandorle*) aux amandes: *cioccolato mandorlato*, chocolat aux amandes.

mandorlo [màn-dor-lo] ***n.m.*** (*bot.*) amandier.

mandragola [man-drà-go-la] **mandragora** ***n.f.*** (*bot.*) mandragore.

mandria [màn-dria] ***n.f.*** troupeau* (*m.*).

mandriano [man-dri-à-no] ***n.m.*** [f. *-a*] gardien* de troupeaux.

mandrillo [man-drìl-lo] ***n.m.*** **1** (*zool.*) mandrill **2** (*fig. fam.*) chaud lapin.

mandrino [man-drì-no] ***n.m.*** (*tecn.*) mandrin.

mandritta [man-drìt-ta] ***n.f.*** (*letter.*) (main) droite.

● ***a mandritta***, à droite.

maneggevole [ma-neg-gé-vo-le] ***agg.*** maniable (*anche fig.*).

maneggevolezza [ma-neg-ge-vo-léz-za] ***n.f.*** maniabilité.

maneggiare [ma-neg-già-re] ***v.tr.*** [coniug. come *mangiare*] manier (*anche fig.*).

maneggio [ma-nég-gio] ***n.m.*** [pl. *-gi*] **1** maniement **2**

(*spec. pl.*) (*manovra*) manège; (*intrigo*) manigance (*f.*): *maneggi politici*, manigances politiques **3** (*equitazione*) manège.

maneggione [ma-neg-gió-ne] *n.m.* [f. *-a*] (*intrigante*) intrigant.

manesco [ma-né-sco] *agg.* [pl.m. *-schi*, f. *-sche*] qui a la main leste.

manette [ma-nét-te] *n.f.pl.* menottes: *mettere le manette*, passer les menottes.
● ***a manetta***, (*fam.*) au maximum.

manforte [man-fòr-te] *n.f.invar.* main-forte: *dare manforte*, prêter main-forte.

manfrina [man-frì-na] *n.f.* (*petulanza*) histoires (*pl.*); (*lagna*) jérémiades (*pl.*).

manganellare [man-ga-nel-là-re] *v.tr.* matraquer.

manganellata [man-ga-nel-là-ta] *n.f.* coup (*m.*) de matraque.

manganello [man-ga-nèl-lo] *n.m.* matraque (*f.*).

manganese [man-ga-né-se] *n.m.* (*chim.*) manganèse.

mangereccio [man-ge-réc-cio] *agg.* [pl.m. *-ci*, f. *-ce*] comestible.

mangeria [man-ge-rì-a] *n.f.* (*fam.*) détournement (*m.*) (de fonds).

mangiabile [man-già-bi-le] *agg.* mangeable.

mangiacassette [man-gia-cas-sét-te] *n.m.invar.* lecteur de cassettes.

mangiadischi® [man-gia-dì-schi] *n.m.invar.* mange -disques®.

mangiafumo [man-gia-fù-mo] *agg.invar.* antifumée: *candela mangiafumo*, bougie antifumée.

mangianastri® [man-gia-nà-stri] *n.m.invar.* lecteur de cassettes.

mangiapane [man-gia-pà-ne] *n.m.* e *f.invar.* pique-assiette* | *è un mangiapane a ufo, a tradimento*, il ne vaut pas le pain qu'il mange.

mangiapreti [man-gia-prè-ti] *n.m.* e *f.invar.* bouffeur de curé.

mangiare[1] [man-già-re] *v.tr.* [fut.indic. *io mangerò* ecc.] **1** manger*: *mangiare con appetito*, manger de bon appétit; *mangiare bene*, bien manger; *mangiare male*, mal manger; *fare da mangiare*, faire la cuisine; *che cosa fai da mangiare oggi?*, qu'est-ce que tu fais à manger aujourd'hui? | *ha mangiato molto in quell'affare*, (*estens.*) il a fait son beurre dans cette affaire **2** (*consumare*) manger*; (*corrodere*) ronger* **3** (*dama, scacchi*) prendre* ♦ **mangiarsi** *v.pron.indiretto* **1** manger*: *mangiarsi tutto il patrimonio*, (*fig.*) manger toute sa fortune **2** (*rodersi*) se ronger*: *mangiarsi le unghie*, se ronger les ongles | *mangiarsi il fegato*, (*fig.*) se ronger les sangs.
● ***mangiare alle spalle di qlcu***, (*fig.*) vivre aux crochets de qqn | ***mangiare come un uccellino***, manger comme un moineau | ***mangiare fuori (casa)***, déjeuner, dîner en ville | ***mangiare in bianco***, manger sans sauce | ***mangiare le parole***, manger ses mots | ***mangiare qlco, qlcu con gli occhi***, (*fig.*) manger (*o* dévorer) qqch, qqn des yeux | ***mangiare vivo qlcu***, (*fig.*) manger qqn (tout cru): *me lo mangio vivo!*, je le mangerai tout cru!; *l'avrei mangiato vivo!*, je l'aurais bouffé! | ***roba da mangiare***, provisions.

mangiare[2] *n.m.* manger; (*cibo*) nourriture (*f.*): *il troppo mangiare fa male*, l'excès de nourriture nuit à la santé | *essere esigente nel mangiare*, être exigeant à table.

mangiasoldi [man-gia-sòl-di] *n.m.* e *f.invar.* (*sprecone*) panier (*m.*) percé.
● ***macchina mangiasoldi***, machine à sous.

mangiata [man-già-ta] *n.f.* gueuleton (*m.*): *fare una bella mangiata*, faire un bon gueuleton; *fare una mangiata di*, s'empiffrer de.

mangiatoia [man-gia-tó-ia] *n.f.* **1** mangeoire **2** (*fig.*) (*fonte di guadagni illeciti*) assiette au beurre.

mangiatore [man-gia-tó-re] *n.m.* [f. *-trice*] mangeur*.

mangime [man-gì-me] *n.m.* aliments (*pl.*) pour animaux; (*per uccelli*) graines (*f.pl.*): *dare il mangime ai polli*, donner à manger à la volaille.

mangione [man-gió-ne] *n.m.* [f. *-a*] gros* mangeur*.

mangiucchiare [man-giuc-chià-re] *v.tr.* grignoter.

mango [màn-go] *n.m.* [pl. *-ghi*] (*albero*) manguier; (*frutto*) mangue (*f.*).

mangrovia [man-grò-via] *n.f.* (*bot.*) mangrove.

mangusta [man-gù-sta] *n.f.* (*zool.*) mangouste.

mania [ma-nì-a] *n.f.* manie (*anche fig.*).

maniaco [ma-nì-a-co] *agg.* e *n.m.* [f. *-a*; pl.m. *-ci*, f. *-che*] maniaque (*anche fig.*).

manica [mà-ni-ca] *n.f.* [pl. *-che*] **1** manche: *questa giacca è corta di maniche*, cette veste a les manches trop courtes **2** (*fam.*) bande: *una manica di ladri*, une bande de voleurs **3** (*fam.*) (*grande quantità*) volée: *prendersi una manica di colpi, di botte*, recevoir une volée de coups.
● (*aer.*) ***manica a vento***, manche à air | ***maniche lunghe, corte***, manches longues, courtes | ***avere l'asso nella manica***, (*anche fig.*) avoir un atout dans la manche | ***avere qlcu nella manica***, avoir qqn dans sa manche | ***essere di manica larga, largo di manica***, (*fig.*) être coulant | ***essere di manica stretta, stretto di manica***, (*fig.*) être sévère | ***essere in maniche di camicia***, être en bras de chemise | ***essere nella manica di qlcu***, être dans la manche de qqn | ***è un altro paio di maniche***, c'est une autre paire de manches | ***giro manica***, emmanchure | ***mezze maniche***, manches courtes; (*usate per proteggere l'abito dall'usura*) manchettes de lustrine (*o* garde-manches); (*fig. spreg.*) (*impiegatuccio*) rond-de-cuir | ***rimboccarsi, tirarsi su le maniche***, (*anche fig.*) retrousser ses manches | ***senza maniche***, sans manches: *una camicetta senza maniche*, une blouse sans manches.

manicaretto [ma-ni-ca-rét-to] *n.m.* bon petit plat.

manicheismo [ma-ni-che-ì-ʃmo] *n.m.* (*st. relig.*) manichéisme.

manicheo [ma-ni-chè-o] *agg.* e *n.m.* [f. *-a*] (*st. relig.*) manichéen*.

manichetta [ma-ni-chét-ta] *n.f.* **1** (*soprammanica*) manchette **2** (*tubo*) lance: *manichetta antincendio*, lance d'incendie.

manichino [ma-ni-chì-no] *n.m.* mannequin | *sembra un manichino*, il est tiré à quatre épingles.

manico [mà-ni-co] *n.m.* [pl. *-ci*] manche; (*fatto ad ansa di tazza ecc.*) anse (*f.*); (*impugnatura di valigia, remo ecc.*) poignée (*f.*).

manicomio [ma-ni-cò-mio] *n.m.* [pl. *-mi*] asile (d'aliénés) | *è un manicomio!*, (*fig.*) c'est une maison de fous!

manicotto [ma-ni-còt-to] *n.m.* manchon.

manicure [ma-ni-cù-re] *n.f.invar.* **1** (*manicurista*) manucure: *fare la manicure*, être manucure **2** (*cura delle mani*) soin (*m.*) des mains: *fare, farsi la manicure*, se faire les ongles; *farsi fare la manicure*, se faire faire les mains.

NOTA La parola ***manicure*** non esiste in francese, è un falso francesismo.

M

maniera [ma-niè-ra] ***n.f.*** **1** façon, manière **2** (*pl.*) (*modi*) manières: *le buone maniere*, les bonnes manières | *persona di buone, cattive maniere*, personne bien, mal élevée.
● ***alla maniera di***, à la manière de | ***in maniera che***, en sorte que | ***in maniera da***, de manière à | ***in nessuna maniera***, d'aucune façon | ***in ogni maniera, in tutte le maniere***, avec tous les moyens | ***in una maniera o nell'altra***, d'une façon ou d'une autre | (*arte*) ***prima maniera***, de la première manière | ***scrittore di maniera***, maniériste.
manierato [ma-nie-rà-to] ***agg.*** maniéré, affecté.
manierismo [ma-nie-rì-ʃmo] ***n.m.*** maniérisme (*anche pitt.*).
manierista [ma-nie-rì-sta] ***n.m.*** e ***f.*** (*pitt.*) maniériste.
maniero [ma-niè-ro] ***n.m.*** manoir.
manifattura [ma-ni-fat-tù-ra] ***n.f.*** **1** manufacture **2** (*fabbricazione*) fabrication.
manifatturiere [ma-ni-fat-tu-riè-re] ***n.m.*** [f. *-a*] **1** (*proprietario*) propriétaire d'une manufacture, d'une fabrique **2** (*operaio*) ouvrier* de manufacture, de fabrique.
manifatturiero [ma-ni-fat-tu-riè-ro] ***agg.*** manufacturier*.
manifestamente [ma-ni-fe-sta-mén-te] ***avv.*** manifestement.
manifestante [ma-ni-fe-stàn-te] ***n.m.*** e ***f.*** manifestant.
manifestare [ma-ni-fe-stà-re] ***v.tr.*** manifester: *manifestare un desiderio, le proprie emozioni*, manifester (*o* exprimer) un désir, ses propres émotions ♦ ***v.intr.*** [aus. *avere*] (*partecipare a una manifestazione*) manifester: *i lavoratori manifestavano contro i licenziamenti*, les travailleurs manifestaient contre les licenciements ♦ **manifestarsi** ***v.pron.*** e ***pron.intr.*** (*di persona, mettersi in evidenza*) se mettre* en valeur; (*mostrarsi*) se montrer; (*di cosa, rivelarsi*) se manifester (**par**): *non ebbe occasione di manifestarsi*, il n'eut pas l'occasion de se mettre en valeur; *manifestarsi malvagio, inetto*, se montrer méchant, incapable; *la malattia si manifestò con un rialzo di temperatura*, la maladie se manifesta par une poussée de fièvre | *al primo manifestarsi dei sintomi*, dès que les premiers symptômes se manifestent.
manifestazione [ma-ni-fe-sta-zió-ne] ***n.f.*** **1** manifestation: *manifestazione di gioia, di dolore*, manifestation de joie, de douleur **2** (*dimostrazione pubblica*) manifestation; (*fam.*) manif: *una manifestazione per la pace*, une manifestation pour la paix.
manifestino [ma-ni-fe-stì-no] ***n.m.*** tract.
manifesto[1] [ma-ni-fè-sto] ***agg.*** **1** manifeste **2** (*conosciuto*) connu.
manifesto[2] ***n.m.*** **1** affiche (*f.*) **2** (*programma di movimento culturale o politico*) manifeste.
maniglia [ma-nì-glia] ***n.f.*** poignée.
● (*sport*) ***cavallo con maniglie***, cheval d'arçons.
maniglione [ma-ni-glió-ne] ***n.m.*** **1** (*grossa maniglia di sicurezza*) poignée (*f.*) **2** (*mar.*) organeau*.
● ***maniglione antipanico***, poignée antipanique.
manigoldo [ma-ni-gól-do] ***n.m.*** [f. *-a*] canaille (*f.*).
manina [ma-nì-na] ***n.f.*** **1** petite main **2** (*bot.*) clavaire.
manioca [ma-niò-ca] ***n.f.*** [pl. *-che*] (*bot.*) manioc (*m.*).
manipolare [ma-ni-po-là-re] ***v.tr.*** **1** manipuler **2** (*adulterare*) frelater.
manipolatore [ma-ni-po-la-tó-re] ***n.m.*** [f. *-trice*] manipulateur*.
manipolazione [ma-ni-po-la-zió-ne] ***n.f.*** **1** manipulation **2** (*intrigo*) manigance.
manipolo [ma-nì-po-lo] ***n.m.*** **1** (*eccl.*) manipule **2** (*piccola schiera*) poignée (*f.*) **3** (*di spighe*) javelle (*f.*).
maniscalco [ma-ni-scàl-co] ***n.m.*** [pl. *-chi*] maréchal-ferrant*.
manna [màn-na] ***n.f.*** manne (*anche fig.*) | *è una manna per*, c'est une bénédiction pour.
● ***aspetta la manna dal cielo***, il attend que les alouettes lui tombent toutes rôties (dans le bec).
mannaia [man-nà-ia] ***n.f.*** (*del boia*) *hache; (*della ghigliottina*) couperet (*m.*).
mannello [man-nèl-lo] ***n.m.*** javelle (*f.*).
mannite [man-nì-te] ***n.f.*** (*chim.*) mannite.
mano [mà-no] ***n.f.*** **1** main: *mano destra, sinistra*, main droite, gauche; *con la mano sinistra*, de la main gauche; *prendere in mano*, prendre dans ses mains; *avere, tenere in mano*, avoir à la main, (*fig.*) tenir, avoir en main; *battere le mani*, (*per applaudire*) battre des mains; *sfuggire di mano*, échapper des mains; *aiutarsi con le mani*, s'aider de ses mains | *è un libro che può andare in mano a tutti*, c'est un livre qui peut être mis entre toutes les mains | *ha messo la sua mano in questo imbroglio*, (*fig.*) il y a mis sa patte **2** (*strato di colore, di vernice ecc.*) couche: *dare la prima mano di vernice*, passer la première couche de peinture | *dare l'ultima mano a qlco*, (*anche fig.*) donner la dernière touche à qqch **3** (*nei giochi di carte*) partie: *essere di mano*, avoir la main; *la mano tocca a me, sono di mano*, j'ai la main (*o* je suis à la main *o* je fais la main); *essere ultimo di mano*, être le dernier à jouer **4** (*manipolo*) poignée.
● ***mano nella mano***, la main dans la main | ***alla mano***, à la main; (*di persona*) sans façons: *prove alla mano*, preuves à la main; *un uomo alla mano*, un homme sans façons | ***alzare le mani su qlcu***, lever la main sur qqn | ***a mano***, en mains propres: *consegnare a mano*, remettre en mains propres | ***a mano a mano, man mano***, au fur et à mesure | ***a portata di mano***, à portée de la main | ***avere delle mani di fata***, avoir des doigts de fée | ***avere le mani bucate***, (*fig.*) être un panier percé | ***avere le mani d'oro***, (*fig.*) être habile de ses mains | ***avere le mani lunghe***, (*fig.*) avoir les mains crochues | ***avere per le mani***, avoir en train: *ha per le mani un affare importante*, il a en train une affaire importante | ***cadere nelle mani di qlcu, in mano a qlcu***, tomber aux mains de qqn | ***capitare in mano***, tomber sous la main | ***colpo di mano***, coup de main | ***contro mano***, en sens inverse; (*fig.*) à contresens: *andare contro mano*, rouler en sens inverse; (*fig.*) aller à contresens | ***dare una mano a qlcu***, (*fig.*) donner un coup de main à qqn | ***di mano in mano***, de main en main: *passare di mano in mano*, passer de main en main | ***di seconda mano***, d'occasion: *lo so di seconda mano*, je l'ai appris de qqn | ***essere in buone mani***, être en bonnes mains | ***farci la mano***, se faire la main | ***far man bassa***, faire main basse | ***fuori mano***, éloigné, écarté, perdu: *un quartiere fuori mano*, un quartier éloigné; *una via fuori mano*, une rue écartée; *un paese fuori mano*, un village perdu; *abitare fuori mano*, habiter au diable | ***giù le mani***, bas les pattes! | ***lasciarsi prendere la mano***, perdre le contrôle | ***mettere le mani avanti***, (*fig.*) prendre ses précautions | ***mettere le mani su qlcu, su qlco***, mettre la main sur qqn, sur qqch | ***mettere mano a un'impresa***, (*fig.*) mettre la main à l'œuvre | ***mettersi nelle mani di qlcu***, s'en remettre à qqn | ***mordersi le mani***, (*fig.*) se mordre les doigts | ***per alzata di mano***, à main levée: *voto per alzata di mano*, vote à main levée | ***per mano***, par la main: *prendere per mano*, prendre par la main; *tenersi per mano*, se tenir par la main; *se ne anda-*

rono tenendosi per mano, ils s'en allèrent la main dans la main; *condurre una bicicletta per mano*, pousser une bicyclette à la main | ***per mano di***, par la main: *morire per mano di qlcu*, périr de la main de qqn | ***prenderci la mano***, (*fam.*) se faire la main | ***prendere la mano***, (*di cavallo*) s'emballer, (*fig.*) échapper au contrôle (de) | ***qua la mano!***, serrons-nous la main! | ***stare con le mani in mano***, (*fig.*) se tourner les pouces | ***tenere la mano***, (*direzione*) tenir sa droite | ***tenere mano a qlcu***, (*fig.*) soutenir qqn | ***toccare con mano***, toucher du doigt | ***venire alle mani***, en venir aux mains.

manodopera [ma-no-dò-pe-ra] ***n.f.*** [pl. *-e* o *invar.*] main-d'œuvre*.

manomesso [ma-no-més-so] ***agg.*** **1** (*di documenti*) altéré, falsifié; (*di corrispondenza, pacchi ecc.*) ouvert (indûment): *dossier manomesso*, dossier falsifié **2** (*danneggiato*) endommagé | *serratura manomessa*, serrure forcée.

manometro [ma-nò-me-tro] ***n.m.*** manomètre.

manomettere [ma-no-mét-te-re] ***v.tr.*** [coniug. come *mettere*] **1** (*corrispondenza*) ouvrir; (*documenti*) altérer*: *manomettere la corrispondenza*, ouvrir (indûment) la correspondance; *manomettere documenti*, altérer des documents | *manomettere un cassetto*, fouiller dans un tiroir **2** (*fig.*) violer: *manomettere i diritti del popolo*, violer les droits du peuple **3** (*dir. romano*) affranchir.

manomissione [ma-no-mis-sió-ne] ***n.f.*** **1** (*di documenti*) falsification; (*di corrispondenza*) violation; (*effrazione*) effraction; (*danneggiamento*) endommagement (*m.*) **2** (*fig.*) violation **3** (*dir. romano*) manumission.

manomorta [ma-no-mòr-ta] ***n.f.*** [pl. *manimorte*] (*dir.*) mainmorte.

manopola [ma-nò-po-la] ***n.f.*** **1** (*impugnatura*) poignée **2** (*bottone di comando*) bouton (*m.*) **3** (*paramano*) parement (*m.*) **4** (*guanto*) moufle; (*per lavarsi*) gant (*m.*) de toilette.

manoscritto [ma-no-scrìt-to] ***agg.*** e ***n.m.*** manuscrit.

manovalanza [ma-no-va-làn-za] ***n.f.*** manœuvres (*m. pl.*).

manovale [ma-no-và-le] ***n.m.*** manœuvre; (*di muratore*) aide-maçon*; (*di ferrovia*) homme de manœuvre.

manovella [ma-no-vèl-la] ***n.f.*** manivelle.

manovra [ma-nò-vra] ***n.f.*** manœuvre (*anche fig.*): *fare manovra, essere in manovra*, manœuvrer.

manovrabile [ma-no-vrà-bi-le] ***agg.*** manœuvrable.

manovrabilità [ma-no-vra-bi-li-tà] ***n.f.invar.*** manœuvrabilité.

manovrare [ma-no-vrà-re] ***v.tr.*** e ***intr.*** [aus. *avere*] manœuvrer (*anche fig.*).

manovrato [ma-no-vrà-to] ***agg.*** dirigé | (*econ.*) *moneta, economia manovrata*, monnaie, économie dirigée.

manovratore [ma-no-vra-tó-re] ***n.m.*** [f. *-trice*] (*di tram, di gru*) conducteur*; (*di scambi*) aiguilleur; (*dei treni*) homme de manœuvre.

manovriero [ma-no-vriè-ro] ***agg.*** e ***n.m.*** manœuvrier* (*anche fig.*).

manrovescio [man-ro-vè-scio] ***n.m.*** [pl. *-sci*] revers de main.

mansarda [man-sàr-da] ***n.f.*** mansarde.

mansardato [man-sar-dà-to] ***agg.*** mansardé | *tetto mansardato*, comble en mansarde.

mansione [man-sió-ne] ***n.f.*** fonction; (*attribuzione*) attribution: *svolgere mansioni di*, remplir les fonctions de; *non rientra nelle sue mansioni*, cela ne rentre pas dans ses attributions.

mansuetamente [man-sue-ta-mén-te] ***avv.*** d'une manière douce, inoffensive.

mansueto [man-suè-to] ***agg.*** doux*; (*di animali*) inoffensif*.

mansuetudine [man-sue-tù-di-ne] ***n.f.*** mansuétude.

manteca [man-tè-ca] ***n.f.*** pâte.

mantecare [man-te-cà-re] ***v.tr.*** [coniug. come *mancare*] (*cuc.*) travailler.

mantecato [man-te-cà-to] ***agg.*** e ***n.m.***
● (*cuc.*): (***gelato***) ***mantecato***, glace maison très crémeuse; ***baccalà mantecato***, plat typique de la Vénétie, semblable à la brandade de morue.

mantella [man-tèl-la] ***n.f.*** cape; (*mil.*) capote.

mantellina [man-tel-lì-na] ***n.f.*** pèlerine.

mantello [man-tèl-lo] ***n.m.*** **1** manteau*; (*a ruota*) cape (*f.*): *mantello col cappuccio*, manteau à capuche **2** (*fig.*) manteau* **3** (*di animali*) pelage, toison (*f.*); (*di cavalli*) robe (*f.*); (*di cani*) mantelure (*f.*).

mantenere [man-te-né-re] ***v.tr.*** [coniug. come *tenere*] **1** maintenir*; (*conservare*) garder, conserver: *mantenere la disciplina, l'ordine, la pace*, maintenir la discipline, l'ordre, la paix; *l'acqua mantiene freschi i fiori*, l'eau conserve (*o* garde) les fleurs fraîches; *camminare in montagna mantiene in buona salute*, marcher en montagne conserve en bonne santé; *mantenere il potere*, garder le pouvoir; *mantenere la calma, il silenzio*, garder son calme, le silence | *mantenere il massimo riserbo su qlco*, observer la plus grande réserve sur qqch **2** (*provvedere al sostentamento di*) entretenir*: *mantenere la famiglia*, entretenir sa famille | *mantengo mio figlio a scuola*, je paie les études de mon fils | *da mantenere*, à charge: *ha due figli da mantenere*, il a deux enfants à charge **3** (*tenere fede a*) tenir*: *mantenere un giuramento, la parola data*, tenir un serment, (sa) parole **4** (*curare la manutenzione di*) entretenir*: *mantenere una strada*, entretenir une route ♦ **mantenersi** ***v.pron.*** e ***pron.intr.*** **1** se maintenir*; (*conservarsi*) se conserver: *mantenersi giovane*, se maintenir toujours jeune; *mantenersi in buona salute*, se conserver en bonne santé | *mantenersi in forma, in allenamento*, rester en forme | (*meteor.*) *mantenersi* (*al bello*), rester au beau fixe: *speriamo che il tempo si mantenga* (*al bello*), espérons que le temps restera au beau fixe **2** (*sostentarsi*) subvenir* à ses (propres) besoins: *si mantiene lavorando*, il travaille pour vivre.
● ***mantenere i rapporti con qlcu***, maintenir (*o* garder) le contact avec qqn | (*aut.*) ***mantenere la distanza di sicurezza***, respecter la distance de sécurité | ***mantenere la linea***, (*mantenersi magro*) garder la ligne | ***mantenere le distanze***, garder les distances | ***mantenere vivo***, garder vivant: *mantenere vivo un ricordo*, garder vivant un souvenir.

mantenimento [man-te-ni-mén-to] ***n.m.*** **1** maintien **2** (*sostentamento, manutenzione*) entretien.
● (*med.*) ***dieta di mantenimento***, régime de maintien.

mantenuta [man-te-nù-ta] ***n.f.*** (*spreg.*) (femme) entretenue.

mantenuto [man-te-nù-to] ***n.m.*** (*spreg.*) gigolo.

mantice [màn-ti-ce] ***n.m.*** **1** soufflet **2** (*di carrozza, di automobile*) capote (*f.*).
● ***sbuffare come un mantice***, souffler comme un phoque.

mantide [màn-ti-de] ***n.f.*** (*zool.*) mante (*anche fig.*).
● ***mantide religiosa***, mante religieuse (*o* mante prie -Dieu).

mantiglia [man-tì-glia] ***n.f.*** mantille.

M

manto [màn-to] ***n.m.*** **1** manteau* (*anche fig.*) **2** (*di animali*) pelage, toison (*f.*); (*di cavalli*) robe (*f.*).

mantovana [man-to-và-na] ***n.f.*** lambrequin (*m.*).

mantovano [man-to-và-no] ***agg.*** mantouan ♦ ***n.m.*** [f. *-a*] (*abitante*) Mantouan.

manuale[1] [ma-nu-à-le] ***agg.*** manuel*.

manuale[2] ***n.m.*** (*libro*) manuel.

manualistico [ma-nu-a-lì-sti-co] ***agg.*** [pl.m. *-ci*, f. *-che*] de manuel; (*spreg.*) livresque.

manualità [ma-nu-a-li-tà] ***n.f.invar.*** **1** (*carattere manuale*) caractère (*m.*) manuel **2** (*abilità manuale*) habileté manuelle, dextérité.

manualmente [ma-nual-mén-te] ***avv.*** manuellement.

manubrio [ma-nù-brio] ***n.m.*** [pl. *-ri*] **1** manette (*f.*), poignée (*f.*); (*di bicicletta, di motocicletta*) guidon **2** (*da ginnastica*) haltère.

manufatto [ma-nu-fàt-to] ***agg.*** fait à la main, manufacturé ♦ ***n.m.*** produit manufacturé; (*estens.*) objet.

manutengolo [ma-nu-tèn-go-lo] ***n.m.*** [f. *-a*] **1** complice **2** (*ruffiano*) entremetteur*.

manutenzione [ma-nu-ten-zió-ne] ***n.f.*** entretien (*m.*), maintenance: *spese di manutenzione*, frais d'entretien; *personale addetto alla manutenzione*, personnel préposé à la maintenance.

● ***fermo per manutenzione***, hors service pour cause d'entretien.

FAUX AMI

Da non confondere con *manutention*, che significa *movimentazione, deposito*.

M

manzo [màn-ʒo] ***n.m.*** jeune bœuf; (*cuc.*) bœuf.

● (*cuc.*): ***manzo stufato***, bœuf à la mode; ***brasato, stracotto di manzo***, bœuf bourguignon.

manzoniano [man-ʒo-nià-no] ***agg.*** [f. *-a*] de Manzoni.

maoismo [ma-o-ì-ʃmo] ***n.m.*** maoïsme.

maoista [mao-ì-sta] ***agg.*** e ***n.m.*** e ***f.*** maoïste.

maomettano [ma-o-met-tà-no] ***agg.*** e ***n.m.*** [f. *-a*] mahométan.

maori [ma-ò-ri] ***agg.invar.*** maori ♦ ***n.m.invar.*** (*lingua*) maori ♦ ***n.m.*** e ***f.invar.*** (*abitante*) Maori.

mapo [mà-po] ***n.m.invar.*** (*frutto*) minéolas.

mappa [màp-pa] ***n.f.*** **1** carte, plan (*m.*): *disegnare la mappa*, tracer la carte **2** (*catastale*) matrice (cadastrale).

● (*inform.*): ***mappa dei caratteri***, carte des polices des caractères; ***mappa della memoria***, topogramme de la mémoire; ***mappa sensibile***, ***cliccabile***, carte sensible.

mappamondo [map-pa-món-do] ***n.m.*** **1** (*planisfero*) mappemonde (*f.*) **2** (*globo*) globe.

mappare [map-pà-re] ***v.tr.*** **1** lever* un plan (**de**), une carte (**de**) **2** (*estens.*) lever* | (*biol.*) *mappare il genoma umano*, séquencer le génome humain.

marabù [ma-ra-bù] ***n.m.invar.*** (*zool.*) marabout.

marachella [ma-ra-chèl-la] ***n.f.*** espièglerie; (*monelleria*) gaminerie.

maragià [ma-ra-già] ***n.m.invar.*** maharadjah.

maramaldo [ma-ra-màl-do] ***n.m.*** [f. *-a*] lâche.

marameo [ma-ra-mè-o] ***inter.*** turlututu.

● ***fare marameo***, faire un pied de nez.

marasca [ma-rà-sca] ***n.f.*** [pl. *-sche*] (*bot.*) marasque.

maraschino [ma-ra-schì-no] ***n.m.*** marasquin.

marasco [ma-rà-sco] ***n.m.*** [pl. *-schi*] (*bot.*) griottier.

marasma [ma-rà-ʃma] ***n.m.*** **1** (*med.*) marasme **2** (*confusione*) confusion (*f.*).

maratona [ma-ra-tó-na] ***n.f.*** marathon (*m.*) (*anche fig.*): *ho dovuto fare una maratona per arrivare in tempo*, j'ai dû faire un vrai marathon pour arriver.

maratoneta [ma-ra-to-nè-ta] ***n.m.*** e ***f.*** marathonien/enne.

marca [màr-ca] ***n.f.*** [pl. *-che*] **1** marque **2** (*sorta di francobollo*) timbre (*m.*); (*da bollo*) timbre(-fiscal*) (*m.*); (*su ricevute e simili*) timbre-quittance* (*m.*) **3** (*contromarca di carta*) ticket (*m.*), coupon (*m.*); (*a gettone*) jeton (*m.*); (*per ritirare bagagli*) bulletin (*m.*) **4** (*segno, impronta*) marque | *umorismo di chiara marca inglese*, humour très anglais.

marcantonio [mar-can-tò-nio] ***n.m.*** [pl. *-ni*].

● ***un*** (***pezzo di***) ***marcantonio***, (*fam.*) une sacrée armoire à glace.

marcare [mar-cà-re] ***v.tr.*** [coniug. come *mancare*] **1** marquer (*anche sport*) **2** (*accentuare*) accentuer.

● (*mil.*) ***marcare visita***, se faire porter malade.

marcatempo [mar-ca-tèm-po] ***n.m.*** e ***f.invar.*** (*operaio*) chronométreur* ♦ ***n.m.invar.*** (*strumento*) chronomètre.

marcato [mar-cà-to] ***agg.*** marqué.

marcatore [mar-ca-tó-re] ***n.m.*** [f. *-trice*] marqueur*.

marcatura [mar-ca-tù-ra] ***n.f.*** marquage (*m.*).

marchesa [mar-ché-ʃa] ***n.f.*** marquise.

marchesato [mar-che-ʃà-to] ***n.m.*** marquisat.

marchese [mar-ché-ʃe] ***n.m.*** marquis.

marchiano [mar-chià-no] ***agg.*** énorme.

marchiare [mar-chià-re] ***v.tr.*** marquer | *marchiare* (*col marchio*) *d'infamia*, (*fig.*) noter d'infamie.

marchigiano [mar-chi-già-no] ***agg.*** des Marches ♦ ***n.m.*** [f. *-a*] habitant des Marches.

marchingegno [mar-chin-gé-gno] ***n.m.*** truc.

marchio [màr-chio] ***n.m.*** [pl. *-chi*] marque (*f.*); (*per metalli preziosi*) poinçon.

● ***marchio di fabbrica***, marque de fabrique | ***marchio di garanzia***, marque de garantie, label | ***marchio d'infamia***, marque d'infamie | ***marchio di qualità***, label de qualité.

marcia [màr-cia] ***n.f.*** [pl. *-ce*] **1** marche (*anche mus.*): *marcia per il disarmo*, marche en faveur du désarmement | *è vietato invertire la marcia*, défense de faire demi-tour **2** (*aut.*) vitesse: *cambiare marcia*, changer de vitesse | *innestare la prima* (*marcia*), mettre la première.

● ***avere una marcia in più***, (*fig. fam.*) être un surdoué | ***fare marcia indietro***, rebrousser chemin; (*fig.*) faire marche arrière | ***in marcia!***, en marche! | ***senso di marcia***, sens de la marche.

marcialonga [mar-cia-lón-ga] ***n.f.*** [pl. *marcelonghe*] manifestation de masse de ski de fond; (*gara podistica*) marathon (*m.*) de masse.

marciapiede [mar-cia-piè-de] ***n.m.*** **1** trottoir **2** (*di stazione*) quai.

● ***battere il marciapiede***, (*fig.*) faire le trottoir | ***donna da marciapiede***, fille des rues.

FAUX AMI

Da non confondere con *marchepied*, che significa *pedana, predellino*.

marciare [mar-cià-re] ***v.intr.*** [coniug. come *cominciare*; aus. *avere*] marcher: *l'esercito marciava sulla capitale*, l'armée marchait sur la capitale; *lo stabilimento marcia a pieno ritmo*, (*fig.*) l'usine marche à plein régime | *marciare in corteo*, avancer en cortège | *lo farò marciare io!*, (*fig.*) je le ferai filer droit!

marciatore [mar-cia-tó-re] ***n.m.*** [f. *-trice*] marcheur* (*anche sport*).

marcio [màr-cio] ***agg.*** [pl.m. *-ci*, f. *-ce*] pourri | *a suo marcio dispetto*, à son grand dépit ♦ ***n.m.*** pourri | *c'è del marcio*, (*fig.*) il y a quelque chose de pourri.
● ***avere torto marcio***, avoir entièrement tort.

marcire [mar-cì-re] ***v.intr.*** [coniug. come *finire*; aus. *essere*] pourrir (*anche fig.*): *le banane sono marcite*, les bananes ont pourri; *marcire nell'acqua, per l'umidità*, pourrir dans l'eau, à cause de l'humidité.

marcita [mar-cì-ta] ***n.f.*** (*agr.*) champ (*m.*) irrigué par submersion.

marciume [mar-ciù-me] ***n.m.*** pourriture (*f.*).

marco [màr-co] ***n.m.*** [pl. *-chi*] (*moneta*) mark.

marconista [mar-co-nì-sta] ***n.m.*** radiotélégraphiste.

marconiterapia [mar-co-ni-te-ra-pì-a] ***n.f.*** (*med.*) thérapie par ondes courtes.

mare [mà-re] ***n.m.*** **1** mer (*f.*): *andare al mare*, aller à la mer; *mettere, calare in, a mare*, mettre à la mer; *cadere in mare*, tomber à la mer; *mettersi in mare*, prendre la mer; *uscire in mare*, aller en mer; *viaggiare per, via mare*, voyager par mer **2** (*fig.*) mare (*f.*); (*gran quantità*) tas: *un mare di sangue*, une mare de sang; *c'era un mare di gente*, il y avait un tas de monde | *un mare di parole*, un flot de paroles | *ha un mare di soldi*, (*fam.*) il est bourré de fric.
● ***mare calmo***, ***piatto***, mer calme, plate: *il mare è (calmo come) un olio*, il y a une mer d'huile | ***mare grosso***, mer très houleuse | ***mare in burrasca***, mer grosse | ***mare in tempesta***, mer très grosse | ***mare lungo***, houle | ***mare mosso***, ***agitato***, mer peu agitée, agitée | ***mare stanco***, (mer) étale | ***alto mare***, ***mare aperto***, haute, pleine mer | ***bagni di mare***, bains de mer: *fare i bagni di mare*, faire des bains de mer | ***buttare a mare qlcu***, ***qlco***, (*fig.*) se défaire de qqn, laisser tomber qqch | ***c'è mare e balleremo un po'***, (*fam.*) la mer est agitée et on sera un peu secoué | ***città di mare***, ville maritime | ***essere in alto mare***, (*fig.*) pédaler dans la choucroute | ***essere in un mare di guai***, avoir de gros ennuies | ***è una goccia nel mare***, c'est une goutte d'eau dans la mer | ***frutti di mare***, fruits de mer | ***per mare e per terra***, par monts et par vaux | ***promettere mari e monti***, promettre monts et merveilles | ***serpente di mare***, serpent de mer; (*gergo giornalistico*) canard | ***soffrire il mare***, ***avere mal di mare***, avoir le mal de mer | ***sul livello del mare***, au-dessus du niveau de la mer: *a 1000 metri sul livello del mare*, à 1000 mètres au-dessus du niveau de la mer | ***tempesta sul mare***, tempête sur la mer | ***tra cielo e mare***, entre ciel et mer | ***un mare magno di***, une montagne de: *sul tavolo c'era un mare magno di vecchie carte*, sur la table il y avait une montagne de vieux papiers | ***un vecchio lupo di mare***, un vieux loup de mer.

FAUX AMI
Da non confondere con il francese *mare*, che significa *stagno*, *pozza*.

marea [ma-rè-a] ***n.f.*** **1** marée: *partire con la marea*, partir à la marée **2** (*fig.*) mer: *una marea di parole*, une mer de mots | *una marea di gente*, un monde fou.
● ***marea crescente***, ***decrescente***, marée montante, descendante | ***marea grande***, ***piccola***, grande, faible marée | ***alta marea***, marée haute (*o* haute mer): *con l'alta marea*, à marée haute; *c'è alta marea*, la mer est pleine | ***bassa marea***, marée basse (*o* basse mer): *con la bassa marea*, à marée basse | ***canale di marea***, raz | ***la marea nera***, (*acque inquinate dal petrolio*) la marée noire | ***ondata di marea***, raz de marée; (*in estuario*) mascaret.

mareggiata [ma-reg-già-ta] ***n.f.*** tempête de mer.

maremmano [ma-rem-mà-no] ***agg.*** de la Maremme ♦ ***n.m.*** [f. *-a*] habitant de la Maremme.

maremoto [ma-re-mò-to] ***n.m.*** raz de marée.

marengo [ma-rén-go *o* marèngo] ***n.m.*** [pl. *-ghi*] (*moneta*) napoléon.

maresciallo [ma-re-sciàl-lo] ***n.m.*** [f. *-a*] (*mil.*) **1** maréchal* **2** (*sottufficiale*) adjudant.
● ***maresciallo maggiore***, adjudant chef.

maretta [ma-rét-ta] ***n.f.*** **1** moutonnement (*m.*): *c'è un po' di maretta oggi*, aujourd'hui la mer moutonne un peu **2** (*fig.*) (*situazione instabile*) tension, malaise (*m.*).

marezzare [ma-reʒ-ʒà-re] ***v.tr.*** moirer; (*carta*) jasper.

marezzato [ma-reʒ-ʒà-to] ***agg.*** (*di marmo, di legno*) madré, veiné; (*di stoffa*) moiré; (*di carta*) jaspé.

marezzo [ma-réʒ-ʒo] ***n.m.*** **marezzatura** ***n.f.*** marbrure (*f.*); (*di stoffa*) moiré (*m.*); (*di carta*) jaspure (*f.*).

margarina [mar-ga-rì-na] ***n.f.*** margarine.

margherita [mar-ghe-rì-ta] ***n.f.*** marguerite.
● (*cuc.*) ***torta margherita***, sorte de pain de Gênes | ***pizza margherita***, pizza aux tomates, à la mozzarelle et au basilic.

margheritina [mar-ghe-ri-tì-na] ***n.f.*** pâquerette.

marginale [mar-gi-nà-le] ***agg.*** marginal* (*anche fig.*).

marginalità [mar-gi-na-li-tà] ***n.f.invar.*** marginalité.

marginalizzare [mar-gi-na-liʒ-ʒà-re] ***v.tr.*** marginaliser.

marginalizzazione [mar-gi-na-liʒ-ʒa-zió-ne] ***n.f.*** marginalisation.

marginare [mar-gi-nà-re] ***v.tr.*** (*tip.*) marger*.

margine [màr-gi-ne] ***n.m.*** marge (*f.*); (*di fosso, strada, foglia ecc.*) bord: *i margini di un libro*, les marges d'un livre; *il margine di un bosco*, la lisière (*o* l'orée) d'un bois; *i margini di una ferita*, les lèvres d'une plaie; *margine di tempo, di autonomia*, marge de temps, d'autonomie.
● (*econ.*) ***margine di guadagno***, marge de bénéfice: *lasciare un largo margine di guadagno*, laisser une bonne marge de bénéfice | ***in margine a***, ***ai margini di***, (*fig.*) en marge de.

margotta [mar-gòt-ta] ***n.f.*** (*bot.*) marcotte.

margottare [mar-got-tà-re] ***v.tr.*** (*agr.*) marcotter.

mariano [ma-rià-no] ***agg.*** (*eccl.*) marial*.
● ***mese mariano***, mois de Marie.

marijuana [ma-ri-juà-na] ***n.f.*** [pl. *-e* o *invar.*] marijuana; (*fam.*) marie-jeanne.

marina [ma-rì-na] ***n.f.*** **1** marine **2** (*litorale*) bord (*m.*) de la mer; (*spiaggia*) plage; (*mare*) mer **3** (*pitt.*) marine.
● ***marina da diporto***, marine de plaisance | ***marina militare***, ***mercantile***, marine de guerre, marchande.

marinaio [ma-ri-nà-io] ***n.m.*** [pl. *-ai*] matelot; (*membro della marina militare, uomo di mare*) marin.
● ***marinaio d'acqua dolce***, (*anche fig.*) marin d'eau douce | ***promessa da marinaio***, ***giuramento da marinaio***, promesses de Gascon, serment d'ivrogne.

marinara [ma-ri-nà-ra] ***n.f.*** **1** (*abito*) costume (*m.*) marin, marinière **2** (*cappello*) canotier (*m.*).

marinare [ma-ri-nà-re] ***v.tr.*** (*cuc.*) mariner.
● ***marinare la scuola***, faire l'école buissonnière, sécher les cours.

marinaresco [ma-ri-na-ré-sco] ***agg.*** [pl.m. *-schi*, f. *-sche*] de marin.

marinaro [ma-ri-nà-ro] ***agg.*** de marins; (*marittimo*) maritime.
● (*abbigl.*) ***alla marinara***, (de) marin: *vestito, collo alla marinara*, costume, col marin; *berretto alla marinara*, béret de marin; *vestire alla marinara*, porter un (costume) marin | (*st.*) ***le Repubbliche marinare***, les Républiques maritimes | (*cuc.*) ***pesce alla marinara***, poisson (à la) marinière.
marinata [ma-ri-nà-ta] ***n.f.*** (*cuc.*) marinade.
marinato [ma-ri-nà-to] ***agg.*** (*cuc.*) mariné.
marineria [ma-ri-ne-rì-a] ***n.f.*** marine.
marino [ma-rì-no] ***agg.*** marin: *acqua marina*, eau de mer; *correnti marine*, courants marins.
● (*color*) ***blu marino***, (couleur) bleu marine.
mariolo [ma-ri-ò-lo] ***n.m.*** [f. *-a*] **1** (*non com.*) mario(l)le **2** (*scherz.*) (*di bambino*) coquin, filou.
marionetta [ma-rio-nét-ta] ***n.f.*** marionnette (*anche fig.*).
● ***teatro delle marionette***, théâtre de marionnettes.
marionettista [ma-rio-net-ti-sta] ***n.m.*** e ***f.*** marionnettiste.
maritale [ma-ri-tà-le] ***agg.*** marital*.
maritalmente [ma-ri-tal-mén-te] ***avv.*** maritalement.
maritare [ma-ri-tà-re] ***v.tr.*** marier ♦ **maritarsi** ***v.pron.*** e ***pron.rec.*** se marier.
maritata [ma-ri-tà-ta] ***n.f.*** femme mariée.
maritato [ma-ri-tà-to] ***agg.*** marié.
marito [ma-rì-to] ***n.m.*** mari: *aveva per marito un magistrato*, elle était mariée à un magistrat.
● ***avere marito***, être mariée | ***ragazza (in età) da marito***, fille à marier.
maritozzo [ma-ri-tòz-zo] ***n.m.*** (*cuc.*) petit gâteau* aux raisins.
marittimo [ma-rìt-ti-mo] ***agg.*** maritime: *porto marittimo*, port maritime ♦ ***n.m.*** inscrit maritime: *i marittimi*, les gens de mer.
● ***guerra marittima***, guerre navale | ***per via marittima***, par mer.
marketing ['marketiŋg] ***n.m.invar.*** marketing, mercatique (*f.*).
marmaglia [mar-mà-glia] ***n.f.*** racaille; (*di ragazzi*) marmaille.
marmellata [mar-mel-là-ta] ***n.f.*** confiture; (*di frutta spappolata e spec. di mele e di arance*) marmelade.
● ***marmellata di castagne***, crème de marrons.
marmetta [mar-mét-ta] ***n.f.*** (*edil.*) carreau* (*m.*) de marbre.
marmista [mar-mì-sta] ***n.m.*** e ***f.*** marbrier.
marmitta [mar-mìt-ta] ***n.f.*** **1** (*cuc.*) marmite **2** (*aut.*) (*di scarico*) pot (*m.*) d'échappement.
marmittone [mar-mit-tó-ne] ***n.m.*** [f. *-a*] (*mil., scherz.*) bleu*, bidasse.
marmo [màr-mo] ***n.m.*** marbre.
● ***duro, freddo come il marmo***, dur, froid comme le (*o* un) marbre.

FAUX AMI
Da non confondere con *marmot*, che significa *marmocchio*.

marmocchio [mar-mòc-chio] ***n.m.*** [f. *-a*; pl.m. *-chi*] (*scherz.*) marmot, mioche; (*fam.*) môme.
marmoreo [mar-mò-re-o] ***agg.*** **1** de marbre: *colonna marmorea*, colonne de marbre **2** (*fig.*) (*simile al marmo*) marmoréen*.
marmorizzare [mar-mo-riʒ-ʒà-re] ***v.tr.*** marbrer.
marmorizzato [mar-mo-riʒ-ʒà-to] ***agg.*** marbré.
marmotta [mar-mòt-ta] ***n.f.*** (*zool.*) marmotte.
● ***dormire come una marmotta***, (*fig.*) dormir comme une marmotte.
marna [màr-na] ***n.f.*** (*geol.*) marne.
marnare [mar-nà-re] ***v.tr.*** (*agr.*) marner.
marnoso [mar-nó-so] ***agg.*** marneux*.
marò [ma-rò] ***n.m.invar.*** (*gergo*) (*marinaio*) marin.
marocchino[1] [ma-roc-chi-no] ***agg.*** marocain ♦ ***n.m.*** [f. *-a*] (*abitante*) Marocain.
marocchino[2] ***n.m.*** (*cuoio pregiato*) maroquin.
maronita [ma-ro-nì-ta] ***agg.*** e ***n.m.*** e ***f.*** (*relig.*) maronite.
maroso [ma-ró-so] ***n.m.*** lame (*f.*).
marpione [mar-pió-ne] ***n.m.*** [f. *-a*] (*fam.*) roublard.
marra [màr-ra] ***n.f.*** **1** (*agr.*) *houe **2** (*per calcina*) gâche **3** (*dell'ancora*) bec (*m.*).
marrano [mar-rà-no] ***n.m.*** [f. *-a*] **1** (*traditore*) félon **2** (*zotico*) rustre **3** (*st.*) marrane.
marrone [mar-ró-ne] ***agg.*** marron*: *una gonna marrone scuro*, une jupe marron foncé ♦ ***n.m.*** **1** (*frutto*) marron; (*albero*) marronnier **2** (*fam.*) (*errore grossolano*) bévue (*f.*).
marsala [mar-sà-la] ***n.m.invar.*** marsala (vin sec et parfumé de la Sicile).
marsc' [marʃ] ***inter.*** (*comando militare*) marche: *e adesso a letto, marsc'!*, (*scherz.*) maintenant au lit, et que ça saute!
● ***avanti marsc'!***, en avant, marche!
marsigliese [mar-si-glié-se] ***agg.*** marseillais ♦ ***n.m.*** e ***f.*** (*abitante*) Marseillais/e.
● ***la Marsigliese***, (*inno nazionale francese*) la Marseillaise.
marsina [mar-sì-na] ***n.f.*** frac (*m.*).
marsovino [mar-so-vi-no] ***n.m.*** (*zool.*) marsouin.
marsupiale [mar-su-pià-le] ***agg.*** e ***n.m.*** (*zool.*) marsupial*.
marsupio [mar-sù-pio] ***n.m.*** [pl. *-pi*] **1** (*zool.*) marsupium **2** (*portabambini*) porte-bébé* **3** (*borsetta alla cintura*) banane (*f.*).
martedì [mar-te-dì] ***n.m.invar.*** mardi: *è arrivato di martedì*, il est arrivé un mardi.
● ***martedì grasso***, Mardi gras.
martellamento [mar-tel-la-mén-to] ***n.m.*** martèlement (*anche fig.*).
● ***martellamento pubblicitario***, matraquage publicitaire.
martellante [mar-tel-làn-te] ***agg.*** ininterrompu: *una musica martellante*, le martèlement d'une musique; *interrogatorio martellante*, interrogatoire harcelant; *una campagna pubblicitaria martellante*, le matraquage d'une campagne publicitaire.
martellare [mar-tel-là-re] ***v.tr.*** marteler* (*anche fig.*): *martellare di pugni la porta*, tambouriner sur la porte, (*con rabbia*) donner des coups de poing contre la porte; *martellare qlcu di domande*, (*fig.*) harceler qqn de questions ♦ ***v.intr.*** [aus. *avere*] **1** (*pulsare*) battre* **2** (*fig.*) (*insistere*) insister.
martellata [mar-tel-là-ta] ***n.f.*** coup (*m.*) de marteau; (*fig.*) coup (*m.*) de massue.
martellato [mar-tel-là-to] ***agg.*** martelé.
martellatura [mar-tel-la-tù-ra] ***n.f.*** (*tecn.*) martelage (*m.*).

martelletto [mar-tel-lét-to] ***n.m.*** (*del pianoforte*) marteau*.

martello [mar-tèl-lo] ***n.m.*** **1** marteau* **2** (*sport*) marteau* **3** (*anat.*) marteau*.
● (*alpinismo*) ***martello-piccozza***, marteau-piolet | ***martello pneumatico***, marteau pneumatique | (*zool.*) ***pesce martello***, (requin) marteau | ***suonare (le campane) a martello***, sonner le tocsin.

martinetto [mar-ti-nét-to] ***n.m.*** (*tecn.*) vérin; (*cricco*) cric.

martingala [mar-tin-gà-la] ***n.f.*** martingale.

martin pescatore [mar-tìn pe-sca-tó-re] ***n.m.*** [pl. *martin pescatori*] (*zool.*) martin-pêcheur*.

martire [màr-ti-re] ***n.m.*** e ***f.*** martyr (*anche fig.*).
● ***fare il martire***, jouer les martyrs.

FAUX AMI
Da non confondere con *martyre*, che significa *martirio*.

martirio [mar-tì-rio] ***n.m.*** [pl. *-ri*] martyre (*anche fig.*): *soffire, sopportare il martirio*, souffrir, endurer le martyre.

martirizzare [mar-ti-riʒ-ʒà-re] ***v.tr.*** livrer au martyre; (*fig.*) martyriser: *essere martirizzato*, subir le martyre.

martirologio [mar-ti-ro-lò-gio] ***n.m.*** [pl. *-gi*] martyrologe.

martora [màr-to-ra] ***n.f.*** (*zool.*) martre, marte.

martoriare [mar-to-rià-re] ***v.tr.*** tourmenter, torturer (*anche fig.*).

marxismo [mar-xì-ʃmo] ***n.m.*** marxisme.

marxismo-leninismo [mar-xì-ʃmo-le-ni-nì-ʃmo] ***n.m.*** [pl. *marxismo-leninismi*] marxisme-léninisme.

marxista [mar-xì-sta] ***agg.*** e ***n.m.*** e ***f.*** marxiste.

marza [màr-za] ***n.f.*** (*agr.*) greffon (*m.*).

marzaiola [mar-za-iò-la] ***n.f.*** (*zool.*) sarcelle.

marzapane [mar-za-pà-ne] ***n.m.*** (*cuc.*) pâte (*f.*) d'amandes.

marziale [mar-zià-le] ***agg.*** martial* (*anche fig.*).
● ***arti marziali***, arts martiaux | ***corte, legge marziale***, cour, loi martiale.

marziano [mar-zià-no] ***agg.*** e ***n.m.*** [f. *-a*] martien*.

marzo [màr-zo] ***n.m.*** mars: *nel mese di marzo*, au mois de mars.
● ***marzo pazzerello***, les giboulées de mars.

mascalzonata [ma-scal-zo-nà-ta] ***n.f.*** saloperie.

mascalzone [ma-scal-zó-ne] ***n.m.*** [f. *-a*] fripouille (*f.*), canaille (*f.*), voyou.

mascara [ma-scà-ra] ***n.m.invar.*** (*cosmesi*) mascara.

mascarpone [ma-scar-pó-ne] ***n.m.*** fromage italien à base de crème fraîche.

mascella [ma-scèl-la] ***n.f.*** (*anat.*) mâchoire.
● ***far andare le mascelle***, (*fam. scherz.*) jouer des mandibules.

mascellare [ma-scel-là-re] ***agg.*** e ***n.m.*** (*anat.*) maxillaire.

maschera [mà-sche-ra] ***n.f.*** **1** masque (*m.*) (*anche fig.*): *dietro la maschera dell'amicizia*, (*fig.*) sous le masque de l'amitié | *era la maschera della disperazione*, (*fig.*) elle avait le visage du désespoir **2** (*travestimento*) déguisement (*m.*): *mettersi in maschera*, se déguiser **3** (*persona mascherata*) masque (*m.*) **4** (*inserviente di teatro, cinema*) (*uomo*) placeur (*m.*); (*donna*) ouvreuse **5** (*mecc.*) gabarit (*m.*) **6** (*fot., tecn.*) cache (*m.*) **7** (*inform.*) masque (*m.*).
● (*med.*): ***maschera chirurgica***, masque de chirurgie, antiseptique; ***maschera da, per anestesia***, masque (anesthésique) | (*cosmesi*) ***maschera di bellezza***, masque de beauté | ***maschera funebre***, masque mortuaire | ***maschera (subacquea)***, masque (pour la pêche sous-marine) | ***ballo in maschera***, bal costumé (*o* masqué) | ***gettar via la maschera***, (*fig.*) jeter le masque | (*teatr.*) ***le maschere della Commedia dell'arte***, les personnages de la Commedia dell'arte | ***togliersi, levarsi la maschera***, (*fig.*) ôter son masque.

mascheramento [ma-sche-ra-mén-to] ***n.m.*** **1** déguisement (*anche fig.*) **2** (*mil.*) camouflage.

mascherare [ma-sche-rà-re] ***v.tr.*** **1** masquer (*anche fig.*); (*travestire*) déguiser (**en**): *mascherare la verità*, masquer la vérité **2** (*nascondere, mimetizzare*) camoufler: *mascherare la porta con una tenda*, camoufler la porte avec un rideau ♦ **mascherarsi** ***v.pron.*** **1** se masquer; (*travestirsi da*) se déguiser (**en**): *mascherarsi da pagliaccio*, se déguiser en clown; *mascherarsi da filantropo*, (*fig.*) se faire passer pour un philanthrope **2** (*mimetizzarsi*) se camoufler ♦ ***v.pron. indiretto*** se masquer: *mascherarsi il viso*, se masquer.

mascherata [ma-sche-rà-ta] ***n.f.*** mascarade.
● ***è tutta una mascherata!***, (*fig.*) c'est de la comédie!

mascherato [ma-sche-rà-to] ***agg.*** **1** masqué **2** (*travestito*) déguisé (**en**); (*fig.*) déguisé, camouflé: *una dittatura mascherata*, une dictature camouflée **3** (*nascosto*) camouflé.
● ***carro mascherato***, char de Carnaval | ***corso mascherato***, défilé de masques.

mascherina [ma-sche-rì-na] ***n.f.*** **1** (*mezza maschera*) loup (*m.*), demi-masque* (*m.*) **2** (*bambino mascherato*) enfant (*m.*) masqué; (*donna mascherata*) femme masquée **3** (*di calzatura*) bout (*m.*) **4** (*fot.*) cache (*m.*) **5** (*aut.*) (*di radiatore*) calandre; (*esterna*) grille **6** (*schermo di protezione*) écran (*m.*) **7** (*per respirare*) respirateur (*m.*) **8** (*macchia sul muso di animali*) tache.

mascherone [ma-sche-ró-ne] ***n.m.*** **1** (*faccia grottesca*) visage bouffi: *sembra un mascherone*, (*per l'eccessivo trucco*) elle ressemble à un pot de peinture **2** (*arch.*) mascaron; (*doccione*) gargouille (*f.*).

maschiaccio [ma-schiàc-cio] ***n.m.*** [pl. *-ci*] **1** mauvais garçon **2** (*di ragazza dai modi maschili*) garçon manqué.

maschiare [ma-schià-re] ***v.tr.*** (*mecc.*) tarauder.

maschiatrice [ma-schia-trì-ce] ***n.f.*** (*mecc.*) taraudeuse.

maschiatura [ma-schia-tù-ra] ***n.f.*** (*mecc.*) taraudage (*m.*).

maschietta [ma-schiét-ta] ***n.f.*** garçonne.
● ***capelli alla maschietta***, cheveux à la garçonne.

maschietto [ma-schiét-to] ***n.m.*** garçon.

maschile [ma-schì-le] ***agg.*** **1** masculin: *sesso maschile*, sexe masculin **2** (*sport*) messieurs; (*di gara, di torneo*) masculin **3** (*biol.*) mâle: *organi maschili*, organes mâles **4** (*gramm.*) masculin: *una parola maschile*, un mot (du) masculin ♦ ***n.m.*** (*gramm.*) masculin.
● (*tennis*) ***doppio maschile***, double messieurs | ***in linea maschile***, du côté du père | ***scuola maschile***, école de garçons | ***sezione maschile***, (*di una scuola*) section garçons.

maschilismo [ma-schi-lì-ʃmo] ***n.m.*** machisme.

maschilista [ma-schi-lì-sta] ***agg.*** e ***n.m.*** e ***f.*** machiste; (*fam.*) macho.

maschio[1] [mà-schio] ***agg.*** [pl. *-schi*] **1** mâle: *figlio maschio*, enfant mâle **2** (*estens.*) viril: *voce maschia*, voix virile; *stile maschio*, style viril ♦ ***n.m.*** **1** mâle **2** (*figlio ma-*

schio) garçon **3** (*tecn.*) partie (*f.*) mâle; (*per filettare*) taraud; (*di presa elettrica*) prise (*f.*) mâle, broche (*f.*): *il maschio della vite*, la vis mâle.
● (*tecn.*): ***collegamento a maschio e femmina***, (*di presa elettrica*) connexion à mâle/femelle; ***chiave maschio***, clef mâle; ***vite maschio***, vis mâle.

maschio² ***n.m.*** [pl. *-schi*] (*torre di fortezza*) donjon.

mascolinità [ma-sco-li-ni-tà] ***n.f.invar.*** masculinité.

mascolinizzare [ma-sco-li-niʒ-ʒà-re] ***v.pron.*** masculiniser.

mascolino [ma-sco-lì-no] ***agg.*** masculin.

mascotte [mas'kɔt] ***n.f.invar.*** mascotte.

masnada [ma-ʃnà-da] ***n.f.*** bande, troupe: *una masnada di ragazzi*, (*scherz.*) une ribambelle d'enfants.

masnadiere [ma-ʃna-diè-re] ***n.m.*** bandit.

maso [mà-ʃo] ***n.m.*** (*region.*) ferme (*f.*) et équipement agricole des Alpes orientales.

masochismo [ma-ʃo-chì-ʃmo] ***n.m.*** masochisme.

masochista [ma-ʃo-chi-sta] ***agg.*** e ***n.m.*** e ***f.*** masochiste.

masochistico [ma-ʃo-chì-sti-co] ***agg.*** [pl.m. *-ci*, f. *-che*] masochiste.

masonite® [ma-ʃo-nì-te] ***n.f.*** (*edil.*) isorel®.

massa [màs-sa] ***n.f.*** **1** masse; (*estens.*) tas (*m.*): *una massa d'aria calda*, une masse d'air chaud; *una massa di ignoranti*, un tas d'ignorants; *una massa di lavoro arretrato*, un tas de travail en retard **2** (*moltitudine*) masse: *istruire le masse*, instruire les masses **3** (*fis., elettr.*) masse.
● (*fis.*) ***massa atomica***, masse atomique | (*fin.*) ***massa attiva, passiva***, masse active, passive | (*dir.*) ***massa dei creditori***, masse des créanciers | (*fin.*) ***massa monetaria***, masse monétaire | (*elettr.*) ***collegamento a massa***, prise de terre | ***di massa***, de masse: *cultura di massa*, culture de masse | ***in massa***, en masse; (*fig.*) en bloc: *produzione in massa*, production en masse; *le partenze in massa di luglio*, les départs massifs de juillet; *votare in massa per un candidato*, voter massivement pour un candidat | (*elettr.*) ***mettere a massa***, mettre à la masse.

massacrante [mas-sa-cràn-te] ***agg.*** éreintant, crevant.

massacrare [mas-sa-crà-re] ***v.tr.*** massacrer; (*fig.*) (*spossare*) éreinter, crever*: *massacrare di pugni*, massacrer à coups de poing; *il traduttore ha massacrato il testo*, (*fig.*) le traducteur a massacré ce texte.

massacratore [mas-sa-cra-tó-re] ***n.m.*** [f. *-trice*] massacreur*.

massacro [mas-sà-cro] ***n.m.*** massacre.
● ***gioco al massacro***, jeu de massacre.

massaggiagengive [mas-sag-gia-gen-gì-ve] ***n.m. invar.*** (*per neonati*) masticatoire.

massaggiare [mas-sag-già-re] ***v.tr.*** [coniug. come *mangiare*] masser.

massaggiatore [mas-sag-gia-tó-re] ***n.m.*** [f. *-trice*] masseur*.

massaggio [mas-sàg-gio] ***n.m.*** [pl. *-gi*] massage: (*farsi*) *fare dei massaggi*, se faire faire des massages.
● (*med.*) ***massaggio cardiaco***, massage cardiaque.

massaia [mas-sà-ia] ***n.f.*** ménagère.

massaro [mas-sà-ro] ***n.m.*** [f. *-a*] (*fattore*) fermier*.

massello [mas-sèl-lo] ***n.m.*** **1** (*metall., edil.*) bloc **2** (*bot.*) (*durame*) duramen **3** (*legno massiccio*) bois massif: *mobili in massello di noce*, meubles en noyer massif.
● ***oro di massello***, or massif.

masseria [mas-se-rì-a] ***n.f.*** ferme.

masserizie [mas-se-rì-zie] ***n.f.pl.*** mobilier (*m.sing.*).

massicciamente [mas-sic-cia-mén-te] ***avv.*** massivement, en masse.

massicciata [mas-sic-cià-ta] ***n.f.*** cailloutis (*m.*); (*ferr.*) ballast (*m.*).

massiccio [mas-sic-cio] ***agg.*** [pl.m. *-ci*, f. *-ce*] massif*: *spalle massicce*, épaules carrées; *in dosi massicce*, à fortes doses; *una massiccia campagna pubblicitaria*, un énorme battage publicitaire; *di corporatura massiccia*, corpulent; *un massiccio intervento*, une intervention en masse ♦ ***n.m.*** (*geogr.*) massif.
● ***oro massiccio***, or massif.

massificare [mas-si-fi-cà-re] ***v.tr.*** [coniug. come *mancare*] massifier.

massificato [mas-si-fi-cà-to] ***agg.*** de masse: *società massificata*, société de masse.

massima¹ [màs-si-ma] ***n.f.*** **1** (*detto, sentenza*) maxime: *una massima popolare*, une maxime populaire **2** (*norma*) règle: *è buona massima non*, il est de bonne règle de ne pas; *avere per, come massima*, avoir pour règle.
● ***accordo di massima***, accord de principe | ***fare un progetto di massima***, tracer les grandes lignes d'un projet | ***in linea di massima***, en principe.

massima² ***n.f.*** **1** température maximum **2** (*med.*) (*di pressione del sangue*) (tension) maximale.
● ***termometro a massima***, thermomètre à maximum.

massimale [mas-si-mà-le] ***agg.*** maximal* ♦ ***n.m.*** **1** (*econ.*) plafond **2** (*assic.*) plein, plafond.

massimalismo [mas-si-ma-lì-ʃmo] ***n.m.*** **1** (*pol.*) maximalisme **2** (*fig.*) (*atteggiamento intransigente*) attitude (*f.*) intransigeante, intransigeance (*f.*).

massimalista [mas-si-ma-lì-sta] ***agg.*** e ***n.m.*** e ***f.*** **1** (*pol.*) maximaliste **2** (*fig.*) (*persona intransigente*) intransigeant/e.

massimamente [mas-si-ma-mén-te] ***avv.*** surtout.

massimo [màs-si-mo] ***agg.superl.*** **1** (*il più grande*) le plus grand; (*il più elevato*) maximal*, maximum*: *con la massima attenzione*, avec la plus grande attention; *velocità massima*, vitesse maximum; *livello massimo*, niveau maximum; *ha ottenuto il massimo punteggio*, il a obtenu le meilleur score; *documenti della massima segretezza*, des documents ultra-secrets **2** (*grandissimo*) très grand ♦ ***n.m.*** **1** maximum*: *il massimo della velocità*, la plus grande vitesse; *è il massimo che io possa fare*, c'est tout ce que je peux faire **2** (*sport*) (*peso massimo*) poids lourd.
● ***al massimo***, au maximum; (*tutt'al più*) tout au plus: *mi fermerò al massimo fino a domenica*, je resterai au maximum jusqu'au dimanche; *avrà trent'anni al massimo*, il peut avoir tout au plus trente ans | ***al massimo di***, au comble de: *era al massimo dell'esasperazione*, il était au comble de l'exaspération | ***carcere di massima sicurezza***, prison de haute sécurité | ***si è laureato col massimo dei voti***, il a eu sa maîtrise avec mention très bien | ***tempo massimo***, délais: *fuori tempo massimo*, hors des délais | ***un massimo storico***, un record sans précédent.

mass-media [mas'midja o mas'mɛdia] ***n.m.pl.*** médias, mass-media: *relativo ai mass-media*, médiatique; *diffondere attraverso i mass-media*, médiatisater.

masso [màs-so] ***n.m.*** roc, rocher.
● (*geol.*) ***masso erratico***, bloc erratique | ***cadere, addormentarsi come un masso***, (*fig.*) tomber, s'endormir comme une masse | ***caduta massi***, (*nella segnaletica stra-*

dale) chute de pierres | ***pesante come un masso***, (*fig.*) lourd comme une pierre.

massone [mas-só-ne] *n.m.* [f. *-a*] franc-maçon*, maçon*.

massoneria [mas-so-ne-rì-a] *n.f.* franc-maçonnerie*.

massonico [mas-sò-ni-co] *agg.* [pl.m. *-ci*, f. *-che*] maçonnique.

massoterapia [mas-so-te-ra-pì-a] *n.f.* (*med.*) kinésithérapie.

mastectomia [ma-stec-to-mì-a] *n.f.* (*med.*) mastectomie, mammectomie.

mastello [ma-stèl-lo] *n.m.* baquet.

master [mà-ster] *n.m.invar.* (*titolo postuniversitario*) mastère.

masterizzare [ma-ste-riʒ-ʒà-re] *v.tr.* (*inform.*) graver.

masterizzatore [ma-ste-riʒ-ʒa-tó-re] *n.m.* (*inform.*) graveur.

masterizzazione [ma-ste-riʒ-ʒa-zió-ne] *n.f.* (*inform.*) mastérisation.

masticabile [ma-sti-cà-bi-le] *agg.* qu'on peut mâcher | *gomma masticabile*, chewing-gum.

masticare [ma-sti-cà-re] *v.tr.* [coniug. come *mancare*] **1** mâcher; (*con uso assoluto*) mastiquer: *masticare tabacco*, chiquer; *masticare gomma americana*, mâchonner du chewing-gum; *masticare bene facilita la digestione*, bien mastiquer favorise la digestion **2** (*fam.*) (*pronunciare indistintamente*) bredouiller: *masticare le parole*, bafouiller.
● ***masticare amaro***, ***masticare veleno***, (*fig.*) ruminer sa colère | ***masticare una lingua***, baragouiner une langue: *mastica un po' d'inglese*, il baragouine un peu d'anglais.

masticatorio [ma-sti-ca-tò-rio] *agg.* e *n.m.* [pl.m. *-rî*] masticatoire.

masticazione [ma-sti-ca-zió-ne] *n.f.* mastication.

mastice [mà-sti-ce] *n.m.* mastic: *applicare il mastice a qlco*, mastiquer qqch.
● ***mastice per camere d'aria***, dissolution.

mastino [ma-stì-no] *n.m.* **1** mâtin **2** (*fig.*) bulldog.
● ***mastino inglese***, mâtin anglais (*o* mastiff) | ***mastino napoletano***, mâtin napolitain.

mastite [ma-stì-te] *n.f.* (*med.*) mastite, mammite.

mastodonte [ma-sto-dón-te] *n.m.* mastodonte.

mastodontico [ma-sto-dòn-ti-co] *agg.* [pl.m. *-ci*, f. *-che*] gigantesque, colossal*.

mastoide [ma-stòi-de] *n.f.* (*anat.*) (apophyse) mastoïde.

mastoideo [ma-stoi-dè-o] *agg.* (*anat.*) mastoïdien*.

mastoidite [ma-stoi-dì-te] *n.f.* (*med.*) mastoïdite.

mastopatia [ma-sto-pa-tì-a] *n.f.* (*med.*) mastopathie.

mastro [mà-stro] *n.m.* (*antiq.*) maître.
● ***mastro falegname***, maître-charpentier | (*comm.*) (***libro***) ***mastro***, grand livre.

masturbare [ma-stur-bà-re] *v.tr.* masturber ♦ **masturbarsi** *v.pron.* se masturber.

masturbazione [ma-stur-ba-zió-ne] *n.f.* masturbation.

matassa [ma-tàs-sa] *n.f.* écheveau* (*m.*): *ingarbugliare, dipanare la matassa*, embrouiller, dévider l'écheveau, (*fig.*) débrouiller l'affaire.

matassina [ma-tas-sì-na] *n.f.* écheveau* (*m.*): *una matassina di cotone da ricamo*, un écheveau de coton à broder.

matematica [ma-te-mà-ti-ca] *n.f.* [pl. *-che*] mathématiques (*pl.*); (*fam.*) math, maths (*pl.*): *studiare matematica*, étudier les mathématiques; *la matematica non è il suo forte*, les maths ne sont pas son fort.
● ***matematica pura, applicata***, mathématiques pures, appliquées | ***la matematica non è un'opinione***, la mathématique n'est pas une opinion.

matematicamente [ma-te-ma-ti-ca-mén-te] *avv.* mathématiquement.

matematico [ma-te-mà-ti-co] *agg.* [pl.m. *-ci*, f. *-che*] mathématique ♦ *n.m.* [f. *-a*] mathématicien*.
● ***avere la certezza matematica di qlco***, être sûr et certain de qqch.

materassaio [ma-te-ras-sà-io] *n.m.* [f. *-a*; pl.m. *-aî*] matelassier*.

materassino [ma-te-ras-sì-no] *n.m.* **1** (*sport*) tapis; (*judo ecc.*) tatami.
● ***materassino da spiaggia***, matelas (gonflable) | ***materassino*** (***pneumatico***), matelas pneumatique.

materasso [ma-te-ràs-so] *n.m.* matelas: *un materasso duro*, un matelas ferme.
● ***materasso a molle***, matelas (à) ressorts | ***materasso ortopedico***, matelas anatomique.

materia [ma-tè-ria] *n.f.* **1** matière **2** (*argomento*) sujet (*m.*), matière: *la materia da trattare è vasta*, la matière à traiter est vaste **3** (*disciplina scolastica*) matière **4** (*occasione, motivo*) matière: *c'è materia per un processo*, il y a matière à procès; *c'è materia per un libro*, il y a de quoi faire un livre | *dare materia a discussioni*, donner lieu à des discussions.
● (*anat.*) ***materia cerebrale***, matière cérébrale | ***materia grigia***, (*anche fig.*) matière grise | ***materie obbligatorie***, (*a scuola*) matières obligatoires | ***materie prime***, matières premières: *gli manca la materia prima*, (*la capacità*) il n'à pas la tête, (*i mezzi finanziari*) il n'a pas les moyens | ***in materia***, en la matière: *entrare in materia*, entrer en matière | ***in materia di***, en matière de | ***le materie scientifiche***, les disciplines scientifiques.

materiale [ma-te-rià-le] *agg.* matériel*: *i piaceri materiali*, les plaisirs des sens; *non ho avuto il tempo materiale*, je n'ai pas eu le temps matériel; *un uomo materiale*, (*fig.*) un homme grossier; *ha modi materiali*, (*fig.*) il est rustre | *benessere materiale*, confort matériel ♦ *n.m.* **1** matériel; (*edil.*) matériau* **2** (*argomenti, documenti*) matériaux (*pl.*): *raccogliere il materiale per un articolo*, rassembler les matériaux pour un article.
● ***materiale bellico***, matériel de guerre | ***materiale di scarto***, rebut | (*ferr.*) ***materiale rotabile***, matériel roulant | ***il materiale umano***, l'élément humain.

materialismo [ma-te-ria-lì-ʃmo] *n.m.* matérialisme.
● ***materialismo storico***, matérialisme historique.

materialista [ma-te-ria-lì-sta] *agg.* e *n.m.* e *f.* matérialiste.

materialistico [ma-te-ria-lì-sti-co] *agg.* [pl.m. *-ci*, f. *-che*] matérialiste.

materialità [ma-te-ria-li-tà] *n.f.invar.* **1** matérialité **2** (*fig.*) (*grossolanità*) grossièreté.

materializzare [ma-te-ria-liʒ-ʒà-re] *v.tr.* matérialiser ♦ **materializzarsi** *v.pron.* se matérialiser.

materializzazione [ma-te-ria-liz-za-zió-ne] *n.f.* matérialisation.

materialmente [ma-te-rial-mén-te] *avv.* matériellement: *è materialmente impossibile farlo*, il est matériellement impossible de le faire.

M

materialone [ma-te-ria-ló-ne] ***n.m.*** [f. *-a*] (*fam.*) gros* maladroit.

maternamente [ma-ter-na-mén-te] ***avv.*** maternellement.

maternità [ma-ter-ni-tà] ***n.f.invar.*** maternité.
● ***maternità surrogata***, maternité de substitution | ***assegno di maternità***, indemnité de maternité (*o* allocations prénatales et postnatales) | ***congedo di maternità***, congé de maternité | ***entrare in maternità***, prendre son congé de maternité | ***reparto maternità***, (*in un ospedale*) maternité | (*arte*) ***una maternità lignea***, une Vierge à l'enfant en bois.

materno [ma-tèr-no] ***agg.*** maternel*: *nonno materno*, grand-père maternel.
● ***la scuola materna***, l'école maternelle, la maternelle | ***lingua materna***, langue maternelle.

matinée [mati'ne] ***n.f.invar.*** (*teatr., cine.*) matinée.

matita [ma-tì-ta] ***n.f.*** crayon (*m.*): *temperare una matita*, tailler un crayon.
● ***matita automatica***, portemine | ***matita colorata***, crayon de couleur | ***matita copiativa***, crayon à copier | (*cosmesi*) ***matita per le labbra***, crayon de rouge à lèvres | ***a matita***, au crayon.

matraccio [ma-tràc-cio] ***n.m.*** [pl. *-ci*] (*chim.*) matras.

matriarcale [ma-triar-cà-le] ***agg.*** matriarcal*.

matriarcato [ma-triar-cà-to] ***n.m.*** matriarcat.

matrice [ma-trì-ce] ***n.f.*** **1** (*tecn.*) matrice; (*per duplicatore*) stencil (*m.*) **2** (*parte separabile di un modulo*) talon (*m.*): *la matrice di un assegno*, le talon d'un chèque **3** (*fig.*) origine: *autore di matrice cattolica*, auteur d'origine catholique; *avere una matrice comune*, avoir une même origine.

M

matricida [ma-tri-cì-da] ***agg.*** e ***n.m.*** e ***f.*** matricide.

matricidio [ma-tri-cì-dio] ***n.m.*** [pl. *-di*] matricide.

matricola [ma-trì-co-la] ***n.f.*** **1** (*registro*) matricule **2** (*numero di matricola*) numéro (*m.*) (matricule); (*di studente universitario*) numéro (*m.*) d'étudiant **3** (*studente universitario del primo anno*) bizut (*m.*).

matricolare [ma-tri-co-là-re] ***agg.*** de (la) matricule.

matricolato [ma-tri-co-là-to] ***agg.*** fieffé: *furfante matricolato*, fameux (*o* fieffé) coquin; *furbo matricolato*, rusé compère.

matrigna [ma-trì-gna] ***n.f.*** belle-mère*; (*spreg.*) marâtre: *la natura è matrigna in quei paesi*, la nature est cruelle dans ces pays.

matrilineare [ma-tri-li-ne-à-re] ***agg.*** (*etnologia*) matrilinéaire.

matrilinearità [ma-tri-li-ne-a-ri-tà] ***n.f.invar.*** (*etnologia*) matrilignage (*m.*).

matrimoniale [ma-tri-mo-nià-le] ***agg.*** matrimonial*.
● ***camera matrimoniale***, chambre à grand lit | ***un anello matrimoniale***, une alliance | (*dir.*) ***vincolo matrimoniale***, lien conjugal.

matrimonialista [ma-tri-mo-nia-li-sta] ***n.m.*** e ***f.*** avocat spécialiste en droit matrimonial.

matrimonio [ma-tri-mò-nio] ***n.m.*** [pl. *-ni*] mariage: *unirsi in matrimonio*, se marier; *congiungere in matrimonio*, unir par le mariage; *un buon matrimonio*, (*fam.*) un beau mariage.
● ***matrimonio bianco***, mariage blanc | ***matrimonio civile, religioso***, mariage civile, religieux | ***matrimonio d'amore***, mariage d'amour, d'inclination | ***matrimonio ecumenico***, (*fra sposi di religioni diverse*) mariage œcuménique | ***matrimonio misto***, mariage mixte | (*dir.*) ***matrimonio rato e consumato***, mariage ratifié et consommé | ***annullamento, scioglimento del matrimonio***, dissolution du mariage | ***domanda di matrimonio***, demande en mariage | ***pubblicazioni di matrimonio***, (publications des) bans.

matrona [ma-trò-na *o* matróna] ***n.f.*** matrone.

matronale [ma-tro-nà-le] ***agg.*** matronal*.

matroneo [ma-tro-nè-o] ***n.m.*** (*arch.*) matroneum, matronée.

matta [màt-ta] ***n.f.*** (*fam.*) (*alle carte*) joker (*m.*).

mattacchione [mat-tac-chió-ne] ***n.m.*** [f. *-a*] farceur*, loustie.

mattana [mat-tà-na] ***n.f.*** (*fam.*) moment (*m.*) de folie.

mattanza [mat-tàn-za] ***n.f.*** **1** (*pesca*) pêche aux thons (dans les madragues) **2** (*fig.*) (*massacro*) massacre (*m.*).

mattatoio [mat-ta-tó-io] ***n.m.*** [pl. *-oi*] abattoir.

mattatore [mat-ta-tó-re] ***n.m.*** [f. *-trice*] **1** tueur* **2** (*fig.*) fanfaron*; m'as-tu-vu*.

matterello [mat-te-rèl-lo] ***n.m.*** (*cuc.*) rouleau* (à pâte, à pâtisserie).

mattina [mat-tì-na] ***n.f.*** matin (*m.*); (*mattinata*) matinée: *la mattina del trenta aprile*, le trente avril au matin; (*in*) *una bella mattina di giugno*, par une belle matinée de juin; *si può fare in una mattina*, cela peut se faire en une matinée.
● ***abito da mattina***, robe de ville | (***al***)***la mattina, di mattina***, le matin | (***al***)***la mattina presto***, tôt le matin | ***dalla sera alla mattina***, du jour au lendemain | ***di prima mattina***, le matin de bonne heure | ***presto, tardi la mattina***, tôt, tard dans la matinée | ***la mattina prima, dopo***, le matin précédent, le lendemain matin.

mattinata [mat-ti-nà-ta] ***n.f.*** matinée: *una mattinata gelida, piovosa*, une matinée gelée, pluvieuse.
● ***in mattinata***, dans la matinée.

mattiniero [mat-ti-niè-ro] ***agg.*** matinal*: *come sei mattiniero oggi!*, tu es bien matinal aujourd'hui!

mattino [mat-tì-no] ***n.m.*** matin: *un bel mattino*, un beau matin.
● ***di buon mattino***, de bon matin | (*prov.*) ***il buon giorno si vede dal mattino***, bon début promet bonne fin | ***sul far del mattino***, au petit matin.

matto[1] [màt-to] ***agg.*** **1** fou* (*anche fig.*): *mi fa diventare matto*, il me rend fou; *c'è da diventare matti*, il y a de quoi devenir fou **2** (*opaco*) mat **3** (*fam.*) (*falso*) faux*: *un brillante matto*, un faux brillant; *oro matto*, or mat ♦ ***n.m.*** **1** [f. *-a*] fou*: *quel matto del tuo amico*, ton cinglé d'ami; *bisogna essere matti per...*, il faut être fou pour... **2** (*tarocchi*) fou.
● ***matto dalla gioia***, fou de joie | ***andare matto per qlco, qlcu***, être fou de qqch, qqn: *andare matto per la musica*, être fou de musique; *va matto per quella ragazza*, cette fille lui fait perdre la tête | ***come un matto***, (*fig.*) comme un fou | ***cose da matti, roba da matti!***, c'est de la folie! | ***da matti***, à la folie; (*fam.*) vachement: *mi piace da matti*, ça me plaît drôlement; *mi piace da matti la musica*, je raffole de musique | ***è matto da legare***, il est fou à lier | ***è mezzo matto***, il est à moitié fou; ***un mezzo matto***, une tête fêlée | ***è una testa matta***, il a l'esprit dérangé | ***farsi matte risate***, rire comme un fou: *ci siamo fatti matte risate*, nous avons ri comme des fous | ***fossi matto!***, pas si bête! | ***ma siamo matti?***, non mais, ça va pas!

matto[2] ***n.m.***
● ***scacco matto***, échec et mat: *dare scacco matto*, faire échec et mat.

mattoide [mat-tòi-de] ***agg.*** e ***n.m.*** e ***f.*** loufoque.

mattone [mat-tó-ne] ***n.m.*** brique (*f.*) | *quel dolce è un*

mattone, (*fig.*) c'est un étouffe-chrétien, ce gâteau | *un film che è un mattone*, (*fig.*) un film barbant.
● ***mattone da rivestimento***, brique de parement | ***che mattone!***, (*fig. fam.*) tu parles d'un pavé!: *che mattone quel romanzo!*, tu parles d'un pavé, ce roman!; *che mattone quella tua amica!*, qu'elle est assommante, ton amie! | ***color rosso mattone***, couleur (de) brique | ***ho un mattone sullo stomaco***, (*fig.*) (*non ho digerito*) j'ai une pierre sur l'estomac | ***investire nel mattone***, (*estens.*) investire dans la pierre | ***mettere i soldi sotto il mattone***, (*estens.*) mettre de l'argent sous l'oreiller.

FAUX AMI
Da non confondere con *maton*, che in gergo significa *secondino*.

mattonella [mat-to-nèl-la] *n.f.* **1** carreau* (*m.*): *pavimento a mattonelle*, carrelage **2** (*oggetto*) briquette.

mattonificio [mat-to-ni-fi-cio] *n.m.* [pl. *-ci*] briqueterie (*f.*).

mattutino [mat-tu-tì-no] *agg.* matinal*; (*del mattino*) du matin: *le ore mattutine*, les heures du matin ♦ *n.m.* (*eccl.*) matines (*f.pl.*).

maturare [ma-tu-rà-re] *v.intr.* [aus. *essere*] **1** mûrir (*anche fig.*): *la vita l'ha fatto maturare prima del tempo*, la vie l'a mûri avant l'âge; *lasciar maturare i tempi*, laisser agir le temps **2** (*comm.*) échoir*: *la cambiale è maturata*, le billet à ordre est échu ♦ *v.tr.* mûrir (*anche fig.*): *quell'esperienza l'ha maturato*, cette expérience l'a mûri; *maturare vent'anni di servizio in una ditta*, accumuler vingt ans de service dans une societé.
● (*econ.*) ***maturare gli interessi***, fructifier.

maturazione [ma-tu-ra-zió-ne] *n.f.* **1** maturation: *giungere a maturazione*, parvenir à maturation **2** (*comm.*) échéance: *la maturazione degli interessi*, l'échéance des intérêts.

maturità [ma-tu-ri-tà] *n.f.invar.* **1** maturité: *è l'opera della sua maturità*, c'est l'œuvre de sa maturité **2** (*esame*) examen (*m.*) de fin d'études (correspondant au baccalauréat); bac (*m.*).

maturo [ma-tù-ro] *agg.* **1** mûr (*anche fig.*): *è un uomo maturo*, c'est un homme d'un âge mûr; *essere in età matura*, être d'âge mûr; *essere maturo per qlco*, être mûr pour qqch **2** (*comm.*) échu.
● ***vino maturo***, vin fait.

mauritano [mau-ri-tà-no] *agg.* mauritanien* ♦ *n.m.* [f. *-a*] (*abitante*) Mauritanien*.

mausoleo [mau-ʃo-lè-o] *n.m.* mausolée.

maxi- *pref.* maxi-.

maxischermo [ma-xi-schèr-mo] *n.m.* (*tv*) écran géant.

maxitamponamento [ma-xi-tam-po-na-mén-to] *n.m.* maxi carambolage; carambolage en chaîne, en série.

mazurca [ma-ʒùr-ca] *n.f.* [pl. *-che*] (*mus.*) mazurka.

mazza [màz-za] *n.f.* **1** (*grosso bastone*) gourdin (*m.*); (*clava*) massue **2** (*grosso martello*) masse **3** (*volg.*) queue; (*fig.*) (*niente*) rien, que dalle: *non ci capisco una mazza*, j'entrave que dalle.
● ***mazza*** (***da baseball***), batte | ***mazza*** (***da golf***), club | (*bot. pop.*): ***mazza di San Giuseppe***, laurier-rose; ***mazza di tamburo***, coulemelle; ***mazza d'oro***, perce-bosse | ***mazza ferrata***, masse d'armes.

mazzata [maz-zà-ta] *n.f.* coup (*m.*) de massue (*anche fig.*).

mazzetta[1] [maz-zét-ta] *n.f.* **1** (*mazza sottile*) maillet (*m.*) **2** (*edil.*) massette.

mazzetta[2] *n.f.* **1** (*di fogli, di banconote*) liasse **2** (*bustarella*) dessous (*m.*) de table; pot-de-vin* (*m.*).

mazziere[1] [maz-ziè-re] *n.m.* [f. *-a*] (*chi precede un corteo impugnando la mazza*) massier.

mazziere[2] *n.m.* [f. *-a*] (*chi dà le carte*) donneur*.

mazzo[1] [màz-zo] *n.m.* **1** (*di fiori*) bouquet; (*di ortaggi*) botte (*f.*); (*di lettere ecc.*) paquet; (*di chiavi*) trousseau* **2** (*di carte*) jeu*; (*di carte scartate*) talon: *fare il mazzo*, mêler les cartes.
● ***a mazzi***, à foison | ***entrare nel mazzo***, (*fig.*) être de la même clique.

mazzo[2] *n.m.* (*volg.*) cul.
● ***fare il mazzo a qlcu***, (*molto fam.*) engueuler qqn | ***farsi il mazzo***, (*molto fam.*) trimer.

mazzuola [maz-zuò-la] *n.f.* **mazzuolo** *n.m.* (*di legno*) maillet (*m.*); (*di ferro*) massette (*f.*).

me *pron.pers.m.* e *f. 1ª pers.sing.* **1** (*compl.ogg. e compl. indir. di* io) moi: *hanno convocato me e lui*, ils nous ont convoqués; *cercavano me*, c'est moi qu'ils cherchaient; *ho una stanza tutta per me*, j'ai une chambre pour moi (tout) seul; *date retta a me*, écoutez-moi | *me stesso*, moi-même | *è l'uomo che fa per me*, c'est l'homme qu'il me faut **2** (*nelle comparazioni*) moi: *è più giovane di me*, il est plus jeune que moi **3** (*predicativo*) moi: *se tu fossi* (*in*) *me*, (si tu étais) à ma place; *non è da me dire, fare certe cose*, ce n'est pas mon style (*o* ça ne me ressemble pas) de dire, de faire certaines choses **4** (*compl. di termine con i pron.* lo, la, li, le) me (*prima del v.*); moi (*dopo il v.*): *me lo ripete spesso*, il me le répète souvent; *rendimeli subito*, rends-les-moi tout de suite; *non dirmelo*, ne me le dis pas; *me li puoi pagare, puoi pagarmeli domani*, tu peux me les payer demain; *me lo prendo subito*, je le prends tout de suite **5** (*legato al pron.* ne) m'en: *me ne venderà alcuni*, il m'en vendra quelques-uns; *me ne devo andare, devo andarmene*, je dois m'en aller; *parlamene*, parle-m'en; *me ne mangerò due*, j'en mangerai deux.
● (***che resti***) ***tra me e te***, entre nous | ***da me*** (***solo***), moi-même, tout seul: *so da me quel che devo fare*, je sais parfaitement ce que je dois faire | ***dicevo, pensavo tra me*** (***e me***), je me disais | ***quanto a me***, en ce qui me concerne | ***secondo me***, à mon avis.

NOTA Il pronome personale ***me*** legato ai pronomi 'lo', 'la', 'li', 'le' si traduce ***moi*** dopo un imperativo affermativo e ***me*** prima del verbo coniugato o infinito.
Me ne si traduce ***m'en*** sia prima che dopo il verbo:
*Dim**melo** subito.*
Dis-le-moi tout de suite.
***Me li** ha venduti a buon prezzo.*
Il **me les** a vendus à un bon prix.
*Non voleva dar**melo**.*
Il ne voulait pas **me le** donner.
*Non portar**meli** oggi.*
Ne **me les** apporte pas aujourd'hui.
***Me ne** offrirà due o tre.*
Il **m'en** offrira deux ou trois.
*Non parlar**mene**.*
Ne **m'en** parle pas.

meandro [me-àn-dro] *n.m.* méandre (*anche fig.*); (*fig.*) détour: *i meandri della politica*, les méandres de la politique.

meccanica [mec-cà-ni-ca] *n.f.* [pl. *-che*] **1** (*fis.*) méca-

M

nique **2** (*meccanismo*) mécanisme (*m.*) **3** (*fig.*) mécanisme (*m.*).
● (*fis.*): ***meccanica quantistica***, mécanique quantique; ***meccanica razionale***, ***applicata***, mécanique rationnelle, appliquée.

meccanicamente [mec-ca-ni-ca-mén-te] ***avv.*** mécaniquement (*anche fig.*).

meccanicità [mec-ca-ni-ci-tà] ***n.f.invar.*** automatisme (*m.*), automaticité.

meccanico [mec-cà-ni-co] ***agg.*** [pl.m. *-ci*, f. *-che*] mécanique (*anche fig.*): *incidente meccanico*, accident mécanique; *gesti, movimenti meccanici*, gestes (*o* mouvements) mécaniques (*o* machinaux) ♦ ***n.m.*** [f. *-a*] mécanicien*; (*fam.*) mécano: *portare l'auto dal meccanico*, porter la voiture chez le garagiste.
● ***meccanico dentista***, mécanicien-dentiste | ***ingegnere meccanico***, ingénieur mécanicien.

meccanismo [mec-ca-ni-ʃmo] ***n.m.*** mécanisme: *il meccanismo di un orologio*, le mécanisme d'une montre.
● (*psic.*) ***meccanismo di difesa***, mécanisme de défense.

meccanizzare [mec-ca-niʒ-ʒà-re] ***v.tr.*** mécaniser.

meccanizzato [mec-ca-niʒ-ʒà-to] ***agg.*** mécanisé.
● (*mil.*) ***reparti meccanizzati***, unités mécanisées.

meccanizzazione [mec-ca-niʒ-ʒa-zió-ne] ***n.f.*** mécanisation.

meccanografia [mec-ca-no-gra-fì-a] ***n.f.*** mécanographie.

meccanografico [mec-ca-no-grà-fi-co] ***agg.*** [pl.m. *-ci*, f. *-che*] mécanographique: *operatore meccanografico*, mécanographe.

M

mecenate [me-ce-nà-te] ***n.m.*** e ***f.*** mécène.

mecenatismo [me-ce-na-tì-ʃmo] ***n.m.*** mécénat.

meco [mé-co] ***pron.pers.m.*** e ***f. 1ª pers.sing.*** (*antiq., letter.*) (*con me*) avec moi.

medaglia [me-dà-glia] ***n.f.*** médaille: *conferire una medaglia a qlcu*, conférer une médaille à qqn.
● ***medaglia al valor militare***, ***al valor civile***, médaille militaire, d'honneur | ***medaglia d'oro***, ***d'argento***, ***di bronzo***, médaille d'or, d'argent, de bronze | ***il rovescio della medaglia***, (*anche fig.*) le revers de la médaille.

medagliere [me-da-gliè-re] ***n.m.*** médaillier.

medaglione [me-da-glió-ne] ***n.m.*** médaillon.

medesimo [me-dé-ʃi-mo] ***agg.*** e ***pron.dimostr.*** (le*) même: (*buroc.*) *venne poi interrogato il Signor Rossi il medesimo dichiarò che...*, on interrogea Monsieur Rossi: lequel déclara que...

media[1] [mè-dia] ***n.f.* 1** moyenne: *superiore, inferiore alla media*, supérieur, inférieur à la moyenne; *promosso con la media del 7*, reçu avec 7 de moyenne **2** (*scuola media*) enseignement secondaire; (*fam.*) collège (*m.*): *frequentare le medie*, être au collège.
● ***media aritmetica***, moyenne arithmétique | ***media oraria***, moyenne horaire: *fare, tenere i 100 km di media* (*oraria*), faire du 100 km à l'heure de moyenne | ***essere al di sopra***, ***al di sotto della media***, être au-dessus, au-dessous de la moyenne | ***in media***, en moyenne: *studia in media tre ore al giorno*, il étudie en moyenne trois heures par jour.

media[2] ['midja *o* 'mɛdja] ***n.m.pl.*** → **mass-media**.

mediacrazia [me-dia-cra-zì-a] ***n.f.*** médiacratie.

mediamente [me-dia-mén-te] ***avv.*** en moyenne.

mediana [me-dià-na] ***n.f.* 1** (*mat., stat.*) médiane **2** (*sport*) ligne des demis, médiane.

medianico [me-dià-ni-co] ***agg.*** [pl.m. *-ci*, f. *-che*] médiumnique: *avere poteri medianici*, avoir des pouvoirs médiumniques.

mediano [me-dià-no] ***agg.*** médian ♦ ***n.m.*** (*calcio, rugby*) demi.

mediante [me-diàn-te] ***prep.*** (*per mezzo di*) au moyen (**de**); (*tramite*) par; (*per l'interessamento di*) par l'intermédiaire (**de**); (*grazie a*) grâce (**à**): *percepire mediante i sensi*, percevoir au moyen des sens; *mediante procura*, par procuration.
● (*comm.*) ***mediante pagamento di una forte somma***, moyennant une forte somme (**de**).

mediare [me-dià-re] ***v.tr.* 1** jouer le rôle de médiateur (**dans**) **2** (*fil.*) mettre* en relation **3** (*mat.*) calculer la moyenne (**de**).

mediateca [me-dia-tè-ca] ***n.f.*** [pl. *-che*] médiathèque.

mediatico [me-dià-ti-co] ***agg.*** [pl.m. *-ci*, f. *-che*] médiatique.

mediato [me-dià-to] ***agg.*** médiat, indirect.

mediatore [me-dia-tó-re] ***n.m.*** [f. *-trice*] **1** médiateur*; (*intermediario*) intermédiaire: *mediatore di pace*, médiateur de la paix **2** (*sensale*) courtier* ♦ ***agg.*** médiateur*.

mediazione [me-dia-zió-ne] ***n.f.* 1** médiation; (*interposizione*) entremise **2** (*commissione*) courtage (*m.*).

medicalizzare [me-di-ca-liʒ-ʒà-re] ***v.tr.*** médicaliser.

medicamento [me-di-ca-mén-to] ***n.m.*** médicament.

medicamentoso [me-di-ca-men-tó-so] ***agg.*** médicamenteux*.

medicare [me-di-cà-re] ***v.tr.*** [coniug. come *mancare*] (*una ferita*) panser; (*una persona*) soigner: *il tempo medica i dispiaceri*, (*fig.*) le temps guérit les chagrins ♦ **medicarsi** ***v.pron.*** se soigner.

medicastro [me-di-cà-stro] ***n.m.*** [f. *-a*] (*spreg.*) médicastre; (*ciarlatano*) charlatan.

medicato [me-di-cà-to] ***agg.*** (*trattato con disinfettanti*) antiseptique; (*terapeutico*) thérapeutique.
● ***bagno medicato***, bain thérapeutique | ***cerotto medicato***, sparadrap antiseptique.

medicazione [me-di-ca-zió-ne] ***n.f.*** pansement (*m.*).

mediceo [me-dì-ce-o] ***agg.*** (*st.*) des Médicis.

medicina [me-di-cì-na] ***n.f.* 1** (*scienza*) médecine **2** (*preparato*) remède (*m.*), médicament (*m.*).
● ***medicina alternativa***, médecine douce (*o* parallèle *o* alternative) | ***medicina del lavoro***, médecine du travail | ***medicina dolce***, médecine douce | ***medicina interna***, médecine interne | ***medicina legale***, médecine légale | ***medicina olistica***, médecine holiste | ***medicina omeopatica***, médecine homéopathique.

medicinale [me-di-ci-nà-le] ***agg.*** médicinal* ♦ ***n.m.*** (*medicina*) remède, médicament; (*prodotto farmaceutico*) produit pharmaceutique.

medico [mè-di-co] ***agg.*** [pl.m. *-ci*, f. *-che*] médical*: *prescrizione medica*, ordonnance (médicale); *visita medica*, visite médicale ♦ ***n.m.*** médecin, docteur; (*fam.*) toubib: *andare dal medico*, aller chez le médecin; *un medico donna*, une femme médecin.
● ***medico aziendale***, médecin d'entreprise | ***medico chirurgo***, chirurgien | ***medico condotto***, médecin de campagne | ***medico curante***, médecin traitant | ***medico fiscale***, médicin-conseil | ***medico di famiglia***, médecin de famille | ***medico generico***, ***di base***, (médecin) généraliste (*o* de premier recours) | ***medico legale***, médecin légiste | ***certificato medico***, certificat médical | ***guardia medica***, poste de secours.

medico-legale [mè-di-co-le-gà-le] *agg.* [pl. *medico-legali*] médico-légal*.

medievale [me-die-và-le] *agg.* **1** médiéval* **2** (*fig.*) moyenâgeux*.

medievalista [me-die-va-lì-sta] *n.m.* e *f.* médiéviste.

medio [mè-dio] *agg.* [pl.m. *-di*] moyen*: *un uomo di statura media*, un homme de taille moyenne; *un armadio di media grandezza*, une armoire de grandeur moyenne ♦ *n.m.* (*dito medio*) médius, majeur.

● ***dito medio***, médius | ***età media***, moyenne d'âge: *in questa classe l'età media è di tredici anni*, dans cette classe la moyenne d'âge est (de) treize ans | (*sport*) ***peso medio***, poids moyen | ***scuola media***, collège; (*istituzione*) enseignement secondaire.

mediocre [me-diò-cre] *agg.* médiocre.

mediocrità [me-dio-cri-tà] *n.f.invar.* médiocrité.

medioevo [me-dio-è-vo] *n.m.* Moyen Âge: *nel medioevo*, au Moyen Âge.

medioleggero [me-dio-leg-gè-ro] *n.m.* (*sport*) mi-moyen*.

mediomassimo [me-dio-màs-si-mo] *n.m.* (*sport*) mi-lourd*.

mediorientale [me-dio-rien-tà-le] *agg.* proche-oriental*.

meditabondo [me-di-ta-bón-do] *agg.* pensif*, rêveur*.

meditare [me-di-tà-re] *v.tr.* méditer; (*progettare*) projeter*: *mi chiedo cosa stia meditando*, je me demande à quoi il pense ♦ *v.intr.* [aus. *avere*] méditer; penser; (*riflettere*) réfléchir (**à**): *meditare sul da farsi*, penser à ce qu'il faut faire.

meditativo [me-di-ta-tì-vo] *agg.* méditatif*.

meditato [me-di-tà-to] *agg.* médité.

meditazione [me-di-ta-zió-ne] *n.f.* méditation.

mediterraneo [me-di-ter-rà-ne-o] *agg.* méditerranéen*.

● ***macchia mediterranea***, maquis.

medium [mè-dium] *n.m.invar.* médium.

medusa [me-dù-ʃa] *n.f.* (*zool.*) méduse.

meeting ['mitiŋg] *n.m.invar.* réunion (*f.*), meeting.

mefistofelico [me-fi-sto-fè-li-co] *agg.* [pl.m. *-ci*, f. *-che*] méphistophélique.

mefitico [me-fì-ti-co] *agg.* [pl.m. *-ci*, f. *-che*] méphitique.

mega- *pref.* méga-.

megabit [mega'bit] *n.m.* (*inform.*) mégabit.

megabyte [mega'bait] *n.m.* (*inform.*) mégabyte, mégaoctet.

megafono [me-gà-fo-no] *n.m.* mégaphone.

megalite [me-ga-lì-te] *n.m.* mégalithe.

megalitico [me-ga-lì-ti-co] *agg.* [pl.m. *-ci*, f. *-che*] mégalithique.

megalomane [me-ga-lò-ma-ne] *agg.* e *n.m.* e *f.* mégalomane.

megalomania [me-ga-lo-ma-nì-a] *n.f.* mégalomanie.

megalopoli [me-ga-lò-po-li] *n.f.invar.* mégalopole.

megaschermo [me-ga-schèr-mo] *n.m.* écran géant.

megaton [mè-ga-ton] *n.m.invar.* (*fis. nucleare*) mégatonne (*f.*).

megawatt [mè-ga-watt] *n.m.invar.* (*fis.*) mégawatt.

megera [me-gè-ra] *n.f.* mégère.

meglio [mè-glio] *avv.* **1** (*in modo migliore*) mieux: *con questi occhiali vedo meglio*, avec ces lunettes, je vois mieux **2** (*seguito da p.p. forma un compar.*) mieux: *è preparato meglio di te*, il est mieux préparé que toi **3** (*con l'art.det. forma un superl.rel.*) le* mieux: *le persone meglio dotate*, les personnes le (*o* les) mieux douées ♦ *agg.invar.* **1** (*compar.*) (*migliore*) meilleur; (*preferibile*) mieux: *questa traduzione è* (*molto*) *meglio dell'altra*, cette traduction est (bien) meilleure que l'autre; *sarà meglio che gli telefoniamo*, il vaudra mieux lui téléphoner; *sarebbe meglio che tu tacessi, faresti meglio a tacere*, il vaudrait mieux te taire, tu ferais mieux de te taire; *credetti meglio rispondere subito*, je pensai qu'il valait mieux répondre tout de suite; *fa' come credi* (*sia*) *meglio*, fais ce que tu penses être le mieux **2** (*in espressioni partitive, spesso preceduto da pron.indef.*) mieux: *in mancanza di* (*qualcosa di*) *meglio*, faute de mieux; *puoi trovare* (*qualcosa*) *di meglio*, tu peux trouver quelque chose de mieux; *non c'è* (*nulla*) *di meglio*, il n'y a rien de mieux; *è quanto di meglio potete trovare*, c'est ce qu'il y a de mieux; *ciò che potete fare di meglio è aspettare*, le mieux que vous puissiez faire c'est (d')attendre **3** (*preceduto dall'art.det., in usi region. fam., ha valore di superl.rel.*) le meilleur: *la meglio squadra*, la meilleure équipe ♦ *pron.invar.* (*fam.*) meilleur: *si sono presi i meglio*, ils ont pris les meilleurs; *è la meglio delle tre*, (*moralmente*) c'est la meilleure des trois; (*fisicamente*) c'est la mieux des trois; *ne ho visti di meglio*, j'en ai vu de mieux ♦ *n.m.invar.* (*la miglior cosa*) le mieux; (*la parte migliore*) ce qu'il y a de mieux: *fare il meglio, del proprio meglio*, faire de son mieux; *prendersi il meglio*, prendre ce qu'il y a de mieux; *ti sei perso il meglio della serata*, tu as manqué le meilleur moment de la soirée | *nel meglio del sonno*, (*fam.*) au beau milieu de son sommeil ♦ *n.f. invar.* (*la miglior cosa*) le mieux.

● ***alla meglio***, ***alla*** (***bell'e***) ***meglio***, tant bien que mal: *un lavoro fatto alla bell'e meglio*, un travail fait à la diable (*o* à la va-vite) | ***al meglio***, au mieux: *si sono battuti al meglio* (*delle loro possibilità*), ils ont fait le maximum | ***andare meglio***, aller mieux: *non potrebbe andare meglio di così*, les choses ne pourraient aller mieux; *ora vado meglio in matematica*, maintenant ça marche beaucoup mieux pour moi en maths | ***assai meglio***, bien mieux | ***dare il meglio di sé***, donner le meilleur de soi | ***di bene in meglio***, ***sempre meglio***, de mieux en mieux | ***molto meglio***, beaucoup, bien mieux | ***o meglio***, ***meglio ancora***, ou mieux (*o* encore mieux) | ***per il meglio***, pour le mieux: *per il tuo meglio dovresti riposare un po'*, le mieux pour toi, ce serait de te reposer un peu | ***per meglio dire***, plus exactement | ***stare meglio***, aller mieux: *oggi sto meglio*, aujourd'hui je vais mieux; *si accomodi nella poltrona, starà meglio*, mettez-vous dans ce fauteuil, vous serez mieux; *questo colore sta meglio a te che a me*, cette couleur te va mieux qu'à moi; *quel quadro sta meglio in salotto*, ce tableau est mieux dans le salon | ***tanto meglio***, ***meglio così!***, tant mieux!: (*tanto*) *meglio per te!*, tant mieux pour toi!

NOTA Nelle comparazioni con ***meglio di***, il secondo termine di paragone è sempre preceduto in francese da ***que***:

*È attrezzato **meglio di te**.*
Il est **mieux** équipé **que** toi.

Quando il paragone è espresso con ***meglio di quanto*** seguito da una proposizione, ***mieux que*** ha il verbo sempre all'indicativo preceduto da ***ne*** espletivo:

*Conosci il francese **meglio di quanto** credessi.*
Tu connais le français **mieux que** je **ne** (le) croyais.

M

mehari [me-hà-ri] ***n.m.*** e ***f.invar.*** (*zool.*) méhari (*m.*).

mela [mé-la] ***n.f.*** pomme: *sbucciare una mela*, peler (*o* éplucher) une pomme.
● ***mela cotogna***, coing | ***mela verde***, granny-smith | (*cuc.*) ***mele cotte***, compote de pommes | ***bianco e rosso come una mela***, rouge comme une pomme d'api.

melagrana [me-la-grà-na] ***n.f.*** (*bot.*) grenade.

melanesiano [me-la-ne-ʃià-no] ***agg.*** mélanésien* ♦ ***n.m.*** [f. *-a*] (*abitante*) Mélanésien*.

mélange [meˈlanʒ] ***n.m.invar.*** (*mescolanza*) mélange ♦ ***agg.*** mélangé: *lana mélange*, laine mélangée.

melanina [me-la-nì-na] ***n.f.*** (*biochim.*) mélanine.

melanoma [me-la-nò-ma] ***n.m.*** (*med.*) mélanome.

melanzana [me-lan-ʒà-na] ***n.f.*** (*bot.*) aubergine.

melarancia [me-la-ràn-cia] ***n.f.*** [pl. *-ce*] orange douce.

melassa [me-làs-sa] ***n.f.*** mélasse.

melatonina [me-la-to-nì-na] ***n.f.*** (*biol.*) mélatonine.

melensaggine [me-len-sàg-gi-ne] ***n.f.*** balourdise; (*stupidaggine*) bêtise.

melenso [me-lèn-so] ***agg.*** **1** balourd **2** (*sciocco*) bête **3** (*sdolcinato*) doucereux*.

melissa [me-lìs-sa] ***n.f.*** (*bot.*) mélisse.

mellifero [mel-lì-fe-ro] ***agg.*** mellifère.

mellifluo [mel-lì-flu-o] ***agg.*** mielleux*.

melma [mél-ma] ***n.f.*** vase; (*fango*) boue; (*fig.*) fange.

melmoso [mel-mó-so] ***agg.*** vaseux*; (*fangoso*) boueux*.

melo [mé-lo] ***n.m.*** (*bot.*) pommier.

M

> **FAUX AMI**
> Da non confondere con *mélo*, che significa *melodramma*.

melodia [me-lo-dì-a] ***n.f.*** mélodie.

melodico [me-lò-di-co] ***agg.*** [pl.m. *-ci*, f. *-che*] mélodique.

melodioso [me-lo-dió-so] ***agg.*** mélodieux*.

melodramma [me-lo-dràm-ma] ***n.m.*** **1** mélodrame; (*fam.*) mélo: *personaggio da melodramma*, héros de mélodrame **2** drame lyrique.

melodrammatico [me-lo-dram-mà-ti-co] ***agg.*** [pl.m. *-ci*, f. *-che*] mélodramatique; (*fam.*) mélo: *un film melodrammatico*, un film mélo; *non essere melodrammatico!*, ne prends pas ça au tragique!

melograno [me-lo-grà-no] ***n.m.*** (*bot.*) grenadier.

melomane [me-lò-ma-ne] ***n.m.*** e ***f.*** mélomane.

melomania [me-lo-ma-nì-a] ***n.f.*** mélomanie.

melone [me-ló-ne] ***n.m.*** melon.

melopea [me-lo-pè-a] ***n.f.*** mélopée.

membrana [mem-brà-na] ***n.f.*** membrane.

membranaceo [mem-bra-nà-ce-o] **membranoso** ***agg.*** membraneux*.

membratura [mem-bra-tù-ra] ***n.f.*** membrure.

membro [mèm-bro] ***n.m.*** [pl.f. *membra* se riferito alle parti del corpo umano] **1** membre: *i membri del gruppo*, les membres du groupe; *riacquistare l'uso delle membra*, retrouver l'usage de ses membres **2** (*anat.*) membre (viril).

memento [me-mèn-to] ***n.m.invar.*** mémento; (*fig.*) (*ammonimento*) reprimande (*f.*).

memorabile [me-mo-rà-bi-le] ***agg.*** mémorable.

memorandum [me-mo-ràn-dum] ***n.m.invar.*** mémorandum.

memore [mè-mo-re] ***agg.*** **1** (*letter.*) qui se souvient de: *memore dei tuoi consigli*, je me suis souvenu de tes conseils **2** (*riconoscente*) reconnaissant.

memoria [me-mò-ria] ***n.f.*** **1** mémoire: *avere memoria*, avoir de la mémoire; *avere memoria per le date*, avoir la mémoire des dates; *avere la memoria labile*, avoir la mémoire faible | *essere senza memoria*, ne pas avoir de mémoire | *una memoria di ferro*, une mémoire d'éléphant **2** (*ricordo*) souvenir (*m.*): *fatto degno di memoria*, fait digne d'être retenu | *fagli memoria*, (*fam.*) rappelle-le-lui | *mia nonna di buona memoria*, ma grand-mère, de pieuse mémoire | *giorno d'infausta memoria*, jour de triste mémoire **3** (*dissertazione, breve relazione*) mémoire (*m.*) **4** (*inform.*) mémoire.
● (*inform.*): ***memoria a bolle***, mémoire à bulles; ***memoria ad accesso casuale, diretto***, mémoire à accès direct, mémoire vive (*o* MEV); ***memoria a nuclei***, mémoire à tores (magnétiques); ***memoria a sola lettura***, mémoire morte (*o* MEM); ***memoria a strato magnetico***, mémoire à film mince; ***memoria estesa***, mémoire d'extension; ***memoria rapida***, mémoire à accès rapide; ***memoria tampone, di transito***, mémoire tampon; ***memoria virtuale***, mémoire virtuelle | ***a memoria***, de mémoire; par cœur: *suonare a memoria*, jouer de mémoire; *imparare a memoria*, apprendre par cœur | ***a memoria d'uomo***, de mémoire d'homme | ***a perpetua memoria***, en souvenir perpétuel | ***in memoria, alla memoria di***, à la mémoire de | ***libro di memorie***, livre de mémoires | ***se la memoria non m'inganna***, si j'ai bonne mémoire.

memorial [meˈmɔrial] ***n.m.invar.*** **1** (*sport*) mémorial* **2** (*monumento commemorativo*) mémorial*.

memoriale [me-mo-rià-le] ***n.m.*** **1** mémorial* **2** (*esposto, richiesta*) mémoire.

memorialista [me-mo-ria-lì-sta] ***n.m.*** e ***f.*** mémorialiste.

memorizzare [me-mo-riʒ-ʒà-re] ***v.tr.*** mémoriser.

memorizzazione [me-mo-riʒ-ʒa-zió-ne] ***n.f.*** mémorisation.

mena [mé-na *o* mèna] ***n.f.*** (*spec. pl.*) menées.

menabò [me-na-bò] ***n.m.invar.*** (*tip.*) maquette (*f.*).

menadito, a [a me-na-dì-to] ***avv.*** sur le bout du doigt.

menagramo [me-na-grà-mo] ***n.m.*** (*fam.*) porte-malheur*: *essere un menagramo*, porter la poisse.

menarca [me-nàr-ca] ***n.m.*** [pl. *-chi*] (*fisiol.*) ménarche, ménarque.

menare [me-nà-re] ***v.tr.*** **1** (*condurre*) mener* **2** (*agitare*) remuer; jouer (**de**): *menare la coda*, remuer la queue; *menare la frusta*, jouer du fouet **3** (*vibrare, assestare*) flanquer: *menare colpi*, flanquer des coups; *menare botte da orbi*, frapper comme un sourd **4** (*fam.*) (*picchiare*) flanquer une raclée (**à**) ♦ **menarsi** ***v.pron.*** e ***pron.rec.*** (*fam.*) se battre*: *si sono menati di santa ragione*, ils se sont battus comme des chiffonniers.
● ***menare le mani***, se bagarrer | ***menare qlco per le lunghe***, traîner les choses en longueur | ***menarsela***, (*molto fam.*) la ramener, se la jouer, crâner.

mendace [men-dà-ce] ***agg.*** mensonger*; (*ingannatore*) trompeur*; (*di persona*) menteur*.

mendicante [men-di-càn-te] ***agg.*** e ***n.m.*** e ***f.*** mendiant/e.

mendicare [men-di-cà-re] ***v.tr.*** e ***intr.*** [coniug. come *mancare*; aus. *avere*] mendier (*anche fig.*).

mendicità [men-di-ci-tà] ***n.f.invar.*** mendicité.

mendico [men-dì-co] ***agg.*** e ***n.m.*** [f. *-a*; pl.m. *-chi*, f. *-che*] mendiant.

menefreghismo [me-ne-fre-ghi-ʃmo] ***n.m.*** (*fam.*) je-m'en-foutisme*.

menefreghista [me-ne-fre-ghì-sta] ***agg.*** e ***n.m.*** e ***f.*** je-m'enfoutiste*.

menestrello [me-ne-strèl-lo] ***n.m.*** ménestrel.

menhir [mèn-hir *o* menhìr] ***n.m.invar.*** (*archeol.*) menhir.

meninge [me-nìn-ge] ***n.f.*** (*anat.*) méninge.
● ***spremersi le meningi***, (*fig. fam.*) se creuser les méninges.

meningeo [me-nin-gè-o] ***agg.*** (*anat.*) méningé.

meningite [me-nin-gì-te] ***n.f.*** (*med.*) méningite.

menisco [me-nì-sco] ***n.m.*** [pl. *-schi*] ménisque.

meno [mé-no] ***avv.*** e ***agg.invar.*** **1** (*nei compar. di minoranza col 2° termine di paragone espresso o sottinteso*) (*in unione ad agg., avv. o v.*) moins (**que**); (*unito a n.*) moins (**de**): *molto, assai meno*, beaucoup moins; (*un*) *poco meno*, un peu moins; *dovrebbero lavorare* (*di*) *meno*, ils devraient travailler moins; *cerca di fare meno errori*, tâche de faire moins de fautes; *l'argento è meno prezioso dell'oro*, l'argent est moins précieux que l'or; *lavora meno di voi*, il travaille moins que vous; *ha meno amici che nemici*, il a moins d'amis que d'ennemis; *se non è un chilo è poco meno*, si ça ne fait pas un kilo, ça n'en est pas loin; *le automobili erano meno una volta*, autrefois il y avait moins de voitures; *oggi ho meno fame, meno sete*, aujourd'hui j'ai moins faim, soif; *ha tre anni meno di me*, il a trois ans de moins que moi | *meno storie!, meno chiacchiere!*, pas d'histoires!, trêve de bavardages! **2** (*in frasi ellittiche, sottintendendo* denaro, tempo *ecc.*) moins: *si accontenterebbe di molto meno*, il se contenterait de beaucoup moins; *vendere, acquistare per meno*, vendre, acheter moins cher; *non avresti potuto pagare meno di così*, tu n'aurais pas pu dépenser moins; *mi ci è voluto meno* (*tempo*) *per capire*, il m'a fallu moins de temps pour comprendre; *tra non meno di un mese*, pas avant un mois; *una decina, non meno*, une dizaine, pas moins; *una decina o anche meno*, une dizaine ou même moins; *mi aspettavo di meno*, je m'attendais à moins **3** (*nel superl.rel. di minoranza*) le* moins; (*unito a n.*) le moins (**de**): *è il meno intelligente della classe*, c'est le garçon le moins intelligent de la classe; *è quello che lavora meno*, c'est celui qui travaille le moins; *porta meno bambini che puoi*, amène le moins d'enfants possible **4** (*mat.*) moins: *sette meno tre è uguale a quattro*, sept moins trois égale quatre; *sono le otto meno cinque*, il est huit heures moins cinq; *la temperatura oggi è meno 2*, aujourd'hui il fait moins deux; *c'è una differenza in meno di dieci euro, ci sono dieci euro in meno, di meno*, il manque dix euros; *ho riscosso cento euro in meno rispetto al mese scorso, meno del mese scorso*, j'ai touché cent euros de moins que le mois dernier; *se avessi vent'anni* (*in, di*) *meno*, si j'avais vingt ans de moins **5** (*con valore di* no) non: *non so se accetterà o meno*, je ne sais pas s'il acceptera ou non; *vero o meno che sia*, que ce soit vrai ou non; *la legalità o meno di una iniziativa*, la légalité ou l'illégalité d'une initiative ♦ ***n.m.invar.*** **1** moins: *è il meno che gli potesse capitare*, c'est le moins qui pouvait lui arriver; *questo sarebbe il meno*, ça, ce serait le moins grave **2** (*mat.*) *il* (*segno del*) *meno*, le signe moins **3** (*pl.*) (*la minoranza*) la minorité ♦ ***prep.*** sauf: *c'erano tutti, meno loro*, tout le monde était là, sauf eux; *ha pensato a tutto meno che a fare i biglietti*, il a pensé à tout sauf à prendre les billets, sauf aux billets.
● ***men*(*o*) *che***, (*tutt'altro*) pas du tout: *è stato* (*tutto*) *meno che onesto*, il n'a vraiment pas été du tout honnête; *questo libro ci è stato* (*tutto*) *meno che utile*, ce livre ne nous a été d'aucune utilité | ***meno che mai***, moins que jamais | ***meno di***, (*spec. seguito da numerale*) moins de: *sono meno di venti*, ils sont moins de vingt; *in meno di tre ore*, en moins de trois heures; *venti dollari fanno meno di cinquanta euro*, vingt dollars font moins que cinquante euros | ***meno male*** (***che***), heureusement (que) | ***a meno che, a meno di***, à moins que, à moins de: *ha detto che sarebbe venuto a meno che non piovesse*, il a dit qu'il serait venu à moins qu'il ne pleuve; *nessuno lo farebbe a meno d'esservi costretto*, personne ne le ferait, à moins d'y être contraint | ***dal più al meno***, (*all'incirca*) environ, à peu près | ***fare a meno di***, (*evitare*) se passer de; (*trattenersi da*) s'empêcher de | ***fare a meno di qlcu, di qlco***, se passer de qqn, de qqch | ***in men che non si dica***, en moins de temps qu'il n'en faut pour le dire | ***non essere da meno***, ne pas être inférieur: *lui è un furfante e i suoi amici non sono da meno*, c'est un voyou, et l'on peut en dire autant de ses amis; *non vuole essere da meno dei suoi amici*, il ne veut pas paraître inférieur à ses amis | ***quando meno te l'aspetti***, au moment où l'on s'y attend le moins | ***quanto meno, per lo meno***, (*almeno*) au moins | (***quanto***) ***meno...***, (***tanto***) ***meno...***, (*correlativo*) moins..., moins...: (*quanto*) *meno si lavora,* (*tanto*) *meno si lavorerebbe*, moins on travaille moins on a envie de travailler | ***tanto meno, ancor meno, men che meno***, encore moins: *se non l'ha detto a te, tanto meno, ancor meno lo dirà a me*, s'il ne te l'a pas dit à toi, à moi il me le dira encore moins | ***venire meno***, manquer; (*svenire*) s'évanouir: *venire meno alla parola data*, manquer à sa parole; *gli vennero meno le forze*, les forces lui manquèrent.

NOTA Nelle comparazioni con ***meno di***, il secondo termine di paragone è sempre preceduto in francese da ***que***:

*Ha **meno** amici **di** me.*
Il a **moins** d'amis **que moi**.
*Guadagna **meno di** suo fratello.*
Il gagne **moins que** son frère.

Quando il paragone è espresso con ***meno di quanto*** seguito da una proposizione, ***moins que*** ha il verbo sempre all'indicativo preceduto da ***ne*** espletivo:

*È **meno** facile **di** quanto si creda.*
C'est **moins** facile **qu'**on **ne** (le) **croit**.
*Mi ci è voluto **meno** denaro **di** quanto pensassi.*
Il m'a fallu **moins** d'argent **que** je **ne pensais**.

menomare [me-no-mà-re] ***v.tr.*** (*diminuire*) diminuer; (*danneggiare*) endommager*.

menomato [me-no-mà-to] ***agg.*** **1** *handicapé: *è menomato nella vista*, c'est un malvoyant **2** (*fig.*) diminué, endommagé: *esce menomato da quello scandalo*, ce scandale a nui à sa réputation.

menomazione [me-no-ma-zió-ne] ***n.f.*** infirmité, *handicap (*m.*): *un incidente gli ha causato una menomazione*, il est resté handicapé à la suite d'un accident.

menopausa [me-no-pàu-ʃa] ***n.f.*** (*fisiol.*) ménopause.

mensa [mèn-sa] ***n.f.*** **1** (*di azienda, scuola, caserma*) cantine; (*di ufficiali, sottufficiali*) mess (*m.*) **2** (*letter.*) table: *imbandire la mensa*, dresser la table; *al levar delle mense*, à la fin du repas **3** (*eccl.*) table d'autel | *accostarsi alla mensa eucaristica*, s'approcher de la sainte table.
● ***mensa universitaria***, restaurant universitaire; (*fam.*) resto U.

mensile [men-sì-le] ***agg.*** mensuel* ♦ ***n.m.*** **1** (*retribuzione mensile*) mois **2** (*pubblicazione*) publication (*f.*) mensuelle: *mensile d'arte, mensile illustrato*, revue d'art, revue illustrée.

mensilità [men-si-li-tà] ***n.f.invar.*** **1** (*rata, importo*

M

mensile) mensualité; (*retribuzione mensile*) mois (*m.*) **2** (*periodicità mensile*) caractère (*m.*) mensuel.

mensilmente [men-sil-mén-te] ***avv.*** mensuellement.

mensola [mèn-so-la] ***n.f.*** (*arch.*) console; (*ripiano*) tablette, étagère: *mensola di un camino*, tablette d'une cheminée.

menta [mén-ta] ***n.f.*** **1** menthe: *pastiglie di, alla menta*, pastilles de menthe, bonbons à la menthe **2** (*bevanda*) menthe à l'eau.

● ***menta piperita***, menthe poivrée.

mentale [men-tà-le] ***agg.*** mental*.

mentalità [men-ta-li-tà] ***n.f.invar.*** mentalité: *mentalità ristretta, limitata*, mentalité étroite, bornée; *mentalità aperta*, esprit ouvert.

mentalmente [men-tal-mén-te] ***avv.*** mentalement.

mentastro [men-tà-stro] ***n.m.*** menthe (*f.*) à feuilles rondes.

mente [mén-te] ***n.f.*** **1** esprit (*m.*): *la mente umana*, l'esprit humaine; *avere una mente matematica*, avoir l'esprit mathématique; *una mente aperta, limitata*, un esprit ouvert, limité **2** (*persona dotata di intelligenza*) esprit (*m.*), cerveau* (*m.*): *le migliori menti d'Europa*, les grands esprits d'Europe; *la mente della banda*, le cerveau de la bande; *nel suo campo è una mente*, dans son domaine c'est une autorité | *una bella mente*, un bel esprit | *è una mente*, c'est une grosse tête.

● ***a mente fredda***, froidement | ***a mente fresca, riposata***, à tête reposée | ***avere in mente***, envisager, penser, avoir en tête: *ha in mente di*, il envisage de; *ti dico quello che ho in mente*, je vais te dire ce que j'ai en tête; *ce l'hai in mente?*, est-ce que tu t'en souviens?; *ho sempre in mente le tue parole*, j'ai toujours tes mots à l'esprit | ***calcolare a mente***, calculer mentalement | ***fare mente locale***, concentrer son attention: *prova a fare mente locale*, essaie de te concentrer; *so di averti già visto, ma non riesco a fare mente locale*, je sais que je t'ai déjà vu, mais je ne me souviens pas très bien | ***il braccio e la mente***, (*fig.*) le bras et la tête | ***malato di mente***, aliéné mental | ***mettersi, ficcarsi in mente***, se mettre en tête | ***passare per la mente***, passer par la tête: *non gli è nemmeno passato per la mente* | ***porre mente***, prêter attention | ***saltare in mente***, passer par la tête: *che cosa ti è saltato in mente?*, qu'est-ce qui t'est passé par la tête? | ***tenere a mente qlco***, se souvenir de qqch | ***togliersi di, dalla mente***, s'ôter de la tête: *puoi togliertelo dalla mente!*, tu peux l'oublier! | ***tornare in mente, alla mente***, revenir à l'esprit | ***tornare, ritornare con la mente***, repenser | ***uscire, passare di mente***, sortir de la tête: *mi è proprio uscito, passato di mente*, cela m'est vraiment sorti de la tête | ***venire in mente***, venir à l'esprit: *che non ti venga in mente di riprovarci!*, qu'il ne te vienne pas à l'esprit de recommencer!; *non mi è venuto in mente*, je n'y ai pas pensé; *gli è venuto in mente che*, il s'est rappelé que; *ora che mi viene in mente*, pendant que j'y pense; *mi viene in mente chi è*, je me rappelle qui c'est.

mentecatto [men-te-càt-to] ***agg.*** e ***n.m.*** [f. *-a*] fou*; (*idiota*) idiot.

mentina [men-tì-na] ***n.f.*** pastille de menthe.

mentire [men-tì-re] ***v.intr.*** [aus. *avere*] mentir*: *mentire a sé stesso*, se mentir à soi-même.

mentito [men-tì-to] ***agg.*** faux*.

● ***sotto mentite spoglie***, sous des apparences trompeuses.

mentitore [men-ti-tó-re] ***agg.*** e ***n.m.*** [f. *-trice*] menteur*.

mento [mén-to] ***n.m.*** (*anat.*) menton.

● ***l'onor del mento***, (*scherz.*) la barbe.

mentolo [men-tò-lo] ***n.m.*** menthol.

mentoniera [men-to-niè-ra] ***n.f.*** (*mus.*) mentonnière.

mentore [mèn-to-re] ***n.m.*** mentor.

mentre [mén-tre] ***cong.*** **1** (*temporale*) (*nel tempo in cui, per tutto il tempo che*) pendant que; (*proprio nel momento in cui*) comme, alors que; (*seguito da indic. con valore di ger.*) en (*seguito da p.pres.*): *accadde mentre dormivo*, cela arriva pendant que je dormais; *mentre entravo in casa, squillò il telefono*, comme je rentrais, le téléphone sonna; *mentre lavora ascolta la radio*, il écoute la radio en travaillant **2** (*finché*) tant que: *fallo mentre sei in tempo*, fais-le tant que tu peux le faire **3** (*avversativo*) alors que, tandis que: *è bello mentre l'altro non mi piace*, ceci est beau alors que celui-là ne me plaît pas; *gioca mentre dovrebbe studiare*, il joue alors qu'il devrait étudier.

● ***in quel mentre***, (*in quel momento*) au même moment: *e in quel mentre cominciò a piovere*, et au même moment il commença à pleuvoir.

mentuccia [men-tùc-cia] ***n.f.*** [pl. *-ce*] (*cuc.*) menthe.

menu [me'ny] **menù** ***n.m.invar.*** **1** menu **2** (*inform.*) menu **3** (*tv*) bouquet de programmes.

● (*inform.*) ***menù a tendina***, menu déroulant.

menzionare [men-zio-nà-re] ***v.tr.*** mentionner.

menzionato [men-zio-nà-to] ***agg.*** mentionné: *già menzionato, sopra menzionato*, mentionné ci-dessus; *sotto menzionato*, mentionné ci-dessous.

menzione [men-zió-ne] ***n.f.*** mention.

● ***non menzione***, non-enregistrement.

menzogna [men-zó-gna] ***n.f.*** mensonge (*m.*).

menzognero [men-zo-gnè-ro] ***agg.*** mensonger*; (*ingannevole*) trompeur*; (*di persona*) menteur*.

meramente [me-ra-mén-te] ***avv.*** purement, simplement.

meraviglia [me-ra-vì-glia] ***n.f.*** **1** (*stupore*) étonnement (*m.*); (*sorpresa*) surprise: *sono pieno di meraviglia di fronte alla sua intelligenza*, je suis émerveillé par son intelligence | *con mia gran meraviglia*, à mon grand étonnement | *con meraviglia di tutti*, à l'étonnement général **2** (*cosa meravigliosa*) merveille: *le meraviglie della natura*, les merveilles de la nature.

● ***a meraviglia***, à merveille: *andiamo a meraviglia!*, nous allons merveilleusement bien! | ***dire meraviglie di qlcu***, chanter les louanges de qqn | ***fare meraviglia***, étonner: *non fa meraviglia se*, il n'y a rien d'étonnant à ce que; (*non fa*) *nessuna meraviglia che*, cela n'étonne personne que | ***l'ottava meraviglia***, la huitième merveille du monde.

meravigliare [me-ra-vi-glià-re] ***v.tr.*** étonner ♦ **meravigliarsi** ***v.pron.*** s'étonner: *non c'è da meravigliarsi*, il n'y a pas de quoi s'étonner; *mi meraviglio di te!*, cela m'étonne de ta part!

meravigliato [me-ra-vi-glià-to] ***agg.*** (*stupito*) étonné; (*sorpreso*) surpris: *mi guardò meravigliato*, il me regarda d'un air étonné.

meravigliosamente [me-ra-vi-glio-sa-mén-te] ***avv.*** merveilleusement.

meraviglioso [me-ra-vi-glió-so] ***agg.*** e ***n.m.*** merveilleux*.

mercante [mer-càn-te] ***n.m.*** e ***f.*** [f. anche *-essa*] marchand/e.

mercanteggiamento [mer-can-teg-gia-mén-to] ***n.m.*** marchandage.

mercanteggiare [mer-can-teg-già-re] ***v.intr.*** [coniug. come *mangiare*; aus. *avere*] (*tirare sul prezzo*) marchander ♦ *v.tr.* vendre*, mettre* à l'encan: *mercanteggiare la propria dignità*, vendre sa dignité.

mercantile [mer-can-tì-le] *agg.* 1 commercial*, marchand 2 (*spreg.*) mercantile: *mentalità mercantile*, mentalité mercantile ♦ *n.m.* navire marchand, cargo.
● ***marina mercantile***, marine marchande | ***nave mercantile***, navire marchand.

mercantilismo [mer-can-ti-lì-ʃmo] *n.m.* mercantilisme.

mercanzia [mer-can-zì-a] *n.f.* 1 (*spec. pl.*) marchandise | *saper vendere la propria mercanzia*, (*fig.*) savoir se vendre 2 (*fam.*) (*roba*) camelote: *che cosa è tutta questa mercanzia?*, qu'est-ce que c'est que cette camelote?

mercatino [mer-ca-tì-no] *n.m.* 1 (petit) marché: *l'ho comprato al mercatino del libro usato*, je l'ai acheté au marché des livres d'occasion (*o* chez un bouquiniste) 2 (*Borsa*) (*mercato di titoli non quotati in borsa*) marché hors bourse.

mercato [mer-cà-to] *n.m.* 1 marché: *andare al mercato*, aller au marché; *mercato del pesce*, marché au poisson; *mercato ortofrutticolo*, marché des fruits et légumes 2 (*econ.*) marché: *cercare nuovi mercati*, chercher de nouveaux débouchés.
● ***mercato all'aperto***, ***coperto***, marché en plein air, couvert | ***mercato nero***, marché noir | ***mercato rionale***, marché de quartier | ***mercati generali***, halles | ***a buon mercato***, bon marché; (*fig.*) à bon compte | ***fare mercato di***, (*spreg.*) faire trafic de: *fare mercato del proprio onore*, (*fig.*) vendre son honneur | (*econ.*): ***ricerca***, ***analisi di mercato***, analyse de marché; ***valore di mercato***, valeur marchande.

merce [mèr-ce] *n.f.* marchandises (*pl.*): *merce in magazzino*, (marchandises en) stock; *merci nazionali*, produits indigènes; *l'onestà è merce rara!*, (*fig.*) l'honnêteté est une denrée rare!
● ***treno***, ***vagone merci***, train de marchandises, wagon à marchandises.

mercé [mer-cé] *n.f.* (*letter.*) merci: *chieder mercé*, demander merci; *mercé il suo aiuto*, grâce à son aide.
● ***essere alla mercé di***, être à la merci de.

mercede [mer-cé-de] *n.f.* (*letter.*) récompense.

mercenario [mer-ce-nà-rio] *agg.* e *n.m.* [pl. *-ri*] mercenaire.

merceologia [mer-ce-o-lo-gì-a] *n.f.* technologie commerciale.

merceologico [mer-ce-o-lò-gi-co] *agg.* [pl.m. *-ci*, f. *-che*] commercial*.

merceria [mer-ce-rì-a] *n.f.* mercerie.

mercerizzato [mer-ce-riʒ-ʒà-to] *agg.* mercerisé.

merciaia [mer-cià-ia] *n.f.* mercière; (*ambulante*) colporteuse.

merciaio [mer-cià-io] *n.m.* [pl. *-ai*] mercier.

mercificare [mer-ci-fi-cà-re] *v.tr.* [coniug. come *mancare*] exploiter (commercialement).

mercificazione [mer-ci-fi-ca-zió-ne] *n.f.* exploitation.

mercimonio [mer-ci-mò-nio] *n.m.* [pl. *-ni*] trafic.

mercoledì [mer-co-le-dì] *n.m.invar.* mercredi.
● (*relig.*) ***mercoledì delle Ceneri***, mercredi des Cendres.

mercurio [mer-cù-rio] *n.m.* [pl. *-ri*] (*chim.*) mercure.

mercurocromo [mer-cu-ro-crò-mo *o* mercurocrómo] *n.m.* (*chim.*) mercurochrome.

merda [mèr-da] *n.f.* (*volg.*) merde.
● ***di merda***, de merde: *lavoro di merda*, travail merdique; *restare di merda*, rester comme un con | ***essere nella merda fino al collo***, (*fig.*) être dans la merde (jusqu'au cou).

merdoso [mer-dó-so] *agg.* (*volg.*) merdeux*.

merenda [me-rèn-da] *n.f.* goûter (*m.*): *fare merenda*, goûter; *dare la merenda*, donner à goûter.
● ***c'entra come i cavoli a merenda***, (*fig.*) cela arrive comme un cheveu sur la soupe.

meretrice [me-re-trì-ce] *n.f.* prostituée.

meretricio [me-re-trì-cio] *n.m.* [pl. *-ci*] prostitution (*f.*).

meridiana [me-ri-dià-na] *n.f.* 1 (*linea*) méridienne 2 (*orologio*) cadran (*m.*) solaire.

meridiano [me-ri-dià-no] *agg.* e *n.m.* méridien*.

meridionale [me-ri-dio-nà-le] *agg.* méridional*; du Midi: *accento meridionale*, accent du Midi ♦ *n.m.* e *f.* méridional/e.
● (*geogr.*): ***Italia meridionale***, Italie méridionale (*o* du Sud); ***America meridionale***, Amérique du Sud.

meridione [me-ri-dió-ne] *n.m.* midi, sud.
● (*geogr.*) ***il Meridione***, le Midi.

meriggio [me-rìg-gio] *n.m.* [pl. *-gi*] (*letter.*) midi.

meringa [me-rìn-ga] *n.f.* [pl. *-ghe*] (*cuc.*) meringue.

meringato [me-rin-gà-to] *agg.* (*cuc.*) meringué.

merino [me-rì-no] *n.m.* (*animale e lana*) mérinos.

meritare [me-ri-tà-re] *v.tr.* 1 mériter; (*valere la pena*) valoir* la peine: *meritare una lode*, mériter des félicitations; *non merita che se ne parli*, cela ne vaut pas la peine d'en parler; *una ragazza che merita*, une fille qui a du mérite | *te lo meriti!*, c'est bien fait! 2 (*valere; procurare*) valoir*: *più di quanto meritasse*, plus qu'il ne valait ♦ **meritarsi** *v.pron. indiretto* mériter: *ti meriteresti un ceffone!*, tu mériterais une gifle!

meritatamente [me-ri-ta-ta-mén-te] *avv.* justement, à juste titre.

meritato [me-ri-tà-to] *agg.* mérité.

meritevole [me-ri-té-vo-le] *agg.* digne: *meritevole di lode*, digne d'éloge; *alunno meritevole*, élève méritant.

merito [mè-ri-to] *n.m.* 1 mérite: *è merito suo se l'impresa è riuscita*, c'est grâce à lui que l'entreprise a réussi; *non avere né merito né colpa*, n'être ni coupable ni méritant; *farsi merito*, s'attribuer le mérite; *ascrivere a merito*, inscrire au mérite | *che Dio ve ne renda merito!*, que Dieu vous le rende! 2 (*pregio*) qualité (*f.*); (*di cose*) mérite; *giudicare nel merito*, juger au fond.
● ***a pari merito***, ex-æquo | ***in merito***, à ce propos (*o* à ce sujet): *bisognerà decidere in merito*, il faudra prendre une décision à ce propos | ***in merito a***, à propos de (*o* au sujet de) | ***nel merito di***, dans le cœur de: *entrare nel merito della questione*, aborder le sujet | ***medaglia al merito***, médaille du mérite | ***per merito di***, grâce à: *per merito mio*, grâce à moi | ***punti di merito***, bons points | ***questioni di merito***, questions de fond.

meritocrazia [me-ri-to-cra-zì-a] *n.f.* méritocratie.

meritorio [me-ri-tò-rio] *agg.* [pl.m. *-ri*] méritoire.

merlano [mer-là-no] *n.m.* (*zool.*) merlan.

merlato [mer-là-to] *agg.* crénelé.

merlatura [mer-la-tù-ra] *n.f.* crénelure.

merlettaia [mer-let-tà-ia] *n.f.* dentellière.

merlettatura [mer-let-ta-tù-ra] *n.f.* ornement (*m.*) de dentelles.

merletto [mer-lét-to] *n.m.* dentelle (*f.*).

merlo[1] [mèr-lo] *n.m.* (*arch.*) créneau*.

merlo[2] *n.m.* 1 (*zool.*) merle 2 (*fig.*) (*sciocco*) niais: *ha* *trovato il merlo da spennare*, il a trouvé l'oiseau à plumer! | *bravo merlo!*, gros malin!

merluzzo [mer-lùz-zo] ***n.m.*** morue (*f.*).
● ***olio di fegato di merluzzo***, huile de foie de morue.

mero [mè-ro] ***agg.*** pur: *è una mera bugia*, c'est une pure invention.

merovingio [me-ro-vìn-gio] ***agg.*** [pl.m. *-gi*] mérovingien*.
● (*st.*) ***I Merovingi***, Les Mérovingiens.

mesata [me-sà-ta] ***n.f.*** (*pagamento mensile*) mois (*m.*).

mescalina [me-sca-lì-na] ***n.f.*** (*chim.*) mescaline.

mescere [mé-sce-re] ***v.tr.*** [p.p. *mesciuto*] verser.

meschinamente [me-schi-na-mén-te] ***avv.*** mesquinement.

meschinità [me-schi-ni-tà] ***n.f.invar.*** mesquinerie.

meschino [me-schì-no] ***agg.*** **1** mesquin: *fare una figura meschina*, faire piètre figure **2** (*letter.*) (*povero*) pauvre; (*infelice*) malheureux*.

mescita [mé-sci-ta] ***n.f.*** **1** débit (*m.*) **2** (*bottega*) débit (*m.*) de vins.
● ***banco di mescita***, comptoir.

mescolanza [me-sco-làn-za] ***n.f.*** mélange (*m.*) (*anche fig.*); (*di un gruppo*) mixité: *mescolanza razziale*, mixité raciale.

mescolare [me-sco-là-re] ***v.tr.*** **1** mélanger*; (*spec. liquidi*) mêler; (*fig.*) mêler: *mescolare* (*insieme*) *acqua e vino*, mêler de l'eau avec du vin; *mescolare* (*insieme*) *uova e farina*, mélanger de la farine et des œufs **2** (*rimestare*) remuer ♦ **mescolarsi** ***v.pron.*** e ***pron.rec.*** se mélanger*; (*spec di liquidi*) se mêler; (*fig.*) se mêler.

M

mescolata [me-sco-là-ta] ***n.f.*** bref mélange (*m.*): *dare una mescolata a qlco*, mélanger qqch.

mese [mé-se] ***n.m.*** mois: *nel mese di marzo*, au mois de mars; *ai primi, agli ultimi del mese*, au début, vers la fin du mois; *nel corso del mese*, dans le courant du mois; *a fine mese*, à la fin du mois; *di qui a un mese*, d'ici un mois; *un tanto al mese*, tant par mois | (*comm.*) *a tre mesi data*, d'ici à trois mois | *pagare a mese*, payer au mois | *quanti ne abbiamo del mese?*, le combien sommes-nous?

NOTA I nomi dei ***mesi*** in francese non sono preceduti dall'articolo determinativo, ma dall'espressione *le mois de*:
nell'ottobre ***del*** *2007*, au **mois d**'octobre 2007.
Dopo una data, la preposizione 'di' che precede il nome del mese non si traduce:
il 14 ***(di)*** *luglio*, le quatorze juillet
il primo ***(di)*** *aprile*, le premier avril.

mesencefalo [me-ʃen-cè-fa-lo] ***n.m.*** (*anat.*) mésencéphale.

mesetto [me-sét-to] ***n.m.*** petit mois: *è stato via un mesetto*, il est parti un petit mois | *un bel mesetto*, un bon mois.

mes(o)- ***pref.*** més(o)-.

mesocefalo [me-ʃo-cè-fa-lo] ***agg.*** e ***n.m.*** mésocéphale.

mesolitico [me-ʃo-lì-ti-co] ***n.m.*** e ***agg.*** [pl.m. *-ci*, f. *-che*] (*geol.*) mésolithique.

mesopotamico [me-ʃo-po-tà-mi-co] ***agg.*** [pl.m. *-ci*, f. *-che*] mésopotamien*.

mesoterapia [me-ʃo-te-ra-pì-a] ***n.f.*** (*med.*) mésothérapie.

mesozoico [me-ʃo-ʒòi-co] ***agg.*** e ***n.m.*** [pl.m. *-ci*, f. *-che*] (*geol.*) mésozoïque.

mesozoo [me-so-zò-o] ***n.m.*** (*zool.*) mésozoaire.

messa[1] [més-sa] ***n.f.*** (*relig.*) messe: *cantare messa*, chanter (la) messe; *andare a messa*, aller à la messe.
● ***messa al campo***, messe en plein air | ***messa funebre, da requiem, da morto***, messe mortuaire, de requiem, des morts | ***messa in rito romano***, messe romaine | ***messa nera***, messe noire.

messa[2] ***n.f.*** **1** mise **2** (*al gioco*) mise, enjeu (*m.*).
● (*fot.*) ***messa a fuoco***, mise au point | ***messa a punto***, mise au point | (*elettr.*) ***messa a terra, a massa***, mise à la terre, à la masse | ***messa in moto***, mise en marche | ***messa in onda***, (*rad.*) mise en onde; (*tv.*) passage à l'antenne | ***messa in piega***, (*di capelli*) mise en plis.

messaggeria [mes-sag-ge-ri-a] ***n.f.*** messagerie.
● ***messaggeria telematica***, messagerie télématique | ***messaggeria musicale***, attente musicale.

messaggero [mes-sag-gè-ro] ***agg.*** e ***n.m.*** [f. *-a*] messager*.

messaggiare [mes-sag-già-re] ***v.tr.*** [coniug. come *mangiare*] (*fam.*) (*mandare un SMS a*) textoter, texter, smser.

messaggino [mes-sag-gì-no] ***n.m.*** (*fam.*) texto, (message) SMS.

messaggio [mes-sàg-gio] ***n.m.*** [pl. *-gi*] message (*anche fig.*).
● ***messaggio pubblicitario***, message publicitaire.

messale [mes-sà-le] ***n.m.*** missel.

messe [mès-se] ***n.f.*** moisson.

FAUX AMI
Da non confondere con il francese *messe*, che significa *messa*.

messere [mes-sè-re] ***n.m.*** (*ant.*) messire.

messia [mes-sì-a] ***n.m.*** messie.
● (*relig.*) ***il Messia***, le Messie.

messianico [mes-si-à-ni-co] ***agg.*** [pl.m. *-ci*, f. *-che*] messianique.

messicano [mes-si-cà-no] ***agg.*** mexicain ♦ ***n.m.*** [f. *-a*] (*abitante*) Mexicain.

messinese [mes-si-né-se] ***agg.*** de Messine.

messinscena [mes-sin-scè-na] ***n.f.*** [pl. *messinscene* o *messe in scena*] mise en scène (*anche fig.*).

messo[1] [més-so] *p.p.* di **mettere** ♦ ***agg.*** mis.
● ***ben messo***, (*robusto*) bien bâti; (*ben vestito*) bien mis.

messo[2] ***n.m.*** **1** messager; (*inviato*) envoyé **2** (*usciere*) huissier.

mestamente [me-sta-mén-te] ***avv.*** tristement.

mestare [me-stà-re] ***v.tr.*** (*intrigare*) manigancer*.

mestatore [me-sta-tó-re] ***n.m.*** [f. *-trice*] (*spreg.*) agitateur*.

mesticànza [me-sti-càn-za] ***n.f.*** (*region.*) (*misto di insalate*) mesclun (*m.*).

mestierante [me-stie-ràn-te] ***n.m.*** e ***f.*** qui n'a pas de talent; (*spreg.*) mercenaire.

mestiere [me-stiè-re] ***n.m.*** **1** métier: *il mestiere del muratore*, le métier de maçon | *pratico del mestiere*, rompu au métier **2** (*perizia*) métier: *non ha molto mestiere*, il est encore nouveau dans le métier.
● ***di mestiere***, de son métier; professionnel: *fare il muratore di mestiere*, être maçon de son métier; *un ladro di mestiere*, un voleur de profession | ***essere vecchio del mestiere***, être vieux dans le métier | ***i ferri del mestiere***, l'attirail.

mestizia [me-stì-zia] ***n.f.*** tristesse, affliction.

mesto [mè-sto] ***agg.*** triste; (*di aspetto*) chagrin.

mestola [mé-sto-la] ***n.f.*** **1** louche **2** (*cazzuola*) truelle.

mestolo [mé-sto-lo] ***n.m.*** louche (*f.*); (*di legno*) cuillère (*f.*) en bois.

mestruale [me-stru-à-le] ***agg.*** menstruel*.

mestruazione [me-stru-a-zió-ne] ***n.f.*** menstruation: *avere le mestruazioni*, avoir ses règles.

mestruo [mè-stru-o] ***n.m.*** menstrues (*f.pl.*), règles (*f.pl.*).

meta[1] [mé-ta] ***n.f.*** **1** destination; (*fig.*) but (*m.*): *essere lontani dalla meta*, être bien loin d'arriver; (*fig.*) être loin du but; *senza meta*, sans but; *giungere alla meta*, arriver à destination; (*fig.*) atteindre son but **2** (*rugby*) but (*m.*); (*area di meta*) en-but (*m.*); (*punto segnato*) essai (*m.*): *segnare una meta*, aller à l'essai.
● (*rugby*) ***linea di meta***, ligne de but.

meta[2] ***n.f.*** (*mucchi spec. di paglia*) meule.

meta- ***pref.*** méta-.

metà [me-tà] ***n.f.invar.*** **1** moitié: *cinque è la metà di dieci*, cinq est la moitié de dix; *dopo un mese di dieta, si è ridotto la metà*, (*fig.*) après un mois de régime, il ne pèse plus que la moitié de ce qu'il pesait avant | *un tessuto metà lana, metà cotone*, un tissu mi-laine, mi-coton **2** (*punto di mezzo*) milieu (*m.*): *verso la metà del secolo*, vers le milieu du siècle; *alla metà del mese*, au milieu du mois | *alla metà di febbraio*, à la mi-février.
● (*sport*) ***metà campo***, milieu du terrain: *la metà campo avversaria*, la moitié de terrain de l'équipe adverse | ***a metà***, à moitié; (*nel mezzo*) au milieu: *fare le cose a metà*, (*fig.*) faire les choses à demi; *tagliare a metà*, couper par moitié; *fare a metà*, partager en deux; *avere qlco a metà con qlcu*, partager qqch à moitié avec qqn; *il bastone si è rotto a metà*, le bâton s'est cassé au milieu; *a metà dell'estate*, au milieu de l'été | ***a metà strada***, (à) mi-chemin | ***fare metà e metà***, ***metà per uno***, faire moitié moitié | ***la mia dolce metà***, (*fig. scherz.*) (*il coniuge*) ma douce moitié | ***per metà***, à moitié: *è per metà francese*, il est à moitié français; *gli ospiti stavano per metà seduti e per metà in piedi*, la moitié des invités étaient assis et la moitié debout.

metabolico [me-ta-bò-li-co] ***agg.*** [pl.m. *-ci*, f. *-che*] (*biol.*) métabolique.

metabolismo [me-ta-bo-lì-ʃmo] ***n.m.*** (*biol.*) métabolisme.

metacarpo [me-ta-càr-po] ***n.m.*** (*anat.*) métacarpe.

metadone [me-ta-dó-ne] ***n.m.*** (*chim.*) méthadone (*f.*).

metafisica [me-ta-fì-ʃi-ca] ***n.f.*** [pl. *-che*] métaphysique.

metafisico [me-ta-fì-ʃi-co] ***agg.*** [pl.m. *-ci*, f. *-che*] métaphysique ♦ ***n.m.*** [f. *-a*] métaphysicien*.

metafora [me-tà-fo-ra] ***n.f.*** (*ret.*) métaphore.
● ***fuor di metafora***, en termes explicites (*o* explicitement) | ***parlare per metafore***, parler métaphoriquement.

metaforicamente [me-ta-fo-ri-ca-mén-te] ***avv.*** métaphoriquement.

metaforico [me-ta-fò-ri-co] ***agg.*** [pl.m. *-ci*, f. *-che*] métaphorique.

metal detector [mé-tal de-tèc-tor] ***n.m.*** (*tecn.*) détecteur de métaux; (*negli aeroporti*) portique électronique, portique de sécurité.

metallaro [me-tal-là-ro] ***n.m.*** [f. *-a*] (*gergo*) rockeur*, rocker.

metallico [me-tàl-li-co] ***agg.*** [pl.m. *-ci*, f. *-che*] métallique.

metallifero [me-tal-lì-fe-ro] ***agg.*** métallifère.

metallizzare [me-tal-liʒ-ʒà-re] ***v.tr.*** métalliser.

metallizzato [me-tal-liʒ-ʒà-to] ***agg.*** métallisé.

metallo [me-tàl-lo] ***n.m.*** métal*.

metalloide [me-tal-lòi-de] ***n.m.*** (*chim. antiq.*) métalloïde.

metallurgia [me-tal-lur-gì-a] ***n.f.*** métallurgie.

metallurgico [me-tal-lùr-gi-co] ***agg.*** [pl.m. *-ci*, f. *-che*] métallurgique; (*di persona*) métallurgiste ♦ ***n.m.*** [f. *-a*] métallurgiste; (*fam.*) métallo.

metalmeccanico [me-tal-mec-cà-ni-co] ***agg.*** [pl.m. *-ci*, f. *-che*] métallurgique et mécanique ♦ ***n.m.*** [f. *-a*] ouvrier* mécanicien et métallurgiste: *sciopero dei metalmeccanici*, grève des métallos.

metamorfico [me-ta-mòr-fi-co] ***agg.*** [pl.m. *-ci*, f. *-che*] métamorphique.

metamorfosi [me-ta-mòr-fo-ʃi] ***n.f.invar.*** métamorphose.

metanifero [me-ta-nì-fe-ro] ***agg.*** de méthane.

metanizzare [me-ta-niʒ-ʒà-re] ***v.tr.*** **1** installer le méthane (**dans**) **2** convertir au méthane.

metano [me-tà-no] ***n.m.*** (*chim.*) méthane.

metanodotto [me-ta-no-dót-to] ***n.m.*** méthanoduc.

metanolo [me-ta-nò-lo] ***n.m.*** (*chim.*) méthanol.

metapsichica [me-ta-psì-chi-ca] ***n.f.*** [pl. *-che*] métapsychique.

metapsichico [me-ta-psì-chi-co] ***agg.*** [pl.m. *-ci*, f. *-che*] métapsychique.

metastasi [me-tà-sta-ʃi] ***n.f.invar.*** (*med.*) métastase.

metatarso [me-ta-tàr-so] ***n.m.*** (*anat.*) métatarse.

metazoo [me-ta-ʒò-o] ***n.m.*** (*zool.*) métazoaire.

meteco [me-tè-co] ***n.m.*** [f. *-a*; pl.m. *-ci*, f. *-che*] (*st.*) métèque.

metempsicosi [me-tem-psi-cò-ʃi] ***n.f.invar.*** métempsycose.

meteo [mè-te-o] ***n.m.invar.*** (*meteor.*) météo (*f.*).

meteora [me-tè-o-ra] ***n.f.*** (*astr.*) météore (*m.*) (*anche fig.*).

meteorico [me-te-ò-ri-co] ***agg.*** [pl.m. *-ci*, f. *-che*] météorique.

meteorismo [me-te-o-rì-ʃmo] ***n.m.*** (*med.*) météorisme.

meteorite [me-te-o-rì-te] ***n.m.*** o ***f.*** (*astr.*) météorite (*f.*).

meteorologia [me-te-o-ro-lo-gì-a] ***n.f.*** météorologie.

meteorologico [me-te-o-ro-lò-gi-co] ***agg.*** [pl.m. *-ci*, f. *-che*] météorologique.
● ***bollettino meteorologico***, bulletin météorologique.

meteorologo [me-te-o-rò-lo-go] ***n.m.*** [f. *-a*; pl.m. *-gi*, f. *-ghe*] météorologue, météorologiste.

meteoropatia [me-te-o-ro-pa-tì-a] ***n.f.*** (*med.*) météoropathie.

meteoropatico [me-te-o-ro-pà-ti-co] ***agg.*** [pl.m. *-ci*, f. *-che*] (*med.*) météoropathique.

meticciato [me-tic-cià-to] ***n.m.*** métissage.

meticcio [me-tìc-cio] ***agg.*** e ***n.m.*** [f. *-a*; pl.m. *-ci*, f. *-ce*] métis*.

meticolosamente [me-ti-co-lo-sa-mén-te] ***avv.*** méticuleusement.

meticolosità [me-ti-co-lo-si-tà] ***n.f.invar.*** méticulosité.

meticoloso [me-ti-co-ló-so] ***agg.*** méticuleux*.

metile [me-tì-le] ***n.m.*** (*chim.*) méthyle.

M

metilene [me-ti-lè-ne] *n.m.* (*chim.*) méthylène.
● ***blu di metilene***, bleu de méthylène.

metilico [me-tì-li-co] *agg.* [pl.m. *-ci*, f. *-che*] (*chim.*) méthylique.

metodicamente [me-to-di-ca-mén-te] *avv.* méthodiquement.

metodicità [me-to-di-ci-tà] *n.f.invar.* méthode.

metodico [me-tò-di-co] *agg.* [pl.m. *-ci*, f. *-che*] méthodique.

metodismo [me-to-dì-ʃmo] *n.m.* (*relig.*) méthodisme.

metodista [me-to-dì-sta] *agg.* e *n.m.* e *f.* (*relig.*) méthodiste.
● ***Chiesa metodista***, Église méthodiste.

metodo [mè-to-do] *n.m.* méthode (*f.*): *metodo di studio*, méthode d'étude; *fare qlco con metodo*, faire qqch avec méthode; *ho un buon metodo per ottenerlo*, j'ai un bon système pour l'obtenir.

metodologia [me-to-do-lo-gì-a] *n.f.* méthodologie.

metodologico [me-to-do-lò-gi-co] *agg.* [pl.m. *-ci*, f. *-che*] méthodologique.

metonimia [me-to-nì-mia] *n.f.* (*ret.*) métonymie.

metonimico [me-to-nì-mi-co] *agg.* [pl.m. *-ci*, f. *-che*] (*ret.*) métonymique.

metopa [mè-to-pa] *n.f.* (*arch.*) métope.

metraggio [me-tràg-gio] *n.m.* [pl. *-gi*] métrage.

metratura [me-tra-tù-ra] *n.f.* métrage (*m.*).

metrica [mè-tri-ca] *n.f.* [pl. *-che*] métrique.

metrico [mè-tri-co] *agg.* [pl.m. *-ci*, f. *-che*] métrique.
● (*poesia*) ***accento metrico***, accent métrique | (*mat.*) ***sistema metrico***, système métrique.

metro[1] [mè-tro] *n.m.* **1** mètre: *quel giovane è alto un metro e ottanta*, ce garçon mesure (*o* fait) un mètre quatre-vingts **2** (*fig.*) critère: *giudicare tutti con lo stesso metro*, juger tout le monde selon le même critère **3** (*metrica*) mètre.
● ***metro cubo***, ***quadrato***, mètre cube, carré | ***metro di giudizio***, (*fig.*) critère de jugement | ***doppio metro***, mètre pliant.

metro[2] *n.f.invar.* **metrò** *n.m.invar.* → **metropolitana**.

metrologia [me-tro-lo-gì-a] *n.f.* métrologie.

metronomo [me-trò-no-mo] *n.m.* (*mus.*) métronome.

metronotte [me-tro-nòt-te] *n.m.invar.* veilleur (de nuit).

metropoli [me-trò-po-li] *n.f.invar.* métropole.

metropolita [me-tro-po-lì-ta] *n.m.* (*eccl.*) métropolite.

metropolitana [me-tro-po-li-tà-na] *n.f.* métropolitain (*m.*), métro (*m.*).

metropolitano [me-tro-po-li-tà-no] *agg.* métropolitain; (*della città*) urbain.

metrotranvia [me-tro-tran-vì-a] *n.f.* métro (*m.*) de surface.

mettere [mét-te-re] *v.tr.* [p.rem. *io misi*, *tu mettesti* ecc.; p.p. *messo*] **1** mettre*: *mettere la legna sul fuoco*, mettre du bois dans le feu; *mettere le tende alle finestre*, mettre des rideaux aux fenêtres; *mettere a riposo*, mettre à la retraite | *mettere indietro un orologio*, retarder une montre | *mettere in prigione*, mettre en prison **2** (*indossare*) mettre*: *mettere una giacca*, mettre une veste **3** (*aggiungere*) ajouter: *mettete anche questo*, ajoutez aussi cela **4** (*emettere*) pousser: *mettere un grido*, pousser un cri **5** (*dedicare*) consacrer: *mettere tutte le energie in qlco*, consacrer toute son énergie à qqch **6** (*infondere*) donner; (*fare*) faire*: *mettere paura*, *soggezione*, faire peur, intimider **7** (*supporre*) supposer: *metti che non ti credano*, suppose qu'ils ne te croient pas | *metti il caso che*, supposons que **8** (*fam.*) (*dare*) donner, infliger* | *mettere una multa*, dresser une contravention **9** (*fam.*) (*far pagare*) vendre*: *quanto le mette al chilo?*, c'est combien le kilo?; *glielo metto dieci euro*, je vous le laisse à dix euros **10** (*fam.*) (*paragonare*) comparer (**à**): *vuoi mettere la mia automobile con la tua?*, tu ne vas (tout de même) pas comparer ma voiture à la tienne! ♦ *v.intr.* [aus. *avere*] (*sfociare*) se jeter*; (*sboccare*) déboucher ♦ **mettersi** *v.pron.intr.* **1** se mettre*: *mettersi in piedi*, *disteso*, se mettre debout, s'étendre; *mettersi seduto*, *a sedere*, s'asseoir; *mettersi in mare col cattivo tempo*, prendre la mer par mauvais temps; *mettersi in un'impresa difficile*, se lancer, s'engager dans une entreprise difficile **2** (*iniziare*) se mettre*, commencer*: *mettersi a leggere*, se mettre à lire; *si è messo a piovere*, il a commencé à pleuvoir **3** (*indossare*) se mettre*: *non ho niente da mettermi*, je n'ai rien à me mettre **4** (*fam.*) (*associarsi*) s'associer; (*avere un rapporto sentimentale*) se mettre ensemble: *la ditta Bianchi si è messa con la ditta Rossi*, l'entreprise Bianchi s'est associé avec l'entreprise Rossi; *si è messa con*, *insieme a Giovanni*, elle et Giovanni se sont mis ensemble ♦ *v.pron. indiretto* se mettre*: *mettersi il rossetto*, se mettre du rouge à lèvres; *mi sono messo il pullover rosso*, j'ai mis mon pull rouge.
● ***mettere fuori***, mettre dehors; (*esporre*) exposer: *mettere fuori la bandiera*, sortir le drapeau; *mettere fuori una pianta al sole*, mettre une plante au soleil; *mettere fuori i tappeti*, *un vestito*, mettre les tapis, une robe à l'air; *mettere fuori i risultati degli esami*, afficher les résultats des examens; *mettere fuori un braccio*, sortir un bras; *mettere fuori il naso*, (*fig.*) mettre le nez dehors; *mettere fuori la testa*, (*dalla finestra ecc.*) mettre la tête à la fenêtre; *mettere fuori qlcu*, mettre qqn à la porte | ***mettere giù***, poser: *metti giù le mani*, bas les pattes | ***mettere i denti***, faire ses dents | ***mettere in caldo***, ***in fresco***, mettre au chaud, au frais | ***mettere in forse***, rendre peu probable | ***mettere insieme***, assembler, ramasser; (*persone*) réunir: *mettere insieme una frase*, *una lettera*, former une phrase, écrire une lettre; *mettere insieme i pezzi di qlco*, assembler les pièces de qqch; *mettere insieme della gente*, réunir quelques personnes; *mettere insieme un esercito*, rassembler une armée; *mettere insieme un po' di denaro*, ramasser un peu d'argent; *mettere insieme una fortuna*, amasser une fortune; *mettere insieme uno spettacolo*, monter un spectacle | (*aut.*) ***mettere la seconda***, ***la terza***, passer la seconde, la troisième (vitesse) | ***mettere sotto qlcu***, (*fam.*) (*investire*) renverser qqn | ***mettere su***, (*anche fig.*) installer, monter; (*indossare*) mettre: *mettere su uno studio*, installer un bureau; *mettere su casa*, (*fig.*) monter son ménage; *mettere su famiglia*, (*fig.*) fonder un foyer; *mettere su l'acqua*, (*fam.*) mettre l'eau à chauffer; *un appartamento messo su molto bene*, (*fam.*) un appartement très bien installé; *mettere su arie*, *superbia*, (*fam.*) prendre des airs, devenir orgueilleux; *mettere su qlcu contro un altro*, (*fam.*) (*istigare*) monter qqn contre qqn d'autre; *metti su il soprabito*, mets ton pardessus; *mettere su pancia*, (*fam.*) prendre du ventre | ***mettere via***, (*togliere*) ôter; (*da parte*) mettre de côté; (*fam.*) (*in ordine*) ranger | ***mettercela tutta***, faire de son mieux | ***metterci***, y mettre: *ci metterò due ore*, j'y mettrai deux heures; *quanto ci metti a vestirti!*, il t'en faut du temps pour t'habiller!; *ci metto poco a darti uno schiaffo*, j'aurai vite fait de te donner une gifle | ***mettercisi***, s'y mettre: *non mi ci metto neanche*, je ne veux même pas essayer | ***mettersi al bello***, (*di tempo*) se mettre au beau | ***mettersi bene***, ***male***, s'arranger, prendre une mauvaise tournure: *le cose si*

mettono male, les choses prennent une mauvaise tournure | ***mettersi contro qlcu***, (*fig.*) prendre parti contre qqn | ***mettersi sotto***, se mettre au travail: *mettiamoci sotto, ragazzi*, mettons-nous au travail, les enfants! | ***chi più ne ha più ne metta***, et ainsi de suite.

mezza [mè-ʒa] ***n.f.*** (*mezzogiorno e mezzo*) midi (*m.*) et demi.

mezzacalzetta [meʒ-ʒa-cal-zét-ta] [pl. *mezzecalzette*] **mezza calzetta** ***n.f.*** nullard (*m.*), petit minable.

mezzadria [meʒ-ʒa-drì-a] ***n.f.*** métayage (*m.*).

mezzadrile [meʒ-ʒa-drì-le] ***agg.*** **1** de métayage: *contratto mezzadrile*, contrat de métayage **2** (*dei mezzadri*) des métayers.

mezzadro [meʒ-ʒà-dro] ***n.m.*** [f. *-a*] métayer*.

mezzala [meʒ-ʒà-la] ***n.f.*** [pl. *mezzali*] (*calcio*) inter (*m.*), intérieur (*m.*).

mezzaluna [meʒ-ʒa-lù-na] ***n.f.*** [pl. *mezzelune*] **1** croissant (*m.*) **2** (*cuc.*) *hachoir (*m.*) **3** (*simbolo dell'islamismo*) croissant (*m.*).

mezzamanica [meʒ-ʒa-mà-ni-ca] ***n.f.*** [pl. *mezzemaniche*] (*fig. spreg.*) (*impiegato di basso livello*) rond-de-cuir* (*m.*).

mezzana [meʒ-ʒà-na] ***n.f.*** (*mar.*) (*vela*) artimon (*m.*).

mezzanino [meʒ-ʒa-nì-no] ***n.m.*** (*arch.*) entresol.

mezzano [meʒ-ʒà-no] ***agg.*** moyen* ♦ ***n.m.*** [f. *-a*] **1** (*mediatore*) médiateur* **2** (*ruffiano*) entremetteur*.

mezzanotte [meʒ-ʒa-nòt-te] ***n.f.*** [pl. *mezzenotti* o *mezzanotti*] **1** minuit (*m.*): *è mezzanotte*, il est minuit; *sta suonando mezzanotte*, minuit est en train de sonner; *a mezzanotte in punto*, à minuit tapant **2** (*settentrione*) Nord (*m.*).

mezzapunta [mez-za-pùn-ta] ***n.f.*** **1** (*danza*) démi-pointe **2** (*calcio*) meneur (*m.*) de jeu.

mezz'aria, a [a meʒ-ʒà-ria] ***avv.*** en l'air: *con la mano a mezz'aria*, la main en l'air.

mezz'asta, a [a meʒ-ʒà-sta] ***avv.*** en berne: *bandiera a mezz'asta*, drapeau en berne.

mezzatinta [meʒ-ʒa-tìn-ta] ***n.f.*** [pl. *mezzetinte*] **1** demi-teinte* **2** (*arti grafiche*) simili.

mezzeria [meʒ-ʒe-rì-a] ***n.f.*** **1** ligne médiane **2** (*di una strada*) ligne blanche (de sécurité).

mezzo [méz-zo] ***agg.*** **1** demi*: *una mezza dozzina*, une demi-douzaine; *una dozzina e mezza*, une douzaine et demie; *spendere mezzo stipendio*, dépenser la moitié de son salaire; *"Vuoi una fetta di torta?" "No, dammene solo mezza"*, "Veux-tu une tranche de tarte?" "No, donne-m'en une demi-tranche (*o* la moitié)"; *non posso perdere neanche mezzo minuto*, je n'ai pas une seconde à perdre; *ho lavorato mezza giornata*, j'ai travaillé une demi-journée; *sono le dodici e mezza*, il est midi et demi; *l'ho aspettato un'ora e mezza*, je l'ai attendu une heure et demie | *mezza luce*, demi-jour | *mezza quaresima*, mi-carême | *lavorare a mezza giornata*, travailler à mi-temps **2** (*seguito da agg.*) à demi, à moitié: *una scatola mezza piena*, une boîte à moitié pleine; *dei bambini mezzi nudi*, des enfants à demi nus **3** (*fam.*) (*poco meno di*) petit; vague: *ho una mezza speranza di vincere*, j'ai un petit espoir de gagner; *ha una mezza idea di andare al cinema*, il a vaguement l'idée d'aller au cinéma; *non ha detto mezza parola in tutta la serata*, il n'a pas dit un mot de toute la soirée; *non dire mezza parola di quel che ti ho detto*, ne souffle pas mot de ce que je t'ai dit | *conosce mezza Milano*, il connaît beaucoup de monde à Milan ♦ ***avv.*** à demi, à moitié ♦ ***n.m.*** **1** (*metà*) demi: *un mezzo, tre mezzi*, un demi, trois demis **2** (*punto centrale*) milieu*: *il foglio era diviso nel mezzo*, la feuille était partagée en son milieu **3** (*modo, strumento*) moyen: *con mezzi disonesti*, par des moyens malhonnêtes; *non c'è mezzo di parlargli*, il n'y a pas moyen de lui parler **4** (*veicolo*) moyen de transport **5** (*pl.*) (*possibilità economiche*) moyens: *avere molti mezzi*, avoir de gros moyens **6** (*scient.*) milieu*.
● (*mil.*) ***mezzi da sbarco***, chalands de débarquement | ***mezzi di comunicazione***, moyens de communication | ***mezzi di fortuna***, moyens de fortune | ***mezzi pubblici***, transports publics | ***a mezza strada***, à mi-chemin | ***a mezzo***, à moitié: *fare a mezzo*, partager; *fare le cose a mezzo*, faire les choses à moitié; *lasciare a mezzo un lavoro*, laisser un travail en plan | ***andarci di mezzo***, en subir les conséquences: *ne andrebbe di mezzo la sua credibilità*, c'est son crédit qui serait atteint | (*gramm.*) ***complemento di mezzo***, complément de moyen | ***con ogni mezzo***, par tous les moyens | ***fare mezzo e mezzo***, faire moitié moitié | ***di mezza età***, entre deux âges (*o* d'âge moyen) | ***il giusto mezzo***, le juste milieu | ***in mezzo a***, au milieu de; (*tra*) parmi; (*tra due*) entre; (*fig.*) dans | ***in quel mezzo***, (*nel frattempo*) entre-temps | ***mettersi di mezzo***, intervenir | ***nel*** (***bel***) ***mezzo di***, au (beau) milieu de | ***per***, ***a mezzo di***, (*oggetti*) au moyen de; (*persone*) par l'entremise de, par l'intermédiaire de; (*tramite*) par | ***quando c'è di mezzo la salute***, quand il s'agit de la santé | ***togliere***, ***levare di mezzo***, se débarrasser: *levati di mezzo!*, (*fam.*) dégage! | ***via di mezzo***, compromis.

NOTA ***Demi***, che traduce ***mezzo***, resta sempre invariato quando precede il sostantivo e con esso forma una parola composta:

*Una **mezz'ora***, une **demi-heure**; *delle mezz'ore*, des demi-heures.

Si accorda al femminile singolare con il nome a cui si riferisce, quando lo segue:

*È mezzogiorno **e mezzo***. Il est midi **et demi**.

*Sono le tre **e mezza***. Il est trois heures **et demie**.

*Una **mezza dozzina***, une **demi-douzaine**.

*Una dozzina **e mezza***, une douzaine **et demie**.

mezzobusto [meʒ-ʒo-bù-sto] ***n.m.*** [pl. *mezzibusti*] **1** buste | *a mezzobusto*, en buste **2** (*tv*) homme-tronc*.

mezzodì [meʒ-ʒo-dì] ***n.m.invar.*** midi.

mezzofondista [mez-zo-fon-dì-sta] ***n.m.*** e ***f.*** (*sport*) coureur/euse de demi-fond.

mezzofondo [meʒ-ʒo-fón-do] ***n.m.*** (*sport*) demi-fond*.

mezzogiorno [meʒ-ʒo-giór-no] ***n.m.*** **1** midi: *è mezzogiorno*, il est midi; *sta suonando mezzogiorno*, midi est en train de sonner; *a mezzogiorno in punto*, à midi juste **2** (*sud*) midi, sud: *una casa esposta a mezzogiorno*, une maison exposée au midi.
● ***il Mezzogiorno d'Italia***, le Sud de l'Italie.

mezzora [meʒ-ʒó-ra] **mezz'ora** ***n.f.*** demi-heure*: *arrivo tra mezzora*, j'arrive dans une demi-heure; *non è un problema che si risolva in mezzora*, (*fig.*) ce n'est pas un problème qu'on peut résoudre en deux minutes.

mezzosangue [meʒ-ʒo-sàn-gue] ***n.m.*** e ***f.invar.*** **1** (*di cavalli*) demi-sang* (*m.*) **2** (*di persona*) métis/isse.

mezzosoprano [meʒ-ʒo-so-prà-no] ***n.m.*** [pl. *mezzisoprani*] (*mus.*) mezzo-soprano*.

mezzotondo [mez-zo-tón-do] ***n.m.invar.*** (*scult.*) demi-bosse.

mezzuccio [meʒ-ʒùc-cio] ***n.m.*** [pl. *-ci*] (*spreg.*) expédient mesquin.

mi[1] ***pron.pers.m.*** e ***f.*** ***1ª pers.sing.*** **1** (*compl. ogg. e*

M

compl. di termine) me*; (*legato a v. imp. affermativo*) moi: *non è venuto a salutarmi*, il n'est pas venu me dire bonjour; *mi vuole vedere, vuole vedermi*, il veut me voir; *guardami bene*, regarde-moi bien; *non guardarmi così*, ne me regarde pas ainsi **2** (*compl. di termine con valore di possesso o di legame personale; con uso pleonastico non si traduce*) mon*: *mi hanno rubato il portafogli*, on m'a volé mon portefeuille; *il cuore mi batteva forte*, mon cœur battait très fort; *mi mise una mano sulla spalla*, il mit sa main sur mon épaule; *quando mi si presenterà l'occasione*, quand j'en aurai l'occasion; *mi cadde addosso*, il tomba sur moi; *mi guardo intorno*, je regarde autour de moi; *cosa mi combinate adesso?*, qu'est-ce que vous fabriquez là?; *mi mangerei un bel gelato*, je mangerais volontiers une bonne glace | *stammi bene!, statemi bene!*, porte-toi bien!, portez-vous bien!; (*fam.*) salut! **3** (*nella coniug. dei v.pron.*) me: *mi sono tagliato un dito*, je me suis coupé un doigt; *dove posso lavarmi le mani?*, où est-ce que je peux me laver les mains?

NOTA Il pronome ***mi*** si traduce ***me*** a meno che non sia legato a un imperativo affermativo, nel qual caso si rende con ***moi***.

Mi *parla spesso di te.*
Il **me** parle souvent de toi.

Dammi *tue notizie.*
Donne-moi de tes nouvelles.

mi[2] ***n.m.invar.*** (*mus.*) mi.

miagolare [mia-go-là-re] ***v.intr.*** [aus. *avere*] **1** miauler **2** (*lamentarsi*) geindre*.

M

miagolio [mia-go-lì-o] ***n.m.*** [pl. *-ii*] miaulement.

mialgia [mi-al-gì-a] ***n.f.*** (*med.*) myalgie.

miao [mià-o] ***onom.*** miaou: *fare miao*, faire miaou.

miasma [mi-à-ʃma] ***n.m.*** miasme.

mica[1] [mì-ca] ***avv.*** (*fam.*) pas (du tout): *sono fatti concreti, non sono mica storie*, ce sont des faits réels, et pas des blagues.

● ***mica male***, pas mal (du tout) | ***mica tanto***, pas tellement.

mica[2] ***n.f.*** [pl. *-che*] (*min.*) mica (*m.*).

miccia [mìc-cia] ***n.f.*** [pl. *-ce*] mèche.

● ***dare fuoco alla miccia***, (*fig.*) mettre le feu aux poudres.

miceneo [mi-ce-nè-o] ***agg.*** (*st.*) mycénien* ♦ ***n.m.*** [f. *-a*] (*st.*) Mycénien*.

michelangiolesco [mi-che-lan-gio-lé-sco] ***agg.*** [pl.m. *-schi*, f. *-sche*] de Michel-Ange; à la manière de Michel-Ange.

michetta [mi-chét-ta] ***n.f.*** (*region.*) petit pain (*m.*).

micidiale [mi-ci-dià-le] ***agg.*** meurtrier* (*anche fig.*); (*mortale*) mortel*: *un caldo micidiale*, une chaleur étouffante.

micio [mì-cio] ***n.m.*** [pl. *-ci*] (*fam.*) minet, chat.

mico- ***pref.*** myco-.

micologia [mi-co-lo-gì-a] ***n.f.*** mycologie.

micosi [mi-cò-ʃi] ***n.f.invar.*** (*med.*) mycose.

micro- ***pref.*** micro-.

microanalisi [mi-cro-a-nà-li-ʃi] ***n.f.invar.*** (*chim.*) microanalyse.

microbico [mi-crò-bi-co] ***agg.*** [pl.m. *-ci*, f. *-che*] (*biol.*) microbien*.

microbio [mi-crò-bio] ***n.m.*** [pl. *-bi*] → **microbo**.

microbiologia [mi-cro-bio-lo-gì-a] ***n.f.*** microbiologie.

microbiologo [mi-cro-bi-ò-lo-go] ***n.m.*** [f. *-a*; pl.m. *-gi*, f. *-ghe*] microbiologiste.

microbo [mì-cro-bo] ***n.m.*** microbe (*anche fig.*).

microcefalo [mi-cro-cè-fa-lo] ***agg.*** e ***n.m.*** [f. *-a*] (*med.*) microcéphale.

microchip [mikroˈtʃip] ***n.m.invar.*** (*inform.*) puce (*f.*).

microchirurgia [mi-cro-chi-rur-gì-a] ***n.f.*** microchirurgie.

microcircuito [mi-cro-cir-cùi-to] ***n.m.*** microcircuit: *microcircuito integrato*, microcircuit intégré.

microcitemia [mi-cro-ci-te-mì-a] ***n.f.*** (*med.*) microcytémie.

microcito [mi-cro-cì-to] ***n.m.*** (*biol.*) microcyte.

microclima [mi-cro-cli-ma] ***n.m.*** microclimat.

microcosmo [mi-cro-cò-ʃmo] ***n.m.*** microcosme.

microcriminalità [mi-cro-cri-mi-na-li-tà] ***n.f.invar.*** petite délinquance.

microeconomia [mi-cro-e-co-no-mì-a] ***n.f.*** micro-économie.

microfibra [mi-cro-fì-bra] ***n.f.*** (*tess.*) microfibre.

microfilm [mi-cro-film] ***n.m.invar.*** microfilm.

microfilmare [mi-cro-fil-mà-re] ***v.tr.*** microfilmer.

microfonare [mi-cro-fo-nà-re] ***v.tr.*** doter d'un micro-cravate.

microfonista [mi-cro-fo-nì-sta] ***n.m.*** e ***f.*** (*cine., tv*) perchiste, perchman (*m.*).

microfono [mi-crò-fo-no] ***n.m.*** microphone; (*fam.*) micro.

microfotografia [mi-cro-fo-to-gra-fì-a] ***n.f.*** microphotographie.

micrometrico [mi-cro-mè-tri-co] ***agg.*** [pl. *-ci*] micrométrique.

micrometro [mi-cro-mè-tro] ***n.m.*** **micron** ***n.m.invar.*** micron.

micronizzazione [mi-cro-niʒ-ʒa-zió-ne] ***n.f.*** micronisation.

microonda [mi-cro-ón-da] ***n.f.*** (*fis.*) micro-onde*.

● ***forno a microonde***, four à micro-ondes.

microprocessore [mi-cro-pro-ces-só-re] ***n.m.*** (*inform.*) microprocesseur.

microprogrammazione [mi-cro-pro-gram-ma-zió-ne] ***n.f.*** (*inform.*) microprogrammation, micrologique.

microrganismo [mi-cror-ga-nì-ʃmo] ***n.m.*** micro-organisme*.

microscheda [mi-cro-schè-da] ***n.f.*** microfiche.

microscopico [mi-cro-scò-pi-co] ***agg.*** [pl.m. *-ci*, f. *-che*] microscopique.

microscopio [mi-cro-scò-pio] ***n.m.*** [pl. *-pi*] microscope.

● ***microscopio a scansione***, microscope à balayage | ***microscopio elettronico***, microscope électronique | ***osservare, guardare al microscopio***, observer, regarder au microscope; (*fig.*) regarder à la loupe.

microsolco [mi-cro-sól-co] ***n.m.*** [pl. *-chi*] microsillon.

microspia [mi-cro-spì-a] ***n.f.*** micro (*m.*).

microstruttura [mi-cro-strut-tù-ra] ***n.f.*** microstructure.

microvettura [mi-cro-vet-tù-ra] ***n.f.*** voiturette.

midollare [mi-dol-là-re] ***agg.*** (*med.*) médullaire.

midollo [mi-dól-lo] ***n.m.*** [pl. *le midolla*] moelle (*f.*) (*anche fig.*) | *non ha midollo*, (*fig.*) il n'a pas de moelle dans les os.
● (*anat.*): ***midollo allungato***, bulbe rachidien; ***midollo (osseo)***, moelle (osseuse); ***midollo spinale***, moelle épinière | ***fino al midollo***, ***alle midolla***, (*fig.*) jusqu'à la moelle, jusqu'aux os.

midolloso [mi-dol-ló-so] ***agg.*** médulleux*.

mielato [mie-là-to] ***agg.*** mielleux*.

miele [miè-le] ***n.m.*** miel (*anche fig.*): *addolcire con miele*, sucrer au miel.
● (*farm.*) ***miele rosato***, miel rosat | (***color***) ***miele***, couleur de miel | ***essere tutto miele***, (*fig.*) être tout sucre tout miel.

mielite [mie-lì-te] ***n.f.*** (*med.*) myélite.

miel(o)- ***pref.*** myél(o)-.

mieloso [mie-ló-so] ***agg.*** doucereux*, mielleux* (*anche fig.*).

mietere [miè-te-re] ***v.tr.*** **1** moissonner **2** (*fig.*) récolter, moissonner: *mietere allori*, moissonner des lauriers.
● ***mietere vite umane***, faucher des vies humaines | ***mietere vittime***, faire des victimes.

mietilegatrice [mie-ti-le-ga-trì-ce] ***n.f.*** (*agr.*) moissonneuse-lieuse*.

mietitore [mie-ti-tó-re] ***n.m.*** [f. *-trice*] moissonneur*.

mietitrebbiatrice [mie-ti-treb-bia-trì-ce] ***n.f.*** (*agr.*) moissonneuse-batteuse*.

mietitrice [mie-ti-trì-ce] ***n.f.*** (*agr.*) (*macchina*) moissonneuse.

mietitura [mie-ti-tù-ra] ***n.f.*** moisson.

migliaio [mi-glià-io] ***n.m.*** [pl. *le migliaia*] millier; mille: *un migliaio di euro*, un millier d'euros.
● ***al, il migliaio***, le mille: *questi fogli costano cinque euro al migliaio*, ces feuilles coûtent cinq euros le mille | ***a migliaia***, par milliers.

miglio[1] [mì-glio] ***n.m.*** [pl. *le miglia*] **1** (*misura di lunghezza*) mille: *vive a due miglia da qui*, il vit à deux milles d'ici **2** (*pietra miliare*) borne (*f.*) kilométrique.
● ***miglio marino***, ***nautico***, mille marin | ***miglio terrestre***, ***inglese***, mille anglais | ***essere (le) mille miglia lontano da***, être à mille (*o* cent) lieues de: *ero le mille miglia lontano dal supporre che*, j'étais à mille lieues de supposer que | ***lontano un miglio***, ***a un miglio (di distanza)***, (*fig.*) à des kilomètres, à une lieue: *lo si sentiva a un miglio di distanza*, on l'entendait à des kilomètres; *l'odore si sentiva lontano un miglio*, on sentait l'odeur à cent lieues à la ronde.

miglio[2] ***n.m.*** [pl. *-glî*] (*bot.*) millet, mil.

miglioramento [mi-glio-ra-mén-to] ***n.m.*** amélioration (*f.*): *il malato ha fatto notevoli miglioramenti*, l'état du malade s'est nettement amélioré.

migliorare [mi-glio-rà-re] ***v.tr.*** améliorer: *devi migliorare la tua conoscenza dell'inglese*, tu dois améliorer ta connaissance de l'anglais; *migliorare il proprio stile*, perfectionner son style ♦ ***v.intr.*** [aus. *essere*] s'améliorer, aller* mieux: *l'ammalato migliora*, le malade va mieux; *la situazione è migliorata*, la situation s'est améliorée; *migliorare negli studi*, faire des progrès dans ses études.

migliorativo [mi-glio-ra-tì-vo] ***agg.*** améliorant: *provvedimento migliorativo*, mesure d'amélioration.

migliore [mi-glió-re] ***agg.*** **1** (*compar.*) meilleur: *è migliore di te*, il est meilleur que toi; *molto*, *assai migliore*, bien meilleur; *non ho mai avuto (un) allievo migliore*, je n'ai jamais eu de meilleur élève; *non c'è medico migliore di lui*, il n'y a pas de meilleur médecin que lui; *il tempo è migliore oggi*, il fait meilleur aujourd'hui; *rendere qlco, qlcu migliore*, améliorer qqch, rendre qqn meilleur; *diventare migliore*, s'améliorer; *le cose stanno prendendo una piega migliore*, les choses se mettent au mieux; *rimandare a tempo migliore*, remettre à une occasion plus favorable; *non c'è miglior cosa che*, rien de mieux que **2** (*superl.rel.*) le* meilleur: *è l'uomo migliore che io conosca*, c'est le meilleur homme que je connaisse; *la sua migliore qualità è*, sa plus grande qualité est; *indossò il suo abito migliore*, il mit son plus beau costume | *la cosa migliore da fare è*, la meilleure chose (à faire) serait de, le mieux serait de ♦ ***n.m.*** e ***f.*** meilleur/e.
● ***migliori saluti***, meilleures salutations | ***nel migliore modo possibile***, ***nel migliore dei modi***, le mieux possible | ***passare a miglior vita***, (*fig.*) passer de vie à trépas | ***vinca il migliore***, que le meilleur gagne.

> **NOTA** Nelle comparazioni con ***migliore di***, il secondo termine di paragone è sempre preceduto in francese da ***que***:
>
> *Questo libro è* ***migliore dell'****altro.*
> Ce livre est **meilleur que** l'autre.
>
> Quando il paragone è espresso con ***migliore di quanto*** seguito da una proposizione, ***meilleur que*** ha il verbo sempre all'indicativo preceduto da ***ne*** espletivo:
>
> *È un medico* **migliore di quanto** *credessi.*
> Il est **meilleur** médecin **que** je **ne** le **croyais**.

miglioria [mi-glio-rì-a] ***n.f.*** amélioration.

mignatta [mi-gnàt-ta] ***n.f.*** sangsue (*anche fig.*).

mignolo [mì-gno-lo] ***agg.*** e ***n.m.***
● (***dito***) ***mignolo***, petit doigt, auriculaire; (*del piede*) petit orteil.

mignon [mi-gnòn] ***agg.invar.***
● ***bottiglia mignon***, mignonnette | ***lampadina mignon***, ampoule à petit culot | ***pasticceria mignon***, petits fours.

mignotta [mi-gnòt-ta] ***n.f.*** (*region.*) (*volg.*) (*prostituta*) putain.

migrante [mi-gràn-te] ***agg.*** migrant, migrateur*.

migrare [mi-grà-re] ***v.intr.*** [aus. *essere*] **1** émigrer **2** (*zool.*) migrer, émigrer.

migratore [mi-gra-tó-re] ***agg.*** e ***n.m.*** [f. *-trice*] migrateur*: *uccello migratore*, oiseau migrateur.

migratorio [mi-gra-tò-rio] ***agg.*** [pl.m. *-ri*] migratoire.

migrazione [mi-gra-zió-ne] ***n.f.*** migration.

mikado [mi-kà-do] ***n.m.invar.*** mikado.

mila [mì-la] ***agg.num.card.invar.*** mille.

milanese [mi-la-né-se] ***agg.*** milanais ♦ ***n.m.*** e ***f.*** (*abitante*) Milanais/e.

miliardario [mi-liar-dà-rio] ***agg.*** e ***n.m.*** [f. *-a*; pl.m. *-ri*] milliardaire.

miliardesimo [mi-liar-dè-ʃi-mo] ***agg.num.ord.*** e ***n.m.*** [f. *-a*] milliardième.

miliardo [mi-liàr-do] ***n.m.*** milliard.

miliare [mi-lià-re] ***agg.*** milliaire.
● ***pietra miliare***, (*anche fig.*) pierre milliaire.

milionario [mi-lio-nà-rio] ***agg.*** e ***n.m.*** [f. *-a*; pl.m. *-ri*] millionnaire.

milione [mi-lió-ne] ***n.m.*** million.
● ***un milione di volte***, (*fig.*) cent fois: *l'ho detto un milione di volte*, je l'ai dit cent fois.

milionesimo [mi-lio-nè-ʃi-mo] ***agg.num.ord.*** e ***n.m.*** [f. *-a*] millionième.

militante [mi-li-tàn-te] ***agg.*** e ***n.m.*** e ***f.*** militant/e.

M

militanza [mi-li-tàn-za] ***n.f.*** militantisme (*m.*).
militare[1] [mi-li-tà-re] ***agg.*** e ***n.m.*** militaire.
● ***militare di carriera***, militaire de carrière | ***fare il (servizio) militare***, faire son service (militaire).
militare[2] ***v.intr.*** [aus. *avere*] **1** faire* son service militaire, servir*; (*combattere*) combattre* **2** (*fig.*) militer: *militare in un partito*, militer dans un parti.
militaresco [mi-li-ta-ré-sco] ***agg.*** [pl.m. -*schi*, f. -*sche*] soldatesque.
militarismo [mi-li-ta-ri-ʃmo] ***n.m.*** militarisme.
militarista [mi-li-ta-rì-sta] ***agg.*** e ***n.m.*** e ***f.*** militariste.
militaristico [mi-li-ta-rì-sti-co] ***agg.*** [pl.m. -*ci*, f. -*che*] militariste.
militarizzare [mi-li-ta-riʒ-ʒà-re] ***v.tr.*** militariser.
● ***zona militarizzata***, zone militarisée.
militarizzazione [mi-li-ta-riʒ-ʒa-zió-ne] ***n.f.*** militarisation.
militarmente [mi-li-tar-mén-te] ***avv.*** militairement | *giudicare militarmente*, juger devant le tribunal militaire.
milite [mì-li-te] ***n.m.*** soldat; (*agente*) agent: *i militi della Stradale*, les agents de la police de la route; *i militi della Finanza*, les douaniers; *i militi della Forestale*, les gardes forestiers.
● ***il Milite Ignoto***, le Soldat Inconnu.
militesente [mi-li-te-ʃèn-te] ***agg.*** e ***n.m.*** **1** exempté du service militaire; (*riformato*) réformé **2** (*congedato*) libéré du service militaire.
milizia [mi-lì-zia] ***n.f.*** **1** troupes (*pl.*) | *milizia territoriale*, armée territoriale **2** (*professione delle armi*) métier (*m.*) des armes; (*vita militare*) vie militaire **3** (*estens.*) (*attività*) activité.
miliziano [mi-li-zià-no] ***n.m.*** [f. -*a*] milicien.
millantare [mil-lan-tà-re] ***v.tr.*** vanter: *millantare i propri meriti*, exalter ses mérites.
● (*dir.*) ***millantato credito***, trafic d'influence.
millantatore [mil-lan-ta-tó-re] ***agg.*** e ***n.m.*** [f. -*trice*] vantard, fanfaron*.
millanteria [mil-lan-te-rì-a] ***n.f.*** vantardise, fanfaronnade.
mille [mìl-le] ***agg.num.card.*** e ***n.m.invar.*** mille; (*nelle date*) mil: *mille soldati*, mille soldats; *mille e un euro*, mille un euros; *un biglietto da mille (lire)*, (*antiq.*) un billet de mille lires | *sono mill'anni che non lo vedo*, il y a, cela fait un siècle que je ne le vois pas.
● ***mille volte***, (*fig.*) cent fois: *è mille volte meglio*, c'est cent fois mieux | ***a mille a mille***, par milliers | ***grazie mille*** (o ***mille grazie***), mille fois merci | ***il Mille***, l'an mille | (*lett.*) ***le Mille e una notte***, les Mille et une nuits | ***per mille***, pour mille: *il due per mille*, deux pour mille.
millecento [mil-le-cèn-to] ***agg.num.card.*** e ***n.m.invar.*** onze cents: *ti costerà millecento euro*, cela te coûtera onze cents euros.
millefoglie [mil-le-fò-glie] ***n.m.invar.*** **1** (*cuc.*) millefeuille **2** (*bot.*) mille-feuille* (*f.*).
millenario [mil-le-nà-rio] ***agg.*** [pl.m. -*ri*] **1** (*che ha mille anni*) millénaire **2** (*che ricorre ogni mille anni*) qui a lieu tous les mille ans ♦ ***n.m.*** (*anniversario*) millénaire.
millennio [mil-lèn-nio] ***n.m.*** [pl. -*ni*] millénaire.
millepiedi [mil-le-piè-di] ***n.m.invar.*** (*zool.*) mille-pattes.
millesimo [mil-lè-ʃi-mo] ***agg.num.ord*** millième: *è la millesima volta che*, (*estens.*) c'est la énième fois que ♦ ***n.m.*** **1** [f. -*a*] millième **2** (*in una data*) millésime.
milleusi [mil-le-ù-ʃi] ***agg.invar.*** polyvalent, à usages multiples, universel*.
millibar [mil-li-bàr *o* mìllibar] ***n.m.invar.*** (*fis.*) millibar.
milligrammo [mil-li-gràm-mo] ***n.m.*** milligramme.
millilitro [mil-lì-li-tro] ***n.m.*** millilitre.
millimetrato [mil-li-me-trà-to] ***agg.*** millimétrique, millimétré.
● ***carta millimetrata***, papier millimétrique (*o* millimétré).
millimetrico [mil-li-mè-tri-co] ***agg.*** [pl.m. -*ci*, f. -*che*] **1** millimétrique **2** (*fig.*) (*molto preciso*) très précis.
millimetro [mil-lì-me-tro] ***n.m.*** millimètre.
milza [mìl-za] ***n.f.*** (*anat.*) rate.
mimare [mi-mà-re] ***v.tr.*** mimer.
mimesi [mi-mè-ʃi *o* mìmeʃi] ***n.f.invar.*** **1** imitation **2** (*fil.*) mimesis.
mimetico [mi-mè-ti-co] ***agg.*** [pl.m. -*ci*, f. -*che*] **1** mimétique **2** (*imitativo*) mimique **3** (*mimetizzato*) camouflé **4** (*che serve a mimetizzare*) de camouflage.
● (*mil.*) ***tuta mimetica***, tenue léopard.
mimetismo [mi-me-tì-ʃmo] ***n.m.*** mimétisme.
mimetizzare [mi-me-tiʒ-ʒà-re] ***v.tr.*** camoufler ♦ **mimetizzarsi** ***v.pron.*** se camoufler.
mimetizzazione [mi-me-tiʒ-ʒa-zió-ne] ***n.f.*** **1** camouflage (*m.*) **2** (*bot., zool.*) mimétisme (*m.*).
mimica [mì-mi-ca] ***n.f.*** [pl. -*che*] **1** mimique **2** (*arte scenica*) mime.
mimico [mì-mi-co] ***agg.*** [pl.m. -*ci*, f. -*che*] mimique | *l'arte mimica*, l'art du mime.
mimo [mì-mo] ***n.m.*** [f. -*a*] (*teatr.*) mime.
mimosa [mi-mó-sa] ***n.f.*** (*bot.*) mimosa (*m.*).
mina [mì-na] ***n.f.*** **1** (*mil.*) mine: *innescare, disinnescare una mina*, amorcer, désamorcer une mine **2** (*di matita*) mine (de crayon).
● (*mil.*): ***mina anticarro***, mine antichar; ***mina antiuomo***, mine antipersonnel; ***mina vagante***, mine flottante: *essere una mina vagante*, (*fig.*) être une menace constante.
minaccia [mi-nàc-cia] ***n.f.*** [pl. -*ce*] menace: *c'è minaccia di pioggia*, (*fig.*) la pluie menace | (*med.*) *avere una minaccia di*, avoir les indices de.
minacciare [mi-nac-cià-re] ***v.tr.*** [coniug. come *cominciare*] menacer* (*anche fig.*): *il tempo minaccia pioggia*, le temps est à la pluie, la pluie menace.
minacciosamente [mi-nac-cio-sa-mén-te] ***avv.*** d'une façon menaçante; (*con aria minacciosa*) d'un air menaçant.
minaccioso [mi-nac-ció-so] ***agg.*** menaçant (*anche fig.*).
minare [mi-nà-re] ***v.tr.*** miner (*anche fig.*): *minare la reputazione di qlcu*, attaquer la réputation de qqn.
minareto [mi-na-ré-to] ***n.m.*** minaret.
minato [mi-nà-to] ***agg.*** **1** miné: *zona minata*, zone minée **2** (*fig.*) rongé: *minato dal dispiacere*, rongé par le chagrin.
● ***campo minato***, champ de mines; (*fig.*) terrain dangereux.
minatore [mi-na-tó-re] ***n.m.*** mineur.
minatorio [mi-na-tò-rio] ***agg.*** [pl.m. -*ri*] menaçant: *lettera minatoria*, lettre de menaces.
minchia [mìn-chia] ***n.f.*** (*region.*) (*volg.*) queue, bitte.
minchione [min-chió-ne] ***n.m.*** [f. -*a*] (*volg.*) couillon*.
minerale [mi-ne-rà-le] ***agg.*** minéral* ♦ ***n.m.*** **1** minéral*

M

2 (*materiale grezzo estraibile*) minerai: *minerale di ferro*, minerai de fer; *giacimento di minerale*, gisement de minerai ♦ ***n.f.*** eau minérale.
● ***minerale grezzo***, minerai | ***acqua minerale***, eau minérale.

mineralizzare [mi-ne-ra-liʒ-ʒà-re] ***v.tr.*** (*chim.*) minéraliser.

mineralizzazione [mi-ne-ra-liʒ-ʒa-zió-ne] ***n.f.*** (*chim.*) minéralisation.

mineralogia [mi-ne-ra-lo-gì-a] ***n.f.*** minéralogie.

mineralogico [mi-ne-ra-lò-gi-co] ***agg.*** [pl.m. *-ci*, f. *-che*] minéralogique.

mineralogista [mi-ne-ra-lo-gì-sta] ***n.m.*** e ***f.*** minéralogiste.

minerario [mi-ne-rà-rio] ***agg.*** [pl.m. *-ri*] minier*: *ingegnere minerario*, ingénieur des mines.

minerva® [mi-nèr-va] ***n.m.pl.*** (*fiammiferi*) allumettes (sans phosphore): *una bustina di minerva*, une pochette d'allumettes.

minestra [mi-nè-stra] ***n.f.*** **1** soupe, potage (*m.*): *minestra di verdura*, *di riso*, soupe de légumes, au riz; *minestra in busta*, *solubile*, soupe en sachet **2** (*primo piatto*) entrée.
● ***minestra asciutta***, entrée (de riz, de pâtes) | ***minestra in brodo***, potage (*o* soupe) | ***è sempre la stessa minestra***, (*fig.*) c'est toujours la même chanson | ***è una minestra riscaldata***, (*fig.*) c'est du réchauffé | (*prov.*) ***o mangi questa minestra o salti dalla finestra***, c'est ça ou rien, il n'y pas de choix.

minestrina [mi-ne-strì-na] ***n.f.*** potage (*m.*) léger.

minestrone [mi-ne-stró-ne] ***n.m.*** **1** soupe (*f.*) de légumes **2** (*fig.*) (*insieme di cose diverse*) fouillis.

mingherlino [min-gher-lì-no] ***agg.*** maigrelet*, maigriot*.

mini [mì-ni] ***agg.invar.*** mini: *una gonna mini*, une mini -jupe ♦ ***n.f.invar.*** mini.

mini- ***pref.*** mini-.

miniappartamento [mi-ni-ap-par-ta-mén-to] ***n.m.*** studio.

miniare [mi-nià-re] ***v.tr.*** **1** enluminer, orner de miniatures **2** (*fig.*) (*rifinire, curare*) fignoler.

miniato [mi-nià-to] ***agg.*** **1** miniaturé; (*di manoscritto*) enluminé **2** (*fig.*) fignolé.

miniatore [mi-nia-tó-re] ***n.m.*** [f. *-trice*] miniaturiste; (*di manoscritti*) enlumineur*.

miniatura [mi-nia-tù-ra] ***n.f.*** miniature; (*di manoscritti*) enluminure.
● ***in miniatura***, en miniature.

miniaturista [mi-nia-tu-rì-sta] ***n.m.*** e ***f.*** miniaturiste.

miniaturizzare [mi-nia-tu-riʒ-ʒà-re] ***v.tr.*** (*tecn.*) miniaturiser.

miniaturizzazione [mi-nia-tu-riʒ-ʒa-zió-ne] ***n.f.*** (*tecn.*) miniaturisation.

minibar [mi-ni-bàr] ***n.m.invar.*** mini-bar, frigobar.

minibasket [mi-ni-bà-sket] ***n.m.invar.*** (*sport*) minibasket.

minibus [mì-ni-bus] ***n.m.invar.*** minibus, minicar.

minicalcolatore [mi-ni-cal-co-la-tó-re] ***n.m.*** mini-ordinateur*.

minicar [mi-ni-càr] ***n.f.invar.*** microvoiture.

minicassetta [mi-ni-cas-sét-ta] ***n.f.*** minicassette.

minicomputer [mi-ni-com-pù-ter] ***n.m.invar.*** → **minicalcolatore**.

miniera [mi-niè-ra] ***n.f.*** mine (*anche fig.*); (*a cielo aperto*) minière: *una miniera di carbon fossile*, une houillère.
● ***miniera d'oro***, (*anche fig.*) mine d'or.

minigolf [mi-ni-gòlf] ***n.m.invar.*** minigolf, golf miniature.

minigonna [mi-ni-gòn-na *o* minigónna] ***n.f.*** **1** mini-jupe **2** (*aut.*) jupe.

minima [mì-ni-ma] ***n.f.*** **1** (*mus.*) minime, blanche **2** (*meteor.*) température minimale **3** (*med.*) (*di pressione del sangue*) (tension) minimale.

minimalismo [mi-ni-ma-li-ʃmo] ***n.m.*** **1** minimalisme **2** (*arte*) art minimal, minimalisme.

minimalista [mi-ni-ma-lì-sta] ***agg.*** e ***n.m.*** e ***f.*** minimaliste.

minimamente [mi-ni-ma-mén-te] ***avv.*** pas du tout.

minimarket [mi-ni-màr-ket] ***n.m.invar.*** supérette (*f.*).

minimizzare [mi-ni-miʒ-ʒà-re] ***v.tr.*** minimiser.

minimo [mì-ni-mo] ***agg.superl.*** **1** (*il più piccolo*) le* moindre; (*il più basso*) minimum*, minimal*: *si irrita per ogni minima osservazione*, il s'irrite à la moindre observation; *il salario minimo*, le salaire minimum; *velocità minima*, vitesse minimum **2** (*piccolissimo*) très petit; (*bassissimo*) très bas*: *a un prezzo minimo*, à très bas prix ♦ ***n.m.*** **1** minimum*: *il minimo indispensabile*, le strict nécessaire; *il minimo retributivo*, le minimum de rétribution; *è il minimo che io possa fare*, c'est le moins que je puisse faire | *si è laureato con il minimo dei voti*, il a eu sa licence de justesse **2** (*aut.*) ralenti | *questa macchina non tiene il minimo*, (*fam.*) cette voiture cale tout le temps **3** (*mat.*) (*di una funzione*) minimum*.
● ***al minimo***, ***come minimo***, au moins | ***non ne ho la minima idea***, je n'en ai pas la moindre idée | (*meteor.*) ***temperatura minima***, température minimale.

minio [mì-nio] ***n.m.*** [pl. *-ni*] (*chim.*) minium.

miniserie [mi-ni-sè-rie] ***n.f.invar.*** (*tv*) télésuite.

ministeriale [mi-ni-ste-rià-le] ***agg.*** e ***n.m.*** e ***f.*** ministériel/elle.

ministero [mi-ni-stè-ro] ***n.m.*** **1** (*pol.*) ministère **2** (*letter.*) (*ufficio, funzione*) ministère: *il ministero sacerdotale*, le ministère du prêtre.
● ***Ministero degli Esteri***, ***dell'Interno***, Ministère des Affaires étrangères, de l'Intérieur | (*dir.*) ***pubblico ministero***, ministère public, magistrature debout.

ministro [mi-nì-stro] ***n.m.*** (*pol., eccl.*) ministre.
● ***ministro senza portafoglio***, ministre sans portefeuille | ***primo ministro***, premier ministre.

minoico [mi-nòi-co] ***agg.*** [pl.m. *-ci*, f. *-che*] (*st.*) minoen*.

minoranza [mi-no-ràn-za] ***n.f.*** minorité: *essere*, *andare in minoranza*, être, aller en minorité.
● ***minoranza etnica***, minorité ethnique | (*gramm.*) ***comparativo di minoranza***, comparatif d'infériorité.

minorato [mi-no-rà-to] ***agg.*** (*fisico*) *handicapé, diminué; (*psichico*) arriéré ♦ ***n.m.*** [f. *-a*] **1** (*fisico*) *handicapé; (*invalido*) invalide **2** (*psichico*) arriéré mental*.

minorazione [mi-no-ra-zió-ne] ***n.f.*** **1** (*diminuzione*) diminution **2** (*menomazione*) infirmité; *handicap (*m.*); (*invalidità*) invalidité: *ha una grave minorazione*, il est atteint d'une grave infirmité.
● (*psic.*) ***minorazione mentale***, déficience mentale.

minore [mi-nó-re] ***agg.*** **1** (*compar.*) (*meno grande*) moindre; moins grand; (*più piccolo*) plus petit; (*inferiore*) inférieur; (*seguito da n.*) moins de: *una quantità minore*, une moins grande quantité (*o* une quantité infé-

M

rieure *o* une plus petite quantité); *a una distanza minore*, à une distance inférieure; *con minore sforzo*, *entusiasmo*, avec moins d'effort, moins d'enthousiasme; *l'affluenza alle urne è minore del previsto*, l'affluence aux urnes est moins forte que prévu; *con minore spesa*, en dépensant moins; *a minor prezzo*, à un prix plus bas; *un argomento di minore interesse*, un sujet de moindre intérêt; *i poeti, i pittori minori del Trecento*, les poètes, les peintres mineurs du XIVe siècle | *Dante*, *Tasso minore*, les œuvres mineures de Dante, du Tasse **2** (*superl.rel.*) (*il più piccolo*) le* plus petit; (*il meno importante*) le* moins important; (*la quantità minima di*) le moins de: *il suo difetto minore*, son moindre défaut; *il numero minore*, le nombre le plus petit; *i minori esponenti di un partito*, les représentants les moins importants d'un parti; *al minor prezzo*, au moindre prix; *col minore sforzo possibile*, avec le moins d'effort possible; *è il minore dei suoi guai*, c'est le dernier de ses soucis **3** (*più giovane*) moins âgé, plus jeune; (*il più giovane*) le moins âgé, le plus jeune; (*l'ultimogenito*) (le) cadet*: *Carlo è minore di me di due anni*, Carlo est mon cadet (*o* moins âgé *o* plus jeune que moi) de deux ans; *il fratello minore*, *il minore dei fratelli*, le frère cadet; *la sorella minore*, *la minore delle sorelle*, la sœur cadette; *è il minore dei fratelli*, il est le moins âgé; *il figlio minore*, *il minore dei figli*, le cadet; *la figlia minore*, *la minore delle figlie*, la cadette; *mio figlio minore*, mon (fils) cadet; *chi è il minore di voi due?*, qui est le moins âgé, le plus jeune de vous deux? | *essere minore*, (*minorenne*) être mineur **4** (*mus.*, *fil.*, *eccl.*) mineur ♦ *n.m.* e *f.* **1** (*cadetto*) cadet/ette; (*di età*) le/la moins âgé/ée **2** (*minorenne*) mineur/e (*anche dir.*).

● ***arti minori***, arts mineurs | (*geogr.*) ***Asia Minore***, Asie Mineure | (*eccl.*) ***frate***, ***ordine minore***, frère, ordre mineur | ***la minore età***, la minorité | ***molto minore***, beaucoup moins grand, bien moindre; (*più giovane*) beaucoup plus jeune | (*astr.*) ***Orsa*** (o ***Carro***) ***Minore***, Petite Ourse | (*mus.*) ***scala minore***, gamme mineure | ***vietato ai minori di***, interdit aux moins de.

NOTA Nelle comparazioni con ***minore di***, il secondo termine di paragone è sempre preceduto in francese da ***que***:

*La mia pazienza è **minore della** tua.*
Ma patience est **moins** grande **que** la tienne.

Quando il paragone è espresso con ***minore di quanto*** seguito da una proposizione, ***moins que*** ha il verbo sempre all'indicativo preceduto da ***ne*** espletivo:

*Le spese sono state **minori di quanto** avessi calcolato.*
Les frais ont été **moins** élevés **que** je **n'avais** calculé.

minorenne [mi-no-rèn-ne] *agg.* mineur ♦ *n.m.* e *f.* mineur/e.

minorile [mi-no-rì-le] *agg.* des mineurs, juvénile: *tribunale minorile*, tribunal des mineurs; *delinquenza minorile*, délinquance juvénile; *lavoro minorile*, travail des enfants; *età minorile*, minorité.

minorità [mi-no-ri-tà] *n.f.invar.* minorité.

minoritario [mi-no-ri-tà-rio] *agg.* [pl.m. *-ri*] minoritaire.

minuendo [mi-nu-èn-do] *n.m.* le plus grand nombre (dans une soustraction).

minuetto [mi-nu-ét-to] *n.m.* (*mus.*) menuet.

minuscola [mi-nù-sco-la] *n.f.* minuscule.

minuscolo [mi-nù-sco-lo] *agg.* minuscule; *una A minuscola*, un A minuscule, un petit A ♦ *n.m.* caractère minuscule: *in minuscolo*, en minuscules.

minuta [mi-nù-ta] *n.f.* brouillon (*m.*); (*dir.*) minute.

minutaglia [mi-nu-tà-glia] *n.f.* pacotille.

minutamente [mi-nu-ta-mén-te] *avv.* **1** (*in piccole parti*) menu **2** (*in modo particolareggiato*) en détail.

minuteria [mi-nu-te-rì-a] *n.f.* **1** (*mecc.*) menuiserie **2** (*di orologi*) mouvement (*m.*) d'horlogerie.

minuto[1] [mi-nù-to] *agg.* **1** minuscule; (*piccolo*) petit: *scrivere a lettere minute*, écrire très petit **2** (*di poca importanza*) menu: *spese minute*, menus frais; *i minuti piaceri*, les menus plaisirs **3** (*gracile, delicato*) menu; fin: *bambino minuto*, enfant menu; *lineamenti minuti*, traits fins; *ossatura minuta*, ossature grêle **4** (*formato di piccole parti*) menu; (*sottile*) fin: *legna minuta*, menu bois; *una pioggia minuta*, une pluie fine **5** (*preciso*) menu; (*dettagliato*) détaillé **6** (*minuzioso*) minutieux* ♦ *n.m.* détail ♦ *avv.* (*ant.*) menu.

● (*comm.*) ***al minuto***, au détail: *commerciante al minuto*, détaillant | ***frittura minuta***, petite friture | (*st.*) ***popolo minuto***, menu peuple.

minuto[2] *n.m.* **1** minute (*f.*): *le tre e cinque minuti*, trois heures cinq; *mancano solo dieci minuti*, il n'y a plus que dix minutes **2** (*breve spazio di tempo*) instant: *pochi minuti*, quelques instants.

● ***minuto primo***, une minute | ***minuto secondo***, une seconde | ***a minuti***, dans quelques instants | ***calcolo dei minuti***, minutage | ***in due minuti***, en deux secondes | ***stare al minuto***, être à une minute près.

minuzia [mi-nù-zia] *n.f.* minutie.

minuziosamente [mi-nu-zio-sa-mén-te] *avv.* minutieusement.

minuziosità [mi-nu-zio-si-tà] *n.f.invar.* minutie.

minuzioso [mi-nu-zió-so] *agg.* **1** minutieux* **2** (*meticoloso*) méticuleux*.

minuzzolo [mi-nùz-zo-lo] *n.m.* bribe (*f.*).

● ***a minuzzoli***, en miettes.

minzione [min-zió-ne] *n.f.* (*fisiol.*) miction.

mio [mì-o] *agg.poss. 1ª pers.sing.* [f. *mia*; pl.m. *miei*, f. *mie*] **1** mon*: *mia madre*, ma mère; *la mia mamma*, ma maman; *i miei genitori*, mes parents; *il mio lavoro*, mon travail; *la mia casa*, ma maison; *la mia idea*, mon idée; *i miei libri*, mes livres; *le mie opinioni*, mes idées; *l'ultimo mio viaggio*, mon dernier voyage; *è del mio stesso parere*, il est tout à fait de mon avis; *la tua e la mia casa sono moderne*, ta maison et la mienne sont modernes; *è un problema mio, non tuo*, c'est mon problème, (ce n'est) pas le tien; *questo mio amico*, mon ami; *un mio amico*, un de mes amis (*o* un ami à moi); *un mio amico architetto*, un architecte de mes amis; *ha voluto un mio parere*, il a voulu mon avis; *aspettava una mia risposta*, il attendait une réponse de ma part; *due*, *tre miei amici*, deux, trois de mes amis; *alcuni miei amici*, quelques-uns de mes amis; *verranno a casa mia domani*, ils viendront chez moi demain; *telefonami a casa* (*mia*) *alle otto*, téléphone-moi à la maison à huit heures | *bambino mio!*, *figlio mio!*, mon enfant!; *tesoro mio!*, mon trésor! **2** (*per indicare proprietà, appartenenza*) à moi: *quel che è mio, è mio*, ce qui est à moi, est à moi; *l'idea non è mia*, l'idée n'est pas de moi; *ho una camera tutta mia*, j'ai une chambre pour moi tout seul; *ho un modo tutto mio di vedere le cose*, j'ai une manière toute personnelle de voir les choses; *questo libro è mio*, (*mi appartiene*) ce livre est à moi; (*ne sono l'autore*) ce livre est de moi ♦ *pron.poss. 1ª pers.sing.* **1** le mien*: *la tua camera è più piccola della mia*, ta chambre est plus petite que la mienne **2** (*in espressioni ellittiche*): *quando leggerai questa mia*, quand tu liras cette lettre, ma lettre; *è, sta sempre dalla mia* (*parte*), il est toujours de mon côté; *ho il direttore dalla mia*, j'ai le directeur pour moi; *ho voluto dire la* *mia*, j'ai voulu exprimer mon opinion; *io sto sempre sulle mie*, je garde toujours mes distances; *ne ho fatta ancora una delle mie*, j'ai encore fait une des miennes; *ne ho detta una delle mie*, j'ai encore fait une de mes gaffes; *anch'io ho avuto le mie* (*disgrazie*), moi aussi, j'ai eu ma part de malheurs ♦ ***n.m.*** **1** (mezzi economici, beni personali) le mien*: *vivo ancora del mio*, je vis encore de mes ressources personnelles; *metto, spendo del mio*, (denaro) j'ajoute, je paie de ma poche; *mi accontento del mio*, je me contente de ce que j'ai **2** (preceduto da pron.indef.): *ho ancora qlco di mio*, j'ai encore quelques biens personnels; *ho voluto aggiungere qlco di mio*, (in un discorso, in un testo) j'ai voulu moi aussi ajouter qqch; *non ho più niente di mio*, je n'ai, ne possède plus rien; *non c'è più nulla di mio qui*, ici il n'y a plus rien qui m'appartienne; *non ci ho messo molto di mio in questo lavoro*, je n'ai pas mis beaucoup de moi-même dans ce travail **3** (*pl.*) (genitori, sostenitori ecc.) les miens.

mi(o)- ***pref.*** my(o)-.

miocardio [mio-càr-dio] ***n.m.*** [pl. *-dî*] (anat.) myocarde.

miocardite [mio-car-dì-te] ***n.f.*** (med.) myocardite.

miocene [mio-cè-ne] ***n.m.*** (geol.) miocène.

miologia [mio-lo-gì-a] ***n.f.*** (med.) myologie.

miopatia [mio-pa-tì-a] ***n.f.*** (med.) myopathie.

miope [mì-o-pe] ***agg.*** e ***n.m.*** e ***f.*** myope.

miopia [mio-pì-a] ***n.f.*** myopie.

miosotide [mio-ʃò-ti-de] ***n.f.*** (bot.) myosotis (*m.*).

mira [mì-ra] ***n.f.*** **1** visée (anche fig.): *avere buona, cattiva mira*, bien, mal viser; *alzare, abbassare, aggiustare la mira*, viser haut, viser bas, bien viser; *prendere la mira*, viser **2** (bersaglio) but (*m.*): *sbagliare la mira*, manquer son but **3** (balistica) mire; *linea, tacca di mira*, ligne, cran de mire.
● ***avere di mira qlco***, viser à qqch | ***prendere di mira qlcu***, (fig.) prendre qqn pour cible: *si sente preso di mira*, il se sent visé.

mirabile [mi-rà-bi-le] ***agg.*** (degno di ammirazione) admirable; (eccezionale) étonnant: *con mirabile sangue freddo*, avec un sang froid admirable; *mirabile a dirsi*, étonnant à dire.

mirabilia [mi-ra-bì-lia] ***n.f.pl.*** merveilles.

mirabilmente [mi-ra-bil-mén-te] ***avv.*** **1** (meravigliosamente) merveilleusement **2** (perfettamente) admirablement.

mirabolante [mi-ra-bo-làn-te] ***agg.*** mirobolant.

miracolare [mi-ra-co-là-re] ***v.tr.*** guérir, sauver par un miracle.

miracolato [mi-ra-co-là-to] ***agg.*** e ***n.m.*** [f. *-a*] miraculé.

miracolo [mi-rà-co-lo] ***n.m.*** miracle: *è un miracolo che ti abbia visto*, c'est un miracle si je t'ai vu; *sarebbe un miracolo se riuscisse*, ce serait un miracle qu'il réussisse.
● ***dire miracoli di qlcu, qlco***, dire monts et merveilles de qqn, de qqch | ***sapere vita, morte e miracoli***, connaître tous les faits et gestes.

miracoloso [mi-ra-co-ló-so] ***agg.*** miraculeux*.
● ***avere del miracoloso***, tenir du miracle.

miraggio [mi-ràg-gio] ***n.m.*** [pl. *-gi*] mirage (anche fig.): *lo attirò col miraggio di enormi guadagni*, il l'attira par le mirage de gains mirifiques.

mirare [mi-rà-re] ***v.intr.*** [aus. *avere*] viser: *mirare al bersaglio*, viser la cible; *mirare al cuore, nel segno*, viser au cœur, au but; *mirare in alto, lontano*, (fig.) viser haut ♦ **mirarsi** ***v.pron.*** se contempler.

mirato [mi-rà-to] ***agg.*** ponctuel*; visant (**à**), qui vise (**à**).

miria- ***pref.*** myria-.

miriade [mi-rì-a-de] ***n.f.*** myriade.

miriagrammo [mi-ria-gràm-mo] ***n.m.*** myriagramme.

miriapodi [mi-rià-po-di] ***n.m.pl.*** (zool.) myriapodes.

mirino [mi-rì-no] ***n.m.*** **1** (di arma da fuoco) guidon **2** (fot.) viseur.
● ***essere nel mirino***, (fig.) être dans le collimateur.

mirra [mìr-ra] ***n.f.*** myrrhe.

mirror ['mirror] ***n.m.invar.*** (Internet) miroir.

mirtillo [mir-til-lo] ***n.m.*** (blu) myrtille (*f.*); (rosso) airelle (*f.*).

mirto [mìr-to] ***n.m.*** (bot.) myrte.

misantropia [mi-ʃan-tro-pì-a] ***n.f.*** misanthropie.

misantropo [mi-ʃàn-tro-po] ***n.m.*** [f. *-a*] misanthrope.

miscela [mi-scè-la] ***n.f.*** mélange (*m.*).

miscelare [mi-sce-là-re] ***v.tr.*** mélanger*.

miscelatore [mi-sce-la-tó-re] ***n.m.*** **1** mélangeur **2** (elettr., tv) mixeur.

miscelazione [mi-sce-la-zió-ne] ***n.f.*** mélange (*m.*).

miscellanea [mi-scel-là-ne-a] ***n.f.*** (lett.) miscellanées (*pl.*).

mischia [mì-schia] ***n.f.*** mêlée: *nel mezzo della mischia*, au plus fort de la mêlée.

mischiare [mi-schià-re] ***v.tr.*** mélanger*; (spec. liquidi) mêler; (fig.) mêler ♦ **mischiarsi** ***v.pron.*** se mêler: *mischiarsi alla folla*, se mêler à la foule; *si è mischiato nei miei affari*, il s'est mêlé de mes affaires.

mischiata [mi-schià-ta] ***n.f.***
● ***dare una mischiata alle carte***, battre rapidement les cartes.

misconoscere [mi-sco-nó-sce-re] ***v.tr.*** [coniug. come *conoscere*] méconnaître*.

miscredente [mi-scre-dèn-te] ***agg.*** e ***n.m.*** e ***f.*** mécréant/e.

miscuglio [mi-scù-glio] ***n.m.*** [pl. *-gli*] mélange.

miserabile [mi-ʃe-rà-bi-le] ***agg.*** e ***n.m.*** e ***f.*** misérable: *stipendio miserabile*, salaire de misère.

miseramente [mi-se-ra-mén-te] ***avv.*** misérablement.

miserando [mi-ʃe-ràn-do] ***agg.*** pitoyable.

miserevole [mi-ʃe-ré-vo-le] ***agg.*** pitoyable.

miseria [mi-ʃè-ria] ***n.f.*** **1** misère: *cadere in miseria*, tomber dans la misère; *ridurre in miseria*, réduire à la misère **2** (inezia) misère: *l'ho pagato una miseria*, je l'ai payé trois fois rien; *per una miseria*, pour un rien **3** (scarsità) pénurie **4** (*pl.*) (affanni) misères; (disgrazie) malheurs (*m.*).
● (bot.) (erba) ***miseria***, misère | ***per la miseria!***, (molto fam.) misère!

misericordia [mi-ʃe-ri-còr-dia] ***n.f.*** miséricorde; (pietà) pitié: *senza misericordia*, sans pitié; *avere misericordia di*, avoir pitié de.

misericordioso [mi-ʃe-ri-cor-dió-so] ***agg.*** miséricordieux*; (di misericordia) de miséricorde: *atto misericordioso*, acte de miséricorde.

misero [mì-ʃe-ro] ***agg.*** [f. *-a*] **1** (infelice) malheureux*: *misero me!*, pauvre de moi! **2** (povero, miserabile) misérable: *un misero cappottino*, un pauvre manteau **3** (scarso) maigre: *misere soddisfazioni*, de maigres satisfactions; *una misera pensione*, une maigre retraite **4** (me-

schino) piètre: *una misera figura*, une piètre figure; *una misera consolazione*, une piètre consolation.
miserrimo [mi-ʃèr-ri-mo] *agg.* [superl. di *misero*] très misérable.
misfatto [mi-sfàt-to] *n.m.* **1** forfait, crime affreux **2** (*scherz.*) méfait.
misi → **mettere**.
misirizzi [mi-si-rìz-zi] *n.m.invar.* poussah.
mis(o)- *pref.* mis(o)-.
misoginia [mi-ʃo-gi-nì-a] *n.f.* misogynie.
misogino [mi-ʃò-gi-no] *agg.* e *n.m.* [f. *-a*] misogyne.
missaggio [mis-sàg-gio] *n.m.* [pl. *-gi*] (*cine.*) mixage.
missare [mis-sà-re] *v.tr.* (*cine.*) mixer.
missile [mis-si-le] *n.m.* engin (spécial), missile; (*razzo*) fusée (*f.*).
● ***missile terra-terra***, ***terra-aria***, engin sol-sol, sol-air.
missilistica [mis-si-lì-sti-ca] *n.f.* [pl. *-che*] science et technique des missiles.
missilistico [mis-si-lì-sti-co] *agg.* [pl.m. *-ci*, f. *-che*] relatif* aux missiles, aux fusées: *base missilistica*, base de missiles; *unità missilistica*, unité lance-engins.
missionario [mis-sio-nà-rio] *agg.* e *n.m.* [f. *-a*; pl.m. *-ri*] missionnaire.
missione [mis-sió-ne] *n.f.* mission: *svolgere una missione*, remplir une mission.
● (*amm.*) ***indennità di missione***, indemnité de déplacement.
missiva [mis-sì-va] *n.f.* missive.
mister [mì-ster] *n.m.invar.* (*allenatore sportivo*) directeur sportif.
misterioso [mi-ste-rió-so] *agg.* e *n.m.* [f. *-a*] mystérieux*.
mistero [mi-stè-ro] *n.m.* mystère: *perché tutti questi misteri?*, pourquoi tant de cachotteries?
mistica [mì-sti-ca] *n.f.* [pl. *-che*] **1** mystique **2** (*letteratura mistica*) littérature mystique.
misticamente [mi-sti-ca-mén-te] *avv.* mystiquement.
misticismo [mi-sti-cì-ʃmo] *n.m.* mysticisme.
mistico [mì-sti-co] *agg.* [pl.m. *-ci*, f. *-che*] mystique ♦ *n.m.* [f. *-a*] **1** mystique **2** (*autore di opere mistiche*) auteur* mystique.
mistificante [mi-sti-fi-càn-te] *agg.* mystifiant.
mistificare [mi-sti-fi-cà-re] *v.tr.* [coniug. come *mancare*] mystifier.
mistificatore [mi-sti-fi-ca-tó-re] *n.m.* [f. *-trice*] mystificateur*.
mistificatorio [mi-sti-fi-ca-tò-rio] *agg.* [pl.m. *-ri*] mystificateur*.
mistificazione [mi-sti-fi-ca-zió-ne] *n.f.* mystification.
misto [mì-sto] *agg.* **1** mixte **2** (*mescolato con altri elementi*) mêlé (**de**); (*fuso*) mélangé (**de**): *odore misto di lavanda e di timo*, odeur qui est un mélange de lavande et de thym ♦ *n.m.* mélange.
● (*econ.*) ***agricoltura mista***, polyculture | ***matrimonio misto***, mariage mixte | (*nuoto*) ***400 m misti***, 400 mètres quatre nages | (*econ.*) ***reddito misto***, revenu composé en partie de rentes | ***tessuto misto***, tissu métis: *tessuto misto lana*, *misto lana e cotone*, laine mélangée, tissu mi-laine mi-coton.
mistobosco [mi-sto-bò-sco] *agg.invar.* aux fruits rouges: *crostata mistobosco*, tarte aux fruits rouges.
mistura [mi-stù-ra] *n.f.* mixture; (*mescolanza*) mélange (*m.*).

M

misura [mi-ʃù-ra] *n.f.* **1** mesure (*anche fig.*) **2** (*taglia*) taille; (*di scarpe*) pointure: *una misura più grande*, une taille au-dessus; *prendere le misure a qlcu*, prendre les mesures de qqn | *son tagliati a una misura*, (*fig.*) ils sont du même acabit | *che misura porta?*, quelle est votre taille, (*per le scarpe*) votre pointure? **3** (*moderazione, limite*) mesure **4** (*provvedimento*) mesure.
● ***misure di sicurezza***, mesures de sécurité | ***a misura che***, à mesure que | ***a misura d'uomo***, à l'échelle humaine | ***con misura***, modérément: *bere con misura*, boire modérément | ***di*** (***stretta***) ***misura***, de justesse | ***in ugual misura***, ***in larga misura***, dans une mesure égale, dans une large mesure | ***nella misura di***, dans la mesure de | ***nella misura in cui***, dans la mesure où | ***senza mezze misure***, sans demi-mesures | ***su misura***, sur mesure: *abito su misura*, habit sur mesure | ***unità di misura***, unité de mesure.
misurabile [mi-ʃu-rà-bi-le] *agg.* mesurable.
misurare [mi-ʃu-rà-re] *v.tr.* **1** (*dimensioni, livello*) mesurer: *misurare la temperatura*, prendre la température **2** (*considerare, valutare*) mesurer **3** (*indumenti*) essayer*, faire* l'essayage (**de**) **4** (*limitare, contenere*) mesurer: *misurare le spese*, calculer son budget; *misurare le parole*, *i gesti*, mesurer ses paroles, ses gestes ♦ *v.intr.* [aus. *avere*] mesurer ♦ **misurarsi** *v.pron.* **1** (*contenersi*) se limiter **2** (*cimentarsi*) se mesurer.
● ***misurare col metro***, ***a braccia***, ***a passi***, mesurer au mètre, avec le bras, en comptant les pas: *misurare una stanza a grandi passi*, (*estens.*) arpenter une pièce | ***misurare a occhio***, mesurer de l'œil.
misuratamente [mi-su-ra-ta-mén-te] *avv.* avec mesure.
misurato [mi-ʃu-rà-to] *agg.* mesuré; (*moderato*) modéré.
misuratore [mi-ʃu-ra-tó-re] *n.m.* (*tecn.*) mesureur.
misurazione [mi-ʃu-ra-zió-ne] *n.f.* mesurage (*m.*).
misurino [mi-ʃu-rì-no] *n.m.* doseur.
mite [mì-te] *agg.* **1** doux*; (*indulgente*) indulgent: *condanna mite*, condamnation légère **2** (*modico*) modique, modéré: *miti pretese*, des prétentions modestes.

FAUX AMI
Da non confondere con il sostantivo francese *mite*, che significa *tignola, tarma*.

mitemente [mi-te-mén-te] *avv.* doucement.
mitezza [mi-téz-za] *n.f.* douceur.
mitico [mì-ti-co] *agg.* [pl.m. *-ci*, f. *-che*] mythique.
mitigare [mi-ti-gà-re] *v.tr.* [coniug. come *legare*] adoucir; (*calmare*) apaiser; (*dir.*) mitiger*: *mitigare la pena*, mitiger la peine ♦ **mitigarsi** *v.pron.* s'adoucir; (*calmarsi*) s'apaiser.
mitigazione [mi-ti-ga-zió-ne] *n.f.* adoucissement (*m.*), apaisement (*m.*); (*dir.*) mitigation.
mitilicoltura [mi-ti-li-col-tù-ra] *n.f.* mytiliculture.
mitilo [mì-ti-lo] *n.m.* (*zool.*) moule (*f.*).
mitizzare [mi-tiʒ-ʒà-re] *v.tr.* mythifier.
mitizzazione [mi-tiʒ-ʒa-zió-ne] *n.f.* mythification.
mito [mì-to] *n.m.* mythe.
mitologia [mi-to-lo-gì-a] *n.f.* mythologie.
mitologico [mi-to-lò-gi-co] *agg.* [pl.m. *-ci*, f. *-che*] mythologique.
mitomane [mi-tò-ma-ne] *n.m.* e *f.* mythomane.
mitomania [mi-to-ma-nì-a] *n.f.* mythomanie.
mitosi [mi-tò-ʃi] *n.f.invar.* (*biol.*) mitose.
mitra[1] [mì-tra] *n.f.* (*eccl.*) mitre.

mitra[2] ***n.m.invar.*** (*arma*) mitraillette (*f.*).
mitraglia [mi-trà-glia] ***n.f.*** mitraille.
mitragliamento [mi-tra-glia-mén-to] ***n.m.*** mitraillage; (*fig.*) rafale (*f.*).
mitragliare [mi-tra-glià-re] ***v.tr.*** mitrailler.
mitragliata [mi-tra-glià-ta] ***n.f.*** mitraillade.
mitragliatore [mi-tra-glia-tó-re] ***agg.*** mitrailleur*: *pistola mitragliatrice*, pistolet mitrailleur.
mitragliatrice [mi-tra-glia-trì-ce] ***n.f.*** mitrailleuse.
mitragliere [mi-tra-gliè-re] ***n.m.*** (*mil.*) mitrailleur.
mitrale [mi-trà-le] ***agg.*** (*anat.*) mitral*.
● ***valvola mitrale***, valvule mitrale.
mitralico [mi-trà-li-co] ***agg.*** [pl.m. *-ci*, f. *-che*] (*med.*) mitral*.
mitridatismo [mi-tri-da-tì-ʃmo] ***n.m.*** (*med.*) mithridatisme.
mitridatizzare [mi-tri-da-tiʒ-ʒà-re] ***v.tr.*** (*med.*) mithridatiser ♦ **mitridatizzarsi** ***v.pron.*** (*med.*) se mithridatiser.
mitteleuropeo [mit-te-leu-ro-pè-o] ***agg.*** centre-européen*, de l'Europe centrale.
mittente [mit-tèn-te] ***n.m.*** e ***f.*** expéditeur/trice.
● ***respinto al mittente***, retour à l'expéditeur.
mix ***n.m.invar.*** mélange: *un mix di prodotti*, une gamme des produits; *mix delle vendite*, éventail des ventes.
mixare [mi-xà-re] ***v.tr.*** mixer.
mixer [mì-xer] ***n.m.invar.*** **1** (*del frullatore*) mixer, mixeur **2** (*cine., tv*) (*apparecchio*) mélangeur du son ♦ ***n.m.*** e ***f.invar.*** (*persona*) ingénieur (*m.*) du son.
MMS ['ɛmme'ɛmme'ɛsse] ***n.m.invar.*** (*sigla dell'ingl.* Multimedia Message Service) MMS.
mnemonico [mne-mò-ni-co] ***agg.*** [pl.m. *-ci*, f. *-che*] mnémonique: *sforzo mnemonico*, effort de mémoire.

> **NOTA** Alcuni esempi di ***espedienti mnemonici*** per aiutare la memoria a tenere a mente regole, nozioni, date ecc. sono:
> – per le divisioni geografiche delle Alpi: *ma con gran pena le reti cala giù* (***Ma**rittime, **Cozie**, **Gra**ie, **Pen**nine, **Le**pontine, **Ret**iche, **Ca**rniche, **Giu**lie*)
> – per il numero dei giorni dei mesi: *trenta dì conta novembre / con april, giugno e settembre / di ventotto ce n'è uno / tutti gli altri ne han trentuno.*

mnemotecnica [mne-mo-tèc-ni-ca] ***n.f.*** [pl. *-che*] mnémotechnique.
mo' ***n.m.*** [troncamento di *modo*]
● ***a mo' di***, comme, en manière de: *a mo' di segnale*, comme signal; *a mo' di esempio*, comme (*o* en manière d') exemple.
mobber ['mɔbber] ***n.m.*** e ***f.invar.*** *harceleur/euse.
mobbing ['mɔbbing] ***n.m.invar.*** *harcèlement.
mobbizzare [mob-biʒ-ʒà-re] ***v.tr.*** (*fam.*) *harceler*.
mobile [mò-bi-le] ***agg.*** **1** mobile **2** (*fig.*) (*mutevole*) changeant ♦ ***n.m.*** **1** meuble: *mobili in serie*, meubles en série **2** (*fis.*) mobile.
● (*dir.*) ***beni mobili***, biens meubles | ***scala mobile***, escalier roulant; (*econ.*) échelle mobile | (*dir.*) ***sequestro dei mobili***, saisie mobilière | ***squadra mobile***, brigade mobile | (*med.*) ***rene mobile***, rein flottant.

> **FAUX AMI**
> Nel senso di *oggetto di arredamento*, non è da confondere con il francese *mobile*, che significa *impulso, movente, causa* o *telefono cellulare*.

mobilia [mo-bì-lia] ***n.f.*** mobilier (*m.*).
mobiliare[1] [mo-bi-lià-re] ***agg.*** (*dir.*) mobilier*.
mobiliare[2] ***v.tr.*** meubler.
mobiliere [mo-bi-liè-re] ***n.m.*** [f. *-a*] **1** (*fabbricante*) fabricant de meubles **2** (*venditore*) marchand de meubles.
mobilificio [mo-bi-li-fì-cio] ***n.m.*** [pl. *-ci*] fabrique (*f.*) de meubles.
mobilità [mo-bi-li-tà] ***n.f.invar.*** mobilité.
mobilitare [mo-bi-li-tà-re] ***v.tr.*** mobiliser ♦ **mobilitarsi** ***v.pron.*** se mobiliser: *mobilitarsi per superare la crisi*, tout mettre en œuvre pour affronter la crise; *gli amici si sono mobilitati per aiutarlo*, ses amis se sont mis d'accord pour l'aider.
mobilitazione [mo-bi-li-ta-zió-ne] ***n.f.*** mobilisation.
mobilizzabile [mo-bi-liʒ-ʒà-bi-le] ***agg.*** (*econ.*) mobilisable.
mobilizzare [mo-bi-liʒ-ʒà-re] ***v.tr.*** (*econ.*) mobiliser.
mobilizzazione [mo-bi-liʒ-ʒa-zió-ne] ***n.f.*** (*econ.*) mobilisation.
MOC [mok] ***n.f.invar.*** (*med.*) (*sigla di* Mineralometria Ossea Computerizzata) densimétrie osseuse.
moca [mò-ca] ***n.m.invar.*** moka ♦ ***n.f.invar.*** (*caffettiera*) cafetière moka.
mocassino [mo-cas-sì-no] ***n.m.*** mocassin.
moccio [móc-cio] ***n.m.*** [pl. *-ci*] (*fam.*) morve (*f.*).
moccioso [moc-ció-so] ***agg.*** e ***n.m.*** [f. *-a*] morveux*.
moccolo [mòc-co-lo *o* móccolo] ***n.m.*** **1** bout de bougie **2** (*moccio*) morve (*f.*) **3** (*molto fam.*) juron: *tirare moccoli*, lâcher des jurons.
● ***reggere***, ***tenere il moccolo***, (*fig. fam.*) tenir la chandelle.
moda [mò-da] ***n.f.*** mode: *una moda letteraria*, une mode littéraire; *lanciare una moda*, lancer un mode; *moda invernale*, mode d'hiver.
● ***moda pronta***, prêt-à-porter | ***alla moda***, à la mode: *una pettinatura alla moda*, une coiffure à la mode | ***di moda***, à la mode: *andare*, *tornare di moda*, être, revenir à la mode; *di gran moda*, *di ultima moda*, très à la mode; *passato di moda*, démodé | ***fuori moda***, démodé | ***l'alta moda***, la haute couture.
modale [mo-dà-le] ***agg.*** modal*.
modalità [mo-da-li-tà] ***n.f.invar.*** modalité.
modanatura [mo-da-na-tù-ra] ***n.f.*** (*arch.*) modénature.
modella [mo-dèl-la] ***n.f.*** modèle (*m.*); (*di moda*) mannequin (*m.*).
modellare [mo-del-là-re] ***v.tr.*** **1** modeler* (*anche fig.*) **2** (*in uno stampo*) mouler **3** (*scolpire*) sculpter ♦ **modellarsi** ***v.pron.*** se modeler*.
modellatore [mo-del-la-tó-re] ***n.m.*** [f. *-trice*] modeleur*.
modellatura [mo-del-la-tù-ra] ***n.f.*** modelage (*m.*).
modellino [mo-del-lì-no] ***n.m.*** modèle réduit.
modellismo [mo-del-lì-ʃmo] ***n.m.*** modélisme.
modellista [mo-del-lì-sta] ***n.m.*** e ***f.*** modéliste; (*tecn.*) modeleur*.
modellistica [mo-del-lì-sti-ca] ***n.f.*** [pl. *-che*] modélisme (*m.*).
modello [mo-dèl-lo] ***n.m.*** **1** modèle: (*fatto*) *su modello*, d'après modèle **2** (*riproduzione ridotta, plastico*) maquette (*f.*) **3** (*per sarti*) patron **4** (*di gesso per scultori ecc.*) bosse (*f.*) **5** (*indossatore*) mannequin.
modem [mò-dem] ***n.m.invar.*** (*inform.*) modem.

M

modenese [mo-de-né-se] ***agg.*** modénais.
moderare [mo-de-rà-re] ***v.tr.*** **1** modérer*: *moderare il tono della voce*, baisser le ton **2** (*un dibattito ecc.*) présider; (*come spettacolo*) animer ♦ **moderarsi** ***v.pron.*** se modérer*.
moderatamente [mo-de-ra-ta-mén-te] ***avv.*** modérément.
moderatezza [mo-de-ra-téz-za] ***n.f.*** modération.
moderato [mo-de-rà-to] ***agg.*** **1** modéré: *moderato nel bere*, modéré dans la boisson **2** (*mus.*) moderato ♦ ***n.m.*** **1** [f. *-a*] (*pol.*) modéré **2** (*mus.*) moderato.
moderatore [mo-de-ra-tó-re] ***agg.*** modérateur* ♦ ***n.m.*** [f. *-trice*] modérateur*; (*tv*) animateur*.
moderazione [mo-de-ra-zió-ne] ***n.f.*** modération.
modernamente [mo-der-na-mén-te] ***avv.*** **1** de façon moderne **2** (*nei tempi moderni*) actuellement, à présent.
modernariato [mo-der-na-rià-to] ***n.m.*** art, objets (*pl.*) des années Trente à Cinquante.
modernismo [mo-der-ni-ʃmo] ***n.m.*** modernisme.
modernità [mo-der-ni-tà] ***n.f.invar.*** modernité.
modernizzare [mo-der-niʒ-ʒà-re] ***v.tr.*** moderniser ♦ **modernizzarsi** ***v.pron.*** se moderniser.
modernizzazione [mo-der-niʒ-ʒa-zió-ne] ***n.f.*** modernisation.
moderno [mo-dèr-no] ***agg.*** e ***n.m.*** moderne.
modestamente [mo-de-sta-mén-te] ***avv.*** modestement: *vivere modestamente*, vivre modestement; *io, modestamente, avrei saputo fare meglio*, (*scherz.*) sans me vanter, j'aurais mieux fait.
M
modestia [mo-dè-stia] ***n.f.*** **1** modestie **2** (*scarsezza*) médiocrité.
● ***modestia a parte***, sans me vanter.
modesto [mo-dè-sto] ***agg.*** e ***n.m.*** modeste: *intelligenza modesta*, intelligence médiocre; *romanzo modesto*, roman moyen; *un modesto calo della produzione*, une légère baisse de la production | *secondo il mio modesto parere*, à mon humble avis.
modicità [mo-di-ci-tà] ***n.f.invar.*** modicité.
modico [mò-di-co] ***agg.*** [pl.m. *-ci*, f. *-che*] modique.
modifica [mo-dì-fi-ca] ***n.f.*** [pl. *-che*] modification.
modificabile [mo-di-fi-cà-bi-le] ***agg.*** modifiable.
modificare [mo-di-fi-cà-re] ***v.tr.*** [coniug. come *mancare*] **1** modifier; (*cambiare*) changer* (**de**) **2** (*inform.*) corriger* un programme (à clavier); entrer à clavier ♦ **modificarsi** ***v.pron.intr.*** (*cambiarsi*) changer*; (*subire una trasformazione*) subir une transformation: *il suo carattere si è modificato*, son caractère a changé.
modificatore [mo-di-fi-ca-tó-re] ***agg.*** e ***n.m.*** [f. *-trice*] modificateur*.
modificazione [mo-di-fi-ca-zió-ne] ***n.f.*** modification.
modista [mo-dì-sta] ***n.m.*** e ***f.*** modiste.
modisteria [mo-di-ste-rì-a] ***n.f.*** boutique de modiste.
modo [mò-do] ***n.m.*** **1** façon (*f.*): *può essere fatto in vari modi*, il y a plusieurs façons de s'y prendre; *ha uno strano modo di fare i complimenti*, il a une drôle de façon de faire les compliments **2** (*mezzo*) moyen: *dammi modo di pensarci*, laisse-moi le temps d'y penser **3** (*maniera di fare*) manière (*f.*): *che modi sono questi?*, en voilà des manières! | *con bei modi*, gentiment **4** (*espressione*) expression (*f.*); (*locuzione*) locution (*f.*) **5** (*norma*) limite (*f.*): *restare nei modi legali*, ne pas sortir de la loi **6** (*gramm.*) mode: *avverbio di modo, complemento di modo*, adverbe, complément (circonstanciel) de manière.
● ***modo di dire***, expression: *è solo un modo di dire*, ce n'est qu'une façon de parler | ***modo di fare***, façon d'agir: *ha un modo di fare tutto suo*, elle a une façon d'agir toute personnelle; *ha un modo di fare poco gentile*, il manque d'amabilité; *è il suo modo di fare*, ce sont ses manières | ***modo di pensare***, façon de penser: *un modo di pensare superato*, des idées dépassées | ***modo di vedere***, opinion: *a mio modo di vedere*, à mon avis | ***allo stesso modo***, de la même façon | ***al modo di***, comme, à la manière de | ***a modo suo***, à sa tête: *ognuno faccia a modo suo*, que chacun fasse comme bon lui semble; *a modo suo, ti vuol bene*, il t'aime à sa façon; *a modo suo è onesto*, à sa façon, il est honnête; *lasciami fare a modo mio*, laisse-moi faire à ma tête | ***a ogni modo***, en tout cas | ***a quel modo***, comme ça, de cette façon: *è fatto a quel modo*, il est comme ça; *non trattarlo a quel modo*, ne le traite pas de cette façon | ***avere modo di***, pouvoir, avoir l'occasion de: *non ho avuto modo di venire*, je n'ai pas pu venir; *se tu avessi modo di*, si jamais tu as l'occasion de | ***c'è modo e modo (di)***, il y a façon et façon (de) | ***di modo che***, de sorte que | ***fare in modo che***, faire en sorte que: *fa' in modo di accontentarlo*, tâche de lui donner satisfaction | ***in certo qual modo***, dans un certain sens: *guardare in un certo qual modo*, regarder d'une drôle de façon | ***in che modo***, comment: *in che modo farai?*, comment feras-tu? | ***in malo modo***, avec rudesse: *è stato accolto in malo modo*, il a été mal reçu; *l'ha trattato in malo modo*, il a été désagréable avec lui | ***in mille modi, in tutti i modi***, par tous les moyens | ***in modo (tale) da***, de manière à | ***in nessun modo***, en aucune façon | ***in qualche modo***, à la va comme je te pousse, d'une façon ou d'une autre: *è un lavoro fatto in qualche modo*, ce travail est fait à la va comme je te pousse; *fallo pure in qualche modo, ma fallo*, fais-le n'importe comment, mais fais-le | ***in questo modo***, de cette façon: *le cose stanno in questo modo*, les choses en sont là; *fai in questo modo*, fais comme cela | ***in special, particolar modo***, notamment | ***in tutti i modi***, de toute façon | ***in un modo o nell'altro, in qualunque modo***, d'une façon ou d'une autre | ***in un (sol) modo, a un modo***, de la même façon | ***nel migliore, peggiore dei modi***, le mieux possible, n'importe comment | ***per modo di dire***, pour ainsi dire | ***un modo come un altro per***, une façon comme une autre de.
modulabile [mo-du-là-bi-le] ***agg.*** modulable.
modulare[1] [mo-du-là-re] ***v.tr.*** moduler.
modulare[2] ***agg.*** modulaire.
modulatore [mo-du-la-tó-re] ***n.m.*** modulateur.
modulazione [mo-du-la-zió-ne] ***n.f.*** modulation.
● (*rad.*) ***modulazione di frequenza***, modulation de fréquence.
modulistica [mo-du-lì-sti-ca] ***n.f.*** [pl. *-che*] formulaires (*m.pl.*).
modulo [mò-du-lo] ***n.m.*** **1** formule (*f.*); (*formulario*) formulaire **2** (*arch., tecn.,astr.*) module **3** (*mat.*) modulo; coefficient.
● (*Internet*): ***modulo interattivo***, formulaire interactif; ***analisi, gestione dei moduli***, gestion de formulaire.
moffetta [mof-fét-ta] ***n.f.*** (*zool.*) mouffette.
mogano [mò-ga-no] ***n.m.*** acajou.
moggio [mòg-gio] ***n.m.*** [pl. *le moggia*] boisseau*.
● ***mettere la fiaccola sotto il moggio***, (*fig.*) mettre la lumière sous le boisseau.
mogio [mò-gio] ***agg.*** [pl.m. *-gi*, f. *-gie* o *-ge*] penaud.
● ***mogio mogio***, tout penaud.
moglie [mó-glie] ***n.f.*** femme: *essere marito e moglie*, être mari et femme; *il signor Rossi e sua moglie*, monsieur Rossi et sa femme; *avere moglie*, être marié; *pren-*

dere in, *come moglie*, prendre pour femme; *prendere*, *riprendere moglie*, se marier, se remarier.
● ***chiedere in moglie***, demander en mariage.

moicano [moi-cà-no] ***agg.*** mohican ♦ ***n.m.*** [f. *-a*] Mohican.
● (*lett.*) ***L'ultimo dei Moicani***, Le Dernier des Mohicans.

moina [mo-ì-na] ***n.f.*** cajolerie; (*spreg.*) simagrée.

mola [mò-la] ***n.f.*** **1** meule **2** (*zool.*) môle.

molare[1] [mo-là-re] ***agg.*** meulier* ♦ ***n.m.*** (*dente*) molaire (*f.*).

molare[2] ***v.tr.*** meuler.

molatrice [mo-la-trì-ce] ***n.f.*** machine à meuler.

molatura [mo-la-tù-ra] ***n.f.*** meulage (*m.*).

moldavo [mol-dà-vo] ***agg.*** moldave.

mole[1] [mò-le] ***n.f.*** **1** volume (*m.*), masse (*anche fig.*); (*dimensioni*) dimensions (*pl.*): *la mole degli impegni*, *degli affari*, le poids des engagements; *opera di gran mole*, œuvre imposante **2** (*costruzione grandiosa*) bâtiment (*m.*) massif.
● (*archeol.*) ***la Mole Adriana***, le Môle d'Hadrien.

mole[2] ***n.f.*** (*chim.*, *fis.*) mole.

molecola [mo-lè-co-la] ***n.f.*** **1** (*chim.*, *fis.*) molécule **2** (*fig.*) particule.

molecolare [mo-le-co-là-re] ***agg.*** moléculaire.

molestamente [mo-le-sta-mén-te] ***avv.*** de manière importune.

molestare [mo-le-stà-re] ***v.tr.*** agacer*; (*importunare*) importuner: *molestare il riposo di qlcu*, troubler le repos de qqn.

molestia [mo-lè-stia] ***n.f.*** désagrément (*m.*), ennui (*m.*): *dare*, *recare molestia a qlcu*, agacer qqn.
● ***molestie sessuali***, harcèlement(s) sexuel(s).

molesto [mo-lè-sto] ***agg.*** (*di persona*) importun; (*di cosa*) gênant.

molibdeno [mo-lib-dè-no] ***n.m.*** (*chim.*) molybdène.

molisano [mo-li-ʃà-no] ***agg.*** du Molise ♦ ***n.m.*** [f. *-a*] habitant du Molise.

molitorio [mo-li-tò-rio] ***agg.*** [pl.m. *-ri*] meunier*: *industria molitoria*, meunerie.

molitura [mo-li-tù-ra] ***n.f.*** mouture.

molla [mòl-la] ***n.f.*** **1** ressort (*m.*) **2** (*pl.*) (*del fuoco*) pincettes.
● ***prendere qlcu con le molle***, (*fig.*) prendre qqn avec des pincettes.

mollare [mol-là-re] ***v.tr.*** **1** lâcher; (*mar.*) larguer: *mollare la presa*, lâcher prise **2** (*fam.*) (*abbandonare, lasciare*) plaquer: *il ragazzo l'ha mollata*, son petit copain l'a plaquée **3** (*fam.*) (*dare*) flanquer, lâcher: *mollare un ceffone*, *un calcio*, flanquer une gifle, un coup de pied ♦ ***v.intr.*** [aus. *avere*] **1** (*cedere*) céder* **2** (*fig. fam.*) (*smettere*) s'arrêter: *se attacca*, *non molla più*, s'il commence, il ne s'arrête plus.
● (*mat.*) ***mollare l'ancora***, mouiller l'ancre | ***fare a tira e molla***, (*fig.*) hésiter.

molle [mòl-le] ***agg.*** **1** mou* (*anche fig.*) **2** (*bagnato*) trempé ♦ ***n.m.*** mou*.

molleggiamento [mol-leg-gia-mén-to] ***n.m.*** flexion (*f.*); (*aut.*) suspension (*f.*).

molleggiare [mol-leg-già-re] ***v.tr.*** [coniug. come *mangiare*] (*dotare di molleggio*) doter d'une suspension ♦ **molleggiarsi** ***v.pron.*** **1** (*camminando*) avoir* une démarche souple **2** (*piegarsi*) fléchir: *molleggiarsi sulle ginocchia*, fléchir les genoux.

molleggiato [mol-leg-già-to] ***agg.*** suspendu; (*di poltrona ecc.*) qui a de bons ressorts: *un'auto ben molleggiata*, une voiture bien suspendue.

molleggio [mol-lég-gio] ***n.m.*** [pl. *-gi*] (*aut.*) suspension (*f.*); (*di letto ecc.*) ressorts (*pl.*).

mollemente [mol-le-mén-te] ***avv.*** mollement.

molletta [mol-lét-ta] ***n.f.*** **1** (*da bucato*) pince à linge; (*per capelli*) pince; (*chiusa*) barrette **2** (*pl.*) pince (*sing.*): *le mollette per il ghiaccio*, la pince à glace.

FAUX AMI
Da non confondere con *molette*, che significa *rotella*.

mollettiera [mol-let-tiè-ra] ***n.f.*** (*spec. pl.*) molletière.

mollettone [mol-let-tó-ne] ***n.m.*** **1** (*tessuto*) molleton **2** (*pinza per capelli*) grosse pince (*f.*) à cheveux.

mollezza [mol-léz-za] ***n.f.*** mollesse (*anche fig.*).

mollica [mol-lì-ca] ***n.f.*** [pl. *-che*] **1** mie **2** (*pl.*) (*briciole*) miettes.

molliccio [mol-lìc-cio] ***agg.*** [pl.m. *-ci*, f. *-ce*] mollasse ♦ ***n.m.*** terrain mou.

mollo [mòl-lo] ***agg.*** (*fam.*) mou* ♦ ***n.m.*** mou*.
● ***mettere a mollo***, faire tremper.

mollusco [mol-lù-sco] ***n.m.*** [pl. *-schi*] mollusque.

molo [mò-lo] ***n.m.*** jetée (*f.*), môle; (*banchina*) quai.

molosso [mo-lòs-so] ***n.m.*** (*cane*) molosse.

molotov [mò-lo-tov] ***n.f.invar.*** (*bomba*) cocktail (*m.*) Molotov.

molteplice [mol-té-pli-ce] ***agg.*** multiple; (*multiforme*) multiforme; (*numeroso*) nombreux*.

molteplicità [mol-te-pli-ci-tà] ***n.f.invar.*** multiplicité.

moltiplica [mol-tì-pli-ca] ***n.f.*** [pl. *-che*] **1** (*fam.*) multiplication **2** (*di bicicletta*) grand pignon (*m.*).

moltiplicabile [mol-ti-pli-cà-bi-le] ***agg.*** multipliable.

moltiplicando [mol-ti-pli-càn-do] ***n.m.*** (*mat.*) multiplicande.

moltiplicare [mol-ti-pli-cà-re] ***v.tr.*** [coniug. come *mancare*] multiplier: *moltiplicare per*, multiplier par; *quattro moltiplicato otto dà trentadue*, quatre multiplié par huit font trente-deux ♦ **moltiplicarsi** ***v.pron.*** se multiplier.

moltiplicativo [mol-ti-pli-ca-tì-vo] ***agg.*** multiplicatif*.

moltiplicatore [mol-ti-pli-ca-tó-re] ***agg.*** e ***n.m.*** [f. *-trice*] multiplicateur*.

moltiplicazione [mol-ti-pli-ca-zió-ne] ***n.f.*** multiplication.

moltitudine [mol-ti-tù-di-ne] ***n.f.*** multitude.

molto [mól-to] ***agg.indef.*** beaucoup (**de**), bien (**du**, **de la**, **des**): *molto pane*, *molto denaro*, beaucoup de pain, beaucoup d'argent; *molti libri*, beaucoup de livres; *con molto piacere*, avec beaucoup de plaisir; *il lavoro che ci resta da fare è ancora molto*, il nous reste encore beaucoup de travail à faire; *"Basterà il pane?" "Sì, è molto"*, "Est-ce que le pain suffira?" "Oui, il y en a beaucoup"; *faceva molto freddo*, *molto caldo*, il faisait très froid, très chaud; *avere molta fame*, *molta sete*, avoir très faim, très soif; *ha lavorato con me per molti anni*, il a travaillé avec moi pendant de nombreuses années; *i giorni che ci restano non sono molti*, il nous reste peu de jours; *la spesa non è molta*, ça ne coûte pas grand-chose; *il molto lavoro degli ultimi anni*, le gros travail de ces dernières années; *il molto denaro che ha speso*, la grosse somme d'argent qu'il a dépensée; *i molti amici che ha*, les nombreux amis qu'il a | *dopo molti e molti anni*, après des années et des

M

années ♦ ***pron.indef.*** **1** beaucoup: *"Hai della carta da lettere?" "Non ne ho molta"*, "As-tu du papier à lettres?" "Je n'en ai pas beaucoup" **2** (*pl.*) beaucoup; (*molta gente*) beaucoup de personnes (*o* de gens), bien des personnes (*o* des gens): *molti di noi, fra loro*, beaucoup d'entre nous, d'entre eux; *eravate in molti?*, est-ce que vous étiez nombreux?; *sono partiti in molti*, ils étaient nombreux au départ | *molti altri*, bien d'autres **3** (*molte cose, gran cosa*) beaucoup; (*in frasi negative*) grand-chose: *hanno fatto molto per lui*, ils ont fait beaucoup pour lui; *non c'è molto da dire*, il n'y a pas grand-chose à dire | *è già molto se*, c'est déjà bien, beau si | *non è molto*, ce n'est pas grand-chose, beaucoup **4** (*in frasi ellittiche, sottintendendo* tempo, denaro *ecc.*): *non lo vedo da molto*, je ne le vois pas depuis longtemps; *dopo molto aspettare*, après avoir attendu longtemps; *oggi ci vuole molto per vivere*, aujourd'hui il faut beaucoup d'argent pour vivre; *non c'è molto da qui a casa*, il n'y a pas loin d'ici à la maison; *non ci vuole molto a capirlo*, il n'est pas nécessaire d'être très intelligent pour le comprendre | *ci corre molto tra te e tuo fratello*, (*di età*) il y a une grande différence (d'âge) entre ton frère et toi ♦ ***avv.*** **1** (*con agg., avv. e p.p. per formare il superl. assoluto*) très; (*unito a v.*) beaucoup: *è molto intelligente*, il est très intelligent; *ho studiato, lavorato molto*, j'ai beaucoup étudié, travaillé; *non lo vediamo molto*, nous ne le voyons pas beaucoup; *ci siamo divertiti molto alla festa*, nous nous sommes beaucoup (*o* bien) amusés à la fête | *dopo molto gridare*, après avoir beaucoup crié **2** (*con agg. e avv. compar.*) beaucoup, bien: *molto più, molto meno bello*, beaucoup (*o* bien) plus, moins beau; *molto migliore, molto peggiore*, bien meilleur, bien pire.

● ***molto di più***, beaucoup plus, bien davantage: *io ho poco tempo libero, tu ne hai molto di più*, j'ai peu de temps libre, tu en as beaucoup plus (*o* bien davantage) | ***molto dopo, prima***, longtemps après, avant | ***molto meno***, beaucoup moins: *ne ho molto meno*, j'en ai beaucoup moins | ***a dir molto, a far molto***, (*al massimo, tutt'al più*) tout au plus | ***di molto***, de beaucoup | ***fra non molto***, dans peu de temps | ***né poco né molto, né molto né poco***, (*per nulla*) pas du tout, absolument pas | ***non moltissimo***, pas beaucoup, pas grand-chose | ***o molto o poco, poco o molto***, (*sia quanto sia*) vaille que vaille.

□ **moltissimo** ***agg.indef.superl.*** (vraiment) beaucoup (**de**); (*un gran numero di*) un très grand nombre (**de**); (*una gran quantità di*) une très grande quantité (**de**): *ha moltissima pazienza*, elle a une très grande patience; *spesero moltissimo denaro*, ils ont dépensé énormément d'argent; *c'era moltissima gente*, il y avait un monde fou | *moltissimo tempo prima, dopo*, très longtemps avant, après ♦ ***pron.indef.*** **1** beaucoup; (*un gran numero*) un grand nombre; (*una gran quantità*) une grande quantité; (*pl.*) (*moltissime persone*) un très grand nombre de gens: *non è moltissimo, ma è tutto quello che ho*, ce n'est pas beaucoup, mais c'est tout ce que j'ai; *"Bevi birra?" "Ne bevo moltissima"*, "Bois-tu de la bière?" "J'en bois énormément"; *sono venuti in moltissimi*, ils sont venus en très grand nombre; *eravamo (in) moltissimi*, nous étions très nombreux **2** (*in frasi ellittiche, sottintendendo* tempo, denaro *ecc.*): *è moltissimo che non lo vedo*, il y a très longtemps que je ne le vois pas; *guadagna moltissimo*, il gagne énormément ♦ ***avv.*** énormément.

NOTA ***Beaucoup***, che traduce l'avverbio ***molto***, quando è legato a un verbo usato in un tempo composto va posto tra l'ausiliare e il participio passato:

Mi è piaciuto ***molto***.
Cela m'a **beaucoup** plu.

Se è legato a un infinito va posto prima:

Preferisce **non mangiare molto**.
Il préfère **ne pas beaucoup manger**.

momentaneamente [mo-men-ta-ne-a-mén-te] ***avv.*** **1** momentanément: *il capo è momentaneamente assente*, le chef est momentanément absent **2** (*per il momento*) pour le moment: *momentaneamente ne siamo sprovvisti*, nous n'en avons pas pour le moment.

momentaneo [mo-men-tà-ne-o] ***agg.*** momentané; (*passeggero*) passager*: *una momentanea disattenzione*, une distraction momentanée.

momento [mo-mén-to] ***n.m.*** **1** moment; (*istante*) instant; (*minuto*) minute (*f.*): *non ho un momento libero*, je n'ai pas un instant de libre; *non ho un momento per me*, je n'ai pas un instant à moi; *l'hai visto in un momento di grazia*, tu l'as vu dans un de ses bons moments; *vorrei vederti un momento*, je voudrais te voir une minute | *è il momento di*, c'est le moment de | *ha telefonato un momento fa*, il vient de téléphoner (*o* il a juste téléphoné) | *un momento!*, (une) minute! **2** (*fis.*) moment.

● ***momento critico, decisivo***, moment critique, décisif | (*fis.*) ***momento di una forza***, moment d'une force | ***momento magico***, moment magique | ***all'ultimo momento***, à la dernière minute | ***al momento***, pour l'instant | ***al momento di***, au moment de | ***al primo momento***, au début | ***a momenti***, (*fra poco*) sous peu: *a momenti lo investivo*, j'ai failli le renverser | ***dal momento che***, du moment que | ***dal primo all'ultimo momento***, du début à la fin | ***da quel momento in poi***, à partir de ce moment-là | ***del momento***, du moment: *il successo del momento*, le succès du moment | ***di momento in momento, da un momento all'altro***, d'une minute à l'autre | ***fino a questo momento***, jusqu'à maintenant | ***in altri momenti***, en d'autres circonstances | ***in certi momenti***, par moments | ***nel momento in cui***, au moment où: *nello stesso momento in cui entravo*, au moment précis où j'entrais | ***ogni momento che passa***, de minute en minute | ***per il momento***, pour le moment | ***si fa in un momento***, c'est l'affaire d'un instant | ***sul (primo) momento***, sur le moment: *preparare sul momento*, préparer immédiatement.

NOTA Da notare che ***momento*** si traduce con ***moment*** per indicare uno spazio di tempo di breve durata oppure una circostanza, una situazione, un'occasione; ***instant*** per indicare un tempo di eccezionale brevità; anche ***minute*** se significa 'minuto' nel senso esteso di piccolo spazio di tempo:

l'uomo del ***momento***
l'homme du **moment**

un ***momento*** *cruciale*
un **moment** crucial

Aspetta un ***momento***!
Attends un **instant**!

un ***momento*** *di distrazione*
une **minute** d'inattention.

monaca [mò-na-ca] ***n.f.*** [pl. *-che*] religieuse: *farsi monaca*, se faire religieuse.

monacale [mo-na-cà-le] ***agg.*** monacal*.

monacazione [mo-na-ca-zió-ne] ***n.f.*** (*di monaco*) prise d'habit; (*di monaca*) prise de voile.

monachella [mo-na-chèl-la] ***n.f.*** jeune religieuse.

monachesimo [mo-na-ché-ʃi-mo] ***n.m.*** monachisme.

monachina [mo-na-chi-na] ***n.f.*** (*spec. pl.*) (*faville*) étincelles (*pl.*).

monaco [mò-na-co] ***n.m.*** [pl. *-ci*] moine: *farsi monaco*, se faire moine.

monarca [mo-nàr-ca] ***n.m.*** [pl. -*chi*] monarque.

monarchia [mo-nar-chì-a] ***n.f.*** monarchie.
● ***monarchia assoluta***, ***costituzionale***, monarchie absolue, constitutionnelle.

monarchico [mo-nàr-chi-co] ***agg.*** [pl.m. -*ci*, f. -*che*] **1** monarchique: *uno stato monarchico*, un état monarchique **2** (*favorevole alla monarchia*) monarchiste **3** (*realista*) royaliste ♦ ***n.m.*** [f. -*a*] **1** (*fautore della monarchia*) monarchiste **2** (*realista*) royaliste.

monastero [mo-na-stè-ro] ***n.m.*** monastère.

monastico [mo-nà-sti-co] ***agg.*** [pl.m. -*ci*, f. -*che*] monastique: *condurre* (*una*) *vita monastica*, (*anche fig.*) mener une vie monastique.

moncherino [mon-che-rì-no] ***n.m.*** moignon.

monco [món-co] ***agg.*** [pl.m. -*chi*, f. -*che*] **1** manchot: *ha una mano monca di tre dita*, il lui manque trois doigts d'une main **2** (*fig.*) (*incompleto*) incomplet*; (*spezzato*) haché ♦ ***n.m.*** [f. -*a*] manchot.

moncone [mon-có-ne] ***n.m.*** moignon; (*di dente*) chicot.

monda [món-da] ***n.f.*** (*agr.*) désherbage (*m.*) des rizières.

mondanità [mon-da-ni-tà] ***n.f.invar.*** mondanité: *rifugge le mondanità*, il fuit les mondanités.

mondano [mon-dà-no] ***agg.*** **1** mondain, du monde: *beni mondani*, biens mondains (*o* du monde) **2** (*estens.*) mondain: *ha degli amici molto mondani*, il a des amis très mondains.

mondare [mon-dà-re] ***v.tr.*** **1** monder; (*pulire*) nettoyer*: *mondare l'orzo*, monder l'orge; *mondare le verdure*, parer les légumes **2** (*sbucciare*) éplucher **3** (*togliere erbacce*) sarcler **4** (*fig.*) purifier.

mondariso [mon-da-rì-so] ***n.f.invar.*** repiqueuse (de riz).

mondatura [mon-da-tù-ra] ***n.f.*** **1** nettoyage (*m.*) **2** (*sbucciatura*) épluchage (*m.*) **3** (*mondiglia*) épluchure.

mondezzaio [mon-dez-zà-io] ***n.m.*** [pl. -*ai*] **1** fosse (*f.*) aux ordures; (*letamaio*) fumier **2** (*estens.*) (*luogo sporco*) écurie (*f.*).

mondiale [mon-dià-le] ***agg.*** mondial*: *commercio mondiale*, commerce mondial.
● ***di fama mondiale***, mondialement connu (*o* d'une réputation mondiale) | (*sport*) ***i campionati mondiali***, les championnats du monde.

mondializzazione [mon-dia-liʒ-ʒa-zió-ne] ***n.f.*** globalisation, mondialisation.

mondiglia [mon-dì-glia] ***n.f.*** rebut (*m.*); (*del grano*) grenaille.

mondina [mon-dì-na] ***n.f.*** repiqueuse (de riz).

mondo[1] [món-do] ***n.m.*** **1** monde: *il mondo animale, vegetale*, le monde animal, végétal | *non c'è un uomo al mondo come lui*, il n'y en a pas deux comme lui **2** (*società; ambiente*) monde: *il mondo degli affari*, le monde des affaires **3** (*fam.*) (*gran quantità*) foule (*f.*), tonne (*f.*); (*spec. di cose*) tas: *c'era un mondo di gente*, il y avait un monde fou **4** (*gioco infantile*) marelle (*f.*).
● ***andare all'altro mondo***, partir pour l'autre monde | ***caschi il mondo, ci riuscirò***, j'y arriverai, coûte que coûte | ***divertirsi un mondo***, s'amuser follement | ***essere fuori del mondo***, ne pas avoir les pieds sur terre | ***fare il giro del mondo***, faire le tour du monde | ***girare mezzo mondo***, courir le monde | ***il mondo dei sogni***, le pays des rêves | (*prov.*) ***il mondo è bello perché è vario***, il faut de tout pour faire un monde | ***in che mondo vivi?***, d'où sors-tu? | ***in tutto il mondo***, dans le monde entier | ***mettere al mondo***, mettre au monde | ***non cascherà il mondo!***, (*fam.*) ce n'est pas la fin du monde après tout! | ***non sapere stare al mondo***, (*come comportarsi*) ne pas savoir se tenir dans le monde; (*vivere*) ne pas savoir vivre | ***non sarà poi la fine del mondo***, ce n'est tout de même pas la mer à boire | ***questo mondo***, le monde (d'ici-bas): *in questo mondo*, sur cette terre (*o* en ce monde) | ***sentirsi il padrone del mondo***, se croire le maître de l'univers | ***sono cose dell'altro mondo***, c'est à ne pas y croire | ***tutto il mondo è paese***, c'est partout la même chose | ***venire al mondo***, venir au monde | ***vieni dal mondo della luna!***, tu débarques!

mondo[2] ***agg.*** (*letter.*) **1** (*pulito*) propre; (*mondato*) mondé **2** (*fig.*) pur: *mondo da peccato*, lavé de tout péché.

mondovisione [mon-do-vi-ʃió-ne] ***n.f.*** (*tv*) mondovision.

monegasco [mo-ne-gà-sco] ***agg.*** [pl.m. -*schi*, f. -*sche*] monégasque ♦ ***n.m.*** [f. -*a*] (*abitante*) Monégasque.

monellesco [mo-nel-lé-sco] ***agg.*** [pl.m. -*schi*, f. -*sche*] gamin, de gamin.

monello [mo-nèl-lo] ***n.m.*** [f. -*a*] gamin, petit polisson*.

moneta [mo-né-ta] ***n.f.*** **1** pièce: *moneta da un euro*, pièce d'un euro **2** (*valuta*) monnaie: *moneta straniera*, monnaie étrangère **3** (*spiccioli*) (petite) monnaie.
● ***moneta forte***, ***pregiata***, ***debole***, monnaie forte, faible | ***battere moneta***, battre (*o* frapper) monnaie | ***carta moneta***, papier-monnaie | ***pagare qlcu della stessa moneta***, (*fig.*) rendre à qqn la monnaie de sa pièce (*o* rendre la pareille) | ***pagare in moneta sonante***, payer en espèces sonnantes et trébuchantes.

monetabile [mo-ne-tà-bi-le] ***agg.*** (*fin.*) monnayable. M

monetario [mo-ne-tà-rio] ***agg.*** [pl. -*ri*] (*econ., fin.*) monétaire.
● ***fondo monetario***, fonds monétaire.

monetazione [mo-ne-ta-zió-ne] ***n.f.*** **1** (*fin.*) monnayage (*m.*) **2** (*econ.*) monétisation.

monetizzare [mo-ne-tiʒ-ʒà-re] ***v.tr.*** (*econ.*) monétiser.

monetizzazione [mo-ne-tiʒ-ʒa-zió-ne] ***n.f.*** (*econ.*) monétisation.

mongolfiera [mon-gol-fiè-ra] ***n.f.*** montgolfière.

mongolico [mon-gò-li-co] ***agg.*** [pl.m. -*ci*, f. -*che*] mongolique.

mongolismo [mon-go-lì-ʃmo] ***n.m.*** (*med.*) mongolisme.

mongolo [mòn-go-lo] ***agg.*** mongol ♦ ***n.m.*** **1** [f. -*a*] (*abitante*) Mongol **2** (*lingua*) mongol.

mongoloide [mon-go-lòi-de] ***agg.*** mongoloïde ♦ ***agg.*** e ***n.m.*** e ***f.*** (*med.*) mongolien/enne.

monile [mo-nì-le] ***n.m.*** **1** collier **2** (*gioiello*) bijou*.

monismo [mo-nì-ʃmo] ***n.m.*** (*fil.*) monisme.

monito [mò-ni-to] ***n.m.*** admonestation (*f.*); (*avvertimento*) avertissement.

monitor [mò-ni-tor] ***n.m.invar.*** (*tv*) moniteur; écran.

monitoraggio [mo-ni-to-ràg-gio] ***n.m.*** [pl. -*gi*] monitorage.

monitore [mo-ni-tó-re] ***n.m.*** [f. -*trice*] (*istruttore*) moniteur*.

mon(o)- ***pref.*** mon(o)-.

monoblocco [mo-no-blòc-co] ***agg.invar.*** monobloc ♦ ***n.m.*** [pl. -*chi*] (*mecc.*) monobloc.

monocamerale [mo-no-ca-me-rà-le] ***agg.*** (*pol.*) monocaméral*.

monocellulare [mo-no-cel-lu-là-re] ***agg.*** (*biol.*) monocellulaire.

monociclo [mo-no-cì-clo] ***n.m.*** (*attrezzo per acrobati*) monocycle.

monocita [mo-no-cì-ta] **monocito** ***n.m.*** (*biol.*) monocyte.

monocolo [mo-nò-co-lo] ***agg.*** borgne ♦ ***n.m.*** (*lente*) monocle.

monocolore [mo-no-co-ló-re] ***agg.invar.*** unicolore, monochrome.

monocoltura [mo-no-col-tù-ra] ***n.f.*** (*agr.*) monoculture.

monocorde [mo-no-còr-de] ***agg.*** monocorde.

monocotiledone [mo-no-co-ti-lè-do-ne] ***agg.*** e ***n.f.*** (*bot.*) monocotylédone.

monocromatico [mo-no-cro-mà-ti-co] ***agg.*** [pl.m. *-ci*, f. *-che*] **1** (*di un solo colore*) monochrome **2** (*fis., med.*) monochromatique.

monocromia [mo-no-cro-mì-a] ***n.f.*** monochromie.

monocromo [mo-no-crò-mo *o* monòcromo] ***agg.*** monochrome.

monoculare [mo-no-cu-là-re] ***agg.*** (*scient.*) monoculaire.

monodia [mo-no-dì-a] ***n.f.*** (*mus.*) monodie.

monodico [mo-nò-di-co] ***agg.*** [pl.m. *-ci*, f. *-che*] (*mus.*) monodique.

monodose [mo-no-dò-ʃe] ***agg.invar.*** unidose: *flacone monodose*, flacon pour une application.

M

monofase [mo-no-fà-ʃe] ***agg.invar.*** (*elettr.*) monophasé.

monogamia [mo-no-ga-mì-a] ***n.f.*** monogamie.

monogamico [mo-no-gà-mi-co] ***agg.*** [pl.m. *-ci*, f. *-che*] monogamique.

monogamo [mo-nò-ga-mo] ***agg.*** e ***n.m.*** [f. *-a*] monogame.

monografia [mo-no-gra-fì-a] ***n.f.*** monographie.

monografico [mo-no-grà-fi-co] ***agg.*** [pl.m. *-ci*, f. *-che*] monographique.

monogramma [mo-no-gràm-ma] ***n.m.*** monogramme.

monolingue [mo-no-lin-gue] ***agg.*** monolingue, unilingue.

monolitico [mo-no-lì-ti-co] ***agg.*** [pl.m. *-ci*, f. *-che*] monolithe; monolithique (*anche fig.*).

monolito [mo-nò-li-to] ***n.m.*** (*arch.*) monolithe.

monolocale [mo-no-lo-cà-le] ***n.m.*** studio: *monolocale arredato*, studio meublé.

monologare [mo-no-lo-gà-re] ***v.intr.*** [coniug. come *legare*; aus. *avere*] monologuer.

monologo [mo-nò-lo-go] ***n.m.*** [pl. *-ghi*] monologue.
● (*lett.*) ***monologo interiore***, monologue intérieur.

monomandatario [mo-no-man-da-tà-rio] ***n.m.*** [f. *-a*; pl.m. *-ri*] (*comm.*) mandataire unique.

monomania [mo-no-ma-nì-a] ***n.f.*** (*psic.*) monomanie.

monomero [mo-nò-me-ro] ***n.m.*** (*chim.*) monomère.

monomio [mo-nò-mio] ***n.m.*** [pl. *-mi*] (*mat.*) monome.

mononucleosi [mo-no-nu-cle-ò-ʃi] ***n.f.invar.*** (*med.*) mononucléose.

monoparentale [mo-no-pa-ren-tà-le] ***agg.*** monoparental*.

monopattino [mo-no-pàt-ti-no] ***n.m.*** trottinette (*f.*), patinette (*f.*).

monopetto [mo-no-pèt-to] ***agg.invar.*** (*abbigl.*) droit.

monopolio [mo-no-pò-lio] ***n.m.*** [pl. *-li*] monopole (*anche fig.*).
● ***monopolio dei tabacchi***, régie des tabacs | ***monopolio di stato***, monopole d'État.

monopolista [mo-no-po-lì-sta] ***n.m.*** e ***f.*** (*econ.*) monopoleur/euse, monopoliste.

monopolistico [mo-no-po-lì-sti-co] ***agg.*** [pl.m. *-ci*, f. *-che*] monopoliste, monopolistique, monopoleur*.

monopolizzare [mo-no-po-liʒ-ʒà-re] ***v.tr.*** monopoliser.

monopolizzatore [mo-no-po-liʒ-ʒa-tó-re] ***agg.*** [f. *-trice*] monopoleur*; (*fig.*) monopolisateur*.

monopolizzazione [mo-no-po-liʒ-ʒa-zió-ne] ***n.f.*** monopolisation (*anche fig.*).

monoposto [mo-no-pó-sto] ***agg.*** e ***n.m.*** e ***f.invar.*** (*aut., aer.*) monoplace.

monorotaia [mo-no-ro-tà-ia] ***agg.invar.*** (*ferr.*) monorail* ♦ ***n.f.*** (*ferr.*) monorail (*m.*).

monosaccaride [mo-no-sac-cà-ri-de] ***n.m.*** (*chim.*) monosaccharide.

monoscì [mo-no-scì] ***n.m.invar.*** monoski*.

monoscopio [mo-no-scò-pio] ***n.m.*** [pl. *-pi*] (*tv*) mire (*f.*).

monosillabico [mo-no-sil-là-bi-co] ***agg.*** [pl.m. *-ci*, f. *-che*] (*ling.*) monosyllabique, monosyllabe.

monosillabo [mo-no-sil-la-bo] ***n.m.*** (*ling.*) monosyllabe.
● ***rispondere a monosillabi***, répondre par monosyllabes.

monoteismo [mo-no-te-ì-ʃmo] ***n.m.*** (*relig.*) monothéisme.

monoteista [mo-no-te-ì-sta] ***agg.*** e ***n.m.*** e ***f.*** monothéiste.

monoteistico [mo-no-te-ì-sti-co] ***agg.*** [pl.m. *-ci*, f. *-che*] (*relig.*) monothéiste, monothéique.

monotipista [mo-no-ti-pì-sta] ***n.m.*** e ***f.*** (*tip.*) monotypiste.

monotonia [mo-no-to-nì-a] ***n.f.*** monotonie.

monotono [mo-nò-to-no] ***agg.*** monotone.

monotype® [mono'taip] ***n.f.invar.*** (*tip.*) monotype®.

monouso [mo-no-ù-ʃo] ***agg.invar.*** jetable.

monovalente [mo-no-va-lèn-te] ***agg.*** (*chim.*) monovalent.

monovolume [mo-no-vo-lù-me] ***agg.*** e ***n.f.invar.*** (voiture) monospace.

monovulare [mo-no-vu-là-re] **monozigote** ***agg.*** (*biol.*) monozygote.

monsignore [mon-si-gnó-re] ***n.m.*** monseigneur*.

monsone [mon-só-ne] ***n.m.*** mousson (*f.*).

monsonico [mon-sò-ni-co] ***agg.*** [pl.m. *-ci*, f. *-che*] des moussons.

monta [món-ta] ***n.f.*** (*zootecn.*) monte.
● ***stazione di monta***, (*per bovini*) station de monte; (*per equini*) haras.

montacarichi [mon-ta-cà-ri-chi] ***n.m.invar.*** monte-charge*.

montaggio [mon-tàg-gio] ***n.m.*** [pl. *-gi*] montage.

montagna [mon-tà-gna] ***n.f.*** montagne: *sulle montagne*, dans les montagnes; *in montagna*, à la montagne; *andare in montagna*, aller à la montagne; (*fare escursioni*) faire de la montagne; *abitare in montagna*, habiter la montagne; *in montagna nevica già*, il neige déjà sur les

montagnes; *in montagna è scoppiato il temporale*, l'orage a éclaté sur la montagne; *fare una passeggiata in montagna*, faire une promenade en montagne; *una montagna di libri*, (*fig.*) une montagne de livres.
● ***grande, grosso come una montagna***, (*fig.*) grand, gros comme une montagne | ***in alta montagna***, en haute montagne | ***le montagne russe***, les montagnes russes | ***mal di montagna***, mal des montagnes.

montagnola [mon-ta-gnò-la] ***n.f.*** butte; (*cumulo*) monticule (*m.*).

montagnoso [mon-ta-gnó-so] ***agg.*** montagneux*.

montanaro [mon-ta-nà-ro] ***agg.*** e ***n.m.*** [f. *-a*] montagnard.

montano [mon-tà-no] ***agg.*** de montagne; des montagnes: *una località montana*, une station de montagne.

montante [mon-tàn-te] ***agg.*** montant ♦ ***n.m.*** **1** (*edil.*) montant **2** (*pugilato*) uppercut.

montare [mon-tà-re] ***v.tr.*** **1** (*salire*) monter: *montare un gradino*, monter une marche **2** (*cavalcare*) monter: *montare un cavallo*, monter à cheval **3** (*cuc.*) (*la panna*) fouetter; (*le uova*) battre* **4** (*fig.*) (*gonfiare*) gonfler; (*esagerare*) exagérer*: *montare una notizia*, gonfler une nouvelle; *è stato troppo montato dalla stampa*, il a été monté en épingle par la presse **5** (*mettere insieme*) monter: *montare una macchina*, monter (*o* assembler) une machine **6** (*incastonare*) monter **7** (*incorniciare*) encadrer: *montare una stampa*, encadrer une gravure **8** (*zool.*) (*di animale*) monter ♦ ***v.intr.*** [aus. *essere*] **1** (*salire*) monter: *montare su una scala*, monter sur une échelle, grimper à une échelle; *montare in auto*, monter dans une (*o* en) voiture **2** (*alzarsi*) monter: *la marea monta*, la marée monte; (*cuc.*) *la panna non è montata bene*, la crème fouettée n'a pas bien monté ♦ **montarsi** ***v.pron. intr.*** s'exciter; (*insuperbire*) s'enorgueillir (**de**).
● (*cuc.*) ***montare a neve***, battre en neige | ***montare in collera, in bestia***, se mettre en colère | ***montare in superbia***, devenir orgueilleux | ***montare la, di guardia***, monter la garde | ***montare su tutte le furie***, monter sur ses grands chevaux | (*cine.*) ***montare un film***, monter un film | ***montarsi la testa***, se monter la tête.

montascale [mon-ta-scà-le] ***n.m.*** monte-escalier.

montato [mon-tà-to] ***agg.*** **1** (*fig.*) (*esagerato*) monté: *notizia montata*, nouvelle gonflée **2** (*cuc.*) (*sbattuto*) fouetté: *chiare montate a neve*, blancs fouettés (*o* battus en neige) **3** (*fam.*) (*borioso*) bêcheur; (*arrogante*) arrogant.

montatore [mon-ta-tó-re] ***n.m.*** [f. *-trice*] monteur*.

montatura [mon-ta-tù-ra] ***n.f.*** **1** (*di occhiali, gioiello*) monture **2** (*fig.*) (*esagerazione*) bluff (*m.*): *è stata tutta una montatura dei giornali*, c'est un coup monté par la presse.
● ***montatura pubblicitaria, propagandistica***, gonflage publicitaire, de propagande.

montavivande [mon-ta-vi-vàn-de] ***n.m.invar.*** monte-plats.

monte [món-te] ***n.m.*** **1** montagne (*f.*); (*seguito da nome proprio*) mont: *sui monti*, dans, sur les montagnes **2** (*fig.*) (*gran quantità*) montagne, tas (*m.*): *avere un monte di ragioni*, avoir un tas de raisons **3** (*nei giochi di carte*) (*mazzo*) talon.
● ***Monte (dei pegni)***, ***Monte di Pietà***, mont-de-piété | (*anat.*) ***monte di Venere***, mont de Vénus | ***monte ore***, montant des heures | (*econ.*) ***monte salari***, masse salariale | ***a monte (di)***, en amont (de) | ***andare a monte***, échouer: *i miei piani sono andati a monte*, mes plans sont tombés à l'eau | ***andare a monte di un problema***, (*fig.*) remonter à la source d'un problème | ***mandare a monte***, (*mandare in fumo*) faire échouer; (*annullare, detto di partita*) annuler.

montebianco [mon-te-biàn-co] ***n.m.*** [pl. *-chi*] (*cuc.*) mont-blanc*.

montepremi [mon-te-prè-mi] ***n.m.invar.*** montant total (des lots, des prix).

montgomery [mon'gɔmeri] ***n.m.invar.*** (*abbigl.*) duffel-coat*.

monticello [mon-ti-cèl-lo] ***n.m.*** monticule, butte (*f.*).

montone [mon-tó-ne] ***n.m.*** **1** (*zool.*) bélier **2** (*macelleria*) mouton.
● (*abbigl.*) ***(giacca di) montone***, trois-quarts en mouton.

montuosità [mon-tu-o-si-tà] ***n.f.invar.*** relief (*m.*).

montuoso [mon-tu-ó-so] ***agg.*** montueux*.

monumentale [mo-nu-men-tà-le] ***agg.*** monumental* (*anche fig.*).

monumento [mo-nu-mén-to] ***n.m.*** monument: *erigere un monumento*, ériger un monument.
● ***monumento nazionale***, monument historique.

moquette [mɔ'kɛt] ***n.f.invar.*** moquette.

mora[1] [mò-ra] ***n.f.*** (*bot.*) **1** (*del gelso*) mûre **2** (*del rovo*) mûron (*m.*), mûre sauvage.

mora[2] ***n.f.*** **1** demeure **2** (*dilazione*) délai (*m.*) **3** (*ammenda*) amende.
● ***cadere in mora***, être en demeure | ***costituzione in mora***, mise en demeure | ***interessi di mora***, intérêts de retard.

morale [mo-rà-le] ***agg.*** moral*: *principi morali*, principes moraux; *è il vincitore morale*, moralement c'est lui le vainqueur; *dare un aiuto morale a qlcu*, aider qqn moralement ♦ ***n.f.*** morale; (*moralità*) moralité: *uomo senza morale*, homme sans moralité ♦ ***n.m.*** moral: *tenere su il morale a qlcu*, remonter le moral à qqn.
● ***avere il morale alto***, avoir bon moral | ***avere il morale a terra***, avoir le moral à zéro | ***dai, su col morale!***, (*fam.*) allez, courage! | ***essere su, giù di morale***, avoir le moral haut, bas | ***la morale della favola***, la morale de l'histoire | ***ricatto morale***, chantage sentimental.

moraleggiare [mo-ra-leg-già-re] ***v.intr.*** [coniug. come *mangiare*; aus. *avere*] moraliser.

moralismo [mo-ra-lì-ʃmo] ***n.m.*** moralisme.

moralista [mo-ra-lì-sta] ***agg.*** e ***n.m.*** e ***f.*** moraliste.

moralistico [mo-ra-lì-sti-co] ***agg.*** [pl.m. *-ci*, f. *-che*] moraliste, moralisant.

moralità [mo-ra-li-tà] ***n.f.invar.*** moralité.

moralizzare [mo-ra-liʒ-ʒà-re] ***v.tr.*** moraliser.

moralizzatore [mo-ra-liʒ-ʒa-tó-re] ***agg.*** e ***n.m.*** [f. *-trice*] moralisateur*.

moralizzazione [mo-ra-liʒ-ʒa-zió-ne] ***n.f.*** moralisation.

moralmente [mo-ral-mén-te] ***avv.*** moralement: *comportarsi moralmente*, se conduire moralement; *azione moralmente riprovevole*, action moralement blâmable.

moratoria [mo-ra-tò-ria] ***n.f.*** **1** (*dir.*) moratoire (*m.*), suspension des poursuites **2** (*sospensione*) arrêt (*m.*).

moratorio [mo-ra-tò-rio] ***agg.*** [pl.m. *-ri*] (*dir.*) moratoire.

morbidamente [mor-bi-da-mén-te] ***avv.*** doucement.

morbidezza [mor-bi-déz-za] ***n.f.*** **1** douceur (*anche fig.*); (*cedevolezza*) souplesse (*anche fig.*); (*l'essere soffice*) mollesse **2** (*arte*) morbidesse; (*sfumato*) flou (*m.*); (*delicatezza*) délicatesse.

morbido [mòr-bi-do] ***agg.*** **1** doux*; (*soffice*) moelleux*; (*cedevole al tatto*) souple: *letto, cuscino morbido*,

M

lit, oreiller moelleux; *pelle morbida e vellutata*, peau douce et veloutée; *luce morbida*, lumière douce **2** (*arte*) (*sfumato*) flou; (*delicato*) délicat **3** (*di cibi*) tendre ♦ *n.m.* mou: *dormire sul morbido*, dormir dans un lit mou.
● (*astr.*) ***allunaggio morbido***, alunissage en douceur | ***è caduto sul morbido***, (*fig.*) il est retombé sur ses pieds | (*abbigl.*): ***pieghe morbide***, plis souples; ***una linea morbida***, une ligne souple.

FAUX AMI
Da non confondere con *morbide*, che significa *morboso*.

morbillo [mor-bìl-lo] *n.m.* (*med.*) rougeole (*f.*).

morbo [mòr-bo] *n.m.* mal*, maladie (*f.*).
● (*med.*) ***il morbo di Parkinson***, la maladie de Parkinson.

morbosamente [mor-bo-sa-mén-te] *avv.* morbidement.

morbosità [mor-bo-si-tà] *n.f.invar.* morbidité.

morboso [mor-bó-so] *agg.* morbide (*anche fig.*): *curiosità morbosa*, curiosité morbide.

morchia [mòr-chia] *n.f.* (*dell'olio*) dépôt (*m.*); (*dei lubrificanti*) cambouis (*m.*).

mordace [mor-dà-ce] *agg.* mordant (*anche fig.*).

mordacemente [mor-da-ce-mén-te] *avv.* d'une manière mordante; (*con tono mordace*) d'un ton mordant.

mordente [mor-dèn-te] *agg.* mordant (*anche fig.*) ♦ *n.m.* **1** (*incisività*) mordant: *uno stile privo di mordente*, un style qui manque de mordant **2** (*chim.*) mordant.

mordere [mòr-de-re] *v.tr.* [p.rem. *io morsi*; p.p. *morso*] **1** mordre*: *il cane lo ha morso alla gamba*, le chien l'a mordu à la jambe; *mordere un frutto*, mordre dans un fruit **2** (*fam.*) (*pungere*) piquer: *mi ha morso una zanzara*, un moustique m'a piqué **3** (*intaccare*) mordre*: *l'acido morde il metallo*, l'acide mord les métaux.
● ***mordere a sangue***, mordre jusqu'au sang | ***mordere il freno***, (*fig.*) ronger son frein | ***mordersi le mani***, ***le dita***, s'en mordre les doigts.

mordicchiare [mor-dic-chià-re] *v.tr.* mordiller.

mordi e fuggi [mòr-di e fùg-gi] *agg.invar.* éclair | *turismo mordi e fuggi*, tourisme à la japonaise.

morena [mo-rè-na] *n.f.* (*geol.*) moraine.

morenico [mo-rè-ni-co] *agg.* [pl.m. *-ci*, f. *-che*] (*geol.*) morainique.

morente [mo-rèn-te] *agg.* e *n.m.* e *f.* mourant/e.

moresco [mo-ré-sco] *agg.* [pl.m. *-schi*, f. *-sche*] mauresque, moresque.

more uxorio [mò-re u-xò-rio] *avv.* maritalement.

morfema [mor-fè-ma] *n.m.* (*ling.*) morphème.

morfina [mor-fi-na] *n.f.* morphine.

morfinomane [mor-fi-nò-ma-ne] *agg.* e *n.m.* e *f.* morphinomane.

morfo- *pref.* morfo-.

morfologia [mor-fo-lo-gì-a] *n.f.* morphologie.

morfologicamente [mor-fo-lo-gi-ca-mén-te] *avv.* morphologiquement.

morfologico [mor-fo-lò-gi-co] *agg.* [pl.m. *-ci*, f. *-che*] morphologique.

morganaticamente [mor-ga-na-ti-ca-mén-te] *avv.* morganatiquement.

morganatico [mor-ga-nà-ti-co] *agg.* [pl.m. *-ci*, f. *-che*] morganatique.

moria [mo-rì-a] *n.f.* (grande) mortalité.

moribondo [mo-ri-bón-do] *agg.* e *n.m.* [f. *-a*] moribond.

morigeratezza [mo-ri-ge-ra-téz-za] *n.f.* (*di costumi*) sobriété; (*moderazione*) modération, tempérance: *mangiare con morigeratezza*, manger avec modération.

morigerato [mo-ri-ge-rà-to] *agg.* **1** modéré, sobre: *vita morigerata*, vie régulière; *uomo morigerato*, homme mesuré **2** (*di buoni costumi*) de bonnes mœurs.

morire[1] [mo-rì-re] *v.intr.* [pres.indic. *io muoio*, *tu muori*, *egli muore*, *noi moriamo*, *voi morite*, *essi muoiono*; p.p. *morto*; aus. *essere*] **1** mourir*: *morire ammazzato*, *annegato*, mourir assassiné, noyé; *morire d'infarto*, *di cancro*, mourir d'infarctus, d'un cancer; *morire di parto*, mourir en couche; *morire bene*, mourir d'une belle mort; *gli è morto il padre*, son père est mort; *si muore dal freddo*, (*estens.*) on crève de froid **2** (*fig.*) (*spegnersi, estinguersi*) mourir*: *il sorriso gli morì sulle labbra*, le sourire se figea sur ses lèvres; *le parole gli morirono sulle labbra*, les mots expirèrent sur ses lèvres.
● ***morire dalla voglia***, ***dalla vergogna***, mourir d'envie, de honte: *muoio dalla voglia di*, je (me) meurs d'envie de | ***morire dal ridere***, mourir de rire | ***morire per le ferite riportate***, mourir des suites de ses blessures | ***morire per soffocamento***, mourir étouffé | ***chi non muore si rivede***, on se fait rare ces temps-ci (*o* on te croyait mort) | ***da morire***, à (en) mourir: *triste da morire*, malheureux à en mourir; *volere* (*un*) *bene da morire*, aimer à en mourir; *un caldo da morire*, une chaleur à mourir; *soffre da morire*, il souffre atrocement; *mi fa male da morire*, ça me fait atrocement mal; *una donna bella da morire*, une femme d'une beauté exceptionnelle | ***far morire d'invidia***, faire pâlir d'envie | ***meglio di così si muore!***, on ne peut mieux! | ***mi farai morire!***, (*fig.*) tu me tueras! | ***mi piacerebbe sapere di che morte devo morire***, j'aimerais bien savoir à quelle sauce je vais être mangé | ***mi sento morire al pensiero***, l'idée me rend malade | ***morto lui***, après sa mort | ***più stupido di così si muore***, on ne peut pas être plus bête | ***vorrei morire se!***, je veux bien être pendu si!

morire[2] *n.m.* mort (*f.*).
● ***al morire del giorno***, (*fig.*) quand le jour meurt.

morituro [mo-ri-tù-ro] *agg.* e *n.m.* [f. *-a*] (*letter.*) (celui*) qui va mourir.

mormone [mor-mó-ne] *agg.* e *n.m.* e *f.* (*relig.*) mormon.

mormorare [mor-mo-rà-re] *v.intr.* [aus. *avere*] **1** murmurer **2** (*brontolare*) maugréer, grommeler* ♦ *v.tr.* murmurer, chuchoter.
● ***mormorare alle spalle di qlcu***, maugréer derrière le dos de qqn | ***la gente mormora***, les gens parlent | ***si mormora che***, les gens disent que.

mormorazione [mor-mo-ra-zió-ne] *n.f.* **1** (*maldicenza*) médisance; (*diceria*) bavardage (*m.*), commérage (*m.*) **2** (*lamentela*) plainte.

mormorio [mor-mo-rì-o] *n.m.* [pl. *-ii*] **1** murmure, bruit léger: *mormorio di voci*, chuchotement **2** (*lamentela*) plainte (*f.*) **3** (*maldicenza*) médisance (*f.*); (*chiacchiera*) bavardage.

moro[1] [mò-ro] *agg.* **1** brun: *capelli mori*, des cheveux bruns **2** (*st.*) (*saraceno*) maure ♦ *n.m.* [f. *-a*] **1** (*persona scura di capelli*) brun **2** (*st.*) (*saraceno*) Maure.
● ***cavallo moro***, cheval à robe brune | (*colore*) ***testa di moro***, (couleur) tête-de-maure.

moro[2] *n.m.* (*bot.*) mûrier.

morosità [mo-ro-si-tà] *n.f.invar.* (*dir.*) retard (*m.*) (dans le paiement).

moroso[1] [mo-ró-so] *agg.* (*dir.*) morosif*; (*inadempiente*) défaillant; (*ritardatario*) retardataire: *essere moroso nei pagamenti*, être en retard dans ses paiements.

moroso[2] ***n.m.*** [f. *-a*] (*region.*) (petit) copain; (*fidanzato*) fiancé.

morra [mòr-ra] ***n.f.*** mourre: *giocare a morra*, jouer à la mourre.

morsa [mòr-sa] ***n.f.*** **1** (*mecc.*) étau* (*m.*): *trovarsi in una morsa*, être pris (*o* serré) comme dans un étau; *la morsa del dubbio lo attanagliava*, (*fig.*) il était tenaillé par le doute **2** (*pl.*) (*arch.*) pierres d'attente, *harpes.

FAUX AMI
Da non confondere con *morse*, che significa *tricheco*.

morse ['mɔrs *o* 'mɔrse] ***agg.*** e ***n.m.invar.*** morse.
● ***alfabeto morse***, alphabet morse | ***segnali morse***, signaux en morse.

morsetto [mor-sét-to] ***n.m.*** **1** (*mecc.*) étau*; (*per falegnami*) *happe (*f.*); (*per ponteggi*) crampon **2** (*elettr.*) borne (*f.*).

morsicare [mor-si-cà-re] ***v.tr.*** [coniug. come *mancare*] **1** mordre*: *morsicare una mela*, mordre (dans) une pomme **2** (*fam.*) (*di insetti*) piquer.

morsicatura [mor-si-ca-tù-ra] ***n.f.*** **1** morsure **2** (*di insetti*) piqûre.

morso [mòr-so] ***n.m.*** **1** morsure (*f.*) (*anche fig.*); (*di insetto*) piqûre (*f.*) **2** (*boccone*) morceau*, bout **3** (*per cavalli*) mors: *allentare, stringere il morso*, desserrer, serrer le mors **4** (*delle tenaglie*) mors.
● ***a morsi***, à coups de dents: *mangiare una mela, del pane a morsi*, croquer (dans) une pomme, mordre (dans) son pain | ***dare un morso a***, mordre: *dare un morso a qlcu*, mordre qqn; *dare un morso a un pezzo di pane*, mordre (dans) son pain | ***i morsi della fame***, les tiraillements de la faim.

mortadella [mor-ta-dèl-la] ***n.f.*** mortadelle.

mortaio [mor-tà-io] ***n.m.*** [pl. *-ai*] mortier.
● ***pestare l'acqua nel mortaio***, (*fig.*) donner des coups d'épée dans l'eau.

mortale [mor-tà-le] ***agg.*** mortel*: *malattia, ferita mortale*, maladie, blessure mortelle; *noia, silenzio mortale*, ennui, silence mortel ♦ ***n.m.*** e ***f.*** mortel/elle.
● ***i comuni mortali***, le commun des mortels | ***peccato mortale***, péché mortel.

mortalità [mor-ta-li-tà] ***n.f.invar.*** mortalité.
● ***tasso di mortalità***, (taux de) mortalité.

mortalmente [mor-tal-mén-te] ***avv.*** mortellement (*anche fig.*): *lo odia mortalmente*, il le déteste de tout son cœur.

mortaretto [mor-ta-rét-to] ***n.m.*** pétard.

mortasa [mor-tà-ʃa] ***n.f.*** (*tecn.*) mortaise.

morte [mòr-te] ***n.f.*** mort: *risuscitare da morte*, ressusciter des morts | *in lutto per la morte di qlcu*, en deuil de qqn.
● ***morte bianca***, mort provoquée par le froid | ***morte clinica, apparente***, mort clinique, apparente | ***morte improvvisa***, mort subite | ***morte naturale, violenta, accidentale***, mort naturelle, violente, accidentelle | ***a morte!***, à mort!: *a morte il tiranno!*, mort au tyran! | ***annuncio di morte***, faire-part de décès | ***atto di morte***, extrait mortuaire | ***avercela a morte con qlcu***, en vouloir à mort à qqn | ***avere la morte nel cuore***, (*fig.*) avoir la mort dans l'âme | ***condannare, mettere a morte***, condamner, mettre à mort | ***dare la morte***, tuer: *è un veleno che dà la morte*, c'est un poison mortel | ***darsi la morte***, se donner la mort | ***è in punto di morte, vicino alla morte***, il est mourant, à l'article de la mort | ***fare una bella, una brutta morte***, avoir une belle, une mauvaise mort | ***in caso di morte***, en cas de décès | ***in punto di morte***, mourant; sur son lit de mort: *in punto di morte ha confessato tutto*, il a tout avoué sur son lit de mort | ***per la vita e per la morte***, à la vie et à la mort | ***sapere vita, morte e miracoli di qlcu***, savoir tous les faits et gestes de qqn | ***sarai la mia morte!***, tu me tueras! | ***pena di morte***, peine de mort | ***poema in morte di***, poème pour la mort de | ***vedere la morte in faccia***, voir la mort en face.

mortella [mor-tèl-la] ***n.f.*** (*bot.*) myrte (*m.*).

mortifero [mor-tì-fe-ro] ***agg.*** mortifère.

mortificante [mor-ti-fi-càn-te] ***agg.*** mortifiant.

mortificare [mor-ti-fi-cà-re] ***v.tr.*** [coniug. come *mancare*] mortifier ♦ **mortificarsi** ***v.pron.*** (*far penitenza*) mortifier (sa chair) ♦ ***v.pron.intr.*** (*sentirsi umiliato*) se sentir* mortifié.

mortificato [mor-ti-fi-cà-to] ***agg.*** (*dispiaciuto*) désolé; (*umiliato*) humilié, mortifié.

mortificazione [mor-ti-fi-ca-zió-ne] ***n.f.*** mortification.

morto [mòr-to] ***agg.*** e ***n.m.*** [f. *-a*] mort.
● ***morto stecchito, sul colpo***, raide mort | ***braccio morto, gamba morta***, bras paralysé, jambe paralysée | ***dare per morto***, condamner: *i dottori lo avevano dato per morto*, les docteurs l'avaient condamné | ***essere (un) morto di fame***, mourir de faim | ***è un peso morto***, c'est un poids mort | ***è un uomo morto!***, c'est un homme fini! | ***farebbe risuscitare un morto!***, ça réveillerait un mort! | ***fare il morto***, (*nuoto*) faire la planche | ***lo volevano morto***, ils voulaient sa mort | (*relig.*) ***messa da morto***, messe de requiem | ***mezzo morto di paura***, à moitié mort de peur | ***nato morto***, mort-né | ***pallido come un morto***, pâle comme la mort | ***per poco non ci scappava il morto***, pour un peu quelqu'un n'y laissait la peau | ***sembra un morto in piedi***, on dirait un mort vivant | ***suonare a morto***, sonner le glas.

mortorio [mor-tò-rio] ***n.m.*** [pl. *-ri*] enterrement (*anche fig.*).

mortuario [mor-tu-à-rio] ***agg.*** [pl.m. *-ri*] mortuaire.

morva [mòr-va] ***n.f.*** (*vet.*) morve.

mosaicista [mo-ʃai-cì-sta] ***n.m.*** e ***f.*** mosaïste.

mosaico[1] [mo-ʃài-co] ***agg.*** [pl.m. *-ci*, f. *-che*] (*di Mosè*) mosaïque.
● ***legge mosaica***, loi mosaïque.

mosaico[2] ***n.m.*** [pl. *-ci*] mosaïque (*f.*).
● ***a mosaico***, en mosaïque.

mosca [mó-sca] ***n.f.*** [pl. *-sche*] **1** mouche **2** (*pesca*) mouche: *pescare con la mosca*, pêcher à la mouche **3** (*pizzetto*) mouche.
● ***è noioso come una mosca!***, il est agaçant! | ***è una mosca bianca***, (*fig.*) c'est le merle blanc | ***far montare la mosca al naso***, faire monter la moutarde au nez | ***non farebbe male a una mosca***, il ne ferait pas de mal à une mouche | ***non si sentiva volare una mosca***, on aurait entendu une mouche voler | (*cucito*) ***punto mosca***, point de chausson | ***restare con un pugno di mosche***, se retrouver les mains vides | ***(zitto e) mosca!***, motus (et bouche cousue)!

moscacieca [mo-sca-ciè-ca] ***n.f.invar.*** colin-maillard* (*m.*): *giocare a moscacieca*, jouer à colin-maillard.

moscaiola [mo-sca-iò-la] ***n.f.*** garde-manger* (*m.*).

moscardino [mo-scar-dì-no] ***n.m.*** (*zool.*) muscardin.

moscato [mo-scà-to] ***agg.*** muscat: *uva moscata*, raisin muscat ♦ ***n.m.*** (*vino*) muscat.
● ***noce moscata***, noix muscade.

moscerino [mo-sce-rì-no] ***n.m.*** moucheron.

moschea [mo-schè-a] ***n.f.*** mosquée.

M

moschettata [mo-schet-tà-ta] ***n.f.*** mousquetade.

moschettiera, alla [al-la mo-schet-tièra] ***agg.*** à la mousquetaire.

moschettiere [mo-schet-tiè-re] ***n.m.*** mousquetaire.

moschetto [mo-schét-to] ***n.m.*** (*fucile*) mousqueton.

moschettone [mo-schet-tó-ne] ***n.m.*** mousqueton.

moschicida [mo-schi-cì-da] ***agg.*** tue-mouches* ♦ ***n.m.*** préparation (*f.*) tue-mouches.

● ***carta moschicida***, papier tue-mouches.

moscio [mó-scio] ***agg.*** [pl.m. *-sci*, f. *-sce*] mou* (*anche fig.*): *sono un po' moscio*, (*fiacco*) je me sens faible; (*depresso*) je suis abattu.

● ***parlare con l'erre moscia***, grasseyer.

moscone [mo-scó-ne] ***n.m.*** **1** grosse mouche (*f.*) **2** (*imbarcazione*) pédalo.

moscovita [mo-sco-vì-ta] ***agg.*** moscovite ♦ ***n.m.*** e ***f.*** (*abitante*) Moscovite.

mossa [mòs-sa] ***n.f.*** **1** mouvement (*m.*); (*gesto*) geste (*m.*): *una mossa brusca*, un mouvement (*o* geste) brusque | *non ha fatto una mossa per aiutarci*, il n'a pas bougé pour nous aider **2** (*fig.*) manœuvre: *una mossa sbagliata*, une fausse manœuvre, un faux pas **3** (*agli scacchi, a dama*) coup (*m.*): *fare una mossa*, jouer un coup; *a te la mossa!*, à toi de jouer!

● ***dare le mosse***, donner le signal du départ | ***fare la prima mossa***, (*fig.*) faire les premiers pas | ***imitare le mosse di qlcu***, (*fig.*) imiter qqn | ***prendere le mosse da***, partir de (*o* commencer par) | ***star sulle mosse***, être sur le point de partir.

FAUX AMI
Da non confondere con *mousse*, che significa *mozzo, muschio* o *schiuma* o in campo gastronomico *spuma, mousse*.

M

mosso [mòs-so] ***agg.*** **1** (*ondulato*) ondulé: *capelli mossi*, cheveux ondulés; *paesaggio mosso*, paysage mouvementé **2** (*agitato*) agité **3** (*smosso, di terreno*) retourné **4** (*fot.*) flou **5** (*mus.*) mosso.

● ***mare mosso***, mer agitée.

mostarda [mo-stàr-da] ***n.f.*** **1** (*di senape*) moutarde **2** (*di frutta*) mostarda (fruits confits au vinaigre).

mosto [mó-sto] ***n.m.*** moût.

mostra [mó-stra] ***n.f.*** **1** étalage (*m.*): *l'ho visto in mostra da*, je l'ai vu (exposé) chez **2** (*esposizione*) exposition; (*fam.*) expo: *allestire una mostra*, réaliser une exposition **3** (*risvolto del bavero*) revers (*m.*).

● ***mostra mercato***, foire-exposition | ***essere in mostra***, (*in vetrina*) être à l'étalage | ***far mostra di***, (*sfoggiare*) faire étalage de; (*fig.*) étaler; (*fare finta*) faire semblant de: *sul tavolo faceva bella mostra di sé una pendola Luigi XIV*, sur la table trônait une belle pendule Louis XIV | ***la mostra del cinema di Venezia***, le festival du cinéma de Venise | ***mettere in mostra***, (*anche fig.*) étaler | ***mettersi in mostra***, se mettre en évidence.

FAUX AMI
Da non confondere con *monstre*, che significa *mostro*.

mostrare [mo-strà-re] ***v.tr.*** **1** montrer: *mostrare paura, di aver paura*, montrer de la peur, qu'on a peur; *mostrava in volto i segni della sofferenza*, son visage montrait les traces de la souffrance; *la città mostrava i segni dei bombardamenti*, la ville portait encore les traces des bombardements; *non mostrava di avere capito*, il ne semblait pas avoir compris **2** (*indicare*) montrer, indiquer: *mostrare la via più breve*, indiquer (*o* montrer) le chemin plus court **3** (*dimostrare*) montrer, témoigner: *mostrare amicizia, affetto a qlcu*, montrer (*o* témoigner) à qqn de l'amitié, de l'affection **4** (*fare mostra di*) faire* étalage (de), étaler: *mostrare il proprio sapere*, étaler (*o* faire étalage de) son savoir **5** (*fingere*) affecter ♦ **mostrarsi** ***v.pron.*** se montrer: *si mostrò all'altezza della situazione*, il se montra à la hauteur de la situation; *non ama mostrarsi in pubblico*, il n'aime pas se montrer en public.

● ***mostrare col, a dito***, (*fig.*) montrer du doigt | ***mostrare i denti***, (*fig.*) montrer les dents | ***mostrare i pugni***, (*fig.*) montrer le poing | ***non mostra l'età che ha***, il ne paraît pas son âge.

mostrina [mo-stri-na] ***n.f.*** (*mil.*) écusson (*m.*).

mostro [mó-stro] ***n.m.*** monstre (*anche fig.*): *un mostro di intelligenza*, un prodige d'intelligence.

● ***i mostri sacri***, les monstres sacrés.

mostruosamente [mo-stru-o-sa-mén-te] ***avv.*** monstrueusement.

mostruosità [mo-stru-o-si-tà] ***n.f.invar.*** monstruosité (*anche fig.*).

mostruoso [mo-stru-ó-so] ***agg.*** monstrueux* (*anche fig.*): *delitto mostruoso*, crime monstrueux; *un errore mostruoso*, une faute énorme.

mota [mò-ta] ***n.f.*** (*region., letter.*) boue, crotte.

FAUX AMI
Da non confondere con *motte*, che significa *zolla*.

motel [mo-tèl] ***n.m.invar.*** motel.

motilità [mo-ti-li-tà] ***n.f.invar.*** motilité; motricité.

motivare [mo-ti-và-re] ***v.tr.*** motiver: *motivare una decisione*, motiver une décision; *motivare uno studente*, motiver un étudiant.

motivato [mo-ti-và-to] ***agg.*** motivé: *non è motivato*, il a perdu toute motivation.

motivazionale [mo-ti-va-zio-nà-le] ***agg.*** des motivations.

● ***ricerca motivazionale***, étude de motivation.

motivazione [mo-ti-va-zió-ne] ***n.f.*** motivation; motifs (*m.pl.*): *privo di motivazioni*, démotivé.

● ***con la seguente motivazione***, avec la mention suivante | ***la motivazione di una sentenza***, les motifs d'un jugement; (*il testo redatto*) libellé | ***la motivazione di un decreto***, l'exposé des motifs d'un décret.

motivo [mo-tì-vo] ***n.m.*** **1** raison (*f.*); (*causa*) motif: *non era un motivo valido*, ce n'était pas une raison valable; *non mi spiego i motivi del suo comportamento*, je ne comprends pas les motifs, les raisons de sa conduite **2** (*dir.*) (*movente*) mobile **3** (*mus.*) air; (*tema di un'opera letteraria ecc.*) thème: *il motivo di una canzone*, l'air d'une chanson **4** (*elemento decorativo*) motif.

● ***motivo per cui***, raison pour laquelle | ***a motivo di***, à cause de | ***essere motivo di***, provoquer: *essere motivo di scandalo*, provoquer un scandale; *essere motivo di gioia per*, faire la joie de | ***il motivo conduttore***, (*di opera letteraria ecc.*) le leitmotiv | ***dare motivo a***, donner lieu à | ***dare motivo di***, fournir l'occasion de: *dare motivo di credere che*, laisser entendre que | ***per motivi di famiglia, di salute***, pour raisons de famille, de santé | ***per motivi disciplinari***, par mesure disciplinaire | ***per quale motivo?***, pour quel motif?, pour quelle raison? | ***senza motivo***, sans motif (*o* sans raison).

moto[1] [mò-to] ***n.m.*** **1** mouvement: *imprimere il moto*, imprimer le mouvement **2** (*impulso*) mouvement: *ebbe un moto di insofferenza*, il eut un geste d'impatience **3** (*esercizio fisico*) exercice **4** (*sommossa*) mouvement (insurrectionnel) **5** (*mus.*) moto.

● (*fis.*): ***moto accelerato, uniforme***, mouvement accéléré, uniforme; ***moto ondulatorio***, mouvement ondulatoire |

moto orario, antiorario, mouvement vissé, dévissé | ***moto rivoluzionario***, mouvement révolutionnaire | ***fare del moto***, faire de l'exercice | ***i moti dell'animo***, les mouvements de l'âme | ***mettere in moto***, mettre en marche; (*veicoli*) faire démarrer: *ha messo in moto tutte le sue conoscenze*, il a mobilisé toutes ses relations | ***mettersi in moto***, se mettre en marche; (*di veicoli*) démarrer; (*di treni*) s'ébranler: *si è messo in moto per cercarlo*, il s'est mis à le chercher | (*gramm.*) ***verbi di moto***, verbes de mouvement.

moto[2] ***n.f.invar.*** (*motocicletta*) moto: *in moto*, à moto.

moto- ***pref.*** moto-.

motobarca [mo-to-bàr-ca] ***n.f.*** [pl. *-che*] bateau* (*m.*) à moteur.

motocarro [mo-to-càr-ro] ***n.m.*** triporteur (à moteur).

motocarrozzetta [mo-to-car-roz-zét-ta] ***n.f.*** side-car* (*m.*).

motocicletta [mo-to-ci-clét-ta] ***n.f.*** moto(cyclette): *andare in motocicletta*, aller à moto.

motociclismo [mo-to-ci-clì-ʃmo] ***n.m.*** motocyclisme.

motociclista [mo-to-ci-clì-sta] ***n.m.*** e ***f.*** motocycliste.

motociclistico [mo-to-ci-clì-sti-co] ***agg.*** [pl.m. *-ci*, f. *-che*] de moto.

motociclo [mo-to-cì-clo] ***n.m.*** motocycle.

motocoltivatore [mo-to-col-ti-va-tó-re] ***n.m.*** (*macchina*) motoculteur.

motocross [mo-to-cròss] ***n.m.invar.*** motocross.

motofalciatrice [mo-to-fal-cia-trì-ce] ***n.f.*** (*macchina*) faucheuse à moteur.

motofurgone [mo-to-fur-gó-ne] ***n.m.*** fourgon à moteur.

motolancia [mo-to-làn-cia] ***n.f.*** [pl. *-ce*] (*mar.*) vedette.

motonauta [mo-to-nàu-ta] ***n.m.*** e ***f.*** sportif/ve qui pratique le motonautisme.

motonautica [mo-to-nàu-ti-ca] ***n.f.*** [pl. *-che*] motonautisme (*m.*).

motonautico [mo-to-nàu-ti-co] ***agg.*** [pl.m. *-ci*, f. *-che*] motonautique.

motonave [mo-to-nà-ve] ***n.f.*** navire (*m.*).

motopeschereccio [mo-to-pe-sche-réc-cio] ***n.m.*** [pl. *-ci*] bateau* de pêche (à moteur).

motopompa [mo-to-póm-pa] ***n.f.*** (*mecc.*) motopompe.

motore [mo-tó-re] ***n.m.*** moteur: *accendere, avviare il motore*, allumer le contact ♦ ***agg.*** [f. *-trice*] moteur*.
● ***motore a scoppio***, moteur à explosion | (*elettr.*) ***motore ausiliario***, survolteur | (*inform.*) ***motore di ricerca***, moteur, outil de recherche | ***motore elettrico, termico***, moteur électrique, thermique | ***motore supercompresso***, moteur à compression élevée | ***forza motrice***, force motrice | (*fil.*) ***il Primo Motore***, le premier moteur.

motoretta [mo-to-rét-ta] ***n.f.*** scooter (*m.*).

motorino [mo-to-rì-no] ***n.m.*** (*fam.*) cyclomoteur, vélomoteur, mobylette® (*f.*), mob (*f.*).
● (*aut.*) ***motorino d'avviamento***, démarreur.

motorio [mo-tò-rio] ***agg.*** [pl.m. *-ri*] moteur*: *persona con problemi motorii*, personne à mobilité réduite.

motorismo [mo-to-rì-ʃmo] ***n.m.*** sports (*pl.*) motorisés.

motorista [mo-to-rì-sta] ***n.m.*** e ***f.*** motoriste.

motorizzare [mo-to-riʒ-ʒà-re] ***v.tr.*** motoriser ♦ **motorizzarsi** ***v.pron.*** (*fam.*) être* motorisé.

motorizzato [mo-to-riʒ-ʒà-to] ***agg.*** motorisé.
● (*mil.*) ***mezzi motorizzati***, engins motorisés.

motorizzazione [mo-to-riʒ-ʒa-zió-ne] ***n.f.*** motorisation.

motoscafo [mo-to-scà-fo] ***n.m.*** canot à moteur.

motosega [mo-to-sé-ga] ***n.f.*** [pl. *-ghe*] tronçonneuse, scie à chaîne (coupante).

motosilurante [mo-to-si-lu-ràn-te] ***n.f.*** (*mar., mil.*) vedette, lance-torpilles*.

motoslitta [mo-to-ʃlìt-ta] ***n.f.*** motoneige; (*a elica*) traîneau* (*m.*) à hélice.

motovedetta [mo-to-ve-dét-ta] ***n.f.*** (*mar.*) vedette à moteur.

motoveicolo [mo-to-ve-ì-co-lo] ***n.m.*** véhicule à moteur.

motovettura [mo-to-vet-tù-ra] ***n.f.*** triporteur (*m.*).

motrice [mo-trì-ce] ***n.f.*** (*mecc.*) motrice.

motricità [mo-tri-ci-tà] ***n.f.invar.*** motricité.

motteggio [mot-tég-gio] ***n.m.*** [pl. *-gi*] moquerie (*f.*); (*detto arguto*) plaisanterie (*f.*).

mottetto [mot-tét-to] ***n.m.*** (*mus.*) motet.

motto [mòt-to] ***n.m.*** **1** (*parola*) mot **2** (*massima*) devise (*f.*).
● ***motto di spirito***, mot d'esprit (*o* bon mot) | ***senza aggiungere motto***, sans dire un mot.

motuleso [mo-tu-lé-ʃo] ***agg.*** e ***n.m.*** [f. *-a*] (*med.*) *handicapé moteur.

mountain-bike ['mauntan'baik] ***n.f.invar.*** vélo (*m.*) tout terrain, VTT (*m.*).

mouse ['maus] ***n.m.invar.*** (*inform.*) souris (*f.*).

movente [mo-vèn-te] ***n.m.*** (*dir.*) mobile.

movenza [mo-vèn-za] ***n.f.*** **1** attitude, geste (*m.*) **2** (*fig.*) mouvement (*m.*).

movida [movìda] ***n.f.*** [pl. *-e* o *invar.*] movida.

movimentare [mo-vi-men-tà-re] ***v.tr.*** mouvementer, animer.

movimentato [mo-vi-men-tà-to] ***agg.*** mouvementé; (*pieno di animazione*) animé.

movimento [mo-vi-mén-to] ***n.m.*** **1** mouvement: *movimento di capitali, di un conto*, mouvement de capitaux, d'un compte; *fare un movimento falso*, faire un faux mouvement; *stile pieno di movimento*, (*fig.*) style vivant **2** (*corrente artistica, politica ecc.*) mouvement **3** (*mus.*) mouvement.
● ***movimento rotatorio***, mouvement rotatoire | ***essere in movimento***, être en mouvement | ***mettere, mettersi in movimento***, mettre, se mettre en mouvement.

moviola® [mo-viò-la] ***n.f.*** (*cine.*) moviola®.

mozione [mo-zió-ne] ***n.f.*** motion.
● ***mozione di fiducia***, question de confiance | ***mozione di sfiducia***, motion de censure: *porre la mozione di sfiducia*, déposer une motion de censure.

mozzafiato [moz-za-fià-to] ***agg.invar.*** à couper le souffle: *notizia mozzafiato*, nouvelle époustouflante.

mozzare [moz-zà-re] ***v.tr.*** couper (*anche fig.*): *mozzare il capo*, trancher la tête.

mozzarella [moz-za-rèl-la] ***n.f.*** mozzarella.

mozzetta [moz-zét-ta] ***n.f.*** (*eccl.*) camail (*m.*).

mozzicone [moz-zi-có-ne] ***n.m.*** bout.
● ***mozzicone di sigaretta, di sigaro***, mégot.

mozzo[1] [móz-zo] ***agg.*** tronqué: *voce mozza*, voix brisée.

mozzo[2] *n.m.* (*mar.*) (*sotto i 16 anni*) mousse; (*tra 16 e 18 anni*) novice.
● ***mozzo di stalla***, valet d'écurie.

mozzo[3] *n.m.* **1** (*della ruota*) moyeu* **2** (*della campana*) mouton.

mucca [mùc-ca] *n.f.* [pl. *-che*] vache.
● ***mucca pazza***, vache folle.

mucchio [mùc-chio] *n.m.* [pl. *-chi*] tas (*anche fig.*): *un mucchio di gente*, un tas de gens.

mucillagine [mu-cil-là-gi-ne] *n.f.* mucilage (*m.*).

muco [mù-co] *n.m.* [pl. *-chi*] mucus.

mucosa [mu-có-sa] *n.f.* (*anat.*) muqueuse.

mucosità [mu-co-si-tà] *n.f.invar.* mucosité.

mucoso [mu-có-so] *agg.* muqueux*.

muda [mù-da] *n.f.* mue.

mudare [mu-dà-re] *v.intr.* [aus. *avere*] muer.

muezzin [muezʒin] *n.m.invar.* muezzin.

muffa [mùf-fa] *n.f.* moisissure; (*cosa ammuffita*) moisi (*m.*).
● ***fare la muffa***, (*anche fig.*) moisir.

muffola [mùf-fo-la] *n.f.* moufle.

muflone [mu-fló-ne] *n.m.* (*zool.*) mouflon.

mugghiare [mug-ghià-re] *v.intr.* [aus. *avere*] mugir (*anche fig.*).

mugghio [mùg-ghio] *n.m.* [pl. *-ghi*] mugissement (*anche fig.*).

muggine [mùg-gi-ne] *n.m.* (*zool.*) muge, mulet.

muggire [mug-gì-re] *v.intr.* [coniug. come *finire*; aus. *avere*] mugir (*anche fig.*).

M

muggito [mug-gì-to] *n.m.* mugissement (*anche fig.*).

mughetto [mu-ghét-to] *n.m.* (*bot., med.*) muguet.

mugic [mu'dʒik] *n.m.invar.* moujik.

mugnaio [mu-gnà-io] *n.m.* [f. *-a*; pl.m. *-ai*] meunier*.

mugolare [mu-go-là-re] *v.intr.* [aus. *avere*] geindre*, gémir; (*di cane*) glapir ♦ *v.tr.* (*borbottare*) marmonner.

mugolio [mu-go-lì-o] *n.m.* gémissement; (*di cane*) glapissement.

mugugnare [mu-gu-gnà-re] *v.intr.* [aus. *avere*] grogner, grommeler*; (*fam.*) rouspéter*.

mugugno [mu-gù-gno] *n.m.* grognement.

mula [mù-la] *n.f.* (*zool.*) mule.

mulattiera [mu-lat-tiè-ra] *n.f.* chemin (*m.*) muletier.

mulattiere [mu-lat-tiè-re] *n.m.* [f. *-a*] muletier*.

mulattiero [mu-lat-tiè-ro] *agg.* muletier*.
● (***strada***) ***mulattiera***, chemin muletier.

mulatto [mu-làt-to] *agg.* e *n.m.* [f. *-a*] mulâtre*.

muletto [mu-lét-to] *n.m.* **1** (*gergo*) (*aut.*) auto (*f.*) de réserve **2** (*carrello elevatore*) chariot élévateur **3** (*tel.*) (*cellulare sostitutivo*) mobile de remplacement.

muliebre [mu-lì-e-bre] *agg.* de femme; féminin.

mulinare [mu-li-nà-re] *v.tr.* **1** faire* des moulinets (avec) **2** (*macchinare*) comploter ♦ *v.intr.* [aus. *avere*] tourbillonner (*anche fig.*).

mulinello [mu-li-nèl-lo] *n.m.* **1** (*di vento*) tourbillon; (*di acqua*) remous | *fare mulinello con qlco*, faire un moulinet avec qqch **2** (*tecn., pesca*) moulinet.

mulino [mu-lì-no] *n.m.* moulin.
● ***mulino ad acqua***, moulin à eau | ***mulino a vento***, moulin à vent: *combattere con i mulini a vento*, (*fig.*) se battre contre des moulins à vent; *parla come un mulino a vento*, c'est un moulin à paroles | (*prov.*) ***chi va al mulino s'infarina***, qui couche avec les chiens se lève avec des puces | ***portare acqua al proprio mulino***, (*fig.*) apporter de l'eau à son moulin.

mulo [mù-lo] *n.m.* mulet.
● ***testardo come un mulo***, têtu comme un mulet.

FAUX AMI
Da non confondere con il francese *mulot*, che significa *topo campagnolo*.

multa [mùl-ta] *n.f.* amende; (*contravvenzione*) contravention; (*fam.*) P-V (*m.*): *dare una multa*, infliger une amende; *mettere una multa*, dresser une contravention; *ha preso una multa*, il a eu une amende (*o fam.* un P-V).

multare [mul-tà-re] *v.tr.* infliger* une amende (à).

multi- *pref.* multi-.

multicolore [mul-ti-co-ló-re] *agg.* multicolore.

multiculturale [mul-ti-cul-tu-rà-le] *agg.* multiculturel*.

multiculturalismo [mul-ti-cul-tu-ra-lì-ʃmo] *n.m.* multiculturalisme.

multidisciplinare [mul-ti-di-sci-pli-nà-re] *agg.* multidisciplinaire, pluridisciplinaire.

multietnico [mul-ti-èt-ni-co] *agg.* [pl.m. *-ci*, f. *-che*] multiethnique.

multiforme [mul-ti-fór-me] *agg.* multiforme.

multilaterale [mul-ti-la-te-rà-le] *agg.* multilatéral*.

multilingue [mul-ti-lìn-gue] *agg.* multilingue.

multimediale [mul-ti-me-dià-le] *agg.* multimédia: *campagna pubblicitaria multimediale*, campagne publicitaire multimédia.

multimilionario [mul-ti-mi-lio-nà-rio] *agg.* e *n.m.* [f. *-a*; pl.m. *-ri*] multimillionnaire.

multinazionale [mul-ti-na-zio-nà-le] *agg.* multinational* ♦ *n.f.* multinationale.

multiplanare [mul-ti-pla-nà-re] *agg.* multiplan.

multiplayer [multi'plɛier] *n.m.invar.* (*inform.*) multijoueur.

multiplex [multi'plɛks] *n.m.invar.* **1** (*rad., tv*) multiplex **2** (*cine.*) multiplexe, complexe multisalle.

multiplo [mùl-ti-plo] *agg.* multiple | *automobile multipla*, voiture multi-places ♦ *n.m.* (*mat.*) multiple.
● (*mat.*) ***il minimo comune multiplo***, le plus petit commun multiple.

multiprocessore [mul-ti-pro-ces-só-re] *n.m.* (*inform.*) multiprocesseur.

multiproprietà [mul-ti-pro-prie-tà] *n.f.invar.* multipropriété.

multirazziale [mul-ti-raz-zià-le] *agg.* multiracial*.

multirischi [mul-ti-rì-schio] *agg.invar.* multirisque.

multisala [mul-ti-sà-la] *n.f.* e *agg.invar.* multisalle(s).

multitasking [multi'taskiŋg] *agg.invar.* (*inform.*) multitâche.

multiuso [mul-ti-ù-ʃo] *agg.invar.* multi-usages, à usages multiples, (à) tous usages.

multiutente [mul-ti-u-tèn-te] *agg.invar.* (*inform.*) multiutilisateur.

multivitaminico [mul-ti-vi-ta-mì-ni-co] *agg.* [pl.m. *-ci*, f. *-che*] multivitaminé.

mummia [mùm-mia] *n.f.* momie (*anche fig.*).

mummificare [mum-mi-fi-cà-re] *v.tr.* [coniug. come *mancare*] momifier (*anche fig.*) ♦ **mummificarsi** *v.pron.intr.* se momifier (*anche fig.*).

mummificazione [mum-mi-fi-ca-zió-ne] ***n.f.*** momification.

mungere [mùn-ge-re] ***v.tr.*** [coniug. come *giungere*] **1** traire*, tirer le lait (**de**) **2** (*fig.*) (*spillare soldi a*) soutirer de l'argent (**à**).

mungitore [mun-gi-tó-re] ***n.m.*** [f. *-trice*] trayeur*.

mungitrice [mun-gi-trì-ce] ***n.f.*** (*macchina*) trayeuse.

mungitura [mun-gi-tù-ra] ***n.f.*** traite, mulsion.

municipale [mu-ni-ci-pà-le] ***agg.*** **1** municipal* **2** (*campanilistico*) de clocher: *rivalità municipali*, rivalités de clocher.

● ***consiglio municipale***, conseil municipal | ***palazzo municipale***, mairie; (*di grandi città*) hôtel de ville.

municipalismo [mu-ni-ci-pa-lì-ʃmo] ***n.m.*** prédominance (*f.*) d'intérêts locaux.

municipalità [mu-ni-ci-pa-li-tà] ***n.f.invar.*** municipalité.

municipalizzare [mu-ni-ci-pa-liʒ-ʒà-re] ***v.tr.*** municipaliser.

municipalizzazione [mu-ni-ci-pa-liʒ-ʒa-zió-ne] ***n.f.*** municipalisation.

municipio [mu-ni-cì-pio] ***n.m.*** [pl. *-pi*] **1** (*amministrazione*) mairie (*f.*); (*territorio*) commune (*f.*) **2** (*sede*) mairie (*f.*); (*nelle grandi città; in Belgio e in Svizzera*) hôtel de ville.

munificenza [mu-ni-fi-cèn-za] ***n.f.*** libéralité; (*letter.*) munificence.

munifico [mu-nì-fi-co] ***agg.*** [pl.m. *-ci*, f. *-che*] **1** (*di persona*) munificent **2** (*di cosa*) splendide, magnifique.

munire [mu-nì-re] ***v.tr.*** [coniug. come *finire*] (*provvedere*) munir ♦ **munirsi** ***v.pron.*** se munir.

munito [mu-nì-to] ***agg.*** (*provvisto*) muni.

munizione [mu-ni-zió-ne] ***n.f.*** (*spec. pl.*) munition.

munsi, **munto**, → **mungere**.

muoio, **muoiono**, → **morire**[1].

muore, **muori**, → **morire**[1].

muovere [muò-ve-re] ***v.tr.*** [p.rem. *io mossi*, *tu movesti* ecc.; p.p. *mosso*] **1** remuer; (*spostare*) déplacer*: *il vento muove le foglie*, le vent agite les feuilles; *questa macchina è mossa dall'elettricità*, cette machine marche à l'électricité | *muovere delle obiezioni*, faire des objections | (*dir.*) *muovere causa a qlcu*, intenter un procès à qqn **2** (*fig.*) (*spingere, incitare*) mouvoir*, pousser: *è mosso dall'interesse*, c'est l'intérêt qui le pousse **3** (*fig.*) (*suscitare*) provoquer: *muovere il riso*, provoquer le rire; *muovere il pianto*, faire pleurer; *muovere qlcu a compassione*, éveiller la compassion de qqn ♦ ***v.intr.*** [aus. *essere* o *avere*] partir* (*anche fig.*) | *muovere incontro a qlcu*, aller à la rencontre de qqn | *muovere in direzione di*, *alla volta di*, se diriger vers ♦ **muoversi** ***v.pron.intr.*** **1** bouger*; (*spostarsi*) se déplacer*; (*agitarsi*) se remuer; (*essere in movimento*) se mouvoir*: *si è mosso*, il a bougé; *non muoverti!*, ne bouge pas!; *fa fatica a muoversi*, il se déplace difficilement; *non si muove più dal letto*, il ne quitte plus son lit; *non si è mai mosso da Milano*, il n'a jamais quitté Milan; *tutti si sono mossi per trovargli un lavoro*, (*fig.*) tout le monde s'est mis en branle pour lui trouver du travail | *muoversi a pietà*, s'apitoyer | *muoversi a sdegno*, s'indigner **2** (*dirigersi*) se diriger*; (*mettersi in marcia*) se mettre* en marche; (*mettersi in moto*) se mettre* en mouvement **3** (*sbrigarsi*) se dépêcher: *muoviti!*, dépêche-toi!

muraglia [mu-rà-glia] ***n.f.*** **1** muraille **2** (*fig.*) mur (*m.*), barrière.

● ***la Grande Muraglia cinese***, la Grande Muraille de Chine.

muraglione [mu-ra-glió-ne] ***n.m.*** *haute muraille (*f.*).

murale [mu-rà-le] ***agg.*** mural*.

murales [mu-rà-les] ***n.m.pl.*** (*arte*) murals.

murare [mu-rà-re] ***v.tr.*** **1** murer | *murare vivo*, emmurer vivant **2** (*fissare nel muro*) sceller **3** (*edil.*) maçonner ♦ **murarsi** ***v.pron.*** (*fig.*) se cloîtrer, se claquemurer: *murarsi in casa*, se claquemurer chez soi.

murario [mu-rà-rio] ***agg.*** [pl.m. *-ri*] de maçonnerie: *struttura muraria*, la maçonnerie, les murs; *arte muraria*, maçonnerie.

● ***cinta muraria***, murs d'enceinte.

murata [mu-rà-ta] ***n.f.*** (*mar.*) muraille.

muratore [mu-ra-tó-re] ***n.m.*** maçon.

muratura [mu-ra-tù-ra] ***n.f.*** **1** maçonnerie: *in muratura*, en maçonnerie, maçonné **2** (*il murare*) maçonnage (*m.*).

murena [mu-rè-na] ***n.f.*** (*zool.*) murène.

muriatico [mu-rià-ti-co] ***agg.*** [pl.m. *-ci*, f. *-che*] (*chim.*) muriatique.

● ***acido muriatico***, acide muriatique (*o* esprit-de-sel).

muricciolo [mu-ric-ciò-lo] ***n.m.*** muret.

murice [mù-ri-ce] ***n.m.*** (*zool.*) murex.

muro [mù-ro] ***n.m.*** **1** [pl.m. *i muri*; pl.f. *le mura* per indicare quelle di una casa] mur: *muro di mattoni*, mur de briques **2** [pl. *le mura*] (*pl.*) (*di città, fortezza*) murs (*m.*), remparts (*m.*) **3** [pl. *i muri*] (*geol.*) mur.

● ***muro a secco***, mur de pierres sèches | ***muro comune***, mur mitoyen | ***muro della scala***, (mur d')échiffre | (*fis.*) ***muro del suono***, mur du son | ***muro di rinforzo***, mur de soutènement | ***muro di sponda***, (*di ponte ecc.*) bajoyer | ***muro maestro***, ***portante***, mur porteur: *insieme dei muri maestri*, (*di un edificio*) gros œuvre | ***armadio a muro***, placard | ***con le spalle al muro***, le dos au mur: *mettere qlcu con le spalle al muro*, mettre qqn au pied du mur | (*pallavolo*) ***fare muro***, faire contre | (*prov.*) ***i muri hanno orecchie***, les murs ont des oreilles | ***le mura domestiche***, la maison, son chez-soi | ***orologio a muro***, horloge | ***parlare al muro***, (*fig.*) parler au mur | (*s*)***battere la testa contro il muro***, se cogner la tête contre un mur; (*fig.*) se taper la tête contre les murs.

musa [mù-ʃa] ***n.f.*** (*mit.*) muse.

muschiato [mu-schià-to] ***agg.*** musqué.

● (*zool.*): ***bue muschiato***, bœuf musqué; ***topo muschiato***, rat musqué.

muschio[1] [mù-schio] ***n.m.*** [pl. *-schi*] (*biol.*) musc.

muschio[2], **musco**, ***n.m.*** [pl. *-schi*] (*bot.*) mousse (*f.*).

muscolare [mu-sco-là-re] ***agg.*** **1** musculaire **2** (*fig.*) (*rigido, intransigente*) musclé.

● (*fisiol.*) ***tono muscolare***, tonus musculaire (*o* tonicité).

muscolatura [mu-sco-la-tù-ra] ***n.f.*** musculature.

muscolazione [mu-sco-la-zió-ne] ***n.f.*** musculation.

muscolo [mù-sco-lo] ***n.m.*** **1** (*anat.*) muscle: *tendere i muscoli*, bander les muscles **2** (*di carne macellata*) gîte **3** (*zool.*) moule (*f.*).

● ***muscoli d'acciaio***, (*fig.*) muscles d'acier | ***tutto muscoli***, tout en muscles: *uomo tutto muscoli*, monsieur muscle.

muscoloso [mu-sco-ló-so] ***agg.*** musclé; musculeux*: *braccio muscoloso*, bras musculeux.

muscoso [mu-scó-so] ***agg.*** moussu.

museale [mu-ʃe-à-le] ***agg.*** des musées.

museo [mu-ʃè-o] ***n.m.*** musée.

● ***pezzo da museo***, (*iron.*) (*di persona*) vieille momie; (*di cosa*) antiquaille.
museografia [mu-ʃe-o-gra-fì-a] *n.f.* muséographie.
museologia [mu-ʃe-o-lo-gì-a] *n.f.* muséologie.
museruola [mu-ʃe-ruò-la] *n.f.* muselière.
● ***mettere la museruola a qlcu***, (*fig.*) museler qqn.
musica [mù-ʃi-ca] *n.f.* [pl. *-che*] musique: *fare musica*, faire de la musique; *musica per pianoforte, per orchestra*, musique pour piano, pour orchestre.
● ***musica classica***, musique classique | ***musica da camera***, musique de chambre | ***musica dodecafonica***, musique dodécaphoniste | ***musica leggera***, musique légère | ***musica moderna***, musique moderne | ***musica sacra***, musique sacrée | ***musica sinfonica***, musique symphonique | ***è sempre la stessa musica!***, (*iron.*) c'est toujours la même chanson! | ***è tutta un'altra musica***, ça c'est tout une autre histoire.
musicale [mu-ʃi-cà-le] *agg.* musical*.
● ***strumento musicale***, instrument musical.
musicalità [mu-ʃi-ca-li-tà] *n.f.invar.* musicalité.
musicante [mu-ʃi-càn-te] *n.m.* e *f.* **1** (*di banda*) musicien/enne (de fanfare) | (*relig.*) *angeli musicanti*, anges musiciens **2** (*spreg.*) musicien/enne médiocre.
musicare [mu-ʃi-cà-re] *v.tr.* [coniug. come *mancare*] mettre* en musique.
musicassetta [mu-ʃi-cas-sét-ta] *n.f.* musicassette.
music bar [mjuzik'bar] *n.m.invar.* bar-musique.
music-hall [mjuzik'ɔl] *n.m.invar.* (*teatro e spettacolo*) music-hall*.
musichetta [mu-ʃi-chét-ta] *n.f.* musiquette.
musicista [mu-ʃi-cì-sta] *n.m.* e *f.* musicien/enne.
musicologia [mu-ʃi-co-lo-gì-a] *n.f.* musicologie.
musicologo [mu-ʃi-cò-lo-go] *n.m.* [f. *-a*; pl.m. *-gi*, f. *-ghe*] musicologue.
musicoterapia [mu-si-co-te-ra-pì-a] *n.f.* musicothérapie.
musino [mu-ʃì-no] *n.m.* (*fam.*) frimousse (*f.*), minois.
musivo [mu-ʃì-vo] *agg.* des mosaïques; (*in mosaico*) en mosaïque.
muso [mù-ʃo] *n.m.* **1** museau*; (*di bue, leone ecc.*) mufle **2** (*iron.*) (*di persona*) figure (*f.*), gueule (*f.*) **3** (*broncio*) tête (*f.*) **4** (*di oggetto, spec. automobili ecc.*) nez.
● ***a muso duro***, crûment: *fare il muso duro a qlcu*, se montrer résolu avec qqn | ***avere il muso lungo***, (*fig.*) avoir la mine longue (*o* allongée) | ***fare il muso***, faire la tête (*o* bouder) | ***torcere il muso***, faire la grimace.
musone [mu-ʃó-ne] *n.m.* [f. *-a*] boudeur*.
mussola [mùs-so-la] **mussolina** *n.f.* mousseline.
mussulmano [mus-sul-mà-no] *agg.* e *n.m.* → **musulmano**.
mustacchio [mu-stàc-chio] *n.m.* [pl. *-chi*] moustache (*f.*).
musulmano [mu-sul-mà-no] *agg.* e *n.m.* [f. *-a*] musulman.
muta[1] [mù-ta] *n.f.* **1** (*zool.*) mue **2** (*anche mil.*) (*cambio*) relève | *muta dei cavalli*, relais **3** (*tuta subacquea*) combinaison (de plongeur).
muta[2] *n.f.* (*di cani*) meute; (*di cavalli*) attelage (*m.*).
mutabile [mu-tà-bi-le] *agg.* variable; (*fig.*) changeant.
mutabilità [mu-ta-bi-li-tà] *n.f.invar.* mutabilité; (*di tempo*) variabilité; (*di carattere*) instabilité.
mutamento [mu-ta-mén-to] *n.m.* changement: *mutamento di clima*, changement de climat; *mutamento nell'opinione pubblica*, revirement dans l'opinion publique | *mutamento di voce*, (*nella pubertà*) mue.
mutande [mu-tàn-de] *n.f.pl.* (*da donna*) culotte (*sing.*); (*da uomo*) caleçon (*m.sing.*).
mutandine [mu-tan-dì-ne] *n.f.pl.* culotte (*sing.*); (*slip*) slip (*m.sing.*).
mutante [mu-tàn-te] *agg.* e *n.m.* e *f.* (*biol.*) mutant/e.
mutare [mu-tà-re] *v.tr.* **1** changer* (**de**): *mutare aspetto*, changer d'aspect; *mutare opinione*, changer d'opinion **2** (*di animali*) muer ♦ *v.intr.* changer*: *la situazione politica è molto mutata*, la situation politique a beaucoup changé ♦ **mutarsi** *v.pron.intr.* se transformer: *mutarsi d'abito*, changer de vêtement, se changer.
mutazione [mu-ta-zió-ne] *n.f.* **1** changement (*m.*) **2** (*biol.*) mutation.
● ***mutazione genetica***, mutation génétique.
mutevole [mu-té-vo-le] *agg.* changeant.
mutevolezza [mu-te-vo-léz-za] *n.f.* mutabilité; (*di carattere*) instabilité; (*di opinioni*) versatilité.
mutevolmente [mu-te-vol-mén-te] *avv.* d'une façon changeante.
mutilare [mu-ti-là-re] *v.tr.* mutiler (*anche fig.*).
mutilato [mu-ti-là-to] *agg.* e *n.m.* [f. *-a*] mutilé.
● ***mutilato di guerra, del lavoro***, mutilé de guerre, du travail.
mutilazione [mu-ti-la-zió-ne] *n.f.* mutilation (*anche fig.*).
mutilo [mù-ti-lo] *agg.* (*letter.*) mutilé.
mutismo [mu-tì-ʃmo] *n.m.* **1** mutisme **2** (*med.*) mutité (*f.*).
muto [mù-to] *agg.* muet*: *muto dalla nascita*, muet de naissance ♦ *n.m.* **1** [f. *-a*] muet* **2** (*cine.*) muet.
● ***essere muto come un pesce, come una tomba***, être muet comme une carpe, comme une tombe | ***fare scena muta***, (*fig.*) sécher | (*cine.*) ***film muto***, film muet | (*fon.*) ***vocale muta***, voyelle muette.
mutria [mù-tria] *n.f.* (*letter.*) air (*m.*) *hautain.
mutua [mù-tu-a] *n.f.* **1** (*fam.*) (*assistenza sanitaria pubblica*) Sécurité Sociale; (*fam.*) sécu **2** (*società mutualistica*) mutuelle.
● ***medico della mutua***, médicin conventionné.
mutuabile [mu-tu-à-bi-le] *agg.* (*corrisposto dalla mutua*) remboursable par la Sécurité Sociale.
mutualismo [mu-tu-a-lì-ʃmo] *n.m.* (*biol.*) mutualisme.
mutualistico [mu-tu-a-lì-sti-co] *agg.* [pl.m. *-ci*, f. *-che*] **1** (*dir.*) mutualiste **2** (*biol.*) relatif* au mutualisme.
● ***ente mutualistico***, Sécurité Sociale.
mutualità [mu-tu-a-li-tà] *n.f.invar.* mutualité.
mutuare [mu-tu-à-re] *v.tr.* **1** (*prendere a prestito*) emprunter (*anche fig.*) **2** (*dare in prestito*) prêter.
mutuatario [mu-tu-a-tà-rio] *n.m.* [f. *-a*; pl.m. *-ri*] emprunteur*.
mutuato[1] [mu-tu-à-to] *agg.* (*preso in prestito*) emprunté (*anche fig.*); (*dato in prestito*) prêté.
mutuato[2] *n.m.* [f. *-a*] affilié à la Sécurité Sociale.
mutuo[1] [mù-tu-o] *agg.* mutuel*, réciproque: *mutuo accordo*, accord mutuel.
● (*dir.*) ***separazione per mutuo consenso***, séparation par consentement mutuel.
mutuo[2] *n.m.* (*dir.*) (*ciò che è dato in prestito*) prêt; (*ciò che si riceve in prestito*) emprunt: *concedere un mutuo*, consentir un prêt; *dare a mutuo*, prêter; *prendere a mutuo*, emprunter.

Nn

n *n.f.* o *m.invar.* n (*m.*) | *figlio di NN*, fils de père inconnu, de mère inconnue.
● (*tel.*) ***n come Napoli***, n comme Nicolas.
nababbo [na-bàb-bo] *n.m.* [f. *-a*] nabab.
● ***vivere da nababbo***, (*fig.*) mener une vie de nabab.
nacchera [nàc-che-ra] *n.f.* (*spec. pl.*) (*mus.*) castagnettes (*pl.*).
nacqui → **nascere**.
nadir [na-dìr] *n.m.invar.* (*astr.*) nadir.
nafta [nàf-ta] *n.f.* naphte (*m.*); (*aut.*) gazole (*m.*); (*per riscaldamento*) mazout (*m.*): *riscaldamento a nafta*, chauffage au mazout.
naftalina [naf-ta-lì-na] *n.f.* naphtaline: *mettere in naftalina*, mettre dans la naphtaline.
naia[1] [nà-ia] *n.f.* (*zool.*) naja (*m.*).
naia[2] *n.f.* (*gergo mil.*) service (*m.*) (militaire): *essere sotto la naia*, faire son service; *la fine della naia*, la quille.
naiade [nà-ia-de] *n.f.* (*mit.*) naïade.
namibiano [na-mi-bià-no] *agg.* namibien* ♦ *n.m.* [f. *-a*] (*abitante*) Namibien*.
nandrolone [nan-dro-ló-ne] *n.m.* (*biochim.*) nandrolone (*f.*).
nandù [nan-dù] *n.m.invar.* (*zool.*) nandou.
nanerottolo [na-ne-ròt-to-lo] *n.m.* (*iron.*) nabot.
nanismo [na-nì-ʃmo] *n.m.* (*med.*) nanisme.
nanna [nàn-na] *n.f.* (*linguaggio infantile*) dodo (*m.*): *andare a nanna*, aller au dodo; *fare la nanna*, faire dodo; *a nanna!*, dodo!
nano [nà-no] *agg.* e *n.m.* [f. *-a*] nain (*anche fig.*).
● (*astr.*) (***stella***) ***nana***, (étoile) naine.
nanoelettronica [na-no-e-let-trò-ni-ca] *n.f.* [pl. *-che*] nanoélectronique.
nanosecondo [na-no-se-cón-do] *n.m.* (*fis.*) nanoseconde (*f.*).
nanotecnologia [na-no-tec-no-lo-gì-a] *n.f.* nanotechnologie.
napalm [nà-palm] *n.m.invar.* (*chim.*) napalm | *bomba al napalm*, bombe au napalm.
napello [na-pèl-lo] *n.m.* (*bot. pop.*) napel.
napoleone [na-po-le-ó-ne] *n.m.* 1 (*moneta*) napoléon 2 (*bicchiere*) verre à cognac.
napoleonico [na-po-le-ò-ni-co] *agg.* [pl.m. *-ci*, f. *-che*] napoléonien* ♦ *n.m.* 1 [f. *-a*] (*seguace*) partisan* de Napoléon 2 (*soldato*) soldat de Napoléon.
napoletana [na-po-le-tà-na] *n.f.* cafetière napolitaine.
napoletano [na-po-le-tà-no] *agg.* napolitain ♦ *n.m.* [f. *-a*] (*abitante*) Napolitain*.
nappa [nàp-pa] *n.f.* 1 (*di tende ecc.*) gland (*m.*) 2 (*parte terminale della coda dei ruminanti*) touffe de poils 3 (*pelle*) peau* (fine et souple) 4 (*fam. scherz.*) (*grosso naso*) gros nez (*m.*).

FAUX AMI
Da non confondere con *nappe*, che significa *tovaglia* o *strato*.

narbonese [nar-bo-né-se] *agg.* narbonnais ♦ *n.m.* e *f.* (*abitante*) Narbonnais/e.
narcisismo [nar-ci-ʃì-ʃmo] *n.m.* (*psic.*) narcissisme.
narcisista [nar-ci-ʃì-sta] *n.m.* e *f.* narcissique.
narcisistico [nar-ci-ʃì-sti-co] *agg.* [pl.m. *-ci*, f. *-che*] narcissique.
narciso[1] [nar-cì-ʃo] *n.m.* (*bot.*) narcisse.
narciso[2] *n.m.* (*psic.*) narcisse.
narcodollaro [nar-co-dòl-la-ro] *n.m.* narcodollar.
narcolessia [nar-co-les-sì-a] *n.f.* (*med.*) narcolepsie.
narcosi [nar-cò-ʃi] *n.f.invar.* (*med.*) narcose.
narcoterrorismo [nar-co-ter-ro-rì-smo] *n.m.* narcoterrorisme*.
narcotico [nar-cò-ti-co] *agg.* e *n.m.* [pl.m. *-ci*, f. *-che*] narcotique.
● ***squadra narcotici***, brigade des stupéfiants (*o* antidrogue).
narcotizzare [nar-co-tiʒ-ʒà-re] *v.tr.* narcotiser.
narcotrafficante [nar-co-traf-fi-càn-te] *n.m.* e *f.* narcotrafiquant/e.
narcotraffico [nar-co-tràf-fico] *n.m.* [pl. *-ci*] narcotrafic.
nardo [nàr-do] *n.m.* (*bot.*) nard.
narghilè [nar-ghi-lè] *n.m.invar.* narguilé.
narice [na-rì-ce] *n.f.* narine; (*di animale*) naseau* (*m.*).
narrare [nar-rà-re] *v.tr.* raconter ♦ *v.intr.* [aus. *avere*] parler | *si narra che*, on dit que.
narrativa [nar-ra-tì-va] *n.f.* roman (*m.*), genre (*m.*) narratif.
narrativo [nar-ra-tì-vo] *agg.* narratif*: *opera narrativa*, ouvrage narratif.
narratore [nar-ra-tó-re] *n.m.* [f. *-trice*] 1 narrateur* 2 (*scrittore*) écrivain de romans, romancier.
narrazione [nar-ra-zió-ne] *n.f.* 1 (*il raccontare*) narration 2 (*racconto*) récit (*m.*).
nartece [nar-tè-ce] *n.m.* (*arch.*) narthex.
narvalo [nar-và-lo] *n.m.* (*zool.*) narval*.
nasale [na-sà-le] *agg.* nasal*: *avere una voce nasale*, avoir une voix nasillarde ♦ *n.f.* (*fon.*) nasale.
nasalizzare [na-sa-liʒ-ʒà-re] *v.tr.* (*fon.*) nasaliser.
nasalizzazione [na-sa-liz-za-zió-ne] *n.f.* (*fon.*) nasalisation.
nasata [na-sà-ta] *n.f.* 1 (*colpo al naso*) coup (*m.*) sur le nez 2 (*colpo dato col naso*) coup (*m.*) donné avec le nez: *ho dato una nasata contro la porta*, je me suis cogné le nez contre la porte.
nascente [na-scèn-te] *agg.* naissant; (*del sole*) levant.
nascere [nà-sce-re] *v.intr.* [p.rem. *io nacqui*, *tu nascesti*

ecc.; p.p. *nato*; aus. *essere*] **1** naître*: *è nato a Milano il 15 settembre*, il est né à Milan le 15 septembre; *quando sei nato?*, quand es-tu né?; *sono nato nel 1968*, je suis né en 1968; *è nato da famiglia nobile*, il vient d'une famille noble; *le è nata una figlia*, elle a eu une fille **2** (*di fiume*) naître*, prendre* (sa) source **3** (*di piante*) pousser; (*di fiori*) éclore* **4** (*del sole, del giorno*) se lever* **5** (*fig.*) prendre* naissance, naître*: *mi è nato il sospetto, il dubbio che*, le soupçon, le doute me vient que ♦ ***n.m. invar.*** *al nascere del sole*, au lever du soleil.

● ***nascere bene***, bien naître, être de bonne naissance | ***da cosa nasce cosa***, une chose en entraîne une autre | ***deve ancora nascere, non è ancora nato chi***, (*fig.*) j'attend encore celui qui | ***essere nato ieri***, (*fig.*) être un grand naïf: *non sono nato ieri*, je ne suis pas né d'hier | ***essere nato per***, (*fig.*) être fait pour: *è nato per fare l'avvocato*, il est fait pour être avocat | ***far nascere***, (*causare*) provoquer: *far nascere dei disordini*, provoquer, fomenter des désordres | ***nascere come funghi***, pousser comme des champignons | ***nessuno nasce maestro***, personne n'a la science infuse | ***sul nascere***, (*fig.*) dans l'œuf: *soffocare una sommossa sul nascere*, tuer un soulèvement dans l'œuf; *progetto morto sul nascere*, projet avorté | ***vedere nascere qlcu, qlco***, (*fig.*) voire naître qqn, qqch.

nascita [nà-sci-ta] ***n.f.*** naissance (*anche fig.*): *alla nascita*, à la naissance; *inglese di nascita*, anglais par sa naissance; *luogo, data di nascita*, lieu, date de naissance | *la nascita del sole, del giorno*, le lever du soleil, du jour.

● ***controllo delle nascite***, contrôle, limitation des naissances | ***dalla nascita***, de naissance: *cieco dalla nascita*, aveugle de naissance.

nascituro [na-sci-tù-ro] ***agg.*** qui va naître ♦ ***n.m.*** [f. *-a*] enfant qui va naître.

N

nascondere [na-scón-de-re] ***v.tr.*** [p.rem. *io nascosi, tu nascondesti* ecc.; p.p. *nascosto*] cacher (*anche fig.*): *nascondere il viso tra le mani*, cacher son visage dans ses mains; *nascondere i propri sentimenti*, cacher ses sentiments; *non ti nascondo che sono preoccupata*, je ne te cache pas que je suis inquiète ♦ **nascondersi** ***v.pron.intr.*** se cacher (*anche fig.*) | *giocare a nascondersi*, jouer à cache-cache.

nascondiglio [na-scon-dì-glio] ***n.m.*** [pl. *-gli*] cachette (*f.*).

nascondino [na-scon-dì-no] ***n.m.*** (*gioco*) cache-cache.

nascosi → **nascondere**.

nascostamente [na-sco-sta-mén-te] ***avv.*** (*segretamente*) secrètement; (*di nascosto*) en cachette.

nascosto [na-scó-sto] ***agg.*** caché (*anche fig.*): *tenere, serbare nascosto*, cacher.

● ***di nascosto***, en cachette.

nasello [na-sèl-lo] ***n.m.*** (*zool.*) merlan.

naso [nà-so] ***n.m.*** **1** nez: *naso affilato*, nez effilé; *avere il naso chiuso*, avoir le nez bouché; *soffiarsi il naso*, se moucher | *parlare col naso*, parler du nez **2** (*del cane*) truffe (*f.*).

● ***naso all'insù***, nez retroussé | ***naso a patata***, nez en pomme de terre (*o* en patate) | ***a (lume di) naso***, à vue de nez: *andare, rispondere a naso*, aller, répondre au petit bonheur (o *fam.* au pifomètre) | ***arricciare il naso***, (*anche fig.*) froncer le nez | ***avere (buon) naso***, (*anche fig.*) avoir du flair (*o* du nez) | ***avere qlco sotto il naso***, (*fig.*) avoir qqch sous le nez: *ce l'hai sotto il naso*, tu as le nez dessus | ***fazzoletto da naso***, mouchoir | ***ficcare, mettere il naso in***, fourrer son nez dans: *ficcare il naso negli affari degli altri*, fourrer son nez dans les affaires des autres | ***mettere il naso fuori dalla porta***, mettre le nez dehors | ***non si ricorda dal naso alla bocca***, sa mémoire est une passoire | ***non vedere più in là del proprio naso***, (*fig.*) ne pas voir plus loin que le bout de son nez | ***prendere, menare qlcu per il naso***, (*fig.*) mener qqn par le bout du nez | ***restare, rimanere con un palmo di naso***, rester bouche bée.

nassa [nàs-sa] ***n.f.*** nasse.

nastrino [na-strì-no] ***n.m.*** (petit) ruban.

nastro [nà-stro] ***n.m.*** **1** ruban: *legare i capelli con un nastro*, retenir ses cheveux avec un ruban **2** (*tecn.*) ruban; bande (*f.*); (*di macchina da scrivere*) ruban encreur: *nastro per videoregistratore*, bande-vidéo; *registrare su nastro*, enregistrer sur bande | *nastro della mitragliatrice*, bande de la mitrailleuse **3** (*arch.*) ruban **4** (*inform.*) bande (*f.*).

● ***nastro adesivo***, ruban adhésif | ***nastro continuo***, (*di carta*) bande (de papier) en continu | ***nastro di partenza***, corde de départ | ***nastro isolante***, ruban isolant (*o* chatterton) | ***nastro trasportatore***, tapis roulant; (*dei bagagli in aeroporto*) convoyeur | ***a nastro***, à ruban: *sega a nastro*, scie à ruban.

nastroteca [na-stro-tè-ca] ***n.f.*** [pl. *-che*] bandothèque.

nasturzio [na-stùr-zio] ***n.m.*** [pl. *-zi*] (*bot.*) capucine (*f.*).

natale [na-tà-le] ***agg.*** natal*: *paese, terra natale*, pays, sol natal ♦ ***n.m.*** **1** *Natale*, Noël: *a Natale*, à (la) Noël; *festeggiare il Natale*, fêter Noël; *augurare buon Natale*, souhaiter un joyeux Noël; *i migliori auguri di buon Natale*, les meilleurs vœux pour un joyeux Noël **2** (*giorno natale*) jour de naissance | *il natale di Roma*, l'anniversaire de la fondation de Rome **3** (*spec. pl.*) (*nascita*) naissance (*f.sing.*): *di illustri natali*, (*nobile*) de haut lignage; *dare i natali a*, donner le jour à.

● ***albero di Natale***, arbre, sapin de Noël | ***Babbo Natale***, le Père Noël.

natalista [na-ta-lì-sta] ***agg.*** nataliste.

natalità [na-ta-li-tà] ***n.f.invar.*** natalité.

● ***quoziente, indice di natalità***, taux de natalité.

natalizio [na-ta-lì-zio] ***agg.*** [pl.m. *-zi*] de Noël.

natante [na-tàn-te] ***agg.*** flottant ♦ ***n.m.*** embarcation (*f.*).

natatoia [na-ta-tó-ia] ***n.f.*** (*zool.*) nageoire.

natatorio [na-ta-tò-rio] ***agg.*** [pl.m. *-ri*] natatoire.

● ***vescica natatoria***, vessie natatoire.

natica [nà-ti-ca] ***n.f.*** [pl. *-che*] fesse.

natio [na-tì-o] ***agg.*** [pl.m. *-ii*] (*letter.*) natal*.

natività [na-ti-vi-tà] ***n.f.invar.*** nativité.

nativo [na-tì-vo] ***agg.*** [f. *-a*] **1** natal*: *sono nativo di questi luoghi*, je suis originaire de cet endroit **2** (*innato*) inné **3** (*di metallo*) natif* | *allo stato nativo*, à l'état naturel ♦ ***n.m.*** [f. *-a*] natif*, naturel*.

nato [nà-to] ***agg.*** né: *un bugiardo nato*, un menteur-né; *un poeta nato*, un poète-né; *delinquente nato*, délinquant de naissance; *nato cieco*, aveugle-né; *un bambino appena nato*, un nouveau-né; *appena nato*, dès sa naissance ♦ ***n.m.*** [f. *-a*] personne (*f.*) née: *i nati sotto il segno dei Gemelli*, les personnes nées sous le signe des Gémeaux; *il primo nato*, le premier né.

● ***nato morto***, (*anche fig.*) mort-né.

natta [nàt-ta] ***n.f.*** (*med.*) loupe.

natura [na-tù-ra] ***n.f.*** **1** nature: *allo stato di natura*, dans l'état de nature; *come si trova in natura*, à l'état naturel **2** (*di persona*) naturel (*m.*) **3** (*genere, caratteristi-*

ca) nature: *aspetti di natura economica*, aspects de nature économique.
● (*pitt.*) ***natura morta***, nature morte | ***contro natura***, contre nature | ***in natura***, en nature: *scambio in natura*, troc; *pagare in natura*, payer en nature | ***madre natura***, mère nature | ***per***, ***di natura***, de mon, ton, son naturel: *generoso per natura, di natura generosa*, d'un naturel généreux | ***secondo natura***, selon la nature.

naturale [na-tu-rà-le] ***agg.*** **1** naturel*: *parla in modo molto naturale*, il parle d'une façon très naturelle; *i suoi capelli sono di un biondo naturale*, ses cheveux sont d'un blond naturel; *è molto naturale*, elle est très nature **2** (*ovvio, normale*) naturel* | *è naturale!*, c'est bien normal!
● ***a grandezza naturale***, grandeur nature | ***al naturale***, au naturel, nature | ***figlio naturale***, enfant naturel | ***madre***, ***padre naturale***, mère naturelle, père naturel | ***morte naturale***, mort naturelle | (*mat.*) ***numeri naturali***, nombre naturels | ***scienze naturali***, sciences naturelles | ***vita natural durante***, sa vie durant.

naturalezza [na-tu-ra-léz-za] ***n.f.*** **1** naturel (*m.*): *con naturalezza*, avec naturel; *manca di naturalezza*, il manque de naturel **2** (*verosimiglianza*) vraisemblance.

naturalismo [na-tu-ra-lì-ʃmo] ***n.m.*** naturalisme.

naturalista [na-tu-ra-lì-sta] ***n.m.*** e ***f.*** naturaliste.

naturalistico [na-tu-ra-lì-sti-co] ***agg.*** [pl.m. *-ci*, f. *-che*] naturaliste.

naturalizzare [na-tu-ra-liʒ-ʒà-re] ***v.tr.*** (*dir.*) naturaliser ♦ **naturalizzarsi** ***v.pron.intr.*** se faire* naturaliser.

naturalizzazione [na-tu-ra-liʒ-ʒa-zió-ne] ***n.f.*** naturalisation.

naturalmente [na-tu-ral-mén-te] ***avv.*** **1** naturellement **2** (*ovviamente*) naturellement, bien sûr: *naturalmente, hai sempre ragione!*, évidemment, tu as toujours raison!

naturismo [na-tu-rì-ʃmo] ***n.m.*** naturisme.

naturista [na-tu-rì-sta] ***agg.*** e ***n.m.*** e ***f.*** naturiste.

naturopata [na-tu-rò-pa-ta] ***n.m.*** e ***f.*** naturopathe.

naturopatia [na-tu-ro-pa-tì-a] ***n.f.*** naturopathie.

naufragare [nau-fra-gà-re] ***v.intr.*** [coniug. come *legare*; aus. *avere* o *essere*] **1** faire* naufrage **2** (*fig.*) échouer: *i suoi piani naufragarono*, ses plans échouèrent.

naufragio [nau-frà-gio] ***n.m.*** [pl. *-gi*] naufrage (*anche fig.*).

naufrago [nàu-fra-go] ***n.m.*** [f. *-a*; pl.m. *-ghi*, f. *-ghe*] naufragé.

naumachia [nau-ma-chì-a] ***n.f.*** (*st.*) naumachie.

nauplio [nàu-plio] ***n.m.*** [pl. *-li*] (*zool.*) nauplius.

nausea [nàu-ʃe-a] ***n.f.*** nausée (*anche fig.*): *avere la nausea*, avoir mal au cœur; *provare nausea per*, éprouver du dégoût pour; *mi dai la nausea*, tu me dégoûtes.
● ***fino alla nausea***, jusqu'à la nausée: *mangiare fino alla nausea*, manger jusqu'à en être écœuré.

nauseabondo [nau-ʃe-a-bón-do] **nauseante** ***agg.*** nauséabond, écœurant (*anche fig.*).

nauseare [nau-ʃe-à-re] ***v.tr.*** dégoûter, rendre* malade (*anche fig.*).

nauseato [nau-ʃe-à-to] ***agg.*** (*fig.*) dégoûté.

nautica [nàu-ti-ca] ***n.f.*** [pl. *-che*] **1** (*scienza*) art (*m.*) nautique **2** (*attività*) nautisme (*m.*).

nautico [nàu-ti-co] ***agg.*** [pl.m. *-ci*, f. *-che*] nautique.

navale [na-và-le] ***agg.*** naval*.

navarrese [na-var-ré-se] ***agg.*** navarrais.

navata [na-và-ta] ***n.f.*** (*arch.*) nef.
● ***navata centrale***, nef centrale (*o* grande nef) | ***navate laterali***, nefs latérales (o collatéraux) | ***navate minori***, bas -côtés.

nave [nà-ve] ***n.f.*** **1** navire (*m.*), bateau* (*m.*); (*piroscafo, nave passeggeri*) paquebot (*m.*) **2** (*arch.*) (*navata*) nef.
● ***nave ammiraglia***, vaisseau amiral | ***nave corsara***, (bâtiment) corsaire | ***nave da carico***, cargo | ***nave da guerra***, navire de guerre | ***nave del deserto***, (*cammello*) vaisseau du désert | ***nave di linea***, paquebot de ligne | ***nave mercantile***, navire marchand | ***nave ospedale***, bateau-hôpital | ***nave passeggeri***, navire à passagers (*o* paquebot) | ***nave posacavi***, câblier | ***nave posamine***, mouilleur de mines | ***nave rifornimento***, ravitailleur | ***nave scorta***, convoyeur | ***nave scuola***, navire-école.

navetta [na-vét-ta] ***n.f.*** navette | *fare la navetta*, faire la navette.
● ***navetta spaziale***, navette spatiale, shuttle.

navicella [na-vi-cèl-la] ***n.f.*** **1** nacelle **2** (*eccl.*) navette.
● ***navicella spaziale***, vaisseau spatial.

navigabile [na-vi-gà-bi-le] ***agg.*** navigable.

navigabilità [na-vi-ga-bi-li-tà] ***n.f.invar.*** navigabilité.

navigante [na-vi-gàn-te] ***agg.*** navigant ♦ ***n.m.*** e ***f.*** navigateur/trice.

navigare [na-vi-gà-re] ***v.intr.*** [coniug. come *legare*; aus. *avere*] **1** naviguer: *navigare lungo la costa*, longer la côte **2** (*Internet*) naviguer, surfer ♦ ***v.tr.*** parcourir*.
● ***navigare a gonfie vele***, ***col vento in poppa***, (*anche fig.*) avoir le vent en poupe | ***navigare in cattive acque***, (*fig.*) être dans une mauvaise passe | ***navigare secondo il vento***, (*fig.*) s'adapter à la situation.

navigato [na-vi-gà-to] ***agg.*** expérimenté: *donna navigata*, femme avertie; *giovane navigato*, jeune homme expérimenté.

navigatore [na-vi-ga-tó-re] ***n.m.*** [f. *-trice*] **1** navigateur* **2** (*aut.*) co-pilote **3** (*Internet*) internaute.
● ***navigatore satellitare***, GPS (Géo-Positionnement par Satellite).

navigazione [na-vi-ga-zió-ne] ***n.f.*** navigation.
● ***navigazione aerea***, navigation aérienne | ***navigazione a vela***, navigation à voile | ***navigazione fluviale***, navigation fluviale | ***compagnia di navigazione***, compagnie de navigation.

naviglio [na-vì-glio] ***n.m.*** [pl. *-gli*] **1** (*flotta*) flotte (*f.*); (*nave*) bateau* **2** (*canale*) canal* (navigable).

nazareno [na-ʒa-rè-no] ***agg.*** nazaréen*.
● ***il Nazareno***, (*Gesù*) le Nazaréen.

nazifascista [na-zi-fa-scì-sta] ***agg.*** e ***n.m.*** e ***f.*** (*st.*) nazi-fasciste*.

nazionale [na-zio-nà-le] ***agg.*** national* ♦ ***n.m.*** e ***f.*** (*sport*) athlète d'une équipe nationale ♦ ***n.f.*** **1** (*sport*) équipe nationale **2** (*spec. pl.*) cigarette de marque italienne.

nazionalismo [na-zio-na-lì-ʃmo] ***n.m.*** nationalisme.

nazionalista [na-zio-na-lì-sta] ***agg.*** e ***n.m.*** e ***f.*** nationaliste.

nazionalistico [na-zio-na-lì-sti-co] ***agg.*** [pl.m. *-ci*, f. *-che*] nationaliste.

nazionalità [na-zio-na-li-tà] ***n.f.invar.*** nationalité: *è di, ha la nazionalità italiana*, il est de nationalité italienne.

nazionalizzare [na-zio-na-liʒ-ʒà-re] ***v.tr.*** nationaliser.

nazionalizzazione [na-zio-na-liʒ-ʒa-zió-ne] ***n.f.*** nationalisation.

nazionalsocialismo [na-zio-nal-so-cia-lì-ʃmo] ***n.m.*** national-socialisme*.

N

nazionalsocialista [na-zio-nal-so-cia-lì-sta] ***agg.*** e ***n.m.*** e ***f.*** national-socialiste*.

nazione [na-zió-ne] ***n.f.*** nation.

nazismo [na-zì-ʃmo] ***n.m.*** (*st.*) nazisme.

nazista [na-zì-sta] ***agg.*** e ***n.m.*** e ***f.*** (*st.*) nazi/e.

ne ***pron.pers.m.*** e ***f.sing.*** e ***pl.*** **1** (*compl. di specificazione o argomento, riferito a persona*) (*di lui*) de lui; (*di lei*) d'elle; (*di loro*) d'eux (*m.*), d'elles (*f.*); (*riferito a cosa*) en: *è intelligente: ne parlano con ammirazione*, c'est un homme intelligent: on parle de lui avec admiration; *appena lo conobbe, ne divenne amico*, dès qu'il le connut, il devint son ami; *ho ricevuto il tuo libro e ne ho già lette diverse pagine*, j'ai reçu ton livre et j'en ai déjà lu plusieurs pages; *hanno visitato Roma e ne hanno ammirato i monumenti*, ils ont visité Rome et ils ont admiré ses monuments **2** (*con valore partitivo*) en: *"Avete amici a Roma?" "No, non ne abbiamo"*, "Avez-vous des amis à Rome?" "Non, nous n'en avons pas"; *"Hai fame?" "Sì, ne ho ancora"*, "As-tu faim?" "Oui, j'ai encore faim" | *ne abbiamo dieci*, (*nelle date*) nous sommes le dix **3** (*di ciò, per ciò, da ciò*) en: *ne parliamo spesso*, nous en parlons souvent; *parlane*, parles-en; *non parlarne*, n'en parle pas; *non vuole più saperne, non ne vuole più sapere*, il ne veut plus en entendre parler; *se ne pentiranno*, ils s'en repentiront; *ne consegue che, se ne deduce che*, il s'ensuit que **4** (*con uso pleonastico o ellittico*) en: *ne ha di amici!*, il en a des amis!; *ne ho sentite di tutti i colori*, j'en ai entendu des belles **5** (*con uso pleonastico, in costruzioni pronominali*): *me ne vado subito*, je m'en vais tout de suite; *se ne stava là tutto solo*, il était là tout seul ♦ ***avv.*** (*di luogo*) en: *"Sei stato in comune?" "Sì, ne torno ora"*, "As-tu été à la mairie?" "Oui, j'en reviens"; *era in una brutta situazione, ma ne è venuto fuori bene*, il était dans une mauvaise situation, mais il s'en est bien tiré.

N

né ***cong.*** ni: *non lo sapevamo né tu né io*, ni toi ni moi (nous) ne le savions; *non vuole più occuparsene, né io saprei dargli torto*, il ne veut plus s'en occuper et je ne saurais lui donner tort; *né lo disapprovo né lo giudico*, je ne le désapprouve ni ne le juge.

● ***né l'uno né l'altro***, ni l'un ni l'autre | ***né più né meno***, ni plus ni moins: *questa è una bugia né più né meno*, c'est ni plus ni moins un mensonge.

neanche [ne-àn-che] ***avv.*** **1** non plus: *neanche io lo so*, moi non plus, je ne le sais pas; *io non posso andarci e lui neanche*, je ne peux pas y aller et lui non plus; *neanche Giovanni ha pagato*, Giovanni n'a pas payé non plus; *non gli ho scritto e neanche voglio scrivergli*, je ne lui ai pas écrit et je ne veux pas lui écrire; *non ha agito così per paura e neanche per interesse*, il n'a pas agi ainsi par peur ni même par intérêt **2** (*rafforzativo di negazione*) même: *non mi ha neanche salutato*, il ne m'a même pas (*o* pas même) salué; *senza neanche voltarsi*, sans même se retourner.

● ***neanche per sogno***, ***neanche per idea***, pas le moins du monde, jamais de la vie: *"Vi dà fastidio?" "Neanche per sogno", "Neanche per idea!"*, "Est-ce que ça vous dérange?" "Pas le moins du monde!"; *"Ci vai?" "Neanche per idea", "Neanche per sogno!"*, "Est-ce que tu y vas?" "Jamais de la vie!" | ***neanche se***, ***neanche a***, (*con valore concessivo*) pas même si, même pas si: *neanche a farlo apposta*, comme par un fait exprès; *non ci crederei neanche se lo vedessi*, je n'y croirais pas même (*o* même pas) si je le voyais; *non venderebbe la sua casa neanche a pagargliela a peso d'oro*, il ne vendrait pas sa maison, pas même si (*o* même pas si) on la lui payait à prix d'or | ***neanche uno***, ***neanche una***, pas un (seul), pas une (seule) | ***neanche un po'***, pas du tout: *non ci credo neanche un po'*, je n'y crois pas du tout.

nebbia [néb-bia] ***n.f.*** **1** brouillard (*m.*); (*leggera e spec. sull'acqua*) brume: *una cortina di nebbia*, un mur de brouillard | *una nebbia che si taglia con il coltello*, (*fig.*) un brouillard à couper au couteau **2** (*fig.*) brume.

nebbione [neb-bió-ne] ***n.m.*** brouillard épais.

nebbioso [neb-bió-so] ***agg.*** brumeux* (*anche fig.*).

nebulizzare [ne-bu-liʒ-ʒà-re] ***v.tr.*** nébuliser, atomiser.

nebulizzatore [ne-bu-liʒ-ʒa-tó-re] ***n.m.*** nébuliseur, atomiseur.

nebulizzazione [ne-bu-liʒ-ʒa-zió-ne] ***n.f.*** nébulisation.

nebulosa [ne-bu-ló-sa] ***n.f.*** (*astr.*) nébuleuse.

nebulosità [ne-bu-lo-si-tà] ***n.f.invar.*** nébulosité (*anche fig.*).

nebuloso [ne-bu-ló-so] ***agg.*** nébuleux* (*anche fig.*).

nécessaire [nese'sɛr] ***n.m.invar.*** nécessaire.

● ***nécessaire (da toilette)***, nécessaire de toilette | ***nécessaire da viaggio***, nécessaire de voyage.

necessariamente [ne-ces-sa-ria-mén-te] ***avv.*** nécessairement.

necessario [ne-ces-sà-rio] ***agg.*** [pl.m. *-ri*] nécessaire: *l'acqua è necessaria alla vita*, l'eau est nécessaire à la vie; *è necessario che tu mi risponda*, il est nécessaire, il faut que tu me répondes; *è necessario molto tempo per imparare un mestiere*, il faut beaucoup de temps pour apprendre un métier; *la sola cosa necessaria è che tu scriva*, la seule chose à faire c'est que tu écrives; *è necessaria una risposta*, une réponse est indispensable; *non mi sembra necessario*, cela ne me paraît pas nécessaire; *mi è necessario*, j'ai besoin de lui; *i documenti necessari*, les papiers requis; *ripetere, se necessario, più volte*, répéter, si nécessaire, plusieurs fois | *condizione necessaria e sufficiente*, condition nécessaire et suffisante ♦ ***n.m.*** nécessaire: *farò tutto il necessario*, je ferai tout le nécessaire (*o* tout ce qui est nécessaire).

● ***il necessario per***, ce qu'il faut pour | ***lo stretto necessario***, le strict nécessaire.

necessità [ne-ces-si-tà] ***n.f.invar.*** nécessité; (*bisogno*) besoin (*m.*): *trovarsi nella necessità di*, se trouver dans la nécessité de; *trovarsi, versare in grave necessità*, être dans le besoin; *avere necessità di, essere nella necessità di*, avoir besoin de; *non ne vedo la necessità*, je n'en vois pas l'utilité; *se ci fosse necessità*, si besoin était; *di assoluta necessità*, absolument nécessaire; *spinto dalla necessità*, poussé par le besoin; *che necessità c'era di farlo?*, quel besoin y avait-il de le faire?

● ***necessità corporali***, besoins corporels | ***di prima necessità***, de première nécessité: *generi di prima necessità*, denrées de première nécessité | (*prov.*) ***fare di necessità virtù***, faire de nécessité vertu | ***in caso di necessità***, en cas de besoin | (*prov.*) ***la necessità aguzza l'ingegno***, nécessité est mère d'industrie | ***per necessità***, par nécessité.

necessitare [ne-ces-si-tà-re] ***v.tr.*** nécessiter: *è un problema che necessita una soluzione*, c'est un problème qui nécessite une solution définitive ♦ ***v.intr.*** [aus. *essere*] **1** (*aver bisogno*) avoir* besoin: *la popolazione necessita di viveri*, la population a besoin de vivres **2** (*essere necessario*) s'imposer: *necessitano delle decisioni*, des décisions s'imposent; *necessita finirlo*, il faut le finir.

necro- ***pref.*** nécro-.

necrofago [ne-crò-fa-go] ***agg.*** [pl.m. *-gi*, f. *-ghe*] (*zool.*) nécrophage.

necrofilia [ne-cro-fi-lì-a] ***n.f.*** (*psic.*) nécrophilie.

necrofilo [ne-crò-fi-lo] *agg.* e *n.m.* [f. *-a*] (*psic.*) nécrophile.

necroforo [ne-crò-fo-ro] *n.m.* **1** [f. *-a*] (*impiegato delle pompe funebri*) employé des pompes funèbres; (*becchino*) fossoyeur **2** (*zool.*) nécrophore.

necrologia [ne-cro-lo-gì-a] *n.f.* **1** nécrologie **2** (*discorso funebre*) éloge (*m.*) funèbre.

necrologico [ne-cro-lò-gi-co] *agg.* [pl.m. *-ci*, f. *-che*] nécrologique.

necrologio [ne-cro-lò-gio] *n.m.* [pl. *-gi*] **1** (*registro delle morti*) nécrologe **2** → **necrologia**.

necropoli [ne-crò-po-li] *n.f.invar.* nécropole.

necrosi [ne-crò-ʃi] *n.f.invar.* nécrose.

necrotizzare [ne-cro-tiʒ-ʒà-re] *v.tr.* nécroser ♦ **necrotizzarsi** *v.pron.* se nécroser.

neerlandese [ne-er-lan-dé-se] *agg.* néerlandais ♦ *n.m.* (*lingua*) néerlandais.

nefandezza [ne-fan-déz-za] *n.f.* scélératesse; (*infamia*) infamie.

nefando [ne-fàn-do] *agg.* infâme.

nefasto [ne-fà-sto] *agg.* néfaste.

nefrite [ne-frì-te] *n.f.* néphrite.

nefritico [ne-frì-ti-co] *agg.* e *n.m.* [f. *-a*; pl.m. *-ci*, f. *-che*] néphrétique.

nefr(o)- *pref.* néphr(o)-.

nefrologia [ne-fro-lo-gì-a] *n.f.* (*med.*) néphrologie.

nefrologo [ne-frò-lo-go] *n.m.* [f. *-a*; pl.m. *-gi*, f. *-ghe*] néphrologue.

nefropatia [ne-fro-pa-tì-a] *n.f.* néphropathie.

negabile [ne-gà-bi-le] *agg.* niable; (*rifiutabile*) refusable.

negare [ne-gà-re] *v.tr.* [coniug. come *legare*] **1** nier: *non nego di averlo detto*, je ne nie pas que je l'ai dit; *non si può negarlo!*, on ne saurait le nier! **2** (*rifiutare*) refuser: *negare l'accesso*, défendre l'accès ♦ **negarsi** *v.pron.* **1** (*fingersi assente*) faire* dire qu'on est absent **2** (*non concedersi sessualmente*) nier ses faveurs ♦ *v.pron. indiretto* se priver (**de**): *si nega ogni svago*, il se prive de toute distraction.

negativa [ne-ga-tì-va] *n.f.* **1** négative **2** (*fot.*) négatif (*m.*), négative.

● ***stare sulle negative***, se tenir sur la négative.

negativamente [ne-ga-ti-va-mén-te] *avv.* négativement: *ripercuotersi negativamente*, avoir des répercussions négatives.

negatività [ne-ga-ti-vi-tà] *n.f.invar.* négativité.

negativo [ne-ga-tì-vo] *agg.* négatif*; (*sfavorevole*) défavorable: *risposta negativa*, réponse négative; *parere negativo*, avis contraire ♦ *n.m.* (*fot.*) négatif.

negato [ne-gà-to] *agg.* **1** refusé: *diritto negato*, droit refusé **2** (*fam.*) nul*: *negato per la matematica*, nul en mathématiques.

negatore [ne-ga-tó-re] *agg.* e *n.m.* [f. *-trice*] négateur*.

negazione [ne-ga-zió-ne] *n.f.* (*anche gramm.*) négation.

neghittoso [ne-ghit-tó-so] *agg.* (*letter.*) paresseux*, indolent.

negletto [ne-glèt-to] *agg.* **1** (*trasandato*) négligé **2** (*abbandonato*) abandonné.

negli [né-gli] *prep.art.m.pl.* → **in**[1].

negligente [ne-gli-gèn-te] *agg.* négligent.

negligentemente [ne-gli-gen-te-mén-te] *avv.* négligemment.

negligenza [ne-gli-gèn-za] *n.f.* négligence: *per negligenza*, par négligence.

negoziabile [ne-go-zià-bi-le] *agg.* négociable.

negoziante [ne-go-ziàn-te] *n.m.* e *f.* **1** commerçant/e; (*spec. seguito da compl.*) marchand/e: *un negoziante di verdura*, un marchand de légumes **2** (*all'ingrosso*) négociant.

● ***negoziante al dettaglio***, ***al minuto***, détaillant | ***negoziante all'ingrosso***, marchand en gros.

negoziare [ne-go-zià-re] *v.tr.* négocier (*anche fig.*).

negoziato [ne-go-zià-to] *n.m.* négociation (*f.*); (*trattativa*) pourparlers (*pl.*).

negoziatore [ne-go-zia-tó-re] *n.m.* [f. *-trice*] négociateur*.

negoziazione [ne-go-zia-zió-ne] *n.f.* négociation.

negozio [ne-gò-zio] *n.m.* [pl. *-zi*] **1** magasin: *girare*, *andare in giro per negozi*, faire les magasins, du shopping; *guardare le vetrine dei negozi*, faire du lèche-vitrines **2** (*affare*) affaire (*f.*).

● ***negozio all'ingrosso***, ***al dettaglio***, magasin de vente en gros, au détail | (*dir.*) ***negozio giuridico***, acte juridique.

NOTA Per ***negozio***, bisogna distinguere in francese tra ***magasin***, che è il termine più generico, e ***boutique***, che designa un locale più piccolo, come la 'bottega', oppure un negozio elegante specie di abbigliamento. Nel linguaggio commerciale si usa invece ***commerce***:

negozio di generi alimentari, **magasin** *d'alimentation*;
il ***negozio*** *del calzolaio*, la **boutique** du cordonnie;
aprire un ***negozio***, ouvrir un **commerce**.

negra [né-gra] *n.f.* négresse.

negretto [ne-grét-to] *n.m.* [f. *-a*] négrillon*.

negriero [ne-griè-ro] *agg.* e *n.m.* [f. *-a*] négrier*.

negritudine [ne-gri-tù-di-ne] *n.f.* négritude.

negro [né-gro] *agg.* e *n.m.* [f. *-a*] noir; (*spesso spreg.*) nègre.

negroide [ne-gròi-de] *agg.* e *n.m.* e *f.* négroïde.

negromante [ne-gro-màn-te] *n.m.* e *f.* nécromancien/enne, nécromant (*m.*).

negromanzia [ne-gro-man-zì-a] *n.f.* nécromancie.

nei *prep.art.m.pl.* → **in**[1].

nel *prep.art.m.sing.* → **in**[1].

nella [nél-la] *prep.art.f.sing.* → **in**[1].

nelle [nél-le] *prep.art.f.pl.* → **in**[1].

nello [nél-lo] *prep.art.m.sing.* → **in**[1].

nembo [ném-bo] *n.m.* **1** (*meteor.*) nimbus **2** (*fig.*) (*nugolo*) nuage, nuée (*f.*).

nembostrati [nem-bo-strà-ti] *n.m.pl.* (*meteor.*) nimbo-stratus* (*sing.*).

nemesi [nè-me-ʃi] *n.f.invar.* némésis.

nemico [ne-mì-co] *agg.* [pl.m. *-ci*, f. *-che*] **1** (*ostile*) hostile (**à**): *farsi nemico qlcu*, s'aliéner qqn; *essere nemico di*, être ennemi de **2** (*dannoso*) nuisible (**à**, **pour**) **3** (*del nemico*) ennemi: *in mano nemica*, entre les mains de l'ennemi ♦ *n.m.* [f. *-a*] ennemi.

nemmeno [nem-mé-no] *avv.* e *cong.* → **neanche**.

nenia [nè-nia] *n.f.* **1** (*cantilena*) cantilène; (*piagnucolio*) pleurnichement (*m.*); (*ninnananna*) berceuse: *è sempre la stessa nenia*, (*fig. fam.*) c'est toujours la même rengaine **2** (*canto funebre*) nénies (*pl.*); (*lamento*) complainte.

neo [nè-o] *n.m.* **1** grain de beauté; (*med.*) nævus **2** (*ap-*

N

plicato per ornamento) mouche (*f.*) **3** (*fig.*) imperfection (*f.*), défaut.

neo- *pref.* néo-.

neoassunto [ne-o-as-sùn-to] *agg.* fraîchement embauché ♦ *n.m.* [f. *-a*] nouvel* employé.

neocaledone [ne-o-ca-lè-do-ne] *agg.* néocalédonien*.

neocapitalismo [ne-o-ca-pi-ta-li-ʃmo] *n.m.* néocapitalisme.

neoclassicismo [ne-o-clas-si-ci-ʃmo] *n.m.* néoclassicisme.

neoclassico [ne-o-clàs-si-co] *agg.* e *n.m.* [f.*-a*; pl.m. *-ci*, f. *-che*] néoclassique*.

neocolonialismo [ne-o-co-lo-nia-lì-ʃmo] *n.m.* néocolonialisme.

neoeletto [ne-o-e-lèt-to] *n.m.* [f. *-a*] nouvel* élu.

neoellenico [ne-o-el-lè-ni-co] *agg.* [pl.m. *-ci*, f. *-che*] néogrec*.

neofascista [ne-o-fa-scì-sta] *agg.* e *n.m.* e *f.* néofasciste.

neofita [ne-ò-fi-ta] *n.m.* e *f.* néophyte.

neogotico [ne-o-gò-ti-co] *agg.* e *n.m.* [pl.m. *-ci*, f. *-che*] néogothique.

neogreco [ne-o-grè-co] *agg.* [pl.m. *-ci*, f. *-che*] néogrec* ♦ *n.m.* langue (*f.*) néogrecque.

neolatino [ne-o-la-tì-no] *agg.* néolatin.

neolaureato [ne-o-lau-re-à-to] *agg.* à peine diplômé ♦ *n.m.* [f. *-a*] jeune diplômé.

neoliberalismo [ne-o-li-be-ra-lì-ʃmo] **neoliberismo** *n.m.* (*econ.*) néolibéralisme.

N

neolitico [ne-o-lì-ti-co] *agg.* e *n.m.* [pl.m. *-ci*, f. *-che*] néolithique.

neologismo [ne-o-lo-gì-ʃmo] *n.m.* néologisme.

neon [nè-on] *n.m.* néon: *lampada al neon*, tube au néon.

neonatale [ne-o-na-tà-le] *agg.* néonatal*.

neonato [ne-o-nà-to] *agg.* e *n.m.* [f. *-a*] nouveau-né*.

neonazista [ne-o-na-zì-sta] *agg.* e *n.m.* e *f.* néonazi.

neoplasia [ne-o-pla-ʃì-a] *n.f.* (*med.*) néoplasie.

neoplastico [ne-o-plà-sti-co] *agg.* [pl.m. *-ci*, f. *-che*] (*med.*) néoplastique.

neorealismo [ne-o-re-a-lì-ʃmo] *n.m.* néoréalisme.

neorealista [ne-o-re-a-lì-sta] *agg.* e *n.m.* e *f.* néoréaliste.

neozelandese [ne-o-ʒe-lan-dé-se] *agg.* néo-zélandais* ♦ *n.m.* e *f.* (*abitante*) Néo-Zélandais/e.

nepalese [ne-pa-lé-se] *agg.* népalais ♦ *n.m.* e *f.* (*abitante*) Népalais/e.

nepitella [ne-pi-tèl-la] *n.f.* (*bot.*) calament (*m.*).

nepotismo [ne-po-tì-ʃmo] *n.m.* népotisme.

neppure [nep-pù-re] *avv.* e *cong.* → **neanche**.

nequizia [ne-quì-zia] *n.f.* iniquité; (*malvagità*) méchanceté.

nerastro [ne-rà-stro] *agg.* noirâtre.

nerbata [ner-bà-ta] *n.f.* coup (*m.*) de nerf de bœuf; (*frustata*) coup (*m.*) de fouet; (*bastonata*) coup (*m.*) de bâton.

nerbo [nèr-bo] *n.m.* **1** nerf **2** (*scudiscio*) nerf de bœuf.

nerboruto [ner-bo-rù-to] *agg.* musclé.

nereggiare [ne-reg-già-re] *v.intr.* [coniug. come *mangiare*; aus. *avere*] tirer sur le noir: *la piazza nereggiava di folla*, la place était noire de monde.

nereide [ne-rè-i-de] *n.f.* (*zool.*) néréide.

neretto [ne-rét-to] *n.m.* (*tip.*) mi-gras: *carattere in neretto*, caractère mi-gras.

nero [né-ro] *agg.* noir (*anche fig.*): *occhi, capelli neri*, des yeux, des cheveux noirs; *nuvole nere*, nuages noirs; *avere pensieri neri*, broyer du noir; *essere nella disperazione più nera*, être dans un profond désespoir; *vivere nella più nera miseria*, vivre dans la misère la plus noire | *essere* (*di umore*) *nero*, être de mauvaise humeur | *essere nero in volto*, avoir le visage sombre | *è stata una giornata nera!*, ça été une mauvaise journée! | *la vedo nera*, la situation se présente mal ♦ *n.m.* **1** (*colore*) noir: *era tutta vestita di nero*, elle était tout en noir **2** [f. *-a*] (*persona di colore*) noir **3** (*pl.*) (*fam.*) (*fascisti*) fachos, l'extrême droite (*f.sing.*) **4** (*tip.*) gras.
● ***nero come il carbone, la pece***, noir comme du charbon, du jais | ***nero di seppia***, sépia | (*ecol.*) ***acque nere***, eaux ménagères | (*comm.*) ***fondi neri***, caisse noire | ***in bianco e nero***, en noir et blanc: *fotografia in bianco e nero*, photographie en noir et blanc | (*comm., econ.*) ***in nero***, au noir: *contabilità in nero*, comptabilité au noir; *lavorare in nero*, travailler au noir | ***lavoro nero***, travail (au) noir | ***l'uomo nero***, (*nelle fiabe*) le croque-mitaine | ***mercato nero***, marché noir | ***mettere nero su bianco***, mettre noir sur blanc | ***vedere tutto nero***, (*fig.*) voir tout en noir.

nerofumo [ne-ro-fù-mo] *n.m.* noir de fumée.

nervatura [ner-va-tù-ra] *n.f.* **1** nervure **2** (*bot.*) nervures (*pl.*); (*nervazione*) nervation.

nervino [ner-vì-no] *agg.* (*chim.*) nervin.

nervo [nèr-vo] *n.m.* **1** (*anat.*) nerf: *nervo centrifugo, motore*, nerf centrifuge (*o* efférent), centripète **2** (*pl.*) (*sistema nervoso*) nerfs (*anche fig.*): *essere malato di nervi*, être malade des nerfs; *avere i nervi saldi*, savoir contrôler ses nerfs; *avere i nervi a pezzi*, être à bout de nerfs | *nervi d'acciaio*, nerfs d'acier | *ho sbagliato, che nervi!*, mince, je me suis trompé! **3** (*di arco*) corde (*f.*) **4** (*bot.*) nervure (*f.*).
● ***attacco, crisi di nervi***, crise de nerfs | ***avere i nervi***, (*fam.*) être énervé | ***avere i nervi a fior di pelle, tesi***, avoir les nerfs en boule, à vif | ***dare sui nervi***, (*fam.*) taper sur les nerfs | ***far venire i nervi***, (*fam.*) énerver.

NOTA La *f* finale di ***nerf*** non si pronuncia.

nervosismo [ner-vo-sì-ʃmo] *n.m.* **1** nervosité (*f.*), énervement; (*irritazione*) irritation (*f.*), agacement: *dare segni di nervosismo*, trahir sa nervosité; *oggi c'era nervosismo in ufficio*, aujourd'hui tout le monde était énervé au bureau; *un momento di nervosismo*, un instant d'irritation **2** (*med.*) nervosisme.

nervosità [ner-vo-si-tà] *n.f.invar.* nervosité.

nervoso [ner-vó-so] *agg.* nerveux*: *terminazione nervosa*, terminaison nerveuse; *diventar nervoso*, s'énerver ♦ *n.m.* nerfs (*pl.*): *avere il nervoso*, avoir les nerfs en pelote; *far venire il nervoso*, taper sur les nerfs.

nespola [nè-spo-la] *n.f.* **1** (*bot.*) nèfle **2** (*fam.*) (*colpo*) coup (*m.*).

nespolo [nè-spo-lo] *n.m.* (*bot.*) néflier.

nesso [nès-so] *n.m.* lien; (*rapporto*) rapport.

nessun *agg.indef.* → **nessuno**.

nessuno [nes-sù-no] *agg.indef.* [davanti a vocale e a consonante diversa da *s impura*, *gn*, *ps*, *pn*, *x*, *z* subisce troncamento in *nessun*] (*solo sing.*) **1** aucun; (*nemmeno uno*) pas un: *nessun uomo è più comprensivo di lui*, aucun homme n'est plus compréhensif que lui; *non ha accettato nessuna ricompensa*, il n'a accepté aucune récompense; *nessun amico, nessuna amica gli fu vicino*, pas

un (seul) ami, pas une (seule) amie ne l'a assisté; *un quadro di nessun valore*, un tableau qui n'a aucune valeur | *nessun mio, tuo amico*, aucun de mes, de tes amis | *nessuna pietà!*, aucune, pas de pitié! **2** (*qualche, alcuno*) quelque; (*in frasi negative*) aucun: (*non*) *hai nessun suggerimento da darmi?*, as-tu quelque conseil, n'as-tu aucun conseil à me donner? | *nessuna notizia?*, pas de nouvelles? | *nessuna novità?*, rien de nouveau, *o fam.* de neuf? ♦ ***pron.indef.*** (*solo sing.*) **1** (*riferito a persona*) (*negazione assoluta*) personne; (*riferito a persona determinata da partitivo o riferito a cosa*) aucun: *non è venuto nessuno*, personne n'est venu; *nessuno di noi, nessuno dei nostri amici l'ha visto*, aucun de nous, aucun de nos amis ne l'a vu; *fra tanti libri, non ne ho nessuno rilegato*, parmi tant de livres, je n'en ai aucun de relié | *segni particolari: nessuno*, (*sui documenti*) signes particuliers: néant | *presenti: 25, assenti: nessuno*, présents: 25, absent: zéro **2** (*qualcuno*) quelqu'un*; (*in frasi negative, seguito da partitivo*) aucun; (*in frasi negative, come negazione assoluta*) personne: *conosci nessuno a cui possa rivolgermi?*, ne connais-tu personne à qui je puisse m'adresser?; *hai visto nessuno dei nostri amici?*, n'as-tu vu aucun de nos amis?; *c'è nessuno?*, il y a quelqu'un? ♦ ***n.m.*** rien: *si dà tante arie, ma non è nessuno*, il prend de grands airs, mais en réalité il n'est rien; *ancora non è nessuno*, il n'a pas encore de nom; *qualche anno fa non era nessuno*, il y a quelques années personne ne le connaissait.
● ***nessuna cosa***, rien | ***nessuna persona***, personne | ***figlio di nessuno***, enfant né de père inconnu | ***in nessun luogo***, nulle part | ***terra di nessuno***, no man's land.

NOTA Con ***personne***, ***aucun***, che traducono ***nessuno***, il verbo della frase deve essere sempre preceduto da *ne* e mai seguito da *pas*:
Non vedo **nessuno**.
Je ne vois **personne**.
Nessun animale può vivere in questa palude.
Aucun animal **ne** peut vivre dans ce marécage.

net economy [nɛte'kɔnomi] ***n.f.invar.*** netéconomie.
netiquette [neti'ket] ***n.f.invar.*** (*Internet*) nétiquette.
nettamente [net-ta-mén-te] ***avv.*** nettement.
nettare[1] [nèt-ta-re] ***n.m.*** nectar (*anche fig.*).
nettare[2] [net-tà-re] ***v.tr.*** nettoyer*.
nettarina [net-ta-rì-na] ***n.f.*** (*bot.*) nectarine.
nettario [net-tà-rio] ***n.m.*** [pl. *-ri*] (*bot.*) nectaire.
nettezza [net-téz-za] ***n.f.*** **1** (*pulizia*) propreté; (*nitidezza*) netteté (*anche fig.*) **2** (*fig.*) (*purezza*) pureté.
● ***la nettezza urbana***, le service de voirie.
netto [nét-to] ***agg.*** net* (*anche fig.*): *guadagno netto*, gain net; *peso netto*, poids net; *un colpo netto*, un coup sec, net; *un netto rifiuto*, un refus catégorique ♦ ***avv.*** net.
● (***al***) ***netto di***, net de: *reddito netto d'imposte*, revenu net d'impôts | (***di***) ***netto***, net: *tagliare netto*, couper net.
netturbino [net-tur-bì-no] ***n.m.*** [f. *-a*] boueux, éboueur; (*fam.*) poubellier.
network ['nɛtwork] ***n.m.invar.*** (*rad., tv*) réseau*.
networking ['nɛtworkiŋg] ***n.m.invar.*** (*inform.*) réseautique.
netzine [net'ʒin] ***n.f.invar.*** (*Internet*) e-revue.
neurite [neu-rì-te] ***n.f.*** névrite.
neur(o)- ***pref.*** neur(o)-, névr(o)-.
neurobiologia [neu-ro-bio-lo-gì-a] ***n.f.*** neurobiologie.
neurochirurgia [neu-ro-chi-rur-gì-a] ***n.f.*** neurochirurgie.
neurochirurgo [neu-ro-chi-rùr-go] ***n.m.*** [f. -a; pl.m. *-ghi*, f. *-ghe*] neurochirurgien*.
neurodeliri [neu-ro-de-lì-ri] ***n.m.*** e ***f.invar.*** (*fam.*) (*antiq.*) asile (de fous).
neurodepressore [neu-ro-de-pres-só-re] ***n.m.*** (*farm.*) neurodépresseur.
neurolettico [neu-ro-lèt-ti-co] ***agg.*** e ***n.m.*** [pl.m. *-ci*, f. *-che*] (*med.*) neuroleptique.
neurologia [neu-ro-lo-gì-a] ***n.f.*** neurologie.
neurologico [neu-ro-lò-gi-co] ***agg.*** [pl.m. *-ci*, f. *-che*] neurologique.
neurologo [neu-rò-lo-go] ***n.m.*** [f. *-a*; pl.m. *-gi* o *-ghi*, f. *-ghe*] neurologue.
neurone [neu-ró-ne] ***n.m.*** (*biol.*) neurone.
neuropatia [neu-ro-pa-tì-a] ***n.f.*** névropathie.
neuropatico [neu-ro-pà-ti-co] ***agg.*** e ***n.m.*** [f. *-a*; pl.m. *-ci*, f. *-che*] névropathe.
neuropsichiatra [neu-ro-psi-chià-tra] ***n.m.*** e ***f.*** (*med.*) neuropsychiatre.
neuropsichiatria [neu-ro-psi-chia-trì-a] ***n.f.*** (*med.*) neuropsychiatrie.
neuroscienza [neu-ro-sciè-n-za] ***n.f.*** (*med.*) neuro -sciences (*pl.*).
neurotrasmettitore [neu-ro-tra-smet-ti-tó-re] ***n.m.*** (*biol.*) neurotransmetteur; neuromédiateur.
neurovegetativo [neu-ro-ve-ge-ta-tì-vo] ***agg.*** neurovégétatif*.
neutrale [neu-trà-le] ***agg.*** e ***n.m.*** neutre.
neutralismo [neu-tra-lì-ʃmo] ***n.m.*** neutralisme.
neutralista [neu-tra-lì-sta] ***n.m.*** e ***f.*** neutraliste.
neutralità [neu-tra-li-tà] ***n.f.invar.*** neutralité.
neutralizzare [neu-tra-liʒ-ʒà-re] ***v.tr.*** neutraliser.
neutralizzazione [neu-tra-liʒ-ʒa-zió-ne] ***n.f.*** neutralisation.
neutrino [neu-trì-no] ***n.m.*** (*fis.*) neutrino.
neutro [nèu-tro] ***agg.*** neutre ♦ ***n.m.*** **1** (*gramm.*) neutre **2** (*elettr.*) conducteur neutre.
neutrone [neu-tró-ne] ***n.m.*** (*fis.*) neutron.
nevaio [ne-và-io] ***n.m.*** [pl. *-ai*] névé.
nevato [ne-và-to] ***agg.*** neigeux* ♦ ***n.m.*** névé.
neve [né-ve] ***n.f.*** neige: *cumulo di neve*, tas de neige.
● ***bollettino della neve***, bulletin d'enneigement | (*cuc.*) ***montare a neve***, battre en neige | ***pneumatici da neve***, pneus à clous | ***sport della neve***, sports d'hiver.

FAUX AMI
Da non confondere con il francese *névé*, che significa *nevaio*.

nevicare [ne-vi-cà-re] ***v.intr.impers.*** [coniug. come *mancare*; aus. *essere* o *avere*] neiger*: *è, ha nevicato tutto il giorno*, il a neigé toute la journée; *nevica, sta nevicando*, il neige.
nevicata [ne-vi-cà-ta] ***n.f.*** chute de neige.
nevischio [ne-vì-schio] ***n.m.*** [pl. *-schi*] grésil.
nevo [nè-vo] ***n.m.*** (*med.*) nævus.
nevoso [ne-vó-so] ***agg.*** neigeux*.
nevralgia [ne-vral-gì-a] ***n.f.*** névralgie.
nevralgico [ne-vràl-gi-co] ***agg.*** [pl.m. *-ci*, f. *-che*] névralgique.
nevrastenia [ne-vra-ste-nì-a] ***n.f.*** neurasthénie.

nevrastenico [ne-vra-stè-ni-co] ***agg.*** e ***n.m.*** [f. *-a*; pl.m. *-ci*, f. *-che*] neurasthénique.

nevrite [ne-vrì-te] ***n.f.*** → **neurite**.

nevro- *pref* → **neuro**.

nevrosi [ne-vrò-ʃi] ***n.f.invar.*** névrose.

nevrotico [ne-vrò-ti-co] ***agg.*** [pl.m. *-ci*, f. *-che*] névrotique; (*di persona*) névrosé ♦ ***n.m.*** [pl. *-a*] névrosé.

nevvero [nev-vé-ro] ***inter.*** n'est-ce pas?

newbie [nju'bai] ***n.m.*** e ***f.invar.*** (*Internet*) débutant, nouveau* venu.

new entry [nju'entri] ***n.f.invar.*** (*mus.*) nouvelle entrée.

news [njuz] ***n.f.pl.*** infos, news.

newsgroup [njuz'grup] ***n.m.invar.*** (*Internet*) forum, forum de discussion.

newyorkese [new-yor-ké-se] ***agg.*** new-yorkais* ♦ ***n.m.*** e ***f.*** (*abitante*) New-Yorkais/e.

nibbio [nib-bio] ***n.m.*** [pl. *-bi*] (*zool.*) milan.

nicaraguegno [ni-ca-ra-gué-gno] ***n.m.*** [f. *-a*] **nicaraguense** ***n.m.*** e ***f.*** (*abitante*) Nicaraguayen/enne ♦ ***agg.*** nicaraguayen.

nicchia [nìc-chia] ***n.f.*** **1** niche (*anche fig.*): *si è fatto la sua nicchia*, il a fait son nid **2** (*med., biol., geol.*) niche.
● (*inform.*) ***nicchia applicativa***, créneau | ***nicchia ecologica***, niche écologique.

nicchiare [nic-chià-re] ***v.intr.*** [aus. *avere*] hésiter, être* indécis.

nichel [nì-chel] ***n.m.invar.*** nickel.

nichelare [ni-che-là-re] ***v.tr.*** nickeler*.

nichelato [ni-che-là-to] ***agg.*** nickelé.

nichilismo [ni-chi-lì-ʃmo] ***n.m.*** (*fil., pol.*) nihilisme.

nichilista [ni-chi-lì-sta] ***agg.*** e ***n.m.*** e ***f.*** (*fil., pol.*) nihiliste.

N

nicotina [ni-co-tì-na] ***n.f.*** nicotine.

nidiata [ni-dià-ta] ***n.f.*** nichée (*anche fig.*): *una nidiata di bambini*, une ribambelle d'enfants.

nidificare [ni-di-fi-cà-re] ***v.intr.*** [coniug. come *mancare*; aus. *avere*] nicher, nidifier.

nidificazione [ni-di-fi-ca-zió-ne] ***n.f.*** nidification.

nido [ni-do] ***n.m.*** nid; (*di rapaci*) aire (*f.*): *fare il nido*, faire son nid.
● ***nido d'infanzia***, crèche | ***nido d'ape***, (*tessuto e ricamo*) nid d'abeilles.

niellare [ni-el-là-re] ***v.tr.*** nieller.

niello [ni-èl-lo] ***n.m.*** nielle.

niente [nièn-te] ***pron.indef.invar.*** **1** rien: *niente è certo*, rien n'est sûr; *non ha detto niente*, il n'a rien dit; *preferisco non dirgli niente*, je préfère ne rien lui dire; *e a me niente?*, rien pour moi?; *niente di meglio*, rien de mieux **2** (*qualche cosa*) quelque chose; (*in frasi negative*) rien: *c'è niente che possa fare per te?*, puis-je faire quelque chose pour toi?; *ti serve niente?*, as-tu besoin de quelque chose?; *niente di nuovo?*, rien de nouveau?, (*fam.*) rien de neuf? **3** (*poca cosa*) peu de chose, rien: *non mi è costato niente in confronto al suo valore*, par rapport à sa valeur je l'ai eu pour rien; *il mio patrimonio è niente rispetto al suo*, mon patrimoine est peu de chose par rapport au sien; *e ti pare niente?*, ça te semble peu?; *fino a qualche anno fa (egli) era niente, e ora...*, il y a à peine quelques années il n'était rien et maintenant... ♦ ***agg.invar.*** (*fam.*) pas (**de**), plus (**de**): *niente scherzi!*, pas de blagues!; *niente paura!*, n'aie, n'ayez pas peur!; *non ne ho niente voglia*, je n'en ai aucune envie ♦ ***n.m.invar.*** **1** rien: *l'ho comperato per un niente*, je l'ai eu pour (trois fois) rien; *venire dal niente*, sortir de rien; *partire dal niente*, partir de zéro **2** (*fil.*) néant ♦ ***avv.*** rien (du tout): *non costa niente*, cela ne coûte rien; *costa poco o niente*, cela coûte (trois fois) rien; *speravamo di convincerlo, ma lui niente!*, nous espérions le convaincre, mais rien à faire!
● ***niente a che fare***, rien à voir: *non ho niente a che fare con lui*, je n'ai rien à voir avec lui | ***niente affatto***, pas du tout | ***niente altro***, ***nient'altro***, rien d'autre | ***niente di niente***, absolument rien, rien de rien | ***niente male!***, pas mal! | ***niente po' po' di meno che***, rien de moins que | ***come niente (fosse)***, ***come se niente fosse***, comme si de rien n'était; (*con la massima facilità*) sans le moindre effort | ***da niente***, (*da poco*) de rien: *una ferita da niente*, une blessure de rien du tout; *è una cosa da niente*, (*di un piccolo regalo*) c'est un petit rien; *un uomo da niente*, un vaurien; *una donna da niente*, une rien du tout | ***di niente***, de rien | ***finire in niente***, (*non aver seguito, risultato*) ne pas avoir de suite: *tutto finì in (un) niente*, tout finit en queue de poisson; *la conferenza finì in un niente di fatto*, la conférence s'est soldée par un échec | ***il dolce far niente***, le doux farniente | ***in meno di un niente***, en un rien de temps: *l'ha terminato in meno di un niente*, il l'a terminé en un rien de temps | ***non fare niente***, (*non produrre alcun effetto*) ne rien faire: *quella cura non gli ha fatto niente*, ce traitement ne lui a rien fait; *non posso farci niente*, je n'y peux rien; *per adesso, non se ne fa niente*, pour l'instant, il n'en est pas question | ***non metterci niente a***, n'avoir aucun problème à: *non ci metto niente a dirglielo*, je n'ai aucun problème à le lui dire | ***non per niente***, (*non senza ragione*) ce n'est pas pour rien; (*non per dire*) ce n'est pas pour dire | ***per niente***, pour rien; (*affatto*) pas du tout: *ma allora ho parlato per niente!*, alors c'est comme si je n'avais rien dit; *non è (per) niente vero*, ce n'est pas du tout vrai; *non l'ho visto per niente*, je ne l'ai pas vu du tout | ***se niente niente***, (*fam.*) pour peu que: *se niente niente gli si dà ascolto*, pour peu qu'on l'écoute | ***un bel niente***, (*assolutamente nulla*) rien du tout: *nonostante gli sforzi non ottenne un bel niente*, il n'a rien du tout obtenu | ***un buono a niente***, un bon à rien.

NOTA ***Niente*** si traduce con ***rien***, che ha il verbo della frase sempre preceduto dalla negazione *ne* e che non è mai seguito da *pas*. All'infinito *ne* e *rien* precedono l'infinito stesso. Nei tempi composti *rien* è posto tra l'ausiliare e il participio passato:

> ***Non*** *voglio* ***niente***.
> Je **ne** veux **rien**.
> *Non voglio* ***fare niente***.
> Je ne veux **rien faire**.
> *Non* ***ha fatto niente***.
> Il n'a **rien fait**.

nientemeno [nien-te-mé-no] **niente meno** ***avv.*** rien de moins que ♦ ***inter.*** rien que ça.

nigeriano [ni-ge-rià-no] ***agg.*** (*della Nigeria*) nigérian ♦ ***n.m.*** [f. *-a*] (*abitante*) Nigérian.

nigerino [ni-ge-rì-no] ***agg.*** [f. *-a*] (*del Niger*) nigérien* ♦ ***n.m.*** [f. *-a*] (*abitante*) Nigérien*.

night-club [nait'klab] ***n.m.invar.*** night-club, boîte (de nuit).

nimbo [nìm-bo] ***n.m.*** nimbe; (*aureola*) auréole (*f.*).

ninfa [nìn-fa] ***n.f.*** nymphe.

ninfea [nin-fè-a] ***n.f.*** nymphéa (*m.*), nénuphar (*m.*).

ninfetta [nin-fét-ta] ***n.f.*** nymphette.

ninfomane [nin-fò-ma-ne] ***agg.*** e ***n.f.*** (*med.*) nymphomane.

ninfomania [nin-fo-ma-nì-a] ***n.f.*** (*med.*) nymphomanie.

ninnananna [nin-na-nàn-na] *n.f.* berceuse.

ninnare [nin-nà-re] *v.tr.* 1 endormir* (un enfant) en chantant une berceuse 2 (*cullare*) bercer*.

ninnolo [nìn-no-lo] *n.m.* 1 bibelot 2 (*balocco*) joujou*.

nipote [ni-pó-te] *n.m.* 1 (*di nonni*) petit-fils*; (*pl.*) (*maschi e femmine*) petits-enfants 2 (*di zii*) neveu*; (*pl.*) (*maschi e femmine*) neveux et nièces 3 (*pl.*) (*discendenti*) descendants | *i nipoti di Adamo*, les fils d'Adam ♦ *n.f.* 1 (*di nonni*) petite-fille* 2 (*di zii*) nièce.

nipponico [nip-pò-ni-co] *agg.* [pl.m. *-ci*, f. *-che*] nippon*.

nirvana [nir-và-na] *n.m.* nirvana (*anche estens.*).

nitidamente [ni-ti-da-mén-te] *avv.* nettement.

nitidezza [ni-ti-déz-za] *n.f.* 1 (*pulizia*) propreté 2 (*di contorni*) netteté 3 (*fig.*) pureté.

nitido [nì-ti-do] *agg.* 1 (*pulito*) propre; (*limpido*) limpide 2 (*di contorni*) net* 3 (*fig.*) pur.

nitore [ni-tó-re] *n.m.* pureté (*f.*) (*anche fig.*).

nitrato [ni-trà-to] *n.m.* nitrate.

nitrico [nì-tri-co] *agg.* [pl.m. *-ci*, f. *-che*] nitrique.

nitrire [ni-trì-re] *v.intr.* [coniug. come *finire*; aus. *avere*] *hennir.

nitrito [ni-trì-to] *n.m.* *hennissement.

nitro- *pref.* nitro-.

nitrobenzene [ni-tro-ben-ʒè-ne] *n.m.* nitrobenzène.

nitrocellulosa [ni-tro-cel-lu-ló-sa] *n.f.* nitrocellulose.

nitroglicerina [ni-tro-gli-ce-rì-na] *n.f.* nitroglycérine.

nitroso [ni-tró-so] *agg.* nitreux*.

niubbo [niùb-bo] *n.m.* (*fam.*) → **neubie**.

nivale [ni-và-le] *agg.* (*geogr.*) nival: *regime nivale di un fiume*, régime nival d'un fleuve.
● ***limite nivale***, limite des neiges éternelles.

niveo [nì-ve-o] *agg.* (*letter.*) nivéen*: *pelle, carnagione nivea*, peau lactée.

nizzardo [niz-zàr-do] *agg.* niçois ♦ *n.m.* [f. *-a*] (*abitante*) Niçois.
● (*cuc.*) ***insalata (alla) nizzarda***, salade niçoise.

no *avv.* 1 non: *no davvero!*, non alors!; *vieni o no?*, tu viens, oui ou non?; *speriamo di no!*, espérons que non!; *rispondere di no*, répondre (que) non 2 (*posto dopo il termine da negare sta per* non) pas: *tu puoi farlo, noi no*, toi, tu peux le faire, mais pas nous; *"È un uso scorretto?" "Scorretto no, ma..."*, "C'est un emploi incorrect?" "Pas vraiment incorrect, mais..."; *"Stasera non esco" "Ah, no?"*, "Ce soir je ne sors pas" "Ah, vraiment pas?" 3 (*non è vero*) n'est-ce pas?: *gli hai risposto così, no?*, c'est ce que tu lui as répondu, n'est-ce pas? ♦ *n.m.invar.* 1 non: *un bel no* (*secco*), un non sec; *gli ha risposto con un bel no*, il lui a carrément répondu non; *il loro no mi ha stupito*, leur refus m'a surpris | *un no chiaro e tondo*, un 'non' catégorique 2 (*voto contrario*) non: *i no*, les non ♦ *agg.invar.* (*fam.*) *giornata no*, journée noire.
● ***no di certo, certamente no***, certainements pas | ***no e poi no***, non, non et non | ***assolutamente no***, il n'en est pas question | ***come no!***, bien sûr (que oui)! | ***dire di no***, dire non: *è difficile, non dico di no*, c'est difficile, je ne dis pas le contraire | ***e perché no?***, pourquoi pas? | ***questo poi no***, ah! ça non! | ***se no***, (*altrimenti*) sinon | ***sì o no?***, oui ou non?: *allora deciditi, sì o no?*, alors, décide-toi, (c'est) oui ou non?

Nobel [nò-bel *o* nobèl] *n.m.invar.* (*premio e vincitore*) prix Nobel.

nobildonna [no-bil-dòn-na] *n.f.* dame noble; (*seguito dal nome*) Madame.

nobile [nò-bi-le] *agg.* noble: *animo nobile*, cœur noble ♦ *n.m.* e *f.* noble: *nobile decaduto*, noble ruiné.
● ***piano nobile***, le premier ou le second étage d'un hôtel particulier.

nobiliare [no-bi-lià-re] *agg.* nobiliaire: *titolo nobiliare*, titre de noblesse.

nobilitare [no-bi-li-tà-re] *v.tr.* 1 ennoblir 2 (*con un titolo di nobiltà*) anoblir ♦ **nobilitarsi** *v.pron.* s'élever*.

nobilitazione [no-bi-li-ta-zió-ne] *n.f.* ennoblissement (*m.*); (*con un titolo di nobiltà*) anoblissement (*m.*).

nobiltà [no-bil-tà] *n.f.invar.* noblesse (*anche fig.*).

nobiluomo [no-bi-luò-mo] *n.m.* [pl. *nobiluomini*] gentilhomme; (*seguito dal nome*) Monsieur.

nocca [nòc-ca] *n.f.* [pl. *-che*] (*anat.*) jointure des doigts: *battere con le nocche*, frapper du doigt.

nocchiero [noc-chiè-ro] *n.m.* (*letter.*) nocher; (*mar. mil.*) maître d'équipage.

nocchio [nòc-chio] *n.m.* [pl. *-chi*] (*di alberi*) broussin, loupe (*f.*); (*di frutti*) pierre (*f.*).

nocciola [noc-ciò-la] *n.f.* noisette.

nocciolina [noc-cio-lì-na] *n.f.*
● ***nocciolina americana***, cacah(o)uète.

nocciolo[1] [nòc-cio-lo] *n.m.* 1 noyau* 2 (*punto centrale*) cœur; nœud: *il nocciolo della questione*, le nœud de la question | *veniamo al nocciolo!*, venons-en au fait!
● ***nocciolo duro***, (*fig.*) noyau dur.

nocciolo[2] [noc-ciò-lo] *n.m.* (*albero*) noisetier, coudrier.

noce [nó-ce] *n.m.* (*albero e legno*) noyer ♦ *n.f.* (*frutto*) noix.
● (*anat.*) ***noce del piede***, malléole | (*cuc.*) ***una noce di burro***, une noisette, une noix de beurre.

FAUX AMI
Da non confondere con il francese *noce*, che significa *festa di nozze*.

nocepesca [no-ce-pè-sca] *n.f.* [pl. *-sche*] (*bot.*) brugnon (*m.*).

nocività [no-ci-vi-tà] *n.f.invar.* nocivité.

nocivo [no-cì-vo] *agg.* nuisible.

no comment [no'kɔmment] *n.m.invar.* sans commentaire; rien à signaler (RAS): *rispose con un no comment*, il répondit: "Sans commentaire"; *il portavoce del governo si è trincerato dietro un no comment*, le porte-parole du gouvernement s'est retranché derrière un sans commentaire.

nocqui → **nuocere**.

nodale [no-dà-le] *agg.* 1 (*scient.*) nodal* 2 (*fig.*) central*: *il punto nodale di una questione*, le point-clé d'une question.

nodo [nò-do] *n.m.* 1 nœud: *farsi il nodo alla cravatta*, nouer sa cravate 2 (*estens.*) (*groppo, groviglio*) nœud 3 (*fig.*) (*vincolo, legame*) nœud, lien; (*momento cruciale, decisivo*) nœud 4 (*ferroviario, stradale*) embranchement 5 (*mar.*) (*unità di misura*) nœud: *quella nave fa venti nodi*, ce bateau file à vingt nœuds 6 (*inform.*) (*di rete*) nœud.
● (*anat.*) ***nodo linfatico***, ganglion lymphatique | (*bot.*) ***nodo del legno***, loupe | ***avere un nodo in gola***, avoir la gorge serrée; (*raucedine*) avoir un chat dans la gorge | (*prov.*) ***tutti i nodi vengono al pettine***, tout se paie.

nodosità [no-do-si-tà] *n.f.invar.* nodosité.

nodoso [no-dó-so] *agg.* noueux*; (*scient.*) nodulaire.

nodulo [nò-du-lo] *n.m.* (*scient.*) nodule.

noduloso [no-du-ló-so] *agg.* noduleux*.

N

no global [no'glɔbal] ***agg.invar.*** antimondialisation, antimondialiste ♦ ***n.m.*** e ***f.invar.*** antimondialiste.

noi ***pron.pers.m.*** e ***f. 1ª pers.pl.*** **1** (*sogg.*) nous: *(noi) partiremo domani*, nous partirons demain; *lo faremo insieme, noi e voi*, nous le ferons ensemble, vous et nous; *noi due, noi tre*, nous deux, nous trois; *noi due lo sappiamo bene*, nous le savons bien tous les deux; *lo sappiamo bene noi due, mio fratello e io*, nous deux, mon frère et moi, nous le savons bien; *noi due andremo in Kenia, loro due in Giappone*, nous irons au Kenia, eux au Japon **2** (*compl.ogg. e compl. retto da prep.*) nous: *hanno chiamato noi*, c'est nous qu'ils ont appelés; *fatelo per noi*, faites-le pour nous; *venite con noi*, venez avec nous **3** (*con funzione predicativa*) nous: *siamo noi, non siamo noi i colpevoli*, c'est nous, ce n'est pas nous les coupables; *siamo noi che te l'abbiamo detto, siamo stati noi a dirtelo*, c'est nous qui te l'avons dit; *non saremo certo noi a dirlo, che lo diremo*, ce n'est sûrement pas nous qui le dirons **4** (*con valore impers.*) on: *quando noi consideriamo che*, quand on considère que **5** (*pl. di maestà*) nous.

● ***noi altri*** → noialtri | ***noi stessi, proprio noi***, nous-mêmes: *noi stessi abbiamo ammesso i nostri torti*, nous avons nous-mêmes admis nos torts | ***anche noi***, nous aussi: *anche noi ci saremo*, nous y serons nous aussi | ***non è da noi***, ce n'est pas notre style (*o* ça ne nous ressemble pas): *non è da noi dire certe cose*, ça ne nous ressemble pas de dire certaines choses | ***torniamo a noi***, (*al nostro argomento*) revenons à nos affaires | ***veniamo a noi!***, à nous maintenant!

NOTA Il pronome personale soggetto ***noi***, spesso sottinteso in italiano, in francese è sempre espresso:

(***Noi***) *dobbiamo studiare.*
Nous devons étudier.

N

noia [nò-ia] ***n.f.*** **1** (*fastidio*) ennui (*m.*): *quella conferenza è stata una noia*, cette conférence m'a ennuyé; *che noia!*, (*fam.*) quelle barbe!; *è una noia mortale!*, c'est mortel! **2** (*pl.*) (*guai*) ennuis (*m.*); (*fam.*) embêtements (*m.*).

● ***avere a noia qlco***, en avoir assez de qqch | ***dare noia***, déranger, gêner | ***ripetere fino alla noia***, répéter à satiété | ***venire a noia a qlcu***, être pris en grippe par qqn: *mi è venuto a noia*, je ne peux plus le supporter.

noialtri [no-iàl-tri] ***pron.pers.m. 1ª pers.pl.*** nous, nous autres: *noialtri non lo sappiamo*, nous ne le savons pas; *noialtri uomini, noialtre donne*, nous autres hommes, nous autres femmes.

noiosità [no-io-si-tà] ***n.f.invar.*** ennui (*m.*).

noioso [no-ió-so] ***agg.*** ennuyeux*, assommant: *un noioso contrattempo*, un fâcheux contretemps ♦ ***n.m.*** [f. *-a*] personne (*f.*) ennuyeuse.

noleggiare [no-leg-già-re] ***v.tr.*** [coniug. come *mangiare*] **1** (*dare a nolo*) louer; (*navi, aerei*) fréter*: *si noleggiano biciclette*, vélos à louer **2** (*prendere a nolo*) louer; (*navi, aerei*) affréter*, noliser.

noleggiatore [no-leg-gia-tó-re] ***n.m.*** [f. *-trice*] **1** (*chi dà a nolo*) loueur*; (*navi, aerei*) fréteur **2** (*chi prende a nolo*) celui* qui prend en location; (*navi, aerei*) affréteur.

noleggio [no-lég-gio] ***n.m.*** [pl. *-gi*] **1** location (*f.*) **2** (*di navi, di aerei*) affrètement; (*prezzo*) fret: *dare a noleggio*, fréter; *prendere a noleggio*, affréter; *contratto di noleggio*, charte-partie **3** (*luogo*) bureau*, magasin de loueur.

● ***prendere, dare a noleggio***, louer.

nolente [no-lèn-te] ***agg.***

● ***volente o nolente***, bon gré, mal gré.

nolo [nò-lo] ***n.m.*** **1** location (*f.*) | *prendere, dare a nolo*, louer **2** (*di navi, di aerei*) affrètement | *prendere, dare a nolo*, affréter, fréter **3** (*prezzo di trasporto*) fret.

nomade [nò-ma-de] ***agg.*** e ***n.m.*** e ***f.*** nomade.

nomadismo [no-ma-dì-ʃmo] ***n.m.*** nomadisme.

nomare [no-mà-re] ***v.tr.*** (*letter.*) nommer.

nome [nó-me] ***n.m.*** **1** nom; (*di persona, cognome*) nom; (*nome proprio*) prénom, petit nom: *scrivete il vostro nome e cognome*, écrivez vos nom et prénom; *come ti chiami di nome?*, quel est ton prénom?; *le ha messo nome Anna*, il l'a appelée Anne; *un tale di nome Paolo*, un certain Paul; *una ragazza di nome Maria*, une fille appelée Maria; *prendere (il) nome da*, tenir son nom de | *fuori i nomi!*, (donnez) les noms! **2** (*reputazione*) nom, réputation (*f.*) **3** (*gramm.*) nom **4** (*inform.*) nom **5** (*persona illustre*) nom: *i grandi nomi della letteratura*, les grands noms de la littérature.

● ***nome commerciale***, nom commercial | (*inform.*) ***nome convenzionale***, nom symbolique | ***nome d'arte***, pseudonyme (*o* nom d'emprunt); (*di attori di teatro*) nom de théâtre | ***nome di battaglia***, nom de guerre | ***nome di battesimo, primo nome***, nom de baptême, prénom | ***nome di famiglia***, nom de famille | (*inform.*) ***nome (d')utente***, nom d'utilisateur | ***a nome di***, au nom de; (*da parte di*) de la part de: *a nome mio*, en mon nom | ***avere, godere di un buon nome***, avoir une bonne réputation: *avere, godere di un buon nome come avvocato*, avoir une bonne réputation d'avocat; *per il buon nome della famiglia*, pour le bon renom de la famille | ***chiamare qlcu per nome***, appeler qqn par son prénom | ***dare, fare il nome di qlcu***, nommer qqn, citer le nom de qqn: *fare il nome del colpevole*, dévoiler le nom du coupable; *non far nomi*, ne pas citer de noms; *non faccio nomi*, je ne nomme personne; *puoi dare il mio nome*, tu peux dire mon nom | ***di nome e di fatto***, de nom et de fait | ***in nome di***, au nom de | ***scrivere sotto il nome di***, écrire sous le pseudonyme de | ***sotto falso nome***, sous un faux nom.

nomea [no-mè-a] ***n.f.*** réputation: *ha la nomea di ladro*, il a la réputation d'être un voleur.

nomenclatura [no-men-cla-tù-ra] ***n.f.*** nomenclature.

nomignolo [no-mì-gno-lo] ***n.m.*** sobriquet, surnom.

nomina [nò-mi-na] ***n.f.*** nomination: *ha ottenuto la nomina a direttore*, il a été nommé directeur.

● ***presidente di prima nomina***, président qui vient d'être nommé.

nominale [no-mi-nà-le] ***agg.*** nominal*.

nominalismo [no-mi-na-lì-ʃmo] ***n.m.*** (*fil.*) nominalisme.

nominalista [no-mi-na-lì-sta] ***n.m.*** e ***f.*** nominaliste.

nominalistico [no-mi-na-lì-sti-co] ***agg.*** [pl.m. *-ci*, f. *-che*] nominaliste.

nominare [no-mi-nà-re] ***v.tr.*** nommer | *mai sentito nominare*, je n'en ai jamais entendu parler.

nomination [nɔmi'neʃon] ***n.f.*** candidature | (*cine.*) *ottenere la nomination all'Oscar*, être nominé aux Oscars.

nominativo [no-mi-na-tì-vo] ***agg.*** nominatif* ♦ ***n.m.*** **1** (*nome*) nom **2** (*gramm.*) nominatif.

non ***avv.*** **1** (*davanti a verbo di modo finito*) ne... pas; (*davanti a inf.*) ne pas: *non parla*, il ne parle pas; *non ha parlato*, il n'a pas parlé; *non hai studiato?*, n'as-tu pas travaillé?; *non rispondere!*, ne réponds pas!; *gli ho detto di non andare*, je lui ai dit de ne pas y aller; *non può accettare*, il ne peut pas accepter; *può non accettare*, il peut ne pas accepter **2** (*in presenza di altra negazione; di* che *restrittivo; degli interrogativi* qui, que, quel*; in alcune*

espressioni di tempo) ne: *non fuma mai*, il ne fume jamais; *non è affatto divertente*, ce n'est pas du tout amusant; *non voglio più uscire*, je ne veux plus sortir; *non si vede nessuno*, on ne voit personne; *non mi ha risposto nulla*, il ne m'a rien répondu; *preferirebbe non saper nulla*, il aimerait mieux ne rien savoir; *non ha né amici né nemici*, il n'a ni amis ni ennemis; *non bevo* (*altro*) *che acqua*, je ne bois que de l'eau; *chi non lo conosce?*, qui ne le connaît?; *è molto tempo che non lo vedo*, voilà longtemps que je ne l'ai vu; *erano sei mesi che non tornavo a Parigi*, il y avait six mois que je n'étais retourné à Paris **3** (*pleonastico*) ne: *è più ricco di quanto tu non creda*, il est plus riche que tu ne crois; *non accetterà, a meno che voi non gli parliate*, il n'acceptera pas, à moins que vous ne lui parliez; *le bugie che non mi ha detto!*, quels mensonges ne m'a-t-il pas dits!; *ti attenderò finché non arriverai*, j'attendrai jusqu'à ce que tu arrives **4** (*nelle contrapposizioni, spesso col verbo sottinteso*) non (pas): *tu dovevi pensarci, e non io*, c'était à toi et non pas à moi d'y penser; *non domani, stasera*, non pas demain, ce soir; *venga o non venga*, qu'il vienne ou ne vienne pas; (*che*) *ti piaccia o non ti piaccia*, que cela te plaise ou non **5** (*davanti a sostantivo con ellissi del verbo*) pas: *non un grido*, pas un cri; *non fiori*, pas de fleurs; *medico o non medico, mi ha aiutato a guarire*, médecin ou pas, il m'a aidé à guérir **6** (*con agg., avv. ecc.*) pas; non: *non sempre*, *non troppo*, *non molto*, pas toujours, pas trop, pas beaucoup; *non oggi, non stasera*, pas aujourd'hui, pas ce soir; *non meno, non più di dieci*, pas moins, pas plus de dix; *mele non mature*, des pommes pas mûres; *dei compiti non corretti*, des copies non corrigées; *non senza gioia*, non sans joie; *non tutti*, pas tout le monde; *non pochi la pensano come noi*, nous ne sommes pas seuls à penser ainsi **7** (*prefisso negativo davanti a sostantivo*) non: *il non intervento*, la non-intervention.
● (***non***) ***appena*** (***che***) → appena | ***non che***, ce n'est pas que: *non che io sia d'accordo*, ce n'est pas que je sois d'accord.

NOTA Nei tempi composti, la negazione ***pas***, che con ***ne*** traduce l'italiano ***non***, è sempre posta tra l'ausiliare e il participio passato:

__Non__ l'ho incontrato.
Je **ne** l'ai **pas** rencontré.

Quando il verbo è un infinito ***ne*** e ***pas*** precedono insieme l'infinito:

Preferirei __non__ vederlo.
J'aimerais mieux **ne pas** le voir.

Non confondere l'imperativo negativo singolare con un infinito:

__Non__ insistere!
N'insiste **pas**!
__Non__ dire niente, per ora.
Ne dis **rien**, pour le moment.

non(-) *pref.* non-, in-.
nonagenario [no-na-ge-nà-rio] *agg.* e *n.m.* [f. *-a*; pl.m. *-ri*] nonagénaire.
non aggressione [non ag-gres-sió-ne] *n.f.* non-agression.
● (*pol.*) ***patto di non aggressione***, pacte de non-agression.
non allineato [non al-li-ne-à-to] *agg.* e *n.m.* [f. *-a*] non-aligné.
non belligeranza [non bel-li-ge-ràn-za] *n.f.* non-belligérance.
nonché [non-ché] *cong.* (*non soltanto... ma...*) non seulement... mais; (*e inoltre*) ainsi que, et en plus: *è sciocco nonché presuntuoso*, non seulement il est sot, mai en plus il est présomptueux; *è venuta lei nonché sua cugina*, elle est venue ainsi que sa cousine.
non credente [non cre-dèn-te] *n.m.* e *f.* non-croyant/e.
noncurante [non-cu-ràn-te] *agg.* insouciant; (*seguito da un complemento*) dédaigneux* (**de**).
noncuranza [non-cu-ràn-za] *n.f.* nonchalance, insouciance; (*negligenza*) négligence.
nondimeno [non-di-mé-no] *cong.* néanmoins.
non fumatore [non fu-ma-tó-re] *n.m.* [f. *-trice*] non-fumeur.
non intervento [non in-ter-vèn-to] *n.m.* non-intervention (*f.*).
non luogo [non luò-go] *n.m.* [pl. *-ghi*] (*sociol.*) non-lieu*.
nonna [nòn-na] *n.f.* grand-mère*; (*fam.*) grand-maman*, ma(m)my, mamie.

FAUX AMI Da non confondere con *nonne*, che significa *monaca*.

nonnina [non-nì-na] *n.f.* **1** bonne-maman*, mémé **2** (*vecchietta*) petite vieille.
nonnino [non-nì-no] *n.m.* **1** bon-papa*, pépé **2** (*vecchietto*) petit vieux.
nonnismo [non-nì-ʃmo] *n.m.* (*gergo mil.*) caporalisme; bizutage.
nonno [nòn-no] *n.m.* **1** grand-père*; (*fam.*) grand-papa*, papi, papy: *i nonni*, les grands-parents **2** (*gergo mil.*) ancien.
nonnulla [non-nùl-la] *n.m.invar.* rien.
nono [nò-no] *agg.num.ord.* e *n.m.* [f. *-a*] neuvième; (*nella progressione di re, di papi ecc.*) neuf.
nonostante [no-no-stàn-te] *prep.* malgré: *nonostante questo, ciò nonostante*, malgré cela; *nonostante tutto ciò*, malgré tout cela ♦ *cong.* bien que, quoique: *nonostante fosse tardi*, bien qu'il soit tard; *nonostante* (*che*) *io glielo avessi ordinato*, bien que, quoique je le lui aie ordonné.
non plus ultra [nonplu'sultra] *n.m.invar.* nec plus ultra: *il non plus ultra della bontà, dell'ignoranza*, le nec plus ultra de la bonté, de l'ignorance.
non profit [non prò-fit] *agg.invar.* à but non lucratif ♦ *n.m.invar.* secteur non marchand.
nonsense ['nɔnsens] **nonsenso** *n.m.invar.* nonsens.
nonsoché [non-so-ché] **non so che** *n.m.invar.* je-ne-sais-quoi* ♦ *agg.invar.* je ne sais quel*.
non stop *avv.* e *agg.invar.* non-stop.
nontiscordardimé [non-ti-scor-dar-di-mé] *n.m.* (*bot.*) myosotis.
non udente [non u-dèn-te] *n.m.* malentendant.
non vedente [non ve-dèn-te] *n.m.* non-voyant.
non violento [non vi-o-lèn-to] *agg.* e *n.m.* [f. *-a*] non-violent.
non violenza [non vi-o-lèn-za] *n.f.* non-violence.
no profit [no prò-fit] *agg.* e *n.m.invar.* → **non profit**.
nord [nòrd] *n.m.invar.* nord: *a nord*, au nord.
● (*geogr.*) ***il Nord***, le Nord.
nordafricano [nor-da-fri-cà-no] *agg.* nord-africain* ♦ *n.m.* [f. *-a*] (*abitante*) Nord-Africain*.
nordamericano [nor-da-me-ri-cà-no] *agg.* nord-américain* ♦ *n.m.* [f. *-a*] (*abitante*) Nord-Américain*.
nord-est [nord-èst] *n.m.invar.* nord-est.

N

nordeuropeo [nor-deu-ro-pè-o] ***agg.*** nord-européen* ♦ ***n.m.*** [f. *-a*] (*abitante*) Nord-Européen*.

nordico [nòr-di-co] ***agg.*** [pl.m. *-ci*, f. *-che*] nordique, du Nord: *clima nordico*, climat nordique; *una città nordica*, une ville du Nord ♦ ***n.m.*** [f. *-a*] (*abitante*) Nordique.

nordista [nor-dì-sta] ***agg.*** e ***n.m.*** e ***f.*** **1** (*st.*) nordiste **2** (*del Nord di un paese*) (habitant) du Nord.

nordoccidentale [nord-oc-ci-den-tà-le] ***agg.*** (du) nord-ouest.

nordorientale [nor-do-rien-tà-le] ***agg.*** (du) nord-est.

nord-ovest [nord-ò-vest] ***n.m.invar.*** nord-ouest.

noria [nò-ria] ***n.f.*** (*tecn.*) noria.

norma [nòr-ma *o* nórma] ***n.f.*** **1** norme: *superiore alla norma*, supérieur à la norme | *secondo la norma, come di norma*, comme il est d'usage, comme d'habitude **2** (*regola*) règle: *norme di condotta*, règles de conduite | *norme di sicurezza*, consignes de sécurité **3** (*dir.*) norme; (*prescrizione di legge*) disposition de la loi | *le norme vigenti*, les lois en vigueur **4** (*istruzione*) mode (*m.*): *norme per l'uso*, mode d'emploi.
● ***a norma di legge***, aux termes de la loi | ***è buona norma...***, il est bon de... | ***di norma***, en principe; (*usualmente*) normalement | (*tecn.*) ***messa a norma***, mise en uniformité | ***per vostra norma e regola***, pour votre gouverne | ***servire di norma***, servir de leçon: *che questo vi serva di norma*, que cela vous serve de leçon.

normale [nor-mà-le] ***agg.*** normal* ♦ ***n.m.*** normale (*f.*): *al di sotto, sopra del normale*, inférieur, supérieur à la normale.
● (*mat.*) (***retta***) ***normale***, normale | ***Scuola Normale***, École Normale.

normalità [nor-ma-li-tà] ***n.f.invar.*** normalité.

N

normalizzare [nor-ma-liʒ-ʒà-re] ***v.tr.*** normaliser.

normalizzazione [nor-ma-liʒ-ʒa-zió-ne] ***n.f.*** normalisation.

normalmente [nor-mal-mén-te] ***avv.*** normalement.

normanno [nor-màn-no] ***agg.*** normand ♦ ***n.m.*** **1** (*dialetto*) normand **2** [f. *-a*] (*abitante*) Normand.

normativa [nor-ma-tì-va] ***n.f.*** réglementation: *normativa sulle pensioni*, réglementation des retraites.

normativo [nor-ma-tì-vo] ***agg.*** normatif*.

normografo [nor-mò-gra-fo] ***n.m.*** normographe.

normoteso [nor-mo-té-so] ***agg.*** e ***n.m.*** [f. *-a*] (*med.*) normotendu.

norvegese [nor-ve-gé-se] ***agg.*** norvégien* ♦ ***n.m.*** (*lingua*) norvégien ♦ ***n.m.*** e ***f.*** (*abitante*) Norvégien/enne.

nosocomio [no-ʃo-cò-mio] ***n.m.*** [pl. *-mi*] (*letter.*) hôpital*.

nosologia [no-ʃo-lo-gì-a] ***n.f.*** (*med.*) nosologie.

nossignore [nos-si-gnó-re] ***avv.*** **1** (*proprio no*) eh bien non **2** (*antiq.*) (*nelle risposte negative*) non, Monsieur; (*se rivolta a una donna,* nossignora) non, Madame.

nostalgia [no-stal-gì-a] ***n.f.*** nostalgie | *soffrire di nostalgia*, avoir le mal du pays.

nostalgico [no-stàl-gi-co] ***agg.*** e ***n.m.*** [f. *-a*; pl.m. *-ci*, f. *-che*] nostalgique.

nostrano [no-strà-no] ***agg.*** du pays | *alla nostrana*, selon l'usage du pays.

nostro [nò-stro] ***agg.poss. 1ª pers.pl.*** **1** notre*: *il nostro lavoro*, notre travail; *la nostra casa*, notre maison; *i nostri genitori*, nos parents; *le nostre idee*, nos idées; *l'ultimo nostro viaggio*, notre dernier voyage; *era del nostro stesso parere*, il était tout à fait de notre avis; *la nostra e la vostra auto sono francesi*, notre voiture et la vôtre sont françaises; *è un problema nostro, non vostro*, c'est notre problème, (ce n'est) pas le vôtre | *questo nostro amico*, notre ami, cet ami | *un nostro amico*, un de nos amis, un ami à nous; *un nostro amico avvocato*, un avocat de nos amis, un ami à nous qui est avocat; *vorrebbe un nostro consiglio*, il voudrait notre conseil; *aspetta una nostra risposta*, il attend une réponse de nous | *tre nostri amici*, trois de nos amis, trois amis à nous; *alcuni nostri amici*, quelques-uns de nos amis, quelques amis à nous | *in, a casa nostra*, chez nous **2** (*per indicare proprietà, appartenenza*) à nous: *abbiamo una bella camera tutta nostra*, nous avons une belle chambre bien à nous; *l'idea non è nostra*, l'idée n'est pas de nous; *abbiamo un modo tutto nostro di vedere le cose*, nous avons une manière toute personnelle de voir les choses | *questo progetto è nostro*, (*ne siamo gli autori*) ce projet est de nous ♦ ***pron.poss. 1ª pers.pl.*** **1** le* nôtre: *i tuoi giornali sono più interessanti dei nostri*, tes journaux sont plus intéressants que les nôtres | *il Nostro*, notre homme; (*riferito a scrittore o artista*) notre auteur **2** (*in espressioni ellittiche*): *quando riceverete questa nostra*, quand vous recevrez cette lettre, notre lettre; *è, sta sempre dalla nostra* (*parte*), il est toujours de notre côté; *anche noi abbiamo avuto le nostre* (*disgrazie*), nous aussi nous avons eu notre part de malheurs; *avevamo anche noi la nostra da dire*, nous avions nous aussi notre mot à dire | *ne abbiamo combinata una delle nostre*, nous avons encore fait une des nôtres; *ne abbiamo detta una delle nostre*, nous avons fait une de nos gaffes ♦ ***n.m.*** **1** (*mezzi economici, beni personali*): *viviamo del nostro*, nous vivons de nos ressources personnelles; *abbiamo speso del nostro*, nous avons payé de notre poche **2** (*preceduto da pron.indef.*): *abbiamo ancora qlco di nostro*, nous avons encore quelques biens personnels; *non abbiamo più niente di nostro*, nous n'avons (*o* ne possédons) plus rien; *qui non c'è più nulla di nostro*, ici il n'y a plus rien qui nous appartienne; *abbiamo messo molto di nostro in questo articolo*, nous avons mis beaucoup de nous-mêmes dans cet article **3** (*pl.*) (*familiari, compagni ecc.*) les nôtres.
● ***arrivano i nostri!***, voilà les nôtres!

nostromo [no-strò-mo] ***n.m.*** (*mar.*) maître.
● ***primo nostromo***, maître d'équipage.

nota [nò-ta] ***n.f.*** **1** (*mus.*) note (*anche fig.*): *le sette note musicali*, les sept notes de la gamme; *quei fiori mettono, portano una nota allegra nella stanza*, ces fleurs mettent une note gaie dans la pièce | *con una nota di rimpianto nella voce*, (*fig.*) avec une nuance de regret dans la voix | *trovare la nota giusta*, (*fig.*) trouver le ton juste **2** (*commento; appunto*) note: *testo corredato di note*, texte accompagné de notes | *tenere, prendere nota di*, tenir, prendre note de: *prendere mentalmente nota di qlco*, enregistrer qqch dans sa tête **3** (*comunicazione scritta*) note: *nota diplomatica*, note diplomatique **4** (*lista, elenco*) liste: *nota della spesa*, liste des commissions | *mettersi in nota*, s'inscrire **5** (*segno caratteristico*) caractéristique: *l'esattezza è la sua nota fondamentale*, l'exactitude est sa caractéristique **6** (*comm.*) (*certificato*) bordereau* (*m.*): *nota di spedizione*, bordereau d'expédition **7** (*assic.*) note: *nota di copertura*, note de couverture.
● ***nota a pie' di pagina***, note au bas de la page; (*tip.*) note courante | ***nota critica***, note (*o* annotation) critique | ***nota del traduttore***, ***dell'autore***, note du traducteur (NDT), de l'auteur (NDA) | (*comm.*): ***nota di credito***, avis de crédit; ***nota di pegno***, warrant | ***nota*** (***disciplinare***), (*da trasmettere alla famiglia*) mot sur le carnet de liaison | ***nota spese***, note de frais | ***note caratteristiche***, appréciations | ***degno di nota***, digne d'être remarqué | ***dire a chiare note***,

(*fig.*) dire les choses carrément | ***le dolenti note***, (*fig.*) les difficultés.

notabene [no-ta-bè-ne] **nota bene** *n.m.invar.* nota, nota bene.

notabile [no-tà-bi-le] *agg.* e *n.m.* e *f.* notable.

notaio [no-tà-io] *n.m.* [f. -*a*; pl.m. -*ai*] notaire.

notare [no-tà-re] *v.tr.* **1** remarquer: *non ho notato niente*, je n'ai rien remarqué; *è macchiato, ma non si nota*, il y a des taches, mais ça ne se voit pas; *le faccio notare che*, je vous signale que | *nota* (*bene*) *che*, remarque (bien) que: *non ce l'ho con lui, nota bene, ma*, remarque, je n'ai rien contre lui, mais **2** (*prendere nota di*) noter, prendre* note (**de**): *notare le spese*, prendre note des dépenses **3** (*annotare*) annoter; (*segnare, contrassegnare*) marquer: *noterò a margine i passi più belli del testo*, je marquerai (*o* signalerai) dans la marge les plus beaux passage du texte **4** (*sottolineare*) souligner.

● ***farsi notare***, se faire remarquer.

notariato [no-ta-rià-to] *n.m.* notariat.

notarile [no-ta-rì-le] *agg.* notarial*; (*di atto ecc.*) notarié.

● ***collegio notarile***, Chambre des notaires.

notazione [no-ta-zió-ne] *n.f.* **1** (*mus., chim.*) notation **2** (*osservazione*) observation, remarque.

notebook [nɔt'buk] *n.m.invar.* (*inform.*) bloc-notes* électronique, ordinateur bloc-notes.

notes [nò-tes] *n.m.invar.* calepin.

notevole [no-té-vo-le] *agg.* considérable; (*degno di nota, pregevole*) remarquable, notable: *a notevole distanza*, à une distance considérable; *un uomo notevole*, un homme remarquable.

notevolmente [no-te-vol-mén-te] *avv.* considérablement; remarquablement.

notifica [no-tì-fi-ca] *n.f.* [pl. -*che*] **1** (*dir.*) notification **2** (*avviso*) avis (*m.*).

● (*dir.*) ***notifica a mani proprie, a domicilio***, signification à la personne, à domicile.

notificare [no-ti-fi-cà-re] *v.tr.* [coniug. come *mancare*] **1** notifier **2** (*dichiarare*) déclarer.

notificazione [no-ti-fi-ca-zió-ne] *n.f.* **1** notification **2** (*avviso*) avis (*m.*).

notizia [no-tì-zia] *n.f.* **1** nouvelle: *hai sue notizie?*, est-ce que tu as de ses nouvelles?; *dammi tue notizie*, donne-moi de tes nouvelles; *avrà presto mie notizie*, vous aurez bientôt de mes nouvelles | *avere notizia di un fatto*, avoir connaissance d'un fait | *dare notizia di qlco*, annoncer qqch **2** (*dato*) notice: *notizie bibliografiche*, notices bibliographiques.

● ***fare notizia***, faire sensation: *non fa notizia*, ça ne fait pas sensation | ***ultime notizie***, (*giornalismo*) (nouvelles de la) dernière heure.

FAUX AMI
Da non confondere con *notice*, che significa *avvertenza*, *cenno*.

notiziario [no-ti-zià-rio] *n.m.* [pl. -*ri*] **1** nouvelles (*f.pl.*), informations (*f.pl.*): *notiziario cittadino*, nouvelles de la ville **2** (*titolo di periodici*) chronique (*f.*).

noto [nò-to] *agg.* connu: *uno scrittore noto*, un écrivain connu | *una persona a voi nota*, une personne que vous connaissez bien | *è noto che*, on sait que; *come è noto*, comme chacun sait | *render noto*, (*comunicare*) communiquer; (*divulgare*) rendre public ♦ *n.m.* connu.

notoriamente [no-to-ria-mén-te] *avv.* notoirement.

notorietà [no-to-rie-tà] *n.f.invar.* notoriété.

notorio [no-tò-rio] *agg.* [pl.m. -*ri*] notoire: *è notorio che*, il est de notoriété publique que.

● (*dir.*) ***atto notorio***, acte de notoriété.

nottambulo [not-tàm-bu-lo] *n.m.* [f. -*a*] noctambule.

nottata [not-tà-ta] *n.f.* nuit | *fare la nottata in bianco*, passer une nuit blanche.

notte [nòt-te] *n.f.* nuit: *è notte*, il fait nuit; *si fa notte*, il commence à faire nuit; *a notte fatta*, en pleine nuit; *sabato notte*, dans la nuit de samedi; *giorno e notte*, nuit et jour; *tutta la notte*, de la nuit | *di notte*, (*durante*) *la notte*, la nuit | *alle due di notte*, à deux heures du matin.

● ***ci corre quanto dal giorno alla notte***, c'est le jour et la nuit | ***è peggio che andare di notte***, (*fam.*) c'est encore pire.

nottetempo [not-te-tèm-po] *avv.* pendant la nuit; (*letter.*) nuitamment.

nottola[1] [nòt-to-la] *n.f.* (*pipistrello*) noctule.

nottola[2] *n.f.* (*saliscendi*) loquet (*m.*).

nottolino [not-to-lì-no] *n.m.* **1** (*piccolo saliscendi*) loqueteau* **2** (*mecc.*) cliquet.

nottua [nòt-tua] *n.f.* (*zool.*) noctuelle.

notturna [not-tùr-na] *n.f.* (*sport*) soirée | *in notturna*, en soirée.

notturno [not-tùr-no] *agg.* nocturne, de nuit: *le ore notturne*, les heures nocturnes (*o* de nuit) ♦ *n.m.* **1** (*mus., pitt.*) nocturne **2** (*eccl.*) nocturne.

● ***locale notturno***, boîte de nuit | ***servizio notturno***, service de nuit | (*zool.*) ***uccelli notturni***, oiseaux nocturnes (*o* de nuit).

notula [nò-tu-la] *n.f.* note.

novanta [no-vàn-ta] *agg.num.card.* e *n.m.* quatre-vingt-dix.

● ***la paura fa novanta***, la peur est plus forte que tout | ***pezzo da novanta***, (*scherz.*) grosse légume.

NOTA In Belgio e in Svizzera per ***novanta*** si sentirà dire ***nonante***.

novantadue [no-van-ta-dù-e] *agg.num.card.* e *n.m.* quatre-vingt-douze.

novantenne [no-van-tèn-ne] *agg.* (âgé) de quatre-vingt-dix ans ♦ *n.m.* e *f.* homme (âgé), femme (âgée) de quatre-vingt-dix ans.

novantennio [no-van-tèn-nio] *n.m.* [pl. -*ni*] (période de) quatre-vingt-dix ans.

novantesimo [no-van-tè-ʃi-mo] *agg.num.ord.* e *n.m.* [f. -*a*] quatre-vingt-dixième.

novantina [no-van-tì-na] *n.f.* environ quatre-vingt-dix | *è sulla novantina*, il doit avoir à peu près quatre-vingt-dix ans | *ha passato la novantina*, il a plus de quatre-vingt-dix ans.

novantuno [no-van-tù-no] *agg.num.card.* e *n.m.* quatre-vingt-onze.

novarese [no-va-ré-se] *agg.* novarois ♦ *n.m.* e *f.* (*abitante*) Novarois/e.

novatore [no-va-tó-re] *agg.* e *n.m.* [f. -*trice*] (*letter.*) novateur*.

novazione [no-va-zió-ne] *n.f.* (*dir.*) novation.

nove [nò-ve] *agg.num.card.* e *n.m.* neuf.

● (*mat.*) ***la prova del nove***, la preuve par neuf.

novecentesco [no-ve-cen-té-sco] *agg.* [pl.m. -*schi*, f. -*sche*] du XXe siècle.

novecentista [no-ve-cen-tì-sta] *n.m.* e *f.* **1** (*scrittore, artista*) écrivain, artiste du XXe siècle **2** (*studioso del Novecento*) spécialiste du XXe siècle.

N

novecento [no-ve-cèn-to] ***agg.num.card.*** e ***n.m.*** neuf cents | *nel Novecento*, au XX, au vingtième siècle.

novella [no-vèl-la] ***n.f.*** **1** (*lett.*) nouvelle; (*spec. di argomento fantastico*) conte (*m.*) **2** (*notizia*) nouvelle.

novellare [no-vel-là-re] ***v.intr.*** [aus. *avere*] (*letter.*) conter des histoires.

novellatore [no-vel-la-tó-re] ***n.m.*** [f. *-trice*] (*letter.*) conteur* d'histoires.

novelliere [no-vel-liè-re] ***n.m.*** [f. *-a*] nouvelliste.

novellino [no-vel-lì-no] ***agg.*** **1** (*di piante*) nouveau* **2** (*di persona*) débutant ♦ ***n.m.*** [f. *-a*] débutant; (*scherz.*) novice.

novellista [no-vel-lì-sta] ***n.m.*** e ***f.*** [f. *-a*] nouvelliste.

novellistica [no-vel-lì-sti-ca] ***n.f.*** [pl. *-che*] (*genere letterario, insieme delle novelle*) nouvelles (*pl.*), contes (*m.pl.*).

novello [no-vèl-lo] ***agg.*** nouveau* | *età novella*, âge tendre.

novembre [no-vèm-bre] ***n.m.*** novembre: *il dieci* (*di*) *novembre*, le dix novembre.

novena [no-vè-na] ***n.f.*** (*eccl.*) neuvaine.

novennale [no-ven-nà-le] ***agg.*** **1** (*che dura nove anni*) qui dure neuf ans **2** (*che ricorre ogni nove anni*) qui a lieu tous les neuf ans.

noverare [no-ve-rà-re] ***v.tr.*** **1** énumérer*, compter **2** (*ricordare*) rappeler*.

novero [nò-ve-ro] ***n.m.*** nombre: *includere nel novero degli amici*, compter au nombre de ses amis | *essere nel novero di*, faire partie de.

novilunio [no-vi-lù-nio] ***n.m.*** [pl. *-ni*] nouvelle lune (*f.*).

novità [no-vi-tà] ***n.f.invar.*** **1** nouveauté: *una novità libraria*, une nouveauté de librairie | *ho altre novità da raccontarti*, j'ai d'autres nouvelles à te raconter | (*ci sono*) *novità?*, *che novità ci sono?*, quoi de neuf?; *c'è una novità*, il y a du neuf, du nouveau | *non è una novità*, ce n'est pas nouveau | *l'ultima novità*, la dernière; (*della moda*) le dernier cri: *sai l'ultima novità?*, tu connais la dernière? **2** (*Internet*) Quoi de neuf.

novizia [no-vì-zia] ***n.f.*** novice.

noviziato [no-vi-zià-to] ***n.m.*** noviciat; (*tirocinio*) apprentissage.

novizio [no-vì-zio] ***n.m.*** [pl.m. *-zi*] novice.

nozione [no-zió-ne] ***n.f.*** notion.

nozionismo [no-zio-nì-ʃmo] ***n.m.*** culture (*f.*) formée de notions apprises par cœur: *è puro nozionismo*, c'est du par cœur.

nozionistico [no-zio-nì-sti-co] ***agg.*** [pl.m. *-ci*, f. *-che*] fait de notions apprises par cœur: *è puramente nozionistico*, ce n'est qu'un inventaire de notions.

nozze [nòz-ze] ***n.f.pl.*** noces; (*matrimonio*) mariage (*m. sing.*).
● ***nozze d'oro***, noces d'or | ***andare a nozze***, (*sposarsi*) se marier; (*fig.*) se faire une fête de, prendre plaisir à | ***festa di nozze***, noce | ***partecipazione di nozze***, faire-part de mariage | (***per me***) ***è un invito a nozze***, ***mi inviti a nozze***, (*fig.*) je ne demande pas mieux | ***seconde nozze***, secondes noces: *sposare in seconde nozze*, épouser en secondes noces; *passare a seconde, a nuove nozze*, se remarier | ***viaggio di nozze***, voyage de noces.

nube [nù-be] ***n.f.*** **1** nuage (*m.*) **2** (*estens.*) (*moltitudine*) nuée.

nubifragio [nu-bi-frà-gio] ***n.m.*** [pl. *-gi*] orage violent.

nubile [nù-bi-le] ***agg.*** e ***n.f.*** célibataire.

> **FAUX AMI**
> Da non confondere con il francese *nubile*, che significa *in età matrimoniale*.

nuca [nù-ca] ***n.f.*** [pl. *-che*] nuque.

nucleare [nu-cle-à-re] ***agg.*** e ***n.m.*** nucléaire.

nuclearizzare [nu-cle-a-riz-zà-re] ***v.tr.*** nucléariser.

nuclearizzato [nu-cle-a-riz-zà-to] ***agg.*** nucléarisé.

nucleico [nu-clèi-co] ***agg.*** [pl.m. *-ci*, f. *-che*] (*biochim.*) nucléique.

nucleo [nù-cle-o] ***n.m.*** (*scient.*) noyau* (*anche fig.*) | *un nucleo di studiosi*, un groupe de savants.
● ***nucleo antidroga***, brigade des stups | ***nucleo familiare***, noyau familial, ménage.

nucle(o)- ***pref.*** nucle(o)-.

nudismo [nu-di-ʃmo] ***n.m.*** nudisme.

nudista [nu-dì-sta] ***agg.*** e ***n.m.*** e ***f.*** nudiste | *colonia nudista*, camp de nudistes.

nudità [nu-di-tà] ***n.f.invar.*** nudité.

nudo [nù-do] ***agg.*** **1** nu: *nudo da capo a piedi*, nu de la tête aux pieds; *mezzo nudo*, à moitié nu (*o* demi-nu) **2** (*spoglio, disadorno*) nu: *alberi nudi*, des arbres nus; *i nudi fatti*, (*fig.*) les faits bruts; *fare una nuda esposizione dei fatti*, (*fig.*) faire une sèche exposition des faits.
● ***nudo e crudo***, tout nu: *la verità nuda e cruda*, la vérité toute nue; *parlare nudo e crudo*, ne pas mâcher ses mots | (*dir.*): ***nudo proprietario***, nu-propriétaire; ***nuda proprietà***, nue-propriété | ***a occhio nudo***, à l'œil nu | ***a torso nudo***, torse nu | ***mettere a nudo***, mettre à nu.

nugolo [nù-go-lo] ***n.m.*** nuée (*f.*) | *un nugolo di bambini*, une ribambelle d'enfants.

nulla [nùl-la] ***pron.indef.invar.*** e ***avv.*** → niente ♦ ***n.m.*** **1** rien: *creare dal nulla*, creer de rien **2** (*fil.*) neant.
● ***un buono a nulla***, un nullard.

nullafacente [nul-la-fa-cèn-te] ***agg.*** sans profession; (*ozioso*) fainéant.

nullaosta [nul-la-ò-sta] **nulla osta** ***n.m.invar.*** autorisation (*f.*), permis.

nullatenente [nul-la-te-nèn-te] ***agg.*** qui ne possède rien ♦ ***n.m.*** e ***f.*** personne (*f.*) qui ne possède rien.

nullificare [nul-li-fi-cà-re] ***v.tr.*** [coniug. come *mancare*] réduire* à rien, annuler.

nullità [nul-li-tà] ***n.f.invar.*** nullité.

nullo [nùl-lo] ***agg.*** nul* | (*dir.*) *rendere nullo*, frapper de nullité.

nume [nù-me] ***n.m.*** dieu*.
● ***santi numi!***, grands dieux!

numerale [nu-me-rà-le] ***agg.*** e ***n.m.*** numéral*.

numerare [nu-me-rà-re] ***v.tr.*** numéroter.

numerario [nu-me-rà-rio] ***n.m.*** [pl. *-ri*] (*econ.*) numéraire.

numerato [nu-me-rà-to] ***agg.*** numéroté.

numeratore [nu-me-ra-tó-re] ***n.m.*** (*mat.*) numérateur.

numerazione [nu-me-ra-zió-ne] ***n.f.*** **1** numérotage (*m.*); (*ordine numerico*) numérotation **2** (*mat.*) numération | *numerazione araba, romana*, chiffres arabes, romains.

numerico [nu-mè-ri-co] ***agg.*** [pl.m. *-ci*, f. *-che*] numérique | *per superiorità numerica*, par le nombre.

numero [nù-me-ro] ***n.m.*** **1** nombre: *numero pari, dispari*, nombre pair, impair; *numeri primi, interi, decimali*, nombres premiers, entiers, décimaux **2** (*in una serie e se distingue una cosa, una persona*) numéro: *abita al nu-*

mero 5 di via Roma, il habite rue de Rome, numéro 5 **3** (*cifra*) chiffre | *numeri romani, arabi*, chiffres romains, arabes **4** (*estens.*) (*quantità*) nombre: *un discreto numero di*, un bon nombre de; *un ristretto numero di*, un nombre limité de; *è nel numero dei fortunati*, il est parmi les chanceux; *nel numero troveremo quel che ci serve*, dans le nombre nous trouverons ce qu'il nous faut | *il maggior numero di*, le plus grand nombre de **5** (*di lotteria, del lotto*) numéro: *estrarre i numeri di una lotteria*, tirer les numéros d'une loterie **6** (*di periodico*) numéro: *i numeri arretrati di una rivista*, les anciens numéros d'une revue | *un numero unico*, un numéro unique **7** (*di spettacolo*) numéro: *un numero di danza, di alta acrobazia*, un numéro de danse, de haute acrobatie **8** (*di scarpe*) pointure (*f.*): *che numero di scarpe calzi?*, quelle pointure fais-tu?; (*fam.*) tu chausses du combien? **9** (*pl.*) (*talento*) talent (*sing.*); (*requisiti, qualità*) qualités (*f.*), dispositions (*f.*): *ha tutti i numeri per riuscire nella vita*, il a toutes les qualités pour réussir dans la vie **10** (*gramm.*) nombre | *numero singolare, plurale*, nombre singulier, pluriel.

● ***numero chiuso***, numerus clausus: *alcune facoltà universitarie sono a numero chiuso, hanno introdotto il numero chiuso*, dans certaines facultés universitaires le nombre des inscrits est limité, certaines facultés ont introduit le numerus clausus | ***numero civico***, numéro d'habitation | ***numero di gara***, (*di ciclista*) dossard | ***numero di matricola, d'immatricolazione***, numéro d'immatriculation | ***numero di serie***, numéro de série | ***numero di telefono***, numéro de téléphone | ***numero legale***, (*di un'assemblea*) quorum | (*tel.*) ***numero verde***, libre appel | ***numeri estratti***, (*di lotteria*) numéros gagnants | ***dare i numeri (del lotto)***, (*fig.*) délirer: *è meglio se taci, stai dando i numeri*, tu ferais mieux de te taire, tu délires (*o* tu es en plein délire) | ***di numero***, juste: *eravamo tre di numero*, nous étions juste trois | ***il numero uno***, (*il migliore ecc.*) le numéro un: *essere il numero uno*, être le numéro un; *il nemico pubblico numero uno*, l'ennemi public numéro un; *è il numero uno degli idioti*, c'est un imbécile de première classe | ***in numero di***, au nombre de: *eravamo in numero di venti*, nous étions au nombre de vingt.

numeroso [nu-me-ró-so] *agg.* nombreux*.

numismatica [nu-mi-ʃmà-ti-ca] *n.f.* [pl. *-che*] numismatique.

numismatico [nu-mi-ʃmà-ti-co] *agg.* numismatique ♦ *n.m.* [f. *-a*; pl.m. *-ci*, f. *-che*] numismate.

nunziatura [nun-zia-tù-ra] *n.f.* (*eccl.*) nonciature.

nunzio [nùn-zio] *n.m.* [pl. *-zi*] messager.

● (*eccl.*) ***nunzio (apostolico)***, nonce (apostolique).

nuocere [nuò-ce-re] *v.intr.* [pres.indic. *io nuoccio, tu nuoci, egli nuoce, noi nuociamo, voi nuocete, essi nuocciono*; p.rem. *io nocqui, tu nuocesti* ecc.; p.p. *nuociuto*; aus. *avere*] nuire*.

● ***non tutto il male vien per nuocere***, à quelque chose malheur est bon | ***tentar non nuoce***, qui ne risque rien n'a rien.

nuora [nuò-ra] *n.f.* belle-fille*, bru.

● ***essere come suocera e nuora***, s'entendre comme chien et chat.

nuotare [nuo-tà-re] *v.intr.* [aus. *avere*] **1** nager* | *nuotare a rana*, nager la brasse; *nuotare a farfalla*, nager la brasse papillon; *nuotare alla marinara, sul dorso*, nager à la marinière, sur le dos **2** (*fig.*) nager*: *nuotare nell'abbondanza*, nager dans l'abondance; *i piedi gli nuotano nelle scarpe*, il nage dans ses chaussures | *nuotare nell'oro*, rouler sur l'or ♦ *v.tr.* nager*: *nuotare il crawl*, nager le crawl.

nuotata [nuo-tà-ta] *n.f.* (*modo di nuotare*) nage.

● ***fare una nuotata***, nager: *fare una lunga nuotata*, nager longtemps; *ho fatto una buona nuotata*, j'ai bien nagé; *ho fatto una nuotatina*, j'ai fait quelques brasses.

nuotatore [nuo-ta-tó-re] *n.m.* [f. *-trice*] nageur*.

nuoto [nuò-to] *n.m.* **1** nage (*f.*): *esperto nel nuoto*, très bon nageur | *nuoto a rana*, brasse; *nuoto a stile libero, a farfalla, (sul) dorso*, nage libre, papillon, sur le dos **2** (*esercizio sportivo*) natation (*f.*): *praticare il nuoto*, faire de la natation; *stili praticati nel nuoto*, nages pratiquées dans la natation.

● ***a nuoto***, à la nage.

nuova [nuò-va] *n.f.* nouvelle.

● (*prov.*) ***nessuna nuova buona nuova***, pas de nouvelles, bonnes nouvelles.

nuovaiorchese [nuo-va-ior-ché-se] *agg.* → **newyorkese**.

nuovamente [nuo-va-mén-te] *avv.* à nouveau, de nouveau.

nuovo [nuò-vo] *agg.* **1** (*mai usato prima*) neuf*: *ho messo il vestito nuovo*, j'ai mis mon costume neuf **2** (*altro, diverso, successivo o sostitutivo di altra cosa*) nouveau*: *fare un nuovo tentativo*, faire une nouvelle tentative; *un edificio di nuova costruzione*, un édifice nouvellement construit | *sono nuovo di Milano*, je suis nouveau à Milan (*o* je viens d'arriver à Milan); *è nuovo del mestiere*, il est tout neuf (*o* nouveau) dans le métier; *non è nuovo al successo*, le succès n'est pas une nouveauté pour lui | *non mi giunge nuovo*, ce n'est pas du nouveau pour moi; *questo mi giunge nuovo, questa sì che è nuova*, ça c'est nouveau (*o* ça alors, c'est du nouveau) ♦ *n.m.* nouveau*: *è un nemico del nuovo*, c'est un adversaire du nouveau (*o* il n'aime pas la nouveauté).

● ***nuovo di zecca***, flambant neuf | ***anno nuovo***, nouvel an: *prenderà servizio con l'anno nuovo*, il entrera en fonction au début de l'année prochaine | ***anno nuovo vita nuova***, à année nouvelle vie nouvelle | ***che c'è di nuovo?***, quoi de neuf? | ***come nuovo***, comme neuf: *libri come nuovi*, livres à l'état neuf (*o* comme neufs) | ***di nuovo***, de nouveau | ***di nuovo!***, (*arrivederci*) au revoir | ***di nuovo conio***, (*fig.*) nouvellement forgé: *espressioni di nuovo conio*, expressions nouvellement forgées | ***il nuovo mondo***, le nouveau monde | ***la nuova generazione***, la nouvelle génération | ***luna nuova***, nouvelle lune | ***(non c'è) nulla di nuovo sotto il sole***, rien de nouveau sous le soleil | ***rimettere a nuovo***, remettre à neuf: *rimettere a nuovo una casa*, remettre à neuf (*o* retaper) une maison; *queste iniezioni mi hanno rimesso a nuovo*, (*fig.*) ces piqûres m'ont retapé | ***vestito di nuovo, a nuovo***, vêtu de neuf | ***vino nuovo***, vin nouveau | ***visi nuovi, facce nuove***, de nouvelles têtes (*o* des visages inconnus): *ho notato parecchi visi nuovi alla riunione*, j'ai remarqué (*o* il y avait) de nouvelles têtes (*o* des visages qui m'étaient inconnus) à la réunion.

NOTA L'aggettivo ***nuovo*** ha in francese due forme di maschile singolare:

– ***nouvel*** si usa prima di un sostantivo che inizia per vocale o *h* muta:

*Ho un **nuovo** computer.*
J'ai un **nouvel** ordinateur.

*Abito vicino al **nuovo** ospedale.*
J'habite près du **nouvel** hopital.

– ***nouveau*** si usa in tutti gli altri casi:

*Ti presento il mio **nuovo** amico, il **nuovo** arpista.*
Je te présente mon **nouveau** copain, le **nouveau** harpiste.

N

Il maschile plurale è sempre ***nouveaux***:

*Hanno piantato dei **nuovi** alberi.*
On a planté de **nouveaux** arbres.

*Ho comperato tre **nuovi** CD.*
J'ai acheté trois **nouveaux** CD.

Si veda anche la nota a *neuf*[2] nella sezione francese.

nuraghe [nu-rà-ghe] ***n.m.*** [pl. *-ghi*] (*archeol.*) nuraghe.

nutraceutico [nu-tra-cèu-ti-co] ***agg.*** e ***n.m.*** [pl.m. *-ci*, f. *-che*] (*alimento arricchito*) nutraceutique.

nutria [nù-tria] ***n.f.*** (*zool.*) ragondin (*m.*).

nutrice [nu-trì-ce] ***n.f.*** nourrice.

nutriente [nu-tri-èn-te] ***agg.*** nourrissant.

nutrimento [nu-tri-mén-to] ***n.m.*** nourriture (*f.*) (*anche fig.*).

nutrire [nu-trì-re] ***v.tr.*** **1** nourrir **2** (*fig.*) nourrir: *nutrire affetto*, nourrir de l'affection | *nutrire rispetto*, éprouver du respect ♦ ***v.intr.*** [aus. *avere*] nourrir ♦ **nutrirsi** ***v.pron.*** se nourrir (*anche fig.*).

nutritivo [nu-tri-tì-vo] ***agg.*** nutritif*.

nutrito [nu-trì-to] ***agg.*** nourri (*anche fig.*) | *un programma ben nutrito*, un programme très chargé | *un nutrito gruppo*, un groupe important | *una nutrita scorta di*, de grosses provisions de.

nutrizionale [nu-tri-zio-nà-le] ***agg.*** nutritionnel*.
● ***valore nutrizionale***, valeur nutritionnelle.

nutrizione [nu-tri-zió-ne] ***n.f.*** nutrition.

nuvola [nù-vo-la] ***n.f.*** nuage (*m.*): *coperto di nuvole*, chargé de nuages, nuageux.
● ***aver la testa nelle nuvole***, (*fig.*) être dans les nuages | ***cadere dalle nuvole***, (*fig.*) tomber des nues | ***vivere nelle nuvole***, (*fig.*) vivre sur son nuage.

nuvolaglia [nu-vo-là-glia] ***n.f.*** amas (*m.*) de nuages.

nuvolo [nù-vo-lo] ***agg.*** nuageux*: *è nuvolo*, le ciel est nuageux ♦ ***n.m.*** temps nuageux.

nuvolosità [nu-vo-lo-si-tà] ***n.f.invar.*** nébulosité.

nuvoloso [nu-vo-ló-so] ***agg.*** nuageux*.

nuziale [nu-zià-le] ***agg.*** nuptial*.
● ***fede nuziale***, anneau nuptial, alliance.

nuzialità [nu-zia-li-tà] ***n.f.invar.*** (*stat.*) nuptialité.

nylon® ['nailon] ***n.m.*** nylon®.

N

Oo

o[1] *n.f.* o *m.invar.* o (*m.*).
● (*tel.*) ***o come Otranto***, o comme Oscar | ***rotondo come l'o di Giotto***, rond comme une bille.

o[2], **od** [davanti a parola che inizia con *o*] *cong.* **1** ou: *ti scriverò* (*o*) *oggi o domani*, je t'écrirai aujourd'hui ou demain **2** (*altrimenti*) ou (bien); autrement: *state calmi o me ne vado*, calmez-vous, ou je m'en vais; *venite domani o sarà troppo tardi*, venez demain autrement il sera trop tard.

oasi [ò-a-ʃi] *n.f.invar.* oasis (*anche fig.*): *un'oasi di pace*, une oasis de paix.

obbediente [ob-be-dièn-te] *agg.* obéissant.

obbedienza [ob-be-dièn-za] *n.f.* obéissance.
● ***in obbedienza alle regole***, suivant les règles.

obbedire [ob-be-dì-re] *v.intr.* [coniug. come *finire*; aus. *avere*] obéir: *obbedire ciecamente a qlcu*, obéir aveuglément à qqn; *obbedire a un impulso*, obéir à une impulsion; *obbedire alla forza di gravità*, obéir à la force de la pesanteur; *i freni non obbediscono più*, les freins ne répondent plus.

obbiettare e *deriv.* → **obiettare** e *deriv.*

obbiettivo e *deriv.* → **obiettivo** e *deriv.*

obbligare [ob-bli-gà-re] *v.tr.* [coniug. come *legare*] **1** obliger*: *obbligare qlcu a fare qlco*, obliger qqn à faire qqch; *essere obbligato a fare qlco*, être obligé de faire qqch; *la malattia lo ha obbligato a letto*, la maladie lui a fait garder le lit **2** (*impegnare*) engager* ♦ **obbligarsi** *v.pron.* s'engager*, s'obliger*: *mi sono obbligata a finire il lavoro entro un mese*, je me suis obligée à terminer mon travail dans un mois.

obbligato [ob-bli-gà-to] *agg.* obligé: *vi sono molto obbligato*, je vous suis très obligé; *è obbligato a letto*, il est cloué au lit.
● ***è stata una scelta obbligata***, je n'ai pas eu le choix | (*metrica*) ***rime obbligate***, bouts-rimés.

obbligatoriamente [ob-bli-ga-to-ria-mén-te] *avv.* obligatoirement.

obbligatorietà [ob-bli-ga-to-rie-tà] *n.f.invar.* caractère (*m.*) obligatoire.

obbligatorio [ob-bli-ga-tò-rio] *agg.* [pl.m. *-ri*] obligatoire.
● ***istruzione obbligatoria***, instruction obligatoire.

obbligazionario [ob-bli-ga-zio-nà-rio] *agg.* [pl.m. *-ri*] (*fin.*) des obligations, d'obligations.
● ***mercato obbligazionario***, marché des obligations.

obbligazione [ob-bli-ga-zió-ne] *n.f.* obligation.
● (*econ.*) ***obbligazione dello Stato***, obligation d'État (*o* du Trésor) | (*dir.*) ***contrarre un'obbligazione***, contracter une obligation.

obbligazionista [ob-bli-ga-zio-nì-sta] *n.m.* e *f.* (*econ.*) obligataire.

obbligo [òb-bli-go] *n.m.* [pl. *-ghi*] obligation (*f.*): *avere degli obblighi verso qlcu*, avoir des obligations à qqn.
● ***obblighi di leva***, obligations militaires | ***è d'obbligo***, c'est de rigueur (*o* obligatoire) | ***è fatto obbligo di***, il est obligatoire de | ***essere in obbligo di***, ***avere l'obbligo di***, être dans l'obligation de | ***farsi un obbligo di***, se faire un devoir de | ***frasi d'obbligo***, des phrases toutes faites | ***scuola dell'obbligo***, instruction obligatoire | ***sentirsi in obbligo*** (***verso***), se sentir obligé (envers) | ***sorriso d'obbligo***, sourire de circonstance.

obbrobrio [ob-brò-brio] *n.m.* [pl. *-ri*] **1** (*infamia*) opprobre **2** (*fig.*) horreur (*f.*).

obbrobriosità [ob-bro-brio-si-tà] *n.f.invar.* ignominie.

obbrobrioso [ob-bro-brió-so] *agg.* **1** (*vergognoso*) ignominieux* **2** (*brutto*) affreux*.

obelisco [o-be-lì-sco] *n.m.* [pl. *-schi*] obélisque.

oberare [o-be-rà-re] *v.tr.* surcharger*: *ci hanno oberati di lavoro*, ils nous ont surchargés de travail.

oberato [o-be-rà-to] *agg.* surchargé, accablé: *oberato dalle tasse*, accablé d'impôts; *sono oberato di impegni*, je suis surchargé.

obesità [o-be-ʃi-tà] *n.f.invar.* obésité.

obeso [o-bè-ʃo *o* obéʃo] *agg.* obèse.

obice [ò-bi-ce] *n.m.* **1** obusier **2** (*proiettile*) obus.

obiettare [o-biet-tà-re] *v.tr.* objecter: *obietta su tutto*, il fait des objections à tout.

obiettivamente [o-biet-ti-va-mén-te] *avv.* objectivement.

obiettivare [o-biet-ti-và-re] *v.tr.* objectiver.

obiettivazione [o-biet-ti-va-zió-ne] *n.f.* (*non com.*) objectivation.

obiettività [o-biet-ti-vi-tà] *n.f.invar.* objectivité.

obiettivo [o-biet-tì-vo] *agg.* objectif*: *un giudizio obiettivo*, un jugement objectif ♦ *n.m.* **1** objectif: *centrare, raggiungere l'obiettivo*, (*anche fig.*) atteindre l'objectif **2** (*ottica*) objectif.
● (*ottica*) ***obiettivo grandangolare***, grand-angle | (*mil.*) ***obiettivo sensibile***, objectif sensible.

obiettore [o-biet-tó-re] *n.m.* [f. *-trice*] objecteur.
● ***obiettore di coscienza***, objecteur de conscience.

obiezione [o-bie-zió-ne] *n.f.* objection: *muovere, sollevare un'obiezione*, faire, soulever une objection; (*dir.*) *accogliere, respingere un'obiezione*, accepter, réfuter une objection.

obitorio [o-bi-tò-rio] *n.m.* [pl. *-ri*] morgue (*f.*).

oblato [o-blà-to] *agg.* e *n.m.* [f. *-a*] (*eccl.*) oblat.

oblatore [o-bla-tó-re] *n.m.* [f. *-trice*] donateur*, bienfaiteur*.

oblazione [o-bla-zió-ne] *n.f.* **1** oblation (*anche eccl.*) **2** (*dir.*) paiement (*m.*) d'une amende de composition.

obliare [o-bli-à-re] *v.tr.* (*letter.*) oublier ♦ **obliarsi** *v.pron.* (*letter.*) s'oublier soi-même.

oblio [o-blì-o] ***n.m.*** [pl. *-ìi*] (*letter.*) oubli: *cadere nell'oblio*, tomber dans l'oubli.

obliquamente [o-bli-qua-mén-te] ***avv.*** obliquement; (*di traverso*) de biais, de travers (*anche fig.*).

obliquità [o-bli-qui-tà] ***n.f.invar.*** obliquité.

obliquo [o-blì-quo] ***agg.*** **1** oblique: *linea obliqua*, ligne oblique; *scrittura obliqua*, écriture penchée **2** (*fig.*) (*subdolo*) louche; (*indiretto*) indirect: *parole oblique*, mots ambigus; *per vie oblique*, par voies indirectes; *sguardo obliquo*, regard louche.

obliterare [o-bli-te-rà-re] ***v.tr.*** oblitérer*; (*alla stazione*) composter.

obliteratrice [o-bli-te-ra-trì-ce] ***n.f.*** oblitérateur (*m.*); (*di biglietti da viaggio*) composteur (*m.*).

obliterazione [o-bli-te-ra-zió-ne] ***n.f.*** oblitération.

oblò [o-blò] ***n.m.invar.*** *hublot.

oblungo [o-blùn-go] ***agg.*** [pl.m. *-ghi*, f. *-ghe*] oblong*.

obnubilamento [ob-nu-bi-la-mén-to] ***n.m.*** obnubilation (*f.*).

obnubilare [ob-nu-bi-là-re] ***v.tr.*** (*letter.*) obnubiler.

obnubilato [ob-nu-bi-là-to] ***agg.*** (*letter.*) obnubilé.

oboe [ò-bo-e] ***n.m.*** (*mus.*) *hautbois.

oboista [o-bo-ì-sta] ***n.m.*** e ***f.*** *hautboïste.

obolo [ò-bo-lo] ***n.m.*** obole (*f.*): *offrire il proprio obolo*, offrir son obole.

obsolescenza [ob-so-le-scèn-za] ***n.f.*** obsolescence.

obsoleto [ob-so-lè-to] ***agg.*** obsolète: *idee obsolete*, idées obsolètes.

oca [ò-ca] ***n.f.*** [pl. *-che*] **1** oie: *oca giovane*, oison **2** (*persona stupida*) bécasse, cruche: *non fare l'oca!*, arrête de faire l'andouille!; *quell'oca ha dimenticato il suo libro*, cette cruche a oublié son livre; *quell'oca crede tutto quello che le dicono*, cette bécasse croit tout ce qu'on lui dit; *sei proprio un'oca*, tu es vraiment bête.
● ***oca maschio***, jars | ***andare in oca***, (*fam.*) avoir un passage à vide | ***avere la pelle d'oca***, avoir la chair de poule | (*mecc.*) ***collo d'oca***, col de cygne | ***ecco fatto il becco all'oca!***, voilà, qui est fait! | ***porca l'oca!***, (*fam.*) nom d'un chien! | ***un'oca giuliva***, une oie (blanche).

ocaggine [o-càg-gi-ne] ***n.f.*** (*fam.*) bêtise.

ocarina [o-ca-rì-na] ***n.f.*** (*mus.*) ocarina (*m.*).

occasionale [oc-ca-ʃio-nà-le] ***agg.*** occasionnel*: *incontro occasionale*, rencontre occasionnelle.

occasionalmente [oc-ca-sio-nal-mén-te] ***avv.*** **1** occasionnellement, de temps en temps **2** (*fortuitamente*) par *hasard.

occasionare [oc-ca-ʃio-nà-re] ***v.tr.*** occasionner.

occasione [oc-ca-ʃió-ne] ***n.f.*** **1** occasion: *hai perso una buona occasione per tacere!*, tu as perdu une belle occasion de te taire!; *ogni occasione è buona per fare festa*, toutes les occasions sont bonnes pour faire la fête; *se si presenterà l'occasione*, quand l'occasion se présentera **2** (*buon affare*) occasion: *è stata una vera occasione*, cela a été une excellente affaire (*o* une vraie occasion) **3** (*circostanza*) circonstance: *si era fatta un abito nuovo per l'occasione*, elle s'était fait une robe neuve pour la circonstance (*o* pour l'occasion) **4** (*motivo*) occasion: *dare occasione a rimproveri*, donner lieu à des reproches; *essere occasione di litigi*, être l'occasion, la cause de querelles.
● ***all'occasione***, à l'occasion, pour l'occurrence | ***discorsi, complimenti d'occasione***, discours, compliments de circonstance | ***in molte occasioni***, en bien des circonstances | ***in occasione di***, à l'occasion de, lors de | ***in quell'occasione***, en cette circonstance, à cette occasion | (*prov.*) ***l'occasione fa l'uomo ladro***, l'occasion fait le larron.

occhiaccio [oc-chiàc-cio] ***n.m.*** [pl. *-ci*].
● ***fare gli occhiacci***, (*fam.*) faire les gros yeux.

occhiaia [oc-chià-ia] ***n.f.*** **1** (*pl.*) cernes (*m.*): *avere le occhiaie*, avoir les yeux cernés **2** (*anat.*) (*orbita*) orbite.

occhiali [oc-chià-li] ***n.m.pl.*** lunettes (*f.*); (*a molla*) pince-nez* (*sing.*): *portare gli occhiali*, porter des lunettes.
● ***occhiali da miope, da presbite***, lunettes de myope, de presbyte | ***occhiali da sci***, lunettes de ski | ***occhiali da sole***, lunettes de soleil | ***occhiali da vista***, lunettes de vue.

occhialino [oc-chia-li-no] ***n.m.*** face-à-main*; (*a stringinaso*) lorgnon.
● ***occhialini da piscina***, lunettes de natation.

occhialuto [oc-chia-lù-to] ***agg.*** e ***n.m.*** [f. *-a*] (*scherz.*) binoclard.

occhiata[1] [oc-chià-ta] ***n.f.*** coup (*m.*) d'œil, œillade: *un'occhiata furtiva*, un coup d'œil furtif; *un'occhiata languida*, un regard langoureux.
● ***dare un'occhiata***, jeter, donner un coup d'œil: *dare un'occhiata al giornale*, jeter un coup d'œil au journal | ***lanciare un'occhiata***, lancer une œillade: *lanciare un'occhiata assassina*, lancer une œillade assassine; *lanciare un'occhiata di fuoco*, fusiller du regard; (*di passione*) lancer une œillade incendiaire.

occhiata[2] ***n.f.*** (*zool.*) oblade.

occhiataccia [oc-chia-tàc-cia] ***n.f.*** [pl. *-ce*] regard (*m.*).
● ***lanciare un'occhiataccia a qlcu***, regarder qqn de travers.

occhieggiare [oc-chieg-già-re] ***v.tr.*** [coniug. come *mangiare*] lorgner ♦ ***v.intr.*** [aus. *avere*] pointer.

occhiello [oc-chièl-lo] ***n.m.*** **1** boutonnière (*f.*); (*per stringhe, cordoncini, fettuccia ecc.*) œillet **2** (*tip.*) (*in un giornale*) appel de titre; (*di un libro*) faux titre.
● ***fiore all'occhiello***, (*fig.*) fleur à la boutonnière.

occhietto [oc-chiét-to] ***n.m.***
● ***fare l'occhietto a qlcu***, cligner de l'œil à qqn.

occhio [òc-chio] ***n.m.*** [pl. *-chi*] œil*: *mi lacrima un occhio*, j'ai un œil qui pleure; *gli si chiudono gli occhi* (*dal sonno*), ses yeux se ferment de sommeil | *con gli occhi*, des yeux.
● ***occhio (a)***, (*fam.*) attention (à) | (*arch.*) ***occhio di bue***, œil-de-bœuf | (*med.*) ***occhio di pernice***, œil-de-perdrix | (*min.*) ***occhio di tigre***, œil-de-tigre | (*prov.*) ***occhio non vede cuore non duole***, loin des yeux loin du cœur | ***a colpo d'occhio***, au premier coup d'œil | ***anche l'occhio vuole la sua parte***, l'aspect aussi a son importance | ***a occhio (e croce)***, au jugé: *a occhio e croce avrà 50 anni*, à vue de nez il doit avoir 50 ans | ***a occhio nudo***, à l'œil nu | ***a perdita d'occhio***, à perte de vue | ***apri l'occhio***, (*fam.*) ouvre l'œil (et le bon) | ***a quattr'occhi***, en tête-à-tête; (*fam.*) entre quatre'z'yeux | ***avere gli occhi storti***, loucher | ***avere l'occhio clinico***, avoir le coup d'œil professionnel | ***avere occhio***, avoir le coup d'œil | ***averne fin sopra gli occhi***, en avoir par-dessus la tête | ***a vista d'occhio***, à vue d'œil | ***capitare, avere sott'occhio***, avoir, tomber sous les yeux | ***chiudere un occhio su qlco***, (*fig.*) fermer les yeux sur qqch | ***cieco da un occhio***, borgne | ***ci ho fatto l'occhio***, j'en ai pris l'habitude | ***con i (propri) occhi***, de ses (propres) yeux | ***con la coda dell'occhio***, du coin de l'œil | ***con occhi nuovi***, d'un œil neuf | ***con tanto d'occhi***, avec de grands yeux | ***darei un occhio per***, je donnerais n'importe quoi pour | ***dare nell'occhio***, attirer l'attention: *un vestito che dà nell'occhio*, une robe trop voyante | ***di buon occhio, di mal occhio***, d'un bon, d'un mauvais œil | ***essere***

tutt'occhi, (*avere occhi molto grandi*) avoir des yeux qui mangent le visage | ***fare tanto d'occhi***, ouvrir de grands yeux | ***fare un occhio nero, blu***, faire un œil au beurre noir | ***in un batter d'occhio***, en un clin d'œil | ***l'ho visto con questi occhi***, j'ai vu cela de mes (propres) yeux | ***l'occhio mi corse a***, mon regard tomba sur | ***metter gli occhi addosso a***, jeter son dévolu sur | ***non chiudere occhio tutta la notte***, ne pas fermer l'œil de la nuit | ***non ha occhi che per lei***, il n'a d'yeux que pour elle | ***non perder d'occhio***, ne jamais quitter des yeux | ***perder d'occhio***, perdre de vue | ***salta all'occhio***, cela crève les yeux | ***tenere gli occhi aperti***, (*fig.*) garder les yeux bien ouverts | ***tenere sott'occhio, d'occhio***, tenir à l'œil | ***un occhio della testa***, (*fig.*) les yeux de la tête: *costare un occhio della testa*, coûter les yeux de la tête; *pagare un occhio della testa*, payer un prix fou; *scommetto un occhio della testa*, je parie tout ce que tu veux; *spendere un occhio della testa*, dépenser des sommes faramineuses | ***vedere con gli occhi della fantasia***, voir en imagination.

NOTA ***Œil***, traduzione di ***occhio***, ha come plurale ***yeux***, ma esiste anche un plurale ***œils*** in alcuni nomi composti: *des œils-de-perdrix*, degli occhi di pernice; *des œils-de-tigre*, degli occhi di tigre (minerali).

occhiolino [oc-chio-lì-no] *n.m.*
● ***fare l'occhiolino***, cligner de l'œil.

occidentale [oc-ci-den-tà-le] *agg.* occidental*: *paesi occidentali*, pays occidentaux; *vestire all'occidentale*, s'habiller à l'européenne ♦ *n.m.* e *f.* (*persona*) Occidental*/e.

occidentalizzare [oc-ci-den-ta-liʒ-ʒà-re] *v.tr.* occidentaliser.

occidentalizzazione [oc-ci-den-ta-liʒ-ʒa-zió-ne] *n.f.* occidentalisation.

occidente [oc-ci-dèn-te] *n.m.* occident; (*ovest*) ouest.
● ***a occidente***, à l'ouest.

occipitale [oc-ci-pi-tà-le] *agg.* (*anat.*) occipital*.

occipite [oc-cì-pi-te] *n.m.* (*anat.*) occiput.

occitano [oc-ci-tà-no] *agg.* occitan ♦ *n.m.* **1** [f. *-a*] (*persona*) Occitan **2** (*lingua*) occitan.

occludere [oc-clù-de-re] *v.tr.* [coniug. come *chiudere*] (*med.*) occlure*.

occlusione [oc-clu-ʃió-ne] *n.f.* occlusion.

occlusivo [oc-clu-ʃì-vo] *agg.* occlusif*.

occorrente [oc-cor-rèn-te] *agg.* nécessaire ♦ *n.m.* ce qu'il faut.

occorrenza [oc-cor-rèn-za] *n.f.* **1** (*circostanza*) circonstance **2** (*necessità*) nécessité.
● ***all'occorrenza***, le cas échéant, au besoin | ***per ogni occorrenza***, en toute éventualité.

occorrere [oc-cór-re-re] *v.intr.* [coniug. come *correre*; aus. *essere*] falloir*: *occorrerebbero molti soldi*, il faudrait beaucoup d'argent; *mi sono occorse due settimane*, il m'a fallu deux semaines; *mi occorre del denaro*, il me faut de l'argent; *non occorre un diploma*, un diplôme n'est pas nécessaire; *ti occorre nulla?*, tu n'as besoin de rien?; *non occorre altro*, ça suffit; *occorrendo...*, s'il le faut...

NOTA Nei tempi composti, ***falloir***, traduzione di ***occorrere***, prende l'ausiliare *avoir*.

Sono occorse somme enormi.
Il **a fallu** des sommes énormes.

Il participio passato è sempre invariabile:

*Le somme che **sono occorse**.*
Les sommes qu'il a **fallu**.

occultabile [oc-cul-tà-bi-le] *agg.* que l'on peut cacher, dissimulable.

occultamento [oc-cul-ta-mén-to] *n.m.* dissimulation (*f.*); (*di cose rubate*) recel.
● (*dir.*): ***occultamento di cadavere***, dissimulation de cadavre; ***occultamento di prove***, dissimulation (*o* soustraction) de preuves.

occultare [oc-cul-tà-re] *v.tr.* **1** cacher **2** (*dir.*) dissimuler; (*oggetti rubati*) receler* **3** (*astr.*) occulter ♦ **occultarsi** *v.pron.* e *pron.intr.* **1** se cacher **2** (*astr.*) s'occulter.

occultismo [oc-cul-tì-ʃmo] *n.m.* occultisme.

occultista [oc-cul-tì-sta] *n.m.* e *f.* occultiste.

occulto [oc-cùl-to] *agg.* **1** occulte; (*nascosto*) caché, secret* **2** (*dell'occultismo*) occulte ♦ *n.m.* occultisme.
● ***scienze occulte***, sciences occultes.

occupante [oc-cu-pàn-te] *agg.* e *n.m.* e *f.* occupant/e: *gli occupanti di una macchina*, les occupants d'une voiture.

occupare [oc-cu-pà-re] *v.tr.* **1** occuper: *occupare un posto* (*a sedere*), occuper une place (assise) **2** (*impiegare il tempo*) prendre*: *il lavoro lo occupa interamente*, le travail lui prend tout son temps; *occupo il mio tempo a leggere*, je passe mon temps à lire; *come occupi le tue giornate?*, comment passes-tu tes journées? | *sa come occupare il suo tempo*, il sait s'occuper **3** (*tenere cariche*) occuper: *occupare un posto molto importante*, occuper une place très importante **4** (*mil.*) occuper ♦ **occuparsi** *v.pron.intr.* **1** s'occuper: *occuparsi di politica, di letteratura*, s'occuper de politique, de littérature; *occupati tu dei bambini*, occupe-toi des enfants **2** (*impiegarsi*) prendre* un emploi.
● ***occupare spazio***, prendre, tenir de la place | ***occupati dei fatti tuoi!***, occupe-toi de tes affaires!

occupato [oc-cu-pà-to] *agg.* **1** occupé, pris: *sono molto occupato*, je suis très occupé (*o* pris); *la linea* (*del telefono*) *è occupata*, la ligne est occupée **2** (*con posto di lavoro*) employé ♦ *n.m.* [f. *-a*] travailleur*.

occupazionale [oc-cu-pa-zio-nà-le] *agg.* **1** occupationnel* **2** (*relativo all'occupazione*) de l'emploi: *crisi occupazionale*, crise de l'emploi; *il divario occupazionale fra nord e sud*, l'écart entre le Nord et le Sud en matière d'emploi.

occupazione [oc-cu-pa-zió-ne] *n.f.* **1** occupation: *l'occupazione di una fabbrica, di una scuola*, l'occupation d'une usine, d'une école **2** (*attività*) occupation; (*professione*) profession, emploi (*m.*): *in cerca di prima occupazione*, à la recherche d'un premier emploi.
● (*dir.*) ***occupazione di suolo pubblico***, occupation du domaine public | ***dare occupazione***, donner du travail | ***senza un'occupazione***, sans emploi.

oceanario [o-ce-a-nà-rio] *n.m.* [pl. *-ri*] bassin océanique.

oceanico [o-ce-à-ni-co] *agg.* [pl.m. *-ci*, f. *-che*] océanique: *una folla oceanica*, (*fig.*) une foule immense.

oceano [o-cè-a-no] *n.m.* océan.

oceanografia [o-ce-a-no-gra-fì-a] *n.f.* océanographie.

oceanografico [o-ce-a-no-grà-fi-co] *agg.* [pl.m. *-ci*, f. *-che*] océanographique.

oceanografo [o-ce-a-nò-gra-fo] *n.m.* [f. *-a*] océanographe.

ocellato [o-cel-là-to] *agg.* (*zool.*) ocellé.

ocello [o-cèl-lo] *n.m.* (*zool.*) ocelle.

ocelot [ɔs'lo] *n.m.invar.* (*zool.*) ocelot.

ochetta [o-chét-ta] *n.f.* **1** (*ragazza sciocca e ingenua*) oie blanche **2** (*piccola onda*) mouton (*m.*).

O

ocra [ò-cra] ***n.f.*** ocre ♦ ***agg.*** e ***n.m.invar.*** ocre.

oculare [o-cu-là-re] ***agg.*** oculaire ♦ ***n.m.*** (*ottica*) (*lente*) oculaire.
● (*anat.*) ***bulbo oculare***, bulbe oculaire | ***testimone oculare***, témoin oculaire.

oculatamente [o-cu-la-ta-mén-te] ***avv.*** prudemment, sagement.

oculatezza [o-cu-la-téz-za] ***n.f.*** prudence, sagesse.

oculato [o-cu-là-to] ***agg.*** (*di persona*) avisé, prudent; (*di cosa*) réfléchi.

oculista [o-cu-lì-sta] ***n.m.*** e ***f.*** oculiste, ophtalmologiste.

oculistica [o-cu-lì-sti-ca] ***n.f.*** [pl. *-che*] oculistique, ophtalmologie.

oculistico [o-cu-lì-sti-co] ***agg.*** [pl.m. *-ci*, f. *-che*] oculistique.

od ***cong.*** → **o**².

odalisca [o-da-lì-sca] ***n.f.*** [f. *-sche*] odalisque.

ode [ò-de] ***n.f.*** (*lett.*) ode.

odiare [o-dià-re] ***v.tr.*** *haïr*; (*detestare*) détester: *odiare le formalità*, détester les formalités; *odio l'ingiustizia*, je hais l'injustice ♦ **odiarsi** ***v.pron.*** se *haïr*; (*detestarsi*) se détester: *si odia per ciò che ha fatto*, il se hait pour ce qu'il a fait ♦ ***v.pron.rec.*** se *haïr*; (*detestarsi*) se détester: *si odiano da molto tempo*, ils se détestent depuis longtemps.
● ***odiare qlcu a morte***, haïr qqn à mort.

odierno [o-dièr-no] ***agg.*** d'aujourd'hui; (*dei nostri giorni*) actuel*: *la situazione odierna*, la situation actuelle.
● ***in data odierna***, en date d'aujourd'hui.

odio [ò-dio] ***n.m.*** [pl. *-dî*] *haine (*f.*): *nutrire odio verso qlcu*, nourrir de la haine vers qqn.
● ***odio di classe***, haine des classes | ***avere in odio***, haïr | ***fare qlco in odio a qlcu***, faire qqch par haine de qqn | ***prendere in odio***, (*persone*) prendre en haine; (*cose*) prendre en horreur.

odiosamente [o-dio-sa-mén-te] ***avv.*** odieusement.

odiosità [o-dio-si-tà] ***n.f.invar.*** odieux (*m.*).

odioso [o-dió-so] ***agg.*** odieux*.

odissea [o-dis-sè-a] ***n.f.*** odyssée.

odo → **udire**.

odontalgia [o-don-tal-gì-a] ***n.f.*** (*med.*) odontalgie.

odontalgico [o-don-tàl-gi-co] ***agg.*** e ***n.m.*** [pl.m. *-ci*, f. *-che*] odontalgique.

odontofobia [o-don-to-fo-bì-a] ***n.f.*** (*psic.*) stomatophobie.

odontoiatra [o-don-to-ià-tra] ***n.m.*** e ***f.*** odontologiste.

odontoiatria [o-don-to-ia-trì-a] ***n.f.*** odontologie.

odontoiatrico [o-don-to-ià-tri-co] ***agg.*** [pl.m. *-ci*, f. *-che*] odontologique, dentaire.

odontologia [o-don-to-lo-gì-a] ***n.f.*** odontologie.

odontologico [o-don-to-lò-gi-co] ***agg.*** [pl.m. *-ci*, f. *-che*] odontologique.

odontotecnico [o-don-to-tèc-ni-co] ***agg.*** [pl.m. *-ci*, f. *-che*] de mécanicien-dentiste* ♦ ***n.m.*** [f. *-a*] mécanicien -dentiste*.

odorare [o-do-rà-re] ***v.tr.*** sentir*; flairer (*anche fig.*) ♦ ***v.intr.*** [aus. *avere*] sentir*: *odora di colonia*, il sent l'eau de cologne; *odorare di buono*, sentir bon.

odorato [o-do-rà-to] ***n.m.*** odorat.

odore [o-dó-re] ***n.m.*** **1** odeur (*f.*): *odore di chiuso*, odeur de renfermé; *odore di selvatico*, fumet; *che buon odore!*, quelle bonne odeur!; *si sente odore di benzina*, ça sent l'essence | *famiglia in odore di mafia*, famille réputée mafieuse **2** (*pl.*) (*cuc.*) aromates; (*erbe aromatiche*) fines herbes (*f.*); (*spezie*) épices (*f.*).
● ***avere buon, cattivo odore***, sentir bon, mauvais | ***sento odore di marcio***, (*fig.*) ça sent le roussi.

odorifero [o-do-rì-fe-ro] ***agg.*** odoriférant.

odoroso [o-do-ró-so] ***agg.*** odorant, parfumé.

offendere [of-fèn-de-re] ***v.tr.*** [coniug. come *prendere*] **1** offenser: *offendere qlcu con ingiurie*, offenser qqn par des injures; *queste parole offendono il buonsenso*, ces paroles vont à l'encontre du bon sens **2** (*danneggiare, violare*) atteindre*, porter atteinte (**à**) **3** (*lesionare*) blesser ♦ **offendersi** ***v.pron.*** s'offenser: *si offende facilmente*, il se vexe facilement ♦ ***v.pron.rec.*** s'offenser: *si sono offesi ferocemente*, ils se sont farouchement offensés.
● ***offendere il buon gusto***, offenser le bon goût | ***offendere il pudore***, attenter à la pudeur | ***offendere la legge***, violer la loi.

offensiva [of-fen-si-va] ***n.f.*** (*mil.*) offensive: *sferrare un'offensiva*, (*anche fig.*) déclencher une offensive.
● ***passare all'offensiva***, (*anche fig.*) passer à l'offensive.

offensivamente [of-fen-si-va-mén-te] ***avv.*** offensivement.

offensivo [of-fen-sì-vo] ***agg.*** **1** offensant: *parole offensive*, des paroles offensives (*o* vexantes) **2** (*mil.*) offensif*.

offensore [of-fen-só-re] ***n.m.*** [f. *offenditrice*] offenseur.

offerente [of-fe-rèn-te] ***n.m.*** e ***f.*** (*comm.*) **1** offrant/e; (*a un'asta*) enchérisseur/euse **2** (*a un appalto*) soumissionnaire.
● ***il maggior, il miglior offerente***, le plus offrant.

offerta [of-fèr-ta] ***n.f.*** **1** offre: *fare un'offerta*, faire une offre; *accettare, rifiutare un'offerta*, accepter, décliner une offre **2** (*donazione*) offrande: *raccogliere le offerte*, recueillir les offrandes **3** (*nelle aste*) enchère: *fare un'offerta all'asta*, mettre une enchère; *fare un'offerta maggiore*, faire une surenchère; *elevare l'offerta*, surenchérir.
● ***in offerta speciale***, en promotion | (*econ.*) ***richiesta d'offerta***, appel d'offres.

offerto *p.p.* di **offrire**.

offertorio [of-fer-tò-rio] ***n.m.*** [pl. *-ri*] (*liturgia*) offertoire.

offesa [of-fé-sa] ***n.f.*** offense; (*affronto*) affront (*m.*); (*oltraggio*) outrage (*m.*): *le offese del tempo*, (*fig.*) les outrages du temps; *subire, fare un'offesa*, subir, faire une offense (*o* un affront); *quel monumento è un'offesa al buon gusto*, ce monument offense le bon goût.
● (*dir.*) ***offesa al pudore***, outrage à la pudeur | (*mil.*) ***armi da offesa***, armes offensives.

offeso [of-fé-so] ***agg.*** [f. *-a*] **1** offensé **2** (*ferito*) blessé: *si è sentita offesa dal suo rifiuto*, elle s'est sentie blessée par son refus.

officiante [of-fi-ciàn-te] ***agg.*** e ***n.m.*** (*eccl.*) officiant.

officiare [of-fi-cià-re] ***v.intr.*** [coniug. come *cominciare*; aus. *avere*] (*eccl.*) officier.

officina [of-fi-cì-na] ***n.f.*** atelier (*m.*); (*fabbrica*) usine.
● ***officina meccanica***, atelier de mécanique; (*per la riparazione di autoveicoli*) atelier de réparation (*o* garage).

FAUX AMI

Da non confondere con *officine*, che significa *laboratorio farmaceutico*.

officinale [of-fi-ci-nà-le] *agg.* (*bot.*) officinal*.

off limits [off lì-mits] *agg.invar.* interdit: *l'accesso a questo edificio è off-limits*, l'entrée de ce bâtiment est interdite.

off line [of'lain] *agg.invar.* (*inform.*) hors ligne, non connecté.
● ***elaborazione off line***, traitement en différé.

offrire [of-frì-re] *v.tr.* [coniug. come *aprire*] offrir*: *offrire da bere*, offrir à boire; *offro io*, c'est moi qui paie; *non offre alcun interesse*, cela ne présente aucun intérêt; *una valle che offre un vasto panorama*, une vallée qui offre un vaste panorama ♦ **offrirsi** *v.pron.* s'offrir*: *mi sono offerto di accompagnarlo*, je lui ai offert de l'accompagner ♦ *v.pron.intr.* (*presentarsi*) se présenter: *mi si offre un'ottima occasione*, une excellente occasion se présente à moi.
● ***offrire l'opportunità***, permettre, donner la possibilité | ***offrire riparo***, abriter | ***offrirsi volontario***, se porter volontaire | ***nessuno offre di più?***, (*a un'asta*) qui dit mieux?

offset [òff-set] *agg.* e *n.m.invar.* (*tip.*) offset.

offshore [ɔf'ʃɔr] *agg.invar.* **1** (*di gara motonautica*) offshore **2** (*di società finanziaria*) offshore, extraterritorial*.

offuscamento [of-fu-sca-mén-to] *n.m.* obscurcissement (*anche fig.*).

offuscare [of-fu-scà-re] *v.tr.* [coniug. come *mancare*] **1** (*rendere fosco*) assombrir; (*oscurare*) obscurcir: *grosse nuvole offuscano il cielo*, de gros nuages assombrissent le ciel **2** (*la vista*) brouiller; (*la mente ecc.*) troubler **3** (*fig.*) (*attenuare*) estomper; (*cancellare*) effacer*: *il tempo ha offuscato il suo ricordo*, le temps a estompé son souvenir **4** (*eclissare*) éclipser (*anche fig.*): *la sua fama ha offuscato quella dei rivali*, sa renommée a éclipsé celle de ses rivaux ♦ **offuscarsi** *v.pron.intr.* **1** (*oscurarsi*) s'obscurcir, s'assombrir **2** (*della vista*) se brouiller **3** (*attenuarsi*) s'estomper; (*cancellarsi*) s'effacer*.

oftalmia [of-tal-mì-a] *n.f.* (*med.*) ophtalmie.

oftalmico [of-tàl-mi-co] *agg.* [pl.m. *-ci*, f. *-che*] **1** (*anat.*) ophtalmique **2** (*med.*) ophtalmologique.

oftalm(o)- *pref.* ophtalm(o)-.

oftalmologico [of-tal-mo-lò-gi-co] *agg.* [pl.m. *-ci*, f. *-che*] (*med.*) ophtalmologique.

oftalmologo [of-tal-mò-lo-go] *n.m.* [f. *-a*; pl.m. *-gi* o *-ghi*, f. *-ghe*] ophtalmologiste, ophtalmologue; (*fam.*) ophtalmo.

oggettistica [og-get-tì-sti-ca] *n.f.* [pl. *-che*] objets (*m. pl.*) d'art; objets (*m.pl.*) pour la maison; (*piccoli oggetti divertenti*) gadgets (*m.pl.*).
● ***oggettistica da regalo***, objets-cadeaux.

oggettivamente [og-get-ti-va-mén-te] *avv.* objectivement.

oggettivare [og-get-ti-và-re] *v.tr.* objectiver ♦ **oggettivarsi** *v.pron.intr.* s'objectiver.

oggettivazione [og-get-ti-va-zió-ne] *n.f.* objectivation.

oggettività [og-get-ti-vi-tà] *n.f.invar.* objectivité.

oggettivo [og-get-tì-vo] *agg.* objectif*.
● (*gramm.*) ***proposizione oggettiva***, proposition complément d'objet.

oggetto [og-gèt-to] *n.m.* **1** objet: *un oggetto in, di legno*, un objet en, de bois **2** (*argomento*) objet, sujet: *l'oggetto dei miei studi*, l'objet (*o* le sujet) de mes études; *l'oggetto della converszione*, l'objet (*o* le sujet) de la conversation.
● ***oggetti personali***, objets personnels | (*gramm.*) ***complemento oggetto***, complément d'objet direct, cod | ***essere oggetto di***, être l'objet de | ***l'oggetto del contendere***, l'objet du contentieux.

oggi [òg-gi] *avv.* **1** aujourd'hui: *oggi è lunedì*, (aujourd'hui) c'est lundi; *oggi ne abbiamo 15*, nous sommes le 15; *oggi a otto, a un mese*, d'aujourd'hui en huit, d'ici un mois jour pour jour **2** (*attualmente*) de nos jours: *oggi molti giovani preferiscono le materie scientifiche*, de nos jours, beaucoup de jeunes préfèrent les matières scientifiques ♦ *n.m.invar.* (*oggidì*) aujourd'hui; (*il presente*) présent.
● (*prov.*) ***oggi a me, domani a te***, chacun son tour | ***oggi come oggi***, aujourd'hui, en ce moment | ***oggi o domani***, tôt ou tard | ***oggi qui, domani lì***, aujourd'hui ici, demain ailleurs | ***al giorno d'oggi***, de nos jours | ***a tutt'oggi***, jusqu'à aujourd'hui | ***dall'oggi al domani***, du jour au lendemain | ***da oggi in poi***, dorénavant | ***d'oggi***, d'aujourd'hui: *la gioventù d'oggi*, la jeunesse d'aujourd'hui | ***quanti ne abbiamo oggi?***, le combien sommes-nous aujourd'hui?

oggigiorno [og-gi-giór-no] *avv.* aujourd'hui, de nos jours ♦ *n.m.invar.* aujourd'hui.

ogiva [o-gì-va] *n.f.* ogive.
● (*mil.*) ***ogiva nucleare***, ogive nucléaire | (*arch.*) ***arco a ogiva***, arc en ogive.

ogivale [o-gi-và-le] *agg.* ogival*.

OGM [odʒi'ɛmme] *n.m.invar.* (*sigla di* Organismo Geneticamente Modificato) OGM, organisme génétiquement modifié.

ogni [ó-gni] *agg.indef.m.* e *f.* (*solo sing.*) **1** (*ciascuno*) chaque; (*tutti*) tous les (*pl.*); (*in senso generale e indeterminato*) tout* (*sing.*): *ogni giorno*, chaque jour; *ogni paese ha le sue usanze*, chaque pays a ses usages; *ogni uomo è mortale*, tout homme est mortel; *a ogni angolo di strada*, à tous les coins de rue; *la vita di ogni giorno*, la vie de tous les jours; *il 15 di ogni mese*, tous les 15 du mois **2** (*qualsiasi*) tout*: *persone di ogni età*, des personnes de tous âges; *gente di ogni razza*, des gens de toutes les races **3** (*distributivo, con numerali*) tous* les: *ogni due giorni*, tous les deux jours; *ogni tre chilometri*, tous les trois kilomètres; *ogni tre sabati*, un samedi sur trois.
● ***ogni cosa***, chaque chose, tout: *un posto per ogni cosa, ogni cosa al suo posto*, une place pour chaque chose, chaque chose à sa place; *critica ogni cosa*, il critique tout | ***ogni mio, tuo ecc.***, chacun de mes, de tes, etc | ***ogni tanto***, de temps en temps, de temps à autre | ***ogni volta che***, chaque fois que | ***a ogni modo***, de toute façon | ***a ogni momento***, à tout instant | ***da ogni parte***, de toute(s) part(s) | ***in ogni luogo***, partout, en tous lieux | ***oltre ogni dire***, plus qu'on ne devrait dire | ***una volta ogni tanto***, une fois de temps en temps: *una volta ogni tanto, cerca di ascoltarmi!*, pour une fois, essaye de m'écouter!

ogniqualvolta [o-gni-qual-vòl-ta] *cong.* toutes les fois que, chaque fois que.

Ognissanti [O-gnis-sàn-ti] *n.m.invar.* la Toussaint.

ognora [o-gnó-ra] *avv.* (*letter.*) toujours.

ognuno [o-gnù-no] *pron.indef.* (*solo sing.*) chacun: *ognuno ha i suoi difetti*, chacun a ses défauts; *ritornarono ognuna a casa propria*, elles rentrèrent chacune chez soi.
● ***ognuno di noi, di voi***, chacun de nous, de vous: *ognuno di voi pensi a se stesso*, que chacun de vous pense à lui-même; *ognuno di noi difende i suoi interessi*, nous défendons chacun nos intérêts.

oh *inter.* oh.

ohi *inter.* ah, aïe.

O

ohibò [ohi-bò] ***inter.*** fi, fi donc.

ohimè [ohi-mè] ***inter.*** hélas.

oidio [o-ì-dio] ***n.m.*** [pl. *-dî*] (*bot.*) oïdium.

ok [o'kɛi] **okay** ***inter.*** ok, d'accord ♦ ***agg.invar.*** ok: *è tutto ok*, tout est ok ♦ ***n.m.invar.*** *dare l'ok*, donner le feu vert.

okapi [o-kà-pi] ***n.m.invar.*** (*zool.*) okapi.

olà [o-là] ***inter.*** holà.

olandese [o-lan-dé-se] ***agg.*** *hollandais ♦ ***n.m.*** (*lingua*) *hollandais ♦ ***n.m.*** e ***f.*** (*abitante*) *Hollandais/e.
● ***formaggio olandese***, hollande.

oleaginoso [o-le-a-gi-nó-so] ***agg.*** oléagineux*.

oleandro [o-le-àn-dro] ***n.m.*** (*bot.*) laurier-rose*.

oleario [o-le-à-rio] ***agg.*** [pl.m. *-ri*] huilier*.

oleato [o-le-à-to] ***agg.*** huilé.
● ***carta oleata***, papier huilé.

oleificio [o-lei-fì-cio] ***n.m.*** [pl. *-ci*] huilerie (*f.*).

oleina [o-le-ì-na] ***n.f.*** (*chim.*) oléine.

oleo- ***pref.*** oléo-.

oleodotto [o-le-o-dót-to] ***n.m.*** oléoduc.

oleografia [o-le-o-gra-fì-a] ***n.f.*** **1** oléographie **2** (*fig. spreg.*) chromo (*m.*).

oleografico [o-le-o-grà-fi-co] ***agg.*** [pl.m. *-ci*, f. *-che*] **1** oléographique **2** (*fig. spreg.*) de manière.

oleosità [o-le-o-si-tà] ***n.f.invar.*** consistance huileuse; état (*m.*) huileux.

oleoso [o-le-ó-so] ***agg.*** **1** huileux* **2** (*bot.*) oléagineux*.

olezzante [o-leʒ-ʒàn-te] ***agg.*** (*letter.*) parfumé, odorant.

olezzare [o-leʒ-ʒà-re] ***v.intr.*** [aus. *avere*] (*letter.*) sentir* bon, fleurer (bon).

olezzo [o-léʒ-ʒo] ***n.m.*** (*letter.*) parfum; (*iron.*) (*cattivo odore*) senteur (*f.*).

olfattivo [ol-fat-tì-vo] ***agg.*** olfactif*.

olfatto [ol-fàt-to] ***n.m.*** odorat; (*scient.*) olfaction (*f.*).

oliare [o-lià-re] ***v.tr.*** huiler.

oliatore [o-lia-tó-re] ***n.m.*** burette (*f.*).

oliatura [o-lia-tù-ra] ***n.f.*** huilage (*m.*).

oliera [o-liè-ra] ***n.f.*** (*da tavola*) huilier (*m.*); (*la singola ampolla*) burette.

olifante [o-li-fàn-te] ***n.m.*** (*st.*) olifant, oliphant.

oligarchia [o-li-gar-chì-a] ***n.f.*** oligarchie.

oligarchico [o-li-gàr-chi-co] ***agg.*** [pl.m. *-ci*, f. *-che*] oligarchique ♦ ***n.m.*** [f. *-a*] oligarque.

olig(o)- ***pref.*** olig(o)-.

oligocene [o-li-go-cè-ne] ***n.m.*** (*geol.*) oligocène.

oligoelemento [o-li-go-e-le-mén-to] ***n.m.*** (*chim., biol.*) oligo-élément*.

oligofrenia [o-li-go-fre-nì-a] ***n.f.*** (*med.*) oligophrénie.

oligofrenico [o-li-go-frè-ni-co] ***agg.*** e ***n.m.*** [f. *-a*; pl.m. *-ci*, f. *-che*] (*med.*) oligophrène.

oligominerale [o-li-go-mi-ne-rà-le] ***agg.*** faiblement minéralisé.
● ***acqua oligominerale***, eau faiblement minéralisée.

oligopolio [o-li-go-pò-lio] ***n.m.*** [pl. *-li*] (*econ.*) oligopole.

olimpiade [o-lim-pì-a-de] ***n.f.*** **1** (*pl.*) (*sport*) jeux (*m.*) olympiques **2** (*st.*) olympiade.
● (*sport*) ***olimpiadi invernali***, jeux (olympiques) d'hiver.

olimpicamente [o-lim-pi-ca-mén-te] ***avv.*** avec un calme olympien.

olimpico [o-lìm-pi-co] ***agg.*** [pl.m. *-ci*, f. *-che*] **1** (*delle olimpiadi*) olympique **2** (*fig.*) olympien*: *calma olimpica*, calme olympien.

olimpionico [o-lim-piò-ni-co] ***agg.*** [pl.m. *-ci*, f. *-che*] olympique: *primato olimpionico*, record olympique ♦ ***n.m.*** [f. *-a*] athlète, champion* olympique.

olimpo [o-lìm-po] ***n.m.*** (*fig.*) élite (*f.*): *entrare nell'olimpo dei vincitori*, entrer dans le, au palmarès des vainqueurs; *l'olimpo dell'industria italiana*, l'élite de l'industrie italienne.

olio [ò-lio] ***n.m.*** [pl. *-li*] huile (*f.*): *condire con olio*, assaisonner à l'huile.
● ***olio di mais***, huile de maïs | ***olio di oliva***, huile d'olive | ***olio (extra) vergine***, huile vierge (extra) | ***olio di semi***, huile végétale | (*eccl.*) ***olio santo***, saintes huiles: *dare l'olio santo*, donner l'extrême onction | ***olio solare***, huile solaire | ***oli lubrificanti***, huiles de graissage | ***andare liscio come l'olio***, aller comme sur des roulettes | (*pitt.*) ***a olio***, à l'huile | (*aut.*) ***cambio dell'olio***, vidange | ***sott'olio***, à l'huile, dans l'huile: *sardine sott'olio*, sardines à l'huile.

oliva [o-lì-va] ***n.f.*** olive: *la raccolta delle olive*, la cueillette des olives.
● (*color*) ***verde oliva***, vert olive.

olivastro [o-li-và-stro] ***agg.*** olivâtre.

oliveto [o-li-vé-to] ***n.m.*** olivaie (*f.*), oliveraie (*f.*).

olivicolo [o-li-vì-co-lo] ***agg.*** oléicole.

olivicoltore [o-li-vi-col-tó-re] ***n.m.*** [f. *-trice*] oléiculteur*.

olivo [o-lì-vo] ***n.m.*** olivier.
● (*relig.*): ***olivo benedetto***, rameau béni (*o* buis bénit); ***il Monte degli olivi***, le Mont des oliviers; ***la Domenica degli Olivi***, le Dimanche des Rameaux | ***offrire il ramoscello d'olivo***, (*fig.*) faire le premier pas vers la paix.

olla [òl-la] ***n.f.*** **1** marmite, pot (*m.*) **2** (*archeol.*) (*urna funeraria*) urne funéraire.

olmo [ól-mo] ***n.m.*** (*bot.*) orme.

olocausto [o-lo-càu-sto] ***n.m.*** holocauste.

olografia [o-lo-gra-fì-a] ***n.f.*** (*fot.*) holographie.

olografo [o-lò-gra-fo] ***agg.*** (*dir.*) olographe.

ologramma [o-lo-gràm-ma] ***n.m.*** (*fot.*) hologramme.

oloturia [o-lo-tù-ria] ***n.f.*** (*zool.*) holothurie.

oltraggiare [ol-trag-già-re] ***v.tr.*** [coniug. come *mangiare*] outrager*.

oltraggio [ol-tràg-gio] ***n.m.*** [pl. *-gi*] outrage: *recare oltraggio a*, outrager.
● (*dir.*): ***oltraggio alla corte***, outrage à la cour; ***oltraggio al pudore***, outrage à la pudeur.

oltraggiosamente [ol-trag-gio-sa-mén-te] ***avv.*** outrageusement.

oltraggioso [ol-trag-gió-so] ***agg.*** outrageant, insultant.

oltralpe [ol-tràl-pe] ***avv.*** au-delà des Alpes, transalpin.

oltranza, a [a ol-tràn-za] ***avv.*** à outrance: *sciopero a oltranza*, grève à outrance.

oltranzismo [ol-tran-zì-ʃmo] ***n.m.*** extrémisme.

oltranzista [ol-tran-zì-sta] ***agg.*** outrancier*, extrémiste ♦ ***n.m.*** e ***f.*** extrémiste.

oltre [ól-tre] ***avv.*** **1** (*di luogo*) plus loin: (*un poco*) *oltre*, (un peu) plus loin; *passò oltre senza fermarsi*, il poursuivit son chemin sans s'arrêter **2** (*di tempo*) plus longtemps, davantage: *non aspetterò* (*più*) *oltre*, je n'atten-

drai pas plus longtemps; *è durato un mese e oltre*, cela a duré un mois et davantage ♦*prep.* **1** au-delà (**de**) (*spec. fig.*); (*dall'altra parte*) de l'autre côté (**de**); (*dopo*) après: *oltre il confine*, de l'autre côté de la frontière; *oltre la chiesa c'è l'ospedale*, après l'église il y a l'hôpital; *oltre una certa data*, au-delà d'une, après une certaine date **2** (*più di*) plus (**de**): *ti aspetto da oltre un'ora*, je t'attends depuis plus d'une heure; (*fam.*) ça fait plus d'une heure que je t'attends; *oltre due settimane fa*, il y a plus de deux semaines que; *deve essere oltre gli ottanta*, il doit avoir dépassé quatre-vingts ans **3** (*in più, in aggiunta a*) en plus (**de**), en outre (**de**); (*all'infuori di*) en dehors (**de**): *oltre ai dolci ti regalerò un libro*, en plus des gâteaux je t'offrirai un livre; *oltre a lui non verrà nessuno*, en dehors de lui personne ne viendra.
● ***oltre a ciò***, ***oltre a questo***, en plus de cela; (*a parte questo*) à part cela: *non ci sono altri alberghi oltre (a) questo?*, il n'y a pas d'autres hôtels en dehors de celui-ci? | ***oltre a***, ***oltre che***, non seulement... mais: *oltre a essere intelligente, oltre che intelligente è anche modesto*, non seulement il est intelligent mais en plus il est modeste | ***oltre il giusto***, d'une manière excessive | ***oltre misura***, outre mesure | ***oltre ogni dire***, ***ogni credere***, au-delà de tout ce qu'on peut dire, imaginer | ***oltre ogni limite***, au-delà de toute limite | ***(d')oltre Atlantico***, (d')outre-Atlantique | ***d'oltre oceano***, transocéanien, transocéanique | ***è andato troppo oltre***, (*fig.*) il a passé la mesure | ***essere oltre negli anni***, être avancé en âge.

oltr(e)- *pref.* outre-, au-delà (**de**), dé-.

oltrecortina [ol-tre-cor-tì-na] *avv.* au-delà du rideau de fer.

oltrefrontiera [ol-tre-fron-tiè-ra] *agg.invar.* e *avv.*
● ***(d')oltrefrontiera***, au-delà de la frontière.

oltremanica [ol-tre-mà-ni-ca] *avv.* outre-Manche ♦ *agg.invar.* d'outre-Manche.

oltremare [ol-tre-mà-re] *avv.* outre-mer ♦ *n.m.invar.* (*colore*) outremer.
● ***azzurro oltremare***, (bleu) outre-mer | ***d'oltremare***, d'outre-mer.

oltremodo [ol-tre-mò-do] *avv.* (*moltissimo*) extrêmement; (*oltre misura*) outre mesure.

oltremondano [ol-tre-mon-dà-no] *agg.* de l'au-delà.

oltreoceano [ol-tre-o-cè-a-no] *avv.* outre-atlantique.
● ***d'oltreoceano***, d'outre-atlantique.

oltrepassare [ol-tre-pas-sà-re] *v.tr.* **1** dépasser (*anche fig.*): *oltrepassare il limite di velocità*, dépasser la vitesse autorisée **2** (*varcare*) franchir: *oltrepassare la soglia*, franchir le seuil.
● ***oltrepassare i limiti***, ***la misura***, (*fig.*) passer les limites.

oltretomba [ol-tre-tóm-ba] *n.m.invar.* outre-tombe*: *una voce d'oltretomba*, une voix d'outre-tombe.

omaggiare [o-mag-già-re] *v.tr.* [coniug. come *mangiare*] rendre* hommage (**à**).

omaggio [o-màg-gio] *n.m.* [pl. *-gi*] **1** hommage **2** (*dono*) cadeau*: *fare un omaggio floreale*, offrir des fleurs; *ricevere in omaggio*, recevoir en hommage **3** (*pl.*) (*ossequi*) hommages: *presentare i propri omaggi*, présenter ses hommages.
● ***copia (in) omaggio***, exemplaire hommage | ***in omaggio alla verità***, (*fig.*) pour respecter la vérité | ***rendere omaggio***, rendre hommage.

ombelicale [om-be-li-cà-le] *agg.* (*anat.*) ombilical*.
● ***cordone ombelicale***, cordon ombilical.

ombelico [om-be-lì-co] *n.m.* [pl. *-chi*] nombril.
● ***l'ombelico del mondo***, (*il centro*) l'ombilic du monde.

ombra [óm-bra] *n.f.* **1** ombre: *far ombra*, donner de l'ombre; *farsi ombra con una mano*, se protéger du soleil avec une main; *era seduto all'ombra*, il était assis à l'ombre **2** (*quantità minima*) ombre: *un'ombra di latte*, un soupçon, un nuage de lait ♦*agg.invar.* fictif*.
● ***ombre cinesi***, ombres chinoises | ***avere paura della propria ombra***, (*fig.*) avoir peur de son ombre | ***dare***, ***fare ombra a qlcu***, (*fig.*) porter ombrage à qqn | ***gettare (un')ombra su***, jeter une ombre sur | (*pol.*) ***governo ombra***, gouvernement fantôme | ***mettere in ombra***, (*fig.*) laisser dans l'ombre | ***non c'è ombra di vero***, il n'y a rien de vrai | ***non ha l'ombra di un quattrino***, il n'a pas un sou vaillant | ***pare l'ombra di se stesso***, (*fig.*) il n'est plus que l'ombre de lui-même | ***pigliar ombra per***, (*adombrarsi*) prendre ombrage de | ***seguire come un'ombra***, suivre comme une ombre | ***senza ombra di dubbio***, sans l'ombre d'un doute | ***tramare nell'ombra***, (*fig.*) tramer dans l'ombre.

ombreggiare [om-breg-già-re] *v.tr.* [coniug. come *mangiare*] **1** ombrager* **2** (*pitt.*) ombrer.

ombreggiato [om-breg-già-to] *agg.* **1** ombragé **2** (*pitt.*) ombré.

ombreggiatura [om-breg-gia-tù-ra] *n.f.* (*pitt.*) ombres (*pl.*).

ombrella [om-brèl-la] *n.f.* (*bot.*) ombelle.

ombrellaio [om-brel-là-io] *n.m.* [f. *-a*; pl. *-ai*] (*venditore*) marchand de parapluies; (*fabbricante*) fabricant de parapluies; (*riparatore*) raccommodeur* de parapluies.

ombrellata [om-brel-là-ta] *n.f.* coup (*m.*) de parapluie.

Ombrellifere [om-brel-lì-fe-re] *n.f.pl.* (*bot.*) Ombellifères.

ombrellificio [om-brel-li-fì-cio] *n.m.* [pl. *-ci*] fabrique (*f.*) de parapluies.

ombrellino [om-brel-lì-no] *n.m.* (*da sole*) ombrelle (*f.*).

ombrello [om-brèl-lo] *n.m.* (*da pioggia*) parapluie; (*da sole*) ombrelle (*f.*).
● (*mil.*): ***ombrello aereo***, couverture aérienne; ***ombrello atomico***, parapluie atomique (*o* nucléaire) | ***ombrello pieghevole***, parapluie pliable, tom-pouce.

ombrellone [om-brel-ló-ne] *n.m.* parasol.

ombretto [om-brét-to] *n.m.* (*cosmesi*) fard à paupières.

ombrina [om-brì-na] *n.f.* (*zool.*) ombrine.

ombrosità [om-bro-si-tà] *n.f.invar.* **1** ombre **2** (*fig.*) (*di carattere*) susceptibilité.

ombroso [om-bró-so] *agg.* **1** (*che è all'ombra*) ombragé: *luogo ombroso*, lieu ombragé **2** (*che dà ombra*) ombreux* **3** (*fig.*) (*di carattere*) ombrageux*.

omega [o-mè-ga] *n.m.* o *f.invar.* (*ultima lettera dell'alfabeto greco*) oméga*.

omelia [o-me-lì-a] *n.f.* (*eccl.*) homélie.

omeo- *pref.* homéo-.

omeopata [o-me-ò-pa-ta] *n.m.* e *f.* homéopathe.

omeopatia [o-me-o-pa-tì-a] *n.f.* homéopathie.

omeopatico [o-me-o-pà-ti-co] *agg.* e *n.m.* [f. *-a*; pl.m. *-ci*, f. *-che*] homéopathique, homéopathe: *cura omeopatica*, traitement homéopathique; *medico omeopatico*, (médecin) homéopathe.

omeostasi [o-me-ò-sta-ʃi *o* omeostàʃi] *n.f.invar.* (*biol.*) homéostasie.

omerale [o-me-rà-le] *agg.* (*anat.*) huméral*.

omerico [o-mè-ri-co] *agg.* [pl.m. *-ci*, f. *-che*] homérique.

O

omero [ò-me-ro *o* ómero] ***n.m.*** (*anat.*) humérus.
omertà [o-mer-tà] ***n.f.invar.*** **1** (*della malavita*) loi du silence, omerta **2** (*estens.*) (*complicità*) complicité.
omesso [o-més-so] ***agg.*** omis.
● ***omesso per dimenticanza***, oublié.
omettere [o-mét-te-re] ***v.tr.*** [coniug. come *mettere*] omettre*: *hai omesso di rispondergli*, tu as omis (*o* oublié) de lui répondre.
ometto [o-mét-to] ***n.m.*** **1** petit homme; (*spreg.*) homme de peu; (*riferito a un bambino*) petit bonhomme **2** (*gruccia per abiti*) cintre.
omicida [o-mi-cì-da] ***agg.*** e ***n.m.*** e ***f.*** meurtrier/ère, homicide: *follia omicida*, folie homicide.
omicidio [o-mi-cì-dio] ***n.m.*** [pl. *-di*] homicide; (*assassinio*) meurtre.
● (*dir.*) ***tentato omicidio***, tentative d'assassinat.
ominide [o-mì-ni-de] ***n.m.*** (*antropologia*) hominien.
omissione [o-mis-sió-ne] ***n.f.*** omission.
● (*dir.*): ***omissione di atti d'ufficio***, omission d'actes d'administration; ***omissione di soccorso***, non-assistance à personne en danger | ***salvo errori od omissioni***, sauf erreur ou omission.
omissis [o-mìs-sis] ***n.m.invar.*** omission (*f.*), lacune (*f.*).
omnibus [òm-ni-bus] ***n.m.invar.*** omnibus.
● (*treno*) ***omnibus***, (train) omnibus.
omo- ***pref.*** homo-.
omofilo [o-mò-fi-lo] ***agg.*** e ***n.m.*** [f. *-a*] homophile.
omofono [o-mò-fo-no] ***agg.*** e ***n.m.*** (*fon., mus.*) homophone.
omogamia [o-mo-ga-mì-a] ***n.f.*** (*biol.*) homogamie.
omogeneità [o-mo-ge-nei-tà] ***n.f.invar.*** homogénéité.
omogeneizzare [o-mo-ge-neiʒ-ʒà-re] ***v.tr.*** homogénéiser.
omogeneizzato [o-mo-ge-neiʒ-ʒà-to] ***agg.*** homogénéisé ♦ ***n.m.*** aliment homogénéisé (pour enfants).
omogeneizzazione [o-mo-ge-neiʒ-ʒa-zió-ne] ***n.f.*** homogénéisation.
omogeneo [o-mo-gè-ne-o] ***agg.*** homogène: *un insieme di elementi omogenei*, un ensemble d'éléments homogènes.
omografo [o-mò-gra-fo] ***agg.*** e ***n.m.*** (*ling.*) homographe.
omologare [o-mo-lo-gà-re] ***v.tr.*** [coniug. come *legare*] **1** (*dir.*) homologuer: *omologare un atto*, homologuer un acte **2** (*riconoscere ufficialmente*) homologuer: *omologare un primato sportivo*, homologuer un record sportif.
omologazione [o-mo-lo-ga-zió-ne] ***n.f.*** homologation.
● ***omologazione culturale***, homogénéisation.
omologo [o-mò-lo-go] ***agg.*** e ***n.m.*** [f. *-a*; pl.m. *-ghi*, f. *-ghe*] homologue (**de**).
● (*med.*) ***fecondazione omologa***, fécondation homologue; ***trapianto omologo***, homogreffe, homoplastie, homotransplantation.
omonimia [o-mo-ni-mì-a] ***n.f.*** homonymie.
omonimo [o-mò-ni-mo] ***agg.*** **1** du même nom: *due località omonime*, deux localités du même nom **2** (*ling.*) homonyme ♦ ***n.m.*** [f. *-a*] homonyme.
omoparentalità [o-mo-pa-ren-ta-li-tà] ***n.f.invar.*** homoparentalité.
omoplata [o-mo-plà-ta] ***n.f.*** (*anat.*) omoplate.
omosessuale [o-mo-ses-su-à-le] ***agg.*** e ***n.m.*** e ***f.*** homosexuel/elle; (*fam.*) homo.
omosessualità [o-mo-ses-su-a-li-tà] ***n.f.invar.*** homosexualité.
omotrapianto [o-mo-tra-piàn-to] ***n.m.*** (*med.*) homogreffe (*f.*).
omozigote [o-mo-ʒi-gò-te] ***agg.*** e ***n.m.*** e ***f.*** (*biol.*) homozygote.
on ***agg.*** e ***n.m.invar.*** on, allumé.
onagro [ò-na-gro *o* onàgro] ***n.m.*** **1** (*zool.*) onagre **2** (*st. mil.*) onagre.
onanismo [o-na-nì-ʃmo] ***n.m.*** onanisme.
oncia [ón-cia] ***n.f.*** [pl. *-ce*] **1** (*misura di peso*) once **2** (*quantità minima*) goutte, larme; (*fig.*) once.
onco- ***pref.*** onco-.
oncologia [on-co-lo-gì-a] ***n.f.*** (*med.*) oncologie.
oncologico [on-co-lò-gi-co] ***agg.*** [pl.m. *-ci*, f. *-che*] (*med.*) oncologique.
oncologo [on-cò-lo-go] ***n.m.*** [f. *-a*; pl.m. *-gi* o *-ghi*, f. *-ghe*] (*med.*) oncologue.
onda [ón-da] ***n.f.*** **1** vague (*anche fig.*); (*flutto*) flot (*m.*): *seguire l'onda*, suivre la vague; *un'onda di entusiasmo*, une vague d'enthousiasme; *essere sommerso dall'onda dei ricordi*, se laisser emporter par les souvenirs **2** (*fis., rad.*) onde.
● ***onda di fondo***, lame de fond | ***onda d'urto***, (*anche fig.*) onde de choc | (*fis.*) ***onda elettromagnetica***, onde électromagnétique | ***onda lunga***, houle (*o* vague longue) | (*rad.*) ***onde corte***, ***lunghe***, ***medie***, ondes courtes, longues, moyennes | (*rad., tv*) ***andare in onda***, être diffusé | ***a onde***, ondulé | (*rad., tv*): ***essere in onda***, être sur l'antenne; ***mettere***, ***mandare in onda***, diffuser | ***seguire l'onda***, suivre la vague; (*fig.*) suivre le courant | ***sull'onda di***, (*fig.*) sur la lancée de: *sull'onda del maggio 1968*, sur la lancée de mai 1968.
ondata [on-dà-ta] ***n.f.*** vague (*anche fig.*): *un'ondata di caldo*, *di freddo*, une vague de froid, de chaud; *un'ondata di maltempo*, une vague de mauvais temps.
● ***a ondate*** (***successive***), par vagues (successives).

FAUX AMI
Da non confondere con *ondée*, che significa *acquazzone*.

onde [ón-de] ***cong.*** (*letter.*) **1** (*affinché, perché*) afin que, pour que; (*per*) pour: *avvertitemi onde possa provvedere*, prévenez-moi pour que je puisse prendre des mesures; *vi scrivo onde avvertirvi*, je vous écris pour vous avertir **2** (*sicché*) d'où: *onde presumo che*, d'où je présume que; *onde concludo che*, d'où je conclus que ♦ ***avv.*** (*letter.*) d'où: *onde vengono?*, d'où viennent-ils?
ondeggiamento [on-deg-gia-mén-to] ***n.m.*** **1** ondoiement; (*di imbarcazione ecc.*) balancement; (*di bandiera ecc.*) flottement; (*della folla*) remous (*pl.*) **2** (*fig.*) (*esitazione*) flottement.
ondeggiante [on-deg-giàn-te] ***agg.*** **1** ondoyant; (*di imbarcazione ecc.*) qui se balance; (*di bandiera ecc.*) flottant **2** (*fig.*) (*incerto*) flottant.
ondeggiare [on-deg-già-re] ***v.intr.*** [coniug. come *mangiare*; aus. *avere*] **1** ondoyer*; (*di imbarcazione*) se balancer*; (*di bandiera ecc.*) flotter: *la folla ondeggiò*, il y eut des remous dans la foule | *camminare ondeggiando*, marcher en se dandinant **2** (*fig.*) (*esitare*) balancer*.
ondina [on-dì-na] ***n.f.*** **1** (*mit.*) ondine **2** (*nuotatrice*) nageuse.
ondosità [on-do-si-tà] ***n.f.invar.*** *houle.
ondoso [on-dó-so] ***agg.*** (*agitato dalle onde*) *houleux*.
● ***moto ondoso***, mouvement ondulatoire.
ondulare [on-du-là-re] ***v.tr.*** e ***intr.*** [aus. *avere*] onduler.

ondulato [on-du-là-to] ***agg.*** **1** ondulé **2** (*di terreno ecc.*) onduleux*.

ondulatorio [on-du-la-tò-rio] ***agg.*** [pl.m. *-ri*] ondulatoire.

● ***movimento ondulatorio***, mouvement ondulatoire.

ondulazione [on-du-la-zió-ne] ***n.f.*** ondulation.

onerare [o-ne-rà-re] ***v.tr.*** accabler.

onerato [o-ne-rà-to] ***agg.*** accablé.

onere [ò-ne-re] ***n.m.*** charge (*f.*); (*peso, gravame*) poids: *assumersi l'onere di*, se charger de.

● (*fin.*): ***oneri finanziari***, charges financières; ***oneri fiscali***, charges fiscales | (*amm.*) ***oneri sociali***, charges sociales.

onerosità [o-ne-ro-si-tà] ***n.f.invar.*** poids (*m.*).

oneroso [o-ne-ró-so] ***agg.*** onéreux*: *un impegno oneroso*, une lourde tâche.

onestà [o-ne-stà] ***n.f.invar.*** honnêteté: *una persona di grande, di dubbia onestà*, une personne d'une grande honnêteté, d'une honnêteté douteuse.

● ***in tutta onestà***, (*con onestà*) en toute honnêteté; (*molto sinceramente*) franchement.

onestamente [o-ne-sta-mén-te] ***avv.*** honnêtement.

onesto [o-nè-sto] ***agg.*** e ***n.m.*** [f. *-a*] honnête: *un (individuo) onesto*, une personne honnête; *gli onesti*, les honnêtes gens.

ONG [ɔng *o* oɛnne'dʒi] ***n.f.invar.*** (*sigla di* Organizzazione Non Governativa) ONG, organisation non gouvernementale.

onice [ò-ni-ce] ***n.f.*** (*min.*) onyx (*m.*).

onirico [o-nì-ri-co] ***agg.*** [pl.m. *-ci*, f. *-che*] onirique.

onirismo [o-ni-rì-ʃmo] ***n.m.*** onirisme.

onisco [o-nì-sco] ***n.m.*** [pl. *-schi*] (*zool.*) cloporte.

on line [on'lain] ***agg.invar.*** (*inform.*) en ligne.

ONLUS [òn-lus] ***n.f.invar.*** (*sigla di* Organizzazione Non Lucrativa di Utilità Sociale) organisation non lucrative d'utilité sociale.

onni- ***pref.*** omni-.

onnipotente [on-ni-po-tèn-te] ***agg.*** tout-puissant*, omnipotent.

● (*relig.*) ***l'Onnipotente***, le Tout-Puissant.

onnipotenza [on-ni-po-tèn-za] ***n.f.*** toute-puissance*, omnipotence.

onnipresente [on-ni-pre-ʃèn-te] ***agg.*** omniprésent.

onnipresenza [on-ni-pre-ʃèn-za] ***n.f.*** omniprésence.

onnisciente [on-ni-scièn-te] ***agg.*** omniscient.

onniscienza [on-ni-scièn-za] ***n.f.*** omniscience.

onniveggente [on-ni-veg-gèn-te] ***agg.*** qui voit tout.

onniveggenza [on-ni-veg-gèn-za] ***n.f.*** vision de toutes choses.

onnivoro [on-nì-vo-ro] ***agg.*** omnivore.

onomastica [o-no-mà-sti-ca] ***n.f.*** [pl. *-che*] onomastique.

onomastico [o-no-mà-sti-co] ***agg.*** [pl.m. *-ci*, f. *-che*] onomastique ♦ ***n.m.*** fête (*f.*).

● ***buon onomastico!***, bonne fête!

FAUX AMI
Usato come sostantivo, non è da confondere con *onomastique*, che significa *onomastica*.

onomatopea [o-no-ma-to-pè-a] ***n.f.*** (*ling.*) onomatopée.

onomatopeico [o-no-ma-to-pèi-co] ***agg.*** [pl.m. *-ci*, f. *-che*] (*ling.*) onomatopéique.

onorabile [o-no-rà-bi-le] ***agg.*** honorable.

onorabilità [o-no-ra-bi-li-tà] ***n.f.*** honorabilité.

onorabilmente [o-no-ra-bil-mén-te] ***avv.*** honorablement.

onoranza [o-no-ràn-za] ***n.f.*** (*spec. pl.*) honneur (*m.*): *tributare solenni onoranze*, rendre un hommage solennel.

● ***le onoranze funebri***, ***le estreme onoranze***, les honneurs funèbres, les derniers honneurs.

onorare [o-no-rà-re] ***v.tr.*** **1** (*rendere onore a*) honorer: *onorare la memoria di qlcu*, honorer la mémoire de qqn **2** (*dare onore a*) honorer: *la vostra generosità vi onora*, votre générosité vous honore (*o* vous fait honneur) **3** (*adempiere*) honorer: *onorare i propri impegni*, honorer (*o* faire honneur à) ses engagements ♦ **onorarsi** ***v.pron.*** (*sentirsi onorato*) s'honorer.

onorario[1] [o-no-rà-rio] ***agg.*** [pl.m. *-ri*] honoraire.

● ***presidente***, ***socio onorario***, président, membre honoraire.

onorario[2] ***n.m.*** [pl. *-ri*] (*di medico, avvocato ecc.*) honoraires (*pl.*); (*di notaio*) charge (*f.*) de notaire.

onorato [o-no-rà-to] ***agg.*** **1** honoré: *siamo onorati di averla con noi*, nous nous faisons un honneur de vous avoir avec nous **2** (*rispettabile*) honorable: *famiglia*, *vita onorata*, famille, vie honorable.

● ***dare onorata sepoltura***, donner une digne sépulture | ***l'onorata società***, la Mafia.

onore [o-nó-re] ***n.m.*** **1** (*reputazione*) honneur: *togliere l'onore*, déshonorer **2** (*stima*) honneur: *tenere qlcu in grande onore*, avoir beaucoup d'estime pour qqn **3** (*privilegio*) honneur: *con chi ho l'onore di parlare?*, à qui ai-je l'honneur de parler? **4** (*spec. pl.*) (*omaggi*) honneurs (*pl.*): *rendere onore a qlcu*, rendre les honneurs à qqn **5** (*vanto, merito*) honneur: *ti fa poco onore*, cela n'est pas à ton honneur; *torna a tuo onore*, c'est tout à ton honneur.

● ***a onor del vero***, à vrai dire | ***damigella d'onore***, demoiselle d'honneur | ***delitto d'onore***, crime pour raisons d'honneur | ***fare gli onori di casa***, faire les honneurs de la maison | ***fare onore alla propria firma***, honorer sa signature | ***farsi onore in qlco***, se distinguer dans qqch | ***innalzare agli onori dell'altare***, (*canonizzare*) canoniser | ***in onore di***, en l'honneur de | ***l'onor del mento***, (*scherz.*) la barbe | ***ne è uscito con onore***, il s'en est tiré à son honneur | ***ottenere l'onore delle armi***, obtenir les honneurs de la guerre | ***parola d'onore***, (ma) parole d'honneur | ***serata d'onore***, soirée d'honneur | ***troppo onore!***, c'est trop d'honneur! | (*dir.*) ***Vostro Onore***, (*al giudice*) Votre Honneur.

onorevole [o-no-ré-vo-le] ***agg.*** honorable ♦ ***n.m.*** e ***f.*** membre du Parlement italien: *l'onorevole Bianchi*, monsieur (le député) Bianchi.

● (*pol.*) ***onorevoli senatori***, Messieurs les Sénateurs.

onorevolmente [o-no-re-vol-mén-te] ***avv.*** honorablement.

onorificenza [o-no-ri-fi-cèn-za] ***n.f.*** titre (*m.*) honorifique; (*l'oggetto*) décoration: *conferire un'onorificenza a qlcu*, (*titolo*) conférer un titre honorifique à qqn, (*decorazione*) remettre une décoration à qqn; *essere avido di onorificenze*, rechercher (*o* briguer) les honneurs.

onorifico [o-no-rì-fi-co] ***agg.*** [pl.m. *-ci*, f. *-che*] honorifique.

onta [ón-ta] ***n.f.*** **1** (*vergogna*) *honte: *essere un'onta*

O

per qlcu, faire honte à qqn **2** (*antiq.*) (*affronto*) injure, affront (*m.*): *far onta a qlcu*, outrager qqn.
● ***a onta di***, en dépit de (*o* malgré).

ontano [on-tà-no] ***n.m.*** (*bot.*) aune, aulne.

ontologia [on-to-lo-gì-a] ***n.f.*** (*fil.*) ontologie.

ontologico [on-to-lò-gi-co] ***agg.*** [pl.m. *-ci*, f. *-che*] (*fil.*) ontologique.

onusiano [o-nu-ʃià-no] ***agg.*** (*dell'ONU*) onusien*.

onusto [o-nù-sto] ***agg.*** (*letter.*) chargé.

oocita [o-o-ci-ta] **oocito** ***n.m.*** (*biol.*) oocyte.

oogamia [o-o-ga-mìa] ***n.f.*** (*biol.*) oogamie.

oogenesi [o-o-gè-ne-ʃi] ***n.f.invar.*** (*biol.*) oogenèse.

oosfera [o-o-sfè-ra] ***n.f.*** (*bot.*) oosphère.

opacità [o-pa-ci-tà] ***n.f.invar.*** opacité.

opacizzare [o-pa-ciʒ-ʒà-re] ***v.tr.*** opacifier.

opaco [o-pà-co] ***agg.*** [pl.m. *-chi*, f. *-che*] **1** opaque **2** (*estens.*) (*non lucido, non limpido*) mat.

opale [o-pà-le] ***n.m.*** o *f.* (*min.*) opale (*f.*).

opalescente [o-pa-le-scèn-te] ***agg.*** opalescent.

opalescenza [o-pa-le-scèn-za] ***n.f.*** opalescence.

opalina [o-pa-lì-na] ***n.f.*** (*vetro*) opaline.

opalino [o-pa-lì-no] ***agg.*** opalin.

open [ó-pen] ***agg.invar.*** **1** open, ouvert **2** (*sport*) open ♦ ***n.m.invar.*** (*sport*) open.
● ***biglietto open***, (*di aereo*) billet open.

open space [open'speis] ***n.m.invar.*** espace libre.

opera [ò-pe-ra] ***n.f.*** **1** œuvre; (*azione*) action: *l'opera dei venti, delle acque*, l'action des vents, des eaux; *fare un'opera buona*, faire une bonne action; *è senz'altro opera sua*, c'est sans doute de son cru **2** (*lavoro*) travail* (*m.*), œuvre; (*assistenza*) aide: *valersi dell'opera di qlcu*, recourir à l'aide de qqn; *continuare l'opera intrapresa*, continuer l'œuvre entreprise; *compire l'opera*, achever l'œuvre **3** (*prodotto di un lavoro, di un'attività*) ouvrage (*m.*), travail* (*m.*): *un'opera in muratura*, un ouvrage de maçonnerie; *l'opera del tempo, del caso*, l'ouvrage du temps, du hasard **4** (*produzione artistica, letteraria*) œuvre; (*spec. opera singola*) ouvrage (*m.*): *pubblicare, leggere un'opera*, publier, lire un ouvrage **5** (*mus.*) opéra (*m.*): *comporre un'opera*, composer un opéra | *teatro dell'opera*, théâtre de l'Opéra **6** (*mus.*) (*numero di catalogo di un'opera musicale*) opus (*m.*): *opera K 247*, opus K 247 **7** (*istituzione*) œuvre **8** (*mar.*) œuvre.
● (*mus.*) ***opera buffa***, opéra bouffe | ***opera d'arte***, œuvre d'art | ***opera di beneficenza***, œuvre de bienfaisance | (*mar.*) ***opera viva, morta***, œuvres vives, mortes | ***opere di bonifica***, travaux d'assainissement | (*mil.*) ***opere di fortificazione***, ouvrages de fortification | ***opere pubbliche***, travaux publics | (*prov.*) ***chi ben comincia è a metà dell'opera***, un travail bien commencé est à moitié fait | ***essere, mettersi all'opera***, être au travail, se mettre à l'œuvre | ***fare opera di pace***, faire œuvre de paix | ***fare opera di persuasione presso qlcu***, tenter de persuader qqn | ***legname da opera***, bois d'œuvre | ***l'opera del Duomo***, (*fabbrica*) le conseil de fabrique de la Cathédrale | (*mecc.*) ***mettere in opera***, mettre en œuvre, installer | ***per compir l'opera***, (*iron.*) pour couronner le tout | ***per opera di, a opera di***, par | ***prestare la propria opera***, prêter son aide, son concours.

operabile [o-pe-rà-bi-le] ***agg.*** (*med.*) opérable.

operaio [o-pe-rà-io] ***agg.*** e ***n.m.*** [f. *-a*; pl.m. *-ai*] ouvrier*: *è figlio di operai*, c'est un fils d'ouvriers; *quartiere operaio*, quartier ouvrier.
● ***operaio non qualificato***, ouvrier non qualifié | ***operaio specializzato***, ouvrier spécialisé | (*zool.*) ***ape operaia***, abeille ouvrière | ***la classe operaia***, la classe ouvrière.

operante [o-pe-ràn-te] ***agg.*** (*attivo, in azione*) en action; (*in vigore*) en vigueur.

operare [o-pe-rà-re] ***v.intr.*** [aus. *avere*] **1** (*agire*) agir; (*esercitare un'attività*) travailler: *operare bene, male*, bien, mal agir; *l'esercito operava in una zona pericolosa*, l'armée opérait dans une zone dangereuse; *un pittore che operava a Siena*, un peintre qui travaillait à Sienne **2** (*produrre effetto*) opérer*, agir, faire* effet: *un provvedimento che comincia a operare*, une mesure qui commence à opérer (*o* à produire ses effets) **3** (*mat.*) opérer* ♦ ***v.tr.*** **1** (*compiere*) opérer*, faire*; (*effettuare*) effectuer: *bisogna operare una scelta*, il faut opérer (*o* faire) un choix **2** (*med.*) opérer*: *operare un malato di appendicite*, opérer un malade de l'appendicite ♦ **operarsi** ***v.pron.*** **1** (*prodursi*) s'opérer*: *si operò in lui un cambiamento*, il s'opéra en lui un changement **2** (*fam.*) (*farsi operare*) se faire* opérer.
● ***operare su larga scala***, travailler à une grande échelle.

operatività [o-pe-ra-ti-vi-tà] ***n.f.invar.*** (*attività*) activité; (*efficacia*) efficacité; (*funzionamento*) fonctionnement (*m.*).

operativo [o-pe-ra-tì-vo] ***agg.*** **1** des opérations **2** (*mil.*) opérationnel* **3** (*attivo, in azione*) en action; (*in vigore*) en vigueur, effectif*: *l'accordo è già operativo*, l'accord est déjà effectif.
● ***non operativo***, sur le papier | ***piano operativo***, plan des opérations | (*stat.*) ***ricerca operativa***, recherche opérationnelle | (*inform.*) ***sistema operativo***, système d'exploitation.

operato [o-pe-rà-to] ***agg.*** (*di tessuto*) façonné, travaillé ♦ ***n.m.*** **1** actes (*pl.*): *rendere conto del proprio operato*, rendre compte de ses actes **2** [f. *-a*] (*chi ha subito un'operazione*) opéré.

operatore [o-pe-ra-tó-re] ***n.m.*** **1** [f. *-trice*] opérateur*: *riservato agli operatori*, reservé aux professionnels **2** [f. *-trice*] (*econ.*) opérateur*, agent **3** (*mat.*) opérateur.
● ***operatore ambientale***, agent responsable de l'environnement | ***operatore ecologico***, (*spazzino*) éboueur | ***operatore economico***, agent économique | (*med.*): ***operatore sanitario***, technicien de la santé; ***operatore sociosanitario***, opérateur socio-sanitaire | ***operatore televisivo***, caméraman, opérateur (de prise de vues) | ***operatore turistico***, voyagiste, tour-opérateur.

operatorio [o-pe-ra-tò-rio] ***agg.*** [pl.m. *-ri*] opératoire.
● ***sala, tavola operatoria***, salle, table d'opérations.

operazione [o-pe-ra-zió-ne] ***n.f.*** opération.

opercolo [o-pèr-co-lo] ***n.m.*** (*scient.*) opercule.

operetta [o-pe-rét-ta] ***n.f.*** **1** (*lett.*) petit ouvrage (*m.*) **2** (*mus.*) opérette.

operettistico [o-pe-ret-tì-sti-co] ***agg.*** [pl.m. *-ci*, f. *-che*] de l'opérette.

operista [o-pe-rì-sta] ***n.m.*** e *f.* compositeur* d'opéras.

operistico [o-pe-rì-sti-co] ***agg.*** [pl.m. *-ci*, f. *-che*] d'opéra.

operosamente [o-pe-ro-sa-mén-te] ***avv.*** laborieusement.

operosità [o-pe-ro-si-tà] ***n.f.invar.*** activité intense; efficacité constante.

operoso [o-pe-ró-so] ***agg.*** laborieux* | *mente operosa*, esprit fertile.

opificio [o-pi-fì-cio] ***n.m.*** [pl. *-ci*] usine (*f.*).

opinabile [o-pi-nà-bi-le] ***agg.*** discutable.

opinare [o-pi-nà-re] *v.intr.* [aus. *avere*] (*letter.*) estimer.

opinione [o-pi-nió-ne] *n.f.* opinion: *esprimere un'opinione*, exprimer (*o* avancer) une opinion; *rimanere della propria opinione*, rester sur ses positions; *sono dell'opinione che*, mon opinion est que | *secondo la mia opinione*, à mon avis | *avere una buona, cattiva opinione di qlcu*, avoir une bonne, mauvaise opinion de qqn | *avere un'alta opinione di sé*, avoir grande estime de soi.
● ***opinione pubblica***, opinion publique | ***cambiare opinione a ogni mutar di vento***, changer d'opinion comme de chemise | ***la matematica non è un'opinione***, c'est clair comme deux et deux font quatre.

opinionista [o-pi-nio-nì-sta] *n.m.* e *f.* chroniqueur* (dans un journal, à la radio ou à la télé); (*politico*) chroniqueur* politique.

op là *inter.* hop.

opossum [o-pòs-sum] *n.m.invar.* (*zool.*) opossum.

oppiaceo [op-pià-ce-o] *agg.* e *n.m.* opiacé.

oppiato [op-pià-to] *agg.* opiacé.

oppio [òp-pio] *n.m.* [pl. *-pi*] opium (*anche fig.*).

oppiomane [op-piò-ma-ne] *n.m.* e *f.* opiomane.

opponibile [op-po-nì-bi-le] *agg.* opposable.

opporre [op-pór-re] *v.tr.* [coniug. come *porre*] **1** opposer **2** (*obiettare*) objecter ♦ **opporsi** *v.pron.* e *pron.rec.* s'opposer | (*dir.*) *opporsi a una sentenza*, faire opposition à un jugement, appeler d'un jugement.
● ***mi oppongo!***, (*nei processi ecc.*) objection!

opportunamente [op-por-tu-na-mén-te] *avv.* opportunément.

opportunismo [op-por-tu-nì-ʃmo] *n.m.* opportunisme.

opportunista [op-por-tu-nì-sta] *agg.* e *n.m.* e *f.* opportuniste.

opportunistico [op-por-tu-nì-sti-co] *agg.* [pl.m. *-ci*, f. *-che*] opportuniste.

opportunità [op-por-tu-ni-tà] *n.f.invar.* **1** opportunité | *avere il senso dell'opportunità*, avoir le sens de l'à-propos **2** (*occasione*) occasion; (*fortuna*) chance.
● ***pari opportunità***, égalité des chances.

opportuno [op-por-tù-no] *agg.* opportun | *ritenere opportuno*, juger bon | *sarebbe opportuno tacere*, il conviendrait de se taire | *praticare le cure opportune*, donner les soins nécessaires | *visitatore poco opportuno*, visiteur inopportun.
● ***al momento opportuno***, au bon moment.

oppositore [op-po-ʃi-tó-re] *n.m.* [f. *-trice*] adversaire (**de**), opposant (**à**): *gli oppositori del regime*, les opposants au régime.

opposizione [op-po-ʃi-zió-ne] *n.f.* opposition: *due principi in opposizione tra loro*, deux principes en opposition l'un avec l'autre | (*dir.*) *opposizione accolta, respinta*, opposition accueillie, rejetée | (*pol.*) *partito d'opposizione*, parti de l'opposition.

opposto [op-pó-sto] *agg.* **1** opposé: *abitano in due punti diametralmente opposti della città*, ils habitent à deux endroits (*o* points) diamétralement opposés (*o* aux deux extrémités) de la ville **2** (*contrario*) opposé: *camminava in direzione opposta*, il marchait dans la direction opposée ♦ *n.m.* opposé, contraire: *è l'opposto di suo fratello*, il est l'opposé de son frère; *è l'opposto di quello che mi aspettavo*, c'est le contraire de ce que je pensais.
● ***all'opposto***, à l'opposé | (*mat.*) ***angoli opposti*** (***al vertice***), angles opposés (par le sommet): *gli angoli opposti di un quadrato*, les angles opposés d'un carré.

oppressione [op-pres-sió-ne] *n.f.* oppression.

oppressivo [op-pres-sì-vo] *agg.* **1** oppressif* **2** (*opprimente*) accablant, oppressant.

oppresso [op-près-so] *agg.* **1** (*gravato*) oppressé; (*fig.*) accablé **2** (*tiranneggiato*) opprimé ♦ *n.m.* [f. *-a*] opprimé.

oppressore [op-pres-só-re] *agg.* e *n.m.* [f. *-a* o *opprimitrice*] oppresseur.

opprimente [op-pri-mèn-te] *agg.* accablant; (*noioso*) assommant; (*che rende schiavo*) asservissant: *lavoro opprimente*, travail asservissant.

opprimere [op-prì-me-re] *v.tr.* [coniug. come *comprimere*] **1** oppresser; (*fig.*) accabler: *il caldo l'opprime*, la chaleur l'oppresse; *opprimere di lavoro*, accabler de travail **2** (*tiranneggiare*) opprimer.

oppugnabile [op-pu-gnà-bi-le] *agg.* attaquable, critiquable.

oppugnare [op-pu-gnà-re] *v.tr.* **1** (*confutare*) réfuter: *oppugnare un'affermazione*, réfuter une affirmation **2** (*dir.*) contester.

oppugnazione [op-pu-gna-zió-ne] *n.f.* attaque (*m.*) (**contre**) (*anche fig.*).

oppure [op-pù-re] *cong.* **1** ou (bien) **2** (*altrimenti*) ou, autrement.

optare [op-tà-re] *v.intr.* [aus. *avere*] opter; (*scegliere*) choisir (**qqch**).

optimum [òp-ti-mum] *n.m.invar.* optimum*.

optional ['ɔpʃonal] *n.m.invar.* article à option; (*accessorio*) accessoire | *il contagiri è un optional*, le compte-tours est optionnel.

opulento [o-pu-lèn-to] *agg.* opulent.

opulenza [o-pu-lèn-za] *n.f.* opulence.

opuscolo [o-pù-sco-lo] *n.m.* brochure (*f.*).

opzionale [op-zio-nà-le] *agg.* optionnel*, facultatif*.

opzione [op-zió-ne] *n.f.* option; (*scelta*) choix (*m.*): *opzione di prova, di messa a punto*, option de mise au point.

or *avv.* (*forma tronca di* ora) maintenant.
● ***or bene***, ***or dunque***, donc | ***or sono***, il y a: *otto giorni or sono*, il y a huit jours; *alcuni mesi, alcuni anni or sono*, il y a quelques mois, quelques années.

ora[1] [ó-ra] *n.f.* heure: *un'ora e un quarto, e mezzo*, une heure et (un) quart, et demie; *che ora è, che ore sono?*, quelle heure est-il?; *che ora sarà?*, quelle heure peut-il bien être?; *che ora fai?*, quelle heure as-tu?; *sai l'ora esatta?*, as-tu l'heure exacte?; *a tarda ora*, à une heure avancée; *fra non più di un'ora*, dans une heure au plus tard; *non più tardi di un'ora fa*, pas plus tard qu'il y a une heure; *un'ora sì e una no*, une heure sur deux; *è questione di ore*, c'est une question d'heures; *è questione di un'ora*, c'est l'affaire d'une heure | *durante l'ora di francese*, pendant le cours, l'heure de français.
● ***ora esatta***, (*al telefono, alla radio*) horloge parlante | ***ora legale***, ***estiva***, heure légale, d'été | ***ora locale***, heure locale | ***ore di punta***, ***ore morte***, heures de pointe, heures creuses | ***alla buon'ora!***, à la bonne heure! | ***all'ora***, (*di salario*) (de) l'heure; (*aut.*) à l'heure: *dieci euro all'ora*, dix euros (de) l'heure; *andare a cento all'ora*, faire du cent (km) à l'heure | ***a ore***, (*di salario*) à l'heure: *pagare a ore*, payer à l'heure | ***a quest'ora***, à l'heure qu'il est: *a quest'ora dovresti aver capito*, à l'heure qu'il est tu devrais avoir compris | ***di buon'ora***, de bonne heure | ***è giunta***, ***è suonata la sua ora***, son heure est arrivée, a sonné | ***è ora di***, c'est l'heure de: *è ora di andare a dormi-*

O

re, c'est l'heure d'aller se coucher; *è ora di smetterla!*, il est temps d'en finir! | ***era ora!***, enfin! il était temps! | ***fare le ore piccole***, faire (très) tard | ***ha le ore contate***, ses heures sont comptées | ***l'ora X, l'ora zero***, l'heure H | ***ogni ora***, toutes les heures | ***per ore e ore***, pendant des heures (et des heures) | ***per tirare l'ora di***, en attendant le: *leggo per tirare l'ora di cena*, en attendant le dîner, je lis | ***sarebbe ora che***, il serait temps que.

ora[2] *avv.* **1** maintenant; (*per il momento*) pour l'instant: *ora che ci penso*, maintenant que j'y pense; *ora non posso*, pour l'instant je ne peux pas **2** (*legato all'azione di un verbo*) (*poco fa*) venir* (de) (*seguito da inf.*); (*se l'azione è continuata*) être*en train (de) (*seguito da inf.*); (*fra poco*) aller* (*seguito da inf.*): *l'ho lasciato ora*, je viens de le quitter; *con chi stavi parlando ora?*, avec qui est-ce que tu étais en train de parler?; *arriverà ora*, il va arriver; *ora vedo che cosa posso fare per te*, je vais voir ce que je peux faire pour toi **3** (*subito*) tout de suite: *ora lo faccio*, je le fais tout de suite ♦ *cong.* **1** or: *ora avvenne che*, or il advint que | *ora, tu che cosa faresti?*, mais toi, que ferais-tu? **2** (*ma*) mais: *tu dici di avere ragione, ora io ti dico che hai torto*, toi, tu soutiens que tu as raison, mais moi je (te) dis que tu as tort.

● ***ora che***, maintenant que | ***ora come ora***, en ce moment | ***ora... ora***, tantôt... tantôt: *ora qui ora lì*, tantôt ici tantôt là | ***(or) ora***, tout à l'heure: *erano qui (or) ora*, ils étaient là tout à l'heure | ***come fosse ora***, comme si c'était hier: *me ne ricordo come fosse ora*, je m'en souviens comme si c'était hier | ***d'ora in poi***, ***d'ora in avanti***, ***d'ora innanzi***, dorénavant, désormais | ***fin d'ora***, ***sin d'ora***, dès maintenant | ***fino a ora***, ***prima d'ora***, jusqu'à présent | ***per ora***, pour le moment.

oracolo [o-rà-co-lo] *n.m.* oracle.

orafo [ò-ra-fo] *n.m.* [f. *-a*] orfèvre ♦ *agg.* d'orfèvre | *arte orafa*, orfèvrerie.

orale [o-rà-le] *agg.* **1** oral* (*anche fig.*) **2** (*anat.*) buccal*, oral* ♦ *n.m.* (*esame*) oral*.

O

oramai [o-ra-mài] *avv.* → **ormai**.

orango [o-ràn-go] *n.m.* [pl. *-ghi*] **orangutan** *n.m. invar.* orang-outan(g)*.

orario [o-rà-rio] *agg.* horaire ♦ *n.m.* [pl. *-ri*] **1** horaire: *orario pesante*, horaire chargé **2** (*quadro, tabella che indica l'orario*) horaire **3** (*libretto che indica l'orario dei treni*) indicateur, horaire.

● ***orario d'apertura***, ***di chiusura***, heures d'ouverture, de fermeture | ***orario di lavoro ridotto***, durée du travail réduite | ***orario di visita***, heures des visites | ***orario d'ufficio***, heures de bureau | ***disco orario***, disque de stationnement | ***essere***, ***arrivare in orario***, être, arriver à l'heure | ***in senso orario***, dans le sens des aiguilles d'une montre | ***lavorare fuori orario***, travailler en dehors de (*o* après) l'horaire.

orata [o-rà-ta] *n.f.* (*zool.*) daurade.

oratore [o-ra-tó-re] *n.m.* [f. *-trice*] orateur*.

oratoria [o-ra-tò-ria] *n.f.* art (*m.*) oratoire.

oratoriano [o-ra-to-rià-no] *n.m.* (*eccl.*) oratorien.

oratorio[1] [o-ra-tò-rio] *agg.* [pl.m. *-ri*] oratoire.

oratorio[2] *n.m.* [pl. *-ri*] **1** (*cappella*) oratoire **2** (*per bambini*) patronage (paroissial) **3** (*mus.*) oratorio.

orazione [o-ra-zió-ne] *n.f.* **1** (*preghiera*) prière, oraison: *dire le orazioni*, dire ses prières **2** (*discorso*) discours (*m.*).

orbe [òr-be] *n.m.* (*letter.*) orbe, globe.

orbene [or-bè-ne] *cong.* (*allora*) alors; (*suvvia*) allons.

orbettino [or-bet-tì-no] *n.m.* (*zool.*) orvet.

orbita [òr-bi-ta] *n.f.* **1** (*anat.*) orbite **2** (*astr.*) orbite.

● ***con gli occhi fuori dalle orbite***, (*fig.*) les yeux hors de la tête | ***mettere in orbita***, mettre, placer sur orbite; (*satellite artificiale*) satelliser.

orbitale [or-bi-tà-le] *agg.* **1** (*astr.*) orbital* **2** (*anat.*) orbitaire.

orbitare [or-bi-tà-re] *v.intr.* [aus. *avere*] graviter.

orbo [òr-bo] *agg.* **1** aveugle | *orbo da un occhio*, borgne **2** (*letter.*) (*privo*) privé ♦ *n.m.* [f. *-a*] aveugle.

● ***menare botte da orbi***, (*fam.*) frapper comme un sourd.

orca [òr-ca] *n.f.* [pl. *-che*] (*zool.*) épaulard (*m.*), orque (*m.*).

orchessa [or-chés-sa] *n.f.* ogresse.

orchestra [or-chè-stra] *n.f.* orchestre (*m.*).

● ***direttore d'orchestra***, chef d'orchestre.

orchestrale [or-che-strà-le] *agg.* orchestral* ♦ *n.m.* e *f.* musicien/enne d'orchestre.

orchestrare [or-che-strà-re] *v.tr.* orchestrer (*anche fig.*).

orchestrazione [or-che-stra-zió-ne] *n.f.* orchestration (*anche fig.*).

orchidea [or-chi-dè-a] *n.f.* (*bot.*) orchidée.

orcio [ór-cio] *n.m.* [pl. *-ci*] jarre (*f.*).

orco [òr-co] *n.m.* [pl. *-chi*] ogre.

orda [òr-da] *n.f.* *horde (*anche fig.*).

ordalia [or-dà-lia] *n.f.* (*st.*) ordalie.

ordigno [or-dì-gno] *n.m.* engin.

ordinale [or-di-nà-le] *agg.* e *n.m.* (*mat.*) ordinal*.

ordinamento [or-di-na-mén-to] *n.m.* **1** règlement | *l'ordinamento di un archivio*, l'organisation des archives | *ordinamento giuridico*, les règles juridiques **2** (*inform.*) tri, ordre.

ordinanza [or-di-nàn-za] *n.f.* **1** ordonnance **2** (*decreto*) arrêté (*m.*) **3** (*mil.*) ordonnance.

● (*mil.*) ***divisa d'ordinanza***, tenue réglementaire.

ordinare [or-di-nà-re] *v.tr.* **1** (*mettere in ordine*) ordonner, ranger*: *ordinare i libri negli scaffali*, ordonner (*o* ranger) les livres sur les étagères | *ordinare le proprie idee*, mettre de l'ordre dans ses idées **2** (*organizzare*) organiser: *ordinare le scuole*, organiser les écoles **3** (*comandare*) ordonner; (*prescrivere*) prescrire*: *ti ordino di tacere*, je t'ordonne de te taire; *ordinare una cura ricostituente*, prescrire un traitement reconstituant **4** (*commissionare*) commander: *ordinare un vestito dal sarto*, commander une robe chez le couturier | (*al ristorante*) *ordinare un piatto*, commander un plat; *il signore ha già ordinato?*, avez-vous déjà commandé? **5** (*eccl.*) (*conferire gli ordini sacri*) ordonner | *ordinare sacerdote*, ordonner prêtre **6** (*inform.*) ordonner, classifier, ranger: *ordinare in sequenza*, ranger en séquence ♦ **ordinarsi** *v.pron.* se ranger*.

ordinariamente [or-di-na-ria-mén-te] *avv.* ordinairement.

ordinarietà [or-di-na-rie-tà] *n.f.invar.* caractère (*m.*) ordinaire.

ordinario [or-di-nà-rio] *agg.* [pl.m. *-ri*] **1** ordinaire | *tariffa ordinaria*, tarif normal | *spese ordinarie*, dépenses courantes | *col ritmo ordinario*, selon le rythme habituel **2** (*mediocre*) ordinaire: *modi ordinari*, des manières ordinaires ♦ *n.m.* ordinaire.

● ***affari di ordinaria amministrazione***, affaires courantes | ***(professore) ordinario***, professeur titulaire.

ordinata[1] [or-di-nà-ta] *n.f.* (*fam.*).

● ***dare un'ordinata a qlco***, ranger un peu qqch.

ordinata[2] *n.f.* **1** (*mat.*) ordonnée **2** (*mar.*) couple (*m.*).

ordinatamente [or-di-na-ta-mén-te] *avv.* avec ordre; (*in ordine*) en ordre.

ordinativo [or-di-na-tì-vo] *n.m.* (*comm.*) (*ordine*) commande (*f.*).

ordinato [or-di-nà-to] *agg.* ordonné; (*tenuto in ordine*) rangé.

ordinatore [or-di-na-tó-re] *agg.* e *n.m.* [f. *-trice*] ordonnateur*.
● (*dir.*) ***criteri ordinatori***, critères d'ordre.

ordinazione[1] [or-di-na-zió-ne] *n.f.* (*comm.*) commande.
● ***fatto su ordinazione***, exécuté sur commande.

ordinazione[2] *n.f.* (*eccl.*) ordination.

ordine [ór-di-ne] *n.m.* **1** (*disposizione*) ordre: *ordine di arrivo*, ordre d'arrivée; *andare, procedere per ordine*, aller, procéder par ordre **2** (*disciplina; organizzazione*) ordre: *tutelare l'ordine*, défendre l'ordre **3** (*carattere*) ordre: *considerazioni d'ordine generale*, considérations d'ordre général **4** (*categoria*) ordre **5** (*arch., zool., bot.*) ordre | (*arch.*) *ordine dorico, ionico, corinzio, composito*, ordre dorique, ionique, corinthien, composite | (*zool.*) *l'ordine dei Coleotteri*, l'ordre des Coléoptères **6** (*professionale, cavalleresco, religioso*) ordre | *l'ordine dei medici, degli avvocati*, l'ordre des médecins, des avocats | (*eccl.*) *ordini maggiori e minori*, ordres majeurs et mineurs **7** (*fila*) file (*f.*); (*sequela*) suite (*f.*): *un doppio ordine di colonne*, une double file (*o* rangée) de colonnes **8** *pl.* (*eccl.*) ordres: *gli ordini sacri*, les ordres sacrés **9** (*comando*) ordre: *ricevere, eseguire un ordine*, recevoir, exécuter un ordre **10** (*econ.*) ordre | *pagare all'ordine di*, payer à l'ordre de **11** (*comm.*) (*ordinazione*) commande (*f.*): *evadere un ordine*, exécuter une commande.
● ***ordine cronologico***, ordre chronologique: *disporre in ordine cronologico*, ranger par ordre chronologique | ***ordine del giorno***, ordre du jour: *essere all'ordine del giorno*, (*anche fig.*) être à l'ordre du jour | ***ordine d'idee***, ordre d'idées: *un altro ordine d'idee*, un autre ordre d'idées; *entrare nell'ordine d'idee di*, envisager de | ***ordine pubblico, costituito***, ordre public, établi: *turbare l'ordine pubblico, costituito*, troubler l'ordre public, établi | ***ordine sparso***, (*anche fig.*) ordre dispersé | ***agli ordini!***, à vos ordres! | ***di infimo, di terz'ordine***, de dernier ordre: *locanda di infimo, di terz'ordine*, auberge de dernier ordre; *gente di infimo ordine*, le bas de l'échelle | ***di prim'ordine***, de premier ordre: *albergo di prim'ordine*, hôtel de premier ordre | ***essere agli ordini di qlcu***, être aux ordres de qqn | ***essere in ordine***, (*di persona*) être bien mis | ***forze dell'ordine***, forces de l'ordre | ***in bell'ordine***, en bon ordre | ***in ordine a***, en ce qui concerne | ***in ordine di***, par ordre de: *in ordine di apparizione*, par ordre d'apparition | ***mettersi in ordine***, (*aggiustarsi*) s'arranger; (*disporsi*) se ranger | ***parola d'ordine***, mot d'ordre | ***su ordine di***, sur l'ordre de.

ordire [or-dì-re] *v.tr.* [coniug. come *finire*] ourdir (*anche fig.*).

ordito [or-dì-to] *n.m.* chaîne (*f.*) | *un ordito di bugie*, (*fig.*) un tissu de mensonges.

orditoio [or-di-tó-io] *n.m.* [pl. *-oi*] (*ind. tess.*) ourdissoir.

orecchia [o-réc-chia] *n.f.* **1** → orecchio **2** (*di pagina*) corne.

orecchiabile [o-rec-chià-bi-le] *agg.* facile à retenir.

orecchiante [o-rec-chiàn-te] *n.m.* e *f.* **1** personne (*f.*) qui a de l'oreille **2** (*fig.*) perroquet (*m.*).

orecchietta [o-rec-chiét-ta] *n.f.* **1** (*anat.*) oreillette **2** (*pl.*) (*cuc.*) oreillettes.

orecchino [o-rec-chì-no] *n.m.* boucle (*f.*) d'oreilles.

orecchio [o-réc-chio] *n.m.* [pl. *gli orecchi* o *le orecchie*] **1** oreille (*f.*): *non sentirci da un orecchio*, être sourd d'une oreille | *drizzare gli orecchi*, dresser l'oreille; *porgere orecchio*, prêter l'oreille | *non credere ai propri orecchi*, ne pas en croire ses oreilles **2** (*udito*) oreille (*f.*): *essere di orecchio fine*, avoir l'oreille fine.
● ***orecchio interno, medio, esterno***, oreille interne, moyenne, externe | ***orecchie a sventola***, oreilles en feuille de chou | ***a orecchio***, de mémoire: *cantare a orecchio*, chanter de mémoire | ***avere orecchio***, avoir de l'oreille | ***chi ha orecchie per intendere intenda***, à bon entendeur, salut | ***da quell'orecchio non ci sente***, il ne veut pas en entendre parler | ***dare una tirata di orecchi***, tirer les oreilles | ***dire in un orecchio, sussurrare all'orecchio***, dire, murmurer à l'oreille | ***essere duro d'orecchi***, être dur d'oreille | ***essere tutt'orecchi***, (*fig.*) être tout oreilles | ***fare orecchio da mercante***, faire la sourde oreille | ***gli entra da un orecchio e gli esce dall'altro***, cela lui entre par une oreille et lui sort par l'autre | ***mettere una pulce nell'orecchio a qlcu***, (*fig.*) mettre la puce à l'oreille de qqn | ***prendersi una tirata di orecchi***, se faire tirer les oreilles.

orecchioni [o-rec-chió-ni] *n.m.pl.* (*med.*) oreillons.

orefice [o-ré-fi-ce] *n.m.* e *f.* orfèvre.

oreficeria [o-re-fi-ce-rì-a] *n.f.* orfèvrerie.

orfano [òr-fa-no] *agg.* e *n.m.* [f. *-a*] orphelin.

orfanotrofio [or-fa-no-trò-fio] *n.m.* [pl. *-fi*] orphelinat.

orfico [òr-fi-co] *agg.* e *n.m.* [f. *-a*; pl.m. *-ci*, f. *-che*] (*st.relig.*) orphique.

orfismo [or-fì-ʃmo] *n.m.* (*st.relig.*) orphisme.

organetto [or-ga-nét-to] *n.m.* **1** (*a manovella*) orgue de Barbarie **2** (*fisarmonica*) accordéon; (*armonica*) harmonica.

organicamente [or-ga-ni-ca-mén-te] *avv.* organiquement.

organicità [or-ga-ni-ci-tà] *n.f.invar.* caractère (*m.*) organique.

organico [or-gà-ni-co] *agg.* [pl.m. *-ci*, f. *-che*] **1** organique **2** (*fig.*) organisé: *un racconto organico*, un récit bien organisé **3** (*mil.*) réglementaire ♦ *n.m.* effectif (*anche mil.*).

organigramma [or-ga-ni-gràm-ma] *n.m.* organigramme.

organismo [or-ga-nì-ʃmo] *n.m.* organisme.
● ***organismo geneticamente modificato***, OGM, organisme génétiquement modifié.

organista [or-ga-nì-sta] *n.m.* e *f.* organiste.

organistico [or-ga-nì-sti-co] *agg.* [pl.m. *-ci*, f. *-che*] (*mus.*) d'orgue, de l'orgue.

organizzare [or-ga-niʒ-ʒà-re] *v.tr.* organiser | *organizzare le proprie idee*, classer ses idées ♦ **organizzarsi** *v.pron.* s'organiser.

organizzativo [or-ga-niʒ-ʒa-ti-vo] *agg.* d'organisation.

organizzato [or-ga-niʒ-ʒà-to] *agg.* organisé.

organizzatore [or-ga-niʒ-ʒa-tó-re] *agg.* e *n.m.* [f. *-trice*] organisateur*.

organizzazione [or-ga-niʒ-ʒa-zió-ne] *n.f.* organisation.
● ***organizzazione senza fini di lucro***, organisation à but non lucratif.

organo [òr-ga-no] *n.m.* 1 organe 2 (*mus.*) orgue* | *organo elettrico*, orgue électronique.

organolettico [or-ga-no-lèt-ti-co] *agg.* [pl.m. *-ci*, f. *-che*] organoleptique.

organza [or-gàn-ʒa] *n.f.* (*tessuto*) organdi (*m.*).

organzino [or-gan-ʒì-no] *n.m.* (*tess.*) organsin.

orgasmo [or-gà-ʃmo] *n.m.* orgasme; (*eccitazione*) surexcitation (*f.*) | *mettere in orgasmo*, mettre en agitation.

orgia [òr-gia] *n.f.* [pl. *-ge*] orgie (*anche fig.*).

orgiastico [or-già-sti-co] *agg.* [pl.m. *-ci*, f. *-che*] orgiaque.

orgoglio [or-gó-glio] *n.m.* [pl. *-gli*] orgueil; (*amor proprio*) amour-propre: *pieno d' orgoglio*, pétri d'orgueil.

orgoglioso [or-go-glió-so] *agg.* orgueilleux*.

orientabile [o-rien-tà-bi-le] *agg.* orientable.

orientale [o-rien-tà-le] *agg.* e *n.m.* e *f.* oriental*: *la costa orientale della Sardegna*, la côte orientale (*o* est) de la Sardaigne | *tappeto orientale*, tapis d'Orient.

orientalista [o-rien-ta-lì-sta] *n.m.* e *f.* orientaliste.

orientamento [o-rien-ta-mén-to] *n.m.* orientation (*f.*).

orientare [o-rien-tà-re] *v.tr.* orienter ♦ **orientarsi** *v.pron.* s'orienter (*anche fig.*).

orientativamente [o-rien-ta-ti-va-mén-te] *avv.* à titre indicatif.

orientativo [o-rien-ta-tì-vo] *agg.* d'orientation: *a scopo orientativo*, à titre indicatif.

orientato [o-rien-tà-to] *agg.* orienté.

orientazione [o-rien-ta-zió-ne] *n.f.* orientation.

oriente [o-rièn-te] *n.m.* orient; (*est*) est | *a oriente*, à l'est.

● (*geogr.*): ***Estremo Oriente***, Extrême-Orient; ***Vicino, Medio Oriente***, Proche-Orient, Moyen-Orient.

orienteering [oriɛn'tiriŋg] *n.m.invar.* (*sport*) course (*f.*) d'orientation.

orifiamma [o-ri-fiàm-ma] *n.m.* (*st.*) oriflamme.

orifizio [o-ri-fì-zio] *n.m.* [pl. *-zi*] orifice.

origano [o-rì-ga-no] *n.m.* (*bot.*) origan.

originale [o-ri-gi-nà-le] *agg.* 1 original*: *nella lingua originale*, dans la langue originale | *documento originale*, document original | *un film in versione originale*, un film en version originale (*o* en VO) 2 (*autentico*) authentique: *stoffa originale inglese*, tissu anglais authentique 3 (*di persona, cosa unica nel suo genere*) original*: *un tipo originale*, un type original 4 (*originario*) originel* ♦ *n.m.* 1 original*: *questo ritratto non assomiglia all'originale*, ce portrait ne ressemble pas à l'original | *copia conforme all'originale*, copie conforme à l'original 2 (*persona eccentrica*) original*.

● (*teol.*) ***peccato originale***, péché originel.

FAUX AMI
Da non confondere con *originel*, che significa *originario*, *primitivo*.

originalità [o-ri-gi-na-li-tà] *n.f.invar.* originalité (*anche fig.*).

originalmente [o-ri-gi-nal-mén-te] *avv.* (*in modo originale*) originalement.

originare [o-ri-gi-nà-re] *v.tr.* engendrer ♦ *v.intr.* [aus. *avere*] naître*, dériver ♦ **originarsi** *v.pron.intr.* naître*, dériver.

originariamente [o-ri-gi-na-ria-mén-te] *avv.* originairement, à l'origine.

originario [o-ri-gi-nà-rio] *agg.* [pl.m. *-ri*] 1 originaire; (*di origine*) d'origine 2 (*primitivo*) originel*.

origine [o-rì-gi-ne] *n.f.* 1 origine: *risalire alle origini*, remonter aux origines | *avere origine da*, naître de | *dare origine a qlco*, faire naître qqch | *prendere origine*, prendre naissance 2 (*di un fiume*) source (*anche fig.*): *il fiume ha origine lassù*, la rivière prend sa source là-haut; *l'origine di tutti i miei guai*, (*fig.*) la source de tous mes problèmes 3 (*mat.*) origine 4 (*inform.*) source | *indirizzo, codice di origine*, adresse émettrice, code source.

● ***d'origine***, d'origine: *paese d'origine*, pays d'origine; *essere di origine francese*, *francese di origine*, être d'origine française (*o* être français d'origine) | ***in origine***, ***all'origine***, à l'origine | ***di nobile origine***, ***di origini modeste***, de noble, de modeste origine.

origliare [o-ri-glià-re] *v.intr.* [aus. *avere*] écouter: *origliare agli usci*, écouter aux portes.

orina e *deriv.* → **urina** e *deriv.*

orinale [o-ri-nà-le] *n.m.* vase de nuit.

orinatoio [o-ri-na-tó-io] *n.m.* [pl. *-oi*] urinoir.

oriundo [o-riùn-do] *agg.* originaire ♦ *n.m.* [f. *-a*] 1 originaire 2 (*sport*) athlète étranger d'origine italienne.

orizzontale [o-riʒ-ʒon-tà-le] *agg.* horizontal*.

orizzontare [o-riʒ-ʒon-tà-re] *v.tr.* orienter ♦ **orizzontarsi** *v.pron.* s'orienter.

orizzonte [o-riʒ-ʒón-te] *n.m.* horizon (*anche fig.*): *l'estremo orizzonte*, l'extrême horizon; *avere un orizzonte ristretto*, avoir un horizon restreint.

● ***all'orizzonte***, (*anche fig.*) à l'horizon: *il sole cala, si alza all'orizzonte*, le soleil descend, se lève à l'horizon; *la minaccia di una crisi si profila all'orizzonte*, la menace d'une crise se profile à l'horizon.

orlare [or-là-re] *v.tr.* ourler; (*bordare*) border | *orlare un vestito*, faire un ourlet à une robe.

● ***orlare a giorno***, faire des jours: *orlare una tovaglia a giorno*, faire des jours à une nappe.

orlato [or-là-to] *agg.* bordé.

orlatura [or-la-tù-ra] *n.f.* 1 (*l'orlare*) bordage (*m.*) 2 (*orlo*) ourlet (*m.*); (*bordo*) bord (*m.*).

orlo [ór-lo] *n.m.* 1 ourlet | *fare l'orlo*, ourler; (*a un vestito*) faire l'ourlet 2 (*margine*) bord.

● ***orlo a giorno***, jours | ***sull'orlo di***, sur le (*o* au) bord de: *sull'orlo del fallimento*, au bord de la faillite; *sull'orlo del pianto*, au bord des larmes.

orma [ór-ma] *n.f.* 1 trace (*anche fig.*) | *seguire, calcare le orme di qlcu*, (*anche fig.*) suivre, marcher sur les traces de qqn 2 (*fig.*) (*impronta*) empreinte 3 (*pl.*) (*vestigia*) vestiges (*m.*).

FAUX AMI
Da non confondere con *orme*, che significa *olmo*.

ormai [or-mài] *avv.* 1 (*riferito al presente*) désormais; (*a quest'ora*) à l'heure qu'il est; (*già*) déjà: *ormai non vale più la pena*, désormais ça ne vaut plus la peine; *ormai dovrebbe essere già qui*, à l'heure qu'il est, il devrait déjà être là; *ormai è Natale*, c'est déjà Noël | *ormai siamo arrivati*, nous sommes presque arrivés 2 (*riferito al passato*) à ce moment-là; (*già*) déjà: *ormai avevano perso ogni speranza*, à ce moment-là ils avaient perdu tout espoir; *ormai era troppo tardi*, il était déjà trop tard.

ormeggiare [or-meg-già-re] *v.tr.* [coniug. come *mangiare*] (*alla banchina*) amarrer; (*all'ancora*) mouiller ♦ **ormeggiarsi** *v.pron.intr.* (*alla banchina*) s'amarrer; (*all'ancora*) mouiller.

ormeggio [or-még-gio] ***n.m.*** [pl. *-gi*] **1** (*alla banchina*) amarrage; (*all'ancora*) mouillage: *posto d'ormeggio*, poste d'amarrage; *nave agli ormeggi*, navire au mouillage **2** (*pl.*) (*cavi d'ormeggio*) amarres (*f.*).

ormonale [or-mo-nà-le] ***agg.*** hormonal*.

ormone [or-mó-ne] ***n.m.*** hormone (*f.*).
● ***ormone della crescita***, hormone de croissance.

ormonico [or-mò-ni-co] ***agg.*** [pl.m. *-ci*, f. *-che*] hormonal*.

ornamentale [or-na-men-tà-le] ***agg.*** ornemental* | *albero ornamentale*, arbre d'ornement.

ornamentazione [or-na-men-ta-zió-ne] ***n.f.*** ornementation.

ornamento [or-na-mén-to] ***n.m.*** **1** ornement **2** (*l'ornare*) ornementation (*f.*).

ornare [or-nà-re] ***v.tr.*** orner ♦ **ornarsi** ***v.pron.*** e ***pron. intr.*** s'orner, se parer.

ornato [or-nà-to] ***agg.*** orné (*anche fig.*); (*decorato*) décoré | *sala riccamente ornata*, salle riche d'ornements ♦ ***n.m.*** **1** (*arte*) ornementation (*f.*) **2** (*disegno*) dessin d'ornement.

orneblenda [or-ne-blèn-da] ***n.f.*** (*min.*) *hornblende.

ornello [or-nèl-lo] ***n.m.*** (*bot.*) orne.

ornito- ***pref.*** ornitho-.

ornitologia [or-ni-to-lo-gì-a] ***n.f.*** ornithologie.

ornitologico [or-ni-to-lò-gi-co] ***agg.*** [pl.m. *-ci*, f. *-che*] ornithologique.

ornitologo [or-ni-tò-lo-go] ***n.m.*** [f. *-a*; pl.m. *-gi* o *-ghi*, f. *-ghe*] ornithologiste, ornithologue.

ornitorinco [or-ni-to-rìn-co] ***n.m.*** [pl. *-chi*] (*zool.*) ornithorhynque.

oro [ò-ro] ***n.m.*** **1** or: *oro grezzo*, *lavorato*, or vierge, ouvragé | *nuotare nell'oro*, rouler sur l'or; *non lo farei nemmeno se mi coprisse d'oro*, je ne le ferais pas pour tout l'or du monde **2** (*pl.*) (*oggetti in oro*) objets en or; (*gioielli*) bijoux **3** (*pl.*) (*nei giochi di carte*) deniers.
● ***oro colato***, ***in verga***, or en barre | ***oro falso***, ***matto***, or faux, mat | ***oro nero***, or noir | ***oro zecchino***, ***massiccio***, ***fino***, or pur, massif, fin | ***a peso d'oro***, à prix d'or | ***d'oro***, d'or; (*fig.*) en or: *pagliuzze*, *pepite*, *polvere d'oro*, paillettes, pépites, poudre d'or; *foglia d'oro*, feuille d'or; *orologio d'oro*, montre en or; (*sport*) *medaglia d'oro*, médaille d'or; *un marito d'oro*, un mari en or; *un affare*, *un'occasione d'oro*, une affaire, une occasion en or; *un anno d'oro per l'economia*, une année en or pour l'économie | ***è sicuro come l'oro***, c'est sûr et certain | ***età dell'oro***, âge d'or | ***fare ponti d'oro***, faire un pont d'or | ***la febbre dell'oro***, la ruée vers l'or | ***prendere per oro colato***, prendre pour argent comptant | ***sogni d'oro!***, fais de beaux rêves! | ***ugola d'oro***, (*di cantante*) voix d'or | ***vale tant'oro quanto pesa***, il vaut son pesant d'or.

oro- ***pref.*** oro-.

orogenesi [o-ro-gè-ne-ʃi] ***n.f.invar.*** (*geol.*) orogenèse.

orografia [o-ro-gra-fì-a] ***n.f.*** orographie.

orografico [o-ro-grà-fi-co] ***agg.*** [pl.m. *-ci*, f. *-che*] orographique.

orologeria [o-ro-lo-ge-rì-a] ***n.f.*** horlogerie.
● ***bomba a orologeria***, bombe à retardement | ***congegno a orologeria***, mécanisme d'horlogerie.

orologiaio [o-ro-lo-già-io] ***n.m.*** [f. *-a*; pl.m. *-ai*] horloger*.

orologio [o-ro-lò-gio] ***n.m.*** [pl. *-gi*] **1** (*da muro*) horloge (*f.*); (*da polso, da tasca*) montre (*f.*): *il mio orologio fa le otto*, il est huit heures à ma montre; *il mio orologio va avanti*, *indietro*, *spacca il minuto*, ma montre avance, retarde, est à l'heure juste | *ti ho aspettato due ore d'orologio*, je t'ai attendu deux heures montre en main; *ha parlato due ore d'orologio*, il a parlé deux heures d'horloge | *essere un orologio*, (*fig.*) être réglé comme une horloge **2** (*inform.*) horloge (*f.*) | *orologio in tempo reale*, horloge temps réel.
● ***orologio a cucù***, coucou | ***orologio al quarzo***, horloge à quartz; (*da polso*) montre à quartz | ***orologio a pendolo***, pendule | ***orologio da cucina***, pendule de cuisine | ***orologio da parcheggio***, horodateur | ***orologio da polso***, montre-bracelet | ***orologio da tasca***, montre de gousset | ***orologio da tavolo***, pendulette | ***orologio di controllo***, (*per timbrare il cartellino*) pointeuse | ***orologio solare***, cadran solaire | ***orologio subacqueo***, montre de plongée | ***nel senso delle lancette dell'orologio***, dans le sens des aiguilles d'une montre.

oroscopo [o-rò-sco-po] ***n.m.*** horoscope: *fare l'oroscopo a qlcu*, faire, dresser l'horoscope de qqn.

orpello [or-pèl-lo] ***n.m.*** oripeau* (*anche fig.*).

orrendo [or-rèn-do] ***agg.*** horrible, affreux*.

orribile [or-rì-bi-le] ***agg.*** horrible, affreux*: *un viaggio orribile*, un voyage affreux.

orrido [òr-ri-do] ***agg.*** effroyable ♦ ***n.m.*** **1** (*aspetto orrido*) aspect horrible; (*ciò che è orrido*) horrible: *gusto dell'orrido*, goût de l'horrible **2** (*precipizio*) gouffre, gorges (*f.pl.*).

orripilante [or-ri-pi-làn-te] ***agg.*** horripilant.

orrore [or-ró-re] ***n.m.*** horreur (*f.*).
● ***film dell'orrore***, film d'horreur.

orsa [ór-sa] ***n.f.*** (*zool.*) ourse.
● (*astr.*) ***Orsa Maggiore***, ***Minore***, Grande, Petite Ourse.

orsacchiotto [or-sac-chiòt-to] ***n.m.*** [f. *-a*] **1** (*piccolo orso*) ourson **2** (*giocattolo*) nounours.

NOTA La ***s*** finale della parola ***nounours*** si pronuncia.

orsaggine [or-sàg-gi-ne] ***n.f.*** sauvagerie.

orsetto [or-sét-to] ***n.m.*** [f. *-a*] ourson.
● ***orsetto lavatore***, raton laveur.

orso [ór-so] ***n.m.*** (*zool.*) ours (*anche fig.*).
● ***orso bianco***, ours blanc | ***orso bruno***, ours brun | ***orso polare***, ours polaire | ***vendere la pelle dell'orso prima che sia morto***, (*fig.*) vendre la peau de l'ours avant de l'avoir tué.

orsolina [or-so-lì-na] ***n.f.*** (*eccl.*) ursuline.

orsopelismo [or-so-pe-lì-smo] ***n.m.*** routardisme.

orsù [or-sù] ***inter.*** (*letter.*) sus donc.

ortaggio [or-tàg-gio] ***n.m.*** [pl. *-gi*] légume | *coltura degli ortaggi*, culture maraîchère.

ortaglia [or-tà-glia] ***n.f.*** jardin (*m.*) potager.

ortensia [or-tèn-sia] ***n.f.*** (*bot.*) hortensia (*m.*).

ortica [or-tì-ca] ***n.f.*** [pl. *-che*] ortie.
● ***gettare alle ortiche***, (*fig.*) jeter aux oubliettes.

orticante [or-ti-càn-te] ***agg.*** urticant.

orticaria [or-ti-cà-ria] ***n.f.*** (*med.*) urticaire.

orticolo [or-tì-co-lo] ***agg.*** horticole, maraîcher*.

orticoltore [or-ti-col-tó-re] ***n.m.*** [f. *-trice*] horticulteur*, maraîcher*.

orticoltura [or-ti-col-tù-ra] ***n.f.*** horticulture, maraîchage (*m.*).

ortivo [or-tì-vo] ***agg.*** potager*; maraîcher*; (*che cresce negli orti*) de jardin potager.

orto [òr-to] *n.m.* (jardin) potager | *terreno tenuto a orto*, terrain planté de légumes.
● ***orto botanico***, jardin botanique | ***coltivare il proprio orto***, (*fig.*) cultiver son jardin.

orto- *pref.* ortho-.

ortocentro [or-to-cèn-tro] *n.m.* (*mat.*) orthocentre.

ortoclasio [or-to-clà-ʃio] *n.m.* [pl. *-si*] (*min.*) orthoclase (*f.*).

ortodontista [or-to-don-tì-sta] *n.m.* e *f.* orthodontiste.

ortodonzia [or-to-don-zì-a] *n.f.* (*med.*) orthodontie.
● ***ortodonzia infantile***, pédodontie.

ortodossia [or-to-dos-sì-a] *n.f.* orthodoxie.

ortodosso [or-to-dòs-so] *agg.* e *n.m.* [f. *-a*] orthodoxe.

ortofonista [or-to-fo-nì-sta] *n.m.* e *f.* orthophoniste.

ortofrutticolo [or-to-frut-tì-co-lo] *agg.* des fruits et légumes.

ortognato [or-to-gnà-to] *agg.* (*antropologia*) orthognathe.

ortogonale [or-to-go-nà-le] *agg.* (*mat.*) orthogonal*.

ortografia [or-to-gra-fì-a] *n.f.* orthographe | *errori di ortografia*, fautes d'orthographe.

ortografico [or-to-grà-fi-co] *agg.* [pl.m. *-ci*, f. *-che*] orthographique.

ortolano [or-to-là-no] *n.m.* [f. *-a*] **1** (*chi coltiva l'orto*) maraîcher* **2** (*chi vende verdure*) marchand de légumes; (*nei mercati*) marchand des quatre-saisons **3** (*zool.*) ortolan.

ortomercato [or-to-mer-cà-to] *n.m.* marché des fruits et des légumes.

ortopedia [or-to-pe-dì-a] *n.f.* orthopédie.

ortopedico [or-to-pè-di-co] *agg.* orthopédique ♦ *n.m.* [f. *-a*; pl.m. *-ci*, f. *-che*] orthopédiste.

ortottica [or-tòt-ti-ca] *n.f.* [pl. *-che*] orthoptique.

ortottico [or-tòt-ti-co] *agg.* [pl.m. *-ci*, f. *-che*] (*med.*) orthoptique ♦ *n.m.* [pl. *-ci*] orthoptiste.

orza [òr-za] *n.f.* (*mar.*) lof (*m.*) | *andare all'orza*, venir au lof.

orzaiolo [or-ʒa-iò-lo] *n.m.* (*med.*) orgelet.

orzare [or-zà-re] *v.intr.* [aus. *avere*] (*mar.*) lofer.

orzata [or-ʒà-ta] *n.f.* (*bibita*) orgeat (*m.*).

orziero [or-ziè-ro] *agg.* (*mar.*) ardent.

orzo [òr-ʒo] *n.m.* orge (*f.*).
● ***caffè d'orzo***, malt.

osanna [o-ʃàn-na] *inter.* e *n.m.invar.* hosanna.

osannare [o-ʃan-nà-re] *v.intr.* [aus. *avere*] ovationner (qqn) ♦ *v.tr.* acclamer.

osannato [o-san-nà-to] *agg.* acclamé.

osare [o-ʃà-re] *v.tr.* **1** oser **2** (*tentare*) tenter; (*rischiare*) risquer: *osare l'impossibile*, tenter l'impossible; *ha osato il tutto per tutto*, il a risqué le tout pour le tout.

oscenamente [o-sce-na-mén-te] *avv.* **1** d'une façon obscène **2** (*fam.*) (*malissimo*) affreusement.

oscenità [o-sce-ni-tà] *n.f.invar.* obscénité.

osceno [o-scè-no] *agg.* **1** obscène **2** (*fam.*) (*bruttissimo*) affreux*.

oscillante [o-scil-làn-te] *agg.* oscillant (*anche fig.*).

oscillare [o-scil-là-re] *v.intr.* [aus. *avere*] **1** osciller (*anche fig.*) | *i prezzi oscillano*, les prix sont instables **2** (*di barca ecc.*) tanguer; rouler.

oscillatore [o-scil-la-tó-re] *n.m.* (*fis.*) oscillateur.

oscillatorio [o-scil-la-tò-rio] *agg.* [pl.m. *-ri*] oscillatoire | *andamento oscillatorio dei prezzi*, fluctuation des prix.

oscillazione [o-scil-la-zió-ne] *n.f.* oscillation (*anche fig.*); (*variazione*) variation | *oscillazioni d'opinione*, fluctuation de l'opinion | *oscillazione dei prezzi*, fluctuation des prix.

oscilloscopio [o-scil-lo-scò-pio] *n.m.* [pl. *-pi*] oscilloscope.

osco [ò-sco] *agg.* [pl.m. *-sci*, f. *-sche*] osque ♦ *n.m.* **1** (*lingua*) osque **2** [f. *-a*] (*individuo*) Osque.

oscuramente [o-scu-ra-mén-te] *avv.* obscurément.

oscuramento [o-scu-ra-mén-to] *n.m.* **1** obscurcissement (*anche fig.*) **2** (*in tempo di guerra*) black-out.

oscurantismo [o-scu-ran-tì-ʃmo] *n.m.* obscurantisme.

oscurantista [o-scu-ran-tì-sta] *agg.* e *n.m.* e *f.* obscurantiste.

oscurare [o-scu-rà-re] *v.tr.* obscurcir (*anche fig.*) | *oscurare una stanza*, plonger une chambre dans l'obscurité ♦ **oscurarsi** *v.pron.intr.* s'obscurcir (*anche fig.*) | *oscurarsi* (*in volto*), s'assombrir.

oscurato [o-scu-rà-to] *agg.* privé de lumière; (*schermato*) voilé.

oscurità [o-scu-ri-tà] *n.f.invar.* obscurité (*anche fig.*): *la stanza era immersa nell'oscurità*, la pièce était plongée dans l'obscurité; *vivere nella più completa oscurità di tutto*, (*fig.*) vivre dans l'ignorance la plus complète | *oscurità di natali*, naissance obscure.

oscuro [o-scù-ro] *agg.* obscur (*anche fig.*).
● ***all'oscuro***, (*nell'oscurità*) dans l'obscurité; (*nell'ignoranza*) dans l'ignorance (absolue): *tenere all'oscuro*, garder dans l'ignorance; *essere all'oscuro di tutto*, ne rien savoir.

osmosi [o-ʃmò-ʃi] *n.f.invar.* osmose (*anche fig.*).

osmotizzare [o-smo-tiʒ-ʒà-re] *v.tr.* faire* subir une osmose (à) | *acqua osmotizzata*, eau osmotique.

ospedale [o-spe-dà-le] *n.m.* hôpital*; (*fam.*) hosto: *all'ospedale, in ospedale*, à l'hôpital; *essere dimesso, uscire dall'ospedale*, sortir de l'hôpital | *farsi ricoverare all'ospedale*, se faire hospitaliser; *ricovero in ospedale*, hospitalisation.
● ***ospedale da campo***, hôpital de campagne | ***ospedale maggiore***, l'hôtel-Dieu | ***mandare all'ospedale***, (*fig.*) réduire en piteux état.

ospedaliero [o-spe-da-liè-ro] *agg.* e *n.m.* [f. *-a*] hospitalier*.
● ***assistenza ospedaliera***, hospitalisation | (***medico***) ***ospedaliero***, médecin d'hôpital | ***retta ospedaliera***, frais d'hospitalisation.

ospedalizzare [o-spe-da-liʒ-ʒà-re] *v.tr.* hospitaliser.

ospedalizzazione [o-spe-da-liʒ-ʒa-zió-ne] *n.f.* hospitalisation.

ospitale [o-spi-tà-le] *agg.* hospitalier*.

ospitalità [o-spi-ta-li-tà] *n.f.invar.* hospitalité.

ospitante [o-spi-tàn-te] *agg.* qui reçoit (qqn chez lui) | *il paese, la famiglia ospitante*, le pays, la famille d'accueil | (*sport*) *squadra ospitante*, équipe qui reçoit | (*biol.*): *organismo ospitante*, hôte; *cellula ospitante*, cellule hôte ♦ *n.m.* e *f.* hôte/esse.

ospitare [o-spi-tà-re] *v.tr.* loger*, recevoir*: *puoi ospitarmi per questa notte?*, peux-tu me loger cette nuit?; *l'albergo può ospitare 200 persone*, cet hôtel peut recevoir deux cents personnes | *la casa che ci ospita*, la maison où nous séjournons | *la mostra ospita opere moderne*, l'exposition propose des œuvres modernes | *la nicchia ospita una statua*, la niche abrite une statue | *questa rivista ospita articoli di scrittori famosi*, cette revue publie les articles d'écrivains célèbres.

ospite [ò-spi-te] ***n.m.*** e ***f.*** **1** (*chi ospita*) hôte*/esse **2** (*chi è ospitato*) hôte*/esse, invité/e: *essere ospite di qlcu*, être l'invité de qqn ♦ ***agg.*** **1** (*che ospita*) → ospitante **2** (*che è ospitato*) visiteur*.

● ***andarsene insalutato ospite***, filer à l'anglaise | ***camera degli ospiti***, chambre d'ami.

ospizio [o-spì-zio] ***n.m.*** [pl. *-zi*] hospice, asile: *ospizio per vecchi*, asile de vieillards.

ossame [os-sà-me] ***n.m.*** ossements (*pl.*).

ossario [os-sà-rio] ***n.m.*** [pl. *-ri*] ossuaire.

ossatura [os-sa-tù-ra] ***n.f.*** **1** ossature | *l'ossatura di un romanzo*, l'architecture, la structure d'un roman **2** (*di una nave*) charpente.

osseo [òs-se-o] ***agg.*** osseux*.

ossequente [os-se-quèn-te] ***agg.*** respectueux* (**de**); (*spreg.*) obséquieux*.

ossequiare [os-se-quià-re] ***v.tr.*** présenter ses respects (**à**), rendre* hommage (**à**).

ossequio [os-sè-quio] ***n.m.*** [pl. *-qui*] **1** respect, déférence (*f.*): *l'ossequio delle leggi*, le respect des lois **2** (*pl.*) (*a una donna*) hommages; (*a un uomo*) respects | *i miei ossequi, con ossequio*, (*in chiusura di lettera*) mes sentiments les plus respectueux.

● ***in ossequio a***, par respect de; (*in conformità a*) conformément à: *in ossequio alle vigenti leggi*, conformément aux lois en vigueur; *in ossequio al vero*, par souci de la vérité.

FAUX AMI
Da non confondere con *obsèques*, che significa *funerali, esequie*.

ossequiosamente [os-se-quio-sa-mén-te] ***avv.*** **1** respectueusement **2** (*spreg.*) obséquieusement.

ossequiosità [os-se-quio-si-tà] ***n.f.invar.*** **1** respect (*m.*) **2** (*spreg.*) obséquiosité.

ossequioso [os-se-quió-so] ***agg.*** **1** respectueux* **2** (*spreg.*) obséquieux*.

osservabile [os-ser-và-bi-le] ***agg.*** observable | *non osservabile*, inobservable.

osservante [os-ser-vàn-te] ***agg.*** **1** respectueux* **2** (*di una religione*) pratiquant.

osservanza [os-ser-vàn-za] ***n.f.*** **1** observation **2** (*religiosa*) observance | *di stretta osservanza*, de stricte observance.

● ***con osservanza***, (*nella chiusa di lettere ecc.*) avec ma parfaite considération | ***in osservanza a***, conformément à.

osservare [os-ser-và-re] ***v.tr.*** **1** observer **2** (*notare*) remarquer | *non ho nulla da osservare*, je n'ai rien à dire | *"Bene!" osservò*, "Bon!" fit-il **3** (*rispettare*) respecter.

osservatore [os-ser-va-tó-re] ***agg.*** e ***n.m.*** [f. *-trice*] observateur*.

osservatorio [os-ser-va-tò-rio] ***n.m.*** [pl. *-ri*] observatoire.

● ***osservatorio sui prezzi, sulla criminalità***, (*fig.*) observatoire des prix, de la criminalité.

osservazione [os-ser-va-zió-ne] ***n.f.*** observation.

ossessionante [os-ses-sio-nàn-te] ***agg.*** obsédant.

ossessionare [os-ses-sio-nà-re] ***v.tr.*** obséder*, *hanter | *mi ossessiona con le sue manie*, il m'agace avec ses manies | *la ossessiona con la sua assiduità*, il la poursuit de ses assiduités.

ossessione [os-ses-sió-ne] ***n.f.*** obsession; (*incubo*) cauchemar (*m.*) | *è ordinato fino all'ossessione*, c'est un maniaque de l'ordre | *è un'ossessione!*, c'est ma hantise!

ossessivamente [os-ses-si-va-mén-te] ***avv.*** de façon obsédante.

ossessività [os-ses-si-vi-tà] ***n.f.invar.*** *hantise.

ossessivo [os-ses-sì-vo] ***agg.*** obsessionnel*; (*ossessionante*) obsédant.

ossesso [os-sès-so] ***agg.*** e ***n.m.*** [f. *-a*] possédé.

oss(i)- ***pref.*** ox(y)-.

ossia [os-sì-a] ***cong.*** **1** (*cioè*) ou, à savoir **2** (*per meglio dire*) ou plutôt.

ossiacido [os-si-à-ci-do] ***n.m.*** (*chim.*) oxyacide.

ossicino [os-si-cì-no] ***n.m.*** osselet.

ossidabile [os-si-dà-bi-le] ***agg.*** oxydable.

ossidabilità [os-si-da-bi-li-tà] ***n.f.invar.*** oxydabilité.

ossidante [os-si-dàn-te] ***agg.*** e ***n.m.*** oxydant.

ossidare [os-si-dà-re] ***v.tr.*** oxyder ♦ **ossidarsi** ***v.pron.intr.*** s'oxyder.

ossidazione [os-si-da-zió-ne] ***n.f.*** oxydation.

ossidiana [os-si-dià-na] ***n.f.*** (*min.*) obsidienne.

ossido [òs-si-do] ***n.m.*** oxyde.

ossidrico [os-sì-dri-co] ***agg.*** [pl.m. *-ci*, f. *-che*] oxhydrique.

● ***fiamma ossidrica***, chalumeau oxhydrique.

ossificarsi ***v.pron.intr.*** [os-si-fi-càr-si] [coniug come *mancare*] s'ossifier.

ossifraga [os-sì-fra-ga] ***n.f.*** [pl. *-ghe*] (*zool.*) orfraie.

ossigenare [os-si-ge-nà-re] ***v.tr.*** oxygéner* ♦ **ossigenarsi** ***v.pron.*** s'oxygéner*.

● ***ossigenarsi (i capelli)***, se faire décolorer (les cheveux).

ossigenato [os-si-ge-nà-to] ***agg.*** oxygéné | *bionda ossigenata*, blonde décolorée.

ossigenazione [os-si-ge-na-zió-ne] ***n.f.*** oxygénation.

ossigeno [os-sì-ge-no] ***n.m.*** oxygène.

ossitono [os-sì-to-no] ***agg.*** (*fon.*) oxyton.

ossiuro [os-si-ù-ro] ***n.m.*** (*zool.*) oxyure.

osso [òs-so] ***n.m.*** [pl.f. *ossa* nel sign. 1; pl.m. *ossi* nei sign. 2, 3 e 4] **1** os: *rompersi, incrinarsi, fratturarsi un osso*, se casser, se fêler, se fracturer un os **2** (*di animale*) os: *dare gli ossi al cane*, donner les os au chien **3** (*materiale*) os: *bottoni d'osso*, boutons en os **4** (*bot.*) (*nocciolo*) noyau*: *osso di pesca*, noyau de pêche.

● ***osso di balena***, fanon | ***osso di seppia***, os de seiche | (*anat.*) ***osso sacro***, sacrum | ***ossa dei morti***, ossements des morts | ***avere i brividi nelle ossa***, être transi jusqu'aux os | ***avere le ossa rotte***, avoir mal partout; (*fig.*) être mort de fatigue | ***che le sue ossa riposino in pace***, qu'il repose en paix | ***è un osso duro***, (*di persona*) c'est un dur à cuire; (*di cosa*) c'est un gros morceau | ***è un sacco d'ossa, è tutt'ossa***, c'est un sac (*o* un paquet) d'os | ***farsi le ossa***, faire ses premières armes | ***fino all'osso***, jusqu'aux os: *fradicio fino all'osso*, trempé jusqu'aux os, jusqu'à la moelle; *risparmiare fino all'osso*, économiser, mettre de côté jusqu'au moindre centime; *è innamorato fino all'osso*, il est vraiment mordu | ***gli si contano le ossa***, (*estens.*) on pourrait lui compter les os (*o* il n'a que la peau et les os) | ***ha le ossa dure***, (*fig.*) il a la peau dure | ***lasciarci le ossa***, (*fam.*) (*morire*) y laisser la peau; (*fallire*) y laisser jusqu'à sa dernière chemise | ***molla l'osso!***, (*scherz.*)

O

lâche! | ***ridursi all'osso***, (*fig.*) se réduire à la portion congrue: *patrimonio ridotto all'osso*, patrimoine dont il ne reste que des miettes | ***rompere le ossa a qlcu***, casser la figure à qqn | ***rompersi l'osso del collo***, se casser le cou | ***sputa l'osso!***, (*scherz.*) crache le morceau! | ***uscirne con le ossa rotte***, (*fig. fam.*) y laisser toutes ses plumes.

NOTA La ***s*** finale della parola ***os*** si pronuncia solo al singolare.

ossobuco [os-so-bù-co] *n.m.* [pl. *ossibuchi*] (*cuc.*) osso-buco (rouelle de veau).

ossuto [os-sù-to] *agg.* osseux*.

ostacolare [o-sta-co-là-re] *v.tr.* entraver; (*fig.*) s'opposer (**à**) | *mi ha sempre ostacolato*, il m'a toujours contrarié ♦ **ostacolarsi** *v.pron.rec.* se nuire*.

ostacolista [o-sta-co-lì-sta] *n.m.* **1** (*atletica*) coureur* spécialisé dans les courses de haies **2** (*ippica*) jockey de courses d'obstacles.

ostacolo [o-stà-co-lo] *n.m.* **1** obstacle; (*intralcio*) entrave (*f.*): *essere d'ostacolo a*, faire obstacle à; *pieno di ostacoli*, semé d'entraves | *mettere un ostacolo a qlco, qlcu*, freiner qqch, qqn | *non conosce ostacoli*, rien ne l'arrête **2** (*sport*) *haie (*f.*) | *corsa a ostacoli*, course de haies; *400 metri ostacoli*, quatre cents mètres haies.

ostaggio [o-stàg-gio] *n.m.* [pl. *-gi*] otage.

ostare [o-stà-re] *v.intr.* [non usati p.rem., p.p. e tempi composti] s'opposer.

● ***nulla osta a*** (***che***), rien ne s'oppose à (ce que).

oste [ò-ste] *n.m.* [f. *-essa*] aubergiste; (*padrone*) patron* (de bistrot).

● ***fare i conti senza l'oste***, (*fig.*) ne pas tenir compte des impondérables.

FAUX AMI
Da non confondere con *hôte*, che significa *ospite*.

osteggiare [o-steg-già-re] *v.tr.* [coniug. come *mangiare*] contrarier, s'opposer (**à**).

O

ostello [o-stèl-lo] *n.m.* (*per la gioventù*) auberge (*f.*) de jeunesse.

ostensorio [o-sten-sò-rio] *n.m.* [pl. *-ri*] (*eccl.*) ostensoir.

ostentare [o-sten-tà-re] *v.tr.* afficher, affecter; (*mettere in mostra*) étaler, exhiber; (*fingere*) feindre*: *ostentare disprezzo*, afficher son mépris; *ostentare disinteresse*, affecter le détachement; *ostentare povertà*, exhiber sa pauvreté; *ostentare indifferenza*, feindre l'indifférence.

ostentatamente [o-sten-ta-ta-mén-te] *avv.* avec ostentation.

ostentato [o-sten-tà-to] *agg.* affecté.

ostentazione [o-sten-ta-zió-ne] *n.f.* ostentation.

osteo- *pref.* ostéo-.

osteologia [o-ste-o-lo-gì-a] *n.f.* (*med.*) ostéologie.

osteopata [o-ste-ò-pa-ta] *n.m.* e *f.* ostéopathe.

osteopatia [o-ste-o-pa-tì-a] *n.f.* (*med.*) ostéopathie.

osteoporosi [o-ste-o-po-rò-ʃi] *n.f.invar.* (*med.*) ostéoporose.

osteosi [o-ste-ò-ʃi] *n.f.invar.* (*med.*) ostéose.

osteotomia [o-ste-o-to-mì-a] *n.f.* (*med.*) ostéotomie.

osteria [o-ste-rì-a] *n.f.* bistrot (*m.*).

● (*prov.*) ***chi va via perde il posto all'osteria***, qui va à la chasse perd sa place.

ostetrica [o-stè-tri-ca] *n.f.* [pl. *-che*] sage-femme*.

ostetricia [o-ste-trì-cia] *n.f.* [pl. *-cie* o *-ce*] obstétrique.

ostetrico [o-stè-tri-co] *agg.* obstétrical* ♦ *n.m.* [pl.m. *-ci*] accoucheur*, obstétricien*.

ostia [ò-stia] *n.f.* **1** (*eccl.*) hostie **2** (*per medicinali*) cachet (*m.*).

ostico [ò-sti-co] *agg.* [pl.m. *-ci*, f. *-che*] (*difficile*) difficile; (*sgradito*) désagréable.

ostile [o-stì-le] *agg.* hostile.

ostilità [o-sti-li-tà] *n.f.invar.* hostilité.

ostilmente [o-stil-mén-te] *avv.* avec hostilité.

ostinarsi [o-sti-nàr-si] *v.pron.intr.* s'obstiner | *ostinarsi nell'errore*, persister dans l'erreur; *non ostinarti, hai torto!*, n'insiste pas, tu as tort!

ostinatamente [o-sti-na-ta-mén-te] *avv.* obstinément; (*incessantemente*) avec persistance.

ostinatezza [o-sti-na-téz-za] *n.f.* obstination.

ostinato [o-sti-nà-to] *agg.* **1** obstiné; (*testardo*) opiniâtre **2** (*persistente*) opiniâtre.

● ***ostinato come un mulo***, têtu comme une bourrique.

ostinazione [o-sti-na-zió-ne] *n.f.* obstination; (*testardaggine*) opiniâtreté: *ostinazione nel chiedere*, obstination à demander.

ostracismo [o-stra-ci-ʃmo] *n.m.* ostracisme: *dare l'ostracismo a qlcu*, prononcer l'ostracisme contre qqn.

ostracizzare [o-stra-ciʒ-ʒà-re] *v.tr.* ostraciser (*anche fig.*).

ostrica [ò-stri-ca] *n.f.* [pl. *-che*] huître.

● ***attaccarsi come un'ostrica***, (*fig.*) être accroché comme une moule sur son rocher | (*cuc.*) ***uovo all'ostrica***, jaune d'œuf cru assaisonné de sel, poivre et citron.

ostricoltore [o-stri-col-tó-re] *n.m.* [f. *-trice*] ostréiculteur*.

ostricoltura [o-stri-col-tù-ra] *n.f.* ostréiculture.

ostrogoto [o-stro-gò-to] *agg.* e *n.m.* [f. *-a*] ostrogoth, ostrogot | *parlare ostrogoto*, (*estens.*) parler de manière obscure; *è ostrogoto per me*, (*estens.*) c'est du chinois pour moi.

ostruire [o-stru-ì-re] *v.tr.* [coniug. come *finire*] obstruer; (*tubo*) boucher ♦ **ostruirsi** *v.pron.intr.* s'obstruer; (*di tubo*) se boucher.

ostruito [o-stru-ì-to] *agg.* obstrué; (*di tubo*) bouché.

ostruzione [o-stru-zió-ne] *n.f.* **1** obstruction; (*di tubo*) engorgement (*m.*) **2** (*sbarramento*) barrage (*m.*).

ostruzionismo [o-stru-zio-nì-ʃmo] *n.m.* obstructionnisme | *fare dell'ostruzionismo*, faire de l'obstruction.

ostruzionista [o-stru-zio-nì-sta] *n.m.* e *f.* obstructionniste.

ostruzionistico [o-stru-zio-nì-sti-co] *agg.* [pl.m. *-ci*, f. *-che*] obstructionniste.

otalgia [o-tal-gì-a] *n.f.* (*med.*) otalgie.

otarda [o-tàr-da] *n.f.* (*zool.*) outarde.

● ***otarda minore***, canepetière.

otaria [o-tà-ria] *n.f.* (*zool.*) otarie.

otite [o-tì-te] *n.f.* (*med.*) otite.

oto- *pref.* oto-.

otoiatra [o-to-ià-tra] *n.m.* e *f.* otologiste.

otoiatria [o-to-ia-trì-a] *n.f.* otologie.

otorino [o-to-rì-no] *n.m.* e *f.invar.* (*fam.*) oto-rhino.

otorinolaringoiatra [o-to-ri-no-la-rin-go-ià-tra] *n.m.* e *f.* oto-rhino-laryngologiste.

otorinolaringoiatria [o-to-ri-no-la-rin-go-ia-trì-a] *n.f.* oto-rhino-laryngologie.

otoscopia [o-to-sco-pì-a] *n.f.* (*med.*) otoscopie.

otre [ó-tre] *n.m.* outre (*f.*).

ottaedro [ot-ta-è-dro] ***n.m.*** octaèdre.

ottagonale [ot-ta-go-nà-le] ***agg.*** octogonal*.

ottagono [ot-tà-go-no] ***n.m.*** octogone.

ottano [ot-tà-no] ***n.m.*** (*chim.*) octane.

ottanta [ot-tàn-ta] ***agg.num.card.*** e ***n.m.invar.*** quatre-vingts.

NOTA Nei numeri che seguono ***quatre-vingts***, tradotto con ***ottanta***, se *vingts* è seguito da un altro numerale, non si mette la *s*:

Aveva ***ottanta*** *allievi.*
Il avait **quatre-vingts** élèves.

Erano (in) ***ottantasei****.*
Ils étaient **quatre-vingt-six**.

Con valore di aggettivo ordinale ***ottanta*** si traduce con ***quatre-vingt***.

La pagina **ottanta**.
La page **quatre-vingt**.

ottantadue [ot-tan-ta-dù-e] ***agg.num.card.*** e ***n.m. invar.*** quatre-vingt-deux.

ottantenne [ot-tan-tèn-ne] ***agg.*** (âgé) de quatre-vingts ans ♦ ***n.m.*** e ***f.*** personne (âgée) de quatre-vingts ans.

ottantennio [ot-tan-tèn-nio] ***n.m.*** [pl. *-ni*] (période de) quatre-vingts ans.

ottantesimo [ot-tan-tè-ʃi-mo] ***agg.num.ord.*** e ***n.m.*** [f. *-a*] quatrevingtième.

ottantina [ot-tan-tì-na] ***n.f.*** environ quatre-vingts | *ha passato l'ottantina*, il a plus de quatre-vingts ans; *è sull'ottantina*, il doit avoir à peu près quatre-vingts ans.

ottantuno [ot-tan-tù-no] ***agg.num.card.*** e ***n.m.invar.*** quatre-vingt-un.

ottativo [ot-ta-tì-vo] ***agg.*** e ***n.m.*** (*gramm.*) optatif*.

ottava [ot-tà-va] ***n.f.*** **1** (*mus., eccl.*) octave **2** (*metrica*) *huitain (*m.*).

ottavo [ot-tà-vo] ***agg.num.ord.*** e ***n.m.*** *huitième; (*nelle progressioni di re, papi, capitoli ecc.*) *huit.
● (*tip.*) ***in ottavo***, in-octavo.

ottemperante [ot-tem-pe-ràn-te] ***agg.*** obéissant (**à**), respectueux* (**de**).

ottemperanza [ot-tem-pe-ràn-za] ***n.f.*** observance, obéissance.
● ***in ottemperanza a***, conformément à.

ottemperare [ot-tem-pe-rà-re] ***v.intr.*** [aus. *avere*] obtempérer*.

ottenebramento [ot-te-ne-bra-mén-to] ***n.m.*** obscurcissement (*anche fig.*).

ottenebrare [ot-te-ne-brà-re] ***v.tr.*** obscurcir (*anche fig.*) ♦ **ottenebrarsi** ***v.pron.intr.*** s'obscurcir; (*fig.*) se brouiller.

ottenebrato [ot-te-ne-brà-to] ***agg.*** obscurci (*anche fig.*).

ottenere [ot-te-né-re] ***v.tr.*** [coniug. come *tenere*] obtenir*.

ottenibile [ot-te-nì-bi-le] ***agg.*** qu'on peut obtenir; (*realizzabile*) réalisable.

ottenimento [ot-te-ni-mén-to] ***n.m.*** obtention (*f.*).

ottentotto [ot-ten-tòt-to] ***agg.*** *hottentot ♦ ***n.m.*** [f. *-a*] *Hottentot.

ottetto [ot-tét-to] ***n.m.*** **1** (*mus.*) octuor **2** (*chim.*) octet.

ottica [òt-ti-ca] ***n.f.*** [pl. *-che*] optique.

ottico [òt-ti-co] ***agg.*** [pl.m. *-ci*, f. *-che*] optique | *strumento ottico*, instrument d'optique ♦ ***n.m.*** [f. *-a*] opticien*.

ottimale [ot-ti-mà-le] ***agg.*** optimal* | *la soluzione ottimale*, la meilleure solution.

ottimamente [ot-ti-ma-mén-te] ***avv.*** très bien, à merveille.

ottimismo [ot-ti-mì-ʃmo] ***n.m.*** optimisme.

ottimista [ot-ti-mì-sta] ***agg.*** e ***n.m.*** e ***f.*** optimiste.

ottimistico [ot-ti-mì-sti-co] ***agg.*** [pl.m. *-ci*, f. *-che*] optimiste.

ottimizzare [ot-ti-miʒ-ʒà-re] ***v.tr.*** optimiser.

ottimizzazione [ot-ti-miʒ-ʒa-zió-ne] ***n.f.*** optimisation.

ottimo [òt-ti-mo] ***agg.superl.*** excellent, très bon*: *è stato promosso con ottimi voti*, il a été reçu avec d'excellentes notes; (*alla fine di un ciclo di studi*) il a été reçu avec mention très bien ♦ ***n.m.*** **1** optimum*: *richiedere, esigere, raggiungere l'ottimo*, demander, exiger, atteindre l'optimum **2** (*valutazione massima a scuola*) mention (*f.*) très bien ♦ ***inter.*** parfait: *ho concluso l'affare, ottimo!*, affaire conclue, parfait!

otto [òt-to] ***agg.num.card.*** e ***n.m.invar.*** *huit.
● (*canottaggio*) ***otto con***, huit barré | ***otto volante***, montagnes russes | ***dare gli otto giorni***, donner ses huit jours | ***oggi a otto***, (d') aujourd'hui en huit.

ottobre [ot-tó-bre] ***n.m.*** octobre.

ottocentesco [ot-to-cen-té-sco] ***agg.*** [pl.m. *-schi*, f. *-sche*] du XIXe siècle.

ottocentista [ot-to-cen-tì-sta] ***n.m.*** e ***f.*** (*sport*) coureur/euse de 800 mètres.

ottocento [ot-to-cèn-to] ***agg.num.card.*** e ***n.m.invar.*** *huit cents | *nell'Ottocento*, au dix-neuvième siècle | *un'eleganza stile ottocento*, une élégance d'une autre époque.

ottomana [ot-to-mà-na] ***n.f.*** ottomane.

ottomano [ot-to-mà-no] ***agg.*** ottoman ♦ ***n.m.*** [f. *-a*] Ottoman.
● (*st.*) ***Impero ottomano***, Empire ottoman.

ottonario [ot-to-nà-rio] ***agg.*** e ***n.m.*** [pl.m. *-ri*] (*metrica*) octosyllabe.

ottone [ot-tó-ne] ***n.m.*** **1** laiton **2** (*pl.*) (*mus.*) cuivres.

ottuagenario [ot-tua-ge-nà-rio] ***agg.*** e ***n.m.*** [f. *-a*; pl.m. *-ri*] octogénaire.

ottundere [ot-tùn-de-re] ***v.tr.*** [p.rem. *io ottusi* ecc., p.p. *ottuso*] émousser | *ottundere la mente*, (*fig.*) engourdir l'esprit.

ottundimento [ot-tun-di-mén-to] ***n.m.*** émoussement; engourdissement.

otturamento [ot-tu-ra-mén-to] ***n.m.*** obturation (*f.*).

otturare [ot-tu-rà-re] ***v.tr.*** obturer; (*ostruire*) boucher | (*med.*) *otturare un dente*, plomber une dent ♦ **otturarsi** ***v.pron.intr.*** se boucher.

otturatore [ot-tu-ra-tó-re] ***agg.*** e ***n.m.*** [f. *-trice*] obturateur*.

otturazione [ot-tu-ra-zió-ne] ***n.f.*** **1** obturation **2** (*di dente*) plombage (*m.*).

ottusamente [ot-tu-ʃa-mén-te] ***avv.*** stupidement.

ottusità [ot-tu-ʃi-tà] ***n.f.invar.*** stupidité | *ottusità di mente*, épaisseur d'esprit.

ottuso [ot-tù-ʃo] ***agg.*** **1** obtus (*anche fig.*) **2** (*stupido*) stupide: *un ragazzo ottuso*, un garçon stupide | *uno sguardo ottuso*, un regard vide; *sei proprio ottuso!*, (*fam.*) tu es vraiment bouché!

out ['aut] *avv.* e *agg.invar.* (*fam.*) out, dépressé, ringard.

outdoor [aut'dɔr] *agg.invar.* (*sport*) en plein air.

outing ['autiŋg] *n.m.invar.* outing, coming-out: *fare outing*, faire son coming-out.

outlet ['autlet] *n.m.invar.* magasin d'usine, stock.

output ['autput] *n.m.invar.* **1** (*econ.*) output **2** (*inform.*) output, sortie (*f.*).

outsourcing [aut'sœrsiŋg] *n.m.invar.* (*econ.*) externalisation (*f.*), infogérance (*f.*).

ovaia [o-và-ia] *n.f.* (*anat.*) ovaire (*m.*).

ovaiola [o-va-iò-la] *agg.* e *n.f.*
● (***gallina***) ***ovaiola***, (poule) pondeuse.

ovale [o-và-le] *agg.* e *n.m.* ovale.

ovarico [o-và-ri-co] *agg.* [pl.m. *-ci*, f. *-che*] ovarien*.

ovariectomia [o-va-ri-ec-to-mi-a] *n.f.* (*med.*) ovariectomie.

ovario [o-và-rio] *n.m.* [pl. *-ri*] ovaire.

ovatta [o-vàt-ta] *n.f.* ouate; (*cotone idrofilo*) ouate hydrophile.
● ***tenere, allevare qlcu nell'ovatta***, (*fig.*) élever qqn dans le coton.

ovattare [o-vat-tà-re] *v.tr.* ouater (*anche fig.*).

ovattato [o-vat-tà-to] *agg.* ouaté (*anche fig.*).

ovattatura [o-vat-ta-tù-ra] *n.f.* (*imbottitura d'ovatta*) doublure en ouate.

ovattina [o-vat-tì-na] *n.f.* ouatine.

ovazione [o-va-zió-ne] *n.f.* ovation.

ove [ó-ve] *avv.* (*letter.*) où ♦ *cong.* (*qualora*) si, au cas où: *ove venisse*, au cas où il viendrait.

overbooking [over'bukiŋg] *n.m.invar.* surréservation.

overcloccare [o-ver-cloc-cà-re] *v.tr.* [coniug. come *mancare*] (*inform.*) (*fam.*) overclocker, surcadencer.

overdose [o-ver-dò-ʃe] *n.f.invar.* overdose, surdose.

O

overflow [over'flo] *n.m.invar.* (*inform.*) dépassement de capacité.

overlap [over'lɛp] *n.m.invar.* (*inform.*) chevauchement.

overlay [over'lei] *n.m.invar.* (*inform.*) recouvrement; incrustation (*f.*).

oversize [over'saiz] *agg.invar.* de très grande taille.

ovest [ò-vest] *n.m.invar.* ouest: *a ovest, verso ovest*, à l'ouest, vers l'ouest; *vento dell'ovest*, vent d'ouest.
● (*geogr.*) ***Ovest***, Ouest.

ovile [o-vì-le] *n.m.* bergerie (*f.*) | *tornare all'ovile*, (*fig.*) rentrer au bercail.

ovino [o-vì-no] *agg.* e *n.m.* ovin.
● (*zool*) ***gli Ovini***, les Ovinés.

oviparo [o-vì-pa-ro] *agg.* e *n.m.* (*zool.*) ovipare.

ovo- *pref.* ovo-.

ovocita [o-vo-cì-ta] **ovocito** *n.m.* → **oocita**.

ovodonazione [o-vo-do-na-zió-ne] *n.f.* (*med.*) don (*m.*) d'un ovocyte.

ovoidale [o-voi-dà-le] *agg.* ovoïde.

ovolaccio [o-vo-làc-cio] *n.m.* [pl. *-ci*] (*bot.*) fausse oronge (*f.*).

ovolo [ò-vo-lo] *n.m.* (*bot.*) amanite (*f.*) des Césars, oronge (*f.*) vraie.

ovovia [o-vo-vì-a] *n.f.* télébenne ovoïdale, télécabine ovoïdale.

ovoviviparo [o-vo-vi-vì-pa-ro] *agg.* e *n.m.* (*zool.*) ovovivipare.

ovulare[1] [o-vu-là-re] *agg.* **1** (*biol.*) ovulaire **2** (*di forma ovale*) ovoïdal*.

ovulare[2] *v.intr.* [aus. *avere*] (*biol.*) ovuler.

ovulazione [o-vu-la-zió-ne] *n.f.* (*biol.*) ovulation.

ovulo [ò-vu-lo] *n.m.* ovule.

ovunque [o-vùn-que] *avv.* → **dovunque**.

ovvero [ov-vé-ro] *cong.* **1** ou (bien) **2** (*ossia*) à savoir.

ovviamente [ov-via-mén-te] *avv.* évidemment.

ovviare [ov-vi-à-re] *v.intr.* [aus. *avere*] obvier.

ovvietà [ov-vie-tà] *n.f.invar.* évidence.

ovvio [òv-vio] *agg.* [pl.m. *-vi*] évident | *questo è ovvio*, ça, c'est sûr.

oxoniense [o-xo-nièn-se] *agg.* d'Oxford.

oziare [o-zià-re] *v.intr.* [aus. *avere*] se laisser aller à la paresse.

ozio [ò-zio] *n.m.* [pl. *-zi*] **1** oisiveté (*f.*) | *stare in ozio*, être oisif **2** (*letter.*) (*riposo*) loisir: *momenti d'ozio*, moments de loisir.
● (*prov.*) ***l'ozio è il padre dei vizi***, l'oisiveté est mère de tous les vices.

oziosamente [o-zio-sa-mén-te] *avv.* **1** (*inoperosamente*) oisivement; (*pigramente*) paresseusement **2** (*vanamente*) d'une façon oiseuse.

oziosità [o-zio-si-tà] *n.f.invar.* **1** paresse **2** (*inutilità*) vanité.

ozioso [o-zió-so] *agg.* **1** oisif* **2** (*inutile, vano*) oiseux*.

ozonizzare [o-ʒo-niʒ-ʒà-re] *v.tr.* (*chim.*) ozoniser.

ozonizzazione [o-ʒo-niʒ-ʒa-zió-ne] *n.f.* (*chim.*) ozonisation.

ozono [o-ʒò-no] *n.m.* (*chim.*) ozone.

ozonosfera [o-ʒo-no-sfè-ra] *n.f.* ozonosphère.

ozonoterapia [o-ʒo-no-te-ra-pì-a] *n.f.* ozonothérapie.

Pp

p *n.m.* o *f.* p (*m.*).
● (*tel.*) ***p come Palermo***, p comme Pierre.

pacatamente [pa-ca-ta-mén-te] *avv.* paisiblement.

pacatezza [pa-ca-téz-za] *n.f.* calme (*m.*).

pacato [pa-cà-to] *agg.* calme; (*sereno*) serein.

pacca [pàc-ca] *n.f.* [pl. *-che*] (*fam.*) tape: *una pacca amichevole sulla spalla*, une tape amicale sur l'épaule.

pacchetto [pac-chét-to] *n.m.* paquet: *pacchetto di caramelle, di sigarette*, paquet de bonbons, de cigarettes.
● (*fin.*) ***pacchetto azionario***, ***di azioni***, paquet d'actions | (*inform.*): ***pacchetto di dati***, paquet d'informations | (*inform.*) ***pacchetto software***, ***applicativo***, progiciel.

pacchia [pàc-chia] *n.f.* (*fam.*) aubaine: *che pacchia!*, c'est la vie de cocagne!, on se la coule douce!; *è finita la pacchia!*, fini(e) la belle vie!

pacchiano [pac-chià-no] *agg.* tapageur*; (*vistoso*) voyant: *avere gusti pacchiani*, avoir des goûts grossiers.

pacco [pàc-co] *n.m.* [pl. *-chi*] paquet; (*di grandi dimensioni*) colis.
● ***pacco bomba***, colis piégé | ***pacco dono***, ***pacco viveri***, colis de vivres | ***pacco postale***, colis postal | ***tirare un pacco a qlcu***, (*gergo*) (*fare un bidone*) poser un lapin à qqn, rouler qqn | ***un pacco di***, (*gergo*) un tas de: *un pacco di soldi*, un tas d'argent.

paccottiglia [pac-cot-tì-glia] *n.f.* pacotille, camelote.

pace [pà-ce] *n.f.* paix: *pace stabile*, paix durable; *concludere, firmare la pace*, conclure, signer la paix; *conferenza di pace*, conférence sur la paix; *far pace con qlcu*, faire la paix avec qqn; *metter pace fra due persone*, réconcilier deux personnes; *la pace della notte*, la paix de la nuit.
● ***pace armata***, paix armée | ***con buona pace di***, (*iron.*) n'en deplaise à | ***darsi pace***, se consoler, se résigner: *non darsi pace*, se tourmenter | ***giudice di pace***, juge de paix | ***in santa pace***, bien tranquillement | ***lasciare in pace***, laisser tranquille: *lasciami in pace!*, (*fam.*) fiche-moi la paix! | ***mettersi il cuore in pace***, se résigner | ***non aver più pace***, ne pas avoir un moment de répit | ***non dar pace***, ne pas laisser de répit: *le preoccupazioni non gli danno pace*, il ne connaît pas de trêve à ses soucis | ***riposi in pace***, qu'il repose en paix | ***santa pace!***, Seigneur!

pacemaker [peis'meiker] *n.m.invar.* (*med.*) pacemaker, stimulateur (cardiaque).

pachiderma [pa-chi-dèr-ma] *n.m.* pachyderme (*anche fig.*).

pachistano [pa-chi-stà-no] *agg.* pakistanais ♦ *n.m.* [f. *-a*] (*abitante*) Pakistanais.

paciere [pa-ciè-re] *n.m.* [f. *-a*] médiateur*: *fare da paciere*, jouer un rôle de médiateur.

pacificamente [pa-ci-fi-ca-mén-te] *avv.* pacifiquement, paisiblement.

pacificare [pa-ci-fi-cà-re] *v.tr.* [coniug. come *mancare*] **1** pacifier (*anche fig.*) **2** (*riconciliare*) réconcilier, rétablir la paix (**entre**) ♦ **pacificarsi** *v.pron.intr.* **1** se réconcilier **2** (*placarsi*) s'apaiser ♦ *v.pron.rec.* se réconcilier.

pacificatore [pa-ci-fi-ca-tó-re] *agg.* e *n.m.* [f. *-trice*] **1** pacificateur* (*anche fig.*) **2** (*riconciliatore*) réconciliateur*.

pacificazione [pa-ci-fi-ca-zió-ne] *n.f.* **1** pacification (*anche fig.*) **2** (*riconciliazione*) réconciliation.

pacifico [pa-cì-fi-co] *agg.* [pl.m. *-ci*, f. *-che*] **1** (*che ama la pace, che è in pace*) pacifique **2** (*tranquillo*) paisible **3** (*incontestabile*) incontestable: *è pacifico che*, il est incontestable que ♦ *n.m.* [f. *-a*] homme paisible.

pacifismo [pa-ci-fì-ʃmo] *n.m.* pacifisme.

pacifista [pa-ci-fì-sta] *agg.* e *n.m.* e *f.* pacifiste.

pacioccone [pa-cioc-có-ne] *n.m.* [f. *-a*] (*fam.*) (*di uomo*) père tranquille; (*di bambino*) enfant dodu.

packaging ['pakadʒiŋg] *n.m.invar.* conditionnement, packaging.

padano [pa-dà-no] *agg.* [f. *-a*] padan, du Pô.
● (*geogr.*) ***pianura padana***, plaine padane.

padella [pa-dèl-la] *n.f.* **1** poêle: *friggere in padella*, frire à la poêle **2** (*per malati*) bassin (*m.*) (de lit) **3** (*region.*) (*macchia*) tache de graisse.
● ***cadere dalla padella alla***, ***nella brace***, (*fig.*) tomber de Charybde en Scylla | (*cuc.*) ***in padella***, sauté: *funghi in padella*, champignons sautés.

padiglione [pa-di-glió-ne] *n.m.* **1** pavillon **2** (*di una fiera*) stand **3** (*mus.*) pavillon.
● (*anat.*) ***padiglione auricolare***, pavillon auriculaire.

padovano [pa-do-và-no] *agg.* padouan ♦ *n.m.* [f. *-a*] (*abitante*) Padouan.

padre [pà-dre] *n.m.* **1** père: *è padre di tre figli*, il est père de trois enfants; *è tutto suo padre*, c'est le portrait de son père; *fare da padre*, tenir lieu de père; *prendere dal padre*, tenir de son père **2** (*eccl.*) père; (*nelle apostrofi*) mon père.
● ***padre di famiglia***, père de famille | (*relig.*) ***Padre Eterno***, Père Eternel | ***padre naturale***, ***adottivo***, ***putativo***, père naturel, adoptif, putatif | (*relig.*) ***Padre Nostro***, Notre Père | ***padre padrone***, père et maître | ***padre spirituale***, père spirituel | (*st. relig.*) ***Padri della Chiesa***, Pères de l'Église | (*relig.*) ***Dio Padre***, Dieu le Père | ***di padre in figlio***, de père en fils | (*eccl.*) ***il Santo Padre***, le Saint-Père | ***per parte di padre***, du côté de son père | ***ragazzo padre***, père célibataire | ***tale padre, tale figlio***, tel père, tel fils.

padrenostro [pa-dre-nò-stro] *n.m.* [pl. *padrenostri*] **1** (*relig.*) Pater*: *dire, recitare dei paternostri*, dire, réciter des Pater | *sapere una cosa come il padrenostro*, (*saperla a memoria*) savoir une chose par cœur **2** (*grano di rosario*) pater, gros grain de chapelet.

padreterno [pa-dre-tèr-no] *n.m.* [pl. *padreterni*] **1** Dieu le Père **2** (*fig. fam.*) pontife: *darsi arie da padreterno*, prendre des airs de pontife; *quel chirurgo è un padre-*

terno, ce chirurgien est un as; *è un padreterno nel suo ufficio*, au bureau, il fait la pluie et le beau temps.
● ***credersi un padreterno***, (*fig. fam.*) se croire sorti de la cuisse de Jupiter.

padrino [pa-drì-no] ***n.m.*** **1** parrain | *i padrini della finanza*, les (grands) manitous de la finance **2** (*in un duello*) témoin.

padronale [pa-dro-nà-le] ***agg.*** **1** (*dei padroni*) des maîtres **2** (*dei datori di lavoro*) patronal*.

padronanza [pa-dro-nàn-za] ***n.f.*** **1** (*controllo*) contrôle (*m.*): *la padronanza di sé*, la maîtrise de soi **2** (*conoscenza*) maîtrise: *avere una perfetta padronanza di una lingua*, bien maîtriser une langue.

padronato [pa-dro-nà-to] ***n.m.*** patronat.

padroncino [pa-dron-cì-no] ***n.m.*** **1** jeune maître **2** chauffeur* (propriétaire de son véhicule) **3** (*piccolo imprenditore*) petit entrepreneur.

padrone [pa-dró-ne] ***n.m.*** [f. *-a*] **1** maître (*anche fig.*) **2** (*proprietario*) propriétaire **3** (*datore di lavoro*) patron* **4** (*fig.*) (*chi ha la padronanza, il controllo; chi è libero di decidere*) maître: *essere padrone di una lingua*, maîtriser, posséder une langue; *è padrone di fare quel che vuole*, il est libre de faire ce qu'il veut.
● ***padrone (di casa)***, maître de la maison: *la padrona (di casa) chiamò la cameriera*, la maîtresse de maison appela sa femme de chambre; *la padrona non è in casa*, Madame n'est pas là | ***essere padrone di sé***, être maître de soi(-même): *non è più padrone di sé*, il n'est plus maître de lui | ***farla da padrone***, faire la loi | ***il padrone del vapore***, (*iron.*) le grand patron | ***lavorare a padrone***, être au service de qqn.

padroneggiare [pa-dro-neg-già-re] ***v.tr.*** [coniug. come *mangiare*] **1** (*controllare*) maîtriser **2** (*conoscere perfettamente*) maîtriser, posséder* ♦ **padroneggiarsi** ***v.pron.*** se maîtriser.

padronissimo [pa-dro-nìs-simo] ***n.m.*** [f. *-a*].
● ***sei padronissimo di non crederci!***, (*fam.*) tu es libre de ne pas y croire! (*o* libre à toi de ne pas y croire!) | ***vuoi farlo? padronissimo!***, (*fam.*) tu veux le faire? libre à toi! (*o* ça te regarde! *o* c'est ton affaire!).

paesaggio [pa-e-ʃàg-gio] ***n.m.*** [pl. *-gi*] paysage (*anche fig.*): *un paesaggio di montagna*, un paysage de montagne; *un paesaggio di Cézanne*, un paysage de Cézanne.
● ***tutela del paesaggio***, protection des sites.

paesaggista [pa-e-ʃag-gì-sta] ***n.m.*** e ***f.*** (*arte*) paysagiste.

paesaggistico [pa-e-ʃag-gì-sti-co] ***agg.*** [pl.m. *-ci*, f. *-che*] paysager*, du paysage.

paesano [pa-e-ʃà-no] ***agg.*** (*locale*) du pays; (*campagnolo*) villageois ♦ ***n.m.*** [f. *-a*] **1** villageois **2** (*compaesano*) pays.
● ***alla paesana***, à la paysanne.

FAUX AMI
Nel senso di *abitante di un villaggio*, da non confondere con *paysan*, che significa *contadino*.

paese [pa-é-ʃe] ***n.m.*** **1** pays: *non sono di questo paese*, je ne suis pas d'ici **2** (*villaggio*) village: *al mio paese*, dans mon village; *abita in un paese di montagna*, il habite un village de montagne; *vado in paese*, je vais au village.
● (*prov.*) ***paese che vai, usanze che trovi***, autant de pays, autant de mœurs | (*geogr.*) ***Paesi Bassi***, Pays-Bas | ***il Bel Paese***, (*estens.*) l'Italie | ***mandare qlcu a quel paese***, (*fam.*) envoyer qqn promener | (*prov.*) ***tutto il mondo è paese***, les hommes sont partout les mêmes.

paf, **paffete** ***onom.*** pouf.

paffuto [paf-fù-to] ***agg.*** potelé, dodu: *avere le guance paffute*, être joufflu.

paga [pà-ga] ***n.f.*** [pl. *-ghe*] **1** salaire (*m.*); (*di operai*) paie; (*di domestici*) gages (*m.pl.*); (*di militari*) solde; (*di marinai*) matelotage: *avere una buona paga*, être bien payé; *paga base*, salaire de base **2** (*fig.*) (*ricompensa*) récompense.
● ***foglio, libro paga***, feuille, livre de paie.

pagabile [pa-gà-bi-le] ***agg.*** payable.

pagaia [pa-gà-ia] ***n.f.*** pagaie.

pagaiare [pa-ga-ià-re] ***v.intr.*** [aus. *avere*] pagayer*.

pagaiatore [pa-ga-ia-tó-re] ***n.m.*** [f. *-trice*] pagayeur*.

pagamento [pa-ga-mén-to] ***n.m.*** paiement, payement: *pagamento alla consegna*, paiement contre livraison | *in caso di mancato pagamento*, au cas de non-paiement.
● ***a pagamento***, payant; (*con pedaggio*) à péage: *ingresso a pagamento*, entrée payante; *autostrada a pagamento*, autoroute à péage.

paganesimo [pa-ga-né-ʃi-mo] ***n.m.*** paganisme.

pagano [pa-gà-no] ***agg.*** e ***n.m.*** [f. *-a*] païen*.

pagante [pa-gàn-te] ***agg.*** payant: *ospite pagante*, hôte payant.

pagare [pa-gà-re] ***v.tr.*** [coniug. come *legare*] payer*: *quanto l'hai pagato?*, combien l'as-tu payé?; *quanto te l'ha fatto pagare?*, combien te l'a-t-il fait payer?; *pagare a ore*, payer à l'heure; *certo che sa farsi pagare, che si fa pagare*, il se fait bien payer; *pago io!*, c'est moi qui paie!
● ***pagare a chiacchiere***, payer en monnaie de singe | ***pagare di persona***, payer de sa personne | ***pagare di tasca propria***, payer de sa poche; (*fig.*) payer | ***me la pagherai!***, tu me le paieras! | ***non so cosa pagherei per***, je donnerais cher pour.

pagato [pa-gà-to] ***agg.*** payé: *debito non pagato*, dette impayée.

pagatore [pa-ga-tó-re] ***n.m.*** e ***agg.*** [f. *-trice*] payeur*.

pagella [pa-gèl-la] ***n.f.*** bulletin (*m.*): *ha preso la pagella*, il a eu son bulletin.

pagello [pa-gèl-lo] ***n.m.*** (*zool.*) pagel.

paggio [pàg-gio] ***n.m.*** [pl. *-gi*] page.
● ***pettinatura alla paggio***, coiffure à la Jeanne d'Arc.

pagherò [pa-ghe-rò] ***n.m.invar.*** (*comm.*) billet à ordre.

paghetta [pa-ghét-ta] ***n.f.*** argent (*m.*) de poche.

pagina [pà-gi-na] ***n.f.*** page (*anche fig.*): *pagina dispari, pari*, fausse page, belle page; *a pagina dieci*, (à la) page dix.
● (*Internet*) ***pagina base***, page d'accueil | (*giorn.*) ***pagina sportiva***, page du sport | (*Internet*) ***pagina web***, page web | ***a piè di pagina***, au bas de la page | ***girare, voltare pagina***, (*anche fig.*) tourner la page | (*inform.*) ***imposta pagina***, coupure de page-écran | (*giorn.*): ***prima pagina***, une: *in prima pagina*, à la une; ***terza pagina***, page littéraire.

paginatura [pa-gi-na-tù-ra] **paginazione** ***n.f.*** pagination.

paglia [pà-glia] ***n.f.*** paille: *sedia di paglia*, chaise de paille | *un tetto di paglia*, un toit de chaume.
● ***paglia di ferro***, paille de fer | ***avere la coda di paglia***, (*fig.*) ne pas avoir la conscience tranquille | ***color paglia***, paille | ***fuoco di paglia***, feu de paille.

pagliaccetto [pa-gliac-cét-to] ***n.m.*** (*abbigl.*) (*da bambino*) barboteuse (*f.*); (*da donna*) combinaison-culotte* (*f.*).

pagliacciata [pa-gliac-cià-ta] ***n.f.*** farce: *finire in pagliacciata*, tourner à la farce.

pagliaccio [pa-gliàc-cio] ***n.m.*** [pl. *-ci*] **1** clown (*anche fig.*) **2** (*fig.*) (*ciarlatano*) bluffeur*, guignol.

pagliaio [pa-glià-io] ***n.m.*** [pl. *-ai*] **1** (*cumulo*) meule (*f.*) de paille **2** (*edificio*) grange (*f.*).
● ***cercare un ago nel pagliaio***, (*fig.*) chercher une aiguille dans une botte de foin.

paglierìccio [pa-glie-rìc-cio] ***n.m.*** [pl. *-ci*] paillasse (*f.*).

paglierino [pa-glie-rì-no] ***agg.*** paille*.

paglietta [pa-gliét-ta] ***n.f.*** **1** (*cappello*) canotier (*m.*) **2** (*lana di ferro*) paille de fer **3** (*per imballaggio*) frisons (*m. pl.*) pour emballages.

pagliuzza [pa-gliùz-za] ***n.f.*** **1** brin (*m.*) de paille, paille **2** (*particella d'oro*) paillette.

pagnotta [pa-gnòt-ta] ***n.f.*** miche.
● ***lavorare per la pagnotta***, (*fig. fam.*) travailler pour gagner sa croûte.

pago [pà-go] ***agg.*** [pl.m. *-ghi*, f. *-ghe*] (*letter.*) satisfait.

pagoda [pa-gò-da] ***n.f.*** pagode.

paguro [pa-gù-ro] ***n.m.*** (*zool.*) pagure.

paillard [pa'jar] ***n.f.*** (*cuc.*) tranche de veau grillée.

paio[1] [pà-io] ***n.m.*** [pl. *le paia*] **1** paire (*f.*): *un paio di scarpe*, une paire de chaussures; *un paio di forbici*, un paire de ciseaux **2** (*di animali*) couple: *un paio di fagiani*, un couple di faisans **3** (*due*) deux: *tra un paio di giorni*, dans deux jours.
● ***fare il paio***, (*fig.*) faire le paire.

paio[2] → **parere**[1].

paiolo [pa-iò-lo] ***n.m.*** chaudron.

pakistano [pa-ki-stà-no] ***agg.*** e ***n.m.*** → **pachistano**.

pala [pà-la] ***n.f.*** **1** pelle **2** (*di elica, di remo*) pale; (*di timone*) safran (*m.*); (*di mulino*) aube; (*del mulino a vento*) aile.
● (*arte*) ***pala d'altare***, retable.

palacongressi [pa-la-con-grès-si] ***n.m.invar.*** palais des congrès.

paladino [pa-la-dì-no] ***n.m.*** [f. *-a*] **1** (*st.*) paladin **2** (*fig.*) champion: *farsi paladino di qlcu, di qlco*, se poser en défenseur, se faire le champion de qqn, de qqch.

palafitta [pa-la-fit-ta] ***n.f.*** **1** palafitte (*m.*) **2** (*edil.*) pilotis (*m.*).

palafitticolo [pa-la-fit-tì-co-lo] ***agg.*** des palafittes; lacustre.

palafreniere [pa-la-fre-niè-re] ***n.m.*** **1** palefrenier **2** (*mil.*) sergent instructeur d'équitation.

palaghiaccio [pa-la-ghiàc-cio] ***n.m.invar.*** stade de glace, palais de la glace.

palanca[1] [pa-làn-ca] ***n.f.*** [f. *-che*] (*mar.*) passerelle.

palanca[2] ***n.f.*** [f. *-che*] (*region.*) sou (*m.*).

palanchino [pa-lan-chì-no] ***n.m.*** palanquin.

palandrana [pa-lan-drà-na] ***n.f.*** *houppelande.

palasport [pa-la-spòrt] ***n.m.invar.*** Palais des Sports.

palata [pa-là-ta] ***n.f.*** **1** pelletée **2** (*colpo di pala*) coup (*m.*) de pelle **3** (*colpo di remo*) coup (*m.*) d'aviron.
● ***a palate***, (*fig.*) à la pelle.

palatale [pa-la-tà-le] ***agg.*** (*fon.*) palatal* ♦ ***n.f.*** (*fon.*) palatale.

palatalizzazione [pa-la-ta-liʒ-ʒa-zió-ne] ***n.f.*** (*fon.*) palatalisation.

palatino[1] [pa-la-tì-no] ***agg.*** palatin.
● ***guardia palatina***, garde pontificale.

palatino[2] ***agg.*** (*anat.*) palatin.
● ***velo palatino***, voile du palais.

palato [pa-là-to] ***n.m.*** **1** (*anat.*) palais **2** (*estens.*) (*gusto*) palais.
● ***palato duro, molle***, palais dur, mou.

palazzina [pa-laz-zì-na] ***n.f.*** petit hôtel (*m.*) particulier; (*con più appartamenti*) petit immeuble (*m.*).

palazzo [pa-làz-zo] ***n.m.*** **1** palais | *congiura di palazzo*, conjuration de palais **2** (*immobile*) immeuble; (*dimora signorile privata*) hôtel particulier: *abita nel mio palazzo*, il habite mon immeuble; *è un palazzo di uffici*, c'est un immeuble de bureaux.
● ***palazzo arcivescovile***, archevêché | ***palazzo del ghiaccio***, patinoire | ***Palazzo di Giustizia***, Palais (de Justice) | ***palazzo ducale***, palais ducal | ***palazzo reale***, palais royal.

palco [pàl-co] ***n.m.*** [pl. *-chi*] **1** (*teatr.*) loge (*f.*); (*di proscenio*) baignoire (*f.*), avant-scène* (*f.*) **2** (*tavolato*) plancher; (*soffitto*) plafond; (*impalcatura*) échafaudage; (*per spettacoli*) estrade (*f.*) **3** (*zool.*) (*di cervo*) andouiller.

palcoscenico [pal-co-scè-ni-co] ***n.m.*** [pl. *-ci*] scène (*f.*).

pale(o)- ***pref.*** palé(o)-.

paleocristiano [pa-le-o-cri-stià-no] ***agg.*** paléochrétien*.

paleogene [pa-le-o-gè-ne] ***n.m.*** (*geol.*) paléogène.

paleografia [pa-le-o-gra-fì-a] ***n.f.*** paléographie.

paleografo [pa-le-ò-gra-fo] ***n.m.*** [f. *-a*] paléographe.

paleolitico [pa-le-o-lì-ti-co] ***agg.*** e ***n.m.*** [f. *-a*; pl.m. *-ci*, f. *-che*] paléolithique.

paleontologia [pa-le-on-to-lo-gì-a] ***n.f.*** paléontologie.

paleontologo [pa-le-on-tò-lo-go] ***n.m.*** [f. *-a*; pl.m. *-gi*, f. *-ghe*] paléontologiste, paléontologue.

paleozoico [pa-le-o-ʒòi-co] ***agg.*** e ***n.m.*** [f.*-a*; pl.m. *-ci*, f. *-che*] paléozoïque.

palermitano [pa-ler-mi-tà-no] ***agg.*** palermitain ♦ ***n.m.*** [f. *-a*] (*abitante*) Palermitain.

palesare [pa-le-ʃà-re] ***v.tr.*** (*manifestare*) manifester; (*rivelare*) révéler* ♦ **palesarsi** ***v.pron.intr.*** se révéler*; se manifester.

palese [pa-lé-ʃe] ***agg.*** manifeste, évident: *un errore palese*, une erreur manifeste; *cadere in contraddizioni palesi*, tomber dans des contradictions flagrantes; *è un fatto palese a tutti*, c'est un fait notoire; *fare, rendere palese*, rendre public.

palesemente [pa-le-se-mén-te] ***avv.*** manifestement, évidemment.

palestinese [pa-le-sti-né-se] ***agg.*** palestinien* ♦ ***n.m.*** e ***f.*** (*abitante*) Palestinien/enne.

palestra [pa-lè-stra] ***n.f.*** **1** salle de gymnastique; (*fam.*) salle de gym; (*in una scuola*) gymnase (*m.*) | *la scuola è la palestra della vita*, (*fig.*) l'école est le terrain d'essai de la vie **2** (*ginnastica*) gymnastique; (*fam.*) gym: *un po' di palestra ti farebbe bene*, un peu de gymnastique, d'exercice te ferait du bien **3** (*st.*) palestre, gymnase (*m.*).

palestrato [pa-le-strà-to] ***agg.*** e ***n.m.*** [f. *-a*] (*scherz.*) bodybuildé.

paletnologia [pa-let-no-lo-gì-a] ***n.f.*** paléoethnologie.

paletnologo [pa-let-nò-lo-go] ***n.m.*** [f. *-a*; pl.m. *-gi*, f. *-ghe*] paléoethnologue.

paletta [pa-lét-ta] ***n.f.*** **1** pelle **2** (*di turbina*) aube **3** (*di capostazione*) guidon (*m.*) de départ, palette; (*di poliziotto*) palette.

palettata [pa-let-tà-ta] *n.f.* 1 pelletée 2 (*colpo*) coup (*m.*) de pelle.

paletto [pa-lét-to] *n.m.* 1 (*piccolo palo*) petit pieu*; (*di tenda da campo*) piquet 2 (*chiavistello*) verrou, targette (*f.*) 3 (*sci*) piquet.

palindromo [pa-lìn-dro-mo] *agg.* e *n.m.* palindrome.

palingenesi [pa-lin-gè-ne-ʃi] *n.f.invar.* palingénésie.

palinodia [pa-li-no-dì-a] *n.f.* palinodie.

palinsesto [pa-lin-sè-sto] *n.m.* 1 palimpseste 2 (*tv*) (*scaletta*) grille (*f.*).

palio [pà-lio] *n.m.* [pl. *-lî*] palio: *correre il palio*, participer au palio.
● ***in palio***, en jeu: *mettere in palio*, mettre en compétition; *essere in palio*, être en jeu.

paliotto [pa-liòt-to] *n.m.* (*eccl., arte*) devant d'autel.

palissandro [pa-lis-sàn-dro] *n.m.* palissandre.

palizzata [pa-liz-zà-ta] *n.f.* palissade.

palla [pàl-la] *n.f.* 1 balle: *giocare a palla*, jouer à la balle | (*sport*) *battere la palla*, servir 2 (*oggetto sferico*) boule 3 (*al piede dei prigionieri*) boulet (*m.*) 4 (*proiettile*) balle; (*di cannone*) boulet (*m.*) 5 (*pl.*) (*volg.*) couilles: *è una donna con le palle*, c'est une sacrée bonne femme 6 (*fam.*) (*frottola*) bobard (*m.*).
● ***palla al piede***, (*fig.*) boulet: *è una palla al piede!*, c'est un boulet!; *mettere la palla al piede a qlcu*, mettre la corde au cou à qqn | ***palla da biliardo***, boule de billard | ***palla da tennis***, balle de tennis | ***palla dell'occhio***, (*fam.*) globe de l'œil | ***palla di neve***, boule de neige: *fare a palle di neve*, se lancer des boules de neige | ***palla ovale***, ballon ovale, rugby | (*gioco*) ***palla prigioniera***, ballon prisonnier | ***andare in palla***, (*fam.*) (*in confusione*) être paumé | ***a palla***, (*fam.*) (*a tutto volume*) à fond: *ascoltare la musica a palla*, écouter la musique à fond | ***averne le palle piene***, (*volg.*) en avoir ras-le-bol | ***che palle!***, (*volg.*) quelle barbe! | ***far girare le palle a qlcu***, (*volg.*) gonfler qqn | ***mi sta sulle palle***, je ne peux pas le sentir | ***prendere la palla al balzo***, (*fig.*) saisir la balle au bond | ***tirare fuori le palle***, (*volg.*) montrer ce qu'on a dans le ventre.

P

pallacanestro [pal-la-ca-nè-stro] *n.f.* (*sport*) basket-ball (*m.*), basket (*m.*).

pallacorda [pal-la-còr-da] *n.f.invar.* (*sport*) (jeu de) paume.

palladio[1] [pal-là-dio] *n.m.* [pl. *-dî*] (*scult.*) palladium.

palladio[2] *n.m.* [pl. *-dî*] (*chim.*) palladium.

pallamano [pal-la-mà-no] *n.f.invar.* (*sport*) *hand-ball (*m.*).

pallanuoto [pal-la-nuò-to] *n.f.* (*sport*) water-polo (*m.*).

pallavolista [pal-la-vo-lì-sta] *n.m.* e *f.* volleyeur/euse.

pallavolo [pal-la-vó-lo] *n.f.invar.* (*sport*) volley-ball (*m.*), volley (*m.*).

palleggiamento [pal-leg-gia-mén-to] *n.m.* 1 → palleggio 2 *palleggiamento di responsabilità*, (*fig.*) rejet des responsabilités.

palleggiare [pal-leg-già-re] *v.tr.* [coniug. come *mangiare*] ballotter; (*asta ecc.*) balancer* | *palleggiarsi una responsabilità*, (*fig.*) se renvoyer la balle ♦ *v.intr.* [aus. *avere*] faire* rebondir une balle; (*tennis*) faire* des balles; (*football*) jongler.

palleggio [pal-lég-gio] *n.m.* [pl. *-gi*] 1 (*tennis*) échange de balles; (*calcio*) jonglage 2 (*di asta ecc.*) balancement.

pallettone [pal-let-tó-ne] *n.m.* grosse balle (*f.*).

palliativo [pal-lia-tì-vo] *agg.* e *n.m.* palliatif* (*anche fig.*).

pallidamente [pal-li-da-mén-te] *avv.* (*fig.*) vaguement; (*debolmente*) faiblement.

pallido [pàl-li-do] *agg.* pâle; (*livido*) blême; (*scialbo*) blafard: *pallido in volto*, le visage pâle; *pallido di paura*, blême de peur.
● ***non avere la più pallida idea***, (*fig.*) ne pas avoir la moindre idée.

pallina [pal-lì-na] *n.f.* petite balle; (*di carta ecc.*) boulette; (*bilia*) bille; (*da ping-pong*) balle.

pallino [pal-lì-no] *n.m.* 1 boulette (*f.*) 2 (*boccino*) cochonnet 3 (*da caccia*) plomb 4 (*fig.*) (*idea fissa*) marotte (*f.*), dada.
● ***a pallini***, (*di tessuto ecc.*) à pois.

pallonata [pal-lo-nà-ta] *n.f.* coup (*m.*) de ballon.

palloncino [pal-lon-cì-no] *n.m.* 1 ballon 2 (*lampioncino*) lanterne (*f.*) vénitienne.
● ***gonna a palloncino***, jupe-ballon.

pallone [pal-ló-ne] *n.m.* ballon: *gioco del pallone*, football.
● (*bot.*) ***pallone di maggio***, obier | ***pallone frenato***, ballon captif | ***pallone gonfiato***, (*fig.*) ballon de baudruche | ***pallone sonda***, ballon-sonde | ***essere***, ***andare nel pallone***, perdre les pédales | ***fare la testa come un pallone***, (*fig. fam.*) casser la tête | ***struttura a pallone***, structure gonflable.

pallonetto [pal-lo-nét-to] *n.m.* (*sport*) lob.

pallore [pal-ló-re] *n.m.* pâleur (*f.*).

palloso [pal-ló-so] *agg.* (*fam.*) (*noioso*) rasoir.

pallottola [pal-lòt-to-la] *n.f.* 1 boule 2 (*proiettile*) balle.

pallottoliere [pal-lot-to-liè-re] *n.m.* boulier.

palma[1] [pàl-ma] *n.f.* 1 paume; (*mano*) main: *giungere le palme*, joindre les mains 2 (*dei palmipedi*) palmure.
● ***portare qlcu in palma di mano***, (*fig.*) tenir qqn en grande estime.

palma[2] *n.f.* 1 (*albero*) palmier (*m.*) 2 (*ramo di palma*) palme.
● ***palma da cocco***, ***da datteri***, cocotier, dattier | ***cuore di palma***, cœur de palmier | (*relig.*) ***Domenica delle Palme***, Dimanche des Rameaux | ***la palma della vittoria***, la palme de la victoire.

palmare [pal-mà-re] *agg.* 1 (*anat.*) palmaire 2 (*fig.*) évident.
● (*inform.*) (***computer***) ***palmare***, ordinateur de poche.

palmato [pal-mà-to] *agg.* (*bot., zool.*) palmé.

palmento [pal-mén-to] *n.m.* (*macina*) meule (*f.*).
● ***mangiare a quattro palmenti***, (*fig.*) s'empiffrer.

palmeto [pal-mé-to] *n.m.* palmeraie (*f.*).

palmipede [pal-mì-pe-de] *agg.* e *n.m.* (*zool.*) palmipède.

palmizio [pal-mì-zio] *n.m.* [pl. *-zî*] (*bot.*) palmier.

palmo [pàl-mo] *n.m.* 1 (*lunghezza*) empan: *un palmo d'acqua*, un pied d'eau; *è alto un palmo*, il est haut comme trois pommes; *barba lunga un palmo*, barbe de trois jours; *un palmo di terreno*, un (petit) lopin de terre | *con un palmo di lingua fuori*, la langue pendante 2 (*della mano*) paume (*f.*).
● ***a palmo a palmo***, (*fig.*) centimètre par centimètre: *la regione fu riconquistata a palmo a palmo*, la région fut reconquise pied à pied | ***avere un muso lungo un palmo***, (*fig.*) avoir une tête longue comme un jour sans pain | ***non cedere d'un palmo***, (*fig.*) ne pas reculer d'un pouce | ***restare con un palmo di naso***, être bien attrapé; (*fam.*) rester baba | ***tenere***, ***portare qlcu in palmo di mano***, (*fig.*) tenir qqn en grande estime.

palo [pà-lo] *n.m.* poteau*; (*di fondazione*) pilot; (*piolo, paletto*) pieu*: *palo della luce*, poteau électrique.
● ***palo del supplizio***, pal | ***dritto come un palo***, droit comme un I | ***fare il palo***, (*fig.*) (*in una rapina ecc.*) faire le guet | ***mettere al palo***, attacher au poteau d'exécution | ***saltare di palo in frasca***, (*fig.*) faire des coq-à-l'âne.

palombaro [pa-lom-bà-ro] *n.m.* [f. *-a*] scaphandrier.

palombo [pa-lóm-bo] *n.m.* (*pesce*) émissole (*f.*).

palpabile [pal-pà-bi-le] *agg.* palpable (*anche fig.*).

palpare [pal-pà-re] *v.tr.* palper; (*fam.*) tripoter.

palpata [pal-pà-ta] *n.f.* palpation: *dare una palpata*, palper, tâter; (*fam.*) tripoter.

palpazione [pal-pa-zió-ne] *n.f.* (*med.*) palpation.

palpebra [pàl-pe-bra] *n.f.* paupière: *sbattere le palpebre*, battre les paupières.

palpeggiare [pal-peg-già-re] *v.tr.* [coniug. come *mangiare*] palper; (*fam.*) tripoter.

palpitante [pal-pi-tàn-te] *agg.* palpitant: *col cuore palpitante*, le cœur battant | *una notizia di palpitante attualità*, (*fig.*) une nouvelle d'une actualité brûlante.

palpitare [pal-pi-tà-re] *v.intr.* [aus. *avere*] palpiter (*anche fig.*).

palpitazione [pal-pi-ta-zió-ne] *n.f.* palpitation: *far venire le palpitazioni*, donner des battements de cœur.

palpito [pàl-pi-to] *n.m.* battement | *palpito di gioia, di paura*, (*fig.*) frémissement de joie, frisson de peur.

paltò [pal-tò] *n.m.invar.* manteau*; pardessus.

paludato [pa-lu-dà-to] *agg.* **1** paré de riches vêtements; (*scherz.*) accoutré **2** (*fig.*) ampoulé, pompeux*.

palude [pa-lù-de] *n.f.* marécage (*m.*); (*acquitrino*) marais (*m.*) | *caccia in palude*, chasse au gibier d'eau.

paludoso [pa-lu-dó-so] *agg.* marécageux*.

palustre [pa-lù-stre] *agg.* paludéen*.

pamphlettista [pam-phlet-tì-sta] *n.m.* e *f.* pamphlétaire.

pampino [pàm-pi-no] *n.m.* (*bot.*) pampre.

pan- *pref.* pan-.

panacea [pa-na-cè-a] *n.f.* panacée (*anche fig.*).

panafricanismo [pa-na-fri-ca-nì-ʃmo] *n.m.* panafricanisme.

panama [pà-na-ma] *n.m.invar.* (*cappello*) panama.

panamegno [pa-na-mé-gno] *agg.* e *n.m.* [f. *-a*] → **panamense**.

panamense [pa-na-mèn-se] *agg.* panamien*, panaméen* ♦ *n.m.* e *f.* (*abitante*) Panamien/enne, Panaméen/enne.

panamericano [pa-na-me-ri-cà-no] *agg.* panaméricain.

panarabismo [pa-na-ra-bì-ʃmo] *n.m.* panarabisme.

panarabo [pa-nà-ra-bo] *agg.* panarabe.

panare e *deriv.* → **impanare**[2] e *deriv.*

panca [pàn-ca] *n.f.* [pl. *-che*] **1** banc (*m.*) **2** (*arredamento*) banquette.

pancarrè [pan-car-rè] **pan carré** *n.m.invar.* pain (de) mie.

pancetta [pan-cét-ta] *n.f.* **1** (*cuc.*) lard (*m.*) entrelardé **2** (*fam.*) brioche: *mettere su un po' di pancetta*, avoir un peu de brioche.
● ***pancetta affumicata***, lard fumé.

panchetto [pan-chét-to] *n.m.* (*sgabello*) escabeau*, tabouret.

panchina [pan-chì-na] *n.f.* **1** banc (*m.*), banquette **2** (*sport*) banc (*m.*) (des remplaçants); (*i giocatori di riserva*) remplaçants (*m.pl.*); (*l'allenatore*) entraîneur (*m.*): *stare in panchina*, rester sur le banc des remplaçants.

pancia [pàn-cia] *n.f.* [pl. *-ce*] **1** ventre (*m.*): *avere mal di pancia*, avoir mal au ventre; *essere a pancia piena*, avoir le ventre plein | *mettere (su) pancia*, prendre du ventre **2** (*estens.*) (*di cosa*) ventre (*m.*), panse.
● ***pancia a terra!***, à plat ventre! | ***a pancia in su, in giù***, sur le dos, sur le ventre | ***grattarsi la pancia***, (*fig.*) se tourner les pouces | ***riempirsi la pancia***, (*fam.*) se remplir la panse | ***stare a pancia all'aria***, rester étendu sur le dos; (*fig.*) se dorer au soleil | ***tenersi la pancia dalle risate***, (*fig.*) se tenir les côtes.

panciata [pan-cià-ta] *n.f.* → **spanciata**.

panciera [pan-ciè-ra] *n.f.* **1** ceinture de laine **2** (*dell'armatura*) pansière.

panciolle [pan-ciòl-le] *avv.*
● ***stare in panciolle***, se tourner les pouces.

pancione [pan-ció-ne] *n.m.* **1** gros ventre, bedaine (*f.*) **2** (*fam. scherz.*) (*grassone*) gros lard.
● ***avere il pancione***, (*fam.*) (*di donna incinta*) être enceinte.

panciotto [pan-ciòt-to] *n.m.* gilet.

panciuto [pan-ciù-to] *agg.* ventru.

pancone [pan-có-ne] *n.m.* grosse planche (*f.*), madrier; (*del falegname*) établi.

pancotto [pan-còt-to] *n.m.* (*cuc.*) panade (*f.*).

pancreas [pàn-cre-as] *n.m.invar.* (*anat.*) pancréas.

pancreatico [pan-cre-à-ti-co] *agg.* [pl.m. *-ci*, f. *-che*] (*anat.*) pancréatique.

pancromatico [pan-cro-mà-ti-co] *agg.* [pl.m. *-ci*, f. *-che*] (*fot.*) panchromatique; (*fam.*) panchro.

panda [pàn-da] *n.m.invar.* (*zool.*) panda.

pandemia [pan-de-mì-a] *n.f.* (*med.*) pandémie.

pandemico [pan-dè-mi-co] *agg.* [pl.m. *-ci*, f. *-che*] pandémique.

pandemonio [pan-de-mò-nio] *n.m.* [pl. *-ni*] (*confusione*) charivari, pagaille (*f.*); (*chiasso*) vacarme: *provocare un pandemonio*, soulever un tollé général. P

pandispagna [pan-di-spà-gna] *n.m.invar.* (*cuc.*) génoise (*f.*) (gâteau fait avec de la pâte à biscuit).

pane[1] [pà-ne] *n.m.* **1** pain: *fetta di pane*, tranche de pain | *pane e marmellata*, tartine de confiture | *pane e burro*, tartine beurrée | *pane e salame*, sandwich au saucisson | *il pane della scienza*, la nourriture de l'esprit **2** (*oggetto a forma di pane*) pain: *un pane di burro*, un pain de beurre | *un pane di terra*, une motte de terre **3** (*metall.*) saumon.
● ***pane azzimo***, pain azyme | ***pane bianco, nero***, pain blanc, noir | ***pane grattuggiato***, panure, chapelure | ***pane in cassetta, carré***, pain de mie | ***pane integrale***, pain complet | ***pan di Spagna***, génoise | ***pan pepato***, pain d'épice | (*bot.*) ***albero del pane***, arbre à pain | ***dire pane al pane, vino al vino***, (*fig.*) appeler un chat un chat | ***essere buono come il pane***, ***essere un pezzo di pane***, être bon comme du pain blanc | ***lavorare per un tozzo di pane***, (*fig.*) travailler pour un salaire de misère | ***mangiare il pane a tradimento***, (*fig.*) ne pas valoir le pain qu'on mange | ***mettere a pane e acqua***, (*fig.*) mettre au pain et à l'eau | ***non si vive di solo pane***, l'homme ne vit pas seulement de pain | ***rendere pan per focaccia***, (*fig.*) rendre à qqn la monnaie de sa pièce | ***si vende come il pane***, ça se vend comme des petits pains | ***togliere, levare il pane di bocca***,

(*fig.*) ôter le pain de la bouche | ***trovare pane per i propri denti***, (*fig.*) trouver son affaire.

pane[2] *n.m.* (*mecc.*) (*della vite*) filet.

panegirico [pa-ne-gì-ri-co] *n.m.* [pl. *-ci*] panégyrique.

panellenico [pa-nel-lè-ni-co] *agg.* [pl.m. *-ci*, f. *-che*] panhellénique.

panellenismo [pa-nel-le-nì-ʃmo] *n.m.* panhellénisme.

panello [pa-nèl-lo] *n.m.* (*agr.*) tourteau*.

panetteria [pa-net-te-rì-a] *n.f.* boulangerie.

panettiere [pa-net-tiè-re] *n.m.* [f. *-a*] boulanger*.

panetto [pa-nét-to] *n.m.* petit pain | *un panetto di burro*, une plaquette de beurre.

panettone [pa-net-tó-ne] *n.m.* **1** (*cuc.*) panettone (gâteau de Noël, spécialité de Milan) **2** (*paracarro*) borne (*f.*) de voirie en ciment.

paneuropeo [pa-neu-ro-pè-o] *agg.* paneuropéen*.

panfilo [pàn-fi-lo] *n.m.* (*mar.*) yacht.

panforte [pan-fòr-te] *n.m.* (*cuc.*) panforte (pâtisserie aux fruits confits, spécialité de Sienne).

pangermanesimo [pan-ger-ma-né-ʃi-mo] *n.m.* (*pol.*) pangermanisme.

pangolino [pan-go-lì-no] *n.m.* (*zool.*) pangolin.

pangrattato [pan-grat-tà-to] *n.m.* chapelure (*f.*).

pania [pà-nia] *n.f.* **1** glu **2** (*fig.*) piège (*m.*).

panico [pà-ni-co] *agg.* [pl.m. *-ci*, f. *-che*] panique ♦ *n.m.* panique (*f.*) | *essere preso dal panico*, être pris de panique, (*fam.*) paniquer; (*prima di un esame, di un'esibizione ecc.*) avoir le trac.
● (*psic.*) ***attacco di panico***, attaque de panique | ***timor panico***, peur panique.

paniere [pa-niè-re] *n.m.* panier (*anche econ.*).
● (*fin.*) ***paniere di monete***, panier monétaire, des monnaies | (*ricamo*) ***punto paniere***, point de vannerie | ***rompere le uova nel paniere***, (*fig.*) faire rater l'affaire.

panificare [pa-ni-fi-cà-re] *v.tr.* [coniug. come *mancare*] panifier ♦ *v.intr.* [aus. *avere*] faire* le pain.

P

panificazione [pa-ni-fi-ca-zió-ne] *n.f.* panification.

panificio [pa-ni-fì-cio] *n.m.* [pl. *-ci*] boulangerie (*f.*).

panino [pa-nì-no] *n.m.* **1** petit pain **2** (*imbottito*) sandwich: *panino imbottito col, di formaggio*, sandwich au fromage.

paninoteca [pa-ni-no-tè-ca] *n.f.* [pl. *-che*] sandwicherie.

panislamico [pa-ni-ʃlà-mi-co] *agg.* [pl.m. *-ci*, f. *-che*] panislamique.

panna[1] [pàn-na] *n.f.* crème ♦ *agg.invar.* (*colore*) crème.
● ***panna cotta***, entremets à base de crème fraîche et de gélatine | ***panna montata***, crème fouettée | ***con panna***, à la crème: *cioccolata con panna*, chocolat viennois.

FAUX AMI
Nel significato gastronomico di *fior di latte*, non è da confondere con *panne*, che significa *guasto, avaria*.

panna[2] *n.f.* (*mar.*) panne.

panne ['pan, 'panne] *n.f.invar.* (*aut.*) panne.
● ***essere, rimanere in panne***, (*anche fig.*) être, tomber en panne.

panneggio [pan-nég-gio] *n.m.* [pl. *-gi*] drapé; (*pitt., scultura*) draperie (*f.*).

pannello [pan-nèl-lo] *n.m.* panneau*.
● (*inform.*) ***pannello dei comandi***, table des commandes | ***pannello di comando***, panneau de contrôle; (*di aereo*) banc de contrôle; (*di apparecchiatura elettronica*) tableau de commande | (*inform.*) ***pannello di controllo***, panneau de configuration | ***pannello isolante***, panneau isolant | ***pannello solare***, panneau solaire | ***pannelli radianti***, panneaux rayonnants: *riscaldamento a pannelli radianti*, chauffage au sol.

panno [pàn-no] *n.m.* **1** (*di lana*) drap **2** (*pezzo di tessuto*) linge; (*straccio*) chiffon | *panni caldi*, compresses chaudes **3** (*pl.*) (*indumenti*) vêtements; (*biancheria*) linge (*sing.*): *lavare i panni*, laver le linge.
● ***panno lenci***®, feutrine | ***essere, trovarsi nei panni di qlcu***, (*fig.*) être à la place de qqn | ***lavare i panni sporchi in famiglia***, (*fig.*) laver son linge sale en famille | ***mettersi nei panni di qlcu***, se mettre à la place de qqn | ***tagliare i panni addosso a qlcu***, (*fig.*) casser du sucre sur le dos de qqn.

FAUX AMI
Da non confondere con *panneau*, che significa *pannello, cartellone*.

pannocchia [pan-nòc-chia] *n.f.* épi (*m.*).

pannolino [pan-no-lì-no] *n.m.* **1** (*per neonato*) couche (*f.*) **2** (*assorbente igienico*) serviette (*f.*) hygiénique.
● ***pannolino-mutandina***, couche-culotte.

pannolone [pan-no-ló-ne] *n.m.* couche (*f.*) anatomique.

panoplia [pa-nò-plia] *n.f.* panoplie.

panorama [pa-no-rà-ma] *n.m.* panorama (*anche fig.*): *ammirare il panorama*, admirer le panorama; *delineare un panorama della situazione*, brosser un tableau de la situation.

panoramica [pa-no-rà-mi-ca] *n.f.* [pl. *-che*] **1** (*fot.*) vue panoramique; (*cine.*) panoramique (*m.*) **2** (*quadro d'insieme*) vue d'ensemble **3** (*strada*) route panoramique **4** (*radiografia*) panoramique (*m.*).

panoramico [pa-no-rà-mi-co] *agg.* [pl.m. *-ci*, f. *-che*] panoramique.
● (*cine.*) ***schermo panoramico***, écran panoramique.

panpepato [pan-pe-pà-to] *n.m.* pain d'épice.

panromanzo [pan-ro-màn-ʒo] *agg.* commun à toutes les langues romanes.

pantacollant [pan-ta-col-lànt] *n.m.invar.* fuseau*.

pantagruelico [pan-ta-gru-è-li-co] *agg.* [pl.m. *-ci*, f. *-che*] pantagruélique.

pantaloncini [pan-ta-lon-cì-ni] *n.m.pl.* (*per ragazzi*) culotte (*f.sing.*) courte; (*per adulti*) short (*sing.*).

pantalone [pan-ta-ló-ne] *n.m.* → **pantaloni**.

pantaloni [pan-ta-ló-ni] *n.m.pl.* pantalon (*sing.*).
● ***pantaloni alla pescatora***, pantalon corsaire | ***pantaloni alla zuava***, pantalon de sport (*o* culotte de golf) | ***portare i pantaloni***, (*fig.*) porter la culotte.

pantano [pan-tà-no] *n.m.* **1** marécage, marais **2** (*fig.*) pétrin: *cacciarsi in un pantano*, se fourrer dans un guêpier.

panteismo [pan-te-ì-ʃmo] *n.m.* (*fil.*) panthéisme.

panteista [pan-te-ì-sta] *n.m.* e *f.* (*fil.*) panthéiste.

panteistico [pan-te-ì-sti-co] *agg.* [pl.m. *-ci*, f. *-che*] (*fil.*) panthéiste.

pantera [pan-tè-ra] *n.f.* **1** (*zool.*) panthère **2** (*auto della polizia*) voiture de police d'intervention rapide.

pantheon [pàn-the-on] *n.m.invar.* panthéon.

pantofola [pan-tò-fo-la] *n.f.* pantoufle; (*aperta e con tacco alto*) mule.

pantofolaio [pan-to-fo-là-io] *n.m.* [f. *-a*; pl.m. *-ai*] **1** fabricant de pantoufles **2** (*fig., fam.*) pantouflard.

pantografo [pan-tò-gra-fo] ***n.m.*** pantographe.

pantomima [pan-to-mì-ma] ***n.f.*** (*teatr.*) pantomime (*anche fig.*): *non credergli, sta facendo la pantomima*, ne le prends pas au sérieux, c'est du cinéma.

panzana [pan-zà-na] ***n.f.*** sornette.

panzer [pàn-zer] ***n.m.invar.*** (*fig.*) bulldozer.

panzerotto [pan-ze-ròt-to] ***n.m.*** (*cuc.*) gros ravioli au jambon et au fromage.

paonazzo [pa-o-nàz-zo] ***agg.*** violet foncé: *paonazzo per il freddo*, bleu de froid; *paonazzo per la rabbia*, rouge de colère.

papa [pà-pa] ***n.m.*** pape: *papa Pio IX*, le pape Pie IX.
● ***a ogni morte di papa***, (*fig.*) tous les trente-six du mois | (*prov.*) ***morto un papa se ne fa un altro***, le roi est mort, vive le roi | ***stare, vivere come un papa***, être comme un coq en pâte.

papà [pa-pà] ***n.m.invar.*** papa.
● ***figlio di papà***, fils à papa.

papabile [pa-pà-bi-le] ***agg.*** papable.

papaia [pa-pà-ia] ***n.f.*** **1** (*pianta*) papayer (*m.*) **2** (*frutto*) papaye.

papale [pa-pà-le] ***agg.*** papal*.
● ***papale papale***, (*fam.*) tout de go, tel quel.

papalina [pa-pa-lì-na] ***n.f.*** calotte.

papalino [pa-pa-lì-no] ***agg.*** papal* ♦ ***n.m.*** [f. *-a*] papalin.

papamobile [pa-pa-mò-bi-le] ***n.f.*** papamobile.

paparazzo [pa-pa-ràz-zo] ***n.m.*** [f. *-a*] (*fam.*) paparazzi.

papato [pa-pà-to] ***n.m.*** papauté (*f.*).

papaverina [pa-pa-ve-rì-na] ***n.f.*** (*chim.*) papavérine.

papavero [pa-pà-ve-ro] ***n.m.*** **1** (*bot.*) pavot **2** (*fig.*) (*persona importante*) gros bonnet: *i papaveri dell'alta finanza*, les gros bonnets de la finance; *i papaveri della medicina*, les grands pontes de la médecine.
● ***papavero da oppio***, pavot somnifère | ***papavero selvatico***, coquelicot | ***olio di papavero***, huile d'œillette | ***rosso come un papavero***, rouge comme une tomate.

papera [pà-pe-ra] ***n.f.*** **1** (*oca*) oison (*m.*); (*anatra*) canette **2** (*fig.*) (*lapsus*) lapsus (*m.*); (*fam.*) pataquès (*m.*): *fa continuamente delle papere*, il s'embrouille tout le temps.
● ***camminare come una papera***, marcher comme un canard | ***ha preso una papera***, (*fig.*) la langue lui a fourché.

paperback ['peiperbɛk] ***n.m.invar.*** (*libro in brossura*) livre broché.

papero [pà-pe-ro] ***n.m.*** (*giovane oca maschio*) oison; (*anatroccolo*) canneton.

papessa [pa-pés-sa] ***n.f.*** papesse.

papilla [pa-pìl-la] ***n.f.*** (*anat., bot.*) papille.
● (*anat.*) ***papille gustative***, papilles gustatives.

papilloma [pa-pil-lò-ma] ***n.m.*** (*med.*) papillome.

papillon [papi'jɔn] ***n.m.invar.*** (*cravatta a farfalla*) nœud papillon.

papiro [pa-pì-ro] ***n.m.*** **1** (*bot., archeol.*) papyrus **2** (*scherz.*) (*documento*) papier; (*lunga lettera*) épître (*f.*).

papirologia [pa-pi-ro-lo-gì-a] ***n.f.*** papyrologie.

papismo [pa-pì-ʃmo] ***n.m.*** papisme.

papista [pa-pì-sta] ***n.m.*** e ***f.*** papiste.

pappa [pàp-pa] ***n.f.*** **1** bouillie **2** (*fam.*) (*cibo per animali*) pâtée.
● ***pappa molle***, chiffe molle | ***pappa reale***, gelée royale | ***la pappa pronta***, (*fig.*) la besogne toute mâchée, le travail tout fait: *trovare la pappa pronta*, trouver la besogne toute mâchée; *vuole trovare la pappa pronta*, il attend que ça lui tombe tout rôti | ***mangiare la pappa in capo a qlcu***, (*scherz.*) manger la soupe sur la tête de qqn | ***scodellare la pappa a qlcu***, (*fig.*) mâcher la besogne à qqn.

pappafico [pap-pa-fì-co] ***n.m.*** [pl. *-chi*] (*mar.*) petit perroquet.

pappagallescamente [pap-pa-gal-le-sca-mén-te] ***avv.*** comme un perroquet.

pappagallesco [pap-pa-gal-lé-sco] ***agg.*** [pl.m. *-schi*, f. *-sche*] de perroquet: *in modo pappagallesco*, comme un perroquet.

pappagallo [pap-pa-gàl-lo] ***n.m.*** **1** perroquet **2** (*chi importuna le donne*) dragueur **3** (*orinale*) urinal*.

pappagorgia [pap-pa-gòr-gia] ***n.f.*** [pl. *-ge*] double menton (*m.*).

pappamolla [pap-pa-mòl-la] **pappamolle** ***n.m.*** e ***f.invar.*** chiffe (*f.*) molle.

pappardella [pap-par-dèl-la] ***n.f.*** **1** (*spec. pl.*) (*cuc.*) tagliatelle large **2** (*scherz.*) (*lungo discorso*) tirade.

pappare [pap-pà-re] ***v.tr.*** (*fam.*) **1** bouffer: *chi si è pappato tutta la torta?*, qui a bouffé tout le gâteau? **2** (*fig.*) rafler.

pappata [pap-pà-ta] ***n.f.*** (*fam.*) gueleton (*m.*).

pappataci [pap-pa-tà-ci] ***n.m.invar.*** (*zool.*) moustique (qui transmet la fièvre des trois jours).

pappatoria [pap-pa-tò-ria] ***n.f.*** (*fam.*) **1** bouffe, bouffetance **2** (*guadagno illecito*) profit (*m.*) illicite.

pappina [pap-pì-na] ***n.f.*** **1** bouillie **2** (*impiastro medicamentoso*) cataplasme (*m.*).

paprica [pà-pri-ca] ***n.f.*** [pl. *-che*] paprika.

pap-test [pap-tèst] ***n.m.invar.*** (*med.*) frottis vaginal.

papuano [pa-pu-à-no] ***agg.*** papou ♦ ***n.m.*** [f. *-a*] (*abitante*) Papou.

papula [pà-pu-la] ***n.f.*** (*med.*) papule.

para [pà-ra] ***n.f.*** caoutchouc (*m.*); (*per scarpe*) crêpe (*m.*).

parà [pa-rà] ***n.m.*** e ***f.invar.*** (*paracadutista*) para.

para- ***pref.*** para-.

parabola[1] [pa-rà-bo-la] ***n.f.*** **1** (*mat.*) parabole (*anche fig.*): *la parabola di un proiettile*, la parabole d'un projectile; *la parabola della vita*, la courbe de la vie **2** (*tel.*) (*antenna*) parabole.

parabola[2] ***n.f.*** (*racconto allegorico*) parabole.

parabolica [pa-ra-bò-li-ca] ***n.f.*** [pl. *-che*] parabole.

parabolico [pa-ra-bò-li-co] ***agg.*** [pl.m. *-ci*, f. *-che*] parabolique.
● (*tel.*) ***antenna parabolica***, antenne parabolique.

parabordo [pa-ra-bór-do] ***n.m.invar.*** (*mar.*) défense (*f.*).

parabrezza [pa-ra-bréʒ-ʒa] ***n.m.invar.*** (*aut.*) pare-brise.

paracadutare [pa-ra-ca-du-tà-re] ***v.tr.*** parachuter ♦ **paracadutarsi** ***v.pron.*** sauter en parachute.

paracadute [pa-ra-ca-dù-te] ***n.m.invar.*** parachute: *scendere col paracadute*, descendre en parachute; *lanciare col paracadute*, parachuter; *lancio col paracadute*, saut en parachute; (*l'azione*) parachutage.
● ***paracadute d'emergenza***, parachute de secours.

paracadutismo [pa-ra-ca-du-tì-ʃmo] ***n.m.*** parachutisme.

paracadutista [pa-ra-ca-du-tì-sta] ***n.m.*** e ***f.*** parachutiste; (*fam.*) para.

P

paracarro [pa-ra-càr-ro] *n.m.* borne (*f.*).

paracetamolo [pa-ra-ce-ta-mò-lo] *n.m.* (*farm.*) paracétamol.

paracolpi [pa-ra-cól-pi] *n.m.invar.* butoir.

paradenti [pa-ra-dèn-ti] *n.m.invar.* (*sport*) protège-dents.

paradigma [pa-ra-dìg-ma] *n.m.* paradigme.

paradigmatico [pa-ra-dig-mà-ti-co] *agg.* [pl.m. *-ci*, f. *-che*] (*gramm., ling.*) paradigmatique.

paradisea [pa-ra-dì-ʃe-a] *n.f.* (*zool.*) paradisier (*m.*).

paradisiaco [pa-ra-di-ʃì-a-co] *agg.* [pl.m. *-ci*, f. *-che*] paradisiaque.

paradiso [pa-ra-dì-ʃo] *n.m.* paradis: *in paradiso*, au, en paradis; *è un paradiso*, c'est un vrai paradis.
● ***paradiso fiscale***, paradis fiscal | ***paradiso terrestre***, paradis terrestre | ***andare in paradiso in carrozza***, (*fig.*) gagner son paradis sans se donner de mal | ***avere dei santi in paradiso***, (*fig.*) avoir des protections haut placées | ***sentirsi in paradiso***, (*fig.*) être aux anges | (*zool.*) ***uccello del paradiso***, paradisier, oiseau de paradis.

paradossale [pa-ra-dos-sà-le] *agg.* paradoxal*.

paradossalmente [pa-ra-dos-sal-mén-te] *avv.* paradoxalement.

paradosso [pa-ra-dòs-so] *n.m.* paradoxe | *ragionare per paradossi*, raisonner par l'absurde.

parafango [pa-ra-fàn-go] *n.m.* [pl. *-ghi*] (*aut.*) pare-boue.

parafarmaceutico [pa-ra-far-ma-cèu-ti-co] *agg.* [pl.m. *-ci*, f. *-che*] (de produit) non médical* (vendu dans les pharmacies).

paraffina [pa-raf-fì-na] *n.f.* (*chim.*) paraffine.
● ***prova del guanto di paraffina***, test du gant de paraffine (*o* test de la paraffine).

paraffinato [pa-raf-fi-nà-to] *agg.* paraffiné.

parafiamma [pa-ra-fiàm-ma] *n.m.invar.* pare-feu.

parafrasare [pa-ra-fra-ʃà-re] *v.tr.* paraphraser.

P

parafrasi [pa-rà-fra-ʃi] *n.f.invar.* paraphrase.

parafulmine [pa-ra-fùl-mi-ne] *n.m.* paratonnerre.

parafuoco [pa-ra-fuò-co] *n.m.invar.* (écran) pare-feu*.

paraggi [pa-ràg-gi] *n.m.pl.* parages: *abita nei paraggi della stazione*, il habite dans les parages de la gare; *dev'essere nei paraggi*, il doit être dans les parages.

paragonabile [pa-ra-go-nà-bi-le] *agg.* comparable.

paragonare [pa-ra-go-nà-re] *v.tr.* comparer: *la mia casa non può essere paragonata alla, con la sua*, ma maison ne peut pas être comparée à la sienne ♦ **paragonarsi** *v.pron.* se comparer.

paragone [pa-ra-gó-ne] *n.m.* comparaison (*f.*): *mettere a paragone*, comparer; *nessuno gli sta a paragone*, personne ne soutient la comparaison avec lui.
● ***a, in paragone (di)***, en comparaison (de) | (*gramm.*) ***complemento di paragone***, complément de comparaison | ***non c'è paragone***, il n'y a pas de comparaison (possible) | ***non reggere il paragone***, ne pas soutenir la comparaison | ***pietra di paragone***, (*fig.*) pierre de touche | ***senza paragone***, sans comparaison (*o* hors de comparaison).

paragrafo [pa-rà-gra-fo] *n.m.* paragraphe.

paraguaiano [pa-ra-gua-ià-no] *agg.* paraguayen* ♦ *n.m.* [f. *-a*] (*abitante*) Paraguayen*.

paralisi [pa-rà-li-ʃi] *n.f.invar.* (*med.*) paralysie (*anche fig.*).

paralitico [pa-ra-lì-ti-co] *agg.* e *n.m.* [f. *-a*; pl.m. *-ci*, f. *-che*] paralytique.

paralizzante [pa-ra-liʒ-ʒàn-te] *agg.* paralysant.

paralizzare [pa-ra-liʒ-ʒà-re] *v.tr.* paralyser (*anche fig.*).

paralizzato [pa-ra-liʒ-ʒà-to] *agg.* paralysé (*anche fig.*).

parallasse [pa-ral-làs-se] *n.f.* (*fis., astr.*) parallaxe.

parallela [pa-ral-lè-la] *n.f.* **1** parallèle **2** (*pl.*) (*sport*) barres parallèles.

parallelamente [pa-ral-le-la-mén-te] *avv.* parallèlement.

parallelepipedo [pa-ral-le-le-pì-pe-do] *n.m.* (*mat.*) parallélépipède.

parallelismo [pa-ral-le-lì-ʃmo] *n.m.* parallélisme.

parallelo [pa-ral-lè-lo] *agg.* e *n.m.* parallèle: *la strada corre parallela al fiume*, la route est parallèle au fleuve; *fare un parallelo*, faire un parallèle.
● (*geogr.*) ***parallelo (terrestre)***, parallèle (terrestre) | (*elettr., inform.*) ***in parallelo***, en parallèle | (*sport*) ***slalom parallelo***, slalom parallèle.

parallelogramma [pa-ral-le-lo-gràm-ma] **parallelogrammo** *n.m.* (*mat.*) parallélogramme.

paralogismo [pa-ra-lo-gì-ʃmo] *n.m.* (*fil.*) paralogisme.

paraluce [pa-ra-lù-ce] *n.m.invar.* (*fot.*) parasoleil.

paralume [pa-ra-lù-me] *n.m.* abat-jour.

paramedico [pa-ra-mè-di-co] *agg.* [pl.m. *-ci*, f. *-che*] paramédical*.
● ***personale paramedico***, auxiliaires médicaux.

paramento [pa-ra-mén-to] *n.m.* **1** tenture (*f.*); (*di chiesa*) parement **2** (*del sacerdote*) ornement **3** (*edil.*) parement.

parametro [pa-rà-me-tro] *n.m.* **1** paramètre; (*indice*) indice **2** (*mat., fis.*) paramètre **3** (*fig.*) critère.
● (*econ.*): ***parametro salariale***, salaire de référence; ***parametri retributivi***, niveaux salariaux.

paramilitare [pa-ra-mi-li-tà-re] *agg.* paramilitaire.

paranco [pa-ràn-co] *n.m.* [pl. *-chi*] (*mar., mecc.*) palan.

paraninfo [pa-ra-nìn-fo] *n.m.* [f. *-a*] **1** faiseur* de mariages **2** (*spreg.*) entremetteur* **3** (*st. greca*) paranymphe.

paranoia [pa-ra-nò-ia] *n.f.* (*psic.*) paranoïa.
● ***essere in paranoia***, (*fig. fam.*) être vaseux | ***mandare in paranoia***, (*fig. fam.*) rendre fou.

paranoico [pa-ra-nòi-co] *agg.* e *n.m.* [f. *-a*; pl.m. *-ci*, f. *-che*] (*psic.*) paranoïaque; (*fam.*) parano.

paranormale [pa-ra-nor-mà-le] *agg.* e *n.m.* paranormal*.

paranza [pa-ràn-za] *n.f.* (*mar.*) **1** (*imbarcazione*) chalutier (*m.*) **2** (*rete*) chalut (*m.*).

paraocchi [pa-ra-òc-chi] *n.m.invar.* œillères (*f.*).
● ***avere i paraocchi***, (*fig.*) avoir des œillères.

paraolimpiade [pa-ra-o-lim-pì-a-de] *n.f.* (*spec. pl.*) (*sport*) jeux (*pl.*) paraolympiques.

paraorecchi [pa-ra-o-réc-chi] **paraorecchie** *n.m.invar.* serre-tête*, oreillette.

parapendio [pa-ra-pen-dì-o] *n.m.invar.* (*sport*) parapente.

parapendista [pa-ra-pen-di-sta] *n.m.* e *f.* (*sport*) parapentiste.

parapetto [pa-ra-pèt-to] *n.m.* **1** garde-fou*; (*di ponte*) parapet **2** (*di finestra*) allège (*f.*) **3** (*di nave*) bastingage, pavois.

parapiglia [pa-ra-pì-glia] *n.m.invar.* échauffourée (*f.*), mêlée (*f.*).

parapioggia [pa-ra-piòg-gia] ***n.m.invar.*** parapluie.
paraplegia [pa-ra-ple-gì-a] ***n.f.*** (*med.*) paraplégie.
paraplegico [pa-ra-plè-gi-co] ***agg.*** e ***n.m.*** [f. *-a*; pl.m. *-ci*, f. *-che*] (*med.*) paraplégique.
parapsicologia [pa-ra-psi-co-lo-gì-a] ***n.f.*** parapsychologie.
parare [pa-rà-re] ***v.tr.*** **1** (*addobbare*) parer, orner **2** (*impedire*) empêcher; (*proteggere da*) protéger*: *questa tenda ci parerà dal sole*, cette tente nous protégera du (*o* contre) le soleil **3** (*evitare, schivare*) parer; bloquer **4** (*calcio*) bloquer ♦ ***v.intr.*** [aus. *avere*] (*mirare*) viser ♦ **pararsi** ***v.pron.*** e ***pron.intr.*** **1** (*vestire i paramenti*) revêtir* les ornements sacerdotaux **2** (*presentarsi*) surgir.
● ***parare a festa***, parer d'ornements pour la fête | ***parare a lutto una chiesa***, revêtir une église de ses ornements de deuil: *chiesa parata a lutto*, église tendue de noir | ***parare il colpo***, (*fig.*) parer le coup | ***pararsi a festa***, se parer pour la fête | ***pararsi alla mente***, venir à l'esprit | ***andare a parare***, (*fig.*) en venir: *non capisco dove voglia andare a parare con queste parole*, je ne comprends pas où il veut en venir avec ces mots.
parascolastico [pa-ra-sco-là-sti-co] ***agg.*** [pl.m. *-ci*, f. *-che*] parascolaire.
parasole [pa-ra-só-le] ***n.m.invar.*** parasol.
parassita [pa-ras-sì-ta] ***agg.*** e ***n.m.*** (*biol.*) parasite ♦ ***n.m.*** e ***f.*** (*fig. spreg.*) parasite.
parassitare [pa-ras-si-tà-re] ***v.tr.*** (*biol.*) parasiter.
parassitario [pa-ras-si-tà-rio] ***agg.*** [pl.m. *-ri*] (*biol.*) parasitaire (*anche fig.*).
parassitismo [pa-ras-si-tì-ʃmo] ***n.m.*** parasitisme (*anche fig.*).
parastatale [pa-ra-sta-tà-le] ***agg.*** semi-public* ♦ ***n.m.*** e ***f.*** employé/e d'un organisme semi-public.
parastinchi [pa-ra-stìn-chi] ***n.m.invar.*** (*sport*) jambière (*f.*).
parata[1] [pa-rà-ta] ***n.f.*** **1** (*da un colpo*) parade **2** (*calcio*) arrêt (*m.*).
● (*calcio*) ***parata in tuffo***, plongeon.
parata[2] ***n.f.*** parade; *sfilare in parata*, défiler.
● ***abito di parata***, tenue de gala | ***vista la mala parata***, (*fig.*) voyant que les choses commençaient à mal tourner.
paratia [pa-ra-tì-a] ***n.f.*** (*mar., edil.*) cloison.
paratifo [pa-ra-tì-fo] ***n.m.*** (*med.*) paratyphoïde (*f.*).
parato [pa-rà-to] ***n.m.*** tapisserie (*f.*).
● ***carta da parati***, papier peint.
paratoia [pa-ra-tó-ia] ***n.f.*** vanne.
parauniversitario [pa-ra-u-ni-ver-si-tà-rio] ***agg.*** [pl.m. *-ri*] para-universitaire.
paraurti [pa-ra-ùr-ti] ***n.m.invar.*** **1** (*aut.*) pare-chocs* **2** (*ferr.*) butoir.
paravento [pa-ra-vèn-to] ***n.m.*** paravent.
● ***fare, servire da paravento***, (*anche fig.*) servir de paravent.
parcamente [par-ca-mén-te] ***avv.*** frugalement; (*con parsimonia*) parcimonieusement.
parcella [par-cèl-la] ***n.f.*** **1** note d'honoraires; (*onorario*) honoraires (*m.pl.*) **2** (*dir., agr.*) parcelle.

> **FAUX AMI**
> Nel senso di *onorario*, non è da confondere con *parcelle*, che significa *particella*.

parcellare [par-cel-là-re] ***agg.*** parcellaire.
parcellizzare [par-cel-liʒ-ʒà-re] ***v.tr.*** parcelliser, parcellariser.
parcellizzazione [par-cel-liʒ-ʒa-zió-ne] ***n.f.*** parcellisation, parcellarisation.
parcheggiare [par-cheg-già-re] ***v.tr.*** [coniug. come *mangiare*] **1** parquer, (se) garer: *trovar posto per parcheggiare*, trouver de la place pour garer la voiture **2** (*fig.*) (*sistemare provvisoriamente*) parquer: *lo parcheggia al doposcuola tutti i pomeriggi*, elle s'en débarrasse en le laissant à l'étude tous les après-midi; *hanno parcheggiato i bambini dai nonni*, ils ont refilé les enfants aux grands-parents.
parcheggiatore [par-cheg-gia-tó-re] ***n.m.*** [f. *-trice*] gardien* de parking.
parcheggio [par-chég-gio] ***n.m.*** [pl. *-gi*] **1** (*il parcheggiare*) stationnement: *manovra di parcheggio*, manœuvre pour se garer; *effettuare un parcheggio perfetto*, se garer parfaitement bien **2** (*posteggio*) parking.
● ***parcheggio a pagamento, libero***, parking payant, gratuit | ***parcheggio incustodito***, parking non surveillé | (*aer.*) ***parcheggio velivoli***, aire d'attente | ***area di parcheggio***, parking | ***divieto di parcheggio, parcheggio vietato***, stationnement interdit.
parchettista [par-chet-tì-sta] ***n.m.*** e ***f.*** parqueteur (*m.*).
parchimetro [par-chì-me-tro] ***n.m.*** parc(o)mètre.
parco[1] [pàr-co] ***n.m.*** [pl. *-chi*] parc.
● ***parco bestiame***, parc à bestiaux | ***parco dei divertimenti***, parc d'attractions | ***parco macchine***, parc automobile; (*mecc.*) parc de machines | ***parco nazionale, naturale***, parc national, naturel | (*ferr.*) ***parco rotabile***, matériel roulant.
parco[2] ***agg.*** [pl.m. *-chi*, f. *-che*] frugal*; (*parsimonioso*) parcimonieux*; (*moderato*) modéré: *essere parco nel bere*, boire avec modération; *essere parco nello spendere*, dépenser avec mesure; *è parco di parole*, il ne parle pas beaucoup; *è parco di consigli*, il ne donne pas beaucoup de conseils; *è parco di lodi*, il est avare de louanges.
par condicio [par con-dì-cio] ***n.f.invar.*** (*dir., pol.*) temps (*m.*) de parole.
parecchio [pa-réc-chio] ***agg.indef.*** [pl.m. *-chi*] **1** (*con n.pl.*) plusieurs; (*con n.sing.*) beaucoup (**de**): *parecchi libri*, plusieurs livres; *parecchie mie amiche*, plusieurs de mes amies; *ho parecchio denaro*, j'ai beaucoup d'argent; *il lavoro che ci resta è ancora parecchio*, nous avons encore beaucoup de travail à faire; *"Basterà il pane?" "Sì, è parecchio"*, "Est-ce que le pain suffira?" "Oui, il y en a beaucoup" **2** (*in espressioni ellittiche, sottintendendo tempo, denaro ecc.*): *è stato parecchio (tempo) assente da scuola*, il a été longtemps sans venir à l'école; *ci è voluto parecchio (tempo)*, il a fallu beaucoup de temps; *ci vuole parecchio (denaro) per vivere*, il faut beaucoup d'argent pour vivre; *abbiamo speso parecchio*, nous avons beaucoup dépensé; *c'è parecchio da qui a casa?*, y a-t-il loin d'ici à la maison? ♦ ***pron.indef.*** **1** (*sing.*) beaucoup: *"Ha denaro?" "Sì, ne ha parecchio"*, "A-t-il de l'argent?" "Oui, (il en a) beaucoup; (*fam.*) pas mal"; *"Hai voglia di partire?" "Sì, parecchia"*, "As-tu envie de partir?" "Oui, très"; *"Hai pazienza?" "Sì, ne ho parecchia"*, "Es-tu patient?" "Oui, très" **2** (*parecchie cose*) beaucoup: *ci sarebbe parecchio da dire*, il y aurait beaucoup à dire **3** (*pl.*) plusieurs, beaucoup (**de**): *parecchie di queste monete sono false*, plusieurs, beaucoup de ces pièces sont fausses; *eravate (in) parecchi*, vous étiez plusieurs ♦ ***avv.*** (*riferito a v. o rafforzativo di agg. e avv.-comp.*) beaucoup, bien; (*seguito da agg.*) très: *ho bevuto*

P

parecchio stasera, j'ai beaucoup bu ce soir; *è parecchio più giovane di me*, il est beaucoup plus jeune que moi; *parecchio superiore, inferiore*, bien supérieur, inférieur; *è parecchio generoso*, il est très généreux.
● ***parecchio altro***, encore beaucoup: *ti costerà parecchio altro denaro*, cela va te coûter encore beaucoup d'argent | ***parecchio tempo***, longtemps: *parecchio tempo fa*, il y a longtemps | ***parecchi altri***, (*agg.*) beaucoup d'autres; (*pron.*) bien d'autres | ***parecchi di noi, di loro***, plusieurs d'entre nous, d'entre eux | ***parecchie volte***, plusieurs fois (*o* maintes fois).

pareggiamento [pa-reg-gia-mén-to] ***n.m.*** **1** égalisation (*f.*) **2** (*comm.*) équilibre; (*di conto*) balance (*f.*).

pareggiare [pa-reg-già-re] ***v.tr.*** [coniug. come *mangiare*] (*livellare*) égaliser; (*una superficie*) niveler: *pareggiare l'erba di un prato*, égaliser l'herbe d'un pré ♦ ***v.intr.*** [aus. *avere*] (*sport*) égaliser; (*come risultato finale*) faire* match nul: *le due squadre hanno pareggiato*, les deux équipes ont fait match nul; *quel giocatore ha pareggiato per la sua squadra*, ce joueur a égalisé pour son équipe.
● (*comm.*) ***pareggiare il bilancio, i conti***, équilibrer le budget, les comptes.

pareggio [pa-rég-gio] ***n.m.*** [pl. *-gi*] **1** (*comm.*) balance (*f.*); (*di bilancio*) équilibre **2** (*sport*) égalité (*f.*); (*risultato finale*) match nul: *raggiungere il pareggio*, égaliser; *la partita è finita con un pareggio*, il y a eu match nul.
● (*comm.*) ***bilancio in pareggio***, budget en équilibre: *chiudere il bilancio in pareggio*, équilibrer le budget | (*sport*) ***essere, trovarsi in pareggio***, être à égalité | (*comm.*) ***non in pareggio***, en déséquilibre.

parenchima [pa-rèn-chi-ma] ***n.m.*** (*anat., bot.*) parenchyme.

parentado [pa-ren-tà-do] ***n.m.*** parenté (*f.*); toute la famille (*f.*) (*spec. scherz.*).

parentale [pa-ren-tà-le] ***agg.*** parental*.

parente [pa-rèn-te] ***n.m.*** e ***f.*** parent/e: *è un mio parente, siamo parenti*, nous sommes parents; *non ha parenti a Milano*, il n'a pas de famille à Milan; *ho dei parenti in Francia*, j'ai de la famille en France.
● ***parente acquisito***, parent par alliance | ***parenti stretti, lontani***, parents proches, éloignés.

parentela [pa-ren-tè-la] ***n.f.*** **1** parenté **2** (*insieme dei parenti*) parenté, famille.
● ***grado, vincolo di parentela***, degré, lien de parenté.

parenterale [pa-ren-te-rà-le] ***agg.*** (*med.*) parentéral*.

parentesi [pa-rèn-te-ʃi] ***n.f.invar.*** **1** (*segno grafico*) parenthèse: *mettere tra parentesi*, mettre entre parenthèses **2** (*inciso*) parenthèse: *aprire, chiudere una parentesi*, ouvrir, fermer une parenthèse **3** (*fig.*) période: *la breve parentesi delle vacanze*, la brève période des vacances.
● ***parentesi quadre***, crochets | (***chiuso***) ***tra parentesi***, entre parenthèses.

parentetico [pa-ren-tè-ti-co] ***agg.*** [pl.m. *-ci*, f. *-che*] qui est entre parenthèses.

pareo [pa-rè-o] ***n.m.invar.*** paréo.

parere[1] [pa-ré-re] ***v.intr.*** [pres.indic. *io paio, tu pari, egli pare, noi paiamo, voi parete, essi paiono*; p.rem. *io parvi, tu parvesti* ecc.; fut.indic. *io parrò* ecc.; p.p. *parso*; aus. *essere*] **1** sembler, paraître*; (*aver l'aria di*) avoir* l'air (**de**): *mi pareva malato*, il me semblait malade; *mi è parsa cambiata*, elle m'a paru changée; *mi pare un bra-v'uomo*, il a l'air d'un brave homme; *pareva una persona intelligente*, il avait l'air intelligent; *il mare pare olio*, c'est une mer d'huile; *ben vestito pare un altro*, bien habillé c'est un autre homme **2** (*avere apparenza non reale*) dire* (*usato al condiz. e alla forma impers.*): *mi pare un sogno*, on dirait un rêve; *pare velluto*, on dirait du velours **3** (*impers.*) sembler, paraître*; (*credere*) croire*; (*pensare*) penser: *pare che abbia ragione*, il paraît qu'il a raison; *mi pare che sia felice*, il me paraît heureux; *pare che dorma*, on dirait qu'il dort; *pareva che dormisse*, on aurait dit qu'il dormait; *non mi pare che si debba rispondergli*, je n'ai pas l'impression qu'il faille lui répondre; *mi pare di averlo già visto*, il me semble l'avoir déjà vu; *mi pareva di aver ragione*, je pensais avoir raison; *mi pare di sognare*, j'ai l'impression de rêver; *gli parve tempo di andarsene*, il estima que c'était le moment de partir; *mi è parso che mi chiamassero*, j'ai eu l'impression qu'on m'appelait; *ti pare onesto quel che hai fatto?*, tu trouves que c'est honnête ce que tu as fait?; *mi pare di essere a casa mia, qui*, j'ai l'impression d'être chez moi, ici; *pare che voglia piovere*, on dirait qu'il va pleuvoir; *arriverà, pare, domani*, il arrivera, paraît-il, demain | *fa solo quello che gli pare e piace*, il ne fait que ce qui lui plaît.
● ***a quanto, a quel che pare***, à ce qu'il semble | ***che te ne pare?, come ti pare?***, qu'en penses-tu? | ***come vi pare***, comme vous voudrez | ***così pare***, apparemment | ***fa' come, quel che ti pare***, fais comme, ce que tu veux | ***ma le pare?***, je vous en prie!: *"Grazie!" "Ma le pare?"*, "Merci!" "Je vous en prie!; (*fam.*) mais de rien!" | ***ma ti pare!***, mais penses-tu!; pas du tout!: *"Sei stato tu a dirlo?" "Ma ti pare!"*, "C'est toi qui l'as dit?" "Penses-tu!"; *"Disturbo?" "Ma ti pare!"*, "Est-ce que je dérange?" "Mais non, pas du tout!" | ***mi pare di sì, di no***, je crois que oui, que non | ***mi pareva*** (***bene***)***!***, (*l'avevo ben detto!*) il me semblait bien!; (*l'avrei giurato!*) je l'aurais juré (*o* parié) | ***non mi par vero***, je n'en crois pas mes yeux | (***non***) ***ti pare?***, tu ne crois pas? | ***pare ieri!***, on dirait que c'était hier! | ***per ben parere***, pour faire bonne impression | ***senza parere***, sans en avoir l'air.

NOTA Parere: ***sembler*** o ***paraître***?

Alla forma affermativa entrambi i verbi francesi reggono generalmente l'indicativo o il condizionale, a meno che non esprimano un dubbio, un'ipotesi:

Pare che **abbia** *torto.*
Il paraît qu'il **a** tort.
Pare che tutto **andrebbe** *meglio se ognuno lavorasse.*
Il paraît que tout **irait** mieux si chacun travaillait.
Pare che l'impresa **sia** *in difficoltà.*
Il paraît (*o* il semble) que l'entreprise **soit** en difficulté.

Alla forma negativa o interrogativa reggono generalmente il congiuntivo:

Non mi pare che ci si **debba** *preoccupare.*
Il ne me paraît pas qu'on **doive** se préoccuper.

L'infinito che li segue non è mai preceduto da preposizione:

Mi **pare di** *averlo già visto.*
Il me paraît (*o* il me semble) **l'avoir** déjà vu.

Negli incisi il soggetto è posposto al verbo:

L'assemblea avrà luogo, pare, nel mese di marzo.
L'assemblée aura lieu, **paraît-il**, au mois de mars.

Nei tempi composti sono coniugati con *avoir*.

parere[2] ***n.m.*** avis: *chiedere il parere di qlcu*, demander à qqn son avis.
● ***a parer mio, a mio parere***, à mon avis | ***cambiare parere***, changer d'avis.

paresi [pa-rè-ʃi *o* pàreʃi] ***n.f.invar.*** (*med.*) parésie.

parete [pa-ré-te] ***n.f.*** **1** (*in muratura*) mur (*m.*); (*diviso-*

P

rio) cloison: *appendere alla parete*, accrocher au mur **2** (*di montagna*) paroi, face: *la parete nord*, la face nord.
● ***parete a libro***, cloison accordéon | ***parete di roccia***, paroi rocheuse | ***parete mobile***, cloison coulissante | ***tra le pareti domestiche***, en famille.

pargolo [pàr-go-lo] ***agg.*** (*letter.*) petit ♦ ***n.m.*** (*letter.*) petit, enfant; (*scherz.*) gosse.

pari [pà-ri] ***agg.invar.*** **1** (*uguale*) égal*; (*stesso*) même: *la sua astuzia è pari al suo coraggio*, sa ruse égale son courage; *la sua onestà è pari solo alla sua bontà*, son honnêteté n'a d'égale que sa bonté; *il dollaro è pari a...*, le dollar vaut...; *lo ricambiava con pari affetto*, il lui rendait bien son affection; *di pari età, peso*, du même âge, poids; *di pari grado*, du même grade; *di pari importo*, de même montant **2** (*livellato, uniforme*) plan, égal*: *la superficie è perfettamente pari*, la surface est parfaitement plane; *mettere pari il terreno*, égaliser le terrain; *fila di mattoni tutti pari*, rangée de briques bien alignées; *i piatti della bilancia sono pari*, les plateaux de la balance sont en équilibre; *l'orlo non è pari*, l'ourlet n'est pas droit; *capelli tagliati pari*, cheveux égalisés **3** (*di numero*) pair: *due e quattro sono numeri pari*, deux et quatre sont des nombres pairs | *giorni pari*, jours pairs **4** (*adeguato, rispondente a*) à la hauteur (**de**): *mostrarsi pari alla propria fama*, se montrer à la hauteur de sa réputation ♦ ***n.m.invar.*** **1** pair: *ha puntato tutto sul pari*, il a tout misé sur le pair; *la partita è finita con un pari*, le match s'est terminé à égalité **2** (*persona di ugual grado, condizione*) égal*: *è un mio pari*, c'est mon égal; *voi e i vostri pari*, vous et vos semblables **3** (*st.*) pair ♦ ***n.f.invar.*** (*fin.*) pair (*m.*) ♦ ***avv.*** (*in parità*) à égalité; (*nello stesso momento*) en même temps: *arrivare pari*, arriver en même temps.
● (*Borsa*) ***pari dei cambi***, parité des changes | ***pari opportunità***, égalité des chances | ***pari pari***, tout net; mot pour mot; du tac au tac: *copiare un testo pari pari*, copier un texte mot pour mot; *ho detto pari pari quel che pensavo*, j'ai dit textuellement ce que je pensais; *rispose pari pari alle loro accuse*, il répondit du tac au tac à leurs accusations | (*tennis*) ***pari quindici***, quinze partout | ***alla pari***, d'égal à égal; (*alle stesse condizioni*) au pair: *l'ha sempre trattato alla pari*, il l'a toujours traité d'égal à égal (*o* sur un pied d'égalité); *può stare alla pari con lui*, il le vaut; *ospitare una ragazza alla pari*, prendre une jeune fille au pair | ***al pari di***, aussi bien que, comme: *nessuno sa cantare al pari di lui*, personne ne sait chanter aussi bien que (*o* comme) lui; *al pari di lui, tutti sono zero*, comparés à lui, les autres ne valent rien | ***andare di pari passo***, aller de pair | ***a pari condizioni***, à conditions égales | ***a pari merito***, à mérite égal: *primi a pari merito*, premiers ex æquo | (*sport*) ***a pari punti***, à égalité | ***a piè pari***, à pieds joints; (*fig.*) carrément: *saltare a piè pari le difficoltà*, esquiver les difficultés | ***Camera dei pari***, Chambre des lords | ***da pari a pari***, d'égal à égal | ***da par suo***, égal à lui-même; comme d'habitude: *si è comportato da par suo*, il a été égal à lui-même; *se l'è cavata da par suo*, il s'en est tiré comme à son habitude | ***del pari***, (*letter.*) (tout) aussi: *è famoso del pari in Italia e in Francia*, il est aussi célèbre en Italie qu'en France | ***essere pari a qlcu per qlco***, être l'égal de qqn pour qqch | (*sport*) ***essere tre pari***, en être à trois partout | ***fare a pari e dispari***, jouer à pair et impair | (*sport*) ***far pari***, terminer à égalité | ***in pari***, (*al medesimo livello*) au même niveau; (*in equilibrio*) en équilibre; (*al corrente, in regola*) à jour: *mettersi in pari con il lavoro*, mettre son travail à jour | ***in pari tempo***, dans le même temps | ***nessuno gli è pari***, il est sans égal (*o* hors pair) | ***senza pari***, sans pareil, sans égal: *bellezza senza pari*, beauté sans pareille; *cuoca senza pari*, cuisinière hors pair | ***siamo pari!***, nous sommes quittes!

> **FAUX AMI**
> Usato come sostantivo, non è da confondere con il francese *pari*, che significa *scommessa*.

paria [pà-ria] ***n.m.*** e ***f.invar.*** paria.

parietale [pa-rie-tà-le] ***agg.*** pariétal* ♦ ***n.m.*** (*anat.*) pariétal*.

parietaria [pa-rie-tà-ria] ***n.f.*** (*bot.*) pariétaire.

parificare [pa-ri-fi-cà-re] ***v.tr.*** [coniug. come *mancare*] égaliser: (*amm.*) *parificare un diploma, una scuola privata*, reconnaître un diplôme, une école privée.

parificato [pa-ri-fi-cà-to] ***agg.*** égalisé.
● (*amm.*): ***diploma parificato***, diplôme d'école privée reconnu (par l'État); ***scuola parificata***, école privée reconnue (par l'État).

parificazione [pa-ri-fi-ca-zió-ne] ***n.f.*** **1** égalisation **2** (*amm.*) (*di una scuola, un diploma*) reconnaissance.

parigino [pa-ri-gì-no] ***agg.*** parisien* ♦ ***n.m.*** [f. *-a*] (*abitante*) Parisien*.

pariglia [pa-rì-glia] ***n.f.*** paire.
● ***rendere la pariglia***, (*contraccambiare*) rendre la pareille.

parigrado [pa-ri-grà-do] ***agg.*** e ***n.m.*** e ***f.invar.*** (personne) de même grade: *è un suo parigrado*, ils ont le même grade.

parimenti [pa-ri-mén-ti] ***avv.*** (*letter.*) pareillement.

parisillabo [pa-ri-sìl-la-bo] ***agg.*** parisyllabique.

parità [pa-ri-tà] ***n.f.invar.*** **1** parité: *parità di grado*, parité de grade **2** (*uguaglianza*) égalité: *parità di diritti*, égalité de droits **3** (*econ., fin.*) parité.
● (*econ., fin.*): ***parità dei cambi***, parité des changes; ***parità monetaria***, parité monétaire (*o* de change) | ***a parità di***, à égalité de: *a parità di merito*, à égalité de mérites; *a parità di voti*, à égalité de voix; *a parità di condizioni*, à conditions égales | (*sport*): ***chiudere in parità***, faire match nul; ***portarsi in parità***, égaliser | ***su un piede di parità***, sur un pied d'égalité.

paritario [pa-ri-tà-rio] ***agg.*** [pl.m. *-ri*] égal*.

paritetico [pa-ri-tè-ti-co] ***agg.*** [pl.m. *-ci*, f. *-che*] paritaire.

parlamentare[1] [par-la-men-tà-re] ***agg.*** e ***n.m.*** e ***f.*** parlementaire: *dibattito parlamentare*, débat parlementaire.

parlamentare[2] ***v.intr.*** [aus. *avere*] parlementer.

parlamento [par-la-mén-to] ***n.m.*** parlement: *sedere in parlamento*, siéger au parlement.
● ***un ramo del parlamento***, une branche du parlement.

parlante [par-làn-te] ***agg.*** parlant (*anche fig.*): *occhi parlanti*, des yeux expressifs | *è il ritratto parlante di suo padre*, il est le portrait vivant de son père ♦ ***n.m.*** e ***f.*** (*ling.*) locuteur/trice.

parlantina [par-lan-tì-na] ***n.f.*** (*fam.*) bagou(t) (*m.*).
● ***avere la parlantina sciolta, una buona parlantina***, avoir du bagou(t), avoir la langue bien pendue.

parlare[1] [par-là-re] ***v.intr.*** [aus. *avere*] parler: *parlare di politica, di affari*, parler politique, affaires; *se ne andò senza parlare*, il s'en alla sans mot dire; *sto parlando con te*, c'est à toi que je parle; *con chi crede di parlare?*, à qui croyez-vous parler?; *con chi ho l'onore di parlare?*, à qui ai-je l'honneur de parler? ♦ ***v.tr.*** parler: *parla inglese correntemente*, il parle couramment l'anglais ♦ **parlarsi** ***v.pron.rec.*** **1** se parler: *dopo il litigio non si parlano più*, après la dispute ils ne se parlent plus **2** (*fam.*) (*amoreggiare*) se fréquenter.
● ***parlare al muro, al vento***, parler à un mur, prêcher dans le désert | ***parlare bene, male di qlcu***, dire du bien,

P

du mal de qqn | ***parlare del più e del meno***, parler de la pluie et du beau temps | ***parlare di un po' di tutto***, parler de choses et d'autres | ***parlare in generale***, parler de façon générale: *parlando in generale*, généralement parlant | ***parlare nel sonno***, parler en dormant | ***parlare tra sé***, se parler à soi-même | ***parlare turco, arabo***, parler chinois, hébreu | ***bada a come parli***, fais attention à ce que tu dis | ***come parli difficile!***, qu'est-ce que tu parles de façon compliquée! | ***con rispetto parlando***, sauf votre respect | ***neanche a parlarne!***, il n'en est pas question! | ***non parliamone più***, n'en parlons plus | ***parla come mangi!***, tu ne peux pas parler comme tout le monde? | ***parla senza dire nulla***, il parle pour ne rien dire | ***parliamo d'altro!***, parlons d'autre chose! | ***per non parlare di***, sans parler de | ***per ora non se ne parla***, il n'en est pas question pour l'instant | ***"Pronto! chi parla?" "Parla X"***, "Allô! qui est à l'appareil?" "Ici X" | ***si è parlato abbastanza***, assez parlé | ***tanto per parlare***, histoire de parler: *parli tanto per parlare*, tu parles pour ne rien dire.

parlare[2] ***n.m.*** parler; (*linguaggio*) langage: *il parlare toscano*, le parler toscan; *l'oratore aveva un parlare oscuro*, l'orateur parlait d'une manière obscure; *ha un parlare lento*, il parle lentement; *si sentiva un parlare confuso*, on entendait des paroles confuses; *questo è un parlare ambiguo*, c'est une façon ambiguë de s'exprimer; *si fece un gran parlare di ciò*, on a beaucoup parlé de cela; *questo è un bel parlare ma...*, c'est bien beau de parler, mais...

parlata [par-là-ta] ***n.f.*** parler (*m.*); (*modo di parlare*) façon de parler.

parlato[1] [par-là-to] ***agg.*** parlé ♦ ***n.m.*** **1** (*linguaggio parlato*) langage parlé **2** (*cine.*) dialogue **3** (*mus.*) parlé.
● ***cinema parlato***, cinéma parlant.

parlato[2] ***agg.***
● (*mar.*) ***nodo parlato***, nœud demi-clef.

parlatore [par-la-tó-re] ***n.m.*** [f. *-trice*] causeur*.
● ***è un gran parlatore***, c'est un brillant causeur; (*uno che parla molto*) il parle beaucoup; (*spreg.*) (*chiacchierone*) c'est un beau parleur.

P

parlatorio [par-la-tò-rio] ***n.m.*** [pl. *-ri*] parloir.

parlottare [par-lot-tà-re] ***v.intr.*** [aus. *avere*] parler à voix basse; (*mormorare*) chuchoter.

parlottio [par-lot-tì-o] ***n.m.*** [pl. *-ii*] chuchotement.

parlucchiare [par-luc-chià-re] ***v.tr.*** baragouiner.

parmense [par-mèn-se] ***agg.*** parmesan ♦ ***n.m.*** e ***f.*** (*abitante*) Parmesan/e.

parmigiano [par-mi-già-no] ***agg.*** parmesan ♦ ***n.m.*** **1** [f. *-a*] (*abitante*) Parmesan **2** (*formaggio*) (fromage) parmesan.
● (*cuc.*) ***alla parmigiana***, à la parmesane.

parodia [pa-ro-dì-a] ***n.f.*** parodie.

parodiare [pa-ro-dià-re] ***v.tr.*** parodier.

parodistico [pa-ro-dì-sti-co] ***agg.*** [pl.m. *-ci*, f. *-che*] parodique.

parola [pa-rò-la] ***n.f.*** **1** mot (*m.*); (*spec. riferito al contenuto, al significato*) parole: *cercare la parola esatta*, chercher le mot juste; *non sa, non parla una sola parola di tedesco*, il ne parle pas un mot d'allemand; *gli ho scritto poche parole*, je lui ai écrit un mot; *rivolgere la parola*, adresser la parole; *ha una buona parola per tutti*, il a un mot gentil pour tout le monde; *non capisco il senso delle sue parole*, je ne comprends pas le sens de ce qu'il dit; *parole di lode*, paroles de louange | *non riesco a cavargli una parola di bocca*, je n'arrive pas à lui tirer un mot de la bouche **2** (*impegno d'onore*) parole | *mantenere la parola data*, tenir (sa) parole | *venire meno alla parola data*, manquer à sa parole **3** (*inform.*) mot (*m.*).
● (*inform.*): ***parola chiave, d'accesso***, mot clé, mot de passe; ***parola di identificazione***, mot d'appel | ***parola d'onore***, parole d'honneur | ***parola d'ordine***, mot d'ordre: *passare la parola d'ordine*, transmettre le mot d'ordre | ***parola mia!***, ma parole! | ***parola per parola***, mot à mot: *ripetere parola per parola*, répéter mot à mot | ***a mezze parole***, à demi-mot | ***basta con i giri di parole***, venons-en au fait | ***di parola in parola***, d'un mot à l'autre | ***essere in parola per un affare***, être en pourparlers pour une affaire | ***è una parola!***, (*non è facile*) c'est facile à dire! | ***fare parola di qlco a qlcu***, parler de qqch à qqn: *non fate parola di quel che vi ho detto*, pas un mot de ce que je viens de vous dire | ***fatti, non parole***, trêve de bavardages | ***gioco di parole***, jeu de mots | ***in altre parole***, en d'autres termes | ***in parole povere***, bref | ***in una parola, in poche parole***, en un mot, en quelques mots | ***le parole (in)crociate***, les mots croisés | ***l'ho preso in parola***, je l'ai cru sur parole | ***mangiarsi le parole***, manger ses mots | ***mettere, dire una buona parola per qlcu***, dire un mot en faveur de qqn | ***nel vero senso della parola***, au vrai sens du mot | ***non credo una parola***, je n'en crois pas un mot | ***non è detta l'ultima parola***, ça ne va pas se passer comme ça | ***non ho parole***, je ne trouve pas de mots | ***passa parola!***, qu'on se le dise! | ***passare dalle parole ai fatti***, passer à l'action | ***passare parola***, passer le message | ***perdere la parola***, perdre la parole: *per lo spavento ha perso la parola*, la peur lui a fait perdre la parole | ***rimanere senza parole***, rester sans voix | ***scambiare due parole con qlcu***, bavarder un peu avec qqn | ***senza proferir parola***, sans mot dire | ***sono solo (belle) parole***, ce ne sont que des mots | ***sulla parola***, sur parole: *credere sulla parola*, croire sur parole | ***una parola tira l'altra***, de fil en aiguille | ***uomo di parola***, homme de parole | ***uomo di poche parole***, homme qui parle peu | ***venire a, alle parole con qlcu***, avoir des mots avec qqn.

parolaccia [pa-ro-làc-cia] ***n.f.*** [pl. *-ce*] gros mot (*m.*).

parolaio [pa-ro-là-io] ***n.m.*** [f. *-a*; pl.m. *-ai*] phraseur*, beau* parleur* ♦ ***agg.*** verbeux*.

paroliere [pa-ro-liè-re] ***n.m.*** [f. *-a*] (*di canzoni*) parolier*.

parossismo [pa-ros-sì-ʃmo] ***n.m.*** paroxysme.

parossistico [pa-ros-sì-sti-co] ***agg.*** [pl.m. *-ci*, f. *-che*] paroxystique.

parossitono [pa-ros-sì-to-no] ***agg.*** (*ling.*) paroxyton.

parotide [pa-rò-ti-de] ***n.f.*** (*anat.*) parotide.

parotite [pa-ro-tì-te] ***n.f.*** (*med.*) parotidite.

parquet [par'kɛ] ***n.m.invar.*** **1** parquet **2** (*campo di basket*) terrain de jeu.

parricida [par-ri-cì-da] ***agg.*** e ***n.m.*** e ***f.*** parricide.

parricidio [par-ri-cì-dio] ***n.m.*** [pl. *-di*] parricide.

parrò → **parere**[1].

parrocchia [par-ròc-chia] ***n.f.*** paroisse (*anche fig.*).
● ***appartenere alla stessa parrocchia, essere di un'altra parrocchia***, (*fig.*) être, ne pas être de la même paroisse.

parrocchiale [par-roc-chià-le] ***agg.*** paroissial*.

parrocchiano [par-roc-chià-no] ***n.m.*** [f. *-a*] paroissien*.

parroco [pàr-ro-co] ***n.m.*** [pl. *-ci*] curé.

parrucca [par-rùc-ca] ***n.f.*** [pl. *-che*] perruque.

parruccaio [par-ruc-cà-io] ***n.m.*** [f. *-a*; pl.m. *-ai*] perruquier.

parrucchiera [par-ruc-chiè-ra] ***n.f.*** (*pettinatrice*) coiffeuse.

parrucchiere [par-ruc-chiè-re] ***n.m.*** coiffeur: *dal parrucchiere*, chez le coiffeur.
● ***parrucchiere per signora***, coiffeur pour dames.

parrucchino [par-ruc-chì-no] ***n.m.*** moumoute (*f.*).

parruccone [par-ruc-có-ne] ***n.m.*** [f. *-a*] (*spreg.*) vieille baderne (*f.*).

parser ['parser] ***n.m.invar.*** (*inform.*) analyseur syntaxique.

parsimonia [par-si-mò-nia] ***n.f.*** parcimonie: *vivere con, senza parsimonia*, vivre parcimonieusement, largement; *narrare con parsimonia di parole*, raconter sans s'étendre sur les détails.

parsimonioso [par-si-mo-nió-so] ***agg.*** parcimonieux*.

parso, **parvi** → **parere**[1].

partaccia [par-tàc-cia] ***n.f.*** [pl. *-ce*].
● ***fare una partaccia a qlcu***, (*mancare alla parola data*) manquer à sa parole; (*giocare un brutto tiro*) jouer un vilain, sale tour à qqn; (*trattare male*) faire un mauvais parti à qqn.

parte [pàr-te] ***n.f.*** **1** (*ciascun elemento di un intero*) partie; (*ciò che spetta in una divisione*) part: *la seconda parte del suo libro*, la deuxième partie de son livre; *gran parte del mio salario*, une grande partie de mon salaire; *ne ho fatto tre parti*, j'en ai fait trois parts; *avere, pagare la propria parte*, avoir, payer sa part; *ha parte del merito*, une partie du mérite lui revient **2** (*zona, spazio*) partie; (*lato, banda*) côté (*m.*): *la parte montuosa di un paese*, la partie montagneuse d'un pays; *da che parte è andato?*, de quel côté est-il allé? | *non si sa da che parte prenderlo*, on ne sait pas par quel bout le prendre | *non so da che parte cominciare*, je ne sais par où commencer **3** (*partito, fazione*) parti (*m.*), faction **4** (*ruolo di attore ecc.*) rôle (*m.*); (*spec. mus.*) partie: *avere una parte importante*, (*anche fig.*) jouer un rôle important; *ho dovuto fare una parte spiacevole*, (*fig.*) j'ai dû jouer un rôle ingrat; *l'interesse ha la sua parte*, l'intérêt a joué un rôle | *questa parte da lui non me l'aspettavo*, je ne m'attendais pas à ça de lui **5** (*comm., dir.*) partie **6** (*mecc.*) pièce.
● ***parte per parte***, pièce par pièce: *esaminare qlco parte per parte*, examiner qqch pièce par pièce | (*mecc.*) ***parti di ricambio***, pièces de rechange | ***al di sopra delle parti***, au-dessus de la mêlée | ***a parte***, à part; (*teatr.*) en aparté: (*comm.*) *spedire a parte*, envoyer sous pli séparé; *a parte ciò*, à part cela | ***a parte (il fatto) che***, à part (le fait) que | ***avere parte in qlco***, prendre part à qqch; (*contribuire*) y être en qqch: *ha avuto molta parte nel mio successo*, il est pour beaucoup dans mon succès | ***calarsi nella parte***, (*anche fig.*) se mettre dans la peau du personnage | ***dalle mie parti***, du côté de chez moi: *abita dalle mie parti*, il habite du côté de chez moi | ***dalla parte di***, du côté de: *stare, mettersi dalla parte del più forte*, être, se mettre du côté du plus fort; *sono dalla tua parte*, je suis de ton côté | ***dalle nostre***, ***dalle vostre parti***, chez nous, chez vous | ***d'altra parte***, d'autre part | ***da nessuna parte***, nulle part | ***da ogni parte***, de toute(s) part(s) | ***da parte***, de côté: *avere del denaro da parte*, avoir de l'argent de côté; *farsi, tirarsi da parte*, (*anche fig.*) se mettre de côté; *chiamare, prendere, tirare qlcu da parte*, prendre qqn à part | ***da parte a parte***, de part en part | ***da parte di***, de la part de: *salutalo da parte mia, da parte nostra*, salue-le de ma part, de notre part; *da parte mia non ci sono problemi*, en ce qui me concerne, pas de problème; *da, per parte mia sono d'accordo*, quant à moi, pour ma part je suis d'accord; *è mio parente da parte di madre*, nous sommes parents du côté de ma mère | ***da qualche parte***, quelque part | ***da questa parte, prego!***, par ici, s'il vous plaît! | ***da queste parti***, par ici: *che cosa fate da queste parti?*, qu'est-ce que vous faites par ici? | ***dare la migliore parte di sé***, donner le meilleur de soi-même | ***da tutte le parti***, de tous les côtés | ***da una parte..., dall'altra parte...***, d'une part..., de l'autre | ***da una parte e dall'altra***, ***da ambo le parti***, des deux côtés | ***da un mese a questa parte***, depuis un mois | ***essere dalla parte della ragione***, ***del torto***, avoir raison, avoir tort | ***essere***, ***fare parte integrante***, faire partie intégrante | ***fare la parte di***, jouer: *fare la parte del furbo*, jouer au plus malin; *fare la parte della vittima*, jouer les victimes; *fare la parte dell'imbecille*, se conduire en imbécile | ***far parte di qlco***, faire partie de qqch | ***fare parte qlcu di qlco***, ***mettere qlcu a parte di qlco***, (*comunicare*) faire part de qqch à qqn; (*confidare*) confier qqch à qqn | ***fare una (brutta) parte a qlcu***, (*giocargli un brutto tiro*) jouer un vilain tour à qqn | ***ha fatto la sua parte***, il a fait ce qu'il devait | ***in gran parte***, en grande partie | ***in massima parte***, pour la plupart: *le case erano ancora in massima parte disabitate*, la plupart des maisons étaient encore inhabitées | ***in parte***, partiellement: *ha ragione solo in parte*, il n'a pas totalement raison | ***(in) parte..., (in) parte...***, une partie..., l'autre...: (*in*) *parte rimasero*, (*in*) *parte se ne andarono*, une partie resta et l'autre s'en alla; *parte dei convenuti era favorevole, parte contraria*, une partie des personnes présentes étaient pour, les autres étaient contre; *il tragitto fu percorso* (*in*) *parte in treno e* (*in*) *parte in auto*, nous avons fait une partie du trajet en train et l'autre en voiture; *pagherò* (*in*) *parte subito* (*in*) *parte a rate*, je paierai une partie tout de suite, et l'autre à tempérament | ***in piccola***, ***buona parte***, en faible, bonne partie | (*comm., dir.*) ***la parte in causa***, (*anche fig.*) la partie en cause | ***lotte di parte***, luttes partisanes | ***per parte mia***, quant à moi (*o* pour ma part) | ***prendere in buona***, ***in cattiva parte***, (*fam.*) prendre en bonne, en mauvaise part | ***prendere parte a***, prendre part à | ***prendere***, ***tenere le parti di qlcu***, prendre parti pour qqn | ***in nessun'altra parte***, nulle part ailleurs | ***scherzi a parte***, blague à part | ***spirito di parte***, esprit partisan | ***uomo di parte***, homme de parti pris.
□ **la maggior parte, la gran parte, la più parte** la plupart; (*spec. riferito a n.sing.*) la plus grande partie: *la maggior parte della gente crede che*, la plupart des gens croient que; *la maggior parte di noi non era d'accordo*, la plupart d'entre nous n'étaient pas d'accord; *passa la maggior, la più parte del tempo in discussioni*, il passe la plupart de son temps en discussions; *ha speso la maggior parte dello stipendio*, il a dépensé la plus grande partie de son salaire; *erano per la maggior parte tedeschi*, ils étaient pour la plupart allemands; *la maggior parte si accontenta di un lavoro mediocre*, la plupart se contentent d'un travail médiocre; *pagò la maggior parte delle spese*, il paya la plus grosse partie des frais; *passare la maggior parte del tempo a*, passer les trois quarts de son temps à.

NOTA Da notare che con ***la plupart***, che traduce ***la maggior parte***, il verbo è sempre accordato al plurale:
La maggior parte (*della gente*) ***lavora*** *per vivere*.
La plupart (des gens) **travaillent** pour vivre.

partecipante [par-te-ci-pàn-te] ***agg.*** e ***n.m.*** e ***f.*** participant/e.

partecipare [par-te-ci-pà-re] ***v.intr.*** [aus. *avere*] participer; (*prender part*) prendre* part: *partecipare alle spese, agli utili*, participer aux frais, aux bénéfices; *partecipare a una manifestazione, a una riunione*, prendre part à une manifestation, à une réunion ♦ ***v.tr.*** faire* part (**de**): *partecipare una nascita, un matrimonio*, faire part d'une naissance, d'un mariage.

P

partecipazione [par-te-ci-pa-zió-ne] *n.f.* 1 participation 2 (*annuncio scritto*) faire-part* (*m.*): *spedire le partecipazioni*, envoyer les faire-part.
● (*fin.*): ***partecipazione di maggioranza***, participation majoritaire; ***partecipazione statale***, participation de l'État | ***con la partecipazione straordinaria di***, avec la participation extraordinaire de.

partecipe [par-té-ci-pe] *agg.*
● ***essere partecipe di***, prendre part à | ***far partecipe di***, faire part de, faire participer à: *ti faccio partecipe della bella notizia*, je te fais part de la bonne nouvelle.

parteggiare [par-teg-già-re] *v.intr.* [coniug. come *mangiare*; aus. *avere*] prendre* parti (**pour**), prendre* le parti (**de**).

FAUX AMI
Da non confondere con *partager*, che significa *dividere, ripartire, condividere*.

partenariato [par-te-na-rià-to] *n.m.* partenariat.

partenogenesi [par-te-no-gè-ne-ʃi] *n.f.invar.* (*biol.*) parthénogenèse.

partenopeo [par-te-no-pè-o] *agg.* parthénopéen* ♦ *n.m.* [f. *-a*] (*abitante*) Parthénopéen*.

partente [par-tèn-te] *n.m.* e *f.* partant/e ♦ *agg.* qui part.

partenza [par-tèn-za] *n.f.* 1 départ (*m.*): *il treno è in partenza dal binario 3*, le train part du quai numéro 3; *il primo treno in partenza per Milano*, le premier train pour Milan; *mancano 10 giorni alla partenza*, il reste dix jours avant le départ 2 (*sport*) départ (*m.*): *presentarsi alla partenza*, se présenter au départ.
● (*sport*) ***partenza da fermo***, départ arrêté | ***essere di, in partenza***, être sur le départ | (*Borsa*) ***prezzo di partenza***, mise à prix | ***punto di partenza***, (*anche fig.*) point de départ | ***salario di partenza***, salaire initial | ***stazione di partenza***, gare d'origine | ***treni in partenza***, (*alla stazione*) départs.

particella [par-ti-cèl-la] *n.f.* 1 (*fis.*) particule 2 (*agr.*) parcelle.
● (*gramm.*) ***particella pronominale***, pronom personnel complément.

particellare [par-ti-cel-là-re] *agg.* 1 particulaire 2 (*dir.*) parcellaire.

particina [par-ti-cì-na] *n.f.* (*cine., teatr.*) petit rôle (*m.*).

participio [par-ti-cì-pio] *n.m.* [pl. *-pi*] (*gramm.*) participe.

particola [par-tì-co-la] *n.f.* (*eccl.*) hostie.

particolare [par-ti-co-là-re] *agg.* 1 particulier* 2 (*bizzarro, strano*) singulier*: *ha un carattere molto particolare*, il est assez spécial ♦ *n.m.* détail: *nei minimi particolari*, dans les moindres détails.
● ***in particolare***, en particulier | ***segni particolari***, signes particuliers.

particolareggiato [par-ti-co-la-reg-già-to] *agg.* détaillé.

particolarismo [par-ti-co-la-rì-ʃmo] *n.m.* 1 particularisme 2 (*favoritismo*) favoritisme.

particolaristico [par-ti-co-la-rì-sti-co] *agg.* [pl.m. *-ci*, f. *-che*] particulariste.

particolarità [par-ti-co-la-ri-tà] *n.f.invar.* 1 particularité: *data la particolarità del caso*, étant donné la particularité de ce cas 2 (*particolare*) détail (*m.*).

particolarmente [par-ti-co-lar-mén-te] *avv.* particulièrement; (*in particolare*) tout spécialement.

P

partigianeria [par-ti-gia-ne-rì-a] *n.f.* esprit (*m.*) partisan; (*parzialità*) partialité.

partigiano [par-ti-già-no] *agg.* partisan ♦ *n.m.* [f. *-a*] 1 (*sostenitore*) partisan 2 (*durante la seconda guerra mondiale*) maquisard.

partire [par-tì-re] *v.intr.* [aus. *essere*] 1 partir*: *quando parti?*, quand pars-tu?, (*fam.*) tu pars quand?; *bisogna far partire gli inviti*, il faut envoyer les invitations; *quando parte a raccontare le sue avventure*, (*estens.*) quand il commence à raconter ses aventures; *mi è partito un ceffone*, (*fam.*) je lui ai donné une gifle | *è partito per quella donna*, (*ha perso la testa*) il a complètement perdu la tête pour cette femme 2 (*fig. fam.*) (*rompersi, guastarsi*) être* en panne: *è partita la luce*, il y a une panne de courant; *mi è partita una calza*, mon bas a filé; *mi è partita una gomma*, j'ai (un pneu) crevé 3 (*fam.*) (*ubriacarsi*) partir*: *gli bastano un paio di bicchieri per partire*, après deux petits verres, il est déjà parti.
● ***partire in quarta***, (*fig.*) partir en quatrième vitesse | ***partire per affari***, partir en voyage d'affaires | ***a partire da***, à partir de, à compter de | ***far partire l'automobile***, faire démarrer la voiture | ***far partire un colpo (di fucile)***, tirer un coup de fusil | ***in vettura, si parte!***, en voiture, s'il vous plaît! | ***partendo da***, à partir de: *partendo da ciò si deduce che*, à partir de cela, on déduit que | ***partito tu, lui***, après ton, son départ.

partita [par-tì-ta] *n.f.* 1 (*giochi*) partie; (*sport*) match* (*m.*): *assistere a una partita*, (*incontro sportivo*) assister à un match 2 (*di merce*) lot (*m.*); (*in magazzino*) stock (*m.*): *collocare una partita di merce*, placer un lot de marchandise 3 (*contabilità*) compte (*m.*): *saldare una partita*, (*anche fig.*) régler ses comptes 4 (*mus.*) partita; suite.
● ***partita a carte***, partie de cartes | (*comm.*): ***partita aperta, chiusa***, compte ouvert, soldé; ***partita di bilancio***, poste de bilan | ***partita di caccia***, partie de chasse | (*comm.*): ***partita di giro***, compte d'ordre; ***partita doppia***, partie double | ***partita IVA***, numéro de TVA | ***abbandonare la partita***, (*fig.*) abandonner la partie | ***avere partita vinta***, (*fig.*) gagner la partie | ***dar partita vinta a qlcu***, (*fig.*) donner gain de cause à qqn | ***essere della partita***, (*anche fig.*) être de la partie: *sei anche tu della partita?*, (*fig.*) tu es toi aussi de la partie?

partitario [par-ti-tà-rio] *n.m.* [pl. *-ri*] (*comm.*) journal* (auxiliaire).

partitico [par-tì-ti-co] *agg.* [pl.m. *-ci*, f. *-che*] de parti: *accordi partitici*, accords entre partis.
● ***sistema partitico***, système basé sur les partis.

partitivo [par-ti-tì-vo] *agg.* e *n.m.* (*gramm.*) partitif*.

partito[1] [par-tì-to] *n.m.* 1 (*pol.*) parti: *i partiti all'opposizione*, les partis de l'opposition; *interessi di partito*, les intérêts du parti 2 (*decisione*) parti; (*soluzione*) solution (*f.*): *è il partito migliore*, c'est la meilleure solution; *non so che partito prendere*, je ne sais quel parti prendre.
● ***partito di centro, di minoranza, di maggioranza***, parti du centre, de la minorité, de la majorité | ***è ridotto a mal partito***, (*salute*) il est très mal en point; (*situazione finanziaria*) il est dans une situation précaire; en fâcheuse posture | ***mettere la testa a partito***, se ranger | ***per partito preso***, de parti pris | ***prendere partito per, contro qlcu***, prendre parti pour, contre qqn | ***stampa di partito***, les journaux des partis politiques | ***tirare qlcu al proprio partito***, (*fig.*) gagner qqn à sa cause | ***trarre partito da qlco***, tirer parti de qqch | ***trovarsi a mal partito***, se trouver en difficulté | ***un buon partito***, (*occasione di matrimonio*) un bon parti.

partito[2] ***agg.*** (*fam.*) toqué: *è partito per lei*, (*innamorato*) il s'est toqué d'elle.

partitocrazia [par-ti-to-cra-zì-a] ***n.f.*** partitocratie.

partitura [par-ti-tù-ra] ***n.f.*** (*mus.*) partition.

partizione [par-ti-zió-ne] ***n.f.*** partage (*m.*), division.

partner [pàrt-ner] ***n.m.*** e ***f.invar.*** partenaire.

parto [pàr-to] ***n.m.*** **1** accouchement; (*di animali*) mise (*f.*) bas; (*di bovini*) vêlage **2** (*fig.*) (*prodotto, creazione*) produit, création (*f.*): *è un parto della tua fantasia*, c'est le fruit de ton imagination.

● ***parto naturale***, parturition, accouchement naturel | ***morire di parto***, mourir en couches | ***sala parto***, salle d'accouchement.

partoriente [par-to-riènte] ***n.f.*** parturiente: *assistere una partoriente*, accoucher une femme.

partorire [par-to-rì-re] ***v.tr.*** [coniug. come *finire*] **1** accoucher (**de**); (*di animali*) mettre* bas; (*di bovini*) vêler; (*di equini*) pouliner **2** (*fig.*) (*causare*) engendrer, enfanter; (*produrre per mezzo dell'ingegno*) accoucher (**de**); (*fam.*) pondre*.

part time [par'taim] ***n.m.invar.*** emploi à mi-temps ♦ ***agg.invar.*** e ***avv.*** à mi-temps, à temps partiel: *lavoro part time*, travail à mi-temps.

party ['parti] ***n.m.invar.*** réception (*f.*).

parvenza [par-vèn-za] ***n.f.*** **1** (*segno, indizio*) signe (*m.*), indice (*m.*): *una parvenza di miglioramento*, signes d'amélioration **2** (*vaga apparenza*) semblant (*m.*): *parvenza di giustizia*, semblant de justice **3** (*letter.*) (*aspetto esteriore*) apparence.

parziale [par-zià-le] ***agg.*** **1** partiel*: *risultato parziale*, résultat partiel **2** (*non obiettivo*) partial*: *mostrarsi parziale nei confronti di qlcu*, se montrer partial envers qqn.

parzialità [par-zia-li-tà] ***n.f.invar.*** partialité; (*atto parziale*) préférence.

parzialmente [par-zial-mén-te] ***avv.*** **1** (*in parte*) partiellement **2** (*con parzialità*) partialement.

pascere [pà-sce-re] ***v.tr.*** [p.p. *pasciuto*] **1** paître* | *pascere le pecore*, mener paître les brebis **2** (*fig.*) nourrir ♦ **pascersi** ***v.pron.*** se nourrir (*anche fig.*).

pascià [pa-scià] ***n.m.invar.*** pacha.

● ***vivere come un pascià***, mener une vie de pacha.

pasciuto [pa-sciù-to] ***agg.***

● ***ben pasciuto***, bien nourri.

pascolare [pa-sco-là-re] ***v.tr.*** paître* ♦ ***v.intr.*** [aus. *avere*] faire* paître.

pascolo [pà-sco-lo] ***n.m.*** pâturage; (*pastura*) pâture (*f.*): *condurre al pascolo*, mener au pâturage; *mettere un terreno a pascolo*, mettre un terrain en pâture.

● (*dir.*) ***diritto di pascolo***, (droit de) vaine pâture.

Pasqua [Pà-squa] ***n.f.*** (*rel.*) (*ebraica*) Pâque; (*cristiana*) Pâques (*m.* o *f.pl.*): *celebrare la Pasqua*, célébrer Pâques; *fare Pasqua*, faire ses Pâques | *la Pasqua è alta, bassa*, Pâques tombe tard, tôt.

● ***buona Pasqua!***, joyeuses Pâques! | ***contento, felice come una Pasqua***, (*fig. fam.*) heureux comme un coq en pâte | ***lunedì di Pasqua***, lundi de Pâques | ***uova di Pasqua***, œufs de Pâques.

pasquale [pa-squà-le] ***agg.*** pascal*: *vacanze pasquali*, vacances de Pâques.

pasquetta [pa-squét-ta] ***n.f.*** (*fam.*) lundi (*m.*) de Pâques.

pass ***n.m.invar.*** (*tessera magnetica*) carte (*f.*) magnétique.

passabile [pas-sà-bi-le] ***agg.*** passable.

passacarte [pas-sa-càr-te] ***n.m.*** e ***f.invar.*** (*spreg.*) rond-de-cuir* (*m.*), sous-fifre* (*m.*).

passafino [pas-sa-fì-no] ***n.m.*** [pl. *invar.* o *-i*] (*cucito*) extra-fort*.

passaggio [pas-sàg-gio] ***n.m.*** [pl. *-gi*] **1** passage: *impedire, ostruire il passaggio*, empêcher le passage | *al suo passaggio*, sur son passage **2** (*luogo di transito*) passage: *un passaggio sotterraneo*, un passage souterrain **3** (*trasporto di passeggeri su nave*) passage **4** (*tragitto compiuto gratis*): *ti do un passaggio sino in ufficio*, je te dépose au bureau; *mi ha chiesto un passaggio sino a Milano*, il m'a demandé de le conduire jusqu'à Milan **5** (*trasferimento*) transfert **6** (*sport*) passe (*f.*); (*atletica*) passage: (*calcio*) *un passaggio di testa*, un coup de tête **7** (*lett., mus.*) passage.

● (*ferr.*) ***passaggio a livello***, passage à niveau | ***passaggio di poteri***, passation de pouvoirs | (*dir.*) ***passaggio di proprietà***, transfert de propriété | ***passaggio obbligato***, (*anche fig.*) passage obligatoire | ***passaggio pedonale***, passage clouté (*o* pour piétons) | ***accennare di passaggio che***, mentionner en passant que | ***essere di passaggio***, être de passage.

passamaneria [pas-sa-ma-ne-rì-a] ***n.f.*** passementerie.

passamano[1] [pas-sa-mà-no] ***n.m.*** chaîne (*f.*): *fare il passamano*, faire la chaîne.

passamano[2] ***n.m.*** (*fettuccia*) passement; (*ritorto*) torsade (*f.*).

passamontagna [pas-sa-mon-tà-gna] ***n.m.invar.*** passe-montagne*.

passanastro [pas-sa-nà-stro] ***n.m.*** [pl. *invar.* o *-i*] trou-trou*.

passante [pas-sàn-te] ***agg.*** passant ♦ ***n.m.*** e ***f.*** passant/e ♦ ***n.m.*** (*di cintura*) passant.

● ***passante ferroviario***, réseau urbain intergares | (*tennis*) (*colpo*) ***passante***, passing-shot.

passaparola [pas-sa-pa-rò-la] ***n.m.invar.*** (*fam.*) **1** ordre passé de bouche à oreille **2** (*gioco*) téléphone arabe.

passaporto [pas-sa-pòr-to] ***n.m.*** passeport: *mi è scaduto il passaporto*, mon passeport est périmé; *rinnovare il passaporto*, renouveler son passeport; *richiedere il passaporto*, demander le passeport.

passare [pas-sà-re] ***v.intr.*** [aus. *essere*] **1** passer (*anche fig.*): *il corteo è già passato*, le défilé est déjà passé; *il corteo è passato sotto le nostre finestre*, le défilé a passé sous nos fenêtres; *il Ticino passa per Pavia*, le Tessin passe à Pavie; *passare per, da Firenze*, passer par Florence; *passerò da casa tua*, je passerai chez toi; *passare per i campi*, passer à travers (les) champs; *queste carte son passate per cento mani*, ces papiers ont passé dans bien des mains; *passi lei*, passez; *lasciare, fare passare qlcu*, céder le pas à qqn; *passò via senza fermarsi*, il passa outre sans s'arrêter; *fateli passare*, faites-les entrer; *passare al largo*, passer au large | *passare alle minacce*, en venir aux menaces | *passare a vie di fatto*, passer aux voies de fait **2** (*trascorrere; intercorrere*) passer: *man mano che il tempo passa*, au fur et à mesure que le temps passe; *ci passa una grande differenza*, il y a une grande différence **3** (*cessare*) passer: *mi è passato il raffreddore*, mon rhume a passé; *gliene è passata la voglia*, l'envie lui a passé; *non gli è ancora passata la paura*, il ne s'est pas encore remis de sa frayeur; *gli passerà, non ti preoccupare*, ça lui passera, ne t'en fais pas **4** (*essere promosso*) être* reçu; (*passare a una classe superiore*) passer: *passare con la media dell'otto*, être reçu avec huit de moyenne **5** (*essere approvato; essere accettabile*) passer: *non è un capola-*

P

voro ma può passare, ce n'est pas un chef-d'œuvre, mais ça peut aller ♦ *v.tr.* **1** passer: *per favore, passami il pane*, passe-moi le pain, s'il te plaît; *adesso te lo passo*, (*al telefono*) un instant, je te le passe **2** (*attraversare*) passer (*anche fig.*): *passare il confine*, passer la frontière; *sta passando un brutto guaio*, il a un gros ennui; *ne ho passate tante!*, j'en ai tellement vu!; *quante me ne ha fatte passare!*, il m'en a fait voir! **3** (*spostare; dare*) transférer*, passer: *l'hanno passato in un altro ufficio*, on l'a transféré dans un autre bureau; *passare uno stipendio mensile*, donner un traitement mensuel **4** (*trascorrere*) passer: *passare l'estate in campagna*, passer l'été à la campagne **5** (*superare*) dépasser: *passare il metro*, mesurer plus d'un mètre **6** (*di lama*) (*trapassare*) transpercer*; (*di proiettile*) traverser | *passare a fil di spada*, passer au fil de l'épée **7** (*promuovere*) recevoir*; (*superare un esame*) passer **8** (*cuc.*) passer: *passare la verdura*, passer les légumes.

● ***passare avanti, davanti a qlcu***, (*anche fig.*) passer devant qqn: *mi scusi se passo avanti*, excusez-moi si je passe le premier | ***passare il segno, la misura***, passer les bornes (*o* les limites) | ***passare oltre***, (*anche fig.*) passer outre | ***passare per***, (*fig.*) (*essere considerato*) passer pour: *non voglio passare per uno sciocco*, je ne veux pas passer pour un imbécile | ***passare sopra a qlco***, passer sur qqch: *passiamoci sopra*, passons là-dessus | ***passarsela bene, male***, se la couler douce, être dans un moment difficile: *se la passa bene*, il ne s'en fait pas; *se la passa male*, ça va mal pour lui | ***col passare del tempo***, le temps passant: *col passare del tempo si abituò*, avec le temps il s'est habitué | ***come te la passi?***, (*fam.*) comment ça va? | ***e passa***, et des poussières: *cento euro e passa*, cent euros et des poussières; *quarant'anni e passa*, quarante ans ou plus | (*tel.*) ***passo e chiudo***, terminé | ***per questa volta passi***, pour cette fois passons.

NOTA Con **passer**, che traduce **passare**, il francese moderno ha generalizzato l'uso dell'ausiliare *être*; rimangono tuttavia alcuni casi in cui può essere usato *avoir*.

È passato già un mese.
Un mois **a** (*o* **est**) déjà passé.
*Oggi il tempo **è** passato in fretta.*
Aujourd'hui le temps **a** (*o* **est**) passé vite.

passata [pas-sà-ta] *n.f.* **1** coup (*m.*) (**de**): *dare una passata con lo straccio*, donner un coup de chiffon; *una passata di pettine*, un coup de peigne; *dare una passata alla camicia*, donner un coup de fer à la chemise; *dare una passata di vernice*, passer une couche de peinture; *dare una passata al giornale*, donner un coup d'œil au journal **2** (*cuc.*) purée; coulis (*m.*).
● (*cuc.*) ***passata di pomodoro***, coulis de tomates.

passatempo [pas-sa-tèm-po] *n.m.* passe-temps: *per passatempo*, comme passe-temps.

passatista [pas-sa-tì-sta] *n.m.* e *f.* passéiste.

passato [pas-sà-to] *agg.* passé: *il tempo passato*, le temps passé; *nei tempi passati*, (au temps) jadis | *passato di moda*, démodé | *passato di cottura*, trop cuit | *ha quarant'anni passati*, il a plus de quarante ans ♦ *n.m.* **1** passé: *ha un passato oscuro*, son passé n'est pas très net; *chiudere con il proprio passato*, en finir avec son passé **2** (*cuc.*) potage; (*purea*) purée (*f.*): *passato di verdura*, potage de légumes.
● (*gramm.*) ***passato prossimo, remoto***, passé composé, simple | ***in passato***, autrefois | (*gramm.*) ***participio passato***, participe passé.

passatoia [pas-sa-tó-ia] *n.f.* **1** (*tappeto*) (*sulle scale*) chemin (*m.*) d'escalier; (*in corridoio*) chemin (*m.*) de couloir **2** (*in una stazione ferroviaria*) passage (*m.*) pour les piétons.

passaverdura [pas-sa-ver-dù-ra] *n.m.* [pl. *invar.* o *-e*] moulin à légumes; (*fam.*) moulinette (*f.*).

passavivande [pas-sa-vi-vàn-de] *n.m.invar.* passe-plat*.

passeggero [pas-seg-gè-ro] *agg.* e *n.m.* [f. *-a*] passager*.

passeggiare [pas-seg-già-re] *v.intr.* [coniug. come *mangiare*; aus. *avere*] se promener*: *ha passeggiato per le strade*, il s'est promené dans les rues | *passeggiare su e giù*, faire les cent pas.

passeggiata [pas-seg-già-ta] *n.f.* promenade.
● ***passeggiata spaziale***, (*degli astronauti*) sortie de contrôle dans l'espace.

passeggiatrice [pas-seg-gia-trì-ce] *n.f.* (*prostituta*) péripatéticienne.

passeggino [pas-seg-gì-no] *n.m.* poussette (*f.*).
● ***passeggino a ombrello***, poussette-canne.

passeggio [pas-ség-gio] *n.m.* [pl. *-gi*] **1** (*azione*) promenade (*f.*) **2** (*la gente che passeggia*) les promeneurs (*pl.*).
● ***andare a passeggio***, aller se promener | ***condurre, portare a passeggio***, promener | ***scarpe da passeggio***, chaussures de marche.

passera [pàs-se-ra] *n.f.* **1** (*zool.*) moineau* (*m.*) domestique **2** (*volg.*) (*genitali femminili*) chatte.
● (*zool.*) ***passera di mare***, limande.

passerella [pas-se-rèl-la] *n.f.* passerelle.

passero [pàs-se-ro] *n.m.* (*zool.*) moineau*; (*fam.*) pierrot.
● ***passero solitario***, merle bleu.

FAUX AMI
Da non confondere con *passereau*, che significa *passeraceo*.

passerotto [pas-se-ròt-to] *n.m.* petit moineau*.

passibile [pas-sì-bi-le] *agg.* passible; (*soggetto a*) susceptible: *è passibile di denuncia*, il est susceptible d'être dénoncé; *prezzo passibile di aumento*, prix susceptible d'être augmenté.

passiflora [pas-si-flò-ra] *n.f.* (*bot.*) passiflore.

passino [pas-sì-no] *n.m.* passette (*f.*); (*da tè*) passe-thé*.

passionale [pas-sio-nà-le] *agg.* **1** passionnel*: *delitto passionale*, crime passionnel **2** (*appassionato*) passionné.

passionalità [pas-sio-na-li-tà] *n.f.invar.* caractère (*m.*) passionné.

passione [pas-sió-ne] *n.f.* **1** passion: *una passione giovanile*, un amour de jeunesse; *essere preso da passione per qlcu*, être follement épris de qqn; *avere passione per la musica*, être passionné de musique; *la sua passione è disegnare*, son plus grand plaisir est de dessiner | *prendere passione a qlco*, se passionner pour qqch **2** *la Passione* (*di Cristo*), la Passion (du Christ): *la Settimana di Passione*, la Semaine de la Passion.
● (*bot.*) ***frutto della passione***, fruit de la passion | ***passare un giorno di passione***, (*estens.*) passer une journée infernale.

passista [pas-sì-sta] *n.m.* e *f.* (*ciclismo*) rouleur/euse.

passivamente [pas-si-va-mén-te] *avv.* passivement.

passività [pas-si-vi-tà] *n.f.invar.* **1** passivité **2** (*econ.*) passif (*m.*).

passivo [pas-sì-vo] *agg.* **1** passif*: *è passivo di fronte a*

qualsiasi provocazione, il ne réagit à aucune provocation **2** (*econ.*) passif*: *bilancio passivo*, bilan passif ♦ ***n.m.*** (*gramm., econ.*) passif.
● (*gramm.*) ***verbo passivo***, verbe passif.

passo[1] [pàs-so] ***n.m.*** **1** pas: *passo lungo, corto*, grand, petit pas; *fare un passo avanti*, faire un pas en avant; *andare a passo lento*, marcher à pas lents; *a passo di corsa*, au pas de course; *di buon passo*, d'un bon pas; *riconoscere qlcu dal passo*, reconnaître qqn à son pas | *è stato a un passo da*, il a été à deux pas de **2** (*fig.*) pas, (*approccio, provvedimento*) démarche (*f.*): *passi diplomatici*, démarches diplomatiques; *fare i passi necessari*, faire les démarches nécessaires **3** (*brano*) passage **4** (*cine.*) format **5** (*tecn.*) pas; (*aut.*) (*distanza tra le ruote*) empattement: *il passo della vite è consumato*, le pas de vis est usé.
● (*idraulica*) ***passo d'uomo***, trou d'homme | ***andare al passo***, marcher au pas | (***a***) ***passo*** (***a***) ***passo***, pas à pas | ***a passo d'uomo***, à pas d'homme, au pas | (*cine.*) ***a passo normale, ridotto***, (de format) standard, étroit (*o* réduit) | ***di pari passo***, au même pas; (*fig.*) de pair | ***di questo passo***, à cette allure-là: *e via di questo passo*, et ainsi de suite; *di questo passo ti rovini*, à cette allure-là tu vas te ruiner, (*di salute*) en continuant comme ça, tu vas te tuer | ***fare il gran passo***, (*fig.*) franchir le pas | ***fare il passo secondo la gamba***, ne pas faire le pas plus long que la jambe | ***fare i primi passi***, (*anche fig.*) faire ses premiers pas | ***fare passi da gigante***, (*fig.*) avancer à (*o* faire des) pas de géant | ***fare quattro passi***, (*fig.*) faire un petit tour | ***fare un passo falso***, (*anche fig.*) faire un faux-pas | ***segnare il passo***, marquer le pas | ***seguire i passi di qlcu***, (*anche fig.*) marcher sur les pas de qqn | ***tornare sui propri passi***, (*anche fig.*) revenir sur ses pas.

passo[2] ***n.m.*** **1** passage: *dare, cedere il passo*, donner, céder le passage **2** (*valico*) col.
● ***passo carraio, carrabile***, sortie des voitures | (*zool.*) ***uccelli di passo***, oiseaux de passage.

passo[3] ***agg.*** (*appassito*) sec*.
● ***uva passa***, raisin sec.

password ['pasword] ***n.f.invar.*** (*inform.*) mot (*m.*) de passe (MDP).

pasta [pà-sta] ***n.f.*** **1** pâte: *fare la pasta*, faire (*o* pétrir) la pâte **2** (*primo piatto*) pâtes (*pl.*) (alimentaires): *buttare la pasta*, plonger les pâtes dans l'eau; *condire la pasta*, assaisonner les pâtes **3** (*impasto*) pâte: *colla in pasta*, colle de pâte **4** (*pasticcino*) petit gâteau* (*m.*).
● ***pasta all'uovo***, pâtes aux œufs | ***pasta asciutta***, pâtes | ***pasta d'acciughe***, pâte d'anchois (*o* anchoyade) | ***pasta dentifricia***, pâte dentifrice | ***pasta di legno, di carta***, pâte mécanique, à papier | ***pasta di mandorle***, pâte d'amandes | ***pasta frolla***, pâte brisée: *essere di pasta frolla*, (*fig.*) être un mollasson; *avere le mani di pasta frolla*, (*fig.*) avoir des mains de beurre | ***pasta in brodo***, potage aux pâtes | ***pasta sfoglia***, pâte feuilletée | ***avere le mani in pasta***, (*fig.*) être au courant de: *ha le mani in pasta al ministero*, il a ses entrées au ministère | ***essere della stessa pasta***, (*fig.*) être de la même pâte | ***una pasta d'uomo***, (*fig.*) une bonne pâte.

pastafrolla [pa-sta-fròl-la] ***n.f.*** (*cuc.*) pâte brisée.
● ***avere le mani di pastafrolla***, (*fig. fam.*) avoir des mains de beurre | ***un uomo di pastafrolla***, (*fig. fam.*) une chiffe molle.

pastaio [pa-stà-io] ***n.m.*** [f. *-a*; pl.m. *-ai*] **1** (*chi produce*) fabricant de pâtes alimentaires **2** (*chi vende*) vendeur* de pâtes alimentaires.

pastasciutta [pa-sta-sciùt-ta] ***n.f.*** [pl. *pastasciutte*] (*cuc.*) pâtes (*pl.*).

pasteggiare [pa-steg-già-re] ***v.intr.*** [coniug. come *mangiare*; aus. *avere*] manger*: *pasteggiare a birra*, boire de la bière en mangeant.

pastella [pa-stèl-la] ***n.f.*** (*cuc.*) pâte à frire, pâte à beignets.

pastello [pa-stèl-lo] ***n.m.*** pastel (*anche pitt.*): *ritratto a pastello*, portrait au pastel ♦ ***agg.invar.*** (de) pastel: *tinte pastello*, teintes (de) pastel; *verde pastello*, vert pastel.

pastetta [pa-stét-ta] ***n.f.*** **1** (*cuc.*) pâte à frire **2** (*fig. fam.*) machination, menées (*pl.*); (*elettorale*) cuisine électorale; truquage (*m.*) des élections.

pasticca [pa-stìc-ca] ***n.f.*** [pl. *-che*] pastille.

pasticceria [pa-stic-ce-rì-a] ***n.f.*** **1** pâtisserie **2** (*assortimento di paste*) petits gâteaux (*m.pl.*) | *pasticceria da tè*, petits fours.

pasticciare [pa-stic-cià-re] ***v.tr.*** [coniug. come *cominciare*] **1** (*rovinare*) gâcher; (*confondere*) emmêler **2** (*scarabocchiare*) gribouiller (**sur**), barbouiller **3** (*fam.*) (*mangiucchiare*) mangeotter.

pasticciere [pa-stic-ciè-re] ***n.m.*** [f. *-a*] pâtissier* ♦ ***agg.*** *crema pasticciera*, crème pâtissière.

pasticcino [pa-stic-cì-no] ***n.m.*** petit gâteau*; (*da tè*) petit four.

pasticcio [pa-stìc-cio] ***n.m.*** [pl. *-ci*] **1** (*cuc.*) pâté | *pasticcio di maccheroni*, macaroni au gratin **2** (*cosa fatta male*) gâchis: *fare pasticci*, faire des bêtises **3** (*guaio*) ennui: *essere, mettersi nei pasticci*, être, se mettre dans le pétrin; *togliere qlcu dai pasticci*, sortir, tirer qqn d'affaire **4** (*mus.*) pastiche.

FAUX AMI
Da non confondere con *pastis*, che è il nome di un *liquore all'anice.*

pasticcione [pa-stic-ció-ne] ***n.m.*** [f. *-a*] brouillon*.

pastificio [pa-sti-fì-cio] ***n.m.*** [pl. *-ci*] **1** (*stabilimento*) fabrique (*f.*) de pâtes alimentaires **2** (*negozio*) magasin de pâtes alimentaires.

pastiglia [pa-stì-glia] ***n.f.*** **1** pastille, pilule; (*compressa*) comprimé (*m.*) **2** (*per decorazioni*) pastillage (*m.*) **3** (*aut.*) plaquette (de frein).

pastina [pa-stì-na] ***n.f.*** (*cuc.*) nouilles (*pl.*) à potage | *pastina in brodo*, potage aux nouilles.

pasto [pà-sto] ***n.m.*** repas: *un pasto abbondante*, un repas copieux; *saltare il pasto*, sauter un repas; *un vino da pasto*, un vin de table | *stare ai pasti*, ne pas manger en dehors des repas.
● ***dare in pasto al pubblico***, (*fig.*) donner en pâture au public | ***fuori pasto***, entre les repas, en dehors des repas | ***prima, dopo i pasti***, avant, après les repas.

pastoia [pa-stó-ia] ***n.f.*** entrave (*anche fig.*).

pastone [pa-stó-ne] ***n.m.*** **1** pâtée (*f.*) **2** (*fig.*) (*minestra scotta*) bouillie (*f.*).

pastorale[1] [pa-sto-rà-le] ***agg.*** pastoral* ♦ ***n.f.*** (*eccl.*) (*lettera del vescovo*) lettre pastorale ♦ ***n.m.*** (*eccl.*) (*bastone del vescovo*) crosse (*f.*).
● (*lett.*) ***genere pastorale***, genre pastoral.

pastorale[2] ***n.f.*** (*mus.*) pastorale.

pastore [pa-stó-re] ***n.m.*** **1** [f. *-a*] berger*; (*letter.*) pasteur **2** (*sacerdote*) prêtre; (*protestante, anglicano*) pasteur **3** (*zool.*) (*cane*) berger.
● (*zool.*): ***pastore tedesco***, berger allemand; ***cane*** (***da***) ***pastore***, chien de berger.

pastorizia [pa-sto-rì-zia] ***n.f.*** élevage (*m.*) des moutons.

P

pastorizio [pa-sto-rì-zio] ***agg.*** [pl.m. *-zi*] pastoral*.

pastorizzare [pa-sto-riʒ-ʒà-re] ***v.tr.*** pasteuriser.

pastorizzato [pa-sto-riʒ-ʒà-to] ***agg.*** pasteurisé.
● ***latte pastorizzato***, lait pasteurisé.

pastorizzazione [pa-sto-riʒ-ʒa-zió-ne] ***n.f.*** pasteurisation.

pastosità [pa-sto-si-tà] ***n.f.invar.*** **1** consistance pâteuse **2** (*fig.*) moelleux (*m.*).

pastoso [pa-stó-so] ***agg.*** **1** pâteux* **2** (*fig.*) moelleux*.

pastrano [pa-strà-no] ***n.m.*** (*abbigl.*) pardessus; (*mil.*) capote (*f.*).

pastrocchio [pa-stròc-chio] ***n.m.*** [pl. *-chi*] (*fam.*) **1** (*guaio*) pastis, ennui **2** (*sciocchezza*) bêtise (*f.*): *guarda che pastrocchio hai combinato*, mais qu'est-ce que tu as fabriqué? **3** (*scarabocchio*) gribouillis.

pastura [pa-stù-ra] ***n.f.*** **1** pâture (*anche fig.*) **2** (*pascolo*) pâturage (*m.*) | *terreni a pastura*, pâturages **3** (*mangime per pesci*) amorce.

pasturare [pa-stu-rà-re] ***v.tr.*** **1** conduire* au pâturage **2** (*i pesci*) amorcer*.

patacca [pa-tàc-ca] ***n.f.*** [pl. *-che*] **1** monnaie de peu de valeur: *non vale una patacca*, cela ne vaut pas un sou **2** (*scherz.*) (*medaglia*) médaille; (*decorazione*) décoration **3** (*oggetto falso*) faux (*m.*) **4** (*fam.*) (*macchia*) tache.

patata [pa-tà-ta] ***n.f.*** pomme de terre: *patate lesse, bollite*, pommes de terre à l'eau.
● ***patata americana, dolce***, patate (douce) | ***patata bollente***, (*fig.*) balle: *passare la patata bollente a qlcu*, renvoyer la balle à qqn | ***patate fritte***, (pommes) frites | ***patate novelle***, pommes de terre nouvelles | ***che spirito di patata!***, (*scherz.*) quelle lourdeur d'esprit! | ***essere una patata lessa***, (*fig.*) être une chiffe molle | ***naso a patata***, nez épaté | ***sacco di patate***, (*fig.*) gros pataud: *cadere come un sacco di patate*, tomber comme une masse.

patatina [pa-ta-tì-na] ***n.f.*** (*spec. pl.*) **1** (*patatine fritte calde*) frites **2** (*confezionate*) (*a bastoncino*) allumettes; (*a fiammifero*) pailles; (*a fettine sottili*) chips; (*grigliate*) gaufrettes: *un sacchetto di patatine*, un sachet de chips.

P

patatrac [pa-ta-tràc] ***onom.*** patatras ♦ ***n.m.invar.*** **1** (*disastro*) désastre **2** (*dissesto finanziario*) krach.

patavino [pa-ta-vì-no] ***agg.*** (*letter.*) padouan ♦ ***n.m.*** [f. *-a*] (*letter.*) (*abitante*) Padouan.

patch [patʃ, pɛtʃ] ***n.m.invar.*** (*farm.*) patch ♦ ***n.f.invar.*** (*inform.*) colmatage (*m.*), rustine.

patella [pa-tèl-la] ***n.f.*** (*zool.*) patelle.

patema [pa-tè-ma] ***n.m.*** anxiété (*f.*): *stare con il patema* (*d'animo*), être dans l'anxiété; *avere dei patemi*, avoir des soucis.

patena [pa-tè-na] ***n.f.*** (*eccl.*) patène.

patentato [pa-ten-tà-to] ***agg.*** **1** diplômé **2** (*fig.*) fieffé: *un ladro patentato*, un fieffé voleur.

patente [pa-tèn-te] ***n.f.*** permis (*m.*): *prendere la patente*, passer son permis; *rinnovare la patente*, renouveler son permis.
● ***patente a punti***, permis à points | ***patente di guida***, permis de conduire | ***patente nautica***, permis nautique.

FAUX AMI
Da non confondere con il francese *patente* nel significato di *tassa di licenza* (di esercizio).

patentino [pa-ten-tì-no] ***n.m.*** permis.
● ***patentino di guida***, permis de conduire provisoire.

pater [pà-ter] ***n.m.invar.*** → **padrenostro** 1.

patera [pà-te-ra] ***n.f.*** (*archeol.*) patère.

patereccio [pa-te-réc-cio] ***n.m.*** [pl. *-ci*] (*med.*) panaris; (*giradito*) tourniole (*f.*).

paternale [pa-ter-nà-le] ***n.f.*** réprimande: *fare la paternale a qlcu*, sermonner qqn, faire une réprimande à qqn.

paternalismo [pa-ter-na-lì-ʃmo] ***n.m.*** paternalisme.

paternalista [pa-ter-na-lì-sta] ***n.m.*** e ***f.*** paternaliste.

paternalistico [pa-ter-na-lì-sti-co] ***agg.*** [pl.m. *-ci*, f. *-che*] paternaliste.

paternamente [pa-ter-na-mén-te] ***avv.*** paternellement.

paternità [pa-ter-ni-tà] ***n.f.invar.*** **1** (*dir.*) paternité (*anche fig.*) **2** (*su un documento*) nom (*m.*) et prénom (*m.*) du père.

paterno [pa-tèr-no] ***agg.*** paternel* (*anche fig.*): *la mia nonna paterna*, ma grand-mère paternelle.

paternoster [pa-ter-nò-ster] ***n.m.invar.*** → **padrenostro**.

patetico [pa-tè-ti-co] ***agg.*** e ***n.m.*** [f. *-a*; pl.m. *-ci*, f. *-che*] pathétique: *non fare il patetico*, ne prends pas ça au tragique.

pathos [pà-thos] ***n.m.invar.*** (*letter.*) pathos.

patibolare [pa-ti-bo-là-re] ***agg.*** (*fam.*) patibulaire: *faccia patibolare*, mine patibulaire.

patibolo [pa-tì-bo-lo] ***n.m.*** échafaud.

patimento [pa-ti-mén-to] ***n.m.*** souffrance (*f.*); (*tormento*) tourment.

patina [pà-ti-na] ***n.f.*** **1** patine (*anche fig.*) **2** (*med.*) enduit (*m.*).

patinare [pa-ti-nà-re] ***v.tr.*** patiner; (*terracotta, porcellana ecc.*) vernisser; (*pelli*) enduire* de dégras; (*carta, fotografie ecc.*) glacer*.

patinato [pa-ti-nà-to] ***agg.*** patiné.
● ***carta patinata***, papier couché, glacé.

patire [pa-tì-re] ***v.tr.*** [coniug. come *finire*] souffrir* (**de**): *patire il freddo, il caldo*, souffrir du froid, de la chaleur; *patire un affronto*, essuyer un affront ♦ ***v.intr.*** [aus. *avere*] souffrir*.

patito [pa-tì-to] ***agg.*** souffreteux*; (*di viso*) *hâve; (*d'aspetto*) maladif*: *ti trovo patito*, je te trouve mauvaise mine ♦ ***n.m.*** [f. *-a*] (*fam.*) mordu: *è un patito del calcio*, c'est un mordu du football.

pato- ***pref.*** patho-.

patogeno [pa-tò-ge-no] ***agg.*** (*med.*) pathogène.

patologia [pa-to-lo-gì-a] ***n.f.*** (*med.*) pathologie.

patologico [pa-to-lò-gi-co] ***agg.*** [pl.m. *-ci*, f. *-che*] (*med.*) pathologique.

patologo [pa-tò-lo-go] ***n.m.*** [f. *-a*; pl.m. *-gi*, f. *-ghe*] (*med.*) pathologiste.

patria [pà-tria] ***n.f.*** patrie: *amor di patria*, amour de la patrie; *in patria e all'estero*, dans le pays et à l'étranger; *far ritorno, ritornare in patria*, retourner au pays; *Vienna è la patria del valzer*, Vienne est la patrie de la valse.
● ***altare della patria***, autel de la patrie | ***madre patria***, mère patrie.

patriarca [pa-tri-àr-ca] ***n.m.*** [pl. *-chi*] patriarche.

patriarcale [pa-tri-ar-cà-le] ***agg.*** patriarcal*.

patriarcato [pa-tri-ar-cà-to] ***n.m.*** patriarcat.

patrigno [pa-trì-gno] ***n.m.*** beau-père*; (*spreg.*) parâtre.

patrilineare [pa-tri-li-ne-à-re] ***agg.*** (*etnologia*) patrilinéaire.

patrimoniale [pa-tri-mo-nià-le] ***agg.*** (*econ., dir.*) patrimonial*.
● ***imposta patrimoniale***, impôt sur la fortune.

patrimonio [pa-tri-mò-nio] ***n.m.*** [pl. *-nî*] **1** patrimoine | *il patrimonio dello Stato*, le domaine privé de l'État **2** (*somma rilevante*) fortune (*f.*): *mi è costato un patrimonio*, ça m'a coûté une fortune **3** (*eredità spirituale, culturale ecc.*) héritage, patrimoine: *il patrimonio artistico*, le patrimoine artistique; *il patrimonio forestale di un paese*, la richesse en forêts d'un pays; *avere un bel patrimonio di cognizioni*, avoir un bon bagage intellectuel.
● (*dir.*) ***patrimonio sociale***, patrimoine social | ***imposta sul patrimonio***, impôt sur la fortune.

patrio [pà-tri-o] ***agg.*** [pl.m. *-rî*] **1** (*del padre*) paternel* **2** (*della patria*) de la patrie.
● (*dir.*) ***patria potestà***, autorité paternelle.

patriota [pa-tri-ò-ta] ***n.m.*** e ***f.*** patriote.

patriottardo [pa-tri-ot-tàr-do] ***agg.*** e ***n.m.*** [f. *-a*] patriotard.

patriottico [pa-tri-òt-ti-co] ***agg.*** [pl.m. *-ci*, f. *-che*] patriotique.

patriottismo [pa-tri-ot-tì-ʃmo] ***n.m.*** patriotisme.

patriziato [pa-tri-zià-to] ***n.m.*** patriciat.

patrizio [pa-trì-zio] ***agg.*** [pl.m. *-zî*] patricien* ♦ ***n.m.*** [f. *-a*] patrice, patricien*.

patrocinare [pa-tro-ci-nà-re] ***v.tr.*** **1** plaider (*anche fig.*) **2** (*sponsorizzare*) sponsoriser; (*sostenere*) patronner: *patrocinare la candidatura di qlcu*, patronner la candidature de qqn.

patrocinatore [pa-tro-ci-na-tó-re] ***n.m.*** [f. *-trice*] **1** (*dir.*) défenseur: *farsi patrocinatore di una giusta causa*, plaider une juste cause **2** (*sponsor*) sponsor.

patrocinio [pa-tro-cì-nio] ***n.m.*** [pl. *-nî*] **1** (*sponsorizzazione*) parrainage **2** (*protezione*) protection (*f.*), patronage **3** (*dir.*) défense (*f.*).
● (*dir.*) ***gratuito patrocinio***, assistance judiciaire | ***sotto il patrocinio di***, sous la protection de.

patronale [pa-tro-nà-le] ***agg.*** patronal*: *la festa patronale*, la fête patronale.

patronato [pa-tro-nà-to] ***n.m.*** patronage.

patronessa [pa-tro-nés-sa] ***n.f.*** dame patronnesse.

patronimico [pa-tro-nì-mi-co] ***agg.*** [pl.m. *-ci*, f. *-che*] patronymique ♦ ***n.m.*** patronyme.

patrono [pa-trò-no] ***n.m.*** [f. *-a*] **1** patron* **2** (*dir.*) défenseur | *patrono di parte civile*, avocat de la partie civile.
● ***il Santo patrono***, le Saint patron.

patta[1] [pàt-ta] ***n.f.***
● ***fare patta***, finir (la partie) à égalité | ***pari e patta***, (*fig.*) quittes.

patta[2] ***n.f.*** (*abbigl.*) patte.

patteggiamento [pat-teg-gia-mén-to] ***n.m.*** **1** (*il patteggiare*) négociation (*f.*) **2** (*dir.*) plaider-coupable, négociation (*f.*) de la peine avec le juge **3** (*comm.*) marchandage; (*trattativa*) négociation (*f.*).

patteggiare [pat-teg-già-re] ***v.tr.*** [coniug. come *mangiare*] négocier ♦ ***v.intr.*** [aus. *avere*] **1** (*condurre trattative*) négocier, traiter | (*comm.*) *patteggiare sul prezzo*, marchander (sur) le prix **2** (*scendere a patti*) pactiser.

pattina [pat-tì-na] ***n.f.*** (*region.*) → **presina**.

pattinaggio [pat-ti-nàg-gio] ***n.m.*** [pl. *-gî*] (*sport*) (*sul ghiaccio*) patinage; (*a rotelle*) patinage à roulettes.
● ***pattinaggio artistico***, patinage artistique | ***pista di pattinaggio***, piste de patinage (*o* patinoire).

pattinare [pat-ti-nà-re] ***v.intr.*** [aus. *avere*] patiner.

pattinatore [pat-ti-na-tó-re] ***n.m.*** [f. *-trice*] patineur*.

pattino[1] [pàt-ti-no] ***n.m.*** patin: *andare sui pattini*, faire du patin.
● ***pattini da ghiaccio, a rotelle***, patins (à glace), patins à roulettes.

pattino[2] [pat-tì-no] ***n.m.*** (*mar.*) embarcation (*f.*) munie de deux flotteurs latéraux.

patto [pàt-to] ***n.m.*** (*convenzione, accordo*) pacte; (*impegno*) engagement: *stringere un patto*, faire un pacte; *stare ai patti*, remplir ses engagements; *venire, scendere a patti con qlcu*, composer avec qqn.
● ***patto di non-aggressione***, pacte de non-agression | (*prov.*) ***patti chiari, amicizia lunga***, les bons comptes font les bons amis | ***a nessun patto***, à aucun prix | ***a patto che***, à (la) condition que | ***fare un patto col diavolo***, (*fig.*) sceller un pacte avec le diable.

pattuglia [pat-tù-glia] ***n.f.*** (*mil.*) patrouille: *essere di pattuglia*, être de patrouille.

pattugliamento [pat-tu-glia-mén-to] ***n.m.*** (*mil.*) patrouille (*f.*).

pattugliare [pat-tu-glià-re] ***v.intr.*** [aus. *avere*] patrouiller ♦ ***v.tr.*** surveiller.

pattuire [pat-tu-ì-re] ***v.tr.*** [coniug. come *finire*] stipuler.

pattuito [pat-tu-ì-to] ***agg.*** convenu: *il prezzo pattuito*, le prix convenu.

pattume [pat-tù-me] ***n.m.*** ordures (*f.pl.*).

pattumiera [pat-tu-miè-ra] ***n.f.*** poubelle; (*di condominio*) boîte à ordures.

paturnie [pa-tùr-nie] ***n.f.pl.***
● ***avere le paturnie***, (*fam.*) avoir ses nerfs.

pauperismo [pau-pe-rì-ʃmo] ***n.m.*** paupérisme.

paura [pa-ù-ra] ***n.f.*** peur: *avere, prendere paura*, avoir, prendre peur; *che paura!*, quelle peur!; *tremare dalla paura*, trembler de peur; *mettere paura a qlcu*, faire peur à qqn; *avevo paura che non veniste*, j'avais peur que vous ne veniez pas | *ho paura di sì, di no*, j'ai bien peur que oui, que non: *"Ti sei fatto male?" "Ho paura di sì!"*, "Est-ce que tu t'es fait mal?" "J'en ai bien peur!".
● ***avere paura da morire***, mourir de peur | ***avere una paura matta***, avoir une peur folle | ***da far paura***, à faire peur: *è magro da far paura*, il est maigre à faire peur | ***morto di paura***, (*fig.*) mort de peur | ***niente paura!***, n'ayez pas peur! | ***per paura di***, par peur de.

paurosamente [pa-u-ro-sa-mén-te] ***avv.*** **1** peureusement **2** (*terribilmente*) affreusement.

pauroso [pau-ró-so] ***agg.*** **1** (*che ha paura*) peureux* **2** (*che incute paura*) effrayant; (*terribile*) épouvantable.

pausa [pàu-ʃa] ***n.f.*** **1** pause; (*sosta*) arrêt (*m.*): *una pausa di riflessione*, un moment de réflexion **2** (*mus.*) pause; (*di semiminima*) soupir (*m.*).
● ***pausa pranzo***, pause de midi.

paventare [pa-ven-tà-re] ***v.tr.*** (*letter.*) craindre* ♦ ***v.intr.*** [aus. *avere*] prendre* peur.

pavesare [pa-ve-ʃà-re] ***v.tr.*** pavoiser.

pavese[1] [pa-vé-ʃe] ***agg.*** pavesan ♦ ***n.m.*** e ***f.*** (*abitante*) Pavesan/anne.

pavese[2] ***n.m.*** (*mar.*) pavois.

pavido [pà-vi-do] ***agg.*** craintif*.

pavimentare [pa-vi-men-tà-re] ***v.tr.*** **1** (*una stanza*) (*con legno*) parqueter*; (*con piastrelle*) carreler*; (*con marmo ecc.*) daller **2** (*una strada*) (*con lastre di pietra*) daller; (*con ciottoli*) paver.

pavimentazione [pa-vi-men-ta-zió-ne] ***n.f.*** **1** (*di stra-*

P

da) (*con lastre di pietra*) dallage (*m.*); (*con ciottoli*) pavage (*m.*) **2** (*di stanza*) (*in legno*) parquetage (*m.*); (*con piastrelle*) carrelage (*m.*); (*con marmo*) dallage (*m.*).
● ***pavimentazione stradale***, revêtement des routes.

pavimentista [pa-vi-men-tì-sta] ***n.m.*** paveur; (*che lavora con legno*) parqueteur; (*con piastrelle*) carreleur.

pavimento [pa-vi-mén-to] ***n.m.*** sol; (*di legno*) parquet; (*di assi*) plancher; (*di piastrelle, di mattonelle*) carrelage; (*di marmo*) dallage; (*a mosaico*) mosaïque (*f.*); (*con valore artistico*) pavement: *pulisci il pavimento*, nettoie par terre; *bisognerebbe lavare i pavimenti*, il faudrait laver les sols.
● ***pavimento stradale***, macadam, (*di ciottoli*) pavé.

pavoncella [pa-von-cèl-la] ***n.f.*** (*zool.*) vanneau* (*m.*) huppé.

pavone [pa-vó-ne] ***n.m.*** paon (*anche fig.*): *femmina del pavone*, paonne.
● ***vanitoso come un pavone***, (*fig.*) vaniteux comme un paon.

pavoneggiarsi [pa-vo-neg-giàr-si] ***v.pron.*** [coniug. come *mangiare*] se pavaner.

pavonia [pa-vò-nia] ***n.f.*** (*zool.*) paon-de-nuit* (*m.*).

pay per use ['pɛi'per'juz] ***n.f.invar.*** paiement (*m.*) à l'utilisation.

pay per view ['pɛi'per'vju] ***n.f.invar.*** (*tv*) paiement (*m.*) à la séance.

pay TV [pɛiti'vu] ***n.f.invar.*** télévision à péage; (*canale*) chaîne cryptée.

pazientare [pa-zien-tà-re] ***v.intr.*** [aus. *avere*] patienter.

paziente [pa-zièn-te] ***agg.*** e ***n.m.*** e ***f.*** patient/e.

pazientemente [pa-zien-te-mén-te] ***avv.*** patiemment.

pazienza [pa-zièn-za] ***n.f.*** **1** patience: *avere, portare pazienza*, patienter, être patient; *ha molta pazienza*, il est très patient; (*far*) *perdere la pazienza*, (faire) perdre patience; *abbiate pazienza!*, un peu de patience!; *abbi pazienza*, (*ascolta*) écoute | *fosse gentile, pazienza, ma non lo è!*, s'il était aimable, passe encore, mais il ne l'est pas! **2** (*eccl.*) (*scapolare*) scapulaire (*m.*); (*cordone dei frati*) cordelière.
● ***pazienza!***, tant pis!; (*non importa*) ça ne fait rien! | ***pazienza da santo***, ***da certosino***, patience de saint, d'ange | ***armarsi di santa pazienza***, s'armer de patience | ***santa pazienza!***, Dieu du ciel!

P

pazzamente [paz-za-mén-te] ***avv.*** follement.

pazzerello [paz-ze-rèl-lo] ***agg.*** un peu fou* ♦ ***n.m.*** [f. *-a*] fantaisiste.

pazzerellone [paz-ze-rel-ló-ne] ***n.m.*** [f. *-a*] grand fou*, loufoque.

pazzesco [paz-zé-sco] ***agg.*** [pl.m. *-schi*, f. *-sche*] fou*; (*insensato*) insensé; (*incredibile*) incroyable: *è pazzesco!*, c'est fou!; *un prezzo pazzesco*, un prix fou; *è un'idea pazzesca*, c'est une idée insensée.

pazzia [paz-zì-a] ***n.f.*** folie: *che pazzia!*, quelle folie!; *è una pazzia*, c'est de la folie; *è una pazzia credere che*, c'est une folie de croire que; *fare pazzie per qlcu*, faire des folies pour qqn | *avere un ramo di pazzia*, avoir un grain, un brin de folie.

pazzo [pàz-zo] ***agg.*** fou*: *mi fa diventare pazzo!*, il me rend fou!; *fare spese pazze*, faire de folles dépenses; *pazzo di gioia*, fou de joie; *innamorato pazzo*, amoureux fou ♦ ***n.m.*** [f. *-a*] fou*.
● ***pazzo da legare***, fou à lier | ***andare pazzo per qlco***, raffoler de qqch | ***come un pazzo***, comme un fou | ***darsi alla pazza gioia***, mener la belle vie, se défouler | ***divertirsi da pazzi***, s'amuser comme des fous | ***è da pazzi!***, ***cose da pazzi!***, c'est de la folie furieuse!; (*per esprimere incredulità*) incroyable!

pazzoide [paz-zòi-de] ***n.m.*** e ***f.*** fou/folle; (*fam.*) dingue.

PC [pi-cì] ***n.m.invar.*** (*inform.*) (*sigla di* Personal Computer) PC, ordinateur personnel.

pecari [pè-ca-ri] ***n.m.invar.*** (*zool.*) pécari.

pecca [pèc-ca] ***n.f.*** [pl. *-che*] (*di persona*) défaut (*m.*); (*debolezza*) faiblesse; (*di cosa*) imperfection, défaut (*m.*): *ognuno ha le sue pecche*, chacun a ses faiblesses.

peccaminoso [pec-ca-mi-nó-so] ***agg.*** de péché; (*colpevole*) coupable.

peccare [pec-cà-re] ***v.intr.*** [coniug. come *mancare*; aus. *avere*] pécher* (**par**): *il disegno pecca nella prospettiva*, ce dessin a un défaut de perspective; *peccare di superbia*, pécher par orgueil.

peccato [pec-cà-to] ***n.m.*** péché: *commettere un peccato*, commetre un péché; *cadere in peccato*, tomber dans le péché; *essere in peccato*, être en état de péché.
● ***peccato di gioventù***, péché de jeunesse | ***peccato mortale***, péché mortel | ***peccato originale***, péché originel | ***peccato veniale***, péché véniel | ***brutto come il peccato***, laid comme les sept péchés capitaux | ***che peccato!***, quel dommage! | ***è un vero peccato che***, c'est bien dommage que | (*prov.*) ***si dice il peccato ma non il peccatore***, on dénonce la faute mais pas le coupable.

peccatore [pec-ca-tó-re] ***n.m.*** [f. *-trice*] pécheur*.

peccatuccio [pe-ca-tùc-cio] ***n.m.*** [pl. *-ci*] peccadille (*f.*).

pecchione [pec-chió-ne] ***n.m.*** (*zool.*) faux bourdon.

pece [pé-ce] ***n.f.*** **1** poix **2** (*per gli archetti di strumenti*) colophane.
● ***pece greca***, colophane | ***nero come la pece***, (*estens.*) noir comme du jais.

pechblenda [pech-blẹ̀n-da] ***n.f.*** (*min.*) pechblende.

pechinese [pe-chi-né-se] ***agg.*** pékinois ♦ ***n.m.*** (*cane*) pékinois ♦ ***n.m.*** e ***f.*** (*abitante*) Pékinois/e.

pecora [pè-co-ra] ***n.f.*** mouton (*m.*); (*femmina*) brebis.
● ***pecora nera***, (*fig.*) brebis galeuse | ***branco di pecore***, (*anche fig.*) troupeau de moutons.

FAUX AMI
Da non confondere con *pécore*, che significa *donna petulante, oca*.

pecoraio [pe-co-rà-io] ***n.m.*** [f. *-a*; pl.m. *-ai*] **1** berger* **2** (*fig.*) (*uomo rozzo*) butor.

pecorella [pe-co-rèl-la] ***n.f.*** brebis; (*fig.*) ouaille.
● ***pecorella smarrita***, (*fig.*) brebis égarée | ***cielo a pecorelle***, ciel pommelé, moutonné.

pecorino [pe-co-rì-no] ***agg.*** de mouton; (*della femmina*) de brebis: *formaggio pecorino*, fromage de brebis ♦ ***n.m.*** fromage de brebis.

pecorone [pe-co-ró-ne] ***n.m.*** [f. *-a*] (*fig. spreg.*) **1** (*persona servile*) mouton **2** (*persona rozza*) butor.

pectina [pec-tì-na] ***n.f.*** (*chim.*) pectine.

peculato [pe-cu-là-to] ***n.m.*** (*dir.*) péculat.

peculiare [pe-cu-lià-re] ***agg.*** particulier*, caractéristique.

peculiarità [pe-cu-lia-ri-tà] ***n.f.invar.*** particularité, caractéristique.

peculio [pe-cù-lio] ***n.m.*** [pl. *-li*] pécule.

pecuniario [pe-cu-nià-rio] ***agg.*** [pl.m. *-ri*] pécuniaire | (*dir.*) *pena pecuniaria*, peine pécuniaire.

pedaggio [pe-dàg-gio] ***n.m.*** [pl. *-gi*] péage.

pedagogia [pe-da-go-gì-a] ***n.f.*** pédagogie.

pedagogicamente [pe-da-go-gi-ca-mén-te] ***avv.*** pédagogiquement.

pedagogico [pe-da-gò-gi-co] ***agg.*** [pl.m. *-ci*, f. *-che*] pédagogique.

pedagogista [pe-da-go-gì-sta] ***n.m.*** e ***f.*** pédagogue.

pedagogo [pe-da-gò-go] ***n.m.*** [f. *-a*; pl.m. *-ghi*, f. *-ghe*] pédagogue.

pedalare [pe-da-là-re] ***v.intr.*** [aus. *avere*] pédaler | *pedala!*, (*fig. fam.*) file!

pedalata [pe-da-là-ta] ***n.f.*** coup (*m.*) de pédale: *ho fatto una* (*bella*) *pedalata*, j'ai fait une (bonne) balade à vélo.

pedalatore [pe-da-la-tó-re] ***n.m.*** [f. *-trice*] pédaleur.

pedale [pe-dà-le] ***n.m.*** pédale (*f.*).

● (*aut.*) ***pedale della frizione***, ***del freno***, ***dell'acceleratore***, pédale d'embrayage, du frein, d'accélérateur.

pedaliera [pe-da-liè-ra] ***n.f.*** pédalier (*m.*).

pedalò [pe-da-lò] ***n.m.invar.*** (*mar.*) pédalo®.

pedana [pe-dà-na] ***n.f.*** estrade; (*sport*) tremplin (*m.*).

pedante [pe-dàn-te] ***agg.*** e ***n.m.*** e ***f.*** pédant/e.

pedanteria [pe-dan-te-rì-a] ***n.f.*** pédanterie, pédantisme (*m.*).

pedantesco [pe-dan-té-sco] ***agg.*** [pl.m. *-schi*, f. *-sche*] pédantesque.

pedata [pe-dà-ta] ***n.f.*** **1** coup (*m.*) de pied: *prendere qlcu a pedate*, prendre qqn à coups de pied **2** (*di uno scalino*) giron (*m.*) **3** (*orma*) trace de pas.

pedemontano [pe-de-mon-tà-no] ***agg.*** qui est au pied d'une, de la montagne.

pederasta [pe-de-rà-sta] ***n.m.*** pédéraste; (*fam.*) pédé.

pederastia [pe-de-ra-stì-a] ***n.f.*** pédérastie.

pedestre [pe-dè-stre] ***agg.*** **1** (*letter.*) (*a piedi*) pédestre **2** (*fig.*) plat: *in modo pedestre*, platement.

pedestremente [pe-de-stre-mén-te] ***avv.*** (*fig.*) platement, médiocrement.

pediatra [pe-dià-tra] ***n.m.*** e ***f.*** (*med.*) pédiatre.

pediatria [pe-dia-trì-a] ***n.f.*** pédiatrie.

pediatrico [pe-dià-tri-co] ***agg.*** [pl.m. *-ci*, f. *-che*] pédiatrique: *per uso pediatrico*, pour enfants; *visita pediatrica*, visite chez le pédiatre.

pedicello [pe-di-cèl-lo] ***n.m.*** (*bot.*) pédicelle.

pedicure [pedi'kure *o* pedi'kyr] ***n.m.*** e ***f.invar.*** (*persona*) pédicure ♦ ***n.f.invar.*** (*cura dei piedi*) soin (*m.*) des pieds: *farsi la pedicure*, soigner ses pieds.

pediluvio [pe-di-lù-vio] ***n.m.*** [pl. *-vi*] bain de pieds: *fare un pediluvio*, prendre un bain de pied.

pedina [pe-dì-na] ***n.f.*** pion (*m.*): *muovere una pedina*, avancer un pion; *muovere le proprie pedine*, (*fig.*) placer ses pions | *essere una pedina nelle mani di qlcu*, (*fig.*) n'être qu'un instrument entre les mains de qqn.

pedinamento [pe-di-na-mén-to] ***n.m.*** filature (*f.*).

pedinare [pe-di-nà-re] ***v.tr.*** suivre*, filer: *è pedinato dalla polizia*, la police le file.

pedissequamente [pe-dis-se-qua-mén-te] ***avv.*** servilement.

pedissequo [pe-dìs-se-quo] ***agg.*** servile.

pedivella [pe-di-vèl-la] ***n.f.*** (*mecc.*) manivelle.

pedofilia [pe-do-fi-lì-a] ***n.f.*** pédophilie.

pedofilo [pe-dò-fi-lo] ***agg.*** e ***n.m.*** [f. *-a*] pédophile.

pedologia [pe-do-lo-gì-a] ***n.f.*** (*geol.*) pédologie.

pedonale [pe-do-nà-le] ***agg.*** (*dei pedoni*) des piétons; (*per i pedoni*) piéton*, piétonnier*.

● ***passaggio pedonale***, ***strisce pedonali***, passage pour piétons (*o* clouté) | ***strada pedonale***, rue piétonne | ***zona***, ***isola pedonale***, zone piétonne, piétonnière.

pedone [pe-dó-ne] ***n.m.*** **1** [f. *-a*] piéton* **2** (*scacchi*) pion.

pedula [pe-dù-la *o* pèdula] ***n.f.*** (*spec. pl.*) chaussure d'alpinisme, brodequin (*m.*).

pedule [pe-dù-le] ***n.m.*** semelle (*f.*) de la chaussette.

peduncolo [pe-dùn-co-lo] ***n.m.*** pédoncule, pédicule; (*di frutti*) queue (*f.*).

peeling ['piliŋg] ***n.m.invar.*** **1** (*med.*) exfoliation (*f.*) **2** (*cosmesi*) gommage.

pegamoide® [pe-ga-mòi-de] ***n.m.*** e ***f.*** moleskine (*f.*).

pegaso [pè-ga-ʃo] ***n.m.*** (*zool.*) pégase.

peggio [pèg-gio] ***avv.*** **1** (*compar.*) plus mal; (*meno bene*) moins bien: *lo tratta peggio di uno schiavo*, il le traite plus mal qu'un esclave; *con questi occhiali vedo ancor peggio*, avec ces lunettes je vois encore moins bien; *è peggio di prima*, c'est pire qu'avant; *non avresti potuto farlo peggio* (*di così*), tu ne pouvais pas faire pire | *cambiare in peggio*, changer en mal; (*divenire peggiore*) empirer **2** (*superl.rel.*) le plus mal; (*meno, meno bene*) le moins: *le persone peggio dotate*, les personnes les moins douées; *è la casa peggio tenuta che abbia visto*, c'est la maison la plus mal tenue que j'aie jamais vue; *l'ufficio peggio organizzato*, le bureau le plus mal organisé ♦ ***agg.invar.*** **1** (*compar.*) (*peggiore*) pire; (*meno buono*) plus mauvais; (*preceduto da pron.indef.*) pis, pire: *lui non è peggio di te*, il n'est pas pire que toi; *questo libro sembra peggio dell'altro*, ce livre me semble plus mauvais, pire que l'autre; *oggi il tempo è peggio di ieri*, aujourd'hui il fait plus mauvais qu'hier; *puoi trovare di peggio*, tu peux trouver pire; *mi aspettavo* (*qualcosa*) *di peggio*, je m'attendais à quelque chose de pire **2** (*fam.*) (*superl.rel.*) le* plus mauvais, le* pire: *la peggio squadra*, l'equipe la plus mauvaise; *è la peggio decisione*, c'est la pire de toutes les décisions ♦ ***pron.invar.*** (*fam.*) pire, plus mauvais: *ci siamo presi i peggio*, nous avons pris les plus mauvais, les pires; *ne ho visti di, dei peggio*, j'en ai vu de pires, de plus mauvais; *è la peggio delle tre*, c'est la plus mauvaise des trois, (*in senso morale*) c'est la pire des trois ♦ ***n.m.invar.*** pire, pis: *il peggio è che*, le pire c'est que; *è il peggio che mi potesse capitare*, c'est la pire des choses qui pouvaient m'arriver; *il peggio deve ancora venire*, le pire doit encore venir; *mi è toccato il peggio*, c'est moi qui ai eu la plus mauvaise part; *temere il peggio*, craindre le pire; *hai scampato il peggio della serata*, tu as échappé au pire moment de la soirée ♦ ***n.f.invar.*** (*la peggior cosa*) le pire.

● ***peggio ancora***, pis encore: *è peggio ancora* (o *è ben peggio*), c'est bien pis; *non dovevi parlargli o, peggio* (*ancora*), *scrivergli*, tu ne devais pas lui parler ou, pis encore, lui écrire | ***peggio che peggio***, ***peggio che mai***, ***sempre peggio***, de pire en pire, de pis en pis | ***peggio di così si muore!***, (*fam.*) ça ne peut pas être pire | ***alla meno peggio***, (*in qualche modo*) tant bien que mal; (*nella migliore delle ipotesi*) au mieux | ***alla peggio***, (*nella peggiore delle ipotesi*) au pire | ***al peggio di***, au plus bas de: *il giocatore era al peggio della forma*, le joueur était au plus bas de sa forme | ***andare peggio***, aller plus mal: *a scuola va ancor peggio dell'anno scorso*, il est encore moins bon élève que l'année dernière | ***avere la peggio***, (*fam.*) avoir le des-

P

sous | ***c'è di peggio***, il y a encore pire: *non c'è (niente) di peggio d'un raffreddore trascurato*, il n'y a rien de pire qu'un rhume mal soigné | ***molto peggio***, bien pis | ***quel che è peggio***, ce qui est pire: *è ignorante e, quel che è peggio, presuntuoso*, il est ignorant et, ce qui est pire, présomptueux | ***stare peggio***, aller plus mal: *stavo, mi sentivo peggio di prima*, j'allais, je me sentais plus mal qu'avant; *quel quadro sta ancora peggio in salotto*, ce tableau fait encore moins bien dans le salon | ***tanto peggio!***, tant pis!: (*tanto*) *peggio per lui!*, tant pis pour lui!

NOTA Nelle comparazioni con ***peggio di***, tradotto con ***moins bien***, ***pire***, ***plus mauvais***, il secondo termine di paragone è sempre preceduto da ***que***:

Questo film mi sembra ***peggio di*** *quello di ieri.*
Ce film me semble **pire** (o **plus mauvais**) que celui d'hier.

Quando il secondo termine di paragone è una proposizione introdotta da ***di quanto***, il verbo è sempre all'indicativo preceduto da *ne* espletivo:

Questo lavoro è riuscito ***peggio di quanto*** *pensassi.*
Ce travail a réussi **moins bien que** je **ne** pensais.

peggioramento [peg-gio-ra-mén-to] ***n.m.*** aggravation (*f.*): *peggioramento di una malattia*, aggravation d'une maladie; *c'è un peggioramento nella situazione politica*, la situation politique se détériore.

peggiorare [peg-gio-rà-re] ***v.tr.*** empirer, (*aggravare*) aggraver: *così peggiori la situazione*, de cette manière, tu aggraves la situation ♦ ***v.intr.*** [aus. *essere*] empirer; (*aggravarsi*) s'empirer: *il malato è peggiorato*, le malade a empiré; *le condizioni del malato sono peggiorate*, l'état du malade s'est aggravé; *le cose vanno peggiorando*, les choses vont de plus en plus mal.

peggiorativo [peg-gio-ra-tì-vo] ***agg.*** e ***n.m.*** péjoratif*.

peggiore [peg-gió-re] ***agg.*** **1** (*compar.*) pire; (*più cattivo*) plus mauvais: *ha voti peggiori dei tuoi*, il a des notes plus mauvaises que les tiennes; *questo prodotto è peggiore dell'altro*, ce produit est plus mauvais, moins bon que l'autre; *non c'è avvocato peggiore* (*di lui*), il n'y a pas (de) plus mauvais avocat (que lui); *ieri il tempo era peggiore di oggi*, hier il faisait plus mauvais qu'aujourd'hui | *ho visto cose peggiori*, j'ai vu pire | *rendere qlco peggiore*, faire empirer qqch, rendre qqch pire | *diventare peggiore*, empirer **2** (*più malvagio*) pire, plus méchant: *non vi è uomo peggiore di quello*, il n'y a pas d'homme pire, plus méchant que celui-là **3** (*superl.rel.*) le* pire, le* plus mauvais: *è il peggiore individuo che io abbia mai incontrato*, c'est le pire individu que j'aie jamais rencontré; *è la peggiore strada che abbiamo mai visto*, c'est la plus mauvaise route que nous ayons jamais vue; *il suo peggiore difetto*, son plus grave défaut; *indossò il suo peggior vestito*, il mit son plus vilain costume | *è il peggior male che potesse capitarmi*, c'est le pire qui pouvait m'arriver | *nel peggior modo possibile*, aussi mal que possible ♦ ***n.m.*** e ***f.*** pire: *in questa classe, Mario è uno dei peggiori*, dans cette classe, Mario est l'un des plus mauvais (élèves).

● ***la peggiore cosa***, la pire des choses: *la peggiore cosa da fare è*, la pire des choses à faire c'est; *non c'è peggior cosa che*, il n'y a rien de pire que | ***molto peggiore***, ***assai peggiore***, bien pire | ***nella peggiore delle ipotesi***, au pire | ***nel peggiore dei casi***, dans le pire des cas.

NOTA Nelle comparazioni con ***peggiore di***, tradotto con ***pire*** e ***plus mauvais***, il secondo termine di paragone è sempre preceduto da ***que***:

Aveva un aspetto ***peggiore del*** *solito.*
Il avait plus mauvaise mine (*o* une mine **pire**) que d'habitude.

Quando il secondo termine di paragone è una proposizione introdotta da ***di quanto***, il verbo è sempre all'indicativo preceduto da *ne* espletivo:

Ha scritto una critica ***peggiore di quanto*** *credessimo.*
Il a écrit une critique **plus méchante que** nous **ne croyons**.

pegno [pé-gno] ***n.m.*** **1** gage (*anche fig.*): *agente di pegni*, prêteur sur gage(s); *agenzia di pegni*, bureau de prêts sur gage(s); *prestito su pegno*, prêt sur gage; *come, a titolo di pegno*, en gage **2** (*contratto*) nantissement; (*di beni immobili*) antichrèse (*f.*); (*di beni mobili*) gage mobilier.

● ***chi perde paga pegno***, qui perd paie | ***monte***, ***banco dei pegni***, mont-de-piété.

pelago [pè-la-go] ***n.m.*** [pl. *-ghi*] (*letter.*) *haute mer (*f.*), pleine mer (*f.*) | *si trova in un pelago di guai*, (*fig.*) il est dans le pétrin.

pelame [pe-là-me] ***n.m.*** pelage.

pelandrone [pe-lan-dró-ne] ***n.m.*** [f. *-a*] (*fam.*) feignant.

pelapatate [pe-la-pa-tà-te] ***n.m.invar.*** éplucheur, économe.

pelare [pe-là-re] ***v.tr.*** **1** peler*; (*spennare*) plumer: *pelare un pollo*, plumer un poulet; *il barbiere l'ha pelato ben bene*, (*scherz.*) le coiffeur l'a bien tondu | *questo brodo pela la lingua*, (*fam.*) ce bouillon brûle la langue | *in quel negozio ti pelano*, (*fam.*) dans ce magasin c'est le coup de barre **2** (*sbucciare*) éplucher ♦ **pelarsi** ***v.pron.intr.*** perdre* ses cheveux.

pelata[1] [pe-là-ta] ***n.f.*** (*riferito a prezzi esorbitanti*) coup (*m.*) de barre.

pelata[2] ***n.f.*** (*scherz.*) tête pelée.

pelato [pe-là-to] ***agg.*** pelé ♦ ***n.m.*** **1** [f. *-a*] (*persona calva*) pelé **2** (*cuc.*) (*pomodoro*) tomate pelé.

● ***pelato come una palla da biliardo***, ***come un uovo***, chauve comme un genou, un œuf | (*cuc.*) ***pomodori pelati***, tomates pelées (en conserve).

pellaccia [pel-làc-cia] ***n.f.*** [pl. *-ce*] **1** (*vita*) peau* **2** (*persona resistente*) dur (*m.*) à cuire: *è una pellaccia*, il a la vie dure **3** (*uomo senza scrupoli*) mauvais sujet (*m.*).

pellagra [pel-là-gra] ***n.f.*** (*med.*) pellagre.

pellame [pel-là-me] ***n.m.*** peaux (*f.pl.*): *negoziante di pellame*, peaussier; *commercio di pellame*, peausserie.

pelle [pél-le] ***n.f.*** **1** peau*: *pelle grassa, secca*, peau grasse, sèche; *a contatto della pelle*, à même la peau **2** (*fig.*) (*vita*) peau*: *rischiare la pelle*, risquer sa peau; *lasciarci la pelle*, y laisser sa peau **3** (*di animali*) peau*; (*di pachidermi*) cuir **4** (*pelle conciata*) cuir (*m.*); (*seguito da specificazione*) peau*: *valigia di pelle*, valise en cuir; *pelle di lucertola*, peau de lézard; *rilegatura in pelle*, reliure en cuir | *articoli in pelle*, maroquinerie | *libro rilegato in pelle, in mezza pelle*, livre en pleine peau, en demi-reliure **5** (*buccia*) peau*.

● ***pelle d'uovo***, (*tessuto*) peau d'ange | ***avere la pelle d'oca***, (*fig.*) avoir la chair de poule | ***avere la pelle dura***, (*fig.*) avoir la peau dure | ***essere pelle e ossa***, (*fig.*) n'avoir que la peau sur les os | ***fare la pelle a qlcu***, (*uccidere*) faire la peau à qqn | ***non star più nella pelle***, (*per la gioia*) ne plus se tenir de joie | ***per la pelle***, (*fig.*) à tous crins: *amici per la pelle*, amis à la vie et à la mort | ***provare qlco sulla propria pelle***, (*fig.*) apprendre qqch à ses dépens | ***salvare la pelle***, ***riportare la pelle a casa***, sauver sa peau | ***vendere cara la pelle***, (*fig.*) vendre cher sa peau.

P

FAUX AMI
Da non confondere con il francese *pelle*, che significa *badile*, *pala*.

pellegrina [pel-le-grì-na] ***n.f.*** (*abbigl.*) pèlerine.

pellegrinaggio [pel-le-gri-nàg-gio] ***n.m.*** [pl. *-gi*] **1** pèlerinage: *andare in pellegrinaggio*, aller en pèlerinage **2** (*gruppo di pellegrini*) groupe de pèlerins.

pellegrino [pel-le-grì-no] ***n.m.*** [f. *-a*] pèlerin ♦ ***agg.*** **1** (*letter.*) (*forestiero*) étranger* **2** (*fam.*) (*strano*) saugrenu.
● (*zool.*) ***falco pellegrino***, faucon pèlerin.

pellerossa [pel-le-rós-sa] ***agg.invar.*** peau-rouge* ♦ ***n.m.*** e ***f.invar.*** (*nativo*) Peau-rouge*.

pelletteria [pel-let-te-rì-a] ***n.f.*** maroquinerie.

pellettiere [pel-let-tiè-re] ***n.m.*** [f. *-a*] maroquinier.

pellicano [pel-li-cà-no] ***n.m.*** (*zool.*) pélican.

pellicceria [pel-lic-ce-rì-a] ***n.f.*** **1** (*negozio*) magasin (*m.*) de fourrures **2** (*lavorazione, pelli, attività*) pelleterie: *commerciante di pellicceria*, fourreur.

pelliccia [pel-lìc-cia] ***n.f.*** [pl. *-ce*] **1** fourrure: *foderato di pelliccia*, fourré **2** (*mantello*) manteau* (*m.*) de fourrure.
● ***animali da pelliccia***, animaux à fourrure.

pellicciaio [pel-lic-cià-io] ***n.m.*** [f. *-a*; pl.m. *-ai*] fourreur.

pellicciotto [pel-lic-ciòt-to] ***n.m.*** blouson de fourrure.

pellicola [pel-lì-co-la] ***n.f.*** **1** (*fot., cine.*) pellicule, film (*m.*) **2** (*film*) film (*m.*): *proiettare una pellicola*, projeter un film **3** (*sottile membrana*) pellicule.
● ***pellicola cinematografica***, bande (*o* pellicule) cinématographique | ***pellicola trasparente***, (*per alimenti*) film protecteur.

pellicolare[1] [pel-li-co-là-re] ***agg.*** (*di pellicola*) pelliculaire.

pellicolare[2] ***v.tr.*** (*tip.*) flasher.

pellicolazione [pel-li-co-la-zió-ne] ***n.f.*** (*tip.*) flashage (*m.*).

pelo [pé-lo] ***n.m.*** **1** poil: *un gatto di pelo grigio*, un chat (de poil) gris **2** (*fam.*) (*pelliccia*) fourrure (*f.*) **3** (*bot.*) poil.
● ***avere il pelo sullo stomaco***, (*fig.*) ne pas avoir de scrupules | ***cercare il pelo nell'uovo***, (*fig.*) chercher la petite bête | ***ci è mancato un pelo***, (*fig.*) il s'en est fallu d'un poil | ***di primo pelo***, (*fig.*) tout jeune, (*senza esperienza*) sans expérience | ***il pelo dell'acqua***, la surface de l'eau: *a pelo d'acqua*, à fleur d'eau; *sul pelo dell'acqua*, à la surface de l'eau | ***montare a pelo***, monter à cru | ***non avere peli sulla lingua***, (*fig.*) ne pas mâcher ses mots | ***per un pelo***, de justesse: *non è caduto per un pelo*, il s'en est fallu de peu qu'il ne tombe.

pelosità [pe-lo-si-tà] ***n.f.invar.*** pilosité.

peloso [pe-ló-so] ***agg.*** **1** poilu; (*di stoffa*) peluché **2** (*bot.*) velu **3** (*fig.*) intéréssé: *carità pelosa*, charité intéréssée.

pelota [pe-lò-ta] ***n.f.*** (*sport*) pelote.

peltro [pél-tro] ***n.m.*** étain.

peluche [pe'luʃ] ***n.m.invar.*** (*pupazzo*) peluche (*f.*) ♦ ***n.f.invar.*** (*tessuto*) peluche.

peluria [pe-lù-ria] ***n.f.*** duvet (*m.*).

pelvi [pèl-vi] ***n.f.invar.*** (*anat.*) pelvis (*m.*), bassin (*m.*).

pelvico [pèl-vi-co] ***agg.*** [pl.m. *-ci*, f. *-che*] (*anat.*) pelvien*.

pena [pé-na] ***n.f.*** **1** peine; (*dolore*) chagrin (*m.*): *stare, essere in pena*, être inquiet; *dare pena*, chagriner; *togliersi una grossa pena dal cuore*, s'ôter un gros poids du cœur; *che pena!*, quelle pitié!, c'est une souffrance!; *darsi pena*, se donner de la peine, du mal; (*preoccuparsi*) s'inquiéter **2** (*dir.*) peine: *infliggere, scontare una pena*, infliger, purger une peine.
● (*dir.*) ***pena di morte***, ***capitale***, peine de mort, capitale | ***pena la vita***, sous peine de mort | ***a mala pena***, à peine | ***darsi la pena di***, prendre (*o* se donner) la peine de | ***essere, stare in pena***, être inquiet | ***fare pena***, être pitoyable; (*spreg.*) faire pitié | ***non vale la pena***, cela n'en vaut pas la peine | ***soffrire le pene dell'inferno***, souffrir les peines de l'enfer.

penale [pe-nà-le] ***agg.*** pénal*: *sanzione penale*, sanction pénale; *intraprendere azione penale contro qlcu*, intenter un procès à qqn ♦ ***n.f.*** clause pénale; (*pena pecuniaria*) pénalité: *infliggere una penale*, frapper d'une pénalité.
● ***codice penale***, code pénal | ***colonia penale***, bagne | ***diritto penale***, droit pénal.

penalista [pe-na-lì-sta] ***n.m.*** e ***f.*** (*dir*) pénaliste.

penalità [pe-na-li-tà] ***n.f.invar.*** **1** pénalité **2** (*sport*) pénalisation.

penalizzare [pe-na-liʒ-ʒà-re] ***v.tr.*** pénaliser.

penalizzazione [pe-na-liʒ-ʒa-zió-ne] ***n.f.*** pénalisation, pénalité.

penalmente [pe-nal-mén-te] ***avv.*** pénalement.

penare [pe-nà-re] ***v.intr.*** [aus. *avere*] **1** (*soffrire*) souffrir* **2** (*fare fatica*) avoir* du mal, peiner: *penare per ottenere qlco*, peiner à obtenir qqch; *ho penato per quella traduzione*, j'ai peiné sur cette traduction.

penati [pe-nà-ti] ***n.m.pl.*** (*relig. romana*) pénates.

pencolare [pen-co-là-re] ***v.intr.*** [aus. *avere*] pencher; (*vacillare*) chanceler*; (*fig.*) hésiter.

pen computer [penkom'pjuter] ***n.m.invar.*** (*inform.*) ordinateur de poche.

pendaglio [pen-dà-glio] ***n.m.*** [pl. *-gli*] (*ciondolo*) pendentif; (*di orecchino, lampadario ecc.*) pendeloque (*f.*).
● ***pendaglio da forca***, (*fig.*) gibier de potence.

pendente [pen-dèn-te] ***agg.*** **1** pendant (*anche fig.*); (*inclinato*) penché: *la torre pendente di Pisa*, la tour penchée de Pise **2** (*dir., amm.*) pendant ♦ ***n.m.*** **1** pendentif **2** (*pl.*) (*orecchini*) pendants (d'oreilles).
● (*comm.*) ***conto pendente***, compte en souffrance.

pendenza [pen-dèn-za] ***n.f.*** **1** pente; (*inclinazione*) inclinaison: *strada a forte pendenza*, route très en pente **2** (*vertenza*) affaire **3** (*conto non saldato*) compte (*m.*) en souffrance: *regolare una pendenza*, régler un compte.
● (*comm.*) ***credito in pendenza***, dette à régler | (*dir.*) ***processo in pendenza***, procès en cours.

pendere [pèn-de-re] ***v.intr.*** [poco usato il p.p. *penduto*; aus. *avere*] **1** pendre*, être* suspendu (**à**); (*essere appeso*) être* accroché (**à**): *una minaccia pende sul suo capo*, (*fig.*) une menace pèse sur lui; *il cappotto ti pende dietro*, ton manteau pend par derrière **2** (*essere inclinato*) pencher (*anche fig.*): *la bilancia pende dalla sua parte*, (*fig.*) la balance penche en sa faveur **3** (*di causa, lite*) être* pendant.
● ***pendere dalle labbra di qlcu***, être (sus)pendu aux lèvres de qqn.

pendice [pen-dì-ce] ***n.f.*** (*spec. pl.*) flanc (*m.*).

pendio [pen-dì-o] ***n.m.*** [pl. *-ii*] pente (*f.*).

pendola [pèn-do-la] ***n.f.*** pendule.

pendolare[1] [pen-do-là-re] ***agg.*** pendulaire ♦ ***n.m.*** e ***f.*** banlieusard/e: *fa il pendolare*, il fait la navette.

P

pendolare[2] *v.intr.* [aus. *avere*] osciller.
pendolarismo [pen-do-la-rì-ʃmo] *n.m.* (*di viaggiatori*) migration (*f.*) pendulaire.
pendolino[1] [pen-do-lì-no] *n.m.* **1** pendule **2** (*treno*) pendolino.
pendolino[2] *n.m.* (*zool.*) penduline (*f.*).
pendolo [pèn-do-lo] *n.m.* **1** (*fis.*) pendule **2** (*orologio*) pendule (*f.*).
pen drive [pen'draiv] *n.m.invar.* (*inform.*) clé (*f.*) USB.
pendulo [pèn-du-lo] *agg.* pendant.
● (*anat.*) ***velo pendulo***, voile du palais.

FAUX AMI
Da non confondere con il sostantivo *pendule*, che significa *orologio a pendolo*.

pene [pè-ne] *n.m.* (*anat.*) pénis, verge (*f.*).
penepiano [pe-ne-pià-no] *n.m.* (*geogr.*) pénéplaine (*f.*).
penetrabile [pe-ne-trà-bi-le] *agg.* pénétrable.
penetrabilità [pe-ne-tra-bi-li-tà] *n.f.invar.* pénétrabilité.
penetrante [pe-ne-tràn-te] *agg.* pénétrant; (*spec. di suono*) perçant: *parole penetranti*, (*fig.*) mots incisifs.
penetrare [pe-ne-trà-re] *v.tr.* e *intr.* [aus. dell'intr. *essere*] pénétrer* (*anche fig.*): *un ladro è penetrato in casa*, un voleur a pénétré dans la maison; *l'acqua penetra la roccia*, l'eau pénètre le rocher; *penetrare un mistero*, (*fig.*) percer un mystère.
penetrazione [pe-ne-tra-zió-ne] *n.f.* pénétration (*anche fig.*).
penicillina [pe-ni-cil-lì-na] *n.f.* (*farm.*) pénicilline.
peninsulare [pe-nin-su-là-re] *agg.* péninsulaire.
penisola [pe-nì-ʃo-la] *n.f.* péninsule.
penitente [pe-ni-tèn-te] *agg.* e *n.m.* e *f.* pénitent/e.
penitenza [pe-ni-tèn-za] *n.f.* pénitence: *fare la penitenza*, faire sa pénitence; *per penitenza*, comme punition.
penitenziale [pe-ni-ten-zià-le] *agg.* pénitentiel*.
penitenziario [pe-ni-ten-zià-rio] *agg.* [pl.m. *-ri*] pénitentiaire ♦ *n.m.* pénitencier.
penna [pén-na] *n.f.* **1** (*di uccello*) plume: *le penne maestre*, les pennes **2** (*per scrivere*) stylo (*m.*); (*d'oca o con pennino*) plume: *dammi la penna*, donne-moi le stylo; *non sa tenere la penna in mano*, (*estens.*) il ne sait pas écrire | *una buona penna*, (*fig.*) un bon écrivain **3** (*forma di pasta*) penne.
● ***penna a sfera***, stylo à bille | (*elettr., inform.*): ***penna luminosa***, stylo lumineux (*o* crayon électrographique); ***penna ottica***, photostyle (*o* crayon optique) | ***penna stilografica***, stylo | ***lasciarci le penne***, (*fig. fam.*) y laisser des plumes | ***lasciare nella penna***, (*fig.*) omettre | ***le penne nere***, (*gli alpini*) les chasseurs alpins | ***tratto a penna***, trait à la plume.
pennacchio [pen-nàc-chio] *n.m.* [pl. *-chi*] **1** panache; (*sui copricapi militari*) plumet **2** (*arch.*) pendentif.
pennarello [pen-na-rèl-lo] *n.m.* crayon-feutre*.
pennato [pen-nà-to] *agg.* (*bot.*) penné.
pennellare [pen-nel-là-re] *v.tr.* (*spennellare*) badigeonner; (*pitturare*) peindre* ♦ *v.intr.* [aus. *avere*] passer le pinceau.
pennellata [pen-nel-là-ta] *n.f.* coup (*m.*) de pinceau.
pennellatura [pen-nel-la-tù-ra] *n.f.* badigeonnage (*m.*).
pennellessa [pen-nel-lés-sa] *n.f.* pinceau* (*m.*) plat.
pennello [pen-nèl-lo] *n.m.* **1** pinceau* **2** (*argine*) jetée (*f.*), barrage.
● ***pennello da imbianchino***, brosse (de peintre) | ***pennello per la*** (*o* ***da***) ***barba***, blaireau | ***stare a pennello***, (*fig.*) aller comme un gant.
pennichella [pen-ni-chèl-la] *n.f.* (*region.*) petit somme (*m.*); sieste.
pennino [pen-nì-no] *n.m.* plume (*f.*).
pennone [pen-nó-ne] *n.m.* **1** mât, *hampe (*f.*) **2** (*stendardo*) bannière (*f.*) **3** (*mar.*) vergue (*f.*).
pennuto [pen-nù-to] *agg.* qui a des plumes ♦ *n.m.* oiseau*.
penombra [pe-nóm-bra] *n.f.* pénombre: *in penombra*, dans la pénombre.
penoso [pe-nó-so] *agg.* pénible.
pensabile [pen-sà-bi-le] *agg.* imaginable: *non è neppure pensabile*, c'est inconcevable.
pensante [pen-sàn-te] *agg.* pensant.
pensare [pen-sà-re] *v.intr.* [aus. *avere*] **1** penser; (*riflettere*) réfléchir: *lasciami pensare*, laisse-moi réfléchir; *pensarci su*, y penser; *a pensarci bene*, à tout bien considérer; *pensare ad altro*, avoir l'esprit ailleurs; *penso a ben altro*, *a tutt'altro*, j'ai bien autre chose dans la tête **2** (*considerare, prendere in considerazione*) songer*: *si era pensato a te per quel posto*, on avait songé à toi pour cette place **3** (*provvedere, occuparsi*) s'occuper (**de**): *ci penso io!*, je m'en occupe!; *pensa ai fatti tuoi!*, occupe-toi de tes affaires!; *pensi tu ad avvertirlo?*, veux-tu bien te charger de l'avertir? ♦ *v.tr.* **1** penser: *ho pensato di rimanere a casa*, j'ai pensé rester à la maison; *penso di partire domani*, je pense partir demain; *penso di dedicarmi al commercio*, je pense faire du commerce; *sai come la penso*, tu connais mon avis **2** (*supporre*) penser; (*ritenere, credere*) croire*: *penso che sia già partito*, je pense qu'il est déjà parti; *non penso che sia contento*, je ne pense pas qu'il soit content; *pensi che sia il caso?*, penses-tu que ce soit le cas?; *non pensavo di offenderti*, je ne pensais pas te vexer; *era più simpatico di quanto si pensasse*, il était plus sympathique qu'on ne croyait; *chi l'avrebbe pensato!*, qui l'aurait cru!; *non l'avrei mai pensato*, je ne l'aurais jamais imaginé; *non lo pensavo possibile*, je ne croyais pas ça possible; *lo pensavo più giovane*, je le croyais plus jeune; *pensa di essere un genio*, il se prend pour un génie; *vi penso in buona salute*, je pense que vous êtes en bonne santé; *e lei, come la pensa?*, et vous, qu'en pensez-vous?; *ti penso sempre*, je pense toujours à toi.
● ***pensare bene di***, croire bien faire: *ho pensato bene di chiamare un medico*, j'ai cru bien faire en appelant un médecin | ***pensare bene***, ***male di***, penser du bien, du mal de | ***pensare male***, (*a una cosa sconveniente*) penser à mal; (*a una disgrazia*) imaginer le pire | ***pensare di sì***, ***di no***, penser que oui, que non | ***dare da pensare***, donner à penser; donner du souci, inquiéter: *un bambino che dà da pensare*, un enfant qui donne des soucis | ***e pensare che***, et dire que | ***pensa e ripensa***, à force d'y penser, d'y réfléchir | ***pensa*** (***tu***), figure-toi, songe: *pensa, non mi ha detto nulla*, songe qu'il ne m'a rien dit; *e io, pensa, credevo fosse partito!*, et figure-toi que je le croyais parti!; *ma pensa!*, *chi l'avrebbe detto!*, je n'en crois pas mes oreilles!, qui l'aurait jamais dit!; *ma ci pensi!*, *una crociera nei mari del Sud*, mais tu te rends compte, une croisière dans les mers du Sud | ***una ne fa e cento ne pensa***, il ne fait que des bêtises.

NOTA **Penser**, traduzione di **pensare**, quando è usato alla forma affermativa regge l'indicativo (presente o futuro) e il condizionale:

*Penso che **siano** già in campagna.*
Je pense qu'ils sont déjà à la campagne.

Penso che ***parta*** *stasera.*
Je pense qu'il **partira** ce soir.
Pensiamo che ***potrebbe*** *riuscire in qualsiasi campo.*
Nous pensons qu'il **pourrait** réussir dans n'importe quelle branche.
Pensavo che ***venisse****, che* ***sarebbe venuto*** *a casa mia.*
Je pensais qu'il **viendrait** chez moi.
Alla forma negativa o interrogativa regge il congiuntivo solo se esprime un forte dubbio:
Non penso che ***sia*** *soddisfatto.*
Je ne pense pas qu'il **soit** satisfait.
Pensi che ***sia*** *necessario?*
Penses-tu que ce **soit** nécessaire?
Pensare di seguito dall'infinito si traduce solo ***penser*** senza preposizione:
Penso di *riuscire meglio di lui.*
SÌ Je **pense réussir** mieux que lui.
NO Je **pense de** réussir mieux que lui.

pensata [pen-sà-ta] *n.f.* idée, trouvaille.

FAUX AMI
Da non confondere con *pensée*, che significa *pensiero* o indica il fiore *viola del pensiero*.

pensatore [pen-sa-tó-re] *n.m.* [f. *-trice*] penseur*.

pensierino [pen-sie-rì-no] *n.m.* 1 (*frase*) petite rédaction (*f.*) 2 (*piccolo dono*) petit cadeau*.
● ***farci un pensierino***, y réfléchir, y penser.

pensiero [pen-siè-ro] *n.m.* 1 pensée (*f.*): *vivere, riandare col pensiero*, vivre, revenir en pensée; *non conosco il suo pensiero*, j'ignore son opinion; *non dice mai il suo pensiero*, il n'exprime jamais le fond de sa pensée; *sei sempre nei miei pensieri*, je pense toujours à toi; *è un pensiero gentile!*, c'est une gentille attention!; *gradisca questo piccolo pensiero in segno della mia gratitudine*, veuillez agréer ce petit témoignage de ma reconnaissance 2 (*idea*) idée (*f.*): *il pensiero della morte*, l'idée de la mort 3 (*ansia, preoccupazione*) souci: *vivere senza pensieri*, vivre sans soucis.
● ***pensieri neri, brutti pensieri***, idées noires | ***basta il pensiero***, c'est l'intention qui compte | ***darsi pensiero per qlcu***, se faire du souci pour qqn | ***essere in pensiero per qlcu***, être inquiet au sujet de qqn | ***essere sopra pensiero***, penser à autre chose | ***tenere in pensiero***, laisser dans l'inquiétude.

pensieroso [pen-sie-ró-so] *agg.* pensif*.

pensile [pèn-si-le] *agg.* suspendu ♦ *n.m.* (*mobile*) élément *haut.
● ***giardino pensile***, jardin suspendu.

pensilina [pen-si-lì-na] *n.f.* 1 (*di porte, finestre*) auvent (*m.*); (*di vetro*) marquise 2 (*di stazioni*) abri (*m.*); toit (*m.*).

pensionabile [pen-sio-nà-bi-le] *agg.*
● ***età pensionabile***, âge de la retraite | ***impiegato pensionabile***, employé qui a droit à la retraite.

pensionamento [pen-sio-na-mén-to] *n.m.* mise (*f.*) à la retraite: *pensionamento anticipato*, mise à la retraite anticipée.

pensionante [pen-sio-nàn-te] *n.m.* e *f.* pensionnaire.

pensionare [pen-sio-nà-re] *v.tr.* 1 (*assegnare una pensione a*) pensionner 2 (*mettere in pensione*) mettre* à la retraite.

pensionato [pen-sio-nà-to] *agg.* retraité ♦ *n.m.* 1 [f. *-a*] retraité 2 (*convitto*) pensionnat; (*per studenti*) foyer.

pensione [pen-sió-ne] *n.f.* 1 pension; (*in forma diretta*) retraite: *mettere in pensione*, mettre à la retraite; *prendere la pensione*, (*riscuoterla*) toucher sa retraite 2 (*alloggio*) pension.
● ***pensione completa***, (*prestazione di vitto e alloggio*) pension complète | ***pensione a carico dello Stato***, pension de l'État | ***pensione anticipata***, retraite anticipée | ***pensione di anzianità***, pension d'ancienneté | ***pensione di invalidità***, pension d'invalidité | ***pensione di reversibilità***, pension réversible, de réversion | ***pensione di vecchiaia***, pension de vieillesse | ***pensione integrativa***, retraite complémentaire | ***pensione minima***, minimum vieillesse | ***andare in pensione***, prendre sa retraite | ***essere a pensione***, être en pension | ***essere in pensione***, être à la retraite | ***mezza pensione***, (*vitto e alloggio*) demi-pension.

pensionistico [pen-sio-nì-sti-co] *agg.* [pl.m *-ci*, f. *-che*] de (la) retraite: *trattamento pensionistico*, pension; *riforma pensionistica*, réforme du régime de retraite.

pensoso [pen-só-so] *agg.* (*pensieroso*) pensif*.

pent(a)- *pref.* pent(a)-.

pentagonale [pen-ta-go-nà-le] *agg.* pentagonal*.

pentagono [pen-tà-go-no] *n.m.* (*geom.*) pentagone.

pentagramma [pen-ta-gràm-ma] *n.m.* (*mus.*) portée (*f.*).

pentametro [pen-tà-me-tro] *n.m.* pentamètre.

pentathlon [pèn-ta-thlon] *n.m.invar.* (*sport*) pentathlon.

Pentecoste [pen-te-cò-ste] *n.f.* (*relig.*) Pentecôte.

pentimento [pen-ti-mén-to] *n.m.* 1 repentir; (*rimorso*) remords; (*rincrescimento*) regret 2 (*cambiamento di opinione*) changement d'opinion.

pentirsi [pen-tìr-si] *v.pron.* 1 se repentir* 2 (*rammaricarsi*) regretter 3 (*mutare parere*) changer* d'avis.

pentitismo [pen-ti-ti-ʃmo] *n.m.* en Italie, phénomène lié aux terroristes et aux mafieux repentis.

pentito [pen-ti-to] *agg.* e *n.m.* [f. *-a*] repenti.

pentola [pén-to-la] *n.f.* (*alta*) marmite; (*casseruola*) casserole: *pentola di acciaio*, casserole en inox; *pentola di ghisa*, cocotte; *pentola di terracotta*, casserole de terre cuite.
● ***pentola antiaderente***, casserole antiadhésive | ***pentola a pressione***, cocotte-minute | ***che cosa bolle in pentola?***, (*fig.*) qu'est-ce qui se mijote?, qu'est-ce qui se trame?

pentolame [pen-to-là-me] *n.m.* casseroles (*f.pl.*).

pentolino [pen-to-lì-no] *n.m.* petite casserole (*f.*): *il pentolino del latte*, le pot au lait.

penultimo [pe-nùl-ti-mo] *agg.* avant-dernier*; (*spec. di sillaba*) pénultième ♦ *n.m.* [f. *-a*] avant-dernier*.

penuria [pe-nù-ria] *n.f.* pénurie.

penzolare [pen-ʒo-là-re] *v.intr.* [aus. *avere*] pendre*; (*in modo goffo*) pendouiller.

penzoloni, (a) [(a) pen-ʒo-ló-ni] *avv.* pendant (*agg.*): *con le gambe (a) penzoloni*, les jambes pendantes; *con le braccia (a) penzoloni*, les bras ballants.

peocio [pe-ò-cio] *n.m.* [pl. *-ci*] (*zool. pop.*) moule (*f.*).

peonia [pe-ò-nia] *n.f.* (*bot.*) pivoine.

pepaiola [pe-pa-iò-la] *n.f.* poivrière; (*macinino*) moulin (*m.*) à poivre.

pepare [pe-pà-re] *v.tr.* poivrer.

pepato [pe-pà-to] *agg.* 1 poivré 2 (*fig.*) piquant: *prezzo pepato*, prix salé.

pepe [pé-pe] *n.m.* 1 (*albero*) poivrier 2 (*spezia*) poivre.
● ***tutto pepe***, (*fig.*) pétillant: *una ragazza tutta pepe*, une jeune fille pétillante.

P

peperonata [pe-pe-ro-nà-ta] *n.f.* (*cuc.*) peperonata (poivrons au jus de tomate).

peperoncino [pe-pe-ron-cì-no] *n.m.* piment.

peperone [pe-pe-ró-ne] *n.m.* poivron.
● ***naso a peperone***, nez en patate, en pied de marmite | ***rosso come un peperone***, (*per la vergogna*) rouge comme une pivoine; (*per il sole*) rouge comme une écrevisse.

pepiera [pe-piè-ra] *n.f.* poivrière; (*macinino*) moulin (*m.*) à poivre.

pepita [pe-pi-ta] *n.f.* pépite.

peplo [pè-plo] *n.m.* (*st. abbigl.*) péplum.

pepsina [pe-psì-na] *n.f.* (*biochim.*) pepsine.

per *prep.* **1** (*destinazione*) pour: *prendere l'aereo per Roma*, prendre l'avion pour Rome; *il treno per Milano*, le train pour Milan; *ecco* (*passa*) *il treno per Roma*, voilà le train de Rome (qui passe); *c'è una lettera per te*, il y a une lettre pour toi **2** (*moto per luogo, anche fig.; mezzo; modo; limitazione*) par: *sono passato per Napoli*, je suis passé par Naples; *viaggiare per mare*, voyager par mer; *che cosa ti passa per la mente?*, qu'est-ce qui te passe par la tête?; *per intuizione, deduzione*, par intuition, déduction; *prendere qlcu per il bavero, per la mano*, prendre qqn au collet, par la main; *passeggiare per il giardino, per la città*, se promener dans le jardin, en ville; *sfilare per le vie*, défiler dans les rues; *la strada costeggia il fiume per diversi chilometri*, la route longe le fleuve pendant plusieurs kilomètres; *l'esercito avanzò per molti chilometri*, l'armée avança de plusieurs kilomètres; *la sua proprietà si estende per parecchi chilometri*, sa propriété s'étend sur plusieurs kilomètres; *lo supera per intelligenza*, il le dépasse en intelligence | *per posta, per telefono, per radio*, par la poste, par téléphone, par radio **3** (*tempo continuato*) pendant: *aspettare per mesi*, attendre (pendant) des mois; *assumere qlcu per un anno*, engager qqn pour un an | *per tutta la giornata, la notte*, (pendant) toute la journée, la nuit **4** (*fine*) pour: *letteratura per l'infanzia*, littérature pour enfants | *andare per funghi*, aller aux champignons | *andare per legna*, aller ramasser du bois | *macchina per cucire*, machine à coudre **5** (*causa*) pour; à cause (**de**); grâce (**à**); par: *è stato premiato per la sua generosità*, il a été récompensé pour sa générosité; *l'aereo non poteva partire per la nebbia*, l'avion ne pouvait pas partir à cause du brouillard; *è riuscito per i suoi meriti*, il a réussi grâce à ses mérites; *era stanco per il lavoro*, il était épuisé par son travail; *lo ha detto per stizza*, il a dit ça par dépit; *per colpa mia*, par ma faute; *ho sbagliato per la fretta*, je me suis trompé parce que j'ai été trop vite | *chiuso per lutto*, fermé pour cause de deuil **6** (*prezzo, stima*) pour: *questo quadro era stato venduto per dieci milioni*, on avait vendu ce tableau dix millions **7** (*distributivo o per indicare proporzione, percentuale*) par, en: *dividere, moltiplicare per due*, diviser, multiplier par deux; *due per tre, sei*, deux fois trois, six; *due per tre uguale sei*, deux multiplié par trois égale six; *disporsi per file*, se mettre en rangs; *marciare per due*, marcher deux par deux; *una bottiglia per pasto*, une bouteille par repas; *uno per persona*, un par personne; *dividere per classi*, diviser en classes **8** (*prima di un inf. in proposizioni finali, causali, consecutive*) pour: *gli ho scritto per ringraziarlo*, je lui ai écrit pour le remercier; *lavorare per vivere*, travailler pour vivre; *fu punito per essere stato insolente*, il a été puni pour avoir été insolent **9** (*per quanto*) (*prima di un inf.*) bien que; (*prima di un agg.*) si, quelque: *per essere ancora un ragazzo è molto giudizioso*, bien qu'il soit encore un enfant, il est très sage; *per intelligenti che siate*, si intelligents que vous soyez.
● ***per cento***, pour cent: *interesse del cinque per cento*, intérêt de cinq pour cent | (***per***) ***ore e ore***, des heures et des heures | ***per primo, per ultimo***, le premier, le dernier | ***andare per***, (*di anni*) aller sur: *va per i quaranta* (*anni*), il va sur ses quarante ans | ***dieci per volta***, dix à la fois | ***giorno per giorno***, jour après jour.

per- *pref.* per-.

pera [pé-ra] *n.f.* **1** poire **2** (*gergo*) (*iniezione di eroina*) shoot (*m.*): *farsi una pera*, se shooter.
● ***cadere come una pera cotta***, tomber comme une masse; (*fig.*) tomber dans le panneau; (*innamorarsi*) avoir le coup de foudre | ***un ragionamento a pera***, (*fig.*) un raisonnement qui ne tient pas debout.

peraltro [pe-ràl-tro] *avv.* du reste, d'ailleurs.

perbacco [per-bàc-co] *inter.* parbleu.

perbene [per-bè-ne] *agg.invar.* bien, comme il faut ♦ *avv.* bien.

perbenismo [per-be-nì-ʃmo] *n.m.* attitude (*f.*) BCBG (bon chic bon genre).

perborato [per-bo-rà-to] *n.m.* (*chim.*) perborate.

percalle [per-càl-le] *n.m.* percale (*f.*).

percallina [per-cal-lì-na] *n.f.* (*tessuto*) percaline.

percento [per-cèn-to] *n.m.invar.* e *avv.* pour cent: *sconto del 20 percento*, rabais de 20 pour cent.

percentuale [per-cen-tu-à-le] *agg.* en pour cent: *incremento percentuale*, accroissement en pour cent ♦ *n.f.* pourcentage (*m.*): *una percentuale del 30%*, un pourcentage de 30%; *lavorare a percentuale*, travailler au pourcentage; *se l'affare va in porto devi darmi una percentuale*, si ça marche tu dois me donner une commission.

percentualmente [per-cen-tu-al-mén-te] *avv.* en pourcentage.

percepibile [per-ce-pì-bi-le] *agg.* **1** perceptible **2** (*comm.*) percevable.

percepire [per-ce-pì-re] *v.tr.* [coniug. come *finire*] **1** (*sentire*) percevoir*: *percepire una certa ostilità*, percevoir, sentir une certaine hostilité; *percepire un pericolo*, sentir un danger; *percepire un suono*, entendre un son **2** (*riscuotere*) percevoir*: *percepire lo stipendio*, toucher ses appointements.

percettibile [per-cet-tì-bi-le] *agg.* perceptible, sensible.

percettibilità [per-cet-ti-bi-li-tà] *n.f.invar.* perceptibilité.

percettivo [per-cet-tì-vo] *agg.* perceptif*.

percezione [per-ce-zió-ne] *n.f.* perception.

perché [per-ché] *avv.* (*in frasi interr. dirette e indirette*) pourquoi: *perché non sei venuto?*, pourquoi n'es-tu pas venu?; *tutti si chiedevano perché tardasse tanto*, tout le monde se demandait pourquoi il tardait tant | *non mi disse perché*, il ne me dit pas pourquoi | *senza sapere perché*, sans savoir pourquoi ♦ *cong.* **1** (*esplicativa*) parce que; (*poiché, giacché spec. usato dopo un imp.*) car: *non è venuto perché era malato*, il n'est pas venu parce qu'il était malade; *"Perché sei in ritardo?" "Perché ho perso il treno"*, "Pourquoi es-tu en retard?" "Parce que j'ai raté mon train"; *sbrigati perché ho fretta*, dépêche-toi car je suis pressé **2** (*finale*) afin que, pour que: *te lo dico perché tu lo sappia*, je te le dis afin que, pour que tu le saches; *ti ho parlato perché tu mi dessi un buon consiglio*, je t'ai parlé pour que tu me donnes un bon conseil **3** (*consecutiva in correlazione con* troppo) pour que: *questa valigia è troppo pesante perché possa sollevarla*, cette

valise est trop lourde pour qu'il puisse la soulever ♦ ***pron.rel.*** (*fam.*) (*per cui*) pourquoi: *ecco la ragione perché mi piace vivere in campagna*, voilà pourquoi j'aime vivre à la campagne ♦ ***n.m.invar.*** **1** pourquoi; (*domanda*) question (*f.*): *l'età dei perché*, l'âge des pourquoi et des comment; *porsi dei perché*, se poser des questions **2** (*motivo, ragione*) raison (*f.*): *a tutto c'è un perché*, il y a toujours une raison.
● ***perché mai?***, pourquoi donc? | ***perché no?***, pourquoi pas? | ***perché no***, ***perché sì***, (*fam.*) parce que: *"Perché non vuoi parlargli?" "Perché no"*, "Pourquoi ne veux -tu pas lui parler?" "Parce que"; *"Perché gridi?" "Perché sì"*, "Pourquoi cries-tu?" "Parce que" | ***il perché e il percome***, le pourquoi et le comment | ***senza un perché***, sans une raison: *l'ha fatto senza un perché*, il l'a fait sans raison; *l'ha insultato e non senza un perché*, il l'a insulté et pour cause.

NOTA Con ***pourquoi***, traduzione di ***perché*** interrogativo, il verbo della interrogativa indiretta è sempre all'indicativo:

Mi chiedevo perché ***se ne stesse*** *zitto.*
Je me demandais pourquoi il **se taisait**.
Non so perché ***sia*** *rimasto.*
Je ne sais pas pourquoi il **est** resté.

Quando ***afin que***, ***pour que*** o ***parce que*** reggono due proposizioni, la seconda deve essere introdotta da ***et que*** / ***ou que*** e il verbo è al congiuntivo, preferibilmente al tempo presente:

Ha speso una fortuna ***perché*** *sua madre non* ***avesse*** *alcuna preoccupazione* ***e potesse*** *curarsi al meglio.*
Il a dépensé une fortune **pour que / afin que** sa mère **n'ait** aucun souci **et qu'elle puisse** se soigner au mieux.

perciò [per-ciò] ***cong.*** (*quindi*) donc, par conséquent; (*per questa ragione*) c'est pourquoi, c'est pour ça que: *ti sarò perciò grato se vorrai...*, par conséquent (*o* donc) je te serais reconnaissant de bien vouloir...; *non mi piace il freddo, perciò non vado mai in montagna*, je n'aime pas le froid, c'est pourquoi (*o* c'est la raison pour laquelle) je ne vais jamais à la montagne.

percome [per-có-me] ***n.m.invar.*** e ***avv.***
● ***il perché e il percome***, (*fam.*) le pourquoi et le comment: *vuol sempre sapere il perché e il percome di tutto*, il veut toujours savoir le pourquoi et le comment des choses | ***perché e percome***, (*fam.*) pourquoi: *mi ha spiegato perché e percome ha cambiato casa*, il m'a expliqué pourquoi il a changé de maison.

percorrenza [per-cor-rèn-za] ***n.f.*** parcours (*m.*).

percorrere [per-cór-re-re] ***v.tr.*** [coniug. come *correre*] **1** parcourir* (*anche fig.*) **2** (*passare attraverso*) traverser.

percorribile [per-cor-rì-bi-le] ***agg.*** qui peut être parcouru; (*di strada*) praticable.

percorso [per-cór-so] ***n.m.*** **1** parcours: *il percorso di una strada*, le tracé d'une route; *il percorso di una mostra*, l'itinéraire d'une exposition; *durante il percorso*, pendant le trajet; *a metà percorso*, au milieu du trajet **2** (*inform.*) chemin.
● (*aer.*) ***percorso di decollo***, ***di arrivo***, distance de décollage, longueur d'atterrissage | ***percorso di sopravvivenza***, parcours aventure; (*fig.*) course d'obstacles | (*ippica*) ***percorso netto***, parcours sans pénalités.

percossa [per-còs-sa] ***n.f.*** coup (*m.*).

percossi → **percuotere**.

percuotere [per-cuò-te-re] ***v.tr.*** [coniug. come *scuotere*] (*battere*) battre*; (*colpire*) frapper (*anche fig.*): *percuotersi il petto*, se frapper la poitrine.

percussione [per-cus-sió-ne] ***n.f.*** percussion.
● ***strumenti a percussione***, instruments à percussion.

percussionista [per-cus-sio-nì-sta] ***n.m.*** e ***f.*** percussionniste.

percussore [per-cus-só-re] ***n.m.*** (*mil.*) percuteur.

perdente [per-dèn-te] ***agg.*** e ***n.m.*** e ***f.*** perdant/e.

perdere [pèr-de-re] ***v.tr.*** [p.rem. *io persi*, *tu perdesti* ecc. p.p. *perso* o *perduto*] **1** perdre* (*anche fig.*): *perdere tempo*, perdre son temps **2** (*non fare in tempo a; lasciarsi sfuggire*) manquer: *perdere il treno*, rater son train; *perdere un'occasione*, manquer une occasion ♦ ***v.intr.*** [aus. *avere*] perdre*: *questo tubo perde*, ce tuyau perd; *perdere di prestigio*, perdre du prestige ♦ **perdersi** ***v.pron.*** se perdre* (*anche fig.*) | *è troppo difficile, mi ci perdo!*, c'est très difficile, je n'y comprends rien!
● ***perdere colpi***, (*aut.*) tousser; (*fig.*) (*memoria*) baisser: *il motore perde colpi*, le moteur a des ratés | ***lasciar perdere***, laisser tomber | ***perdersi dietro aqlcu***, courir après qqn | ***perdersi in***, ***dietro mille cose***, se disperser.

perdifiato, a [a per-di-fià-to] ***avv.*** à perdre haleine.

perdigiorno [per-di-giór-no] ***n.m.*** e ***f.invar.*** (*fam.*) fainéant/e.

perdinci [per-dìn-ci] ***inter.*** sapristi.

perdita [pèr-di-ta] ***n.f.*** **1** perte: *perdita della memoria*, perte de mémoire | *essere in lutto per la perdita di qlcu*, porter le deuil de qqn **2** (*fuga, fuoriuscita*) fuite.
● (*inform.*) ***perdita di funzionalità***, défaillance | ***a perdita d'occhio***, à perte de vue | (*comm.*): ***conto profitti e perdite***, compte des profits et pertes; ***lavorare in perdita***, travailler à perte.

perditempo [per-di-tèm-po] ***n.m.invar.*** (*cosa*) perte (*f.*) de temps ♦ ***n.m.*** e ***f.invar.*** (*persona*) lambin/e, traînard/e.

perdizione [per-di-zió-ne] ***n.f.*** perdition.

perdonabile [per-do-nà-bi-le] ***agg.*** pardonnable.

perdonare [per-do-nà-re] ***v.tr.*** pardonner: *perdonare qlcu*, pardonner à qqn; *questa non gliela perdono!*, je ne peux pas lui pardonner cela; *mi si perdoni l'espressione*, passez-moi l'expression | *Dio mi perdoni!*, que Dieu me pardonne! ♦ ***v.intr.*** [aus. *avere*] (*risparmiare*) pardonner: *è una malattia che non perdona*, c'est une maladie qui ne pardonne pas.

perdono [per-dó-no] ***n.m.*** pardon: *chiedere perdono a qlcu*, demander pardon à qqn; *ottenere il perdono*, obtenir le pardon | *chiedo perdono*, (*formula di cortesia*) pardonnez-moi.

perdurare [per-du-rà-re] ***v.intr.*** [aus. *avere*] persister ♦ ***n.m.*** insistance (*f.*), persistance (*f.*): *il perdurare del maltempo ostacola i soccorsi*, la persistance du mauvais temps gêne les secours; *visto il perdurare delle proteste*, vu l'insistance des réclamations.

perdutamente [per-du-ta-mén-te] ***avv.*** éperdument.

perduto [per-dù-to] ***agg.*** perdu: *si sentì perduto*, il sentit qu'il était perdu.

peregrinare [pe-re-gri-nà-re] ***v.intr.*** [aus. *avere*] (*letter.*) errer.

peregrinazione [pe-re-gri-na-zió-ne] ***n.f.*** pérégrination.

peregrino [pe-re-grì-no] ***agg.*** **1** (*ricercato*) recherché **2** (*strano*) bizarre.

perenne [pe-rèn-ne] ***agg.*** éternel*: *sorgenti perenni*, sources pérennes; *piante perenni*, plantes vivaces.

perennemente [pe-ren-ne-mén-te] ***avv.*** perpétuellement; (*eternamente*) éternellement.

P

perentorietà [pe-ren-to-rie-tà] *n.f.invar.* caractère (*m.*) péremptoire.

perentorio [pe-ren-tò-rio] *agg.* [pl.m. *-ri*] péremptoire: *ordine perentorio*, ordre péremptoire; *scadenza perentoria*, échéance péremptoire; *necessità perentoria*, nécessité absolue.

perenzione [pe-ren-zió-ne] *n.f.* (*dir.*) péremption.

perequare [pe-re-quà-re] *v.tr.* faire* la péréquation (**de**).

perequativo [pe-re-qua-tì-vo] *agg.* de péréquation.

perequazione [pe-re-qua-zió-ne] *n.f.* (*econ., fin.*) péréquation, rajustement (*m.*): *perequazione delle imposte, dei salari*, péréquation, rajustement des impôts, des salaires.

peretta [pe-rét-ta] *n.f.* **1** (*elettr.*) poire (électrique) **2** (*attrezzo igienico-sanitario*) poire en caoutchouc, à lavement.

perfettamente [per-fet-ta-mén-te] *avv.* parfaitement, très bien; (*completamente*) tout à fait.

perfettibile [per-fet-tì-bi-le] *agg.* (*letter.*) perfectible.

perfetto [per-fèt-to] *agg.* **1** parfait: *essere in perfette condizioni fisiche*, être en parfait état physique; *un silenzio perfetto*, un silence total **2** (*spec. di persona*) accompli: *una perfetta padrona di casa*, une maîtresse de maison accomplie ♦ *n.m.* (*gramm.*) parfait ♦ *inter.* parfaitement: *"Ti è chiaro?" "Perfetto!"*, "C'est clair?" "Parfaitement!".

perfezionabile [per-fe-zio-nà-bi-le] *agg.* qui peut être perfectionné.

perfezionamento [per-fe-zio-na-mén-to] *n.m.* perfectionnement.

perfezionare [per-fe-zio-nà-re] *v.tr.* perfectionner ♦ **perfezionarsi** *v.pron.* se perfectionner; (*specializzarsi*) se spécialiser.

perfezione [per-fe-zió-ne] *n.f.* perfection.
● ***a, alla perfezione***, à la perfection: *condurre a perfezione un lavoro*, parachever un travail.

perfezionismo [per-fe-zio-nì-ʃmo] *n.m.* perfectionnisme.

perfezionista [per-fe-zio-nì-sta] *n.m.* e *f.* perfectionniste.

perfidia [per-fì-dia] *n.f.* perfidie.

perfido [pèr-fi-do] *agg.* perfide: *una lingua perfida*, une langue de vipère.

perfino [per-fì-no] *avv.* e *cong.* même; (*con i compar.*) encore; (*fino a, fino al punto di*) jusqu'à, même: *perfino i bambini lo sanno*, même les enfants le savent; *è stato perfino troppo paziente*, il n'a été que trop patient; *ne sanno perfino meno di me*, ils en savent encore moins que moi; *perfino tu mi hai tradito!*, même toi, tu m'as trompé; *perfino se lo si pregasse non verrebbe*, même si on l'en priait, il ne viendrait pas; *è arrivato perfino a dire che*, il est allé jusqu'à dire que, il en est même arrivé à dire que.

perforare [per-fo-rà-re] *v.tr.* perforer; (*una roccia ecc.*) percer*.

perforato [per-fo-rà-to] *agg.* perforé.
● (*inform.*): ***nastro perforato***, bande perforée; ***scheda perforata***, carte perforée.

perforatore [per-fo-ra-tó-re] *agg.* perforateur* ♦ *n.m.* [f. *-trice*] (*addetto*) perforateur*, (*fam.*) perfo.

perforatrice [per-fo-ra-trì-ce] *n.f.* perforatrice; (*ind. miner.*) foreuse, perforatrice; (*di biglietti*) poinçonneuse, (*spec. alla stazione*) composteur (*m.*).

perforazione [per-fo-ra-zió-ne] *n.f.* **1** perforation; (*ind.miner.*) forage (*m.*), perforage (*m.*); (*sondaggio*) sondage (*m.*) **2** (*med.*) perforation.

performante [per-for-màn-te] *agg.* performant: *motore performante*, moteur performant.

perfusione [per-fu-ʃió-ne] *n.f.* (*med.*) perfusion.

pergamena [per-ga-mè-na] *n.f.* parchemin (*m.*).

pergamenato [per-ga-me-nà-to] *agg.* (*di carta*) parcheminé.

pergola [pèr-go-la] *n.f.* pergola.

pergolato [per-go-là-to] *n.m.* pergola (*f.*); (*a forma di volta*) tonnelle (*f.*).

peri- *pref.* péri-.

pericardio [pe-ri-càr-dio] *n.m.* [pl. *-di*] (*anat.*) péricarde.

pericarpo [pe-ri-càr-po] *n.m.* (*bot.*) péricarpe.

pericolante [pe-ri-co-làn-te] *agg.* croulant, qui menace ruine.
● ***edificio pericolante***, (*sui cartelli*) édifice dangereux | ***impresa pericolante***, (*fig.*) entreprise qui périclite.

pericolo [pe-rì-co-lo] *n.m.* danger: *pericolo di morte, di vita*, danger de mort.
● ***pericolo di valanghe***, (*nella segnalitica*) risque d'avalanches | ***correre il pericolo di***, faillir: *ho corso il pericolo di cadere*, j'ai failli tomber | ***nave in pericolo***, navire en détresse | (*mar., aer.*) ***segnale di pericolo***, signal de détresse.

pericolosamente [pe-ri-co-lo-sa-mén-te] *avv.* dangereusement.

pericoloso [pe-ri-co-ló-so] *agg.* dangereux*; (*rischioso*) périlleux*; (*azzardato*) risqué.

peridurale [pe-ri-du-rà-le] *agg.* e *n.f.*
● (*med.*) (***anestesia***) ***peridurale***, (anesthésie) péridurale.

perielio [pe-ri-è-lio] *n.m.* [pl. *-li*] (*astr.*) périhélie.

periferia [pe-ri-fe-rì-a] *n.f.* périphérie, banlieue; (*hinterland*) grande banlieue: *quartiere di periferia*, quartier de banlieue; *abitare in periferia*, habiter la banlieue.

periferica [pe-ri-fè-ri-ca] *n.f.* [pl. *-che*] (*inform.*) périphérique (*m.*).

periferico [pe-ri-fè-ri-co] *agg.* [pl.m. *-ci*, f. *-che*] **1** périphérique: *strada periferica*, route de banlieue; *amministrazione periferica*, administration annexe **2** (*fig.*) (*marginale*) marginal*, secondaire.

perifrasi [pe-rì-fra-ʃi] *n.f.invar.* périphrase.

perifrastico [pe-ri-frà-sti-co] *agg.* [pl.m. *-ci*, f. *-che*] périphrastique.

perigeo [pe-ri-gè-o] *n.m.* (*astr.*) périgée.

perimetrale [pe-ri-me-trà-le] *agg.* périmétral*, périmétrique.
● ***muro perimetrale***, mur d'enceinte.

perimetro [pe-rì-me-tro] *n.m.* périmètre.

perinatale [pe-ri-na-tà-le] *agg.* périnatal*.

perineo [pe-ri-nè-o] *n.m.* (*anat.*) périnée.

perino *agg.* e *n.m.*
● (***pomodoro***) ***perino***, (tomate) olivette.

periodare [pe-ri-o-dà-re] *v.intr.* [aus. avere] faire* des phrases ♦ *n.m.* tournure (*f.*) de phrase.

periodicità [pe-ri-o-di-ci-tà] *n.f.invar.* périodicité.

periodico [pe-ri-ò-di-co] *agg.* [pl.m. *-ci*, f. *-che*] périodique ♦ *n.m.* (*pubblicazione*) périodique, magazine.

periodizzazione [pe-ri-o-diʒ-ʒa-zió-ne] *n.f.* division

en époques, en périodes; (*scaglionamento*) échelonnement (*m.*).

periodo [pe-rì-o-do] ***n.m.*** **1** période (*f.*), époque (*f.*): *il periodo della fanciullezza*, l'enfance; *il periodo delle Crociate*, l'époque des Croisades; *il periodo di lavorazione di un film*, la durée de tournage d'un film; *in questo periodo dell'anno*, à cette époque de l'année; *per un certo periodo di tempo*, pendant un certain temps **2** (*gramm.*) phrase (*f.*).
● (*inform.*) ***periodo di attesa***, time out, dépassement du temps imparti | ***andare a periodi***, (*di umore*) changer d'humeur facilement; (*di rendimento*) être inégal.

periodontite [pe-ri-o-don-tì-te] ***n.f.*** (*med.*) périodontite.

peripatetica [pe-ri-pa-tè-ti-ca] ***n.f.*** [pl. *-che*] (*prostituta*) péripatéticienne.

peripatetico [pe-ri-pa-tè-ti-co] ***n.m.*** e ***agg.*** [pl.m. *-ci*, f. *-che*] péripatéticien*.

peripezia [pe-ri-pe-zì-a] ***n.f.*** péripétie.

periplo [pè-ri-plo] ***n.m.*** périple.

perire [pe-rì-re] ***v.intr.*** [coniug. come *finire*; aus. *essere*] périr: *molti sono periti*, beaucoup ont péri.

periscopio [pe-ri-scò-pio] ***n.m.*** [pl. *-pî*] périscope.

peristilio [pe-ri-stì-lio] ***n.m.*** [pl. *-li*] (*arch.*) péristyle.

peritale [pe-ri-tà-le] ***agg.*** (*dir.*) d'experts: *indagine peritale*, expertise.

peritarsi [pe-ri-tàr-si] ***v.pron.*** (*letter.*) hésiter (**à**).

perito [pe-rì-to] ***n.m.*** [f. *-a*] **1** diplômé d'une école technique: *perito tecnico*, technicien; *perito agrario*, technicien agricole; *perito chimico*, technicien chimiste **2** (*dir.*) expert ♦ ***agg.*** (*letter.*) expert.

peritoneo [pe-ri-to-nè-o] ***n.m.*** (*anat.*) péritoine.

peritonite [pe-ri-to-nì-te] ***n.f.*** (*med.*) péritonite.

perituro [pe-ri-tù-ro] ***agg.*** (*letter.*) périssable.

perizia [pe-rì-zia] ***n.f.*** **1** (*abilità*) habileté, adresse **2** (*accertamento specialistico*) expertise.

periziale [pe-ri-zià-le] ***agg.*** d'experts.

perizoma [pe-ri-ʒò-ma] ***n.m.*** **1** pagne **2** (*slip femminile*) string.

perla [pèr-la] ***n.f.*** perle | *è una perla di marito*, (*fig.*) c'est la crème des maris.
● ***perle vere***, ***coltivate***, ***false***, perles fines, de culture, fausses perles | ***industria delle perle***, industrie perlière.

perlaceo [per-là-ce-o] ***agg.*** (couleur) perle; (*madreperlaceo*) nacré.

perlaquale [per-la-quà-le] ***agg.invar.*** e ***avv.***
● ***è un tipo non tanto perlaquale***, c'est un type pas trop clair | ***non andare troppo perlaquale***, ne pas bien marcher: *l'esame non è andato troppo perlaquale*, l'examen n'a pas trop bien marché.

perlato [per-là-to] ***agg.*** **1** perlé **2** (*di colore*) (couleur) perle.
● ***orzo perlato***, orge perlé.

perlifero [per-lì-fe-ro] ***agg.*** perlier*.

perlinato [per-li-nà-to] ***n.m.*** (*edil.*) lambris (en lames de bois).

perlinatura [per-li-na-tù-ra] ***n.f.*** (*edil.*) lambrissage (*m.*).

perlomeno [per-lo-mé-no] **per lo meno** ***avv.*** au moins.

perlopiù [per-lo-più] **per lo più** ***avv.*** **1** le plus souvent, en général **2** (*per la maggior parte*) pour la plupart.

perlustrare [per-lu-strà-re] ***v.tr.*** **1** fouiller **2** (*mil.*) aller* en reconnaissance; (*setacciare*) ratisser, explorer.

perlustrazione [per-lu-stra-zió-ne] ***n.f.*** exploration; (*della polizia*) ratissage (*m.*); (*mil.*) reconnaissance.

permalosità [per-ma-lo-si-tà] ***n.f.invar.*** susceptibilité.

permaloso [per-ma-ló-so] ***agg.*** susceptible.

permanente [per-ma-nèn-te] ***agg.*** permanent ♦ ***n.f.*** permanente: *farsi la permanente*, se faire faire une permanente.
● ***domicilio permanente***, residence habituelle | ***militare in servizio permanente effettivo***, militaire de carrière.

permanentemente [per-ma-nen-te-mén-te] ***avv.*** de façon permanente.

permanenza [per-ma-nèn-za] ***n.f.*** **1** (*il permanere*) permanence **2** (*soggiorno*) séjour (*m.*).
● ***periodo di permanenza in carica***, durée des fonctions.

permanere [per-ma-né-re] ***v.intr.*** [pres.indic. *io permango*, *tu permani* ecc.; p.rem. *io permasi*, *tu permanesti* ecc.; fut.indic. *io permarrò* ecc.; p.p. *permaso*; aus. *essere*] demeurer; (*restare*) rester: *permango della mia idea*, je persiste dans mon idée.

permango → **permanere**.

permarrò, **permasi** → **permanere**.

permeabile [per-me-à-bi-le] ***agg.*** perméable.

permeabilità [per-me-a-bi-li-tà] ***n.f.invar.*** perméabilité.

permeare [per-me-à-re] ***v.tr.*** pénétrer*, imprégner* (*anche fig.*).

permesso[1] [per-més-so] ***agg.*** permis.
● (*è*) ***permesso?***, je peux entrer?: (*è*) *permesso, vorrei passare*, pardon, je voudrais passer.

permesso[2] ***n.m.*** **1** permission (*f.*) **2** (*congedo temporaneo*) congé; (*mil.*) permission (*f.*): *permesso per motivi di studio, per aggiornamento*, congé-éducation, congé de formation **3** (*licenza*) permis.
● ***permesso di soggiorno***, carte de séjour | ***con permesso***, veuillez m'excuser; vous permettez?: *col vostro permesso*, si vous le permettez.

permettere [per-mét-te-re] ***v.tr.*** [coniug. come *mettere*] permettre*: *crede che tutto gli sia permesso*, il se croit tout permis; *non permetterti più di*, qu'il ne t'arrive plus de; *mi permetto di*, permettez-moi de; *tempo permettendo*, si le temps le permet.

permissivismo [per-mis-si-vì-ʃmo] ***n.m.*** **permissività** ***n.f.invar.*** permissivité (*f.*).

permissivo [per-mis-sì-vo] ***agg.*** permissif*.

permuta [pèr-mu-ta] ***n.f.*** échange (*m.*), permutation; (*baratto*) troc (*m.*).

permutabile [per-mu-tà-bi-le] ***agg.*** permutable.

permutare [per-mu-tà-re] ***v.tr.*** **1** échanger*, troquer **2** (*mat.*) permuter.

permutazione [per-mu-ta-zió-ne] ***n.f.*** (*mat.*) permutation.

pernacchia [per-nàc-chia] ***n.f.*** bruit (*m.*) moqueur (fait avec la bouche): *fare le pernacchie*, faire des grimaces; *rispondere con una pernacchia*, (*anche fig.*) répondre par un pied de nez.

pernice [per-nì-ce] ***n.f.*** (*zool.*) perdrix.

pernicioso [per-ni-ció-so] ***agg.*** pernicieux*.

perno [pèr-no] ***n.m.*** cheville (*f.*), goujon; (*cilindro ruotante su un supporto fisso*) pivot; (*cilindro fisso su cui ruota una parte mobile*) tourillon; (*fig.*) pivot.
● (*med.*) ***dente su perno***, dent sur pivot | ***fare perno su***, pivoter sur.

P

pernottamento [per-not-ta-mén-to] *n.m.* nuit (*f.*) (à l'hôtel): *pernottamento a Roma*, nuit à Rome; *pagare per il pernottamento*, payer pour la chambre.

pernottare [per-not-tà-re] *v.intr.* [aus. *avere*] passer la nuit.

pero [pé-ro] *n.m.* (*bot.*) poirier.

però [pe-rò] *cong.* mais; (*eppure*) pourtant; (*ciononostante*) cependant, toutefois: *non lo meriti, però ti aiuterò*, tu ne le mérites pas, mais cependant, toutefois je t'aiderai; *questa medicina è cattiva, però è efficace*, ce médicament a mauvais goût, mais il est efficace; *però mi avevi promesso che saresti venuto, di venire*, pourtant tu m'avais promis de venir; *però sarebbe bello!*, pourtant ce serait bien!; *però!, niente male!*, eh bien!, pas mal du tout!; *è ancora in gamba, però!*, il est encore en forme, quand même!

perone [pe-ró-ne] *n.m.* (*anat.*) péroné.

perorare [pe-ro-rà-re] *v.tr.* e *intr.* [aus. *avere*] plaider: *perorare una causa*, plaider une cause; *perorare in difesa di qlcu*, plaider pour qqn.

perorazione [pe-ro-ra-zió-ne] *n.f.* 1 plaidoirie 2 (*ret.*) péroraison.

perossido [pe-ròs-si-do] *n.m.* (*chim.*) peroxyde.

perpendicolare [per-pen-di-co-là-re] *agg.* e *n.f.* perpendiculaire.

perpendicolo [per-pen-dì-co-lo] *n.m.* (*antiq.*) (*filo a piombo*) fil à plomb.
● ***a perpendicolo***, à plomb, verticalement.

perpetrare [per-pe-trà-re] *v.tr.* perpétrer*.

perpetua [per-pè-tu-a] *n.f.* servante de curé.

perpetuamente [per-pe-tua-mén-te] *avv.* perpétuellement.

perpetuare [per-pe-tu-à-re] *v.tr.* perpétuer ♦ **perpetuarsi** *v.pron.intr.* se perpétuer.

perpetuazione [per-pe-tu-a-zió-ne] *n.f.* perpétuation.

perpetuità [per-pe-tui-tà] *n.f.invar.* perpétuité.

P **perpetuo** [per-pè-tu-o] *agg.* perpétuel*.
● ***in, a ricordo perpetuo di***, en souvenir éternel de | (*fis.*) ***moto perpetuo***, mouvement perpétuel.

perplessità [per-ples-si-tà] *n.f.invar.* perplexité | *ho delle, qualche perplessità*, je suis perplexe.

perplesso [per-plès-so] *agg.* perplexe.

perquisire [per-qui-ʃi-re] *v.tr.* [coniug. come *finire*] perquisitionner (dans); (*una persona*) fouiller.

perquisizione [per-qui-ʃi-zió-ne] *n.f.* perquisition; (*di persona, bagagli*) fouille: *fare una perquisizione*, perquisitionner.

persecutore [per-se-cu-tó-re] *agg.* e *n.m.* [f. *-trice*] persécuteur*.

persecutorio [per-se-cu-tò-rio] *agg.* [pl.m. *-ri*] vexatoire.

persecuzione [per-se-cu-zió-ne] *n.f.* persécution | *è una vera persecuzione!*, c'est une véritable calamité!, un vrai cauchemar!

perseguibile [per-se-guì-bi-le] *agg.* poursuivable | (*dir.*): *perseguibile dalla legge*, passible de poursuites; *perseguibile a norma di legge*, sanctionné par la loi.

perseguimento [per-se-gui-mén-to] *n.m.* poursuite (*f.*).

perseguire [per-se-gui-re] *v.tr.* poursuivre*.

perseguitare [per-se-gui-tà-re] *v.tr.* 1 persécuter 2 (*assillare*) obséder*, *hanter.

perseguitato [per-se-gui-tà-to] *n.m.* [f. *-a*] persécuté | *perseguitato politico*, victime de persécutions politiques ♦ *agg.* 1 persécuté: *perseguitato dai creditori*, persécuté par les créanciers 2 (*fig.*) *hanté: *perseguitato dal rimorso*, hanté par le remords.

perseverante [per-se-ve-ràn-te] *agg.* persévérant.

perseveranza [per-se-ve-ràn-za] *n.f.* persévérance; (*persistenza*) persistance.

perseverare [per-se-ve-rà-re] *v.intr.* [aus. *avere*] persévérer*; (*persistere*) persister.

persi → **perdere**.

persiana [per-sià-na] *n.f.* persienne, volet (*m.*); (*fam.*) (*tapparella*) volet (*m.*) roulant, shore (*m.*).

persiano [per-sià-no] *agg.* persan, néo-perse*, néopersan ♦ *n.m.* 1 (*lingua*) persan 2 [f. *-a*] (*st.*) (*abitante*) Persan 3 (*pelliccia*) astrakan 4 (*gatto*) (chat) persan.

persicaria [per-si-cà-ria] *n.f.* (*bot.*) persicaire.

persico[1] [pèr-si-co] *agg.* [pl.m. *-ci*, f. *-che*] persique.

persico[2] *n.m.* e *agg.* [pl.m. *-ci*, f. *-che*].
● (*zool.*) (*pesce*) ***persico***, perche.

persino [per-sì-no] *avv.* e *cong.* → **perfino**.

persistente [per-si-stèn-te] *agg.* persistant.

persistenza [per-si-stèn-za] *n.f.* persistance.

persistere [per-sì-ste-re] *v.intr.* [coniug. come *insistere*; aus. *avere*] persister: *persiste nel negare*, il persiste à nier.

perso [pèr-so] *agg.* perdu.
● ***a tempo perso***, à temps perdu | ***dare per perso***, considérer comme perdu.

persona [per-só-na] *n.f.* 1 personne; (*al pl. con senso generale*) gens* (*m.pl.*): *una famiglia di quattro persone*, une famille de quatre personnes; *nella stanza c'erano molte persone*, dans la pièce il y avait beaucoup de monde (*o* de gens) | *è una brava persona*, c'est un brave homme | *è una persona perbene, molto importante*, c'est quelqu'un de bien, de très important 2 (*aspetto esteriore*) personne; (*corpo*) corps (*m.*): *avere cura della propria persona*, avoir soin de sa personne | *piccolo di persona*, de petite taille | *con tutta la persona*, de tout son corps | *ho dolori in tutta la persona*, j'ai mal partout 3 (*gramm.*) personne: *prima, seconda, terza persona*, première, seconde, troisième personne | *usare la terza persona*, (*dare del lei*) vouvoyer.
● (*dir.*) ***persona fisica, giuridica***, personne physique, morale | ***persone di servizio***, domestiques (de la maison) | ***a persona***, par personne: *uno sconto di venti euro a persona*, une réduction de vingt euros par personne | ***da consegnare alla persona***, à remettre en mains propres | ***di persona***, personnellement: *lo conosco di persona*, je le connais personnellement; *pagare di persona*, payer de sa personne; *è venuto di persona*, il est venu lui-même; *nome di persona*, nom propre | ***in persona***, en personne: *sono stato ricevuto dal ministro in persona*, j'ai été reçu par le ministre en personne; *è l'avarizia in persona*, c'est l'avarice personnifiée | ***in prima persona***, à titre personnel | ***una terza persona***, une tierce personne: *sapere da una terza persona*, apprendre par une tierce personne.

personaggio [per-so-nàg-gio] *n.m.* [pl. *-gi*] 1 personnage 2 (*personalità*) personnalité (*f.*).

personal computer ['pɛrsonalkom'pjuter] *n.m.invar.* ordinateur individuel, ordinateur personnel, PC.

personale [per-so-nà-le] *agg.* 1 personnel*: *una questione personale*, un problème personnel 2 (*gramm.*) personnel* | *pronomi personali*, pronoms personnels | *costruzione personale*, forme personnelle ♦ *n.m.* 1 (*corpo, figura*) corps | *avere un bel personale*, être bien fait de sa personne 2 (*l'insieme dei dipendenti*) personnel: *mo-*

bilità del personale, mobilité du personnel ♦ *n.f.* (*mostra d'arte*) exposition (individuelle).
● (*aer.*) ***personale di bordo***, équipage | (*scuola*) ***personale di ruolo***, ***non di ruolo***, personnel titulaire, auxiliaire | (*aer.*) ***personale di terra***, personnel non navigant (*o fam.* rampant) | ***biancheria personale***, ***indumenti personali***, linge (de corps) | ***effetti personali***, effets personnels | ***entrare nel personale***, devenir personnel: *non voglio che la discussione entri troppo nel personale*, je ne veux pas que la discussion devienne trop personnelle | ***mostra personale***, exposition individuelle | ***niente di personale***, rien de personnel: *ben inteso, non c'è niente di personale*, bien entendu, il n'y a rien de personnel | ***strettamente personale***, strictement personnel: *l'invito è strettamente personale*, l'invitation est strictement personnelle; *per fini strettamente personali*, à des fins strictement personnelles.

personalismo [per-so-na-lì-ʃmo] *n.m.* **1** (*fil.*) personnalisme **2** → favoritismo.

personalità [per-so-na-li-tà] *n.f.invar.* **1** personnalité **2** (*persona importante*) personnalité: *le più alte personalità dello stato*, les plus hautes personnalités de l'État.
● (*dir.*) ***personalità giuridica***, personnalité juridique (*o* morale) | (*psic.*) ***sdoppiamento della personalità***, rédoublement de la personnalité.

personalizzare [per-so-na-liʒ-ʒà-re] *v.tr.* personnaliser: *personalizzare la propria macchina*, customiser sa voiture.

personalizzazione [per-so-na-liʒ-ʒa-zió-ne] *n.f.* personnalisation.

personalmente [per-so-nal-mén-te] *avv.* personnellement.

personificare [per-so-ni-fi-cà-re] *v.tr.* [coniug. come *mancare*] personnifier.

personificato [per-so-ni-fi-cà-to] *agg.* personnifié.

personificazione [per-so-ni-fi-ca-zió-ne] *n.f.* personnification.

perspicace [per-spi-cà-ce] *agg.* perspicace.

perspicacia [per-spi-cà-cia] *n.f.* [pl. *-cie* o *-ce*] perspicacité.

perspicuo [per-spì-cuo] *agg.* (*letter.*) clair.

persuadere [per-su-a-dé-re] *v.tr.* [coniug. come *invadere*] persuader; (*convincere*) convaincre*: *persuadere a fare qlco*, persuader de faire qqch; *lasciarsi persuadere*, se laisser convaincre; *non mi persuade!*, ça ne me convainc pas! | *mi persuade poco*, il ne m'inspire aucune confiance | *ragionamento che non persuade*, raisonnement peu convaincant ♦ **persuadersi** *v.pron.intr.* se persuader; (*convincersi*) se convaincre*: *si è persuaso di aver torto*, il s'est persuadé qu'il avait tort.

persuasione [per-su-a-ʃió-ne] *n.f.* persuasion; (*convinzione*) conviction | *persuasione occulta*, persuasion subliminale.

persuasivo [per-su-a-ʃì-vo] *agg.* persuasif*.

persuaso [per-su-à-ʃo] *agg.* convaincu.

persuasore [per-su-a-ʃó-re] *n.m.* [f. *persuaditrice*].
● ***persuasori occulti***, agents de persuasion occulte.

pertanto [per-tàn-to] *cong.* (*quindi*) donc: *siamo pertanto spiacenti di dover rifiutare la vostra offerta*, nous sommes donc au regret de devoir refuser votre offre.
● ***non pertanto***, (*tuttavia*) malgré cela, toutefois.

FAUX AMI
Da non confondere con *pourtant*, che significa *eppure, tuttavia*.

pertica [pèr-ti-ca] *n.f.* [pl. *-che*] (*anche fig.*) perche.

pertinace [per-ti-nà-ce] *agg.* (*costante*) constant; (*ostinato*) obstiné.

pertinacia [per-ti-nà-cia] *n.f.* [pl. *-cie* o *-ce*] (*costanza*) constance; (*ostinazione*) obstination.

pertinente [per-ti-nèn-te] *agg.* pertinent; (*relativo*) relatif*: *domanda non pertinente*, question non pertinente | *i doveri pertinenti al suo ufficio*, les obligations de sa charge.

pertinenza [per-ti-nèn-za] *n.f.* **1** pertinence **2** (*pl.*) (*dir.*) (*beni accessori*) accessoires (*m.*), appartenances.
● ***di pertinenza di***, du ressort de, de la compétence de.

pertosse [per-tós-se] *n.f.* (*med.*) coqueluche.

pertugio [per-tù-gio] *n.m.* [pl. *-gi*] trou, fissure (*f.*).

perturbare [per-tur-bà-re] *v.tr.* perturber; (*sconvolgere*) troubler ♦ **perturbarsi** *v.pron.intr.* se troubler; (*del tempo*) se gâter.

perturbato [per-tur-bà-to] *agg.* perturbé.

perturbatore [per-tur-ba-tó-re] *agg.* e *n.m.* [f. *-trice*] perturbateur*.

perturbazione [per-tur-ba-zió-ne] *n.f.* perturbation.

perù [pe-rù] *n.m.invar.*
● ***valere un perù***, (*di cose*) valoir une fortune; (*di persona*) valoir son pesant d'or.

perugino [pe-ru-gì-no] *agg.* pérugin ♦ *n.m.* [f. *-a*] (*abitante*) Pérugin.

peruviano [pe-ru-vià-no] *agg.* péruvien* ♦ *n.m.* [f. *-a*] (*abitante*) Péruvien*.

pervadere [per-và-de-re] *v.tr.* [coniug. come *invadere*] envahir; (*di cose*) se répandre* (**dans**).

pervaso [per-và-ʃo] *agg.* envahi.

pervenire [per-ve-nì-re] *v.intr.* [coniugato come *venire*; aus. *essere*] parvenir*: *pervenire al trono*, accéder au trône.

perversione [per-ver-sió-ne] *n.f.* perversion.

perversità [per-ver-si-tà] *n.f.invar.* perversité.

perverso [per-vèr-so] *agg.* pervers.

pervertimento [per-ver-ti-mén-to] *n.m.* pervertissement.

pervertire [per-ver-tì-re] *v.tr.* pervertir ♦ **pervertirsi** *v.pron.intr.* se pervertir.

pervertito [per-ver-tì-to] *agg.* e *n.m.* [f. *-a*] perverti.

pervicace [per-vi-cà-ce] *agg.* opiniâtre.

pervicacia [per-vi-cà-cia] *n.f.* [pl. *-cie* o *-ce*] opiniâtreté.

pervinca [per-vìn-ca] *n.f.* [pl. *-che*] **1** (*bot.*) pervenche **2** (*colore*) (couleur) pervenche ♦ *agg.invar.* bleu pervenche.

pesa [pé-sa] *n.f.* **1** (*pesatura*) pesage (*m.*) **2** (*apparecchio*) bascule **3** (*luogo*) poids (*m.*) public.

pesabambini [pe-sa-bam-bì-ni] *n.f.invar.* pèse-bébé* (*m.*).

pesalatte [pe-sa-làt-te] *n.m.invar.* pèse-lait*.

pesalettere [pe-sa-lèt-te-re *o* pesaléttere] *n.m.invar.* pèse-lettre*.

pesante [pe-sàn-te] *agg.* **1** lourd (*anche fig.*); (*greve*) pesant (*anche fig.*): *valigia pesante*, valise lourde; *pesante responsabilità*, lourde responsabilité; *camminare con passo, con andatura pesante*, marcher d'un pas pesant, avoir une allure pesante; *atmosfera pesante*, atmosphère pesante; *giornata pesante*, journée fatigante; *romanzo, stile, scrittore pesante*, roman, style, écrivain indigeste

P

| *persona pesante*, personne pénible | *è diventato pesante con l'età*, avec l'âge, il s'est épaissi; (*per il carattere*) il est devenu pénible **2** (*di indumenti, coperte ecc.*) chaud.
● ***aria pesante***, air lourd | ***avere l'alito pesante***, avoir mauvaise haleine | ***avere la mano pesante***, avoir la main lourde | ***ci va giù pesante***, (*fig. fam.*) il y va fort | ***complimenti pesanti***, des réflexions grossières | ***droghe pesanti***, drogues dures | ***industria pesante***, industrie lourde | ***lavori pesanti***, gros travaux.

pesantemente [pe-san-te-mén-te] ***avv.*** pesamment.

pesantezza [pe-san-téz-za] ***n.f.*** lourdeur, pesanteur (*anche fig.*) | *pesantezza di stomaco*, pesanteur d'estomac.

pesapersone [pe-sa-per-só-ne] ***n.f.invar.*** pèse-personne* (*m.*), balance.

pesare [pe-sà-re] ***v.tr.*** peser*: *pesare un pacco*, peser un paquet ♦ ***v.intr.*** [aus. *avere* o *essere*] peser* (*anche fig.*): *il neonato pesa tre chili*, le nouveau-né pèse trois kilos; *quello che mi pesa, è che dovrò tornarci*, ce qui me pèse le plus, c'est de devoir y retourner; *quanto mi pesa farlo!*, combien il m'en coûte de le faire! ♦ **pesarsi** ***v.pron.*** se peser*.
● ***pesare le parole***, (*fig.*) peser ses mots | ***pesare una persona***, (*fig.*) jauger une personne | ***vale tant'oro quanto pesa***, il vaut son pesant d'or | ***mi è pesato...***, (*fig.*) cela m'a pesé de...: *mi è pesato rinunciare alle vacanze*, cela m'a pesé de devoir renoncer aux vacances.

pesarese [pe-sa-ré-se] ***agg.*** de Pesaro ♦ ***n.m.*** e ***f.*** habitant/e de Pesaro; originaire de Pesaro.

pesata [pe-sà-ta] ***n.f.*** pesée.

pesatrice [pe-sa-trì-ce] ***n.f.*** (*macchina*) balance.

pesatura [pe-sa-tù-ra] ***n.f.*** pesage (*m.*).

pesca[1] [pè-sca] ***n.f.*** [pl. *-che*] (*bot.*) pêche.
● (*cuc.*) ***pesche sciroppate***, pêches au sirop.

pesca[2] [pé-sca] ***n.f.*** **1** pêche: *andare a pesca*, aller à la pêche **2** (*lotteria*) loterie.
● ***pesca con la lenza, con la rete***, pêche à la ligne, au filet | ***pesca d'altomare, costiera***, grande, petite pêche | ***pesca del tonno***, pêche au thon.

pescaggio [pe-scàg-gio] ***n.m.*** [pl. *-gi*] (*mar.*) tirant d'eau.

pescagione [pe-sca-gió-ne] ***n.f.*** pêche.

pescanoce [pe-sca-nó-ce] ***n.f.*** [pl. *peschenoci*] (*frutto*) brugnon (*m.*).
● ***pescanoce spiccagnola***, nectarine.

pescare [pe-scà-re] ***v.tr.*** [coniug. come *mancare*] **1** pêcher **2** (*fam.*) (*trovare*) pêcher: *dove hai pescato questa notizia?*, où es-tu allé pêcher cette nouvelle?; *dove hai pescato quel cappello?*, mais où as-tu dégotté ce chapeau? **3** (*sorprendere*) pincer* | *ti ho pescato!*, je t'y prends! **4** (*estrarre un numero; prendere una carta*) tirer ♦ ***v.intr.*** [aus. *avere*] (*mar.*) caler.

pescarese [pe-sca-ré-se] ***agg.*** de Pescara ♦ ***n.m.*** e ***f.*** habitant/e de Pescara; originaire de Pescara.

pescato [pe-scà-to] ***n.m.*** pêche (*f.*).

pescatora, alla [àl-la pe-sca-tó-ra] ***avv.*** e ***agg.*** (*cuc.*) aux fruits de mer.
● (*abbigl.*) ***pantaloni alla pescatora***, (pantalon) corsaire.

pescatore [pe-sca-tó-re] ***n.m.*** pêcheur*.

pescatrice [pe-sca-trì-ce] ***n.f.*** pêcheuse.
● (*zool.*) (***rana***) ***pescatrice***, baudroie, lotte de mer.

pesce [pé-sce] ***n.m.*** **1** poisson **2** (*astr.*) *Pesci*, Poissons.
● ***pesce cappone***, grondin | ***pesce grosso***, (*fig.*) gros bonnet | ***pesce luna***, poissonlune | ***pesce minuto***, menu fretin | ***pesce pappagallo***, poisson-perroquet | ***pesce ragno***, araignée de mer | ***pesce sega***, poisson-scie | ***avere una faccia da pesce lesso***, avoir une tête d'abruti | ***buttarsi a pesce***, se jeter dessus, se jeter comme un goinfre: *vista l'occasione propizia si è buttato a pesce*, voyant l'occasion propice, il s'est jeté dessus; *si è buttato a pesce sui pasticcini*, il s'est jeté comme un goinfre sur les petits fours | ***essere come un pesce fuor d'acqua***, être comme un poisson hors de l'eau | ***essere sano come un pesce***, se porter comme un charme | ***muto come un pesce***, muet comme une carpe | ***non sapere che pesci pigliare***, ne pas savoir sur quel pied danser | ***trattare qlcu a pesci in faccia***, traiter qqn comme du poisson pourri.

pescecane [pe-sce-cà-ne] ***n.m.*** [pl. *pescicani* o *pescecani*] requin (*anche fig.*).

peschereccio [pe-sche-réc-cio] ***agg.*** [pl.m. *-ci*, f. *-ce*] de pêche ♦ ***n.m.*** bateau* de pêche.

pescheria [pe-sche-rì-a] ***n.f.*** poissonnerie.

peschiera [pe-schiè-ra] ***n.f.*** vivier (*m.*).

pesciaiola [pe-scia-iò-la] ***n.f.*** (*pentola*) poissonnière.

pescivendolo [pe-sci-vén-do-lo] ***n.m.*** [f. *-a*] poissonnier*, marchand de poisson.

pesco [pè-sco] ***n.m.*** [pl. *-schi*] pêcher.

pesconoce [pe-sco-nó-ce] ***n.m.*** [pl. *peschinoce*] (*bot.*) brugnonier.

pescosità [pe-sco-si-tà] ***n.f.invar.*** abondance en poissons.

pescoso [pe-scó-so] ***agg.*** poissonneux*.

pesista [pe-sì-sta] ***n.m.*** (*sollevatore di pesi*) haltérophile; (*lanciatore di peso*) lanceur* de poids.

pesistica [pe-sì-sti-ca] ***n.f.*** [pl. *-che*] (*sport*) haltérophilie.

peso [pé-so] ***n.m.*** **1** poids (*anche fig.*): *peso scarso*, poids maigre; *il peso è scarso*, il n'y a pas le poids; *fare peso*, faire du poids | *quant'è di peso?*, ça pèse combien? | *il peso delle tasse*, la charge des impôts | *è un peso*, il m'ennuie **2** (*sport*) poids.
● (*boxe*) ***peso massimo***, poids lourd | ***a peso***, au poids: *vendere a peso*, vendre au poids | ***cadere di peso***, tomber de tout son poids | ***dare peso a***, attacher de l'importance à | ***essere di peso a qlcu***, être un poids pour qqn: *se ti sono di peso dimmelo*, si je t'ennuie, tu n'as qu'à me le dire | (*atletica*) ***lancio del peso***, lancer du poids | ***pagare a peso d'oro***, payer son pesant d'or | (*ippica*) ***recinto del peso***, pesage | (*sport*) ***sollevamento pesi***, poids et haltères | ***sollevare qlcu di peso***, soulever qqn à bout de bras | ***togliere qlco di peso***, prendre qqch tel quel: *brano tolto di peso da un testo*, passage pris tel quel dans un texte | ***togliersi un peso dallo stomaco***, se décharger d'un poids | ***usare due pesi e due misure***, avoir deux poids et deux mesures.

pessario [pes-sà-rio] ***n.m.*** [pl. *-ri*] (*med.*) pessaire.

pessimamente [pes-si-ma-mén-te] ***avv.*** très mal.

pessimismo [pes-si-mì-ʃmo] ***n.m.*** pessimisme.

pessimista [pes-si-mì-sta] ***n.m.*** e ***f.*** pessimiste.

pessimistico [pes-si-mì-sti-co] ***agg.*** [pl.m. *-ci*, f. *-che*] pessimiste.

pessimo [pès-si-mo] ***agg.*** [superl. di *cattivo*] très mauvais: *un pessimo soggetto*, un triste individu; *un pessimo carattere*, un caractère exécrable; *un pessimo risultato*, un piètre résultat.

pesta [pé-sta] ***n.f.*** (*spec. pl.*) trace.
● ***essere, mettere, lasciare nelle peste***, (*fig.*) être, mettre, laisser dans le pétrin | ***essere sulle peste di qlcu***, être sur les traces de qqn, (*inseguirlo da vicino*) talonner qqn.

FAUX AMI
Da non confondere con *peste*, che indica la malattia *peste*.

pestaggio [pe-stàg-gio] *n.m.* [pl. *-gi*] **1** rossée (*f.*), raclée (*f.*) **2** (*colluttazione*) rixe (*f.*), bagarre (*f.*).

pestare [pe-stà-re] *v.tr.* **1** (*frantumare*) piler; (*appiattire*) aplatir | *pestare il pepe*, concasser le poivre **2** (*schiacciare*) écraser; (*calpestare*) marcher (**sur**) | *pestare qlco sotto i piedi*, piétiner qqch | (*cuc.*) *pestare il basilico*, écraser le basilic **3** (*battere*) taper: *pestare i piedi*, taper des pieds; *pestare un pugno sul tavolo*, taper du poing sur la table | *ha pestato la testa contro il muro*, il s'est cogné la tête contre le mur | *pestare il pianoforte*, pianoter **4** (*picchiare*) battre*; (*fam.*) rosser | *pestare a sangue*, rouer de coups.
● ***pestare i piedi a qlcu***, (*anche fig.*) marcher sur les pieds de qqn | ***pestare i pugni sul tavolo***, (*fig.*) taper le poing sur la table.

FAUX AMI
Da non confondere con *pester*, che significa *imprecare*.

pestata [pe-stà-ta] *n.f.* (*fam.*).
● ***dare una pestata***, (*al sale*) piler; (*alla carne*) aplatir; (*a una persona*) donner une raclée: *gli hanno dato una pestata!*, on lui a donné une raclée!

peste [pè-ste] *n.f.* **1** peste (*anche fig.*) **2** (*cosa dall'odore cattivo*) peste; (*dal sapore cattivo*) poison (*m.*).

pestello [pe-stèl-lo] *n.m.* pilon.

pesticida [pe-sti-cì-da] *agg.* e *n.m.* pesticide.

pestifero [pe-stì-fe-ro] *agg.* **1** pestifère **2** (*fig.*) pestilentiel* | *ha un carattere pestifero*, c'est une vraie peste.

pestilenza [pe-sti-lèn-za] *n.f.* **1** épidémie (de peste, etc.) **2** (*estens.*) (*fetore*) pestilence **3** (*fig.*) (*flagello*) fléau* (*m.*).

pestilenziale [pe-sti-len-zià-le] *agg.* **1** pestilent: *epidemia pestilenziale*, épidémie de peste **2** (*puzzolente*) pestilentiel* **3** (*fig.*) pestilentiel*.

pesto [pé-sto] *agg.* pilé, broyé | *ho le ossa peste*, je suis plein de courbatures; *sentirsi tutto pesto*, se sentir tout courbaturé ♦ *n.m.* (*cuc.*) *hachis.
● (*cuc.*) ***pesto alla genovese***, condiment à base de basilic et d'ail | ***avere gli occhi pesti***, avoir les yeux cernés | ***c'è un buio pesto***, il fait nuit noire | ***fare un occhio pesto a qlcu***, faire un œil au beurre noir à qqn.

petalo [pè-ta-lo] *n.m.* pétale.

petardo [pe-tàr-do] *n.m.* pétard: *far scoppiare un petardo*, faire péter un pétard.

petecchia [pe-téc-chia] *n.f.* (*med.*) pétéchie.

petecchiale [pe-tec-chià-le] *agg.* (*med.*) pétéchial*.

petizione [pe-ti-zió-ne] *n.f.* pétition.

peto [pé-to] *n.m.* pet, vent.

petrarchismo [pe-trar-chì-ʃmo] *n.m.* (*lett.*) pétrarquisme.

petrodollaro [pe-tro-dòl-la-ro] **petroldollaro** *n.m.* pétrodollar.

petrolchimica [pe-trol-chì-mi-ca] *n.f.* [pl. *-che*] pétrochimie.

petrolchimico [pe-trol-chì-mi-co] *agg.* [pl.m. *-ci*, f. *-che*] pétrochimique.

petroliera [pe-tro-liè-ra] *n.f.* (*mar.*) pétrolier (*m.*).

petroliere [pe-tro-liè-re] *n.m.* [f. *-a*] pétrolier.

petroliero [pe-tro-liè-ro] *agg.* pétrolier*.

petrolifero [pe-tro-lì-fe-ro] *agg.* (*di giacimenti ecc.*) pétrolifère; (*di industria, prodotti ecc.*) pétrolier*.
● ***pozzo petrolifero***, puits de pétrole.

petrolio [pe-trò-lio] *n.m.* [pl. *-li*] pétrole; (*da illuminazione*) huile (*f.*) de pétrole.

pettegolezzo [pet-te-go-léz-zo *o* pettegoléʒʒo] *n.m.* potin, ragot, commérage | *fare dei pettegolezzi su qqn*, jaser sur le compte de qqn.

pettegolio [pet-te-go-lì-o] *n.m.* [pl. *-ii*] commérages (*pl.*).

pettegolo [pet-té-go-lo] *agg.* e *n.m.* [f. *-a*] bavard, médisant.

pettinare [pet-ti-nà-re] *v.tr.* **1** peigner; (*acconciare i capelli*) coiffer **2** (*fig. fam.*) (*rimproverare*) passer un savon (**à**) ♦ **pettinarsi** *v.pron.* e *pron. indiretto* se coiffer; se peigner: *pettinarsi i capelli*, se peigner les cheveux.

pettinata [pet-ti-nà-ta] *n.f.* **1** coup (*m.*) de peigne: *dare una pettinata*, donner un coup de peigne **2** (*fig. fam.*) (*rimprovero*) savon (*m.*): *dare una pettinata*, donner, passer un savon.

pettinato [pet-ti-nà-to] *agg.* **1** coiffé **2** (*ind. tess.*) peigné.

pettinatrice [pet-ti-na-trì-ce] *n.f.* **1** coiffeuse **2** (*macchina tessile*) peigneuse.

pettinatura [pet-ti-na-tù-ra] *n.f.* **1** coiffure **2** (*ind. tess.*) peignage (*m.*).

pettine [pèt-ti-ne] *n.m.* peigne | *passare al pettine*, passer au peigne fin.
● ***pettine fitto***, ***rado***, peigne fin, gros peigne | ***posteggio a pettine***, parking en épi | (*prov.*) ***tutti i nodi vengono al pettine***, à la fin tout se paie.

pettirosso [pet-ti-rós-so] *n.m.* rouge-gorge*.

petto [pèt-to] *n.m.* **1** poitrine (*f.*) | *essere forte di petto*, avoir une forte poitrine | *malato di petto*, poitrinaire **2** (*seno*) sein: *avere un bambino al petto*, avoir un enfant au sein | *stringere al petto*, serrer sur, contre son cœur **3** (*pettorale di cavallo ecc.*) poitrail.
● (*cuc.*) ***petto di pollo***, blanc de poulet | (*abbigl.*): ***giacca a doppio petto***, veston croisé; ***giacca a un petto***, veston droit | ***giro petto***, tour de poitrine | ***mettersi una mano sul petto***, (*fig.*) se mettre une main sur le cœur | ***prendere di petto***, aborder de front | (*cuc.*) ***punta di petto*** (***di vitello***), poitrine de veau.

pettorale [pet-to-rà-le] *agg.* pectoral* ♦ *n.m.* **1** (*di cavallo ecc.*) poitrail **2** (*sport*) dossard: *col pettorale numero cinque*, avec le dossard numéro cinq **3** (*eccl.*) pectoral*.
● (*anat.*) (***muscoli***) ***pettorali***, (muscles) pectoraux.

pettorina [pet-to-rì-na] *n.f.* (*di grembiule*) bavette; (*di vestito*) plastron (*m.*).

pettoruto [pet-to-rù-to] *agg.* fort de poitrine | *camminare tutto pettoruto*, marcher en bombant le torse.

petulante [pe-tu-làn-te] *agg.* (*noioso, molesto*) ennuyeux*, assommant.

petulanza [pe-tu-làn-za] *n.f.* (*insistenza*) insistance; (*impertinenza*) impertinence.

petunia [pe-tù-nia] *n.f.* pétunia (*m.*).

pezza [pèz-za] *n.f.* **1** (*toppa*) pièce: *ha una pezza nei calzoni*, il a une pièce à son pantalon | *un abito tutto pezze*, un vêtement tout rapiécé **2** (*straccio*) chiffon (*m.*); (*panno*) linge (*m.*) **3** (*di tessuto*) pièce **4** (*amm.*) (*documento*) pièce **5** (*macchia di un animale*) tache.
● (*amm.*): ***pezza d'appoggio***, document à l'appui; ***pezza giustificativa*** (***contabile***), pièce justificative comptable | ***bambola di pezza***, poupée de chiffon | ***da lunga pezza***, depuis longtemps | ***metterci una pezza***, (*fig.*) recoller les morceaux | ***trattare come una pezza da piedi***, traiter comme du poisson pourri.

P

pezzato [pez-zà-to] ***agg.*** tacheté; (*di cavallo*) pie*.

pezzatura[1] [pez-za-tù-ra] ***n.f.*** (*di un cavallo*) taches (*pl.*).

pezzatura[2] [pez-za-tù-ra] ***n.f.*** format (*m.*) | *sapone venduto in pezzature da*, savon vendu en morceaux de.

pezzente [pez-zèn-te] ***n.m.*** e ***f.*** gueux/euse; (*fam.*) mort-de -faim | *andare vestito come un pezzente*, s'habiller comme un chiffonnier | *fare il pezzente*, jouer les misérables.

pezzetto [pez-zét-to] ***n.m.*** petit morceau*, petit bout | *un pezzetto di terra*, un lopin de terre.

pezzo [pèz-zo] ***n.m.*** **1** morceau*; (*di carta, di corda ecc.*) bout: *un pezzo di pane*, un morceau de pain | *un pezzo di cielo*, un coin de ciel | *un pezzo di terra*, un lopin de terre (*o* un morceau de terre *o* une pièce de terre) **2** (*tratto di strada*) bout (de chemin): *ho camminato un* (*bel*) *pezzo*, j'ai fait un bon bout de chemin à pied **3** (*periodo di tempo*) bout (de temps): *ci metteremo un* (*bel*) *pezzo a finire questo lavoro*, nous mettrons un bon bout de temps avant de finir ce travail; *ti aspetto da un pezzo*, je t'attends depuis un bon moment (*o* depuis un bon bout de temps) | *è un pezzo che ti aspetto*, il y a longtemps que je t'attends | *da un pezzo a questa parte*, depuis un certain temps **4** (*elemento di una serie; esemplare*) pièce (*f.*): *un servizio di piatti di ventitré pezzi*, un service de table de vingt-trois pièces **5** (*tecn.*) pièce (*f.*): *i pezzi di un meccanismo*, les pièces d'un mécanisme **6** (*di opera musicale o letteraria*) morceau* **7** (*articolo di giornale*) article.

● ***pezzo d'antiquariato***, antiquité | ***pezzo d'asino***, ***d'imbecille!***, espèce de bourrique, d'imbécile! | ***pezzo di ricambio***, pièce de rechange | ***pezzo forte***, morceau de bravoure | ***andare in mille pezzi***, se briser en mille morceaux: *il vaso è andato in mille pezzi*, le vase s'est brisé en mille morceaux | ***andare in pezzi***, tomber en morceaux | ***essere tutto d'un pezzo***, être tout d'une pièce | ***essere un pezzo di legno***, ***di ghiaccio***, (*fig.*) être insensible (*o* de bois *o* de glace) | ***a pezzi***, en pièces, en morceaux: *fare a pezzi qlco*, mettre qqch en pièces (*o* en morceaux); *il bambino ha fatto a pezzi tutti i suoi giocattoli*, l'enfant a cassé tous ses jouets; *avere i nervi a pezzi*, être à bout de nerfs; *cadere a pezzi*, tomber en lambeaux; *essere a pezzi*, être mort de fatigue | ***un gran bel pezzo di figliola***, (*fam.*) un beau brin de fille | ***un pezzo di ragazzo***, (*fam.*) un beau garçon | ***un pezzo d'uomo***, (*fam.*) un grand gaillard | ***un pezzo grosso***, (*fig.*) un gros bonnet: *un pezzo grosso dell'industria*, une grosse légume de l'industrie.

pezzotto [pez-zòt-to] ***n.m.*** (*tessuto*) tissu de retailles.

pezzuola [pez-zuò-la] ***n.f.*** **1** bout (*m.*) de tissu **2** (*fazzoletto*) mouchoir (*m.*).

pfui [pfùi] ***inter.*** pff, pfut.

phishing ['fiʃiŋg] ***n.m.invar.*** (*Internet*) hameçonnage.

phon [fɔn] ***n.m.invar.*** → **fon**.

piaccio → **piacere**[1].

piacente [pia-cèn-te] ***agg.*** plaisant: *è ancora piacente*, elle plaît encore.

piacentino [pia-cen-tì-no] ***agg.*** placentin, de Plaisance ♦ ***n.m.*** [f. *-a*] (*abitante*) Placentin.

piacere[1] [pia-cé-re] ***v.intr.*** [pres.indic. *io piaccio, tu piaci, egli piace, noi piacciamo, voi piacete, essi piacciono*; p.rem. *io piacqui, tu piacesti* ecc.; p.p. *piaciuto*; aus. *essere*] **1** aimer (**qqn**, **qqch**): *mi piace la montagna*, j'aime la montagne; *mi piace leggere*, j'aime lire; *mi piace che tutto sia in ordine*, j'aime que tout soit en ordre; *ci piacerebbe andare a teatro*, nous aimerions aller au théâtre; *gli sarebbe piaciuto venire con te*, il aurait aimé venir avec toi **2** (*essere gradito*) plaire*: *questo tipo non mi piace affatto*, ce type ne me plaît pas du tout; *lo spettacolo mi è molto piaciuto*, le spectacle m'a beaucoup plu; *quel cantante ci piace da morire*, ce chanteur nous plaît énormément; *una persona, una cosa che piace*, une personne, une chose qui plaît ♦ **piacersi** ***v.pron.*** e ***pron.rec.*** se plaire*; s'aimer.

● ***a Dio piacendo***, si Dieu le permet | ***che ti piaccia o no***, que cela te plaise ou non | ***come mi pare e piace***, ce que bon me semble | ***dove mi pare e piace***, où bon me semble | ***mi piace da morire***, (*fam.*) j'en suis fou | ***mi piace da pazzi***, (*fam.*) ça me plaît vachement, à mort | ***piaccia a Dio che***, plaise à Dieu que: *piaccia a Dio che guarisca bene!*, plaise à Dieu qu'il guérisse bien!

piacere[2] ***n.m.*** **1** plaisir: *i piaceri dello spirito, della vita, della tavola*, les plaisirs de l'esprit, de la vie, de la table | *avrei piacere che tu mi scrivessi*, j'aimerais bien que tu m'écrives | *sei qui per lavoro o per piacere?*, tu es ici pour travailler ou pour ton plaisir? **2** (*servizio*) service; (*cortesia*) plaisir: *mi ha fatto molti piaceri*, il m'a rendu beaucoup de services; *mi faresti veramente un piacere*, tu me ferais vraiment plaisir **3** (*desiderio, volontà*) volonté (*f.*), désir: *conformarsi al piacere di qlcu*, se plier à la volonté (*o* au désir) de qqn.

● ***piacere!***, (*nelle presentazioni*) enchanté! | ***a piacere***, à volonté (*o* à discrétion): *vino a piacere*, vin à volonté | ***che è un piacere***, que c'est un plaisir; (*di cibi*) que c'est un régal: *quel bambino mangia che è un piacere*, cet enfant mange que c'est un plaisir; *questo vino va giù che è un piacere*, ce vin se laisse boire que c'est un régal (*o* un plaisir) | ***fare il piacere*** (***di***), faire le plaisir (de): *se parti fammi il piacere di avvertirmi*, si tu pars, fais-moi le plaisir de m'avertir; *fammi il* (*santo*) *piacere di stare zitto!*, fais-moi le (grand) plaisir de te taire! | ***i minuti piaceri***, les petites dépenses | ***ma fammi il piacere!***, (*ma via!*) allons, donc! | ***mi***, ***ti fa piacere***, cela me, te fait plaisir; je suis heureux: *mi fa* (*veramente*) *piacere*, ça me fait (grand) plaisir; *se ti fa piacere*, si cela peut te faire plaisir; *mi fa* (*molto*) *piacere vederti!*, je suis (très) heureux de te voir | ***non è un piacere***, ce n'est pas agréable (de) | ***per piacere***, s'il te plaît, s'il vous plaît: *chiudi la finestra per piacere*, ferme la fenêtre s'il te plaît; *chiuda la finestra per piacere*, fermez la fenêtre, s'il vous plaît | ***viaggio di piacere***, voyage d'agrément.

piacevole [pia-cé-vo-le] ***agg.*** agréable.

piacevolezza [pia-ce-vo-léz-za] ***n.f.*** **1** agrément (*m.*) **2** (*detto, atto scherzoso*) plaisanterie.

piacimento [pia-ci-mén-to] ***n.m.*** goût | *a vostro piacimento*, à votre gré; (*comm.*) à votre convenance | *di mio piacimento*, à mon goût.

● ***a piacimento***, à volonté, à discrétion.

piacqui → **piacere**[1].

piaga [pià-ga] ***n.f.*** [pl. *-ghe*] plaie (*anche fig.*); (*ferita*) blessure: *il suo corpo era coperto di piaghe, era tutto una piaga*, son corps était couvert de plaies; *le piaghe dell'anima*, les plaies (*o* blessures) de l'âme; *ho sempre questa piaga nel cuore*, j'ai toujours cette blessure au cœur | *la piaga della droga*, le fléau de la drogue | *non fare la piaga!*, (*scherz. fam.*) ne sois pas casse-pied!

● ***mettere il dito sulla piaga***, (*fig.*) mettre le doigt sur la plaie | ***girare il coltello nella piaga***, (*fig.*) retourner le couteau dans la plaie.

piagare [pia-gà-re] ***v.tr.*** [coniug. come *legare*] blesser (*anche fig.*).

piagato [pia-gà-to] ***agg.*** couvert de plaies.

P

piaggeria [piag-ge-rì-a] ***n.f.*** flatterie.
piagnisteo [pia-gni-stè-o] ***n.m.*** pleurnicherie (*f.*).
piagnone [pia-gnó-ne] ***n.m.*** [f. *-a*] (*fam.*) (*chi si lagna sempre*) geignard; (*chi piange a lungo*) pleurnicheur*.
piagnucolare [pia-gnu-co-là-re] ***v.intr.*** [aus. *avere*] pleurnicher.
piagnucolio [pia-gnu-co-lì-o] ***n.m.*** [pl. *-ii*] pleurnicherie (*f.*).
piagnucolone [pia-gnu-co-ló-ne] ***n.m.*** [f. *-a*] pleurnicheur*.
piagnucoloso [pia-gnu-co-ló-so] ***agg.*** pleurnicheur*.
pialla [piàl-la] ***n.f.*** rabot (*m.*) | *pialla da banco*, rabot d'établi.
● ***pialla da falegname***, (*macchina*) raboteuse (de menuisier).
piallare [pial-là-re] ***v.tr.*** raboter.
piallata [pial-là-ta] ***n.f.*** coup (*m.*) de rabot.
piallatore [pial-la-tó-re] ***n.m.*** [f. *-trice*] raboteur.
piallatrice [pial-la-trì-ce] ***n.f.*** (*macchina*) raboteuse.
piallatura [pial-la-tù-ra] ***n.f.*** rabotage (*m.*).
pialletto [pial-lét-to] ***n.m.*** **1** (*per falegname*) petit rabot **2** (*per muratore*) taloche (*f.*).
piamadre [pia-mà-dre] **pia madre** ***n.f.*** (*anat.*) pie -mère.
piana [pià-na] ***n.f.*** plaine.
pianale [pia-nà-le] ***n.m.*** **1** (*terreno pianeggiante*) terrain plat **2** (*ferr.*) (*vagone*) truck.
● (*tecn.*) ***pianale*** (***di carico***), plateau de chargement.
pianeggiante [pia-neg-giàn-te] ***agg.*** plat.
pianella [pia-nèl-la] ***n.f.*** **1** (*pantofola*) mule **2** (*edil.*) carreau* (*m.*).
● (*bot. pop.*) ***pianella della Madonna***, sabot de Vénus.
pianerottolo [pia-ne-ròt-to-lo] ***n.m.*** **1** palier **2** (*alpinismo*) plate-forme* (*f.*).
pianeta[1] [pia-né-ta] ***n.m.*** planète (*f.*).
● ***pianeta*** (***della fortuna***), (papier portant l')horoscope.
pianeta[2] ***n.f.*** (*eccl.*) chasuble.
pianetino [pia-ne-tì-no] ***n.m.*** petite planète (*f.*).
piangente [pian-gèn-te] ***agg.*** pleurant, en pleurs: *con voce piangente*, avec une voix pleurante.
● (*bot.*) ***salice piangente***, saule pleureur.
piangere [piàn-ge-re] ***v.intr.*** [p.rem. *io piansi*; p.p. *pianto*; aus. *avere*] **1** pleurer: *il fumo fa piangere*, la fumée fait pleurer | *piangere a dirotto*, pleurer comme une fontaine | *piangere come una vite tagliata*, pleurer comme une Madeleine | *scoppiare a piangere*, fondre en larmes | *mi veniva da piangere*, j'avais envie de pleurer | *gli piange un occhio*, il a un œil qui larmoie; *mi piangono gli occhi per il freddo*, le froid me fait pleurer les yeux **2** (*di alberi*) pleurer: *la vite piange in primavera*, la vigne pleure au printemps **3** (*trasudare*) suinter: *le pareti delle grotte piangono per l'umidità*, les murs des grottes suintent à cause de l'humidité ♦ ***v.tr.*** pleurer: *piangere una persona cara*, pleurer une personne chère | *piange sempre miseria*, il pleure toujours misère.
● ***piangere lacrime amare***, pleurer des larmes amères | ***piangere sulla spalla di qlcu***, (*fig.*) pleurer dans le gilet de qqn | ***piangere tutte le proprie lacrime***, pleurer toutes les larmes de son corps | ***piangersi addosso***, pleurer sur son sort | ***da*** (***far***) ***piangere***, d'une façon lamentable: *parla un inglese da (far) piangere*, il parle l'anglais d'une façon lamentable | ***chi è causa del suo mal, pianga se stesso***, on n'a que ce qu'on mérite | ***fa piangere i sassi***, il y a de quoi faire pleurer les pierres | ***mi piange il cuore***, ça me fait mal au cœur | ***non avere più occhi per piangere***, ne plus avoir assez de ses yeux pour pleurer.
pianificare [pia-ni-fi-cà-re] ***v.tr.*** [coniug. come *mancare*] planifier.
pianificato [pia-ni-fi-cà-to] ***agg.*** planifié.
pianificatore [pia-ni-fi-ca-tó-re] ***agg.*** e ***n.m.*** [f. *-trice*] planificateur*.
pianificazione [pia-ni-fi-ca-zió-ne] ***n.f.*** planification.
● ***pianificazione familiare***, ***delle nascite***, planning familial, des naissances.
pianino [pia-nì-no] ***avv.*** tout doucement.
pianista [pia-nì-sta] ***n.m.*** e ***f.*** pianiste.
pianistico [pia-nì-sti-co] ***agg.*** [pl.m. *-ci*, f. *-che*] pianistique.
piano[1] [pià-no] ***agg.*** **1** plan; (*piatto*) plat: *una superficie piana*, une surface plane; *un terreno piano*, un terrain plat **2** (*fig.*) (*facile*) facile; (*semplice*) simple: *un percorso piano*, un parcours facile; *parlare con parole piane*, parler avec des mots (très) simples **3** (*gramm., fon.*) paroxyton: *parola piana*, mot paroxyton ♦ ***avv.*** **1** (*lentamente, con attenzione*) doucement | *pian piano*, *pian pianino*, tout doucement (*o* doucettement) **2** (*a voce bassa, senza far rumore*) bas: *parlare piano*, parler bas | *piano piano*, tout bas **3** (*mus.*) piano.
● (*prov.*) ***chi va piano, va sano e va lontano***, qui veut aller loin ménage sa monture | ***fa' piano***, doucement: *fa' piano, altrimenti lo svegli*, doucement, autrement tu le réveilleras | (*mat.*) ***geometria piana***, géométrie plane | (*sport*) ***i cento metri piani***, les cent mètres | ***Messa piana***, Messe basse | ***mettere in piano***, poser à plat | ***piatto piano***, assiette plate | ***vacci piano!***, vas-y doucement!
piano[2] ***n.m.*** **1** (*livello*) plan (*anche fig.*): *sul piano materiale, spirituale*, sur le plan matériel, spirituel **2** (*di un mobile*) dessus; (*superficie*) surface (*f.*): *il piano del tavolo*, le dessus (*o* la surface) de la table | *il piano della seggiola*, le plan de la chaise **3** (*edil.*) étage: *un edificio di quattro piani*, un immeuble de (*o* à) quatre étages; *autobus a due piani*, (*estens.*) autobus à deux étages; *una torta a tre piani*, (*estens.*) un gâteau à trois étages **4** (*pianura*) plaine (*f.*): *scendere al piano*, descendre dans la plaine **5** (*fot., cine., tv*) plan | *primo piano*, gros plan; *primissimo piano*, très gros plan; *piano americano*, plan américain.
● ***piano di caricamento***, plateau de chargement | ***piano di cottura***, plan de cuisson | ***piano di lavoro***, plan de travail | (*mat.*) ***piano inclinato***, plan incliné | ***piano mansardato***, étage mansardé | (*mat.*) ***piano orizzontale***, plan horizontal | ***piano rialzato***, rez-de-chaussée surélevé: *abitare al piano rialzato*, habiter un (*o* dans un) entresol | ***piano stradale***, niveau de la rue | ***piano terra***, rez-de-chaussée | (*aer.*) ***piani di coda***, plans de sustentation | ***al primo piano***, ***piano nobile***, au premier étage | ***di primo***, ***secondo piano***, (*fig.*) de premier, second plan: *un particolare di secondo piano*, un détail (*o* particulier) de second plan; *una figura, uno scrittore di primo piano*, un personnage, un écrivain de premier plan | ***essere sullo stesso piano***, (*fig.*) être sur le même plan | ***mettere in primo***, ***in secondo piano***, (*anche fig.*) mettre au premier, au second plan | ***passare in secondo piano***, (*fig.*) passer (*o* glisser) au second plan.
piano[3] ***n.m.*** (*progetto*) plan, projet: *piano a lunga scadenza*, plan, projet à long terme; *avere, fare dei piani per il futuro*, faire des projets pour l'avenir; *questo ha mandato a monte i miei piani*, cela a fait tomber mes projets à l'eau.
● ***piano di battaglia***, plan de bataille | ***piano di studi***, (*al-*

P

l'università) liste des cours à suivre, cursus universitaire | ***piano operativo***, plan d'action | ***piano regolatore***, plan d'urbanisme.

piano[4] ***n.m.*** abbr. di **pianoforte**.

pianoforte [pia-no-fòr-te] ***n.m.*** piano: *suonare il pianoforte*, jouer du piano.
● ***pianoforte a coda***, piano à queue | ***pianoforte a mezza coda***, piano demi-queue | ***pianoforte verticale***, piano droit.

pianola® [pia-nò-la] ***n.f.*** piano (*m.*) mécanique.

pianoro [pia-nò-ro] ***n.m.*** plateau*.

pianoterra [pia-no-tèr-ra] ***n.m.invar.*** rez-de-chaussée*.

piansi → **piangere**.

pianta [piàn-ta] ***n.f.*** **1** plante | *pianta da fiore, da frutto*, plante à fleurs, à fruits; *pianta grassa*, plante grasse; *pianta da appartamento, ornamentale*, plante d'appartement, ornementale; *piante sempreverdi, perenni*, plantes semper virens (*o* vivaces) | *una pianta di vite*, un pied de vigne | *vendere sulla pianta*, vendre sur pied **2** (*del piede*) plante | *scarpe a pianta larga*, chaussures à plante large **3** (*rappresentazione grafica; mappa*) plan (*m.*): *la pianta di un appartamento*, le plan d'un appartement; *rappresentare qlco in pianta*, faire le plan de qqch.
● ***inventare di sana pianta***, forger de toutes pièces | ***in pianta stabile***, fixe; (*fig. fam.*) en permanence: *impiegato in pianta stabile*, employé fixe; *è a casa mia in pianta stabile*, il est chez moi en permanence.

piantagione [pian-ta-gió-ne] ***n.f.*** plantation.

piantagrane [pian-ta-grà-ne] ***n.m.*** e ***f.invar.*** casse -pieds.

piantana [pian-tà-na] ***n.f.*** montant (*m.*).
● ***lampada a piantana***, lampadaire.

piantare [pian-tà-re] ***v.tr.*** **1** planter: *piantare un campo a vigna*, planter un champ en vignes | *piantare gli occhi addosso a qlcu*, fixer son regard sur qqn **2** (*fam.*) (*lasciare*) laisser tomber, plaquer, planter: *piantare tutto*, tout laisser tomber; *la fidanzata lo ha piantato*, sa fiancée l'a plaqué; *ho piantato lì tutto e sono uscito di casa*, j'ai tout planté et je suis sorti en courant; *piantare la famiglia*, planter sa famille ♦ **piantarsi** ***v.pron.*** se planter: *venire, andare a piantarsi davanti a qlcu*, venir, aller se planter (*o* se camper) devant qqn | *viene alle nove e si pianta qui fino a mezzanotte*, il arrive à neuf heures et il s'incruste jusqu'à minuit | *mi si è piantata una spina nel piede*, j'ai une épine dans le pied | *mi si è piantato il panino sullo stomaco*, le sandwich m'est resté sur l'estomac ♦ ***v.pron.rec.*** se quitter: *dopo un ennesimo bisticcio si sono piantati*, après l'énième dispute ils se sont quittés.
● ***piantare a mezzo*** (***qlco***), laisser en plan (qqch) | ***piantare in asso qlcu***, laisser tomber qqn | ***piantare le tende***, planter les tentes; (*fig.*) planter sa tente | ***la vuoi piantare?***, tu arrêtes? | ***piantala!***, (*fam.*) arrête! (*o* boucle-la!): *piantala di dire sciocchezze*, arrête tes bêtises.

piantato [pian-tà-to] ***agg.*** planté | *piantato a*, planté de.
● ***ben piantato***, (*fig.*) bien planté: *ragazzo ben piantato*, garçon bien planté.

piantatoio [pian-ta-tó-io] ***n.m.*** [pl. *-oi*] (*agr.*) plantoir.

piantatore [pian-ta-tó-re] ***n.m.*** [f. *-trice*] planteur*.

pianterreno [pian-ter-ré-no] ***n.m.*** rez-de-chaussée*.

piantina [pian-tì-na] ***n.f.*** (*di vivaio*) plant (*m.*).

piantito [pian-tì-to] ***n.m.*** (*pavimento*) sol.

pianto [piàn-to] ***n.m.*** **1** larmes (*f.pl.*): *col pianto negli occhi*, les larmes aux yeux; *sciogliersi in pianto*, fondre en larmes | *scoppiare in un pianto dirotto*, éclater en sanglots | *voce spezzata dal pianto*, voix entrecoupée de pleurs **2** (*dolore, lutto*) deuil | *è un pianto!*, c'est à en pleurer!
● ***avere il pianto nel cuore***, avoir le cœur gros.

piantonamento [pian-to-na-mén-to] ***n.m.*** surveillance (*f.*).

piantonare [pian-to-nà-re] ***v.tr.*** surveiller.

piantone[1] [pian-tó-ne] ***n.m.*** (*agr.*) → **talea**.

piantone[2] ***n.m.*** (*mil.*) planton.

pianura [pia-nù-ra] ***n.f.*** plaine | *in pianura*, dans la plaine.

piastra [pià-stra] ***n.f.*** **1** plaque | *piastra del ferro da stiro*, semelle du fer à repasser **2** (*moneta*) piastre.
● ***piastra di registrazione***, platine d'enregistrement | ***piastra di riscaldamento, elettrica***, plaque chauffante, électrique | (*cuc.*) ***alla piastra***, sur le grill: *panini alla piastra*, sandwiches chauds; *verdure alla piastra*, légumes grillés.

piastrella [pia-strèl-la] ***n.f.*** **1** carreau* (*m.*) | *pavimento a piastrelle*, carrelage **2** (*gioco*) palet (*m.*).

piastrellare [pia-strel-là-re] ***v.tr.*** carreler*.

piastrellista [pia-strel-lì-sta] ***n.m.*** e ***f.*** carreleur*.

piastrina [pia-strì-na] ***n.f.*** **1** plaque **2** (*biol.*) plaquette.
● ***piastrina di riconoscimento***, plaque d'identité.

piattaforma [piat-ta-fór-ma] ***n.f.*** **1** plate-forme*; (*di una montagna*) plateau* (*m.*) **2** (*inform.*) plate-forme*.
● (*geol.*) ***piattaforma continentale***, plateau continental | ***piattaforma di lancio***, plate-forme de lancement | (*ferr.*) ***piattaforma girevole***, plaque tournante | ***piattaforma rivendicativa***, (*fig.*) cahier de revendications | ***piattaforma stradale***, chaussée.

piattello [piat-tèl-lo] ***n.m.*** (*di candeliere*) bobèche (*f.*).
● (*sport*) ***tiro al piattello***, tir au pigeon (d'argile).

piattezza [piat-téz-za] ***n.f.*** **1** forme plate **2** (*fig.*) platitude.

piattina [piat-tì-na] ***n.f.*** (*elettr.*) câble (*m.*) bifilaire.

piattino [piat-tì-no] ***n.m.*** **1** petit plat, petite assiette (*f.*); (*da frutta*) assiette (*f.*) à dessert; (*di tazzina*) soucoupe (*f.*) **2** (*manicaretto*) bon petit plat.

piatto [piàt-to] ***agg.*** plat (*anche fig.*) ♦ ***n.m.*** **1** assiette (*f.*); (*di portata*) plat | *piatto fondo*, assiette creuse | *lavare i piatti*, faire la vaisselle **2** (*portata*) plat: *piatto del giorno*, plat du jour; *piatto pronto*, plat cuisiné; *primo piatto*, entrée; *secondo piatto*, plat de résistance **3** (*oggetto a forma di piatto*) plateau* | *piatto del giradischi*, plateau **4** (*pl.*) (*mus.*) cymbales **5** (*nei giochi d'azzardo*) (*posta*) poule (*f.*) **6** (*inform.*) plateau*.
● ***piatto forte***, plat de résistance; (*fig.*) clou | ***colpire di piatto***, frapper de plat | ***il piatto piange***, (*nei giochi d'azzardo*) le tapis brûle.

piattola [piàt-to-la] ***n.f.*** **1** morpion (*m.*) **2** (*fig.*) casse -pieds* (*m.* e *f.*) **3** (*region.*) (*scarafaggio*) blatte.

piazza [piàz-za] ***n.f.*** place: *la piazza maggiore*, la grande place; *in piazza*, sur la place; *in piazza della Repubblica*, place de la République.
● ***piazza d'armi***, place d'armes; (*fig.*) chambre énorme | (*comm.*): ***piazza commerciale***, place marchande; ***andamento della piazza***, évolution du marché | ***andare in piazza***, (*fig. scherz.*) (*diventare calvo*) se dégarnir, devenir chauve | ***autista di piazza***, chauffeur de taxi | ***essere in piazza***, (*fig. scherz.*) (*essere calvo*) avoir la boule à zéro | ***far piazza pulita***, faire place nette | ***mettere in piazza***, (*fig.*) raconter à tout le monde: *mettere in piazza i propri affari*, raconter ses affaires à tout le monde | ***rovinare la piazza a qlcu***, couper l'herbe sous le pied à qqn | ***scendere in piazza***, descendre dans la rue.

P

piazzaforte [piaz-za-fòr-te] *n.f.* [pl. *piazzeforti*] place forte; (*fig.*) forteresse.

piazzale [piaz-zà-le] *n.m.* place (*f.*); (*davanti a edificio*) esplanade (*f.*); (*davanti a chiesa*) parvis.

piazzamento [piaz-za-mén-to] *n.m.* (*sport*) classement.

piazzare [piaz-zà-re] *v.tr.* (*anche comm.*) placer* ♦ **piazzarsi** *v.pron.* 1 (*sport*) se classer; (*ippica, calcio*) se placer* 2 (*fam.*) (*piantarsi*) se planter.

piazzata [piaz-zà-ta] *n.f.* (*chiassata*) esclandre (*m.*).

piazzato [piaz-zà-to] *agg.* placé (*anche fig.*).

● ***ben piazzato***, (*robusto*) costaud | (*rugby*) ***calcio piazzato***, coup de pied placé.

piazzista [piaz-zì-sta] *n.m.* e *f.* placier/ère.

piazzola [piaz-zò-la] *n.f.* 1 (*sulla strada*) emplacement réservé, aire de stationnement 2 (*mil.*) (*per cannoni*) plate-forme*; (*per mitragliatrice*) emplacement (*m.*).

picaresco [pi-ca-ré-sco] *agg.* [pl.m. *-schi*, f. *-sche*] picaresque.

picca[1] [pìc-ca] *n.f.* [pl. *-che*] 1 pique 2 (*pl.*) (*alle carte*) pique (*m.sing.*).

● ***conta come il fante di picche***, (*fig.*) il n'a aucun poids | ***rispondere picche***, (*fig.*) refuser tout net.

picca[2] *n.f.* [pl. *-che*] (*dispetto*) dépit (*m.*).

piccante [pic-càn-te] *agg.* piquant (*anche fig.*) | *mangiare cibi piccanti, piccante*, manger épicé | *storiella piccante*, (*fig.*) histoire grivoise.

piccarsi [pic-càr-si] *v.pron.intr.* [coniug. come *mancare*] 1 s'obstiner, s'entêter 2 (*impermalirsi*) se piquer.

piccato [pic-cà-to] *agg.* piqué.

picchè [pic-chè] *n.m.invar.* (*tessuto di cotone*) piqué.

picchettaggio [pic-chet-tàg-gio] *n.m.* [pl. *-gi*] placement de piquets de grève.

picchettare [pic-chet-tà-re] *v.tr.* 1 piqueter* 2 (*durante uno sciopero*) placer* des piquets de grève (**dans**).

picchetto[1] [pic-chét-to] *n.m.* 1 piquet 2 (*di scioperanti*) piquet de grève.

● (*mil.*) ***ufficiale di picchetto***, officier de service.

picchetto[2] *n.m.* (*gioco di carte*) piquet.

picchiare [pic-chià-re] *v.tr.* (*percuotere*) battre*, frapper; (*battere*) frapper: *picchiare il pugno sul tavolo*, frapper du poing sur la table | *picchiare sodo*, cogner dur ♦ *v.intr.* [aus. *avere*] 1 frapper: *picchiare alla porta*, frapper à la porte | *ho picchiato col gomito contro il tavolo*, je me suis donné un coup de coude contre la table 2 (*aer.*) piquer ♦ **picchiarsi** *v.pron.rec.* se frapper, se battre*.

● (*tecn.*) ***picchiare in testa***, cogner.

FAUX AMI
Da non confondere con *piquer*, che significa *pungere, pizzicare*.

picchiata [pic-chià-ta] *n.f.* 1 coup (*m.*) 2 (*aer.*) piqué (*m.*).

picchiatello [pic-chia-tèl-lo] **picchiato** *agg.* e *n.m.* [f. *-a*] toqué, timbré.

picchiatore [pic-chia-tó-re] *n.m.* [f. *-trice*] 1 (*boxe*) cogneur 2 (*per motivi politici*) homme de main.

picchierellare [pic-chie-rel-là-re] *v.tr.* e *intr.* [aus. *avere*] tambouriner; (*spec. con la mano*) tapoter.

picchiettare [pic-chiet-tà-re] *v.tr.* e *intr.* [aus. *avere*] 1 tambouriner; (*con la mano*) tapoter 2 (*punteggiare*) piqueter*, moucheter* 3 (*mus.*) piquer.

picchiettio [pic-chiet-tì-o] *n.m.* [pl. *-ii*] tambourinement.

picchio [pìc-chio] *n.m.* (*zool.*) pic.

● ***picchio verde***, pivert.

picchiotto [pic-chiòt-to] *n.m.* *heurtoir.

piccineria [pic-ci-ne-rì-a] *n.f.* petitesse.

piccino [pic-cì-no] *agg.* petit (*anche fig.*): *i più piccini*, les tout petits | *farsi piccino piccino*, se faire tout petit ♦ *n.m.* [f. *-a*] enfant; (*cucciolo*) petit.

picciolo [pìc-cio-lo] *n.m.* (*bot.*) (*di foglia*) pétiole; (*di frutto*) queue (*f.*), pédoncule.

piccionaia [pic-cio-nà-ia] *n.f.* 1 pigeonnier (*m.*), colombier (*m.*) 2 (*soffitta*) pigeonnier (*m.*) 3 (*loggione*) poulailler* (*m.*).

● ***tirare sassi in piccionaia***, (*fig.*) provoquer la pagaille.

piccione [pic-ció-ne] *n.m.* pigeon | *piccione femmina*, pigeonne.

● ***piccione domestico***, pigeon ramier | ***tiro al piccione***, tir au pigeon | ***guarda i due piccioncini!***, (*fig. fam.*) regarde ces deux tourtereaux!

picco [pìc-co] *n.m.* [pl. *-chi*] 1 pic 2 (*mar.*) corne (*f.*).

● ***a picco***, à pic: *andare a picco*, couler à pic; (*fig.*) sombrer | (*mar.*) ***picco di carico***, mât de charge.

piccolezza [pic-co-léz-za] *n.f.* 1 petitesse, exiguïté 2 (*fig.*) (*meschinità*) petitesse 3 (*inezia*) bagatelle, petit rien (*m.*) | *perdersi in piccolezze*, se perdre dans les détails.

piccolo [pìc-co-lo] *agg.* 1 (*per le dimensioni*) petit: *un uomo piccolo* (*di statura*), un homme de petite taille; *un piccolo contributo*, une petite participation | *le piccole spese*, les menus frais 2 (*per l'età*) jeune: *ha due bambini piccoli*, il a deux jeunes enfants; *è troppo piccolo per capire*, il est trop jeune pour comprendre | *bambini piccoli*, enfants en bas âge: *con i bambini piccoli è difficile muoversi*, avec des enfants en bas âge se déplacer devient difficile 3 (*di poca importanza*) petit; léger*: *un piccolo difetto*, un léger (*o* petit) défaut 4 (*di breve durata*) petit: *una piccola pausa*, une petite pause 5 (*meschino*) étroit: *è un uomo piccolo di mente*, c'est un esprit étroit (*o* un petit esprit) ♦ *n.m.* [f. *-a*] (*bambino*) petit, enfant; (*cucciolo*) petit: *il piccolo si è addormentato*, le petit s'est endormi.

● ***piccolo piccolo***, tout petit: *un libretto piccolo piccolo*, un tout petit livre; *farsi piccolo piccolo*, se faire tout petit | ***a piccole dosi***, à petites doses: *le medicine vanno prese a piccole dosi*, les médicaments doivent être pris à petites doses | ***da piccolo***, quand il était petit: *da piccolo aveva i capelli biondi*, quand il était petit il avait les cheveux blonds | ***fare le ore piccole***, (*fig.*) rester debout jusqu'au petit matin | ***fin da piccolo***, dès son enfance | ***in piccolo***, en petit: *riproduzione in piccolo*, reproduction en miniature | ***nel mio piccolo***, toutes proportions gardées: *nel mio piccolo vivo bene*, toutes proportions gardées, je vis bien; *nel nostro piccolo cerchiamo di aiutarlo*, nous essayons de l'aider dans la mesure de nos moyens; *nel mio piccolo me ne intendo*, sans vouloir me vanter, je connais bien la question | ***piccolino***, ***piccolo mio***, mon petit (chéri) (*o* ma petite puce).

picconare [pic-co-nà-re] *v.tr.* piocher.

picconata [pic-co-nà-ta] *n.f.* coup (*m.*) de pioche.

piccone [pic-có-ne] *n.m.* pic, pioche (*f.*); (*da giardino*) pelle-pioche.

piccozza [pic-còz-za] *n.f.* (*da alpinista*) piolet (*m.*).

picnic [pic-nìc] *n.m.invar.* pique-nique* | *fare un picnic*, pique-niquer.

P

pidocchieria [pi-doc-chie-rì-a] ***n.f.*** **1** (*avarizia*) pingrerie **2** (*azione gretta*) mesquinerie.

pidocchio [pi-dòc-chio] ***n.m.*** [pl. *-chi*] **1** pou* **2** (*fig. pop.*) grippe-sou* **3** (*delle piante*) puceron.

pidocchioso [pi-doc-chió-so] ***agg.*** **1** pouilleux* **2** (*fig.*) pingre.

piè ***n.m.invar.*** (*letter.*) pied.

● ***a ogni piè sospinto***, à chaque instant | ***a piè (di) pagina***, au bas de la page | ***a piè fermo***, de pied ferme | ***saltare a piè pari***, sauter à pieds joints.

piede [piè-de] ***n.m.*** **1** pied: *piedi dolci, piatti*, pieds plats; *il collo del piede*, le cou-de-pied **2** (*parte bassa, sostegno*) pied: *i piedi del tavolo*, les pieds de la table **3** (*oggetto a forma di piede*) pied **4** (*unità di misura*) pied **5** (*metrica*) pied.

● (*tecn.*) ***piede di porco***, poid-de-biche | ***ai piedi***, au pied: *ai piedi della scala*, au bas de l'escalier; *gli cadde ai piedi*, il tomba à ses pieds | ***a piede***, (*di oggetto a stelo*) sur pied: *lampada a piede*, lampadaire | (*dir.*) ***a piede libero***, en liberté | ***a piedi***, à pied | ***essere legato mani e piedi***, avoir pieds et poings liés | ***fatto con i piedi***, mal fait | ***in piedi***, debout: *alzarsi in piedi*, se mettre debout; *è di nuovo in piedi*, (*dopo una malattia*) il est à nouveau sur pied; *mettere in piedi uno spettacolo*, mettre sur pied un spectacle; *cadere in piedi*, (*fig.*) retomber sur ses pieds | ***lavorare con i piedi***, travailler comme un pied | ***mettere piede in***, pénétrer dans (un lieu): *non ci ho messo mai piede*, je n'y ai jamais mis les pieds | ***mettere qlco sotto i piedi***, (*anche fig.*) (*calpestare*) fouler qqch aux pieds: *non si lascia mettere sotto i piedi*, il ne se laisse pas marcher sur les pieds | ***prendere piede***, (*fig.*) prendre pied, avoir du succès | ***stare, reggersi in piedi***, se tenir debout: *ragionamento che non sta in piedi*, (*fig.*) raisonnement qui ne tient pas debout; *discorso che non sta in piedi*, (*fig.*) des propos sans queue ni tête | ***stare tra i piedi a qlcu***, (*fam.*) être dans les pattes de qqn; (*dar fastidio*) casser les pieds à qqn | ***su(i) due piedi***, au pied levé | ***togliti dai piedi, levati dai piedi***, (*fam.*) fiche-moi le camp: *non starmi tra i piedi*, ôte-toi de là.

piedipiatti [pie-di-piàt-ti] ***n.m.*** e ***f.invar.*** (*gergo*) (*poliziotto*) flic/fliquette.

piedistallo [pie-di-stàl-lo] ***n.m.*** piédestal*.

piedritto [pie-drìt-to] ***n.m.*** (*arch.*) pied-droit*, piédroit.

piega [piè-ga] ***n.f.*** [pl. *-ghe*] **1** pli (*m.*): *tessuto che non prende la piega*, tissu infroissable | *piega falsa*, faux pli **2** (*fig. fam.*) (*andamento*) tournure: *vista la piega che hanno preso le cose*, vu la tournure des événements.

● ***gonna a pieghe***, jupe plissée | ***messa in piega***, mise en plis | ***non fare una piega***, (*fig.*) ne pas broncher: *ragionamento che non fa una piega*, raisonnement qui cadre parfaitement.

piegaciglia [pie-ga-cì-glia] ***n.m.invar.*** recourbe-cils.

piegamento [pie-ga-mén-to] ***n.m.*** **1** pliage **2** (*ginnastica*) flexion (*f.*).

piegare [pie-gà-re] ***v.tr.*** [coniug. come *legare*] **1** plier (*anche fig.*) **2** (*inclinare, abbassare*) baisser ♦ ***v.intr.*** [aus. *avere*] tourner ♦ **piegarsi** ***v.pron.*** **1** plier: *piegarsi sulle ginocchia*, plier ses genoux **2** (*fig.*) (*cedere*) se rendre*: *si spezza ma non si piega*, il ne cède pas un pouce de terrain.

● ***piegarsi (in due) dal ridere***, (*fam.*) se tordre (de rire).

piegatrice [pie-ga-trì-ce] ***n.f.*** (*tip.*) plieuse.

piegatura [pie-ga-tù-ra] ***n.f.*** **1** pliage (*m.*); (*di fogli stampati*) pliure **2** (*piega*) pli (*m.*).

pieghettare [pie-ghet-tà-re] ***v.tr.*** plisser.

pieghettato [pie-ghet-tà-to] ***agg.*** e ***n.m.*** plissé.

pieghettatura [pie-ghet-ta-tù-ra] ***n.f.*** plissage (*m.*); (*l'insieme delle pieghe*) plissure.

pieghevole [pie-ghé-vo-le] ***agg.*** **1** pliable; (*flessibile*) flexible **2** (*ripiegabile*) pliant **3** (*fig.*) souple ♦ ***n.m.*** (*stampato*) dépliant.

pielite [pi-e-li-te] ***n.f.*** (*med.*) pyélite.

piemontese [pie-mon-té-se] ***agg.*** piémontais ♦ ***n.m.*** e ***f.*** (*abitante*) Piémontais/e.

piena [piè-na] ***n.f.*** **1** crue **2** (*folla, ressa*) affluence, foule.

pienamente [pie-na-mén-te] ***avv.*** pleinement, tout à fait.

pienezza [pie-néz-za] ***n.f.*** plénitude; (*culmine*) comble (*m.*): *nella pienezza di*, dans la plénitude de.

pieno [piè-no] ***agg.*** plein: *pieno a metà*, à moitié plein; *giornata piena di lavoro*, journée chargée de travail; *una vita piena*, une vie bien remplie; *pieno di debiti*, criblé de dettes; *essere pieno di quattrini*, rouler sur l'or; *a notte piena*, en pleine nuit; *in pieno inverno, giorno*, en plein hiver, jour | *un viso pieno*, un visage rond | *a piena voce*, à gorge déployée ♦ ***n.m.*** **1** plein: *il pieno e il vuoto*, les pleins et les vides **2** (*fig.*) (*colmo*) cœur; (*pienezza*) plénitude (*f.*): *nel pieno dell'inverno*, au cœur de l'hiver; *nel pieno delle forze*, dans la plénitude de ses forces.

● ***a pieno***, (*completamente*): *l'ho compreso a pieno*, je l'ai parfaitement compris | ***essere pieno di sé***, être plein de soi-même | ***fare il pieno***, (*di benzina*) faire le plein (d'essence) | ***in pieno***, en plein; (*completamente*) entièrement, parfaitement | (*ricamo*) ***punto pieno***, plumetis.

pienone [pie-nó-ne] ***n.m.*** foule (*f.*): *c'era un pienone!*, la salle était pleine à craquer!; *fare il pienone*, (*a teatro*) jouer à bureaux fermés.

pienotto [pie-nòt-to] ***agg.*** (*di persona*) grassouillet*; (*di bambino*) potelé; (*di guance*) joufflu; (*di gambe, braccia ecc.*) dodu.

piercing ['pirsiŋg] ***n.m.invar.*** piercing.

pierre [pi'ɛrre] ***n.m.*** e ***f.invar.*** personne (*f.*) chargée des relations publiques: *è un pierre*, il est chargé des relations publiques (*o fam.* il est dans les relations publiques).

pietà [pie-tà] ***n.f.invar.*** **1** pitié: *ho pietà di lui*, j'ai pitié de lui; *mi fa pietà*, il me fait pitié; *chiedere, invocare pietà*, crier merci; *muovere qlcu a pietà*, apitoyer qqn | *per pietà!*, par pitié! **2** (*letter.*) (*devozione*) piété **3** (*arte*) Pietà.

● ***fare pietà***, (*fig.*) faire pitié: *spettacolo che fa, da far pietà*, spectacle minable; *in uno stato da fare pietà*, dans un état pitoyable; *ridotto da far pietà*, dans un état lamentable.

pietanza [pie-tàn-za] ***n.f.*** **1** (*seconda portata*) plat (*m.*) principal; (*fam.*) plat (*m.*) de résistance **2** (*vivanda*) plat (*m.*): *pietanza di pesce*, plat de poisson.

FAUX AMI
Da non confondere con *pitance*, che nel linguaggio familiare significa *sbobba*.

pietismo [pie-tì-ʃmo] ***n.m.*** piétisme.

pietistico [pie-tì-sti-co] ***agg.*** [pl.m. *-ci*, f. *-che*] (*spreg.*) de commisération affectée.

pietosamente [pie-to-sa-mén-te] ***avv.*** **1** (*misericordiosamente*) avec pitié **2** (*in modo da muovere a pietà*) pitoyablement, piteusement.

pietoso [pie-tó-so] ***agg.*** **1** (*misericordioso*) compatissant: *una pietosa bugia*, un pieux mensonge **2** (*miserevole*) pitoyable, piteux*: *il film era (veramente) pietoso*, le film était vraiment minable; *fare una figura pietosa*, (*fam.*) faire piètre figure.

pietra [piè-tra] ***n.f.*** pierre: *una cava di pietre*, une carrière de pierres; *un muro di pietra*, un mur de pierre; *posare la prima pietra*, (*anche fig.*) poser la première pierre. ● ***pietra da costruzione***, pierre à bâtir | ***pietra da mulino***, meule | (*edil.*) ***pietra di legatura***, parpaing | ***pietra dura, pietra preziosa***, pierre dure, pierre précieuse | (*archeol.*) ***pietra fitta***, menhir, pierre levée | ***pietra viva, da taglio***, pierre de taille | ***commuovere le pietre***, (*fig.*) faire pleurer les pierres | ***essere la pietra dello scandalo***, être l'objet du scandale | ***età della pietra***, âge de la pierre | ***lo sanno anche le pietre***, (*fig.*) c'est le secret de Polichinelle | ***mettere una pietra sopra qlco***, (*fig. fam.*) tirer le rideau sur qlch: *mettiamoci una pietra sopra*, n'en parlons plus | ***restare di pietra***, être pétrifié.

pietraia [pie-trà-ia] ***n.f.*** **1** (*cumulo di pietre*) amas (*m.*) de pierres **2** (*terreno pietroso*) terrain (*m.*) pierreux.

pietrame [pie-trà-me] ***n.m.*** pierraille (*f.*).

pietrificare [pie-tri-fi-cà-re] ***v.tr.*** [coniug. come *mancare*] pétrifier (*anche fig.*) ♦ **pietrificarsi** ***v.pron.*** se pétrifier; (*fig.*) rester pétrifié.

pietrificato [pie-tri-fi-cà-to] ***agg.*** pétrifié (*anche fig.*).

pietrificazione [pie-tri-fi-ca-zió-ne] ***n.f.*** pétrification.

pietrina [pie-trì-na] ***n.f.*** **1** pierrette **2** (*per accendino*) pierre à briquet.

pietrisco [pie-trì-sco] ***n.m.*** [pl. *-schi*] blocaille (*f.*).

pietroso [pie-tró-so] ***agg.*** pierreux*.

pietruzza [pie-trùz-za] ***n.f.*** pierrette.

pieve [piè-ve] ***n.f.*** (*chiesa*) église paroissiale; (*territorio*) paroisse.

piezoelettrico [pie-zo-e-lèt-tri-co] ***agg.*** [pl.m. *-ci*, f. *-che*] (*fis.*) piézo-électrique*.

pifferaio [pif-fe-rà-io] ***n.m.*** [f. *-a*; pl.m. *-ai*] (joueur de) fifre.

piffero [pìf-fe-ro] ***n.m.*** fifre.

pigiama [pi-già-ma] ***n.m.*** [pl. *-i* o *invar.*] pyjama.

pigia pigia [pì-gia] ***n.m.invar.*** bousculade (*f.*).

pigiare [pi-già-re] ***v.tr.*** [coniug. come *mangiare*] fouler; (*premere*) presser: *pigiare il tabacco nella pipa*, tasser le tabac dans la pipe; *pigiare (sul)l'acceleratore*, appuyer sur l'accélérateur ♦ **pigiarsi** ***v.pron.*** se presser, s'entasser.

pigiatura [pi-gia-tù-ra] ***n.f.*** foulage (*m.*): *la pigiatura dell'uva*, le foulage du raisin.

pigionante [pi-gio-nàn-te] ***n.m.*** e ***f.*** locataire.

pigione [pi-gió-ne] ***n.f.*** **1** (*locazione*) location **2** (*canone*) loyer (*m.*).
● ***a pigione***, en location: *stare a pigione presso qlcu*, être locataire chez qqn.

FAUX AMI
Da non confondere con *pigeon*, che significa *piccione*.

pigliare [pi-glià-re] ***v.tr.*** (*fam.*) → **prendere**.

piglio [pì-glio] ***n.m.*** [pl. *-gli*] air; (*atteggiamento*) attitude (*f.*); (*sguardo*) regard: *con piglio risoluto*, d'un air décidé; *prosa di piglio popolaresco*, prose d'esprit populaire.

pigmentare [pig-men-tà-re] ***v.tr.*** pigmenter ♦ **pigmentarsi** ***v.pron.*** se pigmenter.

pigmentazione [pig-men-ta-zió-ne] ***n.f.*** pigmentation.

pigmento [pig-mén-to] ***n.m.*** pigment.

pigmeo [pig-mè-o] ***agg.*** e ***n.m.*** [f. *-a*] pygmée.

pigna [pì-gna] ***n.f.*** **1** pomme de pin, pigne **2** (*arch.*) pignon (*m.*) **3** (*mecc.*) crépine **4** (*pila, cumulo*) pile.
● ***aver le pigne in testa***, (*fig.*) avoir une araignée au plafond.

pignatta [pi-gnàt-ta] ***n.f.*** pot (*m.*).

pignoleggiare [pi-gno-leg-già-re] ***v.intr.*** [coniug. come *mangiare*; aus. *avere*] faire* le tatillon.

pignoleria [pi-gno-le-rì-a] ***n.f.*** méticulosité.

pignolo [pi-gnò-lo] ***agg.*** e ***n.m.*** [f. *-a*] tatillon*, vétilleux*.

pignone[1] [pi-gnó-ne] ***n.m.*** (*argine*) épi.

pignone[2] ***n.m.*** (*mecc.*) pignon.

pignorabile [pi-gno-rà-bi-le] ***agg.*** (*dir.*) saisissable: *non pignorabile*, insaisissable.

pignoramento [pi-gno-ra-mén-to] ***n.m.*** (*dir.*) saisie (*f.*).
● ***pignoramento mobiliare***, saisie-mobilière | ***pignoramento presso terzi***, saisie-arrêt.

pignorare [pi-gno-rà-re] ***v.tr.*** (*dir.*) saisir.

pigolare [pi-go-là-re] ***v.intr.*** [aus. *avere*] pépier, piauler; piailler (*anche fig.*).

pigolio [pi-go-lì-o] ***n.m.*** [pl. *-ii*] pépiement; piaillement (*anche fig.*).

pigramente [pi-gra-mén-te] ***avv.*** paresseusement.

pigrizia [pi-grì-zia] ***n.f.*** paresse.

pigro [pì-gro] ***agg.*** [f. *-a*] **1** paresseux*; (*lento*) lent **2** (*inerte, ottuso*) engourdi, inerte ♦ ***n.m.*** paresseux*.
● (*med.*) ***intestino pigro***, estomac paresseux | (*econ.*) ***mercato pigro***, marché inactif.

pila[1] [pì-la] ***n.f.*** **1** (*insieme di oggetti sovrapposti*) pile **2** (*elettr.*) pile **3** (*lampadina tascabile*) lampe de poche **4** (*arch.*) (*pilastro*) pile.
● (*elettr.*): ***pila a secco***, pile sèche; ***pila atomica***, pile atomique, réacteur nucléaire.

pila[2] ***n.f.*** **1** bassin (*m.*); (*del lavandino*) évier (*m.*) **2** (*ind.*) cuve, pile.
● ***pila dell'acqua santa***, bénitier.

pilare [pi-là-re] ***v.tr.*** (*agr.*) blanchir (le riz).

pilastro [pi-là-stro] ***n.m.*** pilier (*anche fig.*); (*incassato*) pilastre; (*di ponte*) pile (*f.*).

pilatura [pi-la-tù-ra] ***n.f.*** (*agr.*) blanchiment (*m.*).

pile ['pail] ***n.m.invar.*** (*tess.*) laine (*f.*) polaire.

pilifero [pi-lì-fe-ro] ***agg.*** pileux*; (*bot.*) pilifère: *apparato pilifero*, système pileux.

pillola [pìl-lo-la] ***n.f.*** pilule: *ingoiare una pillola amara*, (*fig.*) avaler des couleuvres.
● (*med.*): ***pillola abortiva***, pilule abortive; ***pillola (anticoncezionale)***, pilule (contraceptive); ***pillola del giorno dopo***, pilule du lendemain | ***in pillole***, en pilules: *cultura in pillole*, culture en boîte; *farmaco in pillole*, médicament en pilules.

pilone [pi-ló-ne] ***n.m.*** **1** pylône **2** (*di ponte*) pile (*f.*) **3** (*rugby*) avant, pilier.

piloro [pi-lò-ro] ***n.m.*** (*anat.*) pylore.

pilota [pi-lò-ta] ***n.m.*** e ***f.*** pilote ♦ ***agg.invar.*** (*sempre dopo il nome*) pilote: *un progetto pilota*, un projet pilote.
● ***pilota collaudatore***, pilote d'essai | ***pilota spaziale***, astronaute | (*zool.*) ***pesce pilota***, pilote | ***primo, secondo pilota***, pilote, copilote.

pilotabile [pi-lo-tà-bi-le] ***agg.*** qui peut être piloté: *ae-*

P

reo pilotabile da terra, avion téléguidé; *assemblea pilotabile*, (*fig.*) assemblée influençable.

pilotaggio [pi-lo-tàg-gio] *n.m.* [pl. *-gi*] pilotage.

pilotare [pi-lo-tà-re] *v.tr.* piloter; (*fig.*) manipuler.

pilotato [pi-lo-tà-to] *agg.* piloté.
● (*med.*) ***parto pilotato***, accouchement dirigé.

pilotina [pi-lo-tì-na] *n.f.* bateau-pilote* (*m.*).

piluccare [pi-luc-cà-re] *v.tr.* [coniug. come *mancare*] picoter, picorer; (*fig.*) grignoter.

pimento [pi-mén-to] *n.m.* (*cuc.*) piment.

pimpante [pim-pàn-te] *agg.* (*fam.*) pimpant: *è tutto pimpante*, il pétille de verve.

pin, **PIN** *n.m.invar.* (*sigla di* Personal identification number) code secret.

pinacoteca [pi-na-co-tè-ca] *n.f.* [pl. *-che*] pinacothèque.

pinco [pìn-co] *n.m.* [pl. *-chi*] (*fam.*).
● ***Pinco Pallino***, (Monsieur) tartempion.

pindarico [pin-dà-ri-co] *agg.* [pl.m. *-ci*, f. *-che*] pindarique.
● ***volo pindarico***, envolée lyrique.

pineta [pi-né-ta] *n.f.* pinède.

ping-pong [piŋg'pɔŋg] *n.m.invar.* ping-pong.

pingue [pìn-gue] *agg.* **1** gras*: *una donna pingue*, une femme replète **2** (*ricco*) gros*.

pinguedine [pin-guè-di-ne] *n.f.* embonpoint (*m.*).

pinguino [pin-guì-no] *n.m.* pingouin.

pinna[1] [pìn-na] *n.f.* **1** (*di pesce*) nageoire **2** (*per il nuoto*) palme **3** (*mar.*) aileron (*m.*).
● (*mar.*) ***pinna stabilizzatrice***, stabilisateur de roulis.

pinna[2] *n.f.* (*mollusco*) pinne.

pinnacolo [pin-nà-co-lo] *n.m.* **1** pinacle **2** (*geogr.*) aiguille (*f.*).

pino [pì-no] *n.m.* **1** (*bot.*) pin **2** (*geol.*) (*di vulcano*) champignon.
● (*bot.*) ***pino a ombrello***, pin parasol | (*geol.*) ***pino atomico***, champignon atomique | (*bot.*): ***pino marittimo***, pin maritime; ***pino silvestre***, pin sylvestre.

pinocchietto [pi-noc-chièt-to] *n.m.* (*spec. pl.*) (*abbigl.*) pantacourt.

pinolo [pi-nò-lo] *n.m.* (*bot.*) pignon.

pinta [pìn-ta] *n.f.* pinte.

pinza [pìn-za] *n.f.* (*spec. pl.*) pince(s).
● ***prendere con le pinze***, (*fig.*) prendre avec des pincettes.

pinzare [pin-zà-re] *v.tr.* agrafer; (*con pinze*) pincer*.

pinzatrice [pin-za-trì-ce] *n.f.* agrafeuse.

pinzetta [pin-zét-ta] *n.f.* pince, pincette: *pinzetta per le sopracciglia*, pince à épiler.

pinzimonio [pin-zi-mò-nio] *n.m.* [pl. *-ni*] (*cuc.*) vinaigrette (*f.*) (dans laquelle on trempe des légumes crus).

pio [pì-o] *agg.* **1** pieux*; (*caritatevole*) charitable: *è una pia illusione*, (*scherz.*) c'est une douce illusion | *i luoghi pii*, les lieux saints | *le Pie Donne*, les Saintes Femmes **2** (*benefico*) charitable, de charité | *opere pie*, œuvres pies.

pioggia [piòg-gia] *n.f.* [pl. *-ge*] pluie: *pioggia dirotta*, pluie battante; *pioggia torrenziale*, pluie diluvienne; *è tempo da pioggia*, *minaccia pioggia*, le temps est à la pluie.
● ***irrigazione a pioggia***, irrigation par aspersion.

piolo [pi-ò-lo] *n.m.* **1** pieu*, piquet **2** (*di attaccapanni*) patère (*f.*) **3** (*di scala*) barreau*.

piombaggine [piom-bàg-gi-ne] *n.f.* **1** (*min.*) plombagine **2** (*bot.*) dentelaire.

piombare[1] [piom-bà-re] *v.intr.* [aus. *essere*] **1** tomber **2** (*avventarsi*) tomber, fondre*: *piombare addosso a qlcu*, tomber, fondre sur qqn **3** (*giungere inatteso*) arriver à l'improviste.

piombare[2] *v.tr.* plomber.

piombatura [piom-ba-tù-ra] *n.f.* plombage (*m.*).

piombifero [piom-bì-fe-ro] *agg.* plombifère.

piombino [piom-bì-no] *n.m.* plomb.

piombo [pióm-bo] *n.m.* **1** plomb: *pesante come il piombo*, lourd comme du plomb | *color piombo*, couleur de plomb **2** (*proiettile*) balle (*f.*).
● ***essere a piombo***, être d'aplomb | ***filo a piombo***, fil à plomb | ***con i piedi di piombo***, prudemment.

pioniere [pi-o-niè-re] *n.m.* [f. *-a*] pionnier*.

pionierismo [pi-o-nie-rì-ʃmo] *n.m.* **1** activité (*f.*) de pionnier **2** (*fig.*) esprit aventureux.

pionieristico [pi-o-nie-rì-sti-co] *agg.* [pl.m. *-ci*, f. *-che*] de pionnier.

pio pio [pì-o] *onom.* piou piou.

pioppaia [piop-pà-ia] *n.f.* **pioppeto** *n.m.* peupleraie (*f.*).

pioppicoltura [piop-pi-col-tù-ra] *n.f.* culture du peuplier.

pioppo [piòp-po] *n.m.* peuplier.

piorrea [pi-or-rè-a] *n.f.* (*med.*) pyorrhée.

piota [piò-ta] *n.f.* (*zolla*) gazon (*m.*); (*pane di terra*) motte.

piovano [pio-và-no] *agg.*
● ***acqua piovana***, eau de pluie.

piovasco [pio-và-sco] *n.m.* [pl. *-schi*] ondée (*f.*).

piovere [piò-ve-re] *v.intr.impers.* [p.rem. *piovve*; p.p. *piovuto*; aus. *essere* o *avere*] pleuvoir* (*anche fig.*): *piove*, *sta piovendo*, il pleut; *è piovuto*, *ha piovuto*, il a plu; *vuole piovere*, le temps est à la pluie; *accenna a piovere*, la pluie menace; *sembra voglia piovere*, on dirait qu'il va pleuvoir | *piove una pioggia fine*, il tombe une pluie fine ♦ *v.intr.* [aus. essere] pleuvoir* (*anche fig.*): *gli piovono inviti da ogni parte*, on l'invite de tous les côtés; *piovono sassi*, il pleut des pierres; *gli piovono addosso molte disgrazie*, de nombreux malheurs s'abattent sur lui.
● ***piovere in casa di qlcu***, (*fig.*) (*arrivare all'improvviso*) débarquer chez qqn à l'improviste | ***piove che Dio la manda***, il pleut des cordes | ***piove sempre sul bagnato***, (*fig.*) on ne prête qu'aux riches | ***su questo non ci piove!***, (*fam.*) là-dessus il n'y a aucun doute.

piovigginare [pio-vig-gi-nà-re] *v.intr.impers.* [aus. *essere* o *avere*] pleuviner, pleuvasser.

piovigginoso [pio-vig-gi-nó-so] *agg.* pluvieux*.

piovosità [pio-vo-si-tà] *n.f.invar.* pluviosité.

piovoso [pio-vó-so] *agg.* pluvieux*.

piovra [piò-vra] *n.f.* **1** (*zool.*) pieuvre **2** (*mafia*) mafia.

piovve → **piovere**.

pipa [pì-pa] *n.f.* pipe.

pipata [pi-pà-ta] *n.f.* **1** bouffée: *dare una pipata*, tirer une bouffée; *fare una pipata*, fumer une pipe **2** (*quantità di tabacco*) pipa.

piperita [pi-pe-rì-ta] *agg.f.*
● ***menta piperita***, menthe poivrée.

pipetta [pi-pét-ta] *n.f.* (*chim.*) pipette.

pipì [pi-pì] *n.f.invar.* pipi (*m.*): *fare* (*la*) *pipì*, faire pipi; *mi scappa la pipì*, j'ai envie de faire pipi.

pipistrello [pi-pi-strèl-lo] *n.m.* **1** (*zool.*) chauve-souris* (*f.*) **2** (*abbigl.*) macfarlane.

pipita [pi-pì-ta] *n.f.* **1** (*vet.*) pépie **2** (*delle unghie*) envie.

pira [pì-ra] *n.f.* bûcher (*m.*).

FAUX AMI
Da non confondere con l'aggettivo *pire*, che significa *peggiore, peggio.*

piracanta [pi-ra-càn-ta] *n.f.* (*bot.*) pyracanthe.

piramidale [pi-ra-mi-dà-le] *agg.* pyramidal* (*anche fig.*).

piramide [pi-rà-mi-de] *n.f.* pyramide: *a piramide*, en pyramide.

pirandelliano [pi-ran-del-lià-no] *agg.* pirandellien: *una situazione pirandelliana*, (*fig.*) une situation à la Pirandello.

piranha [pi'raɲa] *n.m.invar.* (*zool.*) piranha.

pirata [pi-rà-ta] *n.m.* e *f.* pirate (*anche fig.*) ♦ *agg.invar.* pirate.
● ***pirata dell'aria***, pirate de l'air | ***pirata della strada***, chauffard | ***pirata informatico***, pirate informatique | ***auto pirata***, voiture pirate | ***radio pirata***, station de radio pirate.

piratare [pi-ra-tà-re] *v.tr.* (*inform.*) pirater.

piratàto [pi-ra-tà-to] *agg.* (*inform.*) piraté: *un* CD *piratato*, un cd piraté.

pirateria [pi-ra-te-rì-a] *n.f.* piraterie (*anche fig.*): *pirateria aerea*, piraterie aérienne; *pirateria informatica*, piratage, piraterie informatique.

piratesco [pi-ra-té-sco] *agg.* [pl.m. *-schi*, f. *-sche*] de pirate (*anche fig.*).

pirenaico [pi-re-nài-co] *agg.* [pl.m. *-ci*, f. *-che*] pyrénéen*.

pirico [pì-ri-co] *agg.* [pl.m. *-ci*, f. *-che*] pyrique.
● ***polvere pirica***, poudre (à feu).

pirite [pi-rì-te] *n.f.* pyrite.

pirla [pìr-la] *n.m.* (*volg.*) **1** (*sciocco*) con* **2** (*pene*) queue (*f.*), bitte (*f.*).

piro- *pref.* pyro-.

piroetta [pi-ro-ét-ta] *n.f.* pirouette.

piroettare [pi-ro-et-tà-re] *v.intr.* [aus. *avere*] pirouetter.

pirofila [pi-rò-fi-la] *n.f.* plat (*m.*) en pyrex, pyrex (*m.*).

pirofilo [pi-rò-fi-lo] *agg.* résistant au feu.

piroga [pi-rò-ga] *n.f.* [pl. *-ghe*] pirogue.

pirografia [pi-ro-gra-fì-a] *n.f.* pyrogravure.

piroincisione [pi-ro-in-ci-ʃió-ne] *n.f.* pyrogravure.

pirolino [pi-ro-lì-no] *n.m.* (*fam.*) (*piccolo oggetto imprecisato*) bidule.

pirolisi [pi-ro-lì-ʃi] *n.f.invar.* (*chim.*) pyrolyse.

piromane [pi-rò-ma-ne] *n.m.* e *f.* pyromane.

piromania [pi-ro-ma-nì-a] *n.f.* pyromanie.

piroscafo [pi-rò-sca-fo] *n.m.* paquebot (à vapeur); (*da carico*) cargo.

pirotecnica [pi-ro-tèc-ni-ca] *n.f.* [pl. *-che*] pyrotechnie.

pirotecnico [pi-ro-tèc-ni-co] *agg.* [pl.m. *-ci*, f. *-che*] pyrotechnique ♦ *n.m.* [f. *-a*] pyrotechnicien*.
● ***spettacolo pirotecnico***, feux d'artifice.

pisano [pi-sà-no] *agg.* pisan ♦ *n.m.* [f. *-a*] (*abitante*) Pisan.

piscatorio [pi-sca-tò-rio] *agg.* [pl.m. *-ri*].
● (*eccl.*) ***anello piscatorio***, anneau du pêcheur.

piscia [pì-scia] *n.f.* [pl. *-sce*] (*volg.*) pisse; (*di animali*) pissat (*m.*).

pisciare [pi-scià-re] *v.intr.* [coniug. come *cominciare*; aus. *avere*] (*volg.*) pisser.
● ***pisciarsi sotto***, (*fig.*) (*dalla paura*) faire dans sa culotte.

pisciatoio [pi-scia-tó-io] *n.m.* [pl. *-oi*] (*molto fam.*) pissotière (*f.*).

piscicoltura [pi-sci-col-tù-ra] *n.f.* pisciculture.

piscina [pi-scì-na] *n.f.* **1** piscine **2** (*peschiera*) vivier (*m.*).
● ***piscina coperta***, ***scoperta***, piscine couverte, en plein air | ***piscina olimpionica***, piscine olympique.

pisello [pi-sèl-lo *o* piʃèllo] *n.m.* **1** (*pianta*) pois; (*seme*) petit pois **2** (*fam.*) (*pene*) zizi.
● (*bot.*) ***pisello odoroso***, pois de senteur | (***verde***) ***pisello***, (*colore*) vert tendre.

pisolare [pi-ʃo-là-re] *v.intr.* [aus. *avere*] (*fam.*) sommeiller.

pisolino [pi-ʃo-lì-no] **pisolo** *n.m.* (*fam.*) petit somme.

pisside [pis-si-de] *n.f.* pyxide.

pista [pì-sta] *n.f.* piste | *pista!*, place!
● ***pista da ballo***, piste de danse | (*inform.*) ***pista di lettura***, piste de lecture | ***pista di pattinaggio***, ***da sci***, patinoire, piste de ski | ***pista di volo***, piste d'envol | ***essere sulle piste di qlcu***, être sur la piste de qqn.

pistacchio [pi-stàc-chio] *n.m.* [pl. *-chi*] (*pianta*) pistachier; (*frutto*) pistache (*f.*).
● (***verde***) ***pistacchio***, (*colore*) vert pistache.

pistillo [pi-stìl-lo] *n.m.* (*bot.*) pistil.

pistola [pì-sto-la] *n.f.* pistolet (*m.*).
● ***pistola a rotazione***, ***a tamburo***, revolver | ***pistola a spruzzo***, pistolet à peinture.

pistolero [pi-sto-lè-ro] *n.m.* [f. *-a*] pistolero.

pistolettata [pi-sto-let-tà-ta] *n.f.* coup (*m.*) de pistolet.

pistolotto [pi-sto-lòt-to] *n.m.* (*scherz.*) (*discorso enfatico*) sermon | *pistolotto finale*, péroraison.

pistone [pi-stó-ne] *n.m.* piston.

pitagorico [pi-ta-gò-ri-co] *agg.* [pl.m. *-ci*, f. *-che*] (*di Pitagora*) pythagorique; (*del pitagorismo*) pythagoricien*.
● (*mat.*) ***tavola pitagorica***, table de multiplication.

pitale [pi-tà-le] *n.m.* pot de chambre; (*fam.*) jules.

pitecantropo [pi-te-càn-tro-po] *n.m.* pithécanthrope.

pitoccheria [pi-toc-che-rì-a] *n.f.* (*spreg.*) avarice, lésinerie.

pitocco [pi-tòc-co] *n.m.* [f. *-a*; pl.m. *-chi*, f. *-che*] (*spreg.*) radin.

pitone [pi-tó-ne] *n.m.* **1** (*zool.*) python **2** (*pelle*) peau* de serpent.

FAUX AMI
Da non confondere con *piton*, che significa *chiodo a occhiello, picco di montagna.*

pitonessa [pi-to-nés-sa] *n.f.* pythonisse.

pittima [pìt-ti-ma] *n.f.* (*persona noiosa*) emplâtre (*m.*); (*piagnucolosa*) geignard (*m.*).

pittografico [pit-to-grà-fi-co] *agg.* [pl.m. *-ci*, f. *-che*] pictographique.

P

pittogramma [pit-to-gràm-ma] ***n.m.*** pictogramme.

pittore [pit-tó-re] ***n.m.*** [f. *-trice*] **1** peintre: *pittore dilettante*, peintre du dimanche; *pittore di maniera*, peintre de genre **2** (*imbianchino*) peintre en bâtiment.

pittoresco [pit-to-ré-sco] ***agg.*** [pl.m. *-schi*, f. *-sche*] pittoresque.

pittorico [pit-tò-ri-co] ***agg.*** [pl.m. *-ci*, f. *-che*] pictural*.

pittura [pit-tù-ra] ***n.f.*** **1** peinture (*anche fig.*): *pittura fresca*, peinture fraîche **2** (*dipinto*) tableau* (*m.*) (*anche fig.*).

pitturare [pit-tu-rà-re] ***v.tr.*** peindre* ♦ **pitturarsi** ***v.pron.*** se maquiller, se farder.

pituita [pi-tu-ì-ta] ***n.f.*** (*med.*) pituite.

più ***avv.*** e ***agg.invar.*** **1** (*nei compar. di maggioranza*) (*in unione con agg., avv. o v.*) plus (**que**); (*unito a n.*) plus (**de**): *è più generoso di te*, il est plus généreux que toi; *è più furbo che intelligente*, il est plus rusé qu'intelligent; *hanno più amici che nemici*, ils ont plus d'amis que d'ennemis; *non potevo fare più di così*, je ne pouvais pas faire plus que cela; *oggi ho più sonno, più fame di ieri*, aujourd'hui j'ai plus sommeil, plus faim qu'hier | *a più voci*, à plusieurs voix | *più piccolo di così non si può*, il est difficile d'être plus petit **2** (*in espressioni ellittiche, sottintendendo* denaro, tempo ecc.) plus: *non avresti potuto guadagnare più di così*, tu n'aurais pas pu gagner davantage; *due ore o* (*anche*) *più*, deux heures ou (même) plus **3** (*nel superl.rel. di maggioranza*) le* plus; (*unito a n.*) le* plus (**de**): *il libro più interessante che io abbia letto*, le livre le plus intéressant que j'aie lu; *ciò che più importa*, ce qui importe le plus; *porta più amici che puoi*, amène le plus d'amis possible **4** (*parecchi, parecchie*) plusieurs: *ci resterò più giorni*, j'y resterai plusieurs jours **5** (*mat.*) plus: *nove più tre è uguale a, fa dodici*, neuf plus trois égale douze; *quattro chili più due etti*, quatre kilos et deux cents grammes; *oggi la temperatura è più tre* (+3 °C), aujourd'hui il fait plus trois ♦ ***n.m.invar.*** **1** (*la maggior parte*) la plupart (*f.*): *il più delle volte*, la plupart du temps; *il più è fatto*, le plus gros est fait; *il più è incominciare*, le plus difficile est de commencer **2** (*mat.*) *il* (*segno del*) *più*, le signe plus **3** (*pl.*) (*la maggioranza*) la majorité (*f.sing.*) | *è passato nel numero dei più*, (*è morto*) il est mort ♦ ***prep.*** plus: *c'erano tutti i parenti più qualche amico*, tous ses parents étaient là, plus quelques amis.

● ***più che***, (*premesso ad agg. o avv. come superl. assoluto*) plus que; (*piuttosto*) plutôt: *sei stato più che corretto*, tu as été plus que correct; *più che mai*, plus que jamais; *non mi è piaciuto più che tanto*, je n'ai pas trop aimé; *più che intelligente è furbo*, il n'est pas vraiment intelligent, plutôt rusé; *le sue parole più che irritarmi mi addolorano*, plutôt qu'elles ne m'irritent, ses paroles me chagrinent | ***più di***, (*spec. seguito da numerale*) plus de: *l'ho pagato più di duemila euro*, je l'ai payé plus de deux mille euros; *tra non più di due mesi*, d'ici à deux mois | ***più... meno...***, (*correlativo*) plus... moins... | ***più o meno***, plus ou moins | ***al più***, ***tutt'al più***, tout au plus | ***chi più chi meno***, plus ou moins: *eravamo tutti stanchi, chi più chi meno*, nous étions tous plus ou moins fatigués | ***in più***, en plus, de plus; (*inoltre*) en plus; en outre: *ci sono cento euro in più*, il y a cent euros en plus; *il tuo albergo costa venti euro in più del mio*, ton hotel coute vingt euros de plus que le mien; *c'è una differenza in più di un chilo*, il y a un excédent d'un kilo; *in più del prezzo stabilito*, en sus du prix fixé | (***ma***) ***niente più***, sans plus: *è un buon impiegato ma niente più*, c'est un bon employé, sans plus | ***molto più***, beaucoup plus, bien plus | ***non*** (...) ***più***: *non l'ho più incontrato*, je ne l'ai plus rencontré; *cerca di non farlo più*, tâche de ne plus le faire; *un uomo non più giovane*, un homme qui n'est plus jeune; *non è più*, (*è morto*) il n'est plus | ***per lo più*** → perlopiù | ***poco più poco meno***, plus ou moins; (*circa*) environ: *saranno poco più poco meno le tre*, il doit être plus ou moins, à peu près trois heures; *deve aver pagato duecento euro, dieci euro più dieci euro meno*, il doit l'avoir payé deux cents euros, à dix euros près | ***né più né meno***, ni plus ni moins: *si è comportato né più né meno come uno sciocco*, il s'est conduit comme un idiot, ni plus ni moins | ***uno più uno meno***, un de plus un de moins: *uno più uno meno fa lo stesso*, un de plus un de moins, c'est la même chose; *resteremo a Parigi 15 giorni, uno più uno meno*, nous resterons à Paris 15 jours à peu près | ***giorno più giorno meno***, à un jour près | (***quanto***) ***più...***, (***tanto***) ***meno...***, plus..., moins... | (***quanto***) ***più...***, (***tanto***) ***più...***, (*correlativo*) plus..., plus...: (*quanto*) *più si studia*, (*tanto*) *più si impara*, plus on étudie, plus on apprend; *sarai tanto più benvoluto quanto più sarai generoso*, tu seras d'autant plus aimé que tu seras généreux | ***tanto più***, ***ancor più***, (*a maggior ragione*): *se quel libro ti è piaciuto, tanto più, ancor più apprezzerai questo*, si ce livre-là t'a plu, tu apprécieras encore davantage celui-ci | ***tanto più che***, d'autant plus que.

□ **di più** ***avv.*** davantage, de plus; (*con valore superl.*) le* plus; (*in maggior numero*) plus nombreux: *devi studiare* (*molto*) *di più*, tu dois travailler (bien) davantage; *che dire di più?*, que dire de plus?; *per non dire di più*, pour ne pas dire davantage; *ciò che mi importa di più*, ce qui importe le plus; *oggi gli assenti sono ancora di più*, aujourd'hui les absents sont encore plus nombreux; *un po' di più*, un peu plus; *non di più*, pas plus, pas davantage; *questo ragazzo potrebbe fare di più*, (*a scuola*) ce garçon pourrait mieux faire; *mi aspettavo di più* (*da te, da lui*), je m'attendais à plus (de te part, de sa part); *ci sono cento euro, cento grammi di più*, il y a cent euros, cent grammes en plus | *per di più*, (*inoltre*) en outre | *niente di più*, rien de plus | *ancora di più*, encore plus | *credersi di più* (*di qlcu*), se croire supérieur (à qqn) | *il di più*, (*ciò che avanza*) ce qui reste; (*il superfluo*) le superflu | *non fare il di più*, n'es fais pas plus!

NOTA Nelle comparazioni ***più di*** si traduce ***plus que***:

> *Ha* ***più*** *amici* ***di*** *te.*
> Il a **plus** d'amis **que** toi.
> *Viaggia* ***più*** *spesso* ***dei*** *suoi genitori.*
> Il voyage **plus** souvent **que** ses parents.

Quando il secondo termine di paragone è costituito da una proposizione introdotta da ***di quanto*** il verbo è sempre all'indicativo preceduto da *ne* espletivo:

> *Mi occorre* ***più*** *denaro* ***di quanto*** *pensassi.*
> Il me faut **plus** d'argent **que** je **ne pensais**.
> *È molto* ***più di quanto*** *volessi.*
> C'est beaucoup **plus que** je **ne voulais**.

Si usa ***plus que*** davanti a un comparativo seguito da un numerale:

> *Venti euro fanno più di venti dollari.*
> Vingt euros font **plus que** vingt dollars.

Nelle frasi in cui ***plus*** ha valore di avverbio di negazione, non si mette *pas*; ***ne plus*** precede l'infinito:

> ***Non*** *ho* ***più*** *voglia di farlo.*
> Je **n'ai plus** envie de le faire.
> *Ti chiedo di* ***non*** *parlare* ***più***.
> Je te demande de **ne plus** parler.

piuccheperfetto [piuc-che-per-fèt-to] ***n.m.*** (*gramm.*) plus-que-parfait.

piuma [più-ma] ***n.f.*** plume; (*piumaggio*) plumage (*m.*): *cappello con la piuma, le piume*, chapeau à plume(s).

piumaggio [piu-màg-gio] ***n.m.*** [pl. *-gi*] plumage.

piumato [piu-mà-to] ***agg.*** empanaché, couvert de plumes.

piumino [piu-mì-no] ***n.m.*** **1** (*di uccelli*) duvet **2** (*copriletto, copripiedi*) édredon **3** (*per la cipria*) *houppette (*f.*) **4** (*indumento imbottito di piume*) anorak, parka; (*fam.*) domdoune (*f.*) **5** (*per spolverare*) plumeau*.

piumone [piu-mó-ne] ***n.m.*** **1** (*coperta*) couette (*f.*) **2** (*giaccone*) doudoune (*f.*).

piuttosto [piut-tò-sto] ***avv.*** **1** plutôt: *oggi non posso, piuttosto verrò domani*, aujourd'hui je ne peux pas, je viendrai plutôt demain; *me ne vado, piuttosto*, j'aime mieux m'en aller **2** (*alquanto*) assez, plutôt: *è piuttosto brutto*, il est plutôt, assez laid.
● ***piuttosto che, di***, plutôt que: *piuttosto che stare in casa andrò al cinema*, je préfère aller au cinéma plutôt que (de) rester à la maison; *preferisco che tu venga con noi piuttosto che tu resti a casa*, je préfère que tu viennes avec nous plutôt que (de) te voir rester à la maison | ***o piuttosto***, ou plutôt.

piva [pì-va] ***n.f.*** (*mus.*) cornemuse | *avere la piva*, (*fam.*) avoir le cafard.
● ***tornare con le pive nel sacco***, revenir bredouille.

pivello [pi-vèl-lo] ***n.m.*** [f. *-a*] (*fam.*) blanc-bec*; (*gergo mil.*) bleu*.

piviale [pi-vià-le] ***n.m.*** (*eccl.*) chape (*f.*).

piviere [pi-viè-re] ***n.m.*** (*zool.*) pluvier.

pixel [pì-xel] ***n.m.*** (*inform.*) pixel, point.

pizza [pìz-za] ***n.f.*** **1** (*cuc.*) pizza **2** (*cine.*) boîte à film.

pizzardone [piz-zar-dó-ne] ***n.m.*** (*region.*) (*vigile*) flic.

pizzeria [piz-ze-rì-a] ***n.f.*** pizzeria.

pizzicagnolo [piz-zi-cà-gno-lo] ***n.m.*** [f. *-a*] (*region.*) charcutier*.

pizzicare [piz-zi-cà-re] ***v.tr.*** [coniug. come *mancare*] **1** pincer* (*anche fig.*) **2** (*di insetti; di sostanze piccanti ecc.*) piquer ♦ ***v.intr.*** [aus. *avere*] (*prudere*) démanger*; (*pungere*) piquer: *mi sento tutto pizzicare*, ça me démange partout ♦ **pizzicarsi** ***v.pron.*** **1** se pincer* **2** (*fig.*) se taquiner.

pizzicato [piz-zi-cà-to] ***n.m.*** (*mus.*) pizzicato.

pizzico [pìz-zi-co] ***n.m.*** [pl. *-chi*] **1** pincée (*f.*); (*fig.*) grain **2** (*pizzicotto*) pinçon **3** (*fam.*) (*di insetto*) piqûre (*f.*).

pizzicore [piz-zi-có-re] ***n.m.*** démangeaison (*f.*).

pizzicotto [piz-zi-còt-to] ***n.m.*** pincement, pinçon: *dare un pizzicotto*, pincer.

pizzo [pìz-zo] ***n.m.*** **1** (*trina*) dentelle (*f.*) **2** (*barba*) bouc **3** (*di montagna*) pic **4** (*gergo*) (*estorsione*) extorsion (*f.*); (*somma richiesta*) somme (*f.*) exigée (par les racketeurs).

placabile [pla-cà-bi-le] ***agg.*** qui peut être apaisé.

placare [pla-cà-re] ***v.tr.*** [coniug. come *mancare*] apaiser, calmer ♦ **placarsi** ***v.pron.*** s'apaiser, se calmer.

FAUX AMI
Da non confondere con *plaquer*, che significa *applicare, placcare*.

placca [plàc-ca] ***n.f.*** [pl. *-che*] **1** plaque **2** (*alpinismo*) dalle.
● (*med.*) ***placca dentaria***, plaque dentaire.

placcaggio [plac-càg-gio] ***n.m.*** [pl. *-gi*] (*rugby*) placage.

placcare [plac-cà-re] ***v.tr.*** [coniug. come *mancare*] plaquer.

placcato [plac-cà-to] ***agg.*** plaqué: *orologio placcato (in) oro*, montre plaquée or.

placebo [pla-cè-bo] ***n.m.invar.*** (*med.*) placebo.
● ***effetto placebo***, effet placebo.

placenta [pla-cèn-ta] ***n.f.*** placenta (*m.*).

placet [plà-cet] ***n.m.invar.*** (*approvazione*) approbation (*f.*).

placidità [pla-ci-di-tà] ***n.f.invar.*** placidité.

placido [plà-ci-do] ***agg.*** placide; (*calmo*) calme.

placito [plà-ci-to] ***n.m.*** (*decreto, sentenza*) sentence (*f.*) | *con, senza il suo placito*, avec, sans son approbation.

plafone [pla-fó-ne] ***n.m.*** plafond.

plafoniera [pla-fo-niè-ra] ***n.f.*** plafonnier (*m.*).

plaga [plà-ga] ***n.f.*** [pl. *-ghe*] (*letter.*) région, contrée.

plagiare [pla-già-re] ***v.tr.*** [coniug. come *mangiare*] **1** plagier **2** (*una persona*) suggestionner, asservir.

plagiario [pla-già-rio] ***n.m.*** [f. *-a*; pl.m. *-ri*] plagiaire.

plagio [plà-gio] ***n.m.*** [pl. *-gi*] **1** plagiat **2** (*di persona*) asservissement.

FAUX AMI
Da non confondere con *plage*, che significa *spiaggia*.

plaid [plɛd] ***n.m.invar.*** plaid.

planare[1] [pla-nà-re] ***v.intr.*** [aus. *avere*] (*aer.*) planer.

planare[2] ***agg.*** (*fis., mat.*) planar.

planata [pla-nà-ta] ***n.f.*** (*aer.*) vol (*m.*) plané.

plancia [plàn-cia] ***n.f.*** [pl. *-ce*] (*mar.*) passerelle.

plancton [plàn-cton] ***n.m.invar.*** (*biol.*) plancton.

planetario [pla-ne-tà-rio] ***agg.*** [pl.m. *-ri*] planétaire ♦ ***n.m.*** planétarium.

plani- ***pref.*** plani-.

planimetria [pla-ni-me-trì-a] ***n.f.*** planimétrie.

planimetrico [pla-ni-mè-tri-co] ***agg.*** [pl.m. *-ci*, f. *-che*] planimétrique.

planisfero [pla-ni-sfè-ro] ***n.m.*** planisphère.

plantare [plan-tà-re] ***agg.*** (*anat.*) plantaire ♦ ***n.m.*** (*suoletta ortopedica*) semelle (*f.*) orthopédique.

plantigrado [plan-ti-gra-do] ***agg.*** e ***n.m.*** (*zool.*) plantigrade.

plasma [plà-ʃma] ***n.m.*** plasma.

plasmabile [pla-ʃmà-bi-le] ***agg.*** malléable (*anche fig.*): *carattere plasmabile*, caractère malléable.

plasmare [pla-ʃmà-re] ***v.tr.*** modeler* (*anche fig.*).

plasmodio [pla-ʃmò-dio] ***n.m.*** [pl. *-di*] (*biol.*) **1** plasmode **2** (*zool.*) plasmodium.

plastica [plà-sti-ca] ***n.f.*** [pl. *-che*] **1** plastique: *sacchetto di plastica*, sachet en plastique **2** (*med.*) intervention de chirurgie esthétique; plastie: *farsi una plastica al naso*, se faire refaire le nez **3** (*materia*) matière plastique, plastique (*m.*).

FAUX AMI
Da non confondere con *plastic*, che significa *plastico*.

plasticare [pla-sti-cà-re] ***v.tr.*** [coniug. come *mancare*] **1** modeler* **2** (*ricoprire di materie plastiche*) plastifier.

plasticità [pla-sti-ci-tà] ***n.f.invar.*** **1** plasticité **2** (*arte*) beauté plastique.

plastico [plà-sti-co] ***agg.*** [pl.m. *-ci*, f. *-che*] plastique: *una rappresentazione plastica in rilievo*, une maquette ♦ ***n.m.*** **1** maquette (*f.*) **2** (*esplosivo*) plastic, plastique.
● ***arti plastiche***, arts plastiques | ***chirurgia plastica***, chirurgie plastique | ***materie plastiche***, matières plastiques.

P

plastificare [pla-sti-fi-cà-re] ***v.tr.*** [coniug. come *mancare*] plastifier.
plastilina [pla-sti-lì-na] ***n.f.*** pâte à modeler.
platano [plà-ta-no] ***n.m.*** platane.
platea [pla-tè-a] ***n.f.*** **1** (*teatr.*) parterre (*m.*): *una poltrona di platea*, un fauteuil d'orchestre **2** (*estens.*) public: *i gusti della platea*, les goûts du public **3** (*edil.*) platée **4** (*geogr.*) (*montagna sottomarina piatta*) plateau* (*m.*).
plateale [pla-te-à-le] ***agg.*** évident, (*spreg.*) grossier*.
platealmente [pla-te-al-mén-te] ***avv.*** (*spreg.*) grossièrement, bassement.
platina [plà-ti-na] ***n.f.*** (*tip.*) platine.
platinato [pla-ti-nà-to] ***agg.*** platiné.
platino [plà-ti-no] ***n.m.*** platine.
platonicamente [pla-to-ni-ca-mén-te] ***avv.*** platoniquement.
platonico [pla-tò-ni-co] ***agg.*** [pl.m. *-ci*, f. *-che*] platonicien*; (*fig.*) platonique ♦ ***n.m.*** [f. *-a*] platonicien*.
platonismo [pla-to-nì-ʃmo] ***n.m.*** platonisme.
plaudente [plau-dèn-te] ***agg.*** (*letter.*) qui applaudit: *passare tra due ali di folla plaudente*, passer entre deux haies de gens qui applaudissent; *fu accolto da un'assemblea plaudente*, l'assemblée l'accueillit par des applaudissements.
plaudire [plau-dì-re] ***v. tr.*** e ***intr.*** [aus. *avere*] (*letter.*) applaudir (à).
plausibile [plau-ʃì-bi-le] ***agg.*** plausible.
plausibilità [plau-ʃi-bi-li-tà] ***n.f.invar.*** plausibilité.
plauso [plàu-ʃo] ***n.m.*** approbation (*f.*).
play-back ['pleibɛk] ***n.m.invar.*** (*cine., tv.*) play-back, présonorisation (*f.*).
playstation® [plei'steʃn] ***n.f.invar.*** (*inform.*) playstation®.
plebaglia [ple-bà-glia] ***n.f.*** (*spreg.*) racaille, populace.
plebe [plè-be] ***n.f.*** plèbe.
plebeo [ple-bè-o] ***agg.*** e ***n.m.*** [f. *-a*] plébéien*.
plebiscitario [ple-bi-sci-tà-rio] ***agg.*** [pl.m. *-ri*] plébiscitaire, unanime.
plebiscito [ple-bi-scì-to] ***n.m.*** **1** plébiscite **2** (*fig.*) consentement unanime.
pleiade [plè-ia-de] ***n.f.*** pléiade.
pleistocene [plei-sto-cè-ne] ***n.m.*** (*geol.*) pléistocène.
plenario [ple-nà-rio] ***agg.*** [pl.m. *-ri*] plénier*.
plenilunio [ple-ni-lù-nio] ***n.m.*** [pl. *-ni*] pleine lune (*f.*).
plenipotenziario [ple-ni-po-ten-zià-rio] ***agg.*** e ***n.m.*** [f. *-a*; pl.m *-ri*] plénipotentiaire.
pleonasmo [ple-o-nà-ʃmo] ***n.m.*** pléonasme.

> **NOTA** Anche in francese si deve fare attenzione all'uso dei ***pleonasmi***. Se alcuni servono veramente a rafforzare una idea espressa, altri sono dei veri e propri errori, come per es.: *monter en haut* 'salire di sopra', *descendre en bas* 'scendere di sotto', *marcher à pied* 'camminare a piedi', *se réunir ensemble* 'riunirsi insieme'.

pleonastico [ple-o-nà-sti-co] ***agg.*** [pl.m. *-ci*, f. *-che*] pléonastique.
plesso [plès-so] ***n.m.*** plexus.
● ***plesso scolastico***, groupe scolaire.
pletora [plè-to-ra] ***n.f.*** pléthore (*anche fig.*).
pletorico [ple-tò-ri-co] ***agg.*** [pl.m. *-ci*, f. *-che*] pléthorique.
plettro [plèt-tro] ***n.m.*** (*mus.*) plectre.
pleura [plèu-ra] ***n.f.*** (*anat.*) plèvre.
pleurico [plèu-ri-co] ***agg.*** [pl. *-ci*] pleural*.
pleurite [pleu-rì-te] ***n.f.*** (*med.*) pleurésie.
● ***pleurite secca***, pleurite.
plexiglas® [plè-xi-glas *o* plexiglàs] ***n.m.invar.*** plexiglas®.
plico [plì-co] ***n.m.*** [pl. *-chi*] pli.
● ***in plico a parte***, sous pli séparé.
plinto [plìn-to] ***n.m.*** **1** (*arch.*) plinthe (*f.*) **2** (*sport*) plint.
pliocene [plio-cè-ne] ***n.m.*** (*geol.*) pliocène.
pliocenico [plio-cè-ni-co] ***agg.*** [pl.m. *-ci*, f. *-che*] (*geol.*) pliocène.
plissettato [plis-set-tà-to] ***agg.*** plissé.
plonkare [plon-kà-re] ***v.tr.*** [*io plonko*, *tu plonki* ecc.] (*Internet*) plonker.
plotone [plo-tó-ne] ***n.m.*** peloton.
plotter [plot-tèr] ***n.m.invar.*** (*inform.*) traceur.
pluf ***onom.*** plouf.
plumbeo [plùm-be-o] ***agg.*** de plomb: *cielo plumbeo*, ciel couleur de plomb; *atmosfera plumbea*, (*fig.*) atmosphère lourde.
plurale [plu-rà-le] ***agg.*** e ***n.m.*** (*gramm.*) pluriel*.
pluralismo [plu-ra-lì-ʃmo] ***n.m.*** pluralisme.
pluralista [plu-ra-lì-sta] ***n.m.*** e ***f.*** e ***agg.*** pluraliste.
pluralistico [plu-ra-lì-sti-co] ***agg.*** [pl.m. *-ci*, f. *-che*] pluraliste.
pluralità [plu-ra-li-tà] ***n.f.invar.*** pluralité.
pluri- ***pref.*** pluri-, multi-, poly-, omni-.
pluriaggravato [plu-ri-ag-gra-và-to] ***agg.*** (*dir.*) avec une pluralité de circonstances aggravantes.
pluriannuale [plu-ri-en-nà-le] ***agg.*** pluriannuel*.
pluridecorato [plu-ri-de-co-rà-to] ***agg.*** plusieurs fois décoré ♦ ***n.m.*** [f. *-a*] militaire plusieurs fois décoré.
pluridimensionale [plu-ri-di-men-sio-nà-le] ***agg.*** multidimensionnel*, pluridimensionnel*.
pluridirezionale [plu-ri-di-re-zio-nà-le] ***agg.*** omnidirectionnel*.
pluriennale [plu-ri-en-nà-le] ***agg.*** pluriannuel*.
plurietnico [plu-ri-èt-ni-co] ***agg.*** [pl.m. *-ci*, f. *-che*] pluriethnique.
plurigemellare [plu-ri-ge-mel-là-re] **plurigemino** ***agg.***
● (*med.*) ***parto plurigemellare***, accouchement multiple.
plurilaterale [plu-ri-la-te-rà-le] ***agg.*** multilatéral*.
plurilinguismo [plu-ri-lin-guì-ʃmo] ***n.m.*** multilinguisme, plurilinguisme.
plurimiliardario [plu-ri-mi-liar-dà-rio] ***agg.*** e ***n.m.*** [f. *-a*; pl.m. *-ri*] multimilliardaire.
plurimilionario [plu-ri-mi-lio-nà-rio] ***agg.*** e ***n.m.*** [f. *-a*; pl.m. *-ri*] multimillionnaire.
plurimo [plù-ri-mo] ***agg.*** plural*.
plurinominale [plu-ri-no-mi-nà-le] ***agg.*** plurinominal*.
pluriomicida [plu-ri-o-mi-cì-da] ***n.m.*** e ***f.*** criminel/elle responsable de plusieurs homicides.
pluripartitico [plu-ri-par-tì-ti-co] ***agg.*** [pl.m. *-ci*, f. *-che*] (*pol.*) de plusieurs partis | *governo pluripartitico*, gouvernement formé de plusieurs partis.
plurisecolare [plu-ri-se-co-là-re] ***agg.*** vieux* de plusieurs siècles.

pluristadio [plu-ri-stà-dio] ***agg.invar.*** (*di missile*) à plusieurs étages.
pluriuso [plu-ri-ù-ʃo] ***agg.invar.*** à usages multiples.
plurivalente [plu-ri-va-lèn-te] ***agg.*** **1** polyvalent, omnivalent **2** (*chim.*) plurivalent.
plusvalenza [plu-ʃva-lèn-za *o* plus-va-lèn-za] ***n.f.*** (*econ.*) plus-value*.
plusvalore [plu-ʃva-ló-re *o* plus-va-ló-re] ***n.m.*** plus-value* (*f.*).
plutocrate [plu-tò-cra-te] ***n.m.*** e ***f.*** ploutocrate.
plutocratico [plu-to-crà-ti-co] ***agg.*** [pl.m. *-ci*, f. *-che*] ploutocratique.
plutocrazia [plu-to-cra-zì-a] ***n.f.*** ploutocratie.
plutonio [plu-tò-nio] ***n.m.*** [pl. *-ni*] (*chim.*) plutonium.
pluviale [plu-vià-le] ***agg.*** pluvial*.
● ***foresta pluviale***, forêt toujours verte.
pluviometrico [plu-vio-mè-tri-co] ***agg.*** [pl.m. *-ci*, f. *-che*] (*meteor.*) pluviométrique.
pluviometro [plu-viò-me-tro] ***n.m.*** (*meteor.*) pluviomètre.
pneumatico [pneu-mà-ti-co] ***agg.*** [pl.m. *-ci*, f. *-che*] pneumatique ♦ ***n.m.*** pneu*.
pneumologia [pneu-mo-lo-gì-a] ***n.f.*** (*med.*) pneumologie.
pneumotorace [pneu-mo-to-rà-ce] ***n.m.*** (*med.*) pneumothorax.
po' ***agg.***, ***pron.*** e ***avv.*** → **poco**.
pochezza [po-chéz-za] ***n.f.*** (*scarsezza*) peu (*m.*); (*insufficienza*) insuffisance; (*fig.*) étroitesse.
pocket ['pɔket] ***agg.invar.*** (*tascabile*) de poche ♦ ***n.m. invar.*** (*libro tascabile*) livre de poche.
poco [pò-co] ***agg.indef.*** [pl.m. *-chi*, f. *-che*] **1** peu (**de**): *poco vino*, peu de vin; *poche persone*, *poca gente*, peu de personnes (*o* de monde); *il tempo che ci rimane è poco*, il nous reste peu de temps; *"Ti basta il latte?" "No, è poco"*, "As-tu assez de lait?" "Non, pas assez"; *ho poca fame*, *poca sete*, je n'ai pas très faim, très soif; *ho poca voglia di*, je n'ai guère envie de; *questo vino è poco per cinque persone*, il n'y a pas assez de vin pour cinq personnes; *cinque euro sono pochi*, cinq euros sont peu de chose **2** (*pl.*) (*alcuni*) quelques; (*non molti*) peu (**de**): *resterò pochi giorni*, *veramente pochi*, je resterai quelques jours, vraiment peu; *i pochi amici che ho*, le peu d'amis que j'ai | *poche storie!*, *poche chiacchiere!*, trêve de bavardages! ♦ ***pron.indef.*** **1** peu: *"Hai della birra?" "Ne ho poca"*, "As-tu de la bière?" "J'en ai peu" **2** (*pl.*) peu (**de**); (*numero limitato di persone*) peu de personnes; peu de gens, peu de monde: *"Hai molti libri?" "Ne ho pochi"*, "As-tu beaucoup de livres?" "J'en ai peu"; *siamo* (*in*) *pochi*, nous sommes peu nombreux; *pochi di loro*, peu d'entre eux | *io e pochi altri*, moi et quelques autres **3** (*in frasi ellittiche, sottintendendo* tempo, denaro *ecc.*) peu (**de**): *non te la prendere per così poco*, ne te fâche pas pour si peu; *dire che ha torto è poco*, c'est peu de dire qu'il a tort; *mi rimane ben poco da studiare*, il me reste peu de chose à étudier; *mille euro mi sembrano poco*, mille euros me semblent peu (de chose); *vivere con poco*, vivre de peu; *è poco che*, il y a peu de temps que; *manca poco a Natale*, dans peu de jours c'est Noël; *mi manca poco per finire il lavoro*, j'aurai bientôt terminé mon travail; *c'è poco da qui alla stazione*, il n'y a pas loin d'ici à la gare | *ci vorrebbe poco a dargli una mano*, il serait facile de l'aider ♦ ***avv.*** **1** peu: *mi sento poco bene*, je ne me sens pas très bien; *mangiare*, *bere poco*, manger, boire peu **2** (*con agg. e avv. compar.*): *è poco più alto di me*, il n'est pas beaucoup plus grand que moi; *era poco più che ventenne*, il avait juste un peu plus de vingt ans; *è poco più che un ragazzo*, c'est presque encore un enfant | (*di*) *poco maggiore*, pas beaucoup plus grand, (*di prezzo*) pas beaucoup plus élevé, (*di età*) pas beaucoup plus âgé ♦ ***n.m.*** peu: *vive con quel poco che ha*, il vit avec le peu d'argent qu'il a.
● ***poco o nulla***, pas grand-chose | ***poco prima***, ***dopo***, peu de temps (*o* quelque temps) avant, après | ***poco*** (***tempo***) ***fa***, ***poc'anzi***, il n'y a pas longtemps | ***a dir poco***, ***a far poco***, au bas mot | ***a poco a poco***, peu à peu | ***ben poco***, très peu, bien peu | ***c'è poco da***, il n'y a pas de: *c'è poco da ridere*, il n'y a pas de quoi rire; *c'è poco da fare!*, il n'y a rien à faire! | ***ci vuole poco a***, c'est facile à | ***da poco***, de rien du tout: *un uomo da poco*, un homme qui ne vaut pas grand-chose; *ferita da poco*, petite blessure de rien du tout; *oggetto da poco*, objet de peu de valeur | ***da poco*** (***tempo***), depuis peu (de temps) | ***di poco***, de peu | ***e dici poco!***, rien que ça! | ***è poca cosa***, c'est peu de chose | ***e ti par poco?***, tu trouves que c'est peu? | ***fra poco***, ***da qui a poco***, dans peu de temps (*o* sous peu): (*arrivederci*) *a fra poco*, à bientôt | ***il che non è poco***, ce n'est pas peu dire | ***mancò poco che***, ***per poco non***, il s'en fallut de peu que | ***molto poco***, ***troppo poco***, très peu (de), trop peu (de) | ***non è*** (***cosa da***) ***poco***, ce n'est pas rien | ***non poco***, (*molto*) beaucoup (de): *l'ho fatto con non poca fatica*, je l'ai fait non sans fatigue | ***per poco***, (*prezzo, denaro*) à bon marché; (*tempo*) pour peu de temps | ***per quanto poco***, pour peu que; (*benché*) bien que: *per quanto poco io sappia*, pour peu que je sache; *per quanto poco sia*, *per poco che sia*, pour peu que ce soit; *per quanto poco tu abbia detto*, bien que tu n'aies pas dit grand-chose | ***po' po'***, (*notevole quantità*) extraordinarie: *che po' po' di sfacciataggine!*, quel beau toupet!; *che po' po' di mascalzone!*, quel fieffé voyou!; *con quel po' po' di soldi che ha!*, avec ce beau petit paquet d'argent qu'il a! | ***scusate se è poco***, excusez du peu | ***un bel po'***, (*parecchio, molto*) (*con agg.*) très; (*con v.*) beaucoup, (*fam.*) pas mal; (*con n.*) beaucoup (de), (*fam.*) pas mal (de): *è un bel po' strano*, il est vraiment très bizarre; *c'erano un bel po' di persone*, il y avait pas mal de gens | ***un poco***, ***un po'***, un peu de; (*di tempo*) peu de temps, quelque temps: *un poco*, *un po' di pane*, un peu de pain; *costa un poco*, *po' di più*, *di meno*, cela coûte un peu plus (cher), un peu moins (cher); *siamo un po' parenti*, on est plus ou moins parents; *vedi un po' tu*, vois toi-même; *ma guarda un po'!*, regarde-moi ça!; *un po' di tempo fa*, il n'y a pas longtemps; *fra un po'* (*di tempo*), dans peu de temps (*o* sous peu); *è da un po' che non lo vedo*, il y a quelque temps que je ne le vois pas; *lo spettacolo era finito già da un po'*, il y avait déjà un moment que le spectacle était terminé; *per un poco*, *per un po' non si è fatto vivo*, pendant quelque temps on ne l'a pas vu | ***un po' per uno***, un peu pour tous, chacun sa parte | ***un po'..., un po'...***, (*ora... ora...*) tantôt... tantôt...; (*in parte... in parte...*) en partie... en partie... | ***un***, ***una poco di buono***, un, une pas grand-chose; (*donna di facili costumi*) une fille de rien: *sono dei poco di buono*, ce sont des malhonnêtes.
□ **pochino** ***agg.indef.*** (très) peu (**de**): *il pane è veramente pochino*, il y a vraiment (très) peu de pain; *queste mele sono pochine*, il n'y a pas assez de pommes; *sono pochini i suoi amici a Milano*, ses amis sont peu nombreux à Milan ♦ ***avv.*** très peu: *guadagna pochino*, il gagne très peu ♦ ***pron.indef.*** (*pochissimo*) très peu: *me ne hai dato pochino*, tu m'en as donné très peu.
● ***un pochino***, un petit peu; (*solo riferito ad agg.*) un tantinet: *vieni un pochino prima*, *dopo*, viens un petit peu

P

avant, après; *è un pochino distratto*, (*fam.*) il est un tantinet, un petit peu distrait.

□ **pochissimo** ***agg.indef.superl.*** très peu (**de**): *pochissimo denaro*, très peu d'argent; *ha pochissimi libri*, il a très peu de livres | *il guadagno è stato pochissimo*, le bénéfice a été minime ♦ ***pron.indef.*** **1** très peu; (*pl.*) (*piccolissimo gruppo di persone*) très peu de gens: *ci rimane pochissimo da fare*, il nous reste très peu à faire; *pochissimi lo stimano*, très peu de gens (*o* de personnes) l'estiment **2** (*in espressioni ellittiche sottintendendo* tempo, denaro *ecc.*) très peu (**de**): *spende pochissimo*, il dépense très peu; *pochissimo prima, dopo*, très peu de temps avant, après; *è pochissimo che non lo vedo*, je l'ai vu tout récemment; *l'ho avuto per pochissimo*, je l'ai eu pour presque rien; *dista pochissimo dalla stazione*, c'est tout près de la gare ♦ ***avv.*** très peu; (*davanti a compar.*) un tout petit peu: *pochissimo conosciuto*, très peu connu; *è pochissimo più alto di te*, il est un tout petit peu plus grand que toi.

NOTA Quando ***le peu de*** è seguito da un nome e da una frase relativa con verbo al tempo composto, il participio passato si accorda con il sostantivo solo se la quantità espressa risulta sufficiente:

*La **poca fiducia** che mi avete accordata mi ha tolto il coraggio.*
Le **peu de confiance** que vous m'avez **accordé** m'a ôté tout mon courage.

***I pochi libri** che ho letto sono stati preziosi.*
Le **peu de livres** que j'ai **lus** ont été précieux.

A poco a poco si traduce ***peu à peu*** senza preposizione:

Va avanti **a poco a poco**.
SÌ Il progresse **peu à peu**.
NO Il progresse à peu à peu.

podagra [po-dà-gra] ***n.f.*** (*med.*) podagre.

podalico [po-dà-li-co] ***agg.*** [pl.m. *-ci*, f. *-che*] (*med.*) podalique.

podcasting [pod'kastiŋg] ***n.m.invar.*** (*Internet*) podcasting, baladodiffusion (*f.*).

P

podere [po-dé-re] ***n.m.*** (*fattoria*) ferme (*f.*); (*campi*) terre (*f.*).

poderoso [po-de-ró-so] ***agg.*** puissant (*anche fig.*): *voce poderosa*, voix puissante.

podio [pò-dio] ***n.m.*** [pl. *-di*] **1** estrade (*f.*) **2** (*sport*) podium: *salire sul podio*, monter sur le podium **3** (*arch., archeol.*) podium.

podismo [po-dì-ʃmo] ***n.m.*** marche (*f.*); (*corsa*) course (*f.*) à pied.

podista [po-dì-sta] ***n.m.*** e ***f.*** (*sport*) (*nella marcia*) marcheur/euse; (*nella corsa*) coureur/euse (à pied).

podistico [po-dì-sti-co] ***agg.*** [pl.m. *-ci*, f. *-che*].
● ***gara podistica***, (*marcia*) marche, (*corsa*) course à pied.

podologo [po-dò-lo-go] ***n.m.*** [f. *-a*; pl.m. *-gi*, f. *-ghe*] podologue.

poema [po-è-ma] ***n.m.*** poème (*anche fig.*).

poemetto [po-e-mét-to] ***n.m.*** petit poème.

poesia [po-e-ʃì-a] ***n.f.*** **1** poésie (*anche fig.*): *il ritmo in poesia*, le rythme en poésie; *è pura poesia*, c'est du roman **2** (*componimento poetico*) poème (*m.*): *le poesie di Montale*, les poèmes de Montale; *scrivere poesie*, écrire des vers.
● ***poesia lirica, epica***, poésie lyrique, épique.

poeta [po-è-ta] ***n.m.*** poète.

poetare [po-e-tà-re] ***v.intr.*** [aus. *avere*] faire* des vers.

poetastro [po-e-tà-stro] ***n.m.*** [f. *-a*] (*spreg.*) rimailleur*.

poetessa [po-e-tés-sa] ***n.f.*** poétesse.

poetica [po-è-ti-ca] ***n.f.*** [pl. *-che*] poétique.

poeticamente [po-e-ti-ca-mén-te] ***avv.*** poétiquement.

poeticità [po-e-ti-ci-tà] ***n.f.invar.*** caractère (*m.*) poétique.

poetico [po-è-ti-co] ***agg.*** [pl.m. *-ci*, f. *-che*] poétique: *stile poetico*, style poétique.

pogare [po-gà-re] ***v.intr.*** [coniug. come *legare*; aus. *avere*] (*gergo*) faire* du pogo pogo, danser le pogo.

poggiapiedi [pog-gia-piè-di] ***n.m.invar.*** repose-pied*.

poggiare [pog-già-re] ***v.tr.*** [coniug. come *mangiare*] appuyer*; (*posare*) poser ♦ ***v.intr.*** [aus. *avere*] **1** reposer (*anche fig.*) **2** (*spostarsi*) appuyer* (**sur**, **à**).

poggiatesta [pog-gia-tè-sta] ***n.m.invar.*** appui-tête*.

poggio [pòg-gio] ***n.m.*** [pl. *-gi*] coteau*.

poggiolo [pog-giò-lo] ***n.m.*** balcon.

poh ***inter.*** peuh.

poi ***avv.*** **1** (*dopo, In seguito*) ensuite, après; (*più tardi*) plus tard: *decidi ora, poi potrebbe essere troppo tardi*, décide tout de suite, parce qu'ensuite, après ça pourrait être trop tard; *prima i bambini, poi i vecchi*, les enfants d'abord, les vieillards ensuite; *ne riparleremo poi*, nous en reparlerons plus tard **2** (*in secondo luogo, per di più*) puis: *non ho voglia e poi sono stanco*, je n'en ai pas envie et puis je suis fatigué **3** (*d'altra parte, inoltre*) d'autre part, d'ailleurs **4** (*col valore di* insomma, infine) en somme; (*dunque*) donc: *partirai poi domani* (*o no*)*?*, en somme est-ce que tu pars demain (ou non)?; *ti sei deciso poi* (*o no*)*?*, as-tu fini par te décider (ou non)?; *perché poi ti sei arrabbiato?*, pourquoi donc t'es-tu mis en colère?; *cosa ho fatto poi di male?*, qu'est-ce que j'ai pu faire de mal après tout? **5** (*con valore avversativo di* ma) mais; (*in fondo, dopo tutto*) après tout: *tu poi che c'entri?*, mais toi en quoi est-ce que ça te regarde?; *io poi non c'entro*, ça ne me regarde pas; *non è poi così difficile*, après tout ce n'est pas si difficile **6** (*con valore enfatico o rafforzativo*) encore, en plus: *e poi si lamenta!*, et encore il se plaint!; *e poi ha il coraggio di criticare!*, et encore (*o* en plus) il a le courage de critiquer!; *questo poi no!*, ah, ça non alors!; *bisogna insistere e poi insistere*, il faut insister et insister encore | *no e poi no!*, non, non et non! ♦ ***n.m.invar.*** *pensare al poi*, penser au lendemain.
● ***a poi***, (*arrivederci*) à bientôt | ***da oggi in poi***, à partir d'aujourd'hui | ***da allora in poi***, à partir de ce moment(-là) | ***da quel giorno in poi***, depuis ce jour-là | (*prov.*) ***del senno di poi son piene le fosse***, avec des si on mettrait Paris en bouteille | ***d'ora in poi***, dorénavant | ***e poi?***, (*in seguito*) et ensuite?, et après?, (*che altro?*) et encore? | ***il senno di poi***, l'esprit de l'escalier | ***prima o poi***, tôt ou tard | ***quanto poi a***, d'autre part, pour ce qui est de: *quanto poi allo stipendio*, d'autre part, en ce qui concerne les appointements; *quanto poi a partire domani, si vedrà*, pour ce qui est de partir demain, on verra | ***questa poi!***, ça alors!: *questa poi, non me l'aspettavo!*, franchement, je ne m'attendais pas à ça!

poiana [po-ià-na] ***n.f.*** (*zool.*) buse.

poiché [poi-ché] ***cong.*** puisque; (*all'inizio di frase*) comme: *poiché le cose stanno così, non insisto*, puisqu'il en est ainsi, je n'insiste pas; *poiché rifiuterà di certo, è inutile chiederglielo*, comme il refusera certainement, il est inutile de le lui demander.

NOTA Quando ***puisque*** o ***comme***, traduzioni di ***poiché***, reggono due proposizioni, la seconda deve essere introdotta da ***et que*** / ***ou que***:

Poiché *era tardi* ***e*** *dovevo partire...*
Comme / puisqu'il était tard **et que** je devais partir...

poker [pò-ker] ***n.m.invar.*** poker: *giocare a poker*, jouer au poker; *partita a poker*, partie de poker; *ho fatto poker!*, j'ai fait un poker!; *poker d'assi*, poker d'as | *giocare a poker coi dadi*, jouer au poker d'as.

polacca [po-làc-ca] ***n.f.*** [pl. *-che*] **1** (*mus.*) (*danza*) polonaise **2** (*stivaletto*) bottine.

polacco [po-làc-co] ***agg.*** [pl.m. *-chi*, f. *-che*] polonais ♦ ***n.m.*** **1** [f. *-a*] (*abitante*) Polonais **2** (*lingua*) polonais.

polare [po-là-re] ***agg.*** polaire: *un freddo polare*, un froid polaire, (*fam.*) un froid de canard.
● (*geogr.*) ***circolo polare***, cercle polaire | (*astr.*) ***Stella polare***, Étoile Polaire.

polarità [po-la-ri-tà] ***n.f.invar.*** **1** (*fis.*) polarité **2** (*fig.*) opposition.

polarizzare [po-la-riʒ-ʒà-re] ***v.tr.*** polariser (*anche fig.*) ♦ **polarizzarsi** ***v.pron.intr.*** se polariser.

polarizzatore [po-la-riʒ-ʒa-tó-re] ***n.m.*** e ***agg.*** [f. *-trice*] polariseur.

polarizzazione [po-la-riʒ-ʒa-zió-ne] ***n.f.*** (*fis.*) polarisation (*anche fig.*).
● ***polarizzazione di griglia***, tension de grille.

polca [pòl-ca] ***n.f.*** [pl. *-che*] polka.

polemica [po-lè-mi-ca] ***n.f.*** [pl. *-che*] polémique: *aspre polemiche*, de dures polémiques; *fare polemica, polemiche*, faire de la polémique; *entrare in polemica*, entamer une polémique; *lo dici solo per amore di polemica*, tu le dis seulement par goût de la polémique.

polemico [po-lè-mi-co] ***agg.*** [pl.m. *-ci*, f. *-che*] polémique: *scritto polemico*, écrit polémique ♦ ***n.m.*** [f. *-a*] chicaneur*.

polemista [po-le-mì-sta] ***n.m.*** e ***f.*** polémiste.

polemizzare [po-le-miʒ-ʒà-re] ***v.intr.*** [aus. *avere*] polémiquer.

polena [po-lè-na] ***n.f.*** (*mar.*) figure de proue.

polenta [po-lèn-ta] ***n.f.*** (*cuc.*) polenta (de maïs).

polentina [po-len-tì-na] ***n.f.*** (*fam.*) cataplasme (*m.*) (de farine de lin).

polentone [po-len-tó-ne] ***n.m.*** [f. *-a*] (*fam.*) lambin.

poli- ***pref.*** poly-.

poliambulatorio [po-li-am-bu-la-tò-rio] ***n.m.*** [pl. *-ri*] policlinique (*f.*).

poliammide [po-li-am-mì-de] ***n.f.*** (*chim.*) polyamide (*m.*).

poliandria [po-li-an-drì-a] ***n.f.*** polyandrie.

poliandro [po-li-àn-dro] ***agg.*** (*anche bot.*) polyandre.

poliartrite [po-li-ar-trì-te] ***n.f.*** (*med.*) polyarthrite.

policentrico [po-li-cèn-tri-co] ***agg.*** [pl.m. *-ci*, f. *-che*] polycentrique.

policentrismo [po-li-cen-trì-ʃmo] ***n.m.*** (*pol., econ.*) polycentrisme.

policistico [po-li-cì-sti-co] ***agg.*** [pl.m. *-ci*, f. *-che*] (*med.*) polykystique.

policlinico [po-li-clì-ni-co] ***n.m.*** [pl.m. *-ci*, f. *-che*] polyclinique (*f.*).

policoltura [po-li-col-tù-ra] ***n.f.*** (*agr.*) polyculture.

policromatico [po-li-cro-mà-ti-co] ***agg.*** [pl.m. *-ci*, f. *-che*] polychrome.

policromia [po-li-cro-mì-a] ***n.f.*** polychromie.

policromo [po-lì-cro-mo] ***agg.*** polychrome.

poliedricità [po-li-e-dri-ci-tà] ***n.f.invar.*** (*diversità*) diversité.

poliedrico [po-li-è-dri-co] ***agg.*** [pl.m. *-ci*, f. *-che*] **1** (*mat.*) polyédrique **2** (*fig.*) multiforme; (*eclettico*) éclectique.

poliedro [po-li-è-dro] ***n.m.*** (*mat.*) polyèdre.

poliestere [po-li-è-ste-re] ***n.m.*** polyester ♦ ***agg.*** en polyester.

polietilene [po-li-e-ti-lè-ne] ***n.m.*** (*chim.*) polyéthylène.

polifase [po-li-fà-ʃe] ***agg.invar.*** (*fis.*) polyphasé.

polifonia [po-li-fo-nì-a] ***n.f.*** (*mus.*) polyphonie.

polifonico [po-li-fò-ni-co] ***agg.*** [pl.m. *-ci*, f. *-che*] (*mus.*) polyphonique.

poligamia [po-li-ga-mì-a] ***n.f.*** polygamie.

poligamico [po-li-gà-mi-co] ***agg.*** [pl.m. *-ci*, f. *-che*] polygamique.

poligamo [po-lì-ga-mo] ***agg.*** e ***n.m.*** [f. *-a*] polygame.

poliglotta [po-li-glòt-ta] ***agg.*** e ***n.m.*** e ***f.*** polyglotte.

poligonale [po-li-go-nà-le] ***agg.*** polygonal* ♦ ***n.f.*** (*mat.*) ligne polygonale.

poligono [po-lì-go-no] ***n.m.*** (*mat.*) polygone.
● (*mil.*) ***poligono di tiro***, polygone de tir.

poligrafico [po-li-grà-fi-co] ***agg.*** [pl.m. *-ci*, f. *-che*] polygraphique | *stabilimento poligrafico*, imprimerie ♦ ***n.m.*** [f. *-a*] typographe.

poligrafo [po-lì-gra-fo] ***n.m.*** [f. *-a*] (*scrittore*) polygraphe.

polimerizzazione [po-li-me-riʒ-ʒa-zió-ne] ***n.f.*** (*chim.*) polymérisation.

polimero [po-lì-me-ro] ***agg.*** e ***n.m.*** (*chim.*) polymère.

polimorfismo [po-li-mor-fì-ʃmo] ***n.m.*** (*biol., min.*) polymorphisme.

polimorfo [po-li-mòr-fo] ***agg.*** (*biol., min.*) polymorphe.

polinesiano [po-li-ne-ʃià-no] ***agg.*** polynésien* ♦ ***n.m.*** [f. *-a*] (*abitante*) Polynésien*.

polinomio [po-li-nò-mio] ***n.m.*** [pl. *-mi*] (*mat.*) polynôme.

polio [pò-lio] ***n.f.invar.*** (*fam.*) (*abbr. di* poliomielite) polio.

poliomielite [po-lio-mie-lì-te] ***n.f.*** (*med.*) poliomyélite.

poliomielitico [po-lio-mie-lì-ti-co] ***agg.*** e ***n.m.*** [f. *-a*; pl.m. *-ci*, f. *-che*] (*med.*) poliomyélitique.

polipo [pò-li-po] ***n.m.*** (*zool., med.*) polype.

polipropilene [po-li-pro-pi-lè-ne] ***n.m.*** (*chim.*) polypropylène, polypropène.

polisemia [po-li-se-mì-a] ***n.f.*** (*ling.*) polysémie.

polisillabo [po-li-sìl-la-bo] ***agg.*** e ***n.m.*** polysyllabe.

polispecialistico [po-li-spe-cia-lì-sti-co] ***agg.*** [pl.m. *-ci*, f. *-che*] polyspécialisé.
● ***ambulatorio polispecialistico***, cabinet polyspécialisé.

polisportiva [po-li-spor-tì-va] ***n.f.*** association sportive pluridisciplinaire.

polisportivo [po-li-spor-tì-vo] ***agg.*** omnisports.

polistirolo [po-li-sti-rò-lo] ***n.m.*** (*chim.*) polystyrène.
● ***polistirolo espanso***, polystyrène expansé.

politeama [po-li-te-à-ma] ***n.m.*** théâtre.

politecnico [po-li-tèc-ni-co] ***agg.*** [pl.m. *-ci*, f. *-che*] polytechnique ♦ ***n.m.*** école (*f.*) d'ingénieurs.

politeismo [po-li-te-ì-ʃmo] ***n.m.*** (*relig.*) polythéisme.

P

politeista [po-li-te-ì-sta] ***agg.*** e ***n.m.*** e ***f.*** (*relig.*) polythéiste.

politeistico [po-li-te-ì-sti-co] ***agg.*** [pl.m. *-ci*, f. *-che*] polythéiste.

politica [po-lì-ti-ca] ***n.f.*** [pl. *-che*] **1** politique: *fare politica*, faire de la politique **2** (*fig.*) (*diplomazia*) diplomatie.
● ***politica estera***, ***interna***, politique étrangère, intérieure.

politically correct [po'litikalikor'rɛkt] ***agg.invar.*** politiquement correct.

politicamente [po-li-ti-ca-mén-te] ***avv.*** politiquement.

politicante [po-li-ti-càn-te] ***n.m.*** e ***f.*** (*spreg.*) politicard/e.

politichese [po-li-ti-ché-se] ***n.m.*** (*spreg.*) langue (*f.*) de bois.

politicizzare [po-li-ti-ciʒ-ʒà-re] ***v.tr.*** politiser ♦ **politicizzarsi** ***v.pron.intr.*** se politiser.

politicizzato [po-li-ti-ciʒ-ʒà-to] ***agg.*** politisé.

politicizzazione [po-li-ti-ciʒ-ʒa-zió-ne] ***n.f.*** politisation.

politico [po-lì-ti-co] ***agg.*** [pl.m. *-ci*, f. *-che*] politique ♦ ***n.m.*** [f. *-a*] **1** politique **2** (*fig.*) diplomate.
● ***prezzo politico***, prix politique | ***scienze politiche***, sciences politiques.

politologo [po-li-tò-lo-go] ***n.m.*** [f. *-a*; pl.m. *-gi*, f. *-ghe*] politologue.

politrasfuso [po-li-tra-sfú-ʃo] ***agg.*** (*med.*) polytransfusé.

polittico [po-lìt-ti-co] ***n.m.*** [pl. *-ci*] (*arte*) polyptyque.

poliuretano [po-li-u-re-tà-no] ***n.m.*** (*chim.*) polyuréthа(n)ne.
● ***poliuretano espanso***, polystyrène expansé.

polivalente [po-li-va-lèn-te] ***agg.*** polyvalent.

polivalenza [po-li-va-lèn-za] ***n.f.*** polyvalence.

polivinile [po-li-vi-nì-le] ***n.m.*** (*chim.*) polyvinyle.

P

polizia [po-li-zì-a] ***n.f.*** police: *chiamare la polizia*, appeler la police.
● ***polizia di quartiere***, police de proximité | ***polizia ferroviaria***, police des chemins de fer | ***polizia giudiziaria***, police judiciaire | ***polizia portuale***, police des ports | ***polizia scientifica***, police scientifique | ***polizia stradale***, police de la route | ***agente di polizia***, agent de police; (*donna*) femme-agent (de police) | ***stato di polizia***, état policier | ***ufficio***, ***commissariato di polizia***, poste de police, commissariat.

poliziesco [po-li-zié-sco] ***agg.*** [pl.m. *-schi*, f. *-sche*] policier* | *film*, *romanzo poliziesco*, film, roman policier.

poliziotta [po-li-ziòt-ta] ***n.f.*** (*fam.*) femme-flic*, fliquette.

poliziotto [po-li-ziòt-to] ***n.m.*** agent (de police); (*fam.*) flic; (*municipale*) agent d'ambiance: *poliziotto dilettante*, détective amateur.
● ***poliziotto di quartiere***, agent de proximité | ***poliziotto privato***, détective privé | ***cane poliziotto***, chien policier.

polizza [pò-liz-za] ***n.f.*** police: *stipulare una polizza*, établir une police; *rescindere una polizza*, résilier une police.
● ***polizza di assicurazione***, police d'assurance | (*mar.*) ***polizza di carico***, connaissement | (*comm.*) ***polizza di deposito***, certificat de dépôt | ***polizza di pegno***, reconnaissance du mont-de-piété.

polla [pól-la] ***n.f.*** source d'eau.

pollaio [pol-là-io] ***n.m.*** [pl. *-ai*] **1** poulailler; (*cortile per i polli*) basse-cour* (*f.*) **2** (*fig.*) (*luogo sporco*) écurie (*f.*), porcherie (*f.*) **3** (*fam.*) (*chiasso, schiamazzi*) piaillerie (*f.*).

pollame [pol-là-me] ***n.m.*** volaille (*f.*).

pollastra [pol-là-stra] ***n.f.*** poulette (*anche fig.*).

pollastro [pol-là-stro] ***n.m.*** **1** poulet **2** (*fig.*) poire (*f.*).

polleria [pol-le-rì-a] ***n.f.*** magasin (*m.*) de volailles.

pollice [pòl-li-ce] ***n.m.*** **1** pouce; (*alluce*) (gros) orteil: *succhiarsi il pollice*, sucer son pouce **2** (*unità di misura*) pouce: *uno schermo di 17 pollici*, un écran de 17 pouces.
● ***pollice verso!***, à mort!; (*fig.*) avis contraire (*o* opposition) | ***avere il pollice verde***, (*fig.*) avoir la main verte | ***girarsi i pollici***, (*fig.*) se tourner les pouces.

FAUX AMI
Da non confondere con *police*, che significa *polizia*.

pollicoltore [pol-li-col-tó-re] ***n.m.*** [f. *-trice*] aviculteur*.

pollicoltura [pol-li-col-tù-ra] ***n.f.*** élevage (*m.*) de volaille.

polline [pòl-li-ne] ***n.m.*** (*bot.*) pollen.

pollivendolo [pol-li-vén-do-lo] ***n.m.*** [f. *-a*] marchand de volailles.

pollo [pól-lo] ***n.m.*** **1** poulet **2** (*fig. spreg.*) pigeon.
● (*cuc.*) ***pollo allo spiedo***, ***arrosto***, poulet à la broche, rôti | ***pollo d'allevamento***, poulet d'élevage | ***pollo novello***, jeune poulet | ***andare a letto coi polli***, (*fig.*) se coucher avec les poules | ***conoscere i propri polli***, (*fig.*) connaître son monde | ***non fare ridere i polli!***, (*fig.*) laisse-moi-rire!

pollone [pol-ló-ne] ***n.m.*** (*bot.*) bourgeon; (*radicale*) rejeton.

polluzione [pol-lu-zió-ne] ***n.f.*** (*med.*) pollution.

polmonare [pol-mo-nà-re] ***agg.*** (*anat.*) pulmonaire.

polmone [pol-mó-ne] ***n.m.*** **1** (*anat.*) poumon (*anche fig.*): *il turismo è il polmone dell'economia italiana*, le tourisme est le ballon d'oxygène de l'économie italienne **2** (*macelleria*) mou.
● (*med.*) ***polmone d'acciaio***, poumon d'acier | ***a pieni polmoni***, à pleins poumons.

polmonite [pol-mo-nì-te] ***n.f.*** (*med.*) pneumonie.

polo[1] [pò-lo] ***n.m.*** **1** pôle **2** (*pol.*) coalition (*f.*), alliance (*f.*).
● (*astr.*) ***polo celeste***, pôle céleste | ***polo d'attrazione***, pôle d'attraction | ***polo di sviluppo***, pôle de croissance | (*elettr.*) ***polo negativo***, ***positivo***, pôle positif, négatif | (*geogr.*) ***Polo Nord***, ***Sud***, Pôle Nord, Sud: *spedizione al Polo*, expédition polaire | ***polo tecnologico***, pôle technologique | (*fis.*) ***poli opposti***, (*anche fig.*) pôle opposés: *siamo ai poli opposti*, nous sommes aux deux extrêmes.

polo[2] ***n.m.invar.*** (*sport*) polo ♦ ***n.f.invar.*** (*maglietta*) polo (*m.*).

polpa [pól-pa] ***n.f.*** **1** pulpe **2** (*macelleria*) viande: *polpa di manzo*, viande de bœuf | *taglio tutta polpa*, morceau sans os **3** (*fig.*) substance.
● (*anat.*) ***polpa dentale***, ***dentaria***, pulpe dentaire.

polpaccio [pol-pàc-cio] ***n.m.*** [pl. *-ci*] (*anat.*) mollet.

polpastrello [pol-pa-strèl-lo] ***n.m.*** bout du doigt.

polpetta [pol-pét-ta] ***n.f.*** **1** (*cuc.*) croquette **2** (*cibo avvelenato*) boulette (empoisonnée).
● ***ridurre qlcu in polpette***, (*scherz.*) faire de qqn de la chair à pâté.

polpettone [pol-pet-tó-ne] ***n.m.*** (*cuc.*) rouleau* de viande hachée | *è un polpettone*, (*di film, libro ecc.*) c'est un vrai navet.

polpo [pól-po] *n.m.* (*zool.*) poulpe.

polposo [pol-pó-so] *agg.* pulpeux*.

polputo [pol-pù-to] *agg.* charnu.

polsino [pol-sì-no] *n.m.* (*abbigl.*) poignet.

polso [pól-so] *n.m.* 1 poignet: *afferrare qlcu per i polsi*, saisir qqn par les poignets 2 (*di abito, camicia ecc.*) poignet 3 (*med.*) pouls: *tastare il polso*, tâter, prendre le pouls; *il polso gli manca*, son pouls défaille 4 (*fig.*) poigne (*f.*): *avere polso, un polso fermo*, avoir de la poigne, une poigne de fer; *essere privo di polso*, manquer d'autorité.
● ***polso di ferro***, (*fig.*) poigne: *ci vuole il polso di ferro con lui*, il faut avoir de la poigne avec lui | ***di polso***, (*fig.*) de caractère: *donna di polso*, une femme de caractère; *uomo di polso*, homme à poigne | ***orologio da polso***, montre-bracelet.

poltiglia [pol-tì-glia] *n.f.* 1 bouillie (*anche fig.*) 2 (*fanghiglia*) boue, vase: *la neve è diventata una poltiglia*, la neige n'est plus que de la boue.

poltrire [pol-trì-re] *v.intr.* [coniug. come *finire*; aus. *avere*] paresser: *poltrire a letto fino a mezzogiorno*, paresser au lit jusqu'à midi.

poltrona [pol-tró-na] *n.f.* 1 fauteuil (*m.*) 2 (*teatr.*) fauteuil (*m.*) de première série (du parterre) 3 (*fig.*) (*posto di potere*) poste (*m.*): *ambire alla poltrona di presidente*, aspirer au poste de président; *non vuole lasciare la poltrona*, il ne veut pas renoncer à sa charge.
● ***poltrona a rotelle***, fauteuil roulant | ***poltrona letto***, fauteuil convertible.

FAUX AMI
Da non confondere con il femminile francese *poltronne*, che significa *codarda, vigliacca, paurosa.*

poltroncina [pol-tron-cì-na] *n.f.* (*teatr.*) fauteuil (*m.*) de deuxième série (du parterre).

poltrone [pol-tró-ne] *n.m.* 1 [f. *-a*] paresseux* 2 (*zool.*) paresseux.

FAUX AMI
Da non confondere con *poltron*, che significa *codardo, vigliacco, pauroso.*

poltroneria [pol-tro-ne-rì-a] *n.f.* fainéantise.

poltronissima [pol-tro-nìs-si-ma] *n.f.* (*teatr.*) fauteuil (*m.*) d'orchestre.

polvere [pól-ve-re] *n.f.* poussière; (*prodotto industriale*) poudre: *scuotersi la polvere di dosso*, secouer la poussière de ses vêtements | *innescare le polveri*, allumer les poudres.
● ***polvere (da sparo)***, poudre (à feu) | ***polveri sottili***, poussières fines | ***dar fuoco alle polveri***, (*fig.*) mettre le feu aux poudres | ***far mangiare, far mordere la polvere a qlcu***, (*fig.*) laisser qqn loin derrière soi, faire mordre la poussière à qqn | ***gettare la polvere negli occhi a qlcu***, (*fig.*) jeter de la poudre aux yeux de qqn | ***in polvere***, en poudre: *cioccolato in polvere*, chocolat en poudre; *ridurre in polvere*, réduire en poudre; *andare in polvere*, tomber en poussière.

polveriera [pol-ve-riè-ra] *n.f.* (*mil.*) poudrière.

polverificio [pol-ve-ri-fì-cio] *n.m.* [pl. *-ci*] poudrerie (*f.*).

polverina [pol-ve-rì-na] *n.f.* poudre | *vino fatto con le polverine*, (*fam.*) vin frelaté.

polverio [pol-ve-rì-o] *n.m.* [pl. *-ii*] tourbillon de poussière.

polverizzare [pol-ve-riʒ-ʒà-re] *v.tr.* pulvériser (*anche fig.*) ♦ **polverizzarsi** *v.pron.intr.* se pulvériser (*anche fig.*): *il mio stipendio si è polverizzato in un batter d'occhio*, mon salaire s'est volatilisé en un rien de temps.

polverizzatore [pol-ve-riʒ-ʒa-tó-re] *n.m.* 1 (*per solidi*) broyeur 2 (*nebulizzatore*) pulvérisateur.

polverizzazione [pol-ve-riʒ-ʒa-zió-ne] *n.f.* (*nebulizzazione*) pulvérisation.

polverone [pol-ve-ró-ne] *n.m.* nuage de poussière.
● ***sollevare un polverone***, (*fig.*) faire un grand bruit.

polveroso [pol-ve-ró-so] *agg.* 1 (*coperto di polvere*) poussiéreux* 2 (*simile alla polvere*) poudreux*.

pomata [po-mà-ta] *n.f.* pommade.

pomellato [po-mel-là-to] *agg.* (*di cavallo*) pommelé.

pomello [po-mèl-lo] *n.m.* 1 (*della guancia*) pommette (*f.*) 2 (*pomolo*) pommeau*.

pomeridiano [po-me-ri-dià-no] *agg.* de l'après-midi.

pomeriggio [po-me-rìg-gio] *n.m.* [pl. *-gi*] après-midi* (*m.* o *f.*); (*fam.*) aprèm (*m.* o *f.*): *al, di, nel pomeriggio*, l'après-midi; *questo pomeriggio, oggi pomeriggio*, cet après-midi; *domani, ieri pomeriggio*, demain, hier (dans l')après-midi; *di primo pomeriggio*, l'après-midi de bonne heure; *nel tardo pomeriggio*, tard dans l'après-midi; *il pomeriggio prima, dopo*, l'après-midi précédent, suivant; (*in*) *un bel pomeriggio d'estate*, par un bel après-midi d'été.
● ***buon pomeriggio!***, bon après-midi!

pometo [po-mé-to] *n.m.* pommeraie (*f.*).

pomfo [pòm-fo] *n.m.* (*med.*) bouton, pustule (*f.*).

pomice [pó-mi-ce] *n.f.* (*min.*) ponce: *dare, passare la pomice*, poncer.
● ***pietra pomice***, pierre ponce.

pomiciare [po-mi-cià-re] *v.intr.* [coniug. come *cominciare*; aus. *avere*] (*fam.*) peloter (qqn).

pomiciatura [po-mi-cia-tù-ra] *n.f.* (*tecn.*) ponçage (*m.*).

pomicione [po-mi-ció-ne] *n.m.* [f. *-a*] (*fam.*) peloteur*.

pomo [pó-mo] *n.m.* 1 pomme (*f.*) 2 (*oggetto di forma sferica*) pomme (*f.*); (*pomello*) pommeau: *pomo della spada*, pommeau de l'épée.
● (*anat.*) ***pomo d'Adamo***, pomme d'Adam | (*mit.*) ***il pomo della discordia***, (*anche fig.*) la pomme de discorde.

pomodoro [po-mo-dò-ro] *n.m.* [pl. *pomodori*] tomate (*f.*).
● ***rosso come un pomodoro***, rouge comme une tomate.

pompa[1] [póm-pa] *n.f.* (*mecc.*) pompe.
● ***pompa della benzina, dell'olio***, pompe à essence, à huile | ***pompa della bicicletta***, pompe à vélo.

pompa[2] *n.f.* 1 (*fasto*) pompe, faste (*m.*), apparat (*m.*) 2 (*pl.*) (*vanità, piaceri*) pompes, vanités: *rinunciare al mondo e alle sue pompe*, renoncer au monde et à ses fastes 3 (*ostentazione*) montre, parade: *far pompa di erudizione*, faire montre de son érudition.
● ***pompe funebri***, pompes funèbres | ***in pompa magna***, en grande pompe.

pompaggio [pom-pàg-gio] *n.m.* [pl. *-gi*] (*tecn.*) pompage.

pompare [pom-pà-re] *v.tr.* 1 (*aspirare*) pomper 2 (*gonfiare*) gonfler; (*fig.*) grossir: *la notizia è stata pompata ad arte*, cette nouvelle a été grossie, montée en épingle intentionnellement.

pompata [pom-pà-ta] *n.f.* coup (*m.*) de pompe.

pompeiano [pom-pe-ià-no] *agg.* pompéien*.

pompelmo [pom-pèl-mo] *n.m.* (*bot.*) 1 (*albero*) pamplemoussier 2 (*frutto*) pamplemousse (*m.* e *f.*).
● ***pompelmo rosa***, pomélo.

pompiere [pom-piè-re] *n.m.* pompier, sapeur-pompier*.
pompieristico [pom-pie-rì-sti-co] *agg.* [pl.m. *-ci*, f. *-che*] des pompiers.
pompino [pom-pì-no] *n.m.* (*volg.*) pipe (*f.*): *fare un pompino*, faire, tailler une pipe.
pomposità [pom-po-si-tà] *n.f.invar.* pompe, faste (*m.*).
pomposo [pom-pó-so] *agg.* pompeux*.
ponce [pòn-ce] *n.m.invar.* (*antiq.*) punch.
ponderabile [pon-de-rà-bi-le] *agg.* pondérable.
ponderare [pon-de-rà-re] *v.tr.* (*spec. fig.*) peser* ♦ *v.intr.* [aus. *avere*] (*riflettere*) réfléchir.
ponderatamente [pon-de-ra-ta-mén-te] *avv.* avec pondération.
ponderatezza [pon-de-ra-téz-za] *n.f.* pondération.
ponderato [pon-de-rà-to] *agg.* pondéré, réfléchi.
ponderazione [pon-de-ra-zió-ne] *n.f.* pondération, réflexion.
ponderoso [pon-de-ró-so] *agg.* lourd (*anche fig.*): *uno studio ponderoso*, une étude très approfondie; *uno studio ponderoso*, une étude absorbante.
ponente [po-nèn-te] *n.m.* ouest; (*occidente*) occident; (*dove tramonta il sole*) couchant: *a ponente* (*di*), à l'ouest (de); *navigare verso ponente*, naviguer vers l'ouest; *verso ponente le nuvole erano rosse*, vers le couchant les nuages étaient rouges.
● (*vento di*) ***ponente***, vent d'ouest.
ponesti, **ponevo** → **porre**.
ponfo [pòn-fo] *n.m.* → **pomfo**.
pongo[1®] [pòn-go] *n.m.invar.* (*materiale plastico*) pâte (*f.*) à modeler.
pongo[2] → **porre**.
ponte [pón-te] *n.m.* **1** pont **2** (*mar.*) pont **3** (*edil.*) (*impalcatura*) pont de service **4** (*aut.*) pont; (*di autofficina*) pont élévateur **5** (*odontoiatria*) bridge **6** (*ginnastica*) pont **7** (*fig.*) (*vacanza*) pont.
● ***ponte a bilico***, pont-bascule | ***ponte di barche, galleggiante***, pont de bateaux (*o* de péniches) | (*mar.*): ***ponte di comando***, pont-passerelle; ***ponte di coperta***, pont principal; ***ponte di poppa***, pont arrière; ***ponte di prua***, plage avant | ***ponte ferroviario***, pont de chemin de fer | ***ponte levatoio***, pont-levis | (*aer.*) ***ponte passeggeri***, transbordeur | (*mar.*) ***ponte passeggiata***, pont-promenade | ***ponte radio***, liaison radio | ***ponte stradale***, pont routier | ***fare da ponte***, (*fig.*) servir de pont | ***fare ponti d'oro a qlcu***, (*fig.*) faire un pont d'or à qqn | ***gioco del ponte***, bridge | (*mecc.*) ***gru a ponte***, pont roulant | (*prov.*) ***le acque chete rovinano i ponti***, il n'est pire eau que l'eau qui dort | ***ne è passata di acqua sotto i ponti!***, il en a coulé de l'eau sous les ponts!

FAUX AMI
Da non confondere con il francese *ponte*, che significa *deposizione delle uova, covata* o, nel linguaggio familiare, *pezzo grosso.*

pontefice [pon-té-fi-ce] *n.m.* (*st., relig.*) pontife.
● ***il Sommo Pontefice***, le Souverain Pontife.
ponteggio [pon-tég-gio] *n.m.* [pl. *-gi*] (*edil.*) échafaudage.
ponticello [pon-ti-cèl-lo] *n.m.* **1** petit pont, passerelle (*f.*) **2** (*di strumento musicale*) chevalet **3** (*di occhiali*) pont.
pontiere [pon-tiè-re] *n.m.* (*mil.*) pontonnier.
pontificale [pon-ti-fi-cà-le] *agg.* pontifical* ♦ *n.m.* **1** (*messa solenne*) messe (*f.*) pontificale **2** (*libro*) pontifical*.
pontificare [pon-ti-fi-cà-re] *v.intr.* [coniug. come *mancare*; aus. *avere*] pontifier (*anche fig.*).
pontificato [pon-ti-fi-cà-to] *n.m.* pontificat.
pontificio [pon-ti-fi-cio] *agg.* [pl.m. *-ci*, f. *-cie* o *-ce*] pontifical*: *la Roma pontificia*, la Rome papale.
● (*st.*) ***Stato pontificio***, État pontifical.
pontile [pon-ti-le] *n.m.* (*mar.*) débarcadère, quai.
pontone [pon-tó-ne] *n.m.* (*mar.*) ponton | *pontone* (*a*) *gru*, ponton-grue.
pony [pò-ny] *n.m.invar.* (*zool.*) poney.
pony express ['pɔni'ɛxpress] *n.m.invar.* (*fattorino*) coursier*.
ponzare [pon-zà-re] *v.intr.* [aus. *avere*] (*scherz.*) (*arrovellarsi*) creuser la tête; (*riflettere*) cogiter.
pope [pò-pe] *n.m.invar.* (*eccl.*) pope.
popelin [pò-pe-lin] *n.m.invar.* (*tess.*) popeline (*f.*).
poplite [pò-pli-te] *n.m.* (*anat.*) (muscle) poplité; (*parte posteriore del ginocchio*) creux poplité.
popò [po-pò] *n.f.invar.* (*nel linguaggio infantile*) caca (*m.*) ♦ *n.m.invar.* (*nel linguaggio infantile*) (*sedere*) fesses (*f.pl.*).
popolamento [po-po-la-mén-to] *n.m.* peuplement.
popolana [po-po-là-na] *n.f.* femme du peuple.
popolano [po-po-là-no] *agg.* populaire ♦ *n.m.* homme du peuple.
popolare[1] [po-po-là-re] *agg.* populaire; (*fam.*) popu: *musica popolare*, musique folklorique | *prezzi popolari*, prix réduits: *vendita a prezzi popolari*, vente à prix de liquidation.
● ***case popolari***, habitations à loyer modéré (HLM).
popolare[2] *v.tr.* **1** peupler **2** (*inform.*) entrer, saisir ♦ **popolarsi** *v.pron.intr.* **1** se peupler **2** (*riempirsi di gente*) se remplir (de monde).
popolareggiante [po-po-la-reg-giàn-te] *agg.* de ton populaire.
popolaresco [po-po-la-ré-sco] *agg.* [pl.m. *-schi*, f. *-sche*] populaire.
popolarità [po-po-la-ri-tà] *n.f.invar.* popularité.
popolarizzare [po-po-la-riʒ-ʒà-re] *v.tr.* populariser.
popolarmente [po-po-lar-mén-te] *avv.* populairement.
popolato [po-po-là-to] *agg.* peuplé.
popolazione [po-po-la-zió-ne] *n.f.* population.
popolino [po-po-lì-no] *n.m.* (*spreg.*) menu peuple.
popolo [pò-po-lo] *n.m.* **1** peuple: *il popolo italiano*, le peuple italien **2** (*moltitudine*) foule (*f.*).
● ***a furor di popolo***, par la fureur populaire | ***con gran concorso di popolo***, avec un grand concours de gens | ***il popolo della notte***, les noctambules.
popoloso [po-po-ló-so] *agg.* populeux*.
popone [po-pó-ne] *n.m.* (*region.*) melon: *popone zuccherino*, (melon) sucrin.
poppa[1] [póp-pa] *n.f.* (*mar.*) poupe, arrière (*m.*).
● ***navigare col vento in poppa***, (*anche fig.*) avoir le vent en poupe.
poppa[2] *n.f.* (*fam.*) mamelle (*m.*); (*di animale*) pis (*m.*), tétine.
poppante [pop-pàn-te] *n.m.* e *f.* nourrisson (*m.*).
poppare [pop-pà-re] *v.tr.* téter*.
poppata [pop-pà-ta] *n.f.* tétée.

poppatoio [pop-pa-tó-io] *n.m.* [pl. *-oi*] biberon.
populismo [po-pu-lì-ʃmo] *n.m.* populisme.
populista [po-pu-lì-sta] *agg.* e *n.m.* e *f.* populiste.
populistico [po-pu-lì-sti-co] *agg.* [pl.m. *-ci*, f. *-che*] populiste.
pop up [pop'ap] *n.m.invar.* **1** (*inform.*) pop-up **2** (*editoria*) livre en relief.
porcaio[1] [por-cà-io] *n.m.* [pl. *-ai*] porcherie (*f.*).
porcaio[2] [f. *-a*; pl.m. *-ai*] **porcaro** *n.m.* [f. *-a*] (*guardiano di porci*) porcher*.
porcata [por-cà-ta] *n.f.* (*volg.*) cochonnerie: *è una porcata*, c'est de la merde.
porcellana [por-cel-là-na] *n.f.* porcelaine.
porcellanato [por-cel-la-nà-to] *agg.* émaillé.
porcellino [por-cel-lì-no] *n.m.* [f. *-a*] porcelet, petit cochon (*anche fig.*).
● ***porcellino da latte***, cochon de lait | ***porcellino d'India***, cochon d'Inde (*o* cobaye) | ***porcellino di terra***, cloporte.
porcello [por-cèl-lo] *n.m.* [f. *-a*] pourceau*; (*fig.*) cochon.
porcheria [por-che-rì-a] *n.f.* **1** saleté **2** (*fig.*) cochonnerie **3** (*fam.*) (*azione a danno di qlcu*) saloperie.

FAUX AMI
Da non confondere con *porcherie*, che significa *porcile*.

porchetta [por-chét-ta] *n.f.* (*cuc.*) porchetta (cochon de lait rôti).
porcile [por-cì-le] *n.m.* porcherie (*f.*) (*anche fig.*).
porcino [por-cì-no] *agg.* porcin: *carne porcina*, viande de porc ♦ *n.m.* (*bot.*) cèpe, bolet comestible.
porco [pòr-co] *n.m.* [f. *-a*; pl.m. *-ci*, f. *-che*] **1** cochon, porc **2** (*fig. molto fam.*) cochon, salaud.
● ***porco cane!***, nom d'un chien! | ***porca miseria!***, nom d'une pipe! | ***fare i propri porci comodi***, prendre ses aises | ***piede di porco***, pied-de-porc.
porcospino [por-co-spì-no] *n.m.* (*zool.*) porc-épic* (*anche fig.*).
porfido [pòr-fi-do] *n.m.* (*min.*) porphyre.
porgere [pòr-ge-re] *v.tr.* [coniug. come *scorgere*] **1** tendre*; (*passare*) passer; (*offrire*) offrir: *porgere il braccio*, offrir le bras; *porgere aiuto*, aider **2** (*presentare*) présenter: *vi porgo i migliori auguri*, je vous présente mes meilleurs vœux.
● ***porgere l'altra guancia***, (*fig.*) tendre l'autre joue.
porno [pòr-no] *agg.invar.* (*pornografico*) porno ♦ *n.m.* pornographie (*f.*), porno.
pornoattore [por-no-at-tó-re] *n.m.* [f. *-trice*] acteur* porno, *hardeur*.
pornografia [por-no-gra-fì-a] *n.f.* pornographie.
pornografico [por-no-grà-fi-co] *agg.* [pl.m. *-ci*, f. *-che*] pornographique.
pornografo [por-nò-gra-fo] *n.m.* [f. *-a*] pornographe.
pornostar [por-no-stàr] *n.f.invar.* star du porno.
poro [pò-ro] *n.m.* pore: *pori dilatati*, pores dilatés.
● ***sprizzare salute da tutti i pori***, (*fig.*) respirer la santé.
porosità [po-ro-si-tà] *n.f.invar.* porosité.
poroso [po-ró-so] *agg.* poreux*.
porpora [pór-po-ra] *n.f.* **1** pourpre **2** (*med.*) purpura ♦ *n.m.* e *agg.invar.* (*colore*) pourpre.
● ***farsi di porpora***, (*arrossire*) rougir.
porporina [por-po-rì-na] *n.f.* purpurine.
porporino [por-po-rì-no] *agg.* pourpre; pourpré.
porre [pór-re] *v.tr.* [pres.indic. *io pongo*, *tu poni* ecc.; p.rem. *io posi*, *tu ponesti* ecc.; p.p. *posto*] **1** mettre*; (*posare*) poser; (*collocare*) placer* (*anche fig.*): *porre ai voti*, mettre aux voix; *porre a confronto*, confronter; *porre in dubbio*, mettre en doute; *porre qlcu in disparte*, mettre qqn de côté; *porre un termine*, fixer un terme; *porre in atto, in opera*, mettre à exécution | *porre mano a*, mettre la main à | *porre riparo a*, porter remède à | *i familiari posero*, (*sulle lapidi*) (posé par) la famille **2** (*rivolgere*) poser: *porre una domanda*, poser une question **3** (*supporre, ammettere*) supposer, mettre*: *poni che non possa venire*, suppose qu'elle ne puisse pas venir; *poniamo il caso che*, supposons que ♦ **porsi** *v.pron.intr.* se mettre* | *porsi a sedere*, s'asseoir.
● ***porre termine, fine a qlco***, mettre fin à qqch | ***posto che***, (*dato che*) puisque; (*ammesso che*) si | ***senza por tempo in mezzo***, sans délai.
porro [pòr-ro] *n.m.* **1** (*bot.*) poireau* **2** (*fam.*) (*verruca*) verrue (*f.*).
porsi → **porgere**.
porta [pòr-ta] *n.f.* **1** porte: *sbattere la porta*, claquer la porte | *ascoltare dietro le porte*, écouter aux portes **2** (*aut.*) (*portiera*) porte **3** (*sport*) but (*m.*); (*sci*) porte.
● ***porta a porta***, porte à porte | ***porta a vetri***, porte vitrée | ***porta cieca***, fausse porte | ***porta d'ingresso, di strada***, porte d'entrée | ***porta di servizio***, entrée de service | ***porta di sicurezza***, sortie de secours | ***porta girevole***, porte à tambour | (*inform.*) ***porta parallela, seriale***, porte parallèle, série | ***alle porte***, (*fig.*) aux portes: *il nemico è alle porte*, l'ennemi est à nos portes; *le elezioni sono alle porte*, les élections sont pour bientôt | ***andare di porta in porta***, aller de porte en porte; (*di venditore ambulante ecc.*) faire du porte à porte | ***a porte chiuse***, à huis clos | ***aprire la porta a qlcu***, (*fig.*) ouvrir sa porte à qqn | ***chiudere la porta in faccia, sul naso a qlcu***, (*fig.*) claquer la porte au nez de qqn | ***della porta accanto***, d'à côté: *il signore della porta accanto*, le monsieur d'à côté | ***fuori porta***, en dehors de la ville; (*in periferia*) en banlieue | ***mettere alla porta***, (*anche fig.*) mettre à la porte | (*anat.*) ***vena porta***, veine porte.
porta- *pref.* porte-.
portabagagli [por-ta-ba-gà-gli] *n.m.invar.* **1** (*facchino*) porteur **2** (*di automobili, treno ecc.*) porte-bagages **3** (*fam.*) (*bagagliaio*) coffre ♦ *agg.invar.* à bagages: *carrello portabagagli*, chariot à bagages.
portabandiera [por-ta-ban-diè-ra] *n.m.* e *f.invar.* porte-drapeau* (*m.*) (*anche fig.*).
portabile [por-tà-bi-le] *agg.* portable.
portabiti [por-tà-bi-ti] *n.m.invar.* valet (de nuit).
portaborse [por-ta-bór-se] *n.m.* e *f.invar.* (*fam. spreg.*) factotum (*m.*).
portabottiglie [por-ta-bot-tì-glie] *n.m.invar.* porte-bouteilles.
portacarte [por-ta-càr-te] *n.m.invar.* porte-documents.
porta-cd [pòr-ta-cd] *n.m.invar.* porte-cd.
portacellulare [por-ta-cel-lu-là-re] *n.m.invar.* étui pour téléphone mobile, porte-mobile ♦ *agg.* porte-mobile.
portacenere [por-ta-cé-ne-re] *n.m.invar.* cendrier.
portachiavi [por-ta-chià-vi] *n.m.invar.* porte-clés.
portacipria [por-ta-cì-pria] *n.m.invar.* poudrier.
portadischi [por-ta-dì-schi] *agg.* e *n.m.invar.*
● (***album***) ***portadischi***, album pour disques | ***valigetta portadischi***, valise pour disques.

P

portadocumenti [por-ta-do-cu-mén-ti] *n.m.invar.* porte-documents, porte-cartes.

portaerei [por-ta-è-re-i] *n.f.invar.* porte-avions (*m.*).

portafinestra [por-ta-fi-nè-stra] *n.f.* [pl. *portefinestre*] porte-fenêtre*.

portafiori [por-ta-fió-ri] *n.m.invar.* vase (à fleurs), porte-bouquet*.

portafogli [por-ta-fò-gli] *n.m.invar.* **portafoglio** *n.m.* **1** portefeuille, porte-billets: *avere il portafogli(o) gonfio*, avoir son portefeuille bien garni **2** (*comm., econ.*) portefeuille.
● ***portafogli(o) titoli***, portefeuille titres | ***gonna a portafogli(o)***, jupe portefeuille.

portafortuna [por-ta-for-tù-na] *n.m.invar.* porte-bonheur*.

portafotografie [por-ta-fo-to-gra-fì-e] **portafoto** *n.m.invar.* porte-photos.

portafrutta [por-ta-frùt-ta] *agg.invar.* à fruits: *piatto portafrutta*, plat à fruits ♦ *n.m.invar.* compotier.

portagioie [por-ta-giò-ie] **portagioielli** *n.m.invar.* coffret à bijoux.

portalampada [por-ta-làm-pa-da] *n.m.invar.* douille (*f.*).

portale [por-tà-le] *n.m.* portail (*anche inform.*).

portalettere [por-ta-lèt-te-re] *n.m.* e *f.* facteur/trice.

portamatite [por-ta-ma-ti-te] *n.m.invar.* porte-crayon*.

portamento [por-ta-mén-to] *n.m.* **1** port; (*aspetto, modo di essere*) allure (*f.*); (*modo di camminare*) démarche (*f.*): *avere un bel portamento*, avoir une belle allure **2** (*condotta*) comportement.

portamine [por-ta-mì-ne] *n.m.invar.* portemine.

portamissili [por-ta-mìs-sili] *n.m.invar.* (*mil.*) porte-engins.

portamonete [por-ta-mo-né-te] *n.m.invar.* porte-monnaie*.

portante [por-tàn-te] *agg.* portant; (*fis., elettr.*) porteur*.

portantina [por-tan-tì-na] *n.f.* **1** chaise à porteurs **2** (*lettiga*) brancard (*m.*).

portantino [por-tan-tì-no] *n.m.* brancardier.

portanza [por-tàn-za] *n.f.* portance.

portaocchiali [por-ta-oc-chià-li] *n.m.invar.* étui à lunettes.

portaoggetti [por-ta-og-gèt-ti] *n.m.invar.* (*contenitore*) vide poche; (*ripiano*) étagère (*f.*); (*vetrina*) vitrine (*f.*).
● (*vetrino*) ***portaoggetti***, (*di microscopio*) porte-objet.

portaombrelli [por-ta-om-brèl-li] *n.m.invar.* porte-parapluies.

portaordini [por-ta-òr-di-ni] *n.m.* e *f.invar.* messager/ère.

portapacchi [por-ta-pàc-chi] *n.m.invar.* (*di veicolo*) porte-bagages ♦ *n.m.* e *f.invar.* (*fattorino*) facteur/trice; (*di negozio*) livreur/euse.

portapenne [por-ta-pén-ne] *n.m.invar.* **1** (*astuccio*) trousse (*f.*) **2** (*asticella*) porte-plume*.

portapillole [por-ta-pìl-lo-le] *n.m.invar.* boîte (*f.*) à pilules.

portaposate [por-ta-po-sà-te] *n.m.invar.* panier à couverts.

portare [por-tà-re] *v.tr.* **1** porter (*anche fig.*); (*recare, portare verso qlcu*) apporter; (*a casa*) rapporter: *portare un pacco alla posta*, porter un paquet à la poste; *portami quel libro*, apporte-moi ce livre; *mi ha portato una buona notizia*, il m'a apporté une bonne nouvelle; *cosa ti ha portato da Roma?*, qu'est-ce qu'il t'a rapporté de Rome?; *mi porti il conto, per favore*, l'addition, s'il vous plaît; *portare in alto*, soulever | *portare delle prove convincenti*, fournir des preuves convaincantes | *portare in tavola*, servir **2** (*condurre*) mener*; (*in un posto*) amener* (*anche fig.*); (*in un posto preciso*) conduire*: *questa strada porta in città*, cette route mène à la ville; *portare in prigione*, conduire en prison; *chi l'ha portato qui?*, qui l'a conduit ici?; *puoi portare un amico*, tu peux amener un ami; *questi tubi portano acqua al giardino*, ces tuyaux amènent l'eau au jardin; *questa politica porterà il paese alla rovina*, cette politique conduira le pays à sa perte | *questo mi porta a credere che*, cela m'amène à croire que **3** (*prendere con sé*) (*persone*) emmener*; (*cose*) prendre*: *mi porti con te al cinema?*, tu m'emmènes au cinéma?; *questa sera ti porto a vedere una mostra*, ce soir je t'emmène voir une exposition; *non ho portato l'ombrello*, je n'ai pas pris mon parapluie **4** (*trasportare*) transporter: *la nave portava un carico di arance*, le navire transportait une cargaison d'oranges **5** (*indossare, portare su di sé*) porter: *portare i pantaloni, il cappello*, porter le pantalon, le chapeau | *portare il lutto*, porter le deuil | *è uno sciocco, lo porta scritto in fronte*, il porte sa bêtise sur sa figure | *è vietato portare armi*, le port d'armes est interdit **6** (*reggere, sostenere*) porter (*anche fig.*); (*sopportare*) supporter: *portare un bambino in braccio*, porter un enfant dans ses bras; *portare le conseguenze di qlco*, supporter les conséquences de qqch **7** (*sostenere*) soutenir*: *portare un candidato*, soutenir un candidat **8** (*avere come conseguenza*) entraîner; (*esigere*) exiger*: *la concorrenza portò a un livellamento dei prezzi*, la concurrence entraîna le nivellement des prix **9** (*guidare un veicolo*) conduire*: *portare l'auto*, conduire (l'auto) **10** (*mat.*) retenir*: *scrivo 5 e porto 3*, je pose 5 et je retiens 3 ♦ *v.intr.* [aus. *avere*] **1** (*condurre*) mener*: *questa strada porta alla chiesa*, ce chemin mène à l'église **2** (*di arma da fuoco; di vele*) porter ♦ **portarsi** *v.pron.intr.* **1** (*recarsi*) se rendre*; (*trascinarsi*) traîner; (*spostarsi*) se déplacer*: *portarsi sul luogo*, se rendre sur le lieu **2** (*presentarsi*) se porter **3** (*comportarsi*) se conduire*, se comporter ♦ *v.pron. indiretto* emmener* avec soi: *portarsi il cane in vacanza*, emmener le chien avec soi en vacance.
● ***portare avanti qlco***, poursuivre qqch | ***portare bene gli anni***, ne pas paraître son âge | ***portare dentro***, rentrer | ***portare fuori***, sortir | ***portare giù, da basso***, descendre | ***portare indietro***, rapporter, (*fig.*) ramener: *se il libro non ti piace, lo puoi sempre portare indietro al libraio*, si le livre ne te plaît pas, tu peux toujours le rapporter au libraire; *questa musica mi porta indietro di dieci anni*, cette musique me ramène en arrière de dix ans | ***portare su, di sopra***, monter | ***portare via***, emporter; (*togliere*) enlever; (*condurre via*) emmener; (*rubare*) voler: *gli ha portato via il posto*, il lui a soufflé sa place; *lavoro che porta via molto tempo*, travail qui prend beaucoup de temps | ***portarsi dietro qlcu, qlco***, emmener qqn, emporter qqch.

NOTA ***Portare a***, nel senso di 'prendere con sé', quando è seguito da un infinito, si traduce in francese senza preposizione:

*Mi **porti a** fare un giro sulla tua moto?*
SÌ Tu m'**emmènes faire** un tour sur ta moto?
NO Tu m'**emmènes à faire** un tour sur ta moto?

*Questa sera ti **porto a** mangiare fuori.*
SÌ Ce soir je t'**emmène dîner** dehors (*o* je t'emmène au restaurant).
NO Ce soir je t'**emmène à dîner** dehors.

portaritratti [por-ta-ri-tràt-ti] *n.m.invar.* sous-verre*.

portariviste [por-ta-ri-vì-ste] *n.m.invar.* porte-revues*.

portasapone [por-ta-sa-pó-ne] *n.m.invar.* porte-savon*.

portasci [por-ta-scì] *n.m.invar.* porte-skis*.

portasciugamani [por-ta-sciu-ga-mà-ni] **portasciugamano** *n.m.invar.* porte-serviettes*.

portasigarette [por-ta-si-ga-rét-te] *n.m.invar.* porte-cigarettes*.

portata [por-tà-ta] *n.f.* 1 (*in un pranzo*) plat (*m.*): *pranzo di otto portate*, dîner de huit plats | *la prima portata*, l'entrée 2 (*capacità di carico*) portée: *la portata di un autocarro*, la portée d'un camion | *portata lorda*, port en lourd 3 (*di arma da fuoco, di strumento ottico*) portée: *la portata di un fucile*, la portée d'un fusil; *la portata di un cannocchiale*, la portée d'une lunette 4 (*possibilità; livello*) portée 5 (*importanza*) portée: *avvenimento di portata internazionale*, événement de portée internationale 6 (*quantità di acqua trasportata*) débit (*m.*): *portata di un fiume, di un canale*, débit d'une rivière, d'un canal.
● ***alla portata di***, à la portée de: *questo libro è alla portata di tutti*, ce livre est à la portée de tous | ***a portata di***, à portée de: *a portata di mano*, à portée de main | ***fuori dalla portata di***, hors (de portée) de: *è fuori dalla portata della mia vista*, il est hors (de portée) de ma vue.

portatile [por-tà-ti-le] *agg.* portatif* | *personal computer portatile*, PC portatif, portable.

portato [por-tà-to] *agg.* 1 (*dotato*) doué 2 (*incline*) porté ♦ *n.m.* produit; (*risultato*) résultat, conséquence (*f.*).

portatore [por-ta-tó-re] *n.m.* [f. *-trice*] porteur* (*anche fig.*).
● (*med.*): ***portatore di handicap***, handicapé; ***portatore sano***, porteur sain | (*comm.*) ***al portatore***, au porteur: *titoli al portatore*, titres au porteur; *pagabile al portatore*, payable au porteur.

portatovagliolo [por-ta-to-va-gliò-lo] *n.m.* [pl. *invar.* o *-li*] rond de serviette.

portauovo [por-ta-uò-vo] *n.m.* [pl. *invar.* o *-a*] coquetier.

portavalori [por-ta-va-ló-ri] *n.m.* e *f.invar.* (*persona*) convoyeur/euse de fonds.
● ***furgone portavalori***, fourgon pour le transfert de fonds.

portavasi [por-ta-và-ʃi] *n.m.invar.* (*per più vasi*) jardinière (*f.*); (*per un vaso*) cache-pot*.

portavivande [por-ta-vi-vàn-de] *n.m.invar.* (*carrello*) table (*f.*) roulante.

portavoce [por-ta-vó-ce] *n.m.invar.* porte-parole*.

portello [por-tèl-lo] *n.m.* 1 porte (*f.*) 2 (*mar.*) sabord.

portellone [por-tel-ló-ne] *n.m.* (*aut.*) porte (*f.*) du coffre.

portento [por-tèn-to] *n.m.* prodige | *questo ragazzo è un portento*, ce garçon est un phénomène | *questo prodotto è un portento*, ce produit est une merveille.

portentoso [por-ten-tó-so] *agg.* prodigieux*.

porticato [por-ti-cà-to] *n.m.* portique, arcades (*f.pl.*).

portico [pòr-ti-co] *n.m.* [pl. *-ci*] 1 (*di edificio*) porche; (*di chiesa ecc.*) portique 2 (*pl.*) (*di via, piazza*) arcades (*f.*) 3 (*di fattoria*) *hangar.

portiera [por-tiè-ra] *n.f.* 1 portière 2 (*portinaia*) concierge.

portierato [por-tie-rà-to] *n.m.* conciergerie (*f.*).

portiere [por-tiè-re] *n.m.* 1 (*portinaio*) concierge 2 (*di edificio pubblico*) portier: *portiere d'albergo*, portier d'hotel | *portiere di notte*, veilleur de nuit 3 (*sport*) gardien (de but).

portinaia [por-ti-nà-ia] *n.f.* concierge.

portinaio [por-ti-nà-io] *n.m.* [f. *-a*; pl.m. *-ai*] concierge.
● ***frate portinaio***, frère portier.

portineria [por-ti-ne-rì-a] *n.f.* loge de la, du concierge.

porto[1] [pòr-to] *n.m.* port: *toccare un porto*, faire escale dans un port; *tornare in porto*, rentrer au port.
● ***porto di salvezza***, port de salut | ***porto di scalo***, port d'escale | ***porto fluviale, turistico***, port fluvial, port de plaisance | ***porto mercantile***, port de commerce | ***condurre in porto***, (*fig.*) mener à bien: *condurre in porto un affare*, mener à bien une affaire | ***giungere in porto***, (*fig.*) toucher au but | ***questa casa è un porto di mare***, (*fig.*) cette maison est un moulin.

porto[2] *n.m.* (*il portare*) port.
● (*comm.*) ***porto a carico del mittente***, port payé.

porto[3] *p.p.* di **porgere**.

portoghese [por-to-ghé-se] *agg.* portugais ♦ *n.m.* e *f.* 1 (*abitante*) Portugais/e 2 (*fig.*) (*viaggiatore, spettatore abusivo*) resquilleur/euse: *fare il portoghese*, resquiller ♦ *n.m.* (*lingua*) portugais.

portolano [por-to-là-no] *n.m.* (*mar.*) portulan.

portone [por-tó-ne] *n.m.* porte (*f.*) (de l'immeuble); (*di vecchie case*) porte (*f.*) cochère.

portoricano [por-to-ri-cà-no] *agg.* portoricain ♦ *n.m.* [f. *-a*] (*abitante*) Portoricain.

portuale [por-tu-à-le] *agg.* portuaire, du port ♦ *n.m.* e *f.* docker (*m.*).

portulaca [por-tu-là-ca] *n.f.* [pl. *-che*] (*bot.*) pourpier (*m.*).

porzione [por-zió-ne] *n.f.* 1 part 2 (*di cibo*) part; (*al ristorante*) portion: *fare le porzioni*, faire les parts.

posa [pò-sa] *n.f.* 1 (*il porre*) pose: *la posa della prima pietra*, la pose de la première pierre 2 (*per un ritratto, una fotografia ecc.*) pose: *una posa di due ore*, une pose de deux heures 3 (*atteggiamento*) pose: *assumere una posa naturale, solenne*, prendre une pose naturelle, solennelle | *assumere pose da superuomo*, se prendre pour superman | *è solo una posa*, c'est du chiqué.
● ***posa in opera***, mise en œuvre, installation: *posa in opera di un cavo sottomarino*, immersion d'un câble sous-marin | ***mettersi in posa***, se mettre en pose (*o* poser) | ***restare in posa***, garder la pose | ***senza posa***, sans répit.

posacavi [po-sa-cà-vi] *n.m.invar.* (*mar.*) câblier.

posacenere [po-sa-cé-ne-re] *n.m.invar.* → **portacenere**.

posamine [po-sa-mì-ne] *n.f.invar.* (*mar.*) mouilleur (*m.*) de mines.

posapiano [po-sa-pià-no] *n.m.invar.* (*scherz.*) lambin.

posapiedi [po-sa-piè-di] *n.m.invar.* tabouret.

posare [po-sà-re] *v.tr.* poser: *posare un pacco per terra*, poser un paquet à terre | *posare le armi*, (*fig.*) (*cessare le ostilità*) déposer les armes ♦ *v.intr.* 1 [aus. *essere*] (*poggiare*) reposer (*anche fig.*): *la statua posa su un piedistallo*, la statue repose sur un piédestal 2 [aus. *avere*] (*per fotografie, ritratti*) poser: *posare per un pittore*, poser pour un peintre 3 [aus. *avere*] (*prendere un atteggiamento non spontaneo*) jouer (qqn); (*usato assolutamente*) poser: *gli piace posare a vittima*, il aime jouer les victimes; *posa sempre*, elle pose toujours | *è una che posa sempre*, c'est une poseuse 4 [aus. *essere*] (*di liquido, fare*

P

deposito) reposer, déposer: *bisogna lasciar posare il vino prima di travasarlo*, il faut laisser reposer le vin avant de le mettre en bouteilles ♦ **posarsi** *v.pron.* e *pron.intr.* se poser; (*depositarsi*) se déposer.

posata [po-sà-ta] *n.f.* **1** (*coltello*) couteau* (*m.*); (*forchetta*) fourchette; (*cucchiaio*) cuiller, cuillère **2** (*pl.*) (*l'insieme*) couverts (*m.*).

posatezza [po-sa-téz-za] *n.f.* air (*m.*) posé; calme (*m.*).

posato [po-sà-to] *agg.* posé.

posatoio [po-sa-tó-io] *n.m.* [pl. *-oi*] perchoir, juchoir.

posatore [po-sa-tó-re] *n.m.* [f. *-trice*] poseur* (*anche fig.*).

poscia [pò-scia] *avv.* (*letter.*) ensuite, puis.

poscritto [po-scrìt-to] *n.m.* post-scriptum*.

posdomani [po-ʃdo-mà-ni] *avv.* après-demain.

posi → **porre**.

positiva [po-ʃi-tì-va] *n.f.* (*fot.*) épreuve positive, positif (*m.*).

positivamente [po-si-ti-va-mén-te] *avv.* positivement.

positivismo [po-ʃi-ti-vì-ʃmo] *n.m.* (*fil.*) positivisme.

positivista [po-ʃi-ti-vì-sta] *n.m.* e *f.* (*fil.*) positiviste.

positivistico [po-ʃi-ti-vì-sti-co] *agg.* [pl.m. *-ci*, f. *-che*] (*fil.*) positiviste.

positività [po-ʃi-ti-vi-tà] *n.f.invar.* positivité.

positivo [po-ʃi-tì-vo] *agg.* **1** positif*: *un fatto positivo*, un fait positif | *di positivo so solo che*, tout ce que je sais, c'est que | *è positivo che*, il est certain que **2** (*affermativo, favorevole*) positif*: *un giudizio positivo*, un jugement positif ♦ *n.m.* (*fot.*) positif ♦ *avv.* **1** (*certamente, sicuramente*) positif **2** (*positivamente*) positif: *pensare positivo*, penser positif.
● (*gramm.*) ***aggettivo (di grado) positivo***, adjectif positif | ***diritto positivo***, droit positif | (*med.*) ***test positivo***, test positif.

positura [po-ʃi-tù-ra] *n.f.* position.

P

posizionamento [po-ʃi-zio-na-mén-to] *n.m.* positionnement.

posizionare [po-ʃi-zio-nà-re] *v.tr.* positionner ♦ **posizionarsi** *v.pron.* se positionner.

posizione [po-ʃi-zió-ne] *n.f.* **1** position (*anche fig.*): *posizione di una città, di una nave*, position d'une ville, d'un navire; *una posizione di comando*, une position d'autorité | *essere in una bella posizione*, (*di edificio, località ecc.*) être bien situé | *una buona posizione*, (*in classifica*) un bon classement **2** (*modo di stare*) position; posture: *posizione orizzontale, verticale*, position horizontale, verticale | *mettersi in una posizione comoda*, s'installer confortablement **3** (*condizione economica*) situation: *ha una posizione solida, una buona posizione*, il a une situation solide | *farsi una posizione*, se faire une situation **4** (*mil.*) position: *attaccare le posizioni nemiche*, attaquer les positions ennemies **5** (*convinzione, opinione*) position: *mantenere le proprie posizioni*, rester sur ses positions; *difendere la propria posizione ideologica*, défendre ses positions idéologiques | *prendere posizione*, prendre position.

posologia [po-ʃo-lo-gì-a] *n.f.* posologie.

posporre [po-spór-re] *v.tr.* [coniug. come *porre*] **1** placer* après; (*fig.*) faire* passer après **2** (*posticipare*) renvoyer* **3** (*gramm.*) postposer.

posposto [po-spó-sto] *agg.* **1** (*nel tempo*) ajourné; (*per importanza*) placé après **2** (*gramm.*) postposé.

possanza [pos-sàn-za] *n.f.* (*letter.*) puissance.

possedere [pos-se-dé-re] *v.tr.* [coniug. come *sedere*] posséder* | *essere posseduto dal diavolo*, être possédé par le démon; *essere posseduto dalla passione*, être la proie de la passion.

possedimento [pos-se-di-mén-to] *n.m.* **1** possession (*f.*) **2** (*proprietà*) propriété (*f.*).

posseduto [pos-se-dù-to] *agg.* e *n.m.* [f. *-a*] (*dal demonio*) possédé.

possente [pos-sèn-te] *agg.* puissant.

possessione [pos-ses-sió-ne] *n.f.* (*psic.*) possession.

possessivo [pos-ses-sì-vo] *agg.* possessif* (*anche gramm.*).

possesso [pos-sès-so] *n.m.* **1** possession (*f.*): *prendere possesso di qlco*, prendre possession de qqch | *il possesso di una lingua*, (*padronanza*) la maîtrise d'une langue **2** (*spec. pl.*) (*proprietà*) propriété (*f.*).
● ***in possesso di***, en possession de: *entrare, venire in possesso di*, entrer en possession de; *essere in possesso di una grande fortuna*, disposer (*o* être en possession) d'une grande fortune; *essere in possesso di importanti informazioni*, détenir des informations importantes; *essere in possesso di un diploma*, avoir un diplôme; *la lettera è in nostro possesso*, la lettre est entre nos mains; *come sei venuto in possesso di questo libro?*, comment as-tu eu ce livre? | (*dir.*) ***nel pieno possesso delle proprie facoltà mentali***, en possession de ses facultés mentales.

possessore [pos-ses-só-re] *n.m.* [f. *posseditrice*] possesseur.

possiamo → **potere**[1].

possibile [pos-sì-bi-le] *agg.* possible: *non mi è possibile venire*, il ne me sera pas possible de venir | *non mi è possibile aiutarti*, je ne peux pas t'aider | *il meglio possibile*, aussi bien que possible ♦ *n.m.* possible | *farò (tutto) il possibile per*, je ferai mon possible pour.
● ***possibile!***, pas possible! | ***appena possibile***, dès que possible | ***fare il possibile e l'impossibile***, faire tout son possible | ***nel limite del possibile***, ***per quanto (è) possibile***, dans la mesure du possible | ***possibilissimo!***, fort possible!

possibilismo [pos-si-bi-lì-ʃmo] *n.m.* (*in politica*) attitude (*f.*) conciliante.

possibilista [pos-si-bi-lì-sta] *agg.* (*in politica*) conciliant | *politica possibilista*, politique de conciliation ♦ *n.m.* e *f.* (*in politica*) partisan/e d'une politique de conciliation.

possibilità [pos-si-bi-li-tà] *n.f.invar.* **1** possibilité; (*probabilità*) chance: *ci sono due possibilità*, il y a deux possibilités; *avere la possibilità di*, avoir la possibilité de; *ha buone possibilità di trovare un lavoro*, il a de fortes chances de trouver un travail; *c'è qualche possibilità di salvarlo*, il existe quelques chances de le sauver; *non c'è nessuna possibilità che venga*, il n'y a aucune chance qu'il vienne **2** (*pl.*) possibilités; (*spec. materiali*) moyens (*m.*): *ha grandi possibilità*, (*economiche*) il a de gros moyens; *ha possibilità (economiche) limitate*, ses moyens sont limités | *nel limite delle mie possibilità*, *secondo le mie possibilità*, selon mes possibilités.

possibilmente [pos-si-bil-mén-te] *avv.* si possible.

possidente [pos-si-dèn-te] *n.m.* e *f.* propriétaire.

posso, **possono** → **potere**[1].

post- *pref.* post-.

posta [pó-sta] *n.f.* **1** (*servizio postale*) poste; (*corrispondenza*) courrier (*m.*): *distribuire la posta*, distribuer le courrier; *levare la posta*, faire la levée du courrier; *con* *la posta di domani*, par le courrier de demain; *c'è posta per me?*, il y a du courrier pour moi? | *la posta dei lettori*, (*sui giornali*) le courrier des lecteurs | *impiegato delle poste*, employé des Postes, postier **2** (*ufficio postale*) (bureau* de) poste: *andare alla posta*, aller à la poste | *Posta centrale*, Poste centrale **3** (*antiq.*) (*stazione di diligenza*) poste: *stazione di posta*, relais **4** (*caccia*) affût (*m.*): *stare alla posta*, se mettre à l'affût **5** (*al gioco*) mise; (*di scommessa*) enjeu* (*m.*) (*anche fig.*) **6** (*eccl.*) station (du chemin de Croix).

● (*inform.*) ***posta elettronica***, courrier électronique, télémessagerie, messagerie électronique | ***posta prioritaria***, poste prioritaire | ***a bella posta***, à dessein | ***a stretto giro di posta***, par retour du courrier | ***fare la posta a qlcu***, guetter qqn | ***Ministero delle Poste e delle Telecomunicazioni***, Ministère des Postes et Télécommunications | ***per posta***, par la poste | ***per posta aerea***, par avion | ***per posta ordinaria***, par courrier ordinaire.

postagiro [po-sta-gì-ro] ***n.m.*** virement postal.

postale [po-stà-le] ***agg.*** postal* ♦ ***n.m.*** (*nave*) paquebot; (*treno*) train postal; (*aereo*) avion postal.

● ***impiegato postale***, employé des Postes | ***spese postali***, frais d'envoi | ***ufficio postale***, bureau de poste.

postappello [po-stap-pèl-lo] ***n.m.*** (*all'università*) date (*f.*) supplémentaire d'examens.

postazione [po-sta-zió-ne] ***n.f.*** **1** (*mil.*) poste (*m.*) **2** (*tv*) emplacement (*m.*).

postbellico [post-bèl-li-co] ***agg.*** [pl.m. *-ci*, f. *-che*] de l'après-guerre.

postdatare [post-da-tà-re] ***v.tr.*** postdater.

postdatato [post-da-tà-to] ***agg.*** postdaté.

posteggiare [po-steg-già-re] ***v.tr.*** [coniug. come *mangiare*] garer | *non so dove posteggiare*, je ne sais pas où me garer.

posteggiatore [po-steg-gia-tó-re] ***n.m.*** [f. *-trice*] **1** (*custode di posteggio*) gardien de parking **2** (*region.*) (*suonatore ambulante*) musicien ambulant **3** (*venditore ambulante*) marchand ambulant.

posteggio [po-stég-gio] ***n.m.*** [pl. *-gi*] parking | *mettere in posteggio*, garer; *mettersi in posteggio*, se garer.

● ***posteggio taxi***, station de taxis | ***diritto di posteggio***, (*per venditori ambulanti*) droit d'étalage | ***divieto di posteggio***, stationnement interdit | ***tassa di posteggio***, (*per venditori ambulanti*) hallage.

postelegrafonico [po-ste-le-gra-fò-ni-co] ***agg.*** [pl.m. *-ci*, f. *-che*] des ptt (des Postes et Télécommunications) ♦ ***n.m.*** [f. *-a*] postier.

poster [pò-ster] ***n.m.invar.*** (*manifesto illustrato*) affiche (*f.*); (*foto ingrandita*) poster.

posteriore [po-ste-rió-re] ***agg.*** postérieur.

● (*aut.*) ***luci posteriori***, feux arrière.

posteriori, a [a po-ste-rió-ri] ***avv.*** a posteriori.

posteriorità [po-ste-rio-ri-tà] ***n.f.invar.*** postériorité.

posteriormente [po-ste-rior-mén-te] ***avv.*** **1** (*nella parte posteriore*) dans la partie postérieure **2** (*dopo*) postérieurement.

posterità [po-ste-ri-tà] ***n.f.invar.*** postérité.

postero [pò-ste-ro] ***n.m.*** (*spec. pl.*) descendant | *passare ai posteri*, passer à la postérité.

postfazione [post-fa-zió-ne] ***n.f.*** postface.

posticcio [po-stìc-cio] ***agg.*** [pl.m. *-ci*, f. *-ce*] postiche; (*falso*) faux* ♦ ***n.m.*** (*di capelli*) postiche; (*fam.*) moumoute (*f.*).

posticino [po-sti-cì-no] ***n.m.*** (*fam.*) petit coin.

posticipare [po-sti-ci-pà-re] ***v.tr.*** retarder; (*un pagamento ecc.*) différer*; (*un appuntamento, una scadenza ecc.*) renvoyer*.

posticipatamente [po-sti-ci-pa-ta-mén-te] ***avv.*** à terme échu | (*comm.*) *posticipatamente alla consegna della merce*, après livraison.

posticipato [po-sti-ci-pà-to] ***agg.*** **1** (*rinviato*) différé; (*di appuntamento, scadenza ecc.*) renvoyé **2** (*di pagamento*) (à) terme échu, à échoir.

posticipazione [po-sti-ci-pa-zió-ne] ***n.f.*** renvoi (*m.*); (*di pagamento*) délai (*m.*).

posticipo [po-stì-ci-po] ***n.m.*** (*sport*) match en retard.

postiglione [po-sti-glió-ne] ***n.m.*** postillon.

postilla [po-stìl-la] ***n.f.*** **1** annotation, note **2** (*fig.*) (*precisazione*) remarque.

postillare [po-stil-là-re] ***v.tr.*** annoter.

postimpressionismo [post-im-pres-sio-nì-ʃmo] ***n.m.*** (*pitt.*) postimpressionnisme.

postimpressionista [po-stim-pres-sio-nì-sta] ***agg.*** e ***n.m.*** e ***f.*** (*pitt.*) postimpressionniste.

postindustriale [post-in-du-strià-le] ***agg.*** postindustriel*.

postino [po-stì-no] ***n.m.*** [f. *-a*] facteur*.

post-it® ['postit] ***n.m.invar.*** post-it®.

postlaurea [post-làu-re-a] ***agg.invar.*** postuniversitaire.

postmoderno [post-mo-dèr-no] ***agg.*** e ***n.m.*** postmoderne.

posto[1] [pó-sto] ***n.m.*** **1** place (*f.*): *è al terzo posto in classifica*, il occupe la troisième place au palmarès; *l'Italia è al primo posto per la produzione di olio di oliva*, l'Italie est au premier rang pour la production d'huile d'olive **2** (*spazio*) place (*f.*): *non c'è più posto*, il n'y a plus de place **3** (*sito*) lieu*; (*località*) endroit; (*paese*) pays: *un posto di villeggiatura*, un lieu de villégiature; *è un posto delizioso*, c'est un endroit délicieux; *vino del posto*, vin du pays; *la gente del posto*, les gens du pays **4** (*sedile*) place (*f.*): *posto libero, occupato*, place vide (*o* libre), occupée; *posto in piedi, a sedere*, place debout, assise; *non ha trovato posto, un posto*, il n'a pas trouvé de place, une seule place | *posto d'angolo*, (*in treno; alla finestra*) coin fenêtre; (*al corridoio*) coin couloir | (*teatr.*): *primi posti*, premiers rangs; *posti di platea*, fauteuils d'orchestre; *posti di balconata*, fauteuils de balcon **5** (*impiego*) emploi, place (*f.*); (*lavoro*) travail*; (*carica*) poste: *ha perso il posto*, il a perdu son travail; *cercare un posto*, chercher un emploi (*o* une place); *trovare un posto*, (*di impiegato*) trouver du travail; *cambiare posto*, changer de travail; *avere un posto al ministero*, avoir un poste au ministère; *coprire un posto vacante*, occuper un poste vacant | *avere un buon posto*, avoir une bonne situation | *impiego un'ora per arrivare sul posto di lavoro*, je mets une heure pour arriver sur mon lieu de travail | *ricoprire un posto di responsabilità*, avoir des fonctions de responsabilité.

● (*rad.*) ***posto d'ascolto***, poste d'écoute | ***posto di blocco***, barrage de police | ***posto di guardia***, poste de garde | ***posto di lancio***, (*di velivoli, razzi ecc.*) base de lancement | (*inform.*) ***posto di lavoro***, poste de travail | ***posto di manovra***, poste de manœuvre | ***posto di osservazione***, poste d'observation | ***posto di polizia***, poste de police | ***posto di pronto soccorso, di medicazione***, poste de secours | ***posto macchina***, emplacement réservé (dans un parking) (*o* place de parking) | ***posto telefonico*** (***pubblico***), téléphone public | ***al posto di***, à la place de: *verrò al posto di mio fratello*, je viendrai à la place de mon frère; *al mio, al* *tuo posto*, à ma place, à ta place; *saper stare al proprio posto*, savoir rester à sa place; *cos'hai al posto del cervello?*, tu es tombé sur la tête? | ***conquistare un posto al sole***, (*fig.*) se faire une place au soleil | ***fuori posto***, déplacé: *osservazione fuori posto*, remarque déplacée; *essere fuori posto*, (*anche fig.*) ne pas être à sa place; *mette sempre le cose fuori posto*, il met toujours tout en désordre; *mi sento fuori posto*, je ne me sens pas à mon aise; *ho lo stomaco fuori posto oggi*, j'ai l'estomac barbouillé aujourd'hui; *non ha un capello fuori posto*, elle n'a pas un cheveu qui dépasse | ***in nessun posto***, nulle part | ***sul posto***, sur place; sur les lieux: *eseguito sul posto*, fait sur place; *la polizia è sul posto*, la police est sur les lieux.

□ **a posto** à sa place; (*in ordine*) en ordre: *rimetti a posto quei libri*, remets ces livres à leur place; *la mia stanza è già a posto*, ma chambre est déjà en ordre; *avere i capelli a posto*, être bien peigné; *avere i vestiti a posto*, être bien mis; *il passaporto è a posto*, le passeport est en règle; *la mia crocchia non sta a posto*, mon chignon ne tient pas; *la mia cravatta non sta a posto*, ma cravate est de travers | *mettere a posto qlco*, (*aggiustare*) réparer qqch; *metterò io le cose a posto!*, je vais arranger cela!; *mettere a posto le proprie cose, i propri affari*, régler ses affaires; *mettiamo le cose a posto*, (*in chiaro*) mettons les choses au clair | *mettere a posto qlcu*, (*fam.*) (*trovargli un impiego*) trouver un emploi à qqn; *mettersi a posto*, (*fam.*) (*trovare un impiego*) trouver un emploi | *mettersi a posto i capelli*, arranger sa coiffure; *mettersi a posto i vestiti*, arranger sa toilette | *essere a posto con la coscienza*, avoir la conscience tranquille; *sono a posto*, (*sto bene*) ça va, (*non ho niente da temere*) je suis tranquille; *adesso siamo a posto*, maintenant tout va bien | *non mi sento a posto*, (*di salute*) je ne me sens pas dans mon assiette | *tieni la lingua a posto*, (*fam.*) tiens ta langue; *tieni le mani a posto!*, (*fam.*) bas les pattes! | *una persona a posto*, (*fig.*) quelqu'un de bien.

posto[2] *agg.* situé.

● ***ciò posto***, (*stabilito questo*) ceci étant dit | ***posto che***, (*dato che*) puisque, (*ammesso che*) en admettant que, (*se*) si: *posto che tu venga alle cinque, mi troverai in casa*, si tu viens à cinq heures je serai chez moi.

postoperatorio [po-sto-pe-ra-tò-rio] *agg.* [pl.m. *-ri*] postopératoire.

postribolo [po-strì-bo-lo] *n.m.* (*letter.*) lupanar.

post scriptum [post scrìp-tum] *n.m.invar.* post-scriptum*.

postulante [po-stu-làn-te] *n.m.* e *f.* postulant/e.

postulare [po-stu-là-re] *v.tr.* postuler.

postulato [po-stu-là-to] *n.m.* postulat.

postumo [pò-stu-mo] *agg.* posthume | *pubblicato postumo*, (*di autore*) publié après sa mort; (*di libro*) publié après la mort de l'auteur | *pentimenti postumi*, (*fig.*) repentirs tardifs ♦ *n.m.* (*solo pl.*) (*med.*) séquelle (*f.sing.*) (*anche fig.*).

postuniversitario [po-stu-ni-ver-si-tà-rio] *agg.* [pl.m. *-ri*] postuniversitaire.

postura [po-stù-ra] *n.f.* posture.

postvendita [post-vén-di-ta] *agg.* (*comm.*) après-vente*.

potabile [po-tà-bi-le] *agg.* potable.

potare [po-tà-re] *v.tr.* tailler, émonder.

potassa [po-tàs-sa] *n.f.* (*chim.*) potasse.

potassico [po-tàs-si-co] *agg.* [pl.m. *-ci*, f. *-che*] (*chim.*) potassique.

potassio [po-tàs-sio] *n.m.* [pl. *-si*] (*chim.*) potassium.

potatura [po-ta-tù-ra] *n.f.* **1** taille, émondage (*m.*) **2** (*rami potati*) émondes (*pl.*), branches (*pl.*) émondées.

● ***potatura estiva, a spalliera***, taille d'été, en espalier.

potentato [po-ten-tà-to] *n.m.* (*letter.*) **1** puissance (*f.*) **2** (*sovrano, monarca*) potentat (*anche fig.*).

potente [po-tèn-te] *agg.* **1** puissant: *una nazione potente*, une nation puissante **2** (*forte*) puissant; (*violento*) violent: *muscoli potenti*, une musculature puissante; *un veleno potente*, un poison violent | *un raffreddore potente*, un gros rhume ♦ *n.m.* e *f.* puissant/e: *i potenti della Terra*, les puissants de la Terre.

potentemente [po-ten-te-mén-te] *avv.* puissamment.

potentilla [po-ten-tìl-la] *n.f.* (*bot.*) potentille.

potenza [po-tèn-za] *n.f.* **1** puissance: *la potenza del denaro*, la puissance de l'argent | *è una potenza*, il est très puissant **2** (*forza*) force: *la potenza dei muscoli*, la force musculaire.

● (*mat.*) ***alla potenza***, à la puissance: *alla terza potenza*, à la puissance trois; *stupido all'ennesima potenza*, (*fig.*) complètement idiot | (*fil.*) ***in potenza***, en puissance.

FAUX AMI
Da non confondere con *potence*, che significa *forca*, come strumento di tortura.

potenziale [po-ten-zià-le] *agg.* e *n.m.* potentiel*.

● ***allo stato potenziale***, en puissance.

potenzialità [po-ten-zia-li-tà] *n.f.invar.* **1** potentialité **2** (*mecc.*) puissance.

potenzialmente [po-ten-zial-mén-te] *avv.* en puissance, potentiellement.

potenziamento [po-ten-zia-mén-to] *n.m.* (*rafforzamento*) renforcement; (*incremento*) développement; (*di potenza, di forza*) augmentation (*f.*) de puissance; (*del rendimento*) augmentation (*f.*) de la capacité de rendement: *il potenziamento della rete di vendita*, le renforcement du réseau de ventes; *esercizi per il potenziamento delle gambe*, exercices pour fortifier les jambes.

potenziare [po-ten-zià-re] *v.tr.* augmenter la puissance (**de**); potentialiser | *potenziare la produzione*, (*di un'azienda ecc.*) augmenter la capacité productrice | *potenziare l'industria*, développer le potentiel industriel.

potere[1] [po-té-re] *v.servile* [pres.indic. *io posso, tu puoi, egli può, noi possiamo, voi potete, essi possono*; p.rem. *io potei* ecc.; fut.indic. *io potrò* ecc.; aus. *essere* o *avere*] **1** (*seguito da infinito, anche sottinteso*) pouvoir*: *non posso dirlo, non lo posso dire*, je ne peux pas le dire; *ha potuto lavarsi, si è potuto lavare*, il a pu se laver; *non sono potuti, non hanno potuto andare*, ils n'ont pas pu aller; *potevi dirmelo*, tu aurais pu me le dire; *possono esserci degli errori*, il peut y avoir des erreurs; *fate come potete*, faites comme vous pourrez | *farò ciò che potrò, come meglio potrò*, je ferai tout mon possible, de mon mieux; *non si potrebbe far di meglio*, on ne saurait faire mieux; *non posso farci nulla*, je n'y peux rien | *non posso*, (*non sono in grado di*) je ne suis pas en mesure de, je suis dans l'impossibilité de | *posso?, si può entrare?*, puis-je entrer?; *posso?*, pardon? | *potrà avere la tua età*, il doit avoir ton âge; *potranno essere le sei*, il devrait être six heures **2** (*per esprimere augurio o forte desiderio*) pouvoir*: *possiate essere felici*, puissiez-vous être heureux; (*magari*) *potessi aiutarlo!*, si je pouvais l'aider! ♦ *v.tr.* pouvoir*: *la forza della disperazione può molte cose*, la force du désespoir peut beaucoup; *può molto su di lei*, il a beaucoup d'influence sur elle | *è un uomo che può*, (*che ha denaro*) c'est un homme qui a des moyens; (*che ha potere*) c'est un homme puissant.

● ***a più non posso***, de toutes ses forces: *gridare a più non posso*, crier de toutes ses forces; *bere a più non posso*, boire jusqu'à plus soif; *correre a più non posso*, courir à perdre haleine; *lavorare a più non posso*, travailler d'arrache-pied; *mangiare a più non posso*, s'empiffrer; *ridere a più non posso*, rire à gorge déployée | ***più che puoi***, le plus possible: *portane più che puoi*, portes-en le plus possible; *più in fretta che puoi*, le plus vite possible; *più presto che puoi*, le plus tôt possible | ***può darsi***, ça se peut: *può darsi che*, il se peut que.

NOTA L'ausiliare di ***pouvoir*** è sempre *avoir*.
*Si **è potuto** fare molto.*
On **a pu** faire beaucoup.
Dopo *pouvoir* alla forma negativa, si può omettere *pas* davanti a un infinito:
***Non** sono potuto partire.*
Je **n'**ai **pas** pu partir.
***Non si può** rifiutargli un piacere.*
On **ne** peut lui refuser un service.
Il participio passato ***pu*** resta invariato quando è seguito da un infinito espresso o sottinteso:
*Ha fatto tutti i tentativi che ha **potuto**.*
Il a fait toutes les tentatives qu'il a **pu** (faire).

potere[2] *n.m.* pouvoir: *andare al potere*, prendre le pouvoir; *cadere in potere di qlcu*, tomber au pouvoir de qqn; *non ho potere su di loro*, je n'ai aucun pouvoir sur eux | *le tue parole non hanno potere su di me*, tes paroles n'ont aucune prise sur moi.
● (*comm.*) ***potere d'acquisto***, pouvoir d'achat | ***potere legislativo***, ***esecutivo***, ***giudiziario***, pouvoir législatif, exécutif, judiciaire | ***potere temporale***, ***spirituale***, pouvoir temporel, spirituel | ***il quarto potere***, le quatrième pouvoir (*o* la presse) | ***il quinto potere***, le cinquième pouvoir (*o* les médias) | ***i poteri forti***, les puissances d'argent.

potestà [po-te-stà] *n.f.invar.* pouvoir (*m.*) | *la divina potestà*, la puissance divine.
● (*dir.*) ***patria potestà***, autorité parentale.

potrò → **potere**[1].

potus [pò-tus] *n.m.invar.* (*bot.*) pothos.

poveraccio [po-ve-ràc-cio] *n.m.* [f. *-a*; pl.m. *-ci*, f. *-ce*] (*indigente*) pauvre diable; (*disgraziato*) pauvre: *poveraccio, è sempre senza un soldo!*, pauvre diable, il est toujours sans le sou!; *poveraccio, non ha proprio fortuna!*, le pauvre, il n'a vraiment pas de chance!

poveretto [po-ve-rét-to] *agg.* pauvre ♦ *n.m.* [f. *-a*] **1** (*indigente*) pauvre diable **2** (*infelice*) malheureux* **3** (*persona meschina*) pauvre type.

povero [pò-ve-ro] *agg.* pauvre: *dieta povera di grassi*, régime pauvre en matières grasses | *povero me!, poveri voi!*, pauvre de moi!, pauvres de vous!; *povero ingenuo!*, (*fam.*) quel naïf!; *povero diavolo!*, pauvre malheureux! | *povero te se*, gare à toi si ♦ *n.m.* [f. *-a*] pauvre: *fare la carità ai poveri*, faire l'aumône aux pauvres.
● ***povero di spirito***, pauvre, simple d'esprit | ***povero in canna***, pauvre comme Job | ***per dirla in parole povere***, pour parler simplement.

povertà [po-ver-tà] *n.f.invar.* pauvreté.

pozione [po-zió-ne] *n.f.* potion.

pozza [póz-za] *n.f.* flaque | *una pozza di sangue*, une mare de sang.

pozzanghera [poz-zàn-ghe-ra] *n.f.* flaque.

pozzetto [poz-zét-to] *n.m.* **1** (*nelle fognature*) regard **2** (*mar.*) cockpit.

pozzo [póz-zo] *n.m.* **1** puits **2** (*fam.*) (*grande quantità*) tas: *ha un pozzo di soldi*, il a un tas d'argent **3** (*giochi di carte*) pot **4** (*geogr.*) gouffre.
● ***pozzo artesiano***, puits artésien | ***pozzo di miniera***, puits de mine | ***pozzo nero***, fosse d'aisances | ***pozzo perdente***, puisard | ***è un pozzo senza fondo***, (*di spese*) c'est un gouffre, (*di persona insaziabile*) c'est un goinfre | ***non sono il pozzo di San Patrizio***, je ne suis pas Crésus | ***un pozzo di scienza***, un puits de science.

pozzolana [poz-zo-là-na] *n.f.* (*geol.*) pouzzolane.

praghese [pra-ghé-se] *agg.* praguois/e, pragois/e ♦ *n.m.* e *f.* (*abitante*) Praguois/e, Pragois/e

pragmatico [prag-mà-ti-co] *agg.* [pl.m. *-ci*, f. *-che*] pragmatique.

pragmatismo [prag-ma-tì-ʃmo] *n.m.* pragmatisme.

pragmatista [prag-ma-tì-sta] *n.m.* e *f.* pragmatiste.

pralina [pra-lì-na] *n.f.* praline.

pralinare [pra-li-nà-re] *v.tr.* (*cuc.*) praliner.

pralinato [pra-li-nà-to] *agg.* praliné.

prammatica, di [di pram-mà-ti-ca] *avv.* d'usage, de règle.

pranoterapeuta [pra-no-te-ra-pèu-ta] *n.m.* e *f.* magnétiseur/euse.

pranoterapia [pra-no-te-ra-pì-a] *n.f.* magnétisme (*m.*).

pranoterapista [pra-no-te-ra-pì-sta] *n.m.* e *f.* → **pranoterapeuta**.

pranzare [pran-ʒà-re] *v.intr.* [aus. *avere*] (*a mezzogiorno*) déjeuner; (*alla sera*) dîner: *a che ora si pranza?*, à quelle heure déjeune-t-on?

pranzo [pràn-ʒo] *n.m.* repas; (*a mezzogiorno*) déjeuner; (*alla sera*) dîner | *signora, il pranzo è servito*, madame est servie; *il pranzo è pronto!*, à table, c'est prêt! | *prima di pranzo*, avant midi | *avere gente a pranzo*, avoir du monde à déjeuner, à dîner.
● ***pranzo di affari***, repas d'affaires | ***pranzo di nozze***, repas de noces | ***pranzo in piedi***, lunch | ***sala da pranzo***, salle à manger.

prassi [pràs-si] *n.f.invar.* usage (*m.*): *secondo la prassi*, selon l'usage | *ecco la prassi da seguire*, voilà la marche à suivre.

prataiolo [pra-ta-iò-lo] *n.m.* (*bot.*) rosé des prés, psalliote (*f.*).

prateria [pra-te-rì-a] *n.f.* prairie.

pratica [prà-ti-ca] *n.f.* [pl. *-che*] **1** pratique **2** (*esperienza, tirocinio*) expérience: *gli manca la pratica*, il manque d'expérience; *non ha pratica degli affari*, il n'a pas l'expérience des affaires; *non ho pratica in questo campo*, je n'ai pas d'expérience dans ce domaine | *far pratica*, (*tirocinio*) faire un stage: *ha fatto tre anni di pratica in un ospedale*, il a fait trois années de stage dans un hôpital; *far pratica presso un avvocato*, suivre un stage chez un avocat | *mandare a far pratica*, (*in tirocinio*) envoyer en apprentissage: *l'hanno mandato a far pratica presso un tappezziere*, on l'a envoyé en apprentissage chez un tapissier | *prendere pratica*, prendre la main | *ho molta pratica di bambini*, je connais bien les enfants **3** (*buroc.*) affaire; (*incartamento*) dossier (*m.*); (*pl.*) (*formalità*) démarches: *evadere una pratica*, expédier une affaire; *definire una pratica*, régler une affaire; *sollecitare una pratica*, presser le règlement d'une affaire; *gli è stata affidata una pratica difficile*, on lui a confié un dossier difficile; *la tua pratica è andata smarrita*, on a égaré ton dossier; *passare una pratica al legale*, passer un dossier à l'avocat; *procedere alle pratiche necessarie*, procéder aux dé-

marches nécessaires **4** (*usanza, abitudine*) usage (*m.*): *è la pratica di questa regione*, c'est l'usage de la région **5** (*pl.*) (*complesso di atti e di formule*) pratiques: *le pratiche religiose*, les pratiques religieuses | *pratiche illecite*, pratiques illicites.
● ***in pratica***, pratiquement, (*in realtà*) en fait: *questo lavoro è in pratica terminato*, ce travail est pratiquement achevé; *in pratica hai ragione*, en fait tu as raison | ***la pratica val più della grammatica***, expérience passe science | ***mettere in pratica***, mettre en pratique: *mettere in pratica i consigli di qlcu*, mettre en pratique les conseils de qqn.

praticabile [pra-ti-cà-bi-le] ***agg.*** praticable | *la strada non è praticabile*, la route est impraticable ♦ ***n.m.*** (*cine., teatr.*) praticable.

praticabilità [pra-ti-ca-bi-li-tà] ***n.f.invar.*** praticabilité.

praticamente [pra-ti-ca-mén-te] ***avv.*** pratiquement.

praticante [pra-ti-càn-te] ***agg.*** pratiquant ♦ ***n.m.*** e ***f.*** stagiaire; (*di mestieri*) apprenti/e.

praticare [pra-ti-cà-re] ***v.tr.*** [coniug. come *mancare*] **1** pratiquer | *praticare uno sconto*, accorder une réduction | *praticare condizioni vantaggiose*, offrir des conditions avantageuses **2** (*una professione*) exercer* | *è medico ma non pratica*, il est médecin mais il n'exerce pas **3** (*frequentare*) fréquenter: *pratica gente disonesta*, il fréquente des gens malhonnêtes | *sentiero poco praticato*, sentier peu fréquenté.

praticità [pra-ti-ci-tà] ***n.f.invar.*** fonctionnalité | *di grande praticità*, très pratique.

pratico [prà-ti-co] ***agg.*** [pl.m. *-ci*, f. *-che*] **1** pratique | *nella vita pratica*, dans la vie de tous les jours **2** (*comodo, funzionale*) pratique **3** (*esperto*) expert (**en**), qui connaît (**qqch**), qui a beaucoup d'expérience (**dans**): *è pratico della città*, il connaît bien la ville; *è poco pratico del suo mestiere*, il a peu d'expérience dans son métier; *cercasi un meccanico molto pratico*, on cherche un mécanicien connaissant son métier; *è molto pratico di problemi sindacali*, il est très au courant des problèmes syndicaux.
● ***all'atto pratico***, dans la pratique: *venire all'atto pratico*, en venir aux faits.

praticona [pra-ti-có-na] ***n.f.*** (*fam.*) faiseuse d'anges, avorteuse.

praticone [pra-ti-có-ne] ***n.m.*** [f. *-a*] (*ciarlatano*) charlatan.

prativo [pra-tì-vo] ***agg.*** **1** cultivé en prairie | *terreno prativo*, (terrain cultivé en) prairie **2** (*che cresce nei prati*) des prés | *erbe prative*, herbes des prés.

prato [prà-to] ***n.m.*** pré; (*esteso*) prairie (*f.*); (*tappeto erboso da giardino*) gazon.
● (*agr.*): ***prato a taglio unico***, ***a doppio taglio***, pré à une coupe, à deux coupes; ***prato da taglio***, pré de fauche; ***prato stabile***, prairie permanente | ***non calpestare il prato***, pelouse interdite | (*agr.*) ***terra a prato***, terre en prairie.

pratolina [pra-to-lì-na] ***n.f.*** pâquerette.

pravo [prà-vo] ***agg.*** (*letter.*) pervers.

pre- ***pref.*** pré-, avant-, à l'avance.

preaffrancato [pre-af-fran-cà-to] ***agg.*** préaffranchi.

preagonico [pre-a-gò-ni-co] ***agg.*** [pl.m. *-ci*, f. *-che*] (*med.*) qui précède l'agonie.

preallarme [pre-al-làr-me] ***n.m.*** état d'alerte.

prealpino [pre-al-pì-no] ***agg.*** préalpin.

preambolo [pre-àm-bo-lo] ***n.m.*** préambule; (*prefazione*) avant-propos*.

preannunciare [pre-an-nun-cià-re] ***v.tr.*** [coniug. come *cominciare*] **1** annoncer* (à l'avance), prévenir*: *ti preannuncio che verrà qui*, je te préviens qu'il viendra ici **2** (*lasciar prevedere*) annoncer* ♦ **preannunciarsi** ***v.pron.*** s'annoncer.

preannuncio [pre-an-nùn-cio] ***n.m.*** [pl. *-ci*] préavis, avertissement; (*presagio*) présage.

preappello [pre-ap-pèl-lo] ***n.m.*** (*all'università*) date (*f.*) supplémentaire d'examens.

preavvertire [pre-av-ver-ti-re] ***v.tr.*** prévenir*.

preavvisare [pre-av-vi-ʃà-re] ***v.tr.*** prévenir*.

preavviso [pre-av-vi-ʃo] ***n.m.*** préavis | *dietro preavviso*, après préavis.

prebarba [pre-bàr-ba] ***agg.*** e ***n.m.invar.*** prérasage.

prebellico [pre-bèl-li-co] ***agg.*** [pl.m. *-ci*, f. *-che*] d'avant-guerre: *il periodo prebellico*, l'avant-guerre.

prebenda [pre-bèn-da] ***n.f.*** **1** prébende **2** (*fig.*) gain (*m.*).

precambriano [pre-cam-brià-no] **precambrico** [pl. m. *-ci*, f. *-che*] ***n.m.*** e ***agg.*** (*geol.*) précambrien*.

precariamente [pre-ca-ria-mén-te] ***avv.*** précairement.

precariato [pre-ca-rià-to] ***n.m.*** **1** (*la condizione di lavoro precario*) emploi temporaire; (*nella scuola*) auxiliariat **2** (*l'insieme dei lavoratori precari*) personnel vacataire; (*nella scuola*) personnel auxiliaire.

precarietà [pre-ca-rie-tà] ***n.f.invar.*** précarité.

precario [pre-cà-rio] ***agg.*** [pl.m. *-ri*] précaire; (*instabile*) instable: *salute precaria*, santé précaire | *impiego precario*, emploi temporaire ♦ ***n.m.*** **1** (*dir.*) jouissance (*f.*) précaire **2** [f. *-a*] (*amm.*) vacataire; (*nella scuola*) auxiliaire.

precarizzàre [pre-ca-riʒ-ʒà-re] ***v.tr.*** précariser.

precauzionale [pre-cau-zio-nà-le] ***agg.*** de précaution.

precauzione [pre-cau-zió-ne] ***n.f.*** précaution.

prece [prè-ce] ***n.f.*** (*letter.*) prière.

precedente [pre-ce-dèn-te] ***agg.*** précédent; (*seguito da complemento*) précédant: *la settimana precedente*, la semaine précédente; *la settimana precedente alla partenza*, la semaine précédant le départ | *la generazione precedente alla nostra*, la génération qui précède la nôtre ♦ ***n.m.*** **1** précédent **2** (*pl.*) (*dir.*) antécédents.
● (*dir.*) ***precedenti penali***, antécédents pénaux.

precedentemente [pre-ce-den-te-mén-te] ***avv.*** précédemment.

precedenza [pre-ce-dèn-za] ***n.f.*** priorité: *dare la precedenza a*, donner la priorité à; *avere la precedenza su*, avoir la priorité sur; *chi ha prenotato avrà la precedenza*, celui qui a réservé sera servi en priorité.
● ***in precedenza***, précédemment | ***strada con diritto di precedenza***, route à grande priorité.

precedere [pre-cè-de-re] ***v.tr.*** e ***intr.*** [aus. *avere*] précéder*; (*prevenire*) devancer*.

precessione [pre-ces-sió-ne] ***n.f.*** (*astr.*) précession.

precettare [pre-cet-tà-re] ***v.tr.*** **1** réquisitionner **2** (*mil.*) rappeler* sous les drapeaux.

precettazione [pre-cet-ta-zió-ne] ***n.f.*** **1** réquisition **2** (*mil.*) mobilisation, rappel (*m.*) sous les drapeaux.

precettistica [pre-cet-tì-sti-ca] ***n.f.*** [pl. *-che*] théorie.

precetto [pre-cèt-to] ***n.m.*** **1** (*norma*) précepte; (*regola*) règle (*f.*) | *i precetti della Chiesa*, les commandements de l'Église **2** (*dir.*) injonction (*f.*); (*ordine*) ordre.

● (*mil.*) ***cartolina di precetto***, ordre d'appel | (*relig.*) ***festa di precetto***, fête d'obligation.

precettore [pre-cet-tó-re] ***n.m.*** [f. *-trice*] précepteur*.

precipitare [pre-ci-pi-tà-re] ***v.intr.*** [aus. *essere*] **1** (*cadere*) tomber; (*crollare*) s'écrouler | *è precipitato dalle scale*, il a dégringolé dans l'escalier | *precipitare al suolo*, s'écraser au sol **2** (*susseguirsi incalzantemente*) se précipiter: *gli eventi precipitano*, les événements se précipitent | *il precipitare della situazione*, la dégradation rapide de la situation **3** (*chim.*) précipiter ♦ ***v.tr.*** précipiter ♦ **precipitarsi** ***v.pron.*** e ***pron.intr.*** se précipiter.

precipitato [pre-ci-pi-tà-to] ***agg.*** e ***n.m.*** (*anche chim.*) précipité.

precipitazione [pre-ci-pi-ta-zió-ne] ***n.f.*** précipitation (*anche chim., meteor.*).

precipitevolissimevolmente [pre-ci-pi-te-vo-lis-si-me-vol-mén-te] ***avv.*** avec une très grande hâte.

NOTA ***Precipitevolissimevolmente*** è la parola più lunga della lingua italiana, e compare per la prima volta nel 1734 nel motto: *Chi troppo in alto sal cade sovente / Precipitevolissimevolmente*. La parola più lunga della lingua francese è invece *anticonstitutionnellement*.

precipitosamente [pre-ci-pi-to-sa-mén-te] ***avv.*** précipitamment.

precipitoso [pre-ci-pi-tó-so] ***agg.*** précipité; (*impetuoso*) impétueux*; (*frettoloso*) *hâtif* | *non essere precipitoso*, ne précipite pas les choses.

precipizio [pre-ci-pì-zio] ***n.m.*** [pl. *-zi*] précipice.
● ***a precipizio***, à pic; (*fig.*) à perdre haleine: *la roccia scendeva a precipizio sul mare*, le rocher tombait à pic dans la mer; *correre a precipizio*, courir à perdre haleine (*o* courir à toutes jambes); *scese le scale a precipizio*, il descendit l'escalier quatre à quatre (*o* il dégringola l'escalier); *parlare a precipizio*, parler à perdre haleine | ***essere sull'orlo del precipizio***, être au bord du précipice; (*fig.*) être au bord de la ruine.

precipuo [pre-cì-puo] ***agg.*** principal*.

precisamente [pre-ci-sa-mén-te] ***avv.*** précisément.

precisare [pre-ci-ʃà-re] ***v.tr.*** préciser.

precisazione [pre-ci-ʃa-zió-ne] ***n.f.*** éclaircissement (*m.*); (*spiegazione*) explication.

precisione [pre-ci-ʃió-ne] ***n.f.*** (*esattezza*) précision; (*chiarezza*) netteté; (*puntualità*) ponctualité.

preciso [pre-cì-ʃo] ***agg.*** **1** précis; (*esatto*) exact: *l'ora precisa*, l'heure exacte; *un orologio molto preciso*, une montre très exacte | *le cinque precise*, cinq heures juste(s) | *è tuo preciso dovere*, c'est ton strict devoir | *ecco le sue parole precise*, voilà ses propres mots; *qual era la domanda precisa?*, quelle était exactement la question? **2** (*fam.*) (*identico*) identique.
● ***di preciso***, de manière précise: *non lo so di preciso*, je ne le sais pas de manière précise.

precludere [pre-clù-de-re] ***v.tr.*** [coniug. come *chiudere*] barrer; (*fig.*) exclure* | *precludersi ogni possibilità di carriera*, se couper toute possibilité d'avancement.

preclusione [pre-clu-ʃió-ne] ***n.f.*** **1** barrage (*m.*); (*fig.*) exclusion **2** (*dir.*) forclusion.

precoce [pre-cò-ce] ***agg.*** précoce; (*prematuro*) prématuré.

precocità [pre-co-ci-tà] ***n.f.invar.*** précocité.

precolombiano [pre-co-lom-bià-no] ***agg.*** précolombien*.

precompresso [pre-com-près-so] ***agg.*** précontraint ♦ ***n.m.*** (*tecn.*) béton précontraint.

preconcetto [pre-con-cèt-to] ***agg.*** préconçu ♦ ***n.m.*** préjugé.

preconfezionato [pre-con-fe-zio-nà-to] ***agg.*** préemballé.

precongressuale [pre-con-gres-su-à-le] ***agg.*** précédant le congrès.

preconizzare [pre-co-niʒ-ʒà-re] ***v.tr.*** **1** préconiser **2** (*prevedere*) prévoir*; (*predire*) prédire*.

precordio [pre-còr-dio] ***n.m.*** [pl. *-di*] **1** (*anat.*) région (*f.*) précordiale **2** (*pl.*) (*letter.*) entrailles (*f.*).

precorrere [pre-cór-re-re] ***v.tr.*** [coniug. come *correre*] (*precedere*) devancer*; (*prevenire*) prévenir*.

precorritore [pre-cor-ri-tó-re] ***agg.*** e ***n.m.*** [f. *-trice*] précurseur, avant-coureur*.

precostituire [pre-co-sti-tu-ì-re] ***v.tr.*** [coniug. come *finire*] constituer à l'avance.

precostituito [pre-co-sti-tu-ì-to] ***agg.*** préconçu.

precotto [pre-còt-to] ***agg.*** précuit ♦ ***n.m.pl.*** aliments précuits.

precristiano [pre-cri-stià-no] ***agg.*** préchrétien*.

precursore [pre-cur-só-re] ***agg.*** e ***n.m.*** [f. *-a* o *precorritrice*] précurseur, avant-coureur*.

preda [prè-da] ***n.f.*** proie (*anche fig.*) | *fare preda di*, piller | *fare una buona preda*, faire une bonne prise.
● ***preda di guerra***, butin de guerre | ***cadere***, ***essere in preda a***, devenir, être la proie de | ***in preda a***, en proie à: *in preda ai rimorsi*, en proie aux remords.

predare [pre-dà-re] ***v.tr.*** piller.

predatore [pre-da-tó-re] ***n.m.*** [f. *-trice*] pilleur*, pillard ♦ ***agg.*** pillard.
● ***uccelli predatori***, oiseaux de proie.

predecessore [pre-de-ces-só-re] ***n.m.*** [f. *-a*] **1** prédécesseur **2** (*pl.*) (*antenati*) ancêtres, aïeux.

predella [pre-dèl-la] ***n.f.*** estrade.

predellino [pre-del-lì-no] ***n.m.*** (*di vettura*) marchepied.

predestinare [pre-de-sti-nà-re] ***v.tr.*** prédestiner.

predestinato [pre-de-sti-nà-to] ***agg.*** e ***n.m.*** [f. *-a*] prédestiné: *era predestinato al successo*, il était destiné au succès.

predestinazione [pre-de-sti-na-zió-ne] ***n.f.*** prédestination.

predeterminare [pre-de-ter-mi-nà-re] ***v.tr.*** prédéterminer.

predeterminazione [pre-de-ter-mi-na-zió-ne] ***n.f.*** prédétermination.

predetto [pre-dét-to] ***agg.*** susdit.

predica [prè-di-ca] ***n.f.*** [pl. *-che*] **1** sermon (*m.*); (*dei protestanti*) prêche (*m.*) **2** (*fig. fam.*) (*ramanzina*) sermon (*m.*).
● ***fare la predica a qlcu***, sermonner qqn.

predicare [pre-di-cà-re] ***v.tr.*** [coniug. come *mancare*] **1** prêcher: *predicare il Vangelo*, prêcher l'Évangile **2** (*fare una predica*) faire* un sermon (**sur**).
● ***predicare al vento***, ***al deserto***, prêcher dans le désert.

predicativo [pre-di-ca-tì-vo] ***agg.*** (*gramm., fil.*) prédicatif*.

predicato [pre-di-cà-to] ***n.m.*** (*gramm.*) prédicat.
● ***predicato nominale***, attribut | ***predicato verbale***, verbe | ***essere in predicato di***, être en passe de.

P

predicatore [pre-di-ca-tó-re] *n.m.* [f. *-trice*] prédicateur* (*anche fig.*).
● ***frati predicatori***, frères prêcheurs.

predicatorio [pre-di-ca-tò-rio] *agg.* [pl.m. *-ri*] de prédicateur.

predicazione [pre-di-ca-zió-ne] *n.f.* prédication.

predicozzo [pre-di-còz-zo] *n.m.* (*scherz.*) petite semonce (*f.*): *fare un predicozzo a qlcu*, réprimander qqn.

predigerito [pre-di-ge-rì-to] *agg.* prédigéré.

predilessi → **prediligere**.

prediletto [pre-di-lèt-to] *agg.* e *n.m.* [f. *-a*] préféré: *è il suo libro prediletto*, c'est son livre de prédilection.

predilezione [pre-di-le-zió-ne] *n.f.* prédilection.

prediligere [pre-di-lì-ge-re] *v.tr.* [p.rem. *io predilessi*; p.p. *prediletto*] avoir* une prédilection (**pour**); (*preferire*) préférer*.

predire [pre-dì-re] *v.tr.* [coniug. come *dire*] **1** prédire*; (*prevedere*) prévoir*: *predire il futuro*, prédire l'avenir **2** (*annunciare*) annoncer*: *quelle nuvole predicono pioggia*, ces nuages annoncent la pluie.

predisporre [pre-di-spór-re] *v.tr.* [coniug. come *porre*] **1** préparer **2** (*a una malattia*) prédisposer: *i fattori predisponenti a una malattia*, les facteurs qui prédisposent à une maladie **3** (*inform.*) prépositionner ♦ **predisporsi** *v.pron.* se préparer (**à**).

predisposizione [pre-di-spo-ʃi-zió-ne] *n.f.* **1** préparation: *la predisposizione di misure di sicurezza*, la préparation de mesures de sécurité **2** (*inclinazione*) disposition: *ha molta predisposizione per la musica*, il est très doué pour la musique **3** (*med.*) prédisposition.

predisposto [pre-di-spó-sto] *agg.* **1** disposé: *è ben predisposto nei tuoi confronti*, il est bien disposé à ton égard **2** (*a una malattia*) prédisposé **3** (*prestabilito*) prévu; (*preparato*) préparé.

predizione [pre-di-zió-ne] *n.f.* prédiction.

predominante [pre-do-mi-nàn-te] *agg.* prédominant.

predominanza [pre-do-mi-nàn-za] *n.f.* prédominance.

predominare [pre-do-mi-nà-re] *v.intr.* [aus. *avere*] dominer (**qqn**, **qqch**), prédominer (**sur**): *in lui predomina l'ambizione*, c'est l'ambition qui domine, prédomine chez lui; *predomina su tutti*, il domine tout le monde (*o* il les domine tous).

predominio [pre-do-mì-nio] *n.m.* [pl. *-ni*] suprématie (*f.*): *il predominio della ragione sull'istinto*, le primat de la raison sur l'instinct.

predone [pre-dó-ne] *n.m.* [f. *-a*] pillard, brigand.
● ***predone del mare***, pirate.

preesame [pre-e-ʃà-me] *n.m.* (*all'università*) partiel.

preesistente [pre-e-ʃi-stèn-te] *agg.* préexistant.

preesistenza [pre-e-ʃi-stèn-za] *n.f.* préexistence.

preesistere [pre-e-ʃì-ste-re] *v.intr.* [coniug. come *esistere*; aus. *essere*] préexister.

prefabbricare [pre-fab-bri-cà-re] *v.tr.* [coniug. come *mancare*] préfabriquer.

prefabbricato [pre-fab-bri-cà-to] *agg.* e *n.m.* préfabriqué.

prefabbricazione [pre-fab-bri-ca-zió-ne] *n.f.* préfabrication.

prefazio [pre-fà-zio] *n.m.* [pl. *-zi*] (*liturgia*) préface (*f.*).

prefazione [pre-fa-zió-ne] *n.f.* préface: *scrivere la prefazione di*, préfacer.

preferenza [pre-fe-rèn-za] *n.f.* préférence: *avere preferenza per*, avoir une préférence pour; *dare la preferenza a*, donner la préférence à.
● ***a preferenza di***, de préférence à | ***di preferenza***, de préférence | (***voto di***) ***preferenza***, vote préférentiel.

preferenziale [pre-fe-ren-zià-le] *agg.* préférentiel*.

preferibile [pre-fe-rì-bi-le] *agg.* préférable: *sarebbe preferibile che...*, il vaudrait mieux que...

preferibilmente [pre-fe-ri-bil-mén-te] *avv.* de préférence.

preferire [pre-fe-rì-re] *v.tr.* [coniug. come *finire*] préférer*: *preferisco il treno all'aereo*, je préfère le train à l'avion; *preferirei che fossi tu a venire*, j'aimerais mieux que ce soit toi qui viennes; *preferirei di no*, j'aimerais mieux pas; *fate come preferite*, faites comme vous voudrez.

preferito [pre-fe-rì-to] *agg.* e *n.m.* [f. *-a*] préféré.

prefestivo [pre-fe-stì-vo] *agg.* de veille de fête.
● ***giorno prefestivo***, veille de fête.

prefettizio [pre-fet-tì-zio] *agg.* [pl.m. *-zi*] préfectoral*.

prefetto [pre-fèt-to] *n.m.* préfet.

prefettura [pre-fet-tù-ra] *n.f.* préfecture.

prefiggere [pre-fìg-ge-re] *v.tr.* [coniug. come *affiggere*] préfixer: *prefiggere un termine*, préfixer un délai ♦ **prefiggersi** *v.pron. indiretto* se proposer: *prefiggersi uno scopo*, se proposer un but.

prefigurare [pre-fi-gu-rà-re] *v.tr.* préfigurer.

prefigurazione [pre-fi-gu-ra-zió-ne] *n.f.* préfiguration.

prefinanziamento [pre-fi-nan-zia-mén-to] *n.m.* (*fin.*) préfinancement.

prefissare [pre-fis-sà-re] *v.tr.* **1** (*stabilire in precedenza*) préétablir **2** (*ling.*) préfixer.

prefissato [pre-fis-sà-to] *agg.* **1** préétabli **2** (*ling.*) préfixé.

prefisso[1] [pre-fìs-so] *agg.* (*prestabilito*) fixé; (*convenuto*) convenu: *all'ora prefissa*, à l'heure dite; *secondo lo schema prefisso*, selon le plan déterminé.

prefisso[2] *n.m.* **1** (*gramm.*) préfixe **2** (*tel.*) indicatif.

prefissoide [pre-fis-sòi-de] *n.m.* (*ling.*) premier élément d'un mot composé.

pregare [pre-gà-re] *v.tr.* [coniug. come *legare*] prier: *pregalo che ci aiuti*, prie-le de nous aider.
● ***farsi pregare***, se faire prier | ***si prega di***, prière de | ***ti prego***, je t'en prie: *non fare così, ti prego!*, ne fais pas comme ça, je t'en prie! | ***vi prego***, ***la prego***, je vous en prie: *si accomodi, la prego!*, asseyez-vous, je vous prie!

> NOTA Nelle proposizioni incidentali *con* ***prier***, traduzione di ***pregare***, si usa l'inversione del soggetto:
> *Mi dia ancora una settimana!, lo* ***pregò***.
> Donnez-moi encore une semaine, le **pria-t-il**.

pregevole [pre-gé-vo-le] *agg.* de valeur, de prix; (*prezioso*) précieux*: *persona pregevole*, personne très estimable.

pregevolmente [pre-ge-vol-mén-te] *avv.* précieusement.

preghiera [pre-ghiè-ra] *n.f.* prière: *dire le preghiere*, dire ses prières; *rivolgere una preghiera a qlcu*, adressere une prière à qqn.
● ***con preghiera di***, prière de | ***con preghiera di rispondere***, (*negli inviti*) RSVP (répondez s'il vous plaît) | ***su preghiera di qlcu***, à la prière de qqn.

pregiare [pre-già-re] *v.tr.* [coniug. come *mangiare*] (*letter.*) estimer, tenir* en grande estime ♦ **pregiarsi** *v.pron.*

(*ritenersi onorato*) avoir* l'honneur (**de**): (*comm.*) *ci pregiamo comunicarvi*, nous avons l'honneur de porter à votre connaissance.

pregiato [pre-già-to] ***agg.*** (*prezioso*) précieux*; (*di valore*) de valeur, de prix: *vino pregiato*, vin réputé (*o* gran cru) | (*corrispondenza*): *Pregiatissimo Signore*, Monsieur; *ho ricevuto la pregiata Vostra del...*, j'ai reçu votre lettre du...
● ***di pregiata fattura***, précieux | (*fin.*) ***valuta pregiata***, devise forte.

pregio [prè-gio] ***n.m.*** [pl. *-gi*] **1** (*stima*) estime (*f.*); (*considerazione*) considération (*f.*): *ho in gran pregio la tua sincerità*, j'apprécie beaucoup ta sincérité **2** (*valore*) valeur (*f.*), prix **3** (*qualità*) qualité (*f.*); (*merito*) mérite: *i pregi (artistici) di un'opera*, les qualités (artistiques) d'une œuvre.
● ***di gran pregio***, de grande valeur.

pregiudicare [pre-giu-di-cà-re] ***v.tr.*** [coniug. come *mancare*] (*compromettere*) compromettre*; (*danneggiare*) nuire*, porter préjudice (**à**): *il troppo lavoro ha pregiudicato la sua salute*, l'excès de travail a nui à (*o* compromis) sa santé | (*dir.*) *senza pregiudicare i miei diritti*, sans préjudice de mes droits.

pregiudicato [pre-giu-di-cà-to] ***agg.*** (*compromesso*) compromis ♦ ***n.m.*** [f. *-a*] (*dir.*) repris de justice.

pregiudiziale [pre-giu-di-zià-le] ***agg.*** préjudiciel* ♦ ***n.f.*** **1** question préalable, condition préalable **2** (*pregiudizio*) préjugé.

pregiudizialmente [pre-giu-di-zial-mén-te] ***avv.*** (*anzitutto*) avant toute chose, préalablement.

pregiudizievole [pre-giu-di-zié-vo-le] ***agg.*** préjudiciable.

pregiudizio [pre-giu-dì-zio] ***n.m.*** [pl. *-zi*] **1** (*preconcetto*) préjugé: *non avere pregiudizi*, être sans préjugés **2** (*danno*) préjudice; (*scapito*) détriment: *recare pregiudizio a qlcu*, porter préjudice à qqn.
● ***con pregiudizio di***, au détriment de.

preglaciale [pre-gla-cià-le] ***agg.*** (*geol.*) préglaciaire.

pregnante [pre-gnàn-te] ***agg.*** chargé de sens.

pregno [pré-gno] ***agg.*** **1** (*di animale femmina*) gravide **2** (*impregnato*) imprégné **3** (*fig.*) (*colmo*) chargé: *discorso pregno di significato*, discours chargé de sens.

prego [prè-go] ***inter.*** (*formula di cortesia*) je vous en prie: *prego, entrate!*, entrez, je vous en prie!; *"Mi scusi!" "Prego"*, "Excusez-moi!" "De rien".
● ***prego?***, (*quando non si è capita una domanda*) pardon?, vous dites?

pregresso [pre-grès-so] ***agg.*** précédent, passé: *le epoche pregresse*, les époques révolues.
● (*econ.*) ***reddito pregresso***, revenu antérieur.

pregustare [pre-gu-stà-re] ***v.tr.*** goûter d'avance.

preindustriale [pre-in-du-strià-le] ***agg.*** préindustriel*.

preiscrizione [pre-i-scri-zió-ne] ***n.f.*** préinscription.

preistoria [prei-stò-ria] ***n.f.*** **1** préhistoire **2** (*estens.*) (*origine*) origine.

preistorico [prei-stò-ri-co] ***agg.*** [pl.m. *-ci*, f. *-che*] **1** préhistorique **2** (*fig. scherz.*) antédiluvien*.

prelatizio [pre-la-tì-zio] ***agg.*** [pl.m. *-zi*] de prélat.

prelato [pre-là-to] ***n.m.*** (*eccl.*) prélat.

prelatura [pre-la-tù-ra] ***n.f.*** (*eccl.*) prélature.

prelavaggio [pre-la-vàg-gio] ***n.m.*** [pl. *-gi*] prélavage.

prelazione [pre-la-zió-ne] ***n.f.*** (*dir.*) préemption.
● ***diritto di prelazione***, droit de préemption.

prelevamento [pre-le-va-mén-to] ***n.m.*** prélèvement.

prelevare [pre-le-và-re] ***v.tr.*** **1** prélever*: *prelevare da un conto*, prélever sur un compte **2** (*prendere, catturare*) prendre*, enlever*: *prelevare degli ostaggi*, prendre des otages.

prelibatezza [pre-li-ba-téz-za] ***n.f.*** délicatesse (du goût).

prelibato [pre-li-bà-to] ***agg.*** exquis, délicieux*.

prelievo [pre-liè-vo] ***n.m.*** prélèvement: (*banca*) *fare un prelievo*, faire un prélèvement.
● (*banca*) ***prelievo di cassa***, retrait de caisse | ***prelievo fiscale***, prélèvement fiscal | (*med.*) ***un prelievo di sangue***, une prise de sang.

preliminare [pre-li-mi-nà-re] ***agg.*** e ***n.m.*** préliminaire: *preliminari di pace*, préliminaires de paix.

preludere [pre-lù-de-re] ***v.intr.*** [coniug. come *chiudere*; aus. *avere*] **1** annoncer* (**qqch**), préluder (**à**) **2** (*introdurre*) introduire* (**qqch**): *preludere all'argomento*, introduire le sujet.

preludio [pre-lù-dio] ***n.m.*** [pl. *-di*] (*mus.*) prélude (*anche fig.*).

prelusi, **preluso** → **preludere**.

premaman [prema'man] ***agg.invar.*** de grossesse ♦ ***n.m.invar.*** robe (*f.*) de grossesse.

> **NOTA** Questa parola non esiste in francese, è un falso francesismo.

prematrimoniale [pre-ma-tri-mo-nià-le] ***agg.*** prénuptial*.

prematuramente [pre-ma-tu-ra-mén-te] ***avv.*** prématurément.

prematuro [pre-ma-tù-ro] ***agg.*** e ***n.m.*** [f. *-a*] prématuré.

premeditare [pre-me-di-tà-re] ***v.tr.*** préméditer.

premeditatamente [pre-me-di-ta-ta-mén-te] ***avv.*** avec préméditation.

premeditato [pre-me-di-tà-to] ***agg.*** prémédité.
● (*dir.*) ***assassinio premeditato***, meurtre avec préméditation.

premeditazione [pre-me-di-ta-zió-ne] ***n.f.*** préméditation.

premente [pre-mèn-te] ***agg.*** (*urgente*) urgent.
● (*mecc.*) ***pompa premente***, pompe foulante.

premere [prè-me-re] ***v.tr.*** (*fare pressione su*) appuyer* (**sur**); (*spingere*) presser: *premere il pulsante*, appuyer sur le bouton; *premere il grilletto*, appuyer sur (*o* presser) la détente ♦ ***v.intr.*** [aus. *avere*] **1** appuyer* (**sur**); (*insistere*) faire* pression: *premi col dito in questo punto*, appuie ton doigt sur ce point; *premeva per essere ricevuto*, il faisait pression pour être reçu **2** (*stare a cuore*) tenir* (**à**): *mi preme che lo sappia*, je tiens à ce qu'il le sache; *mi preme il tuo avvenire*, ton avenir me tient à cœur.

premessa [pre-més-sa] ***n.f.*** **1** (*preliminare*) préliminaires (*m.pl.*); (*preambolo*) préambule (*m.*): *vorrei fare una premessa*, je voudrais d'abord dire qqch; *come premessa non c'è male*, comme début, ce n'est pas mal **2** (*presupposto*) prémisse **3** (*di un libro*) préface **4** (*fil.*) prémisse.
● ***fatta questa premessa***, ceci dit.

> **FAUX AMI**
> Da non confondere con *prémices*, che significa *inizi, esordi*.

premettere [pre-mét-te-re] ***v.tr.*** [coniug. come *mettere*] **1** déclarer tout d'abord: *premetterò delle considera-*

P

zioni generali, je ferai d'abord des considérations d'ordre général **2** (*mettere prima*) placer* avant.
● ***ciò premesso***, ceci dit | ***premesso che***, étant donné que, attendu que.

premiare [pre-mià-re] ***v.tr.*** **1** accorder un prix (**à**): *è stato premiato con una borsa di studio*, il a reçu comme prix une bourse d'études **2** (*ricompensare*) récompenser: *voglio premiare la tua sinerità*, je veux récompenser ta sincérité **3** (*un animale a un concorso*) primer.

premiato [pre-mià-to] ***agg.*** couronné, primé: *libro premiato dall'Accademia*, livre couronné par l'Académie; *il cavallo premiato*, le cheval primé; *gli allievi premiati*, les élèves qui ont reçu un prix | *la premiata ditta Rossi*, la Maison Rossi ♦ ***n.m.*** [f. *-a*] lauréat: *la lista, l'elenco dei premiati*, la liste des lauréats, le palmarès.

premiazione [pre-mia-zió-ne] ***n.f.*** distribution des prix; (*consegna*) remise des prix.

premier ['premjer] ***n.m.*** e ***f.invar.*** premier ministre.

premierato [pre-mie-rà-to] ***n.m.*** premier ministrat.

preminente [pre-mi-nèn-te] ***agg.*** prééminent.

preminentemente [pre-mi-nen-te-mén-te] ***avv.*** principalement, surtout, notamment.

preminenza [pre-mi-nèn-za] ***n.f.*** prééminence.

premio [prè-mio] ***n.m.*** [pl. *-mi*] **1** prix: *dare, ricevere in premio*, donner, recevoir comme prix **2** (*comm.*) prime (*f.*) **3** (*di lotteria*) lot: *vincere il primo premio*, gagner le gros lot.
● ***premio d'assicurazione***, prime d'assurance | ***premio di produzione***, prime de production | (*fin.*) ***premio maturato***, prime absorbée | ***Premio Nobel***, prix Nobel | (*sport*) ***premio partita***, prime de jeu | (*Borsa*) ***acquistare a premio***, acheter dont, à prime | ***viaggio premio***, voyage en prime.

premolare [pre-mo-là-re] ***agg.*** e ***n.m.*** (*anat.*) prémolaire (*f.*).

premonitore [pre-mo-ni-tó-re] [f. *-trice*] **premonitorio** [pl. *-ri*] ***agg.*** prémonitoire.

P

premonizione [pre-mo-ni-zió-ne] ***n.f.*** prémonition.

premorienza [pre-mo-rièn-za] ***n.f.*** (*dir.*) prédécès (*m.*).

premorire [pre-mo-rì-re] ***v.intr.*** [coniug. come *morire*; aus. *essere*] (*dir.*) prédécéder*.

premunire [pre-mu-nì-re] ***v.tr.*** [coniug. come *finire*] **1** fortifier **2** (*fig.*) prémunir ♦ **premunirsi** ***v.pron.*** se prémunir: *premunirsi contro l'influenza*, se prémunir contre la grippe.

premura [pre-mù-ra] ***n.f.*** **1** *hâte: *fatto di premura*, fait à la hâte; *non c'è premura*, ça ne presse pas; *ma che premura c'è?*, rien ne presse **2** (*spec. pl.*) (*riguardo*) égard (*m.*): *è pieno di premure con tutti*, il est plein d'égards, d'attentions envers tout le monde.
● ***darsi, farsi premura di***, s'empresser de: *mi farò premura di, sarà mia premura avvisarlo*, je vais m'empresser de l'avertir | ***fare premura a qlcu***, presser qqn.

premurarsi [pre-mu-ràr-si] ***v.pron.intr.*** s'empresser: *si premurò di avvertirlo*, il s'empressa de l'avertir.

premurosamente [pre-mu-ro-sa-mén-te] ***avv.*** avec empressement; (*per gentilezza*) gentiment.

premuroso [pre-mu-ró-so] ***agg.*** empressé, prévenant, attentionné: *essere premuroso con qlcu*, être empressé (*o* attentionné) envers (*o* à l'égard) de qqn.

prenatale [pre-na-tà-le] ***agg.*** prénatal*.

prendere [prèn-de-re] ***v.tr.*** [p.rem. *io presi, tu prendesti* ecc; p.p. *preso*] **1** prendre*: *prendere un libro dallo scaffale*, prendre un livre sur l'étagère; *prendere i pasti al ristorante*, prendre ses repas au restaurant; *prendere un premio*, remporter un prix; *prendere un bel voto*, avoir une bonne note; *prendere come segretario*, engager comme secrétaire; *prendere come guida*, prendre pour guide; *preso dalla collera*, pris de colère | *se non sei contento prendi su e vattene*, (*fam.*) si tu n'es pas content, prends tes cliques et tes claques et va-t-en **2** (*acchiappare*) attraper; (*sorprendere*) surprendre*: *hanno preso il ladro*, ils ont attrapé le voleur; *lo presi mentre frugava nella mia scrivania*, je l'ai surpris à fouiller dans mon bureau | *è completamente preso da lei*, (*affascinato*) il est entiché, très épris d'elle **3** (*trarre*) tirer: *la frase è presa da Pascal*, cette phrase est tirée de Pascal **4** (*colpire*) atteindre*; (*centrare*) toucher: *l'ha preso in un occhio*, il l'a atteint à l'œil **5** (*guadagnare*) gagner; (*riscuotere*) toucher: *quanto prendi al mese?*, combien gagnes-tu par mois?; *prende un bello stipendio*, il touche un gros salaire **6** (*far pagare*) demander: *quanto ti prende all'ora?*, combien te demande-t-il de l'heure? **7** (*comprare*) acheter*, prendre*: *è uscito a prendere del pane*, il est sorti prendre (*o* acheter) du pain **8** (*buscare*) (*malattie*) attraper; (*sgridate, botte*) recevoir*: *prendere uno schiaffo*, recevoir une gifle | *adesso le prendi!*, qu'est-ce que tu vas prendre | *prendi queste* (*botte*), attrape (ça) ! ♦ ***v.intr.*** [aus. *avere*] **1** prendre*: *il cemento non ha preso*, le ciment n'a pas pris **2** (*voltare*) tourner: *prendi a destra, a sinistra*, tourne à droite, à gauche **3** (*assomigliare*) (*nel fisico*) ressembler (**à**); (*in senso morale*) tenir* (**de**): *ha preso da suo padre*, il ressemble à son père (*o* il tient de son père) ♦ **prendersi** ***v.pron.intr.*** (*afferrarsi*) s'agripper: *si prese alla maniglia*, il s'agrippa à la poignée ♦ ***v.pron.rec.*** se prendre*: *si sono prese per mano*, elles se sont prises par la main; *prendersi per i capelli*, se prendre aux cheveux ♦ ***v.pron. indiretto*** se prendre*: *prendersi le vacanze*, prendre ses vacances; *prendersi in casa qlcu*, prendre qqn chez soi; *prendersi l'influenza*, attraper la grippe; *prendersi la responsabilità di*, prendre la responsabilité de; *prendersi l'impegno di*, s'engager à.
● ***prendere a***, (*seguito da inf.*) commencer à; (*seguito da n.*) prendre en: *prese a parlare*, il commença à parler; *prendere a esempio*, prendre en exemple; *prendere a modello*, prendre comme modèle; *prendere a testimone*, prendre à témoin | ***prendere freddo***, prendre froid | ***prendere o lasciare***, c'est à prendre ou à laisser | ***prendersela***, (*arrabbiarsi*) se fâcher; (*crucciarsi*) s'en faire: *se la prende troppo*, il s'en fait trop; *prendersela con qlcu per qlco*, s'en prendre à qqn à cause de qqch; *se l'è presa per quanto ho detto*, elle m'en veut pour ce que je lui ai dit | ***prendersi a*** (***male***) ***parole***, se disputer | ***andare, venire a prendere qlcu***, aller, venir chercher qqn | ***come l'ha presa?***, quelle a été sa réaction? | ***to', prendi!***, tiens!; (*di un oggetto lanciato*) attrape!

prendibile [pren-dì-bi-le] ***agg.*** prenable.

prendisole [pren-di-só-le] ***agg.*** e ***n.m.invar.***
● (*abito*) ***prendisole***, (robe) bain de soleil.

prenome [pre-nó-me] ***n.m.*** (*st.*) prénom.

prenotare [pre-no-tà-re] ***v.tr.*** retenir*, réserver: *prenotare un palco*, louer une loge; *prenotare i volumi di una collana*, souscrire aux volumes d'une collection ♦ **prenotarsi** ***v.pron.*** s'inscrire*.

prenotato [pre-no-tà-to] ***agg.*** réservé, loué; (*in possesso di prenotazione*) inscrit.

prenotazione [pre-no-ta-zió-ne] ***n.f.*** réservation; (*di spettacoli ecc.*) location; (*di libri*) souscription: *fare una prenotazione*, retenir (*o* réserver).
● ***ufficio prenotazioni***, bureau des réservations.

prensile [prèn-si-le] ***agg.*** préhensile, prenant.

● ***organo prensile***, organe préhenseur.

preoccupante [pre-oc-cu-pàn-te] ***agg.*** préoccupant; (*allarmante*) inquiétant: *notizie preoccupanti*, nouvelles inquiétantes.

preoccupare [pre-oc-cu-pà-re] ***v.tr.*** (*impensierire*) préoccuper; (*allarmare*) inquiéter* ♦ **preoccuparsi** ***v.pron.intr.*** **1** (*impensierirsi*) se préoccuper; (*allarmarsi*) s'inquiéter*: *non preoccuparti*, ne t'inquiète pas (*o fam.* ne t'en fais pas) **2** (*curarsi di*) se soucier; (*prendersi il disturbo*) se donner la peine: *non si è preoccupato di telefonarmi*, il ne s'est pas donné la peine de me téléphoner **3** (*occuparsi di*) s'occuper (**de**): *mi preoccuperò io di avvisarlo*, je m'occuperai (*o* me chargerai) de le prévenir.

preoccupato [pre-oc-cu-pà-to] ***agg.*** préoccupé; (*inquieto*) inquiet*: *sono preoccupato per lui*, je suis inquiet à son sujet; *sono preoccupato per il suo ritardo*, je suis préoccupé de son retard.

preoccupazione [pre-oc-cu-pa-zió-ne] ***n.f.*** préoccupation, inquiétude; (*cruccio, pensiero*) souci (*m.*): *essere la preoccupazione di qlcu*, causer du souci à qqn.

preordinare [pre-or-di-nà-re] ***v.tr.*** ordonner à l'avance; préparer à l'avance.

prepagato [pre-pa-gà-to] ***agg.*** payé d'avance.

preparare [pre-pa-rà-re] ***v.tr.*** préparer: *preparare la cena, la tavola*, préparer le dîner, la table; *preparare un esame*, préparer un examen ♦ **prepararsi** ***v.pron.*** e ***pron.intr.*** se préparer: *mi sto preparando per uscire*, je me prépare à sortir.

● ***preparare la strada, il terreno***, (*fig.*) préparer la route (*o* la voie), le terrain | ***prepararsi al peggio***, s'attendre au pire: *bisogna prepararsi al peggio*, il faut s'attendre au pire.

preparativo [pre-pa-ra-tì-vo] ***n.m.*** (*spec. pl.*) préparatif: *fare i preparativi per la partenza*, faire ses préparatifs de départ.

preparato [pre-pa-rà-to] ***agg.*** **1** préparé; (*pronto*) prêt: *risposte preparate*, réponses toutes prêtes **2** (*dotato di preparazione*) préparé; (*competente*) compétent: *un alunno (ben) preparato, poco preparato*, un élève (bien) préparé, peu préparé; *un medico preparato*, un médecin compétent ♦ ***n.m.*** (*chim., med.*) préparation (*f.*).

● ***essere preparato a tutto***, être prêt à tout.

preparatore [pre-pa-ra-tó-re] ***n.m.*** [f. *-trice*] **1** (*sport*) entraîneur* **2** (*tecn.*) préparateur*.

preparatorio [pre-pa-ra-tò-rio] ***agg.*** [pl.m. *-ri*] préparatoire; (*preliminare*) préliminaire.

preparazione [pre-pa-ra-zió-ne] ***n.f.*** préparation: *l'opera è in preparazione*, l'œuvre est en préparation.

● ***preparazione professionale***, formation professionnelle | ***preparazione sportiva***, entraînement sportif, training.

prepensionamento [pre-pen-sio-na-mén-to] ***n.m.*** préretraite (*f.*).

preponderante [pre-pon-de-ràn-te] ***agg.*** prépondérant.

preponderanza [pre-pon-de-ràn-za] ***n.f.*** prépondérance.

preporre [pre-pór-re] ***v.tr.*** [coniug. come *porre*] **1** (*mettere avanti*) placer* avant: *preporre il nome al cognome*, placer le prénom avant le nom **2** (*fig.*) préférer* **3** (*mettere a capo*) mettre* à la tête (**de**): *preporre qlcu alla direzione di un'azienda*, mettre qqn à la tête d'une entreprise.

preposizione [pre-po-ʃi-zió-ne] ***n.f.*** (*gramm.*) préposition.

prepotente [pre-po-tèn-te] ***agg.*** **1** (*arrogante*) autoritaire; despote: *un uomo prepotente*, un homme autoritaire **2** (*irresistibile, impellente*) irrésistible ♦ ***n.m.*** e ***f.*** despote: *fare il prepotente*, vouloir écraser les autres; *smettila di fare il prepotente*, arrête de jouer au petit chef.

prepotentemente [pre-po-ten-te-mén-te] ***avv.*** impérieusement, violemment.

prepotenza [pre-po-tèn-za] ***n.f.*** **1** force, violence: *con la prepotenza non si ottiene nulla*, on n'obtient rien par la force **2** (*sopruso*) abus (*m.*) (de pouvoir); despotisme (*m.*).

● ***di prepotenza***, de force.

prepotere [pre-po-té-re] ***n.m.*** abus de pouvoir.

prepuzio [pre-pù-zio] ***n.m.*** [pl. *-zi*] (*anat.*) prépuce.

preregistrare [pre-re-gi-strà-re] ***v.tr.*** **1** préenregistrer **2** (*inform.*) préstocker.

prerogativa [pre-ro-ga-tì-va] ***n.f.*** **1** prérogative: *le prerogative del Senato*, les prérogatives du Sénat **2** (*qualità*) caractéristique; (*di persona*) qualité: *la sua principale prerogativa è la sincerità*, la sincérité est sa plus grande qualité.

preromanticismo [pre-ro-man-ti-cì-ʃmo] ***n.m.*** préromantisme.

preromantico [pre-ro-màn-ti-co] ***agg.*** e ***n.m.*** [f. *-a*; pl.m. *-ci*, f. *-che*] préromantique.

presa [pré-sa] ***n.f.*** **1** prise: *stringere, allentare la presa*, serrer, relâcher la prise; *sfuggire alla presa di qlcu*, échapper à qqn **2** (*espugnazione*) prise **3** (*impugnatura*) poignée **4** (*tecn., elettr.*) prise **5** (*presina per oggetti caldi*) poignée **6** (*pizzico*) pincée: *una presa di tabacco*, une pincée (*o* une prise) de tabac **7** (*alle carte*) pli (*m.*), levée; (*agli scacchi*) prise.

● (*aut.*) ***presa dell'aria***, prise, diffuseur d'air | (*elettr.*) ***presa di corrente***, prise de courant | ***presa di posizione***, prise de position | ***presa di possesso***, prise de possession; (*di una carica ecc.*) entrée en charge | ***presa in giro***, raillerie, moquerie | (*elettr.*) ***presa multipla***, prise multiple | ***cane da presa***, chien d'arrêt | ***essere alla prese con***, être aux prises avec | ***far presa***, prendre, faire prise; (*di ancora*) mordre | ***in presa diretta***, en direct: *trasmissione in presa diretta*, émission en direct | (*cine.*) ***macchina da presa***, caméra.

presagibile [pre-sa-gì-bi-le] ***agg.*** prévisible.

presagio [pre-ʃà-gio] ***n.m.*** [pl. *-gi*] **1** présage, augure: *è un buon presagio*, c'est un heureux présage **2** (*presentimento*) pressentiment, prémonition (*f.*): *avere un triste presagio*, avoir un triste pressentiment.

presagire [pre-ʃa-gì-re] ***v.tr.*** [coniug. come *finire*] **1** (*prevedere*) prévoir*; (*presentire*) pressentir*: *presagisco tempi difficili*, je prévois des temps difficiles **2** (*predire*) prédire*, prophétiser **3** (*essere presagio di*) annoncer*, présager*: *questa situazione non lascia presagire nulla di buono*, cette situation ne laisse rien présager de bon.

presago [pre-ʃà-go] ***agg.*** [pl.m. *-ghi*, f. *-ghe*] prévoyant.

● ***essere presago di***, (*presentire*) pressentir; (*prevedere*) prévoir.

presalario [pre-sa-là-rio] ***n.m.*** [pl. *-ri*] présalaire.

presame [pre-sà-me] ***n.m.*** (*caglio*) présure (*f.*).

presbiopia [pre-ʃbio-pì-a] ***n.f.*** (*med.*) presbytie.

presbite [prè-ʃbi-te] ***agg.*** e ***n.m.*** e ***f.*** presbyte.

presbiteriano [pre-ʃbi-te-rià-no] ***agg.*** e ***n.m.*** [f. *-a*] (*relig.*) presbytérien*.

P

presbiterio [pre-ʃbi-tè-rio] *n.m.* [pl. *-rî*] **1** presbyterium **2** (*casa del parroco*) presbytère.

prescegliere [pre-scé-glie-re] *v.tr.* [coniug. come *scegliere*] choisir.

prescelto [pre-scél-to] *agg.* choisi, élu ♦ *n.m.* [f. *-a*] élu: *è stato lui il prescelto*, c'est lui qu'on a choisi.

presciente [pre-scièn-te] *agg.* prescient.

prescienza [pre-sciè̀n-za] *n.f.* prescience.

presciistico [pre-sci-i-sti-co] *agg.* [pl.m. *-ci*, f. *-che*] pré-ski: *ginnastica presciistica*, gymnastique pré-ski.

prescindere [pre-scìn-de-re] *v.tr.* [coniug. come *scindere*] laisser, mettre* (**qqch**) de côté, faire* abstraction (**de**): *prescindiamo da questi particolari*, mettons ces détails de côté.
● ***a prescindere da***, abstraction faite (de) | ***a prescindere dal fatto che***, sans compter que.

prescolare [pre-sco-là-re] *agg.* préscolaire.
● ***età prescolare***, âge préscolaire.

prescrittibile [pre-scrit-ti-bi-le] *agg.* (*dir.*) prescriptible.

prescritto [pre-scrìt-to] *agg.* prescrit.
● ***nel tempo prescritto***, dans le délai prescrit.

prescrivere [pre-scrì-ve-re] *v.tr.* [coniug. come *scrivere*] **1** prescrire*: *prescrivere una medicina, assoluto riposo*, prescrire un médicament, un repos absolu **2** (*dir.*) prescrire*.

prescrizione [pre-scri-zió-ne] *n.f.* **1** prescription: *prescrizioni di legge*, prescriptions de la loi **2** (*dir.*) prescription.
● (*dir.*): ***andare, cadere in prescrizione***, tomber en prescription; ***processo in prescrizione***, procès en péremption | ***segnali di prescrizione***, (*nel codice stradale*) panneaux d'obligation.

preselezionare [pre-se-le-zio-nà-re] *v.tr.* présélectionner.

preselezione [pre-se-le-zió-ne] *n.f.* présélection.

presentabile [pre-ʃen-tà-bi-le] *agg.* présentable.

P

presentare [pre-ʃen-tà-re] *v.tr.* présenter: *presentare un documento, una domanda*, présenter un document, une demande; *presentare un amico*, présenter un ami; *presentare le proprie scuse*, présenter ses excuses; *"I miei omaggi a sua moglie" "Grazie, presenterò"*, (*antiq.*) "Mes hommages à votre femme" "Merci, je n'y manquerai pas" ♦ **presentarsi** *v.pron.* se présenter: *presentarsi a un esame*, se présenter à un examen; *presentarsi (come candidato) alle elezioni*, se présenter (comme candidat) aux élections ♦ *v.pron.intr.* **1** (*apparire*) apparaître*: *la situazione si presenta difficile*, la situation apparaît difficile; *come si presenta bene!*, quelle belle présentation! **2** (*offrirsi*) se présenter: *se si presenta l'occasione*, si l'occasion se présente (*o* s'offre).
● ***presentarsi bene, male***, présenter bien, mal.

presentatore [pre-ʃen-ta-tó-re] *n.m.* [f. *-trice*] présentateur*; animateur*.

presentazione [pre-ʃen-ta-zió-ne] *n.f.* présentation: *la presentazione di un libro*, la présentation d'un livre.
● ***dietro presentazione di***, sur présentation de | ***fare le presentazioni***, faire les présentations | ***lettera di presentazione***, lettre d'introduction.

presente[1] [pre-ʃèn-te] *agg.* **1** présent: *il mio collega qui presente*, mon collègue ici présent; *presente mio padre*, en présence de mon père **2** (*attuale*) présent: *gli avvenimenti presenti*, les événements présents **3** (*questo*) ce*: *la presente settimana*, cette semaine ♦ *n.m.* **1** présent: *vivere nel presente*, vivre dans le présent **2** (*pl.*) (*persone presenti*) présents **3** (*gramm.*) présent ♦ *n.f.* (*comm.*) présente | *con la presente vi prego di*, par la présente, par cette lettre je vous prie de.
● ***al presente***, (*attualmente*) actuellement, à présent | ***avere presente qlco***, se souvenir de qqch | ***è sempre presente a se stesso***, il a toujours l'esprit lucide | ***far presente che***, faire remarquer que | ***tenere presente qlco***, tenir compte de qqch.

presente[2] *n.m.* (*regalo*) cadeau*; (*letter.*) présent.

presentemente [pre-ʃen-te-mén-te] *avv.* présentement, à présent.

presentimento [pre-sen-ti-mén-to] *n.m.* pressentiment: *ho un brutto presentimento*, j'ai un triste pressentiment.

presentire [pre-sen-ti-re] *v.tr.* pressentir*.

presenza [pre-ʃèn-za] *n.f.* **1** présence: *non si erano accorti della sua presenza*, ils n'avaient pas remarqué sa présence **2** (*aspetto*) aspect (*m.*).
● ***di bella presenza***, beau; (*negli annunci*) présentant bien | ***di presenza***, (*di persona*) en personne | ***fare atto di presenza***, faire acte de présence | ***in presenza di, alla presenza di***, en présence de | ***si richiede bella presenza***, bonne présentation exigée.

presenzialismo [pre-ʃen-zia-lì-ʃmo] *n.m.* présence (*f.*) assidue aux manifestations mondaines ou dans les endroits qui comptent: *è malato di presenzialismo*, il aime se montrer.

presenzialista [pre-ʃen-zia-lì-sta] *n.m.* e *f.* celui*/celle qui fréquente assidûment les manifestations mondaines ou les endroits qui comptent.

presenziare [pre-ʃen-zià-re] *v.tr.* e *intr.* [aus. *avere*] être* présent (**à**), assister (**à**).

presepe, presepio *n.m.* [pl. *presepi*] crèche (*f.*).
● ***presepe vivente***, crèche animée.

preservare [pre-ser-và-re] *v.tr.* préserver.

preservativo [pre-ser-va-tì-vo] *n.m.* préservatif.

preservazione [pre-ser-va-zió-ne] *n.f.* préservation.

presi → **prendere**.

preside [prè-si-de] *n.m.* e *f.* (*di scuola media*) principal/e; (*di scuola superiore*) proviseur; (*di facoltà universitaria*) doyen/enne (de faculté).

presidente [pre-si-dèn-te] *n.m.* président.

presidentessa [pre-si-den-tés-sa] *n.f.* **1** (*di assemblea*) présidente **2** (*pol.*) président (*m.*) **3** (*moglie di presidente*) femme du président.

presidenza [pre-si-dèn-za] *n.f.* **1** présidence **2** (*di scuola*) charge de proviseur; (*ufficio*) bureau* (*m.*) du proviseur.

presidenziale [pre-si-den-zià-le] *agg.* présidentiel*.

presidenzialismo [pre-si-den-zia-lì-ʃmo] *n.m.* présidentialisme.

presidiare [pre-si-dià-re] *v.tr.* (*mil.*) (*essere di presidio*) être* de garnison (**à**); (*occupare*) occuper.

presidio [pre-sì-dio] *n.m.* [pl. *-di*] **1** (*mil.*) garnison (*f.*) **2** (*fig.*) défense (*f.*); (*protezione*) protection (*f.*) **3** (*sostegno, ausilio*) soutien, assistance (*f.*).
● ***presidio medico-chirurgico***, assistance médicale et chirurgicale.

presiedere [pre-siè-de-re] *v.intr.* e *tr.* [aus. *avere*] présider: *presiedere (a) una assemblea*, présider une assemblée.

presina [pre-sì-na] *n.f.* (*di tessuto*) poignée.

preso [prè-so] ***agg.*** pris, occupé: *è sempre molto presa*, elle est toujours très occupée (*o* prise).

pressa [près-sa] ***n.f.*** presse.

pressaforaggio [pres-sa-fo-ràg-gio] **pressaforaggi** ***n.m.invar.*** (*agr.*) presse (*f.*) à fourrage.

press-agent [press-à-gent] ***n.m.*** e ***f.invar.*** (*addetto stampa*) agent (*m.*) (de presse).

pressante [pres-sàn-te] ***agg.*** pressant, urgent.

pressappochismo [pres-sap-po-chì-ʃmo] ***n.m.*** approximation (*f.*), manque de précision.

pressappoco [pres-sap-pò-co] ***avv.*** à peu près, environ: *ho impiegato pressappoco due ore*, j'ai employé à peu près, environ deux heures; *il paese dista pressappoco tre chilometri*, le village est à trois kilomètres à peu près; *saranno pressappoco 5 kg*, ça fera 5 kg environ; *la mia casa si trova pressappoco davanti alla farmacia*, ma maison est presque devant la pharmacie ♦ ***n.m.invar.*** à peu près.

pressare [pres-sà-re] ***v.tr.*** **1** comprimer **2** (*fig.*) presser: *pressare qlcu perché faccia qlco*, presser qqn de faire qqch.

pressato [pres-sà-to] ***agg.*** **1** comprimé **2** (*fig.*) pressé: *pressato dal lavoro, dalle circostanze*, pressé par le travail, par les circonstances.
● ***mangime pressato***, granulé.

pressatura [pres-sa-tù-ra] ***n.f.*** (*tecn.*) pressage (*m.*).

pressi [près-si] ***n.m.pl.*** (*vicinanze*) alentours, environs.
● ***nei pressi***, aux alentours: *nei pressi della stazione*, aux alentours de la gare; *abitare nei pressi di*, habiter aux alentours de.

pressing ['prɛssiŋg] ***n.m.invar.*** (*sport*) pressing, pression (*f.*).

pressione [pres-sió-ne] ***n.f.*** **1** pression: *esercitare una leggera pressione su qlco*, exercer une pression légère sur qqch **2** (*med.*) tension: *misurare la pressione*, mesurer (*o* prendre) la tension **3** (*fig.*) pression: *non amo ricevere pressioni*, je n'aime pas que l'on fasse pression sur moi.
● (*meteor.*) ***pressione atmosferica***, pression atmosphérique | (*fin.*) ***pressione fiscale***, pression fiscale | (*med.*): ***pressione sanguigna***, pression, tension artérielle; ***avere la pressione alta***, avoir de la tension; ***avere la pressione bassa***, avoir la tension basse | ***essere sotto pressione***, être sous pression.

presso [près-so] ***avv.*** près: *esaminare qlco (più) da presso*, examiner qqch de (plus) près ♦ ***prep.*** (*si unisce ai pron.pers. mediante la prep.* di) **1** (*vicino a*) près (**de**): *vive in un paesino presso Roma*, il vit dans un petit village près de Rome **2** (*in casa, nello studio di ecc.*) chez; (*nella sede di*) dans; à: *rimase presso di noi diverso tempo*, il resta longtemps chez nous; *fare ricerche presso un archivio*, faire des recherches dans les archives; *lavora presso una ditta svizzera*, il travaille dans une maison suisse | *signor X presso la signora Y*, (*negli indirizzi*) Monsieur X, chez Madame Y **3** (*fig.*) auprès (**de**): *assumere informazioni presso qlcu*, se renseigner auprès de qqn; *presso i Greci*, chez les Grecs; *presso Cicerone*, chez, dans Cicéron.
● ***farsi più (da) presso a***, (*avvicinarsi*) s'approcher de.

pressoché [pres-so-ché] ***avv.*** **1** (*quasi*) presque: *il mio lavoro è pressoché finito*, mon travail est presque terminé **2** (*all'incirca*) à peu près; environ: *c'erano pressoché mille persone*, il y avait à peu près, environ mille personnes.

pressoterapia [pres-so-te-ra-pì-a] ***n.f.*** (*med.*) acupression.

pressurizzare [pres-su-riʒ-ʒà-re] ***v.tr.*** (*tecn.*) pressuriser.

pressurizzazione [pres-su-riʒ-ʒa-zió-ne] ***n.f.*** pressurisation.

prestabilire [pre-sta-bi-lì-re] ***v.tr.*** [coniug. come *finire*] établir à l'avance.

prestabilito [pre-sta-bi-lì-to] ***agg.*** fixé, établi à l'avance: *nel giorno prestabilito*, au jour fixé.

prestanome [pre-sta-nó-me] ***n.m.*** e ***f.invar.*** prête-nom* (*m.*).

prestante [pre-stàn-te] ***agg.*** qui a de la prestance, de belle prestance.

prestanza [pre-stàn-za] ***n.f.*** (*bell'aspetto*) prestance.

prestare [pre-stà-re] ***v.tr.*** prêter: *prestare al 5%*, prêter à 5%; *farsi prestare qlco da qlcu*, se faire prêter qqch par qqn | *prestare aiuto, assistenza*, prêter (son) aide, (son) assistance ♦ **prestarsi** ***v.pron.*** **1** (*offrire il proprio servizio*) rendre* service: *si presta volentieri per tutti*, il rend volontiers service à tout le monde **2** (*offrirsi*) se prêter: *atteggiamento che si presta a critiche*, attitude qui prête à la critique ♦ ***v.pron.intr.*** se prêter: *questo materiale si presta a molti usi*, ce matériau se prête à de nombreux usages.
● ***prestare giuramento***, prêter serment | ***prestare servizio presso qlcu***, travailler chez qqn | ***prestar fede***, ajouter foi.

prestatore [pre-sta-tó-re] ***n.m.*** [f. *-trice*] prêteur*.
● ***prestatore d'opera, di lavoro***, (*operaio*) ouvrier; (*impiegato*) employé.

prestazione [pre-sta-zió-ne] ***n.f.*** **1** (*spec. pl.*) prestation **2** (*di atleta, motore*) performance **3** (*dir.*) prestation.
● (*amm.*) ***prestazioni previdenziali***, prestations de la Sécurité Sociale.

prestidigitazione [pre-sti-di-gi-ta-zió-ne] ***n.f.*** prestidigitation.

prestigiatore [pre-sti-gia-tó-re] ***n.m.*** [f. *-trice*] prestidigitateur*.

prestigio [pre-stì-gio] ***n.m.*** [pl. *-gi*] prestige: *marca di prestigio*, marque prestigieuse; *perdere di, in prestigio*, perdere di, in prestigio.
● ***giochi di prestigio***, tours de prestidigitation, (*fig.*) tours de passe-passe.

prestigioso [pre-sti-gió-so] ***agg.*** prestigieux*.

prestinaio [pre-sti-nà-io] ***n.m.*** [f. *-a*; pl.m. *-ai*] (*region.*) boulanger*.

prestito [prè-sti-to] ***n.m.*** **1** (*accordato o da accordare*) prêt: *mi ha chiesto un prestito*, il m'a demandé un prêt **2** (*ottenuto o richiesto*) emprunt: *chiedere un prestito alla banca*, demander un emprunt à la banque **3** (*ling.*) emprunt.
● (*banca*): ***prestito obbligazionario***, emprunt obligataire; ***prestito pubblico***, emprunt publicè | ***dare in prestito***, prêter | ***prendere in, a prestito da qlcu***, emprunter à qqn.

presto [prè-sto] ***avv.*** **1** (*tra poco, subito*) bientôt, vite: *presto avrò finito*, j'aurai bientôt, vite fini; *ritornerò presto*, je reviendrai bientôt; *scrivimi presto*, écris-moi vite; *perché devi andar via così presto?*, pourquoi dois-tu t'en aller si tôt? | *ben presto te ne pentirai*, tu ne tarderas pas à t'en repentir | *presto prestissimo*, dès que possible **2** (*in fretta*) vite: *presto, vieni qui!*, viens vite ici!; *fa' presto*, dépêche-toi; *ha fatto presto*, il a eu vite fait; *vieni presto al dunque!*, dépêche-toi de conclure! | *si fa presto a dire, a giudicare*, c'est vite dit, c'est facile de juger **3** (*di buonora*) de bonne heure, tôt: *sei arrivato assai presto stamani*, tu es arrivé bien tôt ce matin | *al mattino presto*, tôt le

P

matin **4** (*prima del tempo stabilito*) trop tôt: *sei arrivato (troppo) presto*, tu es arrivé trop tôt (*o* avant l'heure *o* en avance) **5** (*mus.*) presto.

● ***presto o tardi***, tôt ou tard | ***al più presto***, au plus tôt, au plus vite: (*comm.*) *vi preghiamo di volerci spedire la merce al più presto*, veuillez nous faire parvenir la marchandise dans les plus brefs délais | ***a presto!***, (*arrivederci*) à bientôt! | ***è presto detto!***, c'est vite dit! | ***il più presto possibile***, le plus tôt possible | ***prestino***, (*di buonora*) de bonne heure; (*in anticipo*) tôt: *mi sono alzato prestino stamattina*, je me suis levé de bonne heure, tôt ce matin; *sei arrivato prestino oggi*, tu es arrivé un peu tôt aujourd'hui | ***prestissimo***, (*molto in fretta*) très vite; (*di buonora*) de très bonne heure: *me la sbrigherò prestissimo*, j'aurai très vite fait; *domani devo alzarmi prestissimo*, demain je dois me lever de très bonne heure.

FAUX AMI

Da non confondere con l'aggettivo *preste*, che significa *lesto, agile*.

presule [prè-ʃu-le] ***n.m.*** (*eccl.*) prélat.

presumere [pre-ʃù-me-re *o* presùmere] ***v.tr.*** [p.rem. *io presunsi*; p.p. *presunto*] présumer: *presumo che sia già partito*, je présume qu'il est déjà parti.

presumibile [pre-ʃu-mì-bi-le *o* presumìbile] ***agg.*** présumable: *è presumibile che*, il est à présumer que.

presumibilmente [pre-ʃu-mi-bil-mén-te *o* presumibilménte] ***avv.*** probablement.

presunsi → **presumere**.

presuntivo [pre-ʃun-tì-vo *o* presuntìvo] ***agg.*** présomptif*.

presunto [pre-ʃùn-to *o* presùnto] ***agg.*** **1** (*supposto*) présumé: *il presunto assassino*, l'assassin présumé **2** (*previsto*) prévu | (*econ.*) *valore presunto*, valeur estimée.

● (*dir.*): ***presunto colpevole***, ***innocente***, présumé coupable, innocent; ***dichiarazione di morte presunta***, jugement déclaratif de décès.

presuntuosamente [pre-ʃun-tuo-sa-mén-te *o* presuntuosaménte] ***avv.*** avec présomption, présomptueusement.

presuntuoso [pre-ʃun-tu-ó-so *o* presuntuóso] ***agg.*** [f. *-a*] présomptueux*.

presunzione [pre-ʃun-zió-ne *o* presunzióne] ***n.f.*** présomption: *peccare di presunzione*, pécher de présomption.

● (*dir.*) ***presunzione di innocenza***, présomption d'innocence.

presupporre [pre-sup-pór-re] ***v.tr.*** [coniug. come *porre*] **1** (*immaginare*) imaginer: *presuppongo che sia tardi per*, j'imagine qu'il est trop tard pour **2** (*richiedere*) supposer; demander.

presupposizione [pre-sup-po-ʃi-zió-ne] ***n.f.*** présupposition.

presupposto [pre-sup-pó-sto] ***n.m.*** **1** prémisse (*f.*): *partendo da questi presupposti*, partant de ces prémisses **2** (*condizione necessaria*) condition (*f.*) nécessaire.

prete [prè-te] ***n.m.*** **1** prêtre: *farsi prete*, se faire prêtre **2** (*fam.*) (*scaldaletto*) moine.

● ***scherzo da prete***, (*fam.*) vilain tour.

pretendente [pre-ten-dèn-te] ***n.m.*** e ***f.*** prétendant/e | *pretendente al trono*, prince prétendant.

pretendere [pre-tèn-de-re] ***v.tr.*** [coniug. come *prendere*] **1** prétendre*: *pretende di aver ragione*, il prétend avoir raison; *pretende di essere nobile*, il se prétend noble **2** (*esigere*) exiger*: *pretendo che mi si dica la verità*, j'exige qu'on me dise la vérité; *questo è pretendere troppo*, c'est trop demander ♦ ***v.intr.*** [aus. *avere*] prétendre*: *pretendere al trono*, prétendre au trône.

pretensionatore [pre-ten-sio-na-tó-re] ***n.m.*** (*aut.*) prétensionneur.

pretensione [pre-ten-sió-ne] ***n.f.*** prétention.

pretenzioso [pre-ten-zió-so] ***agg.*** prétentieux*.

preterintenzionale [pre-te-rin-ten-zio-nà-le] ***agg.*** (*dir.*) involontaire.

● ***omicidio preterintenzionale***, homicide involontaire, par imprudence.

preterintenzionalità [pre-te-rin-ten-zio-na-li-tà] ***n.f.invar.*** (*dir.*) non-préméditation.

pretesa [pre-té-sa] ***n.f.*** prétention: *ha troppe pretese*, il a trop de prétentions; *è una persona di poche pretese*, c'est une personne qui n'a pas beaucoup de prétentions; *pretese di eleganza*, une certaine prétention à l'élégance.

● ***senza pretese***, sans prétention.

preteso [pre-té-so] ***agg.*** prétendu.

pretesto [pre-tè-sto] ***n.m.*** **1** prétexte: *addurre a pretesto*, donner comme prétexte; *sono soltanto pretesti*, ce ne sont que des prétextes **2** (*occasione*) occasion (*f.*).

● ***col pretesto che***, sous prétexte de.

pretestuoso [pre-te-stu-ó-so] ***agg.*** allégué comme prétexte.

pretore [pre-tó-re] ***n.m.*** **1** (*dir.*) juge de première instance **2** (*st.*) préteur.

pretoriano [pre-to-rià-no] ***n.m.*** (*st.*) prétorien.

pretorio[1] [pre-tò-rio] ***agg.*** [pl.m. *-ri*] **1** (*dir.*) du juge de première instance **2** (*st.*) (*del pretore e dell'imperatore*) prétorien*.

● ***albo pretorio***, panneau d'affichage public.

pretorio[2] ***n.m.*** [pl. *-ri*] (*st.*) prétoire.

prettamente [pret-ta-mén-te] ***avv.*** typiquement, purement.

pretto [prèt-to] ***agg.*** (*non com.*) pur.

pretura [pre-tù-ra] ***n.f.*** **1** tribunal* (de première instance) **2** (*st.*) préture.

prevalente [pre-va-lèn-te] ***agg.*** prédominant; (*superiore*) supérieur.

prevalentemente [pre-va-len-te-mén-te] ***avv.*** **1** (*il più delle volte*) le plus souvent **2** (*per la maggior parte*) pour la plupart | (*meteor.*) *cielo prevalentemente sereno*, ciel généralement serein **3** (*soprattutto*) surtout.

prevalenza [pre-va-lèn-za] ***n.f.*** priorité; (*maggioranza*) majorité: *nell'insegnamento c'è una netta prevalenza di donne*, dans l'enseignement il y a une nette majorité de femmes.

● ***avere la prevalenza su***, prévaloir sur | ***con prevalenza di***, avec une majorité de | ***in prevalenza***, en majorité (*o* pour la plupart).

prevalere [pre-va-lé-re] ***v.intr.*** [coniug. come *valere*; aus. *essere* o *avere*] **1** l'emporter (**sur**); (*letter.*) prévaloir*: *la sua opinione prevalse*, son opinion prévalut **2** (*essere in maggioranza*) être* les plus nombreux*: *tra gli espositori prevalevano gli italiani*, parmi les exposants, les Italiens étaient les plus nombreux.

prevaricare [pre-va-ri-cà-re] ***v.intr.*** [coniug. come *mancare*; aus. *avere*] prévariquer.

prevaricatore [pre-va-ri-ca-tó-re] ***agg.*** e ***n.m.*** [f. *-trice*] prévaricateur*.

prevaricazione [pre-va-ri-ca-zió-ne] ***n.f.*** prévarication; (*abuso*) abus (*m.*).

P

prevedere [pre-ve-dé-re] ***v.tr.*** [coniug. come *vedere*] **1** prévoir*: *il caso non è previsto dal codice*, le cas n'est pas prévu par le code **2** (*inform.*) planifier, organiser.

prevedibile [pre-ve-dì-bi-le] ***agg.*** prévisible: *era prevedibile che*, il était à prévoir que.

prevedibilità [pre-ve-di-bi-li-tà] ***n.f.invar.*** prévisibilité.

preveggente [pre-veg-gèn-te] ***agg.*** prévoyant.

preveggenza [pre-veg-gèn-za] ***n.f.*** prévoyance.

prevendita [pre-vén-di-ta] ***n.f.*** prévente.

prevenire [pre-ve-nì-re] ***v.tr.*** [coniug. come *venire*] **1** (*anticipare; provvedere in anticipo a*) prévenir*: *prevenire una malattia*, prévenir une maladie | *meglio prevenire che curare*, mieux vaut prévenir que guérir **2** (*precedere*) devancer*: *stavo per telefonarti, ma mi hai prevenuto*, j'allais te téléphoner, mais tu m'as devancé **3** (*avvertire*) prévenir*: *ti prevengo che non riuscirai a entrare*, je te préviens qu'on ne te laissera pas entrer.

preventivamente [pre-ven-ti-va-mén-te] ***avv.*** préventivement; (*anticipatamente, precedentemente*) préalablement.

preventivare [pre-ven-ti-và-re] ***v.tr.*** **1** (*stabilire in anticipo*) calculer à l'avance; (*in bilancio*) inscrire* au budget **2** (*fare un preventivo*) établir un devis (**de**) **3** (*estens.*) (*prevedere*) prévoir*.

preventivo [pre-ven-tì-vo] ***agg.*** préventif* | *medicina preventiva*, médecine préventive ♦ ***n.m.*** **1** (*valutazione del costo di un'opera*) devis: *fare un preventivo*, établir un devis **2** (*bilancio*) budget.

● (*econ.*) ***bilancio preventivo***, budget | (*dir.*) ***carcerazione preventiva***, détention provisoire, préventive | ***mettere in preventivo***, (*fig.*) considérer | (*econ.*) ***spese preventive***, prévision des frais.

prevenuto [pre-ve-nù-to] ***agg.*** prévenu: *è prevenuto contro di me*, il est prévenu contre moi ♦ ***n.m.*** [f. *-a*] (*dir.*) prévenu.

prevenzione [pre-ven-zió-ne] ***n.f.*** prévention: *la prevenzione degli infortuni* (*sul lavoro*), la prévention des accidents du travail.

● (*dir.*) ***misure di prevenzione***, mesures de prévention.

previdente [pre-vi-dèn-te] ***agg.*** prévoyant.

previdentemente [pre-vi-den-te-mén-te] ***avv.*** avec prévoyance.

previdenza [pre-vi-dèn-za] ***n.f.*** prévoyance: *un uomo di grande previdenza*, un homme extrêmement prévoyant.

● ***previdenza integrativa***, assurance complémentaire | ***previdenza sociale***, Sécurité sociale, (*fam.*) sécu | ***fondo di previdenza***, fonds de prévoyance.

previdenziale [pre-vi-den-zià-le] ***agg.*** de prévoyance.

previo [prè-vio] ***agg.*** [pl.m. *-vi*] préalable: *previo accordo*, après accord préalable | *previo pagamento*, contre paiement.

previsione [pre-vi-ʃió-ne] ***n.f.*** prévision.

● (*econ.*) ***bilancio di previsione***, budget | ***in previsione di***, en prévision de | ***le previsioni meteorologiche, del tempo***, les prévisions météorologiques, (*fam.*) la météo.

previsto [pre-vì-sto] ***agg.*** prévu: *era previsto che sarebbe venuto*, il était prévu qu'il viendrait.

● ***oltre il previsto***, au-delà du temps prévu | ***prima del previsto***, plus tôt que prévu | ***secondo il previsto***, comme prévu.

prevosto [pre-vò-sto] ***n.m.*** (*eccl.*) curé.

preziosamente [pre-zio-sa-mén-te] ***avv.*** précieusement.

preziosismo [pre-zio-sì-ʃmo] ***n.m.*** préciosité (*f.*).

preziosità [pre-zio-si-tà] ***n.f.invar.*** **1** valeur **2** (*ricercatezza*) préciosité.

prezioso [pre-zió-so] ***agg.*** précieux*: *oggetti preziosi*, objets précieux; *un consiglio prezioso*, un conseil précieux; *è tempo prezioso*, c'est du temps précieux ♦ ***n.m.*** (*gioiello*) bijou*.

● ***fare il prezioso***, (*fig.*) se faire désirer.

prezzare [prez-zà-re] ***v.tr.*** (*comm.*) marquer le prix (**sur**).

prezzatrice [prez-za-trì-ce] ***n.f.*** (*comm.*) étiqueteuse de prix.

prezzemolo [prez-zé-mo-lo] ***n.m.*** (*bot.*) persil.

● ***essere come il prezzemolo***, (*fig.*) être partout.

prezzo [prèz-zo] ***n.m.*** prix: *prezzo di favore*, prix d'ami; *prezzo di concorrenza*, prix concurrentiel; *prezzi stracciati*, prix cassés; *prezzo imposto*, prix imposé; *di poco prezzo*, qui ne vaut pas cher.

● ***prezzo al minuto***, prix de détail | ***prezzo di lancio***, prix de lancement | ***prezzo locale***, prix de place | ***a buon prezzo, a caro prezzo***, (à) bon marché, cher: *vendere a caro prezzo la propria vita*, (*fig.*) vendre chèrement sa vie | ***a prezzo di***, (*anche fig.*) au prix de: *a prezzo della vita*, au prix de sa vie.

prezzolare [prez-zo-là-re] ***v.tr.*** soudoyer*.

prezzolato [prez-zo-là-to] ***agg.*** gagé, soudoyé.

prigione [pri-gió-ne] ***n.f.*** prison (*anche fig.*): *andare, mettere in prigione*, aller, mettre en prison.

prigionia [pri-gio-nì-a] ***n.f.*** **1** captivité: *fare tre anni di prigionia*, faire trois ans de prison **2** (*fig.*) esclavage (*m.*).

prigioniero [pri-gio-niè-ro] ***agg.*** e ***n.m.*** [f. *-a*] prisonnier*: *prendere prigioniero qlcu*, faire qqn prisonnier; *darsi prigioniero*, se constituer prisonnier; *essere prigioniero dei pregiudizi*, (*fig.*) être esclave des préjugés.

● ***prigioniero di guerra***, prisionnier de guerre | ***prigioniero politico***, prisonnier politique.

prima[1] [prì-ma] ***avv.*** **1** (*nello spazio*) avant: *due case prima c'è la farmacia*, la pharmacie se trouve deux maisons avant; *un paragrafo prima*, un paragraphe plus haut **2** (*nel tempo*) auparavant, avant: *un anno prima*, un an avant; *siamo amici più di prima*, on est amis plus qu'avant **3** (*correlativo di* poi) d'abord: *prima devo telefonare, poi ti aiuto*, je dois d'abord téléphoner, ensuite je t'aiderai; *prima c'è una piazza, poi...*, il y a d'abord une place, puis...; *non vengo, prima perché..., poi perché...*, je ne viens pas, d'abord parce que..., ensuite parce que... **4** (*più presto*) plus tôt; (*più in fretta*) plus vite: *non puoi venire prima, un'ora prima?*, ne peux-tu pas venir plus tôt, une heure plus tôt?; *hai fatto prima tu*, tu as eu plus vite fait **5** (*in anticipo*) en avance: *bisogna pagare tutto prima*, il faut payer tout à l'avance **6** (*un tempo, una volta*) auparavant, avant, autrefois: *prima vivevo a Roma*, auparavant, avant, autrefois je vivais à Rome; *non è più quello di prima*, il n'est plus ce qu'il était ♦ ***agg.invar.*** d'avant: *l'ora prima*, l'heure d'avant; *il giorno prima*, la veille.

● ***prima che***, avant que: *prima che sia troppo tardi*, avant qu'il ne soit trop tard; *prima che parlasse troppo*, avant qu'il ne parle trop | ***prima di***, avant (de); (*più presto*) plus tôt; (*piuttosto*) plutôt que: *prima di partire*, avant de partir; *morirebbe prima di darmi ragione*, il mourrait plutôt que de me donner raison; *prima di te*, avant toi, plus tôt que moi; *prima del ponte*, avant le pont; *prima* *delle sette*, *prima di Natale*, avant sept heures, avant Noël; *prima di notte*, avant la nuit; *prima di Cristo*, avant Jésus-Christ; *non l'ho mai visto prima d'oggi*, je ne l'ai jamais vu avant; *molto prima del solito*, beaucoup plus tôt que d'habitude | ***prima di tutto***, (*soprattutto*) surtout | ***prima o poi***, tôt ou tard | ***molto tempo prima***, longtemps avant | ***poco prima***, peu (de temps) auparavant (*o* avant) | ***quanto prima***, le plus tôt possible: *ci vedremo quanto prima*, on se verra bientôt.

FAUX AMI
Da non confondere con *prime*, che significa *premio, omaggio*.

NOTA ***Prima che*** si traduce ***avant que***, che è seguito dal congiuntivo, preferibilmente presente, preceduto da ***ne*** espletivo:

Diglielo ***prima che abbia*** *finito.*
Dis-le-lui **avant qu'il n'ait** terminé.

L'ho interrotto ***prima che dicesse*** *delle stupidaggini.*
Je l'ai interrompu **avant qu'il ne dise** des bêtises.

prima[2] ***n.f.*** **1** (*di una rappresentazione*) première: *prima teatrale*, première théâtrale **2** (*classe su treni, aerei ecc.*) première: *viaggiare in prima*, voyager en première **3** (*a scuola*) classe préparatoire (CP): *essere in prima*, être en première année, en CP **4** (*aut.*) (*marcia*) première: *partire in prima*, partir en première **5** (*liturgia*) prime.
● ***a tutta prima***, ***sulle prime***, de prime abord, tout d'abord.

primadonna [pri-ma-dòn-na] **prima donna** ***n.f.*** [pl. *primedonne*] (*teatr.*) prima donna; (*estens.*) vedette: *fare la primadonna*, (*fig.*) jouer les vedettes.

primariamente [pri-ma-ria-mén-te] ***avv.*** (*in primo luogo*) premièrement; (*principalmente*) principalement.

primariato [pri-ma-rià-to] ***n.m.*** charge (*f.*) de médecin-chef.

primario [pri-mà-rio] ***agg.*** [pl.m. *-rî*] **1** primaire **2** (*estens.*) capital*, primordial*: *di primaria importanza*, d'une importance capitale, primordiale ♦ ***n.m.*** [f. *-a*] (*med.*) chef de clinique, médecin-chef; (*fam.*) patron: *primario di nefrologia*, médecin-chef du service de néphrologie.
● ***elezioni primarie***, (élections) primaires | (*geol.*) ***l'era primaria***, l'ère primaire, le primaire.

primate[1] [pri-mà-te] ***n.m.*** (*eccl.*) primat.

primate[2] ***n.m.*** (*zool.*) primate.

primaticcio [pri-ma-tìc-cio] ***agg.*** [pl.m. *-ci*, f. *-ce*] (*di frutto, ortaggio*) *hâtif*, précoce.

primatista [pri-ma-tì-sta] ***n.m.*** (*sport*) recordman* ♦ ***n.f.*** (*sport*) recordwoman*.

primato [pri-mà-to] ***n.m.*** **1** (*supremazia*) suprématie (*f.*); (*preminenza*) primauté (*f.*): *il Brasile ha il primato mondiale nella produzione del caffè*, le Brésil vient au premier rang dans la production mondiale du café **2** (*sport*) record.
● (*eccl.*) ***primato papale***, primauté du pape | (*sport*) ***a tempo di primato***, en un temps record.

FAUX AMI
Da non confondere con *primat*, che significa *primate* nel senso di *alto prelato*.

primattore [pri-mat-tó-re] ***n.m.*** [f. *-trice*] acteur* principal*, tête (*f.*) d'affiche.

primavera [pri-ma-vè-ra] ***n.f.*** printemps (*m.*): *è primavera*, c'est le printemps; *in*, *di primavera*, au printemps; *c'è un'aria di primavera*, ça sent le printemps | *aver molte primavere sulle spalle*, être très âgé ♦ ***agg.*** (*sport*) (*giovanile*) junior: *squadra*, *campionato primavera*, équipe, championnat junior.

FAUX AMI
Nel senso di *stagione*, da non confondere con *primevère*, che indica il fiore *primula*.

primaverile [pri-ma-ve-rì-le] ***agg.*** printanier*; (*della primavera*) du printemps: *un caldo primaverile*, une chaleur printanière; *abiti primaverili*, robes printanières; *piogge primaverili*, pluies de printemps.

primeggiare [pri-meg-già-re] ***v.intr.*** [coniug. come *mangiare*; aus. *avere*] exceller; (*essere il primo tra*) l'emporter (**sur**); (*avere il primato*) occuper la première place: *primeggiare in tutti i campi*, se distinguer dans tous les domaines.

prime rate [praim'reit] ***n.m.invar.*** (*fin.*) taux d'intérêt de base.

primiera [pri-miè-ra] ***n.f.*** (*alle carte*) prime.

primigenio [pri-mi-gè-nio] ***agg.*** [pl.m. *-nî*] **1** (*generato per primo*) premier* **2** (*primordiale*) primordial*; (*primitivo*) primitif*.

primipara [pri-mì-pa-ra] ***n.f.*** primipare.

primissimo [pri-mìs-si-mo] ***agg.*** e ***n.m.*** [f. *-a*] tout premier*: *in primissima fila*, au tout premier rang; *nelle primissime righe*, dans les toutes premières lignes; *è arrivato tra i primissimi*, il est arrivé parmi les tout premiers.

primitivismo [pri-mi-ti-vì-ʃmo] ***n.m.*** primitivisme.

primitivo [pri-mi-tì-vo] ***agg.*** e ***n.m.*** [f. *-a*] primitif*.

primizia [pri-mì-zia] ***n.f.*** **1** primeur (*anche fig.*) **2** (*informazione anticipata*) histoire toute fraîche, nouvelle toute fraîche **3** (*pl.*) (*prodotti agricoli offerti alla divinità*) prémices.

primo [prì-mo] ***agg.num.ord.*** [f. *-a*] **1** premier*: *sto al primo* (*piano*), j'habite au premier (étage); *i primi due saranno premiati*, les deux premiers recevront un prix; *la sua opera prima*, son premier roman, son premier film | *il primo Novecento*, les premières années du XXe siècle | *nel primo pomeriggio*, au début de l'après-midi | *viaggiare in prima classe*, voyager en première (classe) | (*tip.*) *la prima* (*pagina*) *di copertina*, la couverture | *la prima pagina*, (*di giornale*) la une **2** (*prossimo*) prochain: *scendo alla prima fermata*, je descends au prochain arrêt ♦ ***n.m.*** **1** premier: *per primo*, le premier; *i primi* (*cinque*), les (cinq) premiers; *il primo del mese*, le premier jour du mois; *ai primi del mese*, *di luglio*, dans les premiers jours du mois, de juillet | *il primo dell'anno*, le jour de l'an | *il primo che parla finisce male!*, gare au premier qui parle! | *il primo che capita*, *il primo venuto*, (*fig.*) le premier venu **2** (*minuto primo*) minute (*f.*) **3** (*primo piatto*) entrée (*f.*) ♦ ***avv.*** premièrement, primo.
● ***primissimo***, tout premier: *i primissimi posti*, les toutes premières places; *tra i primissimi*, parmi les tout premiers | ***di primo mattino***, de bon matin, au petit matin | ***di prim'ordine***, de premier ordre: *è un mascalzone di prim'ordine*, c'est un salaud de tout premier ordre | (*mat.*) ***numero primo***, nombre premier | ***per prima cosa***, (*subito*) tout de suite, (*innanzitutto*) tout d'abord.

primogenito [pri-mo-gè-ni-to] ***agg.*** e ***n.m.*** [f. *-a*] aîné, premier-né*.

primogenitore [pri-mo-ge-ni-tó-re] ***n.m.*** **1** (*Adamo*) notre père à tous **2** (*pl.*) (*antenati*) ancêtres.

primogenitrice [pri-mo-ge-ni-trì-ce] ***n.f.*** (*Eva*) notre mère à tous.

primogenitura [pri-mo-ge-ni-tù-ra] ***n.f.*** aînesse, primogéniture.

P

primordi [pri-mòr-di] ***n.m.pl.*** origines (*f.*).
● ***ai primordi della civiltà***, à l'aube de la civilisation.

primordiale [pri-mor-dià-le] ***agg.*** primordial*.

primula [prì-mu-la] ***n.f.*** primevère.
● ***la primula rossa***, (*fig.*) le merle blanc.

principale [prin-ci-pà-le] ***agg.*** principal* | *la sede principale*, (*di una banca ecc.*) le siège central ♦ ***n.m.*** (*fam.*) (*datore di lavoro*) patron; (*capufficio ecc.*) chef.

principalmente [prin-ci-pal-mén-te] ***avv.*** principalement.

principato [prin-ci-pà-to] ***n.m.*** **1** (*ufficio; dignità*) principat **2** (*territorio*) principauté (*f.*).

principe [prìn-ci-pe] ***n.m.*** prince ♦ ***agg.*** principal*.
● ***edizione principe***, édition princeps | ***il principe azzurro***, le prince charmant | ***un principe del foro***, un as du barreau.

FAUX AMI
Da non confondere con il francese *principe*, che significa *principio, origine*.

principesco [prin-ci-pé-sco] ***agg.*** [pl.m. *-schi*, f. *-sche*] princier*.

principessa [prin-ci-pés-sa] ***n.f.*** princesse.

principessina [prin-ci-pes-sì-na] ***n.f.*** petite princesse, jeune princesse.

principiante [prin-ci-piàn-te] ***agg.*** à ses premières armes: *pittore principiante*, peintre à ses premières armes ♦ ***n.m.*** e ***f.*** débutant/e.

principino [prin-ci-pì-no] ***n.m.*** petit prince, jeune prince.

principio [prin-cì-pio] ***n.m.*** [pl. *-pi*] **1** commencement, début | *dar principio a*, commencer | *aver principio*, commencer **2** (*fondamento*) principe: *principi morali*, principes moraux | *uomo di sani principi*, homme de principes.
● ***dal principio***, dès le début | ***in, al principio***, au début, au commencement | ***in linea di principio***, en principe | ***sul principio, da principio***, (tout) d'abord: *sul principio del secolo*, au début du siècle.

priora [pri-ó-ra] ***n.f.*** (*eccl.*) supérieure, prieure.

priorato [prio-rà-to] ***n.m.*** prieuré.

priore [pri-ó-re] ***n.m.*** prieur.

priori, a [a pri-ò-ri] ***avv.*** a priori.

priorità [prio-ri-tà] ***n.f.invar.*** priorité.

prioritario [prio-ri-tà-rio] ***agg.*** [pl.m. *-ri*] prioritaire.

prisma [prì-ʃma] ***n.m.*** prisme.

prismatico [pri-ʃmà-ti-co] ***agg.*** [pl.m. *-ci*, f. *-che*] prismatique.

privacy ['praivasi] ***n.f.invar.*** intimité: *violare la privacy di qlcu*, s'introduire dans l'intimité de qqn.

privare [pri-và-re] ***v.tr.*** priver ♦ **privarsi** ***v.pron.*** se priver: *privarsi delle sigarette*, se priver de cigarettes | *non si priva di nulla*, il ne se prive de rien, il ne se refuse rien.

privatamente [pri-va-ta-mén-te] ***avv.*** (*in privato*) en privé; (*nell'intimità*) dans l'intimité; (*a titolo privato*) à titre privé | *studia privatamente*, il fait des études pour son compte.

privatista [pri-va-tì-sta] ***n.m.*** e ***f.*** **1** (*studente di scuola privata*) élève d'une école privée **2** (*agli esami*) candidat/e libre | *presentarsi all'esame come, da privatista*, se présenter à l'examen comme candidat libre.

privatistico [pri-va-tì-sti-co] ***agg.*** [pl.m. *-ci*, f. *-che*] basé sur l'initiative privée.

privativa [pri-va-tì-va] ***n.f.*** **1** monopole (*m.*) **2** (*spaccio di tabacchi*) bureau* (*m.*) de tabac.

privatizzare [pri-va-tiʒ-ʒà-re] ***v.tr.*** privatiser.

privatizzazione [pri-va-tiʒ-ʒa-zió-ne] ***n.f.*** privatisation.

privato [pri-và-to] ***agg.*** privé; (*riservato; personale*) particulier*: *domicilio privato*, résidence privée; *casa privata*, maison particulière | *una faccenda privata*, una histoire personnelle ♦ ***n.m.*** **1** (*persona*) particulier **2** (*intimità*) vie (*f.*) privée.
● ***privato cittadino***, particulier | ***in forma privata***, dans l'intimité | ***in privato***, en particulier, en privé | ***insegnante privato***, professeur particulier | ***lezioni private***, leçons particulières | (*dir.*) ***scrittura privata***, acte sous seing privé.

privazione [pri-va-zió-ne] ***n.f.*** privation.

privilegiare [pri-vi-le-già-re] ***v.tr.*** [coniug. come *mangiare*] privilégier; (*favorire*) favoriser | *privilegia la carriera rispetto alla famiglia*, il fait passer sa carrière avant sa famille.

privilegiato [pri-vi-le-già-to] ***agg.*** e ***n.m.*** [f. *-a*] privilégié | *trattamento privilegiato*, traitement de faveur.

privilegio [pri-vi-lè-gio] ***n.m.*** [pl. *-gi*] privilège.

privo [prì-vo] ***agg.*** dénué, dépourvu; (*mancante*) sans: *privo di senso*, dénué, dépourvu de sens; *privo di mezzi*, sans ressources; *privo di vita*, sans vie; *privo di padre*, sans père; *sono privo di sue notizie*, je suis sans nouvelles de lui | *privo di affetti*, privé d'affection | *cadere privo di sensi*, tomber évanoui.

pro[1] ***prep.*** pour, en faveur de: *offerta pro alluvionati*, souscription pour les, en faveur des victimes des inondations.

pro[2] ***n.m.invar.*** pour | *senza alcun pro*, sans (aucun) profit | *che pro me ne viene?*, qu'est-ce que (*o* quel profit) j'en tire?
● ***a che pro?***, à quoi bon?: *a che pro lavorare tanto?*, à quoi bon tant travailler? | ***buon pro vi faccia!***, grand bien vous fasse!; (*alla salute*) à votre (bonne) santé! | ***il pro e il contro***, le pour et le contre: *valutare i pro e i contro*, mettre en balance le pour et le contre.

pro- ***pref.*** pro-.

probabile [pro-bà-bi-le] ***agg.*** probable | *niente di più probabile!*, c'est fort probable!

probabilismo [pro-ba-bi-lì-ʃmo] ***n.m.*** (*fil., teol.*) probabilisme.

probabilistico [pro-ba-bi-lì-sti-co] ***agg.*** [pl.m. *-ci*, f. *-che*] probabiliste.

probabilità [pro-ba-bi-li-tà] ***n.f.invar.*** **1** probabilité **2** (*possibilità*) chance: *ha dieci probabilità su mille di farcela*, il a dix chances sur mille de réussir.
● (*mat.*) ***calcolo delle probabilità***, calcul des probabilités | ***con ogni probabilità***, selon toute probabilité.

probabilmente [pro-ba-bil-mén-te] ***avv.*** probablement: *molto probabilmente*, fort probablement; *probabilmente non verranno*, ils ne viendront probablement pas.

probante [pro-bàn-te] ***agg.*** probant.

probatorio [pro-ba-tò-rio] ***agg.*** [pl.m. *-ri*] probatoire.

probità [pro-bi-tà] ***n.f.invar.*** probité.

problema [pro-blè-ma] ***n.m.*** problème (*anche fig.*) | *non c'è problema*, pas de problème.

problematica [pro-ble-mà-ti-ca] ***n.f.*** [pl. *-che*] problématique.

P

problematicità [pro-ble-ma-ti-ci-tà] *n.f.invar.* nature problématique.

problematico [pro-ble-mà-ti-co] *agg.* [pl.m. *-ci*, f. *-che*] problématique.

probo [prò-bo] *agg.* (*letter.*) probe.

proboscide [pro-bò-sci-de] *n.f.* **1** trompe **2** (*fam.*) (*nasone*) grand pif (*m.*).

proboviro [pro-bo-vì-ro] *n.m.* [pl. *probiviri*] prud'homme.

procacciare [pro-cac-cià-re] *v.tr.* [coniug. come *cominciare*] procurer: *procacciarsi da vivere*, se procurer de quoi vivre.

procacciatore [pro-cac-cia-tó-re] *n.m.* [f. *-trice*] pourvoyeur*.
● (*econ.*) ***procacciatore d'affari***, rabatteur d'affaires.

procace [pro-cà-ce] *agg.* provocant.

procacità [pro-ca-ci-tà] *n.f.invar.* aspect (*m.*) provocant.

pro capite [pro cà-pi-te] *avv.* par tête.
● ***reddito pro capite***, revenu par personne.

procedere [pro-cè-de-re] *v.intr.* **1** [aus. *essere* o *avere*] avancer*; (*di lavoro, affari ecc.*) marcher; (*di ragionamento*) procéder*: *procedevano cauti*, ils avançaient avec prudence; *procedere negli studi*, avancer dans ses études; *tutto procede bene*, tout marche parfaitement; *procedere per ordine*, *per assurdo*, procéder par ordre, par l'absurde | *procedere nel discorso*, continuer son discours **2** [aus. *avere*] (*agire*) agir **3** [aus. *avere*] (*accingersi, iniziare*) procéder*: *procedere alla votazione*, procéder au vote; *procediamo all'inventario*, procédons à faire l'inventaire **4** [aus. *essere*] (*derivare*) dériver; (*provenire*) provenir*: *ciò procede da mancanza di igiene*, cela dérive d'un manque d'hygiène **5** [aus. *avere*] (*dir.*) procéder*: *procedere civilmente*, *penalmente*, procéder au civil, au pénal | *procedere contro qlcu*, poursuivre qqn en justice.
● ***col procedere del tempo***, au fil du temps | (*dir.*) ***sentenza di non luogo a procedere***, ordonnance de non-lieu.

procedimento [pro-ce-di-mén-to] *n.m.* **1** procédé | *il procedimento dei fatti*, le déroulement des faits **2** (*dir.*) poursuite (*f.*).
● (*dir.*) ***procedimento cautelare***, procédé conservatoire; ***procedimento civile***, ***penale***, poursuite civile, pénale.

procedura [pro-ce-dù-ra] *n.f.* procédure.
● (*inform.*): ***procedura di backup***, procédure de sauvegarde; ***procedura di caricamento***, routine d'initialisation | (*dir.*) ***procedura d'istruzione***, actes d'instruction | (*amm.*) ***procedura d'ufficio***, pratique de bureau.

procedurale [pro-ce-du-rà-le] *agg.* de procédure, procédural*: *incidente procedurale*, incident de procédure.

procellaria [pro-cel-là-ria] *n.f.* (*zool.*) pétrel (*m.*).

processare [pro-ces-sà-re] *v.tr.* poursuivre* (en justice); (*giudicare*) juger*.

processionaria [pro-ces-sio-nà-ria] *n.f.* (*zool.*) processionnaire.

processione [pro-ces-sió-ne] *n.f.* procession.

processo [pro-cès-so] *n.m.* **1** (*dir.*) procès (*anche estens.*): *fare il processo a un regime*, faire le procès d'un régime | *mi ha fatto un processo perché non ho telefonato*, il m'a fait toute une histoire parce que je n'ai pas téléphoné **2** (*scient., tecn.*) processus **3** (*procedimento*) procédé: *processo di stampa*, procédé d'imprimerie **4** (*inform.*) traitement **5** (*anat.*) procès.
● (*dir.*) ***processo civile***, ***penale***, procès civil, criminel | ***processo storico***, processus historique | (*dir.*) ***processo verbale***, procès-verbal | ***fare il processo alle intenzioni***, (*estens.*) faire un procès d'intentions | (*dir.*) ***mettere qlcu sotto processo***, intenter un procès à qqn: *essere messo sotto processo*, être poursuivi en justice.

processore [pro-ces-só-re] *n.m.* (*inform.*) unité (*f.*) centrale; processeur | *processore per la trasmissione dei dati*, ordinateur de transmission.

processuale [pro-ces-su-à-le] *agg.* (*dir.*) de, du procès.
● ***spese processuali***, frais de justice.

procinto, in [in pro-cìn-to] *prep.* sur le point (**de**).

procione [pro-ció-ne] *n.m.* (*zool.*) raton.
● ***procione lavatore***, raton laveur.

proclama [pro-clà-ma] *n.m.* proclamation (*f.*).

proclamare [pro-cla-mà-re] *v.tr.* proclamer: *proclamare una legge*, promulguer une loi; *proclamare uno sciopero*, lancer un ordre de grève ♦ **proclamarsi** *v.pron.* se proclamer.

proclamazione [pro-cla-ma-zió-ne] *n.f.* proclamation.

proclive [pro-clì-ve] *agg.* (*letter.*) enclin.

proconsole [pro-còn-so-le] *n.m.* proconsul.

procrastinare [pro-cra-sti-nà-re] *v.tr.* différer*.

procrastinazione [pro-cra-sti-na-zió-ne] *n.f.* procrastination.

procreare [pro-cre-à-re] *v.tr.* procréer.

procreazione [pro-cre-a-zió-ne] *n.f.* procréation.

procura [pro-cù-ra] *n.f.* (*dir.*) **1** procuration: *farsi dare una procura*, se faire donner procuration | *dare una procura davanti a notaio*, donner un pouvoir par-devant notaire **2** *Procura*, Parquet.
● ***la Procura Generale della Repubblica***, le Parquet général | ***per procura***, par procuration.

procurare [pro-cu-rà-re] *v.tr.* **1** procurer **2** (*fare in modo*) tâcher.

procuratore [pro-cu-ra-tó-re] *n.m.* [f. *-trice*] **1** (*chi è munito di procura*) procureur; (*comm.*) fondé de pouvoir **2** (*dir.*) (*magistrato della Procura*) procureur **3** (*sport*) manager.
● (*dir.*) ***procuratore legale***, avoué.

proda [prò-da] *n.f.* (*riva*) rivage (*m.*); (*di fiume, di canale*) berge.

prode [prò-de] *agg.* e *n.m.* (*letter.*) brave, preux*.

prodezza [pro-déz-za] *n.f.* prouesse, exploit (*m.*) | *bella prodezza!*, (*iron.*) bel exploit!

prodigalità [pro-di-ga-li-tà] *n.f.invar.* prodigalité.

prodigare [pro-di-gà-re] *v.tr.* [coniug. come *legare*] prodiguer ♦ **prodigarsi** *v.pron.* se prodiguer.

prodigio [pro-dì-gio] *n.m.* [pl. *-gi*] prodige.

prodigiosità [pro-di-gio-si-tà] *n.f.invar.* caractère (*m.*) prodigieux.

prodigioso [pro-di-gió-so] *agg.* prodigieux*.

prodigo [prò-di-go] *agg.* e *n.m.* [f. *-a*; pl.m. *-ghi*, f. *-ghe*] prodigue.

FAUX AMI
Da non confondere con *prodige*, che significa *prodigio*.

proditoriamente [pro-di-to-ria-mén-te] *avv.* traîtreusement.

proditorio [pro-di-tò-rio] *agg.* [pl.m. *-ri*] traître*.

prodotto [pro-dót-to] *agg.* **1** produit: *prodotto in Italia*, produit en Italie | *prodotto in serie*, produit en série **2** (*esibito*) produit | *prodotto in giudizio*, *in tribunale*, produit pendant un procès, devant un tribunal ♦ *n.m.* **1** produit: *i prodotti del sottosuolo*, les produits du soussol **2** (*fig.*) produit, fruit: *un prodotto della sua immagi-*

nazione, un produit (*o* fruit) de son imagination **3** (*mat.*) produit.
● ***prodotto interno lordo*** (*PIL*), produit intérieur brut (PIB).

prodromo [prò-dro-mo] ***n.m.*** prodrome.

producente [pro-du-cèn-te] ***agg.*** (*con effetti positivi*) efficace; (*utile, vantaggioso*) utile.

produrre [pro-dùr-re] ***v.tr.*** [coniug. come *condurre*] **1** produire* (*anche fig.*): *la terra produce fiori*, la terre produit des fleurs **2** (*provocare*) provoquer, causer: *l'incendio produsse molti danni*, l'incendie causa des graves dégâts **3** (*esibire*) produire*: *produrre un documento d'identità*, produire une pièce d'identité | (*dir.*) *produrre dei testimoni delle prove*, produire des témoins, des preuves ♦ **prodursi** ***v.pron.*** e ***pron.intr.*** se produire*.

produssi → **produrre**.

produttività [pro-dut-ti-vi-tà] ***n.f.invar.*** productivité.
● (*inform.*) ***tasso di produttività***, débit, capacité de production.

produttivo [pro-dut-tì-vo] ***agg.*** (*che produce*) productif*; (*relativo alla produzione*) de production: *terra produttiva*, terre productive; *ciclo produttivo*, cycle de production.

produttore [pro-dut-tó-re] ***agg.*** e ***n.m.*** [f. *-trice*] producteur*.
● (*cine*) ***produttore associato***, assistant de production.

produzione [pro-du-zió-ne] ***n.f.*** production.
● ***produzione a catena***, production à la chaîne | ***produzione a ciclo continuo***, production continue | (*dir.*) ***produzione di testimoni, di documenti***, production de témoins, de documents | (*cine.*) ***casa di produzione***, maison de production | ***premio di produzione***, prime de production.

proemio [pro-è-mio] ***n.m.*** [pl. *-mi*] **1** préambule **2** (*lett.*) proème.

prof ***n.m.*** e ***f.*** (*fam.*) (*abbr. di* professore) prof.

profanare [pro-fa-nà-re] ***v.tr.*** profaner (*anche fig.*).

profanatore [pro-fa-na-tó-re] ***agg.*** e ***n.m.*** [f. *-trice*] profanateur*.

profanazione [pro-fa-na-zió-ne] ***n.f.*** profanation.

profano [pro-fà-no] ***agg.*** e ***n.m.*** [f. *-a*] profane: *profano in materia*, profane en la matière; *incomprensibile ai profani*, incompréhensible pour les profanes.

proferibile [pro-fe-rì-bi-le] ***agg.*** prononçable | *una parola non proferibile*, un mot qu'on n'ose pas prononcer.

proferire [pro-fe-rì-re] ***v.tr.*** [coniug. come *finire*] **1** proférer* **2** (*pronunciare*) prononcer*.
● ***senza proferire parola***, sans mot dire.

professare [pro-fes-sà-re] ***v.tr.*** **1** professer: *professare la propria ammirazione per qlcu*, professer de l'admiration pour qqn | *professare la propria stima, la propria gratitudine a qlcu*, assurer qqn de son estime, de sa gratitude | *professare il proprio amore*, déclarer son amour | (*eccl.*) *professare* (*i voti*), prononcer ses vœux **2** (*una professione*) exercer* ♦ **professarsi** ***v.pron.*** se déclarer.

professionale [pro-fes-sio-nà-le] ***agg.*** professionnel*: *serietà professionale*, conscience professionnelle | *non professionale*, amateur.
● ***albo professionale***, ordre professionnel.

professionalità [pro-fes-sio-na-li-tà] ***n.f.invar.*** professionnalisme (*m.*).

professionalmente [pro-fes-sio-nal-mén-te] ***avv.*** professionnellement.

professione [pro-fes-sió-ne] ***n.f.*** profession.
● ***professione di fede***, profession de foi: *fare professione di fede*, faire une profession de foi | ***libera professione***, profession libérale: *esercitare la libera professione*, exercer une activité indépendante.

professionismo [pro-fes-sio-nì-ʃmo] ***n.m.*** professionnalisme | (*sport*) *passare al professionismo*, devenir professionnel.

professionista [pro-fes-sio-nì-sta] ***agg.*** e ***n.m.*** e ***f.*** professionnel/elle; (*fam.*) pro | *non professionista*, amateur.
● (***libero***) ***professionista***, celui qui exerce une profession libérale: *essere un* (*libero*) *professionista*, exercer une profession libérale.

professionistico [pro-fes-sio-nì-sti-co] ***agg.*** [pl.m. *-ci*, f. *-che*] professionnel*.

professorale [pro-fes-so-rà-le] ***agg.*** professoral* (*anche fig.*); de professeur.

professore [pro-fes-só-re] ***n.m.*** professeur; (*fam.*) prof; (*nelle apostrofi o accompagnato dal nome*) Monsieur | *ne sa quanto un professore*, il est savant comme un livre; *si dà arie di professore*, il se donne des airs de savant.
● (*mus.*) ***professore d'orchestra***, instrumentiste | ***professore incaricato***, professeur chargé de cours | ***professore ordinario***, (professeur) titulaire | ***professore universitario***, professeur de faculté (*o* d'Université).

professoressa [pro-fes-so-rès-sa] ***n.f.*** professeure (*m.*); (*fam.*) prof (*m.*): *la mia professoressa di latino è malata*, ma professeure de latin est malade; *la signora professoressa*, madame la professeure.

professorino [pro-fes-so-rì-no] ***n.m.*** jeune prof.

professorone [pro-fes-so-ró-ne] ***n.m.*** [f. *-a*] grand professeur.

profeta [pro-fè-ta] ***n.m.*** [f. *-essa*] prophète*.
● ***profeta di sventura***, prophète de malheur | (*prov.*) ***nessuno è profeta in patria***, nul n'est prophète en son pays.

profeticamente [pro-fe-ti-ca-mén-te] ***avv.*** en prophète.

profetico [pro-fè-ti-co] ***agg.*** [pl.m. *-ci*, f. *-che*] prophétique.

profetizzare [pro-fe-tiʒ-ʒà-re] ***v.tr.*** prophétiser.

profezia [pro-fe-zì-a] ***n.f.*** prophétie.

profferire [prof-fe-rì-re] ***v.tr.*** [coniug. come *finire*; p.p. *profferto*] (*letter.*) offrir*.

profferta [prof-fèr-ta] ***n.f.*** offre: *profferte d'amore*, avances.

proficuamente [pro-fi-cua-mén-te] ***avv.*** avec profit.

proficuo [pro-fì-cu-o] ***agg.*** profitable; (*vantaggioso*) avantageux*; (*fruttuoso*) fructueux*.

profilare [pro-fi-là-re] ***v.tr.*** **1** profiler **2** (*orlare*) passepoiler; (*con spighetta*) ganser ♦ **profilarsi** ***v.pron.intr.*** se profiler (*anche fig.*): *si profila una grave crisi*, une crise grave s'annonce.

profilassi [pro-fi-làs-si] ***n.f.invar.*** (*med.*) prophylaxie.

profilato [pro-fi-là-to] ***agg.*** **1** profilé **2** (*orlato*) passepoilé; (*con spighetta*) gansé ♦ ***n.m.*** (*mecc.*) profilé | *profilato a doppia T*, profilé en H.

profilattico [pro-fi-làt-ti-co] ***agg.*** [pl.m. *-ci*, f. *-che*] prophylactique ♦ ***n.m.*** préservatif.

profilatura [pro-fi-la-tù-ra] ***n.f.*** **1** (*mecc.*) profilage (*m.*); (*profilo*) profil (*m.*) **2** (*abbigl.*) bordage (*m.*); (*bordo*) passepoil (*m.*), (*di spighetta*) ganse.

profilo [pro-fì-lo] ***n.m.*** **1** profil **2** (*di un autore*) portrait; (*di periodo, movimento*) aperçu **3** (*aspetto, punto*

P

di vista) aspect, point de vue **4** (*orlatura*) passepoil; (*di spighetta*) ganse (*f.*).
● ***sotto il profilo***, du point de vue, sous l'aspect: *sotto il profilo tecnico*, du point de vue technique; *sotto il profilo giuridico*, sous l'aspect juridique; *considerandolo sotto questo profilo*, en le considérant sous cet aspect.

profittare [pro-fit-tà-re] ***v.intr.*** [aus. *avere*] (*approfittare*) profiter, tirer profit.

profittatore [pro-fit-ta-tó-re] ***n.m.*** [f. *-trice*] profiteur*.

profittevole [pro-fit-té-vo-le] ***agg.*** profitable, avantageux*.

profitto [pro-fit-to] ***n.m.*** profit.
● ***conto profitti e perdite***, compte de profits et pertes | ***margini di profitto***, marge bénéficiaire | ***voto di profitto***, note de progrès (*o* de travail).

profluvio [pro-flù-vio] ***n.m.*** [pl. *-vî*] flux | *profluvio di parole*, déluge de paroles.

profondamente [pro-fon-da-mén-te] ***avv.*** profondément.

profondere [pro-fón-de-re] ***v.tr.*** [coniug. come *fondere*] prodiguer ♦ **profondersi** ***v.pron.intr.*** se confondre*.

profondimetro [pro-fon-dì-me-tro] ***n.m.*** bathymètre, profondimètre.

profondità [pro-fon-di-tà] ***n.f.invar.*** profondeur (*anche fig.*): *a mille metri di profondità*, à une profondeur de mille mètres.

profondo [pro-fón-do] ***agg.*** profond | *una profonda scollatura*, un décolleté plongeant ♦ ***n.m.*** **1** profondeur (*f.*): *nel profondo del mare*, dans les profondeurs de la mer **2** (*fig.*) profond: *nel profondo del suo cuore*, au plus profond de son cœur; *dal profondo del cuore*, du fond du cœur | *nel profondo della notte*, au cœur de la nuit.

pro forma [pro fór-ma] ***avv.*** e ***agg.invar.*** pour la forme | *fattura pro forma*, facture pro forma ♦ ***n.m.invar.*** formalité (*f.*).

profugo [prò-fu-go] ***agg.*** e ***n.m.*** [f. *-a*; pl.m. *-ghi*, f. *-ghe*] réfugié.

profumare [pro-fu-mà-re] ***v.tr.*** parfumer (**à**): *profumare il fazzoletto di lavanda*, parfumer son mouchoir à la lavande ♦ ***v.intr.*** [aus. *essere*] sentir*; (*avere un buon odore*) sentir* bon: *profumare di lavanda*, sentir la lavande; *come profumano queste rose*, comme ces roses sentent bon ♦ **profumarsi** ***v.pron.*** se parfumer.

profumatamente [pro-fu-ma-ta-mén-te] ***avv.*** grassement: *l'ho pagato profumatamente*, je l'ai grassement payé.

profumato [pro-fu-mà-to] ***agg.*** parfumé.

profumeria [pro-fu-me-rì-a] ***n.f.*** parfumerie.

profumiere [pro-fu-miè-re] ***n.m.*** [f. *-a*] parfumeur*.

profumo [pro-fù-mo] ***n.m.*** **1** parfum **2** (*estens.*) (*buon odore*) bonne odeur: *che buon profumo d'arrosto!*, quelle bonne odeur de rôti! | *che profumo!*, *che profumino!*, ça sent bon!

profusione [pro-fu-ʃió-ne] ***n.f.*** profusion | *profusione di lacrime*, flots de larmes.

profuso [pro-fù-ʃo] ***agg.*** **1** profus (*anche fig.*) **2** (*fig.*) prolixe.

progenie [pro-gè-nie] ***n.f.invar.*** **1** descendants (*m.pl.*); (*stirpe*) race **2** (*spreg.*) engeance.

progenitore [pro-ge-ni-tó-re] ***n.m.*** [f. *-trice*] **1** fondateur* d'une famille; (*di una dinastia*) fondateur* d'une dynastie | *il nostro progenitore Adamo*, notre père Adam **2** (*antenato*) ancêtre, aïeul*.

progesterone [pro-ge-ste-ró-ne] ***n.m.*** (*biochim.*) progestérone (*f.*).

progettare [pro-get-tà-re] ***v.tr.*** projeter*.

progettazione [pro-get-ta-zió-ne] ***n.f.*** **1** projet (*m.*), plan (*m.*) **2** (*econ.*) planification.
● (*inform.*) ***progettazione assistita da computer*** (CAD), conception assistée par ordinateur (CAO).

progettista [pro-get-tì-sta] ***n.m.*** e ***f.*** projeteur/euse.

progetto [pro-gèt-to] ***n.m.*** projet (*anche fig.*).
● ***progetto di legge***, projet de loi | ***in progetto***, en projet, à l'étude: *è in progetto la costruzione di un nuovo quartiere*, la construction d'un nouveau quartier est à l'étude | ***avere in progetto di***, avoir l'intention de.

progettuale [pro-get-tu-à-le] ***agg.*** relatif* au projet.

progettualità [pro-get-tua-li-tà] ***n.f.invar.*** projectualité.

prognatismo [pro-gna-tì-ʃmo] ***n.m.*** (*antropologia*) prognathisme.

prognato [pro-gnà-to] ***agg.*** prognathe.

prognosi [prò-gno-ʃi] ***n.f.invar.*** pronostic (*m.*).
● ***prognosi riservata***, pronostic réservé.

programma [pro-gràm-ma] ***n.m.*** **1** programme: *svolgere il programma*, faire (*o* suivre) le programme | *fare programmi*, faire des projets **2** (*inform.*) programme.
● (*inform.*): ***programma applicativo***, progiciel; ***programma di elaborazione testi***, ***di videoscrittura***, programme de traitement de textes; ***programma di redazione***, programme d'édition | ***avere in programma di***, avoir l'intention de | ***fuori programma***, hors programme | ***in programma***, au programme: *le materie in programma*, les matières au programme.

programmabile [pro-gram-mà-bi-le] ***agg.*** programmable.

programmare [pro-gram-mà-re] ***v.tr.*** programmer (*anche inform.*) | *programmare un film*, passer un film.

programmatico [pro-gram-mà-ti-co] ***agg.*** [pl.m. *-ci*, f. *-che*] programmatique; relatif* au programme; du programme.

programmatore [pro-gram-ma-tó-re] ***n.m.*** **1** [f. *-trice*] (*inform.*) programmeur* **2** (*dispositivo*) programmateur.

programmazione [pro-gram-ma-zió-ne] ***n.f.*** **1** programmation | *il film è in programmazione in diversi cinema*, ce film passe dans plusieurs salles | *film di prossima programmazione*, film prochainement programmé **2** (*econ.*) planification; programmation **3** (*inform.*) programmation, codage (*m.*).
● (*inform.*) ***strumento di programmazione***, outil de programmation.

programmista [pro-gram-mì-sta] ***n.m.*** e ***f.*** programmateur/trice.

progredire [pro-gre-dì-re] ***v.intr.*** [coniug. come *finire*; aus. *avere* se riferito a persona, *essere* se riferito a cosa] **1** avancer* (*anche fig.*): *progredire nel cammino*, avancer dans son chemin **2** (*migliorare, fare progressi*) faire* des progrès, progresser: *progredire in matematica*, faire des progrès en mathématiques.

progredito [pro-gre-dì-to] ***agg.*** évolué; (*avanzato*) avancé: *un popolo, un paese progredito*, un peuple, un pays évolué; *tecnica progredita*, technique avancée.

progressione [pro-gres-sió-ne] ***n.f.*** progression.

progressismo [pro-gres-sì-ʃmo] ***n.m.*** progressisme.

progressista [pro-gres-sì-sta] ***agg.*** e ***n.m.*** e ***f.*** progressiste.

progressivamente [pro-gres-si-va-mén-te] ***avv.*** progressivement.

progressivo [pro-gres-sì-vo] ***agg.*** progressif*.

progresso [pro-grés-so] ***n.m.*** **1** progrès: *la medicina è in continuo progresso*, la médecine fait continuellement des progrès | *è già un bel progresso!*, c'est déjà un grand pas | *facciamo progressi!*, (*iron.*) on s'améliore!, on progresse! **2** (*sviluppo, evoluzione*) développement.

proibire [proi-bì-re] ***v.tr.*** [coniug. come *finire*] **1** interdire*, défendre*; (*dir.*) prohiber **2** (*impedire*) empêcher | *proibire il passaggio a qlcu*, barrer le passage à qqn.
● ***proibito fumare***, défense de fumer.

proibitivo [proi-bi-tì-vo] ***agg.*** prohibitif* | *c'è un tempo proibitivo*, il fait un temps horrible.

proibito [proi-bì-to] ***agg.*** défendu, interdit; (*dir.*) prohibé: *armi proibite*, armes prohibées; *importazioni, esportazioni proibite*, importations, exportations prohibées | *proibito dalla legge*, interdit par la loi.
● ***frutto proibito***, fruit défendu | ***libri proibiti***, livres défendus | ***sogni proibiti***, rêves impossibles.

proibizione [proi-bi-zió-ne] ***n.f.*** défense, interdiction; (*dir.*) prohibition.

proibizionismo [proi-bi-zio-nì-ʃmo] ***n.m.*** prohibitionnisme; (*negli Stati Uniti*) prohibition (*f.*).

proibizionista [proi-bi-zio-nì-sta] ***agg.*** e ***n.m.*** e ***f.*** prohibitionniste.

proiettare [pro-iet-tà-re] ***v.tr.*** **1** projeter* (*anche fig.*) | *proiettare un film*, (*programmarlo*) passer un film **2** (*lanciare fuori*) éjecter ♦ **proiettarsi** ***v.pron.*** e ***pron.intr.*** **1** (*anche fig.*) se projeter* **2** (*lanciarsi fuori*) s'éjecter.

proiettile [pro-ièt-ti-le] ***n.m.*** projectile; (*di fucile*) balle (*f.*); (*di artiglieria*) obus.

proietto [pro-ièt-to] ***n.m.*** **1** projectile; (*di un vulcano*) projection (*f.*) volcanique **2** (*mil.*) obus, projectile.

proiettore [pro-iet-tó-re] ***n.m.*** **1** projecteur **2** (*aut.*) phare.

proiezione [pro-ie-zió-ne] ***n.f.*** projection | *proiezione in anteprima*, visionnage préalable.

prolasso [pro-làs-so] ***n.m.*** (*med.*) prolapsus.

prole [prò-le] ***n.f.*** enfants (*m.pl.*); (*discendenza*) descendance, progéniture: *una numerosa prole*, beaucoup d'enfants.

proletariato [pro-le-ta-rià-to] ***n.m.*** prolétariat.

proletario [pro-le-tà-rio] ***agg.*** [pl.m. *-ri*] prolétarien*, prolétaire ♦ ***n.m.*** [f. *-a*] prolétaire; (*fam.*) prolo.

proliferare [pro-li-fe-rà-re] ***v.intr.*** [aus. *avere*] proliférer* (*anche fig.*).

proliferazione [pro-li-fe-ra-zió-ne] ***n.f.*** prolifération (*anche fig.*).

prolifero [pro-lì-fe-ro] ***agg.*** prolifère.

prolificare [pro-li-fi-cà-re] ***v.intr.*** [coniug. come *mancare*; aus. *avere*] **1** proliférer*; (*moltiplicarsi*) se multiplier **2** (*di idee ecc.*) se répandre*.

prolificazione [pro-li-fi-ca-zió-ne] ***n.f.*** prolifération; (*fig.*) multiplication.

prolificità [pro-li-fi-ci-tà] ***n.f.invar.*** prolificité.

prolifico [pro-lì-fi-co] ***agg.*** [pl.m. *-ci*, f. *-che*] prolifique (*anche fig.*).

prolissità [pro-lis-si-tà] ***n.f.invar.*** prolixité.

prolisso [pro-lìs-so] ***agg.*** prolixe.

pro loco [pro lò-co] ***n.f.invar.*** (*associazione*) pro loco, syndicat (*m.*) d'initiative.

prologo [prò-lo-go] ***n.m.*** [pl. *-ghi*] prologue; (*fig.*) prélude, début.

prolunga [pro-lùn-ga] ***n.f.*** [pl. *-ghe*] **1** rallonge **2** (*elettr.*) prolongateur (*m.*) **3** (*mil.*) prolonge.

prolungabile [pro-lun-gà-bi-le] ***agg.*** qu'on peut prolonger.

prolungamento [pro-lun-ga-mén-to] ***n.m.*** **1** (*nello spazio*) prolongement **2** (*nel tempo*) prolongation (*f.*).

prolungare [pro-lun-gà-re] ***v.tr.*** [coniug. come *legare*] prolonger* ♦ **prolungarsi** ***v.pron.intr.*** **1** se prolonger* **2** (*dilungarsi*) s'étendre*.

prolusione [pro-lu-ʃió-ne] ***n.f.*** (*discorso*) discours (*m.*) inaugural; (*lezione*) leçon inaugurale.

promanare [pro-ma-nà-re] ***v.intr.*** e ***tr.*** → **emanare**.

promemoria [pro-me-mò-ria] ***n.m.invar.*** mémento, mémorandum; (*fam.*) pense-bête*.

promessa[1] [pro-més-sa] ***n.f.*** **1** promesse: *tenere, mantenere la promessa*, tenir sa promesse **2** (*fig.*) espoir (*m.*): *una promessa del basket*, un espoir du basket.
● ***promesse da marinaio***, (*fig.*) promesses de Gascon | (*prov.*) ***ogni promessa è debito***, chose promise, chose due.

promessa[2] ***n.f.*** (*fidanzata*) fiancée.

promesso [pro-més-so] ***agg.*** promis ♦ ***n.m.*** (*fidanzato*) fiancé.

promettente [pro-met-tèn-te] ***agg.*** prometteur*; (*di persona*) qui promet.

promettere [pro-mét-te-re] ***v.tr.*** [coniug. come *mettere*] promettre* | *il tempo promette bene oggi*, le temps promet d'être beau aujourd'hui | *la cosa promette bene*, la chose s'annonce bien.
● ***promettere mari e monti***, (*fig.*) promettre monts et merveilles.

prominente [pro-mi-nèn-te] ***agg.*** proéminent | *roccia prominente*, roche saillante.

prominenza [pro-mi-nèn-za] ***n.f.*** proéminence.

promiscuamente [pro-mi-scua-mén-te] ***avv.*** dans la promiscuité.

promiscuità [pro-mi-scui-tà] ***n.f.invar.*** promiscuité.

promiscuo [pro-mì-scuo] ***agg.*** **1** mixte; (*di ambiente*) où règne la promiscuité **2** (*gramm.*) épicène.

promo ['prɔmo] ***n.m.invar.*** (*cine., tv*) promo.

promontorio [pro-mon-tò-rio] ***n.m.*** [pl. *-ri*] promontoire.

promosso [pro-mòs-so] ***agg.*** reçu ♦ ***n.m.*** [f. *-a*] élève reçu.

promotore [pro-mo-tó-re] ***agg.*** e ***n.m.*** [f. *-trice*] promoteur* | *comitato promotore*, comité organisateur; *i promotori di una sottoscrizione*, les organisateurs d'une souscription.
● (*comm.*) ***agente promotore delle vendite***, promoteur des ventes.

promozionale [pro-mo-zio-nà-le] ***agg.*** promotionnel*.

promozione [pro-mo-zió-ne] ***n.f.*** **1** (*a scuola*) passage (*m.*) (dans la classe supérieure): *giocarsi la promozione*, ficher en l'air son passage | *avere, ottenere la promozione*, passer (dans la classe supérieure): *ha ottenuto la promozione*, il est passé dans la classe supérieure; (*a un esame*) il a été reçu **2** (*avanzamento di grado*) promotion: *ottenere una promozione*, obtenir une promotion; *ha avuto la promozione a dirigente*, il a été promu cadre supérieur **3** (*comm.*) promotion **4** (*sport*) passage (*m.*) dans la catégorie supérieure.

P

● (*comm.*) ***promozione delle vendite***, promotion des ventes | ***promozione per anzianità***, avancement à l'ancienneté.

promulgare [pro-mul-gà-re] ***v.tr.*** [coniug. come *legare*] promulguer.

promulgazione [pro-mul-ga-zió-ne] ***n.f.*** promulgation.

promuovere [pro-muò-ve-re] ***v.tr.*** [coniug. come *muovere*] **1** (*favorire*) promouvoir*, encourager*: *promuovere le arti*, promouvoir (*o* encourager) les arts; *promuovere le vendite*, encourager les ventes **2** (*organizzare, avviare*) organiser: *promuovere una manifestazione*, organiser une manifestation | *promuovere una sottoscrizione*, lancer une souscription | (*dir.*) *promuovere un'azione legale contro qlcu*, intenter une action contre qqn **3** (*fare avanzare di grado*) promouvoir*: *promuovere qlcu a un posto di alta responsabilità*, promouvoir qqn à un poste de haute responsabilité **4** (*studente*) faire* passer: *l'hanno promosso*, ils l'ont fait passer; *non so se sarà promosso*, (*alla classe superiore*) je ne sais s'il passera (dans la classe supérieure); *è stato promosso*, il a été reçu; (*a un esame*) il a été admis.
● (*comm.*) ***promuovere (la vendita di) un prodotto***, promouvoir (les ventes d')un produit.

pronao [prò-na-o] ***n.m.*** (*arch.*) pronaos.

pronipote [pro-ni-pó-te] ***n.m.*** **1** (*di bisnonno*) arrière-petit-fils*; (*di prozio*) arrière-neveu* **2** (*spec. pl.*) (*discendente*) descendant ♦ ***n.f.*** (*di bisnonno*) arrière-petite-fille*; (*di prozio*) arrière-nièce*.

pronome [pro-nó-me] ***n.m.*** (*gramm.*) pronom.

pronominale [pro-no-mi-nà-le] ***agg.*** (*gramm.*) pronominal*.

pronosticare [pro-no-sti-cà-re] ***v.tr.*** [coniug. come *mancare*] pronostiquer; (*predire*) prédire*.

pronostico [pro-nò-sti-co] ***n.m.*** [pl. *-ci*] pronostic.

prontamente [pron-ta-mén-te] ***avv.*** promptement.

prontezza [pron-téz-za] ***n.f.*** promptitude | *prontezza di spirito*, vivacité d'esprit | *prontezza di parola*, facilité d'élocution | *prontezza di riflessi*, rapidité de reflexes.

pronto [prón-to] ***agg.*** **1** prêt: *pronto per l'uso*, prêt à l'usage **2** (*vivace*) vif*; (*rapido*) rapide **3** (*incline*) enclin: *essere pronto al perdono*, être enclin à pardonner | *essere pronto al riso*, avoir le rire facile.
● ***pronto!***, (*al telefono*) allô! | ***pronto soccorso***, urgences | ***pronta cassa***, comptant | ***avere la lingua, la risposta pronta***, être prompt à la réplique.

prontuario [pron-tu-à-rio] ***n.m.*** [pl. *-ri*] précis.

pronuncia [pro-nùn-cia] ***n.f.*** [pl. *-ce*] **1** prononciation; (*maniera di parlare*) diction; (*accento*) accent (*m.*) **2** (*dir.*) prononcé (*m.*); (*sentenza*) arrêt (*m.*).

pronunciabile [pro-nun-cià-bi-le] ***agg.*** prononçable.

pronunciamento [pro-nun-cia-mén-to] ***n.m.*** **1** (*pol.*) pronunciamiento **2** (*dir.*) prononcé; (*sentenza*) arrêt.

pronunciare [pro-nun-cià-re] ***v.tr.*** [coniug. come *cominciare*] prononcer* | *senza pronunciar parola*, sans mot dire ♦ **pronunciarsi** ***v.pron.intr.*** se prononcer*.

pronunciato [pro-nun-cià-to] ***agg.*** prononcé ♦ ***n.m.*** (*dir.*) prononcé; (*sentenza*) arrêt.

pronunzia e *deriv.* → **pronuncia** e *deriv.*

propagabile [pro-pa-gà-bi-le] ***agg.*** qu'on peut propager.

propaganda [pro-pa-gàn-da] ***n.f.*** propagande; (*pubblicità commerciale*) publicité.

propagandare [pro-pa-gan-dà-re] ***v.tr.*** **1** diffuser, répandre* **2** (*con mezzi propagandistici*) lancer* au moyen de la publicité.

propagandista [pro-pa-gan-dì-sta] ***n.m.*** e ***f.*** propagandiste; (*comm.*) représentant/e.
● ***propagandista farmaceutico***, visiteur pharmaceutique.

propagandistico [pro-pa-gan-dì-sti-co] ***agg.*** [pl.m. *-ci*, f. *-che*] publicitaire | *a scopo propagandistico*, dans un but de propagande; (*pubblicitario*) dans un but publicitaire.

propagare [pro-pa-gà-re] ***v.tr.*** [coniug. come *legare*] propager* (*anche fig.*): *propagare la cultura*, diffuser la culture ♦ **propagarsi** ***v.pron.intr.*** se propager*.

propagatore [pro-pa-ga-tó-re] ***n.m.*** [f. *-trice*] propagateur*.

propagazione [pro-pa-ga-zió-ne] ***n.f.*** propagation.

propaggine [pro-pàg-gi-ne] ***n.f.*** **1** (*agr.*) marcotte, provin (*m.*) **2** (*fig.*) (*diramazione*) ramification **3** (*di montagna*) contrefort (*m.*).

propano [pro-pà-no] ***n.m.*** (*chim.*) propane.

propedeutica [pro-pe-dèu-ti-ca] ***n.f.*** [pl. *-che*] propédeutique.

propedeutico [pro-pe-dèu-ti-co] ***agg.*** [pl.m. *-ci*, f. *-che*] propédeutique.

propellente [pro-pel-lèn-te] ***agg.*** propulsif* ♦ ***n.m.*** propergol.
● ***propellente unico***, monergol.

propendere [pro-pèn-de-re] ***v.intr.*** [coniug. come *pendere*; aus. *avere*] pencher, incliner: *propendo a credere che*, j'incline (*o* je suis enclin) à croire que.

propensione [pro-pen-sió-ne] ***n.f.*** penchant (*m.*) | (*econ.*) *propensione al consumo, al risparmio*, propension à consommer, à économiser.

propenso [pro-pèn-so] ***agg.*** (*incline*) enclin, porté; (*disposto*) disposé.

propilene [pro-pi-lè-ne] ***n.m.*** (*chim.*) propène, propylène.

propinare [pro-pi-nà-re] ***v.tr.*** (*somministrare*) administrer | *propinare bugie*, débiter des mensonges | *ci hanno propinato un film noiosissimo*, on nous a infligé un film vraiment barbant.

propiziare [pro-pi-zià-re] ***v.tr.*** rendre* propice ♦ **propiziarsi** ***v.pron.indiretto*** rendre* propice: *propiziarsi il favore di qlcu*, gagner la faveur de qqn.

propiziatorio [pro-pi-zia-tò-rio] ***agg.*** [pl.m. *-ri*] propitiatoire.

propiziazione [pro-pi-zia-zió-ne] ***n.f.*** propitiation.

propizio [pro-pì-zio] ***agg.*** [pl.m. *-zi*] propice; (*favorevole*) favorable.

propoli [prò-po-li] ***n.f.*** o ***m.*** propolis (*f.*).

proponente [pro-po-nèn-te] ***agg.*** e ***n.m.*** e ***f.*** (celui/celle) qui fait une proposition.

proponibile [pro-po-ni-bi-le] ***agg.*** proposable.

proponimento [pro-po-ni-mén-to] ***n.m.*** résolution (*f.*): *far proponimento di*, prendre la résolution de.

proporre [pro-pór-re] ***v.tr.*** [coniug. come *porre*] proposer ♦ **proporsi** ***v.pron.indiretto*** se proposer: *proporsi un fine*, se proposer un but.

proporzionale [pro-por-zio-nà-le] ***agg.*** proportionnel*: *proporzionale a*, proportionnel à ♦ ***n.m.*** (*mat.*) proportionnelle (*f.*): *terzo, quarto proporzionale*, troisième, quatrième proportionnelle ♦ ***n.f.*** (*pol.*) (*sistema elettorale proporzionale*) proportionnelle.

● (*pol.*) ***rappresentanza proporzionale***, représentation proportionnelle.

proporzionalità [pro-por-zio-na-li-tà] ***n.f.invar.*** proportionnalité.

proporzionalmente [pro-por-zio-nal-mén-te] ***avv.*** proportionnellement.

proporzionare [pro-por-zio-nà-re] ***v.tr.*** proportionner.

proporzionato [pro-por-zio-nà-to] ***agg.*** proportionné.

proporzione [pro-por-zió-ne] ***n.f.*** **1** proportion **2** (*pl.*) (*dimensioni*) proportions; (*estensione*) étendue (*sing.*): *incendio di grandi proporzioni*, incendie d'une grande étendue.

● ***fatte le debite proporzioni***, toute(s) proportion(s) gardée(s).

propositivo [pro-po-ʃi-tì-vo] ***agg.*** qui propose: *un atteggiamento propositivo*, une attitude constructive.

proposito [pro-pò-ʃi-to] ***n.m.*** **1** (*proponimento*) résolution (*f.*) **2** (*intenzione*) intention (*f.*) **3** (*argomento*) propos; sujet | *a che proposito hai detto questo?*, à propos de quoi as-tu dit cela? | *fuori proposito*, hors de propos.

● ***a proposito***, au bon moment: *arrivi proprio a proposito*, tu arrives au bon moment; *questo capita a proposito*, ça tombe bien | ***a proposito di***, à propos de | ***a proposito e a sproposito***, à tort et à travers | ***di proposito***, de propos délibéré; sérieusement | ***in proposito***, à ce propos, à ce sujet | ***uomo di proposito***, homme sérieux | ***venire bene a proposito***, tomber à point | ***venire male a proposito***, tomber mal à propos.

proposizione [pro-po-ʃi-zió-ne] ***n.f.*** proposition.

proposta [pro-pó-sta] ***n.f.*** proposition.

● ***proposta di lavoro***, offre de travail | ***su proposta di***, sur (la) proposition de.

propriamente [pro-pria-mén-te] ***avv.*** **1** (*realmente, esattamente*) en réalité, exactement **2** (*in senso proprio*) proprement **3** (*con proprietà*) avec propriété.

proprietà [pro-prie-tà] ***n.f.invar.*** **1** propriété | *questa casa è di mia proprietà*, cette maison m'appartient **2** (*estens.*) (*possedimento*) propriété: *ha acquistato una piccola proprietà in campagna*, il a acheté une petite propriété à la campagne **3** (*qualità caratteristica*) propriété: *alcune erbe hanno proprietà sedative*, certaines herbes ont des propriétés sédatives **4** (*correttezza*) propriété: *parla con molta proprietà*, il emploie toujours le terme propre | *proprietà di linguaggio*, propriété de langage **5** (*eleganza, decoro*) bon goût, soin (*m.*): *vestire con proprietà*, s'habiller avec bon goût (*o* avec soin) **6** (*i proprietari*) propriétaires (*m.pl.*): *le decisioni della proprietà*, les décisions des propriétaires.

● ***proprietà privata***, propriété privée | ***nuda proprietà***, nue-propriété.

proprietario [pro-prie-tà-rio] ***n.m.*** [f. *-a*; pl.m. *-ri*] propriétaire; (*fam.*) proprio.

proprio [prò-prio] ***agg.*** [pl.m. *-ri*] propre: *il senso proprio di una parola*, le sens propre d'un mot | *usa sempre termini propri*, il n'emploie que des termes appropriés ♦ ***agg.poss.*** (*di lui, di lei*) son* (propre); (*di loro*) leur* (propre): *lui ama il proprio lavoro*, il aime son travail; *loro amano il proprio lavoro*, ils aiment leur travail; *ciascuno* (*di noi, di loro*) *ama la propria famiglia*, chacun (de nous, d'eux) aime sa (propre) famille; *ciascuno tornerà a casa con i propri mezzi*, chacun rentrera par ses propres moyens | *hanno una casa propria*, ils ont une maison à eux; *è il sogno di tutti avere una casa propria*, chacun rêve d'avoir une maison à soi | *ha una teoria sua propria*, il a une théorie toute personnelle, bien à lui ♦ ***pron.poss.*** (*il suo*) le* sien*; (*il loro*) le* leur*: *anteporre il bene altrui al proprio*, faire passer l'intérêt d'autrui avant le sien ♦ ***n.m.*** *vivere del proprio*, vivre de ses propres ressources; *ci ha rimesso del proprio*, il en a été de sa poche; *metterci del proprio*, y mettre du sien | *dare a ciascuno il proprio*, donner à chacun son dû ♦ ***avv.*** **1** (*veramente, davvero*) vraiment; (*completamente*) tout à fait: *non ho proprio sonno*, je n'ai vraiment pas sommeil; *hai proprio ragione*, tu as tout à fait raison | *è proprio vero che*, c'est bien vrai que; *non è proprio vero*, ce n'est pas vrai du tout | *"Era proprio lui?" "Proprio (lui, in persona)!"*, "C'était bien lui?" "Lui, en personne"; *"Proprio tu vieni fuori con queste affermazioni?" "Sì, proprio io!"*, "C'est toi qui me fais ce genre de réflexions?" "Eh bien oui, c'est moi!" **2** (*esattamente*) justement, exactement; (*giusto*) juste: *è proprio quello che volevo*, c'est exactement (*o* justement) ce que je voulais; *proprio allora, proprio in quel momento*, juste à ce moment-là; *proprio ora che devo uscire*, juste au moment où je dois sortir; *me l'ha detto proprio ora*, il vient tout juste de me le dire; *lavora proprio nell'ufficio di fronte al mio*, il travaille juste dans le bureau en face du mien; *ci siamo visti proprio ieri*, nous nous sommes vus juste hier | *"Allora lo sapevi!" "Proprio"*, "Alors tu le savais!" "Absolument".

● ***proprio di***, propre à: *la ragione è propria dell'uomo*, la raison est le propre de l'homme; *è proprio dei giovani essere imprudenti*, c'est le propre des jeunes d'être imprudents | ***amor proprio***, amour propre | ***badare ai fatti propri***, s'occuper de ses affaires | ***coi miei propri occhi***, de mes propres yeux | ***con le sue proprie mani***, de ses (propres) mains | ***di proprio pugno, di propria mano***, de sa propre main | ***fare del proprio meglio***, faire de son mieux | ***fare di testa propria***, n'en faire qu'à sa tête: *fa sempre di testa propria*, il n'en fait qu'à sa tête | (*gramm.*) ***nome proprio***, nom propre | ***non proprio***, pas vraiment | ***per proprio conto***, à son compte: *si è messo per proprio conto*, il s'est mis à son compte; *amano starsene per proprio conto*, ils aiment rester seuls | ***vero e proprio***, véritable.

propugnare [pro-pu-gnà-re] ***v.tr.*** combattre* (**pour**), se faire* l'apôtre (**de**).

propugnatore [pro-pu-gna-tó-re] ***n.m.*** [f. *-trice*] partisan, défenseur.

propulsione [pro-pul-sió-ne] ***n.f.*** propulsion.

propulsivo [pro-pul-sì-vo] ***agg.*** propulsif*.

propulsore [pro-pul-só-re] ***n.m.*** propulseur.

prora [prò-ra] ***n.f.*** avant (*m.*), proue.

proravia [pro-ra-vì-a] ***n.f.***

● ***a proravia***, à l'avant.

prorettore [pro-ret-tó-re] ***n.m.*** [f. *-trice*] vice-recteur; sous-directeur*.

proroga [prò-ro-ga] ***n.f.*** [pl. *-ghe*] prorogation; (*dilazione*) délai (*m.*).

● ***proroga di contratto***, renouvellement de contrat.

prorogabile [pro-ro-gà-bi-le] ***agg.*** qui peut être prorogé.

prorogabilità [pro-ro-ga-bi-li-tà] ***n.f.invar.*** possibilité d'être prorogé.

prorogare [pro-ro-gà-re] ***v.tr.*** [coniug. come *legare*] proroger*: *prorogare un contratto*, renouveler un contrat.

prorompente [pro-rom-pèn-te] ***agg.*** impétueux*; (*fig.*) débordant: *un applauso prorompente*, un tonnerre d'applaudissements; *entusiasmo prorompente*, enthousiasme délirant.

P

prorompere [pro-róm-pe-re] *v.intr.* [coniug. come *rompere*; aus. *avere*, ma rari i tempi composti] (*straripare*) **1** déborder; (*da una breccia*) jaillir: *il fiume proruppe dagli argini*, le fleuve déborda de ses digues **2** (*fig.*) (*scoppiare*) éclater: *prorompere in lacrime, in pianto*, éclater en sanglots; *prorompere in una risata*, éclater de rire; *prorompere in ingiurie*, se répandre en injures.

prosa [prò-ʃa] *n.f.* **1** prose: *la prosa francese del Seicento*, les ouvrages français en prose du XVIIe siècle **2** (*stile*) style (*m.*) **3** (*fig.*) routine.
● ***attore di prosa***, comédien | ***teatro di prosa***, théâtre.

prosaico [pro-ʃài-co] *agg.* [pl.m. *-ci*, f. *-che*] prosaïque.

prosapia [pro-ʃà-pia] *n.f.* (*letter.*) lignée.

prosasticità [pro-ʃa-sti-ci-tà] *n.f.invar.* ce qui caractérise la prose.

prosastico [pro-ʃà-sti-co] *agg.* [pl.m. *-ci*, f. *-che*] **1** (*in prosa*) en prose **2** (*fig.*) prosaïque.

prosatore [pro-ʃa-tó-re] *n.m.* [f. *-trice*] prosateur.

proscenio [pro-scè-nio] *n.m.* [pl. *-ni*] avant-scène* (*f.*).

proscimmia [pro-scìm-mia] *n.f.* (*zool.*) prosimien (*m.*).

prosciogliere [pro-sciò-glie-re] *v.tr.* [coniug. come *cogliere*] **1** acquitter; (*assolvere*) décharger* **2** (*da un vincolo*) délier.

proscioglimento [pro-scio-gli-mén-to] *n.m.* **1** (*dir.*) acquittement: *proscioglimento da un'accusa*, renvoi des fins de la poursuite **2** (*da un vincolo*) dégagement.

prosciugamento [pro-sciu-ga-mén-to] *n.m.* assèchement; (*inaridimento*) dessèchement; (*di corso d'acqua*) tarissement | (*fin.*) *prosciugamento di capitali*, drainage de capitaux.

prosciugare [pro-sciu-gà-re] *v.tr.* [coniug. come *legare*] assécher*; (*inaridire*) dessécher* ♦ **prosciugarsi** *v.pron.* se dessécher*: *la fonte si è prosciugata*, la source a tari.

prosciutto [pro-sciùt-to] *n.m.* jambon.
● ***prosciutto cotto***, jambon cuit | ***prosciutto crudo***, jambon cru | ***avere le orecchie foderate di prosciutto***, (*fig. fam.*) avoir les portugaises ensablées.

P

proscritto [pro-scrìt-to] *agg.* e *n.m.* [f. *-a*] proscrit.

proscrivere [pro-scrì-ve-re] *v.tr.* [coniug. come *scrivere*] proscrire*.

proscrizione [pro-scri-zió-ne] *n.f.* proscription (*anche fig.*).

prosecco [pro-séc-co] *n.m.* [pl. *-chi*] prosecco (vin blanc de la Vénétie).

prosecutore [pro-se-cu-tó-re] *n.m.* [f. *-trice*] continuateur*.

prosecuzione [pro-se-cu-zió-ne] *n.f.* continuation; (*seguito*) suite.

proseguimento [pro-se-gui-mén-to] *n.m.* continuation (*f.*); (*seguito*) suite (*f.*) | *buon proseguimento*, (*di viaggio*) bon voyage; (*di serata, vacanze ecc.*) bonne fin de soirée, de vacances; (*del lavoro*) bonne continuation, etc.

proseguire [pro-se-guì-re] *v.tr.* poursuivre*, continuer ♦ *v.intr.* [aus. *avere* se riferito a persona, *essere* o *avere* se riferito a cosa] continuer; (*avanzare*) avancer*; (*andare oltre*) aller* plus loin: *proseguo per Parigi*, je continue sur Paris; *le macchine non possono proseguire*, les voitures ne peuvent pas aller plus loin; *le ricerche proseguono*, les recherches se poursuivent | *far proseguire*, (*su una lettera*) faire suivre.

proselitismo [pro-ʃe-li-tì-ʃmo] *n.m.* prosélytisme.

proselito [pro-ʃè-li-to] *n.m.* [f. *-a*] prosélyte.

prosieguo [pro-siè-guo] *n.m.* (*buroc.*) suite (*f.*): *in, nel prosieguo di tempo*, dans, par la suite.

prosit [prò-ʃit] *inter.* à votre santé.

prosodia [pro-ʃo-di-a] *n.f.* prosodie.

prosopopea [pro-ʃo-po-pè-a] *n.f.* air (*m.*) d'importance; (*presunzione*) présomption.

prosperare [pro-spe-rà-re] *v.intr.* [aus. *avere*] prospérer*.

prosperità [pro-spe-ri-tà] *n.f.invar.* prospérité.

prospero [prò-spe-ro] *agg.* prospère; (*favorevole*) favorable; (*felice*) heureux*.

prosperoso [pro-spe-ró-so] *agg.* prospère: *donna prosperosa*, femme plantureuse.

prospettare [pro-spet-tà-re] *v.tr.* exposer, présenter ♦ **prospettarsi** *v.pron.* s'annoncer*: *non si prospettano vie d'uscita*, il n'y a aucune issue possible; *mi si prospetta un futuro incerto*, un avenir plein d'incertitudes m'attend.

prospetticamente [pro-spet-ti-ca-mén-te] *avv.* en perspective.

prospettico [pro-spèt-ti-co] *agg.* [pl.m. *-ci*, f. *-che*] perspectif*: *effetto prospettico*, effet de perspective.

prospettiva [pro-spet-tì-va] *n.f.* perspective: *errore di prospettiva*, (*anche fig.*) erreur de perspective; *ha venduto con la prospettiva di partire*, il a vendu avec l'idée de partir; *di fronte alla prospettiva di*, avec la perspective de; *senza prospettiva*, sans perspectives.
● ***in prospettiva***, en perspective: *in prospettiva del futuro*, en prévision de l'avenir.

FAUX AMI
Da non confondere con *prospective*, che significa *futurologia*.

prospetto [pro-spèt-to] *n.m.* **1** (*vista*) vue (*f.*) **2** (*facciata*) façade (*f.*) **3** (*tabella riassuntiva*) aperçu **4** (*volantino informativo*) prospectus.
● ***di prospetto***, de face: *palco di prospetto*, loge de face.

prospettore [pro-spet-tó-re] *n.m.* [f. *-trice*] (*geol.*) prospecteur.

prospezione [pro-spe-zió-ne] *n.f.* (*geol.*) prospection.

prospiciente [pro-spi-cièn-te] *agg.* (*che guarda verso*) qui regarde; (*che dà su*) donnant (**sur**).

prosseneta [pros-se-nè-ta] *n.m.* (*letter.*) proxénète.

prossenetismo [pros-se-ne-tì-ʃmo] *n.m.* (*letter.*) proxénétisme.

prossimamente [pros-si-ma-mén-te] *avv.* prochainement.
● (*cine.*) ***prossimamente su questo schermo***, prochainement sur cet écran.

prossimità [pros-si-mi-tà] *n.f.invar.* proximité.
● ***in prossimità di***, (*luogo*) à proximité de, près de; (*tempo*) à l'approche de.

prossimo [pròs-si-mo] *agg.* **1** (*vicino nel tempo e nello spazio*) proche (**de**): *in un futuro prossimo*, dans un proche avenir | *parente prossimo*, parent proche **2** (*seguente nel tempo e nello spazio*) prochain: *la prossima volta*, la prochaine fois ♦ *n.m.* prochain: *rispetto per il prossimo*, respect pour son prochain.
● ***essere prossimo a***, être près de: *sono prossimo a partire*, je suis près de partir; *è prossimo alla quarantina*, il approche de la quarantaine; *il lavoro è prossimo alla fine*, le travail touche à sa fin | (*gramm.*): ***passato prossimo***, passé composé; ***trapassato prossimo***, plus-que-parfait.

prostata [prò-sta-ta] *n.f.* (*anat.*) prostate.

prostatico [pro-stà-ti-co] ***n.m.*** e ***agg.*** [pl.m. *-ci*, f. *-che*] prostatique.

prosternarsi [pro-ster-nàr-si] ***v.pron.*** se prosterner.

prosternazione [pro-ster-na-zió-ne] ***n.f.*** prosternation, prosternement (*m.*).

prostituire [pro-sti-tu-ì-re] ***v.tr.*** [coniug. come *finire*] prostituer ♦ **prostituirsi** ***v.pron.*** se prostituer.

prostituta [pro-sti-tù-ta] ***n.f.*** prostituée.

prostituto [pro-sti-tù-to] ***n.m.*** prostitué.

prostituzione [pro-sti-tu-zió-ne] ***n.f.*** prostitution.

prostrare [pro-strà-re] ***v.tr.*** abattre* (*anche fig.*): *la malattia l'ha prostrata*, la maladie l'a épuisée ♦ **prostrarsi** ***v.pron.*** se prosterner (*anche fig.*).

prostrato [pro-strà-to] ***agg.*** **1** prosterné **2** (*fig.*) prostré: *prostrato dal dolore*, accablé par la douleur.

prostrazione [pro-stra-zió-ne] ***n.f.*** prostration.

protagonismo [pro-ta-go-nì-ʃmo] ***n.m.*** théâtralisme (*spec. spreg.*).

protagonista [pro-ta-go-nì-sta] ***n.m.*** e ***f.*** protagoniste (*anche fig.*); (*di film*) acteur* principal*; (*di romanzo*) personnage principal* | *attore, attrice non protagonista*, second rôle.

proteggere [pro-tèg-ge-re] ***v.tr.*** [coniug. come *leggere*] protéger* (**de**): *qualcuno lo protegge*, il est protégé | *la fortuna protegge gli audaci*, la fortune sourit aux audaces ♦ **proteggersi** ***v.pron.*** se protéger*.

proteico [pro-tèi-co] ***agg.*** [pl.m. *-ci*, f. *-che*] protéique: *alimenti ad alto contenuto proteico*, aliments très riches en protéines.

proteiforme [pro-tei-fór-me] ***agg.*** protéiforme.

proteina [pro-te-ì-na] ***n.f.*** (*biochim.*) protéine.

protendere [pro-tèn-de-re] ***v.tr.*** [coniug. come *prendere*] tendre* ♦ **protendersi** ***v.pron.*** se pencher; (*avanzarsi*) (s') avancer*.

protervia [pro-tèr-via] ***n.f.*** arrogance.

protervo [pro-tèr-vo] ***agg.*** arrogant.

protesi [prò-te-ʃi] ***n.f.invar.*** **1** prothèse: *protesi dentaria*, prothèse; *protesi acustica*, prothèse acoustique **2** (*ling.*) prosthèse.

proteso [pro-té-so] ***agg.*** tendu: *proteso nel vuoto*, penché dans le vide.

protessi → **proteggere**.

protesta [pro-tè-sta] ***n.f.*** protestation: *per protesta*, en signe de protestation.

protestante [pro-te-stàn-te] ***agg.*** e ***n.m.*** e ***f.*** protestant/e.

protestantesimo [pro-te-stan-té-ʃi-mo] ***n.m.*** protestantisme.

protestare [pro-te-stà-re] ***v.intr.*** [aus. *avere*] protester ♦ ***v.tr.*** protester (**de**): *protestare la propria buona fede*, protester de sa bonne foi | (*comm.*) *protestare una cambiale*, protester un effet ♦ **protestarsi** ***v.pron.*** se proclamer: *protestarsi innocente*, se proclamer innocent.

protestatario [pro-te-sta-tà-rio] ***agg.*** [pl.m. *-ri*] protestataire.

protesto [pro-tè-sto] ***n.m.*** (*dir.*) protêt.
● ***assegno in protesto***, chèque en protêt, chèque protesté | ***mandare in protesto***, protester.

protettivo [pro-tet-tì-vo] ***agg.*** protecteur*.

protetto [pro-tèt-to] ***agg.*** e ***n.m.*** [f. *-a*] protégé.

protettorato [pro-tet-to-rà-to] ***n.m.*** (*pol.*) protectorat.

protettore [pro-tet-tó-re] ***agg.*** protecteur* ♦ ***n.m.*** [f. *-trice*] **1** protecteur*; (*santo*) patron* **2** (*sfruttatore di prostitute*) souteneur.
● ***santo protettore***, patron.

protezione [pro-te-zió-ne] ***n.f.*** protection: *assumere un'aria di protezione*, prendre un air protecteur.
● ***Protezione (degli) animali***, Société protectrice des animaux | ***sotto la protezione di***, sous la protection de: *sotto la protezione delle Belle Arti*, sous la tutelle de la commission des monuments historiques; *prendere sotto la propria protezione*, prendre sous son aile.

protezionismo [pro-te-zio-nì-ʃmo] ***n.m.*** (*econ.*) protectionnisme.

protezionista [pro-te-zio-nì-sta] ***n.m.*** e ***f.*** protectionniste.

protezionistico [pro-te-zio-nì-sti-co] ***agg.*** [pl.m. *-ci*, f. *-che*] protectionniste.

protide [pro-tì-de] ***n.m.*** (*chim., biochim.*) protide.

proto [prò-to] ***n.m.*** (*tip.*) prote.

prot(o)- ***pref.*** prot(o)-.

protocollare[1] [pro-to-col-là-re] ***agg.*** protocolaire.

protocollare[2] ***v.tr.*** enregistrer.

protocollo [pro-to-còl-lo] ***n.m.*** **1** protocole: *firmare il protocollo*, signer le protocole **2** (*registro degli atti*) registre: *mettere a protocollo*, inscrire dans le registre **3** (*inform.*) protocole **4** (*med.*) protocole.
● (*pol.*) ***protocollo d'intesa***, protocole d'entente | (*med.*) ***protocollo terapeutico***, protocole thérapeutique | (*inform.*) ***protocollo utente-utente***, protocole de bout en bout | ***carta protocollo***, papier ministre: *foglio (di carta) protocollo*, (*a scuola*) la copie | ***numero di protocollo***, numéro d'enregistrement | ***visita di protocollo***, visite protocolaire.

protone [pro-tó-ne] ***n.m.*** (*fis.*) proton.

protoplasma [pro-to-plà-ʃma] ***n.m.*** (*biol.*) protoplasme, protoplasma.

prototipo [pro-tò-ti-po] ***n.m.*** prototype (*anche fig.*).

protozoi [pro-to-ʒò-i] ***n.m.pl.*** (*zool.*) protozoaires.

protrarre [pro-tràr-re] ***v.tr.*** [coniug. come *trarre*] (*prolungare*) prolonger*; (*prorogare*) proroger* ♦ **protrarsi** ***v.pron.*** se prolonger*; (*durare*) durer.

protrazione [pro-tra-zió-ne] ***n.f.*** prolongation.

protrombina [pro-trom-bì-na] ***n.f.*** (*biochim.*) prothrombine.

protuberante [pro-tu-be-ràn-te] ***agg.*** protubérant.

protuberanza [pro-tu-be-ràn-za] ***n.f.*** protubérance.

prova [prò-va] ***n.f.*** **1** épreuve (*anche fig.*) **2** (*prova tecnica, collaudo*) essai (*m.*): *prova di laboratorio*, essai de laboratoire; *prova su strada*, essai sur route **3** (*esame*) épreuve: *la prova scritta, orale*, l'écrit, l'oral **4** (*dimostrazione, testimonianza*) preuve **5** (*di abito*) essayage (*m.*) **6** (*teatr.*) répétition: *prova generale*, générale; *far le prove*, répéter **7** (*sport*) essai (*m.*).
● (*med.*) ***prova da sforzo***, test d'effort | ***prova del fuoco***, épreuve du feu; (*fig.*) épreuve décisive | (*mat.*) ***prova del nove***, preuve par neuf | (*inform.*) ***prova del programma***, test d'un programme | (*med.*) ***prova di gravidanza***, test de grossesse | ***prova di stampa***, épreuve | ***alla prova***, (*di persona*) à l'œuvre; (*di cose*) à l'essai: *lo vedremo alla prova*, on le verra à l'œuvre; *mettere alla prova, a dura prova*, mettre à rude épreuve | ***a prova di***, à l'épreuve de: *amicizia a prova di bomba*, amitié à toute épreuve | (*dir. antiq.*) ***assolto per insufficienza di prove***, acquitté faute de preuves | ***banco di prova***, (*anche fig.*) banc d'es-

P

sai | ***dar prova di qlco***, faire preuve de qqch: *ha dato prova di essere un vero amico*, il a prouvé qu'il est un véritable ami | ***fino a prova contraria***, jusqu'à preuve du contraire | ***in prova***, à l'essai: (*di abito*) *mettere in prova*, préparer pour l'essayage | ***periodo di prova***, période d'essai | ***volo di prova***, vol d'essai.

provabile [pro-và-bi-le] ***agg.*** prouvable.

provare [pro-và-re] ***v.tr.*** **1** essayer*: *anche se non lo hai mai fatto, provaci!*, même si tu ne l'as jamais fait, essaie quand même!; *prova a farlo*, essaie de le faire; *proviamo a vedere cosa ci risponde*, voyons un peu ce qu'il va nous répondre; *provare un cibo*, goûter un aliment **2** (*dimostrare*) prouver **3** (*mettere alla prova*) éprouver: *voglio provare le sue capacità*, je veux me rendre compte de ses capacités **4** (*sentire*) (*di sentimenti*) éprouver; (*di sensazioni*) ressentir*: *provare simpatia per qlcu*, éprouver de la sympathie pour qqn; *provo un gran dolore al braccio*, je ressens une grande douleur au bras; *so cosa significa, l'ho provato anch'io*, je sais ce que cela veut dire, je l'ai vécu moi aussi **5** (*conoscere per esperienza*) connaître* **6** (*abiti, scarpe ecc.*) essayer* **7** (*teatr.*) répéter* ♦ **provarsi** ***v.pron.*** se mesurer.
● (***bisogna***) ***provare per credere***, il faut être passé par là pour le croire | ***prova e riprova***, à force d'essayer.

provato [pro-và-to] ***agg.*** **1** éprouvé: *provato dalla fatica*, éprouvé par la fatigue; *provato dalla stanchezza*, épuisé **2** (*dimostrato, sperimentato*) prouvé: *un amico provato*, un ami sûr.

proveniente [pro-ve-nièn-te] ***agg.*** provenant: *i treni provenienti da Roma*, les trains en provenance de Rome.

provenienza [pro-ve-nièn-za] ***n.f.*** provenance: *d'ignota provenienza*, de provenance inconnue; *di dubbia provenienza*, de provenance douteuse.

provenire [pro-ve-nì-re] ***v.intr.*** [coniug. come *venire*; aus. *essere*, ma rari i tempi composti] **1** venir* **2** (*fig.*) dériver, provenir*: *proviene da una famiglia nobile*, il descend d'une famille noble.

provento [pro-vèn-to] ***n.m.*** **1** gain; (*utile*) bénéfice **2** (*di un furto*) produit.

provenzale [pro-ven-zà-le] ***agg.*** provençal* ♦ ***n.m.*** e ***f.*** (*abitante*) Provençal*/e.

proverbiale [pro-ver-bià-le] ***agg.*** proverbial*: *divenire proverbiale*, devenir un proverbe.

proverbio [pro-vèr-bio] ***n.m.*** [pl. *-bi*] proverbe.

provetta [pro-vét-ta] ***n.f.*** éprouvette.
● ***bambini in provetta***, bébés-éprouvette.

provetto [pro-vèt-to] ***agg.*** expérimenté.

provider [pro'vaider] ***n.m.invar.*** (*inform.*) fournisseur d'accès, prestataire d'accès.

provincia [pro-vìn-cia] ***n.f.*** [pl. *-ce* o *-cie*] **1** province **2** (*paese, regione*) pays (*m.*).

provinciale [pro-vin-cià-le] ***agg.*** e ***n.m.*** e ***f.*** provincial/e.
● (***strada***) ***provinciale***, route départementale.

provincialismo [pro-vin-cia-lì-ʃmo] ***n.m.*** provincialisme.

provino [pro-vì-no] ***n.m.*** **1** (*chim.*) éprouvette (*f.*) **2** (*cine.*) (*prova di attore*) bout d'essai; (*spezzone di film di prossima programmazione*) bande-annonce* (*f.*) **3** (*fot.*) épreuve (*f.*) petit format; (*foglio coi provini*) planche (*f.*) contact.

provocante [pro-vo-càn-te] ***agg.*** provocant.

provocare [pro-vo-cà-re] ***v.tr.*** [coniug. come *mancare*] provoquer.

provocatore [pro-vo-ca-tó-re] ***agg.*** e ***n.m.*** [f. *-trice*] provocateur*.

provocatorio [pro-vo-ca-tò-rio] ***agg.*** [pl.m. *-ri*] provocateur*.

provocazione [pro-vo-ca-zió-ne] ***n.f.*** provocation.

provola [prò-vo-la] ***n.f.*** provola (variété de fromage fait de lait de vache ou bufflesse).

provolone [pro-vo-ló-ne] ***n.m.*** provolone (variété de fromage compact, assez fort).

provvedere [prov-ve-dé-re] ***v.intr.*** [coniug. come *vedere*; fut.indic. *io provvederò* ecc.; p.p. *provveduto*; aus. *avere*] **1** pourvoir*; (*prendere provvedimenti*) prendre* des mesures (**à l'égard de**): *bisogna provvedere subito*, il faut agir tout de suite **2** (*occuparsi di*) s'occuper (**de**): *provvedere a un pagamento*, s'occuper d'effectuer un paiement **3** (*badare*) veiller (à ce que) ♦ ***v.tr.*** pourvoir*; (*procurare*) procurer ♦ **provvedersi** ***v.pron.*** se munir; (*fornirsi*) se procurer.

provvedimento [prov-ve-di-mén-to] ***n.m.*** mesure (*f.*); disposition (*f.*).
● ***provvedimento sanitario***, mesure sanitaire | ***provvedimento legislativo***, ***giudiziario***, disposition légale, judiciaire.

provveditorato [prov-ve-di-to-rà-to] ***n.m.*** **1** inspection (*f.*) **2** (*istituto*) rectorat.
● ***provveditorato agli studi***, inspection d'académie.

provveditore [prov-ve-di-tó-re] ***n.m.*** [f. *-trice*] **1** inspecteur **2** (*chi provvede*) pourvoyeur*; (*fornitore*) fournisseur*.
● ***provveditore agli studi***, recteur d'académie.

provvidenza [prov-vi-dèn-za] ***n.f.*** **1** providence (*anche fig.*): *uomo mandato dalla provvidenza*, homme providentiel **2** (*provvedimento*) mesure: *provvidenze in favore dei pensionati*, mesures en faveur des retraités; *le provvidenze della sicurezza sociale*, les prestations de la sécurité sociale.

provvidenziale [prov-vi-den-zià-le] ***agg.*** providentiel*.

provvigione [prov-vi-gió-ne] ***n.f.*** commission: *lavorare a provvigione*, être payé à la commission.

provvisionale [prov-vi-ʃio-nà-le] ***n.f.*** (*dir.*) provisionnel*.

provvisorietà [prov-vi-so-rie-tà] ***n.f.invar.*** caractère (*m.*) provisoire.

provvisorio [prov-vi-ʃò-rio] ***agg.*** [pl.m. *-ri*] provisoire.
● ***in via provvisoria***, provisoirement.

provvista [prov-vì-sta] ***n.f.*** provision (*anche fig.*).
● ***fare provvista di qlco***, faire provision de qqch: *fare provvista di nafta*, faire le plein de mazout.

provvisto [prov-vì-sto] ***agg.*** pourvu; (*dotato*) doué: *negozio (ben) provvisto*, magasin bien achalandé; *portafogli (ben) provvisto*, portefeuille bien garni.

proxy ['prɔksi] ***n.m.invar.*** (*inform.*) (serveur) mandataire, serveur mandaté.

prozia [pro-zì-a] ***n.f.*** grand-tante*.

prozio [pro-zìo] ***n.m.*** [pl. *-ii*] grand-oncle*.

prua [prù-a] ***n.f.*** avant (*m.*), proue: *da poppa a prua*, de la poupe à la proue; *dirigere la prua verso il largo*, mettre le cap au large.
● ***vento di prua***, vent devant.

prudente [pru-dèn-te] ***agg.*** prudent.

prudentemente [pru-den-te-mén-te] ***avv.*** prudemment.

prudenza [pru-dèn-za] ***n.f.*** prudence: *usare prudenza*

nel fare qlco, faire qqch avec prudence | *prudenza!*, sois, soyez prudent!
● ***la prudenza non è mai troppa***, on n'est jamais trop prudent.

prudenziale [pru-den-zià-le] *agg.* prudent, de prudence.

prudere [prù-de-re] *v.intr.* [non usati p.p. e tempi composti] démanger* | *mi sento prudere le mani*, (*fig.*) les mains me démangent.

prugna [prù-gna] *n.f.* (*bot.*) prune ♦ *agg.invar.* (*color*) *prugna*, (couleur) prune.
● ***prugne secche***, pruneaux.

prugno [prù-gno] *n.m.* (*bot.*) prunier.

prugnola [prù-gno-la] *n.f.* (*bot.*) prunelle.

prunaio [pru-nà-io] [pl. *-ii*] **pruneto** *n.m.* ronceraie (*f.*).

pruno [prù-no] *n.m.* **1** (*cespuglio*) ronce (*f.*) **2** (*spina*) épine (*f.*).

FAUX AMI
Da non confondere con *prune*, che significa *prugna*.

prurigine [pru-rì-gi-ne] *n.f.* **1** démangeaison (*anche fig.*) **2** (*med.*) prurigo (*m.*).

pruriginoso [pru-ri-gi-nó-so] *agg.* prurigineux*.

prurito [pru-rì-to] *n.m.* démangeaison (*f.*): *avere prurito*, avoir une démangeaison.

prussiano [prus-sià-no] *agg.* [f. *-a*] prussien*.

prussico [prùs-si-co] *agg.* [pl.m. *-ci*, f. *-che*] prussique.

pseudo- *pref.* pseudo-.

pseudonimo [pseu-dò-ni-mo] *agg.* e *n.m.* **1** pseudonyme **2** (*Internet*) alias.

psicanalisi [psi-ca-nà-li-si] *n.f.invar.* psychanalyse.

psicanalista [psi-ca-na-li-sta] *n.m.* e *f.* psychanalyste; (*fam.*) psy.

psicanalitico [psi-ca-na-lì-ti-co] *agg.* [pl.m. *-ci*, f. *-che*] psychanalytique.

psicanalizzare [psi-ca-na-liʒ-ʒà-re] *v.tr.* psychanalyser.

psiche[1] [psì-che] *n.f.* psyché.

psiche[2] *n.f.* (*specchiera*) psyché.

psichedelico [psi-che-dè-li-co] *agg.* [pl.m. *-ci*, f. *-che*] psychédélique.

psichiatra [psi-chià-tra] *n.m.* e *f.* psychiatre; (*fam.*) psy.

psichiatria [psi-chia-trì-a] *n.f.* psychiatrie.

psichiatrico [psi-chià-tri-co] *agg.* [pl.m. *-ci*, f. *-che*] psychiatrique.

psichico [psì-chi-co] *agg.* [pl.m. *-ci*, f. *-che*] psychique.

psic(o)- *pref.* psych(o)-.

psicoanalisi e *deriv.* → **psicanalisi** e *deriv.*

psicodramma [psi-co-dràm-ma] *n.m.* psychodrame.

psicofarmaco [psi-co-fàr-ma-co] *n.m.* [pl. *-ci*] psychotrope.

psicofisico [psi-co-fì-ʃi-co] *agg.* [pl.m. *-ci*, f. *-che*] psychophysique.

psicogeno [psi-cò-ge-no] *agg.* psychogène.

psicolabile [psi-co-là-bi-le] *agg.* psychologiquement labile ♦ *n.m.* e *f.* personne (*f.*) psychologiquement labile.

psicolinguistica [psi-co-lin-guì-sti-ca] *n.f.* [pl. *-che*] psycholinguistique.

psicolinguistico [psi-co-lin-guì-sti-co] *agg.* [pl.m. *-ci*, f. *-che*] psycholinguistique.

psicologia [psi-co-lo-gì-a] *n.f.* psychologie.

psicologico [psi-co-lò-gi-co] *agg.* [pl.m. *-ci*, f. *-che*] psychologique.

psicologo [psi-cò-lo-go] *n.m.* [f. *-a*; pl.m. *-gi*, f. *-ghe*] psychologue; (*fam.*) psy.

psicomotorio [psi-co-mo-tò-rio] *agg.* [pl.m. *-ri*] psychomoteur*.

psicopatia [psi-co-pa-tì-a] *n.f.* psychopathie.

psicopatico [psi-co-pà-ti-co] *agg.* e *n.m.* [f. *-a*; pl.m. *-ci*, f. *-che*] psychopathe.

psicopedagogia [psi-co-pe-da-go-gì-a] *n.f.* psychopédagogie.

psicopedagogico [psi-co-pe-da-gò-gi-co] *agg.* [pl.m. *-ci*, f. *-che*] psychopédagogique.

psicosi [psi-cò-ʃi] *n.f.invar.* psychose.

psicosomatico [psi-co-so-mà-ti-co] *agg.* [pl.m. *-ci*, f. *-che*] psychosomatique.

psicotecnica [psi-co-tèc-ni-ca] *n.f.* [pl. *-che*] psychotechnique.

psicotecnico [psi-co-tèc-ni-co] *agg.* [pl.m. *-ci*, f. *-che*] psychotechnique ♦ *n.m.* [f. *-a*] psychotechnicien*.

psicoterapeuta [psi-co-te-ra-pèu-ta] *n.m.* e *f.* psychothérapeute.

psicoterapeutico [psi-co-te-ra-pèu-ti-co] *agg.* [pl.m. *-ci*, f. *-che*] psychothérapeutique, psychothérapique.

psicoterapia [psi-co-te-ra-pì-a] *n.f.* psychothérapie.

psicoterapista [psi-co-te-ra-pì-sta] *n.m.* e *f.* psychothérapeute.

psicotico [psi-cò-ti-co] *agg.* e *n.m.* [f. *-a*; pl.m. *-ci*, f. *-che*] psychotique.

psittacosi [psit-ta-cò-ʃi] *n.f.invar.* (*vet.*) psittacose.

psoriasi [pso-rì-a-ʃi] *n.f.invar.* (*med.*) psoriasis (*m.*).

pss, pst *onom.* psitt, pst.

puah *inter.* pouah.

pubblicabile [pub-bli-cà-bi-le] *agg.* publiable.

pubblicamente [pub-bli-ca-mén-te] *avv.* publiquement: *un fatto pubblicamente noto*, un fait connu de tout le monde; *è pubblicamente noto che*, il est de notoriété publique que.

pubblicare [pub-bli-cà-re] *v.tr.* [coniug. come *mancare*] **1** publier, faire* paraître: *pubblicare uno scritto inedito*, faire paraître un texte inédit; *'Bel Ami' è stato pubblicato nel 1885*, 'Bel Ami' a paru, a été publié en 1885; *è stata pubblicata una nuova edizione*, il est paru une nouvelle édition; *sta per essere pubblicato*, il est en cours de publication; *è appena stato pubblicato*, il vient de paraître; *subito dopo essere stato pubblicato*, dès sa parution | *pubblicare sulla Gazzetta Ufficiale*, publier dans le Journal officiel | *pubblicato dall'Editore X a cura di Y*, publié chez X Éditeur par les soins de Y **2** (*spec. dalla parte della casa editrice*) éditer: *pubblicheremo una collana di autori classici*, nous allons éditer, publier une collection d'auteurs classiques **3** (*Internet*) (*in un gruppo di discussione*) poster.

pubblicazione [pub-bli-ca-zió-ne] *n.f.* **1** publication: *curare la pubblicazione di un'opera*, s'occuper de l'édition d'une œuvre; *fin dalla pubblicazione*, dès sa parution; *di recente pubblicazione*, récemment publié; *di prossima pubblicazione*, à paraître prochainement **2** (*scritto*) publication: *pubblicazione scientifica, letteraria*, publication scientifique, littéraire; *la sua ultima pubblicazione*, son dernier ouvrage.
● ***pubblicazioni di matrimonio***, bans.

pubblicista [pub-bli-cì-sta] *n.m.* e *f.* (giornalismo) pigiste.

pubblicistica [pub-bli-cì-sti-ca] *n.f.* [pl. *-che*] presse écrite.

pubblicità [pub-bli-ci-tà] *n.f.invar.* publicité, (fam.) pub: *dare pubblicità a qlco*, faire de la publicité à qqch; *senza dare molta pubblicità*, sans faire une grande publicité; *fare pubblicità*, faire de la publicité; *la pubblicità è l'anima del commercio*, la publicité est le moteur du commerce.
● ***pubblicità a mezzo affissione***, publicité par affiches | ***pubblicità progresso***, publicité sociale | ***pubblicità stradale***, publicité sur la voie publique | ***pubblicità sulla stampa***, publicité de presse | ***piccola pubblicità***, (sui quotidiani) petites annonces.

pubblicitario [pub-bli-ci-tà-rio] *agg.* [pl.m. *-ri*] publicitaire ♦ *n.m.* [f. *-a*] publicitaire, publiciste.
● ***agente pubblicitario***, agent de publicité.

pubblicizzare [pub-bli-ciʒ-ʒà-re] *v.tr.* faire de la publicité (à).

pubblico [pùb-bli-co] *agg.* [pl.m. *-ci*, f. *-che*] public*: *ente pubblico*, organisme public; *il bene pubblico, la cosa pubblica*, le bien public; *la spesa pubblica*, les frais de l'État; *di dominio pubblico*, de notoriété publique; *di interesse pubblico*, d'intérêt public ♦ *n.m.* **1** public: *gremito di pubblico*, bondé; *una grande affluenza di pubblico*, un public nombreux; *il pubblico televisivo, radiofonico*, l'audience **2** (vita pubblica) vie publique: *separare il pubblico dal privato*, séparer la vie publique de la vie privée.
● (dir.) ***pubblico ministero***, ministère public | ***pubblico ufficiale***, officier ministériel, public | ***mettere in pubblico***, étaler | ***scuola pubblica***, école publique.

pube [pù-be] *n.m.* (anat.) pubis: *monte del pube*, pénil.

puberale [pu-be-rà-le] *agg.* pubertaire.

pubere [pù-be-re] *agg.* pubère.

pubertà [pu-ber-tà] *n.f.invar.* puberté.

pubico [pù-bi-co] *agg.* [pl.m. *-ci*, f. *-che*] pubien*.

public relations ['pablikri'leʃons] *n.f.pl.* relations publiques.

pudende [pu-dèn-de] *n.f.pl.* (letter.) les parties *honteuses.

pudibondo [pu-di-bón-do] *agg.* pudique; (scherz.) pudibond.

pudicamente [pu-di-ca-mén-te] *avv.* pudiquement.

pudicizia [pu-di-cì-zia] *n.f.* pudicité.

pudico [pu-dì-co] *agg.* [pl.m. *-chi*, f. *-che*] pudique.

pudore [pu-dó-re] *n.m.* pudeur (*f.*) | *il comune senso del pudore*, la pudeur, la moralité publique.

puericultrice [pu-e-ri-cul-trì-ce] *n.f.* puéricultrice.

puericultura [pu-e-ri-cul-tù-ra] *n.f.* puériculture.

puerile [pu-e-rì-le] *agg.* puéril (anche fig.).

puerilità [pu-e-ri-li-tà] *n.f.invar.* puérilité.

puerizia [pu-e-rì-zia] *n.f.* (letter.) enfance.

puerpera [pu-èr-pe-ra] *n.f.* accouchée, femme en couches.

puerperale [pu-er-pe-rà-le] *agg.* puerpéral*.

puerperio [pu-er-pè-rio] *n.m.* [pl. *-ri*] puerpéralité (*f.*).

puff *inter.* pouf.

puffo® [pùf-fo] *n.m.* (pupazzo) schtroumpf®.

pugilato [pu-gi-là-to] *n.m.* boxe (*f.*).

pugile [pù-gi-le] *n.m.* e *f.* boxeur/euse.

pugilistico [pu-gi-lì-sti-co] *agg.* [pl.m. *-ci*, f. *-che*] de boxe.

puglia [pù-glia] *n.f.* poule.

pugliese [pu-glié-se] *agg.* des Pouilles ♦ *n.m.* e *f.* habitant/e des Pouilles.

pugnalare [pu-gna-là-re] *v.tr.* poignarder: *pugnalare alle spalle*, poignarder dans le dos.

pugnalata [pu-gna-là-ta] *n.f.* coup (*m.*) de poignard (anche fig.).

pugnale [pu-gnà-le] *n.m.* poignard.

pugno [pù-gno] *n.m.* **1** poing: *mostrare i pugni*, montrer le poing; *battere il pugno sul tavolo*, taper du poing sur la table; *stringere i pugni dalla rabbia*, (estens.) serrer les poings de colère | *a pugni stretti*, (anche estens.) en serrant les poings **2** (colpo dato col pugno) coup (*m.*) de poing: *colpire con un pugno*, donner un coup de poing à | *a suon di pugni*, à coups de poing **3** (manciata) poignée (*f.*) (anche fig.).
● ***avere in pugno***, avoir en main: *avere la vittoria in pugno*, avoir la victoire en main | ***avere un, il pugno di ferro***, (fig.) avoir une poigne de fer | ***a pugni***, à coups de poing: *fare a pugni*, se battre à coups de poing; (di colori ecc.) jurer; (fig.) être en contradiction; *prendere a pugni*, donner des coups de poing, bourrer de coups; *venire a pugni*, en venir aux mains | ***di pugno di***, de la main de: *di pugno dell'autore*, de la main de l'auteur; *di proprio pugno*, de sa main | ***la spada in pugno***, l'épée au poing | ***rimanere con un pugno di mosche***, rester les mains vides | ***tenere in pugno***, avoir bien en main: *li tiene in pugno*, il les a bien en main | ***un pugno in un occhio***, (fig. fam.) du tape-à-l'œil: *questa tappezzeria è un pugno in un occhio*, ce papier peint, c'est du tape-à-l'œil; *sempre meglio di un pugno in un occhio!*, ça vaut mieux que d'attraper la scarlatine!

puh *inter.* pouah.

pula [pù-la] *n.f.* **1** balle (de blé, de riz, etc.) **2** (gergo) (polizia) les poulets (*m.pl.*).

pulce [pùl-ce] *n.f.* **1** (zool.) puce: *avere le pulci*, avoir des puces **2** (microspia) micro (*m.*) espion.
● ***pulce di mare, d'acqua***, puce de mer, d'eau | ***fare le pulci a qlcu***, (fig.) chercher des poux à qqn | ***gioco della pulce***, jeu de puces | ***mettere una, la pulce nell'orecchio***, (fig.) mettre la puce à l'oreille.

pulcinella [pul-ci-nèl-la] *n.m.* polichinelle.
● (zool.) ***pulcinella di mare***, macareux.

pulcino [pul-cì-no] *n.m.* **1** poussin **2** (calcio) poussin.
● ***pulcino bagnato***, (fig.) poule mouillée | ***bagnato come un pulcino***, (fig.) trempé jusqu'aux os.

puledra [pu-lé-dra] *n.f.* pouliche.

puledro [pu-lé-dro] *n.m.* poulain.

puleggia [pu-lég-gia] *n.f.* [pl. *-ge*] (mecc.) poulie.

pulire [pu-lì-re] *v.tr.* [coniug. come *finire*] nettoyer*; (tergere) essuyer*: *pulire la tavola*, nettoyer la table; *pulisciti la bocca col tovagliolo*, essuie-toi la bouche avec ta serviette | *pulire il pesce*, vider le poisson ♦**pulirsi** *v.pron. intr.* se nettoyer* ♦ *v.pron. indiretto* s'essuyer*: *pulirsi le mani nel grembiule*, s'essuyer les mains dans son tablier; *pulirsi i piedi sullo zerbino*, s'essuyer les pieds sur le paillasson.

pulita [pu-lì-ta] *n.f.*
● ***dare una pulita***, nettoyer, (con uno straccio) donner un coup de torchon; (con una spazzola) donner un coup de brosse | ***darsi una pulita***, faire un brin de toilette.

pulitino [pu-li-tì-no] *agg.* propret*.

pulito [pu-lì-to] *agg.* **1** propre; (lindo) net*: *biancheria*

pulita, linge propre; *tiene la casa molto pulita*, elle a un intérieur très net | *lingua pulita*, langue nette | *è tornato dal casinò completamente pulito*, il est revenu du casino complètement fauché **2** (*fig.*) propre, net*; (*onesto*) honnête: *è un uomo pulito*, c'est un homme honnête; *avere le mani pulite*, avoir les mains propres; *avere la coscienza pulita*, avoir la conscience tranquille; *è un affare poco pulito*, c'est une affaire pas très propre; *un viso pulito*, (*onesto*) un air honnête, (*naturale*) un visage naturel; *barzelletta pulita*, petite histoire innocente; *barzelletta poco pulita*, histoire salée **3** (*di scrittura ordinata, di stile*) net*: *un parlare pulito*, un langage recherché ♦ ***n.m.*** propre: *camminare sul pulito*, marcher sur le sec ♦ ***avv.*** *parlare pulito*, (*forbito*) s'exprimer de façon recherchée, (*senza volgarità*) parler convenablement.
● ***energia pulita***, énergie propre | ***fare piazza pulita***, nettoyer; (*eliminare*) éliminer: *i ragazzi hanno fatto piazza pulita* (*nei loro piatti*), les enfants ont nettoyé leurs assiettes.

FAUX AMI
Da non confondere *poli*, che significa *levigato, liscio* o *educato*.

pulitore [pu-li-tó-re] ***n.m.*** [f. *-trice*] nettoyeur*.
pulitrice [pu-li-trì-ce] ***n.f.*** (*metall.*) ébarbeuse; (*mecc.*) polissoir (*m.*), polisseuse; (*agr.*) vanneuse.
pulitura [pu-li-tù-ra] ***n.f.*** nettoyage (*m.*); (*ind. mecc.*) polissage (*m.*): *dare l'ultima pulitura a un lavoro*, mettre la dernière main à un travail.
pulizia [pu-li-zì-a] ***n.f.*** **1** propreté **2** (*il pulire*) nettoyage (*m.*) | *fare pulizia*, nettoyer; (*fig.*) faire place nette.
● (*cosmesi*) ***pulizia del viso***, nettoyage de peau | ***donna delle pulizie***, femme de ménage | ***fare le pulizie***, (*in casa*) faire le ménage: *fare le grandi pulizie*, faire le grand nettoyage | ***impresa di pulizia***, entreprise de nettoyage.
pullman [pùll-man] ***n.m.invar.*** autocar, pullman.
pullover [pul-lò-ver] ***n.m.invar.*** pull-over*, pull.
pullulare [pul-lu-là-re] ***v.intr.*** [aus. *avere*] pulluler (*anche fig.*); (*essere gremito*) fourmiller ♦ ***n.m.*** pullulement.
pulmino [pul-mì-no] ***n.m.*** minibus, minicar.
pulpito [pùl-pi-to] ***n.m.*** **1** chaire (*f.*) | *salire sul pulpito*, (*fig.*) monter en chaire **2** (*elettr.*) pupitre.
● ***guarda da che pulpito viene la predica!***, (*fig. iron.*) regarde un peu qui nous fait la morale!
pulsante [pul-sàn-te] ***agg.*** qui bat; (*fis.*) pulsatoire: *pulsante di vita*, palpitant ♦ ***n.m.*** poussoir; (*di comando elettrico*) bouton.
● (*fot.*) ***pulsante di scatto***, déclencheur | (*inform.*): ***pulsante di servizio***, touche de service; ***pulsante con dispositivo di sicurezza***, interrupeteur à verrou de sécurité | (*astr.*) ***stella pulsante***, étoile pulsante, pulsar.
pulsantiera [pul-san-tiè-ra] ***n.f.*** tableau* (*m.*).
pulsare [pul-sà-re] ***v.intr.*** [aus. *avere*] battre*; (*palpitare*) palpiter.
pulsazione [pul-sa-zió-ne] ***n.f.*** pulsation.
pulsione [pul-sió-ne] ***n.f.*** (*psic.*) pulsion.
pulvino [pul-vì-no] ***n.m.*** (*arch.*) coussinet.
pulviscolo [pul-vì-sco-lo] ***n.m.*** poussière (*f.*).
● ***pulviscolo atmosferico***, poussières atmosphériques.
pulzella [pul-zèl-la] ***n.f.*** (*ant., lett.*) pucelle.
pum ***onom.*** boum.
puma [pù-ma] ***n.m.invar.*** puma.
punch[1] [pantʃ] ***n.m.invar.*** (*bevanda*) punch.
punch[2] ***n.m.*** (*boxe*) punch.
pungente [pun-gèn-te] ***agg.*** piquant (*anche fig.*) | *lingua pungente*, langue pointue.
pungere [pùn-ge-re] ***v.tr.*** [coniug. come *giungere*] piquer (*anche fig.*): *era punto dal rimorso*, il était poursuivi par le remords ♦ **pungersi** ***v.pron.*** **1** se piquer **2** (*gergo della droga*) se shooter, se piquer.
● ***pungere sul vivo***, (*fig.*) piquer au vif.
pungiglione [pun-gi-glió-ne] ***n.m.*** aiguillon.
pungitopo [pun-gi-tò-po] ***n.m.invar.*** (*bot.*) petit *houx, fragon.
pungolare [pun-go-là-re] ***v.tr.*** aiguillonner (*anche fig.*).
pungolo [pùn-go-lo] ***n.m.*** aiguillon: *spinto dal pungolo del bisogno, dell'ambizione*, éperonné par le besoin, l'ambition.
punibile [pu-nì-bi-le] ***agg.*** punissable (**de**).
punico [pù-ni-co] ***agg.*** [pl.m. *-ci*, f. *-che*] punique.
punire [pu-nì-re] ***v.tr.*** [coniug. come *finire*] **1** punir (**de**, **pour**) **2** (*estens.*) (*danneggiare*) faire* tort, nuire*.
punitivo [pu-ni-tì-vo] ***agg.*** punitif*.
punizione [pu-ni-zió-ne] ***n.f.*** **1** punition **2** (*sport*) coup (*m.*) franc: *battere la punizione*, tirer le coup franc.
● ***per punizione***, comme punition.
punkabbestia [paŋkab'bɛstja] ***n.m.*** e ***f.invar.*** punk à chien.
punsi → **pungere**.
punta[1] [pùn-ta] ***n.f.*** **1** pointe (*anche fig.*): *fare la punta alla matita*, tailler un crayon; *la punta del naso, della lingua*, le bout du nez, de la langue | (*calcio*) *la miglior punta della squadra*, le meilleur buteur de son équipe **2** (*pizzico*) pointe: *una punta di sale*, une pincée de sel **3** (*massima intensità*) pointe: *punte stagionali*, températures maximums, minimums d'une saison; *la punta massima del freddo*, la température minimum.
● (*macelleria*) ***punta di petto***, poitrine | ***a punta***, en pointe: *scarpe a punta*, chaussures pointues; *cappello a punta*, chapeau pointu; *cappello a tre punte*, tricorne | ***danzare sulle punte***, faire des pointes | ***di punta***, de point: *ore di punta*, heures de pointe; *mettersi di punta*, s'y mettre; *industrie di punta*, industries de pointe; *squadra di punta*, équipe de pointe; *l'uomo di punta del partito*, l'homme fort du parti; *prendere qlcu di punta*, prendre qqn de front | ***in punta di piedi***, sur la pointe des pieds: *andarsene in punta di piedi*, (*fig.*) partir discrètement | ***scrivere in punta di penna***, (*fig.*) écrire dans un style recherché | ***sulla punta della lingua***, (*fig.*) sur le bout de la langue | ***sulla punta delle dita***, (*fig.*) sur le bout du doigt.
punta[2] ***n.f.*** (*di cani*) arrêt (*m.*).
● ***cane da punta***, chien d'arrêt.
puntale [pun-tà-le] ***n.m.*** (*di ombrello ecc.*) embout; (*di stringhe*) ferret.
puntamento [pun-ta-mén-to] ***n.m.*** (*mil.*) pointage.
puntare[1] [pun-tà-re] ***v.tr.*** **1** appuyer*; (*conficcare*) ficher, planter: *puntare i gomiti sulla tavola*, appuyer ses coudes sur la table | *puntare i piedi*, s'arc-bouter sur ses pieds; (*fig.*) se buter **2** (*volgere*) pointer; (*su un obiettivo preciso*) braquer: *puntare il dito verso qlcu*, pointer son doigt contre qqn; *puntare un cannocchiale verso una stella*, braquer des jumelles sur une étoile; *puntare la pistola contro qlcu*, braquer un pistolet contre qqn; *gli puntò la pistola alla tempia*, il lui appuya le pistolet contre la tempe; *puntare un pugnale alla gola*, mettre un poignard sous la gorge; *puntare un fucile contro qlcu*, épauler son fusil contre qqn | *mi ha puntato gli occhi ad-*

P

dosso tutta la serata, il m'a fixé toute la soirée **3** (*scommettere al gioco*) miser: *punta sul suo fascino per*, (*fig.*) il mise sur son charme pour; *ha puntato tutto su quel progetto*, (*fig.*) il a tout misé sur ce projet **4** (*fam.*) (*appuntare*) fixer: *puntò l'orlo con quattro spilli*, elle fixa l'ourlet avec quatre épingles ♦ ***v.intr.*** [aus. *avere*] **1** se diriger*: *puntare verso Sud*, se diriger vers le Sud **2** (*mirare*) viser ♦ **puntarsi** ***v.pron.*** s'arc-bouter.

puntare[2] ***v.tr.*** (*caccia*) tomber en arrêt (devant).

puntasecca [pun-ta-séc-ca] ***n.f.*** [pl. *puntesecche*] pointe sèche.

puntaspilli [pun-ta-spìl-li] ***n.m.invar.*** pelote (*f.*) à épingles.

puntata[1] [pun-tà-ta] ***n.f.*** **1** (*breve escursione*) pointe: *ha fatto una puntata, una puntatina a Roma*, il a poussé jusqu'à Rome **2** (*al gioco*) mise **3** (*sport*) attaque.

puntata[2] ***n.f.*** **1** épisode (*m.*): *quarta puntata di un'inchiesta*, quatrième article d'une enquête; *l'ultima puntata al prossimo numero*, suite et fin au prochain numéro **2** (*di pubblicazione a dispense*) fascicule (*m.*).
● ***pubblicare a puntate***, publier par épisodes, fascicules | ***romanzo, sceneggiato a puntate***, roman à épisodes, roman-feuilleton.

puntato [pun-tà-to] ***agg.*** pointé.

punteggiare [pun-teg-già-re] ***v.tr.*** [coniug. come *mangiare*] **1** pointiller: *punteggiare un disegno*, pointiller un dessin **2** (*macchiettare*) moucheter* **3** (*anche fig.*) (*gramm.*) ponctuer: *punteggiare un discorso di citazioni*, ponctuer un discours de citations.

punteggiato [pun-teg-già-to] ***agg.*** **1** ponctué **2** (*macchiettato*) moucheté: *un abito azzurro punteggiato di bianco*, une robe bleue mouchetée de blanc ♦ ***n.m.*** (*tecnica artistica*) pointillé.

punteggiatura [pun-teg-gia-tù-ra] ***n.f.*** **1** (*gramm.*) ponctuation: *segni di punteggiatura*, signes de ponctuation **2** (*il punteggiare*) pointillage (*m.*) **3** (*macchiettatura*) mouchetage (*m.*).

P

punteggio [pun-tég-gio] ***n.m.*** [pl. *-gi*] **1** score **2** (*in una graduatoria*) barème.

puntellamento [pun-tel-la-mén-to] ***n.m.*** étayage.

puntellare [pun-tel-là-re] ***v.tr.*** étayer* (*anche fig.*) ♦ **puntellarsi** ***v.pron.*** se soutenir*.

puntellatura [pun-tel-la-tù-ra] ***n.f.*** étayage (*m.*).

puntello [pun-tèl-lo] ***n.m.*** **1** étai **2** (*fig.*) soutien.

punteria [pun-te-rì-a] ***n.f.*** **1** (*mecc.*) poussoir (*m.*) **2** (*mil.*) (*congegni di puntamento*) instruments de pointage; (*operazioni di puntamento*) pointage (*m.*).

punteruolo [pun-te-ruò-lo] ***n.m.*** poinçon; (*per cuoio*) alêne (*f.*).

puntiforme [pun-ti-fór-me] ***agg.*** punctiforme; (*piccolo come un punto*) ponctuel*: *macchie puntiformi*, tâches punctiformes; *sorgente di luce puntiforme*, source lumineuse ponctuelle.

puntiglio [pun-tì-glio] ***n.m.*** [pl. *-gli*] point d'honneur; (*amor proprio*) amour-propre: *è un ragazzo di puntiglio*, c'est un garçon qui a de l'amour-propre.
● ***mettersi di puntiglio***, s'en faire un point d'honneur.

puntigliosità [pun-ti-glio-si-tà] ***n.f.invar.*** (*ostinazione*) obstination; (*testardaggine*) entêtement (*m.*).

puntiglioso [pun-ti-glió-so] ***agg.*** (*ostinato*) pointilleux*; (*che agisce per puntiglio*) chatouilleux*; (*che ha amor proprio*) qui a de l'amour-propre: *essere puntiglioso nello studio*, être méticuleux dans son travail.

puntina [pun-tì-na] ***n.f.*** **1** (*da disegno*) punaise **2** (*del giradischi*) aiguille.
● (*mecc.*) ***puntina platinata***, vis platinée.

puntinismo [pun-ti-nì-ʃmo] ***n.m.*** (*pitt.*) pointillisme.

puntino [pun-tì-no] ***n.m.*** point.
● ***puntini di sospensione***, points de suspension | ***cotto a puntino***, cuit à point | ***fatto a puntino***, parfait: *questo lavoro è fatto a puntino*, c'est un travail parfait.

punto[1] [pùn-to] ***n.m.*** **1** (*ente geometrico*) point: *il punto di tangenza*, le point de tangence **2** (*ling.*) (*segno grafico*) point **3** (*luogo, posto*) point, endroit: *la sua casa è situata nel punto più bello del paese*, sa maison est placée à l'endroit le plus beau du village **4** (*in un testo*) (*passo*) point; (*brano*) passage: *la novella è stata corretta in più punti*, le conte a été corrigé en plusieurs endroits **5** (*momento*) point; moment: *punto cruciale*, moment crucial **6** (*gradazione*) ton **7** (*di punteggio*) point; (*voto*) note (*f.*) **8** (*cucito*) point; (*maglia*) maille (*f.*) **9** (*inform.*) point; virgule (*f.*) décimale ♦ ***avv.*** guère, point: *non m'è piaciuto né punto né poco*, ça ne m'a pas plu du tout.
● ***punto debole***, (*anche fig.*) point faible | ***punto di ritrovo***, point de ralliement | (*inform.*): ***punto di riversamento, di ripresa***, point de reprise; ***punto di salto***, point d'interruption | ***punto di vendita***, point de vente | ***punto di vista***, point de vue: *da questo punto di vista è stato fortunato*, de ce point de vue-là il a eu de la chance; *dal punto di vista della salute*, en ce qui concerne la santé | ***punto e basta***, (*fig.*) un point, c'est tout | (*Internet*) ***punto elenco***, puce | (*punteggiatura*): ***punto e virgola***, point-virgule; ***punto (fermo), punto e a capo***, point, point à la ligne: *il punto fermo della sua vita*, (*fig.*) le pivot de sa vie | ***punto metallico***, agraphe | ***punto per punto***, (*nei dettagli*) dans les détails: *raccontare qlco punto per punto*, raconter qqch dans les détails | ***a che punto sei?***, où en es-tu? | ***a tal punto, al punto da***, tellement: *era stanco al punto da non reggersi, che non si reggeva in piedi*, il était tellement fatigué qu'il ne tenait pas debout | ***dare dei punti a qlcu***, (*med.*) faire des points; (*fig.*) en remontrer à qqn, rendre des points à qqn | ***di punto in bianco***, de but en blanc | ***di tutto punto***, de pied en cap | ***essere a buon punto con***, être avancé dans: *essere a buon punto con il lavoro*, être avancé dans son travail | ***essere a un punto morto***, être au point mort | ***essere in punto di morte***, être à l'article de la mort | ***essere sul punto di***, être sur le point de | ***giungere al punto di***, arriver à: *è giunto al punto di odiarmi*, il en est arrivé à me détester | ***in punto***, pile: *sono le tre in punto*, il est trois heures précises | ***mettere a punto***, mettre au point | ***qui sta il punto***, voilà le hic | ***venire al punto***, en venir au fait.

punto[2] *p.p.* di **pungere**.

puntuale [pun-tu-à-le] ***agg.*** **1** ponctuel*; (*in orario*) à l'heure **2** (*fig.*) précis; (*esatto*) exact.

puntualità [pun-tu-a-li-tà] ***n.f.invar.*** ponctualité.

puntualizzare [pun-tu-a-liʒ-ʒà-re] ***v.tr.*** faire* le point (**de**): *ha la mania di puntualizzare*, il est plutôt tatillon.

puntualizzazione [pun-tu-a-liʒ-ʒa-zió-ne] ***n.f.*** mise au point.

puntualmente [pun-tu-al-mén-te] ***avv.*** ponctuellement.

puntura [pun-tù-ra] ***n.f.*** piqûre.

puntuto [pun-tù-to] ***agg.*** pointu.

punzecchiamento [pun-zec-chia-mén-to] ***n.m.*** **1** piqûre (*f.*) **2** (*fig.*) taquinerie (*f.*).

punzecchiare [pun-zec-chià-re] ***v.tr.*** **1** piquer **2** (*fig.*) taquiner ♦ **punzecchiarsi** ***v.pron.rec.*** (*fig.*) se taquiner.

punzecchiatura [pun-zec-chia-tù-ra] *n.f.* **1** piqûre **2** (*fig.*) taquinerie.

punzonare [pun-zo-nà-re] *v.tr.* poinçonner.

punzonatore [pun-zo-na-tó-re] *n.m.* [f. *-trice*] poinçonneur*.

punzonatrice [pun-zo-na-trì-ce] *n.f.* poinçonneuse.

punzonatura [pun-zo-na-tù-ra] *n.f.* poinçonnage (*m.*), poinçonnement (*m.*).

punzone [pun-zó-ne] *n.m.* poinçon.

può, **puoi** → **potere**[1].

pupa[1] [pù-pa] *n.f.* poupée.

pupa[2] *n.f.* (*zool.*) pupe.

pupattola [pu-pàt-to-la] *n.f.* poupée.

pupazzetto [pu-paz-zét-to] *n.m.* petit bonhomme*.

pupazzo [pu-pàz-zo] *n.m.* poupée (*f.*); (*fig.*) pantin.
● ***pupazzo di neve***, bonhomme de neige.

pupilla [pu-pìl-la] *n.f.* **1** pupille: *mi sei caro come la pupilla dei miei occhi*, (*fig.*) je tiens à toi comme à la prunelle de mes yeux **2** (*letter.*) œil* (*m.*).

pupillo [pu-pìl-lo] *n.m.* [f. *-a*] **1** protégé **2** (*dir.*) pupille.

pupo [pù-po] *n.m.* **1** poupon **2** marionnette (*f.*).

pupù [pu-pù] *n.f.invar.* (*nel linguaggio dei bambini*) caca (*m.*).

pur *cong.* e *avv.* → **pure**.

puramente [pu-ra-mén-te] *avv.* purement.

purché [pur-ché] *cong.* **1** pourvu que; à condition que: *domani usciremo purché non nevichi*, demain nous sortirons pourvu qu'il ne neige pas; *fai come vuoi purché tu ti decida!*, fais comme tu veux mais décide-toi! **2** (*con valore desiderativo*) pourvu que: *purché venga!*, pourvu qu'il vienne!

NOTA Quando ***pourvu que*** o ***à condition que***, traduzioni di ***purché***, reggono due proposizioni, la seconda deve essere introdotta da ***et que*** / ***ou que*** con il verbo al congiuntivo, preferibilmente al tempo presente:

Uscirò volentieri ***purché*** *non piova* ***e*** *non faccia troppo freddo.*
Je sortirai volontiers **pourvu qu'**il ne pleuve pas **et qu'**il ne fasse pas trop froid.

purchessia [pur-ches-sì-a] *agg.indef.* quelconque, n'importe quel*: *un impiego purchessia*, un emploi quelconque (*o* n'importe quel emploi).

pure [pù-re] *cong.* [*con troncamento* pur] **1** (*anche se*) même si; (*sebbene*) quoique, bien que: *pur volendo, non riuscirei a farlo*, même si je voulais, je ne pourrais pas le faire; *pur non avendolo mai visto, lo riconobbe*, bien qu'il (*o* quoiqu'il) ne l'eût jamais vu, il le reconnut; *pur senza stancarmi, ho fatto tutto*, j'ai tout fait sans me fatiguer; *pur con tutta la mia buona volontà*, malgré toute ma bonne volonté; *pur scrivendo, seguiva la musica*, tout en écrivant il suivait la musique **2** (*con valore avversativo*) (*tuttavia*) mais; (*eppure*) (et) pourtant: *è giovane, pure ha molto buon senso*, il est très jeune, mais il est plein de bon sens; *te l'avevo pur detto di fare attenzione!*, je t'avais pourtant dit de faire attention!; *benché sia vecchio, è pur sempre in gamba*, bien qu'il soit âgé, il est toujours alerte ♦ *avv.* **1** (*anche*) aussi (*sempre posposto*); (*in frasi negative*) non plus; (*perfino*) même: *spero che verrete pure voi*, j'espère que vous viendrez vous aussi; *un divano di velluto e due poltrone pure di velluto*, un divan en velours et deux fauteuils en velours eux aussi; *sapevano che era difficile, come pure sapevano che*, ils savaient que c'était difficile comme ils savaient aussi que; *pure mio fratello non fuma*, mon frère non plus ne fume pas; *pure lui non è venuto*, il n'est pas venu lui non plus; *è pure svenuto*, il s'est meme évanoui **2** (*per esprimere concessione o invito*): *entra pure*, tu peux entrer; (*mi*) *dica pure*, je vous écoute; *restate pure seduti*, restez donc assis | *ammesso pure che, ammettiamo pure che*, même en admettant que **3** (*con valore enfatico o intensivo*): *è pur bello godersi le vacanze!*, qu'il est beau d'être en vacances!; *è pur vero*, c'est bien vrai; *doveva pur dirlo*, il a été bien obligé de le dire; *bisognerà pure che tu prenda una decisione*, il faudra quand même que tu prennes une décision; *credi pure che è un mascalzone*, tu peux être sûr que c'est un voyou; *bisogna pur vivere!*, il faut bien vivre!
● ***pur di***, pour: *pur di aiutarti, pur di guarire*, pour t'aider, pour guérir | ***pur(e) se***, ***se pur***, même si: *pur se mi pregasse non lo farei*, même s'il me priait, je ne le ferais pas | ***quando pure***, quand (bien) même: *quando pure me l'avesse detto non ci avrei creduto*, je ne l'aurais pas cru | ***sia pure***, ***fosse pure***, (*per quanto, anche se*) même, quoique: *sia pure a malincuore*, bien qu'à regret; *fosse pure il re in persona*, même si c'était le roi en personne; *sia pure un ladro, è sempre suo padre*, même si c'est un voleur il n'en est pas moins son père; *fosse pure d'oro non lo vorrei*, je n'en voudrais pas; *pure!*, soit!

NOTA ***Pure*** seguito da un gerundio si traduce ***tout en*** con il participio presente quando le due azioni espresse dai verbi della principale e della subordinata sono simultanee:

Va a lavorare ***pur avendo*** *l'influenza.*
Elle va travailler **tout en ayant** la grippe.

Pure se si traduce ***même si*** che regge l'indicativo imperfetto al posto del congiuntivo italiano:

Pur se *avessi tempo, non uscirei stasera.*
Même si j'avais le temps, je ne sortirais pas ce soir.

purè [pu-rè] *n.m.invar.* purée (*f.*).

purezza [pu-réz-za] *n.f.* pureté.

purga [pùr-ga] *n.f.* [pl. *-ghe*] purge (*anche fig.*).

purgante [pur-gàn-te] *agg.* purgatif* ♦ *n.m.* purgatif.
● (*teol.*) ***anima purgante***, âme du purgatoire.

purgare [pur-gà-re] *v.tr.* [coniug. come *legare*] **1** purger* (*anche fig.*): *purgare una colpa*, expier une faute **2** (*uno scritto*) expurger* ♦ **purgarsi** *v.pron.* se purger* (*anche fig.*).

purgativo [pur-ga-tì-vo] *agg.* purgatif*.

purgato [pur-gà-to] *agg.* **1** purgé: *stile purgato*, style pur **2** (*di libro*) expurgé.

purgatorio [pur-ga-tò-rio] *n.m.* [pl. *-ri*] purgatoire (*anche fig.*).

purificare [pu-ri-fi-cà-re] *v.tr.* [coniug. come *mancare*] purifier ♦ **purificarsi** *v.pron.* se purifier; devenir* pur.

purificatore [pu-ri-fi-ca-tó-re] *agg.* e *n.m.* [f. *-trice*] purificateur*.

purificazione [pu-ri-fi-ca-zió-ne] *n.f.* purification.

purismo [pu-rì-ʃmo] *n.m.* purisme.

purista [pu-rì-sta] *n.m.* e *f.* puriste.

purità [pu-ri-tà] *n.f.invar.* (*letter.*) pureté.

puritanesimo [pu-ri-ta-né-ʃi-mo] *n.m.* (*st. relig.*) puritanisme (*anche estens.*).

puritano [pu-ri-tà-no] *agg.* e *n.m.* [f. *-a*] puritain.

puro [pù-ro] *agg.* pur: *un cuore puro*, un cœur pur | *il puro necessario*, le strict nécessaire ♦ *n.m.* [f. *-a*] pur.

purosangue [pu-ro-sàn-gue] *agg.* e *n.m.invar.* pur-sang*.

P

purpureo [pur-pù-re-o] *agg.* (*letter.*) pourpre.
purtroppo [pur-tròp-po] *avv.* malheureusement.
purulento [pu-ru-lèn-to] *agg.* purulent.
pus *n.m.* (*med.*) pus.
pusillanime [pu-ʃil-là-ni-me] *agg.* pusillanime ♦ *n.m.* poltron*.
pusillanimità [pu-ʃil-la-ni-mi-tà] *n.f.invar.* pusillanimité.
pussare [pus-sà-re] *v.tr.* (*fam.*) (*spingere*) pousser | *pussa via!*, file!, ouste!
pustola [pù-sto-la] *n.f.* (*med.*) pustule.
pustoloso [pu-sto-ló-so] *agg.* pustuleux*.
putacaso [pu-ta-cà-ʃo] *avv.* si par hasard.
putativo [pu-ta-ti-vo] *agg.* putatif*.
putiferio [pu-ti-fè-rio] *n.m.* [pl. *-ri*] (*scenata*) scène (*f.*), esclandre; (*baccano*) charivari, vacarme; (*confusione*) tollé: *sollevare un putiferio*, soulever un tollé.
putizza [pu-tiz-za] *n.f.* (*geol.*) exhalaison sulfureuse.
putredine [pu-trè-di-ne] *n.f.* 1 putréfaction; (*cosa putrefatta*) pourriture 2 (*fig.*) pourriture.
putrefare [pu-tre-fà-re] *v.intr.* [coniug. come *fare*; aus. *avere*] pourrir ♦ **putrefarsi** *v.pron.* (se) pourrir.
putrefatto [pu-tre-fàt-to] *agg.* pourri.
putrefazione [pu-tre-fa-zió-ne] *n.f.* putréfaction.
putrella [pu-trèl-la] *n.f.* poutrelle.
putrescente [pu-tre-scèn-te] *agg.* putrescent.
putrido [pù-tri-do] *agg.* 1 putride 2 (*fig.*) corrompu.
putridume [pu-tri-dù-me] *n.m.* pourriture (*f.*) (*anche fig.*).
puttana [put-tà-na] *n.f.* (*volg.*) putain, pute.
● ***andare a puttane***, aller aux putes; (*fig.*) foirer: *va tutto a puttane!*, ça va foirer! | ***figlio di puttana***, fils de pute, salaud.
puttanata [put-ta-nà-ta] *n.f.* (*volg.*) 1 (*stupidaggine*) connerie 2 (*azione scorretta*) saloperie.
puttaniere [put-ta-niè-re] *n.m.* putassier.
putto [pùt-to] *n.m.* putto.
puzza [pùz-za] *n.f.* puanteur; (*cattivo odore*) (mauvaise) odeur: *che puzza di aglio!*, quelle odeur d'ail!; *si sente puzza d'imbroglio*, (*fig.*) on sent la tromperie.
● ***avere la puzza sotto il naso***, être plein de morgue.
puzzare [puz-zà-re] *v.intr.* [aus. *avere*] 1 puer, sentir* (mauvais) (*anche fig.*): *gli puzza il fiato*, il a mauvaise haleine; *puzzava di sudore*, il sentait la sueur; *puzzare di bruciato*, (*anche fig.*) sentir le brûlé; *la faccenda comincia a puzzare*, (*fig.*) l'affaire commence à sentir mauvais 2 (*fig. fam.*) (*dare fastidio*) être dégoûté (**par**): *i soldi gli puzzano*, (*iron.*) il est dégoûté par l'argent.
puzzle [pazl *o* 'putsle] *n.m.invar.* (*gioco*) puzzle (*anche fig.*).
puzzo [pùz-zo] *n.m.* → **puzza**.
puzzola [pùz-zo-la] *n.f.* (*zool.*) putois (*m.*).
puzzolente [puz-zo-lèn-te] *agg.* puant.
pyrex® [pỳ-rex] *n.m.invar.* pyrex®.

P

Qq

q *n.f.* o *m.invar.* q (*m.*).
● (*tel.*) ***q come Quarto***, q comme Quentin.

qua *avv.* **1** là; (*spec. vicino a chi parla*) ici: *qua dentro*, ici à l'intérieur; *qua fuori*, ici dehors; *qua sopra*, ci-dessus (*o* là-dessus); *qua sotto*, ci-dessous (*o* là-dessous); *qua vicino*, près d'ici; *venite qua*, venez ici; *qua non c'è*, il n'est pas là; *"Dove sei?" "Qua, non mi vedi?"*, "Où es-tu?" "Je suis là, tu ne me vois pas?"; *"Dove sei?" "Qua"*, (*rispondendo da un'altra stanza*) "Où es-tu?" "Je suis ici"; *fatti, tirati (più) in qua*, approche-toi; *spostalo più in qua*, approche-le un peu plus | *dammi qua!*, donne (-moi ça!) | *guarda qua che disastro!*, non, mais regarde-moi un peu ce désastre! | *dice sempre mamma qua mamma là*, c'est toujours des maman par-ci, maman par-là **2** (*fig.*) (*in questo punto*) ici; (*a questo punto*) là: *qua il senso non è chiaro*, ici le sens n'est pas clair; *tutto finisce qua*, tout s'arrête là **3** (*rafforzativo di* questo) -ci: *questo posto qua è il migliore*, cette place-ci est la meilleure; *voglio questo qua*, c'est celui-ci que je veux **4** (*rafforzativo di* ecco *espresso o sottinteso*): *eccoti qua*, te voici; *"Dove sono le mie forbici?" "(Eccole) qua"*, "Où sont mes ciseaux?" "Les voici".
● ***qua e là***, ça et là | ***qua intorno***, tout autour; (*nei dintorni*) aux alentours; (*vicino*) tout près | ***qua la mano***, donne-moi la main, (*per stringerla*) serrons-nous la main | ***al di qua***, (***al***) ***di qua da***, en deçà (de): *erano accampati di qua e di là dal fiume*, ils avaient établi leur camp des deux côtés du fleuve | ***da qua a là***, d'ici à là, (*tempo*) d'ici là | ***da quando in qua***, depuis quand | ***da un anno in qua***, depuis un an | ***da un po' di tempo in qua***, depuis quelque temps | ***di qua***, (*stato in luogo e moto a luogo*) ici; (*moto da luogo*) d'ici; (*moto per luogo*) par ici: *restiamo di qua*, restons ici; *vieni di qua un momento*, viens ici une minute; *di qua mettiamo i giocattoli, di là i libri*, ici nous mettons les jouets, là les livres; *fuori, via di qua!*, hors d'ici!; *esci (per) di qua*, sors par ici; *è di qua*, (*di queste parti*) il est d'ici; *di, da qua a domenica*, d'ici à dimanche; *di, da qua in giù, in su*, à partir d'ici; *di, da qua in avanti*, à partir d'ici, (*d'ora in poi*) dorénavant | ***di qua e di là***, de-ci de-là: *ha buttato la sua roba di qua e di là*, elle a jeté ses affaires ça et là, par-ci par-là; *cerca di qua e (cerca) di là*, à force de chercher partout | ***e qua e là***, et patati et patata: *racconta sempre i suoi guai, le sue malattie e qua e là*, il ne fait que parler de ses ennuis, de ses maladies et patati et patata | ***fin qua***, jusqu'ici | ***in qua e in là***, dans toutes les directions | ***uno qua uno là***, l'un ici, l'autre là.

NOTA Da notare che ***qua*** si traduce ***ici*** quando indica il luogo in cui si trova chi parla e ***là*** un luogo diverso; nell'uso corrente tuttavia i due avverbi si confondono:

*Non resterò **qua** ancora per molto.*
Je ne resterai pas **là** ancore longtemps.

quacchero [quàc-che-ro] *n.m.* [f. *-a*] (*relig.*) quaker*.

quaderno [qua-dèr-no] *n.m.* cahier: *quaderno a righe, a quadretti*, cahier rayé, quadrillé.
● ***quaderno ad anelli***, cahier classeur.

quadrangolare [qua-dran-go-là-re] *agg.* quadrangulaire.
● (*sport*) ***incontro quadrangolare***, rencontre à quatre.

quadrangolo [qua-dràn-go-lo] *n.m.* (*mat.*) quadrilatère.

quadrante [qua-dràn-te] *n.m.* **1** (*anche inform.*) cadran: *il quadrante dell'orologio*, le cadran de la montre **2** (*scient.*) quadrant.
● ***quadrante solare***, cadran solaire.

quadrare [qua-drà-re] *v.tr.* **1** (*mat.*) réduire* au carré équivalent; (*mat.*) élever* au carré **2** (*ridurre a forma quadrata*) carrer **3** (*amm.*) apurer, équilibrer ♦ *v.intr.* [aus. *essere* o *avere*] **1** s'accorder, cadrer: *è un ragionamento che non quadra*, (*fam.*) c'est un raisonnement qui ne tient pas debout **2** (*di contro, bilancio ecc.*) être* juste, correspondre* (**à**): *i conti non quadrano*, les comptes ne sont pas justes; *far quadrare il bilancio*, équilibrer son budget **3** (*piacere, garbare*) plaire*: *è un argomento che non mi quadra*, c'est un sujet qui ne me plaît pas.

quadrato[1] [qua-drà-to] *agg.* **1** carré **2** (*fig.*) ferme, solide: *persona quadrata*, personne sérieuse **3** (*mat.*) carré.
● ***avere le spalle quadrate***, être carré d'épaules, (*fig.*) avoir les épaules solides | (*mat.*): ***metro quadrato***, mètre carré; ***radice quadrata***, racine carrée.

quadrato[2] *n.m.* **1** carré **2** (*boxe*) ring.
● (*mar.*) ***quadrato ufficiali***, carré des officiers | (*mat.*) ***al quadrato***, au carré | ***fare quadrato intorno a qlcu***, (*fig.*) faire corps autour de qqn.

quadratura [qua-dra-tù-ra] *n.f.* **1** quadrature | *ha una buona quadratura mentale*, (*fig.*) il a une tête bien organisée **2** (*contabilità*) apurement (*m.*) **3** (*arch., pitt.*) trompe-l'œil* (*m.*).
● (*mat.*) ***la quadratura del cerchio***, (*anche fig.*) la quadrature du cercle.

quadrello [qua-drèl-lo] *n.m.* **1** [pl.m. *quadrelli*] (*mattonella*) carreau* **2** [pl.m. *quadrelli*] (*riga, lima quadrangolare*) carrelet **3** [pl.f. *quadrella*] (*letter.*) (*freccia*) carreau*.

quadrettare [qua-dret-tà-re] *v.tr.* quadriller.

quadrettato [qua-dret-tà-to] *agg.* (*di carta*) quadrillé; (*di tessuti*) à petits carreaux.

quadrettatura [qua-dret-ta-tù-ra] *n.f.* quadrillage (*m.*).

quadretto [qua-drét-to] *n.m.* **1** petit carré: *stoffa a quadretti*, tissu à petits carreaux | *carta a quadretti*, papier quadrillé **2** (*piccolo quadro*) petit tableau* **3** (*fig.*) (*scenetta*) tableau*.

quadr(i)- *pref.* quadr(i)-.

quadricipite [qua-dri-cì-pi-te] ***n.m.*** (*anat.*) quadriceps.

quadricromia [qua-dri-cro-mì-a] ***n.f.*** (*tip.*) quadrichromie.

quadridimensionale [qua-dri-di-men-sio-nà-le] ***agg.*** quadridimensionnel*.

quadriennale [qua-drien-nà-le] ***agg.*** quadriennal* ♦ ***n.f.*** (*arte*) exposition quadriennale.

quadriennio [qua-dri-èn-nio] ***n.m.*** [pl. *-ni*] (période de) quatre ans.

quadrifoglio [qua-dri-fò-glio] ***n.m.*** [pl. *-gli*] trèfle à quatre feuilles | *raccordo (stradale) a quadrifoglio*, croisement en trèfle.

quadrifonia [qua-dri-fo-nì-a] ***n.f.*** quadriphonie.

quadrifora [qua-drì-fo-ra] ***n.f.*** (*arch.*) fenêtre bigéminée.

quadriga [qua-drì-ga] ***n.f.*** [pl. *-ghe*] quadrige (*m.*).

quadrigemino [qua-dri-gè-mi-no] ***agg.*** **1** (*di parto*) quadrigémellaire **2** (*anat.*) quadrijumeau*.

quadriglia [qua-drì-glia] ***n.f.*** quadrille.

quadrilatero [qua-dri-là-te-ro] ***agg.*** e ***n.m.*** quadrilatère.

quadrilobato [qua-dri-lo-bà-to] ***agg.*** (*arch., bot.*) quadrilobé.

quadrimestrale [qua-dri-me-strà-le] ***agg.*** de quatre mois | *pubblicazione quadrimestrale*, publication qui sort tous les quatre mois.

quadrimestre [qua-dri-mè-stre] ***n.m.*** **1** quadrimestre **2** période (*f.*) de quatre mois (suivant la division de l'année scolaire en Italie).

quadrimotore [qua-dri-mo-tó-re] ***agg.*** e ***n.m.*** (*aer.*) quadrimoteur.

quadrinomio [qua-dri-nò-mio] ***n.m.*** [pl. *-mi*] (*mat.*) quadrinôme.

quadripartito [qua-dri-par-tì-to] ***agg.*** quadriparti, quadripartite (*anche pol.*).

quadriportico [qua-dri-pòr-ti-co] ***n.m.*** [pl. *-ci*] (*arch.*) portique à quatre arcades.

quadrireattore [qua-dri-reat-tó-re] ***agg.*** e ***n.m.*** (*aer.*) quadriréacteur.

quadrisillabo [qua-dri-sìl-la-bo] ***agg.*** quadrisyllabique ♦ ***n.m.*** (*parola*) quadrisyllabe; (*verso*) vers quadrisyllabique.

quadrivio [qua-drì-vio] ***n.m.*** [pl. *-vi*] **1** (*di strade*) carrefour **2** (*nella scuola medievale*) quadrivium.

quadro[1] [quà-dro] ***agg.*** carré: *piastrelle quadre*, carreaux.

● ***metro quadro***, mètre carré | ***testa quadra***, (*fig.*) tête carrée.

quadro[2] ***n.m.*** **1** tableau* (*anche fig.*): *nel quadro del programma*, dans le cadre du programme | *mettere in quadro*, encadrer **2** (*teatr.*) tableau* **3** (*oggetto di forma quadrata*) carré: *tessuto a quadri*, tissu à carreaux | *antenna a quadro*, antenne à cadre **4** (*tabella*) tableau* **5** (*tecn.*) tableau*; (*pannello*) panneau*; (*telaio*) cadre **6** (*fot., cine.*) (*inquadratura*) cadrage | *quadro!*, image! **7** (*pl.*) (*amm.*) (*complesso di persone con funzioni di responsabilità*) cadres | *quadri del partito*, dirigeants du parti **8** (*pl.*) (*nelle carte da gioco*) carreau* (*sing.*).

● (*med.*) ***quadro clinico***, tableau clinique | ***quadro di comando***, (*tecn.*) tableau de commande; (*mar., aer.*) tableau de bord; (*inform.*) console | (*amm.*) ***quadro di manovra***, tableau de manœuvre | ***quadro riassuntivo***, sommaire | (*ginnastica*) ***quadro svedese***, cadre | (*amm.*): ***quadri direttivi***, dirigeants; ***quadri intermedi***, cadres moyens; ***quadri superiori***, cadres supérieurs | ***fare il quadro della situazione***, (*fig.*) faire, tracer le tableau de la situation | (*fot., cine.*) ***fuori quadro***, hors cadre | (*dir.*) ***legge quadro***, loi-cadre.

> **FAUX AMI**
> Da non confondere con *cadre*, che significa *cornice*.

quadrumane [qua-drù-ma-ne] ***agg.*** e ***n.m.*** (*zool.*) quadrumane.

quadrupede [qua-drù-pe-de] ***agg.*** e ***n.m.*** (*zool.*) quadrupède.

quadruplicare [qua-dru-pli-cà-re] ***v.tr.*** [coniug. come *mancare*] quadrupler ♦ **quadruplicarsi** ***v.pron.intr.*** quadrupler: *i profitti si sono quadruplicati*, les profits ont quadruplé.

quadruplice [qua-drù-pli-ce] ***agg.*** quadruple: *in quadruplice copia*, en quatre exemplaires.

quadruplo [quà-dru-plo] ***agg.*** e ***n.m.*** quadruple.

quaggiù [quag-giù] ***avv.*** ici: *sono quaggiù in cantina*, je suis ici dans la cave | *le cose di quaggiù*, (*del mondo*) les choses d'ici-bas.

quaglia [quà-glia] ***n.f.*** (*zool.*) caille.

quagliare [qua-glià-re] ***v.intr.*** [aus. *essere*] (*fig.*) aboutir: *l'affare non quaglia*, l'affaire n'a pas abouti.

qualche [quàl-che] ***agg.indef.*** (*solo sing.*) **1** (*alcuni*) quelques (*pl.*): *da qualche anno vive all'estero*, depuis quelques années il vit à l'étranger; *puoi invitare qualche amico*, tu peux inviter quelques amis | *qualche mio, tuo amico è già in vacanza*, quelques-uns de mes, de tes amis sont déjà en vacances **2** (*un certo, uno*) un, quelque: *dopo qualche tempo*, après quelque, un certain temps; *se venisse qualche cliente*, si un, quelque client venait; *dubito che possa ricevere qualche aiuto da parte sua*, je doute qu'il trouve aucune aide auprès de lui; *un'opera di (un) qualche interesse storico*, œuvre d'un certain intérêt historique; *accettò non senza qualche esitazione*, il accepta non sans quelque hésitation | *non puoi affidarlo a qualche persona di tua conoscenza?*, est-ce que tu ne peux pas le confier à quelqu'un que tu connaisses? **3** (*qualsiasi, uno o l'altro*): *venite a trovarci qualche domenica*, venez nous voir un de ces dimanches; *ci deve pur essere qualche rimedio*, il doit bien y avoir un remède.

● ***qualche altro*** → altro | ***qualche cosa*** → qualcosa | ***qualche giorno***, un jour ou l'autre: *qualche giorno si farà male*, un jour ou l'autre il finira par se faire mal | ***qualche volta***, quelquefois, parfois: *l'ho incontrato qualche (rara) volta*, je l'ai rencontré quelques (rares) fois | ***in qualche luogo***, ***da qualche parte***, quelque part | ***in qualche modo***, (*in un modo o nell'altro*) d'une façon ou de l'autre; (*non molto bene*) n'importe comment.

qualcheduno [qual-che-dù-no] ***pron.indef.*** → **qualcuno**.

qualcosa [qual-cò-sa] ***pron.indef.*** (*solo sing.*) **1** quelque chose: *dite qualcosa*, dites quelque chose; *vuoi qualcosa da bere?*, veux-tu quelque chose à boire?; *posso fare qualcosa per voi?*, puis-je (faire) quelque chose pour vous? **2** (*in frasi dubitative o negative*) quelque chose; (*in frasi negative*) rien: *non c'è qualcosa di meno costoso?*, n'y a-t-il rien de moins cher?; (*non*) *avete qualcosa da aggiungere?*, avez-vous quelque chose (*o* n'avez-vous rien) à ajouter?; *vi occorre qualcosa?*, n'avez-vous besoin de rien?, avez-vous besoin de quelque chose? ♦ ***n.m.invar.*** **1** (*cosa vaga, indefinibile*) je ne sais quoi: *gli manca quel qualcosa*, il lui manque un petit je ne sais quoi **2** (*perso-

na di una certa importanza) quelque chose: *si crede qualcosa*, il se croit quelque chose.
● ***qualcosa come***, quelque chose comme: *l'ha pagato qualcosa come trentamila euro*, il l'a payé quelque chose comme trente mille euros | ***qualcosa del genere***, ***di simile***, quelque chose comme ça: *è ingegnere o qualcosa del genere*, il est ingénieur ou quelque chose comme ça | ***qualcosa di***, quelque chose de: *qualcosa di meglio, di peggio*, quelque chose de mieux, de pire | ***qualcosa mi dice che***, quelque chose me dit que | ***qualcosa più***, ***meno*** (***di***), un peu plus, un peu moins (de): *ti costerà qualcosa più, qualcosa meno di cento euro*, cela te coûtera un peu plus, un peu moins de cent euros | ***c'entra per qualcosa***, il y est pour quelque chose | ***è già qualcosa!***, c'est toujours quelque chose! | ***e qualcosa***, et quelques: *c'è un treno alle 4 e qualcosa*, il y a un train à quatre heures et quelques.

qualcuno [qual-cù-no] ***pron.indef.*** (*solo sing.*) **1** quelqu'un*: *qualcuno ti chiama*, quelqu'un t'appelle, te demande; *attenzione, viene qualcuno!*, attention, il y a quelqu'un!; *c'è qualcuno che vorrebbe andarci?*, quelqu'un voudrait-il y aller?; *non riesco a trovare qualcuno che voglia farlo*, je ne réussis pas à trouver quelqu'un (*o* je ne réussis à trouver personne) qui veuille le faire; *c'è qualcuno malato qui?*, y a-t-il quelqu'un de malade ici?; *qualcuna delle infermiere vorrebbe aiutarmi?*, est-ce qu'une des infirmières veut bien m'aider?; *qualcuno di famiglia*, quelqu'un de la famille **2** (*con valore pl. di* alcuni) quelques-uns*: *qualcuno è del nostro parere, altri no*, quelques-uns sont de notre avis, d'autres pas; *qualcuno di noi, di loro riuscirà a partire*, quelques-uns (o certains) d'entre nous, d'entre eux réussiront à partir; *che belle rose, dammene qualcuna!*, quelles belles roses, donne-m'en quelques-unes! ♦ ***n.m.*** e ***f.invar.*** (*persona importante*) quelqu'un: *si crede qualcuno, crede di essere qualcuno*, il, elle se croit quelqu'un.

NOTA Il femminile singolare ***quelqu'une***, che traduce ***qualcuna***, si usa solo se legato a un partitivo:
Qualcuna *di queste fragole è marcita.*
Quelqu'une de ces fraises est pourrie.
C'è ***qualcuna tra i suoi studenti*** *che sappia il tedesco?*
Parmi vos étudiants y a-t-il **quelqu'une** qui sache l'allemand?

quale [quà-le] ***agg.interr.*** [diventa *qual*, senza apostrofo, davanti alle forme del v. *essere* inizianti per *e*, davanti a talune locuzioni e nell'uso letterario] quel*: *quale cravatta metterai?*, quelle cravate mettras-tu?; *chiedigli in quale giorno è nato*, demande-lui quel jour il est né; *non so quale decisione prendere*, je ne sai (pas) quelle décision prendre ♦ ***agg.escl.*** quel*: *quale onore!*, quel honneur!; *quale gioia rivederti!*, quelle joie de te revoir! ♦ ***agg.rel.*** tel* que: *il quadro, quale tu lo vedi, è ancora incompiuto*, le tableau, tel que tu le vois, n'est pas encore fini; *alcune città, quali Venezia e Firenze*, quelques villes, telles que Venise et Florence; *un tempo c'erano artigiani quali ora non ce ne sono più*, autrefois il y avait des artisans comme il n'y en a plus aujourd'hui; *è stato di una villania quale non avrei mai immaginato*, il a été d'une grossièreté que je n'aurais jamais imaginée ♦ ***agg.indef.*** **1** (*qualunque*) quel* que: *quali che siano i suoi difetti, le sue qualità*, quels que soient ses défauts, quelles que soient ses qualités **2** (*pleonastico*) certain: *con un certo qual rimpianto*, avec un certain regret; *sentì* (*un*) *non so quale desiderio di*, il se sentit je ne sais quel désir de ♦ ***pron.interr.*** lequel*: *quale vuoi?*, lequel, laquelle veux-tu?; *quale dei due vorresti?*, lequel des deux voudrais-tu?; *quale preferisci di queste?*, laquelle de celles-ci préfères-tu? ♦ ***pron.indef.*** (*letter.*) (*in correlazione*) | *qual... qual...*, (*chi... chi...*) l'un.... l'autre...; *quali... quali...*, (*alcuni... altri*) les uns... les autres: *fra i testimoni, quali confermarono il suo alibi, quali lo negarono*, parmi les témoins, les uns confirmèrent son alibi, les autres le nièrent ♦ ***pron.rel.*** (*preceduto da art.*) **1** (*sogg.*) qui; (*per evitare ambiguità*) lequel*: *un nostro, un vostro amico, il quale*, un de nos, un de vos amis, qui; *il figlio di una mia amica, il quale partirà a giorni*, le fils d'une de mes amies, lequel partira dans quelques jours **2** (*preceduto da prep.*) lequel*; (*solo riferito a persona*) qui: *gli amici senza i quali non potrei partire*, les amis sans qui je ne pourrais pas partir; *la Ditta per la quale lavori*, la Maison pour laquelle tu travailles; *la città per la quale siamo passati*, la ville par où (o par laquelle) nous sommes passés ♦ ***avv.*** (*in qualità di*) en tant que: *quale rappresentante degli elettori*, en tant que, à titre de représentant des électeurs.
● ***quale... quale...***, (*letter.*) tel... tel autre... | ***qual***(***e***)***... tal***(***e***)***...***, (*letter.*) tel... tel... | ***al quale***, auquel; (*solo riferito a persona*) à qui: *l'avvocato al quale mi sono rivolto*, l'avocat à qui, auquel je me suis adressé | ***dal quale***, dont, duquel, (*luogo*) d'où; (*agente, causa*) par lequel: *la famiglia dalla quale discende*, la famille dont, de laquelle il descend; *la persona dalla quale l'ho saputo*, la personne dont (*o* de qui *o* de laquelle) j'ai appris cela; *il negozio dal quale mi servo abitualmente*, le magasin où je me sers habituellement; *il medico dal quale sono andato*, le médecin chez qui, chez lequel je suis allé; *l'amico dal quale sono stato invitato*, l'ami par qui, par lequel j'ai été invité; *le persone dalle quali è amato*, les personnes dont (*o* de qui *o* desquelles) il est aimé; *la malattia dalla quale è stato colpito*, la maladie dont il a été frappé | ***del quale***, dont, duquel; (*solo riferito a persona*) de qui: *la persona della quale parli*, la personne dont (*o* de qui *o* de laquelle) tu parles; *ho comprato molti libri, tre dei quali rilegati*, j'ai acheté plusieurs livres, dont trois reliés | ***la qual cosa***, (*sogg.*) ce qui; (*ogg.*) ce que: *mi diede lui stesso la notizia, la qual cosa mi fece immensamente piacere*, il m'annonça lui-même la nouvelle, ce qui me fit un plaisir énorme; *sei stato promosso, della qual cosa sono veramente felice*, tu as été reçu, ce dont je suis vraiment heureux; *per la qual cosa*, c'est pourquoi | ***nel qual caso***, dans ce cas-là | ***nel quale***, (*tempo, luogo*) où: *la città nella quale sei nato*, la ville où tu es né; *il secolo nel quale viviamo*, le siècle où nous vivons; *il mondo nel quale viviamo*, le monde dans lequel nous vivons | (***non***) ***tanto per la quale***, (*fam.*) (pas) comme il le faut: *oggi non mi sento tanto per la quale*, aujourd'hui je ne me sens pas dans mon assiette; *mi ha fatto un discorso molto per la quale*, il m'a tenu un discours très bizarre.

qualifica [qua-lì-fi-ca] ***n.f.*** [pl. *-che*] qualification; (*titolo*) titre (*m.*), (*posizione contrattuale*) statut (*m.*): *avere le qualifiche per occupare un posto*, avoir les qualités requises pour occuper un poste; *qualifica di impiegato*, statut d'employé.

qualificabile [qua-li-fi-cà-bi-le] ***agg.*** qualifiable.

qualificante [qua-li-fi-càn-te] ***agg.*** qualifiant, valorisant: *lavoro qualificante*, travail valorisant.

qualificare [qua-li-fi-cà-re] ***v.tr.*** [coniug. come *mancare*] qualifier (**de**); (*definire*) définir: *il professore lo ha qualificato ottimo*, le professeur l'a qualifié d'excellent; *l'aggettivo qualifica il nome*, l'adjectif qualifie le nom ♦ **qualificarsi** ***v.pron.*** **1** (*dire il proprio nome*) se présenter comme; (*attribuirsi un titolo*) se faire* passer pour **2** se qualifier | (*sport*) *qualificarsi per le finali*, arriver en finale.

Q

qualificativo [qua-li-fi-ca-tì-vo] *agg.* qualificatif*.
● ***aggettivo qualificativo***, adjectif qualificatif.

qualificato [qua-li-fi-cà-to] *agg.* qualifié; (*competente*) compétent: *lavoratore, operaio qualificato*, travailleur, ouvrier qualifié.

qualificazione [qua-li-fi-ca-zió-ne] *n.f.* qualification.

qualità [qua-li-tà] *n.f.invar.* **1** qualité: *qualità fisiche, morali*, qualités physiques, morales **2** (*specie*) sorte, espèce: *gente di ogni qualità*, gens de toutes sortes.
● ***qualità della vita***, qualité de la vie | ***controllo di qualità***, contrôle de qualité | ***di prima qualità***, de première qualité | ***in qualità di***, en qualité de.

qualitativamente [qua-li-ta-ti-va-mén-te] *avv.* qualitativement.

qualitativo [qua-li-ta-tì-vo] *agg.* qualitatif*.
● (*chim.*) ***analisi qualitativa***, analyse qualitative.

qualora [qua-ló-ra] *cong.* si; au cas où, dans le cas où: *qualora dovesse piovere, non usciremo*, s'il vient à pleuvoir, nous ne sortirons pas (*o* au cas où *o* dans le cas où il viendrait à pleuvoir, nous ne sortirions pas).

> NOTA ***Qualora*** si traduce ***si*** seguito dall'indicativo presente o imperfetto e ***au cas où, dans le cas où***:
> ***Qualora fossi*** *in ritardo, partite senza di me.*
> Si je **suis** en retard, partez sans moi.
> *Qualora ci* ***fossero*** *degli ingorghi, prenderò il metrò.*
> Au cas où il **y aurait** des embouteillages, je **prendrai** le métro.

qualsiasi [qual-sì-a-si] *agg.indef.* → **qualunque**.

qualsivoglia [qual-si-vò-glia] *agg.indef.* → **qualunque**.

qualunque [qua-lùn-que] *agg.indef.* (*solo sing.*) **1** n'importe quel*: *puoi telefonarmi a qualunque ora*, tu peux me téléphoner à n'importe quelle heure; *venite un giorno qualunque della prossima settimana*, venez n'importe quel jour de la semaine prochaine | *qualunque tuo, suo consiglio*, tout conseil de ta, de sa part **2** (*preceduto dall'art.indet. o partitivo o da un num.*) quelconque, n'importe quel*: *dammi un giornale qualunque*, donne-moi un journal quelconque (*o* n'importe quel journal); *una ragione qualunque*, une raison quelconque (*o* n'importe quelle raison) **3** (*con valore limitativo o spreg.*) quelconque: *è un uomo assolutamente qualunque*, c'est un homme tout à fait quelconque **4** (*seguito da un v. al cong.*) (*sogg.*) quelque... qui; (*ogg.*) quelque... que: *qualunque decisione prenda, sono d'accordo*, quelque décision qu'il prenne, je suis d'accord; *qualunque disgrazia vi capiti*, quelque malheur qui vous arrive; *da qualunque parte si voltasse*, de quelque côté qu'il se tournât **5** (*seguito dal v.* essere *al cong. o dai verbi* potere *e* dovere *seguiti da* essere) quel* que: *qualunque sia, possa essere la sua opinione*, quelle que soit, que puisse être son opinion.
● ***qualunque cosa***, n'importe quoi; (*seguito da v. al cong.*) quoi que: *farei qualunque cosa per aiutarlo*, je ferais n'importe quoi pour l'aider; *per qualunque cosa, chiamami*, pour quoi que ce soit, appelle-moi; *qualunque cosa dica, possa dire*, quoi qu'il dise; *qualunque cosa vogliate fare*, quoi que vous veuilliez faire | ***qualunque persona***, n'importe qui; (*seguito da v. al cong.*) quelle que soit la personne qui: *qualunque persona potrebbe dirtelo*, n'importe qui pourrait te le dire; *qualunque persona telefoni, avvertimi*, quelle que soit la personne qui téléphone, préviens-moi | ***a qualunque costo, prezzo***, à tout prix, à n'importe quel prix, coûte que coûte | ***in qualunque modo***, n'importe comment | ***l'uomo qualunque***, l'homme de la rue | ***uno qualunque***, n'importe qui: *fai attenzione con lui, non è uno qualunque*, fais attention avec lui, ce n'est pas n'importe qui; *uno qualunque di voi, dei vostri amici*, n'importe lequel d'entre vous, de vos amis.

qualunquismo [qua-lun-quì-ʃmo] *n.m.* indifférentisme.

qualunquista [qua-lun-quì-sta] *agg.* e *n.m.* e *f.* (*fam.*) je-m'en-fichiste.

quando [quàn-do] *avv.* **1** (*interr.*) quand: *quando partirai?, quand'è che partirai?*, quand partiras-tu?, quand est-ce que tu partiras?; *quando è accaduto l'incidente?*, quand l'accident est-il arrivé?; *non so quando verrà, quando venga*, je ne sais pas quand il viendra; *quando mai ti deciderai?*, quand te décideras-tu donc? **2** (*correlativo*) tantôt: *quando per un motivo, quando per un altro*, tantôt pour une raison, tantôt pour une autre ♦ *cong.* **1** (*con valore temporale*) quand, lorsque: *quando andavo a scuola*, quand (o lorsque) j'allais à l'école; *tutto era rimasto come quando abitavamo insieme*, tout était resté comme au temps où nous habitions ensemble; *quando piove e nevica*, quand il pleut et qu'il neige | *proprio quando uscivo*, juste au moment où je sortais | *quando si dice aver fortuna!*, ce que c'est que d'avoir de la chance! **2** (*con valore di* mentre) en (*seguito da p.pres.*): *quando mangia ascolta sempre la radio*, il écoute toujours la radio en mangeant **3** (*con valore causale*) (*dato che*) quand; (*poiché*) puisque: *è sciocco insistere, quando si sa di aver torto*, il est bête d'insister, quand on sait qu'on a tort; *quando ti dico che è così*, puisque je te dis que c'est comme ça **4** (*con valore avversativo di* invece) alors que: *non era in collera, quando avrebbe dovuto esserlo*, il n'était pas fâché, alors qu'il aurait dû l'être **5** (*con valore cond.*) si: *quando dovessi vederlo, digli che*, si tu devais le voir, dis-lui que **6** (*con valore di* in cui) où: *quel giorno quando sono venuto da te*, le jour où je suis venu chez toi; *un giorno quando era di sentinella*, un jour qu'il était de faction ♦ *n.m.invar.* *il come e il quando*, le pourquoi et le comment.
● ***quando che sia, quando che fosse***, (*in qualsiasi momento*) à n'importe quel moment | ***quando meno te lo aspetti, ce lo si aspetta***, au moment où l'on s'y attend le moins | ***quand'anche***, quand (bien) même: *quand'anche lo giurasse, non ci crederei*, quand (bien) même il le jurerait, je ne le croirais pas | ***quand'ecco*** (***che***), lorsque: *stavo uscendo quand'ecco (che) squillò il telefono*, je sortais lorsque le téléphone sonna | ***quand'è così***, s'il en est ainsi | ***allor quando***, lorsque | ***a quando***, à quand: *a quando le nozze?*, à quand le mariage?; *il suo pensiero ritornava a quando era bambino*, sa pensée revenait au temps où il était enfant | ***da quando***, depuis quand; (*dacché, dal momento in cui*) depuis que: *da quando non lo vedi?*, depuis quand ne le vois-tu pas?; *da quando è in Italia*, depuis qu'il est en Italie; *fin da quando eravamo all'asilo*, depuis l'école maternelle | ***di quando***, de quand; (*del tempo in cui*) du temps où: *di quando è questo giornale?*, de quand est ce journal?; *sono ricordi di quando eravamo bambini*, ce sont des souvenirs du temps où (*o fam.* de quand) nous étions enfants | ***di quando in quando***, de temps à autre | ***fino a quando***, jusqu'à quand; (*fino al momento in cui*) jusqu'au moment où; (*per tutto il tempo che*) tant que: *fino a quando resterai qui?*, jusqu'à quand resteras-tu ici?; *fino a quando andrà a Parigi rimarrà qui*, jusqu'au moment où il ira à Paris il restera ici; *fino a quando resterà a Milano vivrà da me*, tant qu'il restera à Milan il vivra chez moi; *non mi muoverò di qui fino a quando non avrò ottenuto risposta*, tant que je n'aurai pas obtenu de réponse je ne bougerai pas d'ici; *fino a quando terminerà*

gli studi, jusqu'à la fin de ses études | ***per quando***, (pour) quand: *per quando è la riunione?*, c'est (pour) quand la réunion?; *cerca di aver finito per quando tornerò*, tâche d'avoir fini quand je reviendrai.

> NOTA Nel caso in cui ***quand***, che traduce ***quando***, regga due proposizioni, la seconda deve essere introdotta da ***et que / ou que***:
> ***Quando*** *piove e nevica, preferisco non uscire di casa.*
> **Quand** il pleut **et qu'**il neige, je préfère rester à la maison.

quantificare [quan-ti-fi-cà-re] ***v.tr.*** [coniug. come *mancare*] quantifier.

quantificazione [quan-ti-fi-ca-zió-ne] ***n.f.*** quantification.

quantile [quan-tì-le] ***n.m.*** (*stat.*) quantile.

quantistico [quan-tì-sti-co] ***agg.*** [pl.m. *-ci*, f. *-che*] (*fis.*) quantique.

quantità [quan-ti-tà] ***n.f.invar.*** quantité: *una grande, piccola quantità di*, une grande quantité de (*o* beaucoup de), une petite quantité de (*o* peu de).
● ***in*** (***grande***) ***quantità***, en grande quantité.

quantitativamente [quan-ti-ta-ti-va-mén-te] ***avv.*** quantitativement.

quantitativo [quan-ti-ta-tì-vo] ***agg.*** quantitatif* ♦ ***n.m.*** quantité (*f.*).

quantizzare [quan-tiʒ-ʒà-re] ***v.tr.*** quantifier.

quanto[1] [quàn-to] ***agg.interr.*** combien (**de**): *quanti dischi ha?*, combien de disques a-t-il?; *gli ho chiesto quanti giorni può, possa restare*, je lui ai demandé combien de jours il peut rester; *ogni quanti giorni?*, tous les combien?; *quanti anni hai?*, quel âge as-tu? | *quanti altri?*, combien d'autres? ♦ ***agg.escl.*** que (**de**), combien (**de**): *quanto denaro ha sprecato!*, combien (*o* que) d'argent il a gaspillé!; *quante parole inutili!*, que de mots inutiles!; *quanta gente c'era!*, que de monde il y avait!; *non puoi immaginare quanta pazienza ci voglia, ci vuole*, tu ne peux imaginer la patience qu'il faut; *quanto freddo faceva!*, quel froid il faisait!, qu'il faisait froid! ♦ ***agg.rel.*** **1** tout* le*: *prendi pure quanto denaro ti occorre*, tu peux prendre tout l'argent qu'il te faut; *lo puoi tenere quanto tempo vuoi*, tu peux le garder tout le temps que tu veux **2** (*in proposizioni comparative, in relazione con un n.*) autant (**de**), que (**de**): *c'erano tanti posti quanti* (*gli*) *invitati*, il y avait autant de places que d'invités; *non ha tanta pazienza quanta ne hai tu*, il n'a pas autant de patience que toi; *"Quanti moduli occorrono?" "(Tanti) quanti sono i candidati"*, "Combien d'imprimés faut-il?" "Autant qu'il y a de candidats"; *ha tante conoscenze quante tu non immagini*, tu ne peux même pas imaginer les connaissances qu'il a ♦ ***pron.interr.*** **1** combien: *quanti te ne occorrono?*, combien t'en faut-il?; *quanti di voi, di loro?*, combien d'entre vous, d'entre eux?; *non so quanti abbiano aderito alla proposta*, je ne sais pas combien ont accepté cette proposition; *quanto c'è di vero in ciò che dice?*, qu'y a-t-il de vrai dans ce qu'il dit? **2** (*in espressioni ellittiche, sottintendendo* tempo, denaro *ecc.*) combien (**de**): *quanto rimarrai qui?*, combien de temps resteras-tu ici?; *da quanto, fra quanto*, depuis, dans combien de temps; *quanto c'è, ci corre fra te e lui?*, (*quanti anni*) quelle différence d'âge y a-t-il entre toi et lui?; *ogni quanto passa l'autobus?*, l'autobus passe tous les combien?; *quanto c'è da qui alla stazione?*, il y a combien d'ici à la gare?; *quant'è?*, *quanto costa?*, combien cela coûte-t-il?; *quant'è un dollaro in euro?*, ça fait combien un dollar en euros?; *quant'era* (*di peso*) *il bambino alla nascita?*, combien pesait le bébé à la naissance? | *quanti ne abbiamo oggi?*, le combien sommes-nous aujourd'hui? ♦ ***pron. escl.*** **1** combien: *quanti ne hai!*, combien tu en as!; *quanti ce n'erano!*, (*di persone*) qu'est-ce qu'il y avait comme monde!; *che bei libri e quanti!*, quels beaux livres et combien il y en a! **2** (*in espressioni ellittiche, sottintendendo* tempo, denaro *ecc.*): *quanto ci hai messo!*, tu en as mis du temps!; *quante me ne ha dette!*, (*fam.*) qu'est-ce qu'il ne m'a pas dit!; *quante me ne ha dette sul tuo conto!*, il m'en a dit de belles sur ton compte!; *quante ne ha combinate!*, il en a fait de belles!; *quante ne ha prese!*, (*fam.*) qu'est-ce qu'il a pris! ♦ ***pron.rel.*** **1** (*ciò che*) (*sogg.*) ce qui, (*compl.ogg.*) ce que; (*tutto quello che*) (*sogg.*) tout ce qui, (*compl.ogg.*) tout ce que: *quanto ho è a tua disposizione*, tout ce que je possède est à ta disposition; *è quanto di meglio si possa trovare*, c'est ce qu'on peut trouver de mieux; *in risposta a quanto sopra*, en réponse à ce qui a été dit; *da quanto posso capire*, à (*o* d'après) ce que je peux comprendre | *a quanto dicono, si dice*, d'après, à ce qu'on dit **2** (*pl.*) (*tutti coloro che*) (*sogg.*) tous ceux qui, (*ogg.*) tous ceux que: *ha detto di no a quanti glielo chiedevano*, il a dit non à tous ceux qui le lui demandaient; *quanti desiderassero iscriversi*, ceux qui désireraient s'inscrire ♦ ***avv.*** **1** (*interr.*) combien; (*fino a che punto*) à quel point; (*in quale misura*) dans quelle mesure: *quanto è lungo, largo?*, combien mesure-t-il de long, de large?; *non so quanto sia lontana la stazione*, je ne sais pas combien il y a d'ici jusqu'à la gare; *vorrei sapere quanto potrà resistere*, je voudrais savoir jusqu'à quel point il pourra résister; *non so quanto l'abbia apprezzato*, je ne sais dans quelle mesure il l'a apprécié **2** (*escl.*) que, comme, combien: *quanto è stato lungo il viaggio!*, que le voyage a été long!; *non sai quanto ho lavorato oggi!*, tu ne sais pas combien (*o fam.* comme) j'ai travaillé aujourd'hui !; *chissà quanto gli piacerà!*, ça lui plaira certainement beaucoup!; *quanto ci sarebbe da dire sul suo conto!*, il y en aurait à dire sur son compte! | *hanno riso, e quanto!*, ils ont ri, et combien!, (*fam.*) qu'est-ce qu'ils ont ri! **3** (*rafforzativo di superl. rel.*) le: *quanto più rapidamente* (*possibile*), le plus rapidement possible **4** (*in proposizioni comparative*) (*in relazione con agg., avv. e p.p. con valore di agg.*) aussi... que; autant que...; (*nei complementi di paragone*) comme; (*in relazione con un v.*) autant que: *è studioso quanto intelligente*, il est aussi studieux qu'intelligent (*o* il est studieux autant qu'intelligent); *non è studioso quanto intelligente*, il n'est pas aussi (*o* si) studieux qu'intelligent; *è intelligente quanto te*, il est aussi intelligent que toi; *non è facile quanto tu credi*, ce n'est pas aussi facile que tu (le) crois; *non viaggia tanto spesso quanto sua sorella*, il ne voyage pas aussi (*o* si) souvent que sa sœur; *non lavora quanto voi*, il ne travaille pas autant (*o* tant) que vous.
● ***quanto a***, quant à: (*in*) *quanto a ciò*, quant à cela; *quanto a me, non ho niente da dire*, quant à moi, je n'ai rien à dire | ***quanto basta***, (*nei dosaggi*) en quantité suffisante | ***quanto mai***, on ne peut plus; comme tout: *uno spettacolo quanto mai interessante*, un spectacle on ne peut plus intéressant; *è quanto mai carina*, elle est jolie comme tout; *quanto mai ho parlato!*, mais pourquoi donc j'ai parlé! | ***quanto meno***, (*al minimo, almeno*) au moins | ***quanto più... tanto meno***, ***quanto meno... tanto più***, plus... moins, moins... plus: *quanto più si lavora, tanto meno si ha tempo per altre cose*, plus on travaille, moins on ha de temps pour autre chose | ***quanto prima***, (*il più presto possibile*) le plus tôt possible | ***da quanto***, (*fam.*) (*talmente*) tant, tellement | ***e quant'altro***, et cætera | ***in quanto***, (*poiché*) puisque, car; (*in qualità di*) en tant que: *in quanto minorenne non può votare*, puisqu'il est mineur, il ne peut pas voter; *in quanto medico*, en tant que médecin; *non ti ho*

telefonato, in quanto credevo che tu fossi partito, je ne t'ai pas téléphoné car je croyais que tu étais parti | ***questo è quanto***, (un point et) c'est tout, voilà tout | ***più di quanto***, ***meno di quanto***, plus que, moins que: *abbiamo ottenuto meno di quanto pensassimo*, nous avons obtenu moins que nous ne pensions.

□ **per quanto** *cong.* **1** (*seguito da v.*) (*qualsiasi cosa*) quoi que; (*benché, sebbene*) bien que, quoique: *per quanto faccia, non ci riuscirà*, quoi qu'il fasse, il n'y arrivera pas; *per quanto faccia molti risparmi*, bien qu'il fasse (o quoiqu'il fasse) beaucoup d'économies **2** (*seguito da n.*) (*sogg.*) quelque... qui; (*ogg.*) quelque... que: *per quante disgrazie vi accadano*, quelques malheurs qui vous arrivent; *per quante trasmissioni vediate*, quelques émissions que vous regardiez **3** (*seguito da agg. o avv.*) quelque... que, si... que: *per quanto simpatici siate*, quelque, si sympathiques que vous soyez (*o* tout sympathiques que vous êtes); *per quanto, è pur sempre un affare*, quoi qu'il en soit c'est toujours d'une affaire | *per quanto ne so* (*io*), (*per quanto mi risulta*) pour autant que je sache | *per quanto è possibile*, autant que possible.

quanto[2] *n.m.* **1** (*quantità*) quantité (*f.*); (*prezzo*) prix: *fissare un quanto*, fixer une quantité; *stabilire il quanto*, fixer le prix **2** (*fis.*) quantum*: *quanto d'energia*, quantum d'énergie.

quantomeno [quan-to-mé-no] *avv.* (*come minimo*) au moins; (*per lo meno*) du moins.

quantunque [quan-tùn-que] *cong.* **1** quoique, bien que: *quantunque parlassimo tre lingue, non siamo riusciti a farci capire*, quoique, bien que nous parlions trois langues, nous ne sommes pas arrivés à nous faire comprendre **2** (*con uso ellittico*) quoique: *quantunque sofferente*, quoique souffrant; *quantunque a malincuore*, quoique à contrecœur.

quaranta [qua-ràn-ta] *agg.num.card.* e *n.m.invar.* quarante | *va per i quaranta*, il approche de la quarantaine | *ha passato i quaranta*, il a dépassé la quarantaine.

quarantacinque [qua-ran-ta-cìn-que] *agg.num.card.* e *n.m.invar.* quarante-cinq.

● ***un*** (***disco a***) ***quarantacinque giri***, un quarante-cinq tours.

quarantena [qua-ran-tè-na] *n.f.* quarantaine.

quarantennale [qua-ran-ten-nà-le] *agg.* **1** (*che dura quarant'anni*) de quarante ans **2** (*ricorrente ogni quarant'anni*) qui a lieu tous les quarante ans ♦ *n.m.* quarantième anniversaire.

quarantenne [qua-ran-tèn-ne] *agg.* (âgé) de quarante ans ♦ *n.m.* e *f.* homme (âgé)/femme (âgée) de quarante ans, quadragénaire.

quarantennio [qua-ran-tèn-nio] *n.m.* [pl. *-ni*] période (*f.*), espace de quarante ans.

quarantesimo [qua-ran-tè-ʃi-mo] *agg.num.ord.* e *n.m.* [f. *-a*] quarantième: *capitolo quarantesimo*, chapitre quarante.

quarantina [qua-ran-tì-na] *n.f.* quarantaine | *essere sulla quarantina*, être dans la quarantaine.

quarantotto [qua-ran-tòt-to] *agg.num.card.invar.* quarante-huit ♦ *n.m.invar.* **1** (*numero*) quarante-huit **2** (*fam.*) (*baraonda*) pagaille (*f.*): *che quarantotto!*, quelle pagaille!

● ***fare un quarantotto***, (*fam.*) faire le diable à quatre | ***mandare qlco a carte quarantotto***, (*fam.*) ficher qqch en l'air.

quarantuno [qua-ran-tù-no] *agg.num.card.* e *n.m. invar.* quarante et un.

quaresima [qua-ré-ʃi-ma] *n.f.* (*relig.*) carême (*m.*).

● ***essere lungo come la quaresima***, (*fig.*) être lent comme un escargot.

quaresimale [qua-re-ʃi-mà-le] *agg.* de carême ♦ *n.m.* (*serie di prediche*) carême.

quarta [quàr-ta] *n.f.* **1** (*scuola elementare*) cours moyen première année; (*scuola superiore*) troisième **2** (*aut.*) (*marcia*) quatrième (vitesse): *mettere la quarta*, passer en quatrième **3** (*mus.*) quarte.

● ***quarta di copertina***, (*di libro*) dos de couverture; (*il testo scritto*) quatrième de couverture | ***partire in quarta***, (*fig.*) partir sur les chapeaux de roues.

quartana [quar-tà-na] *n.f.* (*med.*) fièvre quarte.

quartetto [quar-tét-to] *n.m.* (*anche fig.*) (*mus.*) quatuor; (*jazz*) quartette.

● ***quartetto d'archi***, quatuor à cordes.

quartiere [quar-tiè-re] *n.m.* **1** quartier **2** (*mil.*) quartier **3** (*di nave*) phare.

● ***Quartiere latino***, (*a Parigi*) Quartier latin | ***quartiere residenziale***, quartier résidentiel | ***quartier generale***, quartier général | ***di quartiere***, du quartier: *poliziotto di quartiere*, agent de proximité | ***i quartieri alti***, les beaux quartiers | ***lotta senza quartiere***, (*fig.*) lutte sans merci | ***non dare quartiere***, (*fig.*) ne pas donner de répit.

quartina [quar-tì-na] *n.f.* (*di versi*) quatrain (*m.*); (*di note*) quartolet (*m.*).

quartino [quar-tì-no] *n.m.* **1** (*misura*) quart | *bersi un quartino*, boire un verre **2** (*tip.*) encart.

quarto [quàr-to] *agg.num.ord.* quatrième; (*di re, papi, capitoli ecc.*) quatre: *abitano al quarto piano*, ils habitent au quatrième (étage); *atto quarto*, acte quatre | (*mat.*) *elevare un numero alla quarta potenza*, élever un nombre à la puissance quatre ♦ *n.m.* **1** [f. *-a*] (*chi è al quarto posto*) quatrième **2** (*quarta parte*) quart: *pieno per tre quarti*, plein aux trois quarts | *bottiglia da un quarto*, bouteille d'un quart de litre: *andiamo a bere un quarto*, allons boire un verre **3** (*d'ora*) quart: *sono le tre e un quarto*, il est trois heures et (*o* un) quart; *manca un quarto alle tre*, il est trois heures moins le quart; *le due e tre quarti*, deux heures trois quarts; *tre quarti d'ora buoni*, trois bons quarts d'heure | *un quarto d'ora di celebrità*, (*fig.*) une heure de célébrité **4** (*di animale macellato*) quartier **5** (*mus.*) quart **6** (*di ruota del carro*) jante ♦ *avv.* quatrièmement, quarto.

● (*med.*) ***quarta malattia***, quatrième maladie | (*sport*) ***quarti di finale***, quarts de finale | ***il quarto potere***, la presse | ***il quarto Stato***, le prolétariat | (*tip.*) ***in quarto***, in-quarto | (*mus.*) ***quattro quarti***, quatre-quatre | ***quattro quarti di nobiltà***, quatre quartiers de noblesse.

quarzite [quar-zì-te] *n.f.* (*min.*) quartzite (*m.*).

quarzo [quàr-zo] *n.m.* quartz.

quasi [quà-ʃi] *avv.* **1** presque: *sono quasi uguali*, ils sont presque égaux; *c'erano quasi cento persone*, il y avait presque, près de cent personnes; *sono quasi le sette*, il est presque sept heures; *ho quasi finito*, j'ai presque fini **2** (*forse*) peut-être **3** (*in unione a verbo con valore di mancare poco che*): *quasi moriva*, il a failli mourir ♦ *cong.* *quasi* (*che*), comme si: *insisteva, quasi avesse ragione lui*, il insistait, comme si c'était lui qui avait raison.

● ***quasi quasi***, presque: *quasi quasi glielo dico*, j'ai presque envie de le lui dire; *quasi quasi sarebbe meglio*, ce serait presque mieux; *quasi quasi scoppiavo a ridere*, il s'en fallut de peu que je n'éclate de rire.

quassù [quas-sù] *avv.* ici: *quassù al Nord*, ici dans le Nord.

Q

quaterna [qua-tèr-na] *n.f.* quaterne.

quaternario [qua-ter-nà-rio] *n.m.* e *agg.* [pl.m. *-ri*] quaternaire.

quattamente [quat-ta-mén-te] *avv.* en tapinois, en catimini.

quatto [quàt-to] *agg.* 1 accroupi 2 (*silenzioso*) coi*.
● ***quatto quatto***, coi: *svignarsela quatto quatto*, filer en catimini.

quattordicenne [quat-tor-di-cèn-ne] *agg.* (âgé) de quatorze ans ♦ *n.m.* e *f.* garçon (âgé)/jeune fille (âgée) de quatorze ans.

quattordicesima [quat-tor-di-cè-ʃi-ma] *n.f.* (*mensilità*) quatorzième mois (*m.*).

quattordicesimo [quat-tor-di-cè-ʃi-mo] *agg.num.ord.* e *n.m.* [f. *-a*] quatorzième; (*di re, papi, capitoli ecc.*) quatorze.

quattordici [quat-tór-di-ci] *agg.num.card.* e *n.m. invar.* quatorze.

quattrino [quat-trì-no] *n.m.* 1 sou: *non avere un quattrino*, ne pas avoir le sou | *fino all'ultimo quattrino*, jusqu'au dernier centime 2 (*pl.*) (*denaro*) argent (*sing.*): *star bene a quattrini*, avoir de l'argent | *un sacco di quattrini, quattrini a palate*, un argent fou.
● ***in quattrini sonanti***, en espèces sonnantes | ***senza il becco di un quattrino***, sans un sou vaillant.

quattro [quàt-tro] *agg.num.card.* e *n.m.invar.* quatre: *il quattro di gennaio*, le quatre de janvier; *tutti e quattro*, tous les quatre; *erano in quattro*, ils étaient quatre; *sono le quattro*, il est quatre heures.
● (*canottaggio*) ***quattro con***, ***quattro senza***, quatre avec barreur, quatre sans barreur | (*aut.*) ***quattro per quattro*** (***4x4***), quatre-quatre | ***dirne quattro a qlcu***, dire à qqn ses quatre vérités | ***fare quattro chiacchiere***, faire un brin de causette | ***fare quattro passi***, faire deux pas | ***farsi in quattro***, se mettre en quatre | ***in quattro e quattr'otto***, en moins de deux.

quattrocchi [quat-tròc-chi] **quattr'occhi** *n.m. invar.* 1 (*scherz.*) binoclard 2 (*zool.*) garrot à l'œil d'or.
● ***a quattrocchi***, en tête-à-tête; (*fam.*) entre quat'z'yeux.

quattrocentesco [quat-tro-cen-té-sco] *agg.* [pl.m. *-schi*, f. *-sche*] du XVe siècle.

quattrocentista [quat-tro-cen-tì-sta] *n.m.* e *f.* 1 (*scrittore, artista*) écrivain/e, artiste du XVe siècle 2 (*studioso del Quattrocento*) spécialiste du XVe siècle 3 (*sport*) coureur/euse du 400 mètres.

quattrocento [quat-tro-cèn-to] *agg.num.card.* e *n.m. invar.* quatre cents.
● (*st.*) ***il Quattrocento***, le quinzième siècle; (*arte, lett.*) Quattrocento.

quegli [qué-gli] *pron.dimostr.m.sing.* (*letter.*) celui-là; (*antecedente di pron.rel.*) celui; (*egli*) il ♦ *agg.dimostr. m.pl.* → **quello**.

quei *pron.dimostr.m.sing.* (*letter.*) celui-là; (*antecedente di pron.rel.*) celui; (*egli*) il ♦ *agg.dimostr.m.pl.* → **quello**.

quel *agg.dimostr.m.sing.* → **quello**.

quella [quél-la] *agg.* e *pron.dimostr.f.sing.* [pl. *quelle*] → **quello**.

quelli [qué-li] *pron.dimostr.m.pl.* → **quello**.

quello [quél-lo] *agg.dimostr.* [diventa *quell'* davanti a vocale, *quel* (pl. *quei*), senza apostrofo, davanti a consonante diversa da *x, z, gn, ps, s* impura; f. *quella, quell'* davanti a vocale; pl.m. *quegli*, f. *quelle*] 1 (*riferito a persona o cosa lontana nello spazio*) ce*: *quel libro*, ce livre; *quell'eroe*, ce héros; *quell'albero*, cet arbre; *quell'uomo*, cet homme; *quella scuola*, cette école; *quei libri*, ces livres; *quelle signore*, ces dames; *vorrei (proprio) quel libro*, je voudrais ce livre-là; *questo quadro e quella foto*, ce tableau-ci et cette photo-là; *questo e quel dizionario*, ce dictionnaire-ci et celui-là; *preferisco quell'altro libro*, je préfère cet autre livre; *in quel tempo*, en ce temps-là; *in quell'anno*, cette année-là; *quella sua idea*, son idée; *quei miei colleghi*, mes collègues | *quel tal giorno*, ce jour-là | *quella tal persona*, qui vous savez | *quello sciocco di tuo fratello*, ton idiot de frère | *quegli sciocchi!*, ces, les imbéciles! 2 (*con uso enfatico e in espressioni ellittiche*) ce*: *ho preso uno di quegli spaventi!*, j'ai eu une de ces peurs!; *ha detto tante di quelle sciocchezze!*, les bêtises qu'il a pu dire!; *me ne ha raccontate di quelle!*, ce qu'il a pu me raconter!; *ne ho sentite di quelle!*, j'en ai entendu de toutes les couleurs!; *ne ho viste di quelle da far rabbrividire*, j'ai vu des choses à faire frémir 3 (*seguito da prop.rel.*) le*: *quel poco che ho*, le peu que je possède; *non tornò più in quella casa dove aveva trascorso la sua infanzia*, il ne retourna plus dans la maison où il avait passé son infance ♦ *pron.dimostr.* [pl.m. *quelli*, f. *quelle*] 1 (*riferito a persona o cosa lontana nello spazio*) celui*-là: *chi è quello?*, qui est celui-là?; *dammi questa valigia e prendi quella*, donne-moi cette valise(-ci) et prends celle-là; *preferisci questo, quello o quell'altro?*, est-ce que tu préfères celui-ci, celui-là ou bien l'autre? 2 (*seguito da prop.rel. o dalla prep.* di) celui*: *quelli che non ti conoscono*, ceux qui ne te connaissent pas; *prendi quello che vuoi, ma non quello di tuo fratello*, prends celui que tu veux, mais pas celui de ton frère; *quello (che è) davanti a te*, celui qui est devant toi 3 (*seguito da agg. o locuz.agg.*) le*: *ha scelto quello più bello*, il a choisi le plus beau; *preferisco quello nero*, je préfère le noir; *fra gli amici preferite quelli sinceri*, de vos amis préférez ceux qui sont sincères; *"Quale orologio vuoi?" "Quello d'oro"*, "Quelle montre veux-tu?" "Celle qui est en or" (*o* "La montre en or"); *quello con gli occhiali è mio zio*, (*fam.*) celui qui porte des lunettes c'est mon oncle; *quello del gas*, (*fam.*) le type du gaz; *quello del piano di sotto*, (*fam.*) le type du dessous 4 (*seguito da p.p. o p.pres.*) celui*: *unisco alla mia lettera quella inviatami da mia madre*, je joins à ma lettre celle que ma mère m'a envoyée 5 (*accompagnato dal v. essere in costrutti enfatici*): *sono quelle le sue opinioni*, ce sont là ses opinions (*o* voilà ses opinions); *quello non è il libro che cercavo*, ce livre(-là) n'est pas celui que je cherchais; *gran giorno fu quello!*, ce fut là un grand jour! | *quella (sì che) sapeva parlare!*, en voilà une qui savait parler! | *quello (sì che) è vino!*, ça, c'est du vin! | *buono quello!*, (*iron.*) ah, il est bien celui-là! 6 (*con valore di pron.pers.*) il: *io parlavo ma quello non mi ascoltava*, je parlais mais il ne m'écoutait pas; *e quelle risposero*, et elles répondirent 7 (*con valore di* lo stesso) même: *è sempre quello, non è più quello*, c'est toujours le même, ce n'est plus le même 8 (*con valore di* ciò) cela; (*fam.*) ça; (*antecedente di pron. rel.*) ce: *per quello non c'è niente da dire*, quant à ça il n'y a rien à dire; *tutto quello che dice è vero*, tout ce qu'il dit est vrai 9 (*nelle frasi comparative con valore di* quanto) que: *è più tardi di quel che credessi*, il est plus tard que je ne croyais; *è meno intelligente di quel che pensassi*, il est moins intelligent que je ne (le) pensais.
● ***quelli di***, les gens de; (*gli abitanti di*) les habitants de: *quelli di campagna*, les gens de la campagne; *quelli di Torino*, les habitants de Turin | ***in quel di***, (*nel territorio di*) à, en; (*nelle vicinanze di*) près de, aux alentours de: *che novità ci sono in quel di Roma?*, quelles nouvelles à Rome?; *cosa succede in quel di Francia?*, (*iron.*) que se passe-t-il du côté de la France (*o* en France)?; *abita in quel di Pavia*, il habite près de, aux alentours de Pavie

Q

| ***in quella***, (*in quel preciso momento*) à cet instant précis | ***questo..., quello...***, (*correlativo*) l'un... l'autre...

NOTA Quando l'aggettivo dimostrativo ***quello*** è accompagnato da un aggettivo possessivo, in francese si traduce o solo il dimostrativo o solo il possessivo:

Quella sua lettera *diceva che...*
Sa (*o* **cette**) lettre disait que...

Quei miei *vicini di casa lo sapevano già.*
Mes (o **ces**) voisins le savaient déjà.

Nelle frasi comparative con valore di 'quanto', ***quello*** si traduce ***que*** e il verbo è all'indicativo preceduto da ***ne*** espletivo:

È meno severo di ***quel*** *che pensassi.*
Il est moins sévère **que** je **ne** (le) pensais.

quercia [quèr-cia] *n.f.* [pl. *-ce*] (*bot.*) chêne (*m.*).
● ***quercia da sughero***, chêne-liège | ***essere una quercia***, (*fig.*) être solide comme une chêne.

querela [que-rè-la] *n.f.* (*dir.*) plainte: *querela per diffamazione*, plainte en diffamation; *sporgere querela*, porter plainte.

FAUX AMI
Da non confondere con *querelle*, che significa *lite, litigio*.

querelante [que-re-làn-te] *agg.* e *n.m.* e *f.* plaignant/e.

querelare [que-re-là-re] *v.tr.* (*dir.*) porter plainte (**contre**).

querelato [que-re-là-to] *agg.* e *n.m.* [f. *-a*] (*dir.*) accusé.

querulo [què-ru-lo] *agg.* (*letter.*) plaintif*.

quesito [que-ʃì-to] *n.m.* question (*f.*); (*problema*) problème: *porre un quesito*, poser une question.

questi[1] [qué-sti] *agg.dimostr.m.pl.* → **questo**.

questi[2] *pron.dimostr.m.sing.* (*letter.*) celui-ci.

questionare [que-stio-nà-re] *v.intr.* [aus. *avere*] **1** discuter **2** (*litigare*) se disputer.

FAUX AMI
Da non confondere con *questionner*, che significa *interrogare*.

questionario [que-stio-nà-rio] *n.m.* [pl. *-ri*] questionnaire.

Q

questione [que-stió-ne] *n.f.* **1** question; (*problema*) problème (*m.*): *non è solo una questione di tempo*, ce n'est pas seulement une question de temps; *la questione è che*, le problème est que; *sarà questione di giorni*, c'est une question de jours **2** (*discussione*) discussion: *senza fare questioni*, sans discussions | *venire a questione*, se disputer.
● ***questione di principio***, question de principe | ***questione di vita o di morte***, (*anche fig.*) question de vie ou de mort | ***in questione***, en question | ***mettere***, ***porre in questione***, mettre en question.

questo [qué-sto] *agg.dimostr.* **1** (*riferito a persona o cosa vicina nello spazio*) ce*: *questo libro*, ce livre; *questo allievo*, cet élève; *questo eroe*, ce héros; *questa ragazza*, cette fille; *questi quadri*, ces tableaux; *queste signore*, ces dames; *questa rivista è migliore di quella*, cette revue-ci est meilleure que celle-là; *questo quadro e quella foto*, ce tableau-ci et cette photo-là; *questo e quel dizionario*, ce dictionnaire-ci et celui-là; *quest'altro pacco*, cet autre paquet; *questo mio amico*, mon ami; *queste vostre proposte sono inutili*, vos propositions sont inutiles | *useremo questo o quel metodo*, on emploiera telle ou telle méthode **2** (*seguito da una prop.rel.*) le*: *questa moto di cui ti parlo*, la moto dont je te parle **3** (*riferito a tempo*) (*pres.*) ce*; (*pass.*) ce* dernier*; (*fut.*) ce* prochain: *questa mattina, questa sera*, ce matin, ce soir; *questo mese, quest'anno*, ce mois(-ci), cette année(-ci); *ritornerò quest'autunno*, je reviendrai cet automne; *ci siamo incontrati questo settembre*, nous nous sommes rencontrés au mois de septembre (dernier); *quest'altro mese*, le mois prochain; *le vicende di questi* (*ultimi*) *anni, di questi* (*ultimi*) *vent'anni*, les événements de ces, des vingt dernières années | *uno di questi giorni*, un de ces jours ♦ *pron.dimostr.* **1** (*riferito a persona o cosa vicina nello spazio*) celui*-ci: *questa è mia sorella*, celle-ci est ma sœur; *ne vorrei tre di questi*, j'en voudrais trois de ceux-ci | *preferisco quest'altro*, je préfère l'autre, celui-ci **2** (*seguito da prop.rel. o dalla preposizione* di) celui*: *nella tua camera c'è più sole che in questa di tua madre*, dans ta chambre il y a plus de soleil que dans celle de ta mère; *questo che sto leggendo è il suo ultimo romanzo*, c'est son dernier roman que je suis en train de lire; *questo alla mia destra è un avvocato*, mon voisin de droite est un avocat **3** (*seguito da agg. qualificativo o da locuz. agg.*) le*: *dei due abiti questo rosso è il più elegante*, des deux robes la rouge est la plus élégante **4** (*seguito da p.p. o p.pres.*) celui*: *unisco alla mia lettera questa scritta da mio fratello*, je joins à ma lettre celle que mon frère a écrite **5** (*accompagnato dal v.* essere *in costrutti enfatici*): *questa è la mia lettura preferita*, c'est ma lecture préférée; *è questo il mio nuovo assistente*, voici mon nouvel assistant; *questo non è il libro che ho chiesto*, ce n'est pas ce livre-ci que j'ai demandé; *queste sono le sue idee*, voilà ses idées; *questa è grossa!*, ça, c'est un peu fort! (*o* ça, c'est la meilleure!); *questa è nuova!*, voilà qui est nouveau! | *gran giorno è questo!*, c'est un grand jour (que celui-ci)! | *queste* (*sì che*) *sono vacanze!*, ça, ce sont des vacances! | *questa* (*sì che*) *è una buona idea*, en voilà une bonne idée **6** (*con valore di pron.pers.*) il*: *mi sono rivolto ai vigili e questi mi hanno aiutato*, je me suis adressé aux agents et ils m'ont aidé; *chiamò sua figlia, ma questa non venne*, il appela sa fille, mais elle (*o* celle-ci) ne vint pas **7** (*con valore di* ciò) cela, (*fam.*) ça; (*come antecedente di pron.rel.*) ce: *tutto questo è sbagliato*, tout cela est faux; *per questo ho rifiutato*, voilà pourquoi j'ai refusé; *cosa intendi* (*dire*) *con questo?*, qu'est-ce que tu entends par là?; *questo è quanto mi disse*, c'est cela (*o* voilà ce) qu'il a dit; *da questo deriva che*, de là, d'où il s'ensuit que | *sentite questa!*, écoutez(-moi) ça! | *vorrei vedere anche questa!*, il ne manquerait plus que cela!
● ***questo e altro!***, ça et bien d'autres choses (encore)! | ***questo è quanto***, (un point et) c'est tout, voilà tout | ***questo..., quello...***, (*correlativo*) l'un..., l'autre...: *lo va dicendo a questo e a quello*, il le raconte à n'importe qui, à tout le monde; *parla di questo e di quello senza molto riflettere*, il parle de tout et de n'importe quoi sans bien réfléchir | ***questa poi!***, ça alors! | ***questa*** (***sì che***) ***è bella***, ***buona!***, ça, par exemple!, elle est bien bonne celle-là! | ***quest'oggi***, aujourd'hui | ***a parte questo***, à part cela | ***con tutto questo***, malgré (tout) cela | ***e con questo?***, et alors?, et avec ça? | ***e con questo ti saluto***, et sur ce je te salue.

NOTA Quando l'aggettivo dimostrativo ***questo*** è accompagnato da un aggettivo possessivo si traduce o solo il dimostrativo o solo il possessivo:

questo mio *compagno*, **mon** copain.

Queste vostre *lamentele sono fuori luogo.*
Vos plaintes (*o* **ces** plaintes) sont déplacées.

L'ho visto con ***questi*** (***miei***) *occhi.*
Je l'ai vu de **mes** propres yeux.

Con valore di 'ciò', ***questo*** si traduce ***ceci*** riferito a cosa ancora da enunciare, ***cela*** a cosa già enunciata:

Devo dirvi ***questo***...
Je dois vous annoncer **ceci**...

Detto ***questo****, passiamo ad altro.*
Cela dit, passons à autre chose.

questore [que-stó-re] *n.m.* 1 fonctionnaire correspondant au préfet de police de Paris 2 (*in Parlamento*) questeur.

questua [què-stua] *n.f.* quête: *fare la questua*, faire la quête.

questuante [que-stu-àn-te] *agg.* e *n.m.* e *f.* quêteur/ euse.

questuare [que-stu-à-re] *v.intr.* [aus. *avere*] quêter.

questura [que-stù-ra] *n.f.* 1 préfecture de police 2 (*st.*) questure.

questurino [que-stu-rì-no] *n.m.* (*fam.*) flic.

qui *avv.* 1 ici, là: *qui dentro*, là-dedans; *qui fuori*, là -dehors; *qui vicino*, (tout) près d'ici; *qui accanto*, (tout *o* juste) à côté; *qui dietro*, là-derrière; *qui sotto*, ci-dessous (*o* là-dessous); *qui sopra*, ci-dessus (*o* là-dessus o juste au-dessus); *abito qui*, j'habite ici; *vieni qui da me*, viens ici (*o* viens près de moi); *sa che siete qui?*, sait-il que vous êtes là?; *sono qui per aiutarti*, je suis là pour t'aider; *"Dove sei?" "Qui, non mi vedi?"*, "Où es-tu?" "Je suis là, tu ne me vois pas?"; *"Dove sei?" "Qui"*, (*rispondendo da un'altra stanza*) "Où es-tu?" "Je suis ici" | *qui intorno*, tout autour, (*nei dintorni*) aux alentours, (*vicino*) tout près | *guarda qui cos'hai fatto!*, non, mais regarde un peu ce que tu as fait! 2 (*fig.*) (*in questo punto*) ici; (*a questo punto*) là: *qui il senso non è chiaro*, ici le sens n'est pas clair; *tutto finisce qui*, tout s'arrête là 3 (*rafforzativo di* questo) -ci: *prendi questo qui*, prends celui-ci; *questo signore qui*, ce monsieur-là 4 (*rafforzativo di* ecco *espresso o sottinteso*): *eccolo qui*, le voici (*o* le voilà); *"Dov'è il mio cappello?" "(Eccolo) qui"*, "Où est mon chapeau?" "Le voici"; *eccone qui uno nuovo*, en voici (*o* en voilà) un autre.

● ***qui e lì***, ça et là | ***da qui, di qui***, d'ici; (*da ciò*) de là: *da qui a Roma*, d'ici à Rome; *da qui in avanti*, à partir d'ici, (*di tempo*) dorénavant; *per di qui*, par ici; *siete di qui?*, vous êtes d'ici?; *di qui a poco*, sous peu | ***fin qui***, jusqu'ici | ***non ricordarsi da qui a lì***, (*fig.*) avoir la mémoire courte | ***ora qui ora lì***, tantôt ici tantôt là | ***tutto qui?***, c'est tout? | ***uno qui uno lì***, l'un ici l'autre là.

FAUX AMI
Da non confondere con il pronome francese *qui*, che significa *che, il quale* o *chi*.

NOTA L'avverbio ***qui*** si traduce ***ici*** quando indica il luogo in cui si trova chi parla e ***là*** un luogo diverso; nell'uso corrente i due avverbi spesso si confondono:

Il portacenere è ***qui*** *sul tavolo.*
Le cendrier est **ici** sur la table.

Resta ***qui*** *con me.*
Reste **là** avec moi.

quid *n.m.invar.* quelque chose: *un quid*, quelque chose, un je-ne-sais-quoi.

quiescente [quie-scèn-te] *agg.* 1 inactif* 2 (*biol.*) quiescent.

quiescenza [quie-scèn-za] *n.f.* 1 repos (*m.*) | (*geol.*) *vulcano in quiescenza*, volcan inactif 2 (*pensionamento*) retraite 3 (*bot.*) germination retardée 4 (*biol.*) quiescence.

● (*dir.*) ***quiescenza di un diritto***, suspension temporaire d'un droit.

quietamente [quie-ta-mén-te] *avv.* tranquillement; (*con calma*) calmement.

quietanza [quie-tàn-za] *n.f.* quittance, acquit (*m.*) | *bollo per quietanza*, timbre-quittance.

quietanzare [quie-tan-zà-re] *v.tr.* acquitter.

quietare [quie-tà-re] *v.tr.* calmer, apaiser ♦ **quietarsi** *v.pron.intr.* 1 (*di persona*) se calmer 2 (*di fenomeni naturali*) s'apaiser, calmir.

quiete [quiè-te] *n.f.* 1 calme (*m.*); (*pace*) paix: *amare la quiete*, aimer la vie paisible | *non dare quiete*, ne pas laisser un moment de répit 2 (*immobilità*) repos (*m.*).

● ***quiete pubblica***, tranquillité publique.

quietismo [quie-tì-ʃmo] *n.m.* 1 (*relig.*) quiétisme 2 (*fig.*) apathie (*f.*).

quieto [quiè-to] *agg.* calme; tranquille; (*pacifico*) paisible: *sta quieto!*, (reste) tranquille!; *gente quieta*, des gens paisibles.

● ***acqua quieta***, eau dormante | ***il quieto vivere***, la vie paisible.

quinario [qui-nà-rio] *n.m.* e *agg.* [pl.m. *-ri*] (vers) de cinq syllabes.

quinci [quìn-ci] *avv.* (*antiq. letter.*) (*da qui*) d'ici; (*per qui*) par ici | *da quinci innanzi*, dorénavant.

quindi [quìn-di] *cong.* donc, par conséquent ♦ *avv.* (*poi*) puis, ensuite.

quindicennale [quin-di-cen-nà-le] *agg.* 1 (*che dura quindici anni*) qui dure quinze ans 2 (*che ricorre ogni quindici anni*) qui a lieu tous les quinze ans ♦ *n.m.* quinzième anniversaire.

quindicenne [quin-di-cèn-ne] *agg.* (âgé) de quinze ans ♦ *n.m.* e *f.* garçon (âgé)/jeune fille (âgée) de quinze ans.

quindicesimo [quin-di-cè-ʃi-mo] *agg.num.ord.* e *n.m.* [f. *-a*] quinzième; (*di re, papi, capitoli ecc.*) quinze.

quindici [quìn-di-ci] *agg.num.card.* e *n.m.invar.* quinze: *il quindici di ogni mese*, tous les quinze du mois.

quindicina [quin-di-cì-na] *n.f.* 1 quinzaine: *una quindicina di persone*, une quinzaine de personnes; *la prima quindicina di agosto*, la première quinzaine d'août 2 (*paga di quindici giorni*) paie de quinze jours.

quindicinale [quin-di-ci-nà-le] *agg.* 1 (*bimensile*) bimensuel*: *una scadenza quindicinale*, une échéance bimensuelle 2 (*che dura quindici giorni*) qui dure quinze jours ♦ *n.m.* (*rivista quindicinale*) revue (*f.*) bimensuelle.

quinquennale [quin-quen-nà-le] *agg.* quinquennal*.

quinquennio [quin-quèn-nio] *n.m.* [pl. *-ni*] période (*f.*) de cinq ans; (*di un mandato politico ecc.*) quinquennat.

quinta [quìn-ta] *n.f.* 1 (*teatr.*) coulisse 2 (*mus.*) quinte 3 (*a scuola*) cinquième (classe) | *in quinta*, en cinquième année 4 (*aut.*) (*marcia*) cinquième.

● ***dietro le quinte***, (*anche fig.*) dans les coulisses: *agire dietro le quinte*, agir en coulisse.

quintale [quin-tà-le] *n.m.* quintal* | *pesa un quintale*, (*fig. fam.*) cela pèse des tonnes.

quintana [quin-tà-na] *n.f.* (*giostra del Saraceno*) quintaine.

quinterno [quin-tèr-no] *n.m.* paquet de cinq feuilles doubles.

quintessenza [quin-tes-sèn-za] *n.f.* quintessence.

quintetto [quin-tét-to] *n.m.* (*mus., sport*) quintette.

quinto [quìn-to] *agg.num.ord.* e *n.m.* [f. *-a*] cinquième; (*di re, papi, capitoli ecc.*) cinq: *abitano al quinto* (*piano*), ils habitent au cinquième (étage); *atto quinto*, acte cinq.

● ***il quinto potere***, le pouvoir médiatique audio-visuel.

quintuplicare [quin-tu-pli-cà-re] ***v.tr.*** [coniug. come *mancare*] quintupler ♦ **quintuplicarsi** ***v.pron.intr.*** quintupler: *i prezzi si sono quintuplicati*, les prix ont quintuplé.

quintuplice [quin-tù-pli-ce] ***agg.*** quintuple.

quintuplo [quìn-tu-plo] ***agg.*** e ***n.m.*** [f. *-a*] quintuple.

quiproquò [qui-pro-quò] ***n.m.invar.*** quiproquo.

quisquilia [qui-squì-lia] ***n.f.*** bagatelle; (*futilità*) futilité: *si perde in quisquilie*, il se perd en futilités.

quivi [quì-vi] ***avv.*** (*letter.*) là.

quiz ***n.m.invar.*** **1** quiz; jeu* radiophonique; jeu* télévisé **2** (*spec. pl.*) test; (*con scelta fra varie risposte*) questionnaire à choix multiple (QCM), test.

quorum [quò-rum] ***n.m.invar.*** (*dir.*) quorum.

quota [quò-ta] ***n.f.*** **1** quote-part*, (*di partecipazione a un'associazione ecc.*) cotisation: *la quota spettante ai vincitori*, la somme qui ira aux gagnants **2** (*parte*) part **3** (*altitudine*) altitude: *a quota tremila*, à trois mille mètres d'altitude **4** (*contingente*) quota **5** (*nell'ippica*) cote **6** (*cartografia*) cote **7** (*livello*) niveau* (*m.*) | *essere a quota venti*, (*in un punteggio*) avoir vingt points.

● (*econ.*) ***quota d'ammortamento***, amortissement | (*dir.*) ***quota di legittima***, réserve | (*econ.*) ***quota di partecipazione***, (*in una società*) apport | ***quota d'iscrizione***, droits d'inscription: *quota di iscrizione a un corso*, cotisation pour l'inscription à un cours | (*econ.*) ***quota sociale***, part sociale | (*pol.*) ***quote rosa***, quota de femmes | ***ad alta***, ***a bassa quota***, à une altitude très élevée, à basse altitude | ***prendere***, ***perdere quota***, (*anche fig.*) prendre, perdre de l'altitude.

quotare [quo-tà-re] ***v.tr.*** **1** coter (*anche fig.*): *quotare un quadro*, estimer, évaluer un tableau; *è molto quotato dai suoi superiori*, il est très bien coté par ses supérieurs **2** (*una carta topografica ecc.*) coter ♦ **quotarsi** ***v.pron.*** se cotiser: *ciascuno si è quotato per dieci euro*, chacun a versé une cotisation de dix euros.

quotato [quo-tà-to] ***agg.*** coté (*anche fig.*): *titolo quotato in Borsa*, tire coté en Bourse.

quotazione [quo-ta-zió-ne] ***n.f.*** **1** (*Borsa*) (*atto del quotare*) cotation; (*valore quotato*) cote **2** (*di quadro ecc.*) évaluation, estimation; (*di artista ecc.*) cote: *avere una buona quotazione*, être bien coté.

● ***quotazione dei prezzi***, cotation des prix | ***quotazione del giorno***, cours du jour | ***quotazioni di Borsa***, cours de Bourse.

quotidianamente [quo-ti-dia-na-mén-te] ***avv.*** quotidiennement.

quotidianità [quo-ti-dia-ni-tà] ***n.f.invar.*** **1** quotidienneté **2** (*realtà di tutti i giorni*) quotidien (*m.*).

quotidiano [quo-ti-dià-no] ***agg.*** quotidien*: *la vita quotidiana*, la vie quotidienne ♦ ***n.m.*** **1** (*giornale*) quotidien **2** (*realtà di tutti i giorni*) quotidien.

● ***il pane quotidiano***, (*fig.*) notre pain de ce jour.

quoto [quò-to] ***n.m.*** (*mat.*) quotient.

quoziente [quo-zièn-te] ***n.m.*** (*mat.*) quotient.

● (*stat.*) ***quoziente di nascita***, ***di mortalità***, (taux de) natalité, (taux de) mortalité | ***quoziente d'intelligenza*** (*QI*), quotient intellectuel, d'intelligence (QI) | (*sport*) ***quoziente reti***, goal-average.

Q

Rr

r *n.f.* o *m.invar.* r (*m.*).
● (*tel.*) ***r come Roma***, r comme Raoul.

rabarbaro [ra-bàr-ba-ro] *n.m.* (*bot.*) rhubarbe (*f.*).

rabberciare [rab-ber-cià-re] *v.tr.* [coniug. come *cominciare*] **1** rafistoler **2** (*fig.*) raccommoder.

rabberciatura [rab-ber-cia-tù-ra] *n.f.* **1** rafistolage (*m.*) **2** (*fig.*) arrangement (*m.*).

rabbia [ràb-bia] *n.f.* **1** rage; (*collera*) colère: *fuori di sé dalla rabbia*, fou de rage **2** (*fig.*) (*furia*) fureur; (*violenza*) violence: *la rabbia delle onde, dei venti*, la fureur (*o* rage) des flots, des vents.
● ***far rabbia***, faire enrager: *mi fa rabbia vedere questo spreco*, cela me fait mal au cœur de voir ce gaspillage; *il suo modo di fare mi fa rabbia*, sa façon d'agir me tape sur les nerfs; *mi fa una rabbia!*, ça me met hors de moi!, ça m'énerve!

rabbino [rab-bì-no] *n.m.* rabbin.

rabbiosamente [rab-bio-sa-mén-te] *avv.* rageusement.

rabbioso [rab-bió-so] *agg.* **1** rageur*; (*furioso*) furieux*: *un tono rabbioso*, un ton rageur; *fame, sete rabbiosa*, faim, soif dévorante **2** (*malato di rabbia*) enragé.

rabbonire [rab-bo-nì-re] *v.tr.* [coniug. come *finire*] amadouer; (*calmare*) calmer ♦ **rabbonirsi** *v.pron.intr.* se radoucir; (*calmarsi*) se calmer.

rabbrividire [rab-bri-vi-dì-re] *v.intr.* [coniug. come *finire*; aus. *essere*] frissonner: *rabbrividire d'orrore*, frissonner d'horreur; *solo l'idea mi fa rabbrividire*, j'en frémis rien qu'à l'idée; *cose da far rabbrividire*, choses épouvantables.

rabbuffare [rab-buf-fà-re] *v.tr.* **1** (*capelli*) ébouriffer; (*penne, peli*) *hérisser **2** (*rimproverare*) gronder, réprimander ♦ **rabbuffarsi** *v.pron.intr.* (*di tempo*) se gâter; (*di mare*) grossir.

rabbuffato [rab-buf-fà-to] *agg.* (*di capelli*) ébouriffé; (*di penne*) *hérissé; (*disordinato*) en désordre.

rabbuffo [rab-bùf-fo] *n.m.* réprimande (*f.*).

rabbuiarsi [rab-bu-iàr-si] *v.pron.* s'obscurcir, s'assombrir (*anche fig.*): *il cielo si rabbuiò*, le ciel s'obscurcit (*o* s'assombrit).

rabdomante [rab-do-màn-te] *n.m.* e *f.* rhabdomancien/enne; (*scopritore di fonti*) sourcier/ère | *bacchetta da rabdomante*, baguette divinatoire.

rabdomanzia [rab-do-man-zì-a] *n.f.* rhabdomancie.

raccapezzare [rac-ca-pez-zà-re] *v.tr.* **1** (*racimolare*) ramasser: *raccapezzare le idee*, rassembler ses idées **2** (*capire, intendere*) (arriver à) comprendre*: *non ci ha raccapezzato nulla*, il n'y a rien compris ♦ **raccapezzarsi** *v.pron.intr.* s'y retrouver: *non mi ci raccapezzo più*, je ne m'y retrouve plus.

raccapricciante [rac-ca-pric-ciàn-te] *agg.* horrible, affreux*.

raccapricciare [rac-ca-pric-cià-re] *v.intr.* [coniug. come *cominciare*; aus. *essere*] frémir d'horreur.

raccapriccio [rac-ca-prìc-cio] *n.m.* [pl. *-ci*] horreur (*f.*): *destare raccapriccio*, faire horreur.

raccattapalle [rac-cat-ta-pàl-le] *n.m.* e *f.invar.* (*tennis*) ramasseur/euse (de balles).

raccattare [rac-cat-tà-re] *v.tr.* (*da terra*) ramasser; (*estens.*) recueillir*: *raccattare pochi soldi*, recueillir peu d'argent.

racchetta [rac-chét-ta] *n.f.* raquette.
● ***racchetta da neve***, raquette à neige | ***racchetta da sci***, bâton de ski.

racchettare [rac-chet-tà-re] *v.intr.* [aus. *avere*] (*sci*) pousser sur les bâtons.

racchio [ràc-chio] *agg.* (*spreg. fam.*) moche: *è racchia*, c'est une mocheté.

racchiudere [rac-chiù-de-re] *v.tr.* [coniug. come *chiudere*] renfermer (*anche fig.*).

raccogliere [rac-cò-glie-re] *v.tr.* [coniug. come *cogliere*] **1** (*da terra*) ramasser: *raccogliere un pezzo di carta*, ramasser un morceau de papier **2** (*prodotti della terra*) récolter; (*frutti, fiori*) cueillir* | *raccogliere il frutto del proprio lavoro*, (*fig.*) recueillir le fruit de son travail **3** (*fig.*) (*riunire*) réunir; (*radunare*) rassembler, recueillir*: *raccogliere le idee*, rassembler ses idées; *raccogliere voti, fondi, informazioni*, recueillir des voix, des fonds, des informations | *raccogliere, raccogliersi i capelli*, relever ses cheveux | *raccogliere le vesti*, serrer ses jupes **4** (*collezionare*) collectionner **5** (*ricevere, accogliere*) recueillir* (*anche fig.*): *raccogliere l'appello*, répondre à l'appel; *raccogliere molta simpatia*, rencontrer beaucoup de sympathie; *raccogliere un invito*, accepter une invitation; *raccogliere l'allusione*, relever l'allusion ♦ **raccogliersi** *v.pron.intr.* (*riunirsi*) se rassembler ♦ *v.pron.* **1** (*ripiegarsi su se stesso*) se ramasser **2** (*concentrarsi*) se recueillir*: *raccogliersi in meditazione*, s'absorber dans une profonde réflexion.

raccoglimento [rac-co-gli-mén-to] *n.m.* recueillement.

raccogliticcio [rac-co-gli-tìc-cio] *agg.* [pl.m. *-ci*, f. *-ce*] de fortune: *esercito raccogliticcio*, armée de fortune; *cultura raccogliticcia*, culture faite de bric et de broc ♦ *n.m.* (*non com.*) ramassis .

raccoglitore [rac-co-gli-tó-re] *n.m.* **1** [f. *-trice*] ramasseur*; (*di denaro*) collecteur*; (*collezionista*) collectionneur* **2** (*cartella*) classeur.

raccolta [rac-còl-ta] *n.f.* **1** ramassage (*m.*); (*di prodotti della terra*) récolte; (*di frutti, di cotone*) cueillette: *raccolta del fieno*, ramassage du foin; *raccolta del vetro, della carta*, collecte du verre, du papier **2** (*collezione*) collection: *una raccolta di francobolli*, une collection de timbres **3** (*insieme di scritti, di poesie ecc.*) recueil (*m.*) **4** (*adunata*) rassemblement (*m.*): *chiamare a raccolta*, (*anche fig.*) battre le rappel.
● (*inform.*) ***raccolta dati***, collecte de données | ***raccolta differenziata dei rifiuti***, collecte sélective des ordures |

raccolta di fondi, récolte des fonds | (*tecn.*) ***bacino di raccolta***, bassin de réception.

raccolto [rac-còl-to] ***agg.*** **1** ramassé; (*colto*) cueilli **2** (*adunato*) rassemblé; (*tenuto insieme*) attaché | *capelli raccolti*, cheveux serrés **3** (*rannicchiato*) blotti: (*con*) *le gambe raccolte*, (avec) les jambes repliées **4** (*fig.*) (*pensoso*) recueilli; (*contenuto*) contenu; (*intimo*) intime: *raccolto nei suoi pensieri*, plongé dans ses pensées ♦ ***n.m.*** récolte (*f.*); (*di cereali*) moisson (*f.*).

raccomandabile [rac-co-man-dà-bi-le] ***agg.*** recommandable.

raccomandare [rac-co-man-dà-re] ***v.tr.*** **1** (*affidare*) confier: *ti raccomando questo bambino*, je te confie cet enfant | *raccomandare l'anima a Dio*, recommander son âme à Dieu **2** (*esortare*) recommander; (*consigliare*) conseiller: *si raccomanda la prudenza*, la prudence est recommandée; *vi raccomando, tacete*, taisez-vous, je vous en prie **3** (*appoggiare; segnalare*) recommander, pistonner **4** (*lettere ecc.*) recommander ♦ **raccomandarsi** ***v.pron.*** se recommander: *si è raccomandato con me di non dire niente*, il m'a recommandé de ne rien dire; *mi raccomando, fai il bravo*, et surtout sois sage; *"Non fare tardi!" si raccomandò sua madre*, "Ne rentre pas tard!" s'inquiéta sa mère.

raccomandata [rac-co-man-dà-ta] ***n.f.*** (lettre) recommandée: *spedire per raccomandata*, expédier en recommandé.

● ***raccomandata con ricevuta di ritorno***, lettre recommandée avec accusé de réception.

raccomandato [rac-co-man-dà-to] ***agg.*** recommandé (*anche fig.*): *candidato raccomandato*, candidat pistonné ♦ ***n.m.*** [f. *-a*] protégé | *è un raccomandato di ferro*, (*fam.*) il est incroyablement pistonné.

raccomandazione [rac-co-man-da-zió-ne] ***n.f.*** recommandation | *lettera di raccomandazione*, lettre de recommandation.

raccomodare [rac-co-mo-dà-re] ***v.tr.*** **1** (*riparare*) réparer; (*abiti*) raccommoder: *raccomodare i calzini*, repriser les chaussettes **2** (*sistemare*) arranger* (*anche fig.*), ajuster.

raccontabile [rac-con-tà-bi-le] ***agg.*** racontable.

raccontare [rac-con-tà-re] ***v.tr.*** raconter; (*cose inverosimili*) conter: *raccontare una fiaba*, conter (*o* raconter) une histoire; *raccontami di te*, parle-moi de toi | *cosa mi racconti?*, qu'est-ce que tu me racontes là?

● ***raccontarne delle belle***, en conter des belles.

racconto [rac-cón-to] ***n.m.*** **1** récit **2** (*lett.*) conte; (*spec. di argomento realistico*) nouvelle (*f.*) | *racconto poliziesco*, histoire policière.

raccorciare [rac-cor-cià-re] ***v.tr.*** [coniug. come *cominciare*] raccourcir ♦ **raccorciarsi** ***v.pron.intr.*** raccourcir.

raccordare [rac-cor-dà-re] ***v.tr.*** raccorder.

raccordo [rac-còr-do] ***n.m.*** **1** raccordement **2** (*mecc.*) raccord.

● ***raccordo anulare***, voie de raccordement annulaire (*o* boulevard périphérique) | ***raccordo autostradale***, embranchement d'autoroute | ***raccordo ferroviario***, rail de raccordement.

rachide [rà-chi-de] ***n.f.*** (*scient.*) rachis (*m.*).

rachitico [ra-chì-ti-co] ***agg.*** e ***n.m.*** [f. *-a*; pl.m. *-ci*, f. *-che*] rachitique; (*fig.*) rabougri.

rachitismo [ra-chi-tì-ʃmo] ***n.m.*** (*med.*) rachitisme.

racimolare [ra-ci-mo-là-re] ***v.tr.*** grappiller (*anche fig.*); (*fig.*) rassembler: *racimolare notizie*, grappiller des nouvelles.

racket [rà-cket] ***n.m.invar.*** racket.

rada [rà-da] ***n.f.*** rade.

radar [rà-dar] ***agg.*** e ***n.m.invar.*** radar: *stazione radar*, station de radar; *avvistare con il radar*, repérer au radar | *gli uomini radar*, les radaristes.

radarista [ra-da-rì-sta] ***n.m.*** e ***f.*** radariste.

raddensamento [rad-den-sa-mén-to] ***n.m.*** amoncellement.

raddensare [rad-den-sà-re] ***v.tr.*** épaissir ♦ **raddensarsi** ***v.pron.intr.*** s'épaissir, épaissir: *la salsa si sta raddensando*, la sauce épaissit; *le nubi si raddensavano all'orizzonte*, les nuages s'amoncelaient à l'horizon.

raddobbare [rad-dob-bà-re] ***v.tr.*** (*mar.*) radouber.

raddobbo [rad-dòb-bo] ***n.m.*** (*mar.*) radoub.

raddolcire [rad-dol-cì-re] ***v.tr.*** [coniug. come *finire*] radoucir, adoucir (*anche fig.*) ♦ **raddolcirsi** ***v.pron.intr.*** se radoucir, s'adoucir: *l'aria si è raddolcita*, l'air s'est radouci.

raddoppiamento [rad-dop-pia-mén-to] ***n.m.*** **1** doublement **2** (*ling.*) redoublement.

● (*dir.*) ***raddoppiamento della pena***, redoublement de peine.

raddoppiare [rad-dop-pià-re] ***v.tr.*** **1** doubler: *raddoppiare i prezzi*, doubler les prix | *raddoppiare il filo*, (*lavori a maglia*) mettre le fil en double **2** (*intensificare*) redoubler: *raddoppiare il passo*, hâter le pas ♦ ***v.intr.*** [aus. *essere*] **1** doubler: *il suo valore è raddoppiato*, sa valeur a doublé **2** (*aumentare*) redoubler.

raddoppiato [rad-dop-pià-to] ***agg.*** **1** doublé **2** (*intensificato*) redoublé.

raddoppio [rad-dóp-pio] ***n.m.*** [pl. *-pi*] **1** doublement; redoublement: *fare il raddoppio di una linea ferroviaria*, faire double voie; *fare il raddoppio dell'autostrada*, doubler l'autoroute **2** (*calcio*) deuxième but.

raddrizzamento [rad-driz-za-mén-to] ***n.m.*** redressement.

raddrizzare [rad-driz-zà-re] ***v.tr.*** **1** redresser **2** (*correggere*) redresser, corriger* | *ti raddrizzo io!*, je vais te dresser!

raddrizzatore [rad-driz-za-tó-re] ***n.m.*** (*tecn.*) redresseur.

radente [ra-dèn-te] ***agg.*** rasant.

● (*aer.*) ***a volo radente***, en rase-mottes (*o* en vol rasant).

radere [rà-de-re] ***v.tr.*** [coniug. come *invadere*] raser: *radere a zero i capelli*, couper ras les cheveux; *la città fu rasa al suolo*, la ville fut rasée ♦ **radersi** ***v.pron.*** se raser.

radiale [ra-dià-le] ***agg.*** radial* ♦ ***n.f.*** **1** (*linea radiale*) radiale **2** (*linea tranviaria*) ligne de banlieue.

radiante[1] [ra-diàn-te] ***agg.*** (*tecn.*) radiant.

● (*med.*) ***terapia radiante***, radiothérapie.

radiante[2] ***n.m.*** (*mat.*) radian; (*astr.*) radiant.

radiare [ra-dià-re] ***v.tr.*** radier, rayer*: *radiare qlcu da una lista*, radier qqn d'une liste.

radiatore [ra-dia-tó-re] ***n.m.*** (*tecn.*) radiateur.

radiazione[1] [ra-dia-zió-ne] ***n.f.*** (*fis.*) radiation.

● ***radiazione cosmica***, rayonnement cosmique.

radiazione[2] ***n.f.*** (*cancellazione*) radiation.

radica [rà-di-ca] ***n.f.*** [pl. *-che*] racine de bois.

● ***radica*** (***di noce***), (*legno*) loupe | ***radica per pipe***, racine de bruyère.

R

radical-chic [ra-di-cal-chìc] *agg.* e *n.m.* e *f.invar.* gauche caviar.

radicale [ra-di-cà-le] *agg.* radical*: *una differenza radicale*, une différence radicale ♦ *n.m.* e *f.* (*pol.*) radical*/e ♦ *n.m.* **1** (*mat., chim.*) radical* | (*biol.*) *radicale libero*, radical libre **2** (*ling.*) radical*.

radicalismo [ra-di-ca-lì-ʃmo] *n.m.* (*pol.*) radicalisme.

radicalizzare [ra-di-ca-liʒ-ʒà-re] *v.tr.* (*pol.*) radicaliser ♦ **radicalizzarsi** *v.pron.intr.* se radicaliser.

radicalizzazione [ra-di-ca-liʒ-ʒa-zió-ne] *n.f.* radicalisation.

radicalmente [ra-di-cal-mén-te] *avv.* radicalement.

radicando [ra-di-càn-do] *n.m.* (*mat.*) expression (*f.*) sous radical.

radicare [ra-di-cà-re] *v.intr.* [coniug. come *mancare*; aus. *essere*] prendre* racine; s'enraciner (*anche fig.*) ♦ **radicarsi** *v.pron.intr.* s'enraciner (*anche fig.*): *pregiudizi che si radicano*, des préjugés qui s'enracinent.

radicato [ra-di-cà-to] *agg.* enraciné (*anche fig.*).

radicchio [ra-dìc-chio] *n.m.* [pl. *-chi*] (*bot.*) chicorée (*f.*).
● ***radicchio trevigiano***, rouge de Trévise.

radice [ra-dì-ce] *n.f.* **1** racine: *la radice di una pianta*, la racine d'une plante **2** (*anat.*) racine: *la radice dei capelli*, la racine des cheveux **3** (*fig.*) (*causa*) racine: *trovare la radice del male*, trouver la racine du mal **4** (*mat.*) racine | *radice quadrata, cubica*, racine carrée, cubique | *simbolo di radice*, symbole radical **5** (*ling.*) racine.
● ***alla radice delle cose***, (*fig.*) au fond des choses | ***mettere radici***, prendre (racine); (*fig.*) (*insediarsi*) prendre racine; (*di vizio, idee ecc.*) s'enraciner | ***strappare dalle radici***, (*fig.*) extirper.

FAUX AMI
Da non confondere con *radis*, che significa *rapanello*.

radichetta [ra-di-chét-ta] *n.f.* (*bot.*) radicule.

radicolare [ra-di-co-là-re] *agg.* (*med., anat.*) radiculaire | *sindrome radicolare*, syndrome radiculaire.

radicolite [ra-di-co-lì-te] *n.f.* (*med.*) radiculite.

radio[1] [rà-dio] *n.f.invar.* radio; (*apparecchio*) radio; poste (*m.*) (de radio): *radio portatile*, radio portative; *stazione radio*, station de radio; *accendere, spegnere la radio*, allumer, éteindre la radio ♦ *agg.invar.* radio: *giornale radio*, journal parlé.

radio[2] *n.m.* [pl. *-di*] (*chim.*) radium.

radio[3] *n.m.invar.* (*anat.*) radius.

radio- *pref.* radio-.

radioabbonato [ra-dio-ab-bo-nà-to] *n.m.* [f. *-a*] abonné à la radio.

radioamatore [ra-dio-a-ma-tó-re] *n.m.* [f. *-trice*] radioamateur*; cibiste.

radioascoltatore [ra-dio-a-scol-ta-tó-re] *n.m.* [f. *-trice*] auditeur* (de la radio).

radioattività [ra-dio-at-ti-vi-tà] *n.f.invar.* (*fis.*) radioactivité.

radioattivo [ra-dio-at-tì-vo] *agg.* (*fis.*) radioactif* | *elemento radioattivo*, radioélément.

radioaudizione [ra-dio-au-di-zió-ne] *n.f.* audition (à la radio).

radiobussola [ra-dio-bùs-so-la] *n.f.* (*aer., mar.*) radiocompas (*m.*).

radiocomandare [ra-dio-co-man-dà-re] *v.tr.* radioguider.

radiocomandato [ra-dio-co-man-dà-to] *agg.* radioguidé.

radiocomando [ra-dio-co-màn-do] *n.m.* radioguidage.

radiocomunicazione [ra-dio-co-mu-ni-ca-zió-ne] *n.f.* radiocommunication.

radiocronaca [ra-dio-crò-na-ca] *n.f.* [pl. *-che*] radioreportage (*m.*).

radiocronista [ra-dio-cro-nì-sta] *n.m.* e *f.* radioreporter.

radiodiffusione [ra-dio-dif-fu-sió-ne] *n.f.* radiodiffusion.

radiodramma [ra-dio-dràm-ma] *n.m.* pièce (*f.*) radiophonique.

radioestesia [ra-dio-e-ste-ʃì-a] *n.f.* radiesthésie.

radiofaro [ra-dio-fà-ro] *n.m.* radiophare.

radiofonia [ra-dio-fo-nì-a] *n.f.* radiophonie.

radiofonico [ra-dio-fò-ni-co] *agg.* [pl.m. *-ci*, f. *-che*] radiophonique.

radiogoniometro [ra-dio-go-niò-me-tro] *n.m.* radiogoniomètre, radiocompas.

radiografare [ra-dio-gra-fà-re] *v.tr.* radiographier.

radiografia [ra-dio-gra-fì-a] *n.f.* radiographie, (*fam.*) radio.

radiografico [ra-dio-grà-fi-co] *agg.* [pl.m. *-ci*, f. *-che*] radiographique.

radiogramma [ra-dio-gràm-ma] *n.m.* radiogramme.

radiogrammofono [ra-dio-gram-mò-fo-no] *n.m.* combiné (radio et tourne-disques).

radioguidare [ra-dio-gui-dà-re] *v.tr.* radioguider.

radioisotopo [ra-dio-i-ʃò-to-po] *n.m.* (*chim., fis.*) radioisotope.

radiologia [ra-dio-lo-gì-a] *n.f.* radiologie.

radiologico [ra-dio-lò-gi-co] *agg.* [pl.m. *-ci*, f. *-che*] radiologique.

radiologo [ra-diò-lo-go] *n.m.* [f. *-a*; pl.m. *-gi*, f. *-ghe*] radiologue.

radiomessaggio [ra-dio-mes-sàg-gio] *n.m.* [pl. *-gi*] message radio.

radiomobile [ra-dio-mò-bi-le] *n.f.* radiorécepteur (*m.*) mobile.

radioonda [ra-dio-ón-da] *n.f.* onde radioélectrique.

radioopaco [ra-dio-o-pà-co] **radiopaco** *agg.* [pl. *-chi*] radioopaque.

radiopilota [ra-dio-pi-lò-ta] *n.m.* pilotage automatique.

radioregistratore [ra-dio-re-gi-stra-tó-re] *n.m.* radiocassette (*f.*).

radioricevente [ra-dio-ri-ce-vèn-te] *agg.* e *n.f.* radiorécepteur (*m.*).

radioricevitore [ra-dio-ri-ce-vi-tó-re] *n.m.* poste récepteur.

radioricezione [ra-dio-ri-ce-zió-ne] *n.f.* réception radio.

radioscopia [ra-dio-sco-pì-a] *n.f.* (*med.*) radioscopie.

radioscopico [ra-dio-scò-pi-co] *agg.* [pl.m. *-ci*, f. *-che*] (*med.*) radioscopique.

radiosità [ra-dio-si-tà] *n.f.invar.* luminosité; (*fig.*) éclat (*m.*).

radioso [ra-dió-so] *agg.* radieux* (*anche fig.*): *sorriso radioso*, sourire radieux.

R

radiosonda [ra-dio-són-da] *n.f.* radiosonde.
radiospia [ra-dio-spì-a] *n.f.* micro (*m.*) clandestin.
radiosveglia [ra-dio-své-glia] *n.f.* radioréveil (*m.*).
radiotaxi [ra-dio-tà-xi] *n.m.invar.* radiotaxi.
radiotecnica [ra-dio-tèc-ni-ca] *n.f.* [pl. *-che*] radiotechnique.
radiotecnico [ra-dio-tèc-ni-co] *agg.* [pl.m. *-ci*, f. *-che*] radiotechnique ♦ *n.m.* [f. *-a*] radiotechnicien.
radiotelefono [ra-dio-te-lè-fo-no] *n.m.* radiotéléphone.
radiotelegrafia [ra-dio-te-le-gra-fì-a] *n.f.* radiotélégraphie.
radiotelegrafista [ra-dio-te-le-gra-fi-sta] *n.m.* e *f.* radiotélégraphiste.
radiotelegramma [ra-dio-te-le-gràm-ma] *n.m.* radiotélégramme.
radiotelescopio [ra-dio-te-le-scò-pio] *n.m.* [pl. *-pi*] (*astr.*) radiotélescope.
radiotelevisione [ra-dio-te-le-vi-ʃió-ne] *n.f.* radiotélévision.
radiotelevisivo [ra-dio-te-le-vi-ʃì-vo] *agg.* **1** (*trasmesso per radio e per televisione*) radiotélévisé **2** (*di enti*) (de) radiodiffusion-télévision.
radioterapia [ra-dio-te-ra-pì-a] *n.f.* (*med.*) radiothérapie.
radioterapico [ra-dio-te-rà-pi-co] *agg.* [pl.m. *-ci*, f. *-che*] (*med.*) radiothérapique.
radiotrasmettere [ra-dio-tra-ʃmét-te-re] *v.tr.* [coniug. come *mettere*] radiodiffuser.
radiotrasmettitore [ra-dio-tra-ʃmet-ti-tó-re] *n.m.* (poste) émetteur.
radiotrasmissione [ra-dio-tra-ʃmis-sió-ne] *n.f.* radiodiffusion; (*programma radiofonico*) émission (radiophonique).
radiotrasmittente [ra-dio-tra-ʃmit-tèn-te] *agg.* émetteur*: *apparecchio radiotrasmittente*, poste émetteur; *stazione radiotrasmittente*, station d'émission ♦ *n.f.* (*di apparecchio*) émetteur (*m.*); (*di stazione*) station émettrice.
radioutente [ra-dio-u-tèn-te] *n.m.* e *f.* utilisateur/trice de la radio.
R **radium** [rà-dium] *n.m.invar.* (*chim.*) radium.
rado [rà-do] *agg.* **1** (*non fitto*) rare, clairsemé; (*tessuto*) lâche, clair: *capelli radi*, cheveux rares (*o* clairsemés) **2** (*non frequente*) rare.
● ***di rado***, rarement | ***non di rado***, assez fréquemment.

FAUX AMI
Da non confondere con il sostantivo *rade*, che significa *rada*.

radunare [ra-du-nà-re] *v.tr.* **1** rassembler; (*riunire*) réunir; (*reclutare*) recruter **2** (*raccogliere; racimolare*) ramasser ♦ **radunarsi** *v.pron.intr.* se rassembler; (*riunirsi*) se réunir.
radunata [ra-du-nà-ta] *n.f.* rassemblement (*m.*); (*riunione*) réunion.
● (*dir.*) ***radunata sediziosa***, attroupement séditieux.
raduno [ra-dù-no] *n.m.* **1** rassemblement, réunion (*f.*) **2** (*pol., sport*) meeting.
radura [ra-dù-ra] *n.f.* clairière.
rafano [rà-fa-no] *n.m.* (*bot.*) raifort.
raffazzonare [raf-faz-zo-nà-re] *v.tr.* **1** (*aggiustare, abbellire alla meglio*) retaper (*anche fig.*), rafistoler **2** (*mettere insieme in fretta*) improviser.
raffazzonatura [raf-faz-zo-na-tù-ra] *n.f.* retapage (*m.*); rafistolage (*m.*).
raffermare [raf-fer-mà-re] *v.tr.* **1** (*riconfermare*) confirmer **2** (*mil.*) rengager* ♦ **raffermarsi** *v.pron.* (*mil.*) se rengager*.

FAUX AMI
Da non confondere con *raffermir*, che significa *rassodare, rinforzare.*

raffermo [raf-fér-mo] *agg.* (*di pane*) rassis.
raffica [ràf-fi-ca] *n.f.* [pl. *-che*] rafale: *raffica di vento*, rafale de vent; *una raffica di domande*, (*fig.*) une rafale de questions.
● ***a raffiche***, par rafales.
raffigurabile [raf-fi-gu-rà-bi-le] *agg.* représentable.
raffigurare [raf-fi-gu-rà-re] *v.tr.* **1** (*rappresentare*) représenter: *il quadro lo raffigura all'età di diciott'anni*, le tableau le représente à l'âge de dix-huit ans **2** (*riconoscere*) reconnaître* **3** (*immaginare*) imaginer **4** (*simboleggiare*) symboliser, représenter.
raffinamento [raf-fi-na-mén-to] *n.m.* **1** (*ind.*) raffinage **2** (*fig.*) raffinement.
raffinare [raf-fi-nà-re] *v.tr.* **1** (*ind.*) raffiner **2** (*fig.*) raffiner, affiner ♦ **raffinarsi** *v.pron.intr.* se raffiner, s'affiner: *si è molto raffinato nel parlare*, il a raffiné sa façon de parler.
raffinatamente [raf-fi-na-ta-mén-te] *avv.* avec raffinement.
raffinatezza [raf-fi-na-téz-za] *n.f.* raffinement (*m.*): *la raffinatezza dei modi*, le raffinement des manières; *raffinatezze gastronomiche*, raffinements gastronomiques.
raffinato [raf-fi-nà-to] *agg.* e *n.m.* [f. *-a*] raffiné.
● (*chim.*) ***prodotto raffinato***, raffinat.
raffinazione [raf-fi-na-zió-ne] *n.f.* raffinage (*m.*).
raffineria [raf-fi-ne-rì-a] *n.f.* raffinerie.
rafforzamento [raf-for-za-mén-to] *n.m.* renforcement (*anche fig.*).
rafforzare [raf-for-zà-re] *v.tr.* renforcer* (*anche fig.*); (*dare più forza*) fortifier (*anche fig.*): *rafforzare un muro*, renforcer un mur; *l'esercizio rafforza i muscoli*, l'exercice fortifie les muscles; *ciò mi rafforza nelle mio opinioni*, cela me fortifie dans mes opinions ♦ **rafforzarsi** *v.pron.intr.* se renforcer*, se fortifier.
rafforzativo [raf-for-za-ti-vo] *agg.* qui renforce (*anche gramm.*).
rafforzato [raf-for-zà-to] *agg.* renforcé.
● (*ling.*) ***consonante rafforzata***, consonne redoublée.
raffreddamento [raf-fred-da-mén-to] *n.m.* refroidissement (*anche fig.*).
● (*mecc.*) ***raffreddamento ad acqua***, ***ad aria***, refroidissement par eau, par air.
raffreddare [raf-fred-dà-re] *v.tr.* refroidir (*anche fig.*) ♦ **raffreddarsi** *v.pron.intr.* **1** se refroidir (*anche fig.*): *questa stanza si raffredda subito*, cette chambre se refroidit tout de suite **2** (*prendere il raffreddore*) s'enrhumer, attraper un rhume.
raffreddato [raf-fred-dà-to] *agg.* enrhumé.
raffreddore [raf-fred-dó-re] *n.m.* rhume: *raffreddore di testa*, rhume de cerveau.
raffrenare [raf-fre-nà-re] *v.tr.* (*tenere a freno*) refréner*; (*un cavallo*) tenir* en bride ♦ **raffrenarsi** *v.pron.* se maîtriser.
raffrontare [raf-fron-tà-re] *v.tr.* confronter, comparer; (*testi*) collationner.

raffronto [raf-frón-to] *n.m.* comparaison (*f.*); confrontation (*f.*); (*di testi*) collation (*f.*).

rafia [rà-fia] *n.f.* (*bot.*) raphia (*m.*).

rafting ['raftiŋ] *n.m.invar.* (*sport*) rafting.

ragade [rà-ga-de] *n.f.* (*med.*) crevasse.

raganella [ra-ga-nèl-la] *n.f.* 1 (*zool.*) rainette 2 (*mus.*) crécelle.

ragazza [ra-gàz-za] *n.f.* 1 (jeune) fille: *ragazza da marito*, fille à marier | *una ragazza di vita*, une fille de joie 2 (*fam.*) (*innamorata*) petite amie, copine 3 (*figlia*) fille.
● ***ragazza madre***, mère célibataire | ***cognome da ragazza***, nom de jeune fille.

ragazzata [ra-gaz-zà-ta] *n.f.* gaminerie, enfantillage (*m.*).

ragazzina [ra-gaz-zì-na] *n.f.* fillette.

ragazzino [ra-gaz-zì-no] *n.m.* jeune garçon, petit garçon: *non sono più dei ragazzini!*, ce ne sont plus des gamins!

ragazzo [ra-gàz-zo] *n.m.* 1 garçon; (*giovanotto*) jeune homme: *è un bravo ragazzo*, c'est un gentil (*o* brave) garçon; *da ragazzo*, quand j'étais jeune | *ragazzo mio!*, mon vieux! | *forza, ragazzi!*, allez-y, les enfants! | *sei proprio un ragazzo!*, tu es vraiment un gamin! 2 (*fam.*) (*innamorato*) petit ami, copain 3 (*figlio*) fils; (*pl.*) (*figli maschi e femmine*) enfants 4 (*garzone*) garçon.

ragazzone [ra-gaz-zó-ne] *n.m.* 1 garçon grand et fort, grand gaillard 2 (*fig.*) grand enfant.

raggelare [rag-ge-là-re] *v.intr.* [aus. *essere*] 1 (*gelare*) geler*; (*fig.*) glacer*; (*del sangue*) se figer* 2 (*gelare di nuovo*) regeler* ♦ **raggelarsi** *v.pron.* (*gelare*) geler*; (*fig.*) glacer*; (*del sangue*) se figer*.

raggiante [rag-giàn-te] *agg.* 1 rayonnant, radieux* 2 (*fis.*) rayonnant | *calore raggiante*, chaleur rayonnante.

raggiato [rag-già-to] *agg.* rayonné.

raggiera [rag-gié-ra] *n.f.* 1 *halo (*m.*), auréole 2 (*eccl.*) (*dell'ostensorio*) soleil (*m.*).
● ***a raggiera***, en éventail.

raggio [ràg-gio] *n.m.* [pl. *-gi*] 1 rayon (*anche fig.*): *un raggio di sole*, un rayon de soleil 2 (*distanza, portata*) rayon: *nel raggio di dieci km*, dans un rayon de dix kilomètres 3 (*geom.*) rayon 4 (*di prigione*) quartier.
● ***raggio d'azione***, rayon d'action | (*fis.*): ***raggi ultravioletti, infrarossi***, rayons ultraviolets, infrarouges; ***raggi X***, rayons X.

FAUX AMI
Da non confondere con *rage*, che significa *rabbia*.

raggirare [rag-gi-rà-re] *v.tr.* embobiner.

raggiro [rag-gì-ro] *n.m.* manigance (*f.*); (*macchinazione*) machination (*f.*).

raggiungere [rag-giùn-ge-re] *v.tr.* [coniug. come *giungere*] 1 rattraper; (*fig.*) égaler; atteindre* (*anche fig.*): *raggiungere i fuggiaschi*, rattraper les fuyards 2 (*riunirsi a qlcu*) rejoindre*: *vai avanti, ti raggiungo subito*, pars le premier, je te rejoins tout de suite 3 (*arrivare a*) arriver (**à**), parvenir* (**à**); (*una meta*) atteindre* (**à**) (*anche fig.*): *raggiungere un accordo*, parvenir à un accord; *raggiungere lo scopo*, arriver à ses fins; *raggiungere la perfezione*, atteindre à la perfection; *raggiungere una buona posizione*, parvenir à une bonne situation 4 (*arrivare fino a*) gagner: *raggiungere la riva a nuoto*, gagner le rivage à la nage 5 (*colpire*) atteindre*: *una pallottola lo raggiunse*, une balle l'atteignit.

raggiungibile [rag-giun-gì-bi-le] *agg.* 1 qu'on peut atteindre, qui peut être atteint 2 (*che si può contattare*) joignable.

raggiungimento [rag-giun-gi-mén-to] *n.m.* obtention (*f.*); (*fig.*) réalisation (*f.*).

raggomitolare [rag-go-mi-to-là-re] *v.tr.* mettre* en pelote ♦ **raggomitolarsi** *v.pron.* se pelotonner.

raggranellare [rag-gra-nel-là-re] *v.tr.* ramasser (par -ci par-là); récolter.

raggrinzire [rag-grin-zì-re] *v.tr.* [coniug. come *finire*] (*le foglie*) flétrir; (*la pelle*) rider; (*un abito*) froisser; chiffonner; (*la fronte*) plisser ♦ **raggrinzirsi** *v.pron.intr.* (*di foglie*) se flétrir; (*di pelle*) se rider; (*di abito*) se froisser, se chiffonner.

raggrumare [rag-gru-mà-re] *v.tr.* faire* faire des grumeaux (**à**) ♦ **raggrumarsi** *v.pron.* faire* des grumeaux; (*di sangue, latte*) (se) cailler.

raggruppamento [rag-grup-pa-mén-to] *n.m.* 1 regroupement 2 (*gruppo*) groupe.

raggruppare [rag-grup-pà-re] *v.tr.* regrouper; (*riunire*) rassembler: *raggruppare gli alunni in base all'età*, regrouper les élèves selon l'âge ♦ **raggrupparsi** *v.pron. intr.* se grouper; (*riunirsi*) se rassembler: *la folla si raggruppò sotto il palco*, la foule se rassembla sous l'estrade.

ragguagliare [rag-gua-glià-re] *v.tr.* 1 (*informare*) informer, renseigner: *ragguagliare qlcu su qlco*, informer (*o* renseigner) qqn sur qqch 2 (*livellare*) égaliser, niveler* | (*comm.*) *ragguagliare le partite*, balancer les comptes 3 (*paragonare*) comparer.

ragguaglio [rag-guà-glio] *n.m.* [pl. *-gli*] 1 (*informazione*) information (*f.*), renseignement: *dare ragguagli*, donner des informations 2 (*livellamento*) égalisation (*f.*), nivellement 3 (*paragone*) comparaison (*f.*).

ragguardevole [rag-guar-dé-vo-le] *agg.* (*di cosa*) considérable; (*di persona*) important.

ragia [rà-gia] *n.f.* [pl. *-gie* o *-ge*] (*resina*) térébenthine.
● ***acqua ragia***, essence de térébenthine.

ragià [ra-già] *n.m.invar.* (*re, principe indiano*) rajah, radja.

ragionamento [ra-gio-na-mén-to] *n.m.* raisonnement: *seguire un ragionamento*, suivre un raisonnement | *ragionamento induttivo, deduttivo*, raisonnement inductif, déductif.

ragionare [ra-gio-nà-re] *v.intr.* [aus. *avere*] 1 raisonner: *far ragionare qlcu*, raisonner qqn; *impossibile ragionare con lui!*, avec lui on ne peut pas raisonner!; *cerca di ragionare!*, essaie de réfléchir! | *ragionare con i piedi*, (*fam.*) raisonner comme une pantoufle 2 (*discutere*) parler, discuter: *ragionare di filosofia*, parler philosophie.

ragionatamente [ra-gio-na-ta-mén-te] *avv.* raisonnablement.

ragionato [ra-gio-nà-to] *agg.* raisonné, réfléchi.

ragionatore [ra-gio-na-tó-re] *n.m.* [f. *-trice*] raisonneur*.

ragione [ra-gió-ne] *n.f.* 1 (*facoltà di pensare*) raison: *riacquistare l'uso della ragione*, recouvrer la raison | *l'età della ragione*, l'âge de raison | *perdere il lume della ragione*, perdre la raison 2 (*buon diritto, contrapposto a torto*) raison: *ha ragione da vendere*, il a mille fois raison 3 (*motivo, giustificazione*) raison: *non c'è ragione di*, il n'y a aucune raison de | *far valere le proprie ragioni*, faire valoir ses droits 4 (*conto*) raison: *chiedere ragione di un'offesa*, demander réparation d'une offense.
● ***ragion d'essere***, raison d'être | ***ragion di Stato***, raison

R

d'État | ***ragione per cui***, c'est pourquoi | (*comm.*) ***ragione sociale***, raison sociale | ***a chi di ragione***, à qui de droit | ***a, con ragione***, avec raison, à juste titre | ***a maggior ragione***, à plus forte raison | ***a ragion veduta***, en connaissance de cause | ***a torto o a ragione***, à tort ou à raison | ***avere ragione di qlcu***, avoir raison de qqn: *alla fine ebbe ragione di lui*, à la fin, il eut raison de lui | ***di santa ragione***: *darle di santa ragione*, donner une belle correction; *darsele di santa ragione*, se battre comme des chiffonniers; *prenderle di santa ragione*, prendre une bonne raclée | ***farsene una ragione***, se faire une raison | ***in ragione di***, à raison de: *in ragione del 10%*, à raison de 10% | ***non sentir ragioni***, ne pas entendre raison | ***per nessuna ragione al mondo***, pour rien au monde | ***rendere di pubblica ragione***, rendre public.

ragioneria [ra-gio-ne-rì-a] ***n.f.*** **1** comptabilité; (*ufficio*) bureau* (*m.*) de comptabilité **2** (*corso di studi*) école de commerce (après le collège).
● ***ragioneria generale dello Stato***, comptabilité général de l'État.

ragionevole [ra-gio-né-vo-le] ***agg.*** raisonnable: *la sua proposta è ragionevole*, sa proposition est raisonnable.

ragionevolezza [ra-gio-ne-vo-léz-za] ***n.f.*** bien-fondé* (*m.*); (*buonsenso*) bon sens (*m.*).

ragionevolmente [ra-gio-ne-vol-mén-te] ***avv.*** raisonnablement.

ragioniere [ra-gio-niè-re] ***n.m.*** [f. *-a*] comptable | *ragioniere capo*, chef comptable.

raglan [ra-glàn] ***agg.*** e ***n.f.invar.*** raglan.
● (***a***) ***raglan***, raglan.

ragliare [ra-glià-re] ***v.intr.*** [aus. *avere*] **1** braire* **2** (*fig.*) brailler.

raglio [rà-glio] ***n.m.*** **1** braiment **2** (*fig.*) braillement.

FAUX AMI
Da non confondere con *rail*, che significa *rotaia*.

ragnare [ra-gnà-re] ***v.intr.*** [aus. *essere* o *avere*] (*di tessuto*) se râper.

ragnatela [ra-gna-té-la] ***n.f.*** **1** toile d'araignée **2** (*fig.*) réseau* (*m.*).

ragnato [ra-gnà-to] ***agg.*** (*di tessuto*) râpé.

ragnatura [ra-gna-tù-ra] ***n.f.*** (*di tessuto*) éraillure.

ragno [rà-gno] ***n.m.*** araignée (*f.*).
● ***non cavare un ragno dal buco***, (*fig. fam.*) n'aboutir à rien.

ragù [ra-gù] ***n.m.invar.*** (*cuc.*) sauce (*f.*) à base de viande hachée et de tomates.

raion [rà-ion] ***n.m.*** → **rayon**.

rallegramento [ral-le-gra-mén-to] ***n.m.*** **1** (*il rallegrarsi*) réjouissance (*f.*) **2** (*pl.*) (*felicitazioni*) félicitations (*f.*): *vi faccio i miei rallegramenti per*, je vous félicite de | *molti rallegramenti!*, félicitations!

rallegrare [ral-le-grà-re] ***v.tr.*** (*rendere allegro*) égayer*; (*dare gioia*) réjouir: *la notizia ci rallegrò molto*, la nouvelle nous réjouit beaucoup ♦ **rallegrarsi** ***v.pron.intr.*** **1** se réjouir; (*essere felice*) être* ravi: *si rallegrò di vederci*, il fut ravi de nous voir **2** (*congratularsi*) se féliciter: *mi rallegro con te per la tua guarigione*, je me félicite de ta guérison.

rallentamento [ral-len-ta-mén-to] ***n.m.*** **1** ralentissement **2** (*econ.*) (*diminuzione*) ralentissement, diminution (*f.*).

rallentare [ral-len-tà-re] ***v.tr.*** **1** (*rendere più lento*) ralentir: *rallentare il passo*, ralentir le pas **2** (*fig.*) (*diminuire*) ralentir, diminuer: *rallentare gli sforzi*, relâcher ses efforts **3** (*diradare*) espacer*: *rallentare le visite*, espacer ses visites **4** (*allentare*) lâcher: *rallentare la presa*, lâcher (la) prise; *rallentare la disciplina*, (*fig.*) relâcher la discipline ♦ ***v.intr.*** [aus. *essere* o *avere*] **1** (*dimunuire la velocità*) ralentir: *rallenta, è rosso!*, ralentis, le feu est rouge! **2** (*calare*) diminuer, se ralentir ♦ **rallentarsi** ***v.pron.intr.*** ralentir: *il ritmo si è rallentato*, le rythme a ralenti.

rallentatore [ral-len-ta-tó-re] ***n.m.*** **1** (*mecc.*) ralentisseur **2** (*cine.*) ralenti.
● ***al, col rallentatore***, (*anche fig.*) au ralenti.

rallista [ral-lì-sta] ***n.m.*** e ***f.*** (*sport*) concurrent/e d'un rallye.

rally ['rɛlli] ***n.m.invar.*** (*sport*) rallye.

ramadan [ra-ma-dàn] ***n.m.invar.*** (*relig. islamica*) ramadan.

ramaglia [ra-mà-glia] ***n.f.*** branchage (*m.*).

ramaio [ra-mà-io] ***n.m.*** [f. *-a*; pl. *-ai*] chaudronnier*.

ramaiolo [ra-ma-iò-lo] ***n.m.*** louche (*f.*).

ramanzina [ra-man-ʒì-na] ***n.f.*** semonce, réprimande, (*fam.*) savon (*m.*): *fare una ramanzina*, faire des réprimandes, (*fam.*) passer un savon.

ramare [ra-mà-re] ***v.tr.*** **1** (*ricoprire di rame*) cuivrer **2** (*agr.*) sulfater.

ramarro [ra-màr-ro] ***n.m.*** (*zool.*) lézard vert.

ramato [ra-mà-to] ***agg.*** cuivré | *capelli ramati*, cheveux auburn.

ramatura [ra-ma-tù-ra] ***n.f.*** **1** cuivrage (*m.*) **2** (*agr.*) sulfatage (*m.*).

ramazza [ra-màz-za] ***n.f.*** balai (*m.*).
● (*mil.*) ***essere di ramazza***, (*gergo*) être de corvée.

ramazzare [ra-maz-zà-re] ***v.tr.*** balayer*.

rame [rà-me] ***n.m.*** **1** cuivre | *capelli biondo rame*, cheveux blond vénitien **2** (*incisione su rame*) gravure (*f.*) sur cuivre **3** (*pl.*) (*oggetti di rame*) cuivres.

FAUX AMI
Da non confondere con il francese *rame*, che significa *remo, tutore per piante, risma* o *convoglio*.

ramifero [ra-mì-fe-ro] ***agg.*** (*min.*) cuprifère.

ramificare [ra-mi-fi-cà-re] ***v.intr.*** [coniug. come *mancare*; aus. *avere*] se ramifier (*anche fig.*) ♦ **ramificarsi** ***v.pron.intr.*** se ramifier (*anche fig.*).

ramificato [ra-mi-fi-cà-to] ***agg.*** ramifié (*anche fig.*).

ramificazione [ra-mi-fi-ca-zió-ne] ***n.f.*** ramification (*anche fig.*): *le ramificazioni di una società*, (*fig.*) les ramifications d'une société.

ramingo [ra-mìn-go] ***agg.*** [pl.m. *-ghi*, f. *-ghe*] errant.

ramino [ra-mì-no] ***n.m.*** (*gioco di carte*) rami.

rammagliare [ram-ma-glià-re] ***v.tr.*** remailler.

rammagliatura [ram-ma-glia-tù-ra] ***n.f.*** remaillage (*m.*).

rammaricare [ram-ma-ri-cà-re] ***v.tr.*** [coniug. come *mancare*] attrister ♦ **rammaricarsi** ***v.pron.intr.*** **1** (*rincrescersi*) regretter **2** (*lamentarsi*) se plaindre*.

rammarico [ram-mà-ri-co] ***n.m.*** [pl. *-chi*] regret: *esprimere il proprio rammarico*, exprimer ses regrets; *sentire un vivo rammarico*, regretter vivement | *con mio grande rammarico*, à mon grand regret.

rammendare [ram-men-dà-re] ***v.tr.*** repriser, raccommoder.

rammendatrice [ram-men-da-trì-ce] ***n.f.*** raccommodeuse.

rammendo [ram-mèn-do] ***n.m.*** reprise (*f.*) | *rammendo* *invisibile*, reprise perdue; stoppage | *cotone da rammendo*, coton à repriser.

rammentare [ram-men-tà-re] *v.tr.* rappeler* ♦ **rammentarsi** *v.pron.intr.* se souvenir* (de), se rappeler* (qqch).

rammollimento [ram-mol-li-mén-to] *n.m.* ramollissement; (*fig.*) amollissement.

rammollire [ram-mol-lì-re] *v.tr.* [coniug. come *finire*] ramollir; (*fig.*) amollir ♦ *v.intr.* [aus. *essere*] se ramollir; (*fig.*) s'amollir ♦ **rammollirsi** *v.pron.intr.* se ramollir; (*fig.*) s'amollir.

rammollito [ram-mol-lì-to] *agg.* 1 mou* 2 (*fig.*) ramolli ♦ *n.m.* [f. *-a*] ramolli.

ramo [rà-mo] *n.m.* 1 branche (*f.*) (*anche fig.*); (*ramo secondario*) rameau*: *un ramo di pesco*, une branche de pêcher | *un ramo secco*, une branche morte; (*fig.*) un fruit sec 2 (*branca di studi*) branche (*f.*): *ramo scientifico, letterario*, disciplines, branches scientifiques, littéraires | *questo non è il mio ramo*, ce n'est pas mon rayon 3 (*anat.*) branche (*f.*), ramification (*f.*) 4 (*delle corna*) branche (*f.*): *i rami delle corna di un cervo*, les branches des bois d'un cerf.

FAUX AMI
Da non confondere con il francese *rame*, che significa *remo*, *tutore per piante*, *risma* o *convoglio*.

ramolaccio [ra-mo-làc-cio] *n.m.* [pl. *-ci*] (*bot.*) radis, ravenelle (*f.*).

ramoscello [ra-mo-scèl-lo] *n.m.* petit rameau*.

ramoso [ra-mó-so] *agg.* branchu; (*di corna di cervo*) rameux*.

rampa [ràm-pa] *n.f.* 1 rampe 2 (*salita ripida*) pente, rampe.
● ***rampa d'accesso***, rampe d'accès | ***rampa di lancio***, rampe de lancement | ***rampa lanciamissili***, rampe lance-missiles.

rampante [ram-pàn-te] *agg.* 1 (*arch.*) rampant | *arco rampante*, arc-boutant 2 (*fig.*) (*ambizioso e senza scrupoli*) ambitieux*, sans scrupules ♦ *n.m.* (*rampa di scala*) volée (*f.*) ♦ *n.m.* e *f.* (*persona ambiziosa e senza scrupoli*) jeune loup (*m.*): *è una rampante*, c'est une arriviste.

rampicante [ram-pi-càn-te] *agg.* grimpant ♦ *n.m.* 1 (*bot.*) plante (*f.*) grimpante 2 (*pl.*) (*zool.*) grimpeurs.

rampichino [ram-pi-chì-no] *n.m.* 1 (*zool.*) grimpereau* 2 (*mountain bike*) vélo tout terrain, VTT.

rampino [ram-pì-no] *n.m.* 1 croc, crochet 2 (*mar.*) grappin.

rampollo [ram-pól-lo] *n.m.* 1 (*germoglio*) bourgeon 2 (*fig.*) (*discendente*) rejeton 3 (*non com.*) (*polla*) source (*f.*) d'eau.

rampone [ram-pó-ne] *n.m.* 1 (*mar.*) *harpon 2 (*alpinismo*) crampon.

rana [rà-na] *n.f.* 1 grenouille 2 (*sport*) (*nuoto a*) *rana*, brasse: *nuotare a rana*, nager la brasse.
● (*mar. mil.*) ***uomo rana***, homme-grenouille.

rancidire [ran-ci-dì-re] *v.intr.* [coniug. come *finire*; aus. *essere*] rancir.

rancido [ràn-ci-do] *agg.* rance (*anche fig.*) ♦ *n.m.* rance: *sapere di rancido*, sentir le rance.

rancidume [ran-ci-dù-me] *n.m.* 1 odeur (*f.*) de rance 2 (*cose rancide*) choses (*f.pl.*) rancies 3 (*fig.*) (*idee vecchie*) idées (*f.pl.*) surannées; (*cose vecchie*) vieilleries (*f.pl.*).

rancio [ràn-cio] *n.m.* [pl. *-ci*] (*mil.*) soupe (*f.*).

rancore [ran-có-re] *n.m.* rancune (*f.*); (*astio*) rancœur (*f.*): *serbare rancore verso qlcu*, garder rancune à qqn.

randa [ràn-da] *n.f.* 1 (*vela*) grand-voile*, brigantine 2 (*strumento*) simbleau* (*m.*).

randagio [ran-dà-gio] *agg.* [pl.m. *-gi*, f. *-gie* o *-ge*] errant, vagabond.

randellare [ran-del-là-re] *v.tr.* matraquer.

randellata [ran-del-là-ta] *n.f.* coup (*m.*) de matraque.

randello [ran-dèl-lo] *n.m.* gourdin, matraque (*f.*).

random [ràn-dom] *agg.invar.* (*inform.*) aléatoire.

ranetta [ra-nét-ta] *n.f.* → **renetta**.

rango [ràn-go] *n.m.* [pl. *-ghi*] 1 (*condizione, ceto*) rang: *donna di* (*alto*) *rango*, femme de haut rang 2 (*mil.*) rang: *essere nel rango di quelli che contano*, (*estens.*) être au nombre de ceux qui comptent; *formare i ranghi*, se mettre en rang; *rientrare nei ranghi*, (*anche fig.*) rentrer dans le rang.

ranista [ra-nì-sta] *n.m.* e *f.* (*nuoto*) brasseur/euse.

rannicchiare [ran-nic-chià-re] *v.tr.* recroqueviller ♦ **rannicchiarsi** *v.pron.* se pelotonner, se recroqueviller.

ranno [ràn-no] *n.m.* lessive (*f.*).

rannodare [ran-no-dà-re] *v.tr.* renouer (*anche fig.*).

rannuvolamento [ran-nu-vo-la-mén-to] *n.m.* assombrissement (*anche fig.*).

rannuvolare [ran-nu-vo-là-re] *v.intr.* e *intr.impers.* [aus. *essere*] 1 se couvrir* (de nuages) 2 (*fig.*) obscurcir; troubler ♦ **rannuvolarsi** *v.pron.intr.* 1 se couvrir* (de nuages) 2 (*fig.*) (*oscurarsi in volto*) s'assombrir, se rembrunir.

rannuvolato [ran-nu-vo-là-to] *agg.* 1 couvert 2 (*fig.*) sombre, rembruni.

ranocchio [ra-nòc-chio] *n.m.* [pl. *-chi*] 1 (*zool.*) grenouille (*f.*) 2 (*fig. scherz.*) gnome.

rantolare [ran-to-là-re] *v.intr.* [aus. *avere*] râler.

rantolo [ràn-to-lo] *n.m.* râle.

ranuncolo [ra-nùn-co-lo] *n.m.* (*bot.*) renoncule (*f.*).

rap [rɛp] *n.m.invar.* (*mus.*) rap.

rapa [rà-pa] *n.f.* navet (*m.*); rave.
● ***cime di rapa***, navets-asperges | ***non vale una rapa***, (*fig. fam.*) il ne vaut pas un clou | ***una testa di rapa***, (*fig. fam.*) un idiot | ***voler cavare sangue da una rapa***, (*fig. fam.*) demander l'impossible.

FAUX AMI
Da non confondere con *râpe*, che significa *grattugia*, *raspa*.

R

rapace [ra-pà-ce] *agg.* rapace (*anche fig.*) ♦ *n.m.* (*zool.*) rapace.

rapacità [ra-pa-ci-tà] *n.f.invar.* rapacité.

rapare [ra-pà-re] *v.tr.* tondre* ♦ **raparsi** *v.pron.* se (faire*) couper les cheveux ras.

rapata [ra-pà-ta] *n.f.*
● ***darsi una rapata ai capelli***, se couper les cheveux ras.

rapato [ra-pà-to] *agg.* rasé, tondu.

rapida [rà-pi-da] *n.f.* (*di fiume*) rapide (*m.*).

rapidamente [ra-pi-da-mén-te] *avv.* rapidement.

rapidità [ra-pi-di-tà] *n.f.invar.* rapidité.

rapido [rà-pi-do] *agg.* rapide: *una rapida occhiata*, un coup d'œil rapide ♦ *n.m.* (*ferr.*) (*treno*) rapide.

rapimento [ra-pi-mén-to] *n.m.* 1 kidnapping, enlèvement; (*dir.*) rapt 2 (*fig.*) (*estasi*) ravissement, extase (*f.*).

rapina [ra-pì-na] *n.f.* vol (*m.*), hold-up* (*m.*): *rapina in banca*, braquage.
● ***rapina a mano armata***, vol à main armée | (*zool.*) ***uccelli da rapina***, rapaces.

rapinare [ra-pi-nà-re] ***v.tr.*** voler; (*svaligiare*) dévaliser; (*fam.*) braquer.

rapinatore [ra-pi-na-tó-re] ***n.m.*** [f. *-trice*] voleur*; (*a mano armata*) braqueur*.

rapire [ra-pì-re] ***v.tr.*** [coniug. come *finire*] **1** enlever*, kidnapper **2** (*fig.*) (*avvincere*) ravir.

rapito [ra-pì-to] ***agg.*** **1** enlevé, kidnappé **2** (*fig.*) extasié.

rapitore [ra-pi-tó-re] ***n.m.*** [f. *-trice*] kidnappeur*, ravisseur*.

rappacificare [rap-pa-ci-fi-cà-re] ***v.tr.*** [coniug. come *mancare*] réconcilier ♦ **rappacificarsi** ***v.pron.*** e ***pron. rec.*** se réconcilier.

rappacificazione [rap-pa-ci-fi-ca-zió-ne] ***n.f.*** réconciliation.

rappare [rap-pà-re] ***v.intr.*** [aus. *avere*] (*mus.*) rapper.

rappezzare [rap-pez-zà-re] ***v.tr.*** **1** rapiécer* **2** (*fig.*) arranger*.

rappezzatura [rap-pez-za-tù-ra] ***n.f.*** rapiéçage (*m.*), rapiècement (*m.*).

rappezzo [rap-pèz-zo] ***n.m.*** **1** rapiéçage, rapiècement **2** (*pezza*) pièce (*f.*) (rapportée) **3** (*fig.*) (*rimedio provvisorio*) rapiéçage.

rapportare [rap-por-tà-re] ***v.tr.*** **1** (*confrontare*) comparer: *rapportare i salari al costo della vita*, réajuster les salaires **2** (*riprodurre su scala diversa*) rapporter ♦ **rapportarsi** ***v.pron.intr.*** (*riferirsi*) se rapporter, se référer*.

rapporto [rap-pòr-to] ***n.m.*** **1** (*resoconto*) rapport: *stendere un rapporto*, rédiger un rapport; *farò rapporto*, je ferai mon rapport **2** (*relazione fra persone, enti*) rapport, relation (*f.*); (*legame sentimentale*) liaison (*f.*): *il loro rapporto è finito*, leur liaison est terminée; *rapporto d'amicizia, di parentela*, rapport d'amitié, de parenté; *rapporto di lavoro*, relation, rapport de travail; *entrare in rapporto con qlcu*, se mettre en relation avec qqn; *rompere i rapporti con qlcu*, rompre tout rapport avec qqn; *tra loro non corrono buoni rapporti*, leurs rapports sont tendus; *in quali rapporti sei con lui?*, en quels termes es-tu avec lui? | *avere rapporti sessuali, intimi*, avoir des rapports sexuels **3** (*connessione fra cose o concetti*) rapport, relation (*f.*): *rapporto di causa ed effetto*, relation de cause à effet **4** (*di bicicletta*) braquet, multiplication (*f.*).

R

● (*mil.*) ***chiamare a rapporto***, convoquer | (*comm.*) ***indennità di fine rapporto***, indemnité de départ | ***in rapporto a***, ***per rapporto a***, par rapport à | (*mil.*): ***mettersi a rapporto***, demander un entretien de service; ***riunire a rapporto***, rassembler pour le rapport | ***sotto tutti i rapporti***, sous tous les rapports, à tous points de vue.

rapprendere [rap-prèn-de-re] ***v.tr.*** [coniug. come *prendere*] (*il sangue*) coaguler; (*il latte*) cailler; (*i grassi, una salsa*) figer; (*creme*) faire* prendre ♦ **rapprendersi** ***v.pron.intr.*** (*del sangue*) (se) coaguler; (*del latte*) (se) cailler; (*di grassi, di salsa*) (se) figer*; (*di creme*) prendre*.

rappresaglia [rap-pre-ʃà-glia] ***n.f.*** représailles (*pl.*): *fare rappresaglie*, user de représailles.

● ***per rappresaglia***, par représailles.

rappresentabile [rap-pre-ʃen-tà-bi-le] ***agg.*** **1** représentable **2** (*teatr.*) jouable.

rappresentante [rap-pre-ʃen-tàn-te] ***n.m.*** e ***f.*** **1** représentant/e: *rappresentante di una società*, représentant d'une société | *rappresentante (di commercio)*, représentant de commerce **2** (*delegato*) délégué/ée: *rappresentante sindacale*, délégué syndical | (*a scuola*) *rappresentante di classe*, (*dei ragazzi*) chef de classe; (*dei genitori*) délégué des parents d'élèves; *rappresentante al consiglio di istituto*, parent élu.

rappresentanza [rap-pre-ʃen-tàn-za] ***n.f.*** **1** représentation **2** (*delegazione*) délégation.

● ***in rappresentanza di***, comme représentant de | (*comm.*) ***ufficio***, ***spese di rappresentanza***, bureau, frais de représentation.

rappresentare [rap-pre-ʃen-tà-re] ***v.tr.*** **1** (*raffigurare; significare*) représenter: *rappresentare la società del proprio tempo*, représenter la société de son temps; *la colomba rappresenta la pace*, la colombe représente la paix **2** (*avere la rappresentanza*) représenter: (*comm.*) *rappresentare una ditta*, représenter une entreprise; *l'avvocato X rappresenta la difesa*, l'avocat X est chargé de la défense **3** (*teatr.*) représenter, jouer: *rappresentare una parte*, jouer un rôle **4** (*cine.*) passer.

rappresentativa [rap-pre-ʃen-ta-tì-va] ***n.f.*** **1** (*sport*) équipe (représentative): *la rappresentativa nazionale italiana*, l'équipe nationale italienne **2** (*delegazione*) délégation.

rappresentativo [rap-pre-ʃen-ta-tì-vo] ***agg.*** représentatif*.

rappresentazione [rap-pre-ʃen-ta-zió-ne] ***n.f.*** **1** représentation **2** (*teatr., cine.*) représentation | *prima rappresentazione*, première.

● ***sacra rappresentazione***, (*mistero*) mystère.

rapsodia [ra-pso-dì-a] ***n.f.*** rhapsodie.

rapsodico [ra-psò-di-co] ***agg.*** [pl.m. *-ci*, f. *-che*] **1** rhapsodique **2** (*fig.*) (*frammentario*) fragmentaire.

raptus [ràp-tus] ***n.m.invar.*** (*psic.*) raptus.

● ***in un raptus***, ***preso da un raptus***, (*fig. scherz.*) dans un moment de folie.

raramente [ra-ra-mén-te] ***avv.*** rarement.

rarefarsi [ra-re-fàr-si] ***v.pron.intr.*** [coniug. come *fare*] se raréfier: *il traffico si è rarefatto*, (*estens.*) le trafic a diminué.

rarefatto [ra-re-fàt-to] ***agg.*** raréfié; (*fig.*) abstrait.

rarefazione [ra-re-fa-zió-ne] ***n.f.*** raréfaction.

rarità [ra-ri-tà] ***n.f.invar.*** rareté.

raro [rà-ro] ***agg.*** rare: *non è raro che*, il n'est pas rare que; *rare volte*, rarement; *è un caso più unico che raro*, c'est un cas rarissime.

● ***una bestia rara***, (*fig.*) une bête curieuse.

ras ***n.m.invar.*** **1** (*governatore etiope*) ras **2** (*fig. spreg.*) caïd.

rasare [ra-sà-re] ***v.tr.*** **1** raser; (*tagliare a zero*) tondre*: *rasare i capelli*, raser ses cheveux **2** (*pareggiare*) tondre*: *rasare un prato*, tondre un gazon ♦ **rasarsi** ***v.pron.*** (*radersi*) se raser.

rasatello [ra-sa-tèl-lo] ***n.m.*** (*tess.*) satinette (*f.*).

rasato [ra-sà-to] ***agg.*** **1** rasé **2** (*di stoffa*) ras ♦ ***n.m.*** (*tess.*) satin.

● ***maglia rasata***, jersey.

rasatrice [ra-sa-trì-ce] ***n.f.*** (*ind. tess.*) tondeuse.

rasatura [ra-sa-tù-ra] ***n.f.*** (*di barba*) rasage (*m.*); (*di tessuti, di siepi*) tondage (*m.*).

raschiamento [ra-schia-mén-to] ***n.m.*** **1** grattage, raclage **2** (*med.*) curetage; (*di un osso*) raclage.

raschiare [ra-schià-re] ***v.tr.*** **1** gratter, racler **2** (*med.*) cureter: *raschiare un osso*, racler un os **3** (*metall.*) ébarber.

● ***raschiarsi la gola***, (*tossicchiare*) toussoter.

raschiatoio [ra-schia-tó-io] *n.m.* [pl. -*oi*] raclette (*f.*), racloir.

raschiatura [ra-schia-tù-ra] *n.f.* 1 raclage (*m.*), grattage (*m.*) 2 (*residui*) raclure.

raschietto [ra-schiét-to] *n.m.* 1 (*per carta*) grattoir 2 (*per muri ecc.*) racloir 3 (*per pulire le scarpe*) décrottoir 4 (*metall.*) ébarboir.

raschio [rà-schio] *n.m.* [pl. -*schi*] (*della gola*) raclement de gorge.

rasentare [ra-ʃen-tà-re] *v.tr.* frôler; (*fig.*) friser: *il suo comportamento rasenta la pazzia*, son comportement frise la folie | *rasentare la galera*, (*fig.*) risquer la prison | *rasentando il codice penale*, en marge du code pénal.

rasente [ra-ʃèn-te] *prep.* (*in verticale*) en rasant; (*in orizzontale*) au ras (**de**): *camminava rasente al, il muro*, il marchait en rasant le mur; *gli uccelli volavano rasente al, il suolo*, les oiseaux volaient au ras du sol, rasaient le sol | *rasente terra*, au ras du sol, en rase-mottes.

rasi → **radere**.

raso[1] [rà-so] *agg.* ras | *pieno raso*, plein à ras bord.
● ***fare tabula rasa***, (*fig.*) faire table rase.

raso[2] *n.m.* (*tessuto*) satin.

rasoio [ra-só-io] *n.m.* [pl. -*oi*] rasoir.
● ***rasoio di sicurezza, elettrico***, rasoir mécanique (*o* de sûreté), électrique | ***rasoio usa e getta***, rasoir jetable | ***sul filo del rasoio***, (*fig.*) sur la corde raide.

rasoterra [ra-so-tèr-ra] **raso terra** *avv.* ras de terre, au ras du sol; (*aer.*) en rase-mottes; *ragionamento rasoterra*, (*fig.*) raisonnement terre à terre.

raspa [rà-spa] *n.f.* (*attrezzo*) râpe.

raspare [ra-spà-re] *v.tr.* 1 (*levigare*) râper 2 (*irritare*) racler 3 (*di animali*) gratter 4 (*fam.*) (*rubare*) chiper, faucher ♦ *v.intr.* [aus. *avere*] 1 (*grattare*) gratter: *il gatto raspa alla porta*, le chat gratte à la porte 2 (*frugare*) fouiller.

raspo [rà-spo] *n.m.* (*dell'uva*) rafle (*f.*), râpe (*f.*).

rassegna [ras-sé-gna] *n.f.* 1 revue | *passare in rassegna*, (*anche fig.*) passer en revue 2 (*resoconto*) compte (*m.*) rendu 3 (*esposizione*) exposition.
● ***rassegna di successi musicali***, hit-parade | ***rassegna musicale, cinematografica***, festival de musique, de cinéma | ***rassegna stampa***, revue de presse.

rassegnare [ras-se-gnà-re] *v.tr.* 1 (*presentare*) présenter, donner 2 (*rinunciare*) résigner: *rassegnare una carica*, résigner une fonction ♦ **rassegnarsi** *v.pron.intr.* se résigner: *devi rassegnarti!*, tu dois te résigner (*o* tu dois en prendre ton parti)!

rassegnato [ras-se-gnà-to] *agg.* résigné.

rassegnazione [ras-se-gna-zió-ne] *n.f.* résignation.

rasserenamento [ras-se-re-na-mén-to] *n.m.* rassérénement (*anche fig.*).

rasserenante [ras-se-re-nàn-te] *agg.* tranquillisant.

rasserenare [ras-se-re-nà-re] *v.tr.* 1 dégager* 2 (*fig.*) rasséréner* ♦ **rasserenarsi** *v.pron.intr.* 1 (*di cielo, tempo*) s'éclaircir 2 (*fig.*) se rasséréner*.

rasserenato [ras-se-re-nà-to] *agg.* rasséréné.

rassettare [ras-set-tà-re] *v.tr.* 1 (*mettere in ordine*) ranger* 2 (*accomodare*) arranger* (*anche fig.*) ♦ **rassettarsi** *v.pron.* s'arranger*.

rassettatura [ras-set-ta-tù-ra] *n.f.* rangement (*m.*).

rassicurante [ras-si-cu-ràn-te] *agg.* rassurant, sécurisant.

rassicurare [ras-si-cu-rà-re] *v.tr.* rassurer, sécuriser ♦ **rassicurarsi** *v.pron.intr.* se rassurer: *sembrò rassicurasi*, il eut l'air rassuré.

rassicurato [ras-si-cu-rà-to] *agg.* rassuré.

rassicurazione [ras-si-cu-ra-zió-ne] *n.f.* (*il rassicurare*) sécurisation; (*parola, discorso rassicurante*) paroles (*pl.*) rassurantes.

rassodamento [ras-so-da-mén-to] *n.m.* raffermissement.

rassodante [ras-so-dàn-te] *agg.* raffermissant.

rassodare [ras-so-dà-re] *v.tr.* 1 raffermir 2 (*fig.*) consolider: *rassodare un'amicizia*, consolider une amitié ♦ *v.intr.* [aus. *essere*] 1 se raffermir 2 (*fig.*) (*consolidarsi*) se consolider ♦ **rassodarsi** *v.pron.intr.* 1 se raffermir 2 (*fig.*) (*consolidarsi*) se consolider.

rassomigliante [ras-so-mi-gliàn-te] *agg.* ressemblant.

rassomiglianza [ras-so-mi-gliàn-za] *n.f.* ressemblance.

rassomigliare [ras-so-mi-glià-re] *v.intr.* [aus. *essere* e *avere*] ressembler: *questo ritratto ti rassomiglia molto*, ton portrait est très ressemblant ♦ **rassomigliarsi** *v.pron.rec.* se ressembler.

rasta [rà-sta] *agg.* e *n.m.* e *f.invar.* rasta, rastafari.

rastrellamento [ra-strel-la-mén-to] *n.m.* 1 (*per raccogliere*) râtelage; (*per ripulire*) ratissage 2 (*mil.*) ratissage: *fare un rastrellamento*, faire un ratissage.
● (*Borsa*) ***rastrellamento di azioni***, accaparement d'actions.

rastrellare [ra-strel-là-re] *v.tr.* (*raccogliere*) 1 râteler*; (*ripulire*) ratisser: *rastrellare il fieno*, râteler le foin 2 (*mil.*) ratisser: *rastrellare un territorio, un quartiere*, ratisser une région, un quartier 3 (*econ.*) accaparer: *rastrellare denaro*, ramasser de l'argent; *rastrellare azioni*, accaparer des actions.

rastrelliera [ra-strel-liè-ra] *n.f.* 1 râtelier (*m.*): *rastrelliera per biciclette*, râtelier à vélo 2 (*per stoviglie*) égouttoir (*m.*).

rastrello [ra-strèl-lo] *n.m.* râteau*.

rastremazione [ra-stre-ma-zió-ne] *n.f.* (*arch.*) contracture.

rata [rà-ta] *n.f.* versement (*m.*), acompte (*m.*): *rata annuale*, annuité; *rata mensile*, mensualité; *rata di un mutuo*, tranche d'un prêt.
● ***a rate***, à tempérament, à crédit; (*a lotti*) par livraison: *pagare a rate*, payer par versements échelonnés; *a rate mensili*, par mensualités.

> **FAUX AMI**
> Da non confondere con *rate*, che significa *milza* o *topo femmina*.

rateale [ra-te-à-le] *agg.* à tempérament: *pagamenti rateali*, paiements échelonnés | *importo rateale*, montant du versement (à effectuer) | *vendita rateale*, vente à crédit.

ratealmente [ra-te-al-mén-te] *avv.* à tempérament.

rateazione [ra-te-a-zió-ne] *n.f.* paiement (*m.*) échelonné | *a rateazioni mensili*, par mensualités.

rateizzare [ra-te-iʒ-ʒà-re] *v.tr.* échelonner: *rateizzare il pagamento su tre mesi*, échelonner le paiement sur trois mois.

rateizzazione [ra-te-iʒ-ʒa-zió-ne] *n.f.* **rateizzo** *n.m.* → **rateazione**.

rateo [rà-te-o] *n.m.* (*comm.*) paiement échelonné; (*somma*) montant; (*rettifica di bilancio*) charge (*f.*).

R

ratifica [ra-tì-fi-ca] ***n.f.*** [pl. *-che*] ratification | (*dir.*) *previa ratifica*, sous réserve de ratification.
ratificare [ra-ti-fi-cà-re] ***v.tr.*** [coniug. come *mancare*] **1** (*dir.*) ratifier **2** (*confermare*) confirmer.
ratina [ra-tì-na] ***n.f.*** (*ind. tess.*) ratine.
ratto[1] [ràt-to] ***n.m.*** (*letter.*) enlèvement, rapt.
● (*st.*) ***il ratto delle Sabine***, l'enlèvement des Sabines.
ratto[2] ***n.m.*** (*zool.*) rat.

FAUX AMI
Da non confondere con *râteau*, che significa *rastrello*.

rattoppare [rat-top-pà-re] ***v.tr.*** **1** (*aggiustare*) rapiécer* **2** (*fig.*) arranger*.
rattoppatura [rat-top-pa-tù-ra] ***n.f.*** **rattoppo** ***n.m.*** rapiéçage (*m.*), rapiècement (*m.*): *fare un rattoppo a una gonna*, faire un rapiècement à une jupe.
rattrappimento [rat-trap-pi-mén-to] ***n.m.*** **1** (*med.*) (*contrazione*) contraction (*f.*) **2** (*intorpidimento*) engourdissement.
rattrappire [rat-trap-pì-re] ***v.tr.*** [coniug. come *finire*] **1** (*med.*) (*membra*) déformer **2** (*intorpidire*) engourdir ♦ **rattrappirsi** ***v.pron.intr.*** **1** (*med.*) (*di membra*) se déformer **2** (*intorpidirsi*) s'engourdir.
rattrappito [rat-trap-pì-to] ***agg.*** **1** (*di membra*) déformé: *un vecchietto rattrappito*, (*estens.*) un petit vieux rabougri **2** (*intorpidito*) engourdi.
rattristare [rat-tri-stà-re] ***v.tr.*** (*rendere triste*) rendre* triste, attrister; (*addolorare*) chagriner: *che cosa ti rattrista?*, qu'est-ce qui te rend triste? ♦ **rattristarsi** ***v.pron. intr.*** **1** (*divenire triste*) s'attrister **2** (*addolorarsi*) s'affliger*.
rattristato [rat-tri-stà-to] ***agg.*** attristé.
raucedine [rau-cè-di-ne] ***n.f.*** enrouement (*m.*): *avere la raucedine*, être enroué.
rauco [ràu-co] ***agg.*** [pl.m. *-chi*, f. *-che*] **1** (*di persona*) enroué **2** (*di voce, suono*) rauque.
ravanare [ra-va-nà-re] ***v.tr.*** (*region.*) fouiller.
ravanello [ra-va-nèl-lo] ***n.m.*** (*bot.*) radis.
ravennate [ra-ven-nà-te] ***agg.*** de Ravenne.
raviolo [ra-vi-ò-lo] ***n.m.*** (*cuc.*) ravioli*.
ravizzone [ra-viz-zó-ne] ***n.m.*** (*bot.*) navette (*f.*).
ravvalorare [rav-va-lo-rà-re] ***v.tr.*** renforcer*: *questo ravvalora la tua ipotesi*, cela renforce ton hypothèse.
ravvedersi [rav-ve-dér-si] ***v.pron.intr.*** [coniug. come *vedere* tranne fut.indic. *io mi ravvedrò* o *ravvederò* ecc.; p.p. *ravveduto*] se repentir*: *spero che si ravveda*, j'espère qu'il se repentira.
ravvedimento [rav-ve-di-mén-to] ***n.m.*** repentir.
● (*dir.*) ***ravvedimento operoso***, régularisation fiscale.
ravveduto [rav-ve-dù-to] ***agg.*** repenti.
ravviare [rav-vi-à-re] ***v.tr.*** ranger*, mettre* en ordre ♦ **ravviarsi** ***v.pron.*** se rajuster.
● ***ravviarsi i capelli***, se donner un coup de peigne (*o* se recoiffer).
ravviata [rav-vi-à-ta] ***n.f.***
● ***darsi una ravviata***, s'arranger, se rajuster.
ravvicinamento [rav-vi-ci-na-mén-to] ***n.m.*** rapprochement (*anche fig.*).
ravvicinare [rav-vi-ci-nà-re] ***v.tr.*** rapprocher (*anche fig.*) ♦ **ravvicinarsi** ***v.pron.*** e ***pron.rec.*** se rapprocher (**de**).
ravviluppare [rav-vi-lup-pà-re] ***v.tr.*** envelopper ♦ **ravvilupparsi** ***v.pron.*** e ***pron.intr.*** s'envelopper.
ravvisabile [rav-vi-ʃà-bi-le] ***agg.*** reconnaissable.
ravvisare [rav-vi-ʃà-re] ***v.tr.*** reconnaître*, repérer* (*anche fig.*).
ravvivare [rav-vi-và-re] ***v.tr.*** raviver; ranimer (*anche fig.*): *ravvivare i colori*, raviver (*o* rafraîchir) les couleurs; *ravvivare la conversazione, un racconto*, animer la conversation, un récit | *ravvivare il fuoco*, raviver (*o* ranimer) le feu ♦ **ravvivarsi** ***v.pron.intr.*** se ranimer, se raviver (*anche fig.*): *lo spettacolo si ravvivò verso la fine*, le spectacle s'anima vers la fin.
ravvolgere [rav-vòl-ge-re] ***v.tr.*** [coniug. come *volgere*] envelopper.
ravvoltolare [rav-vol-to-là-re] ***v.tr.*** envelopper; (*in un mantello ecc.*) enrouler ♦ **ravvoltolarsi** ***v.pron.*** s'envelopper; (*in un mantello ecc.*) s'enrouler.
rayon [rà-yon] ***n.m.invar.*** (*tessuto*) rayonne (*f.*).
raziocinante [ra-zio-ci-nàn-te] ***agg.*** raisonnable.
raziocinio [ra-zio-cì-nio] ***n.m.*** [pl. *-nî*] **1** (*senno*) jugement: *avere molto, poco raziocinio*, avoir beaucoup, peu de jugement **2** (*non com.*) (*ragionamento*) raisonnement.
razionale [ra-zio-nà-le] ***agg.*** rationnel*: *l'uomo è un essere razionale*, l'homme est un être doué de raison (*o* rationnel).
razionalismo [ra-zio-na-lì-ʃmo] ***n.m.*** rationalisme.
razionalista [ra-zio-na-lì-sta] ***n.m.*** e ***f.*** rationaliste.
razionalistico [ra-zio-na-lì-sti-co] ***agg.*** [pl.m. *-ci*, f. *-che*] rationaliste.
razionalità [ra-zio-na-li-tà] ***n.f.invar.*** **1** (*facoltà speculativa*) faculté de raisonner **2** (*l'essere razionale*) rationalité: *la razionalità di un metodo*, la rationalité d'une méthode.
razionalizzare [ra-zio-na-liʒ-ʒà-re] ***v.tr.*** rationaliser.
razionalizzazione [ra-zio-na-liʒ-ʒa-zió-ne] ***n.f.*** rationalisation.
razionalmente [ra-zio-nal-mén-te] ***avv.*** rationnellement: *uno spazio concepito razionalmente*, un espace conçu rationnellement.
razionamento [ra-zio-na-mén-to] ***n.m.*** rationnement.
razionare [ra-zio-nà-re] ***v.tr.*** rationner.
razione [ra-zió-ne] ***n.f.*** ration; (*porzione*) portion | *razione alimentare*, ration alimentaire.
razza[1] [ràʒ-ʒa] ***n.f.*** **1** race: *incrocio di razze*, croisement entre races | *cavallo di razza*, cheval racé (*o* de race) **2** (*discendenza*) souche: *sono una razza di ladri!*, (*estens.*) c'est une race de voleurs! **3** (*tipo*) sorte, espèce | *che razza di idea!*, quelle drôle d'idée!
● ***far razza a sé***, (*estens.*) faire bande à part.
razza[2] ***n.f.*** (*zool.*) raie.
razza[3] ***n.f.*** (*delle ruote*) rai (*m.*).
razzia [raz-zì-a] ***n.f.*** razzia (*anche estens.*) | *far razzia di tutto*, tout rafler.
razziale [raz-zià-le] ***agg.*** racial*.
razziare [raz-zi-à-re] ***v.tr.*** piller.
razziatore [raz-zia-tó-re] ***agg.*** e ***n.m.*** [f. *-trice*] pillard.
razzismo [raz-zì-ʃmo] ***n.m.*** racisme.
razzista [raz-zì-sta] ***agg.*** e ***n.m.*** e ***f.*** raciste.
razzistico [raz-zì-sti-co] ***agg.*** [pl.m. *-ci*, f. *-che*] raciste.
razzo [ràʒ-ʒo] ***n.m.*** **1** fusée (*f.*) **2** (*mil.*) (*di armi anticarro e aereo*) roquette (*f.*).
● ***partire come un razzo, a razzo***, (*fig.*) partir comme une flèche (*o* une fusée *o* un éclair).

razzolare [raz-zo-là-re] *v.intr.* [aus. *avere*] picorer.
● ***predica bene, ma razzola male***, il est du genre: faites ce que je dis, mais ne faites pas ce que je fais.

re[1] *n.m.* roi.
● ***sentirsi un re***, (*fig.*) se sentir maître de l'univers | ***stare come un, da re***, (*fig.*) être heureux comme un poisson dans l'eau.

re[2] *n.m.* (*mus.*) ré.

reagente [re-a-gèn-te] *agg.* e *n.m.* réactif* (*anche fig.*).

reagire [re-a-gì-re] *v.intr.* [coniug. come *finire*; aus. *avere*] réagir: *reagire agli insulti*, réagir aux insultes; *il suo organismo reagisce bene*, son organisme réagit bien.

reale[1] [re-à-le] *agg.* réel*: *le sue reali intenzioni*, ses intentions réelles (*o* ses véritables intentions) ♦ *n.m.* (*la realtà*) réel.
● (*mat.*) ***numero reale***, nombre réel.

reale[2] *agg.* royal*: *la famiglia reale*, la famille royale ♦ *n.m.* (*solo pl.*) (*i sovrani*) les souverains, la famille (*f.sing.*) royale: *i reali del Belgio*, les souverains de Belgique.

realismo[1] [re-a-lì-ʃmo] *n.m.* réalisme: *il realismo di una descrizione*, le réalisme d'une description.

realismo[2] *n.m.* (*pol.*) royalisme.

realista[1] [re-a-lì-sta] *agg.* e *n.m.* e *f.* réaliste.

realista[2] *agg.* e *n.m.* e *f.* (*pol.*) (*monarchico*) royaliste.

realistico [re-a-lì-sti-co] *agg.* [pl.m. -*ci*, f. -*che*] réaliste.

realizzabile [re-a-liʒ-ʒà-bi-le] *agg.* réalisable.

realizzare [re-a-liʒ-ʒà-re] *v.tr.* **1** réaliser: *realizzare un sogno, un progetto*, réaliser un rêve, un projet **2** (*econ.*) réaliser: *realizzare un utile*, réaliser un bénéfice **3** (*capire bene*) comprendre*, réaliser **4** (*inform.*) implémenter, mettre* en œuvre ♦ **realizzarsi** *v.pron.intr.* se réaliser: *i miei progetti si sono realizzati*, mes projets se sont réalisés ♦ *v.pron.* se réaliser: *si realizza nel lavoro*, il se réalise dans le travail.

realizzato [re-a-liʒ-ʒà-to] *agg.* réalisé.

realizzatore [re-a-liʒ-ʒa-tó-re] *n.m.* [f. -*trice*] réalisateur*.

realizzazione [re-a-liʒ-ʒa-zió-ne] *n.f.* **1** réalisation: *la realizzazione di un film*, la réalisation d'un film **2** (*econ.*) réalisation **3** (*inform.*) implémentation, mise en œuvre.

realizzo [re-a-lìʒ-ʒo] *n.m.* (*comm.*) revient; (*banca*) réalisation (*f.*) | *a prezzi di realizzo*, à prix de revient.

realmente [re-al-mén-te] *avv.* réellement: *sono fatti realmente accaduti*, ce sont des événements qui se sont réellement passés.

realtà [re-al-tà] *n.f.invar.* réalité: *la realtà quotidiana*, la réalité quotidienne.
● ***realtà virtuale***, réalité virtuelle | ***in realtà***, en réalité.

reame [re-à-me] *n.m.* (*letter.*) royaume.

reato [re-à-to] *n.m.* (*dir.*) délit; (*con pena di polizia*) contravention (*f.*); (*con pena afflittiva*) crime: *commettere un reato*, commettre un délit (*o* un crime) | *il fatto non costituisce reato*, cet acte ne constitue pas un délit.

reattanza [re-at-tàn-za] *n.f.* (*fis.*) réactance.

reattività [re-at-ti-vi-tà] *n.f.invar.* (*scient.*) réactivité.

reattivo [re-at-tì-vo] *agg.* réactif* ♦ *n.m.* **1** (*chim.*) réactif **2** (*psic.*) test psychologique.

reattore [re-at-tó-re] *n.m.* (*fis., elettr.*) réacteur.
● ***reattore nucleare***, réacteur nucléaire.

reazionario [re-a-zio-nà-rio] *agg.* e *n.m.* [f. -*a*; pl.m. -*ri*] réactionnaire.

reazione [re-a-zió-ne] *n.f.* réaction.
● (*fis.*) ***reazione a catena***, réaction en chaîne | ***aereo a reazione***, avion à réaction (*o* réacteur) | (*mecc.*) ***propulsione a reazione***, propulsion par réaction.

rebbio [réb-bio] *n.m.* [pl. -*bi*] dent (*f.*) (d'une fourche).

reboante [re-bo-àn-te] *agg.* → **roboante**.

rebus [rè-bus] *n.m.invar.* rébus; (*fig.*) énigme (*f.*): *quell'uomo è un rebus*, cet homme est une énigme.

recapitare [re-ca-pi-tà-re] *v.tr.* remettre*.

recapito [re-cà-pi-to] *n.m.* **1** (*indirizzo*) adresse (*f.*): *vi lascio il mio recapito*, je vous laisse mon adresse; *hai un recapito a Parigi?*, tu as un point de chute à Paris? **2** (*consegna*) remise (*f.*): *provvedere al recapito di una lettera*, remettre une lettre, (*incaricando un'altra persona*) faire parvenir une lettre.
● ***recapito a domicilio***, remise à domicile.

recare [re-cà-re] *v.tr.* [coniug. come *mancare*] **1** apporter: *recare in dono*, apporter comme cadeau **2** (*portare su di sé, mostrare*) porter: *la tavoletta recava un'iscrizione*, la tablette portait une inscription **3** (*causare*) causer: *recare dolore*, causer de la peine; *recare gioia*, donner de la joie; *recare danno*, porter préjudice | *recare offesa a qlcu*, faire offense à qqn (*o* offenser qqn) | *recare disturbo a qlcu*, déranger qqn ♦ **recarsi** *v.pron.intr.* se rendre*: *recarsi da qlcu*, se rendre chez qqn.

recedere [re-cè-de-re] *v.intr.* [aus. *avere*] **1** reculer; (*fig.*) (*rinunciare*) renoncer* (**à**): *recedere da una posizione*, abandonner une position; *recedere da una decisione*, revenir sur une décision **2** (*dir.*) résilier (**qqch**); (*da un diritto*) renoncer (**à**): *recedere da un contratto*, résilier un contrat; *recedere da una querela*, se désister d'une plainte.

recensione [re-cen-sió-ne] *n.f.* **1** compte (*m.*) rendu, critique: *recensione favorevole, negativa*, bonne, mauvaise presse **2** (*filol.*) récension.

recensire [re-cen-sì-re] *v.tr.* [coniug. come *finire*] faire* le compte rendu, la critique (**de**): *è un libro ben recensito*, c'est un livre qui a une bonne presse.

recensore [re-cen-só-re] *n.m.* [f. -*a* o *recensitrice*] critique.

recente [re-cèn-te] *agg.* récent: *una scoperta recente*, une découverte récente.
● ***di recente***, récemment.

recentemente [re-cen-te-mén-te] *avv.* récemment.

recentissime [re-cen-tìs-si-me] *n.f.pl.* (*giorn.*) dernières nouvelles.

recepire [re-ce-pì-re] *v.tr.* [coniug. come *finire*] (*accogliere*) accueillir.

reception [re'sɛpʃon] *n.f.invar.* (*in alberghi, cliniche ecc.*) réception.

receptionist [re'sepʃonist] *n.m.* e *f.invar.* (*in alberghi, cliniche ecc.*) réceptionniste.

recessione [re-ces-sió-ne] *n.f.* **1** (*dir.*) (*di contratto*) résiliation; (*di querela ecc.*) désistement (*m.*) **2** (*econ.*) récession; crise économique **3** (*astr.*) récession **4** (*biol.*) récessivité.

recessivo [re-ces-sì-vo] *agg.* récessif* | (*econ.*) *fase recessiva*, phase de récession.
● (*biol.*) ***carattere, gene recessivo***, caractère, gène récessif.

recesso [re-cès-so] *n.m.* **1** (*letter.*) asile: *i recessi più profondi dell'anima*, (*fig.*) les replis les plus secrets de l'âme **2** (*il recedere*) recul **3** (*dir.*) renonciation (*f.*), dé-

R

dit; (*di querela ecc.*) désistement | *diritto di recesso*, droit de repentir, droit de retrait.

recidere [re-cì-de-re] ***v.tr.*** [coniug. come *ridere*] couper; (*med.*) exciser.

recidiva [re-ci-dì-va] ***n.f.*** **1** (*dir.*) récidive **2** (*med.*) (*ricaduta*) rechute, récidive.

recidività [re-ci-di-vi-tà] ***n.f.invar.*** (*dir., med.*) récidivité.

recidivo [re-ci-dì-vo] ***agg.*** e ***n.m.*** [f. *-a*] **1** (*dir.*) récidiviste **2** (*med.*) (celui*) qui fait une rechute.

recingere [re-cìn-ge-re] ***v.tr.*** [coniug. come *spingere*] entourer (**de**).

recintare [re-cin-tà-re] ***v.tr.*** clôturer (**de**); entourer (**de**).

recinto [re-cìn-to] ***n.m.*** **1** enceinte (*f.*), enclos: *rinchiudere in un recinto*, parquer dans un enclos **2** (*box per bambini*) parc.

● (*Borsa*) ***recinto delle grida***, corbeille | (*ippica*) ***recinto del peso***, pesage.

recinzione [re-cin-zió-ne] ***n.f.*** **1** action d'entourer **2** (*recinto*) clôture, enceinte: *recinzione metallica*, clôture métallique.

recipiente [re-ci-pièn-te] ***n.m.*** récipient.

reciprocamente [re-ci-pro-ca-mén-te] ***avv.*** réciproquement: *aiutatevi reciprocamente*, aidez-vous l'un l'autre (*o* les uns les autres).

reciprocità [re-ci-pro-ci-tà] ***n.f.invar.*** réciprocité.

reciproco [re-cì-pro-co] ***agg.*** [pl.m. *-ci*, f. *-che*] réciproque: *assistenza reciproca*, assistance réciproque.

recisamente [re-ci-sa-mén-te] ***avv.*** carrément, nettement, fermement.

recisione [re-ci-ʃió-ne] ***n.f.*** **1** action de couper; (*di rami*) taille; (*di capelli*) coupe; (*med.*) excision **2** (*fig.*) (*risolutezza*) fermeté, décision: *rifiutare con recisione*, refuser avec décision.

reciso [re-cì-ʃo] ***agg.*** **1** coupé; (*med.*) excisé **2** (*fig.*) (*risoluto*) tranchant: *una risposta recisa*, une réponse tranchante (*o* ferme).

recita [rè-ci-ta] ***n.f.*** **1** (*teatr.*) représentation | *recita di beneficenza*, représentation (*o* spectacle) de bienfaisance **2** (*recitazione*) récitation.

R

FAUX AMI
Da non confondere con *récit*, che significa *racconto, narrazione.*

recital ['rɛsital] ***n.m.invar.*** récital*.

recitare [re-ci-tà-re] ***v.tr.*** **1** réciter; (*dire*) dire*: *recitare una poesia*, réciter (*o* dire) une poésie **2** (*teatr.*) jouer | *recitare a soggetto*, improviser (sur un thème) | *modo di recitare*, jeu, interprétation **3** (*fig.*) jouer: *si direbbe che reciti*, on dirait qu'il récite sa leçon **4** (*di legge, norma*) affirmer.

recitativo [re-ci-ta-tì-vo] ***agg.*** e ***n.m.*** (*mus.*) récitatif.

recitazione [re-ci-ta-zió-ne] ***n.f.*** **1** (*il recitare*) récitation **2** (*dizione*) diction; (*teatr.*) jeu* (*m.*), interprétation.

● ***scuola di recitazione***, cours d'art dramatique.

reclamare [re-cla-mà-re] ***v.tr.*** réclamer: *reclamare la propria parte d'eredità*, réclamer sa part d'héritage ♦ ***v.intr.*** [aus. *avere*] (*protestare*) réclamer: *reclamare presso qlcu*, adresser une réclamation à qqn.

réclame [re'klam] ***n.f.invar.*** (*pubblicità*) réclame.

reclamistico [re-cla-mì-sti-co] ***agg.*** [pl.m. *-ci*, f. *-che*] publicitaire.

reclamizzare [re-cla-miʒ-ʒà-re] ***v.tr.*** faire* de la publicité, de la réclame (**à**).

reclamo [re-clà-mo] ***n.m.*** réclamation (*f.*).

● ***ufficio reclami***, bureau des réclamations.

reclinabile [re-cli-nà-bi-le] ***agg.*** rabattable.

reclinare [re-cli-nà-re] ***v.tr.*** baisser: *reclinare un sedile*, rabattre un siège.

recludere [re-clù-de-re] ***v.tr.*** [coniug. come *chiudere*] (*letter.*) cloîtrer.

reclusione [re-clu-ʃió-ne] ***n.f.*** **1** isolement (*m.*); (*prigione*) prison **2** (*dir.*) réclusion: *condannato a tre anni di reclusione*, condamné à trois ans de réclusion | *reclusione a vita*, réclusion à perpétuité.

recluso [re-clù-ʃo] ***agg.*** e ***n.m.*** [f. *-a*] reclus; prisonnier* (*anche fig.*).

reclusorio [re-clu-ʃò-rio] ***n.m.*** [pl. *-ri*] pénitencier.

recluta [rè-clu-ta] ***n.f.*** recrue (*anche fig.*).

reclutamento [re-clu-ta-mén-to] ***n.m.*** (*mil.*) recrutement.

● ***ufficio di reclutamento***, (bureau) de recrutement.

reclutare [re-clu-tà-re] ***v.tr.*** recruter: *reclutare collaboratori, clienti*, recruter des collaborateurs, des clients.

recondito [re-còn-di-to] ***agg.*** **1** (*appartato*) écarté **2** (*fig.*) (*nascosto*) caché; (*segreto*) secret*: *un pensiero recondito*, une arrière-pensée.

record [rè-cord] ***n.m.invar.*** **1** (*primato*) record: *battere, stabilire un record*, battre, établir un record **2** (*inform.*) enregistrement ♦ ***agg.invar.*** record: *velocità record*, vitesse record.

● ***a tempo di record, in tempo record***, en un temps record.

recriminare [re-cri-mi-nà-re] ***v.intr.*** [aus. *avere*] récriminer.

recriminazione [re-cri-mi-na-zió-ne] ***n.f.*** récrimination; (*lamentela*) plainte.

recrudescenza [re-cru-de-scèn-za] ***n.f.*** recrudescence.

recto [rèc-to] ***n.m.invar.*** **1** (*di foglio*) recto **2** (*di moneta ecc.*) face (*f.*).

recuperabile [re-cu-pe-rà-bi-le] ***agg.*** récupérable.

recuperare [re-cu-pe-rà-re] ***v.tr.*** **1** récupérer*; (*riacquistare*) recouvrer; (*riguadagnare*) rattraper: *recuperare la vista*, recouvrer la vue; *recuperare il tempo perduto*, rattraper le temps perdu; *recuperare i tossicodipendenti*, récupérer les toxicomanes; *recuperare qlcu alla società*, (*fig.*) récupérer qqn pour la société; *recuperare le forze*, recouvrer ses forces **2** (*vittime; rottami*) retrouver; (*naufraghi*) sauver **3** (*ripescare*) (*una nave*) renflouer; (*una salma, rottami*) repêcher **4** (*edil.*) (*risanare*) réhabiliter.

recuperatore [re-cu-pe-ra-tó-re] ***n.m.*** récupérateur.

recupero [re-cù-pe-ro] ***n.m.*** **1** (*il recuperare*) récupération (*f.*); (*il riacquistare*) recouvrement: *il recupero del vetro, della carta*, la récupération du verre, du papier; *ha grandi capacità di recupero*, il récupère facilement | (*comm.*) *recupero di un credito*, recouvrement d'une créance **2** (*di vittime; di rottami*) retrouvement; (*di naufraghi*) sauvetage **3** (*di una nave*) renflouement; (*di salme, rottami*) repêchage: *il recupero dei resti dei macchinari*, la récupération des débris de machines-outils **4** (*oggetto ricuperato*) débris **5** (*sport*) arrêts (*pl.*) de jeu: *giocare tre minuti di recupero*, jouer trois minutes d'arrêts de jeu.

● ***classi di recupero***, cours de rattrapage | (*sport*) ***partita di recupero***, match en retard.

redarguire [re-dar-gu-ì-re] *v.tr.* [coniug. come *finire*] réprimander.

redassi → **redigere**.

redattore [re-dat-tó-re] *n.m.* [f. *-trice*] rédacteur*: *il redattore di un dizionario*, le rédacteur d'un dictionnaire.
● *redattore capo, capo redattore*, rédacteur en chef.

redazionale [re-da-zio-nà-le] *agg.* rédactionnel*, de (la) rédaction: *lavoro redazionale*, travail rédactionnel.

redazione [re-da-zió-ne] *n.f.* 1 rédaction: *la redazione di un processo verbale*, la rédaction d'un procès verbal 2 (*ufficio e insieme di redattori*) rédaction | *segretaria di redazione*, secrétaire de (la) rédaction.

redditività [red-di-ti-vi-tà] *n.f.invar.* rentabilité.

redditizio [red-di-tì-zio] *agg.* [pl.m. *-zi*] rentable; (*fruttuoso*) fructueux*: *professione redditizia*, profession lucrative.

reddito [rèd-di-to] *n.m.* revenu: *reddito medio*, revenu moyen; *reddito pubblico*, revenu public; *imposta sui redditi*, impôt sur le revenu.
● (*fin.*) ***reddito da capitale***, revenu, produit de capital | (*trib.*): ***reddito imponibile***, revenu imposable; ***dichiarazione dei redditi***, déclaration d'impôts | (*fin.*) ***titoli a reddito fisso***, titres à revenu fixe, à intérêt fixe.

FAUX AMI
Da non confondere con il participio passato *redit*, che significa *ridetto*.

redditometro [red-di-tò-me-tro] *n.m.* (*econ.*) système d'évaluation du revenu.

redensi → **redimere**.

redento [re-dèn-to] *agg.* 1 (*liberato*) racheté | (*st.*) *terre redente*, territoires rattachés à la mère patrie 2 (*relig.*) (*salvato*) sauvé.

redentore [re-den-tó-re] *agg.* e *n.m.* [f. *-trice*] rédempteur*.

redenzione [re-den-zió-ne] *n.f.* 1 rédemption 2 (*dir.*) amortissement (*m.*).

redigere [re-dì-ge-re] *v.tr.* [p.rem. *io redassi, tu redigesti* ecc.; p.p. *redatto*] 1 rédiger*: *redigere un articolo*, rédiger un article 2 (*comm.*) rédiger*, dresser: *redigere un bilancio*, établir un bilan.

redimere [re-dì-me-re] *v.tr.* [p.rem. *io redensi, tu redimesti, egli redense, noi redimemmo, voi redimeste, essi redensero*; p.p. *redento*] 1 (*riscattare*) racheter*; (*liberare*) délivrer; (*affrancare*) affranchir: *redimere dalla schiavitù*, affranchir (*o* délivrer) de l'esclavage 2 (*comm.*) (*estinguere*) racheter*, payer* ♦ **redimersi** *v.pron.* se racheter*.

redimibile [re-di-mì-bi-le] *agg.* (*econ.*) rachetable, amortissable: *debito redimibile*, dette remboursable.

redine [rè-di-ne] *n.f.* rêne, bride (*anche fig.*): *tenere, allentare le redini*, tenir, lâcher la bride.

redistribuire [re-di-stri-bu-ì-re] *v.tr.* → **ridistribuire**.

redivivo [re-di-vì-vo] *agg.* 1 (*tornato in vita*) ressuscité 2 (*fig.*) craché; (*novello*) nouveau*.

reduce [rè-du-ce] *agg.* de retour (**de**): *soldato reduce dal fronte*, soldat de retour du front ♦ *n.m.* e *f.* 1 (*di guerra*) vétéran (*m.*), ancien/enne combattant/e 2 (*sopravvissuto*) rescapé/ée: *i reduci dei campi di concentramento*, les rescapés des camps de concentration.

refe [ré-fe] *n.m.* fil.

referendario [re-fe-ren-dà-rio] *agg.* [pl.m. *-ri*] référendaire | *campagna referendaria*, campagne référendaire.

referendum [re-fe-rèn-dum] *n.m.invar.* référendum: *indire un referendum*, organiser un référendum.
● ***referendum abrogativo***, référendum abrogatif.

referente [re-fe-rèn-te] *agg.* référendaire: *commissione referente*, commission référendaire ♦ *n.m.* (*ling.*) référent ♦ *n.m.* e *f.* (*punto di riferimento*) point (*m.*) de repère.

referenza [re-fe-rèn-za] *n.f.* référence: *una domestica con ottime referenze*, une domestique avec d'excellentes références.

referenziare [re-fe-ren-zià-re] *v.tr.* donner des références (**sur**) ♦ *v.intr.* [aus. *avere*] présenter ses références.

referenziato [re-fe-ren-zià-to] *agg.* pourvu de (bonnes) références.

referto [re-fèr-to] *n.m.* rapport.
● ***referto medico***, rapport médical.

refettorio [re-fet-tò-rio] *n.m.* [pl. *-ri*] réfectoire.

refezione [re-fe-zió-ne] *n.f.* collation | *refezione scolastica*, repas scolaire.

refill [rè-fill] *n.m.invar.* (*di penne a sfera*) recharge (*f.*); (*di stilografiche*) cartouche (*f.*).

reflex [rè-flex] *agg.invar.* (*fot.*) reflex ♦ *n.m.* o *f.invar.* appareil (*m.*) reflex.

refolo [rè-fo-lo] *n.m.* bouffée (*f.*) de vent.

refrattarietà [re-frat-ta-rie-tà] *n.f.invar.* 1 (*di un materiale*) nature réfractaire 2 (*med.*) insensibilité 3 (*fig.*) insensibilité.

refrattario [re-frat-tà-rio] *agg.* [pl.m. *-ri*] 1 réfractaire 2 (*med.*) insensible (*anche fig.*).

refrigerante [re-fri-ge-ràn-te] *agg.* réfrigérant; (*rinfrescante*) rafraîchissant | *celle refrigeranti*, chambres froides.

refrigerare [re-fri-ge-rà-re] *v.tr.* réfrigérer* ♦ **refrigerarsi** *v.pron.* se rafraîchir, se refroidir.

refrigeratore [re-fri-ge-ra-tó-re] *agg.* [f. *-trice*] réfrigérant ♦ *n.m.* 1 réfrigérateur 2 (*frigorifero*) freezer, congélateur.

refrigerazione [re-fri-ge-ra-zió-ne] *n.f.* réfrigération.

refrigerio [re-fri-gè-rio] *n.m.* [pl. *-ri*] fraîcheur (*f.*); (*fig.*) soulagement.

refurtiva [re-fur-tì-va] *n.f.* butin (*m.*).

refuso [re-fù-ʃo] *n.m.* (*tip.*) coquille (*f.*).

FAUX AMI
Da non confondere con *refus*, che significa *rifiuto*.

R

regalare [re-ga-là-re] *v.tr.* offrir*, faire* cadeau (**de**): *regalare un mazzo di fiori a qlcu*, offrir un bouquet de fleurs à qqn; *me lo regali?*, m'en fais-tu cadeau?, *a questo prezzo è proprio regalato*, (*estens.*) à ce prix, c'est donné ♦ **regalarsi** *v.pron. indiretto* s'offrir*: *regalarsi un giorno di vacanza*, s'offrir un jour de congé.

FAUX AMI
Da non confondere con *régaler*, che significa *offrire un pranzo, pagare da bere*.

regale [re-gà-le] *agg.* royal*: *portamento regale*, maintien noble, (*di donna*) port de reine.

regalia [re-ga-lì-a] *n.f.* 1 (*regalo*) gratification 2 (*spec. pl.*) dons (*m.pl.*).

regalità [re-ga-li-tà] *n.f.invar.* 1 royauté 2 (*fig.*) majesté.

regalmente [re-gal-mén-te] *avv.* royalement: *ci hanno ricevuti regalmente*, (*estens.*) ils nous ont reçus comme des rois.

regalo [re-gà-lo] *n.m.* cadeau*: *dare qlco in regalo a* *qlcu*, faire cadeau de qqch à qqn; *mandare in regalo*, envoyer comme cadeau; *se vieni, mi fai un regalo*, (*estens.*) si tu viens, ça me fera vraiment plaisir ♦ *agg.invar.* cadeau: *pacchetto regalo*, paquet cadeau.

FAUX AMI
Da non confondere con *régal*, che significa *leccornia, delizia.*

regata [re-gà-ta] *n.f.* (*sport*) régate | *regata storica*, régate historique.

regatante [re-ga-tàn-te] *n.m.* e *f.* (*sport*) régatier/ère.

regatare [re-ga-tà-re] *v.intr.* [aus. *avere*] (*mar.*) régater.

reggente [reg-gèn-te] *agg.* e *n.m.* e *f.* régent/e.
● (*gramm.*) ***(proposizione) reggente***, (proposition) principale.

reggenza [reg-gèn-za] *n.f.* **1** régence **2** (*gramm.*) complément (*m.*); (*di verbo*) régime (*m.*).

reggere [règ-ge-re] *v.tr.* [coniug. come *leggere*] **1** supporter; (*sostenere*) soutenir*; (*tenere*) tenir*: *reggere un peso*, soutenir un poids; *reggere per un braccio*, soutenir en tenant par le bras; *le forze non mi reggono*, (*fig.*) mes forces m'abandonnent | *reggere il confronto*, soutenir la comparaison | *reggere il vino*, tenir le vin | *non lo reggo proprio*, (*fam.*) je n'arrive pas à l'encaisser **2** (*resistere*) résister (**à**): *reggere una prova*, résister à une épreuve **3** (*guidare*) gouverner: *reggere uno Stato*, gouverner un État; *reggere le sorti di un paese*, (*fig.*) présider aux destinées d'un pays | *reggere il timone*, (*anche fig.*) tenir le gouvernail **4** (*gramm.*) régir ♦ *v.intr.* [aus. *avere*] résister: *non so quanto potrà reggere*, je ne sais pas jusqu'à quel point il pourra résister; *la memoria non gli regge*, sa mémoire est défaillante | *reggere al confronto*, soutenir la comparaison | *se il tempo regge*, si le temps se maintient | *non ci regge il cuore a*, nous n'avons pas le cœur de | *la sua tesi non regge*, sa thèse ne tient pas debout ♦ **reggersi** *v.pron.* e *pron.intr.* **1** (*sostenersi*) se tenir* (*anche fig.*): *reggersi in piedi*, se tenir debout; *reggersi bene sulle gambe*, être solide sur ses jambes **2** (*governarsi*) se gouverner ♦ *v.pron. rec.* se tenir*.

reggia [règ-gia] *n.f.* [pl. *-ge*] palais (*m.*) (royal).

reggiano [reg-già-no] *agg.* de Reggio Emilia ♦ *n.m.* **1** [f. *-a*] (*abitante*) habitant de Reggio Emilia **2** (*formaggio grana*) parmesan (de Reggio Emilia).

reggicalze [reg-gi-càl-ze] *n.m.invar.* porte-jarretelles*.

reggilibro [reg-gi-lì-bro] *n.m.invar.* serre-livres*.

reggimento [reg-gi-mén-to] *n.m.* régiment (*anche mil.*).

reggino [reg-gì-no] *agg.* de Reggio Calabria.

reggipetto [reg-gi-pèt-to] *n.m.* [pl. *-i* o *invar.*] → **reggiseno**.

reggiposata [reg-gi-po-sà-ta] *n.m.invar.* porte-couteau*.

reggiseno [reg-gi-sé-no] *n.m.* soutien-gorge*: *reggiseno con il ferretto*, soutien-gorge à armature.

regia [re-gì-a] *n.f.* **1** (*cine., teatr.*) mise en scène; (*il personale di regia*) régie **2** (*organizzazione*) organisation, direction **3** (*monopolio*) régie.

regicida [re-gi-cì-da] *agg.* e *n.m.* e *f.* régicide.

regicidio [re-gi-cì-dio] *n.m.* [pl. *-di*] régicide.

regime [re-gì-me] *n.m.* **1** (*forma di governo*) régime: *il nuovo, il vecchio regime*, le nouveau, l'ancien régime **2** (*econ.*) régime; (*sistema*) système | *regime di mercato*, système de marché **3** (*dieta*) régime: *regime vegetariano*, régime végétarien | *essere, tenersi a regime*, être au régime **4** (*fis., geogr.*) régime: *il regime delle piogge*, le régime des pluies (*o* pluvial).
● ***a (pieno) regime***, à plein régime: *funzionare a pieno regime*, marcher à plein régime.

regina [re-gì-na] *n.f.* **1** reine (*anche fig.*) **2** (*alle carte*) dame; (*negli scacchi*) reine.

reginetta [re-gi-nét-ta] *n.f.* reine | *reginetta di bellezza*, reine de beauté.

regio [rè-gio] *agg.* [pl.m. *-gi*, f. *-gie* o *-ge*] royal*.
● (*chim.*) ***acqua regia***, eau régale.

regionale [re-gio-nà-le] *agg.* régional*.

regionalismo [re-gio-na-li-ʃmo] *n.m.* régionalisme.

regionalista [re-gio-na-lì-sta] *n.m.* e *f.* régionaliste.

regionalistico [re-gio-na-lì-sti-co] *agg.* [pl.m. *-ci*, f. *-che*] régionaliste.

regionalmente [re-gio-nal-mén-te] *avv.* par régions.

regione [re-gió-ne] *n.f.* région.
● (*amm.*) ***regioni a statuto ordinario, speciale***, régions à statut ordinaire, spécial.

regista [re-gì-sta] *n.m.* e *f.* **1** metteur (*m.*) en scène: *regista della televisione*, producteur de télévision; *è un'affermata regista teatrale, cinematografica*, c'est un excellent metteur en scène, une excellente cinéaste; *è stato il regista delle trattative*, (*estens.*) c'est lui qui a orchestré les tractations | *aiuto regista*, assistant **2** (*sport*) coordinateur/trice.

registrabile [re-gi-strà-bi-le] *agg.* enregistrable.

registrare [re-gi-strà-re] *v.tr.* **1** (*amm., dir.*) enregistrer: *registrare un marchio*, enregistrer, déposer une marque | (*comm.*): *registrare a giornale*, inscrire au journal; *registrare a credito*, passer au crédit; *registrare in conto nuovo*, porter en compte à nouveau **2** (*rilevare*) enregistrer: *nell'ultimo anno si è registrato un calo demografico*, l'année dernière on a enregistré une diminution de la population **3** (*suoni, immagini*) enregistrer: *registrare un film con il videoregistratore*, enregistrer, magnétoscoper un film **4** (*immatricolare*) immatriculer **5** (*tecn.*) régler*: *registrare i freni*, régler les freins **6** (*inform.*) enregistrer, stocker.

registrato [re-gi-strà-to] *agg.* **1** enregistré **2** (*tecn.*) réglé.
● ***marchio registrato***, marque déposée.

registratore [re-gi-stra-tó-re] *agg.* [f. *-trice*] enregistreur* ♦ *n.m.* enregistreur; (*dei suoni*) magnétophone; (*di suoni e immagini*) magnétoscope.
● (*comm.*) ***registratore di cassa***, caisse enregistreuse | (*aer.*) ***registratore di volo***, enregistreur de vol.

registrazione [re-gi-stra-zió-ne] *n.f.* **1** (*amm.*) enregistrement (*m.*): *registrazione di un contratto*, enregistrement d'un contrat **2** (*di suoni, immagini*) enregistrement (*m.*): *trasmettere la registrazione di una partita*, transmettre un match en différé | *registrazione televisiva*, télé-enregistrement **3** (*tecn.*) réglage (*m.*).

registro [re-gì-stro] *n.m.* **1** registre, cahier; (*comm.*) livre, registre: *il registro del professore*, le registre du professeur | *registro di classe*, cahier de classe **2** (*ling.*) registre: *cambia registro con me*, (*fam.*) change de ton avec moi **3** (*mus.*) registre.
● (*mar.*) ***registro di bordo***, livre de bord | (*comm.*) ***registro di cassa***, livre de caisse | (*mar.*) ***registro navale***, Bureau Veritas | ***tassa di registro***, droits d'enregistrement | ***Ufficio del Registro***, Bureau de l'Enregistrement.

regnante [re-gnàn-te] *agg.* régnant ♦ *n.m.* (*solo pl.*) têtes (*f.*) couronnées, souverains.

regnare [re-gnà-re] ***v.intr.*** [aus. *avere*] régner* (*anche fig.*): *nel paese regnava la calma*, le calme régnait dans le pays.

regno [ré-gno] ***n.m.*** **1** (*paese*) royaume; (*durata del regno*) règne; (*dignità di re*) royauté (*f.*): *il regno di Spagna*, le royaume d'Espagne; *abdicare al regno*, abdiquer | (*relig.*) *il regno dei Cieli*, le royaume des Cieux | (*biol.*) *il regno animale*, le règne animal **2** (*fig.*) règne, royaume: *il regno della fantasia*, le domaine de la fantaisie | *il regno delle tenebre*, l'empire des ténèbres.

regola [rè-go-la] ***n.f.*** **1** règle: *le regole di un gioco*, les règles d'un jeu **2** (*moderazione*) mesure, modération: *mangiare senza regola*, manger immodérément.
● ***a regola d'arte***, selon toutes les règles de l'art | ***avere le carte in regola***, (*fig.*) avoir tous les atouts (en main) | (*comm.*) ***cambiali in regola***, effets protestables | ***di regola***, en règle générale | ***è buona regola***, il est de règle de, l'usage veut que | ***essere in regola***, être en règle | ***in piena regola***, en bonne et due forme | ***per tua norma e regola***, pour ta gouverne.

regolabile [re-go-là-bi-le] ***agg.*** réglable.

regolamentare[1] [re-go-la-men-tà-re] ***agg.*** réglementaire: *procedura regolamentare*, procédure réglementaire.

regolamentare[2] ***v.tr.*** réglementer: *regolamentare il traffico*, réglementer la circulation.

regolamentazione [re-go-la-men-ta-zió-ne] ***n.f.*** réglementation.

regolamento [re-go-la-mén-to] ***n.m.*** **1** (*complesso di norme*) règlement: *lo vieta il regolamento*, c'est interdit par le règlement | *a norma di regolamento, come prescrive il regolamento*, comme le prescrit le règlement **2** (*il regolare*) régularisation (*f.*) **3** (*comm.*) (*pagamento*) règlement: *regolamento di una fattura*, règlement, paiement d'une facture.
● ***regolamento di conti***, (*fig.*) règlement de comptes.

regolare[1] [re-go-là-re] ***agg.*** régulier*: *lineamenti regolari*, traits réguliers; *camminare con un passo regolare*, marcher à pas réguliers.
● (*gramm.*) ***verbi regolari***, verbes réguliers.

regolare[2] ***v.tr.*** **1** (*disciplinare*) réglementer: *regolare il traffico*, régler, réglementer la circulation **2** (*con dispositivi*) régler*: *regolare il volume del televisore*, régler le volume de la télévision; *regolare la sveglia sulle 7*, mettre son réveil à 7 heures **3** (*normalizzare, rendere regolare*) régulariser: *regolare il corso di un fiume*, régulariser le cours d'un fleuve; *farsi regolare i capelli*, se faire égaliser les cheveux **4** (*pagare*) régler*: *regolare una fattura*, régler une facture **5** (*definire*) régler*: *regolare una questione*, régler une question **6** (*reggere*) régir: *le leggi che regolano un fenomeno*, les lois qui régissent un phénomène ♦ **regolarsi** ***v.pron.*** **1** (*moderarsi*) se modérer*: *regolarsi nelle spese*, modérer ses dépenses **2** (*comportarsi*) se conduire*: *regolati come ti pare*, agis comme tu voudras.

regolarità [re-go-la-ri-tà] ***n.f.invar.*** régularité: *la regolarità del battito cardiaco*, la régularité du battement du cœur; *con una certa regolarità*, assez régulièrement.
● (*sport*) ***gara di regolarità***, rallye (routier) de régularité.

regolarizzare [re-go-la-riʒ-ʒà-re] ***v.tr.*** régulariser.

regolarizzazione [re-go-la-riʒ-ʒa-zió-ne] ***n.f.*** régularisation.

regolarmente [re-go-lar-mén-te] ***avv.*** régulièrement: *le cose procedono regolarmente*, les choses se déroulent régulièrement; *arriva regolarmente in ritardo*, il arrive invariablement en retard; (*comm.*) *il vostro preventivo ci è regolarmente pervenuto*, votre devis nous est bien parvenu.

regolata [re-go-là-ta] ***n.f.*** mise au point: *dare una regolata a qlco*, régler qqch.
● ***darsi una regolata***, (*fam.*) se calmer, se discipliner.

regolatamente [re-go-la-ta-mén-te] ***avv.*** avec modération.

regolato [re-go-là-to] ***agg.*** réglé: *fare vita regolata*, mener une vie réglée; *è regolato nel bere*, il boit avec modération.

regolatore [re-go-la-tó-re] ***agg.*** [f. *-trice*] régulateur* ♦ ***n.m.*** (*tecn.*) régulateur | (*elettr.*) *regolatore di tensione*, régulateur de tension.
● ***piano regolatore***, plan d'aménagement; (*generale*) plan d'urbanisme.

regolazione [re-go-la-zió-ne] ***n.f.*** **1** régulation **2** (*di meccanismo*) réglage (*m.*) **3** (*di corso d'acqua*) régularisation.

regolo [rè-go-lo] ***n.m.*** règle (*f.*).
● ***regolo calcolatore***, règle à calcul.

regredire [re-gre-dì-re] ***v.intr.*** [coniug. come *finire*; aus. *essere*] reculer, régresser; (*fig.*) rétrograder: *la febbre è regredita*, la fièvre a reculé; *regredire negli studi*, rétrograder dans ses études.

regressione [re-gres-sió-ne] ***n.f.*** régression (*anche psic.*).

regressivo [re-gres-sì-vo] ***agg.*** régressif*: *fase regressiva*, phase régressive.

regresso [re-grès-so] ***n.m.*** régression (*f.*).

reietto [re-ièt-to] ***agg.*** renié ♦ ***n.m.*** [f. *-a*] paria, laissé-pour-compte*.

reiezione [re-ie-zió-ne] ***n.f.*** (*dir.*) rejet (*m.*).

reimbarcare [re-im-bar-cà-re] ***v.tr.*** [coniug. come *mancare*] réembarquer ♦ **reimbarcarsi** ***v.pron.*** (se) réembarquer.

reimbarco [re-im-bàr-co] ***n.m.*** [pl. *-chi*] réembarquement.

reimpiegare [re-im-pie-gà-re] ***v.tr.*** [coniug. come *legare*] remployer*.

reimpiego [re-im-piè-go] ***n.m.*** [pl. *-ghi*] remploi.

reincarico [re-in-cà-ri-co] ***n.m.*** [pl. *-chi*].
● ***ottenere il reincarico (di)***, être de nouveau chargé (de).

R

reincarnare [re-in-car-nà-re] ***v.tr.*** réincarner ♦ **reincarnarsi** ***v.pron.intr.*** se réincarner.

reincarnazione [re-in-car-na-zió-ne] ***n.f.*** réincarnation.

reinserimento [re-in-se-ri-mén-to] ***n.m.*** réadaptation (*f.*), réinsertion (*f.*).

reinserire [re-in-se-rì-re] ***v.tr.*** [coniug. come *finire*] (*persone*) réadapter, réinsérer*; (*cose*) réintroduire* ♦ **reinserirsi** ***v.pron.*** se réinsérer*.

reinstallare [re-in-stal-là-re] ***v.tr.*** réinstaller.

reintegrare [re-in-te-grà-re] ***v.tr.*** **1** (*una cosa*) rétablir: *reintegrare le forze*, reconstituer, réparer ses forces **2** (*una persona*) réintégrer*: *reintegrare qlcu nelle sue funzioni*, réintégrer qqn dans ses fonctions **3** (*indennizzare*) indemniser ♦ **reintegrarsi** ***v.pron.*** e ***pron.intr.*** (*reinserirsi*) se réinsérer*.

reintegrazione [re-in-te-gra-zió-ne] ***n.f.*** **1** réintégration **2** (*risarcimento*) indemnisation.

reintrodurre [re-in-tro-dùr-re] ***v.tr.*** [coniug. come *condurre*] réintroduire*.

reinventare [re-in-ven-tà-re] ***v.tr.*** réinventer.
reinvestire [re-in-ve-stì-re] ***v.tr.*** réinvestir.
reiterare [re-i-te-rà-re] ***v.tr.*** réitérer*.
reiterato [re-i-te-rà-to] ***agg.*** réitéré.
reiterazione [re-i-te-ra-zió-ne] ***n.f.*** réitération.
relais [rə'le] ***n.m.invar.*** → **relè**.
relativamente [re-la-ti-va-mén-te] ***avv.*** relativement: *un compito relativamente facile*, un devoir relativement facile.
● ***relativamente a***, en ce qui concerne, à propos de: *relativamente a quanto chiedi*, à propos de ce que tu demandes.
relativismo [re-la-ti-vi-ʃmo] ***n.m.*** (*fil.*) relativisme.
relatività [re-la-ti-vi-tà] ***n.f.invar.*** relativité.
relativizzare [re-la-ti-viʒ-ʒà-re] ***v.tr.*** relativiser.
relativo [re-la-tì-vo] ***agg.*** **1** relatif*; (*proporzionale*) proportionnel*: *gode di un relativo benessere*, il joiut d'un relatif bien-être; *rendimento relativo alla capacità*, rendement proportionnel à, en proportion avec ses capacités **2** (*attinente*) concernant: *dati relativi al 1990*, données se référant à 1990; *ciò non è relativo al nostro problema*, cela n'a aucun rapport, n'a rien à voir avec notre problème **3** (*rispettivo*) correspondant: *i libri e i relativi autori*, les livres et les auteurs correspondants.
relatore [re-la-tó-re] ***n.m.*** [f. *-trice*] **1** (*in una conferenza*) intervenant; (*di proposta di legge*) rapporteur* **2** (*all'università*) directeur* de maîtrise: *sarà relatrice la prof. Rossi*, directeur de maîtrise, Madame Rossi.
relax [re-làx] ***n.m.invar.*** relax.
relazionale [re-la-zio-nà-le] ***agg.*** relationnel*.
relazionare [re-la-zio-nà-re] ***v.tr.*** faire* le compte rendu (**de qqch à qqn**) ♦ **relazionarsi** ***v.pron.*** (*rapportarsi, mettersi in relazione*) relationner.
relazione [re-la-zió-ne] ***n.f.*** **1** relation, rapport (*m.*): *ciò non ha alcuna relazione con l'argomento in questione*, cela n'a aucun rapport avec le problème; *mettere in relazione due fatti*, mettre en relation deux événements **2** (*spec. pl.*) (*legame*) relation; (*amorosa*) liaison: *essere in ottime relazioni*, être en très bonnes relations; *troncare una relazione*, briser une liaison; (*comm.*) *relazioni durature con una ditta*, relations suivies avec une maison **3** (*resoconto*) relation, rapport (*m.*): *stendere una relazione su un argomento*, rédiger un rapport sur un sujet.
● ***relazioni diplomatiche***, relations diplomatiques | ***relazioni umane***, relations humaines | ***in relazione a***, par rapport à, relativement à: *in relazione a quanto mi hai detto*, pour répondre à ce que tu m'as dit; (*comm.*) *in relazione alla vostra richiesta*, relativement à votre demande | ***pubbliche relazioni***, relations publiques | ***vita di relazione***, fonctions de relation; (*insieme dei rapporti sociali*) vie sociale, rapports sociaux.
relè [re-lè] ***n.m.invar.*** (*elettr.*) relais.
relegare [re-le-gà-re] ***v.tr.*** [coniug. come *legare*] reléguer*: *ci hanno relegato all'ultimo piano*, on nous a relégués au dernier étage.
religione [re-li-gió-ne] ***n.f.*** religion | *uomo senza religione*, homme sans moralité.
● ***religione di stato***, religion officielle | ***non c'è più religione!***, (*scherz.*) il n'y a plus de moralité!
religiosamente [re-li-gio-sa-mén-te] ***avv.*** religieusement.
religiosità [re-li-gio-si-tà] ***n.f.invar.*** religiosité: *osservare le istruzioni con religiosità*, (*estens.*) observer religieusement les instructions.

R

religioso [re-li-gió-so] ***agg.*** religieux*: *festa religiosa*, fête religieuse; *lo ascoltava in religioso silenzio*, (*fig.*) elle l'écoutait dans un silence religieux ♦ ***n.m.*** [f. *-a*] religieux*.
reliquia [re-lì-quia] ***n.f.*** relique: *le reliquie del passato*, les vestiges du passé.
reliquiario [re-li-quià-rio] ***n.m.*** [pl. *-ri*] reliquaire.
relitto [re-lìt-to] ***n.m.*** épave (*f.*) | *un relitto della società*, (*fig.*) une épave.
remainder [ri'meinder] ***n.m.invar.*** (*libro scontato*) livre en solde, solde d'édition.
remare [re-mà-re] ***v.intr.*** [aus. *avere*] ramer.
● ***remare contro***, (*fig.*) faire résistance, aller contre.
remata [re-mà-ta] ***n.f.*** coup (*m.*) de rame | *fare una remata*, ramer.
rematore [re-ma-tó-re] ***n.m.*** [f. *-trice*] rameur*.
remigante [re-mi-gàn-te] ***n.f.*** (*zool.*) rémige.
reminiscenza [re-mi-ni-scèn-za] ***n.f.*** réminiscence: *ho qualche vaga reminiscenza*, j'ai quelques souvenirs.
remissibile [re-mis-sì-bi-le] ***agg.*** rémissible.
remissione [re-mis-sió-ne] ***n.f.*** **1** rémission: *remissione di un debito*, remise d'une dette **2** (*remissività*) soumission.
● (*dir.*) ***remissione di querela***, désistement d'instance.
remissivamente [re-mis-si-va-mén-te] ***avv.*** avec soumission.
remissività [re-mis-si-vi-tà] ***n.f.invar.*** soumission.
remissivo [re-mis-sì-vo] ***agg.*** **1** soumis; (*accomodante*) complaisant; (*obbediente*) obéissant **2** (*dir.*) de rémission.
remo [rè-mo] ***n.m.*** rame (*f.*); (*per canottaggio*) aviron: *andare a remi*, aller à la rame.
● ***barca a remi***, bateau à rames | ***tirare i remi in barca***, (*fig.*) tirer son épingle du jeu.
remora[1] [rè-mo-ra] ***n.f.*** **1** (*indugio*) délai (*m.*) | *senza remore*, sans hésitations **2** (*freno*) frein (*m.*).
remora[2] ***n.f.*** (*zool.*) rémora (*m.*).
remoto [re-mò-to] ***agg.*** **1** (*nel tempo*) reculé, lointain: *da epoche remote*, depuis les temps les plus reculés **2** (*nello spazio*) éloigné, lointain: *luogo remoto*, endroit éloigné; *un paese remoto*, un pays lointain **3** (*inform.*) isolé, à distance: *lavorare in remoto*, travailler à distance; *accesso remoto*, accès à distance | *elaborazione remota*, télétraitement.
● (*gramm.*): ***passato remoto***, passé simple; ***trapassato remoto***, passé antérieur.
remunerare [re-mu-ne-rà-re] ***v.tr.*** rémunérer*; (*ricompensare*) récompenser.
remunerativo [re-mu-ne-ra-tì-vo] ***agg.*** rémunérateur*, rentable.
remunerazione [re-mu-ne-ra-zió-ne] ***n.f.*** rémunération.
rena [ré-na] ***n.f.*** (*letter.*) sable (*m.*).
renale [re-nà-le] ***agg.*** (*anat.*) rénal*.
● (*med.*) ***colica renale***, colique néphrétique.
renano [re-nà-no] ***agg.*** rhénan.
rendere [rèn-de-re] ***v.tr.*** [coniug. come *prendere*] **1** rendre*: *rendere il saluto a qlcu*, rendre à qqn son salut; *rendere felice, nervoso*, rendre heureux, nerveux | *rendere l'anima a Dio*, rendre son âme à Dieu **2** (*fruttare*) rendre*; (*seguito da un complemento*) rapporter: *rende il 9% d'interesse*, cela rapporte 9% d'intérêt; *è un terreno che non rende*, ce terrain n'est pas rentable; *un'attività*

che rende, une activité très rentable; *questo motore rende molto*, ce moteur a un très bon rendement ♦ **rendersi** *v.pron.* se rendre*: *rendersi utile, ridicolo*, se rendre utile, ridicule.

● ***rendere l'idea***, être clair: *rendo l'idea?*, tu vois ce que je veux dire?; *hai reso perfettamente l'idea*, tu as été très clair | ***rendere testimonianza, giustizia***, rendre témoignage, justice | ***a buon rendere!***, à charge de revanche! | (*comm.*) ***imballaggio a rendere***, emballage à retourner.

rendiconto [ren-di-cón-to] *n.m.* **1** (*consuntivo*) bilan; (*rapporto*) rapport | *rendiconto annuale, mensile*, rapport annuel, mensuel **2** (*relazione scritta*) compte rendu.

rendimento [ren-di-mén-to] *n.m.* rendement: *rendimento massimo*, rendement maximum; *dare il massimo rendimento*, marcher à plein régime | (*econ.*) *rendimento di un'azienda*, rendement, productivité d'une entreprise.

● ***rendimento di grazie***, actions de grâces | (*econ.*) ***tasso di rendimento***, taux de rentabilité.

rendita [rèn-di-ta] *n.f.* rente: *rendita al 5%*, rente à 5%; *assegnare una rendita a qlcu*, renter qqn.

● (*fin.*): ***rendita da capitale***, revenu du capital; ***rendita obbligazionaria***, rendement des actions | ***vivere di rendita***, vivre de ses rentes.

rene [rè-ne] *n.m.* (*anat.*) rein: *trapianto di, del rene*, greffe du rein | *rene mobile*, rein flottant.

renella [re-nèl-la] *n.f.* (*med.*) gravelle.

renetta [re-nét-ta] *agg.* e *n.f.*

● (***mela***) ***renetta***, (pomme) reinette.

reni [ré-ni] *n.f.pl.* reins (*m.*): *mal di reni*, mal aux reins.

renitente [re-ni-tèn-te] *agg.* réfractaire.

● (*mil.*) (***soldato***) ***renitente alla leva, agli obblighi di leva***, (conscrit) insoumis, réfractaire.

renitenza [re-ni-tèn-za] *n.f.* refus (*m.*): *renitenza a ubbidire*, refus d'obéir.

● (*mil.*) ***renitenza alla leva***, insoumission (au recrutement).

renna [rèn-na] *n.f.* **1** (*zool.*) renne (*m.*) **2** (*pelle*) daim (*m.*).

renoso [re-nó-so] *agg.* sablonneux*.

reo [rè-o] *agg.* e *n.m.* [f. *-a*] (*dir.*) coupable: *reo presunto*, présumé coupable.

● ***essere reo confesso***, se reconnaître coupable.

reologia [re-o-lo-gì-a] *n.f.* (*chim., fis.*) rhéologie.

reostato [re-ò-sta-to] *n.m.* (*elettr.*) rhéostat.

reparto [re-pàr-to] *n.m.* **1** (*di fabbrica*) atelier; (*di grande magazzino*) rayon; (*di ospedale*) service; (*distaccato*) pavillon | (*med.*) *reparto malattie infettive*, pavillon des contagieux **2** (*mil.*) subdivision (*f.*); (*distaccamento*) détachement.

● ***reparto vendite, spedizioni***, (*di industria*) département des ventes, des expéditions; (*di grande magazzino*) rayon ventes, expéditions.

repellente [re-pel-lèn-te] *agg.* répulsif*; (*fig.*) repoussant ♦ *n.m.* (*per insetti*) (produit) insectifuge, anti-moustiques.

repentaglio [re-pen-tà-glio] *n.m.* [pl. *-gli*] danger.

● ***mettere a repentaglio***, mettre en danger, risquer.

repentinamente [re-pen-ti-na-mén-te] *avv.* subitement, soudain.

repentinità [re-pen-ti-ni-tà] *n.f.invar.* soudaineté.

repentino [re-pen-tì-no] *agg.* subit, soudain.

reperibile [re-pe-rì-bi-le] *agg.* trouvable: *facilmente reperibile*, facile à trouver; *è reperibile alle otto*, on peut le joindre à huit heures.

reperibilità [re-pe-ri-bi-li-tà] *n.f.invar.* possibilité de trouver (qqn, qqch).

reperimento [re-pe-ri-mén-to] *n.m.* **1** découverte (*f.*) | *reperimento di fondi*, repérage de fonds **2** (*inform.*) recouvrement.

reperire [re-pe-rì-re] *v.tr.* [coniug. come *finire*] trouver, repérer*.

reperto [re-pèr-to] *n.m.* **1** pièce (*f.*) | *reperto archeologico*, pièce archéologique **2** (*relazione medica*) rapport.

● (*dir.*) ***reperto giudiziario***, pièce à conviction.

repertoriare [re-per-to-rià-re] *v.tr.* répertorier.

repertorio [re-per-tò-rio] *n.m.* [pl. *-ri*] répertoire.

● (*tv, cine.*) ***immagini di repertorio***, images d'archives.

replay [re'plɛi] *n.m.invar.* (*tv*) répétition (*f.*).

replica [rè-pli-ca] *n.f.* [pl. *-che*] **1** (*ripetizione*) répétition: *la replica di un dipinto*, la réplique d'un tableau **2** (*teatr.*) (*rappresentazione*) représentation **3** (*risposta*) réplique.

● (*comm.*) ***in replica a***, en réponse à.

replicare [re-pli-cà-re] *v.tr.* [coniug. come *mancare*] **1** (*ripetere*) répéter*; (*teatr.*) rejouer | *stasera si replica*, ce soir, deuxième représentation **2** (*rispondere*) ajouter, redire*: *non c'è nulla da replicare*, il n'y a rien à ajouter (*o* qu'on ne réplique pas).

reportage [repor'taʒ] *n.m.invar.* reportage.

reporter [re-pòr-ter] *n.m.* e *f.invar.* reporter.

repressione [re-pres-sió-ne] *n.f.* répression.

repressivo [re-pres-sì-vo] *agg.* répressif*.

represso [re-près-so] *agg.* **1** réprimé **2** (*psic.*) refoulé.

reprimenda [re-pri-mèn-da] *n.f.* réprimande.

reprimere [re-prì-me-re] *v.tr.* [coniug. come *comprimere*] réprimer: *reprimere le lacrime*, refouler, retenir ses larmes.

reprobo [rè-pro-bo] *agg.* e *n.m.* [f. *-a*] (*letter.*) réprouvé.

reptazione [rep-ta-zió-ne] *n.f.* (*zool.*) reptation.

repubblica [re-pùb-bli-ca] *n.f.* [pl. *-che*] république.

repubblicano [re-pub-bli-cà-no] *agg.* e *n.m.* [f. *-a*] républicain.

repulisti [re-pu-lì-sti] *n.m.invar.*

● ***fare un repulisti***, (*far piazza pulita*) tout rafer; (*mettere in ordine*) donner un bon coup de balai.

repulsione [re-pul-sió-ne] *n.f.* répulsion.

repulsivo [re-pul-sì-vo] *agg.* répulsif*.

reputare [re-pu-tà-re] *v.tr.* considérer*; (*pensare*) penser; (*stimare*) estimer: *reputo che non sia al corrente*, je pense qu'il n'est pas au courant; *lo reputavo necessario*, j'estimais que c'était nécessaire; *è reputato un buon medico*, on le considère comme un bon médecin; *non lo reputo molto*, je ne l'estime pas beaucoup ♦ **reputarsi** *v.pron.* (*credersi*) se croire*; (*ritenersi*) se considérer*: *si reputi licenziato*, considérez-vous comme renvoyé; *si reputa molto intelligente*, il se croit très intelligent; *reputati fortunato*, estime-toi heureux.

reputazione [re-pu-ta-zió-ne] *n.f.* réputation: *perdere la reputazione*, perdre sa bonne réputation; *ha una cattiva reputazione*, il a (une) mauvaise réputation.

requie [rè-quie] *n.f.* (*solo sing.*) tranquillité; (*tregua*) répit (*m.*): *non dare requie*, ne laisser aucun répit.

requiem [rè-quiem] *n.m.invar.* (*eccl., mus.*) requiem*.

requisire [re-qui-ʃì-re] *v.tr.* [coniug. come *finire*] réquisitionner.

requisito [re-qui-ʃì-to] *agg.* réquisitionné ♦ *n.m.* qualité (*f.*) requise: *requisiti professionali*, qualités requises (pour exercer une profession) | *requisiti richiesti*, (*negli annunci economici*) profil souhaité (*o* formation souhaitée).

requisitoria [re-qui-ʃi-tò-ria] ***n.f.*** réquisitoire (*m.*) (*anche fig.*).

requisizione [re-qui-ʃi-zió-ne] ***n.f.*** réquisition.

resa [ré-sa] ***n.f.*** **1** (*mil.*) reddition | *resa incondizionata*, reddition sans conditions **2** (*rendimento*) rendement (*m.*): *questa lana ha una buona resa*, cette laine rend bien **3** (*merce invenduta*) invendus (*m.pl.*).
● (*amm.*) ***resa dei conti***, reddition de comptes: *è arrivato il momento della resa dei conti*, (*fig.*) c'est le moment de rendre des comptes.

rescindere [re-scìn-de-re] ***v.tr.*** [coniug. come *scindere*] (*dir.*) rescinder, résilier.

rescindibile [re-scin-di-bi-le] ***agg.*** (*dir.*) rescindable, résiliable.

rescissione [re-scis-sió-ne] ***n.f.*** (*dir.*) rescision.

resecare [re-se-cà-re] ***v.tr.*** [coniug. come *mancare*] (*med.*) réséquer*.

reseda [re-ʃè-da] ***n.f.*** (*bot.*) réséda (*m.*).

reset [reˈsɛt] ***n.m.invar.*** (*inform.*) réinitialisation (*f.*), restauration (*f.*), remise (*f.*) à zéro.

resettare [re-set-tà-re] ***v.tr.*** (*inform.*) remettre* à zéro, réinitialiser.

resezione [re-se-zió-ne] ***n.f.*** (*med.*) résection.

resi → **rendere**.

residence [ˈrɛsidens] ***n.m.invar.*** (*struttura alberghiera*) résidence (*f.*).

residente [re-si-dèn-te] ***agg.*** résidant ♦ ***n.m.*** e ***f.*** résident/e: *non residenti*, non résidents.

residenza [re-si-dèn-za] ***n.f.*** résidence; (*domicilio legale*) domicile (*m.*): *residenza stabile*, résidence habituelle; *avere la residenza a*, résider à.

residenziale [re-si-den-zià-le] ***agg.*** résidentiel*.
● ***complesso residenziale***, résidence.

residuale [re-si-du-à-le] ***agg.*** résiduel*.

residuato [re-si-du-à-to] ***agg.*** restant ♦ ***n.m.*** reste.
● ***residuati di guerra***, surplus.

residuo [re-sì-du-o] ***agg.*** restant ♦ ***n.m.*** **1** reste: *i residui di una malattia*, les séquelles d'une maladie **2** (*comm.*) reliquat, résidu | *residuo di cassa*, résidu de caisse **3** (*di lavorazione industriale*) résidu **4** (*pl.*) (*agr.*) déchets.

R

resina [rè-ʃi-na] ***n.f.*** résine.

resinato [re-ʃi-nà-to] ***agg.*** résiné.

resinoso [re-ʃi-nó-so] ***agg.*** résineux*.

resipiscenza [re-si-pi-scèn-za] ***n.f.*** (*letter.*) résipiscence.

resistente [re-si-stèn-te] ***agg.*** résistant.

resistenza [re-si-stèn-za] ***n.f.*** résistance; (*capacità di sopportare*) endurance: *resistenza all'urto*, résistance aux chocs; *avere resistenza*, avoir de l'endurance; *fare resistenza*, résister; *opporre resistenza*, opposer une résistance.
● (*st.*) ***la Resistenza***, la Résistance.

resistere [re-si-ste-re] ***v.intr.*** [coniug. come *insistere*; aus. *avere*] **1** (*opporre resistenza*) résister **2** (*tollerare*) supporter (**qqch**); résister: *questi alberi non resistono al gelo*, ces arbres ne supportent pas la gelée | *non resisto più*, je n'en peux plus | *bisogna resistere!*, il faut tenir bon!

resoconto [re-so-cón-to] ***n.m.*** **1** compte rendu **2** (*banca*) (*rendiconto*) relevé de comptes.

respingente [re-spin-gèn-te] ***n.m.*** (*ferr.*) tampon; (*paraurti*) butoir.

respingere [re-spìn-ge-re] ***v.tr.*** [coniug. come *spingere*] **1** repousser; (*non accogliere*) rejeter*: *respingere una richiesta, una proposta*, repousser une demande, une proposition; *il suo ricorso è stato respinto*, son recours a été rejeté; *respingere una proposta di legge*, retoquer une proposition de loi **2** (*restituire*) renvoyer*: *respingere una lettera al mittente*, renvoyer une lettre à l'expéditeur **3** (*bocciare agli esami*) recaler ♦ **respingersi** ***v.pron.rec.*** se repousser.

respinta [re-spìn-ta] ***n.f.*** (*sport*) renvoi (*m.*).

respinto [re-spìn-to] ***agg.*** repoussé; (*non accolto*) rejeté ♦ ***n.m.*** [f. *-a*] (*bocciato*) recalé.

respirabile [re-spi-rà-bi-le] ***agg.*** respirable.

respirabilità [re-spi-ra-bi-li-tà] ***n.f.invar.*** respirabilité.

respirare [re-spi-rà-re] ***v.intr.*** e ***tr.*** [aus. *avere*] respirer: *respirare con il naso*, respirer par le nez; *qui non si respira*, on étouffe, ici; *lasciami respirare un minuto*, (*fig.*) laisse-moi souffler (*o* respirer) une minute.

respiratore [re-spi-ra-tó-re] ***n.m.*** **1** (*med.*) respirateur, masque (*f.*) à oxygène **2** (*di maschera subacquea*) tuba.

respiratorio [re-spi-ra-tò-rio] ***agg.*** [pl.m. *-ri*] respiratoire: *apparato respiratorio*, appareil respiratoire.

respirazione [re-spi-ra-zió-ne] ***n.f.*** respiration | *respirazione bocca a bocca*, respiration bouche-à-bouche.

respiro [re-spì-ro] ***n.m.*** **1** souffle; (*respirazione*) respiration (*f.*): *avere il respiro affannoso*, avoir la respiration difficile; *mi manca il respiro*, je respire difficilement; *trattenere il respiro*, retenir son souffle | *rendere l'ultimo respiro*, rendre le dernier soupir | *quando è andato via ho tirato un respiro di sollievo*, quant il est parti, j'ai poussé un soupir de soulagement **2** (*fig.*) (*sollievo, riposo*) répit: *qualche giorno di respiro*, quelques jours de répit.
● ***di ampio respiro***, (*fig.*) de longue haleine: *opera di ampio respiro*, œuvre de longue haleine.

responsabile [re-spon-sà-bi-le] ***agg.*** **1** responsable: *è una persona responsabile*, il a le sens de ses responsabilités **2** (*colpevole*) coupable: *rendersi resposabile di un delitto*, se rendre coupable d'un crime ♦ ***n.m.*** e ***f.*** responsable: *chi è il responsabile?*, qui est le coupable?
● (*giorn.*) ***direttore responsabile***, gérant.

responsabilità [re-spon-sa-bi-li-tà] ***n.f.invar.*** responsabilité: *un lavoro, un incarico di responsabilità*, un travail plein de responsabilité; *avere la responsabilità di*, être responsable de.
● (*dir.*) ***reponsabilità civile***, ***penale***, responsabilité civile, pénale | ***prendersi***, ***assumersi la responsabilità di qlco***, assumer la responsabilité de qqch.

responsabilizzare [re-spon-sa-bi-liʒ-ʒà-re] ***v.tr.*** responsabiliser ♦ **responsabilizzarsi** ***v.pron.*** se responsabiliser.

responsabilizzazione [re-spon-sa-bi-liʒ-ʒa-zió-ne] ***n.f.*** responsabilisation.

responsabilmente [re-spon-sa-bil-mén-te] ***avv.*** de manière responsable.

responso [re-spòn-so] ***n.m.*** avis; (*verdetto*) verdict: *il responso dei medici*, l'avis des médecins; *il responso della giuria*, le verdict du jury.

ressa [rès-sa] ***n.f.*** cohue: *c'è una gran ressa*, il y a une grande cohue | *fare ressa*, se presser (les uns sur, contre les autres).

ressi → **reggere**.

resta [rè-sta] ***n.f.*** (*filza*) chapelet (*m.*), glane.
restante [re-stàn-te] ***agg.*** e ***n.m.*** restant.
restare [re-stà-re] ***v.intr.*** [aus. *essere*] **1** (*rimanere*) rester: *mi restano pochi soldi*, il me reste très peu d'argent; *resta comodo*, ne te dérange pas | *resta il fatto che*, il reste que **2** (*divenire; ritrovarsi*) rester: *restare soddisfatto di qlco*, être satisfait de qqch | *restare male*, être déçu, (*essere mortificato*) être mortifié | *restare sul colpo*, mourir sur le coup **3** (*fermarsi*) s'arrêter.
● ***fermo restando che***, étant bien entendu que.

NOTA Si veda anche il verbo *rimanere*.

restaurabile [re-stau-rà-bi-le] ***agg.*** qu'on peut restaurer.
restaurare [re-stau-rà-re] ***v.tr.*** **1** restaurer **2** (*ristabilire*) rétablir.
restauratore [re-stau-ra-tó-re] ***agg.*** e ***n.m.*** [f. *-trice*] restaurateur*.
restaurazione [re-stau-ra-zió-ne] ***n.f.*** restauration.
● (*st.*) ***la Restaurazione***, la Restauration.
restauro [re-stàu-ro] ***n.m.*** restauration (*f.*) | *chiuso per restauri*, fermé pour travaux (de restauration).
restio [re-stì-o] ***agg.*** [pl.m. *-ii*] rétif*: *essere restio a spendere*, être peu enclin à dépenser son argent.
restituire [re-sti-tu-ì-re] ***v.tr.*** [coniug. come *finire*] **1** rendre*: *restituire una visita a qlcu*, rendre à qqn sa visite; *restituire le forze*, redonner des forces **2** (*cosa presa ingiustamente*) restituer **3** (*ristabilire*) rétablir.
restituzione [re-sti-tu-zió-ne] ***n.f.*** restitution: *senza restituzione*, sans retour.
resto [rè-sto] ***n.m.*** **1** (*rimanente*) reste: *il resto dei suoi giorni*, le reste de ses jours | *il resto* (*di noi, voi ecc.*), les autres **2** (*denaro*) monnaie (*f.*): *mi dispiace, non ho il resto*, excusez-moi, je n'ai pas de monnaie; *dare il resto*, rendre la monnaie; *dare di resto*, rendre **3** (*spec. pl.*) (*avanzi*) restes (*pl.*); (*di costruzioni ecc.*) ruines (*f.pl.*) | *i resti mortali*, la dépouille mortelle.
● ***del resto***, d'ailleurs | ***per il, quanto al resto***, pour le reste | ***il resto, mancia*** (o ***tenga il resto***), gardez la monnaie.
restringere [re-strìn-ge-re] ***v.tr.*** [coniug. come *stringere*] **1** rétrécir; (*ridurre*) réduire* | (*cuc.*) *far restringere un sugo, una salsa*, réduire une sauce **2** (*fig.*) (*limitare*) limiter **3** (*econ.*) restreindre*: *restringere le spese*, restreindre ses dépenses ♦ **restringersi** ***v.pron.intr.*** **1** (se) rétrécir; (*serrarsi*) se serrer: *la strada si restringe*, la rue se resserre **2** (*fig.*) (*limitarsi*) se réduire*: *le possibilità di scelta si restringono*, les possibilités de choix se réduisent.
restringimento [re-strin-gi-mén-to] ***n.m.*** rétrécissement.
restrittivo [re-strit-tì-vo] ***agg.*** restrictif*.
restrizione [re-stri-zió-ne] ***n.f.*** restriction.
resurrezione [re-sur-re-zió-ne] ***n.f.*** résurrection.
● (*relig.*) ***Pasqua di Resurrezione***, Pâques.
resuscitare [re-su-sci-tà-re] ***v.tr.*** e ***intr.*** → **risuscitare**.
retaggio [re-tàg-gio] ***n.m.*** [pl. *-gi*] (*letter.*) héritage (*anche fig.*).
retata [re-tà-ta] ***n.f.*** **1** coup (*m.*) de filet: *una buona retata di pesci*, un filet plein de poissons **2** (*di polizia*) rafle, coup (*m.*) de filet, descente: *fare una retata*, faire une descente.
rete [ré-te] ***n.f.*** **1** filet (*m.*); (*per lepri, cervi*) panneau* (*m.*): *rete per farfalle*, filet à papillons; *prendere nella rete*, prendre au filet | *incappare nella rete*, (*fig.*) tomber dans le panneau **2** filet (*m.*): *rete per la spesa*, filet à provisions; *rete metallica*, haie métallique | *rete della bicicletta*, filet garde-jupes | *rete del letto*, sommier métallique **3** (*sport*) filet (*m.*); (*calcio*) but (*m.*): *tirare a rete*, tirer au but; *mandare la palla in rete*, envoyer la balle dans le filet; *andare a rete*, monter au filet **4** (*fig.*) réseau* (*m.*): *rete ferroviaria*, réseau de chemin de fer **5** (*inform., tel.*) réseau* (*m.*): *rete aziendale*, réseau d'entreprise **6** (*tv*) chaîne (de télévision) **7** (*anat.*) lacis (*m.*).
● (*inform.*): ***rete a derivazione multipla***, réseau multipoint; ***rete bus***, réseau en bus | ***rete da pesca***, filet de pêche | (*inform.*): ***rete di commutazione***, réseau commuté; ***rete di dati***, réseau à transmission | (*comm.*) ***rete di distribuzione***, (*di un prodotto*) réseau de distribution | (*inform.*): ***rete di trasmissione*** (***dati***), réseau de télé-informatique; ***rete locale***, réseau local | (*tv*) ***rete privata, pubblica***, chaîne privée, publique | (*Internet*) ***rete pubblica***, libertel | (*inform.*) ***rete via cavo***, réseau câblé | ***calze a rete***, bas résille.
reticella [re-ti-cèl-la] ***n.f.*** **1** petit filet (*m.*) **2** (*per capelli*) résille **3** (*della bicicletta*) filet (*m.*) garde-jupe **4** (*su treni ecc.*) filet (*m.*) porte-bagages.
reticente [re-ti-cèn-te] ***agg.*** réticent.
reticenza [re-ti-cèn-za] ***n.f.*** réticence.
reticolare [re-ti-co-là-re] ***agg.*** réticulaire.
reticolato [re-ti-co-là-to] ***agg.*** réticulé ♦ ***n.m.*** **1** (*rete metallica*) treillis **2** (*mil.*) réseau* de barbelés, barbelés (*pl.*) **3** (*reticolo*) réseau*: *reticolato delle parole incrociate*, grille des mots croisés.
reticolo [re-tì-co-lo] ***n.m.*** **1** réseau* **2** (*mat.*) treillis.
retina[1] [rè-ti-na] ***n.f.*** (*anat.*) rétine.
● (*med.*) ***distacco della retina***, décollement de la rétine.
retina[2] [re-tì-na] ***n.f.*** (*per capelli*) filet (*m.*) (à cheveux).
retino [re-tì-no] ***n.m.*** **1** filet; (*da pesca*) épuisette (*f.*); (*per farfalle*) filet à papillons **2** (*tip.*) trame (*f.*).
retinopatia [re-ti-no-pa-tì-a] ***n.f.*** (*med.*) rétinopathie.
retore [rè-to-re] ***n.m.*** rhéteur.
retorica [re-tò-ri-ca] ***n.f.*** [pl. *-che*] rhétorique.
retorico [re-tò-ri-co] ***agg.*** [pl.m. *-ci*, f. *-che*] rhétorique | *figura retorica*, figure de rhétorique | *stile retorico*, style rhétorique.
● ***domanda retorica***, question rhétorique.
retrattile [re-tràt-ti-le] ***agg.*** rétractile.
● (*aer.*) ***carrello retrattile***, train escamotable.
retribuire [re-tri-bu-ì-re] ***v.tr.*** [coniug. come *finire*] rétribuer.
retributivo [re-tri-bu-tì-vo] ***agg.*** de la rétribution: *aumento retributivo*, augmentation de la rétribution, du salaire | *la giungla retributiva*, (*fig.*) la jungle des salaires.
retribuzione [re-tri-bu-zió-ne] ***n.f.*** **1** rétribution: *retribuzione al lordo, al netto*, salaire brut, net **2** (*fig.*) récompense.
retrivo [re-trì-vo] ***agg.*** rétrograde ♦ ***n.m.*** [f. *-a*] rétro.
retro [rè-tro] ***n.m.*** **1** derrière; (*rovescio*) revers: *sul retro della casa*, derrière la maison **2** (*retrobottega*) arrière-boutique* (*f.*) ♦ ***avv.*** (*letter.*) derrière.
● ***il retro della medaglia***, le revers de la médaille | ***vedi retro***, voir au verso.
retró [re-tró] ***agg.invar.*** rétro.
retro- ***pref.*** rétro-.
retroattività [re-tro-at-ti-vi-tà] ***n.f.invar.*** rétroactivité.

R

retroattivo [re-tro-at-tì-vo] ***agg.*** rétroactif*.

retroazione [re-tro-a-zió-ne] ***n.f.*** **1** rétroaction **2** (*inform.*) feed-back (*m.*), retour (*m.*).

retrobottega [re-tro-bot-té-ga] ***n.m.invar.*** o *f.* [pl. *-ghe*] arrière-boutique (*f.*).

retrocedere [re-tro-cè-de-re] ***v.intr.*** [p.rem. *io retrocessi* (o *retrocedei* o *retrocedetti*), *tu retrocedesti* ecc.; p.p. *retrocesso*; aus. *essere*] **1** reculer: *retrocedere da una decisione*, (*fig.*) revenir sur sa décision **2** (*sport*) descendre* ♦ ***v.tr.*** **1** rétrograder **2** (*dir., comm.*) rétrocéder*.

retrocessione [re-tro-ces-sió-ne] ***n.f.*** **1** recul (*m.*); (*regressione*) régression **2** (*punizione inflitta a militari e impiegati*) rétrogradation **3** (*sport*) relégation, descente.

retrodatare [re-tro-da-tà-re] ***v.tr.*** **1** antidater **2** (*un'opera letteraria ecc.*) attribuer une date antérieure (**à**).

retrodatazione [re-tro-da-ta-zió-ne] ***n.f.*** action d'antidater.

retroflesso [re-tro-flès-so] ***agg.*** **1** (*med., bot.*) rétrofléchi **2** (*fon.*) rétroflexe.

retrogrado [re-trò-gra-do] ***agg.*** e ***n.m.*** [f. *-a*] rétrograde.

retroguardia [re-tro-guàr-dia] ***n.f.*** arrière-garde* | *restare nella retroguardia*, (*fig.*) rester en arrière.

retrogusto [re-tro-gù-sto] ***n.m.*** arrière-goût* (*anche fig.*).

retromarcia [re-tro-màr-cia] ***n.f.*** [pl. *-ce*] marche arrière: *innestare la retromarcia*, mettre (*o* enclencher) la marche arrière.
● ***fare retromarcia***, (*anche fig.*) faire marche arrière.

retronebbia [re-tro-néb-bia] ***n.m.invar.*** feu arrière antibrouillard.

retrorazzo [re-tro-ràʒ-ʒo] ***n.m.*** (*aer.*) rétrofusée (*f.*).

retroscena [re-tro-scè-na] ***n.f.*** (*teatr.*) arrière-scène* ♦ ***n.m.invar.*** (*fig.*) dessous (*pl.*).

retrospettiva [re-tro-spet-ti-va] ***n.f.*** rétrospective.

retrospettivo [re-tro-spet-tì-vo] ***agg.*** rétrospectif*.

retrostante [re-tro-stàn-te] ***agg.*** (situé) derrière (**qqch**): *il giardino restrostante la, alla casa*, le jardin derrière la maison.

retroterra [re-tro-tèr-ra] ***n.m.invar.*** **1** arrière-pays **2** (*fig.*) contexte.

retroversione [re-tro-ver-sió-ne] ***n.f.*** **1** (*med.*) rétroversion **2** retraduction.

retrovia [re-tro-vì-a] ***n.f.*** (*spec. pl.*) (*mil.*) arrière (*m.*): *nelle retrovie*, à l'arrière.

retrovisivo [re-tro-vi-ʃì-vo] ***agg.***
● (*aut.*) ***specchietto retrovisivo***, rétroviseur, (*fam.*) rétro.

retrovisore [re-tro-vi-ʃó-re] ***n.m.*** rétroviseur; (*fam.*) rétro.

retta[1] [rèt-ta] ***n.f.***
● ***dare retta a***, croire (à), faire attention (à), suivre le conseil (de): *datemi retta, non uscite*, suivez mon conseil, ne sortez pas; *dammi retta quando ti parlo!*, écoute-moi quand je te parle!; *datemi retta, è uno sciocco*, croyez-moi, c'est un idiot; *non vuol dar retta a nessuno*, il ne veut rien entendre; *a dar retta a quel che si dice*, à en croire ce qu'on entend dire.

retta[2] ***n.f.*** (*di pensioni, collegi ecc.*) pension; (*spese*) frais (*m.pl.*): *retta ospedaliera*, frais d'hospitalisation, frais de séjour (en hôpital).

retta[3] ***n.f.*** (*mat.*) (ligne) droite.

rettale [ret-tà-le] ***agg.*** (*anat.*) rectal*.

rettamente [ret-ta-mén-te] ***avv.*** (*con rettitudine*) **1** avec droiture **2** (*in modo esatto*) correctement.

rettangolare [ret-tan-go-là-re] ***agg.*** rectangulaire.

rettangolo [ret-tàn-go-lo] ***agg.*** e ***n.m.*** (*mat.*) rectangle.
● (*sport*) ***rettangolo di gioco***, terrain; (*tennis*) court: *rettangolo di servizio*, court de service.

rettifica [ret-tì-fi-ca] ***n.f.*** [pl. *-che*] rectification: *la rettifica di un errore*, la correction d'une faute | (*inform.*) *rettifica di carattere*, réglage de caractère.

rettificare [ret-ti-fi-cà-re] ***v.tr.*** [coniug. come *mancare*] rectifier.

rettificato [ret-ti-fi-cà-to] ***agg.*** rectifié ♦ ***n.m.*** (*chim.*) produit rectifié.

rettificazione [ret-ti-fi-ca-zió-ne] ***n.f.*** rectification.

rettifilo [ret-ti-fì-lo] ***n.m.*** ligne (*f.*) droite.

rettile [rèt-ti-le] ***n.m.*** (*zool.*) reptile.

rettilineo [ret-ti-lì-ne-o] ***agg.*** **1** rectiligne **2** (*fig.*) (*onesto, corretto*) droit, honnête ♦ ***n.m.*** ligne (*f.*) droite.

rettitudine [ret-ti-tù-di-ne] ***n.f.*** droiture.

retto[1] [rèt-to] ***agg.*** **1** droit **2** (*onesto*) droit **3** (*esatto*) exact ♦ ***n.m.*** **1** juste **2** (*anat.*) rectum **3** (*di pagina, moneta ecc.*) recto.
● (*mat.*) ***angolo retto***, angle recte: *ad angolo retto*, en angle droit | (*gramm.*) ***casi retti***, cas directs | ***la retta via***, (*fig.*) le droit chemin.

retto[2] *p.p.* di **reggere**.

rettorato [ret-to-rà-to] ***n.m.*** **1** (*dignità di rettore*) rectorat; (*di collegio*) provisorat; (*di seminario*) directorat; (*di università*) rectorat **2** (*ufficio del rettore*) (*di collegio*) bureau* du proviseur; (*di seminario*) bureau* du directeur; (*di università*) présidence (*f.*).

rettore [ret-tó-re] ***n.m.*** [f. *-trice*] **1** (*eccl.*) recteur; (*di seminario*) directeur* **2** (*di università*) recteur **3** (*di collegio*) proviseur.

rettoscopia [ret-to-sco-pì-a] ***n.f.*** (*med.*) rectoscopie.

reuma [rèu-ma] ***n.m.*** (*med.*) rhumatisme.

> FAUX AMI
> Da non confondere con *rhume*, che significa *raffreddore*.

reumatico [reu-mà-ti-co] ***agg.*** [pl. *-ci*] rhumatismal*: *dolori reumatici*, rhumatismes.

reumatismo [reu-ma-tì-ʃmo] ***n.m.*** (*med.*) rhumatisme.

reumatologo [reu-ma-tò-lo-go] ***n.m.*** [f. *-a*; pl.m. *-gi*, f. *-ghe*] (*med.*) rhumatologue.

revanscismo [re-van-scì-ʃmo] ***n.m.*** (*pol.*) revanchisme.

revanscista [re-van-scì-sta] ***n.m.*** e ***f.*** revanchiste; (*fam.*) revanchard/e.

revanscistico [re-van-scì-sti-co] ***agg.*** [pl.m. *-ci*, f. *-che*] revanchard.

reverendo [re-ve-rèn-do] ***agg.*** révérend: *il molto reverendo padre X*, le révérend père X ♦ ***n.m.*** **1** (*nella chiesa cattolica*) abbé; (*vicario*) vicaire; (*parroco*) curé; (*nelle apostrofi*) Monsieur l'Abbé **2** (*nella chiesa anglicana*) révérend.

reverenziale [re-ve-ren-zià-le] ***agg.*** révérenciel*: *timore reverenziale*, crainte révérencielle.

reversibile [re-ver-sì-bi-le] ***agg.*** réversible: *pensione reversibile*, pension réversible.

reversibilità [re-ver-si-bi-li-tà] ***n.f.invar.*** **1** réversibilité **2** (*dir.*) réversion.
● (*amm.*) ***pensione di reversibilità***, pension de réversion.

R

revisionare [re-vi-ʃio-nà-re] *v.tr.* réviser.

revisione [re-vi-ʃió-ne] *n.f.* révision (*anche aut.*).
● (*amm.*) ***revisione contabile***, révision (*o* vérification) des comptes.

revisionismo [re-vi-ʃio-nì-ʃmo] *n.m.* révisionnisme.

revisionista [re-vi-ʃio-nì-sta] *n.m.* e *f.* révisionniste.

revisionistico [re-vi-ʃio-nì-sti-co] *agg.* [pl.m. *-ci*, f. *-che*] révisionniste.

revisore [re-vi-ʃó-re] *n.m.* [f. *-a*] réviseur.
● ***revisore dei conti***, (*di società*) commissaire aux comptes | ***revisore di bozze***, réviseur d'épreuves.

reviviscenza [re-vi-vi-scèn-za] *n.f.* reviviscence (*anche fig.*).

revoca [rè-vo-ca] *n.f.* [pl. *-che*] révocation; (*di sequestro, di opposizione, di ipoteca*) mainlevée: *revoca di testamento*, révocation de testament; *revoca di un decreto*, révocation d'un décret.

revocabile [re-vo-cà-bi-le] *agg.* révocable.

revocabilità [re-vo-ca-bi-li-tà] *n.f.invar.* révocabilité.

revocare [re-vo-cà-re] *v.tr.* [coniug. come *mancare*] révoquer: *revocare uno sciopero*, annuler une grève.

revocativo [re-vo-ca-tì-vo] *agg.* révocatoire.

revocatorio [re-vo-ca-tò-rio] *agg.* [pl.m. *-ri*] révocatoire.

revolver [re-vòl-ver] *n.m.invar.* revolver.

revolverata [re-vol-ve-rà-ta] *n.f.* coup (*m.*) de revolver.

revulsione [re-vul-sió-ne] *n.f.* (*med.*) révulsion.

revulsivo [re-vul-sì-vo] *agg.* e *n.m.* (*med.*) révulsif*.

Rh [ɛrre'akka] *n.m.invar.*
● (*biol.*) (***fattore***) ***Rh***, (facteur) rhésus: *Rh positivo, negativo*, rhésus positif, négatif.

ri- *pref.* ré-, re-, de nouveau.

rià → **riavere**.

riabbonare [ri-ab-bo-nà-re] *v.tr.* réabonner ♦ **riabbonarsi** *v.pron.* se réabonner.

riabbracciare [ri-ab-brac-cià-re] *v.tr.* [coniug. come *cominciare*] embrasser de nouveau (*anche fig.*).

riabilitare [ri-a-bi-li-tà-re] *v.tr.* **1** réhabiliter (*anche fig.*) **2** (*reintegrare*) réintégrer* **3** (*med.*) rééduquer ♦ **riabilitarsi** *v.pron.* (*fig.*) se réhabiliter.

riabilitazione [ri-a-bi-li-ta-zió-ne] *n.f.* **1** réhabilitation **2** (*reintegrazione*) réintégration **3** (*med.*) rééducation.

riabituare [ri-a-bi-tu-à-re] *v.tr.* réhabituer ♦ **riabituarsi** *v.pron.* se réhabituer.

riaccendere [ri-ac-cèn-de-re] *v.tr.* [coniug. come *prendere*] rallumer (*anche fig.*) ♦ **riaccendersi** *v.pron. intr.* se rallumer.

riacchiappare [ri-ac-chiap-pà-re] **riacciuffare** *v.tr.* rattraper, reprendre*.

riaccomodare [ri-ac-co-mo-dà-re] *v.tr.* réparer ♦ **riaccomodarsi** *v.pron.* s'asseoir* de nouveau; reprendre* place ♦ *v.pron.rec.* (*riconciliarsi*) se réconcilier.

riaccompagnare [ri-ac-com-pa-gnà-re] *v.tr.* raccompagner.

riaccordarsi [ri-ac-cor-dàr-si] *v.pron.intr.* se remettre* d'accord.

riaccostare [ri-ac-co-stà-re] *v.tr.* rapprocher; (*porte, finestre*) pousser (de nouveau) ♦ **riaccostarsi** *v.pron. intr.* se rapprocher (**de**): *si è riaccostato alla fede*, il s'est rapproché de la foi.

riacquistabile [ri-ac-qui-stà-bi-le] *agg.* rachetable; (*fig.*) recouvrable.

riacquistare [ri-ac-qui-stà-re] *v.tr.* **1** racheter* **2** (*fig.*) recouvrer: *riacquistare le forze*, recouvrer ses forces; *riacquistare il tempo perduto*, rattraper le temps perdu.

riacutizzare [ri-a-cu-ti-ʒʒà-re] *v.tr.* aggraver de nouveau ♦ **riacutizzarsi** *v.pron.intr.* s'aggraver de nouveau.

riacutizzazione [ri-a-cu-ti-ʒʒa-zió-ne] *n.f.* nouvelle aggravation.

riadattamento [ri-a-dat-ta-mén-to] *n.m.* **1** réadaptation (*f.*) **2** (*ristrutturazione*) restructuration (*f.*).

riadattare [ri-a-dat-tà-re] *v.tr.* **1** réadapter **2** (*di abiti*) arranger* **3** (*ristrutturare*) restructurer ♦ **riadattarsi** *v.pron.* se réadapter.

riaddormentare [ri-ad-dor-men-tà-re] *v.tr.* rendormir* ♦ **riaddormentarsi** *v.pron.intr.* se rendormir*.

riadeguamento [ri-a-de-gua-mén-to] *n.m.* (*econ.*) rajustement.

riadeguare [ri-a-de-guà-re] *v.tr.* (*econ.*) rajuster.

riaffacciare [ri-af-fac-cià-re] *v.tr.* [coniug. come *cominciare*] remontrer; (*fig.*) représenter ♦ **riaffacciarsi** *v.pron.intr.* **1** se remontrer **2** (*fig.*) revenir* à l'esprit.

riaffermare [ri-af-fer-mà-re] *v.tr.* réaffirmer ♦ **riaffermarsi** *v.pron.* s'imposer de nouveau.

riaffermazione [ri-af-fer-ma-zió-ne] *n.f.* réaffirmation.

riafferrare [ri-af-fer-rà-re] *v.tr.* ressaisir.

riaffiorare [ri-af-fio-rà-re] *v.intr.* [aus. *essere*] remonter à la surface; affleurer de nouveau (*spec. fig.*).

riaffittare [ri-af-fit-tà-re] *v.tr.* relouer.

riaffrontare [ri-af-fron-tà-re] *v.tr.* affronter de nouveau.

riagganciare [ri-ag-gan-cià-re] *v.tr.* [coniug. come *cominciare*] raccrocher; (*vestiti*) ragrafer: *stavo ancora parlando e lei ha riagganciato* (*il telefono*), j'étais encore en train de parler et elle a raccroché ♦ **riagganciarsi** *v.pron.intr.* se raccrocher; (*fig.*) se rattacher.

riaggiustare [ri-ag-giu-stà-re] *v.tr.* **1** rajuster: *si è riaggiustato la cravatta*, il a rajusté sa cravate **2** (*riparare*) réparer (*anche fig.*) ♦ **riaggiustarsi** *v.pron.* (*rimettersi in ordine*) se rajuster.

riaggravare [ri-ag-gra-và-re] *v.tr.* aggraver de nouveau ♦ **riaggravarsi** *v.pron.intr.* s'aggraver de nouveau.

riai → **riavere**.

riallacciare [ri-al-lac-cià-re] *v.tr.* [coniug. come *cominciare*] **1** (*con lacci, stringhe*) lacer* de nouveau; (*riabbottonare*) reboutonner; (*con una fibbia*) reboucler | *riallacciare una linea elettrica*, rétablir une ligne électrique | *riallacciare il telefono*, rebrancher le téléphone | *riallacciare una linea ferroviaria*, raccorder une ligne de chemin de fer **2** (*fig.*) renouer ♦ **riallacciarsi** *v.pron.intr.* **1** (*riferirsi*) se rapporter, se référer* **2** (*ricollegarsi*) se rattacher.

riallineamento [ri-al-li-nea-mén-to] *n.m.* (*econ.*) réalignement.

riallineare [ri-al-li-ne-à-re] *v.tr.* (*econ.*) rajuster ♦ **riallinearsi** *v.pron.intr.* se rajuster.

rialzamento [ri-al-za-mén-to] *n.m.* relèvement; (*di terreno*) élévation (*f.*).

rialzare [ri-al-zà-re] *v.tr.* **1** relever*: *rialzare qlco, qlcu da terra*, relever qqch, qqn **2** (*rendere più alto*) exhausser, rehausser: *rialzare di un piano una casa*, exhausser

R

une maison d'un étage; *rialzare un pavimento*, rehausser un plancher ♦ *v.intr.* [aus. *essere*] monter, augmenter: *la temperatura si è rialzata*, la température a monté, a augmenté ♦ **rialzarsi** *v.pron.intr.* **1** se relever* (*anche fig.*): *si rialzò da terra*, il se releva; *dopo la disgrazia non si è più rialzato*, après ce malheur il ne s'est jamais remis **2** (*aumentare*) augmenter: *la febbre si è rialzata*, la fièvre a augmenté.

rialzato [ri-al-zà-to] *agg.* relevé.
● ***piano rialzato***, rez-de-chaussée surélevé; entresol.

rialzo [ri-àl-zo] *n.m.* **1** *hausse (*f.*), relèvement: *rialzo dei salari*, relèvement des salaires; (*fin.*) *rialzo del tasso di sconto*, relèvement du taux d'escompte **2** (*di terreno*) *hauteur (*f.*) **3** (*di scarpe*) talonnette (*f.*) **4** (*gioco infantile*) chat perché.
● ***giocare al rialzo***, jouer à la hausse; (*fig.*) faire monter les enchères.

riamare [ri-a-mà-re] *v.tr.* (*contraccambiare l'amore*) aimer de retour: *amo riamata*, j'aime et je suis aimée.

riammalarsi [ri-am-ma-làr-si] *v.pron.intr.* retomber malade.

riammettere [ri-am-mét-te-re] *v.tr.* [coniug. come *mettere*] réadmettre*.

riammissione [ri-am-mis-sió-ne] *n.f.* réadmission.

riammogliarsi [ri-am-mo-gliàr-si] *v.pron.intr.* se remarier.

riandare [ri-an-dà-re] *v.intr.* [coniug. come *andare*; aus. *essere*] retourner | *riandare con la memoria a*, (*fig.*) retourner en esprit à.

rianimare [ri-a-ni-mà-re] *v.tr.* **1** ranimer; (*dar coraggio*) redonner du courage (**à**) | *rianimare la conversazione*, relancer la conversation **2** (*med.*) réanimer ♦ **rianimarsi** *v.pron.intr.* se ranimer; (*riprendere i sensi*) reprendre* connaissance; (*fig.*) reprendre* courage: *le vie si rianimano*, les rues s'animent à nouveau.

rianimazione [ri-a-ni-ma-zió-ne] *n.f.* (*med.*) réanimation.
● ***reparto***, ***sala rianimazione***, service, salle de réanimation.

riannessione [ri-an-nes-sió-ne] *n.f.* réannexion.

riannodare [ri-an-no-dà-re] *v.tr.* renouer (*anche fig.*) ♦ **riannodarsi** *v.pron.intr.* **1** (*riferirsi*) se rapporter, se référer* **2** (*ricollegarsi*) se rattacher.

R

riannuvolarsi [ri-an-nu-vo-làr-si] *v.pron.intr.* s'assombrir de nouveau.

riapertura [ri-a-per-tù-ra] *n.f.* **1** réouverture **2** (*ripresa di un'attività*) rentrée: *riapertura delle scuole*, rentrée des classes; *riapertura della caccia*, ouverture de la chasse.

riappaltare [ri-ap-pal-tà-re] *v.tr.* **1** (*appaltare di nuovo*) réadjuger* **2** (*appaltare ad altri*) sous-traiter.

riappalto [ri-ap-pàl-to] *n.m.* sous-traitance* (*f.*).

riapparire [ri-ap-pa-rì-re] *v.intr.* [coniug. come *apparire*; aus. *essere*] réapparaître*.

riapparizione [ri-ap-pa-ri-zió-ne] *n.f.* réapparition.

riappendere [ri-ap-pèn-de-re] *v.tr.* [coniug. come *prendere*] raccrocher, rependre*.

riappiccicare [ri-ap-pic-ci-cà-re] *v.tr.* [coniug. come *mancare*] recoller.

riappisolarsi [ri-ap-pi-ʃo-làr-si] *v.pron.intr.* s'assoupir de nouveau.

riapplicare [ri-ap-pli-cà-re] *v.tr.* [coniug. come *mancare*] appliquer de nouveau, remettre*.

riappropriarsi [ri-ap-pro-priàr-si] *v.pron.intr.* recouvrer (**qqch**).

riaprire [ri-a-prì-re] *v.tr.* [coniug. come *aprire*] rouvrir*: *riaprire una finestra*, rouvrir une fenêtre | *riaprire il discorso*, retourner sur le sujet, (*fig.*) en reparler ♦ *v.intr.* [aus. *avere*] rouvrir*: *il negozio riaprirà dopo le vacanze*, le magasin rouvrira après les vacances; *le scuole riaprono in settembre*, la rentrée des classes a lieu en septembre ♦ **riaprirsi** *v.pron.intr.* (se) rouvrir*: *il negozio si è riaperto*, le magasin a rouvert.

riarmare [ri-ar-mà-re] *v.tr.* **1** (*mil.*) réarmer **2** (*edil.*) refaire* l'armature (**de**) **3** (*rimettere in efficienza*) rééquiper ♦ **riarmarsi** *v.pron.* réarmer.

riarmo [ri-àr-mo] *n.m.* réarmement: *corsa al riarmo*, course aux réarmements.

riarso [ri-àr-so] *agg.* desséché, brûlé: *avere la gola riarsa*, avoir la gorge sèche.

riascoltare [ri-a-scol-tà-re] *v.tr.* écouter de nouveau, réentendre*.

riassaporare [ri-as-sa-po-rà-re] *v.tr.* savourer de nouveau (*anche fig.*).

riassegnare [ri-as-se-gnà-re] *v.tr.* redonner.

riassestamento [ri-as-se-sta-mén-to] *n.m.* **1** redressement **2** (*di terreno ecc.*) tassement.

riassestare [ri-as-se-stà-re] *v.tr.* redresser ♦ **riassestarsi** *v.pron.intr.* **1** (*di terreno ecc.*) se tasser **2** (*fig.*) se redresser.

riassettare [ri-as-set-tà-re] *v.tr.* remettre* en ordre, ranger*.

riassetto [ri-as-sèt-to] *n.m.* **1** mise (*f.*) en ordre: *dare un riassetto a qlco*, remettre qqch en ordre **2** (*riorganizzazione*) réorganisation (*f.*) **3** (*econ.*) rajustement.

riassicurare [ri-as-si-cu-rà-re] *v.tr.* réassurer ♦ **riassicurarsi** *v.pron.* se réassurer.

riassicurazione [ri-as-si-cu-ra-zió-ne] *n.f.* réassurance.

riassopirsi [ri-as-so-pìr-si] *v.pron.intr.* [coniug. come *finire*] s'assoupir de nouveau.

riassorbimento [ri-as-sor-bi-mén-to] *n.m.* **1** réabsorption (*f.*) **2** (*med., econ.*) résorption (*f.*).

riassorbire [ri-as-sor-bì-re] *v.tr.* [coniug. come *finire*] **1** réabsorber **2** (*med., econ.*) résorber ♦ **riassorbirsi** *v.pron.intr.* (*med.*) se résorber.

riassortimento [ri-as-sor-ti-mén-to] *n.m.* (*comm.*) réassortiment; (*la merce riassortita*) réassort.

riassortire [ri-as-sor-tì-re] *v.tr.* [coniug. come *finire*] réassortir.

riassumere [ri-as-sù-me-re] *v.tr.* [coniug. come *assumere*] **1** reprendre*; (*una carica*) assumer de nouveau **2** (*riprendere a servizio*) reprendre* à son service; (*un operaio*) réembaucher; (*un impiegato*) rengager*, réengager* **3** (*riepilogare*) résumer.
● ***per riassumere***, ***riassumendo***, en bref.

riassuntivo [ri-as-sun-tì-vo] *agg.* récapitulatif*.

riassunto [ri-as-sùn-to] *n.m.* résumé.

riassunzione [ri-as-sun-zió-ne] *n.f.* rengagement (*m.*), réengagement (*m.*).

riattaccare [ri-at-tac-cà-re] *v.tr.* [coniug. come *mancare*] **1** rattacher; (*ricucire*) recoudre*; (*con colla*) recoller; (*i cavalli*) réatteler*; (*un quadro, il telefono*) raccrocher **2** (*fam.*) (*ricominciare*) recommencer*: *riattaccare una discussione*, reprendre une discussion ♦ *v.intr.* [aus. *avere*] (*fam.*) (*ricominciare*) recommencer*: *riattacco (a* *lavorare) alle due*, je recommence à deux heures ♦ **riattaccarsi** *v.pron.intr.* se rattacher.

riattamento [ri-at-ta-mén-to] *n.m.* remise (*f.*) en état.

riattare [ri-at-tà-re] *v.tr.* remettre* en état.

riattivare [ri-at-ti-và-re] *v.tr.* **1** rétablir: *riattivare le comunicazioni*, rétablir les communications **2** (*med.*) réactiver: *riattivare la circolazione*, réactiver la circulation.

riattivazione [ri-at-ti-va-zió-ne] *n.f.* **1** rétablissement (*m.*); (*il rimettere in attività*) remise (*f.*) en activité: *la riattivazione di una strada*, la réouverture d'une route à la circulation **2** (*med.*) réactivation.

riattizzare [ri-at-tiz-zà-re] *v.tr.* attiser de nouveau (*anche fig.*): *riattizzare il fuoco*, réactiver le feu.

riavere [ri-a-vé-re] *v.tr.* [pres.indic. *io riò, tu riai, egli rià, essi rianno*; il resto coniug. come *avere*] **1** (*avere di nuovo*) avoir* de nouveau: *ha riavuto il suo impiego*, il a retrouvé son emploi **2** (*riacquistare*) recouvrer **3** (*avere indietro*) récupérer*: *ho riavuto il libro che gli avevo prestato*, j'ai récupéré le livre que je lui avais prêté ♦ **riaversi** *v.pron.intr.* se remettre*: *riaversi da uno spavento*, se remettre d'une peur.

riavviare [ri-av-vi-à-re] *v.tr.* **1** relancer* **2** (*inform.*) (*un computer*) redémarrer; (*un programma*) relancer*.

riavvicinamento [ri-av-vi-ci-na-mén-to] *n.m.* rapprochement.

riavvicinare [ri-av-vi-ci-nà-re] *v.tr.* rapprocher (**de**) ♦ **riavvicinarsi** *v.pron.intr.* se rapprocher (**de**).

riavvio [ri-av-vì-o] *n.m.* [pl. *-ii*] **1** relance (*f.*), reprise (*f.*) **2** (*inform.*) redémarrage.

riavvitare [ri-av-vi-tà-re] *v.tr.* revisser.

riavvolgere [ri-av-vòl-ge-re] *v.tr.* [coniug. come *volgere*] remballer; (*una pellicola, del filo ecc.*) rembobiner.

riavvolgimento [ri-av-vol-gi-mén-to] *n.m.* (*di una pellicola*) rebobinage.

ribadire [ri-ba-dì-re] *v.tr.* [coniug. come *finire*] **1** (*ribattere*) river **2** (*fig.*) (*confermare*) confirmer **3** (*ripetere*) répéter*: *ribadire un concetto*, insister sur une idée.

ribalderia [ri-bal-de-rì-a] *n.f.* scélératesse.

ribaldo [ri-bàl-do] *n.m.* **1** [f. *-a*] scélérat **2** (*st.*) ribaud.

ribalta [ri-bàl-ta] *n.f.* **1** (*di botola*) trappe; (*di mobile*) abattant (*m.*): *letto a ribalta*, lit escamotable **2** (*teatr.*) rampe.

● ***alla ribalta***, sur la scène: *essere alla ribalta*, (*fig.*) être sous les feux de la rampe; *salire alla ribalta*, (*fig.*) occuper le devant de la scène | ***luci della ribalta***, (*anche fig.*) feux de la rampe.

ribaltabile [ri-bal-tà-bi-le] *agg.* (*di mobile*) escamotable: *letto ribaltabile*, lit escamotable ♦ *n.m.* (*cassone di autocarro*) benne (basculante).

● ***piano ribaltabile***, (*di mobile*) abattant | ***sedile ribaltabile***, (*in auto*) rabattable, siège escamotable.

ribaltamento [ri-bal-ta-mén-to] *n.m.* renversement.

ribaltare [ri-bal-tà-re] *v.tr.* renverser (*anche fig.*): *ribaltare la situazione*, renverser la situation; (*sport*) *ribaltare il risultato*, retourner la situation; *ribaltare il sedile posteriore* (*di un'auto*), rabattre le siège arrière (d'une voiture) ♦ **ribaltarsi** *v.pron.intr.* se renverser: *la situazione si è ribaltata a suo favore*, la situation s'est retournée en sa faveur.

ribaltina [ri-bal-tì-na] *n.f.* meuble (*m.*) à abattant.

ribaltone [ri-bal-tó-ne] *n.m.* (*fam.*) culbute (*f.*) (*anche fig.*).

ribassare [ri-bas-sà-re] *v.tr.* rabaisser; (*fig.*) baisser, réduire* ♦ *v.intr.* [aus. *essere*] baisser.

ribassato [ri-bas-sà-to] *agg.* **1** (*fig.*) réduit: *prezzo ribassato*, prix réduit **2** (*arch.*) (*di arco*) surbaissé.

ribasso [ri-bàs-so] *n.m.* baisse (*f.*); (*sconto*) rabais: *un ribasso del 10%*, un rabais de 10%.

● ***essere in ribasso***, (*anche fig.*) être en baisse | ***giocare al ribasso***, (*anche fig.*) jouer à la baisse.

ribattere [ri-bàt-te-re] *v.tr.* [coniug. come *battere*] **1** (*battere di nuovo*) rebattre*; (*battere respingendo*) rabattre*: *ribattere la palla*, renvoyer la balle; *ribattere una cucitura*, rabattre une couture; *ribattere un chiodo*, river un clou | (*mus.*) *ribattere una nota*, répéter une note **2** (*sulla tastiera ecc.*) retaper **3** (*fig.*) réfuter ♦ *v.intr.* [aus. *avere*] **1** (*fig.*) (*insistere*) insister **2** (*replicare*) répliquer.

● ***batti e ribatti***, (*fig.*) à force d'insister.

> NOTA Nelle frasi incidentali con ***répliquer*** si usa l'inversione del soggetto:
>
> *E io non voglio venire!*, ***ribatté***.
>
> Et moi, je ne veux pas venir!, **répliqua-t-il**.

ribattezzare [ri-bat-teʒ-ʒà-re] *v.tr.* rebaptiser (*anche fig.*).

ribattino [ri-bat-tì-no] *n.m.* (*chiodo*) rivet.

ribattitura [ri-bat-ti-tù-ra] *n.f.* (*di un chiodo*) rivetage (*m.*); (*di una cucitura*) rabat (*m.*) | *la ribattitura del testo prenderà due giorni*, il faudra deux jours pour retaper ce texte.

ribattuta [ri-bat-tù-ta] *n.f.* (*sport*) renvoi (*m.*).

ribellarsi [ri-bel-làr-si] *v.pron.intr.* se révolter; (*contro l'autorità legittima*) se rebeller: *ribellarsi all'autorità paterna*, se rebeller contre l'autorité paternelle; *la mia coscienza si ribella al compromesso*, ma conscience répugne au compromis.

ribelle [ri-bèl-le] *agg.* rebelle; (*di animale*) récalcitrant: *le truppe ribelli*, les troupes rebelles ♦ *n.m.* e *f.* rebelle.

ribellione [ri-bel-lió-ne] *n.f.* rébellion; (*rivolta*) révolte (*anche fig.*): *domare una ribellione*, mater une révolte; *è in aperta ribellione con il padre*, il est en guerre ouverte avec son père.

ribes [rì-bes] *n.m.invar.* (*pianta*) groseillier; (*frutto*) groseille (*f.*).

● ***ribes nero***, cassis.

ribobinare [ri-bo-bi-nà-re] *v.tr.* (*cine.*) rebobiner.

ribobinatura [ri-bo-bi-na-tù-ra] *n.f.* (*cine.*) rebobinage (*m.*).

ribollimento [ri-bol-li-mén-to] **ribollio** *n.m.* bouillonnement.

ribollire [ri-bol-lì-re] *v.intr.* [aus. *avere*] **1** bouillonner; (*fig.*) bouillir*: *ribollire di rabbia*, écumer de rage; *mi sentii ribollire il sangue nelle vene*, le sang bouillait dans mes veines **2** (*fermentare*) fermenter.

ribonucleico [ri-bo-nu-clèi-co] *agg.* [pl.m. *-ci*, f. *-che*] (*biochim.*) ribonucléique.

● ***acido ribonucleico***, acide ribonucléique.

ribrezzo [ri-bréʒ-ʒo] *n.m.* dégoût; (*raccapriccio*) horreur (*f.*): *far ribrezzo*, dégoûter, faire horreur.

ributtante [ri-but-tàn-te] *agg.* repoussant, dégoûtant, révoltant.

ributtare [ri-but-tà-re] *v.tr.* **1** (*gettare di nuovo*) renvoyer*: *gli ha ributtato la palla*, il lui a renvoyé la balle **2** (*restituire*) rejeter*: *la marea ributtò i rottami*, la marée rejeta les épaves **3** (*vomitare*) vomir, rendre* **4** (*respingere*) repousser: *ributtare un'accusa*, repousser, rejeter

R

une accusation ♦ ***v.intr.*** [aus. *avere*] **1** répugner, dégoûter **2** (*di pianta*) rejeter* ♦ **ributtarsi** ***v.pron.*** se rejeter*.

ricacciare [ri-cac-cià-re] ***v.tr.*** [coniug. come *cominciare*] **1** (*cacciar via di nuovo*) chasser de nouveau **2** (*respingere*) refouler, repousser: *ricacciare il nemico*, refouler l'ennemi **3** (*fam.*) (*rimettere*) remettre* **4** (*mandare indietro*) étouffer; (*mandare giù*) ravaler (*anche fig.*): *ricacciare un urlo di terrore*, étouffer un cri de terreur; *ricacciare indietro le lacrime*, ravaler ses larmes; *gli ricaccerò in gola tutti i suoi insulti*, je lui ferai rentrer toutes ses insultes dans la gorge **5** (*fam.*) (*cacciare fuori di nuovo*) rendre*: *dovrà ricacciare tutti i quattrini che ha intascato*, il devra rendre tout l'argent qu'il a empoché **6** (*di pianta*) rejeter* ♦ **ricacciarsi** ***v.pron.*** se remettre*: *si è ricacciato nei guai*, il s'est refourré, remis dans de mauvais draps ♦ ***v.pron. indiretto*** remettre*: *si ricacciò il cappello in testa*, il remit son chapeau.

ricadere [ri-ca-dé-re] ***v.intr.*** [coniug. come *cadere*; aus. *essere*] retomber (*anche fig.*): *tentò di rialzarsi, ma ricadde pesantemente*, il essaya de se relever, mais il retomba lourdement; *ricadere nello stesso errore*, retomber dans la même erreur; *ci sono ricaduto!*, je m'y suis encore laissé prendre!

ricaduta [ri-ca-dù-ta] ***n.f.*** **1** retombée (*anche fig.*) **2** (*med.*) rechute.

ricalcare [ri-cal-cà-re] ***v.tr.*** [coniug. come *mancare*] **1** (*un disegno*) calquer, décalquer **2** (*calcare di nuovo*) renfoncer*: *ricalcare il cappello in testa*, renfoncer son chapeau sur sa tête | *ricalcare le scene*, être à nouveau sur les planches | *ricalcare le orme di qlcu*, (*fig.*) marcher sur les traces de qqn **3** (*fig.*) (*riprodurre esattamente*) calquer, reproduire: *ricalca lo stile del padre*, il reproduit le style de son père.

ricalcitrante [ri-cal-ci-tràn-te] ***agg.*** récalcitrant; (*di cavallo*) rétif*.

ricalcitrare [ri-cal-ci-trà-re] ***v.intr.*** [aus. *avere*] regimber (*anche fig.*).

ricalco [ri-càl-co] ***n.m.*** [pl. *-chi*] décalquage, calquage. ● (*amm.*) ***contabilità a ricalco***, comptabilité en partie double.

ricamare [ri-ca-mà-re] ***v.tr.*** broder (*anche fig.*): *ricamare le cifre su un fazzoletto*, broder les initiales sur un mouchoir; *raccontami i fatti senza ricamarci sopra*, raconte-moi les faits, sans broder.

ricamato [ri-ca-mà-to] ***agg.*** brodé: *tovaglia ricamata a punto croce*, nappe brodée au point de croix.

ricamatrice [ri-ca-ma-trì-ce] ***n.f.*** brodeuse.

ricambiare [ri-cam-bià-re] ***v.tr.*** **1** (*cambiare di nuovo*) rechanger* **2** (*sostituire*) changer* **3** (*contraccambiare*) rendre*: *ricambiare un favore*, payer de retour (un service); *ha ricambiato con l'ingratitudine tutto quello che ho fatto per lui*, il m'a payé d'ingratitude; *ricambiare gli auguri a qlcu*, répondre aux vœux de qqn; *non ricambia i suoi sentimenti*, il ne partage pas ses sentiments ♦ ***v.intr.*** [aus. *essere*] changer* à nouveau ♦ **ricambiarsi** ***v.pron.*** (*d'abito*) se rechanger*.

ricambio [ri-càm-bio] ***n.m.*** [pl. *-bi*] **1** (*il cambiare*) changement; (*sostituzione*) rechange: *il ricambio dell'aria in un ambiente*, le changement de l'air dans une pièce; *il ricambio di una penna*, la recharge d'un stylo **2** (*avvicendamento*) échange: *ricambio politico*, alternance des hommes politiques | (*econ.*) *ricambio del personale*, rotation du personnel **3** (*med.*) métabolisme.
● ***di ricambio***, de rechange: *pezzi di ricambio*, *ricambi*, pièces de rechange; *ruota di ricambio*, roue de secours; *cavalli di ricambio*, chevaux de relais | (*med.*) ***malattie del ricambio***, maladies métaboliques, de la nutrition.

ricamo [ri-cà-mo] ***n.m.*** **1** broderie (*f.*): *una coperta a ricami*, une couverture brodée; *cotone da ricamo*, coton à broder **2** (*fig.*) (*lavoro artistico*) dentelle (*f.*): *questa facciata è un vero ricamo*, cette façade est une véritable dentelle.

ricandidare [ri-can-di-dà-re] ***v.tr.*** représenter (la candidature de), reproposer (comme candidat) ♦ **ricandidarsi** ***v.pron.*** se représenter, reproposer sa candidature.

ricapitare [ri-ca-pi-tà-re] ***v.intr.*** [aus. *essere*] **1** retomber: *mi è ricapitato tra le mani*, il m'est retombé entre les mains **2** (*ritornare*) revenir*: *se ricapiti a Milano, telefonami*, si tu reviens à Milan, téléphone-moi **3** (*ripresentarsi*) se représenter **4** (*accadere di nuovo*) arriver de nouveau.

ricapitolare [ri-ca-pi-to-là-re] ***v.tr.*** récapituler, résumer | *ricapitolando*, en résumé.

ricapitolazione [ri-ca-pi-to-la-zió-ne] ***n.f.*** récapitulation.

ricarica [ri-cà-ri-ca] ***n.f.*** [pl. *-che*] recharge; (*di orologio*) remontage (*m.*).

ricaricamento [ri-ca-ri-ca-mén-to] ***n.m.*** rechargement.

ricaricare [ri-ca-ri-cà-re] ***v.tr.*** [coniug. come *mancare*] recharger* (*anche fig.*); (*un orologio*) remonter ♦ **ricaricarsi** ***v.pron.intr.*** (*fig.*) se remonter.

ricarico [ri-cà-ri-co] ***n.m.*** [pl. *-chi*] (*comm.*) marge (*f.*) bénéficiaire.

ricascare [ri-ca-scà-re] ***v.intr.*** [coniug. come *mancare*; aus. *essere*] retomber (*anche fig.*) | *ci sei ricascato!*, (*fam.*) tu t'y es encore laissé prendre!

ricattare [ri-cat-tà-re] ***v.tr.*** faire* chanter.

ricattatore [ri-cat-ta-tó-re] ***n.m.*** [f. *-trice*] maître chanteur.

ricattatorio [ri-cat-ta-tò-rio] ***agg.*** [pl.m. *-ri*] de chantage.

ricatto [ri-càt-to] ***n.m.*** chantage: *ricatto morale*, chantage moral; *fare un ricatto a qlcu*, faire chanter qqn; *è un ricatto!*, c'est du chantage!

ricavabile [ri-ca-và-bi-le] ***agg.*** que l'on peut tirer (**de**).

ricavare [ri-ca-và-re] ***v.tr.*** **1** tirer: *da questa pianta si ricava una fibra tessile*, de cette plante on extrait une fibre textile; *ricavare un film da un'opera teatrale*, tirer un film d'une pièce de théâtre; *ricavare un vestito da uno scampolo*, faire un vêtement dans un coupon; *ricavare due camere da una sola*, faire deux pièces d'une seule **2** (*dedurre*) déduire*; (*trarre*) tirer: *ricavare una regola*, déduire, tirer une règle **3** (*econ.*) (*incassare*) toucher, tirer; (*guadagnare*) gagner: *quanto hai ricavato dalla vendita del quadro?*, combien as-tu retiré de la vente du tableau?; *ricavare un grande utile*, obtenir un grand bénéfice; *che cosa hai ricavato comportandoti così?*, qu'est-ce que tu as gagné à te conduire ainsi?

ricavato [ri-ca-và-to] ***agg.*** gagné ♦ ***n.m.*** **1** produit, recette (*f.*): *il ricavato sarà devoluto a*, la recette sera affectée à **2** (*fig.*) fruit.

ricavo [ri-cà-vo] ***n.m.*** **1** (*econ., comm.*) produit | *ricavo marginale, totale, unitario*, recette marginale, totale, unitaire **2** (*fig.*) fruit.

riccamente [ric-ca-mén-te] ***avv.*** richement.

ricchezza [ric-chéz-za] ***n.f.*** **1** richesse (**en**) (*anche fig.*): *ricchezza di materie prime*, richesse en matières pre-

mières | *ricchezza d'ingegno*, fertilité d'esprit **2** (*di un abito, di un panneggio ecc.*) ampleur.
● (*fin.*) ***ricchezza mobile***, revenus mobiliers | ***con ricchezza di particolari***, avec force détails.

riccio[1] [rìc-cio] ***agg.*** [pl.m. *-ci*, f. *-ce*] frisé: *capelli ricci*, cheveux frisés ♦ ***n.m.*** **1** boucle (*f.*): *farsi i ricci*, se faire des boucles **2** (*di burro*) coquille (*f.*) **3** (*di legno*) copeau* **4** (*di strumenti ad arco*) crosse (*f.*).

FAUX AMI
Da non confondere con *riche*, che significa *ricco*.

riccio[2] ***n.m.*** [pl. *-ci*] **1** (*zool.*) *hérisson **2** (*bot.*) bogue (*f.*).
● (*zool.*) ***riccio (di mare)***, oursin | ***chiudersi a riccio***, (*fig.*) être un hérisson.

ricciolino [ric-cio-lì-no] ***n.m.*** [f. *-a*] (*fam.*) (*bimbo riccio*) frisé ♦ ***agg.*** frisé.

ricciolo [rìc-cio-lo] ***n.m.*** **1** boucle (*f.*) **2** (*di burro*) coquille (*f.*).

riccioluto [ric-cio-lù-to] **ricciuto** ***agg.*** frisé.

ricco [rìc-co] ***agg.*** [pl.m. *-chi*, f. *-che*] **1** riche (**en**) (*anche fig.*): *la ricca borghesia*, la bourgeoisie riche; *la frutta è ricca di vitamine*, les fruits sont riches en vitamines; *essere ricco di famiglia*, être d'une famille riche; *diventare ricco*, s'enrichir; *ricco di fantasia*, plein d'imagination; *un libro ricco di episodi divertenti*, un livre plein d'épisodes amusants; *dizionario ricco di esempi*, dictionnaire avec beaucoup d'exemples; *ricca capigliatura*, chevelure abondante; *vegetazione ricca*, végétation luxuriante | *fare un ricco pasto*, faire un repas plantureux **2** (*di grande valore*) riche; (*di una somma*) important, abondant: *un ricco compenso*, une généreuse rétribution **3** (*di abiti ecc.*) ample ♦ ***n.m.*** [f. *-a*] riche.
● ***essere ricco sfondato***, être riche comme Crésus | ***i nuovi ricchi***, les nouveaux riches (*o* les parvenus).

riccone [ric-có-ne] ***n.m.*** [f. *-a*] richard.

ricerca [ri-cér-ca] ***n.f.*** [pl. *-che*] recherche: *fare una ricerca*, faire des recherches; *la ricerca della felicità*, la quête du bonheur.
● (*comm.*): ***ricerca di clienti***, prospection de clients; ***ricerca di mercato***, étude de marché, de marketing; ***ricerca e sviluppo***, recherche et développement; ***ricerca pubblicitaria***, prospection publicitaire | ***alla ricerca di***, à la recherche de: *è corso alla ricerca di un dottore*, il est parti chercher un médecin | ***dottorato di ricerca***, doctorat de recherche.

ricercare [ri-cer-cà-re] ***v.tr.*** [coniug. come *mancare*] rechercher, chercher: *ricercare le cause di un fenomeno*, chercher les causes d'un phénomène; *è ricercato dalla polizia*, il est recherché par la police | *cerca e ricerca*, à force de chercher.

ricercatezza [ri-cer-ca-téz-za] ***n.f.*** **1** recherche: *vestire con ricercatezza*, s'habiller avec recherche **2** (*spec. pl.*) (*parole, modi ricercati*) préciosité.

ricercato [ri-cer-cà-to] ***agg.*** recherché: *ricercato dalla polizia*, recherché par la police | *essere ricercato nel vestire*, s'habiller avec recherche ♦ ***n.m.*** [f. *-a*] personne (*f.*) recherchée (par la police).

ricercatore [ri-cer-ca-tó-re] ***n.m.*** [f. *-trice*] chercheur*.

ricetrasmettitore [ri-ce-tra-ʃmet-ti-tó-re] ***agg.*** e ***n.m.*** émetteur-récepteur* (*m.*).

ricetrasmittente [ri-ce-tra-ʃmit-tèn-te] ***agg.*** e ***n.f.*** émetteur-récepteur*.

ricetta [ri-cèt-ta] ***n.f.*** **1** (*cuc.*) recette **2** (*prescrizione medica*) ordonnance **3** (*rimedio*) recette: *una ricetta per la tosse*, une recette contre la toux; *la ricetta della felicità*, (*fig.*) la recette du bonheur.
● ***da vendersi solo dietro presentazione di ricetta medica***, délivré seulement sur ordonnance.

ricettacolo [ri-cet-tà-co-lo] ***n.m.*** **1** repaire: *un ricettacolo di polvere*, un nid à poussière **2** (*bot.*) réceptacle.

ricettare [ri-cet-tà-re] ***v.tr.*** receler*.

ricettario [ri-cet-tà-rio] ***n.m.*** [pl. *-ri*] **1** (*cuc.*) livre de recettes **2** (*med.*) bloc d'ordonnances.

ricettatore [ri-cet-ta-tó-re] ***n.m.*** [f. *-trice*] receleur*.

ricettazione [ri-cet-ta-zió-ne] ***n.f.*** (*dir.*) recel (*m.*).

ricettività [ri-cet-ti-vi-tà] ***n.f.invar.*** réceptivité: *la ricettività della città è limitata*, la capacité d'accueil de la ville est insuffisante.

ricettivo [ri-cet-tì-vo] ***agg.*** réceptif*: *strutture ricettive*, structures d'accueil.

ricetto [ri-cèt-to] ***n.m.*** (*letter.*) asile; (*rifugio*) refuge, abri: *dare ricetto*, donner asile.

FAUX AMI
Da non confondere con *recette*, che significa *incasso, introito* o *ricetta*.

ricevente [ri-ce-vèn-te] ***agg.*** récepteur* ♦ ***n.m.*** e ***f.*** **1** destinataire **2** (*med.*) receveur/euse **3** (*ling.*) récepteur (*m.*).

ricevere [ri-cé-ve-re] ***v.tr.*** **1** recevoir*: *ricevere una lettera, notizie*, recevoir une lettre, des nouvelles; *ricevere un consiglio, dei complimenti*, recevoir un conseil, des compliments; *ricevere lo stipendio*, recevoir (*o* toucher) son salaire; *ho ricevuto in dono un libro*, on m'a fait cadeau d'un livre **2** (*accogliere*) accueillir*, recevoir*: *andrò a riceverlo alla stazione*, j'irai l'accueillir à la gare **3** (*accettare*) recevoir*: *non ricevo ordini da te*, je n'ai pas d'ordres à recevoir de toi **4** (*trarre*) tirer: *ricevere conforto da*, tirer du soulagement de **5** (*tel.*) recevoir*.

ricevimento [ri-ce-vi-mén-to] ***n.m.*** **1** réception (*f.*): *il ricevimento di una lettera*, la réception d'une lettre **2** (*accoglienza*) accueil **3** (*trattenimento*) réception (*f.*): *dare, offrire un ricevimento*, donner une réception.
● ***avviso di ricevimento***, accusé de réception | ***orario di ricevimento***, horaire de réception.

ricevitore [ri-ce-vi-tó-re] ***agg.*** récepteur* ♦ ***n.m.*** **1** [f. *-trice*] receveur* **2** (*tel.*) combiné; (*solo per l'ascolto*) écouteur; (*rad., tv*) récepteur **3** [f. *-trice*] (*baseball*) attrapeur.
● ***ricevitore della dogana***, percepteur de la douane | (*tel.*): ***ricevitore pilota***, récepteur de contrôle; ***ricevitore radar***, récepteur panoramique | (*med.*) ***ricevitore universale***, receveur universel.

ricevitoria [ri-ce-vi-to-rì-a] ***n.f.*** (*amm.*) bureau* (*m.*) du receveur; (*delle imposte*) recette (des finances); (*del lotto, totocalcio*) recette buraliste.
● ***ricevitoria del Registro***, bureau de l'Enregistrement.

ricevuta [ri-ce-vù-ta] ***n.f.*** reçu (*m.*), récépissé (*m.*); (*spec. di pagamento*) quittance: *firmare una ricevuta*, signer un reçu; *rilasciare una ricevuta*, délivrer un reçu.
● ***ricevuta a saldo***, reçu pour solde | ***ricevuta di ritorno***, accusé de réception | ***ricevuta di versamento***, reçu de versement.

ricezione [ri-ce-zió-ne] ***n.f.*** **1** (*rad., tv*) réception **2** (*accoglienza*) accueil (*m.*).

richiamare [ri-chia-mà-re] ***v.tr.*** **1** rappeler*: *ti richiamerò fra dieci minuti*, (*al telefono*) je te rappellerai dans dix minutes; *l'ho chiamato e richiamato*, je l'ai appelé plusieurs fois **2** (*far tornare indietro*) rappeler* (*anche*

R

fig.): *richiamare un esiliato*, rappeler un exilé; *richiamare qlcu all'ordine, al dovere*, rappeler qqn à l'ordre, au devoir | *richiamare alla memoria*, rappeler à la mémoire **3** (*attirare*) attirer (*anche fig.*): *vorrei richiamare la tua attenzione su questo problema*, je voudrais attirer ton attention sur ce problème **4** (*rimproverare*) réprimander ♦ **richiamarsi** *v.pron.intr.* (*riferirsi*) se rapporter.

richiamato [ri-chia-mà-to] *agg.* e *n.m.* (*mil.*) rappelé; (*in guerra*) mobilisé.

richiamo [ri-chià-mo] *n.m.* **1** rappel: *richiamo alla disciplina*, rappel à la discipline **2** (*voce, gesto con cui si richiama*) appel: *un grido di richiamo*, un cri d'appel **3** (*rimprovero*) observation (*f.*): *fare un richiamo a un dipendente*, faire des observations à un subalterne **4** (*rimando*) renvoi **5** (*attrazione*) attrait **6** (*riferimento*) référence (*f.*) **7** (*caccia*) appeau*: *uccelli da richiamo*, oiseaux d'appeau.

● *il richiamo della foresta*, (*fig.*) l'appel de la forêt.

richiedente [ri-chie-dèn-te] *n.m.* e *f.* demandeur/euse; requérant/e.

richiedere [ri-chiè-de-re] *v.tr.* [coniug. come *chiedere*] **1** (*chiedere di nuovo*) redemander: *gliel'ho chiesto e richiesto*, je le lui ai demandé et redemandé **2** (*chiedere*) demander: *richiedere il passaporto, la patente*, faire une demande de passeport, de permis de conduire **3** (*esigere*) exiger*: *questo lavoro richiede una lunga preparazione*, ce travail exige (*o* demande) une longue préparation **4** (*chiedere in restituzione*) réclamer.

richiesta [ri-chiè-sta] *n.f.* **1** demande: *c'è molta richiesta di questo articolo*, c'est un article très demandé | *richiesta di fondi*, appel de fonds **2** (*pretesa*) prétention **3** (*amm.*) requête: *presentare una richiesta in carta bollata*, présenter une requête en papier timbré **4** (*inform.*) demande; requête.

● *a, dietro, su richiesta*, sur demande: *a, dietro, su richiesta di*, à la demande de; *a richiesta generale, a grande richiesta*, à la demande générale.

richiesto [ri-chiè-sto] *agg.* demandé; (*preteso*) requis: *prodotto molto richiesto*, produit très recherché; *condizioni richieste*, conditions requises.

richiudere [ri-chiù-de-re] *v.tr.* [coniug. come *chiudere*] refermer ♦ **richiudersi** *v.pron.intr.* se refermer | *richiudersi in se stesso*, (*fig.*) se replier sur soi.

riciclabile [ri-ci-clà-bi-le] *agg.* recyclable: *rifiuti riciclabili*, déchets recyclables.

riciclaggio [ri-ci-clàg-gio] *n.m.* [pl. *-gi*] **1** recyclage **2** (*reinvestimento*) remploi **3** (*di denaro sporco*) blanchiment (d'argent sale).

riciclare [ri-ci-clà-re] *v.tr.* **1** recycler **2** (*denaro sporco*) blanchir.

riciclato [ri-ci-clà-to] *agg.* recyclé ♦ *n.m.* [f. *-a*] recyclé: *i riciclati della politica*, les recyclés de la politique.

ricino [rì-ci-no] *n.m.* (*bot.*) ricin.

● *olio di ricino*, huile de ricin.

riclassificare [ri-clas-si-fi-cà-re] *v.tr.* [coniug. come *mancare*] reclasser.

ricognitivo [ri-co-gni-ti-vo] *agg.* **1** de reconnaissance: *spedizione ricognitiva*, expédition de reconnaissance **2** (*dir.*) récognitif*: *atto ricognitivo*, acte récognitif.

ricognitore [ri-co-gni-tó-re] *n.m.* **1** [f. *-trice*] celui* qui va en reconnaissance **2** (*aer.*) avion de reconnaissance.

ricognizione [ri-co-gni-zió-ne] *n.f.* reconnaissance: *mandare in ricognizione*, envoyer en reconnaissance.

ricollegare [ri-col-le-gà-re] *v.tr.* [coniug. come *legare*] **1** (*fig.*) rattacher; relier **2** (*tecn.*) raccorder ♦ **ricollegarsi** *v.pron.intr.* **1** (*tel., rad.*) rentrer en liaison **2** (*riferirsi*) se référer*; (*avere legami con*) être* lié (**à**) ♦ *v.pron.rec.* être* lié.

ricollocabile [ri-col-lo-cà-bi-le] *agg.* (*inform.*) translatable.

ricollocare [ri-col-lo-cà-re] *v.tr.* [coniug. come *mancare*] **1** replacer*: *ricollocare un libro sullo scaffale*, replacer un livre sur une étagère | (*amm.*) *ricollocare impiegati licenziati*, replacer des employés licenciés | (*fin.*) *ricollocare azioni*, replacer (*o* réinvestir) des actions **2** (*inform.*) translater.

ricolmare [ri-col-mà-re] *v.tr.* **1** remplir à ras bord **2** (*fig.*) combler.

ricolmo [ri-cól-mo] *agg.* **1** comblé: (*spec. fig.*) *il cuore ricolmo di gioia*, le cœur rempli de joie **2** (*colmo fino all'orlo*) plein à ras bord: *vaso ricolmo*, vase plein à ras bord.

ricominciare [ri-co-min-cià-re] *v.tr.* [coniug. come *cominciare*] recommencer*: *ricomincia a leggere da pagina tre*, recommence à lire (à partire de la page) trois ♦ *v.intr.* [aus. *essere* o *avere*] reprendre*, recommencer*: *è ricominciato a piovere*, il a recommencé à pleuvoir.

ricomparire [ri-com-pa-rì-re] *v.intr.* [coniug. come *apparire*; aus. *essere*] réapparaître*: *la malattia è ricomparsa*, la maladie a réapparu; *è ricomparso il sole*, la soleil a fait sa réapparition.

ricomparsa [ri-com-pàr-sa] *n.f.* réapparition.

ricompensa [ri-com-pèn-sa] *n.f.* récompense: *come ricompensa*, en récompense | *ricompensa al valore*, décoration.

● *per tutta ricompensa*, (*iron.*) (et) pour tout remerciement.

ricompensare [ri-com-pen-sà-re] *v.tr.* récompenser: *sarà ben ricompensato*, il sera largement récompensé.

ricomporre [ri-com-pór-re] *v.tr.* [coniug. come *porre*] recomposer ♦ **ricomporsi** *v.pron.* **1** reprendre* son calme **2** (*rimettersi in ordine*) se rajuster.

ricomposizione [ri-com-po-ʃi-zió-ne] *n.f.* recomposition.

● (*dir.*) *ricomposizione fondiaria*, remembrement agricole.

ricomprare [ri-com-prà-re] *v.tr.* racheter*.

riconciliare [ri-con-ci-lià-re] *v.tr.* **1** (*conciliare di nuovo*) réconcilier **2** (*procurare di nuovo*) regagner ♦ **riconciliarsi** *v.pron.* se réconcilier.

riconciliazione [ri-con-ci-lia-zió-ne] *n.f.* réconciliation (*anche eccl.*).

ricondannare [ri-con-dan-nà-re] *v.tr.* recondamner.

ricondurre [ri-con-dùr-re] *v.tr.* [coniug. come *condurre*] **1** (*condurre di nuovo*) reconduire*; (*condurre indietro*) ramener*: *tutto questo ci riconduce al punto di partenza*, tout ceci nous ramène au point de départ **2** (*fig.*) (*riportare, ristabilire*) ramener* **3** (*fig.*) (*ristabilire*) rétablir, ramener*.

riconferma [ri-con-fér-ma] *n.f.* **1** confirmation: *portare delle prove a riconferma di*, apporter des preuves à l'appui de **2** (*rinnovo*) renouvellement (*m.*): *ottenere la riconferma di un incarico*, obtenir le renouvellement d'un mandat.

riconfermare [ri-con-fer-mà-re] *v.tr.* confirmer ♦ **riconfermarsi** *v.pron.intr.* se confirmer.

riconfigurare [ri-con-fi-gu-rà-re] *v.tr.* (*inform.*) reconfigurer.

riconfortare [ri-con-for-tà-re] ***v.tr.*** réconforter ♦ **riconfortarsi** ***v.pron.*** se réconforter.

ricongiungere [ri-con-giùn-ge-re] ***v.tr.*** [coniug. come *giungere*] rejoindre*; (*riunire*) réunir ♦ **ricongiungersi** ***v.pron.intr.*** **1** se rejoindre* **2** (*riunirsi*) être* réuni à nouveau.

ricongiungimento [ri-con-giun-gi-mén-to] ***n.m.*** **ricongiunzione** ***n.f.*** (*spec. di persone*) réunion (*f.*); (*spec. di cose*) jonction (*f.*).

riconnettere [ri-con-nèt-te-re] ***v.tr.*** [coniug. come *connettere*] **1** rattacher; (*avvicinare*) rapprocher **2** (*inform.*) reconnecter ♦ **riconnettersi** ***v.pron.intr.*** **1** se rattacher; se rapprocher **2** (*inform.*) se reconnecter.

riconoscente [ri-co-no-scèn-te] ***agg.*** reconnaissant: *essere riconoscente a qlcu di qlco*, être reconnaissant à qqn de qqch, savoir gré à qqn de qqch.

riconoscenza [ri-co-no-scèn-za] ***n.f.*** reconnaissance: *mostrare riconoscenza*, témoigner de la reconnaissance.

riconoscere [ri-co-nó-sce-re] ***v.tr.*** [coniug. come *conoscere*] **1** reconnaître*: *riconoscere qlcu dal passo*, reconnaître qqn à son pas; *non si riconosce più*, on ne le reconnaît plus | *lo riconoscerei tra mille*, je le reconnaîtrais entre mille **2** (*distinguere*) discerner, distinguer: *è difficile riconoscere il vero dal falso*, il est difficile de discerner le vrai du faux **3** (*ammettere*) reconnaître*: *ha riconosciuto di avere fatto male*, il a reconnu avoir mal fait **4** (*accettare come legittimo*) reconnaître*: *riconoscere un figlio* (*come legittimo*), reconnaître un enfant comme légitime ♦ **riconoscersi** ***v.pron.*** se reconnaître*: *l'imputato si riconobbe colpevole*, l'accusé se reconnut coupable; *mi riconosco incapace di affrontare la situazione*, je reconnais être incapable d'affronter cette situation ♦ ***v.pron.rec.*** se reconnaître*: *si riconobbero subito*, ils se reconnurent immédiatement.

riconoscibile [ri-co-no-scì-bi-le] ***agg.*** reconnaissable: *è appena riconoscibile tanto è cambiato*, il est à peine reconnaissable tant il a changé.

riconoscimento [ri-co-no-sci-mén-to] ***n.m.*** **1** reconnaissance (*f.*): *il riconoscimento dei propri errori è indice di maturità*, reconnaître ses erreurs est un signe de maturité; *il film ha ottenuto molti riconoscimenti dalla critica*, le film a obtenu beaucoup de louanges de la critique **2** (*dir.*) (*identificazione*) identification (*f.*): *riconoscimento del cadavere*, identification du cadavre.
● ***riconoscimento di paternità***, reconnaissance de paternité | (*inform.*): ***riconoscimento ottico di caratteri***, reconnaissance optique de caractères (ROC); ***riconoscimento vocale***, reconnaissance vocale | ***segni di riconoscimento***, signes particuliers.

riconoscitore [ri-co-no-sci-tó-re] ***n.m.***
● (*inform.*) ***riconoscitore vocale***, reconnaisseur vocal, reconnaisseur de parole.

riconquista [ri-con-quì-sta] ***n.f.*** reconquête.

riconquistare [ri-con-qui-stà-re] ***v.tr.*** reconquérir*.

riconsegna [ri-con-sé-gna] ***n.f.*** nouvelle remise; (*restituzione*) restitution.

riconsegnare [ri-con-se-gnà-re] ***v.tr.*** rendre*, restituer; (*una persona*) remettre*.

riconsiderare [ri-con-si-de-rà-re] ***v.tr.*** reconsidérer*; (*riesaminare*) réexaminer, réétudier.

ricontattare [ri-con-tat-tà-re] ***v.tr.*** contacter de nouveau.

riconversione [ri-con-ver-sió-ne] ***n.f.*** reconversion.

riconvertire [ri-con-ver-tì-re] ***v.tr.*** reconvertir ♦ **riconvertirsi** ***v.pron.intr.*** se reconvertir.

riconvocare [ri-con-vo-cà-re] ***v.tr.*** [coniug. come *mancare*] reconvoquer.

riconvocazione [ri-con-vo-ca-zió-ne] ***n.f.*** nouvelle convocation.

ricoperto [ri-co-pèr-to] ***agg.*** recouvert; (*placcato*) plaqué: *caramelle ricoperte di cioccolato*, bonbons enrobés de chocolat.

ricopertura [ri-co-per-tù-ra] ***n.f.*** **1** (*il ricoprire*) recouvrement (*m.*); (*placcatura*) placage (*m.*) **2** (*cosa con cui si ricopre*) couverture; (*di sedie ecc.*) *housse.

ricopiare [ri-co-pià-re] ***v.tr.*** (*copiare di nuovo*) recopier; (*copiare*) copier: *ricopiare in bella*, recopier au propre.

ricopiatura [ri-co-pia-tù-ra] ***n.f.*** transcription.

ricoprire [ri-co-prì-re] ***v.tr.*** [coniug. come *aprire*] **1** recouvrir*: *ricoprire un libro*, recouvrir un livre **2** (*fig.*) (*colmare*) combler; couvrir*: *ricoprire qlcu di attenzioni*, combler qqn d'attentions; *ricoprire qlcu di ingiurie*, couvrir qqn d'injures **3** (*fig.*) (*occupare*) occuper, remplir: *ricoprire una carica*, occuper une charge; *ricoprire le funzioni di*, remplir les fonctions de **4** (*fig.*) (*nascondere*) cacher ♦ **ricoprirsi** ***v.pron.intr.*** se recouvrir.

ricordare [ri-cor-dà-re] ***v.tr.*** **1** (*serbare ricordo*) se rappeler*, se souvenir* (**de**): *ricordi il suo nome?*, te souviens-tu de son nom?, te rappelles-tu son nom?; *ricordo di averne già sentito parlare*, je me rappelle en avoir déjà entendu parler | *per quanto ricordo*, autant qu'il m'en souvienne | *se ben ricordo*, si je me souviens bien **2** (*richiamare alla memoria*) rappeler*; (*evocare*) évoquer: *questo mi fa ricordare che devo parlargli*, cela me rappelle que je dois lui parler; *ricordatelo!*, tâche de ne pas l'oublier! | *ricordami ai tuoi genitori*, rappelle-moi au bon souvenir de tes parents **3** (*far menzione*) mentionner: *ha voluto ricordarlo nel suo libro*, il a voulu le mentionner dans son livre ♦ **ricordarsi** ***v.pron.intr.*** se rappeler* (**qqch**), se souvenir* (**de**): *ricordati di telefonargli*, rappelle-toi de lui téléphoner; *non me lo ricordo*, je ne m'en souviens pas, je ne me le rappelle pas; *se ne ricorderà per un pezzo*, il s'en souviendra longtemps.

> NOTA ***Ricordare*** o ***ricordarsi***, seguiti da un infinito, si traducono ***se souvenir de*** o ***se rappeler*** senza preposizione:
> (***Mi***) ***ricordo di*** *averlo già visto.*
> Je me **souviens de** (*o* je me **rappelle**) l'avoir déjà vu.

ricordino [ri-cor-dì-no] ***n.m.*** **1** (*piccolo dono*) petit souvenir **2** (*immaginetta sacra*) image (*f.*) pieuse.

ricordo [ri-còr-do] ***n.m.*** souvenir: *i ricordi d'infanzia*, les souvenirs d'enfance; *ne ho solo un vago ricordo*, je n'en ai qu'un vague souvenir; *degno di ricordo*, mémorable; *tienilo per mio ricordo*, garde-le en souvenir de moi | *negozio di ricordi*, magasin de souvenirs | *un affettuoso ricordo*, (*formula epistolare*) meilleurs souvenirs.

ricorrente [ri-cor-rèn-te] ***agg.*** **1** qui revient: *fatti ricorrenti*, des faits qui reviennent; *un sogno ricorrente*, un rêve qui revient souvent **2** (*dir.*) appelant ♦ ***n.m.*** e ***f.*** (*dir.*) appelant/e.
● (*med.*) ***febbre ricorrente***, fièvre récurrente.

ricorrenza [ri-cor-rèn-za] ***n.f.*** **1** (*ritorno periodico*) répétition **2** (*occasione*) occasion; (*circostanza*) circonstance; (*commemorazione*) commémoration; (*festa*) fête: *per la ricorrenza del suo compleanno*, à l'occasion de son anniversaire; *in questa lieta ricorrenza*, en cette heureuse circonstance; *la ricorrenza del 2 giugno*, la commémoration du 2 juin; *per la ricorrenza di Natale*, pour la fête de Noël; *domani è per me una ricorrenza particolare*, demain c'est un jour spécial pour moi.

R

ricorrere [ri-cór-re-re] ***v.intr.*** [coniug. come *correre*; aus. *essere*] **1** recourir*: *ricorrere col pensiero all'infanzia*, retourner en pensée à son enfance **2** (*far ricorso*) avoir* recours, recourir*: *ricorrere al medico*, avoir recours (*o* s'adresser) au médecin; *devo ricorrere al vostro aiuto*, je dois vous demander de m'aider; *ricorrere alla forza*, recourir (*o* avoir recours) à la force | (*dir.*): *ricorrere in cassazione*, se pourvoir en cassation; *ricorrere contro una sentenza*, recourir contre un jugement **3** (*di fatto, festività*) (*ripetersi*) revenir*: *oggi ricorre il terzo anniversario di*, aujourd'hui c'est le troisième anniversaire de; *ricorreva il centenario di*, on célébrait le centenaire de **4** (*arch.*) courir* tout autour (**de**).

ricorso [ri-cór-so] ***n.m.*** **1** recours: *fare ricorso a un amico*, avoir recours à un ami **2** (*dir.*) recours: *presentare un ricorso*, présenter un recours | *ricorso in appello*, interjection en appel | *ricorso in cassazione*, recours (*o* pourvoi) en cassation **3** (*ritorno periodico*) retour.
● ***corsi e ricorsi***, vicissitudes, heurs et malheurs.

ricostituente [ri-co-sti-tu-èn-te] ***agg.*** e ***n.m.*** (*med.*) reconstituant: *una cura ricostituente*, un traitement reconstituant.

ricostituire [ri-co-sti-tu-ì-re] ***v.tr.*** [coniug. come *finire*] reconstituer ♦ **ricostituirsi** ***v.pron.*** se reconstituer.

ricostituzione [ri-co-sti-tu-zió-ne] ***n.f.*** reconstitution.

ricostruire [ri-co-stru-ì-re] ***v.tr.*** [coniug. come *finire*] **1** reconstruire*, rebâtir: *ricostruire une casa, una città*, reconstruire (*o* rebâtir) une maison, une ville **2** (*fig.*) reconstituer: *ricostruire un delitto, una scena*, reconstituer un crime, une scène.
● (*filol.*) ***ricostruire un testo***, restituer le texte original.

ricostruzione [ri-co-stru-zió-ne] ***n.f.*** **1** reconstruction | *ricostruzione economica*, reconstruction économique **2** (*fig.*) reconstitution.
● (*amm.*) ***ricostruzione della carriera***, reconstitution de carrière.

ricotta [ri-còt-ta] ***n.f.*** ricotta (fromage frais à pâte molle et granuleuse).
● ***avere le mani di ricotta***, (*fig.*) avoir des mains de beurre.

ricoverare [ri-co-ve-rà-re] ***v.tr.*** hospitaliser: *è stato ricoverato all'ospedale di Ivrea*, il a été hospitalisé à Ivrea; *ricoverare una persona anziana in una casa di riposo*, mettre une personne âgée dans une maison de retraite ♦ **ricoverarsi** ***v.pron.*** **1** (*in ospedale*) se faire* hospitaliser **2** (*ripararsi*) s'abriter; (*rifugiarsi*) se réfugier.

ricoverato [ri-co-ve-rà-to] ***n.m.*** [f. *-a*] **1** (*in ospedale*) hospitalisé **2** (*in un ospizio*) pensionnaire.

ricovero [ri-có-ve-ro *o* ricòvero] ***n.m.*** **1** hospitalisation (*f.*): *provvedere al ricovero di un anziano all'ospizio*, mettre un vieillard à l'hospice **2** (*rifugio*) abri: *dare ricovero a qlcu*, donner un abri à qqn **3** (*ospizio*) hospice | *ricovero per anziani*, hospice de vieillards.

ricreare [ri-cre-à-re] ***v.tr.*** recréer (*anche fig.*) ♦ **ricrearsi** ***v.pron.*** e ***pron.intr.*** (*divertirsi*) se distraire*.

ricreativo [ri-cre-a-tì-vo] ***agg.*** récréatif*.
● ***circolo ricreativo***, club récréatif.

ricreazione [ri-cre-a-zió-ne] ***n.f.*** **1** (*svago*) délassement (*m.*); (*distrazione*) distraction **2** (*riposo*) récréation: *gli scolari hanno la ricreazione*, les élèves sont en récréation.

ricredersi [ri-cré-der-si] ***v.pron.intr.*** revenir* sur sa décision, sur son opinion: *ha dovuto ricredersi sul suo conto*, il a dû changer d'opinion sur son compte.

ricrescere [ri-cré-sce-re] ***v.intr.*** [coniug. come *crescere*; aus. *essere*] repousser: *farsi ricrescere i capelli*, laisser repousser ses cheveux.

ricrescita [ri-cré-sci-ta] ***n.f.*** repousse.

ricucire [ri-cu-cì-re] ***v.tr.*** [coniug. come *cucire*] **1** recoudre* **2** (*fig.*) (*ricomporre*) recoudre*: *ricucire i rapporti in famiglia*, raccommoder les rapports en famille; *ricucire il dialogo tra imprenditori e sindacati*, rouvrir le dialogue entre le patronat et les syndicats; *ricucire gli strappi in politica estera*, renouer le dialogue en politique étrangère.

ricucitura [ri-cu-ci-tù-ra] ***n.f.*** **1** couture **2** (*fig.*) raccommodage (*m.*).

ricuocere [ri-cuò-ce-re] ***v.tr.*** [coniug. come *cuocere*] recuire*.

ricuperare e *deriv.* → **recuperare** e *deriv.*

ricurvo [ri-cùr-vo] ***agg.*** (*di persona*) voûté; (*di cosa*) recourbé.

ricusabile [ri-cu-ʃà-bi-le] ***agg.*** refusable; (*dir.*) récusable.

ricusare [ri-cu-ʃà-re] ***v.tr.*** **1** refuser: *ricusare una proposta*, refuser une proposition **2** (*dir.*) récuser | *ricusare una giuria*, désavouer un jury.

ridacchiare [ri-dac-chià-re] ***v.intr.*** [aus. *avere*] ricaner.

ridanciano [ri-dan-cià-no] ***agg.*** qui aime rire, rieur*.

ridare [ri-dà-re] ***v.tr.*** [pres.indic. *io ridò, tu ridai, egli ridà* ecc.; imp. *ridà*; le altre forme coniug. come *dare*] **1** redonner; (*restituire*) rendre*: *ridare coraggio*, redonner (du) courage; *ridare un esame*, repasser un examen | *dagli e ridagli*, (*fam.*) a force d'insister **2** (*ritrasmettere*) repasser, rediffuser.

ridarella [ri-da-rèl-la] ***n.f.*** (*fam.*) fou rire (*m.*).

ridda [rìd-da] ***n.f.*** **1** (*danza*) ronde **2** (*fig.*) flot (*m.*), foule; (*turbine*) tourbillon (*m.*): *una ridda di pensieri*, un tourbillon de pensées.

ridente [ri-dèn-te] ***agg.*** riant (*anche fig.*).

ridere [rì-de-re] ***v.intr.*** [p.rem. *io risi, tu ridesti* ecc.; p.p. *riso*; aus. *avere*] **1** rire*: *scoppiare a ridere*, éclater de rire; *mi viene da ridere*, ça me fait rire; *non rido*, (*faccio sul serio*) je ne plaisante pas **2** (*beffarsi*) rire* (**de**), se moquer (**de**) ♦ ***n.m.invar.*** rire ♦ **ridersi** ***v.pron.intr.*** (*beffarsi*) (se) rire* (**de**), se moquer (**de**).
● ***ridere amaro, verde***, rire jaune | ***ridere dietro a qlcu***, se moquer de qqn: *farsi ridere dietro*, prêter à rire | ***ridere sotto i baffi***, rire sous sa cape (*o* dans sa barbe) | ***ridersela***, se rire de, se moquer de: *ridersela di tutto*, se rire, se moquer de tout; *se la rideva*, il riait de bon cœur | ***buttare in ridere***, tourner à la plaisanterie | ***c'è da morire dal ridere***, il y a de quoi mourir de rire | ***c'è poco da ridere***, il n'y a pas de quoi rire | ***che ridere!***, comme c'est drôle! | ***fare ridere i polli***, (*fam.*) faire rire les pierres | (*prov.*) ***ride bene chi ride ultimo***, rira bien qui rira le dernier | ***ridendo e scherzando***, mine de rien.

ridestare [ri-de-stà-re] ***v.tr.*** réveiller (*anche fig.*) ♦ **ridestarsi** ***v.pron.intr.*** se réveiller (*anche fig.*).

ridicolaggine [ri-di-co-làg-gi-ne] ***n.f.*** ridicule (*m.*); (*cosa ridicola*) sottise.

ridicolezza [ri-di-co-léz-za] ***n.f.*** ridicule (*m.*).

ridicolizzare [ri-di-co-liʒ-ʒà-re] ***v.tr.*** ridiculiser.

ridicolo [ri-dì-co-lo] ***agg.*** e ***n.m.*** ridicule: *non essere ridicolo*, ne sois pas ridicule; *un prezzo ridicolo*, un prix ridicule.
● ***gettare il ridicolo su qlcu***, couvrir qqn de ridicule | ***mettere in ridicolo***, tourner en ridicule.

R

ridimensionamento [ri-di-men-sio-na-mén-to] *n.m.* (*riorganizzazione*) réorganisation (*f.*), restructuration (*f.*); (*riduzione*) réduction (*f.*): *il ridimensionamento di un'azienda*, la réorganisation d'une entreprise.

ridimensionare [ri-di-men-sio-nà-re] *v.tr.* (*ridurre*) réduire*; (*riportare alle giuste proporzioni*) ramener* à de justes proportions: *ridimensionare la portata di un avvenimento*, ramener l'événement à de justes proportions; *quel tipo va ridimensionato!*, (*fam.*) il faut le remettre à sa place! ♦ **ridimensionarsi** *v.pron.intr.* être* ramené à de justes proportions.

ridipingere [ri-di-pìn-ge-re] *v.tr.* [coniug. come *spingere*] repeindre*.

ridire [ri-dì-re] *v.tr.* [coniug. come *dire*] **1** redire* | *cose dette e ridette*, des choses rabâchées **2** (*obiettare*) redire*: *trova sempre da ridire*, il trouve toujours à redire **3** (*riferire*) répéter*.

ridiscendere [ri-di-scén-de-re] *v.tr.* e *intr.* [coniug. come *scendere*; aus. *essere*] redescendre*.

ridiscutere [ri-di-scù-te-re] *v.tr.* [coniug. come *discutere*] remettre* en discussion; (*riesaminare*) réexaminer.

ridistribuire [ri-di-stri-bu-ì-re] *v.tr.* [coniug. come *finire*] redistribuer.

ridistribuzione [ri-di-stri-bu-zió-ne] *n.f.* redistribution.

ridiventare [ri-di-ven-tà-re] *v.intr.* [aus. *essere*] redevenir*.

ridò → **ridare**.

ridomandare [ri-do-man-dà-re] *v.tr.* redemander.

ridondante [ri-don-dàn-te] *agg.* redondant.

ridondanza [ri-don-dàn-za] *n.f.* redondance.
● (*inform.*) ***ridondanza in attesa***, redondance passive.

ridondare [ri-don-dà-re] *v.intr.* [aus. *essere*] surabonder.

ridosso [ri-dòs-so] *n.m.* abri.
● ***a ridosso*** (*di*), (*al riparo*) à l'abri (de); (*vicino*) (tout) près (de): *non stare così a ridosso del muro*, ne reste pas si près du mur; *a ridosso della montagna*, adossé à la montagne; *a ridosso dell'inverno*, tout près de l'hiver.

ridotta [ri-dót-ta] *n.f.* (*mil.*) redoute.

ridotto [ri-dót-to] *agg.* réduit: *biglietto* (*a prezzo*) *ridotto*, billet (à tarif) réduit; *in formato ridotto*, de petit format | *edizione ridotta*, (*di libro*) édition abrégée | (*cine.*) *film a passo ridotto*, film de format réduit ♦ *n.m.* (*teatr.*) foyer.
● ***essere ridotto agli estremi***, être réduit à la dernière extrémité | ***essere ridotto male***, ***mal ridotto***, être mal en point | ***essere ridotto uno straccio***, (*fig.*) être une loque | ***siamo ridotti proprio bene!***, nous voilà dans de beaux draps!

riducente [ri-du-cèn-te] *agg.* réducteur* ♦ *n.m.* (*chim.*) réducteur.

riducibile [ri-du-cì-bi-le] *agg.* réductible.

ridurre [ri-dùr-re] *v.tr.* [coniug. come *condurre*] **1** réduire*: *ridurre una foto, una carta geografica*, réduire une photo, une carte; *ridurre le imposte*, réduire les impôts; *ridurre in miseria, in condizioni pietose*, (*estens.*) réduire à la misère, en piteux état | *guarda come ti sei ridotto!*, regarde dans quel état tu t'es mis! | *hanno ridotto la casa in un modo!*, ils ont mis la maison dans un de ces états! **2** (*adattare*) adapter (**à**): *ridurre per lo schermo*, adapter à l'écran **3** (*un indumento*) (*restringere*) rétrécir **4** (*fig.*) (*ricondurre, riportare*) ramener*: *ridurre alla ragione*, ramener à la raison **5** (*mat.*) réduire* ♦ **ridursi** *v.pron.intr.* **1** se réduire*: *le possibilità di successo si sono ormai ridotte di molto*, les chances de succès sont désormais très réduites; *i prezzi si sono ridotti*, les prix ont baissé | *si è ridotto a* (*un*) *niente*, il n'en reste presque plus rien | *si è ridotta a pelle e ossa*, il ne lui reste plus que la peau et les os **2** (*arrivare a*) en arriver: *si è ridotto a mendicare*, il en a été réduit à mendier; *non volevo ridurmi a questo*, je ne voulais pas en arriver là; *guarda un po' a cosa mi sono ridotto!*, voilà où j'en suis réduit! | *ridursi all'ultimo* (*momento*), attendre toujours le dernier moment **3** (*di indumento*) (*restringersi*) rétrécir: *il golf si è ridotto lavandolo*, ce pull a rétréci au lavage **4** (*ritirarsi*) se retirer: *ridursi a vita privata*, se retirer.
● ***ridursi male***, être en mauvais état; (*in salute*) être mal en point; (*nelle finanze*) aller mal du point de vue financier.

ridussi → **ridurre**.

riduttivo [ri-dut-tì-vo] *agg.* restrictif*.

riduttore [ri-dut-tó-re] *n.m.* **1** (*chim., mecc., tecn.*) réducteur **2** (*elettr.*) adap(ta)teur, transformateur **3** [f. *-trice*] (*di testi*) adaptateur*.

riduzione [ri-du-zió-ne] *n.f.* **1** réduction: *ottenere una riduzione sul prezzo*, obtenir une réduction sur le prix **2** (*cine., rad., tv*) (*adattamento*) adaptation | *riduzione cinematografica*, adaptation cinématographique **3** (*scient.*) réduction **4** (*mus.*) arrangement (*m.*): *riduzione per chitarra*, arrangement pour guitare.

riecco [ri-èc-co] *avv.* revoilà, revoici: *rieccoci*, nous revoilà; *rieccolo che torna*, le revoilà encore; *rieccomi, sono ancora io*, me revoici, c'est encore moi | *rieccoci alle solite*, nous y voilà encore.

riecheggiare [ri-e-cheg-già-re] *v.intr.* [coniug. come *mangiare*; aus. *essere*] résonner, retentir: *vi riecheggiano modi danteschi*, (*estens.*) on y trouve des accents dantesques ♦ *v.tr.* (*fig.*) évoquer.

riedificare [ri-e-di-fi-cà-re] *v.tr.* [coniug. come *mancare*] réédifier.

riedificazione [ri-e-di-fi-ca-zió-ne] *n.f.* réédification.

riedizione [ri-e-di-zió-ne] *n.f.* **1** réédition | *riedizione riveduta e corretta*, réédition revue et corrigée **2** (*teatr., cine.*) (*rifacimento*) nouvelle mise en scène, remake (*m.*) **3** (*fig.*) (*riproposizione*) réédition.

rieducare [ri-e-du-cà-re] *v.tr.* [coniug. come *mancare*] rééduquer (*anche med.*).

rieducazione [ri-e-du-ca-zió-ne] *n.f.* rééducation (*anche med.*).

rielaborare [ri-e-la-bo-rà-re] *v.tr.* élaborer de nouveau; (*rivedere*) réviser.

rielaborazione [ri-e-la-bo-ra-zió-ne] *n.f.* nouvelle élaboration; (*revisione*) révision.

rieleggere [ri-e-lèg-ge-re] *v.tr.* [coniug. come *leggere*] réélire*.

rieleggibile [ri-e-leg-gì-bi-le] *agg.* rééligible.

rieleggibilità [ri-e-leg-gi-bi-li-tà] *n.f.invar.* rééligibilité.

rielezione [ri-e-le-zió-ne] *n.f.* réélection.

riemergere [ri-e-mèr-ge-re] *v.intr.* [coniug. come *immergere*; aus. *essere*] remonter à la surface (*anche fig.*): *il sottomarino è riemerso*, le sous-marin a fait surface.

riemersione [ri-e-mer-sió-ne] *n.f.* émersion.

riemettere [ri-e-mét-te-re] *v.tr.* [coniug. come *mettere*] émettre* à nouveau.

riempimento [ri-em-pi-mén-to] *n.m.* remplissage: *il riempimento di un modulo*, la rédaction d'un formulaire.

riempire [ri-em-pì-re] ***v.tr.*** **1** remplir (**de**) (*anche fig.*): *riempire la vasca di acqua calda*, remplir la baignoire d'eau chaude; *la tua visita mi ha riempito di gioia*, ta visite m'a rempli, comblé de joie; *mi ha riempito la testa con tutte le sue storie!*, il m'a cassé la tête avec toutes ses histoires! **2** (*compilare*) remplir: *riempia questo modulo*, remplissez ce formulaire ♦ **riempirsi** ***v.pron.*** e ***pron.intr.*** **1** se remplir: *la piazza si riempì di gente*, la place se remplit de monde **2** (*fam.*) (*rimpinzarsi*) se bourrer (**de**).
● ***riempire qlcu di botte***, bourrer qqn de coups.

riempitivo [ri-em-pi-tì-vo] ***agg.*** de remplissage ♦ ***n.m.*** remplissage.
● ***fare da riempitivo***, (*fig.*) servir de bouche-trou.

riempitura [ri-em-pi-tù-ra] ***n.f.*** remplissage (*m.*).

rientrante [ri-en-tràn-te] ***agg.*** **1** rentrant, en retrait | *piano rientrante*, (*di mobile ecc.*) plan rentrant, escamotable | *porta rientrante*, porte rentrante, coulissante **2** (*fam.*) (*incavato*) creux*.

rientranza [ri-en-tràn-za] ***n.f.*** (*di costa*) échancrure; (*di muro*) renfoncement (*m.*), niche.

rientrare [ri-en-trà-re] ***v.intr.*** [aus. *essere*] **1** rentrer (**à**, **dans**, **chez**): *rientrare in casa*, rentrer chez soi; *rientrare nelle spese*, *nel budget*, rentrer dans les frais; (*mar.*) *rientrare in porto*, rentrer au port | *rientrare in gioco*, (*fig.*) rentrer dans la danse | *rientrare in possesso*, rentrer en possession | *rientrare in gara*, reprendre la compétition | *rientrare in servizio*, reprendre le service **2** (*fare parte*) entrer: *non rientra nei miei programmi*, cela n'entre pas dans mes programmes **3** (*presentare concavità*) rentrer, être* en retrait: *la parete rientra a formare una nicchia*, le mur forme une niche **4** (*essere annullato*) être* annulé: *la proposta è rientrata*, la proposition a été annulée.
● ***rientrare in sé***, (*fig.*) reprendre ses esprits | ***rientrare nelle grazie di qlcu***, (*fig.*) rentrer en grâce auprès de qqn.

rientrato [ri-en-trà-to] ***agg.*** (*riassorbito*) résorbé: *ascesso rientrato*, abcès résorbé; *uno scandalo rientrato*, (*fam.*) un scandale étouffé; *un progetto rientrato*, un projet annulé.

rientro [ri-én-tro] ***n.m.*** **1** rentrée (*f.*); (*ritorno*) retour: *al mio rientro*, à, dès mon retour | *il grande rientro*, la grande rentrée **2** (*tip.*) renfoncement, retrait, saillie (*f.*).

R

riepilogare [ri-e-pi-lo-gà-re] ***v.tr.*** [coniug. come *legare*] récapituler | *riepilogando*, en bref.

riepilogo [ri-e-pì-lo-go] ***n.m.*** [pl. *-ghi*] récapitulation (*f.*).

riequilibrare [ri-e-qui-li-brà-re] ***v.tr.*** rééquilibrer.

riequilibrio [ri-e-qui-lì-brio] ***n.m.*** [pl. *-ri*] rééquilibre (*anche fig.*).

riesame [ri-e-ʃà-me] ***n.m.*** réexamen.

riesaminare [ri-e-ʃa-mi-nà-re] ***v.tr.*** réexaminer (*anche dir.*).

riesplodere [ri-e-splò-de-re] ***v.intr.*** [coniug. come *esplodere*; aus. *essere*] exploser de nouveau.

riessere [ri-ès-se-re] ***v.intr.*** [coniug. come *essere*; aus. *essere*] être* de nouveau | *ci risiamo!*, *risiamo alle solite!*, nous-y-revoilà!

riesumare [ri-e-ʃu-mà-re] ***v.tr.*** exhumer (*anche fig.*).

riesumazione [ri-e-ʃu-ma-zió-ne] ***n.f.*** exhumation.

rievocare [ri-e-vo-cà-re] ***v.tr.*** [coniug. come *mancare*] **1** évoquer **2** (*ricordare*) rappeler* (**qqn**); (*commemorare*) commémorer (**qqch**).

rievocativo [ri-e-vo-ca-tì-vo] ***agg.*** évocateur*.

rievocazione [ri-e-vo-ca-zió-ne] ***n.f.*** (*ricordo*) rappel (*m.*), évocation; (*commemorazione*) commémoration.

rifacimento [ri-fa-ci-mén-to] ***n.m.*** **1** remaniement; (*adattamento*) adaptation (*f.*): *il rifacimento di un film celebre*, le remake d'un film célèbre **2** (*edil.*) réfection (*f.*).

rifare [ri-fà-re] ***v.tr.*** [coniug. come *fare* tranne pres. indic. *egli rifà*; imp. *rifà*] **1** refaire*: *bisognerà rifare i bagni*, il faudra refaire les salles de bain; *rifare il letto*, faire son lit; *ho rifatto le scale tre volte*, j'ai remonté trois fois l'escalier; *gli ho rifatto lo stesso discorso*, je lui ai répété ce que j'avais dit; *rifare il tentativo*, faire une nouvelle tentative | *è tutto da rifare*, tout est à recommencer **2** (*riparare*) réparer: *rifare i tacchi delle scarpe*, réparer les talons des chaussures **3** (*ricostruire*) reconstruire*: *il castello è stato rifatto nell'Ottocento*, le château a été reconstruit au XIXe siècle **4** (*imitare*) contrefaire*: *rifare la voce di qlcu*, contrefaire la voix de qqn **5** (*rieleggere*) réélire*: *l'hanno rifatto sindaco*, il a été réélu maire ♦ **rifarsi** ***v.pron.*** e ***pron.intr.*** **1** (*ridiventare*) redevenir*: *il cielo si è rifatto limpido*, le ciel est redevenu clair | *si è rifatto vivo*, il a finalement donné de ses nouvelles **2** (*riprendersi*) se remettre*: *dopo l'incidente non è più riuscito a rifarsi*, il n'a pas réussi à se remettre de son accident **3** (*recuperare*) récupérer*: *rifarsi del tempo*, *del denaro perduto*, récupérer le temps, l'argent perdu; *rifarsi delle spese*, rentrer dans ses frais **4** (*vendicarsi*) se venger* (**sur**): *rifarsi di un torto*, *di un'offesa subita*, rendre la pareille **5** (*fig.*) (*risalire*) remonter; (*attingere*) puiser; (*ispirarsi*) s'inspirer: *rifarsi alle esperienze del passato*, puiser dans l'expérience du passé; *si rifà ai suoi tempi*, il remonte à son époque; *si rifà a Modigliani*, il s'inspire de Modigliani; *rifarsi dal principio*, reprendre dès le début.
● ***rifarsi gli occhi***, remaquiller ses yeux; (*fig.*) se réjouir le regard | ***rifarsi la bocca***, (*fig.*) (*mangiando qlco di buono*) redonner bon goût à la bouche | ***rifarsi una vita***, refaire sa vie.

rifatto [ri-fàt-to] ***agg.*** refait | *villano rifatto*, (*spreg.*) parvenu.

riferibile [ri-fe-rì-bi-le] ***agg.*** **1** (*ripetibile*) qu'on peut répéter **2** (*da mettere in relazione con*) qui peut se rapporter (**à**); (*concernente*) qui peut concerner, concernant.

riferimento [ri-fe-ri-mén-to] ***n.m.*** référence (*f.*); (*allusione*) allusion (*f.*): *riferimenti petrarcheschi*, des réminiscences de Pétrarque; *come riferimento fai capo a mio fratello*, comme point de chute adresse-toi à mon frère; *come riferimento tieni presente l'ultima edizione*, considère la dernière édition comme référence | *ogni riferimento a fatti realmente accaduti è puramente casuale*, toute ressemblance avec des événements ayant réellement eu lieu est purement fortuite.
● ***con riferimento a***, en se référant à: (*comm.*) *con*, *in*, *riferimento alla vostra del...*, en réponse à votre lettre du, suite à votre lettre du... | ***fare riferimento a qlco***, faire allusion à qqch | ***punto di riferimento***, (*anche fig.*) point de repère.

riferire [ri-fe-rì-re] ***v.tr.*** [coniug. come *finire*] **1** rapporter; (*ripetere*) répéter*: *l'articolo riferisce fedelmente quanto è accaduto*, cet article relate fidèlement ce qui est arrivé; *gli riferirò senz'altro*, je ne manquerai pas de le lui dire; *mi riferirai poi*, tu me raconteras ensuite; *la commissione riferirà al ministro*, la commission en référera au ministre; *ci riferiscono che*, on nous informe que | *riferirò a chi di dovere*, je m'adresserai à qui de droit **2** (*mettere in relazione*) rapporter: *riferire un effetto alla sua causa*, rapporter un effet à sa cause ♦ **riferirsi**

v.pron.intr. **1** se référer*; (*alludere*) faire* allusion: *mi riferivo a quanto dicevi ieri*, je me référais à ce que tu disais hier; *a chi ti riferisci?*, à qui fais-tu allusion?; *mi riferisco proprio a te*, c'est bien de toi que je parle; (*comm.*) *la merce che si riferisce al nostro ordine*, la marchandise faisant l'objet de notre commande **2** (*essere in relazione con*) se rapporter (**à**), concerner (**qqch**): *i dati si riferiscono all'anno scorso*, les données se rapportent, se réfèrent à l'année passée; *questi regolamenti si riferiscono solo ai nuovi membri*, ces règlements ne concernent que les nouveaux associés.
● ***per quanto si riferisce a***, en ce qui concerne.

riffa[1] [rìf-fa] *n.f.* (*lotteria privata*) loterie.

riffa[2] *n.f.* (*region.*) violence.
● ***di riffa o di raffa***, de gré ou de force.

rifiatare [ri-fia-tà-re] *v.intr.* [aus. *avere*] (*respirare*) souffler (*anche fig.*); (*riprendere fiato*) reprendre* haleine.
● ***senza rifiatare***, sans mot dire.

rifilare [ri-fi-là-re] *v.tr.* **1** (*tagliare a filo*) ébarber, rogner **2** (*fam.*) (*appioppare*) refiler: *rifilare un paio di schiaffi*, flanquer une paire de gifles.

rifilatura [ri-fi-la-tù-ra] *n.f.* ébarbage (*m.*); (*di un libro*) rognage (*m.*).

rifinire [ri-fi-nì-re] *v.tr.* [coniug. come *finire*] mettre* la dernière main (**à**); (*perfezionare*) parachever*.

rifinito [ri-fi-ni-to] *agg.* (bien) fini.

rifinitura [ri-fi-ni-tù-ra] *n.f.* **1** finition: *rifiniture in cuoio*, des finitions en cuir **2** (*il rifinire*) finissage (*m.*): *dare l'ultima rifinitura*, mettre la dernière main.

rifiorente [ri-fio-rèn-te] *agg.* **1** (*bot.*) remontant **2** (*fig.*) renaissant.

rifiorire [ri-fio-rì-re] *v.intr.* [coniug. come *finire*; aus. *essere*] **1** refleurir* (*anche fig.*) **2** (*bot.*) remonter.

rifiorita [ri-fio-rì-ta] *n.f.* nouvelle floraison.

rifioritura [ri-fio-ri-tù-ra] *n.f.* **1** nouvelle floraison **2** (*fig.*) refleurissement (*m.*), reprise: *la rifioritura delle arti*, la renaissance des arts.

rifiutabile [ri-fiu-tà-bi-le] *agg.* refusable.

rifiutare [ri-fiu-tà-re] *v.tr.* refuser: *rifiutare la compagnia di qlcu*, refuser la compagnie de qqn; *rifiutò di partire*, il refusa de partir ♦ **rifiutarsi** *v.pron.intr.* se refuser (**à**): *si rifiuta di crederlo*, il se refuse à le croire.

rifiutato [ri-fiu-tà-to] *agg.* refusé.

rifiuto [ri-fiù-to] *n.m.* **1** refus: *opporre un netto rifiuto*, opposer un refus net **2** (*pl.*) (*scarto*) déchets; (*immondizie*) ordures (*f.*): *rifiuti tossici*, déchets toxiques | *cestino dei rifiuti*, corbeille à papier **3** (*inform.*) information (*f.*) incohérente.
● ***un rifiuto della società***, (*fig.*) un rebut de la société.

riflessante [ri-fles-sàn-te] *agg.* e *n.m.*
● (*shampoo*) ***riflessante***, shampooing reflets.

riflessione [ri-fles-sió-ne] *n.f.* **1** réflexion: *agire senza riflessione*, agir sans réfléchir **2** (*osservazione*) réflexion: *fare una riflessione intelligente*, faire une réflexion intelligente **3** (*fis.*) réflexion.

riflessivo [ri-fles-sì-vo] *agg.* **1** réfléchi: *un uomo riflessivo*, un homme réfléchi **2** (*gramm.*) réfléchi **3** (*mat.*) réflexif*.

riflesso[1] [ri-flès-so] *n.m.* **1** reflet; (*riverbero*) réverbération (*f.*): *il riflesso della neve*, le reflet de la neige; *mandare riflessi*, étinceler **2** (*fig.*) conséquence (*f.*) **3** (*movimento involontario*) réflexe: *avere i riflessi pronti, lenti*, avoir des réflexes rapides, lents; *avere dei buoni riflessi*, avoir des réflexes; *provare i riflessi*, tester les réflexes.
● (*psic.*) ***riflesso condizionato***, réflexe conditionné | ***di riflesso***, par contrecoup; (*indirettamente*) indirectement; (*di conseguenza*) par voie de conséquence.

riflesso[2] *agg.* **1** réfléchi **2** (*fisiol.*) réflexe, réflexif*.
● ***brillare di luce riflessa***, (*fig.*) briller d'un éclat emprunté: *la luna brilla di luce riflessa*, la lune réfléchit la lumière du soleil.

riflettente [ri-flet-tèn-te] *agg.* réfléchissant.

riflettere [ri-flèt-te-re] *v.tr.* [p.rem. *io riflessi, tu riflettesti, egli riflesse, noi riflettemmo, voi rifletteste, essi riflessero*; p.p. *riflesso*] **1** réfléchir; (*di superficie liquida*) refléter*: *lo specchio riflette i raggi di luce*, le miroir réfléchit les rayons de lumière **2** (*fig.*) refléter* ♦ *v.intr.* [p.rem. *io riflettei, tu riflettesti*; p.p. *riflettuto*; aus. *avere*] réfléchir: *ci ho riflettuto*, j'y ai réfléchi; *l'ho fatto senza riflettere*, je l'ai fait sans réfléchir ♦ **riflettersi** *v.pron.* **1** se réfléchir; (*su superfici liquide*) se refléter*: *le montagne si riflettono sul lago*, les montagnes se reflètent dans le lac **2** (*fig.*) se refléter* **3** (*ripercuotersi*) se répercuter: *la crisi politica si rifletterà sull'economia*, la crise politique se répercutera sur l'économie.

riflettore [ri-flet-tó-re] *n.m.* **1** (*tecn.*) réflecteur **2** (*cine.*) sunlight | *essere sotto i riflettori*, (*fig.*) être sous les projecteurs.

rifluire [ri-flu-ì-re] *v.intr.* [coniug. come *finire*; aus. *essere*] **1** refluer (*anche fig.*): *le acque sono rifluite nella campagna*, les eaux ont reflué dans la campagne **2** (*fluire di nuovo*) couler de nouveau; (*fig.*) affluer de nouveau: *il traffico cominciò a rifluire normalmente*, la circulation reprit normalement.

riflusso [ri-flùs-so] *n.m.* **1** reflux (*anche fig.*): *il flusso e il riflusso della marea*, le flux et le reflux de la marée **2** (*di fiume alla foce*) mascaret **3** (*fig.*) (*calo*) baisse (*f.*).

rifocillare [ri-fo-cil-là-re] *v.tr.* restaurer ♦ **rifocillarsi** *v.pron.* se restaurer.

rifoderare [ri-fo-de-rà-re] *v.tr.* doubler de nouveau.

rifondare [ri-fon-dà-re] *v.tr.* reformer; (*estens.*) (*riedificare*) reconstruire*.

rifondazione [ri-fon-da-zió-ne] *n.f.* reformation; (*ricostruzione*) reconstruction.

rifondere [ri-fón-de-re] *v.tr.* [coniug. come *fondere*] **1** (*rifare*) refaire*; (*un articolo, un libro*) refondre* **2** (*fig.*) (*rimborsare*) rembourser.

riforma [ri-fór-ma] *n.f.* **1** réforme: *la riforma di un regolamento*, la réforme d'un règlement **2** (*mil.*) réforme.
● (*st. relig.*) ***la Riforma***, la Réforme.

riformabile [ri-for-mà-bi-le] *agg.* réformable.

riformare [ri-for-mà-re] *v.tr.* **1** réformer **2** (*mil.*) réformer ♦ **riformarsi** *v.pron.intr.* se reformer.

riformato [ri-for-mà-to] *agg.* e *n.m.* [f. *-a*] réformé.

riformatore [ri-for-ma-tó-re] *agg.* e *n.m.* [f. *-trice*] réformateur*.

riformatorio [ri-for-ma-tò-rio] *n.m.* [pl. *-ri*] centre d'éducation surveillé; (*antiq.*) maison (*f.*) de redressement.

riformattare [ri-for-mat-tà-re] *v.tr.* (*inform.*) reformater.

riformattazione [ri-for-mat-ta-zió-ne] *n.f.* (*inform.*) reformatage (*m.*).

riformismo [ri-for-mì-ʃmo] *n.m.* réformisme.

riformista [ri-for-mì-sta] *agg.* e *n.m.* e *f.* réformiste.

R

riformistico [ri-for-mì-sti-co] *agg.* [pl.m. *-ci*, f. *-che*] réformiste.

rifornimento [ri-for-ni-mén-to] *n.m.* **1** provision (*f.*); (*approvigionamento*) ravitaillement: *fare rifornimento di acqua*, faire provision d'eau; *fare il rifornimento di benzina*, se ravitailler en essence **2** (*spec. pl.*) (*provviste*) provision (*pl.*): *inviare, ricevere rifornimenti*, envoyer, recevoir des provisions.
● (*sport*) ***posto di rifornimento***, point de ravitaillement | (*aer.*) ***rifornimento in volo***, ravitaillement en plein vol: *fare il rifornimento in volo*, faire le plein en vol | (*aut.*) ***stazione di rifornimento***, poste de ravitaillement.

rifornire [ri-for-nì-re] *v.tr.* [coniug. come *finire*] approvisionner; (*aereo, automobile, nave*) ravitailler (**en**): *rifornire un aereo in volo*, ravitailler un avion en vol; *l'ho rifornito del necessario*, je lui ai fourni le nécessaire; *rifornire di denaro*, remettre en fonds | *rifornire il guardaroba*, (*di nuovi abiti*) renouveler sa garde-robe ♦ **rifornirsi** *v.pron.* se ravitailler (**en**), se pourvoir*.

rifrangente [ri-fran-gèn-te] *agg.* (*fis.*) réfringent.

rifrangenza [ri-fran-gèn-za] *n.f.* (*fis.*) réfringence.

rifrangere [ri-fràn-ge-re] *v.tr.* [coniug. come *piangere*; p.p. *rifratto*] (*fis.*) réfracter ♦ **rifrangersi** *v.pron.intr.* **1** (*infrangersi*) se briser **2** (*di luce*) se réfracter.

rifratto [ri-fràt-to] *agg.* (*fis.*) réfracté.

rifrattore [ri-frat-tò-re] *n.m.* réfracteur (*anche astr.*).

rifrazione [ri-fra-zió-ne] *n.f.* (*fis.*) réfraction.

rifriggere [ri-frìg-ge-re] *v.tr.* [coniug. come *affliggere*] **1** remettre* à frire **2** (*fig. fam.*) rebâcher, ressasser: *rifriggere gli stessi argomenti*, ressasser les mêmes arguments.

rifritto [ri-frìt-to] *agg.* **1** frit une seconde fois **2** (*fig. fam.*) rebattu | *idee fritte e rifritte*, des idées ressassées ♦ *n.m.* graillon: *è un discorso che sa di rifritto*, (*fig. fam.*) c'est du réchauffé.

rifrittura [ri-frit-tù-ra] *n.f.* réchauffé (*m.*) (*anche fig.*).

rifuggire [ri-fug-gì-re] *v.intr.* [coniug. come *fuggire*; aus. *essere*] **1** fuir* de nouveau **2** (*fig.*) (*provare avversione*) avoir* horreur (**de**) ♦ *v.tr.* (*non com.*) fuir*.

rifugiarsi [ri-fu-giàr-si] *v.pron.intr.* [coniug. come *mangiare*] se réfugier (*anche fig.*).

rifugiato [ri-fu-già-to] *agg.* e *n.m.* [f. *-a*] réfugié.
● ***rifugiato politico***, réfugié politique.

rifugio [ri-fù-gio] *n.m.* [pl. *-gi*] **1** abri: *cercare, offrire rifugio*, chercher, offrir un abri **2** (*fig.*) refuge: *trovare rifugio nella famiglia*, trouver (un) refuge dans sa famille.
● ***rifugio antiatomico***, ***antiaereo***, abri antiatomique, antiaérien | ***rifugio di montagna***, refuge de montagne | (*econ.*) ***beni*** (***di***) ***rifugio***, valeurs refuges.

rifulgere [ri-fùl-ge-re] *v.intr.* [p.rem. *io rifulsi, tu rifulgesti* ecc.; p.p. *rifulso*; aus. *essere* o *avere*] (*letter.*) briller.

rifusione [ri-fu-ʃiò-ne] *n.f.* **1** (*metall.*) refonte **2** (*rimborso*) remboursement (*m.*); (*risarcimento*) dédommagement (*m.*).

rifuso [ri-fù-ʃo] *agg.* **1** refondu **2** (*rimborsato*) remboursé, dédommagé.

riga [rì-ga] *n.f.* [pl. *-ghe*] **1** ligne: *tracciare, tirare una riga*, tracer, tirer une ligne; *non mi ha mai scritto una riga*, (*estens.*) il ne m'a jamais écrit une ligne; *scrivigli due righe*, (*estens.*) écris-lui (juste) un mot; *pagare un tanto a riga*, payer tant la ligne **2** (*di tessuto, carta*) rayure: *riga sottile*, fine rayure; *riga larga*, rayure espacée **3** (*fila; serie*) rang (*m.*): *i soldati stavano in riga*, les soldats étaient en rang | *rompere le righe*, rompre les rangs **4** (*scriminatura*) raie: *farsi la riga in mezzo, da parte*, se faire une raie au milieu, de côté **5** (*strumento da disegno*) règle.
● ***a righe***, à rayures, rayé: *tessuto a righe*, tissu à rayures; *tessuto a righe bianche*, tissu à rayures, raies blanches; *quaderno a righe*, cahier rayé | ***in riga!***, à vos rangs! | ***mettersi in riga***, former les rangs: *mettersi in riga coi tempi*, (*fig.*) s'adapter à son temps | ***parlare sopra le righe***, (*fig.*) avoir un style emprunté | ***rimettersi in riga***, (*anche fig.*) rentrer dans le rang.

rigaglie [ri-gà-glie] *n.f.pl.* (*cuc.*) abattis (*m.*).

rigagnolo [ri-gà-gno-lo] *n.m.* petit ruisseau*; (*ai lati delle vie*) rigole (*f.*), caniveau*.

rigare [ri-gà-re] *v.tr.* [coniug. come *legare*] **1** régler*, tirer des lignes (**sur**); (*incidere*) rayer*: *rigare una pagina*, régler une page **2** (*estens.*) sillonner: *le lacrime le rigavano il viso*, les larmes sillonnaient son visage.
● ***rigare diritto***, (*fig.*) filer droit: *far rigare diritto qlcu*, faire marcher qqn à la baguette.

rigatino [ri-ga-tì-no] *n.m.* (*tessuto*) milleraies.

rigato [ri-gà-to] *agg.* **1** rayé **2** (*estens.*) sillonné: *volto rigato di lacrime*, visage sillonné de larmes.

rigatoni [ri-ga-tó-ni] *n.m.pl.* (*cuc.*) rigatoni (grands macaronis cannelés).

rigattiere [ri-gat-tiè-re] *n.m.* [f. *-a*] brocanteur*, marchand de bric-à-brac.

rigatura [ri-ga-tù-ra] *n.f.* **1** (*il rigare*) réglage (*m.*); (*di arma da fuoco*) rayage (*m.*) **2** (*insieme di righe; scanalature di arma da fuoco*) rayures (*pl.*) **3** (*mus.*) portée.

rigenerare [ri-ge-ne-rà-re] *v.tr.* **1** régénérer* (*anche fig.*): *il sonno rigenera le forze*, le sommeil répare les forces **2** (*pneumatici*) rechaper ♦ **rigenerarsi** *v.pron.intr.* se régénérer* (*anche fig.*).

rigenerato [ri-ge-ne-rà-to] *agg.* régénéré | *latte rigenerato*, lait reconstitué | *pneumatico rigenerato*, pneu rechapé.

rigeneratore [ri-ge-ne-ra-tó-re] *agg.* e *n.m.* [f. *-trice*] régénérateur*.

rigenerazione [ri-ge-ne-ra-zió-ne] *n.f.* **1** régénération (*anche fig.*) **2** (*di pneumatico*) rechapage (*m.*).

rigettare [ri-get-tà-re] *v.tr.* **1** (*gettare indietro*) rejeter* **2** (*respingere*) rejeter*: (*amm.*) *rigettare una domanda*, rejeter une demande **3** (*fam.*) (*vomitare*) rejeter* ♦ **rigettarsi** *v.pron.* se rejeter*.

rigetto [ri-gèt-to] *n.m.* **1** rejet (*anche fig.*) **2** (*biol., med.*) rejet | *crisi di rigetto*, (*anche fig.*) réaction de rejet.

righello [ri-ghèl-lo] *n.m.* règle (*f.*); double décimètre.

righino [ri-ghì-no] *n.m.* **1** (*tip.*) ligne (*f.*) incomplète **2** (*righello*) règle (*f.*).

rigidamente [ri-gi-da-mén-te] *avv.* **1** rigidement; avec rigidité **2** (*fig.*) avec sévérité.

rigidezza [ri-gi-déz-za] *n.f.* **1** rigidité (*anche fig.*) **2** (*di clima*) rigueur.

rigidità [ri-gi-di-tà] *n.f.invar.* **1** rigidité (*anche fig.*): *rigidità muscolare*, rigidité des muscles **2** (*di clima*) rigueur.

rigido [ri-gi-do] *agg.* **1** rigide (*anche fig.*): *un insegnante rigido*, un professeur sévère; *rigida interpretazione della legge*, interprétation scrupuleuse de la loi **2** (*irrigidito*) raide; (*immobile*) figé: *rigido sull'attenti*, figé au garde-à-vous **3** (*di clima*) rigoureux*, dur **4** (*inform.*) dur: *disco rigido*, disque dur.

rigirare [ri-gi-rà-re] *v.tr.* **1** retourner: *rigirare un oggetto fra le mani*, retourner un objet entre ses doigts **2** (*circondare*) contourner; (*percorrere*) parcourir* **3** (*comm.*)

R

endosser de nouveau ♦ ***v.intr.*** [aus. *avere*] tourner: *ho girato e rigirato, ma non l'ho trovato*, j'ai eu beau chercher, je ne l'ai pas trouvé | *gira e rigira si parla sempre di lui*, on a beau faire, on en revient toujours à lui ♦ **rigirarsi** ***v.pron.*** se retourner: *girarsi e rigirarsi nel letto*, se tourner et se retourner dans le lit.

● ***rigirare il discorso***, (*fig.*) fausser le sens d'un propos | (*cine.*) ***rigirare una scena***, refaire une scène.

rigiro [ri-gì-ro] ***n.m.*** détour (*anche fig.*).

rigo [rì-go] ***n.m.*** [pl. *-ghi*] **1** ligne (*f.*): *scrivere un rigo*, écrire quelques lignes; *aspetto un tuo rigo*, j'attends un petit mot de toi **2** (*mus.*) portée (*f.*).

rigoglio [ri-gó-glio] ***n.m.*** [pl. *-gli*] luxuriance (*f.*); (*fig.*) épanouissement.

rigogliosamente [ri-go-glio-sa-mén-te] ***avv.*** avec luxuriance.

rigoglioso [ri-go-glió-so] ***agg.*** (*di vegetazione*) luxuriant; (*fig.*) vigoureux*: *una vegetazione rigogliosa*, une végétation luxuriante; *salute rigogliosa*, santé florissante; *un'immaginazione rigogliosa*, une imagination fertile.

rigogolo [ri-gò-go-lo] ***n.m.*** (*zool.*) loriot jaune.

rigonfiamento [ri-gon-fia-mén-to] ***n.m.*** **1** renflement **2** (*med.*) grosseur (*f.*).

rigonfiare [ri-gon-fià-re] ***v.tr.*** e ***intr.*** [aus. dell'intr. *essere*] regonfler ♦ **rigonfiarsi** ***v.pron.intr.*** se regonfler.

rigonfio [ri-gón-fio] ***agg.*** [pl.m. *-fi*] renflé; (*fig.*) enflé ♦ ***n.m.*** renflement.

rigore [ri-gó-re] ***n.m.*** **1** rigueur (*f.*): *attenersi con rigore*, s'en tenir rigoureusement **2** (*calcio*) réparation (*f.*), penalty: *calcio di rigore*, coup de pied de réparation; *area di rigore*, surface de réparation.

● ***a rigore***, à la rigueur: *a rigor di termini*, strictement parlant; *a rigor di logica*, en toute logique | (*mil.*): ***arresti di rigore***, arrêts de rigueur; ***cella di rigore***, cellule disciplinaire.

rigorismo [ri-go-rì-ʃmo] ***n.m.*** rigorisme.

rigorista [ri-go-rì-sta] ***n.m.*** e ***f.*** **1** rigoriste **2** (*calcio*) spécialiste de penalties.

rigoristico [ri-go-rì-sti-co] ***agg.*** [pl.m. *-ci*, f. *-che*] rigoriste.

rigor mortis [rì-gor mòr-tis] ***n.m.invar.*** rigidité (*f.*) cadavérique.

rigorosamente [ri-go-ro-sa-mén-te] ***avv.*** rigoureusement | *rigorosamente parlando*, rigoureusement parlant (*o* à proprement parler).

rigorosità [ri-go-ro-si-tà] ***n.f.invar.*** rigueur.

rigoroso [ri-go-ró-so] ***agg.*** rigoureux*; (*severo*) sévère: *una punizione rigorosa*, une punition sévère.

rigovernare [ri-go-ver-nà-re] ***v.tr.*** **1** (*lavare le stoviglie*) faire* la vaisselle; (*rimettere in ordine*) ranger* **2** (*accudire animali*) s'occuper (**de**), soigner.

rigovernata [ri-go-ver-nà-ta] ***n.f.***

● ***dare una rigovernata alle stoviglie***, faire rapidement la vaisselle.

rigovernatura [ri-go-ver-na-tù-ra] ***n.f.*** (lavage de la) vaisselle: *attendere alla rigovernatura*, faire la vaisselle; *acqua di rigovernatura*, eau de vaisselle.

riguadagnare [ri-gua-da-gnà-re] ***v.tr.*** **1** regagner **2** (*fig.*) (*recuperare*) regagner | *riguadagnare terreno*, regagner du terrain.

riguardare [ri-guar-dà-re] ***v.tr.*** **1** regarder de nouveau; (*rivedere, ricontrollare*) revoir*: *riguardare la lezione*, repasser sa leçon **2** (*concernere*) concerner, regarder: *questo non ti riguarda*, cela ne te concerne pas, ne te regarde pas | *per quel che mi riguarda*, en ce qui me concerne **3** (*avere riguardo per*) prendre* soin (**de**) ♦ **riguardarsi** ***v.pron.*** se préserver: *riguardati dal freddo*, fais attention au froid; *devi riguardarti*, tu dois te ménager.

● ***per quanto riguarda***, en ce qui concerne.

riguardata [ri-guar-dà-ta] ***n.f.*** nouveau coup (*m.*) d'œil.

riguardato [ri-guar-dà-to] ***agg.*** contrôlé: *tenersi riguardato nel mangiare*, faire attention à ce qu'on mange | *stare riguardato*, prendre soin de soi.

riguardevole [ri-guar-dé-vo-le] ***agg.*** considérable; (*notevole*) remarquable.

riguardo [ri-guàr-do] ***n.m.*** **1** (*cautela*) précaution (*f.*); (*cura*) soin: *agire con riguardo*, agir avec précaution **2** (*cortesia, attenzione*) égard; (*rispetto*) respect; (*premura*) attention (*f.*): *gli ha mancato di riguardo*, il lui a manqué de respect; *è una vera mancanza di riguardo*, c'est un manque de respect total | *persona di molto riguardo*, personne de tout respect | *ospiti di riguardo*, hôtes de marque **3** (*relazione*) rapport: *ciò non ha alcun riguardo con le nostre decisioni*, cela n'a aucun rapport avec nos décisions.

● ***riguardo a***, en ce qui concerne: *riguardo a ciò*, *a questo*, à l'égard de cela; *riguardo alla tua ultima lettera*, (*fam.*) me référant à ta dernière lettre | ***al riguardo***, ***a questo riguardo***, à ce sujet, à cet égard | ***avere riguardo di***, ***per qlco***, ***qlcu***, prendre soin de qqch, qqn: *non ha alcun riguardo per la sua salute*, il ne se ménage pas du tout; *non ha avuto alcun riguardo per lui*, il n'a eu aucun égard pour lui; *non ha riguardo per nessuno*, il n'a d'égards pour personne; *abbiti riguardo!*, prends soin de toi!, ménage-toi! | ***con i dovuti riguardi***, avec les précautions voulues | ***essere pieno di riguardi per***, être plein d'attentions pour | ***farsi riguardo***, se gêner, hésiter: *non farti riguardo, prendi quello che vuoi*, ne te gêne pas, prends ce qu'il te faut; *non farti riguardo, chiedi!*, n'hésite pas, demande!; *si fa mille riguardi* (*per non disturbare*), elle a toujours peur de déranger les gens | ***nei riguardi di***, à l'égard de | ***per riguardo a***, ***verso***, par égard pour | ***senza riguardo***, sans compter: *senza riguardo a spese*, sans regarder à la dépense; *parlare senza* (*tanti*) *riguardi*, parler franchement | ***sotto questo riguardo***, à cet égard | ***sotto tutti i riguardi***, ***sotto ogni riguardo***, à tous (les) égards | ***trattare qlcu con riguardo***, avoir des égards pour qqn.

FAUX AMI

Da non confondere con *regard*, che significa *sguardo*.

riguardosamente [ri-guar-do-sa-mén-te] ***avv.*** respectueusement.

riguardoso [ri-guar-dó-so] ***agg.*** respectueux*, plein d'égards.

rigurgitante [ri-gur-gi-tàn-te] ***agg.*** (*pieno di gente*) bondé (de monde); (*brulicante*) grouillant.

rigurgitare [ri-gur-gi-tà-re] ***v.intr.*** [aus. *avere* o *essere*] **1** déborder; (*di acque*) rejaillir **2** (*fig.*) regorger*; (*brulicare di gente*) grouiller (de monde): *la sua casa rigurgita di libri*, sa maison regorge de livres ♦ ***v.tr.*** rendre*.

rigurgito [ri-gùr-gi-to] ***n.m.*** **1** débordement **2** (*di acque*) reflux **3** (*med.*) régurgitation (*f.*); (*fam.*) renvoi **4** (*fig.*) sursaut: *un rigurgito di razzismo*, un regain de racisme.

rilanciare [ri-lan-cià-re] ***v.tr.*** [coniug. come *cominciare*] **1** relancer* (*anche fig.*) **2** (*a poker*) relancer* (**de**): *ri-*

lancio dieci euro, je relance de dix euros **3** (*a un'asta pubblica*) surenchérir.

rilancio [ri-làn-cio] ***n.m.*** [pl. *-ci*] **1** relance (*f.*) (*anche fig.*) **2** (*a poker*) relance (*f.*).

● ***fare un rilancio***, (*a un'asta pubblica*) surenchérir.

rilasciamento [ri-la-scia-mén-to] ***n.m.*** relâchement (*anche fig.*).

rilasciare [ri-la-scià-re] ***v.tr.*** [coniug. come *cominciare*] **1** laisser de nouveau **2** (*mettere in libertà*) relâcher: *rilasciare un prigioniero*, relâcher un prisonnier **3** (*dare, concedere*) délivrer: *rilasciare un passaporto*, délivrer un passeport; *rilasciare un'intervista*, accorder une interview; *rilasciare una dichiarazione*, faire une déclaration **4** (*allentare*) relâcher: *rilasciare i muscoli*, relâcher les muscles ♦ **rilasciarsi** ***v.pron.*** e ***pron.intr.*** (*allentarsi*) se relâcher ♦ ***v.pron.rec.*** se quitter de nouveau.

rilascio [ri-là-scio] ***n.m.*** [pl. *-sci*] **1** (*il mettere in libertà*) relâchement; (*dir.*) relaxe (*f.*): *il rilascio di un detenuto*, la relaxe d'un détenu **2** (*consegna*) délivrance (*f.*), remise (*f.*): *rilascio di documenti*, délivrance de pièces (officielles).

rilassamento [ri-las-sa-mén-to] ***n.m.*** **1** relaxation (*f.*); (*dopo una contrazione*) décontraction (*f.*); (*di tessuti muscolari*) relâchement **2** (*fig.*) relâchement; (*distensione*) détente (*f.*).

rilassante [ri-las-sàn-te] ***agg.*** relaxant.

rilassare [ri-las-sà-re] ***v.tr.*** **1** (*i muscoli*) relaxer, détendre*; (*dopo una contrazione*) décontracter **2** (*lo spirito*) détendre*; (*i nervi*) calmer ♦ **rilassarsi** ***v.pron.*** **1** se décontracter, se détendre* **2** (*di disciplina, di costumi*) se relâcher.

rilassatamente [ri-las-sa-ta-mén-te] ***avv.*** d'une manière détendue.

rilassatezza [ri-las-sa-téz-za] ***n.f.*** relâchement (*m.*) (*anche fig.*).

rilassato [ri-las-sà-to] ***agg.*** **1** décontracté (*anche fig.*) **2** (*fig.*) (*moralmente*) relâché.

rilavatura [ri-la-va-tù-ra] ***n.f.*** **1** second lavage (*m.*) **2** (*acqua usata per lavare*) rinçure; (*di piatti*) eau* de vaisselle.

rilegare [ri-le-gà-re] ***v.tr.*** [coniug. come *legare*] **1** (*legare di nuovo*) reficeler* **2** (*libri*) relier; (*dare una nuova rilegatura*) remboîter **3** (*pietre preziose*) sertir, monter (**sur**).

rilegato [ri-le-gà-to] ***agg.*** relié.

rilegatore [ri-le-ga-tó-re] ***n.m.*** [f. *-trice*] relieur*.

rilegatura [ri-le-ga-tù-ra] ***n.f.*** reliure.

rileggere [ri-lèg-ge-re] ***v.tr.*** [coniug. come *leggere*] relire*.

rilento, a [a ri-lèn-to] ***avv.*** au ralenti: *i lavori procedono a rilento*, les travaux avancent au ralenti.

rilettura [ri-let-tù-ra] ***n.f.*** relecture: *dare una rilettura a qlco*, relire qqch.

rilevabile [ri-le-và-bi-le] ***agg.*** qu'on peut relever, remarquer: *è rilevabile una certa trascuratezza*, on peut relever une certaine négligence; *difetti appena rilevabili*, des défauts imperceptibles.

rilevamento [ri-le-va-mén-to] ***n.m.*** **1** (*il rilevare*) relevé: *rilevamento dei dati*, relevé des données **2** (*mar., topografia*) relèvement **3** (*econ.*) rachat: *rilevamento di una società*, rachat d'une entreprise.

rilevante [ri-le-vàn-te] ***agg.*** (*considerevole*) considérable; (*importante*) important.

rilevanza [ri-le-vàn-za] ***n.f.*** importance.

rilevare [ri-le-và-re] ***v.tr.*** **1** (*notare*) remarquer; (*mettere in evidenza*) faire* ressortir, relever*: *rilevare degli errori in un testo*, relever des fautes dans un texte **2** (*fare un rilevamento, spec. topografico*) faire* le relèvement (**de**) | *rilevare le impronte digitali*, prendre les empreintes digitales | *rilevare la posizione dei veicoli*, (*dopo un incidente*) faire le constat (après un accident) **3** (*fig.*) (*ricavare*) tirer: *non ne ho rilevato alcun beneficio*, je n'en ai tiré aucun bénéfice **4** (*econ., comm.*) (*acquistare*) racheter*, reprendre*; (*prendersi a carico*) prendre* à sa charge: *rilevare una ditta*, racheter une maison de commerce; *il negozio è stato rilevato dai parenti*, le magasin a été repris par des parents; *rilevare un debito*, prendre une dette à sa charge **5** (*inform.*) détecter; lire* (par exploration) **6** (*andare a prendere*) aller* chercher **7** (*togliere di nuovo*) enlever* de nouveau ♦ ***v.intr.*** [aus. *avere*] **1** (*stagliarsi*) se détacher (**sur**), ressortir*; (*sporgere*) saillir* **2** (*fig.*) (*non com.*) (*importare*) importer.

rilevatario [ri-le-va-tà-rio] ***n.m.*** [f. *-a*; pl.m. *-ri*] (*comm.*) acheteur*, preneur*; (*di un contratto ecc.*) successeur.

rilevato [ri-le-và-to] ***agg.*** en relief; (*sporgente*) saillant.

rilevatore [ri-le-va-tó-re] ***n.m.*** **1** [f. *-trice*] enquêteur* **2** (*strumento*) détecteur.

rilevazione [ri-le-va-zió-ne] ***n.f.*** relevé (*m.*).

rilievo [ri-liè-vo] ***n.m.*** **1** relief: *il rilievo di una medaglia*, la relief d'une médaille **2** (*fig.*) (*importanza*) importance (*f.*), relief | *personalità di rilievo*, personnalité importante **3** (*fig.*) (*osservazione*) remarque (*f.*) **4** (*geogr.*) relief **5** (*topografia*) levé, relèvement **6** (*comm.*) rachat.

● ***dare rilievo a***, donner du relief à | ***in rilievo***, en relief: *mettere, porre in rilievo*, (*fig.*) mettre en relief.

rilocare [ri-lo-cà-re] ***v.tr.*** [coniug. come *mancare*] (*inform.*) reloger*, translater.

riloga [ri-lò-ga] ***n.f.*** [pl. *-ghe*] tringle (à coulisse).

rilucente [ri-lu-cèn-te] ***agg.*** luisant, reluisant.

rilucere [ri-lù-ce-re] ***v.intr.*** [mancano p.rem., p.p. e tempi composti] (*letter.*) reluire*.

riluttante [ri-lut-tàn-te] ***agg.*** réticent.

riluttanza [ri-lut-tàn-za] ***n.f.*** réticence: *accettare con riluttanza*, accepter avec réticence.

riluttare [ri-lut-tà-re] ***v.intr.*** [aus. *avere*] être* réticent.

rima [rì-ma] ***n.f.*** rime: *mettere in rima*, mettre en vers; *fare rima con*, rimer avec.

● (*metrica*) ***rima baciata***, ***alternata***, ***incrociata***, rime plate, croisée, embrassée | ***rispondere per le rime a qlcu***, (*fig.*) river son clou à qqn.

rimandare [ri-man-dà-re] ***v.tr.*** **1** (*mandare di nuovo, restituire*) renvoyer*: *rimandò indietro tutti i regali*, il renvoya tous les cadeaux | *rimandare al mittente*, retourner à l'expéditeur **2** (*differire*) renvoyer*: *lo spettacolo è stato rimandato*, le spectacle a été renvoyé **3** (*fare un rimando*) renvoyer*: *rimandare a un altro capitolo*, renvoyer à un autre chapitre **4** (*a un esame, nella scuola superiore italiana*) soumettre* à un examen probatoire: *è stato rimandato*, il doit passer un examen de rattrapage; *è stato rimandato in matematica*, il a été collé en maths.

rimandato [ri-man-dà-to] ***agg.*** e ***n.m.*** [f. *-a*] (*a un esame, nella scuola superiore italiana*) (élève) ayant un examen de passage.

rimando [ri-màn-do] ***n.m.*** renvoi.

● ***di rimando***, en retour.

rimaneggiamento [ri-ma-neg-gia-mén-to] ***n.m.*** remaniement.

R

rimaneggiare [ri-ma-neg-già-re] ***v.tr.*** [coniug. come *mangiare*] remanier.

rimanente [ri-ma-nèn-te] ***agg.*** restant: *con i soldi rimanenti*, avec ce qu'il lui restait d'argent ♦ ***n.m.*** **1** reste: *il rimanente di una somma*, le reste (*o* le restant) d'une somme **2** (*pl.*) (*persone*) les autres.

rimanenza [ri-ma-nèn-za] ***n.f.*** reste (*m.*).
● ***rimanenze di cassa***, fonds de caisse | ***rimanenze di magazzino***, stocks dormants.

rimanere [ri-ma-né-re] ***v.intr.*** [pres.indic. *io rimango, tu rimani* ecc.; p.rem. *io rimasi, tu rimanesti* ecc.; fut.indic. *io rimarrò* ecc.; p.p. *rimasto*; aus. *essere*] **1** rester: *rimanere a pranzo*, rester dîner; *rimanere in casa tutto il giorno*, rester à la maison toute la journée; *rimanere alzato fino a tardi*, se coucher très tard; *rimanere su tutta la notte*, rester debout toute la nuit; *dove siamo rimasti?*, où en étions-nous?; (*comm.*) *rimaniamo in attesa di una vostra cortese risposta*, dans l'attente d'une réponse de votre part | *rimanga tra noi!*, que ça reste entre nous! | *rimanere stordito*, être tout étourdi | *rimanere ferito*, être blessé | *rimanere ingannato*, être dupé **2** (*avanzare, esserci ancora*) rester: *mi rimangono pochi soldi*, il me reste peu d'argent; *le macchie sono rimaste nonostante il lavaggio*, les taches ont résisté au lavage **3** (*essere situato*) se trouver: *la sua casa rimane vicino alla stazione*, sa maison se trouve près de la gare **4** (*spettare, toccare*) être* (**à**), revenir* (**à**): *quel podere rimarrà agli eredi*, ce domaine revient de droit aux héritiers; *rimane a te la decisione*, c'est à toi de décider.
● ***rimanere indietro***, rester en arrière; (*fig.*) (*essere in ritardo*) être en retard: *rimanere indietro col lavoro, negli studi*, être en retard dans son travail, dans ses études | ***rimanere male***, (*essere deluso*) être déçu; (*essere mortificato*) être mortifié | ***rimanerci***, (*essere ingannato*) se faire avoir; (*essere meravigliato*) être stupéfait; (*morire*) y rester: *puoi immaginare come ci sono rimasta*, tu peux bien t'imaginer ma surprise.

rimangiare [ri-man-già-re] ***v.tr.*** [coniug. come *mangiare*] **1** remanger* **2** (*fig.*) rétracter, revenir* (**sur**): *rimangiare una promessa*, revenir sur sa promesse.

rimango → **rimanere**.

rimarcare [ri-mar-cà-re] ***v.tr.*** [coniug. come *mancare*] remarquer.

rimarchevole [ri-mar-ché-vo-le] ***agg.*** remarquable.

rimare [ri-mà-re] ***v.tr.*** rimer ♦ ***v.intr.*** [aus. *avere*] (*fare rima con*) rimer (**avec**).

rimarginare [ri-mar-gi-nà-re] ***v.tr.*** cicatriser (*anche fig.*) ♦ **rimarginarsi** ***v.pron.intr.*** se cicatriser; (*fig.*) s'apaiser, guérir.

rimario [ri-mà-rio] ***n.m.*** [pl. *-ri*] dictionnaire des rimes.

rimaritarsi [ri-ma-ri-tàr-si] ***v.pron.*** se remarier.

rimarrò, **rimasi** → **rimanere**.

rimasticare [ri-ma-sti-cà-re] ***v.tr.*** [coniug. come *mancare*] remâcher; (*fig.*) rabâcher.

rimasto [ri-mà-sto] ***agg.*** restant, qui reste: *il denaro rimasto*, l'argent restant; *i pochi ascoltatori rimasti*, les quelques auditeurs encore présents.
● ***rimasto fuori***, exclu; (*omesso*) omis.

rimasuglio [ri-ma-sù-glio *o* rimaʃùglio] ***n.m.*** [pl. *-gli*] reste, résidu.

rimatore [ri-ma-tó-re] ***n.m.*** [f. *-trice*] poète.

rimbalzare [rim-bal-zà-re] ***v.intr.*** [aus. *essere* e *avere*] rebondir; (*di proiettile*) ricocher; (*di suono*) se répercuter.

rimbalzello [rim-bal-zèl-lo] ***n.m.*** ricochet: *giocare a rimbalzello*, faire des ricochets.

rimbalzo [rim-bàl-zo] ***n.m.*** rebond.
● ***di rimbalzo***, par ricochet, (*fig.*) par contrecoup: (*mil.*) *tiro di rimbalzo*, tir à ricochet.

rimbambimento [rim-bam-bi-mén-to] ***n.m.*** gâtisme.

rimbambire [rim-bam-bì-re] ***v.tr.*** [coniug. come *finire*] (*stordire*) étourdir ♦ ***v.intr.*** [aus. *essere*] devenir* gâteux*, retomber en enfance ♦ **rimbambirsi** ***v.pron.intr.*** devenir* gâteux*, retomber en enfance.

rimbambito [rim-bam-bì-to] ***agg.*** e ***n.m.*** [f. *-a*] gâteux*.

rimbarcare e *deriv.* → **reimbarcare** e *deriv.*

rimbeccare [rim-bec-cà-re] ***v.tr.*** [coniug. come *mancare*] riposter (**à**) ♦ **rimbeccarsi** ***v.pron.rec.*** avoir* une prise de bec (**avec qqn**).

rimbecillire [rim-be-cil-lì-re] ***v.tr.*** [coniug. come *finire*] abêtir; (*stordire*) abrutir ♦ **rimbecillirsi** ***v.pron.intr.*** s'abêtir.

rimbecillito [rim-be-cil-lì-to] ***agg.*** **1** gâteux* **2** (*fam.*) (*stordito per stanchezza ecc.*) abruti.

rimboccare [rim-boc-cà-re] ***v.tr.*** [coniug. come *mancare*] (*ripiegare*) replier; (*maniche, calzoni ecc.*) retrousser; (*lenzuola, coperte*) border: *rimboccare le coperte a qlcu*, border qqn dans son lit.

rimboccatura [rim-boc-ca-tù-ra] ***n.f.*** (*di lenzuolo, coperta ecc.*) bordage (*m.*); (*di maniche, calzoni ecc.*) retroussement (*m.*).

rimbombante [rim-bom-bàn-te] ***agg.*** tonnant; (*fig.*) ronflant.

rimbombare [rim-bom-bà-re] ***v.intr.*** [aus. *essere* o *avere*] **1** (*di artiglieria*) tonner; (*di tuono e di acque*) gronder **2** (*risonare*) résonner.

rimbombo [rim-bóm-bo] ***n.m.*** grondement; (*il risuonare*) retentissement.

rimborsabile [rim-bor-sà-bi-le] ***agg.*** remboursable.

rimborsare [rim-bor-sà-re] ***v.tr.*** rembourser: *rimborsare il prezzo del biglietto agli spettatori*, rembourser les spectateurs.

rimborso [rim-bór-so] ***n.m.*** remboursement: *rimborso spese*, remboursement des frais | (*trib.*) *rimborso fiscale*, crédit d'impôt.

rimboscare [rim-bo-scà-re] ***v.tr.*** [coniug. come *mancare*] reboiser.

rimboschimento [rim-bo-schi-mén-to] ***n.m.*** reboisement.

rimboschire [rim-bo-schì-re] ***v.tr.*** [coniug. come *finire*] → **rimboscare**.

rimbrottare [rim-brot-tà-re] ***v.tr.*** rabrouer.

rimbrotto [rim-bròt-to] ***n.m.*** semonce (*f.*).

rimediabile [ri-me-dià-bi-le] ***agg.*** réparable, remédiable.

rimediare [ri-me-dià-re] ***v.intr.*** [aus. *avere*] remédier; réparer (**qqch**): *rimediare al danno*, réparer les dégâts; *un errore al quale non si può rimediare*, une erreur irréparable | *e ora come si rimedia?*, que faire maintenant? ♦ ***v.tr.*** **1** (*porre rimedio*) remédier (**à**); réparer **2** (*fam.*) (*mettere insieme, procurarsi*) trouver: *è riuscito a rimediare i soldi per il viaggio*, il a réussi à trouver l'argent pour le voyage; *rimediare una giacca da un cappotto*, couper une veste dans un manteau.

rimedio [ri-mè-dio] ***n.m.*** [pl. *-di*] remède (*anche fig.*): *un rimedio contro la tosse*, un remède contre la toux | *non*

c'è rimedio, (*di una situazione*) la situation est sans remède; (*di una persona incorreggibile*) il est incorrigible.
● ***porre rimedio a qlco***, remédier à qqch.

rimembranza [ri-mem-bràn-za] ***n.f.*** (*letter.*) souvenir (*m.*).

rimescolamento [ri-me-sco-la-mén-to] ***n.m.*** **1** (*il rimescolare*) mélange **2** (*fig.*) (*turbamento*) trouble.

rimescolare [ri-me-sco-là-re] ***v.tr.*** **1** mélanger* de nouveau **2** (*rimestare*) remuer **3** (*le carte*) mêler, battre* **4** (*fig.*) (*turbare*) troubler: *quella vista gli rimescolò il sangue*, à ce spectacle son sang n'a fait qu'un tour ♦ **rimescolarsi** ***v.pron.intr.*** (*agitarsi*) s'agiter; (*turbarsi*) se troubler: *mi si rimescola il sangue*, j'en suis tout retourné.

rimescolata [ri-me-sco-là-ta] ***n.f.***
● ***dare una rimescolata***, (*mescolare*) mélanger; (*rimestare*) remuer.

rimescolio [ri-me-sco-li-o] ***n.m.*** [pl. *-ii*] **1** action (*f.*) de remuer **2** (*fig.*) (*turbamento*) trouble.

rimessa [ri-més-sa] ***n.f.*** **1** (*il rimettere*) remise **2** (*deposito di autoveicoli*) remise; (*autorimessa*) garage (*m.*) **3** (*raccolto*) récolte **4** (*comm.*) (*consegna*) livraison; (*invio di denaro*) remise: *pagare la merce alla rimessa*, payer la marchandise à la livraison **5** (*comm.*) (*perdita*) perte **6** (*germoglio*) rejeton (*m.*).
● (*sport*) ***rimessa in gioco***, remise en jeu.

rimessaggio [ri-mes-sàg-gio] ***n.m.*** [pl. *-gi*] garage.

rimesso [ri-més-so] ***agg.*** **1** (*messo di nuovo*) remis | *dente rimesso*, fausse dent | *orlo rimesso*, faux-ourlet **2** (*perdonato; condonato*) remis: *debito rimesso*, dette remise **3** (*ristabilito*) remis: *sono completamente rimesso*, je suis complètement remis (*o* rétabli) ♦ ***n.m.*** (*orlo*) faux-ourlet.

rimestare [ri-me-stà-re] ***v.tr.*** **1** remuer **2** (*frugare*) fouiller (**dans**) (*anche fig.*): *rimestare una faccenda*, revenir sur une question.

rimestio [ri-me-stì-o] ***n.m.*** [pl. *-ii*] remue-ménage*.

rimettere [ri-mét-te-re] ***v.tr.*** [coniug. come *mettere*] **1** remettre* | *rimettere a posto l'orologio*, remettre sa montre à l'heure | *rimettere a posto un osso*, remboîter un os | *rimettere insieme le idee*, rassembler ses idées | *rimettere piede in un luogo*, remettre les pieds dans un lieu **2** (*affidare*) remettre* (entre les mains de), s'en remettre* (**à**) **3** (*annullare*) remettre*; (*perdonare*) pardonner: *rimettere una pena*, remettre une peine; *rimettere una colpa*, pardonner une faute **4** (*vomitare*) rendre*, rejeter* ♦ **rimettersi** ***v.pron.intr.*** **1** se remettre*: *rimettersi da uno spavento*, se remettre d'une frayeur | *rimettersi in salute*, recouvrer la santé | *si sono rimessi insieme*, (*a vivere*) ils se sont remis en ménage **2** (*affidarsi*) s'en remettre*.
● ***rimetterci***, (y) perdre, y laisser: *ci ho rimesso venti euro*, j'ai perdu vingt euros; *rimetterci la pelle*, (*estens.*) y laisser sa peau; *rimetterci le penne*, (*fig.*) y laisser des plumes; *ci ho rimesso del mio*, j'en ai été de ma poche.

riminese [ri-mi-né-se] ***agg.*** de Rimini.

rimirare [ri-mi-rà-re] ***v.tr.*** regarder avec admiration; (*con stupore*) regarder avec étonnement; (*con soddisfazione*) regarder d'un air satisfait ♦ ***v.intr.*** [aus. *avere*] (*prendere di nuovo la mira*) viser de nouveau ♦ **rimirarsi** ***v.pron.*** (*guardarsi con compiacimento*) se regarder avec admiration, s'admirer.

rimissare [ri-mis-sà-re] ***v.tr.*** (*mus.*) remixer.

rimmel® [rìm-mel] ***n.m.*** rimmel®.

rimodellare [ri-mo-del-là-re] ***v.tr.*** refaçonner.

rimodernamento [ri-mo-der-na-mén-to] ***n.m.*** modernisation (*f.*).

rimodernare [ri-mo-der-nà-re] ***v.tr.*** (*mettere a nuovo*) remettre* à neuf; (*modernizzare*) moderniser.

rimonta [ri-món-ta] ***n.f.*** (*sport*) remontée.

rimontaggio [ri-mon-tàg-gio] ***n.m.*** (*tecn.*) remontage.

rimontare [ri-mon-tà-re] ***v.tr.*** **1** (*montare di nuovo*) remonter: *rimontare un armadio*, remonter une armoire **2** (*risalire*) remonter (*anche fig.*): *rimontare un fiume*, remonter un fleuve | (*mar.*) *rimontare la corrente*, refouler le courant; (*anche fig.*) remonter le courant ♦ ***v.intr.*** [aus. *essere*] **1** (*salire di nuovo*) remonter: *rimontare a cavallo, in bicicletta*, remonter à cheval, à bicyclette **2** (*fig.*) remonter: *usanze che rimontano ai secoli passati*, usages qui remontent aux siècles passés.

rimorchiare [ri-mor-chià-re] ***v.tr.*** **1** remorquer **2** (*fig. fam.*) draguer: *andare a una festa per rimorchiare*, aller à une boum pour draguer | *rimorchiare una ragazza*, faire une touche.

rimorchiatore [ri-mor-chia-tó-re] ***n.m.*** (*mar.*) remorqueur.

rimorchio [ri-mòr-chio] ***n.m.*** [pl. *-chi*] **1** remorquage **2** (*veicolo*) remorque (*f.*).
● ***prendere a rimorchio***, remorquer | ***essere a rimorchio***, (*anche fig.*) être à la remorque.

rimordere [ri-mòr-de-re] ***v.tr.*** [coniug. come *mordere*] remordre* | *gli rimorde la coscienza*, il est tenaillé par le remords.

rimorso [ri-mòr-so] ***n.m.*** remords: *sentire rimorso*, avoir des remords.

rimosso [ri-mòs-so] ***agg.*** **1** (*spostato*) déplacé; (*portato via*) enlevé **2** (*destituito*) destitué **3** (*psic.*) refoulé ♦ ***n.m.*** (*psic.*) refoulé.

rimostranza [ri-mo-stràn-za] ***n.f.*** remontrance.

rimostrare [ri-mo-strà-re] ***v.tr.*** remontrer ♦ ***v.intr.*** [aus. *avere*] (*fare rimostranze*) faire* des remontrances.

rimovibile [ri-mo-vì-bi-le] ***agg.*** amovible.

rimozione [ri-mo-zió-ne] ***n.f.*** **1** (*spostamento*) déplacement (*m.*); (*destituzione*) destitution | *la rimozione dei sigilli*, la levée des scellés | *rimozione della spazzatura*, enlèvement des ordures **2** (*psic.*) refoulement (*m.*).
● (*aut.*) ***rimozione forzata***, mise à la fourrière.

rimpaginare [rim-pa-gi-nà-re] ***v.tr.*** (*tip.*) remettre* en page.

rimpagliare [rim-pa-glià-re] ***v.tr.*** **1** rempailler **2** (*animali*) empailler de nouveau.

rimpallo [rim-pàl-lo] ***n.m.*** (*sport*) contrecoup.

rimpannucciarsi [rim-pan-nuc-ciàr-si] ***v.pron.intr.*** [coniug. come *cominciare*] (*fig.*) se remplumer.

rimpastare [rim-pa-stà-re] ***v.tr.*** **1** (*impastare di nuovo*) repétrir **2** (*fig.*) (*rimaneggiare*) remanier (*anche pol.*).

rimpasto [rim-pà-sto] ***n.m.*** (*rimaneggiamento*) remaniement (*anche pol.*).

rimpatriare [rim-pa-trià-re] ***v.tr.*** rapatrier ♦ ***v.intr.*** [aus. *avere*] faire* retour dans son pays.

rimpatriata [rim-pa-trià-ta] ***n.f.*** retrouvailles (*pl.*).

rimpatrio [rim-pà-trio] ***n.m.*** [pl. *-ri*] rapatriement.

rimpetto [rim-pèt-to] ***avv.*** → **dirimpetto**.

rimpiangere [rim-piàn-ge-re] ***v.tr.*** [coniug. come *piangere*] regretter.

rimpianto [rim-piàn-to] ***n.m.*** regret.

rimpiattino [rim-piat-tì-no] ***n.m.*** cache-cache.

R

rimpiazzare [rim-piaz-zà-re] *v.tr.* remplacer*.

rimpiazzo [rim-piàz-zo] *n.m.* remplacement.

rimpicciolimento [rim-pic-cio-li-mén-to] *n.m.* rapetissement.

rimpicciolire [rim-pic-cio-lì-re] *v.tr.* [coniug. come *finire*] rapetisser ♦ *v.intr.* [aus. *essere*] rapetisser ♦ **rimpicciolirsi** *v.pron.intr.* rapetisser.

rimpiccolire e *deriv.* → **rimpicciolire** e *deriv.*

rimpinguare [rim-pin-guà-re] *v.tr.* (*fig.*) renflouer ♦ **rimpinguarsi** *v.pron.* (*fig.*) s'enrichir.

rimpinzare [rim-pin-zà-re] *v.tr.* bourrer, gaver: *rimpinzare di nozioni*, (*fig.*) bourrer de notions ♦ **rimpinzarsi** *v.pron.* se bourrer.

rimpolpare [rim-pol-pà-re] *v.tr.* engraisser; (*fig.*) enrichir ♦ **rimpolparsi** *v.pron.intr.* se remplumer (*anche fig.*).

rimproverare [rim-pro-ve-rà-re] *v.tr.* reprocher; (*spec. i bambini*) gronder: *rimproverare qlcu per la sua pigrizia*, reprocher à qqn sa paresse.

rimprovero [rim-prò-ve-ro] *n.m.* reproche; (*ammonizione*) réprimande (*f.*).

rimuginare [ri-mu-gi-nà-re] *v.tr.* **1** ruminer; remâcher **2** (*frugare*) fouiller.

rimunerare e *deriv.* → **remunerare** e *deriv.*

rimuovere [ri-muò-ve-re] *v.tr.* [coniug. come *muovere*] **1** (*muovere di nuovo*) remuer **2** (*spostare*) déplacer*; (*togliere*) enlever* (*anche fig.*) | *rimuovere le difficoltà*, aplanir les difficultés **3** (*distogliere*) détourner **4** (*destituire*) destituer **5** (*psic.*) refouler.

rinascere [ri-nà-sce-re] *v.intr.* [coniug. come *nascere*; aus. *essere*] renaître* (*anche fig.*); (*di piante, di capelli ecc.*) repousser | *le tue parole l'hanno fatto rinascere*, tes paroles l'ont ressuscité | *i fiori rinascono nell'acqua*, les fleurs reprennent dans l'eau.

rinascimentale [ri-na-sci-men-tà-le] *agg.* de la Renaissance | *stile rinascimentale*, style Renaissance.

Rinascimento [ri-na-sci-mén-to] *n.m.* (*st.*) Renaissance (*f.*).

rinascita [ri-nà-sci-ta] *n.f.* renaissance.

rincagnato [rin-ca-gnà-to] *agg.* aplati | *naso rincagnato*, nez camus.

rincalzare [rin-cal-zà-re] *v.tr.* **1** (*agr.*) rechausser; (*un filare*) butter **2** (*le coperte del letto*) border.

rincalzo [rin-càl-zo] *n.m.* **1** (*agr.*) rechaussement; (*di filare*) buttage **2** (*fig.*) (*sostegno*) appui, soutien **3** (*sport*) joueur de réserve.

● ***a rincalzo***, à l'appui | ***di rincalzo***, (*fig.*) à l'appui: *e io, di rincalzo, aggiunsi che*, et moi, à l'appui, j'ajoutai que (*o* et moi, j'insistai en disant que) | (*mil.*): ***posizione di rincalzo***, position de soutien; ***truppe di rincalzo***, troupes de renfort.

rincamminarsi [rin-cam-mi-nàr-si] *v.pron.intr.* se remettre* en route; (*riprendere il cammino*) reprendre* son chemin.

rincantucciarsi [rin-can-tuc-ciàr-si] *v.pron.* [coniug. come *cominciare*] se rencogner; (*nascondersi*) se tapir.

rincantucciato [rin-can-tuc-cià-to] *agg.* rencogné; (*nascosto*) tapi.

rincarare [rin-ca-rà-re] *v.tr.* augmenter ♦ *v.intr.* [aus. *essere*] renchérir, augmenter.

● ***rincarare la dose***, (*fig.*) renchérir.

rincaro [rin-cà-ro] *n.m.* (*comm.*) renchérissement; (*dei prezzi*) *hausse (*f.*).

rincasare [rin-ca-sà-re] *v.intr.* [aus. *essere*] rentrer (chez soi, à la maison).

rinchiudere [rin-chiù-de-re] *v.tr.* [coniug. come *chiudere*] enfermer ♦ **rinchiudersi** *v.pron.* s'enfermer | *rinchiudersi in un silenzio assoluto*, se cloîtrer dans un silence absolu | *rinchiudersi in se stesso*, se renfermer en soi-même.

rinchiuso [rin-chiù-so] *agg.* enfermé ♦ *n.m.* (*recinto*) enclos.

rincitrullire [rin-ci-trul-lì-re] *v.tr.* [coniug. come *finire*] abêtir ♦ *v.intr.* [aus. *essere*] s'abêtir ♦ **rincitrullirsi** *v.pron.intr.* s'abêtir.

rincitrullito [rin-ci-trul-lì-to] *agg.* abruti; (*fam.*) gâteux*: *sono rincitrullito per la stanchezza*, je suis abruti de fatigue.

rincivilire [rin-ci-vi-lì-re] *v.tr.* [coniug. come *finire*] civiliser ♦ *v.intr.* [aus. *essere*] se civiliser; (*raffinarsi*) s'affiner ♦ **rincivilirsi** *v.pron.intr.* se civiliser; (*raffinarsi*) s'affiner.

rincoglionimento [rin-co-glio-ni-mén-to] *n.m.* (*molto fam.*) gâtisme, gagatisme.

rincoglionito [rin-co-glio-nì-to] *agg.* (*molto fam.*) abruti, gaga | *vecchio rincoglionito*, vieux baveux | *stamani sono completamente rincoglionito*, ce matin je suis dans le cirage.

rincontrare [rin-con-trà-re] *v.tr.* rencontrer de nouveau ♦ **rincontrarsi** *v.pron.rec.* se rencontrer de nouveau.

rincorare [rin-co-rà-re] *v.tr.* redonner du courage (**à**).

rincorrere [rin-cór-re-re] *v.tr.* [coniug. come *correre*] poursuivre*, courir* après (*anche fig.*) ♦ **rincorrersi** *v.pron.rec.* se poursuivre* | *giocare a rincorrersi*, jouer à s'attraper.

rincorsa [rin-cór-sa] *n.f.* élan (*m.*): *prendere la rincorsa*, prendre son élan.

● ***di rincorsa***, au vol | ***salto con, senza rincorsa***, saut avec, sans élan.

rincrescere [rin-cré-sce-re] *v.intr.impers.* [coniug. come *crescere*; aus. *essere*] **1** regretter; (*fare dispiacere*) faire* de la peine: *mi rincresce*, je regrette; *mi rincresce vederlo in quello stato*, cela me fait de la peine de le voir dans cet état | *rincresce dover...*, il est bien dommage de devoir... **2** (*in formule di cortesia*) ennuyer*; (*disturbare*) déranger*: *ti rincresce darmi una mano?*, est-ce que cela t'ennuie de me donner un coup de main?; *ti rincresce alzarti un momento?*, est-ce que cela te dérange de te lever un instant?

rincrescimento [rin-cre-sci-mén-to] *n.m.* regret | *è con vero rincrescimento che*, c'est avec un vif regret que.

● ***con mio grande rincrescimento***, à mon grand regret.

rincretinire [rin-cre-ti-nì-re] *v.tr.* [coniug. come *finire*] abêtir, bêtifier ♦ *v.intr.* [aus. *essere*] s'abêtir, s'abrutir ♦ **rincretinirsi** *v.pron.intr.* s'abêtir, s'abrutir.

rincretinito [rin-cre-ti-nì-to] *agg.* abruti.

rinculare [rin-cu-là-re] *v.intr.* [aus. *avere*] reculer.

rinculo [rin-cù-lo] *n.m.* recul.

rincuorare [rin-cuo-rà-re] *v.tr.* encourager*, redonner du courage (**à**) ♦ **rincuorarsi** *v.pron.* reprendre* courage.

rinfacciare [rin-fac-cià-re] *v.tr.* [coniug. come *cominciare*] reprocher; (*fam.*) jeter* à la figure.

rinfocolare [rin-fo-co-là-re] *v.tr.* **1** attiser de nouveau

2 (*fig.*) (*riaccendere*) rallumer ♦ **rinfocolarsi** *v.pron.intr.* se rallumer (*anche fig.*).

rinfoderare [rin-fo-de-rà-re] *v.tr.* rengainer | *rinfoderare gli artigli*, rentrer ses griffes.

rinforzare [rin-for-zà-re] *v.tr.* 1 renforcer* | *rinforzare i muscoli*, raffermir les muscles 2 (*rimettere in forze*) fortifier ♦ *v.intr.* [aus. *essere*] (*mar.*) (*di vento ecc.*) s'accroître* ♦ **rinforzarsi** *v.pron.intr.* se fortifier.

rinforzato [rin-for-zà-to] *agg.* 1 renforcé 2 (*rinvigorito*) fortifié.

rinforzo [rin-fòr-zo] *n.m.* 1 consolidation (*f.*), renforcement 2 (*ciò che rinforza*) renfort | *venire in rinforzo a qlcu*, venir au secours de qqn.
● ***di rinforzo***, en renfort | (*mil.*) ***truppe di rinforzo***, troupes de renfort.

rinfrancare [rin-fran-cà-re] *v.tr.* [coniug. come *mancare*] rassurer ♦ **rinfrancarsi** *v.pron.intr.* prendre* courage.

rinfrancato [rin-fran-cà-to] *agg.* rassuré.

rinfrescante [rin-fre-scàn-te] *agg.* rafraîchissant ♦ *n.m.* (*fam.*) laxatif léger.

rinfrescare [rin-fre-scà-re] *v.tr.* [coniug. come *mancare*] rafraîchir (*anche fig.*) | *rinfrescare un vestito*, remettre en état un costume ♦ *v.intr.* [aus. *essere*] se rafraîchir: (*il tempo*) *è rinfrescato*, le temps s'est rafraîchi; (*mar.*) *il vento rinfresca*, le vent fraîchit ♦ **rinfrescarsi** *v.pron.* e *pron.intr.* se rafraîchir: *mi rinfresco con una bella doccia*, je prends une bonne douche pour me rafraîchir.

rinfrescata [rin-fre-scà-ta] *n.f.* (*di temperatura*) rafraîchissement (*m.*) | *c'è stata una rinfrescata*, le temps s'est rafraîchi.
● ***dare una rinfrescata a***, (*quadro, tappezzeria ecc.*) rafraîchir | ***darsi una rinfrescata***, faire un brin de toilette.

rinfresco [rin-fré-sco] *n.m.* [pl. *-schi*] 1 (*ricevimento*) réception (*f.*), cocktail 2 (*cibi, bevande serviti*) buffet, rafraîchissements (*pl.*).

rinfusa, alla [àl-la rin-fù-ʃa] *avv.* pêle-mêle, en vrac.

ringagliardire [rin-ga-gliar-dì-re] *v.tr.* [coniug. come *finire*] (*irrobustire*) fortifier ♦ **ringagliardirsi** *v.pron.intr.* (*irrobustirsi*) se fortifier.

ringalluzzire [rin-gal-luz-zì-re] *v.tr.* [coniug. come *finire*] ragaillardir ♦ **ringalluzzirsi** *v.pron.intr.* se rengorger*.

ringalluzzito [rin-gal-luz-zì-to] *agg.* ragaillardi.

ringhiare [rin-ghià-re] *v.intr.* [aus. *avere*] gronder.

ringhiera [rin-ghiè-ra] *n.f.* (*di balcone ecc.*) balustrade, garde-fou* (*m.*); (*di scala*) rampe.
● ***casa di ringhiera***, maison dont les appartements s'ouvrent sur une cour intérieure et sont desservis par un balcon à balustrade de fer.

ringhio [rìn-ghio] *n.m.* [pl. *-ghi*] grondement.

ringhioso [rin-ghió-so] *agg.* 1 grondant, *hargneux*: *cane ringhioso*, chien hargneux 2 (*fig.*) *hargneux*.

ringiovanimento [rin-gio-va-ni-mén-to] *n.m.* rajeunissement.

ringiovanire [rin-gio-va-nì-re] *v.tr.* e *intr.* [coniug. come *finire*; aus. dell'intr. *essere*] rajeunir: *sei ringiovanito di dieci anni*, tu as rajeuni de dix ans.

ringiovanito [rin-gio-va-nì-to] *agg.* rajeuni.

ringoiare [rin-go-ià-re] *v.tr.* ravaler (*anche fig.*).

ringranare [rin-gra-nà-re] *v.tr.* (*mecc.*) rengréner*, rengrener* | (*aut.*) *ringranare la marcia*, repasser une vitesse ♦ *v.intr.* [aus. *avere*] 1 (*mecc.*) recommencer* à tourner 2 (*fig.*) redémarrer: *non riesco a ringranare*, je n'arrive pas à redémarrer (*o fam.* me remettre dans le bain).

ringraziamento [rin-gra-zia-mén-to] *n.m.* remerciement: *profondersi in ringraziamenti*, se confondre en remerciements; *porgere i più vivi ringraziamenti*, présenter ses plus vifs remerciements; *molti ringraziamenti*, mille remerciements | *è questo il ringraziamento?*, (*iron.*) voilà comment vous me remerciez.

ringraziare [rin-gra-zià-re] *v.tr.* remercier: *ringraziare qlcu per qlco*, remercier qqn de (*o* pour) qqch; *ringraziare di cuore, sentitamente*, remercier de tout cœur, vivement; *ringraziare con un regalo*, remercier par un cadeau | *la ringrazio ma non fumo*, non merci, je ne fume pas | *ringraziando anticipatamente, porgo distinti saluti*, (*nella corrispondenza*) avec mes remerciements anticipés, je vous prie d'agréer, Monsieur, mes salutations distinguées.
● ***e ringrazia che...!***, et tu peux t'estimer heureux que...!: *e ringrazia che ti hanno rubato solo l'autoradio!*, et tu peux t'estimer heureux qu'on ne t'ait volé que ton autoradio! | ***sia ringraziato il Cielo!***, Dieu soit loué!

ringuainare [rin-guai-nà-re] *v.tr.* rengainer.

rinite [ri-nì-te] *n.f.* (*med.*) rhinite.

rinnamorarsi [rin-na-mo-ràr-si] *v.pron.intr.* retomber amoureux*.

rinnegamento [rin-ne-ga-mén-to] *n.m.* reniement.

rinnegare [rin-ne-gà-re] *v.tr.* [coniug. come *legare*] renier.

rinnegato [rin-ne-gà-to] *agg.* e *n.m.* [f. *-a*] renégat.

rinnesto [rin-nè-sto] *n.m.* (*agr.*) nouvelle greffe (*f.*).

rinnovabile [rin-no-và-bi-le] *agg.* renouvelable | *fonti energetiche rinnovabili*, sources d'énergie renouvelables.

rinnovamento [rin-no-va-mén-to] *n.m.* renouvellement; (*rinascita*) renouveau*.

rinnovare [rin-no-và-re] *v.tr.* renouveler*; (*rimettere a nuovo*) rénover; (*edifici, quartieri*) réhabiliter: *rinnovare un contratto d'affitto, un passaporto*, renouveler un bail, un passeport; *rinnovare la facciata di un edificio*, réhabiliter la façade d'un immeuble | *rinnovare i ringraziamenti, le scuse*, renouveler ses remerciements, ses excuses ♦ **rinnovarsi** *v.pron.intr.* 1 se renouveler* | *questo partito dovrebbe rinnovarsi*, ce parti devrait se rénover 2 (*ripetersi*) se répéter*, se renouveler*.

rinnovatore [rin-no-va-tó-re] *agg.* e *n.m.* [f. *-trice*] rénovateur*.

rinnovazione [rin-no-va-zió-ne] *n.f.* renouvellement (*m.*), rénovation.

rinnovo [rin-nò-vo] *n.m.* renouvellement.

rinoceronte [ri-no-ce-rón-te] *n.m.* rhinocéros.

rinofaringe [ri-no-fa-rìn-ge] *n.f.* (*anat.*) rhinopharynx (*m.*).

rinofaringite [ri-no-fa-rin-gì-te] *n.f.* (*med.*) rhinopharyngite.

rinomanza [ri-no-màn-za] *n.f.* renommée, renom (*m.*).

rinomato [ri-no-mà-to] *agg.* renommé, réputé.

rinominare [ri-no-mi-nà-re] *v.tr.* renommer; (*rieleggere*) réélire*.

rinoplastica [ri-no-plà-sti-ca] *n.f.* [pl. *-che*] (*med.*) rhinoplastie.

rinsaccarsi [rin-sac-càr-si] *v.pron.intr.* (*affondare la testa nelle spalle*) rentrer la tête dans les épaules.

rinsaldare [rin-sal-dà-re] *v.tr.* consolider, renforcer* (*anche fig.*): *rinsaldare un'amicizia*, consolider une ami-

R

tié; *rinsaldare la popolarità di qlcu*, renforcer la popularité de qqn; *rinsaldare qlcu nelle sue convinzioni*, renforcer qqn dans ses convictions ♦ **rinsaldarsi** *v.pron.intr.* se renforcer* (*anche fig.*): *si è rinsaldato nelle sue convinzioni*, il a renforcé ses propres convictions.

rinsanguare [rin-san-guà-re] *v.tr.* (*fig.*) fortifier | *rinsanguare le casse dello Stato*, remettre à flot le Trésor Public ♦ **rinsanguarsi** *v.pron.intr.* (*fig.*) se fortifier; (*rimettersi in forze*) se remettre*.

rinsavimento [rin-sa-vi-mén-to] *n.m.* retour à la raison, assagissement.

rinsavire [rin-sa-vì-re] *v.intr.* [coniug. come *finire*; aus. *essere*] revenir* à la raison, s'assagir.

rinsecchire [rin-sec-chì-re] *v.intr.* [coniug. come *finire*; aus. *essere*] **1** (*di persona*) se dessécher*, maigrir **2** (*di cibi*) sécher* ♦ **rinsecchirsi** *v.pron.intr.* **1** (*di persona*) se dessécher*, maigrir **2** (*di cibi*) sécher*.

rinserrare [rin-ser-rà-re] *v.tr.* (*rinchiudere*) renfermer ♦ **rinserrarsi** *v.pron.* se renfermer.

rintanarsi [rin-ta-nàr-si] *v.pron.intr.* **1** (*rientrare nella tana*) rentrer dans sa tanière, se terrer **2** (*fig.*) (*rinchiudersi*) se cloîtrer, se terrer; (*nascondersi*) se cacher: *sta rintanato in casa*, il reste cloîtré chez lui; *il gatto si è rintanato in soffitta*, le chat s'est caché dans le grenier.

rintavolare [rin-ta-vo-là-re] *v.tr.* rentamer.

rintelaiatura [rin-te-la-ia-tù-ra] *n.f.* (*di quadri*) remontage (*m.*) (d'une toile sur son châssis).

rintelatura [rin-te-la-tù-ra] *n.f.* rentoilage (*m.*).

rinterrare [rin-ter-rà-re] *v.tr.* **1** (*interrare di nuovo*) renterrer **2** (*riempire di terra*) combler; (*agr.*) remblayer* **3** (*floricoltura*) rempoter ♦ **rinterrarsi** *v.pron.intr.* s'ensabler.

rinterro [rin-tèr-ro] *n.m.* remblai, remblayage.

rintoccare [rin-toc-cà-re] *v.intr.* [coniug. come *mancare*; aus. *avere* e *essere*] (*di orologio*) sonner; (*di campana*) tinter, sonner.

rintocco [rin-tóc-co] *n.m.* [pl. *-chi*] (*di orologio*) coup; (*di campana*) tintement; (*isolato*) coup de cloche | *rintocco funebre*, glas | *suonare a rintocchi*, sonner le glas.

rintonacare [rin-to-na-cà-re] *v.tr.* [coniug. come *mancare*] recrépir.

rintonacatura [rin-to-na-ca-tù-ra] *n.f.* recrépissage (*m.*).

rintontire [rin-ton-tì-re] *v.tr.* [coniug. come *finire*] assommer, abrutir ♦ **rintontirsi** *v.pron.intr.* s'abrutir: *c'è da rintontirsi*, il y a de quoi être abruti.

rintontito [rin-ton-tì-to] *agg.* abruti.

rintracciabile [rin-trac-cià-bi-le] *agg.* (*di cose*) facile à trouver; (*di persone*) joignable.

rintracciare [rin-trac-cià-re] *v.tr.* [coniug. come *cominciare*] (*trovare*) trouver; (*ritrovare*) retrouver: *non so dove rintracciarlo*, je ne sais où le trouver, le joindre.

rintristire [rin-tri-stì-re] *v.intr.* [coniug. come *finire*; aus. *essere*] (*di persone*) s'attrister; dépérir; (*di piante*) s'étioler ♦ **rintristirsi** *v.pron.intr.* (*di persone*) s'attrister; dépérir; (*di piante*) s'étioler.

rintronamento [rin-tro-na-mén-to] *n.m.* **1** (*rimbombo*) grondement; retentissement **2** (*assordamento*) assourdissement; (*rintontimento*) abasourdissement.

rintronare [rin-tro-nà-re] *v.tr.* (*assordare*) assourdir; (*stordire*) abasourdir | *con i tuoi discorsi mi rintroni!*, tu m'assommes avec tes discours! ♦ *v.intr.* [aus. *essere* o *avere*] retentir, résonner.

rintronato [rin-tro-nà-to] *agg.* (*fam.*) abasourdi, étourdi.

rintuzzare [rin-tuz-zà-re] *v.tr.* **1** (*reprimere*) rabattre*, rabaisser; (*respingere*) repousser **2** (*ribattere*) réfuter: *rintuzzare le accuse*, réfuter les accusations.

rinuncia [ri-nùn-cia] *n.f.* [pl. *-ce*] **1** (*il rinunciare*) renoncement (*m.*); (*atto, documento*) renonciation: *rinuncia a un diritto, alla patria potestà*, renonciation à un droit, à la puissance paternelle **2** (*spec. pl.*) (*sacrificio*) renoncement (*m.*).

● (*dir.*): ***rinuncia alla nazionalità***, répudiation de sa nationalité; ***rinuncia volontaria***, désistement volontaire | ***in caso di rinuncia***, en cas de désistement: *in caso di rinuncia la somma non verrà rimborsata*, en cas de désistement la somme ne sera pas remboursée.

rinunciare [ri-nun-cià-re] *v.intr.* [coniug. come *cominciare*; aus. *avere*] renoncer* | *è esaurito, ma c'è sempre qualcuno che rinuncia*, il n'y a plus de places, mais il y a toujours des désistements.

● ***ci rinuncio***, (*fam.*) je donne ma langue au chat.

rinunciatario [ri-nun-cia-tà-rio] *agg.* [pl.m. *-ri*] défaitiste; (*dir.*) renonciataire.

rinvasare [rin-va-ʃà-re] *v.tr.* (*agr.*) rempoter.

rinvasatura [rin-va-sa-tù-ra] *n.f.* (*agr.*) rempotage (*m.*).

rinvenibile [rin-ve-nì-bi-le] *agg.* (re)trouvable.

rinvenimento[1] [rin-ve-ni-mén-to] *n.m.* découverte (*f.*).

rinvenimento[2] *n.m.* **1** (*il recuperare i sensi*) reprise (*f.*) de connaissance | *il suo rinvenimento è stato lungo*, il a été long à reprendre connaissance **2** (*metall.*) revenu.

rinvenire[1] [rin-ve-nì-re] *v.tr.* [coniug. come *venire*] (*ritrovare*) retrouver; (*trovare*) trouver; (*scoprire*) découvrir*: *rinvenire un oggetto smarrito*, retrouver un objet perdu; *rinvenire il corpo del reato*, trouver le corps du délit; *rinvenire le vestigia di un'antica civiltà*, découvrir les vestiges d'une ancienne civilisation.

rinvenire[2] *v.intr.* [coniug. come *venire*; aus. *essere*] **1** (*riprendere i sensi*) reprendre* connaissance **2** (*di fiori*) reprendre* (sa fraîcheur); (*di cose secche*) (se) gonfler.

rinverdire [rin-ver-dì-re] *v.tr.* e *intr.* [coniug. come *finire*; aus. dell'intr. *essere*] reverdir: *le foglie sono rinverdite alla luce*, les feuilles ont verdi à la lumière.

rinvestire [rin-ve-sti-re] *v.tr.* réinvestir.

rinviabile [rin-vi-à-bi-le] *agg.* qui peut être renvoyé.

rinviare [rin-vi-à-re] *v.tr.* **1** renvoyer* **2** (*differire*) remettre*, renvoyer* | (*dir.*) *rinviare una causa*, ajourner un procès.

rinvigorimento [rin-vi-go-ri-mén-to] *n.m.* **1** reprise (*f.*) des forces **2** (*fig.*) raffermissement.

rinvigorire [rin-vi-go-rì-re] *v.tr.* [coniug. come *finire*] fortifier; (*rinforzare in salute*) redonner des forces (**à**) ♦ **rinvigorirsi** *v.pron.* se fortifier; (*rinforzarsi in salute*) reprendre* ses forces.

rinvio [rin-vì-o] *n.m.* [pl. *-ii*] **1** renvoi: *il rinvio della merce*, le renvoi de la marchandise **2** (*nel tempo*) ajournement: *il rinvio di un processo*, l'ajournement d'un procès | *si è deciso il rinvio della partenza*, on a décidé de remettre le départ | *rinvio dell'esecuzione di una condanna*, sursis de l'exécution d'une peine.

● (*dir.*) ***rinvio a giudizio***, renvoi en jugement | (*mil.*) ***rinvio del servizio militare***, sursis d'incorporation | (*sport*) ***calcio di rinvio***, coup de renvoi | (*tip.*) (***segno di***) ***rinvio***, renvoi.

rinzaffo [rin-zàf-fo] *n.m.* (*edil.*) crêpi.

R

rio [rì-o] *n.m.* [pl. *-rii*] ruisseau*.

riò → **riavere**.

rioccupare [ri-oc-cu-pà-re] *v.tr.* réoccuper ♦ **rioccuparsi** *v.pron.intr.* s'occuper de nouveau.

rioccupazione [ri-oc-cu-pa-zió-ne] *n.f.* réoccupation.

rionale [ri-o-nà-le] *agg.* du quartier, de quartier.

rione [ri-ó-ne] *n.m.* quartier: *rioni periferici*, quartiers périphériques, faubourgs.

rioperare [ri-o-pe-rà-re] *v.tr.* réopérer*.

riordinamento [ri-or-di-na-mén-to] *n.m.* rangement; (*riorganizzazione*) réorganisation (*f.*) | *il riordinamento di un archivio*, le reclassement d'archives | *il riordinamento della scuola*, la réforme de l'enseignement.

riordinare [ri-or-di-nà-re] *v.tr.* **1** (*rimettere in ordine*) ranger*; (*ordinare*) mettre* de l'ordre (**dans**) (*anche fig.*) **2** (*riorganizzare*) réorganiser **3** (*comm.*) (*ordinare di nuovo*) faire* une nouvelle commande (**de**).

riordino [ri-ór-di-no] *n.m.* → **riordinamento**.

riorganizzare [ri-or-ga-niʒ-ʒà-re] *v.tr.* réorganiser ♦ **riorganizzarsi** *v.pron.* se réorganiser.

riorganizzazione [ri-or-ga-niʒ-ʒa-zió-ne] *n.f.* réorganisation.

riottoso [riot-tó-so] *agg.* **1** rétif*; (*indocile*) indocile **2** (*litigioso*) litigieux*.

ripa [rì-pa] *n.f.* **1** rive, rivage (*m.*); (*del fiume*) berge **2** (*dirupo*) talus (*m.*).

ripagare [ri-pa-gà-re] *v.tr.* [coniug. come *legare*] **1** (*pagare di nuovo*) repayer* **2** (*indennizzare*) payer*, dédommager* **3** (*fig.*) (*ricompensare*) récompenser, payer* de retour.

● ***ripagare qlcu con la stessa moneta***, (*fig.*) rendre à qqn la monnaie de sa pièce.

riparabile [ri-pa-rà-bi-le] *agg.* réparable.

riparare[1] [ri-pa-rà-re] *v.tr.* **1** (*proteggere*) protéger*: *riparare dal freddo*, protéger du, contre le froid **2** (*aggiustare; risarcire*) réparer; (*ricucire, rammendare*) raccommoder | *riparare un torto*, (*fig.*) redresser un tort | *riparare (un esame) a settembre*, repasser (un examen) au mois de septembre ♦ *v.intr.* [aus. *avere*] (*porre rimedio*) remédier ♦ **ripararsi** *v.pron.* (*proteggersi*) se protéger*; (*trovare riparo*) s'abriter.

riparare[2] *v.intr.* [aus. *essere*] (*rifugiarsi*) se réfugier.

riparato [ri-pa-rà-to] *agg.* **1** abrité | *riparato da*, à l'abri de **2** (*accomodato*) réparé.

riparatore [ri-pa-ra-tó-re] *agg.* e *n.m.* [f. *-trice*] réparateur*.

● ***matrimonio riparatore***, mariage de réparation.

riparazione [ri-pa-ra-zió-ne] *n.f.* **1** réparation (*anche fig.*): *esigere una riparazione da qlcu*, demander réparation à qqn **2** (*edil.*) réfection.

● ***riparazioni di guerra***, dédommagements de guerre | ***esami di riparazione***, (*nella scuola superiore italiana*) examens de repêchage.

riparlare [ri-par-là-re] *v.intr.* [aus. *avere*] reparler.

riparo [ri-pà-ro] *n.m.* **1** abri | *fare da riparo a qlco*, protéger qqch **2** (*rimedio*) remède: *porre riparo*, porter remède.

● ***al riparo*** (***da***), à l'abri (de) | ***correre ai ripari***, prendre des mesures pour remédier à qqch.

FAUX AMI
Da non confondere con *repaire*, che significa *covo, tana*, né con *repère*, che significa *riferimento*.

ripartibile [ri-par-tì-bi-le] *agg.* partageable.

ripartire[1] [ri-par-tì-re] *v.intr.* [coniug. come *finire*; aus. *essere*] (*partire di nuovo*) repartir* | *la mia macchina non riparte*, ma voiture ne redémarre pas.

ripartire[2] *v.tr.* [coniug. come *finire*] (*dividere*) répartir, partager*.

ripartizione [ri-par-ti-zió-ne] *n.f.* **1** répartition **2** (*reparto amministrativo*) division, service (*m.*).

riparto [ri-pàr-to] *n.m.* **1** répartition (*f.*) **2** (*Borsa*) partage.

ripassare [ri-pas-sà-re] *v.tr.* **1** (*passare di nuovo*) repasser: *ripassare la frontiera*, repasser (*o* refranchir) la frontière **2** (*ridare*) repasser; (*restituire*) rendre*: *ripassami l'acqua per favore*, repasse-moi l'eau s'il te plaît; *ripassami quel libro quando avrai finito di leggerlo*, rends-moi ce livre quand tu auras fini de le lire (*o* quand tu l'auras terminé) **3** (*verificare*) vérifier; (*esaminare*) contrôler; (*rivedere, ristudiare*) réviser, revoir*: *ripassare un conto*, vérifier un compte; *ripassare la biancheria*, contrôler le linge; *ripassare la lezione*, réviser (*o* revoir) sa leçon | (*teatr.*) *ripassare la propria parte*, répéter son rôle **4** (*motori, macchine ecc.*) réviser **5** (*scherz.*) (*sgridare*) passer un savon (**à**): *quando tornò a casa, suo padre lo ripassò ben bene*, quand il rentra, son père lui passa un sacré savon ♦ *v.intr.* [aus. *essere*] repasser: *ripasserò da Roma*, je repasserai par Rome.

ripassata [ri-pas-sà-ta] *n.f.* coup (*m.*): *dare una ripassata di vernice*, redonner un coup (*o* une couche) de peinture | *dare una ripassata alla lezione*, repasser, réviser sa leçon | *dare una ripassata a un motore*, réviser un moteur | *dare una ripassata a qlcu*, (*scherz.*) (*sgridarlo*) passer un savon à qqn.

ripasso [ri-pàs-so] *n.m.* (*revisione*) révision (*f.*) | *fare il ripasso di storia*, repasser le programme d'histoire.

ripensamento [ri-pen-sa-mén-to] *n.m.* réflexion (*f.*): *dopo un lungo ripensamento*, après mûre réflexion | *avere un ripensamento*, changer d'avis.

ripensare [ri-pen-sà-re] *v.intr.* [aus. *avere*] **1** repenser: *ora che ci ripenso*, maintenant que j'y repense | *pensa e ripensa*, à force d'y penser **2** (*tornare col pensiero*) évoquer (**qqch**) **3** (*cambiare parere*) changer* d'avis: *ci ho ripensato*, j'ai changé d'avis.

ripentirsi [ri-pen-tìr-si] *v.pron.* **1** (*pentirsi di nuovo*) se repentir* de nouveau **2** (*ritornare su una decisione*) revenir* (**sur**).

ripercorrere [ri-per-cór-re-re] *v.tr.* [coniug. come *correre*] reparcourir*.

ripercuotere [ri-per-cuò-te-re] *v.tr.* [coniug. come *scuotere*] **1** frapper de nouveau (**à**) **2** (*rifrangere*) (*suoni*) répercuter; (*luci*) réfléchir ♦ **ripercuotersi** *v.pron.intr.* se répercuter (*anche fig.*).

ripercussione [ri-per-cus-sió-ne] *n.f.* répercussion.

ripescaggio [ri-pe-scàg-gio] *n.m.* [pl. *-gi*] repêchage (*anche fig.*).

ripescare [ri-pe-scà-re] *v.tr.* [coniug. come *mancare*] repêcher.

ripetente [ri-pe-tèn-te] *agg.* qui redouble une classe ♦ *n.m.* e *f.* redoublant/e.

ripetere [ri-pè-te-re] *v.tr.* **1** répéter*: *torno a ripetere che*, je répète que | *ripetere due volte*, dire deux fois **2** (*ripassare*) réviser: *ripetere la lezione*, réviser sa leçon **3** (*la stessa classe*) redoubler: *ripetere l'anno*, redoubler sa classe ♦ **ripetersi** *v.pron.* e *pron.intr.* se répéter* | *e che non si ripeta più!*, que cela ne se reproduise pas!

ripetibile [ri-pe-tì-bi-le] *agg.* répétable | *ricetta ripetibile*, ordonnance à renouveler.

R

ripetitività [ri-pe-ti-ti-vi-tà] ***n.f.invar.*** répétitivité.

ripetitivo [ri-pe-ti-tì-vo] ***agg.*** répétitif*.

ripetitore [ri-pe-ti-tó-re] ***agg.*** [f. *-trice*] répétiteur* ♦ ***n.m.*** **1** (*insegnante privato*) répétiteur* **2** (*tecn.*) répéteur, répétiteur **3** (*tv*) relais de télévision.
● (*rad., tv*) ***stazione ripetitrice***, relais hertzien.

ripetizione [ri-pe-ti-zió-ne] ***n.f.*** **1** répétition **2** (*ripasso*) révision **3** (*lezione privata*) cours (*m.*) particulier: *andare a ripetizione*, prendre des leçons particulières.

ripetutamente [ri-pe-tu-ta-men-te] ***avv.*** plusieurs fois, maintes fois.

ripetuto [ri-pe-tù-to] ***agg.*** répété: *ripetute volte*, plusieurs fois.

ripianare [ri-pia-nà-re] ***v.tr.*** (*econ.*) combler, aplanir: *ripianare il bilancio*, équilibrer le budget; *ripianare un debito*, éteindre une dette.

ripiano [ri-pià-no] ***n.m.*** **1** (*scaffale*) rayon, étagère (*f.*) **2** (*geogr.*) plateau*, replat.

ripiantare [ri-pian-tà-re] ***v.tr.*** replanter.

ripicca [ri-pìc-ca] ***n.f.*** [pl. *-che*] dépit (*m.*).
● ***per ripicca***, par dépit: *fare qlco per ripicca*, faire qqch par dépit.

ripidamente [ri-pi-da-mén-te] ***avv.*** abruptement.

ripidezza [ri-pi-déz-za] ***n.f.*** raideur.

ripido [rì-pi-do] ***agg.*** raide.

ripiegamento [ri-pie-ga-mén-to] ***n.m.*** repliement | (*mil.*) *ripiegamento di forze*, repli (des forces).

ripiegare [ri-pie-gà-re] ***v.tr.*** [coniug. come *legare*] replier ♦ ***v.intr.*** [aus. *avere*] **1** se replier **2** (*fig.*) se rabattre* ♦ **ripiegarsi** ***v.pron.*** e ***pron.intr.*** (*fig.*) se replier.

ripiegatura [ri-pie-ga-tù-ra] ***n.f.*** repliement (*m.*).

ripiego [ri-piè-go] ***n.m.*** [pl. *-ghi*] pis-aller*; (*espediente*) expédient.
● ***di ripiego***, de remplacement: *soluzione di ripiego*, pis-aller (*o* solution de remplacement).

ripieno [ri-piè-no] ***agg.*** **1** rempli **2** (*farcito*) farci; (*di dolci*) fourré ♦ ***n.m.*** (*cuc.*) farce (*f.*); (*di dolci*) garniture (*f.*).

ripigliare [ri-pi-glià-re] ***v.tr.*** (*fam.*) reprendre*.

ripiombare [ri-piom-bà-re] ***v.intr.*** [aus. *essere*] (*ricadere*) retomber (*anche fig.*) ♦ ***v.tr.*** (*fig.*) replonger*.

ripiovere [ri-piò-ve-re] ***v.intr.impers.*** [coniug. come *piovere*; aus. *essere* o *avere*] repleuvoir*.

ripopolamento [ri-po-po-la-mén-to] ***n.m.*** repeuplement.

ripopolare [ri-po-po-là-re] ***v.tr.*** repeupler ♦ **ripopolarsi** ***v.pron.intr.*** se repeupler.

riporre [ri-pór-re] ***v.tr.*** [coniug. come *porre*] **1** (*rimettere al proprio posto*) remettre*; (*sistemare, mettere via*) ranger* | *riporre il fieno, il raccolto*, engranger le foin, la moisson **2** (*fig.*) mettre* **3** (*mettere in serbo*) mettre* de côté, cacher.

riportare [ri-por-tà-re] ***v.tr.*** **1** porter de nouveau, reporter; (*restituire*) rapporter; (*rimettere*) remettre*; (*ricondurre*) ramener*: *riportare il bicchiere alle labbra*, porter de nouveau le verre à ses lèvres; *ti riporterò il libro domani*, je te rapporterai le livre demain; *puoi riportarmi l'auto?*, tu peux ramener ma voiture? | *riportare nei libri contabili*, reporter dans les livres de comptes | *riportare sulla scena*, redonner (un spectacle) **2** (*riferire, citare*) mentionner; (*ridire ad altri*) rapporter: *tutti i giornali riportano questa notizia*, tous les journaux mentionnent cette nouvelle; *riportare un passo, una citazione*, rapporter un passage, une citation | *riportare a margine*, porter en marge **3** (*conseguire*) remporter: *riportare un premio, una vittoria*, remporter un prix, une victoire **4** (*ricevere*) rapporter: *che impressioni hai riportato dal tuo viaggio?*, quelles impressions as-tu rapportées de ton voyage?; *ne ho riportato una cattiva impressione*, cela m'a fait mauvaise impression **5** (*subire*) subir: *la macchina ha riportato gravi danni*, la voiture a été endommagée (*o* a subi de graves dommages); *riportare ferite*, être blessé **6** (*riprodurre*) reproduire*: *riportare un disegno su scala minore*, reproduire un dessin à une plus petite échelle **7** (*mat.*) retenir*: *scrivo otto e riporto due*, je pose huit et je retiens deux ♦ **riportarsi** ***v.pron.*** **1** (*tornare col pensiero*) se rapporter **2** (*riferirsi*) se référer*.
● ***riportare dentro***, rentrer | ***riportare fuori***, sortir à nouveau | ***riportare giù, su***, redescendre, remonter | ***riportare via***, enlever à nouveau.

riporto [ri-pòr-to] ***n.m.*** **1** (*mat.*) retenue (*f.*) **2** (*contabilità, Borsa*) report **3** (*inform.*) report **4** (*applicazione cucita*) application (*f.*), incrustation (*f.*) **5** (*di capelli*) mèche (*f.*) (de cheveux) rabattue sur la tête: *si pettina col riporto*, il se coiffe en rabattant une mèche sur son crâne.
● ***cane da riporto***, retriever | (*edil.*) ***materiale di riporto***, remblai.

riposante [ri-po-sàn-te] ***agg.*** reposant.

riposare [ri-po-sà-re] ***v.intr.*** [aus. *avere*] **1** se reposer: *hai riposato bene?*, tu t'es bien reposé?; *ho bisogno di riposare*, j'ai besoin de me reposer **2** (*poggiare*) reposer (*anche fig.*): *riposare su solide basi*, reposer sur des bases solides ♦ ***v.tr.*** reposer: *riposare la vista*, reposer la vue | *riposare la mente*, se reposer l'esprit ♦ **riposarsi** ***v.pron.*** se reposer.

riposato [ri-po-sà-to] ***agg.*** reposé.

riposo [ri-pò-so] ***n.m.*** **1** repos **2** (*pensione*) retraite (*f.*) | *andare, mettere a riposo*, prendre sa retraite, mettre à la retraite **3** (*teatr.*) relâche (*f.*) **4** (*agr.*) friche (*f.*), jachère (*f.*) **5** (*letter.*) (*pace*) paix (*f.*).
● (*mil.*) ***attenti!, riposo!***, garde à vous!, repos! | ***buon riposo!***, reposez-vous bien! | ***casa di riposo***, maison de repos | ***fare un riposino***, faire un petit somme | ***senza riposo***, sans relâche: *lavorare senza riposo*, travailler sans relâche.

ripostiglio [ri-po-stì-glio] ***n.m.*** [pl. *-gli*] débarras.

riposto [ri-pó-sto] ***agg.*** **1** rangé; (*fig.*) placé **2** (*appartato*) écarté; (*fig.*) (*segreto*) secret*.

rippare [rip-pà-re] ***v.tr.*** (*inform.*) ripper.

riprendere [ri-prèn-de-re] ***v.tr.*** [coniug. come *prendere*] **1** reprendre* (*anche fig.*): *riprendere forza*, reprendre des forces, recouvrer ses forces; *riprendere il cammino*, reprendre son chemin | *riprendere in esame*, réexaminer | *alcuni versi sono ripresi da Racine*, certains vers sont tirés de Racine **2** (*riafferrare*) rattraper (*anche fig.*): *riprendere un fuggitivo*, rattraper un fugitif | *riprendere una maglia, un punto*, (*nei lavori a maglia*) relever une maille; (*se è sfilata*) rattraper une maille | *il corridore è riuscito a riprendere il gruppo*, le coureur a réussi à rejoindre le peloton **3** (*prendere indietro*) reprendre*: *riprendere il cappotto al guardaroba*, reprendre son manteau au vestiaire | *andare a riprendere i bambini a scuola*, aller chercher les enfants à l'école **4** (*rimproverare*) gronder: *fu ripreso severamente*, il fut sévèrement grondé **5** (*fotografare*) prendre* en photo; (*filmare*) filmer, faire* une prise de vues (**de**): *riprendere una scena*, filmer une scène ♦ ***v.intr.*** [aus. *avere*] **1** (*ricominciare*) reprendre*: *la seduta riprenderà tra un'ora*, la séance re-

R

prendra dans une heure | *la vita riprende*, la vie recommence (*o* reprend son cours) **2** (*rimettersi*) se remettre*, recommencer*: *ha ripreso a piovere*, il a recommencé à pleuvoir ♦ **riprendersi** *v.pron.* **1** se remettre*: *si sta riprendendo*, (*da una malattia*) il se remet; (*da uno svenimento*) il revient à lui; (*da un'emozione*) il se reprend **2** (*correggersi*) se reprendre*.

ripresa [ri-pré-sa] *n.f.* **1** reprise (*anche fig.*) **2** (*aut.*) reprise **3** (*boxe, lotta*) reprise; (*calcio ecc.*) deuxième mi-temps* (*m.*) **4** (*cine.*) prise de vue | *fare una ripresa*, tourner un plan **5** (*lett., mus.*) reprise.
● (*cine.*) ***ripresa in esterni, in interni***, prise de vue en extérieur, en intérieur.

ripresentare [ri-pre-ʃen-tà-re] *v.tr.* représenter ♦ **ripresentarsi** *v.pron.* se représenter.

ripreso [ri-pré-so] *agg.* repris | *abito ripreso in vita*, robe serrée à la taille.

ripristinare [ri-pri-sti-nà-re] *v.tr.* **1** rétablir (*anche fig.*) **2** (*rimettere in vigore*) remettre* en vigueur: *ripristinare una legge*, remettre une loi en vigueur **3** (*restaurare*) restaurer **4** (*inform.*) (*un programma*) mettre* à zèro; (*dati persi*) restaurer.

ripristino [ri-prì-sti-no] *n.m.* **1** rétablissement (*anche fig.*); (*restauro*) restauration (*f.*): *il ripristino di un binario ferroviario*, le rétablissement d'une voie ferrée; *lavori di ripristino di una facciata*, travaux de restauration d'une façade **2** (*il rimettere in vigore*) remise (*f.*) en vigueur: *il ripristino di una legge*, la remise en vigueur d'une loi **3** (*inform.*) (*di programma*) mise (*f.*) à zéro; (*di dati persi*) restauration (*f.*).
● (*econ.*) ***piano di ripristino***, plan de redressement.

riproducibile [ri-pro-du-cì-bi-le] *agg.* reproductible.

riprodurre [ri-pro-dùr-re] *v.tr.* [coniug. come *condurre*] reproduire*: *riprodurre a colori*, reproduire en couleurs ♦ **riprodursi** *v.pron.* e *pron.intr.* se reproduire*.

riproduttivo [ri-pro-dut-ti-vo] *agg.* reproductif*.

riproduttore [ri-pro-dut-tó-re] *agg.* [f. *-trice*] reproducteur* ♦ *n.m.* (*tecn.*) reproducteur.

riproduzione [ri-pro-du-zió-ne] *n.f.* reproduction.

ripromettersi [ri-pro-mét-ter-si] *v.pron.intr.* [coniug. come *mettere*] se promettre*, se proposer: *mi riprometto di farlo*, je me suis proposé, je me suis promis de le faire.

R

riproporre [ri-pro-pór-re] *v.tr.* [coniug. come *porre*] proposer à nouveau ♦ **riproporsi** *v.pron.* e *pron.intr.* se reproposer; (*a una candidatura*) se représenter.

riprova [ri-prò-va] *n.f.* nouvelle preuve.
● ***a riprova di***, pour prouver: *a riprova di quanto detto*, pour prouver ce qui a été dit.

riprovare[1] [ri-pro-và-re] *v.tr.* **1** (*provare di nuovo*) essayer* de nouveau **2** (*sentire di nuovo*) ressentir*, sentir* à nouveau **3** (*cine., teatr.*) répéter: *riprovare l'ultima scena*, répéter encore la dernière scène ♦ *v.intr.* [aus. *avere*] essayer*: *guai a te se ci riprovi!*, gare à toi si tu essaies une autre fois! ♦ **riprovarsi** *v.pron.intr.* essayer* de nouveau.
● ***provando e riprovando***, à force d'essayer.

riprovare[2] *v.tr.* **1** (*disapprovare*) réprouver **2** (*bocciare*) recaler.

riprovazione [ri-pro-va-zió-ne] *n.f.* réprobation.

riprovevole [ri-pro-vé-vo-le] *agg.* répréhensible.

ripubblicare [ri-pub-bli-cà-re] *v.tr.* [coniug. come *mancare*] (*dell'editore*) republier; (*dell'autore*) rééditer.

ripudiare [ri-pu-dià-re] *v.tr.* **1** répudier **2** (*rinnegare*) renier; (*sconfessare*) désavouer.

ripudio [ri-pù-dio] *n.m.* [pl. *-dî*] répudiation (*f.*).

ripugnante [ri-pu-gnàn-te] *agg.* répugnant.

ripugnanza [ri-pu-gnàn-za] *n.f.* répugnance: *provare, sentire ripugnanza per*, avoir de la répugnance pour | *fare ripugnanza a*, répugner.

ripugnare [ri-pu-gnà-re] *v.intr.* [aus. *avere*] répugner (**de**, **à**): *mi ripugna accettare*, il me répugne d'accepter, je répugne à accepter.

ripulire [ri-pu-lì-re] *v.tr.* [coniug. come *finire*] **1** (*pulire di nuovo*) nettoyer* de nouveau **2** (*pulire*) nettoyer*; (*riordinare*) arranger* | *ripulire un'aiuola dalle erbacce*, desherber une plate-bande **3** (*fig. fam.*) dépouiller, plumer: *ripulire qlcu di tutto il suo denaro*, dépouiller qqn de tout son argent; *si è fatto ripulire al gioco*, il s'est fait plumer au jeu **4** (*fig.*) (*rifinire*) fignoler ♦ **ripulirsi** *v.pron.* **1** faire* un brin de toilette **2** (*fig.*) (*dirozzarsi*) se dégrossir.

ripulita [ri-pu-lì-ta] *n.f.* petit coup (*m.*), coup (*m.*) de balai, nettoyage (*m.*): *dare una ripulita alla casa*, donner un coup de balai à (*o* nettoyer) la maison | *darsi una ripulita*, faire un brin de toilette | *la polizia ha dato una ripulita al quartiere*, (*estens.*) la police a ratissé le quartier.

ripulitura [ri-pu-li-tù-ra] *n.f.* **1** nettoyage (*m.*) | (*edil.*) *la ripulitura della facciata*, le ravalement de la façade **2** (*residuo di pulitura*) détritus (*m.*).

ripulsa [ri-pùl-sa] *n.f.* refus (*m.*).

riquadrare [ri-qua-drà-re] *v.tr.* équarrir.

riquadro [ri-quà-dro] *n.m.* **1** compartiment; (*su una superficie*) panneau* **2** (*cornice*) cadre.

riqualificare [ri-qua-li-fi-cà-re] *v.tr.* [coniug. come *mancare*] (*professionalmente*) recycler ♦ **riqualificarsi** *v.pron.* se recycler.

riqualificazione [ri-qua-li-fi-ca-zió-ne] *n.f.* (*professionale*) recyclage (*m.*), reconversion professionnelle: *riqualificazione del personale*, reconversion professionnelle.

RIS *n.m.invar.* (*sigla di* Reparto Investigazioni Scientifiche) département des enquêtes scientifiques.

risacca [ri-sàc-ca] *n.f.* [pl. *-che*] ressac (*m.*).

risaia [ri-sà-ia] *n.f.* rizière.

risaldare [ri-sal-dà-re] *v.tr.* ressouder.

risalire [ri-sa-lì-re] *v.tr.* [coniug. come *salire*] remonter ♦ *v.intr.* [aus. *essere*] remonter (*anche fig.*): *le azioni sono risalite*, les actions ont remonté.

risalita [ri-sa-lì-ta] *n.f.* remontée.
● ***impianto di risalita***, remonte-pente.

risaltare [ri-sal-tà-re] *v.tr.* ressauter ♦ *v.intr.* [aus. *avere*] **1** ressortir* **2** (*distinguersi*) se distinguer: *fare risaltare i propri meriti*, mettre ses mérites en évidence.
● ***risaltare fuori***, (*riapparire*) réapparaître.

risalto [ri-sàl-to] *n.m.* **1** relief; (*evidenza*) évidence (*f.*) | *dare risalto*, mettre en relief: *la stampa diede grande risalto alla notizia*, la presse donna beaucoup d'importance à la nouvelle | *porre in risalto*, mettre en évidence | *fare risalto*, ressortir **2** (*arch.*) saillie (*f.*).

risanabile [ri-sa-nà-bi-le] *agg.* qu'on peut assainir.

risanamento [ri-sa-na-mén-to] *n.m.* **1** (*guarigione*) guérison (*f.*) **2** (*bonifica*) assainissement | *risanamento edilizio, urbanistico*, amélioration de l'habitat **3** (*econ.*) redressement: *risanamento del bilancio, dei conti*, assainissement du bilan, des comptes.

risanare [ri-sa-nà-re] *v.tr.* **1** guérir (*anche fig.*) **2** (*bonificare*) assainir **3** (*econ.*) assainir, redresser: *risanare un* *bilancio*, assainir un bilan; *risanare le finanze*, redresser les finances ♦ **risanarsi** *v.pron.intr.* guérir.

risapere [ri-sa-pé-re] *v.tr.* [coniug. come *sapere*, ma pres.indic. *io risò, egli risà*] savoir*.

risaputo [ri-sa-pù-to] *agg.* connu.

risarcibile [ri-sar-cì-bi-le] *agg.* qui peut être dédommagé.

risarcimento [ri-sar-ci-mén-to] *n.m.* **1** dédommagement, indemnisation (*f.*) **2** (*rimborso*) remboursement; (*pagamento*) paiement.
● (*dir.*) ***azione di risarcimento danni***, action en dommages-intérêts.

risarcire [ri-sar-cì-re] *v.tr.* [coniug. come *finire*] **1** dédommager*, indemniser | *risarcire i danni a qlcu*, dédommager qqn **2** (*rimborsare*) rembourser.

risata [ri-sà-ta] *n.f.* éclat (*m.*) de rire, rire (*m.*): *scoppiare in una risata*, éclater de rire | *farsi matte risate*, rire comme des fous | *farsi una bella risata, quattro risate*, bien rire | *provocare una risata generale*, provoquer l'hilarité générale | *finire in una risata*, se terminer dans la bonne humeur.

riscaldamento [ri-scal-da-mén-to] *n.m.* **1** chauffage: *riscaldamento a gas, a gasolio*, chauffage au gaz, à mazout **2** (*med.*) échauffement **3** (*sport*) échauffement.

riscaldare [ri-scal-dà-re] *v.tr.* **1** chauffer; (*scaldare di nuovo*) réchauffer **2** (*fig.*) (*eccitare*) échauffer, enflammer ♦ *v.intr.* [aus. *essere*] chauffer | *bevanda che riscalda*, (*fam.*) boisson échauffante ♦ **riscaldarsi** *v.pron.* se chauffer, se réchauffer: *riscaldarsi al sole*, se chauffer au soleil; (*ginnastica*) *esercizi per riscaldarsi*, exercices pour réchauffer ♦ *v.pron.intr.* **1** chauffer: *l'acqua comincia a riscaldarsi*, l'eau commence à chauffer **2** (*fig.*) s'échauffer: *si riscalda quando parla di politica*, il s'échauffe quand il parle (de) politique.

riscaldata [ri-scal-dà-ta] *n.f.*
● ***dare una riscaldata (a qlco)***, (ré)chauffer (qqch).

riscattabile [ri-scat-tà-bi-le] *agg.* rachetable.

riscattare [ri-scat-tà-re] *v.tr.* racheter* (*anche fig.*) ♦ **riscattarsi** *v.pron.* (*redimersi*) se racheter*; (*liberarsi*) se libérer*, s'affranchir.

riscatto [ri-scàt-to] *n.m.* **1** rachat **2** (*prezzo del riscatto*) rançon (*f.*).
● (*dir.*) ***clausola di riscatto***, clause de réméré.

riscendere [ri-scén-de-re] *v.intr.* → **ridiscendere**.

rischiaramento [ri-schia-ra-mén-to] *n.m.* éclairage.

rischiarare [ri-schia-rà-re] *v.tr.* (*illuminare*) éclairer; (*schiarire*) éclaircir ♦ *v.intr.* [aus. *essere*] s'éclaircir ♦ **rischiararsi** *v.pron.intr.* (*schiarirsi*) s'éclaircir; (*fig.*) (*illuminarsi*) s'éclairer.

rischiare [ri-schià-re] *v.tr.* risquer | *meglio non rischiare*, il vaut mieux ne pas prendre de risques | *ha rischiato di cadere*, il a failli tomber.

rischio [rì-schio] *n.m.* [pl. *-schi*] risque: *c'è il rischio di*, on court le risque de.
● ***a proprio rischio e pericolo***, à ses risques et périls | ***a rischio di***, au risque de | ***assicurazione contro ogni rischio, contro il rischio d'incendio***, assurance tous risques, contre les risques d'incendie | ***porre a rischio***, mettre en péril.

rischiosamente [ri-schio-sa-mén-te] *avv.* dangereusement.

rischioso [ri-schió-so] *agg.* risqué; (*pericoloso*) dangereux*.

risciacquare [ri-sciac-quà-re] *v.tr.* rincer* | *risciacquarsi le mani*, se rincer les mains.

risciacquata [ri-sciac-quà-ta] *n.f.* rinçage (*m.*) | *dare una risciacquata*, rincer.

risciacquatura [ri-sciac-qua-tù-ra] *n.f.* **1** rinçage (*m.*) **2** (*acqua della risciacquatura*) eau* de rinçage.

risciacquo [ri-sciàc-quo] *n.m.* **1** rinçage **2** (*collutorio*) collutoire.

risciò [ri-sciò] *n.m.invar.* pousse-pousse*.

risconto [ri-scón-to] *n.m.* (*banca*) réescompte.

riscontrabile [ri-scon-trà-bi-le] *agg.* **1** (*che si può trovare*) qu'on peut relever **2** (*che si può controllare*) contrôlable, vérifiable.

riscontrare [ri-scon-trà-re] *v.tr.* **1** (*confrontare*) comparer; (*esaminare*) vérifier, contrôler | *riscontrare una lettera*, répondre à une lettre **2** (*rilevare*) relever* ♦ *v.intr.* [aus. *avere*] (*corrispondere*) correspondre*.

riscontro [ri-scón-tro] *n.m.* **1** (*confronto*) confrontation (*f.*); (*controllo*) contrôle | *fare il riscontro di qlco*, contrôler qqch; *mettere a riscontro*, comparer | *riscontro di cassa*, vérification de caisse | *fare riscontro*, faire pendant | *ciò non ha alcun riscontro nella realtà*, cela ne correspond en rien à la réalité | *fatti che non trovano riscontro nella storia*, faits sans précédents dans l'histoire **2** (*corrente d'aria*) courant d'air **3** (*tecn.*) assemblage **4** (*comm.*) (*lettera di risposta*) réponse (*f.*); (*ricevuta*) reçu | *in attesa di un cortese* (*cenno di*) *riscontro*, dans l'attente d'une réponse de votre part.

riscoperta [ri-sco-pèr-ta] *n.f.* redécouverte.

riscoprire [ri-sco-prì-re] *v.tr.* [coniug. come *aprire*] redécouvrir*.

riscossa [ri-scòs-sa] *n.f.* révolte.
● ***alla riscossa***, à la rescousse.

riscossione [ri-scos-sió-ne] *n.f.* recouvrement (*m.*); (*di imposte*) perception.

riscotibile [ri-sco-tì-bi-le] *agg.* recouvrable; (*di imposte*) percevable.

riscrittura [ri-scrit-tù-ra] *n.f.* nouvelle version.

riscrivere [ri-scrì-ve-re] *v.tr.* [coniug. come *scrivere*] récrire*.

riscrivibile [ri-scri-vì-bi-le] *agg.* (*inform.*) regravable.

riscuotere [ri-scuò-te-re] *v.tr.* [coniug. come *scuotere*] **1** (*trarre*) tirer, secouer **2** (*una somma*) recouvrer, toucher; (*di imposte*) percevoir* | *riscuotere un assegno*, encaisser un chèque **3** (*ottenere*) recevoir* | *riscuotere l'ammirazione generale*, susciter l'admiration générale ♦ **riscuotersi** *v.pron.intr.* **1** (*destarsi*) se réveiller; (*riprendersi*) sortir* (**de**), s'arracher (**à**) **2** (*riscattarsi*) se racheter*.

risedere [ri-se-dé-re] *v.intr.* [coniug. come *sedere*; aus. *essere*] se rasseoir* ♦ **risedersi** *v.pron.intr.* se rasseoir*.

risentimento [ri-sen-ti-mén-to] *n.m.* **1** ressentiment **2** (*med.*) séquelle (*f.*).

risentire [ri-sen-tì-re] *v.tr.* **1** (*sentire di nuovo*) réentendre*, entendre* de nouveau: *ho risentito quel rumore*, j'ai de nouveau entendu ce bruit **2** (*provare*) ressentir*: *ha risentito giovamento dalla cura*, ce traitement lui a fait le plus grand bien; *la casa non ha risentito alcun danno dall'incendio*, l'incendie n'a causé aucun dommage à la maison ♦ *v.intr.* [aus. *avere*] se ressentir*: *il mercato risente della crisi economica*, le marché se ressent de la crise économique ♦ **risentirsi** *v.pron.intr.* **1** se sentir* de nouveau: *mi risento male*, je me sens de nouveau mal **2** (*offendersi*) se vexer | *risentirsi con qlcu*, se fâcher

R

contre qqn ♦ *v.pron.rec.* (*al telefono*) se rappeler*: *ci risentiamo questa sera*, on se rappelle ce soir.
● ***a risentirci!***, (*di cortesia*) au revoir!

risentito [ri-sen-tì-to] *agg.* **1** irrité; (*brusco, violento*) vif*: *con tono risentito*, d'un ton irrité; *mi è parso piuttosto risentito*, il avait l'air irrité; *parole risentite*, paroles très vives; *gli ha scritto una lettera risentita*, il lui a écrit une lettre de reproches **2** (*sentito di nuovo*) entendu de nouveau: *parole sentite e risentite*, des propos ressassés.

riserbo [ri-sèr-bo] *n.m.* réserve (*f.*); (*ritegno*) retenue (*f.*): *mantenere il massimo riserbo*, garder la plus grande retenue.

riseria [ri-se-rì-a] *n.f.* rizerie.

riserva [ri-sèr-va] *n.f.* **1** réserve; stock (*m.*): *riserva di grano, di viveri*, stock de blé, de vivres; *tenere, avere di riserva*, tenir en réserve **2** (*mil., sport*) réserve: *fare da riserva*, être joueur de réserve **3** (*limitazione*) réserve: *abbiamo fatto le debite riserve*, nous avons fait les réserves d'usage; *con le debite riserve*, sous toutes réserves; *senza riserve*, sans réserve(s).
● (*fin.*) ***riserva aurea***, encaisse or | ***riserva di caccia***, chasse gardée | ***riserva di pesca***, pêche interdite | ***riserva indiana***, réserve indienne | (*fin.*) ***riserva liquida***, réserve en espèces | (*teol.*) ***riserva mentale***, restriction mentale | ***riserva naturale***, réserve naturelle | ***con riserva (che, di)***, sous réserve (que, de) | (*aut.*) ***essere in riserva***, rouler sur la réserve | (*mil.*): ***soldato della riserva***, réserviste; ***ufficiali della riserva***, officiers de réserve.

riservare [ri-ser-và-re] *v.tr.* **1** réserver: *mi ha riservato il posto migliore*, il m'a réservé la meilleure place; *riservo questa decisione a domani*, je réserve cette décision pour demain **2** (*tenere da parte, in serbo*) garder; (*fig.*) réserver: *riserva la tua allegria per un'altra occasione*, réserve ta joie pour une autre occasion ♦ **riservarsi** *v.pron.intr.* se réserver: *mi riservo di decidere dopo averlo incontrato*, je me réserve de décider après l'avoir rencontré.

riservatamente [ri-ser-va-ta-mén-te] *avv.* (*con discrezione*) avec discrétion; (*con ritegno*) avec retenue.

riservatezza [ri-ser-va-téz-za] *n.f.* **1** (*segretezza*) caractère (*m.*) confidentiel **2** (*discrezione*) discrétion: *persona di grande riservatezza*, personne très discrète; *con estrema riservatezza le annuncio che*, en vous recommandant la plus grande discrétion je vous annonce que | *diritto alla riservatezza*, respect de la vie privée.
● ***massima riservatezza***, discrétion assurée.

riservato [ri-ser-và-to] *agg.* **1** réservé | *caccia, pesca riservata*, chasse, pêche gardée **2** (*confidenziale, non divulgabile*) confidentiel*: *lettera riservata*, lettre confidentielle **3** (*discreto*) réservé, discret*: *riservato nel parlare*, réservé dans ses propos.
● (***lettera***) ***riservata personale***, lettre personnelle | ***proprietà letteraria riservata***, tous droits de reproduction, de traduction et d'adaptation réservés.

riservista [ri-ser-vì-sta] *n.m.* (*mil.*) réserviste.

risguardo [ri-ʃguàr-do] *n.m.* (*tip.*) (feuille de) garde (*f.*); (*risvolto*) volet, rabat.

risi → **ridere**.

risibile [ri-sì-bi-le] *agg.* risible.

risibilità [ri-si-bi-li-tà] *n.f.invar.* caractère (*m.*) comique, humour (*m.*).

risicato [ri-ʃi-cà-to] *agg.* (*minimo*) réduit, restreint: *un margine di tempo risicato*, un bref laps de temps; *maggioranza risicata*, petite majorité; *una vittoria risicata*, une maigre victoire.

risicolo [ri-sì-co-lo] *agg.* rizier*.

risicoltura [ri-si-col-tù-ra] *n.f.* riziculture.

risiedere [ri-siè-de-re] *v.intr.* [aus. *avere*] résider (*anche fig.*): *risiede a Roma*, il réside à Rome.

risipola [ri-sì-po-la] *n.f.* (*med.*) érysipèle.

risma [rì-ʃma] *n.f.* **1** rame: *risma di carta*, rame de papier **2** (*spreg.*) acabit (*m.*): *gente della stessa risma*, gens du même acabit.

riso[1] [ri-so] *n.m.* riz: *minestra di riso*, soupe au riz.
● ***riso greggio, vestito***, riz en paille | ***riso pilato, brillato***, riz blanchi, glacé | ***riso semifino, superfino***, riz mi-fin, surfin | ***riso soffiato***, riz soufflé | ***punto (grana di) riso***, (*nei lavori a maglia*) point de riz.

riso[2] *n.m.* [pl.f. *risa*] (*risata*) rire: *un accesso di riso irrefrenabile*, une crise de fou rire; *trattenere il riso*, se retenir de rire; *esporsi alle risa di tutti*, s'exposer à la risée publique; *essere cagione di riso per tutti*, être la risée de tout le monde; *tutto finì in riso*, tout finit par un éclat de rire | *prendere in riso*, (*fam.*) prendre à la blague | *volgere in riso*, tourner en plaisanterie.
● (*prov.*) ***il riso fa buon sangue***, rire fait du bien.

risolino [ri-so-lì-no] *n.m.* petit rire: *risolino di scherno*, ricanement.

risollevare [ri-sol-le-và-re] *v.tr.* **1** soulever* de nouveau | *risollevare una questione*, (*fig.*) remettre en cause une question **2** (*fig.*) relever*, remonter: *risollevare una famiglia dalla miseria*, tirer une famille de la misère; *risollevare le sorti di un'azienda*, relever une entreprise; *risollevare il morale a qlcu*, remonter le moral à qqn ♦ **risollevarsi** *v.pron.* **1** se soulever* de nouveau **2** (*rimettersi*) se remettre* **3** (*ribellarsi*) se soulever* de nouveau.

risolsi → **risolvere**.

risolto [ri-sòl-to] *agg.* **1** résolu **2** (*di malattia*) guéri.

risolutamente [ri-so-lu-ta-mén-te] *avv.* résolument.

risolutezza [ri-so-lu-téz-za] *n.f.* résolution: *con risolutezza*, résolument.

risolutivo [ri-so-lu-tì-vo] *agg.* **1** résolutif* **2** (*dir.*) résolutoire **3** (*decisivo*) décisif*.

risoluto [ri-so-lù-to] *agg.* résolu.

risolutore [ri-so-lu-tó-re] *n.m.* [f. *-trice*] celui* qui résout (un problème etc.).

risoluzione [ri-so-lu-zió-ne] *n.f.* **1** résolution: *la risoluzione di una crisi*, l'issue d'une crise | (*pol.*) *risoluzione dell'ONU*, résolution de l'ONU **2** (*med.*) guérison: *la risoluzione di una malattia*, la guérison d'une maladie **3** (*cine., tv*) définition: *la risoluzione di un'immagine*, la définition d'une image.

risolvente [ri-sol-vèn-te] *agg.* **1** résolvant **2** (*med.*) résolutif*.

risolvere [ri-sòl-ve-re] *v.tr.* [coniug. come *assolvere*] résoudre*: *così non risolvi proprio niente*, de cette façon tu ne résoudras rien du tout; *risolvere una questione*, trancher une question | *risolvere un dubbio*, dissiper un doute | (*dir.*) *risolvere una vertenza*, régler un différend ♦ **risolversi** *v.pron.intr.* **1** se résoudre*: *tutto si è risolto bene*, tout s'est bien terminé **2** (*di malattia*) guérir **3** (*decidersi*) se décider: *mi sono risolto a invitarlo*, je me suis décidé à l'inviter.
● ***risolversi in nulla***, (*fig.*) finir en queue de poisson.

risolvibile [ri-sol-vì-bi-le] *agg.* résoluble.

risonante [ri-so-nàn-te] *agg.* résonnant.

risonanza [ri-so-nàn-za] *n.f.* résonance; (*fig.*) retentissement (*m.*): *avere molta risonanza*, avoir un grand retentissement.
● ***risonanza magnetica (nucleare)*** (*RMN*), résonance ma-

gnétique nucléaire (RMN) | ***cassa di risonanza***, caisse de résonance.

risonare [ri-so-nà-re] *v.intr.* → **risuonare**.

risone [ri-só-ne] *n.m.* rizon.

risorgere [ri-sór-ge-re] *v.intr.* [coniug. come *scorgere*; aus. *essere*] **1** (*di astri*) se lever* **2** (*tornare in vita*) ressusciter | *risorgere a nuova vita*, (*fig.*) renaître à la vie **3** (*fig.*) (*rinascere*) renaître*; (*rifiorire*) se relever*: *far risorgere un ricordo, un desiderio*, réveiller un souvenir, un désir.

risorgimentale [ri-sor-gi-men-tà-le] *agg.* (*st.*) du Risorgimento.

risorgimento [ri-sor-gi-mén-to] *n.m.* **1** (*il risorgere*) renaissance (*f.*) **2** (*st.*) *Risorgimento*, Risorgimento.

risorgiva [ri-sor-gì-va] *n.f.* résurgence, source résurgente.

risorsa [ri-sór-sa] *n.f.* ressource (*anche fig.*): *uomo di molte risorse*, homme de ressource(s).
● ***risorse umane***, ressources humaines.

risorto [ri-sór-to] *agg.* **1** (*tornato in vita*) ressuscité **2** (*fig.*) refleuri.

risospingere [ri-so-spìn-ge-re] *v.tr.* [coniug. come *spingere*] pousser de nouveau.

risotto [ri-sòt-to] *n.m.* (*cuc.*) risotto: *risotto coi funghi*, risotto aux champignons.

risovvenire [ri-sov-ve-nì-re] *v.intr.* [coniug. come *venire*; aus. *essere*] (*letter.*) se souvenir* (**de**): *mi risovviene* (*che*), je me souviens (que) ♦ **risovvenirsi** *v.pron.intr.* (*letter.*) se souvenir* (**de**): *mi risovvengo*, je me souviens.

risparmiare [ri-spar-mià-re] *v.tr.* **1** économiser; (*fig.*) ménager*: *risparmiare la luce, il gas*, économiser l'électricité, le gaz; *così risparmi il venti per cento*, de cette façon, tu fais une économie de vingt pour cent; *risparmiare per la vecchiaia*, faire des économies pour sa vieillesse; *risparmiare le proprie forze, la vista*, (*fig.*) ménager ses forces, sa vue; *risparmiare il motore*, ménager son moteur | *risparmiare tempo*, gagner du temps | *risparmia il fiato*, (*iron.*) épargne ton souffle | *tanto di risparmiato!*, c'est autant de gagné! **2** (*evitare*) épargner, éviter: *risparmiami questo dispiacere*, évite-moi ce chagrin; *risparmiami i particolari*, épargne-moi les détails; *vi risparmio il racconto delle mie disavventure*, je vous épargne le récit de mes mésaventures; *risparmiami i tuoi consigli*, fais-moi grâce de tes conseils; *risparmiati la fatica!*, ne te fatigue pas; *la morte l'ha risparmiato*, la mort l'a épargné; *la sua ironia non risparmia nessuno*, son ironie n'épargne, ne ménage personne | *risparmiare la vita a qlcu*, épargner la vie à qqn ♦ **risparmiarsi** *v.pron.* se ménager*.

risparmiatore [ri-spar-mia-tó-re] *n.m.* [f. *-trice*] épargnant: *è un risparmiatore*, il est économe.

risparmio [ri-spàr-mio] *n.m.* [pl. *-mi*] **1** économie (*f.*): *risparmio di tempo*, économie de temps; *risparmio d'energia*, économie d'énergie; *fare risparmio di qlco*, économiser qqch | *lavorare senza risparmio*, travailler sans se ménager **2** (*denaro risparmiato*) économies (*f.pl.*); (*reddito investito*) épargne (*f.*): *vivere dei propri risparmi*, vivre de ses économies; *attingere ai propri risparmi*, puiser dans ses économies; *investire i propri risparmi*, placer ses économies; *ho dei risparmi*, j'ai de l'argent de côté; *risparmio delle famiglie*, épargne des familles.
● ***risparmio a breve, a lungo termine***, épargne à court, à long terme | ***Cassa di Risparmio***, Caisse d'Épargne | ***fondo di risparmio***, fonds d'épargne | ***libretto di risparmio***, livret (de caisse) d'épargne.

rispecchiare [ri-spec-chià-re] *v.tr.* réfléchir; refléter* (*anche fig.*): *la casa rispecchia la sua personalità*, sa maison est à son image ♦ **rispecchiarsi** *v.pron.* se réfléchir; se refléter* (*anche fig.*).

rispedire [ri-spe-dì-re] *v.tr.* [coniug. come *finire*] **1** (*spedire di nuovo*) réexpédier **2** (*spedire indietro*) renvoyer* **3** (*inoltrare ad altro indirizzo*) faire* suivre.

rispettabile [ri-spet-tà-bi-le] *agg.* **1** respectable: *una persona rispettabile*, une personne respectable; *il rispettabile pubblico è pregato di*, le public est prié de **2** (*considerevole*) considérable, respectable: *un'età rispettabile*, un âge respectable; *un naso rispettabile*, (*iron.*) un nez de tout respect.

rispettabilità [ri-spet-ta-bi-li-tà] *n.f.invar.* respectabilité.

rispettare [ri-spet-tà-re] *v.tr.* respecter: *rispettare la tradizione*, respecter la tradition; *rispettare la legge*, respecter (*o* observer) la loi; *rispettare una promessa*, être fidèle à sa promesse; *rispettare un impegno*, tenir ses engagements | *rispettare la propria firma*, faire honneur à sa signature.

rispettato [ri-spet-tà-to] *agg.* respecté.

rispettivamente [ri-spet-ti-va-mén-te] *avv.* respectivement.

rispettivo [ri-spet-tì-vo] *agg.* respectif*: *con le rispettive consorti*, avec leurs femmes respectives.

rispetto [ri-spèt-to] *n.m.* **1** respect, considération (*f.*), égard: *rispetto della legge*, respect, observation de la loi; *portare rispetto a qlcu*, avoir du respect pour qqn; *non ha rispetto per nessuno*, il n'a de respect pour personne; *mi deve rispetto*, il me doit le respect; *il rispetto del codice della strada*, l'observance du code de la route; *l'ho fatto per rispetto a tua madre*, je l'ai fait par égard envers ta mère | *mancare di rispetto a qlcu*, manquer de respect envers qqn, (*a una donna*) à une femme **2** (*pl.*) (*omaggi*) respects: *i miei rispetti*, (*a un uomo*) mes respects, (*a una donna*) mes hommages **3** (*aspetto, riguardo*) égard; (*relazione*) rapport: *sotto ogni rispetto*, à tous égards, sous tous rapports | *per diversi rispetti*, (*punti di vista*) à de nombreux égards, (*ragioni*) pour différentes raisons.
● ***rispetto a***, en ce qui concerne; (*in confronto a*) par rapport à, en comparaison de: *rispetto a te, sono piccolo*, par rapport à toi, je suis petit | ***con il dovuto rispetto***, avec les égards voulus | ***con rispetto parlando***, sauf votre respect | ***degno di rispetto***, respectable, digne d'estime | ***di tutto rispetto***, tout à fait respectable | (*urbanistica*) ***zona di rispetto***, zone protégée.

rispettosamente [ri-spet-to-sa-mén-te] *avv.* respectueusement.

rispettoso [ri-spet-tó-so] *agg.* respectueux*: *rispettoso di qlco*, respectueux de (*o* à l'égard de) qqch; *a rispettosa distanza*, à distance respectueuse.

rispiegare [ri-spie-gà-re] *v.tr.* [coniug. come *legare*] **1** (*chiarire meglio*) expliquer une autre fois **2** (*distendere di nuovo*) déplier de nouveau.

risplendente [ri-splen-dèn-te] *agg.* resplendissant, étincelant.

risplendere [ri-splèn-de-re] *v.intr.* [coniug. come *splendere*; non usati p.p. e tempi composti] resplendir; (*scintillare*) étinceler*; (*brillare*) briller: *il sole risplende*, le soleil resplendit (*o* luit); *risplendere per intelligenza*, briller par son intelligence.

rispolverare [ri-spol-ve-rà-re] *v.tr.* **1** épousseter* de nouveau **2** (*fig.*) rafraîchir.

rispondente [ri-spon-dèn-te] *agg.* (*corrispondente*)

R

qui correspond; (*adatto*) qui répond: *ciò non è rispondente ai miei bisogni*, cela ne répond pas à mes besoins.

rispondenza [ri-spon-dèn-za] ***n.f.*** correspondance; (*accordo*) accord (*m.*): *non c'è rispondenza tra quello che dice e quello che fa*, il n'y a aucun rapport entre ce qu'il dit et ce qu'il fait.

rispondere [ri-spón-de-re] ***v.intr.*** [p.rem. *io risposi, tu rispondesti* ecc.; p.p. *risposto*; aus. *avere*] **1** répondre*: *non risponde nessuno*, personne ne répond; *rispondi spiegandomi i fatti*, réponds pour m'expliquer ce qui s'est passé; *rispondi dicendomi quando verrai*, dans ta réponse, dis-moi quand tu viendras; *ha risposto dicendo solo sciocchezze*, il n'a répondu que des bêtises; *rispondere con un sorriso*, répondre d'un, par un sourire; *rispondere con ingiurie*, répondre par des injures; *rispondere con due righe*, répondre en deux lignes; *rispondere con un sì*, répondre par un oui; *rispondere bene*, bien répondre; *rispondere male*, mal répondre, (*maleducatamente*) répondre grossièrement **2** (*corrispondere*) correspondre*: *non risponde alla descrizione*, cela ne correspond pas à la description | *rispondere allo scopo*, faire l'affaire **3** (*assumersi la responsabilità di*) répondre*; (*rendere conto di*) rendre* compte: *rispondo io della sua innocenza*, je réponds de son innocence; *dovrai rispondere del tuo ritardo*, tu devras rendre compte de ton retard; *non rispondono della merce non pagata*, ils déclinent toute responsabilité en ce qui concerne la marchandise non payée **4** (*obbedire a stimolo, comando*) répondre*: *il paziente non risponde alle cure*, le malade ne réagit pas au traitement ♦ ***v.tr.*** **1** répondre*: *rispondere due parole*, répondre en deux mots; *non rispose una parola*, il n'a pas répondu un seul mot; *non so cosa rispondere*, je ne sais que répondre, je ne sais pas quoi répondre; *rispondere (di) sì, (di) no*, répondre (que) oui, (que) non | *non rispondere verbo*, ne pas souffler mot **2** (*nei giochi di carte*) répondre.

● ***rispondere al nome di***, répondre au nom de.

NOTA Nelle frasi incidentali con ***répondre***, traduzione di ***rispondere***, si usa l'inversione del soggetto:

*Non posso, **rispose**.*
Je ne peux pas, **répondit-il**.

risponditore [ri-spon-di-tó-re] ***n.m.*** (*tel., radar*) répondeur.

R

risposarsi [ri-spo-sàr-si] ***v.pron.*** se remarier.

risposi → **rispondere**.

risposta [ri-spó-sta] ***n.f.*** **1** réponse: *la risposta a, di un problema*, la réponse à, d'un problème; *non ho mai ricevuto risposta alla mia lettera*, je n'ai jamais reçu de réponse à ma lettre; *mandare due righe di risposta*, écrire deux lignes en guise de réponse | *risposta evasiva*, réponse évasive; (*fam.*) réponse de Normand | *mi ha dato una rispostaccia*, il m'a répondu de travers **2** (*sport*) (*rinvio*) renvoi (*m.*).

● ***avere la risposta pronta***, avoir la repartie facile | ***botta e risposta***, du tac au tac: *è stato un continuo botta e risposta*, ils se sont répondu du tac au tac | ***in risposta a***, en réponse à | ***per tutta risposta***, pour toute réponse | (*Internet*) ***sistema di risposta automatica***, répondeur.

FAUX AMI
Da non confondere con *riposte*, che significa *replica, contrattacco*.

rispuntare [ri-spun-tà-re] ***v.intr.*** [aus. *essere*] **1** repousser: *sono rispuntate le viole*, les violettes ont repoussé **2** (*riapparire*) reparaître*: *è rispuntato il sole*, le soleil a fait sa réapparition | *è rispuntata fuori quella vecchia storia*, (*fam.*) on a sorti de nouveau cette vieille histoire.

rissa [rìs-sa] ***n.f.*** rixe, bagarre: *venire a rissa con qlcu*, en venir aux mains avec qqn.

rissosità [ris-so-si-tà] ***n.f.invar.*** brutalité.

rissoso [ris-só-so] ***agg.*** bagarreur*.

ristabilimento [ri-sta-bi-li-mén-to] ***n.m.*** **1** rétablissement **2** (*med.*) restauration (*f.*).

ristabilire [ri-sta-bi-li-re] ***v.tr.*** [coniug. come *finire*] rétablir: *la cura l'ha ristabilito*, le traitement l'a rétabli ♦ **ristabilirsi** ***v.pron.intr.*** **1** se rétablir **2** (*stabilirsi di nuovo*) s'établir de nouveau.

ristabilito [ri-sta-bi-li-to] ***agg.*** rétabli.

ristagnare [ri-sta-gnà-re] ***v.intr.*** [aus. *avere*] stagner (*anche fig.*); (*di acque*) séjourner; (*di fiumi*) cesser de couler: *il mercato ristagna*, le marché stagne.

ristagno [ri-stà-gno] ***n.m.*** **1** stagnation (*f.*) **2** (*med.*) engouement.

ristampa [ri-stàm-pa] ***n.f.*** réimpression; (*nuova edizione*) réédition: *terza, quarta ristampa*, troisième, quatrième édition.

ristampare [ri-stam-pà-re] ***v.tr.*** réimprimer; (*ripubblicare*) rééditer.

ristorante [ri-sto-ràn-te] ***n.m.*** restaurant; (*fam.*) resto; (*di stazione*) buffet.

● ***vagone, carrozza ristorante***, wagon-restaurant.

ristorare [ri-sto-rà-re] ***v.tr.*** (*con cibo*) restaurer; (*con bevande*) désaltérer*; (*con il riposo*) redonner des forces; (*estens.*) rétablir: *ristorare le finanze*, rétablir les finances ♦ **ristorarsi** ***v.pron.intr.*** (*con cibo*) se restaurer; (*con bevande*) se désaltérer* | *mi sono ristorato con tre ore di sonno*, ces trois heures de sommeil m'ont redonné des forces.

ristoratore [ri-sto-ra-tó-re] ***agg.*** [f. *-trice*] réparateur*; (*corroborante*) réconfortant: *sonno ristoratore*, sommeil réparateur; *pioggia ristoratrice*, pluie rafraîchissante ♦ ***n.m.*** restaurateur*.

ristorazione [ri-sto-ra-zió-ne] ***n.f.*** restauration.

ristoro [ri-stò-ro] ***n.m.*** repos; (*distensione*) détente (*f.*); (*conforto*) réconfort; (*sollievo*) soulagement: *trovare ristoro nel sonno*, trouver le repos dans le sommeil; *trovare ristoro nella lettura*, trouver un réconfort dans la lecture | *dare ristoro*, restaurer, revigorer; (*dare sollievo*) soulager; (*réconforter*) confortare.

● (***posto di***) ***ristoro***, (*in stazione*) buffet; (*di sole bevande*) buvette; (*su strade, autostrade*) restoroute; (*nelle gare ciclistiche*) stand, poste de ravitaillement.

ristrettezza [ri-stret-téz-za] ***n.f.*** **1** (*di spazio*) étroitesse **2** (*fig.*) (*scarsità*) manque (*m.*): *ristrettezza di tempo*, manque de temps; *ristrettezze economiche, finanziarie*, difficultés financières; *vivere in ristrettezze*, vivre dans la gêne **3** (*fig.*) (*grettezza*) étroitesse: *ristrettezza d'idee*, étroitesse d'idées; *ristrettezza di mente*, étroitesse d'esprit.

ristretto [ri-strét-to] ***agg.*** **1** (*stretto*) serré **2** (*limitato*) restreint, limité; (*angusto*) étroit: *un ristretto numero di amici*, un nombre restreint d'amis **3** (*fig.*) (*gretto*) borné **4** (*condensato*) condensé (*anche fig.*) | *caffè ristretto*, café fort | *brodo ristretto*, consommé.

ristrutturabile [ri-strut-tu-rà-bi-le] ***agg.*** (*edil.*) à rénover.

ristrutturare [ri-strut-tu-rà-re] ***v.tr.*** **1** restructurer **2** (*edil.*) rénover, réhabiliter **3** (*riorganizzare*) réorganiser.

ristrutturato [ri-strut-tu-rà-to] *agg.* restructuré; (*edil.*) rénové, réhabilité.

ristrutturazione [ri-strut-tu-ra-zió-ne] *n.f.* **1** restructuration **2** (*edil.*) rénovation, réhabilitation.

ristudiare [ri-stu-dià-re] *v.tr.* étudier de nouveau; (*riesaminare*) réexaminer.

risucchiare [ri-suc-chià-re] *v.tr.* (*attirare nel risucchio*) entraîner par le remous: *è stato risucchiato dalle eliche*, il a été happé par les hélices.

risucchio [ri-sùc-chio] *n.m.* [pl. *-chi*] remous: *risucchio d'aria*, appel d'air.

risultante [ri-sul-tàn-te] *agg.* résultant ♦ *n.f.* **1** (*fis.*) résultante **2** (*fig.*) résultat (*m.*).

risultanza [ri-sul-tàn-za] *n.f.* (*spec. pl.*) résultat (*m.*).

risultare [ri-sul-tà-re] *v.intr.* [aus. *essere*] **1** résulter: *dalle indagini risulta colpevole*, il résulte de l'enquête qu'il est coupable; *non risulta nulla a suo carico*, il s'avère qu'aucune charge ne pèse sur lui; *ci risulta che non avete ancora ricevuto il nostro catalogo*, il résulte, nous avons constaté que nous avez pas encore reçu notre catalogue **2** (*dimostrarsi, rivelarsi*) se révéler*: *la moneta è risultata falsa*, la monnaie s'est révélée fausse; *la sua idea è risultata giusta*, son idée s'est avérée juste; *risulta vincitore il Signor X*, Monsieur X est le vainqueur.
● ***a quanto risulta***, à ce qu'il semble: *a quanto risulta dal dibattito*, d'après ce qu'il ressort du débat | ***da ciò risulta che***, ***ne risulta che***, il s'ensuit (que), il en résulte que | ***non mi risulta*** (***che***), je ne crois pas (que): *questo non mi risulta*, je ne suis pas au courant | ***per quanto mi risulta***, ***mi risulta che***, à ma connaissance, pour autant que je sache | ***risulta chiaro che***, il apparaît clairement que.

risultato [ri-sul-tà-to] *n.m.* résultat (*anche mat.*): *risultato parziale, finale, definitivo*, résultat partiel, final, définitif; *ho avuto scarsi risultati*, j'ai obtenu des résultats décevants | (*sport*) *risultato di parità*, match nul.

risuolare [ri-suo-là-re] *v.tr.* ressemeler*.

risuolatura [ri-suo-la-tù-ra] *n.f.* ressemelage (*m.*).

risuonare [ri-suo-nà-re] *v.intr.* [aus. *essere* o *avere*] **1** sonner de nouveau **2** (*rimbombare*) résonner; (*echeggiare*) retentir: *dei passi risuonavano sul selciato*, des pas résonnaient sur le pavé; *un grido risuonò nella campagna*, un cri retentit dans la campagne; *il teatro risuonava di applausi*, le théâtre retentissait d'applaudissements; *le sue parole mi risuonano ancora negli orecchi*, (*fig.*) ses mots retentissent encore à mes oreilles ♦ *v.tr.* **1** sonner de nouveau **2** (*mus.*) rejouer.

risurrezione [ri-sur-re-zió-ne] *n.f.* → **resurrezione**.

risuscitare [ri-su-ʃci-tà-re] *v.tr.* ressusciter: *è un vino che fa risuscitare i morti*, c'est un vin à ressusciter un mort ♦ *v.intr.* [aus. *essere*] ressusciter: *dopo quella cura è risuscitato*, (*fam.*) ce traitement l'a requinqué; *Cristo risuscitò da morte*, le Christ est ressuscité d'entre les morts.

risvegliare [ri-ʃve-glià-re] *v.tr.* **1** réveiller **2** (*fig.*) (*scuotere*) tirer: *risvegliare dall'apatia*, tirer de son apathie **3** (*fig.*) (*stimolare*) éveiller; (*ravvivare*) réveiller | *risvegliare l'appetito*, aiguiser l'appétit ♦ **risvegliarsi** *v.pron.intr.* se réveiller (*anche fig.*): *si è risvegliato dalla sua apatia*, il est sorti de son apathie.

risveglio [ri-ʃvé-glio] *n.m.* [pl. *-gli*] réveil (*anche fig.*): *al mio risveglio*, à mon réveil; *il risveglio del commercio*, la reprise du commerce; *il risveglio delle arti*, la renaissance des arts.

risvolto [ri-ʃvòl-to] *n.m.* **1** revers; (*di polsino*) manchette (*f.*); (*di tasca*) rabat: *pantaloni con risvolto*, pantalon à revers **2** (*della copertina di un libro*) volet, rabat **3** (*fig.*) (*conseguenza*) conséquence (*f.*); (*aspetto*) aspect: *risvolti inquietanti*, des conséquences malheureuses; *i risvolti psicologici di un testo*, l'épaisseur psychologique d'un texte.

ritagliare [ri-ta-glià-re] *v.tr.* découper: *ritagliare delle figure*, découper des images ♦ **ritagliarsi** *v.pron. indiretto* *ritagliarsi uno spazio* (*vitale*), (*fig.*) trouver son espace (vital), s'affirmer.

ritaglio [ri-tà-glio] *n.m.* [pl. *-gli*] **1** retaille (*f.*); (*di giornale*) coupure (*f.*) **2** (*spec. pl.*) (*avanzi di stoffa, di carta, di pelle ecc.*) chutes (*f.pl.*), rognures (*f.pl.*); (*di carne*) déchets (*pl.*): *con un ritaglio di stoffa ha fatto un fazzoletto*, elle a fait un mouchoir avec un bout de tissu.
● ***ritaglio di tempo***, moment de libre, moments perdus: *legge nei ritagli di tempo*, il lit à ses moments perdus.

ritardare [ri-tar-dà-re] *v.intr.* [aus. *avere*] **1** (*tardare*) tarder **2** (*essere in ritardo*) avoir* du retard: *ritardare di un'ora*, avoir une heure de retard; *ritarderò di un'ora*, j'arriverai avec une heure de retard; *ritarda troppo*, il a trop de retard; *non voglio farvi ritardare*, je ne veux pas vous retarder; *non fatemi ritardare*, ne me mettez pas en retard **3** (*di orologio*) retarder: *il mio orologio ritarda di cinque minuti*, ma montre retarde de cinq minutes ♦ *v.tr.* **1** retarder: *ritardare un pagamento*, différer un paiement; *l'appuntamento è stato ritardato di mezz'ora*, le rendez-vous a été repoussé d'une demi-heure **2** (*rallentare*) ralentir: *ritardare il passo*, ralentir le pas.

ritardatario [ri-tar-da-tà-rio] *n.m.* [f. *-a*; pl.m. *-ri*] retardataire.

ritardato [ri-tar-dà-to] *agg.* retardé; (*differito*) différé: *pagamento ritardato*, paiement différé; *partenza ritardata*, départ retardé | (*psic.*) *bambino ritardato*, enfant arriéré ♦ *n.m.* [f. *-a*] arriéré, (*fam.*) retardé.
● ***a effetto ritardato***, ***ad azione ritardata***, (*di farmaco*) retard | ***a scoppio ritardato***, (*anche fig.*) à retardement.

ritardo [ri-tàr-do] *n.m.invar.* retard: *scusarsi per il ritardo*, s'excuser de son retard ♦ *agg.invar.* (*farm.*) retard.
● (*psic.*): ***ritardo mentale***, arriération mentale, retard mental; ***ritardo psicomotorio***, retard psychomoteur | ***in ritardo***, en retard: *pagare in ritardo*, payer avec retard; *il treno è in ritardo*, le train a du retard; *essere in ritardo con un pagamento*, être en retard dans un paiement.

ritegno [ri-té-gno] *n.m.* retenue (*f.*); (*pudore*) pudeur (*f.*): *non ha nessun ritegno*, il n'a aucune retenue; *non ha nessun ritegno a dire ciò che pensa*, il ne se gêne pas pour dire ce qu'il pense; *ha ritegno a chiedere*, il a honte de demander.
● ***senza ritegno***, sans retenue (*o* réserve): *spendere senza ritegno*, dépenser sans compter.

ritelefonare [ri-te-le-fo-nà-re] *v.intr.* [aus. *avere*] rappeler*.

ritemprare [ri-tem-prà-re] *v.tr.* retremper (*anche fig.*) ♦ **ritemprarsi** *v.pron.* (*fig.*) reprendre* des forces; se retremper.

ritenere [ri-te-né-re] *v.tr.* [coniug. come *tenere*] **1** penser, croire*; (*giudicare*) estimer; (*considerare*) considérer* (**comme**); (*letter.*) tenir* (**pour**): *riteniamo che sia andata così*, nous pensons que les choses se sont passées ainsi; *non lo ritenevano necessario*, ils ne pensaient pas que c'était nécessaire; *non lo ritengo capace di rubare*, je ne le crois pas capable de voler; *ti ritengo responsabile*, je t'estime responsable; *lo ritengo una persona intelligente*, je le considère comme un homme intelligent, (*letter.*) je le tiens pour un homme intelligent **2** (*trattenere*) retenir*; (*cibo ecc.*) garder: *le rate del mutuo saranno ritenute*

R

dallo stipendio, les échéances du prêt seront retenues sur le salaire **3** (*ricordare*) retenir*: *studia ma non ritiene quasi nulla*, il étudie mais il ne retient presque rien **4** (*impedire*) empêcher: *lo ritenne dal fare sciocchezze*, il l'empêcha de faire des sottises ♦ **ritenersi** *v.pron.* (*credersi*) **1** se croire*; (*considerarsi*) s'estimer: *ci riteniamo offesi*, nous nous estimons offensés **2** (*letter.*) (*trattenersi*) se retenir*.

NOTA I verbi ***penser***, ***croire***, ***estimer***, traduzione di ***ritenere***, alla forma affermativa reggono l'indicativo (presente o futuro) e il condizionale:

*Ritengo che **abbiate** ragione.*
Je pense que **vous avez** raison.
*Ritengo che **avresti dovuto** avvertirmi.*
J'estime que tu **aurais dû** me prévenir.

Alla forma negativa o interrogativa reggono il congiuntivo solo se esprimono un forte dubbio:

*Ritenete che **sia troppo** tardi?*
Croyez-vous qu'**il soit** trop tard?
*Non ritengo che **venga** stasera.*
Je ne pense pas qu'**il vienne** ce soir.

L'infinito che li segue non è mai preceduto da preposizione:

***Riteneva di essere** all'altezza della situazione.*
Il pensait être à la hauteur de la situation.

ritentare [ri-ten-tà-re] *v.tr.* tenter de nouveau; (*riprovare*) ressayer*: *tentare e ritentare*, essayer à maintes reprises.

ritenuta [ri-te-nù-ta] *n.f.* retenue; (*per la previdenza sociale*) précompte (*m.*): *ritenute salariali*, retenues sur les salaires.
● ***ritenuta alla fonte***, ***ritenuta d'acconto***, retenue à la source.

ritenzione [ri-ten-zió-ne] *n.f.* rétention.
● (*med.*) ***ritenzione idrica***, rétention d'eau.

ritirare [ri-ti-rà-re] *v.tr.* **1** retirer (*anche fig.*): *ritirare il passaporto*, retirer son passeport; *ritirare i vestiti dalla tintoria*, aller chercher ses vêtements à la teinturerie; *ritirare la parola data*, retirer sa parole | *ritirare lo stipendio*, toucher son salaire | *ritirare dalla circolazione*, retirer de la circulation **2** (*tirare dentro, al coperto*) rentrer: *ritirare i panni stesi ad asciugare*, rentrer la linge qui est en train de sécher **3** (*richiamare*) rappeler* | (*mil.*) *ritirare le truppe*, retirer ses troupes **4** (*lanciare di nuovo*) relancer* ♦ **ritirarsi** *v.pron.intr.* **1** se retirer (*anche fig.*): *ritirarsi a vita privata*, se retirer; *si è ritirata in camera sua*, elle s'est retirée dans sa chambre | *ritirarsi da un impegno*, se dérober à un engagement **2** (*rientrare a casa*) rentrer **3** (*appartarsi*) s'isoler **4** (*di tessuto*) (se) rétrécir.
● ***ritirarsi sull'Aventino***, (*fig.*) se retirer sous sa tente.

ritirata [ri-ti-rà-ta] *n.f.* **1** (*mil.*) retraite (*anche fig.*) **2** (*latrina*) toilettes (*pl.*), WC (*m.pl.*).
● ***battere in ritirata***, (*anche fig.*) battre en retraite.

ritirato [ri-ti-rà-to] *agg.* **1** retiré **2** (*di tessuto*) rétréci.

FAUX AMI
Da non confondere con *retraité*, che significa *pensionato*.

ritiro [ri-ti-ro] *n.m.* **1** retrait: *ritiro di bagagli in custodia*, retrait de bagages en consigne; *annunciò il suo ritiro dalla vita politica*, il annonça qu'il se retirait de la vie politique; *per il ritiro della merce, rivolgetevi allo sportello*, pour retirer la marchandise, adressez-vous au guichet; *procederemo al ritiro della merce*, nous procèderons à l'enlèvement de la marchandise; *in caso di mancato ritiro*, en cas de non retrait **2** (*luogo appartato*) lieu retiré, retraite (*f.*) **3** (*sport*) (*periodo di preparazione atletica*) stage de préparation; (*abbandono di una gara*) abandon **4** (*di tessuto*) rétrécissement **5** (*geogr.*) (*delle acque di un fiume*) décrue (*f.*); (*della marea*) reflux; (*di un ghiacciaio*) recul.
● ***ritiro spirituale***, retraite spirituelle | ***in ritiro***, à la retraite: *generale in ritiro*, général à la retraite.

ritmare [rit-mà-re] *v.tr.* rythmer; (*cadenzare*) cadencer* | *ritmare il passo*, marquer le pas.

ritmato [rit-mà-to] *agg.* rythmé; (*cadenzato*) cadencé: *a passo ritmato*, au pas cadencé.

ritmica [rìt-mi-ca] *n.f.* [pl. *-che*] rythmique.

ritmicamente [rit-mi-ca-mén-te] *avv.* rythmiquement; avec rythme.

ritmicità [rit-mi-ci-tà] *n.f.invar.* rythmicité; (*ritmo*) rythme (*m.*).

ritmico [rìt-mi-co] *agg.* [pl.m. *-ci*, f. *-che*] rythmique.

ritmo [rìt-mo] *n.m.* **1** rythme; (*cadenza*) cadence (*f.*): *ballare a ritmo di valzer*, danser sur un rythme de valse; *il ritmo della catena di montaggio*, la cadence de la chaîne de montage; *lavorare a ritmo sostenuto*, travailler à une bonne cadence **2** (*composizione musicale*) musique (*f.*): *un ritmo lento*, une musique lente.

rito [ri-to] *n.m.* rite; cérémonie (*f.*): *il rito del tè*, le rituel du thé.
● ***rito civile***, rite civil: *sposarsi con rito civile*, se marier civilement | ***di rito***, d'usage | ***secondo il rito***, selon l'usage.

ritoccare [ri-toc-cà-re] *v.tr.* [coniug. come *mancare*] **1** (*toccare di nuovo*) retoucher | *ritocca a te*, c'est de nouveau ton tour **2** (*correggere*) retoucher: *ritoccare il (trucco del) viso*, se refaire une beauté ♦ **ritoccarsi** *v.pron. indiretto* se remaquiller: *ritoccarsi le labbra*, se remettre du rouge à lèvres.

ritoccata [ri-toc-cà-ta] *n.f.* retouche: *dare una ritoccata*, retoucher | *darsi una ritoccata alle labbra*, se remettre du rouge à lèvres | *darsi una ritoccata alla pettinatura*, se donner un coup de peigne.

ritoccatore [ri-toc-ca-tó-re] *n.m.* [f. *-trice*] retoucheur*.

ritocco [ri-tóc-co] *n.m.* [pl. *-chi*] retouche (*f.*): *apportare ritocchi a qlco*, faire des retouches à qqch.

ritogliere [ri-tò-glie-re] *v.tr.* [coniug. come *cogliere*] **1** (*togliere di nuovo*) enlever* de nouveau **2** (*riprendere*) reprendre*.

ritorcere [ri-tòr-ce-re] *v.tr.* [coniug. come *torcere*] **1** (*torcere di nuovo*) retordre* **2** (*fig.*) retourner ♦ **ritorcersi** *v.pron.intr.* (*fig.*) se retourner.

ritorcitura [ri-tor-ci-tù-ra] *n.f.* (*ind. tess.*) retordage (*m.*).

ritornare [ri-tor-nà-re] *v.intr.* [aus. *essere*] **1** (*essere di ritorno, venire di nuovo*) revenir*; (*rientrare a casa*) rentrer (chez soi): *ritornate presto*, revenez vite nous voir; *sono ritornata (a casa) in settembre*, je suis revenue (à la maison) en septembre; *ritorna a casa alle otto*, il rentre (chez lui) à huit heures; *ritornare da un viaggio*, revenir d'un voyage; *tra poco ritornerà l'estate*, bientôt l'été reviendra; *mi è ritornata la febbre*, j'ai de nouveau la fièvre | *ritornare su*, remonter | *ritornare giù*, redescendre **2** (*andare di nuovo*) retourner; (*andare periodicamente*) se rendre*: *l'estate prossima ritornerò in Inghilterra*, l'été prochain, je retournerai en Angleterre; *ritornare ogni giorno a scuola*, se rendre tous les jours à l'école **3** (*ripetersi*) revenir*: *questa immagine ritorna spesso nella sua poesia*, cette image revient souvent dans ses poésies **4** (*ridiventare*) redevenir*: *ritornare giovane*, redevenir

R

jeune; *quando (il tempo) ritornerà sereno*, quand le temps redeviendra beau | *è ritornato come nuovo*, il est comme neuf ♦ *v.tr.* (*region.*) (*restituire*) rendre*.
● ***ritornare in sé***, reprendre ses esprits | ***ritornarsene***, (*far ritorno*) s'en revenir.

ritornello [ri-tor-nèl-lo] *n.m.* **1** (*mus.*) refrain (*anche fig.*) **2** (*metrica*) (*di ballata*) reprise (*f.*).

ritorno [ri-tór-no] *n.m.* retour: *il ritorno a casa, in città, in ufficio*, le retour à la maison, en ville, au bureau; *al mio ritorno a casa*, de retour chez moi; *fare ritorno*, revenir, (*a casa*) rentrer (à la maison) | *fra andata e ritorno*, pour aller et revenir.
● ***ritorno di fiamma***, (*anche fig.*) retour de flamme | ***di ritorno***, de retour: *analfabetismo di ritorno*, retour à l'analphabétisme; (*sport*) *incontro di ritorno*, match retour; *l'ho avuto di ritorno ieri*, on me l'a rendu hier; *vuoto di ritorno*, bouteille consignée | ***punto di non ritorno***, point de non retour | (*comm.*) ***ricevuta di ritorno***, avis de réception | ***un (biglietto di) andata e ritorno***, un aller et retour.

ritorsione [ri-tor-sió-ne] *n.f.* rétorsion: *fare ritorsioni*, prendre des mesures de rétorsion.

ritorto [ri-tòr-to] *agg.* **1** tordu **2** (*di filato*) retors: *filo ritorto*, fil retors; *seta ritorta*, soie torse ♦ *n.m.* (*filato*) retors.

ritrarre [ri-tràr-re] *v.tr.* [coniug. come *trarre*] **1** (*tirare indietro*) retirer; (*distogliere*) détourner: *ritrarre lo sguardo*, détourner les yeux **2** (*tirare dentro*) rétracter **3** (*rappresentare*) représenter: *non ama farsi ritrarre*, il n'aime pas qu'on fasse son portrait, (*in fotografia*) qu'on le prenne en photo; *ritrarre fedelmente i fatti*, décrire fidèlement les faits ♦ **ritrarsi** *v.pron.* **1** (*trarsi indietro*) reculer (*anche fig.*) **2** (*rappresentarsi*) se représenter; (*fare il proprio autoritratto*) faire* son autoportrait.

ritrasmettere [ri-tra-ʃmét-te-re] *v.tr.* [coniug. come *mettere*] (*rad., tv*) retransmettre*.

ritrasmissione [ri-tra-ʃmis-sió-ne] *n.f.* (*rad., tv*) retransmission.

ritrattare [ri-trat-tà-re] *v.tr.* **1** (*trattare di nuovo*) traiter de nouveau **2** (*tecn.*) retraiter **3** (*disdire*) rétracter ♦ **ritrattarsi** *v.pron.* se rétracter.

ritrattazione [ri-trat-ta-zió-ne] *n.f.* rétractation, désaveu* (*m.*).

ritrattista [ri-trat-tì-sta] *n.m.* e *f.* portraitiste.

ritrattistica [ri-trat-tì-sti-ca] *n.f.* [pl. *-che*] art (*m.*) du portrait.

ritrattistico [ri-trat-tì-sti-co] *agg.* [pl.m. *-ci*, f. *-che*] du portrait.

ritratto [ri-tràt-to] *agg.* représenté ♦ *n.m.* portrait: *ritratto a mezzo busto*, portrait en buste; *ritratto a figura intera*, portrait en pied; *il ritratto del dolore, della salute*, (*fig.*) l'image de la douleur, de la santé.

FAUX AMI
Da non confondere con *retrait*, che significa *ritiro, prelievo*.

ritrazione [ri-tra-zió-ne] *n.f.* rétraction.

ritrito [ri-trì-to] *agg.* (*fig.*) rebattu, usé.
● ***trito e ritrito***, rebattu: *idee trite e ritrite*, idées rebattues, qui traînent partout.

ritrosia [ri-tro-sì-a] *n.f.* **1** (*timidezza*) timidité; (*mancanza di socievolezza*) sauvagerie **2** (*riluttanza*) réticence.

ritroso [ri-tró-so] *agg.* **1** (*poco socievole*) farouche, sauvage; (*timido*) timide: *fare la ritrosa*, faire la timide **2** (*avverso*) contraire **3** (*che va all'indietro*) rétrograde.
● ***a ritroso***, à reculons: *camminare a ritroso*, marcher à reculons; *andare a ritroso nel tempo*, remonter dans le temps.

ritrovamento [ri-tro-va-mén-to] *n.m.* **1** (*il ritrovare*) le fait de retrouver: *in caso di ritrovamento dell'automobile sarete avvisati*, si on retrouve votre voiture, on vous avertira **2** (*scoperta*) découverte (*f.*).

ritrovare [ri-tro-và-re] *v.tr.* **1** retrouver: *ho ritrovato quella lettera*, j'ai enfin retrouvé cette lettre | *con la fortuna che si ritrova*, (*fam.*) avec la chance qu'il a **2** (*recuperare*) recouvrer: *ritrovare la parola*, recouvrer l'usage de la parole; *ritrovare il coraggio*, reprendre courage **3** (*scoprire*) trouver **4** (*riconoscere*) reconnaître* ♦ **ritrovarsi** *v.pron.* **1** se retrouver: *mi ritrovai al punto di partenza* **2** (*raccapezzarsi*) se reconnaître*, se retrouver; (*trovarsi a proprio agio*) être* à son aise: *con lei non mi (ci) ritrovo*, je ne suis pas à mon aise avec elle.

ritrovato [ri-tro-và-to] *n.m.* (*scoperta*) découverte (*f.*); (*invenzione*) invention (*f.*); (*espediente*) expédient.

ritrovo [ri-trò-vo] *n.m.* (*riunione*) réunion (*f.*), rencontre (*f.*).
● ***ritrovo notturno***, boîte de nuit | ***(luogo di) ritrovo***, rendez-vous.

ritto [rìt-to] *agg.* (*diritto*) droit; (*in piedi*) debout: *star ritto*, se tenir droit; *a coda ritta*, la queue en l'air.

rituale [ri-tu-à-le] *agg.* **1** rituel* **2** (*abituale*) d'usage ♦ *n.m.* rituel.

ritualismo [ri-tu-a-lì-ʃmo] *n.m.* ritualisme.

ritualistico [ri-tu-a-lì-sti-co] *agg.* [pl.m. *-ci*, f. *-che*] ritualiste.

ritualmente [ri-tu-al-mén-te] *avv.* selon les rites.

rituffare [ri-tuf-fà-re] *v.tr.* replonger* ♦ **rituffarsi** *v.pron.* se replonger*.

riunione [ri-u-nió-ne] *n.f.* réunion.

riunire [ri-u-nì-re] *v.tr.* [coniug. come *finire*] **1** réunir **2** (*mettere insieme*) rassembler: *riunì tutti i concorrenti nella sala delle assemblee*, il rassembla tous les concurrents dans la salle de réunions **3** (*riconciliare*) rapprocher ♦ **riunirsi** *v.pron.intr.* **1** se réunir; (*assembrarsi*) se rassembler **2** (*riconciliarsi*) se réconcilier.

riunito [ri-u-nì-to] *agg.* réuni.

riuscire [ri-u-scì-re] *v.intr.* [coniug. come *uscire*; aus. *essere*] **1** (*avere esito, successo*) réussir: *l'operazione è riuscita perfettamente*, l'opération a parfaitement réussi; *sono riuscito a parlargli*, j'ai réussi à lui parler; *riesce bene nelle materie scientifiche*, il réussit bien dans les matières scientifiques; *la torta mi è riuscita*, j'ai réussi mon gâteau; *è un ragazzo che riuscirà*, c'est un garçon qui ira loin | *sei riuscito bene in questa fotografia*, tu es bien sur cette photo; *riesce sempre bene in fotografia*, il est très photogénique **2** (*essere capace*) réussir, arriver: *non mi riesce di*, je n'arrive pas à; *non sono riuscito a farlo parlare*, je ne suis pas arrivé, je n'ai pas réussi à le faire parler | *prova se ti riesce!*, essaye un peu! **3** (*risultare*) être*: *ogni movimento gli riusciva penoso*, le moindre mouvement lui était pénible; *questo nome non mi riesce nuovo*, ce nom me dit quelque chose; *riuscire simpatico*, être sympathique **4** (*uscire di nuovo*) ressortir*.

NOTA In francese, l'ausiliare di ***réussir***, traduzione di ***riuscire***, è *avoir*, a meno che il participio passato *réussi* non abbia valore di aggettivo:

*Il piatto gli **è** ben **riuscito**.*
Il **a** bien **réussi** ce plat.

*Il piatto **è** ben **riuscito**.*
Ce plat **est** bien **réussi**.

R

riuscita [ri-u-scì-ta] *n.f.* (*successo*) réussite; (*esito*) issue: *la buona riuscita di un esperimento*, la réussite d'une expérience; *l'esperimento ha avuto una cattiva riuscita*, l'expérience n'a pas réussi; *queste scarpe hanno fatto una buona riuscita*, ces chaussures ont fait de l'usage, ont duré longtemps.

riuscito [ri-u-scì-to] *agg.* réussi: *non riuscito*, manqué, raté.

riuso [ri-ù-ʃo] *n.m.* remploi.

riutilizzare [ri-u-ti-liʒ-ʒà-re] *v.tr.* réutiliser.

riutilizzazione [ri-u-ti-liʒ-ʒa-zió-ne] *n.f.* **riutilizzo** *n.m.* réutilisation (*f.*).

riva [rì-va] *n.f.* **1** (*di mare*) rivage (*m.*), rive: *andare a riva*, aller sur la rive | *in riva al mare*, au bord de la mer **2** (*di lago, fiume*) bord (*m.*); (*di canale ecc.*) berge.
● (*mar.*) ***a riva***, en haut: *bandiera a riva*, pavillon haut; *andare a riva*, monter (en haut d'un mât).

rivaccinazione [ri-vac-ci-na-zió-ne] *n.f.* revaccination.

rivale [ri-và-le] *agg.* e *n.m.* e *f.* rival*/e.
● ***non temere rivali***, ne pas avoir son rival | ***senza rivali***, inégalable.

rivaleggiare [ri-va-leg-già-re] *v.intr.* [coniug. come *mangiare*; aus. *avere*] rivaliser: *rivaleggiare in eleganza con qlcu*, rivaliser d'élégance avec qqn.

rivalersi [ri-va-lér-si] *v.pron.intr.* [coniug. come *valere*] **1** se rattraper: *rivalersi sui più deboli*, se venger sur les plus faibles **2** (*servirsi di nuovo*) se servir* de nouveau (**de**).

rivalità [ri-va-li-tà] *n.f.invar.* rivalité.

rivalsa [ri-vàl-sa] *n.f.* **1** compensation **2** (*rivincita*) revanche **3** (*comm.*) retraite **4** (*dir.*) recours (*m.*).

rivalutare [ri-va-lu-tà-re] *v.tr.* **1** réévaluer **2** (*dare maggior valore a, riconoscere il valore di*) revaloriser.

rivalutazione [ri-va-lu-ta-zió-ne] *n.f.* **1** réévaluation **2** (*riconoscimento di valore*) revalorisation.

rivangare [ri-van-gà-re] *v.tr.* [coniug. come *legare*] (*riandare col pensiero a*) (*fig.*) ressasser: *rivangare il passato*, revenir sur le passé ♦ *v.intr.* [aus. *avere*] (*nei ricordi*) fouiller dans ses souvenirs.

rivedere [ri-ve-dé-re] *v.tr.* [coniug. come *vedere*] **1** revoir*: *non l'ho più rivisto*, je ne l'ai plus revu | *chi si rivede!*, tiens le revoilà! **2** (*ripassare*) répéter*; (*verificare*) réviser; (*correggere*) corriger*: *rivedere la lezione*, réviser sa leçon ♦ **rivedersi** *v.pron.rec.* se revoir* | *ci rivedremo!*, (*come minaccia*) je t'attends au tournant!

rivedibile [ri-ve-dì-bi-le] *agg.* **1** susceptible d'être revu **2** (*mil.*) ajourné.

riveduta [ri-ve-dù-ta] *n.f.* coup (*m.*) d'œil: *dare una riveduta a un articolo*, revoir un article.

riveduto [ri-ve-dù-to] *agg.* revu | *riveduto e corretto*, revu et corrigé.

rivelabile [ri-ve-là-bi-le] *agg.* qui peut être révélé.

rivelare [ri-ve-là-re] *v.tr.* **1** révéler*: *rivelare un segreto*, révéler un secret **2** (*fis.*) détecter ♦ **rivelarsi** *v.pron.* se révéler*.

rivelatore [ri-ve-la-tó-re] *agg.* [f. *-trice*] révélateur* ♦ *n.m.* **1** détecteur **2** (*chim.*) révélateur.

rivelazione [ri-ve-la-zió-ne] *n.f.* révélation.

rivendere [ri-vén-de-re] *v.tr.* revendre*.

rivendibile [ri-ven-dì-bi-le] *agg.* qu'on peut revendre.

rivendicare [ri-ven-di-cà-re] *v.tr.* [coniug. come *mancare*] revendiquer, réclamer.

rivendicativo [ri-ven-di-ca-tì-vo] *agg.* revendicatif*.

rivendicatore [ri-ven-di-ca-tó-re] *agg.* e *n.m.* [f. *-trice*] revendicateur*.

rivendicazione [ri-ven-di-ca-zió-ne] *n.f.* revendication: *rivendicazioni sindacali*, revendications syndicales.

rivendita [ri-vén-di-ta] *n.f.* **1** (*il rivendere*) revente **2** (*vendita al minuto*) vente au détail **3** (*negozio*) débit (*m.*): *rivendita (di) tabacchi*, débit, bureau de tabac.

rivenditore [ri-ven-di-tó-re] *n.m.* [f. *-trice*] revendeur*; (*al minuto*) détaillant.

riverberare [ri-ver-be-rà-re] *v.tr.* réverbérer*; (*un suono*) réfléchir ♦ **riverberarsi** *v.pron.intr.* se réverbérer*; (*di suono*) se réfléchir; (*fig.*) rejaillir.

riverberazione [ri-ver-be-ra-zió-ne] *n.f.* réverbération; (*di suono*) réflexion.

riverbero [ri-vèr-be-ro] *n.m.* réverbération (*f.*); (*di suono*) réflexion (*f.*) | *lampada a riverbero*, réverbère.
● ***di riverbero***, (*fig.*) indirectement.

riverente [ri-ve-rèn-te] *agg.* respectueux*.

riverenza [ri-ve-rèn-za] *n.f.* **1** respect (*m.*); (*letter.*) révérence **2** (*inchino*) révérence: *fare la riverenza*, faire la révérence.

riverire [ri-ve-rì-re] *v.tr.* [coniug. come *finire*] **1** (*manifestare rispetto per*) révérer **2** (*salutare*) présenter ses respects (**à**): (*la*) *riverisco!*, (je vous présente) mes respects!

riverito [ri-ve-rì-to] *agg.* honoré.

riverniciare [ri-ver-ni-cià-re] *v.tr.* [coniug. come *cominciare*] repeindre*.

riversare [ri-ver-sà-re] *v.tr.* verser de nouveau; (*fig.*) déverser: *riversare la colpa sugli altri*, faire retomber la faute sur les autres ♦ **riversarsi** *v.pron.* (*spargersi*) se répandre*; (*fig.*) se déverser.

riversibile e *deriv.* → **reversibile** e *deriv.*

riverso [ri-vèr-so] *agg.* renversé: *cadere riverso*, tomber à la renverse.

rivestimento [ri-ve-sti-mén-to] *n.m.* revêtement: *rivestimento in legno*, revêtement en bois, (*arredamento*) boiseries | *rivestimento interno*, (*di un'auto*) garniture intérieure.

rivestire [ri-ve-stì-re] *v.tr.* **1** rhabiller **2** (*foderare*) recouvrir*; (*di pareti*) tapisser: *rivestire in legno*, boiser **3** (*indossare*) revêtir* **4** (*fig.*) (*avere importanza ecc.*) revêtir* **5** (*avere una carica*) recouvrir*: *rivestire il grado di*, avoir le grade de ♦ **rivestirsi** *v.pron.* se rhabiller; (*fig.*) se revêtir*.

rivestito [ri-ve-stì-to] *agg.* **1** (*ricoperto*) revêtu: *un fatto rivestito di mistero*, (*fig.*) un événement enveloppé de mystère **2** (*vestito a nuovo*) rhabillé.

rivestitura [ri-ve-sti-tù-ra] *n.f.* revêtement (*m.*).

rivettare [ri-vet-tà-re] *v.tr.* (*tecn.*) riveter*.

rivetto [ri-vét-to] *n.m.* (*tecn.*) rivet.

riviera [ri-viè-ra] *n.f.* côte; (*di fiume o lago*) bords (*m. pl.*): *la riviera adriatica*, la côte adriatique.
● ***Riviera di Levante, di Ponente***, Riviera du Levant, du Ponant.

FAUX AMI
Da non confondere con *rivière*, che significa *fiume, fosso*.

rivierasco [ri-vie-rà-sco] *agg.* [pl.m. *-schi*, f. *-sche*] (*del mare*) de la côte; (*del fiume, del lago*) riverain.

rivincita [ri-vìn-ci-ta] *n.f.* revanche: *fare la rivincita*, jouer la revanche; *si è preso una bella rivincita*, il a pris une belle revanche.

R

rivista [ri-vì-sta] ***n.f.*** **1** revue **2** (*pubblicazione*) revue **3** (*il rivedere*) coup (*m.*) d'œil.
● ***rivista di moda***, journal de mode | ***rivista illustrata***, magazine | ***rivista settimanale***, hebdomadaire | ***passare in rivista***, passer en revue.

rivitalizzare [ri-vi-ta-liʒ-ʒà-re] ***v.tr.*** revitaliser.

rivitalizzazione [ri-vi-ta-liʒ-ʒa-zió-ne] ***n.f.*** revitalisation.

rivivere [ri-vì-ve-re] ***v.intr.*** e ***tr.*** [coniug. come *vivere*; aus. dell'intr. *essere* o *avere*] revivre* (*anche fig.*).

reviviscenza [ri-vi-vi-scèn-za] ***n.f.*** reviviscence.

rivo [rì-vo] ***n.m.*** (*letter.*) ruisseau*.

rivolere [ri-vo-lé-re] ***v.tr.*** [coniug. come *volere*] vouloir* de nouveau: *rivoglio i miei libri*, rends-moi mes livres.

rivolgere [ri-vòl-ge-re] ***v.tr.*** [coniug. come *volgere*] **1** tourner **2** (*rovesciare*) retourner **3** (*indirizzare*) adresser: *non gli rivolge più la parola*, il ne lui adresse plus la parole; *rivolgere una domanda a qlcu*, poser une question à qqn ♦ **rivolgersi** ***v.pron.*** s'adresser.

rivolgimento [ri-vol-gi-mén-to] ***n.m.*** bouleversement.

rivolo [rì-vo-lo] ***n.m.*** petit ruisseau*.

rivolta [ri-vòl-ta] ***n.f.*** révolte.

rivoltante [ri-vol-tàn-te] ***agg.*** **1** révoltant **2** (*che ripugna al gusto*) dégoûtant: *un intruglio rivoltante*, une mixture dégoûtante.

rivoltare [ri-vol-tà-re] ***v.tr.*** **1** retourner **2** (*disgustare*) écœurer (*anche fig.*) | *rivoltare lo stomaco*, soulever le cœur ♦ **rivoltarsi** ***v.pron.*** se retourner ♦ ***v.pron.intr.*** (*ribellarsi*) se révolter.

rivoltella [ri-vol-tèl-la] ***n.f.*** revolver (*m.*).

rivoltellata [ri-vol-tel-là-ta] ***n.f.*** coup (*m.*) de revolver.

rivolto [ri-vòl-to] ***agg.*** tourné: *rivolto indietro*, tourné en arrière.

rivoltolare [ri-vol-to-là-re] ***v.tr.*** rouler ♦ **rivoltolarsi** ***v.pron.*** se rouler; se vautrer.

rivoltoso [ri-vol-tó-so] ***agg.*** e ***n.m.*** [f. *-a*] rebelle, révolté.

rivoluzionare [ri-vo-lu-zio-nà-re] ***v.tr.*** révolutionner.

rivoluzionario [ri-vo-lu-zio-nà-rio] ***agg.*** e ***n.m.*** [f. *-a*; pl.m. *-ri*] révolutionnaire.

rivoluzione [ri-vo-lu-zió-ne] ***n.f.*** révolution.

rivulsione e *deriv.* → **revulsione** e *deriv.*

rizoma [ri-ʒò-ma] ***n.m.*** (*bot.*) rhizome.

rizzare [riz-zà-re] ***v.tr.*** **1** dresser **2** (*erigere*) élever* ♦ **rizzarsi** ***v.pron.intr.*** **1** se lever*, se *hisser **2** (*di capelli, del pelo*) se dresser, se *herisser.
● ***rizzare le orecchie***, (*fig.*) dresser l'oreille.

road map [rɔd'mɛp] ***n.f.invar.*** feuille de route.

roaming ['romiŋg] ***n.m.invar.*** (*tel.*) itinérance.

roast beef ['rɔzbif] ***n.m.invar.*** (*cuc.*) rosbif, roast-beef.

roba [rò-ba] ***n.f.*** **1** (*cosa, cose*) choses (*pl.*); (*oggetti*) objets (*m.pl.*); (*cose personali*) affaires (*pl.*): *è vecchia roba*, ce sont des vieilleries; *non c'è molta roba da vedere*, il n'y a pas grand-chose à voir; *questa è roba nostra*, c'est à nous; *non toccare quella roba*, ne touche pas cela; *cos'è questa roba?*, qu'est-ce que c'est que ça?; *è roba di vent'anni fa*, il y a vingt ans de ça | *roba da bere*, quelque chose à boire; *roba da mangiare*, quelque chose à manger; *la roba dolce*, le sucré; *la roba salata*, le salé **2** (*proprietà, sostanze*) biens (*m.pl.*): *ha lasciato tutta la sua roba ai poveri*, il a laissé tout ce qu'il avait aux pauvres **3** (*abiti*) vêtements (*m.pl.*); (*stoffa*) étoffe; (*tessuto*) tissu (*m.*) **4** (*merce*) marchandise; articles (*m.pl.*): *è roba fine*, c'est de la belle marchandise **5** (*gergo*) (*droga*) came.
● ***roba da chiodi***, c'est inouï | ***bella roba!***, c'est du propre! | ***che roba!***, regarde-moi ça! | ***è roba da niente***, ce n'est pas grand-chose | ***è roba da piangere***, c'est à faire pleurer.

FAUX AMI
Da non confondere con *robe*, che significa *vestito da donna*.

robaccia [ro-bàc-cia] ***n.f.*** [pl. *-ce*] (*merce di poco valore*) camelote: *non leggere quella robaccia*, ne lis pas cette saleté.

robinia [ro-bì-nia] ***n.f.*** (*bot.*) robinier (*m.*).

robiola [ro-biò-la] ***n.f.*** robiola (fromage italien à pâte molle).

robivecchi [ro-bi-vèc-chi] ***n.m.*** e ***f.invar.*** brocanteur/euse.

roboante [ro-bo-àn-te] ***agg.*** **1** sonore **2** (*fig.*) ronflant.

robot [ro-bòt *o* rò-bot] ***n.m.invar.*** robot.
● ***robot da cucina***, robot (ménager).

robotica [ro-bò-ti-ca] ***n.f.*** [pl. *-che*] robotique | *specialista di robotica*, roboticien.

robustezza [ro-bu-stéz-za] ***n.f.*** force, vigueur.

robusto [ro-bù-sto] ***agg.*** **1** robuste; (*forte*) fort (*anche fig.*): *stile robusto*, (*fig.*) style vigoureux | *stomaco robusto*, estomac d'autruche **2** (*di cose*) (*solido*) solide.

rocambolesco [ro-cam-bo-lé-sco] ***agg.*** [pl.m. *-schi*, f. *-sche*] rocambolesque.

rocca[1] [róc-ca] ***n.f.*** [pl. *-che*] **1** (*fortezza*) forteresse **2** (*roccia*) roche.

rocca[2] ***n.f.*** (*conocchia*) quenouille.

roccaforte [roc-ca-fòr-te] ***n.f.*** [pl. *roccheforti*] citadelle.

rocchetto [roc-chét-to] ***n.m.*** **1** bobine (*f.*); (*per la seta*) rochet **2** (*mecc.*) (*di ingranaggio*) pignon.

rocchio [ròc-chio] ***n.m.*** [pl. *-chi*] (*di albero, di colonna*) tronçon.

roccia [ròc-cia] ***n.f.*** [pl. *-ce*] **1** (*geol.*) roche **2** (*blocco*) rocher (*m.*) **3** (*suolo roccioso*) roc (*m.*) | *è una roccia!*, c'est un roc!
● (*sport*) ***alpinismo su roccia***, varappe.

rocciatore [roc-cia-tó-re] ***n.m.*** [f. *-trice*] varappeur*, rochassier.

roccioso [roc-ció-so] ***agg.*** rocheux*.

rockettaro [ro-cket-tà-ro] ***n.m.*** [f. *-a*] (*fam.*) rocker*, rockie.

roco [rò-co] ***agg.*** [pl.m. *-chi*, f. *-che*] rauque.

rococò [ro-co-cò] ***agg.*** e ***n.m.invar.*** (*arte*) rococo.

rodaggio [ro-dàg-gio] ***n.m.*** [pl. *-gi*] rodage.

rodare [ro-dà-re] ***v.tr.*** roder.

rodeo [ro-dè-o] ***n.m.*** rodéo.

rodere [ró-de-re] ***v.tr.*** [p.rem. *io rosi*, *tu rodesti* ecc.; p.p. *roso*] ronger* ♦ **rodersi** ***v.pron.*** (*fig.*) se ronger*: *rodersi dalla gelosia*, être dévoré par la jalousie.
● ***rodersi il fegato***, se faire du mauvais sang.

FAUX AMI
Da non confondere con *roder*, che significa *mettere a punto*, *rodare*, né con *rôder*, che significa *aggirarsi*, *vagare*.

rodio [rò-dio] ***n.m.*** [pl. *-di*] (*chim.*) rhodium.

roditore [ro-di-tó-re] ***agg.*** e ***n.m.*** [f. *-trice*] rongeur*.

rododendro [ro-do-dèn-dro] ***n.m.*** (*bot.*) rhododendron.

rodomontata [ro-do-mon-tà-ta] ***n.f.*** (*scherz.*) rodomontade.

rogante [ro-gàn-te] ***n.m.*** e ***f.*** (*dir.*) notaire.

rogare [ro-gà-re] ***v.tr.*** [coniug. come *legare*] (*dir.*) notarier.

rogatoria [ro-ga-tò-ria] ***n.f.*** (*dir.*) commission rogatoire.

rogatorio [ro-ga-tò-rio] ***agg.*** [pl.m. *-ri*] (*dir.*) rogatoire.

rogazioni [ro-ga-zió-ni] ***n.f.pl.*** (*eccl.*) rogations.

rogito [rò-gi-to] ***n.m.*** (*dir.*) acte notarié: *fare il rogito* (*di un appartamento*), passer la vente.

rogna [ró-gna] ***n.f.*** **1** (*scabbia*) gale **2** (*malattia delle piante*) teigne **3** (*fig. fam.*) ennui (*m.*), embêtement (*m.*).
● ***cercar rogne***, chercher noise.

rognone [ro-gnó-ne] ***n.m.*** (*cuc.*) rognon.

rognoso [ro-gnó-so] ***agg.*** **1** galeux* **2** (*fig.*) embêtant: *lavoro rognoso*, travail embêtant.

rogo [rò-go *o* rógo] ***n.m.*** [pl. *-ghi*] **1** bûcher **2** (*incendio*) incendie.

rollare[1] [rol-là-re] ***v.tr.*** **1** (*mar.*) (*arrotolare*) rouler **2** (*gergo*) se rouler: *rollare una canna*, se rouler un joint.

rollare[2] ***v.intr.*** [aus. *avere*] (*mar., aer.*) (*oscillare*) rouler.

rollata [rol-là-ta] ***n.f.*** (*mar., aer.*) coup (*m.*) de roulis.

rollerblade® [roller'bleid] ***n.m.invar.*** (*pattini*) roller.

rollio [rol-lì-o] ***n.m.*** [pl. *-ii*] roulis.

romagnolo [ro-ma-gnò-lo] ***agg.*** romagnol ♦ ***n.m.*** [f. *-a*] (*abitante*) Romagnol.

romancio [ro-màn-cio] ***n.m.*** e ***agg.*** [pl.m. *-ci*, f. *-ce*] romanche.

romando [ro-màn-do] ***agg.*** e ***n.m.*** romand: *la Svizzera romanda*, la Suisse romande.

romanesco [ro-ma-né-sco] ***agg.*** [pl.m. *-schi*, f. *-sche*] romain ♦ ***n.m.*** (dialecte) romain.

FAUX AMI
Da non confondere con *romanesque*, che significa *romanzesco*.

romanico [ro-mà-ni-co] ***n.m.*** e ***agg.*** [pl.m. *-ci*, f. *-che*] (*arte*) roman.

romano [ro-mà-no] ***agg.*** romain ♦ ***n.m.*** [f. *-a*] (*abitante*) Romain.
● (*st.*) ***l'impero romano***, l'empire romain | ***pagare alla romana***, payer chacun sa part.

R

FAUX AMI
Da non confondere con l'aggettivo *roman*, che significa *romanico*, né con il sostantivo *roman*, che significa *romanzo*.

romanticheria [ro-man-ti-che-rì-a] ***n.f.*** sensiblerie, affectation romantique.

romanticismo [ro-man-ti-cì-ʃmo] ***n.m.*** romantisme.

romantico [ro-màn-ti-co] ***agg.*** e ***n.m.*** [f. *-a*; pl.m. *-ci*, f. *-che*] romantique.

romanza [ro-màn-ʒa] ***n.f.*** romance.

romanzare [ro-man-ʒà-re] ***v.tr.*** romancer*.

romanzato [ro-man-ʒà-to] ***agg.*** romancé.

romanzesco [ro-man-ʒé-sco] ***agg.*** [pl.m. *-schi*, f. *-sche*] romanesque (*anche fig.*): *personaggio romanzesco*, personnage de roman.

romanziere [ro-man-ʒiè-re] ***n.m.*** [f. *-a*] romancier*.

romanzo[1] [ro-màn-ʒo] ***n.m.*** roman: *il romanzo italiano del Novecento*, le roman italien du XXᵉ siècle; *la sua vita è un romanzo*, (*fig.*) sa vie est un roman.
● ***romanzo a fumetti***, feuilleton en bandes dessinées | ***romanzo giallo***, roman policier | ***romanzo storico***, roman historique.

romanzo[2] ***agg.*** roman: *filologia romanza*, philologie romane.

rombare [rom-bà-re] ***v.intr.*** [aus. *avere*] gronder; (*di motore*) vrombir.

rombo[1] [róm-bo] ***n.m.*** (*mat.*) rhombe, losange (*f.*).
● ***(fatto) a rombi***, losangé.

rombo[2] ***n.m.*** (*zool.*) turbot.

rombo[3] ***n.m.*** grondement; (*di motore*) vrombissement.

rombo- ***prep.*** rhombo-.

romboide [rom-bòi-de] ***n.m.*** (*mat.*) rhomboïde.

romeno [ro-mè-no] ***agg.*** e ***n.m.*** → **rumeno**.

romito [ro-mi-to] ***agg.*** (*letter.*) solitaire.

romitorio [ro-mi-tò-rio] ***n.m.*** [pl. *-ri*] ermitage.

rompere [róm-pe-re] ***v.tr.*** [p.rem. *io ruppi, tu rompesti* ecc.; p.p. *rotto*] **1** casser: *rompere un piatto*, casser une assiette **2** (*spezzare, interrompere*) rompre* (*anche fig.*): *rompere il digiuno, la monotonia*, rompre le jeûne, la monotonie; *rompere il sonno*, interrompre le sommeil | (*ippica*) *rompere il trotto*, passer du trot au galop **3** (*strappare*) déchirer ♦ ***v.intr.*** [aus. *avere*] **1** (*interrompere i rapporti*) rompre* **2** (*fam.*) (*scocciare*) embêter: *non rompere!*, ne me casse pas les pieds! ♦ **rompersi** ***v.pron.*** **1** se casser; (*fig.*) se rompre*: *il piatto si ruppe*, l'assiette se cassa **2** (*molto fam.*) (*scocciarsi*) en avoir* ras-le-bol: *mi sono rotto di te e delle tue storie*, j'en ai ras-le-bol de toi et de tes histoires ♦ ***v.pron. indiretto*** se casser: *rompersi una gamba, un braccio*, se casser une jambe, un bras.
● ***rompere il ghiaccio, i ponti***, rompre la glace, les ponts | ***rompere in pianto***, fondre en larmes | (*prov.*) ***rompere l'anima, le scatole a***, (*fam.*) casser les pieds à | (*prov.*) ***chi rompe paga*** (***e i cocci sono suoi***), il faut payer les pots cassés | ***rompersi la schiena a fare qlco***, (*fig.*) s'éreinter à faire qqch.

rompicapo [rom-pi-cà-po] ***n.m.*** casse-tête (*anche fig.*).

rompicazzo [rom-pi-càz-zo] ***agg.*** e ***n.m.*** e ***f.invar.*** (*volg.*) casse-couilles.

rompicoglioni [rom-pi-co-glió-ni] ***n.m.*** e ***f.invar.*** → **rompipalle**.

rompicollo [rom-pi-còl-lo] ***n.m.*** casse-cou.
● ***correre a rompicollo***, courir à tombeau ouvert.

rompigetto [rom-pi-gèt-to] ***n.m.invar.*** (*di rubinetto*) brise-jet.

rompighiaccio [rom-pi-ghiàc-cio] ***n.m.invar.*** **1** (*mar.*) brise-glace **2** (*per alpinisti*) piolet.

rompipalle [rom-pi-pàl-le] ***n.m.*** e ***f.invar.*** (*molto fam.*) casse-couilles, casse-bonbons.

rompiscatole [rom-pi-scà-to-le] ***n.m.*** e ***f.invar.*** (*fam.*) casse-pieds.

rompitutto [rom-pi-tùt-to] ***n.m.*** e ***f.invar.*** (*fam.*) brise-tout, brise-fer.

roncola [rón-co-la] ***n.f.*** (*agr.*) serpe.

ronda [rón-da] ***n.f.*** (*mil.*) ronde.

rondella [ron-dèl-la] ***n.f.*** (*mecc.*) rondelle.
● ***rondella di spinta***, rondelle de butée | ***rondella di tenuta ermetica***, rondelle d'étanchéité.

rondine [rón-di-ne] ***n.f.*** (*zool.*) hirondelle.

rondinotto [ron-di-nòt-to] ***n.m.*** (*zool.*) hirondeau*.

rondò[1] [ron-dò] ***n.m.invar.*** (*lett.*) rondeau*; (*mus.*) rondo, rondeau*.

rondò[2] ***n.m.invar.*** (*di strade*) rond-point*.

rondone [ron-dó-ne] ***n.m.*** (*zool.*) martinet.

ronfare [ron-fà-re] ***v.intr.*** [aus. *avere*] (*fam.*) **1** ronfler **2** (*fare le fusa*) ronronner.

ron ron ***n.m.invar.*** e ***onom.*** (*del gatto*) ronron: *fare ron ron*, (*di gatto*) ronronner; (*di persona*) ronfler.

röntgenterapia [rönt-gen-te-ra-pì-a] ***n.f.*** (*med.*) röntgenthérapie.

ronzare [ron-ʒà-re] ***v.intr.*** [aus. *avere*] **1** (*di insetti*) bourdonner; (*di motori*) ronfler | *mi ronzano le orecchie*, j'ai des bourdonnements d'oreilles **2** (*fig.*) (*girare attorno*) rôder **3** (*passare*) passer; (*fig.*) (*turbinare*) s'agiter: *che cosa ti ronza per il capo?*, qu'est-ce qui te passe par la tête?

● ***ronzare intorno a qlcu, qlco***, rôder autour de qqn, de qqch: *ronzare intorno a una ragazza*, tourner autour d'une jeune fille.

ronzino [ron-ʒì-no] ***n.m.*** rosse (*f.*), *haridelle (*f.*).

ronzio [ron-ʒì-o] ***n.m.*** [pl. *-ii*] bourdonnement; (*di motori*) ronflement.

rorido [rò-ri-do] ***agg.*** (*letter.*) humide de rosée.

rosa [ró-sa] ***n.f.*** **1** rose: *una pianta di rose*, un rosier **2** (*fig.*) (*gruppo*) groupe (*m.*): *la rosa dei concorrenti, dei giocatori*, le groupe des concurrents, des joueurs **3** (*di capelli*) épi (*m.*) **4** (*arch.*) (*rosone*) rose, rosace ♦ ***n.m. invar.*** (*colore*) rose: *rosa antico*, vieux rose; *rosa shocking*, rose vif ♦ ***agg.invar.*** rose: *dei vestiti rosa*, des robes roses.

● ***rosa canina***, (*fiore*) églantine; (*pianta*) églantier | (*geogr.*) ***rosa dei venti***, rose des vents | (*geol.*) ***rosa del deserto***, rose des sables | ***rosa delle Alpi***, rhododendron | ***rosa di macchia***, rose de bruyère | ***rosa di maggio***, rose pompon | ***rosa di mare***, ortie de mer, actinie | ***acqua di rose***, eau de rose: *all'acqua di rose*, (*fig.*) à l'eau de rose | ***cronaca rosa***, presse du cœur | ***essere fresco come una rosa***, être frais comme une rose | ***legno di rose***, bois de rose | (*prov.*) ***non c'è rosa senza spine***, il n'est pas de roses sans épines | ***non son tutte rose, non è tutto rose e fiori***, ce n'est pas tout rose: *la vita non è tutta rose e fiori*, la vie n'est pas toujours rose | ***romanzo, letteratura rosa***, roman, littérature à l'eau de rose | (*prov.*) ***se son rose fioriranno***, qui vivra verra | ***vedere tutto rosa***, (*fig.*) voir tout en rose.

rosaceo [ro-ʃà-ce-o] ***agg.*** rosacé.

rosaio [ro-ʃà-io] ***n.m.*** [pl. *-ai*] rosier.

rosario [ro-ʃà-rio] ***n.m.*** [pl. *-ri*] (*di cinque decine*) chapelet (*anche fig.*); (*di quindici decine*) rosaire: *recitare il rosario*, dire son chapelet, rosaire.

rosato [ro-ʃà-to] ***agg.*** **1** (*roseo*) rose | *vino rosato*, vin rosé **2** (*che contiene essenza di rose*) rosat* ♦ ***n.m.*** (*vino*) rosé.

roseo [rò-ʃe-o] ***agg.*** rose (*anche fig.*): *un roseo avvenire*, un avenir tout rose; *rosee prospettive*, des perspectives agréables.

roseola [ro-ʃè-o-la] ***n.f.*** (*med.*) roséole.

roseto [ro-ʃé-to] ***n.m.*** roseraie (*f.*).

rosetta [ro-ʃét-ta] ***n.f.*** **1** (*decorazione a forma di rosa*) rosette **2** (*gioielleria*) rose **3** (*mecc.*) rondelle **4** (*bot.*) rosette **5** (*tipo di pane*) petit pain (*m.*) rond.

rosi → **rodere**.

rosicare [ro-si-cà-re] ***v.tr.*** [coniug. come *mancare*] (*rodere*) ronger*; (*rosicchiare*) grignoter.

rosicchiare [ro-sic-chià-re] ***v.tr.*** (*rodere*) ronger*; (*mangiucchiare*) grignoter ♦ **rosicchiarsi** ***v.pron. indiretto*** *rosicchiarsi le unghie*, se ronger les ongles.

rosmarino [ro-ʃma-rì-no] ***n.m.*** (*bot.*) romarin.

roso [ró-so] ***agg.*** rongé; (*consumato*) usé.

rosolaccio [ro-ʃo-làc-cio] ***n.m.*** [pl. *-ci*] (*bot.*) coquelicot.

rosolare [ro-ʃo-là-re] ***v.tr.*** (*cuc.*) rissoler ♦ **rosolarsi** ***v.pron.*** (*cuc.*) rissoler | *rosolarsi al sole*, (*fig.*) se rôtir au soleil.

rosolia [ro-ʃo-lì-a] ***n.f.*** (*med.*) rubéole.

rosolio [ro-ʃò-lio] ***n.m.*** [pl. *-li*] rossolis.

rosone [ro-ʃó-ne] ***n.m.*** (*arch.*) rosace (*f.*), rose (*f.*).

rospo [rò-spo] ***n.m.*** **1** crapaud **2** (*fig.*) (*persona brutta*) crapaud.

● ***ingoiare un rospo***, (*fig.*) avaler des couleuvres.

rossastro [ros-sà-stro] ***agg.*** rougeâtre; (*di capelli, di pelo*) roussâtre.

rosseggiare [ros-seg-già-re] ***v.intr.*** [coniug. come *mangiare*; aus. *avere*] rougeoyer*.

rossetto [ros-sét-to] ***n.m.*** rouge à lèvres: *darsi il rossetto*, se mettre du rouge à lèvres.

rossiccio [ros-sìc-cio] ***agg.*** [pl.m. *-ci*, f. *-ce*] rougeâtre; (*di capelli, di pelo*) roussâtre.

rosso [rós-so] ***agg.*** **1** rouge: *il semaforo è rosso*, le feu est au rouge; *rosso per la vergogna*, rouge de honte; *rosso di rabbia*, bleu de colère | *è passato col rosso*, (*a un semaforo*) il est passé au rouge **2** (*di capelli, di pelo*) roux* **3** (*rossiccio*) roux* ♦ ***n.m.*** **1** (*colore*) rouge **2** (*colore rossiccio*) roux* **3** [f. *-a*] (*di capelli, di pelo*) roux* **4** [f. *-a*] (*pol.*) rouge **5** (*comm.*) rouge **6** (*tuorlo*) jaune **7** (*vino rosso*) rouge.

● ***rosso ciliegia***, rouge cerise | ***rosso come un gambero, come un papavero, come un peperone***, rouge comme une écrevisse, comme un coquelicot, comme une pivoine | ***cinema a luci rosse***, cinéma pornographique | (*comm.*) ***in rosso***, à découvert: *essere in rosso*, être à découvert; *conto in rosso*, compte en rouge | ***luna rossa***, lune rousse | ***vedere rosso***, (*fig.*) voir rouge.

rossola [rós-so-la] ***n.f.*** (*bot.*) russule.

rossore [ros-só-re] ***n.m.*** rougeur (*f.*): *con rossore debbo confessare che*, à ma grande honte je dois avouer que.

rosticceria [ro-stic-ce-rì-a] ***n.f.*** rôtisserie.

rosticciere [ro-stic-ciè-re] ***n.m.*** [f. *-a*] rôtisseur*.

rostro [rò-stro] ***n.m.*** **1** rostre **2** (*di rapaci*) bec.

rota [rò-ta] ***n.f.*** (*letter.*) (*ruota*) roue.

● (*dir. eccl.*) ***la Sacra Rota***, la Rote (romaine).

rotabile [ro-tà-bi-le] ***agg.*** carrossable ♦ ***n.f.*** route carrossable.

● (*ferr.*) ***materiale rotabile***, matériel roulant.

rotaia [ro-tà-ia] ***n.f.*** **1** rail (*m.*) | *uscire dalle rotaie*, (*anche fig.*) dérailler **2** (*solco lasciato dalle ruote*) ornière.

rotante [ro-tàn-te] ***agg.*** tournant, rotatif*.

rotare [ro-tà-re] ***v.intr.*** e ***tr.*** → **ruotare**.

rotativa [ro-ta-tì-va] ***n.f.*** (*tip.*) rotative.

rotativo [ro-ta-tì-vo] ***agg.*** rotatif*; (*di rotazione*) de rotation.

rotatoria [ro-ta-tò-ria] ***n.f.*** sens (*m.*) giratoire.

rotatorio [ro-ta-tò-rio] ***agg.*** [pl.m. *-ri*] rotatoire.

● (*fis.*) ***senso rotatorio***, sens giratoire.

rotazione [ro-ta-zió-ne] ***n.f.*** **1** rotation **2** (*avvicendamento*) roulement (*m.*) **3** (*agr.*) assolement (*m.*), rotation des cultures.

roteare [ro-te-à-re] ***v.tr.*** tourner; (*gli occhi*) rouler ♦ ***v.intr.*** [aus. *avere*] tournoyer*.

rotella [ro-tèl-la] ***n.f.*** **1** roulette | *gli manca qualche rotella*, (*fig. fam.*) il lui manque une case **2** (*anat.*) (*rotula*) rotule **3** (*di bastone da sci*) rondelle.

rotocalco [ro-to-càl-co] ***n.m.*** [pl. *-chi*] **1** (*tip.*) rotogravure (*f.*) **2** (*periodico*) magazine.
● (*tip.*) ***stampare a rotocalco***, imprimer en rotogravure.

rotolamento [ro-to-la-mén-to] ***n.m.*** roulement.

rotolare [ro-to-là-re] ***v.tr.*** e ***intr.*** [aus. dell'intr. *essere*] rouler: *rotolare giù per le scale*, dégringoler dans l'escalier ♦ **rotolarsi** ***v.pron.*** se rouler.

rotolio [ro-to-lì-o] ***n.m.*** [pl. *-ii*] roulement continu.

rotolo [rò-to-lo] ***n.m.*** rouleau*.
● ***a rotoli***, à vau-l'eau: *è andato tutto a rotoli*, tout est tombé à l'eau; *ha mandato tutto a rotoli*, il a tout envoyé promener.

rotolone [ro-to-ló-ne] ***n.m.*** (*caduta*) dégringolade (*f.*): *fare un rotolone per le scale*, dégringoler dans l'escalier.
● ***cadere*** (***a***) ***rotoloni***, tomber, dégringoler.

rotonda [ro-tón-da] ***n.f.*** **1** (*arch.*) rotonde **2** (*terrazza di forma circolare*) terrasse **3** (*spartitraffico*) rond-point* (*m.*).

rotondeggiante [ro-ton-deg-giàn-te] ***agg.*** arrondi.

rotondetto [ro-ton-dét-to] ***agg.*** (*fam.*) rondelet*.

rotondità [ro-ton-di-tà] ***n.f.invar.*** rondeur (*anche fig.*); rotondité.

rotondo [ro-tón-do] ***agg.*** rond; (*arrotondato*) arrondi: *mento rotondo*, menton arrondi.

rotore [ro-tó-re] ***n.m.*** (*tecn.*) rotor.

rotta[1] [rót-ta] ***n.f.*** **1** (*rottura*) rupture **2** (*disfatta*) débâcle; (*fuga*) déroute.
● ***correre a rotta di collo***, courir comme un dératé | ***essere in rotta con qlcu***, être brouillé avec qqn.

rotta[2] ***n.f.*** (*mar., aer.*) route: *fare rotta per, verso*, faire route vers; *invertire la rotta*, virer.
● ***ufficiale di rotta***, (*mar. mil.*) officier de route et des montres; (*mar. mercantile*) officier de navigation.

rottamaio [rot-ta-mà-io] ***n.m.*** [f. *-a*; pl.m. *-ai*] ferrailleur.

rottamare [rot-ta-mà-re] ***v.tr.*** mettre* à la ferraille.

rottamazione [rot-ta-ma-zió-ne] ***n.f.*** mise à la casse.

rottame [rot-tà-me] ***n.m.*** débris: *i rottami di ferro*, la ferraille; *quell'uomo è un rottame*, (*fig.*) cet homme est une épave.

rotto [rót-to] ***agg.*** **1** cassé; (*frantumato*) brisé: *scarpe rotte*, souliers percés; *rotto dalla fatica*, (*fig.*) moulu de fatigue | *voce rotta dai singhiozzi, dall'emozione*, (*fig.*) voix entrecoupée de sanglots, brisée par l'émotion **2** (*resistente*) rompu: *rotto ai vizi*, rompu aux vices ♦ ***n.m.*** (*solo pl.*) (*spiccioli*) poussières (*f.*): *cento euro e rotti*, cent euros et des poussières.
● ***per il rotto della cuffia***, de justesse.

rottura [rot-tù-ra] ***n.f.*** **1** rupture (*anche fig.*) **2** (*fam.*) (*seccatura*) emmerdement (*m.*), embêtement (*m.*): *che rottura* (*di scatole*)*!*, quel emmerdement!; *questo lavoro è una gran rottura*, c'est un travail chiant.

rotula [rò-tu-la] ***n.f.*** (*anat.*) rotule.

roulotte [ru'lɔt] ***n.f.invar.*** caravane | *il campeggio in roulotte*, le caravaning; (*durante l'inverno*) le caravaneige.

roulottista [rou-lot-tì-sta] ***n.m.*** e ***f.*** caravanier/ère.

router ['ruter] ***n.m.invar.*** (*inform.*) routeur.

rovello [ro-vèl-lo] ***n.m.*** (*letter.*) (*pensiero ossessivo*) obsession (*f.*).

rovente [ro-vèn-te] ***agg.*** ardent (*anche fig.*); (*di ferro*) rouge.

rovere [ró-ve-re] ***n.m.*** o ***f.*** (*bot.*) rouvre (*m.*).

rovesciamento [ro-ve-scia-mén-to] ***n.m.*** renversement (*anche fig.*); (*di barca*) chavirement.

rovesciare [ro-ve-scià-re] ***v.tr.*** [coniug. come *cominciare*] **1** (*rivoltare*) retourner **2** (*capovolgere*) renverser (*anche fig.*); (*un'imbarcazione*) faire* chavirer **3** (*versare*) renverser: *rovesciare insulti su qlcu*, (*fig.*) déverser des injures sur qqn; *rovesciare la colpa su qlcu*, (*fig.*) rejeter la faute sur qqn ♦ **rovesciarsi** ***v.pron.*** **1** se renverser; (*di imbarcazione*) chavirer: *l'automobile si rovesciò nel fosso*, l'automobile culbuta dans le fossé **2** (*versarsi*) se renverser; (*di pioggia ecc.*) s'abattre*; (*di folla*) se déverser.

rovesciata [ro-ve-scià-ta] ***n.f.*** (*calcio*) retourné (*m.*).

rovesciato [ro-ve-scià-to] ***agg.*** (*capovolto*) renversé; (*di indumento*) retourné.

rovescio [ro-vè-scio] ***agg.*** [pl.m. *-sci*, f. *-sce*] à l'envers; (*riverso*) renversé: *cadere rovescio*, tomber à la renverse ♦ ***n.m.*** **1** revers: *il rovescio della mano*, le revers de la main; *il rovescio di un foglio*, le verso d'une feuille | *rovescio di fortuna*, revers de fortune **2** (*di tessuto*) envers **3** (*di pioggia, grandine ecc.*) averse (*f.*); (*fig.*) bordée (*f.*).
● ***a rovescio, alla rovescia***, à l'envers, (*fig.*) de travers: *conto alla rovescia*, compte à rebours | ***dal rovescio***, à l'envers | ***punto rovescio***, (*nei lavori a maglia*) maille à l'envers.

roveto [ro-vé-to] ***n.m.*** ronceraie (*f.*), fourré d'épines.

rovina [ro-vì-na] ***n.f.*** **1** ruine (*anche fig.*): *è stato una rovina*, cela a été un désastre **2** (*crollo*) écroulement (*m.*).
● ***andare in rovina***, (*di cose*) tomber en ruine, (*di persone*) se ruiner | ***mandare in rovina***, ruiner.

rovinare [ro-vi-nà-re] ***v.tr.*** **1** ruiner **2** (*danneggiare*) abîmer **3** (*fig.*) (*sciupare*) gâcher ♦ ***v.intr.*** [aus. *essere*] s'écrouler: *la valanga rovinò a valle*, l'avalanche s'abattit dans la vallée ♦ **rovinarsi** ***v.pron.intr.*** **1** (*economicamente*) se ruiner **2** (*danneggiarsi*) s'abîmer ♦ ***v.pron. indiretto*** (se) ruiner: *rovinarsi la salute*, ruiner sa santé, se ruiner la santé; *rovinarsi la vita*, se gâcher la vie.

rovinato [ro-vi-nà-to] ***agg.*** (*mandato in rovina*) ruiné; (*danneggiato*) abîmé.

rovinio [ro-vi-nì-o] ***n.m.*** [pl. *-ii*] (*crollo*) écroulement; (*fracasso*) fracas.

rovinosamente [ro-vi-no-sa-mén-te] ***avv.*** **1** ruineusement **2** (*violentemente*) violemment.

rovinoso [ro-vi-nó-so] ***agg.*** (*che manda in rovina*) ruineux*; (*che causa danni*) catastrophique.

rovistare [ro-vi-stà-re] ***v.tr.*** e ***intr.*** [aus. *avere*] fouiller.

rovo [ró-vo] ***n.m.*** ronce (*f.*).

royalties ['rɔjaltiz] ***n.f.pl.*** (*econ., dir.*) royalties.

rozzamente [roʒ-ʒa-mén-te] ***avv.*** grossièrement, rudement.

rozzezza [roʒ-ʒéz-za] ***n.f.*** grossièreté, rudesse.

rozzo [róʒ-ʒo] ***agg.*** **1** (*non rifinito*) brut **2** (*fig.*) fruste; (*di persona*) mal dégrossi, rude, grossier*.

ruba [rù-ba] ***n.f.***
● ***andare a ruba***, se vendre comme des petits pains: *i suoi dischi vanno a ruba*, on s'arrache ses disques.

rubacchiare [ru-bac-chià-re] ***v.tr.*** chaparder; (*nei campi*) marauder.

rubacuori [ru-ba-cuò-ri] ***agg.invar.*** enjôleur* ♦ ***n.m.*** e ***f.invar.*** séducteur/trice.

rubare [ru-bà-re] ***v.tr.*** voler: *mi hanno rubato il portafo-*

glio, on m'a volé mon portefeuille; *rubare le ore al sonno*, (*fig.*) prendre sur son sommeil | *rubare sulla spesa*, faire danser l'anse du panier | *mi rubi il mestiere!*, tu veux faire mon travail! ♦ **rubarsi** *v.pron.rec. indiretto* s'arracher; (*contendersi*) se disputer.
● ***rubare la parola di bocca***, enlever les mots de la bouche.

ruberia [ru-be-rì-a] *n.f.* vol (*m.*): *è una ruberia*, c'est du vol; *le ruberie dei cattivi amministratori*, les escroqueries des mauvais administrateurs.

rubicondo [ru-bi-cón-do] *agg.* rubicond.

rubidio [ru-bì-dio] *n.m.* [pl. *-di*] (*chim.*) rubidium.

rubinetteria [ru-bi-net-te-rì-a] *n.f.* robinetterie.

rubinetto [ru-bi-nét-to] *n.m.* robinet.

rubino [ru-bì-no] *n.m.* rubis.

rubizzo [ru-bìz-zo] *agg.* **1** gaillard **2** (*rubicondo*) rubicond, rougeaud.

rublo [rù-blo] *n.m.* rouble.

rubrica [ru-brì-ca] *n.f.* [pl. *-che*] **1** (*in un periodico*) rubrique; (*alla televisione*) émission **2** (*quaderno a margini scalettati*) répertoire (*m.*) (à onglets).
● ***rubrica degli indirizzi***, répertoire des adresses | ***rubrica telefonica***, répertoire téléphonique.

ruchetta [ru-chét-ta] **rucola** *n.f.* (*bot.*) roquette.

rude [rù-de] *agg.* rude; (*rozzo*) grossier*: *usare sistemi rudi*, ne pas y aller de main morte.

rudemente [ru-de-mén-te] *avv.* rudement; (*in modo brusco*) brusquement.

rudere [rù-de-re] *n.m.* (*spec. pl.*) ruines (*f.pl.*): *ormai è un rudere*, (*fig.*) désormais ce n'est plus qu'une ruine.

rudezza [ru-déz-za] *n.f.* rudesse; (*rozzezza*) grossièreté.

rudimentale [ru-di-men-tà-le] *agg.* rudimentaire.

rudimento [ru-di-mén-to] *n.m.* rudiment.

ruffiana [ruf-fià-na] *n.f.* entremetteuse; (*fig.*) lèche-bottes*: *che ruffiana!*, ce qu'elle peut être fayot!

ruffianata [ruf-fia-nà-ta] *n.f.* (*fam.*) vacherie.

ruffiano [ruf-fià-no] *n.m.* maquereau*; (*fig.*) fayot.

ruga [rù-ga] *n.f.* [pl. *-ghe*] ride.

rugbista [rag'bista] *n.m.* (*sport*) rugbyman*.

rugby ['ragbi] *n.m.invar.* (*sport*) rugby.

ruggente [rug-gèn-te] *agg.* rugissant.
● ***gli anni ruggenti***, (*gli anni trenta*) les années folles.

ruggine [rùg-gi-ne] *n.f.* **1** rouille: *prendere la ruggine*, se rouiller **2** (*fig.*) (*astio, rancore*) rancune: *c'è una vecchia ruggine tra di loro*, il y a une vieille inimitié entre eux; *c'è un po' di ruggine tra loro*, ils sont en froid | *avere della ruggine contro qlcu*, en vouloir à qqn.
● (*color*) ***ruggine***, (couleur) rouille | (*bot.*) ***pera ruggine***, rousselet.

rugginoso [rug-gi-nó-so] *agg.* rouillé.

ruggire [rug-gì-re] *v.intr.* [coniug. come *finire*; aus. *avere*] rugir.

FAUX AMI
Da non confondere con *rougir*, che significa *arrossarsi, arrossire*.

ruggito [rug-gì-to] *n.m.* rugissement.

rugiada [ru-già-da] *n.f.* rosée.

rugiadoso [ru-gia-dó-so] *agg.* humide de rosée.

rugosità [ru-go-si-tà] *n.f.invar.* rugosité.

rugoso [ru-gó-so] *agg.* rugueux*; (*di viso*) ridé.

rullaggio [rul-làg-gio] *n.m.* [pl. *-gi*] (*aer.*) roulement (sur le sol).

rullare [rul-là-re] *v.intr.* e *tr.* [aus. *avere*] rouler.

rullata [rul-là-ta] *n.f.* (*aer.*) roulement (*m.*) (sur le sol).

rullino [rul-lì-no] *n.m.* (petit) rouleau*; (*fot.*) pellicule (*f.*) (en bobine).

rullio [rul-lì-o] *n.m.* [pl. *-ii*] **1** roulement **2** (*mar.*) roulis.

rullo [rùl-lo] *n.m.* **1** (*tecn.*) rouleau* **2** (*di tamburo*) roulement.
● (*edil.*) ***rullo compressore***, rouleau compresseur | (*inform.*) ***rullo di alimentazione***, rouleau d'alimentation | (*tecn.*) ***rullo*** (***di scorrimento***), galet (de roulement).

rum *n.m.invar.* rhum.

rumeno [ru-mè-no] *agg.* roumain ♦ *n.m.* [f. *-a*] (*abitante*) Roumain.

ruminante [ru-mi-nàn-te] *agg.* e *n.m.* ruminant.

ruminare [ru-mi-nà-re] *v.tr.* ruminer (*anche fig.*).

ruminazione [ru-mi-na-zió-ne] *n.f.* (*zool.*) rumination.

rumine [rù-mi-ne] *n.m.* (*zool.*) rumen.

rumore [ru-mó-re] *n.m.* bruit: *rumori molesti*, des bruits gênants; *far rumore*, faire du bruit; *fare molto rumore*, faire beaucoup de bruit; *senza fare rumore*, sans faire de bruit | *mettere a rumore*, (*fig.*) mettre en effervescence.

rumoreggiare [ru-mo-reg-già-re] *v.intr.* [coniug. come *cominciare*; aus. *avere*] gronder.

rumorista [ru-mo-rì-sta] *n.m.* e *f.* (*cine., rad., tv.*) bruiteur/euse.

rumorosamente [ru-mo-ro-sa-mén-te] *avv.* bruyamment.

rumorosità [ru-mo-ro-si-tà] *n.f.invar.* bruit (*m.*).

rumoroso [ru-mo-ró-so] *agg.* bruyant: *risata rumorosa*, rire sonore.

runa [rù-na] *n.f.* (*ling.*) rune.

runico [rù-ni-co] *agg.* [pl.m. *-ci*, f. *-che*] runique.

ruolino [ruo-lì-no] *n.m.* rôle.
● ***ruolino di marcia***, ordre de marche; (*fig.*) marche à suivre.

ruolo [ruò-lo] *n.m.* **1** rôle: *avere il, un ruolo*, jouer le, un rôle **2** (*amm.*) rôle: *immettere qlcu nei ruoli, far passare qlcu in ruolo*, titulariser qqn; *passare in ruolo*, devenir titulaire; *passaggio in ruolo*, titularisation **3** (*teatr.*) rôle.
● ***di ruolo***, titulaire: *personale di ruolo*, personnel titulaire; *funzionario, professore di ruolo*, fonctionnaire, professeur titulaire | ***fuori ruolo***, hors cadre: *professore fuori ruolo*, professeur hors classe | (*dir.*) ***mettere a ruolo***, inscrire au (*o* sur le) rôle.

ruota [ruò-ta] *n.f.* **1** roue **2** (*nei conventi*) tour (*m.*).
● (*aut.*): ***ruota anteriore***, ***posteriore***, roue avant, arrière; ***ruota di scorta***, ***di ricambio***, roue de secours | (*inform.*) ***ruota di stampa***, rou à caractères (*o* d'impression) | (*aut.*) ***ruota motrice***, roue motrice | ***arrivare a ruota***, arriver roue contre roue | ***a ruota libera***, en roue libre | ***essere l'ultima ruota del carro***, (*fig.*) être la cinquième roue de la charrette | (*abbigl.*) ***gonna a ruota***, jupe cloche | ***mettere il bastone fra le ruote***, (*fig.*) mettre des bâtons dans les roues | ***seguire a ruota qlcu***, être dans la roue de qqn; (*fig.*) suivre qqn de près | ***ungere le ruote***, (*fig.*) graisser la patte | (*sport*) ***vincere di una ruota***, gagner d'une roue.

ruotare [ruo-tà-re] *v.intr.* [aus. *avere* o *essere*] **1** tourner **2** (*volteggiare*) tournoyer* ♦ *v.tr.* tourner: *ruotare gli occhi*, rouler les yeux; *ruotare le braccia*, faire des moulinets avec les bras.

R

rupe [rù-pe] ***n.f.*** rocher (*m.*).
rupestre [ru-pè-stre] ***agg.*** rupestre.
rupia [ru-pìa] ***n.f.*** (*moneta indiana*) roupie.
ruppi → **rompere**.
rurale [ru-rà-le] ***agg.*** rural*.
ruscello [ru-scèl-lo] ***n.m.*** ruisseau*.
ruspa [rù-spa] ***n.f.*** (*mecc.*) décapeuse, scraper (*m.*).
ruspante [ru-spàn-te] ***agg.***
● ***pollo ruspante***, poulet fermier.
ruspare [ru-spà-re] ***v.intr.*** [aus. *avere*] (*di polli, razzolare*) gratter (le sol); (*becchettare*) picorer.
russare [rus-sà-re] ***v.intr.*** [aus. *avere*] ronfler.
russo [rùs-so] ***agg.*** russe ♦ ***n.m.*** **1** [f. *-a*] (*abitante*) Russe **2** (*lingua*) russe.
● (*cuc.*): ***insalata russa***, salade russe, macédoine de légumes; ***uova alla russa***, œufs durs mayonnaise.
rusticano [ru-sti-cà-no] ***agg.*** paysan*.
rustichezza [ru-sti-chéz-za] ***n.f.*** **rusticità** ***n.f.invar.*** rusticité.
rustico [rù-sti-co] ***agg.*** [pl.m. *-ci*, f. *-che*] rustique: *arredare la casa con mobili rustici*, se meubler en rustique ♦ ***n.m.*** **1** (*locale annesso a fattorie, ville ecc.*) dépendance (*f.*) **2** (*casa rustica*) maison (*f.*) de paysans **3** (*edil.*) immeuble en construction.
ruta [rù-ta] ***n.f.*** (*bot.*) rue.
rutabaga [ru-ta-bà-ga] ***n.f.*** [pl. *-ghe*] (*bot.*) rutabaga (*m.*).
rutenio [ru-tè-nio] ***n.m.*** [pl. *-ni*] (*chim.*) ruthénium.
rutilante [ru-ti-làn-te] ***agg.*** rutilant.
ruttare [rut-tà-re] ***v.intr.*** [aus. *avere*] roter.
rutto [rùt-to] ***n.m.*** rot.
ruvidamente [ru-vi-da-mén-te] ***avv.*** rudement.
ruvidezza [ru-vi-déz-za] ***n.f.*** **ruvidità** ***n.f.invar.*** **1** rugosité, aspérité **2** (*fig.*) rudesse, brusquerie.
ruvido [rù-vi-do] ***agg.*** **1** rugueux*; (*di pelle, filati e tessuti*) rêche; (*scabro*) raboteux* **2** (*fig.*) rude, brusque.
● ***carta ruvida***, (*per acquerello*) papier torchon.
ruzzare [ruʒ-ʒà-re] ***v.intr.*** [aus. *avere*] s'ébattre*.
ruzzolare [ruz-zo-là-re] ***v.intr.*** [aus. *avere*] (*cadere rotolando*) dégringoler: *ruzzolò dalla scala*, il dégringola de l'échelle; *ruzzolare (giù) per le scale*, dégringoler dans l'escalier ♦ ***v.tr.*** (*far rotolare*) rouler.
ruzzolone [ruz-zo-ló-ne] ***n.m.*** dégringolade (*f.*), culbute (*f.*) (*anche fig.*): *fare un ruzzolone*, (*fig.*) faire la culbute.
● (***a***) ***ruzzoloni***, en dégringolant: *cadere* (*a*) *ruzzoloni per le scale*, dégringoler dans l'escalier.

R

Ss

s ***n.f.*** o ***m.invar.*** s (*m.*).
● (*tel.*) ***s come Savona***, s comme Suzanne | ***a (forma di) S***, en S.

sa → **sapere**[1].

sabato [sà-ba-to] ***n.m.*** samedi: *le banche chiudono il sabato*, les banques sont fermées le samedi | *il sabato inglese*, la semaine anglaise.
● (*relig.*) ***Sabato Santo***, Samedi Saint.

sabaudo [sa-bàu-do] ***agg.*** de la maison de Savoie.

sabba [sàb-ba] ***n.m.*** [pl. *sabba* o *sàbbati*] sabbat.

sabbatico [sab-bà-ti-co] ***agg.*** [pl.m. *-ci*, f. *-che*] sabbatique | *anno sabbatico*, année sabbatique.

sabbia [sàb-bia] ***n.f.*** sable (*m.*): *sabbia fine*, sablon; *giocare sulla sabbia*, jouer dans le sable | *cava di sabbia*, sablonnière ♦ ***agg.invar.*** (*colore*) sable.
● ***sabbie mobili***, sables mouvants | ***castello di sabbia***, (*fig.*) château de cartes | ***costruire, scrivere sulla sabbia***, (*fig.*) bâtir, écrire sur le sable.

sabbiare [sab-bià-re] ***v.tr.*** (*tecn.*) sabler.

sabbiato [sab-bià-to] ***agg.*** mat.

sabbiatore [sab-bia-tó-re] ***n.m.*** [f. *-trice*] (*operaio*) sableur.

sabbiatrice [sab-bia-trì-ce] ***n.f.*** (*macchina*) sableuse.

sabbiatura [sab-bia-tù-ra] ***n.f.*** **1** (*tecn.*) sablage (*m.*) **2** (*med.*) bain (*m.*) de sable.

sabbiera [sab-biè-ra] ***n.f.*** (*ferr.*) sablière.

sabbioso [sab-bió-so] ***agg.*** (*contenente sabbia*) sableux*; (*coperto di sabbia*) sablonneux*: *sentiero sabbioso*, chemin sablonneux.

sabir [sa-bìr] ***n.m.invar.*** (*ling.*) sabir.

sabotaggio [sa-bo-tàg-gio] ***n.m.*** [pl. *-gi*] sabotage.

sabotare [sa-bo-tà-re] ***v.tr.*** saboter.

sabotatore [sa-bo-ta-tó-re] ***n.m.*** [f. *-trice*] saboteur*.

sacca [sàc-ca] ***n.f.*** [pl. *-che*] **1** (*borsa*) sac (*m.*); (*bisaccia*) besace: *sacca da viaggio*, sac de voyage **2** (*fig.*) poche: *sacche di disoccupazione*, poches de chômage | (*mil.*) *sacca di resistenza*, poche de résistance **3** (*anat.*) poche, sac (*m.*).
● (*aer.*) ***sacca d'aria***, trou d'air.

saccaride [sac-cà-ri-de] ***n.m.*** (*chim.*) saccharide.

saccarifero [sac-ca-rì-fe-ro] ***agg.*** (*chim.*) saccharifère.

saccarificazione [sac-ca-ri-fi-ca-zió-ne] ***n.f.*** (*chim.*) saccharification.

saccarina [sac-ca-rì-na] ***n.f.*** (*chim.*) saccharine.

saccaromicete [sac-ca-ro-mi-cè-te] ***n.m.*** (*bot.*) saccharomyces.

saccarosio [sac-ca-rò-ʃio] ***n.m.*** [pl. *-sì*] (*chim.*) saccharose.

saccente [sac-cèn-te] ***agg.*** e ***n.m.*** e ***f.*** pédant/e: *non fare il saccente!*, ne sois pas pédant! ♦ ***n.f.*** bas-bleu* (*m.*).

saccentemente [sac-cen-te-mén-te] ***avv.*** avec pédanterie.

saccenteria [sac-cen-te-rì-a] ***n.f.*** pédanterie, pédantisme (*m.*).

saccentone [sac-cen-tó-ne] ***n.m.*** [f. *-a*] cuistre, je-sais-tout*.

saccheggiare [sac-cheg-già-re] ***v.tr.*** [coniug. come *mangiare*] piller; (*rapinare*) dévaliser: *saccheggiare una città*, piller une ville; *mi hanno saccheggiato il frigorifero*, (*scherz.*) ils ont dévalisé mon réfrigérateur.

saccheggiatore [sac-cheg-gia-tó-re] ***agg.*** e ***n.m.*** [f. *-trice*] pilleur*, pillard.

saccheggio [sac-chég-gio] ***n.m.*** [pl. *-gi*] pillage (*anche fig.*).

sacchetto [sac-chét-to] ***n.m.*** sachet: *un sacchetto di plastica*, un sachet en plastique; (*fam.*) un plastique.
● ***abito a sacchetto***, robe sac.

sacco [sàc-co] ***n.m.*** [pl. *-chi*] **1** sac: *con quel vestito sembra un sacco*, avec cette robe on dirait un sac de pommes de terre | *fare il sacco*, (*nel letto*) faire le lit en portefeuille **2** (*fam.*) (*grande quantità*) tas (*anche fig.*): *gli vuole un sacco di bene*, il l'adore; *ho un sacco di cose da fare*, j'ai des tas de choses (*o* plein de choses) à faire; *ne ha un sacco*, il en a énormément; *mi piace un sacco*, ça me plaît énormément **3** (*saccheggio*) sac: *mettere a sacco una città*, mettre une ville à sac **4** (*scient.*) sac.
● ***sacco a pelo***, sac de couchage | ***sacco custodia***, (*per vestiti*) housse (à vêtements) | ***sacco da montagna***, ***sacco alpino***, sac à dos, sac d'alpiniste | ***sacco della spazzatura***, sac-poubelle | ***sacco letto***, sac sarcophage | ***sacco postale***, sac postal | ***a sacchi***, à foison | ***colazione al sacco***, pique-nique | ***colmare il sacco***, (*fig.*) dépasser les bornes | ***con la testa nel sacco***, à l'aveuglette | ***corsa nei sacchi***, course en sac | ***fuori sacco***, (*di corrispondenza*) hors-sac | ***mangiare al sacco***, pique-niquer | ***mettere qlcu nel sacco***, (*fig.*) rouler qqn: *mi ha messo nel sacco*, je me suis fait avoir | ***reggere il sacco***, (*fig.*) tenir l'échelle | ***tela di sacco***, toile à sac | ***vestito di sacco***, vêtu de bure | ***vuotare il sacco***, (*fig.*) vider son sac.

saccoccia [sac-còc-cia] ***n.f.*** [pl. *-ce*] (*region.*) poche.

saccone [sac-có-ne] ***n.m.*** paillasse (*f.*).

saccopelista [sac-co-pe-lì-sta] ***n.m.*** e ***f.*** routard/e: *le spiagge sono invase dai saccopelisti*, les plages sont infestées de sacs de couchage.

sacculo [sàc-cu-lo] ***n.m.*** (*anat.*) saccule.

sacerdotale [sa-cer-do-tà-le] ***agg.*** sacerdotal*.

sacerdote [sa-cer-dò-te] ***n.m.*** prêtre.

sacerdotessa [sa-cer-do-tés-sa] ***n.f.*** prêtresse.

sacerdozio [sa-cer-dò-zio] ***n.m.*** [pl. *-zi*] **1** sacerdoce **2** (*come ordine sacro*) prêtrise (*f.*): *rinunciare al sacerdozio*, renoncer à la prêtrise.

sacrale [sa-crà-le] ***agg.*** sacré, sacral*.

sacralità [sa-cra-li-tà] ***n.f.invar.*** sacralité.

sacralizzare [sa-cra-liʒ-ʒà-re] ***v.tr.*** sacraliser.

sacramentale [sa-cra-men-tà-le] ***agg.*** sacramentel*.

sacramentare [sa-cra-men-tà-re] ***v.intr.*** [aus. *avere*] (*fam.*) jurer, sacrer.

sacramento [sa-cra-mén-to] ***n.m.*** (*relig.*) sacrement.
● ***con tutti i sacramenti***, (*fig. fam.*) en règle | ***il Santissimo Sacramento***, le Saint Sacrement.

sacrario [sa-crà-rio] ***n.m.*** [pl. *-ri*] **1** (*archeol.*) sacrarium **2** (*monumento in memoria*) sanctuaire: *il sacrario dei caduti*, le monument aux morts (pour la Patrie).

sacrificare [sa-cri-fi-cà-re] ***v.tr.*** e ***intr.*** [coniug. come *mancare*; aus. *avere*] sacrifier ♦ **sacrificarsi** ***v.pron.*** se sacrifier.

sacrificato [sa-cri-fi-cà-to] ***agg.*** sacrifié (*anche fig.*): *vivono sacrificati in due stanze*, ils vivent à l'étroit dans deux pièces; *in quell'angolo il quadro è veramente sacrificato*, dans ce coin, ce tableau n'est vraiment pas mis en valeur; *si sente sacrificato in quel lavoro*, il se sent dévalorisé par ce travail.

sacrificio [sa-cri-fi-cio] ***n.m.*** [pl. *-ci*] sacrifice: *far sacrificio di sé*, se sacrifier.

sacrilegio [sa-cri-lè-gio] ***n.m.*** [pl. *-gi*] sacrilège (*anche fig.*).

sacrilego [sa-crì-le-go] ***agg.*** e ***n.m.*** [f. *-a*; pl.m. *-ghi*, f. *-ghe*] sacrilège.

sacripante [sa-cri-pàn-te] ***n.m.*** **1** (*scherz.*) (*uomo robusto*) costaud **2** (*spreg.*) (*smargiasso*) fanfaron.

sacrista [sa-crì-sta] ***n.m.*** e ***f.*** sacristain/e.

sacro[1] [sà-cro] ***agg.*** sacré (*anche fig.*): *storia sacra*, histoire sainte; *considerare sacro*, considérer comme sacré; *essere sacro a*, être voué à; *il sonno per me è sacro!*, (*scherz.*) le sommeil, pour moi, c'est sacré! | *musica sacra, canti sacri*, musique religieuse, chants religieux ♦ ***n.m.*** sacré.
● (*eccl.*) ***il Sacro Collegio (dei cardinali)***, le Sacré Collège (des cardinaux) | (*relig.*) ***il Sacro Cuore***, le Sacré-Cœur | (*st.*) ***il Sacro Romano Impero***, le Saint-Empire Romain Germanique | (*relig.*) ***la Sacra Famiglia***, la Sainte Famille | (*eccl.*) ***la Sacra Rota***, la Rote | (*relig.*) ***le Sacre Scritture***, les Saintes Écritures.

FAUX AMI
Da non confondere con il sostantivo *sacre*, che significa *incoronazione* o *consacrazione*.

sacro[2] ***agg.*** e ***n.m.***
● (*anat.*) (***osso***) ***sacro***, sacrum.

sacro-lombare [sa-cro-lom-bà-re] ***agg.*** (*anat.*) sacro-lombaire*.

sacrosantamente [sa-cro-san-ta-mén-te] ***avv.*** entièrement, tout à fait: *ha sacrosantamente ragione*, il a entièrement raison; *se l'è sacrosantamente meritato*, il l'a bien mérité.

sacrosanto [sa-cro-sàn-to] ***agg.*** (*inviolabile*) sacré: *la libertà è un diritto sacrosanto*, la liberté est un droit sacré; *la sacrosanta verità*, la pure vérité; *punizione sacrosanta*, punition bien méritée; *le sue sacrosante abitudini*, (*iron.*) ses sacro-saintes habitudes | *parole sacrosante!*, sages paroles!

sadico [sà-di-co] ***agg.*** e ***n.m.*** [f. *-a*; pl.m. *-ci*, f. *-che*] sadique.

sadismo [sa-dì-ʃmo] ***n.m.*** sadisme.

sadomasochismo [sa-do-ma-ʃo-chì-ʃmo] ***n.m.*** sadomasochisme.

saetta [sa-ét-ta] ***n.f.*** **1** (*freccia*) flèche, trait (*m.*) **2** (*fulmine*) foudre: *è una saetta*, (*fig.*) il est rapide comme une flèche **3** (*sport*) (*tiro violento*) shoot (*m.*): *ha tirato in porta una saetta*, il a shooté au but.
● ***correre come una saetta***, (*fig.*) courir comme le vent.

saettare [sa-et-tà-re] ***v.tr.*** **1** darder (*anche fig.*) **2** (*calcio*) shooter.

safari [sa-fà-ri] ***n.m.invar.*** safari | *safari fotografico*, safari-photo.

safena [sa-fè-na] ***n.f.*** (*anat.*) saphène.

saffico [sàf-fi-co] ***agg.*** [pl.m. *-ci*, f. *-che*] saphique.

saga [sà-ga] ***n.f.*** [pl. *-ghe*] (*lett.*) saga.

sagace [sa-gà-ce] ***agg.*** sagace.

sagacemente [sa-ga-ce-mén-te] ***avv.*** avec sagacité.

sagacia [sa-gà-cia] ***n.f.*** [pl. *-cie*] **sagacità** ***n.f.invar.*** sagacité.

saggezza [sag-géz-za] ***n.f.*** sagesse.

saggiamente [sag-gia-mén-te] ***avv.*** sagement.

saggiare [sag-già-re] ***v.tr.*** [coniug. come *mangiare*] essayer*: *saggiare le intenzioni dell'avversario*, sonder l'adversaire.
● ***saggiare il terreno***, (*fig.*) tâter le terrain.

saggiatore [sag-gia-tó-re] ***n.m.*** (*bilancina di precisione*) trébuchet.

saggina [sag-gì-na] ***n.f.*** (*bot.*) sorgho (*m.*): *una scopa di saggina*, un balai de crin (végétal).

saggio[1] [sàg-gio] ***agg.*** e ***n.m.*** [f. *-a*; pl.m. *-gi*, f. *-ge*] sage: *una saggia decisione*, une sage décision.

saggio[2] ***n.m.*** [pl. *-gi*] **1** essai **2** (*campione*) échantillon; (*di libri ecc.*) spécimen: *un saggio di vino*, un échantillon de vin **3** (*fig.*) (*prova, dimostrazione*) aperçu, preuve (*f.*); (*prova scolastica*) épreuve (*f.*): *dare un saggio delle proprie capacità*, donner un aperçu de ses capacités; *dare saggio di sé*, montrer ce qu'on vaut, (*far mostra di sé*) faire étalage de ses talents; *è solo un saggio di ciò che ci aspetta*, ce n'est qu'un aperçu, un avant-goût de ce qui nous attend | *saggio di bravura*, preuve d'habileté **4** (*dimostrazione pubblica*) spectacle; (*spec. di musica*) récital: *saggio ginnico*, spectacle de gymnastique; *saggio di danza*, spectacle, récital de danse **5** (*scritto critico*) essai **6** (*econ.*) taux: *saggio d'interesse*, taux d'intérêt; *saggio di sconto*, taux d'escompte.
● ***numero di saggio***, (*di una pubblicazione*) numéro spécimen | (*chim.*) ***tubo da saggio***, tube à essai.

saggista [sag-gì-sta] ***n.m.*** e ***f.*** essayiste.

saggistica [sag-gì-sti-ca] ***n.f.*** [pl. *-che*] essais (*m.pl.*).

saggistico [sag-gì-sti-co] ***agg.*** [pl.m. *-ci*, f. *-che*] d'essais: *produzione saggistica*, production d'essais; *attività saggistica*, activité d'essayiste; *la letteratura saggistica*, les essais.

sagittaria [sa-git-tà-ria] ***n.f.*** (*bot.*) sagittaire.

sagittario [sa-git-tà-rio] ***n.m.*** [pl. *-ri*] **1** (*st.*) sagittaire, archer **2** (*zool.*) serpentaire **3** (*astr.*) *Sagittario*, Sagittaire.

sagola [sà-go-la] ***n.f.*** (*mar.*) ligne.

sagoma [sà-go-ma] ***n.f.*** **1** (*forma*) silhouette, profil (*m.*) **2** (*modello*) modèle (*m.*) **3** (*ferr., mecc.*) gabarit (*m.*) **4** (*bersaglio*) silhouette (de tir) **5** (*fam. scherz.*) numéro (*m.*).

sagomare [sa-go-mà-re] ***v.tr.*** façonner; (*blocchi di pietra*) tailler; (*mobili, cornicioni ecc.*) moulurer; (*metalli*) profiler.

sagomato [sa-go-mà-to] ***agg.*** façonné; (*modellato*) modelé; (*di mobili, fregi ecc.*) mouluré; (*di metalli*) profilé; (*di abiti*) ajusté.

sagomatura [sa-go-ma-tù-ra] ***n.f.*** façonnage (*m.*); (*di blocchi di pietra*) taille; (*di mobili, fregi ecc.*) moulurage (*m.*); (*di metalli*) profilage (*m.*); (*al tornio*) tournage (*m*).

sagra [sà-gra] ***n.f.*** fête: *sagra paesana*, fête du village; *sagra dell'uva*, fête du raisin.

sagrato [sa-grà-to] ***n.m.*** parvis.

sagrestano [sa-gre-stà-no] ***n.m.*** [f. *-a*] sacristain.

sagrestia [sa-gre-stì-a] ***n.f.*** sacristie.

sahariana [sa-ha-rià-na] ***n.f.*** (*giacca*) saharienne.

sahariano [sa-ha-rià-no] ***agg.*** saharien*.

sai → **sapere**[1].

saia [sà-ia] ***n.f.*** (*tessuto*) serge.

saio [sà-io] ***n.m.*** [pl. *sai*] **1** (*eccl.*) froc **2** (*st. abbigl.*) saie (*f.*).

sala[1] [sà-la] ***n.f.*** salle.

● ***sala cinematografica***, salle de cinéma | ***sala corse***, agence du PMU (Pari Mutuel Urbain) | ***sala da pranzo***, salle à manger | ***sala d'attesa***, salle d'attente | ***sala di registrazione***, studio d'enregistrement | ***sala giochi***, salle de jeux | (*Borsa*) ***sala delle contrattazioni***, parquet | (*mar.*): ***sala macchine***, salle des machines; ***sala nautica***, chambre de navigation | ***sala riunioni***, salle de réunion.

sala[2] ***n.f.*** (*mecc.*) essieu* (*m.*).

salace [sa-là-ce] ***agg.*** **1** (*lascivo*) lascif* **2** (*piccante, pungente*) grivois.

salacità [sa-la-ci-tà] ***n.f.invar.*** grivoiserie.

salamandra [sa-la-màn-dra] ***n.f.*** (*zool.*) salamandre.

salame [sa-là-me] ***n.m.*** **1** (*cuc.*) saucisson; (*italiano*) salami **2** (*fig. fam.*) andouille (*f.*).

salamelecco [sa-la-me-lèc-co] ***n.m.*** [pl. *-chi*] (*spec. pl.*) salamalecs (*pl.*).

salamella [sa-la-mèl-la] ***n.f.*** (*cuc.*) saucisse.

salamoia [sa-la-mò-ia] ***n.f.*** saumure.

● ***in salamoia***, dans la saumure, en saumure.

salare [sa-là-re] ***v.tr.*** saler.

● (*region.*) ***salare la scuola***, (*marinarla*) faire l'école buissonnière.

salariale [sa-la-rià-le] ***agg.*** salarial*: *aumento salariale*, augmentation de salaire; *parità salariale*, parité des salaires; *ritenute salariali*, retenues sur les salaires | *tetto salariale*, salaire plafond.

salariare [sa-la-rià-re] ***v.tr.*** salarier.

salariato [sa-la-rià-to] ***agg.*** e ***n.m.*** [f. *-a*] salarié.

salario [sa-là-rio] ***n.m.*** [pl. *-ri*] salaire: *salario iniziale*, salaire de départ; *salario settimanale, mensile*, salaire hebdomadaire, mensuel.

● ***salario minimo garantito***, salaire minimum interprofessionnel de croissance (SMIC) | ***il monte salari***, la masse salariale.

salassare [sa-las-sà-re] ***v.tr.*** saigner (*anche fig.*) ♦ **salassarsi** ***v.pron.*** (*fig. scherz.*) se saigner (aux quatre veines).

salasso [sa-làs-so] ***n.m.*** saignée (*f.*): *è stato un salasso*, (*fig. scherz.*) cela a été ruineux.

salatamente [sa-la-ta-mén-te] ***avv.*** (*a caro prezzo*) cher.

salatino [sa-la-tì-no] ***n.m.*** petit-four* salé; (*biscotto salato*) biscuit salé.

salato [sa-là-to] ***agg.*** **1** salé: *acqua salata*, eau salée **2** (*fig.*) salé: *un conto salato*, une addition salée | *pagare salato*, payer cher | *farla pagare salata*, le faire payer cher **3** (*mordace*) mordant, cinglant ♦ ***n.m.*** **1** (*ciò che è salato*) salé **2** (*pl.*) (*salumi*) charcuterie (*f.sing.*).

salatura [sa-la-tù-ra] ***n.f.*** salage (*m.*); (*per la carne*) salaison.

saldacontista [sal-da-con-tì-sta] ***n.m.*** e ***f.*** (*amm.*) teneur/euse de livres.

saldaconto [sal-da-cón-to] ***n.m.*** (*amm.*) livre de comptes.

saldamente [sal-da-mén-te] ***avv.*** solidement (*anche fig.*); (*fermamente*) résolument.

saldare [sal-dà-re] ***v.tr.*** **1** souder; (*fig.*) lier: *saldare per punti*, souder par points; *saldare elettricamente*, souder à l'électricité; *saldare a fuoco*, braser **2** (*comm.*) solder, régler*: *saldare una fattura*, régler une facture; *saldare i conti*, (*anche fig.*) régler les comptes ♦ **saldarsi** ***v.pron. intr.*** **1** (*tecn.*) se souder **2** (*med.*) (*di ossa*) se ressouder **3** (*fig.*) se lier.

saldatore [sal-da-tó-re] ***n.m.*** [f. *-trice*] (*operaio*) soudeur*.

saldatrice [sal-da-trì-ce] ***n.f.*** (*tecn.*) machine à souder, soudeuse.

saldatura [sal-da-tù-ra] ***n.f.*** soudure (*anche fig.*); (*il saldare*) soudage (*m.*) | *saldatura ad arco*, soudure à l'arc | *saldatura a fuoco*, brasure.

saldezza [sal-déz-za] ***n.f.*** **1** (*solidità*) solidité **2** (*fig.*) (*fermezza*) fermeté.

saldo[1] [sàl-do] ***agg.*** **1** solide (*anche fig.*): *amicizia salda*, amitié solide; *reggersi saldo sulle gambe*, se tenir bien d'aplomb sur ses jambes | *aver la testa ben salda sulle spalle*, avoir la tête sur les épaules | *star saldo, tenersi saldo*, se tenir solidement **2** (*fig.*) (*fermo*) ferme; (*tenace*) tenace: *è saldo nei suoi propositi*, il est ferme dans ses résolutions; *con cuore saldo*, avec fermeté.

saldo[2] ***n.m.*** (*comm.*) **1** solde: *il conto presenta un saldo di 100 euro a favore di*, le compte se solde par 100 euros en faveur de **2** (*ultima parte*) solde: *spedire il saldo della merce*, expédier le solde de la marchandise **3** (*spec. pl.*) (*merce in liquidazione*) solde(s): *saldi di fine stagione*, soldes de (fin de) saison | *prezzi di saldo*, prix de fin de séries.

● ***saldo attivo, passivo***, solde actif, passif | ***saldo di cassa***, encaisse | (*stat.*) ***saldo globale***, solde global | ***a saldo di***, pour solde de: *a saldo della fattura*, en règlement de la facture.

sale [sà-le] ***n.m.*** **1** sel: *una presa, un pizzico di sale*, une pincée de sel | *rivendita di sale e tabacchi*, bureau de tabac **2** (*fig.*) (*arguzia*) sel: *discorso senza sale*, discours qui manque de piquant.

● ***sale grosso, fino***, gros sel, sel fin | ***sale inglese***, ***sale amaro***, sel d'Angleterre | (*cosmesi*) ***sali da bagno***, sels de bain | ***capelli sale e pepe***, cheveux poivre et sel | ***con un grano di sale***, (*fig.*) avec un peu de jugeote | ***non avere sale in zucca***, ne pas avoir de plomb dans la cervelle | ***restare di sale***, (*fam.*) rester baba | ***sotto sale***, dans le sel: *conservare sotto sale*, conserver dans le sel; *mettere sotto sale*, saler.

FAUX AMI

Da non confondere con l'aggettivo francese *sale*, che significa *sporco, sudicio*.

salernitano [sa-ler-ni-tà-no] ***agg.*** salernitain ♦ ***n.m.*** [f. *-a*] (*abitante*) Salernitain.

salesiano [sa-le-ʃià-no] ***agg.*** e ***n.m.*** [f. *-a*] (*eccl.*) salésien*.

salgemma [sal-gèm-ma] ***n.m.invar.*** (*min.*) sel gemme.

salgo → **salire**.

salice [sà-li-ce] ***n.m.*** (*bot.*) saule.

● ***salice piangente***, saule pleureur.

S

saliceto [sa-li-cé-to] ***n.m.*** saulaie (*f.*), saussaie (*f.*).

salicilico [sa-li-cì-li-co] ***agg.*** [pl.m. *-ci*, f. *-che*] (*chim.*) salicylique.

salico [sà-li-co] ***agg.*** [pl.m. *-ci*, f. *-che*] (*st.*) salique: *legge salica*, loi salique.

saliente [sa-lièn-te] ***agg.*** saillant (*anche fig.*): *le fasi salienti*, les moments décisifs; *i punti salienti*, (*fig.*) les points essentiels ♦ ***n.m.*** **1** (*sporgenza*) saillie (*f.*): *saliente roccioso*, aspérité rocheuse **2** (*mil., arch.*) saillant.

saliera [sa-liè-ra] ***n.f.*** salière.

salina [sa-lì-na] ***n.f.*** **1** (*stabilimento*) saline **2** (*deposito naturale*) salin (*m.*), marais (*m.*) salant; salinage (*m.*) **3** (*di salgemma*) mine de sel gemme.

salinaio [sa-li-nà-io] [f. *-a*] **salinatore** [f. *-trice*] ***n.m.*** saunier.

salinatura [sa-li-na-tù-ra] ***n.f.*** saunage (*m.*).

salinità [sa-li-ni-tà] ***n.f.invar.*** salinité.

salino [sa-lì-no] ***agg.*** salin.

salire [sa-lì-re] ***v.intr.*** [pres.indic. *io salgo, tu sali, egli sale, noi saliamo, voi salite, essi salgono*; aus. *essere*] **1** monter: *salire per le scale*, monter l'escalier; *salire su per la cappa del camino*, monter par la cheminée; *è salito sulla scala*, il est monté à, sur l'échelle; *salire in cima a un monte*, monter au sommet d'une montagne; *salire su un albero*, grimper sur un arbre; *salire sul treno, in macchina, in taxi*, monter dans le train, en voiture, dans un taxi; *salire in bicicletta*, monter à bicyclette; *salire in, con l'ascensore*, monter en ascenseur | *salire al trono*, monter sur le trône **2** (*alzarsi*) monter; (*innalzarsi*) s'élever*; (*risalire*) remonter: *è salita la marea*, la marée a monté; *l'aeroplano sale*, l'avion s'élève **3** (*aumentare*) monter, augmenter: *la benzina è salita ancora*, l'essence a encore augmenté **4** (*ammontare*) se monter: *il totale sale a 500 euro*, le total se monte à 500 euros ♦ ***v.tr.*** monter: *salire i gradini due a due*, monter les marches quatre à quatre.

FAUX AMI
Da non confondere con *salir*, che significa *sporcare*.

NOTA Da notare che nei tempi composti il verbo ***monter***, che traduce ***salire***, richiede alla forma transitiva l'ausiliare *avoir*, alla forma intransitiva l'ausiliare *être*, tranne quando esprime un aumento di livello, di volume, di prezzo ecc.:

__Ha salito__ le scale di corsa, __è salito__ di corsa per le scale.
Il **a monté** l'escalier en courant.
***È salita** in terrazza.*
Elle **est montée** sur la terrasse.
*Il fiume **è salito** di parecchi centimetri.*
Le fleuve **a monté** de plusieurs centimètres.
*Il barometro **è salito** stanotte.*
Le baromètre **a monté** cette nuit.
*I prezzi **sono saliti** di molto dall'anno scorso.*
Les prix **ont** beaucoup **monté** depuis l'année dernière.

S

saliscendi [sa-li-scén-di] ***n.m.invar.*** **1** (*congegno di chiusura*) loquet **2** montée et descente (*f.*): *la strada è un continuo saliscendi*, (*estens.*) la route est toute en montées et en descentes.

salita [sa-lì-ta] ***n.f.*** montée; (*pendio*) rampe: *una salita ripida*, une montée raide; *fare la salita a piedi*, faire la montée à pied; *camminare in salita*, monter une côte; *in salita l'ascensore era pieno*, à la montée l'ascenseur était bondé; (*Borsa*) *i titoli sono in salita*, les titres montent | *strada in salita*, côte | (*ciclismo*) *corsa in salita*, course de côte | (*ginnastica*) *la salita alla fune*, le grimper à la corde.

saliva [sa-lì-va] ***n.f.*** salive.

salivale [sa-li-và-le] **salivare**[1] ***agg.*** salivaire.

salivare[2] [sa-li-và-re] ***v.intr.*** [aus. *avere*] saliver.

salivazione [sa-li-va-zió-ne] ***n.f.*** salivation.

salma [sàl-ma] ***n.f.*** dépouille mortelle; (*cadavere*) corps (*m.*).

salmastro [sal-mà-stro] ***agg.*** saumâtre ♦ ***n.m.*** goût saumâtre.

salmeria [sal-me-rì-a] ***n.f.*** (*spec. pl.*) (*mil.*) convoi (*m.*) de ravitaillement.

salmì [sal-mì] ***n.m.invar.*** (*cuc.*) civet | *lepre in salmì*, civet de lièvre.

salmistrare [sal-mi-strà-re] ***v.tr.*** (*cuc.*) saler | *lingua salmistrata*, langue à l'écarlate.

salmo [sàl-mo] ***n.m.*** psaume.

salmodia [sal-mo-dì-a] ***n.f.*** psalmodie.

salmodiare [sal-mo-dià-re] ***v.intr.*** [aus. *avere*] psalmodier.

salmonato [sal-mo-nà-to] ***agg.*** saumoné: *trota salmonata*, truite saumonée.

salmone [sal-mó-ne] ***n.m.*** (*zool.*) saumon ♦ ***agg.*** e ***n.m. invar.*** (couleur) saumon.
● (*cuc.*) ***salmone affumicato***, saumon fumé.

salmonellosi [sal-mo-nel-lò-ʃi] ***n.f.invar.*** (*med.*) salmonellose.

salnitro [sal-nì-tro] ***n.m.*** (*chim.*) salpêtre.

salomonico [sa-lo-mò-ni-co] ***agg.*** [pl.m. *-ci*, f. *-che*] de Salomon; (*fig.*) juste.

salone [sa-ló-ne] ***n.m.*** **1** (grande) salle (*f.*): *salone da ballo*, salle de bal **2** (*mostra, esposizione*) Salon **3** (*negozio*) salon: *salone di parrucchiere*, salon de coiffure | *salone di bellezza*, institut de beauté.

FAUX AMI
Nel significato di *grande sala* non è da confondere con *salon*, che significa *salotto*.

salottiero [sa-lot-tiè-ro] ***agg.*** salonnier*, de salon ♦ ***n.m.*** [f. *-a*] (*spreg.*) salonard, salonnard.

salotto [sa-lòt-to] ***n.m.*** salon: *in salotto*, au salon | *tenere salotto*, faire salon | *il salotto buono*, (*iron.*) le salon des grands jours.

salpare [sal-pà-re] ***v.intr.*** [aus. *essere*] lever* l'ancre, appareiller; (*salpare da un luogo*) quitter (un lieu): *la nave è salpata per*, le navire a appareillé pour ♦ ***v.tr.*** lever*: *salpare l'ancora*, lever l'ancre.

salpinge [sal-pìn-ge] ***n.f.*** (*anat.*) (*dell'utero*) trompe utérine, de Fallope; (*dell'orecchio*) trompe d'Eustache.

salpingite [sal-pin-gì-te] ***n.f.*** (*med.*) salpingite.

salsa[1] [sàl-sa] ***n.f.*** sauce: *salsa di pomodoro*, sauce tomate; *salsa piccante*, sauce très relevée | *cucinare in tutte le salse*, (*fig.*) mettre à toutes les sauces, varier la souce.

salsa[2] ***n.f.*** (*geol.*) salse.

salsedine [sal-sè-di-ne] ***n.f.*** **1** (*salinità*) salinité **2** (*sale*) sel (*m.*): *incrostazioni di salsedine*, incrustations de sel.

salsiccia [sal-sìc-cia] ***n.f.*** [pl. *-ce*] saucisse.

salsicciotto [sal-sic-ciòt-to] ***n.m.*** saucisson frais.

salsiera [sal-siè-ra] ***n.f.*** saucière.

salso [sàl-so] ***agg.*** salé; (*salmastro*) saumâtre ♦ ***n.m.*** sel.

salsoiodico [sal-so-iò-di-co] ***agg.*** [pl.m. *-ci*, f. *-che*] ioduré et chloruré sodique.

saltabeccare [sal-ta-bec-cà-re] ***v.intr.*** [coniug. come *mancare*; aus. *avere*] sautiller, gambader.

saltamartino [sal-ta-mar-tì-no] ***n.m.*** **1** (*zool. pop.*) (*grillo*) grillon; (*cavalletta*) sauterelle (*f.*) **2** (*bambino vivace*) petit démon.

saltare [sal-tà-re] ***v.intr.*** [aus. *essere*] **1** sauter: *saltare dalla finestra*, sauter par la fenêtre; *saltare giù dal letto*, sauter du lit; *saltare su un piede solo*, sauter à cloche -pied; *salta su in macchina!*, (*fam.*) monte en voiture! | *saltò su a dire che*, tout d'un coup il dit que | *a queste parole saltò su*, ces mots le firent bondir **2** (*guastarsi*) sauter: *sono saltate le valvole*, les plombs ont sauté | *la polveriera è saltata in aria*, la poudrière a sauté ♦ ***v.tr.*** sauter: *saltare un muro*, sauter un mur | *saltare il turno*, sauter son tour | *saltare la corda*, sauter à la corde.
● ***saltare al collo di qlcu***, sauter au cou de qqn; (*con intenzioni ostili*) sauter à la gorge de qqn | ***saltare fuori***, sortir: *saltare fuori da dietro qlco*, surgir de derrière qqch; *da dove salti fuori?*, d'où sors-tu?; *è saltato fuori che*, il s'est avéré que; *saltano sempre fuori delle grane*, il y en a toujours une; *saltare fuori con una battuta*, lâcher une boutade; *saltare fuori con una frase infelice*, prononcer une phrase malheureuse | ***saltare in piedi***, sauter sur ses pieds | ***saltare per aria***, (*fig.*) exploser | (*cuc.*) ***far saltare qlco in padella***, sauter qqch.

saltatore [sal-ta-tó-re] ***agg.*** e ***n.m.*** [f. *-trice*] sauteur*.

saltellante [sal-tel-làn-te] ***agg.*** sautillant.

saltellare [sal-tel-là-re] ***v.intr.*** [aus. *avere*] sautiller.

saltello [sal-tèl-lo] ***n.m.*** petit saut.
● ***a saltelli***, en sautillant.

salterellare [sal-te-rel-là-re] ***v.intr.*** [aus. *avere*] sautiller.

salterello [sal-te-rèl-lo] ***n.m.*** **1** petit saut **2** (*danza*) saltarelle (*f.*) **3** (*nel clavicembalo*) sautereau* **4** (*fuoco artificiale*) serpenteau*.

salterio [sal-tè-rio] ***n.m.*** [pl. *-ri*] (*relig.*) psautier.

saltimbanco [sal-tim-bàn-co] ***n.m.*** [pl.m. *-chi*, f. *-che*] saltimbanque.

saltimbocca [sal-tim-bóc-ca] ***n.m.invar.*** (*cuc.*) paupiette (*f.*) de veau à la sauge.

salto [sàl-to] ***n.m.*** **1** saut; (*balzo*) bond: *con un salto*, d'un bond | *arrivo in un salto*, deux secondes et j'arrive | *in due salti vado e torno*, je ne fais qu'aller et revenir | *fare salti di gioia*, bondir de joie | *fare un salto a Parigi*, faire un saut à Paris **2** (*brusco cambiamento*) saute (*f.*): *salti di umore*, sautes d'humeur; *un salto di temperatura*, une saute de température **3** (*omissione*) omission (*f.*).
● (*sport*) ***salto in alto***, ***in lungo***, ***con l'asta***, saut en hauteur, en longueur, à la perche | ***salto mortale***, saut de la mort | (*cuc.*) ***al salto***, sauté | ***a salti***, par bonds | ***fare il grande salto***, (*fig.*) faire le saut | ***fare i salti mortali***, (*fig.*) faire l'impossible | ***fare quattro salti***, (*estens.*) danser | ***fare un salto nel vuoto***, (*anche fig.*) faire un saut dans le vide.

saltuariamente [sal-tu-a-ria-mén-te] ***avv.*** de temps à autre, occasionnellement.

saltuario [sal-tu-à-rio] ***agg.*** [pl.m. *-ri*] occasionnel*: *mi fa delle visite saltuarie*, il vient me voir de temps en temps.

salubre [sa-lù-bre *o* sàlubre] ***agg.*** salubre.

salubrità [sa-lu-bri-tà] ***n.f.invar.*** salubrité.

salumaio [sa-lu-mà-io] ***n.m.*** [f. *-a*; pl.m. *-ai*] charcutier*.

salume [sa-lù-me] ***n.m.*** charcuterie (*f.*): *i salumi*, la charcuterie; *il prosciutto è un salume*, le jambon fait partie de la charcuterie.

salumeria [sa-lu-me-rì-a] ***n.f.*** charcuterie.

salumiere [sa-lu-miè-re] ***n.m.*** [f. *-a*] charcutier*.

salumificio [sa-lu-mi-fì-cio] ***n.m.*** [pl. *-ci*] fabrique (*f.*) de charcuterie.

salutare[1] [sa-lu-tà-re] ***agg.*** salutaire (*anche fig.*).

salutare[2] ***v.tr.*** **1** saluer; dire* bonjour, bonsoir (**à**): *salutare togliendosi il cappello*, saluer en se découvrant; *salutare militarmente*, faire le salut militaire; *saluta tua madre da parte mia*, tu diras bonjour à ta mère de ma part | *ti saluto cordialmente*, (*nella corrispondenza*) bien amicalement à toi | *ti saluto!*, salut! | *salutamelo tanto!*, dites-lui bonjour de ma part! | (*comm.*) *distintamente vi salutiamo*, nous vous prions d'agréer, Messieurs, nos salutations distinguées **2** (*acclamare*) acclamer ♦ **salutarsi** ***v.pron.rec.*** se saluer.

salute [sa-lù-te] ***n.f.*** **1** santé: *avere poca salute*, ne pas avoir de santé; *essere delicato di salute*, avoir une santé fragile; *conservarsi in salute*, se maintenir en bonne santé; *fare bene*, *male alla salute*, être bon, mauvais pour la santé **2** (*letter.*) (*salvezza*) salut (*m.*).
● ***salute!***, (*per salutare*) salut!; (*dopo uno starnuto*) à tes, à vos souhaits | ***salute fisica***, ***mentale***, santé physique, mentale | ***alla*** (***tua***) ***salute!***, à ta santé!, à la tienne! | ***avere una salute di ferro***, avoir une santé de fer | ***quando c'è la salute, c'è tutto***, quand la santé va, tout va.

FAUX AMI
Da non confondere con *salut*, che significa *saluto* o *ciao*.

salutifero [sa-lu-tì-fe-ro] ***agg.*** (*letter.*) salutaire.

salutismo [sa-lu-tì-ʃmo] ***n.m.*** hygiénisme.

salutista [sa-lu-tì-sta] ***n.m.*** e ***f.*** personne (*f.*) qui prend grand soin de sa santé.

saluto [sa-lù-to] ***n.m.*** salut; (*nella corrispondenza*) salutation (*f.*): *fare un cenno di saluto*, esquisser un salut; *scambiare un saluto*, se saluer; *sono venuto a fare un salutino*, je suis venu vous dire un petit bonjour | *i miei saluti, tanti saluti a tua madre*, bien des choses à ta mère.
● ***saluto militare***, salut militaire | (*nella corrispondenza*): ***cordiali saluti***, cordialement; ***distinti saluti***, veuillez agréer, Monsieur, mes salutations distinguées | ***togliere, levare il saluto a qlcu***, ne plus saluer qqn.

salva [sàl-va] ***n.f.*** salve: *una salva di fischi*, (*fig.*) des huées.
● ***a salve***, à blanc: *colpo a salve*, tir à blanc; *sparare a salve*, tirer à blanc.

salvabile [sal-và-bi-le] ***agg.*** qu'on peut sauver.
● ***salvare il salvabile***, sauver tout ce qu'on peut.

salvacondotto [sal-va-con-dót-to] ***n.m.*** sauf-conduit*, laissez-passer*.

salvadanaio [sal-va-da-nà-io] ***n.m.*** [pl. *-ai*] tirelire (*f.*).

salvadoregno [sal-va-do-ré-gno *o* salvadorègno] ***agg.*** du Salvador ♦ ***n.m.*** [f. *-a*] (*abitante*) habitant du Salvador.

salvagente [sal-va-gèn-te] ***n.m.*** [pl. *invar.*, nel sign. 1 anche *-i*] **1** ceinture (*f.*) (de sauvetage); (*a ciambella*) bouée (*f.*) de sauvetage **2** (*marciapiede*) refuge.

salvagocce [sal-va-góc-ce] ***agg.*** e ***n.m.invar.***
● (***tappo***) ***salvagocce***, bouchon verseur.

salvaguardare [sal-va-guar-dà-re] ***v.tr.*** sauvegarder: *salvaguardare i propri interessi*, sauvegarder ses intérêts.

salvaguardia [sal-va-guàr-dia] ***n.f.*** sauvegarde: *la sal-*

vaguardia dell'ambiente, la sauvegarde de l'environnement.
● ***a salvaguardia di qlco***, pour défendre qqch.

salvare [sal-và-re] *v.tr.* **1** sauver (*anche fig.*); (*proteggere*) protéger*; (*preservare*) préserver: *salvare la vita a qlcu*, sauver la vie de qqn; *salvare qlcu da un pericolo*, sauver qqn d'un danger; *salvare, salvarsi l'anima*, sauver son âme; *salvare l'onore*, sauver son honneur | *salvare la pelle*, sauver sa peau | *Dio ci salvi dalla guerra*, (que) Dieu nous protège de la guerre **2** (*inform.*) mémoriser, sauvegarder, stocker ♦ **salvarsi** *v.pron.* **1** se sauver; (*sfuggire a*) échapper (**à**): *dei suoi romanzi, non se ne salva nessuno*, aucun de ses romans ne se sauve; *nessuno si salverà*, (*ne sarà esente*) personne ne sera épargné **2** (*difendersi*) se protéger* (**de**); (*fig.*) échapper (**à**): *nessuno si salva dalle sue critiche*, personne n'échappe à ses critiques **3** (*teol.*) faire* son salut.
● ***si salvi chi può!***, sauve qui peut!

salvaschermo [sal-va-schér-mo] *n.m.invar.* (*inform.*) économiseur d'écran.

salvaslip [sal-va-ʃlip] *n.m.invar.* protège-slip*.

salvaspazio [sal-va-spà-zio] *agg.invar.*
● ***soluzione salvaspazio***, solution gain de place.

salvastrella [sal-va-strèl-la] *n.f.* (*bot. pop.*) pimprenelle.

salvataggio [sal-va-tàg-gio] *n.m.* [pl. *-gi*] **1** sauvetage* (*anche fig.*): *operazioni di salvataggio*, opérations de sauvetage **2** (*inform.*) mémorisation (*f.*), sauvegarde (*f.*).

salvatore [sal-va-tó-re] *agg.* e *n.m.* [f. *-trice*] sauveur*; (*soccorritore*) sauveteur*.
● (*relig.*) ***il Salvatore***, le Sauveur.

salvavita [sal-va-vì-ta] *n.m.invar.* (*elettr.*) disjoncteur (différentiel).

salvazione [sal-va-zió-ne] *n.f.* (*teol.*) salut (*m.*).

salve [sàl-ve] *inter.* (*fam.*) salut.

salveregina [sal-ve-re-gì-na] *n.f.* [pl. *invar.* o *-e*] (*preghiera*) Salve Regina, salvé (*m.*).

salvezza [sal-véz-za] *n.f.* salut (*m.*): *non c'è speranza di salvezza*, il n'y a plus d'espoir | (*sport*) *lottare per la salvezza*, (*per non retrocedere*) lutter pour ne pas être relégué.
● ***Esercito della Salvezza***, Armée du Salut.

salvia [sàl-via] *n.f.* (*bot.*) sauge.

salvietta [sal-viét-ta] *n.f.* **1** (*tovagliolo*) serviette **2** (*region.*) (*asciugamano*) essuie-mains* (*m.*).

salviettina [sal-viet-tì-na] *n.f.* (*umidificata*) lingette.

salvo[1] [sàl-vo] *agg.* sauf*: *la paziente è salva*, la malade est sauvée; *la casa è salva dall'incendio*, la maison a été épargnée par l'incendie; *avere salva la vita*, avoir la vie sauve.
● ***salvo restando il principio che***, tout en maintenant le principe que | ***in salvo***, à l'abri, en lieu sûr: *mettersi in salvo*, se mettre à l'abri (*o* en lieu sûr); *trarre in salvo*, sauver | ***rubare a man salva***, voler impunément.

salvo[2] *prep.* **1** (*tranne*) sauf: *sono stati tutti promossi, salvo due*, ils ont tous été reçus, sauf deux **2** (*a parte, oltre a*) à part | *salvo qualche eccezione*, à quelques exceptions près.
● ***salvo*** (***a***), quitte à | (*dir. comm.*) ***salvo buon fine***, sous réserve d'encaissement | ***salvo che***, sauf (que); (*a meno che*) à moins que: *è contento di tutti salvo che di voi*, il est content de tous sauf de vous; *ci vedremo certamente, salvo che io debba lavorare*, on se verra sûrement, à moins que je ne doive travailler.

samaritano [sa-ma-ri-tà-no] *agg.* samaritain ♦ *n.m.* [f. *-a*] Samaritain | *fare il buon samaritano*, (*fig.*) jouer les bons Samaritains.

sambuco [sam-bù-co] *n.m.* [pl. *-chi*] (*bot.*) sureau*.

sammarinese [sam-ma-ri-né-se] *agg.* de Saint-Marin ♦ *n.m.* e *f.* habitant/e de Saint-Marin.

sampietro [sam-piè-tro] *n.m.* (*zool.*) saint-pierre*.

samurai [sa-mu-rài] *n.m.invar.* samouraï.

san *agg.m.invar.* → **santo**.

sanabile [sa-nà-bi-le] *agg.* curable; (*fig.*) remédiable.

sanare [sa-nà-re] *v.tr.* **1** (*guarire*) guérir (*anche fig.*): *sanare una ferita*, guérir une blessure **2** (*bonificare*) assainir **3** (*econ.*) assainir: *sanare il bilancio*, assainir le budget.

sanatoria [sa-na-tò-ria] *n.f.* (*dir.*) acte (*m.*) de régularisation.

sanatorio [sa-na-tò-rio] *agg.* (*letter.*) régularisant ♦ *n.m.* [pl. *-ri*] (*med.*) sanatorium.

sanbernardo [san-ber-nàr-do] *n.m.* [pl. *invar.* o *-i*] (*cane*) saint-bernard.

sancire [san-cì-re] *v.tr.* [coniug. come *finire*] sanctionner, établir: *sancire un patto, un'alleanza*, établir un pacte, une alliance.

sancta sanctorum [sànc-ta sanc-tò-rum] *n.m.invar.* **1** (*eccl.*) le Saint des Saints **2** (*fig. scherz.*) (*luogo riservato a pochi*) sanctuaire.

sanculotto [san-cu-lòt-to] *n.m.* (*st.*) sans-culotte*.

sandalo[1] [sàn-da-lo] *n.m.* (*bot.*) santal*.

sandalo[2] *n.m.* (*calzatura*) sandale (*f.*).

sandolino [san-do-lì-no] *n.m.* (*mar.*) périssoire (*f.*).

sandwich ['sɛndwitʃ] *n.m.* e *agg.invar.* sandwich | *a sandwich*, en sandwich.
● ***uomo sandwich***, homme-sandwich.

sanforizzare [san-fo-riʒ-ʒà-re] *v.tr.* (*ind. tess.*) sanforiser.

sangallo [san-gàl-lo] *n.m.* broderie (*f.*) anglaise.

sangue [sàn-gue] *n.m.* sang: *gli esce sangue dal naso*, il saigne du nez; *sputare sangue*, cracher du sang; *è stato versato troppo sangue*, trop de sang a coulé | *il sangue gli montò alla testa*, (*fig.*) le sang lui monta à la tête.
● ***all'ultimo sangue***, (*fig.*) à mort | ***a sangue***, jusqu'au sang: *frustare a sangue*, fouetter jusqu'au sang | ***(a) sangue freddo***, (de) sang-froid: *calma e sangue freddo!*, du calme et du sang-froid! | ***avere il sangue blu***, (*fig.*) avoir du sang bleu | (*cuc.*) ***bistecca al sangue***, bifteck saignant | (*prov.*) ***buon sangue non mente***, bon sang ne saurait mentir | (***cavallo***) ***puro sangue***, (cheval) pur-sang | ***cavare sangue a qlcu***, (*fig.*) saigner qqn | ***è sangue del mio sangue***, (*fig.*) c'est la chair de ma chair | ***farsi cattivo sangue***, (*fig.*) se faire du mauvais sang | ***far sputar sangue***, (*fig.*) faire tourner en bourrique | ***fatto di sangue***, assassinat | ***non avere sangue nelle vene***, (*fig.*) avoir du sang de navet dans les veines | ***non corre buon sangue tra loro***, (*fig.*) ils ne peuvent pas se souffrir | ***pagare col sangue***, payer de son sang | ***sacrificio di sangue***, sacrifice humain | ***sentirsi gelare il sangue nelle vene***, sentir son sang se glacer dans ses veines | ***succhiare il sangue a qlcu***, (*fig.*) sucer qqn jusqu'à la moelle | ***sudare sangue***, (*fig.*) suer sang et eau.

sanguemisto [san-gue-mì-sto] *n.m.* e *f.* sang-mêlé*.

sanguigna [san-guì-gna] *n.f.* (*pitt.*) sanguine.

sanguigno [san-guì-gno] *agg.* sanguin (*anche fig.*).

sanguinaccio [san-gui-nàc-cio] *n.m.* [pl. *-ci*] (*cuc.*) boudin.

sanguinante [san-gui-nàn-te] ***agg.*** sanglant, saignant (*anche fig.*).

sanguinare [san-gui-nà-re] ***v.intr.*** [aus. *avere*] saigner (*anche fig.*): *mi sanguina il naso*, je saigne du nez; *il cuore mi sanguina*, mon cœur saigne.

sanguinario [san-gui-nà-rio] ***agg.*** e ***n.m.*** [f. *-a*; pl.m. *-ri*] sanguinaire.

sanguinolento [san-gui-no-lèn-to] ***agg.*** sanguinolent; (*che sanguina*) sanglant.

sanguinoso [san-gui-nó-so] ***agg.*** sanglant (*anche fig.*).

sanguisuga [san-gui-sù-ga] ***n.f.*** [pl. *-ghe*] (*zool.*) sangsue (*anche fig.*).

sanità [sa-ni-tà] ***n.f.invar.*** **1** santé; (*salubrità*) salubrité: *essere in perfetta sanità di mente*, être parfaitement sain d'esprit | *la sanità marittima, di porto*, la Santé **2** (*fig.*) (*rettitudine, onestà*) pureté.
● ***Ministero della Sanità***, Ministère de la Santé publique.

sanitario [sa-ni-tà-rio] ***agg.*** [pl.m. *-ri*] sanitaire; (*medico*) médical*; (*di salute*) de santé: *misure sanitarie*, mesures sanitaires; *politica sanitaria*, politique de la santé; *riforma sanitaria*, réforme de la santé ♦ ***n.m.*** **1** [f. *-a*] médecin **2** (*pl.*) (*impianti sanitari*) sanitaires.
● ***corpo sanitario***, corps médical; (*di un ospedale*) personnel sanitaire | ***ufficiale sanitario***, médecin de la Santé.

sannita [san-nì-ta] ***agg.*** samnite.
● (*st.*) ***Sanniti***, Samnites.

sannitico [san-nì-ti-co] ***agg.*** [pl.m. *-ci*, f. *-che*] samnite.

sanno → **sapere**[1].

sano [sà-no] ***agg.*** **1** sain (*anche fig.*): *un colorito sano*, une bonne mine; *un'economia sana*, une économie saine **2** (*intatto, intero*) intact: *un piatto sano*, une assiette intacte.
● ***sano di mente***, sain d'esprit | ***sano e salvo***, sain et sauf | ***di sana pianta***, de toutes pièces: *inventare di sana pianta*, inventer de toutes pièces; *rifare di sana pianta*, refaire entièrement (*o* de fond en comble).

sansa [sàn-sa] ***n.f.*** (*delle olive*) tourteau* (*m.*), marc (*m.*) d'olives.

sanscrito [sàn-scri-to] ***agg.*** e ***n.m.*** sanskrit.

sansevieria [san-se-viè-ria] ***n.f.*** (*bot.*) sansevière.

santabarbara [san-ta-bàr-ba-ra] ***n.f.*** [pl. *santebarbare*] (*mar. mil.*) sainte-barbe*.

santamente [san-ta-mén-te] ***avv.*** saintement.

santerellina [san-te-rel-lì-na] ***n.f.*** sainte-nitouche*.

santificante [san-ti-fi-càn-te] ***agg.*** sanctifiant.

santificare [san-ti-fi-cà-re] ***v.tr.*** [coniug. come *mancare*] **1** sanctifier: *santificare le feste*, sanctifier les fêtes **2** (*canonizzare*) canoniser ♦ **santificarsi** ***v.pron.*** se sanctifier.

santificatore [san-ti-fi-ca-tó-re] ***agg.*** e ***n.m.*** [f. *-trice*] sanctificateur*.

santificazione [san-ti-fi-ca-zió-ne] ***n.f.*** **1** sanctification **2** (*canonizzazione*) canonisation.

santino [san-tì-no] ***n.m.*** (*immaginetta sacra*) image (*f.*) pieuse.

santità [san-ti-tà] ***n.f.invar.*** sainteté.
● ***Sua Santità***, (*il Papa*) Sa Sainteté.

santo [sàn-to] ***agg.*** saint: *San Pietro e Paolo cade il 29 giugno*, la Saint-Pierre-et-Paul tombe le 29 juin ♦ ***n.m.*** [f. *-a*] saint: *è un santo a sopportarla*, (*estens.*) c'est un saint de la supporter.
● ***santa pazienza!, Dio santo!***, (*fam.*) mon Dieu! | ***il Santo Padre***, le Saint-Père | ***l'Anno Santo***, l'Année sainte | ***la festa dei Santi***, la Toussaint | ***la Terra Santa***, la Terre Sainte | ***non ci sono santi!***, (*fam.*) il n'y a rien à faire! | ***prenderle di santa ragione***, recevoir une bonne raclée | ***raccomandarsi a tutti i santi***, se recommander à tous les saints du paradis | ***tirar giù tutti i santi del paradiso***, (*fam.*) jurer par tous les saints (du paradis).

> NOTA ***Santo*** si traduce in francese ***saint***, scritto maiuscolo e unito con un trattino al nome del santo quando si parla di una festa, di una chiesa, di una via ecc.: *la festa di S. Giovanni*, la Saint-Jean.
> Le abbreviazioni, sempre maiuscole, ***S.*** o ***St*** si usano per il maschile singolare; ***Ste.*** per il femminile singolare e ***SS.*** per il plurale:
> ***San*** *Paolo*, **Saint**, **S.**, **St** Paul;
> ***Santa*** *Genoveffa*, **Sainte**, **Ste.** Geneviève;
> ***Santi*** *Cosma e Damiano*, **Saints**, **SS.** Côme et Damien.

santone [san-tó-ne] ***n.m.*** [f. *-a*] gourou; (*nei paesi musulmani*) marabout; (*bacchettone*) bigot: *i santoni del partito*, (*fig. spreg.*) les caciques du parti.

santoreggia [san-to-rég-gia] ***n.f.*** [pl. *-ge*] (*bot.*) sarriette.

santuario [san-tu-à-rio] ***n.m.*** [pl. *-ri*] sanctuaire (*anche fig.*).

sanzionare [san-zio-nà-re] ***v.tr.*** sanctionner: *uso sanzionato dalla tradizione*, usage sanctionné par la tradition.

sanzione [san-zió-ne] ***n.f.*** **1** (*approvazione, ratifica*) sanction (*anche fig.*) **2** (*dir.*) (*misura punitiva*) sanction | *sanzioni amministrative, penali*, sanctions administratives, pénales.

sapere[1] [sa-pé-re] ***v.tr.*** [pres.indic. *io so, tu sai, egli sa, noi sappiamo, voi sapete, essi sanno*; p.rem. *io seppi, tu sapesti* ecc.; fut.indic. *io saprò* ecc.; pres.cong. *che io sappia* ecc.; imp. *sappi, sappiate*] **1** savoir*: *sapere leggere e scrivere*, savoir lire et écrire; *non ho più saputo nulla di lui*, je ne sais plus rien de lui; *non sa che cosa rispondere*, il ne sait pas quoi répondre; *non lo so*, je ne sais pas; *non sapevo di dover tornare*, je ne savais pas que j'aurais dû revenir; *so di aver ragione*, je sais que j'ai raison **2** (*conoscere, intendersi di*) connaître*: *sapere la strada*, connaître la route **3** (*essere capace*) savoir*: *non so guidare la moto*, je ne sais pas aller en moto; *non sai fare altro che piangere*, pleurer, c'est tout ce que tu sais faire; *sapresti indicarmi un buon ristorante?*, pourrais-tu m'indiquer un bon restaurant? | *sappimi dire se vieni con noi*, tu me diras si tu viens avec nous **4** (*venire a conoscenza*) apprendre*: *sono venuto a sapere che*, j'ai appris que ♦ ***v.intr.*** [aus. *avere*] **1** (*avere sapore*) avoir* un goût; (*avere odore*) sentir*: *sapere di bruciato*, sentir le brûlé | *non sapere di niente*, (*non avere sapore*) ne pas avoir de goût; (*non avere odore*) ne rien sentir; (*essere insignificante*) être insignifiant **2** (*fam.*) avoir* l'impression; (*pensare, sentire*) sentir*: *mi sa che hai ragione*, j'ai l'impression que tu as raison; *mi sa che non viene*, je sens qu'il ne viendra pas.
● ***saperci fare***, (*intendersene*) s'y connaître: *in quanto a lavori a maglia, ci sa fare*, en tricot, elle s'y connaît; *è un uomo che ci sa fare*, c'est un homme qui sait y faire | ***saperla lunga***, en savoir long | ***a saperlo!, ad averlo saputo!***, si j'avais su! | ***buono a sapersi!***, bon à savoir! | ***chi sa!***, qui sait! | ***lo sapevo (io)!***, j'en étais sûr! | ***me lo saprai dire!***, tu m'en donneras des nouvelles! | ***non saprei***, je ne sais pas trop | ***non voglio più saperne di lui***, je ne veux plus enten-

S

dre parler de lui | ***non ne vuole sapere***, il ne veut pas en entendre parler: *non ne vuole sapere di andarsene*, il ne veut pas comprendre qu'il doit s'en aller | ***non si sa mai***, on ne sait jamais | ***per quanto ne sappia io***, pour autant que je sache | ***sappi che***, sache que | ***un certo non so che***, un je ne sais quoi.

NOTA ***Sapere di*** seguito da infinito si rende in francese con ***savoir que*** con il verbo che segue coniugato:

So di *aver ragione.*
Je **sais que j'ai** raison.

Non ***sapevo di*** *dover ripartire subito.*
Je ne **savais pas que je devrais** repartir aussitôt.

Per esprimere esitazione o incertezza il *pas* della negazione può non essere espresso:

Non so *che dire, che fare.*
Je **ne** sais que dire, que faire.

Non sapevano *a chi domandare.*
Ils **ne** savaient à qui demander.

Non so *se verrà.*
Je **ne** sais s'il viendra.

sapere^2 ***n.m.*** savoir: *i campi del sapere*, les domaines du savoir.

sapido [sà-pi-do] ***agg.*** savoureux* (*anche fig.*).

sapiente [sa-pièn-te] ***agg.*** savant; (*saggio*) sage: *una sapiente amministrazione*, un savant administrateur ♦ ***n.m.*** e ***f.*** savant/e.
● (*st.*) ***i sette sapienti***, les sept sages.

sapientemente [sa-pien-te-mén-te] ***avv.*** savamment; (*con saggezza*) sagement.

sapientone [sa-pien-tó-ne] ***n.m.*** [f. *-a*] (*iron.*) pédant, je-sais-tout*, cuistre.

sapienza [sa-pièn-za] ***n.f.*** savoir (*m.*); (*saggezza*) sagesse | (*teol.*) *la somma Sapienza*, la suprême Sagesse.

sapienziale [sa-pien-zià-le] ***agg.***
● (*Bibbia*) ***i libri sapienziali***, les (livres) sapientiaux.

sapindo [sa-pìn-do] ***n.m.*** (*bot.*) savonnier.

saponaceo [sa-po-nà-ce-o] ***agg.*** saponacé.

saponaria [sa-po-nà-ria] ***n.f.*** (*bot.*) saponaire.

saponata [sa-po-nà-ta] ***n.f.*** bain (*m.*) de savon.

sapone [sa-pó-ne] ***n.m.*** savon.
● ***sapone da bagno***, savon de toilette | ***sapone da barba***, savon à barbe | ***sapone per il bucato***, savon à lessive.

saponetta [sa-po-nét-ta] ***n.f.*** savon (*m.*), savonnette.

S

saponiero [sa-po-niè-ro] ***agg.*** savonnier*.

saponificare [sa-po-ni-fi-cà-re] ***v.tr.*** [coniug. come *mancare*] saponifier.

saponificazione [sa-po-ni-fi-ca-zió-ne] ***n.f.*** saponification.

saponificio [sa-po-ni-fi-cio] ***n.m.*** [pl. *-ci*] savonnerie (*f.*).

saponina [sa-po-nì-na] ***n.f.*** (*chim.*) saponine.

saponoso [sa-po-nó-so] ***agg.*** savonneux*.

sapore [sa-pó-re] ***n.m.*** **1** saveur (*f.*); (*gusto*) goût: *un cibo che non ha sapore*, un aliment sans saveur (*o* qui n'a pas de goût); *un racconto senza sapore*, (*fig.*) un récit insipide **2** (*fig.*) (*tono, carattere*) ton: *musica di sapore popolare*, musique d'inspiration populaire **3** (*pl.*) (*cuc.*) (*region.*) (*erbe*) fines (*f.*) herbes; (*spezie*) épices (*f.*).

saporitamente [sa-po-ri-ta-mén-te] ***avv.*** savoureusement.
● ***dormire saporitamente***, (*fig.*) dormir à poings fermés | ***pagare saporitamente***, (*fig.*) payer cher.

saporito [sa-po-rì-to] ***agg.*** **1** savoureux* (*anche fig.*) **2** (*salato*) salé.

saporoso [sa-po-ró-so] ***agg.*** (*non com.*) savoureux* (*anche fig.*).

sappiamo → **sapere**^{1}.

saprofago [sa-prò-fa-go] ***agg.*** [pl.m. *-gi*, f. *-ghe*] (*biol.*) saprophage.

saprofito [sa-prò-fi-to] ***agg.*** e ***n.m.*** (*biol.*) saprophyte.

saputello [sa-pu-tèl-lo] ***agg.*** e ***n.m.*** [f. *-a*] je-sais-tout*: *un bambino saputello*, un petit je-sais-tout; *fare il saputello*, prétendre tout savoir.

saputo [sa-pù-to] ***agg.*** **1** (*spreg.*) pédant **2** (*noto*) bien connu **3** (*letter.*) (*saggio*) sage ♦ ***n.m.*** [f. *-a*] (*spreg.*) pédant.

sarabanda [sa-ra-bàn-da] ***n.f.*** (*mus., danza*) sarabande (*anche fig.*).

saracco [sa-ràc-co] ***n.m.*** [pl. *-chi*] (*tecn.*) égoïne (*f.*).

saraceno [sa-ra-cè-no] ***agg.*** sarrasin ♦ ***n.m.*** [f. *-a*] (*st.*) Sarrasin.
● ***giostra del saraceno***, quintaine.

saracinesca [sa-ra-ci-né-sca] ***n.f.*** [pl. *-sche*] **1** (*di negozio*) rideau* (*m.*) **2** (*idraulica*) vanne.

sarago [sà-ra-go] ***n.m.*** [pl. *-ghi*] (*zool.*) sargue.

sarcasmo [sar-cà-ʃmo] ***n.m.*** sarcasme: *fare del sarcasmo*, être sarcastique.

sarcasticamente [sar-ca-sti-ca-mén-te] ***avv.*** sarcastiquement.

sarcastico [sar-cà-sti-co] ***agg.*** [pl.m. *-ci*, f. *-che*] sarcastique.

sarchiare [sar-chià-re] ***v.tr.*** sarcler, biner.

sarchiatura [sar-chia-tù-ra] ***n.f.*** sarclage (*m.*), binage (*m.*).

sarchiello [sar-chièl-lo] ***n.m.*** sarclette (*f.*).

sarchio [sàr-chio] ***n.m.*** [pl. *-chi*] sarcloir.

sarcofago [sar-cò-fa-go] ***n.m.*** [pl. *-gi* o *-ghi*] sarcophage.

sarcoidosi [sar-coi-dò-ʃi] ***n.f.invar.*** (*med.*) sarcoïdose.

sarcoma [sar-cò-ma] ***n.m.*** (*med.*) sarcome.

sarda [sàr-da] ***n.f.*** (*zool.*) sardine.

sardina [sar-dì-na] ***n.f.*** sardine.
● (*cuc.*) ***sardine sott'olio***, sardines à l'huile.

sardo [sàr-do] ***agg.*** sarde ♦ ***n.m.*** [f. *-a*] (*abitante*) Sarde.

sardonico [sar-dò-ni-co] ***agg.*** [pl.m. *-ci*, f. *-che*] sardonique.

sargasso [sar-gàs-so] ***n.m.*** (*bot.*) sargasse (*f.*).

sargia [sàr-gia] ***n.f.*** [pl. *-ge*] (*tess.*) serge.

sariga [sa-rì-ga] ***n.f.*** [pl. *-ghe*] (*zool.*) sarigue.

sarmatico [sar-mà-ti-co] ***agg.*** [pl.m. *-ci*, f. *-che*] sarmatique.

sarmento [sar-mén-to] ***n.m.*** (*bot.*) sarment.

FAUX AMI
Da non confondere con *serment*, che significa *giuramento*.

sarò → **essere**^{1}.

SARS ***n.f.invar.*** (*sigla di* Severe Acute Respiratory Syndrome) SRAS, syndrome respiratoire aigu sévère.

sarta [sàr-ta] ***n.f.*** couturière: *fare la sarta*, être couturière.

sartia [sàr-tia] ***n.f.*** (*mar.*) *hauban (*m.*).

sartiame [sar-tià-me] ***n.m.*** (*mar.*) *haubans (*pl.*).

sartina [sar-tì-na] ***n.f.*** midinette.

sarto [sàr-to] *n.m.* tailleur; (*d'alta moda*) couturier.

sartoria [sar-to-rì-a] *n.f.* **1** (*alta moda*) *haute couture **2** (*laboratorio*) atelier (*m.*): *sartoria da uomo*, atelier de couture pour hommes **3** (*casa di moda*) maison de couture | *abito di sartoria*, robe de couturier | *vestirsi in sartoria*, s'habiller chez les grands couturiers.

sassaia [sas-sà-ia] *n.f.* **1** (*argine di sassi*) perré (*m.*) **2** (*luogo sassoso*) pierraille.

sassaiola [sas-sa-iò-la] *n.f.* grêle de pierres; (*battaglia*) bataille à coups de pierres.

sassarese [sas-sa-ré-se] *agg.* de Sassari.

sassata [sas-sà-ta] *n.f.* coup (*m.*) de pierre: *prendere a sassate qlcu*, lancer des pierres contre qqn.

sassifraga [sas-sì-fra-ga] *n.f.* [pl. *-ghe*] (*bot.*) saxifrage.

sasso [sàs-so] *n.m.* **1** pierre (*f.*); (*ciottolo*) caillou* **2** (*masso*) rocher **3** (*poet.*) (*pietra tombale*) pierre (*f.*) tombale.
● ***cuore di sasso***, cœur de pierre | ***dormire come un sasso***, dormir comme un sabot | ***duro come un sasso***, dur comme la pierre | ***essere di sasso***, (*fig.*) être de marbre: *non sono di sasso!*, je ne suis pas en bois! | ***lanciare un sasso nello stagno***, (*fig.*) lancer un pavé dans la mare | ***rimanere di sasso***, (*per lo stupore*) être médusé; (*per la paura*) être pétrifié | ***lasciare di sasso***, méduser: *il suo discorso mi ha lasciato di sasso*, ses propos m'ont médusé | ***tirare il sasso e nascondere la mano***, (*fig.*) jeter la pierre et cacher le bras.

sassofonista [sas-so-fo-nì-sta] *n.m.* e *f.* saxophoniste; (*fam.*) saxo.

sassofono [sas-sò-fo-no] *n.m.* saxophone; (*fam.*) saxo.

sassolino [sas-so-lì-no] *n.m.* caillou* | *togliersi un sassolino dalla scarpa*, (*fig.*) s'ôter une épine du pied.

sassone [sàs-so-ne] *agg.* saxon ♦ *n.m.* (*st.*) (*lingua*) saxon ♦ *n.m.* e *f.* (*st.*) (*abitante*) Saxon.
● (*gramm.*) ***genitivo sassone***, génitif possessif.

sassoso [sas-só-so] *agg.* pierreux*, caillouteux*.

satanico [sa-tà-ni-co] *agg.* [pl.m. *-ci*, f. *-che*] satanique.

satanismo [sa-ta-nì-smo] *n.m.* satanisme.

satellitare [sa-tel-li-tà-re] *agg.* satellite | *TV satellitare*, TV satellite.

satellite [sa-tèl-li-te] *agg.* [pl.m. *-i* o *invar.*] satellite: *stato, paese satellite*, état, pays satellite ♦ *n.m.* satellite: *i satelliti di Giove*, les satellites de Jupiter.
● ***satellite per telecomunicazioni***, satellite de télécommunications (*o* satellite-relais) | ***città satellite***, ville-satellite | ***collegamento via satellite***, liaison par satellite.

satinare [sa-ti-nà-re] *v.tr.* satiner.

satinato [sa-ti-nà-to] *agg.* satiné; (*di metallo*) mat.

satira [sà-ti-ra] *n.f.* satire: *fare qlcu oggetto di satira*, faire une satire contre qqn.

FAUX AMI
Da non confondere con *satyre*, che significa *satiro*.

satiresco [sa-ti-ré-sco] *agg.* [pl.m. *-schi*, f. *-sche*] satyrique.

satirico [sa-tì-ri-co] *agg.* e *n.m.* [f. *-a*; pl.m. *-ci*, f. *-che*] satirique.

satiro [sà-ti-ro] *n.m.* satyre.

satollarsi [sa-tol-làr-si] *v.pron.* se rassasier.

satollo [sa-tól-lo] *agg.* rassasié.

satrapia [sa-tra-pì-a] *n.f.* (*st.*) satrapie.

satrapo [sà-tra-po] *n.m.* (*st.*) satrape.

saturare [sa-tu-rà-re] *v.tr.* **1** saturer **2** (*riempire*) bourrer: *saturare la mente di date*, bourrer le crâne de dates ♦ **saturarsi** *v.pron.* e *pron.intr.* se saturer.

saturatore [sa-tu-ra-tó-re] *n.m.* (*chim.*) saturateur.

saturazione [sa-tu-ra-zió-ne] *n.f.* saturation | *sono arrivato al punto di saturazione*, (*fig.*) je suis arrivé à saturation.

saturniano [sa-tur-nià-no] *agg.* saturnien*.

saturnino [sa-tur-nì-no] *agg.* (*med.*) saturnin.

saturnismo [sa-tur-nì-ʃmo] *n.m.* (*med.*) saturnisme.

saturo [sà-tu-ro] *agg.* **1** saturé: *aria satura di profumi*, air saturé de parfums **2** (*pieno*) chargé: *occhi saturi di odio*, des yeux chargés de haine.
● ***vapore saturo***, vapeur saturante.

saudita [sau-dì-ta] *agg.* (*dell'Arabia Saudita*) saoudien*; (*della dinastia saudita*) saoudite ♦ *n.m.* e *f.* (*abitante*) Saoudien/enne.

sauna [sàu-na] *n.f.* sauna (*m.*).

sauri [sàu-ri] *n.m.pl.* (*zool.*) sauriens.

sauro [sàu-ro] *agg.* e *n.m.* (*zool.*) alezan.

savana [sa-và-na] *n.f.* savane.

savio [sà-vio] *n.m.* e *agg.* [pl.m. *-vi*] sage: *da savio*, en homme sage.

savoia [sa-vò-ia] *agg.invar.*
● ***blu, azzurro savoia***, bleu roi.

savoiardo [sa-vo-iàr-do] *agg.* savoyard ♦ *n.m.* (*biscotto*) boudoir; (*leggero*) biscuit à la cuiller.

savonese [sa-vo-né-se] *agg.* de Savone.

sax *n.m.invar.* (*mus.*) saxo, saxophone.

saziare [sa-zià-re] *v.tr.* **1** rassasier: *ha saziato la sua fame*, il s'est rassasié; *un piatto che sazia*, un plat qui rassasie **2** (*fig.*) assouvir: *saziare la brama di vendetta*, assouvir sa soif de vengeance | *saziare la propria ambizione*, satisfaire son ambition ♦ **saziarsi** *v.pron.* **1** se rassasier **2** (*fig.*) se lasser.

sazietà [sa-zie-tà] *n.f.invar.* satiété.
● ***a sazietà***, à satiété: *bere a sazietà*, boire à satiété, jusqu'à plus soif; *mangiare a sazietà*, manger à sa faim; *dormire a sazietà*, dormire tout son soûl.

sazio [sà-zio] *agg.* [pl.m. *-zi*] **1** rassasié, repu **2** (*stufo*) las.

sbaciucchiamento [sba-ciuc-chia-mén-to] *n.m.* bises (*f.pl.*).

sbaciucchiare [ʃba-ciuc-chià-re] *v.tr.* faire* des bises (à) ♦ **sbaciucchiarsi** *v.pron.rec.* s'embrasser; (*fam.*) se bécoter.

sbadataggine [ʃba-da-tàg-gi-ne] *n.f.* étourderie.
● ***per sbadataggine***, par inadvertance.

sbadatamente [sba-da-ta-mén-te] *avv.* étourdiment; (*distrattamente*) par mégarde, par inadvertance.

sbadato [ʃba-dà-to] *agg.* étourdi; (*distratto*) distrait.

sbadigliare [ʃba-di-glià-re] *v.intr.* [aus. *avere*] bâiller: *sbadigliare per la noia*, bâiller d'ennui; *sbadigliare dal sonno*, bâiller de sommeil; *non ha fatto che sbadigliare*, il n'a pas arrêté de bâiller.

sbadiglio [ʃba-dì-glio] *n.m.* [pl. *-gli*] bâillement: *fare uno sbadiglio*, bâiller; *sganasciarsi per gli sbadigli*, bâiller à s'en décrocher la mâchoire.

sbafare [ʃba-fà-re] *v.tr.* (*fam.*) **1** (*mangiare avidamente*) s'enfiler **2** (*scroccare*) se faire* payer.

sbafata [ʃba-fà-ta] ***n.f.*** (*fam.*) grande bouffe: *farsi una sbafata di*, s'empiffrer de.

sbafatore [ʃba-fa-tó-re] ***n.m.*** [f. *-trice*] (*fam.*) pique -assiette*.

sbaffo [ʃbàf-fo] ***n.m.*** trace (*f.*), traînée (*f.*): *uno sbaffo di rossetto*, une trace de rouge à lèvres; *uno sbaffo d'inchiostro*, une traînée d'encre | *uno sbaffo di vino*, une moustache de vin.

sbafo [ʃbà-fo] ***n.m.***
● ***entrare a sbafo***, entrer sans payer | ***mangiare a sbafo***, manger en pique-assiette, à l'œil | ***vivere a sbafo***, vivre aux crochets des autres, de qqn.

sbagliare [ʃba-glià-re] ***v.tr.*** se tromper (**de**, **dans**): *sbagliare indirizzo*, se tromper d'adresse; *sbagliare la sottrazione*, se tromper dans sa soustraction | *sbagliare i calcoli*, (*fig.*) mal faire ses comptes | *sbagliare mira*, mal viser; (*mancare il colpo*) rater son coup | *sbagliare strada*, (*fig.*) faire fausse route | *sbagliare il passo*, perdre la cadence ♦ ***v.intr.*** [aus. *avere*] se tromper: *credo che sbagli*, je crois que tu te trompes; *ha sbagliato*, il a fait une erreur; *riconosco di aver sbagliato*, je reconnais avoir eu tort, (*riconosco i miei torti*) je reconnais mes torts; *ho sbagliato e me ne pento*, j'ai mal agi et je m'en repens; *sbagli a comportarti così*, tu as tort d'agir de cette façon ♦ **sbagliarsi** ***v.pron.intr.*** se tromper: *mi sono sbagliato sul suo conto*, je me suis trompé sur son compte; *sbagliarsi a, nello scegliere*, se tromper dans son choix; *sbagliarsi a scegliere qlco*, mal choisir qqch | *ti sbagli di poco*, tu n'es pas loin de la vérité.
● ***sbagliare tutto***, tout rater: *ho sbagliato tutto nella vita*, j'ai tout raté dans ma vie | (*prov.*) ***sbagliando s'impara***, c'est en forgeant qu'on devient forgeron.

sbagliato [ʃba-glià-to] ***agg.*** faux*; (*mancato*) manqué, raté; (*non corretto*) erroné: *una mossa sbagliata*, une fausse manœuvre; (*fig.*) un faux pas; *un tiro sbagliato*, un tir manqué; *un romanzo sbagliato*, un roman raté, loupé; *l'uso sbagliato di una parola*, l'emploi erroné d'un mot; *fare un numero sbagliato*, faire un faux numéro; *vi hanno passato il numero sbagliato*, on vous a passé un mauvais numéro; *è la persona sbagliata per lui*, ce n'est pas la personne qu'il lui faut; *dire la cosa sbagliata*, dire ce qu'il ne fallait pas dire; *non voglio dire che è sbagliato risparmiare*, je ne veux pas dire qu'il ne faille pas économiser; *che cosa c'è di sbagliato in tutto ciò?*, qu'est-ce qui ne va pas là-dedans? | *arrivare al momento sbagliato*, (*fig.*) arriver comme un cheveu sur la soupe.

S

sbaglio [ʃbà-glio] ***n.m.*** [pl. *-gli*] faute (*f.*); (*errore*) erreur (*f.*): *fare uno sbaglio*, faire une faute; *sbaglio di data*, erreur de date; *uno sbaglio di persona*, une erreur sur la personne; *uno sbaglio di gioventù*, une erreur de jeunesse; *è stato uno sbaglio*, ça a été une erreur | *che sbaglio ho fatto a non ascoltarlo!*, quelle bêtise j'ai faite de ne pas l'écouter!
● ***per sbaglio***, par erreur; (*involontariamente*) sans le vouloir.

sbalestramento [sba-le-stra-mén-to] ***n.m.*** (*sconvolgimento*) bouleversement.

sbalestrato [ʃba-le-strà-to] ***agg.*** e ***n.m.*** [f. *-a*] désaxé: *una mente sbalestrata*, un esprit dérangé; *fantasia sbalestrata*, imagination déréglée; *si sente sbalestrato in quell'ambiente*, il se sent perdu dans ce milieu | *una famiglia sbalestrata*, une famille à problèmes.

sballare [ʃbal-là-re] ***v.tr.*** déballer ♦ ***v.intr.*** [aus. *avere*] **1** (*alle carte*) dépasser (le nombre gagnant) **2** (*superare i limiti*) dépasser les limites.
● ***sballarle grosse***, (*fig. fam.*) en conter de belles.

sballato [ʃbal-là-to] ***agg.*** **1** déballé **2** (*fig.*) cinglé: *tipo un po' sballato*, type un peu cinglé; *ragionamento sballato*, raisonnement bancal | *un affare sballato*, une affaire vouée à l'échec, perdue d'avance | *un'idea sballata*, une idée folle.

sballo [ʃbàl-lo] ***n.m.*** **1** déballage **2** (*fam.*) (*situazione eccitante*) pied: *che sballo!*, c'est le pied! | *una serata da sballo*, une soirée super **3** (*gergo della droga*) défonce (*f.*).

sballottamento [ʃbal-lot-ta-mén-to] ***n.m.*** ballottement; (*l'essere sballottato*) cahotement.

sballottare [ʃbal-lot-tà-re] ***v.tr.*** ballotter; (*dare scossoni*) secouer, cahoter: *l'hanno sballottato di qua e di là*, on l'a ballotté d'un endroit à l'autre; *l'automobile li ha sballottati per tutto il viaggio*, la voiture les a secoués, cahotés pendant tout le voyage; *il bambino era sballottato tra il padre e la madre*, (*estens.*) l'enfant était ballotté entre son père et sa mère | *è sballottato da un ufficio all'altro*, (*estens.*) on le trimballe d'un bureau à l'autre.

sbalordimento [ʃba-lor-di-mén-to] ***n.m.*** **1** (*stordimento*) étourdissement **2** (*fig.*) (*stupore*) ébahissement.

sbalordire [ʃba-lor-dì-re] ***v.tr.*** [coniug. come *finire*] abasourdir, stupéfier: *la notizia mi ha sbalordito*, la nouvelle m'a stupéfié; *il suo libro ha sbalordito i critici*, son livre a abasourdi la critique | *mi sbalordisci!*, (*fam.*) tu m'épates! ♦ ***v.intr.*** [aus. *avere*] être* abasourdi: *c'è da sbalordire!*, il y a de quoi être abasourdi!; *il suo virtuosismo fa sbalordire*, sa virtuosité est stupéfiante.

sbalorditivo [ʃba-lor-di-tì-vo] ***agg.*** stupéfiant, étonnant | *prezzi sbalorditivi*, (*molto alti*) prix exorbitants; (*molto bassi*) prix sacrifiés; cassés.

sbalordito [ʃba-lor-dì-to] ***agg.*** **1** stupéfait **2** (*stordito*) étourdi.

sbalzare[1] [ʃbal-zà-re] ***v.tr.*** jeter*.
● ***sbalzare da cavallo***, démonter | ***sbalzare di sella***, désarçonner | ***sbalzare (fuori) da***, projeter hors de, éjecter de.

sbalzare[2] ***v.tr.*** (*lavorare a sbalzo*) bosseler*, repousser.

sbalzo[1] [ʃbàl-zo] ***n.m.*** **1** bond **2** (*fig.*) écart, saute (*f.*): *uno sbalzo di temperatura*, un écart de température; *uno sbalzo d'umore*, une saute d'humeur | *i prezzi hanno subito uno sbalzo notevole*, les prix ont subi une envolée considérable.
● ***procedere a sbalzi***, (*anche fig.*) avancer par à-coups.

sbalzo[2] ***n.m.*** **1** (*tecn.*) repoussé; (*la tecnica*) repoussage | *lavoro a sbalzo*, travail en repoussé **2** (*arch.*) saillie (*f.*) | *a sbalzo*, en saillie.

sbancamento [ʃban-ca-mén-to] ***n.m.*** (*edil.*) déblaiement, déblai.

sbancare[1] [ʃban-cà-re] ***v.tr.*** [coniug. come *mancare*] faire* sauter la banque | *sbancare qlcu*, (*fam.*) plumer qqn ♦ **sbancarsi** ***v.pron.intr.*** (*fam.*) se ruiner.

sbancare[2] ***v.tr.*** (*edil.*) déblayer*.

sbandamento[1] [ʃban-da-mén-to] ***n.m.*** **1** (*lo sbandare*) embardée (*f.*): *avere uno sbandamento*, faire une embardée; (*fig.*) faire un écart **2** (*mar.*) bande (*f.*).

sbandamento[2] ***n.m.*** (*mil.*) débandade (*f.*) (*anche fig.*): *un periodo di sbandamento*, une période de confusion; *si è ripreso dopo una fase di sbandamento*, il s'est repris après une période de crise | *avere uno sbandamento per qlcu*, perdre la tête pour qqn.

sbandare [ʃban-dà-re] ***v.intr.*** [aus. *avere*] **1** faire* une embardée; (*mar.*) donner de la bande: *sbandare in curva*, faire une embardée dans le tournant **2** (*fig.*) s'écarter (du droit chemin).

sbandarsi [ʃban-dàr-si] ***v.pron.intr.*** **1** (*mil.*) se débander: *le truppe si sbandarono*, les troupes se débandèrent **2** (*fig.*) se disperser: *dopo la sua morte la famiglia si è sbandata*, après sa mort la famille s'est dispersée.

sbandata [ʃban-dà-ta] ***n.f.*** **1** embardée: *l'automobile ha fatto una sbandata*, la voiture a fait une embardée | *si è preso una sbandata*, (*fig.*) il a perdu la tête **2** (*mar.*) bande.

sbandato [ʃban-dà-to] ***agg.*** **1** à la débandade **2** (*fig.*) désorienté **3** (*socialmente*) marginal*; (*psicologicamente*) perturbé | *una famiglia sbandata*, une famille à problèmes ♦ ***n.m.*** [f. *-a*] (*socialmente*) marginal*; (*psicologicamente*) perturbé.

sbandieramento [ʃban-die-ra-mén-to] ***n.m.*** **1** étalage de drapeaux **2** (*fig.*) étalage.

sbandierare [ʃban-die-rà-re] ***v.tr.*** **1** agiter (un drapeau) **2** (*fig.*) (*ostentare*) faire* étalage (**de**).

sbandieratore [ʃban-die-ra-tó-re] ***n.m.*** [f. *-trice*] jongleur de drapeaux.

sbando [ʃbàn-do] ***n.m.*** (*caos*) chaos.
● ***allo sbando***, à la déroute, (*fig.*) en pleine débâcle.

sbaraccare [ʃba-rac-cà-re] ***v.tr.*** e ***intr.*** [coniug. come *mancare*; aus. *avere*] (*fam.*) déloger*, décamper.

sbaragliamento [ʃba-ra-glia-mén-to] ***n.m.*** débâcle (*f.*).

sbaragliare [ʃba-ra-glià-re] ***v.tr.*** mettre* en déroute.

sbaraglio [ʃba-rà-glio] ***n.m.*** [pl. *-gli*] déroute (*f.*).
● ***andare allo sbaraglio***, (*esponendosi a pericoli*) s'exposer au danger; (*andando alla ventura*) aller à l'aventure | ***buttarsi allo sbaraglio***, risquer le tout pour le tout | ***mandare allo sbaraglio***, envoyer au massacre; (*fig.*) envoyer au casse-pipe | ***mettere allo sbaraglio la propria vita***, exposer sa vie.

sbarazzare [ʃba-raz-zà-re] ***v.tr.*** débarrasser | *sbarazzare una stanza*, ranger une pièce | *sbarazzare la tavola*, desservir ♦ **sbarazzarsi** ***v.pron.*** se débarrasser.

sbarazzino [ʃba-raz-zì-no] ***n.m.*** espiègle ♦ ***agg.*** malicieux*: *un'aria sbarazzina*, un petit air malicieux.
● ***alla sbarazzina***, de façon gamine.

sbarbare [ʃbar-bà-re] ***v.tr.*** **1** raser **2** (*sradicare*) déraciner ♦ **sbarbarsi** ***v.pron.*** se raser.

sbarbatello [ʃbar-ba-tèl-lo] ***n.m.*** [f. *-a*] (*fam.*) blanc-bec*.

sbarbato [ʃbar-bà-to] ***agg.*** rasé; (*imberbe*) imberbe: *era sbarbato di fresco*, il s'était rasé de près.

sbarcare [ʃbar-cà-re] ***v.tr.*** e ***intr.*** [coniug. come *mancare*; aus. dell'intr. *essere*] débarquer: *l'autobus mi sbarca sotto casa*, l'autobus me débarque en dessous de chez moi; *sono sbarcato a Genova*, j'ai débarqué à Gênes.
● ***sbarcare il lunario***, (*fig.*) joindre les deux bouts.

sbarco [ʃbàr-co] ***n.m.*** [pl. *-chi*] débarquement.
● (*mil.*) ***mezzi da sbarco***, péniches, troupes de débarquement.

sbarra [ʃbàr-ra] ***n.f.*** **1** barre **2** (*di gabbie, finestre*) barreau* (*m.*) **3** (*di dogana, passaggio a livello*) barrière **4** (*in tribunale*) barre **5** (*sport*) barre.
● ***mettere alla sbarra***, (*fig.*) mettre sur la sellette.

sbarramento [ʃbar-ra-mén-to] ***n.m.*** barrage.
● ***diga di sbarramento***, barrage | (*mil.*) ***fuoco di sbarramento***, feu de barrage.

sbarrare [ʃbar-rà-re] ***v.tr.*** **1** barrer; (*bloccare*) bloquer **2** (*sprangare*) mettre* une barre (**à**) **3** (*segnare con barre*) barrer.
● ***sbarrare gli occhi***, écarquiller les yeux.

sbarrato [ʃbar-rà-to] ***agg.*** **1** barré; (*bloccato*) bloqué | *assegno sbarrato*, chèque barré | *porto sbarrato*, port bâclé **2** (*sprangato*) fermé avec une barre **3** (*di occhi*) écarquillé.

sbassare [ʃbas-sà-re] ***v.tr.*** abaisser.

sbastire [ʃba-stì-re] ***v.tr.*** [coniug. come *finire*] défaire* le bâti (**de**).

sbatacchiamento [sba-tac-chia-mén-to] ***n.m.*** claquement.

sbatacchiare [ʃba-tac-chià-re] ***v.tr.*** (faire*) claquer: *sbatacchiare per terra*, flanquer par terre; *sbatacchiare contro il muro*, plaquer contre le mur | *sbatacchiare le ali*, battre des ailes ♦ ***v.intr.*** [aus. *avere*] claquer.

sbattere [ʃbàt-te-re] ***v.tr.*** [coniug. come *battere*] **1** battre*: *sbattere un tappeto*, battre un tapis; *sbattere le ali*, battre des ailes; *sbattere le uova*, battre des œufs | *sbattere la panna*, fouetter la crème | *sbattere la porta* (*in faccia*), (*anche fig.*) claquer la porte (au nez) | *il rosso* (*ti*) *sbatte*, (*fam.*) le rouge ne (te) va pas au teint **2** (*urtare*) cogner: *sbattere la testa contro la porta*, se cogner, se taper la tête contre la porte **3** (*buttare*) jeter*; (*fam.*) flanquer: *la tempesta ha sbattuto la nave contro gli scogli*, la tempête a jeté le bateau contre les rochers; *sbattere in prigione*, flanquer en prison | *lo hanno sbattuto in un paesino*, (*fam.*) on l'a expédié dans un village | *sbattere una notizia in prima pagina*, flanquer une nouvelle à la une (du journal) ♦ ***v.intr.*** [aus. *avere*] **1** battre*; (*di finestra, porta ecc.*) claquer **2** (*urtare*) cogner: *ho sbattuto contro un mobile*, je me suis cogné contre un meuble | *andare a sbattere* (*con la macchina*) *contro un muro*, rentrer dans un mur (avec sa voiture) ♦ **sbattersi** ***v.pron.*** e ***pron.intr.*** (*fam.*) se bouger: *è lui il solo che si sbatte*, c'est lui le seul qui se bouge.
● ***sbattere*** (***fuori***) ***dalla finestra***, jeter, lancer par la fenêtre | ***sbattere fuori*** (***dalla porta***), (*fam.*) foutre dehors | ***sbattere per terra***, flanquer par terre | ***sbattere via***, jeter | ***sbattersene***, (*molto fam.*) s'en foutre (royalement) | ***non sapere dove sbattere la testa***, (*fig.*) ne pas savoir où donner de la tête.

sbattimento [ʃbat-ti-mén-to] ***n.m.*** **1** claquement **2** (*fig. fam.*) prise (*f.*) de tête.

sbattitore [ʃbat-ti-tó-re] ***n.m.*** **1** batteur **2** (*cuc.*) fouet mécanique; batteur.

sbattitura [ʃbat-ti-tù-ra] ***n.f.*** claquement (*m.*).

sbattuta [ʃbat-tù-ta] ***n.f.***
● ***dare una sbattuta a qlco***, battre qqch.

sbattuto [ʃbat-tù-to] ***agg.*** **1** battu | *sbattuto dalla tempesta*, ballotté par la tempête **2** (*stanco*) défait, fatigué: *un'aria sbattuta*, un air fatigué | *occhi sbattuti*, yeux battus.
● (*cuc.*) ***uovo sbattuto***, œuf battu.

sbavare [ʃba-và-re] ***v.intr.*** [aus. *avere*] **1** baver **2** (*di colori*) baver, bavocher: *il colore sbava sui bordi*, la couleur bavoche sur les bords **3** (*fig. fam.*) (*desiderare fortemente*) baver (**de**) ♦ ***v.tr.*** souiller de bave ♦ **sbavarsi** ***v.pron.*** baver.

sbavatura [ʃba-va-tù-ra] ***n.f.*** **1** bave; (*traccia di bava*) traînée da bave **2** (*traccia di colore*) bavure | *senza sbavature*, (*fig.*) sans bavures **3** (*metall.*) ébarbure.

sbeccare [ʃbec-cà-re] ***v.tr.*** [coniug. come *mancare*] ébrécher*.

sbeccato [sbec-cà-to] ***agg.*** ébréché.

sbeffeggiamento [ʃbef-feg-gia-mén-to] ***n.m.*** raillerie (*f.*); (*parola maligna*) pointe (*f.*).

sbeffeggiare [ʃbef-feg-già-re] ***v.tr.*** [coniug. come *mangiare*] railler, se moquer (**de**).

sbeffeggiatore [sbef-feg-gia-tó-re] *n.m.* [f. *-trice*] railleur*.

sbellicarsi [ʃbel-li-càr-si] *v.pron.intr.* [coniug. come *mancare*].
● ***sbellicarsi dalle risa***, se tordre de rire; (*fam.*) se bidonner, se marrer.

sbendare [ʃben-dà-re] *v.tr.* débander.

sberla [ʃbèr-la] *n.f.* gifle; (*fam.*) mandale: *prendere a sberle*, gifler | *mollare una sberla*, flanquer une tarte.
● ***faccia da sberle***, (*fam.*) tête à claques.

sberleffo [ʃber-lèf-fo] *n.m.* nique (*f.*): *fare uno sberleffo*, faire la nique.

sbevazzare [ʃbe-vaz-zà-re] *v.intr.* [aus. *avere*] pinter.

sbevazzatore [ʃbe-vaz-za-tó-re] *n.m.* [f. *-trice*] (*fam.*) grand buveur*.

sbiadire [ʃbia-dì-re] *v.tr.* [coniug. come *finire*] décolorer ♦ *v.intr.* [aus. *essere*] **1** passer **2** (*fig.*) pâlir ♦ **sbiadirsi** *v.pron.* **1** passer **2** (*fig.*) pâlir.

sbiadito [ʃbia-dì-to] *agg.* **1** décoloré, déteint, fané: *verde sbiadito*, vert décoloré; *una vecchia foto sbiadita*, une vieille photo décolorée; *colore sbiadito*, couleur fanée **2** (*fig.*) incolore | *bellezza sbiadita*, beauté fanée | *ragazza sbiadita*, jeune fille fade.

sbiancante [ʃbian-càn-te] *agg.* blanchissant ♦ *n.m.* (*chim.*) agent de blanchiment.

sbiancare [ʃbian-cà-re] *v.tr.* [coniug. come *mancare*] blanchir ♦ *v.intr.* [aus. *essere*] pâlir ♦ **sbiancarsi** *v.pron.intr.* pâlir: *si è sbiancato in viso*, il a pâli; *sbiancarsi (in volto) dalla collera*, pâlir de colère.

sbieco [ʃbiè-co] *agg.* [pl.m. *-chi*, f. *-che*] biais ♦ *n.m.* (*cucito*) biais; (*fettuccia*) ganse (*f.*) | *profilare con uno sbieco*, ganser.
● ***di sbieco***, de, en biais: *guardare di sbieco*, regarder de biais; (*fig.*) regarder de travers; *tagliato di sbieco*, coupé dans le, en biais.

sbiellare [ʃbiel-là-re] *v.intr.* [aus. *avere*] **1** (*aut.*) couler une bielle **2** (*fig. fam.*) dérailler.

sbigottimento [ʃbi-got-ti-mén-to] *n.m.* **1** (*paura*) effroi **2** (*sbalordimento*) ahurissement; (*stupore*) ébahissement, stupéfaction (*f.*): *le si leggeva lo sbigottimento in volto*, la stupéfaction se lisait sur son visage **3** (*smarrimento*) désarroi.

sbigottire [ʃbi-got-tì-re] *v.tr.* [coniug. come *finire*] (*spaventare*) plonger* dans le désarroi; (*turbare*) troubler, bouleverser; (*rendere attonito*) ahurir; (*stupire*) ébahir, stupéfier ♦ *v.intr.* [aus. *essere*] se troubler, s'étonner ♦ **sbigottirsi** *v.pron.intr.* **1** (*spaventarsi*) être* saisi d'effroi **2** (*turbarsi*) se troubler; (*stupirsi*) s'étonner, s'ébahir.

S

sbigottito [ʃbi-got-tì-to] *agg.* **1** (*spaventato*) effrayé **2** (*turbato*) troublé **3** (*attonito*) ébahi, ahuri; (*stupito*) stupéfait.

sbilanciamento [ʃbi-lan-cia-mén-to] *n.m.* déséquilibre.

sbilanciare [ʃbi-lan-cià-re] *v.tr.* [coniug. come *mangiare*] déséquilibrer (*anche fig.*) ♦ **sbilanciarsi** *v.pron.* **1** perdre* l'équilibre; (*pendere*) pencher **2** (*fig.*) se compromettre*; (*esporsi*) s'exposer.

sbilenco [ʃbi-lèn-co] *agg.* [pl.m. *-chi*, f. *-che*] boiteux* (*anche fig.*), bancal*: *una poltrona sbilenca*, un fauteuil boiteux (*o* bancal); *un ragionamento sbilenco*, (*fig.*) un raisonnement boiteux; *cammina tutto sbilenco*, il marche de travers.

sbirciare [ʃbir-cià-re] *v.tr.* e *intr.* [coniug. come *cominciare*; aus. *avere*] lorgner: *sbirciare sul, il compito del compagno*, lorgner sur la copie du voisin.

sbirciata [ʃbir-cià-ta] **sbirciatina** *n.f.* coup (*m.*) d'œil; (*furtiva*) regard (*m.*) furtif.

sbirraglia [ʃbir-rà-glia] *n.f.* (*spreg.*) flics (*m.pl.*), flicaille.

sbirro [ʃbìr-ro] *n.m.* (*spreg.*) flic, poulet.

sbizzarrirsi [ʃbiʒ-ʒar-rìr-si] *v.pron.intr.* [coniug. come *finire*] (*soddisfare*) (*ogni desiderio*) passer toutes ses fantaisies; (*il proprio estro inventivo*) donner libre cours à sa fantaisie: *sbizzarrirsi in virtuosismi*, donner libre cours à sa virtuosité.

sbloccare [ʃbloc-cà-re] *v.tr.* [coniug. come *mancare*] débloquer ♦ **sbloccarsi** *v.pron.* e *pron.intr.* se débloquer | *la linea (telefonica) si è sbloccata*, la ligne (téléphonique) s'est libérée.

sblocco [ʃblòc-co] *n.m.* [pl. *-chi*] déblocage (*anche fig.*).

sbobba [ʃbòb-ba] *n.f.* (*fam.*) (*brodaglia*) lavasse, platras (*m.*).

sbobinamento [sbo-bi-na-mén-to] *n.m.* **1** débobinage **2** (*di una registrazione*) transcription (*f.*) d'un enregistrement.

sbobinare [ʃbo-bi-nà-re] *v.tr.* **1** débobiner **2** (*il testo di una registrazione*) transcrire* le texte d'un enregistrement.

sbobinatura [ʃbo-bi-na-tù-ra] *n.f.* → **sbobinamento**.

sboccare [ʃboc-cà-re] *v.intr.* [coniug. come *mancare*; aus. *essere*] **1** (*di corso d'acqua*) se jeter* **2** (*di strade, di persone*) déboucher **3** (*fig.*) (*finire, concludersi*) aboutir (**à**) ♦ *v.tr.* dégorger*.

sboccato [ʃboc-cà-to] *agg.* grossier*.

sbocciare [ʃboc-cià-re] *v.intr.* [coniug. come *cominciare*; aus. *essere*] **1** s'épanouir **2** (*fig.*) (*nascere*) naître*.

sboccio [ʃbòc-cio] *n.m.* [pl. *-ci*] épanouissement, éclosion (*f.*).

sbocco [ʃbóc-co] *n.m.* [pl. *-chi*] **1** débouché (*anche econ.*) **2** (*di fiume*) embouchure (*f.*) **3** (*fig.*) (*soluzione*) issue (*f.*): *situazione senza sbocco*, situation sans issue.
● (*med.*) ***sbocco di sangue***, crachement de sang.

sbocconcellare [ʃboc-con-cel-là-re] *v.tr.* **1** grignoter **2** (*sbeccare*) ébrécher*.

sbollentare [ʃbol-len-tà-re] *v.tr.* (*cuc.*) blanchir, ébouillanter.

sbollire [ʃbol-lì-re] *v.intr.* [coniug. come *finire*] **1** [aus. *avere*] (*cuc.*) cesser de bouillir **2** [aus. *essere*] (*fig.*) (*calmarsi*) s'apaiser, tomber: *la sua ira è sbollita*, sa colère s'est apaisée.

sbolognare [ʃbo-lo-gnà-re] *v.tr.* (*fam.*) **1** (*appioppare*) refiler **2** (*sbarazzarsi*) se débarrasser (**de**) | *l'hanno sbolognato*, on l'a balancé | *aveva fretta e mi ha sbolognato*, il était pressé et il m'a envoyé paître.
● ***sbolognarsela***, (*svignarsela*) décamper.

sbornia [ʃbòr-nia] *n.f.* cuite: *una bella sbornia*, une bonne cuite | *smaltire la sbornia*, cuver son vin.

sborniarsi [ʃbor-niàr-si] *v.pron.* se soûler; (*fam.*) se cuiter.

sborsare [ʃbor-sà-re] *v.tr.* débourser.

sborso [ʃbór-so] *n.m.* débours (*pl.*).

sbottare [ʃbot-tà-re] *v.intr.* [aus. *essere*] éclater: *sbottare a ridere, a piangere*, éclater de rire, en sanglots; *alla fine è sbottato*, à la fin il a laissé éclater sa colère.

sbotto [ʃbòt-to] *n.m.* éclat.

sbottonare [ʃbot-to-nà-re] *v.tr.* déboutonner ♦ **sbottonarsi** *v.pron.* se déboutonner (*anche fig.*) ♦ *v.pron. indiretto* déboutonner: *sbottonarsi il cappotto*, déboutonner son manteau.

sbozzare [ʃboz-zà-re] *v.tr.* 1 (*sgrossare*) dégrossir 2 (*abbozzare*) ébaucher.

sbozzolare [ʃboz-zo-là-re] *v.intr.* [aus. *avere*] sortir* du cocon.

sbracarsi [ʃbra-càr-si] *v.pron.* [coniug. come *mancare*] (*fam.*) 1 (*togliersi i calzoni*) se déculotter 2 (*slacciarsi i calzoni, la giacca*) se débrailler.
● ***sbracarsi dal ridere***, (*fig.*) se tordre (de rire).

sbracato [ʃbra-cà-to] *agg.* 1 déculotté 2 (*con gli abiti in disordine*) débraillé 3 (*fig.*) vulgaire.

sbracciarsi [ʃbrac-ciàr-si] *v.pron.* e *pron.intr.* [coniug. come *cominciare*] 1 (*rimboccarsi le maniche*) retrousser ses manches 2 (*agitare le braccia*) gesticuler 3 (*fig.*) (*darsi da fare*) faire* des pieds et des mains, se donner du mal.

sbracciato [ʃbrac-cià-to] *agg.* (*di vestito*) sans manches; (*di persona*) nu-bras*.

sbraitare [ʃbrai-tà-re] *v.intr.* [aus. *avere*] gueuler, brailler.

sbranare [ʃbra-nà-re] *v.tr.* mettre* en pièces; (*di belve*) dévorer ♦ **sbranarsi** *v.pron.rec.* se déchirer, s'entre-déchirer (*anche fig.*).

sbreccare [ʃbrec-cà-re] *v.tr.* [coniug. come *mancare*] ébrécher*: *sbreccare una tazza*, ébrécher une tasse.

sbriciolamento [ʃbri-cio-la-mén-to] *n.m.* (*il ridurre in briciole*) émiettement; (*il ridurre in polvere*) effritement.

sbriciolare [ʃbri-cio-là-re] *v.tr.* (*ridurre in briciole*) émietter; (*ridurre in polvere*) pulvériser ♦ **sbriciolarsi** *v.pron.intr.* (*ridursi in briciole*) s'émietter; (*ridursi in polvere*) se pulvériser.

sbrigare [ʃbri-gà-re] *v.tr.* [coniug. come *legare*] expédier | *sbrigare la posta*, faire le courrier | *sbrigare le faccende* (*di casa*), faire le ménage ♦ **sbrigarsi** *v.pron.* 1 se dépêcher (**de**) 2 (*liberarsi*) se débarrasser.
● ***sbrigarsela***, se charger de; (*cavarsela*) se débrouiller: *me la sbrigo io con tuo fratello*, je me charge de ton frère; *me la sbrigo con quattro parole*, je vais régler cela en deux mots.

sbrigativamente [sbri-ga-ti-va-mén-te] *avv.* rapidement, expéditivement; (*in modo brusco*) brusquement.

sbrigativo [ʃbri-ga-tì-vo] *agg.* 1 expéditif* 2 (*brusco*) brusque.

sbrigliare [ʃbri-glià-re] *v.tr.* 1 débrider (*anche med.*) 2 (*fig.*) donner libre cours (**à**) ♦ **sbrigliarsi** *v.pron.* (*fig.*) se déchaîner.

sbrigliatezza [ʃbri-glia-téz-za] *n.f.* dérèglement (*m.*).

sbrigliato [ʃbri-glià-to] *agg.* débridé (*anche fig.*); (*di persona*) déchaîné.

sbrinamento [ʃbri-na-mén-to] *n.m.* dégivrage.

sbrinare [ʃbri-nà-re] *v.tr.* dégivrer.

sbrinatore [ʃbri-na-tó-re] *n.m.* dégivreur.

sbrindellare [ʃbrin-del-là-re] *v.tr.* mettre* en lambeaux.

sbrindellato [ʃbrin-del-là-to] *agg.* 1 en lambeaux 2 (*di persona*) déguenillé.

sbrodolamento [sbro-do-la-mén-to] *n.m.* 1 tache (*f.*) 2 (*fig.*) verbiage, délayage.

sbrodolare [ʃbro-do-là-re] *v.tr.* salir, tacher: *ti sei sbrodolato la camicia*, tu as taché, sali ta chemise ♦ **sbrodolarsi** *v.pron.* se salir: *ti sei tutto sbrodolato!*, tu t'es tout taché!

sbrodolata [ʃbro-do-là-ta] *n.f.* (*fig.*) discours (*m.*) prolixe, bla-bla-bla (*m.*) | *ha fatto una sbrodolata per spiegare che*, il a fait toute une tartine pour expliquer que.

sbrodolato [ʃbro-do-là-to] *agg.* 1 sali 2 (*fig.*) (*prolisso*) délayé | *un discorso sbrodolato*, du bla-bla-bla.

sbrodolone [ʃbro-do-ló-ne] *n.m.* [f. *-a*] (*fam.*) souillon.

sbrogliare [ʃbro-glià-re] *v.tr.* 1 débrouiller (*anche fig.*) 2 (*sgombrare*) débarrasser ♦ **sbrogliarsi** *v.pron.* se débrouiller.
● ***sbrogliare la matassa***, (*fig.*) débrouiller les fils de l'écheveau.

sbronza [ʃbrón-za *o* ʃbrónʒa] *n.f.* (*fam.*) cuite.

sbronzarsi [ʃbron-zàr-si *o* ʃbronʒàrsi] *v.pron.* (*fam.*) prendre* une cuite.

sbronzo [ʃbrón-zo *o* ʃbrónʒo] *agg.* (*fam.*) soûl, saoul, pompette: *essere sbronzo*, être rond.

sbruffare [ʃbruf-fà-re] *v.tr.* (*spruzzare*) asperger.

sbruffo [ʃbrùf-fo] *n.m.* éclaboussement.

sbruffonata [ʃbruf-fo-nà-ta] *n.f.* fanfaronnade, frime.

sbruffone [ʃbruf-fó-ne] *n.m.* [f. *-a*] fanfaron*, frimeur*.

sbucare [ʃbu-cà-re] *v.intr.* [coniug. come *mancare*; aus. *essere*] sortir*.

sbucciare [ʃbuc-cià-re] *v.tr.* [coniug. come *cominciare*] 1 éplucher 2 (*escoriare*) écorcher: *mi sono sbucciato un ginocchio*, je me suis écorché, égratigné un genou.

sbucciatura [ʃbuc-cia-tù-ra] *n.f.* 1 épluchement (*m.*) 2 (*escoriazione*) écorchure.

sbudellare [ʃbu-del-là-re] *v.tr.* 1 (*animali*) étriper 2 (*colpire al ventre*) éventrer ♦ **sbudellarsi** *v.pron.* s'éventrer.
● ***sbudellarsi dalle risa***, (*fam.*) se marrer.

sbuffare [ʃbuf-fà-re] *v.intr.* [aus. *avere*] 1 (*ansimare*) *haleter*; (*soffiare*) souffler; (*di cavalli*) s'ébrouer | *sbuffare di noia*, soupirer d'ennui 2 (*di locomotive*) lancer* des bouffées de fumée.

sbuffata [ʃbuf-fà-ta] *n.f.* soupir (*m.*) d'ennui, d'impatience.

sbuffo [ʃbùf-fo] *n.m.* 1 (*di vento*) souffle; (*di fumo*) bouffée (*f.*); (*di cavalli*) ébrouement | *sbuffo di noia*, mouvement d'ennui 2 (*abbigl.*) bouillon.
● (*abbigl.*) ***a sbuffo***, bouffant.

sbugiardare [ʃbu-giar-dà-re] *v.tr.* démentir*, démasquer.

sbullonare [ʃbul-lo-nà-re] *v.tr.* déboulonner.

sbuzzare [ʃbuʒ-ʒà-re] *v.tr.* étriper, éventrer.

scabbia [scàb-bia] *n.f.* gale.

scabbioso [scab-bió-so] *agg.* e *n.m.* [f. *-a*] galeux*.

scabro [scà-bro] *agg.* raboteux* (*anche fig.*).

scabrosità [sca-bro-si-tà] *n.f.invar.* 1 aspérité 2 (*fig.*) caractère (*m.*) scabreux.

scabroso [sca-bró-so] *agg.* 1 raboteux* 2 (*fig.*) scabreux*, délicat.

scacchiera [scac-chiè-ra] *n.f.* échiquier (*m.*); (*per la dama*) damier (*m.*).
● ***a scacchiera***, en damier.

scacchiere [scac-chiè-re] *n.m.* (*mil.*) zone (*f.*).

scacchista [scac-chì-sta] *n.m.* e *f.* joueur/euse d'échecs.

scacciacani [scac-cia-cà-ni] ***n.m.*** o ***f.invar.*** pistolet (*m.*) à amorce.

scacciamosche [scac-cia-mó-sche] ***n.m.invar.*** chasse -mouches*; (*paletta*) tapette (*f.*) à mouches.

scacciapensieri [scac-cia-pen-siè-ri] ***n.m.invar.*** **1** (*mus.*) guimbarde (*f.*) **2** (*fig.*) passe-temps*.

scacciare [scac-cià-re] ***v.tr.*** [coniug. come *cominciare*] chasser (*anche fig.*): *scacciare di casa*, chasser de la maison.

scaccino [scac-ci-no] ***n.m.*** bedeau*.

scacco [scàc-co] ***n.m.*** [pl. -*chi*] **1** (*pezzo*) pièce (*f.*); (*pl.*) (*gioco*) échecs: *giocare a, agli scacchi*, jouer aux échecs **2** (*mossa*) échec | *subire uno scacco*, (*fig.*) subir un échec **3** (*ciascuno dei quadretti*) carré.
● ***scacco matto***, échec et mat | ***a scacchi***, en damier, à carreaux | ***vedere il sole a scacchi***, (*in prigione*) être derrière les barreaux.

scadente [sca-dèn-te] ***agg.*** **1** (*di poco pregio*) de mauvaise qualité **2** (*insufficiente*) insuffisant | *è scadente in latino*, il est faible en latin | *il servizio è scadente*, le service laisse à désirer.

scadenza [sca-dèn-za] ***n.f.*** **1** (*tempo concesso*) délai (*m.*): *darsi, porsi delle scadenze*, se fixer des délais **2** (*comm., dir.*) (*lo scadere di un obbligo*) échéance: *prolungare una scadenza*, reporter une échéance | *tratta con scadenza a tre mesi*, traite à trois mois de date | *scadenza di un contratto, di un mandato*, expiration d'un contrat, d'un mandat **3** (*data limite*) date limite: *la scadenza per la presentazione delle domande è il 20 febbraio*, la date limite pour la présentation des demandes est le 20 février.
● ***scadenza a tempo, vista, data***, échéance à délai, de vue, de date | ***a breve, lunga scadenza***, à courte, longue échéance; à court, long terme | ***a, entro breve scadenza***, dans les plus brefs délais: *devo rispondere a, entro breve scadenza*, je dois répondre dans les plus brefs délais | ***data di scadenza***, date de péremption, date limite | ***in scadenza***, en échéance; (*fam.*) brûlant.

scadenzario [sca-den-zà-rio] ***n.m.*** [pl. -*ri*] (*comm.*) échéancier, carnet d'échéances.

scadere [sca-dé-re] ***v.intr.*** [coniug. come *cadere*; aus. *essere*] **1** (*perdere pregio, valore*) baisser: *scadere di valore*, diminuer de valeur | *è molto scaduto ai miei occhi*, (*fam.*) il a beaucoup baissé dans mon estime **2** (*giungere al termine*) expirer, échoir*: *il passaporto mi scade il 20 settembre*, mon passeport expire le 20 septembre; *lasciar scadere il passaporto*, laisser périmer son passeport | *la tratta scade domani*, la traite arrive à échéance demain.
● ***allo scadere di***, à l'expiration de.

scadimento [sca-di-mén-to] ***n.m.*** (*decadenza*) décadence (*f.*) | *scadimento di valori*, déclin de valeurs.

scaduto [sca-dù-to] ***agg.*** (*non più valido, non utilizzabile*) périmé; (*comm.*) échu; (*di contratto*) expiré: *biglietto scaduto*, billet périmé; *latte scaduto*, lait périmé | (*il*) *tempo* (*è*) *scaduto*, (le) temps (est) écoulé.
● (*comm.*) ***cambiale scaduta***, billet à ordre échu.

scafandro [sca-fàn-dro] ***n.m.*** (*mar., aer.*) scaphandre.

scafato [sca-fà-to] ***agg.*** (*fam.*) malin, habile, futé.

scaffalatura [scaf-fa-la-tù-ra] ***n.f.*** rayonnage (*m.*), étagères (*pl.*).

scaffale [scaf-fà-le] ***n.m.*** étagère (*f.*); (*di biblioteca, negozio*) rayon.

scafista [sca-fi-sta] ***n.m.*** passeur, scaphiste.

scafo [scà-fo] ***n.m.*** coque (*f.*).

scafòide [sca-fòi-de] ***agg.*** e ***n.m.*** (*anat.*) scaphoïde.

scagionare [sca-gio-nà-re] ***v.tr.*** disculper ♦ **scagionarsi** ***v.pron.*** se disculper.

scaglia [scà-glia] ***n.f.*** **1** (*di legno, di ferro*) copeau* (*m.*) **2** (*di rettili, di pesci*) écaille **3** (*di forfora*) pellicule.
● ***sapone a scaglie***, savon en paillettes.

scagliare[1] [sca-glià-re] ***v.tr.*** lancer*, jeter* (*anche fig.*) ♦ **scagliarsi** ***v.pron.*** se jeter*: *scagliarsi contro qlcu*, se jeter sur qqn | *scagliarsi contro gli abusi*, s'élever contre les abus.

scagliare[2] ***v.tr.*** (*scheggiare*) écailler ♦ **scagliarsi** ***v.pron.intr.*** s'écailler.

scagliola [sca-gliò-la] ***n.f.*** **1** plâtre (*m.*) **2** (*bot.*) alpiste (*m.*).

scaglionamento [sca-glio-na-mén-to] ***n.m.*** (*mil.*) échelonnement (*anche fig.*) | *scaglionamento delle ferie*, étalement des vacances.

scaglionare [sca-glio-nà-re] ***v.tr.*** (*mil.*) échelonner (*anche fig.*) | *scaglionare le ferie*, étaler les vacances.

scaglione [sca-glió-ne] ***n.m.*** **1** groupe; (*mil.*) échelon **2** (*di monte*) gradin **3** (*econ.*) (*fascia*) tranche (*f.*); (*quantitativo*) lot.
● ***a scaglioni***, par groupes; (*mil.*) par échelons.

scaglioso [sca-glió-so] ***agg.*** écailleux*.

scagnozzo [sca-gnòz-zo] ***n.m.*** [f. -*a*] **1** (*tirapiedi*) homme de main, sous-fifre* **2** (*persona priva di capacità*) nullard.

scala [scà-la] ***n.f.*** **1** escalier (*m.*): *fare, salire le scale*, monter l'escalier; *scendere le scale di corsa*, descendre l'escalier en courant | *per le scale*, dans l'escalier **2** (*trasportabile, a pioli*) échelle, escabeau* (*m.*): *appoggiare una scala contro il muro*, dresser une échelle contre le mur **3** (*gamma*) échelle (*anche fig.*): *scala dei valori*, échelle des valeurs **4** (*nel gioco delle carte*) séquence **5** (*econ.*) échelle **6** (*graduata*) échelle | *carta in scala 1:100.000*, carte à l'échelle 1:100.000 (*o* au 1:100.000) **7** (*mus.*) gamme.
● ***scala a chiocciola***, escalier en colimaçon | ***scala barometrica***, échelle d'un baromètre | ***scala da pompieri, di sicurezza***, escalier d'incendie, à incendie | ***scala di servizio***, escalier de service | ***scala mobile***, escalator, escalier roulant | (*econ.*) ***scala mobile*** (***dei salari***), échelle mobile (des salaires) | ***scala quaranta***, (*a carte*) sorte de rami | (*poker*) ***scala reale***, le flush | ***disporre a scala***, disposer en échelle | ***la tromba delle scale***, la cage de l'escalier | ***ridurre in scala***, réduire à l'échelle | ***su scala nazionale***, à l'échelle nationale: *questo problema si pone su scala nazionale*, ce problème se pose à l'échelle nationale | ***su vasta scala, su scala ridotta***, sur une grande, sur une petite échelle: *operare su vasta scala, su scala ridotta*, opérer sur une grande, sur une petite échelle.

FAUX AMI
Da non confondere con *escale*, che significa *scalo*.

scalare[1] [sca-là-re] ***agg.*** **1** proportionnel*; (*proporzionalmente decrescente*) dégressif* | *tariffa scalare*, tarif dégressif **2** (*mat.*) scalaire.

scalare[2] ***v.tr.*** **1** escalader: *scalare una montagna*, escalader une montagne | *scalare il potere*, (*fig.*) aller à la conquête du pouvoir **2** (*detrarre*) (*una somma*) déduire*, défalquer; (*un debito*) éteindre* graduellement **3** (*diminuire*) diminuer: *scalare le maglie*, (*nei lavori a maglia*) diminuer les mailles | (*aut.*) *scalare una marcia*, rétrograder **4** (*disporre in scala*) dégrader: *scalare i capelli*, dégrader les cheveux.
● ***a scalare***, par ordre décroissant, décroissant.

S

scalata [sca-là-ta] *n.f.* escalade | *dare la scalata al potere*, (*fig.*) aller à la conquête du pouvoir.

scalatore [sca-la-tó-re] *n.m.* [f. *-trice*] **1** alpiniste, ascensionniste **2** (*ciclista*) grimpeur*.

scalcagnare [scal-ca-gnà-re] *v.tr.* éculer.

scalcagnato [scal-ca-gnà-to] *agg.* **1** éculé **2** (*male in arnese*) mal fichu.

scalciare [scal-cià-re] *v.intr.* [coniug. come *cominciare*; aus. *avere*] ruer.

scalcinare [scal-ci-nà-re] *v.tr.* décrépir.

scalcinato [scal-ci-nà-to] *agg.* **1** décrépi **2** (*fig.*) (*di persona*) mal fichu, débraillé; (*di cosa*) délabré.

scaldaacqua [scal-da-àc-qua] *n.m.invar.* chauffe-eau*.
● *scaldaacqua a immersione*, résistance chauffante.

scaldabagno [scal-da-bà-gno] *n.m.* [pl. *invar.* o *-i*] chauffe-bain*.

scaldabiberon [scal-da-bi-be-ròn] *n.m.invar.* chauffe-biberon*.

scaldaletto [scal-da-lèt-to] *n.m.* [pl. *invar.* o *-i*] bassinoire (*f.*).

scaldamuscoli [scal-da-mù-sco-li] *n.m.invar.* jambières (*f.pl.*).

scaldapiatti [scal-da-piàt-ti] *n.m.invar.* chauffe-plats*, réchaud de table.

scaldapiedi [scal-da-piè-di] *n.m.invar.* chaufferette (*f.*).

scaldare [scal-dà-re] *v.tr.* **1** chauffer; (*riscaldare*) réchauffer **2** (*animare*) animer ♦ **scaldarsi** *v.pron.* **1** chauffer; (*riscaldarsi*) se réchauffer **2** (*animarsi*) s'animer | *l'ambiente si sta scaldando*, l'ambiance monte **3** (*agitarsi*) s'échauffer.
● *scaldarsi la testa*, (*fig.*) se monter la tête.

scaldavivande [scal-da-vi-vàn-de] *n.m.invar.* chauffe-plats*, réchaud de table.

scaldino [scal-dì-no] *n.m.* chaufferette (*f.*).

scalea [sca-lè-a] *n.f.* escalier (*m.*) d'honneur, grand escalier (*m.*).

scaleno [sca-lè-no] *agg.* scalène.

scaletta [sca-lét-ta] *n.f.* **1** (petit) escalier (*m.*); escabeau*; (*a pioli*) (petite) échelle | *scaletta della nave*, échelle de coupée | *scaletta mobile d'aereo*, escalier automoteur **2** (*sommario, schema*) plan (*m.*); (*cine.*) traitement (*m.*); (*rad., tv*) grille.

scalfare [scal-fà-re] *v.tr.* (*abbigl.*) échancrer (les emmanchures).

scalfire [scal-fì-re] *v.tr.* [coniug. come *finire*] **1** égratigner; (*vetro ecc.*) rayer* **2** (*fig.*) égratigner, éclabousser.

scalfittura [scal-fit-tù-ra] *n.f.* égratignure (*anche fig.*); (*sul vetro ecc.*) rayure.

scalfo [scàl-fo] *n.m.* emmanchure (*f.*).

scaligero [sca-lì-ge-ro] *agg.* **1** (*relativo alla famiglia Della Scala*) des Della Scala; (*estens.*) de Vérone, véronais **2** (*relativo al teatro alla Scala di Milano*) de la Scala.

scalinata [sca-li-nà-ta] *n.f.* grand escalier (*m.*); (*davanti a un ingresso*) perron (*m.*).

scalino [sca-lì-no] *n.m.* **1** marche (*f.*) **2** (*fig.*) degré.

scalmana [scal-mà-na] *n.f.* (*fam.*) (*malessere da infreddatura*) chaud et froid (*m.*); (*vampata di calore*) bouffée de chaleur.

scalmanarsi [scal-ma-nàr-si] *v.pron.* **1** s'agiter, s'exciter **2** (*darsi da fare*) se donner du mal.

scalmanato [scal-ma-nà-to] *agg.* **1** en nage **2** (*fig.*) excité ♦ *n.m.* [f. *-a*] excité.

scalmo [scàl-mo] *n.m.* (*mar.*) **1** (*costruzioni navali*) allonge (*f.*) **2** (*appoggio per il remo*) tolet.

scalo [scà-lo] *n.m.* **1** escale (*f.*) **2** (*mar.*) cale (*f.*).
● (*ferr.*) *scalo merci*, gare de marchandises, terminal marchandises.

scalogna [sca-ló-gna] *n.f.* (*fam.*) guigne, poisse.

scalognato [sca-lo-gnà-to] *agg.* (*fam.*) malchanceux*, qui a la guigne | *che scalognato!*, *è proprio scalognato!*, il n'a vraiment pas de veine!

scalogno [sca-ló-gno] *n.m.* (*bot.*) échalote (*f.*).

scalone [sca-ló-ne] *n.m.* (grand) escalier.

scaloppa [sca-lòp-pa] **scaloppina** *n.f.* (*cuc.*) escalope de veau.

scalpellare [scal-pel-là-re] *v.tr.* **1** (*marmo*) sculpter; (*pietra*) tailler **2** (*med.*) découper, faire* une incision au scalpel.

scalpellino [scal-pel-lì-no] *n.m.* [f. *-a*] tailleur de pierres.

scalpello [scal-pèl-lo] *n.m.* **1** ciseau*, burin | *un ottimo scalpello*, (*fig.*) un excellent sculpteur **2** (*miner.*) trépan **3** (*med.*) scalpel.

scalpicciare [scal-pic-cià-re] *v.intr.* [coniug. come *cominciare*; aus. *avere*] piétiner.

scalpiccio [scal-pic-cì-o] *n.m.* [pl. *-ii*] **1** (*il pestare i piedi*) piétinement **2** (*rumore di passi*) bruit de pas.

scalpitare [scal-pi-tà-re] *v.intr.* [aus. *avere*] piaffer (*anche fig.*).

scalpitio [scal-pi-tì-o] *n.m.* [pl. *-ii*] piaffement.

scalpo [scàl-po] *n.m.* scalp.

scalpore [scal-pó-re] *n.m.* tapage | *fare scalpore*, (*anche fig.*) faire beaucoup de bruit.

scaltramente [scal-tra-mén-te] *avv.* (*abilmente*) habilement, adroitement; (*con furbizia*) avec ruse.

scaltrezza [scal-tréz-za] *n.f.* habileté; (*astuzia*) ruse.

scaltrire [scal-trì-re] *v.tr.* [coniug. come *finire*] (*sveltire*) dégourdir ♦ **scaltrirsi** *v.pron.* (*sveltirsi*) se dégourdir; (*in un'arte*) devenir* adroit.

scaltrito [scal-trì-to] *agg.* habile, adroit.

scaltro [scàl-tro] *agg.* habile; (*astuto*) rusé.

scalzacane [scal-za-cà-ne] *n.m.* e *f.* [pl. *invar.* o *-i*] **scalzacani** *n.m* e *f.invar.* **1** (*spreg.*) (*persona di nessun conto*) pouilleux/euse; (*persona male in arnese*) va-nu-pieds* **2** (*incompetente*) incompétent/e.

scalzare [scal-zà-re] *v.tr.* déchausser | *scalzare qlcu da un posto*, (*fig.*) faire sauter qqn.

scalzo [scàl-zo] *agg.* déchaussé | *a piedi scalzi*, les pieds nus | *camminare scalzo*, marcher nu-pieds.
● (*eccl.*) *Carmelitani scalzi*, Carmes déchaux, déchaussés.

scambiare [scam-bià-re] *v.tr.* **1** échanger* (**contre**) **2** (*confondere*) confondre* (**avec**), prendre* (**pour**): *mi hanno scambiato per mio fratello*, on m'a pris pour mon frère ♦ **scambiarsi** *v.pron.rec.* échanger*.

scambievole [scam-bié-vo-le] *agg.* réciproque, mutuel*.

scambio [scàm-bio] *n.m.* [pl. *-bi*] **1** échange | *scambio di persona*, méprise sur la personne | *scambio di ruolo*, *di ruoli*, changement de rôle(s) **2** (*ferr.*) aiguillage.
● (*econ.*) *libero scambio*, libre échange.

scambista [scam-bì-sta] *n.m.* e *f.* **1** (*ferr.*) aiguilleur (*m.*) **2** (*econ.*) échangiste.

scamiciato [sca-mi-cià-to] ***agg.*** en bras de chemise; (*estens.*) débraillé ♦ ***n.m.*** (*abbigl.*) robe (*f.*) chasuble.

scamorza [sca-mòr-za] ***n.f.*** **1** fromage (*m.*) maigre de lait de vache **2** (*fig.*) (*persona di poco valore*) nullité.

scamosciato [sca-mo-scià-to] ***agg.*** de daim: *pelle scamosciata*, peau de daim; *guanti scamosciati*, gants de daim | *vitello scamosciato*, veau velours.

scamozzare [sca-moz-zà-re] ***v.tr.*** (*agr.*) élaguer.

scampagnata [scam-pa-gnà-ta] ***n.f.*** promenade à la campagne.

scampanare [scam-pa-nà-re] ***v.intr.*** [aus. *avere*] (*di campane*) sonner à toute volée.

scampanata [scam-pa-nà-ta] ***n.f.*** carillon (*m.*).

scampanato [scam-pa-nà-to] ***agg.*** évasé.

scampanellare [scam-pa-nel-là-re] ***v.intr.*** [aus. *avere*] carillonner.

scampanellata [scam-pa-nel-là-ta] ***n.f.*** grand coup (*m.*) de sonnette.

scampanellio [scam-pa-nel-lì-o] **scampanio** ***n.m.*** [pl. *-ii*] carillonnement.

scampare [scam-pà-re] ***v.tr.*** **1** (*salvare*) sauver **2** (*evitare*) échapper (à), éviter ♦ ***v.intr.*** [aus. *essere*] échapper, réchapper: *scampare da una malattia*, réchappér d'une maladie.

● ***scamparla***, se sauver: *l'ha scampata bella*, il l'a échappée belle; *l'ho scampata per un pelo*, je m'en suis tiré de justesse; *anche questa volta l'abbiamo scampata!*, cette fois encore nous en avons réchappés! | ***Dio ce ne scampi e liberi!***, que Dieu nous en préserve! | ***Dio ci scampi!***, Dieu nous garde!

scampato [scam-pà-to] ***agg.*** e ***n.m.*** [f. *-a*] rescapé.

● ***uno scampato pericolo***, un danger évité.

scampo[1] [scàm-po] ***n.m.*** **1** (*salvezza*) salut: *trovare scampo nella fuga*, trouver son salut dans la fuite | *trovare scampo all'estero*, trouver refuge à l'étranger **2** (*scappatoia*) échappatoire: *devi dirlo, non hai più scampo*, tu n'as plus d'échappatoire, tu dois le dire.

● ***non c'è (via di) scampo***, il n'y a pas d'issue; (*modo di cavarsela*) il n'y a pas moyen d'en sortir: *non c'è scampo, bisogna farlo*, on n'a pas le choix, il faut le faire; *non c'è scampo contro quei seccatori!*, (*fig.*) impossible d'échapper à ces raseurs! | ***trovare una via di scampo***, trouver une issue; (*una scappatoia*) trouver une échappatoire.

scampo[2] ***n.m.*** (*zool.*) langoustine (*f.*).

S

scampolo [scàm-po-lo] ***n.m.*** coupon; (*avanzo*) reste.

● ***scampoli di tempo***, (*fig.*) moments perdus | ***uno scampolo d'uomo***, (*spreg.*) un nabot.

scanalare [sca-na-là-re] ***v.tr.*** canneler*.

scanalato [sca-na-là-to] ***agg.*** cannelé.

scanalatura [sca-na-la-tù-ra] ***n.f.*** **1** cannelure; (*nel metallo, nel legno*) rainure **2** (*fessura, fenditura*) fente.

scandagliare [scan-da-glià-re] ***v.tr.*** sonder.

scandaglio [scan-dà-glio] ***n.m.*** [pl. *-gli*] sondeur, sonde (*f.*).

scandalistico [scan-da-lì-sti-co] ***agg.*** [pl.m. *-ci*, f. *-che*] à scandales.

scandalizzare [scan-da-liʒ-ʒà-re] ***v.tr.*** scandaliser ♦ **scandalizzarsi** ***v.pron.intr.*** se scandaliser: *non ti scandalizzi se mi tolgo le scarpe?*, ça ne te choque pas si j'enlève mes chaussures?; *fai pure, non mi scandalizzo*, vas-y, cela ne me choque pas.

scandalizzato [scan-da-liz-zà-to] ***agg.*** scandalisé; (*scherz.*) choqué.

scandalo [scàn-da-lo] ***n.m.*** scandale: *dare, fare scandalo*, faire scandale | *con grande scandalo di*, au grand scandale de.

● ***la pietra dello scandalo***, l'objet du scandale.

scandaloso [scan-da-ló-so] ***agg.*** scandaleux*.

scandinavo [scan-di-nà-vo *o* scandìnavo] ***agg.*** scandinave ♦ ***n.m.*** [f. *-a*] (*abitante*) Scandinave.

scandire [scan-dì-re] ***v.tr.*** [coniug. come *finire*] **1** (*sillabe, parole, versi*) scander, articuler | (*mus.*) *scandire il tempo*, battre la mesure **2** (*tv*) balayer*.

scannare [scan-nà-re] ***v.tr.*** **1** égorger* **2** (*uccidere crudelmente*) massacrer ♦ **scannarsi** ***v.pron.rec.*** s'égorger* (*anche fig.*) ♦ ***v.pron.*** (*fig.*) se saigner aux quatre veines: *si scanna per la famiglia*, il se saigne aux quatre veines pour sa famille.

scannatoio [scan-na-tó-io] ***n.m.*** [pl. *-oi*] abattoir.

scanner [scàn-ner] ***n.m.invar.*** (*tip., inform.*) scanner, scanneur.

scannerizzare [scan-ne-riʒ-ʒà-re] ***v.tr.*** (*inform.*) scannériser.

scanno [scàn-no] ***n.m.*** siège; (*di coro*) stalle (*f.*).

scansafatiche [scan-sa-fa-tì-che] ***n.m.*** e ***f.*** fainéant/e, flemmard/e.

scansare [scan-sà-re] ***v.tr.*** **1** (*schivare*) esquiver; (*evitare*) éviter* **2** (*spostare*) déplacer* ♦ **scansarsi** ***v.pron.*** s'écarter.

scansia [scan-sì-a] ***n.f.*** étagères (*pl.*); (*per libri*) bibliothèque.

scansione [scan-sió-ne] ***n.f.*** **1** (*di parole, sillabe, versi*) scansion **2** (*tv*) balayage (*m.*) **3** (*inform.*) scannage (*m.*), scannérisation.

scansire [scan-sì-re] ***v.tr.*** [coniug. come *finire*] (*inform.*) scanner, scanneriser, numériser.

scanso [scàn-so] ***n.m.***

● ***a scanso di***, pour éviter: *a scanso di equivoci*, pour éviter tout malentendu.

scantinato [scan-ti-nà-to] ***n.m.*** sous-sol*.

scantonare [scan-to-nà-re] ***v.intr.*** [aus. avere] **1** tourner au coin de la rue **2** (*fig.*) (*svignarsela*) s'esquiver; (*cambiare argomento*) changer* de sujet.

scanzonato [scan-zo-nà-to] ***agg.*** désinvolte.

scapaccione [sca-pac-ció-ne] ***n.m.*** taloche (*f.*): *prendere a scapaccioni*, talocher; *si è preso un bello scapaccione*, il a reçu une belle taloche | *è stato promosso a scapaccioni*, (*fig.*) il a été reçu par piston.

scapato [sca-pà-to] ***agg.*** e ***n.m.*** [f. *-a*] étourdi.

scapestrato [sca-pe-strà-to] ***agg.*** dissipé ♦ ***n.m.*** [f. *-a*] chenapan, voyou.

scapicollarsi [sca-pi-col-làr-si] ***v.pron.intr.*** **1** courir* comme un dératé: *mi sono scapicollato fin lì*, je m'y suis précipité | *scapicollarsi giù per le scale*, dégringoler (dans) l'escalier **2** (*fig.*) (*affannarsi*) se donner du mal.

scapigliare [sca-pi-glià-re] ***v.tr.*** ébouriffer ♦ **scapigliarsi** ***v.pron.intr.*** s'ébouriffer.

scapigliato [sca-pi-glià-to] ***agg.*** **1** ébouriffé **2** (*fig.*) dissipé ♦ ***n.m.*** (*st. lett.*) scapigliato (artiste qui a participé au mouvement de la scapigliatura).

scapitare [sca-pi-tà-re] ***v.intr.*** [aus. *avere*] perdre*: *a frequentare certe persone ci si scapita sempre*, on y perd toujours à fréquenter certaines personnes.

scapito [scà-pi-to] ***n.m.*** perte (*f.*).

● ***a scapito di***, au détriment de.

scapitozzare [sca-pi-toz-zà-re] ***v.tr.*** (*agr.*) écimer.

scapola [scà-po-la] *n.f.* (*anat.*) omoplate.
scapolare[1] [sca-po-là-re] *agg.* (*anat.*) scapulaire.
scapolare[2] *n.m.* (*eccl.*) scapulaire.
scapolare[3] *v.intr.* [aus. *avere* o *essere*] (*fam.*) échapper (à) ♦ *v.tr.* (*fam.*) (*scampare*) échapper (à).
● ***scapolarsela***, s'esquiver.
scapolo [scà-po-lo] *agg.* e *n.m.* célibataire: *un* (*vecchio*) *scapolo*, un vieux garçon; *fare vita da scapolo*, mener une vie de célibataire | *uno scapolo impenitente*, (*scherz.*) un célibataire endurci.
● ***scapolo d'oro***, parti en or.
scapolone [sca-po-ló-ne] *n.m.* vieux garçon.
scappamento [scap-pa-mén-to] *n.m.* échappement.
● (*aut.*) ***tubo di scappamento***, tuyau d'échappement.
scappare [scap-pà-re] *v.intr.* [aus. *essere*] **1** s'échapper, s'enfuir*, se sauver: *scappare di prigione*, s'échapper de prison; *è scappato con la cassa*, il s'est enfui avec la caisse; *tutti scappavano di qua e di là*, les gens fuyaient de tous côtés; *scappa!*, va-t-en!; *scappiamo!*, sauve qui peut!; *è scappato di là*, il s'est sauvé par là; *scappare su, giù* (*per le scale*), s'enfuir en haut, en bas; *scappò su a prendere il soprabito*, il monta chercher son pardessus | *scappare di casa*, partir de la maison, (*temporaneamente*) faire une fugue **2** (*andare via in fretta*) se sauver, filer: *scappo perché è tardi*, je me sauve parce qu'il est tard; *scappo a vestirmi*, je cours m'habiller; *scappo dentro perché fa freddo*, je rentre parce qu'il fait froid **3** (*sfuggire*) échapper (*anche fig.*): *questa volta non mi scappi*, cette fois, tu ne m'échapperas pas; *si è lasciato scappare una buona occasione*, il a laissé échapper une bonne occasion; *far scappare la pazienza*, faire perdre patience; *m'è scappato il treno sotto il naso*, le train est parti sous mon nez | *mi è scappato detto che*, j'ai eu la naïveté de dire que | *è scappato fuori a dire che lo sapeva*, il n'a pu s'empêcher de dire qu'il le savait déjà.
● ***di qui non si scappa***, (*fig.*) il n'y a pas d'autre solution | ***mi è scappato da ridere***, (*fam.*) je n'ai pas pu m'empêcher de rire | ***mi è scappato di bocca***, (*fam.*) cela m'a échappé (de la bouche) | ***mi è scappato di mente***, (*fam.*) cela m'est sorti de l'esprit | ***mi scappa la pipì***, j'ai envie de faire pipi.
scappata [scap-pà-ta] *n.f.* saut (*m.*): *fare una scappata dalla sarta*, faire un saut chez la couturière.
scappatella [scap-pa-tèl-la] *n.f.* escapade: *fare una scappatella*, faire une escapade.
scappatina [scap-pa-tì-na] *n.f.* saut (*m.*).
scappatoia [scap-pa-tó-ia] *n.f.* échappatoire: *cercare delle scappatoie*, chercher une échappatoire; *trovare una scappatoia*, trouver une échappatoire.
scappellarsi [scap-pel-làr-si] *v.pron.* donner un grand coup de chapeau.
scappellata [scap-pel-là-ta] *n.f.* grand coup (*m.*) de chapeau.
scappellotto [scap-pel-lòt-to] *n.m.* taloche (*f.*): *prendere a scappellotti*, talocher.
scarabeo[1] [sca-ra-bè-o] *n.m.* (*zool.*) scarabée.
scarabeo®[2] *n.m.* (*gioco*) scrabble®.
scarabocchiare [sca-ra-boc-chià-re] *v.tr.* gribouiller; (*fig.*) griffonner.
scarabocchio [sca-ra-bòc-chio] *n.m.* [pl. *-chi*] **1** griffonnage; (*disegno mal fatto*) gribouillage: *fare degli scarabocchi su un foglio*, gribouiller sur une feuille de papier **2** (*spreg.*) (*persona piccola e sgraziata*) nabot.
scaracchiare [sca-rac-chià-re] *v.intr.* [aus. *avere*] (*fam.*) molarder.
scarafaggio [sca-ra-fàg-gio] *n.m.* [pl. *-gi*] blatte (*f.*); (*fam.*) cafard.
scaramantico [sca-ra-màn-ti-co] *agg.* [pl.m. *-ci*, f. *-che*] superstitieux*: *un gesto scaramantico*, un geste pour conjurer le mauvais sort.
scaramanzia [sca-ra-man-zì-a] *n.f.*
● ***per scaramanzia***, pour conjurer le mauvais sort: *lo dico per scaramanzia*, je le dis pour conjurer le mauvais sort.
scaramazza [sca-ra-màz-za] *agg.* e *n.f.*
● (***perla***) ***scaramazza***, perle baroque.
scaramuccia [sca-ra-mùc-cia] *n.f.* [pl. *-ce*] escarmouche (*anche fig.*).
scaraventare [sca-ra-ven-tà-re] *v.tr.* (*fam.*) flanquer: *scaraventare un libro giù dalla finestra*, balancer un livre par la fenêtre; *l'hanno scaraventato in un paesino*, (*fam.*) on l'a expédié dans un patelin ♦ **scaraventarsi** *v.pron.* (*fam.*) s'élancer*: *si scaraventò contro, su di lei*, il s'élança contre, sur elle; *si scaraventò giù per le scale*, il dévala l'escalier; *si scaraventò fuori dalla macchina*, il sortit précipitamment de sa voiture.
scarcassato [scar-cas-sà-to] *agg.* (*fam.*) abîmé, esquinté.
scarcerare [scar-ce-rà-re] *v.tr.* remettre* en liberté.
scarcerazione [scar-ce-ra-zió-ne] *n.f.* mise en liberté.
scardinare [scar-di-nà-re] *v.tr.* tirer de ses gonds ♦ **scardinarsi** *v.pron.intr.* sortir* de ses gonds.
scarica [scà-ri-ca] *n.f.* [pl. *-che*] **1** volée **2** (*mil.*) décharge: *scarica di fucile*, décharge de fusil, fusillades **3** (*fisiol.*) évacuation.
● ***scarica elettrica***, décharge électrique.
scaricabarile [sca-ri-ca-ba-rì-le] **scaricabarili** *n.m.invar.*
● ***fare, giocare a scaricabarile***, se renvoyer la balle.
scaricamento [sca-ri-ca-mén-to] *n.m.* **1** déchargement **2** (*inform.*) téléchargement.
scaricare [sca-ri-cà-re] *v.tr.* [coniug. come *mancare*] **1** décharger* (*anche fig.*): *bisogna scaricare la merce*, il faut décharger la marchandise; *scaricare l'ira addosso a qlcu*, décharger sa colère sur qqn; *scaricare la propria responsabilità*, se décharger d'une responsabilité | *mi ha scaricato davanti a casa*, (*fig. fam.*) il m'a déposé devant chez moi **2** (*di liquidi*) déverser; (*di corsi d'acqua*) se jeter*: *il fiume scarica le sue acque nel mare*, le fleuve se jette dans la mer | *scaricare il proprio malumore su qlcu*, (*fig.*) déverser sa mauvaise humeur sur qqn **3** (*amm.*) décharger*: *scaricare l'IVA, le spese*, décharger la TVA, les dépenses **4** (*inform.*) télécharger **5** (*fisiol.*) évacuer ♦ **scaricarsi** *v.pron.intr.* **1** se décharger* (*anche fig.*): *l'orologio si è scaricato*, la montre s'est arrêtée; *riesce a scaricarsi solo quando nuota*, il réussit à se détendre seulement quand il nage **2** (*di fulmini*) tomber: *il fulmine si è scaricato sul pioppo*, la foudre est tombée sur le peuplier **3** (*di liquidi*) se déverser; (*di corsi d'acqua*) se jeter* **4** (*fisiol.*) évacuer.
● ***scaricare qlcu***, (*fig. fam.*) (*abbandonare*) larguer qqn: *scaricare la fidanzata*, larguer sa petite amie.
scaricatore [sca-ri-ca-tó-re] *n.m.* **1** [f. *-trice*] débardeur **2** (*elettr.*) excitateur.
● ***scaricatore di porto***, docker.
scarico [scà-ri-co] *agg.* [pl.m. *-chi*, f. *-che*] **1** déchargé; (*vuoto*) vide: *batteria scarica*, battérie déchargée; *il mio orologio è scarico*, ma montre est arrêtée **2** (*fig.*) (*libero*) libre ♦ *n.m.* **1** déchargement **2** (*spec. pl.*) (*materiale di rifiuto*) ordures (*f.pl.*): *scarichi industriali*, déchets indus-

S

triels **3** (*luogo in cui si scaricano i rifiuti*) décharge (*f.*) publique **4** (*di liquidi*) écoulement, dégorgement: *acque di scarico*, eaux usées; *scarico d'acqua piovana*, gouttière **5** (*aut.*) (*di motore*) échappement **6** (*comm.*) sorties (*f.pl.*) **7** (*inform.*) chargement, téléchargement.
● ***divieto di scarico***, décharge interdite | ***foro di scarico***, (*di doccia ecc.*) bonde | ***per scarico di coscienza***, par acquit de conscience | (*comm.*) ***registro di carico e scarico***, livre des entrées et des sorties | ***tubo di scarico***, tuyau de décharge.

scarificare [sca-ri-fi-cà-re] ***v.tr.*** [coniug. come *mancare*] (*med., agr.*) scarifier.

scarificatore [sca-ri-fi-ca-tó-re] ***n.m.*** (*med., agr.*) scarificateur.

scarificazione [sca-ri-fi-ca-zió-ne] ***n.f.*** (*med.*) scarification.

scarlattina [scar-lat-ti-na] ***n.f.*** (*med.*) scarlatine.

scarlatto [scar-làt-to] ***agg.*** e ***n.m.*** écarlate.

scarmigliare [scar-mi-glià-re] ***v.tr.*** (*persona*) décoiffer, dépeigner; (*capelli*) ébouriffer ♦ **scarmigliarsi** ***v.pron.*** (*di persona*) se décoiffer; (*di capelli*) s'ébouriffer.

scarmigliato [scar-mi-glià-to] ***agg.*** (*di persona*) échevelé; (*di capelli*) ébouriffé.

scarnificare [scar-ni-fi-cà-re] [coniug. come *mancare*]

scarnire ***v.tr.*** [coniug. come *finire*] **1** décharner **2** (*fig.*) dépouiller.

scarnito [scar-nì-to] ***agg.*** **1** décharné **2** (*fig.*) dépouillé.

scarno [scàr-no] ***agg.*** **1** décharné **2** (*fig.*) (*disadorno*) dépouillé **3** (*fig.*) (*insufficiente, povero*) pauvre.

scarola [sca-rò-la] ***n.f.*** (*bot.*) scarole.

scarpa [scàr-pa] ***n.f.*** **1** chaussure, soulier (*m.*): *scarpa con suola di cuoio, di gomma*, chaussure à semelle de cuir, de caoutchouc; *scarpa con tacco alto, basso, a spillo*, chaussure à talon haut, à talon plat, à talon aiguille; *scarpe da ballo*, chaussures de bal; *scarpe eleganti*, chaussures habillées | *che misura* (o *numero*) *di scarpe ha?*, quelle est votre pointure? **2** (*fig. fam.*) (*persona inetta*) nullité.
● ***scarpe da ginnastica***, chaussures de basket (*o* baskets) | ***scarpe da vela, da barca***, mocassins bateau | ***fare le scarpe a qlcu***, (*fig.*) couper l'herbe sous le pied de qqn.

NOTA Ecco i nomi francesi di alcuni tipi di ***scarpa***: *ballerine* 'ballerina', *baskets* o *tennis* 'scarpe da ginnastica', *botte* 'stivale', *brodequin* 'pedula', *mocassin* 'mocassino', *santiag* 'stivaletto a punta, durango', *sandale* 'sandalo', *spartiate* 'sandalo alla schiava', *tong* 'infradito'.

S

scarpata[1] [scar-pà-ta] ***n.f.*** (*di terreno*) talus (*m.*), escarpement (*m.*).
● (*geol.*) ***scarpata continentale***, talus continental.

scarpata[2] ***n.f.*** (*colpo dato con la scarpa*) coup (*m.*) de chaussure.

scarpetta [scar-pét-ta] ***n.f.*** petit soulier (*m.*); (*scarpa elegante*) chaussure habillée; (*da ballo*) chaussure de bal, escarpin (*m.*); (*da balletto*) chausson (*m.*) de danse.
● (*bot. pop.*) ***scarpetta di Venere***, sabot de Vénus | ***fare la scarpetta***, (*fig. fam.*) saucer son assiette (avec un morceau de pain).

scarpiera [scar-piè-ra] ***n.f.*** **1** (*mobile*) armoire à chaussures **2** (*borsa*) sac (*m.*) à chaussures.

scarpina [scar-pì-na] ***n.f.*** → **scarpetta**.

scarpinare [scar-pi-nà-re] ***v.intr.*** [aus. *avere*] (*fam.*) trotter.

scarpinata [scar-pi-nà-ta] ***n.f.*** (*fam.*) marche forcée.

scarponcino [scar-pon-cì-no] ***n.m.*** bottine (*f.*).

scarpone [scar-pó-ne] ***n.m.*** brodequin; (*da sci*) chaussure (*f.*) de ski; (*da montagna*) chaussure (*f.*) de montagne.

scarroccio [scar-ròc-cio] ***n.m.*** [pl. *-ci*] (*mar.*) dérive (*f.*).

scarrozzare [scar-roz-zà-re] ***v.tr.*** promener* (en voiture) ♦ ***v.intr.*** [aus. *avere*] se promener* (en voiture).

scarrozzata [scar-roz-zà-ta] ***n.f.*** promenade en voiture.

scarrucolare [scar-ru-co-là-re] ***v.intr.*** [aus. *avere*] (*scorrere nella carrucola*) glisser dans une poulie; (*uscire dalla carrucola*) sortir* de la poulie.

scarsamente [scar-sa-mén-te] ***avv.*** peu: *è scarsamente sufficiente*, c'est à peine suffisant.

scarseggiare [scar-seg-già-re] ***v.intr.*** [coniug. come *mangiare*; aus. *avere*] commencer* à manquer; (*mancare*) manquer, être à court: *l'acqua comincia a scarseggiare*, l'eau commence à manquer; *scarseggiare di denaro, di idee*, être à court d'argent, d'idées.

scarsezza [scar-séz-za] ***n.f.*** **scarsità** ***n.f.invar.*** pénurie; (*mancanza*) manque (*m.*); (*insufficienza*) insuffisance.

scarso [scàr-so] ***agg.*** **1** maigre; (*insufficiente*) insuffisant: *il peso è scarso*, il n'y a pas tout à fait le poids; *un chilo scarso*, un peu moins d'un kilo; *luce scarsa*, lumière faible **2** (*poco*) peu (**de**); (*povero*) pauvre (**en**); (*poco numeroso*) peu nombreux*: *opera di scarso interesse*, œuvre sans grand intérêt; *scarso di denaro, di idee*, à court d'argent, d'idées; *un anno scarso per gli affari*, une année déficitaire pour les affaires; *il suo scarso entusiasmo mi delude*, son peu d'enthousiasme me déçoit **3** (*che vale poco*) médiocre: *scarso in matematica*, faible en mathématiques; *intelligenza scarsa*, intelligence médiocre.

scartabellare [scar-ta-bel-là-re] ***v.tr.*** feuilleter*.

scartafaccio [scar-ta-fàc-cio] ***n.m.*** [pl. *-ci*] **1** (*brogliaccio*) brouillon **2** (*scartoffia*) paperasse (*f.*).

scartamento [scar-ta-mén-to] ***n.m.*** écartement.
● (*ferr.*) ***a scartamento normale, ridotto***, à voie normale, étroite: *funzionare a scartamento ridotto*, (*fig.*) fonctionner au ralenti.

scartare[1] [scar-tà-re] ***v.tr.*** **1** (*un pacco*) défaire*; (*il contenuto del pacco*) dépaqueter*: *scartò il pacco*, il défit le colis; *scartò i libri*, il dépaqueta les livres **2** (*eliminare*) écarter; (*buttare via*) jeter* **3** (*nei giochi di carte*) se défausser (**de**): *ha scartato fiori*, il s'est défaussé à trèfle **4** (*mil.*) (*riformare*) réformer.

scartare[2] ***v.intr.*** [aus. avere] (*deviare*) faire* un écart ♦ ***v.tr.*** (*sport*) (*calcio*) dribbler.

scartata [scar-tà-ta] ***n.f.*** écart (*m.*).

scartavetrare [scar-ta-ve-trà-re] ***v.tr.*** passer (qqch) au papier de verre.

scartina [scar-tì-na] ***n.f.*** **1** (*nei giochi di carte*) mauvaise carte **2** (*fam.*) (*persona di poco valore*) nouille.

scarto[1] [scàr-to] ***n.m.*** **1** (*lo scartare*) élimination (*f.*) **2** (*la cosa scartata*) déchets (*pl.*); (*perdita*) perte: *c'è molto scarto*, il y a beaucoup de perte **3** (*nei giochi di carte*) écart **4** (*inform.*) déchet; mise (*f.*) au rebut.
● ***merce di scarto***, marchandise de rebut.

scarto[2] ***n.m.*** **1** (*deviazione*) écart **2** (*differenza in un punteggio*) écart; (*distacco*) avance (*f.*): *è arrivato con uno scarto di due minuti*, (*in una corsa*) il est arrivé avec une avance de deux minutes **3** (*econ.*) différence (*f.*), écart.

scartocciare [scar-toc-cià-re] ***v.tr.*** [coniug. come *cominciare*] **1** (*un pacco*) défaire*; (*il contenuto di un pacco*) dépaqueter* **2** (*il granoturco*) décortiquer.

scartoffia [scar-tòf-fia] ***n.f.*** (*spec. pl.*) paperasse.

scassare [scas-sà-re] ***v.tr.*** **1** (*fam.*) (*sfasciare*) esquinter, bousiller, déglinguer **2** (*agr.*) (*dissodare*) défoncer* **3** (*molto fam.*) (*scocciare*) casser les pieds, emmerder ♦ **scassarsi** ***v.pron.intr.*** (*fam.*) (*sfasciarsi*) se bousiller, s'esquinter.

scassato [scas-sà-to] ***agg.*** **1** (*fam.*) (*sfasciato*) déglingué, esquinté **2** (*agr.*) (*dissodato*) défoncé.

scassinamento [scas-si-na-mén-to] ***n.m.*** effraction (*f.*).

scassinare [scas-si-nà-re] ***v.tr.*** crocheter*.

scassinatore [scas-si-na-tó-re] ***n.m.*** [f. *-trice*] crocheteur.

scasso [scàs-so] ***n.m.*** **1** effraction (*f.*) **2** (*agr.*) (*dissodamento*) défoncement, défonçage.

scatarrare [sca-tar-rà-re] ***v.intr.*** [aus. *avere*] mollarder, cracher.

scatenamento [sca-te-na-mén-to] ***n.m.*** déchaînement: *lo scatenamento della violenza*, le déchaînement de la violence.

scatenare [sca-te-nà-re] ***v.tr.*** déchaîner; (*aizzare*) exciter: *scatenare la folla contro qlcu*, exciter la foule contre qqn ♦ **scatenarsi** ***v.pron.intr.*** se déchaîner; (*scoppiare*) éclater: *si scatenò un temporale*, un orage éclata.

scatenato [sca-te-nà-to] ***agg.*** déchaîné | *è un pazzo scatenato*, il est fou à lier.

scatola [scà-to-la] ***n.f.*** boîte: *una scatola di cartone*, une boîte en carton; *scatola da lavoro*, boîte à ouvrage | *a lettere di scatola*, en gros caractères.

● (*aer.*) ***scatola nera***, boîte noire | ***averne piene le scatole***, (*fig. fam.*) en avoir ras le bol, en avoir marre | ***comprare a scatola chiusa***, acheter les yeux fermés | ***in scatola***, en boîte, en conserve: *cibi in scatola*, aliments en boîte, en conserve | ***rompere***, ***far girare le scatole a qlcu***, (*fig. fam.*) casser les pieds à qqn.

scatolame [sca-to-là-me] ***n.m.*** **1** boîtes (*f.pl.*) **2** (*cibi in scatola*) (boîtes de) conserves (*f.pl.*).

scatolificio [sca-to-li-fì-cio] ***n.m.*** [pl. *-ci*] fabrique (*f.*) de boîtes.

scatologico [sca-to-lò-gi-co] ***agg.*** [pl.m. *-ci*, f. *-che*] scatologique.

scattante [scat-tàn-te] ***agg.*** agile: *macchina scattante*, (*estens.*) voiture qui a une bonne reprise.

scattare [scat-tà-re] ***v.intr.*** **1** fonctionner: *la serratura è scattata*, la serrure a fonctionné; *far scattare una suoneria*, déclencher une sonnerie; *il grilletto scattò a vuoto*, le coup ne partit pas; *fare scattare il grilletto*, appuyer sur la détente **2** (*balzare*) bondir*: *scattare in piedi*, bondir sur ses pieds; *al segnale scattarono via*, au signal ils s'élancèrent; *l'indice è scattato di due punti*, l'indice a augmenté de deux points | *scattare sull'attenti*, se mettre au garde-à-vous **3** (*fig.*) s'emporter*: *è un tipo che scatta facilmente*, c'est un type qui s'emporte facilement **4** (*avere inizio*) commencer*; (*essere operativo*) être* effectif*: *l'operazione è scattata all'alba*, l'opération a commencé à l'aube; *l'aumento scatterà il primo gennaio*, l'augmentation sera effective le premier janvier ♦ ***v.tr.*** *scattare una fotografia*, prendre une photo.

scattista [scat-tì-sta] ***n.m.*** e ***f.*** (*sport*) sprinter (*m.*).

scatto [scàt-to] ***n.m.*** **1** déclenchement; (*rumore*) déclic **2** (*sport*) (*in partenza*) démarrage; (*in arrivo*) sprint: *un podista dotato di scatto*, un coureur qui a un bon démarrage; *vinse con uno scatto finale*, il l'emporta dans un sprint final **3** (*amm., econ.*) (*avanzamento*) avancement; (*aumento*) augmentation (*f.*): *uno scatto di salario*, une augmentation de salaire **4** (*pulsante*) déclencheur: (*fot.*) *scatto automatico*, déclencheur automatique **5** (*fig.*) mouvement (de colère), emportement **6** (*tel.*) (*unità tariffaria*) unité (*f.*).

● (*amm.*) ***scatto d'anzianità***, avancement à l'ancienneté | ***a scatti***, par saccades | ***a scatto***, à ressort: *coltello a scatto*, couteau à cran d'arrêt; *meccanismo a scatto*, mécanisme à ressort; *serratura a scatto*, serrure à clenche | ***di scatto***, brusquement.

scaturire [sca-tu-rì-re] ***v.intr.*** [coniug. come *finire*; aus. *essere*] **1** (*sgorgare*) jaillir **2** (*di corso d'acqua*) prendre* sa source **3** (*fig.*) naître*.

scavalcare [sca-val-cà-re] ***v.tr.*** [coniug. come *mancare*] **1** (*saltare*) sauter: *scavalcare un muro*, escalader un mur **2** (*superare*) dépasser (*anche fig.*) **3** (*disarcionare*) désarçonner.

scavare [sca-và-re] ***v.tr.*** **1** creuser (*anche fig.*) **2** (*dissotterrare*) déterrer: *scavare una città sepolta*, faire des fouilles dans une ville ensevelie **3** (*fig.*) (*indagare*) fouiller; (*approfondire*) approfondir, creuser ♦ **scavarsi** ***v.pron.intr.*** se creuser.

● ***scavarsi la fossa con le proprie mani***, (*fig.*) creuser sa tombe.

scavatore [sca-va-tó-re] ***n.m.*** **1** [f. *-trice*] (*operaio*) terrassier **2** (*macchina*) excavateur, excavatrice (*f.*).

scavatrice [sca-va-trì-ce] ***n.f.*** (*macchina*) excavateur (*m.*), excavatrice.

scavatura [sca-va-tù-ra] ***n.f.*** (*lo scavare*) excavation.

scavezzacollo [sca-vez-za-còl-lo] ***n.m.*** e ***f.*** casse-cou*.

● ***a scavezzacollo***, à tombeau ouvert.

scavino [sca-vì-no] ***n.m.*** (*arnese da cucina*) outil pour vider les légumes.

scavo [scà-vo] ***n.m.*** **1** creusement, creusage; (*per fondamenta*) fouille (*f.*) **2** (*pl.*) (*archeol.*) fouilles (*f.*) **3** (*incavatura*) (*del collo*) encolure (*f.*), décolleté; (*della manica*) emmanchure (*f.*).

scazzarsi [scaz-zàr-si] ***v.pron.intr.*** (*volg.*) **1** (*litigare*) s'engueuler **2** (*abbattersi*) se faire* chier.

scazzo [scàz-zo] ***n.m.*** (*volg.*) **1** (*litigio*) engueulade (*f.*) **2** (*noia*) merde (*f.*).

scazzottare [scaz-zot-tà-re] ***v.tr.*** (*fam.*) donner une beigne (à) ♦ **scazzottarsi** ***v.pron.rec.*** (*fam.*) se donner des beignes.

scazzottata [scaz-zot-tà-ta] **scazzottatura** ***n.f.*** (*fam.*) beigne.

scegliere [scé-glie-re] ***v.tr.*** [pres.indic. *io scelgo*, *tu scegli* ecc.; p.rem. *io scelsi*, *tu scegliesti* ecc.; p.p. *scelto*] **1** choisir: *è difficile scegliere*, il est difficile de choisir; *c'è da scegliere*, il y a le choix; *non hai che da scegliere*, tu n'as que l'embarras du choix; *c'è poco da scegliere*, il n'y a pas à choisir **2** (*selezionare*) trier.

FAUX AMI
Da non confondere con *sceller*, che significa *sigillare* o *suggellare*.

sceicco [sce-ìc-co] ***n.m.*** [pl. *-chi*] cheik, sheik.

scelgo → **scegliere**.

S

scelleratággine [scel-le-ra-tàg-gi-ne] **scelleratezza** *n.f.* 1 scélératesse 2 (*atto scellerato*) crime (*m.*).

scellerato [scel-le-rà-to] *agg.* e *n.m.* [f. *-a*] scélérat; (*criminale*) criminel*.

scellino [scel-lì-no] *n.m.* (*moneta*) schilling.

scelsi → **scegliere**.

scelta [scél-ta] *n.f.* 1 choix (*m.*): *non ha possibilità di scelta*, il n'a pas le choix | *c'è solo l'imbarazzo della scelta*, il n'y a que l'embarras du choix 2 (*cernita*) triage (*m.*).
● ***a scelta***, au choix | ***di prima***, ***di seconda scelta***, de qualité supérieure, inférieure.

scelto [scél-to] *agg.* 1 choisi 2 (*di qualità superiore*) de première qualité: *frutta scelta*, fruits de première qualité 3 (*ben addestrato*) d'élite: *soldato scelto*, soldat de première classe; *tiratore scelto*, tireur d'élite.

scemare [sce-mà-re] *v.intr.* [aus. *essere*] diminuer; (*calare*) baisser: *il vento è scemato*, le vent a baissé.

scemata [sce-mà-ta] **scemenza** *n.f.* (*fam.*) bêtise.

scemo [scé-mo] *agg.* (*fam.*) bête, sot, idiot: *come sei scemo!*, que tu es bête! ♦ *n.m.* [f. *-a*] idiot.
● (*arch.*) ***arco scemo***, arc surbaissé | ***lo scemo del villaggio***, l'idiot du village.

scempiaggine [scem-piàg-gi-ne] *n.f.* idiotie.

scempiare [scem-pià-re] *v.tr.* (*rovinare*) abîmer, endommager*.

scempio [scém-pio] *n.m.* [pl. *-pi*] massacre: *fare scempio di qlcu*, *di qlco*, massacrer qqn, gâcher qqch; *hanno fatto scempio del cadavere*, ils se sont acharnés sur le cadavre | *fare scempio del paesaggio*, détruire le paysage.

scena [scè-na] *n.f.* 1 (*teatr.*) scène (*anche fig.*): *comparire in scena*, paraître sur la scène; *la scena è a Parigi*, la scène se déroule à Paris | *a scena vuota*, la scène étant vide 2 (*scenografia*) décor (*m.*) 3 (*arte*) scène 4 (*scenata*) scène | *è inutile fare tante scene!*, ce n'est pas la peine de faire tant d'histoires!
● ***scena madre***, scène cruciale; (*fig.*) grande scène | ***scena muta***, (*fig.*) scène muette: *fare scena muta a un esame*, sécher à son examen | ***andare in scena***, (*di opera teatrale*) être représenté; (*di attore, compagnia ecc.*) représenter: *questa sera va in scena una commedia di Molière*, ce soir on donne (une comédie de) Molière; *la compagnia va in scena con 'Giulietta e Romeo'*, la troupe joue 'Roméo et Juliette' | ***applausi a scena aperta***, applaudissements en cours de représentation | ***calcare le scene***, (*anche fig.*) monter sur les planches | ***colpo di scena***, (*anche fig.*) coup de théâtre | ***direttore di scena***, régisseur de théâtre | ***entrare in scena***, (*anche fig.*) entrer en scène | ***essere di scena***, être en scène: *è di scena la prima attrice*, c'est à la vedette d'entrer en scène | ***è tutta scena***, (*fig.*) c'est du cinéma, (*per lamentarsi*) c'est de la comédie | ***fare scena***, (*fig.*) épater la galerie | ***mettere in scena***, mettre en scène | ***portare sulla scena***, porter à la scène | ***uscire di scena***, (*anche fig.*) quitter la scène, sortir de scène: *uscire dalla scena del mondo*, mourir; *uscire dalla scena politica*, quitter la scène politique.

scenario [sce-nà-rio] *n.m.* [pl. *-ri*] 1 (*teatr.*) décor (*anche fig.*) | *lo scenario politico*, la scène politique 2 (*panorama*) panorama.

> FAUX AMI
> Da non confondere con il francese *scénario*, che significa *sceneggiatura, copione, trama*.

scenata [sce-nà-ta] *n.f.* scène: *fare una scenata a qlcu*, faire une scène à qqn.

scendere [scén-de-re] *v.intr.* [p.rem. *io scesi, tu scendesti* ecc.; p.p. *sceso*; aus. *essere*] 1 descendre* (*anche fig.*): *scendere dall'aereo, dall'autobus*, descendre d'avion, de l'autobus; *è scesa per il pendio*, elle a descendu la pente; *scendere con l'ascensore*, descendre par l'ascenseur; *è sceso in giardino*, il est descendu au jardin; *scendere a comprare il latte*, descendre acheter du lait; *mi faccia scendere qui*, descendez-moi ici | *scendere agli insulti*, se laisser aller à insulter 2 (*calare*) baisser; (*cadere*) tomber (*anche fig.*): *la febbre è scesa*, la fièvre a baissé; *scende la notte*, la nuit tombe; *è sceso di grado*, il a été déclassé ♦ *v.tr.* descendre*: *scendere le scale*, descendre l'escalier.
● ***scendere a patti***, transiger | ***scendere a un compromesso***, arriver à un compromis | ***scendere in basso***, (*fig.*) descendre (*o* tomber) bien bas | ***scendere in campo***, ***in lizza***, (*anche fig.*) entrer en lice; (*sport*) entrer sur le terrain | ***scendere in piazza***, (*fig.*) descendre dans la rue | ***scendere nei particolari***, entrer dans les détails.

> NOTA **Scendere a** seguito da un infinito si traduce **descendre** senza la preposizione:
> *Scenderò a comprare del pane.*
> SÌ Je **descendrai acheter** du pain.
> NO Je descendrai **à** acheter du pain.
> Nei tempi composti *descendre* transitivo richiede l'ausiliare *avoir*, intransitivo richiede l'ausiliare *être*:
> ***Ha sceso*** *le scale di corsa,* ***è sceso*** *di corsa dalle scale.*
> Il **a descendu** l'escalier en courant.
> ***È sceso*** in cantina.
> Il **est descendu** à la cave.

scendiletto [scen-di-lèt-to] *n.m.invar.* 1 (*tappetino*) descente (*f.*) de lit 2 (*vestaglia*) peignoir.

sceneggiare [sce-neg-già-re] *v.tr.* [coniug. come *mangiare*] adapter (pour le théâtre, la télévision, le cinéma).

sceneggiata [sce-neg-già-ta] *n.f.* (*teatr.*) mélodrame (*m.*) napolitain | *è tutta una sceneggiata!*, (*fig.*) c'est du cinéma, de la comédie!

sceneggiato [sce-neg-già-to] *n.m.* (*tv, rad.*) feuilleton.

sceneggiatore [sce-neg-gia-tó-re] *n.m.* [f. *-trice*] scénariste.

sceneggiatura [sce-neg-gia-tù-ra] *n.f.* 1 adaptation 2 (*copione*) scénario (*m.*) 3 (*cine., tv*) script (*m.*).

scenetta [sce-nét-ta] *n.f.* (*teatr., tv*) sketch (*m.*), saynète | *una gustosa scenetta*, (*estens.*) une scène savoureuse.

scenico [scè-ni-co] *agg.* [pl.m. *-ci*, f. *-che*] scénique.

scenografia [sce-no-gra-fì-a] *n.f.* 1 scénographie 2 (*allestimento scenico*) décors (*m.pl.*).

scenografico [sce-no-grà-fi-co] *agg.* [pl.m. *-ci*, f. *-che*] scénographique; (*fig.*) théâtral*.

scenografo [sce-nò-gra-fo] *n.m.* [f. *-a*] décorateur*: *lo scenografo è*, les décors sont de.

scenotecnica [sce-no-tèc-ni-ca] *n.f.* [pl. *-che*] scénologie, art (*m.*) scénique.

scentrare [scen-trà-re] *v.tr.* excentrer, désaxer ♦ **scentrarsi** *v.pron.intr.* s'excentrer, se désaxer.

sceriffo [sce-rìf-fo] *n.m.* shérif.

scervellarsi [scer-vel-làr-si] *v.pron.intr.* se creuser la cervelle.

scervellato [scer-vel-là-to] *agg.* écervelé.

scesi → **scendere**.

scetticismo [scet-ti-cì-ʃmo] *n.m.* scepticisme.

scettico [scèt-ti-co] *agg.* e *n.m.* [f. *-a*; pl.m. *-ci*, f. *-che*]

S

sceptique: *sono scettico sul risultato*, je suis sceptique quant au, sur le résultat.

scettro [scèt-tro] *n.m.* sceptre.

sceverare [sce-ve-rà-re] *v.tr.* (*letter.*) discerner.

scevro [scé-vro] *agg.* (*letter.*) exempt.

scheda [schè-da] *n.f.* **1** fiche **2** (*tessera*) carte **3** (*elettorale*) bulletin (*m.*) de vote **4** (*inform.*) carte, fiche; (*di memoria ausiliaria*) feuillet (*m.*) (magnétique).
● ***scheda bianca***, (*elettorale*) bulletin blanc | (*scuola*) ***scheda di valutazione***, bulletin | ***scheda nulla***, (*elettorale*) bulletin nul | ***scheda telefonica***, carte de téléphone (*o* télécarte®) | ***telefono a scheda***, téléphone à carte magnétique.

schedare [sche-dà-re] *v.tr.* ficher; (*libri*) classer.

schedario [sche-dà-rio] *n.m.* [pl. *-ri*] fichier.

schedato [sche-dà-to] *agg.* mis sur fiche; classé par fiches | *essere schedato dalla polizia*, être fiché à la police ♦ *n.m.* [f. *-a*] personne (*f.*) qui est dans le fichier de la police.

schedatura [sche-da-tù-ra] *n.f.* mise en fiche: *fare la schedatura dei libri*, ficher les livres.

schedina [sche-dì-na] *n.f.* (*del totocalcio*) bulletin (*m.*) (du loto sportif).

scheggia [schég-gia] *n.f.* [pl. *-ge*] éclat (*m.*); (*di legno, sotto la pelle*) écharde.
● ***essere una scheggia***, (*fig. fam.*) être très rapide.

scheggiare [scheg-già-re] *v.tr.* [coniug. come *mangiare*] ébrécher* ♦ **scheggiarsi** *v.pron.intr.* s'ébrécher*; (*di legno*) se fendre*; (*di unghie*) s'écailler.

scheggiato [scheg-già-to] *agg.* ébréché.

scheletrico [sche-lè-tri-co] *agg.* [pl.m. *-ci*, f. *-che*] squelettique.

scheletrire [sche-le-trì-re] *v.tr.* [coniug. come *finire*] rendre* squelettique.

scheletrito [sche-le-trì-to] *agg.* squelettique, décharné.

scheletro [schè-le-tro] *n.m.* squelette: *è ridotto uno scheletro*, (*fig.*) il est réduit une squelette.
● ***avere uno scheletro nell'armadio***, (*fig.*) avoir une squelette dans le placard.

schema [schè-ma] *n.m.* **1** schéma **2** (*progetto*) projet **3** (*modulo*) règle (*f.*); (*modello*) norme (*f.*), système: *liberarsi dagli schemi*, se libérer des contraintes; *non avere schemi mentali*, ne pas avoir d'idées préconçues.
● (*inform.*) ***schema a blocchi, funzionale***, organigramme | ***uscire dagli schemi***, (*fig.*) sortir de la norme.

schematicamente [sche-ma-ti-ca-mén-te] *avv.* schématiquement.

schematicità [sche-ma-ti-ci-tà] *n.f.invar.* caractère (*m.*) schématique, schématisme (*m.*).

schematico [sche-mà-ti-co] *agg.* [pl.m. *-ci*, f. *-che*] schématique.

schematismo [sche-ma-tì-ʃmo] *n.m.* schématisme.

schematizzare [sche-ma-tiʒ-ʒà-re] *v.tr.* schématiser.

schematizzazione [sche-ma-tiʒ-ʒa-zió-ne] *n.f.* schématisation.

scherma [schér-ma] *n.f.* escrime: *tirare di scherma*, faire de l'escrime | *maestro di scherma*, maître d'armes.

schermaggio [scher-màg-gio] *n.m.* [pl. *-gi*] **1** (*schermo*) écran **2** (*lo schermare*) protection (*f.*) au moyen d'un écran **3** (*elettr.*) blindage **4** (*rad., tv*) antiparasitage.

schermaglia [scher-mà-glia] *n.f.* duel (*m.*); (*fig.*) joute: *schermaglie amorose*, joutes amoureuses.

schermare [scher-mà-re] *v.tr.* **1** masquer, protéger* par un écran **2** (*una luce*) voiler **3** (*elettr.*) blinder **4** (*rad., tv*) antiparasiter.

schermata [scher-mà-ta] *n.f.* (*inform.*) cadre (*m.*).

schermatura [scher-ma-tù-ra] *n.f.* → **schermaggio**.

schermirsi [scher-mìr-si] *v.pron.* [coniug. come *finire*] se protéger*, se défendre*; (*fig.*) (*eludere*) esquiver (**qqch**): *schermirsi da un complimento*, écarter un compliment.

schermitore [scher-mi-tó-re] *n.m.* [f. *-trice*] (*sport*) escrimeur*.

schermo [schér-mo] *n.m.* **1** (*cine., tv*) écran: *adattare per lo schermo*, adapter à l'écran **2** (*fig.*) (*riparo*) écran: *farsi schermo con la mano*, se protéger de la main; *si fa schermo del nome di suo padre*, il s'abrite derrière le nom de son père.
● ***schermo a cristalli liquidi***, écran à cristaux liquides | ***schermo al plasma***, écran plasma | ***schermo piatto***, écran plat | ***il grande schermo***, (*il cinema*) le grand écran | ***il piccolo schermo***, (*la televisione*) le petit écran | ***portare sullo schermo***, porter à l'écran.

schermografia [scher-mo-gra-fì-a] *n.f.* (*med.*) radiophotographie.

schermografico [scher-mo-grà-fi-co] *agg.* [pl.m. *-ci*, f. *-che*] radiophotographique.

schernire [scher-nì-re] *v.tr.* [coniug. come *finire*] se moquer (**de**), railler; (*violentemente*) bafouer.

schernitore [scher-ni-tó-re] *agg.* e *n.m.* [f. *-trice*] railleur*, moqueur*.

scherno [schér-no] *n.m.* **1** raillerie (*f.*): *parole di scherno*, railleries; *sorriso di scherno*, sourire railleur | *farsi scherno di qlcu*, tourner qqn en ridicule **2** (*oggetto di scherno*) risée (*f.*).

scherzare [scher-zà-re] *v.intr.* [aus. *avere*] **1** plaisanter: *scherzi o dici sul serio?*, tu plaisantes ou tu parles sérieusement?; *vuoi scherzare?*, tu plaisantes?; *scherzare su tutto*, tourner tout en plaisanterie; *c'è poco da scherzare*, il n'y a vraiment pas de quoi plaisanter **2** (*giocare*) jouer; (*trastullarsi*) s'amuser: *i bambini scherzano col gatto*, les enfants jouent avec le chat **3** (*prendere, considerare con leggerezza*) jouer.
● ***non scherzare col fuoco***, (*anche fig.*) ne joue pas avec le feu.

scherzo [schér-zo] *n.m.* **1** plaisanterie (*f.*); (*tiro*) tour: *uno scherzo divertente*, une plaisanterie amusante; *non sa stare allo scherzo*, il ne comprend pas la plaisanterie **2** (*azione poco impegnativa*) jeu*, plaisanterie (*f.*): *è uno scherzo farlo*, le faire, c'est un jeu d'enfant **3** (*pl.*) (*effetti*) jeux*: *sono gli scherzi del vino*, c'est le vin qui fait son effet **4** (*mus.*) scherzo.
● ***scherzi a parte***, blague à part | ***fare un brutto scherzo***, jouer un mauvais tour | ***per scherzo***, pour rire: *dire qlco per scherzo*, dire qqch pour rire; *neppure per scherzo*, pas même pour rire | ***senza scherzi***, sérieusement | ***uno scherzo da prete***, (*fam.*) une plaisanterie d'un goût douteux | ***uno scherzo di natura***, (*fig.*) un caprice de la nature.

scherzosamente [scher-zo-sa-mén-te] *avv.* en plaisantant, par plaisanterie.

scherzoso [scher-zó-so] *agg.* **1** plaisant, amusant: *in tono scherzoso*, sur un ton plaisant | (*lett.*) *poesia scherzosa*, poésie badine **2** (*di persona*) qui aime plaisanter.

schettinaggio [schet-ti-nàg-gio] *n.m.* [pl. *-gi*] patinage à roulettes, skating.

schettinare [schet-ti-nà-re] *v.intr.* [aus. *avere*] faire* du patin à roulettes.

schettinatore [schet-ti-na-tó-re] *n.m.* [f. *-trice*] patineur* (à roulettes).

schettino [schèt-ti-no] *n.m.* (*spec. pl.*) patin à roulettes.

schiacciamento [schiac-cia-mén-to] *n.m.* **1** (atto) écrasement **2** (effetto) aplatissement: *lo schiacciamento del naso*, l'épatement du nez.

schiaccianoci [schiac-cia-nó-ci] *n.m.invar.* casse-noix*, casse-noisette*.

schiacciante [schiac-ciàn-te] *agg.* écrasant (anche fig.): *prove schiaccianti*, des preuves accablantes.

schiacciapatate [schiac-cia-pa-tà-te] *n.m.invar.* presse-purée*.

schiacciare [schiac-cià-re] *v.tr.* [coniug. come *cominciare*] **1** écraser (anche fig.): *schiacciare un piede a qlcu*, écraser le pied à qqn; *è schiacciato dal peso delle responsabilità*, il est écrasé sous le poids des responsabilités | *schiacciare un sonnellino, un pisolino*, (fam.) faire, piquer un petit somme **2** (premere, pigiare) appuyer* (sur): *schiacciare l'acceleratore*, appuyer sur l'accélérateur **3** (rompere) casser: *schiacciare le noci*, casser les noix **4** (sport) smasher ♦ **schiacciarsi** *v.pron.intr.* s'écraser ♦ *v.pron. indiretto* s'écraser: *mi sono schiacciato un dito nella portiera*, je me suis écrasé un doigt dans la portière.

schiacciasassi [schiac-cia-sàs-si] *n.m.invar.* rouleau* compresseur.

schiacciata [schiac-cià-ta] *n.f.* **1** coup (*m.*): *dare una schiacciata*, écraser; (comprimere) comprimer; (strizzare) presser **2** (focaccia) fouace, fougasse **3** (sport) smash (*m.*).

schiacciatina [schiac-cia-tì-na] *n.f.* (focaccia) fouace, fougasse.

schiacciato [schiac-cià-to] *agg.* **1** écrasé **2** (appiattito) aplati | *naso schiacciato*, nez camus **3** (premuto) enfoncé.
● (sport) ***tiro, colpo schiacciato***, smash.

schiacciatura [schiac-cia-tù-ra] *n.f.* **1** écrasement (*m.*) **2** (ammaccatura) bosselure.

schiaffare [schiaf-fà-re] *v.tr.* (fam.) fourrer: *schiaffare la roba in un sacco*, fourrer ses affaires dans un sac | *schiaffare in prigione, dentro*, flanquer en prison, coffrer ♦ **schiaffarsi** *v.pron.* (fam.) se fourrer.

schiaffeggiare [schiaf-feg-già-re] *v.tr.* [coniug. come *mangiare*] gifler; (fig.) fouetter.

S

schiaffo [schiàf-fo] *n.m.* gifle (*f.*), claque; (fig.) soufflet: *prendere a schiaffi*, gifler; *mollare uno schiaffone*, (fam.) flanquer une gifle magistrale.
● ***schiaffo morale***, (fig.) soufflet | ***faccia da schiaffi***, (fam.) tête à claques | ***tiro di schiaffo***, (al biliardo) coup de bricole.

schiamazzare [schia-maz-zà-re] *v.intr.* [aus. *avere*] **1** faire* du tapage, chahuter **2** (di galline) caqueter*; (di oche) cacarder.

schiamazzo [schia-màz-zo] *n.m.* tapage, chahut: *fare schiamazzo*, faire du tapage.
● ***schiamazzi notturni***, tapage nocturne.

schiantare [schian-tà-re] *v.intr.* [aus. *essere*] (fig. fam.) (crepare) crever*: *schiantare dalle risa, dalla fatica*, crever de rire, de fatigue ♦ *v.tr.* (fam.) (far scoppiare) crever*: *schiantare il cuore*, (fig.) briser le cœur ♦ **schiantarsi** *v.pron.intr.* **1** (fracassarsi) s'écraser: *schiantarsi al suolo*, s'écraser au sol **2** (scoppiare) éclater; (fig.) se briser: *la gomma si è schiantata per il caldo*, la chaleur a fait éclater le pneu.

schianto [schiàn-to] *n.m.* **1** (rottura) rupture (*f.*); (scoppio) éclatement **2** (fig.) (acuto dolore) déchirement **3** (fig.) (cosa o persona bellissima) merveille (*f.*): *che schianto!*, formidable!, sensationnel!; *così sei uno schianto!*, comme ça tu es superbe!
● ***di schianto***, soudainement, net: *cadde di schianto*, il tomba comme foudroyé.

schiappa [schiàp-pa] *n.f.* (fam.) nullité: *è una schiappa in latino*, il est nul en latin.

schiarimento [schia-ri-mén-to] *n.m.* éclaircissement (anche fig.).

schiarire [schia-rì-re] *v.tr.* [coniug. come *finire*] **1** éclaircir: *farsi schiarire i capelli*, se faire éclaircir les cheveux **2** (sbiadire) déteindre*; (i colori) faire* pâlir ♦ *v.intr.* [aus. *essere*] **1** s'éclaircir **2** (sbiadire) passer ♦ *v.intr.impers.* [aus. *essere* o *avere*] (fare giorno) faire* jour ♦ **schiarirsi** *v.pron.* **1** s'éclaircir **2** (sbiadire) passer ♦ *v.pron. indiretto* s'éclaircir: *schiarirsi la voce*, s'éclaircir la voix.

schiarita [schia-rì-ta] *n.f.* éclaircie (anche fig.).

schiaritura [schia-ri-tù-ra] *n.f.* **1** éclaircissement (*m.*): *dare una schiaritura*, éclaircir **2** (di capelli) décoloration.

schiatta [schiàt-ta] *n.f.* (letter.) lignée.

schiattare [schiat-tà-re] *v.intr.* [aus. *essere*] (fam.) crever*; s'écrouler: *schiattare dalla rabbia*, crever de rage.

schiavismo [schia-vì-ʃmo] *n.m.* esclavagisme.

schiavista [schia-vì-sta] *agg.* e *n.m.* e *f.* esclavagiste.

schiavitù [schia-vi-tù] *n.f.invar.* esclavage (*m.*): *la schiavitù delle abitudini*, l'esclavage des habitudes; *ridurre in schiavitù*, réduire en esclavage.

schiavizzare [schia-viʒ-ʒà-re] *v.tr.* réduire* en (état d')esclavage; traiter comme un esclave.

schiavo [schià-vo] *agg.* e *n.m.* [f. *-a*] esclave (anche fig.): *il commercio degli schiavi*, le commerce des esclaves; *essere schiavo dei pregiudizi*, être esclave des conventions sociales | *schiavo suo!*, (antiq.) je suis votre serviteur!
● ***braccialetto alla schiava***, bracelet esclave | ***sandali alla schiava***, spartiates.

schiena [schiè-na] *n.f.* dos (*m.*): *avere mal di schiena*, avoir mal au dos, aux reins; *cadere di schiena*, tomber sur le dos | *colpo di schiena*, coup de reins.
● ***colpire alla schiena***, (anche fig.) frapper dans le dos | ***di schiena***, le dos tourné: *visto di schiena*, vu de dos | ***rompere la schiena a qlcu***, casser les reins à qqn | ***rompersi la schiena a fare qlco***, (fig.) s'esquinter à faire qqch | ***strada a schiena d'asino***, route en dos d'âne.

schienale [schie-nà-le] *n.m.* **1** dossier **2** (*pl.*) (cuc.) (midollo di bue) amourettes (*f.*).

schienata [schie-nà-ta] *n.f.* **1** (colpo di schiena) coup (*m.*) de reins **2** (sport) mise au tapis.

schiera [schiè-ra] *n.f.* **1** troupe: *sbaragliare le schiere nemiche*, enfoncer les lignes ennemies; *mettere in schiera*, aligner **2** (gruppo) groupe (*m.*); (moltitudine) foule: *una schiera di formiche*, un régiment de fourmis | *in folta schiera*, en foule.
● ***a schiera***, en groupe: *villette a schiera*, maisons en bande.

schieramento [schie-ra-mén-to] *n.m.* **1** disposition (*f.*); (formazione) formation (*f.*); (spiegamento) déploiement: *lo schieramento di una squadra*, la disposition d'une équipe; *schieramento d'attacco*, formation d'attaque; *lo schieramento nemico*, les formations ennemies; *massiccio schieramento di polizia*, déploiement massif de police **2** (pol.) coalition (*f.*).

schierare [schie-rà-re] *v.tr.* ranger*; (mettere in fila) aligner: *schierare in battaglia*, ranger en ordre de bataille; *schierare i giocatori in campo*, aligner les joueurs sur le terrain ♦ **schierarsi** *v.pron.* se ranger*, s'aligner: *schierarsi pro, contro*, prendre position pour, contre; *schierarsi dalla parte di qlcu*, prendre fait et cause pour qqn; *schierarsi sulle linee di un partito*, adopter la ligne d'un parti.

schierato [schie-rà-to] *agg.* aligné (sur la ligne du parti).

schiettamente [schiet-ta-mén-te] *avv.* franchement.

schiettezza [schiet-téz-za] *n.f.* 1 pureté 2 (*fig.*) franchise: *parlare con schiettezza*, parler franchement.

schietto [schièt-to *o* schiétto] *agg.* 1 (*genuino*) pur 2 (*fig.*) (*sincero*) franc* ♦ *avv.* franchement.
● ***a dirla schietta***, pour parler franchement.

schifare [schi-fà-re] *v.tr.* 1 (*avere a schifo*) éprouver du dégoût (**pour**); (*disdegnare*) dédaigner 2 (*disgustare*) dégoûter ♦ **schifarsi** *v.pron.intr.* se dégoûter.

schifato [schi-fà-to] *agg.* (*fam.*) dégoûté: *con aria schifata*, d'un air dégoûté.

schifezza [schi-féz-za] *n.f.* (*porcheria*) saloperie; (*cosa orrenda*) horreur | *che schifezza!*, c'est dégoûtant!

schifiltoso [schi-fil-tó-so] *agg.* chichiteux*: *non fare lo schifiltoso!*, ne fais pas de chichi!; (*per il cibo*) ne fais pas le dégoûté!

schifo[1] [schì-fo] *n.m.* dégoût; répugnance (*f.*): *che schifo!*, quel dégoût!; *fare schifo*, dégoûter; *è uno schifo*, c'est dégoûtant; *avaro da fare schifo*, il est d'une avarice répugnante; *quel film fa schifo, è uno schifo di film*, c'est un film horrible ♦ *agg.* dégueulasse: *che tempo schifo!*, (*fam.*) quel temps dégueulasse!

schifo[2] *n.m.* (*mar.*) esquif.

schifosamente [schi-fo-sa-mén-te] *avv.* d'une façon dégoûtante; (*fig. fam.*) (*molto*) vachement.

schifoso [schi-fó-so] *agg.* 1 dégoûtant; (*ripugnante*) répugnant: *che tempo schifoso!*, quel temps dégueulasse (*o* dégueu)! 2 (*fam.*) (*esagerato*) exagéré: *una fortuna schifosa*, une veine de pendu ♦ *n.m.* [f. *-a*] (*fam.*) dégueulasse.

schioccare [schioc-cà-re] *v.intr.* [coniug. come *mancare*; aus. *avere*] claquer ♦ *v.tr.* faire* claquer: *schioccare un bacio*, donner un gros baiser.

schiocco [schiòc-co] *n.m.* [pl. *-chi*] claquement; (*di lingua*) clappement | *bacio con lo schiocco*, baiser de nourrice, gros baiser.

schiodare [schio-dà-re] *v.tr.* déclouer ♦ **schiodarsi** *v.pron.intr.* 1 se déclouer 2 (*fig. fam.*) (*andarsene*) lever* le siège: *non schiodarsi dalla sedia*, rester cloué à sa chaise; *non si schiodavano più!*, ils restaient cloués là!

schioppettata [schiop-pet-tà-ta] *n.f.* coup (*m.*) de fusil | *a una schioppettata da qui*, (*fig.*) tout près.

schioppo [schiòp-po] *n.m.* fusil.
● ***a un tiro di schioppo***, (*fig.*) à portée de voix.

schiudere [schiù-de-re] *v.tr.* [coniug. come *chiudere*] 1 (*aprire in parte*) entrouvrir*, entrebâiller; (*aprire lentamente*) ouvrir* lentement 2 (*fig.*) ouvrir* ♦ **schiudersi** *v.pron.intr.* s'entrouvrir*; (*fig.*) s'ouvrir*; (*di fiori, uova ecc.*) éclore*.

schiuma [schiù-ma] *n.f.* 1 mousse; (*di onde*) écume | *bagno di schiuma*, bain moussant 2 (*scarto di un liquido*) écume: *togliere la schiuma al brodo*, écumer le bouillon 3 (*fig.*) (*feccia*) lie.
● ***schiuma da barba***, mousse à raser | (*min.*) ***schiuma di mare***, écume de mer: *pipa di schiuma* (*di mare*), pipe en écume de mer | ***avere la schiuma alla bocca***, (*fig.*) écumer de rage.

schiumaiola [schiu-ma-iò-la] *n.f.* écumoire.

schiumare [schiu-mà-re] *v.tr.* e *intr.* [aus. *avere*] écumer (*anche fig.*).

schiumogeno [schiu-mò-ge-no] *agg.* moussant: *preparato schiumogeno*, agent moussant ♦ *n.m.* extincteur à mousse.

schiumoso [schiu-mó-so] *agg.* mousseux*; (*di onde*) écumeux*.

schiuso [schiù-so] *agg.* entrouvert, ouvert.

schivare [schi-và-re] *v.tr.* esquiver; (*evitare*) éviter: *schivare un colpo*, esquiver un coup; *schivare qlcu*, éviter qqn.

schivata [schi-và-ta] *n.f.* esquive.

schivo [schi-vo] *agg.* (*riluttante*) qui se dérobe; (*ritroso*) réservé | *essere schivo di onori*, fuir les honneurs.

schizofrenia [schi-ʒo-fre-nì-a] *n.f.* (*med.*) schizophrénie.

schizofrenico [schi-ʒo-frè-ni-co] *agg.* [pl.m. *-ci*, f. *-che*] (*med.*) schizophrénique, schizophrène ♦ *n.m.* [f. *-a*] (*med.*) schizophrène.

schizoide [schi-ʒòi-de] *agg.* e *n.m.* e *f.* (*med.*) schizoïde.

schizzare [schiz-zà-re] *v.intr.* [aus. *essere*] gicler; (*sputare*) cracher ♦ *v.tr.* 1 (*inzaccherare*) éclabousser; (*sporcare*) tacher: *schizzare dell'acqua in viso*, lancer de l'eau à la figure | *schizzare veleno*, (*fig.*) cracher son venin 2 (*abbozzare un disegno*) esquisser, croquer ♦ **schizzarsi** *v.pron.* s'éclabousser; (*macchiarsi*) se tacher.
● ***schizzare fuori***, (*di liquido*) gicler dehors; (*fam.*) (*saltar fuori*) bondir dehors (*o* se précipiter hors de) | ***schizzare via***, (*fig.*) partir comme une flèche | ***gli occhi gli schizzavano dalle orbite***, (*fig.*) les yeux lui sortaient de la tête.

schizzata [schiz-zà-ta] *n.f.* 1 (*lo schizzare*) giclement (*m.*) 2 (*schizzo*) giclée; (*di fango*) éclaboussure; (*macchia*) tache.

schizzato [schiz-zà-to] *agg.* 1 éclaboussé, taché 2 (*fig.*) (*abbozzato*) esquissé 3 (*fig. fam.*) (*agitato*) cinglé.

schizzinoso [schiz-zi-nó-so] *agg.* e *n.m.* [f. *-a*] difficile; (*fam.*) chichiteux*: *fare lo schizzinoso*, faire la petite bouche.

schizzo [schìz-zo] *n.m.* 1 giclée (*f.*); (*di fango*) éclaboussure (*f.*); (*macchia*) tache (*f.*): *uno schizzo di acqua, di olio*, une giclée d'eau, d'huile | *caffè con uno schizzo di cognac*, (*estens.*) café avec une goutte de cognac, arrosé de cognac 2 (*abbozzo*) croquis, esquisse (*f.*) 3 (*balzo*) bond.

sci *n.m.invar.* ski: *mettersi gli sci*, chausser ses skis; *amo lo sci*, j'aime le ski, j'aime faire du ski.
● ***sci acrobatico***, ski artistique | ***sci alpinismo***, ski de randonnée | ***sci alpino***, ski alpin (o de piste) | ***sci d'acqua, nautico***, ski nautique | ***sci d'erba***, ski sur (l')herbe | ***sci di fondo, nordico***, ski de fond, nordique.

scia [sci-a] *n.f.* sillage (*m.*); (*di vapore, fumo ecc.*) traînée: *scia luminosa*, traînée lumineuse.
● ***sulla, nella scia di***, (*fig.*) dans le sillage de.

FAUX AMI
Da non confondere con *scie*, che significa *sega*.

scià *n.m.invar.* (*st.*) shah, chah.

sciabica [scià-bi-ca] *n.f.* [pl. *-che*] (*mar.*) 1 (*imbarcazione*) chalutier (*m.*) 2 (*rete*) chalut (*m.*).

sciabile [sci-à-bi-le] *agg.* skiable.

S

sciabola [scià-bo-la] ***n.f.*** sabre (*m.*).
sciabolare [scia-bo-là-re] ***v.tr.*** sabrer ♦ ***v.intr.*** [aus. *avere*] donner* des coups de sabre.
sciabolata [scia-bo-là-ta] ***n.f.*** coup (*m.*) de sabre.
sciabordare [scia-bor-dà-re] ***v.tr.*** agiter ♦ ***v.intr.*** [aus. *avere*] clapoter.
sciabordio [scia-bor-dì-o] ***n.m.*** [pl. *-ii*] clapotis.
sciacallaggio [scia-cal-làg-gio] ***n.m.*** [pl. *-gi*] pillage.
sciacallo [scia-càl-lo] ***n.m.*** (*zool.*) chacal* (*anche fig.*).
sciacquare [sciac-quà-re] ***v.tr.*** rincer* ♦ **sciacquarsi** ***v.pron.*** se rincer* ♦ ***v.pron. indiretto*** se rincer*: *sciacquarsi la bocca*, se rincer la bouche.
sciacquata [sciac-quà-ta] ***n.f.*** rinçage (*m.*): *dare una sciacquata a qlco*, rincer qqch; *darsi una sciacquata alle mani*, se passer les mains sous l'eau, se rincer les mains.
sciacquatura [sciac-qua-tù-ra] ***n.f.*** **1** rinçage (*m.*) **2** (*acqua usata per sciacquare*) rinçure.
● ***sciacquatura di piatti***, (*fig.*) eau de vaisselle.
sciacquio [sciac-quì-o] ***n.m.*** [pl. *-ii*] (*sciabordio*) clapotis.
sciacquo [sciàc-quo] ***n.m.*** **1** rinçage; gargarisme, bain de bouche: *farsi degli sciacqui*, se rincer la gorge, se faire des bains de bouche **2** (*liquido*) rinçure (*f.*).
sciacquone [sciac-quó-ne] ***n.m.*** chasse (*f.*) d'eau.
sciagura [scia-gù-ra] ***n.f.*** malheur (*m.*); (*disastro*) catastrophe.
sciaguratamente [scia-gu-ra-ta-mén-te] ***avv.*** **1** (*sventuratamente*) malheureusement **2** (*con malvagità*) méchamment.
sciagurato [scia-gu-rà-to] ***agg.*** **1** (*sventurato*) malheureux* **2** (*malvagio*) méchant ♦ ***n.m.*** [f. *-a*] malheureux*.
scialacquare [scia-lac-quà-re] ***v.tr.*** gaspiller*.
scialacquatore [scia-lac-qua-tó-re] ***n.m.*** [f. *-trice*] gaspilleur*.
scialacquio [scia-lac-quì-o] ***n.m.*** [pl. *-ii*] gaspillage continuel.
scialare [scia-là-re] ***v.intr.*** [aus. *avere*] gaspiller beaucoup | *c'è poco da scialare*, on ne vit pas dans l'abondance ♦ ***v.tr.*** dilapider.
scialbo [sciàl-bo] ***agg.*** **1** blafard **2** (*fig.*) (*insignificante*) fade.
sciallato [scial-là-to] ***agg.***
● (*abbigl.*) ***collo sciallato***, col châle.
scialle [sciàl-le] ***n.m.*** châle.
● ***collo a scialle***, col châle.
scialo [scià-lo] ***n.m.*** **1** gaspillage (*anche fig.*): *far scialo di*, gaspiller **2** (*lusso*) luxe.
scialuppa [scia-lùp-pa] ***n.f.*** (*mar.*) chaloupe.
sciamanismo [scia-ma-nì-ʃmo] ***n.m.*** chamanisme.
sciamano [scia-mà-no] ***n.m.*** chaman.
sciamare [scia-mà-re] ***v.intr.*** [aus. *avere* o *essere*] essaimer (*anche fig.*).
sciame [scià-me] ***n.m.*** (*fig.*) essaim; (*fig.*) multitude (*f.*), foule (*f.*).
● (*astr.*) ***sciame cosmico***, gerbe cosmique | ***a sciami***, par essaims; (*fig.*) en foule.
sciampo [sciàm-po] ***n.m.*** shampooing.
sciancato [scian-cà-to] ***agg.*** bancal*.
sciancrato [scian-crà-to] ***agg.*** (*sartoria*) cintré.
sciangai [scian-gài] ***n.m.invar.*** (*gioco*) mikado, jonchets (*pl.*).

S

sciarada [scia-rà-da] ***n.f.*** **1** charade **2** (*fig.*) casse-tête*.
sciare [sci-à-re] ***v.intr.*** [aus. *avere*] (*sport*) skier, faire* du ski.

FAUX AMI
Da non confondere con *scier*, che significa *segare*.

sciarpa [sciàr-pa] ***n.f.*** **1** écharpe; cache-nez* (*m.*); (*sciarpetta*) cache-col* (*m.*) **2** (*distintivo di grado*) écharpe: *la sciarpa tricolore del sindaco*, l'écharpe tricolore du maire.
sciata [sci-à-ta] ***n.f.***
● ***fare una sciata***, skier.
sciatalgia [scia-tal-gì-a] ***n.f.*** (*med.*) sciatalgie.
sciatica [scià-ti-ca] ***n.f.*** [pl. *-che*] (*med.*) sciatique.
sciatico [scià-ti-co] ***agg.*** [pl.m. *-ci*, f. *-che*] (*anat.*) sciatique.
sciatore [sci-a-tó-re] ***n.m.*** [f. *-trice*] (*sport*) skieur*.
sciattamente [sciat-ta-mén-te] ***avv.*** négligemment.
sciatteria [sciat-te-rì-a] ***n.f.*** négligé (*m.*), négligence.
sciatto [sciàt-to] ***agg.*** négligé (*anche fig.*).
scibile [scì-bi-le] ***n.m.*** savoir: *lo scibile umano*, le savoir humain.
sciccheria [scic-che-rì-a] ***n.f.*** (*fam.*) chic (*m.*).
sciente [sci-èn-te] ***agg.*** (*letter.*) conscient.
scientemente [scien-te-mén-te] ***avv.*** **1** sciemment **2** (*consapevolmente*) consciemment.
scientificamente [scien-ti-fi-ca-mén-te] ***avv.*** scientifiquement.
scientificità [scien-ti-fi-ci-tà] ***n.f.invar.*** scientificité.
scientifico [scien-tì-fi-co] ***agg.*** [pl.m. *-ci*, f. *-che*] scientifique.
● (*mil.*) ***polizia scientifica***, police scientifique.
scientismo [scien-tì-ʃmo] ***n.m.*** (*fil.*) scientisme.
scientista [scien-tì-sta] ***n.m.*** e ***f.*** (*fil.*) scientiste.
scienza [scièn-za] ***n.f.*** **1** science **2** (*pl.*) sciences naturelles.
● ***scienze*** (***naturali***), sciences naturelles | ***scienze politiche***, sciences politiques | ***scienze sociali***, ***umane***, sciences sociales, humaines | ***avere la scienza infusa***, (*fam.*) avoir la science infuse.
scienziato [scien-zià-to] ***n.m.*** [f. *-a*] savant.
sciistico [sci-ì-sti-co] ***agg.*** [pl.m. *-ci*, f. *-che*] de ski: *località sciistica*, station de sports d'hiver.
sciita [sci-ì-ta] ***n.m.*** e ***f.*** (*st. relig.*) chiite.
scilinguagnolo [sci-lin-guà-gno-lo] ***n.m.*** **1** (*anat.*) filet de la langue **2** (*fig.*) (*parlantina*) bagou: *avere lo scilinguagnolo sciolto*, avoir du bagou.
scimitarra [sci-mi-tàr-ra] ***n.f.*** cimeterre (*m.*).
scimmia [scìm-mia] ***n.f.*** singe (*m.*) (*anche fig.*); (*femmina*) guenon (*anche fig.*).

FAUX AMI
Da non confondere con *chimie*, che significa *chimica*.

scimmiesco [scim-mié-sco] ***agg.*** [pl.m. *-schi*, f. *-sche*] simiesque.
scimmiottare [scim-miot-tà-re] ***v.tr.*** singer*.
scimmiottata [scim-miot-tà-ta] **scimmiottatura** ***n.f.*** singerie.
scimpanzé [scim-pan-zè] ***n.m.*** e ***f.invar.*** (*zool.*) chimpanzé (*m.*).
scimunito [sci-mu-nì-to] ***agg.*** e ***n.m.*** [f. *-a*] imbécile, nigaud.

scinauta [sci-nàu-ta] ***n.m.*** e ***f.*** skieur/euse nautique.

scindere [scìn-de-re] ***v.tr.*** [p.rem. *io scissi, tu scindesti* ecc.; p.p. *scisso*] diviser; (*fig.*) scindere ♦ **scindersi** ***v.pron.*** se diviser; (*fig.*) se scinder.

scintigrafia [scin-ti-gra-fì-a] ***n.f.*** (*med.*) scintigraphie.

scintilla [scin-tìl-la] ***n.f.*** étincelle.

scintillante [scin-til-làn-te] ***agg.*** étincelant, scintillant.

scintillare [scin-til-là-re] ***v.intr.*** [aus. *avere*] étinceler*, scintiller.

scintillio [scin-til-lì-o] ***n.m.*** [pl. *-ii*] étincellement.

scintoismo [scin-to-ì-ʃmo] ***n.m.*** (*st. relig.*) shintoïsme, shinto.

sciò ***inter.*** (*per allontanare*) (*animali*) psch; (*persone*) ouste.

scioccamente [scioc-ca-mén-te] ***avv.*** bêtement, sottement.

scioccante [scioc-càn-te] ***agg.*** choquant.

scioccare [scioc-cà-re] ***v.tr.*** [coniug. come *mancare*] choquer.

scioccato [scioc-cà-to] ***agg.*** choqué: *è rimasto scioccato*, il a été choqué.

sciocchezza [scioc-chéz-za] ***n.f.*** **1** sottise **2** (*cosa da poco*) bêtise, bagatelle; rien (*m.*): *l'ho pagato una sciocchezza*, je l'ai payé une bagatelle.

sciocco [sciòc-co] ***agg.*** e ***n.m.*** [f. *-a*; pl.m. *-chi*, f. *-che*] bête, sot*: *non è uno sciocco*, il n'est pas bête.

sciogliere [sciò-glie-re] ***v.tr.*** [coniug. come *cogliere*] **1** (*liquefare*) fondre*: *il sole ha sciolto la neve*, le soleil a fondu la neige **2** (*disciogliere*) dissoudre*: *sciogliere una pastiglia in acqua*, dissoudre une pastille dans l'eau **3** (*disfare*) défaire*: *sciogliere un nodo*, défaire un nœud | *sciogliere la lingua*, délier la langue | *sciogliere le vele*, (*letter.*) hisser les voiles **4** (*liberare*) délier; (*da un voto*) relever* **5** (*risolvere*) résoudre*; (*un dubbio*) dissiper **6** (*adempiere*) accomplir **7** (*di muscoli*) décontracter, relâcher: *la ginnastica scioglie i muscoli*, la gymnastique assouplit les muscles **8** (*porre fine a, annullare*) dissoudre*; (*disperdere*) disperser: *sciogliere un matrimonio*, rompre un mariage; *sciogliere un'assemblea*, dissoudre une assemblée; (*dir.*) *sciogliere un contratto*, résilier un contrat ♦ **sciogliersi** ***v.pron.*** **1** (*liquefarsi*) fondre* **2** (*disciogliersi*) se dissoudre* **3** (*disfarsi*) se défaire* **4** (*liberarsi*) se libérer* **5** (*avere termine*) se dissoudre*: *la seduta si è sciolta alle otto*, la séance a été levée à huit heures.

scioglilingua [scio-gli-lìn-gua] ***n.m.invar.*** jeu* de mots difficile à prononcer, exercice de diction.

scioglimento [scio-gli-mén-to] ***n.m.*** **1** (*fusione*) fonte (*f.*) **2** (*il porre fine*) dissolution (*f.*): *scioglimento di un contratto*, résiliation d'un contrat **3** (*epilogo*) dénouement.

sciolgo → **sciogliere**.

sciolina [sci-o-lì-na] ***n.f.*** fart (*m.*).

sciolinare [sci-o-li-nà-re] ***v.tr.*** farter.

sciolinatura [sci-o-li-na-tù-ra] ***n.f.*** fartage (*m.*).

sciolsi → **sciogliere**.

scioltamente [sciol-ta-mén-te] ***avv.*** **1** (*agilmente*) avec souplesse, avec agilité **2** (*fluentemente*) avec aisance, avec facilité.

scioltezza [sciol-téz-za] ***n.f.*** **1** souplesse: *camminare con scioltezza*, marcher d'un pas dégagé **2** (*di parola, di stile*) aisance, facilité.

sciolto [sciòl-to] ***agg.*** **1** (*disciolto*) dissous*; (*liquefatto*) fondu **2** (*non legato*) dénoué: *capelli sciolti*, cheveux dénoués | *un abito sciolto*, une robe floue **3** (*agile*) souple **4** (*disinvolto*) dégagé **5** (*libero*) libre, délivré **6** (*non confezionato*) au détail, à la pièce.
● (*metrica*) ***verso sciolto***, vers blanc.

scioperante [scio-pe-ràn-te] ***n.m.*** e ***f.*** gréviste.

scioperare [scio-pe-rà-re] ***v.intr.*** [aus. *avere*] faire* (la) grève.

scioperato [scio-pe-rà-to] ***agg.*** e ***n.m.*** [f. *-a*] fainéant.

sciopero [sciò-pe-ro] ***n.m.*** grève (*f.*): *fare sciopero*, faire grève; *indire uno sciopero*, proclamer une grève.
● ***sciopero articolato***, grève tournante | ***sciopero a singhiozzo, a sorpresa***, grève perlée, grève surprise | ***sciopero bianco***, grève du zèle | ***sciopero di categoria***, grève catégorielle | ***sciopero selvaggio***, grève sauvage.

sciorinare [scio-ri-nà-re] ***v.tr.*** **1** étendre* **2** (*esporre*) étaler: *sciorinare la propria cultura*, (*estens.*) étaler sa culture | *sciorinare bugie*, débiter des mensonges.

sciovia [sci-o-vì-a] ***n.f.*** remonte-pente* (*m.*).

sciovinismo [scio-vi-nì-ʃmo] ***n.m.*** chauvinisme.

sciovinista [scio-vi-nì-sta] ***n.m.*** e ***f.*** chauvin/e.

scipitaggine [sci-pi-tàg-gi-ne] **scipitezza** ***n.f.*** fadeur.

scipito [sci-pì-to] ***agg.*** fade, insipide (*anche fig.*).

scippare [scip-pà-re] ***v.tr.*** voler à la tire.

scippatore [scip-pa-tó-re] ***n.m.*** [f. *-trice*] voleur* à la tire.

scippo [scìp-po] ***n.m.*** vol à la tire.

sciroccato [sci-roc-cà-to] ***n.m.*** (*region.*) (*tonto*) éventé.

scirocco [sci-ròc-co] ***n.m.*** [pl. *-chi*] sirocco.

sciroppare [sci-rop-pà-re] ***v.tr.*** conserver dans du sirop ♦ **sciropparsi** ***v.pron. indiretto*** (*fig. fam.*) se farcir, se taper.

sciroppato [sci-rop-pà-to] ***agg.*** au sirop.

sciroppo [sci-ròp-po] ***n.m.*** sirop: *sciroppo per la tosse*, sirop contre la toux.

sciropposo [sci-rop-pó-so] ***agg.*** sirupeux*: *un racconto sciropposo*, (*fig.*) une histoire trop sucrée.

scisma [scì-ʃma] ***n.m.*** schisme.

scismatico [sci-ʃmà-ti-co] ***agg.*** e ***n.m.*** [f. *-a*; pl.m. *-ci*, f. *-che*] schismatique.

scissione [scis-sió-ne] ***n.f.*** scission.

scissionismo [scis-sio-nì-ʃmo] ***n.m.*** scissionnisme.

scissionista [scis-sio-nì-sta] ***n.m.*** e ***f.*** scissionniste.

scisso [scìs-so] ***agg.*** scindé, divisé.

scissura [scis-sù-ra] ***n.f.*** **1** (*fig.*) (*dissenso*) désaccord (*m.*); (*discordia*) discorde **2** (*anat.*) scissure.

scisto [scì-sto] ***n.m.*** (*geol.*) schiste.

scistoso [sci-stó-so] ***agg.*** (*geol.*) schisteux*.

sciupare [sciu-pà-re] ***v.tr.*** **1** (*rovinare*) abîmer; (*fig.*) gâcher; (*sgualcire*) froisser; (*deteriorare con l'uso*) user **2** (*sprecare*) gaspiller: *sciupare un'occasione*, manquer une bonne occasion ♦ **sciuparsi** ***v.pron.*** **1** (*rovinarsi*) s'abîmer; (*sgualcirsi*) se froisser, se friper **2** (*rovinarsi la salute*) user sa santé ♦ ***v.pron. indiretto*** *sciuparsi la salute*, user sa santé.

sciupato [sciu-pà-to] ***agg.*** **1** abîmé; (*fig.*) gâché; (*sgualcito*) froissé; (*deteriorato dall'uso*) usé: *hai un aspetto sciupato*, tu n'as vraiment pas bonne mine; *viso sciupato*, visage fané **2** (*sprecato*) gaspillé: *tempo sciupato*, temps perdu.

S

sciupio [sciu-pì-o] ***n.m.*** [pl. *-ii*] gaspillage: *sciupio di tempo*, perte de temps | *che sciupio!*, quel gâchis!

sciupone [sciu-pó-ne] ***n.m.*** [f. *-a*] (*chi spreca*) gaspilleur*.

scivolamento [sci-vo-la-mén-to] ***n.m.*** glissement.
● (*sport*) ***sport di scivolamento***, sport de glisse.

scivolare [sci-vo-là-re] ***v.intr.*** glisser: *è scivolato e si è rotto un braccio*, il a glissé et il s'est cassé le bras; *gli è scivolato il piede*, son pied a glissé | *scivolare fuori da una stanza*, sortir furtivement d'une pièce.
● (*aer.*): ***scivolare d'ala***, glisser latéralement; ***scivolare di coda***, déraper latéralement.

scivolata [sci-vo-là-ta] ***n.f.*** glissade.
● (*aer.*): ***scivolata d'ala***, glissade latérale; ***scivolata di coda***, dérapage latéral.

scivolo [scì-vo-lo] ***n.m.*** **1** glissière (*f.*) **2** (*mar.*) slip **3** (*per bambini*) toboggan.

scivolone [sci-vo-ló-ne] ***n.m.*** **1** glissade (*f.*): *fare uno scivolone*, glisser **2** (*fig.*) (*insuccesso*) échec, défaite (*f.*).

scivolosità [sci-vo-lo-si-tà] ***n.f.invar.*** nature glissante.

scivoloso [sci-vo-ló-so] ***agg.*** glissant.

sclera [sclè-ra] ***n.f.*** (*anat.*) sclérotique.

sclerare [scle-rà-re] ***v.intr.*** [aus. *essere* o *avere*] (*scherz.*) déconner, déjanter, débloquer.

sclerato [scle-rà-to] ***agg.*** e ***n.m.*** [f. *-a*] (*scherz.*) déjanté.

sclerosante [scle-ro-sàn-te] ***agg.*** sclérogène.

sclerosare [scle-ro-ʃà-re] ***v.tr.*** (*med.*) scléroser ♦ **sclerosarsi** ***v.pron.*** se scléroser.

sclerosi [scle-rò-ʃi *o* sclèroʃi] ***n.f.invar.*** (*med.*) sclérose (*anche fig.*).
● ***sclerosi multipla***, ***a placche***, sclérose multiple, en plaques.

sclerotica [scle-rò-ti-ca] ***n.f.*** [pl. *-che*] (*anat.*) sclérotique.

sclerotico [scle-rò-ti-co] ***agg.*** [pl.m. *-ci*, f. *-che*] (*med.*) sclérosé.

sclerotizzare [scle-ro-tiʒ-ʒà-re] ***v.tr.*** scléroser (*anche fig.*) ♦ **sclerotizzarsi** ***v.pron.*** se scléroser.

scocca [scòc-ca] ***n.f.*** [pl. *-che*] (*aut.*) coque.

scoccare [scoc-cà-re] ***v.tr.*** [coniug. come *mancare*] **1** décocher (*anche fig.*): *scoccare un bacio*, faire une bise **2** (*di orologio*) sonner | *allo scoccare della mezzanotte*, sur le coup de minuit ♦ ***v.intr.*** [aus. *essere*] **1** (*di ore*) sonner **2** (*guizzare*) jaillir.

scocciante [scoc-ciàn-te] ***agg.*** (*fam.*) embêtant.

scocciare [scoc-cià-re] ***v.tr.*** [coniug. come *cominciare*] (*dare noia a*) assommer; (*seccare*) embêter ♦ **scocciarsi** ***v.pron.*** (*annoiarsi*) s'ennuyer*; (*seccarsi*) s'embêter.

scocciatore [scoc-cia-tó-re] ***n.m.*** [f. *-trice*] casse-pieds.

scocciatura [scoc-cia-tù-ra] ***n.f.*** barbe, corvée; (*seccatura*) embêtement (*m.*).

scocco [scòc-co] ***n.m.*** [pl. *-chi*] (*delle ore*) coup.

scodella [sco-dèl-la] ***n.f.*** **1** écuelle **2** (*piatto per minestra*) assiette creuse **3** (*ciotola*) bol (*m.*).

scodellare [sco-del-là-re] ***v.tr.*** **1** (*versare nei piatti*) verser dans les assiettes: *scodellare una bella bugia*, (*fig.*) sortir un beau mensonge **2** (*fig. fam.*) (*partorire*) accoucher: *scodellare un figlio all'anno*, pondre un enfant par an.

scodellata [sco-del-là-ta] ***n.f.*** assiette, assiettée.

scodinzolare [sco-din-zo-là-re] ***v.intr.*** [aus. *avere*] remuer la queue.

scodinzolio [sco-din-zo-lì-o] ***n.m.*** [pl. *-ii*] frétillement de la queue.

scodinzolo [sco-dìn-zo-lo] ***n.m.*** (*sci*) godille (*f.*).

scogliera [sco-gliè-ra] ***n.f.*** **1** rochers (*m.pl.*); (*a fior d'acqua*) récif (*m.*) **2** (*costa rocciosa*) falaise.

scoglio [scò-glio] ***n.m.*** [pl. *-gli*] **1** rocher; (*a fior d'acqua*) écueil; (*sommerso*) (écueil) brisant **2** (*fig.*) écueil; (*ostacolo*) obstacle.

scoglionarsi [sco-glio-nàr-si] ***v.pron.intr.*** (*volg.*) s'emmerder.

scoglioso [sco-glió-so] ***agg.*** rocheux*.

scoiattolo [sco-iàt-to-lo] ***n.m.*** écureuil.

scolapasta [sco-la-pà-sta] ***n.m.invar.*** passoire (*f.*).

scolapiatti [sco-la-piàt-ti] ***n.m.invar.*** égouttoir.

scolaposate [sco-la-po-sà-te] ***n.m.invar.*** égouttoir.

scolara [sco-là-ra] ***n.f.*** élève; (*di scuola elementare*) écolière; (*di scuola media*) collégienne, lycéenne.

scolare[1] [sco-là-re] ***agg.*** scolaire.
● ***età scolare***, âge scolaire.

scolare[2] ***v.tr.*** égoutter ♦ ***v.intr.*** [aus. *essere*] couler ♦ **scolarsi** ***v.pron. indiretto*** vider: *scolarsi una bottiglia*, vider une bouteille.

scolaresca [sco-la-ré-sca] ***n.f.*** [pl. *-sche*] (*di una classe*) classe; (*di tutta la scuola*) élèves (*m.pl.*).

scolarità [sco-la-ri-tà] ***n.f.invar.*** scolarité.

scolarizzare [sco-la-riʒ-ʒà-re] ***v.tr.*** scolariser.

scolarizzazione [sco-la-riʒ-ʒa-zió-ne] ***n.f.*** scolarisation.

scolaro [sco-là-ro] ***n.m.*** élève; (*di scuola elementare*) écolier; (*di scuola media*) collégien, lycéen.

scolastica[1] [sco-là-sti-ca] ***n.f.*** [pl. *-che*] (*editoria*) édition scolaire.

scolastica[2] ***n.f.*** [pl. *-che*] (*st. fil.*) scolastique.

scolastico [sco-là-sti-co] ***agg.*** [pl.m. *-ci*, f. *-che*] **1** scolaire: *libri scolastici*, manuels scolaires; *una cultura di stampo scolastico*, (*spreg.*) une culture scolaire **2** (*fil.*) scolastique.
● ***ispettore scolastico***, (*di scuole elementari*) inspecteur (de l'Enseignement) primaire; (*di scuole superiori*) inspecteur d'Académie | ***obbligo scolastico***, scolarité (obligatoire) | ***tasse scolastiche***, droits d'inscription.

scolatoio [sco-la-tó-io] ***n.m.*** [pl. *-oi*] égouttoir.

scolatura [sco-la-tù-ra] ***n.f.*** **1** (*lo scolare*) égouttement (*m.*) **2** (*liquido*) égoutture.

scolio [scò-lio] ***n.m.*** [pl. *-li*] (*chiosa*) scolie (*f.*).

scoliosi [sco-liò-ʃi] ***n.f.invar.*** (*med.*) scoliose.

scoliotico [sco-liò-ti-co] ***agg.*** e ***n.m.*** [f. *-a*; pl.m. *-ci*, f. *-che*] (*med.*) scoliotique.

scollacciato [scol-lac-cià-to] ***agg.*** **1** très décolleté **2** (*licenzioso*) osé.

scollamento [scol-la-mén-to] ***n.m.*** décollement.

scollare[1] [scol-là-re] ***v.tr.*** (*aprire al collo*) décolleter* ♦ **scollarsi** ***v.pron.*** se décolleter*.

scollare[2] ***v.tr.*** (*staccare*) décoller ♦ **scollarsi** ***v.pron.*** (*staccarsi*) se décoller.

scollato[1] [scol-là-to] ***agg.*** **1** (*abbigl.*) décolleté **2** (*di donna*) en décolleté.

scollato[2] ***agg.*** (*staccato*) décollé.

scollatura[1] [scol-la-tù-ra] ***n.f.*** (*scollo*) décolleté (*m.*); (*dell'indumento*) encolure.
● ***scollatura a barchetta***, décolleté bateau | ***scollatura a***

S

cuore, décolleté cœur | ***scollatura a punta***, décolleté en pointe.

scollatura[2] ***n.f.*** (*lo staccarsi*) décollement (*m.*).

scollegare [scol-le-gà-re] ***v.tr.*** [coniug. come *legare*] séparer; (*tecn.*) débrancher, déconnecter ♦ **scollegarsi** ***v.pron.intr.*** (*inform.*) se déconnecter.

scollegato [scol-le-gà-to] ***agg.*** séparé; (*tecn.*) non -connecté; (*inform.*) hors ligne.

scollo [scòl-lo] ***n.m.*** encolure (*f.*).

scolmare [scol-mà-re] ***v.tr.*** évacuer (les eaux).

scolmatore [scol-ma-tó-re] ***agg.*** *canale scolmatore*, canal de dérivation ♦ ***n.m.*** (*dispositivo per smaltire le acque*) évacuateur.

scolo [scó-lo] ***n.m.*** **1** écoulement **2** (*condotto*) tuyau* d'écoulement.

scolopendra [sco-lo-pèn-dra] ***n.f.*** (*zool.*) scolopendre.

scolopendrio [sco-lo-pèn-drio] ***n.m.*** [pl. *-ri*] (*bot.*) scolopendre (*f.*).

scolopio [sco-lò-pio] ***n.m.*** [pl. *-pi*] (*eccl.*) frère des Écoles Chrétiennes.

scoloramento [sco-lo-ra-mén-to] ***n.m.*** décoloration (*f.*).

scolorare [sco-lo-rà-re] ***v.tr.*** e ***intr.*** → **scolorire**.

scolorina [sco-lo-rì-na] ***n.f.*** effaceur (*m.*) d'encre; (*pennarello*) corrector (*m.*).

scolorire [sco-lo-rì-re] ***v.tr.*** [coniug. come *finire*] décolorer; (*fig.*) estomper ♦ ***v.intr.*** [aus. *essere*] se décolorer; (*fig.*) (*impallidire*) pâlir ♦ **scolorirsi** ***v.pron.*** se décolorer; (*fig.*) (*impallidire*) pâlir: *alla notizia si scolorì in volto*, à cette nouvelle il pâlit.

scolorito [sco-lo-rì-to] ***agg.*** décoloré; (*sbiadito*) délavé; (*fig.*) pâle.

scolpare [scol-pà-re] ***v.tr.*** disculper ♦ **scolparsi** ***v.pron.*** se disculper.

scolpire [scol-pì-re] ***v.tr.*** [coniug. come *finire*] **1** sculpter **2** (*incidere*) graver (*anche fig.*).

scolpito [scol-pì-to] ***agg.*** **1** sculpté **2** (*inciso*) gravé (*anche fig.*).

scombinare [scom-bi-nà-re] ***v.tr.*** **1** (*mettere in disordine*) embrouiller **2** (*mandare a monte*) bouleverser: *scombinare un affare, un matrimonio*, faire échouer une affaire, un mariage.

scombinato [scom-bi-nà-to] ***agg.*** (*di persona*) brouillon*; (*di cosa*) confus: *fare una vita scombinata*, mener une vie désordonnée ♦ ***n.m.*** [f. *-a*] (*fam.*) brouillon*.

scombro [ʃcóm-bro] ***n.m.*** → **sgombro**[2].

scombussolamento [scom-bus-so-la-mén-to] ***n.m.*** bouleversement.

scombussolare [scom-bus-so-là-re] ***v.tr.*** bouleverser: *scombussolare lo stomaco*, déranger l'estomac; *scombussolare le idee*, brouiller les idées.

scommessa [scom-més-sa] ***n.f.*** **1** pari (*m.*): *accettare una scommessa*, tenir un pari; *fare qlco per scommessa*, faire qqch à la suite d'un pari **2** (*somma*) enjeu* (*m.*).
● ***per scommessa***, (*fig. scherz.*) par miracle: *si regge in piedi per scommessa*, il ne tient debout que par miracle.

scommettere [scom-mét-te-re] ***v.tr.*** [coniug. come *mettere*] parier: *scommettere forte*, parier gros.
● ***ci avrei scommesso***, je l'aurais parié | ***(ci) scommetto la testa***, je parie tout ce que tu voudras | ***puoi scommetterci***, il y a gros à parier: *puoi scommetterci, non tornerà tanto presto*, il y a gros à parier qu'il ne reviendra pas très tôt | ***scommettiamo?***, on parie?

scommettitore [scom-met-ti-tó-re] ***n.m.*** [f. *-trice*] parieur*.

scomodamente [sco-mo-da-mén-te] ***avv.*** inconfortablement.

scomodare [sco-mo-dà-re] ***v.tr.*** e ***intr.*** [aus. *avere*] déranger* ♦ **scomodarsi** ***v.pron.*** se déranger*: *perché ti sei scomodato a venire con questo tempaccio?*, pourquoi t'es-tu donné la peine de venir par ce mauvais temps?

scomodità [sco-mo-di-tà] ***n.f.invar.*** inconfort (*m.*), incommodité; (*circostanza avversa, inconveniente*) inconvénient (*m.*): *è una bella scomodità abitare così lontano*, ce n'est pas pratique du tout d'habiter aussi loin; *di una scomodità estrema*, vraiment très inconfortable.

scomodo[1] [scò-mo-do] ***agg.*** **1** incommode; (*non confortevole*) inconfortable: *abitare in un posto scomodo*, habiter dans un endroit peu commode; *è scomodo abitare in periferia*, ce n'est pas pratique d'habiter en banlieue; *mi trovo in una situazione scomoda*, je suis dans une situation inconfortable; *lì stai scomodo*, tu n'es pas bien ici; *su questa poltrona si sta scomodi*, on n'est pas bien dans ce fauteuil; *essere scomodo per l'orario, avere un orario scomodo*, avoir un horaire peu pratique; *mi resta scomodo passare a prenderti*, j'ai des problèmes pour venir te chercher; *se non ti è scomodo portalo qui*, si ça ne te dérange pas amène-le ici **2** (*di persona*) qui dérange.

scomodo[2] ***n.m.*** dérangement.
● ***essere di scomodo***, déranger: *non vorrei che ciò ti fosse di scomodo*, je ne voudrais pas que cela te dérange | ***fare scomodo***, gêner (de).

scompaginamento [scom-pa-gi-na-mén-to] ***n.m.*** bouleversement; (*disordine*) désordre.

scompaginare [scom-pa-gi-nà-re] ***v.tr.*** **1** bouleverser, troubler; (*dissestare*) mettre* à mal **2** (*tip.*) distribuer: *scompaginare un libro*, défaire la reliure d'un livre ♦ **scompaginarsi** ***v.pron.intr.*** (*fig.*) se désagréger*.

scompaginato [scom-pa-gi-nà-to] ***agg.*** (*disperso*) dispersé; (*dissestato*) disloqué; (*sfasciato*) défait.

scompagnare [scom-pa-gnà-re] ***v.tr.*** dépareiller, désassortir.

scompagnato [scom-pa-gnà-to] ***agg.*** dépareillé, désassorti.

scomparire [scom-pa-rì-re] ***v.intr.*** [coniug. come *apparire*; aus. *essere*] **1** disparaître*: *è scomparso di casa*, il a disparu de chez lui; *il prodotto è scomparso dal mercato*, le produit n'est plus sur le marché | *avrei voluto scomparire*, (*sprofondare*) j'aurais voulu rentrer sous terre | *quel quadro scompare su una parete così grande*, (*estens.*) ce tableau est perdu sur un mur aussi grand **2** (*morire*) disparaître* **3** (*sfigurare*) faire* piètre figure.

scomparsa [scom-pàr-sa] ***n.f.*** **1** disparition **2** (*morte*) disparition.
● ***letto a scomparsa***, lit escamotable | ***porta a scomparsa***, porte rentrante.

scomparso [scom-pàr-so] ***agg.*** e ***n.m.*** [f. *-a*] disparu.

scompartimento [scom-par-ti-mén-to] ***n.m.*** compartiment (*spec. ferr.*).

scomparto [scom-pàr-to] ***n.m.*** compartiment.
● ***scomparto delle verdure***, (*di frigorifero*) bac à légumes.

scompensare [scom-pen-sà-re] ***v.tr.*** **1** (*squilibrare*) déséquilibrer **2** (*med.*) causer une décompensation (**à**).

scompenso [scom-pèn-so] ***n.m.*** **1** (*squilibrio*) déséquilibre **2** (*med.*) insuffisance (*f.*).

scompigliare [scom-pi-glià-re] ***v.tr.*** (*confondere*) **1** brouiller; (*sconvolgere*) bouleverser **2** (*arruffare*) ébou-

S

riffer: *scompigliare i capelli a qlcu*, ébouriffer qqn ♦ **scompigliarsi** *v.pron.intr.* s'ébouriffer: *al vento ti si scompiglieranno i capelli*, tes cheveux vont s'ébouriffer au vent.

scompigliato [scom-pi-glià-to] *agg.* brouillé; (*sconvolto*) bouleversé; (*di capelli*) ébouriffé.

scompiglio [scom-pì-glio] *n.m.* [pl. *-gli*] désordre; (*confusione*) confusion (*f.*): *portare lo scompiglio*, jeter le trouble.

scomponibile [scom-po-ni-bi-le] *agg.* décomposable. ● ***mobili scomponibili***, meubles modulables.

scomporre [scom-pór-re] *v.tr.* [coniug. come *porre*] **1** décomposer **2** (*scompigliare*) brouiller; (*i capelli*) ébouriffer **3** (*turbare*) troubler: *la notizia non lo scompose*, la nouvelle ne le troubla point ♦ **scomporsi** *v.pron.* se troubler, perdre* contenance.

scomposizione [scom-po-ʃi-zió-ne] *n.f.* décomposition.

scompostamente [scom-po-sta-mén-te] *avv.* en désordre; (*in modo sconveniente*) de façon peu convenable, de manière inconvenante: *piangere scompostamente*, pleurer sans retenue; *urlare scompostamente*, brailler.

scompostezza [scom-po-stéz-za] *n.f.* **1** manque (*m.*) de tenue **2** (*disordine*) désordre (*m.*).

scomposto [scom-pó-sto] *agg.* **1** (*diviso*) décomposé **2** (*in disordine*) en désordre; (*di capelli*) ébouriffé **3** (*di atteggiamento*) incorrect, débraillé; (*di persona*) inconvenant: *posizione scomposta*, position peu convenable; *stare scomposto*, se tenir mal; *non stare scomposto!*, tiens-toi bien!

scomputo [scòm-pu-to] *n.m.* (*comm.*) décompte, déduction (*f.*).

scomunica [sco-mù-ni-ca] *n.f.* [pl. *-che*] excommunication.

scomunicare [sco-mu-ni-cà-re] *v.tr.* [coniug. come *mancare*] excommunier.

scomunicato [sco-mu-ni-cà-to] *agg.* e *n.m.* [f. *-a*] excommunié.

sconcertante [scon-cer-tàn-te] *agg.* déconcertant, déroutant.

sconcertare [scon-cer-tà-re] *v.tr.* déconcerter, dérouter: *il suo comportamento mi ha sconcertato*, j'ai été déconcerté par son comportement ♦ **sconcertarsi** *v.pron.* se troubler.

S

sconcertato [scon-cer-tà-to] *agg.* déconcerté, dérouté.

sconcerto [scon-cèr-to] *n.m.* trouble; (*confusione*) confusion (*f.*).

sconcezza [scon-céz-za] *n.f.* indécence; (*oscenità*) obscénité: *quel quadro è una sconcezza*, (*fam.*) ce tableau est une horreur.

sconciamente [scon-cia-mén-te] *avv.* **1** de façon obscène **2** (*fam.*) (*disgustosamente*) horriblement.

sconcio [scón-cio] *agg.* [pl.m. *-ci*, f. *-ce*] obscène ♦ *n.m.* indécence (*f.*).

sconclusionato [scon-clu-ʃio-nà-to] *agg.* incohérent, décousu; (*di persona*) inconséquent.

scondito [scon-di-to] *agg.* non assaisonné.

sconfessare [scon-fes-sà-re] *v.tr.* désavouer: *sconfessare il proprio passato*, renier son passé; *sconfessare la propria fede*, abjurer sa foi.

sconfessione [scon-fes-sió-ne] *n.f.* désaveu* (*m.*), reniement (*m.*).

sconfiggere [scon-fig-ge-re] *v.tr.* [coniug. come *affliggere*] battre*, vaincre*.

sconfinamento [scon-fi-na-mén-to] *n.m.* **1** franchissement des limites (**de**); (*varcando una frontiera*) franchissement de la frontière (**de**) **2** (*fig.*) franchissement des limites (**de**); empiètement (**sur**) **3** (*inform.*) (*superamento della capacità*) débordement.

sconfinare [scon-fi-nà-re] *v.intr.* [aus. *avere*] franchir, dépasser les limites (**de**); (*varcando una frontiera*) franchir la frontière (**de**): *sconfinare nel campo del vicino*, empiéter sur son voisin; *sconfinare dai propri poteri*, (*fig.*) outrepasser ses pouvoirs; *il suo discorso sconfina* (*dal tema*), (*fig.*) ce qu'il dit s'écarte du sujet; *hai sconfinato nel mio lavoro*, (*fig.*) tu as empiété sur mon travail; *sconfinare nell'assurdo*, (*fig.*) toucher à l'absurde.

sconfinato [scon-fi-nà-to] *agg.* sans fin, infini; (*fig.*) (*illimitato*) illimité, sans bornes.

sconfitta [scon-fit-ta] *n.f.* défaite.

sconfitto [scon-fit-to] *agg.* e *n.m.* [f. *-a*] vaincu: *restare sconfitto*, être battu.

sconfortante [scon-for-tàn-te] *agg.* décourageant.

sconfortare [scon-for-tà-re] *v.tr.* décourager* ♦ **sconfortarsi** *v.pron.* se décourager*.

sconfortato [scon-for-tà-to] *agg.* (*scoraggiato*) découragé; (*abbattuto*) abattu; (*disperato*) désespéré.

sconforto [scon-fòr-to] *n.m.* découragement; (*abbattimento*) abattement, dépression (*f.*): *lasciarsi abbattere dallo sconforto*, se laisser aller au découragement; *in un momento di sconforto*, dans un moment de découragement.

scongelamento [scon-ge-la-mén-to] *n.m.* décongélation (*f.*).

scongelare [scon-ge-là-re] *v.tr.* **1** décongeler* **2** (*econ.*) dégeler*.

scongiurare [scon-giu-rà-re] *v.tr.* conjurer, supplier.

scongiuro [scon-giù-ro] *n.m.* conjuration (*f.*). ● ***fare gli scongiuri***, conjurer le mauvais sort.

sconnessione [scon-nes-sió-ne] *n.f.* **1** manque (*m.*) de connexion; (*incoerenza*) incohérence **2** (*inform.*) déconnexion.

sconnesso [scon-nès-so *o* sconnésso] *agg.* **1** disjoint **2** (*fig.*) (*incoerente*) incohérent.

sconnessura [scon-nes-sù-ra] *n.f.* fissure.

sconnettere [scon-nèt-te-re *o* sconnéttere] *v.tr.* [p.p. *sconnesso*] (*disunire*) disjoindre* ♦ *v.intr.* [aus. *avere*] (*non connettere*) débloquer, (*fam.*) divaguer ♦ **sconnettersi** *v.pron.intr.* se disjoindre*; (*inform.*) se déconnecter.

sconosciuto [sco-no-sciù-to] *agg.* e *n.m.* [f. *-a*] inconnu: *l'aggressore è rimasto sconosciuto*, l'aggresseur n'a pas été identifié.

sconquassare [scon-quas-sà-re] *v.tr.* **1** disloquer; (*sfasciare*) mettre* en pièces; (*rovinare gravemente*) abîmer; (*meccanismi*) détraquer **2** (*fig.*) (*scombussolare*) bouleverser; (*spossare*) éreinter ♦ **sconquassarsi** *v.pron.intr.* se disloquer, se fracasser.

sconquassato [scon-quas-sà-to] *agg.* (*sgangherato*) branlant, bancal*; (*sfasciato*) mis en pièces; (*rovinato*) abîmé; (*di meccanismi*) détraqué: *sono tutto sconquassato dopo questo viaggio*, ce voyage m'a éreinté.

sconquasso [scon-quàs-so] *n.m.* **1** fracas, désordre; (*disastro*) désastre **2** (*fig.*) bouleversement; branle-bas*.

sconsacrare [scon-sa-crà-re] *v.tr.* (*relig.*) déconsacrer: *chiesa sconsacrata*, église désaffectée.

sconsacrazione [scon-sa-cra-zió-ne] ***n.f.*** désacralisation: *sconsacrazione di una chiesa*, désaffectation d'une église.

sconsideratamente [scon-si-de-ra-ta-mén-te] ***avv.*** inconsidérément.

sconsideratezza [scon-si-de-ra-téz-za] ***n.f.*** légèreté.

sconsiderato [scon-si-de-rà-to] ***agg.*** (*di persona*) étourdi, irréfléchi; (*di azione*) inconsidéré.

sconsigliabile [scon-si-glià-bi-le] ***agg.*** (qui n'est) pas conseillable, à déconseiller.

sconsigliare [scon-si-glià-re] ***v.tr.*** déconseiller.

sconsolante [scon-so-làn-te] ***agg.*** décourageant, désolant.

sconsolatamente [scon-so-la-ta-mén-te] ***avv.*** désespérément.

sconsolato [scon-so-là-to] ***agg.*** désolé, affligé.

scontabile [scon-tà-bi-le] ***agg.*** (*comm.*) escomptable.

scontare [scon-tà-re] ***v.tr.*** **1** (*banca*) escompter: *scontare una cambiale*, escompter un effet **2** (*detrarre*) déduire* **3** (*fare uno sconto*) faire* un rabais (**sur**) **4** (*pagare, espiare*) (*una pena*) purger*; (*una colpa, un delitto*) expier: *glielo farò scontare amaramente*, ça, il me le paiera; *si sconta tutto, prima o poi*, tout se paie dans la vie.

scontato [scon-tà-to] ***agg.*** **1** (*banca*) escompté **2** (*di prezzo*) réduit; (*di merce*) à prix réduit, soldé **3** (*di una pena*) purgé; (*di una colpa, di un delitto*) expié **4** (*previsto*) prévu; (*inevitabile*) inévitable: *risultato scontato*, résultat prévu.

● ***dare (qlco) per scontato***, tenir (qqch) pour sûr: *diamo per scontato che*, nous partons du principe que.

scontentare [scon-ten-tà-re] ***v.tr.*** mécontenter.

scontentezza [scon-ten-téz-za] ***n.f.*** mécontentement (*m.*).

scontento [scon-tèn-to] ***agg.*** e ***n.m.*** [f. *-a*] mécontent: *rimanere scontento*, être mécontent; *un eterno scontento*, un éternel mécontent ♦ ***n.m.*** mécontentement.

sconto [scón-to] ***n.m.*** **1** (*banca*) escompte **2** (*detrazione*) déduction (*f.*): *a sconto del mio debito*, en règlement de ma dette **3** (*comm.*) (*diminuzione di prezzo*) rabais; ristourne (*f.*); remise (*f.*): *fare, concedere uno sconto del 5%*, faire une remise de 5%; *gli hanno fatto uno sconto sul prezzo della macchina*, on lui a fait une ristourne sur le prix de la voiture; *fanno grossi sconti*, ils font de gros rabais; *usufruire di uno sconto del 10% per pagamento in contanti*, bénéficier d'une remise de 10% pour paiement comptant.

● (*comm.*) ***sconto d'uso***, escompte d'usage | (*banca*) ***tasso di sconto***, taux d'escompte.

scontrarsi [scon-tràr-si] ***v.pron.intr.*** **1** s'affronter (*anche fig.*); (*urtare contro*) se *heurter (**à**) (*anche fig.*) **2** (*di mezzi di trasporto*) entrer en collision **3** (*di eserciti*) se rencontrer.

scontrino [scon-trì-no] ***n.m.*** ticket; bulletin; (*ricevuta di valori, di depositi in denaro*) récépissé, reçu: *lo scontrino dei bagagli*, le bulletin de bagages; *lo scontrino del guardaroba*, le ticket du vestiaire.

● ***scontrino (fiscale), di cassa***, ticket de caisse.

scontro [scón-tro] ***n.m.*** **1** affrontement; (*di eserciti*) combat, (*di breve durata*) engagement: *uno scontro a fuoco*, un échange de coups de feu; *ci sono stati degli scontri in piazza*, il y a eu des échauffourées dans la rue **2** (*collisione*) collision (*f.*); (*spec. di treni*) télescopage; (*tamponamento*) tamponnement **3** (*fig.*) (*contrasto*) différend; (*diverbio*) altercation (*f.*).

scontrosamente [scon-tro-sa-mén-te] ***avv.*** d'un air revêche; sur un ton hargneux.

scontrosità [scon-tro-si-tà] ***n.f.invar.*** caractère (*m.*) revêche.

scontroso [scon-tró-so] ***agg.*** revêche | *saluta, non fare lo scontroso!*, (*a un bambino*) sois gentil, dis bonjour!

sconveniente [scon-ve-nièn-te] ***agg.*** (*disdicevole*) inconvenant, incorrect: *è sconveniente arrivare tardi a cena*, ce n'est pas correct d'arriver tard à dîner.

sconvenientemente [scon-ve-nien-te-mén-te] ***avv.*** indécemment.

sconvenienza [scon-ve-nièn-za] ***n.f.*** **1** grossièreté **2** (*svantaggio*) désavantage (*m.*).

sconvolgente [scon-vol-gèn-te] ***agg.*** bouleversant.

sconvolgere [scon-vòl-ge-re] ***v.tr.*** [coniug. come *volgere*] bouleverser: *la notizia gli ha sconvolto la mente*, la nouvelle lui a dérangé l'esprit ♦ **sconvolgersi** ***v.pron.intr.*** se troubler.

sconvolgimento [scon-vol-gi-mén-to] ***n.m.*** bouleversement.

sconvolto [scon-vòl-to] ***agg.*** bouleversé: *è rimasto sconvolto dalla notizia*, la nouvelle l'a bouleversé; *mente sconvolta*, esprit dérangé.

scoop [skup] ***n.m.invar.*** scoop.

scoopista [sku'pista] ***n.m.*** e ***f.*** chasseur/euse de scoops.

scoordinato [sco-or-di-nà-to] ***agg.*** non coordonné.

scoordinazione [sco-or-di-na-zió-ne] ***n.f.*** incoordination.

scooter ['skuter] ***n.m.invar.*** scooter.

scooterista [skute'rista] ***n.m.*** e ***f.*** scootériste.

scopa [scó-pa] ***n.f.*** **1** balai (*m.*) **2** (*bot.*) bruyère.

● ***scopa elettrica***, aspirateur-balai | ***scopa rastrello***, balai à gazon | ***un manico di scopa***, (*fig.*) un manche à balai.

scopare [sco-pà-re] ***v.tr.*** e ***intr.*** [aus. *avere*] **1** balayer* **2** (*volg.*) baiser.

scopata [sco-pà-ta] ***n.f.*** **1** coup (*m.*) de balai **2** (*volg.*) baise: *farsi una scopata*, s'envoyer en l'air.

scoperchiare [sco-per-chià-re] ***v.tr.*** ôter le couvercle (**de**): *il vento ha scoperchiato i tetti*, le vent a emporté les toits ♦ **scoperchiarsi** ***v.pron.intr.*** se découvrir*: *la casa si è scoperchiata*, la maison a perdu son toit.

scoperta [sco-pèr-ta] ***n.f.*** découverte | *che scoperta!*, (*iron.*) la belle découverte!

● ***andare alla scoperta***, (*in avanscoperta*) aller, partir en reconnaissance.

scopertamente [sco-per-ta-mén-te] ***avv.*** ouvertement.

scoperto [sco-pèr-to] ***agg.*** découvert: *non uscire così scoperto*, ne sors pas aussi peu couvert | *a braccia scoperte*, bras nus | *a capo scoperto*, nu-tête | *a viso scoperto*, (*anche fig.*) à visage découvert ♦ ***n.m.*** (*comm.*) découvert.

● (*comm.*) ***scoperto di cassa***, découvert d'un compte | ***allo scoperto***, à découvert: *dormire allo scoperto*, dormir à la belle étoile; *pioveva e si trovava allo scoperto*, il pleuvait et il était sans abri; (*banca*) *trovarsi allo scoperto*, être à découvert | (*comm.*): ***assegno scoperto***, chèque sans provision; ***conto scoperto***, compte à découvert | ***giocare a carte scoperte***, (*fig.*) jouer cartes sur table.

scopettone [sco-pet-tó-ne] ***n.m.*** **1** (*spazzolone*) balai-brosse* **2** (*pl.*) (*lunghe basette*) favoris.

scopiazzare [sco-piaz-zà-re] ***v.tr.*** copier.

S

scopiazzatura [sco-piaz-za-tù-ra] ***n.f.*** copiage (*m.*): *è tutta una scopiazzatura*, c'est entièrement copié.

scopino [sco-pì-no] ***n.m.*** balayette (*f.*).

scopo [scò-po] ***n.m.*** but: *con, senza uno scopo preciso*, dans, sans un but précis; *il figlio è l'unico scopo della sua vita*, son fils est sa seule raison de vivre; *ciò non risponde allo scopo che ci eravamo proposti*, cela ne correspond pas à ce que nous nous étions proposé de faire | *a che scopo?*, dans quel but?
● ***al solo scopo di***, rien que pour | ***a scopo di lucro, di rapina***, pour de l'argent, pour voler | ***servire allo scopo***, faire l'affaire.

scopone [sco-pó-ne] ***n.m.*** jeu* de cartes italien.

scoppiare [scop-pià-re] ***v.intr.*** [aus. *essere*] **1** éclater (*anche fig.*); (*esplodere*) exploser: *è scoppiata una bomba*, une bombe a éclaté; *è scoppiata la guerra*, la guerre a éclaté; *sta per scoppiare un temporale*, un orage va éclater **2** (*fig.*) (*prorompere*) éclater: *scoppiare a ridere*, éclater de rire; *scoppiare in singhiozzi*, éclater en sanglots; *scoppiare a piangere, scoppiare in lacrime*, fondre en larmes **3** (*rompersi con violenza e all'improvviso*) crever: *mi è scoppiata una gomma della bicicletta*, un pneu de mon vélo a crevé (*o* éclaté) **4** (*fig.*) (*non poterne più*) crever: *scoppiare dal caldo*, crever de chaleur; *scoppiare dalla rabbia*, crever de rage; *scoppiare dal ridere*, avoir le fou rire; *mangiare fino a scoppiare*, manger à en crever | *a metà della salita il corridore è scoppiato*, le coureur a flanché à mi-course.
● ***scoppiare di salute***, (*fig.*) éclater de santé.

scoppiato [scop-pià-to] ***agg.*** (*sfinito*) pompé.

scoppiettante [scop-piet-tàn-te] ***agg.*** crépitant: *risata scoppiettante*, (*fig.*) rire perlé.

scoppiettare [scop-piet-tà-re] ***v.intr.*** [aus. *avere*] **1** crépiter **2** (*di risa ecc.*) fuser.

scoppiettio [scop-piet-tì-o] ***n.m.*** [pl. *-ii*] **1** crépitement **2** (*di risa ecc.*) fusée (*f.*).

scoppio [scòp-pio] ***n.m.*** [pl. *-pi*] **1** éclatement; (*esplosione*) explosion (*f.*) (*anche fig.*); (*rumore dello scoppio*) détonation (*f.*); bruit: *lo scoppio delle caldaie*, l'explosion des chaudières; *lo scoppio di una mina*, l'explosion d'une mine; *uno scoppio d'ira*, une explosion de colère; *uno scoppio di risa*, un éclat de rire; *uno scoppio di pianto*, une explosion de larmes | *uno scoppio d'applausi*, une salve d'applaudissements **2** (*inizio*) début, déclenchement: *allo scoppio della guerra*, au début de la guerre.
● (*min.*) ***scoppio di grisou***, coup de grisou | ***a scoppio ritardato***, (*anche fig.*) à retardement | ***motore a scoppio***, moteur à explosion.

scoppola [scòp-po-la] ***n.f.*** (*scappellotto*) gifle; (*fig.*) coup (*m.*).

scoprimento [sco-pri-mén-to] ***n.m.*** (*di monumento ecc.*) dévoilement.

scoprire [sco-prì-re] ***v.tr.*** [coniug. come *coprire*] **1** découvrir*: *scoprire una lapide*, découvrir (*o* dévoiler) une plaque **2** (*denudare*) découvrir*: *scoprire il viso, le braccia*, découvrir son visage, ses bras **3** (*trovare; individuare*) découvrir*: *scoprire un errore*, découvrir une erreur; *scoprire il colpevole*, découvrir le coupable **4** (*rivelare, manifestare*) découvrir*: *scoprire i propri sentimenti*, découvrir (o révéler) ses sentiments ♦ **scoprirsi** ***v.pron. intr.*** se découvrir*: *fa ancora freddo, è presto per scoprirsi*, il fait encore froid, il est trop tôt pour se découvrir ♦ ***v.pron. indiretto*** découvrir*: *scoprirsi il capo*, découvrir sa tête | *mi sono scoperta una perfetta cuoca*, j'ai découvert que je suis une très bonne cuisinière.
● ***scoprire le carte***, (*anche fig.*) découvrir ses cartes | ***hai scoperto l'America!***, (*iron.*) en voilà une découverte!

scopritore [sco-pri-tó-re] ***n.m.*** [f. *-trice*] découvreur*: *Galileo fu lo scopritore della legge di gravità*, Galilée fut celui qui découvrit la loi de la pesanteur.

scoraggiamento [sco-rag-gia-mén-to] ***n.m.*** découragement.

scoraggiante [sco-rag-giàn-te] ***agg.*** décourageant.

scoraggiare [sco-rag-già-re] ***v.tr.*** [coniug. come *mangiare*] décourager* ♦ **scoraggiarsi** ***v.pron.intr.*** se décourager*, se démoraliser.

scoraggiato [sco-rag-già-to] ***agg.*** découragé.

scoramento [sco-ra-mén-to] ***n.m.*** abattement, découragement.

scorbutico [scor-bù-ti-co] ***agg.*** [pl.m. *-ci*, f. *-che*] **1** scorbutique **2** (*fig.*) *hargneux*.

scorbuto [scor-bù-to *o* scòrbuto] ***n.m.*** (*med.*) scorbut.

scorciare [scor-cià-re] ***v.tr.*** [coniug. come *mangiare*] **1** raccourcir **2** (*pitt.*) croquer ♦ **scorciarsi** ***v.pron.*** raccourcir.

scorciatoia [scor-cia-tó-ia] ***n.f.*** raccourci (*m.*); (*fig.*) biais (*m.*).

scorcio [scór-cio] ***n.m.*** [pl. *-ci*] **1** (*pitt.*) raccourci **2** (*spazio di visuale*) coin; (*fig.*) aperçu **3** (*spazio di tempo*) moment: *approfittò di quello scorcio di tempo per*, il profita de ce moment pour; *in questo scorcio d'estate*, en cette fin d'été; *nello scorcio del secolo XIX*, vers la fin du XIXe siècle.
● ***di scorcio***, en raccourci.

scordare[1] [scor-dà-re] ***v.tr.*** oublier: *scordare un appuntamento*, oublier un rendez-vous ♦ **scordarsi** ***v.pron.*** e ***pron. indiretto*** oublier: *scordarsi (di) qlco, (di) qlcu*, oublier qqch, qqn; *mi sono scordato di dirtelo*, j'ai oublié de te le dire | *quanto alle vacanze, per quest'anno scordatene, scordatele*, (*fam.*) cette année tu te passeras de vacances.

scordare[2] ***v.tr.*** (*fare perdere l'accordatura*) désaccorder ♦ **scordarsi** ***v.pron.*** se désaccorder.

scordato[1] [scor-dà-to] ***agg.*** (*dimenticato*) oublié.

scordato[2] ***agg.*** (*senza accordatura*) désaccordé.

scordatura [scor-da-tù-ra] ***n.f.*** désaccord (*m.*).

scoreggia [sco-rég-gia] ***n.f.*** [pl. *-ge*] (*fam.*) pet (*m.*).

scoreggiare [sco-reg-già-re] ***v.intr.*** [coniug. come *mangiare*; aus. *avere*] (*fam.*) péter*.

scorfano [scòr-fa-no] ***n.m.*** **1** (*zool.*) rascasse (*f.*) **2** (*fig.*) monstre, mocheté (*f.*).

scorgere [scòr-ge-re] ***v.tr.*** [p.rem. *io scorsi, tu scorgesti* ecc.; p.p. *scorto*] apercevoir*; (*distinguere*) distinguer; (*vedere*) voir*: *scorgere un pericolo*, (*fig.*) voir un danger.

scoria [scò-ria] ***n.f.*** **1** (*residuo, scarto*) déchets (*m.pl.*) **2** (*metall.*) scorie; (*a base alcalino-terrosa*) laitier (*m.*): *scoria di ferro*, scorie de fer; *scoria della ghisa*, laitier de la fonte.
● (*geol.*) ***scorie di lava***, laves | ***scorie radioattive***, déchets radioactifs | (*geol.*) ***scorie vulcaniche***, scories volcaniques.

scornare [scor-nà-re] ***v.tr.*** **1** écorner **2** (*fig.*) railler ♦ **scornarsi** ***v.pron.*** **1** se décorner **2** (*fig.*) rester penaud.

scornato [scor-nà-to] ***agg.*** **1** écorné **2** (*fig.*) penaud.

scorniciare [scor-ni-cià-re] ***v.tr.*** [coniug. come *cominciare*] ôter de son cadre, désencadrer.

scorno [scòr-no] ***n.m.*** ridicule; (*umiliazione*) *honte (*f.*).
● ***a, con suo grande scorno***, à sa grande honte.

S

scorpacciata [scor-pac-cià-ta] *n.f.*
● *fare una scorpacciata*, (*anche fig.*) se gaver.

scorpione [scor-pió-ne] *n.m.* 1 scorpion 2 (*astr.*) *Scorpione*, Scorpion.

scorporare [scor-po-rà-re] *v.tr.* 1 (*fin.*) retirer, prélever* 2 (*estens.*) (*separare*) séparer du reste.

scorrazzare [scor-raz-zà-re] *v.intr.* [aus. *avere*] 1 courir*: *i bambini scorrazzavano nei campi*, les enfants gambadaient dans les champs; *abbiamo scorrazzato per la città*, nous avons couru à travers la ville 2 (*fare scorrerie*) faire* des incursions, des razzias ♦ *v.tr.* (*portare in giro*) promener*.

scorrazzata [scor-raz-zà-ta] *n.f.* promenade.

scorrere [scór-re-re] *v.intr.* [coniug. come *correre*; aus. *essere*] 1 glisser; (*spostarsi su rotaie*) rouler: *la penna scorreva sul foglio*, la plume courait sur la feuille 2 (*fluire*) couler; (*defluire, sgorgare*) s'écouler: *il sangue scorre nelle vene*, le sang coule dans les veines; *questa frase non scorre*, (*fig.*) cette phrase n'est pas coulante 3 (*sfilare*) défiler 4 (*trascorrere*) s'écouler, passer: *il tempo è scorso veloce*, le temps a passé vite ♦ *v.tr.* parcourir*.

scorreria [scor-re-rì-a] *n.f.* incursion, razzia.

scorrettamente [scor-ret-ta-mén-te] *avv.* incorrectement.

scorrettezza [scor-ret-téz-za] *n.f.* 1 faute 2 (*fig.*) incorrection.

scorretto [scor-rèt-to] *agg.* incorrect (*anche fig.*).

scorrevole [scor-ré-vo-le] *agg.* 1 coulant (*anche fig.*) | *traffico scorrevole*, trafic fluide 2 (*movibile su scanalatura*) coulissant: *porta scorrevole*, porte coulissante ♦ *n.m.* coulant.

scorrevolezza [scor-re-vo-léz-za] *n.f.* fluidité (*anche fig.*).

scorribanda [scor-ri-bàn-da] *n.f.* incursion.

scorrimento [scor-ri-mén-to] *n.m.* 1 (*di acque*) écoulement 2 (*di cinghie, di cavi ecc.*) glissement; (*slittamento*) patinage 3 (*metall.*) fluage 4 (*geol.*) glissement 5 (*inform.*) (*di dati*) décalage; (*di immagini a video*) défilement.

scorsa [scór-sa] *n.f.* regard (*m.*), coup (*m.*) d'œil | *dare una scorsa a*, jeter un coup d'œil à (*o* sur).

scorsi → **scorgere**, **scorrere**.

scorso [scór-so] *agg.* passé; (*ultimo*) passé ♦ *n.m.* (*errore involontario*) lapsus.

scorsoio [scor-só-io] *agg.* [pl.m. *-oi*] coulant.

scorta [scòr-ta] *n.f.* 1 escorte: *fare da scorta*, faire escorte; *fare la scorta a*, escorter 2 (*provvista*) provision; (*econ.*) stocks (*m.pl.*): *una piccola scorta di denaro*, un peu d'argent de côté.
● (*mil.*) ***nave scorta***, (navire) escorteur | ***di scorta***, de réserve: (*aut.*) *ruota di scorta*, roue de secours | ***sulla scorta di***, d'après; (*fondandosi su*) sur la foi de.

scortare [scor-tà-re] *v.tr.* escorter; (*mil.*) (*in convoglio*) convoyer*.

scortese [scor-té-ʃe] *agg.* impoli, désobligeant: *è sempre molto scortese*, il est toujours très désagréable.

scortesemente [scor-te-ʃe-mén-te] *avv.* impoliment, d'une manière désobligeante.

scortesia [scor-te-ʃì-a] *n.f.* impolitesse: *dire delle scortesie*, dire des choses peu aimables; *trattare con scortesia*, traiter impoliment.

scorticamento [scor-ti-ca-mén-to] *n.m.* écorchement (*anche fig.*).

scorticare [scor-ti-cà-re] *v.tr.* [coniug. come *mancare*] 1 écorcher (*anche fig.*) 2 (*fig.*) (*criticare*) éreinter; (*interrogare con eccessiva severità*) cuisiner.

scorticatura [scor-ti-ca-tù-ra] *n.f.* 1 (*lo scorticare*) écorchement (*m.*) 2 (*escoriazione*) écorchure.

scorto *p.p.* di **scorgere**.

scorza [scòr-ʒa *o* scòrza] *n.f.* 1 écorce | *una scorza, una scorzetta di limone*, un zeste de citron 2 (*di animali*) peau* 3 (*fig.*) apparence.
● ***avere la scorza dura***, être coriace.

scorzonera [scor-ʒo-né-ra *o* scorzonéra] *n.f.* (*bot.*) scorsonère, salsifis (*m.*).

scoscendimento [sco-scen-di-mén-to] *n.m.* 1 éboulement 2 (*luogo scosceso*) escarpement.

scosceso [sco-scé-so] *agg.* escarpé.

scossa [scòs-sa] *n.f.* 1 secousse 2 (*fig.*) (*trauma*) choc (*m.*).
● ***scossa*** (***elettrica***), décharge électrique: *prendere la scossa*, prendre le courant.

scossi → **scuocere**, **scuotere**.

scosso [scòs-so] *agg.* 1 secoué 2 (*fig.*) (*sconvolto, impressionato*) choqué; (*rovinato, compromesso*) ébranlé: *nervi scossi*, nerfs ébranlés; *finanze scosse*, finances ébranlées.

scossone [scos-só-ne] *n.m.* forte, violente secousse; (*sballottamento*) cahot (*f.*).

scostamento [sco-sta-mén-to] *n.m.* éloignement, écartement; (*scarto*) écart.

scostante [sco-stàn-te] *agg.* distant.

scostare [sco-stà-re] *v.tr.* éloigner | (*mar.*) *scosta!*, écarte! ♦ **scostarsi** *v.pron.* s'éloigner, s'écarter (*anche fig.*).

scostumatezza [sco-stu-ma-téz-za] *n.f.* 1 inconduite 2 (*atto da scostumato*) débauche.

scostumato [sco-stu-mà-to] *agg.* e *n.m.* [f. *-a*] débauché.

scotch[1] [skɔtʃ] *n.m.invar.* (*whisky scozzese*) scotch.

scotch®[2] *n.m.invar.* (*nastro adesivo*) scotch®.

scotennare [sco-ten-nà-re] *v.tr.* 1 enlever* la couenne (à) 2 (*strappare il cuoio capelluto*) scalper.

scotimento [sco-ti-mén-to] *n.m.* secouement.

scotta [scòt-ta] *n.f.* (*mar.*) écoute.

scottante [scot-tàn-te] *agg.* brûlant (*anche fig.*).

scottare [scot-tà-re] *v.tr.* 1 (*provocare una scottatura*) brûler; (*con l'acqua bollente*) ébouillanter: *quell'esperienza lo ha scottato*, (*fig.*) il a été échaudé par cette expérience 2 (*cuc.*) (*legumi*) blanchir; ébouillanter; (*carne*) échauder 3 (*fig.*) (*irritare*) piquer au vif ♦ *v.intr.* [aus. *avere*] brûler (*anche fig.*): *ha la fronte che scotta*, son front brûle; *problema che scotta*, question brûlante; *merce che scotta*, marchandise compromettante; *affare che scotta*, affaire qui sent le roussi; *la terra gli scotta sotto i piedi*, (*fig.*) la terre lui brûle les pieds ♦ **scottarsi** *v.pron.* 1 se brûler; (*con acqua calda*) s'ébouillanter 2 (*fig.*) être* échaudé ♦ *v.pron. indiretto* se faire* une brûlure (à): *si è scottato un braccio*, il s'est fait une brûlure au bras.

NOTA Il participio passato di ***se brûler***, traduzione di ***scottarsi***, si accorda con il soggetto quando questo non è seguito da un complemento oggetto:

> ***Si è scottata*** *stirando.*
> Elle **s'est brûlée** en repassant.
>
> ***Si è scottata*** *la mano destra.*
> *Elle **s'est brûlé** la main droite.*

S

scottata [scot-tà-ta] ***n.f.***
● (*cuc.*) ***dare una scottata***, (*alle verdure*) blanchir, ébouillanter; (*alla carne*) échauder.

scottato [scot-tà-to] ***agg.*** **1** brûlé **2** (*cuc.*) (*di legumi*) blanchi; (*di carne*) échaudé **3** (*fig.*) (*deluso*) déçu.

scottatura [scot-ta-tù-ra] ***n.f.*** **1** brûlure **2** (*fig.*) (*grave delusione*) déception.

scotto[1] [scòt-to] ***agg.*** trop cuit.

scotto[2] ***n.m.*** écot.
● ***pagare lo scotto di***, (*fig.*) payer les conséquences de.

scout ['skaut] ***n.m.*** e ***f.invar.*** scout (*m.*).

scoutismo [skau'tizmo] ***n.m.*** scoutisme.

scoutistico [skau'tistiko] ***agg.*** [pl.m. *-ci*, f. *-che*] scout.

scovare [sco-và-re] ***v.tr.*** **1** débusquer **2** (*riuscire a trovare*) dénicher.

scovolino [sco-vo-li-no] ***n.m.*** (*per pipa*) cure-pipe*; (*per le bottiglie*) goupillon.

scozia [scò-zia] ***n.f.*** (*arch.*) scotie.

scozzare [scoz-zà-re] ***v.tr.*** battre*.

scozzata [scoz-zà-ta] ***n.f.***
● ***dare una scozzata alle carte***, battre les cartes.

scozzese [scoz-zé-se] ***agg.*** écossais ♦ ***n.m.*** e ***f.invar.*** (*abitante*) Écossais/e.

scranno [scràn-no] ***n.m.*** siège; (*di coro*) stalle (*f.*).

screanzato [scre-an-zà-to] ***agg.*** grossier* ♦ ***n.m.*** [f. *-a*] rustre.

screditare [scre-di-tà-re] ***v.tr.*** discréditer.

screditato [scre-di-tà-to] ***agg.*** discrédité.

screening ['skriniŋ] ***n.m.invar.*** **1** (*selezione preliminare*) procédure (*f.*) de sélection: *screening del personale*, procédure de sélection du personnel sur dossier **2** (*med.*) (*controllo sanitario di massa*) test de dépistage.

scremare [scre-mà-re] ***v.tr.*** écrémer*.

scremato [scre-mà-to] ***agg.*** écrémé.
● ***latte parzialmente scremato***, lait demi-écrémé.

scrematrice [scre-ma-trì-ce] ***n.f.*** (*macchina*) écrémeuse.

scrematura [scre-ma-tù-ra] ***n.f.*** écrémage (*m.*).

screpolare [scre-po-là-re] ***v.tr.*** (*muro, intonaco*) lézarder; (*smalto, vernice*) craqueler*; (*pelle*) gercer* ♦ **screpolarsi** ***v.pron.*** (*di muro, di intonaco*) se lézarder; (*di smalto, vernice*) se craqueler*; (*di pelle*) se gercer* *mi si sono screpolate le labbra*, j'ai les lèvres gercées.

screpolatura [scre-po-la-tù-ra] ***n.f.*** (*di muro, di intonaco*) lézarde; (*di smalto ecc.*) craquelure; (*di pelle*) gerçure.

screziare [scre-zià-re] ***v.tr.*** bigarrer.

screziato [scre-zià-to] ***agg.*** bigarré.

screziatura [scre-zia-tù-ra] ***n.f.*** bigarrure.

screzio [scrè-zio] ***n.m.*** [pl. *-zi*] désaccord, brouille (*f.*).

scriba [scrì-ba] ***n.m.*** (*st.*) scribe.

scribacchiare [scri-bac-chià-re] ***v.tr.*** écrivailler, écrivasser.

scribacchino [scri-bac-chì-no] ***n.m.*** [f. *-a*] écrivaillon.

scricchiolamento [scric-chio-la-mén-to] ***n.m.*** craquement; (*cigolio*) grincement.

scricchiolare [scric-chio-là-re] ***v.intr.*** [aus. *avere*] craquer; (*cigolare*) grincer*.

scricchiolio [scric-chio-lì-o] ***n.m.*** [pl. *-ii*] craquement; (*cigolio*) grincement.

scricciolo [scrìc-cio-lo] ***n.m.*** (*zool.*) troglodyte | *mangia come uno scricciolo*, il mange comme un moineau.

scrigno [scrì-gno] ***n.m.*** coffret.

scriminatura [scri-mi-na-tù-ra] ***n.f.*** raie.

scrissi → **scrivere**.

scriteriato [scri-te-rià-to] ***agg.*** e ***n.m.*** [f. *-a*] (personne) qui n'a pas de jugement.

scritta [scrìt-ta] ***n.f.*** **1** inscription **2** (*contratto*) contrat (*m.*).

scritto [scrìt-to] ***agg.*** écrit ♦ ***n.m.*** **1** écrit: *uno scritto illeggibile*, un écrit illisible **2** (*prova scritta*) écrit: *prendere 7 nello scritto*, avoir 7 à l'écrit | *gli scritti*, les épreuves écrites **3** (*opera*) œuvre (*f.*): *gli scritti minori di Dante*, les œuvres mineures de Dante.
● ***per scritto***, par écrit.

scrittoio [scrit-tó-io] ***n.m.*** [pl. *-oi*] bureau*.

scrittore [scrit-tó-re] ***n.m.*** [f. *-trice*] écrivain.

scrittura [scrit-tù-ra] ***n.f.*** **1** écriture **2** (*testo scritto*) écrit (*m.*) **3** (*dir., comm.*) écritures (*pl.*) **4** (*teatr., cine.*) engagement (*m.*).
● (*relig.*) ***la Sacra Scrittura***, ***le Scritture***, l'Écriture sainte, les Écritures.

scritturale [scrit-tu-rà-le] ***agg.*** (*econ.*) scriptural* ♦ ***n.m.*** copiste; (*mil.*) secrétaire.

scritturare [scrit-tu-rà-re] ***v.tr.*** **1** (*teatr., cine.*) engager* **2** (*amm.*) enregistrer, transcrire*.

scrivania [scri-va-nì-a] ***n.f.*** bureau* (*m.*).

scrivano [scri-và-no] ***n.m.*** [f. *-a*] copiste | *scrivano pubblico*, écrivain public.

scrivente [scri-vèn-te] ***agg.*** qui écrit; (*amm., comm.*) soussigné: *la ditta scrivente*, la société soussignée ♦ ***n.m.*** e ***f.*** personne (*f.*) qui écrit; (*amm., comm.*) soussigné/ée: *lo scrivente dichiara che*, je souissigné déclare que.

scrivere [scrì-ve-re] ***v.tr.*** [p.rem. *io scrissi*, *tu scrivesti* ecc.; p.p. *scritto*] **1** écrire*: *scrivere una lettera, una cartolina*, écrire une lettre, une carte postale; *scrivere a matita, con il gesso*, écrire au crayon, à la craie; *scrivere sotto dettatura*, écrire sous la dictée; *scrivere a macchina*, écrire à la machine; *scrivere di qlcu*, écrire sur qqn; *scrivere di qlcu che*, écrire de qqn que | *scrivere due righe a qlcu*, écrire un mot à qqn | *scrivere nella memoria*, (*fig.*) inscrire dans sa mémoire **2** (*comm., amm.*) inscrire* ♦ **scriversi** ***v.pron.rec.*** s'écrire*.

scroccare [scroc-cà-re] ***v.tr.*** [coniug. come *mancare*] escroquer; (*fam.*) taper: *scroccare del denaro a qlcu*, taper qqn.

scrocchiare [scroc-chià-re] ***v.intr.*** [aus. *avere*] craquer, croquer.

scrocco[1] [scròc-co] ***n.m.*** [pl. *-chi*] escroquerie (*f.*).
● ***a scrocco***, (*fam.*) aux frais de qqn: *vivere a scrocco*, vivre aux crochets des autres.

scrocco[2] ***n.m.*** [pl. *-chi*] (*scatto*) déclic | *coltello a scrocco*, couteau à cran d'arrêt, â ressort.

scroccone [scroc-có-ne] ***n.m.*** [f. *-a*] (*fam.*) resquilleur*; (*di pranzi*) pique-assiette*; (*di denaro*) tapeur*.

scrofa [scrò-fa] ***n.f.*** (*zool.*) truie.

scrofoloso [scro-fo-ló-so] ***agg.*** e ***n.m.*** [f. *-a*] (*med.*) scrofuleux*.

scrollare [scrol-là-re] ***v.tr.*** secouer: *scrollare le spalle*, hausser les épaules ♦ **scrollarsi** ***v.pron.*** se secouer ♦ ***v.pron. indiretto*** secouer: *scrollarsi la neve*, secouer la neige; *scrollarsi di dosso le preoccupazioni*, chasser toute préoccupation.

S

scrollata [scrol-là-ta] ***n.f.*** secouement (*m.*); (*di testa*) *hochement (*m.*): *una scrollata di spalle*, un haussement d'épaules; *dare una scrollata a un albero*, secouer un arbre.

scrollo [scròl-lo] ***n.m.*** secouement.

scrosciante [scro-sciàn-te] ***agg.*** battant; bruyant: *pioggia scrosciante*, pluie battante; *applausi scroscianti*, un tonnerre d'applaudissements.

scrosciare [scro-scià-re] ***v.intr.*** [coniug. come *cominciare*; aus. *essere* o *avere*] **1** (*di pioggia*) tomber à verse; (*di torrente ecc.*) gronder **2** (*di applausi ecc.*) éclater.

scroscio [scrò-scio] ***n.m.*** [pl. *-sci*] **1** (*di cascata ecc.*) grondement; (*di pioggia*) bruit: *uno scroscio di pioggia*, une averse; *uno scroscio d'acqua*, une ondée | *piove a scroscio*, il pleut à verse **2** (*di applausi*) tonnerre; (*di risa*) grand éclat.

scrostare [scro-stà-re] ***v.tr.*** **1** (*una crosta*) écroûter **2** (*un muro*) décrépir, gratter ♦ **scrostarsi** ***v.pron.*** (*di intonaco, di vernice*) s'écailler, se craqueler; (*di muro*) se décrépir.

scrostato [scro-stà-to] ***agg.*** écaillé; (*di muro*) décrépi.

scrostatura [scro-sta-tù-ra] ***n.f.*** écaillement (*m.*); (*di muro*) décrépissage (*m.*).

scroto [scrò-to] ***n.m.*** (*anat.*) scrotum.

scrupolo [scrù-po-lo] ***n.m.*** scrupule: *fare un lavoro con scrupolo*, faire un travail scrupuleusement; *non ti fare scrupolo di venire quando vorrai*, n'hésite pas à venir chez nous (à) chaque fois que tu voudras; *onesto fino allo scrupolo*, d'une honnêteté scrupuleuse.
● ***per scrupolo di coscienza***, par acquit de conscience | ***senza scrupoli***, sans scrupules.

scrupolosamente [scru-po-lo-sa-mén-te] ***avv.*** scrupuleusement.

scrupolosità [scru-po-lo-si-tà] ***n.f.invar.*** conscience (au travail); (*meticolosità*) méticulosité.

scrupoloso [scru-po-ló-so] ***agg.*** scrupuleux*; (*meticoloso*) méticuleux*.

scrutare [scru-tà-re] ***v.tr.*** scruter: *scrutare qlcu in viso*, scruter le visage de qqn.

scrutatore [scru-ta-tó-re] ***agg.*** e ***n.m.*** [f. *-trice*] scrutateur*.

scrutinare [scru-ti-nà-re] ***v.tr.*** **1** dépouiller le scrutin **2** (*a scuola*) discuter les moyennes.

scrutinatore [scru-ti-na-tó-re] ***n.m.*** [f. *-trice*] scrutateur*.

scrutinio [scru-tì-nio] ***n.m.*** [pl. *-ni*] **1** (*dir.*) scrutin: *con scrutinio*, par voie de scrutin **2** (*pl.*) (*a scuola*) délibérations: *fare gli scrutini*, faire les moyennes.
● ***scrutinio pubblico***, ***segreto***, scrutin public, secret.

scucire [scu-cì-re] ***v.tr.*** [coniug. come *cucire*] **1** découdre* **2** (*fig. fam.*) abouler: *scuci la grana!*, aboule le pognon! ♦ **scucirsi** ***v.pron.intr.*** se découdre*.

scucito [scu-cì-to] ***agg.*** décousu (*anche fig.*).

scucitura [scu-ci-tù-ra] ***n.f.*** décousure: *hai una scucitura nella giacca*, ton veston est décousu.

scuderia [scu-de-rì-a] ***n.f.*** écurie: *in scuderia*, à l'écurie.
● ***ordine di scuderia***, (*fig.*) ordre qui vient d'en haut.

scudetto [scu-dét-to] ***n.m.*** **1** écusson **2** (*sport*) titre (de champion): *vincere lo scudetto*, gagner le championnat; *essere in lizza per lo scudetto*, lutter pour le titre.

scudiero [scu-diè-ro] ***n.m.*** écuyer.

scudisciare [scu-di-scià-re] ***v.tr.*** [coniug. come *cominciare*] cravacher.

scudisciata [scu-di-scià-ta] ***n.f.*** coup (*m.*) de cravache.

scudiscio [scu-dì-scio] ***n.m.*** [pl. *-sci*] cravache (*f.*).

scudo[1] [scù-do] ***n.m.*** **1** bouclier: *ripararsi con lo scudo*, se protéger avec son bouclier; *gli fece scudo della sua persona*, il lui fit un bouclier de son corps **2** (*arald.*) écu **3** (*zool.*) écusson **4** (*geol.*) bouclier.
● (*mil.*): ***scudo di cannone***, bouclier, masque de canon; ***scudo spaziale***, bouclier spatial | (*astr.*) ***scudo termico***, bouclier thermique | ***levata***, ***alzata di scudi***, (*fig.*) levée de boucliers.

scudo[2] ***n.m.*** (*moneta*) écu.

scuffia [scùf-fia] ***n.f.*** **1** (*fam.*) (*sbornia*) cuite **2** (*fam.*) (*cotte*) béguin (*m.*): *prendere una scuffia*, avoir le béguin (pour qqn).
● (*mar.*) ***fare scuffia***, chavirer.

scuffiare [scuf-fià-re] ***v.intr.*** [aus. *avere*] (*mar.*) chavirer.

scugnizzo [scu-gnìz-zo] ***n.m.*** [f. *-a*] gamin (napolitain); (*estens.*) voyou.

sculacciare [scu-lac-cià-re] ***v.tr.*** [coniug. come *cominciare*] fesser.

sculacciata [scu-lac-cià-ta] ***n.f.*** fessée.

sculaccione [scu-lac-ció-ne] ***n.m.*** tape (*f.*) sur les fesses: *dare uno sculaccione*, taper sur les fesses.

sculettare [scu-let-tà-re] ***v.intr.*** [aus. *avere*] se dandiner, se déhancher.

scultore [scul-tó-re] ***n.m.*** sculpteur.

scultoreo [scul-tò-re-o] ***agg.*** **1** sculptural* **2** (*fig.*) (*di stile*) incisif*.

scultrice [scul-trì-ce] ***n.f.*** sculptrice, femme sculpteur.

scultura [scul-tù-ra] ***n.f.*** sculpture.

scuocere [scuò-ce-re] ***v.intr.*** [coniug. come *cuocere*; aus. *essere*] (*cuc.*) cuire* trop longtemps: *questa pasta è scotta*, ces pâtes sont trop cuites ♦ **scuocersi** ***v.pron. intr.*** (*cuc.*) cuire* trop longtemps.

scuoiare [scuo-ià-re] ***v.tr.*** écorcher, dépouiller.

scuola [scuò-la] ***n.f.*** **1** école: *scuola di taglio, di cucito*, cours de coupe, de couture; *scuola per corrispondenza*, cours par correspondance; *andare a scuola*, aller à l'école; (*di insegnante*) aller faire son cours; *fare, tenere scuola*, faire la classe; *il primo giorno di scuola*, le premier jour de classe; *l'apertura, la chiusura della scuola*, la rentrée, la fin des classes; *libri di scuola*, livres de classe; *oggi non c'è scuola*, il n'y a pas classe aujourd'hui | *mancare di scuola*, (*estens.*) manquer de métier **2** (*complesso delle istituzioni scolastiche*) enseignement (*m.*) **3** (*movimento, indirizzo*) école: *la scuola di Raffaello*, l'école de Raphaël.
● ***scuola alberghiera***, école hôtelière | ***scuola a tempo prolungato*** (o ***pieno***), (*nella scuola dell'obbligo*) régime de demi-pension | ***scuola dell'obbligo***, enseignement gratuit obligatoire | ***scuola elementare***, école primaire | ***scuola materna***, (école) maternelle | ***scuola media inferiore***, collège | ***scuola media superiore***, lycée | ***scuola privata***, ***pubblica***, école privée, publique | ***scuola secondaria***, enseignement secondaire; (*Belgio*) athénée | ***andare a scuola da qlcu***, (*anche fig.*) être l'élève de qqn.

scuolabus [scuò-la-bus] ***n.m.invar.*** car de ramassage (scolaire).

scuolaguida [scuo-la-guì-da] ***n.f.*** [pl. *scuoleguida*] auto-école*.

S

scuotere [scuò-te-re] *v.tr.* [p.rem. *io scossi, tu scuotesti* ecc.; p.p. *scosso*] **1** secouer (*anche fig.*); (*dalle fondamenta*) ébranler (*anche fig.*): *scuotere un ramo*, sécouer une branche; *scuotere qlcu dal sonno*, réveiller qqn | *scuotere la testa*, hocher la tête | *scuotere le spalle*, hausser les épaules **2** (*turbare*) bouleverser; (*commuovere*) émouvoir*: *fu molto scosso dalla notizia*, il fut très bouleversé par cette nouvelle ♦ **scuotersi** *v.pron.intr.* se secouer (*anche fig.*): *scuotersi dal torpore*, se secouer de sa torpeur ♦ *v.pron. indiretto* secouer: *scuotersi il torpore di dosso*, secouer sa torpeur.

scure [scù-re] *n.f.* cognée, *hache.

scurire [scu-rì-re] *v.tr.* [coniug. come *finire*] foncer*: *il sole scurisce la pelle*, le soleil brunit la peau ♦ *v.intr.* [aus. *essere*] brunir; (*di colori*) foncer* ♦ *v.intr.impers.* [aus. *avere* o *essere*] faire* noir; (*imbrunire*) s'assombrir: *d'inverno scurisce presto*, l'hiver il fait noir tôt ♦ **scurirsi** *v.pron.intr.* brunir; (*di colori*) foncer*: *ti si sono scuriti i capelli*, tes cheveux ont foncé.

scuro [scù-ro] *agg.* **1** sombre (*anche fig.*): *notte scura*, nuit sombre; *era scuro in viso*, il avait le visage sombre **2** (*di colore scuro*) foncé; de couleur sombre: *verde scuro*, vert foncé; *pelle scura*, pelle mate (o foncée) ♦ *n.m.* **1** obscurité (*f.*) **2** (*colore scuro*) couleur (*f.*) sombre **3** (*imposta*) volet **4** (*pitt.*) ombre (*f.*).

scurrile [scur-rì-le] *agg.* obscène, ordurier*.

scurrilità [scur-ri-li-tà] *n.f.invar.* obscénité.

scusa [scù-ʃa] *n.f.* **1** excuse: *non cercare scuse*, ne cherche pas d'excuses; *fare delle scuse*, faire ses excuses; *fagli le mie scuse*, excuse-moi auprès de lui; *chiedere scusa*, demander pardon; *con la scusa che*, sous prétexte que **2** (*attenuante*) excuse: *il tuo comportamento non ammette scuse*, ta conduite est sans excuse **3** (*pretesto*) prétexte (*m.*): *cercare una scusa per*, chercher un prétexte pour; *è una scusa bella e buona*, c'est un prétexte; *con la scusa che*, sous prétexte que.
● ***chiedo scusa***, (*formula di cortesia*) excusez-moi, pardon: *chiedo scusa di, per quanto le ho detto*, je m'excuse de ce que je vous ai dit.

scusabile [scu-ʃà-bi-le] *agg.* excusable.

scusante [scu-ʃàn-te] *n.f.* excuse.

scusare [scu-ʃà-re] *v.tr.* **1** excuser; (*perdonare*) pardonner (**à**): *scusate il mio ritardo*, je m'excuse d'être en retard; *scusami tanto*, excuse-moi; *scusate se vi interrompo*, pardonnez-moi si je vous interromps; *scusami con tua madre*, excuse-moi auprès de ta mère **2** (*giustificare*) justifier: *niente può scusare la sua condotta*, rien ne peut justifier une telle conduite ♦ **scusarsi** *v.pron.* s'excuser: *va' a scusarti*, va demander pardon; *si scusò di non poter venire*, il s'excusa d'être dans l'impossibilité de venir.
● ***scusa!***, ***scusi!***, (*formula di cortesia*) (je vous demande) pardon! | ***scusate se è poco***, excusez du peu | ***scusi?***, (*vuol ripetere?*) pardon?

scusato [scu-ʃà-to] *agg.* justifié.

sdebitarsi [ʃde-bi-tàr-si] *v.pron.* s'acquitter (**envers**) (*anche fig.*): *sdebitarsi con qlcu*, s'acquitter envers qqn; *con loro mi sono sdebitato*, je suis quitte envers eux.

sdegnare [ʃde-gnà-re] *v.tr.* **1** (*disprezzare*) dédaigner **2** (*indignare*) indigner ♦ **sdegnarsi** *v.pron.intr.* s'indigner (**contre**).

sdegnato [ʃde-gnà-to] *agg.* indigné (**de**): *era sdegnato per il nostro contegno*, il était indigné de notre comportement.

sdegno [ʃdé-gno] *n.m.* **1** indignation (*f.*): *parole di sdegno*, mot indignés **2** (*disprezzo*) dédain: *rifiutò con sdegno il suo aiuto*, il refusa son aide avec dédain.

sdegnosamente [ʃde-gno-sa-mén-te] *avv.* dédaigneusement; (*con alterigia*) d'une manière hautaine.

sdegnosità [ʃde-gno-si-tà] *n.f.invar.* dédain (*m.*); (*alterigia*) *hauteur.

sdegnoso [ʃde-gnó-so] *agg.* dédaigneux*; (*sprezzante*) méprisant; (*altero*) *hautain.

sdentato [ʃden-tà-to] *agg.* édenté.

sdilinquimento [ʃdi-lin-qui-mén-to] *n.m.* (*smanceria*) simagrée (*f.*).

sdilinquirsi [ʃdi-lin-quìr-si] *v.pron.intr.* [coniug. come *finire*] **1** (*sentirsi debole*) défaillir*: *sdilinquirsi dalla fame*, défaillir de faim **2** (*perdersi in smancerie*) minauder.

sdoganamento [ʃdo-ga-na-mén-to] *n.m.* dédouanement.

sdoganare [ʃdo-ga-nà-re] *v.tr.* dédouaner.

sdolcinatezza [ʃdol-ci-na-téz-za] *n.f.* mièvrerie, minauderie.

sdolcinato [ʃdol-ci-nà-to] *agg.* mièvre.

sdolcinatura [ʃdol-ci-na-tù-ra] *n.f.* mièvrerie, minauderie.

sdoppiamento [ʃdop-pia-mén-to] *n.m.* dédoublement.

sdoppiare [ʃdop-pià-re] *v.tr.* dédoubler ♦ **sdoppiarsi** *v.pron.intr.* se dédoubler.

sdraia [ʃdrà-ia] *n.f.* chaise longue, transatlantique (*m.*); (*fam.*) transat (*m.*).

sdraiare [ʃdra-ià-re] *v.tr.* étendre* ♦ **sdraiarsi** *v.pron.* s'étendre*, s'allonger*.

sdraiato [ʃdra-ià-to] *agg.* étendu, allongé, couché.

sdraio [ʃdrà-io] *n.f.invar.*
● (***sedia a***) ***sdraio***, chaise longue, transatlantique.

sdrammatizzare [ʃdram-ma-tiʒ-ʒà-re] *v.tr.* dédramatiser.

sdrucciolare [ʃdruc-cio-là-re] *v.intr.* [aus. *essere*] glisser.

sdrucciolevole [ʃdruc-cio-lé-vo-le] *agg.* glissant: *terreno sdrucciolevole*, terrain glissant.

sdrucciolo [ʃdrùc-cio-lo] *agg.* (*ling.*) accentué sur l'antépénultième syllabe, proparoxyton.
● (*metrica*) ***verso sdrucciolo***, vers dont les deux dernières syllabes sont brèves.

sdrucciolone [ʃdruc-cio-ló-ne] *n.m.* glissade (*f.*); (*fig.*) échec, défaite (*f.*): *fare, prendere uno sdrucciolone*, glisser.

sdruccioloni [ʃdruc-cio-ló-ni] *avv.* en glissant.

sdruccioloso [ʃdruc-cio-ló-so] *agg.* → **sdrucciolevole**.

sdrucire [ʃdru-cì-re] *v.tr.* [coniug. come *finire*] (*scucire*) découdre*; (*lacerare*) déchirer ♦ **sdrucirsi** *v.pron. intr.* (*scucirsi*) se découdre*; (*lacerarsi*) se déchirer.

sdrucito [ʃdru-cì-to] *agg.* (*scucito*) décousu; (*lacerato*) déchiré; (*logoro*) usé.

sdrucitura [ʃdru-ci-tù-ra] *n.f.* (*scucitura*) partie décousue; (*strappo*) déchirure.

se[1] *cong.* **1** si: *se avrò denaro, partirò*, si j'ai de l'argent, je partirai; *se telefona gli dirai...*, si par hasard il téléphone, tu lui diras...; *se avessi tempo verrei anch'io*, si j'avais le temps je viendrais moi aussi; *se mi avessi dato retta, non saresti a questo punto*, si tu m'avais écouté, tu n'en serais pas là | *se è lecito, potrei sapere perché?*, puis-je savoir pourquoi? **2** (*enfatico*) si: *se lo prendo!*, si je l'attrape!; *ma se lo sapevo già!*, mais si je le savais déjà!; *ma se ti avevo detto che*, mais puisque je t'avais dit que; *ma se era qui un momento fa!*, mais il était là il y a un instant! **3** (*desiderativo*) si: *se lo avessi saputo prima!*, si je l'avais su plus tôt! **4** (*causale*) (*dato che, dal momento che*) si, puisque: *se te lo dico io, vuol dire che è così*, si (*o* puisque) je te le dis, ça veut dire que c'est comme ça; *come posso aiutarti se sono io stesso senza un soldo?*, comment pourrais-je t'aider puisque je n'ai pas le sou? **5** (*in proposizioni dubitative o interrogative indirette*) si: *non sapevo se avrei fatto in tempo*, je ne savais pas si je serais arrivé à temps; *mi chiedo se sia il caso di andarci*, je me demande si c'est le cas d'y aller; *puoi immaginare se ci rimase male!*, tu peux imaginer ce qu'il a été vexé!; *lo so io se è difficile*, (*fam.*) je sais que c'est difficile; *lo so io se ce ne vuole di pazienza!*, (*fam.*) il en faut de la patience! ♦ ***n.m.invar.*** **1** si: *ci sono ancora dei ma e dei se*, il y a encore des choses à définir **2** (*condizione*) condition (*f.*): *accetto ma c'è un se*, j'accepte mais à une condition.

● ***se fossi in te***, si j'étais toi (*o* à ta place) | ***se ho ben capito***, si j'ai bien compris | ***se mai***, si (jamais): *se mai avessi immaginato una cosa simile*, si jamais j'avais pu imaginer une chose pareille; *è lui, se mai, che deve scusarsi*, ce serait plutôt à lui de s'excuser; *se mai tu cambiassi idea, fammelo sapere*, si par hasard tu changeais d'idée, préviens-moi; *sei tu se mai che hai torto*, s'il y a quelqu'un qui a tort c'est toi; *se mai, ci andrò io*, au besoin, c'est moi qui irai | ***se no***, sinon, autrement: *bisogna agire subito se no la situazione rischia di peggiorare*, il faut agir vite sinon la situation risque de s'envenimer | ***se non***, sinon: *se non di più*, sinon davantage; *se non per oggi sarà per domani*, si ce n'est pas pour aujourd'hui ce sera pour demain; *non può essere se non lui*, ça ne peut être que lui; *la cosa non è se non come ti ho detto*, la chose est exactement comme je te l'ai dite; *non puoi fare altro se non aspettare*, tu ne peux qu'attendre; *non ho potuto fare altro se non consigliarlo di tacere*, je n'ai rien pu faire d'autre que de lui conseiller de se taire | ***se non altro***, au moins: *ho taciuto se non altro per evitargli un dolore inutile*, je me suis tu, ne serait-ce que pour lui éviter une douleur inutile; *se non altro è molto affettuoso*, du moins, au moins il est très affectueux; *se non altro dovevi dirmelo*, tu aurais dû me le dire, au moins | ***se non che***, (*ma, però*) mais; (*salvo che*) sauf que: *questo vestito mi piace molto se non che mi sembra un po' caro*, cette robe me plaît beaucoup mais je le trouve un peu cher; *aveva ragione se non che nessuno l'ascoltava*, il avait raison sauf que personne ne l'écoutait; *che dire se non che siamo stati tutti ingannati?*, que dire sinon que nous avons été tous trompés? | ***se non sbaglio***, ***se non erro***, ***se non mi inganno***, si je ne me trompe | ***se possibile***, si possible (*o* s'il est possible) | ***se pure***, même si: *se pure me l'avessero detto, non avrei potuto fare nulla*, même si on me l'avait dit, je n'aurais rien pu faire; *si tenga i suoi soldi, se pure sono suoi!*, il peut garder son argent si toutefois c'est le sien! | ***se vogliamo***, au fond | ***non so se mi spiego***, je ne sais pas si vous voyez ce que je veux dire.

NOTA ***Si***, traduzione di ***se***, regge l'indicativo imperfetto invece del congiuntivo italiano:

Se *tu* ***avessi studiato***, *saresti stato promosso.*
Si tu **avais étudié**, tu aurais été reçu.

Nel caso in cui in italiano la frase principale e la dipendente retta da ***se*** siano al futuro, il verbo francese retto da ***si*** deve essere un indicativo presente:

Se avrò *l'occasione,* ***cambierò*** *vita.*
Si j'en **ai** l'occasion, je **changerai** de vie.

Quando ***si*** regge due verbi, il secondo sarà introdotto da ***et que*** o ***ou que*** seguiti dal congiuntivo:

Se *mi telefona* ***e*** *viene a trovarmi...*
S'il me téléphone **et qu'il vienne** me voir...

Se *mi telefonasse* ***e*** *venisse a trovarmi...*
S'il me téléphonait **et qu'il vienne** me voir...

Se pure si traduce ***même si***, che è seguito dall'indicativo imperfetto al posto del congiuntivo italiano:

Se pure fosse *il re, non mi abbasserei davanti a lui.*
Même s'il était le roi, je ne m'inclinerais pas devant lui.

se[2] ***pron.pers.m.*** e ***f. 3ª pers.sing.*** e ***pl.*** **1** (*usato in luogo di* si *davanti ai pron.* lo, la, li, le) se; (*legato al pron.* ne) s'en: *non se l'è fatto dire due volte*, il ne se l'est pas fait dire deux fois; *andarsene*, s'en aller; *se ne andranno presto*, ils s'en iront bientôt; *se li intascò*, il les empocha **2** (*usato in luogo di* si *impers. davanti al pron.* ne) on: *se ne parlò a lungo*, on en parla longuement; *non se ne discute abbastanza*, on n'en discute pas assez.

sé ***pron.pers.m.*** e ***f. 3ª pers.sing.*** e ***pl.*** **1** (*riferito a persona, animale, cosa determinata*) lui (*m.sing.*), elle (*f.sing.*), eux (*m.pl.*), elles (*f.pl.*); (*riferito a pron.indef. e compl. di v. all'inf.*) soi: *pensare a sé* (*stesso*), *a sé* (*stessi*), penser à soi(-même); *è sempre soddisfatto di sé* (*stesso*), il est toujours content de lui(-même); *è molto riservata, tiene tutto per sé*, elle est très réservée, elle garde tout pour elle; *si preoccupano solo di sé*, ils ne pensent qu'à eux(-mêmes); *chiunque non pensi che a sé è un egoista*, quiconque ne pense qu'à soi est un égoïste **2** (*riferito al* lei *di cortesia*) vous: *signora, pensi solo a sé* (*stessa*), Madame, pensez uniquement à vous-même.

● ***a sé***, (*a parte*) à part: *gruppo, categoria a sé*, groupe, catégorie à part | ***da sé***, par soi-même: *vuol fare tutto da sé*, il veut tout faire lui-même (*o* tout seul); *si è fatto da sé*, il s'est fait lui-même; *farsi giustizia da sé*, se faire justice (soi-même); *questa porta si chiude da sé*, cette porte se ferme toute seule, d'elle-même; *la cosa va da sé*, cela va de soi; *va da sé che*, il va de soi que | ***essere fuori di sé***, (*non riuscire a dominarsi*) être hors de soi: *essere fuori di sé dalla gioia*, ne plus se sentir de joie | ***essere in sé***, (*cosciente*) être conscient; (*in possesso delle proprie facoltà mentali*) avoir toute sa tête | ***far parte per sé***, faire bande à part | ***in sé***, ***di per sé***, ***in sé e per sé***, (*riferito a cose*) en soi | ***padrone di sé***, maître de soi | ***pieno di sé***, plein de soi | ***rientrare***, ***tornare in sé***, (*riprendere coscienza*) venir à soi, reprendre conscience; (*rinsavire*) retrouver la raison, reprendre ses esprits | ***tra sé*** (***e sé***), ***dentro di sé***, à part soi.

NOTA **Sé:** ***soi*** o ***lui***?

Si usa ***soi*** quando è riferito a persona o animale indeterminato; ***lui***, ***elle***, ***eux***, ***elles*** negli altri casi:

Non bisogna pensare solo a ***sé***.
Il ne faut pas penser qu'à **soi**.

Il padre ha portato la figlia con ***sé***.
Le père a emmené sa fille avec **lui**.

Si usa però ***soi***, anche se riferito a persona determinata, quando è necessario non generare confusione:

Quest'uomo ha un solo figlio: lavora molto per ***sé*** *e per lui.*
Cet homme a un fils unique: il travaille beaucoup pour **soi** (**même**) et pour lui.

Il mondo di questa donna è limitato a sua figlia: vive solo per ***sé*** *e per lei.*
Le monde de cette femme est réduit à sa fille: elle ne vit que pour **soi(-même)** et pour elle.

sebaceo [se-bà-ce-o] ***agg.*** sébacé.
● (*anat.*) ***ghiandole sebacee***, glandes sébacées.

sebbene [seb-bè-ne] ***cong.*** quoique, bien que: *sebbene sia povero è assai generoso*, quoiqu'il, bien qu'il soit pauvre, il est très généreux; *sebbene fosse stanco, ha lavorato fino a tardi*, bien que fatigué (*o* quoique qu'il fût fatigué), il a travaillé tard; *sebbene parlassi tedesco, non sono riuscito a farmi capire*, bien que je connaisse l'allemand, je n'ai pas réussi à me faire comprendre.

NOTA ***Quoique*** e ***bien que***, traduzioni di ***sebbene***, sono seguiti dal congiuntivo, preferibilmente presente:

> ***Sebbene parlassero*** *bene l'inglese, non hanno ottenuto il diploma.*
> **Bien qu'ils/quoiqu'ils parlent** bien l'anglais, ils n'ont pas obtenu leur diplôme.

sebo [sè-bo] ***n.m.*** sébum.

seborrea [se-bor-rè-a] ***n.f.*** (*med.*) séborrhée.

secante [se-càn-te] ***agg.*** (*mat.*) sécant ♦ ***n.f.*** (*mat.*) sécante.

secca [séc-ca] ***n.f.*** [pl. *-che*] **1** (*fondale basso*) bas-fond* (*m.*), basse, *haut-fond* (*m.*); (*terra che affiora durante la bassa marea*) sèche: *incagliarsi in una secca*, s'échouer sur un bas-fond | *andare in secca*, échouer (*o* se mettre au sec) **2** (*siccità*) sécheresse: *fiume in secca*, fleuve à sec.

seccamente [sec-ca-mén-te] ***avv.*** sèchement.

seccante [sec-càn-te] ***agg.*** ennuyeux*; (*fam.*) (*di persona*) assommant, rasoir; (*di cosa*) embêtant.

seccare [sec-cà-re] ***v.tr.*** [coniug. come *mancare*] **1** sécher*: *il sole ha seccato l'erba*, le soleil a séché l'herbe **2** (*fig.*) (*inaridire*) tarir **3** (*annoiare, importunare*) ennuyer*; (*fam.*) embêter; (*disturbare*) déranger*: *non mi seccare con tutte queste domande!*, ne m'embête pas avec toutes ces questions!; *non seccarmi mentre lavoro*, ne me dérange pas pendant que je travaille; *non mi seccare!*, laisse-moi tranquille! ♦ ***v.intr.*** [aus. *essere*] **1** sécher*: *mettere a seccare, far seccare*, mettre à sécher, faire sécher; *i fiori nel vaso sono seccati*, les fleurs dans le vase ont séché; *quest'albero sta seccando*, cet arbre sèche sur pied **2** (*fam.*) embêter; (*dare fastidio*) déranger*: *mi è seccato molto*, ça m'a beaucoup embêté; *se non ti secca*, si ça ne te dérange pas ♦ **seccarsi** ***v.pron.intr.*** **1** sécher*; (*inaridirsi*) tarir: *le rose si sono seccate*, les rosiers ont séché; *in inverno mi si secca la pelle*, en hiver j'ai la peau sèche; *a forza di parlare mi si è seccata la gola*, à force de parler j'ai la gorge sèche **2** (*irritarsi*) se fâcher, s'irriter: *si secca quando arrivo in ritardo*, il n'est pas content quand j'arrive en retard; *non vorrei che si seccasse*, je ne voudrais pas qu'il se fâche; *mi sono seccato per quello che mi ha detto*, je n'ai pas du tout apprécié ce qu'il m'a dit; *si secca a, di aspettare*, il n'aime pas attendre; *mi sono seccato di aspettare*, j'en ai eu assez d'attendre.

seccato [sec-cà-to] ***agg.*** **1** séché **2** (*fig.*) (*irritato*) fâché; (*annoiato*) embêté.

seccatore [sec-ca-tó-re] ***n.m.*** [f. *-trice*] (*fam.*) raseur*, casse-pieds.

FAUX AMI
Da non confondere con *sécateur*, che significa *cesoie, forbici da potatura*.

seccatura [sec-ca-tú-ra] ***n.f.*** **1** séchage (*m.*) **2** (*fig.*) (*fastidio*) ennui (*m.*); (*preoccupazione*) souci (*m.*): *se (per te) non è una seccatura*, si ça ne t'embête pas; *che seccatura!*, quel embêtement!

secchezza [sec-chéz-za] ***n.f.*** sécheresse.

secchia [séc-chia] ***n.f.*** **1** seau* (*m.*) | *piove a secchie*, il pleut à verse **2** (*fam.*) (*sgobbone*) bûcheur* (*m.*).

secchiare [sec-chià-re] ***v.intr.*** (*fam.*) (*sgobbare*) potasser, bûcher: *ha secchiato tutta la domenica*, il a bûché dur tout le dimanche.

secchiata [sec-chià-ta] ***n.f.*** seau* (*m.*).
● ***fare una secchiata***, (*gergo scolastico*) bûcher dur.

secchiello [sec-chièl-lo] ***n.m.*** petit seau*.
● ***secchiello portaghiaccio***, seau à glace | (***borsa a***) ***secchiello***, sac seau.

secchio [séc-chio] ***n.m.*** [pl. *-chi*] seau*; (*di legno*) seille (*f.*).
● ***secchio della spazzatura***, poubelle | ***buonanotte al secchio***, (*fig.*) un point c'est tout | ***piovere a secchi***, pleuvoir à verse.

secchione [sec-chió-ne] ***n.m.*** [f. *-a*] (*fam.*) (*sgobbone*) bûcheur*.

secco [séc-co] ***agg.*** [pl.m. *-chi*, f. *-che*] **1** sec*; (*seccato*) séché: *foglie secche*, feuilles mortes; *carne secca*, viande séchée; *fiori secchi*, fleurs séchées **2** (*inaridito, asciutto*) à sec, tari: *una fonte secca*, une source à sec **3** (*magro*) sec* **4** (*fig.*) (*brusco; deciso*) sec*: *un no secco*, un non sec; *con un colpo secco*, d'un coup sec | *un terno secco*, (*al lotto*) un terne sec ♦ ***n.m.*** **1** sec: *tirare una barca in secco*, tirer une barque sur le rivage; *tirare una nave in secco*, mettre un navire en cale sèche **2** (*siccità*) sécheresse (*f.*) ♦ ***avv.*** sèchement.
● ***secco come un chiodo***, maigre comme un clou | ***a secco***, à sec: *muro a secco*, mur en pierres sèches; *lavare, lavatura a secco*, nettoyer, nettoyage à sec; *pittura a secco*, peinture sur un support sec | ***fare secco qlcu***, (*ucciderlo*) tuer qqn sur le coup | ***frutta secca***, fruits secs | ***restarci, rimanerci secco***, (*fam.*) (*morire*) mourir sur le coup, (*rimanere sconvolto*) en être tout retourné: *a momenti ci restava secco*, il a failli y rester | ***restare, essere in secco***, (*fig.*) rester, se trouver à sec.

secentesco [se-cen-té-sco] ***agg.*** [pl.m. *-schi*, f. *-sche*] du XVIIe siècle.

secentista [se-cen-tì-sta] ***n.m.*** e ***f.*** **1** (*scrittore, artista*) écrivain/e, artiste du XVIIe siècle **2** (*studioso del Seicento*) spécialiste du XVIIe siècle.

secernere [se-cèr-ne-re] ***v.tr.*** [p.p. *secreto*; usato solo alle 3e pers.] sécréter*.

secessione [se-ces-sió-ne] ***n.f.*** sécession.

secessionismo [se-ces-sio-nì-ʃmo] ***n.m.*** sécessionnisme.

secessionista [se-ces-sio-nì-sta] ***n.m.*** e ***f.*** sécessionniste.

seco [sé-co] ***pron.*** (*letter.*) (*persona o animale*) avec lui/elle, avec eux/elles; (*cosa*) avec soi.

secolare [se-co-là-re] ***agg.*** **1** séculaire **2** (*laico*) séculier*: *braccio secolare*, bras séculier ♦ ***n.m.*** e ***f.*** (*laico*) séculier/ère.

secolarizzare [se-co-la-riʒ-ʒà-re] ***v.tr.*** séculariser.

secolarizzazione [se-co-la-riʒ-ʒa-zió-ne] ***n.f.*** sécularisation.

secolo [sè-co-lo] ***n.m.*** **1** siècle: *nel secolo XVIII*, au XVIIIe siècle; *nel nostro secolo*, au siècle d'aujourd'hui; *nel secolo scorso*, le siècle passé; *a un secolo dalla sua morte*, un siècle après sa mort; *sono idee del secolo scorso*, ce sont des idées d'un autre siècle | *all'inizio dei secoli*, au commencement des temps **2** (*fig. fam.*) (*periodo lunghissimo*) siècle: *mi sembra un secolo che*, j'ai l'impression qu'il y a une éternité que; *ci mette un secolo a vestirsi*, elle met un temps fou pour s'habiller; *è un secolo che non lo vedo*, il y a des siècles que je ne l'ai pas vu **3** (*mondo, cose mondane*) monde: *ritirarsi, uscire dal secolo*, se retirer du monde.

● ***al secolo***, de son vrai nom; (*di religiosi*) au siècle | ***nei secoli dei secoli***, dans (tous) les siècles des siècles | ***nella notte dei secoli***, dans la nuit des temps.

NOTA Per indicare i ***secoli*** in francese si usa solo l'ordinale seguito da una ***e*** piccola, abbreviazione di *-ième*, posta dopo il numero romano, di solito in alto a destra: *il* **XX** (*ventesimo*) *secolo*, le **XX**e (vingtième) siècle.

seconda [se-cón-da] ***n.f.*** **1** (*mezzi di trasporto, classe*) seconde, deuxième **2** (*a scuola*) deuxième classe: *in seconda*, en deuxième année **3** (*aut.*) (*marcia*) seconde: *mettere la seconda*, passer en seconde.

● (*tip.*) ***seconda (pagina) di copertina***, premier rabat de couverture | ***a seconda che***, selon que | ***a seconda di***, selon, suivant: *a seconda dell'ora in cui arriverà*, selon l'heure à laquelle il arrivera; *a seconda di ciò che mi dirà*, selon ce qu'il me dira | (*mar. mil.*) ***comandante in seconda***, commandant en second.

secondamento [se-con-da-mén-to] ***n.m.*** (*med.*) délivrance (*f.*).

secondare [se-con-dà-re] ***v.tr.*** → **assecondare**.

secondariamente [se-con-da-ria-mén-te] ***avv.*** **1** deuxièmement, secondement | (*in*) *primo* (*luogo*)..., *secondariamente*..., primo (*o* premièrement)..., secundo (*o* deuxièmement)... **2** (*in modo irrilevante*) secondairement.

secondario [se-con-dà-rio] ***agg.*** e ***n.m.*** [pl.m. *-ri*] secondaire: *ruolo secondario*, second rôle.

● ***di secondaria importanza***, d'une importance secondaire | (*gramm.*) ***proposizione secondaria***, proposition subordonnée.

secondino [se-con-dì-no] ***n.m.*** [f. *-a*] geôlier*.

secondo[1] [se-cón-do] ***agg.num.ord.*** **1** second; deuxième; (*nella progressione di re, papi, capitoli ecc.*) deux: *ha vinto il secondo premio*, il a gagné le second prix; *abito al secondo piano*, j'habite au deuxième (*o* second) étage; *la seconda metà del secolo*, la seconde moitié du siècle; *capitolo secondo*, chapitre deux | (*mat.*) *equazione di secondo grado*, équation du deuxième degré **2** (*nuovo, altro*) second; autre: *un secondo Giotto*, un second Giotto; *per noi è stato un secondo padre*, il a été pour nous un second père; *non c'è una seconda possibilità*, il n'y a pas d'autre possibilité **3** (*inferiore*) inférieur; second: *non è secondo a nessuno*, il n'est inférieur à personne; *un personaggio di secondo piano*, un personnage de second plan **4** (*letter.*) (*favorevole*) favorable ♦ ***n.m.*** **1** (*minuto secondo*) seconde (*f.*): *aspettatemi un secondo*, attendez-moi une seconde **2** [f. *-a*] (*seconda persona o cosa in un ordine*) second; deuxième: *è il secondo della classe*, il est le second de la classe **3** (*seconda portata*) plat de résistance **4** (*mar.*) (*ufficiale in seconda*) second **5** (*padrino in duello*) second, (*di un pugile*) entraîneur* ♦ ***avv.*** deuxièmement, secundo.

● ***secondo fine***, arrière-pensée | (*st.*) ***secondo Impero***, second Empire | (*st.*) ***seconda Repubblica***, deuxième République | ***second'ordine***, second ordre: *di second'ordine*, de second ordre; *passare in second'ordine*, passer en second | ***di seconda mano***, de seconde main | (*mat.*) (*elevato*) ***alla seconda (potenza)***, (élevé à la) puissance deux | ***in secondo luogo***, en second lieu | ***spaccare il secondo***, être très précis, ponctuel: *un orologio che spacca il secondo*, une montre très précise (*o* précise à une seconde près); *non ti farà aspettare, spacca il secondo*, il ne te fera pas attendre, il est très ponctuel.

secondo[2] ***prep.*** **1** selon; (*seguendo*) suivant; (*secondo l'opinione di*) d'après: *agire secondo la legge*, agir selon la loi; *secondo le circostanze*, selon, suivant les circonstances; *secondo l'articolo n. 24*, conformément à, suivant l'article nº 24; *secondo le sue istruzioni avresti dovuto fare così*, selon, suivant, d'après ses instructions tu aurais dû faire ainsi; *secondo ciò che dice*, à l'en croire; *secondo quanto scrive ritornerà presto*, à en croire (*o* d'après) ses lettres il reviendra bientôt | *secondo me*, selon moi, à mon avis **2** (*dipende da*) selon, ça dépend de: *secondo l'ora in cui arriverà*, selon, ça dépend de l'heure à laquelle il arrivera; *"Partirai?" "Secondo"*, "Est-ce que tu as l'intention de partir?" "Ça dépend" **3** (*proporzionatamente a*) selon, suivant: *premiare secondo i meriti*, récompenser selon les mérites.

● ***secondo che***, selon que, suivant que: *secondo che tu sia saggio o no*, selon que tu seras sage ou non.

secondogenito [se-con-do-gè-ni-to] ***agg.*** second, deuxième; (*di due figli*) cadet* ♦ ***n.m.*** [f. *-a*] second (enfant), deuxième; (*di due figli*) cadet*.

secretare [se-cre-tà-re] ***v.tr.*** classer secret.

secretivo [se-cre-tì-vo] ***agg.*** (*biol.*) **1** (*che secerne*) sécréteur **2** (*della secrezione*) sécrétoire.

secreto[1] [se-crè-to] ***n.m.*** sécrétion (*f.*).

secreto[2] *p.p.* di **secernere**.

secrezione [se-cre-zió-ne] ***n.f.*** sécrétion.

securizzare [se-cu-riʒ-ʒà-re] ***v.tr.*** sécuriser, fiabiliser.

sedano [sè-da-no] ***n.m.*** (*bot.*) céleri: *gambo di sedano*, pied de céleri.

● ***sedano da costa***, céleri, céleri-branche | ***sedano rapa***, céleri-rave.

sedare [se-dà-re] ***v.tr.*** **1** (*calmare*) calmer, apaiser **2** (*reprimere*) étouffer, réprimer.

sedativo [se-da-tì-vo] ***agg.*** e ***n.m.*** sédatif*.

sede [sè-de] ***n.f.*** **1** siège (*m.*): *la Società ha sede in via Manzoni*, la Société a son siège rue Manzoni | *sede stradale*, route; *sede ferroviaria*, voie **2** (*posto a cui viene assegnato un impiegato, spec. statale*) poste (*m.*): *trasferimento ad altra sede*, changement de poste; *sede scoperta, vacante*, poste vacant | *sede di prima nomina*, première nomination | *indennità di sede*, indemnité de résidence **3** (*fig.*) (*momento, luogo*) lieu* (*m.*): *se ne parlerà in altra sede*, on en parlera ailleurs | *in sede storica*, du point de vue historique **4** (*med.*) siège (*m.*); (*di ossa*) boîte.

● ***in sede***, au siège | ***in sede di***, pendant: *in sede di esame*, pendant les examens; *in sede di bilancio*, en faisant le bilan | ***in separata sede***, en privé; (*dir.*) par un autre tribunal | (*eccl.*) ***la Santa Sede***, le Saint-Siège.

sedentarietà [se-den-ta-rie-tà] ***n.f.invar.*** [se-den-ta-rie-tà] sédentarité.

sedentario [se-den-tà-rio] ***agg.*** e ***n.m.*** [f. *-a*; pl.m. *-ri*] sédentaire.

sedere[1] [se-dé-re] ***v.intr.*** [pres.indic. *io siedo* ecc., *noi sediamo, voi sedete, essi siedono*; fut.indic. *io siederò* ecc.; pres.cong. *io sieda*; imp. *siedi, sedete*; aus. *essere*] **1** (*stare seduto*) être* assis; (*mettersi a sedere*) s'asseoir*: *sedere in una poltrona*, être assis, s'asseoir dans un fauteuil; *stare a sedere*, être assis; *rimanere a sedere*, rester assis; *si levò a sedere sul letto*, il se redressa et s'assit dans son lit; *alzarsi da sedere*, se lever; *mi fai sedere al tuo posto, per piacere?*, tu me donnes ta place, s'il te plaît?; *fai sedere la signora*, donne ta place à la dame; *dategli da sedere*, faites-le asseoir; *c'è da sedere?*, est-ce qu'il y a des places assises? | *posti a sedere*, places assises | *non ho trovato da sedere*, (*un posto*) je n'ai pas trouvé de quoi à m'asseoir; (*su cosa sedermi*) je n'ai pas trouvé de quoi m'asseoir | *sedere in trono*, régner | *sedere in cattedra*, avoir une chaire; *sedere sulla cattedra di San Pietro*, (*fig.*) occuper le trône de saint Pierre **2** (*avere un seggio, una carica*) siéger*: *sedere al banco del governo*, siéger au banc du gouvernement; *sedere in tribunale*, siéger au tribunal; *sedere in consiglio*, siéger au conseil **3** (*tenere seduta*) siéger* ♦ **sedersi** *v.pron.intr.* s'asseoir*: *siediti!*, assieds-toi!

sedere[2] *n.m.* (*deretano*) derrière: *prendere qlcu a calci nel sedere*, donner à qqn des coups de pied au derrière.
● ***prendere qlcu per il sedere***, (*fig. fam.*) se ficher de qqn.

sedia [sè-dia] *n.f.* chaise: *sedia a braccioli*, fauteuil; *sedia da ufficio*, chaise de bureau; *sedia ad altezza regolabile*, siège réglable (en hauteur); *sedia da giardino*, chaise de jardin.
● ***sedia a dondolo***, chaise à bascule (*o* rocking-chair) | ***sedia a rotelle***, chaise montée sur roulettes, (*per malati*) fauteuil roulant | ***sedia elettrica***, chaise électrique | ***sedia gestatoria***, chaise gestatoire.

sedicenne [se-di-cèn-ne] *agg.* (âgé) de seize ans ♦ *n.m.* e *f.* garçon (âgé)/jeune fille (âgée) de seize ans.

sedicente [se-di-cèn-te] *agg.* soi-disant*, prétendu.

sedicesimo [se-di-cè-ʃi-mo] *agg.num.ord.* seizième; (*nella progressione di re, papi, capitoli ecc.*) seize ♦ *n.m.* [f. *-a*] seizième.
● (*tip.*) ***in sedicesimo***, in-seize.

sedici [sé-di-ci] *agg.num.card.* e *n.m.invar.* seize.

sedile [se-dì-le] *n.m.* **1** siège **2** (*panca*) banc.
● (*aut.*) ***sedile anteriore***, ***posteriore***, siège avant, arrière.

sedimentare [se-di-men-tà-re] *v.intr.* [aus. *essere* o *avere*] **1** former des sédiments **2** (*fig.*) se décanter.

sedimentazione [se-di-men-ta-zió-ne] *n.f.* sédimentation.

sedimento [se-di-mén-to] *n.m.* sédiment.

sedizione [se-di-zió-ne] *n.f.* sédition.

sedizioso [se-di-zió-so] *agg.* e *n.m.* [f. *-a*] séditieux*.

sedotto [se-dót-to] *p.p.* di **sedurre** ♦ *agg.* séduit.

seducente [se-du-cèn-te] *agg.* séduisant.

seduco → **sedurre**.

sedurre [se-dùr-re] *v.tr.* [coniug. come *condurre*] séduire*.

S

sedussi → **sedurre**.

seduta [se-dù-ta] *n.f.* **1** séance **2** (*consultazione*) consultation: *una seduta dal medico*, une consultation chez le médecin.
● ***seduta spiritica***, séance de spiritisme | ***seduta stante***, séance tenante.

seduto [se-dù-to] *agg.* assis: *seduti!*, asseyez-vous!

seduttore [se-dut-tó-re] *agg.* e *n.m.* [f. *-trice*] séducteur*.

seduzione [se-du-zió-ne] *n.f.* **1** séduction **2** (*fascino*) charme (*m.*); (*attrattiva*) attrait (*m.*).

sefardita [se-far-dì-ta] *agg.* e *n.m.* e *f.* (*st. relig.*) séfarade.

sega [sé-ga] *n.f.* [pl. *-ghe*] **1** scie **2** (*mus.*) scie musicale.
● ***sega a nastro***, scie à ruban | ***sega circolare***, scie circulaire | ***fare sega***, (*marinare la scuola*) sécher les cours | ***farsi le seghe mentali***, (*molto fam.*) enculer les mouches | ***farsi una sega***, (*volg.*) se branler, se faire une branlette | ***non vale una sega***, (*fig.*) c'est une merde | (*zool.*) ***pesce sega***, poisson-scie | ***una mezza sega***, (*molto fam.*) un petit-con.

segale [sé-ga-le] **segala** *n.f.* (*bot.*) seigle (*m.*).
● ***segala cornuta***, seigle ergoté.

segaligno [se-ga-lì-gno] *agg.* (*magro*) sec*.

segare [se-gà-re] *v.tr.* [coniug. come *legare*] **1** scier **2** (*fam.*) (*bocciare*) recaler.

segatrice [se-ga-trì-ce] *n.f.* (*macchina*) scieuse.

segatura [se-ga-tù-ra] *n.f.* **1** (*il segare*) sciage (*m.*) **2** (*polvere di legno*) sciure | *hai il cervello pieno di segatura*, (*fig.*) tu ne comprends vraiment rien à rien.

seggetta [seg-gét-ta] *n.f.* chaise percée.

seggio [sèg-gio] *n.m.* [pl. *-gi*] siège: *ambire al seggio presidenziale*, aspirer à la présidence.
● ***seggio elettorale***, bureau de vote.

seggiola [sèg-gio-la] *n.f.* → **sedia**.

seggiolino [seg-gio-lì-no] *n.m.* petite chaise (*f.*); (*sgabello*) tabouret; (*sedile*) siège.
● ***seggiolino pieghevole***, pliant | ***seggiolino ribaltabile***, strapontin.

seggiolone [seg-gio-ló-ne] *n.m.* chaise (*f.*) haute, chaise (*f.*) d'enfant.

seggiovia [seg-gio-vì-a] *n.f.* télésiège (*m.*).

segheria [se-ghe-rì-a] *n.f.* scierie.

seghetta [se-ghét-ta] *n.f.* lime (pour ampoules).

seghettare [se-ghet-tà-re] *v.tr.* denteler*.

seghettato [se-ghet-tà-to] *agg.* en dents de scie.
● (*bot.*) ***foglia seghettata***, feuille dentée | ***lama seghettata***, lame crantée: *coltello a lama seghettata*, couteau -scie.

seghetto [se-ghét-to] *n.m.* (*da traforo*) scie (*f.*) à chantourner.

segmentare [seg-men-tà-re] *v.tr.* segmenter; (*fig.*) fractionner ♦ **segmentarsi** *v.pron.intr.* se segmenter; (*fig.*) se fractionner.

segmentazione [seg-men-ta-zió-ne] *n.f.* segmentation.

segmento [seg-mén-to] *n.m.* segment.

segnalare [se-gna-là-re] *v.tr.* signaler: *segnalare un pericolo, un incrocio*, signaler un danger, un croisement ♦ **segnalarsi** *v.pron.* se distinguer, se signaler: *segnalarsi per doti particolari*, se distinguer par des qualités particulières.

segnalatamente [se-gna-la-ta-mén-te] *avv.* particulièrement, notamment; (*soprattutto*) surtout.

segnalato [se-gna-là-to] *agg.* **1** (*reso noto*) signalé; (*annunciato*) annoncé **2** (*fornito di segnali, segnaletica*) signalisé, balisé: *una curva ben segnalata*, un virage bien signalisé.

segnalatore [se-gna-la-tó-re] *agg.* e *n.m.* avertisseur.

segnalazione [se-gna-la-zió-ne] *n.f.* **1** signalisation: *fare segnalazioni di pericolo*, signaler un danger **2** (*comunicazione*) communication: *dare segnalazione che*, communiquer que **3** (*raccomandazione*) recommandation: *ho avuto la segnalazione di questo libro da un amico*, ce livre m'a été recommandé par un ami **4** (*descrizione di connotati*) signalement (*m.*).

segnale [se-gnà-le] *n.m.* signal*: *dare il segnale di*, donner le signal de.
● ***segnale acustico***, signal acoustique; (*di segreteria telefonica*) signal (*o* top) sonore: *lasciare un messaggio dopo il segnale acustico*, laisser un message après le top sonore | ***segnale audio***, ***video***, signal sonore, vidéo |

(*inform.*) ***segnale di chiamata***, indicatif d'appel | (*tel.*): ***segnale di linea libera***, (*prima di comporre il numero*) tonalité; (*dopo*) signal de ligne libre; ***segnale di occupato***, signal de ligne occupée | (*inform.*) ***segnale luminoso***, voyant d'affichage | ***segnale orario***, signal horaire | ***segnali stradali***, signaux routiers, signalisation routière.

segnaletica [se-gna-lè-ti-ca] *n.f.* [pl. *-che*] signalisation, balisage (*m.*).

segnaletico [se-gna-lè-ti-co] *agg.* [pl.m. *-ci*, f. *-che*] signalétique | *dati segnaletici*, signalement.

segnalibro [se-gna-lì-bro] *n.m.* **1** marque-page; (*a nastro*) signet; (*a tagliacarte*) liseuse (*f.*): *come segnalibro*, en guise de signet **2** (*Internet*) signet.

segnalinee [se-gna-lì-ne-e] *n.m.* e *f.invar.* → **guardalinee**.

segnaposto [se-gna-pó-sto] *n.m.* [pl. *invar.* o *-i*] marque-place.

segnaprezzo [se-gna-prèz-zo] *n.m.* [pl. *-i* o *invar.*] étiquette (*f.*).

segnapunti [se-gna-pùn-ti] *n.m.* e *f.invar.* (*persona*) marqueur/euse ♦ *n.m.invar.* (*libretto*) carnet; (*tabellone*) tableau*.

segnare [se-gnà-re] *v.tr.* **1** marquer (*anche fig.*); (*prendere nota di*) noter: *segnare con la matita*, marquer au crayon; *segnare i punti*, marquer les points; *segnare un numero di telefono*, noter un numéro de téléphone; *segnare un itinerario sulla carta*, tracer un itinéraire sur la carte | *segni sul conto*, mettez cela sur ma note **2** (*amm.*) marquer, enregistrer: *segnare le entrate, le uscite*, enregistrer les entrées, les sorties; *segnare le spese*, marquer les dépenses; *segnare una somma a debito, a credito*, enregistrer une somme au débit, au crédit | *segnare all'attivo, al passivo*, mettre à l'actif, au passif **3** (*indicare*) marquer: *l'orologio segna le tre*, la montre indique trois heures | *segnare a dito*, montrer du doigt **4** (*lasciare il segno su*) marquer (*anche fig.*): *i pugni ricevuti gli hanno segnato il viso*, son visage porte les traces des coups de poing qu'il a reçus **5** (*sport*) marquer: *ha segnato una rete*, il a marqué un but ♦ **segnarsi** *v.pron.* (*farsi il segno della croce*) se signer.

● ***segnare il passo***, marquer le pas, (*fig.*) aller au ralenti.

FAUX AMI
Da non confondere con *signer*, che significa *firmare*.

segnatamente [se-gna-ta-mén-te] *avv.* notamment; (*soprattutto*) surtout.

segnatempo [se-gna-tèm-po] *n.m.invar.* → **marcatempo**.

segnato [se-gnà-to] *agg.* **1** marqué: *un viso segnato dalla stanchezza*, un visage marqué par la fatigue | *sentiero, percorso segnato*, (*in montagna*) sentier, parcours balisé **2** (*graffiato*) rayé **3** (*stabilito*) décidé: *il suo destino è segnato*, son sort est décidé.

segnatura [se-gna-tù-ra] *n.f.* **1** (*tip.*) signature **2** (*nelle biblioteche*) (*sigla di catalogazione*) cote **3** (*sport*) score (*m.*).

segno [sé-gno] *n.m.* **1** signe: *ho perso il segno*, je ne sais plus où on en est, où j'en étais; *firmare con un segno di croce*, signer d'une croix | *segno di riferimento*, référence **2** (*mat.*) signe: *il segno della divisione, della moltiplicazione*, le signe de la division, de la multiplication **3** (*astr.*) signe: *i segni dello zodiaco*, les signes du zodiaque **4** (*traccia*) trace (*f.*), marque (*f.*): *i segni delle ruote sulla neve*, les traces des roues sur la neige; *i segni della vecchiaia*, les marques de l'âge **5** (*sintomo, indizio*) signe, marque (*f.*): *segno di stima, di affetto*, marque d'estime, d'affection; *segno di amicizia*, témoignage d'amitié; *non davano segno di volersene andare*, ils ne faisaient pas mine de vouloir s'en aller | *è buon, cattivo segno!*, c'est bon, mauvais signe! **6** (*gesto, cenno*) signe: *parlare a segni*, parler par signes; *fare un segno di saluto*, faire un geste de salut **7** (*bersaglio*) cible (*f.*): *esser fatto segno all'ammirazione generale*, être l'objet de l'admiration générale; *esser fatto segno alle beffe di qlcu*, servir de cible aux moqueries de qqn.

● ***segno di, della croce***, signe de croix: *farsi il segno della croce*, faire son signe de croix, se signer | ***a tal segno?***, à ce point? | ***a tal segno che***, à tel point que | ***colpire, cogliere nel segno, andare a segno***, (*fig.*) faire mouche | ***in segno di***, en signe de | ***lasciare il segno***, (*anche fig.*) laisser la trace: *gli ha dato una sberla da lasciargli il segno*, il lui a donné une telle gifle qu'il en a encore la marque | ***passare il segno***, (*fig.*) passer les bornes | ***tiro a segno***, tir à la cible.

sego [sé-go] *n.m.* [pl. *-ghi*] suif.

segregare [se-gre-gà-re] *v.tr.* [coniug. come *legare*] isoler ♦ **segregarsi** *v.pron.* s'isoler.

segregato [se-gre-gà-to] *agg.* isolé: *vivere segregato*, vivre dans l'isolement.

segregazione [se-gre-ga-zió-ne] *n.f.* ségrégation.

● ***segregazione razziale***, ségrégation raciale.

segregazionismo [se-gre-ga-zio-nì-ʃmo] *n.m.* ségrégationnisme.

segregazionista [se-gre-ga-zio-nì-sta] *n.m.* e *f.* ségrégationniste.

segreta [se-gré-ta] *n.f.* cachot (*m.*), oubliettes (*pl.*).

segretamente [se-gre-ta-mén-te] *avv.* secrètement, en secret.

segretaria [se-gre-tà-ria] *n.f.* secrétaire.

● ***segretaria d'azienda***, secrétaire d'entreprise | (*cine.*) ***segretaria di edizione***, script-girl.

segretariale [se-gre-ta-rià-le] *agg.* de secrétaire.

segretariato [se-gre-ta-rià-to] *n.m.* secrétariat.

segretario [se-gre-tà-rio] *n.m.* [pl. *-ri*] secrétaire.

● ***segretario comunale***, secrétaire de mairie | ***segretario di partito***, le premier secrétaire du parti | ***Segretario Generale dell'ONU***, Secrétaire Général de l'ONU | ***segretario privato, personale***, secrétaire particulier.

segreteria [se-gre-te-rì-a] *n.f.* (*amm., pol.*) secrétariat (*m.*); (*in Vaticano*) secrétairerie: *in segreteria*, au secrétariat.

● ***segreteria telefonica***, répondeur (téléphonique); (*con registrazione di messaggi*) répondeur enregistreur.

segretezza [se-gre-téz-za] *n.f.* secret (*m.*): *ti raccomando la massima segretezza*, je te demande le secret le plus absolu; *confidiamo sulla sua segretezza*, nous comptons sur votre discrétion.

● ***in tutta segretezza***, en grand secret.

segreto[1] [se-gré-to] *agg.* secret*: *scala, porta segreta*, escalier dérobé, porte dérobée.

● ***agente segreto***, agent secret | ***tenere segreto***, garder secret.

segreto[2] *n.m.* secret: *custodire, mantenere un segreto*, garder un secret; *mettere a parte del segreto*, mettre dans le secret; *essere a conoscenza del segreto*, être dans le secret.

● ***segreto di Stato***, secret d'État | ***segreto industriale***, secret industriel | (*dir.*) ***segreto istruttorio***, secret d'instruction | ***segreto professionale, d'ufficio***, secret professionnel | ***in segreto***, dans le, en secret.

S

seguace [se-guà-ce] *n.m.* e *f.* 1 (*discepolo*) disciple 2 (*pol.*) partisan/e.

seguente [se-guèn-te] *agg.* e *n.m.* e *f.* suivant/e: *il giorno seguente*, le jour suivant (*o* après) | *entri il seguente!*, au suivant!

segugio [se-gù-gio] *n.m.* [pl. *-gi*] (*cane*) limier (*anche fig.*).

seguire [se-guì-re] *v.tr.* suivre*: *seguire un corso all'università*, suivre un cours à l'université; *seguire un consiglio*, suivre un conseil; *seguire la moda*, suivre la mode | *seguire il proprio corso*, (*fig.*) suivre son cours ♦ *v.intr.* [aus. *essere*] suivre*: *segue un elenco di nomi*, suit une liste de noms; *seguì un periodo di benessere*, il s'ensuivit une période de bien-être; *seguì un minuto di silenzio*, il y eut une minute de silence | *segue a pagina 7, a tergo*, suite page 7, au verso | *segue lettera*, lettre suit | *segue*, à suivre.

● ***seguire le orme di qlcu***, (*fig.*) marcher sur les traces de qqn | ***con quel che segue***, ainsi de suite | ***ne segue che***, il s'ensuit que.

seguitare [se-gui-tà-re] *v.tr.* continuer: *seguitare gli studi*, continuer ses études ♦ *v.intr.* [aus. *essere* e *avere*] continuer: *seguitò a parlare*, il continua à parler.

seguito [sé-gui-to] *n.m.* 1 suite (*f.*): *essere al seguito di*, faire partie de la suite de 2 (*continuazione*) suite (*f.*): *la faccenda non ha avuto seguito*, l'affaire n'a pas eu de suite | *a seguito della vostra lettera del*, en réponse à votre lettre du | *facciamo, facendo seguito alla pregiata vostra del*, suite à votre lettre du 3 (*consenso*) soutien, appui: *non avere molto seguito*, ne pas avoir beaucoup de succès; *godere di grande seguito*, avoir un grand soutien 4 (*serie, successione*) suite (*f.*): *un seguito di disgrazie*, une suite de malheurs; *un seguito di circostanze fortuite*, une succession de circonstances fortuites.

● ***di seguito***, de suite; (*senza sosta*) sans arrêt: *ha parlato per due ore di seguito*, il a parlé sans s'arrêter pendant deux heures; *ho letto il suo romanzo tutto di seguito*, j'ai lu son roman d'un seul trait; *e così di seguito*, et ainsi de suite; *troverete qui di seguito*, vous trouverez ci-après | ***in seguito***, ensuite, par (la) suite: *vedremo in seguito*, on verra par la suite | ***in seguito a***, à la suite de: *in seguito alla vostra visita*, à la suite de votre visite; *in seguito a un errore*, par suite d'une erreur; *in seguito a questo ora sono ricco*, grâce à cela maintenant je suis riche.

sei[1] *agg.num.card.* e *n.m.invar.* six: *il sei* (*dì*) *agosto*, le six août; *sono le sei*, il est six heures.

S

sei[2] → **essere**[1].

seicentesco [sei-cen-té-sco] *agg.* → **secentesco**.

seicento [sei-cèn-to] *agg.num.card.* e *n.m.invar.* six cents | *nel Seicento*, au dix-septième siècle.

selce [sél-ce] *n.f.* 1 (*min.*) silex (*m.*) 2 (*pietra per pavimentazione stradale*) carreau* (de pavé): *una pavimentazione in selci*, un pavé; *ricoprire di selci*, paver.

selciare [sel-cià-re] *v.tr.* [coniug. come *cominciare*] paver.

selciato [sel-cià-to] *agg.* e *n.m.* pavé.

selciatore [sel-cia-tó-re] *n.m.* [f. *-trice*] paveur.

selciatura [sel-cia-tù-ra] *n.f.* pavage (*m.*).

selenio [se-lè-nio] *n.m.* [pl. *-ni*] (*chim.*) sélénium.

selettivamente [se-let-ti-va-mén-te] *avv.* sélectivement.

selettività [se-let-ti-vi-tà] *n.f.invar.* 1 (*scient.*) sélectivité 2 (*estens.*) caractère (*m.*) sélectif.

selettivo [se-let-tì-vo] *agg.* sélectif*; sélecteur*: *un esame molto selettivo*, un examen très sélectif; *memoria selettiva*, mémoire sélective.

selettore [se-let-tó-re] *n.m.* (*tecn.*) sélecteur.

selezionamento [se-le-zio-na-mén-to] *n.m.* sélection (*f.*).

selezionare [se-le-zio-nà-re] *v.tr.* 1 sélectionner: *selezionare gli atleti per una gara*, sélectionner les athlètes pour une compétition 2 (*tecn.*) trier.

selezionato [se-le-zio-nà-to] *agg.* sélectionné: *prodotti selezionati*, produits sélectionnés.

selezionatore [se-le-zio-na-tó-re] *n.m.* [f. *-trice*] sélectionneur* ♦ *agg.* 1 (*che seleziona*) de sélection: *commissione selezionatrice*, comité de sélection 2 (*selettivo*) sélectif*.

selezionatrice [se-le-zio-na-trì-ce] *n.f.* (*macchina*) trieuse.

selezione [se-le-zió-ne] *n.f.* sélection: *selezione professionale*, sélection professionnelle | *selezione naturale*, sélection naturelle.

● (*biol.*) ***selezione genetica***, sélection génétique.

self-control [self-con-tròl] *n.m.invar.* maîtrise (*f.*) de soi, self-control*.

self-service [self'sɛrvis] *n.m.invar.* 1 (*ristorante o negozio*) self-service*; (*fam.*) self 2 (*distributore automatico di benzina*) station (*f.*) libre-service.

sella [sèl-la] *n.f.* 1 selle: *mettere, togliere la sella a un cavallo*, seller, deseller un cheval; *montare senza sella*, monter (un cheval) à cru; *stare bene in sella*, bien monter | *in sella!*, à cheval! 2 (*geogr.*) (*valico*) col (*m.*).

● (*anat.*) ***sella turcica***, selle turcique | ***rimettere qlcu in sella***, (*fig.*) remettre qqn en selle.

sellaio [sel-là-io] *n.m.* [pl. *-ai*] sellier.

sellare [sel-là-re] *v.tr.* seller.

sellatura [sel-la-tù-ra] *n.f.* sellage (*m.*).

selleria [sel-le-rì-a] *n.f.* sellerie.

sellino [sel-lì-no] *n.m.* selle (*f.*).

seltz *n.m.invar.* → **selz**.

selva [sél-va] *n.f.* forêt: *una selva di capelli*, (*estens.*) une forêt, une masse de cheveux; *una selva di errori*, (*fig.*) un tas de fautes.

selvaggiamente [sel-vag-gia-mén-te] *avv.* sauvagement.

selvaggina [sel-vag-gì-na] *n.f.* gibier (*m.*) | *selvaggina di penna*, gibier à plume | *selvaggina di pelo*, gibier à poil.

selvaggio [sel-vàg-gio] *agg.* e *n.m.* [f. *-a*; pl.m. *-gi*, f. *-ge*] sauvage (*anche fig.*): *animali selvaggi*, animaux sauvages; *speculazione selvaggia*, spéculation sauvage.

selvatichezza [sel-va-ti-chéz-za] *n.f.* sauvagerie.

selvatico [sel-và-ti-co] *agg.* [pl.m. *-ci*, f. *-che*] sauvage (*anche fig.*) | *coniglio selvatico*, lapin de garenne ♦ *n.m.* 1 (*gusto, sapore di selvatico*) sauvagin 2 (*bot.*) sauvageon.

selvicoltore [sel-vi-col-tó-re] *n.m.* [f. *-trice*] sylviculteur*.

selvicoltura [sel-vi-col-tù-ra] *n.f.* sylviculture.

selz *n.m.invar.* seltz | *acqua di selz*, eau de Seltz.

semaforo [se-mà-fo-ro] *n.m.* 1 feu* (de signalisation): *passare con il semaforo rosso*, passer au rouge; *il semaforo segna, è verde*, le feu est au vert; *fermarsi al semaforo*, s'arrêter au feu 2 (*mar., ferr.*) sémaphore.

semantica [se-màn-ti-ca] *n.f.* [pl. *-che*] (*ling.*) sémantique.

semantico [se-màn-ti-co] *agg.* [pl.m. *-ci*, f. *-che*] sémantique.

sembiante [sem-biàn-te] ***n.m.*** (*letter.*) **1** (*aspetto*) aspect **2** (*apparenza*) apparence (*f.*).
● ***fare sembiante di***, faire semblant de.

sembianza [sem-biàn-za] ***n.f.*** (*letter.*) (*apparenza*) apparence; (*aspetto*) aspect (*m.*).
● ***sotto le sembianze di***, sous l'apparence de.

sembrare [sem-brà-re] ***v.intr.*** → **parere**[1].

seme [sé-me] ***n.m.*** **1** graine (*f.*); (*semente*) semence (*f.*); (*di pera, mela, uva, agrumi*) pépin; (*nocciolo*) noyau*; (*di pomodoro, cocomero, zucca ecc.*) graine (*f.*): *semi di soia*, graines de soja; *frutto senza semi*, fruit sans pépins **2** (*fig.*) (*origine*) germe **3** (*carte da gioco*) couleur (*f.*) **4** (*sperma*) sperme.

semeiotica [se-me-iò-ti-ca] ***n.f.*** [pl. *-che*] (*med.*) séméiologie.

sementa [se-mén-ta] ***n.f.*** **1** (*azione del seminare*) semailles (*pl.*) **2** (*semi*) semence.

semente [se-mén-te] ***n.f.*** semence.

semenza [se-mèn-za] ***n.f.*** **1** (*semente*) semence **2** (*chiodino a testa piatta*) semences.

semenzaio [se-men-zà-io] ***n.m.*** [pl. *-ai*] pépinière (*f.*).

semestrale [se-me-strà-le] ***agg.*** semestriel*.

semestralità [se-me-stra-li-tà] ***n.f.invar.*** semestre (*m.*).

semestralmente [se-me-stral-mén-te] ***avv.*** semestriellement.

semestre [se-mè-stre] ***n.m.*** semestre.

semi- ***pref.*** **1** semi-, demi-, mi-, hémi- **2** à demi, presque, à moitié.

semianalfabeta [se-mi-a-nal-fa-bè-ta] ***agg.*** e ***n.m.*** e ***f.*** semi-analphabète.

semiaperto [se-mi-a-pèr-to] ***agg.*** entrouvert.

semiasse [se-mi-às-se] ***n.m.*** (*mecc.*) demi-essieu.

semiautomatico [se-mi-au-to-mà-ti-co] ***agg.*** [pl.m. *-ci*, f. *-che*] semi-automatique*.

semicerchio [se-mi-cér-chio] ***n.m.*** [pl. *-chi*] demi-cercle*: *a semicerchio*, en demi-cercle.

semichiuso [se-mi-chiù-so] ***agg.*** mi-clos*.

semicirconferenza [se-mi-cir-con-fe-rèn-za] ***n.f.*** demi-circonférence.

semiconduttore [se-mi-con-dut-tó-re] ***n.m.*** (*fis.*) semi-conducteur*.

semiconsonante [se-mi-con-so-nàn-te] ***n.f.*** (*fon.*) semi-consonne*.

semicoperto [se-mi-co-pèr-to] ***agg.*** à demi couvert.

semicotto [se-mi-còt-to] ***agg.*** à moitié cuit.

semicroma [se-mi-crò-ma] ***n.f.*** (*mus.*) double croche.

semicrudo [se-mi-crù-do] ***agg.*** à moitié cru.

semicupio [se-mi-cù-pio] ***n.m.*** [pl. *-pi*] baignoire (*f.*) sabot | *fare un semicupio*, prendre un bain dans une baignoire sabot.

semidio [se-mi-dì-o] ***n.m.*** [f. *semidea*; pl.m. *semidei*, f. *semidee*] demi-dieu*.

semidistrutto [se-mi-di-strùt-to] ***agg.*** à moitié détruit.

semifinale [se-mi-fi-nà-le] ***n.f.*** (*sport*) demi-finale*.

semifinalista [se-mi-fi-na-lì-sta] ***agg.*** e ***n.m.*** e ***f.*** (*sport*) demi-finaliste*.

semifreddo [se-mi-fréd-do] ***n.m.*** (*cuc.*) parfait, entremets glacé.

semilavorato [se-mi-la-vo-rà-to] ***agg.*** semi-fini*, semi-ouvré* ♦ ***n.m.*** demi-produit*.

semilibertà [se-mi-li-ber-tà] ***n.f.invar.*** (*dir.*) semi-liberté*.

semiminima [se-mi-mì-ni-ma] ***n.f.*** (*mus.*) noire.

semina [sé-mi-na] ***n.f.*** semailles (*pl.*).

seminabile [se-mi-nà-bi-le] ***agg.*** qu'on peut ensemencer.

seminale [se-mi-nà-le] ***agg.*** (*biol.*) séminal*.
● ***liquido seminale***, liquide spermatique.

seminare [se-mi-nà-re] ***v.tr.*** **1** semer* (*anche fig.*); (*un terreno*) ensemencer*: *seminare l'odio, la discordia*, semer la haine, la discorde **2** (*fam.*) (*sparpagliare*) semer*, éparpiller: *semina la sua roba dappertutto*, il éparpille ses affaires partout **3** (*lasciare indietro*) semer*: *seminare gli inseguitori*, semer les poursuivants.
● ***seminare sulla sabbia, al vento***, (*fig.*) faire des choses inutiles.

seminario [se-mi-nà-rio] ***n.m.*** [pl. *-ri*] **1** (*eccl.*) séminaire: *entrare in seminario*, entrer au séminaire **2** (*esercitazione di studio*) séminaire.

seminarista [se-mi-na-rì-sta] ***n.m.*** (*eccl.*) séminariste.

seminativo [se-mi-na-tì-vo] ***agg.*** e ***n.m.***
● (***terreno***) ***seminativo***, terrain à cultiver.

seminato [se-mi-nà-to] ***agg.*** semé (*anche fig.*): *seminato a grano*, semé de blé ♦ ***n.m.*** terrain ensemencé, cultivé.
● ***uscire dal seminato***, (*rispetto a un argomento*) s'éloigner du sujet; (*rispetto alle regole*) s'écarter des règles.

seminatore [se-mi-na-tó-re] ***n.m.*** [f. *-trice*] semeur*.

seminatrice [se-mi-na-trì-ce] ***n.f.*** (*macchina*) semoir (*m.*).

seminfermità [se-min-fer-mi-tà] ***n.f.invar.*** infirmité partielle.
● ***seminfermità mentale***, démence mentale partielle.

seminfermo [se-min-fér-mo] ***agg.*** e ***n.m.*** [f. *-a*] semi-infirme, semi-invalide.

seminterrato [se-min-ter-rà-to] ***n.m.*** sous-sol*.

seminudo [se-mi-nù-do] ***agg.*** à moitié nu.

semiologia [se-mio-lo-gì-a] ***n.f.*** **1** (*ling.*) sémiologie **2** (*med.*) séméiologie.

semiologo [se-miò-lo-go] ***n.m.*** [f. *-a*; pl.m. *-gi*, f. *-ghe*] (*ling.*) sémiologue.

semioscurità [se-mi-o-scu-ri-tà] ***n.f.invar.*** pénombre.

semiotica [se-miò-ti-ca] ***n.f.*** [pl. *-che*] (*ling.*) sémiotique.

semiperimetro [se-mi-pe-rì-me-tro] ***n.m.*** (*mat.*) moitié (*f.*) du périmètre.

semipiano [se-mi-pià-no] ***n.m.*** (*mat.*) demi-plan*.

semipieno [se-mi-piè-no] ***agg.*** à moitié plein.

semiretta [se-mi-rèt-ta] ***n.f.*** (*mat.*) demi-droite*.

semirigido [se-mi-rì-gi-do] ***agg.*** semi-rigide*.

semiscoperto [se-mi-sco-pèr-to] ***agg.*** à demi découvert.

semiselvaggio [se-mi-sel-vàg-gio] ***agg.*** [pl.m. *-gi*, f. *-ge*] à moitié sauvage.

semiserio [se-mi-sè-rio] ***agg.*** [pl.m. *-ri*] pas vraiment sérieux*.

semisfera [se-mi-sfè-ra] ***n.f.*** (*mat.*) hémisphère (*m.*).

semisferico [se-mi-sfè-ri-co] ***agg.*** [pl.m. *-ci*, f. *-che*] hémisphérique.

semispento [se-mi-spèn-to] ***agg.*** à moitié éteint.

semita [se-mì-ta] ***n.m.*** e ***f.*** sémite ♦ ***agg.*** sémitique.

semitico [se-mì-ti-co] ***agg.*** [pl.m. *-ci*, f. *-che*] sémitique.

S

semitono [se-mi-tò-no] ***n.m.*** (*mus.*) demi-ton*.

semitrasparente [se-mi-tra-spa-rèn-te] ***agg.*** presque transparent.

semivestito [se-mi-ve-stì-to] ***agg.*** à moitié habillé.

semivivo [se-mi-vì-vo] ***agg.*** à moitié mort, à demi mort.

semivocale [se-mi-vo-cà-le] ***n.f.*** (*fon.*) semi-voyelle*.

semivuoto [se-mi-vuò-to] ***agg.*** à moitié vide.

semmai [sem-mài] ***cong.*** → **se**[1].

semola [sé-mo-la] ***n.f.*** **1** semoule **2** (*crusca*) son (*m.*): *pane di semola*, pain de son.

semolato [se-mo-là-to] ***agg.***
● ***zucchero semolato***, sucre semoule.

semolino [se-mo-li-no] ***n.m.*** semoule (*f.*).

semovente [se-mo-vèn-te] ***agg.*** e ***n.m.*** automoteur*.

sempiterno [sem-pi-tèr-no] ***agg.*** (*letter.*) sempiternel*.
● ***in sempiterno***, pour l'éternité.

semplice [sém-pli-ce] ***agg.*** **1** simple: *filo semplice*, fil simple **2** (*facile*) facile: *domanda semplice*, question facile **3** (*non ricercato*) simple; (*ingenuo*) naïf: *una ragazza semplice*, une fille simple (*o* naïve); *fare una vita semplice*, mener une vie simple **4** (*null'altro che, solo*) simple: *l'accusa è fondata su semplici indizi*, l'accusation n'est fondée que sur des indices; *è una semplice supposizione*, ce n'est qu'une supposition | *puro e semplice*, pur et simple ♦ ***n.m.*** e ***f.*** simple.
● (*amm.*) ***certificato in carta semplice***, certificat sur papier libre.

semplicemente [sem-pli-ce-mén-te] ***avv.*** **1** simplement: *vestire semplicemente*, s'habiller simplement **2** (*solamente*) simplement: *hai fatto semplicemente il tuo dovere*, tu n'as fait que ton devoir **3** (*veramente*) tout simplement: *semplicemente meraviglioso*, absolument merveilleux; *dolce semplicemente delizioso*, gâteau tout bonnement délicieux.

semplicione [sem-pli-ció-ne] ***n.m.*** [f. *-a*] grand benêt.

sempliciotto [sem-pli-ciòt-to] ***agg.*** e ***n.m.*** [f. *-a*] nigaud, naïf*.

semplicismo [sem-pli-cì-ʃmo] ***n.m.*** simplisme.

semplicista [sem-pli-cì-sta] ***n.m.*** e ***f.*** simpliste.

semplicistico [sem-pli-cì-sti-co] ***agg.*** [pl.m. *-ci*, f. *-che*] simpliste.

semplicità [sem-pli-ci-tà] ***n.f.invar.*** **1** simplicité **2** (*ingenuità*) naïveté.

semplificare [sem-pli-fi-cà-re] ***v.tr.*** [coniug. come *mancare*] simplifier ♦ **semplificarsi** ***v.pron.intr.*** se simplifier.

semplificazione [sem-pli-fi-ca-zió-ne] ***n.f.*** simplification.

sempre [sèm-pre] ***avv.*** **1** toujours: *non sempre le cose vanno bene*, les choses ne vont pas toujours bien; *è sempre così*, c'est toujours la même histoire; *andasse sempre così!*, si ça pouvait toujours marcher comme ça!; *sempre guai!*, toujours des ennuis!; *ma se glielo dico sempre!*, je n'arrête pas de le lui dire!; *è l'uomo di sempre*, c'est toujours le même (homme) | *lavora con sempre maggiore impegno*, il travaille avec toujours plus d'ardeur **2** (*con valore di* a patto che, tuttavia, nondimeno): *esci pure, ma sempre alla mattina*, tu peux sortir, mais seulement le matin; *parlagli pure, sempre però con molta cautela*, tu peux lui parler, mais en prenant toutes les précautions voulues.
● ***sempre che***, (*purché*) pourvu que; (*a condizione che, se*) à condition que, si; (*ammesso che*) si toutefois: *sempre che non piova*, pourvu, à condition qu'il ne pleuve pas; *sempre che tu lo voglia*, si tu le veux réellement; *sempre che si possa parlare di merito*, si toutefois on peut parler de mérite; *sempre che abitino ancora lì*, encore faut-il qu'ils habitent toujours là | ***sempre e poi sempre***, tout le temps, constamment | ***sempre meglio***, de mieux en mieux | ***sempre meno***, de moins en moins: *aveva sempre meno appetito*, il avait toujours moins d'appétit | ***sempre peggio***, de mal en pis | ***sempre più***, toujours davantage; (*seguito da agg., avv., n.*) de plus en plus | ***sempre tuo, vostro***, (*nella chiusa delle lettere*) bien à vous | ***da sempre***, depuis toujours | ***per sempre***, pour toujours, à jamais: *una volta per sempre*, une fois pour toutes | ***(pur) sempre***, toujours: *anche se ti dà solo cento euro, è (pur) sempre qualcosa!*, même s'il ne te donne que cent euros, c'est toujours ça de pris; *resta (pur) sempre il fatto che mi ha offeso*, il n'en reste pas moins qu'il m'a blessé; *è pur sempre un uomo di valore*, cela ne l'empêche pas d'être un homme de valeur; *ha pur sempre ragione!*, n'empêche qu'il a raison!

> NOTA Nei tempi composti ***toujours***, traduzione di ***sempre***, va posto tra l'ausiliare e il participio passato:
>
> *Ha detto **sempre** la verità.*
> Il a **toujours** dit la vérité.

sempreverde [sem-pre-vér-de] ***n.m.*** (*bot.*) semper virens ♦ ***agg.*** sempervirent: *specie sempreverde*, espèce sempervirente; *piante sempreverdi*, plantes (toujours) vertes; *foglie sempreverdi*, feuilles persistantes.

senape [sè-na-pe] ***n.f.*** moutarde: *senape nera*, moutarde noire (*o* sénevé); *senape selvatica*, sanve | (*color*) *senape*, moutarde.

senario [se-nà-rio] ***agg.*** e ***n.m.*** [pl.m. *-ri*] (*metrica*) sénaire.

senato [se-nà-to] ***n.m.*** sénat: *in, al senato*, devant le sénat.
● ***senato accademico***, (*in università*) conseil des doyens.

senatore [se-na-tó-re] ***n.m.*** sénateur: *essere eletto senatore*, être élu sénateur | *senatore a vita*, sénateur inamovible.

senatoriale [se-na-to-rià-le] **senatorio** [pl.m. *-ri*] ***agg.*** sénatorial*.

senatrice [se-na-trì-ce] ***n.f.*** femme sénateur.

senegalese [se-ne-ga-lé-se] ***agg.*** sénégalais ♦ ***n.m.*** e ***f.*** (*abitante*) Sénégalais/e.

senescenza [se-ne-scèn-za] ***n.f.*** sénescense.

senese [se-né-se] ***agg.*** siennois ♦ ***n.m.*** e ***f.*** (*abitante*) Siennois/e.

senile [se-nì-le] ***agg.*** sénile.

senilità [se-ni-li-tà] ***n.f.invar.*** sénilité.

senior [sè-nior] ***n.m.*** e ***f.*** [pl. *seniores*] (*sport*) senior: *categoria (dei) seniores*, catégorie seniore ♦ ***agg.invar.*** père: *Francesco Rossi senior*, Francesco Rossi père.

senno [sén-no] ***n.m.*** sagesse (*f.*), jugement: *donna piena di senno*, femme pleine de bon sens, de jugement.
● ***giudicare con il senno di poi***, juger après coup | ***perdere il senno, uscire di senno***, perdre la raison | ***tornare in senno***, retrouver la raison.

sennò [sen-nò] ***cong.*** → **se**[1].

seno [sé-no] ***n.m.*** **1** sein (*anche fig.*): *stringere al seno*, serrer sur, contre son sein; *in seno*, dans son sein; *avere un bel seno*, avoir une belle poitrine **2** (*anat.*) (*cavità*) sinus **3** (*mat.*) sinus.

● ***in seno a, nel seno di***, (*fig.*) au sein de: *in seno all'assemblea*, au sein de l'assemblée.

senologia [se-no-lo-gì-a] ***n.f.*** (*med.*) sénologie.

senonché [se-non-ché] ***cong.*** → **se**[1].

sensale [sen-sà-le] ***n.m.*** courtier*; (*di cavalli*) maquignon; (*di matrimoni*) marieur.

sensatamente [sen-sa-ta-mén-te] ***avv.*** sagement.

sensatezza [sen-sa-téz-za] ***n.f.*** sagesse; (*buonsenso*) bon sens (*m.*).

sensato [sen-sà-to] ***agg.*** sensé.

sensazionale [sen-sa-zio-nà-le] ***agg.*** sensationnel*; (*fam.*) sensass.

sensazionalismo [sen-sa-zio-na-lì-ʃmo] ***n.m.*** sensationnalisme.

sensazionalistico [sen-sa-zio-na-lì-sti-co] ***agg.*** [pl.m. *-ci*, f. *-che*] sensationnaliste.

sensazione [sen-sa-zió-ne] ***n.f.*** sensation.
● ***a sensazione***, à sensation | ***fare sensazione***, faire sensation.

sensibile [sen-sì-bi-le] ***agg.*** sensible.
● (*mil.*) ***obiettivo sensibile***, cible sensible | ***dati sensibili***, données sensibles.

sensibilità [sen-si-bi-li-tà] ***n.f.invar.*** sensibilité.

sensibilizzare [sen-si-bi-liʒ-ʒà-re] ***v.tr.*** sensibiliser ♦ **sensibilizzarsi** ***v.pron.*** e ***pron.intr.*** se sensibiliser.

sensibilizzazione [sen-si-bi-liʒ-ʒa-zió-ne] ***n.f.*** sensibilisation.

sensibilmente [sen-si-bil-mén-te] ***avv.*** **1** (*attraverso i sensi*) d'une manière sensible **2** (*notevolmente*) sensiblement.

sensismo [sen-sì-ʃmo] ***n.m.*** (*fil.*) sensualisme.

sensitiva [sen-si-tì-va] ***n.f.*** (*bot.*) sensitive.

sensitivo [sen-si-tì-vo] ***agg.*** **1** sensitif* **2** (*sensibile*) sensible, émotif* ♦ ***n.m.*** [f. *-a*] (*medium*) médium.

senso [sèn-so] ***n.m.*** **1** sens: *organi di senso*, organes des sens **2** (*sensazione*) sensation (*f.*): *senso di benessere*, sensation de bien-être **3** (*sentimento*) sentiment: *un senso di colpa*, un sentiment de culpabilité; *non farti sensi di colpa!*, ne te sens pas coupable! | *con i sensi della mia più profonda stima*, (*nella corrispondenza*) avec l'expression de ma plus profonde considération **4** (*capacità di sentire, di distinguere*) sens: *il senso critico*, l'esprit, le sens critique **5** (*significato*) sens: *parole prive di senso*, mots dénués de sens; *non ha alcun senso*, ça ne rime à rien | *senso proprio, figurato*, sens propre, figuré **6** (*modo, direzione*) sens: *mi ha parlato in questo senso*, il m'a parlé dans ce sens.
● ***senso unico, vietato***, (*nella segnaletica*) sens unique, interdit | ***ai sensi della legge***, aux termes de la loi | ***doppio senso***, double sens | ***far senso***, (*impressionare*) impressionner; (*disgustare*) répugner | ***il buon senso***, le bon sens | ***il sesto senso***, le sixième sens | ***in senso orario, antiorario***, dans le sens des aiguilles d'une montre, dans le sens contraire des aiguilles d'une montre | ***in senso stretto***, dans le sens strict | ***in tutti i sensi***, dans tous les sens | ***perdere, riacquistare i sensi***, perdre, reprendre ses sens, connaissance | ***ripetere qlco a senso***, répéter qqch en substance | ***tradurre a senso***, traduire selon le sens.

sensore [sen-só-re] ***n.m.*** (*tecn.*) senseur, capteur, palpeur.

sensoriale [sen-so-rià-le] ***agg.*** sensoriel*.

sensorio [sen-sò-rio] ***agg.*** [pl.m. *-ri*] sensoriel* ♦ ***n.m.*** sensorium.

sensuale [sen-su-à-le] ***agg.*** sensuel*.

sensualismo [sen-sua-lì-ʃmo] ***n.m.*** (*fil.*) sensualisme.

sensualità [sen-sua-li-tà] ***n.f.invar.*** sensualité.

sentenza [sen-tèn-za] ***n.f.*** **1** (*dir.*) sentence; (*giudizio*) jugement (*m.*); (*di tribunale superiore*) arrêt (*m.*): *sentenza di assoluzione*, sentence absolutoire **2** (*massima*) sentence.
● ***sputare sentenze***, (*fig.*) parler comme un oracle.

sentenziare [sen-ten-zià-re] ***v.intr.*** e ***tr.*** [aus. *avere*] **1** décréter*: *la corte sentenziò che era colpevole*, la cour décréta qu'il était coupable **2** (*parlare in tono sentenzioso*) pontifier.

sentenziosamente [sen-ten-zio-sa-mén-te] ***avv.*** sentencieusement.

sentenzioso [sen-ten-zió-so] ***agg.*** sentencieux*.

sentiero [sen-tiè-ro] ***n.m.*** sentier: *seguire il retto sentiero*, (*fig.*) suivre le droit chemin.
● (*aer.*) ***sentiero luminoso***, piste lumineuse | ***essere sul sentiero di guerra***, (*fig.*) être sur le pied de guerre.

sentimentale [sen-ti-men-tà-le] ***agg.*** e ***n.m.*** e ***f.*** sentimental*/e.

sentimentalismo [sen-ti-men-ta-lì-ʃmo] ***n.m.*** sentimentalisme.

sentimentalità [sen-ti-men-ta-li-tà] ***n.f.invar.*** sentimentalité.

sentimentalmente [sen-ti-men-tal-mén-te] ***avv.*** sentimentalement.

sentimento [sen-ti-mén-to] ***n.m.*** sentiment: *un sentimento di amicizia, di gratitudine, di odio*, un sentiment d'amitié, de gratitude, de haine; *il sentimento della giustizia*, le sentiment de la justice; *nutrire, provare un sentimento*, éprouver un sentiment.
● ***fare con tutti i sentimenti***, (*fam.*) faire en y mettant tout son cœur, consciencieusement.

sentina [sen-tì-na] ***n.f.*** (*mar.*) sentine.

sentinella [sen-ti-nèl-la] ***n.f.*** sentinelle.
● ***essere di sentinella***, être en sentinelle | ***montare di sentinella***, monter la garde.

sentire [sen-tì-re] ***v.tr.*** **1** sentir*; (*avvertire*) ressentir*; (*provare*) éprouver: *sentire il freddo*, sentir le froid; *sentire simpatia, affetto per qlcu*, ressentir de la sympathie, de l'affection pour qqn; *sentivo che sarebbe venuto*, je sentais qu'il viendrait; *sento di amarlo ancora*, je sens que je l'aime encore; *sento il dovere di dirtelo*, je sens que c'est mon devoir de te le dire | *sentire il tempo*, être sensible aux changements de temps | *sentire il fascino di qlcu, di qlco*, être sensible au charme de qqn, de qqch **2** (*udire*) entendre*; (*ascoltare*) écouter: *sentire un rumore*, entendre un bruit; *non farti sentire piangere!*, qu'on ne t'entende pas pleurer!; *senti cosa ne pensa*, demande-lui ce qu'il en pense; *ho sentito la brutta notizia*, j'ai appris la mauvaise nouvelle | *stammi a sentire!*, *sentimi bene!*, écoute-moi bien! **3** (*assistere a*) assister (**à**): *sentire una lezione, la Messa*, assister à un cours, à la Messe **4** (*consultare*) consulter: *senti il parere del medico*, consulte ton médecin **5** (*tastare*) tâter; (*gustare*) goûter: *senti come è morbida questa lana*, touche comme cette laine est mœlleuse; *senti come è buono questo pane*, goûte ce pain comme il est bon ♦ ***v.intr.*** [aus. *avere*] (*udire*) entendre*: *non (ci) sente, è sordo*, il n'entend pas, il est sourd ♦ **sentirsi** ***v.pron.*** se sentir*: *e adesso come ti senti?*, comment te sens-tu maintenant?
● ***sentire fame, sete, male***, avoir faim, soif, mal | ***sentirsela di***, (*aver voglia di*) avoir envie de; (*avere il coraggio di*) avoir le courage de: *non me la sento di uscire stasera*, je n'ai pas envie (*o* le courage) de sortir ce soir; *non me la*

S

sento di dirglielo, je n'ai pas le courage de le lui dire | ***sentirsi bene***, ***male***, ***meglio***, se sentir bien, mal, mieux | ***a sentire lui***, à l'entendre | ***fatti sentire!***, (*fatti valere*) fais valoir tes droits; (*dai notizie*) donne de tes nouvelles; (*al telefono*) appelle-moi, passe-moi un coup de fil | ***ne sentiremo delle belle!***, ce qu'il faudra entendre! | ***sentiamo!***, raconte!, voyons!: *cosa c'è, sentiamo!*, raconte un peu ce qui se passe!; *sentiamo di che si tratta*, voyons de quoi il s'agit.

NOTA Il participio passato di ***se sentir***, che traduce il pronominale ***sentirsi***, seguito da un infinito si accorda con il soggetto se questo compie l'azione espressa dall'infinito:

*Si sono **sentiti** rivivere.*
Ils se sont **sentis** revivre.
*Si è **sentita** trascinare dalla corrente.*
Elle s'est **senti** entraîner par le courant.

sentitamente [sen-ti-ta-mén-te] *avv.* vivement.

sentito [sen-tì-to] *agg.* **1** (*udito*) entendu **2** (*sincero*) sincère | *sentiti auguri*, vœux très sincères.
● ***per sentito dire***, par ouï-dire.

sentore [sen-tó-re] *n.m.* **1** (*vago sospetto*) soupçon; (*conoscenza*) connaissance (*f.*) **2** (*odore*) odeur (*f.*).
● ***avere sentore di qlco***, soupçonner qqch; (*avere notizia*) avoir vent de.

senza [sèn-za] *prep.* sans: *senza di te*, sans toi; *mangia senza pane*, il mange sans pain ♦ *cong.* sans: *è uscito senza fare rumore*, il est sorti sans faire de bruit ♦ *n.m.* (*bridge*) sans-atout*.
● ***senz'altro***, ***senza dubbio***, sans faute, sans aucun doute | ***senza che***, sans que: *senza che nessuno gli rivolgesse la parola*, sans que personne ne lui adresse la parole | ***senza se e senza ma***, sans plus attendre, sans appel | (*canottaggio*) ***due***, ***quattro senza***, deux, quatre sans barreur | ***fare senza qlco***, se passer de qqch | ***rimanere senza***, (*fam.*) ne plus en avoir: *sono rimasto senza*, je n'en ai plus.

NOTA ***Senza di*** si traduce ***sans*** non seguito dalla preposizione: *senza **di** me*, sans moi; *senza **di** loro*, sans eux/elles.

senzatetto [sen-za-tét-to] *n.m.* e *f.invar.* sans-logis*; (*senza fissa dimora*) sans domicile fixe, SDF.

sepalo [sè-pa-lo] *n.m.* (*bot.*) sépale.

separabile [se-pa-rà-bi-le] *agg.* séparable.

separare [se-pa-rà-re] *v.tr.* séparer (*anche fig.*): *la frontiera che separa i due paesi*, la frontière qui sépare les deux pays ♦ **separarsi** *v.pron.* e *pron.rec.* se séparer: *separarsi amichevolmente*, se séparer à l'amiable | (*dir.*) *separarsi legalmente*, se séparer légalement (*o* de corps et de biens).

S

separatamente [se-pa-ra-ta-mén-te] *avv.* séparément | (*comm.*) *inviare separatamente*, envoyer sous pli séparé.

separatismo [se-pa-ra-tì-ʃmo] *n.m.* séparatisme.

separatista [se-pa-ra-tì-sta] *agg.* e *n.m.* e *f.* séparatiste.

separato [se-pa-rà-to] *agg.* séparé: *dormire in camere separate*, faire chambre à part | *letti separati*, lits jumeaux | *conti separati*, comptes à part ♦ *n.m.* [f. *-a*] homme séparé.

separatore [se-pa-ra-tó-re] *agg.* e *n.m.* [f. *-trice*] séparateur*.

separazione [se-pa-ra-zió-ne] *n.f.* séparation.
● (*dir.*): ***separazione consensuale***, séparation par consentement mutuel; ***separazione legale***, séparation légale, de corps.

séparé [sepa're] *n.m.invar.* (*di un locale*) loge (*f.*).

sepolcrale [se-pol-crà-le] *agg.* sépulcral* (*anche fig.*): *silenzio sepolcrale*, silence de mort.

sepolcreto [se-pol-cré-to] *n.m.* **1** nécropole (*f.*) **2** (*nell'altare*) confession (*f.*).

sepolcro [se-pól-cro] *n.m.* tombeau*; (*letter.*) sépulcre.
● (*relig.*) ***il Santo Sepolcro***, le Saint-Sépulcre | ***visita ai sepolcri***, (*nella settimana santa*) visite des reposoirs.

sepolto [se-pól-to] *agg.* enterré; (*ricoperto, nascosto*) enseveli (*anche fig.*): *libro sepolto sotto un mucchio di scartoffie*, livre enseveli sous une montagne de paperasses; *sepolto nel sonno*, (*fig.*) plongé dans le sommeil | *civiltà sepolte*, civilisations disparues.
● ***morto e sepolto***, (*fig.*) mort et enterré.

sepoltura [se-pol-tù-ra] *n.f.* **1** sépulture: *dar sepoltura*, donner la sépulture **2** (*cerimonia*) enterrement (*m.*).

seppellire [sep-pel-lì-re] *v.tr.* [coniug. come *finire*; p.p. *sepolto*] **1** enterrer **2** (*ricoprire*) ensevelir; (*nascondere sotto terra*) enfouir, enterrer: *seppellire un tesoro*, enterrer (*o* enfouir) un trésor ♦ **seppellirsi** *v.pron.* (*fig.*) s'enterrer, s'ensevelir | *seppellirsi in casa*, se cloîtrer chez soi.

seppi → **sapere**[1].

seppia [sép-pia] *n.f.* (*zool.*) seiche ♦ *agg.* e *n.m.invar.* (*colore*) sépia (*f.*) | *nero di seppia, inchiostro* (*nero di*) *seppia*, sépia: *un disegno al nero di seppia*, un dessin à la sépia, une sépia.

seppure [sep-pù-re] *cong.* **1** (*anche se*) même si: *voglio parlargli, seppure dovessi aspettare delle ore*, je tiens à lui parler même si je devais attendre des heures **2** (*ammesso che*) si toutefois: *l'unico suo merito, seppure si può parlare di merito*, son seul mérite, si toutefois on peut parler de mérite.

NOTA ***Même si***, traduzione di ***seppure***, è seguito dall'indicativo imperfetto al posto del congiuntivo italiano:

*Seppure **dovessi** lavorare tutta la notte, voglio finire.*
Même si je dois travailler toute la nuit, je veux finir.

sequela [se-què-la] *n.f.* suite; (*fam.*) kyrielle.

sequenza [se-quèn-za] *n.f.* **1** série; (*serie ininterrotta*) suite: *una sequenza di numeri*, une suite de numéros **2** (*cine.*) séquence | *sequenza sonora*, séquence-son | *sequenza visiva*, séquence-image **3** (*inform.*) chaîne, suite: *sequenza di bit*, chaîne binaire | *sequenza di ingresso*, séquence d'initialisation **4** (*tecn., scient.*) série.

sequenziale [se-quen-zià-le] *agg.* séquentiel*.

sequestrabile [se-que-strà-bi-le] *agg.* (*dir.*) saisissable.

sequestrare [se-que-strà-re] *v.tr.* **1** (*mettere sotto sequestro*) mettre* sous séquestre; (*pignorare*) saisir: *sequestrare un immobile*, mettre un immeuble sous séquestre; *sequestrare i beni di qlcu*, saisir les biens de qqn **2** (*togliere dalla circolazione*) séquestrer: *sequestrare un giornale*, séquestrer un journal **3** (*confiscare*) confisquer: *merce sequestrata*, marchandise confisquée **4** (*persona*) séquestrer; (*a scopo di estorsione*) kidnapper.

sequestratario [se-que-stra-tà-rio] *n.m.* [f. *-a*; pl.m. *-ri*] (*dir.*) (administrateur) séquestre.

sequestrato [se-que-strà-to] *agg.* saisi, séquestré ♦ *n.m.* [f. *-a*] personne (*f.*) séquestrée; (*a scopo di estorsione*) personne (*f.*) kidnappée.

sequestratore [se-que-stra-tó-re] *n.m.* [f. *-trice*] (*rapitore*) kidnappeur*, ravisseur*.

sequestro [se-què-stro] *n.m.* **1** (*dir.*) séquestre, saisie

(*f.*) | *sequestro di esecuzione, esecutivo*, saisie-exécution | *sequestro presso terzi*, saisie-arrêt **2** (*confisca*) saisie (*f.*) **3** (*di persona*) séquestration (*f.*); (*a scopo di estorsione*) kidnapping.
● (*dir.*) ***mettere, porre sotto sequestro***, mettre sous séquestre.

sequoia [se-quò-ia] ***n.f.*** (*bot.*) séquoia (*m.*).

sera [sé-ra] ***n.f.*** soir (*m.*); (*serata*) soirée: *tre sere fa*, le soir, il y a trois jours; *tutte le sere*, tous les soirs; *alle sei di sera*, à six heures du soir; *ho studiato tutta la sera*, j'ai travaillé toute la soirée; *si fa sera*, il commence à faire nuit; *la sera tardi*, tard dans la soirée; *andare a letto tardi la sera*, se coucher tard le soir; *la sera prima*, le soir précédent; *la sera dopo, seguente*, le lendemain soir | *sul far della sera, verso sera*, vers le soir | *alla sera, di sera*, le soir.

NOTA **Sera**: ***soir*** o ***soirée***?
Soir indica il finire del giorno, mentre ***soirée*** indica il periodo di tempo dopo il tramonto, nella sua durata:
Scende la ***sera***.
Le **soir** tombe.
Ho passato la ***sera*** *a leggere*.
SÌ J'ai passé la **soirée** à lire.
NO J'ai passé le **soir** à lire.

seracco [se-ràc-co] ***n.m.*** [pl. *-chi*] (*geol.*) sérac.

serafico [se-rà-fi-co] ***agg.*** [pl.m. *-ci*, f. *-che*] **1** séraphique **2** (*fig.*) impassible.

serafino [se-ra-fì-no] ***n.m.*** (*teol.*) séraphin.

serale [se-rà-le] ***agg.*** du soir: *il turno serale*, le service du soir | (*teatr.*) *rappresentazione serale*, soirée.

serata [se-rà-ta] ***n.f.*** soirée: *in serata*, dans la soirée.
● ***serata danzante***, soirée dansante | (*teatr.*) ***serata d'onore***, représentation en l'honneur de qqn | (*tv*) ***trasmissione in prima serata***, émission en début de soirée.

serbare [ser-bà-re] ***v.tr.*** **1** (*tenere*) garder; (*mettere da parte*) mettre* de côté: *ho serbato le tue lettere*, j'ai gardé tes lettres **2** (*fig.*) (*conservare*) garder; (*mantenere*) tenir*: *serbare gratitudine*, garder de la reconnaissance; *serbare la parola data*, tenir sa parole; *serbare fede ai propri ideali*, être fidèle à ses idéaux ♦ **serbarsi** ***v.pron.*** se garder, rester.

serbatoio [ser-ba-tó-io] ***n.m.*** [pl. *-oi*] réservoir: *serbatoio della benzina*, réservoir d'essence | *serbatoio per la raccolta delle acque*, château d'eau.
● (*inform.*) ***serbatoio di ricezione carta***, récepteur de papier.

serbo[1] [sèr-bo] ***n.m.***
● ***avere, tenere in serbo***, garder, avoir de côté.

serbo[2] ***agg.*** serbe ♦ ***n.m.*** **1** (*lingua*) serbe **2** [f. *-a*] (*abitante*) Serbe.

serbocroato [ser-bo-cro-à-to] ***agg.*** serbo-croate* ♦ ***n.m.*** (*lingua*) serbo-croate.

serenamente [se-re-na-mén-te] ***avv.*** sereinement.

serenata [se-re-nà-ta] ***n.f.*** sérénade.

serenella [se-re-nèl-la] ***n.f.*** (*bot. pop.*) lilas (*m.*).

serenissimo [se-re-nìs-si-mo] ***agg.*** sérénissime.
● (*st.*) ***la Serenissima***, la Sérénissime (République de Venise).

serenità [se-re-ni-tà] ***n.f.invar.*** sérénité (*anche fig.*): *la serenità d'animo*, la sérénité de l'âme.

sereno [se-ré-no] ***agg.*** serein (*anche fig.*): *giorni sereni*, jours sereins ♦ ***n.m.*** ciel serein.
● (*geol.*) ***pietra serena***, pierre de Florence.

sergente [ser-gèn-te] ***n.m.*** **1** sergent | *sergente maggiore*, sergent-chef **2** (*fig.*) gendarme **3** (*morsetto*) sergent.

serial [sè-rial] ***n.m.invar.*** (*rad., tv.*) (*sceneggiato*) sérial*, film à épisodes.

seriale [se-rià-le] ***agg.*** sériel*; en série.
● (*inform.*) ***elaboratore seriale***, calculateur sériel.

serial killer ['sɛrjal'killer] ***n.m.*** e ***f.invar.*** tueur/euse en série.

seriamente [se-ria-mén-te] ***avv.*** sérieusement.

serico [sè-ri-co] ***agg.*** [pl.m. *-ci*, f. *-che*] (*di seta*) **1** de soie; (*della seta*) de la soie **2** (*simile a seta*) soyeux*.

sericoltore [se-ri-col-tó-re] ***n.m.*** [f. *-trice*] sériciculteur*.

sericoltura [se-ri-col-tù-ra] ***n.f.*** sériciculture.

serie [sè-rie] ***n.f.*** **1** série: *una serie di domande*, une série de questions **2** (*sport*) division: *serie A, B*, première, deuxième division; *cittadini di serie A e di serie B*, (*fig.*) citoyens de première et de deuxième catégorie **3** (*inform.*) ensemble (*m.*); jeu (*m.*): *serie completa di caratteri*, jeu de caractères; *serie completa di caratteri a barre*, jeu de caractères à barres; *serie di dati*, ensemble de données.
● ***serie televisiva***, série télévisée | ***di, in serie***, en série; par séries: *modello di serie*, modèle en série; *vettura di serie*, voiture de série; *ordinato in serie*, rangé par séries | ***fuori serie***, hors série | (*tennis*) ***testa di serie***, tête de série.

serietà [se-rie-tà] ***n.f.invar.*** **1** (*l'essere serio*) sérieux (*m.*): *agire con scarsa serietà*, manquer de sérieux; *di assoluta serietà*, d'un grand sérieux; *serietà professionale*, conscience professionnelle; *serietà di studi*, des études solides; *serietà di costumi*, austérité des mœurs; *la serietà di una ragazza*, la moralité d'une jeune fille **2** (*gravità*) gravité: *la serietà di un problema*, la gravité d'un problème.

serigrafia [se-ri-gra-fì-a] ***n.f.*** sérigraphie.

serigrafico [se-ri-grà-fi-co] ***agg.*** [pl.m. *-ci*, f. *-che*] sérigraphique.

serio [sè-rio] ***agg.*** [pl.m. *-ri*] **1** sérieux*: *la faccenda si fa seria*, l'affaire se corse; *donna poco seria*, femme légère | *musica seria*, musique classique **2** (*preoccupato*) soucieux*; (*grave*) grave: *restare serio*, garder son sérieux ♦ ***n.m.*** sérieux.
● ***sul serio***, (*seriamente*) sérieusement; (*veramente*) vraiment; (*davvero*) pour de bon: *dire sul serio*, parler sérieusement; *prendere sul serio*, prendre au sérieux; *è partito sul serio*, il est parti pour de bon; *fanno sul serio*, ils ne plaisantent pas; *sul serio ti piace?*, cela te plaît vraiment?; *sul serio?*, (*fam.*) c'est vrai?; *sul serio!*, c'est pas vrai! | ***tra il serio e il faceto***, mi-figue mi-raisin.

S

serioso [se-rió-so] ***agg.*** (*scherz.*) grave, compassé.

sermone [ser-mó-ne] ***n.m.*** **1** sermon **2** (*scherz.*) (*paternale*) semonce (*f.*).
● (*Bibbia*) ***il sermone della montagna***, le sermon sur la montagne.

serotino [se-rò-ti-no] ***agg.*** **1** (*bot.*) (*tardivo*) tardif* **2** (*letter.*) (*della sera*) du soir.

serpa [sèr-pa] ***n.f.*** siège (*m.*) du cocher.

serpaio [ser-pà-io] ***n.m.*** [pl. *-ai*] (*nido di serpi*) nid de serpents.

serpe [sèr-pe] ***n.f.*** serpent (*m.*) (*anche fig.*).
● ***a serpe***, en spirale | ***scaldare, nutrire una serpe in seno***, (*fig.*) réchauffer un serpent dans son sein.

FAUX AMI
Da non confondere con il francese *serpe*, che significa *falcetto, roncola*.

serpeggiante [ser-peg-giàn-te] *agg.* tortueux*, sinueux*: *strada serpeggiante*, route en lacet.

serpeggiare [ser-peg-già-re] *v.intr.* [coniug. come *mangiare*; aus. *avere*] **1** serpenter (à travers) **2** (*fig.*) s'insinuer: *l'inquietudine serpeggiante tra la folla*, l'inquiétude qui gagnait la foule.

serpentario [ser-pen-tà-rio] *n.m.* [pl. *-ri*] (*zool.*) serpentaire.

serpente [ser-pèn-te] *n.m.* serpent (*anche fig.*): *serpente a sonagli, dagli occhiali*, serpent à sonnettes, à lunettes | *di pelle di serpente*, en peau de serpent.
● ***fossa dei serpenti***, (*fig.*) cage aux fauves.

serpentello [ser-pen-tèl-lo] *n.m.* (*zool.*) serpenteau*.

serpentina [ser-pen-tì-na] *n.f.* **1** (*linea serpeggiante*) spirale **2** (*tubo a spirale*) serpentin (*m.*) **3** (*calcio*) série de dribbles.
● ***a serpentina***, en spirale: *strada a serpentina*, route en lacet.

serpentino[1] [ser-pen-tì-no] *agg.* de serpent.

serpentino[2] *n.m.* (*tubo*) serpentin.

serpentone [ser-pen-tó-ne] *n.m.* **1** (*lungo corteo*) long cortège **2** (*cordolo*) bordure (*f.*) en pierre **3** (*mus.*) serpent **4** (*tv*) (*fam.*) crawl.

serpillo [ser-pìl-lo] *n.m.* (*bot.*) serpolet.

serra [sèr-ra] *n.f.* **1** serre: *piante coltivate in serra*, plantes cultivées en serre **2** (*sbarramento fluviale*) barrage (*m.*).
● (*ecol.*) ***effetto serra***, effet de serre.

serrafila [ser-ra-fì-la] *n.m.* o *f.* [pl. *invar.* o *-e*] (*mil., mar.*) serre-file* (*m.*).

serrafilo [ser-ra-fì-lo] *n.m.* (*elettr.*) serre-fils*.

serraglio[1] [ser-rà-glio] *n.m.* [pl. *-gli*] (*del circo*) ménagerie (*f.*).

serraglio[2] *n.m.* [pl. *-gli*] (*del sultano*) sérail.

serramanico [ser-ra-mà-ni-co] *n.m.*
● ***coltello a serramanico***, couteau à cran d'arrêt.

serramento [ser-ra-mén-to] *n.m.* [pl.m. *serramenti*, pl.f. collettivo *serramenta*] **1** (*porta*) porte (*f.*); (*finestra*) fenêtre (*f.*) **2** (*pl.*) (*l'insieme delle strutture mobili*) fermetures (*f.*).

serranda [ser-ràn-da] *n.f.* **1** store (*m.*); (*di negozi*) rideau* (*m.*) de fer, store (*m.*) **2** (*del forno*) bouchoir (*m.*).

serrare [ser-rà-re] *v.tr.* **1** fermer | *serrare bottega*, (*anche fig.*) fermer boutique **2** (*stringere*) serrer (*anche fig.*): *serrare i pugni*, serrer les poings; *un nodo gli serrava la gola*, (*fig.*) un nœud lui serrait la gorge **3** (*accelerare*) accélérer*: *serrare il ritmo*, accélérer le rythme ♦ *v.intr.* [aus. *avere*] fermer ♦ **serrarsi** *v.pron.* (*rinchiudersi*) s'enfermer; (*stringersi*) se serrer: *serrarsi intorno a qlcu*, se presser autour de qqn.

serrata [ser-rà-ta] *n.f.* (*econ.*) lock-out (*m.*), grève patronale: *fare una serrata*, lock-outer.

serrate [ser-rà-te] *n.m.invar.* (*sport*) forcing.

serrato [ser-rà-to] *agg.* **1** (*chiuso*) fermé **2** (*fitto*) serré: *ritmo serrato*, rythme soutenu | *galoppo serrato*, galop soutenu **3** (*stringato*) serré; (*conciso*) concis.

serratura [ser-ra-tù-ra] *n.f.* serrure | *dal buco della serratura*, par le trou de la serrure.
● ***serratura di sicurezza***, serrure de sûreté.

serto [sèr-to] *n.m.* (*letter.*) guirlande (*f.*); (*corona*) couronne (*f.*).

serva [sèr-va] *n.f.* bonne; (*antiq.*) servante: *pettegolezzi da serva*, ragots de concierge.

servaggio [ser-vàg-gio] *n.m.* [pl. *-gi*] (*letter.*) servage.

servalo [ser-và-lo] *n.m.* (*zool.*) serval*.

servente [ser-vèn-te] *agg.* (*antiq.*) servant.
● ***cavalier servente***, chevalier servant.

server ['server] *n.m.invar.* (*inform.*) serveur.
● (*Internet*) ***server proxy***, serveur mandataire.

service ['sɛrvis] *n.m.invar.* prestataire de services.

servigio [ser-vì-gio] *n.m.* [pl. *-gi*] service.

servile [ser-vì-le] *agg.* **1** servile: *atteggiamento servile*, (*fig.*) attitude servile **2** (*gramm.*) semi-auxiliaire: *verbo servile*, verbe semi-auxiliaire.

servilismo [ser-vi-li-ʃmo] *n.m.* servilisme.

servilmente [ser-vil-mén-te] *avv.* servilement.

servire [ser-vì-re] *v.tr.* **1** servir*: *ci ha servito un'ottima cena*, elle nous a servi un excellent dîner; *a che cosa serve?*, à quoi ça sert?; *la stanno servendo?*, on s'occupe de vous?; *in che cosa posso servirla?*, en quoi puis-je vous être utile? **2** (*fare servizio*) desservir*: *quell'autobus serve la periferia*, cet autobus dessert la banlieue **3** (*calcio, tennis*) servir* ♦ *v.intr.* **1** [aus. *avere*] (*prestare servizio*) servir*: *da quanti anni serve in quella casa?*, depuis combien d'années sert-elle dans cette maison? **2** [aus. *essere*] (*essere utile*) servir*: *a che serve piangere?*, à quoi sert, à quoi bon de pleurer?; *servire da guida*, servir de guide; *servire allo scopo*, être utile **3** [aus. *essere*] (*aver bisogno*) avoir* besoin; (*occorrere*) falloir*: *le serve nulla?*, avez-vous besoin de quelque chose?; *mi serve un martello*, il me faut un marteau **4** [aus. *avere*] (*tennis*) servir* ♦ **servirsi** *v.pron.intr.* se servir*: *mi servo sempre dei mezzi pubblici*, je me sers toujours des transports publics.
● ***servire da bere***, verser à boire | ***ora lo servo io!***, (*in tono minaccioso*) je vais lui régler son compte! | ***per servirla!***, à votre service!

servito [ser-vì-to] *agg.* servi: *la signora è servita*, Madame est servie; *grazie, sono servito*, merci, on s'occupe déjà de moi; *il signore è servito?*, on s'occupe de vous?

servitore [ser-vi-tó-re] *n.m.* [f. *-a* o *-trice*] domestique; (*fig.*) serviteur.

servitù [ser-vi-tù] *n.f.invar.* **1** servitude, esclavage (*m.*) **2** (*personale di servizio*) domestiques (*m.pl.*) **3** (*dir.*) servitude.
● ***servitù della gleba***, servage.

servizievole [ser-vi-zié-vo-le] *agg.* serviable.

servizio [ser-vì-zio] *n.m.* [pl. *-zi*] **1** service: *servizio trasporti*, service des transports; *servizio pubblico*, service public **2** (*di personale domestico, albergo ecc.*) service: *in questo albergo il servizio è ottimo*, dans cet hôtel le service est excellent | *entrare in servizio presso qlcu*, entrer au service de qqn | *le persone di servizio*, les domestiques **3** (*mil.*) service: *fare, prestare servizio militare*, faire son service | *ufficiale in servizio permanente effettivo*, officier d'active **4** (*favore*) service: *fare un servizio a qlcu*, rendre (un) service à qqn **5** (*ufficio, reparto*) service: *servizio acquisti*, service des achats **6** (*pl.*) (*terziario*) services, tertiaire (*sing.*): *lavorare nei servizi*, travailler dans le tertiaire **7** (*insieme di oggetti*) service: *servizio da caffè, da tè*, service à café, à thé; *servizio per fonduta*, service à fondue; *servizio per toilette*, nécessaire (de toilette) **8** (*pl.*) (*bagno*) salle (*f.sing.*) de bains; (*bagno e cucina*) salle (*f.sing.*) de bains plus cuisine: *due stanze più servizi*, deux pièces avec cuisine et salle de bains; *appartamento con doppi servizi*, appartement avec deux salles de bains; *i servizi (igienici) di un campeggio*, les sanitaires d'un camping **9** (*giorn.*) reportage **10** (*sport*) service.

● ***servizio d'ordine***, service d'ordre | ***servizio sanitario nazionale***, Sécurité Sociale | ***al servizio di***, au service de | ***a mezzo servizio***, a mi-temps | ***fare servizio***, (*di mezzi di trasporto*) desservir: *l'autobus fa servizio in centro*, l'autobus dessert le centre | ***fuori servizio***, hors service; (*inutilizzabile*) inutilisable; (*guasto*) en panne | ***prendere servizio***, prendre son service, commencer à travailler.

servo [sèr-vo] ***n.m.*** (*domestico*) domestique; (*servitore*) serviteur ♦ ***agg.*** (*letter.*) esclave.
● (*st.*) ***servo della gleba***, serf | (*relig.*) ***servo di Dio***, serviteur de Dieu.

servo- ***pref.*** servo-.

servofreno [ser-vo-fré-no *o* servofrèno] ***n.m.*** (*aut., mecc.*) servofrein.

servomotore [ser-vo-mo-tó-re] ***n.m.*** (*mecc.*) servomoteur.

servoscala [ser-vo-scà-la] ***n.m.invar.*** (*per disabili*) monte-escalier.

servosterzo [ser-vo-stèr-zo] ***n.m.*** (*aut.*) direction (*f.*) assistée.

sesamo [sè-ʃa-mo] ***n.m.*** (*bot.*) sésame.

sessa [sès-sa] ***n.f.*** (*geogr.*) seiche.

sessagesimale [ses-sa-ge-ʃi-mà-le] ***agg.*** sexagésimal*.

sessanta [ses-sàn-ta] ***agg.num.card.*** e ***n.m.invar.*** soixante.

sessantadue [ses-san-ta-dù-e] ***agg.num.card.*** e ***n.m. invar.*** soixante-deux.

sessantaquattresimo [ses-san-ta-quat-trè-ʃi-mo] ***agg.num.ord.*** e ***n.m.invar.*** soixante-quatrième.
● (*tip.*) ***in sessantaquattresimo***, in-soixantequatre.

sessantenne [ses-san-tèn-ne] ***agg.*** (âgé) de soixante ans ♦ ***n.m.*** e ***f.*** homme (âgé)/femme (âgée) de soixante ans, sexagénaire.

sessantennio [ses-san-tèn-nio] ***n.m.*** [pl. *-ni*] (période de) soixante ans (*pl.*).

sessantesimo [ses-san-tè-ʃi-mo] ***agg.num.ord.*** e ***n.m.*** [f. *-a*] soixantième.

sessantina [ses-san-tì-na] ***n.f.*** soixantaine.

sessantottesco [ses-san-tot-té-sco] ***agg.*** [pl.m. *-schi*, f. *-sche*] soixante-huitard.

sessantottino [ses-san-tot-tì-no] ***n.m.*** [f. *-a*] soixante-huitard.

sessantotto [ses-san-tòt-to] ***n.m.invar.*** (*st.*) (mai) soixante-huit.

sessantuno [ses-san-tù-no] ***agg.num.card.*** e ***n.m. invar.*** soixante et un.

sessione [ses-sió-ne] ***n.f.*** session.

sessismo [ses-sì-ʃmo] ***n.m.*** sexisme.

sessista [ses-sì-sta] ***n.m.*** e ***f.*** sexiste.

sesso [sès-so] ***n.m.*** sexe: *di sesso maschile, femminile*, de sexe masculin, féminin | *fare (del) sesso*, coucher | *praticare il sesso sicuro*, avoir des rapports protégés | *storie di sesso*, histoires de cul, de fesses.

sessuale [ses-su-à-le] ***agg.*** sexuel*.

sessualità [ses-su-a-li-tà] ***n.f.invar.*** sexualité.

sessualmente [ses-sual-mén-te] ***avv.*** sexuellement.

sessuato [ses-su-à-to] ***agg.*** sexué.

sessuofobia [ses-su-o-fo-bì-a] ***n.f.*** (*psic.*) phobie du sexe.

sessuologia [ses-su-o-lo-gì-a] ***n.f.*** sexologie.

sessuologo [ses-su-ò-lo-go] ***n.m.*** [f. *-a*; pl.m. *-gi*, f. *-ghe*] sexologue.

sestante [se-stàn-te] ***n.m.*** sextant.

sesterzio [se-stèr-zio] ***n.m.*** [pl. *-zi*] (*moneta*) sesterce.

sestetto [se-stét-to] ***n.m.*** (*mus.*) sextuor.

sestina [se-stì-na] ***n.f.*** **1** (*strofa*) sizain (*m.*) **2** (*componimento*) sextine.

sesto[1] [sè-sto] ***agg.num.ord.*** sixième; (*nella progressione di re, papi ecc.*) six ♦ ***n.m.*** [f. *-a*] sixième.

sesto[2] ***n.m.*** **1** (*ordine*) ordre **2** (*arch.*) cintre.
● (*arch.*): ***a sesto acuto***, en ogive; ***a tutto sesto***, en plein cintre | ***essere fuori sesto***, être en désordre; (*di persone*) ne pas être dans son assiette | ***rimettersi in sesto***, se remettre d'aplomb; (*dopo malattia*) se remettre sur pied.

sestuplicare [se-stu-pli-cà-re] ***v.tr.*** [coniug. come *mancare*] sextupler.

sestuplo [sè-stu-plo] ***agg.*** e ***n.m.*** sextuple.

set ***n.m.invar.*** **1** (*completo, serie*) jeu*; série (*f.*); (*in astuccio*) trousse (*f.*), boîte (*f.*): *un set per il trucco*, une boîte de maquillage **2** (*tennis*) set **3** (*cine.*) plateau*, tournage: *stare sul set*, être sur le plateau.

seta [sé-ta] ***n.f.*** soie: *capelli di seta*, (*fig.*) cheveux soyeux | *seta pura*, pure soie | *seta marezzata*, moire de soie.
● ***baco da seta***, ver à soie.

setacciare [se-tac-cià-re] ***v.tr.*** [coniug. come *cominciare*] tamiser; (*fig.*) passer au crible.

setaccio [se-tàc-cio] ***n.m.*** [pl. *-ci*] tamis; (*per sabbia*) crible.
● ***passare al setaccio***, passer au tamis (*o* tamiser); (*fig.*) passer au crible.

sete [sé-te] ***n.f.*** soif (*anche fig.*): *avere sete*, avoir soif; *far venire sete, mettere sete*, donner soif; *togliere la sete*, désaltérer.

seteria [se-te-rì-a] ***n.f.*** **1** (*setificio*) fabrique de soie **2** (*spec. pl.*) (*articoli di seta*) soierie.

setificio [se-ti-fì-cio] ***n.m.*** [pl. *-ci*] fabrique (*f.*) de soie.

setola[1] [sé-to-la] ***n.f.*** (*zool., bot.*) soie.

setola[2] ***n.f.*** **1** (*vet.*) seime **2** (*med.*) (*ragade della pelle*) crevasse.

setoloso [se-to-ló-so] ***agg.*** sétifère, couvert de soies.

setoso [se-tó-so] ***agg.*** soyeux*.

setta [sèt-ta] ***n.f.*** secte: *setta segreta*, secte secrète.

settanta [set-tàn-ta] ***agg.num.card.*** e ***n.m.invar.*** soixante-dix.
● (*st. relig.*) ***Versione dei Settanta***, Version des Septante.

settantadue [set-tan-ta-dù-e] ***agg.num.card.*** e ***n.m. invar.*** soixante-douze.

settantenne [set-tan-tèn-ne] ***agg.*** (âgé) de soixante-dix ans ♦ ***n.m.*** e ***f.*** homme (âgé)/femme (âgée) de soixante-dix ans, septuagénaire.

settantennio [set-tan-tèn-nio] ***n.m.*** [pl. *-ni*] soixante-dix ans (*pl.*).

settantesimo [set-tan-tè-ʃi-mo] ***agg.num.ord.*** e ***n.m.*** [f. *-a*] soixante-dixième.

settantina [set-tan-tì-na] ***n.f.*** environ soixante-dix: *ha passato la settantina*, il a plus de soixante-dix ans; *è sulla settantina*, il doit avoir à peu près soixante-dix ans.

settantuno [set-tan-tù-no] ***agg.num.card.*** e ***n.m.invar.*** soixante et onze.

settare [set-tà-re] ***v.tr.*** (*inform.*) paramétrer.

settario [set-tà-rio] ***agg.*** e ***n.m.*** [f. *-a*; pl.m. *-ri*] sectaire.

settarismo [set-ta-rì-ʃmo] ***n.m.*** sectarisme.

S

sette [sèt-te] ***agg.num.card.*** e ***n.m.invar.*** sept: *siamo in sette*, nous sommes sept.
● ***farsi un sette nel vestito***, (*fam.*) faire un accroc à sa robe | (*calcio*) ***il sette***, (*della porta*) la lucarne | ***portare qlcu ai sette cieli***, (*fig.*) porter qqn aux nues.

settebello [set-te-bèl-lo] ***n.m.*** (*carte*) sept de carreau.

settecentesco [set-te-cen-té-sco] ***agg.*** [pl.m. *-schi*, f. *-sche*] du XVIIIe siècle.

settecentista [set-te-cen-tì-sta] ***n.m.*** e ***f.*** **1** (*scrittore, artista*) écrivain/e, artiste du XVIIIe siècle **2** (*studioso del Settecento*) spécialiste du XVIIIe siècle.

settecento [set-te-cèn-to] ***agg.num.card.*** e ***n.m.invar.*** sept cents | *nel Settecento*, au dix-huitième siècle.

settembre [set-tèm-bre] ***n.m.*** septembre: *il primo (di) settembre*, le premier septembre; *nel mese di settembre*, au mois de septembre.

settembrino [set-tem-brì-no] ***agg.*** de septembre.

settenario [set-te-nà-rio] ***agg.*** e ***n.m.*** [pl.m. *-ri*] (*metrica*) (vers) de sept pieds.

settennale [set-ten-nà-le] ***agg.*** septennal*.

settentrionale [set-ten-trio-nà-le] ***agg.*** **1** du Nord, septentrional*: *Africa settentrionale*, Afrique du Nord; *l'emisfero settentrionale*, l'hémisphère nord; *le regioni settentrionali*, le Nord **2** (*esposto a nord*) nord **3** (*proprio del settentrione*) nordique ♦ ***n.m.*** e ***f.*** habitant/e du nord: *è un settentrionale*, il est du nord.

settentrione [set-ten-trió-ne] ***n.m.*** **1** septentrion **2** (*regione a nord*) nord: *nel settentrione dell'Europa*, au nord de l'Europe.

setticemia [set-ti-ce-mì-a] ***n.f.*** (*med.*) septicémie.

setticemico [set-ti-cè-mi-co] ***agg.*** [pl.m. *-ci*, f. *-che*] (*med.*) septicémique.

settico [sèt-ti-co] ***agg.*** [pl.m. *-ci*, f. *-che*] (*med.*) septique.

settima [sèt-ti-ma] ***n.f.*** (*mus.*) septième.

settimana [set-ti-mà-na] ***n.f.*** semaine: *la settimana scorsa*, la semaine passée; *la settimana lavorativa*, la semaine de travail, (*di negozi*) les jours ouvrables; *a metà settimana*, au mileu de la semaine.
● ***settimana bianca***, semaine de ski; (*con la scuola*) classe de neige: *parte per una settimana bianca*, il va passer une semaine aux sports d'hiver | ***settimana corta***, semaine anglaise | ***fine settimana***, week-end, fin de semaine | (*eccl.*) ***la Settimana Santa***, la Semaine Sainte.

S

settimanale [set-ti-ma-nà-le] ***agg.*** hebdomadaire: *paga settimanale*, semaine ♦ ***n.m.*** (*pubblicazione*) hebdomadaire; (*fam.*) hebdo.

settimanalmente [set-ti-ma-nal-mén-te] ***avv.*** hebdomadairement; une fois par semaine.

settimino[1] [set-ti-mì-no] ***agg.*** e ***n.m.*** [f. *-a*] (enfant) né à sept mois.

settimino[2] ***n.m.*** (*mus.*) septuor.

settimo [sèt-ti-mo] ***agg.num.ord.*** e ***n.m.*** [f. *-a*] septième; (*nella progressione di re, papi ecc.*) sept.
● ***essere al settimo cielo***, (*fig.*) être aux anges.

setto [sèt-to] ***n.m.*** **1** (*anat.*) cloison (*f.*), septum **2** (*bot., tecn.*) cloison (*f.*).
● (*anat.*): ***setto intevertebrale***, septum cardiaque; ***setto nasale***, cloison du nez.

FAUX AMI
Da non confondere con *secte*, che significa *setta*.

settore[1] [set-tó-re] ***n.m.*** secteur: *settore pubblico, privato*, secteur publique, privé.

settore[2] ***n.m.*** [f. *-trice*] (*chi seziona*) prosecteur.
● (*dir.*) ***perito settore***, médecin légiste.

settoriale [set-to-rià-le] ***agg.*** sectoriel*, de secteur: *linguaggi settoriali*, langages de secteur.

settorialismo [set-to-ria-lì-ʃmo] ***n.m.*** point de vue partiel.

settorista [set-to-rì-sta] ***n.m.*** e ***f.*** chef de service; expert du secteur.

settuagenario [set-tua-ge-nà-rio] ***agg.*** e ***n.m.*** [f. *-a*] septuagénaire.

settuagesima [set-tua-gè-ʃi-ma] ***n.f.*** (*eccl.*) septuagésime.

severamente [se-ve-ra-mén-te] ***avv.*** sévèrement.

severità [se-ve-ri-tà] ***n.f.invar.*** sévérité.

severo [se-vè-ro] ***agg.*** **1** sévère: *un giudice, un insegnante severo*, un juge, un enseignant sévère **2** (*ingente, rilevante*) sévère: *subire una severa sconfitta*, subir une sévère défaite.

sevizia [se-vì-zia] ***n.f.*** (*spec. pl.*) sévices (*m.pl.*).

seviziare [se-vi-zià-re] ***v.tr.*** torturer; (*violentare*) violer.

seviziatore [se-vi-zia-tó-re] ***n.m.*** [f. *-trice*] tortionnaire.

sex appeal [seksap'pil] ***n.m.invar.*** sex-appeal*, charme sensuel: *un'attrice dotata di sex appeal*, une actrice qui a du sex-appeal.

sezionamento [se-zio-na-mén-to] ***n.m.*** sectionnement; (*med.*) dissection (*f.*).

sezionare [se-zio-nà-re] ***v.tr.*** **1** sectionner **2** (*med.*) disséquer*.

sezione [se-zió-ne] ***n.f.*** section: *sezione maschile, femminile*, classe de garçons, de filles.
● (*mat.*) ***sezione aurea***, nombre d'or | (*dir.*) ***sezione civile***, chambre civile | (*pol.*) ***sezione elettorale***, section électorale | (*econ.*) ***sezione pubblicità***, département de la publicité | (*tecn.*) ***oggetto visto in sezione***, objet vu en coupe.

sfaccendare [sfac-cen-dà-re] ***v.intr.*** [aus. *avere*] s'occuper activement du ménage, faire* son ménage.

sfaccendato [sfac-cen-dà-to] ***agg.*** e ***n.m.*** [f. *-a*] (*disoccupato*) inoccupé; (*fannullone*) désœuvré.

sfaccettare [sfac-cet-tà-re] ***v.tr.*** facetter, tailler à facettes.

sfaccettato [sfac-cet-tà-to] ***agg.*** **1** taillé à facettes **2** (*fig.*) complexe.

sfaccettatura [sfac-cet-ta-tù-ra] ***n.f.*** **1** (*lo sfaccettare*) taille (à facettes) **2** (*parte sfaccettata*) facette **3** (*fig.*) (*aspetto*) aspect (*m.*).

sfacchinare [sfac-chi-nà-re] ***v.intr.*** [aus. *avere*] (*fam.*) trimer.

sfacchinata [sfac-chi-nà-ta] ***n.f.*** (*fam.*) corvée; travail* (*m.*) crevant: *questo viaggio è stata una vera sfacchinata*, ce voyage a été éreintant; *fare una (bella) sfacchinata*, travailler comme un nègre.

sfacciataggine [sfac-cia-tàg-gi-ne] ***n.f.*** impudence, toupet (*m.*); (*fam.*) culot (*m.*): *ha avuto la sfacciataggine di rispondermi*, il a eu l'impudence (*o* l'effronterie) de me répondre.

sfacciatamente [sfac-cia-ta-mén-te] ***avv.*** impudemment, effrontément.

sfacciato [sfac-cià-to] ***agg.*** **1** effronté, impudent: *un atteggiamento sfacciato*, une attitude effrontée | *una fortuna sfacciata*, une veine de pendu **2** (*vistoso*) criard: *lusso sfacciato*, luxe tapageur; *luce sfacciata*, lumière brutale ♦ *n.m.* [f. *-a*] effronté: *non fare lo sfacciato*, ne sois pas impudent.

sfacelo [sfa-cè-lo] *n.m.* **1** (*disfacimento*) délabrement **2** (*rovina*) ruine (*f.*) (*anche fig.*), écroulement: *lo sfacelo dell'impero romano*, l'écroulement de l'empire romain; *sfacelo morale*, débâcle morale.
● ***in sfacelo***, en ruine: *un'azienda in sfacelo*, une entreprise en déconfiture (*o* en ruine).

sfaldamento [sfal-da-mén-to] *n.m.* clivage; (*fig.*) désagrégation (*f.*).

sfaldare [sfal-dà-re] *v.tr.* cliver ♦ **sfaldarsi** *v.pron.intr.* se cliver, s'effriter (*anche fig.*): *il partito si sta sfaldando*, (*fig.*) le parti s'effrite peu à peu.

sfaldatura [sfal-da-tù-ra] *n.f.* **1** (*di minerali, rocce*) clivage (*m.*) **2** (*scorie di minerali*) écailles (*pl.*), paillettes (*pl.*).

sfalsare [sfal-sà-re] *v.tr.* **1** décaler, disposer asymétriquement **2** (*deviare*) esquiver.

sfamare [sfa-mà-re] *v.tr.* (*saziare*) rassasier; (*estens.*) (*nutrire*) nourrir: *questa roba basterebbe a sfamare un esercito*, ces choses suffiraient à nourrir une armée ♦ **sfamarsi** *v.pron.* (*saziarsi*) se rassasier, manger* à sa faim; (*nutrirsi*) se nourrir.

sfangare [sfan-gà-re] *v.tr.*
● ***sfangarla***, ***sfangarsela***, (*fam.*) s'en tirer, se tirer d'affaire.

sfare [sfà-re] *v.tr.* [coniug. come *fare*] **1** (*non com.*) (*disfare*) défaire* **2** (*sciogliere*) faire* fondre ♦ **sfarsi** *v.pron.intr.* **1** (*disfarsi*) se défaire* **2** (*sciogliersi*) fondre* **3** (*guastarsi*) se gâter; (*di persona*) devenir* flasque, s'avachir.

sfarfallamento [sfar-fal-la-mén-to] *n.m.* **1** (*lo svolazzare*) voltigement; (*fig.*) papillonnement **2** (*della luce, di immagini televisive*) papillotement.

sfarfallare [sfar-fal-là-re] *v.intr.* [aus. *avere*] **1** (*di crisalide*) sortir* du cocon **2** (*svolazzare*) voltiger*; (*fig.*) papillonner **3** (*di luci*) papilloter.

sfarfallatura [sfar-fal-la-tù-ra] *n.f.* (*zool.*) éclosion.

sfarfallio [sfar-fal-lì-o] *n.m.* [pl. *-ii*] voltigement continu.

sfarzo [sfàr-zo] *n.m.* faste, magnificence (*f.*): *salone addobbato con grande sfarzo*, salon décoré avec beaucoup de faste (*o* de magnificence).

sfarzosamente [sfar-zo-sa-mén-te] *avv.* fastueusement, avec magnificence.

sfarzosità [sfar-zo-si-tà] *n.f.invar.* faste (*m.*), magnificence.

sfarzoso [sfar-zó-so] *agg.* fastueux*: *un ricevimento sfarzoso*, une réception fastueuse (*o* somptueuse).

sfasamento [sfa-ʃa-mén-to] *n.m.* déphasage, décalage (*anche fig.*): *sfasamento di tempo*, décalage de temps.

sfasare [sfa-ʃà-re] *v.tr.* **1** déphaser (*anche fig.*) **2** (*fig.*) désaxé.

sfasato [sfa-ʃà-to] *agg.* désaxé, déphasé (*anche fig.*).

sfasciacarrozze [sfa-scia-car-ròz-ze] *n.m.* e *f.invar.* casseur/euse.

sfasciare[1] [sfa-scià-re] *v.tr.* [coniug. come *cominciare*] (*togliere le fasce*) enlever* un pansement (**à**); (*un neonato*) enlever* les langes (**à**).

sfasciare[2] *v.tr.* (*distruggere, demolire*) démolir, mettre* en pièces: *ha completamente sfasciato la macchina*, il a complètement démoli sa voiture; *sfasciare un libro*, éventrer un livre ♦ **sfasciarsi** *v.pron.intr.* (*rompersi*) se briser; (*di automobile*) s'écraser; (*di sedia ecc.*) s'effondrer: *l'auto si è sfasciata contro un albero*, la voiture s'est écrasée contre un arbre; *la sua famiglia si è sfasciata*, (*fig.*) sa famille s'est désagrégée; *con l'età si è sfasciata*, (*fam.*) avec l'âge elle s'est déformée.

sfasciato[1] [sfa-scià-to] *agg.* (*privato delle fasce*) débandé; (*di bambino*) sans langes.

sfasciato[2] *agg.* (*demolito*) démoli.

sfascio [sfà-scio] *n.m.* [pl. *-sci*] débâcle (*f.*): *situazione di sfascio*, situation de dégradation.
● ***a sfascio***, (*a palate*) à la pelle | ***essere allo sfascio***, aller à la débâcle, s'en aller à vau-l'eau: *il paese è allo sfascio*, ce pays va à la débâcle.

sfasciume [sfa-sciù-me] *n.m.* débris (*anche fig.*).

sfatare [sfa-tà-re] *v.tr.* démystifier: *sfatare la leggenda*, détruire le mythe.

sfaticato [sfa-ti-cà-to] *agg.* e *n.m.* [f. *-a*] fainéant, désœuvré.

sfatto [sfàt-to] *agg.* **1** défait (*anche fig.*): *un letto sfatto*, un lit défait **2** (*flaccido*) flasque; (*guasto*) pourri: *corpo sfatto*, (*per effetto del tempo*) corps flasque (*o* avachi); *frutto sfatto*, fruit pourri.

sfavillante [sfa-vil-làn-te] *agg.* étincelant, scintillant; (*fig.*) rayonnant.

sfavillare [sfa-vil-là-re] *v.intr.* [aus. *avere*] briller, étinceler*; (*fig.*) rayonner.

sfavillio [sfa-vil-lì-o] *n.m.* [pl. *-ii*] étincellement, scintillement.

sfavore [sfa-vó-re] *n.m.* défaveur (*f.*).
● ***a, in sfavore di qlcu***, au désavantage de qqn: *quello che ha detto va a suo sfavore*, ce qu'il a dit se retourne contre lui.

sfavorevole [sfa-vo-ré-vo-le] *agg.* défavorable: *essere sfavorevole a un'iniziativa*, être défavorable (*o* contraire) à une initiative.

sfavorevolmente [sfa-vo-re-vol-mén-te] *avv.* défavorablement.

sfavorire [sfa-vo-rì-re] *v.tr.* [coniug. come *finire*] défavoriser, désavantager*.

sfebbrare [sfeb-brà-re] *v.intr.* [aus. *essere*] ne plus avoir* de fièvre: *è sfebbrato*, sa fièvre est tombée.

sfebbrato [sfeb-brà-to] *agg.* sans fièvre: *essere sfebbrato*, ne pas avoir de fièvre.

sfegatarsi [sfe-ga-tàr-si] *v.pron.intr.* (*fam.*) (*impegnarsi a fondo*) se décarcasser.

sfegatato [sfe-ga-tà-to] *agg.* (*fam.*) (*appassionato, fanatico*) enragé, dingue: *tifoso sfegatato*, supporter acharné.

S

sfenoide [sfe-nòi-de] *n.m.* (*anat.*) sphénoïde.

sfera [sfè-ra] *n.f.* **1** sphère **2** (*fig.*) (*ambiente*) milieu* (*m.*) **3** (*fig.*) (*campo*) sphère: *sfera di attività*, sphère d'activité | *sfera di competenza*, domaine, attributions.
● ***cuscinetto a sfera***, roulement à billes | ***le alte sfere***, les hautes sphères: *le alte sfere dell'esercito*, les hautes sphères de l'armée; *nelle alte sfere*, en haut lieu | ***penna a sfera***, stylo-bille.

sfericità [sfe-ri-ci-tà] *n.f.invar.* sphéricité.

sferico [sfè-ri-co] *agg.* [pl.m. *-ci*, f. *-che*] sphérique.

sferoide [sfe-ròi-de] *n.m.* sphéroïde.

sferragliamento [sfer-ra-glia-mén-to] *n.m.* ferraillement, bruit de ferraille.

sferragliare [sfer-ra-glià-re] *v.intr.* [aus. *avere*] faire* un bruit de ferraille.

sferrare [sfer-rà-re] *v.tr.* **1** (*un cavallo*) déferrer **2** (*tira-

re) lâcher: *sferrare un calcio*, lâcher un coup de pied **3** (*un attacco*) déclencher ♦ **sferrarsi** *v.pron.* e *pron.intr.* **1** (*di cavallo*) perdre* les fers **2** (*fig.*) (*avventarsi*) s'élancer*.

sferruzzare [sfer-ruz-zà-re] *v.intr.* [aus. *avere*] tricoter.

sferza [sfèr-za] *n.f.* fouet (*m.*) (*anche fig.*): *sotto la sferza del sole*, sous le soleil brûlant.

sferzante [sfer-zàn-te] *agg.* cinglant (*anche fig.*): *una pioggia sferzante*, une pluie cinglante.

sferzare [sfer-zà-re] *v.tr.* fouetter: *sferzare i vizi*, (*fig.*) flétrir les vices.

sferzata [sfer-zà-ta] *n.f.* coup (*m.*) de fouet (*anche fig.*).

sfiancare [sfian-cà-re] *v.tr.* [coniug. come *mancare*] (*sfinire*) éreinter: *è un lavoro che sfianca*, c'est un travail éreintant ♦ **sfiancarsi** *v.pron.intr.* (*fig.*) s'éreinter.

sfiancato [sfian-cà-to] *agg.* éreinté.

sfiatare [sfia-tà-re] *v.intr.* [aus. *avere*] **1** (*perdere*) perdre* **2** (*uscire*) s'échapper ♦ **sfiatarsi** *v.pron.intr.* **1** (*di strumento musicale*) perdre* sa sonorité **2** (*fig. fam.*) (*perdere il fiato*) s'époumoner (**à**).

sfiatato [sfia-tà-to] *agg.* **1** (*di strumento musicale*) qui a perdu sa sonorité **2** (*fam.*) (*di persona senza fiato*) essoufflé; (*senza voce*) aphone.

sfiatatoio [sfia-ta-tó-io] *n.m.* (*tecn., zool.*) évent.

sfibbiare [sfib-bià-re] *v.tr.* déboucler.

sfibramento [sfi-bra-mén-to] *n.m.* (*fig.*) épuisement, éreintement.

sfibrante [sfi-bràn-te] *agg.* épuisant.

sfibrare [sfi-brà-re] *v.tr.* **1** (*spossare*) épuiser, éreinter **2** (*privare delle fibre*) défibrer.

sfibrato [sfi-brà-to] *agg.* **1** (*spossato*) épuisé, éreinté **2** (*senza fibre*) défibré.

sfida [sfi-da] *n.f.* défi (*m.*), provocation: *lanciare, accettare una sfida*, lancer, relever un défi; *con aria di sfida*, d'un air de défi | *sfida a duello*, provocation en duel | *cartello di sfida*, (*antiq.*) cartel.

sfidante [sfi-dàn-te] *agg.* qui défie, adverse ♦ *n.m.* e *f.* (*sport*) challenger (*m.*); adversaire.

sfidare [sfi-dà-re] *v.tr.* **1** défier, provoquer: *ti sfido a dimostrarmi il contrario*, je te défie de me démontrer le contraire | *sfidare a duello*, provoquer en duel **2** (*fig.*) défier, braver: *sfidare la morte*, braver la mort ♦ **sfidarsi** *v.pron.rec.* se défier.

S

● ***sfido*** (*io*)*!*, je crois bien!

sfiducia [sfi-dù-cia] *n.f.* [pl. *-ce* o *-cie*] manque (*m.*) de confiance; (*scoraggiamento*) découragement (*m.*): *avere sfiducia in qlcu*, ne pas avoir confiance en qqn; *si è lasciato prendere dalla sfiducia*, il s'est laissé aller au découragement.

● (*pol.*) ***dare il voto di sfiducia***, refuser la confiance.

sfiduciare [sfi-du-cià-re] *v.tr.* [coniug. come *cominciare*] décourager* ♦ **sfiduciarsi** *v.pron.intr.* se décourager*.

sfiduciato [sfi-du-cià-to] *agg.* découragé; (*demoralizzato*) démoralisé.

sfiga [sfi-ga] *n.f.* [pl. *-ghe*] (*molto fam.*) poisse, guigne | *che sfiga!*, quelle poisse!

sfigato [sfi-gà-to] *agg.* (*molto fam.*) **1** (*sfortunato*) guignard, poissard | *sono proprio sfigato!*, j'ai vraiment pas de bol! **2** (*senza attrattive, pregi*) minable, ringard, nase ♦ *n.m.* [f. *-a*] loser, loseur*, minable.

sfigurare [sfi-gu-rà-re] *v.tr.* défigurer; (*fig.*) (*alterare*) déformer: *il dolore gli ha sfigurato i lineamenti*, le chagrin a déformé les traits de son visage ♦ *v.intr.* [aus. *avere*] (*fig.*) faire* mauvaise figure; (*stonare*) détonner: *non vuole sfigurare all'esame*, il ne veut pas faire mauvaise figure à l'examen.

sfigurato [sfi-gu-rà-to] *agg.* défiguré; (*fig.*) (*alterato*) déformé: *il suo viso rimase sfigurato in seguito all'incidente*, après l'accident son visage resta défiguré.

sfilacciare [sfi-lac-cià-re] *v.tr.* [coniug. come *cominciare*] effilocher (*anche fig.*) ♦ **sfilacciarsi** *v.pron.intr.* s'effilocher.

sfilacciato [sfi-lac-cià-to] *agg.* **1** effiloché **2** (*fig.*) (*sconnesso*) décousu.

sfilacciatura [sfi-lac-cia-tù-ra] *n.f.* effilochage (*m.*); (*sfilaccia*) effilochure.

sfilare[1] [sfi-là-re] *v.tr.* **1** (*un ago*) désenfiler; (*una collana*) défiler; (*togliere*) enlever*, ôter **2** (*togliere i fili*) éfaufiler ♦ **sfilarsi** *v.pron.* **1** (*di ago*) se désenfiler; (*di collana, di perle*) se défiler; (*di anello ecc.*) glisser (du doigt) **2** (*perdere i fili*) s'effilocher: *mi si è sfilata una calza*, j'ai un bas filé ♦ *v.pron. indiretto* enlever, ôter: *sfilarsi le scarpe, il vestito*, enlever (*o* ôter) ses chaussures, sa robe.

sfilare[2] *v.intr.* [aus. *essere* o *avere*] défiler (*anche fig.*): *i soldati sfilano sulla piazza*, les soldats défilent sur la place; *le modelle sfilano in passerella*, les mannequins défilent (sur la passerelle).

sfilata [sfi-là-ta] *n.f.* **1** défilé (*m.*); cortège (*m.*) | *una sfilata di moda*, un défilé de mode **2** (*fila*) rangée.

sfilatino [sfi-la-tì-no] *n.m.* (*region.*) baguette (*f.*).

sfilatura [sfi-la-tù-ra] *n.f.* (*lo sfilare*) effilage (*m.*); (*lo sfilarsi*) effilochage (*m.*).

sfilza [sfil-za] *n.f.* file, ribambelle; (*fam.*) flopée: *una sfilza di errori*, une flopée de fautes.

sfinge [sfin-ge] *n.f.* sphinx (*m.*).

sfinimento [sfi-ni-mén-to] *n.m.* épuisement.

sfinire [sfi-nì-re] *v.tr.* [coniug. come *finire*] épuiser: *questa attesa mi sfinisce*, cette attente m'épuise ♦ **sfinirsi** *v.pron.intr.* s'épuiser.

sfinitezza [sfi-ni-téz-za] *n.f.* épuisement (*m.*).

sfinito [sfi-nì-to] *agg.* épuisé: *sentirsi sfinito*, être à bout.

sfintere [sfin-tè-re] *n.m.* (*anat.*) sphincter.

sfioccare [sfioc-cà-re] *v.tr.* [coniug. come *mancare*] effilocher ♦ **sfioccarsi** *v.pron.intr.* s'effilocher (*spec. fig.*).

sfiorare [sfio-rà-re] *v.tr.* **1** effleurer (*anche fig.*); (*rasentare*) frôler: *mi sfiorò la mano*, il effleura ma main; *sfiorare qlcu nella strada*, frôler qqn dans la rue; *sfiorare un problema, un argomento*, effleurer un problème, un sujet **2** (*fig.*) (*essere sul punto di raggiungere*) friser: *sfiorare la vittoria, il successo*, friser la victoire, le succès **3** (*scremare*) écrémer* ♦ **sfiorarsi** *v.pron.rec.* se frôler.

sfiorire [sfio-rì-re] *v.intr.* [coniug. come *finire*; aus. *essere*] se flétrir, se faner (*anche fig.*): *il tempo ha fatto sfiorire la sua bellezza*, (*fig.*) le temps a flétri sa beauté.

sfiorito [sfio-rì-to] *agg.* flétri, fané.

sfioritura [sfio-ri-tù-ra] *n.f.* défloraison.

sfittare [sfit-tà-re] *v.tr.* laisser libre (un appartament, etc.) ♦ **sfittarsi** *v.pron.intr.* se libérer.

sfitto [sfit-to] *agg.* libre, à louer.

sfizio [sfi-zio] *n.m.* [pl. *-zi*] caprice: *togliersi uno sfizio*, se passer une fantaisie.

● ***per sfizio***, par caprice.

sfizioso [sfi-zió-so] *agg.* amusant.

sfocare [sfo-cà-re] *v.tr.* [coniug. come *mancare*] (*fot.*) ne pas mettre* au point correctement; rendre* flou une photo.

sfocato [sfo-cà-to] *agg.* (*fot.*) flou (*anche fig.*).

sfocatura [sfo-ca-tù-ra] *n.f.* (*fot.*) flou (*m.*).

sfociare [sfo-cià-re] *v.intr.* [coniug. come *cominciare*; aus. *essere*] **1** se jeter*: *il Po sfocia nell'Adriatico*, le Pô se jette dans la mer Adriatique **2** (*fig.*) (*avere come conseguenza*) déboucher (**sur**), entraîner (**qqch**): *lotte sfociate in una rivoluzione*, des luttes qui ont débouché sur une révolution.

sfoderabile [sfo-de-rà-bi-le] *agg.* **1** (*di indumento*) avec une doublure amovible **2** (*cui si può togliere la copertura*) déhoussable.

sfoderare[1] [sfo-de-rà-re] *v.tr.* **1** (*togliere dal fodero*) dégainer **2** (*fig.*) (*ostentare*) étaler: *sfoderare un sorriso*, arborer un sourire.

sfoderare[2] *v.tr.* **1** (*un indumento*) dédoubler **2** (*togliere la copertura*) enlever* la *housse.

sfoderato [sfo-de-rà-to] *agg.* **1** (*senza fodera interna*) sans doublure **2** (*senza copertura*) sans *housse.

sfogare [sfo-gà-re] *v.tr.* [coniug. come *legare*] épancher: *sfogare la propria collera, il proprio malumore*, exhaler sa colère, sa mauvaise humeur; *sfogare la propria collera su*, passer sa colère sur ♦ *v.intr.* [aus. *essere*] (*uscire fuori*) s'échapper; (*fig.*) s'épancher: *il suo dolore sfogò in grandi singhiozzi*, sa douleur s'épancha en longs sanglots ♦ **sfogarsi** *v.pron.* e *pron.intr.* (*aprirsi con qlcu*) s'épancher; (*scaricarsi*) se défouler: *avevo proprio bisogno di sfogarmi*, j'avais vraiment besoin de me défouler; *si sfoga sempre su di noi*, il passe toujours ses nerfs sur nous; *sfogarsi contro qlcu*, épancher sa mauvaise humeur contre qqn; *sfogati, che ti fa bene*, défoule-toi, ça te fera du bien; *il temporale si è sfogato in poco tempo*, l'orage n'a pas duré longtemps.

sfoggiare [sfog-già-re] *v.tr.* [coniug. come *mangiare*] arborer; (*ostentare*) étaler, exhiber: *sfoggiava un abito nuovo*, elle arborait une robe neuve; *sfoggiare la propria erudizione*, faire montre de son érudition ♦ *v.intr.* [aus. *avere*] faire* étalage (**de**): *sfoggia nel vestire*, elle fait un grand étalage de toilettes.

sfoggio [sfòg-gio] *n.m.* [pl. *-gi*] étalage (*anche fig.*): *fare sfoggio di erudizione*, faire un grand étalage d'érudition; *veste senza sfoggio*, elle s'habille simplement.

sfoglia [sfò-glia] *n.f.* **1** (*lamina sottile*) feuille **2** (*cuc.*) abaisse | *pasta sfoglia*, pâte feuilletée.

sfogliare[1] [sfo-glià-re] *v.tr.* effeuiller | *sfogliare la margherita*, (*fig.*) effeuiller la marguerite ♦ **sfogliarsi** *v.pron.intr.* s'effriter: *un dolce che si sfoglia*, un gâteau qui s'effrite.

sfogliare[2] *v.tr.* feuilleter*: *sfogliare una rivista*, feuilleter une revue ♦ **sfogliarsi** *v.pron.intr.* s'effeuiller.
● (*inform.*) ***sfoglia***, (*per la selezione di file*) parcourir.

sfogliata[1] [sfo-glià-ta] *n.f.* (*cuc.*) feuilleté (*m.*).

sfogliata[2] *n.f.*
● ***dare una sfogliata a un libro***, feuilleter un livre.

sfogo [sfó-go] *n.m.* [pl. *-ghi*] **1** (*apertura*) ouverture (*f.*), issue (*f.*): *ci vuole uno sfogo per il fumo*, il faut une ouverture pour la fumée; *dare, aprire uno sfogo alle acque*, donner une issue aux eaux; *un cortile senza sfogo*, une cour sans issue **2** (*sbocco*) débouché: *paese che non ha sfoghi sul mare*, pays qui n'a pas de débouché sur la mer **3** (*fig.*) (*sollievo*) soulagement: *cercare sfogo al proprio dolore*, chercher un soulagement à sa douleur; *lo sport è per lui uno sfogo*, le sport est pour lui un exutoire; *dare libero sfogo ai propri sentimenti*, donner libre cours à ses sentiments; *dopo quello sfogo mi sono sentito meglio*, après avoir dit tout ce que j'avais sur le cœur, je me suis senti mieux; *uno sfogo di collera*, une explosion de colère **4** (*fam.*) (*eruzione cutanea*) éruption (*f.*).

sfolgorante [sfol-go-ràn-te] *agg.* éclatant (*anche fig.*).

sfolgorare [sfol-go-rà-re] *v.intr.* [aus. *avere*] resplendir.

sfolgorio [sfol-go-rì-o] *n.m.* [pl. *-ii*] étincellement, éclat.

sfollagente [sfol-la-gèn-te] *n.m.invar.* matraque (*f.*).

sfollamento [sfol-la-mén-to] *n.m.* **1** évacuation (*f.*): *è stato necessario lo sfollamento della città*, on a dû procéder à l'évacuation de la ville **2** (*riduzione di personale*) réduction (*f.*) du personnel.

sfollare [sfol-là-re] *v.intr.* [aus. *essere* o *avere*] **1** se disperser: *aspettiamo che la gente sfolli*, attendons que la foule se disperse **2** (*in tempo di guerra*) s'éloigner des centres habités ♦ *v.tr.* (*evacuare*) évacuer: *i poliziotti sfollarono la gente dalla sala*, les policiers évacuèrent les gens de la salle.

sfollato [sfol-là-to] *agg.* e *n.m.* [f. *-a*] évacué, réfugié.

sfoltimento [sfol-ti-mén-to] *n.m.* **1** (*lo sfoltire*) éclaircissage **2** (*effetto dello sfoltire*) éclaircie (*f.*).

sfoltire [sfol-tì-re] *v.tr.* [coniug. come *finire*] **1** éclaircir: *farsi sfoltire i capelli*, se faire éclaircir les cheveux **2** (*estens.*) (*rendere più leggero*) alléger*; (*rendere meno numeroso*) réduire* ♦ **sfoltirsi** *v.pron.intr.* s'éclaircir; (*alleggerirsi*) s'alléger*; (*essere meno numeroso*) être* moins nombreux*.

sfoltita [sfol-tì-ta] *n.f.*
● ***dare una sfoltita***, (*ai capelli*) éclaircir, (*a una siepe*) désépaissir.

sfondamento [sfon-da-mén-to] *n.m.* **1** défoncement, défonçage **2** (*mil.*) percée (*f.*).

sfondare [sfon-dà-re] *v.tr.* défoncer*: *sfondare le scarpe*, percer ses chaussures; (*mil.*) *sfondare lo sbarramento nemico*, percer le barrage ennemi ♦ *v.intr.* [aus. *avere*] (*avere successo*) percer*: *non è riuscito a sfondare in questo ambiente*, il n'a pas réussi à percer dans ce milieu ♦ **sfondarsi** *v.pron.intr.* se défoncer*.
● ***sfondare una porta aperta***, (*fig.*) enfoncer une porte ouverte.

sfondato [sfon-dà-to] *agg.* **1** défoncé; (*di scarpe*) percé, troué **2** (*insaziabile*) insatiable.
● ***ricco sfondato***, (*fig. fam.*) riche comme Crésus.

sfondo [sfón-do] *n.m.* fond; (*fig.*) toile (*f.*) de fond, arrière-plan: *il racconto ha per sfondo la rivoluzione russa*, le récit a comme toile de fond la révolution russe; *delitto a sfondo politico*, crime à fond politique; *a sfondo patriottico, sociale*, d'inspiration patriotique, sociale.
● (*abbigl.*) ***sfondo piega***, pli creux | ***sullo sfondo***, à l'arrière-plan: *rimanere sullo sfondo*, se tenir en retrait, à l'écart; être à l'arrière-plan.

sfondone [sfon-dó-ne] *n.m.* (*fam.*) énormité (*f.*).

sforacchiare [sfo-rac-chià-re] *v.tr.* cribler de trous.

sforare [sfo-rà-re] *v.intr.* [aus. *avere*] **1** (*di trasmissione televisiva*) dépasser le temps imparti **2** (*estens.*) (*superare i limiti*) déborder; (*di denaro*) dépenser au-dessus du chiffre prévu.

sforbiciare [sfor-bi-cià-re] *v.tr.* [coniug. come *cominciare*] découper avec des ciseaux ♦ *v.intr.* [aus. *avere*] (*sport*) exécuter un saut en ciseaux.

S

sforbiciata [sfor-bi-cià-ta] *n.f.* **1** coup (*m.*) de ciseaux **2** (*sport*) saut (*m.*) en ciseaux.

sformare [sfor-mà-re] *v.tr.* **1** (*deformare*) déformer: *sformare le scarpe*, déformer ses chaussures **2** (*togliere dalla forma*) démouler ♦ **sformarsi** *v.pron.intr.* se déformer.

sformato [sfor-mà-to] *agg.* déformé ♦ *n.m.* (*cuc.*) flan, soufflé.

sfornare [sfor-nà-re] *v.tr.* **1** retirer du four: *biscotti appena sfornati*, biscuits à peine sortis du four **2** (*fig.*) (*produrre*) pondre*, débiter: *sfornare delle idee*, lancer des idées; *l'università continua a sfornare laureati*, l'université continue à fabriquer des licenciés.

sfornito [sfor-nì-to] *agg.* dépourvu: *negozio sfornito*, magasin mal achalandé.

sfortuna [sfor-tù-na] *n.f.* malchance; (*disgrazia*) malheur (*m.*): *avere una sfortuna dopo l'altra*, jouer de malchance; *è stata una vera sfortuna aver trovato il brutto tempo*, ça a vraiment été de la malchance d'avoir eu ce mauvais temps | *sfortuna volle che*, par malchance il arriva que.

● ***avere sfortuna***, avoir de la malchance: *avere sfortuna al gioco*, être malchanceux au jeu | ***portare sfortuna***, porter malheur.

sfortunatamente [sfor-tu-na-ta-mén-te] *avv.* malheureusement.

sfortunato [sfor-tu-nà-to] *agg.* malchanceux*; (*disgraziato*) malheureux*: *essere sfortunato in affari*, être malchanceux (*o* ne pas avoir de chance) en affaires; *un ragazzo sfortunato*, un garçon qui n'a pas de chance; *è sempre sfortunato*, il joue de malchance.

sforzare [sfor-zà-re] *v.tr.* forcer*: *sforzare gli occhi*, se fatiguer la vue ♦ **sforzarsi** *v.pron.intr.* s'efforcer*: *si sforzò di farsi capire*, il s'efforça de se faire comprendre; *si è proprio sforzato a farmi questo regalo*, (*iron.*) il ne s'est vraiment pas foulé en me faisant ce cadeau.

sforzato [sfor-zà-to] *agg.* forcé.

sforzesco [sfor-zé-sco] *agg.* [pl.m. *-schi*, f. *-sche*] (des) Sforza.

sforzo [sfòr-zo] *n.m.* effort: *uno sforzo fisico, mentale*, un effort physique, mental; *costare molti sforzi*, demander beaucoup d'efforts; *ha fatto uno sforzo per non piangere*, il s'est efforcé de ne pas pleurer; *ha fatto il grande sforzo di telefonarmi*, (*iron.*) il a daigné me téléphoner | *che sforzo!*, *bello sforzo!*, (*iron.*) la belle affaire!

sfottere [sfót-te-re] *v.tr.* (*fam.*) se ficher (**de**) ♦ **sfottersi** *v.pron.rec.* (*fam.*) se taquiner.

sfottò [sfot-tò] *n.m.invar.* (*fam.*) raillerie (*f.*).

sfracassare [sfra-cas-sà-re] *v.tr.* fracasser ♦ **sfracassarsi** *v.pron.intr.* se fracasser.

sfracellare [sfra-cel-là-re] *v.tr.* écraser; (*rompere, fracassare*) fracasser ♦ **sfracellarsi** *v.pron.intr.* s'écraser; (*fracassarsi*) se fracasser ♦ *v.pron. indiretto* se fracasser: *sfracellarsi una gamba*, se fracasser une jambe.

sfragistica [sfra-gì-sti-ca] *n.f.* [pl. *-che*] sigillographie.

sfrangiare [sfran-già-re] *v.tr.* [coniug. come *mangiare*] effranger* ♦ **sfrangiarsi** *v.pron.intr.* s'effranger*.

sfrangiato [sfran-già-to] *agg.* effrangé.

sfrangiatura [sfran-gia-tù-ra] *n.f.* effrangement (*m.*); (*frangia*) frange.

sfrattare [sfrat-tà-re] *v.tr.* expulser: *sfrattare un inquilino*, expulser un locataire ♦ *v.intr.* [aus. *avere*] vider les lieux.

sfrattato [sfrat-tà-to] *agg.* expulsé ♦ *n.m.* [f. *-a*] personne (*f.*) expulsée.

sfratto [sfràt-to] *n.m.* expulsion (*f.*): *dare lo sfratto a qlcu*, expulser qqn; *ricevere, subire lo sfratto*, être expulsé.

● (*dir.*) ***sentenza di sfratto***, arrêt d'expulsion.

sfrecciare [sfrec-cià-re] *v.intr.* [coniug. come *cominciare*; aus. *essere* o *avere*] filer: *mi è sfrecciato davanti senza salutare*, il est passé devant moi à toute vitesse sans me saluer.

sfregamento [sfre-ga-mén-to] *n.m.* frottement.

sfregare [sfre-gà-re] *v.tr.* [coniug. come *legare*] frotter: *sfregare l'argento per lucidarlo*, frotter l'argent pour le polir ♦ **sfregarsi** *v.pron. indiretto* se frotter: *sfregarsi gli occhi*, se frotter les yeux.

sfregiare [sfre-già-re] *v.tr.* [coniug. come *mangiare*] **1** balafrer, taillader: *sfregiare un'opera d'arte*, détériorer une œuvre d'art; *sfregiare un quadro*, taillader un tableau **2** (*fig.*) (*nell'onore*) déshonorer ♦ **sfregiarsi** *v.pron.* se faire* des coupures, des balafres.

sfregio [sfré-gio *o* sfrègio] *n.m.* [pl. *-gi*] **1** balafre (*f.*); (*in un'opera d'arte*) rayure (*f.*) | *fare uno sfregio a qlcu*, faire une balafre à qqn (*o* balafrer qqn) **2** (*fig.*) (*disonore*) affront.

sfrenarsi [sfre-nàr-si] *v.pron.intr.* (*scatenarsi*) se déchaîner.

sfrenatamente [sfre-na-ta-mén-te] *avv.* **1** (*senza freno*) sans retenue **2** (*eccessivamente*) immodérément.

sfrenatezza [sfre-na-téz-za] *n.f.* (*eccesso*) excès (*m.*); (*sregolatezza*) dérèglement (*m.*): *si abbandonarono a sfrenatezze di ogni sorta*, ils se livrèrent à toutes sortes d'excès.

sfrenato [sfre-nà-to] *agg.* effréné (*anche fig.*); (*scatenato*) déchaîné: *ambizione, passione sfrenata*, ambition, passion effrénée (*o* déchaînée).

sfrigolare [sfri-go-là-re] *v.intr.* [aus. *avere*] grésiller.

sfrigolio [sfri-go-lì-o] *n.m.* [pl. *-ii*] grésillement.

sfrondare [sfron-dà-re] *v.tr.* élaguer (*anche fig.*): *sfrondare un albero, una siepe*, élaguer un arbre, une haie.

sfrondatura [sfron-da-tù-ra] *n.f.* élagage (*m.*) (*anche fig.*).

sfrontatamente [sfron-ta-ta-mén-te] *avv.* effrontément.

sfrontatezza [sfron-ta-téz-za] *n.f.* effronterie, impudence; (*fam.*) toupet: *non gli manca certo la sfrontatezza per farlo!*, il a assez de toupet pour le faire!

sfrontato [sfron-tà-to] *agg.* effronté, éhonté: *un atteggiamento sfrontato*, une attitude effrontée; *una menzogna sfrontata*, un mensonge éhonté ♦ *n.m.* [f. *-a*] effronté: *è uno sfrontato!*, il a un toupet incroyable!

sfruttabile [sfrut-tà-bi-le] *agg.* exploitable (*anche fig.*).

sfruttamento [sfrut-ta-mén-to] *n.m.* exploitation (*f.*) (*anche fig.*): *sfruttamento dell'energia solare*, exploitation de l'énergie solaire.

sfruttare [sfrut-tà-re] *v.tr.* exploiter (*anche fig.*); (*approfittare di*) profiter (**de**); (*mettere a profitto*) mettre* à profit: *sfruttare una situazione propizia*, exploiter une situation favorable; *sfruttare la generosità di qlcu*, profiter de la générosité de qqn; *sfruttare i consigli di qlcu*, mettre à profit les conseils de qqn; *sfruttare bene lo spazio*, bien utiliser l'espace.

sfruttatore [sfrut-ta-tó-re] *n.m.* [f. *-trice*] **1** exploiteur* **2** (*di prostitute*) souteneur, maqueureau*.

S

sfuggente [sfug-gèn-te] *agg.* fuyant (*anche fig.*): *fronte sfuggente*, front fuyant.

sfuggevole e *deriv.* → **fuggevole** e *deriv.*

sfuggire [sfug-gì-re] *v.intr.* [aus. *essere*] échapper (*anche fig.*): *sfuggire alla cattura*, échapper à la capture; *non gli sfugge mai nulla*, rien ne lui échappe; *non gli è sfuggita una sola parola*, il n'a pas perdu un mot | *sfuggire di mano*, échapper des mains ♦ *v.tr.* éviter, fuir*.

sfuggita, di [di sfug-gì-ta] *avv.* en passant: *l'ho visto di sfuggita alla stazione*, je l'ai entrevu (*o* aperçu) à la gare.

sfumare [sfu-mà-re] *v.intr.* [aus. *essere*] **1** s'évanouir **2** (*fig.*) (*svanire*) s'évanouir; (*andare in fumo*) finir en queue de poisson: *l'affare è sfumato*, l'affaire s'en est allée en eau de boudin **3** (*farsi meno netto, preciso*) s'estomper; (*spec. di colore*) se dégrader; (*di suono*) s'évanouir ♦ *v.tr.* (*un colore*) estomper, nuancer*; (*un suono*) atténuer.

● ***sfumare i capelli***, couper les cheveux en dégradé.

sfumato [sfu-mà-to] *agg.* **1** (*svanito*) évanoui; (*andato in fumo*) qui a fini en queue de poisson **2** (*di colore*) nuancé; (*di luce*) tamisé; (*di suono*) feutré; (*di nota*) estompé **3** (*impreciso, vago*) indéfini, vague **4** (*di capelli*) coupé en dégradé ♦ *n.m.* (*pitt.*) fondu.

sfumatura [sfu-ma-tù-ra] *n.f.* nuance (*anche fig.*): *imparare a cogliere le sfumature*, apprendre à saisir les nuances.

● ***avere la sfumatura alta***, (*di capelli*) avoir la nuque bien dégagée.

sfumino [sfu-mì-no] *n.m.* (*pitt.*) estompe (*f.*).

sfuocare e *deriv.* → **sfocare** e *deriv.*

sfuriata [sfu-rià-ta] *n.f.* sortie.

● ***fare una sfuriata a qlcu***, passer un savon à qqn | ***prendersi una sfuriata***, prendre un de ces savons.

sfuso [sfù-ʃo] *agg.* **1** (*sciolto*) fondu **2** (*comm.*) (*non confezionato*) au détail: *olive sfuse*, des olives au détail | *vino sfuso*, (*al ristorante*) vin en carafe.

sgabello [ʃga-bèl-lo] *n.m.* tabouret, escabeau*.

sgabuzzino [ʃga-buʒ-ʒì-no] *n.m.* débarras, cagibi.

sgamare [ʃga-mà-re] *v.tr.* (*fam.*) pincer*, gauler: *farsi sgamare*, se faire pincer, se faire gauler.

sgamato [ʃga-mà-to] *agg.* (*fam.*) futé, dégourdi ♦ *n.m.* [f. *-a*] dégourdi, malin*.

sgambata [ʃgam-bà-ta] *n.f.*

● ***fare una*** (***bella***) ***sgambata***, faire une (bonne) promenade.

sgambato [ʃgam-bà-to] *agg.* échancré (aux jambes).

sgambatura [ʃgam-ba-tù-ra] *n.f.* échancrure (aux jambes).

sgambettare [ʃgam-bet-tà-re] *v.intr.* [aus. *avere*] **1** (*spec. di neonati*) gigoter **2** (*camminare a passettini*) trottiner ♦ *v.tr.* (*fare lo sgambetto*) faire* un croc-en-jambe (**à**).

sgambetto [ʃgam-bét-to] *n.m.* croc-en-jambe* (*anche fig.*): *fare lo sgambetto a qlcu*, faire un croc-en-jambe à qqn.

sgàmo, di [di ʃgà-mo] *avv.* (*fam.*) (*senza farsi vedere*) en douce, en loucedé.

sganasciarsi [ʃga-na-sciàr-si] *v.pron.intr.* [coniug. come *cominciare*].

● ***sganasciarsi dalle risa***, rire à s'en décrocher la mâchoire.

sganascione [ʃga-na-sció-ne] *n.m.* (*region.*) gifle (*f.*).

sganciamento [ʃgan-cia-mén-to] *n.m.* **1** décrochement, décrochage **2** (*di bombe, paracadutisti*) largage.

sganciare [ʃgan-cià-re] *v.tr.* [coniug. come *cominciare*] décrocher: *sganciare un vagone dalla locomotiva*, décrocher un wagon de la locomotive; *ha dovuto sganciare un sacco di soldi*, (*fam. scherz.*) il a dû débourser un tas d'argent; *mi ha sganciato cento euro*, (*fam. scherz.*) il m'a filé cent euros | *sganciare bombe*, lâcher, larguer des bombes ♦ **sganciarsi** *v.pron.* e *pron.intr.* **1** se décrocher **2** (*fig. fam.*) (*da una persona*) se débarrasser; (*da un impegno*) se libérer*, se rendre* libre.

sgangherare [ʃgan-ghe-rà-re] *v.tr.* dégonder ♦ **sgangherarsi** *v.pron.intr.* *sgangherarsi dalle risa*, (*scherz.*) se tordre de rire.

sgangheratamente [ʃgan-ghe-ra-ta-mém-te] *avv.* vulgairement, grossièrement: *ridere sgangheratamente*, rire à s'en décrocher la mâchoire.

sgangherato [ʃgan-ghe-rà-to] *agg.* branlant, boiteux*: *una risata sgangherata*, (*fig.*) un rire gras.

sgarbatamente [ʃgar-ba-ta-mén-te] *avv.* impoliment, grossièrement.

sgarbatezza [ʃgar-ba-téz-za] *n.f.* impolitesse, grossièreté.

sgarbato [ʃgar-bà-to] *agg.* grossier*; (*maleducato*) impoli: *risposta sgarbata*, réponse impolie.

sgarberia [ʃgar-be-rì-a] *n.f.* grossièreté; (*maleducazione*) impolitesse: *fare una sgarberia a qlcu*, commettre une impolitesse envers qqn.

sgarbo [ʃgàr-bo] *n.m.* impolitesse (*f.*); (*parola scortese*) grossièreté (*f.*): *fare uno sgarbo a qlcu*, commettre une impolitesse envers qqn.

sgarbugliare [ʃgar-bu-glià-re] *v.tr.* démêler (*anche fig.*).

sgargiante [ʃgar-giàn-te] *agg.* voyant, criard, tapageur*: *un vestito sgargiante*, une robe voyante (*o* une toilette tapageuse).

sgarrare [ʃgar-rà-re] *v.intr.* [aus. *avere*] **1** (*non fare il proprio dovere*) ne pas agir correctement; (*mettersi dalla parte del torto*) se mettre* dans son tort; (*non rispettare gli impegni*) ne pas respecter ses engagements: *se sgarra, prenderemo dei provvedimenti*, s'il n'est pas correct, nous prendrons des mesures; *è un impiegato modello, non sgarra mai*, c'est un employé modèle, on peut compter sur lui; *hai promesso e sei pregato di non sgarrare*, tu as promis, tu es prié de ne pas l'oublier; *bisogna proprio andarci, è impossibile sgarrare*, il faut vraiment y aller, on ne peut pas y échapper; *seguo una dieta severa ma qualche volta sgarro*, je suis en régime très strict, mais quelquefois je fais des écarts **2** (*sbagliarsi*) se tromper **3** (*di orologio*) ne pas être* à l'heure; (*rimanere indietro*) retarder; (*andare avanti*) avancer*: *il tuo orologio non sgarra di un minuto*, ta montre est toujours à l'heure, à la minute près.

● ***non si sgarra***, il n'y a pas à discuter.

sgarro [ʃgàr-ro] *n.m.* **1** négligence (*f.*) **2** (*gergo della malavita*) affront, offense (*f.*) (au code d'honneur du milieu).

sgarrupato [ʃgar-ru-pà-to] *agg.* (*region.*) dégradé, à l'abandon.

sgarzino [ʃgar-ʒì-no] *n.m.* (*raschietto del disegnatore*) grattoir.

sgasato [ʃga-ʃà-to] *agg.* **1** (*di bevanda*) dégazéifié **2** (*fig.*) (*depresso*) déprimé.

sgattaiolare [ʃgat-ta-io-là-re] *v.intr.* [aus. *essere*] s'éclipser, s'esquiver; (*di animali*) détaler.

sgelare [ʃge-là-re] *v.tr.* dégeler* (*anche fig.*) ♦ *v.intr.*

S

[aus. *essere* o *avere*] se dégeler* (*anche fig.*) ♦ **sgelarsi** *v.pron.intr.* se dégeler* (*anche fig.*).

sghembo [ʃghém-bo] *agg.* oblique, biais: *muro sghembo*, mur incliné ♦ *avv.* de travers: *camminare sghembo*, marcher de guingois; *tagliato (a) sghembo*, coupé en biais.
● ***di sghembo***, de travers.

sgherro [ʃghèr-ro] *n.m.* (*spreg.*) (*guardia armata*) sbire.

sghignazzare [ʃghi-gnaz-zà-re] *v.intr.* [aus. *avere*] ricaner.

sghignazzata [ʃghi-gnaz-zà-ta] *n.f.* ricanement (*m.*).

sghimbescio [ʃghim-bè-scio] *agg.* [pl.m. *-sci*, f. *-sce*] oblique, de travers.
● ***a, di sghimbescio***, de travers, de biais.

sgobbare [ʃgob-bà-re] *v.intr.* [aus. *avere*] (*fam.*) bosser, bûcher; (*specie a scuola*) potasser: *ha sgobbato duro*, il a beaucoup bossé (*o* il a bûché ferme).

sgobbata [ʃgob-bà-ta] *n.f.*
● ***fare una sgobbata***, (*fam.*) bosser: *ho fatto una bella sgobbata!*, j'ai drôlement bossé!

sgobbone [ʃgob-bó-ne] *n.m.* [f. *-a*] (*fam.*) bosseur*, bûcheur*.

sgocciolare [ʃgoc-cio-là-re] *v.intr.* [coniug. come *cominciare*; aus. *avere*, se riferito a liquido *essere*] **1** (*gocciolare*) goutter, couler: *l'ombrello sgocciola sul pavimento*, le parapluie goutte sur le sol **2** (*perdere l'acqua asciugando*) (s')égoutter: *fare sgocciolare*, laisser égoutter ♦ *v.tr.* égoutter: *sgocciolare l'insalata*, égoutter la salade.

sgocciolatoio [ʃgoc-cio-la-tó-io] *n.m.* [pl. *-oi*] égouttoir.

sgocciolio [ʃgoc-cio-lì-o] *n.m.* → **gocciolio**.

sgocciolo [ʃgóc-cio-lo] *n.m.* dernière goutte (*f.*).
● ***essere agli sgoccioli***, (*fig.*) toucher à sa fin: *l'anno scolastico è ormai agli sgoccioli*, l'année scolaire touche à sa fin.

sgolarsi [ʃgo-làr-si] *v.pron.intr.* s'égosiller.

sgomberare [ʃgom-be-rà-re] *v.tr.* → **sgombrare**.

sgombero [ʃgóm-be-ro] *n.m.* **1** (*di macerie, rifiuti ecc.*) déblaiement, déblayage; (*di mobili ecc.*) déménagement **2** (*evacuazione*) évacuation (*f.*): *procedere allo sgombero di un palazzo*, évacuer un immeuble.

sgombrare [ʃgom-brà-re] *v.tr.* **1** débarrasser; (*spec. da macerie, rifiuti ecc.*) déblayer*: *sgombra il tavolo*, débarrasse la table **2** (*evacuare*) évacuer: *la polizia ha sgombrato la piazza dai dimostranti*, la police a évacué les manifestants de la place; *il giudice fece sgombrare l'aula*, le juge fit évacuer la salle **3** (*traslocare da un alloggio*) déménager* **4** (*fig.*) libérer*: *sgombrare la mente da ogni pregiudizio*, libérer son esprit de tout préjugé.
● ***sgombrare il campo***, vider les lieux: *sgombrate (il campo) se non volete essere visti*, (*estens.*) filez si vous ne voulez pas être vus.

sgombro[1] [ʃgóm-bro] *agg.* vide; (*libero da*) libre: *ufficio sgombro*, bureau vide; *avere la mente sgombra*, avoir l'esprit libre; *avere l'animo sgombro di sospetti*, avoir l'âme libre de tout soupçon ♦ *n.m.* → **sgombero**.

sgombro[2] *n.m.* (*zool.*) maquereau*.

sgomentare [ʃgo-men-tà-re] *v.tr.* effarer; (*spaventare*) effrayer* ♦ **sgomentarsi** *v.pron.intr.* se démonter; (*spaventarsi*) s'effrayer*: *non si sgomenta di nulla*, rien ne le démonte.

sgomento [ʃgo-mén-to] *agg.* effaré, effrayé: *la notizia li lasciò sgomenti*, la nouvelle les laissa effarés ♦ *n.m.* effarement, effroi: *riaversi dallo sgomento*, retrouver son sang-froid.

sgominare [ʃgo-mi-nà-re] *v.tr.* mettre* en déroute; (*estens.*) éliminer: *sgominare i nemici*, mettre en déroute les ennemis.

sgomitare [ʃgo-mi-tà-re] *v.tr.* (*fam.*) jouer des coudes (*anche fig.*): *per affermarsi ha sgomitato non poco*, pour réussir il a pas mal joué des coudes.

sgomitolare [ʃgo-mi-to-là-re] *v.tr.* défaire* (une pelote).

sgommare [ʃgom-mà-re] *v.intr.* [aus. *avere*] (*fam.*) démarrer sur les chapeaux des roues: *partì sgommando*, il partit sur les chapeaux des roues.

sgommata [ʃgom-mà-ta] *n.f.* (*fam.*) (*di automobile*) crissement (*m.*): *fare una sgommata*, faire crisser les pneus.

sgonfiamento [sgon-fia-mén-to] *n.m.* dégonflement.

sgonfiare [ʃgon-fià-re] *v.tr.* (*togliere l'aria*) dégonfler (*anche fig.*); (*togliere il gonfiore*) désenfler ♦ **sgonfiarsi** *v.pron.intr.* **1** se dégonfler (*anche fig.*); (*perdere il gonfiore*) (se) désenfler: *il pallone si è sgonfiato*, le ballon s'est dégonflé **2** (*fig. fam.*) (*perdere la boria*) en rabattre*.

sgonfiato [ʃgon-fià-to] *agg.* dégonflé (*anche fig.*); (*che ha perso il gonfiore*) désenflé.

sgonfio [ʃgón-fio] *agg.* [pl.m. *-fi*] dégonflé; (*che ha perso il gonfiore*) désenflé.

sgorbia [ʃgór-bia *o* ʃgòr-bia] *n.f.* (*tecn.*) gouge.

sgorbio [ʃgòr-bio] *n.m.* [pl. *-bi*] **1** pâté, tache (*f.*) d'encre **2** (*scarabocchio*) gribouillage, gribouillis: *ha riempito il foglio di sgorbi*, il a gribouillé toute la feuille; *questo quadro è uno sgorbio*, ce tableau est une horreur **3** (*calligrafia poco chiara*) griffonnage: *non riesco a leggere i tuoi sgorbi*, je n'arrive pas à lire tes griffonnages **4** (*fig.*) (*persona piccola e brutta*) avorton, microbe.

sgorgare [ʃgor-gà-re] *v.intr.* [coniug. come *legare*; aus. *essere*] jaillir, couler: *il sangue sgorgava dalla ferita*, le sang jaillissait (*o* giclait) de la blessure; *parole che sgorgano dal cuore*, (*fig.*) des paroles qui viennent du cœur ♦ *v.tr.* (*sturare*) déboucher, dégorger*.

sgorgo [ʃgór-go] *n.m.* [pl. *-ghi*] jaillissement; giclement.

sgozzare [ʃgoz-zà-re] *v.tr.* égorger*.

sgradevole [ʃgra-dé-vo-le] *agg.* désagréable: *una persona sgradevole*, une personne désagréable.

sgradevolezza [sgra-de-vo-léz-za] *n.f.* côté désagréable (**de**): *dire, fare delle sgradevolezze*, dire, faire des choses désagréables.

sgradevolmente [sgra-de-vol-mén-te] *avv.* désagréablement.

sgradito [ʃgra-dì-to] *agg.* **1** désagréable: *una sgradita sorpresa*, una surprise désagréable **2** (*importuno*) importun.

sgraffignare [ʃgraf-fi-gnà-re] *v.tr.* (*fam.*) escamoter, subtiliser.

sgrammaticato [ʃgram-ma-ti-cà-to] *agg.* plein de fautes de grammaire: *scrive in modo sgrammaticato*, il écrit en faisant des fautes (de grammaire).

sgrammaticatura [ʃgram-ma-ti-ca-tù-ra] *n.f.* faute de grammaire.

sgranare [ʃgra-nà-re] *v.tr.* **1** (*piselli, fagioli ecc.*) écosser; (*granoturco, cotone, lino*) égrener* | *sgranare il rosario*, égrener son chapelet **2** (*mecc.*) désengrener* ♦ **sgranarsi** *v.pron.intr.* **1** s'égrener* **2** (*mecc.*) se désengrener*.
● ***sgranare gli occhi***, (*spalancarli*) écarquiller les yeux.

S

sgranato [ʃgra-nà-to] *agg.* écossé; (*di granoturco, cotone, lino*) égrené | *con gli occhi sgranati*, les yeux écarquillés.

sgranchire [ʃgran-chì-re] *v.tr.* [coniug. come *finire*] dégourdir; (*fam.*) dérouiller: *sgranchire le gambe*, dégourdir ses jambes ♦ **sgranchirsi** *v.pron.* se dégourdir; (*fam.*) se dérouiller: *ho bisogno di sgranchirmi un po'*, j'ai besoin de me dégourdir (*o* me dérouiller) un peu.

sgranocchiare [ʃgra-noc-chià-re] *v.tr.* croquer.

sgrassaggio [ʃgras-sàg-gio] *n.m.* [pl. *-gi*] dégraissage.

sgrassare [ʃgras-sà-re] *v.tr.* dégraisser.

sgrassatura [ʃgras-sa-tù-ra] *n.f.* dégraissage (*m.*).

sgravare [ʃgra-và-re] *v.tr.* décharger* (*anche fig.*): *sgravare qlcu da una responsabilità*, décharger qqn d'une responsabilité; *sgravare da imposte*, dégrever, détaxer ♦ **sgravarsi** *v.pron.* e *pron.intr.* **1** se décharger* **2** (*partorire*) accoucher; (*di animale*) mettre* bas.

sgravio [ʃgrà-vio] *n.m.* [pl. *-vi*] **1** décharge (*f.*) **2** (*di imposte*) (*alleggerimento*) dégrèvement; (*esenzione*) détaxe (*f.*).
● ***a, per sgravio di coscienza***, par acquit de conscience.

sgraziato [ʃgra-zià-to] *agg.* disgracieux*; (*di voce*) désagréable; (*goffo*) gauche: *è alta e sgraziata*, elle est grande et manque de grâce.

sgretolamento [ʃgre-to-la-mén-to] *n.m.* effritement; (*fig.*) désagrégation (*f.*).

sgretolare [ʃgre-to-là-re] *v.tr.* effriter; (*frantumare*) broyer* ♦ **sgretolarsi** *v.pron.intr.* s'effriter; (*fig.*) se désagréger*: *il muro si sta sgretolando*, le mur s'effrite.

sgretolato [ʃgre-to-là-to] *agg.* effrité; (*fig.*) désagrégé.

sgridare [ʃgri-dà-re] *v.tr.* gronder, réprimander.

sgridata [ʃgri-dà-ta] *n.f.* réprimande; (*fam.*) savon: *dare una sgridata a qlcu*, gronder, réprimander qqn, (*fam.*) passer un savon à qqn; *a casa mi aspetta una bella sgridata*, (*fam.*) je vais prendre un de ces savons en rentrant.

sgrommatura [ʃgrom-ma-tù-ra] *n.f.* détartrage (*m.*).

sgrondare [ʃgron-dà-re] *v.tr.* égoutter ♦ *v.intr.* [aus. *avere*] **1** (*di acqua nelle grondaie*) s'écouler (dans les gouttières) **2** (*estens.*) (*sgocciolare*) s'égoutter.

sgrondo [ʃgrón-do] *n.m.* **1** (*lo sgrondare*) égouttement, égouttage; (*di acqua nelle gronde*) égout **2** (*liquido che sgocciola*) égoutture (*f.*) **3** (*acqua che cade dalle gronde*) eau* de gouttière.
● ***tetto a sgrondo***, toit en pente.

sgroppata [ʃgrop-pà-ta] *n.f.* **1** ruade **2** (*cavalcata*) courte galopade **3** (*ciclismo*) galop (*m.*) d'entraînement.

sgrossare [ʃgros-sà-re] *v.tr.* **1** dégrossir (*anche fig.*) **2** (*marmo, granito ecc.*) débrutir.

sgrossatura [ʃgros-sa-tù-ra] *n.f.* dégrossissage (*m.*).

sgrovigliare [ʃgro-vi-glià-re] *v.tr.* démêler, débrouiller (*anche fig.*).

sguaiataggine [ʃgua-ia-tàg-gi-ne] *n.f.* grossièreté.

sguaiatamente [ʃgua-ia-ta-mén-te] *avv.* grossièrement, vulgairement.

sguaiato [ʃgua-ià-to] *agg.* grossier*, impudent: *modi sguaiati*, des façons grossières (*o* vulgaires) ♦ *n.m.* [f. *-a*] grossier personnage, lourdaud.

sguainare [ʃguai-nà-re] *v.tr.* dégainer.

sgualcire [ʃgual-cì-re] *v.tr.* [coniug. come *finire*] froisser, chiffonner ♦ **sgualcirsi** *v.pron.intr.* se froisser, se chiffonner.

sgualcito [ʃgual-cì-to] *agg.* froissé, chiffonné.

sgualdrina [ʃgual-drì-na] *n.f.* (*spreg.*) garce, catin.

sguardo [ʃguàr-do] *n.m.* **1** regard: *seguire con lo sguardo*, suivre du regard; *gettare uno sguardo intorno*, jeter un coup d'œil circulaire; *non l'ha degnata d'uno sguardo*, il n'a pas daigné la regarder; *con uno sguardo attento*, d'un œil attentif **2** (*occhi, vista*) yeux (*pl.*): *alzare lo sguardo*, lever les yeux | *fin dove arriva lo sguardo*, à perte de vue.

sguarnire [ʃguar-nì-re] *v.tr.* [coniug. come *finire*] dégarnir.

sguarnito [ʃguar-nì-to] *agg.* **1** nu: *stanza sguarnita*, chambre nue; *casa sguarnita di tende*, maison sans rideaux **2** (*privo di difesa*) dégarni.

sguattera [sguàt-te-ra] *n.f.* fille de cuisine; (*lavapiatti*) plongeuse.

sguattero [ʃguàt-te-ro] *n.m.* plongeur, marmiton.

sguazzare [ʃguaz-zà-re] *v.intr.* [aus. *avere*] **1** patauger*: *mi piace sguazzare nell'acqua*, j'aime patauger dans l'eau **2** (*fig. fam.*) (*stare a proprio agio in*) se plaire* (**dans**) | *ci sguazza!*, il se trouve dans son élément!
● ***sguazzare nell'oro***, (*fig.*) rouler sur l'or.

sguinzagliare [ʃguin-za-glià-re] *v.tr.* lâcher; (*fig.*) lancer*: *gli sguinzagliarono dietro la polizia*, on a lancé la police à sa poursuite.

sgusciare[1] [ʃgu-scià-re] *v.intr.* [aus. *essere*] **1** (*scivolare*) glisser: *sgusciare di mano*, glisser des mains; *sguscia tra le mani come un'anguilla*, (*fig.*) c'est une personne insaisissable | *sgusciare via*, filer en douce, s'esquiver **2** (*eludere*) esquiver (**qqch**).

sgusciare[2] *v.tr.* (*legumi*) écosser; (*noci ecc.*) écaler, décortiquer: *sgusciare un uovo sodo*, éplucher un œuf dur.

shaker [ˈʃeiker] *n.m.invar.* shaker.

shakerare [ʃekeˈrare] *v.tr.* (*scuotere*) secouer: *shakerare un cocktail*, secouer un cocktail (dans un shaker).

shampoo [ˈʃampo] *n.m.invar.* shampo(o)ing: *fare uno shampoo*, faire un shampoing (*o* shampouiner).

share [ˈʃɛr] *n.m.invar.* (*tv*) audimat.

shareware [ʃɛrˈwɛr] *n.f.invar.* (*Internet*) partagiciel (*m.*).

shock [ʃɔk] *n.m.invar.* choc.

shocking [ˈʃɔkiŋg] *agg.invar.* shocking, chocking | *rosa shocking*, rose vif.

shopping [ˈʃɔppiŋg] *n.m.invar.* shopping: *fare shopping*, faire du shopping.

shopping center [ˈʃɔppiŋgˈsɛnter] *n.m.invar.* centre commercial*.

shorts [ʃɔrts] *n.m.pl.* (*abbigl.*) short (*sing.*).

show [ʃo] *n.m.invar.* show.
● ***show business***, industrie du spectacle, show-business, (*fam.*) show-biz.

show-room [ʃoˈrum] *n.m.invar.* showroom, salon d'exposition, exposition (*f.*).

shuttle [ʃatl] *n.m.invar.* (*navetta spaziale*) navette (*f.*) spatiale, shuttle.

si[1] *pron.pers.m.* e *f.* *3ª pers.sing.* e *pl.* **1** (*nella coniug. dei v.pron.*) se*: *si vestì in un attimo*, il s'habilla en un instant; *si sono alzati presto*, ils se sont levés tôt; *bisogna prepararsi a partire*, il faut se préparer à partir; *si è preso una brutta influenza*, il a attrapé une mauvaise grippe; *si mise le mani in tasca*, il mit ses mains dans ses poches; *si è scolato una bottiglia*, il a vidé toute une bouteille; *si sono venduti tutto*, ils ont tout vendu; *si goda le vacanze!*, profitez bien de vos vacances! | *si accomodi!*, *si accomodino!*, (*formula di cortesia*) asseyez-vous! **2** (*con valore di sé*) (*compl.ogg.*) le (*m.*), la (*f.*), les (*m.* e *f.pl.*); (*nei compl.*

S

retti da prep.) lui (*m.*); elle (*f.*); eux (*m.pl.*); elles (*f.pl.*): *quando si sentì chiamare*, quand il entendit qu'on l'appelait; *quando si sentirono chiamare*, quand ils entendirent qu'on les appelait; *quando si vide davanti suo padre*, quand il vit son père devant lui **3** (*nella costruzione impers.*) on: *si dice che*, on dit que; *se si vuole*, si l'on veut; *come si vede, si dice*, comme on le voit, on le dit; *quando si è ricchi, quando si è architetti*, quand on est riche, quand on est architecte; *non ci si capisce più nulla*, on n'y comprend plus rien; *ti si chiede di tacere*, on te demande de te taire; *gli si permettono troppe cose*, on lui permet trop de choses; *si va?*, on y va?; *si è tutti uguali davanti alla legge*, nous sommes tous égaux devant la loi **4** (*per indicare la forma passiva*) se*; (*con costruzione attiva*) on: *il pesce si serve col vino bianco*, le poisson se sert avec du vin blanc; *la mostra si è inaugurata ieri*, on a inauguré l'exposition hier, l'exposition a été inaugurée hier; *in Italia si producono ottimi vini*, en Italie on produit d'excellents vins; *qui si parla inglese e francese*, ici on parle anglais et français; *cercansi traduttori*, on cherche des traducteurs.

si[2] ***n.m.invar.*** (*mus.*) si.

sì[1] ***avv.*** **1** oui; (*per dare risposta affermativa a domanda negativa*) si: *"Hai capito bene?" "Sì"*, "As-tu bien compris?" "Oui"; *"Non vieni con noi?" "Sì, vengo anch'io"*, "Tu ne viens pas avec nous?" "Si, je viens moi aussi"; *pare* (*proprio*) *di sì*, il semble, semblerait (bien) que oui; *spero, credo, penso di sì*, j'espère, je crois, je pense que oui; *dice sempre* (*di*) *sì*, il dit toujours oui; *"Giovanni verrà con noi?" "Ha detto di sì"*, "Giovanni viendra-t-il avec nous?" "Il a dit que oui" | *il caffè mi piace caldo sì, ma non bollente*, j'aime (bien) le café chaud, mais pas bouillant **2** (*contrapposto a* no) oui: *sì o no?*, oui ou non?; *allora deciditi, sì o no?*, alors décide-toi, (c'est) oui ou (c'est) non?; *rispondi sì o no*, réponds par oui ou par non | *un giorno sì e un giorno no*, tous les deux jours (*o* un jour sur deux) **3** (*enfatico, con valore di* davvero) oui: *tu sì che sei intelligente!*, toi, tu es intelligent!; *ora sì che lo farò*, maintenant, oui, je le ferai; *questa sì che è una novità!*, ça c'est du nouveau!; *questa sì che è una notizia!*, en voilà une nouvelle! | *questa sì che è bella!*, elle est bien bonne celle-là!, (*con tono di meraviglia o risentimento*) ça c'est du propre! ♦ ***n.m.invar.*** **1** oui: *un bel sì*, un oui clair et net | *decidersi per il sì*, se décider pour l'affirmative **2** (*voto favorevole*) oui: *i sì di un referendum*, les oui d'un référendum ♦ ***agg.invar.*** *una giornata sì*, (*fam.*) une bonne journée.

● ***sì, davvero***, oui, bien sûr | ***sì domani!***, (*fam. iron.*) tu peux toujours courir! | ***sì e no***, oui et non; (*circa*) à peu près: *"Sei soddisfatto?" "Sì e no"*, "Es-tu satisfait?" "Oui et non"; *ci saranno state sì e no cento persone*, il devait y avoir à peu près cent personnes; *l'avrò visto sì e no due volte*, je l'ai peut-être vu deux fois | (***sì***) ***sì, certo*** (o ***certo che sì***), bien sûr que oui | ***e sì che***, et pourtant, et dire que: *e sì che te l'avevo detto!*, et pourtant je te l'avais bien dit!; *e sì che avevo insistito tanto!*, et dire que j'avais tant insisté! | ***essere, stare tra il sì e il no***, être indécis, hésiter | ***forse*** (***che***) ***sì, forse*** (***che***) ***no***, peut-être que oui, peut-être que non | ***la lingua del sì***, (*l'italiano*) l'italien | ***ma sì!***, mais oui! | ***né sì né no***, ni oui ni non | ***pronunciare il sì***, (*sposarsi*) prononcer le grand oui | ***se sì***, (*in caso affermativo*) si c'est oui.

NOTA **Sì**: ***oui*** o ***si***?
Oui è la risposta a una domanda espressa in forma interrogativa o a una frase affermativa:
Hai trovato la chiave? - ***Sì***.
Tu as trouvé la clé? - **Oui**.
Philippe è veramente intelligente. - ***Sì***.
Philippe est vraiment intelligent. - **Oui**.
Si è la risposta affermativa a una domanda espressa in forma negativa o a una frase negativa:
Non hai voglia di venire? - ***Sì*** *(che ho voglia).*
Tu n'as pas envie de venir? - **Si**.
Non hai detto la verità. - ***Sì*** *(che l'ho detta).*
Tu n'as pas dit la vérité. - **Si**.

sì[2] ***avv.*** (*ant. o letter.*) si.

● ***far sì che***, faire en sorte que.

sia[1] ***cong.*** (*in correlazione a un altro* sia *o a* che) (*o... o...*) soit... soit...; (*e... e...*) aussi bien... que...: *sia per timidezza, sia per orgoglio non rispose*, que ce soit par timidité, ou par orgueil il ne répondit pas; *sia l'uno sia l'altro per me è lo stesso*, que ce soit l'un ou l'autre ça m'est tout à fait égal; *sia d'inverno sia* (o *che*) *d'estate*, hiver comme été; *sia tu sia io, sia tu che io abbiamo torto*, toi comme moi nous avons tort.

● ***sia che... sia che...***, (soit) que... (soit) que...: *sia che tu venga sia che tu non venga*, que tu viennes ou non; *sia che tu voglia sia che tu non voglia*, que tu (le) veuilles ou non.

sia[2] → **essere**[1].

siamese [sia-mé-se] ***agg.*** siamois ♦ ***n.m.*** e ***f.*** (*st.*) (*abitante*) Siamois/e.

● (*med.*) ***fratelli siamesi***, frères siamois | (*zool.*) ***gatto siamese***, chat siamois.

siamo → **essere**[1].

sibarita [si-ba-rì-ta] ***n.m.*** e ***f.*** (*fig.*) sybarite: *vivere da sibarita*, vivre en sybarite.

sibaritismo [si-ba-ri-tì-ʃmo] ***n.m.*** sybaritisme.

siberiano [si-be-rià-no] ***agg.*** sibérien* ♦ ***n.m.*** [f. *-a*] (*abitante*) Sibérien*.

sibilare [si-bi-là-re] ***v.intr.*** [aus. *avere*] siffler.

sibilla [si-bìl-la] ***n.f.*** sibylle.

sibillino [si-bil-lì-no] ***agg.*** sibyllin (*anche fig.*).

sibilo [sì-bi-lo] ***n.m.*** sifflement (*anche med.*).

sic ***avv.*** sic.

sicario [si-cà-rio] ***n.m.*** [f. *-a*; pl.m. *-ri*] sicaire, tueur* (à gages).

siccativo [sic-ca-tì-vo] ***agg.*** (*chim.*) siccatif*.

sicché [sic-ché] ***cong.*** **1** de sorte que, de façon que; (*per questo, per quel motivo*) c'est pourquoi: *ripartì di lì a pochi giorni sicché non riuscii a vederlo*, il repartit au bout de quelques jours de sorte (*o* de façon) que je ne suis pas arrivé à le voir; *non ne sono al corrente, sicché preferirei non immischiarmene*, je ne suis pas au courant, c'est pourquoi j'aimerais mieux ne pas m'occuper de cette affaire **2** (*quindi, dunque*) donc; (*solo in proposizioni interr.*) alors: *ormai ho deciso sicché è inutile parlarne*, ma décision est prise, il est donc inutile d'en parler; *sicché ti sei annoiato?*, alors tu t'es ennuyé?; *sicché non vuole pagare?*, ainsi, il ne veut pas payer?

siccità [sic-ci-tà] ***n.f.invar.*** sécheresse; siccité.

siccome [sic-có-me] ***cong.*** comme, du moment que; puisque: *siccome è difficile trovare posto, è meglio prenotare*, comme il est difficile d'avoir des places, il vaut mieux les retenir; *siccome lo sapevo, era mio dovere avvertirti*, puisque je le savais c'était mon devoir de t'avertir ♦ ***avv.*** (*letter.*) (*come*) comme.

NOTA Quando ***comme*** e ***puisque***, che traducono ***siccome***, reggono due verbi, il secondo verbo è introdotto da ***et que***:

Siccome *ero solo in casa* ***e*** *non avevo fame, sono andato a dormire senza cena.*
Comme j'étais seul à la maison **et que** je n'avais pas faim, je me suis couché sans dîner.
Siccome *l'esame gli è andato male e suo padre non è contento, non andrà in vacanza.*
Puisqu'il a raté son examen **et que** son père n'est pas content, il ne partira pas en vacances.

siciliano [si-ci-lià-no] ***agg.*** sicilien* ♦ ***n.m.*** [f. *-a*] (*abitante*) Sicilien*.

sicomoro [si-co-mò-ro] ***n.m.*** (*bot.*) sycomore.

siculo [sì-cu-lo] ***agg.*** (*siciliano*) sicilien* ♦ ***n.m.*** [f. *-a*] (*abitante*) Sicilien*.
● (*st.*) ***i Siculi***, les Sicules.

sicumera [si-cu-mè-ra] ***n.f.*** morgue.

sicura [si-cù-ra] ***n.f.*** dispositif (*m.*) de sécurité; (*di coltelli, di armi da fuoco*) cran (*m.*) de sûreté, cran (*m.*) d'arrêt.

sicuramente [si-cu-ra-mén-te] ***avv.*** sûrement; bien sûr.

sicurezza [si-cu-réz-za] ***n.f.*** **1** (*certezza*) certitude: *nella sicurezza che mi avrebbe aiutato*, dans la certitude qu'il m'aiderait; *voglio avere la sicurezza di trovarlo*, je veux être certain de le trouver; *per maggiore sicurezza*, pour plus de sûreté **2** (*decisione*) assurance: *ha una grande sicurezza di sé*, il a beaucoup d'assurance | *ispirare sicurezza*, inspirer confiance **3** (*condizione sicura*) sécurité: *sicurezza del posto di lavoro*, sécurité de l'emploi.
● ***sicurezza pubblica***, sécurité publique | ***di sicurezza***, de sûreté, de sécurité: *uscita di sicurezza*, sortie de secours; *norme di sicurezza*, consignes de sécurité; *scala di sicurezza*, escalier à incendie; *chiusura di sicurezza*, fermeture de sûreté; *cassetta di sicurezza*, coffre de sûreté; *fiammiferi di sicurezza*, allumettes de sûreté | ***la Pubblica Sicurezza***, la Sûreté (nationale), la Police.

sicuro [si-cù-ro] ***agg.*** **1** (*certo*) sûr; certain: *sta' sicuro che*, tu peux être sûr que; *sono sicuro di quello che dico*, je suis sûr de ce que je dis; *ne sei sicuro?*, en est-tu sûr?; *è una cosa sicura*, c'est une chose certaine | *dare per sicuro che*, donner pour certain que **2** (*protetto, immune da pericoli*) sûr: *un'auto sicura*, une voiture sûre **3** (*deciso*) assuré: *disegnare con mano sicura*, dessiner d'une main sûre **4** (*fidato*) sûr: *l'informazione proviene da fonte sicura*, l'information provient de source sûre ♦ ***n.m.*** ce qui est sûr ♦ ***avv.*** bien sûr: *"Verrai?" "Sicuro!"*, "Viendras-tu?" "Bien sûr!".
● ***sicuro del fatto proprio***, sûr de son fait | ***sicuro di sé***, sûr de soi | ***a colpo sicuro***, à coup sûr | ***al sicuro***, en sûreté: *mettere al sicuro*, mettre en sûreté; *essere al sicuro da ogni pericolo*, être à l'abri de tout danger | ***andare sul sicuro***, n'avoir rien à craindre | ***camminare sul sicuro***, (*fig.*) se trouver sur un terrain solide | ***di sicuro***, certainement: *verrà di sicuro*, il viendra sûrement | ***questo è poco ma sicuro***, ça (au moins) c'est sûr et certain.

sidecar ['saidekar] ***n.m.invar.*** (*carrozzino laterale di una motocicletta; motocarrozzetta*) side-car.

siderale [si-de-rà-le] **sidereo** ***agg.*** sidéral*.

siderurgia [si-de-rur-gì-a] ***n.f.*** sidérurgie.

siderurgico [si-de-rùr-gi-co] ***agg.*** [pl.m. *-ci*, f. *-che*] sidérurgique ♦ ***n.m.*** [f. *-a*] **1** (*operaio*) métallurgiste, (*fam.*) métallo **2** (*industriale*) sidérurgiste.

sidro [sì-dro] ***n.m.*** cidre.

siederò, **siedo** → **sedere**[1].

siepe [siè-pe] ***n.f.*** *haie | *fare siepe*, (*fig.*) faire la haie.
● ***siepe antiabbagliante***, (*sulle strade*) barrière anti-éblouissante.

siero [siè-ro] ***n.m.*** **1** sérum **2** (*del latte*) lactosérum.
● ***siero della verità***, sérum de vérité.

sierodiagnosi [sie-ro-di-à-gno-ʃi] ***n.f.invar.*** (*med.*) sérodiagnostic (*m.*).

sierologia [sie-ro-lo-gì-a] ***n.f.*** (*med.*) sérologie.

sieronegativo [sie-ro-ne-ga-tì-vo] ***agg.*** e ***n.m.*** [f. *-a*] (*med.*) séronégatif*.

sieropositivo [sie-ro-po-ʃi-tì-vo] ***agg.*** e ***n.m.*** [f. *-a*] (*med.*) séropositif*; (*fam.*) séropo.

sieroprofilassi [sie-ro-pro-fi-làs-si] ***n.f.invar.*** (*med.*) séroprophylaxie.

sierosità [sie-ro-si-tà] ***n.f.invar.*** sérosité.

sieroso [sie-ró-so] ***agg.*** séreux*.

sieroterapia [sie-ro-te-ra-pì-a] ***n.f.*** (*med.*) sérothérapie.

siesta [siè-sta] ***n.f.*** sieste: *fare la siesta*, faire la sieste.

siete → **essere**[1].

siffatto [sif-fàt-to] ***agg.*** (*letter.*) pareil*.

sifilide [si-fì-li-de] ***n.f.*** (*med.*) syphilis.

sifilitico [si-fi-lì-ti-co] ***agg.*** e ***n.m.*** [f. *-a*; pl.m. *-ci*, f. *-che*] (*med.*) syphilitique.

sifone [si-fó-ne] ***n.m.*** siphon.

sigaretta [si-ga-rét-ta] ***n.f.*** **1** cigarette **2** (*bobina di filo*) bobine.

sigaro [sì-ga-ro] ***n.m.*** cigare.

sigillare [si-gil-là-re] ***v.tr.*** **1** sceller; (*imprimere un sigillo*) cacheter* **2** (*estens.*) (*chiudere ermeticamente*) sceller, fermer hermétiquement.

sigillo [si-gìl-lo] ***n.m.*** **1** cachet; (*ufficiale, di Stato*) sceau* (*anche fig.*) **2** (*pl.*) (*dir.*) scellés: *apporre, togliere i sigilli*, mettre, lever les scellés.

sigla [sì-gla] ***n.f.*** **1** sigle (*m.*) **2** (*firma abbreviata*) paraphe (*m.*).
● ***sigla automobilistica***, abréviation du nom de la province d'origine sur les plaques minéralogiques italiennes | ***sigla commerciale***, nom commercial | ***sigla musicale***, indicatif.

siglare [si-glà-re] ***v.tr.*** **1** (*apporre una sigla*) mettre* un sigle (à) **2** (*firmare*) parapher.

significante [si-gni-fi-càn-te] ***agg.*** significatif* ♦ ***n.m.*** (*ling.*) signifiant.

significare [si-gni-fi-cà-re] ***v.tr.*** [coniug. come *mancare*] signifier: *che cosa significa questa parola?*, qu'est-ce que signifie ce mot?, *non significa niente*, cela ne signifie rien; *se fa così significa che ha torto*, s'il agit ainsi, ça veut dire qu'il a tort.

significativamente [si-gni-fi-ca-ti-va-mén-te] ***avv.*** significativement, de façon significative.

significativo [si-gni-fi-ca-tì-vo] ***agg.*** significatif*.

significato [si-gni-fi-cà-to] ***n.m.*** **1** (*concetto, idea*) signification (*f.*); (*senso*) sens: *significato proprio, figurato*, sens propre, figuré; *cogliere il significato di un brano*, saisir le sens d'un passage **2** (*valore*) valeur (*f.*); (*importanza*) importance (*f.*) **3** (*ling.*) signifié.

significazione [si-gni-fi-ca-zió-ne] ***n.f.*** (*ling.*) signification.

signora [si-gnó-ra] ***n.f.*** **1** madame*; (*determinato da dimostr., rel., art.indet., art. partitivo, num.*) dame: *la signora Rossi*, Madame Rossi; *la signora maestra*, l'institutrice; *una vecchia signora*, une vieille dame; *una giova-*

S

ne signora, une jeune femme | *Gentile Signora*, (*nelle lettere*) Madame | *parrucchiere per signora*, coiffeur pour dames **2** (*moglie*) femme: *il Signor Andrea Rossi e Signora*, Monsieur et Madame Andrea Rossi **3** (*padrona*) patronne; (*padrona di casa*) madame* ♦ ***agg.f.*** (*fam.*) super: *la sua è una signora macchina*, il a une bagnole super.

● ***fare la signora***, vivre sur un grand pied.

NOTA **Signora**: ***madame*** o ***dame***?

Madame, formata dall'aggettivo possessivo *ma* e dal nome *dame*, non può essere preceduta dall'articolo:

La signora *è appena rientrata.*
Madame vient de rentrer.

Quando *signora* è seguita da un titolo, in francese si mette l'articolo tra *madame* e il titolo:

La signora contessa *e la signora direttrice.*
Madame la comtesse et **madame la** directrice.

Dame si usa quando *signora* è preceduta da un dimostrativo, un articolo, un partitivo o un numerale:

Quella signora *è molto elegante.*
Cette dame est très élégante.

La signora che *parla è mia zia.*
La dame qui parle est ma tante.

Erano presenti ***delle, molte, tre*** *signore.*
Des, beaucoup de, trois dames étaient présentes.

Nelle lettere o intestazioni, direttamente rivolte all'interessata, ***madame*** si scrive con la maiuscola:

Mi rivolgo a lei, ***signora Rossi****, per avere qualche informazione.*
C'est à vous, **Madame Rossi**, que je m'adresse pour quelques renseignements.

signore [si-gnó-re] ***n.m.*** **1** monsieur*: *il signor Rossi*, Monsieur Rossi; *il signor direttore*, monsieur le directeur; *un signore ha chiesto di te*, un monsieur voulait te voir; *il signor Andrea Rossi e Signora, i Signori Rossi*, Monsieur et Madame (Andrea) Rossi | *Egregio Signore*, (*nelle lettere*) Monsieur **2** (*uomo raffinato*) gentleman; (*uomo ricco*) riche: *è un vero signore*, c'est un gentleman; *i poveri e i signori*, les pauvres et les riches **3** (*pl.*) (*fam.*) (*uomini e donne*) messieurs (et) dames; (*signore e signori*) Mesdames et Messieurs: *se i signori vogliono accomodarsi*, si ces messieurs et ces dames veulent bien prendre place | *Signore e Signori*, Mesdames et Messieurs **4** (*st.*) seigneur **5** (*relig.*) *Signore*, (*Dio*) Seigneur ♦ ***agg.m.*** (*fam.*) super: *è un signor giardino*, c'est un jardin super.

● ***fare la vita del signore***, mener la bonne vie.

NOTA ***Monsieur*** non è preceduto dall'articolo solo quando è seguito dal nome proprio o quando si riferisce al padrone di casa:

Il signor Bianchi *è appena arrivato.*
Monsieur Bianchi vient d'arriver.

Il signore *è servito.*
Monsieur est servi.

Il signore che *parla è mio zio.*
Le monsieur qui parle est mon oncle.

Quel signore *è veramente gentile.*
Ce monsieur est vraiment très aimable.

C'erano ***dei, molti, quattro*** *signori.*
Il y avait **des, beaucoup de, quatre** messieurs.

Nelle lettere o intestazioni, direttamente rivolte all'interessato, ***monsieur*** si scrive con la maiuscola:

Mi rivolgo a lei, ***signor Rossi****, per avere qualche informazione.*
C'est à vous, **Monsieur Rossi**, que je m'adresse pour quelques renseignements.

signoreggiare [si-gno-reg-già-re] ***v.tr.*** e ***intr.*** [coniug. come *mangiare*; aus. *avere*] dominer (*anche fig.*).

signoria [si-gno-rì-a] ***n.f.*** **1** (*dominio*) domination **2** (*st.*) seigneurie **3** (*titolo onorifico*) Seigneurie: *la signoria vostra è invitata*, nous avons l'honneur de vous inviter.

signorile [si-gno-rì-le] ***agg.*** **1** (*st.*) seigneurial* **2** (*elegante*) élégant, (*distinto*) distingué: *modi signorili*, manières distinguées | *zona signorile*, quartier résidentiel.

signorilità [si-gno-ri-li-tà] ***n.f.invar.*** distinction.

signorilmente [si-gno-ril-mén-te] ***avv.*** avec distinction.

signorina [si-gno-rì-na] ***n.f.*** **1** mademoiselle*; (*determinato da dimostr., rel., art.indet., art. partitivo, num.*) jeune fille, demoiselle: *la signorina Rossi*, Mademoiselle Rossi; *buongiorno signorina*, bonjour Mademoiselle; *un'anziana signorina*, une vieille demoiselle **2** (*nubile*) fille | *nome da signorina*, nom de jeune fille.

NOTA **Signorina**: ***mademoiselle, demoiselle*** o ***jeune fille***?

Mademoiselle, formata dall'aggettivo possessivo *ma* e dal nome *demoiselle*, non può essere preceduta dall'articolo:

La signorina *è appena rientrata.*
Mademoiselle vient de rentrer.

Quando *signorina* è preceduta da un dimostrativo, un articolo, un partitivo o un numerale, si traduce ***jeune fille*** o ***demoiselle***:

Una signorina ha telefonato per lei.
Une **demoiselle** vous a demandé au téléphone.

Quella signorina *è molto elegante.*
Cette jeune fille est très élégante.

La signorina che *parla è mia cugina.*
La jeune fille qui parle est ma tante.

Erano presenti ***delle, molte, tre*** *signorine.*
Des, beaucoup de, trois demoiselles étaient présentes.

Nelle lettere o nelle intestazioni, direttamente rivolte all'interessata, ***mademoiselle*** si scrive con la maiuscola:

Mi rivolgo a lei, ***signorina Rossi****, per invitarla.*
C'est à vous, **Mademoiselle Rossi**, que je m'adresse pour vous inviter.

signorino [si-gno-rì-no] ***n.m.*** **1** (*antiq.*) monsieur* **2** (*iron.*) (petit) monsieur*.

signornò [si-gnor-nò] ***avv.*** (*mil.*) non, mon capitaine (mon général etc.).

signorotto [si-gno-ròt-to] ***n.m.*** [f. *-a*] (*spreg.*) *hobereau*.

signorsì [si-gnor-sì] ***avv.*** (*mil.*) oui, mon capitaine (mon général etc.).

sii → **essere**[1].

silene [si-lè-ne] ***n.f.*** (*bot.*) silène.

silente [si-lèn-te] ***agg.*** (*letter.*) silencieux*.

silenziatore [si-len-zia-tó-re] ***n.m.*** (*di motore, arma*) silencieux.

silenzio [si-lèn-zio] ***n.m.*** [pl. *-zi*] **1** silence: *stare, rimanere in silenzio*, rester, demeurer en silence; *imporre il silenzio a qlcu*, imposer silence à qqn | (*fate*) *silenzio!*, (faites) silence! (*o* taisez-vous!) **2** (*mil.*) extinction (*f.*) des feux.

● ***silenzio di tomba***, (*fig.*) silence de mort | ***silenzio radio***, silence radio | ***silenzio stampa***, silence de la presse | (*prov.*) ***il silenzio è d'oro***, le silence est d'or | ***passare qlco sotto silenzio***, passer qqch sous silence.

silenziosamente [si-len-zio-sa-mén-te] ***avv.*** silencieusement.
silenzioso [si-len-zió-so] ***agg.*** silencieux*.
silfide [sìl-fi-de] ***n.f.*** sylphide (*anche fig.*).
silicato [si-li-cà-to] ***n.m.*** (*chim.*) silicate.
silice [sì-li-ce] ***n.f.*** (*min.*) silice.
siliceo [si-lì-ce-o] ***agg.*** siliceux*.
silicio [si-lì-cio] ***n.m.*** [pl. *-cî*] (*chim.*) silicium.
siliconare [si-li-co-nà-re] ***v.tr.*** siliconer (*anche med.*).
silicone [si-li-có-ne] ***n.m.*** (*chim.*) silicone (*f.*).
silicosi [si-li-cò-ʃi] ***n.f.invar.*** (*med.*) silicose.
sillaba [sìl-la-ba] ***n.f.*** **1** syllabe: *dividere una parola in sillabe*, décomposer un mot en syllabes **2** (*fig.*) (*parola*) mot (*m.*): *non capire una sillaba*, ne pas comprendre un traître mot | *non cambiare una sillaba*, ne pas changer une ligne.
sillabare [sil-la-bà-re] ***v.tr.*** articuler séparément les syllabes.
sillabario [sil-la-bà-rio] ***n.m.*** [pl. *-rî*] abécédaire, syllabaire.
sillabazione [sil-la-ba-zió-ne] ***n.f.*** syllabation.
sillabico [sil-là-bi-co] ***agg.*** [pl.m. *-ci*, f. *-che*] syllabique.
silloge [sìl-lo-ge] ***n.f.*** (*lett.*) recueil (*m.*).
sillogismo [sil-lo-gì-ʃmo] ***n.m.*** (*fil.*) syllogisme.
silo [sì-lo] ***n.m.*** [pl. *sili* o *silos*] silo | *silo a torre*, silo-tour.
silofono [si-lò-fo-no] ***n.m.*** → **xilofono**.
silografia e *deriv.* → **xilografia** e *deriv.*
siluramento [si-lu-ra-mén-to] ***n.m.*** **1** torpillage (*anche fig.*) **2** (*fig.*) (*licenziamento*) limogeage.
silurante [si-lu-ràn-te] ***agg.*** (*mil.*) torpilleur ♦ ***n.f.*** (*mil.*) torpilleur (*m.*).
silurare [si-lu-rà-re] ***v.tr.*** **1** torpiller (*anche fig.*) **2** (*fig.*) (*licenziare*) limoger*.
silurista [si-lu-rì-sta] ***n.m.*** (*mil.*) torpilleur.
siluro [si-lù-ro] ***n.m.*** (*mar.*) torpille (*f.*).
silverplate [silver'pleit] ***n.m.invar.*** (*metallo placcato in argento*) métal argenté.
silvestre [sil-vè-stre] ***agg.*** (*letter.*) des bois, sylvestre.
● (*bot.*) ***pino silvestre***, pin sylvestre.
silvicolo [sil-vì-co-lo] ***agg.*** sylvicole.
silvicoltore e *deriv.* → **selvicoltore** e *deriv.*
simbiosi [sim-bi-ò-ʃi] ***n.f.invar.*** symbiose.
simbiotico [sim-bi-ò-ti-co] ***agg.*** [pl.m. *-ci*, f. *-che*] symbiotique.
simboleggiare [sim-bo-leg-già-re] ***v.tr.*** [coniug. come *mangiare*] symboliser.
simbolica [sim-bò-li-ca] ***n.f.*** [pl. *-che*] (*relig.*) symbolique.
simbolicamente [sim-bo-li-ca-mén-te] ***avv.*** symboliquement.
simbolico [sim-bò-li-co] ***agg.*** [pl.m. *-ci*, f. *-che*] symbolique.
simbolismo [sim-bo-lì-ʃmo] ***n.m.*** symbolisme.
simbolista [sim-bo-lì-sta] ***agg.*** e ***n.m.*** e ***f.*** (*arte, lett.*) symboliste.
simbolistico [sim-bo-lì-sti-co] ***agg.*** [pl.m. *-ci*, f. *-che*] symboliste.
simbolizzare [sim-bo-liʒ-ʒà-re] ***v.tr.*** symboliser.
simbolo [sìm-bo-lo] ***n.m.*** symbole.
simbologia [sim-bo-lo-gì-a] ***n.f.*** symbolique.
similare [si-mi-là-re] ***agg.*** similaire.
simile [sì-mi-le] ***agg.*** semblable; pareil*; presque le même: *un simile invidivuo*, un pareil individu, un individu semblable; *hanno caratteri simili*, ils ont presque le même caractère; *non sono simili né di gusti né di carattere*, ils n'ont en commun ni les goûts ni le caractère; *è simile al padre*, il ressemble à son père; *un libro simile a un altro*, un livre semblable à un autre; *hai mai visto una cosa simile?*, a-t-on jamais vu une chose pareille? | (*mat.*) *triangoli simili*, triangles semblables ♦ ***n.m.*** (*di prodotti*) similaire.
● ***e simili***, et autres choses de ce genre: *la politica e simili*, la politique et autres choses de ce genre; *coloranti e simili*, colorants et produits similaires.
similitudine [si-mi-li-tù-di-ne] ***n.f.*** similitude.
similmente [si-mil-mén-te] ***avv.*** de la même façon, de même.
similoro [si-mi-lò-ro] ***n.m.invar.*** similor.
similpelle [si-mil-pèl-le] ***n.m.invar.*** similicuir: *libri rilegati in similpelle*, livres reliés en similicuir.
simmetria [sim-me-trì-a] ***n.f.*** symétrie.
simmetricamente [sim-me-tri-ca-mén-te] ***avv.*** symétriquement.
simmetrico [sim-mè-tri-co] ***agg.*** [pl.m. *-ci*, f. *-che*] symétrique.
simonia [si-mo-nì-a] ***n.f.*** (*relig.*) simonie.
simoniaco [si-mo-nì-a-co] ***agg.*** e ***n.m.*** [f. *-a*; pl.m. *-ci*, f. *-che*] (*relig.*) simoniaque.
simpatia [sim-pa-tì-a] ***n.f.*** sympathie: *avere simpatia per*, avoir de la sympathie pour; *non gode della mia simpatia*, je n'ai aucune sympathie pour lui.
● ***andare a simpatie***, suivre ses sympathies.
simpaticamente [sim-pa-ti-ca-mén-te] ***avv.*** sympathiquement; (*piacevolmente*) agréablement; (*affabilmente*) aimablement.
simpatico [sim-pà-ti-co] ***agg.*** [pl.m. *-ci*, f. *-che*] **1** sympathique; (*fam.*) sympa: *è molto simpatico*, il est très sympathique, (*fam.*) c'est un type super sympa; *che simpatico!*, il est vraiment formidable!; *non sei stato molto simpatico con lui*, tu n'a pas été très gentil avec lui **2** (*estens.*) (*piacevole*) agréable: *è una faccenda poco simpatica*, ce n'est pas une belle affaire ♦ ***n.m.*** (*med.*) sympathique: *sistema simpatico*, système sympathique.
● ***inchiostro simpatico***, encre sympathique.
simpatizzante [sim-pa-tiʒ-ʒàn-te] ***agg.*** e ***n.m.*** e ***f.*** sympathisant/e.
simpatizzare [sim-pa-tiʒ-ʒà-re] ***v.intr.*** [aus. *avere*] sympathiser.
simposio [sim-pò-ʃio] ***n.m.*** [pl. *-sî*] symposium.
simulacro [si-mu-là-cro] ***n.m.*** simulacre (*anche fig.*).
simulare [si-mu-là-re] ***v.tr.*** simuler.
simulato [si-mu-là-to] ***agg.*** simulé.
simulatore [si-mu-la-tó-re] ***n.m.*** [f. *-trice*] simulateur*.
simulazione [si-mu-la-zió-ne] ***n.f.*** simulation.
simultaneamente [si-mul-ta-ne-a-mén-te] ***avv.*** simultanément.
simultaneità [si-mul-ta-nei-tà] ***n.f.invar.*** simultanéité.
simultaneo [si-mul-tà-ne-o] ***agg.*** **1** simultané **2** (*inform.*) concurrent.
● ***in simultanea***, (*nello stesso momento*) en simultanée | ***traduzione simultanea***, traduction simultanée.

S

simun [si-mùn] ***n.m.invar.*** (*vento*) simoun.
sinagoga [si-na-gò-ga] ***n.f.*** [pl. *-ghe*] synagogue.
sinantropo [si-nàn-tro-po] ***n.m.*** sinanthrope.
sinceramente [sin-ce-ra-mén-te] ***avv.*** sincèrement.
sincerarsi [sin-ce-ràr-si] ***v.pron.*** (*accertarsi*) s'assurer.
sincerità [sin-ce-ri-tà] ***n.f.invar.*** sincérité: *parlare con sincerità*, parler avec sincérité; *in tutta sincerità*, en toute sincérité.
sincero [sin-cè-ro] ***agg.*** sincère: *un amico sincero*, un ami sincère; *per, a essere sincero non ho voglia di venire*, pour être sincère, je n'ai pas envie de venir | *sinceri auguri*, (agréez) mes vœux les plus sincères | *vino sincero*, bon vin.
sinché [sin-ché] ***cong.*** → **finché**.
sinclinale [sin-cli-nà-le] ***n.f.*** (*geol.*) synclinal* (*m.*).
sincopale [sin-co-pà-le] ***agg.*** (*med.*) syncopal*.
sincopato [sin-co-pà-to] ***agg.*** (*gramm., mus.*) syncopé.
sincope [sìn-co-pe] ***n.f.*** syncope.
sincretismo [sin-cre-tì-ʃmo] ***n.m.*** (*fil., ling.*) syncrétisme.
sincronia [sin-cro-nì-a] ***n.f.*** **1** synchronisme (*m.*) **2** (*ling.*) synchronie.
sincronico [sin-crò-ni-co] ***agg.*** [pl.m. *-ci*, f. *-che*] synchronique.
sincronismo [sin-cro-nì-ʃmo] ***n.m.*** synchronisme.
sincronizzare [sin-cro-niʒ-ʒà-re] ***v.tr.*** synchroniser ♦ **sincronizzarsi** ***v.pron.intr.*** se synchroniser.
sincronizzato [sin-cro-niʒ-ʒà-to] ***agg.*** synchronisé.
● (*sport*) ***nuoto sincronizzato***, natation synchronisée.
sincronizzazione [sin-cro-niʒ-ʒa-zió-ne] ***n.f.*** synchronisation.
sincrono [sìn-cro-no] ***agg.*** synchrone.
sincrotrone [sin-cro-tró-ne] ***n.m.*** (*fis.*) synchrotron.
sindacabile [sin-da-cà-bi-le] ***agg.*** **1** contrôlable **2** (*fig.*) (*criticabile*) critiquable.
sindacale [sin-da-cà-le] ***agg.*** syndical*.
sindacalismo [sin-da-ca-lì-ʃmo] ***n.m.*** syndicalisme.
sindacalista [sin-da-ca-lì-sta] ***n.m.*** e ***f.*** syndicaliste.
sindacalistico [sin-da-ca-lì-sti-co] ***agg.*** [pl.m. *-ci*, f. *-che*] syndicaliste.
sindacalizzare [sin-da-ca-liʒ-ʒà-re] ***v.tr.*** syndicaliser; (*organizzare un sindacato*) syndiquer.
sindacalizzato [sin-da-ca-liʒ-ʒà-to] ***agg.*** (*organizzato in sindacato*) syndiqué.
sindacalizzazione [sin-da-ca-liʒ-ʒa-zió-ne] ***n.f.*** syndicalisation.
sindacare [sin-da-cà-re] ***v.tr.*** [coniug. come *mancare*] **1** (*controllare*) contrôler; (*verificare*) vérifier **2** (*fig.*) (*criticare*) critiquer.
sindacato[1] [sin-da-cà-to] ***agg.*** (*amm.*) contrôlé ♦ ***n.m.*** (*dir. amm.*) contrôle.
sindacato[2] ***n.m.*** syndicat: *organizzare in sindacato*, syndiquer; *iscriversi, aderire a un sindacato*, s'inscrire, adhérer à un syndicat.
● ***sindacato di categoria***, syndicat professionnel | ***sindacato di datori di lavoro***, syndicat patronal.
sindaco [sìn-da-co] ***n.m.*** [pl.m. *-ci*] **1** maire; (*Svizzera*) syndic **2** (*amm.*) commissaire, réviseur (comptable).
● ***sindaco effettivo***, réviseur en titre.

FAUX AMI
Da non confondere con *syndic*, che significa *amministratore*.

sindone [sìn-do-ne] ***n.f.*** suaire (*m.*).
● (*relig.*) ***la Sacra Sindone***, le Saint Suaire.
sindrome [sìn-dro-me] ***n.f.*** syndrome (*m.*).
sinecura [si-ne-cù-ra] ***n.f.*** sinécure.
sineddoche [si-nèd-do-che] ***n.f.*** (*ret.*) synecdoque.
sinedrio [si-nè-drio] ***n.m.*** [pl. *-rî*] **1** (*st. ebraica*) sanhédrin **2** (*st. greca*) assemblée (*f.*).
sinergia [si-ner-gì-a] ***n.f.*** synergie.
sinergico [si-nèr-gi-co] ***agg.*** [pl.m. *-ci*, f. *-che*] **1** synergique **2** (*anat.*) synergique, synergiste.
sinergismo [si-ner-gi-ʃmo] ***n.m.*** (*med.*) synergie (*f.*).
sinfonia [sin-fo-nì-a] ***n.f.*** **1** symphonie (*anche fig.*) **2** (*di opera lirica*) ouverture **3** (*fam.*) (*tiritera*) litania.
sinfonico [sin-fò-ni-co] ***agg.*** [pl.m. *-ci*, f. *-che*] symphonique.
sinfonista [sin-fo-nì-sta] ***n.m.*** e ***f.*** (*mus.*) symphoniste.
singalese [sin-ga-lé-se] ***agg.*** ceylanais, cingalais ♦ ***n.m.*** e ***f.*** (*abitante*) Ceylanais/e, Cingalais/e.
singhiozzante [sin-ghioz-zàn-te] ***agg.*** en sanglots.
singhiozzare [sin-ghioz-zà-re] ***v.intr.*** [aus. *avere*] **1** sangloter **2** (*avere il singhiozzo*) avoir* le *hoquet.
singhiozzo [sin-ghióz-zo] ***n.m.*** **1** *hoquet: *avere il singhiozzo*, avoir le hoquet **2** (*di pianto*) sanglot.
● ***procedere a singhiozzo***, avancer par bonds.
single [siŋgl] ***n.m.*** e ***f.invar.*** célibataire.
singolare [sin-go-là-re] ***agg.*** **1** (*gramm.*) (au) singulier, du singulier: *terza persona singolare*, troisième personne du singulier **2** (*speciale, particolare*) singulier*, spécial*: *è un tipo singolare*, c'est un type un peu spécial ♦ ***n.m.*** **1** (*gramm.*) singulier* **2** (*tennis*) simple: *singolare maschile, femminile*, simple messieurs, dames.
singolarità [sin-go-la-ri-tà] ***n.f.invar.*** singularité.
singolarmente [sin-go-lar-mén-te] ***avv.*** **1** individuellement: *salutò singolarmente gli invitati*, il salua les invités un par un **2** (*eccezionalmente*) particulièrement **3** (*in modo strano*) singulièrement.
singolo [sìn-go-lo] ***agg.*** **1** chaque; (*particolare*) particulier*: *esaminate i singoli articoli*, examinez chaque article, les articles un par un; *caso singolo*, cas particulier **2** (*unico*) unique: *in singola copia*, en exemplaire unique **3** (*individuale*) individuel* ♦ ***n.m.*** **1** (*ciascuno*) chacun: *non posso rispondere ai singoli*, je ne peux pas répondre à chacun en particulier **2** (*tennis*) simple **3** (*impianto telefonico*) ligne (*f.*) simple, simplex.
● ***camera singola***, chambre individuelle, simple, à un lit | ***letto singolo***, lit à une place.
singulto [sin-gùl-to] ***n.m.*** → **singhiozzo**.
siniscalco [si-ni-scàl-co] ***n.m.*** [pl. *-chi*] (*st.*) sénéchal*.
sinistra [si-nì-stra] ***n.f.*** **1** (*mano*) main gauche: *con la sinistra*, de la main gauche **2** (*lato sinistro*) gauche: *alla mia sinistra*, à ma gauche; *girare a sinistra*, tourner à gauche; *la prima strada a sinistra*, la première (rue) à gauche | *tenere la sinistra*, tenir sa gauche **3** (*pol.*) gauche: *essere a, di sinistra*, être à, de gauche.
● (*pol.*) ***estrema sinistra***, extrême gauche.
sinistramente [si-ni-stra-mén-te] ***avv.*** de façon sinistre, sinistrement; lugubrement.
sinistrare [si-ni-strà-re] ***v.tr.*** faire* des dégâts (à), ravager*.
sinistrato [si-ni-strà-to] ***agg.*** e ***n.m.*** [f. *-a*] sinistré.
sinistro [si-nì-stro] ***agg.*** **1** (*che sta a sinistra*) gauche **2** (*funesto*) sinistre ♦ ***n.m.*** **1** (*infortunio*) sinistre **2** (*sport*) gauche.

sinistrorso [si-ni-stròr-so] *agg.* **1** (*che gira in senso antiorario*) dans le sens contraire aux aiguilles d'une montre; (*scient.*) sénestre **2** (*che procede da destra a sinistra*) sinistrogyre | *scrittura sinistrorsa*, écriture sinistrogyre **3** (*fam.*) (*simpatizzante di sinistra*) gauchisant.

sinistrosi [si-ni-strò-ʃi] *n.f.invar.* (*psic.*) sinistrose.

sino [sì-no] *prep.* e *avv.* → **fino**[1].

sinodale [si-no-dà-le] *agg.* (*eccl.*) synodal*.

sinodo [sì-no-do] *n.m.* (*eccl.*) synode.

sinologia [si-no-lo-gì-a] *n.f.* sinologie.

sinologo [si-nò-lo-go] *n.m.* [f. *-a*; pl.m. *-gi* o *-ghi*, f. *-ghe*] sinologue.

sinonimia [si-no-ni-mì-a] *n.f.* synonymie.

sinonimico [si-no-nì-mi-co] *agg.* [pl.m. *-ci*, f. *-che*] synonymique.

sinonimo [si-nò-ni-mo] *agg.* e *n.m.* synonime.

sinora [si-nó-ra] *avv.* → **finora**.

sinossi [si-nòs-si] *n.f.invar.* synopsis (*m.*).

sinottico [si-nòt-ti-co] *agg.* [pl.m. *-ci*, f. *-che*] synoptique.

● ***tavola sinottica***, tableau synoptique | (*relig.*) ***Vangeli sinottici***, Évangiles synoptiques.

sinovia [si-nò-via] *n.f.* (*anat.*) synovie.

sinoviale [si-no-vià-le] *agg.* (*anat.*) synovial*.

sinovite [si-no-vì-te] *n.f.* (*med.*) synovite.

sintagma [sin-tàg-ma] *n.m.* (*ling.*) syntagme.

sintassi [sin-tàs-si] *n.f.invar.* syntaxe.

sintatticamente [sin-tat-ti-ca-mén-te] *avv.* du point de vue de la syntaxe.

sintattico [sin-tàt-ti-co] *agg.* [pl.m. *-ci*, f. *-che*] syntaxique.

sintesi [sìn-te-ʃi] *n.f.invar.* **1** synthèse **2** (*riassunto*) résumé (*m.*).

● ***in sintesi***, en résumé.

sinteticamente [sin-te-ti-ca-mén-te] *avv.* synthétiquement.

sinteticità [sin-te-ti-ci-tà] *n.f.invar.* concision.

sintetico [sin-tè-ti-co] *agg.* [pl.m. *-ci*, f. *-che*] **1** synthétique **2** (*conciso*) concis.

sintetizzare [sin-te-tiʒ-ʒà-re] *v.tr.* **1** synthétiser **2** (*riassumere*) résumer.

sintetizzatore [sin-te-tiʒ-ʒa-tó-re] *n.m.* (*mus.*) synthétiseur; (*fam.*) synthé.

sintomatico [sin-to-mà-ti-co] *agg.* [pl.m. *-ci*, f. *-che*] **1** symptomatique **2** (*significativo*) significatif*.

sintomatologia [sin-to-ma-to-lo-gì-a] *n.f.* (*med.*) symptomatologie.

sintomo [sìn-to-mo] *n.m.* symptôme (*anche fig.*); (*segno*) signe.

sintonia [sin-to-nì-a] *n.f.* **1** (*rad.*) syntonie **2** (*fig.*) harmonie, accord (*m.*).

● ***in sintonia***, en harmonie.

sintonizzare [sin-to-niʒ-ʒà-re] *v.tr.* **1** (*rad.*) syntoniser **2** (*fig.*) accorder, harmoniser ♦ **sintonizzarsi** *v.pron.* se syntoniser; (*fig.*) s'harmoniser.

sintonizzatore [sin-to-niʒ-ʒa-tó-re] *n.m.* (*rad.*) tuner, syntoniseur.

sintonizzazione [sin-to-niʒ-ʒa-zió-ne] *n.f.* (*rad.*) syntonisation.

sinuosità [si-nuo-si-tà] *n.f.invar.* sinuosité.

sinuoso [si-nu-ó-so] *agg.* sinueux*.

sinusite [si-nu-ʃi-te] *n.f.* (*med.*) sinusite.

sinusoidale [si-nu-ʃoi-dà-le] *agg.* (*mat.*) sinusoïdal*.

sinusoide [si-nu-ʃòi-de] *n.f.* (*mat.*) sinusoïde.

sionismo [sio-nì-ʃmo] *n.m.* (*st., pol.*) sionisme.

sionista [sio-nì-sta] *agg.* e *n.m.* e *f.* (*st., pol.*) sioniste.

sipario [si-pà-rio] *n.m.* [pl. *-ri*] rideau*.

● ***alzare, calare il sipario***, (*anche fig.*) lever, baisser le rideau: *cala il sipario*, le rideau tombe, (*fig.*) on tire le rideau; *al calare del sipario*, à la chute du rideau.

siracusano [si-ra-cu-ʃà-no] *agg.* syracusain ♦ *n.m.* [f. *-a*] (*abitante*) Syracusain.

sire [sì-re] *n.m.* (*letter.*) sire.

sirena[1] [si-rè-na] *n.f.* (*mit.*) sirène.

sirena[2] *n.f.* sirène: *sirena d'allarme*, sirène d'alarme.

siriaco [si-rì-a-co] *agg.* [pl.m. *-ci*, f. *-che*] (*st.*) syriaque ♦ *n.m.* (*st.*) (*lingua*) syriaque.

siriano [si-rià-no] *agg.* syrien* ♦ *n.m.* [f. *-a*] (*abitante*) Syrien*.

siringa [si-rìn-ga] *n.f.* [pl. *-ghe*] **1** (*med., cuc.*) seringue | *siringa per dolci*, piston à décorer **2** (*mus.*) syrinx **3** (*bot.*) seringat (*m.*).

siringare [si-rin-gà-re] *v.tr.* [coniug. come *legare*] (*med.*) **1** vider (avec une seringue) **2** (*cateterizzare*) cathétériser.

sisma [sì-ʃma] *n.m.* séisme.

sismico [sì-ʃmi-co] *agg.* [pl.m. *-ci*, f. *-che*] sismique.

sism(o)- *pref.* sism(o)-.

sismografo [si-ʃmò-gra-fo] *n.m.* sismographe.

sismologia [si-ʃmo-lo-gì-a] *n.f.* séismologie, sismologie.

sismologo [si-ʃmò-lo-go] *n.m.* [f. *-a*; pl.m. *-gi*, f. *-ghe*] sismologue.

sissignore [sis-si-gnó-re] *avv.* oui, Monsieur.

sistema [si-stè-ma] *n.m.* **1** système: *sistema filosofico*, système phylosophique **2** (*metodo*) méthode (*f.*), système; (*modo*) manière (*f.*), façon (*f.*): *sistema di lavoro*, méthode de travail; *usare il sistema forte*, adopter la manière forte; *o cambi sistema o finisci male*, change d'attitude ou ça va mal finir | *che bel sistema!*, belle manière d'agir!

● (*geogr.*) ***sistema alpino***, chaîne alpine | (*anat.*) ***sistema circolatorio***, circulation du sang | (*mat.*) ***sistema metrico decimale***, système métrique | (*anat.*) ***sistema nervoso, endocrino***, système nerveux, des glandes endocrines | (*inform.*) ***sistema operativo***, système d'exploitation | (*geogr.*) ***sistema orografico***, complexe orographique | (*chim.*) ***sistema periodico degli elementi***, classification périodique des éléments | (*astr.*) ***sistema solare***, système solaire | ***per sistema***, systématiquement: *ha per sistema di arrivare in ritardo*, il arrive systématiquement en retard; *fare qlco per sistema*, faire qqch systématiquement.

sistemare [si-ste-mà-re] *v.tr.* **1** (*organizzare*) arranger*; (*disporre in un ordine*) ranger*: *sistemare una stanza*, arranger une pièce; *ho sistemato tutto*, j'ai tout arrangé **2** (*collocare*) placer*, disposer: *sistemare i mobili*, disposer les meubles **3** (*regolare*) régler*: *sistemare una faccenda*, régler une affaire **4** (*collocare in un alloggio*) loger*, (*fam.*) caser: *dove pensi di sistemare gli ospiti?*, où est-ce tu penses loger les invités? **5** (*procurare un impiego*) placer* **6** (*sposare*) marier, caser **7** (*fam.*) (*dare una lezione*) remettre* à sa place | *ora lo sistemo io!*, maintenant il va avoir affaire à moi! ♦ **sistemarsi** *v.pron.* **1** (*mettersi a posto, trovare un alloggio*) s'installer **2** (*sposarsi*) se marier, se caser **3** (*trovare un impie-*

S

go) trouver un travail: *si è sistemato bene*, il a trouvé un bon travail **4** (*fig.*) (*aggiustarsi*) s'arranger*: *col tempo tutto si sistemerà*, avec le temps tout s'arrangera **5** (*fam.*) (*mettersi in ordine*) s'arranger* (un peu): *mi sistemo* (*velocemente*) *e arrivo*, je m'arrange un peu et j'arrive.

sistemata [si-ste-mà-ta] ***n.f.***
● ***dare una sistemata*** (***a qlco***), (*fam.*) ranger (qqch): *dai una sistemata alla cucina*, range la cuisine | ***darsi una sistemata***, (*calmarsi*) se calmer; (*mettersi in ordine*) s'arranger: *mi dò una sistemata e arrivo*, je m'arrange et j'arrive.

sistematica [si-ste-mà-ti-ca] ***n.f.*** [pl. *-che*] (*scient.*) systématique.

sistematicamente [si-ste-ma-ti-ca-mén-te] ***avv.*** systématiquement.

sistematico [si-ste-mà-ti-co] ***agg.*** [pl.m. *-ci*, f. *-che*] systématique.

sistematizzare [si-ste-ma-tiʒ-ʒà-re] ***v.tr.*** systématiser.

sistematizzazione [si-ste-ma-tiʒ-ʒa-zió-ne] ***n.f.*** systématisation.

sistemazione [si-ste-ma-zió-ne] ***n.f.*** **1** (*assetto*) aménagement (*m.*); (*disposizione*) disposition: *la sistemazione di una casa*, l'aménagement d'une maison; *la sistemazione in una casa*, l'installation dans une maison **2** (*il disporre in un certo ordine*) rangement (*m.*) **3** (*alloggio*) logement (*m.*) **4** (*regolamento*) règlement (*m.*) **5** (*impiego*) emploi (*m.*); (*lavoro*) travail* (*m.*).

sistemista [si-ste-mì-sta] ***n.m.*** e ***f.*** (*inform.*) systémicien/enne.

sistole [sì-sto-le] ***n.f.*** (*fisiol.*) systole.

sitar [si-tàr] ***n.m.invar.*** (*mus.*) sitar.

sit-com ['sitkɔm] ***n.f.invar.*** (*tv*) sitcom (*m.* o *f.*).

sit-in [si'tin] ***n.m.invar.*** (*manifestazione pacifica di protesta*) sit-in.

sito [sì-to] ***agg.*** situé ♦ ***n.m.*** **1** endroit, localité (*f.*) **2** (*mil.*) site **3** (*Internet*) site: *sito in costruzione*, site en chantier.

sitografia [si-to-gra-fì-a] ***n.f.*** sitographie.

situare [si-tu-à-re] ***v.tr.*** situer (*anche fig.*); (*collocare, sistemare*) placer* ♦ **situarsi** ***v.pron.intr.*** se situer.

situazionale [si-tua-zio-nà-le] ***agg.*** situationnel: *contesto situazionale*, contexte situationnel.
● ***metodo situazionale***, méthode d'enseignement d'une langue étrangère qui met les élèves en situation.

situazione [si-tua-zió-ne] ***n.f.*** situation: *nella sua situazione è difficile prendere una decisione*, dans sa situation, prendre une decision devient difficile; *nella sua situazione, non so cosa avrei fatto*, à sa place, je ne sais pas ce que j'aurais fait.
● (*econ.*) ***situazione patrimoniale***, état des biens.

sivigliano [si-vi-glià-no] ***agg.*** sévillan.

skate-board ['skeitbɔrd] ***n.m.invar.*** planche (*f.*) à roulettes; skate.

skater ['skeiter] ***n.m.*** e ***f.invar.*** (*sport*) skater, skateur (*m.*).

ski-lift ['skilift] ***n.m.invar.*** remonte-pente*, téléski; (*fam.*) tire-fesses.

ski-pass [ski'pas] ***n.m.invar.*** (*abbonamento per impianti sciistici*) forfait(-skieur*).

ski-roll [ski'rɔl] ***n.m.invar.*** rollerski, ski-roue.

slabbrare [ʃlab-brà-re] ***v.tr.*** **1** (*vasi ecc.*) ébrécher* **2** (*ferite*) débrider ♦ **slabbrarsi** ***v.pron.intr.*** **1** (*di vasi ecc.*) s'ébrécher* **2** (*di ferite*) s'ouvrir*.

slabbrato [ʃlab-brà-to] ***agg.*** **1** (*di vasi ecc.*) ébréché **2** (*di ferite*) ouvert.

slabbratura [ʃlab-bra-tù-ra] ***n.f.*** **1** (*di vasi ecc.*) ébrèchement (*m.*) **2** (*di tessuti*) déformation.

slacciare [ʃlac-cià-re] ***v.tr.*** [coniug. come *cominciare*] délier, dénouer; (*sbottonare*) déboutonner; (*sganciare*) dégrafer; (*una cintura*) défaire* ♦ **slacciarsi** ***v.pron.*** se délier, se dénouer; (*sbottonarsi*) se déboutonner; (*sganciarsi*) se dégrafer; (*di cintura*) se défaire ♦ ***v.pron. indiretto*** délier, dénouer; (*sbottonarsi*) déboutonner: *slacciarsi le scarpe*, délier (*o* dénouer) ses chaussures.

slalom [ʃlà-lom] ***n.m.invar.*** (*sport*) slalom (*anche fig.*): *fare uno slalom tra la folla*, slalomer dans la foule.
● (*sci*) ***slalom gigante***, ***speciale***, slalom géant, spécial.

slalomista [ʃla-lo-mì-sta] ***n.m.*** e ***f.*** (*sci*) slalomeur/euse.

slam [zlɛm] ***n.m.invar.*** (*bridge, sport*) chalem.

slanciare [ʃlan-cià-re] ***v.tr.*** [coniug. come *cominciare*] lancer* ♦ **slanciarsi** ***v.pron.intr.*** **1** s'élancer* **2** (*fig.*) (*innalzarsi*) se dresser.

slanciato [ʃlan-cià-to] ***agg.*** élancé, svelte.

slancio [ʃlàn-cio] ***n.m.*** [pl. *-ci*] **1** élan (*anche fig.*); (*salto*) bond: *con uno slancio*, d'un bond; *prendere lo slancio*, prendre son élan **2** (*sollevamento pesi*) épaulé et jeté.
● ***di slancio***, avec élan.

slargare [ʃlar-gà-re] ***v.tr.*** [coniug. come *legare*] élargir ♦ **slargarsi** ***v.pron.intr.*** s'élargir.

slargo [ʃlàr-go] ***n.m.*** [pl. *-ghi*] endroit où une rue s'élargit: *dopo la curva c'è uno slargo*, après le virage la rue s'élargit.

slash [zlɛʃ] ***n.m.invar.*** barre (*f.*) oblique, slash.

slavato [ʃla-và-to] ***agg.*** **1** (*di colore*) délavé **2** (*fig.*) (*scialbo*) fade, incolore.

slavina [ʃla-vì-na] ***n.f.*** avalanche.

slavista [ʃla-vì-sta] ***n.m.*** e ***f.*** slavisant/e.

slavistica [ʃla-vì-sti-ca] ***n.f.*** [pl. *-che*] slavistique.

slavo [ʃlà-vo] ***agg.*** slave ♦ ***n.m.*** **1** [f. *-a*] (*persona*) Slave **2** (*lingua*) slave.

sleale [ʃle-à-le] ***agg.*** déloyal*.

slealtà [ʃleal-tà] ***n.f.invar.*** déloyauté, manque (*m.*) de loyauté.

slegare [ʃle-gà-re] ***v.tr.*** [coniug. come *legare*] **1** délier; (*un nodo*) défaire* **2** (*animali*) détacher ♦ **slegarsi** ***v.pron.*** se délier; (*di nodo*) se défaire*; (*di animali*) se détacher.

slegato [ʃle-gà-to] ***agg.*** **1** délié; (*di nodo*) défait; (*di animale*) détaché; (*di libro*) débroché **2** (*fig.*) décousu.

slip ***n.m.invar.*** slip.

slitta [ʃlit-ta] ***n.f.*** **1** luge; (*tirata da animali*) traîneau* (*m.*) | *cane da slitta*, chien de traîneau **2** (*mecc.*) chariot (*m.*).

slittamento [ʃlit-ta-mén-to] ***n.m.*** **1** glissement (*anche fig.*); (*di veicoli*) dérapage; (*di ruote*) patinage **2** (*di moneta*) dévaluation (*f.*).

slittare [ʃlit-tà-re] ***v.intr.*** **1** [aus. *essere*] glisser (*anche fig.*); (*di veicoli*) déraper; (*di ruote*) patiner **2** [aus. *avere*] (*andare in slitta*) faire* de la luge, luger* **3** [aus. *essere*] (*di moneta, perdere valore*) se déprécier **4** [aus. *essere*] (*fig.*) (*essere rinviato*) être* remis, être* ajourné **5** [aus. *essere*] (*fig.*) (*allontanarsi dalla propria posizione*) glisser.

slittino [ʃlit-tì-no] ***n.m.*** luge (*f.*).
slittovia [ʃlit-to-vì-a] ***n.f.*** téléluge.
slogan [ʃlò-gan] ***n.m.invar.*** slogan | *slogan elettorale*, message électoral.
slogare [ʃlo-gà-re] ***v.tr.*** [coniug. come *legare*] se fouler, se luxer ♦ **slogarsi** ***v.pron.intr.*** se fouler, se déboîter.
slogato [ʃlo-gà-to] ***agg.*** déboîté, foulé.
slogatura [ʃlo-ga-tù-ra] ***n.f.*** foulure.
sloggiare [ʃlog-già-re] ***v.tr.*** e ***intr.*** [coniug. come *mangiare*; aus. *avere*] déloger*: *devono sloggiare al più presto*, ils doivent déloger au plus tôt | *sloggia!*, (*fam.*) décampe!
slot machine [zlɔtmaʃ'ʃin] ***n.f.invar.*** machine à sous.
slovacco [ʃlo-vàc-co] ***agg.*** [pl.m. *-chi*, f. *-che*] slovaque ♦ ***n.m.*** **1** [f. *-a*] (*abitante*) Slovaque **2** (*lingua*) slovaque.
sloveno [ʃlo-vè-no] ***agg.*** slovène ♦ ***n.m.*** **1** [f. *-a*] (*abitante*) Slovène **2** (*lingua*) slovène.
smaccato [ʃmac-cà-to] ***agg.*** exagéré, outré | *ha una fortuna smaccata*, il a une veine de cocu.
smacchiare [ʃmac-chià-re] ***v.tr.*** détacher; (*macchie di grasso*) dégraisser.
smacchiatore [ʃmac-chia-tó-re] ***n.m.*** (*prodotto*) détachant; (*per macchie di grasso*) dégraisseur.
smacchiatura [ʃmac-chia-tù-ra] ***n.f.*** détachage (*m.*), nettoyage (*m.*); (*per macchie di grasso*) dégraissage (*m.*).
smacco [ʃmàc-co] ***n.m.*** [pl. *-chi*] échec; (*affronto*) affront: *subire uno smacco*, essuyer un affront.
smadonnare [ʃma-don-nà-re] ***v.intr.*** [aus. *avere*] blasphémer*.
smagliante [ʃma-gliàn-te] ***agg.*** éclatant, éblouissant (*anche fig.*): *in forma smagliante*, en forme éblouissante; *un sorriso smagliante*, un sourire radieux.
smagliarsi [ʃma-gliàr-si] ***v.pron.*** **1** se démailler; (*di calza*) filer: *mi si è smagliata una calza*, mon bas a filé **2** (*med.*) (*di pelle*) avoir* des vergetures.
smagliatura [ʃma-glia-tù-ra] ***n.f.*** **1** démaillage (*m.*); (*di calza*) échelle **2** (*med.*) (*della pelle*) vergeture.
smagnetizzare [ʃma-gne-tiʒ-ʒà-re] ***v.tr.*** (*fis.*) démagnétiser.
smagrire [ʃma-grì-re] ***v.tr.*** [coniug. come *finire*] amaigrir; (*snellire*) amincir ♦ ***v.intr.*** [aus. *essere*] maigrir ♦ **smagrirsi** ***v.pron.intr.*** maigrir.
smaliziare [ʃma-li-zià-re] ***v.tr.*** dégourdir; (*scaltrire*) délurer ♦ **smaliziarsi** ***v.pron.intr.*** se dégourdir; (*scaltrirsi*) se délurer.
smaliziato [ʃma-li-zià-to] ***agg.*** (*sveltito*) dégourdi; (*scaltrito*) déluré.
smaltare [ʃmal-tà-re] ***v.tr.*** émailler (*anche fig.*) ♦ **smaltarsi** ***v.pron. indiretto*** se mettre* du vernis: *smaltarsi le unghie*, se mettre du vernis à ongles.
smaltato [ʃmal-tà-to] ***agg.*** émaillé; (*di unghie*) verni; (*di piastrella*) vernissé: *unghie smaltate*, ongles vernis; *piastrella smaltata*, carreau vernissé.
smaltatore [ʃmal-ta-tó-re] ***n.m.*** [f. *-trice*] émailleur*.
smaltatura [ʃmal-ta-tù-ra] ***n.f.*** **1** émaillage (*m.*) **2** (*fot.*) glaçage (*m.*).
smaltimento [ʃmal-ti-mén-to] ***n.m.*** **1** écoulement **2** (*digestione*) digestion (*f.*).
● ***smaltimento dei rifiuti tossici***, élimination des déchets toxiques | ***raccolta e smaltimento dei rifiuti***, traitement des ordures.
smaltire [ʃmal-tì-re] ***v.tr.*** [coniug. come *finire*] **1** digérer* (*anche fig.*): *cibi difficili da smaltire*, aliments difficiles à digérer | *smaltire la rabbia*, (*fig.*) faire passer sa rage | *smaltire la sbornia*, cuver son vin **2** (*vendere*) écouler; (*disfarsi di*) liquider **3** (*sbrigare*) faire*, terminer: *smaltire la corrispondenza*, faire le courrier **4** (*acque*) faire* couler; (*rifiuti*) traiter.
smaltitoio [ʃmal-ti-tó-io] ***n.m.*** [pl. *-oi*] canal* d'écoulement.
smaltitore [ʃmal-ti-tó-re] ***agg.*** e ***n.m.***
● (***canale***) ***smaltitore***, canal d'écoulement.
smalto [ʃmàl-to] ***n.m.*** **1** émail* (*anche anat.*) **2** (*per unghie*) vernis à ongles: *darsi lo smalto*, se mettre du vernis sur les ongles **3** (*fig.*) (*brillantezza*) éclat: *perdere lo smalto*, perdre son éclat.
smammare [ʃmam-mà-re] ***v.intr.*** [aus. *avere*] (*fam.*) filer, décamper: *smamma!*, dégage!
smanceria [ʃman-ce-rì-a] ***n.f.*** (*spec. pl.*) minauderies, chichis (*m.pl.*).
smanceroso [ʃman-ce-ró-so] ***agg.*** minaudier*, maniéré.
smanettare [ʃma-net-tà-re] ***v.intr.*** [aus. *avere*] **1** emballer (le moteur) **2** (*fam.*) (*su computer*) tapoter (le clavier); (*su console per videogiochi*) manier (un joystick); (*strumenti informatici*) toucher (sa bille) en informatique.
smangiare [ʃman-già-re] ***v.tr.*** [coniug. come *mangiare*] corroder, ronger* ♦ **smangiarsi** ***v.pron.*** (*fig.*) se ronger*: *smangiarsi dalla rabbia*, être ivre de rage.
smangiato [ʃman-già-to] ***agg.*** corrodé, rongé; (*consumato*) usé.
smania [ʃmà-nia] ***n.f.*** **1** énervement (*m.*), agitation: *il caldo mi mette la smania addosso*, la chaleur m'énerve **2** (*fig.*) (*desiderio vivo*) désir violent: *avere smania di potere*, être avide de pouvoir; *ha una grande smania di partire*, il brûle (d'envie) de partir.
● ***dare in smanie***, être, se mettre dans tous ses états.
smaniare [ʃma-nià-re] ***v.intr.*** [aus. *avere*] **1** s'agiter **2** (*fig.*) (*desiderare intensamente*) brûler d'envie, mourir* d'envie.
smanioso [ʃma-nió-so] ***agg.*** **1** avide; (*impaziente*) impatient **2** (*che causa smania*) énervant.
smantellamento [ʃman-tel-la-mén-to] ***n.m.*** démantèlement; (*fig.*) démolition (*f.*).
smantellare [ʃman-tel-là-re] ***v.tr.*** démanteler*; (*fig.*) démolir.
smarcare [ʃmar-cà-re] ***v.tr.*** [coniug. come *mancare*] (*sport*) démarquer ♦ **smarcarsi** ***v.pron.*** (*sport*) se démarquer.
smargiassata [ʃmar-gias-sà-ta] ***n.f.*** fanfaronnade; (*scena violenta*) sortie.
smargiasso [ʃmar-giàs-so] ***n.m.*** [f. *-a*] fanfaron*, vantard: *non fare lo smargiasso!*, ne fais pas le fanfaron!
smarginare [ʃmar-gi-nà-re] ***v.tr.*** (*tip.*) émarger*.
smarrimento [ʃmar-ri-mén-to] ***n.m.*** **1** perte (*f.*): *in caso di smarrimento*, en cas de perte **2** (*fig.*) (*perdita di conoscenza, di memoria*) défaillance (*f.*); (*turbamento*) désarroi: *avere un attimo di smarrimento*, avoir un moment de désarroi.
smarrire [ʃmar-rì-re] ***v.tr.*** [coniug. come *finire*] perdre* ♦ **smarrirsi** ***v.pron.intr.*** **1** s'égarer **2** (*fig.*) (*turbarsi*) se troubler.
smarrito [ʃmar-rì-to] ***agg.*** **1** perdu **2** (*fig.*) (*turbato*) troublé, égaré: *aveva un'aria smarrita*, il avait l'air égaré.
● ***ufficio oggetti smarriti***, bureau des objets trouvés.
smart card [zmart'kard] ***n.f.invar.*** carte à puce.

S

smascellarsi [ʃma-scel-làr-si] *v.pron.intr.* se démantibuler (la mâchoire) | *smascellarsi dalle risa*, rire à s'en décrocher la mâchoire.

smascheramento [ʃma-sche-ra-mén-to] *n.m.* dévoilement; (*scoperta*) découverte (*f.*) (*anche fig.*).

smascherare [ʃma-sche-rà-re] *v.tr.* démasquer (*anche fig.*).

smaterializzare [ʃma-te-ria-liʒ-ʒà-re] *v.tr.* dématérialiser; idéaliser ♦ **smaterializzarsi** *v.pron.intr.* s'immatérialiser.

smazzare [ʃmaz-zà-re] *v.tr.* (*distribuire carte da gioco*) distribuer.
● ***smazzarsela***, (*fam.*) se démerder: *io non voglio entrarci, smazzatevela tra voi*, je ne veux pas mettre mon nez là-dedans, démerdez-vous.

smembramento [ʃmem-bra-mén-to] *n.m.* démembrement (*anche fig.*).

smembrare [ʃmem-brà-re] *v.tr.* démembrer (*anche fig.*).

smemorataggine [ʃme-mo-ra-tàg-gi-ne] *n.f.* **1** manque (*m.*) de mémoire, défaut (*m.*) de mémoire **2** (*dimenticanza*) oubli (*m.*).

smemorato [ʃme-mo-rà-to] *agg.* **1** (*che ha perso la memoria*) qui n'a pas de mémoire; (*med.*) amnésique **2** (*distratto*) étourdi: *sono proprio uno smemorato!*, j'ai vraiment la tête en l'air!

smentire [ʃmen-tì-re] *v.tr.* [coniug. come *finire*] **1** démentir*: *gli avvenimenti ti hanno smentito*, les événements t'ont donné un démenti **2** (*ritrattare*) rétracter: *ha smentito quanto aveva detto*, il a rétracté ce qu'il avait dit **3** (*venire meno a*) manquer (**à**): *smentire la propria fama*, ne pas justifier sa réputation ♦ **smentirsi** *v.pron.* **1** se démentir* **2** (*venir meno a*) ne pas être* à la hauteur de sa réputation | *non si smentisce mai*, il est toujours égal à lui-même.

smentita [ʃmen-tì-ta] *n.f.* démenti (*m.*).

smeraldo [ʃme-ràl-do] *n.m.* émeraude (*f.*) ♦ *agg.invar.* (*colore*) émeraude.

smerciare [ʃmer-cià-re] *v.tr.* [coniug. come *cominciare*] écouler; vendre*; (*al minuto*) débiter.

smercio [ʃmèr-cio] *n.m.* [pl. *-ci*] vente (*f.*); (*smaltimento*) écoulement, (*al minuto*) débit: *un articolo che ha molto smercio*, un article qui se vend beaucoup.

smerdare [ʃmer-dà-re] *v.tr.* (*volg.*) **1** salir de merde **2** (*fig.*) (*svergognare*) faire* passer pour un con: *è stato smerdato*, il en a pris plein la gueule ♦ **smerdarsi** *v.pron.intr.* (*volg.*) **1** se salir de merde **2** (*fig.*) passer pour un con.

smerigliare [ʃme-ri-glià-re] *v.tr.* polir à l'émeri; (*una valvola*) roder une soupape.

smerigliato [ʃme-ri-glià-to] *agg.* poli à l'émeri, dépoli: *carta smerigliata*, toile émeri; *vetro smerigliato*, verre dépoli.

smerigliatrice [ʃme-ri-glia-trì-ce] *n.f.* ponceuse.

smerigliatura [ʃme-ri-glia-tù-ra] *n.f.* polissage (*m.*) à l'émeri; (*di vetro*) dépolissage (*m.*); (*di valvole*) rodage (*m.*).

smeriglio[1] [ʃme-rì-glio] *n.m.* [pl. *-gli*] émeri.

smeriglio[2] *n.m.* [pl. *-gli*] (*zool.*) émerillon.

smerlare [ʃmer-là-re] *v.tr.* festonner.

smerlo [ʃmèr-lo] *n.m.* feston: *punto (a) smerlo*, point de feston.

smettere [ʃmét-te-re] *v.tr.* [coniug. come *mettere*] **1** cesser, arrêter **2** (*cessare di indossare*) ne plus porter ♦ *v.intr.* [aus. *avere*] cesser: *la pioggia ha smesso*, la pluie a cessé; *è ora che tu smetta*, il est temps que tu finisses.
● ***smetterla***, arrêter: *smettetela!*, arrêtez!; *smettila con quel tono arrogante!*, chenge de ton et ne sois pas arrogant!

smidollato [ʃmi-dol-là-to] *agg.* e *n.m.* [f. *-a*] (*fig.*) mollasse, mollasson*.

smiley ['ʃmaili] *n.m.invar.* frimousse (*f.*), émoticône (*f.*), émoticon, trombine (*f.*), souriard.

smilitarizzare [ʃmi-li-ta-riʒ-ʒà-re] *v.tr.* démilitariser.

smilitarizzazione [ʃmi-li-ta-riʒ-ʒa-ziò-ne] *n.f.* démilitarisation.

smilzo [ʃmil-zo] *agg.* fluet*; (*fig.*) plat.

sminare [ʃmi-nà-re] *v.tr.* déminer.

sminuire [ʃmi-nu-ì-re] *v.tr.* [coniug. come *finire*] amoindrir, diminuer ♦ **sminuirsi** *v.pron.* se sous-estimer, se déprécier: *non pensare di sminuirti con questo lavoro*, ne pense pas que ce travail te diminue.

sminuito [ʃmi-nu-ì-to] *agg.* amoindri, diminué; (*fig.*) frustré: *si sente sminuito a fare questo lavoro*, il se sent frustré dans ce travail.

sminuzzare [ʃmi-nuz-zà-re] *v.tr.* couper en petits morceaux, morceler*; (*sbriciolare*) émietter.

smistamento [ʃmi-sta-mén-to] *n.m.* triage, tri: *lo smistamento della corrispondenza*, le tri des lettres.
● ***area smistamento bagagli***, (*in aeroporto*) triage des bagages.

smistare [ʃmi-stà-re] *v.tr.* **1** trier **2** (*sport*) passer: *smistare il pallone*, passer la balle.

smisuratamente [ʃmi-ʃu-ra-ta-mén-te] *avv.* démesurément; (*immensamente*) immensément.

smisurato [ʃmi-ʃu-rà-to] *agg.* démesuré; (*immenso*) immense.

smitizzare [ʃmi-tiʒ-ʒà-re] *v.tr.* démythifier.

smitizzazione [ʃmi-tiʒ-ʒa-ziò-ne] *n.f.* démythification.

smobilitare [ʃmo-bi-li-tà-re] *v.tr.* **1** (*mil.*) démobiliser | *smobilitare l'industria di guerra*, reconvertir l'industrie de guerre | *smobilitare un ufficio*, fermer un bureau **2** (*fig.*) apaiser.

smobilitazione [ʃmo-bi-li-ta-ziò-ne] *n.f.* **1** démobilisation | *la smobilitazione dell'industria di guerra*, la reconversion de l'industrie de guerre **2** (*fig.*) apaisement (*m.*).

smobilizzo [ʃmo-bi-lìʒ-ʒo] *n.m.* (*fin.*) mobilisation (*f.*).

smoccolare [ʃmoc-co-là-re] *v.tr.* moucher ♦ *v.intr.* [aus. *avere*] **1** (*di cera*) couler **2** (*fig. fam.*) (*bestemmiare*) jurer.

smock *n.m.*
● (***punto***) ***smock***, smocks.

smodatamente [ʃmo-da-ta-mén-te] *avv.* immodérément; (*eccessivamente*) excessivement.

smodato [ʃmo-dà-to] *agg.* (*smisurato*) démesuré; (*eccessivo*) excessif*; (*esagerato*) exagéré: *essere smodato nel bere*, boire sans modération.

smoderatamente [ʃmo-de-ra-ta-mén-te] *avv.* immodérément; (*eccessivamente*) excessivement.

smoderatezza [ʃmo-de-ra-téz-za] *n.f.* intempérance; (*eccesso*) excès (*m.*).

smoderato [ʃmo-de-rà-to] *agg.* immodéré; (*eccessivo*) excessif*.

smog *n.m.invar.* smog.

smoking ['zmɔkiŋ] *n.m.invar.* (*abbigl.*) smoking.

smonacarsi [ʃmo-na-càr-si] *v.pron.intr.* [coniug. come *mancare*] se défroquer; (*di monaca*) quitter le voile.

smontabile [ʃmon-tà-bi-le] *agg.* démontable.

smontaggio [ʃmon-tàg-gio] *n.m.* [pl. *-gi*] démontage.

smontare [ʃmon-tà-re] *v.tr.* démonter (*anche fig.*); (*in pezzi*) désassembler: *smontare un motore, una radio*, démonter un moteur, une radio; *smontare una pietra preziosa*, dessertir une pierre précieuse; *l'insuccesso mi ha smontato*, cet insuccès m'a démonté; *le mie parole l'hanno smontato*, mes paroles l'ont découragé; *non si lascia smontare facilmente*, (*fig.*) on ne le décontenance pas facilement | (*dir.*) *smontare un'accusa*, réfuter une accusation ♦ *v.intr.* **1** [aus. *essere*] (*scendere*) descendre* **2** [aus. *essere*] (*finire il turno di lavoro*) finir son service **3** [aus. *essere* o *avere*] (*di panna montata ecc.*) (re)tomber ♦ **smontarsi** *v.pron.* se démonter; (*scoraggiarsi*) se décourager*.

● ***smontare di sentinella, di guardia***, finir son tour de garde.

smontato [ʃmon-tà-to] *agg.* démonté (*anche fig.*); (*scoraggiato*) découragé.

smorfia [ʃmòr-fia] *n.f.* **1** grimace | *fare le smorfie a qlcu*, faire des grimaces à qqn **2** (*fig.*) (*moina*) simagrée; (*svenevolezza*) minauderie | *fare smorfie*, minauder.

smorfioso [ʃmor-fió-so] *agg.* minaudier* | *fare la smorfiosa con qlcu*, minauder avec qqn.

smorto [ʃmòr-to] *agg.* **1** blafard: *un colore smorto*, une couleur blafarde (*o* terne) | *occhi smorti*, yeux éteints **2** (*fig.*) (*scialbo*) incolore.

smorzare [ʃmor-zà-re] *v.tr.* **1** amortir; (*la luce*) tamiser; (*i colori*) nuancer* **2** (*fig.*) apaiser: *smorzare la collera di qlcu*, apaiser la colère de qqn **3** (*region.*) (*spegnere*) éteindre* | *smorzare la sete*, étancher la soif ♦ **smorzarsi** *v.pron.* **1** s'amortir **2** (*fig.*) s'estomper, s'apaiser **3** (*region.*) (*spegnersi*) s'éteindre*.

smorzata [ʃmor-zà-ta] *n.f.* (*sport*) amorti (*m.*).

smorzato [ʃmor-zà-to] *agg.* **1** amorti; (*di colori, suoni*) atténué; (*di luce*) tamisé **2** (*region.*) (*spento*) éteint.

smosso [ʃmòs-so] *agg.* **1** déplacé | *terra smossa*, terre remuée **2** (*malfermo*) branlant.

smottamento [ʃmot-ta-mén-to] *n.m.* éboulement, éboulis.

smottare [ʃmot-tà-re] *v.intr.* [aus. *essere*] ébouler, s'ébouler.

smozzicare [ʃmoz-zi-cà-re] *v.tr.* [coniug. come *mancare*] mordre* (**dans**): *smozzicare il pane*, mordre dans le pain; *smozzicare le parole*, (*fig.*) hacher ses mots.

smozzicato [ʃmoz-zi-cà-to] *agg.* **1** mordu **2** (*fig.*) *haché: *frasi smozzicate*, des phrases hachées.

SMS ['ɛssemme'ɛsse] *n.m.invar.* (*tel.*) (*sigla di* Short Message Service) (message) SMS, texto: *mandare un sms*, smser, texter.

smunto [ʃmùn-to] *agg.* pâle; (*emanciato*) émacié; (*patito*) *hâve.

smuovere [ʃmuò-ve-re] *v.tr.* [coniug. come *muovere*] **1** déplacer*: *smuovere la terra*, remuer la terre; *non è possibile smuoverlo dalla sua poltrona*, il n'y a pas moyen de l'arracher à son fauteuil **2** (*fig.*) (*dissuadere*) détourner: *non riusciamo a smuoverlo (dal suo proposito)*, il n'y a pas moyen de le détourner de son dessein; *ha deciso e nessuno lo smuove*, personne ne peut le dissuader de changer d'avis **3** (*fig.*) (*fare uscire da uno stato di inerzia*) secouer: *è impossibile smuoverlo dalla sua apatia*, il est impossible de le secouer de son apathie; *smuovere l'opinione pubblica*, mobiliser l'opinion publique | *smuovere le acque*, apporter une bouffée d'air frais ♦ **smuoversi** *v.pron.* **1** se déplacer* **2** (*fig.*) (*mutare proposito*) changer* d'avis.

smurare [ʃmu-rà-re] *v.tr.* (*togliere dal muro*) desceller.

smussare [ʃmus-sà-re] *v.tr.* **1** arrondir; (*una punta*) émousser **2** (*fig.*) adoucir; (*attenuare*) atténuer ♦ **smussarsi** *v.pron.* **1** (*di lame*) s'émousser **2** (*fig.*) s'adoucir; (*attenuarsi*) s'atténuer.

smussato [ʃmus-sà-to] *agg.* **1** arrondi; (*di punte di coltelli, di lame ecc.*) émoussé **2** (*fig.*) arrondi, adouci; (*attenuato*) atténué.

smusso [ʃmùs-so] *n.m.* arrondissement; (*di lame ecc.*) émoussage.

● (***scalpello a***) ***smusso***, ciseau.

snack bar [znɛk'bar] *n.m.invar.* snack(-bar*).

snaturare [ʃna-tu-rà-re] *v.tr.* dénaturer (*anche fig.*).

snaturato [ʃna-tu-rà-to] *agg.* dénaturé.

snazionalizzare [ʃna-zio-na-liʒ-ʒà-re] *v.tr.* dénationaliser, privatiser, désétatiser.

snebbiare [ʃneb-bià-re] *v.tr.* (*fig.*) éclaircir: *snebbiare la mente*, remettre les idées en place.

snellezza [ʃnel-léz-za] *n.f.* sveltesse.

snellimento [ʃnel-li-mén-to] *n.m.* **1** amincissement **2** (*fig.*) (*semplificazione*) assouplissement, simplification (*f.*): *lo snellimento del traffico*, la fluidification, l'accélération de la circulation.

snellire [ʃnel-lì-re] *v.tr.* [coniug. come *finire*] **1** amincir **2** (*fig.*) (*semplificare*) assouplir: *snellire l'iter burocratico*, assouplir le cheminement bureaucratique; *snellire le pratiche*, simplifier les démarches; *snellire il traffico*, activer la circulation ♦ **snellirsi** *v.pron.* **1** s'amincir **2** (*fig.*) (*diventare più semplice*) se simplifier; (*del traffico*) devenir* plus rapide.

snello [ʃnèl-lo] *agg.* **1** svelte; (*affusolato*) effilé: *una ragazza snella*, une jeune fille svelte; *la vita snella*, la taille fine; *una snella colonna*, une colonne élancée **2** (*agile*) souple, agile.

snervante [ʃner-vàn-te] *agg.* énervant.

snervare [ʃner-và-re] *v.tr.* énerver ♦ **snervarsi** *v.pron.* s'énerver.

snervato [ʃner-và-to] *agg.* énervé; (*estenuato*) exténué.

snidare [ʃni-dà-re] *v.tr.* dénicher (*anche fig.*); (*fare uscire dalla tana*) débusquer.

sniffare [ʃnif-fà-re] *v.tr.* (*gergo*) sniffer.

snob *n.m.* e *f.* e *agg.invar.* snob: *fare lo snob*, être snob.

snobbare [ʃnob-bà-re] *v.tr.* snober.

snobbino [ʃnob-bì-no] *agg.* (*fam.*) snobinard.

snobismo [ʃno-bì-ʃmo] *n.m.* snobisme.

snobistico [ʃno-bi-sti-co] *agg.* [pl.m. *-ci*, f. *-che*] snob.

snocciolare [ʃnoc-cio-là-re] *v.tr.* **1** (*togliere il nocciolo a*) dénoyauter **2** (*fig.*) (*spiattellare*) débiter **3** (*fig.*) (*sborsare*) débourser.

snodabile [ʃno-dà-bi-le] *agg.* articulé.

snodare [ʃno-dà-re] *v.tr.* dénouer ♦ **snodarsi** *v.pron.* **1** (*disfarsi*) se défaire* **2** (*svolgersi*) se dérouler; (*articolarsi*) s'articuler **3** (*avere un tracciato sinuoso*) serpenter.

snodato [ʃno-dà-to] *agg.* **1** articulé **2** (*sciolto nelle articolazioni*) souple.

● ***tubo snodato***, tuyau flexible.

snodatura [ʃno-da-tù-ra] *n.f.* articulation.

snodo [ʃnò-do] *n.m.* articulation (*f.*); (*mecc.*) rotule (*f.*).
● ***snodo autostradale***, bretelle d'autoroute.
snorkeling ['znɔrkeliŋg] *n.m.invar.* (*nuoto col boccaglio*) snorkelling.
snowboard [zno'bɔrd] *n.m.invar.* surf des neiges.
snowbordista ['znobɔr'dista] *n.m.* e *f.* snowboardeur/euse.
so → **sapere**[1].
soap opera [so'pɔpera] *n.f.invar.* soap opera*.
soave [so-à-ve] *agg.* suave.
soavità [soa-vi-tà] *n.f.invar.* suavité.
sobbalzare [sob-bal-zà-re] *v.intr.* [aus. *avere*] **1** rebondir; (*di veicoli*) cahoter **2** (*fig.*) (*trasalire*) sursauter, tressaillir*: *sobbalzare di, per la paura*, sursauter, tressaillir de peur; *il cuore mi sobbalzò di gioia*, mon cœur bondit de joie.
sobbalzo [sob-bàl-zo] *n.m.* **1** sursaut; (*di veicoli*) cahot, soubresaut **2** (*fig.*) (*sussulto*) sursaut: *avere un sobbalzo*, sursauter.
● ***a sobbalzi***, par à-coups: *procedere a sobbalzi*, avancer par à-coups | ***di sobbalzo***, en sursaut.
sobbarcarsi [sob-bar-càr-si] *v.pron.* e *pron. indiretto* [coniug. come *mancare*] s'engager* (**dans**).
sobborgo [sob-bór-go] *n.m.* [pl. *-ghi*] **1** faubourg **2** (*pl.*) banlieue (*f.sing.*).
sobillare [so-bil-là-re] *v.tr.* inciter (à la révolte): *sobillare i compagni contro il professore*, dresser, monter ses camarades contre le professeur.
sobillatore [so-bil-la-tó-re] *n.m.* [f. *-trice*] fauteur* de troubles.
sobillazione [so-bil-la-zió-ne] *n.f.* instigation.
sobriamente [so-bria-mén-te] *avv.* sobrement.
sobrietà [so-brie-tà] *n.f.invar.* sobriété (*anche fig.*): *con sobrietà*, sobrement.
sobrio [sò-brio] *agg.* [pl.m. *-ri*] **1** (*misurato, moderato*) sobre, moderé: *è molto sobrio nel bere*, il boit peu **2** (*non ubriaco*) sobre: *resta sobrio anche se beve molto*, même s'il boit beaucoup il reste sobre.
socchiudere [soc-chiù-de-re] *v.tr.* [coniug. come *chiudere*] entrouvrir*, entrebailler.
socchiuso [soc-chiù-so] *agg.* entrouvert.
soccida [sòc-ci-da] *n.f.* (*dir.*) cheptel (*m.*).
soccombente [soc-com-bèn-te] *agg.* e *n.m.* e *f.* (*dir.*) perdant/e.
soccombere [soc-cóm-be-re] *v.intr.* [aus. *essere*, ma rari i tempi composti] succomber | (*dir.*) *soccombere in giudizio*, perdre un procès.
soccorrere [soc-cór-re-re] *v.tr.* [coniug. come *correre*] secourir*.
soccorritore [soc-cor-ri-tó-re] *n.m.* [f. *-trice*] sauveteur; (*appartenente a un'organizzazione*) secouriste ♦ *agg.* *squadre soccorritrici*, équipes de sauveteurs, de secouristes.
soccorso [soc-cór-so] *n.m.* secours: *correre in soccorso di qlcu*, voler au secours de qqn; *chiamare qlcu in soccorso*, appeler qqn au secours.
● ***soccorso aereo, navale, stradale***, secours aérien, maritime, routier | (*dir.*) ***omissione di soccorso***, délit de fuite | ***pronto soccorso***, poste de secours, service des urgences | ***società di mutuo soccorso***, société de secours mutuel.
socialdemocratico [so-cial-de-mo-cra-ti-co] *agg.* e *n.m.* [f. *-a*; pl.m.*-ci*, f. *-che*] (*pol.*) social-démocrate*.
socialdemocrazia [so-cial-de-mo-cra-zì-a] *n.f.* (*pol.*) social-démocratie.
sociale [so-cià-le] *agg.* e *n.m.* social*.
social forum [sò-cial fò-rum] *n.m.invar.* forum social*.
socialismo [so-cia-lì-ʃmo] *n.m.* socialisme.
socialista [so-cia-lì-sta] *agg.* e *n.m.* e *f.* socialiste; (*fam.*) socialo.
socialità [so-cia-li-tà] *n.f.invar.* sociabilité: *avere il senso della socialità*, avoir le sens du social.
socializzare [so-cia-liʒ-ʒà-re] *v.tr.* (*econ.*) nationaliser ♦ *v.intr.* [aus. *avere*] s'intégrer*: *socializza facilmente*, il est très sociable.
socializzazione [so-cia-liʒ-ʒa-zió-ne] *n.f.* socialisation.
socialmente [so-cial-mén-te] *avv.* socialement.
società [so-cie-tà] *n.f.invar.* **1** société: *la società moderna, industriale*, la société moderne, industrielle **2** (*classe sociale elevata*) (bonne) société, (grand) monde: *andare in società*, aller dans le grand monde; *essere presentato in società*, être introduit dans la (bonne) société; *fare il proprio debutto in società*, débuter dans le monde **3** (*dir.*) société: *mettersi in società con qlcu*, s'associer avec qqn; *essere in società con qlcu*, être l'associé de qqn **4** (*associazione*) association, société.
● ***società dei consumi***, société de consommation | (*comm.*): ***società di capitali, di persone***, société de capitaux, de personnes; ***società di fatto***, société de fait | ***società di massa***, société de masse | (*comm.*) ***società semplice***, société civile | ***abito da società***, smoking | ***in società***, en commun: *fare un affare in società*, faire une affaire en commun; *comprare qlco in società*, acheter qqch en commun | ***vita di società***, vie mondaine.
societario [so-cie-tà-rio] *agg.* [pl.m. *-ri*] (*dir.*) sociétaire.
socievole [so-cié-vo-le] *agg.* sociable.
socievolezza [so-cie-vo-léz-za] *n.f.* sociabilité.
socievolmente [so-cie-vol-mén-te] *avv.* d'une manière sociable.
socio [sò-cio] *n.m.* [f. *-a*; pl.m. *-ci*, f. *-cie* o *-ce*] associé; (*di società letteraria o teatrale*) sociétaire; (*di circolo, di accademia*) membre; (*di società per azioni*) actionnaire.
● (*comm.*) ***e soci***, et compagnie.
socio- *pref.* socio-.
socioambientale [so-cio-am-bien-tà-le] *agg.* socio-environnemental.
socioculturale [so-cio-cul-tu-rà-le] *agg.* socioculturel*.
sociolinguistica [so-cio-lin-guì-sti-ca] *n.f.* [pl. *-che*] sociolinguistique.
sociologia [so-cio-lo-gì-a] *n.f.* sociologie.
sociologico [so-cio-lò-gi-co] *agg.* [pl.m. *-ci*, f. *-che*] sociologique.
sociologo [so-ciò-lo-go] *n.m.* [f. *-a*; pl.m. *-gi*, f. *-ghe*] sociologue.
sociopolitico [so-cio-po-li-ti-co] *agg.* [pl.m. *-ci*, f. *-che*] socio-politique.
sociosanitario [so-cio-sa-ni-tà-rio] *agg.* [pl.m. *-ri*] de santé publique, sociosanitaire: *strutture sociosanitarie*, structures de santé (*o* d'hygiène) publique.
socratico [so-crà-ti-co] *agg.* [pl.m. *-ci*, f. *-che*] socratique.
soda [sò-da] *n.f.* **1** soude **2** (*bevanda*) soda (*m.*).
● ***whisky e soda***, whisky soda.

S

sodaglia [so-dà-glia] ***n.f.*** [pl. *-glie*] friche.

sodalizio [so-da-lì-zio] ***n.m.*** [pl. *-zi*] **1** association (*f.*) **2** (*legame di amicizia*) amitié (*f.*).

soddisfacente [sod-di-sfa-cèn-te] ***agg.*** satisfaisant.

soddisfacimento [sod-di-sfa-ci-mén-to] ***n.m.*** satisfaction (*f.*).

soddisfare [sod-di-sfà-re] ***v.tr.*** e ***intr.*** [coniug. come *disfare*; aus. *avere*] **1** satisfaire*: *il suo lavoro non mi ha soddisfatto*, je n'ai pas été satisfait par son travail; *il suo lavoro non lo soddisfa*, son travail ne lui plaît pas; *è un risultato che non mi soddisfa*, je ne suis pas satisfait de ce résultat; *è una soluzione che non mi soddisfa*, c'est une solution que je trouve peu satisfaisante; *soddisfare (a) un'esigenza*, répondre à une exigence; *soddisfare (a) una condizione*, satisfaire à, remplir à une condition; *soddisfare (a) un'offesa*, réparer une offense | *soddisfare un debito*, régler une dette **2** (*adempiere*) remplir: *soddisfare i, ai propri impegni*, remplir (*o* satisfaire à) ses engagements; *soddisfare agli obblighi di leva*, s'acquitter de, remplir ses obligations militaires ♦ **soddisfarsi** ***v.pron.*** se contenter.

soddisfatto [sod-di-sfàt-to] ***agg.*** **1** (*contento*) satisfait, content **2** (*adempiuto*) rempli; (*pagato*) réglé.

soddisfazione [sod-di-sfa-zió-ne] ***n.f.*** satisfaction: *dare la soddisfazione di*, laisser la satisfaction de; *prendersi la soddisfazione di*, s'offrir la satisfaction de, se payer le luxe de; *con soddisfazione di tutti*, à la satisfaction générale; *non c'è soddisfazione a giocare con te*, ce n'est vraiment pas amusant de jouer avec toi.

sodio [sò-dio] ***n.m.*** [pl. *-di*] (*chim.*) sodium.

sodo [sò-do] ***agg.*** (*compatto*) ferme; (*duro*) dur | *prenderle, darle sode*, donner, recevoir une bonne râclée ♦ ***n.m.*** terrain solide ♦ ***avv.*** dur: *dormire sodo*, dormir comme une souche.

● ***uova sode***, œufs durs | ***venire al sodo***, en venir au fait.

sodomia [so-do-mì-a] ***n.f.*** sodomie.

sodomita [so-do-mì-ta] ***n.m.*** e ***f.*** sodomite.

sodomizzare [so-do-miʒ-ʒà-re] ***v.tr.*** sodomiser.

sofà [so-fà] ***n.m.invar.*** sofa, canapé.

sofferente [sof-fe-rèn-te] ***agg.*** souffrant: *essere sofferente per un attacco d'asma*, souffrir d'une crise d'asthme; *è sofferente di cuore*, il a le cœur malade.

sofferenza [sof-fe-rèn-za] ***n.f.*** souffrance: *una vita piena di sofferenze*, une vie pleine de souffrances; *sopportarlo è stata una vera sofferenza*, (*estens.*) ça a été un vrai supplice de le supporter.

● (*comm.*) ***in sofferenza***, en souffrance: *cambiale in sofferenza*, effet en souffrance.

soffermare [sof-fer-mà-re] ***v.tr.*** arrêter ♦ **soffermarsi** ***v.pron.*** s'arrêter.

sofferto [sof-fèr-to] ***agg.*** **1** (*ottenuto con sforzo*) difficile **2** (*che manifesta sofferenza*) douloureux*.

soffiare [sof-fià-re] ***v.intr.*** [aus. *avere*] **1** souffler: *soffiare sulle candeline*, souffler des bougies | *soffiare come un mantice*, souffler comme un phoque **2** (*di vento*) souffler **3** (*fam.*) (*fare la spia*) moucharder ♦ ***v.tr.*** **1** souffler: *soffiare via la polvere*, souffler sur la poussière; *soffiare il naso a un bambino*, moucher un enfant **2** (*fam.*) (*portare via*) souffler: *soffiare il posto a qlcu*, souffler la place à qqn; *soffiare il portafogli*, piquer le portefeuille ♦ ***v.pron. indiretto*** *soffiarsi il naso*, se moucher.

soffiata [sof-fià-ta] ***n.f.*** (*fam.*) (*notizia riservata*) indication; (*delazione*) mouchardage (*m.*): *fare, ricevere una soffiata*, fournir, recevoir une information (d'un mouchard); *c'è stata una soffiata*, quelqu'un a mouchardé.

● ***dare una soffiata a qlco***, souffler qqch | ***datti una soffiata al naso***, mouche-toi.

soffiato [sof-fià-to] ***agg.*** soufflé.

soffiatore [sof-fia-tó-re] ***n.m.*** [f. *-trice*] (*ind. del vetro*) souffleur*.

soffiatura [sof-fia-tù-ra] ***n.f.*** (*del vetro*) soufflage (*m.*).

soffice [sòf-fi-ce] ***agg.*** **1** moelleux*, douillet*: *neve soffice*, neige fraîche; *una pasta soffice*, une pâte légère; *soffice al tatto*, doux au toucher; *capelli soffici*, cheveux soyeux **2** (*fig.*) doux*; (*flessibile*) flexible.

soffietto [sof-fiét-to] ***n.m.*** **1** soufflet **2** (*gonfiatore*) gonfleur.

● ***porta a soffietto***, porte (en) accordéon.

soffio [sóf-fio] ***n.m.*** [pl. *-fi*] souffle: *spegnere una candela con un soffio*, souffler sur une bougie; *ha spento cinque candeline con un soffio*, il a éteint cinq bougies d'un seul souffle.

● (*med.*) ***soffio al cuore, cardiaco***, souffle au cœur | ***d'un soffio***, (*di poco*) de justesse | ***in un soffio***, (*in un attimo*) en un clin d'œil.

soffione [sof-fió-ne] ***n.m.*** **1** (*geol.*) soufflard **2** (*bot.*) pissenlit.

soffitta [sof-fit-ta] ***n.f.*** (*solaio*) grenier (*m.*); (*abbaino*) mansarde | *mettere in soffitta*, mettre au grenier; (*fig.*) mettre au rancart.

soffittare [sof-fit-tà-re] ***v.tr.*** (*edil.*) plafonner.

soffittatura [sof-fit-ta-tù-ra] ***n.f.*** plafonnage (*m.*).

soffitto [sof-fit-to] ***n.m.*** **1** plafond: *camera dal soffitto basso*, chambre basse de plafond **2** (*alpinismo*) toit.

soffocamento [sof-fo-ca-mén-to] ***n.m.*** étouffement: *morire per soffocamento*, mourir d'étouffement; *morte per soffocamento*, mort par suffocation.

soffocante [sof-fo-càn-te] ***agg.*** étouffant (*anche fig.*); suffocant: *caldo soffocante*, chaleur étouffante (*o* suffocante); *è soffocante con i figli*, elle est assommante avec ses enfants.

soffocare [sof-fo-cà-re] ***v.tr.*** [coniug. come *mancare*] étouffer (*anche fig.*): *soffocare una rivolta nel sangue*, noyer une révolte dans le sang ♦ ***v.intr.*** [aus. *essere*] suffoquer, (s')étouffer: *mi sento soffocare*, j'étouffe; *si soffoca qui dentro*, on étouffe ici; *si soffoca dal fumo*, la fumée nous fait suffoquer ♦ **soffocarsi** ***v.pron.*** suffoquer, (s')étouffer: *per poco non si è soffocata con un nocciolo*, elle a failli s'étouffer avec un noyau.

soffocato [sof-fo-cà-to] ***agg.*** étouffé.

soffocazione [sof-fo-ca-zió-ne] ***n.f.*** suffocation.

soffoco [sòf-fo-co] ***n.m.*** [pl. *-chi*] (*region.*) chaleur (*f.*) étouffante.

soffregare [sof-fre-gà-re] ***v.tr.*** [coniug. come *legare*] frotter (légèrement).

soffriggere [sof-frìg-ge-re] ***v.tr.*** [coniug. come *affliggere*] faire* revenir ♦ ***v.intr.*** [aus. *avere*] frire*, rissoler.

soffrire [sof-frì-re] ***v.tr.*** [coniug. come *aprire*] **1** (*patire*) souffrir* (**de**): *soffrire la fame*, souffrir de la faim | *soffrire le pene dell'inferno*, endurer les pires souffrances **2** (*sopportare*) supporter ♦ ***v.intr.*** [aus. *avere*] souffrir*: *ha molto sofferto per la lontananza dei genitori*, il a beaucoup souffert de l'éloignement de ses parents; *soffro nel vederlo così triste*, je souffre de le voir si triste | *soffrire di cuore*, souffrir du cœur.

soffritto [sof-frit-to] ***agg.*** sauté, rissolé ♦ ***n.m.*** (*cuc.*) *hachis d'oignons, de lard sauté au beurre ou à l'huile: *fare un soffritto*, faire revenir des oignons et du lard.

soffuso [sof-fù-ʃo] ***agg.*** (*di colore*) teinté: *luci soffuse*,

S

lumières tamisées; *il viso soffuso di rossore*, le visage légèrement empourpré; *il viso soffuso di tristezza*, le visage voilé de tristesse.

sofisma [so-fi-ʃma] *n.m.* sophisme.

sofista [so-fi-sta] *n.m.* e *f.* sophiste.

sofisticare [so-fi-sti-cà-re] *v.intr.* [coniug. come *mancare*; aus. *avere*] faire* des raisonnements sophistiqués ♦ *v.tr.* (*adulterare*) altérer*, falsifier; (*vini*) frelater.

sofisticato [so-fi-sti-cà-to] *agg.* 1 sophistiqué 2 (*adulterato*) falsifié; (*di vino*) frelaté.

sofisticazione [so-fi-sti-ca-zió-ne] *n.f.* sophistication; (*di vini*) frelatage (*m.*).

sofisticheria [so-fi-sti-che-rì-a] *n.f.* sophisme (*m.*); (*pedanteria*) pédanterie.

sofistico [so-fi-sti-co] *agg.* [pl.m. *-ci*, f. *-che*] 1 sophistique 2 (*pedante*) pédant; (*difficile*) difficile.

sofrologia [so-fro-lo-gì-a] *n.f.* (*med.*) sophrologie.

softball ['sɔftbol] *n.m.invar.* (*sport*) softball.

software ['sɔftwer] *n.m.invar.* logiciel: *software di base*, logiciel système; *software didattico*, didacticiel; *software applicativo*, logiciel d'application (*o* progiciel); *software video*, logiciel vidéo (*o* vidéociel); *software per la contabilità*, progiciel de comptabilité.
● (*Internet*): ***software di collegamento***, ***di navigazione***, logiciel de connexion, de navigation; ***software gratuito***, gratuiciel.

soggettista [sog-get-ti-sta] *n.m.* e *f.* (*cine.*) auteur/e du sujet (d'un film).

soggettivamente [sog-get-ti-va-mén-te] *avv.* subjectivement.

soggettivismo [sog-get-ti-vì-ʃmo] *n.m.* subjectivisme.

soggettività [sog-get-ti-vi-tà] *n.f.invar.* subjectivité.

soggettivo [sog-get-tì-vo] *agg.* subjectif*.
● (*gramm.*) ***proposizione soggettiva***, proposition sujet.

soggetto[1] [sog-gèt-to] *agg.* 1 sujet: *regione soggetta ad alluvioni*, région exposée aux inondations 2 (*passibile di*) passible (**de**) 3 (*sottomesso*) assujetti.

soggetto[2] *n.m.* 1 (*argomento*) sujet 2 (*persona, individuo*) sujet | *che bel soggetto!*, quel drôle de type! 3 (*gramm., fil.*) sujet.
● (*cine.*): ***soggetto cinematografico***, sujet d'un film; ***film a soggetto***, film de fiction | (*teatr.*) ***recitare a soggetto***, improviser.

S

soggezione [sog-ge-zió-ne] *n.f.* 1 timidité: *aver soggezione di*, être intimidé par; *incutere soggezione a qlcu*, intimider qqn 2 (*sottomissione*) sujétion: *ridurre in soggezione un popolo*, assujettir un peuple.

sogghignare [sog-ghi-gnà-re] *v.intr.* [aus. *avere*] ricaner.

sogghigno [sog-ghi-gno] *n.m.* ricanement.

soggiacere [sog-gia-cé-re] *v.intr.* [coniug. come *piacere*; aus. *essere* o *avere*] (*sottomettersi*) se soumettre*; (*essere sottomesso*) être* soumis: *soggiacere all'autorità di qlcu*, se plier à l'autorité de qqn.

soggiogare [sog-gio-gà-re] *v.tr.* [coniug. come *legare*] soumettre*; (*fig.*) dominer.

soggiornare [sog-gior-nà-re] *v.intr.* [aus. *avere*] séjourner.

soggiorno [sog-giór-no] *n.m.* séjour.
● (*dir.*) ***soggiorno obbligato***, assignation à résidence | (***stanza di***) ***soggiorno***, (salle de) séjour.

soggiungere [sog-giùn-ge-re] *v.tr.* e *intr.* [coniug. come *giungere*; aus. *avere*] ajouter.

soggolo [sog-gó-lo] *n.m.* 1 guimpe (*f.*) 2 (*di cappello*) jugulaire (*f.*).

soglia [sò-glia] *n.f.* seuil (*m.*).
● (*med.*) ***soglia del dolore***, seuil de la douleur | (*ecol.*) ***soglia di attenzione***, ***di allarme***, seuil d'alarme | ***alle soglie di***, au seuil de.

soglio[1] [sò-glio] *n.m.* [pl. *-gli*] (*letter.*) trône.
● ***il soglio pontificio***, le Saint-Siège.

soglio[2] → **solere**.

sogliola [sò-glio-la] *n.f.* sole.
● (*cuc.*) ***sogliola alla mugnaia***, sole meunière.

sognante [so-gnàn-te] *agg.* rêveur*.

sognare [so-gnà-re] *v.tr.* e *intr.* [aus. *avere*] 1 rêver (**de**): *ti ho sognato*, j'ai rêvé de toi; *mi sembra di sognare*, je crois rêver; *ho sognato di essere a casa*, j'ai rêvé que j'étais chez moi; *sognare la ricchezza*, rêver d'être riche | *te lo sogni!*, *te lo puoi sognare!*, tu peux toujours courir! 2 (*immaginare*) imaginer ♦ **sognarsi** *v.pron. indiretto* rêver (**de**): *me lo sogno anche di notte*, j'en rêve même la nuit | *non me lo sono certo sognato*, je ne l'ai tout de même pas inventé | *non me lo sogno nemmeno*, loin de moi cette idée.
● ***sognare a occhi aperti***, rêver les yeux ouverts, tout éveillé.

> FAUX AMI
> Da non confondere con *songer*, che significa *pensare, considerare*.

sognatore [so-gna-tó-re] *agg.* e *n.m.* [f. *-trice*] rêveur*.

sogno [só-gno] *n.m.* rêve.
● ***sogni d'oro!***, fais de beaux rêves! | ***il libro dei sogni***, la clé des songes | ***nemmeno per sogno***, jamais de la vie.

soia [sò-ia] *n.f.* (*bot.*) soja (*m.*), soya (*m.*): *germogli, grani di soia*, germes, graines de soja.

sol *n.m.invar.* (*mus.*) sol.

solaio [so-là-io] *n.m.* [pl. *-ai*] 1 grenier: *in solaio*, au grenier 2 (*edil.*) plancher.

solamente [so-la-mén-te] *avv.* → **solo**.

solare [so-là-re] *agg.* 1 solaire 2 (*fig.*) (*evidente*) évident; (*radioso*) lumineux*, radieux*.

solarium [so-là-rium] *n.m.invar.* solarium.

solatio [so-la-tì-o] *agg.* [pl. *-ii*] (*letter.*) ensoleillé.

solcare [sol-cà-re] *v.tr.* [coniug. come *mancare*] sillonner (*anche fig.*).

solcato [sol-cà-to] *agg.* sillonné.

solco [sól-co] *n.m.* [pl. *-chi*] 1 sillon; (*fig.*) trace (*f.*) 2 (*delle ruote del carro*) ornière (*f.*) 3 (*delle navi*) sillage 4 (*geol.*) (*fessura carsica*) lapié, lapiar.

soldataglia [sol-da-tà-glia] **soldatesca** [pl. *-sche*] *n.f.* soldatesque.

soldatesco [sol-da-té-sco] *agg.* [pl.m. *-schi*, f. *-sche*] soldatesque.

soldatessa [sol-da-tés-sa] *n.f.* femme soldat; (*fam.*) soldate; (*scherz.*) (*donna autoritaria*) gendarme (*m.*).

soldatino [sol-da-ti-no] *n.m.* (petit) soldat.
● ***soldatino di piombo***, soldat de plomb.

soldato [sol-dà-to] *n.m.* soldat | *andare soldato*, (*fam.*) être appelé sous les drapeaux | *fare il soldato*, (*fam.*) faire son service.
● ***soldato scelto***, soldat de première classe | ***soldato semplice***, simple soldat.

soldo [sòl-do] *n.m.* 1 sou | *essere senza un soldo*, être

sans le sou; (*momentaneamente*) être fauché | *un soldo di buon senso*, une once, un grain de bon sens **2** (*pl.*) (*denaro*) argent (*sing.*): *ha molti soldi in banca*, il a beaucoup d'argent en banque; *i soldi per le piccole spese*, l'argent de poche | *avere soldi a palate*, remuer l'argent à la pelle | *fare un sacco di soldi*, gagner un tas d'argent **3** (*ant.*) (*paga dei soldati*) solde (*f.*).
● ***al soldo di***, à la solde de | ***alto come un soldo di cacio***, haut comme trois pommes | ***da quattro, da due soldi***, de quatre sous: *è roba da quattro, da due soldi*, c'est trois, deux fois rien.

sole [só-le] ***n.m.*** soleil: *c'è un bel sole*, il fait grand soleil; *in pieno sole*, au grand soleil | *un sole a picco, che spacca le pietre*, un soleil de plomb | *prendere il sole*, (se) bronzer, prendre un bain de soleil.
● ***alla luce del sole***, (*fig.*) à découvert, ouvertement | ***avere qlco al sole***, avoir des biens au soleil | ***bello come il sole***, beau comme le jour | ***colpi di sole***, (*dei capelli*) balayage | (*med.*) ***colpo di sole***, coup de soleil | (*fot.*) ***contro sole***, à contre-jour | ***è chiaro come il sole che***, il saute aux yeux que | (*st.*) ***il Re Sole***, (*Luigi XIV*) le Roi-Soleil | ***vedere il sole a scacchi***, (*scherz.*) être à l'ombre, en prison.

FAUX AMI
Da non confondere con il francese *sole*, che significa *sogliola*, né con *sol*, che significa *terreno, suolo*.

solecismo [so-le-cì-ʃmo] ***n.m.*** (*ling.*) solécisme.

soleggiato [so-leg-già-to] ***agg.*** ensoleillé.

solenne [so-lèn-ne] ***agg.*** **1** solennel* **2** (*fig.*) formidable | *uno schiaffo solenne*, (*scherz.*) une gifle magistrale.

solennemente [so-len-ne-mén-te] ***avv.*** solennellement.

solennità [so-len-ni-tà] ***n.f.invar.*** solennité.

solennizzare [so-len-niʒ-ʒà-re] ***v.tr.*** solenniser.

solere [so-lé-re] ***v.intr.*** [pres.indic. *io soglio, tu suoli, egli suole, noi sogliamo, voi solete, essi sogliono*; pres. cong. *che io soglia*; p.p. *solito*; mancano fut.indic., cond., imp., p.pres. e tutti i tempi composti; aus. *essere*] (*letter.*) (*sempre seguito da inf.*) avoir* coutume (**de**): *suole uscire tutte le sere*, il a coutume (*o* l'habitude) de sortir tous les soirs.
● ***come si suol dire***, comme on dit.

solerte [so-lèr-te] ***agg.*** diligent, actif*.

solerzia [so-lèr-zia] ***n.f.*** diligence; (*cura*) soin (*m.*).

soletta [so-lét-ta] ***n.f.*** **1** semelle **2** (*edil.*) dalle.

solfa [sòl-fa] ***n.m.*** **1** refrain (*m.*), solfège (*m.*) **2** (*fig.*) (*mus.*) antienne.

solfatara [sol-fa-tà-ra] ***n.f.*** (*geol.*) solfatare.

solfato [sol-fà-to] ***n.m.*** (*chim.*) sulfate.

solfeggiare [sol-feg-già-re] ***v.tr.*** [coniug. come *mangiare*] (*mus.*) solfier.

solfeggio [sol-fég-gio] ***n.m.*** [pl. *-gi*] (*mus.*) solfège.

solfidrico [sol-fì-dri-co] ***agg.*** [pl.m. *-ci*, f. *-che*] (*chim.*) sulfhydrique.

solfito [sol-fì-to] ***n.m.*** (*chim.*) sulfite.

solforare [sol-fo-rà-re] ***v.tr.*** soufrer, sulfurer.

solforato [sol-fo-rà-to] ***agg.*** (*chim.*) sulfuré.

solforatrice [sol-fo-ra-trì-ce] ***n.f.*** (*agr.*) soufreuse.

solforico [sol-fò-ri-co] ***agg.*** [pl.m. *-ci*, f. *-che*] (*chim.*) sulfurique.

solforoso [sol-fo-ró-so] ***agg.*** (*chim.*) sulfureux*.

solfuro [sol-fù-ro] ***n.m.*** (*chim.*) sulfure.

solidale [so-li-dà-le] ***agg.*** solidaire (**de**).
● ***commercio equo e solidale***, commerce équitable.

solidarietà [so-li-da-rie-tà] ***n.f.invar.*** solidarité (*anche dir.*).

solidarizzare [so-li-da-riʒ-ʒà-re] ***v.intr.*** [aus. *avere*] se solidariser; faire* cause commune.

solidificare [so-li-di-fi-cà-re] ***v.tr.*** [coniug. come *mancare*] solidifier ♦ **solidificarsi** ***v.pron.*** se solidifier.

solidificazione [so-li-di-fi-ca-zió-ne] ***n.f.*** solidification.

solidità [so-li-di-tà] ***n.f.invar.*** solidité (*anche fig.*).

solido [sò-li-do] ***agg.*** **1** solide (*anche fig.*): *la sua fortuna è molto solida*, sa fortune, c'est du solide! **2** (*fis.*, *mat.*) solide ♦ ***n.m.*** (*fis.*, *mat.*) solide.
● ***geometria solida***, géométrie dans l'espace | (*dir.*) ***in solido***, solidairement.

soliloquio [so-li-lò-quio] ***n.m.*** [pl. *-qui*] soliloque.

solingo [so-lìn-go] ***agg.*** [pl.m. *-ghi*, f. *-ghe*] (*letter.*) solitaire.

solino [so-lì-no] ***n.m.*** (*abbigl.*) faux col.

solipsismo [so-li-psì-ʃmo] ***n.m.*** (*fil.*) solipsisme.

solista [so-lì-sta] ***agg.*** e ***n.m.*** e ***f.*** soliste.

solitamente [so-li-ta-mén-te] ***avv.*** habituellement, normalement.

solitario [so-li-tà-rio] ***agg.*** e ***n.m.*** [pl.m. *-ri*] solitaire.

solito [sò-li-to] ***agg.*** habituel*; (*medesimo*) même: *alla solita ora*, à l'heure habituelle; *la mia solita vita*, ma vie de tous les jours ♦ ***n.m.*** habitude (*f.*): *"Cosa prende, signore?" "Il solito"*, "Qu'est-ce que vous prenez, Monsieur?" "Comme d'habitude".
● ***al, secondo il suo solito***, selon son habitude | ***come al, il solito***, comme d'habitude | ***di solito, al solito***, d'habitude | ***essere solito (a)***, être habitué à, avoir l'habitude de | ***prima del solito***, plus tôt que d'habitude | ***siamo alle solite!***, nous y revoilà!

solitudine [so-li-tù-di-ne] ***n.f.*** solitude: *in solitudine*, dans la solitude.

sollazzare [sol-laz-zà-re] ***v.tr.*** amuser ♦ **sollazzarsi** ***v.pron.*** s'amuser.

sollazzevole [sol-laz-zé-vo-le] ***agg.*** (*letter.*, *scherz.*) amusant.

sollazzo [sol-làz-zo] ***n.m.*** amusement: *dare sollazzo*, amuser.

sollecitamente [sol-le-ci-ta-mén-te] ***avv.*** **1** promptement **2** (*premurosamente*) avec empressement.

sollecitare [sol-le-ci-tà-re] ***v.tr.*** **1** réclamer; (*fare premura a qlcu*) presser; (*comm.*) relancer*: *sollecitare la consegna*, réclamer la livraison; *sollecitare una telefonata*, insister pour obtenir une communication; *sollecitare un debitore*, relancer un débiteur; *sollecitare una pratica*, activer le règlement d'un dossier **2** (*chiedere con insistenza*) solliciter: *sollecitare un favore*, solliciter une faveur **3** (*mecc.*) fatiguer.

sollecitazione [sol-le-ci-ta-zió-ne] ***n.f.*** **1** rappel (*m.*), sollicitation **2** (*insistenza*) instance **3** (*mecc.*) contrainte, sollicitation.

sollecito[1] [sol-lé-ci-to] ***agg.*** **1** prompt **2** (*zelante*) zélé.

sollecito[2] ***n.m.*** rappel.
● (*comm.*): ***fare un sollecito a qlcu***, relancer (qqn); ***lettera di sollecito***, relance, (lettre de) rappel.

sollecitudine [sol-le-ci-tù-di-ne] ***n.f.*** **1** sollicitude: *mostrare sollecitudine verso qlcu*, se montrer plein de sollicitude à l'égard de qqn **2** (*prontezza*) empressement (*m.*) **3** (*zelo*) zèle (*m.*).

S

● (*comm.*) ***con cortese sollecitudine***, dans les plus brefs délais.

solleone [sol-le-ó-ne] ***n.m.*** canicule (*f.*).

solleticante [sol-le-ti-càn-te] ***agg.*** (*fig.*) excitant.

solleticare [sol-le-ti-cà-re] ***v.tr.*** [coniug. come *mancare*] **1** chatouiller **2** (*fig.*) chatouiller; (*stuzzicare*) exciter: *solleticare la curiosità di qlcu*, piquer (*o* exciter) la curiosité de qqn; *solleticare l'appetito*, aiguiser l'appétit.

solletico [sol-lé-ti-co] ***n.m.*** [pl. *-chi*] chatouillement: *fare il solletico*, chatouiller | *soffrire il solletico*, être chatouilleux, craindre les chatouilles.

sollevamento [sol-le-va-mén-to] ***n.m.*** **1** soulèvement **2** (*mecc.*) élévation (*f.*), levage.
● (*sport*) ***sollevamento pesi***, haltérophilie.

sollevare [sol-le-và-re] ***v.tr.*** **1** soulever* (*anche fig.*); (*alzare*) lever*: *sollevare il bicchiere*, lever son verre; *sollevare un problema*, soulever un problème | *sollevare la polvere*, faire de la poussière **2** (*fig.*) (*alleggerire*) décharger*; soulager*: *sollevare da una responsabilità*, décharger d'une responsabilité | *sollevare qlcu dal suo incarico*, relever qqn de ses fonctions **3** (*fig.*) (*confortare*) soulager*: *sollevare il morale a qlcu*, remonter le moral de qqn; *il riposo ti solleverà*, le repos te fera du bien | *sollevare qlcu dalla miseria*, tirer qqn de la misère ♦ **sollevarsi** ***v.pron.*** **1** se soulever*; (*alzarsi*) se lever*: *l'aereo si sollevò*, l'avion décolla; *l'uccello si sollevò dal ramo*, l'oiseau s'envola de sa branche | *sollevarsi da terra*, se relever **2** (*fig.*) (*riprendersi*) se remettre*.

sollevato [sol-le-và-to] ***agg.*** (*fig.*) soulagé.

sollevatore [sol-le-va-tó-re] ***agg.*** (*mecc.*) élévateur* ♦ ***n.m.*** [f. *-trice*] **1** (*agitatore*) agitateur*, émeutier* **2** (*sport*) (*di pesi*) haltérophile.

sollevazione [sol-le-va-zió-ne] ***n.f.*** (*rivolta*) soulèvement (*m.*).

sollievo [sol-liè-vo] ***n.m.*** soulagement; (*conforto*) réconfort: *dare sollievo a qlcu*, réconforter qqn; *tirare un respiro di sollievo*, pousser un soupir de soulagement.

solluchero [sol-lù-che-ro] **sollucchero** ***n.m.***
● ***andare in solluchero***, être ravi (de), être aux anges | ***mandare in solluchero***, ravir.

solo [só-lo] ***agg.*** **1** seul: *è il solo amico che ho, che io abbia*, c'est le seul ami que j'aie; *sono io sola a lavorare*, je suis la seule à travailler; *eravamo noi quattro soli*, nous n'étions que nous quatre; *ama lei sola*, il n'aime qu'elle (au monde); *noi due soli lo sappiamo*, il n'y a que nous deux qui le sachions; *ne conosco uno solo*, je n'en connais qu'un (seul); *sono rimasto per soli quindici giorni*, je ne suis resté que quinze jours; *lo puoi acquistare con soli dieci euro*, tu peux l'avoir pour dix euros seulement | *ho solo due braccia*, (*iron.*) je n'ai que deux bras | *riservato ai soli adulti*, pour adultes seulement **2** (*mus.*) (*solista*) solo ♦ ***n.m.*** **1** [f. *-a*] seul **2** (*mus.*) solo* ♦ ***avv.*** **1** seulement; ne... que: *costa solo venti euro*, ça ne coûte que vingt euros, ça coûte seulement vingt euros; *è solo un bambino*, ce n'est qu'un enfant; *manca solo un mese a Natale*, il ne manque plus qu'un mois et c'est Noël; *ha solo bisogno di riposo*, il a simplement besoin de repos; *portò via solo il necessario*, il n'emporta que le strict nécessaire; *ti ho solo detto che*, je t'ai simplement dit que; *"Vuoi un po' di cognac?" "Solo una goccia"*, "Veux-tu un peu de cognac?" "Juste une goutte" **2** (*ma*) mais.
● ***solo adesso***, ***solo oggi***, ce n'est que maintenant, qu'aujourd'hui que: *sono arrivato solo adesso*, je viens d'arriver | ***solo allora***, alors seulement | ***solo che***, (*ma*) mais; (*se*) si seulement; (*basta che, purché*) ne... que: *lo farei, solo che devo partire*, je le ferai, mais je dois partir; *lo farei subito solo che ne avessi la possibilità*, je le ferais tout de suite si seulement j'en avais la possibilité; *solo che dica un'altra parola*, il n'a qu'à dire un mot | ***solo soletto***, tout seul | (*mus.*) ***a solo***, solo | ***al solo pensarci***, rien que d'y penser | ***da solo***, tout seul: *si è mangiato tutta la torta da solo*, il a mangé tout le gâteau à lui seul | ***da solo a solo***, seul à seul; entre quatre yeux: *si sono incontrati da solo a solo*, ils se sont vus seul à seul; *gliene parlerò da solo a solo*, je lui en parlerai en privé | ***non solo..., ma (anche)***, non seulement..., mais aussi | ***se solo***, si seulement.

solstizio [sol-stì-zio] ***n.m.*** [pl. *-zi*] (*astr.*) solstice.

soltanto [sol-tàn-to] ***avv.*** → **solo**.

solubile [so-lù-bi-le] ***agg.*** soluble (*anche fig.*).

solubilità [so-lu-bi-li-tà] ***n.f.invar.*** solubilité.

soluto [so-lù-to] ***n.m.*** (*chim.*) soluté.

soluzione [so-lu-zió-ne] ***n.f.*** solution: *una soluzione di compromesso*, une solution de compromis; *venire a una soluzione*, trouver une solution.
● ***soluzione di comodo***, solution de paresse (*o* de facilité) | ***soluzione di continuità***, solution de continuité | (*biochim.*) ***soluzione fisiologica***, soluté physiologique | (*comm.*) ***in (un')unica soluzione***, tout à la fois: *pagare in (un')unica soluzione*, payer tout à la fois.

solvente [sol-vèn-te] ***agg.*** **1** (*comm.*) solvable **2** (*chim.*) dissolvant ♦ ***n.m.*** (*chim.*) solvant, dissolvant.

solvenza [sol-vèn-za] ***n.f.*** solvabilité.

solvibile [sol-vì-bi-le] ***agg.*** (*comm.*) (*di persona*) solvable; (*di debito*) payable.

solvibilità [sol-vi-bi-li-tà] ***n.f.invar.*** (*comm.*) solvabilité.

soma [sò-ma] ***n.f.*** fardeau* (*m.*).
● ***bestia da soma***, (*anche fig.*) bête de somme.

somalo [sò-ma-lo] ***agg.*** somali, somalien* ♦ ***n.m.*** **1** (*lingua*) somali **2** [f. *-a*] (*abitante*) Somali, Somalien*.

somaro [so-mà-ro] ***n.m.*** [f. *-a*] âne (*anche fig.*); (*fig.*) (*di studente*) cancre.

somatico [so-mà-ti-co] ***agg.*** [pl.m. *-ci*, f. *-che*] somatique.
● ***caratteri somatici***, traits caractéristiques.

somatizzare [so-ma-tiʒ-ʒà-re] ***v.tr.*** e ***intr.*** [aus. *avere*] somatiser.

somatizzazione [so-ma-tiʒ-ʒa-zió-ne] ***n.f.*** somatisation.

somigliante [so-mi-gliàn-te] ***agg.*** **1** ressemblant: *sono molto somiglianti*, ils se ressemblent beaucoup **2** (*simile*) semblable.

somiglianza [so-mi-gliàn-za] ***n.f.*** ressemblance | *a propria immagine e somiglianza*, à son image.

somigliare [so-mi-glià-re] ***v.intr.*** [aus. *essere* o *avere*] ressembler: *somiglia molto alla zia*, elle ressemble beaucoup à sa tante ♦ **somigliarsi** ***v.pron.*** se ressembler.

FAUX AMI
Da non confondere con *sommeiller*, che significa *sonnecchiare, dormicchiare*.

somma [sóm-ma] ***n.f.*** **1** somme **2** (*conclusione*) conclusion: *la somma del discorso*, (*fig.*) la substance du discours | *tirare le somme*, tirer les conclusions.

sommamente [som-ma-mén-te] ***avv.*** extrêmement; (*iron.*) souverainement.

sommare [som-mà-re] ***v.tr.*** **1** additionner, sommer: *sommare un numero a un altro*, ajouter un nombre à un autre **2** (*valutare*) peser* ♦ ***v.intr.*** [aus. *avere* o *essere*] (*ammontare*) (se) monter.
● ***tutto sommato***, somme toute, tout compte fait.

sommarietà [som-ma-rie-tà] ***n.f.invar.*** brièveté.

sommario[1] [som-mà-rio] ***agg.*** [pl.m. *-ri*] sommaire: *in modo sommario*, sommairement.

sommario[2] ***n.m.*** [pl. *-ri*] sommaire; abrégé.

sommergere [som-mèr-ge-re] ***v.tr.*** [coniug. come *immergere*] submerger* (*anche fig.*): *le onde sommersero la nave*, les vagues engloutirent le navire.

sommergibile [som-mer-gì-bi-le] ***n.m.*** submersible, sous-marin*.

sommergibilista [som-mer-gi-bi-lì-sta] ***n.m.*** e ***f.*** sous-marinier (*m.*).

sommerso [som-mèr-so] ***agg.*** submergé (*anche fig.*): *sommerso di lavoro*, submergé de travail | *economia sommersa*, économie souterraine | *lavoro sommerso*, travail clandestin.

sommessamente [som-mes-sa-mén-te] ***avv.*** à voix basse, doucement.

sommesso [som-més-so] ***agg.*** (*basso*) bas: *a voce sommessa*, à voix basse; *un pianto sommesso*, des sanglots étouffés.

somministrare [som-mi-ni-strà-re] ***v.tr.*** administrer.

somministrazione [som-mi-ni-stra-zió-ne] ***n.f.*** administration; (*distribuzione*) distribution.

sommità [som-mi-tà] ***n.f.invar.*** sommet (*m.*): *la sommità di una casa*, le faîte d'une maison.

sommo [sóm-mo] ***agg.*** (*il più grande*) le plus grand; (*il più alto*) le plus *haut | *di somma importanza*, d'une extrême importance | *in sommo grado*, au plus haut degré | *un sommo ingegno*, une intelligence supérieure | *il sommo bene*, le bien suprême ♦ ***n.m.*** sommet (*anche fig.*).
● ***per sommi capi***, à grands traits, dans les grandes lignes | ***il Sommo Pontefice***, le Souverain Pontife | ***il Sommo Sacerdote***, le Grand Prêtre.

sommossa [som-mòs-sa] ***n.f.*** émeute, soulèvement (*m.*).

sommovimento [som-mo-vi-mén-to] ***n.m.*** **1** bouleversement; (*dell'animo*) trouble **2** (*sommossa*) émeute (*f.*).

sommozzatore [som-moz-za-tó-re] ***n.m.*** [f. *-trice*] **1** plongeur **2** (*mil.*) homme-grenouille*.

sommuovere [som-muò-ve-re] ***v.tr.*** [coniug. come *muovere*] **1** (*agitare*) agiter; (*l'animo*) troubler: *sommuovere le passioni*, (*fig.*) exciter les passions **2** (*fig.*) soulever*.

sonagliera [so-na-gliè-ra] ***n.f.*** collier (*m.*) de grelots.

sonaglio [so-nà-glio] ***n.m.*** [pl. *-gli*] **1** grelot **2** (*giocattolo*) *hochet.

sonante [so-nàn-te] ***agg.*** (*che risuona*) sonnant, résonnant; (*sonoro*) sonore.
● ***in moneta sonante***, en espèces sonnantes et trébuchantes.

sonar [sò-nar] ***n.m.invar.*** (*ecogoniometro*) sonar.

sonare e *deriv.* → **suonare** e *deriv.*

sonata [so-nà-ta] ***n.f.*** (*mus.*) sonate.

soncino [son-cì-no] ***n.m.*** (*bot.*) mâche.

sonda [són-da] ***n.f.*** sonde | (*med.*) *nutrire con la sonda*, nourrir à la sonde.
● ***sonda atmosferica***, ballon-sonde | (*ind. miner.*) ***sonda campionatrice***, (tube) carottier | ***sonda spaziale***, sonde spatiale.

sondaggio [son-dàg-gio] ***n.m.*** [pl. *-gi*] sondage (*anche fig.*).

sondaggista [son-dag-gì-sta] ***n.m.*** e ***f.*** sondeur/euse.

sondare [son-dà-re] ***v.tr.*** **1** sonder (*anche fig.*) **2** (*inform.*) tester, détecter.

soneria [so-ne-rì-a] ***n.f.*** → **suoneria**.

sonetto [so-nét-to] ***n.m.*** (*lett.*) sonnet.

sonnacchioso [son-nac-chió-so] ***agg.*** **1** ensommeillé **2** (*fig.*) (*apatico*) endormi, somnolent.

sonnambulismo [son-nam-bu-li-ʃmo] ***n.m.*** somnambulisme.

sonnambulo [son-nàm-bu-lo] ***agg.*** e ***n.m.*** [f. *-a*] somnambule.

sonnecchiare [son-nec-chià-re] ***v.intr.*** [aus. *avere*] sommeiller, somnoler.

sonnellino [son-nel-lì-no] ***n.m.*** petit somme: *schiacciare un sonnellino*, faire un petit somme | *il sonnellino pomeridiano*, la sieste.

sonnifero [son-nì-fe-ro] ***agg.*** e ***n.m.*** somnifère.

sonno [són-no] ***n.m.*** sommeil: *ho molto sonno*, j'ai très sommeil; *fare un lungo sonno*, dormir longtemps; *prendere, riprendere sonno*, s'endormir, se rendormir; *lasciarsi prendere dal sonno*, céder au sommeil; *conciliare il sonno*, faciliter le sommeil; *immerso nel sonno*, plongé dans le sommeil | *cadere, morire dal sonno*, tomber, mourir de sommeil | *mettere, far venire sonno*, donner envie de dormir | *rubare le ore al sonno*, prendre sur ses heures de sommeil | *voce impastata di sonno*, voix endormie.
● ***dormire il sonno del giusto***, dormir du sommeil du juste | ***dormire sonni tranquilli***, dormir d'un sommeil tranquille | ***è un morto di sonno***, (*fam.*) c'est une chiffe molle: *morto di sonno!*, espèce d'endormi! | ***fare tutto un sonno***, dormir d'un trait | (*med.*) ***malattia del sonno***, maladie du sommeil.

FAUX AMI
Da non confondere con *son*, che significa *suono* o *suo*.

sonnolento [son-no-lèn-to] ***agg.*** **1** somnolent | *con un'aria sonnolenta*, d'un air endormi **2** (*che induce a dormire*) paresseux*, endormant: *un sonnolento pomeriggio d'estate*, un paresseux après-midi d'été **3** (*lento*) lent, paresseux*.

sonnolenza [son-no-lèn-za] ***n.f.*** somnolence.

sono → **essere**[1].

sonoramente [so-no-ra-mén-te] ***avv.*** sonorement: *gliele ha date sonoramente*, il lui a donné deux gifles retentissantes.

sonorità [so-no-ri-tà] ***n.f.invar.*** sonorité.

sonorizzare [so-no-riʒ-ʒà-re] ***v.tr.*** sonoriser.

sonorizzazione [so-no-riʒ-ʒa-zió-ne] ***n.f.*** sonorisation.

sonoro [so-nò-ro] ***agg.*** **1** sonore (*anche estens.*): *applausi sonori*, de vifs applaudissements; *un sonoro ceffone*, une gifle retentissante **2** (*fig.*) (*altisonante*) ronflant ♦ ***n.m.*** **1** (*cinema sonoro*) cinéma parlant **2** (*colonna sonora*) bande (*f.*) sonore, piste (*f.*) sonore.
● (*cine.*): ***colonna sonora***, bande (*o* piste) sonore; ***effetti sonori***, bruitage; ***film sonoro***, film parlant.

sontuosità [son-tuo-si-tà] ***n.f.invar.*** somptuosité.

sontuoso [son-tu-ó-so] ***agg.*** somptueux*.

sopire [so-pì-re] ***v.tr.*** [coniug. come *finire*] (*calmare*) apaiser.

sopito [so-pì-to] ***agg.*** assoupi; (*fig.*) apaisé.

sopore [so-pó-re] ***n.m.*** assoupissement.

soporifero [so-po-rì-fe-ro] ***agg.*** soporifique.

soppalcare [sop-pal-cà-re] ***v.tr.*** [coniug. come *mancare*] doter d'une soupente, d'une mezzanine.

soppalco [sop-pàl-co] ***n.m.*** [pl. *-chi*] soupente (*f.*), mezzanine (*f.*).

sopperire [sop-pe-rì-re] ***v.intr.*** [coniug. come *finire*; aus. *avere*] **1** pourvoir*; (*fare fronte*) faire* face **2** (*supplire*) suppléer, racheter* (qqch).

soppesare [sop-pe-sà-re] ***v.tr.*** **1** soupeser* **2** (*fig.*) peser*.

soppiantare [sop-pian-tà-re] ***v.tr.*** supplanter.

soppiatto [sop-piàt-to] ***avv.***
● ***di soppiatto***, furtivement, (*di nascosto*) en cachette.

sopportabile [sop-por-tà-bi-le] ***agg.*** supportable: *una spesa sopportabile*, une dépense possible.

sopportabilità [sop-por-ta-bi-li-tà] ***n.f.invar.***
● ***il limite della sopportabilità***, la limite du supportable.

sopportare [sop-por-tà-re] ***v.tr.*** **1** supporter: *non posso sopportare questa spesa*, je ne peux pas assumer cette dépense **2** (*patire*) supporter, endurer; (*subire*) subir: *sopportare un affronto*, essuyer un affront | *quante ne ha sopportate!*, il en a eu des malheurs! **3** (*tollerare*) supporter, tolérer*: *non lo sopporto*, je ne le supporte pas ♦ **sopportarsi** ***v.pron.*** e ***pron.rec.*** se supporter.

sopportazione [sop-por-ta-zió-ne] ***n.f.*** **1** patience: *la mia sopportazione ha un limite*, ma patience a des limites; *avere spirito di sopportazione*, faire preuve d'une patience infinie **2** (*sufficienza*) suffisance.

soppressione [sop-pres-sió-ne] ***n.f.*** **1** suppression; (*abolizione*) abolition **2** (*uccisione*) élimination **3** (*occultamento*) dissimulation.

soppresso [sop-près-so] ***agg.*** **1** supprimé; (*abolito*) aboli **2** (*ucciso*) tué, supprimé.

sopprimere [sop-prì-me-re] ***v.tr.*** [coniugato come *comprimere*] supprimer.

soppunto [sop-pùn-to] ***n.m.*** (*cucito*) point invisible.

sopra [só-pra] ***prep.*** **1** sur: *il telefono è sopra la scrivania*, le téléphone est sur le bureau; *la responsabilità ricade sopra di noi*, la responsabilité retombe sur nous **2** (*con i pron.pers.* mi, ti, ci, vi *ecc.*) sur: *gli piombò sopra*, il bondit sur lui; *gli, ci furono sopra*, ils lui, nous sautèrent dessus **3** (*con le particelle pron. o avv.* ci, vi) dessus: *scrivici sopra l'indirizzo*, écris l'adresse dessus; *ci torna sempre sopra*, il revient toujours là-dessus; *ho deciso e non ci tornerò più sopra*, j'ai pris une décision et je ne reviendrai pas dessus | *beviamoci sopra*, oublions cela devant un verre **4** (*più in alto di*) au-dessus de: *i bambini sopra i cinque anni*, les enfants au-dessus de cinq ans; *le persone sopra la cinquantina*, les personnes ayant dépassé la cinquantaine, de plus de cinquante ans | *sopra (lo) zero*, au-dessus de zéro **5** (*con il valore di* più, più che) par-dessus: *costa sopra i diecimila euro*, cela coûte plus de dix mille euros ♦ ***avv.*** dessus: *un tavolo con sopra una lampada*, une table avec une lampe dessus; *la scatola è d'oro soltanto sopra*, il n'y a que le dessus de la boîte qui soit en or; *lo appenderei più sopra*, (*più in alto*) je l'accrocherais plus haut | *con riguardo a quanto sopra*, pour reprendre ce qui vient d'être dit ♦ ***agg.invar.*** au-dessus: *la riga sopra*, la ligne au-dessus; *il piano (di) sopra*, l'étage au-dessus ♦ ***n.m.invar.*** dessus: *il sopra dell'armadio*, le dessus de l'armoire.
● ***sopra citato***, cité plus haut: *gli esempi sopra citati*, les exemples cités plus haut | ***sopra tutto***, ***sopra ogni cosa***, par-dessus tout | ***al di sopra di***, (*anche fig.*) au-dessus de | ***(di) sopra***, (*al piano superiore*) en haut, là haut; au-dessus: *abita di sopra*, il habite au-dessus; *le camere sono (di) sopra*, les chambres sont en haut; *c'è qualcuno di sopra?*, est-ce qu'il y a quelqu'un là-haut?; *vado un momento di sopra*, je monte un instant | ***là sopra***, ***lì sopra***, là-dessus, (*in alto*) là-haut | ***mettiamoci una pietra sopra***, (*fig.*) oublions cela | ***passare sopra qlco***, (*non tener conto di qlco*) passer par-dessus qqch: *passiamoci sopra!*, n'en parlons plus! | ***qua sopra***, ***qui sopra***, ci-dessus | ***vedi sopra***, ***come sopra***, voir ci-dessus.

sopra- ***pref.*** (*nelle parole composte è spesso sostituito da sovra-*) sur-, supra-, extra-, sus-, super-.

soprabito [so-prà-bi-to] ***n.m.*** pardessus; (*da donna*) manteau* (de demi-saison).

sopracciglio [so-prac-cì-glio] ***n.m.*** [pl.m. *sopraccigli* o f. *sopracciglia*] sourcil.

sopracciliare [so-prac-ci-lià-re] ***agg.*** sourcilier*.

sopraccitato [so-prac-ci-tà-to] ***agg.*** susnommé.

sopraccoperta [so-prac-co-pèr-ta] ***n.f.*** **1** couvre-lit* (*m.*), dessus-de-lit (*m.*) **2** (*di libro*) jaquette ♦ ***avv.*** (*mar.*) sur le pont: *stare sopraccoperta*, rester sur le pont.

sopraddetto [so-prad-dét-to] ***agg.*** susdit.

sopraddote [so-prad-dò-te] ***n.f.*** (*st. dir.*) douaire (*m.*).

sopraffare [so-praf-fà-re] ***v.tr.*** [coniug. come *fare*] accabler, écraser.

sopraffatto [so-praf-fàt-to] ***agg.*** accablé, écrasé.

sopraffattore [so-praf-fat-tó-re] ***agg.*** accablant, écrasant ♦ ***n.m.*** [f. *-trice*] despote.

sopraffazione [so-praf-fa-zió-ne] ***n.f.*** vexation; (*abuso*) abus (*m.*).

sopraffilo [so-praf-fì-lo] ***n.m.*** (*cucito*) surfil.

sopraffino [so-praf-fì-no] ***agg.*** surfin, extra-fin; (*eccellente*) excellent.

sopraggitto [so-prag-gìt-to] ***n.m.*** (*cucito*) surjet.

sopraggiungere [so-prag-giùn-ge-re] ***v.intr.*** [coniug. come *giungere*; aus. *essere*] **1** arriver tout à coup **2** (*aggiungersi*) survenir*.

sopraggiunta [so-prag-giùn-ta] ***n.f.*** surcroît (*m.*).
● ***di***, ***per sopraggiunta***, de surcroît, par surcroît.

sopraggiunto [so-prag-giùn-to] ***agg.*** survenu.

sopraindicato [so-pra-in-di-cà-to] ***agg.*** indiqué ci-dessus.

sopralluogo [so-pral-luò-go] ***n.m.*** [pl. *-ghi*] **1** (*dir.*) transport de justice; (*ispezione*) état des lieux | *fare un sopralluogo*, descendre sur les lieux **2** (*cine.*) repérage.

sopralzo [so-pràl-zo] ***n.m.*** surélévation (*f.*).

soprammanica [so-pram-mà-ni-ca] ***n.f.*** [pl. *-che*] manchettes (*pl.*) à lustrine.

soprammenzionato [so-pram-men-zio-nà-to] ***agg.*** susmentionné.

soprammercato, per [per so-pram-mer-cà-to] ***n.m.*** par-dessus le marché.

soprammobile [so-pram-mò-bi-le] ***n.m.*** bibelot.

soprannaturale [so-pran-na-tu-rà-le] ***agg.*** e ***n.m.*** surnaturel*.

soprannome [so-pran-nó-me] ***n.m.*** surnom.

soprannominare [so-pran-no-mi-nà-re] ***v.tr.*** surnommer.

soprannominato [so-pran-no-mi-nà-to] ***agg.*** **1** surnommé; (*detto*) dit **2** (*summenzionato*) susmentionné.

soprannumerario [so-pran-nu-me-rà-rio] ***agg.*** [pl.m. *-ri*] surnuméraire.

soprannumero [so-pran-nù-me-ro] ***n.m.*** surnombre.
● ***in soprannumero***, en surnombre; (*in più*) de trop: *im-*

piegato in soprannumero, employé surnuméraire; *ore di lavoro in soprannumero*, heures de travail en excès.

soprano [so-prà-no] *n.m.* (*mus.*) soprano*.
● ***mezzo soprano***, mezzo-soprano.

soprappensiero [so-prap-pen-siè-ro] *avv.* **1** perdu dans ses pensées; (*distratto*) distrait **2** (*distrattamente*) sans réfléchir.

soprappiù [so-prap-più] *n.m.invar.* → **sovrappiù**.

soprascarpa [so-pra-scàr-pa] *n.f.* caoutchouc (*m.*).

soprascritta [so-pra-scrìt-ta] *n.f.* inscription.

soprascritto [so-pra-scrìt-to] *agg.* (*scritto sopra*) écrit ci-dessus; (*nominato sopra*) nommé ci-dessus.

soprassalto [so-pras-sàl-to] *n.m.* sursaut; (*sussulto*) soubresaut.
● ***di soprassalto***, en sursaut.

soprassedere [so-pras-se-dé-re] *v.intr.* [coniug. come *sedere*; aus. *avere*] surseoir* | *soprassediamo!*, renvoyons la chose à plus tard!

soprassuola [so-pras-suò-la] *n.f.* double semelle.

soprattacco [so-prat-tàc-co] *n.m.* [pl. *-chi*] (*di scarpa*) renfort.

soprattassa [so-prat-tàs-sa] *n.f.* surtaxe | *imporre una soprattassa*, surtaxer.
● ***soprattassa sulle importazioni***, surtaxe à l'importation.

soprattutto [so-prat-tùt-to] *avv.* surtout; (*sopra ogni altra cosa*) par-dessus tout.

sopravanzare [so-pra-van-zà-re] *v.tr.* (*superare*) surpasser ♦ *v.intr.* [aus. *essere* nel sign. 1, *avere* nel sign. 2] **1** (*rimanere*) rester **2** (*sporgere*) dépasser (**qqch**).

sopravanzo [so-pra-vàn-zo] *n.m.* surplus, excédent.
● ***essere di sopravanzo***, être en excédent.

sopravvalutare [so-prav-va-lu-tà-re] *v.tr.* surestimer, surévaluer.

sopravvalutazione [so-prav-va-lu-ta-zió-ne] *n.f.* surestimation, surévaluation.

sopravvenienza [so-prav-ve-nièn-za] *n.f.* survenance.

sopravvenire [so-prav-ve-nì-re] *v.intr.* [coniug. come *venire*; aus. *essere*] survenir*, arriver.

sopravvento [so-prav-vèn-to] *avv.* au vent ♦ *n.m.* (*mar.*) dessus du vent.
● ***avere il sopravvento su qlcu***, (*fig.*) avoir le dessus, l'emporter sur qqn.

sopravvissuto [so-prav-vis-sù-to] *agg.* e *n.m.* [f. *-a*] survivant (**de**); (*superstite*) rescapé (**de**).

sopravvivenza [so-prav-vi-vèn-za] *n.f.* survie; (*a qlcu, a qlco*) survivance.

sopravvivere [so-prav-vì-ve-re] *v.intr.* [coniug. come *vivere*, ma fut.indic. anche *io sopravviverò*; aus. *essere*] survivre*.

sopreccedente [so-prec-ce-dèn-te] *agg.* en surplus, en excédent.

soprelencato [so-pre-len-cà-to] *agg.* énuméré ci-dessus.

soprelevare [so-pre-le-và-re] *v.tr.* surélever*.

soprelevata [so-pre-le-và-ta] *n.f.* route surélevée.

soprelevato [so-pre-le-và-to] *agg.* surélevé.

soprelevazione [so-pre-le-va-zió-ne] *n.f.* surélévation.

soprintendente [so-prin-ten-dén-te] *n.m.* e *f.* **1** superviseur (*m.*) **2** (*direttore*) directeur/trice; (*di musei, biblioteche ecc.*) conservateur/trice **3** (*in un cantiere*) conducteur/trice.
● ***soprintendente alle Belle Arti***, directeur des Beaux-Arts.

soprintendenza [so-prin-ten-dèn-za] *n.f.* supervision; (*direzione*) direction.
● ***soprintendenza alle Belle Arti***, direction générale des Beaux-Arts.

soprintendere [so-prin-tèn-de-re] *v.intr.* [coniug. come *prendere*; aus. *avere*] diriger* (**qqch**).

sopruso [so-prù-ʃo] *n.m.* injustice (*f.*); (*abuso*) abus (de pouvoir): *fare un sopruso a qlcu*, faire une injustice à qqn.

soqquadro [soq-quà-dro] *n.m.* désordre.
● ***a soqquadro***, sens dessus dessous.

sorba [sòr-ba] *n.f.* (*bot.*) sorbe.

sorbettiera [sor-bet-tiè-ra] *n.f.* sorbetière.

sorbetto [sor-bét-to] *n.m.* sorbet.

sorbire [sor-bì-re] *v.tr.* [coniug. come *finire*] gober; (*sorseggiare*) siroter: *sorbire un uovo*, gober un œuf; *sorbire una tazza di caffè*, siroter une tasse de café ♦ **sorbirsi** *v.pron.indiretto* (*fam.*) se farcir, se coltiner: *me lo sono dovuto sorbire per due ore*, j'ai dû me le farcir pendant deux heures.

sorbo [sòr-bo] *n.m.* (*bot.*) sorbier.

sorbola [sòr-bo-la] *n.f.* (*bot. region.*) (*frutto del sorbo*) sorbe.
● ***sorbole!***, (*caspita*) dis, dites donc!

sorcio [sór-cio] *n.m.* [pl. *-ci*] souris (*f.*).
● ***far vedere i sorci verdi a qlcu***, (*fig.*) faire une peur bleue à qqn; (*mettere in serie difficoltà*) mettre qqn dans le pétrin.

sordamente [sor-da-mén-te] *avv.* **1** sourdement; avec un bruit sourd: *si sentiva tuonare sordamente in lontananza*, on entendait au loin le tonnerre gronder sourdement; *cadde sordamente*, il tomba avec un bruit sourd **2** (*fig.*) (*furtivamente*) en sourdine: *agire sordamente*, agir en sourdine.

sordastro [sor-dà-stro] *agg.* e *n.m.* [f. *-a*] malentendant.

sordidamente [sor-di-da-mén-te] *avv.* sordidement, d'une façon sordide.

sordidezza [sor-di-déz-za] *n.f.* saleté; (*avarizia*) avarice.

sordido [sòr-di-do *o* sórdido] *agg.* **1** sordide (*anche fig.*) **2** (*avaro*) ladre.

sordina [sor-dì-na] *n.f.* (*mus.*) sourdine.
● ***in sordina***, (*fig.*) en sourdine.

sordità [sor-di-tà] *n.f.invar.* surdité.

sordo [sór-do] *agg.* e *n.m.* [f. *-a*] sourd (*anche fig.*) | *un po' sordo*, un peu dur d'oreille | *fare il sordo*, (*fig.*) faire la sourde oreille.

sordomutismo [sor-do-mu-tì-ʃmo] *n.m.* surdi-mutité (*f.*).

sordomuto [sor-do-mù-to] *agg.* e *n.m.* [f. *-a*] sourd-muet*.

sorella [so-rèl-la] *n.f.* sœur (*anche fig.*).

sorellanza [so-rel-làn-za] *n.f.* **1** parenté (entre sœurs); (*estens.*) (*solidarietà tra donne*) sororité **2** (*fig.*) parenté, analogie: *la sorellanza delle lingue romanze*, la parenté des langues romanes.

sorellastra [so-rel-là-stra] *n.f.* demi-sœur*.

sorgente [sor-gèn-te] *agg.* naissant: *la luna sorgente*,

S

la lune naissante | *il sole sorgente*, le soleil levant ♦ *n.f.* **1** source: *la sorgente di un fiume*, la source d'un fleuve **2** (*fig.*) (*origine; causa*) source: *sorgente inesauribile di guadagni*, source inépuisable de gains **3** (*fis.*) source **4** (*inform.*) origine.

● ***sorgente termale***, source thermale | (*inform.*) ***indirizzo, file sorgente***, adresse, fichier d'origine.

sorgere [sór-ge-re] *v.intr.* [coniug. come *scorgere*; aus. *essere*] **1** se lever*: *sta per sorgere l'alba*, l'aube va se lever **2** (*trovarsi*) se trouver; (*levarsi, erigersi*) se dresser **3** (*nascere, di corsi d'acqua*) prendre* sa source; (*scaturire*) jaillir **4** (*fig.*) (*sopravvenire*) surgir; (*nascere*) naître*: *mi sorge un dubbio*, il me vient un doute; *è sorta una lite*, une dispute a éclaté ♦ *n.m.* lever: *al sorgere del sole*, au lever du soleil.

sorgivo [sor-gì-vo] *agg.* de source.

sorgo [sór-go] *n.m.* [pl. *-ghi*] (*bot.*) sorgho.

soriano [so-rià-no] *agg.* e *n.m.* (chat) tigré.

sormontare [sor-mon-tà-re] *v.tr.* surmonter (*anche fig.*); (*oltrepassare, superare*) dépasser.

sornione [sor-nió-ne] *agg.* e *n.m.* [f. *-a*] sournois.

sororale [so-ro-rà-le] *agg.* (*letter.*) sororal*.

sorpassare [sor-pas-sà-re] *v.tr.* **1** dépasser (*anche fig.*) **2** (*di veicoli*) doubler, dépasser.

FAUX AMI
Da non confondere con *surpasser*, che significa *superare*.

sorpassato [sor-pas-sà-to] *agg.* dépassé; (*fuori moda*) démodé (*anche fig.*).

sorpasso [sor-pàs-so] *n.m.* (*aut.*) dépassement.

● ***divieto di sorpasso***, interdiction de doubler.

sorprendente [sor-pren-dèn-te] *agg.* surprenant.

sorprendere [sor-prèn-de-re] *v.tr.* [coniug. come *prendere*] **1** surprendre* **2** (*meravigliare*) étonner ♦ **sorprendersi** *v.pron.intr.* **1** se surprendre* **2** (*meravigliarsi*) s'étonner.

sorpresa [sor-pré-sa] *n.f.* **1** surprise **2** (*meraviglia*) étonnement (*m.*) | *con mia grande sorpresa*, à mon grand étonnement.

● ***di sorpresa***, par surprise: *agire di sorpresa*, agir par surprise; *cogliere di sorpresa*, prendre au dépourvu.

sorpreso [sor-pré-so] *agg.* **1** surpris **2** (*meravigliato*) étonné: *non mi è sembrato sorpreso*, il ne m'a pas paru étonné.

S

sorreggere [sor-règ-ge-re] *v.tr.* [coniug. come *leggere*] soutenir* (*anche fig.*).

sorridente [sor-ri-dèn-te] *agg.* souriant.

sorridere [sor-rì-de-re] *v.intr.* [coniug. come *ridere*; aus. *avere*] sourire* (*anche fig.*) | *sorridere forzatamente*, avoir un sourire forcé.

sorriso [sor-rì-ʃo] *n.m.* sourire (*anche fig.*): *col sorriso sulle labbra*, le sourire aux lèvres; *accennare un sorriso*, ébaucher un sourire | *ha un sorriso per tutti*, elle est aimable avec tout le monde.

sorsata [sor-sà-ta] *n.f.* gorgée.

sorseggiare [sor-seg-già-re] *v.tr.* [coniug. come *mangiare*] siroter, boire* à petits coups: *sorseggiare un caffè, un whisky*, siroter son café, son whisky.

sorsi → **sorgere**.

sorso [sór-so] *n.m.* **1** gorgée (*f.*), coup | *a piccoli sorsi*, à petites gorgées | *a lunghi sorsi*, à longs traits **2** (*piccola quantità di liquido*) goutte (*f.*).

● ***a sorso a sorso***, à petits coups.

sorta [sòr-ta] *n.f.* sorte; (*genere*) genre (*m.*); (*specie*) espèce.

● ***di sorta***, aucun: *non c'è difficoltà di sorta*, cela ne présente aucune espèce de difficulté; *non c'è scusa di sorta*, il n'y a pas d'excuse qui tienne.

sorte [sòr-te] *n.f.* sort (*m.*); (*destino*) destin (*m.*); (*fortuna*) fortune: *sorte avversa*, sort contraire, défavorable; *rimettersi alla sorte*, s'abandonner à son destin | *tentare la sorte*, tenter sa chance | *reggere le sorti di un paese*, présider aux destinées d'un pays.

● ***buona sorte***, chance: *sperare nella buona sorte*, s'en remettre à sa bonne étoile | ***cattiva sorte***, malchance | ***estrarre a sorte***, tirer au sort | ***far buon viso a cattiva sorte***, faire contre mauvaise fortune bon cœur | ***in sorte***, en partage: *avere in sorte*, avoir en partage; *toccare in sorte*, recevoir en partage.

FAUX AMI
Da non confondere con il francese *sorte*, che significa *sorta, genere, maniera*.

sorteggiare [sor-teg-già-re] *v.tr.* [coniug. come *mangiare*] tirer (au sort).

sorteggiato [sor-teg-già-to] *agg.* tiré au sort; gagnant, sortant ♦ *n.m.* [f. *-a*] gagnant.

sorteggio [sor-tég-gio] *n.m.* [pl. *-gi*] tirage (au sort).

sortilegio [sor-ti-lè-gio] *n.m.* [pl. *-gi*] sortilège, sort: *fare un sortilegio*, jeter un sort.

sortire [sor-ti-re] *v.tr.* [coniug. come *finire*] (*ottenere, conseguire*) obtenir*; (*dir.*) sortir* | *non sortì buon esito*, le résultat n'a pas été bon.

sortita [sor-ti-ta] *n.f.* **1** (*mil.*) sortie **2** (*teatr.*) entrée en scène **3** (*arguzia*) boutade.

sorto *p.p.* di **sorgere**.

sorvegliante [sor-ve-gliàn-te] *n.m.* e *f.* surveillant/e; (*guardia, guardiano*) garde, gardien/enne.

● ***sorvegliante ai lavori***, surveillant de travaux.

sorveglianza [sor-ve-gliàn-za] *n.f.* surveillance.

sorvegliare [sor-ve-glià-re] *v.tr.* surveiller.

sorvegliato [sor-ve-glià-to] *agg.* e *n.m.* [f. *-a*] surveillé.

● ***sorvegliato speciale***, surveillé spécial.

sorvolare [sor-vo-là-re] *v.tr.* e *intr.* [aus. *avere*] **1** survoler (qqch) **2** (*fig.*) (*passare oltre*) passer, glisser | *sorvoliamo!*, glissons!

sorvolo [sor-vó-lo] *n.m.* survol.

● ***zona di non sorvolo***, zone d'interdiction du survol aérien.

SOS ['ɛsseɛɔ'ɛsse] *n.m.invar.* SOS: *lanciare, mandare un SOS*, lancer, envoyer un SOS.

sosia [sò-ʃia] *n.m.* e *f.* sosie.

sospendere [so-spèn-de-re] *v.tr.* [coniug. come *prendere*] **1** (*appendere*) suspendre* **2** (*rinviare*) suspendre*; (*interrompere*) interrompre*: *sospendere la seduta per un'ora*, suspendre la séance pendant une heure; *sospendere le trattative*, interrompre les négociations | *sospendere un treno*, supprimer momentanément un train **3** (*esonerare da un incarico*) relever*, suspendre*, mettre* à pied: *lo hanno sospeso dall'ufficio per un mese*, on l'a relevé de ses fonctions pendant un mois | *sospendere uno scolaro dalle lezioni per tre giorni*, suspendre (*o* mettre à pied) un élève pendant trois jours **4** (*chim., fis.*) suspendre* **5** (*inform.*) arrêter.

● (*dir.*) ***sospendere una sentenza, un'esecuzione***, surseoir à un jugement, à une exécution | (*eccl.*) ***sospendere un sacerdote a divinis***, suspendre et interdire un prêtre | ***essere sospeso a un filo***, (*fig.*) être suspendu à un fil, ne (plus) tenir qu'à un fil: *le nostre speranze sono sospese a un filo*, nos espoirs ne tiennent qu'à un fil.

sospensione [so-spen-sió-ne] *n.f.* **1** (*interruzione*) suspension: *sospensione delle ostilità*, suspension des hostilités **2** (*esonero imposto come sanzione disciplinare*) suspension: *sospensione dall'impiego*, suspension d'emploi | *tre giorni di sospensione a uno scolaro*, une suspension (*o* mise à pied) de trois jours à un élève **3** (*il sospendere, l'essere sospeso*) suspension **4** (*mecc., aut.*) suspension **5** (*chim.*) suspension.
● (*eccl.*) ***sospensione a divinis***, suspension et interdiction | (*dir.*) ***sospensione della pena***, suspension de peine | (*gramm.*) ***puntini di sospensione***, points de suspension.

sospensivo [so-spen-sì-vo] *agg.* suspensif*.

sospensorio [so-spen-sò-rio] *agg.* [pl.m. *-ri*] (*anat.*) suspenseur ♦ *n.m.* (*sport, danza*) suspensoir.

sospeso [so-spé-so] *agg.* **1** suspendu **2** (*ansioso, in attesa*) en suspens | *col cuore sospeso*, le cœur battant ♦ *n.m.* (*comm.*) affaire (*f.*) en souffrance; (*pratica*) dossier en souffrance; (*pagamento*) paiement en souffrance.
● ***restare col fiato sospeso***, retenir son souffle | ***stare in sospeso***, être en suspens | ***tenere in sospeso***, tenir en suspens, (*comm.*) tenir en souffrance.

sospettabile [so-spet-tà-bi-le] *agg.* soupçonnable.

sospettare [so-spet-tà-re] *v.tr.* **1** soupçonner **2** (*immaginare*) penser; (*supporre*) supposer: *nessuno sospetterebbe in lui tanta energia*, personne ne penserait qu'il a tant d'énergie | *sospettare un attentato*, craindre un attentat | *lo sospettavo!*, je m'en doutais! ♦ *v.intr.* [aus. *avere*] (*di qlcu*) soupçonner (**qqn**), (*di qlco*) douter (**de**) | *sospetta di tutto e di tutti*, il se méfie de tout et de tous.

sospettato [so-spet-tà-to] *agg.* e *n.m.* [f. *-a*] suspect: *le persone sospettate in quell'inchiesta*, les suspects dans cette affaire.

sospetto[1] [so-spèt-to] *agg.* suspect; (*dubbio*) douteux*; (*equivoco*) équivoque: *merce di provenienza sospetta*, marchandise de provenance douteuse | *fungo sospetto*, champignon douteux.

sospetto[2] [so-spèt-to] *n.m.* soupçon: *mettere in sospetto qlcu*, éveiller les soupçons de qqn | *guardare con sospetto qlcu, qlco*, regarder qqn, qqch avec suspicion | *ho il vago sospetto che*, j'ai la vague impression que.

sospettosamente [so-spet-to-sa-mén-te] *avv.* soupçonneusement; (*con diffidenza*) avec méfiance.

sospettosità [so-spet-to-si-tà] *n.f.invar.* méfiance.

sospettoso [so-spet-tó-so] *agg.* soupçonneux*.

sospingere [so-spìn-ge-re] *v.tr.* [coniug. come *spingere*] pousser (*anche fig.*).

sospinto [so-spìn-to] *agg.* poussé.
● ***a ogni pié sospinto***, à tout bout de champ.

sospirare [so-spi-rà-re] *v.intr.* [aus. *avere*] soupirer | *sospirare di sollievo*, pousser un soupir de soulagement | *fare sospirare qlcu*, tenir qqn en haleine ♦ *v.tr.* (*desiderare*) soupirer (**après**); (*attendere*) attendre* | *sospirare la patria lontana*, regretter sa patrie lointaine.

sospiro [so-spì-ro] *n.m.* soupir: *trarre un sospiro*, pousser un soupir.

sosta [sò-sta] *n.f.* **1** arrêt (*m.*); (*di veicoli*) stationnement (*m.*) **2** (*tregua*) trêve; (*pausa*) pause.
● ***divieto di sosta***, stationnement interdit | ***fare sosta***, faire halte | ***senza fare soste***, sans jamais s'arrêter | ***senza sosta***, sans arrêt: *lavorare senza sosta*, travailler sans relâche, répit.

sostantivato [so-stan-ti-và-to] *agg.* (*gramm.*) substantivé.

sostantivo[1] [so-stan-tì-vo] *n.m.* (*gramm.*) nom, substantif.

sostantivo[2] *agg.* (*chim.*) substantif.

sostanza [so-stàn-za] *n.f.* **1** substance | *badare alla sostanza delle cose*, aller au fond des choses | *cibo di poca sostanza*, aliment peu nourrissant **2** (*patrimonio*) avoir (*m.*) | *ciò rappresenta tutta la sua sostanza*, cela représente tout ce qu'il possède.
● ***in sostanza***, en définitive, tout compte fait.

sostanziale [so-stan-zià-le] *agg.* substantiel*; (*essenziale*) essentiel*.

sostanzialmente [so-stan-zial-mén-te] *avv.* au fond; (*essenzialmente*) essentiellement.

sostanzioso [so-stan-zió-so] *agg.* substantiel* (*anche fig.*): *cibo sostanzioso*, aliment substantiel (*o* nourrissant).

sostare [so-stà-re] *v.intr.* [aus. *avere*] (*fare una sosta*) **1** faire* halte; (*fermarsi*) s'arrêter; (*di automobili*) stationner **2** (*fare una pausa*) interrompre* (**qqch**).

sostegno [so-sté-gno] *n.m.* [pl. *-gni*] **1** soutien (*anche fig.*) **2** (*di pianta*) échalas, tuteur.
● ***arco di sostegno***, arc-boutant | ***a sostegno di***, à l'appui de | ***insegnante di sostegno***, professeur exerçant dans les sections d'éducation spécialisée (SES) | ***muro di sostegno***, mur de soutènement.

sostenere [so-ste-né-re] *v.tr.* [coniug. come *tenere*] **1** soutenir* (*anche fig.*): *le travi sostengono il soffitto*, les poutres soutiennent le plafond **2** (*affermare*) soutenir*: *sostenere il proprio punto di vista*, soutenir son point de vue **3** (*affrontare; sopportare*) soutenir*: *sostenere il peso della famiglia*, soutenir la famille (*o* avoir la famille à sa charge) | *sostenere ingenti spese*, faire face à de grosses dépenses | *ha sostenuto la parte di Amleto*, il a joué le rôle d'Hamlet | *sostenere gli esami*, passer ses examens **4** (*dare alimento*) soutenir*: *una cioccolata calda ti sosterrà per qualche ora*, un chocolat chaud te soutiendra pour quelques heures ♦ **sostenersi** *v.pron.* e *pron.intr.* **1** (*stare in piedi*) se soutenir* (*anche fig.*) **2** (*fig.*) (*reggere, stare in piedi*) tenir*: *un'ipotesi che non si sostiene*, une hypothèse qui ne tient pas debout.

sostenibile [so-ste-nì-bi-le] *agg.* soutenable; (*difendibile*) défendable.

sostenitore [so-ste-ni-tó-re] *n.m.* [f. *-trice*] partisan*; (*difensore*) défenseur*; (*di una squadra sportiva*) supporter.
● ***socio sostenitore***, membre bienfaiteur.

FAUX AMI
Da non confondere con *souteneur*, che significa *protettore di prostituta*.

sostentamento [so-sten-ta-mén-to] *n.m.* **1** subsistance (*f.*) **2** (*nutrimento*) nourriture (*f.*) **3** (*med., aer.*) sustentation (*f.*).

sostentare [so-sten-tà-re] *v.tr.* entretenir*, sustenter ♦ **sostentarsi** *v.pron.* e *pron.intr.* se sustenter.

sostentazione [so-sten-ta-zió-ne] *n.f.* (*aer.*) sustentation.

sostenuto [so-ste-nù-to] *agg.* **1** réservé; (*altero*) *hautain **2** (*elevato*) élevé (*anche fig.*) **3** (*mus.*) sostenuto.
● ***fare il sostenuto***, rester sur son quant-à-soi | (*comm.*) ***mercato sostenuto***, marché soutenu.

sostituibile [so-sti-tu-ì-bi-le] *agg.* remplaçable; (*intercambiabile*) interchangeable.

sostituire [so-sti-tu-ì-re] *v.tr.* [coniug. come *finire*] remplacer*, substituer ♦ **sostituirsi** *v.pron.* remplacer*, se substituer.

sostitutivo [so-sti-tu-tì-vo] *agg.* **1** qui remplace | *essere sostitutivo di qlco, qlcu*, remplacer qqch, qqn **2** (*med.; amm.*) substitutif*.

● (*med.*) ***farmaci sostitutivi***, médicaments substitutifs.

sostituto [so-sti-tù-to] *n.m.* **1** [f. *-a*] remplaçant **2** (*dir.*) substitut.

● (*dir.*) ***sostituto procuratore***, substitut du procureur.

sostituzione [so-sti-tu-zió-ne] *n.f.* remplacement (*m.*), substitution.

● ***in sostituzione (di)***, en remplacement (de).

sostrato [so-strà-to] *n.m.* **1** substrat (*anche ling.*) **2** (*fig.*) fond: *un sostrato di verità*, un fond de vérité.

sottaceto [sot-ta-cé-to] *avv.* e *agg.invar.* (*cuc.*) au vinaigre: *cipolline sottaceto*, petits oignons au vinaigre | *mettere sottaceto*, confire dans le vinaigre ♦ *n.m.* (*spec. pl.*) (*cuc.*) pickles (*pl.*).

sottacqua [sot-tàc-qua] *avv.* sous l'eau.

● ***lavorare sottacqua***, (*fig.*) travailler dans l'ombre.

sottana [sot-tà-na] *n.f.* **1** (*gonna*) jupe | *correre dietro alle sottane*, (*fam.*) courir les jupons **2** (*sottoveste*) jupon (*m.*) **3** (*fam.*) (*veste talare*) soutane.

sottecchi, di [di sot-téc-chi] *avv.* à la dérobée, en cachette.

sottendere [sot-tèn-de-re] *v.tr.* [coniug. come *prendere*] (*mat.*) sous-tendre*.

sotterfugio [sot-ter-fù-gio] *n.m.* [pl. *-gi*] subterfuge.

sotterranea [sot-ter-rà-ne-a] *n.f.* métro (*m.*).

sotterraneo [sot-ter-rà-ne-o] *agg.* e *n.m.* souterrain (*anche fig.*).

sotterrare [sot-ter-rà-re] *v.tr.* enterrer (*anche fig.*) | *sotterrare un tesoro*, enfouir un trésor.

sottigliezza [sot-ti-gliéz-za] *n.f.* **1** minceur **2** (*fig.*) finesse | *è una sottigliezza*, c'est une nuance **3** (*spec. pl.*) (*cavilli*) subtilités (*pl.*).

sottile [sot-tì-le] *agg.* **1** (*esile*) mince | *vita sottile*, taille fine | *voce sottile*, voix grêle | *aria sottile*, air léger **2** (*acuto*) subtil; (*fine*) fin ♦ *n.m.* subtilité (*f.*).

● ***andare per il sottile***, se perdre en subtilités | (*med. pop.*) ***mal sottile***, phtisie | ***non guardar troppo per il sottile***, n'y regarde pas de trop près.

sottiletta® [sot-ti-lét-ta] *n.f.* (*di formaggio*) toastinette.

S

sottilizzare [sot-ti-liʒ-ʒà-re] *v.intr.* [aus. *avere*] ergoter.

sottilmente [sot-til-mén-te] *avv.* subtilement.

sottinsù, di [di sot-tin-sù] *avv.* de bas en *haut.

sottintendere [sot-tin-tèn-de-re] *v.tr.* [coniug. come *prendere*] sous-entendre*.

sottinteso [sot-tin-té-so] *agg.* e *n.m.* sous-entendu*: *parlare a sottintesi*, parler par sous-entendus | *è sottinteso*, cela va sans dire; *è sottinteso che*, il va sans dire que.

sotto [sót-to] *prep.* **1** sous: *sotto la, alla tavola*, sous la table; *sotto terra, sott'acqua*, sous terre, sous l'eau; *ha molti impiegati sotto di sé*, il a beaucoup d'employés sous ses ordres; *sotto Cesare*, sous Jules César; *sotto l'Austria*, sous la domination autrichienne | *aspettami sotto casa (mia, tua ecc.)*, attends-moi en bas (de chez moi, toi, etc.) | *cercare una parola sotto la lettera S*, chercher un mot à la lettre S | *sotto obbligo di*, avec l'obligation de | *essere sotto accusa*, être mis en accusation | *mettici sotto un centrino*, mets-le sur un napperon | *ci metterò sotto un pezzo di legno*, je mettrai un morceau de bois dessous | *da sotto*, de dessous: *uscì da sotto il letto*, il sortit de dessous le lit; *è passato da sotto la rete*, il est passé par-dessous le grillage; *l'hanno tirato fuori da sotto la neve*, on l'a sorti de la neige; *estrasse la pistola da sotto la giacca*, il sortit son pistolet de sa veste **2** (*a livello inferiore, più in basso di*) au-dessous: *abita sotto di me*, il habite au-dessous de chez moi; *i bambini sotto i cinque anni*, les enfants au-dessous de cinq ans; *sotto il livello del mare*, au-dessous du niveau de la mer; *ci sono dieci gradi sotto zero*, il fait moins dix; *sotto il ginocchio*, au-dessous du genou | *è di poco sotto il quintale*, il pèse un peu moins de cent kilos; *gli abitanti sono di poco sotto il migliaio*, il y a moins de mille habitants **3** (*in espressioni temporali*) (*in prossimità di, verso*): *sotto Natale*, vers Noël, aux approches de Noël ♦ *avv.* **1** dessous; (*in basso*) en bas; (*nella parte inferiore*) en dessous: *là sotto, lì sotto*, là-dessous; *qua sotto, qui sotto*, ci-dessous; *appenderei quel quadro più sotto*, j'accrocherais ce tableau plus bas; *sopra è di velluto, sotto di raso*, l'endroit est en velours l'envers en satin **2** (*al piano inferiore*) (à l'étage) au-dessous; (*dabbasso*) en bas: *abita (di) sotto*, il habite (à l'étage) au-dessous; *ti aspetto (di) sotto*, je t'attends en bas; *vado sotto a vedere*, je descends voir; *attento a non cadere di sotto*, attention à ne pas tomber; *sotto c'è il negozio e sopra l'abitazione*, le magasin est en bas et l'appartement (à l'étage) au-dessus **3** (*in passivo in perdita*): *eravamo sotto di dieci milioni*, nous avions un découvert de dix millions | (*Borsa*) *queste azioni sono sotto di due punti*, ces actions ont perdu deux points ♦ *agg.* (*fam.*) au-dessous: *il piano (di) sotto*, l'étage au-dessous, du dessous; *la riga sotto*, la ligne au-dessous, en dessous ♦ *n.m.* (*fam.*) dessous: *il sotto è di legno*, le dessous est en bois.

● ***sotto!***, allez!: *sotto, ragazzi!*, allez, les gars! | ***sotto a chi tocca!***, au suivant! | ***sotto sotto***, jusque sous; (*fig.*) (*in fondo*) au fond: *l'acqua era filtrata sotto sotto nelle fondamenta*, l'eau s'était infiltrée jusque sous les fondations; *sotto sotto era un buon diavolo*, au fond c'était un brave type | ***al di sotto di***, (*anche fig.*) au-dessous de | ***andare sotto***, (*scendere*) descendre, aller en bas, (*affondare*) couler, (*nuotare sott'acqua*) nager sous l'eau, (*economicamente*) aller dans le rouge | ***andare sotto le armi***, être appelé sous les drapeaux | ***c'è, ci dev'essere sotto qlco***, (*fig.*) il y a, il doit y avoir qqch là-dessous | ***dar sotto ai quattrini***, gaspiller son argent | ***diamoci sotto!***, courage!: *diamoci sotto, ragazzi!*, courage, les enfants! | ***farsela sotto***, (*fig.*) avoir la frousse | ***farsi sotto***, (*avvicinarsi*) s'approcher; (*farsi avanti*) se lancer: *cosa dici, mi faccio sotto?*, qu'est-ce que tu en penses, je me lance? | ***fatti sotto!***, (*picchia*) vas-y, cogne! | ***mandare sotto***, (*sott'acqua*) pousser sous l'eau; (*di una nave, affondare*) envoyer par le fond | ***mettere sotto a***, (*fig.*) mettre à: *l'hanno messo sotto a lavorare a tredici anni*, on l'a mis à travailler à l'âge de treize ans; *adesso ti metti sotto a studiare*, maintenant tu te mets au travail; *si è messo sotto di buona lena*, il s'y est attelé avec courage | ***mettere, tirare sotto***, (*investire*) renverser | ***stare sotto***, (*nei giochi, nascondino ecc.*) coller: *tocca a me stare sotto questa volta*, cette fois -ci c'est à moi de coller.

NOTA ***Sotto di*** si traduce **sous** senza preposizione:

sotto ***di*** *te*, sous toi.

Dopo ***sotto***, le preposizioni articolate italiane sono tradotte con il semplice articolo:

sotto ***al*** *tavolo*, sous **la** table.

sotto- *pref.* sous-, sub-.

sottoalimentare [sot-to-a-li-men-tà-re] *v.tr.* (*med., elettr.*) sous-alimenter.

sottoalimentazione [sot-to-a-li-men-ta-zió-ne] *n.f.* sous-alimentation.

sottobanco [sot-to-bàn-co] *avv.* en sous-main, en cachette.

sottobicchiere [sot-to-bic-chiè-re] *n.m.* dessous-de-verre*.

sottobosco [sot-to-bò-sco] *n.m.* [pl. *-schi*] **1** sous-bois **2** (*fig.*) faune (*f.*).

sottobraccio [sot-to-bràc-cio] *avv.* bras dessus, bras dessous: *camminavano (tenendosi) sottobraccio*, ils marchaient bras dessus, bras dessous | *tenere qlcu sottobraccio*, donner le bras à qqn.

sottocapo [sot-to-cà-po] *n.m.* [f. *-a*] sous-chef*; (*vicedirettore*) sous-directeur*.

sottocchio [sot-tòc-chio] *avv.* sous les yeux | *tenere sottocchio*, (*sorvegliare*) surveiller.

sottoccupato [sot-toc-cu-pà-to] *agg.* (*econ.*) sous-employé ♦ *n.m.* [f. *-a*] chômeur* partiel*.

sottoccupazione [sot-toc-cu-pa-zió-ne] *n.f.* **1** sous-emploi (*m.*) **2** (*occupazione con orari inferiori al normale*) chômage (*m.*) partiel.

sottochiave [sot-to-chià-ve] *avv.* sous clé.

sottocommissione [sot-to-com-mis-sió-ne] *n.f.* sous-commission.

sottocoperta [sot-to-co-pèr-ta] **sotto coperta** *avv.* (*mar.*) sous le pont.

sottocosto [sot-to-cò-sto] **sotto costo** *avv.* au-dessous du prix coûtant.

sottocutaneo [sot-to-cu-tà-ne-o] *agg.* sous-cutané.
● (*anat.*) ***tessuto sottocutaneo***, tissu sous-épidermique.

sottodimensionato [sot-to-di-men-sio-nà-to] *agg.* inférieur; (*econ., tecn.*) sous-équipé*.

sottoesposizione [sot-to-e-spo-ʃi-zió-ne] *n.f.* (*fot.*) sous-exposition.

sottofondo [sot-to-fón-do] *n.m.* **1** (*edil.*) *hourdis **2** (*di suoni, rumori*) fond sonore | *sottofondo musicale*, fond musical; *musica di sottofondo*, musique de fond.

sottogamba [sot-to-gàm-ba] *avv.* (*fig.*) par-dessous la jambe.

sottogola [sot-to-gó-la] *n.m.* jugulaire (*f.*); (*di cavallo*) sous-gorge (*f.*).

sottogonna [sot-to-gòn-na *o* sottogónna] *n.f.* jupon (*m.*).

sottogruppo [sot-to-grùp-po] *n.m.* sous-groupe.

sottoinsieme [sot-to-in-siè-me] *n.m.* (*mat.*) sous-ensemble.
● (*inform.*) ***sottoinsieme di caratteri***, jeu partiel de caractères.

sottolemma [sot-to-lèm-ma] *n.m.* (*ling.*) sous-entrée de dictionnaire.

sottolineare [sot-to-li-ne-à-re] *v.tr.* **1** souligner (*anche fig.*) **2** (*accentuare*) appuyer* (**sur**), mettre* en évidence.

sottolineatura [sot-to-li-nea-tù-ra] *n.f.* soulignement (*m.*), soulignage (*m.*).

sottolio [sot-tò-lio] *avv.* dans l'huile, à l'huile: *conservare qlco sottolio*, conserver qqch dans l'huile ♦ *agg. invar.* à l'huile: *funghi, carciofini sottolio*, champignons, artichauts confits dans l'huile; *tonno, sardine sottolio*, thon, sardines à l'huile.

sottomano [sot-to-mà-no] *avv.* **1** sous la main **2** (*fig.*) (*di nascosto*) en sous-main ♦ *n.m.* (*accessorio di scrivania*) sous-main.

sottomarca [sot-to-màr-ca] *n.f.* [pl. *-che*] sous-marque*.

sottomarino [sot-to-ma-rì-no] *agg.* e *n.m.* sous-marin.

sottomesso [sot-to-més-so] *agg.* soumis.

sottomettere [sot-to-mét-te-re] *v.tr.* [coniug. come *mettere*] **1** soumettre* (*anche fig.*) **2** (*subordinare*) subordonner ♦ **sottomettersi** *v.pron.* se soumettre*.

sottomissione [sot-to-mis-sió-ne] *n.f.* **1** soumission **2** (*docilità*) docilité.

sottomultiplo [sot-to-mùl-ti-plo] *agg.* e *n.m.* (*mat.*) sous-multiple.

sottopagare [sot-to-pa-gà-re] *v.tr.* [coniug. come *legare*] sous-payer*.

sottopancia [sot-to-pàn-cia] *n.m.invar.* sous-ventrière (*f.*).

sottopassaggio [sot-to-pas-sàg-gio] **sottopasso** *n.m.* **1** (*stradale*) tunnel routier **2** (*pedonale*) passage souterrain.

sottopentola [sot-to-pén-to-la] *n.m.invar.* dessous-de-plat*.

sottopeso [sot-to-pé-so] *agg.invar.* en dessous du poids normal, en sous-poids: *sono sottopeso*, je suis en dessous de mon poids normal, je suis en sous-poids.

sottopiatto [sot-to-piàt-to] *n.m.* dessous-de-plat*.

sottopiede [sot-to-piè-de] *n.m.* sous-pied.

sottopopolato [sot-to-po-po-là-to] *agg.* sous-peuplé.

sottoporre [sot-to-pór-re] *v.tr.* [coniug. come *porre*] soumettre* ♦ **sottoporsi** *v.pron.* se soumettre* | *sottoporsi a visita medica*, passer une visite médicale.

sottoposto [sot-to-pó-sto] *agg.* soumis; (*esposto*) exposé ♦ *n.m.* [f. *-a*] subordonné.

sottopotere [sot-to-po-té-re] *n.m.* pouvoir occulte.

sottoprefetto [sot-to-pre-fèt-to] *n.m.* sous-préfet* | *moglie del sottoprefetto*, sous-préfète.

sottoprefettura [sot-to-pre-fet-tù-ra] *n.f.* sous-préfecture*.

sottoprodotto [sot-to-pro-dót-to] *n.m.* sous-produit.

sottoproduzione [sot-to-pro-du-zió-ne] *n.f.* sous-production.

sottoprogramma [sot-to-pro-gràm-ma] *n.m.* (*inform.*) sous-programme.

sottoproletariato [sot-to-pro-le-ta-rià-to] *n.m.* sous-prolétariat.

sottoproletario [sot-to-pro-le-tà-rio] *agg.* e *n.m.* [f. *-a*] sous-prolétaire.

sottordine [sot-tór-di-ne] *n.m.* (*biol.*) sous-ordre.
● ***in sottordine***, au deuxième rang.

sottoscala [sot-to-scà-la] *n.m.invar.* **1** dessous d'escalier **2** (*ripostiglio*) soupente (*f.*).

sottoscritto [sot-to-scrìt-to] *agg.* e *n.m.* [f. *-a*] soussigné: *il sottoscritto*, je soussigné | *tutti, escluso il sottoscritto*, (*fam.*) tout le monde sauf moi.
● (*fin.*) ***capitale sottoscritto***, capital souscrit.

sottoscrittore [sot-to-scrit-tó-re] *n.m.* [f. *-trice*] souscripteur*; (*firmatario*) signataire.

sottoscrivere [sot-to-scrì-ve-re] *v.tr.* [coniug. come *scrivere*] souscrire* (*anche fig.*) | *sottoscrivere (per) cento euro a favore di*, s'engager à verser cent euros en faveur de.

S

sottoscrizione [sot-to-scri-zió-ne] *n.f.* souscription: *promuovere una sottoscrizione*, lancer une souscription.

sottosegretariato [sot-to-se-gre-ta-rià-to] *n.m.* sous-secrétariat.

sottosegretario [sot-to-se-gre-tà-rio] *n.m.* [f. *-a*; pl. m. *-ri*] sous-secrétaire.

sottosezione [sot-to-se-zió-ne] *n.f.* sous-section.

sottosopra [sot-to-só-pra] *avv.* sens dessus dessous; (*fig.*) bouleversé | *mettere sottosopra*, (*anche fig.*) bouleverser.

sottospecie [sot-to-spè-cie] *n.f.invar.* sous-espèce.

sottostante [sot-to-stàn-te] *agg.* (situé) en-dessous, (situé) au-dessous (**de**).

sottostare [sot-to-stà-re] *v.intr.* [coniug. come *stare*, ma pres.indic. *io sottostò, egli sottostà*; aus. *essere*] **1** (*essere soggetto*) être* soumis; (*cedere*) se plier **2** s'étendre* au-dessous (**de**).

sottosterzare [sot-to-ster-zà-re] *v.intr.* [aus. *avere*] (*aut.*) sousvirer.

sottosuolo [sot-to-suò-lo] *n.m.* sous-sol.

sottosviluppato [sot-to-ʃvi-lup-pà-to] *agg.* sous-développé*.

sottosviluppo [sot-to-ʃvi-lùp-po] *n.m.* sous-développement.

sottotenente [sot-to-te-nèn-te] *n.m.* (*mil.*) sous-lieutenant.

sottoterra [sot-to-tèr-ra] *avv.* dans la terre, sous terre; (*con valore di agg.*) souterrain | *andare sottoterra*, mourir.

● ***avere il morale sottoterra***, (*fig.*) avoir le moral à zéro.

sottotetto [sot-to-tét-to] *n.m.* (*spec. pl.*) comble.

sottotitolare [sot-to-ti-to-là-re] *v.tr.* sous-titrer.

sottotitolato [sot-to-ti-to-là-to] *agg.* sous-titré.

sottotitolo [sot-to-tì-to-lo] *n.m.* sous-titre.

sottoutilizzare [sot-to-u-ti-liʒ-ʒà-re] *v.tr.* sous-utiliser, sous-employer*.

sottovalutare [sot-to-va-lu-tà-re] *v.tr.* sous-estimer, sous-évaluer.

sottovalutazione [sot-to-va-lu-ta-zió-ne] *n.f.* sous-estimation, sous-évaluation*.

sottovaso [sot-to-và-ʃo] *n.m.* dessous de pot.

sottovento [sot-to-vèn-to] *avv.* sous le vent.

S

sottoveste [sot-to-vè-ste] *n.f.* combinaison; (*a vita*) jupon (*m.*).

sottovoce [sot-to-vó-ce] *avv.* tout bas, à voix basse.

sottovuoto [sot-to-vuò-to] **sotto vuoto** *agg.* e *avv.* sous vide.

sottraendo [sot-tra-èn-do] *n.m.* (*mat.*) terme soustractif.

sottrarre [sot-tràr-re] *v.tr.* [coniug. come *trarre*] soustraire* ♦ **sottrarsi** *v.pron.* se soustraire*.

sottratto [sot-tràt-to] *agg.* soustrait.

sottrazione [sot-tra-zió-ne] *n.f.* soustraction.

sottufficiale [sot-tuf-fi-cià-le] *n.m.* sous-officier.

soubrette [su'brɛt] *n.f.invar.* (*teatr.*) vedette de music-hall.

sovente [so-vèn-te] *avv.* souvent.

soverchiante [so-ver-chiàn-te] *agg.* écrasant.

soverchiare [so-ver-chià-re] *v.tr.* (*sopraffare*) écraser, accabler.

soverchieria [so-ver-chie-rì-a] *n.f.* violence, abus (*m.*).

soverchio [so-vèr-chio] *agg.* [pl. *-chi*] excessif*.

sovescio [so-vè-scio] *n.m.* [pl. *-scî*] (*agr.*) enfouissement (des engrais verts); sidération (*f.*).

soviet [so-vièt *o* sòviet] *n.m.invar.* soviet.

sovietico [so-viè-ti-co] *agg.* [pl.m. *-ci*, f. *-che*] soviétique ♦ *n.m.* [f. *-a*] (*st.*) Soviétique.

sovra- *pref.* → **sopra-**.

sovrabbondante [so-vrab-bon-dàn-te] *agg.* surabondant | *stile sovrabbondante*, style ampoulé.

sovrabbondanza [so-vrab-bon-dàn-za] *n.f.* surabondance.

● ***in sovrabbondanza***, à profusion.

sovrabbondare [so-vrab-bon-dà-re] *v.intr.* [aus. *essere* o *avere*] surabonder (**en**), regorger* (**de**).

sovraccaricare [so-vrac-ca-ri-cà-re] *v.tr.* [coniug. come *mancare*] surcharger* (*anche fig.*).

sovraccarico [so-vrac-cà-ri-co] *agg.* [pl.m. *-chi*, f. *-che*] surchargé ♦ *n.m.* surcharge (*f.*) | *sovraccarico intellettuale*, surmenage intellectuel.

sovraccoperta [so-vrac-co-pèr-ta] *n.f.* **1** couvre-lit* (*m.*) **2** (*di libro*) jaquette ♦ *avv.* (*mar.*) sur le pont.

sovracorrente [so-vra-cor-rèn-te] *n.f.* (*elettr.*) surintensité.

sovraffaticamento [so-vraf-fa-ti-ca-mén-to] *n.m.* surmenage.

sovraffaticare [so-vraf-fa-ti-cà-re] *v.tr.* [coniug. come *mancare*] surmener* ♦ **sovraffaticarsi** *v.pron.* se surmener*.

sovraffollamento [so-vraf-fol-la-mén-to] *n.m.* encombrement; affluence (*f.*) excessive | *sovraffollamento delle classi*, des classes surchargées.

sovraffollato [so-vraf-fol-là-to] *agg.* bondé.

sovrainnesto [so-vra-in-nè-sto] *n.m.* (*agr.*) surgreffage.

sovraintendere e *deriv.* → **soprintendere** e *deriv.*

sovralimentato [so-vra-li-men-tà-to] *agg.* suralimenté (*anche mecc.*).

sovralimentazione [so-vra-li-men-ta-zió-ne] *n.f.* suralimentation (*anche mecc.*).

sovranamente [so-vra-na-mén-te] *avv.* souverainement.

sovranazionale [so-vra-na-zio-nà-le] *agg.* supranational*.

sovranità [so-vra-ni-tà] *n.f.invar.* souveraineté.

sovrano [so-vrà-no] *n.m.* [f. *-a*] souverain ♦ *agg.* **1** souverain | *regnare sovrano*, (*fig.*) régner en souverain **2** (*del sovrano*) du souverain.

sovraoccupazione [so-vra-oc-cu-pa-zió-ne] *n.f.* (*econ.*) suremploi (*m.*).

sovrappasso [so-vrap-pàs-so] *n.m.* passage supérieur.

sovrappeso [so-vrap-pé-so] *n.m.* surplus de poids | *sono un po' in sovrappeso*, je suis un peu au-dessus de mon poids normal; *sono in sovrappeso di tre chili*, j'ai trois kilos en trop.

● ***bagaglio sovrappeso***, excédent de bagages.

sovrappiù [so-vrap-più] *n.m.invar.* surplus | *nel nostro bilancio la domestica è un sovrappiù*, dans notre budget la femme de ménage est de trop.

● ***in, per sovrappiù***, en plus: *è stupido e per sovrappiù pigro*, il est bête et par-dessus le marché paresseux.

sovrapponibile [so-vrap-po-nì-bi-le] *agg.* superposable.

sovrappopolamento [so-vrap-po-po-la-mén-to] *n.m.* surpeuplement, surpopulation (*f.*).

sovrappopolato [so-vrap-po-po-là-to] *agg.* surpeuplé.

sovrappopolazione [so-vrap-po-po-la-zió-ne] *n.f.* surpopulation.

sovrapporre [so-vrap-pór-re] *v.tr.* [coniug. come *porre*] 1 superposer 2 (*fig.*) faire* prévaloir (sur) ♦ **sovrapporsi** *v.pron.intr.* 1 se superposer 2 (*aggiungersi*) s'ajouter.

sovrapposizione [so-vrap-po-ʃi-zió-ne] *n.f.* superposition.

sovrapposto [so-vrap-pó-sto] *agg.* superposé.

sovrapprezzo [so-vrap-prèz-zo] *n.m.* surprix | *pagare un sovrapprezzo*, payer un droit supplémentaire.

sovrapproduzione [so-vrap-pro-du-zió-ne] *n.f.* (*econ.*) surproduction.

sovrastampa [so-vra-stàm-pa] *n.f.* surcharge.

sovrastampare [so-vra-stam-pà-re] *v.tr.* surcharger*.

sovrastante [so-vra-stàn-te] *agg.* 1 dominant; (*che sta sopra*) (situé) au-dessus (de) 2 (*fig.*) imminent.

sovrastare [so-vra-stà-re] *v.tr.* e *intr.* [aus. dell'intr. *essere*] 1 dominer 2 (*fig.*) menacer* 3 (*essere superiore*) surpasser.

sovrastimare [so-vra-sti-mà-re] *v.tr.* surestimer.

sovrastruttura [so-vra-strut-tù-ra] *n.f.* superstructure.

sovratensione [so-vra-ten-sió-ne] *n.f.* (*elettr.*) surtension.

sovreccitabile [so-vrec-ci-tà-bi-le] *agg.* surexcitable.

sovreccitare [so-vrec-ci-tà-re] *v.tr.* surexciter ♦ **sovreccitarsi** *v.pron.intr.* devenir* surexcité.

sovreccitato [so-vrec-ci-tà-to] *agg.* surexcité.

sovreccitazione [so-vrec-ci-ta-zió-ne] *n.f.* surexcitation.

sovresporre [so-vre-spór-re] *v.tr.* [coniug. come *porre*] (*fot.*) surexposer.

sovresposizione [so-vre-spo-ʃi-zió-ne] *n.f.* 1 (*fot.*) surexposition 2 (*tv*) surexposition télévisuelle.

sovrimpressione [so-vrim-pres-sió-ne] *n.f.* (*fot., cine.*) surimpression.

sovrintendere e *deriv.* → **soprintendere** e *deriv.*

sovrumano [so-vru-mà-no] *agg.* surhumain | *pazienza sovrumana*, (*fig.*) patience d'ange.

sovvenire [sov-ve-nì-re] *v.intr.* [coniug. come *venire*] 1 [aus. *avere*] (*venire in aiuto*) accorder son aide (à), venir à l'aide (de) 2 [aus. *essere*] (*tornare alla mente*) revenir* à l'esprit (de) ♦ **sovvenirsi** *v.pron.intr.* se souvenir*.

sovvenzionare [sov-ven-zio-nà-re] *v.tr.* subventionner.

sovvenzione [sov-ven-zió-ne] *n.f.* subvention.

sovversione [sov-ver-sió-ne] *n.f.* subversion.

sovversivo [sov-ver-sì-vo] *agg.* subversif* ♦ *n.m.* [f. *-a*] révolutionnaire.

sovvertimento [sov-ver-ti-mén-to] *n.m.* renversement; (*sconvolgimento*) bouleversement.

sovvertire [sov-ver-tì-re] *v.tr.* (*rovesciare*) renverser; (*sconvolgere*) bouleverser | *sovvertire l'ordine sociale*, troubler l'ordre social.

sovvertitore [sov-ver-ti-tó-re] *agg.* e *n.m.* [f. *-trice*] destructeur*.

sozzeria [soz-ze-rì-a] *n.f.* saleté.

sozzo [sóz-zo] *agg.* 1 crasseux* 2 (*fig.*) sale; (*sordido*) sordide.

sozzura [soz-zù-ra] *n.f.* 1 crasse 2 (*fig.*) saleté, ordure.

spaccalegna [spac-ca-lé-gna] *n.m.invar.* bûcheron.

spaccamontagne [spac-ca-mon-tà-gne] *n.m.invar.* (*fam.*) fanfaron*, vantard.

spaccapietre [spac-ca-piè-tre] *n.m.invar.* casseur de pierres.

spaccare [spac-cà-re] *v.tr.* [coniug. come *mancare*] 1 fendre*; (*rompere*) casser; (*frantumare*) briser; (*tagliare*) couper: *spaccare con l'accetta*, fendre, couper à la hache; *spaccare la testa a qlcu*, fendre le crâne à qqn | *spaccare la faccia a qlcu*, (*fam.*) casser la figure à qqn 2 (*fig.*) diviser ♦ **spaccarsi** *v.pron.intr.* 1 se fendre*; (*rompersi*) se casser; (*frantumarsi*) se briser | *mi si spaccano le labbra per il freddo*, le froid me gerce les lèvres 2 (*fig.*) se diviser.

● ***o la va o la spacca***, (*fam.*) jouer le tout pour le tout | ***un orologio che spacca il minuto***, une montre précise à la seconde près | ***un sole che spacca le pietre***, (*fig.*) un soleil de plomb.

spaccata [spac-cà-ta] *n.f.* (*ginnastica, danza*) grand écart (*m.*); (*scherma*) fente.

● ***dare una spaccata alla legna***, fendre, couper du bois.

spaccato [spac-cà-to] *agg.* 1 fendu 2 (*fig. fam.*) (*identico*) tout craché | *è un fiorentino spaccato*, c'est un florentin pur sang | *sono le tre spaccate*, il est trois heures tapant(es) ♦ *n.m.* 1 coupe (*f.*) verticale 2 (*fig.*) (*rappresentazione*) tableau*; (*descrizione*) description (*f.*).

spaccatura [spac-ca-tù-ra] *n.f.* 1 (*lo spaccare*) fendage (*m.*) 2 (*fenditura*) fente; (*screpolatura della pelle*) gerçure 3 (*fig.*) rupture.

spacchettare [spac-chet-tà-re] *v.tr.* dépaqueter*.

spacciare [spac-cià-re] *v.tr.* [coniug. come *cominciare*] 1 (*vendere*) vendre* | *spacciare* (*droga*), vendre de la drogue 2 (*far circolare illecitamente*) mettre* en circulation, diffuser: *ha spacciato notizie false*, il a diffusé de fausses nouvelles 3 (*far passare per quel che non è*) faire* passer (pour) ♦ **spacciarsi** *v.pron.* se faire* passer (pour).

spacciato [spac-cià-to] *agg.* fichu, perdu.

● ***dare qlcu per spacciato***, condamner qqn.

spacciatore [spac-cia-tó-re] *n.m.* [f. *-trice*] celui* qui met en circulation (qqch); (*di droga*) dealer.

spaccio [spàc-cio] *n.m.* [pl. *-ci*] 1 (*vendita*) vente (*f.*) 2 (*illegale*) trafic: *arrestato per spaccio di stupefacenti*, arrêté pour trafic de stupéfiants | *spaccio di monete false*, mise en circulation de faux billets 3 (*locale di vendita*) magasin; (*per generi di monopolio e alcolici*) débit: *spaccio alimentare*, magasin d'alimentation | *spaccio di sali e tabacchi*, bureau de tabac | *spaccio aziendale*, économat.

spacco [spàc-co] *n.m.* [pl. *-chi*] 1 fente (*f.*) | (*abbigl.*) *con spacco laterale*, fendu sur le côté 2 (*strappo*) déchirure (*f.*).

● (*agr.*) ***innesto a spacco***, greffe en fente.

spacconata [spac-co-nà-ta] *n.f.* fanfaronnade.

spaccone [spac-có-ne] *n.m.* [f. *-a*] fanfaron*.

spada [spà-da] *n.f.* épée: *battersi con la spada*, se battre à l'épée | *tirar di spada*, faire de l'escrime | *incrociare le spade*, croiser le fer | *la spada della giustizia*, (*fig.*) le glaive de la justice.

S

● ***a spada tratta***, avec acharnement | ***passare a fil di spada***, passer au fil de l'épée | (*zool.*) ***pesce spada***, espadon.

spadaccino [spa-dac-cì-no] ***n.m.*** [f. *-a*] spadassin | *un valente spadaccino*, une fine lame.

spadellare [spa-del-là-re] ***v.intr.*** [aus. *avere*] (*region.*) s'affairer à la cuisine.

spadino [spa-dì-no] ***n.m.*** courte épée (*f.*); (*degli ufficiali di marina*) épée (*f.*) de cérémonie.

spadista [spa-dì-sta] ***n.m.*** e ***f.*** (*sport*) épéiste.

spadona [spa-dó-na] ***n.f.*** (*pera*) bon-chrétien* (*m.*).

spadroneggiare [spa-dro-neg-già-re] ***v.intr.*** [coniug. come *mangiare*; aus. *avere*] faire* la loi.

spaesato [spa-e-ʃà-to] ***agg.*** dépaysé.

spaghettata [spa-ghet-tà-ta] ***n.f.***

● (*fam.*) ***farsi una spaghettata***, manger une bonne assiette de spaghetti.

spaghetteria [spa-ghet-te-rì-a] ***n.f.*** restaurant spécialisé dans la préparation des spaghettis.

spaghetto[1] [spa-ghét-to] ***n.m.*** (*spec. pl.*) (*cuc.*) spaghetti.

● ***spaghetti al pomodoro***, spaghettis à la (sauce) tomate.

spaghetto[2] [spa-ghét-to] ***n.m.*** (*fam.*) (*paura*) frousse (*f.*): *prendersi un bello spaghetto*, avoir la frousse.

spagliare [spa-glià-re] ***v.tr.*** dépailler ♦ **spagliarsi** ***v.pron.intr.*** se dépailler.

spagnolesco [spa-gno-lé-sco] ***agg.*** [pl.m. *-schi*, f. *-sche*] (*spreg.*) (*borioso*) *hautain.

spagnoletta [spa-gno-lét-ta] ***n.f.*** **1** (*cucito*) bobine **2** (*region.*) (*arachide*) cacah(o)uète.

spagnolismo [spa-gno-lì-ʃmo] ***n.m.*** (*ling.*) hispanisme.

spagnolo [spa-gnò-lo] ***agg.*** espagnol ♦ ***n.m.*** **1** (*lingua*) espagnol **2** [f. *-a*] (*abitante*) Espagnol.

spago [spà-go] ***n.m.*** [pl. *-ghi*] ficelle (*f.*): *legare con lo spago*, attacher avec de la ficelle.

● ***dare spago***, (*fig.*) laisser dire, laisser faire.

spaiare [spa-ià-re] ***v.tr.*** dépareiller.

spaiato [spa-ià-to] ***agg.*** dépareillé.

spalancare [spa-lan-cà-re] ***v.tr.*** [coniug. come *mancare*] ouvrir* (tout) grand: *spalancare la bocca*, ouvrir grand la bouche; *spalancare le braccia*, ouvrir les bras | *spalancare gli occhi*, écarquiller les yeux | *spalancare gli orecchi*, (*fig.*) être tout oreilles ♦ **spalancarsi** ***v.pron.intr.*** s'ouvrir* tout grand.

S

spalancato [spa-lan-cà-to] ***agg.*** grand ouvert: *una porta spalancata*, une porte grande ouverte | *con gli occhi spalancati*, avec des yeux écarquillés.

spalare [spa-là-re] ***v.tr.*** pelleter*; (*la neve*) déblayer*.

spalata [spa-là-ta] ***n.f.*** coup (*m.*) de pelle.

spalatore [spa-la-tó-re] ***n.m.*** [f. *-trice*] pelleteur*.

spalatura [spa-la-tù-ra] ***n.f.*** déblayage (*m.*).

spalla [spàl-la] ***n.f.*** **1** épaule | *stai diritto con le spalle!*, tiens-toi droit! | *dare, voltare le spalle*, tourner le dos; *volgere le spalle*, (*fig.*) tourner les talons | *alzare, scrollare le spalle, stringersi nelle spalle*, hausser les épaules | *battere una mano sulla spalla a qlcu*, taper sur l'épaule de qqn **2** (*macelleria*) (*di bue*) épaule, paleron (*m.*); (*di agnello*) épaule; (*di maiale*) palette **3** (*contrafforte*) contrefort (*m.*); (*arch.*) culée | *spalla di un argine*, talus d'une levée **4** (*teatr.*) faire-valoir* (*m.*): *far da spalla*, (*anche fig.*) servir de faire-valoir.

● ***spalla a spalla***, épaule contre épaule; (*fig.*) côte à côte | ***alle mie, tue spalle***, derrière moi, toi | (*giorn.*) ***articolo di spalla***, article placé sur la colonne de droite de la une d'un journal | ***assalire alle spalle***, attaquer par derrière | ***avere il nemico alle spalle***, (*fig.*) avoir l'ennemi derrière soi | ***avere la testa sulle spalle***, (*fig.*) avoir la tête sur les épaules | ***avere le spalle coperte***, (*fig.*) être protégé: *può rischiare perché ha le spalle coperte*, il peut prendre des risques parce qu'il est protégé | ***avere le spalle larghe, grosse***, (*fig.*) avoir bon dos | ***avere sulle spalle***, porter sur les épaules: *ha una grande responsabilità sulle spalle*, il porte un lourd fardeau sur les épaules; *avere molti anni sulle spalle*, être très âgé; *ha tutta la famiglia sulle spalle*, il a toute sa famille sur le dos | ***colpire alle spalle***, frapper dans le dos | ***coprire le spalle a qlcu***, couvrir qqn | ***giungere alle spalle di qlcu***, arriver derrière qqn | ***guardarsi le spalle***, protéger ses arrières | ***mettere con le spalle al muro***, (*fig.*) mettre au pied du mur | ***parlare dietro le spalle di qlcu***, (*fig.*) casser du sucre sur le dos de qqn | ***portare a spalla***, porter sur l'épaule; (*a dorso d'uomo*) porter sur le dos | ***prendere alle spalle***, capturer par derrière | ***ridere alle spalle di qlcu***, rire aux dépens, crochets de qqn | ***scusate le spalle***, pardon, si je vous tourne le dos | ***una pugnalata alle spalle***, (*anche fig.*) un coup de poignard dans le dos | (*mus.*) ***violino di spalla***, second violon | ***vivere alle spalle di qlcu***, vivre aux crochets de qqn.

spallata [spal-là-ta] ***n.f.*** **1** coup (*m.*) d'épaule: *sfondò la porta con una spallata*, il enfonça la porte d'un coup d'épaule **2** (*alzata di spalle*) *haussement (*m.*) d'épaules.

spalleggiare [spal-leg-già-re] ***v.tr.*** [coniug. come *mangiare*] (*appoggiare*) épauler; (*aiutare*) soutenir*: *è spalleggiato dagli amici*, ses amis le soutiennent ♦ **spalleggiarsi** ***v.pron.rec.*** s'épauler; (*aiutarsi*) se soutenir*.

spalletta [spal-lét-ta] ***n.f.*** **1** (*di ponte*) parapet (*m.*); (*di fiume*) levée **2** (*edil.*) ébrasement (*m.*).

spalliera [spal-liè-ra] ***n.f.*** **1** (*di sedia ecc.*) dossier (*m.*) **2** (*del letto*) (*testata*) tête de lit; (*ai piedi*) pied (*m.*) de lit **3** (*di piante*) espalier (*m.*): *meli a spalliera*, pommiers en espalier | *disporre a spalliera una vite*, palisser une vigne **4** (*sport*) espaliers (*m.pl.*).

spallina [spal-lì-na] ***n.f.*** **1** (*mil.*) épaulette **2** (*abbigl.*) (*di sottoveste ecc.*) bretelle; (*imbottitura*) épaulette.

spalluccia [spal-lùc-cia] ***n.f.*** [pl. *-ce*].

● ***fare spallucce***, hausser les épaules.

spalmare [spal-mà-re] ***v.tr.*** **1** enduire*; (*stendere*) étaler, (*cuc.*) tartiner: *spalmare del miele su una fetta di pane*, étaler, tartiner du miel sur une tranche de pain | *spalmare il burro sul pane*, beurrer son pain **2** (*fig.*) (*suddividere in più momenti*) étaler, échelonner ♦ **spalmarsi** ***v.pron. indiretto*** s'enduire*: *spalmarsi il viso di crema*, s'enduire le visage de crème.

spalmata [spal-mà-ta] ***n.f.***

● ***dare una spalmata a***, passer une couche sur.

spalmatura [spal-ma-tù-ra] ***n.f.*** enduisage (*m.*).

spalto [spàl-to] ***n.m.*** **1** (*edil., mil.*) glacis **2** (*spec. pl.*) (*di stadio*) gradins (*pl.*).

spam ***n.m.invar.*** → **spamming**.

spammer ['spammer] ***n.m.*** o ***f.invar.*** (*Internet*) spammeur (*m.*).

spamming ['spammiŋ] ***n.m.invar.*** (*Internet*) pourriel, spam, spamme, arrosage.

spampanarsi [spam-pa-nàr-si] ***v.pron.intr.*** (*di fiori*) s'effeuiller.

spampanato [spam-pa-nà-to] ***agg.*** (*di fiori*) effeuillé.

spanare [spa-nà-re] ***v.tr.*** fausser (le pas de vis) ♦ **spanarsi** ***v.pron.intr.*** être* faussé; (*fam.*) foirer: *la vite si è spanata*, ce pas de vis est faussé.

spanato [spa-nà-to] *agg.* faussé.

spanciare [span-cià-re] *v.intr.* [coniug. come *cominciare*; aus. *avere*] **1** (*tuffandosi*) faire* un plat **2** (*di muro ecc.*) bomber ♦ **spanciarsi** *v.pron.intr.* *spanciarsi dalle risa*, crever de rire.

spanciata [span-cià-ta] *n.f.* **1** plat (*m.*): *prendere, dare una spanciata*, faire un plat **2** (*fam.*) (*scorpacciata*) gueuleton (*m.*) | *farsi una spanciata di ciliege*, s'empiffrer de cerises.

spandere [spàn-de-re] *v.tr.* [p.p. *spanto*] **1** répandre*; (*stendere*) étendre* | *spandere la cera sul pavimento*, passer de la cire sur le plancher, (*di legno*) encaustiquer le parquet **2** (*versare*) répandre* (*anche fig.*): *spandere lacrime, sangue*, répandre, verser des larmes, du sang **3** (*diffondere*) répandre* (*anche fig.*): *spandere una notizia*, répandre une nouvelle ♦ **spandersi** *v.pron.intr.* **1** (*allargarsi*) s'étendre* **2** (*diffondersi, riversarsi*) se répandre* (*anche fig.*).

● ***spendere e spandere***, (*fam.*) dépenser à tort et à travers.

spandisale [span-di-sà-le] *n.m.* e *f.invar.* (*macchina*) saleur (*m.*).

spaniel [spà-niel] *n.m.invar.* (*cane*) épagneul.

spanna [spàn-na] *n.f.* empan (*m.*); (*fig.*) bout (*m.*): *è alto una spanna*, il a atteint les 20 centimètres, (*di bambino*) il est haut comme trois pommes; *è cresciuta di una spanna*, elle a pris 20 centimètres | *una spanna di terra*, un lopin de terre.

● ***non vede più in là di una spanna***, (*fig.*) il ne voit pas plus loin que le bout de son nez.

spannocchiare [span-noc-chià-re] *v.tr.* (*agr.*) décortiquer (le maïs).

spaparacchiarsi [spa-pa-rac-chiàr-si] **spaparanzarsi** *v.pron.* (*fam.*) se vautrer.

spappolamento [spap-po-la-mén-to] *n.m.* écrasement.

spappolare [spap-po-là-re] *v.tr.* écraser, réduire en bouillie ♦ **spappolarsi** *v.pron.intr.* s'écraser; (*di pasta ecc.*) se réduire* en bouillie.

spappolato [spap-po-là-to] *agg.* en bouillie; (*schiacciato*) écrasé.

sparachiodi [spa-ra-chiò-di] *agg.* e *n.f.invar.*

● (***pistola***) ***sparachiodi***, pistolet de scellement.

sparagnino [spa-ra-gnì-no] *agg.* e *n.m.* [f. *-a*] (*fam.*) radin.

sparaneve [spa-ra-né-ve] *agg.invar.*

● ***cannone sparaneve***, canon à neige.

sparare [spa-rà-re] *v.tr.* e *intr.* [aus. *avere*] **1** tirer; faire* feu: *sparare con la carabina*, tirer à la carabine; *spara bene*, c'est un bon tireur; *sparare a qlcu, qlco*, tirer sur qqn, qqch; *spararsi* (*alla testa*), se tirer une balle (dans la tête); *gli hanno sparato in un braccio*, on l'a touché au bras; *sparare alle spalle*, tirer dans le dos; *sparare addosso*, tirer dessus; *sparare una salva*, lâcher une salve | *sparano certi prezzi!*, (*fig.*) c'est le coup de fusil! **2** (*sferrare*) décocher | (*sport*) *sparare in porta*, tirer au but **3** (*fam.*) (*di colore, luce*) éblouir: *un colore che spara*, une couleur qui éblouit ♦ **spararsi** *v.pron.* se tirer une balle dans la tête: *si è sparato alla testa*, il s'est tiré une balle dans la tête.

● ***spararle grosse***, (*fig.*) faire de l'épate | ***roba da spararsi***, (*fig. fam.*) il y a de quoi s'arracher les cheveux.

sparata [spa-rà-ta] *n.f.* (*fig.*) **1** (*spacconata*) fanfaronnade **2** (*scenata*) scène.

sparato[1] [spa-rà-to] *agg.* (*fam.*) (*a gran velocità*) toute vitesse; (*direttamente*) tout droit; (*senza esitazioni*) promptement: *venne da me sparato*, il vint tout droit chez moi.

sparato[2] *n.m.* (*abbigl.*) plastron.

sparatore [spa-ra-tó-re] *n.m.* [f. *-trice*] tireur*.

sparatoria [spa-ra-tò-ria] *n.f.* fusillade; coups (*m.pl.*) de feu.

sparecchiare [spa-rec-chià-re] *v.tr.* desservir*: *sparecchiare la tavola*, desservir (la table).

spareggio [spa-rég-gio] *n.m.* [pl. *-gi*] **1** inégalité (*f.*), déséquilibre **2** (*comm.*) déficit **3** (*sport*) barrage | *fare lo spareggio*, faire la belle.

spargere [spàr-ge-re] *v.tr.* [p.rem. *io sparsi, tu spargesti* ecc.; p.p. *sparso*] **1** répandre*: *spargere lo zucchero su una torta*, saupoudrer un gâteau de sucre; *spargere polvere antisettica su una ferita*, mettre de la poudre antiseptique sur une blessure; *spargere il suolo di fiori*, joncher le sol de fleurs; *spargere i capelli sulle spalle*, dénouer ses cheveux sur ses épaules | *spargere denaro a piene mani*, dépenser largament **2** (*versare*) verser, répandre* (*anche fig.*) | *spargere lacrime, sangue*, verser des larmes, du sang **3** (*diffondere*) répandre* (*anche fig.*): *sparse la voce che*, il fit courir le bruit que | *spargere una notizia ai quattro venti*, crier une nouvelle aux quatre vents **4** (*sparpagliare*) éparpiller; (*disperdere*) disperser ♦ **spargersi** *v.pron.intr.* **1** se répandre* **2** (*diffondersi*) se répandre*: *si sparse la voce che*, le bruit courut que **3** (*sparpagliarsi*) s'éparpiller; (*disperdersi*) se disperser.

● ***spargere zizzania***, (*fig.*) semer la discorde.

spargimento [spar-gi-mén-to] *n.m.* **1** (*versamento*) effusion (*f.*) **2** (*diffusione*) diffusion (*f.*).

spargipepe [spar-gi-pé-pe] *n.m.invar.* poivrier.

spargisale [spar-gi-sà-le] *n.m.invar.* salière (*f.*).

sparigliare [spa-ri-glià-re] *v.tr.* dépareiller.

sparire [spa-rì-re] *v.intr.* [coniug. come *finire*; aus. *essere*] disparaître*: *gli è sparito il portafoglio*, son portefeuille a disparu; *è sparito tra la folla*, il a disparu dans la foule; *il suo ricordo va sparendo*, son souvenir s'évanouit | *dove sei sparito?*, mais où t'étais-tu fourré?

● ***sparire dalla faccia della terra***, (*fig.*) entrer dans un trou de souris.

sparizione [spa-ri-zió-ne] *n.f.* disparition.

sparlare [spar-là-re] *v.intr.* [aus. *avere*] **1** médire*, dire* du mal, dauber **2** (*parlare a sproposito*) parler à tort et à travers.

sparlatore [spar-la-tó-re] *n.m.* [f. *-trice*] mauvaise langue (*f.*).

sparo [spà-ro] *n.m.* **1** (*lo sparare*) décharge (*f.*) **2** (*colpo*) détonation (*f.*), coup de feu.

sparpagliamento [spar-pa-glia-mén-to] *n.m.* éparpillement.

sparpagliare [spar-pa-glià-re] *v.tr.* **1** éparpiller; (*spargere*) disperser **2** (*disseminare*) disséminer: *agenti sparpagliati in tutta la città*, policiers disséminés dans toute la ville ♦ **sparpagliarsi** *v.pron.* s'éparpiller, se répandre*; (*spargersi*) se disperser: *la gente si sparpagliò nel parco*, les gens se répandirent dans le parc.

sparsamente [spar-sa-mén-te] *avv.* çà et là.

sparsi → **spargere**.

sparso [spàr-so] *agg.* **1** éparpillé, épars: *fogli sparsi sul pavimento*, feuilles éparpillées sur le plancher **2** (*cosparso*) jonché, parsemé **3** (*versato*) versé, répandu **4** (*sciolto*) dénoué: *capelli sparsi sulle spalle*, cheveux dénoués sur les épaules.

● ***in ordine sparso***, en ordre dispersé.

S

spartanamente [spar-ta-na-mén-te] ***avv.*** à la spartiate.
spartano [spar-tà-no] ***agg.*** spartiate (*anche fig.*) ♦ ***n.m.*** [f. *-a*] (*st.*) (*abitante*) Spartiate (*anche fig.*).
spartiacque [spar-ti-àc-que] ***n.m.invar.*** **1** (*geogr.*) ligne (*f.*) de partage des eaux **2** (*fig.*) charnière (*f.*): *fare da spartiacque*, servir de charnière ♦ ***agg.invar.*** (*geogr.*) *cresta spartiacque*, interfluve.
spartineve [spar-ti-né-ve] ***n.m.invar.*** chasse-neige*.
spartire [spar-tì-re] ***v.tr.*** [coniug. come *finire*] (*dividere in parti*) partager*; (*ripartire*) répartir*.
● ***non avere nulla da spartire con qlcu***, (*fig.*) ne rien avoir à voir avec qqn.
spartito [spar-tì-to] ***n.m.*** (*mus.*) partition (*f.*).
spartitraffico [spar-ti-tràf-fi-co] ***n.m.invar.*** bande (*f.*) centrale; (*salvagente*) refuge ♦ ***agg.invar.*** *aiuola spartitraffico*, terre-plein | *banchina spartitraffico*, refuge | *linea spartitraffico*, ligne blanche.
spartizione [spar-ti-zió-ne] ***n.f.*** partage (*m.*).
sparto [spàr-to] ***n.m.*** (*bot.*) spart.
sparuto [spa-rù-to] ***agg.*** **1** (*di persona*) maigre, chétif*; (*di viso*) *hâve **2** (*esiguo*) très petit: *una sparuta minoranza*, une infime minorité.
sparviero [spar-viè-ro] ***n.m.*** **1** (*zool.*) épervier **2** (*edil.*) taloche (*f.*).
spasimante [spa-ʃi-màn-te] ***n.m.*** e ***f.*** (*scherz.*) soupirant/e.
spasimare [spa-ʃi-mà-re] ***v.intr.*** [aus. *avere*] **1** souffrir* **2** (*desiderare intensamente*) brûler: *spasimare per qlcu*, brûler pour qqn.
spasimo [spà-ʃi-mo] ***n.m.*** affres (*f.pl.*) (*anche fig.*); douleur (*f.*).
spasmo [spà-ʃmo] ***n.m.*** (*med.*) spasme.
spasmodicamente [spa-ʃmo-di-ca-mén-te] ***avv.*** spasmodiquement.
spasmodico [spa-ʃmò-di-co] ***agg.*** [pl.m. *-ci*, f. *-che*] **1** spasmodique **2** (*fig.*) frénétique: *ricerca spasmodica*, recherche frénétique.
spassarsi [spas-sàr-si] ***v.pron.intr.*** s'amuser.
● ***spassarsela***, (*fam.*) se payer du bon temps.
spassionatamente [spas-sio-na-ta-mén-te] ***avv.*** impartialement.
spassionato [spas-sio-nà-to] ***agg.*** impartial*.
S **spasso** [spàs-so] ***n.m.*** **1** divertissement; (*svago*) distraction (*f.*) **2** (*passeggiata*) promenade (*f.*): *andare a spasso*, se promener; *portare a spasso qlcu*, promener qqn.
● ***che spasso!***, (*fam.*) quelle rigolade!: *che spasso quel tipo!*, il est marrant ce gars-là! | ***essere a spasso***, (*disoccupato*) être sans travail | ***mandare a spasso qlcu***, (*fig.*) envoyer promener qqn | ***per spasso***, pour rire.
spassoso [spas-só-so] ***agg.*** amusant, drôle; (*fam.*) marrant: *è un tipo spassoso*, c'est un boute-en-train.
spastico [spà-sti-co] ***agg.*** [pl.m. *-ci*, f. *-che*] (*med.*) spasmodique ♦ ***n.m.*** [f. *-a*] *handicapé moteur*.
spato [spà-to] ***n.m.*** (*min.*) spath.
spatola [spà-to-la] ***n.f.*** spatule.
● ***a spatola***, spatulé: *dita a spatola*, doigts spatulés.
spauracchio [spa-u-ràc-chio] ***n.m.*** [pl. *-chi*] **1** épouvantail **2** (*fig.*) bête (*f.*) noire.
spaurire [spau-rì-re] ***v.tr.*** [coniug. come *finire*] effrayer* ♦ **spaurirsi** ***v.pron.intr.*** s'effrayer*.
spaurito [spau-rì-to] ***agg.*** effrayé.
spavaldamente [spa-val-da-mén-te] ***avv.*** crânement; (*con arroganza*) avec arrogance.
spavalderia [spa-val-de-rì-a] ***n.f.*** crânerie; (*bravata*) fanfaronnade.
spavaldo [spa-vàl-do] ***agg.*** effronté ♦ ***n.m.*** [f. *-a*] fanfaron*.
spaventapasseri [spa-ven-ta-pàs-se-ri] ***n.m.invar.*** épouvantail (à moineaux) (*anche fig.*).
spaventare [spa-ven-tà-re] ***v.tr.*** effrayer*, épouvanter: *è di un egoismo che spaventa*, il est d'un égoïsme épouvantable ♦ **spaventarsi** ***v.pron.intr.*** s'effrayer*, s'épouvanter: *si spaventa per nulla*, un rien l'effraie.
spaventato [spa-ven-tà-to] ***agg.*** effrayé | *spaventato a morte*, terrorisé.
spavento [spa-vèn-to] ***n.m.*** frayeur (*f.*); (*paura*) peur (*f.*): *fare, mettere spavento a qlcu*, effrayer qqn; *essere preso dallo spavento*, être saisi de peur | *quel quadro è uno spavento*, (*estens.*) ce tableau est une horreur.
● ***da fare spavento***, (*fig.*) à faire peur.
spaventosamente [spa-ven-to-sa-mén-te] ***avv.*** **1** effroyablement **2** (*fam.*) (*moltissimo*) affreusement: *è spaventosamente ricco!*, il est affreusement riche!
spaventoso [spa-ven-tó-so] ***agg.*** **1** épouvantable; (*tremendo*) effrayant; (*orribile*) affreux*: *uno spaventoso incidente*, un affreux accident; *una miseria spaventosa*, une misère effroyable **2** (*fam.*) (*straordinario*) extraordinaire, formidable.
spaziale [spa-zià-le] ***agg.*** spatial*.
spazialità [spa-zia-li-tà] ***n.f.invar.*** spatialité.
spaziare [spa-zià-re] ***v.intr.*** [aus. *avere*] planer; (*fig.*) embrasser (qqch) ♦ ***v.tr.*** (*tip.*) espacer*.
spaziatrice [spa-zia-trì-ce] ***n.f.*** (*di macchina per scrivere*) touche d'espacement.
spaziatura [spa-zia-tù-ra] ***n.f.*** espacement (*m.*) (*anche tip.*) (*m.*); écartement (*m.*).
spazientire [spa-zien-tì-re] ***v.tr.*** [coniug. come *finire*] énerver, agacer* ♦ **spazientirsi** ***v.pron.intr.*** s'impatienter.
spazientito [spa-zien-tì-to] ***agg.*** irrité.
spazio [spà-zio] ***n.m.*** [pl. *-zi*] **1** espace: *la conquista dello spazio*, la conquête de l'espace; *senza limiti di spazio e di tempo*, sans limitation d'espace et de temps **2** (*estensione limitata, posto*) place (*f.*): *in questa stanza c'è poco spazio*, dans cette pièce il y a peu de place; *per mancanza di spazio*, faute de place **3** (*estensione di tempo*) espace: *nello spazio di un mese*, en l'espace d'un mois; *in un breve spazio di tempo*, en un bref laps de temps **4** (*mus.*) (*intervallo*) espace **5** (*inform.*) espace **6** (*tip.*) espace.
● (*inform.*) ***spazio in memoria***, espace mémoire | (*astr.*) ***spazio interplanetario***, espace interplanétaire | ***spazio pubblicitario***, espace publicitaire | ***spazio pubblico***, domaine public | ***spazio vitale***, espace vital | (*inform.*) ***spazio vuoto***, blanc, espace vide.
spazioso [spa-zió-so] ***agg.*** spacieux* | *una fronte spaziosa*, un vaste, large front.
spazio-temporale [spà-zio-tem-po-rà-le] ***agg.*** [pl. *spazio-temporali*] spatio-temporel*.
spazzacamino [spaz-za-ca-mì-no] ***n.m.*** ramoneur.
spazzaneve [spaz-za-né-ve] ***n.m.invar.*** chasse-neige* | (*sci*) *fare lo spazzaneve*, descendre en chasse-neige.
spazzare [spaz-zà-re] ***v.tr.*** balayer*; (*fig.*) (*ripulire*) nettoyer*: *spazzare una stanza*, balayer une pièce | *era affamatissimo, ha spazzato via tutto*, (*fam.*) il avait très faim, il a tout bouffé.

spazzata [spaz-zà-ta] *n.f.* coup (*m.*) de balai.

spazzatrice [spaz-za-trì-ce] *n.f.* (*veicolo per pulire le strade*) balayeuse, arroseuse-balayeuse*.

spazzatura [spaz-za-tù-ra] *n.f.* **1** (*lo spazzare*) balayage (*m.*) **2** (*rifiuti*) ordures (*pl.*): *buttare nella spazzatura*, mettre aux ordures (*o* à la poubelle) | *è da buttare nella spazzatura*, (*fig.*) c'est à mettre au rebut.
● ***bidone della spazzatura***, poubelle | ***televisione spazzatura***, télé poubelle.

spazzino [spaz-zì-no] *n.m.* [f. *-a*] balayeur*.

spazzola [spàz-zo-la] *n.f.* **1** brosse: *spazzola per capelli*, brosse à cheveux; *spazzola per le scarpe*, brosse à souliers; *spazzola per abiti*, brosse à habits **2** (*elettr.*) balai (*m.*) **3** (*aut.*) (*di tergicristallo*) balai (*m.*) **4** (*spec. pl.*) (*mus.*) balai (*m.*).
● ***capelli a spazzola***, cheveux en brosse.

spazzolare [spaz-zo-là-re] *v.tr.* brosser ♦ **spazzolarsi** *v.pron. indiretto* se brosser: *spazzolarsi i capelli*, se brosser les cheveux.

spazzolata [spaz-zo-là-ta] *n.f.* coup (*m.*) de brosse.

spazzolino [spaz-zo-lì-no] *n.m.* brosse (*f.*): *spazzolino da unghie, da denti*, brosse à ongles, à dents.

spazzolone [spaz-zo-ló-ne] *n.m.* balai-brosse*.

speaker ['spiker] *n.m.* e *f.invar.* (*rad., tv*) speaker/rine, présentateur/trice.

speakerare [spike'rare] *v.tr.* **1** parler au micro **2** enregistrer (le commentaire d'un document filmé).

speakerato [spike'rato] *agg.* enregistré.

specchiarsi [spec-chiàr-si] *v.pron.intr.* **1** se regarder (dans une glace) **2** (*riflettersi*) se mirer.
● ***specchiarsi in qlcu***, (*fig.*) prendre qqn pour modèle.

specchiato [spec-chià-to] *agg.* (*fig.*) exemplaire.

specchiera [spec-chiè-ra] *n.f.* **1** glace **2** (*tavolino da toeletta*) coiffeuse.

specchietto [spec-chiét-to] *n.m.* **1** miroir **2** (*prospetto*) tableau*; (*schema*) schéma: *specchietto riassuntivo*, tableau récapitulatif.
● ***specchietto per le allodole***, (*anche fig.*) miroir aux alouettes | (*aut.*) ***specchietto retrovisivo***, rétroviseur, (*fam.*) rétro.

specchio [spèc-chio] *n.m.* [pl. *-chi*] **1** glace (*f.*); miroir (*anche fig.*): *guardarsi allo specchio*, se regarder dans la glace; *stare allo specchio*, rester devant la glace; *un mare liscio come uno specchio*, une mer d'huile **2** (*prospetto*) tableau* **3** (*vano di porta, di finestra*) embrasure (*f.*) | (*sport*) *lo specchio della porta*, le but.
● ***specchio d'acqua***, pièce d'eau | (*mar.*) ***specchio di poppa***, (della barca) tableau | ***specchio di virtù***, (*fig.*) miroir de toutes les vertus | ***specchio ustorio***, miroir ardent | ***armadio a specchio***, armoire à glace | ***a specchio dell'acqua***, au bord de l'eau | ***lo specchio dei tempi***, le reflet de son époque | ***occhiali a specchio***, lunettes miroir | ***pulito come uno specchio***, reluisant de propreté.

> NOTA **Specchio**: ***glace*** o ***miroir***?
> ***Glace*** indica uno specchio grande, ***miroir*** è termine più generico, usato anche in senso figurato:
> *Sopra il camino c'è un* ***grande specchio*** *ovale.*
> Au dessus de la cheminée il y a une **glace** ovale.
> *Ho perso lo* ***specchio*** *da borsetta.*
> J'ai perdu mon **miroir** de poche.
> *Gli occhi sono lo* ***specchio*** *dell'anima.*
> Les yeux sont le **miroir** de l'âme.

special [spè-cial] *n.m.invar.* (*rad., tv*) émission (*f.*) spéciale.

speciale [spe-cià-le] *agg.* **1** spécial*; (*particolare*) particulier*: *caso speciale*, cas spécial; *vino speciale*, vin qui sort de l'ordinaire; *meritare una menzione speciale*, mériter une mention particulière **2** (*dir.*) d'exception: *tribunale speciale*, tribunal d'exception.
● ***in modo speciale***, ***in special modo***, en particulier | ***niente di speciale***, rien de particulier, d'extraordinaire.

specialista [spe-cia-lì-sta] *n.m.* e *f.* spécialiste.

specialistico [spe-cia-lì-sti-co] *agg.* [pl.m. *-ci*, f. *-che*] de spécialiste; spécialisé.

specialità [spe-cia-li-tà] *n.f.invar.* spécialité: *le specialità dello sci*, les spécialités du ski; *negozio che vende specialità francesi*, magasin qui vend des spécialités françaises; *è un campione della specialità inseguimento*, il est champion de poursuite.
● ***specialità della casa***, spécialité de la maison | ***specialità farmaceutiche***, spécialités pharmaceutiques.

specializzare [spe-cia-liʒ-ʒà-re] *v.tr.* spécialiser ♦ **specializzarsi** *v.pron.intr.* se spécialiser.

specializzato [spe-cia-liʒ-ʒà-to] *agg.* spécialisé: *operaio specializzato*, ouvrier qualifié.

specializzazione [spe-cia-liʒ-ʒa-zió-ne] *n.f.* spécialisation.

specialmente [spe-cial-mén-te] *avv.* spécialement; (*soprattutto*) surtout.

specie [spè-cie] *n.f.invar.* **1** (*scient.*) espèce: *le specie animali*, les espèces animales **2** espèce; (*sorta*) sorte: *gente di ogni specie*, gens de toute sortes; *ebbe una specie di presentimento*, elle eut une espèce de pressentiment; *non voglio discutere con un uomo della sua specie*, (*spreg.*) je ne veux pas discuter avec un homme de son genre.
● ***della peggior specie***, de la pire espèce | ***fare specie***, étonner: *mi fa specie che non mi abbia ancora risposto*, cela m'étonne qu'il ne m'ait pas encore répondu | ***(in) specie***, en particulier; (*soprattutto*) surtout | ***sotto specie di***, sous forme de.

> FAUX AMI
> L'avverbio (*in*) *specie* non è da confondere con l'espressione francese *en espèces*, che significa *in contanti*.

specifica [spe-cì-fi-ca] *n.f.* [pl. *-che*] **1** (*comm.*) détail (*m.*), note détaillée **2** (*inform.*) spécification | *specifica di controllo*, ordre de contrôle.

specificamente [spe-ci-fi-ca-mén-te] *avv.* spécifiquement.

specificare [spe-ci-fi-cà-re] *v.tr.* [coniug. come *mancare*] spécifier, préciser.

specificatamente [spe-ci-fi-ca-ta-mén-te] *avv.* en détail.

specificato [spe-ci-fi-cà-to] *agg.* spécifié; (*circostanziato*) détaillé.

specificazione [spe-ci-fi-ca-zió-ne] *n.f.* (*dir.*) spécification.
● (*gramm.*) ***complemento di specificazione***, complément du nom.

specificità [spe-ci-fi-ci-tà] *n.f.invar.* spécificité.

specifico [spe-cì-fi-co] *agg.* [pl.m. *-ci*, f. *-che*] **1** spécifique **2** (*particolare*) particulier*; (*determinato*) déterminé | *nel caso specifico*, en ce cas particulier, en l'espèce **3** (*fis.*) spécifique: *peso specifico*, poids spécifique ♦ *n.m.* (*rimedio, farmaco*) spécifique.

specillo [spe-cìl-lo] *n.m.* (*med.*) stylet.

specimen [spè-ci-men] *n.m.invar.* spécimen.

S

speciosamente [spe-cio-sa-mén-te] *avv.* spécieusement.
speciosità [spe-cio-si-tà] *n.f.invar.* spéciosité.
specioso [spe-ció-so] *agg.* spécieux*.
specola [spè-co-la] *n.f.* (*astr.*) observatoire (*m.*).
specolo [spè-co-lo] *n.m.* (*med.*) spéculum.
speculare[1] [spe-cu-là-re] *v.intr.* [aus. *avere*] **1** spéculer **2** (*econ.*) spéculer: *speculare in Borsa*, spéculer à la Bourse ♦ *v.tr.* spéculer.
speculare[2] *agg.* spéculaire; (*estens.*) parfaitement symétrique: *le due immagini sono perfettamente speculari*, les deux images sont parfaitement spéculaires.
speculativo [spe-cu-la-tì-vo] *agg.* spéculatif*.
speculatore [spe-cu-la-tó-re] *n.m.* [f. *-trice*] spéculateur*.
speculazione [spe-cu-la-zió-ne] *n.f.* **1** spéculation; (*meditazione*) méditation **2** (*econ.*) spéculation: *speculazione edilizia*, spéculations immobilières.
speculum [spè-cu-lum] *n.m.invar.* → **specolo**.
spedire [spe-dì-re] *v.tr.* [coniug. come *finire*] **1** expédier, envoyer*: *spedire un pacco per posta*, expédier (*o* envoyer) un colis par la poste **2** (*mandare con premura*) envoyer: *spedirono un messaggero*, ils dépêchèrent un messager.
speditamente [spe-di-ta-mén-te] *avv.* rapidement; (*prontamente*) promptement; (*con facilità*) avec aisance: *parlare una lingua speditamente*, parler couramment (*o* avec aisance) une langue.
speditezza [spe-di-téz-za] *n.f.* célérité; (*prontezza*) promptitude.
spedito [spe-dì-to] *agg.* rapide; (*pronto*) prompt: *camminare con passo spedito*, marcher d'un pas rapide ♦ *avv.* vite, rapidement: *parlare spedito*, parler rapidement.
speditore [spe-di-tò-re] *n.f.* [f. *-trice*] expéditeur*.
spedizione [spe-di-zió-ne] *n.f.* **1** expédition, envoi (*m.*): *spedizione dei pacchi*, expédition des colis **2** (*scient.*) expédition.
● ***spedizione punitiva***, expédition punitive | ***spedizioni internazionali***, messageries internationales | ***agenzia di spedizioni***, entreprise de roulage | ***spese di spedizione***, frais de transport.
spedizioniere [spe-di-zio-niè-re] *n.m.* expéditionnaire; (*marittimo*) agent maritime.
S
spegnere [spè-gne-re] *v.tr.* [pres.indic. *io spengo, tu spegni* ecc.; p.rem. *io spensi, tu spegnesti* ecc.; p.p. *spento*] **1** éteindre*: *spegnere una candela*, éteindre une bougie; *spegnere il motore*, arrêter le moteur; *spegnere un incendio*, étouffer un incendie **2** (*fig.*) (*smorzare*) étouffer: *spegnere l'entusiasmo di qlcu*, refroidir l'enthousiasme de qqn | *spegnere la sete*, apaiser la soif ♦ **spegnersi** *v.pron.intr.* s'éteindre* (*anche fig.*).
spegnimento [spe-gni-mén-to] *n.m.* extinction (*f.*).
spegnitoio [spe-gni-tó-io] *n.m.* [pl. *-oi*] éteignoir.
spelacchiare [spe-lac-chià-re] *v.tr.* peler* ♦ **spelacchiarsi** *v.pron.intr.* perdre* son poil.
spelacchiato [spe-lac-chià-to] *agg.* pelé: *cane spelacchiato*, chien pelé; *tappeto spelacchiato*, tapis élimé.
spelare [spe-là-re] *v.tr.* peler* ♦ **spelarsi** *v.pron.intr.* perdre* son poil.
speleo- *pref.* spéléo-.
speleologia [spe-le-o-lo-gì-a] *n.f.* spéléologie.
speleologo [spe-le-ò-lo-go] *n.m.* [f. *-a*; pl.m. *-gi*, f. *-ghe*] spéléologue.
spellare [spel-là-re] *v.tr.* **1** écorcher **2** (*fig. scherz.*) (*derubare*) plumer ♦ **spellarsi** *v.pron.* s'écorcher; (*al sole*) peler*.
spellatura [spel-la-tù-ra] *n.f.* **1** (*lo spellare*) écorchement (*m.*) **2** (*abrasione*) écorchure.
spelling ['spɛlliŋg] *n.m.invar.* épellation (*f.*): *fare lo spelling*, épeler.
spelonca [spe-lón-ca] *n.f.* [pl. *-che*] **1** (*grotta*) caverne **2** (*fig.*) (*tugurio*) taudis (*m.*).
spendaccione [spen-dac-ció-ne] *agg.* e *n.m.* [f. *-a*] dépensier*.
spendere [spèn-de-re] *v.tr.* [coniug. come *prendere*] **1** dépenser (*anche fig.*): *quanto hai speso?*, combien as-tu dépensé?; *spendere un patrimonio*, dépenser une fortune; *senza spendere un soldo*, sans bourse délier; *non fa che spendere*, il a l'argent facile **2** (*fig.*) (*impiegare, trascorrere*) employer*, passer; (*sprecare*) gaspiller: *spendere bene, male il proprio tempo*, bien, mal employer son temps; *spendere la propria giovinezza sui libri*, passer sa jeunesse sur les livres.
● ***spendere e spandere***, (*fig.*) jeter l'argent par les fenêtres | ***spendere una (buona) parola in favore di qlcu, per qlcu***, dire un mot en faveur de qqn | (*prov.*) ***chi più spende meno spende***, le bon marché coûte cher.
spendereccio [spen-de-réc-cio] *agg.* [pl.m. *-ci*, f. *-ce*] dépensier*.
spendibile [spen-dì-bi-le] *agg.* dépensable.
spengo → **spegnere**.
spennacchiare [spen-nac-chià-re] *v.tr.* déplumer; plumer (*anche fig.*) ♦ **spennacchiarsi** *v.pron.intr.* se déplumer.
spennacchiato [spen-nac-chià-to] *agg.* déplumé.
spennare [spen-nà-re] *v.tr.* plumer (*anche fig.*) ♦ **spennarsi** *v.pron.intr.* se déplumer.
spennellare [spen-nel-là-re] *v.tr.* badigeonner (*anche fig.*).
spensi → **spegnere**.
spensierataggine [spen-sie-ra-tàg-gi-ne] *n.f.* (*spensieratezza*) insouciance; (*leggerezza*) étourderie.
spensieratamente [spen-sie-ra-ta-mén-te] *avv.* (*senza preoccupazioni*) sans souci; (*con spensieratezza*) avec insouciance.
spensieratezza [spen-sie-ra-téz-za] *n.f.* insouciance.
spensierato [spen-sie-rà-to] *agg.* insouciant, sans-souci*.
spento [spèn-to *o* spénto] *agg.* éteint (*anche fig.*): *a luci spente, a fari spenti*, tous feux éteints; *uno sguardo spento*, un regard terne; *a motore spento*, le moteur arrêté.
spenzolare [spen-ʒo-là-re] *v.tr.* laisser pendre ♦ *v.intr.* [aus. *avere*] pendre* ♦ **spenzolarsi** *v.pron.* se pencher.
spenzoloni [spen-zo-ló-ni] *avv.* → **penzoloni, (a)**.
sperabile [spe-rà-bi-le] *agg.* souhaitable.
speranza [spe-ràn-za] *n.f.* **1** (*il fatto di sperare*) espoir (*m.*); (*il sentimento di chi spera*) espérance: *avere, nutrire una speranza*, nourrir un espoir; *avere una mezza speranza*, avoir un petit espoir; *non ho speranza di riuscire*, je n'espère pas réussir; *ho buone speranze*, j'ai bon espoir; *ci sono speranze che si salvi?*, est-ce qu'il y a un espoir de le sauver?; *ci sono speranze che venga?*, est-ce qu'il y a des chances qu'il vienne?; *oltre ogni speranza*, au-delà de toute espérance; *nella, con la speranza di* (*o che*), dans, avec l'espoir de (*o* que); *oltre ogni speranza*, au-delà de toute espérance | *cullarsi in vane speranze*, se bercer d'illusions **2** (*fil., teol.*) espérance.

● (*stat.*) ***speranza di vita***, espérance de vie | ***di belle speranze***, qui promet: *giovane di belle speranze*, jeune homme qui promet | (*prov.*) ***finché c'è vita c'è speranza***, tant qu'il y a de la vie, il y a de l'espoir | (*prov.*) ***la speranza è l'ultima a morire***, l'espérance ne meurt jamais.

speranzosamente [spe-ran-zo-sa-mén-te] ***avv.*** avec espoir.

speranzoso [spe-ran-zó-so] ***agg.*** plein d'espoir.

sperare [spe-rà-re] ***v.tr.*** espérer*: *spera di riuscire*, il espère réussir; *spero che venga*, j'espère qu'il viendra (*o* qu'il vient); *speravo che venisse*, j'espérais qu'il viendrait; *non spero che venga*, je n'espère pas qu'il vienne; *non speravo che venisse*, je n'espérais pas qu'il vînt; *non speravo che sarebbe venuto*, je n'espérais pas qu'il viendrait; *gliel'hai detto, spero*, tu le lui as dit, j'espère | *sperando di, che*, dans l'espoir de, que ♦ ***v.intr.*** [aus. *avere*] espérer*: *sperare in Dio*, espérer en Dieu; *sperare nel futuro*, espérer en l'avenir.

● ***ci spero poco***, j'y compte peu | ***speriamo in bene!***, espérons que tout ira bien! | ***spero di sì, di no***, j'espère que oui, que non | ***voglio sperarlo***, (***lo***) ***spero bene***, je l'espère bien.

NOTA ***Sperare*** si traduce ***espérer***, che alla forma affermativa regge l'indicativo presente o futuro, quando esprime un'idea di futuro:

Spero che tu ***abbia*** *capito bene.*
J'espère que tu **as** bien compris.

Spero che mi ***aiuti****.*
J'espère qu'il **m'aidera**.

Se l'idea di futuro è espressa a un tempo passato, sia alla forma affermativa che negativa, il verbo che segue *espérer* sarà al condizionale:

Speravo che lo ***dicesse****.*
J'espérais qu'il le **dirait**.

Non speravo che lo ***avrebbe detto****.*
Je n'espérais pas qu'il le **dirait**.

Quando *espérer* è usato alla forma negativa, dubitativa (cioè preceduto da ***si***, 'se') e quando si vuole sottolineare un dubbio, il verbo che segue è al congiuntivo:

Non *spero più che* ***venga****.*
Je **n**'espère plus qu'il **vienne**.

Se *speri che me ne* ***vada****...*
Si tu espères que je m'en **aille**...

Non *speravo più che* ***venisse****.*
Je **n'**espérais plus qu'il **vînt**.

Nella lingua attuale l'infinito che segue *espérer* non è preceduto da preposizione:

Sporo ***di aver*** *capito bene.*
J'espère **avoir** bien compris.

sperdersi [spèr-der-si] ***v.pron.intr.*** [coniug. come *perdere*] s'égarer, se perdre* (*anche fig.*).

sperduto [sper-dù-to] ***agg.*** **1** perdu: *un paesino sperduto tra le montagne*, un petit village perdu dans les montagnes **2** (*fig.*) (*spaesato*) perdu, dépaysé: *si sentiva sperduto*, il se sentait perdu.

sperequato [spe-re-quà-to] ***agg.*** **1** inégalement réparti **2** (*ingiusto*) inéquitable.

sperequazione [spe-re-qua-zió-ne] ***n.f.*** **1** (*squilibrio*) disproportion **2** (*mancanza di uniformità*) inégalité (dans la répartition), répartition inéquitable.

spergiurare [sper-giu-rà-re] ***v.intr.*** [aus. *avere*] **1** se parjurer **2** (*giurare solennemente*) jurer.

spergiuro [sper-giù-ro] ***agg.*** parjure ♦ ***n.m.*** [f. *-a*] (*persona*) parjure ♦ ***n.m.*** (*falso giuramento*) parjure.

spericolato [spe-ri-co-là-to] ***agg.*** e ***n.m.*** [f. *-a*] téméraire; (*fam.*) casse-cou*.

sperimentale [spe-ri-men-tà-le] ***agg.*** expérimental*; (*d'avanguardia*) d'avant-garde.

sperimentalmente [spe-ri-men-tal-mén-te] ***avv.*** expérimentalement.

sperimentare [spe-ri-men-tà-re] ***v.tr.*** **1** expérimenter **2** (*fig.*) (*mettere alla prova*) mettre* à l'épreuve **3** (*fig.*) (*provare*) faire* l'expérience (**de**) ♦ **sperimentarsi** ***v.pron.*** se risquer, se lancer*.

sperimentato [spe-ri-men-tà-to] ***agg.*** expérimenté.

sperimentatore [spe-ri-men-ta-tó-re] ***n.m.*** [f. *-trice*] expérimentateur*.

sperimentazione [spe-ri-men-ta-zió-ne] ***n.f.*** expérimentation.

sperma [spèr-ma] ***n.m.*** (*biol.*) sperme.

spermatozoo [sper-ma-to-ʒò-o] ***n.m.*** (*biol.*) spermatozoïde.

spermicida [sper-mi-cì-da] ***agg.*** e ***n.m.*** spermicide.

speronamento [spe-ro-na-mén-to] ***n.m.*** (*mar.*) éperonnement.

speronare [spe-ro-nà-re] ***v.tr.*** **1** (*di nave*) éperonner **2** (*di veicolo*) rentrer dedans, tamponner.

sperone [spe-ró-ne] ***n.m.*** éperon: *lo sperone del gallo*, l'éperon du coq; *lo sperone di una montagna*, l'éperon d'une montagne.

● (*bot.*) ***sperone di cavaliere***, pied-d'alouette.

speronella [spe-ro-nèl-la] ***n.f.*** (*bot.*) pied-d'alouette (*m.*).

sperperare [sper-pe-rà-re] ***v.tr.*** gaspiller.

sperpero [spèr-pe-ro] ***n.m.*** gaspillage, gâchis.

sperso [spèr-so] ***agg.*** → **sperduto**.

spersonalizzare [sper-so-na-liʒ-ʒà-re] ***v.tr.*** dépersonnaliser ♦ **spersonalizzarsi** ***v.pron.intr.*** se dépersonnaliser.

spersonalizzazione [sper-so-na-liʒ-ʒa-zió-ne] ***n.f.*** dépersonnalisation.

sperticarsi [sper-ti-càr-si] ***v.pron.intr.*** [coniug. come *mancare*] se confondre* (**en**): *sperticarsi in complimenti, in elogi*, se confondre en compliments, en éloges.

sperticato [sper-ti-cà-to] ***agg.*** démesuré; (*fig.*) excessif* | *lodi sperticate*, des éloges outrés, dithyrambiques.

spesa [spé-sa] ***n.f.*** **1** frais (*m.pl.*), dépense; (*costo*) coût (*m.*): *far fronte a una spesa*, faire face à une dépense; *dividere la spesa, le spese*, partager les frais, les dépenses; *la spesa è minima*, le coût est minime; *la spesa si aggira intorno ai venti euro*, cela coûte sur les vingt euros; *non superare la spesa prevista*, ne pas dépasser le budget prévu; *con grandi spese*, à grands frais; *con minor spesa*, à moindre frais; *con poca spesa*, à peu de frais; *dedotte le spese*, tous frais déduits; *pagare l'affitto e le spese*, payer le loyer et les charges | *rimetterci le spese*, en être pour ses frais | *tirare sulle spese*, réduire les dépenses | (*amm.*) *pagare le spese a qlcu*, défrayer qqn **2** (*acquisto*) achat (*m.*): *fare una buona, una cattiva spesa*, faire un bon, un mauvais achat **3** (*compera*) courses (*pl.*): *fare la spesa*, faire ses courses (*o* son marché); *la lista della spesa*, la liste des courses; *è tornata a casa con la spesa*, elle est rentrée chez elle avec les courses | (*andare a*) *fare spese*, (aller) faire les magasins.

● ***spesa pubblica***, dépenses publiques | ***spese condominiali***, prestations de copropriété | ***spese di bollo***, frais de timbre | ***spese di guerra***, dépenses militaires | ***spese di trasporto***, frais de transport | ***spese di viaggio, di rappresen-***

S

tanza, frais de déplacement, de représentation | ***spese pagate***, (*di una missione di lavoro*) frais compris | (*dir.*) ***spese processuali***, frais de justice | ***spese vive***, frais d'installation | ***a spese di***, aux frais de; (*anche fig.*) aux dépens de: *a mie, a tue spese*, à mes, à tes frais; *a spese dello Stato*, aux frais de l'État; *vive a spese del fratello*, il vit aux crochets de son frère; *imparare a proprie spese*, apprendre à ses dépens; *ottenere qlco a spese della propria dignità*, obtenir qqch au prix de sa dignité | ***comprese (tutte) le spese***, tous frais compris | ***escluse le spese di***, frais de... à part | ***farne le spese***, (*fig.*) payer les pot cassés: *sono io che ne ho fatto le spese*, c'est moi qui ai payé les pots cassés | ***non vale la spesa!***, (*fig.*) cela ne vaut pas la peine! | ***stare sulle spese***, être à ses frais.

spesare [spe-sà-re] *v.tr.* défrayer*.

spesato [spe-sà-to] *agg.* défrayé: *è spesato dalla ditta*, son entreprise lui rembourse ses frais.

spesi → spendere.

spesso [spés-so] *agg.* épais*; (*folto*) touffu: *un muro spesso un metro*, un mur d'un mètre d'épaisseur ♦ *avv.* souvent.

● ***spesso e volentieri***, bien souvent | ***spesse volte***, souvent.

NOTA Per indicare lo spessore di una cosa si usa l'aggettivo ***épais de*** seguito dal numerale oppure si fa seguire al numerale ***d'épaisseur***.

uno strato di sabbia ***spesso*** *due metri*
une couche de sable **epaisse de** deux mètres (*o* de deux metres **d'épaisseur**).

Nei tempi composti, ***souvent***, traduzione dell'avverbio ***spesso***, va posto tra l'ausiliare e il participio passato:

Gli ho parlato ***spesso*** *di te.*
Je lui ai **souvent** parlé de toi.

spessore [spes-só-re] *n.m.* épaisseur (*f.*): *la parete ha uno spessore di dieci centimetri*, le mur a dix centimètres d'épaisseur.

spettabile [spet-tà-bi-le] *agg.*

● (*comm.*): ***Spettabile Ditta***, (*nell'indirizzo*) Société, (*come inizio di lettera*) Messieurs: *la vostra spettabile ditta*, votre Maison; ***i nostri spettabili clienti***, nos clients.

spettacolare [spet-ta-co-là-re] *agg.* spectaculaire; (*estens.*) sensationnel*.

spettacolarità [spet-ta-co-la-ri-tà] *n.f.invar.* caractère (*m.*) spectaculaire.

S

spettacolarizzare [spet-ta-co-la-riʒ-ʒà-re] *v.tr.* transformer en spectacle.

spettacolarizzazione [spet-ta-co-la-riʒ-ʒa-zió-ne] *n.f.* transformation en spectacle.

spettacolo [spet-tà-co-lo] *n.m.* spectacle; (*teatrale*) représentation (*f.*); (*cinematografico*) séance (*f.*) (de cinéma): *la compagnia darà due spettacoli*, la troupe donnera deux représentations; *uscire prima della fine dello spettacolo*, sortir avant la fin du spectacle | *industria dello spettacolo*, industrie du spectacle, show-business; (*fam.*) showbiz.

● ***spettacolo di gala***, gala | ***spettacolo pomeridiano***, matinée | ***dare spettacolo di***, faire montre de: *dare spettacolo (di sé)*, se donner en spectacle; *dare spettacolo della propria bravura*, faire montre de son habileté | ***primo, ultimo spettacolo***, (*al cinema*) première, dernière séance.

spettacoloso [spet-ta-co-ló-so] *agg.* spectaculaire.

spettante [spet-tàn-te] *agg.* (*dovuto*) qui revient de droit, dû*; du ressort (**de**).

spettanza [spet-tàn-za] *n.f.* **1** (*competenza*) ressort: *non è di mia spettanza*, cela n'est pas de mon ressort **2** (*onorario*) honoraires (*m.pl.*).

spettare [spet-tà-re] *v.intr.* **1** revenir*: *mi spetta per legge, di diritto*, cela me revient de droit; *la prima fetta spetta a te*, la première tranche te revient de droit **2** (*toccare, stare*) être*; (*essere compito di*) appartenir*: *spetta a lui farlo*, c'est à lui de le faire; *non spetta a voi intervenire*, il ne vous appartient pas d'intervenir **3** (*essere di competenza di*) être* du ressort (**de**), être* de la compétence (**de**): *spetta al Consiglio di Stato*, c'est du ressort du Conseil d'État.

spettatore [spet-ta-tó-re] *n.m.* [f. *-trice*] spectateur*.

spettegolare [spet-te-go-là-re] *v.intr.* [aus. *avere*] potiner.

spettinare [spet-ti-nà-re] *v.tr.* décoiffer ♦ **spettinarsi** *v.pron.intr.* se décoiffer.

spettinato [spet-ti-nà-to] *agg.* décoiffé.

spettrale [spet-trà-le] *agg.* spectral*.

spettro [spèt-tro] *n.m.* **1** spectre: *lo spettro della guerra*, le spectre de la guerre | *sembra uno spettro*, (*fam.*) il est l'ombre de lui-même **2** (*scient.*) spectre.

● (*fis.*) ***spettro acustico***, spectre sonore (*o* acoustique) | (*med.*) ***ad ampio spettro***, (*di antibiotico*) à spectre large.

spettrografia [spet-tro-gra-fì-a] *n.f.* (*fis.*) spectrographie.

spettrometria [spet-tro-me-trì-a] *n.f.* (*fis.*) spectrométrie.

spettroscopia [spet-tro-sco-pì-a] *n.f.* (*fis.*) spectroscopie.

spettroscopico [spet-tro-scò-pi-co] *agg.* [pl.m. *-ci*, f. *-che*] (*fis.*) spectroscopique.

spettroscopio [spet-tro-scò-pio] *n.m.* [pl. *-pi*] (*fis.*) spectroscope.

speziale [spe-zià-le] *n.m.* (*antiq.*) **1** (*venditore di spezie*) épicier **2** (*farmacista*) apothicaire.

FAUX AMI
Da non confondere con l'aggettivo *spécial*, che significa *speciale*.

speziato [spe-zià-to] *agg.* épicé.

spezie [spè-zie] *n.f.pl.* épices.

spezzare [spez-zà-re] *v.tr.* **1** rompre*; casser; (*in minuti frammenti*) briser (*anche fig.*): *spezzare il pane*, rompre le pain; *spezzare un ramo*, casser une branche; *spezzare le ossa a qlcu*, briser les reins à qqn; *spezzare il cuore a qlcu*, briser le cœur de qqn; *spezzare le catene*, rompre ses chaînes | *una salita che spezza le gambe*, une montée qui coupe les jambes **2** (*fig.*) (*interrompere*) couper: *spezzare un viaggio in due tappe*, couper un voyage en deux étapes; *spezzare la monotonia*, rompre la monotonie | *spezzare una frase*, diviser une phrase ♦ **spezzarsi** *v.pron.intr.* se casser: *la corda si spezzò*, la corde se cassa | *mi si spezza il cuore*, j'ai le cœur en miettes ♦ *v.pron. indiretto* se casser: *spezzarsi un braccio*, se casser un bras.

● ***si spezza, ma non si piega***, (*fig.*) il ne fera jamais de concessions.

spezzatino [spez-za-ti-no] *n.m.* **1** (*cuc.*) ragoût **2** (*carne tagliata a pezzi*) viande (*f.*) coupée en morceaux: *un chilo di spezzatino di vitello*, un kilo de veau en morceaux.

spezzato [spez-zà-to] *agg.* cassé; (*in minuti frammenti*) brisé (*anche fig.*): *una vita spezzata*, une vie brisée | *un orario spezzato*, (*fam.*) un horaire à trous ♦ *n.m.* (*abbigl.*) costume sport; (*da donna*) deux-pièces.

● (*mat.*) ***linea spezzata***, ligne brisée.

spezzettamento [spez-zet-ta-mén-to] *n.m.* débitage; (*frazionamento*) morcellement.

spezzettare [spez-zet-tà-re] *v.tr.* débiter; (*frazionare*) morceler*: *spezzettare il discorso*, (*fig.*) parler d'une façon discontinue.

spezzino [spez-zì-no] *agg.* de La Spezia.

spezzone [spez-zó-ne] *n.m.* **1** (*mil.*) grenade (*f.*) **2** (*cine.*) morceau* de pellicule.

spia [spì-a] *n.f.* **1** espion* (*m.*); (*della polizia*) indicateur* (*m.*), (*fam.*) indic; (*a scuola*) rapporteur* (*m.*): *fare la spia*, espionner; *fare la spia di qlco a qlcu*, rapporter qqch à qqn **2** (*fig.*) (*indizio*) indice (*m.*): *il suo modo di fare è una spia del suo cattivo carattere*, sa façon d'agir est un indice de son mauvais caractère **3** (*dispositivo di controllo*) voyant (*m.*): *la spia della benzina*, le voyant d'essence **4** (*apertura*) œil* (*m.*); (*in una porta*) judas (*m.*) ♦ *agg.invar.* *satellite, nave spia*, satellite, navire espion.
● (*mecc.*) ***spia*** (***luminosa***), voyant lumineux, lampe témoin.

spiaccicare [spiac-ci-cà-re] *v.tr.* [coniug. come *mancare*] écraser ♦ **spiaccicarsi** *v.pron.intr.* s'écraser.

spiacente [spia-cèn-te] *agg.* désolé: *essere spiacente*, (être) désolé, regretter; *spiacente, non c'è niente da fare*, (je suis) désolé, il n'y a rien à faire.

spiacere [spia-cé-re] *v.intr.* [coniug. come *piacere*; aus. *essere*] **1** (*essere spiacente*) regretter: *mi spiace di dover rifiutare*, je regrette de devoir refuser; *ci spiace che non possiate venire*, nous regrettons que vous ne puissiez (pas) venir; *mi spiace*, je suis désolé (*o* je regrette) **2** (*in espressioni di cortesia*) ennuyer*; (*disturbare*) déranger*: *se non ti spiace*, si cela ne t'ennuie pas; *ti spiacerebbe chiudere la porta?*, est-ce que cela t'ennuie (*o* te dérange) de fermer la porte? **3** (*non piacere*) déplaire*; (*far dispiacere*) être* désolant: *il suo modo di fare spiace a tutti*, sa façon d'agir déplaît à tout le monde; *spiace vedere tanta incomprensione*, il est désolant de voir tant d'incompréhension ♦ **spiacersi** *v.pron.intr.* regretter (**qqch**): *si è molto spiaciuto del vostro ritardo*, il a beaucoup regretté votre retard; *si è molto spiaciuto di non avervi visto*, il a beaucoup regretté de ne pas vous avoir vu.

spiacevole [spia-cé-vo-le] *agg.* **1** (*che dà dispiacere*) fâcheux* **2** (*sgradevole, sgradito*) désagréable; (*increscioso*) déplaisant.

spiacevolmente [spia-ce-vol-mén-te] *avv.* désagréablement.

spiaggia [spiàg-gia] *n.f.* [pl. *-ge*] plage; (*riva*) rivage (*m.*): *andare in spiaggia*, aller à la plage; *lungo la spiaggia*, au bord de la mer.
● ***spiaggia libera***, plage publique | ***l'ultima spiaggia***, (*fig.*) la dernière chance.

spiaggiare [spiag-già-re] *v.tr.* [coniug. come *mangiare*; aus. *avere*] s'échouer ♦ **spiaggiarsi** *v.pron.* s'échouer.

spianare [spia-nà-re] *v.tr.* **1** aplanir (*anche fig.*); niveler*: *spianare le cuciture*, *le pieghe di un abito*, rabattre les coutures, les plis d'une robe; *spianare la fronte*, se dérider | *spianare la pasta*, étendre la pâte | *spianare il fucile, la pistola contro qlcu*, coucher qqn en joue, braquer son revolver sur qqn **2** (*demolire*) raser.
● ***spianare il terreno, la strada a qlcu***, (*fig.*) aplanir le chemin à qqn.

spianata [spia-nà-ta] *n.f.* **1** (*spiazzo*) emplacement (*m.*); (*davanti a un edificio*) esplanade; (*radura*) clairière **2** aplanissement (*m.*), nivellement (*m.*): *dare una spianata al terreno*, aplanir, niveler le terrain; *dare una spianata alle cuciture*, rabattre les coutures | *dare una spianata alla pasta*, étaler la pâte.

spianato [spia-nà-to] *agg.* nivelé: *un terreno spianato*, un terrain nivelé | *la fronte spianata*, (*fig.*) le front serein | *con il fucile spianato*, le fusil en joue.

spianatoia [spia-na-tó-ia] *n.f.* planche (à pâtisserie), pâtissoire.

spianatoio [spia-na-tó-io] *n.m.* [pl. *-oi*] rouleau*.

spiano [spià-no] *n.m.*
● ***correre a tutto spiano***, courir à toute vitesse | ***lavorare a tutto spiano***, (*al massimo*) travailler à plein rendement, (*ininterrottamente*) sans relâche | ***spendere a tutto spiano***, dépenser sans compter.

spiantare [spian-tà-re] *v.tr.* **1** arracher **2** (*fig.*) (*mandare in rovina*) ruiner.

spiantato [spian-tà-to] *agg.* e *n.m.* [f. *-a*] (*fig. fam.*) fauché, sans-le-sou*.

spiare [spi-à-re] *v.tr.* **1** épier; (*stando in agguato*) guetter **2** (*sorvegliare*) surveiller: *la polizia lo spiava da una settimana*, la police le surveillait depuis une semaine; *far spiare qlcu*, faire surveiller qqn **3** (*fig.*) (*attendere con ansia*) guetter: *spiare il momento buono*, guetter le bon moment.

spiata [spi-à-ta] *n.f.* délation; (*fam.*) mouchardage (*m.*).

spiattellare [spiat-tel-là-re] *v.tr.* **1** (*riferire, raccontare*) rapporter **2** (*dire chiaramente*) dire* carrément **3** (*mettere dinanzi*) mettre* sous les yeux.

spiazzamento [spiaz-za-mén-to] *n.m.* **1** (*sport*) feinte (*f.*) **2** (*fig.*) désorientation (*f.*).

spiazzare [spiaz-zà-re] *v.tr.* **1** (*sport*) feinter **2** (*fig.*) désorienter.

spiazzato [spiaz-zà-to] *agg.* **1** (*sport*) *hors de position **2** (*fig.*) désorienté.

spiazzo [spiàz-zo] *n.m.* emplacement; (*davanti a un edificio*) esplanade (*f.*); (*radura*) clairière (*f.*).

spiccare [spic-cà-re] *v.tr.* [coniug. come *mancare*] détacher; (*un frutto, un fiore*) cueillir* | *spiccare la testa a qlcu*, trancher la tête à qqn | *spiccare le parole*, bien détacher (*o* articuler) les mots | *spiccare un balzo*, faire un bond | *spiccare il volo*, s'envoler; (*fig.*) prendre son vol | (*dir.*): *spiccare un mandato di cattura*, lancer un mandat d'amener; *spiccare un mandato di perquisizione*, émettre un mandat de perquisition | (*banca*) *spiccare una cambiale*, tirer une lettre de change ♦ *v.intr.* [aus. *avere*] ressortir; (*fig.*) se distinguer | *il rosso è un colore che spicca*, le rouge est une couleur qui tranche.

spiccatamente [spic-ca-ta-mén-te] *avv.* **1** (*tipicamente*) typiquement **2** (*distintamente*) distinctement.

spiccato [spic-cà-to] *agg.* **1** (*staccato*) détaché; (*di frutto, di fiore*) cueilli **2** (*pronunciato*) prononcé, marqué **3** (*nitido*) net*; (*chiaro*) clair; (*di parole*) bien articulé.

spicchio [spìc-chio] *n.m.* [pl. *-chi*] quartier; (*di aglio*) gousse (*f.*); (*di torta ecc.*) tranche (*f.*) | *spicchio di luna*, croissant de lune.
● (*mat.*) ***spicchio sferico***, secteur sphérique | ***a spicchi***, en quartiers | (*abbigl.*) ***gonna a spicchi***, jupe à lés.

spicciare [spic-cià-re] *v.tr.* [coniug. come *cominciare*] **1** (*sbrigare*) expédier **2** (*sgombrare*) débarrasser ♦ **spicciarsi** *v.pron.intr.* se dépêcher; (*fam.*) se grouiller.

spiccicare [spic-ci-cà-re] *v.tr.* [coniug. come *mancare*] décoller | *spiccicare una parola*, (*fig.*) articuler un mot | *non riesco a spiccicarmelo di torno*, (*fig.*) je n'arrive pas à m'en débarrasser ♦ **spiccicarsi** *v.pron.* e *pron.intr.* **1**

S

se décoller **2** (*fig.*) (*liberarsi di una persona noiosa*) se débarrasser; (*tirarsi fuori da un impiccio*) se tirer.

spiccicato [spic-ci-cà-to] ***agg.*** (*region.*) tout craché: *è suo padre spiccicato*, c'est son père tout craché.

spiccio [spìc-cio] ***agg.*** [pl.m. *-ci*, f. *-ce*] expéditif* | *sarà una cosa spiccia*, ce sera vite fait ♦ ***n.m.*** (*solo pl.*) monnaie (*f. sing.*).
● ***andare per le spicce***, ne pas y aller par quatre chemins | ***denaro spiccio***, menue monnaie.

spicciolata, alla [àl-la spic-cio-là-ta] ***avv.*** par petits groupes.

spicciolo [spìc-cio-lo] ***agg.*** **1** en monnaie | *moneta spicciola*, (petite) monnaie **2** (*fam.*) à bon marché ♦ ***n.m.*** (*spec. pl.*) monnaie (*f.*).

spicco [spìc-co] ***n.m.*** [pl. *-chi*].
● ***fare spicco***, (*risaltare*) se remarquer, se détacher; (*distinguersi*) se distinguer | ***di spicco***, important; (*che si distingue*) qui se distingue.

spider ['spaider] ***n.m.*** o ***f.invar.*** cabriolet ♦ ***n.m.invar.*** (*inform.*) spider.

spidocchiare [spi-doc-chià-re] ***v.tr.*** épouiller ♦ **spidocchiarsi** ***v.pron.*** s'épouiller.

spiedino [spie-dì-no] ***n.m.*** brochette (*f.*).

spiedo [spiè-do] ***n.m.*** broche (*f.*) | *mettere sullo, allo spiedo*, embrocher | *levare dallo spiedo*, débrocher.
● ***allo spiedo***, à la broche.

spiegabile [spie-gà-bi-le] ***agg.*** explicable.

spiegamento [spie-ga-mén-to] ***n.m.*** déploiement.

spiegare [spie-gà-re] ***v.tr.*** [coniug. come *legare*] **1** expliquer **2** (*svolgere*) déplier; (*stendere, allargare*) déployer*; (*srotolare*) dérouler: *spiegare le vele*, déployer les voiles; *spiegare le ali*, déployer les ailes | *spiegare il volo*, s'envoler | *spiegare la voce*, (*fig.*) déployer sa voix **3** (*schierare*) déployer* ♦ **spiegarsi** ***v.pron.*** s'expliquer | *mi sono spiegato?*, tu as compris? | *non so se mi spiego*, tu vois, vous voyez ce que je veux dire | *si spiega da sé*, il ne faut pas chercher ailleurs l'explication | *ora mi spiego perché*, maintenant je comprends pourquoi ♦ ***v.pron. intr.*** (*stendersi*) se déployer* ♦ ***v.pron.rec.*** s'expliquer.

spiegato [spie-gà-to] ***agg.*** **1** expliqué **2** (*svolto*) déplié; (*steso, allargato*) déployé; (*srotolato*) déroulé: *bandiere spiegate al vento*, drapeaux déployés au vent.
● ***a voce spiegata***, à gorge déployée | ***procedere a vele spiegate***, (*fig.*) avancer toutes voiles dehors.

S

spiegazione [spie-ga-zió-ne] ***n.f.*** explication: *chiedere spiegazioni*, demander des explications; (*giustificazione*) demander raison.

spiegazzamento [spie-gaz-za-mén-to] ***n.m.*** froissement, chiffonnement.

spiegazzare [spie-gaz-zà-re] ***v.tr.*** froisser, chiffonner.

spiegazzato [spie-gaz-zà-to] ***agg.*** froissé, chiffonné.

spietatamente [spie-ta-ta-mén-te] ***avv.*** sans pitié, impitoyablement.

spietatezza [spie-ta-téz-za] ***n.f.*** cruauté.

spietato [spie-tà-to] ***agg.*** impitoyable | *concorrenza spietata*, concurrence acharnée | *corte spietata*, cour pressante.

spifferare [spif-fe-rà-re] ***v.tr.*** (*fam.*) rapporter, colporter ♦ ***v.intr.*** [aus. *avere*] (*di aria, di vento*) s'infiltrer, souffler.
● ***spifferare ai quattro venti***, crier sur les toits.

spiffero [spìf-fe-ro] ***n.m.*** (*fam.*) vent coulis.

spiga [spì-ga] ***n.f.*** [pl. *-ghe*] épi (*m.*).
● ***a spiga***, en épi.

spigato [spi-gà-to] ***agg.*** à chevrons.
● (*tessuto*) ***spigato***, chevron.

spighetta [spi-ghét-ta] ***n.f.*** (*cucito*) extra-fort* (*m.*); (*per guarnizioni*) point (*m.*) d'épine.

spigliatamente [spi-glia-ta-mén-te] ***avv.*** avec (une parfaite) aisance.

spigliatezza [spi-glia-téz-za] ***n.f.*** aisance | *rispondere con spigliatezza*, répondre sans embarras.

spigliato [spi-glià-to] ***agg.*** dégagé, plein d'aisance; (*disinvolto*) désinvolte | *ha dei modi spigliati*, il est sans gêne.

spignattare [spi-gnat-tà-re] ***v.intr.*** [aus. *avere*] (*fam.*) passer son temps devant les fourneaux.

spignorare [spi-gno-rà-re] ***v.tr.*** **1** (*svincolare*) libérer* **2** (*riscattare*) dégager*.

spigo [spì-go] ***n.m.*** [pl. *-ghi*] (*bot. pop.*) aspic.

spigola [spì-go-la] ***n.f.*** (*zool.*) loup (*m.*) de mer.

spigolare[1] [spi-go-là-re] ***v.tr.*** glaner (*anche fig.*).

spigolare[2] ***v.intr.*** [aus. *avere*] (*con gli sci*) se mettre* sur les carres.

spigolatore [spi-go-la-tó-re] ***n.m.*** [f. *-trice*] glaneur*.

spigolatura [spi-go-la-tù-ra] ***n.f.*** **1** glanage (*m.*) **2** (*pl.*) (*fig.*) (*fatterelli, notizie*) échos (*m.*).

spigolo [spì-go-lo] ***n.m.*** **1** coin: *con l'età gli spigoli del suo carattere si sono smussati*, (*fig.*) avec l'âge son caractère s'est bonifié | *tutto spigoli*, (*anche fig.*) anguleux **2** (*mat., arch.*) arête (*f.*) **3** (*dello sci*) carre.

spigoloso [spi-go-ló-so] ***agg.*** anguleux* (*anche fig.*).

spilla [spìl-la] ***n.f.*** **1** épingle **2** (*gioiello*) broche **3** (*pubblicitaria*) pin's.
● ***spilla da cravatta***, épingle de cravate | ***spilla di sicurezza, da balia***, épingle de sûreté, de nourrice.

spillare[1] [spil-là-re] ***v.tr.*** **1** (*dalla botte*) tirer **2** (*fig.*) soutirer: *spillare denaro a qlcu*, soutirer de l'argent à qqn ♦ ***v.intr.*** [aus. *essere* se riferito a liquido, *avere* se riferito a recipiente] (*uscire a stille*) couler, tomber goutte à goutte.

spillare[2] ***v.tr.*** (*unire con punti metallici*) agrafer.

spillo [spìl-lo] ***n.m.*** épingle (*f.*): *fermare con gli spilli*, fixer avec des épingles, épingler.
● ***spillo da balia***, épingle de nourrice | ***cuscinetto per spilli***, pelote à épingles | ***tacchi a spillo***, talons aiguilles.

spillone [spil-ló-ne] ***n.m.*** épingle à chapeau.

spilluzzicare [spil-luz-zi-cà-re] ***v.tr.*** [coniug. come *mancare*] picorer.

spilorceria [spi-lor-ce-rì-a] ***n.f.*** (*fam.*) pingrerie.

spilorcio [spi-lòr-cio] ***agg.*** e ***n.m.*** [f. *-a*; pl.m. *-ci*, f. *-ce*] (*fam.*) pingre.

spilungone [spi-lun-gó-ne] ***n.m.*** [f. *-a*] grande perche (*f.*).

spina [spì-na] ***n.f.*** **1** épine (*anche fig.*) **2** (*pl.*) (*spini*) ronces **3** (*lisca*) arête; (*aculeo*) piquant (*m.*) **4** (*elettr.*) fiche (de prise de courant), prise (mâle, femelle) | *inserire la spina del ferro da stiro*, brancher le fer à repasser **5** (*di botte*) cannelle.
● (*anat.*) ***spina dorsale***, épine dorsale | (*elettr.*) ***spina multipla***, prise multiple, multiprise | ***a spina di pesce***, à chevrons; ***tessuto a spina di pesce***, chevron | (*sci*) ***salire a spina di pesce***, monter en ciseaux | ***birra alla spina***, bière pression | ***è per lei una spina nel cuore***, ***nel fianco***, (*fig.*) ça lui crève le cœur | ***mi togli una spina dal cuore!***, (*fig.*) tu me tires une belle épine du pied! | ***stare sulle spine***,

(*fig.*) être sur des charbons ardents | ***un letto di spine***, (*fig.*) un lit de souffrance.

spinacio [spi-nà-cio] ***n.m.*** [pl. *-ci*] épinard.

spinale [spi-nà-le] ***agg.*** (*anat.*) spinal*.
● ***midollo spinale***, moelle épinière.

spinare [spi-nà-re] ***v.tr.*** (*un pesce*) ôter les arêtes (**à**).

spinarello [spi-na-rèl-lo] ***n.m.*** (*zool.*) savetier, épinoche (*f.*).

spinato [spi-nà-to] ***agg.*** (*a spina di pesce*) à chevrons | *tessuto spinato*, chevron.
● ***filo spinato***, (fil de fer) barbelé.

spinellare [spi-nel-là-re] ***v.intr.*** [aus. *avere*] (*gergo*) fumer (un joint) ♦ **spinellarsi** ***v.pron.intr.*** (*gergo*) fumer (un joint).

spinello [spi-nèl-lo] ***n.m.*** (*gergo*) joint.

spinetta [spi-nét-ta] ***n.f.*** (*mus.*) épinette.

spingere [spìn-ge-re] ***v.tr.*** [p.rem. *io spinsi, tu spingesti* ecc.; p.p. *spinto*] **1** pousser | *spingere lontano lo sguardo*, (*fig.*) porter son regard au loin **2** (*premere*) presser ♦ ***v.intr.*** [aus. *avere*] (*esercitare una pressione*) exercer* une pression | *spingere sui pedali*, appuyer sur les pédales ♦ **spingersi** ***v.pron.intr.*** pousser, aller*; (*avventurarsi*) s'aventurer; (*penetrare*) pénétrer*: *si è spinto fino a chiedermi dei soldi*, il est allé jusqu'à me demander de l'argent; *ti sei spinto in un'impresa rischiosa*, tu t'es aventuré dans une entreprise risquée ♦ ***v.pron.rec.*** (*darsi delle spinte*) se pousser, se bousculer.
● ***spingersi al largo***, gagner le large | ***spingersi avanti***, avancer: *si è spinto troppo avanti*, (*fig.*) il est allé trop loin | ***le cose si spinsero al punto che***, les choses en vinrent au point que.

spino [spì-no] ***n.m.*** **1** (*pianta spinosa*) ronce (*f.*) **2** (*spina*) épine (*f.*).
● ***uva spina***, (*pianta*) groseiller à maquereau, (*frutto*) groseille à maquereau.

spinone [spi-nó-ne] ***n.m.*** (*cane*) griffon.

spinoso [spi-nó-so] ***agg.*** épineux* (*anche fig.*).

spinotto [spi-nòt-to] ***n.m.*** **1** (*mecc.*) goujon; (*asse del pistone*) axe de piston **2** (*elettr.*) fiche (*f.*).

spinsi → **spingere**.

spinta [spìn-ta] ***n.f.*** **1** poussée | *dare una spinta a qlco*, pousser qqch | *darsi una spinta in avanti, indietro*, se pousser en avant, en arrière **2** (*fig.*) (*impulso*) impulsion; (*raccomandazione, aiuto*) coup (*m.*) de pouce | *fare qlco sotto la spinta di*, faire qqch poussé par | *non lo avrebbe fatto senza una spinta*, si on ne l'avait pas poussé, il ne l'aurait pas fait.
● ***cacciar fuori a spinte***, pousser dehors | ***è andato avanti a (forza di) spinte***, il s'est fait une situation grâce aux coups de piston | ***farsi avanti a (furia di) spinte***, (*fig.*) jouer des coudes.

spintarella [spin-ta-rèl-la] ***n.f.*** (*fam.*) **1** poussette **2** (*fig.*) (*raccomandazione ecc.*) coup (*m.*) de pouce.

spinterogeno [spin-te-rò-ge-no] ***n.m.*** (*aut.*) delco®, distributeur d'allumage.

spinto [spìn-to] ***agg.*** **1** poussé **2** (*attirato*) attiré **3** (*scabroso*) osé **4** (*estremistico*) extrémiste.

spintonare [spin-to-nà-re] ***v.tr.*** pousser, bousculer ♦ **spintonarsi** ***v.pron.rec.*** se pousser, se bousculer.

spintone [spin-tó-ne] ***n.m.*** poussée (*f.*) violente: *dare uno spintone a qlcu*, bousculer violemment qqn.
● ***farsi avanti a spintoni***, (*anche fig.*) se frayer un chemin en jouant des coudes.

spiombare [spiom-bà-re] ***v.tr.*** déplomber.

spionaggio [spio-nàg-gio] ***n.m.*** [pl. *-gi*] espionnage.

spioncino [spion-cì-no] ***n.m.*** judas.
● ***spioncino a lente***, judas optique.

spione [spi-ó-ne] ***n.m.*** [f. *-a*] rapporteur*, cafardeur*; (*della polizia*) indicateur*, (*fam.*) indic.

spionistico [spio-nì-sti-co] ***agg.*** [pl.m. *-ci*, f. *-che*] d'espionnage.

spiovente [spio-vèn-te] ***agg.*** **1** tombant **2** (*inclinato*) en pente ♦ ***n.m.*** **1** (*di tetto, di un monte*) versant **2** (*sport*) balle (*f.*) plongeante.
● (*sport*) ***palla spiovente***, balle plongeante | ***tetto a spiovente***, toit en pente.

spiovere [spiò-ve-re] ***v.intr.impers.*** [coniug. come *piovere*; aus. *essere* o *avere*] cesser de pleuvoir ♦ ***v.intr.*** [aus. *essere*] **1** (*scorrere, scolare*) couler **2** (*ricadere giù*) tomber.

spira [spì-ra] ***n.f.*** **1** spire; (*di orologio ecc.*) spiral* (*m.*) **2** (*di serpente*) nœud (*m.*).
● ***a spire***, en spirale.

spiraglio [spi-rà-glio] ***n.m.*** [pl. *-gli*] **1** (*in un muro ecc.*) fente (*f.*); (*in una porta ecc.*) ouverture (*f.*) **2** (*filo di luce, d'aria*) filet | *uno spiraglio di sole*, une échappée de soleil **3** (*fig.*) (*barlume*) lueur (*f.*).

spirale [spi-rà-le] ***agg.*** spiral* ♦ ***n.f.*** **1** spirale **2** (*molla metallica*) spiral* (*m.*) **3** (*anticoncezionale*) stérilet (*m.*).
● ***a spirale***, en spirale, à spirale: *blocco a spirale*, carnet à spirale; *scala a spirale*, escalier en colimaçon, en spirale.

spirare[1] [spi-rà-re] ***v.intr.*** [aus. *essere*] (*morire*) expirer.
● ***allo spirare di***, à la fin de.

spirare[2] ***v.intr.*** [aus. *avere*] souffler; (*esalare*) s'exhaler: *non spirava un alito di vento*, il n'y avait pas un souffle de vent | *non spira buon vento per te, oggi*, (*fig.*) tu n'as pas la cote, aujourd'hui; *spira aria di burrasca*, (*fig.*) il y a de l'orage dans l'air; *dal suo volto spirava la calma*, (*fig.*) son visage respirait le calme ♦ ***v.tr.*** **1** exhaler **2** (*fig.*) exprimer.

spiritato [spi-ri-tà-to] ***agg.*** e ***n.m.*** [f. *-a*] possédé (du démon) | *con occhi spiritati*, avec des yeux exorbités.

spiritello [spi-ri-tèl-lo] ***n.m.*** lutin, diablotin.

spiritico [spi-rì-ti-co] ***agg.*** [pl.m. *-ci*, f. *-che*] spirite.
● ***seduta spiritica***, séance de spiritisme.

spiritismo [spi-ri-tì-ʃmo] ***n.m.*** spiritisme.

spiritista [spi-ri-tì-sta] ***n.m.*** e ***f.*** spirite.

spiritistico [spi-ri-tì-sti-co] ***agg.*** [pl.m. *-ci*, f. *-che*] spirite.

spirito[1] [spì-ri-to] ***n.m.*** **1** esprit: *le esigenze del corpo e quelle dello spirito*, les exigences du corps et celles de l'esprit **2** (*anima*) âme (*f.*); (*fantasma*) fantôme: *gli spiriti dei defunti*, les âmes des trépassés; *evocare gli spiriti*, évoquer les esprits | *castello abitato dagli spiriti*, château hanté **3** (*disposizione d'animo*) esprit: *con spirito sereno*, avec un esprit serein; *spirito di sacrificio*, esprit de sacrifice; *avere spirito pratico*, avoir l'esprit pratique | *spirito di contraddizione*, esprit de contradiction | *lo spirito dei tempi*, l'esprit de l'époque | *condizioni di spirito*, disposition d'esprit **4** (*ingegno*) esprit: *uno spirito eletto*, un esprit d'élection | *povero di spirito*, pauvre d'esprit **5** (*arguzia, umorismo*) esprit: *un uomo di spirito*, un homme d'esprit | *battuta di spirito*, trait (*o* mot) d'esprit (*o* boutade).
● ***spirito di parte***, esprit partisan | (*relig.*) ***Spirito Santo***, Saint-Esprit | ***avere uno spirito di patata, di rapa***, (*fam.*) manquer totalement d'esprit | ***calma i tuoi bollenti spiriti!***, (*fam.*) du calme! (*o* calme-toi!) | (*relig.*) ***gli spiriti bea-***

S

ti, les âmes des bienheureux | ***presenza di spirito***, présence d'esprit.

spirito[2] ***n.m.*** alcool.

● ***a spirito***, au tampon: *lacca a spirito*, vernis au tampon; *lucidare a spirito*, vernir au tampon | ***ciliegie sotto spirito***, cerises à l'eau-de-vie | ***fornello a spirito***, réchaud à alcool.

spiritosaggine [spi-ri-to-sàg-gi-ne] ***n.f.*** plaisanterie | *dire spiritosaggini*, faire de l'esprit.

spiritoso [spi-ri-tó-so] ***agg.*** spirituel* | *battuta spiritosa*, trait d'esprit | *come sei spiritoso!*, (*iron.*) tu te crois drôle! | *non fare lo spiritoso!*, n'essaye pas de faire de l'esprit!

spiritual [spì-ri-tual] ***n.m.invar.*** (*mus.*) spiritual*.

spirituale [spi-ri-tu-à-le] ***agg.*** spirituel*.

● ***direttore spirituale***, directeur de conscience.

spiritualismo [spi-ri-tua-lì-ʃmo] ***n.m.*** (*fil.*) spiritualisme.

spiritualista [spi-ri-tua-lì-sta] ***agg.*** e ***n.m.*** e ***f.*** (*fil.*) spiritualiste.

spiritualistico [spi-ri-tua-lì-sti-co] ***agg.*** [pl.m. *-ci*, f. *-che*] spiritualiste.

spiritualità [spi-ri-tua-li-tà] ***n.f.invar.*** spiritualité.

spiritualizzare [spi-ri-tua-liʒ-ʒà-re] ***v.tr.*** spiritualiser.

spiritualizzazione [spi-ri-tua-liʒ-ʒa-zió-ne] ***n.f.*** spiritualisation.

spiritualmente [spi-ri-tual-mén-te] ***avv.*** spirituellement | *ti sono spiritualmente vicino*, je suis avec toi par l'esprit.

spirocheta [spi-ro-chè-ta] ***n.f.*** (*biol.*) spirochète (*m.*).

spizzicare [spiz-zi-cà-re] ***v.tr.*** [coniug. come *mancare*] picorer.

spizzichi, a [a spìz-zi-chi] ***avv.*** par bribes et par morceaux.

● ***a spizzichi e bocconi***, par bribes et par morceaux.

splatter [splàt-ter] ***agg.*** e ***n.m.invar.*** (*cine., lett.*) gore.

spleen [splin] ***n.m.invar.*** (*letter.*) spleen.

splendente [splen-dèn-te] ***agg.*** resplendissant | *splendente di gioia*, rayonnant de joie | *sole splendente*, soleil éblouissant.

splendere [splèn-de-re] ***v.intr.*** [non usati p.p. e tempi composti] resplendir, briller (*anche fig.*).

splendidezza [splen-di-déz-za] ***n.f.*** splendeur.

S

splendido [splèn-di-do] ***agg.*** splendide.

splendore [splen-dó-re] ***n.m.*** splendeur (*f.*) | *che splendore di casa!*, quelle splendeur, cette maison! | *uno splendore di ragazza*, une fille splendide.

splenico [splè-ni-co] ***agg.*** [f. *-a*; pl.m. *-ci*, f. *-che*] (*anat.*) splénique.

spocchia [spòc-chia] ***n.f.*** [pl. *-chie*] morgue, suffisance.

spocchioso [spoc-chió-so] ***agg.*** suffisant, orgueilleux*; (*arrogante*) arrogant.

spodestare [spo-de-stà-re] ***v.tr.*** **1** détrôner (*anche fig.*); (*da posizione di autorità*) évincer* **2** (*da proprietà*) déposséder*, dessaisir.

spoetizzare [spo-e-tiʒ-ʒà-re] ***v.tr.*** dépoétiser; (*disilludere*) décevoir*.

spoglia [spò-glia] ***n.f.*** dépouille.

● ***le spoglie mortali***, la dépouille mortelle | ***sotto mentite spoglie***, sous de fausses apparences; (*sotto falso nome*) sous un faux nom.

spogliare [spo-glià-re] ***v.tr.*** **1** dépouiller (*anche fig.*); (*svestire*) déshabiller **2** (*fig.*) (*di potere*) évincer* ♦ **spogliarsi** ***v.pron.*** e ***pron.intr.*** **1** se dépouiller (*anche fig.*); (*svestirsi*) se déshabiller **2** (*fig.*) (*liberarsi*) se départir*.

spogliarellista [spo-glia-rel-lì-sta] ***n.f.*** strip-teaseuse ♦ ***n.m.*** strip-teaseur.

spogliarello [spo-glia-rèl-lo] ***n.m.*** strip-tease*.

spogliatoio [spo-glia-tó-io] ***n.m.*** [pl. *-oi*] (*in case private*) dressing; (*di palestre, scuole ecc.*) vestiaire.

spogliatore [spo-glia-tó-re] ***n.m.*** [f. *-trice*] spoliateur* | *spogliatore di tombe*, pilleur de tombeaux.

spoglio[1] [spò-glio] ***agg.*** [pl. *-gli*] **1** dépouillé **2** (*fig.*) (*libero*) libre.

spoglio[2] ***n.m.*** [pl. *-gli*] **1** dépouillement: *spoglio dei voti*, dépouillement du scrutin | *fare lo spoglio dei giornali*, dépouiller les journaux **2** (*dir.*) spoliation (*f.*).

spoiler [spòi-ler] ***n.m.invar.*** (*aut., aer.*) spoiler.

spola [spò-la] ***n.f.*** navette; (*di macchina per cucire*) canette; (*nel telaio*) espolin (*m.*).

● ***fare la spola***, (*fig.*) faire la navette.

spoletta [spo-lét-ta] ***n.f.*** **1** (*di macchina per cucire*) canette; (*nel telaio*) espolin (*m.*) **2** (*di arma*) fusée (détonateur).

spoliazione [spo-lia-zió-ne] ***n.f.*** spoliation.

spoliticizzare [spo-li-ti-ciʒ-ʒà-re] ***v.tr.*** dépolitiser ♦ **spoliticizzarsi** ***v.pron.intr.*** se dépolitiser.

spoliticizzazione [spo-li-ti-ciʒ-ʒa-zió-ne] ***n.f.*** dépolitisation.

spolmonarsi [spol-mo-nàr-si] ***v.pron.intr.*** s'époumoner.

spolpare [spol-pà-re] ***v.tr.*** **1** (*un frutto*) dépulper; (*ossa*) écharner **2** (*fam.*) (*togliere denaro*) plumer.

spolpato [spol-pà-to] ***agg.*** décharné; (*di frutto*) dépulpé | *osso spolpato*, os sans viande.

spolverare [spol-ve-rà-re] ***v.tr.*** **1** épousseter*; (*senza complemento oggetto*) enlever* la poussière **2** (*cospargere*) saupoudrer | *spolverare un disegno*, poncer un dessin **3** (*fig.*) (*fare piazza pulita, rubare*) faire* place nette (**dans**), vider; (*mangiare avidamente*) liquider, nettoyer*.

spolverata [spol-ve-rà-ta] ***n.f.*** **1** coup (*m.*) de chiffon | *dare una spolverata a*, (*fig.*) rafraîchir **2** (*il cospargere di una polvere*) saupoudrage (*m.*); (*leggero strato*) légère couche (*f.*).

spolveratura [spol-ve-ra-tù-ra] ***n.f.*** **1** époussetage (*m.*) **2** (*di sostanza in polvere*) saupoudrage (*m.*).

spolverino[1] [spol-ve-rì-no] ***n.m.*** (*abbigl.*) cache-poussière*.

spolverino[2] ***n.m.*** **1** (*piumino per spolverare*) plumeau* **2** (*recipiente per spolverare zucchero*) saupoudroir **3** (*spazzola del barbiere*) brosse (*f.*).

spolverio [spol-ve-rì-o] ***n.m.*** nuage de poussière | *spolverio di neve*, voile de neige.

spolverizzare [spol-ve-riʒ-ʒà-re] ***v.tr.*** saupoudrer | *spolverizzare un disegno*, poncer un dessin.

spolvero [spól-ve-ro] ***n.m.*** **1** époussetage **2** (*di un disegno*) ponçage; poncif **3** (*fig.*) forme, pêche (*spec. sport*): *andare allo spolvero*, aller à fond, envoyer du gros; *essere in grande spolvero*, avoir la pêche, être remonté à bloc.

spompare [spom-pà-re] ***v.tr.*** (*fam.*) crever, pomper: *quella corsa mi ha spompato*, cette course m'a pompé ♦ **spomparsi** ***v.pron.intr.*** (*fam.*) se crever.

spompato [spom-pà-to] *agg.* (*fam.*) crevé, pompé.

sponda [spón-da] *n.f.* bord (*m.*); (*di canale*) berge | *le sponde di un carro*, les ridelles d'un char | *le sponde del biliardo*, les bandes d'un tapis de billard.

sponsali [spon-sà-li] *n.m.pl.* (*letter.*) (*fidanzamento*) fiançailles (*f.*); (*matrimonio*) noces (*f.*).

sponsor [spòn-sor] *n.m.invar.* sponsor.

sponsorizzare [spon-so-riʒ-ʒà-re] *v.tr.* sponsoriser, parrainer.

sponsorizzazione [spon-so-riʒ-ʒa-zió-ne] *n.f.* sponsoring (*m.*), parrainage (*m.*).

spontaneamente [spon-ta-ne-a-mén-te] *avv.* spontanément.

spontaneità [spon-ta-nei-tà] *n.f.invar.* spontanéité, naturel (*m.*).

spontaneo [spon-tà-ne-o] *agg.* spontané, naturel*.
● ***di sua spontanea volontà***, de son plein gré.

spopolamento [spo-po-la-mén-to] *n.m.* dépeuplement.

spopolare [spo-po-là-re] *v.tr.* dépeupler ♦ *v.intr.* [aus. *avere*] (*fig.*) avoir* un grand succès ♦ **spopolarsi** *v.pron. intr.* se dépeupler.

spopolato [spo-po-là-to] *agg.* dépeuplé.

spora [spò-ra] *n.f.* spore.

sporadicità [spo-ra-di-ci-tà] *n.f.invar.* sporadicité.

sporadico [spo-rà-di-co] *agg.* [pl.m. *-ci*, f. *-che*] sporadique.

sporangio [spo-ràn-gio] *n.m.* [pl. *-gi*] (*bot.*) sporange.

sporcaccione [spor-cac-ció-ne] *agg.* sale, malpropre ♦ *n.m.* [f. *-a*] homme sale; (*chi fa, dice cose turpi*) cochon*, salaud.

sporcare [spor-cà-re] *v.tr.* [coniug. come *mancare*] salir (*anche fig.*) ♦ **sporcarsi** *v.pron.* e *pron.intr.* se salir: *questo vestito si sporca facilmente*, cette robe est très salissante.

sporcizia [spor-cì-zia] *n.f.* saleté (*anche fig.*).

sporco [spòr-co] *agg.* [pl.m. *-chi*, f. *-che*] sale (*anche fig.*) | *lingua sporca*, langue chargée | *avere la fedina penale sporca*, avoir un casier judiciaire chargé | *un'azione sporca*, une action malpropre ♦ *n.m.* (*sporcizia*) saleté (*f.*).
● ***avere la coscienza sporca***, avoir quelque chose sur la conscience | ***barzelletta sporca***, histoire cochonne | ***farla sporca***, (*fig.*) mal agir.

sporgente [spor-gèn-te] *agg.* en saillie; (*prominente*) proéminent | *occhi sporgenti*, yeux à fleur de tête; *denti sporgenti*, dents en avant.

sporgenza [spor-gèn-za] *n.f.* saillie.

sporgere [spór-ge-re] *v.tr.* [coniug. come *scorgere*] mettre*: *sporgere il capo dalla finestra*, passer la tête par la fenêtre ♦ *v.intr.* [aus. *essere*] sortir*; (*arch.*) faire* saillie ♦ **sporgersi** *v.pron.* se pencher: *è pericoloso sporgersi*, il est dangereux de se pencher au dehors.
● (*dir.*) ***sporgere querela, denuncia contro qlcu***, porter plainte contre qqn.

sport *n.m.invar.* sport.
● ***sport estremo***, sport extrême | ***fare qlco per sport***, (*fig.*) faire qqch pour son plaisir.

sporta [spòr-ta] *n.f.* cabas (*m.*), sac (*m.*) à provision; (*di vimini, paglia*) panier (*m.*).
● ***darne un sacco e una sporta***, donner une bonne correction | ***dirne un sacco e una sporta***, en dire de toutes les couleurs.

sportellista [spor-tel-lì-sta] *n.m.* e *f.* guichetier/ère.

sportello [spor-tèl-lo] *n.m.* **1** portière (*f.*) **2** (*di un portone, di uffici*) guichet.

sportivamente [spor-ti-va-mén-te] *avv.* sportivement.

sportivo [spor-tì-vo] *agg.* sportif*; (*da sport*) de sport: *incontro sportivo*, match; *campo sportivo*, terrain de jeu | *fa una vita sportiva*, il fait beaucoup de sport ♦ *n.m.* [f. *-a*] sportif*.

sporto [spòr-to] *n.m.* (*imposta*) contrevent.

sposa [spò-ʃa] *n.f.* **1** mariée **2** (*moglie*) femme; (*letter., dir., relig.*) épouse.
● ***andare (in) sposa a qlcu***, épouser qqn | ***dare la figlia in sposa a***, marier sa fille à | ***promessa sposa***, fiancée.

sposalizio [spo-ʃa-lì-zio] *n.m.* [pl. *-zi*] mariage, noces (*f.pl.*).

sposare [spo-ʃà-re] *v.tr.* **1** (*prendere in matrimonio*) épouser, se marier (**avec**); (*unire in matrimonio, dare in matrimonio*) marier **2** (*fig.*) épouser ♦ **sposarsi** *v.pron.* e *pron.rec.* se marier | *sposarsi per amore*, faire un mariage d'amour.

sposato [spo-ʃà-to] *agg.* e *n.m.* [f. *-a*] marié.

sposina [spo-ʃì-na] *n.f.* jeune mariée.

sposo [spò-ʃo] *n.m.* **1** marié | *i novelli sposi*, les jeunes mariés **2** (*marito*) mari; (*letter., dir., relig.*) époux.
● ***promesso sposo***, fiancé.

spossante [spos-sàn-te] *agg.* épuisant, accablant.

spossare [spos-sà-re] *v.tr.* épuiser, *harasser ♦ **spossarsi** *v.pron.intr.* s'épuiser, s'éreinter.

spossatezza [spos-sa-téz-za] *n.f.* épuisement (*m.*), fatigue.

spossato [spos-sà-to] *agg.* épuisé.

spossessare [spos-ses-sà-re] *v.tr.* déposséder*, dessaisir.

spostamento [spo-sta-mén-to] *n.m.* **1** déplacement **2** (*inform.*) décalage.
● (*fin.*) ***spostamento di capitali, degli investimenti***, transfert de capitaux, des investissements.

spostare [spo-stà-re] *v.tr.* déplacer*; (*cambiare*) changer*; (*differire*) renvoyer* ♦ **spostarsi** *v.pron.* e *pron. intr.* **1** se déplacer* | *spostati, per favore!*, pousse-toi, s'il te plaît! **2** (*trasferirsi*) se transférer*.

spostato [spo-stà-to] *agg.* e *n.m.* [f. *-a*] (*fig.*) inadapté.

spot *n.m.invar.* **1** (*fis.*) spot **2** (*elettr.*) spot, petit projecteur orientable **3** (*messaggio pubblicitario*) message publicitaire, spot.

spranga [spràn-ga] *n.f.* [pl. *-ghe*] barre, (*di porta, di finestra*) bâcle.

sprangare [spran-gà-re] *v.tr.* [coniug. come *legare*] **1** fermer avec une barre, une bâcle **2** (*colpire con una spranga*) frapper avec une barre.

sprangata [spran-gà-ta] *n.f.* coup (*m.*) de barre.

sprangato [spran-gà-to] *agg.* barré, bâclé: *uscio sprangato*, porte bâclée.

spratto [spràt-to] *n.m.* (*zool.*) sprat.

spray *agg.* e *n.m.invar.* spray.
● ***bomboletta spray***, bombe | ***lacca spray***, atomiseur à laque.

sprazzo [spràz-zo] *n.m.* (*d'acqua, di luce*) jet; (*di sole*) échappée (*f.*) | *uno sprazzo di genio*, une étincelle de génie.
● ***a sprazzi***, par moments.

sprecare [spre-cà-re] *v.tr.* [coniug. come *mancare*]

S

gaspiller | *sprecare il tempo*, perdre son temps ♦ **sprecarsi** *v.pron.intr.* **1** perdre* son temps et sa peine **2** (*fam. iron.*) se ruiner | *non ti sei sprecato!, ti sei proprio sprecato!*, tu ne t'es pas foulé!

sprecato [spre-cà-to] *agg.* perdu | *è sprecato in quel posto*, on ne l'utilise pas selon ses possibilités.

spreco [sprè-co] *n.m.* [pl. -*chi*] gaspillage | *fare spreco di*, gaspiller.

sprecone [spre-có-ne] *agg.* e *n.m.* [f. -*a*] gaspilleur*.

spregevole [spre-gé-vo-le] *agg.* méprisable.

spregiativo [spre-gia-tì-vo] *agg.* méprisant; (*gramm.*) péjoratif* ♦ *n.m.* (*gramm.*) péjoratif.

spregio [sprè-gio] *n.m.* [pl. -*gi*] mépris, dédain | *avere in spregio qlcu*, mépriser qqn.

spregiudicatezza [spre-giu-di-ca-téz-za] *n.f.* absence de préjugés; (*assenza di scrupoli*) absence de scrupules.

spregiudicato [spre-giu-di-cà-to] *agg.* sans préjugés; (*spreg.*) sans scrupules ♦ *n.m.* [f. -*a*] personne (*f.*) désinvolte.

spremere [sprè-me-re] *v.tr.* presser | *spremere soldi a qlcu*, pressurer qqn.
● ***spremersi il cervello, le meningi***, se creuser les méninges.

spremiàglio [spre-mi-à-glio] *n.m.* [pl. -*gli*] presse-ail.

spremiagrumi [spre-mi-a-grù-mi] *n.m.invar.* presse-citron*; presse-agrumes.

spremilimoni [spre-mi-li-mó-ni] *n.m.invar.* presse-citron*.

spremitura [spre-mi-tù-ra] *n.f.* pressurage (*m.*) | *olio di prima spremitura*, huile de première pression.

spremuta [spre-mù-ta] *n.f.* (*di arancia*) orange pressée; (*di limone*) citron (*m.*) pressé.

spremuto [spre-mù-to] *agg.* pressé.

spretarsi [spre-tàr-si] *v.pron.* se défroquer.

spretato [spre-tà-to] *agg.* e *n.m.* défroqué.

sprezzante [sprez-zàn-te] *agg.* méprisant: *sprezzante del pericolo*, méprisant le danger | *trattare qlcu con fare sprezzante*, traiter qqn avec mépris.

sprezzantemente [sprez-zan-te-mén-te] *avv.* avec mépris, dédaigneusement.

sprezzare [sprez-zà-re] *v.tr.* mépriser.

sprezzo [sprèz-zo] *n.m.* mépris.

S

sprigionare [spri-gio-nà-re] *v.tr.* **1** (*emettere*) dégager* **2** (*non com.*) (*di prigione*) mettre* en liberté ♦ **sprigionarsi** *v.pron.intr.* se dégager*.

sprimacciare [spri-mac-cià-re] *v.tr.* [coniug. come *cominciare*] secouer, battre*.

sprint *n.m.invar.* **1** sprint **2** (*ripresa di auto*) reprise (*f.*).

sprizzare [spriz-zà-re] *v.intr.* [aus. *essere*] jaillir, gicler ♦ *v.tr.* faire* jaillir.
● ***sprizzare gioia dagli occhi***, rayonner de joie | ***sprizzare rabbia da tutti i pori***, écumer de rage | ***sprizzare salute da tutti i pori***, respirer la santé | ***sprizzare scintille***, étinceler.

sprizzo [sprìz-zo] *n.m.* jaillissement; (*getto*) jet.

sprofondamento [spro-fon-da-mén-to] *n.m.* effondrement, affaissement.

sprofondare [spro-fon-dà-re] *v.tr.* précipiter ♦ *v.intr.* [aus. *essere*] **1** (*crollare*) s'effondrer **2** (*affondare nel terreno ecc.*) s'enfoncer* **3** (*andare a fondo*) sombrer (*anche fig.*) ♦ **sprofondarsi** *v.pron.intr.* s'affaler: *sprofondarsi nella lettura*, (*fig.*) se plonger dans la lecture.

sproloquiare [spro-lo-quià-re] *v.intr.* [aus. *avere*] parler à tort et à travers; (*divagare*) divaguer.

sproloquio [spro-lò-quio] *n.m.* [pl. -*qui*] verbiage.

spronare [spro-nà-re] *v.tr.* **1** éperonner **2** (*fig.*) encourager*, pousser: *spronare allo studio*, encourager, pousser à étudier.

spronata [spro-nà-ta] *n.f.* coup (*m.*) d'éperon.

sprone [spró-ne] *n.m.* **1** éperon **2** (*fig.*) stimulant, aiguillon **3** (*sartoria*) empiècement.
● ***a spron battuto***, à bride abattue | ***dar di sprone***, donner des éperons.

sproporzionatamente [spro-por-zio-na-ta-mén-te] *avv.* sans proportion; (*eccessivamente*) excessivement.

sproporzionato [spro-por-zio-nà-to] *agg.* disproportionné.

sproporzione [spro-por-zió-ne] *n.f.* disproportion.

spropositare [spro-po-ʃi-tà-re] *v.intr.* [aus. *avere*] faire* des bêtises.

spropositato [spro-po-ʃi-tà-to] *agg.* (*sproporzionato*) disproportionné; (*smisurato*) démesuré | *prezzi spropositati*, prix excessifs.

sproposito [spro-pò-ʃi-to] *n.m.* faute (*f.*) grossière; (*sciocchezza*) sottise (*f.*), bêtise (*f.*).
● ***a sproposito***, hors de propos, mal à propos: *parlare a sproposito*, parler à tort et à travers | ***mangiare uno sproposito***, (*fam.*) en manger des tonnes | ***pagare uno sproposito***, (*fam.*) payer un prix fou | ***spendere uno sproposito***, (*fam.*) dépenser un argent fou.

sprovveduto [sprov-ve-dù-to] *agg.* **1** (*sprovvisto*) dépourvu **2** (*impreparato*) mal préparé | *lettore sprovveduto*, lecteur non averti ♦ *n.m.* [f. -*a*] personne désarmée; (*ingenuo*) ingénu: *è uno sprovveduto di fronte alla vita*, il est désarmé en face de la vie.

sprovvisto [sprov-vi-sto] *agg.* dépourvu.
● ***alla sprovvista***, au dépourvu.

spruzzare [spruz-zà-re] *v.tr.* asperger*; (*con lo spruzzatore*) pulvériser, vaporiser: *spruzzare acqua su qlco*, asperger qqch d'eau, mouiller qqch; *spruzzare un po' di lacca sui capelli*, vaporiser un peu de laque sur ses cheveux | *spruzzare pittura alle pareti*, peindre les murs au pistolet ♦ **spruzzarsi** *v.pron.* e *pron.intr.* s'asperger*; (*macchiarsi*) s'éclabousser ♦ *v.pron.rec.* s'éclabousser.

spruzzata [spruz-zà-ta] *n.f.* **1** vaporisation, saupoudrage (*m.*): *dare una spruzzata d'acqua a*, asperger d'eau (*o* mouiller); *una spruzzata di profumo*, quelques gouttes de parfum; *una spruzzata di fango*, une éclaboussure de boue | *una spruzzata di neve ha imbiancato le montagne*, les montagnes sont saupoudrées de neige **2** (*pioggia leggera*) crachin (*m.*).

spruzzatore [spruz-za-tó-re] *n.m.* **1** vaporisateur, pulvérisateur, atomiseur **2** (*aut.*) gicleur.

spruzzo [sprùz-zo] *n.m.* jet, giclée (*f.*); (*di fango*) éclaboussure (*f.*) | *gli spruzzi delle onde*, les embruns.
● ***verniciatura a spruzzo***, peinture au pistolet.

spudoratamente [spu-do-ra-ta-mén-te] *avv.* effrontément, sans vergogne.

spudoratezza [spu-do-ra-téz-za] *n.f.* manque (*m.*) de pudeur; (*sfrontatezza*) effronterie.

spudorato [spu-do-rà-to] *agg.* (*svergognato*) éhonté; (*sfrontato*) effronté ♦ *n.m.* [f. -*a*] effronté, impudent.

spugna [spù-gna] *n.f.* **1** éponge **2** (*tessuto*) tissu-éponge* (*m.*): *accappatoio di spugna*, peignoir en tissu-éponge.
● ***bere come una spugna***, boire comme un trou | ***dare un colpo di spugna***, (*fig.*) passer l'éponge.

spugnatura [spu-gna-tù-ra] *n.f.* ablutions (*pl.*) avec une éponge.

spugnola [spu-gnò-la] *n.f.* (*bot.*) morille.

spugnoso [spu-gnó-so] *agg.* spongieux*.

spulare [spu-là-re] *v.tr.* (*agr.*) vanner.

spulciare [spul-cià-re] *v.tr.* [coniug. come *cominciare*] 1 épucer* 2 (*fig.*) compulser.

spulciatura [spul-cia-tù-ra] *n.f.* épluchage (*m.*).

spuma [spù-ma] *n.f.* mousse; (*delle onde*) écume.

spumante [spu-màn-te] *agg.* e *n.m.* (vin) mousseux.

spumare [spu-mà-re] *v.intr.* [aus. *avere*] écumer; (*di vino ecc.*) mousser.

spumeggiante [spu-meg-giàn-te] *agg.* 1 écumant; (*di vino ecc.*) mousseux* 2 (*di tessuti ecc.*) vaporeux* 3 (*fig.*) pétillant d'esprit.

spumeggiare [spu-meg-già-re] *v.intr.* [coniug. come *mangiare*; aus. *avere*] écumer; (*di vino*) mousser.

spumoso [spu-mó-so] *agg.* mousseux*; (*di onde ecc.*) écumeux*.

spunta [spùn-ta] *n.f.* (*amm.*) pointage (*m.*); (*segno*) trait (*m.*) | *fare la spunta*, pointer.

spuntare[1] [spun-tà-re] *v.tr.* 1 épointer | *spuntare un ago*, émousser une aiguille 2 (*tagliare la punta*) couper le bout (à) | *spuntare i capelli*, couper les pointes des cheveux 3 (*staccare qlco appuntata*) détacher 4 (*fig.*) (*superare*) surmonter ♦ *v.intr.* [aus. *essere*] 1 (*crescere*) pousser 2 (*sorgere*) se lever* | *spunta il giorno*, le jour point 3 (*venire fuori all'improvviso*) sortir*; (*apparire*) paraître*: *spuntò all'improvviso dietro l'angolo*, il surgit tout à coup au coin de la rue; *gli spuntavano le lacrime*, des larmes lui venaient aux yeux; *un sorriso gli spuntò sulle labbra*, un sourire se dessina sur ses lèvres ♦ **spuntarsi** *v.pron. intr.* 1 s'épointer 2 (*fig.*) (*smussarsi*) s'émousser.
● ***spuntarla contro tutti***, l'emporter sur tout le monde | ***allo spuntare del giorno***, au point du jour | ***l'ho spuntata!***, j'y suis arrivé!

spuntare[2] *v.tr.* (*verificare un elenco*) pointer.

spuntato [spun-tà-to] *agg.* épointé.

spuntatura [spun-ta-tù-ra] *n.f.* épointage (*m.*); (*di alberi*) taille.
● ***spuntature di sigaro***, bouts de cigare.

spuntino [spun-ti-no] *n.m.* en-cas*, casse-croute* | *fare uno spuntino*, manger quelque chose.

spunto [spùn-to] *n.m.* 1 idée (*f.*); (*occasione*) occasion (*f.*): *dare spunto*, *offrire lo spunto per*, fournir l'occasion de | *prendere lo spunto da*, s'inspirer de | *film pieno di spunti comici*, film plein de trouvailles burlesques | (*mus.*) *dare lo spunto*, donner le motif 2 (*ripresa*) reprise (*f.*); (*sprint finale*) sprint.

spuntone [spun-tó-ne] *n.m.* 1 (*grossa spina aguzza*) pointe (*f.*); (*grossa punta*) pique (*f.*) 2 (*sporgenza di roccia*) saillie (*f.*).

spupazzare [spu-paz-zà-re] *v.tr.* (*fam.*) (*coccolare*) dorloter, faire* des calins (à) ♦ **spupazzarsi** *v.pron. indiretto* (*fam.*) (*intrattenere*) se farcir: *me lo sono spupazzato tutto il giorno*, j'ai dû me le farcir toute la journée.

spurgare [spur-gà-re] *v.tr.* [coniug. come *legare*] 1 dégorger* 2 (*un fosso, un canale ecc.*) curer; (*una fogna*) vidanger* 3 (*med.*) débarrasser; (*una ferita*) drainer.

spurgo [spùr-go] *n.m.* [pl. *-ghi*] 1 (*lo spurgare*) nettoyage; (*di fossi*) curage; (*di fogne*) vidange (*f.*) 2 (*espettorazione*) expectoration (*f.*) 3 (*materia spurgata di fogna*) vidanges (*f.pl.*).

spurio [spù-rio] *agg.* [pl.m. *-ri*] 1 (*di persona*) illégitime; (*di documento*) apocryphe 2 (*estens.*) (*composito*) composite.

sputacchiare [spu-tac-chià-re] *v.intr.* [aus. *avere*] crachoter ♦ *v.tr.* cracher.

sputacchiera [spu-tac-chiè-ra] *n.f.* crachoir (*m.*).

sputacchio [spu-tàc-chio] *n.m.* [pl. *-chi*] crachat.

sputare [spu-tà-re] *v.tr.* e *intr.* [aus. *avere*] cracher (*anche fig.*): *sputare in faccia a qlcu*, cracher au visage de qqn; *sputare addosso a qlcu*, cracher sur qqn; *sputare insulti*, vomir des injures; *sputare veleno*, cracher son venin; *fare sputare soldi a qlcu*, faire cracher de l'argent à qqn.
● ***sputare l'osso***, vider son sac | ***sputare nel piatto in cui si mangia***, (*fig.*) cracher dans sa soupe | ***sputare sentenze***, pontifier | ***sputa il rospo!***, crache! | ***far sputare sangue***, (*fig.*) faire suer sang et eau.

sputasentenze [spu-ta-sen-tèn-ze] *n.m.* e *f.invar.* je -sais-tout*.

sputato [spu-tà-to] *agg.* (*fam.*) craché: *è suo padre sputato*, il est le portrait tout craché de son père.

sputaveleno [spu-ta-ve-lé-no] *n.m.* e *f.invar.* (langue de) vipère.

sputo [spù-to] *n.m.* crachat.
● ***essere appiccicato con lo sputo***, (*fam.*) ne tenir qu'à un fil | ***fatto con lo sputo***, (*fam.*) fait à la va-vite.

sputtanare [sput-ta-nà-re] *v.tr.* (*volg.*) faire* passer pour un con ♦ **sputtanarsi** *v.pron.* (*volg.*) passer pour un con.

spyware ['spaiwεr] *n.m.invar.* (*inform.*) logiciel espion, espiogiciel.

squadernare [squa-der-nà-re] *v.tr.* 1 ouvrir* (un livre) 2 (*dire apertamente*) dire* ouvertement.

squadra[1] [squà-dra] *n.f.* (*strumento*) équerre: *misurare con la squadra*, mesurer à l'équerre.
● ***squadra da disegno***, équerre à dessiner | ***a, in squadra***, en équerre | ***essere fuori (di) squadra***, ne pas être d'équerre; (*fig.*) ne pas être dans son assiette.

squadra[2] *n.f.* 1 (*gruppo di persone*) équipe | *lavoro a squadre*, travail par équipes 2 (*mil.*) section 3 (*mar., aer.*) escadre.
● ***squadra anticrimine***, brigade antigang | ***squadra mobile***, brigade mobile.

squadrare [squa-drà-re] *v.tr.* 1 mesurer, vérifier à l'équerre | *squadrare un foglio da disegno*, diviser à l'équerre une feuille à dessin 2 (*ridurre in forma quadrata*) équarrir 3 (*guardare attentamente*) dévisager* | *mi squadrò dalla testa ai piedi*, il me toisa de la tête aux pieds ♦ **squadrarsi** *v.pron.rec.* se mesurer*.

squadrato [squa-drà-to] *agg.* équarri; (*di foglio da disegno*) divisé à l'équerre.

squadratura [squa-dra-tù-ra] *n.f.* équarrissage (*m.*); (*di foglio da disegno*) division à l'équerre.

squadriglia [squa-drì-glia] *n.f.* (*mar., aer.*) escadrille.

squadrismo [squa-drì-ʃmo] *n.m.* organisation (*f.*) de groupes armés.

squadro[1] [squà-dro] *n.m.* (*zool.*) squatine (*f.*).

squadro[2] *n.m.* 1 équarrissage 2 équerre (*f.*) d'arpenteur.

squadrone [squa-dró-ne] *n.m.* (*mil.*) escadron.

squagliare [squa-glià-re] *v.tr.* faire* fondre, liquéfier ♦ **squagliarsi** *v.pron.intr.* fondre*, se liquéfier.
● ***squagliarsela***, (*fam.*) se tailler: *dopo pranzo ce la siamo squagliata*, après le dîner on a filé à l'anglaise; *quando*

S

c'è bisogno di lui se la squaglia, quand on a besoin de lui, il se défile.

squalifica [squa-lì-fi-ca] *n.f.* [pl. *-che*] disqualification | (*sport*) *tre giornate di squalifica*, trois journées de suspension.

● (*sport*) ***squalifica del campo***, suspension du terrain.

squalificare [squa-li-fi-cà-re] *v.tr.* [coniug. come *mancare*] disqualifier | (*sport*) *squalificare un campo*, suspendre un terrain ♦ **squalificarsi** *v.pron.* se disqualifier.

squalificato [squa-li-fi-cà-to] *agg.* disqualifié ♦ *n.m.* [f. *-a*] (*sport*) concurrent disqualifié.

squallido [squàl-li-do] *agg.* (*miserabile*) misérable; (*sordido*) sordide; (*di luogo, paesaggio*) désolé: *una squallida vicenda*, une histoire sordide; *uno squallido individuo*, un triste individu | *nella più squallida miseria*, dans la misère la plus noire.

squallore [squal-ló-re] *n.m.* tristesse (*f.*); (*miseria*) misère (*f.*); (*di luoghi, di paesaggi*) désolation (*f.*) | *che squallore la sua vita!*, quelle misérable vie! | *che squallore in quella casa!*, que cette maison est lugubre!

squalo [squà-lo] *n.m.* squale; requin.

squama [squà-ma] *n.f.* **1** (*biol.*) écaille **2** (*med.*) squame.

squamare [squa-mà-re] *v.tr.* écailler ♦ **squamarsi** *v.pron.intr.* **1** perdre* ses écailles **2** (*med.*) se desquamer.

squamato [squa-mà-to] *agg.* e *n.m.* écaillé | *pelle squamata*, peau gercée.

squamoso [squa-mó-so] *agg.* écailleux*; squameux* (*spec. med.*).

squarciagola, a [a squar-cia-gò-la] *avv.* à tue-tête | *chiamare a squarciagola*, appeler à grands cris.

squarciare [squar-cià-re] *v.tr.* [coniug. come *cominciare*] déchirer (*anche fig.*) | *il sole squarciò le nubi*, le soleil perça les nuages ♦ **squarciarsi** *v.pron.intr.* se déchirer.

squarciato [squar-cià-to] *agg.* déchiré.

squarcio [squàr-cio] *n.m.* [pl. *-ci*] **1** déchirure (*f.*): *aprire uno squarcio in qlco*, pratiquer une ouverture dans qqch; *uno squarcio di sereno*, (*estens.*) une éclaircie; *uno squarcio nelle nuvole*, (*estens.*) une trouée dans les nuages **2** (*ferita*) grande blessure (*f.*) **3** (*brano letterario ecc.*) morceau*.

S

squartare [squar-tà-re] *v.tr.* (*animali*) dépecer* (en quartiers); (*persone*) écarteler*.

squartatore [squar-ta-tó-re] *agg.* [f. *-trice*] équarrisseur.

● ***Jack lo Squartatore***, Jack l'Éventreur.

squassare [squas-sà-re] *v.tr.* secouer (*f.*) violemment, ébranler.

squasso [squàs-so] *n.m.* secousse (*f.*) violente, ébranlement.

squatter [skwɔtter] *n.m.invar.* squatteur.

squattrinato [squat-tri-nà-to] *agg.* e *n.m.* [f. *-a*] sans-le-sou*.

squilibrare [squi-li-brà-re] *v.tr.* déséquilibrer ♦ **squilibrarsi** *v.pron.intr.* perdre* l'équilibre.

squilibrato [squi-li-brà-to] *agg.* e *n.m.* [f. *-a*] déséquilibré.

squilibrio [squi-lì-brio] *n.m.* [pl. *-ri*] **1** déséquilibre **2** (*fig.*) (*sproporzione*) disparité (*f.*).

squilla [squil-la] *n.f.* clochette.

squillante [squil-làn-te] *agg.* **1** (*di suono*) aigu* **2** (*di colore*) criard.

squillare [squil-là-re] *v.intr.* [aus. *avere* o *essere*] retentir; (*di campanello, di telefono*) sonner; (*di campana*) tinter.

squillo [squìl-lo] *n.m.* sonnerie (*f.*); (*di campanello*) coup de sonnette | *avvertimi con due squilli di telefono*, fais sonner deux fois le téléphone.

● (*gergo*) (***ragazza***) ***squillo***, call-girl.

squinternare [squin-ter-nà-re] *v.tr.* **1** démantibuler **2** (*fig.*) bouleverser.

squinternato [squin-ter-nà-to] *agg.* **1** démantibulé, déglingué **2** (*fig.*) détraqué ♦ *n.m.* [f. *-a*] (*fam.*) détraqué.

squisitamente [squi-si-ta-mén-te] *avv.* **1** délicieusement **2** (*estremamente*) extrêmement | *squisitamente gentile*, d'une gentillesse exquise **3** (*tipicamente*) typiquement.

squisitezza [squi-ʃi-téz-za] *n.f.* **1** délicatesse (*anche fig.*) **2** (*cibo squisito*) mets exquis: *mangiare delle squisitezze*, manger des mets succulents; *questo dolce è una squisitezza*, ce gâteau est exquis | *che squisitezza!*, c'est un vrai délice!

squisito [squi-ʃì-to] *agg.* exquis (*anche fig.*).

squittio [squit-tì-o] *n.m.* [pl. *-ii*] cri; (*di volpi*) glapissement; (*di uccelli*) gazouillement.

squittire [squit-tì-re] *v.intr.* [coniug. come *finire*; aus. *avere*] (*di topi e simili*) chicoter; (*di uccelli*) gazouiller; (*di volpi*) glapir.

sradicamento [sra-di-ca-mén-to] *n.m.* déracinement (*anche fig.*).

sradicare [ʃra-di-cà-re] *v.tr.* [coniug. come *mancare*] déraciner (*anche fig.*).

sradicato [ʃra-di-cà-to] *agg.* e *n.m.* [f. *-a*] déraciné (*anche fig.*).

sragionare [ʃra-gio-nà-re] *v.intr.* [aus. *avere*] déraisonner; divaguer: *stai sragionando!*, tu es tombé sur la tête!; *la febbre lo faceva sragionare*, la fièvre le faisait divaguer.

sregolatezza [ʃre-go-la-téz-za] *n.f.* dérèglement (*m.*).

sregolato [ʃre-go-là-to] *agg.* déréglé | *essere sregolato nel bere, nel mangiare*, boire, manger excessivement, sans mesure.

srotolare [ʃro-to-là-re] *v.tr.* dérouler ♦ **srotolarsi** *v.pron.intr.* se dérouler.

st, **sst** *inter.* (*per richiedere silenzio*) chut!; (*per attirare l'attenzione*) psitt, pst.

stabbio [stàb-bio] *n.m.* [pl. *-bi*] **1** (*recinto*) parc **2** (*letame*) fumier.

stabile[1] [stà-bi-le] *agg.* **1** stable; (*fig.*) stable, ferme: *è stabile questa scala?*, est-ce que cette échelle est stable?; *economia, governo stabile*, économie, gouvernement stable; *essere stabile nei propositi*, être ferme dans ses résolutions | *dare un assetto stabile a qlco*, (*fig.*) stabiliser qqch | *colori stabili*, couleurs solides **2** (*fig.*) (*permanente*) stable, fixe, permanent; (*durevole*) durable: *un impiego stabile*, un emploi stable; *pace stabile*, paix durable | *prendere stabile dimora*, se fixer | *residenza stabile*, domicile (permanent).

● (***compagnia***) ***stabile*** (***di teatro***), troupe permanente (de théâtre) | ***impiegato in pianta stabile***, employé titulaire (d'un poste) | (***teatro***) ***stabile***, théâtre.

stabile[2] *n.m.* (*edificio*) immeuble.

stabilimento [sta-bi-li-mén-to] *n.m.* **1** établissement; (*fabbrica*) usine (*f.*) | *stabilimento industriale*, établissement industriel **2** (*installazione*) établissement | *stabilimento balneare*, établissement de bains (*o* balnéaire) | *stabilimento carcerario*, pénitencier.

stabilire [sta-bi-lì-re] *v.tr.* [coniug. come *finire*] **1** établir; (*fissare*) fixer: *stabilire i termini di un contratto*, arrêter les termes d'un contrat | *stabilire come principio che*, partir du principe que | *è stabilito che*, il est entendu que | *in data da stabilirsi*, à une date qui sera fixée ultérieurement **2** (*decidere*) décider: *non è ancora stato stabilito nulla*, rien n'a encore été décidé **3** (*accertare*) tirer au clair **4** (*assegnare*) attribuer, allouer ♦ **stabilirsi** *v.pron.intr.* s'établir; (*fissare la propria dimora*) s'installer, se fixer.

stabilità [sta-bi-li-tà] *n.f.invar.* stabilité.

stabilito [sta-bi-lì-to] *agg.* établi; (*fissato*) fixé: *nel giorno e nel luogo stabilito*, à la date fixée et à l'endroit convenu | *principio stabilito a priori*, principe posé a priori | *come stabilito*, comme convenu.

stabilizzare [sta-bi-liʒ-ʒà-re] *v.tr.* stabiliser ♦ **stabilizzarsi** *v.pron.intr.* se stabiliser.

stabilizzatore [sta-bi-liʒ-ʒa-tó-re] *agg.* e *n.m.* [f. *-trice*] stabilisateur*.

stabilizzazione [sta-bi-liʒ-ʒa-zió-ne] *n.f.* stabilisation.

stabilmente [sta-bil-mén-te] *avv.* d'une manière durable; (*definitivamente*) définitivement.

stacanovismo [sta-ca-no-vì-ʃmo] *n.m.* (*econ.*) stakhanovisme.

stacanovista [sta-ca-no-vì-sta] *n.m.* e *f.* e *agg.* stakhanoviste.

staccabile [stac-cà-bi-le] *agg.* détachable.

staccare [stac-cà-re] *v.tr.* [coniug. come *mancare*] **1** détacher: *staccare un quadro dal muro*, décrocher un tableau du mur; *staccare il ricevitore*, décrocher le récepteur | *staccare i cavalli*, dételer les chevaux | (*elettr.*): *staccare la presa*, débrancher; *staccare la corrente*, couper le courant; *staccare il ferro da stiro*, débrancher le fer à repasser | (*aut.*) *staccare la frizione*, débrayer* **2** (*scostare*) éloigner **3** (*separare*) séparer **4** (*sport*) distancer* **5** (*emettere*) émettre* **6** (*recidere*) trancher: *staccare con un colpo netto*, couper net ♦ *v.intr.* [aus. *avere*] **1** (*di colore*) trancher **2** (*terminare di lavorare*) décrocher ♦ **staccarsi** *v.pron.* e *pron.intr.* se détacher (*anche fig.*) | *staccarsi da terra*, (*di aereo*) décoller.
● ***staccare la spina***, débrancher; (*fig.*) se relaxer, faire un break.

staccato [stac-cà-to] *agg.* détaché; (*separato*) séparé.

staccio e *deriv.* → **setaccio** e *deriv.*

staccionata [stac-cio-nà-ta] *n.f.* **1** palissade **2** (*ippica*) barrière.

stacco [stàc-co] *n.m.* [pl. *-chi*] **1** (*lo staccare*) détachement **2** (*spazio*) espace; (*intervallo*) intervalle: *ha dato uno stacco di 100 m all'avversario*, il s'est détaché de 100 m de son adversaire **3** (*risalto*) relief; (*contrasto*) contraste | *fare stacco*, ressortir **4** (*cine.*) découpage.
● (*sport*) ***stacco dal suolo***, détente du sol | ***stacco musicale***, intermède musical | ***stacco pubblicitario***, flash publicitaire.

stadera [sta-dè-ra] *n.f.* romaine: *stadera a ponte*, balance à bascule.

stadio [stà-dio] *n.m.* [pl. *-di*] **1** stade: *andare allo stadio*, aller au stade **2** (*fig.*) (*fase, periodo*) stade, phase (*f.*) **3** (*di missile*) étage: *a più stadi*, multi-étages.
● ***all'ultimo stadio***, à son dernier stade: *la malattia è all'ultimo stadio*, la maladie est à son dernier stade.

staff *n.m.* staff, équipe (*f.*).

staffa [stàf-fa] *n.f.* **1** étrier (*m.*) **2** (*del calzone, delle ghette*) sous-pied* (*m.*).
● ***perdere le staffe***, (*fig.*) sortir de ses gonds | ***tenere il piede in due staffe***, (*fig.*) jouer sur tous les tableaux.

staffetta [staf-fét-ta] *n.f.* **1** (*messaggero*) estafette **2** (*sport*) relais (*m.*) | *fare la staffetta*, (*anche fig.*) prendre le relais ♦ *agg.invar.* pilote.
● (*nuoto*) ***staffetta mista***, relais 4x100 quatre nages | ***corsa a staffetta***, course de relais.

staffettista [staf-fet-tì-sta] *n.m.* e *f.* (*sport*) relayeur/euse.

staffiere [staf-fiè-re] *n.m.* palefrenier.

staffilare [staf-fi-là-re] *v.tr.* **1** fouetter **2** (*fig.*) cingler.

staffilata [staf-fi-là-ta] *n.f.* **1** coup (*m.*) de fouet **2** (*sport*) (*tiro violento*) tir (*m.*) de plein fouet.

staffile [staf-fì-le] *n.m.* **1** cravache (*f.*); (*frusta*) fouet **2** (*di staffa*) étrivière (*f.*).

stafilococco [sta-fi-lo-còc-co] *n.m.* [pl. *-chi*] (*biol.*) staphylocoque.

stagionale [sta-gio-nà-le] *agg.* e *n.m.* saisonnier* | (*abbonamento*) *stagionale*, forfait saisonnier ♦ *n.m.* e *f.* (*lavoratore*) saisonnier/ère.

stagionare [sta-gio-nà-re] *v.tr.* (*legno*) faire* sécher; (*salumi*) faire* mûrir; (*formaggio*) affiner; (*vino*) faire* vieillir.

stagionato [sta-gio-nà-to] *agg.* **1** (*di legno*) sec*; (*di salumi*) sec*; (*di formaggio*) affiné, fait; (*di vino*) vieilli **2** (*fig. scherz.*) d'âge mûr: *uno scapolo stagionato*, un vieux garçon; *comincia a essere stagionato*, il commence à avoir un certain âge.

stagionatura [sta-gio-na-tù-ra] *n.f.* (*di legno*) séchage (*m.*); (*di salumi*) maturation, mûrissage (*m.*); (*di formaggio*) affinage (*m.*), mûrissage (*m.*); (*di vino*) vieillissement (*m.*).

stagione [sta-gió-ne] *n.f.* **1** (*ripartizione dell'anno*) saison: *le quattro stagioni*, les quatre saisons **2** (*periodo, epoca*) saison: *la stagione delle piogge*, la saison des pluies; *la stagione teatrale*, la saison théâtrale; *la stagione calcistica*, la saison du championnat de football.
● ***alta stagione***, ***bassa stagione***, haute (*o* pleine) saison, basse saison | ***di stagione***, de saison | ***fuori stagione***, hors saison: *frutto fuori stagione*, fruit hors saison | (*econ.*) ***la stagione morta***, la morte saison | ***mezza stagione***, demi-saison.

stagista [sta-gì-sta] *n.m.* e *f.* stagiaire.

stagliarsi [sta-gliàr-si] *v.pron.* se profiler (**sur**), se détacher (**sur**).

stagnaio [sta-gnà-io] *n.m.* [f. *-a*; pl. *-ai*] étameur; (*lattoniere*) ferblantier.

stagnante [sta-gnàn-te] *agg.* stagnant (*anche fig.*): *acqua stagnante*, eau dormante, stagnante; *aria stagnante*, air confiné.

stagnare[1] [sta-gnà-re] *v.tr.* **1** (*rivestire con stagno*) étamer; (*saldare con stagno*) rétamer **2** (*rendere impenetrabile*) étancher.

stagnare[2] *v.intr.* [aus. *avere*] **1** (*di fluidi*) stagner; (*di fiumi*) cesser de couler **2** (*fig.*) (*non avere sviluppo, incremento*) stagner ♦ *v.tr.* (*un liquido*) étancher ♦ **stagnarsi** *v.pron.* s'arrêter de couler.

stagnatura [sta-gna-tù-ra] *n.f.* **1** étamage (*m.*); (*strato di stagno applicato*) étamure **2** (*il rendere impermeabile*) étanchement (*m.*).

stagnazione [sta-gna-zió-ne] *n.f.* stagnation.

S

stagnino [sta-gnì-no] ***n.m.*** (*region.*) → **stagnaio**.

stagno[1] [stà-gno] ***n.m.*** (*chim.*) étain.

stagno[2] ***agg.*** **1** (*ermetico*) étanche **2** (*region.*) (*sodo*) ferme.
● ***la tenuta stagna***, l'étanchéité: *a tenuta stagna*, étanche.

stagno[3] ***n.m.*** étang.

stagnola [sta-gnò-la] ***n.f.***
● (***carta***) ***stagnola***, papier d'aluminium; (*fam.*) alu.

stalagmite [sta-lag-mì-te] ***n.f.*** (*geol.*) stalagmite.

stalattite [sta-lat-tì-te] ***n.f.*** (*geol.*) stalactite.

staliniano [sta-li-nià-no] ***agg.*** e ***n.m.*** [f. *-a*] stalinien*.

stalinismo [sta-li-nì-ʃmo] ***n.m.*** stalinisme.

stalinista [sta-li-nì-sta] ***agg.*** e ***n.m.*** e ***f.*** stalinien/enne.

stalla [stàl-la] ***n.f.*** étable; (*per cavalli*) écurie; (*per pecore*) bergerie; (*per maiali*) porcherie (*anche fig.*).
● ***passare dalle stelle alle stalle***, (*fig.*) tomber de son piédestal.

FAUX AMI
Da non confondere con *stalle*, che significa *stallo, scanno*.

stallatico [stal-là-ti-co] ***n.m.*** [pl. *-ci*] fumier.

stalliere [stal-liè-re] ***n.m.*** [f. *-a*] garçon d'écurie, palefrenier.

stallo [stàl-lo] ***n.m.*** **1** (*in chiesa*) stalle (*f.*); (*in parlamento*) siège, banc **2** (*negli scacchi*) pat **3** (*aer.*) perte (*f.*) de vitesse **4** (*inform.*) impasse (*f.*), blocage.
● ***costringere in una posizione di stallo***, (*fig.*) tenir en échec | ***essere in posizione di stallo***, (*fig.*) en être toujours au même point | ***situazione di stallo***, (*fig.*) point mort.

stallone [stal-ló-ne] ***n.m.*** étalon.

stamani [sta-mà-ni] ***avv.*** → **stamattina**.

stamattina [sta-mat-tì-na] ***avv.*** ce matin.

stambecco [stam-béc-co] ***n.m.*** [pl. *-chi*] bouquetin.

stamberga [stam-bèr-ga] ***n.f.*** [pl. *-ghe*] taudis (*m.*).

stambugio [stam-bù-gio] ***n.m.*** [pl. *-gi*] taudis.

stame [stà-me] ***n.m.*** **1** (*bot.*) étamine (*f.*) **2** (*ind. tess.*) étaim; (*filo*) fil.

stamigna [sta-mì-gna] **stamina** ***n.f.*** (*tessuto*) étamine.

staminale[1] [sta-mi-nà-le] ***agg.*** (*bot.*) staminal*.

staminale[2] ***agg.*** (*biol.*) staminal*.
● ***cellule staminali***, cellules staminales.

staminifero [sta-mi-nì-fe-ro] ***agg.*** (*bot.*) staminé.

S

stampa [stàm-pa] ***n.f.*** **1** (*la tecnica*) imprimerie **2** (*lo stampare, il suo risultato*) impression: *la stampa non è chiara*, l'impression n'est pas nette **3** (*i giornali e i giornalisti*) presse: *la stampa di partito*, la presse politique | *godere di buona, cattiva stampa*, avoir bonne, mauvaise presse **4** (*riproduzione, da matrice*) estampe, gravure: *una stampa a colori*, une gravure en couleurs **5** (*pl.*) (*stampati spec. inviati per posta*) imprimés (*m.*) **6** (*fot.*) tirage (*m.*).
● (*fot.*): ***stampa a colori***, tirage en couleur; ***stampa a contatto, a ingrandimento***, tirage par contact, par agrandissement | ***stampa in bianca, in volta***, impression premier côté, second côté | ***agenzia stampa***, agence de presse | ***andare in stampa***, être mis sous presse | ***bozze di stampa***, épreuves | ***dare alle stampe***, publier | ***in corso di stampa***, sous presse | ***libertà di stampa***, liberté de presse | ***macchina da stampa***, machine à imprimer | ***sala stampa***, salle de presse | ***spese di stampa***, frais d'impression.

stampaggio [stam-pàg-gio] ***n.m.*** [pl. *-gi*] **1** moulage **2** (*di tessuti*) impression (*f.*).

stampante [stam-pàn-te] ***n.f.*** (*inform.*) imprimante.
● ***stampante a matrice***, imprimante matricielle | ***stampante a punti***, imprimante par points | ***stampante di terminale***, imprimante de pupitre | ***stampante laser, a getto d'inchiostro***, imprimante à laser, a jet d'encre | ***stampante parallela***, imprimante ligne par ligne.

stampare [stam-pà-re] ***v.tr.*** **1** imprimer: *stampare un manifesto, un tessuto*, imprimer une affiche, un tissu **2** (*dare alle stampe*) imprimer; (*pubblicare*) publier: *di questo giornale si sono stampate centomila copie*, ce journal a été tiré à cent mille exemplaires; *di questo volume sono state stampate mille copie*, on a tiré mille exemplaires de cet ouvrage | *non badare a quello che stampano i giornali*, ne fais pas attention à ce qu'écrivent les journaux **3** (*imprimere*) graver (*anche fig.*): *stampatelo bene in mente*, grave-toi bien cela dans la tête **4** (*metalli, cuoio*) estamper **5** (*riprodurre mediante stampo*) mouler: *stampare monete*, frapper des monnaies; *stampare banconote*, imprimer des billets de banque **6** (*fot.*) tirer: *stampare un provino*, tirer une épreuve ♦ **stamparsi** ***v.pron.*** (*fig.*) s'imprimer, se graver.
● ***stampare a colori***, imprimer en couleurs | (*tip.*) ***visto, si stampi***, bon à tirer.

stampata [stam-pà-ta] ***n.f.*** listing (*m.*); (*a modulo continuo*) listage (*m.*).

stampatello [stam-pa-tèl-lo] ***agg.*** e ***n.m.***
● (***carattere***) ***stampatello***, lettre moulée | ***scrivere a stampatello***, écrire en caractères d'imprimerie.

stampato [stam-pà-to] ***agg.*** imprimé; (*di cuoio, metallo*) estampé; (*mediante stampo*) moulé: *immagine stampata nella memoria*, (*fig.*) image gravée dans la mémoire; *porta stampata in fronte la menzogna*, (*fig.*) il respire le mensonge ♦ ***n.m.*** imprimé, brochure (*f.*).

stampatore [stam-pa-tó-re] ***n.m.*** [f. *-trice*] **1** (*tip.*) imprimeur **2** (*di cuoio, metallo*) estampeur **3** (*di pezzi meccanici*) fondeur; (*di materiale plastico*) mouleur.

stampatrice [stam-pa-trì-ce] ***n.f.*** (*cine., fot.*) châssis -presse* (*m.*), tireuse.

stampella [stam-pèl-la] ***n.f.*** **1** béquille; (*con supporto per avambraccio*) canne anglaise: *camminare con le stampelle*, marcher avec des béquilles **2** (*gruccia per abiti*) cintre (*m.*).

stamperia [stam-pe-rì-a] ***n.f.*** (*antiq.*) imprimerie.

stampiglia [stam-pì-glia] ***n.f.*** estampille.

stampigliare [stam-pi-glià-re] ***v.tr.*** estampiller.

stampigliatura [stam-pi-glia-tù-ra] ***n.f.*** estampillage (*m.*).

stampino [stam-pì-no] ***n.m.*** **1** pochoir **2** (*punteruolo*) poinçon **3** (*formina*) moule.
● ***sembrano fatti con lo stampino***, (*fig.*) ils semblent sortis d'un même moule.

stampo [stàm-po] ***n.m.*** **1** (*strumento per stampare*) pochoir; (*legno, cuoio*) estampe (*f.*); (*metalli*) étampe (*f.*) **2** (*fig.*) (*carattere, qualità*) moule: *di tipi così si è perso lo stampo*, des gens comme ça, on n'en fait plus; *un assassinio di stampo mafioso*, un assassinat typiquement maffieux; *non frequento gente di quello stampo*, (*spreg.*) je ne fréquente pas des gens de cette espèce.
● ***di vecchio stampo***, de la vieille école: *persona di vecchio stampo*, personne de la vieille école | ***essere dello stesso stampo***, (*spreg.*) être tous du même acabit | ***fatti con lo stampo***, (*fig.*) sortis du même moule.

stampone [stam-pó-ne] ***n.m.*** (*tip.*) épreuve (*f.*).

stanare [sta-nà-re] ***v.tr.*** **1** débusquer **2** (*fig.*) dénicher.

stanca [stàn-ca] ***n.f.*** [pl. *-che*] étale (*m.*) | *un periodo di stanca*, (*fig.*) une période de stagnation.
● ***fiume in stanca***, fleuve étale | ***mare in stanca***, mer à l'étale.

stancamente [stan-ca-mén-te] ***avv.*** péniblement.

stancare [stan-cà-re] ***v.tr.*** [coniug. come *mancare*] fatiguer: *la passeggiata mi ha stancato*, la promenade m'a fatigué; *un colore che dopo un po' stanca*, (*estens.*) une couleur dont on se lasse vite ♦ **stancarsi** ***v.pron.*** e ***pron.intr.*** se lasser, se fatiguer: *quando corro mi stanco subito*, quand je cours je me fatigue tout de suite | *stancarsi di qlco, di qlcu*, en avoir assez de qqch, de qqn | *non stancarsi mai di*, ne jamais se lasser de.

stanchezza [stan-chéz-za] ***n.f.*** fatigue: *non sentire la stanchezza*, ne pas être fatigué; *sfinito di stanchezza*, mort de fatigue; *essere vinto dalla stanchezza*, succomber à la fatigue; *non si regge in piedi dalla stanchezza*, il tombe de fatigue | *una botta di stanchezza*, un coup de barre | *il pubblico dava segni di stanchezza*, le public donnait des signes de lassitude.

stanco [stàn-co] ***agg.*** [pl.m. *-chi*, f. *-che*] fatigué; las*: *torna stanco dal lavoro*, il revient fatigué du travail; *parlava con voce stanca*, il parlait d'une voix lasse; *hai gli occhi stanchi*, tu as les yeux fatigués; *con un gesto stanco*, d'un geste las | *essere stanco di*, en avoir assez de | (*econ.*) *mercato stanco*, marché inactif.
● ***stanco morto***, ***da morire***, mort de fatigue, crevé.

stand [stɛnd] ***n.m.invar.*** stand.

standard [stàn-dard] ***n.m.*** standard.
● ***standard di riferimento***, (*per pesi e misure*) étalon.

standardizzare [stan-dar-diʒ-ʒà-re] ***v.tr.*** standardiser.

standardizzato [stan-dar-diʒ-ʒà-to] ***agg.*** standardisé.

standardizzazione [stan-dar-diʒ-ʒa-zió-ne] ***n.f.*** standardisation.

standby [stɛnd'bai] ***n.m.invar.*** (*banca, aer.*) stand-by.

standista [stan-dì-sta] ***n.m.*** e ***f.*** **1** installateur/trice de stands, monteur/euse de stands **2** (*addetto allo stand*) responsable de stand **3** (*espositore*) exposant/e.

stanga [stàn-ga] ***n.f.*** [pl. *-ghe*] **1** (*sbarra*) barre; (*dell'uscio*) bâcle; (*del carro*) brancard (*m.*); (*della carrozza*) limon (*m.*); (*dell'aratro*) age (*m.*) **2** (*fig. fam.*) grande perche.

stangare [stan-gà-re] ***v.tr.*** [coniug. come *legare*] **1** donner des coups de barre (**à**) **2** (*fig. fam.*) matraquer: *stangare i contribuenti con nuove tasse*, écraser les contribuables sous le poids de nouveaux impôts; *in questo ristorante stangano*, dans ce restaurant, on se fait arnaquer | *l'hanno stangato (all'esame)*, il s'est fait coller (à l'examen).

stangata [stan-gà-ta] ***n.f.*** **1** coup (*m.*) de barre **2** (*fig. fam.*) matraquage (*m.*): *la stangata fiscale*, le matraquage fiscal; *che stangata!*, (*di prezzi*) quel coup de fusil! | *dare una stangata a qlcu*, arnaquer qqn | *prendere una stangata* (*agli esami, alle elezioni ecc.*), ramasser une veste **3** (*con la palla*) coup (*m.*) sec, coup (*m.*) violent; (*calcio*) shoot (*m.*).

stanghetta [stan-ghét-ta] ***n.f.*** **1** (*piccola stanga*) petite barre **2** (*di serratura*) pêne (*m.*); (*del saliscendi*) clenche **3** (*di occhiali*) branche **4** (*mus.*) barre de mesure.

stanotte [sta-nòt-te] ***avv.*** cette nuit.

stante [stàn-te] ***agg.*** e ***prep.***
● ***stante*** (***il fatto***) ***che***, (*poiché*) vu que, attendu que | ***a sé stante***, indépendant: *ufficio a sé stante*, bureau indépendant | ***seduta stante***, séance tenante.

stantio [stan-tì-o] ***agg.*** [pl. *-ii*] **1** (*di pane*) moisi; (*di grasso*) rance **2** (*fig.*) (*vecchio*) dépassé; (*fuori moda*) suranné ♦ ***n.m.*** (*di pane*) moisi; (*di grasso*) rance.

stantuffo [stan-tùf-fo] ***n.m.*** piston.

stanza [stàn-za] ***n.f.*** **1** pièce; chambre; salle: *un appartamento di quattro stanze*, un appartement de quatre pièces; *un albergo con duecento stanze*, un hôtel de deux cents chambres **2** (*ufficio*) bureau* (*m.*) **3** (*mil.*) garnison **4** (*lett.*) stance.
● ***stanza da affittare***, chambre à louer | (***stanza da***) ***bagno***, salle de bains | ***stanza dei bottoni***, (*fig.*) salle des commandes | ***stanza*** (***da letto***), chambre (à coucher) | ***stanza di lavoro***, salle de travail | (***stanza di***) ***soggiorno***, salle de séjour | (*mil.*) ***essere di stanza a***, (*di reparto*) tenir garnison à; (*di militare*) être en garnison à.

> NOTA **Stanza**: ***pièce***, ***chambre*** o ***salle***?
> ***Pièce*** indica genericamente un locale; poi, a seconda della destinazione, si dirà ***chambre*** per designare l'ambiente in cui si dorme, ***salle*** quello grande oppure quello destinato a un uso particolare.

stanzetta [stan-zét-ta] ***n.f.*** petite pièce.

stanziale [stan-zià-le] ***agg.*** **1** (*di uccelli*) non migrateur* **2** (*mil.*) en garnison.

stanziamento [stan-zia-mén-to] ***n.m.*** **1** affectation (*f.*); (*somma stanziata*) somme allouée, dotation (*f.*) **2** (*insediamento*) établissement.

stanziare [stan-zià-re] ***v.tr.*** affecter; (*iscrivere nel bilancio*) inscrire* au budget: *stanziare dei fondi per l'erezione di un ospedale*, affecter des fonds à la construction d'un hôpital ♦ **stanziarsi** ***v.pron.intr.*** s'établir, se fixer; (*di truppe*) tenir* garnison.

stanzino [stan-zì-no] ***n.m.*** débarras, (*spogliatoio*) penderie (*f.*).

stappare [stap-pà-re] ***v.tr.*** déboucher.

star ***n.f.invar.*** star, vedette.

stare [stà-re] ***v.intr.*** [pres.indic. *io sto*, *tu stai* ecc., *essi stanno* ecc.; p.rem. *io stetti*, *tu stesti* ecc.; fut.indic. *io starò* ecc.; pres.cong. *che io stia* ecc.; imp. *sta* o *stai*, *state*; p.p. *stato*; aus. *essere*] **1** (*rimanere*) rester: *deve stare a letto*, il doit garder le lit; *sta fuori tutto il giorno*, il est dehors toute la journée; *starò in casa ad aspettarti*, je serai a t'attendre chez moi; *sta' fermo!*, reste tranquille! | *non può stare senza bere*, il ne peut pas s'empêcher de boire **2** (*essere*) être*: *le cose stanno così*, c'est comme ça et pas autrement; *la faccenda sta in questi termini*, l'affaire se présente ainsi; (*così*) *sta scritto*, c'est ce qui est écrit; *a quanto stanno le azioni della XY?*, où en sont les actions de la XY?; *sta' sicuro che verrà*, tu peux être sûr qu'il viendra; *sta' buono!*, sois sage! | *da che parte stai?*, (*per chi parteggi*) de quel côté, dans quel camp es-tu? **3** (*abitare*) habiter; (*alloggiare*) loger*: *sto a Milano da dieci anni*, j'habite (à) Milan (*o* je vis à Milan) depuis dix ans **4** (*essere situato, trovarsi*) être* situé, se trouver: *la passeggiata sta a pochi metri dal mare*, la promenade se trouve à quelques mètres de la mer **5** (*consistere*) consister (**à**): *la difficoltà sta tutta qui*, toute la difficulté est là **6** (*riferito a salute, aspetto, comodità*) aller*: *come sta?*, comment allez-vous?; *come stai di salute?*, ta santé est bonne?; *come ti stanno queste scarpe?*, comment te vont ces chaussures? | *come stiamo a soldi?*, comment ça va côté finances? **7** (*accadere*) se passer: *cos'è stato?*, que s'est-il passé?, qu'est-ce qui s'est passé?; *che ne è stato di tutto il mio lavoro?*, où est passé tout

S

mon travail? **8** (*attenersi*) s'en tenir*: *bisogna stare agli ordini*, il faut s'en tenir aux ordres; *stare ai fatti*, s'en tenir aux faits **9** (*spettare, toccare*) être*: *non sta a te giudicare*, ce n'est pas à toi de juger | *se stesse in me*, si ça ne tenait qu'à moi **10** (*mat.*) être*: *2 sta a 4 come 8 sta a 16*, 2 est à 4 ce que 8 est à 16; *il 2 nel 4 ci sta due volte*, il y a deux fois 2 dans 4 **11** (*seguito da ger.*) être* en train (**de**); (*essere sul punto di*) être* sur le point (**de**), aller* (*seguito da inf.*): *sto lavorando, non vedi?*, tu ne vois pas que je suis en train de travailler?; *stavo uscendo*, j'allais sortir; *no, non stavo facendo niente*, non, je ne faisais rien
♦ **starsi**, **starsene** *v.pron.* rester: *se ne stava lì, solo soletto*, il restait, était là, tout seul.
● ***stare a***, (*seguito da inf.*): *è stato a leggere fino a mezzanotte*, il a lu jusqu'à minuit; *siamo stati a parlare per ore*, nous avons parlé pendant des heures; *staremo a vedere*, nous verrons; *starò a vedere come si mettono le cose*, j'attendrai de voir comment les choses se passent; *sta' a vedere che non posso fare il mio comodo!*, ce serait un peu fort que je ne puisse pas faire ce qui me plaît!; *sta' a vedere che anche oggi non verrà*, je te parie qu'aujourd'hui non plus il ne viendra pas | ***stare bene***, aller bien; (*di salute*) bien se porter; (*essere d'accordo*) être d'accord; (*essere conveniente*) être convenable: *quel soprabito non gli sta bene*, ce pardessus ne lui va pas bien; *stanno bene insieme*, ils vont bien ensemble; *stare bene con qlcu*, se trouver bien en compagnie de qqn; *mi sta bene*, ça me va; *ben ti sta!, ti sta bene!*, c'est bien fait pour toi!; *non sta bene dire certe cose*, ça ne se fait pas de dire certaines choses; *stare bene a soldi*, avoir de l'argent; *stammi bene!*, porte-toi bien! | ***stare con qlcu***, (*parteggiare*) prendre le parti de qqn; (*avere una relazione*) être, sortir avec qqn, (*convivere*) vivre avec qqn, cohabiter: *sta con un tipo poco raccomandabile*, elle fréquente un drôle de type; *sta con lui*, elle vit avec lui | ***stare dietro***, (*seguire*) suivre; (*sorvegliare, badare*) surveiller (qqn); (*importunare*) être toujours derrière qqn | ***stare male***, aller mal; (*di salute*) être mal, ne pas se sentir bien; (*essere sconveniente*) être mal élevé; (*fare brutta impressione*) faire mauvais effet: *sto male solo a pensarci*, rien que d'y penser, j'en suis malade; *stare male a quattrini*, manquer d'argent | ***stare per***, (*essere sul punto di*) être sur le point de, aller (*seguiti da inf.*): *stava per dirglielo*, il était sur le point de, il allait le lui dire | ***stare sulle sue***, (*fig.*) rester sur son quant-à-soi: *è uno che sta sulle sue*, c'est quelqu'un qui reste sur son quant-à-soi | ***dire le cose come stanno***, dire ce qu'il en est | ***lasciare stare***, laisser tomber | ***stando a quel che si dice***, d'après ce qu'on dit | ***tutto sta***, le tout est: *tutto sta ad, nell'arrivare in tempo*, le tout est d'arriver à temps.
□ **starci** (*essere contenuto*) entrer; (*esserci spazio per*) y avoir* de la place, tenir*; (*fam.*) (*acconsentire*) être* d'accord: *nella tua valigia non ci sta niente*, dans ta valise il n'entre pas grand-chose, on ne peut pas mettre grand-chose; *nel salone ci stanno fino a cento persone*, le salon peut contenir jusqu'à cent personnes; *ci sto!, ci stiamo!*, (*va bene, d'accordo*) très bien, d'accord!; *non ci sto!*, je ne suis pas d'accord! | *è una che ci sta, che non ci sta*, (*fam.*) c'est, ce n'est pas une fille facile.

starna [stàr-na] *n.f.* (*zool.*) perdrix grise.

starnazzare [star-naz-zà-re] *v.intr.* [aus. *avere*] **1** battre* des ailes **2** (*fig.*) piailler.

starnutatorio [star-nu-ta-tò-rio] *agg.* [pl.m. *-ri*] sternutatoire ♦ *n.m.* poudre (*f.*) sternutatoire.

starnutire [star-nu-tì-re] *v.intr.* [coniug. come *finire*; aus. *avere*] éternuer.

starnuto [star-nù-to] *n.m.* éternuement: *fare uno starnuto*, éternuer.

starter [stàr-ter] *n.m.invar.* starter.

stasare [sta-sà-re *o* staʃàre] *v.tr.* déboucher.

stasera [sta-sé-ra] *avv.* ce soir.

stasi [stà-ʃi] *n.f.invar.* **1** (*med.*) stase **2** (*fig.*) stagnation.

statale [sta-tà-le] *agg.* de l'État; (*pubblico*) public*, d'État: *ente statale*, organisme public; *amministrazione statale*, administration publique; *sovvenzione statale*, subvention de l'État; *impiegato, dipendente statale*, fonctionnaire ♦ *n.m.* e *f.* fonctionnaire.
● ***scuola statale***, (*istituto*) école publique, (*istruzione*) enseignement public | (***strada***) ***statale***, (route) nationale.

statalismo [sta-ta-lì-ʃmo] *n.m.* étatisme.

statalista [sta-ta-lì-sta] *n.m.* e *f.* étatiste.

statalizzare [sta-ta-liʒ-ʒà-re] *v.tr.* nationaliser; étatiser.

statalizzazione [sta-ta-liʒ-ʒa-zió-ne] *n.f.* nationalisation; étatisation.

statica [stà-ti-ca] *n.f.* [pl. *-che*] statique.

staticità [sta-ti-ci-tà] *n.f.invar.* **1** statisme (*m.*) **2** (*fig.*) immobilisme (*m.*); (*del mercato*) stagnation: *la staticità del suo volto*, l'immobilité de son visage.

statico [stà-ti-co] *agg.* [pl.m. *-ci*, f. *-che*] statique (*anche fig.*).

statina [sta-tì-na] *n.f.* (*farm.*) (*spec.pl.*) statine.

statino [sta-tì-no] *n.m.* (*amm.*) relevé.

station-wagon [steʃon'wɛgon] *agg.* e *n.f.invar.* (*aut.*) breack.

statista [sta-tì-sta] *n.m.* e *f.* homme/femme d'État.

statistica [sta-tì-sti-ca] *n.f.* [pl. *-che*] statistique.

statisticamente [sta-ti-sti-ca-mén-te] *avv.* statistiquement.

statistico [sta-tì-sti-co] *agg.* [pl.m. *-ci*, f. *-che*] statistique ♦ *n.m.* [f. *-a*] statisticien*.

stato[1] [stà-to] *n.m.* **1** état; (*situazione*) situation (*f.*): *il ferito è in grave stato*, le blessé est dans un état grave; *migliorare il proprio stato*, améliorer sa situation; *in che stato s'è ridotto*, il est dans un triste état; *in che stato sei!*, dans quel état tu t'es mis! | *nel mio stato*, (*fisico*) dans mon état, (*nella mia posizione*) dans ma situation **2** (*pol.*) État **3** (*inform.*) état, mode **4** (*gramm.*) état: *complemento di stato in luogo*, complément de lieu **5** (*chim., fis.*) état: *stato liquido, solido, gassoso*, état liquide, solide, gazeux **6** (*amm., dir.*) état.
● (*pol.*) ***stato canaglia***, état voyou | (*comm.*) ***stato di cassa***, situation de caisse | (*amm.*) ***stato patrimoniale***, situation de fortune | (*st. fr.*) ***Stati Generali***, États Généraux | (*amm.*) (***certificato di***) ***stato di famiglia***, extrait du livret de famille | ***allo stato brado***, à l'état sauvage | (*amm.*) ***archivio di stato***, Archives nationales | (*pol.*) ***colpo di stato***, coup d'État | ***esame di stato***, baccalauréat, bac | ***essere in stato interessante***, attendre un enfant | ***funerale di stato***, funérailles nationales | ***in stato di***, en état de: *essere in stato d'incoscienza*, être inconscient | (*st. fr.*) ***il Terzo Stato***, le Tiers État | (*st.*) ***la città-stato***, la cité.

stato[2] *p.p.* di **essere**[1].

statua [stà-tua] *n.f.* statue: *innalzare una statua*, dresser (*o* élever *o* ériger) une statue; *era la statua del dolore*, (*fig.*) elle était l'image même de la douleur | *statua giacente*, gisant.

statuaria [sta-tu-à-ria] *n.f.* statuaire.

S

statuario [sta-tu-à-rio] *agg.* [pl.m. *-ri*] statuaire: *arte statuaria*, statuaire; *bellezza statuaria*, beauté sculpturale.

statuetta [sta-tuét-ta] **statuina** *n.f.* statuette.
● ***giocare alle belle statuine***, (*gioco infantile*) jouer aux statues.

statunitense [sta-tu-ni-tèn-se] *agg.* des États-Unis, américain ♦ *n.m.* e *f.* (*abitante*) citoyen/enne des États -Unis, États-Unien/enne, Américain/e.

statura [sta-tù-ra] *n.f.* 1 taille 2 (*fig.*) valeur.

staturale [sta-tu-rà-le] *agg.* statural*.

status [stà-tus] *n.m.invar.* (*posizione giuridica*) statut.

status symbol [stà-tus sým-bol] *n.m.invar.* symbole social, signe extérieur de richesse.

statutario [sta-tu-tà-rio] *agg.* [pl.m. *-ri*] statutaire.

statuto [sta-tù-to] *n.m.* (*pol.*) statut; (*di società ecc.*) statuts (*pl.*).

stavolta [sta-vòl-ta] *avv.* (*fam.*) cette fois-ci.

stazionamento [sta-zio-na-mén-to] *n.m.* stationnement.
● ***area di stazionamento***, (*all'aeroporto*) aire du trafic.

stazionare [sta-zio-nà-re] *v.intr.* [aus. *avere*] stationner.

stazionario [sta-zio-nà-rio] *agg.* [pl.m. *-ri*] stationnaire (*anche fig.*).

stazione [sta-zió-ne] *n.f.* 1 gare: *stazione della metropolitana, dei taxi*, station de métro, de taxis; *stazione di autolinee*, gare routière; *stazione di frontiera*, gare frontière; *stazione di testa*, terminus 2 (*sede di un determinato servizio*) poste (*m.*); (*con installazioni*) station: *stazione radio pirata*, station pirate; *stazione trasmittente*, station émettrice 3 (*luogo di soggiorno*) station 4 (*scient.*) (*postura*) station: *stazione eretta*, station debout.
● ***stazione dei carabinieri***, gendarmerie | ***stazione di servizio***, station-service | ***stazione meteorologica***, station météorologique | ***stazione spaziale***, station spatiale.

stazza [stàz-za] *n.f.* 1 (*mar.*) tonnage (*m.*), jauge | *tonnellata di stazza*, tonneau 2 (*fig.*) (*corporatura robusta*) large carrure.

stazzare [staz-zà-re] *v.tr.* (*mar.*) jauger*.

stazzo [stàz-zo] *n.m.* (*per bestiame*) parc.

stazzonare [staz-zo-nà-re] *v.tr.* froisser, chiffonner.

steatite [ste-a-tì-te] *n.f.* (*min.*) stéatite.

stecca [stéc-ca] *n.f.* [pl. *-che*] 1 baguette 2 (*da biliardo*) queue 3 (*di ombrello, busto*) baleine 4 (*per scultori*) ébauchoir (*m.*) 5 (*ortopedia*) éclisse 6 (*fig.*) (*mus.*) couac (*m.*) 7 (*di sigarette*) cartouche 8 (*mar.*) gousset (*m.*) de latte.

steccare [stec-cà-re] *v.tr.* [coniug. come *mancare*] 1 clôturer 2 (*mus.*) (*una nota*) rater 3 (*med.*) éclisser ♦ *v.intr.* [aus. *avere*] (*fig.*) (*mus.*) (*di uno strumento*) faire* une fausse note; (*di un cantante*) faire* un canard, un couac.

steccato [stec-cà-to] *n.m.* 1 barrière (*f.*), palissade (*f.*) | *correre allo steccato*, (*di cavallo*) tenir la corde 2 (*spiazzo recintato*) enclos.

stecchetto [stec-chét-to] *n.m.*
● ***stare a stecchetto***, (*di denaro*) serrer la ceinture; (*di cibo*) se mettre au régime | ***tenere a stecchetto qlcu***, (*di cibo*) rationner qqn; (*di denaro*) donner de l'argent au compte-gouttes.

stecchino [stec-chì-no] *n.m.* cure-dent*.

stecchire [stec-chì-re] *v.tr.* [coniug. come *finire*] étendre* raide mort.

stecchito [stec-chì-to] *agg.* desséché; (*magrissimo*) sec*; (*sbalordito*) sidéré, médusé | *rimanere (morto) stecchito*, tomber raide mort.

stecco [stéc-co] *n.m.* [pl. *-chi*] 1 brindille (*f.*) | *ridursi uno stecco*, (*fig.*) devenir maigre comme un clou 2 (*spiedino*) broche (*f.*).

stecconata [stec-co-nà-ta] *n.f.* **stecconato** *n.m.* palissade (*f.*), clôture (*f.*).

steccone [stec-có-ne] *n.m.* planche (*f.*).

steeple-chase [stipl'tʃɛz] *n.m.invar.* (*corsa di cavalli con ostacoli*) steeple-chase*, steeple.

stegosauro [ste-go-sàu-ro] *n.m.* (*paleont.*) stégosaure.

stele [stè-le] *n.f.* [pl. *invar.* o *-i*] stèle.

stella [stél-la] *n.f.* 1 (*astr.*) étoile (*anche fig.*): *una notte di stelle*, une nuit étoilée | *il costo della vita è alle stelle*, le coût de la vie a grimpé vertigineusement | *le sue grida arrivavano alle stelle*, on l'entendait crier à vingt lieues à la ronde 2 (*sorte, destino*) étoile: *può ringraziare la sua buona stella*, elle peut remercier sa bonne étoile 3 (*classificazione alberghiera*) étoile: *un albergo a tre, quattro stelle*, un (hôtel) trois, quatre étoiles 4 (*persona di successo*) star 5 (*imbarcazione*) star.
● (*bot.*): ***stella alpina***, edelweiss, pied-de-lion; ***stella di Natale***, poinsettia | (*zool.*) ***stella marina, di mare***, étoile de mer | ***stella filante***, (*di carnevale*) serpentin | ***a stella***, en forme d'étoile: *cacciavite a stella*, tournevis cruciforme | ***dormire sotto le stelle***, coucher à la belle étoile | ***portare alle stelle qlcu, qlco***, porter qqn, qqch aux nues | ***vedere le stelle***, (*fig.*) voir trente-six chandelles.

FAUX AMI
Da non confondere con il francese *stèle*, che significa *stele*.

stellare [stel-là-re] *agg.* 1 (*astr.*) stellaire 2 (*a forma di stella*) étoilé.
● (*aer.*) ***motore stellare***, moteur en étoile.

stellato [stel-là-to] *agg.* étoilé.

stelletta [stel-lét-ta] *n.f.* 1 (*mil.*) étoile (des militaires italiens) | *guadagnarsi le stellette*, monter en grade 2 (*tip.*) astérisque (*m.*).

stellina [stel-lì-na] *n.f.* (*giovane attrice*) starlette.

stelo [stè-lo] *n.m.* tige (*f.*).
● ***bicchiere a stelo***, verre à pied | ***lampada a stelo***, lampadaire.

FAUX AMI
Da non confondere con il francese *stèle*, che significa *stele*.

stemma [stèm-ma] *n.m.* armoiries (*f.pl.*), blason.

stemperare [stem-pe-rà-re] *v.tr.* délayer* (*anche fig.*).

stempiarsi [stem-piàr-si] *v.pron.* devenir* chauve.

stempiato [stem-pià-to] *agg.* aux tempes dégarnies.

stendardo [sten-dàr-do] *n.m.* étendard; (*gonfalone di una parrocchia ecc.*) bannière (*f.*).

stendere [stèn-de-re] *v.tr.* [coniug. come *prendere*] 1 étendre*; (*spiegare*) déplier; (*allargare*) étaler: *stendere le lenzuola al sole*, étendre les draps au soleil; *stendere le braccia*, étendre les bras 2 (*porre a giacere*) étendre*: *stendere un malato su un letto*, étendre un malade sur un lit | *il pugile ha steso a terra il suo avversario*, (*estens.*) le boxeur a envoyé son adversaire au tapis | *lo hanno steso*, (*molto fam.*) (*ucciso*) on l'a descendu 3 (*mettere per iscritto*) dresser; (*redigere, comporre*) rédiger* ♦ **stendersi** *v.pron.* e *pron.intr.* s'étendre*.

S

stendibiancheria [sten-di-bian-che-rì-a] ***n.m.invar.*** séchoir à linge, étendoir à linge.
stenditoio [sten-di-tó-io] ***n.m.*** [pl. *-oi*] **1** séchoir, étendoir à linge **2** (*luogo*) buanderie (*f.*).
stenodattilografia [ste-no-dat-ti-lo-gra-fì-a] ***n.f.*** sténodactylographie.
stenodattilografo [ste-no-dat-ti-lò-gra-fo] ***n.m.*** [f. *-a*] sténodactylo.
stenografare [ste-no-gra-fà-re] ***v.tr.*** sténographier.
stenografia [ste-no-gra-fì-a] ***n.f.*** sténographie.
stenografico [ste-no-grà-fi-co] ***agg.*** [pl.m. *-ci*, f. *-che*] sténographique.
stenografo [ste-nò-gra-fo] ***n.m.*** [f. *-a*] sténographe.
stenosi [ste-nò-ʃi *o* stèno-ʃi] ***n.f.invar.*** (*med.*) sténose.
stenotipia [ste-no-ti-pì-a] ***n.f.*** sténotypie.
stentare [sten-tà-re] ***v.intr.*** [aus. *avere*] avoir* du mal, avoir* de la peine: *stentare a studiare, a capire*, avoir du mal à étudier, à écrire; *stentare a pagare*, être un mauvais payeur | *stento a crederlo*, j'ai de la peine (*o* du mal) à le croire.
stentatamente [sten-ta-ta-mén-te] ***avv.*** **1** (*con sforzo*) péniblement; (*a stento*) avec peine **2** (*poveramente*) dans la gêne.
stentato [sten-tà-to] ***agg.*** **1** (*che tradisce lo sforzo*) laborieux*; (*privo di naturalezza*) forcé; (*ottenuto con fatica*) difficile | *una pianta stentata*, une plante grêle **2** (*pieno di stenti*) de misère.
stento [stèn-to] ***n.m.*** privation (*f.*).
● ***a stento***, avec peine: *capire a stento*, comprendre à peine | ***senza stento***, sans effort.
stentoreo [sten-tò-re-o] ***agg.*** de stentor.
steppa [stép-pa] ***n.f.*** steppe.
steppico [stép-pi-co] ***agg.*** [pl.m. *-ci*, f. *-che*] steppique.
stepposo [step-pó-so] ***agg.*** steppique.
sterco [stèr-co] ***n.m.*** [pl. *-chi*] excrément; (*di cavalli*) crottin; (*di bovini*) bouse (*f.*).
stereo [stè-re-o] ***n.m.invar.*** chaîne (*f.*) hi-fi ♦ ***agg.invar.*** → **stereofonico**.
stereo- ***pref.*** stéréo-.
stereofonia [ste-re-o-fo-nì-a] ***n.f.*** stéréophonie, stéréo.
stereofonico [ste-re-o-fò-ni-co] ***agg.*** [pl.m. *-ci*, f. *-che*] stéréophonique.
stereometria [ste-re-o-me-trì-a] ***n.f.*** (*mat.*) stéréométrie.
stereoscopia [ste-re-o-sco-pì-a] ***n.f.*** stéréoscopie.
stereoscopico [ste-re-o-scò-pi-co] ***agg.*** [pl.m. *-ci*, f. *-che*] stéréoscopique.
stereoscopio [ste-re-o-scò-pio] ***n.m.*** [pl. *-pi*] (*fis.*) stéréoscope.
stereotipato [ste-re-o-ti-pà-to] ***agg.*** stéréotypé (*anche fig.*).
stereotipia [ste-re-o-ti-pì-a] ***n.f.*** **1** stéréotypie **2** (*lastra*) stéréotype (*m.*).
stereotipo [ste-re-ò-ti-po] ***agg.*** e ***n.m.*** stéréotype.
stereotomia [ste-re-o-to-mì-a] ***n.f.*** (*mat.*) stéréotomie.
sterile [stè-ri-le] ***agg.*** stérile (*anche fig.*).
sterilità [ste-ri-li-tà] ***n.f.invar.*** stérilité (*anche fig.*).
sterilizzare [ste-ri-liʒ-ʒà-re] ***v.tr.*** stériliser.
sterilizzatore [ste-ri-liʒ-ʒa-tó-re] ***n.m.*** [f. *-trice*] stérilisateur.
sterilizzazione [ste-ri-liʒ-ʒa-zió-ne] ***n.f.*** stérilisation.
sterlina [ster-lì-na] ***n.f.*** sterling (*m.*).
sterminare [ster-mi-nà-re] ***v.tr.*** détruire*, exterminer.
sterminato [ster-mi-nà-to] ***agg.*** **1** détruit, exterminé **2** (*illimitato*) illimité; (*immenso*) immense.
sterminatore [ster-mi-na-tó-re] ***agg.*** e ***n.m.*** [f. *-trice*] exterminateur*.
sterminio [ster-mì-nio] ***n.m.*** [pl. *-ni*] **1** extermination (*f.*), destruction (*f.*) **2** (*massacro*) massacre, carnage.
sterno [stèr-no] ***n.m.*** (*anat.*) **1** sternum **2** (*di uccelli, di polli*) bréchet.
steroide [ste-ròi-de] ***n.m.*** (*biochim.*) stéroïde.
steroideo [ste-roi-dè-o] ***agg.*** (*biochim.*) stéroïde.
sterpaglia [ster-pà-glia] ***n.f.*** broussailles (*pl.*).
sterpo [stèr-po] ***n.m.*** (*secco*) brindille (*f.*); (*spinoso*) ronce (*f.*): *terreno pieno di sterpi*, terrain envahi par les ronces, par les broussailles.
sterramento [ster-ra-mén-to] ***n.m.*** déblaiement, déblayage, terrassement.
sterrare [ster-rà-re] ***v.tr.*** déblayer*, terrasser.
sterrato [ster-rà-to] ***agg.*** (*non pavimentato*) de terre: *una strada sterrata*, un chemin de terre ♦ ***n.m.*** (*luogo*) étendue (*f.*) de terre battue.
sterratore [ster-ra-tó-re] ***n.m.*** [f. *-trice*] terrassier.
sterro [stèr-ro] ***n.m.*** **1** terrassement, déblaiement **2** (*terra asportata*) déblais (*pl.*).
sterzante [ster-zàn-te] ***agg.*** (*aut.*) directeur*.
● ***ruote sterzanti***, roues directrices: *auto a quattro ruote sterzanti*, voiture à quatre roues directrices.
sterzare [ster-zà-re] ***v.intr.*** [*aus. avere*] **1** (*in automobile*) braquer; (*in bicicletta o motocicletta*) donner un coup de guidon: *sterzare a destra*, braquer à droite **2** (*fig.*) tourner sa veste.
sterzata [ster-zà-ta] ***n.f.*** **1** (*in automobile*) coup (*m.*) de volant, braquage (*m.*); (*in bicicletta o motocicletta*) coup (*m.*) de guidon: *fare una sterzata a destra*, braquer à droite **2** (*fig.*) coup (*m.*) de barre.
sterzo [stèr-zo] ***n.m.*** (*di automobile*) direction (*f.*); (*di bicicletta o motocicletta*) guidon.
stessi → **stare**.
stesso [stés-so] ***agg.dimostr.*** **1** même: *abbiamo la stessa età*, nous avons le même âge; *sono del tuo stesso parere*, je suis du même avis que toi **2** (*esatto, preciso; proprio, appunto*) même: *in quello stesso momento*, à ce moment-là; *in quello stesso giorno*, ce jour-là; (*in*) *quello stesso anno*, cette année-là; *in quello stesso luogo*, à cet endroit-là; *quelle stesse persone, cose*, les mêmes personnes, choses; *ha rifatto gli stessi* (*identici*) *errori*, il a refait exactement les mêmes erreurs | *è la stessa, stessissima cosa*, (*fam.*) c'est exactement la même chose **3** (*con valore rafforzativo*) même: *io stesso, tu stesso*, moi-même, toi-même; *noi stessi, voi stessi*, nous-mêmes, vous-mêmes; *tuo fratello stesso dice*, ton frère lui-même dit que; *la legge stessa lo ammette*, la loi elle-même le consent; *il presidente stesso dice che*, le président en personne dit que ♦ ***pron.dimostr.*** (*riferito a pers.*) le* même; (*riferito a cosa*) la même chose: *dopo la malattia, non è più la stessa*, après sa maladie, elle n'est plus la même; *a me è capitato lo stesso*, il m'est arrivé la même chose | *installazione dall'apparecchio e messa a punto dello stesso*, installation et mise au point de l'appareil | (*burocra-*

zia) *su istanza, su richiesta dello stesso*, à la demande du soussigné, à (*o* sur) sa demande.

● ***al tempo stesso, nello stesso tempo***, en même temps: *guardo la TV e nello stesso tempo lavoro a maglia*, je regarde la télé et en même temps je tricote; *il suo stile è classico e al tempo stesso moderno*, son style est à la fois classique et moderne | ***di per sé*** (***stesso***), en soi | ***e lo stesso dicasi per***, on peut dire la même chose pour | ***lo stesso***, (*fam.*) tout de même, quand même: *sta più o meno lo stesso di ieri*, il va plus ou moins comme hier | ***per me è lo stesso, fa lo stesso***, pour moi c'est la même chose, ça m'est égal.

stesura [ste-sù-ra] *n.f.* rédaction; (*testo redatto*) version.

stetoscopio [ste-to-scò-pio] *n.m.* [pl. *-pi*] stéthoscope.

stetti → **stare**.

steward ['stjuward] *n.m.invar.* (*assistente di bordo, di volo*) steward; (*in uno stadio*) stadiaire.

stia[1] [stì-a] *n.f.* cage à poulets; (*per pulcini*) poussinière.

stia[2] → **stare**.

stick *n.m.invar.* (*confezione a bastoncino di prodotti igienici*) stick: *uno stick di ombretto*, un stick de fard à paupières; *un deodorante in confezione stick*, un déodorant en stick (*o* un stick désodorisant).

sticker ['stiker] *n.m.invar.* (*etichetta autoadesiva*) étiquette (*f.*) autocollante.

stigma [stìg-ma] *n.m.* [pl.f. *stigmate* o *stimmate* nel sign. 1; pl.m. *stigmi* o *stimmi* nel sign. 2] **1** (*letter.*) (*marchio*) stigmate **2** (*biol.*) stigmate, stigma.

stigmate [stìg-ma-te] *n.f.pl.* (*anche eccl.*) stigmates (*m.*).

stigmatizzare [stig-ma-tiʒ-ʒà-re] *v.tr.* stigmatiser.

stilare [sti-là-re] *v.tr.* rédiger*, dresser.

stile [stì-le] *n.m.* style.

● (*nuoto*) ***stile libero***, nage libre, crawl | ***avere stile***, avoir du style, (*eleganza e raffinatezza*) avoir de la classe | ***con stile***, avec élégance | ***in grande stile***, en grande pompe: *fare qlco in grande* (*stile*), faire qqch en grand | ***mobili in stile***, meubles de style.

stilè [sti-lè] *agg.invar.* (*di persona elegante*) élégant, qui a de la classe; stylé.

stilettata [sti-let-tà-ta] *n.f.* **1** coup (*m.*) de stylet; (*fig.*) (*pugnalata*) coup (*m.*) de poignard: *fu una stilettata al cuore*, (*fig.*) ce fut un coup de poignard dans le cœur **2** (*estens.*) (*trafittura*) élancement (*m.*): *sentì una stilettata alla nuca*, il ressentit (comme) un élancement à la nuque.

stiletto [sti-lét-to] *n.m.* stylet.

stilista [sti-lì-sta] *n.m.* e *f.* styliste.

stilistica [sti-lì-sti-ca] *n.f.* [pl. *-che*] stylistique.

stilistico [sti-lì-sti-co] *agg.* [pl.m. *-ci*, f. *-che*] stylistique.

stilizzare [sti-liʒ-ʒà-re] *v.tr.* styliser.

stilizzato [sti-liʒ-ʒà-to] *agg.* stylisé.

stilizzazione [sti-liʒ-ʒa-zió-ne] *n.f.* stylisation.

stilla [stìl-la] *n.f.* (*letter.*) goutte | *a stilla a stilla*, goutte à goutte.

stillare [stil-là-re] *v.tr.* ruisseler* (de) ♦ *v.intr.* [aus. *essere*] suinter.

stillicidio [stil-li-ci-dio] *n.m.* [pl. *-dî*] **1** égout, stillation (*f.*) **2** (*fig.*) suite (*f.*), série (*f.*): *uno stillicidio di spese, di richieste*, une succession ininterrompue de frais, de requêtes; *uno stillicidio di visite*, un défilé ininterrompu de visites.

stilo [stì-lo] *n.m.* **1** style **2** (*braccio della stadera*) fléau* **3** (*della meridiana*) tige (*f.*).

stilobate [sti-lò-ba-te] *n.m.* (*arch.*) stylobate.

stilografica [sti-lo-grà-fi-ca] *n.f.* [pl. *-che*] stylo (*m.*) | *stilografica a cartuccia*, stylo à cartouche.

stilografico [sti-lo-grà-fi-co] *agg.* [pl.m. *-ci*, f. *-che*] stylographique | *una penna stilografica*, un stylo.

stima [stì-ma] *n.f.* **1** (*buona opinione*) estime: *gode della stima di tutti*, il jouit de l'estime de tous; *avere molta stima di qlcu, tenere qlcu in grande stima*, avoir qqn en haute estime **2** (*valutazione*) évaluation, estimation; (*spec. di opera d'arte*) expertise: *fare la stima di qlco*, évaluer (*o* estimer) qqch; *rimborso effettuato sulla stima dell'esperto*, remboursement effectué sur la base de l'expertise.

stimabile [sti-mà-bi-le] *agg.* **1** estimable; (*valutabile*) évaluable: *danno stimabile in, a 500 euro*, dommage évaluable (à) 500 euros **2** (*degno di stima*) digne d'estime, estimable.

stimare [sti-mà-re] *v.tr.* **1** (*valutare*) estimer, évaluer; (*spec. un'opera d'arte*) expertiser: *stimare i danni*, évaluer (*o* estimer *o* expertiser) les dommages **2** (*avere una buona opinione*) estimer: *tutti lo stimano molto*, il est très estimé de tout le monde **3** (*ritenere*) estimer, croire*: *non lo stimo necessario*, je ne l'estime (*o* crois) pas nécessaire ♦ **stimarsi** *v.pron.* **1** s'estimer: *mi stimo fortunato*, je m'estime heureux **2** (*region.*) (*darsi delle arie*) prendre* des grands airs.

stimato [sti-mà-to] *agg.* **1** estimé; (*valutato*) évalué: *prezzo stimato*, prix évalué; *valore stimato*, valeur estimée, évaluée | (*comm.*) *la vostra stimata lettera del...*, votre lettre du... | *stimatissimo signore*, (*nella corrispondenza*) Monsieur **2** (*apprezzato*) estimé.

stimatore [sti-ma-tó-re] *n.m.* [f. *-trice*] (*esperto*) expert; (*ammiratore*) admirateur*.

stimolante [sti-mo-làn-te] *agg.* e *n.m.* stimulant: *una lettura stimolante*, une lecture stimulante.

stimolare [sti-mo-là-re] *v.tr.* stimuler: *la necessità lo ha stimolato a farlo*, la nécessité l'a stimulé (*o* poussé *o* encouragé) à le faire.

stimolatore [sti-mo-la-tó-re] *agg.* stimulant ♦ *n.m.* **1** [f. *-trice*] stimulant **2** (*med.*) stimulateur.

● ***stimolatore cardiaco***, stimulateur cardiaque, pacemaker.

stimolazione [sti-mo-la-zió-ne] *n.f.* stimulation (*anche fig.*).

stimolo [stì-mo-lo] *n.m.* **1** (*impulso*) impulsion (*f.*): *sentire lo stimolo della fame*, sentir l'aiguillon de la faim **2** (*fig.*) (*sprone*) stimulant **3** (*med.*) stimulus.

stinco [stìn-co] *n.m.* [pl. *-chi*] tibia.

● ***non è uno stinco di santo***, (*fig.*) ce n'est pas un petit saint.

stingere [stìn-ge-re] *v.tr.* e *intr.* [coniug. come *spingere*; aus. *essere*] déteindre*: *il sole stinge i tessuti*, le soleil déteint les tissus ♦ **stingersi** *v.pron.* déteindre*.

stinto [stìn-to] *agg.* déteint.

stipare [sti-pà-re] *v.tr.* entasser ♦ **stiparsi** *v.pron.intr.* s'entasser.

stipato [sti-pà-to] *agg.* **1** entassé **2** (*affollato*) bondé: *il treno era stipato di viaggiatori*, le train était bondé.

stipendiare [sti-pen-dià-re] *v.tr.* (*assumere*) engager*; (*pagare*) payer*; (*retribuire*) rétribuer.

S

stipendiato [sti-pen-dià-to] *agg.* e *n.m.* [f. *-a*] salarié; (*pagato*) payé.

stipendio [sti-pèn-dio] *n.m.* [pl. *-di*] (*di impiegati*) salaire, traitement; (*retribuzione*) appointements (*pl.*); (*di domestici*) gages (*pl.*): *riscuotere lo stipendio*, toucher son salaire.

stipite [stì-pi-te] *n.m.* **1** (*edil.*) montant, chanbranle **2** (*bot.*) stipe **3** (*fig.*) (*ceppo*) souche (*f.*).

stipo [stì-po] *n.m.* chiffonnier; (*per documenti, carte ecc.*) bonheur-du-jour*.

stipsi [stì-psi] *n.f.invar.* (*med.*) constipation.

stipula [stì-pu-la] *n.f.* (*buroc.*) → **stipulazione**.

stipulare [sti-pu-là-re] *v.tr.* stipuler: *stipulare un contratto, un trattato*, stipuler un contrat, un traité.

stipulazione [sti-pu-la-zió-ne] *n.f.* (*dir.*) stipulation.

stiracchiamento [sti-rac-chia-mén-to] *n.m.* étirement.

stiracchiare [sti-rac-chià-re] *v.tr.* **1** étirer **2** (*fig. fam.*) (*contrattare*) marchander: *stiracchiare il, sul prezzo*, marchander le prix **3** (*fig.*) (*forzare*) forcer* ♦ **stiracchiarsi** *v.pron.* s'étirer.

stiracchiato [sti-rac-chià-to] *agg.* tiré par les cheveux; (*stentato*) forcé: *sufficienza stiracchiata*, (*a scuola*) moyenne tirée par les cheveux; *vittoria stiracchiata*, victoire de justesse.

stiramaniche [sti-ra-mà-ni-che] *n.m.invar.* jeannette (*f.*).

stiramento [sti-ra-mén-to] *n.m.* **1** étirement **2** (*med.*) élongation (*f.*).

stirare [sti-rà-re] *v.tr.* **1** repasser: *stirare a vapore*, repasser à la vapeur | *ferro per stirare*, fer à repasser **2** (*sottoporre a stiramento*) étirer ♦ **stirarsi** *v.pron.* s'étirer ♦ *v.pron. indiretto* s'étirer: *stirarsi un muscolo*, se faire une élongation; *stirarsi i capelli*, se faire défriser les cheveux.

stirata [sti-rà-ta] *n.f.* coup (*m.*) de fer.

stirato [sti-rà-to] *agg.* repassé.

stiratrice [sti-ra-trì-ce] *n.f.* repasseuse.

stiratura [sti-ra-tù-ra] *n.f.* repassage (*m.*).

stireria [sti-re-rì-a] *n.f.* blanchisserie.

stiro [stì-ro] *n.m.*
● ***ferro da stiro***, fer à repasser | ***tavolo da stiro***, planche à repasser.

S

stirpe [stìr-pe] *n.f.* **1** souche; (*origine*) origine: *di stirpe nobile*, aux origines nobles **2** (*discendenza, progenie*) lignée.

stitichezza [sti-ti-chéz-za] *n.f.* constipation.

stitico [stì-ti-co] *agg.* [pl.m. *-ci*, f. *-che*] **1** constipé **2** (*fig. fam.*) (*spilorcio*) radin.

stiva [stì-va] *n.f.* **1** (*mar.*) cale, soute **2** (*aer.*) soute.

stivaggio [sti-vàg-gio] *n.m.* [pl. *-gi*] arrimage.

stivalata [sti-va-là-ta] *n.f.* coup (*m.*) de botte.

stivale [sti-và-le] *n.m.* botte (*f.*): *stivali da equitazione, da pesca*, bottes d'équitation, de pêcheur | *quel medico dei miei stivali*, (*fam.*) ce docteur à la noix.
● ***lo Stivale***, (*l'Italia*) la Botte | ***lustrare gli stivali a qlcu***, (*fig.*) lécher les bottes à qqn.

stivaletto [sti-va-lét-to] *n.m.* bottine (*f.*).

stivare [sti-và-re] *v.tr.* **1** arrimer **2** (*estens.*) (*ammucchiare*) entasser.

stizza [stìz-za] *n.f.* dépit (*m.*); (*irritazione*) irritation: *provare stizza*, se fâcher; *parlare con stizza*, parler d'un ton irrité; *mi fa stizza sentirlo parlare così*, ça m'énerve de l'entendre parler comme ça.

stizzire [stiz-zì-re] *v.tr.* [coniug. come *finire*] agacer*, irriter ♦ **stizzirsi** *v.pron.intr.* s'emporter, se fâcher.

stizzito [stiz-zì-to] *agg.* fâché, irrité.

stizzosamente [stiz-zo-sa-mén-te] *avv.* avec dépit; d'un ton irrité.

stizzoso [stiz-zó-so] *agg.* irritable: *parole stizzose*, des mots rageurs.

sto → **stare**.

stoccafisso [stoc-ca-fìs-so] *n.m.* **1** stockfisch, merluche (*f.*) **2** (*fig. fam.*) (*persona alta e magra*) échalas.

stoccaggio [stoc-càg-gio] *n.m.* [pl. *-gi*] stockage.

stoccare [stoc-cà-re] *v.tr.* [coniug. come *mancare*] (*immagazzinare*) stocker.

stoccata [stoc-cà-ta] *n.f.* **1** (*scherma*) estocade **2** (*fig.*) (*battuta pungente*) pointe **3** (*calcio*) bombe.

stocco [stòc-co] *n.m.* [pl. *-chi*] estoc.

stock *n.m.invar.* stock.

stoffa [stòf-fa] *n.f.* tissu (*m.*), étoffe: *stoffa di lana*, tissu, drap de laine | *stoffa da parati*, tissu mural, étoffe murale.
● ***avere della stoffa***, (*fig. fam.*) avoir de l'étoffe.

stoicamente [stoi-ca-mén-te] *avv.* stoïquement.

stoicismo [stoi-cì-ʃmo] *n.m.* (*fil.*) stoïcisme (*anche fig.*).

stoico [stòi-co] *agg.* e *n.m.* [f. *-a*; pl.m. *-ci*, f. *-che*] stoïcien*; (*fig.*) stoïque.

stoino [sto-ì-no] *n.m.* → **stuoino**.

stola [stò-la] *n.f.* étole.

stolido [stò-li-do] *agg.* e *n.m.* [f. *-a*] sot*, stupide.

stoltamente [stol-ta-mén-te] *avv.* sottement.

stoltezza [stol-téz-za] *n.f.* sottise.

stolto [stól-to] *agg.* e *n.m.* [f. *-a*] sot*, idiot.

stomacare [sto-ma-cà-re] *v.tr.* [coniug. come *mancare*] écœurer (*anche fig.*).

stomachevole [sto-ma-ché-vo-le] *agg.* écœurant (*anche fig.*).

stomachico [sto-mà-chi-co] *agg.* [pl.m. *-ci*, f. *-che*] (*med.*) stomachique.

stomaco [stò-ma-co] *n.m.* [pl. *-chi* o *-ci*] estomac: *stomaco forte*, estomac solide; *avere mal di stomaco*, avoir des maux d'estomac, (*senso di nausea*) avoir mal au cœur; *ho lo stomaco sottosopra*, (*fam.*) j'ai l'estomac tout chamboulé; *sono malato di stomaco*, j'ai des problèmes d'estomac; *avere disturbi di stomaco*, avoir l'estomac dérangé | *avere un vuoto nello stomaco*, (*fam.*) avoir un (petit) creux (à l'estomac) | *avere lo stomaco chiuso*, avoir l'estomac serré | *essere debole, forte di stomaco*, avoir un estomac délicat, un bon estomac | *questo ti rimetterà a posto lo stomaco*, ça te remettra l'estomac d'aplomb.
● ***stomaco di ferro, di struzzo***, (*fig.*) estomac d'autruche | ***a stomaco pieno, vuoto***, après les repas; à jeun: *essere a stomaco pieno, vuoto*, avoir l'estomac plein, vide | ***dare di stomaco***, vomir | ***mi si rivolta lo stomaco***, cela me soulève le cœur: *mi si rivolta lo stomaco solo a pensarci*, rien que d'y penser cela me soulève le cœur | ***rimanere, stare sullo stomaco***, (*anche fig.*) avoir sur l'estomac; digérer: *la colazione mi è rimasta sullo stomaco*, j'ai encore mon petit déjeuner sur l'estomac; *le cipolle mi rimangono sullo stomaco*, je ne digère pas les oignons; *il suo comportamento mi è rimasto sullo stomaco*, (*fig.*) je n'ai pas

digéré son comportement; *quel tipo mi sta sullo stomaco*, (*fig.*) je ne peux pas sentir cet individu.

stomatite [sto-ma-tì-te] *n.f.* (*med.*) stomatite.

stomatologia [sto-ma-to-lo-gì-a] *n.f.* stomatologie.

stomatologico [sto-ma-to-lò-gi-co] *agg.* [pl.m. *-ci*, f. *-che*] (*med.*) stomatologique.

stomatologo [sto-ma-tò-lo-go] *n.m.* [f. *-a*; pl.m. *-gi*, f. *-ghe*] (*med.*) stomatologiste, stomatologue.

stonare [sto-nà-re] *v.tr.* (*mus.*) (*cantando*) chanter faux; (*suonando*) jouer faux ♦ *v.intr.* [aus. *avere*] (*non armonizzarsi*) jurer; (*essere fuori luogo*) détonner: *la tappezzeria stona con il mobilio*, la tapisserie jure avec les meubles.

stonato [sto-nà-to] *agg.* **1** (*mus.*) (*di nota, voce*) faux*; (*di strumento*) désaccordé; (*di cantante*) qui chante faux: *è stonato*, il chante faux **2** (*fig.*) faux*; (*fuori posto*) déplacé; (*turbato*) bouleversé **3** (*fig. fam.*) (*turbato, confuso*) bouleversé: *sentirsi stonato*, ne pas être à l'aise.

stonatura [sto-na-tù-ra] *n.f.* fausse note (*anche fig.*).

stop *n.m.invar.* **1** stop **2** (*calcio*) stoppage, blocage.

stoppa [stóp-pa] *n.f.* étoupe: *questa carne sembra stoppa*, cette viande semble filandreuse | *capelli di stoppa, biondo stoppa*, cheveux filasse | *sentirsi le gambe di stoppa*, (*fig.*) avoir les jambes en coton.

stoppaccio [stop-pàc-cio] *n.m.* [pl. *-ci*] bourre (*f.*).

stoppare [stop-pà-re] *v.tr.* (*sport*) stopper.

stoppata [stop-pà-ta] *n.f.* (*sport*) stoppage (*m.*), blocage (*m.*).

stopper [stòp-per] *n.m.invar.* (*calcio*) stoppeur, arrière central.

stoppia [stóp-pia] *n.f.* (*spec. pl.*) chaume (*m.*).

stoppino [stop-pì-no] *n.m.* mèche (*f.*).

stopposo [stop-pó-so] *agg.* filandreux*: *capelli stopposi*, cheveux filasse; *carne stopposa*, viande filandreuse; *arancia stopposa*, orange cotonneuse.

storace [sto-rà-ce] *n.m.* (*bot.*) styrax.

storage ['stɔridʒ] *n.m.* (*inform.*) mémoire (*f.*).

storcere [stòr-ce-re] *v.tr.* [coniug. come *torcere*] tordre* | *storcere il naso, la bocca*, (*anche fig.*) faire la grimace | *storcere gli occhi*, loucher ♦ **storcersi** *v.pron.* e *pron.intr.* se tordre*.

stordimento [stor-di-mén-to] *n.m.* étourdissement.

stordire [stor-dì-re] *v.tr.* [coniug. come *finire*] **1** étourdir: *lo stordì con un pugno*, il l'étourdit d'un coup de poing **2** (*di rumore*) assourdir, étourdir: *smettila di gridare, mi stordisci*, arrête de crier, tu me rends fou **3** (*di vino, liquori ecc.*) monter à la tête **4** (*fig.*) (*sconcertare*) abasourdir ♦ **stordirsi** *v.pron.* s'étourdir.

storditamente [stor-di-ta-mén-te] *avv.* étourdiment.

stordito [stor-dì-to] *agg.* e *n.m.* [f. *-a*] étourdi.

storia [stò-ria] *n.f.* **1** histoire: *storia medievale*, histoire du Moyen Âge; *storia moderna*, histoire des temps modernes | *è storia di ieri*, c'est de l'histoire récente | *ne parlerà la storia*, l'Histoire en parlera | *la storia sacra*, l'Histoire Sainte **2** (*racconto*) récit (*m.*); histoire: *la storia particolareggiata del viaggio*, le récit détaillé du voyage; *raccontami una storia*, raconte-moi une histoire **3** (*vicenda personale, faccenda*) histoire: *una storia d'amore*, une histoire d'amour; *che storia è questa?*, (*fam.*) qu'est-ce que c'est que cette histoire? | *avere una storia (sentimentale) con qlcu*, (*fam.*) avoir une liaison avec qqn **4** (*fam.*) (*bugia, obiezione*) histoire.

● ***storie!***, ce sont des histoires! | ***è una lunga storia***, c'est toute une histoire | ***poche storie!***, pas d'histoires! | ***quante storie per niente!***, que d'histoires pour rien! | ***questa è tutta un'altra storia***, c'est une autre histoire.

storicamente [sto-ri-ca-mén-te] *avv.* historiquement.

storicismo [sto-ri-cì-ʃmo] *n.m.* historisme, historicisme.

storicista [sto-ri-cì-sta] *n.m.* e *f.* historiciste.

storicistico [sto-ri-cì-sti-co] *agg.* [pl.m. *-ci*, f. *-che*] historiciste.

storicità [sto-ri-ci-tà] *n.f.invar.* historicité.

storicizzare [sto-ri-ciʒ-ʒà-re] *v.tr.* situer dans un contexte historique.

storico [stò-ri-co] *agg.* [pl.m. *-ci*, f. *-che*] historique ♦ *n.m.* [f. *-a*] historien*.

storiella [sto-rièl-la] *n.f.* **1** historiette, anecdote **2** (*barzelletta*) histoire drôle **3** (*frottola*) blague.

storiografia [sto-rio-gra-fì-a] *n.f.* historiographie.

storiografico [sto-rio-grà-fi-co] *agg.* [pl.m. *-ci*, f. *-che*] historiographique.

storiografo [sto-riò-gra-fo] *n.m.* [f. *-a*] historiographe.

storione [sto-rió-ne] *n.m.* (*zool.*) esturgeon.

stormire [stor-mì-re] *v.intr.* [coniug. come *finire*; aus. *avere*] bruire* ♦ *n.m.* bruissement: *lo stormire delle foglie*, le bruissement des feuilles.

stormo [stór-mo] *n.m.* (*di uccelli*) vol; (*di aerei*) formation (*f.*): *le rondini passavano a stormi sopra la collina*, un vol d'hirondelles passait au-dessus de la colline; *uno stormo di ragazzi*, (*estens.*) une volée (*o* une nuée) d'enfants.

● ***suonare (le campane) a stormo***, (*in caso di pericolo*) sonner le tocsin; (*in segno di festa*) carillonner; sonner à toute volée.

stornare [stor-nà-re] *v.tr.* **1** écarter, éloigner; (*fig.*) détourner: *stornare qlcu da un proposito*, détourner qqn d'un projet **2** (*comm.*) ristourner; (*trasferire*) virer.

stornello[1] [stor-nèl-lo] *n.m.* (*lett., mus.*) couplets (*pl.*), refrains (*pl.*) populaires.

stornello[2], **storno**[1] [stór-no] *n.m.* (*zool.*) étourneau*.

storno[2] *n.m.* (*comm.*) ristourne (*f.*); (*trasferimento*) virement.

● (*amm.*) ***(scrittura di) storno***, contre-passation.

storpiare [stor-pià-re] *v.tr.* estropier (*anche fig.*): *storpiare un nome*, estropier un nom; *storpiare una lingua*, écorcher une langue.

storpiatura [stor-pia-tù-ra] *n.f.* déformation (*anche fig.*).

storpio [stòr-pio] *agg.* e *n.m.* [f. *-a*; pl.m. *-pi*] estropié.

storta[1] [stòr-ta] *n.f.* (*fam.*) (*distorsione*) entorse, foulure: *prendere una storta*, se faire une entorse.

storta[2] *n.f.* (*chim.*) cornue.

storto [stòr-to] *agg.* **1** tordu: *gambe storte*, des jambes tordues **2** (*non allineato*) de travers | *avere gli occhi storti*, loucher | *oggi mi vanno tutte storte*, (*fam.*) aujourd'hui tout va de travers | *mi va sempre tutto storto*, (*fam.*) je rate toujours tout **3** (*fig.*) faux*: *idee storte*, des idées fausses ♦ *avv.* de travers | *guardare storto*, (*fig.*) regarder de travers.

stortura [stor-tù-ra] *n.f.* déformation (d'esprit).

stoviglie [sto-vì-glie] *n.f.pl.* vaisselle (*sing.*): *lavare le stoviglie*, faire la vaisselle.

stra- *pref.* extra-, super-, sur-.

strabenedire [stra-be-ne-dì-re] *v.tr.* [coniug. come *dire*; imp. *strabenedici*] (*fam.*) **1** bénir* de tout son cœur **2**

S

(*iron.*) (*maledire*) maudire* | *che Dio ti strabenedica!*, que le diable t'emporte!

strabico [strà-bi-co] ***agg.*** e ***n.m.*** [f. *-a*; pl.m. *-ci*, f. *-che*] strabique: *è strabico, ha gli occhi strabici*, il louche.

strabiliante [stra-bi-liàn-te] ***agg.*** merveilleux*; (*straordinario*) extraordinaire; (*fam.*) épatant.

strabiliare [stra-bi-lià-re] ***v.tr.*** stupéfier, étonner ♦ ***v.intr.*** [aus. *avere*] être* stupéfait: *fare strabiliare qlcu*, stupéfier qqn.

strabiliato [stra-bi-lià-to] ***agg.*** stupéfait; (*fam.*) épaté.

strabismo [stra-bì-ʃmo] ***n.m.*** (*med.*) strabisme.
● ***strabismo di Venere***, léger strabisme.

strabocchevole [stra-boc-ché-vo-le] ***agg.*** débordant; (*immenso*) énorme, immense.

strabuzzare [stra-buʒ-ʒà-re] ***v.tr.*** *strabuzzare gli occhi*, écarquiller les yeux.

stracarico [stra-cà-ri-co] ***agg.*** [pl.m. *-chi*, f. *-che*] surchargé: *treno stracarico di gente*, train plein à craquer, bondé.

stracca [stràc-ca] ***n.f.*** [pl. *-che*] (*region.*) fatigue.

stracchino [strac-chì-no] ***n.m.*** (*cuc.*) fromage frais de la Lombardie.

stracciare [strac-cià-re] ***v.tr.*** [coniug. come *cominciare*] déchirer ♦ **stracciarsi** ***v.pron.intr.*** se déchirer.

stracciatella [strac-cia-tèl-la] ***n.f.*** **1** (*cuc.*) stracciatella (consommé à l'œuf et au fromage) **2** (*gelato*) stracciatella (glace à la vanille avec des morceaux de chocolat).

stracciato [strac-cià-to] ***agg.*** **1** déchiré **2** (*male in arnese*) dépenaillé **3** (*fig.*) (*di prezzo*) cassé | *vendere a prezzi stracciati*, vendre à des prix défiant toute concurrence.

straccio[1] [stràc-cio] ***agg.*** [pl.m. *-ci*, f. *-ce*] bon* à faire des chiffons | *roba straccia*, vieux chiffons | *carta straccia*, papier de rebut, vieux papiers.

straccio[2] ***n.m.*** [pl. *-ci*] **1** chiffon: *straccio per la polvere*, chiffon à poussière; *straccio per lavare i pavimenti*, serpillière **2** (*spec. pl.*) (*vestiti logori*) *haillons (*pl.*): *ha raccolto i suoi stracci ed è partito*, il a pris ses frusques et il est parti.
● ***ridursi uno straccio***, n'être plus qu'une loque: *si è ridotta uno straccio*, elle n'est plus qu'une loque | ***sentirsi uno straccio***, se sentir une loque: *stamattina mi sento uno straccio*, je me sens une loque ce matin | ***uno straccio di***: *non ho uno straccio di vestito da mettermi*, (*fam.*) je n'ai rien à mettre; *non è nemmeno stata capace di trovarsi uno straccio di marito*, (*fam.*) elle n'a même pas été capable de dénicher un mari.

S

straccione [strac-ció-ne] ***n.m.*** [f. *-a*] gueux*, va-nu-pieds*: *vestito come uno straccione*, habillé comme un romanichel.

straccivendolo [strac-ci-vén-do-lo] ***n.m.*** [f. *-a*] chiffonnier* | *gridare come uno straccivendolo*, crier comme un putois.

stracco [stràc-co] ***agg.*** [pl.m. *-chi*, f. *-che*] (*region.*) fatigué; (*sfinito*) éreinté.
● ***stracco morto***, complètement crevé, claqué.

stracittadino [stra-cit-ta-dì-no] ***agg.*** extrêmement typique de la ville.

stracontento [stra-con-tèn-to] ***agg.*** (*fam.*) drôlement heureux*.

stracotto [stra-còt-to] ***agg.*** **1** (*cuc.*) trop cuit **2** (*fam.*) (*innamorato*) amoureux* fou* ♦ ***n.m.*** (*cuc.*) daube (*f.*): *stracotto di manzo*, daube de bœuf, bœuf en daube.

stracuocere [stra-cuò-ce-re] ***v.tr.*** [coniug. come *cuocere*] faire* cuire* trop longtemps.

strada [strà-da] ***n.f.*** **1** route; (*di città*) rue; (*non asfaltata*) chemin (*m.*): *strada carrozzabile*, route carrossable; *strada ferrata*, voie ferrée; *strada statale, provinciale, comunale*, route nationale, départementale, vicinale; *strada a doppia carreggiata*, route à deux voies; *strada a senso unico*, rue à sens unique; *l'ho incontrato per strada*, je l'ai rencontré dans la rue; *a quest'ora è già per strada*, il doit déjà être en route; *fermarsi per strada*, s'arrêter en route | *è sempre in giro per le strade*, il est tout le temps dehors | *raccogliere qlcu dalla strada*, (*estens.*) tirer qqn du ruisseau | *mettere qlcu sulla strada, gettare qlcu sulla strada*, (*fig.*) mettre qqn sur le pavé, jeter qqn à la rue **2** (*percorso*) route; (*cammino*) chemin (*m.*) (*anche fig.*); (*via*) voie; (*tragitto*) trajet (*m.*): *mostrami la strada*, montre-moi le chemin; *che strada fai?*, quel chemin prends-tu?; *facciamo la strada insieme*, faisons la route ensemble; *ho fatto la strada in meno di un'ora*, j'ai fait le trajet en moins d'une heure; *c'è molta strada fino là?*, c'est loin d'ici?; *ci saranno due chilometri di strada*, c'est à environ deux kilomètres; *a un'ora di strada*, à une heure (de chemin) d'ici; *prendere una strada*, (*anche fig.*) prendre une route; *divorare la strada*, (*fig.*) avaler des kilomètres | *a mezza strada*, (*anche fig.*) à mi-chemin | *cambiare strada*, changer de route; (*fig.*) changer son fusil d'épaule | *essere sulla strada giusta*, (*fig.*) (*per riuscire*) être dans la bonne voie; (*essere ben indirizzato*) être sur la bonne voie | *trovare la strada fatta*, (*fig.*) trouver son chemin tout fait | *fare poca, molta strada*, (*fig.*) faire peu, beaucoup de chemin | *tentare tutte le strade*, (*fig.*) essayer toutes les possibilités **3** (*varco*) chemin (*m.*) (*anche fig.*): *aprire la strada al progresso*, (*fig.*) ouvrir la route au progrès **4** (*orbita*) route.
● ***strada facendo***, chemin faisant | ***strada senza uscita***, (*anche fig.*) voie sans issue, cul-de-sac, impasse | ***andare fuori strada***, sortir de la route; (*fig.*) s'éloigner du sujet, s'égarer: *stiamo andando fuori strada*, nous n'y sommes pas | ***donna di strada***, fille des rues | ***essere fuori strada***, (*fig.*) faire fausse route, se fourvoyer | ***fare strada***, montrer le chemin: *vieni, ti faccio strada*, viens, je te montre le chemin | ***farsi strada***, (*anche fig.*) faire son chemin: *farsi strada tra la folla*, se frayer un chemin dans la foule; *la verità si fa strada da sola*, la vérité s'impose toute seule | ***in mezzo alla strada***, au milieu de la route; (*fig.*) dans la rue | ***la propria strada***, sa voie: *cercare, trovare la propria strada*, (*fig.*) chercher, trouver sa voie; *andare ciascuno per la propria strada*, (*anche fig.*) aller chacun de son côté | ***l'uomo della strada***, l'homme de la rue | ***ragazzo di strada***, gamin des rues | ***tagliare la strada a qlcu***, couper la route à qqn | ***traffico su strada***, circulation routière | ***trasporti su strada***, transports routiers | (*prov.*) ***tutte le strade portano a Roma***, tous les chemins mènent à Rome | ***una cattiva strada***, (*fig.*) une mauvaise pente: *portare su una cattiva strada*, être sur une mauvaise pente; *spingere su una cattiva strada*, pousser sur la mauvaise pente.

NOTA **Strada**: ***route***, ***rue***, ***chemin*** o ***voie***?

Route è il termine di uso più generico:

Una ***strada*** *di montagna con molte curve.*
Une **route** de montagne présentant beaucoup de virages.

Rue designa una strada di città fiancheggiata da case:

Abita in una ***strada*** *del centro.*
Il habite (dans) une **rue** du centre ville.

Chemin è la strada non asfaltata e, genericamente, il 'percorso':

*Era una **strada** mulattiera, ma ben tenuta.*
C'était un **chemin** muletier, mais bien entretenu.
*Abbiamo già fatto metà della **strada**.*
Nous avons déjà fait la moitié du **chemin**.
Voie si usa nel linguaggio figurato e amministrativo:
*Gli hanno sempre spianato **la strada**.*
Ils lui ont toujours aplani la **voie**.
*La via Appia è una delle grandi **strade** romane.*
La voie Appienne est une des grandes **voies** romaines.

stradale [stra-dà-le] *agg.* routier*; (*della strada*) de la route; (*di strada*) de route: *rete stradale*, réseau routier; *circolazione stradale*, trafic routier; *incidente stradale*, accident de la route; *tronco stradale*, tronçon de route; *manutenzione stradale*, entretien des routes | *fondo, piano stradale*, chaussée ♦ *n.f.* (*polizia*) police de la route.
● ***carta stradale***, carte routière | ***codice stradale***, code de la route | ***lavori stradali***, travaux routiers.

stradario [stra-dà-rio] *n.m.* [pl. *-ri*] annuaire, indicateur des rues.

stradino [stra-dì-no] *n.m.* [f. *-a*] cantonnier.

stradivario [stra-di-và-rio] *n.m.* [pl. *-ri*] (*mus.*) (*violino*) stradivarius.

stradone [stra-dó-ne] *n.m.* grand-route* (*f.*).

strafalcione [stra-fal-ció-ne] *n.m.* énormité (*f.*), perle (*f.*).

strafare [stra-fà-re] *v.intr.* [coniug. come *fare*; aus. *avere*] en faire* trop: *vuoi sempre strafare*, tu veux toujours en faire trop.

straforo [stra-fó-ro] *n.m.* (*non com.*) tunnel.
● ***di straforo***, à la dérobée, en cachette; (*indirettamente*) indirectement, par la bande; (*per un pelo*) de justesse.

strafottente [stra-fot-tèn-te] *agg.* e *n.m.* e *f.* insolent/e.

strafottenza [stra-fot-tèn-za] *n.f.* insolence.

strafottersi [stra-fót-ter-si] *v.pron.intr.* (*volg.*) se foutre*.

strage [strà-ge] *n.f.* massacre (*m.*); (*estens.*) hécatombe.
● ***fare strage di cuori***, (*fig.*) faire des ravages.

stragrande [stra-gràn-de] *agg.* énorme, immense.
● ***la stragrande maggioranza***, la très grande majorité: *la stragrande maggioranza della popolazione*, la très grande majorité de la population.

stralciare [stral-cià-re] *v.tr.* [coniug. come *cominciare*] **1** extraire* **2** (*sopprimere*) supprimer, barrer.

stralcio [stràl-cio] *n.m.* [pl. *-ci*] **1** extrait **2** (*comm.*) liquidation (*f.*) | *vendere a stralcio*, vendre à prix de liquidation **3** (*amm., dir.*) suppression (*f.*).
● ***legge stralcio***, loi provisoire | ***ufficio stralcio***, bureau de liquidation.

strale [strà-le] *n.m.* (*letter.*) **1** (*freccia*) flèche (*f.*) (*anche fig.*) **2** (*colpo*) coup: *gli strali del destino*, les coups du destin.

strallo [stràl-lo] *n.m.* (*mar.*) étai.

stralunare [stra-lu-nà-re] *v.tr.* *stralunare gli occhi*, rouler (*o* écarquiller) les yeux.

stralunato [stra-lu-nà-to] *agg.* *hagard, égaré: *guardare stralunato*, regarder d'un air hagard.

stramaledetto [stra-ma-le-dét-to] *agg.* (*fam.*) sacré.

stramaledire [stra-ma-le-dì-re] *v.tr.* [coniug. come *dire*; imp. *maledici*] (*fam.*) envoyer* à tous les diables.

stramaturo [stra-ma-tù-ro] *agg.* (*fam.*) archimûr.

stramazzare [stra-maz-zà-re] *v.intr.* [aus. *essere*] s'abattre* | *stramazzare al suolo*, s'abattre sur le sol.

strambare [stram-bà-re] *v.intr.* [aus. *avere*] (*mar.*) empanner.

stramberia [stram-be-rì-a] *n.f.* bizarrerie; (*stravaganza*) extravagance.

strambo [stràm-bo] *agg.* bizarre; (*stravagante*) extravagant: *un tipo strambo*, un drôle de type.

strame [strà-me] *n.m.* **1** (*da foraggio*) fourrage **2** (*da lettiera*) litière (*f.*).

stramonio [stra-mò-nio] *n.m.* [pl. *-ni*] (*bot.*) stramoine (*f.*).

strampalato [stram-pa-là-to] *agg.* farfelu; (*stravagante*) extravagant.

stranamente [stra-na-mén-te] *avv.* étrangement, curieusement: *guardare stranamente*, regarder d'un œil bizarre.

stranezza [stra-néz-za] *n.f.* **1** étrangeté **2** (*stravaganza*) extravagance, bizarrerie.

strangolamento [stran-go-la-mén-to] *n.m.* étranglement.

strangolare [stran-go-là-re] *v.tr.* étrangler ♦ **strangolarsi** *v.pron.intr.* s'étrangler.

strangolatore [stran-go-la-tó-re] *n.m.* [f. *-trice*] étrangleur*.

straniamento [stra-nia-mén-to] *n.m.* distanciation (*f.*); (*estens.*) éloignement.

straniare [stra-nià-re] *v.tr.* distancier; (*estens.*) éloigner ♦ **straniarsi** *v.pron.intr.* s'éloigner, se distancier (de).

straniero [stra-niè-ro] *agg.* e *n.m.* [f. *-a*] étranger*: *straniero in patria*, étranger dans son pays, chez soi.

stranito [stra-nì-to] *agg.* **1** (*intontito*) vaseux*, abruti: *stranito per il sonno*, abruti de sommeil **2** (*smarrito*) égaré, *hagard.

strano [strà-no] *agg.* étrange, bizarre: *che strana coincidenza*, quelle étrange coïncidence; *veste in modo strano*, il s'habille bizarrement; *è strano che faccia tardi*, c'est bizarre qu'il soit en retard; *mi è capitata una strana cosa*, il m'est arrivé une chose curieuse; *che nome, tipo strano!*, quel drôle de nom, de type! | *che strano!*, (comme) c'est bizarre! | *lo guardano come una bestia strana*, (*fig.*) on le regarde comme une bête curieuse ♦ *n.m.* étrange: *lo strano è che*, c'est étrange que.
● ***caso strano***, étrangement: *caso strano, non è qui*, c'est curieux, mais il n'est pas là.

straordinariamente [stra-or-di-na-ria-mén-te] *avv.* extraordinairement.

straordinarietà [stra-or-di-na-rie-tà] *n.f.invar.* (caractère) (*m.*) extraordinaire.

straordinario [stra-or-di-nà-rio] *agg.* [pl.m. *-ri*] extraordinaire; (*speciale*) spécial* | *edizione straordinaria*, édition spéciale | *treno straordinario*, train spécial ♦ *n.m.* **1** extraordinaire: *non c'è niente di straordinario se...*, il n'y a rien d'extraordinaire à ce que... **2** (*lavoro*) heures (*f.pl.*) supplémentaires (de travail): *tre ore di straordinario*, trois heures supplémentaires.
● (***lavoro***) ***straordinario***, travail supplémentaire, heures supplémentaires.

strapaesano [stra-pae-ʃà-no] *agg.* extrêmement typique du village.

strapagare [stra-pa-gà-re] *v.tr.* [coniug. come *legare*] surpayer*, payer* cher: *pagato e strapagato*, payé grassement.

S

straparlare [stra-par-là-re] ***v.intr.*** [aus. *avere*] (*parlare a vanvera*) parler à tort et à travers; (*vaneggiare*) divaguer, déraisonner.

strapazzare [stra-paz-zà-re] ***v.tr.*** **1** rudoyer*; (*maltrattare*) maltraiter; (*rimproverare*) gronder, réprimander **2** (*di indumenti, libri ecc.*) esquinter, détériorer; (*estens.*) massacrer ♦ **strapazzarsi** ***v.pron.*** se fatiguer: *strapazzarsi col lavoro*, se tuer au travail.

strapazzata [stra-paz-zà-ta] ***n.f.*** **1** (*sgridata*) engueulade; (*fam.*) savon (*m.*): *si è preso una bella strapazzata dal capo*, (*fam.*) son chef lui a passé un de ces savons | *dare una bella strapazzata*, (*fam.*) passer un bon savon **2** (*fatica eccessiva*) grosse fatigue.

strapazzato [stra-paz-zà-to] ***agg.*** **1** (*malconcio*) en mauvais état: *un vestito tutto strapazzato*, un vêtement en très mauvais état **2** (*affaticato*) mal en point; (*che affatica*) éreintant, crevant: *un fisico strapazzato*, un physique surmené; *una vita strapazzata*, une vie exténuante.
● (*cuc.*) ***uova strapazzate***, œufs brouillés.

strapazzo [stra-pàz-zo] ***n.m.*** grande fatigue (*f.*), surmenage: *vita* (*piena*) *di strapazzi*, vie exténuante; *lo strapazzo del viaggio*, l'épuisement du voyage; *gli strapazzi della giovinezza*, les excès de la jeunesse; *questa gita è stata uno strapazzo*, cette excursion a été massacrante | *fare strapazzi*, se surmener.
● ***da strapazzo***, (*spreg.*) de quatre sous (*o* de rien du tout): *poeta da strapazzo*, poète de quatre sous; *abiti da strapazzo*, tenue de travail.

strapieno [stra-piè-no] ***agg.*** plein à craquer; (*di locale, veicolo*) bondé.

strapiombare [stra-piom-bà-re] ***v.intr.*** [aus. *essere* o *avere*] surplomber (**qqch**).

strapiombo [stra-pióm-bo] ***n.m.*** **1** surplombement **2** (*precipizio*) précipice.
● ***a strapiombo***, en surplomb.

strapotente [stra-po-tèn-te] ***agg.*** extrêmement puissant.

strapotenza [stra-po-tèn-za] ***n.f.*** énorme puissance.

strapotere [stra-po-té-re] ***n.m.*** pouvoir incontesté, excessif.

strappacuore [strap-pa-cuò-re] ***agg.invar.*** à fendre* le cœur.

strappalacrime [strap-pa-là-cri-me] ***agg.invar.*** mélo, larmoyant: *che storia strappalacrime!*, quel mélo!

strappare [strap-pà-re] ***v.tr.*** **1** (*togliere*) arracher (*anche fig.*): *strappare di mano a qlcu*, arracher des mains de qqn | *mi strapperei i capelli*, (*fig.*) (*per la rabbia, la disperazione*) il y a de quoi s'arracher les cheveux **2** (*lacerare*) déchirer: *strappare il cuore*, (*fig.*) déchirer, arracher le cœur ♦ ***v.intr.*** [aus. *avere*] (*aut.*) *la frizione strappa*, l'embrayage broute ♦ **strapparsi** ***v.pron.*** se déchirer: *la mia camicia si è strappata sul gomito*, ma chemise s'est déchirée au coude ♦ ***v.pron. indiretto*** se déchirer: *strapparsi un legamento*, se déchirer un ligament; *si è strappato i pantaloni*, il a déchiré son pantalon.

strappata [strap-pà-ta] ***n.f.*** (*strattone*) secousse; (*colpo*) coup (*m.*) (sec).

strappato [strap-pà-to] ***agg.*** **1** (*tolto*) arraché **2** (*lacerato*) déchiré.

strappo [stràp-po] ***n.m.*** **1** (*colpo secco*) coup (sec); (*strattone*) secousse (*f.*) **2** (*lacerazione*) accroc, déchirure (*f.*): *rammendare uno strappo*, raccommoder un accroc **3** (*fig.*) (*infrazione*) infraction (*f.*); (*eccezione*) entorse (*f.*) | *fare uno strappo alla regola*, faire une entorse au règlement.
● ***a strappi***, par à-coups, par saccades | ***dare uno strappo a qlcu***, (*fam.*) (*passaggio*) accompagner qqn: *mi daresti uno strappo* (*fino*) *a casa?*, tu me raccompagnes chez moi?

strapuntino [stra-pun-ti-no] ***n.m.*** strapontin.

straricco [stra-rìc-co] ***agg.*** [pl.m. *-chi*, f. *-che*] richissime.

straripamento [stra-ri-pa-mén-to] ***n.m.*** débordement.

straripare [stra-ri-pà-re] ***v.intr.*** [aus. *essere* o *avere*] déborder: *il fiume è straripato*, le fleuve a débordé.

strascicare [stra-sci-cà-re] ***v.tr.*** [coniug. come *mancare*] traîner (*anche fig.*): *strascicare le parole, la voce*, (*fig.*) parler d'une voix traînante ♦ **strascicarsi** ***v.pron.intr.*** se traîner, traîner.

strascico [strà-sci-co] ***n.m.*** [pl. *-chi*] **1** (*di vestito*) traîne (*f.*): *reggere lo strascico*, porter la traîne | *abito con lo strascico*, robe à traîne **2** (*scia*) traînée (*f.*) **3** (*fig.*) (*conseguenza*) suite (*f.*): *gli strascichi di una malattia*, les séquelles d'une maladie.
● ***pesca a strascico***, pêche à la traîne | ***rete a strascico***, chalut.

strascinare [stra-sci-nà-re] ***v.tr.*** traîner ♦ **strascinarsi** ***v.pron.*** e ***pron.intr.*** se traîner.

strass ***n.m.invar.*** strass.

stratagemma [stra-ta-gèm-ma] ***n.m.*** stratagème: *escogitare uno stratagemma*, étudier un stratagème.

stratega [stra-tè-ga] ***n.m.*** e ***f.*** [pl.m. *-ghi*, f. *-ghe*] stratège.

strategia [stra-te-gì-a] ***n.f.*** stratégie.
● (*pol.*) ***strategia elettorale***, stratégie électorale | ***strategia militare***, stratégie militaire.

strategicamente [stra-te-gi-ca-mén-te] ***avv.*** stratégiquement.

strategico [stra-tè-gi-co] ***agg.*** [pl.m. *-ci*, f. *-che*] stratégique.

stratego [stra-tè-go] ***n.m.*** [f. *-a*] → **stratega**.

stratificare [stra-ti-fi-cà-re] ***v.tr.*** [coniug. come *mancare*] stratifier ♦ **stratificarsi** ***v.pron.intr.*** se stratifier.

stratificato [stra-ti-fi-cà-to] ***agg.*** stratifié.

stratificazione [stra-ti-fi-ca-zió-ne] ***n.f.*** stratification.

stratigrafia [stra-ti-gra-fì-a] ***n.f.*** stratigraphie.

strato [strà-to] ***n.m.*** **1** couche (*f.*) (*anche fig.*) | *a strati*, par couches **2** (*meteor.*) stratus.

stratocumulo [stra-to-cù-mu-lo] ***n.m.*** (*meteor.*) strato-cumulus*.

stratonembo [stra-to-ném-bo] ***n.m.*** (*meteor.*) nimbo-stratus.

stratosfera [stra-to-sfè-ra] ***n.f.*** stratosphère.

stratosferico [stra-to-sfè-ri-co] ***agg.*** [pl.m. *-ci*, f. *-che*] **1** stratosphérique **2** (*fig.*) astronomique.

strattonare [strat-to-nà-re] ***v.tr.*** bousculer.

strattone [strat-tó-ne] ***n.m.*** à-coup*, bourrade (*f.*): *dava strattoni alla fune*, il tirait par à-coups sur la corde; *si liberò con uno strattone*, il se libéra d'une bourrade.
● ***a strattoni***, par à-coups, par saccades.

stravaccarsi [stra-vac-càr-si] ***v.pron.*** [coniug. come *mancare*] (*fam.*) se vautrer.

stravaccato [stra-vac-cà-to] ***agg.*** (*fam.*) vautré: *se ne stava stravaccato sul divano*, il restait vautré dans le canapé.

stravagante [stra-va-gàn-te] *agg.* extravagant; (*bizzarro*) bizarre ♦ *n.m.* e *f.* extravagant/e, original*/e.

stravaganza [stra-va-gàn-za] *n.f.* extravagance.

stravecchio [stra-vèc-chio] *agg.* [pl.m. *-chi*] très vieux*.

stravedere [stra-ve-dé-re] *v.intr.* [coniug. come *vedere*; aus. *avere*] **1** (*vedere anche ciò che non c'è*) voir* mal, avoir* la berlue **2** (*amare eccessivamente*) être* fou* de qqn: *stravede per suo figlio*, elle ne voit que son fils; *stravede per lei*, il est fou d'elle; *stravede per i figli*, il est complètement gâteux avec ses enfants.

stravincere [stra-vìn-ce-re] *v.tr.* [coniug. come *vincere*] battre* à plate couture: *ha stravinto il torneo*, il a emporté le tournoi haut la main ♦ *v.intr.* [aus. *avere*] remporter une victoire écrasante.

straviziare [stra-vi-zià-re] *v.intr.* [aus. *avere*] s'adonner à la débauche; (*eccedere nel mangiare, nel bere*) faire* bombance, faire* la noce.

stravizio [stra-vì-zio] *n.m.* [pl. *-zi*] débauche (*f.*); (*eccesso*) excès | *fare uno stravizio*, (*fam.*) faire la noce.

stravolgere [stra-vòl-ge-re] *v.tr.* [coniug. come *volgere*] **1** chavirer: *stravolgere gli occhi*, chavirer les yeux **2** (*fig.*) (*sconvolgere*) bouleverser **3** (*fig.*) (*travisare*) dénaturer; (*falsare*) fausser: *stravolgere il pensiero, le parole di qlcu*, dénaturer la pensée, les paroles de qqn.

stravolgimento [stra-vol-gi-mén-to] *n.m.* **1** (*sconvolgimento*) bouleversement **2** (*fig.*) (*travisamento*) altération (*f.*).

stravolto [stra-vòl-to] *agg.* **1** bouleversé; (*stralunato*) *hagard; (*disfatto*) défait: *viso stravolto dalla fatica*, visage défait par la fatigue **2** (*travisato, falsato*) dénaturé, faussé.

● ***avere la mente stravolta***, avoir l'esprit dérangé.

straziante [stra-ziàn-te] *agg.* **1** déchirant; (*spec. di dolore*) poignant **2** (*fig. scherz.*) épouvantable, navrant: *una musica, un film straziante*, une musique, un film épouvantable.

straziare [stra-zià-re] *v.tr.* **1** martyriser; supplicier: *il suo corpo fu straziato da una bomba*, son corps fut mutilé par une bombe **2** (*affliggere, tormentare*) déchirer, torturer: *musica che strazia gli orecchi*, (*fig.*) musique qui écorche les oreilles **3** (*fig. fam.*) (*eseguire malamente*) massacrer: *straziare una lingua straniera*, écorcher une langue étrangère.

straziato [stra-zià-to] *agg.* **1** martyrisé **2** (*afflitto, tormentato*) déchiré.

strazio [strà-zio] *n.m.* [pl. *-zi*] **1** massacre: *fecero strazio di donne e bambini*, ils massacrèrent les femmes et les enfants **2** (*afflizione, tormento*) tourment; (*fig. scherz.*) supplice: *è uno strazio vedere quei poveri infermi*, c'est déchirant de voir ces pauvres infirmes; *che strazio questa conferenza!*, quel supplice cette conférence!; *il film era uno strazio*, ce film était épouvantable | *sei uno strazio!*, tu es un désastre.

strega [stré-ga] *n.f.* [pl. *-ghe*] sorcière | *è una strega*, (*fig. fam.*) c'est une vieille vache.

● ***brutta come una strega***, laide à faire peur | ***colpo della strega***, (*fam.*) tour de reins.

stregare [stre-gà-re] *v.tr.* [coniug. come *legare*] ensorceler* (*anche fig.*).

stregato [stre-gà-to] *agg.* ensorcelé; (*incantato*) enchanté.

stregone [stre-gó-ne] *n.m.* sorcier; (*ciarlatano*) charlatan; (*santone*) manitou.

stregoneria [stre-go-ne-rì-a] *n.f.* sorcellerie.

stregua [strè-gua] *n.f.* manière.

● ***alla stessa stregua***, de la même manière | ***alla stregua di***, à la manière de, comme | ***a questa stregua***, de cette manière.

stremare [stre-mà-re] *v.tr.* épuiser.

stremato [stre-mà-to] *agg.* épuisé, à bout de forces.

stremo [strè-mo] *agg.* e *n.m.* (*letter.*) extrême.

● ***essere, ridursi allo stremo***, être à bout de forces, de ressources.

strenna [strèn-na] *n.f.* (*spec. pl.*) étrenne | *libro strenna*, livre d'étrenne.

strenuamente [stre-nua-mén-te] *avv.* (*letter.*) vaillamment.

strenuo [strè-nuo] *agg.* (*letter.*) vaillant, courageux*; (*infaticabile*) infatigable: *strenuo difensore della libertà*, défenseur acharné de la liberté.

strepitare [stre-pi-tà-re] *v.intr.* [aus. *avere*] faire* du vacarme; (*gridare*) crier | *cosa c'è da strepitare?*, pourquoi tout ce vacarme?

strepito [strè-pi-to] *n.m.* vacarme; (*baccano*) tapage; (*clamore*) clameur (*f.*).

strepitosamente [stre-pi-to-sa-mén-te] *avv.* (*in modo clamoroso*) d'une manière éblouissante: *vincere strepitosamente*, remporter une victoire éclatante.

strepitoso [stre-pi-tó-so] *agg.* retentissant; (*clamoroso*) éclatant.

streptococco [strep-to-còc-co] *n.m.* [pl. *-chi*] (*biol.*) streptocoque.

streptomicina [strep-to-mi-cì-na] *n.f.* (*chim.*) streptomycine.

stress *n.m.* stress | *che stress che sei!*, (*fam.*) ce que tu peux être assommant!

stressante [stres-sàn-te] *agg.* stressant.

stressare [stres-sà-re] *v.tr.* stresser ♦ **stressarsi** *v.pron.intr.* être* stressé.

stressato [stres-sà-to] *agg.* stressé.

stretching ['strɛtʃiŋg] *n.m.* (*ginnastica*) stretching.

stretta [strét-ta] *n.f.* **1** étreinte: *allentare la stretta*, relâcher son étreinte | (*aut.*) *dare una stretta ai freni*, donner un coup de freins **2** (*fig.*) (*dolore*) serrement (*m.*): *una stretta al cuore*, un serrement de cœur; *provare una stretta allo stomaco*, avoir l'estomac serré; *sentire una stretta al cuore, alla gola*, (*fig.*) avoir le cœur serré, la gorge serrée **3** (*gola, passaggio angusto*) défilé (*m.*).

● (*fin.*) ***stretta creditizia***, restriction du crédit | ***stretta di mano***, poignée de main: *dare una stretta di mano*, serrer la main | ***dare una stretta di vite***, (*fig.*) donner un tour de vis | ***essere alla stretta finale***, entrer dans la phase finale | ***essere, mettere alle strette***, être, mettre au pied du mur | ***venire alle strette***, arriver à la conclusion.

strettamente [stret-ta-mén-te] *avv.* **1** étroitement **2** (*fig.*) strictement; (*rigorosamente*) rigoureusement | *strettamente parlando*, en parlant strictement **3** (*assolutamente*) absolument: *spese strettamente necessarie*, dépenses absolument nécessaires.

strettezza [stret-téz-za] *n.f.* **1** étroitesse **2** (*fig.*) (*scarsità*) pénurie, manque (*m.*): *strettezza di tempo*, manque de temps; *per strettezza di tempo*, faute de temps **3** (*pl.*) (*difficoltà economiche*) gêne (*sing.*): *un periodo di strettezze*, une période de gêne | *vivere in strettezze*, vivre dans la gêne.

stretto[1] [strét-to] *agg.* **1** étroit: *una strada stretta*, une route étroite; *una valle stretta*, une vallée encaissée **2** (*serrato; molto vicino*) serré: *tieni la borsa stretta*, serre

S

ton sac contre toi | *tienti stretta*, tiens-toi bien | *avere il cuore stretto dall'angoscia*, avoir le cœur serré | *prendere una curva stretta*, prendre un virage à la corde **3** (*intimo*) intime: *una stretta amicizia*, une étroite amitié **4** (*rigoroso*) rigoureux*, strict: *mantenere uno stretto riserbo*, garder le silence le plus absolu; *parlare in stretto siciliano*, parler le pur sicilien **5** (*costretto*) pressé **6** (*fon.*) fermé ♦ ***avv.*** étroitement, fort: *legare stretto un pacco*, bien serrer le nœud d'un paquet; *chiudilo stretto*, serre-le bien | *tenere stretto al cuore*, serrer contre son cœur.
● ***stretto stretto***, très fort: *lo abbracciò stretto stretto*, il l'embrassa très fort | ***a denti stretti***, les dents serrées: *ridere a denti stretti*, (*estens.*) rire jaune; *lottare a denti stretti*, (*fig.*) lutter avec acharnement; *ammettere qlco a denti stretti*, (*fig.*) admettre qqch à contre-cœur | ***a, con pugni stretti***, les poings serrés | ***andare stretto***, (*di abiti ecc.*) serrer: *quest'abito mi va stretto*, cette robe me serre | ***di stretta misura***, de justesse | ***essere di manica stretta***, (*fig.*) être sévère | ***essere in stretti rapporti con qlcu***, être intimement lié avec qqn; (*negli affari*) être en rapports étroits avec qqn | ***lo stretto necessario***, le strict nécessaire | ***parenti stretti***, proches parents.

stretto[2] ***n.m.*** (*geogr.*) détroit.

strettoia [stret-tó-ia] ***n.f.*** **1** (*di strada*) chaussée rétrécie **2** (*fig.*) difficulté.

stria [strì-a] ***n.f.*** **1** (*striscia*) raie, rayure **2** (*scient.*) strie **3** (*arch.*) cannelure.

striare [stri-à-re] ***v.tr.*** **1** rayer* **2** (*scient.*) strier.

striato [stri-à-to] ***agg.*** **1** rayé **2** (*scient.*) strié.

striatura [stria-tù-ra] ***n.f.*** **1** rayure **2** (*arch.*) striure.

stricnina [stric-nì-na] ***n.f.*** (*chim.*) strychnine.

stridente [stri-dèn-te] ***agg.*** **1** strident **2** (*fig.*) (*discordante*) discordant: *una nota stridente*, une note discordante; (*fig.*) une fausse note; *colori stridenti*, des couleurs qui jurent.

stridere [strì-de-re] ***v.intr.*** [raro il p.p.; aus. *avere*] **1** grincer*; (*di freni, pneumatici*) crisser; (*di vento, di fiamma*) siffler; (*di insetti*) striduler **2** (*fig.*) (*essere in contrasto*) détonner, jurer.

stridio [stri-dì-o] ***n.m.*** [pl. -*ii*] **1** grincement; (*di freni, pneumatici*) crissement; (*di vento, di fiamma*) sifflement **2** (*di insetti*) stridulation (*f.*).

strido [strì-do] ***n.m.*** [pl.f. *strida*] **1** cri **2** (*di insetti*) stridulation (*f.*).

stridore [stri-dó-re] ***n.m.*** grincement; (*di freni, pneumatici*) crissement.

S

stridulo [strì-du-lo] ***agg.*** strident, perçant: *le stridule cicale*, les cigales aux cris stridents | *voce stridula*, voix perçante.

striglia [strì-glia] ***n.f.*** étrille.

strigliare [stri-glià-re] ***v.tr.*** **1** étriller; (*estens.*) frotter fort **2** (*fig.*) (*rimproverare*) réprimander; (*fam.*) passer un savon (à) ♦ **strigliarsi** ***v.pron.*** (*scherz.*) (*ripulirsi*) s'étriller.

strigliata [stri-glià-ta] ***n.f.*** **1** coup (*m.*) d'étrille **2** (*fig.*) (*rimprovero*) savon (*m.*): *si è preso una bella strigliata*, on lui a passé un bon savon.
● ***dare una strigliata a***, étriller; (*fig.*) (*rimproverare*) passer un savon à.

strillare [stril-là-re] ***v.intr.*** [aus. *avere*] crier | *strillare come un'aquila*, crier comme un putois ♦ ***v.tr.*** crier.

strillata [stril-là-ta] ***n.f.*** **1** (*strillo*) cri (*m.*) **2** (*sgridata*) attrapade, savon (*m.*); (*fam.*) (*rimprovero*) engueulade: *fare una strillata a qlcu*, engueuler qqn; *prendersi una strillata*, recevoir une bonne engueulade.

strillo [strìl-lo] ***n.m.*** **1** cri (perçant) **2** (*rimprovero*) attrapade (*f.*), savon; (*fam.*) engueulade (*f.*).

strillone [stril-ló-ne] ***n.m.*** [f. -*a*] **1** (*fam.*) gueulard **2** (*di giornali*) crieur* de journaux.

striminzirsi [stri-min-zìr-si] ***v.pron.*** [coniug. come *finire*] **1** se boudiner, se serrer **2** (*dimagrire*) maigrir.

striminzito [stri-min-zì-to] ***agg.*** **1** (*di abito*) étriqué; (*ridotto*) (très) réduit: *gruppo striminzito di studenti*, groupe très réduit d'étudiants; *albero striminzito*, arbre rabougri **2** (*di persona*) maigrichon*.

strimpellare [strim-pel-là-re] ***v.tr.*** (*il pianoforte*) pianoter; (*strumenti a corda*) racler (du violon); gratter (la guitare).

strimpellatore [strim-pel-la-tó-re] ***n.m.*** [f. -*trice*] (*di pianoforte*) tapoteur; (*di strumenti a corda*) racleur.

strinare [stri-nà-re] ***v.tr.*** **1** (*pollame ecc.*) flamber **2** (*stoffa*) roussir.

strinato [stri-nà-to] ***agg.*** (*di stoffa*) roussi ♦ ***n.m.*** flambage: *odore di strinato*, odeur de flambage.

stringa [strin-ga] ***n.f.*** [pl. -*ghe*] **1** lacet (*m.*) **2** (*inform.*) chaîne: *stringa di caratteri*, chaîne de caractères.

stringare [strin-gà-re] ***v.tr.*** [coniug. come *legare*] **1** serrer; (*con lacci*) lacer* **2** (*fig.*) (*rendere conciso*) condenser, réduire*.

stringatezza [strin-ga-téz-za] ***n.f.*** concision: *con stringatezza*, brièvement.

stringato [strin-gà-to] ***agg.*** **1** (*allacciato*) serré: *scarpe stringate*, chaussures à lacets **2** (*fig.*) (*conciso*) concis.

stringente [strin-gèn-te] ***agg.*** **1** (*urgente*) pressant **2** (*serrato; logico*) serré; (*rigoroso*) rigoureux*.

stringere [strìn-ge-re] ***v.tr.*** [p.rem. *io strinsi, tu stringesti* ecc.; p.p. *stretto*] **1** serrer (*anche fig.*): *stringere una vite*, serrer une vis; *stringere la cinghia*, (*anche fig.*) se serrer la ceinture | *stringere al muro*, acculer contre le mur | (*boxe*) *stringere l'avversario alle corde*, envoyer l'adversaire dans les cordes | *stringere d'assedio*, assiéger **2** (*stipulare*) faire*: *stringere un'alleanza con qlcu*, s'allier avec qqn | *stringere amicizia*, se lier d'amitié **3** (*rendere più piccolo*) rétrécir: *stringere una giacca*, rétrécir une veste **4** (*mus.*) (*accelerare*) accélérer* | *stringere i tempi*, accélérer l'allure ♦ ***v.intr.*** [aus. *avere*] **1** (*incalzare*) presser: *il tempo stringe*, le temps presse **2** (*riassumere*) abréger*: *stringi!, non ho tempo da perdere*, abrège!, je n'ai pas de temps à perdre **3** (*essere stretto*) être* étroit: *queste scarpe stringono un po'*, ces chaussures sont un peu étroites **4** (*aut.*) *stringere in curva*, prendre un virage à la corde ♦ **stringersi** ***v.pron.*** e ***pron.rec.*** se serrer: *stringersi addosso a*, se serrer contre | *stringersi nelle spalle*, hausser les épaules | *mi si stringe il cuore nel vederlo ridotto così*, mon cœur se serre à le voir dans cet état.
● ***stringi stringi***, (*in fondo*) au fond; (*in fin dei conti*) en fin de compte; au bout du compte.

stringimento [strin-gi-mén-to] ***n.m.*** serrement (*anche fig.*).

stringinaso [strin-gi-nà-so] ***n.m.invar.*** (*dei nuotatori*) pince-nez*.
● ***occhiali a stringinaso***, pince-nez.

strinsi → **stringere**.

strip ***n.f.invar.*** (*striscia dei fumetti*) bande dessinée, BD.

strip-tease [strip'tiz] ***n.m.*** strip-tease*.

striscia [strì-scia] ***n.f.*** [pl. -*sce*] **1** bande; (*lunga e stretta*) lanière **2** (*riga*) raie, rayure: *maglietta a strisce*, chandail à rayures (*o* rayé) | (*segnaletica stradale*): *striscia continua, discontinua*, ligne continue, discontinue; *attra-*

versare sulle strisce (*pedonali*), traverser au passage clouté (*o* dans les clous) **3** (*scia*) traînée **4** (*di fumetti*) bande dessinée, BD.

strisciante [stri-sciàn-te] *agg.* **1** rampant | *guerra strisciante*, guerre larvée **2** (*fig.*) (*servile*) rampant, adulateur*: *modi striscianti*, des manières serviles.
● (*econ.*) ***inflazione strisciante***, inflation latente.

strisciare [stri-scià-re] *v.intr.* [coniug. come *cominciare*; aus. *avere*] ramper; (*passare rasente a*) raser (qqch); (*scivolare*) glisser: *strisciare contro il muro*, raser le mur | *strisciare ai piedi di qlcu*, (*fig.*) se traîner aux pieds de qqn ♦ *v.tr.* **1** (*trascinare*) traîner **2** (*sfiorare*) frôler; (*graffiare*) érafler ♦ **strisciarsi** *v.pron.* **1** se frotter (contre) **2** (*fig.*) ramper.

strisciata [stri-scià-ta] *n.f.* **1** (*graffio*) égratignure, éraflure **2** (*traccia*) trace, traînée **3** (*fot.*) bande contact **4** (*tip.*) épreuve en placard.

striscio [strì-scio] *n.m.* [pl. *-sci*] **1** (*di piedi*) traînement **2** (*segno*) rayure (*f.*); (*graffio*) éraflure (*f.*) **3** (*med.*) frottis.
● ***ballo con lo striscio***, danse à pas glissés | ***di striscio***, de côté, de biais: *ferire di striscio*, faire une blessure superficielle; *se l'è cavata di striscio*, (*fig.*) il s'en est tiré de justesse.

strisciolina [stri-scio-lì-na] *n.f.* bandelette.

striscione [stri-sció-ne] *n.m.* banderole (*f.*).
● (*sport*) ***striscione d'arrivo***, bande d'arrivée.

stritolamento [stri-to-la-mén-to] *n.m.* broyage, broiement.

stritolare [stri-to-là-re] *v.tr.* écraser; (*maciullare*) broyer* | *se lo trovo, lo stritolo!*, (*scherz.*) si je le trouve, je l'écrabouille! ♦ **stritolarsi** *v.pron.intr.* s'écraser; (*maciullarsi*) broyer*.

strizza [strìz-za] *n.f.* (*fam.*) trouille.

strizzacervelli [striz-za-cer-vèl-li] *n.m.* e *f.invar.* (*scherz.*) psy.

strizzare [striz-zà-re] *v.tr.* presser: *strizzare la biancheria*, tordre, essorer le linge.
● ***strizzare l'occhio***, (*fig.*) cligner de l'œil.

strizzata [striz-zà-ta] *n.f.*
● ***strizzata d'occhio***, clin d'œil | ***dare una strizzata alla biancheria***, tordre le linge.

strizzatura [striz-za-tù-ra] *n.f.* pressage (*m.*); (*di biancheria*) essorage (*m.*).

strizzone [striz-zó-ne] *n.m.* **1** étreinte (*f.*) **2** (*dolore violento*) élancement.

stroboscopio [stro-bo-scò-pio] *n.m.* [pl. *-pi*] stroboscope.

strofa [strò-fa] **strofe** *n.f.* strophe; (*di canzone*) couplet (*m.*) | (*metrica*) *strofa libera*, vers libre.

strofinaccio [stro-fi-nàc-cio] *n.m.* [pl. *-ci*] torchon; (*per pavimenti*) serpillière (*f.*); (*per spolverare*) chiffon.

strofinamento [stro-fi-na-mén-to] *n.m.* frottement, frottage.

strofinare [stro-fi-nà-re] *v.tr.* frotter; (*lucidare*) astiquer ♦ **strofinarsi** *v.pron.* se frotter (contre).

strofinata [stro-fi-nà-ta] *n.f.* coup (*m.*) de chiffon.

strofinio [stro-fi-nì-o] *n.m.* [pl. *-ii*] frottement (continuel).

strombatura [strom-ba-tù-ra] *n.f.* (*arch.*) ébrasement (*m.*).

strombazzamento [strom-baz-za-mén-to] *n.m.* **1** (*pubblicità*) bruit, publicité (*f.*) **2** (*rumore*) bruit, vacarme; (*di clacson*) coup de klaxon.

strombazzare [strom-baz-zà-re] *v.tr.* claironner ♦ *v.intr.* [aus. *avere*] (*suonare il clacson*) klaxonner.
● ***strombazzare ai quattro venti***, claironner (*o* crier) aux quatre vents.

strombettare [strom-bet-tà-re] *v.intr.* [aus. *avere*] **1** mal jouer de la trompette **2** (*il clacson*) klaxonner.

strombettata [strom-bet-tà-ta] *n.f.* coup (*m.*) de trompette; (*di clacson*) coup (*m.*) de klaxon.

stroncare [stron-cà-re] *v.tr.* [coniug. come *mancare*] **1** (*spezzare*) casser (*anche estens.*): *salita che stronca le gambe*, montée qui coupe les jambes **2** (*fig.*) briser; (*malattia ecc.*) arrêter, couper: *stroncato da un infarto*, emporté par un infarctus; *la sua vita fu stroncata da un incidente*, il a perdu la vie dans un accident; *stroncare una rivolta*, écraser une révolte **3** (*fig.*) (*criticare violentemente*) éreinter, démolir, matraquer.

stroncatura [stron-ca-tù-ra] *n.f.* (*aspra critica*) éreintement (*m.*).

stronzata [stron-zà-ta] *n.f.* (*volg.*) **1** connerie: *non dire stronzate*, ne dis pas de conneries **2** (*cosa senza valore*) bêtise.

stronzio [stròn-zio] *n.m.* [pl. *-zi*] (*chim.*) strontium.

stronzo [strón-zo] *n.m.* (*volg.*) **1** (*escremento*) étron; crotte (*f.*) **2** [f. *-a*] (*fig.*) con*, salaud, con(n)ard.

stropicciare [stro-pic-cià-re] *v.tr.* [coniug. come *cominciare*] **1** frotter **2** (*fam.*) (*sgualcire*) froisser ♦ **stropicciarsi** *v.pron.intr.* froisser, friper: *mi si è stropicciato il vestito*, j'ai froissé ma robe ♦ *v.pron. indiretto* se frotter: *stropicciarsi gli occhi*, se frotter les yeux.

stropiccio [stro-pic-cì-o] *n.m.* [pl. *-ii*] (*di piedi*) frottement; (*di carta ecc.*) froissement.

strozzamento [stroz-za-mén-to] *n.m.* étranglement (*anche med.*).

strozzare [stroz-zà-re] *v.tr.* **1** étrangler **2** (*ostruire*) obstruer **3** (*fig.*) (*prestare denaro a usura*) écorcher, plumer ♦ **strozzarsi** *v.pron.intr.* **1** s'étrangler **2** (*stringersi*) se rétrécir.

strozzato [stroz-zà-to] *agg.* étranglé (*anche fig.*): *con voce strozzata dal pianto*, d'une voix étranglée par les larmes.

strozzatura [stroz-za-tù-ra] *n.f.* **1** étranglement (*m.*) **2** (*fig.*) (*ostacolo*) goulot (*m.*) d'étranglement | *le strozzature del traffico*, les bouchons (de la circulation).

strozzinaggio [stroz-zi-nàg-gio] *n.m.* [pl. *-gi*] usure (*f.*).

strozzino [stroz-zì-no] *n.m.* [f. *-a*] usurier*.

S

struccare [struc-cà-re] *v.tr.* [coniug. come *mancare*] démaquiller ♦ **struccarsi** *v.pron.* se démaquiller.

struggente [strug-gèn-te] *agg.* poignant, déchirant: *ricordo struggente*, souvenir déchirant.

struggere [strùg-ge-re] *v.tr.* [coniug. come *distruggere*] (*fig.*) consumer ♦ **struggersi** *v.pron.intr.* **1** (*sciogliersi*) fondre* **2** (*fig.*) se consumer: *struggersi di dolore*, se consumer de douleur; *struggersi di gelosia, d'invidia*, être dévoré de jalousie, rongé d'envie | *struggersi d'amore*, se mourir d'amour.

struggimento [strug-gi-mén-to] *n.m.* **1** (*tormento*) tourment, peine (*f.*) **2** (*desiderio intenso*) désir ardent.

strumentale [stru-men-tà-le] *agg.* **1** instrumental* **2** (*che serve da strumento*) qui peut être exploité: *è uno sciopero strumentale*, c'est une grève qu'on exploite (à des fins politiques); *fare un uso strumentale di qlco*, exploiter qqch.
● (*aer.*) ***atterraggio strumentale***, atterrissage sans visibi-

lité | (*econ.*) ***beni strumentali***, biens d'équipement | ***musica strumentale***, musique instrumentale | (*dir.*) ***testimonio strumentale***, témoin instrumentaire | (*aer.*) ***volo strumentale***, vol aux instruments.

strumentalizzare [stru-men-ta-liʒ-ʒà-re] ***v.tr.*** **1** (*mus.*) orchestrer **2** (*fig.*) exploiter; (*di persona, informazioni ecc.*) manipuler.

strumentalizzazione [stru-men-ta-liʒ-ʒa-zió-ne] ***n.f.*** exploitation; (*di persone, informazioni ecc.*) manipulation.

strumentalmente [stru-men-tal-mén-te] ***avv.*** par un instrument; (*estens.*) d'un point de vue fonctionnel.

strumentare [stru-men-tà-re] ***v.tr.*** (*mus.*) instrumenter.

strumentatore [stru-men-ta-tó-re] ***n.m.*** [f. *-trice*] instrumentiste.

strumentazione [stru-men-ta-zió-ne] ***n.f.*** **1** (*mus.*) instrumentation, orchestration **2** (*gli strumenti*) instruments (*m.pl.*); (*apparecchiatura*) appareillage (*m.*), appareils (*m.pl.*); (*di macchina*) outillage (*m.*); (*di nave*) armement (*m.*).

strumentista [stru-men-tì-sta] ***n.m.*** e ***f.*** (*mus., med.*) instrumentiste.

● ***(tecnico) strumentista***, dessinateur (d'appareillage) industriel.

strumento [stru-mén-to] ***n.m.*** **1** instrument; (*attrezzo*) outil: *strumenti di lavoro*, instruments de travail; *strumenti agricoli*, outils agricoles **2** (*mus.*) instrument (de musique) **3** (*fig.*) instrument, moyen.

strusciare [stru-scià-re] ***v.tr.*** [coniug. come *cominciare*] frotter; (*per terra*) traîner (par terre) ♦ **strusciarsi** ***v.pron.*** se frotter | *strusciarsi a qlcu*, (*fig.*) (*adularlo*) flatter qqn ♦ ***v.pron.rec.*** (*scambiarsi affettuosità*) se faire* des mamours.

strusciata [stru-scià-ta] ***n.f.*** **1** frottement (*m.*): *ha dato una strusciata al muro e s'è sporcato*, il s'est frotté contre le mur et s'est sali **2** (*fig.*) flatterie.

struscio [strù-scio] ***n.m.*** [pl. *-sci*] (*region.*) (*passeggio*) promenade (*f.*) du soir, dominicale (dans les petites villes de province).

strutto [strùt-to] ***n.m.*** (*cuc.*) saindoux.

struttura [strut-tù-ra] ***n.f.*** structure | *strutture speciali per handicappati*, aménagements spéciaux pour les handicapés.

S

strutturale [strut-tu-rà-le] ***agg.*** structural*, structurel* | (*biol.*) *gene strutturale*, gène de structure.

strutturalismo [strut-tu-ra-li-ʃmo] ***n.m.*** structuralisme.

strutturalista [strut-tu-ra-lì-sta] ***agg.*** e ***n.m.*** e ***f.*** structuraliste.

strutturalistico [strut-tu-ra-lì-sti-co] ***agg.*** [pl.m. *-ci*, f. *-che*] structuraliste.

strutturalmente [strut-tu-ral-mén-te] ***avv.*** structurellement.

strutturare [strut-tu-rà-re] ***v.tr.*** structurer.

strutturato [strut-tu-rà-to] ***agg.*** structuré.

strutturazione [strut-tu-ra-zió-ne] ***n.f.*** structuration.

struzzo [strùz-zo] ***n.m.*** autruche (*f.*).

● ***fare lo struzzo***, (*fig.*) pratiquer la politique de l'autruche.

stuccare[1] [stuc-cà-re] ***v.tr.*** [coniug. come *mancare*] **1** (*turare*) boucher **2** (*decorare con stucchi*) stuquer.

stuccare[2] ***v.tr.*** (*riempire a sazietà*) écœurer; (*fig.*) fatiguer, lasser.

stuccatore [stuc-ca-tó-re] ***n.m.*** [f. *-trice*] stucateur, plâtrier; (*decoratore in stucchi*) staffeur.

stuccatura [stuc-ca-tù-ra] ***n.f.*** **1** (*otturazione*) masticage (*m.*) **2** (*decorazione a stucco*) stucage (*m.*).

stucchevole [stuc-ché-vo-le] ***agg.*** **1** (*nauseante*) écœurant **2** (*noioso*) lassant; (*fastidioso*) agaçant.

stucchevolezza [stuc-che-vo-léz-za] ***n.f.*** **1** goût (*m.*) écœurant **2** (*noia*) ennui (*m.*).

stucco [stùc-co] ***n.m.*** [pl. *-chi*] **1** stuc; (*per decorazioni*) staff; (*per vetri*) mastic **2** (*decorazione*) stuc.

● (*arte*) ***a stucco***, stuqué | ***restare di stucco***, (*fig.*) en rester baba.

studente [stu-dèn-te] ***n.m.*** [f. *-essa*] (*di università*) étudiant; (*di scuola media*) élève, collégien*; (*di liceo*) lycéen*: *studente di medicina*, étudiant en médecine.

studentesco [stu-den-té-sco] ***agg.*** [pl.m. *-schi*, f. *-sche*] étudiant, estudiantin: *movimento studentesco*, mouvement étudiant; *gergo studentesco*, jargon estudiantin; *manifestazione studentesca*, manifestation des étudiants.

studiacchiare [stu-diac-chià-re] ***v.tr.*** e ***intr.*** [aus. *avere*] étudier sans entrain, étudier tant bien que mal.

studiare [stu-dià-re] ***v.tr.*** étudier; (*applicarsi allo studio*) travailler; (*compiere un ciclo di studi*) faire* des études: *studiare latino, musica*, étudier le latin, la musique; *smettere di studiare*, arrêter ses études; *studia poco*, il travaille peu; *studi o lavori?*, tu vas toujours à l'école ou tu travailles?; *studiare al liceo Parini*, fréquenter le lycée Parini; *studiare all'università*, être à l'université; *studiare legge*, faire son droit | *l'ha studiata bene*, (*fam.*) il a bien calculé son coup ♦ **studiarsi** ***v.pron.intr.*** (*cercare di*) s'efforcer* ♦ ***v.pron.rec.*** (*osservarsi*) s'étudier.

● ***studiare il terreno***, (*fig.*) tâter le terrain | ***le studia tutte***, (*fam.*) il ne sait plus quoi inventer.

studiatamente [stu-dia-ta-mén-te] ***avv.*** **1** (*di proposito*) exprès **2** (*affettatamente*) de façon étudiée.

studiato [stu-dià-to] ***agg.*** étudié (*anche fig.*); (*affettato*) affecté.

studio [stù-dio] ***n.m.*** [pl. *-di*] **1** étude (*f.*): *lo studio della matematica*, l'étude des mathématiques; *fare gli studi a Milano*, faire ses études à Milan; *viaggio di studi*, mission d'études **2** (*ricerca*) étude (*f.*), recherche: *uno studio su Dante*, une étude sur Dante; *gli studi sul cancro*, les recherches sur le cancer **3** (*stanza adibita allo studio*) bureau*; (*di professionista*) cabinet; (*di medico*) cabinet (de consultation); (*di artista*) atelier; (*di fotografo*) studio: *studio di consulenza*, bureau d'étude; *studio di avvocato*, étude d'avocat; *studio grafico*, studio de création graphique | *studio di commercialista*, cabinet d'affaires **4** (*rad., cine., tv*) studio: *studio televisivo*, studio de télévision **5** (*letter.*) (*cura*) soin.

● (*econ.*) ***studio di mercato***, étude de marché | ***studio di registrazione***, studio d'enregistrement | ***studio pubblicitario***, agence de publicité | ***Università degli studi***, Université.

studioso [stu-dió-so] ***agg.*** studieux* ♦ ***n.m.*** [f. *-a*] homme d'étude, savant; (*specialista*) spécialiste.

stufa [stù-fa] ***n.f.*** poêle (*m.*); (*elettrica*) radiateur (*m.*).

stufare [stu-fà-re] ***v.tr.*** **1** (*cuc.*) dauber; (*carni*) braiser; (*verdure*) cuire* à l'étouffée, cuire* à l'étuvée, étuver **2** (*fig. fam.*) ennuyer*, embêter: *mi ha stufato con le sue lamentele*, il m'a lassé avec ses plaintes ♦ **stufarsi** ***v.pron. intr.*** (*fig. fam.*) se lasser: *mi sono stufato dei suoi capricci*, j'en ai assez de ses caprices; *mi sono stufata di stare in casa*, j'en ai marre de rester à la maison.

stufato [stu-fà-to] *n.m.* (*cuc.*) daube (*f.*); plat de viande braisée.

stufo [stù-fo] *agg.* (*fam.*) fatigué, embêté: *essere stufo di qlcu, qlco*, en avoir assez, en avoir marre de qqn, qqch | *sono stufo e arcistufo*, j'en ai plus que marre.

stuntman ['stantmεn] *n.m.invar.* (*cine.*) cascadeur*.

stuoia [stuò-ia] *n.f.* natte.
● ***punto stuoia***, (*ricamo*) point de broderie à jour.

stuoino [stuo-i-no] *n.m.* paillasson.

stuolo [stuò-lo] *n.m.* foule (*f.*), multitude (*f.*): *uno stuolo di ammiratori*, une multitude d'admirateurs | *uno stuolo di bambini*, une ribambelle d'enfants | *uno stuolo di uccelli*, une volée d'oiseaux.

stupefacente [stu-pe-fa-cèn-te] *agg.* e *n.m.* stupéfiant.

stupefare [stu-pe-fà-re] *v.tr.* [coniug. come *fare*] stupéfier.

stupefatto [stu-pe-fàt-to] *agg.* stupéfait, abasourdi.

stupefazione [stu-pe-fa-zió-ne] *n.f.* stupéfaction.

stupendamente [stu-pen-da-mén-te] *avv.* merveilleusement.

stupendo [stu-pèn-do] *agg.* superbe, magnifique: *è una persona stupenda*, c'est une personne exceptionnelle.

stupidaggine [stu-pi-dàg-gi-ne] *n.f.* **1** bêtise: *dire stupidaggini*, dire des bêtises **2** (*fam.*) (*cosa di poco valore*) bricole, babiole: *ti ho comprato una stupidaggine*, je t'ai acheté une bricole.

stupidamente [stu-pi-da-mén-te] *avv.* stupidement, bêtement.

stupidario [stu-pi-dà-rio] *n.m.* [pl. *-ri*] bêtisier.

stupidata [stu-pi-dà-ta] *n.f.* bêtise.

stupidità [stu-pi-di-tà] *n.f.invar.* stupidité, bêtise.

stupido [stù-pi-do] *agg.* stupide, bête ♦ *n.m.* [f. *-a*] idiot, bête (*f.*): *non fare lo stupido*, ne fais pas l'idiot.

stupire [stu-pì-re] *v.tr.* [coniug. come *finire*] étonner ♦ *v.intr.* [aus. *essere*] s'étonner ♦ **stupirsi** *v.pron.intr.* s'étonner.

stupito [stu-pì-to] *agg.* étonné: *rimase stupito nel vederla*, il fut étonné quand il la vit.

stupore [stu-pó-re] *n.m.* **1** stupeur (*f.*), stupéfaction (*f.*); (*meraviglia*) étonnement: *con mio grande stupore*, à ma grande stupéfaction **2** (*med.*) stupeur (*f.*).

stuprare [stu-prà-re] *v.tr.* violer.

stupratore [stu-pra-tó-re] *n.m.* violeur.

stupro [stù-pro] *n.m.* viol.

stura [stù-ra] *n.f.* débouchement (*m.*), débouchage (*m.*).
● ***dare la stura a qlco***, déboucher qqch; (*fig.*) donner libre cours à qqch: *dare la stura a una botte*, déboucher un tonneau; *dare la stura alle lamentele*, donner libre cours à ses plaintes.

sturabottiglie [stu-ra-bot-tì-glie] *n.m.invar.* tire-bouchon*.

sturalavandini [stu-ra-la-van-dì-ni] *n.m.invar.* débouche-évier*.

sturare [stu-rà-re] *v.tr.* déboucher; (*una botte*) débonder.

stuzzicadenti [stuz-zi-ca-dèn-ti] *n.m.invar.* cure-dent* | *è uno stuzzicadenti*, (*fig.*) il est maigre comme un clou.

stuzzicante [stuz-zi-càn-te] *agg.* **1** appétissant, affriolant **2** (*stimolante*) excitant; (*appassionante*) passionnant.

stuzzicare [stuz-zi-cà-re] *v.tr.* [coniug. come *mancare*] **1** piquer **2** (*fam.*) (*molestare*) taquiner **3** (*stimolare*) piquer: *stuzzicare l'appetito*, aiguiser l'appétit.

stuzzichino [stuz-zi-chì-no] *n.m.* (*spec. pl.*) (*salatino*) amuse-gueule*.

su *prep.* [in unione con l'art. *il* forma la prep.art. **sul**; con l'art. *lo* forma **sullo** (**sull'** davanti a vocale); con l'art. *la* forma **sulla** (**sull'** davanti a vocale); in unione con l'art. *i* forma la prep.art. pl. **sui**; con l'art. *gli* forma **sugli**; con l'art. *le* forma **sulle**] **1** (*sopra*) sur (*anche fig.*): *il telefono è sulla scrivania*, le téléphone est sur le bureau; *disporre dei libri uno sull'altro*, ranger des livres les uns sur les autres; *si appoggiava su di me*, il s'appuyait sur moi; *l'ho letto sul giornale*, je l'ai lu dans le journal; *mettere la valigia sulla rete*, (*in treno*) mettre sa valise dans le filet | *sulle rive del lago*, au bord du lac | *casa sul mare*, maison au bord de la mer **2** (*moto a luogo*) sur, vers: *dirigersi su una città*, se diriger vers une ville; *salire sul treno*, (*fam.*) monter dans le train | *finestra sul giardino*, fenêtre donnant sur le jardin **3** (*contro*) sur; (*verso*) vers: *sparare sulla folla*, tirer sur la foule; *scagliarsi su qlcu*, se jeter sur qqn **4** (*argomento*) sur: *essere interrogato su qlco*, être interrogé sur qqch **5** (*tempo*) à, vers: *sul mezzogiorno*, vers midi; *sulla fine, sul finire del film*, vers la fin du film | *sul fare del giorno*, au point du jour | *sul far della notte*, *sull'imbrunire*, à la tombée de la nuit **6** (*circa, pressappoco*) environ: *costa sui dieci euro*, ça coûte environ dix euros; *uomo sulla cinquantina*, homme d'une cinquantaine d'années; *questo sacco peserà sui venti chili*, ce sac doit peser dans les vingt kilos **7** (*tendente a*) tirant sur: *un colore sul verde*, une couleur tirant sur le vert | *è un po' sul depresso*, (*fam.*) il est un peu déprimé **8** (*modo*) sur: *sull'esempio di*, sur l'exemple de **9** (*distributivo*) sur: *nove volte su dieci*, neuf fois sur dix ♦ *avv.* **1** (*in alto, verso l'alto*) *haut: *guardare su*, regarder en haut | *su di lì*, par là-haut **2** (*al di sopra*) dessus: *un tavolo con su una lampada*, une table avec une lampe dessus; *copri il pane mettendoci su un tovagliolo*, couvre le pain en mettant une serviette dessus **3** (*al piano superiore*) en *haut: *è su*, (*di sopra*) il est là-haut; *c'è qlcu su?*, est-ce qu'il y a qqn en haut? **4** (*con valore esortativo*) allons, allez: *su, parla, coraggio!*, allons, parle, courage!; *su, su, è tardi!*, allez, allez!, il est tard! ♦ *n.m.invar.* (*la parte superiore*) partie (*f.*) supérieure, *haut: *il su della casa*, la partie supérieure de la maison; *il su del vestito*, le haut de la robe.
● ***su con la vita!***, allez, courage! | ***su, dai!***, courage! | ***su e giù***: *è un su e giù continuo*, c'est un va-et-vient continuel; *camminare, correre su e giù*, (*salire e scendere*) monter et descendre; *correva su e giù per le scale*, il n'arrêtait pas de courir dans les escaliers; *camminava su e giù per il corridoio*, il faisait les cent pas dans le couloir (*o* il arpentait le couloir); *ha fatto su e giù Roma-Milano per anni*, il a fait la navette entre Rome et Milan pendant des années; *la tapparella non va più né su né giù*, le store ne peut plus ni monter ni descendre; *non mi va né su né giù*, je ne peux pas l'avaler, (*fig.*) je ne peux pas le digérer | ***su le mani!***, haut les mains! | ***su per***, sur: *correva su per la collina*, il courait sur la colline; *è scappato su per le scale*, il s'est enfui par l'escalier; *saliva su per la montagna*, il montait en haut de la montagne; *arrampicarsi su per un muro*, grimper sur un mur; *arrampicarsi su* (*per*) *un albero*, grimper à un arbre | ***su per giù***, environ, à peu près | ***su richiesta di***, à (*o* sur) la demande de | ***su su***, (*in alto*)

S

très haut, là-haut: *volare su su* (*in alto*), s'envoler très haut; *si vedeva su su nel cielo un punto luminoso*, on voyait tout là-haut dans le ciel un point lumineux; *salire, risalire su su fino a*, monter, remonter jusqu'à | ***sull'istante***, immédiatement | ***sul livello del mare***, au-dessus du niveau de la mer | ***sul momento***, sur le moment | ***andare, venire, mandare, portare su***, monter: *vai su a vedere*, monte voir; *manda su i bagagli*, fais monter les bagages | ***avercela su con qlcu***, (*fam.*) en vouloir à qqn | ***avere su***, (*indossare*) porter: *aveva su un vestito rosso*, elle portait une robe rouge | ***da, di su***, (*da sopra*) de dessus: *il rumore veniva da su*, le bruit venait du haut; *chiamare da su*, appeler d'en haut | ***essere su***, (*alzato, sveglio*) être debout | ***far su qlcu***, (*fam.*) (*imbrogliarlo*) embobiner qqn | ***fatto su misura***, fait sur mesure | ***in su***, en haut: *a faccia in su*, le visage tourné vers le haut; *più in su*, plus haut; *andare, venire in su verso*, monter vers; *con il naso in su*, le nez en l'air; *con le braccia in su*, les bras levés; *dalla vita in su*, au-dessus de la taille; *dai vent'anni in su*, à partir de vingt ans; *da Roma in su*, au nord de Rome; *per in su*, par en haut | ***mettere su***, (*addosso*) mettre: *metti su un pullover più caldo*, mets un pull plus chaud | ***pensarci su***, y réfléchir | ***più su***, plus haut: *abita più su*, (*più avanti*) il habite plus haut | ***saltar su a***, (*fam.*) se mettre à | ***stare su***, (*in piedi*) tenir debout; (*sveglio*) rester debout: *è stato su tutta la notte*, il est resté debout toute la nuit; *questo pupazzo non sta su*, ce pantin ne tient pas debout; *stai su!*, (*con le spalle*) tiens-toi droit!, redresse-toi!, (*con il morale*) allez, un peu de courage!

NOTA Dopo ***sur***, che traduce ***su***, non si usa alcuna preposizione: *su **di** noi*, sur nous.

suadente [sua-dèn-te] ***agg.*** persuasif*.

sub ***n.m.*** e ***f.invar.*** plongeur/euse, homme-grenouille* (*m.*).

sub- ***pref.*** sub-, sous-.

subacqueo [su-bàc-que-o] ***agg.*** sous-marin* ♦ ***n.m.*** [f. *-a*] plongeur*, (*chi pratica pesca subacquea*) chasseur* sous-marin*.

subacuto [su-ba-cù-to] ***agg.*** (*med.*) subaigu*.

subaffittare [su-baf-fit-tà-re] ***v.tr.*** sous-louer.

subaffitto [su-baf-fìt-to] ***n.m.*** sous-location* (*f.*); (*contratto*) sous-bail*.

subaffittuario [su-baf-fit-tu-à-rio] ***n.m.*** [f. *-a*; pl.m. *-ri*] sous-locataire*.

subalpino [su-bal-pì-no] ***agg.*** subalpin.

subalternità [su-bal-ter-ni-tà] ***n.f.invar.*** caractère (*m.*) subalterne.

subalterno [su-bal-tèr-no] ***agg.*** e ***n.m.*** [f. *-a*] subalterne.

subappaltare [su-bap-pal-tà-re] ***v.tr.*** sous-traiter.

subappaltatore [su-bap-pal-ta-tó-re] ***n.m.*** [f. *-trice*] sousentrepreneur*, sous-traitant*.

subappalto [su-bap-pàl-to] ***n.m.*** sous-traitance* (*f.*).

subatomico [su-ba-tò-mi-co] ***agg.*** [pl.m. *-ci*, f. *-che*] (*fis.*) subatomique.

subbuglio [sub-bù-glio] ***n.m.*** [pl. *-gli*] émoi; (*agitazione*) agitation (*f.*): *era tutta in subbuglio per la triste notizia*, elle était toute bouleversée par cette triste nouvelle; *ho lo stomaco in subbuglio*, j'ai l'estomac dérangé | *mettere in subbuglio una camera*, mettre une chambre sens dessus dessous.

subconscio [sub-còn-scio] ***agg.*** [pl.m. *-sci*, f. *-sce*] (*psic.*) subconscient ♦ ***n.m.*** (*psic.*) subconscient.

subcontinente [sub-con-ti-nèn-te] ***n.m.*** (*geogr.*) sous -continent*.

subcosciente [sub-co-scièn-te] ***n.m.*** (*psic.*) subconscient.

subdolamente [sub-do-la-mén-te] ***avv.*** sournoisement.

subdolo [sùb-do-lo] ***agg.*** sournois.

subentrare [su-ben-trà-re] ***v.intr.*** [aus. *essere*] succéder*, prendre la place (**de**) (*anche fig.*): *chi gli è subentrato?*, qui lui a succédé?; *all'entusiasmo è subentrata la stanchezza*, l'enthousiasme fit place à l'ennui; *sono subentrate delle complicazioni*, des complications sont survenues.

subequatoriale [su-be-qua-to-rià-le] ***agg.*** (*geogr.*) subéquatorial*.

subire [su-bì-re] ***v.tr.*** [coniug. come *finire*] subir, essuyer*: *sono stanco di subire le angherie di tutti*, j'en ai assez d'essuyer des vexations de toute part; *subire un affronto*, essuyer un affront; *subisce tutto senza protestare*, il supporte tout sans protester; *i treni subiranno un'ora di ritardo*, le trains subiront (*o* auront) une heure de retard.

subissare [su-bis-sà-re] ***v.tr.*** (*fig.*) (*colmare*) couvrir*: *subissare qlcu di applausi*, couvrir qqn d'applaudissements; *subissare di domande*, harceler, assaillir de questions.

subisso [su-bìs-so] ***n.m.*** **1** ruine (*f.*) **2** (*fig. fam.*) grande quantité (*f.*): *un subisso di gente*, un monde fou; *un subisso di applausi*, un tonnerre d'applaudissements.

subitamente [su-bi-ta-mén-te] **subitaneamente** ***avv.*** (*immediatamente*) soudainement; (*all'improvviso*) subitement.

subitaneo [su-bi-tà-ne-o] ***agg.*** (*improvviso*) subit, soudain; (*istintivo*) instinctif*.

subito [sù-bi-to] ***avv.*** **1** tout de suite, immédiatement; (*poco dopo, di lì a poco*) aussitôt: *lo avverto subito*, je le préviens tout de suite, immédiatement; *è venuto e se ne è andato subito*, il est venu et s'en est allé aussitôt, tout de suite | *subito a letto!*, vite au lit! **2** (*in brevissimo tempo*) vite: *è subito fatto*, c'est vite fait.
● ***subito dopo***, aussitôt, tout de suite après | ***subito prima***, tout de suite avant.

sublimare [su-bli-mà-re] ***v.tr.*** **1** élever* (*anche fig.*) **2** (*chim.*) sublimer **3** (*psic.*) sublimer ♦ **sublimarsi** ***v.pron. intr.*** (*fig.*) s'élever*.

sublimato [su-bli-mà-to] ***n.m.*** (*chim.*) sublimé.

sublimazione [su-bli-ma-zió-ne] ***n.f.*** sublimation.

sublime [su-blì-me] ***agg.*** e ***n.m.*** sublime.

subliminale [su-bli-mi-nà-le] ***agg.*** (*psic.*) subliminal*, subliminaire; (*med.*) infraliminaire.

sublimità [su-bli-mi-tà] ***n.f.invar.*** sublimité.

sublocare [sub-lo-cà-re] ***v.tr.*** [coniug. come *mancare*] sous-louer.

sublocazione [su-blo-ca-zió-ne] ***n.f.*** sous-location*.

subnormale [sub-nor-mà-le] ***agg.*** (*med.*) arriéré, attardé ♦ ***n.m.*** e ***f.*** (*med.*) arriéré/ée.

subodorare [su-bo-do-rà-re] ***v.tr.*** subodorer; (*fam.*) flairer.

subordinare [su-bor-di-nà-re] ***v.tr.*** subordonner.

subordinata [su-bor-di-nà-ta] ***n.f.*** (*gramm.*) (proposition) subordonnée.

subordinatamente [su-bor-di-na-ta-mén-te] ***avv.*** en sous-ordre.

subordinativo [su-bor-di-na-ti-vo] ***agg.*** subordonnant.

● (*gramm.*) ***congiunzione subordinativa***, conjonction de subordination.

subordinato [su-bor-di-nà-to] ***agg.*** e ***n.m.*** [f. *-a*] subordonné.
● ***in via subordinata***, en deuxième lieu | ***lavoratore subordinato***, travailleur dépendant, salarié | (*gramm.*) ***proposizione subordinata***, proposition subordonnée.

subordinazione [su-bor-di-na-zió-ne] ***n.f.*** **1** subordination (*anche gramm.*) **2** (*sottomissione*) soumission.

subordine [su-bór-di-ne] ***n.m.*** sous-ordre*.
● ***in subordine***, en sous-ordre: *essere, trovarsi in subordine*, être subordonné (à).

subornare [su-bor-nà-re] ***v.tr.*** suborner.

subornazione [su-bor-na-zió-ne] ***n.f.*** subornation.

subroutine [sabru'tin] ***n.f.invar.*** (*inform.*) sous-programme (*m.*).

substrato [sub-strà-to] ***n.m.*** **1** substrat, substratum **2** (*fig.*) fond.

subtotale [sub-to-tà-le] ***agg.*** (*med.*) subtotal* ♦ ***n.m.*** (*amm.*) total* partiel.

subtropicale [sub-tro-pi-cà-le] ***agg.*** subtropical*.

subumano [su-bu-mà-no] ***agg.*** inhumain: *in condizioni subumane*, dans des conditions inhumaines.

suburbano [su-bur-bà-no] ***agg.*** suburbain.

suburbio [su-bùr-bio] ***n.m.*** [pl. *-bi*] faubourg; (*periferia*) banlieue (*f.*).

subvedente [sub-ve-dèn-te] ***agg.*** e ***n.m.*** e ***f.*** (*med.*) malvoyant/e.

succedaneo [suc-ce-dà-ne-o] ***agg.*** e ***n.m.*** succédané.

succedere [suc-cè-de-re] ***v.intr.*** **1** [coniug. come *concedere*; aus. *essere*] (*prendere il posto di, subentrare a*) succéder*: *è succeduto al padre*, il a succédé à son père **2** [coniug. come *concedere*; aus. *essere*] (*seguire*) suivre*: *un tuono succedette a un lampo*, un coup de tonnerre suivit l'éclair **3** [p.rem. *egli successe, essi successero*; p.p. *successo*; aus. *essere*] (*accadere*) arriver; (*verificarsi*) se passer: *gli è successa una disgrazia*, il lui est arrivé un malheur; *proprio a me doveva succedere!*, c'est à moi qu'il fallait que ça arrive!; *se arriva, succede il finimondo*, s'il arrive, c'est la fin du monde | *che succede?, che cosa è successo?*, que se passe-t-il?, que s'est-il passé? ♦ **succedersi** ***v.pron.*** se succéder* ♦ ***n.m.invar.*** succession (*f.*), suite (*f.*): *un succedersi di eventi*, une suite d'événements.

successi → **succedere**.

successione [suc-ces-sió-ne] ***n.f.*** **1** succession: *successione al trono*, succession au trône **2** (*serie*) succession, suite.

successivamente [suc-ces-si-va-mén-te] ***avv.*** par la suite.

successivo [suc-ces-sì-vo] ***agg.*** (*seguente*) suivant; (*che si succede a breve distanza*) successif*.

successo[1] [suc-cès-so] ***n.m.*** succès: *coronato dal successo*, couronné de succès; *avere successo*, avoir du succès | *avere molto successo*, faire recette.
● ***di successo***, à succès: *uomo di successo*, homme battant; *film di successo*, film à succès.

successo[2] *p.p.* di **succedere**.

successore [suc-ces-só-re] ***n.m.*** [f. *succeditrice*] successeur.

successorio [suc-ces-sò-rio] ***agg.*** [pl.m. *-ri*] (*dir.*) successoral*, successif*.

succhiare [suc-chià-re] ***v.tr.*** sucer*: *succhiare il biberon*, téter le biberon.
● ***succhiare il sangue a qlcu***, (*fig.*) exploiter qqn.

succhiello [suc-chièl-lo] ***n.m.*** (*tecn.*) foret, vrille (*f.*).

succhiotto [suc-chiòt-to] ***n.m.*** **1** (*ciuccio*) sucette (*f.*) **2** (*tettarella*) tétine (*f.*) **3** (*fam.*) suçon.

succintamente [suc-cin-ta-mén-te] ***avv.*** succinctement, brièvement.

succinto [suc-cìn-to] ***agg.*** **1** (*di vestito*) (*troppo scollato*) trop décolleté; (*troppo corto*) trop court **2** (*fig.*) succinct, concis.
● ***in succinto***, en résumé.

succitato [suc-ci-tà-to] ***agg.*** susmentionné, susnommé.

succo [sùc-co] ***n.m.*** [pl. *-chi*] **1** jus: *succo di pomodoro*, jus de tomate **2** (*fig.*) substance (*f.*) **3** (*biol.*) suc.
● ***succo di frutta***, jus de fruits | (*biol.*) ***succhi gastrici***, sucs gatriques.

succoso [suc-có-so] ***agg.*** **1** juteux* **2** (*fig.*) substantiel*.

succube [sùc-cu-be] ***n.m.*** e ***f.*** **succubo** ***n.m.*** [f. *-a*] succube ♦ ***agg.*** succube: *essere succube di qlcu*, être sous l'emprise, la coupe de qqn.

succulento [suc-cu-lèn-to] ***agg.*** **1** juteux* **2** (*di sapore delizioso*) succulent.

succursale [suc-cur-sà-le] ***n.f.*** succursale.

sucidume [su-ci-dù-me] ***n.m.*** (*della pelle delle pecore*) suint.

sud ***n.m.invar.*** **1** sud: *a sud*, au sud **2** (*geogr.*) *Sud*, Sud ♦ ***agg.invar.*** sud.
● ***il Sud della Francia***, le Midi (de la France) | ***il Sud d'Italia***, le Sud de l'Italie.

sudafricano [su-da-fri-cà-no] ***agg.*** sud-africain* ♦ ***n.m.*** [f. *-a*] (*abitante*) Sud-africain*.

sudamericano [su-da-me-ri-cà-no] ***agg.*** sud-américain* ♦ ***n.m.*** [f. *-a*] (*abitante*) Sud-américain*.

sudanese [su-da-né-se] ***agg.*** soudanais, soudanien* ♦ ***n.m.*** e ***f.*** (*abitante*) Soudanais/e, Soudanien/enne.

sudare [su-dà-re] ***v.intr.*** [aus. *avere*] **1** transpirer (**de**), suer (**de**): *sudare per il caldo*, transpirer de chaleur; *sudare per la fatica*, suer de fatigue; *mi sudano le mani*, j'ai les mains moites; *sudare abbondantemente*, suer à grosses gouttes **2** (*fig.*) (*lavorare molto*) trimer, suer | *sudare sui libri*, bûcher sur ses livres ♦ ***v.tr.*** **1** suer **2** (*guadagnarsi con fatica*) gagner (qqch) à la sueur de son front: *me lo sono sudato questo posto*, j'ai eu cette situation à la sueur de mon front.
● ***sudare freddo***, (*anche fig.*) avoir des sueurs froides: *far sudare freddo*, donner des sueurs froides | ***sudare sette camicie***, (*fig.*) suer sang et eau.

FAUX AMI
Da non confondere con *souder*, che significa *saldare*.

sudario [su-dà-rio] ***n.m.*** [pl. *-ri*] suaire, linceul.

sudata [su-dà-ta] ***n.f.*** **1** suée: *fare una sudata*, transpirer | *ho fatto una gran sudata per arrivare in tempo*, j'ai couru comme un dératé pour arriver à temps **2** (*fig.*) (*sfaticata*) boulot (*m.*).

sudaticcio [su-da-tìc-cio] ***agg.*** [pl.m. *-ci*, f. *-ce*] moite (de sueur) ♦ ***n.m.*** transpiration (*f.*), sueur (*f.*).

sudato [su-dà-to] ***agg.*** **1** en sueur; (*di mani, fronte*) moite: *essere tutto sudato*, être en nage **2** (*fig.*) gagné à la sueur de son front: *una promozione sudata*, une promotion méritée.

suddetto [sud-dét-to] ***agg.*** susdit.

sudditanza [sud-di-tàn-za] ***n.f.*** sujétion.

S

suddito [sùd-di-to] ***n.m.*** [f. *-a*] sujet; (*all'estero*) ressortissant.

suddividere [sud-di-vì-de-re] ***v.tr.*** [coniug. come *ridere*] subdiviser.

suddivisione [sud-di-vi-ʃió-ne] ***n.f.*** subdivision.

sud-est [sud-èst] ***n.m.invar.*** sud-est: *a sud-est*, au sud -est.

sudiceria [su-di-ce-rì-a] ***n.f.*** saleté.

sudicio [sù-di-cio] ***agg.*** [pl.m. *-ci*, f. *-cie* o *-ce*] sale (*anche fig.*) ♦ ***n.m.*** saleté (*f.*) (*anche fig.*).

sudicione [su-di-ció-ne] ***n.m.*** salaud, salopard (*anche fig.*).

sudiciume [su-di-ciù-me] ***n.m.*** saleté (*f.*) (*anche fig.*).

sudista [su-di-sta] ***agg.*** e ***n.m.*** e ***f.*** sudiste.

sudoccidentale [su-doc-ci-den-tà-le] ***agg.*** du sud -ouest.

sudorazione [su-do-ra-zió-ne] ***n.f.*** transpiration.

sudore [su-dó-re] ***n.m.*** sueur (*f.*): *essere madido di sudore*, être trempé de sueur.
● ***col sudore della fronte***, (*fig.*) à la sueur de son front | ***essere in un bagno di sudore***, être en nage.

sudorientale [su-do-rien-tà-le] ***agg.*** du sud-est.

sudorifero [su-do-rì-fe-ro] ***agg.*** sudorifère.

sudoriparo [su-do-rì-pa-ro] ***agg.*** sudoripare, sudorifère.
● (*anat.*) ***ghiandole sudoripare***, glandes sudoripares.

sud-ovest [sud-ò-vest] ***n.m.invar.*** sud-ouest.

sudtirolese [sud-ti-ro-lé-se] ***agg.*** sud-tyrolien*, du Tyrol du Sud ♦ ***n.m.*** e ***f.*** (*abitante*) Sud-tyrolien/enne.

suede [sweid] ***n.m.invar.*** daim, cuir suédé.

sufficiente [suf-fi-cièn-te] ***agg.*** **1** suffisant | *non avere denaro sufficiente per vivere*, ne pas avoir assez d'argent pour vivre **2** (*altezzoso*) suffisant, sance: *sguardo, tono sufficiente*, regard, ton de suffisance ♦ ***n.m.*** **1** ce qui suffit: *avere il sufficiente per vivere*, avoir de quoi vivre **2** (*valutazione scolastica*) moyenne (*f.*) **3** (*persona altezzosa*) suffisant.

sufficientemente [suf-fi-cien-te-mén-te] ***avv.*** **1** (*in modo sufficiente*) suffisamment **2** (*abbastanza*) assez.

sufficienza [suf-fi-cièn-za] ***n.f.*** **1** suffisance **2** (*valutazione scolastica*) moyenne **3** (*alterigia*) suffisance: *mi guardò con sufficienza*, il me regarda avec suffisance.
● ***a sufficienza***, assez, suffisamment: *ho lavorato più che a sufficienza*, j'ai assez travaillé.

S

suffisso [suf-fis-so] ***n.m.*** (*ling.*) suffixe.

suffragare [suf-fra-gà-re] ***v.tr.*** [coniug. come *legare*] **1** appuyer* **2** (*relig.*) prier (**pour**).

suffragetta [suf-fra-gét-ta] ***n.f.*** suffragette.

suffragio [suf-frà-gio] ***n.m.*** [pl. *-gi*] suffrage; (*voto*) vote.
● ***suffragio universale***, suffrage universel | (*relig.*): ***messa di suffragio***, messe de requiem: *messa in suffragio di qlcu*, messe à l'intention de qqn.

suffumicazione [suf-fu-mi-ca-zió-ne] ***n.f.*** fumigation (*f.*).

suffumigio [suf-fu-mì-gio] ***n.m.*** [pl. *-gi*] (*med.*) fumigation (*f.*).

sufi [sù-fi] ***n.m.*** e ***f.invar.*** (*relig.*) soufi.

suggellare [sug-gel-là-re] ***v.tr.*** sceller (*anche fig.*).

suggello [sug-gèl-lo] ***n.m.*** sceau*.
● ***a suggello di***, (*fig.*) pour sceller: *a suggello dell'alleanza*, pour sceller leur alliance.

suggerimento [sug-ge-ri-mén-to] ***n.m.*** conseil; (*indicazione*) suggestion (*f.*): *per, su suggerimento di qlcu*, sur le conseil de qqn.

suggerire [sug-ge-rì-re] ***v.tr.*** [coniug. come *finire*] **1** suggérer*; (*consigliare*) conseiller: *chi te l'ha suggerito?*, qui te l'a conseillé? **2** (*rammentare*) souffler **3** (*ispirare*) inspirer.

suggeritore [sug-ge-ri-tó-re] ***n.m.*** [f. *-trice*] souffleur*.

suggestionabile [sug-ge-stio-nà-bi-le] ***agg.*** suggestible.

suggestionare [sug-ge-stio-nà-re] ***v.tr.*** suggestionner; (*impressionare*) impressionner; (*influenzare*) influencer* ♦ **suggestionarsi** ***v.pron.*** se suggestioner.

suggestionato [sug-ge-stio-nà-to] ***agg.*** suggestionné; (*influenzato*) influencé; (*affascinato*) charmé.

suggestione [sug-ge-stió-ne] ***n.f.*** **1** (*psic.*) suggestion **2** (*fig.*) (*influenza*) influence; (*attrattiva*) charme (*m.*).

suggestività [sug-ge-sti-vi-tà] ***n.f.invar.*** suggestivité: *la suggestività di una musica*, le pouvoir d'évocation d'une musique; *la suggestività di un paesaggio*, le charme d'un paysage.

suggestivo [sug-ge-stì-vo] ***agg.*** suggestif*.

sughero [sù-ghe-ro] ***n.m.*** **1** (*materiale*) liège: *tappo di sughero*, buchon en liège **2** (*albero*) chêne-liège* **3** (*galleggiante*) flotteur; (*della lenza*) bouchon.

sugheroso [su-ghe-ró-so] ***agg.*** subéreux*.

sugli [sù-gli] ***prep.art.m.pl.*** → **su**.

sugna [sù-gna] ***n.f.*** **1** oing (*m.*) **2** (*strutto*) saindoux (*m.*).

sugo [sù-go] ***n.m.*** [pl. *-ghi*] **1** jus: *frutti ricchi di sugo*, fuits très juteux **2** (*cuc.*) jus; (*salsa*) sauce (*f.*): *il sugo dell'arrosto*, le jus du rôti | *al sugo*, (*di pomodoro*) à la sauce tomate **3** (*fig.*) (*sostanza, senso*) substance (*f.*), suc; (*interesse*) intérêt: *discorsi senza sugo*, des propos vides; *uno scherzo senza sugo*, une plaisanterie qui ne rime à rien; *non c'è sugo*, il n'y a aucun intérêt.

sugoso [su-gó-so] ***agg.*** **1** juteux* **2** (*fig.*) substantiel*.

sui ***prep.art.m.pl.*** → **su**.

suicida [sui-cì-da] ***agg.*** de suicide, suicidaire: *mania, comportamento suicida*, manie, comportement suicidaire; *a scopo suicida*, avec l'intention de se suicider | *commando suicida*, commando-suicide ♦ ***n.m.*** e ***f.*** suicidé/ée.

suicidare [sui-ci-dà-re] ***v.tr.*** maquiller la mort (**de qqn**) en suicide ♦ **suicidarsi** ***v.pron.*** se suicider.

> **NOTA** Nel linguaggio giornalistico-politico, si usa ironicamente anche la forma transitiva *suicidare* con il significato di 'uccidere qualcuno simulandone il suicidio' e che si traduce *maquiller la mort (de qqn) en suicide*.

suicidio [sui-cì-dio] ***n.m.*** [pl. *-di*] suicide.

suino [su-i-no] ***agg.*** porcin; (*cuc.*) de porc: *razza suina*, race porcine; *carne suina*, viande de porc ♦ ***n.m.*** porc | (*zool.*) *i Suini*, les porcins.

sul ***prep.art.m.sing.*** → **su**.

sulfamidico [sul-fa-mì-di-co] ***agg.*** [pl.m. *-ci*, f. *-che*] sulfamidé ♦ ***n.m.*** (*farm.*) sulfamide.

sulfureo [sul-fù-re-o] ***agg.*** sulfureux*.

sulla [sùl-la] ***prep.art.f.sing.*** → **su**.

sulle [sùl-le] ***prep.art.f.pl.*** → **su**.

sullo [sùl-lo] ***prep.art.m.sing.*** → **su**.

sultanato [sul-ta-nà-to] ***n.m.*** sultanat.

sultanina [sul-ta-nì-na] *agg.* e *n.f.*
● (*uva*) ***sultanina***, raisin sec.

sultano [sul-tà-no] *n.m.* sultan.

sumerico [su-mè-ri-co] *agg.* [pl.m. *-ci*, f. *-che*] sumérien* ♦ *n.m.* (*lingua*) sumérien.

sumero [su-mè-ro] *agg.* (*st.*) sumérien* ♦ *n.m.* (*st.*) **1** [f. *-a*] (*abitante*) Sumérien* **2** (*lingua*) sumérien.

summit ['summit, 'sammit] *n.m.invar.* rencontre (*f.*) au sommet.

sunnita [sun-nì-ta] *agg.* e *n.m.* e *f.* (*relig.*) sunnite.

sunteggiare [sun-teg-già-re] *v.tr.* [coniug. come *mangiare*] résumer.

sunto [sùn-to] *n.m.* résumé: *fare un sunto*, faire un résumé.

suo [sù-o] *agg.poss. 3ª pers.sing.* [f. *sua*; pl.m. *suoi*, f. *sue*] **1** son*: *il suo giardino*, son jardin; *la sua camera*, sa chambre; *la sua opinione*, son opinion; *i suoi amici*, ses amis; *le sue sorelle*, ses sœurs; *il suo ultimo viaggio*, son dernier voyage; *sono del suo stesso parere*, je suis du même avis que lui, qu'elle; *il suo e il mio appartamento sono contigui*, son appartement et le mien sont contigus; *è un problema suo, non mio*, c'est son problème, (ce n'est) pas le mien; *un suo amico*, un de ses amis (*o* un ami à lui, à elle); *due suoi amici*, deux de ses amis, deux amis à lui, à elle; *un suo amico architetto*, un de ses amis architectes; *alcuni suoi amici*, quelques-uns de ses amis, quelques amis à lui, à elle; *questo suo collega*, son collègue; *aspetto una sua risposta*, j'attends une réponse de sa part; *mi piacerebbe avere un suo parere*, j'aimerais avoir son avis | *in, a casa sua*, (*di lui*) chez lui, (*di lei*) chez elle **2** (*per indicare proprietà, appartenenza*) (*di lui*) à lui; (*di lei*) à elle: *ha già una casa sua*, il, elle a déjà une maison à lui, à elle; *l'idea non è sua*, l'idée n'est pas de lui, d'elle; *nella nuova casa lei avrà una camera* (*tutta*) *sua*, dans la nouvelle maison elle aura une chambre pour elle toute seule; *Giovanni ha un modo tutto suo di dire le cose*, Giovanni a une manière bien à lui de dire les choses; *questo libro è suo*, (*di sua proprietà*) ce livre est à lui, (*lo ha scritto*) ce livre est de lui, d'elle **3** (*in formule di cortesia rivolgendosi direttamente a qlcu*) votre; (*con uso predicativo*) à vous: *Signora, il suo abito è pronto*, Madame, votre robe est prête; *è suo questo ombrello, signore?*, ce parapluie est à vous, Monsieur? ♦ *pron.poss. 3ª pers.sing.* **1** le* sien*; (*in formule di cortesia rivolgendosi direttamente a qlcu*) le* vôtre: *la mia giacca è elegante quanto la sua*, ma veste est aussi élégante que la sienne; *questo posto è occupato, signore, il suo è due file dietro*, cette place est occupée, Monsieur, la vôtre est deux rangs derrière **2** (*in espressioni ellittiche*): *siete, state sempre dalla sua* (*parte*), vous êtes toujours de son côté; *fortunatamente ha il direttore dalla sua*, heureusement il a le directeur pour lui; *vuole sempre dire la sua*, il a toujours son mot à dire; *anche lui ha avuto le sue* (*disgrazie*), lui aussi a eu sa part de malheurs; (*comm.*) *abbiamo già ricevuto la Sua del*, nous avons déjà reçu votre lettre du; *ne ha combinata una delle sue*, il a encore fait une des siennes; *ne ha detta una delle sue*, il, elle a fait une de ses gaffes; *è uno che sta sempre sulle sue*, c'est quelqu'un qui est toujours sur son quant-à-soi ♦ *n.m.* **1** (*mezzi economici, beni personali*): *può vivere del suo*, il peut vivre de ses ressources personnelles; *spende, ci mette del suo*, il paie de sa poche; *so che ci ha rimesso del suo, signora*, je sais que vous en avez été de votre poche, Madame; *si accontenta del suo*, il se contente de ce qu'il a **2** (*preceduto da pron. indef.*): *ha ancora qlco di suo*, il a encore quelques biens personnels; *ha voluto aggiungere qlco di suo*, (*in un discorso, in un testo*) il a voulu ajouter qqch; *non ha più niente di suo*, il n'a plus rien; *non ci rimane niente di suo*, il ne nous reste rien de lui, d'elle; *qui non c'è più nulla di suo, signora*, ici il n'y a plus rien qui vous appartienne, Madame; *non ci ha messo molto di suo in questo lavoro*, il n'a pas mis grand-chose de personnel dans ce travail **3** (*pl.*) (*genitori, sostenitori ecc.*) les siens: *preferisce tornare dai suoi*, il préfère retourner chez lui; *come stanno i suoi?*, (*di cortesia*) comment vont vos parents?, comment va votre famille?

suocera [suò-ce-ra] *n.f.* belle-mère* | *non fare la suocera!*, (*fig. fam.*) ne joue pas les belles-mères!

suocero [suò-ce-ro] *n.m.* beau-père* | *i suoceri*, les beaux-parents.

suola [suò-la] *n.f.* **1** semelle: *suola di cuoio, di gomma*, semelle de cuir, de caoutchouc; *mezze suole*, semelles (de ressemelage) | *questa bistecca è una suola di scarpe*, (*fig. fam.*) ce bifteck est une semelle **2** (*di zoccolo di cavallo*) sole.

suolare [suo-là-re] *v.tr.* ressemeler*.

suoli → **solere**.

suolo [suò-lo] *n.m.* sol: *cadere al suolo*, tomber par terre; *sollevare dal suolo*, soulever de terre | *il suolo natio*, la terre natale.
● ***suolo pubblico***, terrain public.

suonare [suo-nà-re] *v.tr.* **1** sonner; (*mus.*) jouer (**de**): *la pendola suonò le quattro*, la pendule sonna quatre heures; *suonare il piano*, jouer du piano; *suonare un pezzo*, exécuter un morceau; *questa sera suonerà Bach*, ce soir il jouera du Bach | *suonare il clacson*, klaxonner **2** (*fig.*) (*significare, esprimere*) sonner: *parole che suonano elogio, offesa*, des mots qui sonnent comme un compliment, une offense **3** (*dare il segnale suonando*) sonner: *la pendola suonò le quattro*, la pendule sonna quatre heures | (*mil.*) *suonare la sveglia, la ritirata*, sonner le réveil, la retraite **4** (*fam.*) (*picchiare*) frapper: *questa volta gliele ho suonate*, cette fois-ci je lui ai flanqué une raclée ♦ *v.intr.* **1** [aus. *avere*] (*emettere un suono*) sonner: *suonano alla porta*, on sonne (à la porte); *ho sentito suonare*, j'ai entendu sonner; *la sveglia ha suonato*, le réveil a sonné; *suona il telefono!*, le téléphone sonne! **2** [aus. *avere*] (*eseguire musica*) jouer **3** [aus. *essere*] (*essere annunciato da un suono*) sonner: *stanno suonando le dieci*, dix heures sonnent | *è suonata l'ora*, (*anche fig.*) l'heure a sonné **4** [aus. *essere* o *avere*] (*fig.*) (*avere un suono*) sonner: *qui il muro suona* (*vuoto*), ici le mur sonne creux; *le sue parole suonavano minacciose*, ses mots exprimaient une menace; *come ti suona questa frase?*, comment trouves-tu cette phrase?

suonata [suo-nà-ta] *n.f.* **1** (*di campanello*) coup (*m.*) de sonnette; (*di campane*) tintement (*m.*) **2** (*fam.*) (*bastonata*) râclée, volée de coups | (*sport*) *7 a 1, che suonata!*, 7 à 1, quel coup de massue!

suonato [suo-nà-to] *agg.* (*fam.*) **1** (*compiuto*) sonné: *ha quarant'anni suonati*, il a quarante ans (bien) sonnés **2** (*matto*) toqué, siphonné **3** (*di pugile*) sonné, groggy.

suonatore [suo-na-tó-re] *n.m.* [f. *-trice*] joueur*: *un gruppo di suonatori*, un groupe de musiciens.
● ***suonatore ambulante***, musicien ambulant | ***buonanotte ai suonatori!***, (*fam.*) n'y pensons plus!

suoneria [suo-ne-rì-a] *n.f.* sonnerie.

suono [suò-no] *n.m.* son: *un suono familiare*, un son familier.
● ***al suono di***, au son de | ***a suon di***, (*fig.*) à coups de: *a suon di pugni*, à coups de poing; *accogliere a suon di fi-*

S

schi, accueillir par des sifflets | ***tecnico del suono***, ingénieur du son.

suora [suò-ra] ***n.f.*** sœur, religieuse | *farsi suora*, prendre le voile.

super [sù-per] ***agg.invar.*** super, extra: *un vino super*, un vin extra ♦ ***n.f.invar.*** (*benzina*) super (*m.*).

● ***la benzina super***, le super.

super- ***pref.*** super-, hyper-, sur-, archi-.

superabile [su-pe-rà-bi-le] ***agg.*** surmontable.

superaffollato [su-pe-raf-fol-là-to] ***agg.*** archibondé, bourré (de monde): *autobus superaffollato*, autobus archibondé.

superalcolico [su-pe-ral-cò-li-co] ***agg.*** [pl.m. *-ci*, f. *-che*] fortement alcoolisé: *bevande superalcoliche*, boissons fortement alcoolisées ♦ ***n.m.*** boisson (*f.*) fortement alcoolisée, liqueur (*f.*).

superalimentazione [su-pe-ra-li-men-ta-zió-ne] ***n.f.*** suralimentation.

superallenamento [su-pe-ral-le-na-mén-to] ***n.m.*** (*sport*) surentraînement.

superamento [su-pe-ra-mén-to] ***n.m.*** **1** franchissement (*anche fig.*): *il superamento di una difficoltà*, la résolution d'une difficulté **2** (*l'oltrepassare*) dépassement (*anche fig.*) **3** (*di esame*) réussite (*f.*).

superare [su-pe-rà-re] ***v.tr.*** **1** dépasser (*anche fig.*): *superare il peso consentito*, dépasser le poids permis; *superare i limiti di velocità*, dépasser les limites de vitesse; *mi supera in altezza*, il est plus grand que moi; *lo supera per l'intelligenza*, il le dépasse en intelligence; *superare la concorrenza*, battre la concurrence; *superare un rivale*, l'emporter sur un rival | *ha superato la quarantina*, il a passé la quarantaine | *superare se stesso*, se surpasser **2** (*passare al di là*) franchir; (*attraversare*) traverser; (*sorpassare persone o veicoli*) doubler: *superare un fiume, una piazza*, traverser un fleuve, une place | *superare il traguardo*, franchir la ligne d'arrivée | *superare un avversario*, (*in una corsa*) dépasser un adversaire **3** (*vincere, uscire vittorioso da*) sortir* (**de**); (*sormontare*) surmonter; (*un esame*) réussir (**à**): *superare una malattia*, sortir d'une maladie; *superare un concorso*, être reçu à un concours; *superare una crisi*, surmonter une crise.

superato [su-pe-rà-to] ***agg.*** **1** (*di veicolo*) doublé **2** (*non attuale*) dépassé.

superattico [su-pe-ràt-ti-co] ***n.m.*** [pl. *-ci*] **1** (*appartamento sopra l'attico*) penthouse **2** (*attico particolarmente lussuoso*) super penthouse.

S

superattivo [su-pe-rat-tì-vo] ***agg.*** hyperactif*.

superbamente [su-per-ba-mé-te] ***avv.*** **1** (*orgogliosamente*) orgueilleusement **2** (*fieramente*) fièrement **3** (*magnificamente*) superbement.

superbia [su-pèr-bia] ***n.f.*** orgueil (*m.*).

superbo [su-pèr-bo] ***agg.*** **1** *hautain **2** (*fiero*) fier*; (*orgoglioso*) orgueilleux* **3** (*magnifico*) superbe ♦ ***n.m.*** [f. *-a*] orgueilleux*.

supercarburante [su-per-car-bu-ràn-te] ***n.m.*** supercarburant, super.

supercarcere [su-per-càr-ce-re] ***n.m.*** prison (*f.*) de haute sécurité.

supercolosso [su-per-co-lòs-so] ***n.m.*** (*cine.*) superproduction (*f.*).

superconduttore [su-per-con-dut-tó-re] ***n.m.*** (*fis.*) supraconducteur.

superdonna [su-per-dòn-na] ***n.f.*** superwoman.

superdotato [su-per-do-tà-to] ***agg.*** e ***n.m.*** [f. *-a*] surdoué.

Super-Ego [Su-per-È-go] ***n.m.invar.*** → **Super-Io**.

superficiale [su-per-fi-cià-le] ***agg.*** superficiel* ♦ ***n.m.*** e ***f.*** personne (*f.*) superficielle.

superficialità [su-per-fi-cia-li-tà] ***n.f.invar.*** superficialité.

superficialmente [su-per-fi-cial-mén-te] ***avv.*** supeficiellement.

superficie [su-per-fi-cie] ***n.f.*** [pl. *-ci* o *invar.*] **1** surface **2** (*fig.*) apparence, surface: *fermarsi alla superficie delle cose*, s'arrêter à l'apparence des choses **3** (*mat.*) (*estensione*) surface; (*nella misurazione*) aire, (*spec. nelle applicazioni pratiche*) superficie: *terrazza di 35 metri quadrati di superficie*, terrasse de 35 mètres carrés de surface; *calcolare la superficie di un triangolo*, calculer l'aire d'un triangle; *misurare la superficie di una stanza*, mesurer la superficie d'une pièce.

● ***in superficie***, (*sull'acqua*) à la surface; (*superficiale*) superficiel; (*superficialmente*) superficiellement: *una ferita in superficie*, une blessure superficielle; *salire in superficie*, faire surface; *vedere le cose in superficie*, voir les choses de manière superficielle.

> NOTA **Superficie**: ***surface*** o ***superficie***?
>
> Si usa ***surface*** per indicare la parte esterna, visibile di un corpo:
>
> *Sono pesci che nuotano in **superficie**.*
> Ce sont des poissons qui nagent en **surface**.
>
> Si usa ***superficie*** per indicare la parte esterna considerata in tutta la sua estensione:
>
> *Questo terreno ha una **superficie** di cento ettari.*
> Ce terrain a une **superficie** de cent hectares.

superfluità [su-per-flui-tà] ***n.f.invar.*** superfluité.

superfluo [su-pèr-fluo] ***agg.*** e ***n.m.*** superflu.

superfosfato [su-per-fo-sfà-to] ***n.m.*** (*chim.*) superphosphate.

supergigante [su-per-gi-gàn-te] ***n.m.invar.*** (*sci*) super-géant.

Super-Io [Su-per-Ì-o] ***n.m.invar.*** (*psic.*) sur-moi.

superiora [su-pe-rió-ra] ***n.f.*** (*eccl.*) (mère) supérieure.

superiore [su-pe-rió-re] ***agg.*** **1** supérieur: *abita al piano superiore*, il habite à l'étage supérieur; *persona di intelligenza superiore*, personne d'une intelligence supérieure; *si è mostrato superiore a tutti*, il s'est révélé le meilleur; *essere superiore in numero*, être supérieur en nombre; *essere superiori in numero rispetto a*, avoir l'avantage du nombre sur **2** (*che è al di sopra di*) au-dessus (**de**): *superiore alla media*, au-dessus de la moyenne; *è superiore a ogni sospetto*, il est au-dessus de tout soupçon; *è superiore alle mie forze*, cela dépasse mes forces ♦ ***n.m.*** e ***f.*** supérieur/e.

superiorità [su-pe-rio-ri-tà] ***n.f.invar.*** supériorité.

superiormente [su-pe-rior-mén-te] ***avv.*** dans la partie supérieure.

superlativamente [su-per-la-ti-va-mén-te] ***avv.*** excellement, supérieurement.

superlativo [su-per-la-tì-vo] ***agg.*** exceptionnel* ♦ ***n.m.*** (*gramm.*) superlatif.

● (*gramm.*): ***superlativo assoluto***, superlatif absolu; ***superlativo relativo***, superlatif relatif; ***grado superlativo***, dégré superlatif.

superlavoro [su-per-la-vó-ro] ***n.m.*** excès de travail, surmenage.

supermarket [su-per-màr-ket] *n.m.invar.* → **supermercato**.

supermercato [su-per-mer-cà-to] *n.m.* supermarché.

NOTA A seconda dell'estensione, il ***supermercato*** in Francia si chiama: *superette* (200-400 mq), *grande surface* (superiore a 400 mq), *supermarché* (400-2500 mq), *hypermarché* (oltre 2500 mq).

superminimo [su-per-mì-ni-mo] *n.m.* sursalaire.

supernazionale [su-per-na-zio-nà-le] *agg.* supranational*.

supernutrizione [su-per-nu-tri-zió-ne] *n.f.* suralimentation.

superotto [su-pe-ròt-to] *agg.* e *n.m.invar.* (*cine.*) super-huit*.

superpagare [su-per-pa-gà-re] *v.tr.* [coniug. come *legare*] surpayer*.

superperizia [su-per-pe-rì-zia] *n.f.* expertise approfondie.

superpotenza [su-per-po-tèn-za] *n.f.* superpuissance, (*fam.*) supergrand (*m.*) | (*pol.*) *le superpotenze*, les Grands.

superpotere [su-per-po-té-re] *n.m.* superpouvoir: *un eroe dai superpoteri*, un héros aux superpouvoirs.

superprocura [su-per-pro-cù-ra] *n.f.* (*dir.*) parquet (*m.*) antimafia de district.

supersonico [su-per-sò-ni-co] *agg.* [pl.m. *-ci*, f. *-che*] supersonique.

superstar [su-per-stàr] *n.f.invar.* superstar, supervedette.

superstite [su-pèr-sti-te] *agg.* **1** survivant **2** (*estens.*) qui a survécu ♦ *n.m.* e *f.* survivant/e.

superstizione [su-per-sti-zió-ne] *n.f.* superstition.

superstizioso [su-per-sti-zió-so] *agg.* e *n.m.* [f. *-a*] superstitieux*.

superstrada [su-per-strà-da] *n.f.* route à grande circulation.

supertassa [su-per-tàs-sa] *n.f.* impôt (*m.*) extraordinaire.

superteste [su-per-tè-ste] **supertestimone** *n.m.* e *f.* témoin-clé* (*m.*).

superuomo [su-pe-ruò-mo] *n.m.* [pl. *superuomini*] surhomme; (*scherz.*) superman.

supervalutare [su-per-va-lu-tà-re] *v.tr.* surévaluer: *supervalutare l'usato*, surévalluer le marché de l'occasion.

supervalutazione [su-per-va-lu-ta-zió-ne] *n.f.* surévaluation.

supervisionare [su-per-vi-ʃio-nà-re] *v.tr.* superviser.

supervisione [su-per-vi-ʃió-ne] *n.f.* supervision: *con la supervisione di*, sous la supervision de.

supervisore [su-per-vi-ʃó-re] *n.m.* [f. *-a*] superviseur.

supinamente [su-pi-na-mén-te] *avv.* **1** sur le dos **2** (*fig.*) (*passivamente*) passivement; (*servilmente*) servilement.

supino [su-pì-no] *agg.* **1** (couché) sur le dos: *stare supino*, être couché sur le dos; *dormire, cadere supino*, dormir, tomber sur le dos **2** (*fig.*) (*passivo*) passif*; (*servile*) servile.

suppellettile [sup-pel-lèt-ti-le] *n.f.* **1** objet (*m.*) complétant l'ameublement **2** (*archeol.*) objet (*m.*) funéraire.

suppergiù [sup-per-giù] *avv.* (*fam.*) à peu près, presque: *hanno suppergiù la stessa età*, ils ont à peu près le même âge.

supplementare [sup-ple-men-tà-re] *agg.* supplémentaire: *chiedere informazioni supplementari*, demander un complément d'informations.
● (*sport*) ***tempi supplementari***, prolongations.

supplemento [sup-ple-mén-to] *n.m.* **1** supplément: *il supplemento di un giornale, di una rivista*, le supplément d'un journal, d'une revue **2** (*dir.*) complément: *disporre un supplemento d'istruttoria*, ordonner un complément d'instruction.

supplente [sup-plèn-te] *agg.* e *n.m.* e *f.* remplaçant/e.

supplenza [sup-plèn-za] *n.f.* suppléance.

suppletivo [sup-ple-tì-vo] *agg.* supplémentaire.
● (*pol.*) ***elezioni suppletive***, élections de ballotage.

supplì [sup-plì] *n.m.invar.* (*cuc.*) croquette (*f.*) de riz.

supplica [sùp-pli-ca] *n.f.* [pl. *-che*] **1** supplication: *parlare in tono di supplica*, parler d'un ton suppliant **2** (*petizione*) supplique **3** (*preghiera*) prière: *rivolgere una supplica*, adresser une prière.

FAUX AMI Da non confondere con *supplice*, che significa *supplizio*.

supplicante [sup-pli-càn-te] *agg.* e *n.m.* e *f.* suppliant/e.

supplicare [sup-pli-cà-re] *v.tr.* [coniug. come *mancare*] supplier.

supplice [sùp-pli-ce] *agg.* e *n.m.* e *f.* (*letter.*) suppliant/e.

FAUX AMI Da non confondere con il francese *supplice*, che significa *supplizio*.

supplichevole [sup-pli-ché-vo-le] *agg.* suppliant.

supplichevolmente [sup-pli-che-vol-mén-te] *avv.* en suppliant.

supplire [sup-plì-re] *v.intr.* [coniug. come *finire*; aus. *avere*] suppléer ♦ *v.tr.* remplacer*.

supplizio [sup-plì-zio] *n.m.* [pl. *-zi*] supplice.

supponente [sup-po-nèn-te] *agg.* *hautain.

supponenza [sup-po-nèn-za] *n.f.* attitude *hautaine.

supponibile [sup-po-nì-bi-le] *agg.* supposable.

supporre [sup-pór-re] *v.tr.* [coniug. come *porre*] **1** (*per esprimere un'ipotesi*) supposer: *suppongo che sia vero*, je suppose que c'est vrai; *supponete di essere a Roma*, (*ma non ci siete*) supposez que vous soyez à Rome; *supponete di non essere italiano*, (*ma lo siete*) supposez que vous n'êtes pas italien | *supponiamo che*, admettons que; *supponendo che*, à supposer que, supposé que **2** (*credere*) croire*; (*pensare*) penser; (*immaginare*) imaginer: *non suppongo che lo sappia*, je ne crois pas qu'il le sache; *non supponeva di essere tra i primi*, il n'imaginait pas qu'il serait parmi les premiers.

NOTA ***Supposer que***, traduzione di ***supporre che***, regge il congiuntivo quando vuole esprimere un'ipotesi e l'indicativo quando significa 'credere, pensare, immaginare':

*Supponiamo che **sia** vero.*
Supposons que ce **soit** vrai.
*Suppongo che **sia** facile.*
Je suppose que **c'est** facile.

supportare [sup-por-tà-re] *v.tr.* soutenir*.

supportato [sup-por-tà-to] *agg.* (*sostenuto*) soutenu | *tesi supportata da validi argomenti*, thèse s'appuyant sur des arguments valables.

supporter [sup-pòr-ter] *n.m.* (*sport*) supporter.

S

supporto [sup-pòr-to] ***n.m.*** support | *col supporto di documenti*, (*fig.*) en s'appuyant sur des documents.
● ***supporti audiovisivi***, moyens audiovisuels.
supposizione [sup-po-ʃi-zió-ne] ***n.f.*** supposition.
supposta [sup-pó-sta] ***n.f.*** suppositoire (*m.*).
supposto [sup-pó-sto] ***agg.*** supposé, présumé.
● ***supposto che***, supposé que.
suppurare [sup-pu-rà-re] ***v.intr.*** [aus. *essere* o *avere*] (*med.*) suppurer.
suppurativo [sup-pu-ra-tì-vo] ***agg.*** e ***n.m.*** (*med.*) suppuratif*.
suppurazione [sup-pu-ra-zió-ne] ***n.f.*** (*med.*) suppuration.
supremazia [su-pre-ma-zì-a] ***n.f.*** suprématie.
supremo [su-prè-mo] ***agg.*** suprême; (*sovrano*) souverain: *di suprema bellezza*, d'une beauté souveraine; *con supremo disprezzo del pericolo*, avec un souverain mépris du danger; *con supremo sforzo*, dans un effort suprême; *con mia suprema soddisfazione*, à ma très grande satisfaction | *è cosa di suprema importanza*, c'est une chose d'une importance capitale.
● ***comandante supremo***, commandant en chef.
sura [sù-ra] ***n.f.*** (*capitolo del Corano*) surate.
surclassare [sur-clas-sà-re] ***v.tr.*** surclasser.
surf [sɛrf] ***n.m.invar.*** (*sport*) surf.
surfista [sur-fì-sta] ***n.m.*** e ***f.*** surfeur/euse; (véli)planchiste.
surgelare [sur-ge-là-re] ***v.tr.*** surgeler*.
surgelato [sur-ge-là-to] ***agg.*** surgelé ♦ ***n.m.*** (produit) surgelé.
surgelatore [sur-ge-la-tó-re] ***n.m.*** surgélateur.
surgelazione [sur-ge-la-zió-ne] ***n.f.*** surgélation.
suricato [su-ri-cà-to] ***n.m.*** (*zool.*) suricate, surikate.
surreale [sur-re-à-le] ***agg.*** e ***n.m.*** surréel*.
surrealismo [sur-re-a-lì-ʃmo] ***n.m.*** (*lett., arte*) surréalisme.
surrealista [sur-re-a-lì-sta] ***agg.*** e ***n.m.*** e ***f.*** (*lett., arte*) surréaliste.
surrenale [sur-re-nà-le] ***agg.*** (*anat.*) surrénal*.
surrene [sur-rè-ne] ***agg.*** e ***n.m.*** (*anat.*) (glande) surrénale (*f.*).
surrettizio [sur-ret-tì-zio] ***agg.*** [pl.m. *-zi*] (*dir.*) subreptice.
S
surricordato [sur-ri-cor-dà-to] ***agg.*** cité ci-dessus.
surriscaldamento [sur-ri-scal-da-mén-to] ***n.m.*** surchauffe (*f.*), surchauffage.
surriscaldare [sur-ri-scal-dà-re] ***v.tr.*** surchauffer ♦ **surriscaldarsi** ***v.pron.intr.*** (*di motore*) trop chauffer.
surriscaldato [sur-ri-scal-dà-to] ***agg.*** surchauffé | *motore surriscaldato*, moteur qui chauffe.
surrogare [sur-ro-gà-re] ***v.tr.*** [coniug. come *legare*] substituer, remplacer*.
surrogato [sur-ro-gà-to] ***n.m.*** succédané.
surrogatorio [sur-ro-ga-tò-rio] ***agg.*** [pl.m. *-ri*] (*dir.*) subrogatoire.
surrogazione [sur-ro-ga-zió-ne] ***n.f.*** **1** substitution **2** (*dir.*) subrogation.
suscettibile [su-scet-tì-bi-le] ***agg.*** susceptible.
suscettibilità [su-scet-ti-bi-li-tà] ***n.f.invar.*** susceptibilité.
suscitare [su-sci-tà-re] ***v.tr.*** susciter; (*provocare*) provoquer: *suscitare meraviglia*, susciter de l'étonnement; *suscitare il riso*, provoquer le rire | *suscitare scalpore*, faire grand bruit | *suscitare la curiosità*, piquer la curiosité | *suscitare discordia*, fomenter la discorde.
susina [su-sì-na *o* suʃìna] ***n.f.*** (*bot.*) prune.
susino [su-sì-no *o* suʃìno] ***n.m.*** (*bot.*) prunier.
suspicione [su-spi-ció-ne] ***n.f.*** (*dir.*) suspicion | *per legittima suspicione*, pour cause de suspicion légitime.
susseguente [sus-se-guèn-te] ***agg.*** suivant.
susseguirsi [sus-se-guìr-si] ***v.pron.rec.*** se succéder* ♦ ***n.m.*** succession (*f.*).
sussidiare [sus-si-dià-re] ***v.tr.*** subventionner.
sussidiario [sus-si-dià-rio] ***agg.*** subsidiaire ♦ ***n.m.*** [pl. *-ri*] manuel de l'école primaire.
● ***fermata sussidiaria***, arrêt facultatif | (*mil.*) ***truppe sussidiarie***, troupes auxiliaires.
sussidio [sus-sì-dio] ***n.m.*** [pl. *-di*] **1** aide (*f.*) **2** (*in denaro*) subside, subvention (*f.*).
● ***sussidio di disoccupazione***, ***di malattia***, allocation de chômage, de maladie | ***sussidi bibliografici***, ***didattici***, ***audiovisivi***, matériel bibliographique, didactique, audiovisuel | ***sussidi pubblici***, prestations publiques.
sussiego [sus-siè-go] ***n.m.*** [pl. *-ghi*] suffisance (*f.*), condescendance (*f.*).
sussiegoso [sus-sie-gó-so] ***agg.*** suffisant, condescendant.
sussistenza [sus-si-stèn-za] ***n.f.*** **1** persistance **2** (*sostentamento*) subsistance.
● ***sussistenza militare***, service des subsistances | ***il livello di sussistenza***, le minimum vital.
sussistere [sus-sì-ste-re] ***v.intr.*** [coniug. come *insistere*; aus. *essere*] **1** (*perdurare*) subsister **2** (*essere valido*) être* valable; (*avere fondamento*) avoir* du fondement: *non sussistono prove*, il n'y a pas de preuves; *scuse che non sussistono*, des excuses qui ne tiennent pas debout.
sussultare [sus-sul-tà-re] ***v.intr.*** [aus. *avere*] tressaillir* | *la terra sussultò*, la terre trembla.
sussulto [sus-sùl-to] ***n.m.*** **1** sursaut: *mi svegliai con un sussulto*, je me réveillai en sursaut | *avere, dare un sussulto*, sursauter, tressaillir | *il suo cuore ebbe un sussulto*, son cœur bondit **2** (*del suolo*) secousse (*f.*).
sussultorio [sus-sul-tò-rio] ***agg.*** [pl.m. *-ri*] (*geol.*) sussultoire.
sussurrare [sus-sur-rà-re] ***v.tr.*** murmurer; (*bisbigliare*) chuchoter | *si sussurra che*, le bruit court que ♦ ***v.intr.*** [aus. *avere*] murmurer.
sussurro [sus-sùr-ro] ***n.m.*** murmure.
sutura [su-tù-ra] ***n.f.*** (*med.*) suture.
suturare [su-tu-rà-re] ***v.tr.*** (*med.*) suturer.
SUV ***n.m.invar.*** (*sigla dell'ingl.* Sport Utility Vehicle) SUV.
suvvia [suv-vì-a] ***inter.*** allons.
suzione [su-zió-ne] ***n.f.*** succion.
svaccarsi [ʃvac-càr-si] ***v.pron.intr.*** [coniug. come *mancare*] (*molto fam.*) s'avachir, se laisser aller.
svaccato [ʃvac-cà-to] ***agg.*** avachi.
svagare [ʃva-gà-re] ***v.tr.*** [coniug. come *legare*] changer* les idées (**à**); (*distrarre*) distraire* ♦ **svagarsi** ***v.pron.*** se changer* les idées; (*distrarsi*) se distraire*; (*divertirsi*) s'amuser.
svagato [ʃva-gà-to] ***agg.*** distrait.
svago [ʃvà-go] ***n.m.*** [pl. *-ghi*] distraction (*f.*): *ha bisogno di svago*, il a besoin de se distraire | *non si concede mai un*

minuto di svago, il ne s'accorde jamais une minute de répit; *concediti un po' di svago*, repose-toi un peu.

svaligiare [ʃva-li-già-re] *v.tr.* [coniug. come *mangiare*] dévaliser; (*con scasso*) cambrioler.

svaligiatore [ʃva-li-gia-tó-re] *n.m.* [f. *-trice*] cambrioleur.

svalutare [ʃva-lu-tà-re] *v.tr.* 1 déprécier, dévaloriser; (*spec. di moneta*) dévaluer 2 (*sottovalutare*) sous-estimer ♦ **svalutarsi** *v.pron.* e *pron.intr.* 1 se déprécier; (*spec. di moneta*) se dévaluer 2 (*sottovalutarsi*) se sous-estimer.

svalutazione [ʃva-lu-ta-zió-ne] *n.f.* dépréciation, dévalorisation; (*spec. di moneta*) dévaluation.

svalvolare [sval-vo-làr-e] *v.intr.* [aus. *avere*] (*fam.*) (*mentalmente*) yoyoter, yoyotter.

svampire [ʃvam-pì-re] *v.intr.* [coniug. come *finire*; aus. *essere*] 1 s'éventer 2 (*fig.*) s'évanouir, se dissiper.

svampito [ʃvam-pì-to] *agg.* écervelé; (*spec. di donna*) évaporé | *è un po' svampito*, il a la tête en l'air ♦ *n.m.* [f. *-a*] écervelé.

svanire [ʃva-nì-re] *v.intr.* [coniug. come *finire*; aus. *essere*] 1 s'évanouir; (*dileguarsi*) disparaître*; (*spegnersi*) s'éteindre*: *le nostre speranze svaniscono a poco a poco*, nos espoirs s'évanouissent peu à peu | *è svanito nel nulla*, il s'est volatilisé | *il sorriso le svanì sulle labbra*, le sourire s'effaça sur ses lèvres | *ogni speranza è svanita*, on a perdu tout espoir | *la sua collera svanì*, sa colère tomba 2 (*perdere vigore*) s'affaiblir; (*svaporare*) s'évaporer.

svanito [ʃva-nì-to] *agg.* 1 évanoui: *un sogno svanito*, un rêve évanoui | *una speranza svanita nel nulla*, un espoir envolé 2 (*di persona*) gâteux* | *è un po' svanito*, il perd un peu la tête 3 (*che ha perso vigore*) affaibli; (*di profumo*) évaporé.

svantaggiato [ʃvan-tag-già-to] *agg.* désavantagé, défavorisé | *è partito svantaggiato*, il est parti avec un handicap.

svantaggio [ʃvan-tàg-gio] *n.m.* [pl. *-gi*] 1 désavantage; (*condizione sfavorevole*) *handicap: *essere in svantaggio rispetto a qlcu*, être désavantagé par rapport à qqn 2 (*sport*) retard: *una rete di svantaggio*, un but de retard; *rimontare lo svantaggio*, rattraper son retard; (*pareggiare*) égaliser.

● ***a svantaggio di***, au détriment de.

svantaggioso [ʃvan-tag-gió-so] *agg.* désavantageux*, défavorable.

svanzica [ʃvàn-zi-ca] *n.f.* [pl. *-che*] (*fam.*) sou (*m.*), rond (*m.*).

svaporare [ʃva-po-rà-re] *v.intr.* [aus. *essere*] 1 s'évaporer; (*di liquore, profumo ecc.*) s'éventer 2 (*fig.*) (*svanire*) se dissiper.

svaporato [ʃva-po-rà-to] *agg.* 1 évaporé; (*di profumo, di liquore ecc.*) éventé 2 (*di persona*) (*svampito*) écervelé; (*spec. di donna*) évaporé.

svariare [ʃva-rià-re] *v.tr.* varier ♦ **svariarsi** *v.pron.* (*distrarsi*) se distraire*.

svariato [ʃva-rià-to] *agg.* 1 varié: *di svariati colori*, de couleurs variées; *ho cercato di farglielo capire in svariati modi*, j'ai cherché à le lui faire comprendre de plusieurs façons.

svarione [ʃva-rió-ne] *n.m.* grosse faute (*f.*), énormité (*f.*).

svasare [ʃva-ʃà-re] *v.tr.* 1 (*togliere da un vaso*) dépoter 2 (*modellare a forma di tronco di cono*) évaser.

svasato [ʃva-ʃà-to] *agg.* évasé: *gonna svasata*, jupe évasée.

svasatura [ʃva-ʃa-tù-ra] *n.f.* 1 évasure; (*di una gonna*) ampleur 2 (*arch.*) embrasure.

svastica [ʃvà-sti-ca] *n.f.* [pl. *-che*] svastika (*m.*); (*spec. come simbolo del nazismo*) croix gammée.

svecchiamento [ʃvec-chia-mén-to] *n.m.* rajeunissement; (*modernizzazione*) modernisation (*f.*).

svecchiare [ʃvec-chià-re] *v.tr.* rajeunir; (*rimodernare*) moderniser; (*rinnovare*) renouveler*.

svedese [ʃve-dé-se] *agg.* suédois ♦ *n.m.* e *f.* (*abitante*) Suédois/e ♦ *n.m.* (*lingua*) suédois.

● ***fiammiferi svedesi***, allumettes suédoises.

sveglia [ʃvé-glia] *n.f.* 1 réveil (*m.*) 2 (*orologio*) réveil (*m.*), réveille-matin* (*m.*): *mettere, caricare la sveglia*, mettre, remonter le réveil.

● ***sveglia!***, (*a chi è a letto*) debout!, (*a chi è pigro*) secoue-toi! | ***sveglia telefonica***, réveil par téléphone | ***servizio sveglia***, service de réveil.

svegliare [ʃve-glià-re] *v.tr.* 1 réveiller | *non lo sveglierebbero nemmeno le cannonate*, le bruit du canon ne le réveillerait pas 2 (*fig.*) éveiller | *svegliare l'appetito*, stimuler l'appétit 3 (*fig.*) (*scuotere dal torpore ecc.*) dégourdir ♦ **svegliarsi** *v.pron.intr.* 1 se réveiller | *gli si è svegliato il mal di testa*, (*fig.*) sa migraine l'a repris 2 (*fig.*) (*scuotersi dal torpore ecc.*) se dégourdir.

● ***svegliati!***, réveille-toi!; (*a chi è impigrito*) secoue-toi!

sveglio [ʃvé-glio] *agg.* [pl.m. *-gli*] 1 éveillé; (*di chi si è risvegliato*) réveillé: *è restato sveglio tutta la notte*, il est resté éveillé toute la nuit; *sei già sveglio?*, tu es déjà réveillé? 2 (*fig.*) éveillé; (*di intelligenza*) vif*.

svelare [ʃve-là-re] *v.tr.* dévoiler (*spec. fig.*) ♦ **svelarsi** *v.pron.* se dévoiler, se révéler*.

svelenire [ʃve-le-nì-re] *v.tr.* [coniug. come *finire*] désenvenimer; (*fig.*) apaiser ♦ **svelenirsi** *v.pron.intr.* (*fig.*) se calmer.

svellere [ʃvèl-le-re] *v.tr.* [p.rem. *io svelsi, tu svellesti ecc.*; p.p. *svelto*] (*letter.*) arracher.

svelsi → **svellere**.

sveltamente [ʃvel-ta-mén-te] *avv.* vite.

sveltezza [ʃvel-téz-za] *n.f.* 1 (*rapidità*) rapidité | *con sveltezza*, rapidement 2 (*agilità*) agilité; (*snellezza*) sveltesse 3 (*fig.*) (*prontezza d'ingegno*) vivacité d'esprit.

sveltimento [ʃvel-ti-mén-to] *n.m.* accélération (*f.*); (*semplificazione*) simplification (*f.*).

sveltina [svel-tì-na] *n.f.* (*molto fam.*) troussée | *fare una sveltina*, tirer un coup (*o* faire l'amour à la va-vite).

sveltire [ʃvel-tì-re] *v.tr.* [coniug. come *finire*] 1 accélérer*; (*semplificare*) simplifier | *sveltire il traffico*, rendre la circulation plus fluide 2 (*rendere più disinvolto*) dégourdir 3 (*rendere più sottile, più snello*) amincir ♦ **sveltirsi** *v.pron.intr.* 1 devenir* plus rapide 2 (*diventare più disinvolto*) se dégourdir.

svelto [ʃvèl-to] *agg.* 1 rapide | *è stato svelto a capire la cosa*, il a vite compris la chose; *è stato svelto a scoprire l'inganno*, il a vite fait de découvrir le piège 2 (*slanciato*) svelte 3 (*fig.*) (*pronto, intelligente*) éveillé.

● ***svelto!***, dépêche-toi!: *svelto! vieni ad aiutarmi!*, viens vite m'aider! | ***alla svelta***, en vitesse, rapidement: *fate alla svelta*, dépêchez-vous!; *aspettami, faccio alla svelta*, attends-moi, j'en ai pour une minute | ***essere svelto di lingua***, avoir la langue bien pendue | ***essere svelto di mano***, (*essere manesco*) avoir la main leste; (*rubare*) avoir les doigts crochus.

S

svenare [ʃve-nà-re] *v.tr.* (*rovinare economicamente*) mettre* sur la paille | *mi vuoi svenare!*, tu veux ma mort! ♦ **svenarsi** *v.pron.* **1** s'ouvrir* les veines **2** (*fig.*) se saigner aux quatre veines.

svendere [ʃvén-de-re] *v.tr.* (*liquidare*) solder, liquider; (*in perdita*) vendre* à perte, au rabais.

svendita [ʃvén-di-ta] *n.f.* (*liquidazione*) liquidation, (*saldo*) solde (*m.*); (*in perdita*) vente à perte, vente au rabais.
● ***prezzi di svendita***, prix cassés.

svenevole [ʃve-né-vo-le] *agg.* e *n.m.* e *f.* qui fait des manières, minaudier/ère: *ragazza svenevole*, fille qui fait des manières; *non fare lo svenevole*, arrête de faire des manières | *modi svenevoli*, des minauderies | *tono di voce svenevole*, ton doucereux.

svenevolezza [ʃve-ne-vo-léz-za] *n.f.* minauderie.

svenimento [ʃve-ni-mén-to] *n.m.* évanouissement | *avere uno svenimento, essere colto da svenimento*, s'évanouir | *soffrire di svenimenti*, s'évanouir fréquemment.

svenire [ʃve-nì-re] *v.intr.* [coniug. come *venire*; aus. *essere*] s'évanouir: *è svenuta*, elle s'est évanouie; *svenire per il dolore, per la paura*, s'évanouir de douleur, de peur | *mi sento svenire*, je me sens défaillir | *un caldo da svenire*, une chaleur à mourir.

sventagliare [ʃven-ta-glià-re] *v.tr.* éventer: *gli sventagliò un foglio sotto il naso*, il lui agita un papier sous le nez ♦ **sventagliarsi** *v.pron.* s'éventer.

sventagliata [ʃven-ta-glià-ta] *n.f.* **1** *darsi una sventagliata*, s'éventer **2** (*raffica*) rafale.

sventare [ʃven-tà-re] *v.tr.* éventer: *sventare un complotto*, éventer un complot | *sventare un pericolo*, éviter un danger.

sventatamente [ʃven-ta-ta-mén-te] *avv.* étourdiment; (*sconsideratamente*) inconsidérément.

sventatezza [ʃven-ta-téz-za] *n.f.* étourderie.

sventato [ʃven-tà-to] *agg.* e *n.m.* [f. -*a*] étourdi.

sventola [ʃvèn-to-la] *n.f.* (*fam.*) **1** éventoir (*m.*) **2** (*schiaffo*) gifle.
● ***orecchie a sventola***, oreilles décollées, en feuilles de chou.

sventolare [ʃven-to-là-re] *v.tr.* **1** agiter **2** (*far vento*) éventer ♦ *v.intr.* [aus. *avere*] flotter ♦ **sventolarsi** *v.pron.* s'éventer.

sventolio [ʃven-to-lì-o] *n.m.* [pl. -*ii*] flottement.

sventramento [ʃven-tra-mén-to] *n.m.* **1** (*med.*) éventration (*f.*) **2** (*di mammiferi*) étripage; (*di uccelli, pesci*) vidage **3** (*di edifici*) démolition (*f.*).

sventrare [ʃven-trà-re] *v.tr.* **1** éventrer; (*pesci, uccelli*) vider **2** (*demolire*) démolir: *la casa fu sventrata da una bomba*, la maison a été éventrée par une bombe.

sventura [ʃven-tù-ra] *n.f.* malheur (*m.*); (*sfortuna*) malchance | *sventura volle che*, le malheur voulut que.
● ***compagno di sventura***, compagnon d'infortune | ***per colmo di sventura***, pour comble de malheur | ***per sventura***, par malheur.

sventurato [ʃven-tu-rà-to] *agg.* e *n.m.* [f. -*a*] malheureux*; (*sfortunato*) malchanceux* | *nel caso sventurato che*, si par malheur.

svenuto [ʃve-nù-to] *agg.* évanoui.

sverginare [ʃver-gi-nà-re] *v.tr.* déflorer; (*fam.*) dépuceler*.

svergognare [ʃver-go-gnà-re] *v.tr.* couvrir* de *honte; (*smascherare*) démasquer.

svergognato [ʃver-go-gnà-to] *agg.* e *n.m.* [f. -*a*] dévergondé; (*sfrontato*) impudent, effronté.

svernare [ʃver-nà-re] *v.intr.* [aus. *avere*] hiverner; (*di animali in letargo*) hiberner.

sverniciare [ʃver-ni-cià-re] *v.tr.* [coniug. come *cominciare*] dévernir, décaper.

sverniciatore [ʃver-ni-cia-tó-re] *n.m.* ouvrier* qui s'occupe du dévernissage; (*di pezzi metallici*) décapeur.

svestire [ʃve-stì-re] *v.tr.* déshabiller ♦ **svestirsi** *v.pron.* e *pron.intr.* se déshabiller; (*fig.*) se dépouiller.

svestito [ʃve-stì-to] *agg.* déshabillé | *mezzo svestito*, à moitié nu.

svestizione [ʃve-sti-zió-ne] *n.f.* déshabillage (*m.*).

svettare [ʃvet-tà-re] *v.tr.* écimer, étêter ♦ *v.intr.* [aus. *avere*] **1** (*ergersi*) pointer; (*stagliarsi*) se détacher **2** (*letter.*) agiter sa cime.

svevo [ʃvè-vo] *agg.* souabe ♦ *n.m.* [f. -*a*] Souabe.
● ***la Casa sveva***, la Maison de Souabe.

svezzamento [ʃvez-za-mén-to] *n.m.* sevrage.

svezzare [ʃvez-zà-re] *v.tr.* sevrer*.

sviamento [ʃvia-mén-to] *n.m.* **1** détournement **2** (*fig.*) égarement.

sviare [ʃvi-à-re] *v.tr.* **1** détourner (*anche fig.*) **2** (*fuorviare*) détourner (**de**); (*traviare*) fourvoyer* ♦ **sviarsi** *v.pron.intr.* **1** s'égarer **2** (*fig.*) se fourvoyer*.

svicolare [ʃvi-co-là-re] *v.intr.* [aus. *essere* o *avere*] **1** s'esquiver (dans une ruelle) **2** (*fig.*) se dérober | *rispondi alla domanda, non svicolare*, réponds à la question sans tergiverser **3** (*svignarsela*) s'esquiver, filer.

svignarsela [svi-gnàr-se-la] *v.pron.intr.* s'esquiver, décamper, tourner les talons.

svigorire [ʃvi-go-rì-re] *v.tr.* [coniug. come *finire*] affaiblir ♦ **svigorirsi** *v.pron.intr.* s'affaiblir.

svilimento [ʃvi-li-mén-to] *n.m.* avilissement; (*svalutazione*) dévaluation (*f.*), avilissement.

svilire [ʃvi-lì-re] *v.tr.* [coniug. come *finire*] **1** déprécier; (*fig.*) dégrader **2** (*econ.*) dévaluer.

svillaneggiare [ʃvil-la-neg-già-re] *v.tr.* [coniug. come *mangiare*] traiter grossièrement; insulter.

sviluppare [ʃvi-lup-pà-re] *v.tr.* **1** (*svolgere*) développer (*spec. fig.*): *il serpente sviluppa le sue spire*, le serpent développe (*o* déroule) ses anneaux; *sviluppare un argomento*, développer un sujet **2** (*potenziare*) développer: *lo sport sviluppa i muscoli*, le sport développe les muscles **3** (*provocare*) provoquer: *una scintilla può sviluppare un incendio*, une étincelle peut provoquer (*o* causer) un incendie **4** (*fot.*) développer: *sviluppare una pellicola*, développer une pellicule **5** (*chim., fis.*) (*produrre, generare*) dégager*: *sviluppare calore, elettricità*, dégager de la chaleur, de l'électricité ♦ **svilupparsi** *v.pron.intr.* **1** (*raggiungere la forma definitiva*) se développer; (*formarsi*) se former: *le piante si sviluppano dai semi*, les plantes se développent à partir de graines; *la farfalla si sviluppa dal bozzolo*, le papillon se forme dans le cocon **2** (*crescere, rinforzarsi*) se développer: *l'industria si sta sviluppando*, l'industrie est en train de se développer **3** (*estendersi*) s'étendre*; (*propagarsi*) se propager*: *la città si sviluppa verso nord*, la ville s'étend vers le nord **4** (*sprigionarsi*) se dégager*: *gas che si sviluppano dal terreno*, des gaz qui se dégagent du terrain **5** (*di incendio, epidemia*) se déclarer: *s'è sviluppato un focolaio d'incendio*, un foyer d'incendie s'est déclaré.

sviluppato [ʃvi-lup-pà-to] *agg.* développé.

sviluppatore [svi-lup-pa-tó-re] *n.m.* **1** [f. -*trice*] (*fot.*)

celui* qui développe (un film, une pellicule) 2 (*fot.*) (*soluzione usata per sviluppare fotografie*) révélateur 3 (*inform.*) (*di data base*) développeur.

sviluppo [ʃvi-lùp-po] *n.m.* 1 développement: *l'industria è in pieno sviluppo*, l'industrie est en plein développement; *gli sviluppi della situazione*, les développements de l'affaire | *piano di sviluppo economico*, plan de développement économique 2 (*fot.*) développement: *lo sviluppo di una foto*, le développement d'une photo 3 (*chim., fis.*) (*emissione*) dégagement: *sviluppo di gas, di elettricità*, dégagement de gaz, d'électricité.
● ***sviluppo sostenibile***, développement durable | ***in via di sviluppo***, en voie de développement: *paesi in via di sviluppo*, pays en voie de développement | ***l'età dello sviluppo***, la croissance, l'âge de la puberté.

svinatura [ʃvi-na-tù-ra] *n.f.* décuvage (*m.*), décuvaison.

svincolare [ʃvin-co-là-re] *v.tr.* dégager* | *svincolare merci, bagagli*, retirer des marchandises, des bagages ♦ **svincolarsi** *v.pron.* se dégager*.

svincolo [ʃvìn-co-lo] *n.m.* 1 dégagement 2 (*incrocio di strada*) échangeur; (*bretella, tratto stradale di raccordo*) bretelle (*f.*), raccord.

sviolinata [ʃvio-li-nà-ta] *n.f.* basse flatterie; (*fam.*) lèche.

svirgolare [ʃvir-go-là-re] *v.tr.* 1 (*deformare*) déformer; (*scardinare*) déglinguer 2 (*nei giochi con la palla*) rater un coup en frappant la balle de biais.

svisamento [ʃvi-ʃa-mén-to] *n.m.* déformation (*f.*), défiguration (*f.*).

svisare [ʃvi-ʃà-re] *v.tr.* déformer.

sviscerare [ʃvi-sce-rà-re] *v.tr.* épuiser, approfondir | *sviscerare un autore*, étudier à fond un auteur.

svisceratamente [ʃvi-sce-ra-ta-mén-te] *avv.* ardemment, éperdument.

svisceratezza [ʃvi-sce-ra-téz-za] *n.f.* 1 outrance 2 (*affetto esagerato*) dévotion outrée.

sviscerato [ʃvi-sce-rà-to] *agg.* 1 ardent 2 (*eccessivo*) outré.

svista [ʃvì-sta] *n.f.* méprise, omission | *per una svista*, par méprise.

svitabile [svi-tà-bi-le] *agg.* [ʃvi-tà-bi-le] dévissable.

svitamento [ʃvi-ta-mén-to] *n.m.* dévissage; (*allentamento*) desserrage.

svitare [ʃvi-tà-re] *v.tr.* dévisser; (*allentare*) desserrer ♦ **svitarsi** *v.pron.intr.* se dévisser; se desserer.

svitato [ʃvi-tà-to] *agg.* dévissé ♦ *n.m.* [f. *-a*] (*scherz.*) toqué.

svizzera [ʃvìz-ze-ra] *n.f.* (*cuc.*) steak (*m.*) *haché.

svizzero [ʃvìz-ze-ro] *agg.* suisse ♦ *n.m.* [f. *-a*] (*abitante*) Suisse.
● ***svizzero francese***, suisse romand | ***svizzero tedesco***, suisse allemand | ***formaggio svizzero***, emmenthal | ***guardie svizzere***, gardes suisses.

svogliatamente [svo-glia-ta-mén-te] *avv.* nonchalamment; (*pigramente*) paresseusement | *mangiare svogliatamente*, chipoter, manger sans appétit.

svogliatezza [ʃvo-glia-téz-za] *n.f.* manque (*m.*) d'entrain; (*indolenza*) indolence; (*pigrizia*) paresse.

svogliato [ʃvo-glià-to] *agg.* [f. *-a*] nonchalant; (*pigro*) paresseux* | *sentirsi svogliato*, n'avoir (de) goût à rien.

svolazzare [ʃvo-laz-zà-re] *v.intr.* [aus. *avere*] 1 voltiger*; (*degli uccelli*) voleter* 2 (*essere mosso dal vento*) flotter | *coi capelli svolazzanti*, les cheveux au vent.

svolazzo [ʃvo-làz-zo] *n.m.* 1 (*di calligrafia*) paraphe 2 (*fig.*) fioriture (*f.*).

svolgere [ʃvòl-ge-re] *v.tr.* [coniug. come *volgere*] 1 dérouler; (*un involto*) défaire*; (*ciò che è avvolto in bobina*) débobiner 2 (*fig.*) (*sviluppare*) développer | *svolgere un argomento*, traiter un sujet | *svolgere il programma*, réaliser le programme; (*a scuola*) faire le programme | *svolgere un'inchiesta, una indagine*, faire une enquête; (*di polizia*) mener une enquête 3 (*esercitare*) exercer*; (*un incarico*) remplir | *svolgere un'intensa attività*, déployer une intense activité ♦ **svolgersi** *v.pron.intr.* 1 se dérouler; (*di involto*) se défaire* | *il lavoro si svolge regolarmente*, le travail s'effectue régulièrement 2 (*fig.*) (*svilupparsi*) se développer 3 (*fig.*) (*avvenire*) se passer ♦ *n.m.* déroulement.

svolgimento [ʃvol-gi-mén-to] *n.m.* 1 déroulement (*anche fig.*) 2 (*sviluppo*) développement | *lo svolgimento di un programma*, la réalisation d'un programme | *lo svolgimento del tema*, (*a scuola*) le développement du sujet.

svolta [ʃvòl-ta] *n.f.* 1 virage (*m.*) 2 (*fig.*) tournant (*m.*).
● ***divieto di svolta*** (***a destra***, ***a sinistra***), interdiction de tourner (à droite, à gauche).

svoltare [ʃvol-tà-re] *v.intr.* [aus. *avere*] tourner.

svoltata [ʃvol-tà-ta] *n.f.* virage (*m.*).

svolto [ʃvòl-to] *agg.* développé | *raccolta di temi svolti*, modèles (*o* corrigés) de rédaction (*o* dissertation).

svoltolare [ʃvol-to-là-re] *v.tr.* dérouler; (*un involto*) défaire*.

svuotamento [ʃvuo-ta-mén-to] *n.m.* vidage; (*di serbatoio*) vidange.

svuotare [ʃvuo-tà-re] *v.tr.* vider (*anche fig.*); (*un serbatoio*) vidanger*.

swahili [swa'ili] *agg.invar.* swahili ♦ *n.m.* e *f.invar.* (*abitante*) Swahili ♦ *n.m.invar.* (*lingua*) swahili.

symposium [sym-pò-ʃium] *n.m.invar.* symposium.

Tt

t *n.f.* o *m.invar.* t (*m.*).
● (*tel.*) ***t come Torino***, t comme Thérèse | ***a (forma di) T***, en T.
tabaccaio [ta-bac-cà-io] *n.m.* [f. *-a*; pl.m. *-ai*] **1** buraliste **2** (*tabaccheria*) bureau* de tabac; (*fam.*) tabac.
tabaccheria [ta-bac-che-rì-a] *n.f.* bureau* (*m.*) de tabac; (*fam.*) tabac (*m.*).
tabacchiera [ta-bac-chiè-ra] *n.f.* tabatière.
tabacco [ta-bàc-co] *n.m.* [pl. *-chi*] tabac: *tabacco da fiuto*, tabac à priser; *tabacco da masticare*, tabac à chiquer; *tabacco da fumo*, tabac pour fumer | (*color*) *tabacco*, (couleur) tabac.
● ***la Manifattura dei Tabacchi***, les Tabacs.
tabagismo [ta-ba-gì-ʃmo] *n.m.* (*med.*) tabagisme.
tabarin [taba'rɛn] *n.m.invar.* (*locale notturno*) boîte (*f.*) de nuit.
tabarro [ta-bàr-ro] *n.m.* *houppelande (*f.*), manteau* (pour homme).
tabe [tà-be] *n.f.* (*med.*) tabès (*m.*).
tabella [ta-bèl-la] *n.f.* tableau* (*m.*): *tabella dell'orario ferroviario*, tableau indicateur | *tabella dei prezzi*, liste des prix | *tabella degli stipendi*, barème des traitements.
● ***tabella di marcia***, tableau de marche.
tabellina [ta-bel-lì-na] *n.f.* (*mat.*) table (de multiplication).
tabellone [ta-bel-ló-ne] *n.m.* **1** tableau*; (*per affissioni stradali*) placard; (*cartello pubblicitario*) panneau* (publicitaire) **2** (*pallacanestro*) panneau*.
tabernacolo [ta-ber-nà-co-lo] *n.m.* **1** tabernacle **2** (*nicchia con immagine sacra*) niche (*f.*); (*edicola*) petite chapelle (*f.*).
tabloid [ta-blòid] *agg.* e *n.m.invar.* (*formato ridotto di giornale*) tabloïd, tabloïde.
tabloide [ta-blòi-de] *n.m.* (*med.*) comprimé.
tabù [ta-bù] *agg.* e *n.m.invar.* tabou (*anche fig.*).
tabulare [ta-bu-là-re] *agg.* tabulaire.
tabulato [ta-bu-là-to] *n.m.* (*inform.*) listing.
tabulatore [ta-bu-la-tó-re] *n.m.* tabulateur.
tabulatrice [ta-bu-la-trì-ce] *n.f.* tabulatrice.
tac *onom.* tac.
TAC *n.f.invar.* (*sigla di* Tomografia Assiale Computerizzata) (*med.*) scanographie, tomodensitométrie.
tacca [tàc-ca] *n.f.* [pl. *-che*] **1** entaille | *pieno di tacche*, tailladé **2** (*tecn.*) (en)coche; cran (*m.*) **3** (*tip.*) cran (*m.*) **4** (*stampo, levatura*) acabit (*m.*) **5** (*tel.*) (*del cellulare*) barrette.
● ***tacca di mira***, (*di armi*) cran de mire | ***di mezza tacca***, de peu de valeur.

FAUX AMI
Da non confondere con *tache*, che significa *macchia*, né con *tâche*, che significa *compito*.

taccagneria [tac-ca-gne-rì-a] *n.f.* avarice, pingrerie.
taccagno [tac-cà-gno] *agg.* e *n.m.* [f. *-a*] avare, pingre; (*fam.*) radin.
taccheggiatore [tac-cheg-gia-tó-re] *n.m.* [f. *-trice*] voleur* à l'étalage.
taccheggio [tac-chèg-gio] *n.m.* [pl. *-gi*] vol à l'étalage.
tacchettio [tac-chet-tì-o] *n.m.* [pl. *-ii*] bruit de talons.
tacchina [tac-chì-na] *n.f.* dinde.
tacchinare [tac-chi-nà-re] *v.tr.* (*fam.*) (*corteggiare*) faire* du rentre-dedans (**à**).
tacchino [tac-chì-no] *n.m.* dindon; (*cuc.*) dinde (*f.*) | *pare un tacchino che fa la ruota*, (*fig. fam.*) il fait le paon.

FAUX AMI
Da non confondere con l'aggettivo *taquin*, che significa *dispettoso*.

taccia [tàc-cia] *n.f.* [pl. *-ce*] (mauvaise) réputation.
tacciabile [tac-cià-bi-le] *agg.* imputable.
tacciare [tac-cià-re] *v.tr.* [coniug. come *cominciare*] taxer: *tacciare di bugiardo*, taxer, accuser de mensonge.
taccio → **tacere**.
tacco [tàc-co] *n.m.* [pl. *-chi*] **1** talon: *scarpe col tacco*, chaussure à talons **2** (*per botti ecc.*) cale (*f.*).
● ***tacco a spillo***, talon aiguille | ***alzare i tacchi***, (*fig.*) montrer les talons | ***mezzi tacchi***, talons bottier.
taccola[1] [tàc-co-la] *n.f.* (*zool.*) choucas (*m.*).
taccola[2] *n.f.* (*bot. pop.*) pois mangetout (*m.*).
taccuino [tac-cuì-no] *n.m.* carnet, calepin.

FAUX AMI
Da non confondere con l'aggettivo *taquin*, che significa *dispettoso*.

tacere [ta-cé-re] *v.intr.* [coniug. come *piacere*; pres.indic. *noi taciamo*; aus. *avere*] se taire* | *come si fa a tacere!*, comment peut-on ne rien dire! | *su questo punto la legge tace*, sur ce point la loi est muette | *mettere a tacere qlco*, étouffer qqch; *mettere a tacere qlcu*, réduire qqn au silence | *fate tacere i bambini*, faites taire les enfants | *far tacere i morsi della fame*, apaiser les affres de la faim ♦ *v.tr.* taire*; (*passare sotto silenzio*) passer sous silence; (*sottintendere*) sous-entendre* ♦ *n.m.invar.* (*silenzio*) silence.
● ***chi tace acconsente***, qui ne dit mot consent.

NOTA ***Se taire***, traduzione di ***tacere***, ha il participio passato ***tu*** che si accorda con il soggetto, ma resta invariato quando è seguito dal complemento oggetto:

Hanno taciuto.
Ils se sont **tus**.

Si sono taciuti molte cose.
Ils se sont **tu** bien des choses.

Da notare inoltre che *se taire* cambia in ***taire*** quando è preceduto da *faire*:

Fateli tacere.
Faites-les taire.

Far tacere la voce della coscienza.
Faire taire la voix de la conscience.

tacheometro [ta-che-ò-me-tro] *n.m.* (*topografia*) tachéomètre.

tachi- *pref.* tachy-.

tachicardia [ta-chi-car-dì-a] *n.f.* (*med.*) tachycardie.

tachicardico [ta-chi-càr-di-co] *agg.* [pl.m. *-ci*, f. *-che*] tachycardique.

tachimetro [ta-chì-me-tro] *n.m.* indicateur de vitesse, tachymètre.

tacitamente [ta-ci-ta-mén-te] *avv.* **1** (*silenziosamente*) silencieusement **2** (*in modo non espresso*) tacitement.

tacitare [ta-ci-tà-re] *v.tr.* **1** (*pagare un debito*) désintéresser **2** (*mettere a tacere*) étouffer.

tacito [tà-ci-to] *agg.* **1** silencieux* **2** (*fig.*) tacite | *un tacito rimprovero*, un reproche muet.

taciturno [ta-ci-tùr-no] *agg.* taciturne.

tacqui → **tacere**.

tafano [ta-fà-no] *n.m.* (*zool.*) taon.

tafferuglio [taf-fe-rù-glio] *n.m.* [pl. *-gli*] bagarre (*f.*); échauffourée (*f.*).

taffetà [taf-fe-tà] *n.m.* taffetas.

tag *n.f.invar.* **1** tag (*m.*) **2** (*inform.*) balise.

tagete [ta-gè-te] *n.m.* (*bot.*) tagète(s), tagette.

taggare [tag-gà-re] *v.tr.* [coniug. come *legare*] **1** taguer **2** (*inform.*) baliser.

taglia [tà-glia] *n.f.* **1** (*corporatura*) taille: *questa gonna non è della mia taglia*, cette jupe n'est pas à ma taille **2** (*prezzo del riscatto*) rançon **3** (*premio per la cattura di un delinquente*) (mise à) prix, récompense | *mettere una taglia su qlcu*, mettre à prix la tête de qqn.
● ***taglia unica***, taille unique | ***taglie forti***, grandes tailles.

tagliaboschi [ta-glia-bò-schi] *n.m.invar.* bûcheron.

tagliacarte [ta-glia-càr-te] *n.m.invar.* coupe-papier*.

taglialegna [ta-glia-lé-gna] *n.m.invar.* bûcheron.

tagliando [ta-gliàn-do] *n.m.* coupon.
● (*aut.*) ***fare il tagliando***, faire la révision.

tagliare [ta-glià-re] *v.tr.* **1** couper: *tagliare a pezzi, a fette*, couper en morceaux, en tranches | *tagliare il pollo*, découper le poulet **2** (*pietre dure*) tailler **3** (*praticare un'incisione*) inciser ♦ **tagliarsi** *v.pron.intr.* e *pron. indiretto* se couper.
● ***tagliare corto***, (*fig.*) couper court: *dai, taglia corto!*, allez, abrège (*o fam.* accouche)! | ***tagliare fuori***, couper; (*isolare*) isoler; (*escludere*) exclure | ***tagliare la testa al toro***, (*fig.*) trancher la question | (*inform.*) ***taglia e incolla***, couper-coller | ***una nebbia da tagliare col coltello***, un brouillard à couper au couteau.

NOTA Il participio passato di ***se couper***, traduzione di ***tagliarsi***, si accorda con il soggetto solo quando questo non è seguito da un complemento:

Si è tagliata aprendo le ostriche.
Elle s'est **coupée** en ouvrant les huîtres.

Si è tagliata le unghie.
Elle s'est **coupé** les ongles.

tagliata [ta-glià-ta] *n.f.* **1** *dare una tagliata*, couper: *farsi dare una tagliata ai capelli*, se faire couper les cheveux; *dare una tagliata all'erba del prato*, tondre le gazon **2** (*cuc.*) émincé (*m.*) de boeuf.

tagliatelle [ta-glia-tèl-le] *n.f.pl.* (*cuc.*) tagliatelle.

tagliato [ta-glià-to] *agg.* **1** coupé **2** (*di pietre dure*) taillé **3** (*che ha attitudine*) fait (**pour**) | *è tagliato per la matematica*, il est très doué pour les mathématiques.
● ***tagliato fuori***, (*escluso*) mis à l'écart.

tagliatore [ta-glia-tó-re] *n.m.* [f. *-trice*] (*di abiti*) coupeur*; (*di pietre*) tailleur.

tagliaunghie [ta-glia-ùn-ghie] *n.m.invar.* coupe-ongles*.

tagliavento [ta-glia-vèn-to] *n.m.invar.* coupe-vent*.

taglieggiare [ta-glieg-già-re] *v.tr.* [coniug. come *mangiare*] rançonner; (*sottoporre a racket*) racketter.

taglieggiatore [ta-glieg-gia-tó-re] *n.m.* [f. *-trice*] rançonneur; (*chi pratica il racket*) racketteur.

tagliente [ta-glièn-te] *agg.* e *n.m.* tranchant (*anche fig.*) | *lingua tagliente*, langue mordante | *contorni taglienti*, contours nets.

tagliere [ta-gliè-re] *n.m.* planche (*f.*) à découper; (*spianatoia per la pasta*) planche (*f.*) à pâtisserie.

taglierina [ta-glie-rì-na] *n.f.* coupoir (*m.*); (*ind.*) massicot (*m.*).

taglio [tà-glio] *n.m.* [pl. *-gli*] **1** coupe (*f.*) | *il taglio di una lamiera*, le découpage d'une tôle | *scuola di taglio*, école de coupe; *un taglio d'abito*, une coupe d'étoffe **2** (*di pietre*) taille (*f.*) **3** (*di un libro*) tranche (*f.*) **4** (*di vino*) coupage **5** (*di ascesso*) incision (*f.*) **6** (*tecn.*) taillage **7** (*effetto del tagliare, lesione, fenditura*) coupure (*f.*): *medicare un taglio*, soigner une coupure | *i tagli della censura*, (*fig.*) les coupures de la censure **8** (*parte affilata della lama*) tranchant | *coltello con taglio affilato*, couteau (bien) affilé | *fare il taglio a una lama*, aiguiser une lame **9** (*dimensioni, formato*) coupure (*f.*) | *biglietti di piccolo, grosso taglio*, petites, grosses coupures.
● ***armi da taglio***, armes blanches | ***bosco da taglio***, taillis | ***colpire di taglio***, frapper de taille | ***dare un taglio (netto) a qlco***, (*fig.*) rompre, interrompre qqch | ***ferite da taglio***, coupures, blessures d'arme blanche | ***mettere di taglio***, mettre de champ | ***strumenti da taglio***, instruments tranchants.

tagliola [ta-gliò-la] *n.f.* traquenard (*m.*) (*anche fig.*).

taglione [ta-glió-ne] *n.m.* talion.

tagliuzzare [ta-gliuz-zà-re] *v.tr.* coupailler.

tahitiano [ta-hi-tià-no] *agg.* tahitien* ♦ *n.m.* [f. *-a*] (*abitante*) Tahitien*.

taiga [tài-ga] *n.f.* [pl. *-ghe*] (*geogr.*) taïga.

tailandese [tai-lan-dé-se] *agg.* thaïlandais ♦ *n.m.* e *f.* (*abitante*) Thaïlandais/e.

tailleur [ta'jœr] *n.m.invar.* (*moda*) tailleur: *tailleur sportivo, elegante*, tailleur sport, habillé.

talaltro [ta-làl-tro] **tal altro** *pron.indef.* **1** *taluno... talaltro*, certains (*pl.*)... d'autres (*pl.*): *taluno dice questo, talaltro quello*, certains disent ceci, d'autres cela **2** *talvolta... talaltra*, quelquefois... d'autres fois ♦ *agg.indef.* tel*: *non sono d'accordo per tale e talaltra ragione*, je ne suis pas d'accord pour telle et telle raison.

talamo [tà-la-mo] *n.m.* **1** (*letter.*) couche (*f.*) nuptiale **2** (*bot.*) réceptacle **3** (*anat.*) thalamus.

talare [ta-là-re] *agg.* talaire.
● ***veste, abito talare***, soutane.

talassemia [ta-las-se-mì-a] *n.f.* (*med.*) thalassémie.

talasso- *pref.* thalasso-.

talassoterapia [ta-las-so-te-ra-pì-a] *n.f.* (*med.*) thalassothérapie.

talco [tàl-co] ***n.m.*** [pl. -*chi*] talc.
● ***talco in polvere***, poudre de talc.

tale [tà-le] ***agg.*** [si tronca in *tal* davanti a consonante] (*simile, siffatto*) tel*: *tali offese non si possono perdonare*, de telles offenses ne peuvent (pas) être pardonnées; *un tempo la sua vista era ottima, ora non è più tale*, il avait autrefois une vue excellente, maintenant ce n'est plus la même chose; *una volta era ottimista, ora non è più tale*, autrefois il était optimiste, maintenant il ne l'est plus | *è di una tale villania!*, il est d'une telle grossièreté! ♦ ***agg.indef.*** (*un certo*) certain: *un tale signor Rossi chiede di te*, un certain monsieur Rossi te demande | *il tal giorno, alla tale ora*, tel jour, à telle heure | *quel tale signore di cui ti avevo parlato*, l'homme dont je t'avais parlé; *quella tale signora*, la femme en question | *alludo a quella tal persona*, je fais allusion à qui vous savez ♦ ***pron.indef. m.*** e ***f.*** quelqu'un*, une personne (*f.*): *ho appuntamento con un (certo) tale di Roma*, j'ai rendez-vous avec une personne de Rome; *c'è una tale che vuol parlarti*, il y a une personne qui veut te parler | *c'è quel tale dell'assicurazione*, (*fam.*) il y a le type de l'assurance | *ha ritelefonato quella tale di ieri*, (*fam.*) la (bonne) femme d'hier a retéléphoné ♦ ***agg.dimostr.*** (*questo*) ce*: *dette tali parole, se ne andò*, sur ces mots, il s'en alla | *vuole sempre sapere quanto ho pagato la tal cosa o la talaltra*, il veut toujours savoir combien j'ai payé ceci et cela | *il suo delitto, perché tale è*, son crime, car c'en est un ♦ ***pron.dimostr.m.*** e ***f.*** la personne (*f.*): *è lui il tale che cercavi*, voilà la personne que tu cherchais.
● ***tale... che, da***, tel... que: *è ridotto in uno stato tale che fa pietà, da far pietà*, il est dans un tel état qu'il fait pitié; *le sue parole sono tali da non meritare, che non meritano risposta*, ce qu'il a dit ne mérite aucune réponse | ***tale il padre, tale il figlio***, tel père, tel fils | ***gente di tal fatta***, gens de cette espèce-là: *meglio non fidarsi di gente di tal fatta*, il vaut mieux ne pas se fier aux gens de cette espèce-là | ***il, la tal dei tali***, monsieur Un tel, madame Une telle: *la famiglia tal dei tali*, la famille Untel | ***in quanto tale***, en tant que tel: *la querela, in quanto tale*, la plainte, en tant que telle | ***in tal caso***, en ce cas-là.
□ **tale (e) quale**, **tal quale**, (*all'interno della frase*) tel* que; (*alla fine della frase*) tel* quel*: *la casa era proprio tal quale me l'avevi descritta*, la maison était telle que tu me l'avais décrite; *ha lasciato le cose tali e quali*, il a laissé les choses telles quelles | *ne ho comperato uno tale e quale*, j'ai acheté exactement le même | *ti assicuro, ha detto così, tale e quale!*, je t'assure, c'est ce qu'il a dit mot pour mot! | *è suo padre tale quale*, c'est tout le portrait de son père | *questi mobili saranno venduti tali e quali*, ces meubles seront vendus en l'état | *per noi è tale e quale*, pour nous c'est la même chose.

talea [tà-le-a] ***n.f.*** (*agr.*) bouture.

talebano [ta-le-bà-no] ***n.m.*** taliban.

talento[1] [ta-lèn-to] ***n.m.*** **1** talent **2** (*inclinazione*) inclination (*f.*).
● ***fare a proprio talento***, en faire à sa tête.

talento[2] ***n.m.*** (*moneta*) talent.

talent-scout [talent'skaut] ***n.m.*** e ***f.invar.*** dénicheur* de nouveaux talents.

talismano [ta-li-ʃmà-no] ***n.m.*** talisman.

tallire [tal-lì-re] ***v.intr.*** [coniug. come *finire*; aus. *essere* o *avere*] (*bot.*) taller.

tallo [tàl-lo] ***n.m.*** (*bot.*) thalle.

tallonamento [tal-lo-na-mén-to] ***n.m.*** talonnement; (*sport*) talonnage.

tallonare [tal-lo-nà-re] ***v.tr.*** talonner.

tallonata [tal-lo-nà-ta] ***n.f.*** **1** coup (*m.*) de talon **2** (*sport*) talonnade.

tallonatore [tal-lo-na-tó-re] ***n.m.*** (*rugby*) talonneur.

talloncino [tal-lon-cì-no] ***n.m.*** **1** coupon **2** (*ricevuta*) récépissé **3** (*di medicinale*) vignette (*f.*).

tallone [tal-ló-ne] ***n.m.*** talon.
● ***è il suo tallone d'Achille***, (*fig.*) c'est son talon d'Achille.

talmente [tal-mén-te] ***avv.*** tellement; (*solo davanti ad aggettivi e avverbi*) si: *è talmente sciocco!*, il est tellement (*o* si) bête; *era talmente bravo da superarli tutti*, il était tellement habile qu'il les a tous dépassés.

talora [ta-ló-ra] ***avv.*** → **talvolta**.

talpa [tàl-pa] ***n.f.*** taupe (*anche estens.*).
● ***cieco come una talpa***, myope comme une taupe.

taluno [ta-lù-no] ***agg.indef.*** (*solo pl.*) certains, quelques (*solo pl.*): *taluni filosofi dicono che*, certains philosophes affirment que ♦ ***pron.indef.*** certains (*pl.*), quelqu'un: *taluno potrebbe obiettare che*, certains pourraient objecter que; *talune delle presenti*, quelques-unes des femmes présentes.
● ***taluno..., talaltro***, (*correlativi*) l'un..., l'autre; certains..., d'autres.

talvolta [tal-vòl-ta] ***avv.*** quelquefois, parfois.
● ***talvolta..., talaltra***, certaines fois..., d'autres.

tamarindo [ta-ma-rìn-do] ***n.m.*** **1** (*albero*) tamarinier **2** (*frutto, bevanda*) tamarin.

tamaro [tà-ma-ro] ***n.m.*** (*bot.*) tamier.

tamarro [ta-màr-ro] ***n.m.*** [f. -*a*] (*gergo*) plouc, ringard.

tamburato [tam-bu-rà-to] ***n.m.*** (*legno*) contre-plaqué.

tambureggiamento [tam-bu-reg-gia-mén-to] ***n.m.*** **1** tambourinement **2** (*di armi da fuoco*) crépitement | *tambureggiamento di domande*, (*fig.*) feu roulant de questions.

tambureggiare [tam-bu-reg-già-re] ***v.intr.*** [coniug. come *mangiare*; aus. *avere*] **1** tambouriner **2** (*di armi da fuoco*) crépiter.

tamburellare [tam-bu-rel-là-re] ***v.intr.*** [aus. *avere*] tambouriner.

tamburello [tam-bu-rèl-lo] ***n.m.*** **1** tambourin **2** (*da ricamo*) tambour.

tamburino [tam-bu-rì-no] ***n.m.*** **1** tambour **2** (*in un giornale*) liste (*f.*) des spectacles.

tamburo [tam-bù-ro] ***n.m.*** **1** tambour | *tamburo maggiore*, tambour-major **2** (*di pistola*) barillet.
● (*aut.*) ***tamburo del freno***, tambour du frein | ***a tamburo battente***, (*fig.*) tambour battant.

tamerice [ta-me-rì-ce] ***n.f.*** (*bot.*) tamaris (*m.*).

tampinare [tam-pi-nà-re] ***v.tr.*** (*fam.*) **1** (*seguire*) talonner **2** (*fig.*) (*assillare*) *harceler*; (*tormentare*) taquiner.

tamponamento [tam-po-na-mén-to] ***n.m.*** tamponnement (*anche med.*).
● ***tamponamento a catena***, (*di auto*) carambolage | ***tamponamento di vagoni***, télescopage de wagons.

tamponare [tam-po-nà-re] ***v.tr.*** tamponner | *tamponare una falla*, boucher une voie d'eau; (*fig.*) boucher un trou | *tamponare una situazione drammatica con*, (*fig.*) maîtriser une situation dramatique par ♦ **tamponarsi** ***v.pron.rec.*** (*di auto*) se tamponner; (*spec. di treni*) se télescoper.

tampone [tam-pó-ne] ***n.m.*** tampon.
● ***tampone per timbri***, tampon encreur | ***tampone di carta assorbente***, tampon buvard | ***legge tampone***, loi tampon | ***provvedimenti tampone***, mesures d'urgence.

tamtam [tam-tàm] **tam-tam** *n.m.invar.* 1 tam-tam* 2 (*fig.*) (*diffusione clandestina di notizie*) téléphone arabe.

tana [tà-na] *n.f.* 1 (*di belve*) tanière; (*di volpi, conigli*) terrier (*m.*); (*di lepre*) gîte (*m.*) 2 (*fig.*) (*nascondiglio*) repaire (*m.*) 3 (*fig.*) (*stamberga*) taudis (*m.*) 4 (*nei giochi infantili*) but (*m.*).

tanca [tàn-ca] *n.f.* [pl. *-che*] (*mar.*) tank (*m.*).

tandem [tàn-dem] *n.m.invar.* tandem.

tanfo [tàn-fo] *n.m.* mauvaise odeur (*f.*); (*odore di chiuso*) odeur (*f.*) de renfermé; (*odore di muffa*) odeur (*f.*) de moisi.

tanga [tàn-ga] *n.m.invar.* (*slip ridotto*) tanga.

tangente [tan-gèn-te] *agg.* (*mat.*) tangent ♦ *n.f.* 1 (*mat.*) tangente 2 (*percentuale illecita*) pot-de-vin (*m.*). ● ***partire per la tangente***, (*fig. fam.*) prendre la tangente; (*perdere la testa*) perdre la tête.

tangentopoli [tan-gen-tò-po-li] *n.f.invar.* (*pol.*) corruption politico-économique de l'Italie des années 1980.

tangenza [tan-gèn-za] *n.f.* (*mat.*) tangence.

tangenziale [tan-gen-zià-le] *agg.* (*mat.*) tangentiel* ♦ *n.f.* (boulevard) périphérique (*m.*); (*fam.*) périf (*m.*): *prendere la tangenziale*, emprunter le périphérique.

tanghero [tàn-ghe-ro] *n.m.* [f. *-a*] rustre, goujat.

tangibile [tan-gì-bi-le] *agg.* tangible.

tango [tàn-go] *n.m.* [pl. *-ghi*] tango.

tangone [tan-gó-ne] *n.m.* (*mar.*) tangon.

tanica [tà-ni-ca] *n.f.* [pl. *-che*] 1 bidon (*m.*); (*di benzina*) jerricane (*m.*) 2 (*aer.*) réservoir (*m.*).

tank *n.m.invar.* tank.

tannico [tàn-ni-co] *agg.* [pl.m. *-ci*, f. *-che*] tannique.

tannino [tan-nì-no] *n.m.* tannin.

tantalio [tan-tà-lio] *n.m.* [pl. *-li*] (*chim.*) tantale.

tantalo [tàn-ta-lo] *n.m.* (*zool.*) tantale.

tanto [tàn-to] *agg.indef.* 1 (*così grande, tale*) tant (de): *a che cosa ti serve tanta carta?*, à quoi te sert tant de (*o* tout ce) papier?; *ho tanta fame, sete!*, j'ai si (*o* tellement) faim, soif!; *te l'ho detto tante volte!*, je te l'ai dit tant de (*o* bien des) fois! | *dopo tanto tempo*, après si longtemps | *tanto ospite*, un tel invité 2 (*molto*) beaucoup; (*seguito da n.*) beaucoup (de): *due chili mi sembrano tanti*, deux kilos me semblent beaucoup; *hai fatto tanti errori*, tu as fait beaucoup de fautes; *c'è ancora tanta strada?*, c'est encore loin? | *tanti auguri!*, tous mes vœux! | *tante grazie!*, merci beaucoup! 3 (*consecutivo seguito da* che *o* da) tant (de), (*spec. in frasi negative*) assez (de): *ha dimostrato tanto coraggio da meritare di riuscire*, il a montré tant de courage qu'il mérite de réussir; *non ha tanto denaro da offrirsi una crociera*, il n'a pas assez d'argent pour s'offrir une croisière 4 (*comparativo correlato con* quanto) autant (de): *ha tante qualità quanti difetti*, il a autant de qualités que de défauts; *non ha tanta pazienza quanto te, quanta ne hai tu*, il n'a pas autant, tant de patience que toi; *prendi tanto denaro quanto te ne occorre*, prends autant d'argent qu'il te faut 5 (*altrettanto*): *si comportano come tanti ragazzini*, ils se conduisent comme bien des enfants; *potrebbe cambiarmi venti euro in tante monete da due euro?*, pourriez-vous me faire la monnaie de vingt euros en pièces de deux euros? 6 (*distributivo con* ogni): *ogni tanti mesi, chilometri*, tous les X mois, kilomètres ♦ *pron.indef.* 1 (*pl.*) beaucoup, tant; (*molte persone*) beaucoup de gens: *me ne occorrono tanti*, il m'en faut beaucoup; *tanti lo approvano*, beaucoup (de gens) l'approuvent | *è uno dei tanti*, c'est un parmi tant d'autres 2 (*molte cose*) beaucoup: *ha fatto tanto per te*, il a beaucoup fait pour toi 3 (*comparativo correlato con* quanto) autant: *ne ha tanti quanti ne hai tu*, il en a autant que toi; *comprane tanti quanti ne vuoi*, achètes-en autant que tu en veux 4 (*in frasi ellittiche, sottintendendo* tempo, denaro *ecc.*): *è tanto che è andato via*, il y a (bien) longtemps qu'il est parti; *è (da) tanto che mi aspetti?*, y a-t-il longtemps que tu m'attends?; *hai speso tanto?*, as-tu beaucoup dépensé?; *c'è tanto da qui alla stazione*, il y a loin d'ici à la gare; *non ci vuole tanto a capirlo*, ce n'est pas difficile à comprendre; *gliene ha date tante!*, (*fam.*) il lui a flanqué une de ces râclées!; *ne racconta tante!*, il en raconte tellement! ♦ *pron.dimostr.* cela | *e tanto basta*, et c'est tout ♦ *n.m.invar.* tant: *abbiamo messo un tanto a testa*, nous avons mis tant par personne; *un tanto al mese, al pezzo*, tant par mois, l'un; *mi hanno promesso un tanto per il mio lavoro*, on m'a promis une certaine somme pour mon travail ♦ *avv.* 1 (*così, talmente*) (*con un v.*) tant, tellement; (*con un agg. o un avv.*) si, tellement: *non dovresti affaticarti tanto*, tu ne devrais pas tant te fatiguer; *non lo sopporto più tanto è noioso*, je ne le supporte plus tellement il est ennuyeux; *è tanto buona!*, elle est tellement bonne!; *come puoi dormire tanto!*, comment tu peux dormir autant! | *alto tanto, lungo tanto*, grand, long comme ça 2 (*consecutivo seguito da* che *o* da) (*con un v.*) tant, tellement; (*con un agg. o avv.*) si, tellement; (*in frasi negative*) assez: *era tanto piovuto che*, il avait tant, tellement plu que; *è tanto stanco che non si regge in piedi, da non reggersi in piedi*, il est si, tellement fatigué qu'il ne tient pas debout; *non è tanto intelligente da poterlo capire*, il n'est pas assez intelligent pour le comprendre 3 (*comparativo correlato con* quanto) (*con agg., avv. e p.p.*) aussi, (*con v.*) autant; (*nel compl. di paragone*) comme: *è tanto intelligente quanto te*, il est aussi intelligent que toi; *non è tanto facile quanto credi*, ce n'est pas aussi, si facile que tu (le) crois; *è tanto curioso quanto una scimmia*, il est curieux comme un singe; *non lavora tanto quanto noi*, il ne travaille pas autant, tant que nous; *tanto è generoso con noi quanto è avaro con i suoi*, autant il est généreux avec nous, autant il est avare avec sa famille; *non è tanto una critica quanto un consiglio*, c'est ne pas tant une critique qu'un conseil 4 (*molto, assai*) (*con un v.*) beaucoup; (*con un agg. o avv.*) très, bien; (*troppo*) trop: *mi sono stancato tanto*, je me suis beaucoup fatigué; *sono tanto stanco*, je suis très fatigué; *non stancarti tanto!*, ne te fatigue pas trop! | *scusami tanto!*, excuse-moi! 5 (*comunque, in ogni modo*) en tout cas, de toute façon: *per me, tanto, va sempre bene*, en tout cas pour moi ça va toujours; *prendilo pure, tanto ne ho un altro*, tu peux le prendre, (de toute façon) j'en ai un autre 6 (*moltiplicativo*) autant: *tre volte tanto*, trois fois autant ♦ *cong.* (*tuttavia*) mais, toutefois: *farò del mio meglio, (ma) tanto so già che sarà inutile*, je ferai de mon mieux, mais je sais déjà que ce sera inutile.
● ***tanto così***, autant que ça: *ne vorrei tanto così*, j'en voudrais autant que ça; *è più alto di tanto così*, il le dépasse de tout ça | ***tanto di guadagnato***, autant de gagné | ***tanto disse e tanto fece che***, il a tant dit et tant fait que (*o* il a fait tant et si bien que) | ***tanto fa, vale***, autant vaut: *tanto varrebbe*, autant vaudrait | ***tanto meglio così***, tant mieux | ***tanto meglio, tanto peggio per te***, tant mieux, tanto pis pour toi | ***tanto meno***, encore moins: *se non l'ha detto a te, tanto meno lo dirà a me*, s'il ne te l'a pas dit à toi, à moi il me le dira encore moins | ***tanto per***, (tant) pour, (rien que) pour: *l'ho fatto tanto per accontentarlo*, je ne l'ai fait uniquement pour lui faire plaisir; *si fa tanto per dire*, histoire de parler; *tanto per cambiare, mi ha chiesto soldi*, pour changer il m'a demandé de l'argent;

T

tanto per fare qlco, pour faire qqch; *tanto per passare il tempo*, (rien que) pour passer le temps; *non tanto per te quanto per la tua famiglia*, pas tant pour toi que pour ta famille | ***tanto più***, encore davantage: *tanto più che*, d'autant plus que | ***tanto quanto***, (*pressappoco*) à peu près, plus ou moins | ***tanto... quanto, che, come***, (*sia... sia...*) aussi bien... que: *comprerò tanto l'uno quanto l'altro*, j'achèterai aussi bien l'un que l'autre; *tanto io quanto mio fratello*, mon frère aussi bien que moi | ***tanto... tanto***, autant de..., autant de: *tante parole, tanti errori*, autant de mots, autant de fautes | ***tant'è***, de toute façon: *litigano sempre, tant'è che li ho separati*, ils se disputent tout le temps, c'est la raison pour laquelle je les ai séparés; *tant'è, fa sempre di testa sua*, de toute façon il en fait toujours à sa tête | ***a far tanto, a dir tanto***, (*al massimo, tutt'al più*) tout au plus | ***con tanto di***, avec de: *con tanto di baffi*, avec de grosses moustaches; *con tanto d'orecchi*, de toutes ses oreilles; *con tanto d'occhi*, avec les yeux écarquillés, avec de grands yeux; *con tanto di diploma*, bardé de titres; *con tanto di autorizzazione*, avec une autorisation en bonne et due forme | ***di tanto in tanto, ogni tanto***, de temps en temps | ***è già tanto se***, c'est déjà beaucoup si | ***fino a tanto che*** → finché | ***giungere, arrivare a tanto***, en arriver là | ***non più di tanto***, pas plus que ça: *non mi preoccupo più di tanto*, je ne me préoccupe pas plus que ça | (***per***) ***una volta tanto***, pour une fois | ***quel tanto*** (***che***), ce que: *quel tanto che basta*, juste ce qu'il faut; *ha quel tanto e basta*, c'est tout ce qu'il a | ***se fa tanto di***, s'il se risque à: *se fa tanto di negare, guai a lui!*, s'il se risque à nier, gare à lui!; *se faccio tanto di partire*, il suffit que je parte | ***se tanto mi dà tanto***, du train où vont les choses.

□ **tantino** *pron.indef.* petit peu (**de**): *basterebbe un tantino di fortuna*, il suffirait d'un brin de chance; *un tantino di pane*, un petit morceau de pain; *un tantino di carne, di formaggio*, une (petite) lichette de viande, de fromage; *un tantino di latte, di vino*, une goutte de lait, de vin | *un tantino di tempo*, une seconde, un instant ♦ *avv.* petit peu; (*solo riferito ad agg.*) tantinet: *un tantino prima, dopo*, un petit peu avant, après; *è un tantino permaloso*, il est un petit peu, un tantinet susceptible.

□ **tantissimo** *agg.indef.superl.* (vraiment) beaucoup (**de**); (*un gran numero di*) un très grand nombre (**de**); (*una gran quantità di*) une très grande quantité (**de**): *non ho tantissimo tempo*, je n'ai pas beaucoup de temps; *ha tantissima pazienza*, elle est extrêmement patiente; *ha speso tantissimo denaro*, il a dépensé énormément d'argent ♦ *pron.indef.* **1** beaucoup; (*un gran numero*) un grand nombre; (*una gran quantità*) une grande quantité; (*pl.*) (*moltissime persone*) beaucoup de monde: *"Bevi birra?" "Ne bevo tantissima"*, "Bois-tu de la bière?" "J'en bois énormément"; *sono venuti in tantissimi*, ils sont venus en très grand nombre; *eravamo (in) tantissimi*, nous étions très nombreux **2** (*in espressioni ellittiche, sottintendendo tempo, denaro ecc.*): *è tantissimo che non lo vedo*, il y a très longtemps que je ne l'ai vu; *spende sempre tantissimo*, il dépense toujours énormément; *non c'è tantissimo da qui a casa mia*, il n'y a pas beaucoup d'ici à chez moi ♦ *avv.* énormément: *mi piace tantissimo*, ça me plait énormément.

tanzaniano [tan-za-nià-no] *agg.* tanzanien*.

taoismo [ta-o-ì-ʃmo] *n.m.* (*relig.*) taoïsme.

taoista [tao-ì-sta] *agg.* e *n.m.* e *f.* (*relig.*) taoïste.

tapino [ta-pì-no] *agg.* e *n.m.* [f. *-a*] malheureux*, misérable | *me tapino!*, pauvre de moi!

tapioca [ta-piò-ca] *n.f.* [pl. *-che*] tapioca (*m.*).

tapiro [ta-pì-ro] *n.m.* (*zool.*) tapir.

tappa [tàp-pa] *n.f.* étape (*anche fig.*): *fare un viaggio a tappe*, voyager en faisant des étapes; *faranno tappa a Napoli*, ils feront étape à Naples | *a tappe forzate*, à marches forcées.

● (*sport*) ***tappa a cronometro***, étape contre la montre | ***bruciare le tappe***, (*fig.*) brûler les étapes | (*sport*) ***corsa a tappe***, course par étapes.

FAUX AMI
Da non confondere con *tape*, che significa *pacca*.

tappabuchi [tap-pa-bù-chi] *n.m.* e *f.invar.* (*fam.*) bouche-trou* (*m.*).

tappare [tap-pà-re] *v.tr.* boucher: *tappare una finestra*, fermer hermétiquement une fenêtre ♦ **tapparsi** *v.pron.intr.* **1** s'enfermer | *tapparsi in casa*, se calfeutrer chez soi **2** (*fam.*) se boucher: *mi si è tappato il naso*, j'ai le nez bouché ♦ *v.pron. indiretto* se boucher: *tapparsi il naso, le orecchie*, se boucher le nez, les oreilles.

● ***tappare la bocca a qlcu***, (*fam.*) clouer le bec à qqn | ***tapparsi la bocca***, (*fig.*) ne pas ouvrir la bouche: *mi raccomando, tappati la bocca!*, surtout, pas un mot à personne!

FAUX AMI
Da non confondere con *taper*, che significa *picchiare, battere*.

tapparella [tap-pa-rèl-la] *n.f.* volet (*m.*) roulant, store (*m.*).

tappete [tàp-pe-te] *onom.* paf, boum | *tippete tappete*, à petits pas.

tappetino [tap-pe-tì-no] *n.m.* (petit) tapis; (*scendiletto*) descente (*f.*) de lit.

● ***tappetino da bagno, da doccia***, tapis de bain | (*inform.*) ***tappetino del mouse***, tapis de la souris.

tappeto [tap-pé-to] *n.m.* tapis: *tappeto persiano*, tapis persan | *tappeto erboso*, gazon, pelouse.

● ***tappeto verde***, (*da gioco*) tapis vert | ***a tappeto***, (*fig.*) systématiquement: *indagine a tappeto*, enquête systématique; (*mil.*) *bombardamento a tappeto*, pilonnage | (*boxe*) ***mandare, mettere al tappeto***, envoyer au tapis, (*fig.*) mettre k.o., à plat | ***mettere una questione sul tappeto***, (*fig.*) mettre une question sur le tapis.

tappezzare [tap-pez-zà-re] *v.tr.* tapisser; (*foderare*) recouvrir*.

tappezzeria [tap-pez-ze-rì-a] *n.f.* (*di stoffa*) tapisserie; (*di carta*) papier (*m.*) peint; (*aut.*) garniture intérieure.

● ***fare*** (***da***) ***tapezzeria***, (*fig.*) faire tapisserie.

tappezziere [tap-pez-ziè-re] *n.m.* [f. *-a*] tapissier*.

tappo [tàp-po] *n.m.* **1** bouchon: *tappo di sughero, di plastica*, bouchon en liège, en plastique **2** (*med.*) bouchon: *tappo di cerume*, bouchon de cérumen **3** [f. *-a*] (*fam. scherz.*) (*di persona*) petit bout d'homme.

● ***tappo a corona***, bouchon-couronne | ***tappo a vite***, bouchon à vis.

tapum [ta-pùm] *onom.* boum, pan.

tara [tà-ra] *n.f.* tare (*anche med.*).

● ***tara ereditaria***, tare héréditaire | ***a netto di tara***, tare déduite | ***fare la tara a qlco***, tarer qqch, (*fig.*) diminuer de moitié qqch.

tarabuso [ta-ra-bù-ʃo] *n.m.* (*zool.*) butor.

tarallo [ta-ràl-lo] *n.m.* (*cuc.*) tarallo (biscuit de l'Italie du Sud en forme de couronne).

taralluccio [ta-ral-lùc-cio] *n.m.* [pl. *-ci*] (*cuc.*) taralluccio (biscuit de l'Italie du Sud en forme de couronne).

● ***è finita a tarallucci e vino***, (*fig.*) tout est bien qui finit bien.

tarantella [ta-ran-tèl-la] *n.f.* tarentelle.

tarantino [ta-ran-tì-no] ***agg.*** tarentin ♦ ***n.m.*** [f. *-a*] (*abitante*) Tarentin.
tarantola [ta-ràn-to-la] ***n.f.*** (*zool.*) tarentule.
tarare [ta-rà-re] ***v.tr.*** **1** (*comm.*) tarer **2** (*strumenti, contatori*) étalonner; (*tubi*) calibrer; (*termometri*) graduer.
tarato[1] [ta-rà-to] ***agg.*** **1** (*comm.*) taré **2** (*di strumenti, contatori ecc.*) étalonné; (*di tubi*) calibré; (*di termometri*) gradué.
tarato[2] ***agg.*** e ***n.m.*** [f. *-a*] (*affetto da tare*) taré (*anche fig.*).
taratura [ta-ra-tù-ra] ***n.f.*** **1** tarage (*m.*) **2** (*di strumenti, contatori ecc.*) étalonnage (*m.*); (*di tubi*) calibrage (*m.*); (*di termometri*) graduation.
tarchiato [tar-chià-to] ***agg.*** trapu, ramassé.
tardare [tar-dà-re] ***v.intr.*** [aus. *avere*] tarder: *tardò a rispondermi*, il tarda à me répondre; *tardare a un appuntamento*, arriver en retard à un rendez-vous; *tardare per il pranzo*, être en retard pour le dîner; *il suo aiuto tardò*, son aide arriva trop tard; *l'aereo tardò due ore*, l'avion eut un retard de deux heures ♦ ***v.tr.*** retarder.
tardi [tàr-di] ***avv.*** tard: *è tardi*, il est tard; *è tardi per iscriversi*, il est tard pour s'inscrire.
● ***al più tardi***, au plus tard | ***a più tardi!***, à plus tard! | ***fare tardi***, être en retard, se mettre en retard: *abbiamo fatto troppo tardi*, nous nous sommes trop mis en retard; *abbiamo fatto tardi, tardissimo ieri sera*, hier soir nous avons veillé tard, très tard; *non fare (troppo) tardi!*, ne rentre pas (trop) tard!; *si fa tardi, si sta facendo tardi*, il se fait tard; *si è fatto tardi*, il est tard | (*prov.*) ***meglio tardi che mai***, mieux vaut tard que jamais | ***non più tardi di***, pas plus tard que: *ti ho telefonato non più tardi di dieci minuti fa*, il n'y a pas dix minutes que je t'ai téléphoné | ***sul tardi***, (sur le) tard, assez tard, plutôt tard.
tardivamente [tar-di-va-mén-te] ***avv.*** tardivement.
tardivo [tar-dì-vo] ***agg.*** **1** tardif*: *frutto tardivo*, fruit tardif **2** (*di bambino, ragazzo*) retardé: *bambino tardivo*, enfant retardé.
tardo [tàr-do] ***agg.*** **1** (*lento*) lent: *essere tardo nell'agire*, être lent à agir; *essere tardo d'ingegno*, avoir l'esprit lent **2** (*tardivo*) tardif*: *il tardo Romanticismo*, le Romantisme tardif; *il tardo medioevo*, le Moyen Âge tardif | *nel tardo pomeriggio*, tard dans l'après-midi, en fin d'après-midi | *a tarda notte*, tard dans la nuit **3** (*di età*) avancé: *fino a tarda età*, jusqu'à un âge avancé **4** (*di periodo storico ecc.*) bas*: *il tardo impero romano*, le Bas-Empire | *il tardo latino*, le bas latin.
tardona [tar-dó-na] ***n.f.*** (*scherz.*) femme sur le retour, vieille belle.
targa [tàr-ga] ***n.f.*** [pl. *-ghe*] **1** plaque **2** (*piastra incisa a ricordo di avvenimenti*) plaquette.
● ***targa (automobilistica)***, plaque d'immatriculation: *numero di targa*, numéro d'immatriculation.
targare [tar-gà-re] ***v.tr.*** [coniug. come *legare*] immatriculer.
targato [tar-gà-to] ***agg.*** immatriculé | *omicidio targato mafia*, (*fig.*) homicide signé de la mafia.
target ['target] ***n.m.invar.*** (*marketing*) cible (*f.*).
targhetta [tar-ghét-ta] ***n.f.*** petite plaque; (*per valigie ecc.*) étiquette.
targhino [tar-ghì-no] ***n.m.*** plaque (*f.*) d'immatriculation (pour les cyclomoteurs).
tariffa [ta-rìf-fa] ***n.f.*** tarif (*m.*): *aumento delle tariffe*, majoration, relèvement des tarifs.
● ***tariffa intera***, plein tarif | ***tariffa notturna***, tarif de nuit | ***tariffa ridotta***, tarif réduit.
tariffario [ta-rif-fà-rio] ***agg.*** [pl.m. *-ri*] tarifaire ♦ ***n.m.*** barème.
tarlare [tar-là-re] ***v.tr.*** ronger* (*anche fig.*) ♦ ***v.intr.*** [aus. *essere*] **1** se vermouler **2** (*di tessuto*) se miter ♦ **tarlarsi** ***v.pron.*** **1** se vermouler, être* vermoulu **2** (*di tessuto*) se miter.
tarlatana [tar-la-tà-na] ***n.f.*** (*tessuto*) tarlatane.
tarlato [tar-là-to] ***agg.*** **1** vermoulu **2** (*di tessuto*) mité.
tarlatura [tar-la-tù-ra] ***n.f.*** **1** vermoulure **2** (*di tarma*) trou (*m.*) de mite.
tarlo [tàr-lo] ***n.m.*** ver (rongeur): *roso dai tarli*, piqué par les vers | *essere roso dal tarlo della gelosia*, (*fig.*) être rongé par la jalousie.
tarma [tàr-ma] ***n.f.*** (*zool.*) mite.
tarmare [tar-mà-re] ***v.intr.*** [aus. *essere*] se miter ♦ **tarmarsi** ***v.pron.*** se miter.
tarmato [tar-mà-to] ***agg.*** mité.
tarmicida [tar-mi-cì-da] ***agg.*** e ***n.m.*** antimite.
taroccare [ta-roc-cà-re] ***v.tr.*** (*fam.*) (*falsificare*) imiter; (*truccare*) truquer.
taroccato [ta-roc-cà-to] ***agg.*** (*fam.*) bidouillé, trafiqué.
tarocco[1] [ta-ròc-co] ***n.m.*** [pl. *-chi*] **1** (*gioco*) tarot **2** (*gergo*) (*falso*) imitation (*f.*).
tarocco[2] ***n.m.*** [pl. *-chi*] (*arancia*) tarocco (variété d'orange sanguine cultivée en Sicile).
tarpare [tar-pà-re] ***v.tr.*** couper.
● ***tarpare le ali a qlcu***, (*fig.*) couper les ailes à qqn.
tarsia [tar-sì-a] ***n.f.*** marqueterie.
tarsio [tàr-sio] ***n.m.*** [pl. *-si*] (*zool.*) tarsier.
tarso [tàr-so] ***n.m.*** (*anat.*) tarse.
tartagliare [tar-ta-glià-re] ***v.intr.*** [aus. *avere*] bégayer* ♦ ***v.tr.*** bredouiller.
tartan®[1] [tàr-tan] ***n.m.invar.*** (*resina*) tartan®.
tartan[2] ***n.m.invar.*** (*tessuto*) tartan.
tartarico [tar-tà-ri-co] ***agg.*** [pl.m. *-ci*, f. *-che*] (*chim.*) tartrique.
tartaro[1] [tàr-ta-ro] ***n.m.*** (*med., chim.*) (*sedimento*) tartre.
tartaro[2] ***agg.*** tartare, tatar ♦ ***n.m.*** [f. *-a*] (*nativo, abitante*) Tartare, Tatar.
● (*cuc.*): ***carne alla tartara***, (steak) tartare; ***salsa tartara***, sauce tartare.
tartaruga [tar-ta-rù-ga] ***n.f.*** [pl. *-ghe*] **1** (*zool.*) tortue (*anche fig.*) | *sei una tartaruga!*, (*fig.*) tu es d'une lenteur! **2** (*materiale*) écaille.
tartassare [tar-tas-sà-re] ***v.tr.*** maltraiter, malmener*; (*con domande*) *harceler* (de questions).
tartina [tar-tì-na] ***n.f.*** (*cuc.*) canapé (*m.*).
tartufaia [tar-tu-fà-ia] ***n.f.*** truffière.
tartufare [tar-tu-fà-re] ***v.tr.*** (*cuc.*) truffer.
tartufato [tar-tu-fà-to] ***agg.*** truffé.
tartufo[1] [tar-tù-fo] ***n.m.*** **1** (*bot.*) truffe (*f.*) **2** (*zool.*) (*del cane*) truffe (*f.*) **3** (*cuc.*) mousse (*f.*) glacée enrobée de chocolat en poudre.
tartufo[2] ***n.m.*** (*fig.*) (*ipocrita*) tartuffe.
tasca [tà-sca] ***n.f.*** [pl. *-sche*] **1** poche (*anche anat.*): *in tasca*, dans la poche **2** (*cuc.*) (*da pasticceria*) poche à douille.
● ***tasca a battente***, poche à rabat | ***tasca a toppa***, poche

T

plaquée | ***tasca posteriore***, poche-revolver | ***averne le tasche piene***, (*fig. fam.*) en avoir plein le dos, en avoir marre | ***con le mani in tasca***, les mains dans les poches: *stare con le mani in tasca*, (*fig.*) se tourner les pouces | ***conoscere come le proprie tasche***, connaître comme sa poche | ***cosa me ne viene in tasca?***, (*fig.*) qu'est-ce que j'y gagne? | ***di tasca mia***, de ma poche | ***restare con le tasche vuote***, (*fig.*) rester sans le sou | ***ripulire le tasche a***, (*fig.*) faire les poches à | ***rompere le tasche a qlcu***, (*molto fam.*) casser les pieds à qqn.

FAUX AMI
Da non confondere con *tache*, che significa *macchia*, né con *tâche*, che significa *compito*.

tascabile [ta-scà-bi-le] ***agg.*** de poche; (*di piccola dimensione*) miniature ♦ ***n.m.*** livre de poche.

tascapane [ta-sca-pà-ne] ***n.m.invar.*** musette (*f.*).

taschino [ta-schì-no] ***n.m.*** poche (*f.*); (*interno di giacca, di gilè*) gousset.

task force [task'fɔrs] ***n.f.invar.*** **1** (*mar. mil.*) corps (*m.*) expéditionnaire **2** (*unità operativa di emergenza*) détachement (*m.*) spécial **3** (*gruppo di esperti*) groupe (*m.*) de projet.

tasmaniano [ta-ʃma-nià-no] ***agg.*** tasmanien* ♦ ***n.m.*** [f. *-a*] (*abitante*) Tasmanien*.

tassa [tàs-sa] ***n.f.*** **1** droits (*m.pl.*), taxe: *tassa di registro*, taxe d'enregistrement **2** (*fam.*) (*imposta*) impôt (*m.*), contribution: *ufficio delle tasse*, bureau des contributions; *pagare le tasse*, payer ses impôts.

● ***tassa di circolazione***, taxe sur les véhicules à moteur | ***tassa d'iscrizione***, droits d'inscription | ***tassa di successione***, droits de succession.

FAUX AMI
Da non confondere con *tasse*, che significa *tazza*.

tassabile [tas-sà-bi-le] ***agg.*** imposable.

tassametro [tas-sà-me-tro] ***n.m.*** taximètre | *tassametro di parcheggio*, parcmètre.

tassare [tas-sà-re] ***v.tr.*** taxer, imposer ♦ **tassarsi** ***v.pron.*** souscrire* (**pour**): *per aiutarlo ci siamo tassati per venti euro*, pour l'aider on a souscrit pour une somme de vingt euros.

tassativamente [tas-sa-ti-va-mén-te] ***avv.*** formellement.

tassativo [tas-sa-tì-vo] ***agg.*** impératif*, formel*: *fissare un termine tassativo per il pagamento*, fixer un terme de rigueur.

tassazione [tas-sa-zió-ne] ***n.f.*** taxation, imposition: *soggetto a tassazione*, imposable.

T

tassellare [tas-sel-là-re] ***v.tr.*** **1** tamponner **2** (*un cocomero, un formaggio*) sonder.

tassello [tas-sèl-lo] ***n.m.*** **1** cheville (*f.*); (*per chiodi ecc.*) tampon; (*per riparare o restaurare*) tasseau* | *tassello a espansione*, vis tamponnée **2** (*di cocomero, formaggio*) morceau* (prélevé pour goûter) **3** (*di stoffa*) soufflet.

tassì [tas-sì] ***n.m.invar.*** → **taxi**.

tassidermia [tas-si-der-mì-a] ***n.f.*** taxidermie.

tassista [tas-sì-sta] ***n.m.*** chauffeur de taxi; (*fam.*) taxi ♦ ***n.f.*** chauffeur (*m.*) de taxi: *fa la tassista*, elle est chauffeur de taxi.

tasso[1] [tàs-so] ***n.m.*** (*zool.*) blaireau*.

● ***dormire come un tasso***, dormir comme un loir.

tasso[2] ***n.m.*** (*bot.*) if.

tasso[3] ***n.m.*** taux.

● (*econ.*) ***tasso di inflazione***, taux d'inflation | ***tasso di inquinamento***, taux de pollution | ***tasso di natalità, di mortalità***, taux de natalité, de mortalité | ***tasso d'interesse***, taux d'intérêt | ***tasso di occupazione***, taux d'emploi | (*banca*) ***tasso di sconto***, taux d'escompte | (*med.*) ***tasso glicemico***, taux de sucre dans le sang.

FAUX AMI
Da non confondere con *tasse*, che significa *tazza*, né con *tasseau*, che significa *tassello*.

tassonomia [tas-so-no-mì-a] ***n.f.*** taxinomie, taxonomie.

tastare [ta-stà-re] ***v.tr.*** tâter: *tastare la frutta*, tâter les fruits.

● ***tastare il polso a qlcu***, tâter le pouls de qqn; (*fig.*) sonder qqn | ***tastare il terreno***, (*fig.*) tâter le terrain.

tastiera [ta-stiè-ra] ***n.f.*** **1** (*di pianoforte, di computer ecc.*) clavier (*m.*); (*di violino, di chitarra ecc.*) chevilles (*pl.*) **2** (*pl.*) (*mus.*) (*sintetizzatore*) synthétiseur (*m.sing.*); (*fam.*) synthé (*m.sing.*) | *alle tastiere*, (*in un concerto*) au clavier.

● (*inform.*) ***tastiera di funzioni***, clavier de fonctions | ***telefono a tastiera***, téléphone à touches.

tastierino [ta-stie-rì-no] ***n.m.***

● (*inform.*) ***tastierino numerico***, clavier, pavé numérique.

tastierista [ta-stie-rì-sta] ***n.m.*** e ***f.*** **1** (*tip., inform.*) claviste **2** (*mus.*) pianiste (de synthétiseur): *chi è il tastierista?*, qui est au clavier?

tasto [tà-sto] ***n.m.*** **1** touche (*f.*): *i tasti di un pianoforte*, les touches d'un piano **2** (*tatto*) toucher **3** (*prelievo*) échantillon.

● ***toccare il tasto giusto***, (*fig.*) toucher la corde sensible | ***toccare un tasto delicato, doloroso***, (*fig.*) aborder un point délicat, sensible | ***toccare un tasto falso***, (*fig.*) faire fausse route.

tastoni, a [a ta-stó-ni] ***avv.*** à tâtons (*anche fig.*): *procedere (a) tastoni*, tâtonner.

tata [tà-ta] ***n.f.*** (*fam.*) (*bambinaia*) nounou.

tattica [tàt-ti-ca] ***n.f.*** [pl. *-che*] tactique (*anche fig.*): *sbagliare tattica*, utiliser une mauvaise tactique | *tattica di gioco*, tactique.

tatticamente [tat-ti-ca-mén-te] ***avv.*** tactiquement.

tattico [tàt-ti-co] ***agg.*** [pl.m. *-ci*, f. *-che*] tactique (*anche fig.*) ♦ ***n.m.*** [f. *-a*] tacticien*.

tattile [tàt-ti-le] ***agg.*** tactile: *sensazione tattile*, perception tactile.

tatto [tàt-to] ***n.m.*** **1** toucher: *il senso del tatto*, le sens du toucher; *morbido al tatto*, doux au toucher **2** (*fig.*) tact: *non avere tatto, essere privo di tatto*, manquer de tact.

tatuaggio [ta-tu-àg-gio] ***n.m.*** [pl. *-gi*] tatouage.

tatuare [ta-tu-à-re] ***v.tr.*** tatouer ♦ **tatuarsi** ***v.pron.*** se faire* tatouer.

taumaturgia [tau-ma-tur-gì-a] ***n.f.*** thaumaturgie.

taumaturgico [tau-ma-tùr-gi-co] ***agg.*** [pl.m. *-ci*, f. *-che*] thaumaturgique.

taumaturgo [tau-ma-tùr-go] ***n.m.*** [f. *-a*; pl.m. *-gi* o *-ghi*, f. *-ghe*] thaumaturge.

taurino [tau-rì-no] ***agg.*** taurin; (*fig.*) de taureau | *collo taurino*, cou de taureau.

tauromachia [tau-ro-ma-chì-a] ***n.f.*** tauromachie.

tautologia [tau-to-lo-gì-a] ***n.f.*** tautologie.

tautologico [tau-to-lò-gi-co] ***agg.*** [pl.m. *-ci*, f. *-che*] tautologique.

TAV *n.f.invar.* (*sigla di* Treno ad Alta Velocità) **1** (*treno*) train (*m.*) à grande vitesse, TAV (*m.*) **2** (*l'alta velocità*) grande vitesse ferroviaire.

tavella [ta-vèl-la] *n.f.* (*edil.*) brique creuse.

taverna [ta-vèr-na] *n.f.* taverne.

tavernetta [ta-ver-nét-ta] *n.f.* séjour (*m.*) rustique au sous-sol.

taverniere [ta-ver-niè-re] *n.m.* [f. *-a*] tavernier.

tavola [tà-vo-la] *n.f.* **1** table: *apparecchiare la tavola*, mettre (*o* dresser) la table; *sparecchiare la tavola*, desservir (la table); *biancheria da tavola*, linge de table; *servizio da tavola*, service de table; *il formaggio è in tavola*, le fromage est sur la table; *portare in tavola*, servir; *sedersi, mettersi a tavola*, s'asseoir, se mettre à table; *alzarsi da tavola*, sortir de table; *saper stare a tavola*, savoir se tenir à table | *tenere tavola imbandita*, tenir table ouverte | *amare la buona tavola*, aimer la bonne chère **2** (*asse*) planche: *tavola da lavare*, planche à laver; *tavola per spianare*, planche à pâtisserie | *il mare è una tavola*, (*fig.*) c'est une mer d'huile **3** (*dipinto su legno*) tableau* (*m.*): *tavola votiva*, tableau votif | *un dipinto su tavola*, une peinture sur bois **4** (*pagina illustrata*) planche: *tavole fuori testo*, planches hors-texte **5** (*tabella*) table: *tavole sinottiche*, tableaux synoptiques.

● (*sport*) ***tavola a vela***, planche à voile | ***tavola calda***, snack (bar) | ***tavola da pranzo***, table de salle à manger | ***tavola fredda***, buffet | ***tavola mulino***, (*gioco*) marelle assise | (*mat.*) ***tavola pitagorica***, table de multiplication | ***tavola reale***, (*gioco*) trictrac | ***tavola rotonda***, (*fig.*) (*dibattito, convegno*) table ronde | ***a tavola!***, ***(il pranzo) è in tavola!***, à table!, le dîner est servi! | ***calcare le tavole (del palcoscenico)***, (*fig.*) monter sur les planches | (*Bibbia*) ***le Tavole della Legge***, les Tables de la Loi | ***trovare la tavola pronta***, (*fam.*) n'avoir qu'à se mettre les pieds sous la table.

tavolaccio [ta-vo-làc-cio] *n.m.* [pl. *-ci*] planche (*f.*).

tavolata [ta-vo-là-ta] *n.f.* (*fam.*) tablée: *una tavolata di amici*, une tablée d'amis.

tavolato [ta-vo-là-to] *n.m.* **1** (*di pavimento*) plancher; (*di pareti*) cloison (*f.*) en planches **2** (*geogr.*) plateau*.

tavoletta [ta-vo-lét-ta] *n.f.* **1** tablette: *una tavoletta di cioccolato*, une tablette de chocolat **2** (*del water*) lunette.

● (*inform.*) ***tavoletta grafica***, tablette graphique | ***tavoletta votiva***, plaque votive | (*aut.*) ***andare a tavoletta***, appuyer à fond sur le champignon.

tavoliere [ta-vo-liè-re] *n.m.* **1** (*del biliardo*) tapis **2** (*geogr.*) plaine (*f.*).

tavolino [ta-vo-lì-no] *n.m.* petite table (*f.*); (*rotondo*) guéridon: *è stato tutto il giorno a tavolino*, (*estens.*) il est resté assis à son bureau toute la journée | *lavoro da tavolino*, (*fig.*) travail intellectuel.

● ***tavolino da lavoro***, table de travail (*o* travailleuse) | ***tavolino da notte***, table de chevet | ***tavolini a incastro***, tables gigognes | ***a tavolino***, (*fig.*) sur le papier, en théorie: *risolvere un problema a tavolino*, résoudre une question sur le papier; (*sport*) *risultato deciso a tavolino*, résultat décidé sur le tapis.

tavolo [tà-vo-lo] *n.m.* table (*f.*).

● ***tavolo da disegno***, table à dessin | ***tavolo da gioco***, table de jeu; (*per giochi di carte*) table de bridge | ***tavolo da lavoro***, table de travail; (*per falegnami, sarti ecc.*) établi | ***tavolo da stiro***, table à repasser | ***tavolo delle trattative***, (*fig.*) table des négociations | (*cine.*) ***tavolo di montaggio***, moviola | (*med.*) ***tavolo operatorio***, table (*o* planche) de dissecation.

tavolozza [ta-vo-lòz-za] *n.f.* palette.

taxi [tà-xi] *n.m.invar.* taxi.

taxista [ta-xì-sta] *n.m.* e *f.* → **tassista**.

tazebao [ta-ʒe-bà-o] *n.m.invar.* dazibao.

tazza [tàz-za] *n.f.* **1** tasse: *una tazza di brodo*, une tasse de bouillon; *si è bevuto una tazzona di latte*, il a bu un grand bol de lait | *cioccolata in tazza*, chocolat **2** (*di water*) cuvette **3** (*tecn.*) godet (*m.*).

● ***tazza da caffè***, ***da tè***, tasse à cafè, à thé | ***tazza da caffelatte***, tasse à déjeuner.

tazzina [taz-zì-na] *n.f.* petite tasse; (*da caffè*) tasse à café.

te *pron.pers.m.* e *f.* *2ª pers.sing.* **1** (*compl.ogg. e compl.indir. di* tu) toi: *guardavano te e lei*, ils vous regardaient elle et toi; *vogliono (proprio) te*, c'est toi qu'on veut; *verrò da te domenica*, je viendrai chez toi dimanche; *ehi! parlo con te*, dis donc! c'est à toi que je parle; *hai una stanza tutta per te*, tu as une pièce pour toi tout seul; *è la donna che fa per te*, c'est la femme qu'il te faut **2** (*nelle comparazioni*) toi: *è più ricco di te*, il est plus riche que toi; *io non sono come te*, je ne suis pas comme toi **3** (*predicativo*) toi: *io non sono te*, je ne suis pas toi | *se io fossi (in) te*, si j'étais toi, si j'étais à ta place **4** (*compl. di termine con i pron.* lo, la, li, le) te: *te li spedirò al più presto*, je te les enverrai au plus tôt; *bevitelo con calma*, bois-le calmement.

● ***te compreso***, toi y compris | ***te ne***, t'en: *te ne ho già parlato*, je t'en ai déjà parlé; *devi rendertene conto, te ne devi rendere conto*, tu dois t'en rendre compte; *vattene!*, va t'en!; *non andartene!*, ne t'en va pas!; *te ne mangerai tre*, tu en mangeras trois | ***te stesso***, toi-même: *conosci te stesso*, connais-toi toi-même | ***da te***, (*da solo*) tout seul | ***non è da te***, ça ne te ressemble pas (de): *non è da te dire, fare certe cose*, ça ne te ressemble pas de dire, de faire certaines choses | ***quanto a te***, quant à toi: *quanto a te faremo i conti dopo!*, quant à toi nous règlerons nos comptes plus tard!; *quanto a te posso stare tranquillo*, en ce qui te concerne je peux être tranquille | ***povero te!***, pauvre de toi! | ***secondo te***, selon toi, à ton avis, d'après toi.

tè *n.m.invar.* thé: *tè in sacchetti, in bustine*, thé en sachets | *tè liscio*, thé nature.

● ***tè danzante***, thé dansant | ***sala da tè***, salon de thé.

tea [tè-a] *agg.f.*

● ***rosa tea***, rose thé.

team [tim] *n.m.invar.* équipe (*f.*), team.

teatrale [te-a-trà-le] *agg.* de théâtre, théâtral* (*anche fig.*): *un'opera teatrale*, une pièce de théâtre | *critico teatrale*, critique dramatique, de théâtre.

teatralità [te-a-tra-li-tà] *n.f.invar.* théâtralité; (*fig.*) théâtralisme (*m.*) | *con teatralità*, théâtralement, d'une manière théâtrale.

teatrante [te-a-tràn-te] *n.m.* e *f.* **1** acteur/trice **2** (*fig.*) histrion (*m.*).

teatrino [te-a-trì-no] *n.m.* **1** petit théâtre **2** (*di marionette*) guignol.

teatro [te-à-tro] *n.m.* **1** théâtre (*anche fig.*): *andare a teatro*, aller au théâtre; *uscire da teatro*, sortir du théâtre; *la città è stata teatro di importanti avvenimenti*, la ville a été le théâtre d'événements importants **2** (*insieme degli spettatori*) salle (*f.*).

● ***teatro dei burattini***, théâtre de marionnettes, guignol | (*cine.*) ***teatro di posa***, studio | ***teatro di prosa***, théâtre | ***teatro di varietà***, music-hall | ***teatro lirico***, opéra.

teatro-tenda [te-a-tro-tèn-da] *n.m.* [pl. *teatri-tenda*] chapiteau*.

teatroterapia [te-a-tro-te-ra-pì-a] *n.f.* théâtrothérapie.

tebano [te-bà-no] *agg.* (*st.*) thébain ♦ *n.m.* [f. *-a*] (*st.*) (*abitante*) Thébain.

teca [tè-ca] *n.f.* [pl. *-che*] **1** écrin (*m.*) **2** (*reliquiario*) châsse **3** (*biol.*) thèque.
● (*anat.*) ***teca cranica***, boîte cranienne.

teck *n.m.invar.* → **tek**.

tecnica [tèc-ni-ca] *n.f.* [pl. *-che*] technique: *quel pianista ha una tecnica perfetta*, ce pianiste a une tecnique parfaite; *è pura tecnica*, ce n'est qu'une question de technique; *ha una tecnica tutta sua per passare gli esami*, il a une méthode très personnelle pour réussir ses examens.

tecnicamente [tec-ni-ca-mén-te] *avv.* techniquement.

tecnicismo [tec-ni-cì-ʃmo] *n.m.* **1** technicité (*f.*), technicisme **2** (*parola tecnica*) terme technique.

tecnicizzazione [tec-ni-ciʒ-ʒa-zió-ne] *n.f.* technicisation.

tecnico [tèc-ni-co] *agg.* [pl.m. *-ci*, f. *-che*] technique ♦ *n.m.* [f. *-a*] technicien*.
● (*cine., tv*): ***tecnico della registrazione***, ingénieur du son; ***tecnico delle luci***, éclairagiste; ***tecnico del suono***, ingénieur du son.

tecnigrafo [tec-nì-gra-fo] *n.m.* machine (*f.*) à dessiner.

tecno- *pref.* techno-.

tecnocrate [tec-nò-cra-te] *n.m.* e *f.* technocrate.

tecnocratico [tec-no-crà-ti-co] *agg.* [pl.m. *-ci*, f. *-che*] technocratique.

tecnocrazia [tec-no-cra-zì-a] *n.f.* technocratie.

tecnologia [tec-no-lo-gì-a] *n.f.* technologie | *industria a tecnologia avanzata*, industrie de pointe.

tecnologico [tec-no-lò-gi-co] *agg.* [pl.m. *-ci*, f. *-che*] technologique.
● ***rifiuti tecnologici***, déchets électroniques.

teco [té-co] *pron.* (*letter.*) avec toi.

tedesco [te-dé-sco] *agg.* [pl.m. *-schi*, f. *-sche*] allemand ♦ *n.m.* **1** [f. *-a*] (*abitante*) Allemand **2** (*lingua*) allemand.
● (*st.*) ***tedesco occidentale***, ***orientale***, ouest-allemand, est-allemand.

tediare [te-dià-re] *v.tr.* ennuyer* ♦ **tediarsi** *v.pron.intr.* s'ennuyer*.

tedio [tè-dio] *n.m.* [pl. *-dî*] ennui: *venire a tedio*, lasser; *essere preso dal tedio*, être pris d'ennui.

tedioso [te-dió-so] *agg.* ennuyeux*.

tedoforo [te-dò-fo-ro] *n.m.* (*letter.*) porte-flambeau*.

teenager [tin'eidʒer] *n.m.* e *f.invar.* adolescent/e, teenager; (*fam.*) ado.

tee-shirt [ti'ʃœrt] *n.f.invar.* → **T-shirt**.

teflon® [tè-flon] *n.m.invar.* teflon®.

tegame [te-gà-me] *n.m.* poêle (*f.*).
● (*cuc.*) ***uova al tegame***, œufs sur le plat.

tegamino [te-ga-mì-no] *n.m.* petit plat, ramequin.
● (*cuc.*) ***uova al tegamino***, œufs sur le plat.

teglia [té-glia] *n.f.* plat (*m.*) à four, plat (*m.*) à feu.

tegola [té-go-la] *n.f.* **1** tuile **2** (*fig. fam.*) (*guaio*) tuile: *che tegola!*, quelle tuile!

tegumento [te-gu-mén-to] *n.m.* (*biol.*) tégument.

teiera [te-iè-ra] *n.f.* théière.

teina [te-ì-na] *n.f.* (*chim.*) théine.

teismo [te-ì-ʃmo] *n.m.* théisme.

teista [te-ì-sta] *n.m.* e *f.* théiste.

teistico [te-ì-sti-co] *agg.* [pl.m. *-ci*, f. *-che*] théiste.

tek *n.m.invar.* teck.

tela [té-la] *n.f.* **1** toile: *tela impermeabile*, *gommata*, toile goudronnée, caoutchoutée; *tela misto lino*, toile métis(se); *scarpe di tela*, chaussures de toile **2** (*teatr.*) rideau* (*m.*) | *cala la tela*, (*anche fig.*) le rideau tombe **3** (*pitt.*) (*dipinto*) toile **4** (*fig.*) intrigue: *una tela di intrighi*, une suite d'intrigues.
● ***tela da sacco***, toile à sac | ***tela di Penelope***, (*fig.*) tapisserie de Pénélope | ***tela di ragno***, toile d'araignée.

telaio [te-là-io] *n.m.* [pl. *-ai*] **1** (*per tessere*) métier (à tisser) **2** châssis; (*di quadro, di bicicletta ecc.*) cadre: *il telaio di un'automobile*, le châssis d'une automobile.

telare [te-là-re] *v.intr.* [aus. *essere*] (*fam.*) (*svignarsela*) filer.

telato [te-là-to] *agg.* (*rinforzato con tela*) toilé | *carta telata*, papier toilé.

tele [tè-le] *n.f.invar.* (*fam.*) (*televisione*) télé.

tele- *pref.* télé-.

teleabbonato [te-le-ab-bo-nà-to] *n.m.* [f. *-a*] abonné à la télévision.

teleacquisti [te-le-ac-quì-sti] *n.m.pl.* téléshopping (*sing.*).

telearma [te-le-àr-ma] *n.f.* engin (*m.*) téléguidé.

telebanda [te-le-bàn-da] *n.f.* (*inform.*) télébande.

telecabina [te-le-ca-bì-na] *n.f.* télécabine, télébenne.

telecamera [te-le-cà-me-ra] *n.f.* caméra (de télévision) | *carrello della telecamera*, chariot (de prises de vue).

telechirurgia [te-le-chi-rur-gì-a] *n.f.* (*med.*) téléchirurgie.

telecinesi [te-le-ci-nè-ʃi] *n.f.invar.* télékinésie.

telecomandare [te-le-co-man-dà-re] *v.tr.* télécommander.

telecomando [te-le-co-màn-do] *n.m.* télécommande (*f.*); zappeur: *passare da un canale all'altro con il telecomando*, zapper.

telecomunicazione [te-le-co-mu-ni-ca-zió-ne] *n.f.* télécommunication.

teleconferenza [te-le-con-fe-rèn-za] *n.f.* téléconférence.

telecrazia [te-le-cra-zì-a] *n.f.* pouvoir (*m.*) de la télévision; télécratie.

telecronaca [te-le-crò-na-ca] *n.f.* [pl. *-che*] reportage (*m.*) télévisé.
● ***telecronaca diretta***, reportage (télévisé) en direct: *trasmettere in telecronaca diretta*, transmettre en direct.

telecronista [te-le-cro-nì-sta] *n.m.* e *f.* téléreporter.

telediagnosi [te-le-di-à-gno-ʃi] *n.f.invar.* télédiagnostic (*m.*).

telediagnostica [te-le-di-a-gnò-sti-ca] *n.f.* télédiagnostic (*m.*).

telediffondere [te-le-dif-fón-de-re] *v.tr.* [coniug. come *fondere*] télédiffuser.

telediffusione [te-le-dif-fu-ʃió-ne] *n.f.* télédiffusion.

teledipendente [te-le-di-pen-dèn-te] *agg.* télémaniaque ♦ *n.m.* e *f.* télédrogué/ée, téléphage.

teledipendenza [te-le-di-pen-dèn-za] *n.f.* dépendance de la télé.

teledramma [te-le-dràm-ma] *n.m.* drame (*m.*) écrit pour la télé.

teledrin® [te-le-drìn] *n.m.invar.* récepteur (téléphonique) de poche.

teleelaborazione [te-le-e-la-bo-ra-zió-ne] ***n.f.*** (*inform.*) télétraitement (*m.*).

telefax [te-le-fàx] ***n.m.invar.*** (*tel.*) **1** (*apparecchio*) téléfax®, télécopieur **2** (*documento trasmesso*) fax, télécopie (*f.*): *inviare un telefax*, faxer (*o* facser).

teleferica [te-le-fè-ri-ca] ***n.f.*** [pl. *-che*] téléphérique (*m.*).

telefilm [te-le-film] ***n.m.invar.*** téléfilm, film télévisé; (*a puntate*) feuilleton télévisé.

telefonare [te-le-fo-nà-re] ***v.tr.*** e ***intr.*** [aus. *avere*] téléphoner: *telefonare a qlcu*, téléphoner à qqn (*o* appeler qqn); *ha telefonato qlcu mentre ero fuori?*, quelqu'un a téléphoné pendant que je n'étais pas là? ♦ **telefonarsi** ***v.pron.rec.*** se téléphoner.

telefonata [te-le-fo-nà-ta] ***n.f.*** coup (*m.*) de téléphone, (*fam.*) coup (*m.*) de fil; (*comunicazione*) communication; (*chiamata*) appel (*m.*) téléphonique: *la telefonata è stata interrotta*, la communication a été coupée; *fare una telefonata a qlcu*, donner un coup de téléphone à qqn, passer un coup de fil à qqn.
● ***telefonata urbana***, ***interurbana***, communication urbaine, interurbaine.

telefonia [te-le-fo-nì-a] ***n.f.*** téléphonie.
● ***telefonia fissa***, ***mobile***, téléphonie fixe, mobile.

telefonicamente [te-le-fo-ni-ca-mén-te] ***avv.*** par téléphone, téléphoniquement.

telefonico [te-le-fò-ni-co] ***agg.*** [pl.m. *-ci*, f. *-che*] téléphonique: *servizi telefonici*, services du téléphone.
● ***carta***, ***scheda***, ***tessera telefonica***, télécarte | ***centralino telefonico***, standard | ***elenco telefonico***, annuaire du téléphone | ***numero telefonico***, numéro de téléphone.

telefonino [te-le-fo-nì-no] ***n.m.*** portable, mobile.

telefonista [te-le-fo-nì-sta] ***n.m.*** e ***f.*** téléphoniste; (*di centralino*) standardiste.

telefono [te-lè-fo-no] ***n.m.*** téléphone: *parlare per telefono con qlcu*, parler au, par téléphone avec qqn; *farsi mettere il telefono*, se faire installer le téléphone; *il telefono è guasto*, l'appareil est en dérangement; *il telefono dà* (o *suona*) *libero*, *occupato*, la ligne est libre, occupée.
● ***telefono amico***, SOS amitié | ***telefono a muro***, téléphone mural | ***telefono cellulare***, ***mobile***, téléphone cellulaire, portable, mobile | ***telefono duplex***, ***a gettone***, ***a scheda***, téléphone en duplex, à jeton, à carte | ***telefono pubblico***, téléphone public | ***telefono senza fili***, téléphone sans fil | ***colpo di telefono***, coup de téléphone, (*fam.*) coup de fil: *dare un colpo di telefono*, donner un coup de téléphone | ***numero di telefono***, numéro de téléphone.

telefoto [te-le-fò-to] ***n.f.invar.*** téléphoto.

telefotografia [te-le-fo-to-gra-fì-a] ***n.f.*** téléphotographie.

telegenia [te-le-ge-nì-a] ***n.f.*** télégénie.

telegenico [te-le-gè-ni-co] ***agg.*** [pl.m. *-ci*, f. *-che*] télégénique.

telegiornale [te-le-gior-nà-le] ***n.m.*** journal télévisé, informations (*f.pl.*); (*fam.*) infos (*f.pl.*): *telegiornale della sera*, journal télévisé du soir; *telegiornale della notte*, journal télévisé de la nuit.

telegrafare [te-le-gra-fà-re] ***v.tr.*** e ***intr.*** [aus. *essere*] télégraphier; (*per cavo sottomarino*) câbler.

telegrafia [te-le-gra-fì-a] ***n.f.*** télégraphie: *telegrafia senza fili*, télégraphie sans fil.

telegraficamente [te-le-gra-fi-ca-mén-te] ***avv.*** **1** par télégraphe **2** (*fig.*) en style télégraphique, avec concision.

telegrafico [te-le-grà-fi-co] ***agg.*** [pl.m. *-ci*, f. *-che*] télégraphique (*anche estens.*).

telegrafista [te-le-gra-fì-sta] ***n.m.*** e ***f.*** télégraphiste.

telegrafo [te-lè-gra-fo] ***n.m.*** **1** télégraphe: *filo*, *palo del telegrafo*, fil, poteau télégraphique | *telegrafo senza fili*, télégraphe sans fil **2** (*ufficio telegrafico*) bureau* télégraphique, télégraphe.

telegramma [te-le-gràm-ma] ***n.m.*** télégramme, dépêche (*f.*); (*per cavo sottomarino*) câble: *fare*, *ricevere un telegramma*, envoyer, recevoir un télégramme.

teleguida [te-le-guì-da] ***n.f.*** téléguidage (*m.*).

teleguidare [te-le-gui-dà-re] ***v.tr.*** téléguider.

teleguidato [te-le-gui-dà-to] ***agg.*** téléguidé.

teleinformazione [te-le-in-for-ma-zió-ne] ***n.f.*** renseignement (*m.*) téléphonique.

telelavoratore [te-le-la-vo-ra-tó-re] ***n.m.*** [f. *-trice*] télétravailleur*.

telelavoro [te-le-la-vó-ro] ***n.m.*** télétravail*.

telemarketing [te-le-màr-ke-ting] ***n.m.invar.*** télémarketing, télédémarchage, télémercatique.

telematica [te-le-mà-ti-ca] ***n.f.*** [pl. *-che*] télématique, téléinformatique.

telematico [te-le-mà-ti-co] ***agg.*** [pl.m. *-ci*, f. *-che*] télématique.

telematizzare [te-le-ma-tiʒ-ʒà-re] ***v.tr.*** (*tecn.*) télématiser.

telemedicina [te-le-me-di-cì-na] ***n.f.*** télémédecine.

telemessaggio [te-le-mes-sàg-gio] ***n.m.*** [pl. *-gi*] message transmis à la télévision.

telemetria [te-le-me-trì-a] ***n.f.*** télémétrie.

telemetro [te-lè-me-tro] ***n.m.*** télémètre.

telenovela [te-le-no-vè-la] ***n.f.*** série (télévisée), feuilleton (*m.*) (télévisé), soap-opéra (*m.*): *la sua vita è una telenovela*, (*fig.*) sa vie est un vrai roman-feuilleton.

teleobbiettivo [te-le-ob-biet-tì-vo] **teleobiettivo** ***n.m.*** (*fot.*) téléobjectif.

teleologia [te-le-o-lo-gì-a] ***n.f.*** (*fil.*) téléologie.

teleologico [te-le-o-lò-gi-co] ***agg.*** [pl.m. *-ci*, f. *-che*] (*fil.*) téléologique.

teleoperatore [te-le-o-pe-ra-tó-re] ***n.m.*** [f. *-trice*] téléopérateur*.

telepass® [te-le-pàss *o* tèlepass] ***n.m.invar.*** télépéage.

telepatia [te-le-pa-tì-a] ***n.f.*** télépathie.

telepatico [te-le-pà-ti-co] ***agg.*** [pl.m. *-ci*, f. *-che*] télépathique ♦ ***n.m.*** [f. *-a*] télépathe.

telepilotaggio [te-le-pi-lo-tàg-gio] ***n.m.*** [pl. *-gi*] (*tecn.*) télépilotage.

telepredicatore [te-le-pre-di-ca-tó-re] ***n.m.*** [f. *-trice*] télévangéliste.

telepromozione [te-le-pro-mo-zió-ne] ***n.f.*** télépromotion.

telequiz [te-le-quìz] ***n.m.invar.*** quiz télévisé.

teleregolazione [te-le-re-go-la-zió-ne] ***n.f.*** réglage (*m.*) à distance.

teleria [te-le-rì-a] ***n.f.*** (*spec. pl.*) toilerie | *negozio di telerie*, magasin de blanc.

telericevente [te-le-ri-ce-vèn-te] ***agg.*** e ***n.f.***
● (*tv*) (***stazione***) ***telericevente***, antenne réceptrice.

telerilevamento [te-le-ri-le-va-mén-to] ***n.m.*** télédétection (*f.*).

teleripetitore [te-le-ri-pe-ti-tó-re] ***n.m.*** antenne (*f.*) émettrice.

T

teleripresa [te-le-ri-pré-sa] *n.f.* prise de vue (à la télévision *o* au téléobjectif).
teleriscaldamento [te-le-ri-scal-da-mén-to] *n.m.* chauffage urbain.
teleromanzo [te-le-ro-màn-ʒo] *n.m.* feuilleton (télévisé).
teleschermo [te-le-schér-mo] *n.m.* (petit) écran: *i divi del teleschermo*, les vedettes du petit écran | *teleschermo gigante*, télécran.
telescopico [te-le-scò-pi-co] *agg.* [pl.m. *-ci*, f. *-che*] télescopique.
telescopio [te-le-scò-pio] *n.m.* [pl. *-pî*] télescope | *a telescopio*, télescopique.
telescrivente [te-le-scri-vèn-te] *n.f.* télétype® (*m.*), téléimprimeur (*m.*).
telescriventista [te-le-scri-ven-ti-sta] *n.m.* e *f.* télétypiste.
telescuola [te-le-scuò-la] *n.f.* télé-enseignement* (*m.*).
teleselettivo [te-le-se-let-tì-vo] *agg.* (*tel.*) du réseau automatique, par réseau automatique.
● ***prefisso teleselettivo***, indicatif interurbain.
teleselezione [te-le-se-le-zió-ne] *n.f.* (*tel.*) automatique (*m.*): *chiamata in teleselezione*, coup de téléphone en automatique.
telesoccorso [te-le-soc-cór-so] *n.m.* télésecours.
telesorveglianza [te-le-sor-ve-gliàn-za] *n.f.* télésurveillance.
telespesa [te-le-spé-sa] *n.f.* télémarché (*m.*).
telespettatore [te-le-spet-ta-tó-re] *n.m.* [f. *-trice*] téléspectateur*.
telespia [te-le-spì-a] *n.f.* (*dispositivo*) mouchard (*m.*) téléphonique.
telestesia [te-le-ste-ʃì-a] *n.f.* télesthésie.
teletex [te-le-tèx] *n.m.invar.* télétex.
teletext [te-le-tèxt] *n.m.invar.* télétexte.
teletrasmesso [te-le-tra-smés-so] *agg.* télévisé.
teletrasmettere [te-le-tra-ʃmét-te-re] *v.tr.* [coniug. come *mettere*] téléviser.
teletrasmettitore [te-le-tra-ʃmet-ti-tó-re] *n.m.* émetteur* vidéo.
teletrasmissione [te-le-tra-ʃmis-sió-ne] *n.f.* **1** (*trasmissione a distanza*) télétransmission **2** (*trasmissione televisiva*) émission télévisée; (*il trasmettere per televisione*) télédiffusion.
teletrasmittente [te-le-tra-ʃmit-tèn-te] *agg.* (*tv*) émetteur* | *una* (*stazione*) *teletrasmittente*, un poste émetteur (*o* une station d'émission) de télévision.
teletrasporto [te-le-tra-spòr-to] *n.m.* téléportation (*f.*).
teletrattamento [te-le-trat-ta-mén-to] *n.m.* → **teleelaborazione**.
teletta [te-lét-ta] *n.f.* (*per vestiti*) triplure; (*per giacche, cappotti*) bougran (*m.*).
teleutente [te-le-u-tèn-te] *n.m.* e *f.* usager/ère de la télévision.
televendita [te-le-vén-di-ta] *n.f.* télévente.
televenditore [te-le-ven-di-tó-re] *n.m.* [f. *-trice*] télévendeur*.
televideo® [te-le-vì-de-o] *n.m.invar.* télétexte.
televisione [te-le-vi-ʃió-ne] *n.f.* **1** télévision; (*fam.*) télé: *cosa c'è alla televisione?*, qu'est-ce qu'on donne, qu'on passe à la télé?; *guardare la televisione*, regarder la télévision; *l'ho visto in, alla televisione*, je l'ai vu à le télé; *trasmettere per televisione*, transmettre à la télévision **2** (*televisore*) téléviseur (*m.*), poste (*m.*) de télévision; (*fam.*) télévision: *accendere, spegnere la televisione*, allumer, éteindre la télévision.
● ***televisione a circuito chiuso***, télévision en circuit fermé | ***televisione a pagamento***, télévision à péage | ***televisione digitale terrestre***, télévision numérique terrestre (TNT) | ***televisione privata***, télévision commerciale | ***televisione pubblica***, télévision publique | ***televisione satellitare***, télévision par satellite | ***televisione via cavo***, télévision par câble.
televisivo [te-le-vi-ʃì-vo] *agg.* **1** (*della televisione*) de télévision: *programma televisivo*, programme de télévision **2** (*che ha luogo alla televisione*) télévisuel*: *messaggio televisivo*, message télévisuel; *esperienza televisiva*, expérience télévisuelle **3** (*trasmesso per televisione*) télévisé: *notiziario televisivo*, journal télévisé.
televisore [te-le-vi-ʃó-re] *n.m.* téléviseur, poste de télévision.
telex [tè-lex] *n.m.invar.* (*sistema e messaggio*) télex: *trasmettere per telex*, télexer*; *un addetto al telex*, un télexiste.
tellina [tel-lì-na] *n.f.* (*zool.*) telline.
tellurico [tel-lù-ri-co] *agg.* [pl.m. *-ci*, f. *-che*] tellurique.
telo [té-lo] *n.m.* **1** toile (*f.*); (*impermeabilizzato*) bâche (*f.*) **2** (*sartoria*) lé, panneau*.
● ***telo da bagno***, drap de bain | ***telo da spiaggia, da mare***, rabane.
telone [te-ló-ne] *n.m.* **1** bâche (*f.*) **2** (*del circo*) chapiteau* **3** (*teatr.*) rideau*.
teloslitta [te-lo-ʃlìt-ta] *n.f.* (*di aereo, pompieri ecc.*) toboggan (*m.*) d'évacuation.
tema[1] [té-ma] *n.f.* (*letter.*) (*timore*) crainte: *per tema di sbagliarsi*, de crainte de se tromper; *senza tema di smentite*, sans crainte d'être démenti.
tema[2] *n.m.* **1** (*argomento*) sujet, thème: *il tema di un discorso*, le sujet (*o* le thème) d'un discours **2** (*a scuola*) (*di argomento letterario*) dissertation (*f.*); (*fam.*) disserte (*f.*); (*di argomento vario*) rédaction (*f.*) **3** (*ling.*) thème: *tema nominale, verbale*, thème nominal, verbal **4** (*astrologia*) thème: *tema astrale*, thème astral.
● ***rimanere in tema***, rester dans le sujet | ***uscire dal tema***, sortir du sujet.
tematica [te-mà-ti-ca] *n.f.* [pl. *-che*] thèmes (*m. pl.*).
tematico [te-mà-ti-co] *agg.* [pl.m. *-ci*, f. *-che*] thématique.
temerarietà [te-me-ra-rie-tà] *n.f.invar.* témérité.
temerario [te-me-rà-rio] *agg.* [pl.m. *-ri*] téméraire.
temere [te-mé-re] *v.tr.* craindre* (*anche fig.*); (*prevedere un evento sgradito*) redouter; (*avere paura*) avoir* peur (**de**): *teme molto suo padre*, il a très peur de son père; *temere la concorrenza*, craindre la concurrence; *non temo che venga*, je ne crains pas qu'il vienne; *è accaduto ciò che temevo*, il est arrivé ce que je redoutais | *temere il freddo, l'umidità*, craindre le froid, l'humidité | *non temere confronti*, ne pas craindre la comparaison ♦ *v.intr.* [aus. *avere*] craindre*: *temo per la sua salute*, je crains pour sa santé; *non temere, non succederà niente*, n'aie pas peur, il n'arrivera rien; *non temere, sistemerò tutto*, ne crains rien, j'arrangerai tout | *temo di sì*, je le crains; *temo di no*, je crains que non.

NOTA Dopo **craindre**, traduzione di **temere**, il congiuntivo alla forma affermativa può essere preceduto da **ne** espletivo:

Temo che **venga**.
Je crains qu'il **ne vienne**.
Temo che **non venga**.
Je crains qu'il **ne vienne pas**.
Temi che **sia** *malato?*
Crains-tu qu'il (**ne**) soit malade?
Non temo che piova.
Je ne crains pas **qu'il pleuve**.

temerità [te-me-ri-tà] *n.f.invar.* (*letter.*) témérité.
temibile [te-mì-bi-le] *agg.* redoutable.
temolo [tè-mo-lo] *n.m.* (*zool.*) ombre.
tempaccio [tem-pàc-cio] *n.m.* [pl. *-ci*] vilain temps, (*fam.*) temps de chien.
tempera [tèm-pe-ra] *n.f.* (*pitt.*) détrempe.
● ***colori a tempera***, détempres.
temperamatite [tem-pe-ra-ma-ti-te] *n.m.invar.* taille-crayon*.
temperamento [tem-pe-ra-mén-to] *n.m.* tempérament: *avere temperamento*, avoir du tempérament.
temperamine [tem-pe-ra-mì-ne] *n.m.invar.* taille-mine*.
temperante [tem-pe-ràn-te] *agg.* tempérant.
temperanza [tem-pe-ràn-za] *n.f.* tempérance.
temperare [tem-pe-rà-re] *v.tr.* **1** (*mitigare*) tempérer*; (*moderare*) modérer*: *temperare l'ira*, modérer sa colère **2** (*fare la punta a*) tailler.
temperato [tem-pe-rà-to] *agg.* **1** tempéré; (*fig.*) sobre **2** (*di matita*) taillé.
● (*tecn.*) ***acciaio, vetro temperato***, acier, verre trempé.
temperatura [tem-pe-ra-tù-ra] *n.f.* température: *rialzo della temperatura*, hausse de la température.
● (*meteor.*) ***temperatura percepita***, température ressentie.
temperie [tem-pè-rie] *n.f.* climat (*m.*).
temperino [tem-pe-rì-no] *n.m.* canif; (*temperamatite*) taille-crayon*.
tempesta [tem-pè-sta] *n.f.* **1** tempête: *la tempesta è scoppiata*, la tempête s'est déchaînée; *c'è aria di tempesta*, (*fig.*) il y a de l'orage dans l'air; *una tempesta di domande*, (*fig.*) une avalanche de questions **2** (*fig.*) (*agitazione*) tumulte (*m.*): *col cuore in tempesta*, le cœur en tumulte.
● (*fis.*) ***tempesta magnetica***, orage magnétique.
tempestare [tem-pe-stà-re] *v.tr.* marteler*; (*fig.*) *harceler*: *tempestare qlcu di pugni*, bourrer qqn de coups de poing; *tempestare di colpi una porta*, tambouriner à une porte; *tempestare le posizioni nemiche*, pilonner les positions ennemies; *tempestare qlcu di domande*, accabler (*o* harceler) qqn de questions ♦ *v.intr.* [aus. *avere*] se déchaîner; (*fig.*) s'agiter ♦ *v.intr.impers.* [aus. *essere* o *avere*] faire* de l'orage.
tempestato [tem-pe-stà-to] *agg.* **1** (*ornato*) orné; (*di gioielli*) incrusté: *tempestato di diamanti*, incrusté de diamants **2** (*cosparso*) parsemé: *tempestato di stelle*, constellé d'étoiles **3** (*fig.*) (*subissato*) *harcelé.
tempestivamente [tem-pe-sti-va-mén-te] *avv.* à temps, en temps utile; promptement.
tempestività [tem-pe-sti-vi-tà] *n.f.invar.* **1** (*di cosa*) opportunité; (*di persona*) sens (*m.*) de l'opportunité **2** (*rapidità*) célérité: *con la massima tempestività*, dans les plus brefs délais.
tempestivo [tem-pe-stì-vo] *agg.* opportun: *fu tempestivo nel suo intervento*, il intervint au bon moment.
tempestoso [tem-pe-stó-so] *agg.* orageux*.
tempia [tèm-pia] *n.f.* (*anat.*) tempe.
tempio [tèm-pio] *n.m.* [pl. *-pli*] temple (*anche fig.*).
tempismo [tem-pì-ʃmo] *n.m.* sens de l'opportunité | *con tempismo*, au bon moment.
tempista [tem-pì-sta] *n.m.* e *f.*
● ***essere un vero tempista***, (*fig.*) savoir choisir le bon moment.
tempistica [tem-pì-sti-ca] *n.f.* [pl. *-che*] élaboration de plannings.
templare [tem-plà-re] *n.m.* (*st.*) templier.
tempo [tèm-po] *n.m.* **1** temps: *lo farò in metà tempo*, j'emploierai la moitié du temps; *in un'ora di tempo*, en une heure; *non ho un minuto di tempo*, je n'ai pas une seconde; *abbiamo tutto il tempo*, nous avons tout notre temps; *prender tempo*, gagner du temps; *porta via molto tempo*, cela prend beaucoup de temps | *quanto tempo ha il bambino?*, quel âge a-t-il cet enfant? **2** (*periodo, epoca, età*) temps: *al tempo del suo soggiorno in Italia*, lors de son séjour en Italie; *erano altri tempi*, c'était une autre époque; *nei tempi in cui*, au temps où; *ai tempi di*, du, au temps de | *ai miei tempi*, de mon temps **3** (*atmosferico*) temps: *c'è bel tempo*, il fait beau; *parlare del tempo*, parler de la pluie et du beau temps; *con qualsiasi tempo*, par tous les temps | *sentire il tempo*, (*fam.*) être sensible aux changements de temps **4** (*mus.*) temps: *battere il tempo*, battre la mesure; *andare a tempo*, jouer en mesure; *andare fuori tempo*, ne pas suivre la mesure; *danzare a tempo di tango*, danser sur un rythme de tango **5** (*gramm.*) temps: *verbo al tempo futuro*, verbe au futur; *complemento di tempo*, complément circonstanciel de temps **6** (*inform.*) temps: *tempo di collegamento*, temps de connexion; *tempo di attivazione della comunicazione*, durée d'établissement de la communication.
● ***tempo libero***, loisirs: *l'impiego del tempo libero*, l'organisation des loisirs | ***tempo una settimana***, d'ici une semaine | ***al passo con i tempi***, de son temps | ***al tempo dei tempi***, à l'origine | ***a tempo debito, a suo tempo***, en temps voulu, en son temps | ***a tempo e luogo***, en temps et lieu (voulus) | ***a tempo pieno, a tempo parziale***, à plein-temps, à mi-temps: *lavoro a tempo pieno, a tempo parziale*, travail à plein-temps, à mi-temps | ***con i tempi che corrono***, par le temps qui court | ***da molto tempo, da poco tempo***, depuis longtemps, depuis peu | ***dar tempo al tempo***, laisser agir le temps | ***è molto tempo che***, il y a longtemps que | ***è tempo perso***, c'est du temps perdu | ***fare il bello e il cattivo tempo***, (*fig.*) faire la pluie et le beau temps | ***fuori tempo massimo***, hors des délais | ***il primo, il secondo tempo***, (*sport*) la première, la deuxième mi-temps; (*di spettacolo*) la première, la deuxième partie | ***in tempo, in tempo utile***, à temps, en temps utile: *non farò in tempo a*, je n'arriverai pas à | ***in un primo tempo***, tout d'abord | ***lascia il tempo che trova***, cela ne sert à rien, ne change rien | ***le previsioni del tempo***, prévisions du temps, (*rubrica*) la météo | ***nello stesso tempo, a un tempo***, en même temps; (*impiegando lo stesso tempo*) dans le même temps | ***nel tempo che***, pendant que | ***per tempo***, à temps: *alzarsi per tempo*, se lever à temps | ***prima del tempo***, avant le temps: *è invecchiato prima del tempo*, il a prématurément vieilli; *essere vecchio prima del tempo*, être vieux avant l'âge; *è nato prima del tempo*, il est né avant terme | ***un tempo***, (*una volta*) autrefois.
temporale[1] [tem-po-rà-le] *agg.* (*anat.*) temporal*.
temporale[2] *agg.* temporel* (*anche gramm.*).
temporale[3] *n.m.* orage (*anche fig.*): *c'era un temporale*, il y avait de l'orage; *sta per scoppiare un temporale*, il

T

va y avoir de l'orage | *c'è aria di temporale*, (*fig.*) il y a de l'orage dans l'air.

temporalesco [tem-po-ra-lé-sco] *agg.* [pl.m. *-schi*, f. *-sche*] orageux*.

temporaneità [tem-po-ra-nei-tà] *n.f.invar.* caractère (*m.*) temporaire.

temporaneo [tem-po-rà-ne-o] *agg.* temporaire.

temporeggiamento [tem-po-reg-gia-mén-to] *n.m.* temporisation (*f.*).

temporeggiare [tem-po-reg-già-re] *v.intr.* [coniug. come *mangiare*; aus. *avere*] temporiser.

temporeggiatore [tem-po-reg-gia-tó-re] *n.m.* [f. *-trice*] temporisateur*.

temporizzatore [tem-po-riʒ-ʒa-tó-re] *n.m.* 1 (*elettr.*) temporisateur 2 (*inform.*) rythmeur.

temporizzazione [tem-po-riʒ-ʒa-zió-ne] *n.f.* (*inform.*) fixation de la durée; synchronisation.

tempra [tèm-pra] *n.f.* 1 (*tecn., metall.*) trempe 2 (*fig.*) tempre; (*costituzione*) tempérament (*m.*), (*carattere*) caractère (*m.*): *è una buona tempra di lavoratore*, c'est un abatteur de besogne | *che tempra!*, quel tempérament! 3 (*timbro di un suono*) timbre (*m.*).

temprare [tem-prà-re] *v.tr.* tremper (*anche fig.*) ♦ **temprarsi** *v.pron.* devenir* plus fort: *si è temprato nelle difficoltà*, les difficultés de la vie l'ont endurci.

temprato [tem-prà-to] *agg.* trempé (*anche fig.*).

tenace [te-nà-ce] *agg.* tenace (*spec. fig.*).

tenacia [te-nà-cia] *n.f.* [pl. *-cie*] ténacité.

tenaglia [te-nà-glia] *n.f.* 1 (*spec. pl.*) tenaille; (*del dentista*) davier (*m.*): *tirar fuori le parole con le tenaglie*, (*fig.*) arracher les mots | *a tenaglia*, en forme de tenailles 2 (*pl.*) (*zool.*) pinces.

tenda [tèn-da] *n.f.* 1 rideau* (*m.*); (*di negozio*) store (*m.*): *tenda della doccia*, rideau à douche 2 (*da campo*) tente.

● (***tenda***) ***canadese***, (tente) canadienne | ***levare le tende***, lever le camp; (*fig.*) mettre les voiles | ***piantare le tende a casa di qlcu***, (*fig.*) s'installer chez qqn avec armes et bagages.

tendaggio [ten-dàg-gio] *n.m.* [pl. *-gi*] tenture (*f.*).

tendalino [ten-da-lì-no] *n.m.* 1 (*mar.*) tendelet 2 (*aut.*) cache-bagages*.

tendente [ten-dèn-te] *agg.* qui tend; (*mirante*) qui vise; (*di colore*) tirant (**sur**).

tendenza [ten-dèn-za] *n.f.* 1 tendance 2 (*inclinazione, attitudine*) penchant (*m.*).

tendenziale [ten-den-zià-le] *agg.* tendanciel*.

tendenzialmente [ten-den-zial-mén-te] *avv.* fondamentalement.

tendenzioso [ten-den-zió-so] *agg.* tendancieux*.

tendere [tèn-de-re] *v.tr.* [coniug. come *prendere*] tendre* (*anche fig.*): *tendere un arco*, tendre, bander un arc; *tendere i muscoli*, tendre, bander ses muscles ♦ *v.intr.* [aus. *avere*] 1 tendre (**à**); (*essere incline a*) avoir* tendance (**à**): *tende a ingrassare*, il a tendance à grossir; *tendere alla malinconia*, être enclin à la mélancolie 2 (*mirare*) tendre*, viser 3 (*di colori, sapori*) tirer (**sur**).

● ***tendere l'orecchio***, tendre (*o* dresser) l'oreille.

tendina [ten-dì-na] *n.f.* rideau* (*m.*).

● (*fot.*) ***otturatore a tendina***, obturateur à rideau.

tendine [tèn-di-ne] *n.m.* (*anat.*) tendon.

tendineo [ten-dì-ne-o] *agg.* (*anat.*) tendineux*.

tendinite [ten-di-nì-te] *n.f.* (*med.*) tendinite.

tendone [ten-dó-ne] *n.m.* (*di circo*) chapiteau*; (*di carri ecc.*) bâche (*f.*); (*di negozio*) store.

FAUX AMI
Da non confondere con *tendon*, che indica il 'tendine'.

tendopoli [ten-dò-po-li] *n.f.invar.* village (*m.*) de toile.

tenebre [tè-ne-bre] *n.f.pl.* ténèbres (*anche fig.*) | *le tenebre eterne*, l'empire des ténèbres.

tenebroso [te-ne-bró-so] *agg.* ténébreux* (*anche fig.*).

tenente [te-nèn-te] *n.m.* (*mil.*) lieutenant | *signor tenente!*, mon lieutenant!

● ***tenente colonnello***, lieutenant-colonel | ***tenente generale***, général de division.

tenenza [te-nèn-za] *n.f.* 1 circonscription commandée par un lieutenant 2 (*ufficio*) bureau* (*m.*) du commandant de la circonscription.

teneramente [te-ne-ra-mén-te] *avv.* tendrement.

tenere [te-né-re] *v.tr.* [pres.indic. *io tengo, tu tieni* ecc.; p.rem. *io tenni, tu tenesti* ecc.; fut.indic. *io terrò*; pres. cong. *io tenga* ecc.; imp. *tieni, tenete* ecc.; p.p. *tenuto*] 1 (*reggere*) tenir*: *tenere qlco con due mani*, tenir qqch des deux mains; *tenere in braccio*, tenir dans ses bras | *tenere il mare*, tenir (bien) la mer 2 (*conservare, mantenere*) garder: *tenere le mani in tasca*, garder ses mains dans ses poches; *tenere in ostaggio*, garder comme otage | *tenere in vita*, maintenir en vie | *tenere vicino*, tenir près de soi | *tenere lontano*, (*anche fig.*) tenir à l'écart 3 (*trattenere*) retenir*: *tenere il pianto, il riso*, retenir ses larmes, se retenir de rire 4 (*prendere*) prendre*; (*occupare*) prendre*, occuper: *tieni questo libro*, tiens ce livre; *quell'armadio tiene mezza parete*, cette armoire prend la moitié du mur; *l'autocarro teneva tutta la strada*, l'autocar occupait toute la route 5 (*contenere*) contenir* 6 (*fare*) faire*: *tenere un discorso*, faire un discours 7 (*seguire*) suivre* 8 (*inform.*) maintenir* ♦ *v.intr.* [aus. *avere*] 1 (*durare, reggere*) tenir*: *il serbatoio non tiene*, le réservoir ne tient pas 2 (*procedere*) tenir*: *tenere a destra, a sinistra*, tenir sa droite, sa gauche; (*nella segnaletica stradale*) serrer à droite, à gauche, (*circolare*) rouler à droite, à gauche 3 (*parteggiare*) prendre* le parti (**de**): *tenere per qlcu*, prendre le parti de qqn; *tenere per una squadra*, soutenir une équipe 4 (*dare importanza*) tenir*: *tiene molto ai suoi titoli*, il tient beaucoup à ses titres ♦ **tenersi** *v.pron.* 1 se tenir* 2 (*attenersi*) s'en tenir* 3 (*trattenersi*) se retenir* ♦ *v.pron.rec.* se tenir*: *si tenevano per mano*, ils se tenaient par la main.

● ***tenere dietro a qlcu***, (*anche fig.*) suivre qqn | ***tenere duro***, tenir bon | ***tenere fuori***, laisser dehors; (*fig.*) tenir à l'écart: *tenere fuori dalla portata dei bambini*, tenir hors de la portée des enfants | ***tenere in serbo qlco***, garder qqch | ***tenere insieme***, (*allo stesso posto*) garder au même endroit; (*unire*) unir, (*fig.*) tenir uni | ***tenere qlco da conto***, garder qqch avec soin | ***tenere sotto***, tenir sous; garder | ***tenere su***, (*sostenere*) soutenir: *tenere su* (*di morale*) *qlcu*, (*fig.*) remonter le moral à qqn | ***tenere testa***, tenir tête | ***non c'è scusa che tenga***, il n'y a pas de raison qui tienne | ***tenerci***, y tenir: *non ci tengo*, je n'y tiens pas | ***tenersi buono qlcu***, ménager qqn | ***tenersi sulle proprie***, être réservé: *si tiene sulle sue*, il reste sur son quant-à-soi | ***tienilo per detto***, tiens-le-toi pour dit.

tenerezza [te-ne-réz-za] *n.f.* 1 tendreté 2 (*fig.*) tendresse: *fare tenerezza*, attendrir; *fare delle tenerezze*, dorloter | *con tenerezza*, tendrement.

tenero [tè-ne-ro] *agg.* 1 tendre (*anche fig.*); (*molle, cedevole*) mou* 2 (*indulgente*) indulgent (**pour**, **envers**) ♦ *n.m.* partie (*f.*) tendre | *c'è del tenero fra loro*, (*fig. fam.*) il y a quelque chose entre eux.

T

● ***in tenera età***, en bas âge: *alla tenera età di settant'anni*, (*iron.*) avec ses soixante-dix printemps; *fin dalla più tenera età*, dès son plus jeune âge.

tengo → **tenere**.

tenia [tè-nia] ***n.f.*** (*zool.*) ténia (*m.*).

tenni → **tenere**.

tennis [tèn-nis] ***n.m.invar.*** tennis: *giocare a tennis*, jouer au tennis; *campo da tennis*, court de tennis; *scarpe da tennis*, (chaussures de) tennis.

● ***tennis da tavolo***, ping-pong, tennis de table.

tennista [ten-nì-sta] ***n.m.*** e ***f.*** joueur/euse de tennis.

tennistico [ten-nì-sti-co] ***agg.*** [pl.m. *-ci*, f. *-che*] de tennis.

tenore [te-nó-re] ***n.m.*** **1** teneur (*f.*) **2** (*mus.*) ténor.

● ***tenore di vita***, niveau de vie: *un tenore di vita elevato*, un train de vie élevé.

tenorile [te-no-rì-le] ***agg.*** de ténor.

tensioattivo [ten-sio-at-tì-vo] ***agg.*** tensioactif*.

tensione [ten-sió-ne] ***n.f.*** tension (*anche fig.*).

tensore [ten-só-re] ***n.m.*** (*mat.*) tenseur.

● (*anat.*) (*muscolo*) ***tensore***, (muscle) tenseur.

tensostruttura [ten-so-strut-tù-ra] ***n.f.*** (*edil.*) structure à cables.

tentabile [ten-tà-bi-le] ***agg.*** qui peut être tenté.

tentacolare [ten-ta-co-là-re] ***agg.*** tentaculaire.

tentacolo [ten-tà-co-lo] ***n.m.*** tentacule.

tentare [ten-tà-re] ***v.tr.*** **1** essayer*, tenter: *tentare un esperimento*, tenter une expérience; *ho tentato di convincerlo*, j'ai essayé de le convaincre | *tentare la fortuna*, tenter sa chance | *tentare tutte le vie*, *tentarle tutte*, tout essayer **2** (*allettare*) tenter: *la tua proposta mi tenta*, ta proposition me tente **3** (*saggiare*) essayer*; (*sondare*) sonder; (*il terreno*) tâter.

● (*dir.*) ***tentato omicidio***, tentative d'homicide.

tentativo [ten-ta-tì-vo] ***n.m.*** tentative (*f.*); (*prova*) essai.

tentatore [ten-ta-tó-re] ***agg.*** e ***n.m.*** [f. *-trice*] tentateur*.

tentazione [ten-ta-zió-ne] ***n.f.*** tentation.

tentennamento [ten-ten-na-mén-to] ***n.m.*** hésitation (*f.*).

tentennante [ten-ten-nàn-te] ***agg.*** hésitant.

tentennare [ten-ten-nà-re] ***v.intr.*** [aus. *avere*] **1** (*traballare*) branler **2** (*barcollare*) chanceler* **3** (*fig.*) (*esitare*) hésiter; (*essere indeciso*) balancer* ♦ ***v.tr.*** *hocher (la tête).

tentoni [ten-tó-ni] ***avv.***

● (*a*) ***tentoni***, à tâtons.

tenue [tè-nue] ***agg.*** **1** ténu, mince **2** (*fig.*) (*leggero*) léger*; (*debole*) faible; (*di colore*) pâle **3** (*ling.*) (*di consonante*) ténu.

● (*anat.*) (***intestino***) ***tenue***, (intestin) grêle.

tenuità [te-nu-i-tà] ***n.f.invar.*** **1** (*sottigliezza*) ténuité **2** (*leggerezza*) légèreté **3** (*debolezza*) faiblesse.

tenuta [te-nù-ta] ***n.f.*** **1** (*chiusura perfetta*) étanchéité **2** (*capacità*) capacité **3** (*modo di tenere*) tenue **4** (*possedimento fondiario*) domaine (*m.*), propriété **5** (*divisa militare, abito*) tenue; uniforme (*m.*): *tenuta di gala*, tenue de gala; *tenuta da sci*, tenue de ski.

● (*aut.*) ***tenuta di strada***, tenue de route | ***a tenuta*** (***d'aria, d'acqua***), ***a perfetta tenuta***, étanche.

tenutario [te-nu-tà-rio] ***n.m.*** [f. *-a*; pl.m. *-ri*] tenancier*.

tenuto [te-nù-to] ***agg.*** **1** (*obbligato*) tenu **2** (*coltivato*) cultivé (**en**), planté (**de**): *campo tenuto a patate*, champ planté de pommes de terre; *campo tenuto a frumento*, champ cultivé en blé **3** (*conservato*) tenu: *un quaderno ben tenuto*, un cahier bien tenu **4** (*ritenuto*) tenu: *tenuto in gran considerazione*, tenu en grande considération.

● ***essere tenuto a***, être tenu à (*o* obligé de): *essere tenuto a pagare*, être tenu à, (*o* obligé de) payer; *essere tenuto a saperlo*, être censé le savoir.

tenzone [ten-zó-ne] ***n.f.*** **1** combat (*m.*) **2** (*lett.*) tenson.

● ***a singolar tenzone***, en combat singulier.

teo- ***pref.*** théo-.

teocratico [teo-crà-ti-co] ***agg.*** [pl.m. *-ci*, f. *-che*] théocratique.

teocrazia [teo-cra-zì-a] ***n.f.*** théocratie.

teodolite [teo-do-lì-te] ***n.m.*** théodolite.

teogonia [teo-go-nì-a] ***n.f.*** théogonie.

teologale [teo-lo-gà-le] ***agg.*** théologal*.

teologia [teo-lo-gì-a] ***n.f.*** théologie.

teologico [teo-lò-gi-co] ***agg.*** [pl.m. *-ci*, f. *-che*] théologique.

teologizzare [teo-lo-giʒ-ʒà-re] ***v.intr.*** [aus. *avere*] théologiser.

teologo [te-ò-lo-go] ***n.m.*** [f. *-a*; pl.m. *-ghi*, f. *-ghe*] théologien*.

teorema [teo-rè-ma] ***n.m.*** théorème.

teoretica [teo-rè-ti-ca] ***n.f.*** [pl. *-che*] théorétique.

teoretico [teo-rè-ti-co] ***agg.*** [pl.m. *-ci*, f. *-che*] théorétique.

teoria [teo-rì-a] ***n.f.*** **1** (*idea, concezione*) théorie: *le sue teorie politiche sono assurde*, ses théories politiques sont absurdes **2** (*insieme di norme e precetti*) théorie | *dare l'esame di teoria*, (*per la patente*) passer le code (pour obtenir son permis de conduire).

● (*fis.*) ***teoria della relatività***, théorie de la relativité | ***in teoria***, en théorie, théoriquement.

teoricamente [teo-ri-ca-mén-te] ***avv.*** théoriquement, en théorie.

teorico [te-ò-ri-co] ***agg.*** [pl.m. *-ci*, f. *-che*] théorique ♦ ***n.m.*** [f. *-a*] théoricien*.

teorizzare [teo-riʒ-ʒà-re] ***v.tr.*** théoriser.

teosofia [teo-so-fì-a *o* teoʃofìa] ***n.f.*** théosophie.

teosofo [te-ò-so-fo *o* teòʃofo] ***n.m.*** [f. *-a*] théosophe.

tepido [tè-pi-do] ***agg.*** → **tiepido**.

tepore [te-pó-re] ***n.m.*** tiédeur (*f.*).

teppa [tép-pa] ***n.f.*** pègre, racaille: *quel ragazzo è una teppa*, ce garçon est un petit voyou.

teppaglia [tep-pà-glia] ***n.f.*** racaille.

teppismo [tep-pì-ʃmo] ***n.m.*** vandalisme.

teppista [tep-pì-sta] ***n.m.*** e ***f.*** vandale; (*fam.*) loubard/e.

teppistico [tep-pì-sti-co] ***agg.*** [pl.m. *-ci*, f. *-che*] de vandale: *atto teppistico*, acte de vandalisme.

ter ***agg.invar.*** ter.

terapeuta [te-ra-pèu-ta] ***n.m.*** e ***f.*** thérapeute.

terapeutica [te-ra-pèu-ti-ca] ***n.f.*** [pl. *-che*] thérapeutique.

terapeutico [te-ra-pèu-ti-co] ***agg.*** [pl.m. *-ci*, f. *-che*] thérapeutique.

terapia [te-ra-pì-a] ***n.f.*** thérapie, thérapeutique; (*cura*) traitement (*m.*) | (*psic.*) *è entrato in terapia*, (*fam.*) il est en (psych)analyse.

● ***terapia d'urto***, (*anche fig.*) traitement, thérapie de choc.

terapista [te-ra-pì-sta] ***n.m.*** e ***f.*** thérapeute.

teratologia [te-ra-to-lo-gì-a] ***n.f.*** (*biol.*) tératologie.

tergere [tèr-ge-re] ***v.tr.*** [coniug. come *immergere*] essuyer*.

tergicristallo [ter-gi-cri-stàl-lo] ***n.m.*** essuie-glace*.

tergifaro [ter-gi-fà-ro] ***n.m.*** [pl. *-i* o *invar.*] essuie-phares.

tergilunotto [ter-gi-lu-nòt-to] ***n.m.*** [pl. *-i* o *invar.*] essuie-glace* arrière.

tergiversare [ter-gi-ver-sà-re] ***v.intr.*** [aus. *avere*] tergiverser.

tergiversazione [ter-gi-ver-sa-zió-ne] ***n.f.*** tergiversation.

tergo [tèr-go] ***n.m.*** [pl. *i tèrghi*; nel significato 1 anche *le tèrga*] **1** (*letter.*) dos: *volgere il tergo, le terga*, tourner le dos **2** (*di foglio*) verso; (*di moneta*) revers.
● ***a tergo***, au verso: *segue a tergo, vedi a tergo*, tournez, s'il vous plaît.

terital® [tè-ri-tal] ***n.m.invar.*** (*tessuto*) tergal.

termale [ter-mà-le] ***agg.*** thermal*.

terme [tèr-me] ***n.f.pl.*** thermes (*m.*).

FAUX AMI
Da non confondere con *terme* che significa *termine, limite* o *erma*.

termico [tèr-mi-co] ***agg.*** [pl.m. *-ci*, f. *-che*] thermique.
● (*aut.*) ***lunotto termico***, lunette arrière (anti-buée).

termidoriano [ter-mi-do-rià-no] ***agg.*** (*st.*) thermidorien*.

terminal [tèr-mi-nal] ***n.m.invar.*** aérogare (*f.*); (*di mezzi di trasporto pubblici*) (gare) terminus; (*nell'aeroporto*) point de rencontre.

terminale [ter-mi-nà-le] ***agg.*** terminal*: *tratto terminale di un'autostrada*, partie terminale d'une autoroute | *pietra terminale di un campo*, borne d'un champ ♦ ***n.m.*** **1** (*elettr.*) borne (*f.*) **2** (*inform.*) terminal*: *terminale di rete*, terminal de réseau **3** → terminal.
● (*med.*) ***fase terminale***, phase terminale | ***stazione terminale***, (*di trasporti pubblici*) (gare) terminus.

terminare [ter-mi-nà-re] ***v.tr.*** terminer ♦ ***v.intr.*** [aus. *essere*] se terminer: *lo spettacolo è terminato a mezzanotte*, le spectacle s'est terminé à minuit | *la strada termina qui*, la route s'arrête ici.

terminazione [ter-mi-na-zió-ne] ***n.f.*** terminaison (*anche gramm.*).

T

termine [tèr-mi-ne] ***n.m.*** **1** (*delimitazione*) limite (*f.*); (*confini*) bornes (*f.pl.*) | *rimanere nei termini stabiliti*, (*fig.*) rester dans les limites établies, fixées **2** (*pietra di confine*) borne (*f.*) **3** (*scadenza*) délai; (*limite di tempo*) terme: *è scaduto il termine massimo, ultimo*, le dernier délai est passé; *termine inderogabile*, terme ultime **4** (*fine*) fin (*f.*); (*estremità*) extrémité (*f.*) | *porre termine a qlco*, mettre fin à qqch **5** (*meta*) but: *il termine delle aspirazioni di qlcu*, le but des aspirations de qqn **6** (*condizione, limite*) terme: *i termini di un contratto*, les termes d'un contrat **7** (*elemento*) terme: (*gramm.*) *i termini di una proposizione*, les termes d'une proposition **8** (*parola, vocabolo*) terme: *termine medico*, terme médical | *moderare i termini*, modérer son langage.
● ***a breve, lungo termine***, (*anche fig.*) à court, long terme | ***al termine di***, à la fin de; au bout de: *al termine della rappresentazione*, à la fin de la représentation; *al termine della strada*, au bout de la route | ***a rigor di termini***, à la rigueur | ***a termine***, à terme: *contratto a termine*, contrat à terme; (*Borsa*) *mercato, operazioni a termine*, marché, opérations à terme | (*gramm.*) ***complemento di termine***, complément d'attribution | ***in altri termini***, en d'autres termes, autrement dit | ***non conoscere mezzi termini***, pas connaître de demi-mesures | (*mat.*) ***ridurre ai minimi termini***, réduire à la plus simple expression: *frazione ridotta ai minimi termini*, fraction réduite à sa plus simple expression; *è ridotto ai minimi termini*, (*fig.*) (*economicamente*) il est presque ruiné; (*fisicamente*) il est à bout de forces | ***senza mezzi termini***, (*nel comportamento*) sans demi-mesures, (*a parole*) sans ménager ses mots.

terminologia [ter-mi-no-lo-gì-a] ***n.f.*** terminologie.

termitaio [ter-mi-tà-io] ***n.m.*** [pl. *-ai*] termitière (*f.*).

termite [tèr-mi-te] ***n.f.*** termite (*m.*).

termo- ***pref.*** thermo-.

termocamera [ter-mo-cà-me-ra] ***n.f.*** caméra infrarouge.

termochimica [ter-mo-chì-mi-ca] ***n.f.*** [pl. *-che*] thermochimie.

termocoagulazione [ter-mo-co-a-gu-la-zió-ne] ***n.f.*** (*med.*) thermocoagulation.

termocoperta [ter-mo-co-pèr-ta] ***n.f.*** couverture chauffante.

termocoppia [ter-mo-còp-pia] ***n.f.*** (*elettr.*) thermocouple (*m.*).

termodinamica [ter-mo-di-nà-mi-ca] ***n.f.*** [pl. *-che*] thermodynamique.

termodinamico [ter-mo-di-nà-mi-co] ***agg.*** [pl.m. *-ci*, f. *-che*] thermodynamique.

termoelettrico [ter-mo-e-lèt-tri-co] ***agg.*** [pl.m. *-ci*, f. *-che*] thermoélectrique.

termoforo [ter-mò-fo-ro] ***n.m.*** coussinet chauffant.

termogeno [ter-mò-ge-no] ***agg.*** thermogène.

termografia [ter-mo-gra-fì-a] ***n.f.*** (*med.*) thermographie.

termoindurente [ter-mo-in-du-rèn-te] ***agg.*** (*chim.*) thermodurcissable.

termoionico [ter-mo-iò-ni-co] ***agg.*** [pl.m. *-ci*, f. *-che*] thermoïonique.

termoisolante [ter-mo-i-ʃo-làn-te] ***agg.*** calorifuge ♦ ***n.m.*** isolant thermique.

termologia [ter-mo-lo-gì-a] ***n.f.*** thermologie.

termometrico [ter-mo-mè-tri-co] ***agg.*** [pl.m. *-ci*, f. *-che*] thermométrique.

termometro [ter-mò-me-tro] ***n.m.*** **1** thermomètre | *metti il termometro*, (*per misurare la febbre*) prends ta température **2** (*fig.*) baromètre, indice, thermomètre: *i consumi sono un termometro del tenore di vita*, la consommation est un baromètre du niveau de vie.
● ***termometro centigrado***, thermomètre centésimal | ***termometro clinico***, thermomètre médical.

termonucleare [ter-mo-nu-cle-à-re] ***agg.*** thermonucléaire.

termoplastico [ter-mo-plà-sti-co] ***agg.*** [pl.m. *-ci*, f. *-che*] thermoplastique.

termoreattore [ter-mo-reat-tó-re] ***n.m.*** (*fis.*) thermoréacteur.

termoregolatore [ter-mo-re-go-la-tó-re] ***n.m.*** e ***agg.*** [f. *-trice*] (*biol., tecn.*) thermorégulateur*.

termos [tèr-mos] ***n.m.invar.*** → **thermos**.

termosfera [ter-mo-sfè-ra] ***n.f.*** (*meteor.*) thermosphère.

termosifone [ter-mo-si-fó-ne] *n.m.* **1** (*sistema di riscaldamento*) chauffage central **2** (*radiatore*) radiateur (de chauffage).

termostatico [ter-mo-stà-ti-co] *agg.* [pl.m. *-ci*, f. *-che*] thermostatique.

termostato [ter-mò-sta-to] *n.m.* thermostat.

termotecnica [ter-mo-tèc-ni-ca] *n.f.* [pl. *-che*] technique de la chaleur.

termoterapia [ter-mo-te-ra-pì-a] *n.f.* thermothérapie.

termovalorizzatore [ter-mo-va-lo-riz-za-tó-re] *n.m.* incinérateur avec récupération d'énergie.

termoventilazione [ter-mo-ven-ti-la-zió-ne] *n.f.* chauffage (*m.*) électrique par convecteurs.

terna [tèr-na] *n.f.* groupe (*m.*) de trois (personnes); (*anche di cose*) triade.
● (*sport*) ***terna arbitrale***, l'arbitre et les deux juges de touche.

ternario [ter-nà-rio] *agg.* [pl.m. *-ri*] ternaire.
● (*metrica*): ***metro ternario***, tercet; (***verso***) ***ternario***, vers de trois syllabes.

terno [tèr-no] *n.m.* terne: *terno secco*, terne sec; *giocare un terno al lotto*, jouer un terne au loto; *vincere un terno al lotto*, (*anche fig.*) gagner le gros lot.
● ***è un terno al lotto***, (*fig.*) c'est un coup de chance.

terra [tèr-ra] *n.f.* **1** terre: *il sole e la terra*, le soleil et la terre; *in terra*, sur la terre | *i beni della terra*, les biens terrestres | *muovere cielo e terra*, (*fig.*) remuer ciel et terre | *camminare a un metro da terra*, (*fig.*) marcher la tête dans les nuages | *torna sulla terra*, (*non fantasticare*) reviens sur terre **2** (*suolo, terreno*) terrain (*m.*), sol (*m.*); (*terreno coltivabile*) terre: *terra fertile*, *calcarea*, terrain fertile, calcaire; *terra non dissodata*, terre en friche; *la coltivazione della terra*, la culture du sol; *affondare un palo nella terra*, enfoncer un pieu dans le sol | *avere un po' di terra al sole*, avoir des biens au soleil | *dormire sulla nuda terra*, dormir sur la dure; (*sul pavimento*) dormir à même le sol | *toccare terra*, (*di aereo*) se poser au sol, atterrir | *raccogliere da terra*, ramasser **3** (*regione*) terre; (*paese*) pays (*m.*): *ha nostalgia della sua terra*, il a la nostalgie de son pays **4** (*mondo, vita terrena*) monde (*m.*), terre: *su questa terra*, *sulla terra*, au monde, sur cette terre; *lasciare questa terra*, quitter ce monde **5** (*astr.*) Terre.
● ***terra di nessuno***, no man's land, (*fig.*) terrain neutre | ***terre di riporto***, terres jectisses | ***terra terra***, (*fig.*) terre à terre | ***a***, ***in***, ***per terra***, à terre; par terre: *sedersi*, *sdraiarsi in*, *per terra*, s'asseoir, s'étendre par terre; *buttarsi a*, *per terra*, se jeter à, par terre; *guardare in terra*, regarder par terre; *faccia a terra*, face contre terre; *avere una ruota a terra*, avoir un pneu à plat; *sbarcare a terra*, débarquer; *rimanere a terra*, rester à terre; *essere a terra*, *avere il morale a terra*, avoir le moral à zéro; *mettere a terra*, (*fig.*) (*fisicamente*) mettre à plat, (*economicamente*) mettre sur la paille; *stare con i piedi per terra*, (*essere realista*) garder les pieds sur terre | ***ci corre quanto dal cielo alla terra***, (*fig.*) il y a un monde | (*elettr.*) ***collegamento***, ***presa a terra***, prise de terre | ***gli scotta la terra sotto i piedi***, (*fig.*) avoir le feu au derrière | (*elettr.*) ***mettere a terra***, mettre à la terre | ***per mare e per terra***, par mer et par voie de terre | (*aer.*) ***raso terra***, ***a fior di terra***, au ras du sol, en rase-mottes | ***sotto terra***, sous terre: *avrei voluto essere sotto terra*, (*fig.*) j'aurais voulu rentrer sous terre | ***via terra***, par (voie de) terre.

terracotta [ter-ra-còt-ta] *n.f.* [pl. *terrecotte*] terre cuite.

terracqueo [ter-ràc-que-o] *agg.*
● ***il globo terracqueo***, la Terre.

terraferma [ter-ra-fér-ma] *n.f.* [pl. *terreferme*] terre ferme.

terraglia [ter-rà-glia] *n.f.* **1** poterie vernissée **2** (*pl.*) (*stoviglie*) vaisselle (*sing.*) de poterie vernissée.

terranova [ter-ra-nò-va] *n.m.invar.* (*cane*) terre-neuve*.

terrapieno [ter-ra-piè-no] *n.m.* terre-plein*.

terrazza [ter-ràz-za] *n.f.* terrasse: *l'aperitivo era servito in*, *sulla terrazza*, l'apéritif était servi sur la terrasse.
● (*agr.*) ***coltivazione a terrazze***, culture en terrasses.

terrazzamento [ter-raz-za-mén-to] *n.m.* (*geol., agr.*) étagement.

terrazzare [ter-raz-zà-re] *v.tr.* (*agr.*) étager*.

terrazzato [ter-raz-zà-to] *agg.* (*agr.*) étagé, en terrasses.

terrazzino [ter-raz-zì-no] *n.m.* balcon, petite terrasse (*f.*).

terrazzo [ter-ràz-zo] *n.m.* terrasse (*f.*).

terremotato [ter-re-mo-tà-to] *agg.* victime d'un tremblement de terre; (*di cose*) dévasté par un tremblement de terre ♦ *n.m.* [f. *-a*] victime (*f.*) d'un tremblement de terre.

terremoto [ter-re-mò-to] *n.m.* tremblement de terre: *è entrato in casa come un terremoto*, (*fig.*) il est rentré à la maison comme un ouragan | *è un terremoto*, (*di bambino*) c'est un petit diable.
● ***scossa di terremoto***, secousse sismique.

terreno[1] [ter-ré-no] *agg.* terrestre; (*fig.*) de la terre, d'ici-bas.
● ***piano terreno***, rez-de-chaussée.

terreno[2] *n.m.* terrain; (*suolo*) sol: *un terreno boschivo*, des bois; *terreno prativo*, prairie; *terreno da pascolo*, terre à pâturage; *terreno calcareo*, *vulcanico*, sol calcaire, terrain volcanique | *guadagnare*, *perdere terreno*, (*anche fig.*) gagner, perdre du terrain | *trovare il terreno adatto*, (*anche fig.*) trouver le terrain favorable.
● (*biol.*) ***terreno di cultura***, milieu de culture | ***minare il terreno sotto i piedi di qlcu***, (*fig.*) couper l'herbe sous les pieds de qqn | ***sentirsi mancare il terreno sotto i piedi***, (*fig.*) sentir le sol se dérober sous ses pieds.

terreo [tèr-re-o] *agg.* terreux*.

terrestre [ter-rè-stre] *agg.* terrestre ♦ *n.m.* terrien*.
● (*mil.*) ***esercito terrestre***, armée de terre.

terribile [ter-rì-bi-le] *agg.* terrible: *un terribile temporale*, un terrible orage; *una forza terribile*, une force extraordinaire; *un terribile mal di denti*, une rage de dents (épouvantable).

terribilmente [ter-ri-bil-mén-te] *avv.* terriblement.

terriccio [ter-rìc-cio] *n.m.* [pl. *-ci*] (*orticultura, giardinaggio*) terreau*: *terriccio di letto caldo*, *di foglie*, terreau de couche, de feuilles.

terrier [ter'rje] *n.m.invar.* (*cane*) terrier.

terriero [ter-riè-ro] *agg.* foncier*.

terrificante [ter-ri-fi-càn-te] *agg.* terrifiant.

terrificare [ter-ri-fi-cà-re] *v.tr.* [coniug. come *mancare*] terrifier.

terrina [ter-ri-na] *n.f.* terrine.

territoriale [ter-ri-to-rià-le] *agg.* territorial*.

territorialità [ter-ri-to-ria-li-tà] *n.f.invar.* territorialité.

territorio [ter-ri-tò-rio] *n.m.* [pl. *-ri*] territoire.

terrò → **tenere**.

terrone [ter-ró-ne] ***n.m.*** [f. -*a*] (*scherz. o spreg.*) terrone (sobriquet donné aux habitants de l'Italie du Sud).

terrore [ter-ró-re] ***n.m.*** terreur (*f.*).

terrorismo [ter-ro-rì-ʃmo] ***n.m.*** terrorisme.

terrorista [ter-ro-ri-sta] ***n.m.*** e ***f.*** terroriste.

terroristico [ter-ro-rì-sti-co] ***agg.*** [pl.m. -*ci*, f. -*che*] terroriste.

terrorizzare [ter-ro-riʒ-ʒà-re] ***v.tr.*** terroriser.

terroso [ter-ró-so] ***agg.*** terreux*.

tersi → **tergere**.

terso [tèr-so] ***agg.*** **1** (*puro*) pur; (*chiaro*) clair **2** (*pulito*) propre.

terza [tèr-za] ***n.f.*** **1** (*a scuola*) troisième (classe) | *in terza*, en troisième année **2** (*aut.*) (*marcia*) troisième (vitesse) **3** (*mus., eccl.*) tierce.

● (*tip.*) ***terza (pagina) di copertina***, second rabat de couverture.

terzana [ter-zà-na] ***agg.*** e ***n.f.*** (*febbre*) fièvre tierce.

terzetto [ter-zét-to] ***n.m.*** trio.

terziario [ter-zià-rio] ***agg.*** e ***n.m.*** [pl. -*ri*] **1** (*econ.*) tertiaire **2** (*eccl.*) tertiaire: *un terziario francescano*, un tertiaire de Saint-François.

● (*econ.*) ***(settore) terziario***, secteur tertiaire.

terzina [ter-zì-na] ***n.f.*** **1** (*metrica*) tercet (*m.*) **2** (*mus.*) triolet (*m.*).

terzino [ter-zì-no] ***n.m.*** (*calcio*) arrière.

terzo [tèr-zo] ***agg.num.ord.*** troisième; (*di re, papi, capitoli ecc.*) trois: *il terzo piano*, le troisième étage; *te lo ripeto per la terza volta*, je te le répète pour la troisième fois; *ogni terzo giorno*, tous les trois jours; *una terza persona*, une tierce personne; *davanti a terze persone*, devant des tiers | (*tip.*) *la terza bozza*, la tierce ♦ ***n.m.*** **1** [f. -*a*] (*terza persona o cosa in una serie*) troisième **2** (*la terza parte*) tiers: *pieno per due terzi*, plein aux deux tiers **3** (*spec. pl.*) (*anche dir.*) (*altra persona indefinita*) tiers: *in mano di terzi*, en main tierce; *opposizione di terzi*, tierce opposition | (*comm.*) *vendere a terzi*, vendre à des tiers ♦ ***avv.*** troisièmement; tertio.

● (*dir.*): ***terzo possessore***, tiers possesseur; ***terzo responsabile***, tiers responsable | (*assicur.*): ***assicurazione contro terzi***, assurance au tiers; ***danni contro terzi***, dommage au tiers | (*mat.*) ***(elevato) alla terza (potenza)***, (élevé) à la puissance trois | ***la terza età***, le troisième âge | ***il terzo mondo***, le tiers monde | (*eccl.*) ***il terzo ordine***, le tiers ordre | (*st.*) ***il terzo Stato***, le Tiers État | (*dir.*) ***per conto (di) terzi***, pour (le) compte d'autrui.

T

terzogenito [ter-zo-gè-ni-to] ***n.m.*** [f. -*a*] troisième enfant; (*ultimogenito*) cadet.

terzomondismo [ter-zo-mon-dì-ʃmo] ***n.m.*** tiers -mondisme*.

terzomondista [ter-zo-mon-dì-sta] ***agg.*** e ***n.m.*** e ***f.*** tiers-mondiste*.

terzultimo [ter-zùl-ti-mo] **terz'ultimo** ***agg.*** troisième avant le dernier; (*di sillaba*) antépénultième: *occupa il terzultimo posto*, c'est le troisième en partant de la fin ♦ ***n.m.*** [f. -*a*] troisième avant le dernier.

terzuolo [ter-zuò-lo] ***n.m.*** (*zool.*) tiercelet.

tesa [té-sa] ***n.f.*** **1** bord (*m.*) (de chapeau): *cappello a larghe tese*, chapeau à larges bords **2** (*antica misura di lunghezza*) toise.

tesaurizzare [te-ʃau-riʒ-ʒà-re] ***v. tr.*** e ***intr.*** [aus. *avere*] thésauriser.

tesaurizzazione [te-ʃau-riʒ-ʒa-zió-ne] ***n.f.*** thésaurisation.

teschio [tè-schio] ***n.m.*** [pl. -*schi*] crâne; (*su bandiere, segnali ecc.*) tête (*f.*) de mort.

tesi[1] [tè-ʃi] ***n.f.invar.*** **1** thèse (*anche fil.*): *sostenere, confutare una tesi*, soutenir, réfuter une thèse **2** (*all'Università*) thèse, mémoire (*m.*): *discutere la tesi*, soutenir son mémoire; *la discussione della tesi*, la soutenance d'un mémoire.

● ***tesi di dottorato***, thèse de doctorat | ***tesi di laurea***, mémoire (de maîtrise).

tesi[2] → **tendere**.

tesina [te-ʃì-na] ***n.f.*** (*breve dissertazione scolastica*) exposé (*m.*) écrit, petit mémoire (*m.*).

tesista [te-sì-sta] ***n.m.*** e ***f.*** étudiant/e en maîtrise.

teso [té-so] ***agg.*** **1** tendu (*anche fig.*): *una corda tesa*, une corde tendue (*o* raide); *muscoli tesi*, muscles tendus | *avere la mano tesa, stare con la mano tesa*, (*per chiedere l'elemosina*) tendre la main **2** (*volto*) dirigé (**vers**).

● ***stare con le orecchie tese***, tendre, prêter l'oreille.

tesoreria [te-ʃo-re-rì-a] ***n.f.*** trésorerie.

tesoriere [te-ʃo-riè-re] ***n.m.*** [f. -*a*] trésorier*.

tesoro [te-ʃò-ro] ***n.m.*** **1** trésor (*anche fig.*): *è un tesoro di ragazza*, (*fig.*) cette fille est un trésor; *sei proprio un tesoro!*, (*fig.*) tu es vraiment un amour! **2** (*fam.*) (*vezzeggiativo*) chéri: *tesoro mio!*, mon chou! **3** (*erario pubblico*) Trésor.

● ***fare tesoro di qlco***, mettre à profit qqch | ***l'isola del tesoro***, l'île au trésor | ***vale un tesoro***, ça vaut une fortune; (*fig.*) ça vaut son pesant d'or.

tessera [tès-se-ra] ***n.f.*** **1** carte: *tessera d'iscrizione*, carte d'inscription; *tessera di riconoscimento*, pièce d'identification | *foto formato tessera*, photo d'identité **2** (*di partito*) carte: *avere la tessera di un partito*, être inscrit à un parti **3** (*di mosaico*) tesselle **4** (*nel domino*) domino (*m.*).

● ***tessera annonaria***, carte d'alimentation | ***tessera ferroviaria***, carte de chemin de ferre | ***tessera sanitaria***, carte de Sécurité sociale.

tesseramento [tes-se-ra-mén-to] ***n.m.*** **1** inscription (*f.*): *campagna per il tesseramento*, campagne pour les inscriptions **2** (*razionamento*) rationnement.

tesserare [tes-se-rà-re] ***v.tr.*** **1** inscrire* **2** (*razionare*) rationner ♦ **tesserarsi** ***v.pron.intr.*** s'inscrire*.

tesserato [tes-se-rà-to] ***agg.*** **1** inscrit **2** (*razionato*) rationné ♦ ***n.m.*** [f. -*a*] (*membro di un partito ecc.*) membre, adhérent.

tessere [tès-se-re] ***v.tr.*** **1** tisser **2** (*fig.*) tramer, ourdir.

● ***tessere le lodi di qlcu***, chanter les louanges de qqn | ***tessere l'elogio di qlcu***, faire l'éloge de qqn.

tesserino [tes-se-rì-no] ***n.m.*** (*di riconoscimento*) carte (*f.*) d'identification; (*di abbonamento*) (carte d')abonnement.

tessile [tès-si-le] ***agg.*** textile: *lavora nel settore tessile*, il travaille dans le textile ♦ ***n.m.*** **1** (*settore tessile*) textile; (*prodotto tessile*) tissu: *negozio di tessili*, magasin de tissus **2** [f. -*a*] (*operaio*) ouvrier* du textile.

tessilsacco [tes-sil-sàc-co] ***n.m.*** [pl. -*chi*] *housse (*f.*) à vêtements.

tessitore [tes-si-tó-re] ***n.m.*** [f. -*trice*] tisseur*; (*su telaio a mano*) tisserand: *tessitore d'inganni*, (*fig.*) intrigant.

tessitura [tes-si-tù-ra] ***n.f.*** **1** (*il tessere, pificio*) tissage (*m.*) **2** (*disposizione dei fili*) tissure: *tessitura fitta, lenta,* tissure serrée, lâche **3** (*fig.*) texture, trame **4** (*mus.*) tessiture.

● ***tessitura contrappuntistica***, texture contrapuntique | ***macchina per tessitura***, machine à tisser.

tessuto [tes-sù-to] ***n.m.*** **1** tissu (*anche fig.*) **2** (*biol., med.*) tissu.

● (*biol.*) ***tessuto connettivo***, tissu conjonctif | ***tessuto di maglia***, jersey.

test ***n.m.invar.*** test: *fare un test*, passer un test; *sottoporre qlcu a un test*, soumettre qqn à un test.

● ***test attitudinale***, test d'aptitude(s) | (*med.*): ***test di gravidanza***, test de grossesse; ***test di laboratorio***, essai de laboratoire.

testa [tè-sta] ***n.f.*** **1** tête: *testa calva*, tête chauve; *col cappello in testa*, le chapeau sur la tête; *mettersi il cappello in testa*, mettre son chapeau; *è più alto di lei di tutta la testa*, (*estens.*) il a une bonne tête de plus qu'elle; *ero di fretta e ho messo solo dentro la testa*, (*estens.*) j'étais pressé et je n'ai fait que passer la tête **2** (*fig.*) (*mente, ingegno, intelligenza*) tête, cervelle: *ha poca testa*, il n'a pas beaucoup de cervelle; *ha poca testa per lo studio*, il n'est pas fait pour les études; *ha la testa solo al divertimento*, il ne pense qu'à s'amuser; *agire senza testa*, agir sans réfléchir | *è andato via di testa*, (*fam.*) il n'a plus toute sa tête **3** (*fig.*) (*persona di grande intelligenza*) tête, cerveau*: *una gran testa, una bella testa*, un cerveau, une grosse tête **4** (*estens.*) (*persona, individuo*) personne: *ci sono troppe teste coinvolte nella decisione*, il y a trop de gens impliqués dans cette affaire **5** (*estremità*) tête: *la testa del letto*, la tête du lit **6** (*posizione preminente*) tête: *la testa di una colonna di soldati*, la tête d'une colonne de soldats **7** (*ippica*) tête: *vincere di una testa*, gagner d'une tête.

● ***testa a testa***, dead-heat: *i cavalli sono arrivati testa a testa*, les chevaux ont fait dead-heat | (*mil.*) ***testa di cuoio***, commando | (*zool.*) ***testa di morto***, sphinx tête-de-mort | ***alla testa di***, à la tête de | ***a testa***, par tête: *pagare un tanto a testa*, payer tant par tête | ***a testa coperta***, la tête couverte | ***a testa scoperta***, tête nue | ***avere la testa a posto***, (*fig.*) avoir la tête sur les épaules | ***avere la testa piena di segatura***, (*fig.*) ne rien avoir dans la cervelle | ***avere, mettersi in testa***, avoir, se mettre en tête: *chi ti ha messo in testa simili sciocchezze?*, qui t'a fourré dans la tête des bêtises pareilles? | ***battere in testa***, (*del motore*) être en sous-régime | ***dare alla testa***, monter à la tête, faire tourner la tête (*o* donner la grosse tête): *il vino gli ha dato alla testa*, le vin lui est monté à la tête; *il successo gli ha dato alla testa*, le succès lui est monté à la tête | ***di testa***, de tête: *goal di testa*, but de tête; *tirare di testa*, faire une tête; *fare di testa propria*, n'en faire qu'à sa tête | ***essere con la testa nelle nuvole***, (*fig.*) être dans les nuages | ***è una testa di rapa, di cavolo***, (*fig.*) c'est un abruti | ***fin sopra la testa***, par-dessus la tête: *avere debiti fin sopra la testa*, avoir des dettes par-dessus la tête | ***in testa (a)***, en tête (de): *essere in testa* (*a tutti*), être en tête; *in testa al treno*, en tête de train; *in testa alla classifica*, en tête du classement; *in testa alla lista*, en tête de liste; *passare in testa*, prendre la tête; *è in testa di cinque metri*, il mène de cinq mètres | ***lanciarsi a testa bassa in, su qlco***, (*fig.*) foncer tête baissée dans, sur qqch | ***mettere la testa a posto***, (*fig.*) se calmer, se ranger | ***mi ha fatto una testa così***, (*fig. fam.*) il m'a soûlé | ***nascondere la testa nella sabbia***, (*fig.*) faire l'autruche | ***non fasciarsi la testa prima di essersela rotta***, ne pas crier avant qu'on vous écorche | ***pena la testa***, sous peine de mort | ***piegare la testa dinanzi all'evidenza***, se rendre à l'évidence | ***rimetterci la testa***, y laisser toutes ses plumes: *a costo di rimetterci la testa*, coûte que coûte | ***rompersi la testa***, se casser la tête; (*fig.*) se creuser la cervelle | ***scommetterei la testa che***, (*fam.*) je donnerais ma tête à couper que | ***sei fuori di testa?***, (*fam.*) tu as perdu la tête? | ***una testa d'uovo***, (*fig.*) une tête d'œuf.

testa-coda [tè-sta-có-da] ***n.m.invar.*** tête-à-queue.

testamentario [te-sta-men-tà-rio] ***agg.*** [pl.m. *-ri*] (*dir.*) testamentaire.

● ***esecutore testamentario***, exécuteur testamentaire | ***testimone testamentario***, témoin à un testament.

testamento [te-sta-mén-to] ***n.m.*** testament: *fare testamento*, faire son testament; *lasciare per testamento*, léguer par testament; *mettere qlcu in testamento*, coucher qqn sur son testament.

● ***testamento biologico***, testament biologique | (*relig.*) ***l'Antico, il Nuovo Testamento***, l'Ancien, le Nouveau Testament.

testa-piedi [tè-sta-piè-di] ***avv.*** tête-bêche.

testardaggine [te-star-dàg-gi-ne] ***n.f.*** entêtement (*m.*).

testardamente [te-star-da-mén-te] ***avv.*** avec entêtement.

testardo [te-stàr-do] ***agg.*** têtu.

FAUX AMI

Da non confondere con il sostantivo *têtard*, che significa *girino*.

testare[1] [te-stà-re] ***v.intr.*** [aus. avere] (*dir.*) tester.

testare[2] ***v.tr.*** (*sondare*) tester.

testata [te-stà-ta] ***n.f.*** **1** (*di letto*) tête; (*di libro*) marges (*pl.*) supérieures; (*di ponte*) culée; (*di missile*) tête, ogive **2** (*mecc.*) culasse **3** (*di giornale*) nom (*m.*) **4** (*colpo dato con la testa*) coup (*m.*) de tête: *dare, prendere una testata contro qlco*, se cogner la tête contre qqch.

testatina [te-sta-tì-na] ***n.f.*** (*tip.*) titres (*m.pl.*) courants.

testatore [te-sta-tó-re] ***n.m.*** [f. *-trice*] (*dir.*) testateur*.

teste [tè-ste] ***n.m.*** e ***f.*** témoin (*m.*).

testé [te-sté] ***avv.*** (*letter.*) naguère.

tester [tè-ster] ***n.m.invar.*** (*tecn.*) testeur.

testicolo [te-stì-co-lo] ***n.m.*** (*anat.*) testicule.

testiera [te-stiè-ra] ***n.f.*** **1** (*di letto*) dossier (*m.*); (*di poltrona, divano ecc.*) têtière **2** (*forma per parrucchieri, modiste*) marotte.

testimone [te-sti-mò-ne] ***n.m.*** e ***f.*** témoin (*m.*): *fare da testimone*, être témoin; *prendere a testimone*, prendre à témoin.

testimonial [testi'mɔnial] ***n.m.invar.*** (*tecnica pubblicitaria*) personnage testimonial.

● ***testimonial advertising***, publicité testimoniale.

testimoniale [te-sti-mo-nià-le] ***agg.*** (*dir.*) testimonial*.

testimonianza [te-sti-mo-niàn-za] ***n.f.*** témoignage (*m.*): *dare testimonianza*, rendre témoignage | *in testimonianza di*, en témoignage de.

testimoniare [te-sti-mo-nià-re] ***v.tr.*** e ***intr.*** [aus. *avere*] témoigner (*anche dir.*): *ha testimoniato di averlo visto*, il a témoigné l'avoir vu | *testimoniare il vero, il falso*, faire un vrai, un faux témoignage.

testimonio [te-sti-mò-nio] ***n.m.*** [pl. *-ni*] → **testimone**.

testina [te-stì-na] ***n.f.*** **1** (*tecn.*) tête **2** (*cuc.*) tête de veau.

● ***testina rotante***, (*di macchina per scrivere*) boule d'écriture; (*del rasoio*) tête flottante.

T

testo [tè-sto] *n.m.* 1 texte | *libri di testo*, livres d'école | *traduzione con testo a fronte*, traduction avec texte original en regard 2 (*dir.*) texte, énoncé: *testo di una sentenza*, énoncé d'un jugement.
● *fa testo*, ça fait autorité: *non fa testo*, cela ne fait pas autorité.

testolina [te-sto-lì-na] *n.f.* 1 jolie petite tête 2 (*ragazza sventata*) tête de linotte.

testone [te-stó-ne] *n.m.* grosse tête (*f.*) | *è un testone*, (*fig.*) il est cabochard.

testosterone [te-sto-ste-ró-ne] *n.m.* (*biochim.*) testostérone (*f.*).

testuale [te-stu-à-le] *agg.* 1 (*del testo*) du texte: *critica testuale*, critique du texte 2 (*esatto, conforme al testo*) textuel*: *le sue testuali parole*, ses propres mots | *testuali parole!*, textuel!

testualmente [te-stu-al-mén-te] *avv.* textuellement.

testuggine [te-stùg-gi-ne] *n.f.* (*zool.*) tortue.

tetanico [te-tà-ni-co] *agg.* [pl.m. *-ci*, f. *-che*] tétanique.

tetano [tè-ta-no] *n.m.* (*med.*) tétanos.

tête-à-tête [tɛta'tɛt] *n.m.invar.* tête-à-tête ♦ *agg.invar.* e *avv.* en tête-à-tête.

tetra- *pref.* tétra-.

tetraedro [te-tra-è-dro] *n.m.* (*mat.*) tétraèdre.

tetraggine [te-tràg-gi-ne] *n.f.* 1 (*aspetto tetro*) aspect (*m.*) lugubre 2 (*fig.*) (*tristezza*) tristesse; (*carattere tetro*) maussaderie.

tetragonale [te-tra-go-nà-le] *agg.* (*mat.*) tétragone.

tetragono [te-trà-go-no] *agg.* tétragone.

tetralogia [te-tra-lo-gì-a] *n.f.* (*mus., lett.*) tétralogie.

tetrapak® [te-tra-pàk] *n.m.invar.* brique (*f.*).

tetraparesi [te-tra-pa-rè-ʃi] *n.f.invar.* (*med.*) quadriparésie.

tetraplegia [te-tra-ple-gì-a] *n.f.* tétraplégie.

tetraplegico [te-tra-plè-gi-co] *agg.* e *n.m.* [f. *-a*; pl.m. *-ci*, f. *-che*] tétraplégique.

tetrapode [te-trà-po-de] *agg.* e *n.m.* (*zool.*) tétrapode.

tetrarchia [te-trar-chì-a] *n.f.* (*st.*) tétrarchie.

tetro [tè-tro] *agg.* sombre (*anche fig.*): *tetri pensieri*, (*fig.*) des idées noires | *avere tetri pensieri*, (*fig.*) broyer du noir | *essere d'umor tetro*, (*fig.*) être d'humeur maussade.

tetta [tét-ta] *n.f.* (*fam.*) (*mammella*) téton (*m.*).

tettarella [tet-ta-rèl-la] *n.f.* tétine.

tetto [tét-to] *n.m.* 1 toit: *tetto di paglia*, toit de chaume; *il tetto paterno, coniugale*, (*estens.*) le toit paternel, conjugal | *tetto a lucernario*, toit vitré | *vivere sotto lo stesso tetto*, vivre sous le même toit 2 (*fig.*) (*limite massimo*) plafond: *sfondare il tetto*, dépasser le plafond.
● (*econ.*): ***tetto di spesa***, plafond de dépenses; ***tetto salariale***, plafond des salaires | ***gridare, predicare dai tetti***, (*fig.*) crier sur (tous) les toits.

T

tettoia [tet-tó-ia] *n.f.* 1 (*poggiante su pilastri*) *hangar (*m.*); (*addossata a un muro*) appentis (*m.*) 2 (*sulla porta di casa o bottega*) auvent (*m.*), marquise 3 (*della stazione*) *hall (*m.*) 4 (*riparo*) abri (*m.*).

tettonica [tet-tò-ni-ca] *n.f.* [pl. *-che*] (*geol.*) tectonique.
● ***tettonica a placche, a zolle***, tectonique de plaques.

tettonico [tet-tò-ni-co] *agg.* [pl.m. *-ci*, f. *-che*] (*geol.*) tectonique.

tettuccio [tet-tùc-cio] *n.m.* [pl. *-ci*] 1 petit toit 2 (*di automobile*) toit ouvrant 3 (*di aereo*) verrière (*f.*).

teutonico [teu-tò-ni-co] *agg.* [pl.m. *-ci*, f. *-che*] teutonique.

texano [te-xà-no] *agg.* texan, du Texas ♦ *n.m.* [f. *-a*] (*abitante*) Texan.

thai [thài] *agg.invar.* thaï ♦ *n.m.invar.* (*lingua*) thaï ♦ *n.m.* e *f.invar.* (*persona*) Thaï/e.

thailandese [thai-lan-dé-se] *agg.* thaïlandais ♦ *n.m.* (*lingua*) thailandais ♦ *n.m.* e *f.* (*abitante*) Thailandais/e.

thermos [thèr-mos] *n.m.invar.* thermos (*f.*), bouteille (*f.*) thermos.

ti *pron.pers.m.* e *f.* 2ª *pers.sing.* 1 (*compl.ogg. e compl. di termine*) te* (*si elide davanti a vocale o h muta*): *non ti ha ancora conosciuto*, il ne t'a pas encore connu; *ti risponderò domani*, je te répondrai demain; *ti vorrebbe vedere, vorrebbe vederti oggi*, il voudrait te voir aujourd'hui 2 (*compl. di termine con valore di possesso o di legame personale*) ton*: *ti è scappato il cane*, ton chien s'est échappé; *ti siamo amici*, nous sommes des amis pour toi; *il cuore ti batteva forte*, ton cœur battait très fort; *mettiti il cappello*, mets ton chapeau; *ti sei preso una bella influenza*, tu as attrapé une bonne grippe; *quando ti si presenterà l'occasione*, quand tu en auras l'occasion; *ti berresti una bella birra?*, (*fam.*) t'as pas envie d'une bonne bière?; *goditi la tua domenica*, profite bien de ton dimanche; *attento che non ti cada addosso*, fais attention qu'il ne te tombe pas dessus; *arrivo in ufficio e chi ti vedo?*, j'arrive au bureau et qui est-ce que je vois? 3 (*nella coniug. dei verbi pron.*) te* (*prima del verbo*); toi (*dopo il verbo*): *ti diverti sempre con noi*, tu t'amuses toujours avec nous; *vestiti in fretta*, habille-toi vite; *non coricarti così presto*, ne te couche pas si tôt; *non ti ci avvicinare troppo*, ne t'en approche pas trop.

tiamina [ti-a-mì-na] *n.f.* (*chim.*) thiamine.

tiara [tià-ra] *n.f.* tiare.

tiberino [ti-be-rì-no] *agg.* du Tibre.

tibetano [ti-be-tà-no] *agg.* tibétain ♦ *n.m.* 1 (*lingua*) tibétain 2 [f. *-a*] (*abitante*) Tibétain.

tibia [tì-bia] *n.f.* (*anat.*) tibia (*m.*).

tiburio [ti-bù-rio] *n.m.* [pl. *-ri*] (*arch.*) tour-lanterne* (*f.*).

tiburtino [ti-bur-tì-no] *agg.* (*letter.*) de Tivoli.

tic *onom.* clic, clac ♦ *n.m.invar.* tic: *avere un tic nervoso*, avoir un tic nerveux.

ticchettare [tic-chet-tà-re] *v.intr.* [aus. *avere*] (*di orologio*) faire* tic tac; (*di oggetti metallici*) cliqueter*; (*di macchina per scrivere*) crépiter.

ticchettio [tic-chet-tì-o] *n.m.* [pl. *-ii*] (*di orologio*) tic tac*; (*di oggetti metallici*) cliquetis; (*di macchina per scrivere; della pioggia*) crépitement.

ticchio [tìc-chio] *n.m.* [pl. *-chi*] fantaisie (*f.*), envie (*f.*) | *se gli salta il ticchio*, si ça lui chante.

ticinese [ti-ci-né-se] *agg.* tessinois ♦ *n.m.* e *f.* (*abitante*) Tessinois/e.

ticket ['tiket] *n.m.invar.* 1 ticket 2 (*buono*) coupon.
● ***ticket d'ingresso***, (*per le auto*) péage urbain | ***ticket-restaurant***, ticket-restaurant, chèque-restaurant | ***ticket sanitario***, ticket modérateur.

tic tac *onom.* e *n.m.invar.* tic(-)tac.

tieni → **tenere**.

tiepidamente [tie-pi-da-mén-te] *avv.* tièdement.

tiepidezza [tie-pi-déz-za] *n.f.* tiédeur (*anche fig.*).

tiepido [tiè-pi-do] *agg.* tiède (*anche fig.*).

tifare [ti-fà-re] *v.intr.* [aus. *avere*] supporter (**qqn**, **qqch**):

tifare per una squadra di calcio, supporter une équipe de football.

tifico [tì-fi-co] ***agg.*** [pl.m. *-ci*, f. *-che*] (*med.*) typhique.

tifo [tì-fo] ***n.m.*** **1** (*med.*) typhus **2** (*estens.*) soutien inconditionnel; (*sport*) fanatisme sportif | *fare il tifo per qlcu*, soutenir, supporter qqn, être fan de qqn.

tifoide [ti-fòi-de] ***agg.*** (*med.*) typhoïde.

tifoideo [ti-fo-i-dè-o] ***agg.*** (*med.*) typhoïde, typhoïdique.

tifone [ti-fó-ne] ***n.m.*** typhon.

tifoseria [ti-fo-se-rì-a] ***n.f.*** supporters (*m.pl.*), supporteurs (*m.pl.*).

tifoso [ti-fó-so] ***agg.*** **1** fana, fan: *essere tifoso di una squadra*, supporter une équipe **2** (*med.*) typhique, typhoïde ♦ ***n.m.*** [f. *-a*] fana, fan; (*sostenitore*) supporter, supporteur: *è un tifoso di calcio*, c'est un mordu du foot; *i tifosi hanno invaso il campo*, les supporters ont envahi le terrain.

tight ['tait] ***n.m.invar.*** (*abbigl.*) queue-de-pie (*f.*).

tiglio [tì-glio] ***n.m.*** [pl. *-gli*] (*bot.*) tilleul.

tigna [tì-gna] ***n.f.*** (*med., vet.*) teigne.

tignola [ti-gnò-la] ***n.f.*** (*zool.*) teigne | *tignola della lana*, mite | *tignola del grano*, charançon.

tignoso [ti-gnó-so] ***agg.*** (*med.*) teigneux*.

tigrato [ti-grà-to] ***agg.*** tigré.

tigre [tì-gre] ***n.f.*** (*maschio*) tigre (*m.*); (*femmina*) tigresse.

● ***cavalcare la tigre***, (*fig.*) prendre le train en marche.

tigresco [ti-gré-sco] ***agg.*** [pl.m. *-schi*, f. *-sche*] de tigre.

tigrotto [ti-gròt-to] ***n.m.*** (*zool.*) jeune tigre.

tilde [tìl-de] ***n.m.*** o ***f.*** (*segno ortografico*) tilde (*m.*).

tilt ***n.m.invar.*** tilt.

● ***andare in tilt***, ***fare tilt***, (*fig. fam.*) perdre les pédales.

timballo [tim-bàl-lo] ***n.m.*** (*mus., cuc.*) timbale (*f.*).

timbrare [tim-brà-re] ***v.tr.*** timbrer; (*un francobollo*) oblitérer*; (*il cartellino*) pointer.

timbratrice [tim-bra-trì-ce] ***n.f.*** (*mecc.*) oblitérateur (*m.*).

timbratura [tim-bra-tù-ra] ***n.f.*** timbrage (*m.*); (*di documenti*) apposition du tampon, du cachet; (*di francobolli*) oblitération; (*del cartellino segnatempo*) pointage (*m.*).

timbro [tìm-bro] ***n.m.*** timbre: *mettere un timbro su qlco*, timbrer qqch.

● ***timbro postale***, timbre postal, cachet de la poste: *fa fede il timbro postale*, le cachet de la poste faisant foi.

timer ['taimer] ***n.m.invar.*** **1** (*contaminuti*) minuteur, minuterie (*f.*) **2** (*fot.*) compte-pose*.

timidamente [ti-mi-da-mén-te] ***avv.*** timidement.

timidezza [ti-mi-déz-za] ***n.f.*** timidité.

timido [tì-mi-do] ***agg.*** e ***n.m.*** [f. *-a*] timide.

timo[1] [tì-mo] ***n.m.*** (*bot.*) thym.

timo[2] ***n.m.*** (*anat.*) thymus.

timone [ti-mó-ne] ***n.m.*** (*di nave*) gouvernail; (*di aereo*) gouverne; (*di carro*) timon; (*di aratro*) age, flèche (*f.*): *ruota del timone*, gouvernail | *essere al timone*, (*anche fig.*) être à la barre | *dare un colpo di timone*, (*anche fig.*) donner un coup de barre.

● ***timone di profondità***, (*mar.*) gouvernail de plongée; (*aer.*) gouverne de profondeur.

timoniere [ti-mo-niè-re] ***n.m.*** timonier; (*di piccola imbarcazione*) barreur.

timoniero [ti-mo-niè-ro] ***agg.*** (*zool.*) *penne timoniere*, plumes rectrices.

timorato [ti-mo-rà-to] ***agg.*** timoré | *timorato di Dio*, craignant Dieu.

timore [ti-mó-re] ***n.m.*** **1** crainte (*f.*): *non abbiate timore*, n'ayez aucune crainte **2** (*rispetto*) crainte (*f.*) | *timore reverenziale*, crainte révérencielle.

● ***avere timore di***, craindre de: *avevo timore di disturbarlo*, je craignais de le déranger | ***per timore di***, de (*o* dans) la crainte de: *per timore di una ricaduta, di svegliarlo*, de peur d'une rechute, de le réveiller; *per timore di essere sentito, che lo sentissero*, de peur qu'on ne l'entendît.

timorosamente [ti-mo-ro-sa-mén-te] ***avv.*** craintivement.

timoroso [ti-mo-ró-so] ***agg.*** craintif*: *veniva avanti tutto timoroso*, il s'avançait d'un air craintif; *una risposta timorosa*, une réponse timorée; *è timoroso di tutto e di tutti*, il est très timoré | *è sempre timoroso di offendere*, il a toujours peur de blesser.

timpanista [tim-pa-nì-sta] ***n.m.*** e ***f.*** (*mus.*) timbalier.

timpano [tìm-pa-no] ***n.m.*** **1** (*anat.*) tympan | *rompere i timpani a qlcu*, (*estens.*) casser les oreilles à qqn **2** (*arch.*) tympan; (*gotico*) gâble **3** (*mus.*) timbale (*f.*).

tinca [tìn-ca] ***n.f.*** [pl. *-che*] (*zool.*) tanche.

tinello [ti-nèl-lo] ***n.m.*** salle (*f.*), salle (*f.*) à manger.

tingere [tìn-ge-re] ***v.tr.*** [coniug. come *spingere*] **1** teindre* (**en**): *tingere di verde*, teindre en vert | *tingersi le labbra*, se mettre du rouge à lèvres **2** (*macchiare*) tacher; (*sporcare*) souiller **3** (*colorare*) teinter ♦ **tingersi** ***v.pron.*** (*truccarsi*) se maquiller ♦ ***v.pron.intr.*** se teinter, se colorer (*anche fig.*) | *tingersi di rossore*, rougir ♦ ***v.pron. indiretto*** se teindre*: *tingersi i capelli*, se teindre les cheveux.

tino [tì-no] ***n.m.*** cuve (*f.*) | *tino per concia*, cuve à tanner.

tinozza [ti-nòz-za] ***n.f.*** **1** baquet (*m.*) **2** (*per bagno*) tub (*m.*).

tinsi → **tingere**.

tinta [tìn-ta] ***n.f.*** **1** teinte, coloris (*m.*); (*sfumatura*) nuance; (*colore*) couleur (*anche fig.*): *una tinta calda, vivace*, une teinte chaude, vivace | *le mezze tinte*, les demi-teintes | *un abito in tinta unita*, une robe unie **2** (*materia colorante*) teinture; (*pittura*) peinture: *tinta di buona qualità*, teinture de bonne qualité; *dare una mano di tinta*, passer une couche de peinture.

● ***tinta su tinta***, ton sur ton | ***a forti tinte***, (*anche fig.*) haut en couleurs | ***a rosee tinte***, (*fig.*) en rose | ***a fosche tinte***, (*fig.*) en noir: *descrivere a fosche tinte*, décrire sous les plus sombres couleurs | ***in tinta***, de la même couleur: *una cravatta in tinta con l'abito*, une cravate assortie au costume.

tintarella [tin-ta-rèl-la] ***n.f.*** (*fam.*) bronzage (*m.*): *prendere la tintarella*, se bronzer.

tinteggiare [tin-teg-già-re] ***v.tr.*** [coniug. come *mangiare*] peindre*; (*edil.*) badigeonner.

tinteggiatore [tin-teg-gia-tó-re] ***n.m.*** [f. *-trice*] peintre en bâtiments, badigeonneur.

tinteggiatura [tin-teg-gia-tù-ra] ***n.f.*** peinture; (*edil.*) badigeonnage (*m.*).

tin tin, **tintin** ***onom.*** (*suono di campanello*) drelin drelin, gring; (*di bicchieri*) ding ding.

tintinnare [tin-tin-nà-re] ***v.intr.*** [aus. *avere*] tinter; (*di campanelli*) tintinnabuler.

tintinnio [tin-tin-nì-o] ***n.m.*** [pl. *-ii*] tintement.

tinto [tìn-to] ***agg.*** **1** teint (**en**): *vestito tinto di marrone*, robe teinte en marron; *nuvole tinte di rosso*, nuages tein-

T

tés de rouge | *labbra tinte*, (*di rossetto*) lèvres avec du rouge (à lèvres) **2** (*sporco*) taché.

tintore [tin-tó-re] *n.m.* [f. *-a*] teinturier*.

tintoria [tin-to-rì-a] *n.f.* teinturerie, pressing (*m.*): *portare in tintoria*, porter à la teinturerie.

tintura [tin-tù-ra] *n.f.* teinture.

● (*chim.*) ***tintura di iodio***, teinture d'iode.

FAUX AMI

Da non confondere con *tenture*, che significa *tappezzeria, parato, paramento funebre*.

tipa [tì-pa] *n.f.* (*fam.*) typesse, nana: *è una tipa simpatica*, elle est sympa cette nana.

tipaccio [ti-pàc-cio] *n.m.* [f. *-a*; pl.m. *-ci*, f. *-ce*] sale type.

tipetto [ti-pét-to] *n.m.* *è un tipetto*, (*per l'aspetto fisico*) il a un genre bien à lui; (*per il carattere*) il a son petit caractère.

tipicamente [ti-pi-ca-mén-te] *avv.* typiquement.

tipicità [ti-pi-ci-tà] *n.f.invar.* caractéristique, caractère (*m.*) typique.

tipico [tì-pi-co] *agg.* [pl.m. *-ci*, f. *-che*] typique: *è un esempio tipico*, c'est un exemple typique | *è il suo tipico modo di fare*, c'est (bien) sa manière d'agir | *è tipico di lui comportarsi in questo modo*, c'est bien de lui d'agir comme ça.

tipizzare [ti-piʒ-ʒà-re] *v.tr.* **1** caractériser **2** (*standardizzare*) standardiser, uniformiser.

tipo [tì-po] *n.m.* **1** type: *è il vero tipo dello sportivo*, c'est le type même du sportif; *non è il tipo che insiste*, ce n'est pas son genre d'insister; *non è tipo da rinunciare*, ce n'est pas quelqu'un qui renonce facilement | *per i tipi di*, imprimé par | (*teatr.*): *i tipi fissi*, les (personnages) types; *il tipo dell'avaro*, le type de l'avare **2** (*fam.*) (*individuo*) type: *è un tipo strano, un bel tipo*, c'est un drôle de type; *un tipo buffo*, un type drôle; *è un tipo introverso*, c'est un introverti | *è un tipo unico*, il est unique en son genre **3** (*genere*) genre; (*sorta*) sorte (*f.*); (*modello*) modèle: *che tipo di film preferisci?*, quel est le genre de film que tu préfères?; *persone del suo tipo*, des individus de son genre; *diversi tipi di vino*, plusieurs sortes de vin; *un nuovo tipo di automobile*, un nouveau modèle de voiture; *il tipo più economico*, le modèle le plus économique; *una lavorazione di tipo artigianale*, un travail artisanal; *giacca di tipo sportivo*, veste (genre) sport | *non è il mio tipo*, ce n'est pas mon genre | *non è bella, ma è un tipo*, elle n'est pas belle mais elle est typée ♦ *agg.invar.* type: *domanda tipo*, question type; *il reddito della famiglia tipo*, le revenu d'une famille type.

● ***di tutti i tipi***, de toutes sortes: *merci di tutti i tipi*, des marchandises de toutes sortes; *persone di tutti i tipi*, toutes sortes de gens | ***sul tipo di***, du genre de: *vorrei qualcosa sul tipo di questo*, je voudrais quelque chose du même genre; *una stoffa (sul) tipo (del) principe di Galles*, un tissu genre prince-de-Galles.

tipografia [ti-po-gra-fì-a] *n.f.* **1** typographie **2** (*stamperia*) imprimerie.

tipografico [ti-po-grà-fi-co] *agg.* [pl.m. *-ci*, f. *-che*] typographique: *errori tipografici*, fautes d'impression, coquilles | *inchiostro tipografico*, encre d'imprimerie.

tipografo [ti-pò-gra-fo] *n.m.* [f. *-a*] typographe.

tipologia [ti-po-lo-gì-a] *n.f.* typologie.

tipologico [ti-po-lò-gi-co] *agg.* [pl.m. *-ci*, f. *-che*] typologique.

tip-tap [tip-tàp] *n.m.* danse (*f.*) à claquettes: *ballare il tip-tap*, faire des claquettes; *ballerino di tip-tap*, danseur à claquettes.

tirabaci [ti-ra-bà-ci] *n.m.invar.* (*scherz.*) accroche-cœur*.

tirabozze [ti-ra-bòz-ze] *n.m.invar.* (*tip.*) presse (*f.*) à épreuves.

tiraggio [ti-ràg-gio] *n.m.* [pl. *-gi*] tirage.

tiralatte [ti-ra-làt-te] *agg.* e *n.m.invar.* tire-lait*.

tiralinee [ti-ra-lì-ne-e] *n.m.invar.* tire-ligne*.

tiramisù [ti-ra-mi-sù] *n.m.invar.* (*cuc.*) tiramisu (dessert à la cuillère à base de boudoirs, café, œufs et crème épaisse).

tiramolla [ti-ra-mòl-la] *n.m.invar.* → **tiremmolla**.

tiranneggiare [ti-ran-neg-già-re] *v.tr.* [coniug. come *mangiare*] tyranniser.

tirannello [ti-ran-nèl-lo] *n.m.* tyranneau*.

tirannia [ti-ran-nì-a] *n.f.* tyrannie (*anche estens.*): *non sopporto più queste tirannie!*, je ne supporte plus ces abus!

tirannicida [ti-ran-ni-cì-da] *n.m.* e *f.* tyrannicide ♦ *agg.* meurtrier*.

tirannicidio [ti-ran-ni-cì-dio] *n.m.* [pl. *-dî*] tyrannicide.

tirannico [ti-ràn-ni-co] *agg.* [pl.m. *-ci*, f. *-che*] tyrannique (*anche estens.*).

tirannide [ti-ràn-ni-de] *n.f.* tyrannie.

tiranno [ti-ràn-no] *n.m.* [f. *-a*] tyran: *si comporta da tiranno*, c'est un tyran ♦ *agg.* tyrannique | *il tempo è tiranno*, le temps commande.

tirante [ti-ràn-te] *n.m.* **1** (*cavo*) câble; (*cinghia elastica*) tendeur **2** (*edil., arch.*) tirant.

tirapiedi [ti-ra-piè-di] *n.m.* e *f.invar.* sous-fifre*.

tirare [ti-rà-re] *v.tr.* **1** tirer: *tirare per la manica*, tirer par la manche; *tirarsi le coperte sul naso*, remonter ses couvertures jusqu'aux yeux; *tirare profitto, partito*, (*fig.*) tirer avantage, parti | (*sport*) *tirare il gruppo*, mener le peloton | *tirare mezzogiorno*, arriver à midi: *fatico a tirare mezzogiorno senza mangiare qualcosa*, j'ai du mal à arriver à midi sans manger quelque chose **2** (*attirare*) attirer: *tirare a sé*, attirer à soi; *che razza di gente si tira in casa!*, (*fam.*) quels drôles de gens il amène chez lui! | *l'ha tirato dalla sua (parte)*, (*fig.*) il l'a mis de son côté | *un bicchiere tira l'altro*, un verre en appelle un autre **3** (*gettare, lanciare*) lancer*: *tirare la palla*, lancer la balle; *tirare i dadi*, jeter les dés | *tirare baci*, envoyer des baisers **4** (*tracciare*) tirer, tracer*: *tirare una riga*, tirer, tracer une ligne **5** (*tip.*) tirer: *tirare diecimila copie di un romanzo*, tirer un roman à dix mille exemplaires ♦ *v.intr.* [aus. *avere*] **1** tirer: *il camino non tira*, la cheminée ne tire pas; *un'azienda che tira, che non tira*, une entreprise qui marche, qui ne marche pas; *spettacolo che tira molto*, spectacle qui plaît au grand public **2** (*fig. fam.*) (*mirare*) viser: *tira solo ai soldi*, il ne vise que l'argent **3** (*tendere*) tirer (**sur**): *tirare al rosso*, tirer sur le rouge **4** (*sparare, colpire*) tirer: *tirare agli uccelli*, tirer sur les oiseaux; *tira bene*, c'est un bon tireur | *tirare al bersaglio*, tirer à la cible | (*sport*): *tirare di spada*, tirer des armes; *tirare di boxe*, boxer **5** (*soffiare*) souffler: *tira aria di tempesta*, (*anche fig.*) il y a de l'orage dans l'air | *che aria tira in ufficio?*, (*fig.*) quelle est l'atmosphère au bureau? | *col vento che tira*, (*fig.*) par les temps qui courent **6** (*volg.*) (*avere un'erezione*) bander ♦ **tirarsi** *v.pron.* se tirer | *tirarsi da parte*, s'écarter; s'effacer.

● ***tirare a campare***, vivoter | ***tirare, tirarsi addosso***, lancer; s'attirer: *gli ha tirato addosso un libro*, il lui a lancé un livre; *si è tirato addosso un armadio*, il a fait tomber une armoire sur lui; *te la sei tirata addosso tu!*, (*fig.*) tu l'as bien voulu!; *si è tirato addosso le critiche di tutti*, il s'est attiré les critiques de tout le monde | ***tirare avanti***, ***innanzi***, (*continuare*) continuer; (*vivacchiare*) vivoter: *questi soldi bastano per tirare avanti due mesi*, cet argent suffit pour (vivre) deux mois; *non tirerà avanti per molto*, il n'en a pas pour longtemps; *tirare avanti a fatica*, vivoter tant bien que mal; *tirarono avanti per parecchi chilometri*, ils firent encore plusieurs kilomètres | ***tirare dentro***, rentrer; (*fig.*) (*trascinare*) entraîner: *hanno tirato dentro la cosa anche me*, ils m'ont entraîné moi aussi dans cette affaire | ***tirare dietro***, (*gettare*) lancer: *gli hanno tirato dietro dei pomodori*, on lui a lancé des tomates; *te lo tirano dietro*, (*è venduto a poco prezzo*) c'est donné | ***tirare fuori***, sortir; (*sborsare*) débourser: *l'ha tirato fuori* (*di prigione*), il l'a fait sortir de prison; *ne ha tirata fuori un'altra delle sue*, il a encore sorti une des siennes; *ha dovuto tirar fuori una grossa somma*, il a dû débourser une grosse somme; *non sto a tirare fuori la solita storia*, je ne veux pas encore remettre ça sur le tapis; *tira fuori tutto quello che hai da dire!*, vide ton sac!; *tirare fuori la verità*, lâcher le morceau; *se ne è tirato fuori proprio bene*, il s'en est vraiment bien tiré; *tirare fuori la lingua*, (*dal medico*) montrer sa langue; *tira fuori la grana!*, (*fam.*) sors ton fric! | ***tirare giù***, descendre; (*abbassare*) baisser: *tirati giù la gonna*, tire ta jupe; *tirare giù le tende per lavarle*, enlever les rideaux pour les laver | ***tirare sera***, (*far passare il tempo*) tromper le temps: *anche oggi abbiamo tirato sera!*, encore une journée de passée! | ***tirare su***, (*raccogliere*) ramasser; (*rialzare qlcu*) relever (qqn); (*innalzare*) élever; (*allevare*) élever; (*alzarsi*) se lever; (*rialzarsi*) se relever; (*rimettersi in salute*) se remettre; (*risollevarsi finanziariamente*) se remettre à flots: *tirar(si) su le calze, i pantaloni*, remonter ses chaussettes, son pantalon; *tirar(si) su le maniche*, (*anche fig.*) retrousser ses manches; *tirar(si) su i capelli*, relever ses cheveux; *tirare su un letto*, (*rifarlo sommariamente*) retaper un lit; *tirare su i prezzi*, hausser les prix; *tirare su col naso*, renifler; *tirare su il morale a qlcu*, remonter le moral à qqn; *tirarsi su di morale*, se remonter le moral | ***tirare tardi***, ***giorno***, ***mattina***, (*fare le ore piccole*) rester debout jusqu'au petit matin | ***tirare via***, (*strappare*) arracher; (*spostare, togliere*) enlever; (*affrettarsi*) se dépêcher; (*fare male e in fretta*) bâcler (qqch): *tirati via dai piedi*, (*fam.*) ôte-toi de là; *tirare via sui dettagli*, passer sur les détails; *tirò via senza salutarci*, il continua (son chemin) sans nous saluer | ***tirarsi dietro***, traîner avec soi; (*fig.*) entraîner: *si è tirato dietro la porta*, il a tiré la porte derrière lui | ***tirarsi indietro***, (*anche fig.*) reculer; (*sottrarsi a un'incombenza*) se dérober; (*a un impegno*) se défiler | ***tirarsela***, (*fam.*) (*darsi delle arie*) se la jouer | ***faccia che tira gli schiaffi***, tête à gifles | ***una parola tira l'altra***, de fil en aiguille.

tirassegno [ti-ras-sé-gno] ***n.m.*** **1** tir à la cible **2** (*luogo*) stand (de tir).

tirata [ti-rà-ta] ***n.f.*** **1** (action de) tirer: *dare una tirata ai capelli*, tirer les cheveux **2** (*fam.*) (*di sigaretta*) bouffée: *dare una tirata*, tirer une bouffée **3** (*azione compiuta senza interruzioni*) traite: *ho scritto dieci pagine facendo tutta una tirata*, j'ai écrit dix pages d'une seule traite; *ho fatto una bella tirata*, j'ai drôlement bûché | *in un'unica tirata*, d'une seule traite **4** (*di attore*) tirade; (*lungo discorso polemico*) philippique.

tiratardi [ti-ra-tàr-di] ***n.m.*** e ***f.invar.*** (*scherz.*) **1** (*persona lenta*) lambin **2** (*chi ama far tardi la sera*) couche-tard*.

tirato [ti-rà-to] ***agg.*** **1** tiré; (*teso*) tendu: *lineamenti tirati*, des traits tirés **2** (*fig.*) (*stentato, forzato*) forcé: *sorriso tirato*, sourire forcé | *siamo un po' tirati col tempo*, nous n'avons pas beaucoup de temps.

● ***tirato per i capelli***, (*fig.*) tiré par les cheveux: *ragionamento tirato per i capelli*, raisonnement tiré par les cheveux | ***essere tirato a lucido***, être tiré à quatre épingles | ***essere tirato*** (***nello spendere***), être radin, près de ses sous | ***fare una vita tirata tirata***, (*col denaro contato*) vivre chichement.

tiratore [ti-ra-tó-re] ***n.m.*** [f. *-trice*] tireur* | *tiratore scelto*, tireur d'élite.

● ***franco tiratore***, (*anche fig.*) franc-tireur.

tiratura [ti-ra-tù-ra] ***n.f.*** (*tip.*) tirage (*m.*): *giornale ad alta tiratura*, journal à grand tirage; *il libro ha avuto una tiratura di diecimila copie*, ce livre a été tiré à dix mille exemplaires.

tirchieria [tir-chie-rì-a] ***n.f.*** avarice, pingrerie.

tirchio [tìr-chio] ***agg.*** [f. *-a*; pl.m. *-chi*] radin, pingre: *non fare il tirchio!*, ne sois pas radin!

tiremmolla [ti-rem-mòl-la] ***n.m.invar.*** (*fam.*) **1** indécision (*f.*), hésitation (*f.*): *dopo un lungo tiremmolla*, après beaucoup d'hésitations **2** (*persona indecisa*) éternel* indécis.

● ***fare a tiremmolla***, tergiverser.

tiretto [ti-rét-to] ***n.m.*** (*region.*) (*cassetto*) tiroir.

tiritera [ti-ri-tè-ra] ***n.f.*** (*fam.*) refrain (*m.*): *la solita tiritera*, la même rengaine.

tiro [tì-ro] ***n.m.*** **1** (*traino*) trait; (*serie di animali*) attelage **2** (*di armi da fuoco*) tir: *correggere il tiro*, régler, ajuster le tir; *aprire il tiro*, ouvrir le feu; *sbagliare il tiro*, manquer le coup **3** (*di palla*) tir; (*spec. di dadi, bocce*) coup; (*di pietre*) jet | (*calcio*) *tiro in porta*, tir au but | (*basket*) *tiro a canestro*, tir au panier; *tiro libero*, lancer franc **4** (*fig.*) tour | *fare, giocare un* (*brutto*) *tiro a qlcu*, jouer un mauvais tour à qqn **5** (*di sigaretta*) (*fam.*) taffe (*f.*).

● ***tiro al bersaglio***, ***a segno***, tir à la cible | ***tiro alla fune***, tir à la corde: *giocare al tiro alla fune*, jouer à tirer la corde | ***tiro a volo***, tir au vol | ***a un tiro di fucile***, ***di schioppo***, à (une) portée de fusil | ***capitare a tiro***, tomber sous la main | ***essere***, ***venire a tiro*** (***di***), être, venir à portée (de) | ***fuori tiro***, hors d'atteinte | ***in tiro***, (*fam.*) (*elegante*) sur son trente et un, tiré à quatre épingles.

tirocinante [ti-ro-ci-nàn-te] ***agg.*** e ***n.m.*** e ***f.*** (*in un mestiere*) apprenti/e; (*in una professione*) stagiaire.

tirocinio [ti-ro-cì-nio] ***n.m.*** [pl. *-ni*] (*di mestiere*) apprentissage; (*di professione*) stage: *fare il tirocinio*, faire un stage; *fare un anno di tirocinio*, faire un stage d'un an.

tiroide [ti-ròi-de] ***n.f.*** (*anat.*) thyroïde.

tiroideo [ti-roi-dè-o] ***agg.*** (*anat.*) thyroïdien*.

tiroidismo [ti-roi-dì-ʃmo] ***n.m.*** (*med.*) thyroïdisme.

tirolese [ti-ro-lé-se] ***agg.*** tyrolien* ♦ ***n.m.*** e ***f.*** (*abitante*) Tyrolien/enne.

tirrenico [tir-rè-ni-co] ***agg.*** [pl.m. *-ci*, f. *-che*] de la Mer Tyrrhénienne.

tirreno [tir-rè-no] ***agg.*** tyrrhénien*.

tirso [tìr-so] ***n.m.*** (*mit., bot.*) thyrse.

tisana [ti-ʃà-na] ***n.f.*** tisane.

tisaniera [ti-ʃà-niè-ra] ***n.f.*** tisanière.

tisi [tì-ʃi] ***n.f.invar.*** (*med.*) phtisie.

tisico [tì-ʃi-co] ***agg.*** [pl.m. *-ci*, f. *-che*] **1** (*med.*) tuberculeux* **2** (*fig.*) rabougri, rachitique ♦ ***n.m.*** [f. *-a*] (*med.*) tuberculeux*.

tisiologia [ti-ʃio-lo-gì-a] ***n.f.*** (*med.*) phtisiologie.

tisiologo [ti-ʃiò-lo-go] ***n.m.*** [f. *-a*; pl.m. *-gi*, f. *-ghe*] phtisiologue.

titanico [ti-tà-ni-co] ***agg.*** [pl.m. *-ci*, f. *-che*] titanique.

titanio [ti-tà-nio] ***n.m.*** [pl. *-ni*] (*chim.*) titane.

titanismo [ti-ta-nì-ʃmo] ***n.m.*** prométhéisme.

titano [ti-tà-no] ***n.m.*** (*mit.*) titan (*anche fig.*).

titillamento [ti-til-la-mén-to] ***n.m.*** titillation (*f.*).

titillare [ti-til-là-re] ***v.tr.*** titiller (*anche fig.*).

titoismo [ti-to-ì-ʃmo] ***n.m.*** (*pol.*) titisme.

titolare[1] [ti-to-là-re] ***agg.*** titulaire ♦ ***n.m.*** e ***f.*** **1** titulaire **2** (*proprietario*) propriétaire, (*fam.*) patron/onne.

titolare[2] ***v.tr.*** (*libri, giornali ecc.*) titrer.

titolato [ti-to-là-to] ***agg.*** titré ♦ ***n.m.*** [f. *-a*] noble.

titolatura [ti-to-la-tù-ra] ***n.f.*** (*cine., tip.*) titrage (*m.*).

titolazione [ti-to-la-zió-ne] ***n.f.*** titrage (*m.*).

titolo [ti-to-lo] ***n.m.*** **1** (*intestazione*) titre: *il titolo di un libro, di una poesia*, le titre d'un livre, d'un poème | (*giorn.*): *grande titolo, titolone*, gros titre, manchette; *titoli di prima pagina*, titres à la une **2** (*onorificenza, appellativo*) titre: *il titolo di ingegnere, di professore*, le titre d'ingénieur, de professeur | *affibbiare titoli di ogni sorta*, (*epiteti ingiuriosi*) traiter de tous les noms **3** (*diploma*) titre, diplôme: *non ha alcun titolo accademico*, il n'a aucun titre universitaire | *non ha i titoli richiesti per quel lavoro*, (*requisiti*) il n'a pas les qualités requises pour ce travail **4** (*diritto, motivo, ragione*) titre: *a che titolo pretendi questo?*, a quel titre, de quel droit prétends-tu cela? **5** (*Borsa, fin.*) titre.
● ***titolo di studio***, diplôme | (*fin.*) ***titoli di Stato***, fonds publics, fonds d'État | ***a titolo di***, à titre de: *a titolo di amicizia*, à titre d'ami | ***a titolo personale***, à titre personnel | (*cine.*) ***i titoli di testa, di coda***, le générique | (*fin.*) ***portafoglio titoli***, portefeuille de valeurs.

titubante [ti-tu-bàn-te] ***agg.*** hésitant.

titubanza [ti-tu-bàn-za] ***n.f.*** hésitation: *ha mostrato una certa titubanza*, il s'est montré un peu hésitant.

titubare [ti-tu-bà-re] ***v.intr.*** [aus. *avere*] hésiter (**à**).

tivù [ti-vù] ***n.f.invar.*** (*fam.*) télé.

tizia [tì-zia] ***n.f.*** (*fam.*) typesse.

tizianesco [ti-zia-né-sco] ***agg.*** [pl.m. *-schi*, f. *-sche*] à la manière de Titien | *biondo, rosso tizianesco*, blond vénitien.

tizio [tì-zio] ***n.m.*** [pl.m. *-zi*] type: *c'è un tizio che ti cerca*, il y a un type qui te demande.
● ***Tizio, Caio, Sempronio***, Truc, Machin, Chouette: *metti che Tizio, Caio o Sempronio*, suppose que Truc, Machin, Chouette...; *ha telefonato a Tizio, Caio (e Sempronio)*, il a téléphoné à droite et à gauche; *Tizio... Caio*, Monsieur X... Monsieur Y.

tizzo [tìz-zo] **tizzone** ***n.m.*** tison | *nero come un tizzo*, noir comme du charbon.
● ***tizzo d'inferno***, (*fig.*) suppôt de Satan.

to' ***inter.*** (*fam.*) (*nel porgere qlco; per indicare meraviglia*) tiens; (*pl.*) tenez.

toast [tɔst] ***n.m.invar.*** toast; (*imbottito*) croque-monsieur*; (*fam.*) croque.

toboga [to-bò-ga] ***n.m.invar.*** toboggan.

toc ***inter.*** e ***n.m.invar.*** toc.

toccante [toc-càn-te] ***agg.*** touchant.

toccare [toc-cà-re] ***v.tr.*** [coniug. come *mancare*] **1** toucher; (*servirsi di, usare*) toucher (**à**): *non toccate i miei libri*, ne touchez pas (à) mes livres; *sta' fermo, non toccare*, reste tranquille, ne touche à rien; *non tocca cibo da tre giorni*, il n'a rien avalé depuis trois jours; *non tocca un libro da due mesi*, il y a deux mois qu'il n'a pas ouvert un livre; *toccò appena l'argomento*, il effleura à peine le sujet; *non toccare questo argomento!*, n'aborde pas cette question! | *toccare i propri risparmi*, entamer ses économies | *sta per toccare la trentina*, il frise la trentaine **2** (*fig.*) (*ferire, colpire; commuovere*) toucher: *guai a chi tocca i suoi figli!*, gare à qui touche ses enfants! | *toccare nel vivo*, piquer au vif **3** (*fare scalo a*) toucher ♦ ***v.intr.*** [aus. *essere*] **1** (*capitare*) arriver: *gli è toccata una disgrazia*, il lui est arrivé un malheur **2** (*spettare*) avoir* droit (**à**): *mi toccò solo un libro*, je n'ai eu droit qu'à un livre **3** (*essere costretto*) être* obligé (**de**): *gli toccò uscire*, il lui fallut sortir | *che cosa mi tocca sentire!*, que ne me faut-il pas entendre! ♦ **toccarsi** ***v.pron.*** e ***pron.rec.*** se toucher.
● ***toccare il fondo***, avoir pied; (*fig.*) toucher le fond | ***a chi tocca?***, à qui le tour? | ***a chi tocca tocca***, chacun son tour | ***chi tocca i fili muore***, danger mortel, défense de toucher les fils | ***tocca a me***, c'est à moi: *tocca a me (giocare)*, c'est à moi de jouer; *non tocca a me andarci*, ce n'est pas à moi d'y aller.

toccasana [toc-ca-sà-na] ***n.m.invar.*** panacée (*f.*).

toccata [toc-cà-ta] ***n.f.*** **1** touche **2** (*mus.*) toccata*.

toccato [toc-cà-to] ***agg.*** **1** (*scherma*) touché | *toccato!*, (*fig.*) un point pour toi! **2** (*fam.*) (*un po' matto*) timbré, sonné.

toccatutto [toc-ca-tùt-to] ***n.m.invar.*** touche-à-tout*.

tocco[1] [tóc-co] ***agg.*** [pl.m. *-chi*, f. *-che*] **1** (*di frutta*) gâté **2** (*fig.*) timbré, toqué.

tocco[2] ***n.m.*** [pl. *-chi*] **1** coup: *con un tocco di bacchetta magica*, d'un coup de baguette magique; *un tocco di cipria*, un soupçon de poudre | *dare gli ultimi tocchi*, mettre la dernière main | *dare l'ultimo tocco a un quadro*, donner la dernière touche à un tableau **2** (*impronta personale*) main (*f.*), touche (*f.*) | *il tocco del maestro*, la patte du maître **3** (*mus.*) toucher **4** (*colpo secco*) coup: *ho sentito un tocco alla porta*, j'ai entendu frapper un coup à la porte | *è il tocco*, (*region.*) il est une heure.

tocco[3] [tòc-co] ***n.m.*** [pl. *-chi*] (*pezzo*) morceau* | *un bel tocco di ragazza*, (*fam.*) un beau brin de fille.

tocco[4] ***n.m.*** [pl. *-chi*] (*berretto*) toque (*f.*).

toeletta [to-e-lèt-ta] ***n.f.*** → **toilette**.

toga [tò-ga] ***n.f.*** [pl. *-ghe*] toge, robe: *toga accademica, forense*, robe de professeur, d'avocat | *abbandonare la toga*, (*la professione forense*) abandonner le barreau.

togato [to-gà-to] ***agg.*** **1** en robe | *i (giudici) togati*, les gens de robe **2** (*fig.*) solennel*: *discorso togato*, discours solenuel.

togliere [tò-glie-re] ***v.tr.*** [coniug. come *cogliere*] **1** enlever*; (*di dosso*) ôter; (*ritirare*) retirer: *togliere i libri da uno scaffale*, enlever les livres d'une étagère; *togliere un allievo da una scuola*, retirer un élève d'une école; *togliere una macchia*, enlever (*o* ôter) une tache; *togliere la patente*, retirer le permis de conduire **2** (*levare*) lever*: *togliere la seduta*, lever la séance; *togliere i sigilli*, lever les scellés | *non le ha tolto gli occhi di dosso*, il ne l'a pas quittée des yeux **3** (*interrompere*) couper: *togliere la comunicazione*, couper la communication **4** (*liberare*) libérer*: *mi ha tolto da un bell'impiccio*, il m'a tiré d'un beau pétrin **5** (*letter.*) (*impedire*) empêcher ♦ **togliersi** ***v.pron.*** s'ôter; s'enlever*; (*andarsene*) s'en aller* | *togliti di qui!*, ôte-toi (*o* enlève-toi) de là! ♦ ***v.pron. indiretto*** enlever*; ôter: *togliersi il cappello, il cappotto*, enlever (*o* ôter) son chapeau, son manteau; *togliersi un capriccio*, se passer un caprice.
● ***togliere di mezzo qlcu, qlco***, se débarrasser de qqn, de

qqch | ***togliere il disturbo***, (*estens.*) partir: *è ora di togliere il disturbo*, il est temps de partir | ***togliere la parola a qlcu***, couper la parole à qqn: *mi hai tolto la parola di bocca*, j'allais le dire | ***togliere la vita a qlcu***, tuer qqn; ***togliersi la vita***, se tuer | ***togliersi il pensiero***, se libérer d'un souci, (*non pensarci più*) ne plus y penser | ***togliersi la soddisfazione di***, se payer le luxe de | ***togliersi un dente***, se faire arracher une dent; (*fig.*) s'enlever une épine du pied | ***ciò non toglie che***, (cela) n'empêche que | ***toglietevi dai piedi!***, fichez le camp!

toilette [twa'lɛt] ***n.f.invar.*** **1** (*mobile con specchio*) toilette, coiffeuse **2** (*igiene personale*) toilette: *fare toilette*, faire sa toilette **3** (*abbigl.*) toilette | *toilette da sera*, grande toilette **4** (*servizi igienici*) toilettes (*pl.*).

tolda [tòl-da] ***n.f.*** (*mar.*) pont (*m.*).

tolemaico [to-le-mài-co] ***agg.*** [pl.m. *-ci*, f. *-che*] **1** (*st.*) ptolémaïque **2** (*astr.*) de Ptolomée | *sistema tolemaico*, système de Ptolomée.

toletta [to-lét-ta] ***n.f.*** → **toilette**.

tolgo → **togliere**.

tollerabile [tol-le-rà-bi-le] ***agg.*** tolérable.

tollerante [tol-le-ràn-te] ***agg.*** qui supporte bien; (*fig.*) tolérant.

tolleranza [tol-le-ràn-za] ***n.f.*** tolérance: *avere spirito di tolleranza*, avoir de la tolérance | *con una tolleranza massima di dieci minuti*, avec un marge de dix minutes maximum.

tollerare [tol-le-rà-re] ***v.tr.*** **1** (*ammettere*) tolérer*: *non tollerare le ingiustizie, i soprusi*, ne pas tolérer les injustices, les abus **2** (*sopportare*) supporter: *tollerare il freddo*, supporter le froid | *tollerare una medicina*, tolérer un médicament.

tolsi → **togliere**.

tolto [tòl-to] ***agg.*** (*eccettuato*) sauf, à part, excepté: *tolti alcuni giorni*, à part quelques jours.

toma[1] [tò-ma] ***n.f.***.

● ***capisce sempre Roma per toma***, il ne comprend jamais rien | ***prendere Roma per toma***, (*fraintendere completamente*) se tromper lourdement.

toma[2] ***n.f.*** toma (fromage typique du Piémont).

tomaia [to-mà-ia] ***n.f.*** **tomaio** [pl. *-ai*] ***n.m.*** empeigne (*f.*).

tomba [tóm-ba] ***n.f.*** tombe (*anche fig.*); (*con monumento*) tombeau* (*m.*); (*sotterranea*) caveau* (*m.*) | *tomba di famiglia*, caveau de famille.

● ***fino alla tomba***, (*estens.*) jusqu'à la mort | ***rivoltarsi nella tomba***, (*fig.*) se retorner dans sa tombe.

tombale [tom-bà-le] ***agg.*** tombal*.

tombarolo [tom-ba-rò-lo] ***n.m.*** [f. *-a*] (*region.*) pilleur* de tombes.

tombino [tom-bì-no] ***n.m.*** (*copertura, chiusino*) tampon; (*canaletto di scolo*) bouche (*f.*) d'égout.

tombola[1] [tóm-bo-la] ***n.f.*** loto (*m.*): *giocare a tombola*, jouer au loto.

tombola[2] ***n.f.*** (*fam.*) (*caduta*) culbute.

tombolare [tom-bo-là-re] ***v.intr.*** [aus. *essere*] (*fam.*) culbuter.

tombolo[1] [tóm-bo-lo] ***n.m.*** **1** coussin, carreau* **2** (*del canapè*) petit traversin.

● ***merletto a tombolo***, dentelle aux fuseaux.

tombolo[2], **tombolone** ***n.m.*** (*fam.*) (*caduta*) chute (*f.*); (*ruzzolone*) dégringolade (*f.*).

tomismo [to-mì-ʃmo] ***n.m.*** (*fil.*) thomisme.

tomista [to-mì-sta] ***agg.*** e ***n.m.*** e ***f.*** (*fil.*) thomiste.

tomistico [to-mì-sti-co] ***agg.*** [pl.m. *-ci*, f. *-che*] (*fil.*) thomiste.

tomo[1] [tò-mo] ***n.m.*** **1** tome **2** (*libro*) livre, volume.

tomo[2] ***n.m.*** (*fam. scherz.*) (*individuo strano*) type: *è un bel tomo*, c'est un drôle de type.

tomografia [to-mo-gra-fì-a] ***n.f.*** (*med.*) tomographie.

● ***tomografia assiale computerizzata*** (*TAC*), tomodensitométrie, scanographie.

tonaca [tò-na-ca] ***n.f.*** [pl. *-che*] **1** (*di frate*) froc (*m.*); (*di prete*) soutane **2** (*anat.*) tunique.

● ***vestire, indossare la tonaca***, (*fig.*) prendre l'habit.

tonale [to-nà-le] ***agg.*** (*mus., pitt.*) tonal*.

tonalità [to-na-li-tà] ***n.f.invar.*** **1** (*mus.*) ton (*m.*), tonalité **2** (*pitt.*) (*di colore*) tonalité; (*tono*) ton (*m.*).

tonante [to-nàn-te] ***agg.*** tonnant: *voce tonante*, voix tonnante.

tondeggiante [ton-deg-giàn-te] ***agg.*** arrondi.

tondeggiare [ton-deg-già-re] ***v.intr.*** [coniug. come *mangiare*; aus. *essere*] s'arrondir; être* arrondi.

tondello [ton-dèl-lo] ***n.m.*** **1** (*di cartone, di legno*) rond; (*di legna da ardere*) rondin **2** (*per il conio*) flan.

tondetto [ton-dét-to] ***agg.*** rondelet*.

tondino [ton-dì-no] ***n.m.*** **1** (*piattino*) petite assiette (*f.*); soucoupe (*f.*); (*sottobicchiere*) dessous de verre **2** (*tecn.*) rond à béton (armé).

tondo [tón-do] ***agg.*** **1** rond: *bambino tondo tondo*, enfant tout rond; *mille euro tondi*, mille euros tout ronds; *tre ore tonde*, trois bonnes heures | *cifra tonda*, chiffre rond | (*tip.*) (*carattere*) *tondo*, (caractère) romain **2** (*fig.*) (*semplicione*) niais, nigaud ♦ ***n.m.*** **1** (*circolo*) cercle, rond | *in tondo*, en rond **2** (*pitt., scultura*) médaillon **3** (*piatto rotondo*) assiette (*f.*) (ronde); (*sottocoppa*) soucoupe (*f.*).

● ***dire chiaro e tondo***, dire carrément | (*arte*) ***scultura a tutto tondo***, sculpture en ronde-bosse.

toner [tò-ner] ***n.m.invar.*** (*di fotocopiatrice, di stampante a inchiostro*) toner.

tonfete [tón-fe-te] ***onom.*** patapouf, pouf; (*in acqua*) plouf.

tonfo [tón-fo] ***n.m.*** bruit sourd.

tonica [tò-ni-ca] ***n.f.*** [pl. *-che*] (*mus.*) tonique.

tonicità [to-ni-ci-tà] ***n.f.invar.*** **1** (*med.*) tonicité **2** (*mus., ling.*) caractère (*m.*) tonique.

tonico [tò-ni-co] ***agg.*** [pl.m. *-ci*, f. *-che*] tonique ♦ ***n.m.*** **1** (*med.*) fortifiant: *bere un tonico*, boire un remontant **2** (*lozione per il viso*) tonique, lotion (*f.*) tonique.

● (*ling.*) ***accento tonico***, accent tonique | ***un'acqua tonica***, (*bibita*) un tonic.

tonificante [to-ni-fi-càn-te] ***agg.*** tonifiant, tonique: *massaggio tonificante*, massage tonifiant; *l'aria di mare è tonificante*, l'air marin est tonifiant; *un freddo tonificante*, un froid tonique ♦ ***n.m.*** tonifiant; (*med.*) fortifiant.

tonificare [to-ni-fi-cà-re] ***v.tr.*** [coniug. come *mancare*] tonifier (*anche fig.*).

tonnara [ton-nà-ra] ***n.f.*** thonaire (*m.*).

tonnato [ton-nà-to] ***agg.*** (*cuc.*) au thon.

● ***vitello tonnato***, tranches de veau froid recouvertes d'une mayonnaise au thon.

tonneggio [ton-nég-gio] ***n.m.*** [pl. *-gi*] (*mar.*) touage, toue | *cavo di tonneggio*, touée.

T

tonnellaggio [ton-nel-làg-gio] ***n.m.*** [pl. *-gi*] (*mar.*) tonnage.

tonnellata [ton-nel-là-ta] ***n.f.*** tonne: *pesa una tonnellata*, (*fig. fam.*) cela pèse des tonnes.
● (*mar.*) ***tonnellata di stazza***, tonneau.

tonno [tón-no] ***n.m.*** (*zool.*) thon: *pesca del tonno*, pêche au thon.

FAUX AMI
Da non confondere con *ton*, che significa *tono* o *tuo* né con *tonne*, che significa *tonnellata* o *grossa botte*.

tono [tò-no] ***n.m.*** **1** ton: *alzare, abbassare il tono della voce*, élever, baisser le ton de la voix; *in tono di sfida*, sur un ton de défi; *in tono di supplica*, d'un ton suppliant; *non parlarmi con questo tono*, ne me parle pas sur ce ton **2** (*stile*) style, ton; (*atteggiamento*) allure (*f.*): *un discorso di tono elevato*, une conversation soutenue; *ha un tono che non mi piace*, il a une allure qui ne me plaît pas **3** (*mus.*) ton (*anche fig.*): *tono di la minore*, ton de la mineur; *le tende sono in tono con le poltrone*, (*fig.*) les rideaux se marient bien avec les fauteuils **4** (*med.*) tonus | *tono muscolare*, tonus musculaire.
● ***calare di tono***, baisser le ton: *la commedia cala di tono nel secondo atto*, (*fig.*) au deuxième acte cette pièce faiblit | ***darsi un tono***, se donner un genre | ***essere giù di tono***, ne pas être en forme | ***rispondere a tono***, répondre sur le même ton.

tonsilla [ton-sìl-la] ***n.f.*** (*anat.*) amygdale.

tonsillare [ton-sil-là-re] ***agg.*** (*anat.*) tonsillaire.

tonsillectomia [ton-sil-lec-to-mì-a] ***n.f.*** (*med.*) amygdalectomie, ablation des amygdales.

tonsillite [ton-sil-lì-te] ***n.f.*** (*med.*) amygdalite.

tonsura [ton-sù-ra] ***n.f.*** (*eccl.*) tonsure.

tonto [tón-to] ***agg.*** sot*, stupide ♦***n.m.*** [f. *-a*] sot*, idiot | *non fare il finto tonto!*, ne fais pas l'innocent!

FAUX AMI
Da non confondere con il sostantivo *tonte*, che significa *tosatura*.

top [tòp] ***n.m.invar.*** **1** (*corpino scollato*) bustier **2** (*apice, culmine*) top: *è il top dell'eleganza*, c'est le top de l'élégance.

topa [tò-pa] ***n.f.*** (*volg.*) (*vagina*) con (*m.*), chatte.

topaia [to-pà-ia] ***n.f.*** **1** nid (*m.*) de rats **2** (*fig.*) taudis (*m.*).

topazio [to-pà-zio] ***n.m.*** [pl. *-zi*] topaze (*f.*).

topica [tò-pi-ca] ***n.f.*** [pl. *-che*] (*fam.*) (*gaffe*) gaffe; (*sbaglio*) bévue: *fare una topica*, (*una gaffe*) faire une gaffe; (*prendere un granchio*) commettre une bévue.

T

topicida [to-pi-cì-da] ***agg.*** qui tue les rats ♦***n.m.*** mort-aux-rats* (*f.*).

topico [tò-pi-co] ***agg.*** [pl.m. *-ci*, f. *-che*] topique | *momento topico*, moment crucial.

topinambur [to-pi-nam-bùr] ***n.m.invar.*** (*bot.*) topinambour.

topless ['tɔples] ***n.m.invar.*** monokini, topless.

top model [top'mɔdel] ***n.f.invar.*** mannequin, vedette.

topo [tò-po] ***n.m.*** rat; (*domestico*) souris (*f.*).
● ***topo d'albergo***, (*fig.*) rat d'hôtel | ***topo di biblioteca***, (*fig.*) rat de bibliothèque | ***fare la fine del topo***, (*fig.*) être fait comme un rat.

topo- ***pref.*** topo-.

topografia [to-po-gra-fì-a] ***n.f.*** topographie.

topografico [to-po-grà-fi-co] ***agg.*** [pl.m. *-ci*, f. *-che*] topographique.

topografo [to-pò-gra-fo] ***n.m.*** [f. *-a*] topographe.

topolino [to-po-lì-no] ***n.m.*** [f. *-a*] **1** (*zool.*) souris (*f.*) **2** (*fig. fam.*) (*bambino piccolo*) mon petit lapin **3** *Topolino*, (*personaggio dei fumetti*) Mickey.

topologia [to-po-lo-gì-a] ***n.f.*** topologie.

toponimo [to-pò-ni-mo] ***n.m.*** toponyme.

toponomastica [to-po-no-mà-sti-ca] ***n.f.*** [pl. *-che*] toponymie.

toporagno [to-po-rà-gno] ***n.m.*** [pl. *topiragni*] (*zool.*) musaraigne (*f.*).

topos [tò-pos] ***n.m.*** [pl. *tòpoi*] **1** topique, lieu* commun **2** (*tema ricorrente*) leitmotiv, cliché.

toppa [tòp-pa] ***n.f.*** **1** pièce | *mettere una toppa a qlco*, (*fig.*) rafistoler qqch **2** (*della serratura*) trou (*m.*) de la serrure.

top secret [top'sikrit] ***agg.invar.*** top secret, ultra-secret*.

torace [to-rà-ce] ***n.m.*** (*anat.*) thorax.

toracico [to-rà-ci-co] ***agg.*** [pl.m. *-ci*, f. *-che*] thoracique.

torba [tór-ba] ***n.f.*** tourbe.

torbidamente [tor-bi-da-mén-te] ***avv.*** d'une manière trouble.

torbidezza [tor-bi-déz-za] ***n.f.*** turbidité.

torbido [tór-bi-do] ***agg.*** trouble (*anche fig.*): *tempi torbidi*, époque troublée ♦***n.m.*** **1** (*losco*) louche **2** (*pl.*) (*tumulti*) troubles.
● ***pescare nel torbido***, pêcher en eau trouble.

torbiera [tor-biè-ra] ***n.f.*** tourbière.

torcere [tòr-ce-re] ***v.tr.*** [p. rem. *io torsi, tu torcesti ecc.*; p.p. *torto*] tordre* | *torcere il naso, la bocca*, faire la grimace ♦ **torcersi** ***v.pron.*** e ***pron.intr.*** se tordre* | *torcersi dalle risa*, se tordre de rire.
● ***dare del filo da torcere***, (*fig.*) donner du fil à retordre.

torchiare [tor-chià-re] ***v.tr.*** **1** (*agr.*) presser, pressurer **2** (*fig.*) (*in un interrogatorio, agli esami*) cuisiner.

torchiatura [tor-chia-tù-ra] ***n.f.*** (*agr.*) pressurage (*m.*).

torchio [tòr-chio] ***n.m.*** [pl. *-chi*] (*tecn.*) presse (*f.*); (*per uva e oleaginose*) pressoir.
● ***tenere qlcu sotto (il) torchio***, (*fig.*) tenir qqn sur la sellette.

torchon [tor'ʃon] ***n.m.invar.*** (*collana a torciglione*) torsade (*f.*).

torcia [tòr-cia] ***n.f.*** [pl. *-ce*] **1** torche **2** (*cero*) cierge (*m.*).
● ***torcia a vento***, lampe tempête.

torcicollo [tor-ci-còl-lo] ***n.m.invar.*** torticolis.

torciera [tor-ciè-ra] ***n.f.*** torchère.

torcitura [tor-ci-tù-ra] ***n.f.*** tordage (*m.*); (*della seta*) moulinage (*m.*).

tordo [tór-do] ***n.m.*** **1** grive (*f.*) **2** (*fig.*) (*sempliciotto*) niais.
● ***grasso come un tordo***, gras comme une caille.

toreare [to-re-à-re] ***v.intr.*** [aus. *avere*] toréer.

torello [to-rèl-lo] ***n.m.*** taurillon.

torero [to-rè-ro] ***n.m.*** [f. *-a*] toréador.

torinese [to-ri-né-se] ***agg.*** turinois ♦***n.m.*** e ***f.*** (*abitante*) Turinois/e.

torio [tò-rio] ***n.m.*** [pl. *-ri*] (*chim.*) thorium.

torma [tór-ma] ***n.f.*** **1** (*di soldati*) troupe; (*di persone*) masse; (*di animali*) troupeau* (*m.*) **2** (*st.*) turme.
● ***a torme***, en masse.

tormalina [tor-ma-lì-na] ***n.f.*** tourmaline.

tormenta [tor-mén-ta] ***n.f.*** tourmente, tempête de neige.

tormentare [tor-men-tà-re] ***v.tr.*** **1** tourmenter, torturer (*anche fig.*) **2** (*fam.*) (*infastidire*) agacer*, embêter ♦ **tormentarsi** ***v.pron.*** se tourmenter.

tormentato [tor-men-tà-to] ***agg.*** tourmenté, torturé (*anche fig.*).

tormento [tor-mén-to] ***n.m.*** **1** (*tortura*) torture (*f.*) **2** (*sofferenza*) tourment (*anche fig.*) | *quella ragazza è un tormento!*, quelle plaie cette fille!

tormentone [tor-men-tó-ne] ***n.m.*** **1** obsession (*f.*) **2** (*persona noiosa*) personne (*f.*) assommante.

tormentoso [tor-men-tó-so] ***agg.*** torturant | *ho un dubbio tormentoso*, (*fig.*) j'ai un doute qui me hante.

tornaconto [tor-na-cón-to] ***n.m.*** avantage, profit | *ha il suo tornaconto*, il y trouve son compte | *non c'è tornaconto*, il n'y a rien à gagner.

tornado [tor-nà-do] ***n.m.*** tornade (*f.*).

tornante [tor-nàn-te] ***n.m.*** tournant, virage | *strada a tornanti*, route en lacets.

tornare [tor-nà-re] ***v.intr.*** [aus. *essere*] **1** revenir*; (*a casa, in casa*) rentrer | *vado e torno*, je fais juste un saut, je reviens tout de suite | *tornare su un argomento*, revenir sur un sujet | *tornare con la mente a qlco*, repenser à qqch **2** (*andare un'altra volta*) retourner; (*andare periodicamente*) se rendre*: *devo tornare in biblioteca*, il faut que je retourne à la bibliothèque **3** (*ridiventare*) redevenir* | *tornare di moda*, revenir à la mode | *gli sembrava d'essere tornato giovane*, il avait l'impression d'avoir retrouvé ses vingt ans **4** (*seguito da infinito*) *tornare a*: *tornare a dire*, répéter; *tornare a fare*, (*rifare*) refaire; *tornare a leggere*, (*rileggere*) relire; *tornò a nevicare*, il recommença à neiger **5** (*fam.*) (*riuscire, essere*) être*: *mi torna nuovo*, c'est nouveau pour moi | *se ti torna comodo*, si cela ne te dérange pas | *torna a proposito*, cela tombe à propos | *torna a tuo onore*, c'est tout à ton honneur | *torna a tuo vantaggio*, tu y gagnes **6** (*fam.*) (*essere esatto*) être* juste: *i conti non tornano*, les comptes ne sont pas justes | *c'è qualcosa che non torna nel ragionamento*, il y a quelque chose qui cloche dans le raisonnement | *non mi torna!*, cela ne me convainc pas! ♦ **tornarsene** ***v.pron.intr.*** revenir*; (*a casa*) rentrer.
● ***tornare dentro***, rentrer | ***tornare giù***, redescendre | ***tornare indietro***, rebrousser chemin; (*fig.*) revenir en arrière | ***tornare su***, (*risalire*) remonter; (*di cibi*) revenir | ***torniamo a noi!***, revenons à nos moutons!

FAUX AMI
Da non confondere con *tourner*, che significa *girare, voltare*.

tornasole [tor-na-só-le] ***n.m.invar.*** (*chim.*) tournesol.
● ***cartina di tornasole***, papier de tournesol; (*fig.*) indice révélateur.

tornata [tor-nà-ta] ***n.f.*** **1** (*seduta*) séance **2** (*metrica*) envoi (*m.*).
● ***tornata elettorale***, tour de scrutin.

tornello [tor-nèl-lo] ***n.m.*** tourniquet.

torneo [tor-nè-o] ***n.m.*** tournoi.

tornio [tór-nio] ***n.m.*** [pl. *-ni*] tour.

tornire [tor-nì-re] ***v.tr.*** [coniug. come *finire*] **1** (*mecc.*) tourner **2** (*fig.*) polir.

tornito [tor-nì-to] ***agg.*** **1** (*mecc.*) façonné au tour **2** (*di braccia ecc.*) bien fait **3** (*fig.*) bien fini, bien poli.

tornitore [tor-ni-tó-re] ***n.m.*** [f. *-trice*] tourneur*.

tornitura [tor-ni-tù-ra] ***n.f.*** (*mecc.*) tournage (*m.*).

torno [tór-no] ***n.m.***
● ***torno torno***, tout autour | ***in quel torno di tempo***, en ce temps-là, à cette époque | ***levarsi qlcu di torno***, se débarrasser de qqn; ***levati di torno!***, va-t-en!, ôte-toi de là!

toro[1] [tò-ro] ***n.m.*** **1** (*zool.*) taureau* **2** (*astr.*) *Toro*, Taureau.
● ***forte come un toro***, fort comme un bœuf.

toro[2] ***n.m.*** (*arch., mat.*) tore.

torpedine[1] [tor-pè-di-ne] ***n.f.*** (*zool.*) torpille.

torpedine[2] ***n.f.*** (*mar. mil.*) torpille.

torpediniera [tor-pe-di-niè-ra] ***n.f.*** torpilleur (*m.*).

torpedone [tor-pe-dó-ne] ***n.m.*** car, autocar.

torpido [tòr-pi-do] ***agg.*** engourdi (*anche fig.*).

torpore [tor-pó-re] ***n.m.*** torpeur (*f.*); (*di membra*) engourdissement.

torre [tór-re] ***n.f.*** **1** tour **2** (*mar.*) tourelle **3** (*inform.*) tour.
● ***torre campanaria***, clocher, campanile | (*aer.*) ***torre di controllo***, tour de contrôle | ***torre di guardia***, tour de guet | ***torre di lancio***, rampe de lancement.

torrefare [tor-re-fà-re] ***v.tr.*** [coniug. come *fare*; pres. indic. *egli torrefà*] torréfier.

torrefazione [tor-re-fa-zió-ne] ***n.f.*** **1** torréfaction **2** (*negozio*) brûlerie de café.

torreggiare [tor-reg-già-re] ***v.intr.*** [coniug. come *mangiare*; aus. *avere*] dominer (**qqch**).

torrente [tor-rèn-te] ***n.m.*** torrent (*anche fig.*).

torrentismo [tor-ren-tì-smo] ***n.m.*** (*sport*) nage (*f.*) en eaux vives.

torrentizio [tor-ren-tì-zio] ***agg.*** [pl.m. *-zi*] torrentiel*.

torrenziale [tor-ren-zià-le] ***agg.*** torrentiel*.

torretta [tor-rét-ta] ***n.f.*** tourelle; (*di sommergibile*) kiosque (*m.*); (*di cattedrale*) clocheton (*m.*).

torrido [tòr-ri-do] ***agg.*** torride.

torrione [tor-rió-ne] ***n.m.*** donjon.

torrone [tor-ró-ne] ***n.m.*** nougat.

torsi → **torcere**.

torsione [tor-sió-ne] ***n.f.*** torsion.

torso [tór-so] ***n.m.*** **1** (*torsolo*) trognon **2** (*busto*) torse.
● ***a torso nudo***, torse nu.

torsolo [tór-so-lo] ***n.m.*** trognon.

torta [tór-ta] ***n.f.*** gâteau* (*m.*); (*crostata*) tarte; (*salata*) tourte.
● ***torta gelato***, gâteau glacé | ***torta nuziale***, pièce montée | ***grafico a torta***, graphique rond divisé en secteurs; (*fam.*) camembert.

tortellino [tor-tel-lì-no] ***n.m.*** (*spec. pl.*) (*cuc.*) tortellini (variété de pâtes garnies d'une farce).

tortiera [tor-tiè-ra] ***n.f.*** moule (*m.*) à gâteaux: *tortiera a fondo apribile*, moule à fond amovible.

tortiglione [tor-ti-glió-ne] ***n.m.*** tortillon.
● ***a tortiglione***, en spirale; (*arch.*) ***colonna a tortiglione***, colonne torse.

tortile [tòr-ti-le] ***agg.*** tors.

tortino [tor-tì-no] ***n.m.*** (*cuc.*) gratin.

torto[1] [tòr-to] ***agg.*** tors; (*deforme*) tordu | *fare la bocca torta*, faire la moue, la grimace ♦ ***n.m.*** fil tors.
● ***guardare torto***, regarder de travers | ***piede torto***, pied bot.

torto[2] ***n.m.*** tort: *avere torto*, avoir tort; *sentirsi in torto*, se sentir dans son tort; *fare un torto a qlcu*, faire du tort

T

à qqn; *essere, passare dalla parte del torto*, être, se mettre dans son tort | *questo gli fa torto*, cela est indigne de lui.
● ***a torto***, à tort | ***hai torto marcio***, (*fam.*) tu es entièrement dans ton tort | ***non ha tutti i torti***, tous les torts ne sont pas de son côté.

tortora [tór-to-ra] **tortorella** *n.f.* tourterelle.

tortuosità [tor-tu-o-si-tà] *n.f.* méandre (*m.*); (*fig.*) caractère (*m.*) tortueux.

tortuoso [tor-tu-ó-so] *agg.* tortueux* (*anche fig.*); (*sinuoso*) sinueux*.

tortura [tor-tù-ra] *n.f.* torture (*anche fig.*).

torturare [tor-tu-rà-re] *v.tr.* torturer (*anche fig.*) ♦ **torturarsi** *v.pron.* se torturer, se tourmenter.

torvo [tór-vo] *agg.* torve | *guardare torvo*, regarder d'un œil torve.

tosaerba [to-ʃa-èr-ba] *n.m.invar.* tondeuse (*f.*) (à gazon).

tosare [to-ʃà-re] *v.tr.* **1** tondre* | *tosare una siepe*, tailler une haie **2** (*monete*) rogner **3** (*fig. scherz.*) plumer.
● ***farsi tosare***, (*scherz.*) se faire couper les cheveux très courts.

tosasiepi [to-ʃa-siè-pi] *n.m.* o *f.invar.* taille-haie (*m.*), cisaille (*f.*) à haies.

tosato [to-ʃà-to] *agg.* **1** tondu **2** (*di metalli preziosi*) rogné **3** (*fig. scherz.*) plumé.

tosatore [to-ʃa-tó-re] *n.m.* [f. *-trice*] tondeur*.

tosatrice [to-ʃa-trì-ce] *n.f.* (*macchinetta*) tondeuse.

tosatura [to-ʃa-tù-ra] *n.f.* **1** tonte **2** (*scherz.*) coupe de cheveux **3** (*delle monete*) rognage (*m.*); (*la materia tosata*) rognure **4** (*di siepi ecc.*) taille.

toscano [to-scà-no] *agg.* toscan ♦ *n.m.* **1** [f. *-a*] (*abitante*) Toscan **2** (*lingua*) toscan **3** (*sigaro*) toscano (sorte de cigare).

tosco [tó-sco *o* tòsco] *agg.* [pl.m. *-schi*, f. *-sche*] (*letter.*) (*toscano*) toscan.

tosse [tós-se] *n.f.* toux | *avere la tosse*, tousser.
● (*med. pop.*) ***tosse convulsa***, ***canina***, ***asinina***, coqueluche.

tossicchiare [tos-sic-chià-re] *v.intr.* [aus. *avere*] toussoter.

tossicità [tos-si-ci-tà] *n.f.invar.* toxicité.

tossico [tòs-si-co] *agg.* toxique ♦ *n.m.* **1** (*letter.*) poison **2** [f. *-a*; pl.m. *-ci*, f. *-che*] (*fam.*) (*tossicodipendente*) toxico.

tossicodipendente [tos-si-co-di-pen-dèn-te] *n.m.* e *f.* toxicomane, drogué/e.

T

tossicodipendenza [tos-si-co-di-pen-dèn-za] *n.f.* toxicomanie.

tossicologia [tos-si-co-lo-gì-a] *n.f.* toxicologie.

tossicologico [tos-si-co-lò-gi-co] *agg.* [pl.m. *-ci*, f. *-che*] toxicologique.

tossicologo [tos-si-cò-lo-go] *n.m.* [f. *-a*; pl.m. *-gi*, f. *-ghe*] toxicologue.

tossicomane [tos-si-cò-ma-ne] *n.m.* e *f.* toxicomane; (*fam.*) toxico.

tossicomania [tos-si-co-ma-ni-a] *n.f.* toxicomanie.

tossicosi [tos-si-cò-ʃi] *n.f.invar.* (*med.*) toxicose.

tossina [tos-sì-na] *n.f.* (*biochim.*) toxine.

tossire [tos-sì-re] *v.intr.* [coniug. come *finire*; aus. *avere*] tousser.

tostacaffè [to-sta-caf-fè] *n.m.invar.* brûloir.

tostapane [to-sta-pà-ne] *n.m.invar.* grille-pain*.

tostare [to-stà-re] *v.tr.* (*caffè*) torréfier; (*pane*) griller.

tostatura [to-sta-tù-ra] *n.f.* grillage (*m.*); (*caffè*) torréfaction.

tosto[1] [tò-sto] *agg.* **1** (*duro*) dur **2** (*gergo*) (*formidabile*) sensas.
● ***che faccia tosta!***, quel toupet!; ***ci vuole una bella faccia tosta per***, il faut en avoir du toupet pour; ***è una faccia tosta***, c'est un effronté.

tosto[2] *avv.* (*letter.*) tout de suite.

tot *agg.indef.invar.* X: *una cifra tot*, une somme X; *il giorno tot*, tel jour ♦ *pron.indef.* e *n.m.invar.* tant: *per l'affitto spende tot*, il dépense tant pour le loyer.

totale [to-tà-le] *agg.* e *n.m.* total*: *l'importo totale*, le montant total.
● ***in totale***, au total.

totalità [to-ta-li-tà] *n.f.invar.* totalité.

totalitario [to-ta-li-tà-rio] *agg.* [pl.m. *-ri*] totalitaire.

totalitarismo [to-ta-li-ta-rì-ʃmo] *n.m.* totalitarisme.

totalizzare [to-ta-liʒ-ʒà-re] *v.tr.* totaliser.

totalizzatore [to-ta-liʒ-ʒa-tó-re] *n.m.* **1** totalisateur **2** (*ippica*) pari mutuel.

totalizzazione [to-ta-liʒ-ʒa-zió-ne] *n.f.* totalisation.

totalmente [to-tal-mén-te] *avv.* totalement; (*interamente*) entièrement.

totano [tò-ta-no] *n.m.* (*mollusco*) calmar.

totem [tò-tem] *n.m.invar.* totem.

totip® [to-tìp] *n.m.invar.* totip® (en Italie, loterie sur les courses des chevaux); (*in Francia*) (*ente organizzatore*) pari mutuel urbain (PMU).

totocalcio® [to-to-càl-cio] *n.m.* totocalcio® (en Italie, forme de pari sur les matches de football); (*in Francia*) loto sportif.

totoscommesse [to-to-scom-més-se] *n.m.invar.* pari sportif.

touchpad [tatʃ'pɛd] *n.m.invar.* (*inform.*) pavé tactile.

toupet [tu'pɛ] *n.m.invar.* postiche.

tourniquet [turni'kɛ] *n.m.invar.* **1** (*curva*) tournant **2** (*tornello*) tourniquet.

tour operator [turope'reitor] *n.m.invar.* voyagiste, tour-opérateur*, organisateur* de voyages.

tovaglia [to-và-glia] *n.f.* nappe.

tovagliato [to-va-glià-to] *n.m.* (*biancheria da tavola*) linge de table.

tovaglietta [to-va-gliè-ta] *n.f.* napperon (*m.*).
● ***tovaglietta all'americana***, set de table, napperon individuel | ***tovaglietta da tè***, nappe à thé.

tovagliolo [to-va-gliò-lo] *n.m.* serviette (*f.*) (de table).

tozzo[1] [tòz-zo] *agg.* trapu; (*di mani, di gambe*) court.

tozzo[2] *n.m.* quignon.
● ***per un tozzo di pane***, pour une bouchée de pain.

tra *prep.* → **fra**[1].

traballante [tra-bal-làn-te] *agg.* **1** (*di persona*) titubant; (*di cosa*) branlant **2** (*fig.*) chancelant.

traballare [tra-bal-là-re] *v.intr.* [aus. *avere*] **1** (*di persone*) tituber; (*di cose*) branler **2** (*fig.*) chanceler*.

trabeazione [tra-be-a-zió-ne] *n.f.* (*arch.*) entablement (*m.*).

trabiccolo [tra-bìc-co-lo] *n.m.* (*scherz.*) appareil déglingué; (*di automobile*) tacot; (*di aeroplano*) coucou; (*di bicicletta*) clou.

traboccante [tra-boc-càn-te] *agg.* débordant (*anche fig.*).

traboccare [tra-boc-cà-re] ***v.intr.*** [coniug. come *mancare*; aus. *essere* se riferito a contenuto, *avere* se riferito a recipiente] déborder (*anche fig.*): *il latte è traboccato*, le lait a débordé.

trabocchetto [tra-boc-chét-to] ***n.m.*** **1** trappe (*f.*) **2** (*fig.*) piège.
● ***domanda trabocchetto***, colle: *fare una domanda trabocchetto*, poser une colle.

tracagnotto [tra-ca-gnòt-to] ***agg.*** e ***n.m.*** [f. *-a*] courtaud.

tracannare [tra-can-nà-re] ***v.tr.*** avaler d'un trait.

traccia [tràc-cia] ***n.f.*** [pl. *-ce*] **1** trace: *una traccia profonda, indelebile*, une trace profonde, indélébile; *seguire, perdere le tracce di qlcu*, suivre, perdre les traces de qqn | *le tracce d'una civiltà antica*, les vestiges (*o* traces) d'une civilisation ancienne | *seguire le tracce di qlcu*, (*fig.*) marcher sur les traces de qqn | *essere sulle tracce di qlcu, qlco*, être sur la trace de qqn, qqch; (*detto di cacciatori*) aller sur la trace | *non c'è, non rimane più traccia di*, il n'y a plus de trace de: *non è rimasta traccia del vecchio castello*, il n'y a plus de trace du vieux château **2** (*abbozzo*) plan (*m.*): *preparare la traccia di un discorso*, préparer le plan d'un discours **3** (*di dischi, nastri*) piste.
● ***far perdere le proprie tracce***, (*fig.*) se volatiliser dans la nature (*o* partir sans laisser d'adresse).

tracciabilità [trac-cia-bi-li-tà] ***n.f.invar.*** traçabilité.

tracciante [trac-ciàn-te] ***agg.*** traçant ♦ ***n.m.*** **1** balle (*f.*) traçante **2** (*isotopo*) traceur (isotopique).

tracciare [trac-cià-re] ***v.tr.*** [coniug. come *cominciare*] tracer* (*anche fig.*) | *tracciare la via*, (*fig.*) ouvrir la voie.

tracciato [trac-cià-to] ***n.m.*** tracé (*anche inform.*).

trachea [tra-chè-a] ***n.f.*** (*anat.*) trachée.

tracheale [tra-che-à-le] ***agg.*** (*anat.*) trachéal*, trachéen*.

tracheite [tra-che-ì-te] ***n.f.*** (*med.*) trachéite.

tracheotomia [tra-che-o-to-mì-a] ***n.f.*** (*med.*) trachéotomie.

tracimare [tra-ci-mà-re] ***v.intr.*** [aus. *avere*] déborder.

tracimazione [tra-ci-ma-zió-ne] ***n.f.*** débordement (*m.*).

tracolla [tra-còl-la] ***n.f.*** bandoulière.
● ***a tracolla***, en bandoulière.

tracollo [tra-còl-lo] ***n.m.*** débâcle (*f.*): *tracollo finanziario*, débâcle financière, krach | *sull'orlo di un tracollo fisico*, au bord de l'épuisement (physique).

tracoma [tra-cò-ma] ***n.m.*** (*med.*) trachome.

tracotante [tra-co-tàn-te] ***agg.*** e ***n.m.*** e ***f.*** arrogant/e.

tracotanza [tra-co-tàn-za] ***n.f.*** arrogance, outrecuidance.

trade mark ['treidmark] ***n.m.invar.*** marque (*f.*) de fabrique.

tradimento [tra-di-mén-to] ***n.m.*** trahison (*f.*).
● ***a tradimento***, par trahison, par traîtrise: *uccidere a tradimento*, tuer par traîtrise; ***domanda a tradimento***, question à brûle-pourpoint; ***mangiare il pane a tradimento***, voler le pain qu'on mange.

tradire [tra-dì-re] ***v.tr.*** [coniug. come *finire*] trahir (*anche fig.*); (*essere infedele*) tromper: *tradire il marito, la moglie*, tromper son mari, sa femme | *se la memoria non mi tradisce*, si j'ai bonne mémoire ♦ **tradirsi** ***v.pron.*** se trahir.

> NOTA *Tradire*: **trahir** o **tromper**?
>
> Si usa ***trahir*** quando significa 'venir meno ai propri doveri più sacri':
>
> *Avete tradito la patria.*
> SÌ Vous avez **trahi** la patrie.
> NO Vous avez **trompé** la patrie.
>
> Si usa ***tromper*** quando significa 'abusare della fiducia di qualcuno'.
>
> *Tradisce il marito con il giardiniere.*
> SÌ Elle **trompe** son mari avec le jardinier.
> NO Elle **trahit** son mari avec le jardinier.

tradito [tra-dì-to] ***agg.*** trahi; (*in amore*) trompé.

traditore [tra-di-tó-re] ***agg.*** e ***n.m.*** [f. *-trice*] traître* (*anche fig.*): *traditore della patria*, traître à sa patrie | *occhi traditori*, des yeux trompeurs; *parole traditrici*, des mots trompeurs, mensongers.
● ***da traditore, alla traditora***, en traître.

tradizionale [tra-di-zio-nà-le] ***agg.*** traditionnel*.

tradizionalismo [tra-di-zio-na-lì-ʃmo] ***n.m.*** traditionalisme.

tradizionalista [tra-di-zio-na-lì-sta] ***agg.*** e ***n.m.*** e ***f.*** traditionaliste.

tradizionalistico [tra-di-zio-na-lì-sti-co] ***agg.*** [pl.m. *-ci*, f. *-che*] traditionaliste.

tradizione [tra-di-zió-ne] ***n.f.*** **1** tradition **2** (*fam.*) (*abitudine*) habitude.
● ***per tradizione***, de tradition.

tradotta [tra-dót-ta] ***n.f.*** train (*m.*) militaire.

traducibile [tra-du-cì-bi-le] ***agg.*** traduisible.

tradurre [tra-dùr-re] ***v.tr.*** [coniug. come *condurre*] **1** traduire* | *tradurre il proprio pensiero in parole*, exprimer sa pensée; *tradotto in parole povere*, en bon français | *tradurre in atto, in pratica*, réaliser | *tradurre un'idea sulla tela*, transposer une idée sur une toile **2** (*condurre*) conduire* **3** (*inform.*) transcoder.

tradussi → **tradurre**.

traduttore [tra-dut-tó-re] ***n.m.*** [f. *-trice*] traducteur*.

traduzione [tra-du-zió-ne] ***n.f.*** **1** traduction; (*fam.*) traduc **2** (*esercizio scolastico*) (*dalla propria in un'altra lingua*) thème (*m.*); (*da una lingua straniera nella propria*) version **3** (*trasferimento*) transfert (*m.*).

traente [tra-èn-te] ***agg.*** tractif* ♦ ***n.m.*** (*comm.*) tireur*, émetteur*; donneur* d'ordre.

trafelato [tra-fe-là-to] ***agg.*** essoufflé, *haletant.

trafficante [traf-fi-càn-te] ***n.m.*** e ***f.*** **1** (*spreg.*) trafiquant/e **2** (*commerciante*) commerçant/e.

trafficare [traf-fi-cà-re] ***v.intr.*** [coniug. come *mancare*; aus. *avere*] **1** (*con qlcu*) trafiquer (**avec**); (*in qlco*) faire* du trafic (**de**) | *traffica in vini*, il trafique dans le vin **2** (*fam.*) (*affaccendarsi*) s'affairer; (*fare piccoli lavori*) bricoler ♦ ***v.tr.*** faire* du trafic (**de**) | *che cosa stai trafficando?*, (*fam.*) qu'est-ce que tu fabriques? | *è gente che traffica*, (*spreg.*) ce sont des gens qui font des magouilles.

trafficato [traf-fi-cà-to] ***agg.*** de grand passage, de grande circulation.

traffichino [traf-fi-chì-no] ***n.m.*** [f. *-a*] (*intrallazzatore*) magouilleur*.

traffico [tràf-fi-co] ***n.m.*** [pl. *-ci*] **1** (*commercio spec. illecito*) trafic **2** (*fam.*) (*intrallazzo*) magouille (*f.*): *fare strani traffici*, faire des magouilles **3** (*movimento di un settore*) trafic; (*stradale*) circulation (*f.*): *dirigere il traffico*, diriger la circulation; *oggi c'è molto traffico*, aujourd'hui il y a beaucoup de circulation; *aperto, chiuso al traffico*, ouvert, interdit à la circulation | *le ore di traffico*, les heures de pointe.

trafiggere [tra-fig-ge-re] *v.tr.* [coniug. come *affliggere*] transpercer*; (*fig.*) percer*.

trafila [tra-fi-la] *n.f.* filière | *passare attraverso la normale trafila*, suivre la filière.

trafilare [tra-fi-là-re] *v.tr.* (*metall.*) tréfiler, étirer.

trafilato [tra-fi-là-to] *agg.* e *n.m.* tréfilé.

trafilatura [tra-fi-la-tù-ra] *n.f.* (*metall.*) tréfilage (*m.*).

trafiletto [tra-fi-lét-to] *n.m.* entrefilet.

trafitto [tra-fit-to] *agg.* transpercé | *avere il cuore trafitto*, (*fig.*) avoir le cœur brisé; *trafitto dalla gelosia*, (*fig.*) tourmenté par la jalousie.

trafittura [tra-fit-tù-ra] *n.f.* **1** (*ferita*) blessure **2** (*fitta*) élancement (*m.*).

traforare [tra-fo-rà-re] *v.tr.* **1** percer*; (*carta, cuoio, legno*) perforer; (*il compensato*) découper **2** (*ricamare a traforo su*) ajourer.

traforato [tra-fo-rà-to] *agg.* **1** percé; (*di carta, cuoio, legno*) perforé **2** (*ricamato con trafori*) ajouré.

traforo [tra-fó-ro] *n.m.* **1** percement **2** (*galleria*) tunnel **3** (*di legno compensato*) découpage **4** (*ricamo, intaglio, artistico*) jour **5** (*arch.*) remplage.

trafugamento [tra-fu-ga-mén-to] *n.m.* soustraction (*f.*); (*furto*) vol; (*di salma*) subtilisation (*f.*).

trafugare [tra-fu-gà-re] *v.tr.* [coniug. come *legare*] soustraire*; (*rubare*) voler; (*salma*) subtiliser.

tragedia [tra-gè-dia] *n.f.* **1** tragédie (*anche fig.*) | *è accaduta una tragedia*, il est arrivé un malheur **2** (*fig. scherz.*) drame (*m.*) | *non facciamone una tragedia!*, n'en faisons pas un drame!

tragediografo [tra-ge-diò-gra-fo] *n.m.* [f. *-a*] auteur* tragique.

traggo → **trarre**.

traghettamento [tra-ghet-ta-mén-to] *n.m.* passage.

traghettare [tra-ghet-tà-re] *v.tr.* **1** (*trasportare*) transporter, faire* traverser **2** (*attraversare*) passer, traverser.

traghettatore [tra-ghet-ta-tó-re] *n.m.* [f. *-trice*] passeur*, batelier*.

traghetto [tra-ghét-to] *n.m.* **1** (*trasporto*) passage; traversée (*f.*) **2** (*mezzo per traghettare*) bac.
● ***traghetto per auto***, bac pour auto, car-ferry | ***nave traghetto***, ferry-boat.

FAUX AMI
Da non confondere con *trajet*, che significa *tragitto*.

tragicamente [tra-gi-ca-mén-te] *avv.* tragiquement.

T

tragicità [tra-gi-ci-tà] *n.f.invar.* tragique (*m.*).

tragico [trà-gi-co] *agg.* [pl.m. *-ci*, f. *-che*] tragique (*anche fig.*) ♦ *n.m.* **1** tragique | *prendere sul tragico*, prendre au tragique **2** (*autore di tragedie*) auteur tragique; (*attore*) tragédien*.

tragicomico [tra-gi-cò-mi-co] *agg.* [pl.m. *-ci*, f. *-che*] tragi-comique*.

tragicommedia [tra-gi-com-mè-dia] *n.f.* tragi-comédie*.

tragitto [tra-gìt-to] *n.m.* **1** (*strada*) trajet, chemin; (*percorso*) parcours: *il tragitto è lungo*, il y a un bon bout de chemin | *lungo il tragitto*, en cours de route **2** (*viaggio*) voyage.

traguardo [tra-guàr-do] *n.m.* **1** (ligne d') arrivée (*f.*); (*ippica*) poteau* **2** (*fig.*) (*meta*) but, objectif.
● ***tagliare il traguardo***, franchir la ligne d'arrivée, le poteau.

trai → **trarre**.

traiettoria [tra-iet-tò-ria] *n.f.* trajectoire.

trailer ['treiler] *n.m.invar.* **1** (*aut.*) remorque (*f.*) **2** (*cine.*) bande-annonce* (*f.*).

trainabile [trai-nà-bi-le] *agg.* tractable.

trainante [trai-nàn-te] *agg.* **1** (*che traina*) remorqueur* **2** (*fig.*) porteur* | *è l'elemento trainante del gruppo*, c'est le bout-en-train du groupe, (*intellettuale, politico*) c'est le leader du groupe.

trainare [trai-nà-re] *v.tr.* **1** traîner, tirer, tracter **2** (*rimorchiare*) remorquer.

training ['treiniŋ] *n.m.invar.* **1** (*allenamento sportivo*) training, entraînement **2** (*tirocinio professionale*) formation (*f.*).
● (*psic.*) ***training autogeno***, training autogène.

traino [trài-no] *n.m.* **1** (*il trainare*) traction (*f.*), traînage; (*il rimorchiare*) remorquage **2** (*rimorchio*) remorque (*f.*) **3** (*carico trainato*) charge (*f.*).
● ***animali da traino***, animaux de trait | ***gancio da traino***, crochet d'attelage.

tralasciare [tra-la-scià-re] *v.tr.* [coniug. come *cominciare*] **1** (*abbandonare*) abandonner **2** (*trascurare*) négliger* **3** (*omettere*) omettre* | *non tralasciare d'avvertirmi*, ne manque pas de me prévenir.

tralcio [tràl-cio] *n.m.* [pl. *-ci*] rameau* de vigne; (*sarmento*) sarment.

traliccio [tra-lìc-cio] *n.m.* [pl. *-ci*] **1** (*struttura di sostegno*) treillis; (*per porte, finestre*) grillage **2** (*della linea elettrica*) pylône **3** (*graticcio*) treillage **4** (*tessuto*) coutil.

tralice, in [in tra-lì-ce] *avv.* de biais, de travers.

tralignamento [tra-li-gna-mén-to] *n.m.* dégénérescence (*f.*), dégénération (*f.*).

tralignare [tra-li-gnà-re] *v.intr.* [aus. *avere* o *essere*] dégénérer*; (*fig.*) sortir* des sentiers battus.

tram *n.m.invar.* tram, tramway.
● (*region.*) ***attaccati al tram!***, tu peux toujours courir!

trama [trà-ma] *n.f.* **1** trame **2** (*fig.*) (*macchinazione*) intrigue, complot (*m.*) | *le trame nere*, les complots fascistes, de l'extrême-droite **3** (*fig.*) (*intreccio*) trame.

tramandare [tra-man-dà-re] *v.tr.* transmettre*.

tramare [tra-mà-re] *v.tr.* tramer; (*ordire*) ourdir; (*complottare*) comploter.

trambusto [tram-bù-sto] *n.m.* remue-ménage*; (*rumore confuso*) tohu-bohu*; (*andirivieni*) va-et-vient*.

tramestio [tra-me-stì-o] *n.m.* [pl. *-ii*] (*trambusto*) remue-ménage*; (*andirivieni*) va-et-vient*.

tramezza [tra-mèʒ-ʒa] *n.f.* cloison.

tramezzare [tra-meʒ-ʒà-re] *v.tr.* **1** intercaler **2** (*dividere con una tramezza*) cloisonner.

tramezzino [tra-meʒ-ʒì-no] *n.m.* sandwich.

tramezzo [tra-mèʒ-ʒo] *n.m.* cloison (*f.*).

tramite [trà-mi-te] *n.m.* intermédiaire: *fare da tramite*, servir d'intermédiaire ♦ *prep.* par (l'intermédiaire de): *diffuso tramite la radio*, diffusé par la radio; *tramite agenzia*, par une agence; *tramite il nostro spedizioniere*, par l'intermédiaire de notre transporteur; *l'ho saputo tramite mio fratello*, je l'ai su par mon frère.
● ***tramite qlcu***, par l'intermédiaire (o l'entremise) de qqn | ***per il tramite di***, par l'intermédiaire de; grâce à: *l'ho ottenuto per il loro tramite*, c'est grâce à eux que je l'ai obtenu.

tramoggia [tra-mòg-gia] *n.f.* [pl. *-ge*] trémie.
● (*edil.*) ***finestra a tramoggia***, abat-jour.

tramontana [tra-mon-tà-na] ***n.f.*** tramontane.
● ***perdere la tramontana***, (*fig.*) perdre le nord.

tramontare [tra-mon-tà-re] ***v.intr.*** [aus. *essere*] **1** se coucher **2** (*fig.*) passer; (*declinare*) être* sur le déclin: *questa moda è tramontata*, cette mode est passée; *la sua notorietà sta tramontando*, sa notoriété est sur le déclin | *le sue speranze stanno tramontando*, ses espérances commencent à défaillir ♦ ***n.m.invar.*** coucher; (*fig.*) déclin.

tramonto [tra-món-to] ***n.m.*** **1** coucher de soleil | *volgere al tramonto*, décliner | *dall'alba al tramonto*, de l'aube au couchant **2** (*fig.*) déclin.
● ***al tramonto***, ***sul viale del tramonto***, (*fig.*) sur le déclin: *una bellezza al tramonto*, une beauté sur son déclin; *la sua stella è al tramonto*, son étoile pâlit.

tramortire [tra-mor-tì-re] ***v.tr.*** assommer ♦ ***v.intr.*** [coniug. come *finire*; aus. *essere*] s'évanouir, perdre* connaissance.

tramortito [tra-mor-tì-to] ***agg.*** **1** assommé **2** (*svenuto*) évanoui, sans connaissance | *mezzo tramortito*, à demi évanoui.

trampoliere [tram-po-liè-re] ***n.m.*** (*zool.*) échassier.

trampolino [tram-po-lì-no] ***n.m.*** tremplin.

trampolo [tràm-po-lo] ***n.m.*** (*spec. pl.*) échasse (*f.*): *camminare sui trampoli*, marcher avec les échasses | *ragionamento che si regge sui trampoli*, (*fig.*) raisonnement qui cloche.

FAUX AMI
Da non confondere con *tremplin*, che significa *trampolino*.

tramutare [tra-mu-tà-re] ***v.tr.*** transformer ♦ **tramutarsi** ***v.pron.intr.*** se transformer.

tramvai [tram-vài] ***n.m.invar.*** → **tram**.

trance [trans] ***n.m.invar.*** transe (*f.*): *essere, cadere in trance*, être, tomber en trance | *è in trance*, (*fig. fam.*) il est dans les vapes.

trancia [tràn-cia] ***n.f.*** [pl. *-ce*] **1** cisaille, tronçonneuse; (*taglierina da carta, cartone*) découpeuse | *trancia per legno*, tronçonneuse à bois **2** (*fetta*) tranche.

tranciare [tran-cià-re] ***v.tr.*** [coniug. come *cominciare*] cisailler, tronçonner; (*carta, cartone*) découper; (*tagliare di netto*) trancher (net); (*tagliare a fette*) couper en tranches.

tranciatrice [tran-cia-trì-ce] ***n.f.*** cisaille, tronçonneuse; (*taglierina da carta, cartone*) découpeuse | *tranciatrice per legno*, tronçonneuse à bois.

tranciatura [tran-cia-tù-ra] ***n.f.*** cisaillement (*m.*), tronçonnage (*m.*); (*di carta, cartone*) découpage (*m.*).

trancio [tràn-cio] ***n.m.*** [pl. *-ci*] tranche (*f.*).
● ***pizza al trancio***, pizza au détail.

tranello [tra-nèl-lo] ***n.m.*** piège: *c'era un tranello*, c'était un piège.

trangugiare [tran-gu-già-re] ***v.tr.*** [coniug. come *mangiare*] avaler (*anche fig.*).

tranne [tràn-ne] ***prep.*** sauf, excepté: *tutti, tranne i bambini*, tous, sauf (*o* excepté) les enfants (*o* les enfants exceptés); *tutti i giorni, tranne (che) il giovedì*, tous les jours sauf (*o* excepté) le jeudi; *tutto, tranne (che) studiare*, tout sauf étudier; *tranne questi*, ceux-ci exceptés.
● ***tranne che***, (*a meno che*) à moins que: *tranne che non sia lui a dirlo*, à moins que ce ne soit lui qui le dise; *non riceve nessuno tranne che (non) si presentino casi urgenti*, il ne reçoit personne sauf les urgences; *va d'accordo con tutti tranne che con me*, (*all'infuori di*) il n'y a qu'avec moi qu'il ne s'entend pas.

tranquillamente [tran-quil-la-mén-te] ***avv.*** tranquillement | *è capace di bersi tranquillamente un litro di vino*, il pourrait boire toute la bouteille de vin.

tranquillante [tran-quil-làn-te] ***agg.*** e ***n.m.*** tranquillisant.

tranquillità [tran-quil-li-tà] ***n.f.invar.*** tranquillité, calme (*m.*): *un attimo di tranquillità*, un moment de calme | *con tutta tranquillità*, en toute tranquillité | *per tranquillità della mia coscienza*, pour avoir la conscience tranquille.
● ***tranquillità economica***, aisance.

tranquillizzante [tran-quil-liʒ-ʒàn-te] ***agg.*** tranquillisant, rassurant.

tranquillizzare [tran-quil-liʒ-ʒà-re] ***v.tr.*** tranquilliser, rassurer ♦ **tranquillizzarsi** ***v.pron.intr.*** se tranquilliser, se rassurer; (*calmarsi*) se calmer.

tranquillo [tran-quil-lo] ***agg.*** tranquille, paisible: *avere la coscienza tranquilla*, avoir la conscience tranquille.
● ***dormire sonni tranquilli***, dormir tranquille | ***stai tranquillo***, calme-toi; (*non preoccuparti*) ne t'inquiète pas; (*abbi fiducia*) rassure-toi.

trans- ***pref.*** trans-.

transahariano [tran-sa-ha-rià-no] ***agg.*** transsaharien*.

transalpino [tran-sal-pì-no] ***agg.*** transalpin.

transatlantico [tran-sa-tlàn-ti-co] ***n.m.*** e ***agg.*** [pl.m. *-ci*, f. *-che*] transatlantique.

transattivo [tran-sat-tì-vo] ***agg.*** transactionnel*.

transazione [tran-sa-zió-ne] ***n.f.*** transaction | *venire a (una) transazione con qlcu*, transiger avec qqn.

transcodifica [tran-sco-dì-fi-ca] ***n.f.*** [pl. *-che*] transcodage (*m.*).

transcodificare [tran-sco-di-fi-cà-re] ***v.tr.*** (*inform., tv*) transcoder.

transcodificazione [tran-sco-di-fi-ca-zió-ne] ***n.f.*** → **transcodifica**.

transcontinentale [tran-scon-ti-nen-tà-le] ***agg.*** transcontinental*.

transeat [tràn-se-at] ***inter.*** passons.

transenna [tran-sèn-na] ***n.f.*** barrière (d'arrêt).

transennamento [tran-sen-na-mén-to] ***n.m.*** barriérage.

transennare [tran-sen-nà-re] ***v.tr.*** délimiter avec des barrières.

transessuale [tran-ses-su-à-le] ***agg.*** e ***n.m.*** e ***f.*** transsexuel*/elle.

transetto [tran-sèt-to *o* transétto] ***n.m.*** (*arch.*) transept.

transfert [tràn-sfert] ***n.m.invar.*** (*psic.*) transfert.

transfuga [tràn-sfu-ga] ***n.m.*** e ***f.*** [pl.m. *-ghi*, f. *-ghe*] transfuge.

transgenico [tran-ʃgè-ni-co] ***agg.*** [pl.m. *-ci*, f. *-che*] (*biol.*) transgénique | *cibi transgenici*, aliments transgéniques; *organismo transgenico*, organisme génétiquement modifié.

transiberiano [tran-si-be-rià-no] ***agg.*** transsibérien*.

transigere [tran-sì-ge-re] ***v.intr.*** [p.p. *transatto*; aus. *avere*] transiger* (**sur**) ♦ ***v.tr.*** (*dir.*) arranger*: *la lite fu transatta*, la querelle a été arrangée à l'amiable.

transistor [tran-sì-stor] ***n.m.invar.*** **transistore** ***n.m.*** transistor.
● ***a transistor***, transistorisé | (***radio a***) ***transistor***, transistor.

T

transistorizzare [tran-si-sto-riʒ-ʒà-re] *v.tr.* transistoriser.
transitabile [tran-si-tà-bi-le] *agg.* praticable: *transitabile con catene*, praticable avec des chaînes | *passo transitabile*, col ouvert | *strada non transitabile*, route barrée.
transitabilità [tran-si-ta-bi-li-tà] *n.f.invar.* viabilité | *la transitabilità delle strade*, l'état des routes.
transitare [tran-si-tà-re] *v.intr.* [aus. *essere*] transiter; (*circolare*) circuler | *far transitare delle merci*, transiter des marchandises | *transitare da*, passer par.
transitivo [tran-si-tì-vo] *agg.* transitif*.
transito [tràn-si-to] *n.m.* transit.
● ***transito interrotto***, circulation interrompue | ***transito riservato***, passage réservé | ***divieto di transito***, passage interdit, circulation interdite | ***luogo di transito***, lieu de passage.
transitorietà [tran-si-to-rie-tà] *n.f.invar.* caractère (*m.*) transitoire, caractère (*m.*) provisoire.
transitorio [tran-si-tò-rio] *agg.* [pl.m. *-ri*, f. *-rie*] transitoire; (*provvisorio*) provisoire.
transizione [tran-si-zió-ne] *n.f.* transition.
transnazionàle [tran-ʃna-zio-nà-le] *agg.* transnational*.
transoceanico [tran-so-ce-à-ni-co] *agg.* [pl.m. *-ci*, f. *-che*] transocéanien*.
transumanza [tran-su-màn-za] *n.f.* transhumance.
transumare [tran-su-mà-re] *v.intr.* [aus. *avere*] transhumer.
transustanziazione [tran-su-stan-zia-zió-ne] *n.f.* (*teol.*) transsubstantiation.
trantran [tran-tràn] **tran tran** *n.m.* (*fam.*) train-train*: *il solito trantran*, le train-train habituel, la routine quotidienne.
tranvai [tran-vài] *n.m.invar.* tram.
tranvia [tran-vì-a] *n.f.* ligne de tramway; tramway (*m.*).
tranviario [tran-vi-à-rio] *agg.* [pl.m. *-ri*] de tramways | *vettura tranviaria*, (voiture de) tramway.
tranviere [tran-viè-re] *n.m.* [f. *-a*] traminot; (*manovratore*) conducteur; (*bigliettaio*) receveur.
trapanare [tra-pa-nà-re] *v.tr.* **1** percer*, forer **2** (*med.*) trépaner **3** (*un dente*) fraiser.
trapanatore [tra-pa-na-tó-re] *n.m.* perceur*.
trapanazione [tra-pa-na-zió-ne] *n.f.* **1** forage (*m.*), perçage (*m.*) **2** (*med.*) trépanation **3** (*di dente*) fraisage (*m.*).
T
trapano [trà-pa-no] *n.m.* **1** foreuse (*f.*), perceuse (*f.*); (*da falegname*) vilebrequin; (*da orologiaio e gioielliere*) drille (*f.*); (*da roccia*) trépan **2** (*da chirurgo*) trépan **3** (*da dentista*) fraise (*f.*).
● ***punta da, di trapano***, foret, mèche.
trapassare [tra-pas-sà-re] *v.tr.* transpercer*, percer* de part en part | *trapassare i limiti*, dépasser les limites ♦ *v.intr.* [aus. *essere*] (*morire*) trépasser.
trapassato [tra-pas-sà-to] *agg.* (*trafitto*) transpercé ♦ *n.m.* (*defunto*) trépassé.
● (*gramm.*): ***trapassato prossimo***, plus-que-parfait de l'indicatif; ***trapassato remoto***, passé antérieur.
trapasso [tra-pàs-so] *n.m.* **1** passage | *trapasso di proprietà*, transfert de propriété; *trapasso dei poteri*, passation des pouvoirs **2** (*morte*) trépas.
trapelare [tra-pe-là-re] *v.intr.* [aus. *essere*] **1** filtrer; (*di acqua*) suinter **2** (*fig.*) transpirer: *nulla è trapelato*, rien n'a transpiré | *senza lasciare trapelare nulla*, sans que personne ne se doute de rien | *lo sguardo non lasciava trapelare il suo turbamento*, son regard ne laissait rien deviner de son émoi.
trapezio [tra-pè-zio] *n.m.* [pl. *-zi*] trapèze.
trapezista [tra-pe-zì-sta] *n.m.* e *f.* trapéziste.
trapezoidale [tra-pe-zoi-dà-le] *agg.* trapézoïdal*.
trapiantare [tra-pian-tà-re] *v.tr.* **1** transplanter; (*piante giovani*) repiquer; (*da un vaso*) dépoter | *trapiantare una moda, un'usanza*, (*fig.*) importer une mode, une coutume **2** (*med.*) (*organi*) transplanter; (*tessuti*) greffer ♦ **trapiantarsi** *v.pron.* se transplanter.
trapianto [tra-piàn-to] *n.m.* **1** transplantation (*f.*); (*di giovani piante*) repiquage; (*da un vaso*) dépotage **2** (*med.*) greffe (*f.*).
● ***trapianto di capelli***, implant, greffe capillaire.
trappa [tràp-pa] *n.f.* (*relig.*) trappe.
trappista [trap-pì-sta] *n.m.* e *f.* (*relig.*) trappiste.
trappola [tràp-po-la] *n.f.* **1** piège (*m.*); (*per animali nocivi*) traquenard (*m.*); (*per topi*) souricière, piège (*m.*) à rats; (*per uccelli*) trébuchet (*m.*) | *la polizia ha teso una trappola*, la police a organisé une souricière **2** (*congegno che funziona male*) patraque; (*vecchia automobile*) tacot (*m.*).
● ***cadere in trappola***, tomber dans le piège; ***prendere in trappola***, prendre au piège; ***siamo in trappola!***, nous sommes coincés!
trappoleria [trap-po-le-rì-a] *n.f.* (*fam.*) tromperie.
trapunta [tra-pùn-ta] *n.f.* courtepointe.
trapuntare [tra-pun-tà-re] *v.tr.* **1** matelasser; (*materassi, cuscini*) piquer **2** (*ricamare*) broder.
trapuntato [tra-pun-tà-to] *agg.* **1** matelassé; (*di materassi, cuscini*) piqué **2** (*ricamato*) brodé.
trapunto [tra-pùn-to] *agg.* brodé | *cielo trapunto di stelle*, ciel parsemé d'étoiles ♦ *n.m.* piqué.
trarre [tràr-re] *v.tr.* [pres.indic. *io traggo, tu trai, egli trae, noi traiamo, voi traete, essi traggono*; p.rem. *io trassi, tu traesti* ecc.; fut.indic. *io trarrò* ecc.; p.p. *tratto*] **1** tirer: *trarre d'impaccio*, tirer d'embarras | *trarre in arresto*, arrêter | *trarre a riva*, ramener au rivage **2** (*indurre*) induire*: *trarre in inganno, in errore*, induire en erreur **3** (*ricavare, prendere*) tirer: *trarre vantaggio*, tirer (du) profit; *trarre le conclusioni*, tirer les conclusions | *trarre origine*, prendre naissance | *trarre esempio da qlcu*, prendre exemple sur qqn ♦ **trarsi** *v.pron.* se tirer: *trarsi d'impaccio*, se tirer d'embarras | *trarsi indietro*, se retirer | *trarsi in disparte*, se mettre à l'écart.
tras- *pref.* trans-.
trasalimento [tra-sa-li-mén-to] *n.m.* tressaillement.
trasalire [tra-sa-lì-re] *v.intr.* [coniug. come *finire*; aus. *essere* o *avere*] tressaillir*.
trasandatezza [tra-ʃan-da-téz-za] *n.f.* laisser-aller* (*m.*).
trasandato [tra-ʃan-dà-to] *agg.* négligé: *è trasandato nel vestire*, il a une mise négligée | *è sempre trasandata*, elle se laisse aller | *un lavoro trasandato*, un travail bâclé, peu soigné.
trasbordare [tra-ʃbor-dà-re] *v.tr.* transborder ♦ *v.intr.* [aus. *avere*] changer* (de moyen de transport) | *trasbordare da una nave all'altra*, changer de bâteau.
trasbordo [tra-ʃbór-do] *n.m.* transbordement.
trascendentale [tra-scen-den-tà-le] *agg.* **1** transcendantal* **2** (*fam.*) extraordinaire.
trascendente [tra-scen-dèn-te] *agg.* transcendant.

trascendenza [tra-scen-dèn-za] ***n.f.*** transcendance.

trascendere [tra-scén-de-re] ***v.tr.*** [coniug. come *scendere*] **1** dépasser **2** (*fil.*) transcender ♦ ***v.intr.*** [aus. *avere*] dépasser les bornes, exagérer* | *mi scusi se ho trasceso*, excusez-moi si je me suis laissé emporter.

trascinamento [tra-sci-na-mén-to] ***n.m.*** (*tecn., inform.*) entraînement.

trascinante [tra-sci-nàn-te] ***agg.*** **1** entraînant, irrésistible **2** (*avvincente*) captivant.

trascinare [tra-sci-nà-re] ***v.tr.*** **1** traîner; (*portarsi dietro*) entraîner (*anche fig.*): *trascinare una sedia*, traîner une chaise; *trascinare una gamba, i piedi*, traîner la jambe, les pieds; *la trascinò con sé nella rovina*, il l'entraîna dans sa ruine; *trascina una vita di miseria*, il traîne une misérable existence; *si è lasciato trascinare dalla fantasia*, il s'est laissé emporter par son imagination **2** (*condurre a forza*) traîner: *mi ci hanno trascinato*, on m'y a traîné (de force) **3** (*fig.*) (*avvincere*) entraîner: *trascinare l'uditorio*, entraîner son auditoire; *una musica che trascina*, une musique entraînante ♦ **trascinarsi** ***v.pron.intr.*** **1** se traîner **2** (*andare per le lunghe*) traîner: *la malattia si era trascinata per mesi*, la maladie avait traîné pendant des mois.
● ***trascinare qlcu nel fango***, (*fig.*) traîner qqn dans la boue.

trascinatore [tra-sci-na-tó-re] ***n.m.*** [f. *-trice*] (*fig.*) meneur* ♦ ***agg.*** entraînant.

trascolorare [tra-sco-lo-rà-re] ***v.intr.*** [aus. *essere*] (*letter.*) changer* de couleur; (*impallidire*) pâlir ♦ **trascolorarsi** ***v.pron.intr.*** (*letter.*) changer* de couleur; (*impallidire*) pâlir.

trascorrere [tra-scór-re-re] ***v.tr.*** [coniug. come *correre*] passer: *trascorrere le vacanze in montagna*, passer ses vacances à la montagne ♦ ***v.intr.*** [aus. *essere*] (*del tempo*) passer, s'écouler: *è già trascorso un mese*, un mois est déjà passé; *non mi sono accorto che il tempo trascorreva*, je ne me suis pas rendu compte que le temps passait | *trascorso un certo tempo*, après un certain temps.

trascorso [tra-scór-so] ***n.m.*** antécédent; (*errore*) erreur (*f.*): *i suoi trascorsi non sono buoni*, ses antécédents ne sont pas bons; *trascorsi di gioventù*, erreurs de jeunesse.

trascrittore [tra-scrit-tó-re] ***n.m.*** [f. *-trice*] transcripteur*.

trascrivere [tra-scrì-ve-re] ***v.tr.*** [coniug. come *scrivere*] transcrire*.

trascrizione [tra-scri-zió-ne] ***n.f.*** transcription.
● (*ling.*) ***trascrizione fonetica***, transcription phonétique.

trascurabile [tra-scu-rà-bi-le] ***agg.*** négligeable.

trascurare [tra-scu-rà-re] ***v.tr.*** **1** négliger*: *trascurare i propri doveri*, négliger ses devoirs **2** (*omettere*) omettre*; (*dimenticare*) oublier: *ha trascurato di avvisarmi*, il a omis de me prévenir **3** (*non tener conto di*) laisser de côté: *trascuriamo i dettagli*, laissons les détails de côté ♦ **trascurarsi** ***v.pron.*** se négliger*: *si trascura nel vestire*, elle est négligée dans sa toilette.

trascuratamente [tra-scu-ra-ta-mén-te] ***avv.*** avec négligence.

trascuratezza [tra-scu-ra-téz-za] ***n.f.*** négligence.

trascurato [tra-scu-rà-to] ***agg.*** **1** négligé: *essere trascurato nella persona*, être négligé; *è trascurato nel vestire*, il a une mise négligée **2** (*negligente*) négligent.

trasecolare [tra-se-co-là-re] ***v.intr.*** [aus. *essere* o *avere*] être* ébahi: *far trasecolare*, ébahir.

trasecolato [tra-se-co-là-to] ***agg.*** ébahi, stupéfait.

trasferibile [tra-sfe-rì-bi-le] ***agg.*** transmissible ♦ ***n.m.*** décalcomanie (*f.*); (*su abiti*) transfert.
● ***assegno non trasferibile***, chèque barré.

trasferimento [tra-sfe-ri-mén-to] ***n.m.*** **1** transfert; (*spostamento*) déplacement; (*di dipendenti statali*) mutation (*f.*): *chiedere il trasferimento*, demander à être muté; *trasferimento* (*di detenuti*) *in cellulare*, transfert cellulaire | *il trasferimento della salma*, (*al cimitero*) la levée du corps **2** (*dir., banca*) transfert: *trasferimento di una somma da un conto*, virement; *trasferimento di una causa*, transfert d'une cause | *trasferimento di domicilio*, changement de domicile **3** (*inform.*) transfert: *trasferimento di file*, transfert de fichiers | *trasferimento di dati*, téléchargement.

trasferire [tra-sfe-rì-re] ***v.tr.*** [coniug. come *finire*] **1** transférer*; (*spostare*) déplacer*; (*dipendenti statali*) muter: *alcuni poteri vennero trasferiti alle autorità locali*, certains pouvoirs passèrent aux autorités locales | *trasferire le proprie ambizioni sui figli*, (*fig.*) reporter ses ambitions sur ses enfants **2** (*banca*) transférer*: *trasferire una somma sul conto di qlcu*, virer, transférer une somme sur le compte de qqn ♦ **trasferirsi** ***v.pron.intr.*** s'établir, s'installer; (*cambiare domicilio*) être* transféré.
● (*inform.*) ***trasferire*** (***dati***), télécharger*.

trasferta [tra-sfèr-ta] ***n.f.*** **1** déplacement (*m.*): *in trasferta*, en déplacement **2** (*indennità di trasferta*) indemnités (*pl.*) de déplacement.

trasfigurare [tra-sfi-gu-rà-re] ***v.tr.*** transfigurer ♦ **trasfigurarsi** ***v.pron.intr.*** se transfigurer.

trasfigurazione [tra-sfi-gu-ra-zió-ne] ***n.f.*** transfiguration.

trasfondere [tra-sfón-de-re] ***v.tr.*** [coniug. come *fondere*] transmettre*.

trasformabile [tra-sfor-mà-bi-le] ***agg.*** transformable | *vettura trasformabile*, (voiture) décapotable.

trasformare [tra-sfor-mà-re] ***v.tr.*** **1** transformer **2** (*scient.*) convertir ♦ **trasformarsi** ***v.pron.intr.*** se transformer, se changer*.

trasformato [tra-sfor-mà-to] ***agg.*** transformé.

trasformatore [tra-sfor-ma-tó-re] ***agg.*** [f. *-trice*] transformateur* ♦ ***n.m.*** transformateur (*anche elettr.*).

trasformazione [tra-sfor-ma-zió-ne] ***n.f.*** transformation: *fare, subire delle trasformazioni*, faire, subir des transformations.

trasformismo [tra-sfor-mì-ʃmo] ***n.m.*** transformisme.

trasformista [tra-sfor-mì-sta] ***n.m.*** e ***f.*** **1** girouette (*f.*), caméléon (*m.*) **2** (*artista di varietà*) fantaisiste.

trasformistico [tra-sfor-mì-sti-co] ***agg.*** [pl.m. *-ci*, f. *-che*] transformiste; (*mutevole*) changeant.

trasfusionale [tra-sfu-ʃio-nà-le] ***agg.*** (*di trasfusione*) de transfusion (sanguine); (*causato da una trasfusione*) transfusionnel*.
● ***centro trasfusionale***, centre de transfusion (sanguine).

trasfusione [tra-sfu-ʃió-ne] ***n.f.*** (*med.*) transfusion, perfusion; (*fam.*) perf: *fare una trasfusione a qlcu*, transfuser qqn.

trasfuso [tra-sfù-ʃo] ***agg.*** e ***n.m.*** [f. *-a*] (*med.*) transfusé.

trasgredire [tra-ʃgre-dì-re] ***v.tr.*** e ***intr.*** [coniug. come *finire*; aus. *avere*] transgresser (**qqch**), enfreindre* (**qqch**): *trasgredire la, alla legge*, transgresser (*o* enfreindre) la loi.

trasgressione [tra-ʃgres-sió-ne] ***n.f.*** transgression.

T

trasgressività [tra-ʃgres-si-vi-tà] ***n.f.invar.*** transgression.

trasgressivo [tra-ʃgres-sì-vo] ***agg.*** transgressif* (*anche geol.*): *comportamento trasgressivo*, conduite transgressive.

trasgressore [tra-ʃgres-só-re] ***n.m.*** [f. *trasgreditrice*] transgresseur.

trash [trɛʃ] ***agg.*** e ***n.m.invar.*** trash.

traslare [tra-ʃlà-re] ***v.intr.*** [aus. *avere*] (*fis.*) tourner ♦ ***v.tr.*** *traslare la salma*, enlever le corps.

traslativo [tra-ʃla-tì-vo] ***agg.*** (*dir.*) translatif*.

traslato [tra-ʃlà-to] ***agg.*** **1** transféré **2** (*fig.*) métaphorique: *in senso traslato*, au sens métaphorique ♦ ***n.m.*** métaphore (*f.*): *l'uso del traslato*, l'emploi de métaphores | *per traslato*, par métaphore.

traslazione [tra-ʃla-zió-ne] ***n.f.*** translation; (*trasporto*) transfert (*m.*).

traslitterare [tra-ʃlit-te-rà-re] ***v.tr.*** translit(t)érer*.

traslitterazione [tra-ʃlit-te-ra-zió-ne] ***n.f.*** translit(t)ération.

traslocare [tra-ʃlo-cà-re] ***v.intr.*** [coniug. come *mancare*; aus. *avere*] déménager* ♦ ***v.tr.*** **1** (*mobili*) déménager* **2** (*trasferire*) transférer*.

trasloco [tra-ʃlò-co] ***n.m.*** [pl. *-chi*] déménagement: *fare il trasloco*, déménager.

traslucido [tra-ʃlù-ci-do] ***agg.*** translucide.

trasmesso [tra-ʃmes-so] ***agg.*** transmis: *trasmesso alla, per televisione*, télévisé.

trasmettere [tra-ʃmét-te-re] ***v.tr.*** [coniug. come *mettere*] transmettre*: *trasmettere un messaggio*, transmettre un message; *trasmettere per, alla radio*, transmettre par radio, diffuser à la radio | (*fis.*) *trasmettere il caldo*, conduire la chaleur ♦ **trasmettersi** ***v.pron.intr.*** se transmettre: *la malattia si trasmette per contagio*, la maladie se transmet par contagion.

trasmettitore [tra-ʃmet-ti-tó-re] ***n.m.*** (*tel.*) transmetteur.

● ***trasmettitore televisivo***, émetteur de télévision, (*di programmi*) diffuseur (de programmes).

trasmigrare [tra-ʃmi-grà-re] ***v.intr.*** [aus. *essere* o *avere*] transmigrer.

trasmigrazione [tra-ʃmi-gra-zió-ne] ***n.f.*** transmigration (*anche relig.*).

trasmissibile [tra-ʃmis-sì-bi-le] ***agg.*** transmissible.

trasmissione [tra-ʃmis-sió-ne] ***n.f.*** **1** transmission: *fine della trasmissione*, fin de transmission | *trasmissione via radio*, canalisation par radio | *trasmissione elettrica*, canalisation électrique **2** (*programma radiofonico, televisivo*) émission | *trasmissione via cavo*, diffusion par câble.

T

trasmittente [tra-ʃmit-tèn-te] ***agg.*** émetteur* ♦ ***n.f.*** station émettrice.

trasmutabile [tra-ʃmu-tà-bi-le] ***agg.*** transmuable, transmutable.

trasmutare [tra-ʃmu-tà-re] ***v.tr.*** transmuer, transmuter.

trasmutazione [tra-ʃmu-ta-zió-ne] ***n.f.*** transmutation.

trasognato [tra-so-gnà-to] ***agg.*** perdu dans ses rêves: *guardare con occhi trasognati*, regarder d'un air rêveur; *sguardo trasognato*, regard perdu dans le vague.

trasparente [tra-spa-rèn-te] ***agg.*** e ***n.m.*** transparent.

trasparenza [tra-spa-rèn-za] ***n.f.*** transparence.

trasparire [tra-spa-rì-re] ***v.intr.*** [coniug. come *apparire*; aus. *essere*] transparaître* (*anche fig.*); (*filtrare*) filtrer: *senza lasciar trasparire nulla*, sans que personne ne se doute de rien; *il suo sguardo non lasciava trasparire il turbamento*, son regard ne laissait rien deviner de son émoi; *dai suoi occhi traspariva una grandissima gioia*, ses yeux trahissaient une immense joie.

traspirare [tra-spi-rà-re] ***v.intr.*** [aus. *essere*] transpirer (*anche fig.*).

traspirazione [tra-spi-ra-zió-ne] ***n.f.*** transpiration.

trasporre [tra-spór-re] ***v.tr.*** [coniug. come *porre*] transposer.

trasportabile [tra-spor-tà-bi-le] ***agg.*** transportable.

trasportare [tra-spor-tà-re] ***v.tr.*** **1** transporter (*anche fig.*): *trasportare un pacco, una merce*, transporter un paquet, une marchandise; *lasciarsi trasportare dall'ira*, se laisser emporter par la colère | *una musica che trasporta*, (*fig.*) une musique qui ravit **2** (*trascinare*) charrier **3** (*trasferire*) transférer*.

trasportato [tra-spor-tà-to] ***agg.*** transporté ♦ ***n.m.*** [f. *-a*] personne (*f.*) transportée.

trasportatore [tra-spor-ta-tó-re] ***agg.*** [f. *-trice*] transporteur* ♦ ***n.m.*** **1** (*tecn.*) transporteur, convoyeur **2** (*cine.*) galet guide.

● ***nastro trasportatore***, bande transporteuse.

trasporto [tra-spòr-to] ***n.m.*** **1** transport: *trasporto di merci*, transport de marchandises **2** (*fig.*) transport, élan: *abbracciare qlcu con trasporto*, embrasser qqn avec élan.

● ***trasporto aereo***, ***ferroviario***, ***marittimo***, transport par avion, ferroviaire, maritime | ***trasporto funebre***, convoi funèbre | ***trasporti pesanti***, poids lourds | ***trasporti urbani***, transports urbains | ***mezzi di trasporto***, moyens de transport.

trasposizione [tra-spo-ʃi-zió-ne] ***n.f.*** **1** transposition **2** (*chim.*) réarrangement (*m.*).

trassato [tras-sà-to] ***agg.*** (*comm.*) tiré.

trassi → **trarre**.

trastullare [tra-stul-là-re] ***v.tr.*** amuser ♦ **trastullarsi** ***v.pron.intr.*** **1** s'amuser **2** (*perdere tempo*) perdre* son temps.

trastullo [tra-stùl-lo] ***n.m.*** (*gioco*) jeu*; (*giocattolo*) jouet; (*passatempo*) passe-temps*.

trasudare [tra-su-dà-re] ***v.intr.*** [aus. *essere*] transsuder; (*med.*) exsuder ♦ ***v.tr.*** suinter: *i muri trasudavano umidità*, l'humidité suintait des murs | *trasuda ricchezza*, (*fig.*) il roule sur l'or.

trasudato [tra-su-dà-to] ***n.m.*** (*med.*) transsudat.

trasudazione [tra-su-da-zió-ne] ***n.f.*** (*med.*) transsudation.

trasversale [tra-ʃver-sà-le] ***agg.*** **1** transversal*: *strada trasversale*, rue transversale (*o* traversière) **2** (*fig.*) (*indiretto*) indirect: *vendetta trasversale*, vengeance indirecte.

trasversalmente [tra-ʃver-sal-mén-te] ***avv.*** transversalement.

trasverso [tra-ʃvèr-so] ***agg.*** **1** transversal* **2** (*anat.*) transverse.

trasvolare [tra-ʃvo-là-re] ***v.tr.*** survoler ♦ ***v.intr.*** [aus. *essere* o *avere*] (*fig.*) glisser.

trasvolata [tra-ʃvo-là-ta] ***n.f.*** traversée sans escale.

trasvolatore [tra-ʃvo-la-tó-re] ***n.m.*** [f. *-trice*] aviateur*.

tratta [tràt-ta] ***n.f.*** **1** (*comm.*) traite: *emettere, spiccare* *una tratta su qlcu*, tirer (une traite) sur qqn; *onorare una tratta*, honorer une traite **2** (*traffico*) traite **3** (*di linea ferroviaria*) parcours (*m.*).

● ***tratta degli schiavi***, traite des esclaves | ***tratta delle bianche***, traite des blanches | (*comm.*): ***tratta di comodo***, traite en l'air; ***tratta di favore***, traite creuse; ***tratta documentata***, traite documentaire.

trattabile [trat-tà-bi-le] ***agg.*** **1** qui peut être traité | *prezzo trattabile*, prix à débattre **2** (*fig.*) affable.

trattamento [trat-ta-mén-to] ***n.m.*** **1** traitement: *trattamento chimico*, traitement chimique **2** (*modo di trattare*) traitement; (*condizioni*) conditions (*f.pl.*): *gli hanno riservato un trattamento speciale*, on lui a réservé un traitement spécial; *in questo albergo il trattamento è ottimo*, dans cet hôtel, le service est excellent **3** (*med.*) traitement | *trattamento della pelle*, soins du visage **4** (*cine.*) synopsis.

● (*inform.*) ***trattamento dei dati***, traitement des données | ***trattamento di fine rapporto*** (*TFR*), indemnités de rupture de contrat.

trattare [trat-tà-re] ***v.tr.*** e ***intr.*** [aus. *avere*] **1** traiter: *trattare qlcu come un amico*, traiter qqn en ami; *trattare qlcu da bugiardo*, traiter qqn de menteur; *trattare bene qlcu*, avoir des égards pour qqn; *lo tratti troppo bene*, tu es trop gentil avec lui; *tratta bene i miei libri*, prends bien soin de mes livres; *trattare male qlcu*, être désagréable avec qqn | *ti tratta bene tuo marito!*, (*fam.*) il te gâte ton mari! **2** (*parlare di, discutere; contrattare*) traiter: *di cosa tratta questo libro?*, de quoi parle ce livre?; *ho trattato con lui personalmente*, j'ai eu affaire à lui; *con lui non tratto*, je ne traite pas avec lui; *trattare un affare*, traiter une affaire, (*concluderlo*) régler une affaire; *trattate direttamente col proprietario*, adressez-vous directement au propriétaire | *possiamo trattare*, (*il prezzo*) on peut s'entendre **3** (*sottoporre a un trattamento*) traiter: *trattare un malato con cortisone*, soigner un malade à la cortisone **4** (*inform.*) traiter ♦ ***v.intr. impers.*** [aus. *essere*] s'agir: *si tratta di uno scherzo*, il s'agit d'une plaisanterie; *si tratta di vedere se accettare o no*, il s'agit de voir s'il faut accepter ou non; *trattandosi di*, s'agissant de | *si tratta della sua vita*, il y va de sa vie ♦ **trattarsi** ***v.pron.*** *si tratta bene il signorino!*, il ne se refuse rien le cher petit!

trattario [trat-tà-rio] ***n.m.*** [pl. *-ri*] (*banca*) tiré.

trattatistica [trat-ta-tì-sti-ca] ***n.f.*** [pl. *-che*] art (*m.*), technique de rédiger des traités, ensemble (*m.*) des traités.

trattativa [trat-ta-tì-va] ***n.f.*** négociation, pourparlers (*m.pl.*): *trattative sindacali*, négociations syndicales; *entrare, essere in trattative con qlcu*, entrer, être en pourparlers avec qqn | *a trattativa privata*, de gré à gré.

trattato [trat-tà-to] ***n.m.*** **1** traité: *un trattato di storia*, un traité d'histoire **2** (*accordo internazionale*) traité: *trattato di pace*, traité de paix.

trattazione [trat-ta-zió-ne] ***n.f.*** **1** manière de traiter **2** développement (*m.*); (*trattato*) traité (*m.*).

tratteggiare [trat-teg-già-re] ***v.tr.*** [coniug. come *mangiare*] **1** (*disegnare a trattini*) *hachurer **2** (*abbozzare*) ébaucher **3** (*fig.*) esquisser, décrire* à grands traits.

tratteggiato [trat-teg-già-to] ***agg.*** **1** *hachuré; (*tracciato con piccoli tratti*) en tiret **2** (*abbozzato*) esquissé.

tratteggio [trat-tég-gio] ***n.m.*** [pl. *-gi*] *hachure (*f.*).

trattenere [trat-te-né-re] ***v.tr.*** [coniug. come *tenere*] **1** retenir*: *trattenere a cena qlcu*, retenir qqn à dîner; *non so che cosa mi trattenga dal dirglielo*, je ne sais pas ce qui me retient de le lui dire **2** (*contenere, frenare*) contenir*: *trattenere la collera*, contenir sa colère; *trattenere il fiato, il riso*, retenir son souffle, le rire **3** (*effettuare una trattenuta*) retenir*, précompter: *trattenere le imposte dallo stipendio*, retenir les impôts du salaire ♦ **trattenersi** ***v.pron.intr.*** **1** (*fermarsi*) rester **2** (*frenarsi*) se retenir*.

trattenimento [trat-te-ni-mén-to] ***n.m.*** (*ricevimento*) réception (*f.*); (*serata*) soirée (*f.*).

trattenuta [trat-te-nù-ta] ***n.f.*** retenue.

● (*econ.*) ***trattenuta alla fonte***, retenue à la source.

trattino [trat-tì-no] ***n.m.*** **1** (*tra due parole*) trait d'union; (*tra frasi incidentali, per andare a capo*) tiret **2** (*di disegno*) *hachure (*f.*).

tratto[1] [tràt-to] *p.p.* di **trarre** ♦ ***agg.*** tiré.

● ***a spada tratta***, l'épée à la main, (*fig.*) résolument.

tratto[2] ***n.m.*** **1** (*linea*) trait: *cancellò la frase con un tratto di penna*, il biffa la phrase d'un trait de plume; *quel disegnatore ha un bellissimo tratto*, ce dessinateur a un beau coup de crayon **2** (*zona, parte*) partie (*f.*); (*di strada*) tronçon; (*di percorso*) bout: *il tratto navigabile del fiume*, la partie navigable du fleuve; *la strada è interrotta nel tratto Milano-Genova*, la route est coupée entre Milan et Gênes | *un breve tratto di tempo*, un instant **3** (*passo di libro*) passage **4** (*spec. pl.*) (*lineamenti, caratteristiche*) traits: *un viso dai tratti molto marcati*, un visage aux traits accusés **5** (*modo di comportarsi*) manières (*f.pl.*) **6** (*mossa agli scacchi*) coup **7** (*il tirare*) coup.

● ***a larghi, grandi tratti***, à grands traits: *descrivere a larghi tratti*, décrire à grands traits | ***a tratti***, par moments | ***a un tratto, d'un tratto, tutt'a un tratto***, tout à coup | ***di tratto in tratto, tratto tratto***, de temps en temps.

trattore[1] [trat-tó-re] ***n.m.*** (*mecc.*) tracteur: *trattore a cingoli*, tracteur à chenilles | (*aer.*) *trattore di traino*, tracteur de piste.

trattore[2] ***n.m.*** [f. *-trice*] (*oste*) restaurateur*.

trattoria [trat-to-rì-a] ***n.f.*** petit restaurant (*m.*); trattoria.

tratturo [trat-tù-ro] ***n.m.*** sentier.

trauma [tràu-ma] ***n.m.*** **1** (*med.*) trauma, traumatisme **2** (*fig.*) choc.

traumatico [trau-mà-ti-co] ***agg.*** [pl.m. *-ci*, f. *-che*] **1** (*med.*) traumatique **2** (*fig.*) traumatisant.

traumatizzare [trau-ma-tiʒ-ʒà-re] ***v.tr.*** **1** (*med.*) traumatiser **2** (*fig.*) bouleverser.

traumatologia [trau-ma-to-lo-gì-a] ***n.f.*** (*med.*) traumatologie.

traumatologico [trau-ma-to-lò-gi-co] ***agg.*** [pl.m. *-ci*, f. *-che*] (*med.*) traumatologique.

● ***centro traumatologico***, centre de traumatologie.

traumatologo [trau-ma-tò-lo-go] ***n.m.*** [f. *-a*; pl.m. *-ghi* o *-gi*, f. *-ghe*] (*med.*) traumatologiste.

travagliare [tra-va-glià-re] ***v.tr.*** (*letter.*) affliger*; (*tormentare*) tourmenter ♦ ***v.intr.*** [aus. *avere*] (*letter.*) souffrir* ♦ **travagliarsi** ***v.pron.*** s'affliger*; (*tormentarsi*) se tourmenter.

travagliato [tra-va-glià-to] ***agg.*** **1** tourmenté: *un paese travagliato dalle guerre*, un pays déchiré par les guerres | *un parto travagliato*, un accouchement difficile **2** (*sfinito*) épuisé.

travaglio [tra-và-glio] ***n.m.*** [pl. *-gli*] **1** tourment **2** (*med.*) (*di parto*) travail* **3** (*letter.*) (*fatica*) labeur.

● (*med.*) ***sala travaglio***, salle travail.

travalicare [tra-va-li-cà-re] ***v.tr.*** [coniug. come *mancare*] (*letter.*) franchir ♦ ***v.intr.*** [aus. *avere*] (*fig.*) passer les limites, exagérer*.

T

travasamento [tra-va-ʃa-mén-to] ***n.m.*** transvasement.

travasare [tra-va-ʃà-re] ***v.tr.*** transvaser; (*fig.*) déverser ♦ **travasarsi** ***v.pron.intr.*** se répandre*.

travaso [tra-và-ʃo] ***n.m.*** **1** transvasement | *il travaso delle idee*, (*fig.*) la transmission, la diffusion des idées **2** (*med.*) extravasation (*f.*).
● ***avere un travaso di bile***, (*fig.*) se faire de la bile.

travata [tra-và-ta] ***n.f.*** (*edil.*) poutrage (*m.*), poutraison.

travatura [tra-va-tù-ra] ***n.f.*** (*edil.*) poutrage (*m.*), poutraison.

trave [trà-ve] ***n.f.*** **1** poutre **2** (*attrezzo ginnico*) poutre.
● ***trave maestra***, (*di legno*) maîtresse poutre, (*di ferro*) longeron | ***travi a vista***, poutres apparentes | ***d'ogni fuscello fare una trave***, (*fig.*) faire une montagne d'un rien.

FAUX AMI
Da non confondere con *travée*, che significa *campata*.

traveggole [tra-vég-go-le] ***n.f.pl.***
● ***avere le traveggole***, (*anche fig.*) avoir la berlue.

traveller's cheque ['travelers'tʃek] ***n.m.invar.*** traveller's chèque, traveller's check, chèque de voyage.

traversa [tra-vèr-sa] ***n.f.*** **1** entretoise; (*del letto*) traverse; (*di sedia, finestra*) barreau* (*m.*) **2** (*ferr.*) traverse **3** (*sbarramento*) barrage (*m.*) **4** (*strada trasversale*) rue transversale **5** (*striscia di tela per il letto*) alaise, alèse **6** (*sport*) barre transversale.

traversale e *deriv.* → **trasversale** e *deriv.*

traversare [tra-ver-sà-re] ***v.tr.*** traverser.

traversata [tra-ver-sà-ta] ***n.f.*** traversée.

traversia [tra-ver-sì-a] ***n.f.*** **1** (*mar.*) vent (*m.*) de travers **2** (*pl.*) (*fig.*) adversités.

traversina [tra-ver-sì-na] ***n.f.*** (*ferr.*) traverse.

traverso [tra-vèr-so] ***agg.*** transversal* ♦ ***n.m.*** (*mar.*) travers.
● ***di, per traverso***, de travers: *essere seduto tutto di traverso*, être assis tout de guingois; *per diritto e per traverso*, en long et en large | ***flauto traverso***, flûte traversière | ***vie traverse***, rues transversales; (*fig.*) voies détournées.

traversone [tra-ver-só-ne] ***n.m.*** **1** traverse (*f.*) **2** (*calcio*) passe (*f.*) transversale.

travertino [tra-ver-tì-no] ***n.m.*** (*geol.*) travertin.

travestimento [tra-ve-sti-mén-to] ***n.m.*** déguisement (*anche fig.*).

travestire [tra-ve-stì-re] ***v.tr.*** déguiser (en) (*anche fig.*), travestir ♦ **travestirsi** ***v.pron.*** se déguiser (en), se travestir (en).

travestitismo [tra-ve-sti-tì-ʃmo] ***n.m.*** travestisme.

travestito [tra-ve-stì-to] ***agg.*** déguisé ♦ ***n.m.*** travesti, (*fam.*) travelo.

travet [tra-vèt] ***n.m.invar.*** (*impiegatuccio*) rond-de-cuir*.

traviamento [tra-via-mén-to] ***n.m.*** **1** (*il traviare*) corruption (*f.*) **2** (*il traviarsi*) fourvoiement.

traviare [tra-vi-à-re] ***v.tr.*** dévoyer*, corrompre* ♦ **traviarsi** ***v.pron.*** se corrompre*; (*deviare dalla retta via*) s'égarer.

traviato [tra-vi-à-to] ***agg.*** dévoyé.

travicello [tra-vi-cèl-lo] ***n.m.*** soliveau*.

travisamento [tra-vi-ʃa-mén-to] ***n.m.*** déformation (*f.*); (*fraintendimento*) méprise (*f.*).

travisare [tra-vi-ʃà-re] ***v.tr.*** déformer; (*fraintendere*) mal interpréter*: *travisare il senso di una frase*, mal interpréter le sens d'une phrase; *questa traduzione travisa il testo*, cette traduction trahit le texte.

travolgente [tra-vol-gèn-te] ***agg.*** irrésistible.

travolgere [tra-vòl-ge-re] ***v.tr.*** [coniug. come *volgere*] **1** (*trascinare*) entraîner; (*con impeto*) emporter; (*fig.*) (*sconvolgere*) bouleverser: *il fiume in piena ha travolto ogni cosa*, le fleuve en crue a tout emporté | *travolgere il nemico*, mettre l'ennemi en déroute **2** (*investire*) renverser **3** (*letter.*) (*volgere sottosopra*) renverser; (*volgere per altro verso*) tourner.

travolgimento [tra-vol-gi-mén-to] ***n.m.*** destruction (*f.*).

trazione [tra-zió-ne] ***n.f.*** traction.
● (*aut.*): ***trazione anteriore, posteriore***, traction avant, arrière; ***trazione integrale***, traction intégrale.

tre ***agg.num.card.*** e ***n.m.invar.*** trois: *tre libri*, trois livres; *tutti (e) tre*, tous (les) trois; *eravamo in tre*, nous étion trois.
● ***a tre a tre***, trois à trois | (*prov.*): ***chi fa da sé fa per tre***, on n'est jamais si bien servi que par soi-même; ***non c'è due senza tre***, jamais deux sans trois | ***per tre***, par trois.

trealberi [tre-àl-be-ri] ***n.m.invar.*** (*mar.*) trois-mâts.

trebbia[1] [tréb-bia] ***n.f.*** **1** (*trebbiatrice*) batteuse **2** (*trebbiatura*) battage (*m.*).

trebbia[2] ***n.f.*** (*spec. pl.*) drêche.

trebbiare [treb-bià-re] ***v.tr.*** (*agr.*) battre*.

trebbiatrice [treb-bia-trì-ce] ***n.f.*** (*macchina*) batteuse.

trebbiatura [treb-bia-tù-ra] ***n.f.*** battage (*m.*).

trebisonda [tre-bi-ʃón-da] ***n.f.***
● ***perdere la trebisonda***, (*fam.*) perdre le nord.

treccia [tréc-cia] ***n.f.*** [pl. *-ce*] **1** natte, tresse **2** (*nei lavori a maglia*) torsade **3** (*resta*) chapelet (*m.*).

trecentesco [tre-cen-té-sco] ***agg.*** [pl.m. *-schi*, f. *-sche*] du quatorzième (XIVe) siècle.

trecentesimo [tre-cen-tè-ʃi-mo] ***agg.num.ord.*** e ***n.m.*** [f. *-a*] trois centième.

trecentista [tre-cen-tì-sta] ***n.m.*** e ***f.*** **1** (*scrittore, artista*) écrivain/e, artiste du XIVe siècle **2** (*studioso del Trecento*) spécialiste du XIVe siècle.

trecento [tre-cèn-to] ***agg.num.card.*** e ***n.m.invar.*** trois cents.
● ***il Trecento***, le quatorzième siècle; (*arte, lett.*) Trecento.

tredicenne [tre-di-cèn-ne] ***agg.*** (âgé) de treize ans ♦ ***n.m.*** e ***f.*** garçon (âgé)/jeune fille (âgée) de treize ans.

tredicesima [tre-di-cè-ʃi-ma] ***n.f.*** (*amm.*) treizième mois (*m.*), treizième mensualité.

tredicesimo [tre-di-cè-ʃi-mo] ***agg.num.ord.*** e ***n.m.*** [f. *-a*] treizième; (*di re, papi, capitoli ecc.*) treize.
● (*amm.*) ***tredicesima mensilità***, treizième mois.

tredici [tré-di-ci] ***agg.num.card.*** e ***n.m.invar.*** treize: *le (ore) tredici*, treize heures.

tregenda [tre-gèn-da] ***n.f.*** (*letter.*) **1** sabbat (*m.*) **2** (*fig.*) confusion, cohue.
● ***notte di tregenda***, (*fig.*) nuit infernale.

tregua [tré-gua *o* trè-gua] ***n.f.*** trêve (*anche fig.*): *il dolore non gli dà tregua*, sa douleur ne lui donne point de trêve.
● ***senza tregua***, sans trêve, sans cesse.

trekking ['trɛkiŋg] ***n.m.invar.*** trekking; randonnée (*f.*).

trekkista [trek-kì-sta] ***n.m.*** e ***f.*** trekkeur/euse.

tremante [tre-màn-te] ***agg.*** tremblant.

tremare [tre-mà-re] ***v.intr.*** [aus. *avere*] trembler (*anche fig.*): *tremare di, dal freddo*, trembler de froid; *tremare*

T

per l'emozione, trembler d'émotion; *mi trema la voce*, j'ai la voix qui tremble; *gli tremano le mani*, ses mains tremblent; *tremo per il suo futuro*, je tremble pour son avenir.
● ***tremare come una foglia***, trembler comme une feuille.

tremarella [tre-ma-rèl-la] ***n.f.*** (*fam.*) frisson (*m.*): *mi viene la tremarella solo a pensarci*, j'ai le frisson rien que d'y penser | *avere la tremarella*, avoir la tremblote.

tremebondo [tre-me-bón-do] ***agg.*** (*letter.*) tremblant de peur.

tremendamente [tre-men-da-mén-te] ***avv.*** terriblement, horriblement: *è tremendamente caro*, c'est horriblement cher; *è tremendamente noioso*, il est terriblement ennuyeux.

tremendo [tre-mèn-do] ***agg.*** terrible, effrayant; (*fam.*) affreux*: *un bambino tremendo*, un enfant terrible; *un freddo tremendo*, un froid épouvantable.

trementina [tre-men-tì-na] ***n.f.*** (*chim.*) térébenthine.

tremila [tre-mì-la] ***agg.num.card.*** e ***n.m.invar.*** trois mille.

tremito [trè-mi-to] ***n.m.*** tremblement.

tremolante [tre-mo-làn-te] ***agg.*** tremblant, tremblotant: *scrittura tremolante*, écriture tremblée.

tremolare [tre-mo-là-re] ***v.intr.*** [aus. *avere*] trembler, trembloter.

tremolio [tre-mo-lì-o] ***n.m.*** [pl. *-ii*] tremblement; tremblotement: *il tremolio della mano*, le tremblotement de la main; *il tremolio delle stelle*, le scintillement des étoiles.

tremolo [trè-mo-lo] ***n.m.*** (*bot.*) (*pioppo*) tremble.

tremore [tre-mó-re] ***n.m.*** **1** tremblement **2** (*fig.*) agitation (*f.*).

tremulo [trè-mu-lo] ***agg.*** tremblant, tremblotant.

trench ['trɛntʃ] ***n.m.invar.*** (*abbigl.*) trench(-coat*).

trend ['trɛnd] ***n.m.invar.*** (*stat.*) trend; (*estens.*) tendance (*f.*).

trendy ['trɛndi] ***agg.invar.*** (*alla moda*) hype, branché.

trenino [tre-nì-no] ***n.m.*** petit train.
● ***trenino elettrico***, (*giocattolo*) train électrique.

treno [trè-no] ***n.m.*** **1** train: *prendere il treno*, prendre le train; *viaggiare in treno*, voyager par le train; *partire col treno*, partir par le train; *salire sul treno*, monter dans le train **2** (*insieme, serie*) train: *treno di gomme*, train de pneus.
● ***treno a grande velocità***, train à grande vitesse (TGV) | ***treno anteriore***, ***posteriore***, train de devant, de derrière | ***treno diretto***, train direct | ***treno locale***, ***suburbano***, train d'intérêt local, de banlieue | ***treno navetta***, ***con auto al seguito***, train autos-couchettes | ***treno ospedale***, train sanitaire | ***treno passeggeri***, ***merci***, train de voyageurs, de marchandises | ***treno speciale***, ***straordinario***, train spécial, supplémentaire | ***andare come un treno***, (*estens.*) filer à toute allure | ***perdere il treno***, (*fig.*) rater sa chance.

trenta [trén-ta] ***agg.num.card.*** e ***n.m.invar.*** trente: *sono le nove e trenta*, il est neuf heures trente.
● ***se hai fatto trenta puoi fare trentuno***, (*fam.*) puisque le plus gros est fait, autant aller jusqu'au bout.

trentaduesimo [tren-ta-du-è-ʃi-mo] ***agg.num.ord.*** e ***n.m.*** [f. *-a*] trente-deuxième; (*nella progressione di re, papi, capitoli ecc.*) trente-deux.
● (*tip.*) ***in trentaduesimo***, in-trente-deux.

trentatré [tren-ta-tré] ***agg.num.card.*** e ***n.m.invar.*** trente-trois.
● ***dica trentatré***, (*dal medico*) dites trente-trois | ***un trentatré*** (***giri***), (*disco*) un trente-trois tours.

trentennale [tren-ten-nà-le] ***agg.*** de trente ans, qui dure trente ans; (*amm.*) tricennal* ♦ ***n.m.*** trentième anniversaire.

trentenne [tren-tèn-ne] ***agg.*** (âgé) de trente ans ♦ ***n.m.*** e ***f.*** homme (âgé)/femme (âgée) de trente ans.

trentennio [tren-tèn-nio] ***n.m.*** [pl. *-ni*] trente ans, période (*f.*) de trente ans.

trentesimo [tren-tè-ʃi-mo] ***agg.num.ord.*** e ***n.m.*** [f. *-a*] trentième; (*di re, papi, capitoli ecc.*) trente.

trentina [tren-tì-na] ***n.f.*** trentaine: *una trentina di uomini*, une trentaine d'hommes | *essere sulla trentina*, avoir dans les trente ans.

trentino [tren-tì-no] ***agg.*** trentin ♦ ***n.m.*** [f. *-a*] (*abitante*) Trentin.

trentunesimo [tren-tu-nè-ʃi-mo] ***agg.num.ord.*** e ***n.m.*** [f. *-a*] trente et unième; (*di re, papi, capitoli ecc.*) trente et un.

trentuno [tren-tù-no] ***agg.num.card.*** e ***n.m.invar.*** trente et un.

trepidante [tre-pi-dàn-te] ***agg.*** anxieux*.

trepidare [tre-pi-dà-re] ***v.intr.*** [aus. *avere*] trembler: *trepidare in attesa di notizie*, attendre anxieusement des nouvelles.

trepidazione [tre-pi-da-zió-ne] ***n.f.*** anxiété; (*inquietudine*) inquiétude: *stare in trepidazione*, être inquiet.

trepido [trè-pi-do] ***agg.*** (*letter.*) anxieux*; (*inquieto*) inquiet*.

treppiede [trep-piè-de] ***n.m.*** **treppiedi** ***n.m.invar.*** trépied.

trequarti [tre-quàr-ti] ***n.m.invar.*** **1** (*abbigl., sport*) trois-quarts **2** (*med.*) trocart, trois-quarts.

tresca [tré-sca] ***n.f.*** [pl. *-sche*] **1** intrigue **2** (*relazione amorosa*) liaison.

trespolo [tré-spo-lo] ***n.m.*** **1** tréteau*; (*del pappagallo*) perchoir **2** (*scherz.*) (*macchina malandata*) guimbarde (*f.*).

tressette [tres-sèt-te] ***n.m.invar.*** tressette (jeu de cartes avec deux couples de joueurs et quarante cartes).

trevigiano [tre-vi-già-no] **trevisano** ***agg.*** de Trévise.

tri- ***pref.*** tri-.

triade [trì-a-de] ***n.f.*** **1** triade **2** (*mus.*) accord (*m.*) de trois notes.

trial band [trial'bɛnd] ***agg.invar.*** (*tel.*) tri-band, tri -bande.

triangolare[1] [tri-an-go-là-re] ***agg.*** triangulaire.

triangolare[2] ***v.tr.*** (*geodesia*) trianguler ♦ ***v.intr.*** [aus. *avere*] (*calcio*) faire* un une-deux.

triangolazione [tri-an-go-la-zió-ne] ***n.f.*** **1** triangulation **2** (*calcio*) un-deux* (*m.*).

triangolo [tri-àn-go-lo] ***n.m.*** **1** (*mat.*) triangle **2** (*aut.*) triangle de présignalisation **3** (*mus.*) triangle **4** (*relazione amorosa fra tre persone*) ménage à trois **5** (*pannolino per neonati*) pointe (*f.*).
● (*mat.*): ***triangolo equilatero***, triangle équilatéral; ***triangolo rettangolo***, triangle rectangle | ***a triangolo***, en triangle | ***il triangolo industriale***, (*Torino, Milano, Genova*) le triangle indutriel.

triassico [tri-às-si-co] ***n.m.*** [pl. *-ci*] (*geol.*) trias.

triat(h)lon [trì-a-t(h)lon] ***n.m.invar.*** (*sport*) triathlon.

tribale [tri-bà-le] ***agg.*** tribal*.

tribolare [tri-bo-là-re] ***v.intr.*** [aus. *avere*] **1** peiner: *ha tribolato tutta la vita*, il a peiné (pendant) toute sa vie | *ha finito di tribolare*, (*fam.*) (*è morto*) il a fini de souffrir

2 (*faticare*) avoir* de la peine, avoir* du mal: *ho tribolato molto per trovarlo*, j'ai eu beaucoup de peine à le trouver; *mi ha fatto tribolare prima di pagarmi*, j'ai eu beaucoup de mal à me faire payer ♦ ***v.tr.*** affliger*; (*tormentare*) tourmenter.

tribolato [tri-bo-là-to] ***agg.*** tourmenté; malheureux*: *vita tribolata*, vie de souffrances, de tribulations.

tribolazione [tri-bo-la-zió-ne] ***n.f.*** tribulation; (*fastidio*) peine (*f.*); (*preoccupazione*) préoccupation (*f.*).

tribolo [trì-bo-lo] ***n.m.*** **1** (*bot.*) tribulus **2** (*spec. pl.*) (*fig.*) tribulations (*f.pl.*).

tribordo [tri-bór-do] ***n.m.*** (*mar.*) tribord.

tribù [tri-bù] ***n.f.invar.*** **1** tribu: *capo tribù*, chef de tribu **2** (*fam.*) smala(h).

tribuna [tri-bù-na] ***n.f.*** tribune.
● (*tv*) ***tribuna politica, elettorale***, tribune politique, électorale.

tribunale [tri-bu-nà-le] ***n.m.*** tribunal*.
● ***tribunale amministrativo regionale*** (*TAR*), tribunal administratif régional | ***tribunale civile, penale***, tribunal civil, correctionnel | ***tribunale del lavoro***, tribunal, conseil des prud'hommes | ***tribunale militare***, tribunal militaire | ***tribunale per minorenni***, tribunal pour enfants | ***tribunale supremo***, tribunal suprême.

tribuno [tri-bù-no] ***n.m.*** (*st.*) tribun (*anche fig.*).

tributare [tri-bu-tà-re] ***v.tr.*** rendre*: *tributare onori a qlcu*, rendre les honneurs à qqn; *tributare lodi a qlcu*, couvrir qqn de louanges.

tributario [tri-bu-tà-rio] ***agg.*** [pl.m. *-ri*] **1** tributaire **2** (*del fisco*) fiscal*: *sistema tributario*, système fiscal.

tributo [tri-bù-to] ***n.m.*** **1** (*imposta*) contribution (*f.*), impôt **2** (*fig.*) tribut.

tricamere [tri-cà-me-re] ***agg.invar.*** de trois pièces.

tricefalo [tri-cè-fa-lo] ***agg.*** tricéphale.

tricentenario [tri-cen-te-nà-rio] ***n.m.*** [pl. *-ri*] tricentenaire.

triceratopo [tri-ce-ra-tò-po *o* triceràtopo] ***n.m.*** (*paleont.*) tricératops.

tricheco [tri-chè-co] ***n.m.*** [pl. *-chi*] (*zool.*) morse.

trichinosi [tri-chi-nò-ʃi] ***n.f.invar.*** (*med., vet.*) trichinose.

triciclo [tri-ci-clo] ***n.m.*** **1** (*per bambino*) tricycle **2** (*per merci*) triporteur.

tricipite [tri-cì-pi-te] ***agg.*** e ***n.m.*** (*anat.*) triceps.

triclinio [tri-clì-nio] ***n.m.*** [pl. *-ni*] (*st.*) triclinium.

tricloroetilene [tri-clo-ro-e-ti-lè-ne] ***n.m.*** → **trielina**.

tricolore [tri-co-ló-re] ***agg.*** tricolore ♦ ***n.m.*** (*bandiera*) drapeau* tricolore.

tricorno [tri-còr-no] ***n.m.*** (*cappello*) tricorne; (*di prete*) barrette (*f.*).

tricromia [tri-cro-mì-a] ***n.f.*** (*tip.*) trichromie.

tric trac ***n.m.invar.*** (*gioco*) trictrac.

tricuspide [tri-cù-spi-de] ***agg.*** tricuspide.

tridente [tri-dèn-te] ***n.m.*** trident.

tridentino [tri-den-tì-no] ***agg.*** (*letter.*) de Trente.

tridimensionale [tri-di-men-sio-nà-le] ***agg.*** tridimensionnel*; à trois dimensions.

triduo [trì-du-o] ***n.m.*** (*eccl.*) triduum | *triduo pasquale*, triduum de la semaine sainte.

triedro [tri-è-dro] ***n.m.*** (*mat.*) trièdre.

trielina [tri-e-lì-na] ***n.f.*** trichloréthylène (*m.*).

triennale [tri-en-nà-le] ***agg.*** triennal* ♦ ***n.f.*** (*arte*) Triennale (manifestation qui a lieu tous les trois ans).

triennio [tri-èn-nio] ***n.m.*** [pl. *-ni*] **1** (espace de) trois ans; (*di cariche ecc.*) triennat **2** (*nell'ordinamento scolastico*) cours de trois ans.

triestino [tri-e-stì-no] ***agg.*** triestin ♦ ***n.m.*** [f. *-a*] (*abitante*) Triestin.

trifase [tri-fà-ʃe] ***agg.invar.*** triphasé.

trifoglio [tri-fò-glio] ***n.m.*** [pl. *-gli*] (*bot.*) trèfle.

trifolato [tri-fo-là-to] ***agg.*** (*cuc.*) sauté à l'ail et au persil.

trifora [trì-fo-ra] ***n.f.*** (*arch.*) (fenêtre) trilobée.

trigemino [tri-gè-mi-no] ***agg.*** e ***n.m.*** (*anat.*) trijumeau*.
● (*med.*): ***gravidanza trigemina***, grossesse trigémellaire; ***parto trigemino***, accouchement de triplés, (*di bambine*) de triplées.

trigesima [tri-gè-si-ma] ***n.f.***
● (*eccl.*) ***messa di trigesima***, messe célébrée le trentième jour après la mort (de qqn).

trigesimo [tri-gè-ʃi-mo] ***agg.*** trentième ♦ ***n.m.*** trentième jour (**après**).

triglia [trì-glia] ***n.f.*** (*zool.*) rouget (*m.*).
● ***fare l'occhio di triglia***, (*fig.*) faire des yeux de merlan frit.

trigliceride [tri-gli-cè-ri-de] ***n.m.*** (*biochim.*) triglycéride.

triglifo [trì-gli-fo] ***n.m.*** (*arch.*) triglyphe.

trigonella [tri-go-nèl-la] ***n.f.*** (*bot.*) trigonelle.

trigono [trì-go-no] ***agg.*** (*scient.*) trigone.

trigonometria [tri-go-no-me-trì-a] ***n.f.*** (*mat.*) trigonométrie.

trigonometrico [tri-go-no-mè-tri-co] ***agg.*** [pl.m. *-ci*, f. *-che*] (*mat.*) trigonométrique.

trilingue [tri-lìn-gue] ***agg.*** trilingue.

trilinguismo [tri-lin-guì-ʃmo] ***n.m.*** connaissance (*f.*) de trois langues.

trilione [tri-lió-ne] ***n.m.*** trillion.

trillare [tril-là-re] ***v.intr.*** [aus. *avere*] **1** (*squillare*) sonner **2** (*zool.*) gazouiller **3** (*mus.*) triller.

trillo [trìl-lo] ***n.m.*** **1** (*mus.*) trille **2** (*cinguettio*) gazouillement **3** (*squillo*) sonnerie (*f.*).

trilobato [tri-lo-bà-to] ***agg.*** trilobé.

trilogia [tri-lo-gì-a] ***n.f.*** trilogie.

trimarano [tri-ma-rà-no] ***n.m.*** (*mar.*) trimaran.

trimestrale [tri-me-strà-le] ***agg.*** trimestriel*.

trimestralmente [tri-me-stral-mén-te] ***avv.*** trimestriellement.

trimestre [tri-mè-stre] ***n.m.*** trimestre.

trimotore [tri-mo-tó-re] ***agg.*** e ***n.m.*** (*aer.*) trimoteur.

trina [trì-na] ***n.f.*** dentelle.

trincare [trin-cà-re] ***v.tr.*** [coniug. come *mancare*] (*fam.*) (*bere*) trinquer.

trincea [trin-cè-a] ***n.f.*** tranchée.
● ***essere in trincea***, (*anche fig.*) être en première ligne.

trincerarsi [trin-ce-ràr-si] ***v.pron.intr.*** se retrancher (*anche fig.*).

trincetto [trin-cét-to] ***n.m.*** tranchet.

trinchetto [trin-chét-to] ***n.m.***
● (*mar.*): (***albero di***) ***trinchetto***, mât de misaine; (*di navi*

con vela latina) trinquet; (***vela di***) ***trinchetto***, (voile de) misaine.

trinciapollo [trin-cia-pól-lo] ***n.m.*** **trinciapolli** ***n.m. invar.*** cisaille (*f.*) à volailles.

trinciare [trin-cià-re] ***v.tr.*** [coniug. come *cominciare*] (*sminuzzare, tritare*) *hacher; (*tagliare*) découper ♦ **trinciarsi** ***v.pron.intr.*** se déchirer.

● ***trinciare giudizi***, (*fig.*) juger à tort et à travers | ***trinciare i panni addosso a qlcu***, (*fig.*) casser du sucre sur le dos de qqn.

trinciato [trin-cià-to] ***agg.*** *haché; (*tagliato*) découpé ♦ ***n.m.*** tabac râpé, tabac *haché.

trinciatrice [trin-cia-trì-ce] ***n.f.*** (*mecc.*) *hacheuse, trancheuse.

trinciatura [trin-cia-tù-ra] ***n.f.*** *hachage (*m.*), découpage (*m.*).

trinità [tri-ni-tà] ***n.f.invar.*** trinité.

trinitario [tri-ni-tà-rio] ***agg.*** [pl.m. *-rî*] trinitaire.

trino [trì-no] ***agg.*** trin.

trinomio [tri-nò-mio] ***n.m.*** [pl. *-mî*] (*mat.*) trinôme.

trio [trì-o] ***n.m.*** [pl. *-ii*] trio: *trio jazzistico*, trio de jazz | (*sono proprio un*) *bel trio!*, (*iron.*) ils font un joli trio!

triodo [trì-o-do] ***n.m.*** (*fis.*) triode (*f.*).

trionfale [tri-on-fà-le] ***agg.*** triomphal*.

trionfalismo [tri-on-fa-lì-ʃmo] ***n.m.*** triomphalisme.

trionfalista [tri-on-fa-lì-sta] ***agg.*** e ***n.m.*** e ***f.*** triomphaliste.

trionfalistico [tri-on-fa-lì-sti-co] ***agg.*** [pl.m. *-ci*, f. *-che*] triomphaliste.

trionfalmente [tri-on-fal-mén-te] ***avv.*** trionfalement.

trionfante [tri-on-fàn-te] ***agg.*** triomphant.

trionfare [tri-on-fà-re] ***v.intr.*** [aus. *avere*] triompher: *trionfare sui, dei propri nemici*, triompher de ses ennemis.

trionfatore [tri-on-fa-tó-re] ***agg.*** e ***n.m.*** [f. *-trice*] triomphateur*.

trionfo [tri-ón-fo] ***n.m.*** triomphe: *è stato un vero trionfo*, ça a été un vrai triomphe.

tripanosoma [tri-pa-no-sò-ma] ***n.m.*** (*biol.*) trypanosome.

tripartire [tri-par-tì-re] ***v.tr.*** [coniug. come *finire*] diviser en trois (parties).

tripartitico [tri-par-tì-ti-co] ***agg.*** [pl.m. *-ci*, f. *-che*] tripartite.

tripartito[1] [tri-par-tì-to] ***agg.*** triparti.

tripartito[2] ***agg.*** e ***n.m.***

● (*pol.*) (***governo***) ***tripartito***, gouvernement tripartite.

tripartizione [tri-par-ti-zió-ne] ***n.f.*** tripartition.

tripletta [tri-plét-ta] ***n.f.*** **1** fusil à trois canons **2** (*sport*) triplé (*m.*): *ha fatto una tripletta*, il a marqué trois buts.

triplicare [tri-pli-cà-re] ***v.tr.*** [coniug. come *mancare*] tripler; (*fig.*) redoubler: *triplicare gli sforzi*, intensifier (*o* redoubler) ses efforts ♦ **triplicarsi** ***v.pron.intr.*** tripler; (*fig.*) redoubler: *la popolazione si è triplicata*, la population a triplé; *i suoi sforzi si sono triplicati*, ses efforts ont redoublé.

triplicato [tri-pli-cà-to] ***agg.*** triplé; (*fig.*) redoublé.

triplicazione [tri-pli-ca-zió-ne] ***n.f.*** triplement (*m.*).

triplice [trì-pli-ce] ***agg.*** triple: *in triplice copia*, en triple exemplaire.

● (*st.*): ***Triplice Alleanza***, Triple Alliance; ***Triplice Intesa***, Triple Entente.

triplista [tri-plì-sta] ***n.m.*** e ***f.*** (*sport*) spécialiste du triple saut.

triplo [trì-plo] ***agg.*** triple: *una spesa tripla*, une triple dépense, une dépense trois fois supérieure ♦ ***n.m.*** triple: *nove è il triplo di tre*, neuf est le triple de trois; *guadagna il triplo di me*, il gagne trois fois plus que moi.

● (*sport*) (***salto***) ***triplo***, triple saut.

tripode [trì-po-de] ***n.m.*** (*archeol.*) trépied.

trippa [trìp-pa] ***n.f.*** **1** tripe **2** (*cuc.*) tripes (*pl.*).

● ***mettere su trippa***, (*fam.*) prendre du ventre.

trippaio [trip-pà-io] ***n.m.*** [f. *-a*; pl.m. *-ai*] tripier*.

tripudiare [tri-pu-dià-re] ***v.intr.*** [aus. *avere*] exulter.

tripudio [tri-pù-dio] ***n.m.*** [pl. *-dî*] allégresse (*f.*); (*giubilo*) jubilation (*f.*): *il tripudio della folla*, la jubilation de la foule; *un tripudio di luci e di colori*, une explosion de lumières et de couleurs | *il tripudio della natura*, (*fig.*) la fête de la nature.

trireme [tri-rè-me] ***n.f.*** (*st. mar.*) trirème, trière.

tris ***n.m.invar.*** (*alle carte*) brelan ♦ ***n.m.*** o ***f.invar.*** (*ippica*) tiercé (*m.*).

● (*ippica*) ***corsa tris***, pari tiercé.

trisavolo [tri-ʃà-vo-lo] ***n.m.*** [f. *-a*] trisaïeul*.

trisezione [tri-se-zió-ne] ***n.f.*** (*mat.*) trisection.

trisillabico [tri-sil-là-bi-co] ***agg.*** [pl.m. *-ci*, f. *-che*] trisyllabique, trisyllabe.

trisillabo [tri-sìl-la-bo] ***agg.*** e ***n.m.*** trisyllabe.

triste [trì-ste] ***agg.*** triste: *sguardo triste*, regard triste; *è triste, ma è così!*, c'est malheureux, mais c'est comme ça! | *avere tristi pensieri*, (*fam.*) broyer du noir.

● ***avere la sbornia triste***, (*fam.*) avoir le vin triste.

tristemente [tri-ste-mén-te] ***avv.*** tristement.

tristezza [tri-stéz-za] ***n.f.*** tristesse: *mettere tristezza*, rendre triste.

tristo [trì-sto] ***agg.*** **1** (*poco raccomandabile*) triste: *un tristo figuro*, un triste personnage, un triste sire **2** (*fatto con malvagità*) mauvais **3** (*meschino*) piètre: *fare una trista figura*, faire piètre figure.

tritacarne [tri-ta-càr-ne] ***n.m.invar.*** *hache-viande, *hachoir.

tritaghiaccio [tri-ta-ghiàc-cio] ***n.m.invar.*** broyeur à glace.

tritaprezzemolo [tri-ta-prez-zé-mo-lo] ***n.m.invar.*** moulinette (*f.*) à persil.

tritare [tri-tà-re] ***v.tr.*** *hacher; (*triturare*) broyer*, piler.

tritarifiuti [tri-ta-ri-fiù-ti] ***n.m.invar.*** broyeur.

tritato [tri-tà-to] ***agg.*** *haché; (*triturato*) pilé, broyé.

tritatutto [tri-ta-tùt-to] ***n.m.invar.*** *hachoir.

tritaverdure [tri-ta-ver-dù-re] ***n.m.invar.*** coupe-légumes.

trito [trì-to] ***agg.*** **1** *haché; (*triturato*) pilé, broyé: *ghiaccio trito*, glace pilée **2** (*fig.*) (*abusato*) ressassé, rabâché ♦ ***n.m.*** (*cuc.*) *hachis (de lard et de fines herbes).

● ***carne trita***, viande hachée | ***cose trite e ritrite***, des choses dites et redites.

tritolo [tri-tò-lo] ***n.m.*** (*chim.*) tolite (*f.*).

tritone [tri-tó-ne] ***n.m.*** (*zool., mit.*) triton.

trittico [trìt-ti-co] ***n.m.*** [pl. *-ci*] triptyque.

trittongo [trit-tòn-go] ***n.m.*** [pl. *-ghi*] (*fon.*) triphtongue (*f.*).

T

tritume [tri-tù-me] ***n.m.*** (*briciole*) miettes (*f.pl.*); (*frantumi*) débris (*pl.*).

trituramento [tri-tu-ra-mén-to] ***n.m.*** trituration (*f.*), broyage.

triturare [tri-tu-rà-re] ***v.tr.*** triturer, broyer*.

trituratore [tri-tu-ra-tó-re] ***n.m.*** (*tecn.*) broyeur, triturateur.

triturazione [tri-tu-ra-zió-ne] ***n.f.*** trituration, broyage (*m.*).

triumviro e *deriv.* → **triunviro** e *deriv.*

triunvirato [tri-un-vi-rà-to] ***n.m.*** triumvirat.

triunviro [tri-ùn-vi-ro] ***n.m.*** triumvir.

trivalente [tri-va-lèn-te] ***agg.*** (*chim.*) trivalent.

trivella [tri-vèl-la] ***n.f.*** **1** (*miner.*) foreuse, tarière; (*ind. petrolifera*) trépan (*m.*) **2** (*falegnameria*) vrille **3** (*ind. casearia*) sonde à fromage.

trivellare [tri-vel-là-re] ***v.tr.*** forer; (*sondare*) sonder.

trivellazione [tri-vel-la-zió-ne] ***n.f.*** (*tecn. miner.*) sondage (*m.*), forage (*m.*): *trivellazione petrolifera*, forage pétrolier; *torre di trivellazione*, tour de forage, derrick.

triviale [tri-vià-le] ***agg.*** trivial*.

trivialità [tri-via-li-tà] ***n.f.invar.*** trivialité.

trivio [trì-vio] ***n.m.*** [pl. *-vi*] croisement de trois voies.
● ***da trivio***, (*spreg.*) trivial: *maniere, modi da trivio*, manières triviales.

trizio [trì-zio] ***n.m.*** [pl. *-zi*] (*chim.*) tritium.

trocheo [tro-chè-o] ***n.m.*** (*metrica*) trochée.

trofeo [tro-fè-o] ***n.m.*** trophée.

troglodita [tro-glo-dì-ta] ***n.m.*** e ***f.*** **1** troglodyte (*m.*) **2** (*estens.*) sauvage, primitif/ive.

trogloditico [tro-glo-dì-ti-co] ***agg.*** [pl.m. *-ci*, f. *-che*] troglodytique.

trogolo [trò-go-lo] ***n.m.*** (*per maiali*) auge (*f.*).
● (*zootecn.*) ***trogolo automatico***, nourrisseur.

troia [trò-ia] ***n.f.*** **1** (*scrofa*) truie **2** (*fig. volg.*) pute.

troiano [tro-ià-no] ***agg.*** troyen*.
● (*st.*) ***i Troiani***, les Troyens.

troica [tròi-ca] ***n.f.*** [pl. *-che*] troïka.

troll ***n.m.invar.*** **1** (*mit. nordica*) troll **2** (*Internet*) (*disturbatore*) troll, trolleur.

troller ['trɔller] ***n.m.invar.*** trolley.

trolley [tròl-ley] ***n.m.invar.*** **1** (*del tram*) trolley **2** (*valigia*) trolley **3** (*carrello*) chariot.

tromba [tróm-ba] ***n.f.*** **1** trompette; (*mil.*) clairon (*m.*) | *suonare la tromba*, jouer de la trompette; (*mil.*) sonner le clairon, (*fig.*) crier sur les toits **2** (*delle scale*) cage d'escalier **3** (*oggetto a forma di tromba*) trombe; trompe: *la tromba acustica*, le cornet acoustique | (*zool. pop.*) *la tromba dell'elefante*, la trompe de l'éléphant.
● (*meteor.*) ***tromba d'aria***, trombe | (*anat.*): ***tromba d'Eustachio***, trompe d'Eustache; ***tromba di Falloppio***, trompe de Fallope | (*meteor.*) ***tromba marina***, trombe d'eau | ***partire in tromba***, (*fig. fam.*) partir en trombe.

trombare [trom-bà-re] ***v.tr.*** **1** (*fam.*) (*agli esami*) coller; (*alle elezioni*) blackbouler **2** (*volg.*) baiser.

trombata [trom-bà-ta] ***n.f.*** **1** (*fam.*) (*insuccesso*) échec (*m.*), fiasco (*m.*); (*alle elezioni*) blackboulage (*m.*) **2** (*volg.*) baise.

trombetta [trom-bét-ta] ***n.f.*** trompette.
● (*bot.*) ***trombetta dei morti***, trompette-de-la-mort.

trombettiere [trom-bet-tiè-re] ***n.m.*** trompette (*f.*).

trombettista [trom-bet-tì-sta] ***n.m.*** e ***f.*** trompettiste.

trombina [trom-bì-na] ***n.f.*** (*biochim.*) thrombine.

trombo [tróm-bo] ***n.m.*** (*med.*) thrombus.

tromboncino [trom-bon-cì-no] ***n.m.*** (*lanciabombe*) tromblon.

trombone [trom-bó-ne] ***n.m.*** **1** (*mus.*) trombone **2** (*fig.*) vantard **3** (*bot. pop.*) jonquille (*f.*), coucou.

trombonista [trom-bo-nì-sta] ***n.m.*** e ***f.*** trombone, tromboniste.

trombosi [trom-bò-ʃi] ***n.f.invar.*** (*med.*) thrombose.

troncamento [tron-ca-mén-to] ***n.m.*** **1** cassure (*f.*); (*mutilazione*) mutilation (*f.*) **2** (*fig.*) rupture (*f.*) **3** (*ling.*) troncation (*f.*).

troncare [tron-cà-re] ***v.tr.*** [coniug. come *mancare*] **1** (*mozzare*) trancher; (*tagliare*) couper: *troncare un ramo*, couper une branche | *troncare le gambe a qlcu*, (*fig.*) mettre les bâtons dans les roues **2** (*ling.*) retrancher: *troncare una parola*, retrancher la syllabe finale d'un mot (*o* faire une apocope) **3** (*fig.*) (*interrompere*) couper; (*rompere*) rompre*; (*distruggere*) briser: *tronchiamo questa inutile conversazione*, cette discussione est inutile, coupons court; *troncare i rapporti con qlcu*, rompre avec qqn | *troncare qlco sul nascere*, tuer, étouffer qqlch dans l'œuf.

tronchese [tron-ché-se] ***n.m.*** o ***f.*** (*spec. pl.*) (*tecn.*) tricoises (*f.pl.*); pince (*f.*) coupante.

tronchesina [tron-che-sì-na] ***n.f.*** (*spec. pl.*) coupe-ongles (*m.*).

tronchetto [tron-chét-to] ***n.m.*** (*cuc.*) (*dolce a rotolo*) bûche (*f.*); (*gelato a forma di rotolo*) bûche glacée.
● (*bot. pop.*) ***tronchetto della felicità***, dragonnier.

tronco¹ [trón-co] ***agg.*** [pl.m. *-chi*, f. *-che*] tronqué; (*tagliato*) coupé: *colonna tronca*, colonne tronquée; *notizie tronche*, (*fig.*) des nouvelles incomplètes.
● ***in tronco***, sans préavis, sur-le-champ: *licenziare in tronco*, renvoyer sur-le-champ; *lasciare un lavoro in tronco*, laisser un travail en plan | (*ling.*) ***parola tronca***, mot apocopé; (*parola ossitona*) (mot) oxyton.

tronco² ***n.m.*** [pl. *-chi*] **1** tronc: *il tronco del pioppo è alto e sottile*, le tronc du peuplier est haut et étroit **2** (*anat.*) tronc **3** (*fig.*) (*ceppo, origine*) tronc, souche (*f.*) **4** (*troncone, tratto*) tronçon: *tronco autostradale, ferroviario*, tronçon d'autoroute, de chemin de fer.

troncoconico [tron-co-cò-ni-co] ***agg.*** [pl.m. *-ci*, f. *-che*] tronconique.

troncone [tron-có-ne] ***n.m.*** **1** (*grosso tronco*) gros tronc **2** (*moncone*) tronçon; (*di albero*) chicot; (*di arto*) moignon.

troneggiare [tro-neg-già-re] ***v.intr.*** [coniug. come *mangiare*; aus. *avere*] trôner.

tronfio [trón-fio] ***agg.*** [pl.m. *-fi*] bouffi d'orgueil, plein de morgue; (*altezzoso*) *hautain: *stile tronfio*, style ampoulé.

trono [trò-no] ***n.m.*** **1** trône: *erede al trono*, héritier du trône; *salire al trono*, monter sur le trône; *rinunciare al trono*, renoncer à la couronne **2** (*pl.*) (*teol.*) Trônes.

tropicale [tro-pi-cà-le] ***agg.*** tropical*.

tropico [trò-pi-co] ***n.m.*** [pl. *-ci*] tropique: *ai tropici*, sous les tropiques.

tropina [tro-pì-na] ***n.f.*** (*chim.*) tropine.

tropismo [tro-pì-ʃmo] ***n.m.*** (*biol.*) tropisme.

tropo [trò-po] ***n.m.*** (*ret.*) trope.

tropopausa [tro-po-pàu-ʃa] ***n.f.*** (*geogr.*) tropopause.

troposfera [tro-po-sfè-ra] ***n.f.*** (*meteor.*) troposphère.

troppo [tròp-po] *avv.* **1** trop: *ha parlato troppo*, il a trop parlé; *è troppo astuto perché lo si possa imbrogliare*, il est trop malin pour qu'on puisse le rouler **2** (*molto, assai*) très: *sai troppo bene che*, tu sais très bien que | *non c'è troppo da meravigliarsi*, ça n'est pas du tout étonnant ♦ *agg.indef.* trop (**de**): *hai troppe valige*, tu as trop de valises; *fa troppo freddo, caldo*, il fait trop froid, trop chaud; *la carne che mi hai dato è troppa*, tu m'as donné trop de viande | *questo è troppo!*, c'en est trop!, trop c'est trop! ♦ *pron.indef.* **1** trop (**de**): *quanto a birra, ne hai bevuta fin troppa*, quant à la bière, tu n'en as bu que trop (*o* tu n'en as que trop bu); *ti chiedo troppo se*, est-ce trop te demander si **2** (*in espressioni ellittiche, sottintendendo* tempo, denaro *ecc.*) trop: *ho aspettato anche troppo*, je n'ai que trop attendu; *c'è troppo da aspettare*, il y a trop à attendre; *è uscito da non troppo*, il n'y a pas très longtemps qu'il est sorti; *spendi veramente troppo*, tu dépenses vraiment trop; *hai detto anche troppo*, tu n'en as que trop dit **3** (*pl.*) trop (**de**); (*moltissime persone*) trop de gens: *ne occorrerebbero troppi*, il en faudrait trop; *troppi di noi, di voi*, trop d'entre nous, d'entre vous; *siamo in troppi, in troppe*, nous sommes trop nombreux, trop nombreuses; *troppi credono ancora che*, trop de gens pensent encore que.
● ***di troppo***, de trop: *ce ne sono venti di troppo*, il y en a vingt de trop (*o* en trop); *mi avete reso dieci euro di troppo*, vous m'avez rendu dix euros en trop | ***fin troppo, anche troppo***, même trop: *è fin troppo facile*, c'est même trop facile; *lo conosco anche troppo, fin troppo bene*, je ne le connais que trop; *sei fin troppo generoso*, tu n'es que trop généreux | (*prov.*) ***il troppo stroppia***, trop, c'est trop | ***la prudenza non è mai troppa***, on n'est jamais trop prudent | ***non troppo***, (*piuttosto poco*) pas très: *non mi sento troppo bene*, je ne me sens pas très bien.

NOTA Nei tempi composti, ***trop***, che traduce ***troppo***, va posto tra l'ausiliare e il participio passato:
Dovrebbe abituarsi a non fidarsi ***troppo***.
Il devrait s'habituer à ne pas **trop** s'y fier.

troppopieno [trop-po-piè-no] *n.m.invar.* (*idraulica*) trop-plein*.

trota [trò-ta] *n.f.* truite: *trota iridata*, truite arc-en-ciel.

trottare [trot-tà-re] *v.intr.* [aus. *avere*] trotter (*anche fig.*).

trottata [trot-tà-ta] *n.f.* **1** promenade au trot; (*corsa al trotto*) course au trot **2** (*fig. fam.*) trotte.

trottatoio [trot-ta-tó-io] *n.m.* [pl. *-oi*] piste (*f.*) de trot.

trottatore [trot-ta-tó-re] *n.m.* [f. *-trice*] trotteur*.

trotterellare [trot-te-rel-là-re] *v.intr.* [aus. *avere*] trottiner.

trotto [tròt-to] *n.m.* trot: *corsa al trotto*, course de trot; *andare di buon trotto*, (*fig.*) marcher d'un bon pas.

trottola [tròt-to-la] *n.f.* toupie.

trotzkismo [trotz-kì-ʃmo] *n.m.* (*pol.*) trotskysme.

trousse [trus] *n.f.invar.* **1** (*astuccio*) trousse **2** (*borsetta da sera*) pochette.

trovadorico [tro-va-dò-ri-co] *agg.* [pl.m. *-ci*, f. *-che*] des troubadours.
● ***poesia trovadorica***, poésie des troubadours.

trovare [tro-và-re] *v.tr.* **1** trouver: *non trovo più gli occhiali*, je ne trouve plus mes lunettes; *non ho ancora trovato casa*, je n'ai pas encore trouvé d'appartement; *trovare da lavorare*, trouver du, un travail | *trovare marito*, trouver un mari **2** (*pensare*) trouver: *trovo che sia troppo caro*, je trouve que c'est trop cher | *trovi?*, tu trouves? **3** (*incontrare, imbattersi*) rencontrer, trouver: *me lo sono trovato davanti*, je me le suis trouvé devant | *me lo trovo sempre attorno*, il est toujours dans mes jambes | *andare a trovare qlcu*, (*fare visita*) aller voir qqn **4** (*constatare*) trouver: *ti trovo molto bene*, je te trouve en pleine forme; *non l'ho trovato bene*, je lui ai trouvé mauvaise mine **5** (*scoprire*) trouver: *l'ho trovato scritto sul giornale*, je l'ai lu dans le journal; *trovare il colpevole*, trouver le coupable | *la soluzione è bell'e trovata*, la solution est toute trouvée ♦ **trovarsi** *v.pron.intr.* se trouver: *mi trovai a passare di là*, il se trouva que je passais par là; *si trova in città*, il est en ville; *trovati qui domani*, sois ici demain; *mi trovo ad aver bisogno del suo aiuto*, il se trouve que j'ai besoin de son aide | *trovarsi in miseria*, être dans la misère | *trovarsi in vendita*, être en vente ♦ *v.pron.rec.* se retrouver; (*casualmente*) se rencontrer.
● ***ben trovato!***, ravi de te rencontrer! | ***chi cerca trova***, cherchez et vous trouverez | ***guarda chi trovo!***, tiens qui vois-je!, tiens!, toi ici? | ***trovarsi bene, male***, être bien, mal: *mi trovo bene qui*, je suis bien ici; *trovarsi bene in un albergo*, être satisfait de son hôtel.

trovarobe [tro-va-rò-be] *n.m.* e *f.invar.* accessoiriste.

trovata [tro-và-ta] *n.f.* **1** idée, trouvaille | *trovata pubblicitaria*, trouvaille publicitaire **2** (*battuta, situazione umoristica*) gag (*m.*).

trovatello [tro-va-tèl-lo] *n.m.* [f. *-a*] enfant trouvé.

trovatore [tro-va-tó-re] *n.m.* (*st. lett.*) troubadour.

troviero [tro-viè-ro] *n.m.* (*st. lett.*) trouvère.

truccare [truc-cà-re] *v.tr.* [coniug. come *mancare*] **1** maquiller (*anche fig.*); (*travestire*) déguiser; (*di attori*) grimer **2** (*alterare*) maquiller; (*carte, dadi*) truquer, piper: *truccare le carte*, truquer les cartes; *truccare una macchina rubata*, maquiller une voiture volée; *truccare un motore*, trafiquer un moteur | *incontro truccato*, match truqué ♦ **truccarsi** *v.pron.* se maquiller; (*travestirsi*) se déguiser; (*di attori*) se grimer.

truccatore [truc-ca-tó-re] *n.m.* [f. *-trice*] maquilleur*.

truccatura [truc-ca-tù-ra] *n.f.* maquillage (*m.*) (*anche fig.*); (*di attori*) grimage (*m.*); (*travestimento*) déguisement (*m.*).

trucco [trùc-co] *n.m.* [pl. *-chi*] **1** maquillage; (*di attore*) grimage: *darsi, rifarsi, togliersi il trucco*, se maquiller, se remaquiller, se démaquiller **2** (*fig.*) truc; (*astuzia*) astuce (*f.*) | *trucco cinematografico*, trucage cinématographique.

truce [trù-ce] *agg.* farouche; (*bieco*) sinistre; (*torvo*) torve.

trucidare [tru-ci-dà-re] *v.tr.* massacrer, tuer.

truciolare [tru-cio-là-re] *agg.* de copeaux, d'aggloméré.

truciolato [tru-cio-là-to] *n.m.* aggloméré.

truciolo [trù-cio-lo] *n.m.* copeau*.

truculento [tru-cu-lèn-to] *agg.* (*letter.*) truculent: *un film truculento*, un film terrifiant.

truculenza [tru-cu-lèn-za] *n.f.* truculence.

truffa [trùf-fa] *n.f.* escroquerie: *commettere una truffa ai danni di qlcu*, escroquer qqn | *è una truffa!*, c'est du vol! ♦ *agg.invar.* (*sempre dopo il nome*) *legge truffa*, loi bidon.
● ***truffa all'americana***, vol à l'américaine.

FAUX AMI
Da non confondere con *truffe*, che significa *tartufo*.

truffaldino [truf-fal-dì-no] *agg.* malhonnête: *impresa truffaldina*, escroquerie ♦ *n.m.* [f. *-a*] escroc.

T

truffare [truf-fà-re] *v.tr.* escroquer; (*fam.*) arnaquer: *siamo stati truffati*, on nous a escroqués.

truffatore [truf-fa-tó-re] *n.m.* [f. *-trice*] escroc: *è un truffatore*, c'est un escroc.

trullo [trùl-lo] *n.m.* (*tipica abitazione della Puglia*) trullo.

trumeau [tryˈmo] **trumò** *n.m.* (*cassettone*) scriban.

truppa [trùp-pa] *n.f.* troupe: *truppe d'assalto, scelte*, troupes de choc, d'élite | *arrivare in truppa*, (*fig. scherz.*) arriver en groupe.

trust [trast] *n.m.invar.* trust.

tse-tse [tsetˈtsɛ] *agg.invar.* tsé-tsé.
● ***mosca tse-tse***, (mouche) tse-tse.

T-shirt [tiˈʃœrt] *n.f.invar.* tee(-)shirt* (*m.*).

tu *pron.pers.m.* e *f. 2ª pers.sing.* **1** (*sogg.*) tu: (*tu*) *lo incontrerai domani*, tu le rencontreras demain; (*tu*) *sei molto coraggioso*, tu es très courageux **2** (*quando in italiano non può essere sottinteso*) toi: *tu e io li raggiungeremo poi*, toi et moi nous les rejoindrons plus tard; *dovrai andarci tu*, c'est toi qui devras y aller; *io posso permettermelo, tu no*, je peux me le permettre, pas toi | *lo dici tu*, c'est toi qui le dis **3** (*con funzione predicativa*) toi: *sei tu, non sei tu il responsabile*, c'est toi, ce n'est pas toi le responsable; *sei stato tu che l'hai detto, sei stato tu a dirlo*, c'est toi qui l'as dit; *non sarai certo tu ad abbandonarmi, che mi abbandonerai*, ce n'est sûrement pas toi qui me quitteras; *da qualche tempo sei cambiato, non sei più tu, non sembri più tu*, depuis quelque temps tu as changé, tu n'es plus le même, on ne te reconnaît plus; *sei tu?*, c'est toi? | *sei tutto tu*, (*di ritratto*) c'est tout à fait toi **4** (*con uso impers.*) on: *se* (*tu*) *consideri bene la cosa*, si on y réfléchit bien ♦ *n.m.invar.* *passare dal lei al tu*, passer du vouvoiement au tutoiement | *dare del tu a qlcu, rivolgersi a qlcu col tu*, tutoyer qqn | *darsi del tu*, se tutoyer.
● ***tu stesso, proprio tu***, toi-même: *lo puoi fare tu stesso*, tu peux le faire toi-même | ***anche tu***, toi aussi: *puoi venire anche tu con noi*, toi aussi tu peux venir avec nous | ***a tu per tu***, (en) tête-à-tête: *trovarsi a tu per tu con la morte*, (*fig.*) voir la mort de près.

tuareg [tuà-reg] *agg.invar.* touareg*, targui ♦ *n.m.* e *f.invar.* (*persona*) Touareg*, Targui ♦ *n.m.invar.* (*lingua*) touareg.

tuba [tù-ba] *n.f.* **1** (*mus.*) tuba (*m.*) **2** (*cappello a cilindro*) *haut de forme* (*m.*) **3** (*anat.*) trompe.

tubare [tu-bà-re] *v.intr.* [aus. *avere*] roucouler (*anche fig.*).

tubatura [tu-ba-tù-ra] *n.f.* (*spec. pl.*) (*insieme di tubi*) tuyauterie; (*singolo tubo*) conduite: *si è rotta una tubatura del gas*, une conduite du gaz s'est rompue; *le tubature del palazzo*, la plomberie de l'immeuble.

tubazione [tu-ba-zió-ne] *n.f.* (*spec. pl.*) tuyauterie; (*dell'acqua, del gas*) conduites (*pl.*).

tubercolare [tu-ber-co-là-re] *agg.* tuberculeux*.

tubercolina [tu-ber-co-lì-na] *n.f.* (*biochim.*) tuberculine.

tubercolo [tu-bèr-co-lo] *n.m.* tubercule.

tubercolosario [tu-ber-co-lo-sà-rio] *n.m.* [pl. *-ri*] sanatorium.

tubercolosi [tu-ber-co-lò-ʃi] *n.f.invar.* tuberculose.

tubercoloso [tu-ber-co-ló-so] **tubercolotico** [pl.m. *-ci*, f. *-che*] *agg.* tuberculeux* ♦ *n.m.* [f. *-a*] tuberculeux*.

tubero [tù-be-ro] *n.m.* (*bot.*) tubercule.

tuberosa [tu-be-ró-sa] *n.f.* (*bot.*) tubéreuse.

tuberoso [tu-be-ró-so] *agg.* tubéreux*.

tubetto [tu-bét-to] *n.m.* tube.

tubino [tu-bì-no] *n.m.* (*abito da donna*) fourreau*.

tubo [tù-bo] *n.m.* **1** tuyau*; (*di piccole dimensioni*) tube: *i tubi del gas, dell'acqua*, les conduit(e)s de l'eau, du gaz **2** (*fig. fam.*) rien: *non ci capisco un tubo*, j'y pige rien.
● ***tubo a gomito***, tuyau coudé | (*elettr.*) ***tubo al neon***, tube au néon | (*fis.*) ***tubo a raggi catodici***, tube à rayons cathodiques | (*aut., moto*) ***tubo di scappamento***, pot d'échappement | (*mar. mil.*) ***tubo lanciasiluri***, tube lance-torpilles | (*anat.*) ***tubi seminiferi***, canaux séminifères | ***chiave a tubo***, clé en tube | (*abbigl.*): ***gonna a tubo***, jupe serrée; ***pantaloni a tubo***, pantalon serré.

tubolare [tu-bo-là-re] *agg.* tubulaire ♦ *n.m.* (*di bicicletta*) boyau*.

tucano [tu-cà-no] *n.m.* (*zool.*) toucan.

tucul [tu-cùl] *n.m.invar.* *hutte (*f.*); (*nei villaggi turistici*) paillote (*f.*).

tuffare [tuf-fà-re] *v.tr.* plonger* ♦ **tuffarsi** *v.pron.* **1** plonger*; (*fig.*) se plonger*: *si è tuffato di testa*, il a plongé la tête en avant **2** (*di aereo*) piquer, plonger*.

tuffata [tuf-fà-ta] *n.f.* plongeon (*m.*).

tuffatore [tuf-fa-tó-re] *n.m.* [f. *-trice*] plongeur*.

tuffo [tùf-fo] *n.m.* plongeon: *una gara di tuffi*, un concours de plongeons; *fare un tuffo*, faire un plongeon; *fare un tuffo nel passato*, (*fig.*) se replonger dans le passé; *buttarsi a tuffo su qlco*, (*fig.*) se jeter sur qqch.
● ***tuffo ad angelo***, saut de l'ange | ***provare un tuffo al cuore***, avoir un coup au cœur.

> FAUX AMI
> Da non confondere con *touffe*, che significa *ciuffo*.

tuffolo [tùf-fo-lo] *n.m.* (*zool.*) plongeon.

tufo [tù-fo] *n.m.* tuf.

> FAUX AMI
> Da non confondere con *touffe*, che significa *ciuffo*.

tugurio [tu-gù-rio] *n.m.* [pl. *-ri*] taudis, masure (*f.*).

tuia [tù-ia] *n.f.* (*bot.*) thuya (*m.*).

tulipano [tu-li-pà-no] *n.m.* tulipe (*f.*).

tulle [tùl-le] *n.m.invar.* (*tess.*) tulle.

tumefare [tu-me-fà-re] *v.tr.* [coniug. come *fare*] tuméfier ♦ **tumefarsi** *v.pron.* se tuméfier.

tumefatto [tu-me-fàt-to] *agg.* tuméfié.

tumefazione [tu-me-fa-zió-ne] *n.f.* tuméfaction.

tumescente [tu-me-scèn-te] *agg.* tumescent.

tumescenza [tu-me-scèn-za] *n.f.* tumescence.

tumido [tù-mi-do] *agg.* (*letter.*) gros*; (*carnoso*) charnu: *stile tumido*, (*fig.*) style redondant.

tumorale [tu-mo-rà-le] *agg.* (*med.*) tumoral*.

tumore [tu-mó-re] *n.m.* tumeur (*f.*): *la cura dei tumori*, le traitement des tumeurs.

tumulare [tu-mu-là-re] *v.tr.* ensevelir.

tumulazione [tu-mu-la-zió-ne] *n.f.* ensevelissement (*m.*), enterrement (*m.*).

tumulo [tù-mu-lo] *n.m.* tombeau*; (*archeol.*) tumulus.

tumulto [tu-mùl-to] *n.m.* tumulte (*anche fig.*); (*sommossa*) émeute (*f.*): *la folla era in tumulto*, la foule grondait; *animo in tumulto*, (*fig.*) cœur en émoi.

tumultuante [tu-mul-tu-àn-te] *agg.* en émeute; (*fig.*) agité ♦ *n.m.* émeutier*.

tumultuare [tu-mul-tu-à-re] *v.intr.* [aus. *avere*] être* en tumulte; (*di folla*) manifester; (*agitarsi*) s'agiter.
tumultuoso [tu-mul-tu-ó-so] *agg.* tumultueux*.
tundra [tùn-dra] *n.f.* toundra.
tuner ['tjuner] *n.m.invar.* (*audiovisivi*) tuner, syntoniseur.
tungsteno [tung-stè-no] *n.m.* (*chim.*) tungstène.
tunica [tù-ni-ca] *n.f.* [pl. *-che*] tunique.
tunisino [tu-ni-ʃì-no] *agg.* tunisien* ♦ *n.m.* [f. *-a*] (*abitante*) Tunisien*.
tunnel [tùn-nel] *n.m.invar.* tunnel: *uscire dal tunnel della droga*, (*fig.*) arriver au bout du tunnel de la drogue.
tuo [tù-o] *agg.poss. 2ª pers.sing.* [pl.m. *tuoi*, f. *tue*] **1** ton*: *tua madre*, ta mère; *tuo padre*, ton père; *i tuoi genitori*, tes parents; *il tuo quaderno*, ton cahier; *la tua casa*, ta maison; *la tua idea*, ton idée; *la tua ultima idea*, ta dernière idée; *i tuoi libri*, tes livres; *le tue opinioni*, tes opinions; *l'ultima tua lettera*, ta dernière lettre; *sono del tuo stesso parere*, je suis tout à fait de ton avis; *il tuo e il mio pullover sono di lana*, ton pull et le mien sont en laine; *è un problema tuo, non mio*, c'est ton problème, (ce n'est) pas le mien; *un tuo amico*, un de tes amis; *un tuo amico medico*, un médecin de tes amis; *tre tuoi amici*, trois de tes amis; *alcuni tuoi amici*, quelques-uns de tes amis; *desidero un tuo parere*, j'aimerais que tu me donnes ton avis; *attendo una tua risposta*, j'attends une réponse de ta part; *questo tuo libro*, ton livre **2** (*per indicare proprietà, appartenenza*) à toi: *hai già una casa tua?*, est-ce que tu as déjà une maison à toi?; *avrai una camera (tutta) tua*, tu auras une chambre pour toi tout seul; *l'idea non è tua*, l'idée n'est pas de toi; *hai un modo tutto tuo di reagire*, tu as une manière toute personnelle de réagir | *questo quadro è tuo?*, (*di tua proprietà*) ce tableau est-il à toi?, (*ne sei l'autore*) ce tableau est-il de toi? ♦ *pron.poss. 2ª pers.sing.* **1** le tien*: *la mia valigia è più pesante della tua*, ma valise est plus lourde que la tienne **2** (*in espressioni ellittiche*): *siamo, stiamo tutti dalla tua (parte)*, nous sommes tous de ton côté; *hai il direttore dalla tua*, tu as le directeur pour toi; *devi sempre dire la tua?*, tu as toujours ton mot à dire?; *hai fatto bene a dire la tua*, tu as bien fait de donner ton avis; *ne hai combinata una delle tue?*, tu as encore fait des tiennes?; *ne hai detta una delle tue*, tu as encore dit une bêtise; *anche tu hai avuto le tue (disgrazie)*, toi aussi, tu as eu ta part de malheurs; *perché stai sempre sulle tue?*, pourquoi es-tu toujours aussi réservé? | *ho ricevuto la tua ultima del*, (*nella corrispondenza*) j'ai reçu ta dernière lettre du ♦ *n.m.* **1** (*mezzi economici, beni personali*): *puoi vivere del tuo*, tu peux vivre de tes revenus; *mettici del tuo (denaro)*, tu n'as qu'à ajouter qqch de ta poche | *accontentati del tuo*, contente-toi de ce que tu as **2** (*preceduto da pron.indef.*): *hai ancora qlco di tuo*, tu as encore quelques biens personnels; *se vuoi aggiungere qlco di tuo*, si tu veux toi aussi ajouter qqch; *non hai più niente di tuo*, tu n'as, tu ne possèdes plus rien; *non c'è più nulla di tuo in casa mia*, il n'y a plus rien qui t'appartienne chez moi; *c'è ben poco di tuo in questo tema*, il y a bien peu de choses personnelles dans cette dissertation **3** (*pl.*) (*genitori, sostenitori ecc.*) les tiens: *passerai il Natale con i tuoi?*, tu passeras Noël en famille?
tuonare [tuo-nà-re] *v.intr.impers.* [aus. *essere* o *avere*] tonner ♦ *v.intr.* [aus. *avere*] (*di cannone ecc.*); (*di voce*) tonitruer, tonner.
tuono [tuò-no] *n.m.* **1** tonnerre **2** (*rumore forte*) grondement.

FAUX AMI
Da non confondere con *ton*, che significa *tono* o *tuo*.

tuorlo [tuòr-lo] *n.m.* jaune d'œuf.
turabottiglie [tu-ra-bot-tì-glie] *n.m.invar.* (*tecn.*) boucheuse (*f.*).
turacciolo [tu-ràc-cio-lo] *n.m.* bouchon.
turare [tu-rà-re] *v.tr.* boucher: *turare una buco*, boucher un trou | *turare la bocca a qlcu*, (*fig.*) clouer le bec à qqn ♦ **turarsi** *v.pron.* se boucher ♦ *v.pron. indiretto* se boucher: *turarsi il naso*, (*anche fig.*) se boucher le nez.
turba[1] [tùr-ba] *n.f.* foule; (*spreg.*) bande.
turba[2] *n.f.* (*med.*) trouble (*m.*).
turbamento [tur-ba-mén-to] *n.m.* **1** (*il turbarsi*) trouble **2** (*il turbare*) perturbation (*f.*).
turbante [tur-bàn-te] *n.m.* turban.
turbare [tur-bà-re] *v.tr.* troubler: *quello spettacolo l'aveva turbato*, ce spectacle l'avait troublé | (*econ.*) *turbare il mercato*, perturber le marché ♦ **turbarsi** *v.pron.* se troubler: *turbarsi in volto*, se troubler; *il tempo si è turbato*, le temps s'est gâté.
turbativa [tur-ba-tì-va] *n.f.* (*dir.*) trouble (*m.*).
turbato [tur-bà-to] *agg.* troublé.
turbina [tur-bì-na] *n.f.* (*mecc.*) turbine.
turbinare [tur-bi-nà-re] *v.intr.* [aus. *avere*] tourbillonner (*anche fig.*).
turbine [tùr-bi-ne] *n.m.* **1** tourbillon (*anche fig.*): *il turbine delle passioni*, le déchaînement des passions **2** (*nugolo*) nuée (*f.*).

FAUX AMI
Da non confondere con il francese *turbine*, che significa *turbina*.

turbinio [tur-bi-nì-o] *n.m.* [pl. *-ii*] tourbillonnement (*anche fig.*).
turbinosamente [tur-bi-no-sa-mén-te] *avv.* en tourbillonnant.
turbinoso [tur-bi-nó-so] *agg.* tourbillonnant (*anche fig.*).
turbo [tùr-bo] *agg.* e *n.m.* (*mecc.*) turbo.
● (*automobile*) *turbo*, turbo | (*motore*) *turbo*, moteur turbo.
turbo- *pref.* turbo-.
turbocisterna [tur-bo-ci-stèr-na] *n.f.* pétrolier (*m.*) à turbines.
turbocompresso [tur-bo-com-près-so] *agg.* (*mecc.*) turbocompressé, turbo.
turbocompressore [tur-bo-com-pres-só-re] *n.m.* (*mecc.*) turbocompresseur.
turbodiesel [turbo'dizel] *agg.* e *n.m.invar.* turbo-diesel ♦ *n.f.* (*automobile*) turbo-diesel (*m.*).
● (*motore*) *turbodiesel*, moteur turbo-diesel.
turboelica [tur-bo-è-li-ca] *n.m.* [pl. *-che*] turbopropulseur.
turbogetto [tur-bo-gèt-to] *n.m.* turboréacteur.
turbolento [tur-bo-lèn-to] *agg.* **1** turbulent **2** (*fig.*) (*agitato*) agité; (*tumultuoso*) tumultueux*.
turbolenza [tur-bo-lèn-za] *n.f.* turbulence (*anche fig.*).
turbomotore [tur-bo-mo-tó-re] *n.m.* (*mecc.*) turbomoteur.
turbonave [tur-bo-nà-ve] *n.f.* navire (*m.*) à turbines.
turbopropulsore [tur-bo-pro-pul-só-re] *n.m.* (*aer.*) turbopropulseur.
turboreattore [tur-bo-re-at-tó-re] *n.m.* turboréacteur.

turbotreno [tur-bo-trè-no] ***n.m.*** turbotrain.

turca [tùr-ca] ***n.f.*** [pl. *-che*] (divano letto) sommier (*m.*) monté.

● ***(gabinetto alla) turca***, cabinet à la turque.

turcasso [tur-càs-so] ***n.m.*** carquois.

turchese [tur-ché-se] ***n.f.*** turquoise ♦ ***n.m.*** e ***agg.*** [pl. *-i* o *invar.*] (colore) turquoise.

turchino [tur-chi-no] ***agg.*** e ***n.m.*** bleu* (foncé).

● (lett.) ***la Fata dai capelli turchini, la Fata Turchina***, la bonne fée (de Pinocchio).

turco [tùr-co] ***agg.*** [pl.m. *-chi*, f. *-che*] turc* ♦ ***n.m.*** **1** [f. *-a*] (abitante) Turc* **2** (lingua) turc* | *parlare turco*, (fig.) parler chinois, hébreu.

● ***alla turca***, à la turque: *caffè alla turca*, café turc | ***bagno turco***, bain turc: *fare un bagno turco*, (sudare) être en nage | ***bestemmiare come un turco***, jurer comme un charretier | ***cose turche!***, (scherz.) des choses incroyables! | ***fumare come un turco***, fumer comme un pompier.

turcomanno [tur-co-màn-no] ***agg.*** turcoman ♦ ***n.m.*** [f. *-a*] Turcoman.

turgescente [tur-ge-scèn-te] ***agg.*** turgescent.

turgidezza [tur-gi-déz-za] ***n.f.*** turgescence.

turgido [tùr-gi-do] ***agg.*** **1** gonflé **2** (scient.) turgescent.

turgore [tur-gó-re] ***n.m.*** enflure (*f.*); (scient.) turgescence (*f.*).

turibolo [tu-rì-bo-lo] ***n.m.*** (eccl.) encensoir.

turismo [tu-rì-ʃmo] ***n.m.*** tourisme.

● ***turismo consapevole***, tourisme responsable | ***turismo di massa***, tourisme de masse | ***turismo procreativo***, tourisme de la procréation | ***turismo sessuale***, tourisme sexuel | ***turismo solidale***, tourisme équitable | ***Ente per il turismo***, Syndicat d'initiative | ***Ufficio del Turismo***, office du tourisme.

turista [tu-rì-sta] ***n.m.*** e ***f.*** touriste: *da turista*, en touriste.

turisticamente [tu-ri-sti-ca-mén-te] ***avv.*** du point de vue touristique.

turisticizzato [tu-ri-sti-ciʒ-ʒà-to] ***agg.*** touristique.

turistico [tu-rì-sti-co] ***agg.*** [pl.m. *-ci*, f. *-che*] touristique: *prezzo, menu, biglietto turistico*, prix, menu, billet touristique; *agenzia turistica*, agence de tourisme; *industria turistica*, industrie touristique | *villaggio turistico*, village (de) vacances | *classe turistica*, classe touriste.

turkmeno [turk-mé-no] ***agg.*** turkmène ♦ ***n.m.*** [f. *-a*] (abitante) Turkmène.

turlupinare [tur-lu-pi-nà-re] ***v.tr.*** rouler, duper: *ti sei fatto turlupinare*, tu t'es fait avoir.

T

NOTA Il verbo ***turlupinare*** deriva dal soprannome di un famoso comico francese Henry Legrand detto Turlupin (1587-1637). Il significato italiano di 'ingannare beffando' è andato perso nel francese moderno, dove *turlupiner* significa 'infastidire', 'tormentare'.

turlupinato [tur-lu-pi-nà-to] ***agg.*** dupé.

turlupinatura [tur-lu-pi-na-tù-ra] ***n.f.*** duperie.

turnista [tur-ni-sta] ***n.m.*** e ***f.*** ouvrier/ère travaillant par roulement: *turnisti di giorno, di notte*, équipe de jour, de nuit.

turno [tùr-no] ***n.m.*** (di lavoro ecc.) roulement; (servizio) service; (al gioco ecc.) tour: *stabilire dei turni*, établir des roulements; *fare (dei) turni*, (avvicendarsi) se relayer; *è il tuo turno*, c'est à toi; *aspetto il mio turno*, j'attends mon tour; *è arrivato, giunto il mio turno*, c'est mon tour; *quando arriverà il tuo turno*, quand ce sera ton tour; *perdere il turno*, perdre son tour.

● ***turno di guardia***, tour de garde | ***turno di lavoro***, journée de travail: *il turno di lavoro è di sei ore*, la journée de travail est de six heures | ***turno di notte***, service de nuit: *fare il turno di notte*, faire la nuit | ***turno di riposo***, jour de repos | ***a turno***, à tour de rôle | ***di turno***, de service: *essere di turno*, être de service; *medico di turno*, médecin de garde; *farmacia di turno*, pharmacie de garde | ***lavorare a turni***, travailler par roulement, en postes | ***primo, secondo turno***, (gruppo di lavoratori) première, deuxième équipe, (di vettura ristorante) premier, deuxième service: *il primo turno va dalle 6 alle 14*, la première équipe travaille de 6 à 14 heures.

turnover [turn'ɔver] ***n.m.invar.*** **1** (di personale) roulement du personnel **2** (comm.) rotation (*f.*); (giro d'affari) chiffre d'affaires: *turnover di magazzino*, rotation des stocks.

turpe [tùr-pe] ***agg.*** abject, infâme; (osceno) obscène: *turpe individuo*, individu abject; *turpe delitto*, crime abominable.

turpemente [tur-pe-mén-te] ***avv.*** d'une manière abjecte.

turpiloquio [tur-pi-lò-quio] ***n.m.*** [pl. *-qui*] langage obscène: *fare del turpiloquio*, dire des obscénités.

turpitudine [tur-pi-tù-di-ne] ***n.f.*** turpitude.

turrito [tur-rì-to] ***agg.*** muni de tours.

tuta [tù-ta] ***n.f.*** combinaison; (sportiva, da ginnastica) survêtement (*m.*), (fam.) survêt (*m.*); (da lavoro) combinaison, bleu (*m.*), salopette.

● ***tuta mimetica***, tenue léopard | ***tuta spaziale***, combinaison spatiale, scaphandre spatial | ***le tute bianche***, les combinaisons blanches (jeunes des centres sociaux qui luttent pour changer le monde) | ***le tute blu***, les cols bleus.

tutela [tu-tè-la] ***n.f.*** **1** (dir.) tutelle **2** sauvegarde; (protezione) protection: *tutela ambientale*, sauvegarde de l'environnement; *tenere, prendere qlcu sotto la propria tutela*, tenir, prendre qqn sous sa protection; *porsi sotto la tutela della polizia*, se placer sous la protection de la police.

● ***a tutela di***, pour sauvegarder | (dir.) ***sotto tutela***, en tutelle: *essere sotto la tutela di qlcu*, être sous la tutelle de qqn.

tutelare[1] [tu-te-là-re] ***agg.*** tutélaire.

● ***giudice tutelare***, juge des tutelles.

tutelare[2] ***v.tr.*** défendre*, sauvegarder; (proteggere) protéger*: *tutelare i propri interessi, diritti*, défendre (o sauvegarder) ses intérêts, droits; *la legge tutela i cittadini*, la loi protège les citoyens; *tutelare l'ambiente*, sauvegarder l'environnement ♦ **tutelarsi** ***v.pron.*** se prémunir, se garantir.

tutelato [tu-te-là-to] ***agg.*** garanti.

tutina [tu-tì-na] ***n.f.*** **1** (da bambini) combinaison **2** (da danza ginnastica) justaucorps (*m.*).

tutor ['tutor] ***n.m.*** e ***f.invar.*** **1** (all'università) tuteur/trice **2** (amm.) tuteur/trice d'entreprise.

tutoraggio [tu-to-ràg-gio] ***n.m.*** [pl. *-gi*] tutorat.

tutore [tu-tó-re] ***n.m.*** [f. *-trice*] **1** tuteur* | *i tutori dell'ordine* (pubblico), les gardiens de l'ordre (public) **2** (agr.) tuteur; (per la vite) échalas; (per i fagioli) rame (*f.*).

● (med.) ***tutore ortopedico***, appareil orthopédique.

tutorio [tu-tò-rio] ***agg.*** [pl.m. *-ri*] (dir.) de tutelle.

tuttalpiù [tut-tal-più] **tutt'al più** ***avv.*** tout au plus.

tuttavia [tut-ta-vì-a] ***cong.*** toutefois, (et) cependant, (et) pourtant | *se tuttavia*, mais si, si toutefois.
● ***pur tuttavia***, et pourtant.

tutto [tùt-to] ***agg.indef.*** **1** tout*: *tutta la città*, toute la ville (*o* la ville entière); *tutti i cittadini*, tous le citoyens; *in tutto il mondo*, dans le monde entier; *ha fatto tutto quello che poteva*, il a fait tout ce qu'il pouvait; *il pane è tutto in tavola*, tout le pain est sur la table; *il problema è tutto qui*, tout le problème est là; *il vino è tutto qui?*, il n'y a que ça comme vin?; *per tutta la giornata*, de toute la journée; *i bambini erano tutti a dormire*, les enfants étaient tous couchés; *le auto erano tutte straniere*, toutes les autos étaient étrangères; *la sua vita è tutta un romanzo*, sa vie est un vrai roman; *studiate fino a tutto il terzo capitolo*, étudiez jusqu'au troisième chapitre compris; *tutti e due i fratelli*, les deux frères; *tutt'e tre le sorelle*, les trois sœurs; *tutti noi, tutti voi*, nous tous, vous tous | *ha letto tutto Dante, tutta Colette*, il a lu tout Dante, tout Colette | *conosce a memoria tutta 'Fedra', tutta l'Eneide, tutti 'I fiori del male'*, il connaît par cœur tout 'Phèdre', toute l'Enéide, toutes 'Les fleurs du mal' | *tutta Firenze, tutta Roma*, (*la popolazione*) tout Florence, tout Rome **2** (*ogni*) tout*; (*qualsiasi*) tout (*sing.*): *viene tutte le sere*, il vient tous les soirs; *a tutte le ore*, à toute heure **3** (*con valore avverbiale: completamente, interamente*) tout: *era tutto commosso, tutta commossa*, il était tout ému, elle était tout émue; *ritornò tutto bagnato, tutta bagnata*, il rentra tout trempé, elle rentra toute trempée; *è tutto sbagliato*, c'est complètement faux | *è tutto suo padre*, c'est tout le portrait de son père | *è tutto naso, occhi*, il a un nez énorme, des yeux immenses | *delle stoffe tutta seta, tutta lana*, des étoffes tout soie, tout laine ♦ ***pron.indef.*** **1** (*ogni cosa*) tout: *tutto è bello per lui*, à ses yeux tout est beau; *penserò io a tutto*, c'est moi qui penserai à tout; *bisogna finire tutto*, il faut tout finir; *avete fatto tutto?*, avez-vous tout fait? | *non è tutto*, ce n'est pas tout **2** (*pl.*) tout le monde (*sing.*); (*riferito a persone già nominate*) tous: *tutti erano là*, tout le monde était là; *va d'accordo con tutti*, il s'entend bien avec tout le monde; *tutti dicono che*, tout le monde dit que; *erano tutti là*, ils étaient tous là; *lo sapevamo tutti*, nous le savions tous; *tutte cantavano*, elles chantaient toutes; *tutti e due, tutti e tre*, tous (les) deux, tous les trois | *nell'interesse di tutti*, dans l'intérêt général | *come tutti sanno*, comme chacun le sait **3** (*in forme ellittiche*) | *le inventa, le pensa tutte*, il ne sait plus quoi, qu'inventer **4** (*mus.*) (*nelle partiture*) tutti ♦ ***n.m.*** (*solo sing.*) tout: *la parte per il tutto*, la partie pour le tout.
● (*mar.*) ***tutto a dritta, a sinistra!***, à droite, à gauche toute! | ***tutto quanto***, tout; (*al completo*) (tout) entier; (*interamente*) complètement, tout à fait: *ha mangiato tutto quanto*, il a tout mangé; *tutta quanta l'assemblea*, l'assemblée tout entière; *tutta (quanta) la vita*, sa vie (tout) entière (*o* toute sa vie); *è tutto quanto sbagliato*, c'est tout à fait, complètement faux; *si è sporcato tutto quanto*, il s'est tout sali; *farò come tutti quanti*, je ferai comme tout le monde; *sono partiti tutti quanti*, ils sont tous partis; *uscite tutti quanti!*, sortez tous!; *tutti quanti i presenti*, toutes les personnes présentes; *voi mentite tutti quanti*, vous mentez tous autant que vous êtes | ***tutto qua, tutto qui***, c'est tout | ***tutto sommato***, somme toute, tout compte fait | ***tutt'al più*** → tuttalpiù | ***tutt'altro*** → altro | ***tutti per uno, uno per tutti***, un pour tous et tous pour un | ***a tutto andare, a tutto spiano***: *diceva stupidaggini a tutto andare*, il disait des bêtises à jét continu; *correva a tutto andare*, il courait à fond de train; *spendeva a tutto andare, a tutto spiano*, il dépensait sans compter | ***a tutt'oggi***, jusqu'à aujourd'hui | (*mar.*) ***avanti tutta!***, en avant toute! | ***con tutto che***, (*sebbene, malgrado*) bien que, quoique: *con tutto che sono stanchissimo, ti accompagnerò*, quoique (je sois) très fatigué, je veux bien t'accompagner | ***con tutto ciò***, malgré tout: *con tutto ciò, non mi sento di*, malgré tout, je n'ai pas le courage (*o* envie) de | ***del tutto***, (*completamente*) complètement, tout à fait: *le sue conclusioni sono del tutto sbagliate*, ses conclusions sont complètement fausses; *hai ragione, ma non del tutto*, tu as raison, mais pas tout à fait | ***dopo tutto***, après tout | ***era tutt'occhi, tutt'orecchi***, (*molto attento*) il était tout yeux, tout oreilles | ***essere, fare tutt'uno***, n'être, ne faire qu'un (*o* être une seule et même personne, chose): *vederla e innamorarsene fu tutt'uno*, la voir et en tomber amoureux ce fut tout un; *lo scrittore X e il critico Y sono tutt'uno*, l'écrivain X et le critique Y sont la même personne; *oggi o domani per me è tutt'uno*, aujourd'hui ou demain pour moi c'est la même chose; *vederlo e comprarlo fu tutt'uno*, dès que je l'ai vu je l'ai acheté | ***è tutto casa, famiglia e lavoro***, il est métro, boulot, dodo | ***fare di tutto per***, faire tout son possible pour | ***fermi tutti!***, que personne ne bouge! | (*mar.*) ***indietro tutta!***, en arrière toute! | ***innanzi tutto*** → innanzitutto | ***in tutto***, en tout | ***in tutto e per tutto***, en tout et pour tout | ***prima di tutto***, avant tout | ***un po' di tutto, di tutto un po'***, un peu de tout | ***zitti tutti!***, taisez-vous tous!

> **NOTA** ***Tutto*** si traduce ***tout*** che, con valore di avverbio, si accorda solo davanti ad aggettivi femminili inizianti per consonante o *h* aspirata:
>
> *Sono **tutte contente**.*
> Elles sont **toutes contentes**.
>
> *È **tutta felice**, **tutta agitata**.*
> Elle est **toute h**eureuse, **tout** agitée.
>
> Il pronome indefinito ***tout***, nei tempi composti, va posto tra l'ausiliare e il participio passato, mentre legato a un infinito va posto prima:
>
> *Avete preso **tutto**?*
> Avez-vous **tout** pris?
>
> *Bisognerà portare **tutto**.*
> Il faudra **tout** porter.

tuttofare [tut-to-fà-re] ***agg.*** (bon*) à tout faire ♦ ***n.m.*** e ***f.invar.*** bon/bonne à tout faire.

tuttologo [tut-tò-lo-go] ***n.m.*** [f. *-a*; pl.m. *-ghi* o *-gi*, f. *-ghe*] (*iron.*) penseur* de service, touche-à-tout*.

tuttora [tut-tó-ra] ***avv.*** encore, toujours.

tuttotondo [tut-to-tón-do] ***n.m.invar.*** (*scultura*) ronde-bosse* (*f.*).
● ***a tuttotondo***, en ronde-bosse.

tutù [tu-tù] ***n.m.invar.*** tutu.

TV [tiv'vu] ***n.f.invar.*** (*fam.*) télé: *le TV commerciali*, les télés commerciales; *alla TV, in TV*, à la télé.
● ***TV satellitare***, tv satellite.

tzigano [tzi-gà-no] ***agg.*** e ***n.m.*** → **zigano**.

T

Uu

u ***n.f.*** o ***m.invar.*** u (*m.*).
● (*tel.*) ***u come Udine***, u comme Ursule | ***a U***, en (forme de) U | ***inversione a U***, demi-tour.
uadi [uà-di] ***n.m.invar.*** (*geogr.*) oued.
ubbia [ub-bì-a] ***n.f.*** lubie: *togliti dalla testa queste ubbie*, ôte-toi ces idées de la tête.
ubbidire e *deriv.* → **obbedire** e *deriv.*
ubertoso [u-ber-tó-so] ***agg.*** (*letter.*) fertile.
ubicare [u-bi-cà-re] ***v.tr.*** [coniug. come *mancare*] situer, placer*.
ubicato [u-bi-cà-to] ***agg.*** situé.
ubicazione [u-bi-ca-zió-ne] ***n.f.*** emplacement (*m.*); (*collocazione*) localisation.
ubiquità [u-bi-qui-tà] ***n.f.invar.*** ubiquité | *non ho il dono dell'ubiquità!*, (*scherz.*) je n'ai pas le don d'ubiquité!
ubriacare [u-bri-a-cà-re] ***v.tr.*** [coniug. come *mancare*] enivrer (*anche fig.*); (*fam.*) soûler; (*fig.*) griser: *il successo l'ha ubriacato*, le succès l'a grisé ♦ **ubriacarsi** ***v.pron. intr.*** s'enivrer (*anche fig.*); (*fam.*) se soûler; (*fig.*) se griser.
ubriacatura [u-bri-a-ca-tù-ra] ***n.f.*** enivrement (*m.*) (*anche fig.*); (*fam.*) cuite.
ubriachezza [u-bria-chéz-za] ***n.f.*** **1** ivresse: *in stato di ubriachezza*, en état d'ivresse **2** (*vizio di ubriacarsi*) ivrognerie.
ubriaco [u-bri-à-co] ***agg.*** [pl.m. *-chi*, f. *-che*] ivre (*anche fig.*); (*fam.*) soûl: *mezzo ubriaco*, à moitié ivre; *ubriaco di sonno*, ivre de sommeil; *ubriaco di felicità*, ivre de bonheur ♦ ***n.m.*** [f. *-a*] ivrogne.
● ***ubriaco fradicio***, ivre mort.
ubriacone [u-bri-a-có-ne] ***n.m.*** [f. *-a*] ivrogne; (*fam.*) soûlard.
uccellagione [uc-cel-la-gió-ne] ***n.f.*** **1** chasse aux oiseaux **2** (*selvaggina di penna*) gibier (*m.*) à plume.
uccellaio [uc-cel-là-io] ***n.m.*** [f. *-a*; pl. *-ai*] oiselier.
uccellatore [uc-cel-la-tó-re] ***n.m.*** [f. *-trice*] oiseleur.
uccelleria [uc-cel-le-rì-a] ***n.f.*** (*negozio*) oisellerie.
uccelletto [uc-cel-lét-to] ***n.m.*** oisillon, oiselet.
● (*cuc.*) ***fagioli all'uccelletto***, haricots à l'étouffée.
uccelliera [uc-cel-liè-ra] ***n.f.*** volière.
uccellino [uc-cel-lì-no] ***n.m.*** oisillon, oiselet, petit oiseau*.
● ***mangiare come un uccellino***, manger comme un moineau | ***me l'ha detto un uccellino***, (*fam.*) c'est mon petit doigt qui me l'a dit.
uccello [uc-cèl-lo] ***n.m.*** **1** (*zool.*) oiseau* **2** (*volg.*) (*pene*) bitte (*f.*), bite (*f.*).
● ***uccello del malaugurio***, (*fig.*) oiseau de malheur | (*zool.*): ***uccello del paradiso***, oiseau de paradis; ***uccello di nido***, oisillon; ***uccello lira***, oiseau-lyre; ***uccello mosca***, colibri | ***a volo d'uccello***, à vol d'oiseau; (*di sfuggita*) en vitesse | ***essere uccel di bosco***, (*fig.*) (*essere irreperibile*) ne pas se faire prendre.

uccidere [uc-cì-de-re] ***v.tr.*** [coniug. come *ridere*] tuer (*anche fig.*); (*un animale*) abattre*: *fu ucciso da un infarto*, il est mort d'un infarctus; *un lavoro che uccide*, un travail tuant; *un freddo che uccide*, un froid mortel; *un caldo che uccide*, une chaleur crevante ♦ **uccidersi** ***v.pron.*** se tuer: *si è ucciso per disperazione*, il s'est tué par désespoir; *si è ucciso in un incidente*, il s'est tué dans un accident ♦ ***v.pron.rec.*** s'entretuer.
uccisione [uc-ci-ʃió-ne] ***n.f.*** meurtre (*m.*); (*di animali*) abattage (*m.*).
ucciso [uc-cì-ʃo] ***agg.*** tué; (*di animale*) abattu ♦ ***n.m.*** [f. *-a*] victime (*f.*).
uccisore [uc-ci-ʃó-re] ***n.m.*** [f. *uccidìtrice*] meurtrier*; (*assassino*) assassin.
ucraino [u-cra-ì-no *o* u-crài-no] ***agg.*** ukrainien* ♦ ***n.m.*** **1** [f. *-a*] (*abitante*) Ukrainien* **2** (*lingua*) ukrainien.
udibile [u-dì-bi-le] ***agg.*** audible.
udienza [u-dièn-za] ***n.f.*** audience: *dare udienza a qlcu*, donner audience à qqn, recevoir qqn; *chiedere un'udienza pontificia*, demander à être reçu par le Saint-Père | *sala di udienza*, *delle udienze*, auditoire.
udinese [u-di-né-se] ***agg.*** de Udine.
udire [u-dì-re] ***v.tr.*** [pres.indic. *io odo*, *tu odi*, *egli ode*, *noi udiamo*, *voi udite*, *essi odono*; fut.indic. *io udirò* o *udrò* ecc.] **1** entendre*; (*letter.*) ouïr*: *fu udita piangere*, on l'entendit pleurer | *udire messa*, entendre la messe **2** (*venire a sapere*) apprendre* (**qqch**): *ho udito del tuo successo*, j'ai appris ton succès.
● ***udite! udite!***, oyez! oyez!
uditivo [u-di-tì-vo] ***agg.*** auditif*.
udito [u-dì-to] ***n.m.*** ouïe (*f.*): *privo dell'udito*, sourd | *duro d'udito*, dur d'oreille.
uditore [u-di-tó-re] ***n.m.*** [f. *-trice*] auditeur*.
uditorio [u-di-tò-rio] ***n.m.*** [pl. *-ri*] auditoire, assistance (*f.*).
udrò → **udire**.
uè ***inter.*** ouin.
uffa [ùf-fa] **uff** ***inter.*** zut, mince: *uffa, smettila!*, mais alors, tu arrêtes oui ou non!
ufficiale[1] [uf-fi-cià-le] ***agg.*** officiel*: *invito ufficiale*, invitation officielle | *in forma ufficiale*, officiellement.
ufficiale[2] ***n.m.*** officier.
● ***ufficiale di stato civile***, officier de l'état civil | ***ufficiale giudiziario***, huissier | (*mar.*) ***ufficiale in seconda***, officier en second | ***ufficiale in servizio attivo***, officier d'active | (*mil.*) ***ufficiale medico***, médecin militaire | ***ufficiale postale***, employé postal | (*mar.*) ***primo ufficiale***, second | (*amm.*) ***pubblico ufficiale***, officier ministériel | (*mar.*): ***secondo ufficiale***, second adjoint; ***terzo ufficiale***, lieutenant.
ufficialità [uf-fi-cia-li-tà] ***n.f.invar.*** caractère (*m.*) officiel.

ufficializzare [uf-fi-cia-liʒ-ʒà-re] ***v.tr.*** officialiser.

ufficialmente [uf-fi-cil-mén-te] ***avv.*** officiellement.

ufficio [uf-fì-cio] ***n.m.*** [pl. *-ci*] **1** bureau*: *orario d'ufficio*, heures de bureau; *andare in ufficio*, aller au bureau; *lavora in ufficio dalla mattina alla sera*, il travaille dans un bureau du matin au soir; *passerò dai vostri uffici*, je passerai à vos bureaux **2** (*carica*) charge (*f.*): *rimuovere qlcu da un ufficio*, relever qqn de sa charge | *fare l'ufficio di*, faire office de **3** (*compito morale*) devoir **4** (*eccl.*) office: *ufficio (divino)*, office (divin); *l'ufficio funebre*, le service funèbre **5** (*servizio, favore*) bons offices (*pl.*): *interporre i propri buoni uffici*, proposer ses bons offices.
● ***ufficio contabilità***, service de comptabilité | ***ufficio studi***, bureau d'études | ***ufficio vendite***, service des ventes | ***d'ufficio***, d'office: *per dovere d'ufficio*, par devoir d'état; *per ragioni d'ufficio*, pour raisons de travail; *segreto d'ufficio*, secret professionnel.

ufficiosamente [uf-fi-cio-sa-mén-te] ***avv.*** officieusement.

ufficiosità [uf-fi-cio-si-tà] ***n.f.invar.*** caractère (*m.*) officieux.

ufficioso [uf-fi-ció-so] ***agg.*** officieux* | *fonte ufficiosa*, source non autorisée.

uffizio [uf-fì-zio] ***n.m.*** [pl. *-zi*] (*eccl.*) office.
● ***il Santo Uffizio***, le Saint-Office | ***la Galleria degli Uffizi***, (*a Firenze*) les Offices.

ufo [ù-fo] **UFO** ***n.m.invar.*** (*sigla di* Unindentified Flying Object) ovni (Objet Volant Non Identifié).

ufo, a [a ù-fo] ***avv.*** à l'œil: *mangiare a ufo*, dîner à l'œil; *vive a ufo in casa dei genitori*, il vit aux crochets de ses parents.

ufologia [u-fo-lo-gì-a] ***n.f.*** ufologie.

ugandese [u-gan-dé-se] ***agg.*** ougandais ♦ ***n.m.*** e ***f.*** (*abitante*) Ougandais/e.

ugello [u-gèl-lo] ***n.m.*** (*di altoforno*) tuyère (*f.*); (*del carburatore*) gicleur; (*di iniettore*) buse (*f.*).

uggia [ùg-gia] ***n.f.*** [pl. *-ge*] ennui (*m.*): *la pioggia mi fa venire l'uggia, mi mette l'uggia addosso*, la pluie me rend maussade.
● ***avere in uggia qlcu***, ne pas aimer qqn | ***prendere in uggia qlcu***, prendre qqn en grippe | ***venire in uggia a qlcu***, devenir antipathique à qqn.

uggiolare [ug-gio-là-re] ***v.intr.*** [aus. *avere*] japper, glapir.

uggiolio [ug-gio-lì-o] ***n.m.*** [pl. *-ii*] jappement, glapissement.

uggiosamente [ug-gio-sa-mén-te] ***avv.*** d'une manière ennuyeuse.

uggiosità [ug-gio-si-tà] ***n.f.invar.*** ennui (*m.*); maussaderie.

uggioso [ug-gió-so] ***agg.*** maussade; (*noioso*) ennuyeux*: *tempo uggioso*, temps maussade; *persona uggiosa*, personne au caractère maussade; *lettura uggiosa*, lecture ennuyeuse.

ugola [ù-go-la] ***n.f.*** (*anat.*) luette.
● ***ugola d'oro***, (*fig.*) voix d'or | ***bagnarsi l'ugola***, (*fam.*) s'humecter le gosier.

ugonotto [u-go-nòt-to] ***agg.*** e ***n.m.*** [f. *-a*] (*st.*) *huguenot.

ugro-finnico [u-gro-fin-ni-co] ***agg.*** [pl.m. *-ci*, f. *-che*] finno-ougrien*.

uguaglianza [u-gua-gliàn-za] ***n.f.*** égalité.

uguagliare [u-gua-glià-re] ***v.tr.*** **1** (*rendere uguale*) égaliser; (*fig.*) rendre* égal* **2** (*essere uguale a*) égaler: *uguagliare qlcu in bellezza*, égaler qqn en beauté | (*sport*) *uguagliare un primato*, égaler un record **3** (*paragonare*) comparer ♦ **uguagliarsi** ***v.pron.intr.*** (*paragonarsi*) se considérer l'égal (**de**) ♦ ***v.pron.rec.*** (*equivalersi*) se valoir*: *le due sorelle si uguagliano in bellezza*, quant à la beauté, les deux sœurs se valent; *i due muri si uguagliano in altezza*, les deux murs sont de la même hauteur.

uguale [u-guà-le] ***agg.*** **1** égal*: *dividere in parti uguali*, diviser en parties égales; *è sempre uguale a se stesso*, il est toujours égal à lui-même | (*mat.*) *tre per tre (è) uguale (a) nove*, trois fois trois (égale) neuf **2** (*simile*) pareil*; (*lo stesso*) le même: *i giovani sono tutti uguali*, les jeunes sont tous pareils (*o* tous les mêmes); *la mia giacca è uguale alla tua*, j'ai la même veste que toi; *sono uguali di, per statura*, ils ont la même taille; *avere uguali diritti e uguali doveri*, avoir les mêmes droits et les mêmes devoirs; *passo delle giornate tutte uguali*, je passe des journées toutes pareilles | (*dir.*) *la legge è uguale per tutti*, la loi est la même pour tous ♦ ***n.m.*** e ***f.*** (*spec. pl.*) égal*/e: *un artista che non ha uguali* (o *l'uguale*), un artiste qui n'a pas son égal ♦ ***n.m.*** **1** (*la stessa cosa*) égal*: *per me è uguale*, cela, ça m'est égal; *se per te è uguale*, si cela t'est égal **2** (*mat.*) signe d'égalité.
● ***senza uguali***, sans égal.

ugualitario [u-gua-li-tà-rio] ***agg.*** e ***n.m.*** [f. *-a*; pl.m. *-ri*] égalitaire.

ugualitarismo [u-gua-li-ta-rì-ʃmo] ***n.m.*** égalitarisme.

ugualmente [u-gual-mén-te] ***avv.*** **1** (*parimenti*) également **2** (*nello stesso modo*) de la même manière **3** (*lo stesso*) quand même: *lo farò ugualmente*, je le ferai quand même.

uh ***inter.*** *hou.

uhi ***inter.*** ouïe, ouille.

uhm ***inter.*** hum.

uistitì [ui-sti-tì] ***n.m.invar.*** (*zool.*) ouistiti.

ukulele [u-ku-lè-le] ***n.m.*** o ***f.invar.*** (*mus.*) ukulélé (*m.*).

ulano [u-là-no] ***n.m.*** (*st. mil.*) uhlan.

ulcera [ùl-ce-ra] ***n.f.*** (*med.*) ulcère (*m.*).

ulcerare [ul-ce-rà-re] ***v.tr.*** (*med.*) ulcérer* ♦ ***v.intr.*** [aus. *essere*] (*med.*) s'ulcérer* ♦ **ulcerarsi** ***v.pron.intr.*** (*med.*) s'ulcérer*.

ulcerazione [ul-ce-ra-zió-ne] ***n.f.*** (*med.*) ulcération.

ulceroso [ul-ce-ró-so] ***agg.*** e ***n.m.*** [f. *-a*] ulcéreux*.

ulema [ù-le-ma] ***n.m.invar.*** (*relig. islamica*) uléma.

ulivo e *deriv.* → **olivo** e *deriv.*

ulna [ùl-na] ***n.f.*** (*anat.*) cubitus (*m.*).

ulteriore [ul-te-rió-re] ***agg.*** ultérieur; (*supplementare*) supplémentaire: *per ulteriori informazioni*, pour d'ultérieures informations (*o* pour supplément d'informations) | *fino a ulteriore avviso*, jusqu'à nouvel ordre | *senza ulteriore perdita di tempo*, sans plus tarder.

ulteriormente [ul-te-rior-mén-te] ***avv.*** ultérieurement.

ultimamente [ul-ti-ma-mén-te] ***avv.*** **1** (*di recente*) dernièrement; (*negli ultimi tempi*) ces derniers temps **2** (*alla fine*) finalement.

ultimare [ul-ti-mà-re] ***v.tr.*** achever*, terminer.

ultimativo [ul-ti-ma-tì-vo] ***agg.*** péremptoire; (*imperativo*) impératif*.

ultimato [ul-ti-mà-to] ***agg.*** achevé, terminé: *a lavoro ultimato*, une fois le travail terminé.

ultimatum [ul-ti-mà-tum] ***n.m.invar.*** ultimatum*.

ultimissima [ul-ti-mìs-si-ma] ***n.f.*** (*giorn.*) **1** (*edizione*)

U

toute dernière édition; (*molto fam.*) der des ders **2** (*pl.*) (*notizie*) toutes dernières nouvelles, dernière heure (*sing.*).

ultimo [ùl-ti-mo] ***agg.*** dernier*: *è arrivato ultimo*, il est arrivé le dernier; *prenderò l'ultimo treno*, je prendrai le dernier train; *gli ultimi due capitoli*, les deux derniers chapitres; *gli ultimi due, tre*, les deux, trois derniers; *dalle ultime notizie risulta che*, aux dernières nouvelles, on apprend que; *il 15* (*luglio*) *ultimo scorso*, le 15 juillet dernier; *giovedì ultimo scorso*, jeudi dernier ♦ ***n.m.*** dernier*: *è sempre l'ultimo*, il est toujours le dernier; *l'ultimo del mese*, le dernier jour du mois; *gli ultimi del mese*, la fin du mois; *agli ultimi di agosto*, dans les derniers jours d'août | *Michelangelo e Leonardo furono due grandi pittori, quest'ultimo anche scienziato*, Michel-Ange et Léonard de Vinci furent deux grands peintres, le second fut en outre un grand savant | *l'ultimo nato*, le dernier-né ♦ ***avv.*** enfin; (*in ultimo luogo*) en dernier lieu.
● ***all'ultimo***, au dernier moment: *fino all'ultimo*, jusqu'au bout; (*alla fine, infine*) à la fin, enfin | ***in ultimo, da ultimo***, à la fin, enfin | ***la sai l'ultima?***, (*notizia*) tu connais la nouvelle?; (*iron.*) tu sais la meilleure?; (*barzelletta*) tu la connais celle-là? | ***le ultime parole famose!***, (*fam. scherz.*) voilà la dernière! | ***l'ultimo arrivato, venuto***, (*anche fig.*) le dernier venu | ***l'ultimo dell'anno***, le 31 décembre | ***non è detta l'ultima parola***, on n'a pas dit le dernier mot | ***non ultimo***, non des moindres: *ha molte doti e, non ultima, l'onestà*, il a beaucoup de qualités et, non des moindres, l'honnêteté; *non ultima causa del suo fallimento fu la prodigalità*, l'une des causes, et non des moindres, de sa faillite, fut sa prodigalité | ***per ultimo***, en dernier: *ha parlato per ultimo*, il a parlé le (*o* en) dernier; *lo faccio per ultimo*, je le ferai en dernier; *lo tengo per ultimo*, je le garde pour la fin.

ultimogenito [ul-ti-mo-gè-ni-to] ***agg.*** e ***n.m.*** [f. *-a*] dernier-né*.

ultrà [ul-trà] ***agg.*** e ***n.m.*** e ***f.invar.*** **1** (*estremista*) ultra **2** (*sport*) *hooligan (*m.*).

ultra- ***pref.*** ultra-.

ultracentenario [ul-tra-cen-te-nà-rio] ***agg.*** [pl.m. *-ri*] plus que centenaire ♦ ***n.m.*** [f. *-a*] personne (*f.*) plus que centenaire.

ultradestra [ul-tra-dè-stra] ***n.f.*** (*pol.*) extrême droite: *gli esponenti dell'ultradestra*, les ultras de droite.

ultraleggero [ul-tra-leg-gè-ro] ***agg.*** ultraléger* ♦ ***n.m.*** (*aer.*) ULM (Ultra Léger Motorisé).

ultramoderno [ul-tra-mo-dèr-no] ***agg.*** ultramoderne.

ultrapiatto [ul-tra-piàt-to] ***agg.*** ultra-plat*: *orologio* (*da polso*) *ultrapiatto*, montre ultra-plate.

ultrapotente [ul-tra-po-tèn-te] ***agg.*** très puissant.

U **ultrarapido** [ul-tra-rà-pi-do] ***agg.*** ultrarapide.

ultrarosso [ul-tra-rós-so] ***agg.*** → **infrarosso**.

ultrasensibile [ul-tra-sen-sì-bi-le] ***agg.*** ultrasensible.

ultrasinistra [ul-tra-si-nì-stra] ***n.f.*** (*pol.*) extrême gauche: *gli esponenti dell'ultrasinistra*, les ultras de gauche.

ultrasonico [ul-tra-sò-ni-co] ***agg.*** [pl.m. *-ci*, f. *-che*] ultrasonique; (*supersonico*) supersonique.

ultrasonoro [ul-tra-so-nò-ro] ***agg.*** ultrasonore.

ultrasuono [ul-tra-suò-no] ***n.m.*** (*fis.*) ultrason.

ultraterreno [ul-tra-ter-ré-no] ***agg.*** supraterrestre.

ultravioletto [ul-tra-vio-lét-to] ***agg.*** e ***n.m.*** (*fis.*) ultraviolet*.

ululare [u-lu-là-re] ***v.intr.*** [aus. *avere*] *hurler (*anche fig.*).

ululato [u-lu-là-to] **ululo** ***n.m.*** *hurlement (*anche fig.*).

umanamente [u-ma-na-mén-te] ***avv.*** humainement; (*con umanità*) avec humanité.

umanesimo [u-ma-né-ʃi-mo] ***n.m.*** humanisme.

umanista [u-ma-nì-sta] ***n.m.*** e ***f.*** humaniste.

umanistico [u-ma-nì-sti-co] ***agg.*** [pl.m. *-ci*, f. *-che*] humaniste | *facoltà umanistiche*, facultés humanistes.

umanità [u-ma-ni-tà] ***n.f.invar.*** humanité: *l'intera umanità*, l'humanité entière.

umanitario [u-ma-ni-tà-rio] ***agg.*** [pl.m. *-ri*] humanitaire.

umanitarismo [u-ma-ni-ta-rì-ʃmo] ***n.m.*** humanitarisme.

umanizzare [u-ma-niʒ-ʒà-re] ***v.tr.*** humaniser ♦ **umanizzarsi** ***v.pron.*** s'humaniser.

umanizzazione [u-ma-niʒ-ʒa-zió-ne] ***n.f.*** humanisation.

umano [u-mà-no] ***agg.*** e ***n.m.*** humain: *il corpo umano*, le corps humain; *l'umano e il divino*, l'humain et le divin.

umanoide [u-ma-nòi-de] ***agg.*** e ***n.m.*** e ***f.*** humanoïde.

umbratile [um-brà-ti-le] ***agg.*** (*letter.*) **1** (*ombroso*) ombreux*: *una stanza umbratile*, une chambre ombreuse **2** (*fig.*) (*di persona, di carattere*) ombrageux*.

umbro [ùm-bro] ***agg.*** ombrien* ♦ ***n.m.*** [f. *-a*] (*abitante*) Ombrien*.

umettare [u-met-tà-re] ***v.tr.*** humecter: *umettare i panni da stirare*, humecter le linge à repasser.

umidiccio [u-mi-dìc-cio] ***agg.*** [pl.m. *-ci*, f. *-ce*] moite.

umidificare [u-mi-di-fi-cà-re] ***v.tr.*** [coniug. come *mancare*] humidifier.

umidificatore [u-mi-di-fi-ca-tó-re] ***n.m.*** humidificateur.

umidificazione [u-mi-di-fi-ca-zió-ne] ***n.f.*** humidification.

umidità [u-mi-di-tà] ***n.f.invar.*** **1** humidité: *c'è molta umidità stasera*, il fait très humide ce soir **2** (*della pelle*) moiteur.

umido [ù-mi-do] ***agg.*** humide: *clima umido*, climat humide; *occhi umidi di pianto*, des yeux mouillés de larmes; *ho le mani umide*, j'ai les mains moites ♦ ***n.m.*** humidité (*f.*), humide: *macchie di umido*, taches d'humidité.
● (*cuc.*) ***in umido***, en sauce.

umile [ù-mi-le] ***agg.*** **1** humble: *con tono umile*, d'un ton humble **2** (*modesto*) modeste: *è di umili origini*, il est d'origine modeste **3** (*semplice*) simple: *è gente molto umile*, ce sont des gens très simples ♦ ***n.m.*** e ***f.*** humble.

umiliante [u-mi-liàn-te] ***agg.*** humiliant.

umiliare [u-mi-lià-re] ***v.tr.*** humilier ♦ **umiliarsi** ***v.pron.*** s'humilier: *si è umiliato a chiedergli scusa*, il s'est abaissé à lui présenter ses excuses.

umiliazione [u-mi-lia-zió-ne] ***n.f.*** humiliation.

umilmente [u-mil-mén-te] ***avv.*** humblement.

umiltà [u-mil-tà] ***n.f.invar.*** humilité; (*modestia*) modestie.

umorale [u-mo-rà-le] ***agg.*** humoral*: *una persona umorale*, une personne qui change facilement d'humeur.

umore [u-mó-re] ***n.m.*** **1** (*fisiol.*) humeur (*f.*) **2** (*fig.*) humeur (*f.*): *essere dell'umore giusto per*, être d'humeur à; *seguire l'umore del momento*, suivre son humeur; *gli umori del pubblico*, les réactions du public.
● (*anat.*) ***umore acqueo***, humeur aqueuse | ***umore nero, pessimo umore***, humeur noire | ***di cattivo, di buon umore***, de mauvaise, de bonne humeur.

umorismo [u-mo-rì-ʃmo] *n.m.* humour: *fare dell'umorismo*, faire de l'humour.
● ***senso dell'umorismo***, sens de l'humour.

umorista [u-mo-rì-sta] *agg.* e *n.m.* e *f.* humoriste.

umoristico [u-mo-rì-sti-co] *agg.* [pl.m. *-ci*, f. *-che*] humoristique: *storiella umoristica*, histoire drôle | *scrittore umoristico*, humoriste.

un *art.indet.m.sing.* → **uno**.

una [ù-na] *art.indet.f.sing.* → **uno** ♦ *n.f.invar.* (*ora*) un heure: *è l'una, è la una*, il est une heure; *partirò all'una*, je partirai à une heure ♦ *pron.indef.* (*solo sing.*) une: *volete sentirne una?*, voulez-vous savoir la dernière?; *ne è capitata una bella*, il m'en est arrivé une bien bonne; *ne ha fatta una grossa*, il en a fait une belle; *ne ha sempre una*, il a toujours quelque chose; *non gliene va mai bene una*, (*tutto gli va male*) rien ne lui réussit; (*non è mai contento*) il n'est jamais content.
● ***delle due l'una***, de deux choses l'une: *delle due l'una: o accettate o rinunciate*, de deux choses l'une: ou vous acceptez ou vous renoncez.

unanime [u-nà-ni-me] *agg.* unanime: *consenso unanime*, approbation unanime; *con voto unanime*, à l'unanimité.

unanimemente [u-na-ni-me-mén-te] *avv.* unanimement, à l'unanimité.

unanimità [u-na-ni-mi-tà] *n.f.invar.* unanimité.
● ***all'unanimità***, à l'unanimité.

una tantum [ù-na tàn-tum] *agg.invar.* extraordinaire ♦ *n.f.invar.* impôt (*m.*) extraordinaire ♦ *avv.* (*una volta sola*) une fois pour toutes; (*ogni tanto*) de temps en temps.

uncinare [un-ci-nà-re] *v.tr.* accrocher | (*calcio*) *uncinare la palla*, stopper la balle au vol.

uncinato [un-ci-nà-to] *agg.* crochu.
● ***croce uncinata***, croix gammée.

uncinetto [un-ci-nét-to] *n.m.* crochet: *lavorare all'uncinetto*, faire du crochet.

uncino [un-cì-no] *n.m.* **1** croc; (*piccolo*) crochet: *afferrare qlco con un uncino*, accrocher qqch **2** (*bot.*) griffe (*f.*).
● ***a uncino***, crochu, à crochet.

under ['ander] *agg.* e *n.m.* e *f.invar.*
● (*sport*) ***under 21***, junior: *la* (*nazionale*) *under 21*, l'équipe junior.

underground [ander'graund] *agg.* e *n.m.invar.* (*arte, cine., mus.*) underground.

underscore [ander'skor] *n.m.invar.* (*inform.*) tiret inférieur, souligné.

understatement [ander'steitment] *n.m.invar.* **1** euphémisme, euphémisation (*f.*) **2** désinvolture (*f.*).

underwear [ander'wɛr] *n.m.invar.* (*abbigl.*) lingerie (*f.*).

undicenne [un-di-cèn-ne] *agg.* (âgé) de onze ans ♦ *n.m.* e *f.* garçon (âgé)/fillette (âgée) de onze ans.

undicesimo [un-di-cè-ʃi-mo] *agg.num.ord.* e *n.m.* [f. *-a*] onzième; (*di re, papi, capitoli ecc.*) onze.

undici [ùn-di-ci] *agg.num.card.* e *n.m.invar.* onze: *sono le undici*, il est onze heures.
● (*calcio*) ***l'undici azzurro***, l'équipe nationale italienne.

ungarico [un-gà-ri-co] *agg.* [pl.m. *-ci*, f. *-che*] *hongrois.

ungaro [ùn-ga-ro] *agg.* (*st.*) *hongrois ♦ *n.m.* [f. *-a*] (*st.*) (*abitante*) *Hongrois.

ungere [ùn-ge-re] *v.tr.* [p.rem. *io unsi, tu ungesti* ecc.; p.p. *unto*] **1** graisser, enduire* de graisse; (*con olio*) huiler: *ungere una serratura*, huiler une serrure; *ungere un ingranaggio*, graisser un engrenage; *questa crema unge troppo*, cette crème est trop grasse **2** (*macchiare d'unto*) faire* des taches de graisse, d'huile (**sur**) **3** (*relig.*) oindre* ♦ **ungersi** *v.pron.* **1** (*spalmarsi di crema, olio ecc.*) se mettre* de la crème, de l'huile **2** (*macchiarsi d'unto*) se faire* une tache d'huile, de graisse.

ungherese [un-ghe-ré-se] *agg.* *hongrois ♦ *n.m.* e *f.* (*abitante*) *Hongrois/e.

unghia [ùn-ghia] *n.f.* **1** ongle (*m.*); (*dei felini*) griffe; (*degli equini*) sabot (*m.*); (*dei bovini*) onglon (*m.*): *tagliarsi le unghie*, se couper les ongles; *mi si è spezzata, rotta un'unghia*, je me suis cassé un ongle; *farsi le unghie*, se faire les ongles **2** (*piccola quantità*) petit peu (*m.*): *ci manca un'unghia*, on y est presque **3** (*taglio obliquo di arnese*) biseau* (*m.*).
● ***avere fra le unghie***, (*fig.*) tenir entre ses griffes | ***cadere sotto, fra le unghie di qlcu***, (*fig.*) tomber sous la griffe de qqn | ***mangiarsi le unghie***, se ronger les ongles; (*fig.*) se mordre les doigts | ***pagare sull'unghia***, (*fig. fam.*) payer rubis sur l'ongle | ***tirare, mettere fuori le unghie***, (*fig.*) sortir ses griffes.

unghiata [un-ghià-ta] *n.f.* **1** coup (*m.*) de griffe; (*graffio*) égratignure: *dare un'unghiata a qlcu*, griffer qqn **2** (*del temperino*) onglet (*m.*).

ungueale [un-gue-à-le] *agg.* (*anat.*) unguéal*.

unguento [un-guèn-to] *n.m.* **1** onguent; (*pomata*) pommade (*f.*) **2** (*fig.*) baume.

ungulato [un-gu-là-to] *n.m.* (*zool.*) ongulé.

uni- *pref.* uni-, mono-.

unicamente [u-ni-ca-mén-te] *avv.* uniquement.

unicamerale [u-ni-ca-me-rà-le] *agg.* (*pol.*) monocaméral*.

unicellulare [u-ni-cel-lu-là-re] *agg.* (*biol.*) unicellulaire.

unicità [u-ni-ci-tà] *n.f.invar.* unicité.

unico [ù-ni-co] *agg.* [pl.m. *-ci*, f. *-che*] **1** unique; (*solo*) seul: *siamo gli unici a saperlo*, nous sommes les seuls à le savoir **2** (*comm.*) (*esclusivo*) exclusif*: *rappresentante unico*, agent exclusif ♦ *n.m.* [f. *-a*] seul: *sei l'unico rimasto*, tu est le seul qui soit resté.
● (*ferr.*) ***binario unico***, voie unique | ***è l'unica*** (***cosa***)***!***, c'est la seule chose à faire!: *l'unica* (*cosa*) *è andare di persona*, le mieux serait d'y aller personnellement | ***è più unico che raro***, c'est un (*o* le) merle blanc; (*di una cosa*) c'est rarissime | ***figlio unico***, enfant (*o* fils) unique | (*trib.*) (***modello***) ***unico***, formulaire des déclaration de revenus | ***numero unico***, (*di pubblicazione*) numéro unique | ***senso unico***, sens unique.

unicum [ù-ni-cum] *n.m.invar.* pièce (*f.*) unique; (*estens.*) cas unique.

unidimensionale [u-ni-di-men-sio-nà-le] *agg.* unidimensionnel*.

unidirezionale [u-ni-di-re-zio-nà-le] *agg.* unidirectionnel*.

unifamiliare [u-ni-fa-mi-lià-re] *agg.* pour une seule famille | *villetta unifamiliare*, maison individuelle.

unificabile [u-ni-fi-cà-bi-le] *agg.* qu'on peut unifier.

unificare [u-ni-fi-cà-re] *v.tr.* [coniug. come *mancare*] **1** unifier **2** (*standardizzare*) normaliser; (*un prodotto*) standardiser ♦ **unificarsi** *v.pron.intr.* e *pron.rec.* s'unifier.

unificato [u-ni-fi-cà-to] *agg.* 1 unifié 2 (*standardizzato*) normalisé; (*di un prodotto*) standardisé.
● (*tv*) ***a reti unificate***, sur toutes les chaînes.

unificatore [u-ni-fi-ca-tó-re] *agg.* e *n.m.* [f. *-trice*] unificateur*.

unificazione [u-ni-fi-ca-zió-ne] *n.f.* 1 unification 2 (*standardizzazione*) normalisation; (*di un prodotto*) standardisation.

uniformare [u-ni-for-mà-re] *v.tr.* 1 uniformiser 2 (*conformare*) conformer ♦ **uniformarsi** *v.pron.* se conformer, s'adapter.

uniformazione [u-ni-for-ma-zió-ne] *n.f.* uniformisation.

uniforme[1] [u-ni-fór-me] *agg.* uniforme.

uniforme[2] *n.f.* uniforme (*m.*); tenue: *indossare, mettere l'uniforme*, porter l'uniforme, se mettre en uniforme | *in alta uniforme*, en grand uniforme.

uniformemente [u-ni-for-me-mén-te] *avv.* uniformément.

uniformità [u-ni-for-mi-tà] *n.f.invar.* 1 uniformité: *l'uniformità del paesaggio*, l'uniformité du paysage; *uniformità di stile*, unité de style 2 (*conformità*) conformité.

unigenito [u-ni-gè-ni-to] *agg.* unique ♦ *n.m.* [f. *-a*] fils unique.

unilaterale [u-ni-la-te-rà-le] *agg.* unilatéral*.

unilateralmente [u-ni-la-te-ral-mén-te] *avv.* unilatéralement.

uninominale [u-ni-no-mi-nà-le] *agg.* (*pol., amm.*) uninominal*: *collegio uninominale*, collège uninominal.

unione [u-nió-ne] *n.f.* 1 union (*anche fig.*) 2 (*tecn.*) assemblage (*m.*).
● ***unione civile***, union civile | ***unione di fatto***, couple non marié | ***unione doganale***, union douanière | ***Unione Europea*** (*UE*), Union Européenne (UE) | (*gramm.*) ***complemento d'unione***, complément d'accompagnement.

unionista [u-nio-ni-sta] *agg.* e *n.m.* e *f.* (*pol.*) unioniste.

unire [u-nì-re] *v.tr.* [coniug. come *finire*] 1 joindre*, unir (*anche fig.*); (*mettere insieme*) assembler; (*fig.*) (*avvicinare*) rapprocher: *unire due tavoli*, réunir deux tables; *unire la grazia all'intelligenza*, joindre la grâce à l'intelligence | *unire in matrimonio*, unir (par les liens du mariage) 2 (*collegare*) relier, unir: *un ponte unisce le due isole*, un pont relie les deux îles 3 (*di colori ecc.*) (*accostare*) rapprocher; (*armonizzare*) harmoniser 4 (*comm.*) joindre* ♦ **unirsi** *v.pron.intr.* e *pron.rec.* 1 se joindre*; (*legarsi, congiungersi*) s'unir | *unirsi in matrimonio*, se marier 2 (*collegarsi*) se relier.

unisex [u-ni-sèx] *agg.invar.* unisexe.

U

unisono [u-nì-so-no] *agg.* (*di canto*) qui s'élève à l'unisson; (*di voci*) qui chantent à l'unisson ♦ *n.m.* (*mus.*) unisson.
● ***all'unisono***, (*anche fig.*) à l'unisson.

unità [u-ni-tà] *n.f.invar.* 1 unité (*anche fig.*): *unità di vedute, di propositi*, unité de vues, d'intentions 2 (*scient., tecn.*) unité 3 (*elettr.*) bloc (*m.*): *unità di comando*, bloc de commande 4 (*mil.*) unité: *unità combattente*, unité de combat 5 (*med.*) (*ospedaliera*) service (*m.*): *unità coronarica, di rianimazione*, service de pathologie cardiovasculaire, de réanimation.
● (*inform.*): ***unità a dischi***, unité de combat, unité de disques; ***unità a nastro magnetico***, dérouleur de bande magnétique | (*mil.*): ***unità cinofila***, unité cynophile; ***unità di crisi***, unité de crise | (*inform.*): ***unità di elaborazione***, unité d'exécution; ***unità di esecuzione***, module changeable | ***unità di misura***, unité de mesure | (*teatr.*) ***unità di tempo, di luogo, di azione***, unité de temps, de lieu, d'action.

unitamente [u-ni-ta-mén-te] *avv.* (*insieme*) tout ensemble; (*concordemente*) de concert, d'un commun accord.
● ***unitamente a***, en même temps que; (*e anche*) ainsi que: *unitamente a mia madre le invio molti auguri*, ma mère se joint à moi pour vous envoyer tous nos vœux.

unitarietà [u-ni-ta-rie-tà] *n.f.invar.* unité.

unitario [u-ni-tà-rio] *agg.* [pl.m. *-ri*] unitaire: *poema, romanzo unitario*, poème, roman qui a de l'unité | (*tecn.*) *processo unitario*, processus d'unification.

unito [u-nì-to] *agg.* joint; (*avvicinato, accostato*) rapproché, réuni; (*messo insieme*) assemblé; (*compatto*) uni: *una famiglia molto unita*, une famille très unie.
● (*comm.*) (***qui***) ***unito***, ci-joint, ci-inclus: *nella lettera* (*qui*) *unita*, dans la lettre ci-jointe, ci-incluse; *troverete* (*qui*) *unita la copia*, vous trouverez ci-joint, ci-inclus la copie.

NOTA Nel linguaggio commerciale ***qui unito*** si può tradurre ***ci-joint*** o ***ci-inclus***, che si accordano con il sostantivo che li precede e restano invariati quando il sostantivo li segue:

la copia ***qui unita***, la copie **ci-jointe**
qui unita *la copia di...*, **ci-inclus** copie de...

universale [u-ni-ver-sà-le] *agg.* e *n.m.* universel*.

universalismo [u-ni-ver-sa-li-ʃmo] *n.m.* universalisme.

universalità [u-ni-ver-sa-li-tà] *n.f.invar.* universalité.

universalizzare [u-ni-ver-sa-liʒ-ʒà-re] *v.tr.* universaliser; (*diffondere*) diffuser; (*generalizzare*) généraliser ♦ **universalizzarsi** *v.pron.intr.* s'universaliser; se généraliser.

universalmente [u-ni-ver-sal-mén-te] *avv.* universellement.

universiade [u-ni-ver-si-a-de] *n.f.* (*spec. pl.*) (*sport*) universiades (*pl.*).

università [u-ni-ver-si-tà] *n.f.invar.* université: *fa l'università*, il va à l'université; *ha fatto l'università*, il a fait des études universitaires.
● ***università degli studi***, université | ***università della terza età***, université du troisième âge.

universitario [u-ni-ver-si-tà-rio] *agg.* [pl.m. *-ri*] universitaire: *città universitaria*, ville d'université; *il quartiere universitario*, la cité universitaire ♦ *n.m.* [f. *-a*] (*studente*) étudiant; (*professore*) universitaire.

universo [u-ni-vèr-so] *n.m.* univers.

univocamente [u-ni-vo-ca-mén-te] *avv.* de manière univoque.

univocità [u-ni-vo-ci-tà] *n.f.invar.* univocité.

univoco [u-nì-vo-co] *agg.* [pl.m. *-ci*, f. *-che*] univoque.

unno [ùn-no] *n.m.* [f. *-a*] (*st.*) *Hun ♦ *agg.* (*st.*) des *Huns.

uno [ù-no] *art.indet.* [diventa *un*, senza apostrofo, davanti a vocale e davanti a consonanti diverse da *z, x, pn, ps, gn, sc, s* impura; f. *una, un'* davanti a vocale] (*solo sing.*) 1 un: *un libro*, un livre; *uno scoiattolo*, un écureuil; *un artista*, un artiste; *uno iato*, un hiatus; *una città*, une ville; *un'amicizia*, une amitié; *un* (*qualche*) *rimedio ci dovrà pur essere*, il doit bien y avoir un remède; *sei uno sciocco*, tu n'es qu'un sot; *un soldato deve sempre obbedire*, un vrai soldat doit toujours obéir; *non posso darti un consiglio*, je ne peux te donner le moindre conseil | *ho un sonno* (*che non ti dico*)*!*, j'ai un de ces sommeils!

| *ha una villa!*, il a une de ces villas! | *non ha un amico*, il n'a pas un (seul) ami **2** (*seguito da agg.poss.*) un: *ho visto un tuo amico*, j'ai vu un de tes amis (*o* un ami à toi); *attendo una tua risposta*, j'attends une réponse de ta part **3** (*circa*) environ, à peu près: *ti ci vorrà una mezz'ora*, il te faudra environ, à peu près une demi-heure ♦ ***agg. num.card.*** e ***n.m.invar.*** un: *è un'ora che aspetto*, voilà une heure que j'attends; *il giorno uno, l'uno del mese di ottobre*, le premier (jour d')octobre; *"Quanti ne abbiamo?" "È l'uno"*, "Quel jour sommes-nous?" "(Nous sommes) le premier"; *pagina uno*, page un; *la verità è una*, il n'y a qu'une seule vérité; *abita al numero uno di via Carducci*, il habite au numéro un de la rue Carducci; *centoundici si scrive con tre uno di seguito*, cent onze s'écrit avec trois un de suite; *l'un(o) per cento*, un pour cent | *non ha che un amico*, il n'a qu'un seul ami | *e uno!, e una!*, et d'un, et d'une! | (*fil.*) *l'Uno*, l'Un ♦ ***pron.indef.*** **1** un: *ho parlato con uno dei suoi assistenti*, j'ai parlé avec l'un de ses assistants; *uno di noi, dei nostri*, (l')un de nous, des nôtres; *una di voi, di loro*, (l')une de vous, d'entre elles **2** (*un certo, un tale*) quelqu'un: *è uno che ti conosce*, c'est quelqu'un qui te connaît; *c'è uno, una al telefono per te*, (il y a) quelqu'un pour toi au téléphone; *ha sposato una della sua età*, il a épousé une femme (*o* fille) de son âge **3** (*ciascuno*) chacun: *li ho pagati dieci euro l'uno*, je les ai payés dix euros la pièce; *questi libri costano venti euro l'uno*, ces livres coûtent vingt euros l'un **4** (*con valore indefinito*) on; (*qualcuno*) quelqu'un: *se uno vuole può farlo*, si (l')on veut, on peut le faire; *se uno poi volesse andarci*, si quelqu'un veut y aller.

● ***uno dei tanti, uno qualsiasi, uno qualunque***, quelqu'un comme les autres | ***a un modo***, de la même façon | ***a uno a uno***, un à un, un par un | ***a un tempo***, en même temps | ***l'un l'altro***, l'un l'autre | ***l'uno e l'altro***, l'un et l'autre | ***essere, fare tutt'uno***, n'être, ne faire qu'un | ***per uno***, (à) chacun: *avranno mille euro per uno*, ils auront mille euros chacun; *ce ne daranno due per uno*, on nous en donnera deux à chacun; *facciamo un po' per uno*, (*a turno*) on fait chacun son tour; (*dividiamo*) allez, on partage!

> **NOTA** L'articolo posto davanti al numerale francese ***un*** non si apostrofa:
> *È uscito l'uno, il numero uno.*
> C'est **le un** qui est sorti.
> *Abita all'uno, al numero uno di via...*
> Il habite **le** (*o* **au**) **un** de la rue...

unsi → **ungere**.

unto [ùn-to] ***agg.*** graisseux* ♦ ***n.m.*** **1** graisse (*f.*) **2** (*eccl.*) oint.

● ***unto e bisunto***, tout crasseux.

> **FAUX AMI**
> Da non confondere con *honte*, che significa *vergogna*.

untore [un-tó-re] ***n.m.*** [f. *-trice*] (*st.*) untore (individu soupçonné de propager la peste); (*fig.*) semeur* de peste.

untuosità [un-tuo-si-tà] ***n.f.invar.*** onctuosité (*anche fig.*).

untuoso [un-tu-ó-so] ***agg.*** onctueux* (*anche fig.*).

unzione [un-zió-ne] ***n.f.*** onction (*anche fig.*).

● (*eccl.*) ***Estrema unzione***, Extrême-onction.

uomo [uò-mo] ***n.m.*** [pl. *uomini*] **1** homme: *un uomo qualunque*, un homme quelconque; *farsi uomo*, devenir un homme; *uomo di coscienza*, homme consciencieux; *un buon uomo*, un brave homme; *comportarsi da uomo*, se conduire en homme | *uomo di colore*, homme de couleur | *l'uomo del latte*, (*fam.*) le laitier | *quello è il tuo uomo, l'uomo che fa al caso tuo*, voilà l'homme qu'il te faut **2** (*fam.*) (*marito, amante*) mec, jules.

● ***uomo di corte***, courtisan | ***uomo di fatica***, homme de peine | ***uomo di mondo***, homme du monde | ***da uomo a uomo***, d'homme à homme | ***l'uomo della strada***, l'homme de la rue | ***l'uomo nero***, (*l'orco*) le croquemitaine | ***l'uomo del giorno, del momento***, l'homme du jour | ***uccidere un uomo morto***, (*fig.*) frapper un homme à terre | ***un pezzo d'uomo***, un grand gaillard.

uopo [uò-po] ***n.m.*** (*letter.*) besoin, nécessité (*f.*).

● ***all'uopo***, au besoin | ***essere d'uopo, fare d'uopo***, être nécessaire, falloir.

uovo [uò-vo] ***n.m.*** [pl. *le uova*] œuf: *fare l'uovo, le uova*, pondre; *uova di giornata, appena fatte*, œufs du jour; *uova fresche, da bere*, œufs frais, à gober | *uova di cioccolata*, œufs en chocolat.

● (*cuc.*) ***uovo al guscio***, œuf à la coque | ***uovo da rammendo***, œuf à repriser | (*cuc.*): ***uovo in camicia***, œuf poché; ***uova al tegame, fritte, all'occhio di bue***, œufs sur le plat | (*prov.*) ***meglio un uovo oggi che una gallina domani***, un tiens vaut mieux que deux tu l'auras | ***rompere le uova nel paniere***, tout gâcher | ***testa d'uovo***, une grosse tête.

upgradare [up-gra-dà-re] ***v.tr.*** (*inform.*) (*fam.*) upgrader, mettre* à jour un système.

upgrade [ap'greid] ***n.m.invar.*** (*inform.*) mise* à niveau.

up to date [aptu'deit] ***agg.invar.*** à la mode, à la page.

upupa [ù-pu-pa] ***n.f.*** (*zool.*) *huppe.

uragano [u-ra-gà-no] ***n.m.*** **1** ouragan **2** (*fig.*) tempête, tonnerre: *un uragano di fischi*, une tempête de sifflets; *un uragano di applausi*, un tonnerre d'applaudissements.

uralico [u-rà-li-co] ***agg.*** [pl.m. *-ci*, f. *-che*] ouralien*.

urania [u-rà-nia] ***n.f.*** (*zool.*) uranie.

uranio [u-rà-nio] ***n.m.*** [pl. *-ni*] (*chim.*) uranium.

● ***uranio arricchito, impoverito***, uranium enrichi, apauvri.

urato [u-rà-to] ***n.m.*** (*chim.*) urate.

urbanamente [ur-ba-na-mén-te] ***avv.*** civilement; (*cortesemente*) poliment.

urbanesimo [ur-ba-né-ʃi-mo] ***n.m.*** urbanisation (*f.*).

urbanista [ur-ba-nì-sta] ***n.m.*** e ***f.*** urbaniste.

urbanistica [ur-ba-nì-sti-ca] ***n.f.*** [pl. *-che*] urbanisme (*m.*).

urbanistico [ur-ba-nì-sti-co] ***agg.*** [pl.m. *-ci*, f. *-che*] urbaniste, urbanistique; (*urbano*) urbain.

urbanità [ur-ba-ni-tà] ***n.f.invar.*** urbanité | *con urbanità*, courtoisement.

urbanizzare [ur-ba-niʒ-ʒà-re] ***v.tr.*** urbaniser ♦ **urbanizzarsi** ***v.pron.intr.*** s'urbaniser.

urbanizzazione [ur-ba-niʒ-ʒa-zió-ne] ***n.f.*** urbanisation.

urbano [ur-bà-no] ***agg.*** **1** urbain **2** (*cortese*) courtois, poli.

urbinate [ur-bi-nà-te] ***agg.*** urbinate ♦ ***n.m.*** e ***f.*** (*abitante*) Urbinate.

urea [u-rè-a *o* ù-rea] ***n.f.*** (*biochim.*) urée.

uremia [u-re-mì-a] ***n.f.*** (*med.*) urémie.

uretere [u-re-tè-re] ***n.m.*** (*anat.*) uretère.

uretra [u-rè-tra] ***n.f.*** (*anat.*) urètre (*m.*).

uretrale [u-re-trà-le] ***agg.*** (*anat.*) urétral*.

urgente [ur-gèn-te] ***agg.*** urgent: *è urgente*, c'est urgent; *un caso urgente*, une urgence.

urgentemente [ur-gen-te-mén-te] ***avv.*** d'urgence; (*senza indugio*) sans délai; (*in tutta fretta*) en toute hâte.

U

urgenza [ur-gèn-za] ***n.f.*** urgence: *avere urgenza di fare qlco*, être pressé de faire qqch; *non c'è urgenza*, ça ne presse pas; *fare urgenza a qlcu*, presser qqn | *con urgenza*, tout de suite, sans délai, d'urgence.
● ***chiamata d'urgenza***, appel urgent | (*dir.*) ***procedura d'urgenza***, procédure en référé.

urgere [ùr-ge-re] ***v.intr.*** [mancano il p.rem., l'imp., il p.p. e i tempi composti] être* urgent: *urgono provvedimenti*, des mesures urgentes s'imposent.

uricemia [u-ri-ce-mì-a] ***n.f.*** (*med.*) uricémie.

urico [ù-ri-co] ***agg.*** [pl.m. *-ci*, f. *-che*] urique.

urina [u-rì-na] ***n.f.*** urine.

urinare [u-ri-nà-re] ***v.intr.*** [aus. *avere*] uriner.

urinario [u-ri-nà-rio] ***agg.*** [pl.m. *-ri*] urinaire.

urinocoltura [u-ri-no-col-tù-ra] ***n.f.*** (*med.*) uroculture.

URL [url *o* u'ɛrre'ɛlle] ***n.m.invar.*** (*inform.*) (*sigla di* Uniform Resource Locator) URL (*f.*), adresse (*f.*) réticulaire, adresse (*f.*) universelle.

urlare [ur-là-re] ***v.intr.*** e ***tr.*** [aus. *avere*] *hurler; (*gridare*) crier: *urlare di spavento, di dolore*, hurler d'épouvante, de douleur; *urlare un ordine*, crier un ordre; *piantala di urlare in questo modo*, arrête de hurler comme ça.

urlata [ur-là-ta] ***n.f.*** *hurlement (*m.*); (*di disapprovazione*) *huée | *fare un'urlata a qlcu*, (*fam.*) passer un savon à qqn.

urlo [ùr-lo] ***n.m.*** [pl.f. *le urla*, quelle dell'uomo, se considerate collettivamente; pl.m. *gli urli*, degli animali o anche dell'uomo, ma considerati singolarmente] *hurlement; (*grido*) cri: *gli urli della sirena*, les hurlements de la sirène; *le urla della folla*, les cris de la foule; *emettere, cacciare un urlo*, pousser un cri.

urna [ùr-na] ***n.f.*** **1** urne; (*per reliquie*) châsse: *urna funeraria*, urne funéraire **2** (*nelle votazioni*) urne: *andare alle urne*, aller aux urnes; *il responso delle urne*, les résultats du scrutin.

urogallo [u-ro-gàl-lo] ***n.m.*** (*zool.*) grand tétras.

urogenitale [u-ro-ge-ni-tà-le] ***agg.*** (*anat.*) uro-génital*.

urografia [u-ro-gra-fì-a] ***n.f.*** (*med.*) urographie.

urologia [u-ro-lo-gì-a] ***n.f.*** (*med.*) urologie.

urologico [u-ro-lò-gi-co] ***agg.*** [pl.m. *-ci*, f. *-che*] (*med.*) urologique.

urologo [u-rò-lo-go] ***n.m.*** [f. *-a*; pl.m. *-ghi* o *-gi*, f. *-ghe*] (*med.*) urologue.

uroscopia [u-ro-sco-pì-a] ***n.f.*** (*med.*) uroscopie.

urrà [ur-rà] ***inter.*** e ***n.m.invar.*** *hourra, *hurrah.

urtante [ur-tàn-te] ***agg.*** choquant.

U

urtare [ur-tà-re] ***v.tr.*** **1** *heurter, bousculer: *lo urtò e lo fece cadere*, il le heurta et le fit tomber; *urtare qlcu per la strada*, bousculer qqn dans la rue **2** (*fig.*) *heurter; (*irritare*) choquer: *ho urtato il suo amor proprio*, j'ai heurté son amour-propre; *il tuo comportamento li ha urtati*, ton comportement les a choqués | *urtare i nervi*, taper sur les nerfs ♦ ***v.intr.*** [aus. *avere*] *heurter (**contre**, **à**), se cogner (**contre**, **à**); (*fig.*) se *heurter (**à**): *la nave ha urtato contro uno scoglio*, le navire a heurté (contre) un rocher; *ho urtato contro una sedia, contro la credenza*, je me suis cogné à une chaise, contre le buffet; *è una conclusione che urta con le premesse*, c'est une conclusion en contraste avec les prémisses ♦ **urtarsi** ***v.pron.intr.*** (*offendersi*) se fâcher: *si è urtato con tutti*, il s'est fâché avec tout le monde ♦ ***v.pron.rec.*** **1** (*scontrarsi*) se *heurter, se bousculer: *si sono urtati per sbaglio*, ils se sont heurtés par mégarde **2** (*fig.*) (*litigare*) se brouiller: *si sono urtati per una questione di soldi*, ils se sont brouillés pour une question d'argent.

urtato [ur-tà-to] ***agg.*** irrité, fâché.

urticante [ur-ti-càn-te] ***agg.*** urticant.

urto [ùr-to] ***n.m.*** **1** (*colpo*) coup: *dare un urto*, donner un coup, heurter **2** (*cozzo*) choc; (*collisione*) collision (*f.*): *entrare in urto*, entrer en collision; *un urto frontale fra due treni*, une collision de plein fouet entre deux trains **3** (*contrasto*) contraste, conflit.
● (*med.*) ***dose urto***, dose de choc | ***essere in urto con qlcu***, être brouillé avec qqn | (*mil.*) ***massa d'urto***, unité de choc | ***mettersi in urto con qlcu***, se brouiller avec qqn | (*fis.*) ***onda d'urto***, onde de choc | (*med.*) ***terapia d'urto***, thérapie de choc.

uruguaiano [u-ru-gua-ià-no] ***agg.*** uruguayen* ♦ ***n.m.*** [f. *-a*] (*abitante*) Uruguayen*.

usabile [u-ʃà-bi-le] ***agg.*** employable.

usa e getta [ù-sa e gèt-ta] ***agg.invar.*** jetable.

usanza [u-ʃàn-za] ***n.f.*** **1** coutume, usage (*m.*): *l'usanza del baciamano*, la coutume du baise-main; *secondo una vecchia usanza*, selon un vieil usage; *c'è l'usanza di*, il est d'usage de; *è invalsa l'usanza di*, l'usage veut que | *all'usanza di*, selon la coutume de **2** (*abitudine*) habitude: *avere l'usanza di fare qlco*, avoir l'habitude de faire qqch.

usare [u-ʃà-re] ***v.tr.*** **1** employer*; (*utilizzare*) utiliser; (*servirsi di*) se servir* (**de**): *non uso mai burro in cucina*, je n'emploie jamais de beurre pour faire la cuisine; *al suo paese usano ancora le candele*, dans son village on utilise encore les (*o* on se sert encore des) bougies; *usare parole scelte*, employer un (*o* se servir d'un) vocabulaire choisi; *posso usare la tua penna?*, puis-je me servir de ton stylo?; *gli usarono mille premure*, ils l'entourèrent de mille attentions; *le gentilezze usategli*, les gentillesses qu'on a eues à son égard; *usare clemenza verso qlcu*, faire preuve de clémence à l'égard; de qqn; *usare prudenza*, user de prudence; *usare le minacce*, user de menaces **2** (*essere solito*) avoir* l'habitude (**de**); (*avere un'usanza*) avoir* (la) coutume (**de**): *usa alzarsi presto*, il a l'habitude de se lever tôt; *i greci usavano sacrificare agli dei*, les Grecs avaient la coutume de faire des sacrifices aux dieux ♦ ***v.intr.*** [aus. *avere*] **1** employer* (**qqch**); (*utilizzare*) utiliser (**qqch**); (*servirsi*) faire* usage (**de**): *usare della propria autorità*, faire usage de son autorité; *usatene come volete*, faites-en ce que vous voudrez; *usate pure di noi*, nous sommes à votre disposition **2** (*essere di moda*) être* à la mode; (*essere in uso*) être* en usage; (*essere adoperato*) être* employé: *sono espressioni che non usano più*, ce sont des expressions qu'on n'emploie plus; *questo usa ancora*, cela se fait encore.
● ***usare la cortesia di***, avoir la gentillesse de: *potrebbe usarmi la cortesia di*, auriez-vous la gentillesse de | ***usa il cervello***, (*fig. fam.*) fais travailler ton cerveau | ***usa le orecchie, gli occhi***, (*fig. fam.*) ouvre (bien) tes oreilles, tes yeux | ***si usa***, c'est la coutume: *in quel paese si usa così*, c'est la coutume de ce pays; *oggi si usa fare le vacanze all'estero*, aujourd'hui la mode est aux vacances à l'étranger; *come si usa*, selon l'usage; *non si usa più salutare?*, (*iron.*) alors, on ne dit plus bonjour?

FAUX AMI
Da non confondere con *user*, che nella forma transitiva significa *logorare, consumare*.

usato [u-ʃà-to] ***agg.*** **1** usagé; (*vecchio*) vieux*; (*d'occasione*) d'occasion: *automobile usata*, voiture d'occasion

2 (*in uso*) usité; (*adoperato*) employé: *un'espressione molto usata*, une expression très employée 3 (*letter.*) (*abituale*) habituel* ♦ ***n.m.*** 1 ordinaire 2 (*merce usata*) occasions (*f.pl.*): *il mercato dell'usato*, le marché de l'occasion.

● ***fuori dell'usato***, inhabituel | ***secondo l'usato***, comme d'habitude, comme à l'ordinaire.

USB, **usb** [u'ɛsse'bi] ***agg.*** e ***n.m.invar.*** (*inform.*) (*sigla di* Universal Serial Bus) USB: *chiave USB*, clé USB; *porta USB*, USB.

uscente [u-scèn-te] ***agg.*** 1 sortant: *consigliere uscente*, conseiller sortant 2 (*di periodo di tempo*) qui va finir, qui s'achève 3 (*di parola*) qui se termine (**par**).

usciere [u-sciè-re] ***n.m.*** [f. *-a*] huissier*.

uscio [ù-scio] ***n.m.*** [pl. *-sci*] porte (*f.*): *l'uscio di casa*, la porte d'entrée | *sull'uscio*, sur le pas de la porte.

uscire [u-scì-re] ***v.intr.*** [pres.indic. *io esco, tu esci, egli esce, noi usciamo, voi uscite, essi escono*; pres.cong. *io esca*; imp. *esci, uscite*; aus. *essere*] 1 sortir* (*anche fig.*): *uscire di camera*, sortir de la chambre; *uscire di casa*, sortir de chez soi; *uscire dal parrucchiere*, sortir de chez le coiffeur; *uscire a passeggio*, aller se promener; *uscire a fare due passi*, sortir (pour) faire quelques pas; *uscire sulla strada*, sortir dans la rue; *l'hanno fatto uscire di prigione, dall'ospedale*, il est sorti de prison, de l'hôpital; *far uscire di contrabbando*, passer en contrebande | *è uscito a dire che*, ça lui est échappé que | *uscire in mare*, prendre la mer: *far uscire in mare*, mettre à la mer | *uscire alla superficie*, monter à la surface | *uscire a, di fiori*, (*nei giochi di carte*) jouer trèfle | *uscire dai limiti*, dépasser les limites 2 (*sfociare*) déboucher: *questa via esce in una piazza*, cette rue débouche sur une place 3 (*di parole*) se terminer (**par**) 4 (*essere messo in vendita*) sortir*; (*di libro*) paraître*: *uscire sul mercato*, être mis sur le marché; *faranno uscire questo libro l'anno prossimo*, ils publieront ce livre l'année prochaine 5 (*inform.*) (*dal sistema, dalla rete*) sortir* 6 (*sport*) sortir*.

● ***uscire dal riserbo***, sortir de sa réserve | ***uscire di bocca***, (*fig.*) échapper: *la parola gli uscì di bocca*, le mot lui a échappé | ***uscire di mente***, ***di testa***, (*fig.*) sortir de l'esprit | (*dir.*) ***uscire di minorità***, devenir majeur | ***uscire di scena***, (*anche fig.*) quitter la scène | ***uscire di senno***, devenir fou | ***uscire di strada***, sortir de la route | ***uscire fuori***, (*fam.*) sortir | ***uscire indenne da***, échapper à: *uscire indenne da un pericolo*, échapper à un danger | ***uscirne***, (*scampare*) s'en sortir; (*cavarsela, trarsi d'impaccio*) s'en tirer: *uscirne con onore, per il rotto della cuffia*, s'en tirer honorablement, de justesse | ***uscirsene***, (*andarsene*) partir; (*estens.*) (*pronunciare*) sortir: *se ne è uscita senza una parola*, elle est partie sans mot dire; *se ne è uscito con delle stupidaggini*, il a sorti des bêtises | ***di qui non si esce***, (*fig.*) on ne sort pas de là | ***mi esce dagli occhi***, je l'ai assez vu | ***mi esce dalle orecchie***, cela commence à me chauffer les oreilles.

uscita [u-scì-ta] ***n.f.*** 1 sortie: *dobbiamo organizzare un'uscita insieme una di queste sere*, il faut que l'on sorte ensemble un de ces soirs 2 (*luogo attraverso cui si esce*) sortie; (*sbocco*) issue (*anche fig.*): *l'uscita della stazione*, la sortie de la gare; *custodire tutte le uscite*, garder toutes les issues 3 (*battuta*) sortie, repartie: *ebbe un'uscita spiritosa*, il eut une repartie pleine d'esprit 4 (*comm.*) (*spesa*) dépense: *registrare in uscita*, porter en dépense 5 (*gramm.*) terminaison 6 (*inform.*) (*dal sistema, dalla rete ecc.*) sortie 7 (*sport*) sortie.

● ***uscita di scena***, (*anche fig.*) sortie de la scène | ***uscita di sicurezza***, sortie de secours | (*aer.*) ***uscita*** (***per l'imbarco***), porte | (*mil.*) ***libera uscita***, (*anche fig.*) sortie, quartier libre: *giorno di libera uscita*, jour de sortie; *essere in libera uscita*, être de sortie, avoir quartier libre | (***via d'***)***uscita***, issue: *non c'è via d'uscita*, il n'y a pas d'(autre) issue; *era la sola via d'uscita che avevo*, je n'avais pas d'autre issue.

user friendly [uzer'frɛndli] ***agg.invar.*** (*inform.*) convivial*.

username [uzer'neim] ***n.m.invar.*** (*inform.*) nom de l'utilisateur, username.

usignolo [u-ʃi-gnò-lo] ***n.m.*** (*zool.*) rossignol.

uso[1] [ù-ʃo] ***n.m.*** 1 usage; (*impiego*) emploi: *perdere l'uso della parola, di una mano*, perdre l'usage de la parole, d'une main; *l'uso del dizionario*, l'emploi du dictionnaire; *è necessario l'uso di guanti protettivi*, l'emploi de gants de protection est indispensable; *l'uso della piscina non è compreso nel prezzo*, l'utilisation de la piscine n'est pas comprise; *a che uso serve?, qual è il suo uso?*, à quoi cela sert-il?; *è necessario l'uso delle forbici, far uso delle forbici*, il faut se servir des ciseaux; *fare un uso discreto, moderato di qlco*, faire un usage raisonnable de qqch; *ha fatto uso di tutti i mezzi a disposizione*, il a fait usage de tous les moyens à sa disposition; *fa molto uso di olio*, il emploie beaucoup d'huile; *in Francia si fa più uso di burro che in Italia*, en France, on consomme plus de beurre qu'en Italie; *fare buono, cattivo uso del proprio denaro, tempo*, bien, mal employer son argent, son temps | *fare uso di stupefacenti*, faire usage de stupéfiants | *logoro per l'uso, dall'uso*, usagé | *appartamento uso foresteria*, appartement de fonction | *locali uso ufficio*, locaux à usage de bureaux 2 (*usanza*) coutume (*f.*); (*tradizione*) tradition (*f.*); (*abitudine*) habitude (*f.*): *gli usi del paese*, les coutumes du pays; *c'è l'uso di*, il est d'usage de | *all'uso francese*, à la française.

● ***usi e costumi***, les us et coutumes | ***agitare prima dell'uso***, agiter avant l'emploi | ***a uso di***, à l'usage de, destiné à | ***con l'uso***, à l'usage; (*con la pratica*) par la pratique | ***con uso di***, avec jouissance de: *con uso di cucina*, avec jouissance de la cuisine | ***d'uso corrente***, d'usage courant, d'un emploi courant: *la lavastoviglie è d'uso corrente*, le lave-vaisselle est d'usage courant; *in casa mia, il ferro da stiro è d'uso corrente*, chez moi, le fer à repasser est d'un emploi courant; *parola d'uso corrente*, mot d'un emploi courant | ***d'uso***, ***di uso***, d'usage; (*usato in*) employé; (*di moneta*) qui a cours: *come d'uso*, comme d'habitude, comme de coutume; *a Natale, è d'uso scambiarsi gli auguri*, à Noël, il est d'usage d'échanger des vœux | ***entrare nell'uso***, entrer dans l'usage | ***fare uso e abuso di qlco***, abuser de qqch | ***fuori uso***, hors d'usage; (*superato, fuori moda*) désuet: *andare fuori uso*, tomber en désuétude | ***in uso***, en usage; (*di moda*) à la mode: *essere, tornare in uso*, être, revenir à la mode; *è tornata in uso la moda delle gonne corte*, la mode revient aux jupes courtes; *questa grammatica non è più in uso*, cette grammaire n'est plus employée; *pratiche in uso presso*, coutumes très répandues chez | ***istruzioni per l'uso***, mode d'emploi | ***per***, ***a mio uso e consumo***, pour mon usage exclusif | ***per mio uso personale***, à mon usage personnel | (***per***) ***uso interno***, ***esterno***, (pour l')usage interne, externe | ***pronto per l'uso***, ***all'uso***, produit prêt à l'emploi.

FAUX AMI
Da non confondere con *usé*, che significa *logorato, consumato*.

uso[2] ***agg.*** (*letter.*) (*abituato*) habitué.

ussaro [ùs-sa-ro] ***n.m.*** (*st. mil.*) *hussard.

ustionare [u-stio-nà-re] ***v.tr.*** brûler; (*spec. con un liquido*) échauder ♦ **ustionarsi** ***v.pron.*** se brûler; (*con* *un liquido*) s'ébouillanter ♦ ***v.pron. indiretto*** se brûler: *si è ustionato una mano*, il s'est brûlé une main.

ustionato [u-stio-nà-to] ***agg.*** brûlé; (*spec. con un liquido*) échaudé.
● (*med.*) ***reparto grandi ustionati***, service des grands brûlés.

ustione [u-stió-ne] ***n.f.*** brûlure: *ustioni di primo grado*, brûlures du premier degré; *morire per le ustioni*, mourir à cause des brûlures.

ustorio [u-stò-rio] ***agg.*** [pl.m. *-ri*].
● ***specchio ustorio***, miroir ardent.

usuale [u-ʃu-à-le] ***agg.*** **1** usuel*; (*abituale*) habituel* **2** (*ordinario*) ordinaire.

usualmente [u-ʃu-al-mén-te] ***avv.*** usuellement, d'ordinaire, d'habitude.

usucapione [u-ʃu-ca-pió-ne] ***n.f.*** (*dir.*) usucapion.

usufruire [u-ʃu-fru-ì-re] ***v.intr.*** [coniug. come *finire*; aus. *avere*] jouir.

usufrutto [u-ʃu-frùt-to] ***n.m.*** (*dir.*) usufruit: *avere in usufrutto qlco*, avoir l'usufruit de qqch.

usufruttuario [u-ʃu-frut-tu-à-rio] ***agg.*** e ***n.m.*** [f. *-a*; pl.m. *-ri*] (*dir.*) usufruitier*.

usura[1] [u-ʃù-ra] ***n.f.*** usure: *praticare l'usura*, pratiquer l'usure.
● ***a usura***, à usure; (*fig.*) avec usure.

usura[2] ***n.f.*** (*logorio*) usure: *sottoporre a usura*, user.

usuraio [u-ʃu-rà-io] ***n.m.*** [f. *-a*; pl.m. *-ai*] usurier*.

usurare [u-ʃu-rà-re] ***v.tr.*** user ♦ **usurarsi** ***v.pron.intr.*** s'user.

usurpare [u-ʃur-pà-re] ***v.tr.*** usurper: *fama usurpata*, réputation usurpée; *usurpare la fama di scrittore*, abuser du nom d'écrivain.

usurpatore [u-ʃur-pa-tó-re] ***agg.*** e ***n.m.*** [f. *-trice*] usurpateur*.

usurpazione [u-ʃur-pa-zió-ne] ***n.f.*** usurpation.

utensile[1] [u-tèn-si-le *o* utensìle] ***n.m.*** outil: *utensile da cucina*, ustensile de cuisine.

utensile[2] [u-tèn-si-le] ***agg.***
● ***macchina utensile***, machine-outil.

utensileria [u-ten-si-le-rì-a] ***n.f.*** **1** (*assortimento di utensili*) outillage (*m.*) **2** (*reparto d'officina*) salle des outils.

utente [u-tèn-te] ***n.m.*** e ***f.*** **1** (*spec. di un servizio pubblico*) usager/ère **2** (*inform.*) utilisateur/trice.
● ***utente finale***, utilisateur final.

utenza [u-tèn-za] ***n.f.*** **1** usage (*m.*): *canone di utenza*, droit d'usage **2** (*gli utenti*) usagers (*m.pl.*).

uterino [u-te-rì-no] ***agg.*** (*anat.*) utérin.

utero [ù-te-ro] ***n.m.*** (*anat.*) utérus.
● ***utero in affitto***, mère porteuse.

U

utile [ù-ti-le] ***agg.*** **1** utile (**à**); (*che fa bene; conveniente*) bon* (**à**, **pour**): *esercizio utile per la memoria, per lo sviluppo muscolare*, exercice utile à la mémoire, au développement des muscles; *un metodo utile per imparare l'inglese*, une méthode utile pour apprendre l'anglais; *sarà utile informarsi*, il vaudra mieux se renseigner; *è utile che si sappia*, il est bon que cela se sache; *se ritenete utile aspettare*, si vous jugez bon d'attendre; *l'esperienza mi è tornata utile*, cette expérience s'est révélée utile | *se posso esserti utile in qlco*, si je peux t'être utile à qqch **2** (*usufruibile*) utilisable: *lo spazio utile è di sei metri*, l'espace utilisable est de six mètres; *il tempo utile è scaduto*, le délai est expiré ♦ ***n.m.*** **1** utile **2** (*vantaggio*) avantage; (*beneficio*) profit **3** (*econ.*) bénéfice: *prestare denaro con un utile del 15%*, prêter de l'argent à un taux de 15%.
● ***in tempo utile***, dans les délais | ***unire l'utile al dilettevole***, joindre l'utile à l'agréable.

utilità [u-ti-li-tà] ***n.f.invar.*** **1** utilité: *mi è di grande utilità*, il m'est d'une grande utilité; *mi è di poca utilità*, il ne m'est pas très utile; *qual è l'utilità di lavorare tanto?*, quel avantage y a-t-il à tant travailler?; *non ne ho avuta grande utilità*, cela ne m'a pas servi à grand-chose **2** (*inform.*) utilitaire (*m.*) | *programma di utilità*, programme utilitaire.

utilitaria [u-ti-li-tà-ria] ***n.f.*** (*aut.*) petite voiture (de série); conduite intérieure; (*fam.*) voiturette.

utilitario [u-ti-li-tà-rio] ***agg.*** [pl.m. *-ri*] utilitaire.

utilitarismo [u-ti-li-ta-rì-ʃmo] ***n.m.*** utilitarisme.

utilitarista [u-ti-li-ta-rì-sta] ***n.m.*** e ***f.*** utilitariste.

utilitaristico [u-ti-li-ta-rì-sti-co] ***agg.*** [pl.m. *-ci*, f. *-che*] utilitariste.

utility [u-tì-li-ty] ***n.f.*** o ***m.*** [pl. *utilities* o *invar.*] (*inform.*) programme (*m.*) utilitaire.

utilizzabile [u-ti-liʒ-ʒà-bi-le] ***agg.*** utilisable.

utilizzare [u-ti-liʒ-ʒà-re] ***v.tr.*** utiliser, employer*.

utilizzatore [u-ti-liʒ-ʒa-tó-re] ***n.m.*** [f. *-trice*] utilisateur*.

utilizzazione [u-ti-liʒ-ʒa-zió-ne] ***n.f.*** utilisation.

utilizzo [u-ti-lìʒ-ʒo] ***n.m.*** utilisation (*f.*), emploi.

utilmente [u-til-mén-te] ***avv.*** utilement; (*bene*) bien.

utopia [u-to-pì-a] ***n.f.*** utopie.

utopico [u-tò-pi-co] ***agg.*** [pl.m. *-ci*, f. *-che*] utopique.

utopista [u-to-pì-sta] ***n.m.*** e ***f.*** utopiste.

utopistico [u-to-pì-sti-co] ***agg.*** [pl.m. *-ci*, f. *-che*] utopique.

uva [ù-va] ***n.f.*** (*m.*) raisin (*m.*): *mangiare dell'uva*, manger du raisin, des raisins; *cogliere*, *pigiare l'uva*, cueillir, presser le raisin.
● ***uva da tavola***, ***da vino***, raisin de table, de cuve | ***uva passa***, ***sultanina***, raisin sec, de Corinthe | ***uva spina***, groseille à maquereau.

uvetta [u-vét-ta] ***n.f.*** raisin (*m.*) sec, raisin (*m.*) de Corinthe.

uxoricida [u-xo-ri-cì-da] ***n.m.*** mari meurtrier de sa femme; (*dir.*) uxoricide ♦ ***n.f.*** (*estens.*) épouse meurtrière du mari ♦ ***agg.*** *impulso uxoricida*, impulsion homicide.

uxoricidio [u-xo-ri-cì-dio] ***n.m.*** [pl. *-di*] **1** meurtre de l'épouse par le mari; (*dir.*) uxoricide **2** (*estens.*) meurtre du mari par son épouse.

uzbeco [uz-bè-co] ***agg.*** [pl.m. *-chi*, f. *-che*] ouzbek, uzbek ♦ ***n.m.*** [f. *-a*] (*abitante*) Ouzbek, Uzbek.

uzzolo [ùʒ-ʒo-lo] ***n.m.*** envie (*f.*), fantaisie (*f.*), lubie (*f.*): *gli è venuto l'uzzolo di*, la fantaisie l'a pris de; *avere l'uzzolo di*, avoir envie de.

Vv

v ***n.f.*** o ***m.invar.*** v (*m.*).
● (*tel.*) ***v come Venezia***, v comme Victor | ***a (forma di) V***, en V | ***doppia V***, ***V doppia***, double v.

va → **andare**[1].

va' → **andare**[1].

vacante [va-càn-te] ***agg.*** vacant.

vacanza [va-càn-za] ***n.f.*** **1** (*assenza autorizzata dal luogo di lavoro o di studio*) congé (*m.*): *essere in vacanza*, être en congé; *prendersi un giorno di vacanza*, prendre un jour de congé; *a scuola oggi è (giorno di) vacanza*, *abbiamo vacanza*, aujourd'hui nous n'avons pas cours; *oggi pomeriggio faccio vacanza*, cet après-midi je ne travaille pas **2** (*periodo di riposo dal lavoro o dallo studio*) vacances (*pl.*): *quattro settimane di vacanza*, quatre semaines de vacances; *essere*, *andare in vacanza*, être, partir en vacances; *prendersi una vacanza*, prendre quelques jours de repos; *ho bisogno di una vacanza*, j'ai besoin d'une période de vacances | *compiti delle vacanze*, devoirs de vacances **3** (*l'essere vacante*) vacance.
● ***vacanza studio***, voyage d'études | ***vacanze estive***, grandes vacances | ***vacanze sulla neve***, vacances de neige.

vacanziere [va-can-ziè-re] ***n.m.*** [f. *-a*] vacancier*.

vacanziero [va-can-ziè-ro] ***agg.*** vacancier*.

vacazione [va-ca-zió-ne] ***n.f.*** (*dir.*) vacation.
● ***vacazione della legge***, délai d'entrée en vigueur de la loi.

vacca [vàc-ca] ***n.f.*** [pl. *-che*] **1** vache: *vacca da latte*, vache à lait **2** (*fig. volg.*) (*donna grassa, sformata*) grosse vache; (*spreg.*) (*prostituta*) pute.
● ***andare in vacca***, (*fig. fam.*) (*fallire*) foirer | ***è tempo di vacche magre***, ***grasse***, (*fig.*) c'est une période de vaches maigres, grasses.

vaccata [vac-cà-ta] ***n.f.*** (*volg.*) cochonnerie, vacherie; (*stupidaggine*) connerie.

vacchetta [vac-chét-ta] ***n.f.*** vachette.

vaccinare [vac-ci-nà-re] ***v.tr.*** vacciner.

vaccinazione [vac-ci-na-zió-ne] ***n.f.*** vaccination: *sottoporre a vaccinazione*, vacciner | *certificato di vaccinazione*, carnet de vaccinations.

vaccino[1] [vac-cì-no] ***n.m.*** (*med.*) vaccin.

vaccino[2] ***agg.*** de vache; (*bovino*) de bœuf.

vacillante [va-cil-làn-te] ***agg.*** vacillant; (*barcollante*) chancelant: *passo vacillante*, pas chancelant; *il suo trono è vacillante*, son trône chancelle.

vacillare [va-cil-là-re] ***v.intr.*** [aus. *avere*] vaciller (*anche fig.*); (*barcollare*) chanceler*.

vacuità [va-cui-tà] ***n.f.invar.*** vacuité.

vacuo [và-cu-o] ***agg.*** vide: *sorriso vacuo*, sourire inexpressif; *persona vacua*, personne insignifiante; *vacue speranze*, de vains espoirs.

vacuolo [va-cù-o-lo] ***n.m.*** (*biol.*) vacuole (*f.*).

vacuoterapia [va-cu-o-te-ra-pì-a] ***n.f.*** (*med.*) vacuothérapie.

vada → **andare**[1].

vademecum [va-de-mè-cum] ***n.m.invar.*** guide, manuel.

vado → **andare**[1].

va e vieni [va e viè-ni] ***n.m.invar.*** va-et-vient*.

vaffanculo [vaf-fan-cù-lo] ***inter.*** (*volg.*) va te faire foutre.

vagabondaggio [va-ga-bon-dàg-gio] ***n.m.*** [pl. *-gi*] vagabondage: *darsi al vagabondaggio*, vagabonder; *dopo un lungo vagabondaggio per l'Europa*, après avoir longtemps vagabondé en Europe.

vagabondare [va-ga-bon-dà-re] ***v.intr.*** [aus. *avere*] vagabonder, errer: *vagabondare per l'Europa*, vagabonder à travers l'Europe; *vagabondare per i campi*, flâner à travers (les) champs; *vive vagabondando*, il vit comme un vagabond; *vagabondare con la fantasia*, laisser aller son imagination.

vagabondo [va-ga-bón-do] ***agg.*** vagabond ♦ ***n.m.*** [f. *-a*] **1** vagabond **2** (*fannullone*) fainéant.

vagamente [va-ga-mén-te] ***avv.*** vaguement: *accennare vagamente a qlco*, faire une vague allusion à qqch.

vagante [va-gàn-te] ***agg.*** errant.

vagare [va-gà-re] ***v.intr.*** [coniug. come *legare*; aus. *avere*] errer.

vagheggiare [va-gheg-già-re] ***v.tr.*** [coniug. come *mangiare*] **1** (*contemplare*) contempler **2** (*pensare con desiderio*) rêver (**de**); (*aspirare*) soupirer (**après**).

vagheggiato [va-gheg-già-to] ***agg.*** **1** contemplé **2** (*desiderato*) désiré; (*sognato*) rêvé: *successo a lungo vagheggiato*, succès longtemps désiré.

vaghezza [va-ghéz-za] ***n.f.*** (*indeterminatezza*) imprécision, indétermination.

vagina [va-gì-na] ***n.f.*** (*anat.*) vagin (*m.*).

vaginale [va-gi-nà-le] ***agg.*** vaginal*.

vaginite [va-gi-nì-te] ***n.f.*** (*med.*) vaginite.

vagire [va-gì-re] ***v.intr.*** [coniug. come *finire*; aus. *avere*] vagir.

vagito [va-gì-to] ***n.m.*** vagissement.

vaglia [và-glia] ***n.m.invar.*** mandat: *emettere*, *riscuotere un vaglia*, délivrer, toucher un mandat.
● (*banca*): ***vaglia bancario***, chèque bancaire; ***vaglia cambiario***, billet à ordre | ***vaglia postale***, mandat-poste | ***a mezzo vaglia***, par mandat.

vaglia, di [di và-glia] ***agg.*** de valeur.

vagliare [va-glià-re] ***v.tr.*** **1** (*sabbia, ghiaia*) cribler; (*cereali*) vanner; (*farina*) tamiser **2** (*fig.*) passer au crible, examiner; (*pesare*) peser*; (*soppesare*) soupeser*.

vaglio [và-glio] ***n.m.*** [pl. *-gli*] **1** crible, tamis; (*per cereali*) van **2** (*fig.*) crible; (*esame*) examen; *fare un vaglio delle diverse proposte*, soupeser les différentes proposi-

tions; *non ha resistito al vaglio della critica*, il n'a pas résisté à l'examen de la critique.
● ***passare al vaglio***, passer au crible.

vago [và-go] *agg.* [pl.m. *-ghi*, f. *-ghe*] vague: *la sua risposta è stata vaga, è stato vago nel rispondere*, il a été vague dans sa réponse; *vaghi sospetti*, de vagues soupçons; *ha una vaga conoscenza della materia*, il a de vagues notions en la matière; *non ne ho la più vaga idea*, je n'en ai pas la moindre idée ♦ *n.m.* vague: *tenersi, rimanere nel, sul vago*, rester (dans le) vague.
● (*anat.*) (***nervo***) ***vago***, (nerf) vague.

vagonata [va-go-nà-ta] *n.f.* wagonnée, wagon (*m.*): *mi ha portato una vagonata di libri*, (*fig.*) il m'a apporté une tonne de livres.

vagoncino [va-gon-cì-no] *n.m.* wagonnet; (*di teleferica*) benne (*f.*).

vagone [va-gó-ne] *n.m.* **1** (*ferr.*) wagon **2** (*vagonata*) (*ferr.*) wagon (*anche fig.*); wagonnée (*f.*).
● ***vagone cisterna***, wagon-citerne | ***vagone frigorifero***, wagon réfrigérant | ***vagone letto***, wagon-lit | ***vagone merci***, wagon de marchandises | ***vagone postale***, wagon -poste | ***vagone ristorante***, wagon-restaurant.

vai → **andare**[1].

vaio [và-io] *n.m.* [pl. *vai*] petit-gris*; (*antiq.*) vair.

vaiolo [va-iò-lo] *n.m.* variole (*f.*): *butterato dal vaiolo*, variolé.

vaioloso [va-io-ló-so] *agg.* e *n.m.* [f. *-a*] varioleux*.

valanga [va-làn-ga] *n.f.* [pl. *-ghe*] avalanche: *travolto da una valanga*, emporté par une avalanche; *una valanga di lettere, di critiche*, (*fig.*) une avalanche de lettres, de critiques.
● ***a valanghe***, (*fig.*) par vagues, à flots.

valchiria [val-chì-ria] *n.f.* walkyrie.

valdese [val-dé-se] *agg.* (*relig.*) vaudois ♦ *n.m.* e *f.* (*relig.*) Vaudois/e.

valdostano [val-do-stà-no] *agg.* valdôtain ♦ *n.m.* [f. *-a*] (*abitante*) Valdôtain.

valente [va-lèn-te] *agg.* de valeur; (*abile*) habile: *un medico valente*, un bon médecin.

valentia [va-len-tì-a] *n.f.* habileté; (*valore*) valeur.

valenza [va-lèn-za] *n.f.* **1** (*chim.*) valence **2** (*valore, significato*) valeur.

valere [va-lé-re] *v.intr.* [pres.indic. *io valgo, tu vali* ecc.; p.rem. *io valsi, tu valesti* ecc.; fut.indic. *io varrò* ecc.; pres.cong. *io valga* ecc.; p.p. *valso*; aus. *essere*] **1** valoir*: *l'asso vale più del re*, l'as a plus de valeur que le roi; *vale più come attore che come regista*, il est meilleur comme acteur que comme metteur en scène; *vale poco*, il ne vaut pas grand-chose | *te lo do per quel che vale*, (*al prezzo di costo*) je te le donne à prix coûtant | *te la do per quel che vale*, (*di notizia e simili*) ça vaut ce que ça vaut | *l'ha pagato per quel che vale*, il en a eu pour son argent **2** (*bastare*) suffire*; (*servire, giovare*) servir*: *non è valso a fargli cambiare idea*, cela n'a pas suffi à le faire changer d'idée; *non valse a nulla*, cela ne servit à rien; *non sono valse né promesse né preghiere*, rien n'y a fait, ni les promesses, ni les prières; *le sue lacrime non valsero a commuovermi*, ses larmes n'ont pas réussi à m'émouvoir **3** (*contare, avere peso*) compter: *la partita non vale per il campionato*, ce match ne compte pas pour le championnat **4** (*essere valido*) être* valable: *questo contratto non vale più*, ce contrat n'est plus valable ♦ *v.tr.* (*procurare*) valoir*: *il suo ultimo romanzo gli valse il primo premio*, son dernier roman lui a valu le premier prix ♦ **valersi** *v.pron.* se servir*: *si è valso del mio nome*, il s'est servi de mon nom; *si è valso di quella circostanza per*, il a profité de cette circonstance pour.
● (***a***) ***che vale?***, à quoi bon? | ***far valere***, faire valoir | ***farsi valere***, se faire valoir | ***non vale!***, (*nei giochi infantili*) ce n'est pas du jeu! | ***non vale un'acca, un fico secco***, cela ne vaut pas un clou, un sou | ***tanto vale***, autant (vaut) | ***vale a dire***, (*cioè*) c'est-à-dire; (*significa che*) cela veut dire que | ***vale la pena di***, ça vaut la peine de: *non vale la pena di dirglielo*, ça ne vaut pas la peine de le lui dire; *non valeva la pena di leggerlo*, il ne méritait pas d'être lu | ***uno vale l'altro***, ils se valent | ***una cosa vale l'altra***, cela se vaut.

valeriana [va-le-rià-na] *n.f.* valériane.

valetudinario [va-le-tu-di-nà-rio] *agg.* e *n.m.* [f. *-a*; pl.m. *-ri*] (*letter.*) valétudinaire.

valevole [va-lé-vo-le] *agg.* valable: *questo biglietto è valevole per un mese*, ce billet est valable un mois; *una partita valevole per il campionato*, un match comptant pour le championnat.

valgo[1] [vàl-go] *agg.* [pl.m. *-ghi*, f. *-ghe*] (*med.*) valgus.

valgo[2] → **valere**.

valicabile [va-li-cà-bi-le] *agg.* franchissable.

valicare [va-li-cà-re] *v.tr.* [coniug. come *mancare*] franchir.

valico [và-li-co] *n.m.* [pl. *-chi*] **1** col; (*passo*) pas: *valico di frontiera*, passage de frontière **2** (*il valicare*) passage, franchissement.

validamente [va-li-da-mén-te] *avv.* **1** (*con efficacia*) valablement; (*con successo*) avec succès **2** (*con validità giuridica*) validement.

validità [va-li-di-tà] *n.f.invar.* validité (*anche dir.*): *la validità di un titolo, di un atto*, la validité d'un titre, d'un acte; *questo visto ha la validità di un anno*, ce visa est valable un an.

valido [và-li-do] *agg.* **1** (*valevole*) valable: *biglietto valido tre mesi*, billet valable trois mois **2** (*efficace*) efficace: *il mio più valido collaboratore*, mon collaborateur le plus efficace; *essere di valido aiuto*, apporter une aide très efficace **3** (*conforme alle regole*) valide, bon*; (*regolamentare*) réglementaire: *non valido*, nul; *voto valido*, vote valide **4** (*vigoroso*) vigoureux*: *un vecchio ancora valido*, un vieillard encore vert **5** (*di pregio, di valore*) de valeur.

valigeria [va-li-ge-rì-a] *n.f.* maroquinerie.

valigetta [va-li-gét-ta] *n.f.* mallette: *la valigetta del rappresentante*, l'attaché-case du représentant.
● ***la valigetta del dottore***, (*fam.*) la sacoche du médecin.

valigia [va-lì-gia] *n.f.* [pl. *-gie* o *-ge*] valise: *fare, disfare le valigie*, faire, défaire ses valises.
● ***valigia diplomatica***, valise diplomatique.

vallata [val-là-ta] *n.f.* vallée.

valle [vàl-le] *n.f.* **1** vallée; (*letter.*) val* (*m.*): *la valle della Loira*, la vallée de la Loire | *per monti e valli*, par monts et par vaux **2** (*di delta o di laguna*) marais (*m.*).
● ***valle da pesca***, vivier | ***a valle***, (*anche fig.*) à val; (*di un fiume*) en aval: *le cause vanno cercate a monte, non a valle*, les causes doivent être recherchées à l'origine; *rotolare a valle*, rouler en bas.

valletta [val-lét-ta] *n.f.* (*tv*) assistante (du présentateur).

valletto [val-lét-to] *n.m.* valet; (*paggio*) page.

valligiano [val-li-già-no] *agg.* de la vallée ♦ *n.m.* [f. *-a*] habitant de la vallée.

vallivo [val-lì-vo] *agg.* **1** de la vallée **2** (*di delta o di la-*

guna): *terreno vallivo*, terrain marécageux; *fauna valliva*, faune des marais; *pesca valliva*, pêche dans les marais.

vallo [vàl-lo] ***n.m.*** **1** (*st.romana*) vallum **2** (*trinceramento*) tranchée (*f.*); (*baluardo*) rempart.

vallone[1] [val-ló-ne] ***n.m.*** (*geogr.*) vallon.

vallone[2] ***agg.*** e ***n.m.*** wallon.

valore [va-ló-re] ***n.m.*** **1** valeur (*f.*): *di nessun valore*, *privo di valore*, sans valeur; *del valore di 1000 euro*, d'une valeur de 1000 euros; *aumentare di valore*, prendre de la valeur; *perdere di valore*, perdre de sa valeur; *dare valore a qlco*, attacher de la valeur à qqch; *disposizioni che hanno valore di legge*, dispositions qui ont force de loi; *il suo silenzio ha il valore di una rinuncia*, son silence équivaut à un renoncement | *una parola usata con valore figurato*, un mot employé au sens figuré **2** (*coraggio*) vaillance (*f.*), bravoure (*f.*) **3** (*pl.*) (*oggetti di valore*) objets de valeur.

● (*econ.*) ***valore aggiunto***, valeur ajoutée | (*mat.*) ***valore assoluto***, valeur absolue | (*econ.*) ***valore nominale***, valeur nominale | ***valori bollati***, timbres fiscaux | ***medaglia al valor militare***, médaille militaire.

valorizzare [va-lo-riʒ-ʒà-re] ***v.tr.*** mettre* en valeur; (*aumentare di valore commerciale*) valoriser ♦ **valorizzarsi** ***v.pron.*** (*di persone*) se mettre* en valeur; (*di cose*) prendre* de la valeur, être* mis en valeur.

valorizzazione [va-lo-riʒ-ʒa-zió-ne] ***n.f.*** mise en valeur; (*comm.*) valorisation.

valorosamente [va-lo-ro-sa-mén-te] ***avv.*** vaillamment, bravement.

valoroso [va-lo-ró-so] ***agg.*** vaillant; (*coraggioso*) courageux*: *un'impresa valorosa*, une entreprise hardie.

valpolicella [val-po-li-cèl-la] ***n.m.invar.*** valpolicella (vin italien de la région de Vérone).

valsi, **valso** → **valere**.

valtellinese [val-tel-li-né-se] ***agg.*** de la Valteline.

valuta [va-lù-ta] ***n.f.*** **1** espèces (*pl.*); monnaie: *valuta cartacea*, billets de banque; *valuta corrente*, monnaie en cours; *pagabile in valuta*, payable en espèces **2** (*estera*) devise: *valuta forte*, *debole*, devise forte, faible **3** (*banca*) valeur: *valuta all'incasso*, valeur à l'encaissement; *valuta a saldo*, valeur pour solde; *giorno di valuta*, jour de valeur.

valutabile [va-lu-tà-bi-le] ***agg.*** évaluable; (*calcolabile*) calculable.

valutare [va-lu-tà-re] ***v.tr.*** **1** évaluer; (*fare una stima*) estimer **2** (*fig.*) (*giudicare*) juger* | *valutare un compito*, (*a scuola*) noter un devoir **3** (*tener conto di*) tenir* compte (**de**); (*soppesare*) peser*: *valutare i pro e i contro*, peser le pour et le contre **4** (*apprezzare*) apprécier.

valutario [va-lu-tà-rio] ***agg.*** [pl.m. *-ri*] (*comm.*) monétaire; des devises.

valutazione [va-lu-ta-zió-ne] ***n.f.*** **1** évaluation; (*di esperto*) expertise: *valutazione di un terreno*, estimation d'un terrain **2** (*fig.*) évaluation, appréciation; (*giudizio*) jugement (*m.*): *la valutazione di un allievo*, le jugement porté sur un élève | (*dir.*) *valutazione delle prove*, appréciation des preuves.

valva [vàl-va] ***n.f.*** valve.

valvola [vàl-vo-la] ***n.f.*** **1** (*mecc.*) soupape; (*spec. a saracinesca*) vanne; (*di camera d'aria*) valve; (*a cerniera*) clapet (*m.*) **2** (*elettr.*) plomb (*m.*): *sono saltate le valvole*, les plombs ont sauté **3** (*rad.*, *tv*) lampe **4** (*anat.*) valvule.

● ***valvola di sicurezza***, (*anche fig.*) soupape de sûreté | (*anat.*) ***valvola mitrale***, ***tricuspide***, valvule mitrale, tricuspide.

valvolare [val-vo-là-re] ***agg.*** (*anat.*) valvulaire.

valzer [vàl-zer] ***n.m.*** valse (*f.*): *ballare il valzer*, valser, danser une valse.

vamp ***n.f.invar.*** vamp, femme fatale.

vampa [vàm-pa] ***n.f.*** **1** flamme; (*di arma da fuoco*) lueur **2** (*al viso*) bouffée de chaleur **3** (*fig.*) ardeur.

vampata [vam-pà-ta] ***n.f.*** bouffée; (*fiammata*) *hautes flammes (*pl.*): *una vampata di rossore*, (*al viso*) une rougeur subite; *una vampata d'ira*, (*fig.*) un accès de colère.

vampirismo [vam-pi-rì-ʃmo] ***n.m.*** vampirisme.

vampiro [vam-pì-ro] ***n.m.*** vampire.

vanadio [va-nà-dio] ***n.m.*** [pl. *-di*] (*chim.*) vanadium.

vanagloria [va-na-glò-ria] ***n.f.*** gloriole, vaine gloire; (*vanità*) vanité.

vanaglorioso [va-na-glo-rió-so] ***agg.*** [f. *-a*] vaniteux*, vantard.

vanamente [va-na-mén-te] ***avv.*** vainement.

vandalico [van-dà-li-co] ***agg.*** [pl.m. *-ci*, f. *-che*] (*dei vandali*) vandale.

● ***atto vandalico***, acte de vandalisme.

vandalismo [van-da-lì-ʃmo] ***n.m.*** vandalisme.

vandalo [vàn-da-lo] ***n.m.*** [f. *-a*] vandale (*anche fig.*).

vaneggiamento [va-neg-gia-mén-to] ***n.m.*** délire, divagation (*f.*).

vaneggiare [va-neg-già-re] ***v.intr.*** [coniug. come *mangiare*; aus. *avere*] délirer, déraisonner | *tu vaneggi!*, tu divagues!

vanesio [va-nè-ʃio] ***agg.*** e ***n.m.*** [pl.m. *-si*] fat.

vanessa [va-nés-sa] ***n.f.*** (*zool.*) vanesse.

vanga [vàn-ga] ***n.f.*** [pl. *-ghe*] bêche.

vangare [van-gà-re] ***v.tr.*** [coniug. come *legare*] bêcher.

vangata [van-gà-ta] ***n.f.*** **1** (*colpo di vanga*) coup (*m.*) de bêche **2** (*quantità di terra sollevata con la vanga*) pelletée **3** (*sommaria vangatura*) bêchage (*m.*).

vangelo [van-gè-lo] ***n.m.*** évangile (*anche fig.*): *dal Vangelo secondo Giovanni*, de l'Évangile selon Saint Jean | *non prendere tutto come vangelo*, (*estens.*) ne prends pas tout comme parole d'évangile.

vanificare [va-ni-fi-cà-re] ***v.tr.*** [coniug. come *mancare*] rendre* vain.

vaniglia [va-nì-glia] ***n.f.*** (*bot.*) **1** (*albero*) vanillier (*m.*) **2** (*frutto*) vanille.

vanigliato [va-ni-glià-to] ***agg.*** vanillé.

vaniloquio [va-ni-lò-quio] ***n.m.*** [pl. *-qui*] radotage.

vanità [va-ni-tà] ***n.f.invar.*** **1** vanité **2** (*inutilità*) inutilité.

vanitoso [va-ni-tó-so] ***agg.*** [f. *-a*] vaniteux*.

vanno → **andare**[1].

vano [và-no] ***agg.*** **1** (*inutile*) vain, inutile **2** (*leggero; futile*) futile, superficiel* ♦ ***n.m.*** **1** (*spazio vuoto*) (*di porta, di finestra*) baie (*f.*), embrasure (*f.*); (*delle scale*) cage (*f.*); (*di parete*) niche (*f.*) **2** (*stanza*) pièce (*f.*).

● (*aut.*) ***vano portaoggetti***, boîte à gants.

vantaggio [van-tàg-gio] ***n.m.*** [pl. *-gi*] **1** avantage: *questo torna a tuo vantaggio*, cela tourne à ton profit; (*ci guadagni*) tu y gagnes **2** (*sport*) avance (*f.*), avantage.

vantaggiosamente [van-tag-gio-sa-mén-te] ***avv.*** avantageusement.

vantaggioso [van-tag-gió-so] ***agg.*** avantageux*.

vantare [van-tà-re] ***v.tr.*** **1** vanter **2** (*gloriarsi*) se vanter (**de**); (*essere fiero*) être* fier* (**de**): *vanta sempre la sua amicizia col direttore*, il se vante toujours de son amitié

V

avec le directeur; *la città vanta molti monumenti*, la ville s'enorgueillit de ses nombreux monuments; *vantare nobili origini*, se targuer de nobles origines **3** (*rivendicare*) revendiquer; (*avanzare*) avancer*: *vantare diritti*, revendiquer des droits; *vantare pretese*, avoir des prétentions ♦ **vantarsi** *v.pron.* se vanter; être* fier* (**de**): *non faccio per vantarmi*, ce n'est pas pour me vanter; *e me ne vanto!*, et j'en suis fier!

FAUX AMI
Da non confondere con *venter*, che significa *tirare vento*.

vanteria [van-te-rì-a] *n.f.* vanterie.

vanto [vàn-to] *n.m.* **1** vanterie (*f.*), orgueil: *menar vanto delle proprie ricchezze*, se vanter de ses richesses; *è il vanto della sua famiglia*, il est l'orgueil de sa famille **2** (*merito*) mérite: *bel vanto!*, (*iron.*) quel exploit!

vanvera [vàn-ve-ra] *n.f.*
● ***agire a vanvera***, agir sans réflexion | ***parlare a vanvera***, parler à tort et à travers.

vapore [va-pó-re] *n.m.* **1** vapeur (*f.*): *andare a vapore*, aller à la vapeur; *cuocere a vapore*, cuire à la vapeur **2** (*vapore condensato*) buée (*f.*) **3** (*pl.*) (*esalazioni*) vapeur (*f.sing.*) **4** (*vaporetto*) vapeur.
● ***vapore acqueo***, vapeur d'eau | ***a tutto vapore***, (*fig.*) à toute vapeur; (*fam.*) à toute pompe | ***bagno a vapore***, bain de vapeur | ***il padrone del vapore***, (*fig.*) (*di una ditta*) le patron: *i padroni del vapore*, (*scherz.*) les gros bonnets.

vaporetto [va-po-rét-to] *n.m.* (bateau* à) vapeur; (*fluviale*) bateau* fluvial*; (*a Parigi*) bateau-mouche*.

vaporiera [va-po-riè-ra] *n.f.* locomotive à vapeur.

vaporizzare [va-po-riʒ-ʒà-re] *v.tr.* vaporiser ♦ *v.intr.* [aus. *essere*] s'évaporer ♦ **vaporizzarsi** *v.pron.* s'évaporer.

vaporizzatore [va-po-riʒ-ʒa-tó-re] *n.m.* **1** vaporisateur, pulvérisateur **2** (*umidificatore*) humidificateur.

vaporizzazione [va-po-riʒ-ʒa-zió-ne] *n.f.* vaporisation.

vaporosità [va-po-ro-si-tà] *n.f.invar.* **1** vaporeux (*m.*) **2** (*fig.*) (*di idee ecc.*) vague (*m.*).

vaporoso [va-po-ró-so] *agg.* **1** vaporeux* **2** (*fig.*) (*vago*) vague.

varano [va-rà-no] *n.m.* (*zool.*) varan.

varare [va-rà-re] *v.tr.* lancer* (*anche fig.*): *varare una nave*, lancer un navire; *varare una commedia*, représenter une pièce | (*dir.*) *varare una legge*, approuver une loi.

varcare [var-cà-re] *v.tr.* [coniug. come *mancare*] franchir; (*fig.*) passer, dépasser: *varcare l'oceano*, franchir l'océan; *varcare la quarantina*, passer (le cap de) la quarantaine.

varco [vàr-co] *n.m.* [pl. *-chi*] passage.
● ***aspettare qlcu al varco***, (*fig.*) attendre qqn au tournant.

V

varechina [va-re-chì-na] *n.f.* (*chim.*) eau de Javel.

varesino [va-re-ʃì-no] *agg.* [f. *-a*] de Varèse.

varesotto [va-re-ʃòt-to] *agg.* de la région de Varèse.

varia [và-ria] *n.f.* (*in editoria*) littérature (générale).

variabile [va-rià-bi-le] *agg.* variable: *il suo umore è molto variabile*, son humeur est très variable | (*gramm.*) *le parti variabili del discorso*, les parties variables du discours ♦ *n.f.* (*mat.*) variable.
● (***tempo***) ***variabile***, variable: *il barometro segna* (*tempo*) *variabile*, le baromètre est au variable.

variabilità [va-ria-bi-li-tà] *n.f.invar.* variabilité.

variamente [va-ria-mén-te] *avv.* diversement, différemment.

variante [va-riàn-te] *n.f.* variante; (*cambiamento*) change (*m.*); (*modifica*) modification: *una variante di prezzo*, une variation de prix.
● (*ling.*) ***variante grafica***, variante.

variare [va-rià-re] *v.tr.* e *intr.* [aus. dell'intr. *essere* o *avere*] varier; (*mutare*) changer*.
● ***tanto per variare***, pour changer.

variato [va-rià-to] *agg.* varié.

variazione [va-ria-zió-ne] *n.f.* variation; changement (*m.*).

varice [va-rì-ce] *n.f.* (*med.*) varice.

varicella [va-ri-cèl-la] *n.f.* varicelle.

varicoso [va-ri-có-so] *agg.* variqueux*: *vene varicose*, varices, veines variqueuses.

variegato [va-rie-gà-to] *agg.* marbré, jaspé; (*di tessuto*) bigarré; (*di legno*) veiné: *foglia variegata*, feuille marbrée; *marmo variegato*, marbre jaspé.

varietà[1] [va-rie-tà] *n.f.invar.* variété: *varietà di opinioni*, variété (*o* diversité) d'opinions; *un'ampia varietà di colori*, une grande variété de couleurs.

varietà[2] *n.m.invar.* (*teatr.*) variétés (*f.pl.*); (*locale*) music-hall*, théâtre de variétés: (*tv*) *il varietà del sabato sera*, l'émission de variétés du samedi soir; *spettacolo di varietà*, spectacle de variétés.

vario [và-rio] *agg.* [pl.m. *-ri*] **1** varié: *una conversazione varia e piacevole*, une conversation variée et agréable | *tempo vario*, temps variable **2** (*differente*) différent, divers: *articoli vari*, articles divers; *spese varie*, frais divers; *negoziante di generi vari*, commerçant en tous genres; *in modi vari*, de manières différentes | *oggetti di vario genere*, objets en tous genres; (*spreg.*) objets de toutes sortes **3** (*pl.*) (*parecchi*) plusieurs* ♦ *pron.indef.* (*solo pl.*) (*varie persone*) plusiers personnes.
● (*amm.*) ***varie ed eventuali***, divers.

variopinto [va-rio-pìn-to] *agg.* bigarré, bariolé.

varo[1] [và-ro] *n.m.* lancement (*anche fig.*): *varo di una commedia*, première (représentation) d'une pièce | (*dir.*) *varo di una legge*, mise en vigueur d'une loi.

varo[2] *agg.* (*med.*) varus*.

varrò → **valere**.

vasaio [va-ʃà-io] *n.m.* [f. *-a*; pl.m. *-ai*] potier*.

vasca [và-sca] *n.f.* [pl. *-sche*] **1** (*da giardino, di piscina*) bassin (*m.*); (*di fontana*) vasque; (*da bagno*) baignoire: (*nuoto*) *fare dieci vasche*, faire dix longueurs du bassin **2** (*tecn.*) cuve, bac (*m.*).
● ***vasca a sedere***, baignoire sabot | ***vasca*** (***da bagno***), baignoire | ***vasca dei pesci***, aquarium; (*di piccole dimensioni*) bocal | ***vasca per idromassaggio***, baignoire à remous, Jacuzzi®.

vascello [va-scèl-lo] *n.m.* vaisseau*.

vaschetta [va-schét-ta] *n.f.* **1** petit bassin (*m.*), bassinet (*m.*), bac (*m.*) **2** (*contenitore per alimenti preconfezionati*) barquette **3** (*di carburatore*) cuvette, auge **4** (*di barometro, del fotografo*) cuvette.

vascolare [va-sco-là-re] *agg.* **1** (*biol.*) vasculaire **2** (*arte*) sur vase: *pittura vascolare*, peinture sur vase.

vasectomia [va-ʃec-to-mì-a] *n.f.* (*med.*) vasectomie.

vaselina [va-ʃe-li-na] *n.f.* vaseline: *spalmare di vaselina*, vaseliner.

vasellame [va-ʃel-là-me] *n.m.* vaisselle (*f.*); (*di terracotta*) poterie (*f.*); (*di porcellana*) porcelaine (*f.*).

vasetto [va-sét-to] ***n.m.*** petit vase; (*per conserve*) pot; bol.

vasistas [va-ʃi-stàs] ***n.m.invar.*** (*di porte o finestre*) vasistas.

vaso [và-ʃo] ***n.m.*** **1** vase; (*per coltivare piante, fiori*) pot **2** (*barattolo*) pot **3** (*anat.*) vaisseau*: *vasi sanguigni*, vaisseaux sanguins.
● ***vaso da notte***, pot de chambre.

vasocostrittore [va-ʃo-co-strit-tó-re] ***n.m.*** e ***agg.*** [f. *-trice*] (*med.*) vasoconstricteur*.

vasocostrizione [va-ʃo-co-stri-zió-ne] ***n.f.*** (*med.*) vasoconstriction.

vasodilatatore [va-ʃo-di-la-ta-tó-re] ***n.m.*** e ***agg.*** [f. *-trice*] (*med.*) vasodilatateur*.

vasodilatazione [va-ʃo-di-la-ta-zió-ne] ***n.f.*** (*med.*) vasodilatation.

vasomotore [va-ʃo-mo-tó-re] [f. *-trice*] **vasomotorio** [pl.m. *-ri*] ***agg.*** (*anat.*) vasomoteur*.

vasoprotettore [va-so-pro-tet-tó-re] ***n.m.*** e ***agg.*** [f. *-trice*] (*med.*) vasoprotecteur.

vassallaggio [vas-sal-làg-gio] ***n.m.*** [pl. *-gi*] vasselage; vassalité (*f.*) (*anche fig.*).

vassallo [vas-sàl-lo] ***agg.*** e ***n.m.*** vassal* (*anche fig.*).

vassoio [vas-só-io] ***n.m.*** [pl. *-oi*] plateau*.

vastità [va-sti-tà] ***n.f.invar.*** étendue, ampleur (*anche fig.*): *la vastità del suo ingegno*, l'envergure de son génie.

vasto [và-sto] ***agg.*** vaste (*anche fig.*): *un vasto pubblico*, un large public; *godere di vasti poteri*, jouir de pouvoirs étendus; *vasta clientela*, grosse clientèle.
● ***su vasta scala***, sur une grande échelle.

vate [và-te] ***n.m.*** (*letter.*) **1** (*profeta*) prophète **2** (*poeta*) poète.

vaticano [va-ti-cà-no] ***agg.*** vaticane, du Vatican: *politica vaticana*, politique vaticane | *Biblioteca vaticana*, Bibliothèque vaticane (*o* la Vaticane).

vaticinare [va-ti-ci-nà-re] ***v.tr.*** prédire*; prophétiser.

vaticinio [va-ti-cì-nio] ***n.m.*** [pl. *-ni*] vaticination (*f.*).

vattelappesca [vat-te-lap-pé-sca] ***avv.*** (*fam.*) Dieu sait où | *il signor vattelappesca*, monsieur Machin.

ve ***pron.pers.m.*** e ***f.*** ***2ª pers.pl.*** **1** (*compl. di termine con i pron.* lo, la, li, le) vous: *ve lo dirò subito*, je vous le dirai tout de suite; *cercheremo di mandarveli domani*, nous essaierons de vous les envoyer demain; *ve li studierete subito*, vous les étudierez tout de suite **2** (*legato al pron.* ne) vous en: *ve ne pentirete presto*, vous vous en repentirez bientôt; *vorrei parlarvene*, *ve ne vorrei parlare*, je voudrais vous en parler; *andatevene tranquillamente*, allez-vous en tranquillement; *non andatevene*, *non ve ne andate così*, ne vous en allez pas ainsi; *ve ne mangerete un chilo*, vous en mangerez un kilo ♦ ***avv.*** → **ce**.

ve' ***inter.*** (*forma tronca di vedi*) *hein! | *guarda ve'!*, gare à toi!

vecchia [vèc-chia] ***n.f.*** vieille.

vecchiaia [vec-chià-ia] ***n.f.*** vieillesse.

vecchietto [vec-chiét-to] ***n.m.*** [f. *-a*] petit vieux* ♦ ***agg.*** vieillot*.

vecchio [véc-chio] ***agg.*** vieux*; (*di età*) âgé: *diventar vecchio*, vieillir; *un vecchio cappotto*, un vieux manteau; *il vecchio segretario era più gentile*, l'ancien secrétaire était plus gentil; *è più vecchio di me*, il est plus âgé que moi; *è di tre anni più vecchio di me*, il a trois ans de plus que moi; *la parte vecchia della città*, la vieille ville; *libri vecchi*, livres d'occasion | *vecchio stile*, démodé | *vecchio del mestiere*, vieux dans le métier | *è (cosa) vecchia!*, (*fig.*) (*passata*) c'est du passé!; (*riproposta*) c'est du réchauffé! ♦ ***n.m.*** **1** (*persona*) vieux*, vieillard: *i vecchi e i giovani*, les vieux et les jeunes | *i miei vecchi*, (*fam.*) mes vieux (parents) **2** (*cosa*) ancien: *il conflitto tra il vecchio e il nuovo*, la lutte entre l'ancien et le nouveau.
● ***da vecchio***, dans la vieillesse: *lo farò da vecchio*, je le ferai quand je sarai vieux | (*st. lett.*) ***Plinio il Vecchio***, Pline l'Ancien.

NOTA Il maschile singolare dell'aggettivo **vecchio** in francese ha due forme: ***vieil*** che si usa prima di un sostantivo iniziante per vocale o *h* muta; ***vieux*** che si usa in tutti gli altri casi; il maschile plurale è sempre ***vieux***.
un uomo ***vecchio****,* un **veil** homme;
un ***vecchio*** *castello,* un **vieux** château;
degli alberi ***vecchi****,* de **vieux** arbres.

vecchiotto [vec-chiòt-to] ***agg.*** vieillot*.

vecchiume [vec-chiù-me] ***n.m.*** vieilleries (*f.pl.*).

veccia [véc-cia] ***n.f.*** [pl. *-ce*] (*bot.*) vesce.

vece [vé-ce] ***n.f.*** place.
● ***fare le veci di qlcu***, remplacer qqn: *il padre o chi ne fa le veci*, le père ou son représentant | ***in vece di qlcu***, à la place de qqn.

vedente [ve-dèn-te] ***n.m.*** e ***f.*** voyant/e.
● ***non vedente***, aveugle, nonvoyant.

vedere[1] [ve-dé-re] ***v.tr.*** [p.rem. *io vidi*, *tu vedesti* ecc.; fut.indic. *io vedrò* ecc.; p.pres. *vedente* e *veggente*; p.p. *visto* o *veduto*] **1** voir*: *l'ho visto con i miei occhi*, je l'ai vu de mes propres yeux; *vedessi com'è cambiato!*, si tu voyais comme il a changé!; *vedete in me un uomo felice*, vous avez devant vous un homme heureux | *non ci vide più*, (*fig.*) il vit rouge | *guarda chi si vede*, (*iron.*) regarde un peu qui arrive! | *fatti vedere qualche volta*, viens me voir de temps en temps | *fatti vedere dal dottore*, fais-toi voir par le médecin | *veda, vorrei farlo, ma non posso*, je voudrais le faire, voyez-vous, mais je ne peux pas | *vedo*, (*nel poker*) je vois | *vedi*, (*rimando nei testi*) voir **2** (*visitare*) voir*, visiter: *vedere la città*, visiter la ville **3** (*consultare*) consulter: *vedere un medico*, *un esperto*, consulter un médecin, un expert **4** (*procurare, fare in modo che*) faire* en sorte (**que**); (*cercare di*) tâcher (**de**): *vedi di farcela da solo*, tâche de te débrouiller tout seul ♦ ***v.intr.*** [aus. *avere*] voir* | *vedere*, *vederci bene*, *male*, avoir une bonne, une mauvaise vue ♦ **vedersi** ***v.pron.*** e ***pron. rec.*** se voir* | *vedersi in pericolo*, se sentir en danger.
● ***vedere per credere!***, il faut le voir pour le croire! | ***vedere tutto nero***, ***tutto rosa***, (*fig.*) voir tout en noir, tout en rose | ***a quel che vedo***, à ce que je vois | (***come***) ***si vede***, (comme) on le voit | ***gli***, ***gliela farò vedere io!***, je vais lui en faire voir!: *gli farò vedere chi sono io*, il aura de mes nouvelles | ***lo vedrebbe anche un cieco***, ***si vedrebbe a occhi chiusi***, ça saute aux yeux, ça crève les yeux | ***non vederci dalla fame***, avoir l'estomac dans les talons | ***si vede che***, (*è chiaro*) il est clair que; (*è probabile*) il est probable que: *si vede che non ha capito*, il est clair (*o* il est probable) qu'il n'a pas compris; *se dice così*, *si vede che non è d'accordo*, s'il dit cela, c'est qu'il n'est pas d'accord | ***si vedrà!***, ***la vedremo!***, on verra (bien)! | ***vedersela con qlcu***, s'arranger avec qqn | ***vedi un po' tu***, fais comme tu veux | ***visto che***, vu que | (*tip.*) ***visto si stampi***, bon à tirer | ***vorrei vedere te!***, je voudrais (bien) t'y voir!

NOTA Il verbo ***voir***, che traduce ***vedere***, ha come participio passato ***vu*** che, seguito da un infinito, si accorda con il complemento oggetto che lo precede se questo è soggetto dell'azione espressa dall'infinito:

V

Li ho visti partire.
Je les ai **vus** partir.
La bambina che ho visto sgridare.
La fillette que j'ai **vu** gronder.

vedere[2] ***n.m.*** **1** vue (*f.*) **2** (*parere, opinione*) avis.
● ***fare un bel vedere***, faire plaisir à voir.

vedetta [ve-dét-ta] ***n.f.*** **1** vedette; (*mar.*) vigie **2** (*nave*) vedette.
● ***stare di vedetta***, (*fig.*) être sur le quivive; (*mar.*) être en vigie | ***torre di vedetta***, tour de guet.

vedova [vé-do-va] ***n.f.*** veuve.
● (*zool.*) ***vedova nera***, (*ragno*) veuve noire.

vedovanza [ve-do-vàn-za] ***n.f.*** veuvage (*m.*).

vedovile [ve-do-vì-le] ***agg.*** (*di vedova*) de veuve; (*di vedovo*) de veuf | *stato vedovile*, état de veuvage.

vedovo [vé-do-vo] ***agg.*** **1** veuf* **2** (*fig.*) privé ♦ ***n.m.*** veuf.

vedretta [ve-drét-ta] ***n.f.*** (*geogr.*) névé (*m.*).

veduta [ve-dù-ta] ***n.f.*** **1** vue **2** (*idea*) idée: *uomo di larghe vedute*, homme aux idées larges.

veemente [ve-e-mèn-te] ***agg.*** violent, impétueux*; (*di parole, di discorsi*) véhément.

veemenza [ve-e-mèn-za] ***n.f.*** violence; (*di parole, di discorsi*) véhémence.

veganesimo [ve-ga-né-si-mo] **veganismo** ***n.m.*** véganisme.

vegano [ve-gà-no] ***agg.*** e ***n.m.*** [f. *-a*] véganiste.

vegetale [ve-ge-tà-le] ***agg.*** e ***n.m.*** végétal*.
● (*cuc.*) ***brodo vegetale***, bouillon de légumes.

vegetalismo [vegetaliʃmo] ***n.m.*** végétalisme.

vegetalista [ve-ge-ta-lì-sta] ***n.m.*** e ***f.*** végétalien/enne.

vegetare [ve-ge-tà-re] ***v.intr.*** [aus. *avere*] végéter* (*anche fig.*).

vegetariano [ve-ge-ta-rià-no] ***agg.*** e ***n.m.*** [f. *-a*] végétarien*.

vegetativo [ve-ge-ta-tì-vo] ***agg.*** végétatif*.

vegetazione [ve-ge-ta-zió-ne] ***n.f.*** végétation.

vegeto [vè-ge-to] ***agg.*** vigoureux*.
● ***è vivo e vegeto***, il se porte comme un charme.

veggente [veg-gèn-te] ***n.m.*** e ***f.*** voyant/e.

veggenza [veg-gèn-za] ***n.f.*** voyance.

veglia [vé-glia] ***n.f.*** **1** (*il vegliare*) veille: *fare la veglia a un morto*, veiller un mort **2** (*serata passata presso amici*) soirée.
● ***veglia funebre***, veillée funèbre.

vegliarda [ve-gliàr-da] ***n.f.*** vieille femme; vieille dame.

vegliardo [ve-gliàr-do] ***n.m.*** vieillard.

vegliare [ve-glià-re] ***v.intr.*** [aus. *avere*] **1** veiller: *vegliare in preghiera*, passer sa nuit en prières **2** (*fig.*) (*vigilare, badare a*) veiller (**à**) ♦ ***v.tr.*** veiller.

V

veglione [ve-glió-ne] ***n.m.*** **1** bal* **2** (*di fine d'anno*) réveillon de la Saint-Sylvestre.

veicolare[1] [vei-co-là-re] ***agg.*** **1** (*relativo ai veicoli*) des véhicules **2** (*ling.*) véhiculaire: *lingua veicolare*, (langue) véhiculaire **3** (*med.*) de transport.

veicolare[2] ***v.tr.*** véhiculer (*anche fig.*).

veicolo [ve-i-co-lo] ***n.m.*** **1** véhicule: *veicolo fuoristrada*, véhicule tout terrain; *veicolo spaziale*, véhicule (*o* engin) spatial **2** (*di malattie*) agent de transmission.

vela [vé-la] ***n.f.*** voile: *alzare, issare le vele*, lever, hisser les voiles.
● ***vela latina***, voile latine | ***vela maestra***, grand-voile | ***andare a gonfie vele***, naviguer à pleines voiles; (*fig.*) marcher comme sur des roulettes | ***imbarcazione a vela***, bateau à voiles | (*arch.*) ***volta a vela***, voûte en calotte.

velaccino [ve-lac-cì-no] ***n.m.*** (*mar.*) cacatois.

velaccio [ve-làc-cio] ***n.m.*** [pl. *-ci*] (*spec. pl.*) (*mar.*) perroquet.

velame [ve-là-me] ***n.m.*** (*mar.*) voilure (*f.*).

velare[1] [ve-là-re] ***v.tr.*** voiler (*anche fig.*): *velare un colore*, atténuer une couleur ♦ **velarsi** ***v.pron.*** e ***pron.intr.*** **1** se voiler (*anche fig.*) **2** (*prendere il velo*) prendre* le voile.

velare[2] ***v.tr.*** (*mar.*) voiler.

velario [ve-là-rio] ***n.m.*** [pl. *-ri*] rideau*.

velatamente [ve-la-ta-mén-te] ***avv.*** à mots couverts, à demi-mots.

velato [ve-là-to] ***agg.*** voilé (*anche fig.*).

velatura [ve-la-tù-ra] ***n.f.*** voilure.

velcro [vèl-cro] ***n.m.*** velcro.

veleggiare [ve-leg-già-re] ***v.intr.*** [coniug. come *mangiare*; aus. *avere*] **1** voguer; (*fare vela*) faire* voile **2** (*aer.*) planer.

veleggiatore [ve-leg-gia-tó-re] ***n.m.*** **1** (*mar.*) voilier **2** (*aliante*) planeur.

veleggio [ve-lég-gio] ***n.m.*** [pl. *-gi*] **1** navigation (*m.*) (à voile) **2** (*di uccelli*) vol (*m.*) plané.

velenifero [ve-le-ni-fe-ro] ***agg.*** (*di piante*) vénéneux*; (*di animali*) venimeux*.

veleno [ve-lé-no] ***n.m.*** poison (*anche fig.*); (*di animali*) venin: *veleno per i topi*, mort-aux-rats; *parole piene di veleno*, mots pleins de fiel.
● ***avere il veleno in corpo***, (*fig.*) avoir la rage au corps | ***mangiare veleno***, (*fig.*) ruminer sa rage.

velenosità [ve-le-no-si-tà] ***n.f.invar.*** **1** (*di piante*) vénénosité; (*di animali*) venimosité; (*di una sostanza*) toxicité **2** (*fig.*) acidité.

velenoso [ve-le-nó-so] ***agg.*** **1** (*di piante*) vénéneux*; (*di animali*) venimeux*; (*di una sostanza*) toxique **2** (*avvelenato*) empoisonné **3** (*fig.*) venimeux*.

veletta [ve-lét-ta] ***n.f.*** (*abbigl.*) voilette.

velico [vè-li-co] ***agg.*** [pl.m. *-ci*, f. *-che*] vélique, de voilure.
● ***sport velico***, yachting.

veliero [ve-liè-ro] ***n.m.*** voilier.

velina [ve-lì-na] ***n.f.*** **1** double (*m.*) (sur papier pelure) **2** (*gergo giornalistico*) communiqué (*m.*) de presse **3** (*tv*) (*estens.*) (*valletta o ballerina*) bimbo de plateau de télévision.
● (*carta*) ***velina***, (*per avvolgere*) papier de soie; (*per edizioni di lusso*) papier vélin; (*per macchina per scrivere*) papier pelure.

velismo [ve-lì-ʃmo] ***n.m.*** voile (*f.*), yachting.

velista [ve-lì-sta] ***n.m.*** e ***f.*** (*mar.*) yachtman (*m.*), plaisancier/ère; (*che fa regate*) régatier/ère (à la voile).

velivolo [ve-lì-vo-lo] ***n.m.*** (*aeroplano*) avion; (*idrovolante*) hydravion.

velleità [vel-lei-tà] ***n.f.invar.*** velléité; (*ambizione*) prétention.

velleitario [vel-lei-tà-rio] ***agg.*** e ***n.m.*** [f. *-a*; pl.m. *-ri*] velléitaire.

vellicare [vel-li-cà-re] ***v.tr.*** [coniug. come *mancare*] chatouiller (*anche fig.*).

vello [vèl-lo] *n.m.* 1 toison (*f.*) 2 (*letter.*) (*bioccolo di lana*) flocon.

velloso [vel-ló-so] *agg.* (*letter.*) velu.

vellutato [vel-lu-tà-to] *agg.* velouté (*anche fig.*).
● (*cuc.*) ***la salsa vellutata***, le velouté.

velluto [vel-lù-to] *n.m.* velours: *giacca di velluto*, veste de velours; *ha una pelle che è un velluto*, (*fig.*) elle a une peau de velours.
● ***velluto a costine***, velours côtelé | ***a passi di velluto***, à pas de loup | ***procedere, andare sul velluto***, marcher sur du velours.

velo [vé-lo] *n.m.* 1 voile: *coprirsi il capo con un velo*, se couvrir la tête d'une voile; *gli è caduto il velo dagli occhi*, (*fig.*) les écailles lui sont tombées des yeux; *nasconde la sua durezza sotto un velo di affabilità*, (*fig.*) il cache sa dureté sous une fausse amabilité; *aveva negli occhi un velo di tristezza*, (*fig.*) ses yeux étaient voilés de tristesse 2 (*strato sottile*) voile; couche (*f.*): *un velo di neve*, une couche de neige; *un velo di ghiaccio*, une pellicule de glace; *un velo di cipria*, un nuage de poudre | *il velo della cipolla*, la pelure de l'oignon.
● (*anat.*) ***velo pendulo, palatino***, voile du palais | ***parlare senza veli***, parler sans fard | (*relig.*) ***prendere, lasciare il velo***, prendre, quitter le voile | ***stendere un velo (pietoso) su qlco***, (*fig.*) jeter un voile (pieux) sur qqch | ***zucchero a velo***, sucre glace.

FAUX AMI
Da non confondere con il francese *vélo*, che significa *bicicletta*.

veloce [ve-ló-ce] *agg.* rapide: *un treno veloce*, un train rapide; *le automobili passavano veloci*, les voitures passaient à toute allure ♦ *avv.* vite; (*rapidamente*) rapidement: *il tempo trascorre veloce*, le temps s'écoule rapidement.

velocemente [ve-lo-ce-mén-te] *avv.* rapidement.

velocipede [ve-lo-cì-pe-de] *n.m.* vélocipède.

velocista [ve-lo-cì-sta] *n.m.* e *f.* sprinter.

velocità [ve-lo-ci-tà] *n.f.invar.* vitesse: *acquistare, perdere velocità*, prendre, perdre de la vitesse; *tenere una buona velocità*, maintenir une bonne moyenne | *andare con la, alla velocità di un fulmine*, courir comme l'éclair.

velocizzare [ve-lo-ciʒ-ʒà-re] *v.tr.* accélérer*.

velodromo [ve-lò-dro-mo] *n.m.* vélodrome.

velopendulo [ve-lo-pèn-du-lo] *n.m.* (*anat.*) voile du palais.

veltro [vèl-tro *o* vél-tro] *n.m.* (*letter.*) (*cane*) lévrier.

vena [vé-na] *n.f.* 1 (*anat.*) veine: *recidersi, tagliarsi le vene*, s'ouvrir les veines 2 (*fig.*) veine: *la vena poetica*, la veine poétique 3 (*miner., geol.*) veine: *le vene del marmo*, les veines du marbre; *una vena d'acqua*, une source (d'eau) | *acqua di vena*, eau de source.
● ***in vena***, en veine: *essere in vena di generosità*, être en veine de générosité; *oggi non sono in vena*, aujourd'hui je ne suis pas dans mon assiette; *non sono in vena di lavorare*, je n'ai pas envie de travailler | ***trovare la vena d'oro***, (*fig.*) trouver le bon filon.

venale [ve-nà-le] *agg.* vénal* (*anche fig.*) | *prezzo venale*, prix de vente.

venalità [ve-na-li-tà] *n.f.invar.* vénalité.

venare [ve-nà-re] *v.tr.* veiner ♦ **venarsi** *v.pron.intr.* 1 se veiner 2 (*fig.*) se voiler: *la sua voce si venò di malinconia*, sa voix se voila de mélancolie.

venato [ve-nà-to] *agg.* 1 veiné 2 (*fig.*) (*velato*) voilé.

venatorio [ve-na-tò-rio] *agg.* [pl.m. *-ri*] de la chasse.

venatura [ve-na-tù-ra] *n.f.* 1 veines (*pl.*) 2 (*fig.*) (*velo*) voile (*m.*).

vendemmia [ven-dém-mia] *n.f.* 1 (*spec. pl.*) vendange 2 (*tempo della vendemmia*) vendanges (*pl.*).

vendemmiare [ven-dem-mià-re] *v.intr.* [aus. *avere*] 1 vendanger* 2 (*fig.*) gagner gros.

vendemmiatore [ven-dem-mia-tó-re] *n.m.* [f. *-trice*] vendangeur*.

vendere [vén-de-re] *v.tr.* vendre* (*anche fig.*): *l'ho venduto per 10.000 euro*, je l'ai vendu (pour) dix mille euros; *ha venduto la casa a 300 mila euro*, il a vendu sa maison trois cents mille euros ♦ **vendersi** *v.pron.* se vendre* | *si vende molto bene*, il sait se mettre en valeur.
● ***vendere anche la camicia***, (*fig.*) vendre jusqu'à sa dernière chemise | ***vendere cara la pelle***, (*fig.*) vendre chèrement sa peau | ***vendesi***, à vendre: *vendesi appartamento*, appartement à vendre | ***avere pazienza da vendere***, (*fig.*) avoir de la patience à revendre; ***avere ragione da vendere***, (*fig.*) avoir mille fois raison | ***saper vendere la propria merce***, (*anche fig.*) faire valoir sa marchandise | ***te la vendo come l'ho comprata***, (*fig.*) je te le donne pour ce que cela vaut.

vendetta [ven-dét-ta] *n.f.* vengeance: *compiere una vendetta*, accomplir une vengeance.
● ***vendetta trasversale***, vengeance transversale | ***gridare vendetta (al cielo)***, crier vengeance: *un lavoro teatrale che grida vendetta*, (*scherz.*) une pièce de théâtre épouvantable.

vendibile [ven-dì-bi-le] *agg.* vendable.

vendicare [ven-di-cà-re] *v.tr.* [coniug. come *mancare*] venger* ♦ **vendicarsi** *v.pron.* se venger*.

vendicativo [ven-di-ca-tì-vo] *agg.* vindicatif*.

vendicatore [ven-di-ca-tó-re] *n.m.* [f. *-trice*] vengeur*.

vendifumo [ven-di-fù-mo] *n.m.* e *f.invar.* bluffeur/euse.

vendita [vén-di-ta] *n.f.* 1 vente 2 (*negozio*) magasin (*m.*).
● ***vendita allo scoperto***, vente à découvert | ***vendita diretta***, vente directe | ***vendita per corrispondenza***, vente par correspondance | ***in vendita***, en vente, à vendre | ***volume delle vendite***, volume des ventes.

venditore [ven-di-tó-re] *n.m.* [f. *-trice*] vendeur*; (*mercante*) marchand.

venduto [ven-dù-to] *agg.* vendu (*anche fig.*) ♦ *n.m.* 1 (*comm.*) total des ventes; marchandises (*f.pl.*) vendues 2 [f. *-a*] (*persona corrotta*) vendu.

venefico [ve-nè-fi-co] *agg.* [pl.m. *-ci*, f. *-che*] 1 vénéneux*; (*tossico*) toxique 2 (*fig.*) nocif*.

venerabile [ve-ne-rà-bi-le] *agg.* vénérable.

venerabilità [ve-ne-ra-bi-li-tà] *n.f.* caractère (*m.*) vénérable.

venerando [ve-ne-ràn-do] *agg.* vénérable.

venerare [ve-ne-rà-re] *v.tr.* vénérer*.

venerazione [ve-ne-ra-zió-ne] *n.f.* vénération.

venerdì [ve-ner-dì] *n.m.invar.* vendredi: *è arrivato di venerdì*, il est arrivé un vendredi.
● ***gli manca un venerdì***, (*fam.*) il lui manque une case.

venere [vè-ne-re] *n.f.* (*donna bella*) beauté.

venereo [ve-nè-re-o] *agg.* (*med.*) vénérien*.

veneto [vè-ne-to] *agg.* de la Vénétie ♦ *n.m.* 1 (*dialetto*) (dialecte) vénitien 2 [f. *-a*] (*abitante*) habitant de la Vénétie 3 (*st.*) vénète.
● ***alla veneta***, à la vénitienne.

veneziana [ve-ne-zià-na] ***n.f.*** **1** (*dolce*) brioche **2** (*persiana*) store (*m.*) vénitien.

veneziano [ve-ne-zià-no] ***agg.*** vénitien* ♦ ***n.m.*** **1** (*dialetto*) dialecte vénitien **2** [f. *-a*] (*abitante*) Vénitien*.

● ***alla veneziana***, à la vénitienne.

venezuelano [ve-ne-zue-là-no *o* veneʒuelàno] ***agg.*** vénézuélien* ♦ ***n.m.*** [f. *-a*] (*abitante*) Vénézuélien*.

vengo → **venire**.

veniale [ve-nià-le] ***agg.*** véniel*.

venialità [ve-nia-li-tà] ***n.f.invar.*** caractère (*m.*) véniel.

venire [ve-nì-re] ***v.intr.*** [pres.indic. *io vengo, tu vieni, egli viene, noi veniamo, voi venite, essi vengono*; p.rem. *io venni, tu venisti* ecc.; fut.indic. *io verrò* ecc.; p.p. *venuto*; aus. *essere*] **1** venir*: *vieni da me, a casa mia*, viens chez moi | *il vento viene dal mare*, le vent souffle de la mer | *mi è venuto incontro*, il est venu à ma rencontre; (*fig.*) il m'a aidé | *aspettami, vengo*, attends-moi, j'arrive | *per lui viene prima lo studio*, pour lui les études passent avant tout | *è venuto il momento di partire*, c'est le moment de partir | *mi è venuta fame*, je commence à avoir faim; *far venire fame, sete*, donner faim, soif | *far venire qlcu*, aller chercher qqn | *gli è venuta la febbre*, il a eu de la fièvre; *mi viene da piangere*, j'ai envie de pleurer; *gli vennero le lacrime agli occhi*, les larmes lui montèrent aux yeux; *mi viene un dubbio, un'idea*, j'ai un doute, une idée | *mi è venuto all'orecchio*, j'ai su | *viene da una buona famiglia*, il est de bonne famille | *è venuta la sua ora*, son heure est arrivée **2** (*riuscire*) réussir | *venire bene, venire male*, bien, mal réussir: *il dolce non è venuto bene*, le gâteau est raté; *non vengo bene in fotografia*, je ne suis pas photogénique | *non mi viene*, je n'arrive pas (*o* je ne réussis pas) à faire: *la divisione non mi viene*, je n'arrive pas (*o* je ne réussis pas) à faire cette division; *ho fatto la divisione e mi viene questo numero*, j'ai fait la division et j'ai obtenu ce résultat (*o* ce chiffre) **3** (*spettare*) devoir*: *mi vengono ancora dei soldi*, on me doit encore de l'argent **4** (*ausiliare al posto di* essere) être*: *venne molto ammirata*, elle fut très admirée **5** (*seguito da ger.*): *venire dicendo, facendo*, dire, faire (*o* être en train de dire, de faire); *mi veniva raccontando tutti i suoi mali*, il me racontait tous ses maux **6** (*molto fam.*) (*raggiungere l'orgasmo*) venir*.

● ***venire a***: *verrà a piovere*, il va pleuvoir; *ora vengo a lei*, (*nei dibattiti*) j'en viens à votre question; *venire a sapere*, savoir | ***venire dentro***, entrer | ***venire dietro***, suivre | ***venire fuori***, sortir: *la cosa venne fuori dopo due anni*, (*fig.*) on ne sut la chose que deux ans aprés | ***venire giù***, (*scendere*) descendre; (*cadere*) tomber; (*crollare*) s'écrouler: *vien giù che Dio la manda*, il pleut à verse; *veniva giù un'acqua!*, qu'est-ce qu'il pleuvait! | ***venire meno***, (*svenire*) s'évanouir; (*mancare*) venir à manquer; ***venire meno a***, manquer à: *venire meno alla promessa fatta*, manquer à sa promesse | ***venire su***, (*salire*) monter; (*crescere*) pousser | ***venire via***, partir: *vieni via di lì*, ôte-toi de là; *è venuto via il chiodo*, le clou est parti | ***a venire***, ***di là da venire***, à venir | ***come viene viene***, à-Dieu-va: *un lavoro fatto come viene viene*, un travail fait au petit bonheur | ***prendila come viene***, prends les choses comme elles sont | ***quanto viene?***, à combien cela revient-il?; (*fam.*) ça fait combien?

V

venni → **venire**.

venoso [ve-nó-so] ***agg.*** veineux*.

ventaglio [ven-tà-glio] ***n.m.*** [pl. *-gli*] éventail* (*anche fig.*).

● ***a ventaglio***, en éventail.

ventata [ven-tà-ta] ***n.f.*** **1** coup (*m.*) de vent **2** (*fig.*) vague | *una ventata di giovinezza*, une bouffée de jeunesse.

ventennale [ven-ten-nà-le] ***agg.*** **1** (*che dura venti anni*) vicennal* **2** (*che ricorre ogni venti anni*) qui a lieu tous les vingt ans ♦ ***n.m.*** vingtième anniversaire.

ventenne [ven-tèn-ne] ***agg.*** (âgé/e) de vingt ans ♦ ***n.m.*** e ***f.*** jeune homme (âgé), jeune fille (âgée) de vingt ans.

FAUX AMI
Da non confondere con *vingtaine*, che significa *ventina*.

ventennio [ven-tèn-nio] ***n.m.*** [pl. *-ni*] (période de) vingt ans.

● ***il ventennio (fascista)***, les vingt ans du fascisme (en Italie).

ventesimo [ven-tè-ʃi-mo] ***agg.num.ord.*** e ***n.m.*** [f. *-a*] vingtième; (*nella progressione di re, papi, capitoli ecc.*) vingt.

venti [vén-ti] ***agg.num.card.*** e ***n.m.invar.*** vingt.

NOTA ***Vingt***, traduzione di ***venti***, prende una **s** finale quando è preceduto da *quatre* che lo moltiplica: *quatre-****vingts***, 'ottanta'; resta invariabile quando è seguito da un numerale: *quatre -****vingt****-trois*, 'ottantatré'; ***vingt****-deux*, 'ventidue'.

venticello [ven-ti-cèl-lo] ***n.m.*** brise (*f.*).

ventidue [ven-ti-dù-e] ***agg.num.card.*** e ***n.m.invar.*** vingt-deux.

ventiduenne [ven-ti-du-èn-ne] ***agg.*** (âgé/e) de vingt -deux ans ♦ ***n.m.*** e ***f.*** jeune homme (âgé)/jeune femme (âgée) de vingt-deux ans.

ventiduesimo [ven-ti-du-é-si-mo] ***agg.num.ord.*** e ***n.m.*** [f. *-a*] vingt-deuxième*; (*nella progressione di re, papi, capitoli ecc.*) vingt-deux.

ventilare [ven-ti-là-re] ***v.tr.*** **1** aérer* **2** (*fig.*) (*proporre*) proposer **3** (*agr.*) vanner.

ventilato [ven-ti-là-to] ***agg.*** aéré.

ventilatore [ven-ti-la-tó-re] ***n.m.*** ventilateur.

ventilazione [ven-ti-la-zió-ne] ***n.f.*** **1** ventilation **2** (*agr.*) vannage (*m.*).

ventina [ven-tì-na] ***n.f.*** vingtaine | *è sulla ventina*, il a une vingtaine d'années.

ventiquattro [ven-ti-quàt-tro] ***agg.num.card.*** e ***n.m. invar.*** vingt-quatre | *sono le ventiquattro*, il est minuit.

ventiquattrore [ven-ti-quat-tró-re] ***n.f.*** **1** (*valigetta*) vingt-quatre heures; attaché-case* (*m.*) **2** (*sport*) vingt -quatre heures (*pl.*).

ventisette [ven-ti-sèt-te] ***agg.num.card.*** e ***n.m.invar.*** vingt-sept | *il ventisette*, (*giorno dello stipendio*) le jour de la paie.

ventitré [ven-ti-tré] ***agg.num.card.*** e ***n.m.invar.*** vingt -trois.

● ***portare il cappello sulle ventitré***, porter son chapeau sur l'oreille.

vento [vèn-to] ***n.m.*** vent: *colpo di vento*, coup de vent; *il vento cambia direzione*, le vent tourne; *tira vento*, il fait du vent | *avere vento favorevole*, avoir bon vent; *avere vento contrario*, avoir vent contraire | *avere il vento in prua*, avoir le vent devant; *avere il vento in poppa*, (*anche fig.*) avoir le vent en poupe | *da che parte soffia, spira il vento?*, (*anche fig.*) d'où vient le vent? | *farsi vento*, s'éventer | *spiegare le vele al vento*, déployer les voiles.

● ***vento d'acqua***, vent pluvieux | ***vento d'alto mare***, ***di tramontana***, vent du large, du nord | ***buttato al vento***, (*fig.*) perdu: *è tutta fatica buttata al vento*, c'est peine perdue | ***è come parlare al vento***, autant parler à un mur | ***essere più veloce del vento***, aller plus vite que le vent | ***navigare*** *contro vento*, naviguer contre le vent | ***non spira buon vento per loro***, (*fig.*) l'atmosphère ne leur est pas favorable | ***qual buon vento ti porta?***, quel bon vent t'amène? | ***sono parole al vento***, autant en emporte le vent.

ventola [vèn-to-la] ***n.f.*** **1** éventoir (*m.*) **2** (*mecc.*) hélice de ventilation **3** (*aut.*) (*del motore*) ventilateur (*m.*).

ventosa [ven-tó-sa] ***n.f.*** ventouse.

ventoso [ven-tó-so] ***agg.*** venteux* ♦ ***n.m.*** (*st.*) ventôse.

ventrale [ven-trà-le] ***agg.*** ventral*.

ventre [vèn-tre] ***n.m.*** ventre | *nel ventre della Terra*, dans les entrailles de la Terre.

● ***ventre a terra***, à plat ventre: *mettersi ventre a terra*, se mettre à plat ventre | ***mal di ventre***, mal au ventre.

ventricolare [ven-tri-co-là-re] ***agg.*** ventriculaire.

ventricolo [ven-trì-co-lo] ***n.m.*** **1** (*anat.*) ventricule **2** (*antiq.*) (*stomaco*) estomac.

ventriglio [ven-trì-glio] ***n.m.*** [pl. *-gli*] (*zool.*) gésier.

ventriloquio [ven-tri-lò-quio] ***n.m.*** [pl. *-qui*] ventriloquie (*f.*).

ventriloquo [ven-trì-lo-quo] ***agg.*** e ***n.m.*** [f. *-a*] ventriloque.

ventunenne [ven-tu-nèn-ne] ***agg.*** (âgé/e) de vingt et un ans ♦ ***n.m.*** e ***f.*** jeune homme (âgé)/jeune femme (âgée) de vingt et un ans.

ventunesimo [ven-tu-nè-ʃi-mo] ***agg.num.ord.*** e ***n.m.*** [f. *-a*] vingt et unième; (*nella progressione di re, papi, capitoli ecc.*) vingt et un.

ventuno [ven-tù-no] ***agg.num.card.*** e ***n.m.invar.*** vingt et un.

ventura [ven-tù-ra] ***n.f.*** (*letter.*) chance; (*caso*) *hasard (*m.*) | *predire la ventura*, prédire la bonne aventure.

● ***alla ventura***, au hasard: *mettersi alla ventura*, s'en remettre au hasard; *andare alla ventura*, aller à l'aventure | (*st.*): ***capitano di ventura***, condottiere; ***compagnie di ventura***, Grandes Compagnies | ***per buona***, ***per mala ventura***, par bonheur, par malheur | (*st.*) ***soldati di ventura***, mercenaires.

venturo [ven-tù-ro] ***agg.*** (*prossimo*) prochain; (*futuro*) à venir.

venustà [ve-nu-stà] ***n.f.*** (*letter.*) vénusté.

venuta [ve-nù-ta] ***n.f.*** arrivée, venue.

● ***prima della venuta di Cristo***, avant Jésus-Christ.

venuto [ve-nù-to] ***agg.*** e ***n.m.*** [f. *-a*] venu.

● ***parlare col primo venuto***, parler au premier venu.

vera [vé-ra *o* vèra] ***n.f.*** **1** (*fede nuziale*) alliance **2** (*parapetto del pozzo*) margelle.

verace [ve-rà-ce] ***agg.*** **1** (*vero*) vrai **2** (*veritiero*) véridique.

veracità [ve-ra-ci-tà] ***n.f.invar.*** véracité.

veramente [ve-ra-mén-te] ***avv.*** **1** vraiment | *"È mezzanotte" "Veramente!?"*; "Il est minuit" "C'est pas vrai!?" **2** (*a dire il vero*) à vrai dire, à dire la vérité **3** (*sinceramente*) sincèrement.

veranda [ve-ràn-da] ***n.f.*** véranda.

verbale[1] [ver-bà-le] ***agg.*** **1** verbal*; (*orale*) oral* **2** (*gramm.*) verbal*.

● (*gramm.*) ***predicato verbale***, verbe.

verbale[2] ***n.m.*** procès-verbal*.

● ***mettere a verbale***, verbaliser.

verbalizzare [ver-ba-liʒ-ʒà-re] ***v.tr.*** e ***intr.*** [aus. *avere*] verbaliser.

verbalmente [ver-bal-mén-te] ***avv.*** verbalement.

verbena [ver-bè-na] ***n.f.*** (*bot.*) verveine.

verbo [vèr-bo] ***n.m.*** **1** (*gramm.*) verbe **2** (*parola*) mot: *non disse verbo*, il ne souffla mot.

● (*teol.*) ***il Verbo***, le Verbe.

verbosità [ver-bo-si-tà] ***n.f.invar.*** verbosité.

verboso [ver-bó-so] ***agg.*** verbeux*.

vercellese [ver-cel-lé-se] ***agg.*** de Verceil.

verdastro [ver-dà-stro] ***agg.*** verdâtre.

verde [vér-de] ***agg.*** vert (*anche fig.*) ♦ ***n.m.*** **1** vert | *città senza un filo di verde*, ville sans un brin d'herbe | *casa in mezzo al verde*, maison dans la verdure **2** (*zona verde*) espace vert: *il verde pubblico*, les espaces verts | *zona destinata a verde agricolo*, zone agricole **3** (*fig.*) (*vigore*) vigueur (*f.*).

● ***verde acqua***, vert d'eau | ***verde azzurro***, bleu vert | ***verde bandiera***, vert éclatant | ***verde cupo***, vert foncé | ***verde d'invidia***, (*fig.*) jaune d'envie | ***verde di rabbia***, (*fig.*) bleu de rage | ***verde petrolio***, bleu pétrole | ***benzina verde***, essence sans plomb | ***essere***, ***trovarsi al verde***, (*fam.*) être fauché | ***gli anni verdi***, (*fig.*) l'âge tendre, les vertes années | ***grano verde***, blé en herbe | (*pol.*) ***i verdi***, les écolos | ***piano verde***, plan de développement agricole | ***ridere verde***, (*fam.*) rire jaune | ***rimanere al verde***, (*fig.*) rester à sec.

verdeggiante [ver-deg-giàn-te] ***agg.*** verdoyant.

verdeggiare [ver-deg-già-re] ***v.intr.*** [coniug. come *mangiare*; aus. *avere*] **1** (*essere verde*) verdoyer* **2** (*tendere al verde*) verdir.

verdello [ver-dèl-lo] ***n.m.*** **1** (*bot.*) citron d'été **2** (*zool.*) verdier.

verdemare [ver-de-mà-re] **verde mare** ***agg.invar.*** vert de mer.

verderame [ver-de-rà-me] ***n.m.invar.*** vert-de-gris | *ricoprirsi di verderame*, se vert-de-griser.

verdesca [ver-dé-sca] ***n.f.*** [pl. *-sche*] (*zool.*) requin bleu.

verdetto [ver-dét-to] ***n.m.*** (*dir.*) verdict.

verdicchio [ver-dìc-chio] ***n.m.*** [pl. *-chi*] verdicchio (vin blanc produit dans les Marches).

verdiccio [ver-dìc-cio] **verdino** ***agg.*** vert pâle.

verdognolo [ver-dó-gno-lo] ***agg.*** verdâtre.

verdolino [ver-do-lì-no] ***agg.*** e ***n.m.*** (*colore*) vert pâle.

verdone [ver-dó-ne] ***agg.*** e ***n.m.*** vert foncé.

verdura [ver-dù-ra] ***n.f.*** légumes (*m.pl.*) | *zuppa di verdura*, soupe aux légumes | *verdura cruda*, crudités.

FAUX AMI
Da non confondere con *verdure*, che significa *vegetazione*.

verduraio [ver-du-rà-io] ***n.m.*** [f. *-a*; pl.m. *-ai*] marchand de légumes.

verecondia [ve-re-cón-dia] ***n.f.*** (*letter.*) pudeur.

verecondo [ve-re-cón-do] ***agg.*** (*letter.*) pudique.

verga [vér-ga] ***n.f.*** [pl. *-ghe*] **1** verge: *battere con le verghe*, battre avec des verges | *verga del rabdomante*, baguette du sourcier **2** (*lingotto*) barre **3** (*anat.*) (*pene*) verge.

vergare [ver-gà-re] ***v.tr.*** [coniug. come *legare*] **1** (*scrivere a mano*) écrire* à la main **2** (*tessuti*) orner de rayures; (*la carta*) rayer*.

vergata [ver-gà-ta] ***n.f.*** coup (*m.*) de verge.

vergatino [ver-ga-tì-no] ***agg.*** vergé | *la (carta) vergatina*, le (papier) vergé ♦ ***n.m.*** étoffe (*f.*) rayée.

verginale [ver-gi-nà-le] ***agg.*** virginal*.

vergine [vér-gi-ne] ***agg.*** vierge ♦ ***n.f.*** **1** vierge **2** (*astr.*) *Vergine*, Vierge.
● ***la Vergine***, la Sainte Vierge | ***la Vergine col Bambino***, la Vierge à l'Enfant.

verginità [ver-gi-ni-tà] ***n.f.invar.*** virginité.

vergogna [ver-gó-gna] ***n.f.*** **1** *honte: *provare vergogna*, éprouver de la honte; *è la vergogna della sua famiglia*, il fait honte à sa famille **2** (*timidezza*) gêne, timidité: *parla, non avere vergogna!*, parle, ne sois pas timide!
● ***vergogna!***, c'est honteux!

vergognarsi [ver-go-gnàr-si] ***v.pron.intr.*** **1** avoir* *honte: *mi vergogno di te*, j'ai honte de toi **2** (*provare timidezza*) gêner | *si vergogna di tutto e di tutti*, il est très timide.
● ***vergognati!***, tu n'as pas honte?

vergognosamente [ver-go-gno-sa-mén-te] ***avv.*** *honteusement.

vergognoso [ver-go-gnó-so] ***agg.*** [f. *-a*] **1** (*che reca vergogna*) *honteux* **2** (*che prova timidezza*) timide: *non fare il vergognoso*, ne sois pas timide.

veridicità [ve-ri-di-ci-tà] ***n.f.invar.*** véridicité.

veridico [ve-rì-di-co] ***agg.*** [pl.m. *-ci*, f. *-che*] véridique.

verifica [ve-rì-fi-ca] ***n.f.*** [pl. *-che*] **1** vérification | (*mat.*) *fare la verifica*, faire la preuve **2** (*controllo*) contrôle (*m.*) **3** (*compito in classe*) devoir (*m.*) en classe, interrogation écrite.

verificabile [ve-ri-fi-cà-bi-le] ***agg.*** vérifiable.

verificare [ve-ri-fi-cà-re] ***v.tr.*** [coniug. come *mancare*] vérifier; (*controllare*) contrôler ♦ **verificarsi** ***v.pron.intr.*** **1** (*avverarsi*) se vérifier **2** (*accadere*) se produire*, avoir* lieu.

verificatore [ve-ri-fi-ca-tò-re] ***n.m.*** [f. *-trice*] contrôleur*; (*comm.*) vérificateur*.

verificazione [ve-ri-fi-ca-zió-ne] ***n.f.*** vérification.

verismo [ve-rì-ʃmo] ***n.m.*** (*lett.*) vérisme.

verista [ve-rì-sta] ***agg.*** e ***n.m.*** e ***f.*** (*lett.*) vériste.

verità [ve-ri-tà] ***n.f.invar.*** vérité | *la verità nuda e cruda*, la vérité toute nue.
● ***a dire***, ***per dire la verità***, à vrai dire | ***di' la verità***, dis-le franchement: *di' la verità che ti piacerebbe venire*, dis-le franchement, tu amerais bien venir | ***in verità***, en vérité | ***la verità viene sempre a galla***, la vérité finit toujours par triompher.

veritiero [ve-ri-tiè-ro] ***agg.*** véridique.

verme [vèr-me] ***n.m.*** ver.
● ***mi sento un verme***, (*fig.*) je me sens un moins que rien | ***sei un verme!***, (*fig.*) tu me dégoûtes! | ***strisciare come un verme***, (*fig.*) ramper.

vermicelli [ver-mi-cèl-li] ***n.m.pl.*** (*cuc.*) vermicelles.

vermiciattolo [ver-mi-ciàt-to-lo] ***n.m.*** vermisseau* (*anche fig.*).

V

vermiforme [ver-mi-fór-me] ***agg.*** vermiforme, vermiculaire.

vermifugo [ver-mì-fu-go] ***agg.*** e ***n.m.*** [pl.m. *-gi*, f. *-ghe*] vermifuge.

vermiglio [ver-mì-glio] ***agg.*** [pl.m. *-gli*] vermeil* ♦ ***n.m.*** rouge vermeil.

vermut [vèr-mut] ***n.m.*** **1** vermouth **2** (*estens., antiq.*) petit apéritif, drink.

vernaccia [ver-nàc-cia] ***n.f.*** [pl. *-ce*] vernaccia (vin blanc typique de la Sardaigne).

vernacolare [ver-na-co-là-re] ***agg.*** vernaculaire.

vernacolo [ver-nà-co-lo] ***agg.*** vernaculaire ♦ ***n.m.*** langue (*f.*) vernaculaire.

vernale [ver-nà-le] ***agg.*** (*letter.*) (*primaverile*) vernal*.
● (*astr.*) ***punto vernale***, point vernal.

vernice [ver-nì-ce] ***n.f.*** **1** vernis (*m.*); (*colorata*) peinture **2** (*pelle*) cuir (*m.*) verni **3** (*inaugurazione*) vernissage (*m.*).
● ***vernice metallizzata***, peinture métallisée | ***scarpe di vernice***, chaussures vernies.

verniciare [ver-ni-cià-re] ***v.tr.*** [coniug. come *cominciare*] vernir; (*porte, finestre ecc.*) peindre*; (*ceramica ecc.*) vernisser | *verniciare a smalto*, émailler.

verniciata [ver-ni-cià-ta] ***n.f.*** couche de vernis, de peinture.

verniciato [ver-ni-cià-to] ***agg.*** verni.

verniciatore [ver-ni-cia-tó-re] ***n.m.*** **1** [f. *-trice*] (*operaio*) vernisseur* **2** (*apparecchio*) pistolet.

verniciatura [ver-ni-cia-tù-ra] ***n.f.*** **1** vernissage (*m.*); (*di porte e finestre*) peinture **2** (*fig.*) vernis (*m.*).

verno [vèr-no] ***n.m.*** (*poet.*) hiver.

vero [vé-ro] ***agg.*** vrai; (*autentico, effettivo*) véritable: *ha scritto un vero romanzo*, il a écrit un vrai roman; *la sua vita è un vero romanzo*, sa vie est un véritable roman; *oro vero*, or véritable; *il vero padrone è lui*, c'est lui le (vrai) patron; *è una vera ingiustizia*, c'est vraiment de l'injustice | *comportarsi da vero amico*, se comporter en ami ♦ ***n.m.*** vrai: *non c'è nulla di vero in ciò che dice*, il n'y a pas un mot de vrai dans ce qu'il raconte | *dire il vero*, dire la vérité.
● ***a dire***, ***per dire il vero***, ***a onor del vero***, à vrai dire | ***com'è vero che sono qui***, aussi vrai que tu me vois | ***dal vero***, d'après nature | ***(non è) vero?***, n'est-ce pas?: *mangia molto, (non è) vero?*, il mange beaucoup, n'est-ce pas? | ***non mi pare vero!***, c'est trop beau pour être vrai! | ***quant'è vero che mi chiamo...***, comme (il est vrai que) je m'appelle... | ***quant'è vero Dio***, c'est la vérité vraie | ***tant'è vero che***, la preuve en est que.

> **NOTA** **Vero: *vrai* o *véritable*?**
> Si usa ***vrai*** quando *vero* significa 'conforme alla realtà' e ***véritable*** quando significa 'come appare':
> *Si è comportato da **vero** aristocratico.*
> Il s'est comporté en **vrai** aristocrate (*e lo è*).
> Il s'est comporté en **véritable** aristocrate (*come se lo fosse*).

verone [ve-ró-ne] ***n.m.*** (*letter.*) balcon.

veronese [ve-ro-né-se] ***agg.*** véronais ♦ ***n.m.*** e ***f.*** (*abitante*) Véronais/e.

veronica [ve-rò-ni-ca] ***n.f.*** (*bot.*) véronique.

verosimigliante [ve-ro-si-mi-gliàn-te] ***agg.*** vraisemblable.

verosimiglianza [ve-ro-si-mi-gliàn-za] ***n.f.*** vraisemblance.

verosimile [ve-ro-sì-mi-le] ***agg.*** vraisemblable ♦ ***n.m.*** vraisemblance (*f.*).

verosimilmente [ve-ro-si-mil-mén-te] ***avv.*** vraisemblablement; (*probabilmente*) probablement.

verricello [ver-ri-cèl-lo] ***n.m.*** (*mecc.*) treuil.

verro [vèr-ro] ***n.m.*** (*zool.*) verrat.

> **FAUX AMI**
> Da non confondere con *verre*, che significa *vetro, bicchiere*.

verrò → **venire**.

verruca [ver-rù-ca] ***n.f.*** [pl. *-che*] (*med.*) verrue.

versamento [ver-sa-mén-to] ***n.m.*** **1** versement | *un versamento contributivo*, une souscription **2** (*med.*) épanchement.

versante[1] [ver-sàn-te] ***n.m.*** (*comm.*) déposant.

versante[2] ***n.m.*** (*geogr.*) versant.

versare [ver-sà-re] ***v.tr.*** **1** verser: *versare da bere*, verser à boire; *versati da bere*, sers-toi à boire | *è stato versato troppo sangue*, trop de sang a coulé **2** (*rovesciare*) renverser **3** (*di fiumi ecc.*) déverser **4** (*comm.*) verser; (*dare in deposito*) déposer ♦ ***v.intr.*** [aus. *avere*] **1** (*perdere liquidi*) perdre*: *questa botte versa*, ce tonneau perd **2** (*trovarsi*) se trouver, être* | *versare in fin di vita*, être mourant ♦ **versarsi** ***v.pron.*** e ***pron.intr.*** **1** se renverser | *la folla si versava nelle strade*, (*fig.*) la foule se répandait dans les rues **2** (*gettarsi*) se jeter*.
● ***versarsi addosso qlco***, se renverser qqch.

versatile [ver-sà-ti-le] ***agg.*** éclectique, universel*.

FAUX AMI
Da non confondere con il francese *versatile*, che significa *volubile, incostante*.

versatilità [ver-sa-ti-li-tà] ***n.f.invar.*** **1** éclectisme (*m.*) | *versatilità d'ingegno*, esprit universel **2** (*inform.*) souplesse d'emploi.

versato [ver-sà-to] ***agg.*** **1** fort (**en**), doué (**pour**) | *molto versato in materia*, expert en la matière **2** (*comm., fin.*) versé.

verseggiare [ver-seg-già-re] ***v.tr.*** e ***intr.*** [coniug. come *mangiare*; aus. *avere*] versifier.

verseggiatore [ver-seg-gia-tó-re] ***n.m.*** [f. *-trice*] versificateur*.

versetto [ver-sét-to] ***n.m.*** verset.

versificare [ver-si-fi-cà-re] ***v.tr.*** e ***intr.*** [coniug. come *mancare*; aus. *avere*] versifier.

versificazione [ver-si-fi-ca-zió-ne] ***n.f.*** versification.

versione [ver-sió-ne] ***n.f.*** **1** (*traduzione*) traduction; (*esercizio scolastico da una lingua straniera*) version; (*in lingua straniera*) thème (*m.*): *versione dal latino*, version latine; *versione in latino*, thème latin **2** (*trasposizione*) version | *film in versione originale*, film en version originale | *nuova versione di un film*, reprise d'un film **3** (*modello*) modèle (*m.*) | *versione sportiva, familiare di un'auto*, modèle sportif, familial d'une voiture **4** (*interpretazione*) version.

verso[1] [vèr-so] ***prep.*** **1** (*direzione*) vers: *venne verso di me*, il vint vers moi | *verso dove andate?*, de quel côté allez-vous? | *camera che guarda verso est*, chambre orientée à l'est **2** (*in prossimità di*) du côté (**de**): *abita verso via Manzoni*, il habite du côté de la rue Manzoni **3** (*tempo ed età*) vers: *verso le quattro*, vers quatre heures; *verso i quarant'anni*, vers quarante ans | *va verso i quarant'anni*, il va sur ses quarante ans **4** (*relazione*) envers; (*nei riguardi di*) à l'égard (**de**): *l'amore verso i genitori*, l'amour envers (*o* à l'égard de) ses parents | *l'odio verso il nemico*, la haine de, pour l'ennemi.

verso[2] ***n.m.*** **1** (*metrica*) vers | *una raccolta di versi*, un recueil de poèmes; *i versi del Leopardi*, les poèmes de Leopardi **2** (*di animale*) cri **3** (*suono inarticolato*) grognement; (*rumore*) bruit **4** (*smorfia*) grimace (*f.*); (*gesto, mossa*) manière (*f.*) **5** (*direzione*) direction (*f.*), côté: *da quel verso*, de ce côté | *il verso del pelo*, le sens du poil **6** (*mezzo*) moyen.
● ***non c'è verso di***, il n'y a pas moyen de | ***per ogni verso***, à tous points de vue | ***per un verso***, d'un côté | ***per un verso o per l'altro***, pour une raison ou pour une autre | ***prendere qlco per il giusto verso***, prendre qqch du bon côté | ***prendere qlcu per il suo verso***, savoir prendre qqn: *non so per quale verso prenderlo*, je ne sais pas par quel bout le prendre | ***procedere per il proprio verso***, suivre son cours: *l'affare procede per il suo verso*, l'affaire suit son cours | ***(ri)fare il verso a qlcu***, singer qqn.

FAUX AMI
Da non confondere con il francese *verso*, che significa *tergo*.

verso[3] [vèr-so] ***n.m.*** **1** (*di un foglio*) verso **2** (*di moneta, medaglia ecc.*) revers.
● ***pollice verso***, à mort!; (*fig.*) avis contraire, opposition.

versta [vèr-sta] ***n.f.*** (*misura russa di lunghezza*) verste.

vertebra [vèr-te-bra] ***n.f.*** (*anat.*) vertèbre.

vertebrale [ver-te-brà-le] ***agg.*** vertébral*.

vertebrato [ver-te-brà-to] ***agg.*** e ***n.m.*** vertébré.

vertenza [ver-tèn-za] ***n.f.*** différend (*m.*).
● ***vertenza civile***, différend de droit civil | ***vertenza sindacale***, conflit du travail.

vertere [vèr-te-re] ***v.intr.*** [non usati p.p. e tempi composti] (*avere per argomento*) porter (**sur**); (*essere pendente su*) avoir* pour objet (**qqch**): *la discussione verteva sulla politica internazionale*, la discussion portait sur la politique internationale | *tra i due soci verte una lite in tribunale*, il y a un procès pendant entre les deux associés.

verticale [ver-ti-cà-le] ***agg.*** vertical* | *in posizione verticale*, en station verticale ♦ ***n.f.*** **1** verticale **2** (*ginnastica*) équilibre (*m.*) **3** (*pl.*) (*nelle parole crociate*) verticalement.
● ***in verticale***, à la verticale: *salire in verticale*, monter en chandelle | ***sulla verticale***, au zénith: *il sole è sulla verticale*, le soleil est au zénith.

vertice [vèr-ti-ce] ***n.m.*** sommet (*anche fig.*).
● ***al vertice di***, au sommet de: *al vertice della carriera*, au sommet de sa carrière | ***conferenza al vertice***, conférence au sommet | ***il vertice NATO***, le sommet de l'OTAN.

verticillato [ver-ti-cil-là-to] ***agg.*** (*bot.*) verticillé.

verticillo [ver-ti-cìl-lo] ***n.m.*** (*bot.*) verticille.

verticismo [ver-ti-cì-ʃmo] ***n.m.*** organisation (*f.*) verticale d'un pouvoir | *verticismo politico, sindacale*, oligarchie politique, syndicale.

verticistico [ver-ti-cì-sti-co] ***agg.*** [pl.m. *-ci*, f. *-che*] vertical* | *contrasti verticistici*, contrastes au sommet.

vertigine [ver-tì-gi-ne] ***n.f.*** vertige (*m.*): *avere le, essere colto da vertigini*, avoir le vertige.
● ***da vertigine***, (*fig.*) à faire tourner la tête: *bellezza da vertigine*, beauté à faire tourner la tête.

vertiginosamente [ver-ti-gi-no-sa-mén-te] ***avv.*** à une vitesse vertigineuse; (*fig.*) vertigineusement.

vertiginoso [ver-ti-gi-nó-so] ***agg.*** vertigineux* (*anche fig.*) | *velocità vertiginosa*, vitesse, allure folle; *andare a velocità vertiginosa*, aller à très grande vitesse.

verza [vér-ʒa *o* vèr-ʒa] ***n.f.*** chou* vert de Milan, chou* frisé.

verzellino [ver-ʒel-lì-no] ***n.m.*** (*zool.*) serin.

verziere [ver-ʒiè-re] ***n.m.*** **1** (*letter.*) (*frutteto*) verger; (*orto*) (jardin) potager **2** (*region.*) (*mercato*) marché (aux fruits et aux légumes).

verzura [ver-ʒù-ra] ***n.f.*** (*letter.*) verdure.

vescia [vé-scia] ***n.f.*** [pl. *-sce*] (*bot.*) vesse-de-loup*.

vescica [ve-scì-ca] ***n.f.*** [pl. *-che*] **1** (*anat.*) vessie, vésicule **2** (*bolla della pelle*) ampoule, cloque.
● (*anat.*) ***vescica biliare***, vésicule biliaire | (*zool.*) ***vescica***

V

natatoria, vessie natatoire | (*anat.*) ***vescica*** (***urinaria***), vessie.

vescicale [ve-sci-cà-le] *agg.* vésical*.

vescicante [ve-sci-càn-te] *agg.* vésicant; (*di farmaco*) vésicatoire ♦ *n.m.* (*farmaco*) vésicatoire.

vescicatorio [ve-sci-ca-tò-rio] *agg.* e *n.m.* [pl. *-ri*] vésicatoire.

vescicazione [ve-sci-ca-zió-ne] *n.f.* (*med.*) vésication.

vescichetta [ve-sci-chét-ta] **vescicola** *n.f.* vésicule.

vescicolare [ve-sci-co-là-re] *agg.* vésiculaire; (*a forma di vescica, pieno di vescicole*) vésiculeux*.

vescicoloso [ve-sci-co-ló-so] *agg.* (*biol.*) vésiculeux*.

vescovado [ve-sco-và-do] **vescovato** *n.m.* **1** évêché **2** (*episcopato*) épiscopat.

vescovile [ve-sco-vì-le] *agg.* épiscopal*.

vescovo [vé-sco-vo] *n.m.* évêque | *diventare vescovo*, recevoir la mitre.

vespa[1] [vè-spa] *n.f.* guêpe.

● ***un vitino di vespa***, (*fig.*) une taille de guêpe.

vespa®[2] *n.f.* (*motociclo*) vespa®.

vespaio [ve-spà-io] *n.m.* [pl. *-ai*] guêpier | *suscitare un vespaio*, (*fig.*) faire un esclandre.

vespasiano [ve-spa-ʃià-no] *n.m.* urinoir, vespasienne (*f.*).

vespertino [ve-sper-tì-no] *agg.* (*letter.*) du soir, vespéral*.

vespro [vè-spro] *n.m.* **1** (*crepuscolo*) crépuscule **2** (*eccl.*) vêpres (*f.pl.*): *dire, cantare il vespro*, dire, chanter (les) vêpres; *suonare a vespro*, sonner les vêpres.

vessare [ves-sà-re] *v.tr.* (*letter.*) maltraiter; (*opprimere*) opprimer | *vessare di tributi*, écraser d'impôts.

vessatorio [ves-sa-tò-rio] *agg.* [pl.m. *-ri*] vexatoire.

vessazione [ves-sa-zió-ne] *n.f.* brimade, vexation; (*abuso*) abus (*m.*).

vessillifero [ves-sil-lì-fe-ro] *n.m.* **1** (*mil.*) porte-drapeau* **2** (*fig.*) (*promotore*) pionnier*, précurseur.

vessillo [ves-sìl-lo] *n.m.* **1** (*mil.*) enseigne (*f.*); (*bandiera*) drapeau* **2** (*fig.*) bannière (*f.*), étendard | *tenere alto il vessillo*, tenir haut l'honneur.

vestaglia [ve-stà-glia] *n.f.* robe de chambre.

vestaglietta [ve-sta-gliét-ta] *n.f.* blouse; (*da spiaggia*) robe de plage.

vestale [ve-stà-le] *n.f.* vestale.

veste [vè-ste] *n.f.* **1** (*spec. da donna*) robe; vêtement (*m.*): *sollevare la veste*, soulever sa robe | *in ricche vesti*, richement vêtu **2** (*fig.*) apparence; forme: *sotto la veste della generosità nasconde un grande egoismo*, sous une apparence de générosité il cache un grand égoïsme | *dare veste poetica ai propri pensieri*, donner une forme poétique à ses idées **3** (*fig.*) qualité **4** (*rivestimento*) revêtement (*m.*); (*di fiaschi ecc.*) clisse.

● ***veste da camera***, robe de chambre | ***veste talare***, soutane | ***veste tipografica***, typographie, présentation typographique | ***avere, non avere veste per fare qlco***, avoir, ne pas avoir l'autorité pour faire qqch | ***in veste*** (***di***), en qualité de: *in veste d'amico*, en ami; ***in veste ufficiale***, à titre officiel | ***stracciarsi le vesti***, (*fig.*) s'arracher les cheveux.

FAUX AMI
Da non confondere con il francese *veste*, che significa *giacca*.

vestiario [ve-stià-rio] *n.m.* [pl. *-ri*] **1** habillement; (*l'insieme dei vestiti*) vêtements (*pl.*), garde-robe* (*f.*) | *un capo di vestiario*, un vêtement **2** (*teatr.*) costumes (*pl.*).

FAUX AMI
Da non confondere con *vestiaire*, che significa *guardaroba, spogliatoio*.

vestiarista [ve-stia-rì-sta] *n.m.* e *f.* costumier*/ère.

vestibilità [ve-sti-bi-li-tà] *n.f.*

● ***abito di grande vestibilità***, vêtement qui va bien à tout le monde.

vestibolo [ve-stì-bo-lo] *n.m.* vestibule.

vestigio [ve-stì-gio] *n.m.* [pl. *i vestigi* o *le vestigia* (*f.*)] (*letter.*) vestige (*anche fig.*).

vestire [ve-stì-re] *v.tr.* **1** habiller **2** (*indossare*) porter | *vestire abiti borghesi*, se mettre en civil **3** (*adattarsi al corpo*) mouler; (*di parte dell'abito*) souligner | *quell'abito la veste bene*, cette robe lui va bien **4** (*fig.*) (*ricoprire*) revêtir*; (*ornare*) orner ♦ *v.intr.* [aus. *avere*] s'habiller: *veste male*, il ne sait pas s'habiller; *era vestita di bianco*, elle était habillée en blanc | *vestire a festa*, être endimanché ♦ *n.m.* habillement, mise (*f.*): *è troppo ricercato nel vestire*, sa mise est trop recherchée | *spende troppo per il vestire*, il dépense trop pour s'habiller | *bisogna pensare al mangiare e il vestire*, il faut penser à la nourriture et aux vêtements ♦ **vestirsi** *v.pron.* s'habiller: *vestirsi in borghese*, s'habiller en civil | *vestirsi a lutto*, se mettre en deuil | *vestirsi da sera*, se mettre en tenue de soirée, (*di donna*) se mettre en robe du soir | *vestirsi da Pierrot*, s'habiller, se déguiser en Pierrot | *vestirsi pesante*, porter des vêtements chauds | *la campagna si veste di fiori*, la campagne se pare de fleurs.

vestito[1] [ve-stì-to] *agg.* habillé, vêtu: *dormire vestito*, dormir tout habillé | *vestito da sera*, en tenue de soirée; (*da donna*) en robe du soir; *vestito da lavoro*, en tenue de travail; *vestito in modo sportivo*, en tenue sportive | *vestito da pirata*, déguisé en pirate | (*poker*) *una coppia vestita*, une paire de valets, de dames, de rois.

vestito[2] *n.m.* vêtement; (*da donna*) robe (*f.*); (*da uomo*) costume; (*completo da uomo*) complet: *vestiti da donna, da uomo*, vêtements pour femme, pour homme | *vestito sportivo*, (*da uomo*) costume sport; (*da donna*) robe sport | *vestito da sera*, (*da uomo*) tenue de soirée; (*da donna*) robe du soir.

vestizione [ve-sti-zió-ne] *n.f.* **1** (*eccl.*) vêture; (*di religiose*) prise de voile **2** (*st.*) adoubement (*m.*).

vesuviano [ve-ʃu-vià-no] *agg.* vésuvien*.

veterano [ve-te-rà-no] *n.m.* [f. *-a*] vétéran (*anche fig.*) | *un veterano della vecchia guardia*, un vieux de la vieille.

veterinaria [ve-te-ri-nà-ria] *n.f.* médecine vétérinaire.

veterinario [ve-te-ri-nà-rio] *agg.* e *n.m.* [f. *-a*; pl.m. *-ri*] vétérinaire; (*fam.*) véto.

veto [vè-to] *n.m.* veto*.

vetraio [ve-trà-io] *n.m.* [f. *-a*; pl.m. *-ai*] **1** vitrier **2** (*chi lavora il vetro*) verrier.

vetrario [ve-trà-rio] *agg.* [pl.m. *-ri*] du verre | *pittura vetraria*, peinture sur verre.

vetrata [ve-trà-ta] *n.f.* **1** (*porta a vetri*) porte vitrée; (*parete divisoria*) cloison vitrée; (*grande finestra*) baie vitrée **2** (*arch.*) vitrail* (*m.*) **3** (*edil.*) (*insieme delle vetrate*) vitrage (*m.*): *le vetrate di un edificio*, le vitrage d'un bâtiment.

vetrato [ve-trà-to] *agg.* vitré ♦ *n.m.* (*strato di ghiaccio*) verglas.

● ***carta vetrata***, papier de verre.

vetreria [ve-tre-rì-a] *n.f.* **1** verrerie; (*commercio di vetri per finestre*) vitrerie **2** (*pl.*) (*articoli di vetro*) verrerie (*sing.*), cristallerie (*sing.*); (*piccoli oggetti di vetro colorato*) verroterie (*sing.*).

vetriera [ve-triè-ra] *n.f.* (*region.*) (*mobile a vetri*) vitrine.

vetrificare [ve-tri-fi-cà-re] *v.tr.* [coniug. come *mancare*] vitrifier.

vetrificazione [ve-tri-fi-ca-zió-ne] *n.f.* vitrification.

vetrina [ve-trì-na] *n.f.* vitrine.

● (*Internet*) ***vetrina virtuale***, vitrine électronique | ***mettersi in vetrina***, (*fig.*) s'afficher.

vetrinista [ve-tri-nì-sta] *n.m.* e *f.* étalagiste.

vetrino [ve-tri-no] *n.m.* (*per microscopio*) lame (*f.*); (*col preparato*) lamelle (*f.*).

vetrioleggiare [ve-trio-leg-già-re] *v.tr.* [coniug. come *mangiare*] vitrioler.

vetriolo [ve-tri-ò-lo] *n.m.* vitriol.

vetro [vé-tro] *n.m.* **1** verre | *di vetro*, en, de verre: *un lampadario di vetro*, un lustre en verre; *essere di vetro*, (*fig.*) être très fragile **2** (*oggetto fatto di vetro*) verre; (*di finestra, di porta*) vitre (*f.*), carreau*; (*aut.*) glace (*f.*): *aprire, chiudere i vetri*, ouvrir, fermer la fenêtre **3** (*frammento, coccio di vetro*) verre: *ferirsi con un vetro*, se blesser avec du verre.

● ***vetro soffiato***, verre soufflé | ***arrampicarsi sui vetri***, défendre l'indéfendable | ***credenza a vetri***, buffet vitré | ***mettere sotto una campana di vetro***, (*anche fig.*) mettre sous verre (*o* sous cloche) | ***polvere di vetro***, groisil.

vetrocemento [ve-tro-ce-mén-to] *n.m.* (*edil.*) béton de fibres | *superfici in vetrocemento*, pavés de verre.

vetroceramica [ve-tro-ce-rà-mi-ca] *n.f.* [pl. *-che*] vitrocéramique.

vetrocromia [ve-tro-cro-mì-a] *n.f.* peinture sur verre.

vetrofania [ve-tro-fa-nì-a] *n.f.* vitrophanie.

vetroresina [ve-tro-rè-ʃi-na] *n.f.* polyester (*m.*) renforcé de verre.

vetroso [ve-tró-so] *agg.* vitreux*.

vetta [vét-ta] *n.f.* sommet (*m.*): *salire in vetta*, monter jusqu'au sommet | *in vetta alla classifica*, (*fig.*) à la tête du classement.

vettore [vet-tó-re] *n.m.* **1** vecteur **2** (*comm.*) transporteur* ♦ *agg.* vecteur*.

● (*aer.*) ***razzo vettore***, monteur-fusée, lanceur.

vettoriale [vet-to-rià-le] *agg.* vectoriel*.

vettovaglia [vet-to-và-glia] *n.f.* (*spec. pl.*) victuailles (*pl.*), vivres (*m.pl.*).

vettovagliamento [vet-to-va-glia-mén-to] *n.m.* ravitaillement.

vettura [vet-tù-ra] *n.f.* voiture.

● ***vettura di piazza***, (*carrozza*) fiacre; (*automobile*) taxi.

vetturale [vet-tu-rà-le] *n.m.* voiturier.

vetturetta [vet-tu-rét-ta] *n.f.* (*utilitaria*) voiturette.

vetturino [vet-tu-rì-no] *n.m.* cocher.

vetustà [ve-tu-stà] *n.f.invar.* (*letter.*) vétusté, ancienneté.

vetusto [ve-tù-sto] *agg.* (*letter.*) (très) ancien*.

vezzeggiare [vez-zeg-già-re] *v.tr.* [coniug. come *mangiare*] choyer*, cajoler.

vezzeggiativo [vez-zeg-gia-tì-vo] *agg.* câlin ♦ *n.m.* (*gramm.*) diminutif.

vezzo [véz-zo] *n.m.* **1** (*abitudine*) habitude (*f.*) **2** (*carezza*) caresse (*f.*) **3** (*pl.*) (*moine*) mignardises (*f.*) **4** (*collana*) collier **5** (*attrattiva*) grâce (*f.*), charme, attraits (*pl.*).

vezzoso [vez-zó-so] *agg.* **1** (*leggiadro*) charmant **2** (*lezioso*) mignard | *fa la vezzosa*, elle minaude.

vi[1] *avv.* → **ci**.

vi[2] *pron.pers.m.* e *f. 2a pers.pl.* **1** (*compl. ogg. e compl. di termine*) vous: *ieri non vi ho visto*, hier je ne vous ai pas vus; *vi ho detto la verità*, je vous ai dit la vérité; *vi vuole parlare, vuole parlarvi*, il veut vous parler | *attenzione, vi cadrà addosso!*, attention, cela peut vous tomber dessus! **2** (*compl. di termine con valore di possesso o di legame personale*) votre*: *vi ho preso il dizionario*, j'ai pris votre dictionnaire; *vi siamo amici*, nous sommes vos amis; *vi prenderete un raffreddore*, vous attraperez un rhume; *godetevi queste belle vacanze*, profitez bien de vos vacances | *statevi bene!*, (*fam.*) portez-vous bien! **3** (*nella coniug. dei v. rifl e con costr. pron.*) vous: *so che vi telefonate spesso*, je sais que vous vous téléphonez souvent; *ora potete lavarvi*, maintenant vous pouvez vous laver; *alzatevi!*, levez-vous!; *non alzatevi così presto!*, ne vous levez pas si tôt! **4** (*di cortesia*) vous: *vi siete rivolto a noi, signore, e noi vi ringraziamo*, vous vous êtes adressé à nous, Monsieur, et nous vous remercions.

via[1] [vì-a] *n.f.* **1** voie (*anche fig.*); (*cammino*) chemin (*m.*): *mostrami la via*, montre-moi le chemin | *aprire la via*, (*fig.*) ouvrir la voie; *prendere la via degli affari*, (*fig.*) se lancer dans les affaires | *treno Milano-Roma, via Firenze*, train Milan-Rome via Florence **2** (*strada di centro abitato*) rue; (*extraurbana*) route: *via Po*, rue du Pô; *abito in via Mirabeau, 35*, j'habite 35, rue Mirabeau **3** (*modo*) façon; (*mezzo*) moyen (*m.*): *ha tentato ogni via per persuaderlo*, il a essayé de toutes les façons de le persuader (*o* il a tout fait pour le persuader); *non vedo altra via*, je ne vois pas d'autre moyen.

● ***Via Appia, Aurelia***, Voie Appienne, Aurélia | (*inform.*) ***via di accesso ai dati***, voie d'accès aux données; ***via di informazione***, voie d'information | ***via di mezzo***, milieu: *non conosce vie di mezzo*, il ne connaît pas de juste milieu; *non c'è via di mezzo*, il n'y a pas d'autre moyen (*o* système); *questo film è una via di mezzo fra tragedia e commedia*, ce film est à mi-chemin du drame et de la comédie; *non è la soluzione migliore, ma è una via di mezzo*, ce n'est pas la meilleure solution mais une solution de compromis | (*tel.*) ***via di trasmissione***, voie de transmission | ***via d'uscita***, issue: *non trovare via d'uscita*, (*anche fig.*) ne pas trouver d'issue; *una situazione senza via d'uscita*, une situation sans issue | (*alpinismo*) ***via ferrata***, via ferrata | (*astr.*) ***Via Lattea***, Voie Lactée | ***vie aeree***, voies aériennes | ***vie di comunicazione***, voies de communication | ***vie navigabili***, voies navigables | (*anat.*) ***vie urinarie, biliari, ottiche***, voies urinaires, biliaires, optiques | (*dir.*) ***adire le, ricorrere alle vie legali***, avoir recours (*o* recourir) aux voies légales (*o* de droit) | ***a mezza via***, à mi-chemin | (*prov.*) ***chi lascia la via vecchia per la nuova, sa quel che lascia ma non sa quel che trova***, on sait ce que l'on perd mais on ne sait pas ce que l'on trouve | ***dare via libera***, donner la voie libre; (*fig.*) donner libre cours (*o* donner le feu vert): *dare via libera all'entusiasmo, alla fantasia*, donner libre cours à l'enthousiasme, à l'imagination; *dare via libera a un progetto, all'esecuzione di un progetto*, donner le feu vert pour la mise en œuvre d'un projet | ***in via***, en voie: *in via di esecuzione*, en (voie d') exécution; *in via provvisoria*, provisoirement; *in via del tutto eccezionale*, exceptionnellement | ***la via del tabacco, della seta***, la route du tabac, de la soie | (*anat.*) ***le prime vie respiratorie***, les voies respiratoires supérieures | ***non c'è via di scampo***, il n'y a pas moyen de s'en sortir | ***passare, scendere a vie di fatto***, en venir aux voies de fait | ***per altre vie***, par d'autres voies | ***per via***, en route, en che-

V

min: *l'ho incontrato per via*, je l'ai rencontré chemin faisant | ***per via aerea***, par avion | ***per via di***, (*fam.*) à cause de; (*grazie a*) grâce à: *l'ha conosciuto per via di quel lavoro*, elle l'a connu à la suite de ce travail; *per via che*, parce que | ***per via (di) mare, (di) terra***, par mer, par terre | (*med.*) ***per via orale***, par voie buccale | (***per***) ***via radio***, par radio | ***seguire, abbandonare la retta via***, (*fig.*) suivre, abandonner le droit chemin.

via[2] ***avv.*** **1** (*in unione con verbi*): *fuggire, scappare via*, s'enfuir; *correre via*, se sauver; *essere via*, être absent; *togliere via*, enlever **2** (*in espressioni ellittiche spec. sottintendendo il v.* andare): *se siamo tutti pronti, via!*, si tout le monde est prêt, en route!; *via di corsa!*, allez; *afferrò i soldi, e via di corsa*, il prit l'argent et il fila à toute vitesse; *via di qui!*, sors; *accese il motore e via*, il alluma le moteur et s'en alla | (*andato*) *via io...*, après mon départ | *via noi, fanno delle gran feste*, en notre absence, ils organisent de grandes fêtes ♦ ***inter.*** allons!: *non abbatterti, via!*, allons, ne te décourage pas!; *via, dimmi di sì!*, allons, dis-moi oui!

● ***via!***, (*per cacciare qlcu*) allez-vous en! (*o* dégagez *o* de l'air!); (*come segnale di partenza*) partez!: *pronti, via!*, prêts, partez!; *uno, due, tre..., via!*, un, deux, trois..., partez! | ***via via***, (*progressivamente*) petit à petit, peu à peu: *andare via via via peggiorando*, empirer de plus en plus | ***via via che***, (*man mano che*) (au fur et) à mesure que | ***e così via, e via di questo passo, e via dicendo, e via discorrendo***, et ainsi de suite; (*nelle enumerazioni*) et cætera | ***mettere, tenere via***, garder.

via[3] ***n.m.*** départ | *essere pronti al via*, être prêt.

● ***dare il via***, donner le (signal du) départ; (*fig.*) faire démarrer; déclencher: *è stato quell'incidente che ha dato il via alla faccenda*, c'est de cet incident qu'est née toute l'histoire; *dare il via ai lavori*, commencer (*o* faire démarrer) les travaux; *dare il via agli applausi*, déclencher les (*o* donner le signal des) applaudissements; *dare il via a un dibattito*, ouvrir le débat.

viabilistico [vi-a-bi-lì-sti-co] ***agg.*** [pl.m. *-ci*, f. *-che*] de la viabilité; (*della circolazione stradale*) routier*.

viabilità [vi-a-bi-li-tà] ***n.f.invar.*** **1** viabilité **2** (*rete stradale*) réseau* (*m.*) routier **3** (*norme del traffico*) code (*m.*) de viabilité.

via crucis [vì-a crù-cis] ***n.f.invar.*** **1** (*relig.*) chemin (*m.*) de (la) croix **2** (*fig.*) calvaire (*m.*).

viado [vi-à-do] ***n.m.*** [pl. *viados*] transsexuel (sud-américain).

viadotto [vi-a-dót-to] ***n.m.*** viaduc.

viaggiante [viag-giàn-te] ***agg.*** en voyage, en transit, roulant: *merce viaggiante*, marchandise en transit | (*ferr.*) *personale viaggiante*, personnel roulant | *casa viaggiante*, (*roulotte*) caravane.

viaggiare [viag-già-re] ***v.intr.*** [coniug. come *mangiare*; aus. *avere*] voyager*: *viaggiare in treno, in aereo*, voyager en train, en avion; *viaggiare per lavoro, per studio*, voyager pour son travail, pour ses études | *il treno viaggia con 15 minuti di ritardo*, le train a quinze minutes de retard ♦ ***v.tr.*** *viaggiare mezzo mondo*, parcourir le monde en long, en large et en travers.

viaggiatore [viag-gia-tó-re] ***agg.*** e ***n.m.*** [f. *-trice*] voyageur*.

viaggio [vi-àg-gio] ***n.m.*** [pl. *-gi*] **1** voyage: *partire per un viaggio*, partir en voyage; *viaggio di piacere*, voyage d'agrément | *essere in viaggio d'affari*, être en voyage d'affaires | *merita il viaggio*, ça vaut le déplacement **2** (*tragitto*) course (*f.*) | *in due viaggi*, en deux fois **3** (*gergo della droga*) voyage, trip.

viale [vi-à-le] ***n.m.*** avenue (*f.*), boulevard; (*di un parco*) allée (*f.*); *viale di circonvallazione*, boulevard périphérique.

viandante [vian-dàn-te] ***n.m.*** e ***f.*** passant/e; (*pellegrino*) pèlerin/e, voyageur/euse.

viario [vi-à-rio] ***agg.*** [pl.m. *-ri*] routier* | *rete viaria*, réseau routier.

viatico [vi-à-ti-co] ***n.m.*** [pl. *-ci*] viatique (*anche fig.*).

viavai [vi-a-vài] ***n.m.invar.*** va-et-vient.

vibra-call ['vibrakol] ***n.m.invar.*** (*tel.*) vibreur.

vibrafonista [vi-bra-fo-nì-sta] ***n.m.*** e ***f.*** (*mus.*) vibraphoniste.

vibrafono [vi-brà-fo-no] ***n.m.*** (*mus.*) vibraphone.

vibrante [vi-bràn-te] ***agg.*** vibrant: *con voce vibrante di commozione*, (*fig.*) d'une voix tremblante d'émotion.

vibrare [vi-brà-re] ***v.tr.*** (*inferire un colpo*) donner, asséner* (un coup); (*scagliare*) lancer* ♦ ***v.intr.*** [aus. *avere*] vibrer: *ho sentito vibrare i vetri*, j'ai entendu les vitres vibrer.

vibratile [vi-brà-ti-le] ***agg.*** vibratile.

vibrato [vi-brà-to] ***agg.*** (*fig.*) vibrant; (*energico*) énergique: *vibrata protesta*, vive protestation.

vibratore [vi-bra-tó-re] ***n.m.*** **1** (*tecn.*) vibrateur **2** (*elettr.*) vibreur **3** (*per massaggi*) vibromasseur.

vibratorio [vi-bra-tò-rio] ***agg.*** [pl.m. *-ri*] vibratoire.

vibrazione [vi-bra-zió-ne] ***n.f.*** vibration: *la sua voce ebbe una vibrazione di sdegno*, (*fig.*) sa voix trembla d'indignation.

vibrione [vi-bri-ó-ne] ***n.m.*** (*biol.*) vibrion.

vibrissa [vi-brìs-sa] ***n.f.*** (*zool.*) vibrisse.

vibromassaggiatore [vi-bro-mas-sag-gia-tó-re] ***n.m.*** vibromasseur.

vibromassaggio [vi-bro-mas-sàg-gio] ***n.m.*** [pl. *-gi*] vibromassage.

viburno [vi-bùr-no] ***n.m.*** (*bot.*) viorne (*f.*).

vicariato [vi-ca-rià-to] ***n.m.*** vicariat.

vicario [vi-cà-rio] ***n.m.*** [f. *-a*; pl.m. *-ri*] vicaire | *vicario del vescovo*, grand vicaire ♦ ***agg.*** vicaire.

vice [vì-ce] ***n.m.*** e ***f.invar.*** (*fam.*) adjoint/e.

FAUX AMI
Da non confondere con il francese *vice*, che significa *vizio*.

vice- ***pref.*** vice-, sous-, adjoint.

vicecapo [vi-ce-cà-po] ***n.m.*** sous-chef*.

vicecommissario [vi-ce-com-mis-sà-rio] ***n.m.*** [f. *-a*; pl.m. *-ri*] commissaire-adjoint.

vicedirettore [vi-ce-di-ret-tó-re] ***n.m.*** [f. *-trice*] sous-directeur*, directeur-adjoint.

vicegovernatore [vi-ce-go-ver-na-tó-re] ***n.m.*** [f. *-trice*] sous-gouverneur*.

viceispettore [vi-ce-i-spet-tó-re] ***n.m.*** [f. *-trice*] sous-inspecteur*.

vicenda [vi-cèn-da] ***n.f.*** **1** (*vicissitudine*) vicissitude; (*avvenimento*) événement (*m.*); (*storia personale*) histoire: *le alterne vicende della vita*, les vicissitudes, les hauts et les bas de la vie; *vicenda sentimentale*, histoire sentimentale; *le vicende storiche*, les événements historiques **2** (*letter.*) (*avvicendamento*) alternance **3** (*agr.*) alternat (*m.*).

● ***a vicenda***, réciproquement, mutuellement; (*a turno*) à tour de rôle: *aiutarsi a vicenda*, s'entraider, s'aider mutuellement.

vicendevole [vi-cen-dé-vo-le] ***agg.*** réciproque, mutuel*.

vicendevolmente [vi-cen-de-vol-mén-te] ***avv.*** réciproquement, mutuellement.

vicentino [vi-cen-tì-no] ***agg.*** vicentin ♦ ***n.m.*** [f. -*a*] (*abitante*) Vicentin.

viceparroco [vi-ce-pàr-ro-co] ***n.m.*** [pl. -*ci*] vicaire.

viceprefetto [vi-ce-pre-fèt-to] ***n.m.*** sous-préfet*.

vicepreside [vi-ce-prè-si-de] ***n.m.*** e ***f.*** (*di liceo*) proviseur adjoint; (*di scuola media*) sous-directeur*/trice.

vicepresidente [vi-ce-pre-si-dèn-te] ***n.m.*** e ***f.*** vice-président*/e.

vicepresidenza [vi-ce-pre-si-dèn-za] ***n.f.*** vice-présidence*.

vicequestore [vi-ce-que-stó-re] ***n.m.*** adjoint au préfet de police.

viceré [vi-ce-ré] ***n.m.invar.*** vice-roi*.

vicesegretario [vi-ce-se-gre-tà-rio] ***n.m.*** [f. -*a*; pl.m. -*ri*] sous-secrétaire*.

vicesindaco [vi-ce-sìn-da-co] ***n.m.*** [f. -*a*; pl.m. -*ci*, f. -*che*] adjoint (au maire).

viceversa [vi-ce-vèr-sa] ***avv.*** **1** vice versa **2** (*al contrario*) le contraire: *bisogna prima pensare e poi agire, e non viceversa*, il faut d'abord réfléchir et ensuite agir et pas le contraire **3** (*fam.*) (*ma*) mais; (*invece*) au contraire: *hanno detto che venivano, viceversa non li ho visti*, ils ont dit qu'ils viendraient, mais je ne les ai pas vus.

vichingo [vi-chìn-go] ***agg.*** [pl.m. -*ghi*, f. -*ghe*] viking, des Vikings ♦ ***n.m.*** [f. -*a*] (*individuo*) Viking.

vicinale [vi-ci-nà-le] ***agg.*** vicinal*: *strada vicinale*, chemin vicinal.

vicinanza [vi-ci-nàn-za] ***n.f.*** **1** (*nello spazio*) voisinage (*m.*), proximité; (*nel tempo*) approche: *la vicinanza degli esami*, l'approche des examens; *data la vicinanza ci vediamo spesso*, comme on habite tout près on se voit souvent **2** (*pl.*) alentours (*m.*), environs (*m.*): *nelle vicinanze di Genova*, aux environs (*o* alentours) de Gênes | *nelle immediate vicinanze*, dans le voisinage immédiat, tout près.

● ***in vicinanza di***, à proximité de, près de.

vicinato [vi-ci-nà-to] ***n.m.*** voisinage: *avere rapporti di buon vicinato*, avoir de bons rapports de voisinage.

vicino [vi-cì-no] ***agg.*** (*nello spazio*) voisin; (*nel tempo*) proche; (*seguito da* a) près (**de**); (*accanto a*) à côté (**de**); (*se sostituibile con l'avv.*) près (**de**): *paesi vicini*, des pays voisins; *la fine del lavoro è vicina*, la fin du travail est proche; *la piazza è vicinissima*, la place est tout près; *nella stanza vicina*, dans la pièce à côté; *siamo vicini, vicino a casa*, nous sommes près de chez nous; *stammi vicina, vicino*, reste près, à côté de moi; *sedere gli uni vicini, vicino agli altri*, être assis les uns à côté des autres | *essere vicino*, (*avvicinarsi*) approcher; (*essere accanto*) être à côté; (*essere attiguo*) être contigu: *Natale è ormai vicino*, Noël approche; *la mia casa è vicina, vicino al municipio*, ma maison est près, à côté de la mairie; *sono vicini di età*, ils sont presque du même âge; *gli è molto vicino e lo conosce bene*, c'est son ami intime et il le connaît bien; *essere vicino alla fine*, (*fig.*) toucher à sa fin | *ci sentiamo vicini, vicino a voi*, (*fig.*) nous sommes avec vous par la pensée | *tinta vicina al rosso*, teinte tirant sur le rouge ♦ ***n.m.*** [f. -*a*] voisin: *il mio vicino* (*di pianerottolo*), mon voisin de palier ♦ ***avv.*** tout près: *abitiamo* (*molto*) *vicino*, nous habitons tout près; *lì, là vicino*, près de là | *ci è andato* (*molto*) *vicino*, (*fig.*) il n'en était pas loin.

● ***vicino a***, près de, à côté de: *resta vicino a me*, reste près de moi (*o* à côté de moi); *abita nell'appartamento vicino a noi*, il habite dans l'appartement à côté de chez nous | ***da vicino***, de près: *vedi bene da vicino?*, est-ce que tu vois bien de près?; *esaminiamo la questione da vicino*, examinons la question de près; *conoscere qlcu da vicino*, connaître très bien qqn; *più da vicino*, de plus près; *troppo da vicino*, de trop près | ***lì, là vicino***, près de là | ***qui, qua vicino***, tout près d'ici.

vicissitudine [vi-cis-si-tù-di-ne] ***n.f.*** (*spec. pl.*) vicissitude.

vico [vì-co] ***n.m.*** [pl. -*chi*] (*region.*) (*vicolo*) ruelle (*f.*).

vicolo [vì-co-lo] ***n.m.*** ruelle (*f.*).

● ***vicolo cieco***, (*anche fig.*) impasse, cul-de-sac: *cacciarsi in un vicolo cieco*, (*fig.*) se fourrer dans une impasse.

videata [vi-de-à-ta] ***n.f.*** (*inform.*) page-écran*.

video [vì-de-o] ***n.m.invar.*** **1** vidéo (*f.*) **2** (*schermo*) écran | *regolare il video*, régler l'image **3** (*videoterminale*) terminal* (vidéo) **4** (*videoclip*) vidéo-clip*, clip, (bande) vidéo (promotionnelle) ♦ ***agg.invar.*** vidéo: *segnale video*, signal vidéo.

video- ***pref.*** video-.

videoamatore [vi-de-o-a-ma-tó-re] ***n.m.*** [f. -*trice*] vidéaste amateur.

videocamera [vi-de-o-cà-me-ra] ***n.f.*** caméra vidéo, camescope.

videocassetta [vi-de-o-cas-sét-ta] ***n.f.*** cassette vidéo.

videochiamare [vi-de-o-chia-mà-re] ***v.tr.*** visiophoner, vidéophoner.

videochiamata [vi-de-o-chia-mà-ta] ***n.f.*** appel (*m.*) visio.

videocitofono [vi-de-o-ci-tò-fo-no] ***n.m.*** visiophone, vidéophone.

videoclip [vi-de-o-clìp] ***n.m.invar.*** vidéo-clip, clip.

videoconferenza [vi-de-o-con-fe-rén-za] ***n.f.*** visioconférence, vidéoconférence.

videocrazia [vi-de-o-cra-zì-a] ***n.f.*** vidéocratie.

videodipendente [vi-de-o-di-pen-dèn-te] ***agg.*** e ***n.m.*** e ***f.*** → **teledipendente**.

videofonino [vi-de-o-fo-nì-no] ***n.m.*** (*tel.*) caméraphone.

videofono [vi-de-ò-fo-no] ***n.m.*** visiophone, vidéophone.

videofrequenza [vi-de-o-fre-quèn-za] ***n.f.*** vidéofréquence.

videogame [video'geim] ***n.m.invar.*** **videogioco** [pl. -*chi*] ***n.m.*** jeu* vidéo, vidéogame.

videoimpaginazione [vi-de-o-im-pa-gi-na-zió-ne] ***n.f.*** (*tip.*) publication assistée par ordinateur, PAO.

videolibro [vi-de-o-lì-bro] ***n.m.*** vidéolivre.

videomessaggino [vi-de-o-mes-sag-gì-no] ***n.m.*** → **videomessaggio**.

videomessaggio [vi-de-o-mes-sàg-gio] ***n.m.*** [pl. -*gi*] message visio.

videomusic [video'mjuzik] ***n.m.invar.*** **videomusica** [pl. -*che*] ***n.f.*** (*videoclip*) vidéo-clip* (*m.*), clip (*m.*).

videonastro [vi-de-o-nà-stro] ***n.m.*** bande (*f.*) vidéo.

videonoleggio [vi-de-o-no-lég-gio] ***n.m.*** [pl. -*gi*] vidéoclub.

videoregistrare [vi-de-o-re-gi-strà-re] ***v.tr.*** magnétoscoper.

videoregistratore [vi-de-o-re-gi-stra-tó-re] ***n.m.*** magnétoscope.

videoregistrazione [vi-de-o-re-gi-stra-zió-ne] ***n.f.*** magnétoscopie, enregistrement (*m.*) par magnétoscope.

videoripresa [vi-de-o-ri-pré-sa] ***n.f.*** prise vidéo.

videoscrittura [vi-de-o-scrit-tù-ra] ***n.f.*** traitement (*m.*) de texte(s).

videosegnale [vi-de-o-se-gnà-le] ***n.m.*** signal vidéo.

videosorveglianza [vi-de-o-sor-ve-gliàn-za] ***n.f.*** vidéosurveillance.

videoteca [vi-de-o-tè-ca] ***n.f.*** [pl. *-che*] vidéothèque.

videotel® [vi-de-o-tèl] ***n.m.invar.*** vidéotex; (*terminale*) minitel®.

videotelefono [vi-de-o-te-lè-fo-no] ***n.m.*** visiophone, vidéophone, vidéotéléphone.

vidi → **vedere**[1].

vidimare [vi-di-mà-re] ***v.tr.*** viser, vidimer.

vidimazione [vi-di-ma-zió-ne] ***n.f.*** visa (*m.*).

vieni → **venire**.

viennese [vien-né-se] ***agg.*** viennois ♦ ***n.m.*** e ***f.*** (*abitante*) Viennois/e.

vieppiù [viep-più] ***avv.*** (*letter.*) de plus en plus; (*molto più*) bien plus.

vietare [vie-tà-re] ***v.tr.*** interdire*, défendre*: *mi ha vietato di rispondere*, il m'a interdit (*o* défendu) de répondre | *nulla vieta che*, rien n'empêche que | *chi te lo vieta?*, qui t'empêche de le faire?

vietato [vie-tà-to] ***agg.*** interdit | *vietato ai minori di 18 anni*, interdit aux moins de 18 ans | (*sport*) *colpi vietati*, coups défendus.
● ***vietato entrare***, ***l'ingresso***, défense d'entrer | ***vietato fumare***, défense de fumer | ***vietato il transito***, défense de passer | ***vietato sporgersi dal finestrino***, (*sui treni*) ne pas se pencher au-dehors | ***vietata l'affissione***, défense d'afficher.

vietnamita [viet-na-mì-ta] ***agg.*** vietnamien* ♦ ***n.m.*** (*lingua*) vietnamien ♦ ***n.m.*** e ***f.*** (*abitante*) Vietnamien/enne.

vieto [viè-to] ***agg.*** (*spreg.*) vieux*, suranné.

vigente [vi-gèn-te] ***agg.*** en vigueur.

vigere [vi-ge-re] ***v.intr.*** [solo nelle terze pers.sing. e pl. del pres.indic. e imperf.indic. e del cong., nel p.pres. e nel ger.] être* en vigueur: *in quel paese vigono leggi severe*, dans ce pays les lois en vigueur sont très sévères; *questa usanza non vige più*, cette coutume n'existe plus.

vigilante[1] [vi-gi-làn-te] ***agg.*** vigilant ♦ ***n.m.*** e ***f.*** surveillant/e.

vigilante[2] ***n.m.*** [pl. *vigilantes*] (*spec. pl.*) (*guardia*) vigile.

vigilanza [vi-gi-làn-za] ***n.f.*** vigilance; (*sorveglianza*) surveillance: *sottoporre qlcu a stretta vigilanza*, soumettre qqn à une étroite surveillance | *servizio di vigilanza*, service de vigilance.

vigilare [vi-gi-là-re] ***v.intr.*** [aus. *avere*] veiller: *vigilare che tutto vada bene*, veiller à ce que tout aille bien ♦ ***v.tr.*** surveiller.

vigilato [vi-gi-là-to] ***agg.*** surveillé ♦ ***n.m.*** [f. *-a*] personne (*f.*) surveillée par la police.

vigilatrice [vi-gi-la-trì-ce] ***n.f.*** surveillante.
● ***vigilatrice d'infanzia***, jardinière d'enfants.

vigile [vì-gi-le] ***agg.*** vigilant | *con occhio vigile*, d'un œil attentif ♦ ***n.m.*** (*urbano*) agent (de police), policier municipal; (*fam.*) flic | *vigile del fuoco*, pompier, sapeur-pompier.

vigilessa [vi-gi-lés-sa] ***n.f.*** **1** (femme) agent de police; (*fam.*) fliquesse **2** (*che fa solo multe*) contractuelle; (*fam.*) (*a Parigi*) pervenche.

vigilia [vi-gì-lia] ***n.f.*** **1** veille: *alla vigilia della partenza*, la veille du départ **2** (*digiuno*) jeûne (*m.*): *osservare, rispettare la vigilia*, observer le jeûne | *un giorno di vigilia*, un jour maigre | *fare vigilia*, faire maigre.

vigliaccamente [vi-gliac-ca-mén-te] ***avv.*** lâchement.

vigliaccheria [vi-gliac-che-rì-a] ***n.f.*** lâcheté.

vigliacco [vi-gliàc-co] ***agg.*** e ***n.m.*** [f. *-a*; pl.m. *-chi*, f. *-che*] lâche, poltron*.

vigna [vì-gna] ***n.f.*** **1** vigne: *coltivare a vigna*, planter de vigne(s) **2** (*vigneto*) vignoble (*m.*).

vignaiolo [vi-gna-iò-lo] ***n.m.*** [f. *-a*] vigneron*.

vigneto [vi-gné-to] ***n.m.*** vignoble: *vino di un buon vigneto*, vin d'un bon cru.

vignetta [vi-gnét-ta] ***n.f.*** illustration.
● ***vignetta umoristica***, dessin humoristique.

vignettista [vi-gnet-tì-sta] ***n.m.*** e ***f.*** dessinateur* humoristique, vignettiste.

vigogna [vi-gó-gna] ***n.f.*** (*zool., tess.*) vigogne.

vigore [vi-gó-re] ***n.m.*** force (*f.*), vigueur (*f.*): *nel suo pieno vigore*, au mieux de sa forme; *riprendere vigore*, recouvrer ses forces; *perdere vigore*, perdre sa vigueur | *nel vigore degli anni*, dans la force de l'âge.
● (*dir.*) ***in vigore***, en vigueur: *essere, entrare in vigore*, être, entrer en vigueur.

vigoria [vi-go-rì-a] ***n.f.*** vigueur, force.

vigorosamente [vi-go-ro-sa-mén-te] ***avv.*** vigoureusement, avec force.

vigoroso [vi-go-ró-so] ***agg.*** vigoureux* (*anche fig.*), fort.

vile [vì-le] ***agg.*** **1** (*vigliacco*) lâche: *si è dimostrato vile*, il a fait montre de lâcheté **2** (*ignobile; di poco valore*) vil: *vile tradimento*, vile, basse trahison | *vile denaro*, méprisable argent: *l'ha fatto per vile denaro*, il ne l'a fait que pour de l'argent ♦ ***n.m.*** e ***f.*** lâche, personne (*f.*) vile: *è da vile comportarsi così*, ce comportement est digne d'un lâche; *non fare il vile!*, ne sois pas lâche!

vilipendere [vi-li-pèn-de-re] ***v.tr.*** [coniug. come *prendere*] outrager*, bafouer; (*letter.*) vilipender.

vilipendio [vi-li-pèn-dio] ***n.m.*** [pl. *-di*] (*offesa*) outrage; (*infamia*) infamie (*f.*); (*disprezzo*) mépris.
● ***vilipendio alla bandiera***, outrage au drapeau | ***vilipendio alle istituzioni***, offense aux institutions.

villa [vìl-la] ***n.f.*** **1** (*palazzo signorile*) (*in città*) hôtel (*m.*) particulier; (*in campagna*) château* (*m.*): *una villa settecentesca*, un château du dix-huitième siècle **2** (*casa di campagna*) maison de campagne; (*di mare, lago o per indicare le ville italiane*) villa: *una villa sul lago*, une villa au bord du lac; *passare l'estate in villa*, passer ses vacances dans sa maison de campagne; *una villa del Palladio*, une villa palladienne **3** (*letter.*) (*campagna*) campagne: *andare in villa*, aller à la campagne.

FAUX AMI
Da non confondere con *ville*, che significa *città*.

villaggio [vil-làg-gio] ***n.m.*** [pl. *-gi*] village.
● ***villaggio globale***, village global | ***villaggio turistico***, village touristique (*o* de vacances *o* village club) | ***il villaggio olimpico***, le village olympique.

villanamente [vil-la-na-mén-te] ***avv.*** grossièrement.

villanata [vil-la-nà-ta] ***n.f.*** muflerie.

villanella [vil-la-nèl-la] ***n.f.*** **1** (*letter.*) jeune villageoise, jeune paysanne **2** (*lett., mus.*) villanelle.

V

villania [vil-la-nì-a] ***n.f.*** grossièreté, impolitesse, muflerie: *dire una villania*, dire une grossièreté; *fare una villania a qlcu*, faire une muflerie à qqn; *è di una tale villania che*, il est tellement grossier que | *è una villania rispondere con quel tono*, c'est grossier de répondre sur ce ton.

villano [vil-là-no] ***agg.*** mal élevé, grossier*: *è stato molto villano con me*, il a été très mal élevé avec moi ♦ ***n.m.*** [f. *-a*] **1** (*spreg.*) rustre, malotru | *villano rifatto*, parvenu **2** (*ant., letter.*) (*contadino*) paysan*.

FAUX AMI
Da non confondere con *vilain*, che significa *brutto*.

villanoviano [vil-la-no-vià-no] ***agg.*** (*preistoria*) de Villanova.

villanzone [vil-lan-zó-ne] ***n.m.*** [f. *-a*] malotru, mufle, goujat.

villeggiante [vil-leg-giàn-te] ***n.m.*** e ***f.*** vacancier/ère; (*spec. estivo*) estivant/e; (*spec. invernale*) hivernant/e.

villeggiare [vil-leg-già-re] ***v.intr.*** [coniug. come *mangiare*; aus. *avere*] passer ses vacances, séjourner.

villeggiatura [vil-leg-gia-tù-ra] ***n.f.*** vacances (*pl.*), villégiature: *essere in villeggiatura*, être en vacances (*o* en villégiature); *tornare dalla villeggiatura*, rentrer de vacances.

● ***luogo di villeggiatura***, (*al mare*) station balnéaire; (*in montagna*) station de montagne: *luogo di villeggiatura estiva, invernale*, station d'été, (de sports) d'hiver.

villetta [vil-lét-ta] ***n.f.*** (petite) villa, pavillon (*m.*); (*in campagna*) petite maison de campagne; (*in montagna*) chalet (*m.*); (*al mare*) villa.

villico [vìl-li-co] ***n.m.*** [f. *-a*; pl.m. *-ci*, f. *-che*] (*letter. scherz.*) villageois.

villino [vil-lì-no] ***n.m.*** petite villa (*f.*), pavillon.

villo [vìl-lo] ***n.m.*** (*anat.*) villosité (*f.*).

villocentesi [vil-lo-cèn-te-ʃi] ***n.f.invar.*** (*med.*) choriocentèse.

villosità [vil-lo-si-tà] ***n.f.invar.*** villosité.

villoso [vil-ló-so] ***agg.*** velu; (*peloso*) poilu.

vilmente [vil-mén-te] ***avv.*** bassement; (*vigliaccamente*) lâchement.

viltà [vil-tà] ***n.f.invar.*** bassesse; (*codardia*) lâcheté: *viltà d'animo*, bassesse d'âme; *dar prova di viltà*, faire preuve de lâcheté.

vilucchio [vi-lùc-chio] ***n.m.*** [pl. *-chi*] (*bot.*) liseron.

viluppo [vi-lùp-po] ***n.m.*** enchevêtrement (*anche fig.*); (*fig.*) fouillis.

vimine [vì-mi-ne] ***n.m.*** (*spec. pl.*) osier | *di, in vimini*, en osier; (*estens.*) (*in giunco d'India*) en rotin: *articoli di vimini*, (articles de) vannerie.

vinaccia [vi-nàc-cia] ***n.f.*** [pl. *-ce*] marc (*m.*) (de raisin) | (*color*) *vinaccia*, lie-de-vin.

vinacciolo [vi-nac-ciò-lo] ***n.m.*** pépin de raisin.

vinaio [vi-nà-io] ***n.m.*** [f. *-a*; pl.m. *-ai*] marchand de vin.

vin brûlé [vinbry'le] ***n.m.invar.*** vin chaud (avec du sucre et des épices).

vincente [vin-cèn-te] ***agg.*** e ***n.m.*** e ***f.*** gagnant/e.

vincere [vìn-ce-re] ***v.tr.*** [p.rem. *io vinsi, tu vincesti* ecc.; p.p. *vinto*] **1** gagner: *vincere un premio*, gagner, remporter un prix; *vincere le elezioni*, remporter, gagner les élections **2** (*battere sconfiggere*) battre*; (*avere ragione di*) triompher (**de**): *ha vinto tutti gli avversari*, il a battu (*o* il a triomphé de) tous ses adversaires; *la squadra francese ha vinto quella inglese per 1 a 0*, l'équipe française a battu l'équipe anglaise 1 à 0; *vincere l'indifferenza generale*, triompher de l'indifférence générale **3** (*fig.*) vaincre*; (*dominare*) dominer: *vincere la timidezza*, vaincre sa timidité; *fu vinto dal sonno*, il fut vaincu par le sommeil; *vincere la collera*, dominer sa colère; *vincere se stessi*, se dominer | *lasciarsi vincere*, se laisser emporter, se laisser gagner: *lasciarsi vincere dall'ira*, se laisser emporter par la colère; *lasciarsi vincere dalla disperazione*, se laisser gagner par le désespoir **4** (*superare*) surmonter, vaincre*; (*una persona*) dépasser (**en**): *vincere un ostacolo*, surmonter un obstacle; *vincere le difficoltà*, surmonter, vaincre les difficultés; *nessuno lo vince in astuzia*, personne ne le dépasse en ruse | *vincere ogni confronto*, ne pas avoir son pareil **5** (*convincere*) convaincre*, gagner: *mi sono lasciato vincere dalle sue preghiere*, je me suis laissé convaincre par ses prières ♦ ***v.intr.*** [aus. *avere*] gagner: *vincere per 3 a 0*, gagner 3 à 0; *la sua opinione ha vinto*, son opinion a triomphé, prévalu | (*sport*) *vincere ai rigori*, gagner aux tirs au but ♦ **vincersi** ***v.pron.*** se dominer.

● ***averla vinta***, avoir gain de cause: *l'ha avuta vinta*, il a eu gain de cause | ***vinca il migliore!***, que le meilleur gagne!

vinciano [vin-cià-no] ***agg.*** de Léonard de Vinci; (*che riguarda Leonardo da Vinci e la sua opera*) sur Léonard de Vinci.

vincibile [vin-ci-bi-le] ***agg.*** qu'on peut vaincre, qui peut être vaincu.

vincita [vìn-ci-ta] ***n.f.*** gain (*m.*): *ci siamo divisi la vincita*, nous nous sommes partagé le gain; *la vincita ammonta a 10.000 euro*, le lot est de 10.000 euros; *dopo due vincite*, après avoir gagné deux fois | *fare una vincita di*, gagner: *ho fatto una grossa vincita*, j'ai gagné gros.

vincitore [vin-ci-tó-re] ***agg.*** [f. *-trice*] gagnant; (*vittorioso*) victorieux*: *squadra vincitrice*, équipe gagnante | *tornare (come, da) vincitore*, revenir vainqueur ♦ ***n.m.*** vainqueur; (*spec. nei giochi e negli sport*) gagnant: *il vincitore assoluto*, le vainqueur absolu; *festeggiare il vincitore*, fêter le vainqueur.

● ***uscire vincitore***, sortir victorieux, avoir le dessus: *ne è uscito vincitore*, il a eu le dessus.

vincolante [vin-co-làn-te] ***agg.*** contraignant, qui oblige: *un'offerta vincolante*, une offre ferme.

vincolare [vin-co-là-re] ***v.tr.*** **1** (*legare*) lier; (*impegnare*) engager*; (*obbligare*) obliger*: *un contratto che vincola*, un contrat qui lie (*o* engage) **2** (*comm.*) bloquer **3** (*impedire*) entraver, empêcher ♦ **vincolarsi** ***v.pron.*** s'engager*, s'obliger*.

vincolato [vin-co-là-to] ***agg.*** **1** lié; (*impegnato*) engagé; (*condizionato*) conditionné: *vincolato da una promessa*, engagé, lié par une promesse; *vincolato dal segreto bancario*, tenu au secret bancaire | *terreno vincolato*, terrain soumis à des servitudes d'utilité publique | *immobile vincolato dalle Belle Arti*, immeuble classé | (*dir.*) *vincolato da ipoteche*, grevé d'hypothèque **2** (*banca*) bloqué: *deposito vincolato a sei mesi*, dépôt bancaire bloqué à six mois; *fondo vincolato*, fond bloqué **3** (*mecc.*) lié, sous contraintes.

vincolo [vìn-co-lo] ***n.m.*** **1** lien (*anche fig.*): *imporre un vincolo*, imposer une contrainte **2** (*econ.*) contrainte (*f.*) | *vincolo di bilancio*, contrainte budgétaire | *vincolo di prezzo*, contrainte de prix **3** (*dir.*) (*obbligo*) obligation (*f.*), contrainte (*f.*); (*servitù*) servitude (*f.*) | *vincolo forestale, boschivo*, bois en défens | *area sottoposta a vincolo urbanistico*, zone soumise à des règlements d'urbanisme **4** (*mecc.*) liaison (*f.*).

● ***vincolo matrimoniale***, lien conjugal | ***essere sotto il vin-***

colo di, être lié par: *essere sotto il vincolo di un giuramento*, être lié par un serment | ***sotto il vincolo di***, sous (le sceau de): *dire sotto vincolo di giuramento*, dire sous (le sceau du) serment; *sotto il vincolo della confessione*, sous le secret de la confession.

vinello [vi-nèl-lo] ***n.m.*** **1** (*vino leggero*) petit vin, vin léger **2** (*enol.*) piquette (*f.*).

vineria [vi-ne-rì-a] ***n.f.*** bar (*m.*) à vins: *andare in vineria*, aller chez le caviste.

vinicolo [vi-nì-co-lo] ***agg.*** vinicole.

vinificare [vi-ni-fi-cà-re] ***v.intr.*** [coniug. come *mancare*; aus. *avere*] vinifier.

vinificazione [vi-ni-fi-ca-zió-ne] ***n.f.*** vinification.

vinile [vi-nì-le] ***n.m.*** (*chim.*) vinyle.

vinilico [vi-nì-li-co] ***agg.*** [pl.m. *-ci*, f. *-che*] (*chim.*) vinylique.

vinilpelle® [vi-nil-pèl-le] ***n.f.*** similicuir (*m.*).

vino [vì-no] ***n.m.*** vin: *vino bianco, rosso, rosato*, vin blanc, rouge, rosé; *vino comune, da pasto, da taglio*, vin ordinaire, de table, de coupage; *vino abboccato, amabile, corposo*, vin moelleux, doux, charpenté; *vino fruttato, generoso, novello*, vin fruité, corsé, nouveau; *vino frizzante*, vin mousseux; *il vino gli ha dato alla testa*, le vin lui est monté à la tête | *vino d'annata*, vin de grande année | *vino di mele*, cidre | *vino di pere*, poiré.
● (*prov.*) ***buon vino fa buon sangue***, le bon vin réjouit le cœur.

vinoso [vi-nó-so] ***agg.*** vineux*.

vinsi → **vincere**.

vintage ['vintedʒ] ***n.m.invar.*** vintage.

vinto [vìn-to] ***agg.*** **1** (*sconfitto*) vaincu, battu: *vinto dal sonno*, vaincu par le sommeil **2** (*conquistato*) gagné ♦ ***n.m.*** [f. *-a*] vaincu | *guai ai vinti!*, malheurs aux vaincus!
● ***averla vinta***, (*fam.*) avoir gain de cause, avoir le dernier mot | ***darla vinta a qlcu***, (*fam.*) se laisser faire: *non dargliela vinta!*, ne te laisse pas faire!; *gliele danno tutte vinte*, on lui cède sur tout | ***darsi per vinto***, s'avouer vaincu; (*riconoscere la propria sconfitta*) reconnaître sa défaite.

viola[1] [vi-ò-la] ***agg.*** violet* ♦ ***n.m.*** (*colore*) violet ♦ ***n.f.*** (*bot.*) violette.
● (*bot.*) ***viola del pensiero***, pensée.

viola[2] ***n.f.*** (*mus.*) alto (*m.*); (*strumento antico*) viole: *suonatore di viola*, violiste | *viola da gamba*, viole de gambe.

violacciocca [vi-o-lac-ciòc-ca] ***n.f.*** [pl. *-che*] (*bot.*) giroflée.

violaceo [vi-o-là-ce-o] ***agg.*** violacé.

violare [vi-o-là-re] ***v.tr.*** **1** violer; (*infrangere*) enfreindre*: *violare una legge, un segreto*, violer (*o* enfreindre) une loi, un secret **2** (*profanare*) profaner, violer.

violazione [vi-o-la-zió-ne] ***n.f.*** **1** violation **2** (*profanazione*) profanation.

violentare [vi-o-len-tà-re] ***v.tr.*** **1** (*stuprare*) violer **2** (*fig.*) faire* violence (**à**): *violentare le coscienze*, violer les consciences.

violentatore [vi-o-len-ta-tó-re] ***n.m.*** (*stupratore*) violeur.

violentemente [vio-len-te-mén-te] ***agg.*** violemment, avec violence.

violento [vi-o-lèn-to] ***agg.*** e ***n.m.*** [f. *-a*] violent (*anche fig.*): *ha modi violenti*, il a des façons violentes; *una febbre violenta*, une forte fièvre.

violenza [vi-o-lèn-za] ***n.f.*** violence: *usare violenza, ricorrere alla violenza*, recourir à la violence; *fare violenza a qlcu*, faire violence à qqn | *fare dolce violenza a qlcu*, forcer gentiment qqn.
● ***violenza carnale***, viol.

violetta [vi-o-lét-ta] ***n.f.*** (*bot.*) violette (de Parme).

violetto [vi-o-lét-to] ***agg.*** e ***n.m.*** violet*.

violinista [vi-o-li-nì-sta] ***n.m.*** e ***f.*** violoniste.

violino [vi-o-lì-no] ***n.m.*** **1** violon: *suonare il violino*, jouer du violon **2** (*suonatore*) violon, violoniste | *violino di spalla*, second violon; (*fig.*) bras droit.
● ***chiave di violino***, clef de sol.

violista [vi-o-lì-sta] ***n.m.*** e ***f.*** (*mus.*) violiste.

violoncellista [vi-o-lon-cel-lì-sta] ***n.m.*** e ***f.*** (*mus.*) violoncelliste.

violoncello [vi-o-lon-cèl-lo] ***n.m.*** (*mus.*) violoncelle.

viottolo [vi-òt-to-lo] ***n.m.*** sentier (*m.*).

VIP ***n.m.*** e ***f.invar.*** VIP.

vipera [vi-pe-ra] ***n.f.*** vipère (*anche fig.*).
● ***groviglio di vipere***, nœud de vipères.

viperino [vi-pe-rì-no] ***agg.*** vipérin | *lingua viperina*, (*anche fig.*) langue de vipère.

viraggio [vi-ràg-gio] ***n.m.*** [pl. *-gi*] **1** virage **2** (*mar., aer.*) virement.

virago [vi-rà-go] ***n.f.invar.*** virago.

virale [vi-rà-le] ***agg.*** viral*.

virare [vi-rà-re] ***v.tr.*** e ***intr.*** [aus. *avere*] virer.

virata [vi-rà-ta] ***n.f.*** **1** (*mar., aer.*) virage (*m.*) **2** (*nuoto*) virage (*m.*).

virgiliano [vir-gi-lià-no] ***agg.*** de Virgile, à la manière de Virgile.

virginale [vir-gi-nà-le] **virgineo** ***agg.*** virginal*.

virginia [vir-gì-nia] ***n.m.*** **1** (*tabacco*) virginie **2** (*sigaro*) cigare de Virginie ♦ ***n.f.*** (*sigaretta*) cigarette de Virginie.

virgola [vìr-go-la] ***n.f.*** **1** virgule: *quattro virgola cinque*, quatre virgule cinq | *non cambiare* (*neanche*) *una virgola*, (*fig.*) ne pas changer une seule virgule **2** (*di capelli*) guiches (*pl.*).
● ***doppie virgole***, guillemets | ***punto e virgola***, point-virgule.

virgoletta [vir-go-lét-ta] ***n.f.*** guillemet (*m.*).
● ***tra virgolette***, entre guillemets.

virgolettare [vir-go-let-tà-re] ***v.tr.*** mettre* les guillemets (**à**), guillemeter.

virgolettato [vir-go-let-tà-to] ***agg.*** entre guillemets.

virgulto [vir-gùl-to] ***n.m.*** (*letter.*) rejeton (*anche fig.*).

virile [vi-rì-le] ***agg.*** viril | *voce virile*, voix mâle.

virilità [vi-ri-li-tà] ***n.f.invar.*** virilité.

virilizzare [vi-ri-liʒ-ʒà-re] ***v.tr.*** viriliser.

virilmente [vi-ril-mén-te] ***avv.*** virilement.

virologia [vi-ro-lo-gì-a] ***n.f.*** virologie.

virologo [vi-rò-lo-go] ***n.m.*** [f. *-a*; pl.m. *-ghi* o *-gi*, f. *-ghe*] virologiste, virologue.

virosi [vi-rò-ʃi] ***n.f.invar.*** (*med.*) virose.

virtù [vir-tù] ***n.f.invar.*** **1** vertu: *un esempio di virtù*, un exemple de vertu | *di rara virtù*, très vertueux **2** (*fig.*) (*facoltà, capacità*) vertu; (*pregio*) qualité: *virtù terapeutiche*, des vertus thérapeutiques; *donna dalle molte virtù*, femme pleine de qualités.
● ***avere la virtù di***, avoir le don, la qualité de: *ha la virtù di saper tacere*, il sait se taire | ***in virtù di***, en vertu de;

V

(*grazie a*) grâce à: *in virtù di cosa me lo chiedi?*, à quel titre me le demandes-tu?

virtuale [vir-tu-à-le] ***agg.*** virtuel*.
● (*inform.*) ***realtà virtuale***, réalité virtuelle.

virtualità [vir-tu-a-li-tà] ***n.f.invar.*** virtualité.

virtualmente [vir-tual-mén-te] ***avv.*** virtuellement.

virtuosamente [vir-tuo-sa-mén-te] ***avv.*** vertueusement.

virtuosismo [vir-tuo-sì-ʃmo] ***n.m.*** virtuosité (*f.*): *virtuosismi musicali, verbali*, virtuosité musicale, verbale; *un pezzo di grande virtuosismo*, un morceau de grande virtuosité.

virtuosistico [vir-tuo-sì-sti-co] ***agg.*** [pl.m. -*ci*, f. -*che*] de virtuosité, de virtuose.

virtuoso [vir-tu-ó-so] ***agg.*** vertueux* ♦ ***n.m.*** [f. -*a*] (*persona virtuosa*) virtuose (*anche mus.*).

virulento [vi-ru-lèn-to] ***agg.*** virulent (*anche fig.*).

virulenza [vi-ru-lèn-za] ***n.f.*** virulence (*anche fig.*).

virus [vì-rus] ***n.m.invar.*** (*biol.*) virus.

visagista [vi-ʃa-gì-sta] ***n.m.*** e ***f.*** visagiste.

viscerale [vi-sce-rà-le] ***agg.*** viscéral*: *un odio viscerale*, (*fig.*) une haine viscérale.

visceralmente [vi-sce-ral-mén-te] ***avv.*** viscéralement.

viscere [vì-sce-re] ***n.m.*** [pl.m. *visceri* nel significato 1; pl.f. *viscere* negli altri significati] **1** (*anat.*) viscère **2** (*pl.*) (*intestini*) entrailles (*f.*) **3** (*pl.*) (*fig.*) entrailles (*f.*): *le viscere della terra*, les entrailles de la terre.

vischio [vì-schio] ***n.m.*** [pl. -*schi*] **1** (*bot.*) gui **2** (*pania*) glu (*f.*).

vischiosità [vi-schio-si-tà] ***n.f.invar.*** viscosité.

vischioso [vi-schió-so] ***agg.*** gluant, visqueux*.

viscido [vì-sci-do] ***agg.*** visqueux* (*anche fig.*); gluant; (*scivoloso*) glissant: *l'asfalto viscido di pioggia*, le pavé rendu glissant par la pluie; *un individuo viscido*, (*fig.*) un individu répugnant.

visciola [vì-scio-la] ***n.f.*** (*bot.*) griotte.

visciolo [vì-scio-lo] ***n.m.*** (*bot.*) griottier.

visconte [vi-scón-te] ***n.m.*** vicomte.

visconteo [vi-scon-tè-o] ***agg.*** **1** vicomtal* **2** (*dei Visconti*) (des) Visconti.

viscontessa [vi-scon-tés-sa] ***n.f.*** vicomtesse.

viscosa [vi-scó-sa] ***n.f.*** (*chim.*) viscose.

viscosità [vi-sco-si-tà] ***n.f.invar.*** viscosité.

viscoso [vi-scó-so] ***agg.*** gluant; visqueux*.

visibile [vi-ʃì-bi-le] ***agg.*** visible (*anche fig.*).

visibilio [vi-ʃi-bì-lio] ***n.m.*** [pl. -*li*] (*fam.*) (*gran quantità*) foule (*f.*), grand nombre.
● ***andare in visibilio***, s'extasier, être aux anges | ***mandare in visibilio***, ravir.

visibilità [vi-ʃi-bi-li-tà] ***n.f.invar.*** visibilité.
● ***visibilità atmosferica***, visibilité météorologique.

visibilmente [vi-ʃi-bil-mén-te] ***avv.*** visiblement.

visiera [vi-ʃiè-ra] ***n.f.*** **1** visière **2** (*da scherma*) masque (*m.*).

visigotico [vi-ʃi-gò-ti-co] ***agg.*** [pl.m. -*ci*, f. -*che*] (*st.*) wisigothique.

visigoto [vi-ʃi-gò-to] ***agg.*** wisigoth ♦ ***n.m.*** [f. -*a*] (*persona*) Wisigoth.

visionare [vi-ʃio-nà-re] ***v.tr.*** **1** (*cine.*) visionner **2** (*estens.*) (*esaminare*) examiner.

visionario [vi-ʃio-nà-rio] ***agg.*** e ***n.m.*** [pl. -*ri*] visionnaire.

visione [vi-sió-ne] ***n.f.*** **1** vision: *avere una visione pessimistica della vita*, avoir une vision pessimiste de la vie | *inviare qlco in visione*, envoyer qqch en vision | *avere le visioni*, (*fig. iron.*) avoir la berlue **2** (*scena che colpisce*) spectacle (*m.*).
● (*cine.*) ***di prima visione***, d'exclusivité: *cinema di prima visione*, salle d'exclusivité; *film di, in prima, seconda visione*, film en première, deuxième exclusivité | ***prendere visione di qlco***, prendre connaissance de qqch.

visir [vi-ʃìr] ***n.m.invar.*** vizir | *gran visir*, grand vizir.

visita [vì-ʃi-ta] ***n.f.*** visite: *far visita a qlcu*, rendre visite à qqn; *ricambiare una visita a qlcu*, rendre à qqn sa visite; *c'è una visita per te*, tu as une visite | *il dottore ha molte visite*, le médecin a beaucoup de clients | *orari di visita*, heures de consultation.
● ***visita ambulatoriale***, visite au dispensaire | ***visita di congedo***, visite pour prendre congé | ***visita di cortesia***, visite de politesse | ***visita guidata***, visite guidée | ***visita medica***, visite médicale: *sottoporsi a visita medica*, passer une visite médicale | ***visita specialistica***, visite chez un spécialiste: *fare una visita specialistica*, consulter un spécialiste | ***visita turistica***, visite touristique | (*mil.*): ***marcare visita***, se faire porter malade; ***passare la visita*** (***di leva***), passer le conseil de révision.

visitare [vi-ʃi-tà-re] ***v.tr.*** **1** visiter: *visitare una capitale europea*, visiter une capitale européenne **2** (*fare visita a qlcu*) rendre* visite (**à**) **3** (*del medico*) examiner: *il medico lo ha attentamente visitato*, le médecin l'a examiné avec soin; *ho deciso di farmi visitare dal medico*, j'ai décidé de me faire voir par le médecin.

visitatore [vi-ʃi-ta-tó-re] ***n.m.*** [f. -*trice*] visiteur*.

visitazione [vi-ʃi-ta-zió-ne] ***n.f.*** (*relig., arte*) visitation.

visivo [vi-ʃì-vo] ***agg.*** visuel* | *memoria visiva*, mémoire visuelle | *organi visivi*, organes de la vue.

viso [vì-ʃo] ***n.m.*** visage, figure (*f.*): *un viso sorridente*, un visage souriant; *lavarsi il viso*, se laver la figure; *ho notato visi nuovi*, j'ai remarqué de nouvelles têtes | *guardare qlcu in viso*, regarder qqn en face.
● ***a viso aperto, scoperto***, à visage découvert | ***far buon viso a cattivo gioco***, faire contre mauvaise fortune bon cœur | ***far buon viso a qlcu***, faire bon visage à qqn.

visone [vi-ʃó-ne] ***n.m.*** (*zool.*) vison.

visore [vi-ʃó-re] ***n.m.*** (*fot.*) visionneuse (*f.*).
● ***visore notturno***, lunettes de vision nocturne.

vispo [vì-spo] ***agg.*** vif*; (*arzillo*) alerte: *bambino vispo*, enfant vif.
● ***vispo come un uccellino***, gai comme un pinson.

vissi → **vivere**[1].

vissuto [vis-sù-to] ***agg.*** vécu: *uomo vissuto*, homme qui a vécu; *aria vissuta*, air blasé ♦ ***n.m.*** vécu: *il vissuto quotidiano*, le vécu quotidien.
● ***è vita vissuta***, c'est la réalité: *è un racconto di vita vissuta*, c'est une tranche de vie.

vista [vì-sta] ***n.f.*** **1** vue: *perdere la vista*, perdre la vue | *avere la vista corta*, avoir une mauvaise vue; (*fig.*) être imprévoyant | *avere la vista lunga*, avoir une bonne vue; (*fig.*) être clairovoyant **2** (*panorama*) vue: *questa casa ha una bella vista*, de cette maison, on a une belle vue **3** (*occhiata*) coup (*m.*) d'œil.
● ***a prima vista***, à première vue, au premier abord: *tradurre a prima vista*, traduire à livre ouvert; *amore a prima vista*, coup de foudre | (*comm.*) ***a vista***, à vue: *pagabile a trenta giorni a vista*, payable à trente jours à vue | ***a***

vista d'occhio, à perte de vue; (*fig.*) à vue d'œil: *il deserto si estendeva a vista d'occhio*, le désert s'étendait à perte de vue; *quel ragazzo cresce a vista d'occhio*, ce garçon grandit à vue d'œil | ***essere fuori vista***, n'être plus visible | ***far bella vista***, faire un bel effet | ***far vista di***, faire semblant de | ***in vista***, (*anche fig.*) en vue: *è una persona molto in vista*, c'est une personne très en vue; *mettersi in vista*, (*fig.*) se faire remarquer | ***in vista di***, en vue de; (*fig.*) en prévision de | ***perdere di vista***, perdre de vue | ***seguire, guardare a vista***, ne pas lâcher des yeux.

vistare [vi-stà-re] *v.tr.* viser: *vistare un passaporto*, viser un passeport.

visto [vì-sto] *agg.* vu: *è ben, mal visto da tutti*, il est bien, mal vu de tout le monde ♦ *n.m.* visa: *apporre il visto a un passaporto*, apposer le visa sur un passeport | *visto consolare*, visa consulaire.

● ***visto che***, étant donné que | (*tip.*) ***visto si stampi***, bon à tirer.

vistosamente [vi-sto-sa-mén-te] *avv.* d'une manière voyante; (*evidentemente*) manifestement.

vistoso [vi-stó-so] *agg.* voyant, criard, tapageur*: *un errore vistoso*, une erreur manifeste | *somma vistosa*, somme considérable.

visuale [vi-ʃu-à-le] *agg.* visuel* ♦ *n.f.* **1** (*vista*) vue **2** (*fig.*) perspective, point (*m.*) de vue.

visualità [vi-ʃu-a-li-tà] *n.f.invar.* (*grafica pubblicitaria*) visuel (*m.*).

visualizzare [vi-ʃu-a-liʒ-ʒà-re] *v.tr.* visualiser.

visualizzatore [vi-su-a-liʒ-ʒa-tó-re] *n.m.* **1** (*inform.*) lecteur graphique **2** → display.

visualizzazione [vi-su-a-liʒ-ʒa-zió-ne] *n.f.* visualisation.

visus [vì-ʃus] *n.m.invar.* (*med.*) acuité (*f.*) visuelle.

vita[1] [vì-ta] *n.f.* **1** vie: *vita di campagna, di città*, vie à la campagne, en ville; *vita santa*, vie de saint | *entrare nel decimo anno di vita*, entrer dans sa dixième année | *fare vita da scapolo*, mener une vie de célibataire **2** (*vitalità, brio*) vie, vitalité | *pieno di vita*, plein de vie: *è un ragazzo pieno di vita*, c'est un garçon plein de vie, de vitalité **3** (*biografia*) vie.

● ***avere lunga vita***, durer longtemps | ***avere sette vite***, avoir la vie dure | ***a vita***, à vie: *condannare a vita*, condamner à la prison à perpétuité | ***dare vita***, donner la vie; (*fig.*) créer: *dare vita a qlcu*, donner la vie à qqn; *dare vita a un'organizzazione*, créer une organisation; *dare vita a una festa*, animer une fête | ***darsi alla bella vita***, profiter de la vie | ***da una vita***, depuis toujours: *lo conosco da una vita*, je le connais depuis toujours | ***donna di vita***, femme de mauvaise vie | ***essere in fin di vita***, être mourant | ***fare vita beata, allegra***, mener joyeuse vie, la belle vie | ***fare vita comune***, vivre en commun | ***in vita***, pendant sa vie, de son vivant: *non l'ho mai fatto in vita mia*, je ne l'ai jamais fait (de ma vie) | ***passare a miglior vita***, passer de vie à trépas | ***questa (sì che) è vita!***, c'est la belle vie! | ***richiamare in vita***, rappeler à la vie | ***ridurre qlcu in fin di vita***, presque tuer qqn: *l'ha ridotto in fin di vita*, il l'a presque tué | ***rifarsi una vita***, refaire sa vie | ***su con la vita!***, allez, courage! | ***tornare in vita***, revenir à la vie; (*recuperare le forze*) reprendre ses forces | ***venire alla vita***, venir au monde.

FAUX AMI
Da non confondere con l'avverbio francese *vite*, che significa *presto, in fretta*.

vita[2] *n.f.* (*cintola, cintura*) taille: *largo in, di vita*, large à la taille; *stretto in vita*, qui serre la taille | *essere corto di vita*, avoir le buste court.

● ***fino alla vita***, jusqu'à la ceinture | ***giro (di) vita***, tour de taille: *il suo giro di vita è di 65 centimetri*, elle a 65 centimètres de tour de taille.

vitalba [vi-tàl-ba] *n.f.* (*bot.*) clématite.

vitale [vi-tà-le] *agg.* **1** vital* (*anche fig.*): *è di vitale importanza*, c'est vital **2** (*di neonato*) viable: *nato non vitale*, né non-viable.

vitalismo [vi-ta-lì-ʃmo] *n.m.* (*biol., fil.*) vitalisme.

vitalità [vi-ta-li-tà] *n.f.invar.* **1** vitalité **2** (*di neonato*) viabilité.

vitalizio [vi-ta-lì-zio] *agg.* [pl.m. *-zi*] viager*: *rendita vitalizia*, rente viagère | *socio vitalizio*, membre à vie ♦ *n.m.* viager*, rente (*f.*) viagère.

vitamina [vi-ta-mi-na] *n.f.* vitamine.

vitaminico [vi-ta-mì-ni-co] *agg.* [pl.m. *-ci*, f. *-che*] **1** vitaminique **2** (*contenente vitamine*) vitaminé.

vitaminizzato [vi-ta-mi-niʒ-ʒà-to] *agg.* vitaminé.

vite[1] [vì-te] *n.f.* (*bot.*) vigne.

● ***vite a pergola***, treille | ***vite del Canada***, vigne vierge.

FAUX AMI
Da non confondere con l'avverbio francese *vite*, che significa *presto, in fretta*.

vite[2] *n.f.* **1** (*mecc.*) vis: *allentare, stringere una vite*, desserrer, serrer une vis **2** (*aer.*) vrille.

● ***vite senza fine***, vis sans fin | ***dare un giro di vite***, (*fig.*) serrer la vis.

vitella [vi-tèl-la] *n.f.* génisse.

vitellino [vi-tel-lì-no] *agg.* (*biol.*) vitellin.

vitello[1] [vi-tèl-lo] *n.m.* veau*: *arrosto di vitello*, rôti de veau.

● ***pelle di vitello***, (*per rilegatori*) vélin.

vitello[2] *n.m.* (*biol.*) vitellus.

vitellone [vi-tel-ló-ne] *n.m.* **1** bouvillon **2** (*fig.*) jeune homme fat et désœuvré.

viterbese [vi-ter-bé-se] *agg.* viterbien ♦ *n.m.* e *f.* (*abitante*) Viterbien/enne.

viticcio [vi-tìc-cio] *n.m.* [pl. *-ci*] **1** (*bot.*) vrille (*f.*) **2** (*arch.*) rinceau*.

viticolo [vi-tì-co-lo] *agg.* viticole.

viticoltore [vi-ti-col-tó-re] *n.m.* [f. *-trice*] viticulteur*.

viticoltura [vi-ti-col-tù-ra] *n.f.* viticulture.

vitigno [vi-tì-gno] *n.m.* cépage, cru.

vitiligine [vi-ti-lì-gi-ne] *n.f.* (*med.*) vitiligo (*m.*).

vitreo [vì-tre-o] *agg.* **1** (*di vetro*) de verre **2** (*simile al vetro*) vitreux*: *uno sguardo vitreo*, un regard vitreux **3** (*anat.*) vitré.

vittima [vìt-ti-ma] *n.f.* victime: *rimanere vittima di un'incidente*, être victime d'un accident | *fare la vittima*, (*fam.*) se poser en victime.

vittimismo [vit-ti-mì-ʃmo] *n.m.* tendance (*f.*) à se poser en victime.

vittimistico [vit-ti-mì-sti-co] *agg.* [pl.m. *-ci*, f. *-che*] de victime.

vittimizzazione [vit-ti-miʒ-ʒa-zió-ne] *n.f.* victimisation.

vitto [vìt-to] *n.m.* nourriture (*f.*).

● ***vitto e alloggio***, le logement et la nourriture.

FAUX AMI
Da non confondere con l'avverbio *vite*, che significa *presto, in fretta*.

V

vittoria [vit-tò-ria] ***n.f.*** victoire: *riportare la vittoria*, remporter la victoire.
● (*pugilato*) ***vittoria ai punti***, victoire aux points | ***vittoria di Pirro***, (*fig.*) victoire à la Pyrrhus | ***cantare, gridare vittoria***, (*fig.*) chanter, crier victoire.

vittoriano [vit-to-rià-no] ***agg.*** victorien*.

vittoriosamente [vit-to-rio-sa-mén-te] ***avv.*** victorieusement.

vittorioso [vit-to-rió-so] ***agg.*** victorieux*.

vituperare [vi-tu-pe-rà-re] ***v.tr.*** vitupérer*, injurier.

vituperazione [vi-tu-pe-ra-zió-ne] ***n.f.*** vitupération.

vituperio [vi-tu-pè-rio] ***n.m.*** [pl. *-ri*] **1** injure (*f.*), insulte (*f.*) **2** (*disonore*) déshonneur.

viuzza [vi-ùz-za] ***n.f.*** ruelle.

viva [vì-va] ***inter.*** vive: *viva gli sposi!*, vive (*o* vivent) les mariés! | *viva la sincerità!*, (*iron.*) bonjour la sincérité! ♦ ***n.m.*** vivat.

vivacchiare [vi-vac-chià-re] ***v.intr.*** [aus. *avere*] (*fam.*) vivoter.

vivace [vi-và-ce] ***agg.*** vif*: *un colore vivace*, une couleure vive (*o* éclatante); *un'intelligenza vivace*, une intelligence vive (*o* éveillée); *discussione vivace*, discussion animée.

vivacemente [vi-va-ce-mén-te] ***avv.*** vivement.

vivacità [vi-va-ci-tà] ***n.f.invar.*** vivacité.

vivagno [vi-và-gno] ***n.m.*** (*cimosa*) lisière (*f.*).

vivaio [vi-và-io] ***n.m.*** [pl. *-ai*] **1** (*di pesci*) vivier; (*di piante*) pépinière (*f.*) **2** (*fig.*) pépinière (*f.*).

vivaista [vi-va-ì-sta] ***n.m.*** e ***f.*** (*di piante*) pépiniériste.

vivamente [vi-va-mén-te] ***avv.*** vivement.

vivanda [vi-vàn-da] ***n.f.*** plat (*m.*), mets (*m.*).

vivandiera [vi-van-diè-ra] ***n.f.*** vivandière.

vivavoce [vi-va-vó-ce] ***agg.*** e ***n.m.invar.*** (*tel.*) mains-libres.

vivente [vi-vèn-te] ***agg.*** e ***n.m.*** e ***f.*** vivant/e: *gli esseri viventi*, les êtres vivants | *vivente sua madre*, du vivant de sa mère.

vivere[1] [vì-ve-re] ***v.intr.*** [p.rem. *io vissi, tu vivesti, egli visse, noi vivemmo* ecc., *essi vissero*; fut.indic. *io vivrò* ecc.; p.p. *vissuto*; aus. *essere* o *avere*] vivre*: *è, ha vissuto settant'anni*, il a vécu soixante-dix ans | *lascialo vivere in pace!*, laisse-le tranquille! | *la sua fama vivrà in eterno*, sa renommée sera éternelle ♦ ***v.tr.*** vivre*: *vivere la propria vita*, vivre sa vie.
● ***vivere da gran signore***, vivre sur un grand pied | ***vivere d'aria e d'amore***, vivre d'amour et d'eau fraîche | ***vivere del proprio***, vivre de son bien | ***vivere e lasciar vivere***, vivre et laisser vivre | ***avere da vivere***, avoir de quoi vivre | ***chi vivrà, vedrà***, qui vivra, verra | ***non si vive di solo pane***, on ne vit pas seulement de pain | (*tip.*) ***vive***, bon.

vivere[2] ***n.m.*** vie (*f.*): *non è un bel vivere!*, ce n'est pas une manière de vivre! | *il saper vivere*, le savoir-vivre.

viveri [vì-ve-ri] ***n.m.pl.*** vivres.

vivezza [vi-véz-za] ***n.f.*** vivacité.

vivibile [vi-vì-bi-le] ***agg.*** vivable.

vivibilità [vi-vi-bi-li-tà] ***n.f.invar.*** conditions (*pl.*) de vie.

vivido [vì-vi-do] ***agg.*** vif*.

vivificare [vi-vi-fi-cà-re] ***v.tr.*** [coniug. come *mancare*] **1** (*rendere più vivo*) vivifier **2** (*fig.*) (*animare*) animer **3** (*fig.*) (*dare nuovo impulso, vigore*) stimuler.

viviparo [vi-vì-pa-ro] ***agg.*** e ***n.m.*** [f. *-a*] (*zool.*) vivipare.

vivisezionare [vi-vi-se-zio-nà-re] ***v.tr.*** **1** pratiquer la vivisection (**sur**), disséquer* (un organisme) vivant **2** (*fig.*) (*analizzare*) disséquer*.

vivisezione [vi-vi-se-ziò-ne] ***n.f.*** **1** vivisection **2** (*fig.*) (*analisi minuziosa*) dissection.

vivo [vì-vo] ***agg.*** **1** vivant (*anche fig.*): *essere ancora vivo*, être encore vivant; *finché sono vivo*, tant que je vivrai; *una tradizione ancora viva*, une tradition encore vivante; *l'uso vivo di una lingua*, l'usage courant d'une langue | *carne viva*, chair vive | *lingua viva*, langue vivante **2** (*fig.*) (*vivace intenso*) vif*: *colori vivi*, couleurs vives (*o* voyantes) | *porgo vivi auguri*, je vous adresse mes meilleurs vœux ♦ ***n.m.*** **1** [f. *-a*] (*persona*) vivant **2** (*parte vitale*) vif | *essere toccato nel vivo*, être touché au vif.
● ***vivo o morto***, mort ou vif | (*rad., tv*) ***dal vivo***, en direct | ***da vivo***, de son vivant | ***farsi vivo***, donner de ses nouvelles: *non s'è più fatto vivo*, il n'a plus donné signe de vie | ***entrare nel vivo***, (*fig.*) entrer dans le vif | ***non c'era anima viva***, il n'y avait pas âme qui vive | ***non l'ho più visto né vivo né morto***, je ne l'ai plus jamais revu | ***ritrarre dal vivo***, peindre d'après nature | ***tenere viva la conversazione***, entretenir la conversation.

viziare [vi-zià-re] ***v.tr.*** **1** (*corrompere*) vicier **2** (*essere troppo indulgente*) gâter: *vizia troppo i figli*, il gâte trop ses enfants ♦ **viziarsi** ***v.pron.intr.*** se gâter.

viziato [vi-zià-to] ***agg.*** gâté; (*corrotto*) vicié: *ragionamento viziato da una contraddizione*, (*estens.*) raisonnement faussé par une contradiction.
● (*dir.*) ***atto viziato di nullità***, acté vicié, entaché de nullité.

vizio [vì-zio] ***n.m.*** [pl. *-zi*] **1** vice; (*cattiva abitudine*) mauvaise habitude (*f.*): *il vizio del gioco*, le vice du jeu; *il vizio del bere*, la mauvaise habitude de boire **2** (*imperfezione*) vice, malformation: *vizio di costruzione*, vice de construction | (*med.*) *vizio al cuore*, malformation cardiaque **3** (*dir.*) vice.
● ***vizio di lavorazione***, défaut de fabrication | (*dir.*) ***vizio di procedura, di forma***, vice de procédure, de forme.

viziosità [vi-zio-si-tà] ***n.f.invar.*** caractère (*m.*) vicieux; défectuosité.

vizioso [vi-zió-so] ***agg.*** [f. *-a*] **1** vicieux* **2** (*difettoso, imperfetto*) défectueux*, vicieux* ♦ ***n.m.*** [f. *-a*] vicieux*.

vizzo [vìz-zo] ***agg.*** (*di fiori*) flétri; (*di frutti*) blet*; (*di guance*) mou*, flasque.

vocabolario [vo-ca-bo-là-rio] ***n.m.*** [pl. *-ri*] **1** vocabulaire **2** (*dizionario*) dictionnaire.

vocabolo [vo-cà-bo-lo] ***n.m.*** mot, vocable; (*termine*) terme: *vocaboli tecnici*, termes techniques.

vocale[1] [vo-cà-le] ***agg.*** vocal*.

vocale[2] ***n.f.*** voyelle.

vocalico [vo-cà-li-co] ***agg.*** [pl.m. *-ci*, f. *-che*] vocalique.

vocalismo [vo-ca-li-ʃmo] ***n.m.*** vocalisme.

vocalist [vó-ca-list] ***n.m.*** e ***f.invar.*** **vocalista** ***n.m.*** e ***f.*** (*mus.*) chanteur/euse.

vocalizzare [vo-ca-liʒ-ʒà-re] ***v.tr.*** e ***intr.*** [aus. *avere*] vocaliser.

vocalizzazione [vo-ca-liʒ-ʒa-zió-ne] ***n.f.*** vocalisation.

vocalizzo [vo-ca-liʒ-ʒo] ***n.m.*** (*mus.*) vocalise.

vocativo [vo-ca-tì-vo] ***agg.*** e ***n.m.*** (*gramm.*) vocatif.

vocazione [vo-ca-zió-ne] ***n.f.*** vocation: *avere la vocazione per*, avoir la vocation de.

voce [vó-ce] ***n.f.*** **1** voix (*anche fig.*): *essere, rimanere senza voce*, être, rester sans voix; *parlare con voce di pianto*, parler avec des larmes dans la voix; *abbassare*

la voce, baisser le ton; *la voce del leone*, le rugissement du lion | *dare voce ai propri sentimenti*, exprimer ses sentiments **2** (*rumore*) bruit (*m.*); (*suono*) son (*m.*): *la voce del mare*, le bruit de la mer **3** (*fig.*) (*diceria*) bruit (*m.*): *spargere la voce*, faire courir le bruit | *corrono strane voci sul suo conto*, on raconte de drôles de choses sur son compte | *secondo la voce comune*, d'après l'opinion publique **4** (*vocabolo*) mot (*m.*), terme (*m.*); (*di dizionario, enciclopedia*) article (*m.*) **5** (*di elenco*) rubrique **6** (*gramm.*) voix | *'ho' è voce del verbo 'avere'*, 'j'ai' verbe 'avoir'.
● ***voce!***, (*al cinema*) le son!; (*a teatro*) plus fort! | (*comm.*) ***voce di bilancio***, poste de budget, article du bilan | ***a una voce***, d'une seule voix | ***a viva voce***, de vive voix | ***a voce***, oralement | ***a voce spiegata***, à gorge déployée | ***corre voce che***, le bruit court que | ***dare una voce a qlcu***, (*fam.*) appeler qqn | ***darsi***, ***passare la voce***, se donner le mot | ***fare la voce grossa***, faire la grosse voix | ***non aver voce in capitolo***, ne pas avoir voix au chapitre | ***parlare sotto voce***, ***a mezza voce***, parler tout bas, à mi-voix.

vociare[1] [vo-cià-re] ***v.intr.*** [coniug. come *cominciare*; aus. *avere*] crier, vociférer*.

vociare[2] ***n.m.invar.*** cris (*pl.*).

vociferare [vo-ci-fe-rà-re] ***v.intr.*** [aus. *avere*] vociférer* ♦ ***v.tr.*** (*spargere una voce*) faire* courir des bruits | *si vocifera che*, le bruit court que.

vociferazione [vo-ci-fe-ra-zió-ne] ***n.f.*** vocifération; (*notizia*) bruit (*m.*).

vocio [vo-cì-o] ***n.m.*** [pl. *-ii*] brouhaha.

vodka [vòd-ka] ***n.f.invar.*** vodka.

voga[1] [vó-ga] ***n.f.*** [pl. *-ghe*] (*mar.*) nage.

voga[2] ***n.f.*** [pl. *-ghe*] **1** (*moda*) vogue, mode: *molto in voga*, très à la mode **2** (*lena, entusiasmo*) ardeur.
● ***tornare in voga***, revenir à la mode.

vogare [vo-gà-re] ***v.intr.*** [coniug. come *legare*; aus. *avere*] (*mar.*) nager*, ramer.

vogata [vo-gà-ta] ***n.f.*** (*mar.*) (*spinta con il remo*) coup (*m.*) de rame.
● ***fare una vogata***, faire une promenade en barque: *abbiamo fatto una bella vogata sul lago*, nous avons fait une belle promenade sur le lac.

vogatore [vo-ga-tó-re] ***n.m.*** **1** [f. *-trice*] nageur*, rameur* **2** (*attrezzo da ginnastica*) rameur.

voglia [vò-glia] ***n.f.*** **1** envie: *una gran voglia, una voglia matta di*, une grande envie, une envie folle de | *mettere voglia di bere*, donner soif | *mi fa venire voglia di ridere*, cela me donne envie de rire | *mi è venuta la voglia di*, l'envie m'est venue de | *levarsi la voglia di*, se passer la fantaisie de; *ti leverò la voglia di disubbidire*, je te ferai passer l'envie de désobéir; *levarsi tutte le voglie*, se passer tous ses caprices; *soddisfare le proprie voglie*, assouvir ses désirs | *restare con la voglia*, rester sur sa faim **2** (*med.*) (*della pelle*) envie.
● ***buona voglia***, bonne volonté | ***che voglia!***, ***chi ne ha voglia?***, quelle barbe! | ***di buona voglia***, de bon cœur: *lavorare di buona voglia*, travailler de bon cœur | ***di mala voglia***, ***contro voglia***, à contrecœur: *fare qlco di mala voglia, contro voglia*, faire qqch à contrecœur | ***hai voglia di...***, (*fam.*) tu as beau...: *hai voglia di chiamarlo, non verrà*, tu as beau l'appeler, il ne viendra pas.

vogliamo, **voglio** → **volere**[1].

vogliosamente [vo-glio-sa-mén-te] ***avv.*** avec envie.

voglioso [vo-glió-so] ***agg.*** **1** plein d'envie(s); (*capriccioso*) capricieux* **2** (*letter.*) (*desideroso*) désireux*.

voi ***pron.pers.m.*** e ***f.*** ***2ª pers.pl.*** **1** (*sogg.*) vous: *se voi volete, possiamo uscire*, si vous voulez, nous pouvons sortir; *pensateci voi*, c'est à vous d'y penser **2** (*compl.ogg. e compl. retto da prep.*) vous: *stanno guardando voi*, c'est vous qu'ils regardent **3** (*con funzione predicativa*) vous: *siete voi, non siete voi i miei più vecchi amici*, vous êtes, n'êtes pas mes plus vieux amis; *siete voi i responsabili?*, est-ce vous les responsables?; *siete voi che l'avete detto, siete stati voi a dirlo*, c'est vous qui l'avez dit; *non sarete certo voi a chiedermi del denaro*, ce n'est sûrement pas vous qui me demanderez de l'argent **4** (*di cortesia*) vous: (*voi*) *siete molto gentile con me, signore*, vous êtes très aimable avec moi, Monsieur **5** (*con uso impers.*) vous, on: *se* (*voi*) *pensate che*, si vous pensez, si on pense que ♦ ***n.m.invar.*** *dare del voi a qlcu*, vouvoyer qqn | *darsi del voi*, se vouvoyer | *passare dal voi al tu*, passer du vouvoiement au tutoiement.
● ***voi altri*** → voialtri | ***voi due***, ***voi tre***, vous deux, vous trois: *voi due lo conoscete da tempo*, vous le connaissez depuis longtemps tous les deux; *lo conoscete bene voi due, tu e tuo fratello*, vous deux, ton frère et toi, vous le connaissez bien; *auguro a voi due*, je vous souhaite à tous les deux | ***anche voi***, vous aussi: *avete anche voi il diritto di riposare*, vous avez vous aussi le droit de vous reposer | ***da quel giorno non siete più voi***, ***non sembrate più voi***, depuis ce jour-là on ne vous reconnaît plus, vous n'êtes plus les mêmes | ***non è da voi dire***, ***fare certe cose***, ce n'est pas votre style (*o* ça ne vous ressemble pas) de dire, de faire certaines choses | ***proprio voi***, ***voi stessi***, vous-mêmes: *voi stessi dovete riconoscere che*, vous-mêmes vous devez reconnaître que | ***se fossi in voi***, si j'étais vous, (si j'étais) à votre place.

voialtri [voi-àl-tri] ***pron.pers.m. 2ª pers.pl.*** [f. *voialtre*] vous, vous autres: *voialtri uomini, voialtre donne*, vous autres hommes, vous autres femmes.

volano [vo-là-no] ***n.m.*** volant.

volante[1] [vo-làn-te] ***agg.*** **1** volant | *lavoratore volante*, travailleur temporaire; *indossatrice volante*, mannequin volant **2** (*fig.*) (*provvisorio*) provisoire | *una visita volante*, une visite improvisée.
● (***squadra***) ***volante***, (*di polizia*) police secours | ***la volante della polizia***, (*automobile*) voiture de police d'intervention rapide, voiture de la police secours.

volante[2] ***n.m.*** (*aut.*) volant.

volantinaggio [vo-lan-ti-nàg-gio] ***n.m.*** [pl. *-gi*] distribution (*f.*) de tracts; (*di volantini pubblicitari*) distribution (*f.*) de prospectus.

volantinare [vo-lan-ti-nà-re] ***v.tr.*** distribuer des tracts; (*a scopo pubblicitario*) distribuer des prospectus.

volantino [vo-lan-tì-no] ***n.m.*** tract; (*pubblicitario*) prospectus.

volare [vo-là-re] ***v.intr.*** [aus. *avere* o *essere*] **1** voler | *cominciarono a volare schiaffi*, les gifles commencèrent à pleuvoir; *sono volati i piatti*, les assiettes ont volé | *non ha mai volato*, il n'a jamais pris l'avion | *è volata in cielo l'anima di...*, l'âme de... est montée au ciel **2** (*fig.*) (*andare veloce*) filer | *il tempo vola*, le temps s'envole.
● ***volare fuori***, sortir: *il pallone volò fuori dal campo*, le ballon sortit du terrain | ***volare via***, s'envoler: *il suo cappello volò via per il vento*, son chapeau fut emporté par le vent.

volata [vo-là-ta] ***n.f.*** **1** volée **2** (*corsa, salto*) saut (*m.*) **3** (*sport*) (*ciclismo*) sprint (*m.*); (*tennis*) volée.
● ***di***, ***in volata***, au sprint: *ci vado di volata*, j'y vais tout de suite; *battere in volata gli avversari*, battre les adversaires au sprint.

volatile [vo-là-ti-le] ***agg.*** volatil ♦ ***n.m.*** (*zool.*) volatile.

volatilità [vo-la-ti-li-tà] ***n.f.invar.*** volatilité.

V

volatilizzare [vo-la-ti-liʒ-ʒà-re] *v.tr.* (*chim.*) volatiliser ♦ **volatilizzarsi** *v.pron.intr.* se volatiliser (*anche fig.*).

volatilizzazione [vo-la-ti-liʒ-ʒa-zió-ne] *n.f.* volatilisation.

volatizzare [vo-la-tiʒ-ʒà-re] *v.tr.* → **volatilizzare**.

volatore [vo-la-tó-re] *agg.* e *n.m.* voilier: (*uccelli*) *volatori*, (oiseaux) voiliers.

volente [vo-lèn-te] *agg.*

● ***volente o nolente***, bon gré, mal gré.

volenteroso [vo-len-te-ró-so] *agg.* plein de bonne volonté.

volentieri [vo-len-tiè-ri] *avv.* volontiers.

volere[1] [vo-lé-re] *v.servile* [pres.indic. *io voglio, tu vuoi, egli vuole, noi vogliamo, voi volete, essi vogliono*; p.rem. *io volli, tu volesti* ecc.; fut.indic. *io vorrò* ecc.; aus. *essere* o *avere*] (*seguito da infinito, anche sottinteso*) vouloir*: *non è voluta, non ha voluto partire*, elle n'a pas voulu partir; *i genitori lo vogliono avvocato*, ses parents veulent faire de lui un avocat | *vogliamo andare?*, on s'en va? | *credo che voglia nevicare*, je crois qu'il va neiger | (*comm.*) *Vogliate informarci il più presto possibile*, Veuillez (bien) nous le faire savoir le plus tôt possible ♦ *v.tr.* vouloir*; (*richiedere*) demander: *vuoi un po' di vino?*, veux-tu un peu de vin?; *vuole un prezzo eccessivo*, il demande un prix excessif; *queste piante vogliono molta acqua*, ces plantes ont besoin de beaucoup d'eau | *chi mi vuole?*, qui me demande?; *la vogliono al telefono*, on vous demande au téléphone ♦ **volersi** *v.pron.rec.* (*desiderarsi*) se désirer.

● ***voler dire***, (*significare*) vouloir dire: *che cosa vuoi dire?*, qu'est-ce que tu veux dire? | ***volere bene***, aimer | ***volerci***, falloir: *ci vuol altro*, il faut bien autre chose | ***volercene***, en falloir: *ce ne vuole molto*, il en faut beaucoup; *ce ne sono voluti molti*, il en a fallu beaucoup; *mettete zucchero quanto ce ne vuole*, mettez autant de sucre qu'il vous faut; *li ho convinti, ma ce n'è voluto!*, je les ai convaincus, mais cela a été dur! | ***volerne a qlcu***, en vouloir à qqn | ***volersi bene, male***, s'aimer, se détester | ***voglio dire***, (*incidentale*) pardon: *ho visto tuo fratello, voglio dire, tuo cugino*, j'ai vu ton frère, pardon, ton cousin | ***volevo ben dire***, c'est bien ce que je pensais | ***vorrei vedere!***, je voudrais bien voir (ça)! | ***vorrei vedere te***, je voudrais t'y voir | ***vuoi vedere che***, tu veux parier que: *vuoi vedere che andrà a finire così?*, tu veux parier que ça va finir comme ça? | ***vuoi... vuoi***, soit... soit | ***vuol favorire?***, servez-vous | ***ce n'è voluto (di tempo)!***, il en a fallu du temps! | ***farsi ben volere, mal volere***, se rendre sympathique, antipathique | ***l'hai voluto tu!, te la sei voluta!***, c'est toi qui l'as voulu! | ***neanche a volerlo***, ne... absolument pas: *neanche a volerlo potresti sbagliare*, tu ne peux absolument pas te tromper | ***neanche volendo, neanche a volerlo***, même si tu voulais: *neanche volendo, neanche a volerlo, potresti sbagliare*, même si tu voulais tu ne pourrais pas te tromper | ***non volerne sapere di qlcu***, ne pas vouloir de qqn: *non voglio saperne di lui*, je ne veux pas de lui | ***qui ti voglio!***, c'est là que je t'attends! | ***senza volere***, sans faire exprès | ***se vogliamo***, au fond: *anche lui, se vogliamo, non ha tutti i torti*, lui non plus, au fond, il n'a pas tous les torts.

FAUX AMI
Da non confondere con *voler*, che significa *volare* o *rubare*.

NOTA Nei tempi composti ***vouloir***, che traduce ***volere***, si coniuga con l'ausiliare *avoir*.

__Sono__ voluto andare, __ho__ voluto andarci da solo.
J'**ai** voulu y aller tout seul.

Il participio passato ***voulu***, seguito da un infinito, resta invariabile:

I musicisti che abbiamo __voluto__ invitare.
Les musiciens que nous avons **voulu** inviter.

volere[2] *n.m.* volonté (*f.*).

volgare [vol-gà-re] *agg.* **1** vulgaire: *un gesto volgare*, un geste vulgaire; *questo quadro è un'imitazione volgare*, ce tableau est une vulgaire imitation **2** (*ling.*) vulgaire ♦ *n.m.* **1** (*trivialità*) vulgarité: *scadere nel volgare*, tomber dans la vulgarité **2** (*ling.*) langue (*f.*) vulgaire.

volgarismo [vol-ga-rì-ʃmo] *n.m.* vulgarisme.

volgarità [vol-ga-ri-tà] *n.f.invar.* **1** vulgarité **2** (*atto, parola volgare*) grossièreté.

volgarizzare [vol-ga-riʒ-ʒà-re] *v.tr.* **1** (*divulgare*) vulgariser **2** (*tradurre in lingua volgare*) traduire* en langue vulgaire.

volgarizzatore [vol-ga-riʒ-ʒa-tó-re] *n.m.* [f. *-trice*] (*divulgatore*) vulgarisateur*.

volgarizzazione [vol-ga-riʒ-ʒa-zió-ne] *n.f.* (*divulgazione*) vulgarisation.

volgarmente [vol-gar-mén-te] *avv.* vulgairement.

volgere[1] [vòl-ge-re] *v.tr.* [p.rem. *io volsi, tu volgesti* ecc.; p.p. *volto*] **1** tourner (*anche fig.*): *volgere il viso verso qlcu*, tourner son visage vers qqn; *volgere gli occhi al cielo*, lever les yeux au ciel; *volgere la testa da un'altra parte*, détourner la tête; *volgere i passi verso casa*, diriger ses pas vers la maison | *volgere in fuga il nemico*, mettre l'ennemi en fuite | *volgere le spalle*, (*anche fig.*) tourner le dos **2** (*tradurre*) traduire* ♦ *v.intr.* [aus. *avere*] tourner: *il tempo volge al bello, al brutto*, le temps se met au beau, se gâte ♦ **volgersi** *v.pron.* e *pron.intr.* **1** se tourner | *volgersi indietro*, se retourner **2** (*dedicarsi*) se consacrer.

● ***volgere al meglio, al peggio***, prendre une bonne, mauvaise tournure: *la faccenda volge al peggio*, l'affaire prend (une) mauvaise tournure | ***volgere al termine***, toucher à sa fin: *il lavoro volge al termine*, le travail touche à sa fin.

volgere[2] *n.m.invar.*

● ***col volgere degli anni***, avec le temps | ***nel volgere di pochi anni***, en l'espace de quelques années.

volgo [vól-go] *n.m.* [pl. *-ghi*] (*spreg.*) peuple.

voliera [vo-liè-ra] *n.f.* volière.

volitivo [vo-li-tì-vo] *agg.* **1** (*della volontà*) volitif* **2** (*di persona*) qui a beaucoup de volonté | *mento volitivo*, (*fig.*) menton volontaire ♦ *n.m.* [f. *-a*] personne (*f.*) volontaire.

volizione [vo-li-zió-ne] *n.f.* (*fil.*) volition.

volli → **volere**[1].

volo [vó-lo] *n.m.* **1** vol: *fare un volo di 300 metri*, faire une chute de 300 mètres **2** (*aer.*) vol: *volo diurno, notturno*, vol de jour, de nuit | *volo a bassa quota*, vol à basse altitude **3** (*fig.*) envolée (*f.*) **4** (*stormo*) vol, volée (*f.*): *un volo di rondini*, une volée d'hirondelles.

● ***volo a vela***, vol à voile | ***volo strumentale, cieco***, pilotage sans visibilité | ***al volo***, (*anche fig.*) au vol; (*sport*) de volée: *capire al volo*, comprendre à demi-mot | ***campo di volo***, terrain d'aviation | ***in un volo, di volo***, en un clin d'œil: *il tempo è passato in un volo*, le temps s'est envolé | ***in volo***, au vol: *uccello in volo*, oiseau au vol; *levarsi in volo*, s'envoler; (*di aereo*) décoller | ***prendere il volo***, (*anche fig.*) s'envoler.

volontà [vo-lon-tà] *n.f.invar.* **1** volonté: *volontà di ferro, ferrea*, volonté de fer; *andare contro la volontà di qlcu*, aller contre la volonté de qqn | *sia fatta la tua vo-*

lontà, que votre volonté soit faite **2** (*voglia, desiderio*) envie: *la volontà di riuscire*, l'envie de réussir.
● ***a volontà***, à volonté | ***di sua spontanea volontà***, de son plein gré | ***forza di volontà***, force de volonté.

volontariamente [vo-lon-ta-ria-mén-te] ***avv.*** volontairement.

volontariato [vo-lon-ta-rià-to] ***n.m.*** **1** (*attività gratuita*) bénévolat, service volontaire **2** (*mil.*) volontariat **3** (*periodo di pratica*) stage.

volontario [vo-lon-tà-rio] ***agg.*** [pl.m. *-ri*] **1** volontaire: *andare volontario*, s'engager comme volontaire **2** (*che presta servizio gratuito*) bénévole, volontaire: *infermiere volontario*, infirmier bénévole ♦ ***n.m.*** [f. *-a*] volontaire.
● ***volontario del sangue***, donneur de sang.

volontarismo [vo-lon-ta-rì-ʃmo] ***n.m.*** (*fil.*) volontarisme.

volontaristico [vo-lon-ta-rì-sti-co] ***agg.*** [pl.m. *-ci*, f. *-che*] (*fil.*) volontariste.

volonterosamente [vo-lon-te-ro-sa-mén-te] ***avv.*** avec bonne volonté.

volonteroso [vo-len-te-ró-so] ***agg.*** → **volenteroso**.

volovelismo [vo-lo-ve-lì-ʃmo] ***n.m.*** (*sport*) vol à voile.

volovelista [vo-lo-ve-lì-sta] ***n.m.*** e ***f.*** vélivole, qui pratique le vol à voile.

volovelistico [vo-lo-ve-lì-sti-co] ***agg.*** [pl.m. *-ci*, f. *-che*] vélivole.

volpacchiotto [vol-pac-chiòt-to] ***n.m.*** [f. *-a*] **1** renardeau*, jeune renard **2** (*fig.*) petit rusé, petit filou.

volpe [vól-pe] ***n.f.*** renard (*m.*); (*femmina*) renarde: *caccia alla volpe*, chasse au renard.
● ***che volpe!***, (*fig. iron.*) quel filou! | ***eccoli, il gatto e la volpe!***, voilà les deux compères! | ***è una vecchia volpe***, (*fig.*) c'est un vieux renard.

volpino [vol-pì-no] ***agg.*** **1** de renard (*anche fig.*): *un viso volpino*, une figure pointue **2** (*fig.*) (*astuto*) rusé ♦ ***n.m.*** (*cane*) loulou.

volpone [vol-pó-ne] ***n.m.*** [f. *-a*] (*fig.*) vieux renard.

volsi → **volgere**[1].

volt ***n.m.invar.*** (*elettr., fis.*) volt.

volta[1] [vòl-ta] ***n.f.*** **1** fois: *una volta al mese*, une fois par mois | *tre volte tre fa nove*, trois fois trois (font) neuf | *è successo tante di quelle volte!*, (*fam.*) c'est arrivé si souvent! **2** (*turno*) tour (*m.*): *verrà anche la mia volta*, mon tour viendra **3** (*svolta*) détour (*m.*) **4** (*tip.*) verso (*m.*).
● ***volta per volta***, chaque fois: *pagare volta per volta*, payer chaque fois | ***alla volta di***, pour: *partì alla volta di Torino*, il partit pour Turin | ***a sua volta***, à son tour | ***a volte***, ***certe volte***, parfois | ***c'era una volta***, il était une fois | ***di volta in volta***, chaque fois, petit à petit | ***gli ha dato di volta il cervello***, il est devenu fou | ***il più delle volte***, la plupart des fois | ***molte***, ***tante volte***, bien des fois, maintes fois; (*fam.*) bien souvent | ***per***, ***alla volta***, chaque fois; à la fois: *un po' per volta, alla volta*, un peu chaque fois; *due per volta, alla volta*, deux à la fois | ***per una volta che***, pour une fois que | ***poche***, ***rare volte***, rarement | ***qualche volta***, quelquefois | ***questa è la volta buona***, cette fois ça y est | ***se alle volte***, si jamais: *se alle volte venisse*, si jamais il venait | ***tutto in una volta***, tout à la fois, en une seule fois | ***una volta***, autrefois; (*tanto tempo fa*) jadis | ***una volta ogni tanto***, de temps en temps | ***una volta o l'altra***, un jour ou l'autre | ***una volta per sempre***, ***per tutte***, une fois pour toutes | ***una volta tanto***, pour une fois | ***un paio di volte***, une fois ou deux.

volta[2] ***n.f.*** (*arch.*) voûte.
● ***a volta***, voûté | ***la volta celeste***, la voûte du ciel.

voltafaccia [vol-ta-fàc-cia] ***n.m.invar.*** volte-face* (*f.*) (*anche fig.*): *un improvviso voltafaccia*, une rapide volte-face.

voltafieno [vol-ta-fiè-no] ***n.f.invar.*** (*macchina agricola*) faneuse (*f.*).

voltagabbana [vol-ta-gab-bà-na] ***n.m.invar.*** (*fig.*) girouette (*f.*), personne (*f.*) qui a l'habitude de retourner sa veste.

voltaggio [vol-tàg-gio] ***n.m.*** [pl. *-gi*] (*elettr.*) voltage.

voltaico [vol-tài-co] ***agg.*** [pl.m. *-ci*, f. *-che*] (*elettr.*) voltaïque.

voltametro [vol-tà-me-tro] ***n.m.*** (*elettr.*) voltamètre.

voltampere [vol-tam-pè-re] ***n.m.invar.*** (*elettr.*) voltampère.

voltare [vol-tà-re] ***v.tr.*** **1** (*girare, volgere*) tourner: *voltare la testa*, tourner la tête; *voltare pagina*, (*anche fig.*) tourner la page | *voltare l'angolo* (*di una strada*), tourner le coin (d'une rue): *voltato l'angolo troverete una fontana*, après avoir tourné le coin de la rue vous trouverez une fontaine | *voltai l'automobile e tornai indietro*, je fis demi-tour avec ma voiture et je revins sur mes pas | *voltare la prua verso riva*, diriger la proue vers la côte **2** (*rovesciare*) retourner: *voltare una bistecca*, retourner un bifteck; *voltare le carte*, (*da gioco*) retourner les cartes | *voltare in su le maniche*, retrousser ses manches | *voltare in giù*, rabattre ♦ ***v.intr.*** [aus. *avere*] tourner: *la strada volta a sinistra*, la route tourne à gauche ♦ **voltarsi** ***v.pron.*** e ***pron.intr.*** se tourner: *voltati da questa parte*, tourne-toi de ce côté | *non so dove voltarmi*, (*fam.*) je ne sais plus où donner de la tête | *il tempo si volta al bello*, le temps se met au beau.
● ***voltare gabbana***, retourner sa veste, tourner casaque | ***voltare gli occhi*** (***da un'altra parte***), détourner les yeux: *appena volto gli occhi, combina un disastro*, il suffit que j'aie le dos tourné pour qu'il fasse un malheur | ***voltare in burla***, tourner à la plaisanterie | ***voltare le spalle***, ***la schiena***, tourner le dos: *voltare le spalle al nemico*, fuir devant l'ennemi | ***voltarsi contro qlcu***, se retourner contre qqn | ***voltarsi indietro***, se retourner; (*fig.*) (*verso il passato*) regarder en arrière.

voltastomaco [vol-ta-stò-ma-co] ***n.m.*** [pl. *-chi* o *-ci* o *invar.*] (*fam.*) nausée (*f.*): *dare il voltastomaco*, donner la nausée.
● ***far venire il voltastomaco***, (*fig.*) donner envie de vomir.

voltata [vol-tà-ta] ***n.f.*** (*curva*) tournant (*m.*); (*dell'automobile*) virage (*m.*).
● ***dare una voltata a qlco***, retourner qqch.

volteggiare [vol-teg-già-re] ***v.intr.*** [coniug. come *mangiare*; aus. *avere*] voltiger* ♦ ***v.tr.*** faire* voltiger.

volteggio [vol-tég-gio] ***n.m.*** [pl. *-gi*] voltige (*f.*).

volteriano [vol-te-rià-no] ***agg.*** voltairien*.

voltmetro [vòlt-me-tro] ***n.m.*** (*elettr.*) voltmètre.

volto[1] [vól-to] ***n.m.*** visage (*anche fig.*): *essere triste, pallido in volto*, avoir un visage triste, pâle; *ha rivelato il suo vero volto*, il s'est montré sous son vrai jour; *un volto impenetrabile*, un masque impénétrable | *essere acceso in volto*, avoir les joues en feu.

volto[2] [vòl-to] ***agg.*** **1** (*rivolto*) tourné: *volto a est*, tourné vers l'est | *volto all'insù, all'ingiù*, tourné vers le haut, vers le bas: *naso volto all'insù*, nez retroussé **2** (*dedito*) dirigé (**sur**), concentré (**sur**).

voltolarsi [vol-to-làr-si] ***v.pron.*** se rouler: *voltolarsi nell'erba*, se rouler dans l'herbe; *voltolarsi nel fango*, se vautrer dans la boue; *voltolarsi nel letto*, se tourner et se retourner dans son lit.

voltura [vol-tù-ra] ***n.f.*** **1** (*dir.*) mutation, transfert (*m.*) de propriété | *tassa di voltura*, droits de mutation (*o* de transfert) **2** (*comm.*) virement (*m.*) | (*amm.*) *la voltura del telefono*, le transfert du téléphone: *fare la voltura del telefono*, changer le nom de l'abonné (d'un numéro de téléphone).

● ***voltura catastale***, mutation au cadastre.

volturare [vol-tu-rà-re] ***v.tr.*** **1** (*dir.*) faire* un transfert de propriété, transférer* la propriété (**de**) **2** (*amm.*) faire* la mutation (**de**): *volturare un contratto di utenza*, faire la mutation d'un contrat d'usage | *volturare l'abbonamento del telefono*, changer le nom de l'abonné (d'un numéro de téléphone).

volubile [vo-lù-bi-le] ***agg.*** changeant; (*nei sentimenti*) volage: *un carattere volubile*, un caractère changeant.

FAUX AMI
Da non confondere con il francese *volubile*, che significa *verboso*.

volubilità [vo-lu-bi-li-tà] ***n.f.invar.*** inconstance.

volubilmente [vo-lu-bil-mén-te] ***avv.*** avec inconstance.

volume [vo-lù-me] ***n.m.*** **1** volume: *il volume di un solido*, le volume d'un solide; *la paglia occupa molto volume*, la paille occupe beaucoup de place **2** (*di un suono*) volume: *alzare il volume della radio*, augmenter le volume de la radio **3** (*libro*) volume.

● ***andare a tutto volume***, (*di radio ecc.*) marcher à plein volume; (*fam.*) marcher à plein tubes | ***fare volume***, avoir du volume: *capelli che fanno volume, che non hanno volume*, des cheveux qui ont du volume, qui manquent de volume; *un pacco che fa volume*, un paquet qui a un grand volume | (*econ.*) ***il volume degli, d'affari***, le chiffre des affaires.

volumetria [vo-lu-me-trì-a] ***n.f.*** (*arch.*) volumétrie.

volumetrico [vo-lu-mè-tri-co] ***agg.*** [pl.m. *-ci*, f. *-che*] volumétrique.

voluminosità [vo-lu-mi-no-si-tà] ***n.f.invar.*** encombrement (*m.*).

voluminoso [vo-lu-mi-nó-so] ***agg.*** volumineux*.

voluta [vo-lù-ta] ***n.f.*** **1** volute **2** (*del violino*) crosse.

volutamente [vo-lu-ta-mén-te] ***avv.*** intentionnellement; (*deliberatamente*) délibérément; (*volontariamente*) volontairement: *l'ho fatto volutamente*, je l'ai fait exprès.

voluto [vo-lù-to] ***agg.*** voulu; (*desiderato*) désiré; (*intenzionalo*) intentionnel*; (*artificioso*) affecté, artificiel*: *ottenere l'effetto voluto*, obtenir l'effet voulu (*o* désiré).

voluttà [vo-lut-tà] ***n.f.invar.*** volupté.

voluttuario [vo-lut-tu-à-rio] ***agg.*** [pl.m. *-ri*] voluptuaire.

voluttuosamente [vo-lut-tuo-sa-mén-te] ***avv.*** voluptueusement.

voluttuoso [vo-lut-tuó-so] ***agg.*** voluptueux*.

vomere [vò-me-re] ***n.m.*** (*dell'aratro*) soc.

vomico [vò-mi-co] ***agg.*** [pl.m. *-ci*, f. *-che*] vomitif*.

● ***noce vomica***, (*frutto*) noix vomique; (*albero*) vomiquier.

vomitare [vo-mi-tà-re] ***v.tr.*** vomir, rendre*: *fa vomitare*, (*anche fig.*) c'est à vomir.

vomitevole [vo-mi-té-vo-le] ***agg.*** vomitif*; (*disgustoso*) dégoûtant.

vomito [vò-mi-to] ***n.m.*** vomissement: *avere il vomito*, vomir | *avere conati di vomito*, avoir des haut-le-cœur.

● ***far venire il vomito***, donner envie de vomir; (*fig.*) dégoûter.

vongola [vón-go-la] ***n.f.*** clovisse, palourde | (*cuc.*) *spaghetti con le, alle vongole*, spaghetti aux clovisses.

vorace [vo-rà-ce] ***agg.*** **1** vorace; (*di persona*) glouton*, goulu **2** (*fig.*) avide: *un lettore vorace*, un lecteur avide.

voracemente [vo-ra-ce-mén-te] ***avv.*** voracement; (*con ingordigia*) gloutonnement; (*con avidità*) avidement (*anche fig.*).

voracità [vo-ra-ci-tà] ***n.f.invar.*** voracité (*anche fig.*); (*avidità*) avidité; (*ingordigia*) gloutonnerie.

voragine [vo-rà-gi-ne] ***n.f.*** gouffre (*m.*) (*anche fig.*).

vorrò → **volere**[1].

vorticare [vor-ti-cà-re] ***v.intr.*** [coniug. come *mancare*; aus. *avere*] tourbillonner.

vortice [vòr-ti-ce] ***n.m.*** tourbillon (*anche fig.*): *essere preso nel vortice degli affari*, être entraîné dans le tourbillon des affaires.

vorticosamente [vor-ti-co-sa-mén-te] ***avv.*** en tourbillonnant.

vorticoso [vor-ti-có-so] ***agg.*** **1** tourbillonnant **2** (*fig.*) frénétique: *un ritmo vorticoso*, un rythme frénétique (*o* vertigineux).

vossignoria [vos-si-gno-rì-a] ***n.f.*** (*antiq.*) Votre Seigneurie.

vostro [vò-stro] ***agg.poss. 2ª pers.pl.*** **1** votre*: *il vostro libro*, votre livre; *la vostra scuola*, votre école; *i vostri amici*, vos amis; *le vostre case*, vos maisons; *il vostro ultimo viaggio*, votre dernier voyage; *sono del vostro stesso parere*, je suis de votre avis; *il vostro e il nostro giardino sono contigui*, votre jardin et le nôtre sont contigus; *è un problema vostro, non mio*, c'est votre problème, pas le mien; *un vostro amico*, un de vos amis (*o* un ami à vous); *un vostro amico avvocato*, un de vos amis avocats; *desidero un vostro consiglio*, je désire votre conseil; *attendo una vostra risposta*, j'attends une réponse de vous; *questo vostro amico*, votre ami (*o* cet ami); *tre vostri amici*, trois de vos amis (*o* trois amis à vous); *alcuni vostri amici*, quelques-uns de vos amis (*o* quelques amis à vous) | *in, a casa vostra*, chez vous **2** (*proprietà, appartenenza*) à vous: *so che vorreste una casa vostra*, je sais que vous voudriez une maison à vous; *l'idea non è vostra*, l'idée n'est pas de vous | *un modo tutto vostro di*, une manière toute personnelle de | *questo progetto è vostro?*, (*ne siete gli autori*) le projet est de vous? ♦ ***pron.poss. 2ª pers.pl.*** **1** le* vôtre: *la mia macchina è meno veloce della vostra*, ma voiture est moins rapide que la vôtre **2** (*in espressioni ellittiche*): *io sono, sto sempre dalla vostra* (*parte*), je suis toujours de votre côté; *anche voi avete avuto le vostre* (*disgrazie*), vous avez eu vous aussi votre part de malheurs; *ne avete combinata un'altra delle vostre*, vous en avez encore fait une des vôtres; *ne avete detta una delle vostre*, vous avez fait une de vos gaffes; *perché volete sempre dire la vostra?*, pourquoi avez-vous toujours votre mot à dire? | (*comm.*) *la vostra del*, votre lettre du ♦ ***n.m.*** **1** (*mezzi economici, beni personali*): *per fortuna potete vivere del vostro*, heureusement vous pouvez vivre de vos ressources personnelles; *avete sempre speso del vostro*, vous avez toujours payé de votre poche; *dovete accontentarvi del vostro*, vous devez vous contenter de ce que vous avez **2** (*dopo un pron. indef.*): *avete ancora qualcosa di vostro*, vous avez encore quelques biens personnels; *ormai non avete più niente di vostro*, à présent vous n'avez plus rien; *in questa casa non c'è più nulla* *di vostro*, dans cette maison il n'y a plus rien qui vous appartienne; *non ci avete messo molto di vostro in questo articolo*, vous n'avez pas mis beaucoup de choses personnelles dans cet article **3** (*pl.*) (*familiari ecc.*) les vôtres.

votante [vo-tàn-te] ***agg.*** e ***n.m.*** e ***f.*** votant/e: *l'elenco dei votanti*, la liste des votants.

votare [vo-tà-re] ***v.tr.*** **1** (*approvare*) voter, approuver: *votare una legge*, voter une loi **2** (*dedicare*) vouer, consacrer ♦ ***v.intr.*** [aus. *avere*] voter: *votare a favore di, contro una proposta*, voter pour, contre une proposition | *votare scheda bianca*, voter blanc ♦ **votarsi** ***v.pron.*** (*dedicarsi*) se vouer, se consacrer.

● ***non sapere a che santo votarsi***, ne pas savoir à quel saint se vouer.

votato [vo-tà-to] ***agg.*** **1** voté; (*approvato*) approuvé **2** (*dedito*) voué.

votazione [vo-ta-zió-ne] ***n.f.*** **1** vote (*m.*); (*scrutinio*) scrutin (*m.*): *procedere alla votazione*, passer au vote; *aprire, chiudere la votazione*, ouvrir, clore le scrutin | *votazione segreta, palese*, scrutin secret, public | *con votazione unanime*, à l'unanimité **2** (*a scuola*) notes (*pl.*).

votivo [vo-ti-vo] ***agg.*** votif*.

voto [vó-to] ***n.m.*** **1** (*solenne promessa*) vœu*: *adempiere un voto*, accomplir un vœu | *fare voto di*, faire vœu de **2** (*augurio, desiderio*) vœu* | *era nei voti di tutti*, c'est ce que tout le monde désirait **3** (*suffragio, votazione*) vote, voix (*f.*): *dare voto favorevole, contrario*, voter en faveur (de qqn), contre (qqn) **4** (*valutazione*) note (*f.*) | *voto di sufficienza*, moyenne.

● ***voto di castità***, vœu de chasteté | ***voto di fiducia, di sfiducia***, vote de confiance, refus de confiance | ***voto di profitto***, note | ***voto per alzata e seduta***, vote par assis et levé | ***a pieni voti***, avec mention: *laurearsi a pieni voti*, passer sa licence avec mention | ***far voti***, souhaiter: *far voti di guarigione*, souhaiter la guérison | ***mettere ai voti***, mettre aux voix.

voucher ['vautʃer] ***n.m.invar.*** bon d'échange.

voxel [vó-xel] ***n.m.invar.*** (*inform.*) pixel en 3D.

voyeurismo [vo-yeu-rì-ʃmo] ***n.m.*** voyeurisme.

vu' cumpra' [vu cum-prà] **vucumprà** ***inter.*** (*richiamo dei venditori ambulanti spec. africani*) t'y veux, t'y achète (*o* t'y veux, t'y choise) ♦ ***n.m.*** e ***f.invar.*** (*venditore ambulante spec. africano*) vendeur/euse ambulant/e (africain/e).

vudu [vù-du] ***agg.*** e ***n.m.invar.*** vaudou*.

vulcanico [vul-cà-ni-co] ***agg.*** [pl.m. *-ci*, f. *-che*] volcanique (*anche fig.*): *una mente vulcanica*, un esprit effervescent.

vulcanismo [vul-ca-nì-ʃmo] ***n.m.*** (*geol.*) volcanisme.

vulcanizzare [vul-ca-niʒ-ʒà-re] ***v.tr.*** (*chim.*) vulcaniser.

vulcanizzazione [vul-ca-niʒ-ʒa-zió-ne] ***n.f.*** vulcanisation.

vulcano [vul-cà-no] ***n.m.*** volcan (*anche fig.*): *quell'uomo è un vulcano!*, cet homme est un (vrai) volcan!; *è un vulcano d'idee*, il bouillonne d'idées; *è un vulcano d'iniziative*, il déborde d'initiatives.

● ***dormire sopra un vulcano***, (*fig.*) danser sur un volcan.

vulcanologia [vul-ca-no-lo-gì-a] ***n.f.*** volcanologie.

vulcanologo [vul-ca-nò-lo-go] ***n.m.*** [f. *-a*; pl.m. *-gi*, f. *-ghe*] volcanologue.

vulnerabile [vul-ne-rà-bi-le] ***agg.*** vulnérable (*anche fig.*).

vulnerabilità [vul-ne-ra-bi-li-tà] ***n.f.invar.*** vulnérabilité (*anche fig.*).

vulva [vùl-va] ***n.f.*** (*anat.*) vulve.

vulvare [vul-và-re] ***agg.*** (*anat.*) vulvaire.

vuoi, **vuole** → **volere**[1].

vuotaggine [vuo-tàg-gi-ne] ***n.f.*** **1** inconsistance (*spec. fig.*) **2** (*mancanza di idee*) manque (*m.*) total d'idées.

vuotare [vuo-tà-re] ***v.tr.*** vider: *vuotare le tasche a qlcu*, (*fig.*) vider les poches de qqn; *i ladri hanno vuotato la casa*, les voleurs ont dévalisé la maison | *vuotare un serbatoio, il pozzo nero*, (*spurgare*) vidanger un réservoir, la fosse d'aisance ♦ **vuotarsi** ***v.pron.intr.*** se vider.

● ***vuotare il sacco***, (*fig. fam.*) (*confessare, sfogarsi*) vider son sac.

vuotatasche [vuo-ta-tà-sche] ***n.m.invar.*** vide-poches.

vuotezza [vuo-téz-za] ***n.f.*** vide; (*m.*); (*mancanza*) manque (*m.*).

vuoto [vuò-to] ***agg.*** vide (*anche fig.*): *un appartamento vuoto*, (*senza mobili*) un appartement vide, (*senza inquilini*) inoccupé; *vuoto di senso*, vide, dénué de sens | *è una testa vuota*, (*fam.*) il n'a pas de tête ♦ ***n.m.*** **1** vide (*anche fig.*): *fissare il vuoto*, regarder dans le vide; *la sua morte lascia un vuoto incolmabile*, sa mort laisse un vide immense **2** (*recipiente vuoto*) emballage; (*in vetro*) verre: *nel prezzo è compreso il vuoto*, le verre, l'emballage est consigné.

● ***vuoto a perdere***, emballage, verre non consigné | ***vuoto a rendere***, emballage, verre consigné | (*aer.*) ***vuoto d'aria***, vide d'air | ***vuoto di potere***, carence de pouvoir | ***a mani vuote***, les mains vides | ***andare a vuoto, cadere nel vuoto***, (*andare in fumo*) tomber à l'eau, (*fallire*) échouer | ***a vuoto***, à vide: *fare qlco a vuoto*, faire qqch pour rien; *girare a vuoto*, tourner à vide; (*banca*) *assegno a vuoto*, chèque sans provision | ***mezzo vuoto***, à moitié vide | ***sotto vuoto***, sous vide: *sotto vuoto spinto*, sous vide poussé | ***un vuoto di memoria***, un trou de mémoire.

Ww

w [vu'doppja] ***n.m.*** o ***f.invar.*** **1** w (*m.*) **2** (*simbolo di viva o evviva*) vive, vivent: *w la repubblica!*, vive la République!; *w le vacanze!*, vivent les vacances!
● (*tel.*) ***w come Washington***, w comme William.

wafer ['vafer] ***n.m.invar.*** (*cialda*) gaufrette (*f.*).

wagneriano [wag-ne-rià-no] ***agg.*** e ***n.m.*** [f. *-a*] wagnérien*.

wagon-lit [vagon'li] ***n.m.invar.*** (*vagone-letto*) wagon-lit.

wagon-restaurant [va'gonrɛstɔ'ran] ***n.m.invar.*** wagon-restaurant*.

wahabita [vaabita] ***agg.*** e ***n.m.*** e ***f.*** (*relig. islamica*) wahabite.

walkman ['wɔlkmen] ***n.m.invar.*** baladeur.

wap ***n.m.invar.*** (*tel.*) wap.

wappare [wap'pare] ***v.intr.*** [aus. *avere*] (*tel.*) (*gergo*) faire* du wap.

war game [wɔr'geim] ***n.m.invar.*** wargame.

water-closet [vater'klozet] ***n.m.invar.*** water-closet*, waters, WC.

watt ***n.m.invar.*** (*elettr.*) watt.

Web ***n.m.invar.*** (*Internet*) Web: *sito*, *pagina Web*, site, page Web.

webcam [wɛb'kam] ***n.f.invar.*** (*inform.*) webcam.

week-end [ui'kɛnd] ***n.m.invar.*** week-end, fin (*f.*) de semaine.

welfare state [wɛlfer'steit] ***n.m.invar.*** (*econ.*) état-providence*.

western ['wɛstern] ***agg.*** e ***n.m.invar.*** (*cine.*) western.
● ***western all'italiana***, western-spaghetti.

whisky ['uiski] ***n.m.invar.*** whisky*.

windsurf [wind'sɛrf] ***n.m.invar.*** (*sport*) planche (*f.*) à voile, windsurf.

windsurfista [wind-sur-fi-sta] ***n.m.*** e ***f.*** véliplanchiste, planchiste.

wireless ['wairles] ***agg.invar.*** (*tel.*) sans fil.

wok ***n.m.invar.*** (*cuc.*) wok.

wolframio [wol-frà-mio] ***n.m.*** [pl. *-mi*] (*chim.*) wolfram.

woofer ['wufer] ***n.m.invar.*** caisson de basse.

word processing [wordpro'sɛsiŋg] ***n.m.invar.*** (*inform.*) traitement de texte.

word processor [wordpro'sɛsor] ***n.m.invar.*** (*inform.*) machine (*f.*) de traitement de texte(s).

workshop ['workʃɔp] ***n.m.*** (*seminario di studi*) atelier, séminaire.

workstation [work'steʃon] ***n.m.invar.*** (*inform.*) station (*f.*) de travail.

wow ['wau] ***inter.*** super; oh là là; waouh.

wrestling ['rɛstling] ***n.m.invar.*** (*sport*) catch.

writer ['raiter] ***n.m.*** e ***f.invar.*** (*graffitista*) tagueur/euse, graffeur/euse, bombeur/euse.

würstel ['vyrstel] ***n.m.invar.*** saucisse (*f.*) de Strasbourg.

WWW [vuvu'vu] ***n.m.invar.*** (*Internet*) W3.

WYSIWYG ***n.m.*** e ***agg.invar.*** (*inform.*) (*sigla di* What You See Is What You Get) tel-tel.

Xx

x [iks] ***n.m.*** o ***f.invar.*** x (*m.*).
● (*tel.*) ***x come xeres***, x comme Xavier | ***a forma di X***, en X.
xeno [xè-no] ***n.m.*** (*chim.*) xénon.
xeno- ***pref.*** xéno-.
xenofilia [xe-no-fi-lì-a] ***n.f.*** xénophilie.
xenofilo [xe-nò-fi-lo] ***agg.*** e ***n.m.*** [f. *-a*] xénophile.
xenofobia [xe-no-fo-bì-a] ***n.f.*** xénophobie.
xenofobo [xe-nò-fo-bo] ***agg.*** e ***n.m.*** [f. *-a*] xénophobe.
xeres [xè-res] ***n.m.invar.*** (*vino spagnolo*) xérès.
xerocopiatrice [xe-ro-co-pia-trì-ce] ***n.f.*** machine pour xérocopie.
xerografia [xe-ro-gra-fì-a] ***n.f.*** xérographie.
xerostomia [xe-ro-sto-mì-a] ***n.f.*** (*med.*) xérostomie.
xilofono [xi-lò-fo-no] ***n.m.*** (*mus.*) xylophone.
xilografia [xi-lo-gra-fì-a] ***n.f.*** xylographie.
xilografico [xi-lo-grà-fi-co] ***agg.*** [pl.m. *-ci*, f. *-che*] xylographique.
xilografo [xi-lò-gra-fo] ***n.m.*** xylographe.

Yy

y ['ipsilon *o* i gré-co] ***n.m.*** o ***f.invar.*** y (*m.*).
● (*tel.*) ***y come yacht***, y comme Yvonne | ***a (forma di) Y***, en Y.

yacht [jɔt] ***n.m.invar.*** (*mar.*) yacht.

yachting ['jɔtiŋg] ***n.m.*** navigation (*f.*) de plaisance, yachting.

yak ***n.m.*** e ***f.invar.*** yack, yak.

yankee ['jɛŋki] ***agg.*** e ***n.m.*** e ***f.invar.*** (*gergo*) (*americano*) yankee.

yemenita [ye-me-nì-ta] ***agg.*** yéménite ♦ ***n.m.*** e ***f.*** (*abitante*) Yéménite.

yen ***n.m.invar.*** (*moneta giapponese*) yen.

yeti [yè-ti] ***n.m.invar.*** yéti.

yiddish ['jiddiʃ] ***agg.*** e ***n.m.invar.*** yiddish.

yoga [yò-ga] ***n.m.*** yoga: *fare yoga*, faire du yoga ♦ ***agg. invar.*** du yoga, de yoga.

yogurt [yò-gurt] ***n.m.invar.*** yaourt, yogourt: *yogurt naturale*, yaourt nature.

yogurtiera [yo-gur-tiè-ra] ***n.f.*** yaourtière.

yucca [yùc-ca] ***n.f.*** [pl. -*che*] (*bot.*) yucca (*m.*).

yuppie ['juppi] ***agg.*** e ***n.m.*** e ***f.invar.*** yuppie.

Zz

z ***n.f.*** o ***m.invar.*** z (*m.*).
● (*tel.*) *z come Zara*, z comme Zoé.
zabaione [ʒa-ba-ió-ne] ***n.m.*** (crème) sabayon.
zac ***onom.*** vlan.
zacchera [zàc-che-ra] ***n.f.*** éclaboussure.
zacchete [ʒàc-che-te] ***onom.*** tac.
zaffata [zaf-fà-ta] ***n.f.*** **1** (*di cattivo*) relent (*m.*) **2** (*d'aria, fumo*) bouffée; (*di liquido, vapore*) jet (*m.*).
zafferano [ʒaf-fe-rà-no] ***n.m.*** safran.
zaffiro [ʒaf-fi-ro] ***n.m.*** saphir.
zaffo [zàf-fo] ***n.m.*** **1** (*di botte*) bondon **2** (*med.*) tampon, mèche (*f.*).
zagara [ʒà-ga-ra] ***n.f.*** (*bot.*) fleur d'oranger, fleur de citronnier.
zaino [ʒài-no] ***n.m.*** sac (à dos) | *zaino in spalla!*, sac au dos!
zairese [ʒai-ré-se] ***agg.*** (*st.*) zaïrois ♦ ***n.m.*** e ***f.*** (*st.*) (*abitante*) Zaïrois/e.
zambiano [ʒam-bià-no] ***agg.*** zambien* ♦ ***n.m.*** [f. *-a*] (*abitante*) Zambien*.
zampa [zàm-pa] ***n.f.*** patte.
● ***a quattro zampe***, à quatre pattes | ***giù le zampe!***, bas les pattes! | ***pantaloni a zampa d'elefante***, pantalon à pattes d'éléphant.
zampata [zam-pà-ta] ***n.f.*** **1** coup (*m.*) de patte **2** (*impronta*) trace (de patte).
zampettare [zam-pet-tà-re] ***v.intr.*** [aus. *avere*] trottiner.
zampetto [zam-pét-to] ***n.m.*** (*cuc.*) pied.
zampillante [zam-pil-làn-te] ***agg.*** jaillissant.
zampillare [zam-pil-là-re] ***v.intr.*** [aus. *essere* o *avere*] jaillir.
zampillio [zam-pil-lì-o] ***n.m.*** [pl. *-ii*] jaillissement.
zampillo [zam-pìl-lo] ***n.m.*** jet; giclée (*f.*): *dal foro sprizzava uno zampillo d'acqua*, l'eau jaillissait du trou.
zampino [zam-pì-no] ***n.m.*** petite patte (*f.*).
● ***c'è (sotto) il suo zampino***, (*fig.*) il y a mis la patte | ***metterci lo zampino***, (*fig.*) s'en mêler.
zampirone [ʒam-pi-ró-ne] ***n.m.*** fumigène anti-moustiques.
zampogna [zam-pó-gna] ***n.f.*** musette.
zampognaro [zam-po-gnà-ro] ***n.m.*** [f. *-a*] joueur* de musette.
zampone [zam-pó-ne] ***n.m.*** (*cuc.*) pied de porc farci.
zanca [zàn-ca] ***n.f.*** [pl. *-che*] (*tecn.*) agrafe.
zangola [zàn-go-la *o* ʒàngola] ***n.f.*** baratte.
zanna [zàn-na] ***n.f.*** (*di elefante ecc.*) défense; (*di cani, lupi, felini*) croc (*m.*); (*di cinghiale*) dague, défense.
● ***mostrare le zanne***, (*fig.*) montrer les crocs (*o* montrer les dents).
zannata [ʒan-nà-ta] ***n.f.*** coup (*m.*) de défense; (*di cani ecc.*) coup (*m.*) de croc.
zanzara [ʒan-ʒà-ra] ***n.f.*** moustique (*m.*).
zanzariera [ʒan-ʒa-riè-ra] ***n.f.*** moustiquaire.
zappa [zàp-pa] ***n.f.*** *houe.
● ***darsi la zappa sui piedi***, (*fig.*) donner le bâton pour se faire battre.
zappare [zap-pà-re] ***v.tr.*** piocher, *houer.
zappata [zap-pà-ta] ***n.f.*** coup (*m.*) de pioche: *dare una bella zappata alla terra*, donner un sérieux coup de pioche dans la terre.
zappatrice [zap-pa-trì-ce] ***n.f.*** (*agr.*) bineuse, *houe mécanique.
zappatura [zap-pa-tù-ra] ***n.f.*** piochage (*m.*).
zappetta [zap-pét-ta] ***n.f.*** binette.
zappettare [zap-pet-tà-re] ***v.tr.*** biner.
zapping ['dzɛppiŋg] ***n.m.invar.*** (*tv*) zapping: *fare zapping*, zapper.
zar [zar *o* ʒar] ***n.m.invar.*** tsar.
zarina [za-rì-na *o* ʒarìna] ***n.f.*** tsarine.
zarista [za-rì-sta *o* ʒarìsta] ***agg.*** e ***n.m.*** e ***f.*** tsariste: *la Russia zarista*, la Russie des tsars.
zarro [zàr-ro] ***agg.*** e ***n.m.*** [f. *-a*] (*gergo*) plouc, péquenaud.
zattera [zàt-te-ra *o* ʒàttera] ***n.f.*** (*mar.*) radeau* (*m.*).
● ***zattera di salvataggio***, radeau de sauvetage.
zavorra [ʒa-vòr-ra] ***n.f.*** (*mar., aer.*) lest (*m.*): *in zavorra*, sur lest; *zavorra d'acqua, di sabbia*, lest en eau, en sable; *caricare, scaricare la zavorra* (*di una nave*), lester, délester (un bateau); *gettare la zavorra*, (*di aeromobile*) jeter du lest | *tutto il resto è zavorra*, (*fig.*) tout le reste ne vaut rien | *c'è molta zavorra*, (*fig.*) (*cose inutili*) il y a beaucoup de choses inutiles; (*persone inutili*) de nullités.
zavorrare [ʒa-vor-rà-re] ***v.tr.*** (*mar., aer.*) lester.
zazzera [zàz-ze-ra] ***n.f.*** chevelure; (*scherz., spreg.*) tignasse.
zazzeretta [zaz-ze-rét-ta] ***n.f.*** chevelure souple (et ondoyante).
zazzeruto [zaz-ze-rù-to] ***agg.*** (*scherz., spreg.*) chevelu.
zebra [ʒè-bra] ***n.f.*** **1** zèbre (*m.*) **2** (*pl.*) (*passaggio pedonale*) passage (*m.sing.*) clouté: *attraversare sulle zebre*, traverser au passage clouté (*o* dans les clous).
zebrato [ʒe-brà-to] ***agg.*** zébré.
● ***passaggio zebrato***, passage clouté.
zebratura [ʒe-bra-tù-ra] ***n.f.*** zébrure.
zebù [ʒe-bù] ***n.m.invar.*** (*zool.*) zébu.
zecca[1] [zéc-ca] ***n.f.*** [pl. *-che*] Hôtel (*m.*) de la Monnaie | *zecca clandestina*, fabrique de fausse monnaie.
● ***nuovo di zecca***, flambant neuf.
zecca[2] ***n.f.*** (*zool.*) tique.
zecchino [zec-chì-no] ***n.m.*** sequin.
● ***oro zecchino***, or pur.

zefir [ʒe-fir] ***n.m.invar.*** (*tess.*) zéphyr.
zefiro [ʒè-fi-ro] ***n.m.*** (*letter.*) zéphyr.
zelandese [ʒe-lan-dé-se] ***agg.*** zélandais.
zelante [ʒe-làn-te] ***agg.*** zélé: *è troppo zelante*, il fait trop de zèle | *fare lo zelante*, faire du zèle.
zelantemente [ze-lan-te-mén-te] ***avv.*** avec zèle.
zelo [ʒè-lo] ***n.m.*** zèle.
zelota [ʒe-lò-ta] ***n.m.*** e ***f.*** (*relig. ebraica*) zélote.
zen ***agg.*** e ***n.m.invar.*** (*fil., relig.*) zen.
zenit [ʒè-nit] ***n.m.invar.*** (*astr.*) zénith.
zenzero [ʒèn-ʒe-ro] ***n.m.*** (*bot.*) gingembre.
zeppa [zép-pa] ***n.f.*** **1** cale: *mettere una zeppa a qlco*, mettre une cale à qqch; (*fig.*) porter remède à qqch **2** (*ret.*) cheville.
● ***scarpe con la zeppa***, chaussures à semelle compensée.
zeppo [zép-po] ***agg.*** bourré.
● ***pieno zeppo***, bondé; farci: *pieno zeppo di gente*, bondé (*o* plein à craquer); *vasetto di miele pieno zeppo*, pot de miel plein à ras bord.
zerbino [ʒer-bì-no] ***n.m.*** paillasson.
zerbinotto [ʒer-bi-nòt-to] ***n.m.*** (*iron., spreg.*) gandin.
zero [ʒè-ro] ***agg.*** e ***n.m.*** zéro: *il termometro segna zero*, le thermomètre est à zéro | *prendere zero in matematica*, avoir un zéro en mathématiques.
● ***l'ora zero***, l'heure H | ***partire da zero***, partir de rien | (*agr.*) ***potare a zero***, faire une taille radicale | ***ridurre a zero***, réduire à zéro; ***ridursi a zero***, se ruiner: *si è ridotto a zero*, il s'est ruiné | ***sotto, sopra zero***, au-dessous, au-dessus de zéro: *dieci gradi sotto, sopra zero*, moins dix, dix | ***sparare a zero***, (*fig.*) démolir | ***tagliarsi i capelli a zero***, se raser les cheveux | ***valere zero***, être un zéro, être nul: *quell'uomo vale zero*, c'est un zéro; *la sua opinione vale zero*, son opinion ne compte pas.
zeta [ʒè-ta] ***n.f.*** o ***m.*** [pl. *le zete* o *le zeta* o *gli zeta*] z (*f.*), zed (*m.*).
● ***dall'a alla zeta***, de a à z.
zia [zì-a] ***n.f.*** tante.
zibaldone [ʒi-bal-dó-ne] ***n.m.*** **1** (*insieme di cose diverse*) mélange **2** (*lett.*) recueil de pensées diverses; (*quaderno di appunti*) carnet **3** (*spreg.*) (*scritto, discorso disordinato*) fouillis, fatras.
zibellino [ʒi-bel-lì-no] ***n.m.*** (*zool.*) zibeline (*f.*).
zibetto [ʒi-bét-to] ***n.m.*** (*zool.*) civette (*f.*).
zibibbo [ʒi-bìb-bo] ***n.m.*** raisin muscat.
zietta [zi-ét-ta] ***n.f.*** (*fam.*) tantine.
zietto [zi-ét-to] ***n.m.*** (*fam.*) tonton.
zigano [zi-gà-no] ***agg.*** tsigane ♦ ***n.m.*** [f. *-a*] Tsigane.
ziggurat [ʒig-gu-ràt] ***n.m.*** o ***f.invar.*** (*archeol.*) ziggourat.
zigomo [ʒì-go-mo] ***n.m.*** (*anat.*) zygoma; (*pomello*) pommette (*f.*).
zigosi [ʒi-gò-ʃi] ***n.f.invar.*** (*biol.*) formation des zygotes.
zigote [ʒi-gò-te] ***n.m.*** (*biol.*) zygote.
zigrinare [ʒi-gri-nà-re] ***v.tr.*** (*tecn.*) **1** chagriner **2** (*monete*) créneler*.
zigrinato [ʒi-gri-nà-to] ***agg.*** **1** chagriné **2** (*di monete*) crénelé.
zigrinatura [ʒi-gri-na-tù-ra] ***n.f.*** **1** (*delle pelli*) grenure **2** (*delle monete*) crénelage (*m.*).
zigrino [ʒi-grì-no] ***n.m.*** **1** (*pelle zigrinata*) chagrin **2** (*di squalo*) galuchat.
zigzag [ʒig-ʒàg] **zig zag** ***n.m.invar.*** zigzag.
● ***andare a zigzag***, aller en zigzag (*o* zigzaguer).
zigzagare [ʒig-ʒa-gà-re] ***v.intr.*** [coniug. come *legare*; aus. *avere*] zigzaguer.
zimarra [ʒi-màr-ra] ***n.f.*** **1** simarre **2** (*di sacerdote*) pardessus (*m.*).
zimbello [zim-bèl-lo *o* ʒimbèllo] ***n.m.*** souffre-douleur*, tête (*f.*) de turc: *lo zimbello della compagnia*, le souffre-douleur, la tête de turc du groupe.
● ***lo zimbello del paese***, la risée du village.
zincare [zin-cà-re *o* ʒincàre] ***v.tr.*** [coniug. come *mancare*] zinguer.
zincato [zin-cà-to *o* ʒincàto] ***agg.*** zingué.
zincatura [zin-ca-tù-ra *o* ʒincatùra] ***n.f.*** zingage (*m.*).
zinco [zìn-co *o* ʒìnco] ***n.m.*** [pl. *-chi*] zinc.
zincografia [zin-co-gra-fì-a *o* ʒincografìa] ***n.f.*** (*tip.*) **1** zincographie, zincogravure **2** (*la stampa così ottenuta*) gravure sur zinc.
zincografico [zin-co-grà-fi-co *o* ʒincogràfico] ***agg.*** [pl.m. *-ci*, f. *-che*] de zincographie; (*ottenuto per mezzo della zincografia*) sur zinc: *riproduzione zincografica*, copie sur zinc.
zingara [zìn-ga-ra *o* ʒìngara] ***n.f.*** bohémienne, tsigane; (*spreg.*) romanichelle.
zingaresco [zin-ga-ré-sco *o* ʒingarésco] ***agg.*** [pl.m. *-schi*, f. *-sche*] de bohémien.
zingaro [zìn-ga-ro *o* ʒìngaro] ***n.m.*** bohémien, tsigane; (*spreg.*) romanichel.
zinna [zìn-na] ***n.f.*** (*region., fam.*) (*mammella*) nichon (*m.*).
zinnia [ʒìn-nia] ***n.f.*** (*bot.*) zinnia (*m.*).
zinzino [zin-zì-no *o* ʒinʒìno] ***n.m.*** (*fam.*) petit peu, petit bout.
zio [zì-o] ***n.m.*** oncle: *gli zii, i miei zii*, mon oncle et ma tante.
zip ***n.f.invar.*** (*chiusura lampo*) zip: *con la zip*, zippé.
zipolo [zì-po-lo] ***n.m.*** (*tappo della botte*) fausset.
zippare [zip-pà-re] ***v.tr.*** (*inform.*) compresser, zipper.
zippato [zip-pà-to] ***agg.*** (*inform.*) compressé, zippé: *file zippato*, fichier compressé.
zircone [ʒir-có-ne] ***n.m.*** (*min.*) zircon.
zirlare [ʒir-là-re] ***v.intr.*** [aus. *avere*] (*del tordo*) siffler.
zitella [zi-tèl-la *o* ʒitèlla] ***n.f.*** vieille fille: *fare la zitella*, jouer les vieilles filles.
zitellaggio [zi-tel-làg-gio *o* ʒitellàggio] ***n.m.*** [pl. *-gi*] condition (*f.*) de vieille fille.
zitellesco [zi-tel-lé-sco *o* ʒitellésco] ***agg.*** [pl.m. *-schi*, f. *-sche*] (*scherz., spreg.*) de vieille fille.
zitellona [zi-tel-ló-na *o* ʒitellóna] ***n.f.*** (*scherz.*) vieille fille.
zitellone [zi-tel-ló-ne *o* ʒitellóne] ***n.m.*** (*scherz.*) vieux garçon.
zittio [zit-tì-o] ***n.m.*** [pl. *-ii*] chut.
zittire [zit-tì-re] ***v.intr.*** [coniug. come *finire*; aus. *avere*] **1** faire* chut **2** (*tacere*) se taire* ♦ ***v.tr.*** faire* taire.
zitto [zìt-to] ***agg.*** silencieux* | *gliel'ho chiesto, ma lui zitto*, je le lui ai demandé, mais lui, pas un mot.
● ***zitto zitto***, sans dire un mot: *è stato zitto zitto in un angolo*, il est resté dans son coin sans dire un mot; *zitto zitto se l'è svignata*, il a filé à l'anglaise; *si avvicinò zitto zitto*, il s'approcha en douce | ***zitto!, zitti!***, (en) silence!: *zitti, ragazzi!*, taisez-vous, les enfants!; *zitto! non fare rumore!*, chut! ne fais pas de bruit! | ***far stare zitto qlcu***, faire taire qqn: *con poche parole l'ha fatto star zitto*,

en quelques mots, il l'a réduit au silence | ***stare, restare zitto***, se taire.

zizzania [ʒiʒ-ʒà-nia] ***n.f.*** (*bot.*) zizanie.
● ***seminare, mettere zizzania***, (*fig.*) semer, mettre la zizanie.

zoccola [zòc-co-la] ***n.f.*** (*volg.*) pute.

zoccolaio [zoc-co-là-io] ***n.m.*** [f. *-a*; pl. *-ai*] sabotier.

zoccolata [zoc-co-là-ta] ***n.f.*** coup (*m.*) de sabot.

zoccolatura [zoc-co-la-tù-ra] ***n.f.*** (*arch.*) plinthe (*f.*).

zoccolio [zoc-co-lì-o] ***n.m.*** [pl. *-ii*] bruit de sabots.

zoccolo [zòc-co-lo] ***n.m.*** **1** sabot; (*calzatura estiva*) socque **2** (*di animale*) sabot; (*di mammiferi ungulati*) onglon; (*della mucca*) pied **3** (*edil.*) (*di colonna*) socle, plinthe (*f.*); (*di muro*) soubassement; (*battiscopa*) plinthe (*f.*); (*di caminetto*) mitron **4** (*di lampadina*) culot **5** (*zolla*) motte (*f.*) **6** (*geol.*) socle.
● ***zoccolo duro***, (*fig.*) noyau dur.

zodiacale [ʒo-di-a-cà-le] ***agg.*** zodiacal* | *segno zodiacale*, signe zodiacal, du zodiaque.

zodiaco [ʒo-dì-a-co] ***n.m.*** [pl. *-ci*] zodiaque.

zolfanello [zol-fa-nèl-lo] ***n.m.*** allumette (*f.*).
● ***accendersi come uno zolfanello***, (*fig.*) démarrer au quart de tour.

zolfo [zól-fo] ***n.m.*** soufre | *polvere di zolfo*, fleur de soufre.
● ***c'è odore di zolfo***, (*fig.*) ça sent le soufre.

zolla [zòl-la *o* ʒòlla] ***n.f.*** **1** motte **2** (*di zucchero*) morceau* (*m.*).
● ***zolla di terra***, lopin de terre: *possedere poche zolle di terra*, avoir un lopin de terre.

zolletta [zol-lét-ta *o* ʒolléta] ***n.f.*** (petit) morceau* (*m.*) | *zucchero in zollette*, sucre en morceaux.

zombi [ʒóm-bi] **zombie** ***n.m.*** e ***f.invar.*** zombi(e).

zompare [zom-pà-re] ***v.intr.*** [aus. *essere* o *avere*] (*region.*) bondir, sauter.

zona [ʒò-na] ***n.f.*** **1** (*parte di superficie*) zone: *zone d'ombra, di luce*, zones d'ombre, de lumière | *zona pranzo*, coin-repas; *zona giorno*, salle de séjour, cuisine; *zona notte*, salle de bain **2** (*area urbana*) zone; (*quartiere*) quartier (*m.*): *abita in una bella zona di Milano*, il habite un beau quartier de Milan **3** (*inform.*) zone **4** (*del telegrafo*) (*nastro*) bande.
● ***zona di caccia, di pesca***, chasse, pêche gardée | ***zona disco***, zone bleue | ***zona franca***, zone franche | ***zona industriale***, zone industrielle; (*di città*) quartier industriel | ***zona montuosa, sismica***, région montagneuse, sismique | (*anat.*) ***zona olfattiva***, zone olfactive | ***zona residenziale***, quartier résidentiel | ***zona verde***, espace vert | ***consiglio di zona***, (*nelle grandi città*) organisme de la décentralisation administrative | (*sport*) ***giocare a zona***, jouer la zone | ***in zona, fuori zona***, tout près, loin.

zonzo, a [a ʒón-ʒo] ***avv.***
● ***andare a zonzo***, se balader, flâner | ***essere a zonzo***, être en balade.

zoo [ʒò-o] ***n.m.invar.*** zoo.

zoo- ***pref.*** zoo-.

zoofilia [ʒo-o-fi-lì-a] ***n.f.*** zoophilie.

zoofilo [ʒo-ò-fi-lo] ***agg.*** zoophile.

zoofobia [ʒo-o-fo-bì-a] ***n.f.*** zoophobie.

zoologia [ʒo-o-lo-gì-a] ***n.f.*** zoologie.

zoologico [ʒo-o-lò-gi-co] ***agg.*** [pl.m. *-ci*, f. *-che*] zoologique.

zoologo [ʒo-ò-lo-go] ***n.m.*** [f. *-a*; pl.m. *-gi*, f. *-ghe*] zoologiste.

zoom [dzum] ***n.m.invar.*** (*fot., cine.*) zoom.

zoomafia [ʒo-o-mà-fia] ***n.f.*** organisation clandestine de combats et de courses d'animaux (chiens, chevaux etc.).

zoomorfo [ʒo-o-mòr-fo] ***agg.*** zoomorphe.

zoosafari [ʒo-o-sa-fà-ri] ***n.m.invar.*** parc animalier.

zootecnia [ʒo-o-tec-nì-a] ***n.f.*** zootechnie.

zootecnico [ʒo-o-tèc-ni-co] ***agg.*** [pl.m. *-ci*, f. *-che*] zootechnique | *patrimonio zootecnico di un Paese*, cheptel national ♦ ***n.m.*** [f. *-a*] zootechnicien*.

zoppicante [zop-pi-càn-te] ***agg.*** boiteux* (*anche fig.*); (*claudicante*) claudicant: *andatura zoppicante*, démarche claudicante | *alunno zoppicante in latino*, élève faible en latin.

zoppicare [zop-pi-cà-re] ***v.intr.*** [coniug. come *mancare*; aus. *avere*] **1** boiter **2** (*di seggiola, di tavolo ecc.*) être* boiteux* **3** (*fig.*) clocher: *questo ragionamento zoppica*, ce raisonnement cloche | *zoppicare in matematica*, être faible en mathématiques.

zoppiconi [zop-pi-có-ni] ***avv.*** (*fam.*) clopin-clopant, en boitant.

zoppo [zòp-po] ***agg.*** e ***n.m.*** [f. *-a*] boiteux* (*anche fig.*) | *essere zoppo*, boiter: *è zoppo dalla gamba destra*, il boite de la jambe droite.

zoroastriano [ʒo-ro-a-strià-no] ***agg.*** e ***n.m.*** [f. *-a*] (*st. relig.*) zoroastrien*.

zotico [ʒò-ti-co] ***agg.*** e ***n.m.*** [f. *-a*; pl.m.*-ci*, f. *-che*] rustre.

zoticone [ʒo-ti-có-ne] ***n.m.*** [f. *-a*] rustre.

zuavo [ʒu-à-vo] ***n.m.*** (*st. mil.*) zouave.
● ***calzoni alla zuava***, knickers.

zucca [zùc-ca] ***n.f.*** [pl. *-che*] **1** courge, potiron (*m.*) **2** (*scherz.*) caboche, citron (*m.*) | *che zucca!*, quelle andouille!
● ***avere la zucca vuota***, (*fig. scherz.*) être une tête de linotte | ***non hai sale in zucca***, (*fig.*) tu n'as pas de cervelle.

zuccata [zuc-cà-ta] ***n.f.*** (*scherz.*) coup (*m.*) de tête | *dare, prendere una zuccata*, se cogner la tête.

zuccherare [zuc-che-rà-re] ***v.tr.*** sucrer.

zuccherato [zuc-che-rà-to] ***agg.*** sucré (*anche fig.*): *parole zuccherate*, (*fig.*) des paroles mielleuses.

zuccheriera [zuc-che-riè-ra] ***n.f.*** sucrier (*m.*).

zuccheriero [zuc-che-riè-ro] ***agg.*** sucrier*.

zuccherificio [zuc-che-ri-fì-cio] ***n.m.*** [pl. *-ci*] sucrerie (*f.*).

zuccherino [zuc-che-rì-no] ***agg.*** sucré ♦ ***n.m.*** sucre; bonbon.
● ***è uno zuccherino***, (*fig.*) c'est du gâteau; ce n'est rien du tout: *in confronto a sua sorella è uno zuccherino!*, par rapport à sa sœur c'est du gâteau! | ***non è uno zuccherino!***, (*fig.*) ce n'est pas du gâteau!, ce n'est pas une bagatelle: *mille euro di danni, non è uno zuccherino!*, mille euros de dégâts, ce n'est pas une bagatelle!

zucchero [zùc-che-ro] ***n.m.*** sucre: *dieta con pochi zuccheri*, régime pauvre en sucres.
● ***zucchero a velo***, sucre glace | ***zucchero di canna***, sucre de canne | ***zucchero filato***, barbe à papa | ***dolce come lo zucchero***, doux comme le miel | ***è uno zucchero***, (*estens.*) c'est du miel; (*fig.*) (*detto di persona*) c'est une bonne pâte | ***tutto zucchero e miele***, (*fig.*) tout sucre tout miel.

zuccheroso [zuc-che-ró-so] ***agg.*** sucré (*anche fig.*).

Z

zucchetto [zuc-chét-to] ***n.m.*** (*copricapo*) calotte (*f.*).

zucchina [zuc-chì-na] ***n.f.*** **zucchino** ***n.m.*** courgette (*f.*).

zuccone [zuc-có-ne] ***agg.*** e ***n.m.*** [f. -*a*] (*fig. fam.*) (*ottuso*) bouché; (*testardo*) têtu: *quello zuccone non capirà mai*, il est vraiment bouché, il ne comprendra jamais.

zuccotto [zuc-còt-to] ***n.m.*** (*cuc.*) parfait à base de chocolat et crème chantilly.

zuffa [zùf-fa] ***n.f.*** bagarre (*anche fig.*).

zufolare [zu-fo-là-re] ***v.intr.*** [aus. *avere*] jouer du pipeau ♦ ***v.tr.*** (*fischiare*) siffler.

zufolata [zu-fo-là-ta] ***n.f.*** (*fischiata*) sifflement (*m.*).

zufolio [zu-fo-lì-o] ***n.m.*** [pl. -*ii*] sifflement continu.

zufolo [zù-fo-lo] ***n.m.*** pipeau*.

zulu [ʒù-lu] **zulù** ***agg.invar.*** zoulou ♦ ***n.m.*** e ***f.invar.*** (*individuo*) Zoulou/e.

zumare [ʒu-mà-re] ***v.tr.*** e ***intr.*** [aus. *avere*] (*cine., tv*) zoomer.

zumata [ʒu-mà-ta] ***n.f.*** (*cine., tv*) travelling (*m.*) optique.

zuppa [zùp-pa] ***n.f.*** **1** soupe: *zuppa di verdure*, soupe de légumes **2** (*fig.*) (*confusione*) salade; (*noia*) barbe | *che zuppa!*, quelle barbe!
● (*cuc.*) ***zuppa inglese***, charlotte russe | (*prov.*) ***se non è zuppa è pan bagnato***, c'est kif-kif.

zuppiera [zup-piè-ra] ***n.f.*** soupière.

zuppo [zùp-po] ***agg.*** trempé.

zurighese [ʒu-ri-ghé-se] ***agg.*** zurichois ♦ ***n.m.*** e ***f.*** (*abitante*) Zurichois/e.

zuzzurellone [ʒuʒ-ʒu-rel-ló-ne] ***n.m.*** [f. -*a*] (*fam., region.*) grand enfant.

APPENDICI

ANNEXES

Indice *Table des annexes*

Sigle, abbreviazioni e acronimi

Sigles, abréviations et acronymes

SIGLE, ABBREVIAZIONI E ACRONIMI

Sezione francese/italiano

Alcune fra le sigle più comuni non sono presenti in elenco perché compaiono alfabeticamente nel testo del dizionario

A

a 1 *are*, a, ara 2 (*fis.*) *accélération*, a, accelerazione.

A (*elettr.*) *ampère*, A, ampere.

A. (*titolo*) *Altesse*, A., Altezza.

ac. (*comm.*) *acompte*, ac.to, acconto.

a.c. 1 (*comm.*) *argent comptant*, denaro contante 2 *année courante*, a.c., anno corrente.

acc. (*comm.*) *acceptation*, accettazione.

ACC 1 *Arrêt de la Cour de Cassation*, decreto della Corte di Cassazione 2 *Aviation Civile et Commerciale*, Aviazione civile e commerciale.

ACE *Assemblée Consultative Européenne*, Assemblea consultiva europea.

ACF 1 *Automobile-Club de France*, Automobile Club di Francia 2 *Aéro-Club de France*, Aeroclub di Francia.

ADN (*biol.*) *acide désoxyribonucléique*, DNA, acido desossiribonucleico.

adr. *adresse*, indirizzo.

AF *Allocations Familiales*, AF, Assegni Familiari.

AFP *Agence France-Presse*, Agenzia di stampa France -Presse.

Ah (*elettr.*) *ampère(s)-heure*, Ah, amperora.

a.l. (*comm.*) *après livraison*, dopo consegna.

alt. *altitude*, alt., altitudine.

ANPE *Agence Nationale pour l'Emploi*, Agenzia nazionale di collocamento.

AOC *Appellation d'Origine Contrôlée*, DOC, Denominazione di Origine Controllata.

AP *Assistance Publique*, Assistenza pubblica.

API 1 *Association Phonétique Internationale*, AFI, Associazione Fonetica Internazionale 2 *Alphabet Phonétique International*, AFI, Alfabeto Fonetico Internazionale.

apr. J.-C. *après Jésus-Christ*, d.C., dopo Cristo.

AR 1 *Accusé de Réception*, RR, Ricevuta di Ritorno 2 (*ferr.*) *aller et retour*, AR, andata e ritorno 3 (*titolo*) *Altesse Royale*, AR, Altezza Reale.

Arch. *Architecte*, arch., Architetto.

Archev. *Archevêque*, Arc., Arcivescovo.

arr. *arrondissement*, circoscrizione amministrativa.

art. *article*, art., articolo.

a/s (*comm.*) *au sujet de*, oggetto.

AS (*titolo*) *Altesse Sérénissime*, AS, Altezza Serenissima.

ASSEDIC *Association pour l'Emploi dans l'Industrie et le Commerce*, Associazione per l'impiego nell'Industria e nel Commercio.

av. *avenue*, v.le, viale.

Av. *avocat*, Avv., avvocato.

AV *Avis de Virement*, avviso di giroconto.

av. J.-C. *avant Jésus-Christ*, a.C., avanti Cristo.

B

BAB (*Internet*) *Babillard électronique*, BBS, bacheca elettronica.

BALO *Bulletin des Annonces Légales Obligatoires*, FAL, Foglio degli Annunzi Legali.

b.a.p. (*comm.*) *billet à payer*, nota da pagare.

b.a.r. (*comm.*) *billet à recevoir*, nota da incassare.

BCG *Bacille Calmette-Guérin*, Bacillo di Calmette -Guérin (vaccino antitubercolare).

bd *boulevard*, v.le, viale.

BDF *Banque de France*, Banca di Francia.

BEI *Banque Européenne d'Investissements*, BEI, Banca Europea per gli Investimenti.

BENELUX *Belgique, Nederland, Luxembourg*, BENELUX, Belgio, Olanda, Lussemburgo.

BEP *Brevet d'Études Professionnelles*, diploma di studi professionali.

BEPC *Brevet d'Enseignement du Premier Cycle*, licenza di scuola media inferiore.

BF (*elettr.*) *Basse Fréquence*, BF, Bassa Frequenza.

BIPM *Bureau International des Poids et Mesures*, Ufficio internazionale dei pesi e delle misure.

BMN *Bulletin Météorologique National*, bollettino meteorologico nazionale.

BN *Bibliothèque Nationale*, Biblioteca nazionale.

BO *Bulletin Officiel*, BU, Bollettino Ufficiale.

BP 1 *Boîte Postale*, CP, Casella Postale 2 *Brevet Professionnel*, attestato professionale di qualifica.

BPP (*comm.*) 1 *Billet Payable au Porteur*, effetto al portatore 2 *Bon Pour Pouvoir*, delega.

BT 1 (*elettr.*) *Basse Tension*, BT, Bassa Tensione 2 *Brevet de Technicien*, diploma di maturità tecnica.

BTP *Bâtiments et Travaux Publics*, Edilizia e lavori pubblici.

BTS *Brevet de Technicien Supérieur*, diploma di specializzazione biennale successivo alla scuola media superiore.

C

c. (*comm.*) *compte*, c.to, conto.

C. 1 (*comm.*) *compte*, c.to, conto 2 (*dir.*) *Code*, C., Codice.

c.a. (*elettr.*) *courant alternatif*, c.a., corrente alternata.

c.-à-d. *c'est-à-dire*, i.e., cioè.

CAF **1** *Club Alpin Français*, Club alpino francese **2** *Caisse d'Allocations Familiales*, Cassa assegni familiari.

cal (*fis.*) *petite calorie*, cal, piccola caloria.

Cal (*fis.*) *grande calorie*, Cal, grande caloria.

CAO (*inform.*) *Conception Assistée par Ordinateur*, CAD, progettazione con l'ausilio dell'elaboratore.

CAP **1** *Certificat d'Aptitude Professionnelle*, diploma di scuola professionale **2** *Certificat d'Aptitude Pédagogique*, certificato di abilitazione all'insegnamento nella scuola primaria **3** *Commission Administrative Paritaire*, Commissione amministrativa paritetica.

CAPES *Certificat d'Aptitude Pédagogique à l'Enseignement Secondaire*, certificato di abilitazione all'insegnamento nelle scuole superiori.

CAPET *Certificat d'Aptitude Professionnelle à l'Enseignement Secondaire*, certificato di abilitazione all'insegnamento tecnico.

Car. *Cardinal*, Card., Cardinale.

CAV *Caisse d'Assurance Vieillesse*, cassa di assicurazione per la vecchiaia.

CB → sezione italiana.

CBB *Chèque Bancaire Barré*, assegno bancario sbarrato.

cc *centimètre cube*, cc, cm^3, centimetro cubo.

c.c. **1** (*comm.*) *compte courant*, c.c., c/c, conto corrente **2** (*elettr.*) *courant continu*, c.c., corrente continua.

c/c (*comm.*) *compte courant*, c.c., c/c, conto corrente.

CC **1** *Code Civil*, CC, Codice Civile **2** *Corps Consulaire*, CC, Corpo Consolare **3** *Cour de Cassation*, CC, Corte di Cassazione.

CCAF *Caisse Centrale d'Allocations Familiales*, Cassa centrale per gli assegni familiari.

CCP **1** *Compte Courant Postal*, c.c.p., conto corrente postale **2** *Comité Central des Prix*, Comitato centrale dei prezzi.

CD *Corps Diplomatique*, CD, Corpo Diplomatico.

CDI *Centre de Documentation et d'Information*, Centro di informazione e documentazione (in ambito scolastico).

CDN *Comité de la Défense Nationale*, Comitato per la difesa nazionale.

CDSS *Caisse Départementale de Sécurité Sociale*, Cassa provinciale di previdenza sociale.

CDU *Classification Décimale Universelle*, CDU, Classificazione Decimale Universale.

Ce (*comm.*) *Compagnie*, C.ia, Compagnia.

CE **1** *Conseil de l'Europe*, CE, Consiglio d'Europa **2** *Comité d'Entreprise*, CdF, Consiglio di Fabbrica **3** *Communauté Européenne*, CE, Comunità Europea.

CE1 *Cours Élémentaire 1ère année*, secondo anno della scuola elementare.

CE2 *Cours Élémentaire 2ème année*, terzo anno della scuola elementare.

CED *Communauté Européenne de Défense*, CED, Comunità Europea di Difesa.

CEDEX *Courrier d'Entreprise à Distribution Exceptionnelle*, postacelere accelerata (con contrassegno numerico negli indirizzi delle aziende ecc.).

CEE (*st.*) *Communauté Économique Européenne*, CEE, Comunità Economica Europea.

CEEA *Communauté Européenne pour l'Énergie Atomique*, CEEA, Comunità Europea dell'Energia Atomica.

CEI *Communauté des États Indépendants*, CSI, Comunità degli Stati Indipendenti (ex URSS).

CEP *Certificat d'Études Primaires*, licenza elementare.

cg *centigramme*, cg, centigrammo.

CG *Consul Général*, CG, Console Generale.

CGM *Compagnie Générale Maritime*, Compagnia marittima generale.

cgr. *centigrade*, °C, (grado) centigrado.

ch. (*banca*) *chèque*, ass., Ass., assegno.

Ch., **Chap.** *chapitre*, cap., capitolo.

ch. de f. *chemin(s) de fer*, ferr., ferrovia.

Chev. *Chevalier*, Cav., Cavaliere.

ch.-l. *chef-lieu*, capoluogo.

CHU *Centre Hospitalier Universitaire*, centro ospedaliero universitario.

CICR *Comité International de la Croix-Rouge*, CICR, Comitato Internazionale della Croce Rossa.

Cie (*comm.*) *Compagnie*, C.ia, Compagnia.

CIO *Comité International Olympique*, CIO, Comitato Internazionale Olimpico.

cl *centilitre*, cl, centilitro.

cm *centimètre*, cm, centimetro.

CM *Circulaire Ministérielle*, CM, Circolare Ministeriale.

cm² *centimètre carré*, cm^2, centimetro quadrato.

cm³ *centimètre cube*, cm^3, cc, centimetro cubo.

CM1 *Cours Moyen 1ère année*, quarto anno della scuola elementare.

CM2 *Cours Moyen 2ème année*, quinto anno della scuola elementare.

CNAC *Centre National d'Art et de Culture Georges Pompidou*, Centro nazionale d'arte e cultura Georges Pompidou.

CNAM *Conservatoire National des Arts et Métiers*, Scuola nazionale d'arti e mestieri.

CNRS *Centre National de la Recherche Scientifique*, Centro nazionale per la ricerca scientifica.

CNTS *Centre National de Transfusion Sanguine*, Associazione francese dei donatori di sangue.

coeff. (*mat.*) *coefficient*, coeff., coefficiente.

conf. *confer*, cfr., confronta.

cos (*mat.*) *cosinus*, cos, coseno.

COS *Coefficient d'Occupation des Sols*, indice di edificabilità dei suoli.

cour. (*comm.*) *courant*, corrente.

CP **1** *Code Pénal*, CP, Codice Penale **2** *Colis Postal*, p.p., pacco postale **3** *Cours Préparatoire*, primo anno della scuola elementare.

CPC *Code de Procédure Civile*, CPC, Codice di Procedura Civile.

CPP *Code de Procédure Pénale*, CPP, Codice di Procedura Penale.

CQFD *ce qu'il fallait démontrer*, c.v.d., come volevasi dimostrare, c.d.d., come dovevasi dimostrare.

CRF *Croix-Rouge Française*, Croce Rossa francese.

CROUS *Centre Régional Œuvres Universitaires et Scolaires*, Centro regionale delle opere universitarie e scolastiche.

CRS *Compagnie Républicaine de Sécurité*, Compagnia repubblicana di sicurezza.

CSM *Conseil Supérieur de la Magistrature*, CSM, Consiglio Superiore della Magistratura.

CSU *Centre Sportif Universitaire*, Centro sportivo universitario.

CV **1** *chevaux-vapeur*, CV, cavalli vapore **2** *curriculum* (*vitae*), curriculum (vitae), curriculo.

D

DATAR *Délégation à l'Aménagement du Territoire et à l'Action Régionale*, Commissione per la pianificazione del territorio e per l'intervento regionale.

dB (*fis.*) *décibel*, dB, decibel.

DCA (*mil.*) *Défense Contre Avions*, contraerea.

DDASS *Directions Départementales de l'Action Sanitaire et Sociale*, Enti dipartimentali per l'intervento Sanitario e Sociale.

DDT (*chim.*) *dichloro-diphényl-trichloroéthane*, DDT, diclorodifeniltricloroetano.

DEA *Diplôme d'Études Approfondies*, diploma di specializzazione post-laurea (per accedere al dottorato).

dép., **départ.**, **dép.t** *département*, dipartimento.

DESS *Diplôme d'Études Supérieures Spécialisées*, diploma di specializzazione professionale post-laurea.

DEUG *Diplôme d'Études Universitaires Générales*, diploma conseguito al termine del primo biennio universitario.

DEUST *Diplôme d'Études Universitaires Scientifiques Techniques*, diploma tecnico-scientifico conseguito al termine del primo biennio universitario.

DG **1** *Directeur Général*, DG, Direttore Generale **2** *Direction Générale*, DG, Direzione Generale.

DL **1** *Décret-Loi*, DL, Decreto Legge **2** (*chim.*) *Dose Létale*, DL, Dose Letale.

DLC *Date Limite de Consommation*, data di scadenza (di alimenti).

dm *décimètre*, dm, decimetro.

DP *Délegué du Personnel*, membro del consiglio di fabbrica.

Dr *docteur*, dott., dottore.

DRH *Directeur des Ressources Humaines*, Direttore delle Risorse Umane.

DUT *Diplôme Universitaire de Technologie*, diploma universitario di tecnologia (alla fine del biennio all'Istituto universitario di tecnologia).

E

E **1** (*geogr.*) *Est*, E, Est **2** (*fis.*) *champ électrique*, E, campo elettrico **3** *additif alimentaire*, E, additivo alimentare.

ECG (*med.*) *électrocardiogramme*, ECG, elettrocardiogramma.

éd. **1** *édition*, ed., edizione **2** *éditeur*, ed., editore.

EDF *Électricité de France*, Ente nazionale francese per l'energia elettrica.

EEG (*med.*) *électroencéphalogramme*, EEG, elettroencefalogramma.

Ém. (*titolo*) *Éminence*, Em., Eminenza.

EN **1** *École Normale*, Scuola Normale **2** *Éducation Nationale*, PI, Pubblica Istruzione.

env. *environ*, ca, c., circa.

etc. *et cætera*, ecc., etc., eccetera.

Éts (*comm.*) *Établissements*, stabilimenti, ditta.

EURATOM *Communauté européenne de l'énergie atomique*, EURATOM, Comunità europea dell'energia atomica.

Év. *Évêque*, Vesc., Vescovo.

ex. *exemple*, es., esempio.

Exc. (*titolo*) *Excellence*, Ecc., Eccellenza.

exp. **1** (*sulle lettere*) *expéditeur*, mitt., mittente **2** (*ferr.*) *express*, espresso.

F

F. *franc*, franco.

f.àb. (*comm.*) *franco à bord*, f.o.b., franco a bordo.

FAO → sezione italiana.

FAQ (*inform.*) *Foire aux questions*, FAQ, lista di domande ricorrenti.

fasc. *fascicule*, fasc., fascicolo.

f^co^, **f^o^**, (*comm.*) *franco*, f.co, franco.

FDES *Fonds de Développement Économique et Social*, Fondo per lo sviluppo economico e sociale.

FECOM *Fonds Européen de Coopération Monétaire*, FECOM, Fondo Europeo di Cooperazione Monetaria.

FED *Fonds Européen de Développement*, FES, Fondo Europeo di Sviluppo.

fig. *figure*, fig., figura.

FIV *Fécondation in Vitro*, FIV, Fecondazione in Vitro.

FLN *Front de Libération Nationale*, FLN, Fronte di Liberazione Nazionale.

FMI *Fonds Monétaire International*, FMI, Fondo Monetario Internazionale.

FP *Franchise Postale*, franchigia postale.

fr. (*comm.*) *franc*, fr., franco.

Fr. **1** *franc*, Fr., franco **2** (*comm.*) *Frères*, F.lli, Fratelli.

FRANCE TÉLÉCOM società francese di telecomunicazioni.

Fr.b. *franc belge*, Fr.b., franco belga.

Fr.s. *franc suisse*, Fr.s., franco svizzero.

FS (*posta*) *faire suivre*, far proseguire.

G

g *gramme*, g, grammo.

GC *Génie Civil*, GC, Genio Civile.

GDF *Gaz de France*, Azienda statale del gas.

gén. (*mil.*) *génie*, GM, Genio Militare.

gend. (*mil.*) *gendarmerie*, gendarmeria.

GIC *Grand Invalide Civil*, grande invalido civile.

GIG *Grand Invalide de Guerre*, grande invalido di guerra.

GIGN (*mil.*) *Groupement d'Intervention de la Gendarmerie Nationale*, teste di cuoio.

GMT → sezione italiana.

GO *Gentil Organisateur*, animatore turistico.

GP *Grand Prix*, GP, Gran Premio.

GPL *Gaz de Pétrole Liquéfié*, GPL, Gas di Petrolio Liquefatto.

GPS *Géo-Positionnement par Satellite*, GPS, Sistema di posizionamento globale.

gr *gramme*, g, gr, grammo.

GR *Grande Randonnée*, percorso trekking.

GREF *Génie Rural des Eaux et Forêts*, CFS, Corpo Forestale dello Stato.

GSM → sezione italiana.

GV (*ferr.*) *Grande Vitesse*, GV, Grande Velocità.

H

h **1** *heure*, h, ora **2** (*comm.*) *hier*, ieri **3** *hauteur*, h, altezza.

ha *hectare*, ha, ettaro.

hab. *habitants*, ab., abitanti.

HCR *Haut Commissariat pour les Réfugiés*, ACNUR, Alto Commissariato delle Nazioni Unite per i Rifugiati.

HEC *Hautes Études Commerciales*, Grande École di specializzazione in studi economico-commerciali.

hg *hectogramme*, hg, ettogrammo.

HIV → **VIH**.

hl *hectolitre*, hl, ettolitro.

hm *hectomètre*, hm, ettometro.

I

IA (*inform.*) *Intelligence Artificielle*, AI, intelligenza artificiale.

IC (*train*) *Intercity*, (treno) Intercity.

IFOP *Institut Français de l'Opinion Publique*, Istituto francese di sondaggio d'opinione.

IGN *Institut Géographique National*, Istituto geografico nazionale.

IIB *Institut International des Brevets*, IIB, Istituto Internazionale dei Brevetti.

INA *Institut National de l'Audiovisuel*, Istituto nazionale dei mezzi audiovisivi.

INC *Institut National de la Consommation*, Istituto nazionale per la tutela dei consumatori.

ing. *ingénieur*, ing., ingegnere.

INSEE *Institut National de la Statistique et des Études Économiques*, Istituto nazionale di statistica e studi economici.

INSERM *Institut National de la Santé et de la Recherche Médicale*, Istituto nazionale della sanità e della ricerca medica.

INTERPOL → sezione italiana.

IRCAM *Institut de Recherche et Coordination Acoustique-Musique*, Istituto di ricerca e coordinamento della musica classica contemporanea.

IRPP *Impôt sur le Revenu des Personnes Physiques*, IRPEF, Imposta sul Reddito delle Persone Fisiche.

IUFM *Institut Universitaire de Formation des Maîtres*, Istituto universitario per la formazione di maestri e professori.

IUT *Institut Universitaire de Technologie*, Istituto universitario di tecnologia.

J

j. *jour*, g., giorno.

J.-C. *Jésus-Christ*, Gesù Cristo.

JMF *Jeunesse Musicale de France*, Gioventù musicale francese.

JO **1** *Journal Officiel*, GU, Gazz. Uff., Gazzetta Ufficiale **2** *Jeux Olympiques*, Giochi olimpici.

K

kg *kilogramme*, kg, chilogrammo.

km *kilomètre*, km, chilometro.

km² *kilomètre carré*, km, chilometro quadrato.

km/h *kilomètres par heure*, km/h, chilometri all'ora.

kW (*elettr.*) *kilowatt*, kW, chilowatt.

kWh (*elettr.*) *kilowattheure*, kWh, chilowattora.

L

l **1** *litre*, l, litro **2** *lire*, l, lira **3** *longueur*, l, lunghezza **4** *loi*, l, legge.

lat. (*geogr.*) *latitude*, lat., latitudine.

LAV (*Lymphoadenopathy Virus*) *Virus de la lymphoadénopathie*, LAV, Virus della linfoadenopatia.

lb *livre*, lb, libbra.

LEA **1** *Langues Étrangères Appliquées*, Lingue straniere applicate **2** *Lycée d'Enseignement Adapté*, Liceo per ragazzi con gravi difficoltà scolastiche.

LEP *Lycée d'Enseignement Professionnel*, Istituto professionale.

LH *Légion d'Honneur*, Legion d'onore.

LICRA *Ligne Internationale Contre le Racisme et l'Antisémitisme*, Lega internazionale contro il razzismo e l'antisemitismo.

liv.st. *livre sterling*, L.st., lira sterlina.

LO (*rad.*) *longueur d'onde*, lunghezza d'onda.

long. (*geogr.*) *longitude*, long., longitudine.

LP *Lycée Professionnel*, Istituto tecnico.

LSD → sezione italiana.

M

m **1** *mètre*, m, metro **2** (*fis.*) *masse*, m, massa.

m. **1** *mort*, m., morto **2** *mois*, m., mese.

m² *mètre carré*, m², metro quadrato.

m³ *mètre cube*, m³, metro cubo.

M. *Monsieur*, sig., signore.

max. *maximum*, max., massimo.

MCV *Mandat-Carte de Versement*, VP, Vaglia Postale.

m/d (*comm.*) *mois de date*, mesi data.

Me *Maître*, avv., avvocato.

MEM (*inform.*) *Mémoire Morte*, ROM, memoria a sola lettura.

MEV (*inform.*) *Memoire Vive*, RAM, memoria ad accesso casuale.

MF **1** (*rad.*) *Modulation de Fréquence*, FM, Modulazione di frequenza **2** (*rad.*) *Moyenne Fréquence*, MF,

Media Frequenza **3** *Marine de France*, Marina di Francia.

mg *milligramme*, mg, milligrammo.

Mgr (*eccl.*) *Monseigneur*, Mons., monsignore.

min. **1** *minute*, min., minuto **2** *minimum*, min., minimo.

Min. *Ministre*, Min., Ministro.

MJC *Maison des Jeunes et de la Culture*, centro socioculturale per i giovani.

ml *millilitre*, ml, millilitro.

Mlle *mademoiselle*, sig.na, signorina.

mm *millimètre*, mm, millimetro.

MM *Messieurs*, sigg., signori.

Mme *Madame*, sig.ra, signora.

mn *minute*, min., minuto.

M-P *mandat-poste*, VP, vaglia postale.

MST *Maladie Sexuellement Transmissible*, MST, malattia sessualmente trasmissibile.

m/v (*comm.*) *mois de vue*, mesi vista.

MW (*fis.*) *mégawatt*, MW, megawatt.

N

n., **N/** *notre*, ns., nostro.

N (*geogr.*) *Nord*, N, Nord.

N°, **n°** *numéro*, n, n°, numero.

NB *nota bene*, N.B., nota bene.

N.d.A. *Note de l'Auteur*, N.d.A., Nota dell'Autore.

N.d.E. *Note de l'Éditeur*, N.d.E., Nota dell'Editore.

N.d.R. *Note de la Rédaction*, N.d.R., Nota della Redazione.

N.duT. *Note du Traducteur*, N.d.T., Nota del Traduttore.

N-E (*geogr.*) *Nord-Est*, NE, Nord-Est.

N-O (*geogr.*) *Nord-Ouest*, NO, Nord-Ovest.

NU *Nations Unies*, NU, Nazioni Unite.

O

O (*geogr.*) *Ouest*, O, Ovest.

OAS *Organisation de l'Armée Secrète*, movimento clandestino di opposizione armata all'indipendenza algerina.

OC (*rad.*) *Ondes Courtes*, OC, Onde Corte.

OCDE *Organisation de Coopération et de Développement Économique*, OCSE, Organizzazione per la Cooperazione e lo Sviluppo Economico.

O.d.J. *ordre du jour*, O.d.G., ordine del giorno.

OIC *Organisation Internationale du Commerce*, OIC, Organizzazione Internazionale del Commercio.

OIT *Organisation Internationale du Travail*, OIL, Organizzazione Internazionale del Lavoro.

OL (*rad.*) *Ondes Longues*, OL, Onde Lunghe.

OM (*rad.*) *Ondes Moyennes*, OM, Onde Medie.

OMS *Organisation Mondiale de la Santé*, OMS, Organizzazione Mondiale della Sanità.

ONU *Organisation des Nations Unies*, ONU, Organizzazione delle Nazioni Unite.

OPA *Offre Publique d'Achat*, OPA, Offerta Pubblica di Acquisto.

OPEP *Organisation des Pays Exportateurs de Pétrole*, OPEC, Organizzazione dei paesi esportatori di petrolio.

OQ *Ouvrier Qualifié*, operaio specializzato.

ORL (*med.*) *Oto-Rhino-Laryngologie*, ORL, otorinolaringoiatria.

ORTF *Office de Radiodiffusion Télevision Française*, Ente della radiotelevisione francese.

OS *Ouvrier Spécialisé*, operaio generico.

OTAN *Organisation du Traité de l'Atlantique Nord*, NATO, Organizzazione del trattato nordatlantico.

P

p. **1** *page*, p., pag., pagina **2** *poids*, peso **3** *prochain*, p.v., prossimo venturo.

PACA *Provence-Alpes-Côte d'Azur*, Provenza-Alpi-Costa Azzurra.

PAF *Paysage Audiovisuel Français*, Emittenti radiotelevisive autorizzate sul territorio nazionale francese.

PB *Produit Brut*, PL, Prodotto Lordo.

pc (*fis.*) *parsec*, pc, parsec.

p.c.c. *pour copie conforme*, p.c.c., per copia conforme.

PCV **1** (*comm.*) *Paiement Contre Vérification*, pagamento dopo verifica **2** *PerCeVable à l'arrivée*, costo di spedizione o telefonata a carico del destinatario.

P. et T. *Postes et Télécommunications*, PT, Posta e Telecomunicazioni.

PG *Procureur Général*, PG, Procuratore Generale.

p.g.c.d. (*mat.*) *plus grand commun diviseur*, MCD, Massimo Comun Divisore.

PIB *Produit Intérieur Brut*, PIL, Prodotto Interno Lordo.

PJ *Police Judiciaire*, PG, Polizia Giudiziaria.

pl. *place*, piazza.

PM *Police Militaire*, PM, Polizia Militare.

PME *Petites et Moyennes Entreprises*, piccole e medie imprese.

PMI *Protection Maternelle et Infantile*, Ente pubblico per la tutela della maternità e dell'infanzia.

PMO (*psic.*) *Phase de Mouvements Oculaires rapides*, REM, rapidi movimenti oculari.

PMU *Pari Mutuel Urbain*, totalizzatore (nell'ippica).

PN *Poids Net*, peso netto.

PNB *Produit National Brut*, PNL, Prodotto Nazionale Lordo.

PNN *Produit National Net*, PNN, Prodotto Nazionale Netto.

pop. *population*, pop., popolazione.

POS *Plan d'Occupation des Sols*, PR, Piano Regolatore.

PP (*comm.*) **1** *port payé*, PP, porto pagato **2** *Pertes et Profits*, PP, Profitti e Perdite.

p.p.c.m. (*mat.*) *plus petit commun multiple*, mcm, minimo comune multiplo.

P.Pon, **Par Pon**, *par procuration*, p.p., per procura.

pr. *prochain*, p.v., prossimo venturo.

PR *Poste Restante*, FP, Fermo Posta.

Préf. *Préfecture*, Pref., Prefettura.

Proc. civ. *Procédure civile*, Procedura Civile.

Proc. pén. *Procédure pénale*, Procedura Penale.

prov. *province*, prov., provincia.

P.S. *Post Scriptum*, P.S., poscritto.

P.té *Principauté*, principato.

PV (*ferr.*) *Petite Vitesse*, PV, Piccola Velocità.

PVC *chlorure de polyvinyle*, PVC, Polivinilcloruro.

Q

q *quintal*, q, quintale.

QCM *Questionnaire à Choix Multiple*, Questionario a scelta multipla.

QHS *Quartier de Haute Sécurité*, Carcere di alta sicurezza.

QI *Quotient Intellectuel*, QI, Quoziente d'Intelligenza.

q.s. *quantité suffisante*, q.b., quanto basta.

R

r (*geom.*) *rayon*, r, raggio.

R *recommandé(e)*, R, raccomandata.

RAS *Rien à Signaler*, nulla da segnalare.

RATP *Régie Autonome des Transports Parisiens*, Azienda autonoma dei trasporti parigini.

RD **1** *Route Départementale*, SP, Strada Provinciale **2** *Recherche et Développement*, R & S, Ricerca e Sviluppo.

RER *Réseau Express Régional*, linea metropolitana veloce della regione parigina.

RF *République Française*, Repubblica francese.

RG **1** *Renseignements Généraux*, Informazioni generali della polizia di Stato **2** *Rive Gauche*, Riva sinistra (della Senna a Parigi).

Rh *Rhésus*, Rh, Rhesus (fattore Rh).

RMI *Revenu Minimum d'Insertion*, Reddito minimo garantito dalla legge ai meno abbienti.

RMN *Résonance Magnétique Nucléaire*, RMN, Risonanza Magnetica Nucleare.

RN *Route Nationale*, SS, Strada Statale.

RNIS (*inform.*) *Réseau Numérique à Intégration de Services*, ISDN, Rete integrata di servizi digitali.

RSVP *Répondez s'il vous plaît*, Si prega di rispondere.

S

s *seconde*, s, sec., secondo.

s. *siècle*, sec., secolo.

S (*geogr.*) *Sud*, S, Sud.

SA **1** *Société Anonyme*, SA, Società Anonima **2** (*titolo*) *Son Altesse*, SA, Sua Altezza.

SACEM *Société des Auteurs, Compositeurs et Éditeurs de Musique*, Società di autori, compositori ed editori musicali.

SAMU *Service d'Aide Médicale Urgente*, Servizio medico di pronto intervento.

SAR (*titolo*) *Son Altesse Royale*, SAR, Sua Altezza Reale.

S.a.r.l. *Société à responsabilité limitée*, S.r.l., Società a responsabilità limitata.

SE (*titolo*) *Son Excellence*, SE, Sua Eccellenza.

S-E (*geogr.*) *Sud-Est*, SE, Sud-Est.

sec *seconde*, s, sec, secondo.

SECAM *Séquentiel Couleur À Mémoire*, SECAM, colore sequenziale a memoria (sistema francese di televisione a colori).

SEF *Sans Emploi Fixe*, disoccupato.

SI **1** *Syndicat d'Initiative*, AAS, Azienda Autonoma di Soggiorno **2** *Système International* (*d'unités*), SI, Sistema Internazionale (di unità di misura).

sin (*mat.*) *sinus*, sen, seno.

SM (*titolo*) *Sa Majesté*, SM, Sua Maestà.

SME *Système Monétaire Européen*, SME, Sistema Monetario Europeo.

SMIG *Salaire Minimum Interprofessionnel Garanti*, Salario minimo (intercategoriale) garantito (è stato sostituito dallo SMIC).

SNCF *Sociéte Nationale des Chemins de Fer Français*, Società nazionale delle ferrovie francesi.

S-O (*geogr.*) *Sud-Ouest*, SO, Sud-Ovest.

SOFRES *Société Française d'Enquête par Sondage*, Società francese di sondaggi di opinione.

SP **1** (*eccl.*) *Saint Père*, SP, Santo Padre **2** *Service de Presse*, servizio stampa.

S.p.A. *Société par Actions*, S.p.A., Società per Azioni.

SPA *Société Protectrice des Animaux*, SPA, Società Protettrice degli Animali.

S.R. *Service de Renseignements*, Servizio informazioni (servizio segreto).

SS **1** (*eccl.*) *Sa Sainteté*, SS, Sua Santità **2** *Saint-Siège*, SS, Santa Sede **3** *Sécurité Sociale*, Previdenza sociale.

St *Saint*, S., Santo.

Sté *Société*, Soc., Società.

SVP *s'il vous plaît*, p.f., per favore.

T

t *tonne*, t, tonnellata.

TAC *Trains-Auto-Couchettes*, servizio treni per auto accompagnate.

TBC *tuberculose*, TBC, tubercolosi.

TC **1** *Taux de Change*, tasso di cambio **2** *Taxes Comprises*, tasse incluse.

TCF *Touring Club de France*, Touring Club francese.

TE *Taux d'Escompte*, tasso di sconto.

TEE *Trans Europ Express*, TEE, Trans Europ Express (treno espresso transeuropeo).

TEF *Tissu Électoral Français*, Tessuto elettorale francese.

tél. *téléphone*, tel., telefono.

TGV® *Train à Grande Vitesse*, treno a grande velocità.

THS (*med.*) *Traitement Hormonal Substitutif*, TSO, Terapia di Sostituzione Ormonale.

TL *Taxe Locale*, imposta locale.

TNP *Théâtre National Populaire*, Teatro Nazionale Popolare.

TPE *Travaux Publics de l'État*, LL PP, Lavori Pubblici.

trim. *trimestre*, trim., trimestre.

TS **1** *Taxe de Séjour*, tassa di soggiorno **2** *Technicien de Surface*, addetto alle pulizie negli uffici e nei luoghi pubblici.

TSVP *Tournez s'il vous plaît*, v.r., vedi retro.

TTC *Toutes Taxes Comprises*, tasse incluse.

TUC *Travaux d'Utilité Collective*, lavori di pubblica utilità per giovani disoccupati.

TV *télévision*, TV, televisione.

TVHD *Télévision à Haute Définition*, HDTV, televisione ad alta definizione.

U

UE *Union Européenne*, UE, Unione Europea.

UER *Unité d'Enseignement et de Recherche*, Istituto di facoltà universitaria (sostituita nel 1985 dalla UFR).

UFR *Unité de Formation et de Recherche*, Istituto di facoltà universitaria (ha sostituito la UER).

ULM (*aer.*) *Ultra Léger Motorisé*, ultraleggero.

USA (*United States of America*) *États Unis d'Amérique*, USA, Stati Uniti d'America.

UV 1 (*fis.*) *ultra-violet*, UV, ultravioletto 2 *Unité de Valeur*, disciplina d'insegnamento universitario.

V

v. 1 *voyez, voir*, v., vedi 2 *votre*, vs., vostro.

V 1 (*elettr.*) *volt*, V, volt 2 *volume*, V, volume.

val. 1 *valeur*, val., valore 2 *valeur*, val., valuta.

VCP *Virement de Chèques Postaux*, postagiro.

VDQS *Vin Délimité de Qualité Supérieure*, VDQS, Vino Delimitato di Qualità Superiore.

VIH *Virus de l'Immunodéficience Humaine* (*virus du SIDA*), HIV, virus dell'immunodeficienza umana (virus dell'AIDS).

virt (*banca*) *virement*, girata.

VO (*cine.*) *Version Originale*, VO, Versione Originale.

vol. *volume*, vol., volume.

VQS *Vin de Qualité Supérieure*, vino di qualità superiore.

VRP *Voyageurs Représentants Placiers*, commessi viaggiatori, rappresentanti, piazzisti.

VSL *Véhicule Sanitaire Léger*, veicolo adibito al trasporto di inabili.

V.ve *Veuve*, ved., vedova.

W

W (*elettr.*) *watt*, W, watt.

Wh (*elettr.*) *wattheure*, Wh, wattora.

WL (*ferr.*) *Wagon Lit*, WL, carrozza letto.

w3 (*Internet*) www.

X

x (*mat.*) *inconnue*, x, incognita.

Z

ZAC *Zone d'Aménagement Concerté*, zona pianificata da un ente pubblico e poi ceduta a utenza pubblica o privata.

ZAD *Zone d'Aménagement Différé*, zona di espansione a pianificazione differita sulla quale lo Stato o l'amministrazione locale hanno diritto di prelazione nella vendita.

ZF *Zone Franche*, zona franca.

ZI 1 *Zone Industrielle*, zona industriale 2 *Zone Interdite*, zona vietata.

ZIF *Zone d'Intervention Foncière*, zona di area urbana destinata a divenire proprietà fondiaria dello Stato o dell'amministrazione locale per diritto di prelazione.

ZUP *Zone à Urbaniser en Priorité*, zona a urbanizzazione prioritaria (sostituita da ZAC e ZIF).

SIGLE, ABBREVIAZIONI E ACRONIMI

Sezione italiano/francese

A

a 1 *ara*, a, are 2 (*fis.*) *accelerazione*, a, accélération.

A (*elettr.*) *ampere*, A, ampère.

A. 1 (*titolo*) *Altezza*, A., Altesse 2 *autostrada*, autoroute.

Å (*fis.*) *angstrom*, Å, angstrom.

AA *Assistenza Automobilistica*, Assistance Automobile.

AAS *Azienda Autonoma di Soggiorno*, SI, Syndicat d'Initiative.

AAVV *Autori vari*, Ouvrage collectif.

ab. *abitanti*, hab., habitants.

ABS (*aut.*) (*Antiblockiersystem*) *sistema antibloccaggio dell'impianto frenante*, *antiblocco*, ABS, système antiblocage.

a.C. *avanti Cristo*, av. J.-C., avant Jésus-Christ.

ACC *Alta Corte Costituzionale*, Haute Cour Constitutionnelle.

ACI 1 *Automobile Club d'Italia*, Automobile-Club d'Italie 2 *Aviazione Civile Italiana*, Aviation civile italienne.

ACLI *Associazione Cristiana dei Lavoratori Italiani*, Association chrétienne des travailleurs italiens.

ACNUR *Alto Commissariato delle Nazioni Unite per i Rifugiati*, HCR, Haut Commissariat pour les Réfugiés.

AD 1 *Anno Domini*, AD, Anno Domini 2 *Amministratore Delegato*, Administrateur délégué.

AF (*elettr.*) *Alta Frequenza*, HF, Haute Fréquence.

AFI 1 *Associazione Fonetica Internazionale*, API, Association Phonétique Internationale 2 *Alfabeto Fonetico Internazionale*, API, Alphabet Phonétique International.

AGIS *Associazione Generale Italiana dello Spettacolo*, Association générale italienne du spectacle.

Ah (*elettr.*) *amperora*, Ah, ampère(s)-heure.

AI 1 *Aeronautica Italiana*, Aéronautique italienne 2 (*inform.*) (*Artificial Intelligence*) *intelligenza artificiale*, AI, IA, intelligence artificielle 3 (*Amnesty International*) *organizzazione internazionale per la difesa dei diritti dell'uomo*, AI, organisation internationale pour la défense des droits de l'homme.

AIDO *Associazione Italiana Donatori di Organi*, Association italienne des donneurs d'organes.

AIE 1 *Associazione Italiana degli Editori*, Association italienne des éditeurs 2 *Agenzia Internazionale per l'Energia*, AIE, Agence Internationale pour l'Énergie.

all. *allegato*, inclus.

alt. *altitudine*, alt., altitude.

a.m. (*ante meridiem*) *antimeridiano*, a.m., antiméridien.

AM 1 *Accademia Militare*, Académie militaire 2 *Aeronautica Militare*, Aéronautique militaire.

Amm. *Ammiraglio*, Amiral.

amm.ne *amministrazione*, administration.

ANAS *Azienda Nazionale Autonoma delle Strade*, Organisation autonome nationale des routes.

ANFFaS *Associazione Nazionale Famiglie di Fanciulli Subnormali*, Association nationale des familles d'enfants arriérés.

ANICA *Associazione Nazionale Industrie Cinematografiche e Affini*, Association nationale des industries cinématographiques et similaires.

ANL *Accademia Nazionale dei Lincei*, Académie nationale des Lincei.

ANPAC *Associazione Nazionale Piloti Aviazione Civile*, Association nationale des pilotes de l'aviation civile.

ANPI *Associazione Nazionale Partigiani d'Italia*, Association nationale des résistants italiens.

ANSA *Agenzia Nazionale Stampa Associata*, Agence nationale presse associée.

APL (*inform.*) (*A Programming Language*) *un linguaggio di programmazione*, APL, un langage de programmation.

AR 1 (*titolo*) *Altezza Reale*, AR, Altesse Royale 2 (*ferr.*) *andata e ritorno*, AR, aller et retour.

Arc. *Arcivescovo*, Archev., Archevêque.

arch. *architetto*, Arch., architecte.

art. *articolo*, art., article.

AS (*titolo*) *Altezza Serenissima*, AS, Altesse Sérénissime.

ASCI *Associazione Scoutistica Cattolica Italiana*, Association catholique italienne des scouts.

ASCII (*inform.*) (*American Standard Code for Information Interchange*) *Codice standard americano per lo scambio di informazioni*, ASCII, Code standard américain pour l'échange d'informations.

ASL *Azienda Sanitaria Locale*, ensemble des organismes locaux du système sanitaire.

ass., **Ass.** (*banca*) *assegno*, ch., chèque.

AT 1 (*elettr.*) *Alta Tensione*, HT, Haute Tension 2 *Antico Testamento*, AT, Ancien Testament.

ATI *Aereo Trasporti Italiani*, Transports aériens italiens.

atm (*fis.*) *atmosfera*, atm, atmosphère.

AVIS *Associazione Volontari Italiani del Sangue*, Association des donneurs volontaires italiens du sang.

avv. *avvocato*, Av., avocat, Me, Maître.

AZ *sigla internazionale dell'Alitalia*, sigle international de Alitalia.

B

B (*fis.*) *bel*, bel.

BASIC (*inform.*) (*Beginner's All-purpose Symbolic Instruction Code*) *codifica di istruzioni simbolica universale per principianti*, BASIC, codage d'instructions symbolique universel pour débutants.

BBS (*Internet*) (*Bulletin Board System*) *bacheca elettronica*, BAB, babillard électronique.

BCD (*inform.*) (*Binary Coded Decimal*) *Notazione decimale codificata in binario*, décimal codé binaire.

BEI *Banca Europea per gli Investimenti*, BEI, Banque Européenne d'Investissements.

BENELUX *Belgio, Olanda, Lussemburgo*, BENELUX, Belgique, Nederland, Luxembourg.

BF (*elettr.*) *Bassa Frequenza*, BF, Basse Fréquence.

BI *Banca d'Italia*, Banque d'Italie.

BIRS *Banca Internazionale per la Ricostruzione e lo Sviluppo*, BIRD, Banque Internationale pour la Reconstruction et le Développement.

BOT *Buono Ordinario del Tesoro*, Bon ordinaire du Trésor.

Bq (*fis.*) *Becquerel*, Bq, Becquerel.

brev. *brevetto*, brevet.

BT **1** (*elettr.*) *Bassa Tensione*, BT, Basse Tension **2** *Buono del Tesoro*, Bon du Trésor.

BU *Bollettino Ufficiale*, BO, Bulletin Officiel.

C

c., **ca** *circa*, env., environ.

C **1** (*fis.*) *coulomb*, C, coulomb **2** (*fis.*) *capacità elettrica*, C, capacité électrique.

C. (*dir.*) *codice*, C., code.

°C (*fis.*) *Celsius* (*grado centigrado*), °C, cgr., Celsius (degré centigrade).

ca *centiara*, ca, centiare.

c.a. **1** (*elettr.*) *corrente alternata*, c.a., courant alternatif **2** *corrente anno*, a.c., année courante **3** (*nelle lettere*) (*alla*) *cortese attenzione*, à l'attention de.

cad. *cadauno*, chaque.

CAD (*inform.*) (*Computer Aided Design*) *progettazione con l'ausilio dell'elaboratore*, CAO, Conception Assistée par Ordinateur.

CAI *Club Alpino Italiano*, Club alpin italien.

cal (*fis.*) *piccola caloria*, cal, petite calorie.

Cal (*fis.*) *grande caloria*, Cal, grande calorie.

cap. *capitolo*, Ch., Chap., chapitre.

CAP *Codice di Avviamento Postale*, Code postal.

Card. *Cardinale*, Car., Cardinal.

Cav. (*titolo*) *Cavaliere*, Chev., Chevalier.

CB (*rad.*) (*Citizen Band*) *banda cittadina*, CB, fréquence reservée au public.

cc *centimetro cubo*, cc, cm^3, centimètre cube.

c.c. **1** (*comm.*) *conto corrente*, c.c., c/c, compte courant **2** (*elettr.*) *corrente continua*, c.c., courant continu.

c/c (*comm.*) *conto corrente*, c.c., c/c, compte courant.

CC **1** *Carabinieri*, Carabiniers **2** *Codice Civile*, CC, Code Civil **3** *Corpo Consolare*, CC, Corps Consulaire **4** *Corte Costituzionale*, Cour Constitutionnelle **5** *Corte di Cassazione*, CC, Cour de Cassation.

c.c.p. *conto corrente postale*, CCP, Compte Courant Postal.

CCT *Certificato di Credito del Tesoro*, Certificat de crédit du Trésor.

CD **1** *Corpo Diplomatico*, CD, Corps Diplomatique **2** *Consigliere Delegato*, Administrateur délégué.

Cd'A **1** *Corte d'Appello*, Cour d'Appel **2** *Corte d'Assise*, Cour d'Assise **3** *Consiglio di Amministrazione*, Conseil d'administration.

c.d.d. *come dovevasi dimostrare*, CQFD, ce qu'il fallait démontrer.

CdF *Consiglio di Fabbrica*, CE, Comité d'Entreprise.

CdL *Camera del Lavoro*, Chambre du travail.

CdS **1** *Codice della Strada*, Code routier **2** *Consiglio di Sicurezza*, Conseil de sécurité **3** *Consiglio di Stato*, Conseil d'État.

CDU *Classificazione Decimale Universale*, CDU, Classification Décimale Universelle.

CE **1** *Comitato Esecutivo*, Comité exécutif **2** *Consiglio d'Europa*, CE, Conseil de l'Europe **3** *Comunità Europea*, CE, Communauté Européenne.

CEA *Commissariato per l'Energia Atomica*, CEA, Commissariat à l'Énergie Atomique.

CECA (*st.*) *Comunità Europea del Carbone e dell'Acciaio*, CECA, Communauté Européenne du Charbon et de l'Acier.

CED *Comunità Europea di Difesa*, CED, Communauté Européenne de Défense.

CEE (*st.*) *Comunità Economica Europea*, CEE, Communauté Économique Européenne.

CEEA *Comunità Europea dell'Energia Atomica*, CEEA, Communauté Européenne pour l'Énergie Atomique.

CEI *Conferenza Episcopale Italiana*, Conférence épiscopale italienne.

CENSIS *Centro Studi Investimenti Sociali*, Centre d'études et d'investissements sociaux.

CERN *Centro Europeo per le Ricerche Nucleari*, CERN, Centre Européen pour les Recherches Nucléaires.

CERP *Centro Europeo di Relazioni Pubbliche*, CERP, Centre Européen des Relations Publiques.

CESPE *Centro Studi di Politica Economica*, Centre des études de politique économique.

CF **1** (*comm.*) (*cost and freight*) *costo e nolo*, C&F, Coût(-)Fret **2** *Codice Fiscale*, Code fiscal.

CFA *Comunità Finanziaria Africana*, CFA, Communauté Financière Africaine.

cfr. *confronta*, cf., conf., confer.

CFS *Corpo Forestale dello Stato*, GREF, Génie Rural des Eaux et des Forêts.

cg *centigrammo*, cg, centigramme.

CG *Console Generale*, CG, Consul Général.

Ci (*fis.*) *curie*, Ci, curie.

C.ia (*comm.*) *Compagnia*, Cie, C^e, Compagnie.

CICR *Comitato Internazionale della Croce Rossa*, CICR, Comité International de la Croix-Rouge.

CIF (*comm.*) (*Cost, Insurance and Freight*) *costo, assicurazione e nolo*, CAF, Coût-Assurance-Fret.

CIO *Comitato Internazionale Olimpico*, CIO, Comité International Olympique.

CIP *Comitato Interministeriale Prezzi*, Comité interministériel des prix.

CIPE *Comitato Interministeriale per la Programmazione Economica*, Comité interministériel pour le plan économique.

cl *centilitro*, cl, centilitre.

CLN (*st.*) *Comitato di Liberazione Nazionale*, Comité de libération nationale.

cm *centimetro*, cm, centimètre.

cm² *centimetro quadrato*, cm², centimètre carré.

cm³ *centimetro cubo*, cm³, cc, centimètre cube.

c.m. *corrente mese*, mois courant.

CM *Circolare Ministeriale*, CM, Circulaire Ministérielle.

CNEL *Consiglio Nazionale dell'Economia e del Lavoro*, Conseil national de l'économie et du travail.

CNEN *Comitato Nazionale per l'Energia Nucleare*, Comité national pour l'énergie nucléaire.

CNR *Consiglio Nazionale delle Ricerche*, Conseil national des recherches.

c/o (*nelle lettere*) (*care of*) *presso*, a.b.s., aux bons soins (de).

cod. *codice*, code.

COMECON (*st.*) (*Council for Mutual Economic Aid*) *consiglio di mutua assistenza economica* (*fra i paesi dell'Europa orientale*), COMECON, conseil de l'aide économique mutuelle (entre les pays de l'Europe de l'Est).

CONI *Comitato Olimpico Nazionale Italiano*, Comité olympique national italien.

CONSOB *Commissione per il Controllo delle Società e delle Borse*, Commission de contrôle des sociétés et des bourses.

coop. *cooperativa*, coopérative.

cos (*mat.*) *coseno*, cos, cosinus.

cosec (*mat.*) *cosecante*, coséc, cosécante.

Cost. *Costituzione*, Constitution.

cotg (*mat.*) *cotangente*, cotg, cotangente.

c.p. *cartolina postale*, carte postale.

CP **1** *Casella Postale*, BP, Boîte Postale **2** *Codice Penale*, CP, Code Pénal.

CPC *Codice di Procedura Civile*, CPC, Code de Procédure Civile.

CPP *Codice di Procedura Penale*, CPP, Code de Procédure Pénale.

CRAL *Circolo Ricreativo Assistenziale Lavoratori*, Circle récréatif d'assistance aux travailleurs.

CRI *Croce Rossa Italiana*, Croix-Rouge italienne.

Criminalpol *Polizia Criminale*, Police criminelle.

c.s. *come sopra*, comme ci-dessus.

CS **1** *Corte Suprema*, Cour suprême **2** *Consiglio di Sicurezza*, Conseil de sécurité.

CSM *Consiglio Superiore della Magistratura*, CSM, Conseil Supérieur de la Magistrature.

C.so *Corso*, cours.

CSS *Consiglio Superiore di Sanità*, Conseil supérieur de la santé.

CT (*sport*) *Commissario Tecnico*, sélectionneur.

c.to (*comm.*) *conto*, C., c., C(p)te, compte.

CUP *Centro Unificato Prenotazioni* (*ospedali*), Centre régional de réservations de prestations médicales.

CV **1** *cavalli vapore*, CV, chevaux-vapeur **2** *curriculum* (*vitæ*), CV, curriculum (vitæ), CV.

c.v.d. *come volevasi dimostrare*, CQFD, ce qu'il fallait démontrer.

D

D **1** (*ferr.*) *diretto*, direct **2** (*dir.*) *decreto*, décret.

dag *decagrammo*, dag, décagramme.

dal *decalitro*, dal, décalitre.

dam *decametro*, dam, décamètre.

dB (*fis.*) *decibel*, dB, décibel.

d.C. *dopo Cristo*, apr. J.-C., après Jésus-Christ.

DDL *Disegno di Legge*, Projet de loi.

DDT (*chim.*) *diclorodifeniltricloroetano*, DDT, dichloro-diphenyl-trichloroéthane.

dg *decigrammo*, dg, decigramme.

DG **1** *Direttore Generale*, DG, Directeur Général **2** *Direzione Generale*, DG, Direction Générale.

DI *Decreto Interministeriale*, Décret interministériel.

DIA *Direzione Investigativa Antimafia*, Direction investigative anti-mafia.

DIGOS *Divisione Investigazioni Generali e Operazioni Speciali* (*della Polizia di Stato*), Division des enquêtes générales et des opérations spéciales (de la police d'État).

dir. *direttore*, directeur.

dl *decilitro*, dl, décilitre.

DL *Decreto Legge*, DL, Décret-Loi.

dm *decimetro*, dm, décimètre.

DM (*dir.*) *Decreto Ministeriale*, Décret ministériel.

DOS (*inform.*) (*Disk Operating System*) *sistema operativo su disco*, DOS, système opératif sur disquette.

dott. *dottore*, Dr, docteur.

E

E **1** (*geogr.*) *Est*, E, Est **2** (*fis.*) *campo elettrico*, E, champ électrique **3** *additivo alimentare*, E, additif alimentaire.

ecc. *eccetera*, etc., et cætera.

Ecc. (*titolo*) *Eccellenza*, Exc., Excellence.

ECG (*med.*) *elettrocardiogramma*, ECG, électrocardiogramme.

ed. **1** *edizione*, éd., édition **2** *editore*, éd., éditeur.

EEG (*med.*) *elettroencefalogramma*, EEG, électroencéphalogramme.

EFTA (*European Free Trade Association*) *associazione europea di libero scambio*, AELE, Association Européenne de Libre Échange.

e.g. (*exempli gratia*) *a titolo d'esempio*, à titre d'exemple.

Egr. Sig. (*nelle lettere*) *Egregio Signore*, M., Monsieur.

EI *Esercito Italiano*, Armée italienne.

Em. (*titolo*) *Eminenza*, Ém., Éminence.

ENAL *Ente Nazionale Assistenza Lavoratori*, Organisme national d'assistance aux travailleurs.

ENEA **1** *Comitato Nazionale per la ricerca e lo sviluppo dell'Energia Nucleare e delle Energie Alternative*, Comité national pour la recherche et le développement de l'énergie nucléaire et des énergies nouvelles **2** (*European Nuclear Energy Agency*) *agenzia europea per l'energia nucleare*, AEEN, Agence Européenne pour l'Énergie Nucléaire.

ENEL *Ente Nazionale per l'Energia Elettrica*, Organisme national de l'énergie électrique.

ENIT *Ente Nazionale Italiano per il Turismo*, Organisme national italien du tourisme.

ENPAS *Ente Nazionale Previdenza e Assistenza per i Dipendenti Statali*, Organisme national de prévoyance et d'assistence pour les employés de l'État.

ENPI *Ente Nazionale Prevenzione Infortuni*, Organisme national pour la prévention des accidents.

EPT *Ente Provinciale per il Turismo*, Office provincial pour le tourisme.

es. *esempio*, ex., exemple.

ESA (*European Space Agency*) *ente spaziale europeo*, ESA, Agence européenne pour l'espace.

ET *Extraterrestre*, extraterrestre.

etc. *eccetera*, etc., et cætera.

EURATOM *Comunità europea dell'energia atomica*, EURATOM, Communauté européenne de l'énergie atomique.

eV (*fis.*) *elettronvolt*, eV, électron-volt.

F

f (*fis.*) *frequenza*, f, fréquence.

F (*elettr.*) *farad*, F, farad.

°F (*fis.*) *grado Fahrenheit*, °F, degré Fahrenheit.

FAI *Fondo per l'Ambiente Italiano*, Fonds italien pour l'environnement.

FAO (*Food and Agriculture Organization*) *organizzazione per l'alimentazione e l'agricoltura*, FAO, organisation pour l'alimentation et l'agriculture.

fasc. *fascicolo*, fasc., fascicule.

fatt. (*comm.*) *fattura*, f[re], facture.

f.co (*comm.*) *franco*, f[co], f[o], franco.

fem, **FEM** (*fis.*) *forza elettromotrice*, fem, FEM, force électromotrice.

ferr. *ferrovia*, ch. de f., chemin de fer.

FES *Fondo Europeo di Sviluppo*, FED, Fonds Européen de Développement.

FFAA *Forze Armate*, Forces Armées.

fg (*fis.*) *frigoria*, fg, frigorie.

fig. *figura*, fig., figure.

FIV *Fecondazione in Vitro*, FIV, Fécondation in Vitro.

F.lli (*comm.*) *Fratelli*, Fr., Frères.

FM (*rad.*) (*Frequency Modulation*) *modulazione di frequenza*, FM, modulation de fréquence.

FMI *Fondo Monetario Internazionale*, FMI, Fonds Monétaire International.

f.o.b., **FOB** (*comm.*) (*free on board*) *franco a bordo*, f.o.b., FOB, franco à bord.

FP *Fermo Posta*, PR, Poste Restante.

fr. (*comm.*) *franco*, fr., franco.

Fr. *franco*, F., Fr., franc.

Fr.s. *franco svizzero*, Fr.s., franc suisse.

FS, **FF**, **SS** *Ferrovie dello Stato*, Chemins de fer d'État.

f.to *firmato*, signé.

G

g **1** (*fis.*) *accelerazione di gravità*, g, accélération de gravité **2** *grammo*, g, gr, gramme.

g. *giorno*, j., jour.

G (*fis.*) *gauss*, G, gauss.

GAP (*st.*) **1** *Gruppo di Azione Patriottica*, Groupe d'action patriotique **2** *Gruppo di Azione Partigiani*, Groupe d'action des résistants.

Gazz. Uff., **GU** *Gazzetta Ufficiale*, JO, Journal Officiel.

GC *Genio Civile*, GC, Génie Civil.

GdF *Guardia di Finanza*, corps militaire chargé du contrôle fiscal douanier et des monopoles d'État.

GESCAL *Gestione Case Lavoratori*, Gestion des maisons pour les travailleurs.

GHz (*fis.*) *gigahertz*, GHz, gigahertz.

GI *Giudice Istruttore*, Juge d'Instruction.

GM (*mil.*) *Genio Militare*, gén., génie militaire.

GMT (*Greenwich Mean Time*) *tempo medio di Greenwich*, GMT, TMG, Temps Moyen de Greenwich.

GP *Gran Premio*, GP, Grand Prix.

GPL *Gas di Petrolio Liquefatto*, GPL, Gaz de Pétrole Liquéfié.

GPS (*Global Positioning System*) *sistema di posizionamento globale*, GPS (Géo-Positionnement par Satellite).

GR *Giornale Radio*, Journal parlé.

GSM (*tel.*) (*Global System for Mobile communication*) *sistema globale per la telecomunicazione mobile*, GSM, Groupe Spécial Mobile.

GT **1** *Giudice Tutelare*, Juge tutélaire **2** (*aut.*) *Gran Turismo*, Grand tourisme.

GV (*ferr.*) *Grande Velocità*, GV, Grande Vitesse.

GW (*fis.*) *gigawatt*, GW, gigawatt.

H

h **1** *ora*, h, heure **2** *altezza*, h, hauteur.

H **1** (*elettr.*) *henry*, H, henry **2** (*fis.*) *campo magnetico*, H, champ magnétique.

ha *ettaro*, ha, hectare.

HDTV (*High Definition TV*) *televisione ad alta definizione*, HDTV, TVHD, télévision à haute définition.

hg *ettogrammo*, hg, hectogramme.

hl *ettolitro*, hl, hectolitre.

hm *ettometro*, hm, hectomètre.

Hp, **hp** (*fis.*) (*Horse Power*) *cavalli vapore*, CV, chevaux-vapeur.

Hz (*fis.*) *hertz*, Hz, hertz.

I

I (*fis.*) *intensità di corrente elettrica*, intensité du courant électrique.

IACP *Istituto Autonomo per le Case Popolari*, Office autonome des habitations à loyer modéré.

IATA (*International Air Transport association*) *associazione internazionale per il trasporto aereo*, AITA, Association Internationale des Transports Aériens.

IC (*treno*) *Intercity*, IC, (train) Intercity.

ICC (*International Chamber of Commerce*) *Camera di Commercio Internazionale*, ICC, Chambre de Commerce Internationale.

ICE *Istituto nazionale per il Commercio Estero*, Institut national du commerce extérieur.

ICI *Imposta Comunale sugli Immobili*, Impôt communal sur les immeubles.

i.e. (*id est*) *cioè*, c.-à-d., c'est-à-dire.

IGM *Ispettorato Generale della Motorizzazione*, Inspection générale de la motorisation.

Ill.mo (*nelle lettere*) *Illustrissimo*, Monsieur.

ILOR *Imposta Locale sui Redditi*, Impôt local sur le revenu.

IMQ *Istituto del Marchio di Qualità*, Institut du label de qualité.

INA *Istituto Nazionale Assicurazioni*, Institut national d'assurances.

INADEL *Istituto Nazionale per l'Assistenza ai Dipendenti degli Enti Locali*, Institut national pour l'assistance aux dépendants des administrations locales.

INAIL *Istituto Nazionale per l'Assicurazione contro gli Infortuni sul Lavoro*, Institut national d'assurance contre les accidents du travail.

ing. *ingegnere*, ing., ingénieur.

INPS *Istituto Nazionale per la Previdenza Sociale*, Institut national pour la prévoyance sociale.

INTERPOL (*International Police*) *Polizia internazionale*, INTERPOL, Police internationale.

IPS *Istituto Poligrafico dello Stato*, Institut polygraphique d'État.

IRAP *Imposta Regionale sulle attività produttive*, Impôt sur le revenu des personnes juridiques.

IRPEF *Imposta sul Reddito delle Persone Fisiche*, IRPP, Impôt sur le Revenu des Personnes Physiques.

IRPEG *Imposta sul Reddito delle Persone Giuridiche*, Impôt sur le revenu des personnes juridiques.

ISBN (*International Standard Book Number*) *codice numerico standard internazionale per l'identificazione dei libri*, ISBN, code numérique standard international pour l'identification des livres.

ISEF *Istituto Superiore di Educazione Fisica*, Institut supérieur d'éducation physique.

ISO (*International Organization for Standardization*) *organizzazione internazionale per la standardizzazione*, ISO, organisation internationale pour la standardisation.

ISPI *Istituto per gli Studi di Politica Internazionale*, Institut pour les études de politique internationale.

ISS *Istituto Superiore di Sanità*, Institut supérieur de la santé.

ISTAT *Istituto centrale di statistica*, Institut central de statistique.

ITC *Istituto Tecnico Commerciale*, Institut technico-commercial.

ITIS *Istituto Tecnico Industriale Statale*, Institut technico-industriel d'État.

IUI (*med.*) (*Intra Uterine Insemination*) *Inseminazione intrauterina*, IIU, Insémination Intra Utérine.

IVG *Interruzione Volontaria di Gravidanza*, IVG, Interruption Volontaire de Grossesse.

J

j (*elettr.*) *joule*, J, joule.

jr. *junior*, junior.

K

K (*fis.*) *Kelvin*, K, Kelvin.

kcal (*fis.*) *chilocaloria*, kcal, kilocalorie.

kg *chilogrammo*, kg, kilogramme.

kgm *chilogrammetro*, kgm, kilogrammètre.

kHz (*fis.*) *chilohertz*, kHz, kilohertz.

km *chilometro*, km, kilomètre.

km² *chilometro quadrato*, km^2, kilomètre carré.

KO (*knock-out*) *fuori combattimento*, KO, knock-out.

kW (*elettr.*) *chilowatt*, kW, kilowatt.

kWh (*elettr.*) *chilowattora*, kWh, kilowattheure.

L

l **1** *litro*, l, litre **2** *lira*, l, lire **3** *lunghezza*, l, longueur **4** *legge*, l, loi.

L (*fis.*) *induttanza*, L, inductance.

LAN (*inform.*) (*Local Area Network*) LAN, réseau local.

lat. (*geogr.*) *latitudine*, lat., latitude.

LAV (*Lymphoadenopathy Syndrome*) *Virus della linfoadenopatia*, LAV, Virus de la lymphoadenopathie.

lb *libbra*, lb, livre.

LCD (*elettr.*) (*Liquid Crystal Display*) *visualizzatore a cristalli liquidi*, visualisateur à cristaux liquides.

LF (*Low Frequency*) *Bassa frequenza*, BF, Basse Fréquence.

Lit. *lire italiane*, lires italiennes.

LL PP *Lavori Pubblici*, TPE, Travaux Publiques de l'État.

lm (*fis.*) *lumen*, lm, lumen.

l.m. *livello del mare*, niveau de la mer.

log. (*mat.*) *logaritmo*, log., logarithme.

long. (*geogr.*) *longitudine*, long., longitude.

LP (*mus.*) (*Long Playing*) (*disco microsolco a*) *lunga esecuzione*, trente-trois tours.

LSD (*Lysergsäure Diäthylamid*) *Dietilammide dell'acido lisergico*, LSD, diethylammide de l'acide lysergique.

L.st. *lira sterlina*, liv.st., livre sterling.

lx (*fis.*) *lux*, lx, lux.

M

m **1** *metro*, m, mètre **2** (*fis.*) *massa*, m, masse.

m. **1** *morto*, m., mort **2** *mese*, m., mois.

m² *metro quadrato*, m^2, mètre carré.

m³ *metro cubo*, m^3, mètre cube.

mA (*elettr.*) *milliampere*, mA, milliampère.

max. *massimo*, max., maximum.

mb (*fis.*) *millibar*, mb, millibar.

Mc (*rad.*) *megaciclo*, Mc, mégacycle.

MCD (*mat.*) *Massimo Comun Divisore*, p.g.c.d., plus grand commun diviseur.

mcm (*mat.*) *minimo comune multiplo*, p.p.c.m., plus petit commun multiple.

MF (*rad.*) **1** *Modulazione di Frequenza*, MF, Modulation de Fréquence **2** *Media Frequenza*, MF, Moyenne Fréquence.

mg *milligrammo*, mg, milligramme.

Mg *miriagrammo*, myg, myriagramme.

MHz (*fis.*) *megahertz*, MHz, mégahertz.

min. **1** *minuto*, min., mn, minute **2** *minimo*, min., minimum.

Min. *Ministro*, Min., Ministre.

mitt. (*nelle lettere*) *mittente*, exp., expéditeur.

ml *millilitro*, ml, millilitre.

mm *millimetro*, mm, millimètre.

Mm *miriametro*, mam, myriamètre.

MM *Marina Militare*, Marine militaire.

mol (*fis.*) *mole*, mol, mole.

mol. (*chim.*) *molecola*, mol., molécule.

Mons. (*eccl.*) *Monsignore*, Mgr, Monseigneur.

MR **1** *Magnifico Rettore*, Recteur **2** (*eccl.*) *Molto Reverendo*, TR, Très Révérend.

mV (*fis.*) *millivolt*, mV, millivolt.

MW (*fis.*) *megawatt*, MW, mégawatt.

MWh (*fis.*) *megawattora*, MWh, mégawatt par heure.

N

n **1** *nato*, né **2** *numero*, N°, n°, numéro.

N **1** (*fis.*) *newton*, N, newton **2** (*geogr.*) *Nord*, N, Nord.

n° *numero*, N°, n°, numéro.

NAS *Nucleo Antisofisticazioni*, Noyau anti-falsifications.

NATO (*North Atlantic Treaty Organization*) *organizzazione del trattato nordatlantico*, OTAN, Organisation du Traité de l'Atlantique Nord.

N.B. *Nota Bene*, NB, Nota Bene.

N.d.A. *Nota dell'Autore*, N.d.A., Note de l'Auteur.

N.d.E. *Nota dell'Editore*, N.d.E., Note de l'Éditeur.

N.d.R. *Nota della Redazione*, N.d.R., Note de la Rédaction.

N.d.T. *Nota del Traduttore*, N.duT., Note du Traducteur.

NE (*geogr.*) *Nord-Est*, N-E, Nord-Est.

NN (*nescio nomen*) *di paternità ignota*, de père inconnu.

NO (*geogr.*) *Nord-Ovest*, N-O, Nord-Ouest.

NOCS *Nucleo Operativo Centrale di Sicurezza*, Noyau opératif central de sûreté.

NOT *Nuclei Operativi Tossicodipendenze*, Noyaux opératifs toxico-dépendances.

ns. *nostro*, n., N/, notre.

NT *Nuovo Testamento*, NT, Nouveau Testament.

NU **1** *Nazioni Unite*, NU, Nations Unies **2** *Nettezza Urbana*, Service de voirie.

O

O (*geogr.*) *Ovest*, O, Ouest.

OC (*rad.*) *Onde Corte*, OC, Ondes Courtes.

OCR (*Optical Character Reader*) *lettore di caratteri ottici*, OCR, lecteur de caractères optiques.

OCSE *Organizzazione per la Cooperazione e lo Sviluppo Economico*, OCDE, Organisation de Coopération et de Développement Économique.

O.d.G. *Ordine del Giorno*, O.d.J., Ordre du Jour.

OIL *Organizzazione Internazionale del Lavoro*, OIT, Organisation Internationale du Travail.

OL (*rad.*) *Onde Lunghe*, OL, Ondes Longues.

OM **1** *Ordinanza Ministeriale*, Arrêté ministériel **2** (*rad.*) *Onde Medie*, OM, Ondes Moyennes.

OMS *Organizzazione Mondiale della Sanità*, OMS, Organisation Mondiale de la Santé.

on. *onorevole*, député au Parlement.

ONU *Organizzazione delle Nazioni Unite*, ONU, Organisation des Nations Unies.

OPA (*econ.*) *Offerta Pubblica d'Acquisto*, OPA, Offre Publique d'Achat.

OPEC (*Organization of Petroleum Exporting Countries*) *Organizzazione dei paesi esportatori di petrolio*, OPEP, Organisation des Pays Exportateurs de Pétrole.

P

p., pag. *pagina*, p., page.

P *parcheggio*, parking.

Pa (*fis.*) *pascal*, P, pascal.

PA *Pubblica Amministrazione*, Administration publique.

PAL (*tv*) (*Phase Alternating Line*) *linea a fase alternata*, PAL, ligne à alternance de phase.

pc (*fis.*) *parsec*, pc, parsec.

p.c. *per conoscenza*, pour connaissance.

p.c.c. *per copia conforme*, p.c.c., pour copie conforme.

PD (*amm.*) *Partita Doppia*, Partie double.

p.e., p.es. *per esempio*, p.ex., par exemple.

p.f. *per favore*, SVP, s'il vous plaît.

PG **1** *Procuratore Generale*, PG, Procureur Général **2** *Polizia Giudiziaria*, PJ, Police Judiciaire.

PI *Pubblica Istruzione*, EN, Éducation Nationale.

PIL *Prodotto Interno Lordo*, PIB, Produit Intérieur Brut.

PL *Prodotto Lordo*, PB, Produit Brut.

p.m. (*post meridien*) *pomeridiano*, p.m., post méridien.

PM **1** *Pubblico Ministero*, Ministère public **2** *Polizia Militare*, PM, Police Militaire.

PNL *Prodotto Nazionale Lordo*, PNB, Produit National Brut.

PO *Posta Ordinaria*, Poste ordinaire.

POLFER *Polizia Ferroviaria*, Police de chemin de fer.

POLSTRADA *Polizia Stradale*, Police de la route.

pop. *popolazione*, pop., population.

pp. *pagine*, pages.

p.p. **1** *per procura*, P.Pon, Par Pon, Par Procuration **2** *pacco postale*, CP, Colis Postal.

PR **1** *Procuratore della Repubblica*, Procureur de la République **2** *Piano Regolatore*, POS, Plan d'Occupation des Sols.

pref. *prefazione*, préface.

Pref. *Prefettura*, Préf., Préfecture.

Preg.mo (*nelle lettere*) *Pregiatissimo*, Monsieur.

Prot. *Protocollo*, protocole.

prov. *provincia*, prov., province.

p.s. (*fis.*) *peso specifico*, p.s., poids spécifique.

P.S. **1** *Post Scriptum*, P.S., Post Scriptum **2** *Pubblica Sicurezza*, Sécurité publique **3** *Polizia di Stato*, Police d'État.

PT **1** *Poste e Telecomunicazioni*, P et T, Postes et Télécommunications **2** *Polizia Tributaria*, Police fiscale.

p.v. *prossimo venturo*, p., pr., prochain.

PVC *Polivinilcloruro*, PVC, chlorure de polyvinyle.

p.za *piazza*, pl., place.

Q

q *quintale*, q, quintal.

q.b. *quanto basta*, q.s., quantité suffisante.

QI *Quoziente d'Intelligenza*, QI, Quotient Intellectuel.

R

r (*geom.*) *raggio*, r, rayon.

R **1** *raccomandata*, R, recommandé(e) **2** (*ferr.*) *rapido*, rapide **3** (*fis.*) *resistenza elettrica*, R, résistance électrique.

racc. (*lettera*) *raccomandata*, recommandée.

Rag. *ragioniere*, expert comptable.

RAI-TV *Radio Televisione Italiana*, Radiotélévision italienne.

RAM (*inform.*) (*Random Access Memory*) *memoria ad accesso casuale*, MEV, mémoire vive, à accès direct.

RC *Responsabilità Civile*, Responsabilité civile.

RCA *Responsabilità Civile Autoveicoli*, Responsabilité civile véhicules.

ref. *referenze*, réf., références.

REM (*psic.*) (*Rapid Eye Movements*) *rapidi movimenti oculari*, PMO, Phase de Mouvements Oculaires rapides.

Rep. *Repubblica*, République.

Rev. (*eccl.*) *Reverendo*, Révd, Révérend.

RI *Repubblica Italiana*, République italienne.

ric. *ricevuta*, récépissé, reçu, quittance.

RID *Rapporto Interbancario Diretto*, Rapport interbancaire direct.

RMN *Risonanza Magnetica Nucleare*, RMN, Résonance Magnétique Nucléaire.

RNA (*biol.*) *acido ribonucleico*, ARN, acide ribonucléique.

ROM (*inform.*) (*Read Only Memory*) *memoria a sola lettura*, MEM, mémoire morte.

ROS *Raggruppamento Operativo Speciale* (*dei Carabinieri*), Force opérative spéciale (des Carabiniers).

RP **1** *Relazioni Pubbliche*, Relations publiques **2** (*nelle lettere*) *Riservata Personale*, réservée personnelle.

RR *Ricevuta di Ritorno*, AR, Accusé de Réception.

RSVP *Si prega di rispondere*, RSVP, Répondez s'il vous plaît.

RVM *Registrazione Video Magnetica*, Enregistrement vidéo-magnétique.

S

s *secondo*, s, sec, seconde.

S (*geogr.*) *Sud*, S, Sud.

S. *Santo*, St, Saint.

SA **1** (*comm.*) *Società Anonima*, SA, Société Anonyme **2** (*titolo*) *Sua Altezza*, SA, Son Altesse.

S.a.s. (*comm.*) *Società in accomandita semplice*, Sociéte en commandite simple.

s.b.f. (*banca*) *salvo buon fine*, s.b.f., sauf bonne fin.

SE **1** (*titolo*) *Sua Eccellenza*, SE, Son Excellence **2** (*geogr.*) *Sud-Est*, S-E, Sud-Est.

SEAT *Società Elenchi Abbonati al Telefono*, Société annuaires officiels des abonnés du téléphone.

sec **1** *secondo*, s, sec, seconde **2** (*mat.*) *secante*, sec, sécante.

sec. *secolo*, s., siècle.

sen (*mat.*) *seno*, sin, sinus.

Sen. *senatore*, sénateur.

sez. *sezione*, section.

SI *Sistema Internazionale* (*di unità di misura*), SI, Système International (d'unités).

SIAE *Società Italiana Autori ed Editori*, Société italienne des auteurs et des éditeurs.

sig. *signore*, M., Monsieur.

sigg. *signori*, MM, Messieurs.

sig.na *signorina*, Mlle, Mademoiselle.

sig.ra *signora*, Mme, Madame.

s.l.m. *sul livello del mare*, au dessus du niveau de la mer.

SM (*titolo*) *Sua Maestà*, SM, Sa Majesté.

SME *Sistema Monetario Europeo*, SME, Système Monétaire Européen.

SO (*geogr.*) *Sud-Ovest*, S-O, Sud-Ouest.

Soc. *Società*, Sté, Sociéte.

SP *Strada Provinciale*, RD, Route Départementale.

S.p.A. (*comm.*) *Società per Azioni*, S.p.A., Société par Actions.

Spett. (*nelle lettere*) *Spettabile*, Monsieur.

SPM *Sue Proprie Mani*, en ses propres mains.

S.r.l. (*comm.*) *Società a responsabilità limitata*, S.a.r.l., Société à responsabilité limitée.

SS **1** *Strada Statale*, RN, Route Nationale **2** (*eccl.*) *Sua Santità*, SS, Sa Sainteté **3** *Santa Sede*, SS, Saint-Siège.

SSN *Servizio Sanitario Nazionale*, Service sanitaire national.

T

t **1** *tonnellata*, t, tonne **2** (*fis.*) *tempo*, t, temps.

T *tabaccheria*, bureau de tabac.

tang, **tg** (*mat.*) *tangente*, tang, tg, tangente.

TAR *Tribunale Amministrativo Regionale*, Tribunal administratif régional.

TBC *tubercolosi*, TBC, tuberculose.

TCI *Touring Club Italiano*, Touring Club d'Italie.

tel. *telefono*, tél., téléphone.

TFR *Trattamento di Fine Rapporto*, Indemnité de départ en retraite.

TG *Telegiornale*, Journal télévisé.

trad. *traduzione*, traduction.

trim. *trimestre*, trim., trimestre.

TUS *Tasso Ufficiale di Sconto*, Taux officiel d'escompte.

U

u (*fis.*) *unità di massa atomica*, u, unité de masse atomique.

UC *Ufficio di Collocamento*, Bureau de placement.

UE *Unione Europea*, UE, Union Européenne.

UHF (*rad.*) (*Ultra High Frequency*) *frequenza ultraelevata*, UHF, fréquence ultraélevée.

UHT (*Ultra High Temperature*) *temperatura ultraelevata*, UHT, ultra haute température.

UIC *Ufficio Italiano Cambi*, Bureau italien des changes.

UMTS (*Universal Mobile Telecommunications System*) *Sistema universale di telecomunicazioni mobili*, Système Universel de Télécommunications Mobiles.

UNESCO (*United Nations Educational, Scientific and Cultural Organization*) *organizzazione delle Nazioni Unite per l'educazione, la scienza e la cultura*, UNESCO, organisation des Nations Unies pour l'éducation, la science et la culture.

UNICEF (*United Nations International Children's Emergency Fund*) *Fondo internazionale di emergenza delle Nazioni Unite per l'infanzia*, UNICEF, Fonds des Nations Unies pour l'enfance.

URAR-TV *Ufficio Registro Abbonamenti Radio e Televisione*, Bureau d'enregistrement des abonnements à la radio et à la télévision.

urg. *urgente*, urgent.

u.s. (*comm.*) *ultimo scorso*, der, dernier.

USA (*United States of America*) *Stati Uniti d'America*, USA, États-Unis d'Amérique.

UV (*fis.*) *ultravioletto*, UV, ultra-violet.

V

v (*fis.*) *velocità*, v, vitesse.

v. *vedi*, v., voyez, voir.

V **1** (*elettr.*) *volt*, V, volt **2** *volume*, V, volume.

VA (*titolo*) *Vostra Altezza*, VA, Votre Altesse.

VCR (*Video Cassette Recorder*) *videoregistratore a cassette*, magnétoscope à cassette.

VE (*titolo*) *Vostra Eccellenza*, V.Exc., Votre Excellence.

ved. *vedova*, V.ve, Veuve.

Vesc. *Vescovo*, Év., Évêque.

VF *Vigili del Fuoco*, pompiers.

VGA (*inform.*) (*Video Graphic Array*) *matrice videografica*, carte VGA.

VHF (*rad.*) (*Very High Frequency*) *altissima frequenza*, VHF, très haute fréquence.

VHS (*Video Home System*) *sistema televisivo per la registrazione domestica*, VHS.

v.le *viale*, bd, boulevard, av., avenue.

VN (*fin.*) *Valore Nominale*, VN, Valeur Nominale.

VO (*cine.*) *Versione Originale*, VO, Version Originale.

vol. *volume*, vol., volume.

VP **1** *Vaglia Postale*, MCV, Mandat-Carte de Versement, M-P, Mandat-Poste **2** *vicepresidente*, vice-président.

v.r. *vedi retro*, TSVP, Tournez S'il Vous Plaît.

vs. *vostro*, v., votre.

W

W **1** (*elettr.*) *watt*, W, watt **2** *evviva*, W, vive.

Wb (*fis.*) *weber*, Wb, weber.

Wh (*elettr.*) *wattora*, Wh, wattheure.

wi-fi (*inform.*) (*wireless fidelity*) wi-fi, haute-fidelité sans fil.

WWF (*World Wildlife Fund*) *Fondo mondiale per la natura*, WWF, Fonds mondial pour la nature.

X

x (*mat.*) *incognita*, x, inconnue.

XML (*inform.*) (*extensible markup language*) *Linguaggio estensibile di marcatura*, Langage de balisage extensible.

Z

Z **1** (*chim.*) *numero atomico*, Z, nombre atomique **2** (*fis.*) *impedenza*, Z, impédance.

Nomi geografici

Noms géographiques

NOMI GEOGRAFICI

Sezione francese/italiano

Sono esclusi i nomi con identica grafia nelle due lingue. Non è indicato il genere dei nomi francesi di città, spesso controverso: la regola li considera sempre di genere maschile, salvo quando l'ultima sillaba è muta, ma l'uso corrente non sempre rispetta tale regola.

A

Abruzzes [abʀyz] *pl.* Abruzzo *sing.* (*Abruzzain*).

Abyssinie [abisini] Abissinia (*Abyssin*).

Açores [asɔʀ] *pl.* Azzorre (*Açorien*).

Adriatique, Mer [mɛʀadʀijatik] Mare Adriatico.

Afrique [afʀik] Africa (*Africain*).

Afrique du Nord [afʀikdynɔʀ] Nordafrica (*Nord -Africain*).

Afrique du Sud [afʀikdysyd] **République d'Afrique du Sud** [ʀepyblikdafʀikdysyd] Sudafrica, Repubblica Sudafricana (*Sud-Africain*; *Afrikan(d)er*).

Agrigente [agʀiʒɑ̃t] Agrigento (*Agrigentin*).

Aix-la-Chapelle [ɛkslaʃapɛl] Aquisgrana.

Albanie [albani] Albania (*Albanais*).

Aléoutiennes, Îles [ilaleusjɛn] Isole Aleutine.

Alexandrie [alɛksɑ̃dʀi] Alessandria (*Alexandrin*).

Alger [alʒe] Algeri (*Algérois*).

Algérie [alʒeʀi] Algeria (*Algérien*).

Allemagne [almaɲ] Germania (*Allemand*).

Alpes [alp] *pl.* Alpi; *Alpes Maritimes*, *Cottiennes*, *Graies* o *Grées*, *Pennines*, *Lépontiennes*, *Rhétiques*, *Carniques*, *Juliennes*, Alpi Marittime, Cozie, Graie, Pennine, Lepontine, Retiche, Carniche, Giulie.

Alsace [alzas] Alsazia (*Alsacien*).

Amazone [amazon] Rio delle Amazzoni.

Amazonie [amazoni] Amazzonia (*Amazonien*).

Amérique [ameʀik] America (*Américain*).

Amérique centrale [ameʀiksɑ̃tʀal] America centrale.

Amérique du Nord [ameʀikdynɔʀ] America settentrionale, Nordamerica (*Nord-Américain*, *Américain du Nord*).

Amérique du Sud [ameʀikdysyd] America meridionale, Sudamerica (*Sud-Américain*, *Américain du Sud*).

Amérique latine [ameʀiklatin] America latina (*Latino -américain*).

Anatolie [anatɔli] Anatolia.

Ancône [ɑ̃kon] Ancona (*Ancônitain*).

Andalousie [ɑ̃daluzi] Andalusia (*Andalou*).

Andes [ɑ̃d] *pl.* Ande.

Andorre [ɑ̃dɔʀ] Andorra (*Andorran*).

Angleterre [ɑ̃glətɛʀ] Inghilterra (*Anglais*).

Anjou [ɑ̃ʒu] Angiò (*Angevin*).

Antarctide [ɑ̃taʀktid] **Antarctique** [ɑ̃taʀktik] Antartide.

Antarctique, Océan Glacial [oseɑ̃glasjalɑ̃taʀktik] Mar Glaciale Antartico.

Antilles [ɑ̃tij] *pl.* Antille (*Antillais*).

Antioche [ɑ̃tjɔʃ] Antiochia (*Antiochéen*).

Anvers [ɑ̃vɛʀ, ɑ̃vɛʀs] Anversa (*Anversois*).

Aoste [aɔst, ɔst] Aosta.

Aoste, Val d' [valdaɔst] Valle d'Aosta (*Valdôtain*).

Apennin, **Apennins** [apenɛ̃] *pl.* Appennino, Appennini *pl.*

Appalaches [apalaʃ] *pl.* Appalachi.

Apuanes, Alpes [alpapɥan] *pl.* Alpi Apuane.

Aquilée [akile] Aquileia.

Aquitaine [akitɛn] Aquitania (*Aquitain*).

Arabie [aʀabi] Arabia (*Arabe*).

Arabie Saoudite [aʀabisaudit] Arabia Saudita (*Saoudien*).

Aragon [aʀagɔ̃] Aragona (*Aragonais*).

Arctique [aʀktik] Artide.

Arctique, Océan Glacial [ɔseɑ̃glasjalaʀktik] Mar Glaciale Artico.

Ardennes [aʀdɛn] *pl.* Ardenne (*Ardennais*).

Argentine [aʀʒɑ̃tin] Argentina (*Argentin*).

Arménie [aʀmeni] Armenia (*Arménien*).

Armorique [aʀmɔʀik] Armorica (*Armoricain*).

Ascension, Île de l' [ildəlasɑ̃sjɔ̃] Ascensione.

Asie [azi] Asia (*Asiatique*).

Assise [asiz] Assisi.

Assouan [aswɑ̃] Assuan.

Asturies [astyʀi] *pl.* Asturie (*Asturien*).

Athènes [atɛn] Atene (*Athénien*).

Atlantique, Océan [ɔseɑ̃atlɑ̃tik] Oceano Atlantico.

Atlas [atlɑs] Atlante.

Australie [ɔ(o)stʀali] Australia (*Australien*).

Autriche [otʀiʃ] Austria (*Autrichien*).

Auvergne [ɔ(o)vɛʀɲ] Alvernia (*Auvergnat*).

Avignon [aviɲɔ̃] Avignone (*Avignonnais*).

Azerbaïdjan [azɛʀbaidʒɑ̃] Azerbaigian (*Azerbaïdjanais*).

B

Babylone [babilɔn] Babilonia (*Babylonien*).

Bade [bad] Baden (*Badois*).

Bagdad [bagdad] Baghdad.

Bahreïn [baʀɛjn] Bahrein (*Bahreïnien*).

Bâle [bal] Basilea (*Bâlois*).

Baléares [baleaʀ] *pl.* Baleari (*Baléare*).
Balkans [balkɑ̃] *pl.* Balcani.
Baltique, Mer [mɛʀbaltik] Mar Baltico.
Barbade [baʀbad] Barbados *pl.* (*Barbadien*).
Barcelone [baʀsəlɔn] Barcellona (*Barcelonais*).
Bardonnèche [baʀdɔnɛʃ] Bardonecchia.
Basilicate [bazilikat] Basilicata.
Basque, Pays [peibask] Paesi Baschi *pl.*, Province Basche *pl.* (*Basque*, *Basquais*).
Bavière [bavjɛʀ] Baviera (*Bavarois*).
Bayonne [bajɔn] Baiona (*Bayonnais*).
Belgique [bɛlʒik] Belgio (*Belge*).
Belgrade [bɛlgʀad] Belgrado (*Belgradois*).
Bénévent [benevɑ̃] Benevento (*Bénéventin*).
Bengale [bɛ̃gal] Bengala (*Bengali*).
Benghazi [bɛ̃gazi] Bengasi.
Bénin [benɛ̃] Benin (*Béninois*).
Bergame [bɛʀgam] Bergamo (*Bergamasque*).
Béring, Détroit de [detʀwadəbeʀiŋ] Stretto di Bering.
Berlin [bɛʀlɛ̃] Berlino (*Berlinois*).
Bermudes [bɛʀmyd] *pl.* Bermude (*Bermudien*).
Berne [bɛʀn] Berna (*Bernois*).
Bethléem [bɛtleɛm] Betlemme.
Beyrouth [bɛʀut] Beirut (*Beyrouthin*).
Biélorussie [bjelɔʀysi] Bielorussia (*Biélorusse*).
Birmanie [biʀmani] Birmania (*Birman*).
Biscaye [biskaj] Biscaglia (*Biscaïen*).
Bithynie [bitini] Bitinia (*Bithynien*).
Blanc, Mont [mɔ̃blɑ̃] Monte Bianco.
Bohême [bɔɛm] Boemia (*Bohémien*).
Bolivie [bolivi] Bolivia (*Bolivien*).
Bologne [bɔlɔɲ] Bologna (*Bolonais*).
Bône [bon] Bona (*Bônois*).
Bonne-Espérance, Cap de [kapdəbɔnɛspeʀɑ̃s] Capo di Buona Speranza.
Bosnie [bɔsni] Bosnia (*Bosniaque*, *Bosnien*).
Bosphore [bɔsfɔʀ] Bosforo.
Bourbonnais [buʀbɔnɛ] Borbonese (*Bourbonnais*).
Bourgogne [buʀgɔɲ] Borgogna (*Bourguignon*).
Brabant [bʀabɑ̃] Brabante (*Brabançon*).
Brême [bʀɛm] Brema (*Brémois*).
Brenner [bʀɛnɛʀ] Brennero.
Brésil [bʀezil] Brasile (*Brésilien*).
Bretagne [bʀətaɲ] Bretagna (*Breton*).
Brigue [bʀig] Briga.
Bruxelles [bʀysɛl, bʀuksɛl] Bruxelles (*Bruxellois*).
Bulgarie [bylgaʀi] Bulgaria (*Bulgare*).
Byzance [bizɑ̃s] Bisanzio (*Byzantin*).

C

Cachemire [kaʃmiʀ] Kashmir (*Cachemirien*).
Cadix [kadiks] Cadice (*Gaditan*).
Caire, Le [ləkɛʀ] Il Cairo (*Cairote*).
Calabre [kalɑbʀ] Calabria (*Calabrais*).
Calédonie [kaledɔni] Caledonia.
Californie [kalifɔʀni] California (*Californien*).
Cambodge [kɑ̃bɔdʒ] Cambogia (*Cambodgien*).
Cameroun [kaməʀun] Camerun (*Camerounais*).
Campanie [kɑ̃pani] Campania (*Campanien*).
Canada [kanada] Canada (*Canadien*).
Canaries [kanaʀi] *pl.* Canarie (*Canarien*).
Cap, Le [ləkap] Città del Capo.
Capoue [kapu] Capua (*Capouan*).
Cappadoce [kapadɔs] Cappadocia (*Cappadocien*).
Cap-Vert, Îles du [ildykapvɛʀ] Isole di Capo Verde.
Caraïbes [kaʀaib] *pl.* Caraibi (*Caraïbe*).
Carinthie [kaʀɛ̃ti] Carinzia (*Carinthien*).
Carolines, Îles [ilkaʀɔlin] Isole Caroline.
Carpates [kaʀpat] *pl.* Carpazi.
Carrare [kaʀaʀ] Carrara.
Carthage [kaʀtaʒ] Cartagine (*Carthaginois*).
Caserte [kazɛʀt] Caserta.
Caspienne, Mer [mɛʀkaspjɛn] Mar Caspio.
Castille [kastij] Castiglia (*Castillan*).
Catalogne [katalɔɲ] Catalogna (*Catalan*).
Catane [katan] Catania (*Catanais*).
Caucase [kokɑz] Caucaso (*Caucasien*).
Cayenne [kajɛn] Caienna (*Cayennais*).
Centrafricaine, République [ʀepybliksɑ̃tʀafʀikɛn] Repubblica Centrafricana.
Cervin [sɛʀvɛ̃] Cervino.
Cévennes [sevɛn] *pl.* Cevenne (*Cévenol*).
Ceylan [sɛlɑ̃] Ceylon (*Ceylanais*, *Cinghalais*).
Chili [ʃili] Cile (*Chilien*).
Chine [ʃin] Cina (*Chinois*).
Chypre [ʃipʀ] Cipro (*Chypriote*, *Cypriote*).
Cisjordanie [sisʒɔʀdani] Cisgiordania (*Cisjordanien*).
Clairvaux [klɛʀvo] Chiaravalle.
Cnossos [knɔssos] Cnosso.
Coblence [kɔblɑ̃s] Coblenza.
Cobourg [kɔbuʀ] Coburgo.
Coïmbre [kɔɛ̃bʀ] Coimbra.
Coire [kwɑʀ] Coira.
Cologne [kɔlɔɲ] Colonia.
Colombie [kɔlɔ̃bi] Colombia (*Colombien*).
Côme [kom] Como (*Cômasque*).
Comores [kɔmɔʀ] *pl.* Comore (*Comorien*).
Comtat Venaissin [kɔ̃tavənɛsɛ̃] Contado Venassino.
Coni [kɔni] Cuneo.
Constance [kɔ̃stɑ̃s] Costanza.
Constantinople [kɔ̃stɑ̃tinɔpl] Costantinopoli (*Constantinopolitain*).
Copenhague [kɔpɛnag] Copenaghen.
Cordoue [kɔʀdu] Cordova (*Cordouan*).
Corée [kɔʀe] Corea (*Coréen*); *Corée du Nord*, Corea del Nord (*Nord-Coréen*); *Corée du Sud*, Corea del Sud (*Sud-Coréen*).

Corfou [kɔʀfu] Corfù (*Corfiote*).
Corinthe [kɔʀɛ̃t] Corinto (*Corinthien*).
Cornouaille [kɔʀnwɑj] (*Francia*) Cornovaglia (*Cornouaillais*).
Cornouailles [kɔʀnwɑj] *pl.* (*Gran Bretagna*) Cornovaglia *sing.*
Corogne, La [lakɔʀɔɲ] La Coruña.
Corse [kɔʀs] Corsica (*Corse*).
Côte d'Azur [kotdazyʀ] Costa Azzurra.
Côte-d'Ivoire [kotdivwaʀ] Costa d'Avorio (*Ivoirien*).
Cracovie [kʀakɔvi] Cracovia (*Cracovien*).
Crémone [kʀemɔn] Cremona.
Crète [kʀɛt] Creta (*Crétois*).
Crimée [kʀime] Crimea (*Criméen*).
Croatie [kʀɔasi] Croazia (*Croate*).
Cyclades [siklad] *pl.* Cicladi.

D

Dalmatie [dalmasi] Dalmazia (*Dalmate*).
Damas [damɑs] Damasco (*Damascène*).
Danemark [danmaʀk] Danimarca (*Danois*).
Dan(t)zig [dɑ̃tsig] Danzica.
Danube [danyb] Danubio.
Dardanelles [daʀdanɛl] *pl.* Dardanelli.
Dauphiné [dofine] Delfinato (*Dauphinois*).
Dijon [diʒɔ̃] Digione (*Dijonnais*).
Djerba [dʒɛʀba] Gerba (*Djerbien*).
Djibouti [dʒibuti] Gibuti (*Djiboutien*).
Djouba [dʒuba] Giuba.
Dodécanèse [dɔdekanɛz] Dodecaneso.
Doire Baltée [dwaʀbalte] Dora Baltea.
Doire Ripaire [dwaʀʀipɛʀ] Dora Riparia.
Dolomites [dɔlɔmit] *pl.* Dolomiti.
Dominicaine, République [ʀepyblikdɔminikɛn] Repubblica Dominicana (*Dominicain*).
Dominique [dɔminik] Dominica (*Dominiquais*).
Dordogne [dɔʀdɔɲ] Dordogna.
Douvres [duvʀ] Dover.
Drave [dʀav] Drava.
Dresde [dʀɛsd] Dresda.
Dublin [dyblɛ̃] Dublino (*Dublinois*).
Durrës [dyʀɛs] Durazzo.

E

Èbre [ɛbʀ] Ebro.
Écosse [ekɔs] Scozia (*Écossais*).
Édimbourg [edɛ̃buʀ] Edimburgo (*Édimbourgeois*).
Égades, Îles [ilzegad] **Égates, Îles** [ilzegat] Isole Egadi.
Égée, Mer [mɛʀeʒe] Mar Egeo.
Égypte [eʒipt] Egitto (*Égyptien*).
Éire [ɛʀ] Eire.
Elbe [ɛlb] Elba.
Elbe, Île d' [ildɛlb] Isola d'Elba.
Émilie [emili] Emilia (*Émilien*).
Émirats Arabes Unis [emiʀaaʀabyni] *pl.* Emirati Arabi Uniti.
Éoliennes, Îles [ilzeɔljɛn] Isole Eolie.
Éphèse [efɛz] Efeso (*Éphésien*).
Équateur [ekwatœʀ] Ecuador (*Équatorien*).
Érythrée [eʀitʀe] Eritrea (*Érythréen*).
Espagne [ɛspaɲ] Spagna (*Espagnol*).
Estonie [ɛstɔni] Estonia (*Estonien*).
États-Unis [etazyni] *pl.* Stati Uniti (*États-Unien*).
Éthiopie [etjɔpi] Etiopia (*Éthiopien*).
Euphrate [øfʀat] Eufrate.
Europe [øʀɔp] Europa (*Européen*); *Europe centrale*, Europa centrale, Mitteleuropa.
Extrême-Orient [ɛkstʀɛmɔʀjɑ̃] Estremo Oriente.

F

Féroé, Îles [ilfeʀɔe] Isole Faeröer (*Féringien*, *Féroïen*).
Ferrare [fɛʀaʀ] Ferrara (*Ferrarais*).
Fidji, Fiji, Îles [ilfidʒi] Isole Figi (*Fidjien*).
Finisterre, Cap [kapfinistɛʀ] Capo Finisterre.
Finlande [fɛ̃lɑ̃d] Finlandia (*Finlandais*).
Flandre, **Flandres** [flɑ̃dʀ] *pl.* Fiandra, Fiandre *pl.* (*Flamand*).
Florence [flɔʀɑ̃s] Firenze (*Florentin*).
Floride [flɔʀid] Florida.
Formose [fɔʀmoz] Formosa (*Formosan*).
France [fʀɑ̃s] Francia (*Français*).
Francfort (sur-le-Main) [fʀɑ̃kfɔʀsyʀləmɛ̃] Francoforte (sul Meno) (*Francfortois*).
Franche-Comté [fʀɑ̃ʃkɔ̃te] Franca Contea (*Franc-Comtois*, *Comtois*).
Fribourg [fʀibuʀ] Friburgo (*Fribourgeois*).
Frioul [fʀijul] Friuli (*Frioulan*).
Frioul-Vénétie Julienne [fʀijulvenesiʒyljɛn] Friuli Venezia Giulia.
Frise [fʀiz] Frisia (*Frison*).
Frisonnes, Îles [ilfʀizɔn] Isole Frisone.

G

Galice [galis] Galizia (*Galicien*).
Gambie [gɑ̃bi] Gambia (*Gambien*).
Garde, Lac de [lakdəgaʀd] Lago di Garda.
Garonne [gaʀɔn] Garonna.
Gascogne [gaskɔɲ] Guascogna (*Gascon*).
Gaule [gol] Gallia (*Gaulois*).
Gênes [ʒɛn] Genova (*Génois*).
Genève [ʒənɛv] Ginevra (*Genevois*).
Géorgie [ʒeɔʀʒi] Georgia (*Géorgien*).
Gibraltar [ʒibʀaltaʀ] Gibilterra.
Gironde [ʒiʀɔ̃d] Gironda (*Girondin*).
Golgotha [gɔlgɔta] Golgota.
Grande-Bretagne [gʀɑ̃dbʀətaɲ] Gran Bretagna (*Britannique*).
Grande-Grèce [gʀɑ̃dgʀɛs] Magna Grecia.
Grand Paradis [gʀɑ̃paʀadi] Gran Paradiso.
Grèce [gʀɛs] Grecia (*Grec*).

Grenade Granada (*Grenadin*).
Grenadines, Îles [ilgʀənadin] Isole Grenadine.
Grisons [gʀizɔ̃] *pl.* Grigioni (*Grison*).
Groenland [gʀɔɛnlɑ̃d] Groenlandia (*Groenlandais*).
Guadeloupe [gwadəlup] Guadalupa (*Guadeloupéen*).
Guinée [gine] Guinea (*Guinéen*).
Guinée-Bissau [ginebisaw] Guinea-Bissau.
Guinée-Équatoriale [gineekwatɔʀjal] Guinea Equatoriale.
Guyane [gɥijan] Guyana.
Guyane Française [gɥijan fʀɑ̃sɛz] Guyana Francese (*Guyanais*).

H

***Hambourg** [ɑ̃buʀ] Amburgo (**Hambourgeois*).
***Hanovre** [anɔvʀ] Hannover (**Hanovrien*).
***Haut-Adige** [oadiʒ] Alto Adige.
***Hautecombe** [otkɔ̃b] Altacomba.
***Havane, La** [laavan] L'Avana (**Havanais*).
***Haye, La** [laɛ] L'Aia (**Haguenois*).
Hébrides, Îles [ilebʀid] Isole Ebridi.
Herculanum [ɛʀkylanɔm] Ercolano.
Herzégovine [ɛʀzegɔvin] Erzegovina.
***Hesse** [ɛs] Assia.
Himalaya [imalaja] Himalaia (*Himalayen*).
***Hollande** [ɔlɑ̃d] Olanda (**Hollandais*).
***Hongrie** [ɔ̃gʀi] Ungheria (**Hongrois*).

I

Ibériques, Chaînes [ʃɛnzibeʀik] Monti Iberici.
Inde [ɛ̃d] India (*Indien*).
Indien, Océan [ɔseɑ̃ɛ̃djɛ̃] Oceano Indiano.
Indochine [ɛ̃dɔʃin] Indocina (*Indochinois*).
Indonésie [ɛ̃dɔnezi] Indonesia (*Indonésien*).
Indus [ɛ̃dys] Indo.
Ionienne, Mer [mɛʀjɔnjɛn] Mare Ionio.
Irlande [iʀlɑ̃d] Irlanda (*Irlandais*); *Irlande du Nord*, Irlanda del Nord (*Irlandais du Nord*).
Islande [islɑ̃d] Islanda (*Islandais*).
Israël [isʀaɛl] Israele (*Israélien*).
Istrie [istʀi] Istria (*Istrien*).
Italie [itali] Italia (*Italien*).
Ivrée [ivʀe] Ivrea.

J

Jaffa [ʒafa] Giaffa.
Jakarta [dʒakaʀta] Giacarta (*Jakartanais*).
Jamaïque [ʒamaik] Giamaica (*Jamaïquain*).
Japon [ʒapɔ̃] Giappone (*Japonais*).
Java [ʒava] Giava (*Javanais*).
Jéricho [ʒeʀiko] Gerico.
Jérusalem [ʒeʀyzalɛm] Gerusalemme (*Hiérosolymitain*).
Jordanie [ʒɔʀdani] Giordania (*Jordanien*).
Jourdain [ʒuʀdɛ̃] Giordano.
Judée [ʒyde] Giudea (*Judéen*).
Jura [ʒyʀa] Giura (*Jurassien*).

K

Kaboul, **Kabul** [kabul] Kabul (*Kaboulien*).
Kabylie [kabili] Cabilia (*Kabyle*).
Karst [kaʀst] Carso.
Katmandou, **Katmandu** [katmɑ̃du] Katmandu.
Kazakhstan [kazakstɑ̃] Kazakistan (*Kazakh*).
Kenya [kenja] Kenia (*Kényan*).
Khartoum [kaʀtum] Kartum.
Kilimandjaro [kilimɑ̃dʒaʀo] Kilimangiaro.
Kirghizie [kiʀgizi] **Kirghizistan** [kiʀgizistɑ̃] Kirg(h)izistan (*Kirghiz*).
Kouriles, Îles [ilkuʀil] Isole Curili.
Koweït [kɔwɛjt] Kuwait (*Koweïtien*).

L

Languedoc [lɑ̃gdɔk] Linguadoca (*Languedocien*).
Laponie [lapɔni] Lapponia (*Lapon*).
Latium [lasjɔm] Lazio.
Lausanne [lozan] Losanna (*Lausannois*).
Leipzig [lɛpsig] Lipsia (*Leipzigois*).
Léman, Lac [laklemɑ̃] Lago Lemano.
Lettonie [letɔni] Lettonia (*Letton*).
Leyde [lɛd] Leida.
Liban [libɑ̃] Libano (*Libanais*).
Libéria [libeʀja] Liberia (*Libérien*).
Libye [libi] Libia (*Libyen*).
Liège [ljɛʒ] Liegi (*Liégeois*).
Ligurie [ligyʀi] Liguria (*Ligurien*).
Ligurienne, Mer [mɛʀligyʀjɛn] Mare Ligure.
Lille [lil] Lilla (*Lillois*).
Limousin [limuzɛ̃] Limosino (*Limousin*).
Lisbonne [lisbɔn] Lisbona (*Lisbonnin*).
Lituanie [litɥani] Lituania (*Lituanien*).
Livourne [livuʀn] Livorno (*Livournien*).
Ljubljana [ljublijana] Lubiana.
Locres [lɔkʀ] Locri (*Locrien*).
Loire [lwaʀ] Loira.
Lombardie [lɔ̃baʀdi] Lombardia (*Lombard*).
Londres [lɔ̃dʀ] Londra (*Londonien*).
Lorette [lɔʀɛt] Loreto.
Lorraine [lɔʀɛn] Lorena (*Lorrain*).
Louisiane [lwizjan] Luisiana (*Louisianais*).
Louqsor, **Louxor** [luksɔʀ] Luxor.
Lübeck [lybɛk] Lubecca (*Lubeckois*).
Lucanie [lykani] Lucania (*Lucanien*).
Lucerne [lysɛʀn] Lucerna (*Lucernois*).
Lucques [lyk] Lucca (*Lucquois*).
Luxembourg [lyksɑ̃buʀ] Lussemburgo (*Luxembourgeois*).
Lyon [ljɔ̃] Lione (*Lyonnais*).

M

Macédoine [masedwan] Macedonia (*Macédonien*).
Madère [madɛʀ] Madera (*Madérien*).
Magdeburg [magdəbuʀ] Magdeburgo.
Magellan, Détroit de [detʀwadəmaʒelɑ̃] Stretto di Magellano.
Maghreb [magʀɛb] Magreb (*Maghrébin*).
Main [mɛ̃] Meno.
Majeur, Lac [lakmaʒœʀ] Lago Maggiore.
Majorque [maʒɔʀk] Maiorca (*Majorquin*).
Malaisie [malezi] Malesia (*Malais*).
Maldives, Îles [ilmaldiv] Isole Maldive (*Maldivien*).
Malte [malt] Malta (*Maltais*).
Manche, La [lamɑ̃ʃ] La Manica.
Manille [manij] Manila (*Manillais*).
Mantoue [mɑ̃tu] Mantova (*Mantouan*).
Marches [maʀʃ] *pl.* Marche.
Maremme [maʀɛm] Maremma.
Mariannes, Îles [ilmaʀjan] Isole Marianne.
Marne [maʀn] Marna (*Marnais*).
Maroc [maʀɔk] Marocco (*Marocain*).
Marquises, Îles [ilmaʀkiz] Isole Marchesi (*Marquésan, Marquisien*).
Marseille [maʀsɛj] Marsiglia (*Marseillais*).
Martinique [maʀtinik] Martinica (*Martiniquais*).
Mascareignes, Îles [ilmaskaʀɛɲ] Isole Mascarene.
Massif Central [masifsɑ̃tʀal] Massiccio Centrale.
Maurice, Île [ilmoʀis] Mauritius *pl.* (*Mauricien*).
Mauritanie [moʀitani] Mauritania (*Mauritanien*).
Mecque, La [lamɛk] La Mecca.
Médine [medin] Medina.
Méditerranée, Mer [mɛʀmeditɛʀane] Mare Mediterraneo.
Mélanésie [melanezi] Melanesia (*Mélanésien*).
Memphis [mɛ̃fis, mɛmfis] Menfi (*Memphite*).
Menton [mɑ̃tɔ̃] Mentone (*Mentonnais*).
Mésopotamie [mezɔpɔtami] Mesopotamia (*Mésopotamien*).
Messine [mesin] Messina (*Messinais*).
Métallifères, Monts [mɔ̃metalifɛʀ] Monti Metalliferi.
Métaponte [metapɔ̃t] Metaponto.
Mexico [mɛksiko] Città del Messico.
Mexique [mɛksik] Messico (*Mexicain*).
Micronésie [mikʀɔnezi] Micronesia (*Micronésien*).
Milan [milɑ̃] Milano (*Milanais*).
Minorque [minɔʀk] Minorca (*Minorquin*).
Modène [mɔdɛn] Modena (*Modénais*).
Mogadiscio [mɔgadiʃo] **Mogadishu** [mɔgadiʃu] Mogadiscio.
Moldavie [mɔldavi] Moldavia (*Moldave*).
Moluques [mɔlyk] *pl.* Molucche.
Monaco, Principauté de [pʀɛ̃sipotedəmɔnako] Principato di Monaco (*Monégasque*).
Mongolie [mɔ̃gɔli] Mongolia (*Mongol*).
Mont-Cenis [mɔ̃səni] Moncenisio.
Monte-Carlo [mɔ̃tekaʀlo] Montecarlo.
Monténégro [mɔ̃tenegʀo] Montenegro (*Monténégrin*).
Montferrat [mɔ̃fɛʀa] Monferrato.
Montgenèvre [mɔ̃ʒənɛvʀ] Monginevro.
Montréal [mɔ̃ʀeal] Montreal (*Montréalais*).
Moravie [mɔʀavi] Moravia (*Morave*).
Morte, Mer [mɛʀmɔʀt] Mar Morto.
Moscou [mɔsku] Mosca (*Moscovite*).
Moselle [mɔzɛl, mozɛl] Mosella (*Mosellan*).
Moskova [mɔskɔva] Moscova.
Moyen-Orient [mwajɛnɔʀjɑ̃] Medio Oriente.
Mozambique [mɔzɑ̃bik, mozɑ̃bik] Mozambico (*Mozambicain*).
Munich [mynik] Monaco di Baviera (*Munichois*).
Murcie [myʀsi] Murcia.
Myanmar [mjɑ̃maʀ] Myanmar.
Mycènes [misɛn] Micene (*Mycénien*).

N

Namibie [namibi] Namibia (*Namibien*).
Naples [napl] Napoli (*Napolitain*).
Narbonne [naʀbɔn] Narbona (*Narbonnais*).
Navarre [navaʀ] Navarra (*Navarrais*).
Népal [nepal] Nepal (*Népalais*).
New Delhi [njudɛ(e)li] Nuova Delhi.
Nice [nis] Nizza (*Niçois*).
Nicosie [nikozi] Nicosia (*Nicosien*).
Nil [nil] Nilo.
Noire, Mer [mɛʀnwaʀ] Mar Nero.
Nord, Mer du [mɛʀdynɔʀ] Mare del Nord.
Normandie [nɔʀmɑ̃di] Normandia (*Normand*).
Northumbrie [nɔʀtœ̃bʀi] Nortumbria.
Norvège [nɔʀvɛʒ] Norvegia (*Norvégien*).
Nouveau-Mexique [nuvomɛksik] Nuovo Messico.
Nouvelle-Calédonie [nuvɛlkaledɔni] Nuova Caledonia (*Néo-Calédonien*).
Nouvelle-Guinée [nuvɛlgine] Nuova Guinea.
Nouvelle-Orléans, La [lanuvɛlɔʀleɑ̃] New Orleans.
Nouvelles-Hébrides [nuvɛlzebʀid] *pl.* Nuove Ebridi.
Nouvelle-Zélande [nuvɛlzelɑ̃d] Nuova Zelanda (*Néo-Zélandais*).
Novare [nɔvaʀ] Novara (*Novarois*).
Nuremberg [nyʀɛ̃bɛʀ] Norimberga (*Nurembergeois*).
Nyassa, Lac [laknjasa] Lago Niassa.

O

Occitanie [ɔksitani] Occitania.
Océanie [ɔseani] Oceania (*Océanien*).
Ombrie [ɔ̃bʀi] Umbria (*Ombrien*).
Oran [ɔʀɑ̃] Orano (*Oranais*).
Orcades, Îles [ilzɔʀkad] Isole Orcadi.
Orénoque [ɔʀenɔk] Orinoco.

Orléanais [ɔʀleanɛ] Orleanese.
Ostende [ɔstɑ̃d] Ostenda (*Ostendais*).
Ostie [ɔsti] Ostia.
Otrante [ɔtʀɑ̃t] Otranto.
Ouganda [ugɑ̃da] Uganda (*Ougandais*).
Oulan-Bator [ulɑ̃batɔʀ] Ulan-Bator.
Oural, Monts [mɔ̃uʀal] Monti Urali.
Ouzbékistan [uzbekistɑ̃] Uzbekistan (*Ouzbek*).

P

Pacifique, Océan [ɔseɑ̃pasifik] Oceano Pacifico.
Padoue [padu] Padova (*Padouan*).
Palerme [palɛʀm] Palermo (*Palermitain*).
Palestine [palɛstin] Palestina (*Palestinien*).
Pampelune [pɑ̃pəlyn] Pamplona.
Papouasie-Nouvelle-Guinée [papwazinuvɛlgine] Papua-Nuova Guinea.
Pâques, Île de [ildəpɑk] Isola di Pasqua (*Pascuan*).
Paris [paʀi] Parigi (*Parisien*).
Parme [paʀm] Parma (*Parmesan*).
Parnasse [paʀnas] Parnaso.
Patagonie [patagɔni] Patagonia (*Patagon*).
Patras [patʀɑs] Patrasso.
Pausilippe [pozilip] Posillipo.
Pavie [pavi] Pavia (*Pavesan*).
Pays-Bas [peibɑ] *pl.* Paesi Bassi (*Néerlandais*).
Pékin [pekɛ̃] Pechino (*Pékinois*).
Pélages, Îles [ilpelaʒ] Isole Pelagie.
Péloponnèse [pelɔpɔnɛz] Peloponneso (*Péloponnésien*).
Pérou [peʀu] Perù (*Péruvien*).
Perouse [peʀuz] Perugia (*Pérugin*).
Perpignan [pɛʀpiɲɑ̃] Perpignano (*Perpignanais*).
Perse [pɛʀs] Persia (*Persan*, *Perse*).
Persique, Golfe [gɔlfpɛʀsik] Golfo Persico.
Philippines [filipin] *pl.* Filippine (*Philippin*).
Phrygie [fʀiʒi] Frigia (*Phrygien*).
Picardie [pikaʀdi] Piccardia (*Picard*).
Picenum [pisenɔm] Piceno.
Piémont [pjemɔ̃] Piemonte (*Piémontais*).
Pignerol [piɲəʀɔl] Pinerolo.
Pirée, Le [ləpiʀe] Il Pireo.
Pise [piz] Pisa (*Pisan*).
Plaisance [plɛzɑ̃s] Piacenza (*Placentin*).
Pô [po] Po.
Pô, Plaine du [plɛndypo] Pianura Padana.
Polésine [pɔlezin] Polesine.
Pologne [pɔlɔɲ] Polonia (*Polonais*).
Polynésie [pɔlinezi] Polinesia (*Polynésien*).
Pompéi [pɔ̃pei] Pompei (*Pompéien*).
Pontines, Îles [ilpɔ̃tin] Isole Pontine.
Pontins, Marais [maʀɛpɔ̃tɛ̃] *pl.* Agro Pontino (*sing.*).
Porto Rico [pɔʀtoʀiko] Portorico (*Portoricain*).
Portugal [pɔʀtygal] Portogallo (*Portugais*).
Pouille [puj], **Pouilles** *pl.* Puglia (*sing.*).
Pouzzoles [puzɔl] Pozzuoli.
Prague [pʀag] Praga (*Pragois*, *Praguois*).
Préalpes [pʀealp] *pl.* Prealpi.
Proche-Orient [pʀɔʃɔʀjɑ̃] Vicino Oriente.
Provence [pʀɔvɑ̃s] Provenza (*Provençal*).
Prusse [pʀys] Prussia (*Prussien*).
Pyrénées [piʀene] *pl.* Pirenei (*Pyrénéen*).

Q

Quatre-Cantons, Lac des [lakdekatʀəkɑ̃tɔ̃] Lago dei Quattro Cantoni.

R

Raguse [ʀagyz] Ragusa (*Ragusain*).
Ravenne [ʀavɛn] Ravenna (*Ravennate*).
Réunion, La [laʀeynjɔ̃] La Riunione (*Réunionnais*).
Rhénanie [ʀenani] Renania (*Rhénan*).
Rhin [ʀɛ̃] Reno.
Rhodes [ʀɔd] Rodi (*Rhodien*).
Rhône [ʀon] Rodano.
Rocheuses, Montagnes [mɔ̃taɲʀɔʃøz] Montagne Rocciose.
Romagne [ʀɔmaɲ] Romagna (*Romagnol*).
Rome [ʀɔm] Roma (*Romain*).
Roncevaux [ʀɔ̃səvo] Roncisvalle.
Rose, Mont [mɔ̃ʀoz] Monte Rosa.
Rouge, Mer [mɛʀʀuʒ] Mar Rosso.
Roumanie [ʀumani] Romania (*Roumain*).
Roussillon [ʀusijɔ̃] Rossiglione (*Roussillonnais*).
Royaume-Uni [ʀwajomyni] Regno Unito.
Ruanda, **Rwanda** [ʀwɑ̃da] Ruanda (*Ruandais*).
Russie [ʀysi] Russia (*Russe*).

S

Saint-Bernard, Grand- [gʀɑ̃sɛ̃bɛʀnaʀ] Gran San Bernardo.
Saint-Bernard, Petit- [pətisɛ̃bɛʀnaʀ] Piccolo San Bernardo.
Saint-Domingue [sɛ̃dɔmɛ̃g] Santo Domingo (*Dominguois*).
Sainte Hélène [sɛ̃telɛn] Sant'Elena.
Sainte-Lucie [sɛ̃təlysi] Santa Lucia.
Saint-Gall [sɛ̃gal] San Gallo (*Saint-Gallois*).
Saint-Gothard [sɛ̃gɔtaʀ] San Gottardo.
Saint-Jacques-de-Compostelle [sɛ̃ʒɑkədəkɔ̃pɔstɛl] Santiago di Compostella.
Saint-Marin [sɛ̃maʀɛ̃] San Marino (*Saint-Marinais*).
Saint-Pétersbourg [sɛ̃petɛʀsbuʀ] San Pietroburgo.
Saint-Quentin [sɛ̃kɑ̃tɛ̃] San Quintino (*Saint-Quentinois*).
Saint-Sébastien [sɛ̃sebastjɛ̃] San Sebastián.
Salamanque [salamɑ̃k] Salamanca.
Salerne [salɛʀn] Salerno (*Salernitain*).

Salomon, Îles [ilsalɔmɔ̃] Isole Salomone (*Salamonais*).
Salonique [salɔnik] Salonicco (*Salonicien*).
Saluces [salys] Saluzzo.
Salvador [salvadɔʀ] El Salvador (*Salvadorien*).
Salzbourg [salzbuʀ, salsbuʀ] Salisburgo (*Salzbourgeois*).
Samarie [samaʀi] Samaria (*Samaritain*).
Samarcande, **Samarkand** [samaʀkɑ̃d] Samarcanda.
Samnium [samnjɔm] Sannio (*Samnite*).
Samoa [samɔa] *pl.* Samoa (*Samoan*).
Samos [samos] Samo (*Samien*).
Santorin [sɑ̃tɔʀɛ̃] Santorini, Santorino.
Saône [son] Saona.
São Paulo [saopolo] San Paolo (*Pauliste*).
Saragosse [saʀagɔs] Saragozza (*Saragossain*).
Sardaigne [saʀdɛɲ] Sardegna (*Sarde*).
Sarre [saʀ] Saar (*Sarrois*).
Save [sav] Sava.
Savoie [savwa] Savoia (*Savoyard*).
Savone [savɔn] Savona.
Saxe [saks] Sassonia (*Saxon*).
Scandinavie [skɑ̃dinavi] Scandinavia (*Scandinave*).
Schaffhouse [ʃafuz] Sciaffusa (*Schaffhousois*).
Seine [sɛn] Senna.
Sénégal [senegal] Senegal (*Sénégalais*).
Séoul [seul] Seul (*Séoulien*).
Serbie [sɛʀbi] Serbia (*Serbe*).
Séville [sevil] Siviglia (*Sévillan*).
Sibérie [sibeʀi] Siberia (*Sibérien*).
Sicile [sisil] Sicilia (*Sicilien*).
Sienne [sjɛn] Siena (*Siennois*).
Silésie [silezi] Slesia (*Silésien*).
Simplon [sɛ̃plɔ̃] Sempione.
Sinaï [sinai, sinaj] Sinai.
Singapour [sɛ̃gapuʀ] Singapore (*Singapourien*).
Slovaquie [slɔvaki] Slovacchia (*Slovaque*).
Slovénie [slɔveni] Slovenia (*Slovène*).
Smyrne [smiʀn] Smirne (*Smyrnéen*, *Smyrniote*).
Somalie [somali] Somalia (*Somalien*).
Sorrente [sɔʀɑ̃t] Sorrento.
Souabe [swab] Svevia (*Suève*).
Soudan [sudɑ̃] Sudan (*Soudanais*).
Sparte [spaʀt] Sparta (*Spartiate*).
Splügen [splygɛn] Spluga.
Spolète [spɔlɛt] Spoleto.
Sporades [spɔʀad] *pl.* Sporadi.
Sprée [spʀe] Sprea.
Stettin [stetɛ̃] Stettino.
Stockholm [stɔkɔlm] Stoccolma.
Strasbourg [stʀasbuʀ] Strasburgo (*Strasbourgeois*).
Stuttgart [stytgaʀt, stutgaʀt] Stoccarda.
Styrie [stiʀi] Stiria (*Styrien*).
Sudètes, Monts des [mɔ̃desydɛt] Sudeti.
Sud-Ouest Africain [sudwɛstafʀikɛ̃] Africa del Sud -Ovest.
Suède [sɥɛd] Svezia (*Suédois*).
Suisse [sɥis] Svizzera (*Suisse*).
Suse [syz] Susa.
Syracuse [siʀakyz] Siracusa (*Syracusain*).
Syrie [siʀi] Siria (*Syrien*).
Syrte [siʀt] Sirte.

T

Tadjikistan [tadʒikistɑ̃] Tagikistan (*Tadjik*).
Tage [taʒ] Tago.
Taibei [taibɛi] **T'ai-Pei** [taipɛi] Taipei.
Taïwan, **T'aï-wan** [tajwan] Taiwan (*Formosan*).
Tallin [talin] Tallinn.
Tamise [tamiz] Tamigi.
Tanganyika, Lac [laktɑ̃ganika] Lago Tanganica.
Tanger [tɑ̃ʒe] Tangeri (*Tangitan*).
Tanzanie [tɑ̃zani] Tanzania (*Tanzanien*).
Tarascon [taʀaskɔ̃] Tarascona (*Tarasconnais*).
Tarente [taʀɑ̃t] Taranto (*Tarentin*).
Tarragone [taʀagɔn] Tarragona (*Tarragonais*).
Tarsus [taʀsys] Tarso.
Tarvis [taʀvis] Tarvisio.
Tasmanie [tasmani] Tasmania (*Tasmanien*).
Tchad [tʃad] Ciad (*Tchadien*).
Tchèque, République [ʀepybliktʃɛk] Repubblica Ceca.
Tchétchénie [tʃetʃeni] Cecenia (*Tchétchène*).
Téhéran [teeʀɑ̃] Teheran (*Téhéranais*).
Tende [tɑ̃d] Tenda (*Tendasque*).
Terracine [teʀasin] Terracina.
Terre de Feu [tɛʀdəfø] Terra del Fuoco (*Fuégien*).
Terre-Neuve [tɛʀənœv] Terranova (*Terre-Neuvien*).
Terre Sainte [tɛʀəsɛ̃t] Terrasanta.
Tessin [tesɛ̃] Ticino.
Tétouan [tetwɑ̃] Tetuan.
Thaïlande [tajlɑ̃d, tailɑ̃d] Tailandia (*Thaïlandais*).
Thèbes [tɛb] Tebe (*Thébain*).
Thessalie [tesali] Tessaglia (*Thessalien*).
Thessalonique [tesalɔnik] Tessalonica (*Thessalonicien*).
Thrace [tʀas] Tracia (*Thrace*).
Tianjin [tjɑ̃ʒin] **T'ien-tsin** [tjɛntsin] Tientsin.
Tibre [tibʀ] Tevere.
Tigre [tigʀ] Tigri.
Tolède [tɔlɛd] Toledo (*Tolédan*).
Tombouctou [tɔ̃buktu] Timbuctu.
Tonkin [tɔ̃kɛ̃] Tonchino (*Tonkinois*).
Toscane [tɔskan] Toscana (*Toscan*).
Toulon [tulɔ̃] Tolone (*Toulonnais*).
Toulouse [tuluz] Tolosa (*Toulousain*).
Touraine [tuʀɛn] Turenna (*Tourangeau*).

Transylvanie [tʀɑ̃silvani] Transilvania (*Transylvanien*).
Trasimène, Lac [laktʀazimɛn] Lago Trasimeno.
Trébie [tʀebi] Trebbia.
Trébizonde [tʀebizɔ̃d] Trebisonda.
Trente [tʀɑ̃t] Trento (*Trentin*).
Trentin [tʀɑ̃tɛ̃] Trentino (*Trentin*).
Trèves [tʀɛv] Treviri (*Trévire*).
Trévise [tʀeviz] Treviso (*Trévisan*).
Trinité-et-Tobago [tʀiniteetɔbago] Trinidad e Tobago.
Troie [tʀwa] Troia (*Troyen*).
Troyes [tʀwa] (*Troyen*).
Tübingen [tybiŋgɛn] Tubinga.
Tunis [tynis] Tunisi (*Tunisois*).
Tunisie [tynizi] Tunisia (*Tunisien*).
Turin [tyʀɛ̃] Torino (*Turinois*).
Turkménistan [tyʀkmenistɑ̃] Turkmenistan (*Turkmène*).
Turquie [tyʀki] Turchia (*Turc*).
Tyrol [tiʀɔl] Tirolo (*Tyrolien*).
Tyrrhénienne, Mer [mɛʀtiʀenjɛn] Mar Tirreno.

U

Ukraine [ykʀɛn] Ucraina (*Ukrainien*).
Utique [ytik] Utica.

V

Valais [valɛ] Vallese (*Valaisan*).
Valence Valencia (*Valencien*).
Valette, La [lavalɛt] La Valletta.
Vallombreuse [valɔ̃bʀøz] Vallombrosa.
Valteline [valtəlin] Valtellina (*Valtelin*).
Varèse [vaʀɛz] Varese (*Varésan*).
Varsovie [vaʀsɔvi] Varsavia (*Varsovien*).
Vatican, Cité du [sitedyvatikɑ̃] Città del Vaticano.
Vaucluse [voklyz] Valchiusa (*Vauclusien*).
Vénétie [venesi] Veneto.
Vénétie Julienne [venesiʒyljɛn] Venezia Giulia (*Julien*).
Venise [vəniz] Venezia (*Vénitien*).
Verceil [vɛʀsɛj] Vercelli.
Vérone [veʀɔn] Verona (*Véronais*).
Vésuve [vezyv] Vesuvio.
Vicence [visɑ̃s] Vicenza (*Vicentin*).
Victoria, Lac [lakviktɔʀja] Lago Vittoria.
Vienne Vienna (*Viennois*).
Vierges, Îles [ilvjɛʀʒ] Isole Vergini.
Viêt-nam [vjɛtnam] Vietnam (*Vietnamien*).
Vintimille [vɛ̃timij] Ventimiglia.
Virginie [viʀʒini] Virginia (*Virginien*).
Viterbe [vitɛʀb] Viterbo (*Viterbien*).
Vivarais [vivaʀɛ] Vivarese.
Vosges [voʒ] *pl.* Vosgi (*Vosgien*).

W

Wallonie [walɔni] Vallonia (*Wallon*).
Westphalie [vɛstfali] Vestfalia (*Westphalien*).

Y

Yémen [jemɛn] Yemen (*Yéménite*).
Yougoslavie [jugɔslavi] Iugoslavia (*Yougoslave*).

Z

Zagreb [zagʀɛb] Zagabria (*Zagrebois*).
Zaïre [zaiʀ] Zaire (*Zaïrois*).
Zambèze [zɑ̃bɛz] Zambesi.
Zambie [zɑ̃bi] Zambia (*Zambien*).
Zurich, **Zürich** [zyʀik] Zurigo (*Zurichois*).

NOMI GEOGRAFICI

Sezione italiano/francese

A

Abissinia Abyssinie (*abissino*).
Abruzzo Abruzzes *pl.* (*abruzzese*).
Adriatico, Mare Mer Adriatique.
Africa Afrique (*africano*).
Agrigento Agrigente (*agrigentino*).
Aia, L' La Haye.
Albania Albanie (*albanese*).
Alessandria Alexandrie (*alessandrino*).
Aleutine, Isole Îles Aléoutiennes.
Algeri Alger (*algerino*).
Algeria Algérie (*algerino*).
Alpi *pl.* Alpes; *Alpi Marittime, Cozie, Graie, Pennine, Lepontine, Retiche, Carniche, Giulie*, Alpes Maritimes, Cottiennes, Graies *o* Grées, Pennines, Lépontiennes, Rhétiques, Carniques, Juliennes.
Alsazia Alsace (*alsaziano*).
Alta Savoia *Haute-Savoie.
Alto Adige *Haut-Adige (*altoatesino*).
Alvernia Auvergne (*alverniate*).
Amazzoni, Rio delle Amazone.
Amazzonia Amazonie.
Amburgo *Hambourg (*amburghese*).
America Amérique (*americano*).
America centrale Amérique centrale.
America latina Amérique latine (*latinoamericano*).
America meridionale Amérique du Sud (*sudamericano*).
America settentrionale Amérique du Nord (*nordamericano*).
Anatolia Anatolie (*anatolico*).
Ancona Ancône (*anconetano*).
Andalusia Andalousie (*andaluso*).
Ande *pl.* Andes (*andino*).
Andorra Andorre (*andorrano*).
Angiò Anjou (*angioino*).
Antartico, Mar Glaciale Océan Glacial Antarctique.
Antartide Antarctique, Antarctide.
Antille *pl.* Antilles (*antillano*).
Antiochia Antioche (*antiocheno*).
Anversa Anvers.
Aosta Aoste (*aostano*).
Aosta, Valle d' Val d'Aoste (*valdostano*).
Appalachi *pl.* Appalaches.
Appennino, **Appennini** *pl.* Apennin, Apennins *pl.*
Apuane, Alpi *pl.* Alpes Apuanes.
Aquileia Aquilée (*aquileiese*).
Aquisgrana Aix-la-Chapelle.
Aquitania Aquitaine (*aquitano*).
Arabia Arabie (*arabo*).
Arabia Saudita Arabie Saoudite (*saudita*).
Aragona Aragon (*aragonese*).
Ardenne *pl.* Ardennes.
Argentina Argentine (*argentino*).
Armenia Arménie (*armeno*).
Armorica Armorique (*armoricano*).
Artico, Mar Glaciale Océan Glacial Arctique.
Artide Arctique.
Ascensione Île de l'Ascension.
Asia Asie (*asiatico*).
Assia *Hesse.
Assisi Assise (*assisiate*).
Assuan Assouan.
Asturie *pl.* Asturies (*asturiano*).
Atene Athènes (*ateniese*).
Atlante Atlas.
Atlantico, Oceano Océan Atlantique.
Australia Australie (*australiano*).
Austria Autriche (*austriaco*).
Avana, L' La Havane.
Avignone Avignon (*avignonese*).
Azerbaigian Azerbaïdjan (*azerbaigiano*).
Azzorre *pl.* Açores.

B

Babilonia Babylone (*babilonese*).
Baden Bade.
Baghdad Bagdad.
Bahama *pl.* Bahamas.
Bahrein Bahreïn.
Balcani *pl.* Balkans.
Baleari *pl.* Baléares.
Baltico, Mar Mer Baltique.
Barbados *pl.* Barbade (*sing.*).
Barcellona Barcelone (*barcellonese*).
Bardonecchia Bardonnèche.
Basche, Province, **Baschi, Paesi** *pl.* Pays Basque *sing.* (*basco*).
Basilea Bâle.

Basilicata Basilicate (*lucano*).
Baviera Bavière (*bavarese*).
Beirut Beyrouth.
Belgio Belgique (*belga*).
Belgrado Belgrade.
Benevento Bénévent (*beneventano*).
Bengala Bengale (*bengalese*).
Bengasi Benghazi.
Benin Bénin.
Bergamo Bergame (*bergamasco*).
Berlino Berlin (*berlinese*).
Bermude *pl.* Bermudes.
Berna Berne (*bernese*).
Betlemme Bethléem.
Bhutan Bhoutan.
Bianco, Monte Mont Blanc.
Bielorussia Biélorussie (*bielorusso*).
Birmania Birmanie (*birmano*).
Bisanzio Byzance (*bizantino*).
Biscaglia Biscaye (*biscaglino*).
Boemia Bohême (*boemo*).
Bolivia Bolivie (*boliviano*).
Bologna Bologne (*bolognese*).
Bona Bône.
Borgogna Bourgogne (*borgognone*).
Bosforo Bosphore.
Bosnia Bosnie (*bosniaco*).
Brabante Brabant (*brabantino*).
Brasile Brésil (*brasiliano*).
Brema Brême.
Brennero Brenner.
Bretagna Bretagne (*bretone*).
Briga Brigue.
Bulgaria Bulgarie (*bulgaro*).
Buona Speranza, Capo di Cap de Bonne-Espérance.

C

Cabilia Kabylie.
Cadice Cadix (*gaditano*).
Caienna Cayenne.
Cairo, Il Le Caire (*cairota*).
Calabria Calabre (*calabrese*).
Caledonia Calédonie.
California Californie (*californiano*).
Cambogia Cambodge (*cambogiano*).
Camerun Cameroun (*camerunese*).
Campania Campanie (*campano*).
Canada Canada (*canadese*).
Canarie *pl.* Canaries.
Candia Candie (*candioto*).
Capo Verde, Isole di Îles du Cap-Vert.
Cappadocia Cappadoce.
Capua Capoue (*capuano*).
Caraibi *pl.* Caraïbes.
Carinzia Carinthie (*carinziano*).
Caroline, Isole Îles Carolines.
Carpazi *pl.* Carpates.
Carrara Carrare (*carrarese*).
Carso Karst.
Cartagine Carthage (*cartaginese*).
Caserta Caserte (*casertano*).
Caspio, Mar Mer Caspienne.
Castiglia Castille (*castigliano*).
Catalogna Catalogne (*catalano*).
Catania Catane (*catanese*).
Caucaso Caucase (*caucasico*).
Ceca, Repubblica République Tchèque (*ceco*).
Cecenia Tchétchénie (*ceceno*).
Centrafricana, Repubblica République Centrafricaine.
Cervino Cervin.
Cevenne *pl.* Cévennes.
Ceylon Ceylan (*singalese*).
Chiaravalle Clairvaux.
Ciad Tchad.
Cicladi *pl.* Cyclades.
Cile Chili (*cileno*).
Cina Chine (*cinese*).
Cipro Chypre (*cipriota*).
Cisgiordania Cisjordanie.
Città del Capo Le Cap.
Città del Messico Mexico.
Cnosso Cnossos.
Coblenza Coblence.
Coburgo Cobourg.
Coimbra Coïmbre.
Coira Coire.
Colombia Colombie (*colombiano*).
Colonia Cologne.
Como Côme (*comasco*).
Comore *pl.* Comores.
Copenaghen Copenhague.
Cordova Cordoue (*cordovano*).
Corea Corée (*coreano*); *Corea del Nord*, Corée du Nord (*nordcoreano*); *Corea del Sud*, Corée du Sud (*sud coreano*).
Corfù Corfou (*corfioto*).
Corinto Corinthe (*corinzio*).
Cornovaglia[1] (*Francia*) Cornouaille.
Cornovaglia[2] (*Gran Bretagna*) Cornouailles *pl.*
Corsica Corse (*corso*).
Coruña, La La Corogne.
Costa Azzurra Côte d'Azur.
Costa d'Avorio Côte-d'Ivoire.
Costantinopoli Constantinople.
Costanza Constance.
Cracovia Cracovie.
Cremona Crémone (*cremonese*).

Creta Crète (*cretese*).
Crimea Crimée.
Croazia Croatie (*croato*).
Cuneo Coni (*cuneese*).
Curili, Isole Îles Kouriles.

D

Dalmazia Dalmatie (*dalmata*).
Damasco Damas (*damasceno*).
Danimarca Danemark (*danese*).
Danubio Danube.
Danzica Dan(t)zig.
Dardanelli *pl.* Dardanelles.
Digione Dijon.
Dodecaneso Dodécanèse.
Dolomiti *pl.* Dolomites.
Dominicana, Repubblica République Dominicaine (*dominicano*).
Dora Baltea Doire Baltée.
Dora Riparia Doire Ripaire.
Dordogna Dordogne.
Dover Douvres.
Drava Drave.
Dresda Dresde.
Dublino Dublin (*dublinese*).
Durazzo Durrës.

E

Ebridi, Isole Îles Hébrides.
Ebro Èbre.
Ecuador Équateur (*ecuadoriano*).
Edimburgo Édimbourg.
Efeso Éphèse (*efesino*).
Egadi, Isole Îles Égates, Égades.
Egeo, Mare Mer Égée.
Egitto Égypte (*egiziano*).
Eire Éire.
Elba, Isola d' Île d'Elbe.
El Salvador Salvador (*salvadoregno*).
Emilia Émilie (*emiliano*); *Emilia-Romagna*, Émilie -Romagne.
Emirati Arabi Uniti *pl.* Émirats Arabes Unis.
Engadina Engadine.
Eolie, Isole Îles Éoliennes.
Ercolano Herculanum.
Eritrea Érythrée (*eritreo*).
Erzegovina Herzégovine.
Estonia Estonie (*estone*).
Estremo Oriente Extrême-Orient.
Etiopia Éthiopie (*etiope*).
Eufrate Euphrate.
Europa Europe (*europeo*).

F

Faeröer, Isole Îles Féroé.
Ferrara Ferrare (*ferrarese*).
Fiandra, Fiandre *pl.* Flandre, Flandres *pl.* (*fiammingo*).
Figi, Isole Îles Fidji, Fiji.
Filadelfia Philadelphie.
Filippine *pl.* Philippines (*filippino*).
Finisterre, Capo Cap Finisterre.
Finlandia Finlande (*finlandese*).
Firenze Florence (*fiorentino*).
Florida Floride.
Formosa Formose.
Franca Contea Franche-Comté.
Francia France (*francese*).
Francoforte (sul Meno) Francfort (sur-le-Main).
Friburgo Fribourg.
Frisia Frise (*frisone*).
Frisone, Isole Îles Frisonnes.
Friuli Frioul (*friulano*); *Friuli Venezia Giulia*, Frioul -Vénétie Julienne.

G

Gaeta Gaète (*gaetano*).
Galilea Galilée (*galileo*).
Galizia Galice (*galiziano*).
Gallia Gaule (*gallo*).
Gambia Gambie.
Garda, Lago di Lac de Garde.
Garonna Garonne.
Genova Gênes (*genovese*).
Georgia Géorgie (*georgiano*).
Gerba Djerba.
Gerico Jéricho.
Germania Allemagne (*tedesco*).
Gerusalemme Jérusalem (*gerosolimitano*).
Giacarta Jakarta.
Giaffa Jaffa.
Giamaica Jamaïque (*giamaicano*).
Giappone Japon (*giapponese*).
Giava Java (*giavanese*).
Gibilterra Gibraltar.
Gibuti Djibouti.
Ginevra Genève (*ginevrino*).
Giordania Jordanie (*giordano*).
Giordano Jourdain.
Gironda Gironde.
Giudea Judée (*giudeo*).
Giura Jura.
Golgota Golgotha.
Granada Grenade.
Gran Bretagna Grande-Bretagne (*britannico*).
Gran Paradiso Grand Paradis.
Grecia Grèce (*greco*); *Magna Grecia*, Grande-Grèce.
Grenadine, Isole Îles Grenadines.
Grigioni *pl.* Grisons (*grigione*).
Groenlandia Groenland (*groenlandese*).

Guadalupa Guadeloupe.
Guascogna Gascogne (*guascone*).
Guinea Guinée.
Guinea-Bissau Guinée-Bissau.
Guinea Equatoriale Guinée-Équatoriale.
Guyana Guyane.
Guyana Francese Guyane Française.

H

Hannover Hanovre.

I

Iberici, Monti Chaînes Ibériques.
India Inde (*indiano*).
Indiano, Oceano Océan Indien.
Indo Indus.
Indocina Indochine (*indocinese*).
Indonesia Indonésie (*indonesiano*).
Inghilterra Angleterre (*inglese*).
Ionio, Mare Mer Ionienne.
Iraq, **Irak** Iraq, Irak (*iracheno*).
Irlanda Irlande (*irlandese*); *Irlanda del Nord*, Irlande du Nord (*nordirlandese*).
Islanda Islande (*islandese*).
Israele Israël (*israeliano*).
Istria Istrie (*istriano*).
Itaca Ithaque (*itacese*).
Italia Italie (*italiano*).
Iugoslavia Yougoslavie (*iugoslavo*).
Ivrea Ivrée (*eporediese*).

K

Kabul Kaboul, Kabul.
Kartum Khartoum.
Kashmir Cachemire.
Katmandu Katmandou, Katmandu.
Kazakistan Kazakhstan (*kazako*).
Kenia Kenya (*keniota*).
Kilimangiaro Kilimandjaro.
Kirghizistan Kirghizistan, Kirghizie (*kirghiso*).
Kuwait Koweït (*kuwaitiano*).

L

Lande *pl.* Landes.
Lapponia Laponie (*lappone*).
Lazio Latium (*laziale*).
Leida Leyde.
Lemano, Lago Lac Léman.
Lettonia Lettonie (*lettone*).
Libano Liban (*libanese*).
Liberia Libéria (*liberiano*).
Libia Libye (*libico*).
Liegi Liège.
Ligure, Mare Mer Ligurienne.
Liguria Ligurie (*ligure*).
Lilla Lille.
Limosino Limousin (*limosino*).
Linguadoca Languedoc.
Lione Lyon (*lionese*).
Lipsia Leipzig.
Lisbona Lisbonne (*lisbonese*).
Lituania Lituanie (*lituano*).
Livorno Livourne (*livornese*).
Locri Locres.
Loira Loire.
Lombardia Lombardie (*lombardo*).
Londra Londres (*londinese*).
Lorena Lorraine (*lorenese*).
Loreto Lorette.
Losanna Lausanne.
Lovanio Louvain.
Lubecca Lübeck.
Lubiana Ljubljana.
Lucania Lucanie (*lucano*).
Lucca Lucques (*lucchese*).
Lucerna Lucerne.
Luisiana Louisiane.
Lussemburgo Luxembourg (*lussemburghese*).
Luxor Louqsor, Louxor.

M

Macedonia Macédoine (*macedone*).
Madera Madère.
Magdeburgo Magdeburg.
Magellano, Stretto di Détroit de Magellan.
Maggiore, Lago Lac Majeur.
Magonza Mayence.
Magreb Maghreb (*magrebino*).
Maiorca Majorque.
Maldive, Isole Îles Maldives.
Malesia Malaisie (*malese*).
Malta Malte (*maltese*).
Manica, La La Manche.
Manila Manille.
Mantova Mantoue (*mantovano*).
Marche *pl.* Marches (*marchigiano*).
Marchesi, Isole Îles Marquises.
Maremma Maremme (*maremmano*).
Marianne, Isole Îles Mariannes.
Marna Marne.
Marocco Maroc (*marocchino*).
Marsiglia Marseille (*marsigliese*).
Martinica Martinique (*martinicano*).
Mascarene, Isole Îles Mascareignes.
Massiccio Centrale Massif Central.
Mauritania Mauritanie (*mauritano*).
Mauritius *pl.* Île Maurice *sing.*
Mecca, La La Mecque.
Medina Médine.
Medio Oriente Moyen-Orient.

Mediterraneo, Mare Mer Méditerranée.
Melanesia Mélanésie (*melanesiano*).
Menfi Memphis.
Meno Main.
Mentone Menton (*mentonese*).
Mesopotamia Mésopotamie (*mesopotamico*).
Messico Mexique (*messicano*).
Messina Messine (*messinese*).
Metaponto Métaponte.
Micene Mycènes (*miceneo*).
Micronesia Micronésie (*micronesiano*).
Milano Milan (*milanese*).
Minorca Minorque.
Modena Modène (*modenese*).
Mogadiscio Mogadiscio, Mogadishu.
Moldavia Moldavie (*moldavo*).
Molucche *pl.* Moluques.
Monaco di Baviera Munich.
Monaco, Principato di Principauté de Monaco (*monegasco*).
Moncenisio Mont-Cenis.
Monferrato Montferrat.
Monginevro Montgenèvre.
Mongolia Mongolie (*mongolo*).
Montecarlo Monte-Carlo.
Montenegro Monténégro (*montenegrino*).
Montreal Montréal.
Moravia Moravie (*moravo*).
Morto, Mar Mer Morte.
Mosa Meuse (*mosano*).
Mosca Moscou (*moscovita*).
Moscova Moskova.
Mosella Moselle.
Mozambico Mozambique (*mozambicano*).
Murcia Murcie.

N

Namibia Namibie (*namibiano*).
Napoli Naples (*napoletano*).
Narbona Narbonne (*narbonese*).
Navarra Navarre (*navarrese*).
Nepal Népal (*nepalese*).
Nero, Mar Mer Noire.
New Orleans La Nouvelle-Orléans.
Nicosia Nicosie.
Nilo Nil.
Nizza Nice (*nizzardo*).
Nord, Mare del Mer du Nord.
Nordafrica Afrique du Nord (*nordafricano*).
Nordamerica Amérique du Nord (*nordamericano*).
Norimberga Nuremberg.
Normandia Normandie (*normanno*).
Norvegia Norvège (*norvegese*).
Novara Novare (*novarese*).
Nuova Caledonia Nouvelle-Calédonie (*neocaledone*).
Nuova Delhi New Delhi.
Nuova Guinea Nouvelle-Guinée.
Nuova Zelanda Nouvelle-Zélande (*neozelandese*).
Nuove Ebridi *pl.* Nouvelles-Hébrides.

O

Occitania Occitanie (*occitano*).
Oceania Océanie (*oceaniano*).
Olanda *Hollande (*olandese*).
Orano Oran.
Orcadi, Isole Îles Orcades.
Orinoco Orénoque.
Ostenda Ostende.
Ostia Ostie (*ostiense*).
Otranto Otrante (*otrantino*).

P

Pacifico, Oceano Océan Pacifique.
Padana, Pianura Plaine du Pô.
Padova Padoue (*padovano*).
Paesi Bassi *pl.* Pays-Bas (*olandese*).
Palermo Palerme (*palermitano*).
Palestina Palestine (*palestinese*).
Pamplona Pampelune.
Papua-Nuova Guinea Papouasie-Nouvelle-Guinée (*papuano*).
Parigi Paris (*parigino*).
Parma Parme (*parmigiano*).
Parnaso Parnasse.
Patagonia Patagonie (*patagone*).
Patrasso Patras.
Pavia Pavie (*pavese*).
Pechino Pékin (*pechinese*).
Pelagie, Isole Îles Pélages.
Peloponneso Péloponnèse (*peloponnesiaco*).
Perpignano Perpignan.
Persia Perse (*persiano*).
Persico, Golfo Golfe Persique.
Perù Pérou (*peruviano*).
Perugia Pérouse (*perugino*).
Piacenza Plaisance (*piacentino*).
Piccardia Picardie (*piccardo*).
Piceno Picenum.
Piemonte Piémont (*piemontese*).
Pinerolo Pignerol (*pinerolese*).
Pirenei *pl.* Pyrénées (*pirenaico*).
Pireo, Il Le Pirée.
Pisa Pise (*pisano*).
Po Pô.
Polesine Polésine (*polesano*).
Polinesia Polynésie (*polinesiano*).
Polonia Pologne (*polacco*).
Pompei Pompéi (*pompeiano*).
Pontine, Isole Îles Pontines.

Pontino, Agro Marais Pontins *pl.*
Portogallo Portugal (*portoghese*).
Portorico Porto Rico (*portoricano*).
Posillipo Pausilippe.
Pozzuoli Pouzzoles.
Praga Prague (*praghese*).
Prealpi *pl.* Préalpes.
Provenza Provence (*provenzale*).
Prussia Prusse (*prussiano*).
Puglia Pouille, Pouilles *pl.* (*pugliese*).

R

Ragusa Raguse (*ragusano*).
Ratisbona Ratisbonne.
Ravenna Ravenne (*ravennate*).
Regno Unito Royaume-Uni.
Renania Rhénanie (*renano*).
Reno Rhin.
Riunione, La La Réunion.
Rocciose, Montagne Montagnes Rocheuses.
Rodano Rhône.
Rodi Rhodes (*rodiota*).
Roma Rome (*romano*).
Romagna Romagne (*romagnolo*).
Romania Roumanie (*rumeno*).
Rosa, Monte Mont Rose.
Rossiglione Roussillon.
Rosso, Mar Mer Rouge.
Ruanda Ruanda, Rwanda (*ruandese*).
Russia Russie (*russo*).

S

Saar Sarre.
Salamanca Salamanque.
Salerno Salerne (*salernitano*).
Salisburgo Salzbourg (*salisburghese*).
Salomone, Isole Îles Salomon.
Salonicco Salonique.
Saluzzo Saluces.
Salvador, El Salvador (*salvadoregno*).
Samarcanda Samarkand, Samarcande.
Samo Samos.
San Bernardo, Gran Grand-Saint-Bernard.
San Bernardo, Piccolo Petit-Saint-Bernard.
San Gallo Saint-Gall.
San Gottardo Saint-Gothard.
San Marino Saint-Marin (*sammarinese*).
Sannio Samnium (*sannita*).
San Paolo São Paulo (*paulista*).
San Pietroburgo Saint-Pétersbourg.
San Sebastián Saint-Sébastien.
Santa Lucia Sainte-Lucie.
Sant'Elena Sainte Hélène.
Santiago di Compostella Saint-Jacques-de-Compostelle.
Santo Domingo Saint-Domingue.
Santorini, **Santorino** Santorin.
Saona Saône.
Saragozza Saragosse.
Sardegna Sardaigne (*sardo*).
Sassonia Saxe (*sassone*).
Sava Save.
Savoia Savoie (*savoiardo*).
Savona Savone (*savonese*).
Scandinavia Scandinavie (*scandinavo*).
Sciaffusa Schaffhouse.
Scozia Écosse (*scozzese*).
Segovia Ségovie.
Sempione Simplon.
Senegal Sénégal (*senegalese*).
Senna Seine.
Serbia Serbie (*serbo*).
Seul Séoul.
Siberia Sibérie (*siberiano*).
Sicilia Sicile (*siciliano*).
Siena Sienne (*senese*).
Sinai Sinaï.
Singapore Singapour.
Siracusa Syracuse (*siracusano*).
Siria Syrie (*siriano*).
Sirte Syrte.
Siviglia Séville (*sivigliano*).
Slesia Silésie (*slesiano*).
Slovacchia Slovaquie (*slovacco*).
Slovenia Slovénie (*sloveno*).
Smirne Smyrne (*smirniota*).
Somalia Somalie (*somalo*).
Sorrento Sorrente (*sorrentino*).
Spagna Espagne (*spagnolo*).
Spluga Splügen.
Spoleto Spolète (*spoletino*).
Sporadi *pl.* Sporades.
Stati Uniti *pl.* États-Unis (*statunitense*).
Stettino Stettin.
Stiria Styrie (*stiriano*).
Stoccarda Stuttgart.
Stoccolma Stockholm.
Strasburgo Strasbourg.
Sudafricana, Repubblica, **Sudafrica** République d'Afrique du Sud, Afrique du Sud (*sudafricano*, *afrikan(d)er*).
Sudamerica Amérique du Sud (*sudamericano*).
Sudan Soudan (*sudanese*).
Suriname Surinam, Suriname.
Susa Suse.
Svevia Souabe (*svevo*).
Svezia Suède (*svedese*).
Svizzera Suisse (*svizzero*).

T

Tagikistan Tadjikistan (*tagiko*).
Tago Tage.
Tailandia Thaïlande (*tailandese*).
Taipei Taibei, T'ai-Pei.
Taiwan Taïwan, T'aï-wan.
Tallinn Tallin.
Tamigi Tamise.
Tanganica, Lago Lac Tanganyika.
Tangeri Tanger.
Tanzania Tanzanie (*tanzaniano*).
Taranto Tarente (*tarantino*).
Tarascona Tarascon (*tarasconese*).
Tarragona Tarragone (*tarragonese*).
Tarso Tarsus.
Tarvisio Tarvis (*tarvisiano*).
Tasmania Tasmanie (*tasmaniano*).
Tebe Thèbes (*tebano*).
Teheran Téhéran.
Tenda Tende.
Terra del Fuoco Terre de Feu (*fuegino*).
Terranova Terre-Neuve.
Terra Santa Terre Sainte.
Tessaglia Thessalie (*tessalo*).
Tetuan Tétouan.
Tevere Tibre.
Ticino Tessin.
Tientsin Tianjin, T'ien-tsin.
Tigri Tigre.
Timbuctu Tombouctou.
Tirolo Tyrol (*tirolese*).
Tirreno, Mar Mer Tyrrhénienne.
Toledo Tolède (*toledano*).
Tolone Toulon.
Tolosa Toulouse (*tolosano*).
Tonchino Tonkin (*tonchinese*).
Torino Turin (*torinese*).
Toscana Toscane (*toscano*).
Tracia Thrace (*tracio*).
Transilvania Transylvanie (*transilvano*).
Trasimeno, Lago Lac Trasimène.
Trebbia Trébie.
Trebisonda Trébizonde.
Trentino Trentin (*trentino*); *Trentino Alto-Adige*, Trentin Haut-Adige.
Trento Trente (*trentino*).
Treviri Trèves.
Treviso Trévise (*trevigiano*).
Trinidad e Tobago Trinité-et-Tobago.
Troia Troie (*troiano*).
Tubinga Tübingen.
Tunisi Tunis (*tunisino*).
Tunisia Tunisie (*tunisino*).
Turchia Turquie (*turco*).
Turenna Touraine.
Turgovia Thurgovie.
Turingia Thuringe (*turingio*).
Turkmenistan Turkménistan (*turkmeno*).

U

Ucraina Ukraine (*ucraino*).
Uganda Ouganda (*ugandese*).
Ulan-Bator Oulan-Bator.
Umbria Ombrie (*umbro*).
Ungheria *Hongrie (*ungherese*).
Urali, Monti Monts Oural.
Uzbekistan Ouzbékistan (*usbeco*).

V

Valchiusa Vaucluse (*valchiusano*).
Valencia Valence.
Vallese Valais (*vallesano*).
Valletta, La La Valette.
Vallonia Wallonie (*vallone*).
Valtellina Valteline (*valtellinese*).
Vandea Vendée (*vandeano*).
Varese Varèse (*varesino*).
Varsavia Varsovie.
Vaticano, Città del Cité du Vatican.
Veneto Vénétie (*veneto*).
Venezia Venise (*veneziano*).
Venezia Giulia Vénétie Julienne (*giuliano*).
Ventimiglia Vintimille.
Vercelli Verceil (*vercellese*).
Verona Vérone (*veronese*).
Vestfalia Westphalie.
Vesuvio Vésuve.
Vicenza Vicence (*vicentino*).
Vicino Oriente Proche-Orient.
Vienna Vienne (*viennese*).
Vietnam Viêt-nam (*vietnamita*).
Virginia Virginie.
Vistola Vistule.
Viterbo Viterbe (*viterbese*).
Vittoria, Lago Lac Victoria.
Vivarese Vivarais.
Vosgi *pl.* Vosges.

Y

Yemen Yémen (*yemenita*).

Z

Zagabria Zagreb.
Zaire Zaïre (*zairese*).
Zambesi Zambèze.
Zambia Zambie (*zambiano*).
Zante, **Zacinto** Zante, Zákynthos.
Zurigo Zurich, Zürich (*zurighese*).

Tavole di coniugazione dei verbi

Tableaux de conjugaison des verbes

RETTIFICHE ORTOGRAFICHE

Le rettifiche ortografiche del 1990 ammettono una coniugazione alternativa nei tempi di alcuni verbi del I gruppo con particolarità e in alcuni verbi irregolari del III gruppo.

Amonceler si può anche coniugare come *celer*, al pres.indic.: *j'amoncèle, tu amoncèles, il amoncèle, nous amoncelons, vous amoncelez, ils amoncèlent*; all'imp.: *amoncèle*; al futuro: *j'amoncèlerai*, etc.; al cond.: *j'amoncèlerais*, etc.; al pres.cong.: *que j'amoncèle*, etc.

Céder può sostituire l'accento acuto con un accento grave (sul modello di *semer*), al futuro: *je cèderai, tu cèderas, il cèdera, nous cèderons, vous cèderez, ils cèderont*; al cond.: *je cèderais, tu cèderais, il cèderait, nous cèderions, vous cèderiez, ils cèderaient.*

Feuilleter si può anche coniugare come *acheter* al pres.indic.: *je feuillète, tu feuillètes, il feuillète, nous feuilletons, vous feuilletez, ils feuillètent*; all'imp.: *feuillète*; al futuro: *je feuillèterai*, etc.; al cond.: *je feuillèterais*, etc.; al pres.cong.: *que je feuillète*, etc.

Abréger può sostituire l'accento acuto con un accento grave (sul modello di *semer*), al futuro: *j'abrègerai, tu abrègeras, il abrègera, nous abrègerons, vous abrègerez, ils abrègeront*; al cond.: *j'abrègerais, tu abrègerais, il abrègerait, nous abrègerions, vous abrègeriez, ils abrègeraient.*

Plaire non ha d'obbligo l'accento circonflesso se privo di una funzione distintiva rispetto a omonimi. La 3ª pers. del pres.indic. può quindi essere: *il plait*; la 3ª pers. dell'imperf.cong., invece, rimane *il plût* per evitare confusione con il p.rem.

Connaître non ha d'obbligo l'accento circonflesso se privo di una funzione distintiva rispetto a omonimi. L'ortografia rettificata è quindi *connaitre* all'infinito; alla 3ª pers. del pres.indic., *il connait*; al futuro, *je connaitrai, tu connaitras, il connaitra*, etc.; al cond., *je connaitrais, tu connaitrais, il connaitrait*, etc.

Naître fa come *connaitre*, all'infinito: *naitre*; alla 3ª pers. del pres.indic.: *il nait*; al futuro: *je naitrai, tu naitras, il naitra*, etc.; al cond.: *je naitrais, tu naitrais, il naitrait*, etc.

Paraître fa come *connaitre*, all'infinito: *paraitre*; alla 3ª pers. del pres. indic.: *il parait*; al futuro: *je paraitrai, tu paraitras, il paraitra*, etc.; al cond.: *je paraitrais, tu paraitrais, il paraitrait*, etc.

Repaître fa come *connaitre*, all'infinito: *repaitre*; alla 3ª pers. del pres.indic.: *il repait*; al futuro: *je repaitrai, tu repaitras, il repaitra*, etc.; al cond.: *je repaitrais, tu repaitrais, il repaitrait*, etc.

Accroître rettifica l'accento circonflesso all'infinito: *accroitre*; alla 3ª pers. del pres.indic.: *il accroit*; al futuro: *j'accroitrai, tu accroitras, il accroitra*, etc.; al cond.: *j'accroitrais, tu accroitrais, il accroitrait*, etc.

Croître rettifica l'accento circonflesso a eccezione del pres.indic. per evitare omonimie con il verbo *croire*. Infinito: *croitre*; 3ª pers. del pres. indic.: *il croit*; futuro: *je croitrai, tu croitras, il croitra*, etc.; cond.: *je croitrais, tu croitrais, il croitrait*, etc.

Absoudre può avere il participio passato *absout*, per analogia con il femminile *absoute*.

VERBES AUXILIAIRES

avoir

indicatif

présent		*passé simple*	
j'	ai	*j'*	eus
tu	as	*tu*	eus
il	a	*il*	eut
nous	avons	*nous*	eûmes
vous	avez	*vous*	eûtes
ils	ont	*ils*	eurent

imparfait		*futur simple*	
j'	avais	*j'*	aurai
tu	avais	*tu*	auras
il	avait	*il*	aura
nous	avions	*nous*	aurons
vous	aviez	*vous*	aurez
ils	avaient	*ils*	auront

subjonctif

présent		*imparfait*	
que j'	aie	*que j'*	eusse
que tu	aies	*que tu*	eusses
qu'il	ait	*qu'il*	eût
que nous	ayons	*que nous*	eussions
que vous	ayez	*que vous*	eussiez
qu'ils	aient	*qu'ils*	eussent

conditionnel

présent		*passé*		
j'	aurais	*j'*	aurais	eu
tu	aurais	*tu*	aurais	eu
il	aurait	*il*	aurait	eu
nous	aurions	*nous*	aurions	eu
vous	auriez	*vous*	auriez	eu
ils	auraient	*ils*	auraient	eu

impératif

présent	*passé*	
...	...	
aie	aie	eu
...	...	
ayons	ayons	eu
ayez	ayez	eu

infinitif

présent

avoir

passé

avoir eu

participe

présent

ayant

passé

eu

ayant eu

être

indicatif

présent		*passé simple*	
je	suis	*je*	fus
tu	es	*tu*	fus
il	est	*il*	fut
nous	sommes	*nous*	fûmes
vous	êtes	*vous*	fûtes
ils	sont	*ils*	furent

imparfait		*futur simple*	
j'	étais	*je*	serai
tu	étais	*tu*	seras
il	était	*il*	sera
nous	étions	*nous*	serons
vous	étiez	*vous*	serez
ils	étaient	*ils*	seront

subjonctif

présent		*imparfait*	
que je	sois	*que je*	fusse
que tu	sois	*que tu*	fusses
qu'il	soit	*qu'il*	fût
que nous	soyons	*que nous*	fussions
que vous	soyez	*que vous*	fussiez
qu'ils	soient	*qu'ils*	fussent

conditionnel

présent		*passé*		
je	serais	*j'*	aurais	été
tu	serais	*tu*	aurais	été
il	serait	*il*	aurait	été
nous	serions	*nous*	aurions	été
vous	seriez	*vous*	auriez	été
ils	seraient	*ils*	auraient	été

impératif

présent	*passé*	
...	...	
sois	aie	été
...	...	
soyons	ayons	été
soyez	ayez	été

infinitif

présent

être

passé

avoir été

participe

présent

étant

passé

été

ayant été

VERBES DU 1er GROUPE EN -er

parler

indicatif

présent

je	parle
tu	parles
il	parle
nous	parlons
vous	parlez
ils	parlent

passé simple

je	parlai
tu	parlas
il	parla
nous	parlâmes
vous	parlâtes
ils	parlèrent

imparfait

je	parlais
tu	parlais
il	parlait
nous	parlions
vous	parliez
ils	parlaient

futur simple

je	parlerai
tu	parleras
il	parlera
nous	parlerons
vous	parlerez
ils	parleront

subjonctif

présent

que je	parle
que tu	parles
qu'il	parle
que nous	parlions
que vous	parliez
qu'ils	parlent

imparfait

que je	parlasse
que tu	parlasses
qu'il	parlât
que nous	parlassions
que vous	parlassiez
qu'ils	parlassent

conditionnel

présent

je	parlerais
tu	parlerais
il	parlerait
nous	parlerions
vous	parleriez
ils	parleraient

passé

j'	aurais	parlé
tu	aurais	parlé
il	aurait	parlé
nous	aurions	parlé
vous	auriez	parlé
ils	auraient	parlé

impératif

présent

...
parle
...
parlons
parlez

passé

...
aie parlé
...
ayons parlé
ayez parlé

infinitif

présent

parler

passé

avoir parlé

participe

présent

parlant

passé

parlé
ayant parlé

VERBES DU 1er GROUPE AVEC PARTICULARITÉS

acheter

indicatif

présent

j'	achète
tu	achètes
il	achète
nous	achetons
vous	achetez
ils	achètent

passé simple

j'	achetai
tu	achetas
il	acheta
nous	achetâmes
vous	achetâtes
ils	achetèrent

imparfait

j'	achetais
tu	achetais
il	achetait
nous	achetions
vous	achetiez
ils	achetaient

futur simple

j'	achèterai
tu	achèteras
il	achètera
nous	achèterons
vous	achèterez
ils	achèteront

subjonctif

présent

que j'	achète
que tu	achètes
qu'il	achète
que nous	achetions
que vous	achetiez
qu'ils	achètent

imparfait

que j'	achetasse
que tu	achetasses
qu'il	achetât
que nous	achetassions
que vous	achetassiez
qu'ils	achetassent

conditionnel

présent

j'	achèterais
tu	achèterais
il	achèterait
nous	achèterions
vous	achèteriez
ils	achèteraient

passé

j'	aurais	acheté
tu	aurais	acheté
il	aurait	acheté
nous	aurions	acheté
vous	auriez	acheté
ils	auraient	acheté

impératif

présent

...
achète
...
achetons
achetez

passé

...
aie acheté
...
ayons acheté
ayez acheté

infinitif

présent

acheter

passé

avoir acheté

participe

présent

achetant

passé

acheté
ayant acheté

jeter

indicatif				**subjonctif**		**conditionnel**		
présent		*passé simple*		*présent*		*présent*		
je	jette	*je*	jetai	*que je*	jette	*je*	jetterais	
tu	jettes	*tu*	jetas	*que tu*	jettes	*tu*	jetterais	
il	jette	*il*	jeta	*qu'il*	jette	*il*	jetterait	
nous	jetons	*nous*	jetâmes	*que nous*	jetions	*nous*	jetterions	
vous	jetez	*vous*	jetâtes	*que vous*	jetiez	*vous*	jetteriez	
ils	jettent	*ils*	jetèrent	*qu'ils*	jettent	*ils*	jetteraient	
imparfait		*futur simple*		*imparfait*		*passé*		
je	jetais	*je*	jetterai	*que je*	jetasse	*j'*	aurais	jeté
tu	jetais	*tu*	jetteras	*que tu*	jetasses	*tu*	aurais	jeté
il	jetait	*il*	jettera	*qu'il*	jetât	*il*	aurait	jeté
nous	jetions	*nous*	jetterons	*que nous*	jetassions	*nous*	aurions	jeté
vous	jetiez	*vous*	jetterez	*que vous*	jetassiez	*vous*	auriez	jeté
ils	jetaient	*ils*	jetteront	*qu'ils*	jetassent	*ils*	auraient	jeté

impératif			**infinitif**		**participe**	
présent	*passé*		*présent*		*présent*	
...	...		jeter		jetant	
jette	aie	jeté				
...	...				*passé*	
jetons	ayons	jeté	*passé*		jeté	
jetez	ayez	jeté	avoir	jeté	ayant	jeté

appeler

indicatif				**subjonctif**		**conditionnel**		
présent		*passé simple*		*présent*		*présent*		
j'	appelle	*j'*	appelai	*que j'*	appelle	*j'*	appellerais	
tu	appelles	*tu*	appelas	*que tu*	appelles	*tu*	appellerais	
il	appelle	*il*	appela	*qu'il*	appelle	*il*	appellerait	
nous	appelons	*nous*	appelâmes	*que nous*	appelions	*nous*	appellerions	
vous	appelez	*vous*	appelâtes	*que vous*	appeliez	*vous*	appelleriez	
ils	appellent	*ils*	appelèrent	*qu'ils*	appellent	*ils*	appelleraient	
imparfait		*futur simple*		*imparfait*		*passé*		
j'	appelais	*j'*	appellerai	*que j'*	appelasse	*j'*	aurais	appelé
tu	appelais	*tu*	appelleras	*que tu*	appelasses	*tu*	aurais	appelé
il	appelait	*il*	appellera	*qu'il*	appelât	*il*	aurait	appelé
nous	appelions	*nous*	appellerons	*que nous*	appelassions	*nous*	aurions	appelé
vous	appeliez	*vous*	appellerez	*que vous*	appelassiez	*vous*	auriez	appelé
ils	appelaient	*ils*	appelleront	*qu'ils*	appelassent	*ils*	auraient	appelé

impératif			**infinitif**		**participe**	
présent	*passé*		*présent*		*présent*	
...	...		appeler		appelant	
appelle	aie	appelé				
...	...				*passé*	
appelons	ayons	appelé	*passé*		appelé	
appelez	ayez	appelé	avoir	appelé	ayant	appelé

modeler

indicatif

présent		*passé simple*	
je	modèle	*je*	modelai
tu	modèles	*tu*	modelas
il	modèle	*il*	modela
nous	modelons	*nous*	modelâmes
vous	modelez	*vous*	modelâtes
ils	modèlent	*ils*	modelèrent

imparfait		*futur simple*	
je	modelais	*je*	modèlerai
tu	modelais	*tu*	modèleras
il	modelait	*il*	modèlera
nous	modelions	*nous*	modèlerons
vous	modeliez	*vous*	modèlerez
ils	modelaient	*ils*	modèleront

subjonctif

présent		*imparfait*	
que je	modèle	*que je*	modelasse
que tu	modèles	*que tu*	modelasses
qu'il	modèle	*qu'il*	modelât
que nous	modelions	*que nous*	modelassions
que vous	modeliez	*que vous*	modelassiez
qu'ils	modèlent	*qu'ils*	modelassent

conditionnel

présent		*passé*		
je	modèlerais	*j'*	aurais	modelé
tu	modèlerais	*tu*	aurais	modelé
il	modèlerait	*il*	aurait	modelé
nous	modèlerions	*nous*	aurions	modelé
vous	modèleriez	*vous*	auriez	modelé
ils	modèleraient	*ils*	auraient	modelé

impératif

présent	*passé*	
...	...	
modèle	aie	modelé
...	...	
modelons	ayons	modelé
modelez	ayez	modelé

infinitif

présent
modeler

passé
avoir modelé

participe

présent
modelant

passé
modelé
ayant modelé

amonceler

indicatif

présent		*passé simple*	
j'	amoncelle	*j'*	amoncelai
tu	amoncelles	*tu*	amoncelais
il	amoncelle	*il*	amoncela
nous	amoncelons	*nous*	amoncelâmes
vous	amoncelez	*vous*	amoncelâtes
ils	amoncellent	*ils*	amoncelèrent

imparfait		*futur simple*	
j'	amoncelais	*j'*	amoncellerai
tu	amoncelais	*tu*	amoncelleras
il	amoncelait	*il*	amoncellera
nous	amoncelions	*nous*	amoncellerons
vous	amonceliez	*vous*	amoncellerez
ils	amoncelaient	*ils*	amoncelleront

subjonctif

présent		*imparfait*	
que j'	amoncelle	*que j'*	amoncelasse
que tu	amoncelles	*que tu*	amoncelasses
qu'il	amoncelle	*qu'il*	amoncelât
que nous	amoncelions	*que nous*	amoncelassions
que vous	amonceliez	*que vous*	amoncelassiez
qu'ils	amoncellent	*qu'ils*	amoncelassent

conditionnel

présent		*passé*		
j'	amoncellerais	*j'*	aurais	amoncelé
tu	amoncellerais	*tu*	aurais	amoncelé
il	amoncellerait	*il*	aurait	amoncelé
nous	amoncellerions	*nous*	aurions	amoncelé
vous	amoncelleriez	*vous*	auriez	amoncelé
ils	amoncelleraient	*ils*	auraient	amoncelé

impératif

présent	*passé*	
...	...	
amoncelle	aie	amoncelé
...	...	
amoncelons	ayons	amoncelé
amoncelez	ayez	amoncelé

infinitif

présent
amonceler

passé
avoir amoncelé

participe

présent
amoncelant

passé
amoncelé
ayant amoncelé

Vedere le rettifiche ortografiche a pag. 1618.

celer

indicatif

présent		*passé simple*	
je	cèle	*je*	celai
tu	cèles	*tu*	celas
il	cèle	*il*	cela
nous	celons	*nous*	celâmes
vous	celez	*vous*	celâtes
ils	cèlent	*ils*	celâtent

imparfait		*futur simple*	
je	celais	*je*	cèlerai
tu	celais	*tu*	cèleras
il	celait	*il*	cèlera
nous	celions	*nous*	cèlerons
vous	celiez	*vous*	cèlerez
ils	celaient	*ils*	cèleront

subjonctif

présent		*imparfait*	
que je	cèle	*que je*	celasse
que tu	cèles	*que tu*	celasses
qu'il	cèle	*qu'il*	celât
que nous	celions	*que nous*	celassions
que vous	celiez	*que vous*	celassiez
qu'ils	cèlent	*qu'ils*	celassent

conditionnel

présent		*passé*		
je	cèlerais	*j'*	aurais	celé
tu	cèlerais	*tu*	aurais	celé
il	cèlerait	*il*	aurait	celé
nous	cèlerions	*nous*	aurions	celé
vous	cèleriez	*vous*	auriez	celé
ils	cèleraient	*ils*	auraient	celé

impératif

présent	*passé*	
...	...	
cèle	aie	celé
...	...	
celons	ayons	celé
celez	ayez	celé

infinitif

présent

celer

passé

avoir celé

participe

présent

celant

passé

celé

ayant celé

céder

indicatif

présent		*passé simple*	
je	cède	*je*	cédai
tu	cèdes	*tu*	cédas
il	cède	*il*	céda
nous	cédons	*nous*	cédâmes
vous	cédez	*vous*	cédâtes
ils	cèdent	*ils*	cédèrent

imparfait		*futur simple*	
je	cédais	*je*	céderai
tu	cédais	*tu*	céderas
il	cédait	*il*	cédera
nous	cédions	*nous*	céderons
vous	cédiez	*vous*	céderez
ils	cédaient	*ils*	céderont

subjonctif

présent		*imparfait*	
que je	cède	*que je*	cédasse
que tu	cèdes	*que tu*	cédasses
qu'il	cède	*qu'il*	cédât
que nous	cédions	*que nous*	cédassions
que vous	cédiez	*que vous*	cédassiez
qu'ils	cèdent	*qu'ils*	cédassent

conditionnel

présent		*passé*		
je	céderais	*j'*	aurais	cédé
tu	céderais	*tu*	aurais	cédé
il	céderait	*il*	aurait	cédé
nous	céderions	*nous*	aurions	cédé
vous	céderiez	*vous*	auriez	cédé
ils	céderaient	*ils*	auraient	cédé

impératif

présent	*passé*	
...	...	
cède	aie	cédé
...	...	
cédons	ayons	cédé
cédez	ayez	cédé

infinitif

présent

céder

passé

avoir cédé

participe

présent

cédant

passé

cédé

ayant cédé

Vedere le rettifiche ortografiche a pag. 1618.

semer

indicatif

présent		*passé simple*	
je	sème	*je*	semai
tu	sèmes	*tu*	semas
il	sème	*il*	sema
nous	semons	*nous*	semâmes
vous	semez	*vous*	semâtes
ils	sèment	*ils*	semèrent
imparfait		*futur simple*	
je	semais	*je*	sèmerai
tu	semais	*tu*	sèmeras
il	semait	*il*	sèmera
nous	semions	*nous*	sèmerons
vous	semiez	*vous*	sèmerez
ils	semaient	*ils*	sèmeront

subjonctif

présent	
que je	sème
que tu	sèmes
qu'il	sème
que nous	semions
que vous	semiez
qu'ils	sèment
imparfait	
que je	semasse
que tu	semasses
qu'il	semât
que nous	semassions
que vous	semassiez
qu'ils	semassent

conditionnel

présent		
je	sèmerais	
tu	sèmerais	
il	sèmerait	
nous	sèmerions	
vous	sèmeriez	
ils	sèmeraient	
passé		
j'	aurais	semé
tu	aurais	semé
il	aurait	semé
nous	aurions	semé
vous	auriez	semé
ils	auraient	semé

impératif

présent	*passé*	
...	...	
sème	aie	semé
...	...	
semons	ayons	semé
semez	ayez	semé

infinitif

présent
semer

passé
avoir semé

participe

présent
semant

passé
semé
ayant semé

créer

indicatif

présent		*passé simple*	
je	crée	*je*	créai
tu	crées	*tu*	créas
il	crée	*il*	créa
nous	créons	*nous*	créâmes
vous	créez	*vous*	créâtes
ils	créent	*ils*	créèrent
imparfait		*futur simple*	
je	créais	*je*	créerai
tu	créais	*tu*	créeras
il	créait	*il*	créera
nous	créions	*nous*	créerons
vous	créiez	*vous*	créerez
ils	créaient	*ils*	créeront

subjonctif

présent	
que je	crée
que tu	crées
qu'il	crée
que nous	créions
que vous	créiez
qu'ils	créent
imparfait	
que je	créasse
que tu	créasses
qu'il	créât
que nous	créassions
que vous	créassiez
qu'ils	créassent

conditionnel

présent		
je	créerais	
tu	créerais	
il	créerait	
nous	créerions	
vous	créeriez	
ils	créeraient	
passé		
j'	aurais	créé
tu	aurais	créé
il	aurait	créé
nous	aurions	créé
vous	auriez	créé
ils	auraient	créé

impératif

présent	*passé*	
...	...	
crée	aie	créé
...	...	
créons	ayons	créé
créez	ayez	créé

infinitif

présent
créer

passé
avoir créé

participe

présent
créant

passé
créé
ayant créé

payer

indicatif				**subjonctif**		**conditionnel**		
présent		*passé simple*		*présent*		*présent*		
je	paie/paye	*je*	payai	*que je*	paie/paye	*je*	paierais/payerais	
tu	paies/payes	*tu*	payas	*que tu*	paies/payes	*tu*	paierais/payerais	
il	paie/paye	*il*	paya	*qu'il*	paie/paye	*il*	paierait/payerait	
nous	payons	*nous*	payâmes	*que nous*	payions	*nous*	paierions/payerions	
vous	payez	*vous*	payâtes	*que vous*	payiez	*vous*	paieriez/payeriez	
ils	paient/payent	*ils*	payèrent	*qu'ils*	paient/payent	*ils*	paieraient/payeraient	
imparfait		*futur simple*		*imparfait*		*passé*		
je	payais	*je*	paierai/payerai	*que je*	payasse	*j'*	aurais	payé
tu	payais	*tu*	paieras/payeras	*que tu*	payasses	*tu*	aurais	payé
il	payait	*il*	paiera/payera	*qu'il*	payât	*il*	aurait	payé
nous	payions	*nous*	paierons/payerons	*que nous*	payassions	*nous*	aurions	payé
vous	payiez	*vous*	paierez/payerez	*que vous*	payassiez	*vous*	auriez	payé
ils	payaient	*ils*	paieront/payeront	*qu'ils*	payassent	*ils*	auraient	payé

impératif			**infinitif**		**participe**	
présent	*passé*		*présent*		*présent*	
...	...		payer		payant	
paie/paye	aie	payé				
...	...				*passé*	
payons	ayons	payé	*passé*		payé	
payez	ayez	payé	avoir	payé	ayant	payé

grasseyer

indicatif				**subjonctif**		**conditionnel**		
présent		*passé simple*		*présent*		*présent*		
je	grasseye	*je*	grasseyai	*que je*	grasseye	*je*	grasseyerais	
tu	grasseyes	*tu*	grasseyas	*que tu*	grasseyes	*tu*	grasseyerais	
il	grasseye	*il*	grasseya	*qu'il*	grasseye	*il*	grasseyerait	
nous	grasseyons	*nous*	grasseyâmes	*que nous*	grasseyions	*nous*	grasseyerions	
vous	grasseyez	*vous*	grasseyâtes	*que vous*	grasseyiez	*vous*	grasseyeriez	
ils	grasseyent	*ils*	grasseyèrent	*qu'ils*	grasseyent	*ils*	grasseyeraient	
imparfait		*futur simple*		*imparfait*		*passé*		
je	grasseyais	*je*	grasseyerai	*que je*	grasseyasse	*j'*	aurais	grasseyé
tu	grasseyais	*tu*	grasseyeras	*que tu*	grasseyasses	*tu*	aurais	grasseyé
il	grasseyait	*il*	grasseyera	*qu'il*	grasseyât	*il*	aurait	grasseyé
nous	grasseyions	*nous*	grasseyerons	*que nous*	grasseyassions	*nous*	aurions	grasseyé
vous	grasseyiez	*vous*	grasseyerez	*que vous*	grasseyassiez	*vous*	auriez	grasseyé
ils	grasseyaient	*ils*	grasseyeront	*qu'ils*	grasseyassent	*ils*	auraient	grasseyé

impératif			**infinitif**		**participe**	
présent	*passé*		*présent*		*présent*	
...	...		grasseyer		grasseyant	
grasseye	aie	grasseyé				
...	...				*passé*	
grasseyons	ayons	grasseyé	*passé*		grasseyé	
grasseyez	ayez	grasseyé	avoir	grasseyé	ayant	grasseyé

employer

indicatif				**subjonctif**		**conditionnel**		
présent		*passé simple*		*présent*		*présent*		
j'	emploie	*j'*	employai	*que j'*	emploie	*j'*	emploierais	
tu	emploies	*tu*	employas	*que tu*	emploies	*tu*	emploierais	
il	emploie	*il*	employa	*qu'il*	emploie	*il*	emploierait	
nous	employons	*nous*	employâmes	*que nous*	employions	*nous*	emploierions	
vous	employez	*vous*	employâtes	*que vous*	employiez	*vous*	emploieriez	
ils	emploient	*ils*	employèrent	*qu'ils*	emploient	*ils*	emploieraient	
imparfait		*futur simple*		*imparfait*		*passé*		
j'	employais	*j'*	emploierai	*que j'*	employasse	*j'*	aurais	employé
tu	employais	*tu*	emploieras	*que tu*	employasses	*tu*	aurais	employé
il	employait	*il*	emploiera	*qu'il*	employât	*il*	aurait	employé
nous	employions	*nous*	emploierons	*que nous*	employassions	*nous*	aurions	employé
vous	employiez	*vous*	emploierez	*que vous*	employassiez	*vous*	auriez	employé
ils	employaient	*ils*	emploieront	*qu'ils*	employassent	*ils*	auraient	employé

impératif			**infinitif**		**participe**	
présent	*passé*		*présent*		*présent*	
...	...		employer		employant	
emploie	aie	employé				
...	...				*passé*	
employons	ayons	employé	*passé*		employé	
employez	ayez	employé	avoir	employé	ayant	employé

feuilleter

indicatif				**subjonctif**		**conditionnel**		
présent		*passé simple*		*présent*		*présent*		
je	feuillette	*je*	feuilletai	*que je*	feuillette	*je*	feuilletterais	
tu	feuillettes	*tu*	feuilletas	*que tu*	feuillettes	*tu*	feuilletterais	
il	feuillette	*il*	feuilleta	*qu'il*	feuillette	*il*	feuilletterait	
nous	feuilletons	*nous*	feuilletâmes	*que nous*	feuilletions	*nous*	feuilletterions	
vous	feuilletez	*vous*	feuilletâtes	*que vous*	feuilletiez	*vous*	feuilletteriez	
ils	feuillettent	*ils*	feuilletèrent	*qu'ils*	feuillettent	*ils*	feuilletteraient	
imparfait		*futur simple*		*imparfait*		*passé*		
je	feuilletais	*je*	feuilletterai	*que je*	feuilletasse	*j'*	aurais	feuilleté
tu	feuilletais	*tu*	feuilletteras	*que tu*	feuilletasses	*tu*	aurais	feuilleté
il	feuilletait	*il*	feuillettera	*qu'il*	feuilletât	*il*	aurait	feuilleté
nous	feuilletions	*nous*	feuilletterons	*que nous*	feuilletassions	*nous*	aurions	feuilleté
vous	feuilletiez	*vous*	feuilletterez	*que vous*	feuilletassiez	*vous*	auriez	feuilleté
ils	feuilletaient	*ils*	feuilletteront	*qu'ils*	feuilletassent	*ils*	auraient	feuilleté

impératif			**infinitif**		**participe**	
présent	*passé*		*présent*		*présent*	
...	...		feuilleter		feuilletant	
feuillette	aie	feuilleté				
...	...				*passé*	
feuilletons	ayons	feuilleté	*passé*		feuilleté	
feuilletez	ayez	feuilleté	avoir	feuilleté	ayant	feuilleté

Vedere le rettifiche ortografiche a pag. 1618.

manger

indicatif

présent		*passé simple*	
je	mange	*je*	mangeai
tu	manges	*tu*	mangeas
il	mange	*il*	mangea
nous	mangeons	*nous*	mangeâmes
vous	mangez	*vous*	mangeâtes
ils	mangent	*ils*	mangèrent

imparfait		*futur simple*	
je	mangeais	*je*	mangerai
tu	mangeais	*tu*	mangeras
il	mangeait	*il*	mangera
nous	mangions	*nous*	mangerons
vous	mangiez	*vous*	mangerez
ils	mangeaient	*ils*	mangeront

subjonctif

présent		*imparfait*	
que je	mange	*que je*	mangeasse
que tu	manges	*que tu*	mangeasses
qu'il	mange	*qu'il*	mangeât
que nous	mangions	*que nous*	mangeassions
que vous	mangiez	*que vous*	mangeassiez
qu'ils	mangent	*qu'ils*	mangeassent

conditionnel

présent		*passé*		
je	mangerais	*j'*	aurais	mangé
tu	mangerais	*tu*	aurais	mangé
il	mangerait	*il*	aurait	mangé
nous	mangerions	*nous*	aurions	mangé
vous	mangeriez	*vous*	auriez	mangé
ils	mangeraient	*ils*	auraient	mangé

impératif

présent	*passé*	
...	...	
mange	aie	mangé
...	...	
mangeons	ayons	mangé
mangez	ayez	mangé

infinitif

présent
manger

passé
avoir mangé

participe

présent
mangeant

passé
mangé
ayant mangé

abréger

indicatif

présent		*passé simple*	
j'	abrège	*j'*	abrégeai
tu	abrèges	*tu*	abrégeas
il	abrège	*il*	abrégea
nous	abrégeons	*nous*	abrégeâmes
vous	abrégez	*vous*	abrégeâtes
ils	abrègent	*ils*	abrégèrent

imparfait		*futur simple*	
j'	abrégeais	*j'*	abrégerai
tu	abrégeais	*tu*	abrégeras
il	abrégeait	*il*	abrégera
nous	abrégions	*nous*	abrégerons
vous	abrégiez	*vous*	abrégerez
ils	abrégeaient	*ils*	abrégeront

subjonctif

présent		*imparfait*	
que j'	abrège	*que j'*	abrégeasse
que tu	abrèges	*que tu*	abrégeasses
qu'il	abrège	*qu'il*	abrégeât
que nous	abrégions	*que nous*	abrégeassions
que vous	abrégiez	*que vous*	abrégeassiez
qu'ils	abrègent	*qu'ils*	abrégeassent

conditionnel

présent		*passé*		
j'	abrégerais	*j'*	aurais	abrégé
tu	abrégerais	*tu*	aurais	abrégé
il	abrégerait	*il*	aurait	abrégé
nous	abrégerions	*nous*	aurions	abrégé
vous	abrégeriez	*vous*	auriez	abrégé
ils	abrégeraient	*ils*	auraient	abrégé

impératif

présent	*passé*	
...	...	
abrège	aie	abrégé
...	...	
abrégeons	ayons	abrégé
abrégez	ayez	abrégé

infinitif

présent
abréger

passé
avoir abrégé

participe

présent
abrégeant

passé
abrégé
ayant abrégé

Vedere le rettifiche ortografiche a pag. 1618.

commencer

indicatif

présent

je	commence
tu	commences
il	commence
nous	commençons
vous	commencez
ils	commencent

imparfait

je	commençais
tu	commençais
il	commençait
nous	commencions
vous	commenciez
ils	commençaient

passé simple

je	commençai
tu	commenças
il	commença
nous	commençâmes
vous	commençâtes
ils	commencèrent

futur simple

je	commencerai
tu	commenceras
il	commencera
nous	commencerons
vous	commencerez
ils	commenceront

subjonctif

présent

que je	commence
que tu	commences
qu'il	commence
que nous	commencions
que vous	commenciez
qu'ils	commencent

imparfait

que je	commençasse
que tu	commençasses
qu'il	commençât
que nous	commençassions
que vous	commençassiez
qu'ils	commençassent

conditionnel

présent

je	commencerais
tu	commencerais
il	commencerait
nous	commencerions
vous	commenceriez
ils	commenceraient

passé

j'	aurais	commencé
tu	aurais	commencé
il	aurait	commencé
nous	aurions	commencé
vous	auriez	commencé
ils	auraient	commencé

impératif

présent

...
commence
...
commençons
commencez

passé

...
aie commencé
...
ayons commencé
ayez commencé

infinitif

présent

commencer

passé

avoir commencé

participe

présent

commençant

passé

commencé
ayant commencé

placer

indicatif

présent

je	place
tu	places
il	place
nous	plaçons
vous	placez
ils	placent

imparfait

je	plaçais
tu	plaçais
il	plaçait
nous	placions
vous	placiez
ils	plaçaient

passé simple

je	plaçai
tu	plaças
il	plaça
nous	plaçâmes
vous	plaçâtes
ils	placèrent

futur simple

je	placerai
tu	placeras
il	placera
nous	placerons
vous	placerez
ils	placeront

subjonctif

présent

que je	place
que tu	places
qu'il	place
que nous	placions
que vous	placiez
qu'ils	placent

imparfait

que je	plaçasse
que tu	plaçasses
qu'il	plaçât
que nous	plaçassions
que vous	plaçassiez
qu'ils	plaçassent

conditionnel

présent

je	placerais
tu	placerais
il	placerait
nous	placerions
vous	placeriez
ils	placeraient

passé

j'	aurais	placé
tu	aurais	placé
il	aurait	placé
nous	aurions	placé
vous	auriez	placé
ils	auraient	placé

impératif

présent

...
place
...
plaçons
placez

passé

...
aie placé
...
ayons placé
ayez placé

infinitif

présent

placer

passé

avoir placé

participe

présent

plaçant

passé

placé
ayant placé

remercier

indicatif

présent		*passé simple*	
je	remercie	*je*	remerciai
tu	remercies	*tu*	remercias
il	remercie	*il*	remercia
nous	remercions	*nous*	remerciâmes
vous	remerciez	*vous*	remerciâtes
ils	remercient	*ils*	remercièrent

imparfait		*futur simple*	
je	remerciais	*je*	remercierai
tu	remerciais	*tu*	remercieras
il	remerciait	*il*	remerciera
nous	remerciions	*nous*	remercierons
vous	remerciiez	*vous*	remercierez
ils	remerciaient	*ils*	remercieront

subjonctif

présent		*imparfait*	
que je	remercie	*que je*	remerciasse
que tu	remercies	*que tu*	remerciasses
qu'il	remercie	*qu'il*	remerciât
que nous	remerciions	*que nous*	remerciassions
que vous	remerciiez	*que vous*	remerciassiez
qu'ils	remercient	*qu'ils*	remerciassent

conditionnel

présent		*passé*		
je	remercierais	*j'*	aurais	remercié
tu	remercierais	*tu*	aurais	remercié
il	remercierait	*il*	aurait	remercié
nous	remercierions	*nous*	aurions	remercié
vous	remercieriez	*vous*	auriez	remercié
ils	remercieraient	*ils*	auraient	remercié

impératif

présent	*passé*	
...	...	
remercie	aie	remercié
...	...	
remercions	ayons	remercié
remerciez	ayez	remercié

infinitif

présent

remercier

passé

avoir remercié

participe

présent

remerciant

passé

remercié

ayant remercié

finir

indicatif

présent		*passé simple*	
je	finis	*je*	finis
tu	finis	*tu*	finis
il	finit	*il*	finit
nous	finissons	*nous*	finîmes
vous	finissez	*vous*	finîtes
ils	finissent	*ils*	finirent

imparfait		*futur simple*	
je	finissais	*je*	finirai
tu	finissais	*tu*	finiras
il	finissait	*il*	finira
nous	finissions	*nous*	finirons
vous	finissiez	*vous*	finirez
ils	finissaient	*ils*	finiront

subjonctif

présent		*imparfait*	
que je	finisse	*que je*	finisse
que tu	finisses	*que tu*	finisses
qu'il	finisse	*qu'il*	finît
que nous	finissions	*que nous*	finissions
que vous	finissiez	*que vous*	finissiez
qu'ils	finissent	*qu'ils*	finissent

conditionnel

présent		*passé*		
je	finirais	*j'*	aurais	fini
tu	finirais	*tu*	aurais	fini
il	finirait	*il*	aurait	fini
nous	finirions	*nous*	aurions	fini
vous	finiriez	*vous*	auriez	fini
ils	finiraient	*ils*	auraient	fini

impératif

présent	*passé*	
...	...	
finis	aie	fini
...	...	
finissons	ayons	fini
finissez	ayez	fini

infinitif

présent

finir

passé

avoir fini

participe

présent

finissant

passé

fini

ayant fini

haïr

indicatif

présent		*passé simple*	
je	hais	*je*	haïs
tu	hais	*tu*	haïs
il	hait	*il*	haït
nous	haïssons	*nous*	haïmes
vous	haïssez	*vous*	haïtes
ils	haïssent	*ils*	haïrent

imparfait		*futur simple*	
je	haïssais	*je*	haïrai
tu	haïssais	*tu*	haïras
il	haïssait	*il*	haïra
nous	haïssions	*nous*	haïrons
vous	haïssiez	*vous*	haïrez
ils	haïssaient	*ils*	haïront

subjonctif

présent		*imparfait*	
que je	haïsse	*que je*	haïsse
que tu	haïsses	*que tu*	haïsses
qu'il	haïsse	*qu'il*	haït
que nous	haïssions	*que nous*	haïssions
que vous	haïssiez	*que vous*	haïssiez
qu'ils	haïssent	*qu'ils*	haïssent

conditionnel

présent		*passé*		
je	haïrais	*j'*	aurais	haï
tu	haïrais	*tu*	aurais	haï
il	haïrait	*il*	aurait	haï
nous	haïrions	*nous*	aurions	haï
vous	haïriez	*vous*	auriez	haï
ils	haïraient	*ils*	auraient	haï

impératif

présent	*passé*	
...	...	
hais	aie	haï
...	...	
haïssons	ayons	haï
haïssez	ayez	haï

infinitif

présent

haïr

passé

avoir haï

participe

présent

haïssant

passé

haï

ayant haï

aller

indicatif

présent		*passé simple*	
je	vais	*j'*	allai
tu	vas	*tu*	allas
il	va	*il*	alla
nous	allons	*nous*	allâmes
vous	allez	*vous*	allâtes
ils	vont	*ils*	allèrent

imparfait		*futur simple*	
j'	allais	*j'*	irai
tu	allais	*tu*	iras
il	allait	*il*	ira
nous	allions	*nous*	irons
vous	alliez	*vous*	irez
ils	allaient	*ils*	iront

subjonctif

présent		*imparfait*	
que j'	aille	*que j'*	allasse
que tu	ailles	*que tu*	allasses
qu'il	aille	*qu'il*	allât
que nous	allions	*que nous*	allassions
que vous	alliez	*que vous*	allassiez
qu'ils	aillent	*qu'ils*	allassent

conditionnel

présent		*passé*		
j'	irais	*je*	serais	allé
tu	irais	*tu*	serais	allé
il	irait	*il*	serait	allé
nous	irions	*nous*	serions	allés
vous	iriez	*vous*	seriez	allés
ils	iraient	*ils*	seraient	allés

impératif

présent	*passé*	
...	...	
va	sois	allé
...	...	
allons	soyons	allés
allez	soyez	allés

infinitif

présent
aller

passé
être allé

participe

présent
allant

passé
allé
étant allé

envoyer

indicatif

présent		*passé simple*	
j'	envoie	*j'*	envoyai
tu	envoies	*tu*	envoyas
il	envoie	*il*	envoya
nous	envoyons	*nous*	envoyâmes
vous	envoyez	*vous*	envoyâtes
ils	envoient	*ils*	envoyèrent

imparfait		*futur simple*	
j'	envoyais	*j'*	enverrai
tu	envoyais	*tu*	enverras
il	envoyait	*il*	enverra
nous	envoyions	*nous*	enverrons
vous	envoyiez	*vous*	enverrez
ils	envoyaient	*ils*	enverront

subjonctif

présent		*imparfait*	
que j'	envoie	*que j'*	envoyasse
que tu	envoies	*que tu*	envoyasses
qu'il	envoie	*qu'il*	envoyât
que nous	envoyions	*que nous*	envoyassions
que vous	envoyiez	*que vous*	envoyassiez
qu'ils	envoient	*qu'ils*	envoyassent

conditionnel

présent		*passé*		
j'	enverrais	*j'*	aurais	envoyé
tu	enverrais	*tu*	aurais	envoyé
il	enverrait	*il*	aurait	envoyé
nous	enverrions	*nous*	aurions	envoyé
vous	enverriez	*vous*	auriez	envoyé
ils	enverraient	*ils*	auraient	envoyé

impératif

présent	*passé*	
...	...	
envoie	aie	envoyé
...	...	
envoyons	ayons	envoyé
envoyez	ayez	envoyé

infinitif

présent
envoyer

passé
avoir envoyé

participe

présent
envoyant

passé
envoyé
ayant envoyé

acquérir

indicatif

présent		*passé simple*	
j'	acquiers	*j'*	acquis
tu	acquiers	*tu*	acquis
il	acquiert	*il*	acquit
nous	acquérons	*nous*	acquîmes
vous	acquérez	*vous*	acquîtes
ils	acquièrent	*ils*	acquirent

imparfait		*futur simple*	
j'	acquérais	*j'*	acquerrai
tu	acquérais	*tu*	acquerras
il	acquérait	*il*	acquerra
nous	acquérions	*nous*	acquerrons
vous	acquériez	*vous*	acquerrez
ils	acquéraient	*ils*	acquerront

subjonctif

présent		*imparfait*	
que j'	acquière	*que j'*	acquisse
que tu	acquières	*que tu*	acquisses
qu'il	acquière	*qu'il*	acquît
que nous	acquérions	*que nous*	acquissions
que vous	acquériez	*que vous*	acquissiez
qu'ils	acquièrent	*qu'ils*	acquissent

conditionnel

présent		*passé*		
j'	acquerrais	*j'*	aurais	acquis
tu	acquerrais	*tu*	aurais	acquis
il	acquerrait	*il*	aurait	acquis
nous	acquerrions	*nous*	aurions	acquis
vous	acquerriez	*vous*	auriez	acquis
ils	acquerraient	*ils*	auraient	acquis

impératif

présent	*passé*	
...	...	
acquiers	aie	acquis
...	...	
acquérons	ayons	acquis
acquérez	ayez	acquis

infinitif

présent
acquérir

passé
avoir acquis

participe

présent
acquérant

passé
acquis
ayant acquis

assaillir

indicatif

présent		*passé simple*	
j'	assaille	*j'*	assaillis
tu	assailles	*tu*	assaillis
il	assaille	*il*	assaillit
nous	assaillons	*nous*	assaillîmes
vous	assaillez	*vous*	assaillîtes
ils	assaillent	*ils*	assaillirent

imparfait		*futur simple*	
j'	assaillais	*j'*	assaillirai
tu	assaillais	*tu*	assailliras
il	assaillait	*il*	assaillira
nous	assaillions	*nous*	assaillirons
vous	assailliez	*vous*	assaillirez
ils	assaillaient	*ils*	assailliront

subjonctif

présent		*imparfait*	
que j'	assaille	*que j'*	assaillisse
que tu	assailles	*que tu*	assaillisses
qu'il	assaille	*qu'il*	assaillît
que nous	assaillions	*que nous*	assaillissions
que vous	assailliez	*que vous*	assaillissiez
qu'ils	assaillent	*qu'ils*	assaillissent

conditionnel

présent		*passé*		
j'	assaillirais	*j'*	aurais	assailli
tu	assaillirais	*tu*	aurais	assailli
il	assaillirait	*il*	aurait	assailli
nous	assaillirions	*nous*	aurions	assailli
vous	assailliriez	*vous*	auriez	assailli
ils	assailliraient	*ils*	auraient	assailli

impératif

présent	*passé*	
...	...	
assaille	aie	assailli
...	...	
assaillons	ayons	assailli
assaillez	ayez	assailli

infinitif

présent
assaillir

passé
avoir assailli

participe

présent
assaillant

passé
assailli
ayant assailli

courir

indicatif

présent		*passé simple*		*imparfait*		*futur simple*	
je	cours	*je*	courus	*je*	courais	*je*	courrai
tu	cours	*tu*	courus	*tu*	courais	*tu*	courras
il	court	*il*	courut	*il*	courait	*il*	courra
nous	courons	*nous*	courûmes	*nous*	courions	*nous*	courrons
vous	courez	*vous*	courûtes	*vous*	couriez	*vous*	courrez
ils	courent	*ils*	coururent	*ils*	couraient	*ils*	courront

subjonctif

présent		*imparfait*	
que je	coure	*que je*	courusse
que tu	coures	*que tu*	courusses
qu'il	coure	*qu'il*	courût
que nous	courions	*que nous*	courussions
que vous	couriez	*que vous*	courussiez
qu'ils	courent	*qu'ils*	courussent

conditionnel

présent		*passé*		
je	courrais	*j'*	aurais	couru
tu	courrais	*tu*	aurais	couru
il	courrait	*il*	aurait	couru
nous	courrions	*nous*	aurions	couru
vous	courriez	*vous*	auriez	couru
ils	courraient	*ils*	auraient	couru

impératif

présent	*passé*	
...	...	
cours	aie	couru
...	...	
courons	ayons	couru
courez	ayez	couru

infinitif

présent
courir

passé
avoir couru

participe

présent
courant

passé
couru
ayant couru

cueillir

indicatif

présent		*passé simple*		*imparfait*		*futur simple*	
je	cueille	*je*	cueillis	*je*	cueillais	*je*	cueillerai
tu	cueilles	*tu*	cueillis	*tu*	cueillais	*tu*	cueilleras
il	cueille	*il*	cueillit	*il*	cueillait	*il*	cueillera
nous	cueillons	*nous*	cueillîmes	*nous*	cueillions	*nous*	cueillerons
vous	cueillez	*vous*	cueillîtes	*vous*	cueilliez	*vous*	cueillerez
ils	cueillent	*ils*	cueillirent	*ils*	cueillaient	*ils*	cueilleront

subjonctif

présent		*imparfait*	
que je	cueille	*que je*	cueillisse
que tu	cueilles	*que tu*	cueillisses
qu'il	cueille	*qu'il*	cueillît
que nous	cueillions	*que nous*	cueillissions
que vous	cueilliez	*que vous*	cueillissiez
qu'ils	cueillent	*qu'ils*	cueillissent

conditionnel

présent		*passé*		
je	cueillerais	*j'*	aurais	cueilli
tu	cueillerais	*tu*	aurais	cueilli
il	cueillerait	*il*	aurait	cueilli
nous	cueillerions	*nous*	aurions	cueilli
vous	cueilleriez	*vous*	auriez	cueilli
ils	cueilleraient	*ils*	auraient	cueilli

impératif

présent	*passé*	
...	...	
cueille	aie	cueilli
...	...	
cueillons	ayons	cueilli
cueillez	ayez	cueilli

infinitif

présent
cueillir

passé
avoir cueilli

participe

présent
cueillant

passé
cueilli
ayant cueilli

dormir

indicatif

présent		*passé simple*	
je	**dors**	*je*	dormis
tu	**dors**	*tu*	dormis
il	**dort**	*il*	dormit
nous	**dormons**	*nous*	dormîmes
vous	dormez	*vous*	dormîtes
ils	dorment	*ils*	dormirent

imparfait		*futur simple*	
je	**dormais**	*je*	dormirai
tu	dormais	*tu*	dormiras
il	dormait	*il*	dormira
nous	dormions	*nous*	dormirons
vous	dormiez	*vous*	dormirez
ils	dormaient	*ils*	dormiront

subjonctif

présent		*imparfait*	
que je	**dorme**	*que je*	dormisse
que tu	dormes	*que tu*	dormisses
qu'il	dorme	*qu'il*	dormît
que nous	dormions	*que nous*	dormissions
que vous	dormiez	*que vous*	dormissiez
qu'ils	dorment	*qu'ils*	dormissent

conditionnel

présent		*passé*		
je	dormirais	*j'*	aurais	dormi
tu	dormirais	*tu*	aurais	dormi
il	dormirait	*il*	aurait	dormi
nous	dormirions	*nous*	aurions	dormi
vous	dormiriez	*vous*	auriez	dormi
ils	dormiraient	*ils*	auraient	dormi

impératif

présent	*passé*	
...	...	
dors	aie	dormi
...	...	
dormons	ayons	dormi
dormez	ayez	dormi

infinitif

présent
dormir

passé
avoir dormi

participe

présent
dormant

passé
dormi
ayant dormi

faillir

indicatif

présent		*passé simple*	
je	**faux**	*je*	**faillis**
tu	**faux**	*tu*	faillis
il	**faut**	*il*	faillit
nous	**faillons**	*nous*	faillîmes
vous	faillez	*vous*	faillîtes
ils	faillent	*ils*	faillirent

imparfait		*futur simple*	
je	**faillais**	*je*	faillirai/**faudrai**
tu	faillais	*tu*	failliras/**faudras**
il	faillait	*il*	faillira/**faudra**
nous	faillions	*nous*	faillirons/**faudrons**
vous	failliez	*vous*	faillirez/**faudrez**
ils	faillaient	*ils*	failliront/**faudront**

subjonctif

présent		*imparfait*	
que je	**faillisse**/**faille**	*que je*	faillisse
que tu	faillisses/**failles**	*que tu*	faillisses
qu'il	faillisse/**faille**	*qu'il*	faillît
que nous	faillissions/**faillions**	*que nous*	faillissions
que vous	faillissiez/**failliez**	*que vous*	faillissiez
qu'ils	faillissent/**faillent**	*qu'ils*	faillissent

conditionnel

présent		*passé*		
je	faillirais/**faudrais**	*j'*	aurais	failli
tu	faillirais/**faudrais**	*tu*	aurais	failli
il	faillirait/**faudrait**	*il*	aurait	failli
nous	faillirions/**faudrions**	*nous*	aurions	failli
vous	failliriez/**faudriez**	*vous*	auriez	failli
ils	failliraient/**faudraient**	*ils*	auraient	failli

impératif

présent	*passé*
...	...

infinitif

présent
faillir

passé
avoir failli

participe

présent
faillant

passé
failli
ayant failli

fuir

indicatif

présent		*passé simple*	
je	fuis	*je*	fuis
tu	fuis	*tu*	fuis
il	fuit	*il*	fuit
nous	fuyons	*nous*	fuîmes
vous	fuyez	*vous*	fuîtes
ils	fuient	*ils*	fuirent

imparfait		*futur simple*	
je	fuyais	*je*	fuirai
tu	fuyais	*tu*	fuiras
il	fuyait	*il*	fuira
nous	fuyions	*nous*	fuirons
vous	fuyiez	*vous*	fuirez
ils	fuyaient	*ils*	fuiront

subjonctif

présent		*imparfait*	
que je	fuie	*que je*	fuisse
que tu	fuies	*que tu*	fuisses
qu'il	fuie	*qu'il*	fuît
que nous	fuyions	*que nous*	fuissions
que vous	fuyiez	*que vous*	fuissiez
qu'ils	fuient	*qu'ils*	fuissent

conditionnel

présent		*passé*		
je	fuirais	*j'*	aurais	fui
tu	fuirais	*tu*	aurais	fui
il	fuirait	*il*	aurait	fui
nous	fuirions	*nous*	aurions	fui
vous	fuiriez	*vous*	auriez	fui
ils	fuiraient	*ils*	auraient	fui

impératif

présent	*passé*	
...	...	
fuis	aie	fui
...	...	
fuyons	ayons	fui
fuyez	ayez	fui

infinitif

présent

fuir

passé

avoir fui

participe

présent

fuyant

passé

fui

ayant fui

offrir

indicatif

présent		*passé simple*	
j'	offre	*j'*	offris
tu	offres	*tu*	offris
il	offre	*il*	offrit
nous	offrons	*nous*	offrîmes
vous	offrez	*vous*	offrîtes
ils	offrent	*ils*	offrirent

imparfait		*futur simple*	
j'	offrais	*j'*	offrirai
tu	offrais	*tu*	offriras
il	offrait	*il*	offrira
nous	offrions	*nous*	offrirons
vous	offriez	*vous*	offrirez
ils	offraient	*ils*	offriront

subjonctif

présent		*imparfait*	
que j'	offre	*que j'*	offrisse
que tu	offres	*que tu*	offrisses
qu'il	offre	*qu'il*	offrît
que nous	offrions	*que nous*	offrissions
que vous	offriez	*que vous*	offrissiez
qu'ils	offrent	*qu'ils*	offrissent

conditionnel

présent		*passé*		
j'	offrirais	*j'*	aurais	offert
tu	offrirais	*tu*	aurais	offert
il	offrirait	*il*	aurait	offert
nous	offririons	*nous*	aurions	offert
vous	offririez	*vous*	auriez	offert
ils	offriraient	*ils*	auraient	offert

impératif

présent	*passé*	
...	...	
offre	aie	offert
...	...	
offrons	ayons	offert
offrez	ayez	offert

infinitif

présent

offrir

passé

avoir offert

participe

présent

offrant

passé

offert

ayant offert

mourir

indicatif

présent		*passé simple*	
je	**meurs**	*je*	**mourus**
tu	**meurs**	*tu*	mourus
il	**meurt**	*il*	mourut
nous	**mourons**	*nous*	mourûmes
vous	mourez	*vous*	mourûtes
ils	**meurent**	*ils*	moururent

imparfait		*futur simple*	
je	**mourais**	*je*	**mourrai**
tu	mourais	*tu*	**mourras**
il	mourait	*il*	**mourra**
nous	mourions	*nous*	**mourrons**
vous	mouriez	*vous*	**mourrez**
ils	mouraient	*ils*	**mourront**

subjonctif

présent		*imparfait*	
que je	**meure**	*que je*	**mourusse**
que tu	**meures**	*que tu*	mourusses
qu'il	**meure**	*qu'il*	mourût
que nous	**mourions**	*que nous*	mourussions
que vous	mouriez	*que vous*	mourussiez
qu'ils	**meurent**	*qu'ils*	mourussent

conditionnel

présent		*passé*		
je	**mourrais**	*je*	serais	mort
tu	**mourrais**	*tu*	serais	mort
il	**mourrait**	*il*	serait	mort
nous	**mourrions**	*nous*	serions	morts
vous	**mourriez**	*vous*	seriez	morts
ils	**mourraient**	*ils*	seraient	mort

impératif

présent	*passé*	
...	...	
meurs	sois	mort
...	...	
mourons	soyons	morts
mourez	soyez	morts

infinitif

présent

mourir

passé

être mort

participe

présent

mourant

passé

mort

étant mort

partir

indicatif

présent		*passé simple*	
je	**pars**	*je*	partis
tu	**pars**	*tu*	partis
il	**part**	*il*	partit
nous	**partons**	*nous*	partîmes
vous	partez	*vous*	partîtes
ils	partent	*ils*	partirent

imparfait		*futur simple*	
je	**partais**	*je*	partirai
tu	partais	*tu*	partiras
il	partait	*il*	partira
nous	partions	*nous*	partirons
vous	partiez	*vous*	partirez
ils	partaient	*ils*	partiront

subjonctif

présent		*imparfait*	
que je	**parte**	*que je*	partisse
que tu	partes	*que tu*	partisses
qu'il	parte	*qu'il*	partît
que nous	partions	*que nous*	partissions
que vous	partiez	*que vous*	partissiez
qu'ils	partent	*qu'ils*	partissent

conditionnel

présent		*passé*		
je	partirais	*je*	serais	parti
tu	partirais	*tu*	serais	parti
il	partirait	*il*	serait	parti
nous	partirions	*nous*	serions	partis
vous	partiriez	*vous*	seriez	partis
ils	partiraient	*ils*	seraient	partis

impératif

présent	*passé*	
...	...	
pars	sois	parti
...	...	
partons	soyons	partis
partez	soyez	partis

infinitif

présent

partir

passé

être parti

participe

présent

partant

passé

parti

ayant parti

servir

indicatif				subjonctif		conditionnel		
présent		*passé simple*		*présent*		*présent*		
je	sers	*je*	servis	*que je*	serve	*je*	servirais	
tu	sers	*tu*	servis	*que tu*	serves	*tu*	servirais	
il	sert	*il*	servit	*qu'il*	serve	*il*	servirait	
nous	servons	*nous*	servîmes	*que nous*	servions	*nous*	servirions	
vous	servez	*vous*	servîtes	*que vous*	serviez	*vous*	serviriez	
ils	servent	*ils*	servirent	*qu'ils*	servent	*ils*	serviraient	
imparfait		*futur simple*		*imparfait*		*passé*		
je	servais	*je*	servirai	*que je*	servisse	*j'*	aurais	servi
tu	servais	*tu*	serviras	*que tu*	servisses	*tu*	aurais	servi
il	servait	*il*	servira	*qu'il*	servît	*il*	aurait	servi
nous	servions	*nous*	servirons	*que nous*	servissions	*nous*	aurions	servi
vous	serviez	*vous*	servirez	*que vous*	servissiez	*vous*	auriez	servi
ils	servaient	*ils*	serviront	*qu'ils*	servissent	*ils*	auraient	servi

impératif			infinitif		participe	
présent	*passé*		*présent*		*présent*	
...	...		servir		servant	
sers	aie	servi				
...	...		*passé*		*passé*	
servons	ayons	servi				
servez	ayez	servi	avoir	servi	ayant	servi

sortir

indicatif				subjonctif		conditionnel		
présent		*passé simple*		*présent*		*présent*		
je	sors	*je*	sortis	*que je*	sorte	*je*	sortirais	
tu	sors	*tu*	sortis	*que tu*	sortes	*tu*	sortirais	
il	sort	*il*	sortit	*qu'il*	sorte	*il*	sortirait	
nous	sortons	*nous*	sortîmes	*que nous*	sortions	*nous*	sortirions	
vous	sortez	*vous*	sortîtes	*que vous*	sortiez	*vous*	sortiriez	
ils	sortent	*ils*	sortirent	*qu'ils*	sortent	*ils*	sortiraient	
imparfait		*futur simple*		*imparfait*		*passé*		
je	sortais	*je*	sortirai	*que je*	sortisse	*je*	serais	sorti
tu	sortais	*tu*	sortiras	*que tu*	sortisses	*tu*	serais	sorti
il	sortait	*il*	sortira	*qu'il*	sortît	*il*	serait	sorti
nous	sortions	*nous*	sortirons	*que nous*	sortissions	*nous*	serions	sortis
vous	sortiez	*vous*	sortirez	*que vous*	sortissiez	*vous*	seriez	sortis
ils	sortaient	*ils*	sortiront	*qu'ils*	sortissent	*ils*	seraient	sortis

impératif			infinitif		participe	
présent	*passé*		*présent*		*présent*	
...	...		sortir		sortant	
sors	sois	sorti				
...	...				*passé*	
sortons	soyons	sortis	*passé*		sorti	
sortez	soyez	sortis	être	sorti	étant	sorti

tenir

indicatif

présent		*passé simple*	
je	tiens	*je*	tins
tu	tiens	*tu*	tins
il	tient	*il*	tint
nous	tenons	*nous*	tînmes
vous	tenez	*vous*	tîntes
ils	tiennent	*ils*	tinrent

imparfait		*futur simple*	
je	tenais	*je*	tiendrai
tu	tenais	*tu*	tiendras
il	tenait	*il*	tiendra
nous	tenions	*nous*	tiendrons
vous	teniez	*vous*	tiendrez
ils	tenaient	*ils*	tiendront

subjonctif

présent		*imparfait*	
que je	tienne	*que je*	tinsse
que tu	tiennes	*que tu*	tinsses
qu'il	tienne	*qu'il*	tînt
que nous	tenions	*que nous*	tinssions
que vous	teniez	*que vous*	tinssiez
qu'ils	tiennent	*qu'ils*	tinssent

conditionnel

présent		*passé*		
je	tiendrais	*j'*	aurais	tenu
tu	tiendrais	*tu*	aurais	tenu
il	tiendrait	*il*	aurait	tenu
nous	tiendrions	*nous*	aurions	tenu
vous	tiendriez	*vous*	auriez	tenu
ils	tiendraient	*ils*	auraient	tenu

impératif

présent	*passé*	
...	...	
tiens	aie	tenu
...	...	
tenons	ayons	tenu
tenez	ayez	tenu

infinitif

présent
tenir

passé
avoir tenu

participe

présent
tenant

passé
tenu
ayant tenu

venir

indicatif

présent		*passé simple*	
je	viens	*je*	vins
tu	viens	*tu*	vins
il	vient	*il*	vint
nous	venons	*nous*	vînmes
vous	venez	*vous*	vîntes
ils	viennent	*ils*	vinrent

imparfait		*futur simple*	
je	venais	*je*	viendrai
tu	venais	*tu*	viendras
il	venait	*il*	viendra
nous	venions	*nous*	viendrons
vous	veniez	*vous*	viendrez
ils	venaient	*ils*	viendront

subjonctif

présent		*imparfait*	
que je	vienne	*que je*	vinsse
que tu	viennes	*que tu*	vinsses
qu'il	vienne	*qu'il*	vînt
que nous	venions	*que nous*	vinssions
que vous	veniez	*que vous*	vinssiez
qu'ils	viennent	*qu'ils*	vinssent

conditionnel

présent		*passé*		
je	viendrais	*je*	serais	venu
tu	viendrais	*tu*	serais	venu
il	viendrait	*il*	serait	venu
nous	viendrions	*nous*	serions	venus
vous	viendriez	*vous*	seriez	venus
ils	viendraient	*ils*	seraient	venus

impératif

présent	*passé*	
...	...	
viens	sois	venu
...	...	
venons	soyons	venu
venez	soyez	venu

infinitif

présent
venir

passé
être venu

participe

présent
venant

passé
venu
étant venu

vêtir

indicatif

présent		*passé simple*	
je	vêts	*je*	vêtis
tu	vêts	*tu*	vêtis
il	vêt	*il*	vêtit
nous	vêtons	*nous*	vêtîmes
vous	vêtez	*vous*	vêtîtes
ils	vêtent	*ils*	vêtirent

imparfait		*futur simple*	
je	vêtais	*je*	vêtirai
tu	vêtais	*tu*	vêtiras
il	vêtait	*il*	vêtira
nous	vêtions	*nous*	vêtirons
vous	vêtiez	*vous*	vêtirez
ils	vêtaient	*ils*	vêtiront

subjonctif

présent	
que je	vête
que tu	vêtes
qu'il	vête
que nous	vêtions
que vous	vêtiez
qu'ils	vêtent

imparfait	
que je	vêtisse
que tu	vêtisses
qu'il	vêtît
que nous	vêtissions
que vous	vêtissiez
qu'ils	vêtissent

conditionnel

présent	
je	vêtirais
tu	vêtirais
il	vêtirait
nous	vêtirions
vous	vêtiriez
ils	vêtiraient

passé		
j'	aurais	vêtu
tu	aurais	vêtu
il	aurait	vêtu
nous	aurions	vêtu
vous	auriez	vêtu
ils	auraient	vêtu

impératif

présent	*passé*	
...	...	
vêts	aie	vêtu
...	...	
vêtons	ayons	vêtu
vêtez	ayez	vêtu

infinitif

présent

vêtir

passé

avoir vêtu

participe

présent

vêtant

passé

vêtu

ayant vêtu

recevoir

indicatif

présent		*passé simple*	
je	reçois	*je*	reçus
tu	reçois	*tu*	reçus
il	reçoit	*il*	reçut
nous	recevons	*nous*	reçûmes
vous	recevez	*vous*	reçûtes
ils	reçoivent	*ils*	reçurent

imparfait		*futur simple*	
je	recevais	*je*	recevrai
tu	recevais	*tu*	recevras
il	recevait	*il*	recevra
nous	recevions	*nous*	recevrons
vous	receviez	*vous*	recevrez
ils	recevaient	*ils*	recevront

subjonctif

présent		*imparfait*	
que je	reçoive	*que je*	reçusse
que tu	reçoives	*que tu*	reçusses
qu'il	reçoive	*qu'il*	reçût
que nous	recevions	*que nous*	reçussions
que vous	receviez	*que vous*	reçussiez
qu'ils	reçoivent	*qu'ils*	reçussent

conditionnel

présent		*passé*		
je	recevrais	*j'*	aurais	reçu
tu	recevrais	*tu*	aurais	reçu
il	recevrait	*il*	aurait	reçu
nous	recevrions	*nous*	aurions	reçu
vous	recevriez	*vous*	auriez	reçu
ils	recevraient	*ils*	auraient	reçu

impératif

présent	*passé*	
...	...	
reçois	aie	reçu
...	...	
recevons	ayons	reçu
recevez	ayez	reçu

infinitif

présent
recevoir

passé
avoir reçu

participe

présent
recevant

passé
reçu
ayant reçu

asseoir

indicatif

présent		*passé simple*	
j'	assieds/assois	*j'*	assis
tu	assieds/assois	*tu*	assis
il	assied/assoit	*il*	assit
nous	asseyons/assoyons	*nous*	assîmes
vous	asseyez/assoyez	*vous*	assîtes
ils	asseyent/assoient	*ils*	assirent

imparfait		*futur simple*	
j'	asseyais/assoyais	*j'*	assiérai/assoirai
tu	asseyais/assoyais	*tu*	assiéras/assoiras
il	asseyait/assoyait	*il*	assiéra/assoira
nous	asseyions/assoyions	*nous*	assiérons/assoirons
vous	asseyiez/assoyiez	*vous*	assiérez/assoirez
ils	asseyaient/assoyaient	*ils*	assiéront/assoiront

subjonctif

présent		*imparfait*	
que j'	asseye/assoie	*que j'*	assisse
que tu	asseyes/assoies	*que tu*	assisses
qu'il	asseye/assoie	*qu'il*	assît
que nous	asseyions/assoyions	*que nous*	assissions
que vous	asseyiez/assoyiez	*que vous*	assissiez
qu'ils	asseyent/assoient	*qu'ils*	assissent

conditionnel

présent		*passé*		
j'	assiérais/assoirais	*j'*	aurais	assis
tu	assiérais/assoirais	*tu*	aurais	assis
il	assiérait/assoirait	*il*	aurait	assis
nous	assiérions/assoirions	*nous*	aurions	assis
vous	assiériez/assoiriez	*vous*	auriez	assis
ils	assiéraient/assoiraient	*ils*	auraient	assis

impératif

présent	*passé*	
...	...	
assieds/assois	aie	assis
...	...	
asseyons/assoyons	ayons	assis
asseyez/assoyez	ayez	assis

infinitif

présent
asseoir

passé
avoir assis

participe

présent
asseyant/assoyant

passé
assis
ayant assis

devoir

indicatif

présent		*passé simple*	
je	dois	*je*	dus
tu	dois	*tu*	dus
il	doit	*il*	dut
nous	devons	*nous*	dûmes
vous	devez	*vous*	dûtes
ils	doivent	*ils*	durent
imparfait		*futur simple*	
je	devais	*je*	devrai
tu	devais	*tu*	devras
il	devait	*il*	devra
nous	devions	*nous*	devrons
vous	deviez	*vous*	devrez
ils	devaient	*ils*	devront

subjonctif

présent		*imparfait*	
que je	doive	*que je*	dusse
que tu	doives	*que tu*	dusses
qu'il	doive	*qu'il*	dût
que nous	devions	*que nous*	dussions
que vous	deviez	*que vous*	dussiez
qu'ils	doivent	*qu'ils*	dussent

conditionnel

présent		*passé*		
je	devrais	*j'*	aurais	dû
tu	devrais	*tu*	aurais	dû
il	devrait	*il*	aurait	dû
nous	devrions	*nous*	aurions	dû
vous	devriez	*vous*	auriez	dû
ils	devraient	*ils*	auraient	dû

impératif

présent	*passé*	
...	...	
dois	aie	dû
...	...	
devons	ayons	dû
devez	ayez	dû

infinitif

présent

devoir

passé

avoir dû

participe

présent

devant

passé

dû

ayant dû

émouvoir

indicatif

présent		*passé simple*	
j'	émeus	*j'*	émus
tu	émeus	*tu*	émus
il	émeut	*il*	émut
nous	émouvons	*nous*	émûmes
vous	émouvez	*vous*	émûtes
ils	émeuvent	*ils*	émurent
imparfait		*futur simple*	
j'	émouvais	*j'*	émouvrai
tu	émouvais	*tu*	émouvras
il	émouvait	*il*	émouvra
nous	émouvions	*nous*	émouvrons
vous	émouviez	*vous*	émouvrez
ils	émouvaient	*ils*	émouvront

subjonctif

présent		*imparfait*	
que j'	émeuve	*que j'*	émusse
que tu	émeuves	*que tu*	émusses
qu'il	émeuve	*qu'il*	émût
que nous	émouvions	*que nous*	émussions
que vous	émouviez	*que vous*	émussiez
qu'ils	émeuvent	*qu'ils*	émussent

conditionnel

présent		*passé*		
j'	émouvrais	*j'*	aurais	ému
tu	émouvrais	*tu*	aurais	ému
il	émouvrait	*il*	aurait	ému
nous	émouvrions	*nous*	aurions	ému
vous	émouvriez	*vous*	auriez	ému
ils	émouvraient	*ils*	auraient	ému

impératif

présent	*passé*	
...	...	
émeus	aie	ému
...	...	
émouvons	ayons	ému
émouvez	ayez	ému

infinitif

présent

émouvoir

passé

avoir ému

participe

présent

émouvant

passé

ému

ayant ému

falloir

indicatif

présent		*passé simple*	
il	**faut**	*il*	**fallut**

imparfait		*futur simple*	
il	fallait	*il*	**faudra**

subjonctif

présent		*imparfait*	
qu'il	**faille**	*qu'il*	**fallût**

conditionnel

présent
il **faudrait**

passé
il aurait fallu

impératif

présent
...

passé
...

infinitif

présent
falloir

passé
...

participe

présent
...

passé
fallu
ayant fallu

mouvoir

indicatif

présent		*passé simple*	
je	**meus**	*je*	**mus**
tu	**meus**	*tu*	mus
il	**meut**	*il*	mut
nous	**mouvons**	*nous*	mûmes
vous	mouvez	*vous*	mûtes
ils	**meuvent**	*ils*	murent

imparfait		*futur simple*	
je	mouvais	*je*	**mouvrai**
tu	mouvais	*tu*	mouvras
il	mouvait	*il*	mouvra
nous	mouvions	*nous*	mouvrons
vous	mouviez	*vous*	mouvrez
ils	mouvaient	*ils*	mouvront

subjonctif

présent		*imparfait*	
que je	**meuve**	*que je*	**musse**
que tu	**meuves**	*que tu*	musses
qu'il	**meuve**	*qu'il*	mût
que nous	**mouvions**	*que nous*	mussions
que vous	mouviez	*que vous*	mussiez
qu'ils	**meuvent**	*qu'ils*	mussent

conditionnel

présent		*passé*	
je	**mouvrais**	*j'*	aurais mû
tu	mouvrais	*tu*	aurais mû
il	mouvrait	*il*	aurait mû
nous	mouvrions	*nous*	aurions mû
vous	mouvriez	*vous*	auriez mû
ils	mouvraient	*ils*	auraient mû

impératif

présent	*passé*
...	...
meus	aie mû
...	...
mouvons	ayons mû
mouvez	ayez mû

infinitif

présent
mouvoir

passé
avoir mû

participe

présent
mouvant

passé
mû
ayant mû

prévaloir

indicatif

présent		*passé simple*	
je	prévaux	*je*	prévalus
tu	prévaux	*tu*	prévalus
il	prévaut	*il*	prévalut
nous	prévalons	*nous*	prévalûmes
vous	prévalez	*vous*	prévalûtes
ils	prévalent	*ils*	prévalurent

imparfait		*futur simple*	
je	prévalais	*je*	prévaudrai
tu	prévalais	*tu*	prévaudras
il	prévalait	*il*	prévaudra
nous	prévalions	*nous*	prévaudrons
vous	prévaliez	*vous*	prévaudrez
ils	prévalaient	*ils*	prévaudront

subjonctif

présent		*imparfait*	
que je	prévale	*que je*	prévalusse
que tu	prévales	*que tu*	prévalusses
qu'il	prévale	*qu'il*	prévalût
que nous	prévalions	*que nous*	prévalussions
que vous	prévaliez	*que vous*	prévalussiez
qu'ils	prévalent	*qu'ils*	prévalussent

conditionnel

présent		*passé*		
je	prévaudrais	*j'*	aurais	prévalu
tu	prévaudrais	*tu*	aurais	prévalu
il	prévaudrait	*il*	aurait	prévalu
nous	prévaudrions	*nous*	aurions	prévalu
vous	prévaudriez	*vous*	auriez	prévalu
ils	prévaudraient	*ils*	auraient	prévalu

impératif

présent	*passé*	
...	...	
prévaux	aie	prévalu
...	...	
prévalons	ayons	prévalu
prévalez	ayez	prévalu

infinitif

présent

prévaloir

passé

avoir prévalu

participe

présent

prévalant

passé

prévalu

ayant prévalu

prévoir

indicatif

présent		*passé simple*	
je	prévois	*je*	prévis
tu	prévois	*tu*	prévis
il	prévoit	*il*	prévit
nous	prévoyons	*nous*	prévîmes
vous	prévoyez	*vous*	prévîtes
ils	prévoient	*ils*	prévirent

imparfait		*futur simple*	
je	prévoyais	*je*	prévoirai
tu	prévoyais	*tu*	prévoiras
il	prévoyait	*il*	prévoira
nous	prévoyions	*nous*	prévoirons
vous	prévoyiez	*vous*	prévoirez
ils	prévoyaient	*ils*	prévoiront

subjonctif

présent		*imparfait*	
que je	prévoie	*que je*	prévisse
que tu	prévoies	*que tu*	prévisses
qu'il	prévoie	*qu'il*	prévît
que nous	prévoyions	*que nous*	prévissions
que vous	prévoyiez	*que vous*	prévissiez
qu'ils	prévoient	*qu'ils*	prévissent

conditionnel

présent		*passé*		
je	prévoirais	*j'*	aurais	prévu
tu	prévoirais	*tu*	aurais	prévu
il	prévoirait	*il*	aurait	prévu
nous	prévoirions	*nous*	aurions	prévu
vous	prévoiriez	*vous*	auriez	prévu
ils	prévoiraient	*ils*	auraient	prévu

impératif

présent	*passé*	
...	...	
prévois	aie	prévu
...	...	
prévoyons	ayons	prévu
prévoyez	ayez	prévu

infinitif

présent

prévoir

passé

avoir prévu

participe

présent

prévoyant

passé

prévu

ayant prévu

pleuvoir

indicatif

présent		*passé simple*	
il	pleut	*il*	plut

imparfait		*futur simple*	
il	pleuvait	*il*	pleuvra

subjonctif

présent	
qu'il	pleuve

imparfait	
qu'il	plût

conditionnel

présent		
il	pleuvrait	

passé		
il	aurait	plu

impératif

présent	*passé*
...	...

infinitif

présent
pleuvoir

passé
avoir plu

participe

présent
pleuvant

passé
plu
ayant plu

pourvoir

indicatif

présent		*passé simple*	
je	pourvois	*je*	pourvus
tu	pourvois	*tu*	pourvus
il	pourvoit	*il*	pourvut
nous	pourvoyons	*nous*	pourvûmes
vous	pouvoyez	*vous*	pourvûtes
ils	pourvoient	*ils*	pourvurent

imparfait		*futur simple*	
je	pourvoyais	*je*	pourvoirai
tu	pourvoyais	*tu*	pourvoiras
il	pourvoyait	*il*	pourvoira
nous	pourvoyions	*nous*	pourvoirons
vous	pourvoyiez	*vous*	pourvoirez
ils	pourvoyaient	*ils*	pourvoiront

subjonctif

présent	
que je	pourvoie
que tu	pourvoies
qu'il	pourvoie
que nous	pourvoyions
que vous	pourvoyiez
qu'ils	pourvoient

imparfait	
que je	pourvusse
que tu	pourvusses
qu'il	pourvût
que nous	pourvussions
que vous	pourvussiez
qu'ils	pourvussent

conditionnel

présent		
je	pourvoirais	
tu	pourvoirais	
il	pourvoirait	
nous	pourvoirions	
vous	pourvoiriez	
ils	pourvoiraient	

passé		
j'	aurais	pourvu
tu	aurais	pourvu
il	aurait	pourvu
nous	aurions	pourvu
vous	auriez	pourvu
ils	auraient	pourvu

impératif

présent	*passé*	
...	...	
pourvois	aie	pourvu
...	...	
pourvoyons	ayons	pourvu
pourvoyez	ayez	pourvu

infinitif

présent
pourvoir

passé
avoir pourvu

participe

présent
pourvoyant

passé
pourvu
ayant pourvu

pouvoir

indicatif				**subjonctif**		**conditionnel**		
présent		*passé simple*		*présent*		*présent*		
je	**peux/puis**	*je*	**pus**	*que je*	**puisse**	*je*	**pourrais**	
tu	**peux**	*tu*	pus	*que tu*	**puisses**	*tu*	**pourrais**	
il	**peut**	*il*	put	*qu'il*	**puisse**	*il*	**pourrait**	
nous	**pouvons**	*nous*	pûmes	*que nous*	**puissions**	*nous*	**pourrions**	
vous	**pouvez**	*vous*	pûtes	*que vous*	**puissiez**	*vous*	**pourriez**	
ils	**peuvent**	*ils*	purent	*qu'ils*	**puissent**	*ils*	**pourraient**	
imparfait		*futur simple*		*imparfait*		*passé*		
je	pouvais	*je*	**pourrai**	*que je*	**pusse**	*j'*	aurais	pu
tu	pouvais	*tu*	**pourras**	*que tu*	pusses	*tu*	aurais	pu
il	pouvait	*il*	**pourra**	*qu'il*	pût	*il*	aurait	pu
nous	pouvions	*nous*	**pourrons**	*que nous*	pussions	*nous*	aurions	pu
vous	pouviez	*vous*	**pourrez**	*que vous*	pussiez	*vous*	auriez	pu
ils	pouvaient	*ils*	**pourront**	*qu'ils*	pussent	*ils*	auraient	pu

impératif		**infinitif**		**participe**	
présent	*passé*	*présent*		*présent*	
...	...	pouvoir		pouvant	
				passé	
		passé		**pu**	
		avoir	pu	ayant	pu

savoir

indicatif				**subjonctif**		**conditionnel**		
présent		*passé simple*		*présent*		*présent*		
je	**sais**	*je*	**sus**	*que je*	**sache**	*je*	**saurais**	
tu	**sais**	*tu*	sus	*que tu*	**saches**	*tu*	**saurais**	
il	**sait**	*il*	sut	*qu'il*	**sache**	*il*	**saurait**	
nous	**savons**	*nous*	sûmes	*que nous*	**sachions**	*nous*	**saurions**	
vous	**savez**	*vous*	sûtes	*que vous*	**sachiez**	*vous*	**sauriez**	
ils	**savent**	*ils*	surent	*qu'ils*	**sachent**	*ils*	**sauraient**	
imparfait		*futur simple*		*imparfait*		*passé*		
je	savais	*je*	**saurai**	*que je*	**susse**	*j'*	aurais	su
tu	savais	*tu*	**sauras**	*que tu*	susses	*tu*	aurais	su
il	savait	*il*	**saura**	*qu'il*	sût	*il*	aurait	su
nous	savions	*nous*	**saurons**	*que nous*	sussions	*nous*	aurions	su
vous	saviez	*vous*	**saurez**	*que vous*	sussiez	*vous*	auriez	su
ils	savaient	*ils*	**sauront**	*qu'ils*	sussent	*ils*	auraient	su

impératif			**infinitif**		**participe**	
présent	*passé*		*présent*		*présent*	
...	...		savoir		**sachant**	
sache	aie	su				
...	...				*passé*	
sachons	ayons	su	*passé*		**su**	
sachez	ayez	su	avoir	su	ayant	su

valoir

indicatif

présent		*passé simple*	
je	vaux	*je*	valus
tu	vaux	*tu*	valus
il	vaut	*il*	valut
nous	valons	*nous*	valûmes
vous	valez	*vous*	valûtes
ils	valent	*ils*	valurent

imparfait		*futur simple*	
je	valais	*je*	vaudrai
tu	valais	*tu*	vaudras
il	valait	*il*	vaudra
nous	valions	*nous*	vaudrons
vous	valiez	*vous*	vaudrez
ils	valaient	*ils*	vaudront

subjonctif

présent		*imparfait*	
que je	vaille	*que je*	valusse
que tu	vailles	*que tu*	valusses
qu'il	vaille	*qu'il*	valût
que nous	valions	*que nous*	valussions
que vous	valiez	*que vous*	valussiez
qu'ils	vaillent	*qu'ils*	valussent

conditionnel

présent		*passé*		
je	vaudrais	*j'*	aurais	valu
tu	vaudrais	*tu*	aurais	valu
il	vaudrait	*il*	aurait	valu
nous	vaudrions	*nous*	aurions	valu
vous	vaudriez	*vous*	auriez	valu
ils	vaudraient	*ils*	auraient	valu

impératif

présent	*passé*	
...	...	
vaux	aie	valu
...	...	
valons	ayons	valu
valez	ayez	valu

infinitif

présent
valoir

passé
avoir valu

participe

présent
valant

passé
valu
ayant valu

voir

indicatif

présent		*passé simple*	
je	vois	*je*	vis
tu	vois	*tu*	vis
il	voit	*il*	vit
nous	voyons	*nous*	vîmes
vous	voyez	*vous*	vîtes
ils	voient	*ils*	virent

imparfait		*futur simple*	
je	voyais	*je*	verrai
tu	voyais	*tu*	verras
il	voyait	*il*	verra
nous	voyions	*nous*	verrons
vous	voyiez	*vous*	verrez
ils	voyaient	*ils*	verront

subjonctif

présent		*imparfait*	
que je	voie	*que je*	visse
que tu	voies	*que tu*	visses
qu'il	voie	*qu'il*	vît
que nous	voyions	*que nous*	vissions
que vous	voyiez	*que vous*	vissiez
qu'ils	voient	*qu'ils*	vissent

conditionnel

présent		*passé*		
je	verrais	*j'*	aurais	vu
tu	verrais	*tu*	aurais	vu
il	verrait	*il*	aurait	vu
nous	verrions	*nous*	aurions	vu
vous	verriez	*vous*	auriez	vu
ils	verraient	*ils*	auraient	vu

impératif

présent	*passé*	
...	...	
vois	aie	vu
...	...	
voyons	ayons	vu
voyez	ayez	vu

infinitif

présent
voir

passé
avoir vu

participe

présent
voyant

passé
vu
ayant vu

vouloir

indicatif

présent		*passé simple*	
je	**veux**	*je*	**voulus**
tu	**veux**	*tu*	voulus
il	**veut**	*il*	voulut
nous	**voulons**	*nous*	voulûmes
vous	**voulez**	*vous*	voulûtes
ils	**veulent**	*ils*	voulurent

imparfait		*futur simple*	
je	voulais	*je*	**voudrai**
tu	voulais	*tu*	**voudras**
il	voulait	*il*	**voudra**
nous	voulions	*nous*	**voudrons**
vous	vouliez	*vous*	**voudrez**
ils	voulaient	*ils*	**voudront**

subjonctif

présent		*imparfait*	
que je	**veuille**	*que je*	**voulusse**
que tu	**veuilles**	*que tu*	voulusses
qu'il	**veuille**	*qu'il*	voulût
que nous	**voulions**	*que nous*	voulussions
que vous	**vouliez**	*que vous*	voulussiez
qu'ils	**veuillent**	*qu'ils*	voulussent

conditionnel

présent		*passé*		
je	**voudrais**	*j'*	aurais	voulu
tu	**voudrais**	*tu*	aurais	voulu
il	**voudrait**	*il*	aurait	voulu
nous	**voudrions**	*nous*	aurions	voulu
vous	**voudriez**	*vous*	auriez	voulu
ils	**voudraient**	*ils*	auraient	voulu

impératif

présent	*passé*	
...	...	
veux/veuille	aie	voulu
...	...	
voulons	ayons	voulu
voulez/veuillez	ayez	voulu

infinitif

présent

vouloir

passé

avoir voulu

participe

présent

voulant

passé

voulu

ayant voulu

rendre

indicatif

présent		*passé simple*	
je	rends	*je*	rendis
tu	rends	*tu*	rendis
il	rend	*il*	rendit
nous	rendons	*nous*	rendîmes
vous	rendez	*vous*	rendîtes
ils	rendent	*ils*	rendirent

imparfait		*futur simple*	
je	rendais	*je*	rendrai
tu	rendais	*tu*	rendras
il	rendait	*il*	rendra
nous	rendions	*nous*	rendrons
vous	rendiez	*vous*	rendrez
ils	rendaient	*ils*	rendront

subjonctif

présent		*imparfait*	
que je	rende	*que je*	rendisse
que tu	rendes	*que tu*	rendisses
qu'il	rende	*qu'il*	rendît
que nous	rendions	*que nous*	rendissions
que vous	rendiez	*que vous*	rendissiez
qu'ils	rendent	*qu'ils*	rendissent

conditionnel

présent		*passé*		
je	rendrais	*j'*	aurais	rendu
tu	rendrais	*tu*	aurais	rendu
il	rendrait	*il*	aurait	rendu
nous	rendrions	*nous*	aurions	rendu
vous	rendriez	*vous*	auriez	rendu
ils	rendraient	*ils*	auraient	rendu

impératif

présent	*passé*	
...	...	
rends	aie	rendu
...	...	
rendons	ayons	rendu
rendez	ayez	rendu

infinitif

présent

rendre

passé

avoir rendu

participe

présent

rendant

passé

rendu

ayant rendu

prendre

indicatif

présent		*passé simple*	
je	prends	*je*	pris
tu	prends	*tu*	pris
il	prend	*il*	prit
nous	prenons	*nous*	prîmes
vous	prenez	*vous*	prîtes
ils	prennent	*ils*	prirent

imparfait		*futur simple*	
je	prenais	*je*	prendrai
tu	prenais	*tu*	prendras
il	prenait	*il*	prendra
nous	prenions	*nous*	prendrons
vous	preniez	*vous*	prendrez
ils	prenaient	*ils*	prendront

subjonctif

présent		*imparfait*	
que je	prenne	*que je*	prisse
que tu	prennes	*que tu*	prisses
qu'il	prenne	*qu'il*	prît
que nous	prenions	*que nous*	prissions
que vous	preniez	*que vous*	prissiez
qu'ils	prennent	*qu'ils*	prissent

conditionnel

présent		*passé*		
je	prendrais	*j'*	aurais	pris
tu	prendrais	*tu*	aurais	pris
il	prendrait	*il*	aurait	pris
nous	prendrions	*nous*	aurions	pris
vous	prendriez	*vous*	auriez	pris
ils	prendraient	*ils*	auraient	pris

impératif

présent	*passé*	
...	...	
prends	aie	pris
...	...	
prenons	ayons	pris
prenez	ayez	pris

infinitif

présent

prendre

passé

avoir pris

participe

présent

prenant

passé

pris

ayant pris

craindre

indicatif

présent		*passé simple*	
je	crains	*je*	craignis
tu	crains	*tu*	craignis
il	craint	*il*	craignit
nous	craignons	*nous*	craignîmes
vous	craignez	*vous*	craignîtes
ils	craignent	*ils*	craignirent

imparfait		*futur simple*	
je	craignais	*je*	craindrai
tu	craignais	*tu*	craindras
il	craignait	*il*	craindra
nous	craignions	*nous*	craindrons
vous	craigniez	*vous*	craindrez
ils	craignaient	*ils*	craindront

subjonctif

présent		*imparfait*	
que je	craigne	*que je*	craignisse
que tu	craignes	*que tu*	craignisses
qu'il	craigne	*qu'il*	craignît
que nous	craignions	*que nous*	craignissions
que vous	craigniez	*que vous*	craignissiez
qu'ils	craignent	*qu'ils*	craignissent

conditionnel

présent		*passé*		
je	craindrais	*j'*	aurais	craint
tu	craindrais	*tu*	aurais	craint
il	craindrait	*il*	aurait	craint
nous	craindrions	*nous*	aurions	craint
vous	craindriez	*vous*	auriez	craint
ils	craindraient	*ils*	auraient	craint

impératif

présent	*passé*	
...	...	
crains	aie	craint
...	...	
craignons	ayons	craint
craignez	ayez	craint

infinitif

présent

craindre

passé

avoir craint

participe

présent

craignant

passé

craint

ayant craint

éteindre

indicatif

présent		*passé simple*	
j'	éteins	*j'*	éteignis
tu	éteins	*tu*	éteignis
il	éteint	*il*	éteignis
nous	éteignons	*nous*	éteignîmes
vous	éteignez	*vous*	éteignîtes
ils	éteignent	*ils*	éteignirent

imparfait		*futur simple*	
j'	éteignais	*j'*	éteindrai
tu	éteignais	*tu*	éteindras
il	éteignait	*il*	éteindra
nous	éteignions	*nous*	éteindrons
vous	éteigniez	*vous*	éteindrez
ils	éteignaient	*ils*	éteindrons

subjonctif

présent		*imparfait*	
que j'	éteigne	*que j'*	éteignisse
que tu	éteignes	*que tu*	éteignisses
qu'il	éteigne	*qu'il*	éteignît
que nous	éteignions	*que nous*	éteignissions
que vous	éteigniez	*que vous*	éteignissiez
qu'ils	éteignent	*qu'ils*	éteignissent

conditionnel

présent		*passé*		
j'	éteindrais	*j'*	aurais	éteint
tu	éteindrais	*tu*	aurais	éteint
il	éteindrait	*il*	aurait	éteint
nous	éteindrions	*nous*	aurions	éteint
vous	éteindriez	*vous*	auriez	éteint
ils	éteindraient	*ils*	auraient	éteint

impératif

présent	*passé*	
...	...	
éteins	aie	éteint
...	...	
éteignons	ayons	éteint
éteignez	ayez	éteint

infinitif

présent

éteindre

passé

avoir éteint

participe

présent

éteignant

passé

éteint

ayant éteint

joindre

indicatif				**subjonctif**		**conditionnel**		
présent		*passé simple*		*présent*		*présent*		
je	joins	*je*	joignis	*que je*	joigne	*je*	joindrais	
tu	joins	*tu*	joignis	*que tu*	joignes	*tu*	joindrais	
il	joint	*il*	joignit	*qu'il*	joigne	*il*	joindrait	
nous	joignons	*nous*	joignîmes	*que nous*	joignions	*nous*	joindrions	
vous	joignez	*vous*	joignîtes	*que vous*	joigniez	*vous*	joindriez	
ils	joignent	*ils*	joignirent	*qu'ils*	joignent	*ils*	joindraient	
imparfait		*futur simple*		*imparfait*		*passé*		
je	joignais	*je*	joindrai	*que je*	joignisse	*j'*	aurais	joint
tu	joignais	*tu*	joindras	*que tu*	joignisses	*tu*	aurais	joint
il	joignait	*il*	joindra	*qu'il*	joignît	*il*	aurait	joint
nous	joignions	*nous*	joindrons	*que nous*	joignissions	*nous*	aurions	joint
vous	joigniez	*vous*	joindrez	*que vous*	joignissiez	*vous*	auriez	joint
ils	joignaient	*ils*	joindront	*qu'ils*	joignissent	*ils*	auraient	joint

impératif			**infinitif**		**participe**	
présent	*passé*		*présent*		*présent*	
...	...		joindre		joignant	
joins	aie	joint				
...	...				*passé*	
joignons	ayons	joint	*passé*		joint	
joignez	ayez	joint	avoir	joint	ayant	joint

plaindre

indicatif				**subjonctif**		**conditionnel**		
présent		*passé simple*		*présent*		*présent*		
je	plains	*je*	plaignis	*que je*	plaigne	*je*	plaindrais	
tu	plains	*tu*	plaignis	*que tu*	plaignes	*tu*	plaindrais	
il	plaint	*il*	plaignit	*qu'il*	plaigne	*il*	plaindrait	
nous	plaignons	*nous*	plaignîmes	*que nous*	plaignions	*nous*	plaindrions	
vous	plaignez	*vous*	plaignîtes	*que vous*	plaigniez	*vous*	plaindriez	
ils	plaignent	*ils*	plaignirent	*qu'ils*	plaignent	*ils*	plaindraient	
imparfait		*futur simple*		*imparfait*		*passé*		
je	plaignais	*je*	plaindrai	*que je*	plaignisse	*j'*	aurais	plaint
tu	plaignais	*tu*	plaindras	*que tu*	plaignisses	*tu*	aurais	plaint
il	plaignait	*il*	plaindra	*qu'il*	plaignît	*il*	aurait	plaint
nous	plaignions	*nous*	plaindrons	*que nous*	plaignissions	*nous*	aurions	plaint
vous	plaigniez	*vous*	plaindrez	*que vous*	plaignissiez	*vous*	auriez	plaint
ils	plaignaient	*ils*	plaindront	*qu'ils*	plaignissent	*ils*	auraient	plaint

impératif			**infinitif**		**participe**	
présent	*passé*		*présent*		*présent*	
...	...		plaindre		plaignant	
plains	aie	plaint				
...	...				*passé*	
plaignons	ayons	plaint	*passé*		plaint	
plaignez	ayez	plaint	avoir	plaint	ayant	plaint

peindre

indicatif				**subjonctif**		**conditionnel**		
présent		*passé simple*		*présent*		*présent*		
je	peins	*je*	peignis	*que je*	peigne	*je*	peindrais	
tu	peins	*tu*	peignis	*que tu*	peignes	*tu*	peindrais	
il	peint	*il*	peignit	*qu'il*	peigne	*il*	peindrait	
nous	peignons	*nous*	peignîmes	*que nous*	peignions	*nous*	peindrions	
vous	peignez	*vous*	peignîtes	*que vous*	peigniez	*vous*	peindriez	
ils	peignent	*ils*	peignirent	*qu'ils*	peignent	*ils*	peindraient	
imparfait		*futur simple*		*imparfait*		*passé*		
je	peignais	*je*	peindrai	*que je*	peignisse	*j'*	aurais	peint
tu	peignais	*tu*	peindras	*que tu*	peignisses	*tu*	aurais	peint
il	peignait	*il*	peindra	*qu'il*	peignît	*il*	aurait	peint
nous	peignions	*nous*	peindrons	*que nous*	peignissions	*nous*	aurions	peint
vous	peigniez	*vous*	peindrez	*que vous*	peignissiez	*vous*	auriez	peint
ils	peignaient	*ils*	peindront	*qu'ils*	peignissent	*ils*	auraient	peint

impératif			**infinitif**		**participe**	
présent	*passé*		*présent*		*présent*	
...	...		peindre		peignant	
peins	aie	peint			*passé*	
...	...		*passé*		peint	
peignons	ayons	peint	avoir	peint	ayant	peint
peignez	ayez	peint				

rompre

indicatif				**subjonctif**		**conditionnel**		
présent		*passé simple*		*présent*		*présent*		
je	romps	*je*	rompis	*que je*	rompe	*je*	romprais	
tu	romps	*tu*	rompis	*que tu*	rompes	*tu*	romprais	
il	rompt	*il*	rompit	*qu'il*	rompe	*il*	romprait	
nous	rompons	*nous*	rompîmes	*que nous*	rompions	*nous*	romprions	
vous	rompez	*vous*	rompîtes	*que vous*	rompiez	*vous*	rompriez	
ils	rompent	*ils*	rompirent	*qu'ils*	rompent	*ils*	rompraient	
imparfait		*futur simple*		*imparfait*		*passé*		
je	rompais	*je*	romprai	*que je*	rompisse	*j'*	aurais	rompu
tu	rompais	*tu*	rompras	*que tu*	rompisses	*tu*	aurais	rompu
il	rompait	*il*	rompra	*qu'il*	rompît	*il*	aurait	rompu
nous	rompions	*nous*	romprons	*que nous*	rompissions	*nous*	aurions	rompu
vous	rompiez	*vous*	romprez	*que vous*	rompissiez	*vous*	auriez	rompu
ils	rompaient	*ils*	rompront	*qu'ils*	rompissent	*ils*	auraient	rompu

impératif			**infinitif**		**participe**	
présent	*passé*		*présent*		*présent*	
...	...		rompre		rompant	
romps	aie	rompu			*passé*	
...	...		*passé*		rompu	
rompons	ayons	rompu	avoir	rompu	ayant	rompu
rompez	ayez	rompu				

vaincre

indicatif

présent		*passé simple*	
je	vaincs	*je*	vainquis
tu	vaincs	*tu*	vainquis
il	vainc	*il*	vainquit
nous	vainquons	*nous*	vainquîmes
vous	vainquez	*vous*	vainquîtes
ils	vainquent	*ils*	vainquirent

imparfait		*futur simple*	
je	vainquais	*je*	vaincrai
tu	vainquais	*tu*	vaincras
il	vainquait	*il*	vaincra
nous	vainquions	*nous*	vaincrons
vous	vainquiez	*vous*	vaincrez
ils	vainquaient	*ils*	vaincront

subjonctif

présent	
que je	vainque
que tu	vainques
qu'il	vainque
que nous	vainquions
que vous	vainquiez
qu'ils	vainquent

imparfait	
que je	vainquisse
que tu	vainquisses
qu'il	vainquît
que nous	vainquissions
que vous	vainquissiez
qu'ils	vainquissent

conditionnel

présent	
je	vaincrais
tu	vaincrais
il	vaincrait
nous	vaincrions
vous	vaincriez
ils	vaincraient

passé		
j'	aurais	vaincu
tu	aurais	vaincu
il	aurait	vaincu
nous	aurions	vaincu
vous	auriez	vaincu
ils	auraient	vaincu

impératif

présent	*passé*	
...	...	
vaincs	aie	vaincu
...	...	
vainquons	ayons	vaincu
vainquez	ayez	vaincu

infinitif

présent

vaincre

passé

avoir vaincu

participe

présent

vainquant

passé

vaincu

ayant vaincu

faire

indicatif

présent		*passé simple*	
je	fais	*je*	fis
tu	fais	*tu*	fis
il	fait	*il*	fit
nous	faisons	*nous*	fîmes
vous	faites	*vous*	fîtes
ils	font	*ils*	firent

imparfait		*futur simple*	
je	faisais	*je*	ferai
tu	faisais	*tu*	feras
il	faisait	*il*	fera
nous	faisions	*nous*	ferons
vous	faisiez	*vous*	ferez
ils	faisaient	*ils*	feront

subjonctif

présent		*imparfait*	
que je	fasse	*que je*	fisse
que tu	fasses	*que tu*	fisses
qu'il	fasse	*qu'il*	fît
que nous	fassions	*que nous*	fissions
que vous	fassiez	*que vous*	fissiez
qu'ils	fassent	*qu'ils*	fissent

conditionnel

présent		*passé*		
je	ferais	*j'*	aurais	fait
tu	ferais	*tu*	aurais	fait
il	ferait	*il*	aurait	fait
nous	ferions	*nous*	aurions	fait
vous	feriez	*vous*	auriez	fait
ils	feraient	*ils*	auraient	fait

impératif

présent	*passé*	
...	...	
fais	aie	fait
...	...	
faisons	ayons	fait
faites	ayez	fait

infinitif

présent
faire

passé
avoir fait

participe

présent
faisant

passé
fait
ayant fait

plaire

indicatif

présent		*passé simple*	
je	plais	*je*	plus
tu	plais	*tu*	plus
il	plaît	*il*	plut
nous	plaisons	*nous*	plûmes
vous	plaisez	*vous*	plûtes
ils	plaisent	*ils*	plurent

imparfait		*futur simple*	
je	plaisais	*je*	plairai
tu	plaisais	*tu*	plairas
il	plaisait	*il*	plaira
nous	plaisions	*nous*	plairons
vous	plaisiez	*vous*	plairez
ils	plaisaient	*ils*	plairont

subjonctif

présent		*imparfait*	
que e	plaise	*que je*	plusse
que tu	plaises	*que tu*	plusses
qu'il	plaise	*qu'il*	plût
que nous	plaisions	*que nous*	plussions
que vous	plaisiez	*que vous*	plussiez
qu'ils	plaisent	*qu'ils*	plussent

conditionnel

présent		*passé*		
je	plairais	*j'*	aurais	plu
tu	plairais	*tu*	aurais	plu
il	plairait	*il*	aurait	plu
nous	plairions	*nous*	aurions	plu
vous	plairiez	*vous*	auriez	plu
ils	plairaient	*ils*	auraient	plu

impératif

présent	*passé*	
...	...	
plais	aie	plu
...	...	
plaisons	ayons	plu
plaisez	ayez	plu

infinitif

présent
plaire

passé
avoir plu

participe

présent
plaisant

passé
plu
ayant plu

Vedere le rettifiche ortografiche a pag. 1618.

taire

indicatif

présent		*passé simple*	
je	tais	*je*	tus
tu	tais	*tu*	tus
il	tait	*il*	tut
nous	taisons	*nous*	tûmes
vous	taisez	*vous*	tûtes
ils	taisent	*ils*	turent

imparfait		*futur simple*	
je	taisais	*je*	tairai
tu	taisais	*tu*	tairas
il	taisait	*il*	taira
nous	taisions	*nous*	tairons
vous	taisiez	*vous*	tairez
ils	taisaient	*ils*	tairont

subjonctif

présent	
que je	taise
que tu	taises
qu'il	taise
que nous	taisions
que vous	taisiez
qu'ils	taisent

imparfait	
que je	tusse
que tu	tusses
qu'il	tût
que nous	tussions
que vous	tussiez
qu'ils	tussent

conditionnel

présent	
je	tairais
tu	tairais
il	tairait
nous	tairions
vous	tairiez
ils	tairaient

passé		
j'	aurais	tu
tu	aurais	tu
il	aurait	tu
nous	aurions	tu
vous	auriez	tu
ils	auraient	tu

impératif

présent	*passé*	
...	...	
tais	aie	tu
...	...	
taisons	ayons	tu
taisez	ayez	tu

infinitif

présent
taire

passé
avoir tu

participe

présent
taisant

passé
tu
ayant tu

traire

indicatif

présent		*passé simple*	
je	trais	...	
tu	trais		
il	trait		
nous	trayons		
vous	trayez		
ils	traient		

imparfait		*futur simple*	
je	trayais	*je*	trairai
tu	trayais	*tu*	trairas
il	trayait	*il*	traira
nous	trayions	*nous*	trairons
vous	trayiez	*vous*	trairez
ils	trayaient	*ils*	trairont

subjonctif

présent	
que je	traie
que tu	traies
qu'il	traie
que nous	trayions
que vous	trayiez
qu'ils	traient

imparfait
...

conditionnel

présent	
je	trairais
tu	trairais
il	trairait
nous	trairions
vous	trairiez
ils	trairaient

passé		
j'	aurais	trait
tu	aurais	trait
il	aurait	trait
nous	aurions	trait
vous	auriez	trait
ils	auraient	trait

impératif

présent	*passé*	
...	...	
trais	aie	trait
...	...	
trayons	ayons	trait
trayez	ayez	trait

infinitif

présent
traire

passé
avoir trait

participe

présent
trayant

passé
trait
ayant trait

battre

indicatif

présent		*passé simple*	
je	bats	*je*	battis
tu	bats	*tu*	battis
il	bat	*il*	battit
nous	battons	*nous*	battîmes
vous	battez	*vous*	battîtes
ils	battent	*ils*	battirent

imparfait		*futur simple*	
je	battais	*je*	battrai
tu	battais	*tu*	battras
il	battait	*il*	battra
nous	battions	*nous*	battrons
vous	battiez	*vous*	battrez
ils	battaient	*ils*	battront

subjonctif

présent		*imparfait*	
que je	batte	*que je*	battisse
que tu	battes	*que tu*	battisses
qu'il	batte	*qu'il*	battît
que nous	battions	*que nous*	battissions
que vous	battiez	*que vous*	battissiez
qu'ils	battent	*qu'ils*	battissent

conditionnel

présent		*passé*		
je	battrais	*j'*	aurais	battu
tu	battrais	*tu*	aurais	battu
il	battrait	*il*	aurait	battu
nous	battrions	*nous*	aurions	battu
vous	battriez	*vous*	auriez	battu
ils	battraient	*ils*	auraient	battu

impératif

présent	*passé*	
...	...	
bats	aie	battu
...	...	
battons	ayons	battu
battez	ayez	battu

infinitif

présent

battre

passé

avoir battu

participe

présent

battant

passé

battu

ayant battu

mettre

indicatif

présent		*passé simple*	
je	mets	*je*	mis
tu	mets	*tu*	mis
il	met	*il*	mit
nous	mettons	*nous*	mîmes
vous	mettez	*vous*	mîtes
ils	mettent	*ils*	mirent

imparfait		*futur simple*	
je	mettais	*je*	mettrai
tu	mettais	*tu*	mettras
il	mettait	*il*	mettra
nous	mettions	*nous*	mettrons
vous	mettiez	*vous*	mettrez
ils	mettaient	*ils*	mettront

subjonctif

présent		*imparfait*	
que je	mette	*que je*	misse
que tu	mettes	*que tu*	misses
qu'il	mette	*qu'il*	mît
que nous	mettions	*que nous*	missions
que vous	mettiez	*que vous*	missiez
qu'ils	mettent	*qu'ils*	missent

conditionnel

présent		*passé*		
je	mettrais	*j'*	aurais	mis
tu	mettrais	*tu*	aurais	mis
il	mettrait	*il*	aurait	mis
nous	mettrions	*nous*	aurions	mis
vous	mettriez	*vous*	auriez	mis
ils	mettraient	*ils*	auraient	mis

impératif

présent	*passé*	
...	...	
mets	aie	mis
...	...	
mettons	ayons	mis
mettez	ayez	mis

infinitif

présent

mettre

passé

avoir mis

participe

présent

mettant

passé

mis

ayant mis

connaître

indicatif				**subjonctif**		**conditionnel**		
présent		*passé simple*		*présent*		*présent*		
je	connais	*je*	connus	*que je*	connaisse	*je*	connaîtrais	
tu	connais	*tu*	connus	*que tu*	connaisses	*tu*	connaîtrais	
il	connaît	*il*	connut	*qu'il*	connaisse	*il*	connaîtrait	
nous	connaissons	*nous*	connûmes	*que nous*	connaissions	*nous*	connaîtrions	
vous	connaissez	*vous*	connûtes	*que vous*	connaissiez	*vous*	connaîtriez	
ils	connaissent	*ils*	connurent	*qu'ils*	connaissent	*ils*	connaîtraient	
imparfait		*futur simple*		*imparfait*		*passé*		
je	connaissais	*je*	connaîtrai	*que je*	connusse	*j'*	aurais	connu
tu	connaissais	*tu*	connaîtras	*que tu*	connusses	*tu*	aurais	connu
il	connaissait	*il*	connaîtra	*qu'il*	connût	*il*	aurait	connu
nous	connaissions	*nous*	connaîtrons	*que nous*	connussions	*nous*	aurions	connu
vous	connaissiez	*vous*	connaîtrez	*que vous*	connussiez	*vous*	auriez	connu
ils	connaissaient	*ils*	connaîtront	*qu'ils*	connussent	*ils*	auraient	connu

impératif			**infinitif**		**participe**	
présent	*passé*		*présent*		*présent*	
...	...		connaître		connaissant	
connais	aie	connu				
...	...				*passé*	
connaissons	ayons	connu	*passé*		connu	
connaissez	ayez	connu	avoir	connu	ayant	connu

Vedere le rettifiche ortografiche a pag. 1618.

naître

indicatif				**subjonctif**		**conditionnel**		
présent		*passé simple*		*présent*		*présent*		
je	nais	*je*	naquis	*que je*	naisse	*je*	naîtrais	
tu	nais	*tu*	naquis	*que tu*	naisses	*tu*	naîtrais	
il	naît	*il*	naquit	*qu'il*	naisse	*il*	naîtrait	
nous	naissons	*nous*	naquîmes	*que nous*	naissions	*nous*	naîtrions	
vous	naissez	*vous*	naquîtes	*que vous*	naissiez	*vous*	naîtriez	
ils	naissent	*ils*	naquirent	*qu'ils*	naissent	*ils*	naîtraient	
imparfait		*futur simple*		*imparfait*		*passé*		
je	naissais	*je*	naîtrai	*que je*	naquisse	*j'*	serais	né
tu	naissais	*tu*	naîtras	*que tu*	naquisses	*tu*	serais	né
il	naissait	*il*	naîtra	*qu'il*	naquît	*il*	serait	né/e
nous	naissions	*nous*	naîtrons	*que nous*	naquissions	*nous*	serions	nés
vous	naissiez	*vous*	naîtrez	*que vous*	naquissiez	*vous*	seriez	nés
ils	naissaient	*ils*	naîtront	*qu'ils*	naquissent	*ils*	seraient	nés/es

impératif			**infinitif**		**participe**	
présent	*passé*		*présent*		*présent*	
...	...		naître		naissant	
nais	sois	né				
...	...				*passé*	
naissons	soyons	nés	*passé*		né	
naissez	soyez	nés	être	né	étant	né

Vedere le rettifiche ortografiche a pag. 1618.

paraître

indicatif

présent		*passé simple*	
je	parais	*je*	parus
tu	parais	*tu*	parus
il	paraît	*il*	parut
nous	paraissons	*nous*	parûmes
vous	paraissiez	*vous*	parûtes
ils	paraissent	*ils*	parurent

imparfait		*futur simple*	
je	paraissais	*je*	paraîtrai
tu	paraissais	*tu*	paraîtras
il	paraissait	*il*	paraîtra
nous	paraissions	*nous*	paraîtrons
vous	paraissiez	*vous*	paraîtrez
ils	paraissaient	*ils*	paraîtront

subjonctif

présent		*imparfait*	
que je	paraisse	*que je*	parusse
que tu	paraisses	*que tu*	parusses
qu'il	paraisse	*qu'il*	parût
que nous	paraissions	*que nous*	parussions
que vous	paraissiez	*que vous*	parussiez
qu'ils	paraissent	*qu'ils*	parussent

conditionnel

présent		*passé*		
je	paraîtrais	*j'*	aurais/serais	paru
tu	paraîtrais	*tu*	aurais/serais	paru
il	paraîtrait	*il*	aurait/serait	paru
nous	paraîtrions	*nous*	aurions/serions	paru(s)
vous	paraîtriez	*vous*	auriez/seriez	paru(s)
ils	paraîtraient	*ils*	auraient/seraient	paru(s)

impératif

présent	*passé*	
...	...	
parais	aie/sois	paru
...	...	
paraissons	ayons/soyons	paru(s)
paraissez	ayez/soyez	paru(s)

infinitif

présent

paraître

passé

avoir/être paru

participe

présent

paraissant

passé

paru

ayant paru

Vedere le rettifiche ortografiche a pag. 1618.

repaître

indicatif

présent		*passé simple*	
je	repais	*je*	repus
tu	repais	*tu*	repus
il	repaît	*il*	reput
nous	repaissons	*nous*	repûmes
vous	repaissez	*vous*	repûtes
ils	repaissent	*ils*	repurent

imparfait		*futur simple*	
je	repaissais	*je*	repaîtrai
tu	repaissais	*tu*	repaîtras
il	repaissait	*il*	repaîtra
nous	repaissions	*nous*	repaîtrons
vous	repaissiez	*vous*	repaîtrez
ils	repaissaient	*ils*	repaîtront

subjonctif

présent		*imparfait*	
que je	repaisse	*que je*	repusse
que tu	repaisses	*que tu*	repusses
qu'il	repaisse	*qu'il*	repût
que nous	repaissions	*que nous*	repussions
que vous	repaissiez	*que vous*	repussiez
qu'ils	repaissent	*qu'ils*	repussent

conditionnel

présent		*passé*		
je	repaîtrais	*j'*	aurais	repu
tu	repaîtrais	*tu*	aurais	repu
il	repaîtrait	*il*	aurait	repu
nous	repaîtrions	*nous*	aurions	repu
vous	repaîtriez	*vous*	auriez	repu
ils	repaîtraient	*ils*	auraient	repu

impératif

présent	*passé*	
...	...	
repais	aie	repu
...	...	
repaissons	ayons	repu
repaissez	ayez	repu

infinitif

présent

repaître

passé

avoir repu

participe

présent

repaissant

passé

repu

Vedere le rettifiche ortografiche a pag. 1618.

boire

indicatif				**subjonctif**		**conditionnel**		
présent		*passé simple*		*présent*		*présent*		
je	bois	*je*	bus	*que je*	boive	*je*	boirais	
tu	bois	*tu*	bus	*que tu*	boives	*tu*	boirais	
il	boit	*il*	but	*qu'il*	boive	*il*	boirait	
nous	buvons	*nous*	bûmes	*que nous*	buvions	*nous*	boirions	
vous	buvez	*vous*	bûtes	*que vous*	buviez	*vous*	boiriez	
ils	boivent	*ils*	burent	*qu'ils*	boivent	*ils*	boiraient	
imparfait		*futur simple*		*imparfait*		*passé*		
je	buvais	*je*	boirai	*que je*	busse	*j'*	aurais	bu
tu	buvais	*tu*	boiras	*que tu*	busses	*tu*	aurais	bu
il	buvait	*il*	boira	*qu'il*	bût	*il*	aurait	bu
nous	buvions	*nous*	boirons	*que nous*	bussions	*nous*	aurions	bu
vous	buviez	*vous*	boirez	*que vous*	bussiez	*vous*	auriez	bu
ils	buvaient	*ils*	boiront	*qu'ils*	bussent	*ils*	auraient	bu

impératif			**infinitif**		**participe**	
présent	*passé*		*présent*		*présent*	
…	…		boire		buvant	
bois	aie	bu				
…	…				*passé*	
buvons	ayons	bu	*passé*		bu	
buvez	ayez	bu	avoir	bu	ayant	bu

croire

indicatif				**subjonctif**		**conditionnel**		
présent		*passé simple*		*présent*		*présent*		
je	crois	*je*	crus	*que je*	croie	*je*	croirais	
tu	crois	*tu*	crus	*que tu*	croies	*tu*	croirais	
il	croit	*il*	crut	*qu'il*	croie	*il*	croirait	
nous	croyons	*nous*	crûmes	*que nous*	croyions	*nous*	croirions	
vous	croyez	*vous*	crûtes	*que vous*	croyiez	*vous*	croiriez	
ils	croient	*ils*	crurent	*qu'ils*	croient	*ils*	croiraient	
imparfait		*futur simple*		*imparfait*		*passé*		
je	croyais	*je*	croirai	*que je*	crusse	*j'*	aurais	cru
tu	croyais	*tu*	croiras	*que tu*	crusses	*tu*	aurais	cru
il	croyait	*il*	croira	*qu'il*	crût	*il*	aurait	cru
nous	croyions	*nous*	croirons	*que nous*	crussions	*nous*	aurions	cru
vous	croyiez	*vous*	croirez	*que vous*	crussiez	*vous*	auriez	cru
ils	croyaient	*ils*	croiront	*qu'ils*	crussent	*ils*	auraient	cru

impératif			**infinitif**		**participe**	
présent	*passé*		*présent*		*présent*	
…	…		croire		croyant	
crois	aie	cru				
…	…				*passé*	
croyons	ayons	cru	*passé*		cru	
croyez	ayez	cru	avoir	cru	ayant	cru

accroître

indicatif

présent		*passé simple*	
j'	accrois	*j'*	accrus
tu	accrois	*tu*	accrus
il	accroît	*il*	accrut
nous	accroissons	*nous*	accrûmes
vous	accroissez	*vous*	accrûtes
ils	accroissent	*ils*	accrurent
imparfait		***futur simple***	
j'	accroissais	*j'*	accroîtrai
tu	accroissais	*tu*	accroîtras
il	accroissait	*il*	accroîtra
nous	accroissions	*nous*	accroîtrons
vous	accroissiez	*vous*	accroîtrez
ils	accroissaient	*ils*	accroîtront

subjonctif

présent		*imparfait*	
que j'	accroisse	*que j'*	accrusse
que tu	accroisses	*que tu*	accrusses
qu'il	accroisse	*qu'il*	accrût
que nous	accroissions	*que nous*	accrussions
que vous	accroissiez	*que vous*	accrussiez
qu'ils	accroissent	*qu'ils*	accrussent

conditionnel

présent		*passé*		
j'	accroîtrais	*j'*	aurais	accru
tu	accroîtrais	*tu*	aurais	accru
il	accroîtrait	*il*	aurait	accru
nous	accroîtrions	*nous*	aurions	accru
vous	accroîtriez	*vous*	auriez	accru
ils	accroîtraient	*ils*	auraient	accru

impératif

présent	*passé*	
...	...	
accrois	aie	accru
...	...	
accroissons	ayons	accru
accroissez	ayez	accru

infinitif

présent
accroître

passé
avoir accru

participe

présent
accroissant

passé
accru
ayant accru

Vedere le rettifiche ortografiche a pag. 1618.

croître

indicatif

présent		*passé simple*	
je	croîs	*je*	crûs
tu	croîs	*tu*	crûs
il	croît	*il*	crût
nous	croissons	*nous*	crûmes
vous	croissez	*vous*	crûtes
ils	croissent	*ils*	crûrent
imparfait		***futur simple***	
je	croissais	*je*	croîtrai
tu	croissais	*tu*	croîtras
il	croissait	*il*	croîtra
nous	croissions	*nous*	croîtrons
vous	croissiez	*vous*	croîtrez
ils	croissaient	*ils*	croîtront

subjonctif

présent		*imparfait*	
que je	croisse	*que je*	crûsse
que tu	croisses	*que tu*	crûsses
qu'il	croisse	*qu'il*	crût
que nous	croissions	*que nous*	crûssions
que vous	croissiez	*que vous*	crûssiez
qu'ils	croissent	*qu'ils*	crûssent

conditionnel

présent		*passé*		
je	croîtrais	*j'*	aurais	crû
tu	croîtrais	*tu*	aurais	crû
il	croîtrait	*il*	aurait	crû
nous	croîtrions	*nous*	aurions	crû
vous	croîtriez	*vous*	auriez	crû
ils	croîtraient	*ils*	auraient	crû

impératif

présent	*passé*	
...	...	
croîs	aie	crû
...	...	
croissons	ayons	crû
croissez	ayez	crû

infinitif

présent
croître

passé
avoir crû

participe

présent
croissant

passé
crû
ayant crû

Vedere le rettifiche ortografiche a pag. 1618.

dire

indicatif

présent		*passé simple*	
je	dis	*je*	dis
tu	dis	*tu*	dis
il	dit	*il*	dit
nous	disons	*nous*	dîmes
vous	dites	*vous*	dîtes
ils	disent	*ils*	dirent

imparfait		*futur simple*	
je	disais	*je*	dirai
tu	disais	*tu*	diras
il	disait	*il*	dira
nous	disions	*nous*	dirons
vous	disiez	*vous*	direz
ils	disaient	*ils*	diront

subjonctif

présent		*imparfait*	
que je	dise	*que je*	disse
que tu	dises	*que tu*	disses
qu'il	dise	*qu'il*	dît
que nous	disions	*que nous*	dissions
que vous	disiez	*que vous*	dissiez
qu'ils	disent	*qu'ils*	dissent

conditionnel

présent		*passé*		
je	dirais	*j'*	aurais	dit
tu	dirais	*tu*	aurais	dit
il	dirait	*il*	aurait	dit
nous	dirions	*nous*	aurions	dit
vous	diriez	*vous*	auriez	dit
ils	diraient	*ils*	auraient	dit

impératif

présent	*passé*	
...	...	
dis	aie	dit
...	...	
disons	ayons	dit
dites	ayez	dit

infinitif

présent
dire

passé
avoir dit

participe

présent
disant

passé
dit
ayant dit

écrire

indicatif

présent		*passé simple*	
j'	écris	*j'*	écrivis
tu	écris	*tu*	écrivis
il	écrit	*il*	écrivit
nous	écrivons	*nous*	écrivîmes
vous	écrivez	*vous*	écrivîtes
ils	écrivent	*ils*	écrivirent

imparfait		*futur simple*	
j'	écrivais	*j'*	écrirai
tu	écrivais	*tu*	écriras
il	écrivait	*il*	écrira
nous	écrivions	*nous*	écrirons
vous	écriviez	*vous*	écrirez
ils	écrivaient	*ils*	écriront

subjonctif

présent		*imparfait*	
que j'	écrive	*que j'*	écrivisse
que tu	écrives	*que tu*	écrivisses
qu'il	écrive	*qu'il*	écrivît
que nous	écrivions	*que nous*	écrivissions
que vous	écriviez	*que vous*	écrivissiez
qu'ils	écrivent	*qu'ils*	écrivissent

conditionnel

présent		*passé*		
j'	écrirais	*j'*	aurais	écrit
tu	écrirais	*tu*	aurais	écrit
il	écrirait	*il*	aurait	écrit
nous	écririons	*nous*	aurions	écrit
vous	écririez	*vous*	auriez	écrit
ils	écriraient	*ils*	auraient	écrit

impératif

présent	*passé*	
...	...	
écris	aie	écrit
...	...	
écrivons	ayons	écrit
écrivez	ayez	écrit

infinitif

présent
écrire

passé
avoir écrit

participe

présent
écrivant

passé
écrit
ayant écrit

lire

indicatif

présent

je	lis
tu	lis
il	lit
nous	lisons
vous	lisez
ils	lisent

passé simple

je	lus
tu	lus
il	lut
nous	lûmes
vous	lûtes
ils	lurent

imparfait

je	lisais
tu	lisais
il	lisait
nous	lisions
vous	lisiez
ils	lisaient

futur simple

je	lirai
tu	liras
il	lira
nous	lirons
vous	lirez
ils	liront

subjonctif

présent

que je	lise
que tu	lises
qu'il	lise
que nous	lisions
que vous	lisiez
qu'ils	lisent

imparfait

que je	lusse
que tu	lusses
qu'il	lût
que nous	lussions
que vous	lussiez
qu'ils	lussent

conditionnel

présent

je	lirais
tu	lirais
il	lirait
nous	lirions
vous	liriez
ils	liraient

passé

j'	aurais	lu
tu	aurais	lu
il	aurait	lu
nous	aurions	lu
vous	auriez	lu
ils	auraient	lu

impératif

présent

...
lis
...
lisons
lisez

passé

...
aie lu
...
ayons lu
ayez lu

infinitif

présent

lire

passé

avoir lu

participe

présent

lisant

passé

lu
ayant lu

rire

indicatif

présent

je	ris
tu	ris
il	rit
nous	rions
vous	riez
ils	rient

passé simple

je	ris
tu	ris
il	rit
nous	rîmes
vous	rîtes
ils	rirent

imparfait

je	riais
tu	riais
il	riait
nous	riions
vous	riiez
ils	riaient

futur simple

je	rirai
tu	riras
il	rira
nous	rirons
vous	rirez
ils	riront

subjonctif

présent

que je	rie
que tu	ries
qu'il	rie
que nous	riions
que vous	riiez
qu'ils	rient

imparfait

que je	risse
que tu	risses
qu'il	rît
que nous	rissions
que vous	rissiez
qu'ils	rissent

conditionnel

présent

je	rirais
tu	rirais
il	rirait
nous	ririons
vous	ririez
ils	riraient

passé

j'	aurais	ri
tu	aurais	ri
il	aurait	ri
nous	aurions	ri
vous	auriez	ri
ils	auraient	ri

impératif

présent

...
ris
...
rions
riez

passé

...
aie ri
...
ayons ri
ayez ri

infinitif

présent

rire

passé

avoir ri

participe

présent

riant

passé

ri
ayant ri

suffire

indicatif

présent		*passé simple*	
je	suffis	*je*	suffis
tu	suffis	*tu*	suffis
il	suffit	*il*	suffit
nous	suffisons	*nous*	suffîmes
vous	suffisez	*vous*	suffîtes
ils	suffisent	*ils*	suffirent

imparfait		*futur simple*	
je	suffisais	*je*	suffirai
tu	suffisais	*tu*	suffiras
il	suffisait	*il*	suffira
nous	suffisions	*nous*	suffirons
vous	suffisiez	*vous*	suffirez
ils	suffisaient	*ils*	suffiront

subjonctif

présent		*imparfait*	
que je	suffise	*que je*	suffisse
que tu	suffises	*que tu*	suffisses
qu'il	suffise	*qu'il*	suffît
que nous	suffisions	*que nous*	suffissions
que vous	suffisiez	*que vous*	suffissiez
qu'ils	suffisent	*qu'ils*	suffissent

conditionnel

présent		*passé*		
je	suffirais	*j'*	aurais	suffi
tu	suffirais	*tu*	aurais	suffi
il	suffirait	*il*	aurait	suffi
nous	suffirions	*nous*	aurions	suffi
vous	suffiriez	*vous*	auriez	suffi
ils	suffiraient	*ils*	auraient	suffi

impératif

présent	*passé*	
...	...	
suffis	aie	suffi
...	...	
suffisons	ayons	suffi
suffisez	ayez	suffi

infinitif

présent

suffire

passé

avoir suffi

participe

présent

suffisant

passé

suffi

ayant suffi

cuire

indicatif

présent		*passé simple*	
je	cuis	*je*	cuisis
tu	cuis	*tu*	cuisis
il	cuit	*il*	cuisit
nous	cuisons	*nous*	cuisîmes
vous	cuisez	*vous*	cuisîtes
ils	cuisent	*ils*	cuisirent

imparfait		*futur simple*	
je	cuisais	*je*	cuirai
tu	cuisais	*tu*	cuiras
il	cuisait	*il*	cuira
nous	cuisions	*nous*	cuirons
vous	cuisiez	*vous*	cuirez
ils	cuisaient	*ils*	cuiront

subjonctif

présent		*imparfait*	
que je	cuise	*que je*	cuisisse
que tu	cuises	*que tu*	cuisisses
qu'il	cuise	*qu'il*	cuisît
que nous	cuisions	*que nous*	cuisissions
que vous	cuisiez	*que vous*	cuisissiez
qu'ils	cuisent	*qu'ils*	cuisissent

conditionnel

présent		*passé*		
je	cuirais	*j'*	aurais	cuit
tu	cuirais	*tu*	aurais	cuit
il	cuirait	*il*	aurait	cuit
nous	cuirions	*nous*	aurions	cuit
vous	cuiriez	*vous*	auriez	cuit
ils	cuiraient	*ils*	auraient	cuit

impératif

présent	*passé*	
...	...	
cuis	aie	cuit
...	...	
cuisons	ayons	cuit
cuisez	ayez	cuit

infinitif

présent

cuire

passé

avoir cuit

participe

présent

cuisant

passé

cuit

ayant cuit

nuire

indicatif

présent		*passé simple*	
je	nuis	*je*	nuisis
tu	nuis	*tu*	nuisis
il	nuit	*il*	nuisit
nous	nuisons	*nous*	nuisîmes
vous	nuisez	*vous*	nuisîtes
ils	nuisent	*ils*	nuisirent

imparfait		*futur simple*	
je	nuisais	*je*	nuirai
tu	nuisais	*tu*	nuiras
il	nuisait	*il*	nuira
nous	nuisions	*nous*	nuirons
vous	nuisiez	*vous*	nuirez
ils	nuisaient	*ils*	nuiront

subjonctif

présent		*imparfait*	
que je	nuise	*que je*	nuisisse
que tu	nuises	*que tu*	nuisisses
qu'il	nuise	*qu'il*	nuisît
que nous	nuisions	*que nous*	nuisissions
que vous	nuisiez	*que vous*	nuisissiez
qu'ils	nuisent	*qu'ils*	nuisissent

conditionnel

présent		*passé*		
je	nuirais	*j'*	aurais	nui
tu	nuirais	*tu*	aurais	nui
il	nuirait	*il*	aurait	nui
nous	nuirions	*nous*	aurions	nui
vous	nuiriez	*vous*	auriez	nui
ils	nuiraient	*ils*	auraient	nui

impératif

présent	*passé*	
...	...	
nuis	aie	nui
...	...	
nuisons	ayons	nui
nuisez	ayez	nui

infinitif

présent

nuire

passé

avoir nui

participe

présent

nuisant

passé

nui

ayant nui

traduire

indicatif

présent		*passé simple*	
je	traduis	*je*	traduisis
tu	traduis	*tu*	traduisis
il	traduit	*il*	traduisit
nous	traduisons	*nous*	traduisîmes
vous	traduisez	*vous*	traduisîtes
ils	traduisent	*ils*	traduisirent

imparfait		*futur simple*	
je	traduisais	*je*	traduirai
tu	traduisais	*tu*	traduiras
il	traduisait	*il*	traduira
nous	traduisions	*nous*	traduirons
vous	traduisiez	*vous*	traduirez
ils	traduisaient	*ils*	traduiront

subjonctif

présent		*imparfait*	
que je	traduise	*que je*	traduisisse
que tu	traduises	*que tu*	traduisisses
qu'il	traduise	*qu'il*	traduisît
que nous	traduisions	*que nous*	traduisissions
que vous	traduisiez	*que vous*	traduisissiez
qu'ils	traduisent	*qu'ils*	traduisissent

conditionnel

présent		*passé*		
je	traduirais	*j'*	aurais	traduit
tu	traduirais	*tu*	aurais	traduit
il	traduirait	*il*	aurait	traduit
nous	traduirions	*nous*	aurions	traduit
vous	traduiriez	*vous*	auriez	traduit
ils	traduiraient	*ils*	auraient	traduit

impératif

présent	*passé*	
...	...	
traduis	aie	traduit
...	...	
traduisons	ayons	traduit
traduisez	ayez	traduit

infinitif

présent

traduire

passé

avoir traduit

participe

présent

traduisant

passé

traduit

ayant traduit

clore

indicatif

présent

je	clos
tu	clos
il	clôt
nous	...
vous	...
ils	closent

passé simple

...

imparfait

...

futur simple

je	clorai
tu	cloras
il	clora
nous	clorons
vous	clorez
ils	cloront

subjonctif

présent

que je	close
que tu	closes
qu'il	close
que nous	closions
que vous	closiez
qu'ils	closent

imparfait

...

conditionnel

présent

je	clorais
tu	clorais
il	clorait
nous	clorions
vous	cloriez
ils	cloraient

passé

j'	aurais	clos
tu	aurais	clos
il	aurait	clos
nous	aurions	clos
vous	auriez	clos
ils	auraient	clos

impératif

présent

...
clos
...

passé

...	
aie	clos
...	
ayons	clos
ayez	clos

infinitif

présent

clore

passé

avoir clos

participe

présent

closant

passé

clos
ayant clos

conclure

indicatif

présent

je	conclus
tu	conclus
il	conclut
nous	concluons
vous	concluez
ils	concluent

passé simple

je	conclus
tu	conclus
il	conclut
nous	conclûmes
vous	conclûtes
ils	conclurent

imparfait

je	concluais
tu	concluais
il	concluait
nous	concluions
vous	concluiez
ils	concluaient

futur simple

je	conclurai
tu	concluras
il	conclura
nous	conclurons
vous	conclurez
ils	concluront

subjonctif

présent

que je	conclue
que tu	conclues
qu'il	conclue
que nous	concluions
que vous	concluiez
qu'ils	concluent

imparfait

que je	conclusse
que tu	conclusses
qu'il	conclût
que nous	conclussions
que vous	conclussiez
qu'ils	conclussent

conditionnel

présent

je	conclurais
tu	conclurais
il	conclurait
nous	conclurions
vous	concluriez
ils	concluraient

passé

j'	aurais	conclu
tu	aurais	conclu
il	aurait	conclu
nous	aurions	conclu
vous	auriez	conclu
ils	auraient	conclu

impératif

présent

...
conclus
...
concluons
concluez

passé

...	
aie	conclu
...	
ayons	conclu
ayez	conclu

infinitif

présent

conclure

passé

avoir conclu

participe

présent

concluant

passé

conclu
ayant conclu

suivre

indicatif

présent		*passé simple*	
je	suis	*je*	suivis
tu	suis	*tu*	suivis
il	suit	*il*	suivit
nous	suivons	*nous*	suivîmes
vous	suivez	*vous*	suivîtes
ils	suivent	*ils*	suivirent

imparfait		*futur simple*	
je	suivais	*je*	suivrai
tu	suivais	*tu*	suivras
il	suivait	*il*	suivra
nous	suivions	*nous*	suivrons
vous	suiviez	*vous*	suivrez
ils	suivaient	*ils*	suivront

subjonctif

présent		*imparfait*	
que je	suive	*que je*	suivisse
que tu	suives	*que tu*	suivisses
qu'il	suive	*qu'il*	suivît
que nous	suivions	*que nous*	suivissions
que vous	suiviez	*que vous*	suivissiez
qu'ils	suivent	*qu'ils*	suivissent

conditionnel

présent		*passé*		
je	suivrais	*j'*	aurais	suivi
tu	suivrais	*tu*	aurais	suivi
il	suivrait	*il*	aurait	suivi
nous	suivrions	*nous*	aurions	suivi
vous	suivriez	*vous*	auriez	suivi
ils	suivraient	*ils*	auraient	suivi

impératif

présent	*passé*	
...	...	
suis	aie	suivi
...	...	
suivons	ayons	suivi
suivez	ayez	suivi

infinitif

présent
suivre

passé
avoir suivi

participe

présent
suivant

passé
suivi
ayant suivi

vivre

indicatif

présent		*passé simple*	
je	vis	*je*	vécus
tu	vis	*tu*	vécus
il	vit	*il*	vécut
nous	vivons	*nous*	vécûmes
vous	vivez	*vous*	vécûtes
ils	vivent	*ils*	vécurent

imparfait		*futur simple*	
je	vivais	*je*	vivrai
tu	vivais	*tu*	vivras
il	vivait	*il*	vivra
nous	vivions	*nous*	vivrons
vous	viviez	*vous*	vivrez
ils	vivaient	*ils*	vivront

subjonctif

présent		*imparfait*	
que je	vive	*que je*	vécusse
que tu	vives	*que tu*	vécusses
qu'il	vive	*qu'il*	vécût
que nous	vivions	*que nous*	vécussions
que vous	viviez	*que vous*	vécussiez
qu'ils	vivent	*qu'ils*	vécussent

conditionnel

présent		*passé*		
je	vivrais	*j'*	aurais	vécu
tu	vivrais	*tu*	aurais	vécu
il	vivrait	*il*	aurait	vécu
nous	vivrions	*nous*	aurions	vécu
vous	vivriez	*vous*	auriez	vécu
ils	vivraient	*ils*	auraient	vécu

impératif

présent	*passé*	
...	...	
vis	aie	vécu
...	...	
vivons	ayons	vécu
vivez	ayez	vécu

infinitif

présent
vivre

passé
avoir vécu

participe

présent
vivant

passé
vécu
ayant vécu

absoudre

indicatif

présent

j'	absous
tu	absous
il	absout
nous	absolvons
vous	absolvez
ils	absolvent

passé simple

...

imparfait

j'	absolvais
tu	absolvais
il	absolvait
nous	absolvions
vous	absolviez
ils	absolvaient

futur simple

j'	absoudrai
tu	absoudras
il	absoudra
nous	absoudrons
vous	absoudrez
ils	absoudront

subjonctif

présent

que j'	absolve
que tu	absolves
qu'il	absolve
que nous	absolvions
que vous	absolviez
qu'ils	absolvent

imparfait

...

conditionnel

présent

j'	absoudrais
tu	absoudrais
il	absoudrait
nous	absoudrions
vous	absoudriez
ils	absoudraient

passé

j'	aurais	absous
tu	aurais	absous
il	aurait	absous
nous	aurions	absous
vous	auriez	absous
ils	auraient	absous

impératif

présent

...
absous
...
absolvons
absolvez

passé

...
aie absous
...
ayons absous
ayez absous

infinitif

présent

absoudre

passé

avoir absous

participe

présent

absolvant

passé

absous (*f.* absoute)
ayant absous

Vedere le rettifiche ortografiche a pag. 1618.

coudre

indicatif

présent

je	couds
tu	couds
il	coud
nous	cousons
vous	cousez
ils	cousent

passé simple

je	cousis
tu	cousis
il	cousit
nous	cousîmes
vous	cousîtes
ils	cousirent

imparfait

je	cousais
tu	cousais
il	cousait
nous	cousions
vous	cousiez
ils	cousaient

futur simple

je	coudrai
tu	coudras
il	coudra
nous	coudrons
vous	coudrez
ils	coudront

subjonctif

présent

que je	couse
que tu	couses
qu'il	couse
que nous	cousions
que vous	cousiez
qu'ils	cousent

imparfait

que je	cousisse
que tu	cousisses
qu'il	cousît
que nous	cousissions
que vous	cousissiez
qu'ils	cousissent

conditionnel

présent

je	coudrais
tu	coudrais
il	coudrait
nous	coudrions
vous	coudriez
ils	coudraient

passé

j'	aurais	cousu
tu	aurais	cousu
il	aurait	cousu
nous	aurions	cousu
vous	auriez	cousu
ils	auraient	cousu

impératif

présent

...
couds
...
cousons
cousez

passé

...
aie cousu
...
ayons cousu
ayez cousu

infinitif

présent

coudre

passé

avoir cousu

participe

présent

cousant

passé

cousu
ayant cousu

résoudre

indicatif

présent		*passé simple*	
je	**résous**	*je*	**résolus**
tu	**résous**	*tu*	résolus
il	**résout**	*il*	résolut
nous	**résolvons**	*nous*	résolûmes
vous	**résolvez**	*vous*	résolûtes
ils	**résolvent**	*ils*	résolurent

imparfait		*futur simple*	
je	**résolvais**	*je*	résoudrai
tu	résolvais	*tu*	résoudras
il	résolvait	*il*	résoudra
nous	résolvions	*nous*	résoudrons
vous	résolviez	*vous*	résoudrez
ils	résolvaient	*ils*	résoudront

subjonctif

présent	
que je	**résolve**
que tu	résolves
qu'il	résolve
que nous	**résolvions**
que vous	résolviez
qu'ils	résolvent

imparfait	
que je	**résolusse**
que tu	résolusses
qu'il	résolût
que nous	résolussions
que vous	résolussiez
qu'ils	résolussent

conditionnel

présent	
je	résoudrais
tu	résoudrais
il	résoudrait
nous	résoudrions
vous	résoudriez
ils	résoudraient

passé		
j'	aurais	résolu
tu	aurais	résolu
il	aurait	résolu
nous	aurions	résolu
vous	auriez	résolu
ils	auraient	résolu

impératif

présent	*passé*	
...	...	
résous	aie	résolu
...	...	
résolvons	ayons	résolu
résolvez	ayez	résolu

infinitif

présent

résoudre

passé

avoir résolu

participe

présent

résolvant

passé

résolu

ayant résolu

mordre

indicatif

présent		*passé simple*	
je	mords	*je*	**mordis**
tu	mords	*tu*	mordis
il	mord	*il*	mordit
nous	mordons	*nous*	mordîmes
vous	mordez	*vous*	mordîtes
ils	mordent	*ils*	mordirent

imparfait		*futur simple*	
je	mordais	*je*	mordrai
tu	mordais	*tu*	mordras
il	mordait	*il*	mordra
nous	mordions	*nous*	mordrons
vous	mordiez	*vous*	mordrez
ils	mordaient	*ils*	mordront

subjonctif

présent	
que je	morde
que tu	mordes
qu'il	morde
que nous	mordions
que vous	mordiez
qu'ils	mordent

imparfait	
que je	**mordisse**
que tu	mordisses
qu'il	mordît
que nous	mordissions
que vous	mordissiez
qu'ils	mordissent

conditionnel

présent	
je	mordrais
tu	mordrais
il	mordrait
nous	mordrions
vous	mordriez
ils	mordraient

passé		
j'	aurais	mordu
tu	aurais	mordu
il	aurait	mordu
nous	aurions	mordu
vous	auriez	mordu
ils	auraient	mordu

impératif

présent	*passé*	
...	...	
mords	aie	mordu
...	...	
mordons	ayons	mordu
mordez	ayez	mordu

infinitif

présent

mordre

passé

avoir mordu

participe

présent

mordant

passé

mordu

ayant mordu

CONJUGAISON PASSIVE

être aimée

indicatif

présent			*passé simple*		
je	suis	aimé	*je*	fus	aimé
tu	es	aimé	*tu*	fus	aimé
il	est	aimé	*il*	fut	aimé
nous	sommes	aimés	*nous*	fûmes	aimés
vous	êtes	aimés	*vous*	fûtes	aimés
ils	sont	aimés	*ils*	furent	aimés

imparfait			*futur simple*		*aimé*
j'	étais	aimé	*je*	serai	aimé
tu	étais	aimé	*tu*	seras	aimé
il	était	aimé	*il*	sera	aimé
nous	étions	aimés	*nous*	serons	aimés
vous	étiez	aimés	*vous*	serez	aimés
ils	étaient	aimés	*ils*	seront	aimés

subjonctif

présent		
que je	sois	aimé
que tu	sois	aimé
qu'il	soit	aimé
que nous	soyons	aimés
que vous	soyez	aimés
qu'ils	soient	aimés

imparfait		
que je	fusse	aimé
que tu	fusses	aimé
qu'il	fût	aimé
que nous	fussions	aimés
que vous	fussiez	aimés
qu'ils	fussent	aimés

conditionnel

présent		
je	serais	aimé
tu	serais	aimé
il	serait	aimé
nous	serions	aimés
vous	seriez	aimés
ils	seraient	aimés

passé		
j'	aurais	été aimé
tu	aurais	été aimé
il	aurait	été aimé
nous	aurions	été aimés
vous	auriez	été aimés
ils	auraient	été aimés

impératif

présent

...
sois aimé
...
soyons aimés
soyez aimés

passé

...

infinitif

présent

être aimé

passé

avoir été aimé

participe

présent

étant aimé

passé

aimé
ayant été aimé

CONJUGAISON PRONOMINALE

s'amuser

indicatif

présent			*passé simple*		
je	m'	amuse	*je*	m'	amusai
tu	t'	amuses	*tu*	t'	amusas
il	s'	amuse	*il*	s'	amusa
nous	nous	amusons	*nous*	nous	amusâmes
vous	vous	amusez	*vous*	vous	amusâtes
ils	s'	amusent	*ils*	s'	amusèrent

imparfait			*futur simple*		
je	m'	amusais	*je*	m'	amuserai
tu	t'	amusais	*tu*	t'	amuseras
il	s'	amusait	*il*	s'	amusera
nous	nous	amusions	*nous*	nous	amuserons
vous	vous	amusiez	*vous*	vous	amuserez
ils	s'	amusaient	*ils*	s'	amuseront

subjonctif

présent		
que je	m'	amuse
que tu	t'	amuses
qu'il	s'	amuse
que nous	nous	amusions
que vous	vous	amusiez
qu'ils	s'	amusent

imparfait		
que je	m'	amusasse
que tu	t'	amusasses
qu'il	s'	amusât
que nous	nous	amusassions
que vous	vous	amusassiez
qu'ils	s'	amusassent

conditionnel

présent		
je	m'	amuserais
tu	t'	amuserais
il	s'	amuserait
nous	nous	amuserions
vous	vous	amuseriez
ils	s'	amuseraient

passé			
je	me	serais	amusé
tu	te	serais	amusé
il	se	serait	amusé
nous	nous	serions	amusés
vous	vous	seriez	amusés
ils	se	seraient	amusés

impératif

présent

...
amuse-toi
...
amusons-noi
amusez-vous

passé

...

infinitif

présent

s'amuser

passé

s'être amusé

participe

présent

s'amusant

passé

s'étant amusé

GUIDE DE CONSULTATION

entrée

catégorie grammaticale

dictionnaire [diksjɔnɛʀ] ***n.m.*** dizionario.

entrées les plus usitées en couleur

célibataire [selibatɛʀ] ***agg.*** celibe, scapolo; (*donna*) nubile ♦ ***n.m.*** celibe, scapolo ♦ ***n.f.*** nubile.
● ***mère célibataire***, ragazza madre.

indique le changement de catégorie grammaticale

transcription phonétique

intituler [ɛ̃tityle] ***v.tr.*** intitolare ♦ **s'intituler** ***v.pron. intr.*** intitolarsi, essere intitolato.

signale la forme pronominale du verbe

les homographes sont distingués par un exposant

soudain[1] [sudɛ̃] ***agg.*** improvviso, repentino.
soudain[2] ***avv.*** improvvisamente, a un tratto, di botto.

variante graphique

cuiller, **cuillère** [kɥijɛʀ] ***n.f.*** cucchiaio (*m.*).

introduit la phraséologie

● ***cuiller à pot***, ramaiolo | ***cuiller à soupe***, cucchiaio da tavola | ***cuiller à thé***, ***à dessert***, cucchiaino da tè, da dessert | ***en deux coups de cuiller à pot***, (*fam.*) in quattro e quattr'otto | ***être à ramasser à la petite cuiller***, (*fig. fam.*) essere da raccogliere col cucchiaino | ***ne pas y aller avec le dos de la cuiller***, (*fam.*) non andare troppo per il sottile | ***pêche à la cuiller***, pesca col cucchiaino | ***petite cuiller***, ***cuiller à café***, cucchiaino da caffè | ***serrer la cuiller***, (*fam.*) stringere la mano.

indication de registre

indication d'origine (francophonie)

brunante [bʀynɑ̃t] ***n.f.*** (*Canada*) crepuscolo (*m.*): *à la brunante*, al crepuscolo.

différence de genre entre l'entrée et sa traduction

acceptions introduites par des chiffres

pièce [pjɛs] ***n.f.*** **1** pezzo (*m.*): *ces gâteaux coûtent cinq euros (la) pièce*, questi dolci costano cinque euro al pezzo **2** pezzo (*m.*); (*di abbigliamento ecc.*) capo (*m.*) **3** (*tecn.*) pezzo (*m.*); parte: *pièce du moteur*, parti del motore | *pièces de rechange*, pezzi di ricambio **4** stanza; locale (*m.*): *un (appartement de) quatre pièces*, un appartamento di quattro locali **5** (*lett., mus.*) componimento (*m.*) **6** moneta: *cet appareil ne marche qu'avec des pièces*, questo apparecchio funziona solo con monete **7** (*teatr.*) opera, lavoro (*m.*) teatrale **8** (*spec. pl.*) documento (*m.*); atto (*m.*): *les pièces d'un procès*, gli atti di un processo **9** pezza, toppa: *pièce (de tissu)*, (pezza di) tessuto **10** (*arald.*) pezza, pezzo (*m.*).

commentaires

indication de domaine

exemple

majestueux [maʒɛstɥø] ***agg.*** [f. *-euse*] maestoso.

indication du féminin irrégulier

indication du féminin des noms italiens

tedesco [te-dé-sco] ***agg.*** [pl.m. *-schi*, f. *-sche*] allemand ♦ ***n.m.*** **1** [f. *-a*] (*abitante*) Allemand **2** (*lingua*) allemand.

indication des pluriels irréguliers

e-mail [imɛl] ***n.m.*** [pl. *e-mails*] (*inform.*) e-mail (*f.*), posta (*f.*) elettronica; messaggio di posta elettronica.

NOTA La *Délégation générale à la langue française et aux langues de France* consiglia di sostituire ***e-mail*** e *mail* con *courriel*. Davanti all'indirizzo elettronico, per esempio su un biglietto da visita, si può anche scrivere *Mél*.

note culturelle

introduit les synonymes et les contraires

admettre [admɛtʀ] ***v.tr.*** [coniug. come *mettre*] [...]
■ SIN. **2** reconnaître **3** accueillir, agréer CONTR. **2** nier **3** exclure, rejeter.

renvoi à la conjugaison type

indication de l'auxiliaire pour les verbes intransitifs italiens

risorgere [ri-sór-ge-re] ***v.intr.*** [coniug. come *scorgere*; aus. *essere*] [...]

partir [paʀtiʀ] ***v.intr.*** [coniug. come *dormir*; aus. *être*] **1** partire: *il est parti pour Rome*, è partito per Roma [...]

indication du verbe *être* comme auxiliaire de l'intransitif pour les verbes français

régimes de noms, verbes et adjectifs en couleur

fier, se [səfje] ***v.pron.intr.*** fidarsi (**di**); aver fiducia (**in**); fare affidamento (**su**): *fiez-vous à lui*, fidatevi di lui.